二十四史(附《清史稿》)

(第八卷)

中州古籍出版社

宋 史(下)

元・脱脱等撰

宋 史（下）

元·脱脱等撰

宋史（下）目录

卷二百四十二　列传第一
后妃上
太祖母昭宪杜太后 …… 1119
太祖孝惠贺皇后 …… 1119
孝明王皇后 …… 1119
孝章宋皇后 …… 1119
太宗淑德尹皇后 …… 1119
懿德符皇后 …… 1119
明德李皇后 …… 1119
元德李皇后 …… 1120
真宗章怀潘皇后 …… 1120
章穆郭皇后 …… 1120
章献明肃刘皇后 …… 1120
李宸妃 …… 1121
杨淑妃 …… 1121
沈贵妃 …… 1121
仁宗郭皇后 …… 1121
慈圣光献曹皇后 …… 1122
张贵妃 …… 1122
苗贵妃 …… 1122
周贵妃 …… 1122
杨德妃 …… 1122
冯贤妃 …… 1122
英宗宣仁圣烈高皇后 …… 1123

卷二百四十三　列传第二
后妃下
神宗钦圣宪肃向皇后 …… 1123
钦成朱皇后 …… 1124
钦慈陈皇后 …… 1124
林贤妃 …… 1124
武贤妃 …… 1124
哲宗昭慈孟皇后 …… 1124
昭怀刘皇后 …… 1125
徽宗显恭王皇后 …… 1125
郑皇后 …… 1125
王贵妃 …… 1126
韦贤妃 …… 1126
乔贵妃 …… 1126
刘贵妃 …… 1126
钦宗朱皇后 …… 1127
高宗宪节邢皇后 …… 1127
宪圣慈烈吴皇后 …… 1127
潘贤妃 …… 1127
张贤妃 …… 1127
刘贵妃 …… 1127
刘婉仪 …… 1128
张贵妃 …… 1128
孝宗成穆郭皇后 …… 1128
成恭夏皇后 …… 1128
成肃谢皇后 …… 1128
蔡贵妃 …… 1128
李贤妃 …… 1128
光宗慈懿李皇后 …… 1128
黄贵妃 …… 1129
宁宗恭淑韩皇后 …… 1129
恭圣仁烈杨皇后 …… 1129
理宗谢皇后 …… 1129
度宗全皇后 …… 1130
杨淑妃 …… 1130

卷二百四十四　列传第三
宗室一
魏王廷美 …… 1130
燕王德昭 …… 1132
秦王德芳 …… 1135
　秀王子偁附 …… 1135

卷二百四十五　列传第四
宗室二
汉王元佐 …… 1136
昭成太子元僖 …… 1137
商王元份 …… 1137
越王元杰 …… 1137
镇王元偓 …… 1138
楚王元偁 …… 1138
周王元俨 …… 1138
崇王元亿 …… 1139
悼献太子祐 …… 1139
濮王允让 …… 1139

卷二百四十六　列传第五
宗室三
吴王颢 …… 1141
益王頵 …… 1142
吴王佖 …… 1142
燕王俣 …… 1142
楚王似 …… 1142
献愍太子茂 …… 1142
郓王楷 …… 1142
肃王枢 …… 1142
景王杞 …… 1142
济王栩 …… 1143
徐王棣 …… 1143

沂王樗 …… 1143	光宗三女 …… 1154
和王栻 …… 1143	魏惠献王一女 …… 1154
信王榛 …… 1143	宁宗一女 …… 1154
太子谌 …… 1143	理宗一女 …… 1154
弟训 …… 1143	**卷二百四十九　列传第八**
元懿太子旉 …… 1143	范质 …… 1154
信王璩 …… 1143	子旻 …… 1155
庄文太子愭 …… 1144	兄子杲 …… 1155
魏王恺 …… 1144	王溥 …… 1155
景献太子询 …… 1144	父祚 …… 1155
镇王竑 …… 1144	魏仁浦 …… 1156
卷二百四十七　列传第六	子咸信 …… 1156
宗室四	孙昭亮 …… 1157
子淔 …… 1145	**卷二百五十　列传第九**
子崧 …… 1145	石守信 …… 1157
子栎 …… 1146	子保兴　保吉 …… 1158
子砥 …… 1146	孙元孙 …… 1158
子昼 …… 1146	王审琦 …… 1159
子潚 …… 1146	子承衍　承衎 …… 1159
师㬎 …… 1146	曾孙克臣 …… 1159
希言 …… 1147	玄孙师约 …… 1160
希怿 …… 1147	高怀德 …… 1160
士珸 …… 1147	韩重赟 …… 1160
士儦 …… 1147	子崇训　崇业 …… 1161
士崡 …… 1148	张令铎 …… 1161
士晴 …… 1148	罗彦瓌 …… 1161
不群 …… 1148	王彦昇 …… 1161
不弃 …… 1148	**卷二百五十一　列传第十**
不尤 …… 1148	韩令坤 …… 1162
不悥 …… 1148	父伦 …… 1162
善俊 …… 1149	慕容延钊 …… 1162
善誉 …… 1149	子德丰 …… 1163
汝述 …… 1149	从子德琛 …… 1163
叔近 …… 1150	符彦卿 …… 1163
叔向 …… 1150	子昭愿　昭寿 …… 1164
彦倓 …… 1150	**卷二百五十二　列传第十一**
彦橚 …… 1150	王景 …… 1164
彦逾 …… 1150	子廷义 …… 1165
卷二百四十八　列传第七	王晏 …… 1165
公主	郭从义 …… 1165
秦国大长公主 …… 1151	曾孙承祐 …… 1166
太祖六女 …… 1151	李洪信 …… 1166
太宗七女 …… 1151	弟洪义 …… 1166
真宗二女 …… 1152	武行德 …… 1166
仁宗十三女 …… 1152	杨承信 …… 1167
英宗四女 …… 1152	侯章 …… 1167
神宗十女 …… 1152	**卷二百五十三　列传第十二**
哲宗四女 …… 1153	折德扆 …… 1168
徽宗三十四女 …… 1153	子御勋　御卿 …… 1168
孝宗二女 …… 1153	曾孙克行 …… 1168

克行从子可適 …… 1169	尹崇珂 …… 1196
冯继业 …… 1169	刘廷让 …… 1196
王承美 …… 1169	袁继忠 …… 1197
李继周 …… 1169	崔彦进 …… 1197
孙行友 …… 1170	张廷翰 …… 1197
子全照 …… 1170	皇甫继明 …… 1198
卷二百五十四　列传第十三	张琼 …… 1198
侯益 …… 1171	卷二百六十　列传第十九
子仁矩　仁宝 …… 1171	曹翰 …… 1198
孙延广 …… 1172	杨信 …… 1199
张从恩 …… 1172	弟嗣　赞 …… 1199
扈彦珂 …… 1172	党进 …… 1199
薛怀让 …… 1173	李汉琼 …… 1199
赵赞 …… 1173	刘遇 …… 1200
李继勋 …… 1174	李怀忠 …… 1200
药元福 …… 1174	米信 …… 1200
赵晁 …… 1175	田重进 …… 1200
子延溥 …… 1175	刘廷翰 …… 1201
卷二百五十五　列传第十四	崔翰 …… 1201
郭崇 …… 1175	卷二百六十一　列传第二十
杨廷璋 …… 1176	李琼 …… 1201
宋偓 …… 1176	郭琼 …… 1202
向拱 …… 1177	陈承昭 …… 1202
王彦超 …… 1177	李万超 …… 1202
张永德 …… 1178	白重赞 …… 1202
王全斌 …… 1179	王仁镐 …… 1203
曾孙凯 …… 1181	陈思让 …… 1203
康延泽 …… 1181	孙若拙 …… 1203
王继涛 …… 1181	焦继勋 …… 1204
高彦晖附 …… 1181	子守节 …… 1204
卷二百五十六　列传第十五	刘重进 …… 1204
赵普 …… 1182	袁彦 …… 1204
弟安易 …… 1184	祁廷训 …… 1205
卷二百五十七　列传第十六	张铎 …… 1205
吴廷祚 …… 1185	李万全 …… 1205
子元辅　元载　元扆 …… 1185	田景咸 …… 1205
李崇矩 …… 1186	王晖附 …… 1205
子继昌 …… 1186	卷二百六十二　列传第二十一
王仁赡 …… 1187	李穀 …… 1205
楚昭辅 …… 1187	昝居润 …… 1207
李处耘 …… 1188	窦贞固 …… 1207
子继隆　继和 …… 1188	李涛 …… 1207
卷二百五十八　列传第十七	弟澣 …… 1208
曹彬 …… 1191	孙仲容 …… 1208
子璨　玮　琮 …… 1193	王易简 …… 1208
潘美 …… 1194	赵上交 …… 1209
李超附 …… 1195	子晞 …… 1209
卷二百五十九　列传第十八	张锡 …… 1209
张美 …… 1195	张铸 …… 1209
郭守文 …… 1195	边归谠 …… 1209

刘温叟 …… 1210	陈恕 …… 1236
子烨 …… 1210	魏羽 …… 1238
孙几 …… 1211	刘式 …… 1238
刘涛 …… 1211	刘昌言 …… 1238
边光范 …… 1211	张洎 …… 1238
刘载 …… 1212	李惟清 …… 1240
程羽 …… 1212	**卷二百六十八　列传第二十七**
卷二百六十三　列传第二十二	柴禹锡 …… 1241
张昭 …… 1212	张逊 …… 1241
窦仪 …… 1214	杨守一 …… 1242
弟俨　偁 …… 1215	赵镕 …… 1242
吕馀庆 …… 1216	周莹 …… 1242
刘熙古 …… 1216	王继英 …… 1243
子蒙正　蒙叟 …… 1216	王显 …… 1243
石熙载 …… 1216	**卷二百六十九　列传第二十八**
子中立 …… 1217	陶穀 …… 1244
李穆 …… 1217	扈蒙 …… 1245
弟肃 …… 1217	王著 …… 1245
卷二百六十四　列传第二十三	王祐 …… 1245
薛居正 …… 1218	子旭 …… 1246
子惟吉 …… 1218	孙质 …… 1246
沈伦 …… 1218	杨昭俭 …… 1246
子继宗 …… 1219	鱼崇谅 …… 1246
卢多逊 …… 1219	张澹 …… 1247
父亿 …… 1219	高锡 …… 1247
宋琪 …… 1220	从子冕 …… 1247
宋雄 …… 1223	**卷二百七十　列传第二十九**
卷二百六十五　列传第二十四	颜衎 …… 1247
李昉 …… 1223	剧可久 …… 1248
子宗讷　宗谔 …… 1224	赵逢 …… 1248
孙昭述　昭遘 …… 1225	苏晓 …… 1248
吕蒙正 …… 1225	高防 …… 1249
张齐贤 …… 1226	冯瓒 …… 1249
子宗海 …… 1228	边珝 …… 1250
贾黄中 …… 1229	王明 …… 1250
卷二百六十六　列传第二十五	许仲宣 …… 1250
钱若水 …… 1229	杨克让 …… 1251
从弟若冲 …… 1231	子希闵 …… 1251
苏易简 …… 1231	段思恭 …… 1251
郭贽 …… 1231	侯陟 …… 1252
李至 …… 1232	李符 …… 1252
辛仲甫 …… 1232	魏丕 …… 1252
王沔 …… 1233	董枢 …… 1253
温仲舒 …… 1233	**卷二百七十一　列传第三十**
王化基 …… 1234	马令琮 …… 1253
子举正　举元 …… 1234	杜汉徽 …… 1253
孙诏 …… 1235	张廷翰 …… 1254
卷二百六十七　列传第二十六	吴虔裕 …… 1254
张宏 …… 1235	蔡审廷 …… 1254
赵昌言 …… 1235	周广 …… 1254

张勋	1254
石曦	1254
张藏英	1254
陆万友	1255
解晖	1255
李韬	1255
王晋卿	1255
郭廷谓	1255
子延濬	1256
从子延泽	1256
赵延进	1256
辅超	1257

卷二百七十二　列传第三十一

杨业	1257
子延昭　孙文广	1258
王贵	1258
荆罕儒	1258
从孙嗣	1259
曹光实	1259
从子克明	1260
张晖	1260
司超	1260

卷二百七十三　列传第三十二

李进卿	1261
子延渥	1261
杨美	1261
何继筠	1261
子承矩	1262
李汉超	1263
子守恩	1263
郭进	1263
牛思进附	1264
李谦溥	1264
子允正	1264
姚内斌	1265
董遵诲	1265
贺惟忠	1265
马仁瑀	1265

卷二百七十四　列传第三十三

王赞	1266
张保续	1266
赵玭	1266
卢怀忠	1267
王继勋	1267
丁德裕	1267
张延通	1267
梁迥	1267
史珪	1268
田钦祚	1268
侯赟	1268

王文宝	1269
翟守素	1269
王侁	1269
刘审琼	1269

卷二百七十五　列传第三十四

刘福	1270
安守忠	1270
孔守正	1270
谭延美	1271
元达	1271
常思德	1271
尹继伦	1271
薛超	1272
丁罕	1272
赵瑫附	1272
郭密	1272
傅思让	1272
李斌附	1272
田仁朗	1272
刘谦	1273

卷二百七十六　列传第三十五

刘保勋	1273
滕中正	1274
刘蟠	1274
孔承恭	1274
宋珰	1275
袁廓	1275
樊知古	1275
郭载附	1276
臧丙	1276
徐休复	1276
张观	1277
陈从信	1277
张平	1278
子从吉	1278
王继昇	1278
子昭远	1278
尹宪	1278
王宾	1279
安忠	1279

卷二百七十七　列传第三十六

张鉴	1279
姚坦	1280
索湘	1280
宋太初	1281
卢之翰	1281
郑文宝	1281
王子舆	1282
刘综	1283
卞衮	1283

许骧 …… 1283	曾孙仲衍 仲游 …… 1301
裴庄 …… 1284	寇准 …… 1302
牛冕 …… 1284	**卷二百八十二 列传第四十一**
张適附 …… 1285	李沆 …… 1304
栾崇吉 …… 1285	弟维 …… 1305
袁逢吉 …… 1285	王旦 …… 1305
韩国华 …… 1285	向敏中 …… 1308
何蒙 …… 1285	**卷二百八十三 列传第四十二**
慎知礼 …… 1286	王钦若 …… 1309
子从吉 …… 1286	林特附 …… 1310
卷二百七十八 列传第三十七	丁谓 …… 1311
马全义 …… 1286	夏竦 …… 1312
子知节 …… 1286	子安期 …… 1313
雷德骧 …… 1287	**卷二百八十四 列传第四十三**
子有邻 有终 …… 1287	陈尧佐 …… 1314
孙孝先 曾孙简夫 …… 1289	兄尧叟 …… 1314
王超 …… 1290	弟尧咨 …… 1315
子德用 …… 1290	从子渐 …… 1315
卷二百七十九 列传第三十八	宋庠 …… 1316
王继忠 …… 1291	弟祁 …… 1316
傅潜 …… 1291	**卷二百八十五 列传第四十四**
张昭允附 …… 1292	陈执中 …… 1318
戴兴 …… 1292	刘沆 …… 1319
王汉忠 …… 1292	冯拯 …… 1319
王能 …… 1292	子行己 伸己 …… 1320
张凝 …… 1293	贾昌朝 …… 1321
魏能 …… 1293	弟昌衡 …… 1322
陈兴 …… 1293	从子炎 …… 1322
许均 …… 1294	伯祖父琰 …… 1323
张进 …… 1294	梁適 …… 1323
李重贵 …… 1294	孙子美 …… 1323
呼延赞 …… 1295	**卷二百八十六 列传第四十五**
刘用 …… 1295	鲁宗道 …… 1323
耿全斌 …… 1295	薛奎 …… 1324
周仁美 …… 1295	王曙 …… 1324
卷二百八十 列传第三十九	子益柔 …… 1325
田绍斌 …… 1296	蔡齐 …… 1325
王荣 …… 1297	从子延庆 …… 1326
杨琼 …… 1297	**卷二百八十七 列传第四十六**
钱守俊 …… 1297	杨砺 …… 1326
徐兴 …… 1298	宋湜 …… 1327
王昊 …… 1298	王嗣宗 …… 1327
李重海 …… 1298	李昌龄 …… 1328
白守素 …… 1298	从子纮 …… 1329
张思钧 …… 1298	赵安仁 …… 1329
李琪 …… 1299	父孚 …… 1329
王延范 …… 1299	子良规 …… 1330
卷二百八十一 列传第四十	孙君锡 …… 1330
吕端 …… 1299	陈彭年 …… 1330
毕士安 …… 1300	**卷二百八十八 列传第四十七**

任中正 …… 1332	明镐 …… 1353
弟中师 …… 1332	王则 …… 1353
周起 …… 1332	王尧臣 …… 1353
程琳 …… 1333	孙抃 …… 1354
姜遵 …… 1333	田况 …… 1355
范雍 …… 1333	**卷二百九十三　列传第五十二**
孙子奇 …… 1334	田锡 …… 1356
曾孙坦 …… 1334	王禹偁 …… 1358
赵稹 …… 1334	张咏 …… 1359
任布 …… 1334	**卷二百九十四　列传第五十三**
高若讷 …… 1335	掌禹锡 …… 1360
孙沔 …… 1335	苏绅 …… 1361
卷二百八十九　列传第四十八	王洙 …… 1362
高琼 …… 1336	子钦臣 …… 1363
子继勋　继宣 …… 1337	胥偃 …… 1363
范廷召 …… 1338	柳植 …… 1363
葛霸 …… 1338	聂冠卿 …… 1363
子怀敏 …… 1338	冯元 …… 1363
卷二百九十　列传第四十九	赵师民 …… 1364
曹利用 …… 1339	张锡 …… 1364
孙继邺附 …… 1340	张揆 …… 1365
张耆 …… 1340	杨安国 …… 1365
子希一　利一 …… 1341	**卷二百九十五　列传第五十四**
杨崇勋 …… 1341	尹洙 …… 1365
夏守恩 …… 1341	孙甫 …… 1367
弟守赟 …… 1341	谢绛 …… 1368
子随 …… 1342	子景温 …… 1369
狄青 …… 1342	叶清臣 …… 1369
张玉 …… 1343	杨察 …… 1371
孙节附 …… 1343	**卷二百九十六　列传第五十五**
郭逵 …… 1343	韩丕 …… 1371
卷二百九十一　列传第五十	师颃 …… 1372
吴育 …… 1344	张茂直 …… 1372
宋绶 …… 1345	梁颢 …… 1372
子敏求 …… 1346	子固 …… 1373
从子昌言 …… 1346	杨徽之 …… 1373
李若谷 …… 1346	杨澈 …… 1374
子淑 …… 1347	吕文仲 …… 1374
孙寿朋　复圭 …… 1347	王著 …… 1374
王博文 …… 1347	吕祐之 …… 1374
子畴 …… 1348	潘慎修 …… 1375
王鬷 …… 1349	杜镐 …… 1375
卷二百九十二　列传第五十一	查道 …… 1375
李谘 …… 1349	从兄陶 …… 1376
程戡 …… 1350	**卷二百九十七　列传第五十六**
夏侯峤 …… 1350	孔道辅 …… 1376
盛度 …… 1351	子宗翰 …… 1377
丁度 …… 1351	鞠咏 …… 1377
张观 …… 1352	刘随 …… 1377
郑戬 …… 1352	曹修古 …… 1378

郭劝 …… 1378	李虚己 …… 1395
段少连 …… 1379	张傅 …… 1395

卷二百九十八 列传第五十七

彭乘 …… 1379	俞献卿 …… 1395
嵇颖 …… 1380	陈从易 …… 1396
梅挚 …… 1380	杨大雅 …… 1396
司马池 …… 1380	

卷三百一 列传第六十

子旦 …… 1381	边肃 …… 1396
从子里 …… 1381	梅询 …… 1397
曾孙朴 …… 1381	马元方 …… 1397
李及 …… 1381	薛田 …… 1397
燕肃 …… 1382	寇瑊 …… 1397
子度 …… 1382	杨日严 …… 1398
孙瑛 …… 1382	李行简 …… 1398
蒋堂 …… 1382	章频 …… 1398
刘夔 …… 1383	陈琰 …… 1399
马亮 …… 1383	李宥 …… 1399
陈希亮 …… 1383	张秉 …… 1399
	张择行 …… 1399
	郑向 …… 1399

卷二百九十九 列传第五十八

狄棐 …… 1385	郭稹 …… 1400
子遵度 …… 1385	赵贺 …… 1400
郎简 …… 1385	高觌 …… 1400
孙祖德 …… 1385	袁抗 …… 1400
张若谷 …… 1386	徐起 …… 1400
石扬休 …… 1386	张旨 …… 1401
祖士衡 …… 1386	齐廓 …… 1401
李垂 …… 1386	郑骧 …… 1401
张洞 …… 1386	

卷三百二 列传第六十一

李仕衡 …… 1387	王臻 …… 1401
李溥 …… 1388	鱼周询 …… 1401
胡则 …… 1388	贾黯 …… 1402
薛颜 …… 1389	李京 …… 1403
许元 …… 1389	吴鼎臣附 …… 1404
钟离瑾 …… 1389	吕景初 …… 1404
孙冲 …… 1389	马遵附 …… 1404
崔峄 …… 1389	吴及 …… 1404
田瑜 …… 1390	范师道 …… 1405
施昌言 …… 1390	李绚 …… 1405
	何中立 …… 1406
	沈邈 …… 1406

卷三百 列传第五十九

杨偕 …… 1390	
王沿 …… 1391	

卷三百三 列传第六十二

子鼎 …… 1392	张昷之 …… 1406
杜杞 …… 1392	魏瓘 …… 1406
杨畋 …… 1393	弟琰 …… 1407
周湛 …… 1393	滕宗谅 …… 1407
徐的 …… 1394	刘越附 …… 1407
姚仲孙 …… 1394	李防 …… 1407
陈太素 …… 1394	赵湘 …… 1408
马寻 …… 1395	唐肃 …… 1408
杜曾附 …… 1395	子询 …… 1408

张述 1408
黄震 1409
胡顺之 1409
陈贯 1409
　子安石 1409
范祥 1410
　子育 1410
田京 1410
卷三百四　列传第六十三
周渭 1411
梁鼎 1411
范正辞 1412
　子讽 1412
刘师道 1413
王济 1413
方偕 1414
曹颖叔 1414
刘元瑜 1414
杨告 1415
赵及 1415
刘湜 1415
王彬 1415
仲简 1415
卷三百五　列传第六十四
杨亿 1416
　弟伟 1417
　从子纮 1417
晁迥 1417
　子宗悫 1417
刘筠 1418
薛映 1418
卷三百六　列传第六十五
谢泌 1418
孙何 1419
　弟仅 1420
朱台符 1420
戚纶 1421
张去华 1422
　子师德 1422
乐黄目 1422
柴成务 1423
卷三百七　列传第六十六
乔维岳 1424
　王陟附 1424
张雍 1424
董俨 1425
魏廷式 1425
卢琰 1425
宋抟 1426
凌策 1426

杨覃 1426
陈世卿 1427
李若拙 1427
　子绎 1427
陈知微 1428
卷三百八　列传第六十七
上官正 1428
卢斌 1428
周审玉 1429
裴济 1429
李继宣 1429
张旦 1430
张煦 1430
张佶 1431
卷三百九　列传第六十八
王延德 1431
常延信 1432
程德玄 1432
王延德 1432
魏震 1432
张质 1432
杨允恭 1433
秦羲 1433
谢德权 1434
阎日新 1434
靳怀德 1435
卷三百一十　列传第六十九
李迪 1435
　子柬之 1436
　从子肃之　承之　及之 1436
　孙孝基　从孙孝寿　孝称 1437
王曾 1437
　弟子融 1438
张知白 1438
杜衍 1439
卷三百一十一　列传第七十
晏殊 1440
庞籍 1440
　孙恭孙 1441
王随 1441
章得象 1442
吕夷简 1442
　子公绰　公弼　公孺 1443
张士逊 1444
　子友直 1445
卷三百一十二　列传第七十一
韩琦 1445
　子忠彦 1447
曾公亮 1448
　子孝宽 1448

从子孝广　孝蕴 …… 1448	刘敞 …… 1479
陈升之 …… 1449	弟攽 …… 1479
吴充 …… 1449	子奉世 …… 1480
王珪 …… 1450	曾巩 …… 1480
从父罕 …… 1450	弟肇 …… 1481
从兄琪 …… 1451	**卷三百二十　列传第七十九**
卷三百一十三　列传第七十二	蔡襄 …… 1481
富弼 …… 1451	吕溱 …… 1482
子绍庭 …… 1453	王素 …… 1483
文彦博 …… 1453	从子靖 …… 1483
卷三百一十四　列传第七十三	从孙震 …… 1484
范仲淹 …… 1455	余靖 …… 1484
子纯祐　纯礼　纯粹 …… 1457	彭思永 …… 1485
范纯仁 …… 1458	张存 …… 1485
子正平 …… 1461	**卷三百二十一　列传第八十**
卷三百一十五　列传第七十四	郑獬 …… 1486
韩亿 …… 1461	陈襄 …… 1486
子综 …… 1462	钱公辅 …… 1486
韩绛 …… 1462	孙洙 …… 1487
子宗师 …… 1463	丰稷 …… 1487
韩维 …… 1463	吕诲 …… 1488
韩缜 …… 1464	刘述 …… 1489
子宗武 …… 1464	刘琦 …… 1489
卷三百一十六　列传第七十五	钱顗 …… 1489
包拯 …… 1465	郑侠 …… 1489
吴奎 …… 1465	**卷三百二十二　列传第八十一**
赵抃 …… 1466	何郯 …… 1490
子屼 …… 1467	吴中复 …… 1491
唐介 …… 1467	从孙择仁 …… 1491
子淑问　义问 …… 1468	陈荐 …… 1491
孙恕 …… 1468	王猎 …… 1491
卷三百一十七　列传第七十六	孙思恭 …… 1492
邵亢 …… 1469	周孟阳 …… 1492
从父必 …… 1469	齐恢 …… 1492
冯京 …… 1469	杨绘 …… 1492
钱惟演 …… 1470	刘庠 …… 1492
从弟易 …… 1470	朱京 …… 1493
易子彦远　明逸 …… 1471	**卷三百二十三　列传第八十二**
诸孙景谌　从孙勰　从子即 …… 1471	蔚昭敏 …… 1493
卷三百一十八　列传第七十七	高化 …… 1493
张方平 …… 1472	周美 …… 1494
王拱辰 …… 1474	阎守恭 …… 1494
张昪 …… 1474	孟元 …… 1494
赵概 …… 1475	刘谦 …… 1494
胡宿 …… 1475	赵振 …… 1494
子宗炎 …… 1476	子珣 …… 1495
从子宗愈　宗回 …… 1476	张忠 …… 1495
卷三百一十九　列传第七十八	范恪 …… 1495
欧阳修 …… 1477	马怀德 …… 1495
子发　棐 …… 1478	安俊 …… 1496

向宝 …… 1496	蔡挺 …… 1517
卷三百二十四　列传第八十三	兄抗 …… 1518
石普 …… 1496	王韶 …… 1518
张孜 …… 1497	子厚　寀 …… 1519
许怀德 …… 1497	薛向 …… 1520
李允则 …… 1498	子嗣昌 …… 1520
张亢 …… 1499	章楶 …… 1520
兄奎 …… 1501	**卷三百二十九　列传第八十八**
刘文质 …… 1501	常秩 …… 1521
子涣　沪 …… 1501	邓绾 …… 1522
赵滋 …… 1502	子洵武 …… 1522
卷三百二十五　列传第八十四	李定 …… 1523
刘平 …… 1502	舒亶 …… 1523
弟兼济 …… 1503	蹇周辅 …… 1523
郭遵附 …… 1504	子序辰 …… 1524
任福 …… 1504	徐铎 …… 1524
王珪 …… 1504	王广渊 …… 1524
武英 …… 1504	弟临 …… 1524
桑怿 …… 1505	王陶 …… 1525
耿傅 …… 1505	王子韶 …… 1525
王仲宝附 …… 1505	何正臣 …… 1525
卷三百二十六　列传第八十五	陈绎 …… 1525
景泰 …… 1506	**卷三百三十　列传第八十九**
王信 …… 1506	任颛 …… 1526
蒋偕 …… 1506	李参 …… 1526
张忠 …… 1506	郭申锡 …… 1526
郭恩 …… 1507	傅求 …… 1527
张岊 …… 1507	张景宪 …… 1527
张君平 …… 1507	窦卞 …… 1527
史方 …… 1508	张瓌 …… 1527
卢鉴 …… 1508	孙瑜 …… 1528
李渭 …… 1508	许遵 …… 1528
王果 …… 1508	卢士宗 …… 1528
郭谘 …… 1508	钱象先 …… 1528
田敏 …… 1509	韩璹 …… 1528
侍其曙 …… 1509	杜纯 …… 1529
康德舆 …… 1510	弟纮 …… 1529
张昭远 …… 1510	杜常 …… 1529
卷三百二十七　列传第八十六	谢麟 …… 1529
王安石 …… 1510	王宗望 …… 1530
子雱 …… 1513	王吉甫 …… 1530
唐坰附 …… 1513	**卷三百三十一　列传第九十**
王安礼 …… 1513	孙长卿 …… 1530
王安国 …… 1514	周沆 …… 1530
卷三百二十八　列传第八十七	李中师 …… 1531
李清臣 …… 1514	罗拯 …… 1531
安焘 …… 1515	马仲甫 …… 1531
张璪 …… 1516	王居卿 …… 1531
蒲宗孟 …… 1516	孙构 …… 1532
黄履 …… 1517	张诜 …… 1532

苏寀 …… 1532	杨仲元 …… 1545
马从先 …… 1532	余良肱 …… 1545
沈遘 …… 1532	潘夙 …… 1546
弟辽 …… 1532	**卷三百三十四　列传第九十三**
从弟括 …… 1533	徐禧 …… 1546
李大临 …… 1533	李稷附 …… 1547
吕夏卿 …… 1534	高永能 …… 1547
祖无择 …… 1534	沈起 …… 1547
程师孟 …… 1534	刘彝 …… 1548
张问 …… 1534	熊本 …… 1548
陈舜俞 …… 1535	萧注 …… 1548
乐京 …… 1535	陶弼 …… 1549
刘蒙附 …… 1535	林广 …… 1549
苗时中 …… 1535	**卷三百三十五　列传第九十四**
韩赟 …… 1535	种世衡 …… 1550
楚建中 …… 1536	子古　谔　谊 …… 1551
张颉 …… 1536	孙朴　师道　师中 …… 1552
卢革 …… 1536	**卷三百三十六　列传第九十五**
子秉 …… 1536	司马光 …… 1553
卷三百三十二　列传第九十一	子康 …… 1556
滕元发 …… 1537	吕公著 …… 1557
李师中 …… 1537	子希哲　希纯 …… 1558
陆诜 …… 1538	**卷三百三十七　列传第九十六**
子师闵 …… 1539	范镇 …… 1559
赵禼 …… 1539	从子百禄 …… 1560
孙路 …… 1540	从孙祖禹 …… 1561
游师雄 …… 1540	**卷三百三十八　列传第九十七**
穆衍 …… 1540	苏轼 …… 1563
卷三百三十三　列传第九十二	子过 …… 1566
杨佐 …… 1541	**卷三百三十九　列传第九十八**
李兑 …… 1541	苏辙 …… 1567
从弟先 …… 1541	族孙元老 …… 1570
沈立 …… 1542	**卷三百四十　列传第九十九**
张揆 …… 1542	吕大防 …… 1571
张煮 …… 1542	兄大忠 …… 1572
俞充 …… 1542	弟大钧　大临 …… 1572
刘瑾 …… 1543	刘挚 …… 1573
阎询 …… 1543	苏颂 …… 1575
葛宫 …… 1543	**卷三百四十一　列传第一百**
弟密 …… 1543	王存 …… 1577
张田 …… 1543	孙固 …… 1578
荣諲 …… 1543	赵瞻 …… 1579
李载 …… 1544	傅尧俞 …… 1579
姚涣 …… 1544	**卷三百四十二　列传第一百一**
朱景 …… 1544	梁焘 …… 1581
子光庭 …… 1544	王岩叟 …… 1581
李琮 …… 1544	郑雍 …… 1583
朱寿隆 …… 1544	孙永 …… 1584
卢士宏 …… 1545	**卷三百四十三　列传第一百二**
单煦 …… 1545	元绛 …… 1584

许将	1585
邓润甫	1586
林希	1586
弟旦	1586
蒋之奇	1587
陆佃	1587
吴居厚	1588
温益	1588
卷三百四十四　列传第一百三	
孙觉	1589
弟览	1589
李常	1590
孔文仲	1590
弟武仲　平仲	1590
李周	1591
鲜于侁	1591
顾临	1592
李之纯	1592
从弟之仪	1592
王觌	1592
子俊义	1593
马默	1593
卷三百四十五　列传第一百四	
刘安世	1594
邹浩	1595
田昼	1596
王回	1596
曾诞附	1596
陈瓘	1596
任伯雨	1597
卷三百四十六　列传第一百五	
陈次升	1598
陈师锡	1598
彭汝砺	1599
弟汝霖　汝方	1599
吕陶	1600
张庭坚	1600
龚夬	1601
孙谔	1601
陈轩	1601
江公望	1601
陈祐	1602
常安民	1602
卷三百四十七　列传第一百六	
孙鼛	1603
吴时	1603
李昭玘	1603
吴师礼	1604
王汉之	1604
弟涣之	1604
黄廉	1604
朱服	1605
张舜民	1605
盛陶	1605
章衡	1605
颜复	1606
孙升	1606
韩川	1606
龚鼎臣	1606
郑穆	1607
席旦	1607
乔执中	1607
卷三百四十八　列传第一百七	
傅楫	1608
沈畸	1608
萧服附	1608
徐勣	1609
张汝明	1609
黄葆光	1609
石公弼	1610
张克公附	1610
毛注	1611
洪彦昇	1611
钟传	1611
陶节夫	1612
毛渐	1612
王祖道	1612
张庄	1612
赵遹	1613
卷三百四十九　列传第一百八	
郝质	1614
贾逵	1614
窦舜卿	1614
刘昌祚	1614
卢政	1615
燕达	1615
姚兕	1615
弟麟	1616
子雄　古	1616
杨燧	1616
刘舜卿	1616
宋守约	1617
子球	1617
卷三百五十　列传第一百九	
苗授	1617
子履	1617
王君万	1618
子赡	1618
张守约	1618
王文郁	1619

周永清	1619
刘绍能	1619
王光祖	1619
李浩	1619
和斌	1620
子诜	1620
刘仲武	1620
曲珍	1620
刘阒	1621
郭成	1621
贾嵓	1621
张整	1621
张蕴	1621
王恩	1621
杨应询	1622
赵隆	1622

卷三百五十一　列传第一百一十

赵挺之	1622
张商英	1623
兄唐英	1623
刘正夫	1624
何执中	1624
郑居中	1624
张康国	1625
朱谔	1625
刘逵	1626
林摅	1626
管师仁	1626
侯蒙	1627

卷三百五十二　列传一百十一

唐恪	1627
李邦彦	1628
余深	1628
薛昂	1628
吴敏	1628
王安中	1629
王襄	1629
赵野	1629
曹辅	1629
耿南仲	1630
王寓附	1630

卷三百五十三　列传第一百十二

何栗	1630
孙傅	1631
陈过庭	1631
张叔夜	1631
聂昌	1632
张阁	1632
张近	1633
郑仅	1633

宇文昌龄	1633
子常	1633
许几	1633
程之邵	1634
龚原	1634
崔公度	1634
蒲卣	1634

卷三百五十四　列传第一百一十三

沈铢	1635
弟锡	1635
路昌衡	1635
谢文瓘	1635
陆蕴	1635
黄寔	1635
姚祐	1636
楼异	1636
沈积中	1636
李伯宗	1636
汪澥	1636
何常	1636
叶祖洽	1637
时彦	1637
霍端友	1637
俞栗	1637
蔡薿	1637

卷三百五十五　列传第一百十四

贾易	1638
董敦逸	1638
上官均	1639
来之邵	1640
叶涛	1640
杨畏	1640
崔台符	1641
杨汲	1641
吕嘉问	1641
李南公	1641
子谵	1642
董必	1642
虞策	1642
弟奕	1642
郭知章	1643

卷三百五十六　列传第一百一十五

刘拯	1643
钱遹	1643
石豫	1644
左肤附	1644
许敦仁	1644
吴执中	1644
吴材	1644
刘昺	1645

宋乔年 ……… 1645	子云 ……… 1683
子昇 ……… 1645	**卷三百六十六　列传第一百二十五**
强渊明 ……… 1645	刘锜 ……… 1684
蔡居厚 ……… 1645	吴玠 ……… 1686
刘嗣明 ……… 1645	吴璘 ……… 1687
蒋静 ……… 1646	子挺 ……… 1688
贾伟节 ……… 1646	**卷三百六十七　列传第一百二十六**
崔鶠 ……… 1646	李显忠 ……… 1688
张根 ……… 1647	杨存中 ……… 1691
弟朴 ……… 1647	郭浩 ……… 1692
任谅 ……… 1648	杨政 ……… 1693
周常 ……… 1648	**卷三百六十八　列传第一百二十七**
卷三百五十七　列传第一百一十六	王德 ……… 1694
何灌 ……… 1648	王彦 ……… 1694
李熙靖 ……… 1649	魏胜 ……… 1695
王云 ……… 1649	张宪 ……… 1697
谭世勣 ……… 1649	杨再兴 ……… 1697
梅执礼 ……… 1650	牛皋 ……… 1697
程振 ……… 1650	胡闳休 ……… 1698
刘延庆 ……… 1651	**卷三百六十九　列传第一百二十八**
卷三百五十八　列传第一百一十七	张俊 ……… 1698
李纲上 ……… 1651	从子子盖 ……… 1700
卷三百五十九　列传第一百一十八	张宗颜 ……… 1700
李纲下 ……… 1655	刘光世 ……… 1700
卷三百六十　列传第一百一十九	王渊 ……… 1702
宗泽 ……… 1659	解元 ……… 1702
赵鼎 ……… 1661	曲端 ……… 1703
卷三百六十一　列传第一百二十	**卷三百七十　列传第一百二十九**
张浚 ……… 1663	王友直 ……… 1704
子栻 ……… 1667	李宝 ……… 1705
卷三百六十二　列传第一百二十一	成闵 ……… 1705
朱胜非 ……… 1667	赵密 ……… 1705
吕颐浩 ……… 1668	刘子羽 ……… 1706
范宗尹 ……… 1669	吕祉 ……… 1707
范致虚 ……… 1670	胡世将 ……… 1707
吕好问 ……… 1670	郑刚中 ……… 1707
卷三百六十三　列传第一百二十二	**卷三百七十一　列传第一百三十**
李光 ……… 1671	白时中 ……… 1708
子孟传 ……… 1673	徐处仁 ……… 1708
许翰 ……… 1673	冯澥 ……… 1709
许景衡 ……… 1673	王伦 ……… 1709
张悫 ……… 1674	宇文虚中 ……… 1710
张所 ……… 1674	汤思退 ……… 1711
陈禾 ……… 1674	**卷三百七十二　列传第一百三十一**
蒋猷 ……… 1675	朱倬 ……… 1711
卷三百六十四　列传第一百二十三	王纶 ……… 1711
韩世忠 ……… 1675	尹穑 ……… 1712
子彦直 ……… 1678	王之望 ……… 1712
卷三百六十五　列传第一百二十四	徐俯 ……… 1712
岳飞 ……… 1679	沈与求 ……… 1713

翟汝文 …… 1713	卷三百七十九 列传第一百三十八
王庶 …… 1714	章谊 …… 1743
辛炳 …… 1714	韩肖胄 …… 1744
卷三百七十三 列传第一百三十二	陈公辅 …… 1744
朱弁 …… 1715	张觷 …… 1745
郑望之 …… 1715	胡松年 …… 1745
张邵 …… 1716	曹勋 …… 1746
洪皓 …… 1716	李稙 …… 1746
子适 遵 迈 …… 1717	韩公裔 …… 1747
卷三百七十四 列传第一百三十三	卷三百八十 列传第一百三十九
张九成 …… 1720	何铸 …… 1747
胡铨 …… 1721	王次翁 …… 1748
廖刚 …… 1723	范同 …… 1748
李迨 …… 1723	杨愿 …… 1749
赵开 …… 1724	楼炤 …… 1749
卷三百七十五 列传第一百三十四	勾龙如渊 …… 1749
邓肃 …… 1725	薛弼 …… 1750
李邴 …… 1726	罗汝楫 …… 1751
滕康 …… 1727	子愿附 …… 1751
张守 …… 1727	萧振 …… 1751
富直柔 …… 1729	卷三百八十一 列传第一百四十
冯康国 …… 1729	范如圭 …… 1752
卷三百七十六 列传第一百三十五	吴表臣 …… 1752
常同 …… 1729	王居正 …… 1753
张致远 …… 1730	晏敦复 …… 1754
薛徽言 …… 1731	黄龟年 …… 1754
陈渊 …… 1731	程瑀 …… 1755
魏矼 …… 1731	张阐 …… 1755
潘良贵 …… 1732	洪拟 …… 1756
吕本中 …… 1732	赵逵 …… 1757
卷三百七十七 列传第一百三十六	卷三百八十二 列传第一百四十一
向子諲 …… 1733	张焘 …… 1757
陈规 …… 1734	黄中 …… 1759
季陵 …… 1734	孙道夫 …… 1760
卢知原 …… 1735	曾幾 …… 1760
弟法原 …… 1735	兄开 …… 1760
陈桷 …… 1736	勾涛 …… 1761
李璆 …… 1736	李弥逊 …… 1762
李朴 …… 1736	弟弥大 …… 1762
王庠 …… 1737	卷三百八十三 列传第一百四十二
王衣 …… 1737	陈俊卿 …… 1763
卷三百七十八 列传第一百三十七	虞允文 …… 1764
卫肤敏 …… 1738	辛次膺 …… 1767
刘珏 …… 1738	卷三百八十四 列传第一百四十三
胡舜陟 …… 1739	陈康伯 …… 1768
沈晦 …… 1740	梁克家 …… 1769
刘一止 …… 1740	汪澈 …… 1769
弟宁止 …… 1741	叶义问 …… 1770
胡交修 …… 1741	蒋芾 …… 1770
綦崇礼 …… 1742	叶颙 …… 1770

葉衡 …… 1771

卷三百八十五　列传第一百四十四
　葛邲 …… 1772
　钱端礼 …… 1772
　魏杞 …… 1773
　周葵 …… 1773
　施师点 …… 1774
　萧燧 …… 1774
　龚茂良 …… 1775

卷三百八十六　列传第一百四十五
　刘珙 …… 1776
　王蔺 …… 1777
　黄祖舜 …… 1777
　王大宝 …… 1778
　金安节 …… 1778
　王刚中 …… 1779
　李彦颖 …… 1779
　范成大 …… 1780

卷三百八十七　列传第一百四十六
　黄洽 …… 1781
　汪应辰 …… 1782
　王十朋 …… 1783
　吴芾 …… 1784
　陈良翰 …… 1785
　杜莘老 …… 1785

卷三百八十八　列传第一百四十七
　周执羔 …… 1786
　王希吕 …… 1787
　陈良祐 …… 1787
　李浩 …… 1787
　陈橐 …… 1788
　胡沂 …… 1789
　唐文若 …… 1789
　李焘 …… 1790

卷三百八十九　列传第一百四十八
　尤袤 …… 1791
　谢谔 …… 1793
　颜师鲁 …… 1793
　袁枢 …… 1794
　李椿 …… 1794
　刘仪凤 …… 1795
　张孝祥 …… 1795

卷三百九十　列传第一百四十九
　李衡 …… 1796
　王自中 …… 1796
　家愿 …… 1797
　张纲 …… 1797
　张大经 …… 1797
　蔡洸 …… 1798
　莫濛 …… 1798

　周淙 …… 1798
　刘章 …… 1799
　沈作宾 …… 1799

卷三百九十一　列传第一百五十
　周必大 …… 1800
　留正 …… 1801
　胡晋臣 …… 1802

卷三百九十二　列传第一百五十一
　赵汝愚 …… 1803
　　子崇宪 …… 1805

卷三百九十三　列传第一百五十二
　彭龟年 …… 1806
　黄裳 …… 1807
　罗点 …… 1808
　黄度 …… 1809
　　周南附 …… 1810
　林大中 …… 1810
　陈骙 …… 1811
　黄黼 …… 1811
　詹体仁 …… 1811

卷三百九十四　列传第一百五十三
　胡纮 …… 1812
　何澹 …… 1812
　林栗 …… 1812
　高文虎 …… 1814
　陈自强 …… 1814
　郑丙 …… 1814
　京镗 …… 1815
　谢深甫 …… 1815
　许及之 …… 1816
　梁汝嘉 …… 1816

卷三百九十五　列传第一百五十四
　楼钥 …… 1816
　李大性 …… 1817
　任希夷 …… 1817
　徐应龙 …… 1818
　庄夏 …… 1818
　王阮 …… 1818
　王质 …… 1819
　陆游 …… 1819
　方信孺 …… 1819
　王柟 …… 1820

卷三百九十六　列传第一百五十五
　史浩 …… 1820
　王淮 …… 1821
　赵雄 …… 1822
　权邦彦 …… 1823
　程松 …… 1823
　陈谦 …… 1823
　张岩 …… 1824

卷三百九十七　列传第一百五十六
　徐谊 …………………………… 1824
　吴猎 …………………………… 1824
　项安世 ………………………… 1825
　薛叔似 ………………………… 1826
　刘甲 …………………………… 1826
　杨辅 …………………………… 1827
　刘光祖 ………………………… 1827
卷三百九十八　列传第一百五十七
　余端礼 ………………………… 1828
　李壁 …………………………… 1829
　丘崈 …………………………… 1830
　倪思 …………………………… 1830
　宇文绍节 ……………………… 1831
　李蘩 …………………………… 1831
卷三百九十九　列传第一百五十八
　郑毅 …………………………… 1832
　　王庭秀附 …………………… 1832
　仇悆 …………………………… 1833
　高登 …………………………… 1834
　娄寅亮 ………………………… 1834
　宋汝为 ………………………… 1835
卷四百　　列传第一百五十九
　王信 …………………………… 1835
　汪大猷 ………………………… 1836
　袁燮 …………………………… 1837
　吴柔胜 ………………………… 1837
　游仲鸿 ………………………… 1838
　李祥 …………………………… 1838
　王介 …………………………… 1838
　宋德之 ………………………… 1839
　杨大全 ………………………… 1839
卷四百一　列传第一百六十
　辛弃疾 ………………………… 1840
　何异 …………………………… 1841
　刘宰 …………………………… 1841
　刘爚 …………………………… 1842
　柴中行 ………………………… 1842
　李孟传 ………………………… 1843
卷四百二　列传第一百六十一
　陈敏 …………………………… 1844
　张诏 …………………………… 1844
　毕再遇 ………………………… 1844
　安丙 …………………………… 1845
　杨巨源 ………………………… 1847
　李好义 ………………………… 1847
卷四百三　列传第一百六十二
　赵方 …………………………… 1848
　贾涉 …………………………… 1849
　扈再兴 ………………………… 1850
　孟宗政 ………………………… 1850
　张威 …………………………… 1851
卷四百四　列传第一百六十三
　汪若海 ………………………… 1851
　张运 …………………………… 1852
　柳约 …………………………… 1852
　李舜臣 ………………………… 1853
　孙逢吉 ………………………… 1853
　章颖 …………………………… 1853
　商飞卿 ………………………… 1854
　刘颖 …………………………… 1854
　徐邦宪 ………………………… 1854
卷四百五　列传第一百六十四
　李宗勉 ………………………… 1855
　袁甫 …………………………… 1856
　刘黻 …………………………… 1857
　王居安 ………………………… 1858
卷四百六　列传第一百六十五
　崔与之 ………………………… 1860
　洪咨夔 ………………………… 1861
　许奕 …………………………… 1862
　陈居仁 ………………………… 1863
　　子卓 ………………………… 1864
　刘汉弼 ………………………… 1864
卷四百七　列传第一百六十六
　杜范 …………………………… 1864
　杨简 …………………………… 1867
　　钱时附 ……………………… 1868
　张虙 …………………………… 1868
　吕午 …………………………… 1868
　　子沆 ………………………… 1869
卷四百八　列传第一百六十七
　吴昌裔 ………………………… 1869
　汪纲 …………………………… 1870
　陈宓 …………………………… 1871
　王霆 …………………………… 1872
卷四百九　列传第一百六十八
　高定子 ………………………… 1872
　高斯得 ………………………… 1874
　张忠恕 ………………………… 1875
　唐璘 …………………………… 1876
卷四百一十　列传第一百六十九
　娄机 …………………………… 1876
　沈焕 …………………………… 1877
　　舒璘附 ……………………… 1877
　曹彦约 ………………………… 1878
　范应铃 ………………………… 1879
　徐经孙 ………………………… 1879
卷四百一十一　列传第一百七十
　汤璹 …………………………… 1880

蒋重珍	1880	范钟	1910
牟子才	1880	游似	1910
朱貔孙	1882	赵葵	1910
欧阳守道	1883	兄范	1912

卷四百一十二　列传第一百七十一
- 孟珙 …… 1883
- 杜杲 …… 1886
- 　子庶 …… 1887
- 王登 …… 1887
- 杨掞 …… 1887
- 张惟孝 …… 1887
- 陈咸 …… 1888

卷四百一十三　列传第一百七十二
- 赵汝谈 …… 1888
- 赵汝谠 …… 1889
- 赵希馆 …… 1889
- 赵彦呐 …… 1890
- 赵善湘 …… 1890
- 赵与懽 …… 1890
- 赵必愿 …… 1891

卷四百一十四　列传第一百七十三
- 史弥远 …… 1893
- 郑清之 …… 1894
- 史嵩之 …… 1895
- 董槐 …… 1896
- 叶梦鼎 …… 1897
- 马廷鸾 …… 1898

卷四百一十五　列传第一百七十四
- 傅伯成 …… 1898
- 葛洪 …… 1899
- 曾三复 …… 1899
- 黄畴若 …… 1900
- 袁韶 …… 1901
- 危稹 …… 1901
- 程公许 …… 1901
- 罗必元 …… 1903
- 王遂 …… 1903

卷四百一十六　列传第一百七十五
- 吴渊 …… 1903
- 余玠 …… 1904
- 汪立信 …… 1905
- 向士璧 …… 1906
- 胡颖 …… 1906
- 冷应澂 …… 1906
- 曹叔远 …… 1907
- 　从子豳 …… 1907
- 王万 …… 1907
- 马光祖 …… 1908

卷四百一十七　列传第一百七十六
- 乔行简 …… 1908

　谢方叔 …… 1913

卷四百一十八　列传第一百七十七
- 吴潜 …… 1914
- 程元凤 …… 1915
- 江万里 …… 1915
- 王爚 …… 1916
- 章鉴 …… 1917
- 陈宜中 …… 1917
- 文天祥 …… 1918

卷四百一十九　列传第一百七十八
- 宣缯 …… 1919
- 薛极 …… 1920
- 陈贵谊 …… 1920
- 曾从龙 …… 1920
- 郑性之 …… 1921
- 李鸣复 …… 1921
- 邹应龙 …… 1921
- 余天锡 …… 1921
- 许应龙 …… 1921
- 林略 …… 1922
- 徐荣叟 …… 1922
- 别之杰 …… 1922
- 刘伯正 …… 1922
- 金渊 …… 1923
- 李性传 …… 1923
- 陈𬱖 …… 1923
- 　崔福附 …… 1924

卷四百二十　列传第一百七十九
- 王伯大 …… 1924
- 郑寀 …… 1925
- 应𣽎 …… 1925
- 徐清叟 …… 1925
- 李曾伯 …… 1926
- 王野 …… 1926
- 蔡抗 …… 1926
- 张磻 …… 1926
- 马天骥 …… 1927
- 朱熠 …… 1927
- 饶虎臣 …… 1927
- 戴庆炣 …… 1927
- 皮龙荣 …… 1927
- 沈炎 …… 1927

卷四百二十一　列传第一百八十
- 杨栋 …… 1928
- 姚希得 …… 1928
- 包恢 …… 1929

常挺 …………………………………… 1929
　陈宗礼 ………………………………… 1930
　常楙 …………………………………… 1930
　家铉翁 ………………………………… 1931
　李庭芝 ………………………………… 1931
卷四百二十二　列传第一百八十一
　林勋 …………………………………… 1932
　刘才邵 ………………………………… 1932
　许忻 …………………………………… 1932
　应孟明 ………………………………… 1933
　曾三聘 ………………………………… 1933
　徐侨 …………………………………… 1934
　度正 …………………………………… 1934
　程珌 …………………………………… 1934
　牛大年 ………………………………… 1934
　陈仲微 ………………………………… 1935
　梁成大 ………………………………… 1935
　李知孝 ………………………………… 1935
卷四百二十三　列传第一百八十二
　吴泳 …………………………………… 1936
　徐范 …………………………………… 1936
　李韶 …………………………………… 1937
　王迈 …………………………………… 1938
　史弥巩 ………………………………… 1938
　陈埙 …………………………………… 1939
　　子蒙 ………………………………… 1940
　赵与𥮅 ………………………………… 1940
　李大同 ………………………………… 1940
　黄䋍 …………………………………… 1940
　杨大异 ………………………………… 1940
卷四百二十四　列传第一百八十三
　陆持之 ………………………………… 1941
　徐鹿卿 ………………………………… 1941
　赵逢龙 ………………………………… 1942
　赵汝腾 ………………………………… 1942
　孙梦观 ………………………………… 1942
　洪天锡 ………………………………… 1942
　黄师雍 ………………………………… 1943
　徐元杰 ………………………………… 1944
　孙子秀 ………………………………… 1944
　李伯玉 ………………………………… 1945
卷四百二十五　列传第一百八十四
　刘应龙 ………………………………… 1945
　潘牥 …………………………………… 1946
　洪芹 …………………………………… 1946
　赵景纬 ………………………………… 1946
　冯去非 ………………………………… 1947
　徐霖 …………………………………… 1947
　徐宗仁 ………………………………… 1948
　危昭德 ………………………………… 1948

　陈垲 …………………………………… 1948
　杨文仲 ………………………………… 1948
　谢枋得 ………………………………… 1949
卷四百二十六　列传第一百八十五
　循吏
　陈靖 …………………………………… 1950
　张纶 …………………………………… 1951
　邵晔 …………………………………… 1951
　崔立 …………………………………… 1951
　鲁有开 ………………………………… 1951
　张逸 …………………………………… 1952
　吴遵路 ………………………………… 1952
　赵尚宽 ………………………………… 1952
　高赋 …………………………………… 1952
　程师孟 ………………………………… 1953
　韩晋卿 ………………………………… 1953
　叶康直 ………………………………… 1953
卷四百二十七　列传第一百八十六
　道学一
　周敦颐 ………………………………… 1954
　程颢 …………………………………… 1954
　程颐 …………………………………… 1955
　张载 …………………………………… 1957
　　弟戬 ………………………………… 1957
　邵雍 …………………………………… 1957
卷四百二十八　列传第一百八十七
　道学二　程氏门人
　刘绚 …………………………………… 1958
　李籲 …………………………………… 1958
　谢良佐 ………………………………… 1958
　游酢 …………………………………… 1958
　张绎 …………………………………… 1958
　苏昞 …………………………………… 1958
　尹焞 …………………………………… 1958
　杨时 …………………………………… 1959
　罗从彦 ………………………………… 1961
　李侗 …………………………………… 1961
卷四百二十九　列传第一百八十八
　道学三
　朱熹 …………………………………… 1962
　张栻 …………………………………… 1966
卷四百三十　列传第一百八十九
　道学四　朱氏门人
　黄榦 …………………………………… 1968
　李燔 …………………………………… 1969
　张洽 …………………………………… 1969
　陈淳 …………………………………… 1970
　李方子 ………………………………… 1971
　黄灏 …………………………………… 1971
卷四百三十一　列传第一百九十

儒林一
　　聂崇义 …………………………… 1971
　　邢昺 ……………………………… 1972
　　孙奭 ……………………………… 1973
　　王昭素 …………………………… 1974
　　孔维 ……………………………… 1975
　　孔宜 ……………………………… 1975
　　崔颂 ……………………………… 1976
　　　子昫 …………………………… 1976
　　尹拙 ……………………………… 1976
　　田敏 ……………………………… 1977
　　辛文悦 …………………………… 1977
　　李觉 ……………………………… 1977
　　崔颐正 …………………………… 1977
　　　弟偓佺 ………………………… 1978
　　李之才 …………………………… 1978
卷四百三十二　列传第一百九十一
　儒林二
　　胡旦 ……………………………… 1978
　　贾同 ……………………………… 1979
　　刘颜 ……………………………… 1979
　　高弁 ……………………………… 1979
　　孙复 ……………………………… 1979
　　石介 ……………………………… 1979
　　胡瑗 ……………………………… 1980
　　刘羲叟 …………………………… 1980
　　林概 ……………………………… 1981
　　李觏 ……………………………… 1981
　　何涉 ……………………………… 1981
　　王回 ……………………………… 1982
　　　弟向 …………………………… 1982
　　周尧卿 …………………………… 1982
　　王当 ……………………………… 1983
　　陈旸 ……………………………… 1983
卷四百三十三　列传第一百九十二
　儒林三
　　邵伯温 …………………………… 1983
　　喻樗 ……………………………… 1984
　　洪兴祖 …………………………… 1984
　　高闶 ……………………………… 1984
　　程大昌 …………………………… 1985
　　林之奇 …………………………… 1985
　　林光朝 …………………………… 1985
　　杨万里 …………………………… 1986
卷四百三十四　列传第一百九十三
　儒林四
　　刘子翚 …………………………… 1987
　　吕祖谦 …………………………… 1988
　　蔡元定 …………………………… 1988
　　　子沉 …………………………… 1989
　　陆九龄 …………………………… 1989
　　　兄九韶 ………………………… 1989
　　陆九渊 …………………………… 1989
　　薛季宣 …………………………… 1990
　　陈傅良 …………………………… 1991
　　叶适 ……………………………… 1991
　　戴溪 ……………………………… 1993
　　蔡幼学 …………………………… 1993
　　杨泰之 …………………………… 1994
卷四百三十五　列传第一百九十四
　儒林五
　　范冲 ……………………………… 1994
　　朱震 ……………………………… 1995
　　胡安国 …………………………… 1995
　　　子寅　宏　宁 ………………… 1997
卷四百三十六　列传第一百九十五
　儒林六
　　陈亮 ……………………………… 1999
　　郑樵 ……………………………… 2003
　　　林霆附 ………………………… 2003
　　李道传 …………………………… 2003
卷四百三十七　列传第一百九十六
　儒林七
　　程迥 ……………………………… 2003
　　刘清之 …………………………… 2004
　　真德秀 …………………………… 2005
　　魏了翁 …………………………… 2007
　　廖德明 …………………………… 2008
卷四百三十八　列传第一百九十七
　儒林八
　　汤汉 ……………………………… 2009
　　何基 ……………………………… 2010
　　王柏 ……………………………… 2010
　　徐梦莘 …………………………… 2010
　　　弟得之　从子天麟 …………… 2011
　　李心传 …………………………… 2011
　　叶味道 …………………………… 2011
　　王应麟 …………………………… 2011
　　黄震 ……………………………… 2012
卷四百三十九　列传第一百九十八
　文苑一
　　宋白 ……………………………… 2013
　　梁周翰 …………………………… 2014
　　朱昂 ……………………………… 2015
　　赵邻幾 …………………………… 2016
　　　何承裕附 ……………………… 2016
　　郑起 ……………………………… 2016
　　　郭昱 …………………………… 2016
　　马应 ……………………………… 2016
　　和岘 ……………………………… 2016

弟嵘 …………………………………… 2017
　　冯吉 …………………………………… 2017
卷四百四十　列传第一百九十九
　文苑二
　　高颊 …………………………………… 2017
　　李度 …………………………………… 2018
　　韩溥 …………………………………… 2018
　　鞠常 …………………………………… 2018
　　宋准 …………………………………… 2018
　　柳开 …………………………………… 2018
　　夏侯嘉正 ……………………………… 2019
　　罗处约 ………………………………… 2020
　　安德裕 ………………………………… 2021
　　钱熙 …………………………………… 2021
卷四百四十一　列传第二百
　文苑三
　　陈充 …………………………………… 2022
　　吴淑 …………………………………… 2022
　　　舒雅 ………………………………… 2022
　　黄夷简 ………………………………… 2022
　　　卢稹 ………………………………… 2022
　　　谢炎 ………………………………… 2023
　　　许洞附 ……………………………… 2023
　　徐铉 …………………………………… 2023
　　句中正 ………………………………… 2024
　　曾致尧 ………………………………… 2024
　　刁衎 …………………………………… 2024
　　姚铉 …………………………………… 2025
　　李建中 ………………………………… 2025
　　洪湛 …………………………………… 2025
　　路振 …………………………………… 2026
　　崔遵度 ………………………………… 2027
　　陈越 …………………………………… 2028
卷四百四十二　列传第二百一
　文苑四
　　穆修 …………………………………… 2028
　　石延年 ………………………………… 2028
　　　刘潜附 ……………………………… 2028
　　萧贯 …………………………………… 2028
　　苏舜钦 ………………………………… 2029
　　尹源 …………………………………… 2031
　　黄亢 …………………………………… 2031
　　黄鉴 …………………………………… 2032
　　杨蟠 …………………………………… 2032
　　颜太初 ………………………………… 2032
　　郭忠恕 ………………………………… 2032
卷四百四十三　列传第二百二
　文苑五
　　梅尧臣 ………………………………… 2032
　　江休复 ………………………………… 2032
　　苏洵 …………………………………… 2033
　　章望之 ………………………………… 2034
　　王逢 …………………………………… 2034
　　孙唐卿 ………………………………… 2034
　　黄庠 …………………………………… 2034
　　　杨寘附 ……………………………… 2034
　　唐庚 …………………………………… 2034
　　　兄伯虎 ……………………………… 2034
　　文同 …………………………………… 2034
　　杨杰 …………………………………… 2035
　　贺铸 …………………………………… 2035
　　刘泾 …………………………………… 2035
　　鲍由 …………………………………… 2035
　　黄伯思 ………………………………… 2035
卷四百四十四　列传第二百三
　文苑六
　　黄庭坚 ………………………………… 2036
　　晁补之 ………………………………… 2036
　　　弟咏之 ……………………………… 2036
　　秦观 …………………………………… 2036
　　张耒 …………………………………… 2037
　　陈师道 ………………………………… 2037
　　李廌 …………………………………… 2037
　　刘恕 …………………………………… 2037
　　王无咎 ………………………………… 2038
　　蔡肇 …………………………………… 2038
　　李格非 ………………………………… 2038
　　吕南公 ………………………………… 2038
　　郭祥正 ………………………………… 2039
　　米芾 …………………………………… 2039
　　刘诜 …………………………………… 2039
　　倪涛 …………………………………… 2039
　　李公麟 ………………………………… 2039
　　周邦彦 ………………………………… 2039
　　朱长文 ………………………………… 2039
　　刘弇 …………………………………… 2039
卷四百四十五　列传第二百四
　文苑七
　　陈与义 ………………………………… 2040
　　汪藻 …………………………………… 2040
　　叶梦得 ………………………………… 2040
　　程俱 …………………………………… 2041
　　张嵲 …………………………………… 2042
　　韩驹 …………………………………… 2042
　　朱敦儒 ………………………………… 2042
　　葛胜仲 ………………………………… 2042
　　熊克 …………………………………… 2043
　　张即之 ………………………………… 2043
　　　赵蕃附 ……………………………… 2043
卷四百四十六　列传第二百五

忠义一
　康保裔 …… 2044
　马遂 …… 2044
　董元亨 …… 2044
　曹覲 …… 2044
　　孔宗旦 …… 2045
　　赵师旦 …… 2045
　苏缄 …… 2045
　秦传序 …… 2046
　詹良臣 …… 2046
　　江仲明 …… 2046
　李若水 …… 2046
　刘韐 …… 2046
　傅察 …… 2047
　杨震 …… 2047
　　父宗闵 …… 2047
　张克戬 …… 2048
　张确 …… 2048
　朱昭 …… 2048
　史抗 …… 2048
　孙益 …… 2049
卷四百四十七　列传第二百六
　忠义二
　霍安国 …… 2049
　李涓 …… 2049
　李邈 …… 2049
　　刘翊 …… 2050
　徐揆 …… 2050
　陈遘 …… 2050
　赵不试 …… 2050
　赵令峸 …… 2051
　唐重 …… 2051
　　郭忠孝 …… 2051
　　程迪 …… 2052
　徐徽言 …… 2052
　向子韶 …… 2053
　杨邦乂 …… 2053
卷四百四十八　列传第二百七
　忠义三
　曾怘 …… 2054
　　从弟悟 …… 2054
　刘汲 …… 2054
　郑骧 …… 2054
　吕由诚 …… 2055
　郭永 …… 2055
　韩浩 …… 2056
　　朱庭杰 …… 2056
　　王允功 …… 2056
　　王荐 …… 2056
　　周中 …… 2056

　　周辛附 …… 2056
　欧阳珣 …… 2056
　张忠辅 …… 2056
　李彦仙 …… 2056
　　邵云 …… 2056
　　吕圆登 …… 2057
　　宋炎附 …… 2057
　赵立 …… 2057
　　郑褒附 …… 2057
　　王复 …… 2057
　　王忠植 …… 2057
　　唐琦 …… 2057
　　李震 …… 2058
　　陈求道 …… 2058
卷四百四十九　列传第二百八
　忠义四
　崔纵 …… 2058
　　吴安国附 …… 2058
　林冲之 …… 2058
　　子郁 …… 2058
　　从子震　霆 …… 2058
　滕茂实 …… 2058
　魏行可 …… 2058
　　郭元迈附 …… 2059
　阎进 …… 2059
　　朱勣附 …… 2059
　赵师㮣 …… 2059
　易青 …… 2059
　胡斌 …… 2059
　范旺 …… 2059
　马俊 …… 2059
　杨震仲 …… 2059
　　史次秦 …… 2059
　　郭靖附 …… 2059
　高稼 …… 2060
　曹友闻 …… 2060
　陈寅 …… 2061
　　贾子坤 …… 2061
　　刘锐 …… 2062
　蹇彝 …… 2062
　　何充附 …… 2062
　许彪孙 …… 2062
　张桂 …… 2062
　金文德 …… 2062
　曹赣 …… 2062
　胡世全 …… 2062
　庞彦海 …… 2062
　　江彦清附 …… 2062
　陈隆之 …… 2062
　　史季俭附 …… 2062

王翊 …… 2062
　　李诚之 …… 2062
　　　秦钜附 …… 2063
卷四百五十　列传第二百九
　忠义五
　　陈元桂 …… 2063
　　张顺 …… 2063
　　　张贵 …… 2063
　　范天顺 …… 2064
　　牛富 …… 2064
　　边居谊 …… 2064
　　陈炤 …… 2064
　　　王安节 …… 2064
　　尹玉 …… 2064
　　李芾 …… 2064
　　尹毂 …… 2065
　　　杨霆 …… 2065
　　赵卯发 …… 2066
　　唐震 …… 2066
　　赵与檡 …… 2066
　　　赵孟锦 …… 2066
　　赵淮 …… 2066
卷四百五十一　列传第二百一十
　忠义六
　　赵良淳 …… 2067
　　　徐道隆 …… 2067
　　姜才 …… 2067
　　马墍 …… 2068
　　密佑 …… 2068
　　张世杰 …… 2068
　　陆秀夫 …… 2069
　　刘鼎孙 …… 2069
　　徐应镳 …… 2069
　　陈文龙 …… 2069
　　邓得遇 …… 2070
　　张珏 …… 2070
卷四百五十二　列传第二百一十一
　忠义七
　　高敏 …… 2071
　　张吉 …… 2071
　　景思忠 …… 2071
　　　弟思立 …… 2071
　　王奇 …… 2071
　　蒋兴祖 …… 2071
　　郭浒 …… 2071
　　吴革 …… 2072
　　李翼 …… 2072
　　阮骏 …… 2072
　　赵士隆 …… 2072
　　　士㒟 …… 2072
　　　士真 …… 2072
　　　士逌 …… 2072
　　　士跂 …… 2072
　　　叔皎 …… 2072
　　　叔凭 …… 2072
　　　训之 …… 2072
　　　聿之 …… 2073
　　陈淬 …… 2073
　　黄友 …… 2073
　　郝仲连 …… 2073
　　刘惟辅 …… 2073
　　牛皓 …… 2073
　　魏彦明 …… 2074
　　刘士英 …… 2074
　　翟兴 …… 2074
　　　弟进 …… 2074
　　朱跸 …… 2074
　　　朱良 …… 2075
　　方允武 …… 2075
　　龚楫 …… 2075
　　　李亘 …… 2075
　　凌唐佐 …… 2075
　　杨粹中 …… 2075
　　彊霓 …… 2075
　　康杰 …… 2075
　　李伸 …… 2075
　　郭僎 …… 2075
　　　郭赞 …… 2075
　　　王进 …… 2075
　　　吴从龙 …… 2075
　　司马梦求 …… 2075
　　林空斋 …… 2075
　　黄介 …… 2076
　　孙益 …… 2076
　　王仙 …… 2076
　　吴楚材 …… 2076
　　李成大 …… 2076
　　陶居仁 …… 2076
卷四百五十三　列传第二百一十二
　忠义八
　　高永年 …… 2076
　　鞠嗣复 …… 2077
　　宋旅 …… 2077
　　丁仲修 …… 2077
　　项德 …… 2077
　　孙昭远 …… 2077
　　曾孝序 …… 2077
　　赵伯振 …… 2077
　　王士言 …… 2077
　　祝公明 …… 2077

薛庆	2077	王孝忠	2082
孙晖	2078	高应松	2082
李靓	2078	张山翁	2082
杨照	2078	黄申	2082
丁元	2078	陈奎	2082
宋昌祚	2078	萧雷龙	2083
李政	2078	宋应龙	2083
姜绶	2078	褚一正	2083
刘宣	2078	邹㳌	2083
屈坚	2078	刘子俊	2083
王琦	2078	刘沐	2083
韦永寿	2078	孙栗	2083
郑覃	2078	彭震龙	2083
姚兴	2078	萧焘夫	2083
张玘	2079	陈继周	2083
陈亨祖	2079	陈龙复	（缺文）
王拱	2079	张镗	（缺文）
刘泰	2079	张云	（缺文）
孙逢	2079	张汴	2083
李熙靖	2079	吕武	2083
赵俊	2079	巩信	2083
刘化源	2079	萧明哲	2083
胡唐老	2080	杜浒	2083
王俦	2080	林琦	2084
朱嗣孟	2080	萧资	2084
刘晏	2080	徐臻	2084
郑振	2080	金应	2084
孟彦卿	2080	何时	2084
高谈	2080	陈子敬	2084
连万夫	2081	刘士昭	2084
谢皋	2081	王士敏	2084
王大寿	2081	赵孟垒	2084
薛良显	2081	赵孟松	2084
唐敏求	2081	卷四百五十五　列传第二百一十四	
王师道	2081	忠义十	
卷四百五十四　列传第二百一十三		陈东	2084
忠义九		欧阳澈	2085
赵时赏	2081	马伸	2085
赵希洎	2081	何兑	2086
刘子荐	2081	吕祖俭	2086
黄文政	2082	吕祖泰	2087
吕义信	2082	杨宏中	2087
钟季玉	2082	华岳	2088
潘方	2082	邓若水	2088
耿世安	2082	僧真宝	2089
丁黼	2082	莫谦之	2089
米立	2082	徐道明	2089
赵文义	2082	卷四百五十六　列传第二百一十五	
杨寿孙	2082	孝义	
侯畐	2082	李璘	2090

甄婆儿	2090
徐承珪	2090
刘孝忠	2090
吕昇	2090
王翰	2090
罗居通	2090
黄德舆	2090
齐得一	2090
李罕澄	2090
邢神留	2090
沈正	2090
许祚	2090
李琳等	2090
胡仲尧	2091
弟仲容	2091
陈兢	2091
洪文抚	2091
易延庆	2091
董道明	2091
郭琮	2091
毕赞	2091
顾忻	2091
李琼	2091
朱泰	2091
成象	2092
陈思道	2092
方纲	2092
庞天祐	2092
刘斌	2092
樊景温	2092
荣恕旻	2092
祁昢	2092
何保之	2092
李玭	2092
侯义	2092
王光济	2092
李祚等	2092
周善敏	2092
江白	2092
裴承询	2092
孙浦等	2092
常真	2093
子晏	2093
王洤等	2093
杜谊	2093
姚宗明	2093
邓中和	2093
毛安舆	2093
李访	2093
朱寿昌	2093

侯可	2093
申积中	2094
郝戭	2094
支渐	2094
邓宗古	2094
沈宣	2094
苏庆文	2094
台亨	2094
仰忻	2094
赵伯深	2094
彭瑜	2094
毛洵	2094
李筹	2094
杨芾	2094
杨庆	2094
陈宗	2095
郭义	2095
申世宁	2095
苟与龄	2095
王珠	2095
颜诩	2095
张伯威	2095
蔡定	2095
郑绮	2095
鲍宗岩	2095

卷四百五十七　列传第二百一十六

隐逸上

戚同文	2095
陈抟	2096
种放	2097
万适	2098
李渎	2098
魏野	2098
邢敦	2099
林逋	2099
高怿	2099
徐复	2099
孔旼	2099
何群	2099

卷四百五十八　列传第二百一十七

隐逸中

王樵	2100
张愈	2100
黄晞	2100
周启明	2100
代渊	2100
陈烈	2100
孙侔	2101
刘易	2101
姜潜	2101

连庶	2101
章詧	2101
俞汝尚	2101
阳孝本	2101
邓考甫	2102
宇文之邵	2102
吴瑛	2102
松江渔翁	2102
杜生	2102
顺昌山人	2103
南安翁	2103
张愈	2103

卷四百五十九　列传第二百一十八
隐逸下

徐中行	2103
苏云卿	2104
谯定	2104
王忠民	2104
刘勉之	2104
胡宪	2104
郭雍	2105
刘愚	2105
魏掞之	2105
安世通	2106

卓行

刘庭式	2106
巢谷	2106
徐积	2107
曾叔卿	2107
刘永一	2107

卷四百六十　列传第二百一十九
列女

朱娥	2107
张氏	2107
彭列女	2107
郝节娥	2107
朱氏	2108
崔氏	2108
赵氏	2108
丁氏	2108
项氏	2108
王氏二妇	2108
徐氏	2108
荣氏	2108
何氏	2108
董氏	2108
谭氏	2108
刘氏	2108
张氏	2108
师氏	2109

陈堂前	2109
节妇廖氏	2109
刘当可母	2109
曾氏妇	2109
王袤妻	2109
涂端友妻	2109
詹氏女	2109
刘生妻	2109
谢泌妻	2110
谢枋得妻	2110
王贞妇	2110
赵淮妾	2110
谭氏妇	2110
吴中孚妻	2110
吕仲洙女	2110
林老女	2110
童氏女	2110
韩氏女	2110
王氏妇	2110
刘仝子妻	2111
毛惜惜附	2111

卷四百六十一　列传第二百二十
方技上

赵修己	2111
王处讷	2111
子熙元	2111
苗训	2111
子守信	2112
马韶	2112
楚芝兰	2112
韩显符	2112
史序	2112
周克明	2113
刘翰	2113
王怀隐	2113
赵自化	2114
冯文智	2114
沙门洪蕴	2114
苏澄隐	2114
丁少微	2114
赵自然	2114

卷四百六十二　列传第二百二十一
方技下

贺兰栖真	2115
柴通玄	2115
甄栖真	2115
楚衍	2115
僧志言	2115
僧怀丙	2116
许希	2116

庞安时 …… 2116
钱乙 …… 2116
僧智缘 …… 2117
郭天信 …… 2117
魏汉津 …… 2117
王老志 …… 2117
王仔昔 …… 2117
林灵素 …… 2117
皇甫坦 …… 2118
王克明 …… 2118
莎衣道人 …… 2118
孙守荣 …… 2118

卷四百六十三 列传第二百二十二
外戚上
　杜审琦 …… 2119
　　弟审琼　审肇　审进 …… 2119
　　从子彦圭　彦钧 …… 2119
　　从孙守元 …… 2120
　　曾孙惟序 …… 2120
　贺令图 …… 2120
　　杨重进附 …… 2120
　王继勋 …… 2120
　刘知信 …… 2120
　　子承宗 …… 2121
　刘文裕 …… 2121
　刘美 …… 2121
　　子从德　从广 …… 2122
　　孙永年 …… 2122
　　马季良附 …… 2122
　郭崇仁 …… 2122
　杨景宗 …… 2122
　符惟忠 …… 2123
　柴宗庆 …… 2123
　张尧佐 …… 2123

卷四百六十四 列传第二百二十三
外戚中
　王贻永 …… 2124
　李昭亮 …… 2124
　李用和 …… 2124
　　子璋　玮　玽 …… 2125
　李遵勖 …… 2125
　　子端懿　端愿　端悫 …… 2125
　　端愿子评 …… 2126
　曹佾 …… 2126
　　从弟偕 …… 2126
　　子评　诱 …… 2126
　高遵裕 …… 2126
　　从弟遵惠 …… 2127
　　从侄士林 …… 2127
　　士林子公纪 …… 2127

　　公纪子世则 …… 2127
　向传范 …… 2127
　　从侄经　综 …… 2127
　　经子宗回　宗良 …… 2128
　张敦礼 …… 2128
　任泽 …… 2128

卷四百六十五 列传第二百二十四
外戚下
　孟忠厚 …… 2128
　韦渊 …… 2129
　钱忱 …… 2129
　邢焕 …… 2129
　潘永思 …… 2129
　吴益 …… 2129
　　弟盖 …… 2130
　　益子琚 …… 2130
　李道 …… 2130
　郑兴裔 …… 2130
　杨次山 …… 2130

卷四百六十六 列传第二百二十五
宦者一
　窦神宝 …… 2131
　王仁睿 …… 2131
　王继恩 …… 2132
　李神福 …… 2132
　　弟神祐 …… 2132
　刘承规 …… 2133
　阎承翰 …… 2133
　秦翰 …… 2134
　周怀政 …… 2134
　张崇贵 …… 2135
　张继能 …… 2135
　卫绍钦 …… 2136
　石知颙 …… 2137
　孙全彬 …… 2137
　邓守恩 …… 2137

卷四百六十七 列传第二百二十六
宦者二
　杨守珍 …… 2137
　韩守英 …… 2138
　蓝继宗 …… 2138
　张惟吉 …… 2138
　　养子若水 …… 2138
　甘昭吉 …… 2138
　卢守懃 …… 2139
　王守规 …… 2139
　李宪 …… 2139
　张茂则 …… 2139
　宋用臣 …… 2140
　王中正 …… 2140

李舜举 …… 2140
　　石得一 …… 2140
　　梁从吉 …… 2140
　　刘惟简 …… 2140
卷四百六十八　列传第二百二十七
　宦者三
　　李祥 …… 2141
　　陈衍 …… 2141
　　冯世宁 …… 2141
　　李继和 …… 2141
　　高居简 …… 2141
　　程昉 …… 2141
　　苏利涉 …… 2142
　　雷允恭 …… 2142
　　阎文应 …… 2142
　　任守忠 …… 2142
　　童贯 …… 2142
　　　方腊附 …… 2143
　　梁师成 …… 2143
　　杨戬 …… 2144
卷四百六十九　列传第二百二十八
　宦者四
　　邵成章 …… 2144
　　蓝珪 …… 2144
　　　康履附 …… 2144
　　冯益 …… 2145
　　张去为 …… 2145
　　陈源 …… 2145
　　甘昪 …… 2145
　　王德谦 …… 2146
　　关礼 …… 2146
　　董宋臣 …… 2146
卷四百七十　列传第二百二十九
　佞幸
　　弭德超 …… 2146
　　侯莫陈利用 …… 2147
　　赵赞 …… 2147
　　王黼 …… 2147
　　朱勔 …… 2148
　　王继先 …… 2148
　　曾觌 …… 2149
　　　龙大渊附 …… 2149
　　张说 …… 2149
　　王抃 …… 2150
　　姜特立 …… 2150
　　　谯熙载 附 …… 2150
卷四百七十一　列传第二百三十
　奸臣一
　　蔡确 …… 2150
　　　吴处厚 附 …… 2151

　　邢恕 …… 2152
　　吕惠卿 …… 2152
　　章惇 …… 2153
　　曾布 …… 2154
　　安惇 …… 2155
卷四百七十二　列传第二百三十一
　奸臣二
　　蔡京 …… 2155
　　　弟卞 …… 2157
　　　子攸　絛 …… 2157
　　　族子崈 …… 2158
　　赵良嗣 …… 2158
　　　张觉 …… 2158
　　　郭药师附 …… 2159
卷四百七十三　列传第二百三十二
　奸臣三
　　黄潜善 …… 2159
　　汪伯彦 …… 2160
　　秦桧 …… 2160
卷四百七十四　列传第二百三十三
　奸臣四
　　万俟卨 …… 2165
　　韩侂胄 …… 2165
　　丁大全 …… 2167
　　贾似道 …… 2167
卷四百七十五　列传第二百三十四
　叛臣上
　　张邦昌 …… 2169
　　刘豫 …… 2170
　　苗傅 …… 2172
　　　刘正彦 附 …… 2172
　　杜充 …… 2173
　　吴曦 …… 2174
卷四百七十六　列传第二百三十五
　叛臣中
　　李全上 …… 2175
卷四百七十七　列传第二百三十六
　叛臣下
　　李全下 …… 2178
卷四百七十八　列传第二百三十七
　世家一
　　南唐李氏 …… 2182
卷四百七十九　列传第二百三十八
　世家二
　　西蜀孟氏 …… 2186
卷四百八十　列传第二百三十九
　世家三
　　吴越钱氏 …… 2191
卷四百八十一　列传第二百四十
　世家四

南汉刘氏 …………………………… 2196
卷四百八十二　列传第二百四十一
　世家五
　　北汉刘氏 …………………………… 2199
卷四百八十三　列传第二百四十二
　世家六
　　湖南周氏 …………………………… 2201
　　荆南高氏 …………………………… 2202
　　漳泉留氏 …………………………… 2204
　　陈氏 ………………………………… 2204
卷四百八十四　列传第二百四十三
　周三臣
　　韩通 ………………………………… 2205
　　李筠 ………………………………… 2206
　　李重进 ……………………………… 2207
卷四百八十五　列传第二百四十四
　外国一
　　夏国上 ……………………………… 2208
卷四百八十六　列传第二百四十五
　外国二
　　夏国下 ……………………………… 2213
卷四百八十七　列传第二百四十六
　外国三
　　高丽 ………………………………… 2219
卷四百八十八　列传第二百四十七
　外国四
　　交阯 ………………………………… 2223
　　大理 ………………………………… 2227
卷四百八十九　列传第二百四十八
　外国五
　　占城 ………………………………… 2227
　　真腊 ………………………………… 2229
　　蒲甘 ………………………………… 2229
　　邈黎 ………………………………… 2229
　　三佛齐 ……………………………… 2229
　　阇婆 ………………………………… 2230
　　　南毗附 …………………………… 2231
　　勃泥 ………………………………… 2231
　　注辇 ………………………………… 2231
　　丹眉流 ……………………………… 2232
卷四百九十　列传第二百四十九
　外国六
　　天竺 ………………………………… 2232
　　于阗 ………………………………… 2233
　　高昌 ………………………………… 2234
　　回鹘 ………………………………… 2235
　　大食 ………………………………… 2235

　　层檀 ………………………………… 2236
　　龟兹 ………………………………… 2237
　　沙州 ………………………………… 2237
　　拂菻 ………………………………… 2237
卷四百九十一　列传第二百五十
　外国七
　　流求国 ……………………………… 2237
　　安定国 ……………………………… 2237
　　渤海国 ……………………………… 2238
　　日本国 ……………………………… 2238
　　党项 ………………………………… 2239
卷四百九十二　列传第二百五十一
　外国八
　　吐蕃 ………………………………… 2242
　　　唃厮啰 …………………………… 2244
　　　董毡 ……………………………… 2245
　　　阿里骨 …………………………… 2245
　　　瞎征 ……………………………… 2245
　　　赵思忠 …………………………… 2246
卷四百九十三　列传第二百五十二
　蛮夷一
　　西南溪峒诸蛮上 …………………… 2246
卷四百九十四　列传第二百五十三
　蛮夷二
　　西南溪峒诸蛮下 …………………… 2250
　　梅山峒 ……………………………… 2252
　　诚徽州 ……………………………… 2252
　　南丹州 ……………………………… 2252
卷四百九十五　列传第二百五十四
　蛮夷三
　　抚水州 ……………………………… 2253
　　广源州 ……………………………… 2255
　　黎洞 ………………………………… 2256
　　环州 ………………………………… 2257
卷四百九十六　列传第二百五十五
　蛮夷四
　　西南诸夷 …………………………… 2257
　　黎州诸蛮 …………………………… 2259
　　叙州三路蛮 ………………………… 2260
　　威茂渝州蛮 ………………………… 2260
　　黔涪施高徼外诸蛮 ………………… 2261
　　泸州蛮 ……………………………… 2261
附录：
　　进《宋史》表 ……………………… 2262
　　修史官员 …………………………… 2263
　　中书省咨文 ………………………… 2264
　　刊刻官员 …………………………… 2264

卷二百四十二　　　列传第一

后妃上

**太祖母昭宪杜太后　　太祖孝惠贺皇后
孝明王皇后　　孝章宋皇后　　太宗淑德尹皇后
懿德符皇后　　明德李皇后　　元德李皇后
真宗章怀潘皇后　　章穆郭皇后　　章献明肃刘皇后
　　李宸妃　　杨淑妃　　沈贵妃　　仁宗郭皇后
慈圣光献曹皇后　　张贵妃　　苗贵妃　　周贵妃
杨德妃　　冯贤妃　　英宗宣仁圣烈高皇后**

周人尊祖之诗曰："厥初生民，时维姜嫄。"盖推本后稷之所自出，以为王迹之所由基也。宋之兴，虽由先世积累，然至宣祖功业始大。昭宪杜后实生太祖、太宗，内助之贤，母范之正，盖有以开宋世之基业者焉。观其训太祖以《无逸》治天下，至于豫定太宗神器之传，为宗社虑，盖益远矣。厥后慈圣光献曹后拥佑两朝，宣仁圣烈高后垂帘听政，而有元祐之治。南渡而后，若高宗之以母道事隆祐，孝宗奉明慈怡愉之乐，皆足以为百王法程。宋三百余年，外无汉王氏之患，内无唐武、韦之祸，岂不卓然而可尚哉。昭宪垂裕之功，至是茂矣。旧史称昭宪性严毅，有礼法。《易》之《家人》上九曰："有孚，威如，终吉。"其是之谓欤。作《后妃传》。

太祖母昭宪杜太后，定州安喜人也。父爽，赠太师。母范氏，生五子三女，太后居长。既笄，归于宣祖。治家严毅有礼法。生邕王光济、太祖、太宗、秦王廷美、夔王光赞、燕国陈国二长公主。

周显德中，太祖为定国军节度使，封南阳郡太夫人。及太祖自陈桥还京师，人走报太后曰："点检已作天子。"太后曰："吾儿素有大志，今果然。"太祖即位，尊为皇太后。太祖拜太后于堂上，众皆贺。太后愀然不乐，左右进曰："臣闻'母以子贵'，今子为天子，胡为不乐？"太后曰："吾闻'为君难'，天子置身兆庶之上，若治得其道，则此位可尊；苟或失驭，求为匹夫不可得，是吾所以忧也。"太祖再拜曰："谨受教。"

建隆二年，太后不豫，太祖侍药饵不离左右。疾亟，召赵普入受遗命。太后因问太祖曰："汝知所以得天下乎？"太祖呜咽不能对。太后固问之，太祖曰："臣所以得天下者，皆祖考及太后之积庆也。"太后曰："不然，正由周世宗使幼儿主天下耳。使周氏有长君，天下岂为汝有乎？汝百岁后当传位于汝弟。四海至广，万几至众，能立长君，社稷之福也。"太祖顿首泣曰："敢不如教。"顾谓赵普曰："尔同记吾言，不可违也。"命普于榻前为约誓书，普于纸尾书"臣普书"。藏之金匮，命谨密宫人掌之。

太后崩于滋德殿，年六十，谥曰明宪。葬安陵，神主祔享太庙。乾德二年，更谥昭宪，合祔安陵。

太祖孝惠贺皇后，开封人。右千牛卫率府率景思长女也。性温柔恭顺，动以礼法。景思常为军校，与宣祖同居护圣营。晋开运初，宣祖为太祖聘焉。周显德三年，太祖为定国军节度使，封会稽郡夫人。生秦国晋国二公主、魏王德昭。五年，寝疾薨，年三十。建隆三年四月，诏追册为皇后。乾德二年三月，有司上谥曰孝惠。四月，葬安陵西北，神主享于别庙。神宗时，与孝章、淑德、章怀并祔太庙。

孝明王皇后，邠州新平人。彰德军节度饶第三女。孝惠崩，周显德五年，太祖为殿前都点检，聘后为继室。后恭勤不懈，仁慈御下。周世宗赐冠帔，封琅邪郡夫人。

太祖即位，建隆元年八月，册为皇后。常服宽衣，佐御膳，善弹筝鼓琴。晨起，诵佛书。事杜太后得欢心。生子女三人，皆夭。乾德元年十二月崩，年二十二。有司上谥，翰林学士窦仪撰哀册文。二年四月，葬安陵之北。神主享于别庙。太平兴国二年，祔享太庙。

孝章宋皇后，河南洛阳人，左卫上将军偓之长女也。母汉永宁公主。后幼时随母入见，周太祖赐冠帔。乾德五年，太祖召见，复赐冠帔。时偓任华州节度，后随母归镇。孝明后崩，复随母来贺长春节。开宝元年二月，遂纳入宫为皇后，年十七。性柔顺好礼，每帝视朝退，常具冠帔候接，佐御馔。太祖崩，号开宝皇后。

太平兴国二年，居西宫。雍熙四年，移居东宫。至道元年四月崩，年四十四。有司上谥，权殡普济佛舍。三年正月，祔葬永昌陵北。命吏部侍郎李至撰哀册文，神主享于别庙。神宗时，升祔太庙。

太宗淑德尹皇后，相州邺人。滁州刺史廷勋之女。兄崇珂，保信军节度。太宗在周时娶焉。早薨。及帝即位，诏追册为皇后，并谥，葬孝明陵西北。神主享于别庙，后升祔太庙。

懿德符皇后，陈州宛丘人。魏王彦卿第六女也。周显德中，归太宗。建隆初，封汝南郡夫人，进封楚国夫人。太宗封晋王，改越国。开宝八年薨，年三十四。葬安陵西北。帝即位，追册为皇后，谥懿德，享于别庙。至道三年十一月，诏有司议太宗配，宰相请以后配，诏从之。奉神主升祔太庙。后姊，周世宗后也，淳化四年殂。

明德李皇后，潞州上党人。淄州刺史处耘第二女。开宝中，太祖为太宗聘为妃。既纳币，会太祖崩，至太平兴国三年始入宫，年十九。雍熙元年十二月，诏立为皇后。后性恭谨庄肃，抚育诸子及嫔御甚厚。尝生皇子，不育。至道二年，封后嫡母吴氏为卫国太夫人，后改封楚国，及封其母陈氏为韩国太夫人。

太宗崩，真宗即位。至道三年四月，尊后为皇太后，居西宫嘉庆殿。咸平二年，宰相请别建宫立名，从之。四年宫成，移居之，仍上宫名曰万安。景德元年崩，年四十五。谥明德。权殡沙台。三年十月，祔葬永熙陵。礼官请以懿德、明德同祔太宗庙室，以先后为次，从之。

李贤妃，真定人，乾州防御使英之女也。太祖闻妃有容德，为太宗聘之。开宝中，封陇西郡君。太宗即位，进夫人。生皇女二人，皆早亡，次生楚王元佐。妃尝梦日轮逼己，以裾承之，光耀遍体，惊而悟，遂生真宗。太平兴国二年薨，年三十四。

真宗即位，追封贤妃，又进上尊号为皇太后。有司上谥曰元德。咸平三年，祔葬永熙陵。以中书侍郎、平章事李沆为园陵使。车驾诣普安院攒宫，素服行礼，拜伏呜咽。命驾部郎中、知制诰梁周翰撰哀册。神主祔别庙。

大中祥符元年，追赠后父英检校太尉、安国军节度、常山郡王，母魏国太夫人。大中祥符三年，礼官赵湘请以后祔太宗庙室。真宗曰："此重事也，俟令礼官议之。"六年秋，宰相王旦与群臣表请后尊号中去"太"字，升祔太庙明德之次，从之。

真宗章怀潘皇后，大名人，忠武军节度美第八女。真宗在韩邸，太宗为聘之，封莒国夫人。端拱二年五月薨，年二十二。真宗即位，追册为皇后，谥庄怀，葬永昌陵之侧，陵名保泰。神主享于别庙，旧制后谥冠以帝谥。庆历中，礼官言，"孝"字连太祖谥，"德"字连太宗谥。遂改"庄"为"章"，以连真宗谥云。

章穆郭皇后，太原人，宣徽南院使守文第二女。淳化四年，真宗在襄邸，太宗为聘之。封鲁国夫人，进封秦国。真宗嗣位，立为皇后。景德四年，从幸西京还，以疾崩，年三十二。

后谦约惠下，性恶奢靡。族属入谒禁中，服饰华侈，必加戒勖。有以家事求言于上者，后终不许。兄子出嫁，以贪欲祈恩赉，但出装具给之。上尤加礼重。

及崩，上深嗟悼。礼官奏皇帝七日释服，特诏增至十三日。太常上谥曰庄穆。灵驾发引，命翰林学士杨亿撰哀册。葬永熙陵之西北，神主享于别庙。以后弟崇仪副使崇仁为庄宅使、康州刺史，侄承庆、承寿皆迁官。大中祥符中，封后母高唐郡太夫人梁氏莱国太夫人。仁宗即位，升祔真宗庙室，改谥章穆。

章献明肃刘皇后，其先家太原，后徙益州，为华阳人。祖延庆，在晋、汉间为右骁卫大将军；父通，虎捷都指挥使、嘉州刺史，从征太原，道卒。后，通第二女也。

初，母庞梦月入怀，已而有娠，遂生后。后在襁褓而孤，鞠于外氏。善播鼗。蜀人龚美者，以锻银为业，携之入京师。后年十五入襄邸，王乳母秦国夫人性严整，因为太宗言之，令王斥去。王不得已，置之王宫指使张耆家。

太宗崩，真宗即位，入为美人。以其无宗族，乃更以美为兄弟，改姓刘。大中祥符中，为修仪，进德妃。

自章穆崩，真宗欲立为皇后，大臣多以为不可，帝卒立之。李宸妃生仁宗，后以为己子，与杨淑妃抚视甚至。后性警悟，晓书史，闻朝廷事，能记其本末。真宗退朝，阅天下封奏，多至中夜，后皆预闻。宫闱事有问，辄傅引故实以对。

天禧四年，帝久疾居宫中，事多决于后。宰相寇准密议奏请皇太子监国，以谋泄罢相，用丁谓代之。既而，入内都知周怀政谋废后杀谓，复用准以辅太子。客省使杨崇勋、内殿承制杨怀吉诣谓告，谓夜乘犊车，挟崇勋、怀吉造枢密使曹利用谋。明日，诛怀政，贬准衡州司马。于是诏皇太子开资善堂，引大臣决天下事，后裁制于内。

真宗崩，遗诏尊后为皇太后，军国重事，权取处分。谓等请太后御别殿，太后遣张景宗、雷允恭谕曰："皇帝视事，当朝夕在侧，何须别御一殿？"于是请帝与太后五日一御承明殿，帝位左，太后位右，垂帘决事。议已定，太后忽出手书，第欲禁中阅章奏，遇大事即召对辅臣。其谋出于丁谓，非太后意也。谓既贬，冯拯等三上奏，请如初议。帝亦以为言，于是始同御承明殿。百官表贺，太后哀恸。有司请制令称"吾"，以生日为长宁节，出入御大安辇，鸣鞭侍卫如乘舆。令天下避太后父讳。群臣上尊号曰应元崇德仁寿慈圣太后，御文德殿受册。

天圣五年正旦，太后御会庆殿。群臣及契丹使者班廷中，帝再拜跪上寿。是岁郊祀前，出手书谕百官，毋请加尊号。礼成，帝率百官恭谢如元日。七年冬至，天子又率百官上寿，范仲淹力言其非，不听。九月，诏长宁节百官赐衣，天下赐宴，皆如乾元节。

明道元年冬至，复御文德殿。有司陈黄麾仗，设宫架、登歌、二舞。明年，帝亲耕籍田，太后亦谒太庙，乘玉辂，服袆衣、九龙花钗冠，斋于庙。质明，服衮衣，十章，减宗彝、藻，去剑，冠仪天，前后垂珠翠十旒。荐献七室，皇太妃亚献，皇后终献。加上尊号曰应天齐圣显功崇德慈仁保寿太后。

是岁崩，年六十五。谥曰章献明肃，葬于永定陵之西北。旧制皇后皆二谥，称制，加四谥自后始。追赠三世皆至太师、尚书令、兼中书令，父封魏王。

初，仁宗即位尚少，太后称制，虽政出宫闱，而号令严明，恩威加天下。左右近习亦少所假借，宫掖间未尝妄改作。内外赐与有节，柴氏、李氏二公主入见，犹服髦髧。太后曰："姑老矣。"命左右赐以珠玑帕首。时润王元份妇安国夫人李氏老，发且落，见太后，亦请帕首。太后曰："大长公主，太宗皇帝女，先帝诸妹也；若赵家老妇，宁可比耶？"旧赐大臣茶，有龙凤饰，太后口："此岂人臣可得？"命有司别制入香京挺以赐之。赐族人御食，必易以钮器，曰："尚方器勿使入吾家也。"常服绁缯练裙，侍者见仁宗左右簪珥珍丽，欲效之。太后戒曰："彼皇帝嫔御饰也，汝安得学。"

先是，小臣方仲弓上书，请依武后故事，立刘氏庙，而程琳亦献《武后临朝图》，后掷其书于地曰："吾不作此负祖宗事。"有漕臣刘绰者,自京西还,言在庾有出剩粮千余斛,乞付三司。后问曰:"卿识王曾、张知白、吕夷简、鲁宗道乎?此四人岂因献羡余进哉!"

后称制凡十一年,自仁宗即位,乃谕辅臣曰:"皇帝听断之暇,宣诏名儒讲习经史,以辅其德。"于是设幄崇政殿之西庑,而日命近臣侍讲读。

丁谓、曹利用既以侮权贬窜,而天下惕然畏之。晚稍进外家,任内官罗崇勋、江德明等访外事,崇勋等以此势倾中外。兄子从德死,姻戚、门人、厮役拜官者数十人。御史曹脩古、杨偕、郭劝、段少连论奏,太后悉逐之。

太后保护帝既尽力,而仁宗所以奉太后亦甚备。上春秋长,犹不知为宸妃所出,终太后之世无毫发间隙焉。及不豫,帝为大赦,悉召天下医者驰传诣京师。诸尝为太后谪者皆内徙,死者复其官。其后言者多追诋太后时事,范仲淹以为言,上曰:"此朕所不忍闻也。"下诏戒中外毋辄言。

于是泰宁军节度使钱惟演请以章献、章懿与章穆并祔真宗室。诏三省与礼院议,皆以谓章穆皇后位崇中壶,已祔真宗庙室,自协一帝一后之文;章献明肃处坤元之尊,章懿感日符之贵,功德莫与为比,谓宜崇建新庙,同殿异室,岁时荐飨,一用太庙之仪,仍别立庙名,以崇世享。翰林学士冯元等请以奉慈为名,诏依。庆历五年,礼院言章献、章懿二后,请遵国朝懿德、明德、元德三后同祔太宗庙室故事,迁祔真宗庙。诏两制议,翰林学士王尧臣等议,请迁二后祔,序于章穆之次,从之。

李宸妃,杭州人也。祖延嗣,仕钱氏,为金华县主簿;父仁德,终左班殿直。初入宫,为章献太后侍儿,庄重寡言,真宗以为司寝。既有娠,从帝临砌台,玉钗坠,妃恶之。帝心卜:钗完,当为男子。左右取以进,钗果不毁,帝甚喜。已而生仁宗,封崇阳县君;复生一女,不育。进才人,后为婉仪。仁宗即位,为顺容,从守永定陵。章献太后使刘美、张怀德为访其亲属,得其弟用和,补三班奉职。

初,仁宗在襁褓,章献以为己子,使杨淑妃保视之。仁宗即位,妃嘿处先朝嫔御中,未尝自异。人畏太后,亦无敢言者。终太后世,仁宗不自知为妃所出也。

明道元年,疾革,进位宸妃,薨,年四十六。

初,章献太后欲以宫人礼治丧于外,丞相吕夷简奏礼宜从厚。太后遽引帝起,有顷,独坐帘下,召夷简问曰:"一宫人死,相公云云,何欤?"夷简曰:"臣待罪宰相,事无内外,无不当预。"太后怒曰:"相公欲离间吾母子耶!"夷简从容对曰:"陛下不以刘氏为念,臣不敢言;尚念刘氏,是丧礼宜从厚。"太后悟,遽曰:"宫人,李宸妃也,且奈何?"夷简乃请治丧用一品礼,殡洪福院。夷简又谓入内都知罗崇勋曰:"宸妃当以后服殓,用水银实棺,异时勿谓夷简未尝道及。"崇勋如其言。

后章献太后崩,燕王为仁宗言:"陛下乃李宸妃所生,妃死以非命。"仁宗号恸顿毁,不视朝累日,下哀痛之诏自责。尊宸妃为皇太后,谥庄懿。幸洪福院祭告,易梓宫,亲哭视之,妃玉色如生,冠服如皇太后,以水银养之,故不坏。仁宗叹曰:"人言其可信哉!"遇刘氏加厚。陪葬永定陵,庙曰奉慈。又即景灵宫建神御殿,曰广孝。庆历中,改谥章懿,升祔太庙。拜用和为彰信军节度使、检校侍中,宠赉甚渥。既而追念不已,顾无以厚其家,乃以福康公主下嫁用和之子玮。

杨淑妃,益州郫人。祖瑫,父知俨,知俨弟知信,隶禁军,为天武副指挥使。

妃年十二入皇子宫。真宗即位,拜才人,又拜婕妤,进婉仪,仍诏婉仪升从一品,位昭仪上。帝东封、西祀,凡巡幸皆从。章献太后为修仪,妃与之位几埒。而妃通敏有智思,奉顺章献无所忤,章献亲爱之。故妃虽贵幸,终不以为己间,后加淑妃。真宗崩,遗制以为皇太后。

始,仁宗在乳褓,章献使妃护视,凡起居饮食必与之俱,所以拥佑扶持,恩意勤备。及帝即位,尝召其侄永德见禁中,欲授以诸司副使。妃辞曰:"小儿岂胜大恩,小官可也。"更命为右侍禁。

章献遗诰尊为皇太后,居宫中,与皇帝同议军国事。阁门趣百僚贺,御史中丞蔡齐目台吏毋追班,乃入白执政曰:"上春秋长,习知天下情伪,今始亲政事,岂宜使女后相继称制乎?"乃诏删去遗诰"同议军国事"语,第存后号。奉缗钱二万助汤沐,后名其所居宫曰保庆,称保庆皇太后。

景祐三年,无疾而薨,年五十三。殡于皇仪殿。帝思其保护之恩,命礼官议加服小功。

初,仁宗未有嗣,后每劝帝择宗子近属而贤者,养于宫中,其选即英宗也。英宗立,言者谓礼慈母于子祭,于孙止,请废后庙,瘗其主园陵。英宗弗欲遽也,下有司议,未上,会帝崩,遂罢。后父祖皆累赠至一品,知信赠节度使。知信子景宗,见《外戚传》。

沈贵妃,宰相伦之孙,父继宗,光禄少卿。大中祥符初,以将相家子被选。初为才人,历美人、婕妤、充媛,至德妃。为人淑俭不华,帝亦以妃家世故,待之异众。长秋虚位,帝欲立之,有从中沮之者,不果。嘉祐末,进贵妃。熙宁九年薨,年八十三。许出殡其家,车驾临奠,辍视朝三日,谥昭静。

仁宗郭皇后,其先应州金城人。平卢军节度使崇之孙也。天圣二年,立为皇后。

初,帝宠张美人,欲以为后,章献太后难之。后既立,而颇见疏。其后尚美人、杨美人俱幸,数与后忿争。一日,尚氏于上前有侵后语,后不胜忿,批其颊,上自起救之,误批上颈,上大怒。入内都知阎文应因与上谋废后,且劝帝以爪痕示执政。上以示吕夷简,且告之故,夷简亦以前罢相怨后,乃曰:"古亦有之。"后遂废。诏封为净妃、玉京冲妙仙师,赐名清悟,居长乐宫。

于是中丞孔道辅、谏官御史范仲淹、段少连等十人伏阁言:"后无过,不可废。"道辅等俱被黜责。景祐元年,出居瑶华宫，而尚美人亦废于洞真宫入道，杨美人别宅安置。又赐后号金庭教主、冲静元师。后帝颇念之，遣使存问，赐以乐府，后和答之，辞甚怆惋。帝尝密令召入，后曰："若再见召者，须百官立班受册方可。"属小疾，遣文应挟医诊视，数日，乃言后暴薨。中外疑阎文应进毒，而不得其实。上深悼之，追复皇后，而停谥册祔庙之礼。

慈圣光献曹皇后，真定人，枢密使周武惠王彬之孙也。明道二年，郭后废，诏聘入宫。景祐元年九月，册为皇后。性慈俭，重稼穑，常于禁苑种谷、亲蚕，善飞帛书。

庆历八年闰正月，帝将以望夕再张灯，后谏止。后三日，卫卒数人作乱，夜越屋叩寝殿。后方侍帝，闻变遽起。帝欲出，后闭阁拥持，趣呼都知王守忠使引兵入。贼伤宫嫔殿下，声彻寝所，宦者以乳妪欧小女子给奏，后叱之曰："贼在近杀人，敢妄言耶！"后度贼必纵火，阴遣人挈水踵其后，果举炬焚帘，水随灭之。是夕，所遣宦侍，后皆亲剪其发，谕之曰："明日行赏，用是为验。"故争尽死力，贼即禽灭。阁内妾与卒乱当诛，祈哀幸姬，姬言之帝，贷共死。后具衣冠见，请论如法，曰："不如是，无以肃清禁掖。"帝命坐，后不可，立请，移数刻，卒诛之。

张妃怙宠上僭，欲假屋盖出游。帝使自来请，后与之，无靳色。妃喜，还以告，帝曰："国家文物仪章，上下有秩，汝张之而出，外廷不汝置。"妃不怿而辍。

英宗方四岁，育禁中，后拊鞠周尽；迨入为嗣子，赞策居多。帝夜暴疾崩，后悉敛诸门钥置于前，召皇子入。及明，宰臣韩琦等至，奉英宗即位，尊后为皇太后。

帝感疾，请权同处分军国事，御内东门小殿听政。大臣日奏事有疑未决者，则曰"公辈更议之"，未尝出己意。颇涉经史，多援以决事。中外章奏日数十，一一能纪纲要。检柅曹氏及左右臣仆，毫分不以假借，宫省肃然。

明年夏，帝疾益愈，即命撤帘还政，帝持书久不下，及秋始行之。敕有司崇峻典礼，以弟佾同中书门下平章事。神宗立，尊为太皇太后，名宫曰庆寿。帝致极诚孝，所以承迎娱悦，无所不尽，从行登玩，每先后策掖。后亦慈爱天至，或退朝稍晚，必至屏扆候瞩，间亲持餐饮以食帝。外家男子，旧毋得入谒。后春秋高，佾亦老，帝数言宜使入见，辄不许。他日，佾侍帝，帝复为请，乃许之，因偕诣后阁。少焉，帝先起，若令佾得伸亲亲意。后遽曰："此非汝所当得留。"趣遣出。

晚得水疾，侍医莫能治。元丰二年冬，疾甚，帝视疾寝门，衣不解带。旬日崩，年六十四。帝推恩曹氏，拜佾中书令，进官者四十余人。

初，王安石当国，变乱旧章，后乘间语神宗，谓祖宗法度不宜轻改。熙宁宗祀前数日，帝至后所，后曰："吾昔闻民间疾苦，必以告仁宗，因赦行之，今亦当尔。"帝曰："今无他事。"后曰："吾闻民间甚苦青苗、助役，宜罢之。安石诚有才学，然怨之者甚众，帝欲爱惜保全之，不若暂出之于外。"帝悚听，垂欲止，复为安石所持，遂不果。

帝尝有意于燕蓟，已与大臣定议，乃诣庆寿宫白其事。后曰："储蓄赐予备乎？铠仗士卒精乎？"帝曰："固已办之矣。"后曰："事体至大，吉凶悔吝生乎动，得之不过南面受贺而已；万一不谐，则生灵所系，未易以言。苟可取之，太祖、太宗收复久矣，何待今日。"帝曰："敢不受教。"

苏轼以诗得罪，下御史狱，人以为必死。后违豫中闻之，谓帝曰："尝忆仁宗以制科得轼兄弟，喜曰：'吾为子孙得两宰相。'今闻轼以作诗系狱，得非仇人中伤之乎？捃至于诗，其过微矣。吾疾势已笃，不可以冤滥致伤中和，宜熟察之。"帝涕泣，轼由此得免。及崩，帝哀慕毁瘠，殆不胜丧。有司上谥，葬于永昭陵。

张贵妃，河南永安人也。祖颖，进士第，终建平令。父尧封，亦举进士，为石州推官卒。时尧封史尧佐补蜀官，尧封妻钱氏求挈孤幼随之官，尧佐不收恤，以道远辞。妃幼无依，钱氏遂纳于章惠皇后宫寝。长得幸，有盛宠。妃巧慧多智数，善承迎，势动中外。庆历元年，封清河郡君，岁中为才人，迁修媛。忽被疾，曰："妾姿薄，不胜宠名，原为美人。"许之。皇祐初，进贵妃。后五年薨，年三十一。仁宗哀悼之，追册为皇后，谥温成。追封尧封清河郡王，谥景思。而尧佐因缘侥幸，致位通显云。

苗贵妃，开封人。父继宗。母许，先为仁宗乳保，出嫁继宗。帝登位，得复通籍。妃以容德入侍，生唐王昕、福康公主。封仁寿郡君，拜才人、昭容、德妃。英宗育于禁中，妃拥佑颇有恩。既践阼，畴其前劳，进贵妃。赠其父至太师、吴国公，母陈、楚国夫人。福康下嫁，当貤恩外家，抑不肯直。元祐六年薨，年六十九。哲宗辍朝，出奠，发哀苑中，谥曰昭节。

周贵妃，开封人。生四岁，从其姑入宫，张贵妃育为女。稍长，遂得侍仁宗，生两公主。帝崩，妃日一疏食，屏处一室，诵佛书，困则假寐，觉则复诵，昼夜不解衣者四十年。公主下嫁钱景臻、郭献卿。连进至贤妃，徽宗立，加贵妃。历五朝，勤约一致。启寿藏于周氏茔南，傍建僧屋，费缗钱六万，皆贮储奉赐。郭公主先亡，诏许出外第，与亲戚相来往。年九十三薨，谥昭淑。

杨德妃，定陶人。天圣中，以章献太后姻连，选为御侍，封原武郡君，进美人。端丽机敏，妙音律，组纴、书艺一过目如素习。父忠为侍禁，仁宗欲加奖擢，辞曰："外官当积劳以取贵，今以恩泽徼幸，恐启左右诐谒之端。"帝悦，命徙居肃仪殿。赠其祖贵州刺史，而官其叔弟五人。积与郭后不相能，后既废，妃亦遣出。后复召为婕妤，历修媛、修仪。熙宁五年薨，年五十四。赠德妃。

冯贤妃，东平人。曾祖炳，知杂御史；祖起，兵部侍郎。妃以良家女，九岁入宫。及长，得侍仁宗，生邢、鲁国二公主。封始平郡君。帝将登其品秩，力辞不拜。养女林美人得幸神宗，生二王而没，王尚幼，妃保育如己子。

累加才人、婕妤、修容。在禁掖几六十年，始终五朝，动循礼度。薨，年七十七，赠贤妃。

英宗宣仁圣烈高皇后，亳州蒙城人。曾祖琼，祖继勋，皆有勋王室，至节度使。母曹氏，慈圣光献后姊也，故后少鞠宫中。时英宗亦在帝所，与后年同，仁宗谓慈圣，异日必以为配。既长，遂成昏濮邸。生神宗皇帝、岐王颢、嘉王頵、寿康公主。治平二年册为皇后。

后弟内殿崇班士林，供奉久，帝欲迁其官，后谢曰："士林获升朝籍，分量已过，岂宜援先后家比？"辞之。神宗立，尊为皇太后，居宝慈宫。帝累欲为高氏营大第，后不许。久之，但斥望春门外隙地以赐，凡营缮百役费，悉出宝慈，不调大农一钱。

元丰八年，帝不豫，浸剧，宰执王珪等入问疾，乞立延安郡王为皇太子，太后权同听政，帝颔之。珪等见太后帘下。后泣，抚王曰："儿孝顺，自官家服药，未尝去左右，书佛经以祈福，喜学书，已诵《论语》七卷，绝不好弄。"乃令王出帘外见珪等，珪等再拜谢且贺。是日降制，立为皇太子。初，岐、嘉二王日问起居，至是，令毋辄入。又阴敕中人梁惟简，使其妻制十岁儿一黄袍，怀以来，盖密为践阼仓卒备也。

哲宗嗣位，尊为太皇太后。驿召司马光、吕公著，未至，迎问今日设施所宜先。未及条上，已散遣修京城役夫，减皇城觇卒，止禁庭工技，废导洛司，出近侍尤亡状者。戒中外毋苛敛，宽民间保户马。事由中旨，王珪等弗预知。又起文彦博于既老，遣使劳诸途，谕以复祖宗法度为先务，且令亟疏可用者。

从父遵裕坐西征失律抵罪，蔡确欲献谀以固位，乞复其官。后曰："遵裕灵武之役，涂炭百万，先帝中夜得报，起环榻行，彻旦不能寐，圣情自是惊悸，驯致大故，祸由遵裕，得免刑诛，幸矣。先帝肉未冷，吾何敢顾私恩而违天下公议！"确悚慄而止。

光、公著至，并命为相，使同心辅政，一时知名士汇进于廷。凡熙宁以来政事弗便者，次第罢之。于是以常平旧式改青苗，以嘉祐差役参募役，除市易之法，逭茶盐之禁，举ши砦不毛之地以赐西戎，而宇内复安。契丹主戒其臣下，复勿生事于疆场，曰："南朝尽行仁宗之政矣。"

蔡确坐《车盖亭诗》谪岭表，后谓大臣曰："元丰之末，自今皇帝所书佛经出示人，是时惟王珪曾奏贺，遂定储极。且以子继父，有何间言？而确自谓有定策大功，妄扇事端，规为异时眩惑地。吾不忍明言，姑托讪上为名逐之耳。此宗社大计，奸邪怨谤所不暇恤也。"

廷试举人，有司请循天圣故事，帝后皆御殿，后止之。又请受册宝于文德，后曰："母后当阳，非国家美事，况天子正衙，岂后所当御？就崇政足矣。"上元灯宴，后母当入观，止之曰："夫人登楼，上必加礼，是由吾故而越典制，于心殊不安。"但令赐之灯烛，遂岁以为常。

侄公绘、公纪当转观察使，力遏之。帝请至再，仅迁一秩，终后之世不敢改。又以官冗当汰，诏损外氏恩四之一，以为宫掖先。临政九年，朝廷清明，华夏绥定。

宋用臣等既被斥，祈神宗乳媪入言之，冀得复用。后见其来，曰："汝来何为？得非为用臣等游说乎？且汝尚欲如曩日，求内降干挠国政耶？若复尔，吾即斩汝。"媪大惧，不敢出一言。自是内降遂绝，力行故事，抑绝外家私恩。文思院奉上之物，无问巨细，终身不取其一。人以为女中尧舜。

元祐八年九月，属疾崩，年六十二。后二年，章惇、蔡卞、邢恕始造为不根之谤，皇太后、太妃力辨其诬，事乃已。语在《恕传》。至高宗时，昭暴惇、卞、恕罪，褒录后家，赠曹夫人为魏、鲁国夫人，弟士逊、士林及公绘、公纪皆追王，擢从孙世则节度使。他受恩者，又十余人云。

卷二百四十三　　列传第二

后妃下

神宗钦圣献肃向皇后　**钦成朱皇后**　**钦慈陈皇后**　**林贤妃**　**武贤妃**　**哲宗昭慈孟皇后**　**昭怀刘皇后**　**徽宗显恭王皇后**　**郑皇后**　**王贵妃**　**韦贤妃**　**乔贵妃**　**刘贵妃**　**钦宗朱皇后**　**高宗宪节邢皇后**　**宪圣慈烈吴皇后**　**潘贤妃**　**张贤妃**　**刘贵妃**　**刘婉仪**　**张贵妃**　**孝宗成穆郭皇后**　**成恭夏皇后**　**成肃谢皇后**　**蔡贵妃**　**李贤妃**　**光宗慈懿李皇后**　**黄贵妃**　**宁宗恭淑韩皇后**　**恭圣仁烈杨皇后**　**理宗谢皇后**　**度宗全皇后**　**杨淑妃**

神宗钦圣宪肃向皇后，河内人，故宰相敏中曾孙也。治平三年，归于颖邸，封安国夫人。神宗即位，立为皇后。

帝不豫，后赞宣仁后定建储之议。哲宗立，尊为皇太后。宣仁命葺庆寿故宫以居后，后辞曰："安有姑居西而妇处东，渎上下之分。"不敢徙，遂以庆寿后殿为隆祐宫居之。帝将卜后及诸王纳妇，后敕向族勿以女置选中。族党有欲援例以恩换阁职，及为选人求京秩者，且言有特旨，后曰："吾族未省用此例，何庸以私情挠公法。"一不与。帝仓卒晏驾，独决策迎端王。章惇异议，不能沮。

徽宗立，请权同处分军国事，后以长君辞。帝泣拜，移时乃听。凡绍圣、元符以还，惇所斥逐贤大夫士，稍稍收用之。故事有如御正殿、避家讳、立诞节之类，皆不用。至闻宾召故老、宽徭息兵、爱民崇俭之举，则喜见于色。才六月，即还政。

明年正月崩，年五十六。帝追念不已，乃数加恩两舅，宗良、宗回，皆位开府仪同三司，封郡王。而自敏中以上三世，亦追列王爵，非常典也。

钦成朱皇后，开封人。父崔杰，早世，母李，更嫁朱士安。后鞠于所亲任氏。熙宁初，入宫为御侍，进才人、婕妤，生哲宗及蔡王似、徐国公主，累进德妃。

哲宗即位，尊为皇太妃。时宣仁、钦圣二太后皆居尊，故称号未极。元祐三年，宣仁诏：《春秋》之义，"母以子贵"，其寻绎故实，务致优隆。于是舆盖、仗卫、冠服，悉侔皇后。绍圣中，钦圣复命即阁建殿，改乘车为舆，出入由宣德东门，百官上笺称"殿下"，名所居为圣瑞宫。赠崔、任、朱三父皆至师、保。徽宗立，奉礼尤谨。

崇宁元年二月薨，年五十一。追册为皇后，上尊谥，陪葬永裕陵。

钦慈陈皇后，开封人。幼颖悟庄重，选入掖庭，为御侍。生徽宗，进美人。帝崩，守陵殿，思顾旧恩，毁瘠骨立。左右进粥、药，挥使去，曰："得早侍先帝，愿足矣！"未几薨，年三十二。建中靖国元年，追册为皇太后，上尊谥，陪葬永裕陵。

林贤妃，南剑人，三司使特之孙，司农卿洙之女。幼选入宫，既长，遂得幸，封永嘉郡君，升美人。生燕王俣、越王偲、邢国公主，进婕妤。元祐五年薨。诏用一品礼葬，赠贵仪，又赠贤妃。

武贤妃，始以选入宫。元丰五年，进才人。生吴王佖、贤和公主。历美人、婕妤。徽宗即位，进昭仪、贤妃。大观元年薨，乘舆临奠，辍朝三日，谥曰惠穆。

哲宗昭慈圣献孟皇后，洺州人，眉州防御使、马军都虞候、赠太尉元之孙女也。

初，哲宗既长，宣仁高太后历选世家女百余入宫。后年十六，宣仁及钦圣向太后皆爱之，教以女仪。元祐七年，谕宰执："孟氏子能执妇礼，宜正位中宫。"命学士草制。又以近世礼仪简略，诏翰林、台谏、给舍与礼官议册后六礼以进。至是，命尚书左仆射吕大防摄太尉，充奉迎使，同知枢密院韩忠彦摄司徒副之；尚书左丞苏颂摄太尉，充发策使，签书枢密院事王岩叟摄司徒副之；尚书右丞苏辙摄太尉，充告期使，皇叔祖同知大宗正事宗景摄宗正卿副之；皇伯祖判大宗正事高密郡王宗晟摄太尉，充纳成使，翰林学士范百禄摄宗正卿副之；吏部尚书王存摄太尉，充纳吉使，权户部尚书刘奉世摄宗正卿副之；翰林学士梁焘摄太尉，充纳采、问名使，御史中丞郑雍摄宗正卿副之。帝亲御文德殿册为皇后。宣仁太后语帝曰："得贤内助，非细事也。"进后父阁门祗候在为宗仪使，荣州刺史，母王氏华原郡君。

久之，刘婕妤有宠。绍圣三年，后朝景灵宫，讫事就坐，诸嫔御立侍，刘独背立帘下，后阁中陈迎儿呵之，不顾，阁中皆忿。冬至日，会朝钦圣太后于隆祐宫，后御坐朱髹金饰，宫中之制，惟后得之。婕妤在他坐，有愠色，从者为易坐，制与后等。众弗能平，因传唱曰："皇太后出！"后起立，刘亦起，寻各复其所，或已撤婕妤坐，遂仆于地。悠不复朝，泣诉于帝。内侍郝随谓婕妤曰："毋以此戚戚，愿为大家早生子，此坐正当为婕妤有也。"

会后女福庆公主疾，后有姊颇知医，尝已后危疾，以故出入禁掖。公主药弗效，持道家治病符水入治。后惊曰："姊宁知宫中禁严，与外间异邪？"令左右藏之；俟帝至，具言其故。帝曰："此人之常情耳。"后即爇符于帝前。宫禁相传，厌魅之端作矣。未几，后养母听宣夫人燕氏、尼法端与供奉官王坚为后祷祠。事闻，诏入内押班梁从政、管当御药院苏珪，即皇城司鞫之，捕逮宦者、宫妾几三十人，榜掠备至，肢体毁折，至有断舌者。狱成，命侍御史董敦逸录问，罪人过庭下，气息仅属，无一人能出声者。敦逸秉笔疑未下，郝随等以言胁之。敦逸畏祸而已，乃以奏牍上。诏废后，出居瑶华宫，号华阳教主、玉清妙静仙师，法名冲真。

初，章惇诬宣仁后有废立计，以后逮事宣仁，惇又阴附刘贤妃，欲请建为后，遂与郝随构成是狱，天下冤之。敦逸奏言："中宫之废，事有所因，情有可察。诏下之日，天为之阴翳，是天不欲废后也；人为之流涕，是人不欲废后也。"且言："尝覆录狱事，恐得罪天下后世。"帝曰："敦逸不可更在言路。"曾布曰："陛下本以皇城狱出于近习推治，故命敦逸录问，今乃贬录问官，何以取信中外？"乃止。帝久亦悔之，曰："章惇误我。"

元符末，钦圣太后将复后位，适有布衣上书，以后为言者，即命以官；于是诏后还内，号元祐皇后，时刘号元符皇后故也。崇宁初，郝随讽蔡京再废后，昌州判官冯澥上书言后不得复。台臣钱遹、石豫、左肤等连章论韩忠彦等信一布衣狂言，复已废之后，以掠虚美，望断以大义。蔡京与执政许将、温益、赵挺之、张商英皆主其说。徽宗从之，诏依绍圣诏旨，复居瑶华宫，加赐希微元通知和妙静仙师。

靖康初，瑶华宫火，徙居延宁宫；又火，出居相国寺前之私第。金人围汴，钦宗与近臣议再复后，尊为元祐太后。诏未下而京城陷。时六宫有位号者皆北迁，后以废独存。张邦昌僭位，尊号为宋太后，迎居延福宫，受百官朝。胡舜陟、马伸又言，政事当取后旨。邦昌乃复上尊号元祐皇后，迎入禁中，垂帘听政。

后闻康王在济，遣尚书左右丞冯澥、李回及兄子忠厚持书奉迎。命副都指挥使郭仲荀将所部扈卫，又命御营前军统制张俊逆于道。寻降手书，播告天下。王至南京，后遣宗室士㒟及内侍邵成章奉圭宝、乘舆、服御迎，王即皇帝位，改元，后以是日撤帘，尊后为元祐太后。尚书省言，"元"字犯本祖名，请易以所居宫名，遂称隆祐太后。

上将幸扬州，命仲荀卫太后先行，驻扬州州治。会张浚请先定六宫所居地，遂诏忠厚奉太后幸杭州，以苗傅为扈从统制。逾年，傅与刘正彦作乱，请太后听政，又请立皇子。太后谕之曰："自蔡京、王黼更祖宗法，童贯起边事，致国家祸乱。今皇帝无失德，止为黄潜善、汪伯彦所误，皆已逐矣。"傅等言必立皇太子，太后曰："今强敌在外，我以妇人抱三岁小儿听政，将何以令天下？"傅等泣请，太后力拒之。帝闻事急，诏禅位元子，太后垂帘听政。

朱胜非请令臣僚得独对论机事,仍日引傅党一人上殿,以释其疑。太后从之,每见傅等,曲加慰抚,傅等皆喜。韩世忠妻梁氏在傅军中,胜非以计脱之,太后召见,勉令世忠速来,以清岩陛。梁氏驰入世忠军,谕太后意。世忠等遂引兵至,逆党惧。朱胜非等诱以复辟,命王世修草状进呈。太后喜曰:"吾责塞矣。"再以手札趣帝还宫,即欲撤帘。帝令胜非请太后一出御殿,乃命撤帘。是日,上皇太后尊号。

太后闻张浚忠义,欲一见之,帝为召浚至禁中。承议郎冯楫尝贻书苗傅劝复辟,上未之知,太后白其事,楫得迁秩。

帝幸建康,命签书枢密院事郑瑴卫太后继发,比至,帝率群臣迎于郊。会防秋迫,命刘宁止制置江、浙,卫太后往洪州,百司非预军事者悉从。仍命滕康、刘珏权知三省枢密院事从行,凡四方奏谳、吏部差注、举辟、功赏之类,皆隶焉。复命四厢都指挥使杨惟忠,将兵万人卫从。帝虑敌人来侵,密谕康、珏缓急取太后旨,便宜以行。过落星寺,舟覆,宫人溺死者十数,惟太后舟无虞。

既至洪州,议者言:"金人自蕲、黄渡江,陆行二百余里,即到洪州。"帝忧之,命刘光世屯江州。光世不为备,金人遂自大冶县径趣洪州。康、珏奉太后行,次吉州。金人追急,太后乘舟夜行。质明,至太和县,舟人景信反,杨惟忠兵溃,失宫人一百六十,康、珏俱遁,兵卫不满百,遂往虔州。太后及潘妃以农夫肩舆而行。帝虑太后径入闽、广,遣使历询后所在,及知在虔州,遂命中书舍人李正民来朝谒。

时虔州府库皆空,卫军所给,惟得沙钱,市买不售,与百姓交斗,纵火肆掠。土豪陈新率众围城,康、珏、惟忠弗能禁。惟忠步将胡友自外引兵破新于城下,新乃去。帝闻,罢康、珏,命卢益、李回代之。谕辅臣曰:"朕初不识太后,自迎至南京,爱朕不啻己出。今在数千里外,兵马惊扰,当亟奉迎,以惬朕朝夕慕念之意。"遂遣御营司都统辛企宗、带御器械潘永思迎归。太后至越,帝亲迎于行宫门外,遍问所过守臣治状。

入宫禁中,尝微苦风眩。有宫人自言善符呪,疾良已。太后惊曰:"吾岂敢复闻此语耶!"立命出之。太后生辰,置酒宫中,从容谓帝曰:"宣仁太后之贤,古今母后未有其比。昔奸臣肆为谤诬,虽尝下诏明辨,而国史尚未删定,岂足传信?吾意在天之灵,不无望于帝也。"帝闻之悚然。后乃更修《神宗》、《哲宗实录》,始得其正,而奸臣情状益著。

帝事太后极孝,虽帷帐皆亲视;或得时果,必先献太后,然后敢尝。宣教郎范焘与忠厚有憾,诬与太后密养钦宗子。帝曰:"朕于太后如母子,安得有此。"即治其罪。绍兴五年春,患风疾,帝旦暮不离左右,衣弗解带者连夕。

四月,崩于行宫之西殿,年五十九。遗命择地攒殡,俟军事宁,归葬园陵。帝诏曰:"朕以继体之重,当从重服,凡丧祭用母后临朝礼。"上尊号曰昭慈献烈皇太后,推恩外家凡五十人。殡于会稽上皇村,附神主于哲宗室,位在昭怀皇后上。三年,改谥昭慈圣献。

后性节俭谦谨,有司月供千缗而止。幸南昌,斥卖私绢三千匹充费。寻诏文书应奏者避后名氏,不许;群臣请上太皇太后号,亦不许。忠厚直显谟阁,台谏、给舍交章论列,后闻,即令易武,命学士院降诏,戒敕忠厚等不得预闻朝政、通贵近、至私第谒见宰执。以恩泽当得官者近八十员,后未尝陈请。

初,后受册日,宣仁太后叹曰:"斯人贤淑,惜福薄耳!异日国有事变,必此人当之。"后皆如所云。

昭怀刘皇后,初为御侍,明艳冠后庭,且多才艺。由美人、婕好进贤妃。生一子二女。有盛宠,能顺意奉两宫。时孟后位中宫,后不循列妾礼,且阴造奇语以售谤,内侍郝随、刘友端为之用。孟后既废,后竟代焉。右正言邹浩上疏极谏,坐窜。徽宗立,册为元符皇后。明年,尊为太后,名宫崇恩。帝缘哲宗故,曲加恩礼,后以是颇干预外事,且以不谨闻。帝与辅臣议,将废之,而后已为左右所逼,即帘钩自缢而崩,年三十五。

徽宗显恭王皇后,开封人,德州刺史藻之女也。元符二年六月,归于端邸,封顺国夫人。徽宗即位,册为皇后。生钦宗及崇国公主。后性恭俭,郑、王二妃方亢宠,后待之均平。巨阉妄意迎合,诬以阉昧。帝命刑部侍郎周鼎即秘狱参验,略无一迹,狱止。后见帝,未尝一语辄及,帝幡然怜之。大观二年崩,年二十五。谥曰静和,葬裕陵之次。绍兴中,始附徽宗庙室,改上今谥云。

郑皇后,开封人也。父绅,始为直省官,以后贵,累封太师、乐平郡王。

后本钦圣殿押班,徽宗为端王,每日朝慈德宫,钦圣命郑、王二押班供侍。及即位,遂以二人赐之。后自入宫,好观书,章奏能自制,帝爱其才。崇宁初,封贤妃,迁贵妃有异宠。徽宗多赉以词章,天下歌之。

王皇后崩,政和元年,立为皇后。将受册,有司创制冠服,后言国用未足,冠珠费多,请命工改制足时旧冠。又乞罢黄麾仗、小驾卤簿等仪,从之。恩泽皆弗陈请。时族子居中在枢府,后奏:"外戚不当预国政,必欲用之,且令充妃职。"帝为罢居中。居中复用,后归宁还言:"居中与父绅相往还,人皆言其招权市贿,乞禁绝,许御史奏劾。"后性端谨,善顺承帝意。刘贵妃薨,帝思之不已,将追册为后。后即奏乃其养子,乞别议褒崇之礼,帝大喜。

钦宗受禅,尊为太上皇后,迁居宁德宫,称宁德太后。从上皇幸南京,金师退,先归。时用事者言,上皇将复辟于镇江,人情危骇。或谓后将出端门直入禁中,内侍辈颇劝钦宗严备。帝不从,出郊迎后,于是两宫欢甚洽。上皇闻之,即罢北洛之议。

汴京破,从上皇幸青城。北迁,留五年,崩于五国城,年五十二。绍兴七年,何苏等使还,始知上皇及后崩,高宗大恸。诏立重成服,谥显肃。后亲族各迁官有差。祔主徽宗室,以闻哀日为大忌。梓宫归,入境,承之以椁,纳翚衣其中，与徽宗各攒于会稽永佑陵。

先是，后至金营，诉于粘罕曰："妾得罪当行，但妾家属不预朝政，乞留不遣。"粘罕许之，故绅得归。后既行，绅亦以是年薨，谥僖靖。家属流寓江南，高宗怜之，诏所在寻访赐官。有郑藻者，后近属也。绍兴中带御器械，用后祔庙恩，拜陇州防御使；凡四使金，历官至保信军节度使，加太尉。卒，追封荣国公，谥端靖。

王贵妃，与郑后俱为押班。徽宗立，封平昌郡君，进位至贵妃。生郓王楷、莘王植、陈王机、惠淑、康淑、顺德、柔福、冲懿帝姬。政和七年九月薨，谥曰懿肃。

韦贤妃，开封人，高宗母也。初入宫，为侍御。崇宁末，封平昌郡君。大观初，进婕妤，累迁婉容。高宗在康邸出使，进封龙德宫贤妃。从上皇北迁。建炎改元，遥尊为宣和皇后。封其父安道为郡王，官亲属三十人。由是遣使不绝。

绍兴七年，徽宗及郑皇后崩闻至，帝号恸，谕辅臣曰："宣和皇后春秋高，朕思之不遑宁处，屈己讲和，正为此耳。"翰林学士朱震引唐建中故事，请遥尊为皇太后，从之。已而太常少卿吴表臣请依嘉祐、治平故事，俟三年丧毕，然后举行。乃先降御札，播告天下。后三代俱追封王。

帝以后久未归，每颦蹙曰："金人若从朕请，余皆非所问也。"王伦使回，言金人许归后。未几，金人遣萧哲来，亦言将归状。遂豫作慈宁宫，命莫将、韩恕为奉迎使。十年，以金人犹未归后，乃遥上皇太后册宝于慈宁殿。是后，生辰、至、朔，皆遥行贺礼。

洪皓在燕，求得后书，遣李微持归。帝大喜曰："遣使百辈，不如一书。"遂加微官。金人遣萧毅、邢具瞻来议和，帝曰："朕有天下，而养不及亲。徽宗无及矣！今立誓信，当明言归我太后，朕不耻和。不然，朕不惮用兵。"毅等还，帝又语之曰："太后果还，自当谨守誓约；如其未也，虽有誓约，徒为虚文。"

命何铸、曹勋报谢，召至内殿，谕之曰："朕北望庭闱，无泪可挥。卿见金主，当曰：'慈亲之在上国，一老人耳；在本国，则所系甚重。'以至诚说之，庶彼有感动。"铸等至金国，首以后归为请。金主曰："先朝业已如此，岂可辄改？"勋再三恳请，金主始允。铸等就馆，馆伴耶律绍文来言，金主许从所请。洪皓闻之，先遣人来报。铸等还，具言其实。遂命参政王次翁为奉迎使。金人遣其臣高居安、完颜宗贤等扈从以行。

十二年四月，次燕山，自东平舟行，由清河至楚州。既渡淮，命太后弟安乐郡王韦渊、秦鲁国大长公主、吴国长公主迎于道。帝亲至临平奉迎，普安郡王、宰执、两省、三衙管军皆从。帝初见太后，喜极而泣。八月，至临安，入居慈宁宫。

先是，以梓宫未还，诏中外辍乐。至是，庆太后寿节，始用乐。谒家庙，亲属迁官几二千人。

太后聪明有智虑。初，金人许还三梓宫，太后恐其反覆，呼役者毕集，然后起攒。时方暑，金人惮行，太后虑有他变，乃阳称疾，须秋凉进发。已而称贷于金使，得黄金三千两以犒其众，由是途中无间言。太后在北方，闻韩世忠名，次临平，呼世忠至帘前慰劳。还宫，帝侍太后，或至夜分未去，太后曰："且休矣，听朝宜早，恐妨万几。"又尝谓："两宫给使，宜令通用；不然，则有彼我之分，而佞人间言易以入也。"

时皇后未立，太后屡为帝言，帝请降手书，太后曰："我但知家事，外庭非所当预。"将行册命，承平典礼，悉能记之。帝先意承志，惟恐不及，或一食稍减，辄不胜忧惧。常戒宫人曰："太后年已六十，惟优游无事，起居适意，即寿考康宁；事有所阙，惧毋令太后知，第来白朕。"

十九年，太后年七十，正月朔，即宫中行庆寿礼，亲属各迁官一等。太后微恙，累月不出殿门，会牡丹盛开，帝入白，太后欣然步至花所，因留宴，竟日尽欢。翌日，以谕宰执。后苦目疾，募得医皇甫坦，治即愈。

二十九年，太后寿登八十，复行庆礼。亲属进官一等；庶人等九十、宗子女若贡士已上父母年八十者，悉官封之。九月，得疾，上不视朝，敕辅臣祈祷天地、宗庙、社稷，赦天下，减租税。俄崩于慈宁宫，谥曰显仁。攒于永佑陵之西，祔神主太庙徽宗室。亲属进秩者十四人，授官者三人。

太后性节俭，有司进金唾壶，太后易，令用涂金。宫中赐予不过三数千，所得供进财帛，多积于库。至是，丧葬之费，皆仰给焉。然好佛、老。初，高宗出使，有小妾言，见四金甲人执刀剑以卫。太后曰："我祠四圣谨甚，必其阴助。"既北迁，常设祭；及归，立祠西湖上。

乔贵妃，初与高宗母韦妃俱侍郑皇后，结为姊妹，约先贵者毋相忘。既而贵妃得幸徽宗，遂引韦氏，二人愈相得。二帝北迁，贵妃与韦氏俱。至是，韦妃将还，贵妃以金五十两赠高居安，曰："薄物不足为礼，愿好护送姊还江南。"复举酒酌韦氏曰："姊善重保护，归即为皇太后；妹无还期，终死于朔漠矣！"遂大恸以别。

刘贵妃，其出单微。入宫，即大幸，由才人七迁至贵妃。生济阳郡王棫、祁王模、信王榛。政和三年秋，薨。

先是，妃手植芭蕉于庭曰："是物长，吾不及见矣！"已而果然。左右奔告帝，帝初以其微疾，不经意，趣幸之，已薨矣，始大悲恻。特加四字谥曰明达懿文。叙其平生，弦诸乐府。又欲踵温成故事追崇，使皇后表请，因册赠为后，而以明达谥焉。

时又有安妃刘氏者，本酒保家女。初事崇恩宫，宫罢，出居宦者何䜣家。内侍杨戬誉其美，复召入。妃以同姓养为女，遂有宠，为才人，进至淑妃。生建安郡王楧、嘉国公㮙、英国公㯮、和福帝姬。政和四年，加贵妃。朝夕得侍上，擅爱颛席，嫔御为之稀进。擢其父刘宗元节度使。

妃天资警悟，解迎意合旨，雅善涂饰，每制一服，外间即傚之。林灵素以技进，目为九华玉真安妃，肖其像于神霄帝君之左。宣和三年薨,年三十四。初谥明节和文,旋用明达近比,加册赠为皇后,葬其园之西北隅。帝悼之甚,后宫皆往唁,帝相与啜泣。崔妃独左视无戚容,帝悲怒,疑其为厌蛊。卜者刘康孙缘妃以进,喜妄谈休咎,捕送开封狱。医曹李忠侍疾无状,阁内侍王尧臣坐盗金珠及出金明池游宴事,并鞫治。狱成,同日诛死。遂废崔妃为庶人。崔生汉王椿及帝姬五人云。

钦宗朱皇后,开封祥符人。父伯材,武康军节度使。钦宗在东宫,徽宗临轩备礼,册为皇太子妃。钦宗即位,立为皇后。追封伯材为恩平郡王。后既北迁,不知崩闻。庆元三年上尊号,谥仁怀,祔于太庙钦宗室,推恩后家十五人。五年,奉安神御于景灵宫。

兄二人:孝孙,靖康中以节钺换授右金吾卫上将军,卒赠开府仪同三司;孝章,一曰孝庄,官至永庆军承宣使,卒赠昭化军节度使。

高宗宪节邢皇后,开封祥符人。父焕,朝请郎。高宗居康邸,以妇聘之,封嘉国夫人。王出使,夫人留居蕃衍宅。金人犯京师,夫人从三宫北迁。上皇遣曹勋归,夫人脱所御金环,使内侍持付勋曰:"幸为吾白大王,愿如此环,得早相见也。"王怜之。及即位,遥册为皇后,官后亲属二十五人。

绍兴九年,后崩于五国城,年三十四。金人秘之,高宗虚中宫以待者十六年。显仁太后回銮,始得崩闻。上为辍朝,行释服之祭,谥懿节,祔主于别庙。

绍兴十二年八月,后梓宫至,攒于圣献太后梓宫之西北。帝思后,殊惨不乐,皇后吴氏知帝意,乃请为其侄珣、琚婚邢氏二女,以慰帝心。淳熙末,改谥宪节,祔高宗庙。

宪圣慈烈吴皇后,开封人。父近,以后贵,累官武翼郎,赠太师,追封吴王,谥宣靖。

近尝梦至一亭,扁曰"侍康";傍植芍药,独放一花,殊妍丽可爱,花下白羊一,近寤而异之。后以乙未岁生,方产时,红光彻户外。年十四,高宗为康王,被选入宫,人谓"侍康"之征。

王即帝位,后常以戎服侍左右。后颇知书,从幸四明,卫士谋为变,入问帝所在,后绐之以免。未几,帝航海,有鱼跃入御舟,后曰:"此周人白鱼之祥也。"帝大悦,封和义郡夫人。还越,进封才人。后益博习书史,又善翰墨,由是宠遇日至,与张氏并为婉仪,寻进贵妃。

显仁太后回銮,亦爱后。宪节皇后崩闻至,秦桧等累表请立中宫,太后亦为言。绍兴十三年,诏立贵妃为皇后。帝御文德殿授册,后即穆清殿庭受之。追王三代,亲属由后官者三十五人。

显仁太后性严肃,后身承起居,顺适其意。尝绘《古列女图》,置坐中为鉴,又取《诗序》之义,扁其堂曰"贤志"。

初,伯琮以宗子召入宫,命张氏育之。后时为才人,亦请得育一子,于是得伯玖,更名璩。中外议颇籍籍。张氏卒,并育于后,后视之无间。伯琮性恭俭,喜读书,帝与后皆爱之,封普安郡王。后尝语帝曰:"普安,其天日之表也。"帝意决,立为皇子,封建王。出璩居绍兴。

高宗内禅,手诏后称太上皇后,迁居德寿宫。孝宗即位,上尊号曰寿圣太上皇后。月朔,朝上皇毕,入见后如宫中仪。乾道七年,加号寿圣明慈。淳熙二年,以上皇行庆寿礼,复加寿圣齐明广慈之号。十年,以后年七十,亲属推恩有差。十二年,加尊号曰备德。上皇崩,遗诰改称皇太后。帝欲迎还大内,太后以上皇几筵在德寿宫,不忍舍去,因名所御殿曰慈福,居焉。光宗即位,更号寿圣皇太后,以寿皇故,不称太皇太后也。帝尝言及用人,后曰:"宜崇尚旧臣。"绍熙四年,后寿八十,帝乃觐后,奉册礼,加尊号曰隆慈备福。五年正月,帝率群臣行庆寿礼,嘉王侍侧,后勉以读书辨邪正、立纲常为先。夏,孝宗崩,始正太皇太后之号。

时光宗疾未平,不能执丧,宰臣请垂帘主丧事,后不可。已而宰执请如唐肃宗故事,群臣发丧太极殿,成服禁中,许之。后代行祭奠礼。寻用枢密赵汝愚请,于梓宫前垂帘,宣光宗手诏,立皇子嘉王为皇帝。翌日,册夫人韩氏为皇后,撤帘。庆元元年,加号光祐,迁居重华宫。汝愚后以谪死,中书舍人汪义端目汝愚为李林甫,欲并逐其党,太后闻而非之。

三年十月,后寝疾,诏祷天地、宗庙、社稷,大赦天下,逾月而崩,年八十三。遗诰:"太上皇帝疾未痊愈,宜于宫中承重;皇帝服齐衰五月,以日易月。"诏服期年丧。谥曰宪圣慈烈,攒祔于永思陵。

潘贤妃,开封人,元懿太子母也。父永寿,直翰林医局官。高宗居康邸时纳之,邢后北迁,妃未有位号,帝即位,将立为后,吕好问谏止之,立为贤妃。太子薨,从隆祐太后于江西,逾年还。绍兴十八年薨。永寿,赠太子少师。

张贤妃,开封人。建炎初,为才人,有宠,进婕妤。帝欲择宗室子养禁中,辅臣问帝以宫中可付托者谁耶?帝曰:"已得之矣。"意在婕妤。已而伯琮入宫,年尚幼,婕妤与潘贤妃、吴才人方环坐,以观其所向。时贤妃新失皇子,意忽忽不乐,婕妤手招之,遂向婕妤。帝因命婕妤母之,是为孝宗。寻迁婉仪,十二年卒,上为辍朝二日,赠贤妃。弟萃,阁门宣赞舍人,妃薨,迁秩二阶。

刘贤妃,临安人。入宫为红霞帔,迁才人,累迁婕妤、婉容,绍兴二十四年进贤妃。颇恃宠骄侈,尝因盛夏以水晶饰脚踏,帝见之,命取为枕,妃惧,撤去之。淳熙十四年薨。

父懋,累官昭庆军节度使。金人南侵,献钱二万缗以助军兴费。懋子允升,绍兴末为和州防御使、知阁门事。奉使还,迁蕲州防御使、福州观察使。

刘婉仪，初入宫，封宜春郡夫人。寻进才人，与刘婉容俱被宠，进婉仪。婉仪颇恃恩招权，尝遣人讽广州蕃商献明珠香药，许以官爵。舶官林孝泽言于朝，诏止其献。金人将叛盟，刘锜主战，幸医王继先从中沮之，因谋诛锜，帝不怿。一日，在婉仪位，有忧色。婉仪阴访得其言，以宽譬帝意。帝怪与继先言合，诘之，婉仪急，具以实对。帝大怒，托以他过废之。兄伉，累官和州防御使、知阁门事，婉仪既废，乃与祠罢归。

张贵妃，开封祥符人。初入宫，封永嘉郡夫人。乾道六年，进婉容。淳熙七年，封太上皇淑妃。十六年，进贵妃。绍熙元年薨。

美人冯氏，才人韩氏、吴氏、李氏、王氏俱被宠幸，后皆废。吴氏，中宫近属也，绍兴三十年，复故封。李氏、王氏俱明艳，淳熙末，上皇爱之。及崩，宪圣后见二才人，每感愤，孝宗即追告命，许自便。盖非常制云。

孝宗成穆郭皇后，开封祥符人。奉直大夫直卿之女孙，其六世祖为章穆皇后外家。孝宗为普安郡王时纳郭氏，封咸宁郡夫人。生光宗及庄文太子愭、魏惠宪王恺、邵悼肃王恪。绍兴二十六年薨，年三十一，追封淑国夫人。三十一年，用明堂恩，赠福国夫人。既建太子，追封皇太子妃。及受禅，追册为皇后，谥恭怀，寻改安穆。及营阜陵，又改成穆，祔孝宗庙。

父瑊，累官昭庆军承宣使，追封荣王。孝宗待郭氏恩礼厚异，然不假外戚以官爵。后弟师禹、师元，官不过承宣使，师元不及建节而卒。将内禅，师禹始除节度使。光宗朝，官至太保，封永宁郡王。

成恭夏皇后，袁州宜春人。曾祖令吉，为吉水簿。夏氏初入宫，为宪圣太后阁中侍御。普安郡王夫人郭氏薨，太后以夏氏赐王，封齐安郡夫人。即位，进贤妃。逾年，奉上皇命，立为皇后。乾道二年，谒家庙，亲属推恩十一人。三年崩，谥安恭。宁宗时，改谥成恭。

初，后之生也，有异光穿室，父协奇之，及长，以姿纳宫中。久之，父居益困，及归，客袁之僧舍，号夏翁。翁亡，后始贵。访得其弟执中，补承信郎、阁门祗候。未几，迁右武郎、阁门宣赞舍人，累官奉国军节度使，提举万寿观。宁宗即位，加少保。逾年，卒于家。

初，执中与其微时妻至京，宫人讽使出之，择配贵族，欲以媚后，执中弗之动。他日，后亲为言，执中诵宋弘语以对，后不能夺。既贵，始从师学，作大字颇工，复善骑射。高宗行庆寿礼，近戚争献珍环，执中独大书"一人有庆，万寿无疆"以献。高宗喜，锡赉甚渥。尝为馆伴副使，连射皆命中，金人骇服。孝宗闻其才，将召用，谢曰："他日无累陛下，保全足矣。"人以此益贤之。

成肃谢皇后，丹阳人。幼孤，鞠于翟氏，因冒姓焉。及长，被选入宫。宪圣太后以赐普安郡王，封咸安郡夫人。

王即位，进婉容。逾年，进贵妃。

成恭皇后崩，中宫虚位。淳熙三年，妃侍帝，过德寿宫，上皇谕以立后意。寻遣张去为传旨，立贵妃为皇后，复姓谢氏。亲属推恩者十人。光宗受禅，上尊号寿成皇后。孝宗崩，尊为皇太后。庆元初，加号惠慈。嘉泰二年，加慈佑太皇太后。三年崩，谥成肃，攒祔于永阜陵。

后性俭慈，减膳羊，每食必先以进御。服汗濯衣，有数年不易者。弟渊，以后贵，授武翼郎。后尝戒之曰："主上化行恭俭，吾亦躬服汗濯，尔宜崇谦抑，远骄侈。"后历阁门宣赞舍人、带御器械。光宗朝，迁果州团练使。宁宗立，转莱州防御使，擢知阁门事，仍干办皇城司。三迁至保信军节度使，寻加太尉、开府仪同三司。成肃皇后崩，遗诰赐渊钱十万缗、金二千两、田十顷，傔缗日十千。后累升三少，封和国公。嘉定四年薨，赠太保。

蔡贵妃，初入宫，为红霞帔，封和义郡夫人，进婉容。淳熙十年冬，拜贵妃。十二年秋薨。父湧，宜春观察使。

李贤妃，初入宫，为典字，转通义郡夫人，进婕妤。淳熙十年卒，赠贤妃。时李焘在经筵，尝谏省后宫费。帝曰："朕老矣，安有是？近葬李妃用三万缗耳。"帝虽在位久，后宫宠幸，无著闻者。

光宗慈懿李皇后，安阳人，庆远军节度使、赠太尉道之中女。初，后生，有黑凤集道营前石上，道心异之，遂字后曰凤娘。道帅湖北，闻道士皇甫坦善相人，乃出诸女拜坦。坦见后，惊不敢受拜，曰："此女当母天下。"坦言于高宗，遂聘为恭王妃，封荣国夫人，进定国夫人。乾道四年，生嘉王。七年，立为皇太子妃。

性妒悍，尝诉太子左右于高、孝二宫，高宗不怿，谓吴后曰："是妇将种，吾为皇甫坦所误。"孝宗亦屡训后："宜以皇太后为法，不然，行当废汝。"后疑其说出于太后。

及太子即位，册为皇后。光宗欲诛宦者，近习皆惧，遂谋离间三宫。会帝得心疾，孝宗购得良药，欲因帝至宫授之。宦者遂诉于后曰："太上合药一大丸，俟宫车过即投药。万一有不虞，其柰宗社何？"后觇药实有，心衔之。顷之，内宴，后请立嘉王为太子，孝宗不许。后曰："妾六礼所聘，嘉王，妾亲生也，何为不可？"孝宗大怒。后退，持嘉王泣诉于帝，谓寿皇有废立意。帝惑之，遂不朝太上。

帝尝宫中浣手，睹宫人手白，悦之。他日，后遣人送食合于帝，启之，则宫人两手也。又黄贵妃有宠，因帝亲郊，宿斋宫，后杀之，以暴卒闻。是夕风雨大作，黄坛烛尽灭，不能成礼。帝疾由是益增剧，不视朝，政事多决于后矣。后益骄奢，封三代为王，家庙逾制，卫兵多于太庙。后归谒家庙，推恩亲属二十六人，使臣一百七十二人，下至李氏门客，亦奏补官。中兴以来未有也。

是时，帝久不朝太上，中外疑骇。绍熙四年九月重明节，宰执、侍从、台谏连章请帝过宫。给事中谢深甫言："父子至亲，天理昭然。太上之爱陛下，亦犹陛下之爱嘉王。太上春秋高，千秋万岁后，陛下何以见天下？"帝感悟，趣命驾朝重华宫。是日，百官班列俟帝出，至御屏，后挽留帝入，曰："天寒，官家且饮酒。"百僚、侍卫相顾莫敢言。中书舍人陈傅良引帝裾请毋入，因至屏后，后叱曰："此何地，尔秀才欲斫头邪？"傅良下殿恸哭，后复使人问曰："此何理也？"傅良曰："子谏父不听，则号泣而随之。"后益怒，遂传旨罢还宫。其后孝宗崩，帝不能亲执丧。

宰相赵汝愚谋内禅，立宁宗，尊后曰太上皇后，上尊号曰寿仁。庆元六年崩，年五十六，谥慈懿。

黄贵妃，淳熙末在德寿宫，封和义郡夫人。光宗为皇太子，旁无侍姬，上皇以夫人赐之，遂专宠。即位，拜贵妃。绍熙二年冬十一月，为皇后李氏所杀。帝闻而成疾。又有张贵妃，亦旧侍东宫，次婕妤符氏，后出嫁于民间。

宁宗恭淑韩皇后，相州人，其六世祖为忠献王琦。初，后与姊俱被选入宫，后能顺适两宫意，遂归平阳郡邸，封新安郡夫人，进崇国夫人。王受禅，册夫人为皇后。后父同卿，由知泰州升扬州观察使；母庄氏，封安国夫人。

庆元六年崩，谥恭淑。同卿累迁庆远军节度使，加太尉。庆元五年卒，赠太师，谥恭靖。

同卿季父侂胄，自以有定策功，声势熏灼。同卿每惧满盈，不敢干政。时天下皆知侂胄为后族，不知同卿乃后父也。同卿没一年而后崩，侂胄竟败，人始服其善远权势云。同卿子㷍，后兄也，官至承宣使。

恭圣仁烈杨皇后，少以姿容选入宫，忘其姓氏，或云会稽人。庆元元年三月，封平乐郡夫人。三年四月，进封婕妤。有杨次山者，亦会稽人，后自谓其兄也，遂姓杨氏。

五年，进婉仪。六年，进贵妃。恭淑皇后崩，中宫未有所属，贵妃与曹美人俱有宠。韩侂胄见जbi权术，而曹美人性柔顺，劝帝立曹。而贵妃颇涉书史，知古今，性复机警，帝竟立之。

次山客王梦龙知其谋，密以告后，后深衔之，与次山欲因事诛侂胄。会侂胄议用兵中原，俾皇子㬂入奏："侂胄再起兵端，将不利于社稷。"帝不答。后从傍赞之甚力，亦不答。恐事泄，俾次山择廷臣可任者，与共图之。礼部侍郎史弥远，素与侂胄有隙，遂欣然奉命。参知政事钱象祖，尝谏用兵贬信州，弥远乃先告之。礼部尚书卫泾、著作郎王居安、前右司郎官张镃皆预其谋。开禧三年十一月三日，侂胄方早朝，弥远密遣中军统制夏震伏兵六部桥侧，率健卒拥侂胄至玉津园，槌杀之。复命弥远。象祖等俱赴延和殿，以殛侂胄闻，帝不之信，越三日，帝犹谓其未死。盖是谋悉出中宫及次山等，帝初不知也。

后既诛侂胄，弥远日益贵用事。嘉定十四年，帝以国嗣未定，养宗室子贵和，立为皇子，赐名竑。弥远为丞相，既信任于后，遂专国政，竑渐不能平。初，竑好琴，弥远买美人善琴者纳之，而私厚美人家，令伺皇子动静。竑嬖之，一日，竑指舆地图示美人曰："此琼崖州也，他日必置史弥远于此地。"美人以告弥远。竑又书字于几曰："弥远当决配八千里。"竑左右皆弥远腹心，走白弥远。弥远大惧，阴蓄异志，欲立他宗室子昀为皇子，遂阴与昀通。

十七年闰八月丁酉，帝大渐，弥远夜召昀入宫，后尚未知也。弥远遣后兄子谷及石以废立事白后，后不可曰："皇子先帝所立，岂敢擅变？"是夜，凡七往反，后终不听。谷等乃拜泣曰："内外军民皆已归心，苟不立之，祸变必生，则杨氏无唯类矣。"后默然良久，曰："其人安在？"弥远等召昀入，后拊其背曰："汝今为吾子矣！"遂矫诏废竑为济王，立昀为皇子，即帝位，尊后曰皇太后，同听政。

宝庆二年十一月戊寅，加尊号寿明。绍定元年正月丙子，复加慈睿。四年正月，后寿七十，帝率百官朝慈明殿，加尊号寿明仁福慈睿皇太后。十二月辛巳，后不豫，诏祷祠天地、宗庙、社稷、宫观，赦天下。五年十二月壬午，崩于慈明殿。寿七十有一，谥恭圣仁烈。

次山官至少保，封永阳郡王。次山二子：谷封新安郡王，石永宁郡王。自有传。侄孙镇，尚理宗女周汉公主，官至左领军卫将军、驸马都统。宗族凤孙等，皆任通显云。

理宗谢皇后，讳道清，天台人。父渠伯，祖深甫。后生而黧黑，瞖一目。渠伯早卒，家产益破坏。后尝躬亲汲饪。

初，深甫为相，有援立杨太后功，太后德之。理宗即位，议择中宫，太后命选谢氏诸女。后独在室，兄弟欲纳入宫，诸父揆伯不可，曰："即奉诏纳女，当厚奉资装，异时不过一老宫婢，事奚益？"会元夕，县有鹊来巢灯山，众以为后妃之祥。揆伯不能止，乃供送后就道。后旋病疹，良已，肤蜕，莹白如玉；医又药去目瞖。时贾涉女有殊色，同在选中。及入宫，理宗意欲立贾。太后曰："谢女端重有福，宜正中宫。"左右亦皆窃语曰："不立真皇后，乃立假皇后邪！"帝不能夺，遂定立后。初封通义郡夫人，宝庆三年九月，进贵妃，十二月，册为皇后。

后既立，贾贵妃专宠；贵妃薨，阎贵妃又以色进。后处之裕如，略不介怀。太后深贤之，而帝礼遇益加焉。开庆初，大元兵渡江，理宗议迁都平江、庆元，后谏不可，恐摇动民心，乃止。

理宗崩，度宗立。咸淳三年，尊为皇太后，号寿和圣福。进封三代：父渠伯，魏王；祖深甫、曾祖景之，皆鲁王。宗族男女各进秩赐封赏赉有差。度宗崩，瀛国公即位，尊为太皇太后。太后年老且疾，大臣屡请垂帘同听政，强之乃许。加封五代。

太后以兵兴费繁，痛自裁节，汰慈元殿提举已下官，省泛索钱缗月万。平章贾似道兵溃，陈宜中上疏请正其罪。太后曰："似道勤劳三朝，岂宜以一旦罪而失遇大臣礼？"先削其官，后乃置法贬死。

京朝官闻难，往往避匿遁去。太后命揭榜朝堂曰："我国家三百年，待士大夫不薄。吾与嗣君遭家多难，尔小大臣不能出一策以救时艰，内则畔官离次，外则委印弃城，避难偷生，尚何人为？亦何以见先帝于地下乎？天命未改，国法尚存。凡在官守者，尚书省即与转一资；负国逃者，御史觉察以闻。"

德祐元年六月朔，日食既，太后削"圣福"以应天变。丞相王熵老病，陈宜中、留梦炎庸懦无所长，日坐朝堂相争戾。而张世杰兵败于焦山，宜中弃官去。太后累召不至，遗书宜中母，使勉之。十月，始还朝。太后又亲为书召夏贵等兵，曰："吾母子不足念，独不报先帝德乎？"贵等亦罕有至者。

是月，大元兵破常州，太后遣陆秀夫等请和，不从。宜中即率公卿请迁都，太后不许，宜中痛哭固请，不得已从之。明日当启行，而宜中仓卒失奏，于是宫车已驾，且暮而宜中不至，太后怒而止。明年正月，更命宜中使军中，约用臣礼。宜中难之，太后涕泣曰："苟存社稷，臣非所较也。"未几，大元兵薄皋亭山，宜宵遁，文武百官亦潜相引去。

二月辛丑，大军驻钱塘，宋亡。瀛国公与全后入朝，太后以疾留杭。是年八月，至京师，降封寿春郡夫人。越七年终，年七十四，无子。

兄奕，宋时封郡王。侄堂，两浙镇抚大使，尚荣郡公主；暨、壆并节度使，端平初，颇干国政云。

度宗全皇后，会稽人，理宗母慈宪夫人侄孙女也。略涉书史，幼从父昭孙知岳州。开庆初，秩满归，道潭州。时大元兵自罗鬼入破全、衡、永、桂，围潭州，人有见神人卫城者，已而潭独不下。逾年事平，至临安。

会忠王议纳妃。初，丁大全请选中临安府顾崈女，已致聘矣；大全败，崈亦罢去。台臣论崈大全党，宜别选名族以配太子。臣僚遂言全氏侍其父昭孙，往返江湖，备尝艰险；其处贵富，必能尽警戒相成之道。理宗以母慈宪故，乃诏后入宫，问曰："尔父昭孙，昔在宝祐没于王事，每念之，令人可哀。"后对曰："妾父可念，淮、湖之民尤可念也。"帝深异之，语大臣曰："全氏女言辞甚令，宜配冢嫡，以承祭祀。"

景定二年十一月，诏封永嘉郡夫人。十二月，册为皇太子妃。弟永坚等补承信郎、直秘阁。

度宗立，咸淳三年正月，册为皇后。追赠三代，赐家庙、第宅。弟清夫、庭辉等一十五人，各转一官。五年三月，后归宁，推恩姻族五十六人，进一秩。咸平郡夫人全氏三十二人，各特封有差。

后生子不育，次生瀛国公。十年，度宗崩，瀛国公立，册为皇太后。宋亡，从瀛国公入朝于燕京。后为尼正智寺而终。

杨淑妃，初选入宫为美人。咸淳三年，进封淑妃。推恩亲属幼节等三十四人进秩有差。生建国公昰。宋亡，昰走温州，又走福州。众推为主，册为太后；封弟昺卫王。昺，修容俞氏所生也。

至元十四年，大军围昰于海上。明年四月，昰卒，昺代立。十六年春二月，昺投海死，妃闻之大恸，曰："我艰关忍死者，正为赵氏祭祀尚有可望尔，今天命至此，夫复何言！"遂赴海死。其将张世杰葬之海滨。

卷二百四十四　　列传第三

宗室一

魏王廷美　燕王德昭　秦王德芳秀王子偁附

昔周之初兴，大封建宗室，及其东迁，晋、郑有同奖之功。然其衰也，干弱而枝强。后世于是有矫其失者，而封建不复古矣。宋承唐制，宗王褓袶即裂土而爵之。然名存实亡，无补于事。降至疏属，宗正有籍，玉牒有名，宗学有教，郊祀、明堂，遇国庆典，皆有禄秩。所寓州县，月有廪饩。至于宗女适人，亦有恩数。然国祚既长，世代浸远，恒产丰约，去士庶之家无甚相远者。靖康之乱，诸王骈首以毙于金人之虐，论者咎其无封建之实，故不获维城之助焉。

虽然，东都之仁宗，南渡之高、宁，元良虚位，立继小宗，大策一定，卒无动摇，磐石之固，亦可知矣。且宋于宗室，稍有过差，君臣之间，不吝于改，尤不惮于言。涪陵、武功，真宗即位，寻议追复改葬，封其子孙。濮邸尊称，言者惟务格非，不少遗忌。宋末济邸，国事将亡，谏疏不息，必褒恤而后止。是盖历代之所难得者欤！表而出之，作《宗室传》。

魏悼王廷美字文化，本名光美，太平兴国初，改今名。太祖兄弟五人：兄光济，早亡，宋兴，追封邕王，改曹王；弟光义，即太宗；次廷美；次光赞，幼亡，追封夔王，改岐王。

建隆元年，授廷美嘉州防御使。二年，迁兴元尹、山南西道节度使。乾德二年，加同中书门下平章事。开宝六年，加检校太保、侍中、京兆尹、永兴军节度使。太宗即位，加中书令、开封尹，封齐王，又加检校太师。从征太原，进封秦王。

七年三月，或告秦王廷美骄恣，将有阴谋窃发。上不忍暴其事，遂罢廷美开封尹，授西京留守，赐袭衣、通犀带，钱千万缗，绢、彩各万匹，银万两，西京甲第一区。诏枢密使曹彬饯廷美于琼林苑。以太常博士王遹判河南府事，开封府判官阎矩判留守事。以如京使柴禹锡为宣徽北院使兼枢密副使，杨守一为东上阁门使充枢密都承旨，赏其告廷美阴谋功也。左卫将军、枢密承旨陈从龙为左卫将军，皇城使刘知信为右卫将军，弓箭库使惠延真为商州长史，禁军列校皇甫继明责为汝州马步军都指挥使，定人王荣为濮州教练使，皆坐交通廷美及受其燕犒也。荣未行，或又告荣尝与廷美亲吏狂言："我不久当得节帅。"坐削籍，流海岛。

会赵普再相，廉得卢多逊与廷美交通事上闻。上怒，责授多逊兵部尚书，下御史狱。捕系中书守当官赵白、秦府孔目官阎密、小吏王继勋、樊德明、赵怀禄、阎怀忠等，命翰林学士承旨李昉、学士扈蒙、卫尉卿崔仁冀、膳部郎中兼御史知杂滕中正杂治之。多逊自言：累遣赵白以中书机事密告廷美。去年九月中，又令赵白言于廷美云："愿宫车晏驾，尽力事大王。"廷美遣樊德明报多逊云："承旨言正会我意，我亦愿宫车早晏驾。"私遗多逊弓箭等，多逊受之。

阎密初给事廷美，上即位，补殿直，仍隶秦王府，恣横不法，言多指斥。王继勋尤为廷美亲信，尝使求访声妓，怙势取货，赃污狼藉。樊德明素与赵白游处，多逊因之以结廷美。廷美又遣赵怀禄私召同母弟军器库副使赵廷俊与语。阎怀忠尝为廷美诣淮海王钱俶求犀玉带、金酒器，怀忠受俶私遗白金百两、金器、绢扇等。廷美又尝遣怀忠赍银碗、锦彩、羊酒，诣其妻父御前忠佐马军都军头开封潘潾营燕军校。至是，皆伏罪。

诏文武常参官集议朝堂。太子太师王溥等七十四人奏："多逊及廷美顾望咒诅，大逆不道，宜行诛灭，以正刑章。赵白等处斩。"诏削夺多逊官爵，并家属流崖州；廷美勒归私第；赵白、阎密、王继勋、樊德明、赵怀禄、阎怀忠皆斩于都门外，籍其家财。诏："秦王廷美男女等宜正名称，贵州防御使德恭等仍为皇侄，皇侄女适韩氏去云阳公主之号；右监门将军韩崇业降为右千牛卫率府率，仍去驸马都尉之号；并发遣西京，就廷美居止。"五月，贬西京留守判官阎矩为涪州司户参军，前开封推官孙屿为融州司户参军，皆秦王廷美官属，坐辅导无状也。

赵普以廷美谪居西洛非便，复教知开封府李符上言："廷美不悔过，怨望，乞徙远郡，以防他变。"诏降廷美为涪陵县公，房州安置。妻楚国夫人张氏，削国封。命崇仪使阎彦进知房州，监察御史袁廓通判州事，各赐白金三百两。八年正月，涪陵县公廷美母陈国夫人耿氏卒。雍熙元年，廷美至房州，因忧悸成疾而卒，年三十八。上闻之，呜咽流涕，谓宰相曰："廷美自少刚愎，长益凶恶。朕以同气至亲，不忍置之于法，俾居房陵，冀其思过。方欲推恩复旧，遽兹殒逝，痛伤奈何！"因悲泣，感动左右，遂下诏追封廷美为涪王，谥曰悼，为发哀成服。

其后，太宗从容谓宰相曰："廷美母陈国夫人耿氏，朕乳母也，后出嫁赵氏，生廷俊。朕以廷美故，令廷俊属橐鞬左右，而廷俊泄禁中事于廷美。迩者，凿西池，水心殿成，桥梁未备，朕将泛舟往焉。廷美与左右谋，欲以此时窃发，不果，即诈称疾于邸，俟朕临省，因而为变。有告其事者，若命有司穷究，则廷美罪不容诛。朕不欲暴扬其丑，及卢多逊交通事发，止令居守西洛。而廷美不悔过，益怨望，出不逊语，始命迁房陵以全宥之。至于廷俊，亦不加深罪，但从贬宥。朕于廷美，盖无负矣！"言未讫，为之恻然。李昉对曰："涪陵悖逆，天下共闻。西池，禁中事，若非陛下委曲宣示，臣等何由知之。"

初，昭宪太后不豫，命太祖传位太宗，因顾谓赵普曰："尔同记吾言，不可违也。"命普于榻前为约誓书，普于纸尾书云"臣普书"，藏之金匮，命谨密宫人掌之。或谓昭宪及太祖本意，盖欲太宗传之廷美，而廷美复传之德昭。故太宗既立，即令廷美尹开封，德昭实称皇子。德昭不得其死，德芳相继夭绝，廷美始不自安。已而柴禹锡等告廷美阴谋，上召问普，普对曰："臣愿备枢轴以察奸变。"退复密奏："臣忝旧臣，为权幸所沮。"因言昭宪太后顾命及先朝自诉之事。上于宫中访得普前所上章，并发金匮得誓书，遂大感悟。召普谓曰："人谁无过，朕不待五十，已尽知四十九年非矣。"辛亥，以普为司徒兼侍中。他日，太宗尝以传国之意访之赵普，普曰："太祖已误，陛下岂容再误邪？"于是廷美遂得罪。凡廷美所以遂得罪，普之为也。

至道初，命司门员外郎孙蠙为皇侄、诸孙教授，廷美诸子之在京者肄业焉。真宗即位，追复皇叔涪王廷美西京留守、检校太师兼中书令、河南尹、秦王；张氏，楚国夫人。咸平二年闰三月，诏择汝、邓地，改葬汝州梁县之新丰乡。仁宗即位，赠太师、尚书令。徽宗即位，改封魏王。

子十人：德恭、德隆、德彝、德雍、德钧、德钦、德润、德文、德愿、德存。故事，皇族封王者物故，则本宫之长封国公，其后以次受封。于是，德钧子承简最长，袭封徐国公，官至保康军留后；赠彰化军节度使、安定郡王，谥和懿。承简既薨，德雍子承亮袭封昌国公；神宗即位，拜感德军节度使，改封荣。

熙宁二年，诏宣祖、太祖、太宗之子，皆择其后一人为宗，世世封公，以奉其祀，不以服属尽杀其恩礼。三年，太常礼院言："本朝近制，诸王之后，皆用本宫最长一人封公继袭。去年诏祖宗之子皆择其后一人为宗，世世封公，即与旧制有异。按礼文，诸王、公、侯、伯、子、男，皆子孙承嫡者传袭。若无嫡子及有罪疾，立嫡孙；无嫡孙，以次立嫡子同母弟；无母弟，立庶子；无庶子，立嫡孙同母弟；无同母弟，立庶孙。曾孙以下准此。合依礼令，传嫡承袭。"诏可。乃以承亮为秦国公，奉秦王廷美祀。明年薨，赠乐平郡王，谥曰恭静。子克愉嗣。克愉卒，子叔牙嗣。元符三年，改今封。

德恭字覆礼，太平兴国四年，以皇子出阁，拜贵州防御使。廷美徙房陵，诸子悉从行，因免官。廷美卒，复以德恭为峰州刺史，弟德隆为瀼州刺史，韩崇业为静难行军司马。雍熙元年十二月，诏以德恭为左武卫大将军，封安定郡侯，判济州；德隆为右武卫大将军，封长宁郡侯，判沂州。诸弟皆随赴治所。令高品卫绍钦送至州，常奉外岁给钱三百万。命起居舍人韩检、右补阙刘蒙叟分任二州通判。上临遣之，曰："德恭等始历郡，善裨赞之。苟有阙失而不力正，止罪尔等。"

端拱元年，进封德恭安定郡公。淳化四年，改左骁卫大将军。至道二年，加左神武大将军。真宗嗣位，就转左武卫大将军。咸平二年召赴阙，改封乐平郡公，判虢州。乞奉朝请，从之。迁胜州团练使。景德初，改衡州防御使。三年，被疾，子承庆刲股肉食之。五月，卒，年四十五。上临哭之恸，废朝三日。赠保信军节度使，追封申国公。天禧二年，从承庆请，加赠护国军节度兼侍中。明道二年，追封高密郡王，谥慈惠。子承庆、承寿。

承庆,官至和州团练使,卒赠武信军节度使、循国公。子六人,克继,善楷书,尤工篆隶,宗正荐之,仁宗亲临试,及令临蔡邕古文法写《论语》、《诗》、《书》;复诏与朝士分隶《石经》。帝曰:"李阳冰,唐室之秀。今克继,朕之阳冰也。"训子弟力学,一门登儒科者十有二人。尝进所集《广韵字源》,帝称善,藏之秘阁。元祐五年,以定武军节度观察留后卒,赠开府仪同三司、建国公,谥章靖。

承寿,终南作坊使,赠德州刺史、武当侯。子四人,克己,晓音律,尝作《雅乐图》乐曲以献。侍宴大清楼,进所学虞世南书,赐器加等。终右千牛卫大将军,赠深州防御使、饶阳侯。子叔韶字君和,庆历六年,与诸宗子帝前临真宗御书,选第一。皇祐初,进所为文,召试学士院中等,赐进士及第。自太子右监门府副率迁右领军卫将军,入谢,命坐赐茶。仁宗曰:"宗子好学者颇多,独尔以文章第进士,前此盖未有也。朕欲天下知им籍有贤者,宜勿忘所学。"叔韶顿首谢,既退,又出《九经》赐之。迁右屯卫大将军。至和中,上书求试烦剧,加领贺州刺史,终和州防御使,赠镇东节度观察留后、会稽郡公。克脩字子庄,仁宗为皇子时,得出入禁中侍学,故仁宗待遇殊厚。帝尝御大清楼召宗室试书,以克脩为善。终右神武军大将军、成州团练使,赠同州观察使、冯翊侯。子叔充,父早世,异母弟叔瑨甚幼,叔充拊视诲敕成人。先是,继母无叙封法,叔充请于朝,诏从之,遂为定制。藏书至万卷。子九人,登科者三。卒官唐州防御使,赠崇信军节度使、尹国公,谥孝齐。遗表祈任子,有司格不下,子抚之抗章自列,乞如外官法。朝廷从其请。宗室正任有遗恩自此始。

德隆字日新。雍熙三年,卒官沂州守,年二十三,赠宁远军节度,追封临沂郡公。天禧二年,从其子承训之请,加赠崇信军节度、同平章事。承训官至顺州刺史,卒赠深州团练使。

德彝字可久,太祖召鞠于宫中。德隆卒,授右千牛卫大将军,封长宁郡侯,代兄德隆判沂州,时年十九。飞蝗入境,吏民请坎瘗火焚之,德彝曰:"上天降灾,守臣之罪也。"乃责躬引咎,斋戒致祷,既而蝗自殪。儒生乙恕者,郊居肆业,一日,有尸横舍下,所司捕恕抵狱,将置于法。德彝疑其冤,命他司按之无异,因令缓刑以俟。未几,果获杀人者,恕遂得释。进封郡公。淳化四年,为右监门卫大将军,迁左武卫大将军,改封广平。部民诣阙乞留,有诏嘉奖。真宗初,召还。咸平二年,命判滁州,与德恭并留不遣。三年,授徐州刺史,累迁保信军节度观察留后。大中祥符八年卒,年四十九。上临奠,废朝三日。赠昭信军节度使,追封信都郡王,谥安简。明道二年,改封颍川。

子承谟,前卒;承矩,终庄宅使,赠博州刺史;承勔至供奉官,赠六宅副使;承范、承拱,并西京作坊使;承衎,内殿崇班;承锡,供奉官。

德雍字仲达,淳化初,授右骁卫将军,历右羽林、龙武二军将军,累迁蔡州观察使、咸宁郡公,终天平军节度观察留后,赠宣德军节度使、同中书门下平章事,谥康简。明道中,追封广陵郡王。

子承睦、承亮。承睦,终左领军卫大将军、彭州团练、虔州观察使、南康侯;承亮,封秦国公,事见上。

德钧字子正,性和雅,善书翰,好为篇什。淳化初,拜右武卫将军,四迁至右卫将军。景德二年,加右监门卫大将军。四年,卒,赠河州观察使,追封安乡侯。时妻亦卒,男女十四人皆幼,上甚嗟悼之。

子承震,早卒;承绪,供奉官;承伟、承雅、承裔、承鉴、承则,并西京作坊使;承裕,礼宾副使;承翊,内殿崇班;承简,袭徐国公;承幹,终怀州防御使,赠保静军节度使、萧国公,子克敦,嗜经术,以宗正荐,召试中选,赐钱三十万。元丰间,集父承幹遗文以进,神宗嘉之,诏:"承幹父子以艺文儒学名于宗藩,宜有褒劝。"于是追封承幹为东平王,而赐克敦敕书奖谕。以宣州观察使卒,赠开府仪同三司、和国公。

德钦字丕从。淳化元年,授右屯卫将军,四迁右羽林将军。景德元年六月卒,年三十一。赠云州观察使,追封云中侯。子承遵,西京作坊使。

德润字温玉,颇好学,善为诗。淳化元年,始授右领军卫将军,四迁右羽林将军。咸平六年二月卒,年三十九。赠应州观察使,追封金城侯。

德文字子矼,淳化初,授右监门卫将军,累迁滑州观察使、冯翊郡公。少好学,凡经史百家,手自抄撮,工为辞章。真宗以其刻励如诸生,尝因进见,戏呼之曰"五秀才",宫中由是悉称之。德文本廷美第八子,其兄三人早卒,故德文于次为第五也。帝封泰山、祀汾阴、幸亳,德文必奏赋颂。帝每赐诗,辄令属和。数言愿得名士为师友,特命翰林学士杨亿与之游。亿卒,为诗十章悼之。天圣中,迁横海军节度观察留后,拜昭武军节度使,易感德、武胜二军,加同中书门下平章事。仁宗尝称为"五相公"而不名。庆历四年,宗室王者四人,以德文属尊且贤,方汉东平王苍,进封东平郡王,加兼侍中。德文虽老,嗜学不倦。晚被足疾,不能朝。六年,薨,年七十二。初得疾,仁宗临视,亲调药饮之。及讣闻,复临哭,赠太尉、中书令、申王,谥恭裕。子六人,承显,以王后袭封康国公,官至昭化军节度使。薨,年七十四,赠太尉、乐平郡王。

德愿字公谨,淳化元年,授右千牛卫大将军,三进秩为左武卫大将军。咸平二年闰三月卒,年二十四。赠凉州观察使,追封姑臧侯。

德存字安世,九岁授右千牛卫将军,历监门,至骁卫。从祠泰山,领奖州刺史。祀汾阴,以恩迁右羽林将军。大中祥符四年六月卒,年三十。赠洮州观察使,追封洮阳侯。子承衍,礼宾副使。

太祖四子:长滕王德秀,次燕懿王德昭,次舒王德林,次秦康惠王德芳。德秀、德林皆早亡,徽宗时,追赐名及王封。

燕懿王德昭字日新,母贺皇后。乾德二年出阁。故事,皇子出阁即封王。太祖以德昭冲年,欲其由渐而进,授贵州防御使。开宝六年,授兴元尹、山南西道节度使、检校太傅、同中书门下平章事，终太祖之世，竟不封以王爵。太宗太平兴国元年，改京兆尹，移镇永兴，兼侍中，始封武功郡王。诏与齐王廷美自今朝会宜班宰相之上。三年二月，娶太子太傅王溥女，封韩国夫人。是冬郊祀，加检校太尉。

四年，从征幽州。军中尝夜惊，不知上所在，有谋立德昭者，上闻不悦。及归，以北征不利，久不行太原之赏。德昭以为言，上大怒曰："待汝自为之，赏未晚也！"德昭退而自刎。上闻惊悔，往抱其尸，大哭曰："痴儿何至此邪！"赠中书令，追封魏王，赐谥，后改吴王，又改越王。德昭喜愠不形于色。真宗即位，赠太傅。乾兴初，加赠太师。子五人：惟正，惟吉，惟固，惟忠，惟和。

庆历四年，诏封十王之后，以惟忠子从蔼袭封颍国公，而惟吉子守巽以冀王后最长，与从蔼同封。守巽官至和州防御使，赠武成军节度使、楚国公。从蔼至齐州防御使，赠武胜军节度观察留后、韩国公。守巽、从蔼卒，以惟忠子从信袭封荣国公，官至雄州防御使，赠保宁军节度使、楚国公。从信卒，以惟忠之孙、从恪子世规袭封崇国公，官至右龙武大将军、沂州防御使以卒。守巽子世清，累官茂州防御使。以本官之长，得封申国公。熙宁中，坐上书请袭曾祖越懿王封不当，夺一官。既而议者是其说，乃迁越州观察使，袭封越国公，进会稽郡王，至保信军留后。爱诸弟，作棣萼会于邸中。会元丰升祔四后，受命告庙，方属疾，自力就事，未几薨。赠安化军节度使、开府仪同三司，追封虢王，谥恭安。子令廓嗣，元符三年，改今封。

先是，熙宁中，诏封楚康惠王之孙从式为安定郡王，奉太祖祀。及从式薨，乃以懿王曾孙世准袭封安定郡王。世准，从蔼子也。为人内恕外严，无绮罗金玉之好，凡天子郊庙，必从祀。由金州观察使拜保静军节度使。薨年六十八，赠开府仪同三司，追封成王。世开袭封。

世开，从海子、惟和孙也。七八岁，日诵万言，既长，学问该洽。事后母孝，抚孤侄如己子。官宦吴申为御史，荐其学行，命试学士院，累召不赴。神宗褒异之，召对便殿，论事甚众。时官僚有缺，不即请，而以他官摄，故私谒公行。宗女当嫁，皆富家大姓以货取，不复事铨择。世开悉言之，帝嘉纳，欲以为宗正，固辞，乃进一官。以其所列著为令。官至奉国军留后。薨，赠开府仪同三司，追封信王，谥献敏。世雄嗣。

世雄亦从蔼子，少力学知名。熙宁中，诏宗子以材能自表见者，官长及学官以名上。世雄子令铄在选中。尝请营都宅以处疏属，立三舍以训学者。诏用其议，置两京敦宗院，六宫各建学。徽宗即位，以世雄于太祖之宗最为行尊，拜崇信军节度使，袭安定郡王，知大宗正事。崇宁四年薨，年七十五。赠太尉，追封淄王，谥恭宪。世福袭封。

世福，从信子。官至集庆军节度使。薨，赠仪王。令荡袭爵。令荡，秦康惠王曾孙也。

惟正，天圣七年，以久病，帝欲慰安之，由保信军节度观察留后、乐安郡公特拜建宁军节度使。卒，赠侍中，追封同安郡王，谥僖靖。无子，以弟惟忠子从说为嗣，官

至左龙武大将军、温州团练使。坐射杀亲事官削官爵，幽之别宅。从说少好学，以刚褊废，遂自刭死。帝甚悼之。赠济州防御使、济南侯。

惟吉字国祥，母郑国夫人陈氏。惟吉生甫弥月，太祖命辇至内廷，择二女媪养视之，或中夜号啼，必自起抚抱。三岁，作弱弓轻矢，植金钱为的，俾之戏射，十发八中，帝甚奇之。五岁，日读书诵诗。帝尝射飞鸢，一发而中，惟吉从旁雀跃，喜甚，帝亦喜，铸黄金为奇兽、瑞禽赐之。常乘小乘舆及小鞍鞯马，命黄门拥抱，出入常从。太祖崩，惟吉裁六岁，昼夜哀号，孝章皇后慰谕再三，始进饘粥。太宗即位，犹在禁中，日侍中食。太平兴国八年，始出居东宫，授左监门卫将军，封平阳郡侯，加左骁卫大将军，进封安定郡公。淳化四年，迁左羽林军大将军。至道二年，授阆州观察使。凡邸第供亿，车服赐与，皆与诸王埒，自余王子不得偕比。真宗即位，授武信军节度，加同平章事。时石保吉先为使相，诏惟吉班其上。大中祥符初，封泰山，以疾不从行，诏许疾愈驰诣行在。还顿郓州，惟吉迎谒，上劳问再三，改感德军节度。明年，疾复作，上屡临省之，亲视灼艾，日给御膳，为营佛事。三年五月薨，时年四十五。废朝五日，赠中书令，追封南阳郡王，谥康孝。

惟吉好学，善属文，性至孝。孝章皇后抚养备至，亲为栉沐。咸平初，以太祖孝章画像、服玩、器用赐惟吉，岁时奠享，哀慕甚至。每诵《诗》至《蓼莪篇》，涕泗交下，宗室推其贤孝。雅善草隶飞白，真宗次为七卷，御制序，命藏秘阁。其子守节，以父所书《真草千文》以献，诏书褒答，仍付史馆。追赠太尉，明道二年封冀王。子守节、守约、守巽、守度、守廉、守康。

守节，累迁彰化军节度观察留后、同知大宗正事。卒赠镇江军节度使，追封丹阳郡王，谥僖穆。子世永、世延。世永，袭邢国公，官至镇南军留后，熙宁元年薨，赠昭信军节度使、南康郡王，谥修孝。世延，终右武卫大将军、绛州防御使，赠武宁军节度观察留后、彭城郡公。

守约，终内园使、康州刺史，赠沂州团练使。子世静、世长。世静，至左武卫大将军、均州防御使，卒赠镇海军节度观察留后、北海郡公。世长，终左武卫大将军、解州防御使，赠张信军节度观察留后、济阳郡公。守巽及其子世清，事见上。守度，终左领军卫大将军、英州团练使，赠广州观察使、卢江侯。守廉，终供备库副使，赠内藏库使。守康，至供奉官。

惟固字宗幹，本名元侳，太平兴国八年，改赐名，授左千牛卫将军。是冬卒。

惟忠字令德，初名文起，太平兴国八年赐今名。授右千牛卫将军，四迁右龙武军。真宗即位，改右千牛卫大将军。大中祥符二年，进左监门卫大将军、叙州刺史。五年，进昌州团练使。八年卒，赠鄂州观察使，追封江夏侯。明道二年，加赠彰化军节度使，追封舒国公。子从恪、从蔼、从秉、从颖、从谨、从质、从信、从说。

从恪，累官西染院使，卒，赠磁州刺史、东莱侯。子世规，袭封崇国公。从蔼，终左卫大将军、齐州防御使，

赠武胜军节度观察留后，追封韩国公。子世丰，终太子右卫率，追赠进士及第。世准、世雄，并安定郡王。从信，封荣国公，官至雄州防御使，赠保宁军节度使、楚国公，谥安僖。子世福，袭安定郡王。从秉、从颖、从谨，并礼宾使。从质，内殿崇班。从说，出继惟正。

惟和字子礼，端拱元年，授右武卫将军，历右骁卫、神武龙武军、右卫将军。大中祥符元年，领澄州刺史。四年，迁右千牛卫大将军。六年，卒，年三十六。赠汝州防御使、临汝侯。明道二年，加赠永清军节度观察留后，追封清源郡公。

惟和雅好学，为诗颇清丽，工笔札，优游典籍，以礼法自居，宗室推重。尝和御制诗，上称其有理致。及卒，上谓宰相王旦等曰：“惟和好文力学，加之谨愿，皇族之秀也，不幸短命！”嗟悼久之，至于泣下。录其稿二十二轴，上亲制序，藏于秘阁。子从审、从海。

从审，终复州防御使，赠宁国军节度观察留后、宣城郡公。尝坐与人奸除名，已而复官。从海，终左金吾卫大将军、台州团练使，赠襄州观察使、襄阳侯。子世开，安定郡王，事见上。

绍兴元年，诏曰：“太祖皇帝创业垂统，德被万世。神祖诏封子孙一人为安定郡王，世世勿绝。今其封不举，朕甚悯之。有司其上合封人名，遵故事施行。”时燕、秦二王后争袭封，礼部员外郎王居正上言：“燕王亲，太祖长子，其后当袭封。”议遂定。自绍兴至嘉定，袭封者十五人，惟令時、令廬、令诳、令衿迹颇著，余皆继嗣，姗姗无足称。

令時字德麟，燕懿王玄孙也，蚤以才敏闻。元祐六年，签书颍州公事。时苏轼为守，爱其才，因荐于朝。宣仁太后曰：“宗室聪明者岂少哉？顾德行何如耳。”竟不许。轼被窜，令時坐交通轼罚金。已而附内侍谭稹以进。绍兴初，官至右朝请大夫。吕颐浩请以令時主行在大宗正司，帝命易环卫官。颐浩言：“令時读书能文，恐不须易。”帝曰：“令時昔事谭稹，颇违清议。”改右监门卫大将军、荣州防御使，权知行在大宗正事。迁洪州观察使，袭封安定郡王。寻迁宁远军承宣使，同知行在大宗正事。四年薨，贫无以为殓，帝命户部赐银绢，赠开府仪同三司。

令矼，绍兴五年，由邵武军兵马都监袭封，授华州观察使，寻除同知大宗正事。逾年薨。

令廬字深之。初，懿王生昌州团练使惟忠，惟忠生楚安僖王从信，从信生益公世逢，世逢生令廬，授右班殿直，迁东头供奉官，累郑州县场库。监司薛昂荐其才，易资承事郎，调颍州签判，历绵州通判，累知蜀州、阆州、庆源府，召除卫尉少卿，擢秘阁修撰，再知庆源府。建炎二年，分西外宗子于泰州，命令廬知西外宗正事，除御营使司参赞军事，挈宗子避地福州，因置司焉。元懿太子薨，帝令廬选艺祖后得三四人，寻擢集英殿修撰，知南外宗正。再选宗子，得伯琮、伯浩养宫中，后选得伯玖，性亦聪惠。高宗喜，转令廬知泉州，寻与祠与归。令矼薨，令廬改阆州观察使，袭封，除同知大宗正事。逾年，授镇东军承宣使，再迁保平军节度使。绍兴十三年薨，年七十五。赠

少师，后追封惠王，谥襄靖。子子游，官至湖北提刑，用户部侍郎王俣荐，加直秘阁。会建宁节度使士罰知南外宗正司，以事去官，言者请择宗室文臣之廉正者代之，遂以命子游。西、南外宗官用文臣，自子游始。

令诳，字君序，以父任补右班殿直。政和中，迁成忠郎，召试，授从事郎。宣和二年，以贡士试舍选合格，授宣教郎，调信州永丰县丞。中兴初，累迁福州运判，兼提点刑狱公事。秦桧方柄用，安定郡王绝封者十余年；桧死，次令衿当封，适以事被拘，遂命令诳袭封。已而令诳以爵逊令衿，乃升令诳秘阁修撰，知台州，移知绍兴府，召权户部侍郎，令严、饶二州铸钱局。先是，诸州钱监兵匠多缺不补，积其衣粮，号三分缺额钱，令诳请以其钱付诸监，省朝廷降铜本钱。又建议州县卖官田计所入高下，守令进秩减磨勘有差；州县义仓多红腐，请岁出三之一以易新粟；水旱为灾，检放不及七分处所，即许振恤：皆从之。令衿薨，令诳由崇庆军承宣使再袭封。隆兴初，除同知大宗正事，奏减生日支赐并郊祀赏给，以助军兴。诏褒之。迁敷文阁直学士，特授左中大夫、知绍兴府，引疾乞祠以归，寻薨，年六十八。令诳莅事明敏有风采，然在广东日，尝与副使章芨不协，阴中以法，陷芨于死，世以此少之。

令衿，嘉孝穆公世峡子也。博学有能文声，中大观二年舍选。靖康初，为军器少监。言事忤旨，夺官。绍兴七年，以都官员外郎召。张浚罢，令衿请对留浚，言官石公揆论令衿阿大臣，复罢。久之，以事抵临安，中丞李文会劾令衿"昔为大臣缓颊，今复奔走请托。"诏送吏部。吏部直令衿，奏除德安府通判，迁知泉州。泉属邑有隐士秦systems故庐，唐相姜公辅葬邑旁，令衿建堂合祠之，郡人感其化。归寓三衢。尝会宾客观秦桧家庙记，口诵"君子之泽，五世而斩"之句。通守汪召锡，桧兄婿也，颇疑令衿，讽教官莫汲诉令衿论日月无光，谤讪朝政。侍御史董德元承风旨劾，诬以赃私。诏下令衿狱，案验无状，乃论令衿谤讪不逊，追一官勒停，令南外宗正司拘之。桧除召锡湖南提举以报之，衔令衿，必欲置死地。初，赵鼎之子汾归过衢，令衿赆之，侍御史徐嚞希桧旨，诬令衿与汾有密谋，伺朝廷机事。捕汾下大理寺，俾汾自诬与张浚、李光等谋逆，而令衿预焉。狱上，桧病不能省，乃获免。桧死，复爵。二十六年，授明州观察使，袭封。引疾乞奉燕王祠，许之。寻加庆远军承宣使。二十八年薨，赠开府仪同三司。

令话，建炎末，为右武卫大将军、信州防御使。熙宁初，首封秦王孙从式，已而更封燕王曾孙世清。宣和中，又封秦王元孙令荡。令荡卒，令庇年最长，礼官以为小宗不当封。绍兴元年六月，令话得袭封，授宁州观察使。二年七月薨，赠开府仪同三司。

令德，乾道元年为武德郎。时安定郡王令诳换文阶，大宗正司奏令德授定武军承宣使，袭封。令德贫，几不能出蜀。七年，令德薨，令惨当封，以沈湎声色，不任袭。诏武德郎令抬袭封，除金州观察使。令抬薨，时秦王后无当袭者，武翼郎子拣属燕王后，年又最长，得袭封。子拣薨，九年九月，忠训郎子彤袭，授容州观察使。绍熙

二年薨，年八十余。庆元元年十月，忠翊郎子恭袭，授利州观察使。子恭薨，嘉定二年七月，子觊袭，授金州观察使。四年十一月，伯梠袭，授宣州观察使。嘉定元年十月，伯枕袭，授福州观察使。八年十一月，伯泽袭，授潭州观察使。

秦康惠王德芳，开宝九年出阁，授贵州防御使。太平兴国元年，授兴元尹、山南西道节度使、同平章事。三年冬，加检校太尉。六年三月，寝疾薨，年二十三。车驾临哭，废朝五日。赠中书令、岐王及谥。后加赠太师，改楚王。子三人：惟叙、惟宪、惟能。

庆历四年，诏封十王之后，以惟叙子从照封安国公，终左金吾卫大将军、归州团练使。赠同州观察使、齐国公。从照卒，以惟能子从古封安国公，终延州观察使，赠保静军节度使、同中书门下平章事、楚国公，谥惠恪。从古卒，惟宪子从式袭封舒国公。

神宗即位，谓创业垂统，实自太祖，顾无以称。乃下诏令中书门下考太祖之籍，以属近而行尊者一人，裂土地而王之。使常从献于郊庙，世世勿复绝。于是有司推择，以从式应诏，封安定郡王，终保康军节度使，赠同中书门下平章事，追封荣王，谥安僖。从式既薨，诏以越王曾孙世准袭封安定郡王，而以从式子世恩袭爵为楚国公，主楚王德芳之祀。迁楚州防御使，卒赠奉国军节度使，谥良僖。徽宗即位，改封楚王为秦王。

惟叙字懋功，性纯谨，颇好学。端拱初，授左武卫将军，四迁左卫将军，领勤州刺史。大中祥符四年，从祀汾阴，拜左千牛卫大将军。八月，卒，年三十五。赠怀州防御使，追封河内侯。明道二年，加赠保静军节度观察留后、高平郡公。子从照，封安国公。从溥，至右侍禁内殿崇班。

惟宪字有则，美丰仪，少颇纵肆，长修谨，善射，好吟咏，多读道书。端拱初，授左屯卫将军，累迁右羽林将军、领演州刺史，加左卫大将军、领贺州团练使，真拜资州团练使。大中祥符九年五月卒，年三十八。赠安德军节度使兼侍中、英国公。子从式，始封安定郡王，事见上。从演，礼宾副使。从戎、从戒、从混，并内殿崇班。从贲，供奉官。

惟能字若拙。端拱初，授右屯卫将军，累迁右神武军将军。大中祥符元年五月卒，年三十。赠蔡州防御使、张掖侯。明道二年，加赠集庆军节度观察留后、南康郡公。子从古，袭安国公。从善，内殿承制。从赟，崇班。

安僖秀王子偁，秦康惠王之后，高宗族兄也。康惠生英国公惟宪，惟宪生新兴侯从郁，从郁生华阴侯世将，世将生东头供奉官令侩，令侩生子偁。宣和元年，舍试合格，调嘉兴丞。是年，子伯琮生，后被选入官，是为孝宗。

子偁召赴都堂审察，改宣教郎，通判湖州，寻除直秘阁，赐五品服。孝宗既封建国公，就傅，子偁召对言："宗室之寓于外者，当聚居官舍，选尊长钤束之。年未十五附入州小学，十五入大学，许依进士就举，未出官者亦许入学听读，及一年，听参选。"高宗纳其说。迁朝奉郎、秘阁修撰，知处州。已而乞祠，许之。累官左朝奉大夫。绍兴十三年秋致仕，明年春，卒于秀州。时孝宗为普安郡王，疑所服，诏侍从、台谏议。秦熺等请解官如南班故事，普安亦自请持服，许之。及普安建节，子偁以恩赠太子少师。既为太子，加赠太师、中书令，封秀王，谥安僖。配张氏，封王夫人。

孝宗受禅，称皇伯，园庙之制未备。绍熙元年，始即湖州秀园立庙，奉神主，建祠临安府，以藏神貌，如濮王故事。仍班讳。

嗣秀王伯圭字禹锡，孝宗同母兄也。初，以恩补将仕郎，调秀州华亭尉，累官至浙西提刑司干办公事，除明州添差通判。孝宗受禅，上皇诏除集英殿修撰、知台州。

伯圭在郡，颇著政绩，除敷文阁待制，改知明州，充沿海制置使。蕃商死境内，遗赀巨万，吏请没入，伯圭不可，戒其徒护丧及赀以归。升敷文阁直学士，以忧去，服阕，再知明州。新学宫，命宗子入学，闲与规矩。诏徙戍定海兵于许浦。伯圭奏："定海当控扼之冲，不可撤备，请摘制司军以实其地。"从之。

海寇猖獗，伯圭遣人谕降其豪葛明，又遣明禽其党倪德。二人素号桀黠，伯圭悉抚而用之，贼党遂散。以功进一官，累升显谟阁、龙图阁学士。在郡十年，政宽和，浚湖陂，均水利，辨冤狱。尝获铸铜者，不忍置诸法，谕令易业，民由是无再犯。

淳熙三年，授安德军节度使，寻加开府仪同三司，充万寿观使。朝德寿宫，上皇赐玉带，加少保，封荣阳郡王。高宗崩，入临，充攒宫总护使，除少傅。光宗即位，升少师。逾年召见，迁太保，封嗣秀王，赐甲第于安僖祠侧。

臣僚上言："治平中追崇濮邸，王子孙几二十人，皆自环卫序迁其官。今居南班者止师夔一人，非所以强本支而固磐石也。前未建秀邸时，欲赋以禄，则不免责以吏事；今已建邸，而犹责吏事，他日或不免于议。治则伤恩，不则废法，曷归之南班，俾无吏责而享富贵。"遂诏伯圭诸子得换班。

绍熙二年，除判大宗正事，建请别立宗学，以教宗子。超拜太师，免奉朝请。寻兼崇信军节度使，赐第还湖州，寻薨于家。讣闻，帝为辍朝三日，追封崇王，谥宪靖。

伯圭性谦谨，不以近属自居。每日见，行家人礼，虽宴私隆洽，执臣节愈恭。一日，孝宗问潜龙时事，伯圭辞曰："臣老矣，不复能记。"问至再三，终不言。帝笑曰："何太谨也。"益爱重之。尝欲广其居，并湖为复阁，有司既度材矣，伯圭固辞而止。阜陵成，迁中书令，凡五让。宁宗嘉其志，诏别议褒崇之礼，赠赞拜不名，肩舆至殿门。子九人：师夔、师揆、师垂、师离、师禹、师皋、师岩、师弥、师贡。

师夔字汝一，初以祖恩补官，调太平州芜湖簿。隆兴元年，改右承郎，历台州、秀州通判，直秘阁。寻知徽州，新学舍，进直徽猷阁，知湖州。时归附从军而廪于湖者众，不能给，师夔请增廪，仍别给僦屋钱，以安其心。帝称善，诏诸郡行之。除直龙图阁，迁浙西提刑，改江东运判。

建康务场往往夺民利，为害滋甚，师夔首罢之。守臣以郡计所资，诣师夔请复旧，不从。池州军帅霍政与守臣交上书相攻，诏师夔究曲直。政密遣人求庇，师夔斥之，具言状，政坐罢去。

改秘阁修撰、知明州兼沿海制置使，加敷文阁待制，转永庆军承宣使。绍熙元年，侍父入觐，除兴宁军节度使。宁宗即位，加检校少保，充阜陵桥道顿递使。阜陵成，迁开府仪同三司。侍父归，父薨未逾月，师夔亦卒，年六十一。赠少师，追封新安郡王。

师揆字元辅，初补右承务郎奉祠。除添差湖州签判，改婺州通判，加直秘阁。守臣韩元吉荐其材，上以问史浩，浩言其聪爽可任。召对，除江东提举。奏免失陷常平人毋责偿。改淮南漕，寻迁淮西提刑兼提举，领屯田事。奏以荒圩给军士，其屯田为民世业者勿夺，从之。及代去，吏请献羡钱二十万，师揆曰："后将病民矣。"除直秘阁，改江东转运副使，加秘阁修撰，知明州。

绍熙元年，授观察使。宁宗即位，除奉国军承宣使，寻升节度使。召见，赐肩舆，超检校太保、开府仪同三司，充万寿观使，袭封。开禧元年奉朝请，嘉定七年薨，赠太傅，追封澧王，谥恭惠。

弟师禹，由保康军节度使除开府仪同三司，袭封。十六年，薨，赠太傅，追封和王，谥端肃。

卷二百四十五　　列传第四

宗室二

汉王元佐　昭成太子元僖　商王元份
越王元杰　镇王元偓　楚王元偁
周王元俨　悼献太子　濮王允让

太宗九子：长楚王元佐，次昭成太子元僖，次真宗，次商恭靖王元份，次越文惠王元杰，次镇恭懿王元偓，次楚恭惠王元偁，次周恭肃王元俨，次崇王元亿。

汉恭宪王元佐字惟吉，初名德崇，母元德皇后。少聪警，貌类太宗，帝钟爱之。年十三，从猎近郊，兔走乘舆前，太宗使元佐射，一发而中，契丹使在侧，惊异之。从征太原、幽蓟。太平兴国中，出居内东门别第，拜检校太傅、同中书门下平章事，封卫王，赴上于中书。后徙居东宫，改赐今名，加检校太尉，进封楚王。

初，秦王廷美迁涪陵，元佐独申救之。廷美死，元佐遂发狂，至以小过操挺刃伤侍人。雍熙二年，疾少间，帝喜，为赦天下。重阳日内宴，元佐疾新愈不与，诸王宴归，暮过元佐第。曰："若等侍上宴，我独不与，是弃我也。"遂发忿，被酒，夜纵火焚宫。诏遣御史捕元佐，诣中书劾问，废为庶人，均州安置。宰相宋琪率百官三上表，请留元佐京师。行至黄山，召还，废居南宫，使者守护。诸议赵齐王通、翊善戴元顿首请罪，帝赦之曰："是子朕教之犹不悛，汝等安能辅导耶？"

真宗即位，起为左金吾卫上将军，复封楚王，听养疾不朝，再加检校太师、右卫上将军。元佐生日，真宗赐以宝带。平居不接人事，而事或预知。帝尝遣术士管归真为醮禳，左右未及白，元佐遽曰："管归真至矣。"帝闻之曰："岂非为物所凭乎？"封泰山，真拜太傅；祀汾阴，迁太尉兼中书令。又加太师、尚书令兼中书令，遂拜天策上将军、兴元牧，赐剑履上殿，诏书不名。时禁中火，元佐表停奉廪助完宫阙，不许。加兼雍州牧。仁宗为皇太子，兼兴元牧。仁宗即位，兼江陵牧。薨，年六十二，赠河中、凤翔牧，追封齐王，谥恭宪。宗室子弟特给假七日，以卤簿鼓吹导至永安，陪葬永熙陵。明导二年，改封潞王。又改魏王。子三人：允升、允言、允成。

仁宗封王后，以允言子宗说恭宪王长孙，嗣封祁国公。皇祐中，坐帷薄不修除名，又坐坑杀女仆，锁闭宫室外宅。其子仲旻，官右武卫大将军、道州刺史，后因朝，叩头殿下泣诉云："父老且病，愿纳身官以赎。"神宗亦愍之，而未俞其请。出就马，气塞不能言，及家而卒。赠同州观察使、冯翊侯。宗说幽死。

熙宁三年，以允升子宗惠袭封魏国公。中书言宗惠不应封，以恭宪庶长孙允言子宗立嗣。

宗立从张揆学《春秋》。太清楼侍宴，预坐悉赋裸玉诗，宗立诗先成，仁宗称善。屡赐飞白书，旌其文雅。至是袭封，终武宁军节度观察留后，赠昭信军节度使、同中书门下平章事、南康郡王。子仲来嗣，终金州刺史。子不儇嗣。徽宗立，改封魏王为汉王。不儇卒，子彦清乞袭父爵，奉汉王祀，诏从之。

允升字吉先，初免乳，养明德太后宫，太后亲抚视之。元佐有疾，允升始出第。真宗赐名元中，授右监门卫将军，更赐今名。累迁澶州观察使，封延安郡公，进武宁军节度观察留后，历安德、建雄、安国军节度使。景祐二年卒，赠太尉、平阳郡王，谥懿恭。子十三人，宗礼、宗旦、宗悌、宗惠知名。

宗礼尝侍宴太清楼，仁宗赋诗，命属和，侍射苑中，复献诗。终虔州观察使、成国公，赠安远军节度使、同中书门下平章事、韩国公。子仲翘、仲髦。

宗旦字子文，七岁如成人，选为仁宗伴读。帝即位，获超选，为群从所诋，上书言状，帝曰："宗旦陪朕幼学，勤劳居多，此出朕意，岂应诉以常格？"所生母死，请别择葬域，岁时奠祀，后遂著为法。治平中，同知大宗正事。神宗即位，拜崇信军节度使、同中书门下平章事，为大宗正，赐方团金带，非朝会得乘肩舆。元丰三年，封华阴郡王，加开府仪同三司。长属籍十六年，宗子有过，优游诲导，一善必以闻。异时赴朝请者，率以私丁侍侯，宗旦建请，始得由官给。薨，赠太尉、滕王，谥恭孝，听旗节印绶从葬。

宗悌字元发，轻财好施。故相王氏子持父所服带求质钱，宗悌侧然曰："宰相子亦至是乎！"归带而与之钱。所亲用诈取藏镪，得其状，曰："吾不以小故伤骨肉恩。"竟不问。所生母早世，宗悌不识也，闻父婢语平生，辄掩泣。

继得其肖貌,绘而奉之如生。终明州观察使,赠保宁军节度使、同中书门下平章事、东阳郡王,谥曰孝宪。

宗惠,封魏国公,寻以旁支黜。终武昌军节度观察留后、江夏郡王,赠郯王。

允言,累官左屯卫将军。尝托疾不朝,降太子左卫率府率,岁中复官。又坐笞侍婢,而兄允升劝止,悖慢无礼,贬副率,绝朝谒,出之别第。以祀汾阴恩,复率府率,还宫,久之,复朝谒,历左监门卫大将军、黄州刺史。天圣七年卒,赠明州观察使、奉化侯。明道二年,赠安远军节度使,追封密国公。子宗说、宗立并见上。宗育终右屯卫将军,赠颍州防御使、汝阴侯。

允成,终右神武将军、濮州防御使,赠安化军节度使、郇国公。明道二年,加赠镇江军节度使兼侍中。子宗颜、宗讷、宗鼎、宗严、宗鲁、宗儒、宗奭,皆为环卫、刺史。

昭成太子元僖,初名德明。太平兴国七年出阁,授检校太保、同平章事,封广平郡王,与兄卫王德崇同日受封。八年,进封陈王,改名元佑。诏自今宰相班宜在亲王上,宰相宋琪、李昉谓遵旧制,不允。宋琪等恳请久之,上曰:"宰相之任,实总百揆,与群司礼绝;藩邸之设,止奉朝请而已。元佐等尚幼,欲其知谦损之道,卿等无固让也。"

雍熙二年,元佐被疾,以元僖为开封尹兼侍中,改今名,进封许王,加中书令。上为娶隰州团练使李谦溥女为夫人,因谓宰相曰:"朕尝语诸子,今姻偶皆娉相大臣之家,六礼具备,得不自重乎?"淳化元年,宰相吕蒙正复上言,乞班诸王下,诏不允。三年十一月己亥,元僖早入朝,方坐殿庐中,觉体中不佳,径归府。车驾遽临视,疾已亟,上呼之犹能应,少顷遂薨。上哭之恸,废朝五日,赠皇太子,谥恭孝。

元僖姿貌雄毅,沈静寡言,尹京五年,政事无失。及薨,上追念不已,悲泣达旦不寐,作《思亡子诗》示近臣。

未几,人有言元僖为嬖妾张氏所惑,张颇专恣,捶婢仆有至死者,而元僖不知。张又于都城西佛寺招魂葬其父母,僭差逾制。上怒,遣昭宣使王继恩验问,张缢死。左右亲吏悉决杖停免,毁张氏父母冢墓,亲属皆配流。开封府判官、右谏议大夫吕端,推官、职方员外郎陈载,并坐神赞有失,端黜为卫尉少卿,载为殿中侍御史。许王府咨议、工部郎中赵令图,侍讲、库部员外郎阎象,并坐辅道无状,削两任免。诏停册礼,以一品卤簿葬。真宗即位,始诏中外称太子之号焉。乾兴初,改谥。无子,仁宗时,诏以允成子宗保出后昭成太子为孙。

宗保生二岁,母抱以入见章献后,后留与处。宗保七岁,授左侍禁,帝亲为巾其首。久之,归本官,诏朔望出入禁省。累官代州防御使,袭封燕国公。性仁恕,主藏吏盗米を千斛,贳不问。尝书"忍"字于座右以为戒。熙宁七年卒。神宗临奠,其子仲鞠泣曰:"先臣幼养宫中,终身不自言。"帝感悼,遂优赠静难军节度使、新平郡王,谥恭静。仲鞠亦好学能诗,事亲居丧以孝闻。

宗保卒,子仲恕嗣,官至忠州团练使,谥纯僖。子士孟嗣。

商恭靖王元份,初名德严。太平兴国八年出阁,改名元俊,拜同平章事,封冀王。雍熙三年,改今名,加兼侍中、威武军节度使,进封越王。淳化中,兼领建宁军,改镇宁海、镇东。真宗即位,加中书令,徙镇永兴、凤翔,改王雍。永熙复土,为山陵使,拜太傅。真宗北征,为东京留守。薨年三十七,赠太师、尚书令,郓王。改陈王,又改润王。治平中,封鲁王。

元份宽厚,言动中礼,标望伟如。娶崇仪使李汉斌之女。李悍妒惨酷,宫中女婢小不如意,必加鞭杖,或致死。上每有恩赐,诏令均给,李尽取之。及元份卧病,上亲临问,见左右无侍者,因辍宫人为主汤剂。初,太宗崩,咸里皆赴禁中,朝晡临,李多称疾不至。元份生日,李以衣服器用为寿,皆饰以龙凤。居元份丧,无戚容,而有谤上之语。上尽知其所为,以元份故优容之。及是,复不欲显究其罪状,止削国封,置之别所。元份子三人:长允宁,次允怀,改允中,早卒;次则濮王允让也。

允让薨,以允宁子宗谔袭虢国公。至熙宁三年,以宗肃嗣封鲁国公。宗肃,亦允宁子也。子仲先嗣。徽宗即位,改封鲁王为商王,诏曰:"宗室诸王追封大国,其世袭子孙尚仍旧国,甚未称正名之意。如鲁王改封商王,其子尚袭鲁国之类。其令大宗正司改正。"制以宁远军节度使、鲁国公仲先改封商国公。

允宁字德之,性至孝,因父感疾,恍惚失常。既而嗜学,尤喜读唐史,通知近朝典故,工虞世南楷法,真宗赐诗激赏之。又善射,尝侍身后苑,屡破的,赐金带器币。初授右千牛卫将军,四迁右武卫,历唐州团练、颍州防御、同州观察使,进彰信军节度观察留后、武定军节度使。景祐元年卒,赠太尉、信安郡王,谥僖简。子宗谔、宗敏、宗孟、宗肃。

宗谔封虢国公,官累集庆军节度使、同中书门下平章事,进封豫章郡王。乞比外使相给奉,仁宗以非兼侍中,令诘主吏,宗谔上章自陈,于是御史张商英劾其招权立威等罪,坐落平章事。英宗即位,还所夺。元丰五年薨,赠太尉、韩王。太常谥荣孝,上省集议驳之,改荣恭,仆射王珪复驳之,遂谥荣思。

宗肃封鲁国公。兄宗谔尝亡宝器,意宗肃家人子窃之,宗肃曰:"吾廉,不足取信兄弟如此乎?"立偿其直。宗谔愧不取,乃施诸僧。久之器得,宗肃不复言。元丰五年,终安化军留后,以尝从英宗入庆宁,优赠镇海军节度使、开府仪同三司、北海郡王。

宗敏终右千牛卫大将军、文州刺史,赠越州观察使、会稽侯。颇涉书传。缘郊恩建请封所生母范氏,宗室子得封所生母,自宗敏始。

越文惠王元杰字明哲,初名德和。太平兴国八年出阁,改名。授检校太保、同平章事,封益王。端拱初,加兼侍中、成都尹、剑南东西川节度。淳化中,徙封吴王,领扬润大都督府长史、淮南镇江军节度使。至道二年,改扬州大都督、淮南忠正军节度。真宗即位,授检校太尉兼中书令、徐州大都督、武宁泰宁等军节度使,改封兖王。咸平中,再郊祀,皆为终献,加守太保。六年七月暴薨,年三十二。

元杰颖悟好学，善属词，工草、隶、飞白，建楼贮书二万卷，及为亭榭游息之所。尝作假山，既成，置酒召僚属观之。翊善姚坦独颓首不视，元杰强之，坦曰："坦见血山，安得假山。"言州县鞭挞微民，以取租税，假山实租税所为耳。语见《姚坦传》中。

及薨，真宗闻之震悼，不俟旦，步及中禁门，乃乘辇临视，哀动左右，废朝五日，赠太尉、尚书令，追封安王，谥文惠，后改邢王，后改陈王。无子。仁宗以恭宪王之孙、允言子宗望为之后。

宗望字子国，终右武卫大将军、舒州防御使，赠安化军节度使观察留后、高密郡公。仁宗尝御延和殿试宗子书，以宗望为第一；又常献所为文，赐国子监书，及以涂金纹罗御书"好学乐善"四字赐之。即所居建御书阁，帝为题其榜。

子仲郇嗣。熙宁三年，与商恭靖王孙宗肃等同日封陈国公。官至陈州观察使。卒，谥良僖。

子士关嗣。父卒，徒行护丧数百里，路人嗟恻。卒，赠陈州观察使。徽宗即位，改封陈王为越王。

镇恭懿王元偓字希道。端拱元年出阁，授检校太保、左卫上将军，封徐国公。至道二年，拜洪州都督、镇南军节度使。真宗即位，加同平章事，封彭城郡王。俄加检校太傅，改镇静难、彰化，进封宁王。郊祀、东封，悉为亚献，礼成，授检校太尉兼侍中、护国镇国等军节度。

三年，文武官诣阙请祠后土，元偓以领节帅亦奏章以请，诏许之。将行，命为河、华管内桥道顿递使。明年，车驾入境，元偓奏方物、酒饩、金帛、茗药为贡，仪物甚盛。至河中，与判府陈尧叟分导乘舆度蒲津桥。上登郊丘亭，目元偓曰："桥道顿置严谨，尔之力也。"元偓顿首谢。及还，加中书令，领成德、安国等军节度，改封相王。五年，加守太傅。

真宗自即位以来，屡以学术勖宗子。元偓首冠藩戚，益自修励，上每制篇什，必令属和。一日，谓宰相曰："朕每戒宗子作诗习射，如闻颇精习，将临观焉。"因幸元偓邸第，宴从官，宫僚毕会，赋七言诗。元偓奉觞上寿，赐袭衣、金带、器币、缗钱，又与宗室射于西南亭，日晡，从官退，上独以中官从，幸元偓、元俨宫，复宴元偓宫，如家人礼，夜二鼓而罢。六年，进位太尉。

八年七月，以荣王宫火，徙元偓宫于景龙门外，车驾临幸。是冬，加兼尚书令。天禧元年二月，换成德、镇宁二镇，进封徐王。二年春，宫邸遗烬，燔舍数区，元偓惊悸，暴中风眩薨，年四十二。帝临哭，废朝五日，赠太师、尚书令、郊王，赠谥恭懿。

元偓姿表伟异，厚重寡言，晓音律。后改封密王，又改王苏。治平中，追封韩王。

子允弼，八岁召入禁中，令皇子致拜，允弼不敢当。御楼观酺，得与王子并坐。皇子即位，是为仁宗。允弼累迁武宁军节度使兼侍中，判大宗正事，封北海郡王。英宗时，拜中书令，徙王东平。神宗即位，拜太保、凤翔雄武军节度使，朝朔望。熙宁二年，丁母忧，悲痛不胜丧，固辞起复。母葬有日而允弼病笃，顾诸子以不得终大事为恨。薨，帝临哭之恸，辍朝三日，赠太师、尚书令兼中书令，追封相王，谥孝定。

允弼性端重，时然后言。诸宫增学官员，允弼已贵，犹日至讲席，延伴读官读《孟子》一节。领宗正三十年，与濮安懿王共事，相友爱，为宗属推敬。

子宗绩，袭祖恭懿王封为韩国公。卒，赠南康郡王，谥良孝。宗绩弟宗景，以相州观察使同知大宗正事。神宗以其父允弼司宗久，故复选用之。宗景事母孝，居丧如不能胜。居第火冒，急赴家庙，不恤其他，火亦不为害。元祐中，累迁彰德军节度、开府仪同三司、检校司空，封济阴郡王。宗景丧其夫人，将以妾继室，先出之于外，而托为良家女且纳焉。坐夺开府，既而还之。绍圣四年薨，年六十六，赠太师、循王、谥曰思。

宗绩既卒，子仲糜嗣，自平川节度使徙剑南西川。徽宗改封韩王为镇王。

楚恭惠王元偁字令闻，七岁授检校太保、右卫上将军、泾国公。久之，领鄂州都督、武昌军节度使。真宗即位，加同平章事、安定郡王，进检校太傅。景德二年，郊祀，迁宣德、保宁两镇，进封舒王。大中祥符初，封泰山，加检校太尉兼侍中，移平江、镇江军。从祀汾阴，加兼中书令，改镇南、宁国军节度使。五年，拜太保。自景德后，每有大事，皆为终献。

元偁体羸多病，上幸真源时，已被疾，恳求扈从。至鹿邑疾甚，肩舆先归。车驾还，临问数四。七年，薨，年三十四。废朝五日，赠太尉、尚书令，追封曹王，谥恭惠。后改封华王、蔡王。有集三卷、笔札一卷，上为制序，藏之秘阁。子允则，官至右千牛卫大将军卒。

先是，诸王子授官，即为诸卫将军，余以父官及族属亲疏差等。天禧元年，令宗正卿赵安仁议为定制。安仁请以宣祖、太祖、太宗初初荫授将军，曾孙授右侍禁，玄孙授右班殿直，内父爵高者听从高荫，其事缘特旨者不以为例。诏中书、门下、枢密院参定行之。

允则无子，以平阳懿恭王之子宗达为后。熙宁三年，袭封蔡国公。邻家失火，盗因为奸，窃宗达所服带，既而得之，且知其主名，贷不问。浚井得镪，复投之。官累武信军留后。薨，赠安化军节度使、开府仪同三司、高密郡王。子仲绚嗣。徽宗即位，改封蔡王为楚王。

周恭肃王元俨，少奇颖，太宗特爱之。每朝会宴集，多侍左右。帝不欲元俨早出宫，期以年二十始就封，故宫中称为"二十八太保"，盖元俨于兄弟中行第八也。

真宗即位，授检校太保、左卫上将军，封曹国公。明年，为平海军节度使，拜同中书门下平章事，加检校太傅，封广陵郡王。封泰山，改昭武、安德军节度使，进封荣王；祀汾阴，加兼侍中，改镇安静、武信，加检校太尉；祠太清宫，加兼中书令。坐侍婢纵火，延燔禁中，夺武信军，降封端王，出居故驸马都尉石保吉第。每见帝，痛自引过，帝悯怜之。寻加镇海、安化军节度使，封彭王，进太保。仁宗为皇子，加太傅。历横海永清保平定国节度、陕州大都督，改通王、泾王。仁宗即位，拜太尉、尚书令兼中书令,徙节镇安、忠武,封定王,赐赞拜不名,又赐诏书不名。天圣七年,封镇王,又赐剑履上殿。明道初,拜太师,换河阳三城、武成节度,封孟王,改永兴凤翔、京兆尹,封荆王,迁雍州、凤翔牧。景祐二年大封拜宗室,授荆南、淮南节度大使,行荆州、扬州牧,仍赐入朝不趋。

元俨广颡丰颐,严毅不可犯,天下崇惮之,名闻外夷。事母王德妃孝,妃每有疾,躬侍药,晨夕盥洁焚香以祷,至忧念不食。母丧,哀戚过人。平生寡嗜欲,惟喜聚书,好为文词,颇善二王书,工飞白。

仁宗冲年即位,章献皇后临朝,自以属尊望重,恐为太后所忌,深自沉晦。因閤门却绝人事,故谬语阳狂,不复预朝谒。及太后崩,仁宗亲政,益加尊宠,凡有请报可,必手书谢牍。方陕西用兵,上所给公用钱岁五十万以助边费,帝不欲拒之,听入其半。尝问翊善王涣曰:"元昊平未?"对曰:"未也。"曰:"如此,安用宰相为。"闻者畏其言。

庆历三年冬,大雨雪,木冰,陈、楚之地尤甚。占者曰:"忧在大臣。"既而元俨病甚。上忧形于色,亲至卧内,手调药,屏人与语久之,所对多忠言。赐白金五千两,固辞不受,曰:"臣羸惫且死,将重费家国矣。"帝为嗟泣。明年正月薨,赠天策上将军、徐兖二州牧、燕王,谥恭肃。比葬,三临其丧。诏以元俨墨迹及所为诗分赐宰臣,余藏秘阁。

子十三人:允熙、允良、允迪、允初,余皆早卒。熙宁中,以允良子宗绰嗣封吴国公。徽宗改封吴王为周王。

允熙终右监门卫将军、滁州刺史,赠博州防御使、博平侯。

允良历五节度,领宁海、平江两军,封华原郡王,改襄阳,由同中书门下平章事、兼侍中,至太保、中书令。好酣寝,以日为夜,由是一宫之人皆昼睡夕兴。薨,赠定王,有司以其反晦明,谥曰荣易。

允迪累官耀州观察使。居父丧不哀,又尝宫中为优戏,为妻昭国夫人钱氏所告。制降右监门卫大将军,绝朝谒,钱氏亦废为洞真道士。

允初,初名允宗,勤于朝会,虽风雨不废。未尝问财物厚薄,惟诵佛书,人以为不慧。累迁宁国军节度使、同中书门下平章事。治平元年卒,赠中书令、博平郡王。无子。英宗临奠,以允初后事属其兄允良,乃以允成孙仲连为之后。

崇王元亿,早亡,追赐名,封代国公。治平中,封安定郡王。徽宗即位,加封崇王。

真宗六子:长温王禔,次悼献太子祐,次昌王祗,次信王祉,次钦王祈,次仁宗。禔、祗、祈皆早亡,徽宗赐名追封。

悼献太子祐,母曰章穆皇后。咸平初,封信国公。生九年而薨,追封周王,赐谥悼献。仁宗即位,赠太尉、中书令。明道二年,追册皇太子。

仁宗三子:长杨王昉,次雍王昕,次荆王曦,皆早亡。徽宗时改封。

濮安懿王允让字益之,商王元份子也。天资浑厚,外庄内宽,喜愠不见于色。始为右千牛卫将军。周王祐薨,真宗以绿车旄节迎养于禁中。仁宗生,用箫韶部乐送还邸。官卫州刺史。仁宗即位,授汝州防御使,累拜宁江军节度使。上建睦亲宅,命知大宗正寺。宗子有好学,勉进之以善,若不率教,则劝戒之,至不变,始正其罪,故人莫不畏服焉。庆历四年,封汝南郡王,拜同平章事,改判大宗正司。嘉祐四年薨,年六十五,赠太尉、中书令,追封濮王,谥安懿。仁宗在位久无子,乃以王第十三子宗实为皇子。仁宗崩,皇子即位,是为英宗。

治平元年,宰相韩琦等奏:请下有司议濮安懿王及谯国夫人王氏、襄国夫人韩氏、仙游县君任氏合行典礼。诏须大祥后议之。

二年,乃诏礼官与待制以上议。翰林学士王珪等奏曰:

谨按《仪礼丧服》:"为人后者"《传》曰:"何以三年也?受重者必以尊服服之。""为所后者之祖父母妻,妻之父母昆弟,昆弟之子若子。"谓皆如亲子也。又"为人后者为其父母"《传》曰::"何以期?不二斩,持重于大宗,降其小宗也。""为人后者为其昆弟"《传》曰:"何以大功?为人后者降其昆弟也。"

先王制礼,尊无二上,若恭爱之心分于彼,则不得专于此故也。是以秦、汉以来,帝王有自旁支入承大统者,或推尊其父母以为帝后,皆见非当时,取议后世,臣等不敢引以为圣朝法。

况前代入继者,多宫车晏驾之后,援立之策或出臣下,非如仁宗皇帝年龄未衰,深惟宗庙之重,祗承天地之意,于宗室众多之中,简推圣明,授以大业。陛下亲为先帝之子,然后继体承祧,光有天下。

濮安懿王虽于陛下有天性之亲,顾复之恩,然陛下所以负展端冕,富有四海,子子孙孙万世相承,皆先帝德也。臣等窃以为濮王宜准先朝封赠期亲尊属故事,尊以高官大国,谯国、襄国、仙游并封太夫人,考之古今为宜称。

于是中书奏:王珪等所议,未见详定濮王当称何亲,名与不名?珪等议:"濮安于仁宗为兄,于皇帝宜称皇伯而不名,如楚王、泾王故事。"

中书又奏:"《礼》与《令》及《五服年月敕》:出继之子于所继、所生皆称父母。又汉宣帝、光武皆称父为皇考。今珪等议称濮王为皇伯,于典礼未有明据,请下尚书省,集三省、御史台议奏。"

方议而皇太后手诏诘责执政,于是诏曰:"如闻集议不一,权宜罢议,令有司博求典故以闻。"礼官范镇等又奏:"汉之称皇考、称帝、称皇,立寝庙,序昭穆,皆非陛下圣明之所法,宜如前议为便。"自是御史吕诲等弹奏欧阳修首建邪议,韩琦、曾公亮、赵概附会不正之罪,固请如王珪等议。

既而内出皇太后手诏曰:"吾闻群臣议请皇帝封崇濮安懿王,至今未见施行。吾载阅前史,乃知自有故事。濮安懿王、谯国夫人王氏、襄国夫人韩氏仙游县君任氏,可令皇帝称亲，濮安懿王称皇，王氏、韩氏、任氏并称后。"

事方施行，而英宗即日手诏曰："称亲之礼，谨遵慈训；追崇之典，岂易克当。且欲以茔为园，即园立庙，俾王子孙主奉祠事。"

翌日，海等以所论列弹奏不见听用，缴纳御史敕告，家居待罪。海等所列，大抵以为前诏称"权罢集议"，后诏又称"且欲以茔为园"，即追崇之意未已。英宗命阁门以告还之。海等力辞台职。海等既出，而濮议亦寝。至神宗元丰二年，诏以濮安懿王三夫人可并称王夫人云。

王二十八子。长宗懿，英宗时为宿州团练使，封和国公。神宗以宗懿濮安懿王元子，追封舒王。子仲鸾，常州防御使。父薨，诸子皆进官，独不忍受。喜翰墨，乐施与，九族称贤。卒，赠武康军节度使、洋国公，谥曰良。仲鸾弟仲汾，幼喜书史，一读成诵。居父丧，邻于毁瘠。卒官莱州防御使，赠昭化军节度使、荣国公。

次宗朴，为陇州防御使，封岐国公。宗朴与英宗友爱。初，诏英宗入居庆宁宫，固辞，宗朴率近属敦劝，乃入。治平中，建濮王园庙，宗朴遂拜彰德军节度使，封濮国公，奉王后。神宗即位，加同平章事兼侍中，进封濮阳郡王。薨，赠太师、中书令，追封定王，谥僖穆。子仲佺，父殁，不食者数日。母葬时，天大雪，步泥中扶翼，道路叹恻。以润州观察使卒，赠开府仪同三司。

宗朴既薨，宗谊袭封。官至昭化军节度使、同中书门下平章事。薨，赠太师、中书令、广陵郡王，谥庄孝。

宗晖，元丰中，以淮康军节度使袭濮国公。安懿王及三夫人改祔，命为志并题神主，加同中书门下平章事、开府仪同三司，进嗣濮王。哲宗立，改镇南节度使、检校司徒。绍圣元年薨，年六十七，赠太师，追封怀王，谥荣穆。子仲璲。先是，濮国嗣王四孟诣洛享园庙，以河南府县官充亚、终献。宗晖之袭封也，神宗始命以其子为之，仲璲遂以终献侍祠，凡十余年。父丧，哀痛不能胜，才服除而卒。官右监门卫大将军、合州刺史。

宗晟，绍圣元年六月，以武安军节度使判大宗正事，加检校司徒，嗣濮王。明年三月薨，年六十五，赠太师、昌王，谥端孝。宗晟好古学，藏书数万卷，仁宗嘉之，益以国子监书。治平将郊而雨，或议改祫享，英宗访诸宗晟，对曰："陛下初郊见上帝，盛礼也，岂宜改卜。至诚感神，在陛下精意而已。"帝嘉纳。及郊，雨霁。帝数被疾，密请早建储贰，以系天下之望，世称其忠。

宗晟薨，哲宗绍圣二年四月，宗愈以镇安节度使、开府仪同三司、检校司徒嗣封。故事嗣王以四时诣祠所，宗愈方属疾，或曰不可以暑行，曰："吾身主祀而不往，非礼也。"强舆以行，疾遂亟。是年八月薨，年六十五，赠太师，追封襄王，谥恭宪。

宗绰嗣，官至河阳三城节度使、检校司徒。绍圣三年二月薨，年六十二，赠太师，追封荣王，谥孝靖。

宗楚，累拜武胜军节度使、开府仪同三司，封南阳郡王。绍圣三年三月，以检校司徒改武昌节度使，嗣濮王。既嗣爵，当诣园荐献，会疾，以弟宗汉代行，叹曰："不能亲奉笾豆，飨我先王，而浮食厚禄，安乎！"请以爵授弟，不许。四年六月薨，赠太师、惠王，谥僖节。

宗祐克己自约，肃然若寒士，好读书，尤喜学《易》。嘉祐中，从父允初未立嗣，咸推其贤，诏以宗祐为后，泣曰："臣不幸幼失怙恃，将终身悲慕，忍为人后乎！敢以死请。"仁宗怜而从之。累迁清海军节度使、开府仪同三司，封乘城郡王。绍圣四年八月，加检校司徒，嗣濮王。时已病，当祠园庙，不肯移疾，自秋涉冬连往来。元符元年春，又亟往，遂薨于祠下。赠太师，追封钦王，谥穆恪。

宗汉，英宗幼弟也。累拜保宁军留后、邺国公、东阳安康郡王。元符初，以彰德军节度使、开府仪同三司、检校司空嗣濮王。徽宗即位，徙宁江、保平、泰宁三镇，判大宗正事，加检校司徒、太保、太尉。帝幸濮邸，迁其子孙官。时安懿王诸子独宗汉在，恩礼隆腆。大观三年八月薨，赠太师。追封景王，谥孝简。宗汉善画，当作《八雁图》，人称其工。仲增嗣。

仲增，濮王孙，于属为长，故封。官至彰德军节度使、开府仪同三司。政和五年九月薨，赠少师，追封简王，谥穆孝。

仲御，自幼不群，通经史，多识朝廷典故。居父宗晟丧，哲宗起知宗正，力辞，诏虚位以须终制。累迁镇宁、保宁、昭信、武安节度使，封汝南、华原郡王。政和中，以检校少傅、泰宁军节度使、开府仪同三司嗣封。天宁节辽使在廷，宰相适谒告，仲御摄事，率百僚上寿，若素习者。帝每见必加优礼，称为嗣王。宣和四年五月薨，年七十一，赠太傅，追封郇王，谥康孝。

仲爰嗣。徽宗即位，拜建武节度使，为大宗正，加开府仪同三司，封江夏郡王，徙节泰宁定武，检校少保、少傅。宣和五年六月薨，年七十，赠太保，追封恭王。

仲理嗣。靖康初，为安国军节度使，加检校少保、开府仪同三司。

嗣濮王者，英宗本生父后也。治平三年，立濮王园庙。元丰七年，封王子宗晖为嗣濮王，世世不绝封。高宗南迁，奉濮王神主于绍兴府光孝寺。

仲湜字巨源，楚荣王宗辅之子，安懿王孙也，初名仲汩。熙宁十年，授右内率府副率。累迁密州观察使、知西外宗正事、保大军承宣使。钦宗嗣位，授靖海节度使，更今名。召知大宗正事，未行，汴京失守。康王即帝位于南京，仲湜由汉上率众径谒。时嗣濮王仲理北迁，乃诏仲湜袭封，加开府仪同三司，历检校少保、少傅。绍兴元年，充明堂亚献。七年，薨，帝为辍朝，赐其家银帛，追封仪王，谥恭孝。仲湜事母以孝闻，喜亲图史。性酷嗜珊瑚，每把玩不去手，大者一株至以数百千售之。高宗尝问坠地则何如，仲湜对曰："碎矣。"帝曰："以民膏血易无用之物，朕所不忍。"仲湜惭不能对。

子士从、士街、士篯、士衎、士歆。士从，靖康末，为洺州防御使。建炎二年，同知西外宗正事，主管高邮军宗子。士从招溃卒置屯，奏假江、淮制置使，许之。贼李在犯楚州，士从遣部将乘虚掩袭，狃于小胜，军无纪律，败绩。士从移司衡、温二州。臣僚以其弟士篯挠州县，士从不能制，遂罢。绍兴四年，迁泾、洪二州观察使，权知

卷二百四十六　　列传第五

宗室三

吴王颢　益王頵　吴王佖　燕王俣　楚王似　献愍太子茂　郓王楷　肃王枢　景王杞　济王栩　徐王棣　沂王㮙　和王栻　信王榛　太子谌*弟训*　元懿太子旉　信王璩　庄文太子愭　魏王恺　景献太子询　镇王竑

英宗四子：长神宗，次吴荣王颢，次润王颜，次益端献王頵，皆宣仁圣烈高皇后出也。颜早亡，徽宗赐名追封。

吴荣王颢字仲明，初名仲纠，自右内率府副率为和州防御使，封安乐郡公，转明州观察使，进祖国公。治平元年，加检校太傅、保宁军节度使、同中书门下平章事，封东阳郡王。三年，出阁。神宗立，进封昌王；官制行，册拜司空，徙王雍。哲宗嗣位，加太保，换成德、横海二镇，徙封扬王，赐赞拜不名，五日一谒禁中。帝致恭如家人礼。神宗祔庙，拜太傅，移镇京兆、凤翔。

自熙宁以来，颢屡请居外，章上辄却。至元祐初，乃赐咸宜坊第一区，榜曰"亲贤"，与弟頵分邸。车驾偕三宫临幸，留宴终日。拜太尉，诸子皆命赐官，制曰："先皇帝笃兄弟之好，以恩胜义，不许二叔出居于外，盖武王待周公之意。太皇太后严朝廷之礼，以义制恩，始从其请，出就外宅，得孔子远其子之意。二圣不同，同归于道，皆可以为万世法。朕承侍两宫，按行新第，顾瞻怀思，清然出涕。昔汉明帝问东平王：'在家何以为乐？'王言：'为善最乐。'帝大其言，因送列侯印十九枚，诸子五岁以上悉佩之，著之简策，天下不以为私。今王诸子性于忠孝，渐于礼义，自胜衣以上，颀然皆有成人之风，朕甚嘉之。其各进一官，以助其为善之乐，尚勉之哉！毋忝父祖，以为邦家光。"徙封徐王，诏书不名。

宣仁有疾，颢旦旦入问，因亦被病。宣仁祔庙，拜太师，徙王冀，赐入朝不趋。改淮南、荆南节度使，徙封楚王。病益笃，帝亲挟医视诊，令昼夜具起居状闻，小愈则喜。既而薨，年四十七。帝即临哭，辍朝五日，成服苑中。赠尚书令兼中书令、扬荆冀三州牧、燕王，谥曰荣，陪葬永厚陵。徽宗即位，改封吴王。

颢天资颖异，尤嗜学，始就外傅，每一经终，即遗讲读官以器币服马。工飞白，善射，好图书，博求善本。神宗嘉其志尚，每得异书，亟驰使以示。尝赐方团玉带，俾服而朝，颢辞，乃为制玉鱼以别之。是后亲王遂蹈为故实。初，居英宗丧，丐解官终制，以厌于至尊，不克遂。服慈圣光献太后之服，易月当除，颢曰："身为孙而情文缺然，

濮王园令。士从乞择利便地奉安神位，从之。六年，士街授象州防御使，迁华州观察使、同知大宗正事、安庆军承宣使，主奉濮王祠事。初，以军兴，南班宗子权罢岁赐，至有身殁而不能殓者，士街言于朝，诏复旧制。三十年，拜安德军节度使。典宗司凡十四年。士篯官至安庆军节度使、同知大宗正事。隆兴元年，上言："宗司文移视官叙高下，令佷，臣兄也，位反居臣下，失尊卑叙，乞易置之。"诏可其奏。士衎，官至崇庆军节度使、知西外宗正事。右谏议何溥论士衎强市海舟，罢官。已而诏归南班，奉朝请。隆兴中，以边事未宁，与士篯奏减奉给恩赏之半以助军兴。诏加奖谕。

仲儡，景王宗汉子也。初授右内率府副率，转右监门卫大将军。建炎末，授武功大夫、忠州防御使。绍兴中，迁济州，知南外宗正事。八年，加检校少保、向德军节度使，袭封嗣濮王。仲儡生而不慧，以次得封。入见榻前恸哭，帝惊问故，答语狂谬，帝优容之。九年，薨，上辍朝三日，追封琼王，谥恭惠。

士伋，安懿王曾孙也。绍兴二十五年十一月袭封，除崇庆军节度使。初，仲儡薨，秦桧专政，罢袭，桧死，始封士伋。逾年薨，赠少师，追封恩王，谥温靖。

士辐，士伋弟也。绍兴二十八年，由建州观察使袭封，授昭化军节度使。初，懿王神貌奉安报恩寺西挟，屋居隘陋，士辐请别营祠堂，许之。久之，加检校少保，累加开府仪同三司，赐嗣濮王居为世业。除知大宗正事，累加三少，充醴泉观使。淳熙七年薨，赠太傅，追封安王。

士歆，仲湜第十一子也。由保康军节度使袭封，加开府仪同三司，累升三少。庆元二年薨，赠太傅，追封韶王。

不秩，安懿王玄孙也。年七十六，累转武功郎。士歆既薨，不秩年最高，得袭封，除福州观察使。由庶官袭封自不秩始。庆元五年，转武安军承宣使。俄薨，赠开府仪同三司，追封蒋国公。

不𡐗，由武经大夫授利州观察使，袭封。开禧初，迁宁远军承宣使。薨，赠开府仪同三司，追封安国公。

不傅，开禧二年，由安远军承宣使袭封，除昭庆军节度使，迁检校少保。嘉定十年薨，赠少师，追封高平郡王。

不嫖，由武翼大夫袭封，授福州观察使，时嘉定十一年也。逾年而薨，赠开府仪同三司，追封惠国公。

臣寮上言："嗣濮王元降指挥，虽有择高年行遵之文，然高宗朝仪王仲湜以德望俱隆，越仲琮而选拜；武德郎儇，次当袭封，以官卑，乃命士伋权奉祠事，越十六年始正士伋之封，是亦不拘定制也。乞自今应封者，命大宗司铨量，都堂审察，阁门引见，然后奏取进止。"宁宗然之。

不凌，父士穆。不嫖既薨，不凌由右千牛卫将军授福州观察使，袭封。嘉定十五年，迁奉国军承宣使。十七年薨，赠开府仪同三司，追封惠国公。

若是可乎？请如心丧礼，须上禫除，即吉。"诏可。

子孝骞嗣，终宁国军节度使、晋康郡王；孝锡终嘉州团练使，赠永国公。

益端献王頵，初名仲恪，封大宁郡公，进鄂国公、乐安郡王、嘉王。所历官赐，略与兄颢同。更武胜、山南西、保信、保静、武昌、武安、武宁、镇海、成德、荆南十节度，徙王曹、荆，位至太尉。元祐三年七月薨，年三十三，赠太师、尚书令、荆徐二州牧、魏王，谥端献。徽宗改封益王。

頵端重明粹，少好学，长博通群书，工飞白、篆籀。宾接官僚，岁满当去，辄奏留，久者至十余年。颇好医书，手著《普惠集效方》，且储药以救病者。

子九人：孝哲，右骁卫将军，早亡；孝奕，彰化军节度观察留后，赠司空、平原郡王；孝参，奉国军节度使，改宁武、武胜，封豫章郡王；孝永，邢州观察使，赠司空、广陵郡王；孝诒、孝鹗、孝悦、孝颖、孝愿，皆至节度使。

神宗十四子：长成王佾，次惠王仅，次唐哀献王俊，次褒王伸，次冀王僴，次哲宗，次豫悼惠王价，次徐冲惠王倜，次吴荣穆王佖，次仪王伟，次徽宗，次燕王俣，次楚荣宪王似，次越王偲。八王皆早薨：佾、仅、伸、伟，徽宗赐名追封；俊、僴、倜、价，徽宗改封。

吴荣穆王佖，帝第九子。初授山南东道节度使，封仪国公。哲宗立，加开府仪同三司、大宁郡王，进申王，拜司空。帝崩，佖于诸弟为最长，有目疾不得立。徽宗嗣位，以帝兄拜太傅，加殊礼，旋册太师，历京兆、真定尹，荆、扬、太原、兴元牧，徙国陈。崇宁五年薨，辍视朝七日。赠尚书令兼中书令、徐州牧、燕王，谥荣穆。又加赠侍中，改封吴王。子有奕，武信军节度使、和义郡王。

燕王俣，帝第十子；越王偲，帝第十二子。母曰林婕妤。俣初授定武军节度使、检校太尉，封成国公；偲初授武成军节度使、检校太尉，祁国公。哲宗朝，俣加开府仪同三司，封咸宁郡王；偲加开府仪同三司，封永宁郡王。是后累换节钺，历任尹牧，俣进封莘王，偲封睦王。徽宗朝，俱历太保、太傅，俣进封卫王、魏王、燕王，偲进封定王、邓王、越王。靖康元年，同迁太师，俣授河东剑南西川节度使、成都牧，偲授永兴成德军节度使、雍州真定牧。

二年，上皇幸青城，父老邀之不及，道遇二王，哭曰："愿与王俱死。"徐秉哲捕为首者戮之，益兵卫送二王于金营，北行至庆源境上，俣乏食薨，偲至韩州而薨。

绍兴初，有崔绍祖者至寿春府，称越王次子，受上皇蜡诏为天下兵马大元帅，兴师恢复。镇抚使赵霖以闻。召赴行在，事败，送台狱伏罪，斩于越州市。

楚荣宪王似，帝第十三子。初为集庆军节度使、和国公，进普宁郡王。元符元年出阁，封简王。似于哲宗为母弟，哲宗崩，皇太后议所立，宰相章惇以似对。后曰："均是神宗子，何必然。"乃立端王。徽宗定位，加司徒，改镇武昌、武成，徙封蔡，拜太保，移镇保平、镇安，又改凤翔、雄武。以王府史语言指斥，送大理寺验治，似上表待罪。

左司谏江公望上疏，以为："亲隙不可开，开则言可离贰；疑迹不可显，显则事难磨灭。陛下之得天下也，章惇尝持异议，已有隙迹矣。蔡王出于无心，年尚幼小，未达祸乱之萌，恬不以为恤。陛下一切包容，已开之隙复涂，已显之迹复泯矣。恩意渥缛，欢然不失兄弟之情。若以暧昧无根之语，加诸至亲骨肉之间，则有魏文'相煎太急'之讥，而忘大舜亲爱之道，岂治世之美事邪。臣愿陛下密诏有司，凡无根之言勿形案牍，倘有瑕可指，一入胸次，则终身不忘，迹不可泯，隙不可涂，则骨肉离矣。一有浸淫旁及蔡王之语，不识陛下将何以处之，陛下何颜见神考于太庙乎？"疏入，公望罢知淮阳军。徽宗虽出公望，然颇思其言，止治其左右。

崇宁中，徙镇荆南、武宁。崇宁五年薨，赠太师、尚书令兼中书令、冀州牧、韩王，改封楚王，谥荣宪。

子有恭，定国军节度使、永宁郡王。

哲宗一子：献愍太子茂，昭怀刘皇后为贤妃时所生。帝未有子，而中宫虚位，后因是得立。然才三月而夭，追封越王，谥冲献。崇宁元年，改谥献愍。后之立也，邹浩凡三上疏谏，随削其稿。至是，或谓浩有"杀卓氏而夺其子，欺人可也，讵可以欺天乎"之语，徽宗昭暴其事，复窜浩昭州，而峻茂典册。后上表谢，然浩盖无是言也。

徽宗三十一子：长钦宗，次衮王檉，次郓王楷，荆王楫，次肃王枢，次景王杞，次济王栩，次益王棫，次高宗，次邠王材，次祁王模，次莘王植，次仪王朴，次徐王棣，次沂王樗，次郓王栱，次和王栻，次信王榛，次汉王椿，次安康郡王楃，次广平郡王楗，次陈国公机，次相国公梴，次瀛国公樾，次建安郡王楧，次嘉国公椅，次温国公栋，次英国公橞，次仪国公桐，次昌国公柄，次润国公枞。檉、楫、材、栱、椿、机六王早薨。

郓王楷，帝第三子。初名焕。始封魏国公，进高密郡王、嘉王，历奉宁、镇安、镇东、武宁、保平、荆南、宁江、剑南西川、镇南、河东、宁海十一节度使。政和八年，廷策进士，唱名第一。母王妃方有宠，遂超拜太傅，改王郓，仍提举皇城司。出入禁省，不复限朝暮，于外第作飞桥复道以通往来。北伐之役，且将以为元帅，会白沟失利而止。钦宗立，改镇凤翔、彰德军。靖康初，与诸王皆北迁。

肃王枢，帝第五子。初封吴国公，进建安郡王、肃王，历节度六镇。靖康初，金人围京城，要帝子弟为质，且求输两河。于是遣宰臣张邦昌从枢使斡离不军，为金人所留，约俟割地毕遣还，而挟之北去。

景王杞，初授武安军节度使、检校太尉，封冀国公。大观二年，改授山南东道节度使，加开府仪同三司，封文安郡王。政和中，授检校太保，寻迁太保，改授护国、武昌军节度使，追封景王。靖康元年，授荆南、镇东军节度使，迁太傅。

二年，遣诣金营充贺正旦使。既归，又从上幸青城。及上皇出郊，杞日侍左右，衣不解带，食不食肉，上皇制发愿文，述祈天请命之意，以授杞。杞顿首泣。及北行，须发尽白。

济王栩，初授镇洮军节度使、检校太尉，封鲁国公。大观二年，改授彰武军节度使，加开府仪同三司，封安康郡王，政和中，授检校太保，改荆南、清海军节度使，进封济王。靖康元年，授护国、宁海军节度使，迁太傅。

同景王杞为贺金人正旦使。既还，又与何㮚为请命使，金帅绐栩曰："自古有南即有北，不可相无，今所欲割地而已。"栩回以白上，且言金帅请与上皇相见，上曰："岂可使上皇蒙尘。"遂自出，以栩从行。及索诸王家属，栩夫人曹氏避难他出，徐秉哲捕而拘之，遂同北去。

徐王棣，初授镇江军节度使、检校太尉，封国公。政和中，授检校太保。宣和中，改镇南军节度使，加开府仪同三司，封高平郡王。寻改山南东道、河阳三城节度使，进封徐王。后从渊圣北去。

绍兴二年，有万州李勃者，伪称祁王，内侍杨公谨与言徐王起居状，勃遂改称徐王。宣抚使张浚遣赴行在，上命王府故吏验视，言非真，诏送大理，情得，弃市。沂王㮙，初授横海军节度使、检校太尉、冀国公。政和中，授检校太保。宣和中，改剑南西川节度使，加开府仪同三司，封河间郡王。寻改剑南东川、威武军节度使，迁太保，进封沂王。

后从渊圣出郊，至北方，与驸马刘彦文告上皇左右谋变，金遣人按问，上皇遣莘王植、驸马蔡鞗等对辨，凡三日，㮙、彦文气折，金人诛之。

和王栻，初授静江军节度使、检校太尉、国公。三年，授检校太保。寻改定武军节度使，加开府仪同三司，封南康郡王。靖康元年，授瀛海、安化军节度使、检校太傅，追封和王。后从渊圣出郊。

有遗女一人，高宗朝封乐平县主，出适杜安石，命大宗正司主婚。

信王榛，初授建雄军节度使、检校太尉，封福国公。三年，授检校太保。宣和末，改安远军节度使，加开府仪同三司，封平阳郡王。靖康元年，授庆阳、昭化军节度使，迁检校太傅，进封信王。

后从渊圣出郊，北行至庆源，亡匿真定境中。时马广与赵邦杰聚兵保五马山砦，阴迎榛归，奉以为主，两河遗民闻风响应。

榛遣广诣行在奏之，其略曰："邦杰与广，忠义之心，坚若金石，臣自陷贼中，颇知其虚实。贼今稍惰，皆怀归心，且累败于西夏，而契丹亦出攻之。今山西诸砦乡兵约十余万，力与贼抗，但皆苦窭，兼阙戎器。臣多方存恤，惟望朝廷遣兵来援，不然，久之恐反为贼用。臣于陛下，以礼言则君臣，以义言则兄弟，其忧国念亲之心无异。愿委臣总大军，与诸砦乡兵，约日大举，决见成功。"广既至，黄潜善、汪伯彦疑其非真，上识榛手书，遂除河外兵马都元帅。潜善、伯彦终疑之，广将行，密授朝旨，使几察榛，复令广听诸路节制。广知事不成，遂留于大名府不进。会有言榛将渡河入京，朝廷因诏择日还京，以伐其谋。

金人恐广以援兵至，急发兵攻诸砦，断其汲道，诸砦遂陷。榛亡，不知所在，或曰后与上皇同居五国城。

绍兴元年，邓州有杨其姓者，聚千余人，自称信王。镇抚使翟兴觉诈，遣将斩之以闻。

钦宗皇太子谌，朱皇后子也。政和七年生，为嫡皇孙，祖宗以来所未有，徽宗喜。蔡京奏除检校少保、常德军节度使，封崇国公，从之。会王黼得政，谋倾京，言其以东宫比人主，遂降为高州防御使。靖康元年，迁检校少保、昭庆军节度使、大宁郡王。寻进检校少傅、宁国军节度使。四月，诏立为皇太子。

二年，上幸青城，命密院同知孙傅兼太子少傅，吏部侍郎谢克家兼太子宾客，辅太子监国，称制行事。未几，金人请二帝谕太子出城。统制吴革力请留，欲以所募士微服卫太子溃围以出。傅不许，乃谋匿民间，别求状类太子者并宦者二人杀之，送金人，绐以宦者窃太子欲投献，都人争之，并伤太子。迟疑不决者五日。吴开、莫俦督胁甚急，范琼恐变生，以危言慴卫士，遂拥太子与皇后共车以出。百官军吏奔随号哭，太学诸生拥辇车前，太子呼云："百姓救我！"哭声震天，已而北去。弟训。

训乃北地所生。有砀山人留遇僧者，金人见之曰："全似赵家少帝。"遇僧窃喜。绍兴十年，三京路通，诏求宗室。遇僧自言少帝第二子，守臣遣赴行在，过泗州，州官孙守信疑之，白其守，请于朝。阁门言渊圣无第二子，乃诏守信劾治。遇僧伏罪，黥隶琼州。后有自北至者，曰："渊圣小大王训，见居五国城。"

元懿太子讳旉，高宗子也，母潘贤妃。建炎元年六月，生于南京。拜检校少保、集庆军节度使，封魏国公。金人侵淮南，帝幸临安，会苗傅、刘正彦作乱，逼帝禅位于旉，改元明受。既而傅等伏诛，帝复位，乃以旉为皇太子，从幸建康。太子立，属疾，宫人误蹴地上金炉有声，太子惊悸，疾转剧，薨，谥元懿。

信王璩字润夫，初名伯玖，艺祖七世孙，秉义郎子彦之子也。生而聪慧。

初，伯琮以宗子被选入宫，高宗命鞠于婕妤张氏；吴才人亦请于帝，遂以伯玖命才人母之，赐名璩，除和州防御使，时生七岁矣。伯琮以建国公就傅，璩独居禁中。俄拜节度使，封吴国公，宰执赵鼎、刘大中、王庶等坚持之，命不果行。会秦桧专政，遂除保大军节度使，封崇国公。寻诏赴资善堂听读。绍兴十五年，加检校少保，进封恩平郡王，出就外第。时伯琮已封普安郡王，璩官属礼制相等夷，号东、西府。逾年，改武昌军节度使。

二十二年，子彦卒，璩去官持服，终丧，还旧官。显仁太后崩，普安郡王始立为皇太子，璩因加恩称皇伭，名位始定。迁开府仪同三司，判大宗正事，置司绍兴府。

孝宗即位，璩表请入贺，许之，特授少保，改静江军节度使。顷之，省绍兴府宗正事，改判西外宗正司。璩累章乞闲，改醴泉观使。淳熙中，除少傅。高宗崩，奔赴得疾，逾年而薨，年五十九，追封信王，累赠太保、太师。

始，璩之入宫也，储位未定者垂三十年，中外颇以为疑。孝宗既立，天性友爱，璩入朝，屡召宴内殿，呼以官，子四人：师淳历忠州团练使、永州防御使，师灏、师瀹、师路并补武翼大夫。孙希㮟，特补保义郎。

庄文太子讳愭，孝宗嫡长子也，母郭皇后。初名愉，补右内率府副率，寻赐名愭，除右监门卫大将军、荣州刺史。孝宗为皇子时，愭拜蕲州防御使。及受禅，除少保、永兴军节度使，封邓王。故事皇子出阁，封王，兼两镇，然后加司空。愭自防御使躐拜少保，章异数也。

乾道元年，立为皇太子，册广国夫人钱氏为妃。诏增东宫从卫，太子谦让。及奏捐月给杂物，从之。三年秋，太子病喝，医误投药，病剧。上皇与帝亲视疾，为赦天下。越三日薨，年二十四，谥庄文。

太子贤厚，上皇与帝皆爱之。帝从礼官议服期，以日易月；文武百官服衰，服一日而除；东宫臣僚齐衰三月，临七日而除。比葬，帝再至东宫，命宰臣奉谥册，大小祥皆以执政官行礼。

子挻，钱氏所生也，甫晬，除福州观察使，封荣国公，乾道九年卒，赠武当军节度使，追封豫国公。

宁宗时，命宗子希瑊为太子后。希瑊，艺祖九世孙也，赐名搢，补右千牛卫将军，置教授于府。开禧二年，除忠州防御使。嘉定八年，更名思正。

魏惠宪王讳恺，庄文同母弟也。初补右内率府副率，转右监门卫大将军、贵州团练使。孝宗受禅，拜雄武军节度使、开府仪同三司，封庆王。

庄文太子薨，恺次当立，帝意未决。既而以恭王英武类己，竟立之。加恺雄武、保宁军节度使，进封魏王，判宁国府。妻华国夫人韦氏，特封韩、魏两国夫人，以示优礼。赐黄金三千两、白金一万两，命宰臣设祖于玉津园，王登车，顾谓虞允文曰："更望相公保全。"比至镇，奏朝天申节，许之。

府长史上言，欲与司马分治郡，俾王受成。恺奏曰："臣被命判府，今专委长史、司马，是处臣无用之地。况一郡置三判府，臣恐吏民纷竞不一，徒见其扰。长史、司马宜主钱谷、讼牒，俾拟呈臣依而判之，庶上下安，事益易治。"又请增士人贡额。朝廷悉从之。恺究心民事，筑圩田之隳圮者，帝手诏嘉劳之。

淳熙元年，徙判明州。辍属邑田租以赡学。得两歧麦，图以献，帝复赐手诏曰："汝劝课艺植，农不游惰，宜获瑞麦之应。"加恺荆南、集庆军节度使，行江陵尹，寻改永兴、成德军节度使、扬州牧。七年，薨于明州，年三十五。帝素服发哀于别殿，赠淮南武宁军节度使、扬州牧兼徐州牧，谥惠宁。

王性宽慈，上皇雅爱之。虽以宗社大计出王于外，然心每念之，赐赉不绝。讣闻，帝泫然曰："向所以越次建储者，正为此子福气差薄耳！"治二郡有仁声，薨之日，四明父老乞建祠立碑，以纪遗爱。

子二人。摅早卒。柄生于明州，母卜氏，信安郡夫人，王薨，还居行在。柄性早慧，帝爱之，将内禅，升耀州观察使，封嘉国公。庆元间，封吴兴郡王，领昭庆军节度使。开禧二年薨，赠太保，封沂王，谥靖惠。

子垓，三岁而夭。诏立宗室希瞿子为其后，更名均，领右千牛卫将军，置教授于府。寻加福州观察使。后更名贵和，即镇王竑也。

景献太子讳询，燕懿王后，艺祖十一世孙也。初名与愿。宁宗既失兖王，从宰执京镗等请，取与愿养于宫中，年六岁，赐名曮，除福州观察使。嘉泰二年，拜威武军节度使，封卫国公，听读资善堂。

开禧元年，时边事益急，金人请诛首谋用兵者，曮用翊善史弥远计，奏韩侂胄轻起兵端，上危宗社，宜赐黜罢，以安边境。从之。

曮立为皇太子，拜开府仪同三司，封荣王，更为㬎。诏御朝太子侍立，宰执日赴资善堂会议。寻用天禧故事，宰辅大臣并兼师傅、宾客，太子出居东宫，更名询。嘉定十三年薨，年二十九，谥景献。

镇王竑，希瞿之子也。初，沂靖惠王薨，无嗣，以竑为之后，赐名均，寻改赐名贵和。太子询薨，乃立贵和为皇子，赐名竑，授宁武军节度使，封祁国公。嘉定十五年五月，加检校少保，封济国公。

十七年六月辛未，竑生子，诏告天地、宗庙、社稷、宫观。八月癸未，赐竑子名铨，授左千牛卫大将军。丁亥，铨薨，赠复州防御使，追封永宁侯。竑上表称谢。

竑好鼓琴，丞相史弥远买美人善琴者，纳诸御，而厚廪其家，使美人瞷竑，动息必以告。美人知书慧黠，竑嬖之。宫壁有舆地图，竑指琼崖曰："吾他日得志，置史弥远于此。"又尝呼弥远为"新恩"。以他日非新州则恩州也。弥远闻之，尝因七月七日进乞巧奇玩以觇之，竑乘酒碎于地。弥远大惧，日夕思以处竑，而竑不知也。

时沂王犹未有后，方选宗室希玽子昀继之。一日，弥远为其父饭僧净慈寺，独与国子学录郑清之登惠日阁，屏人语曰："皇子不堪负荷，闻后沂邸者甚贤，今欲择讲官，君其善训迪之。事成，弥远之坐即君坐也。然言出于弥远之口，入于君之耳，若一语泄者，吾与君皆族矣。"清之拱手曰："不敢。"乃以清之兼魏忠宪王府教授。清之日教昀为文，又购高宗书俾习焉。清之上谒弥远，即以昀诗文翰墨以示，弥远誉之不容口。弥远尝问清之："吾闻其贤已熟，大要竟何如？"清之曰："其人之贤，更仆不能数，然一言以断之曰：不凡。"弥远颔之再三，策立之意益坚。清之始以小官兼教授，其后累迁，兼如故。

宁宗崩，弥远始遣清之往，告昀以将立之意。再三言之，昀默然不应。最后清之乃言曰："丞相以清之从游之久，故使布腹心于足下。今足下不答一语，则清之将何以复命于丞相？"昀始拱手徐答曰："绍兴老母在。"清之以告弥远，益相与叹其不凡。

竑跂足以需宣召，久而不至。弥远在禁中，遣快行宣皇子，令之曰："今所宣是沂靖惠王府皇子，非万岁巷皇子，苟误，则汝曹皆处斩。"竑不能自已，属目墙壁间，见快行过其府而不入，疑焉。已而拥一人径过，天已暝，不知其为谁，甚惑。

昀既至，弥远引入柩前，举哀毕，然后召竑。竑闻命亟赴，至则每过宫门，禁卫拒其从者。弥远亦引入柩前，举哀毕，引出帷，殿帅夏震守之。既而召百官立班听遗制，则引竑仍就旧班，竑愕然曰："今日之事，我岂不仍在此班？"震绐之曰："未宣制以前当在此，宣制后乃即位耳。"竑以为然。未几，遥见烛影中一人已在御坐，宣制毕，阁门赞呼，百官拜舞，贺新皇帝即位。竑不肯拜，震摔其首下拜。皇后矫遗诏：竑开府仪同三司，进封济阳郡王，判宁国府。帝因加竑少保，进封济王。九月丁丑，以竑充醴泉观使，令就赐第。

宝庆元年正月庚午，湖州人潘壬与其弟丙谋立竑，竑闻变匿水窦中，壬等得之，拥至州治，以黄袍加身。竑号泣不从，不获已，与之约曰："汝能勿伤太后、官家乎？"众许诺。遂发军资库金帛、会子犒军，命守臣谢周卿率官属入贺，伪为李全榜揭于门，数弥远废立罪，云："今领精兵二十万，水陆进讨。"比明视之，皆太湖渔人及巡尉兵卒，不满百人耳。竑知其谋不成，率州兵讨之。遣王元春告于朝，弥远命殿司将彭任讨之，至则事平。弥远令客秦天锡托召医治竑疾，竑本无疾。丙戌，天锡诣竑，谕旨逼竑缢于州治。

帝辍朝，赐银绢各一千、会子万贯，赠少师、保静镇潼军节度使。给事中盛章、权直舍人院王塈一再缴奏，诏从之。右正言李知孝累奏，追夺王爵，降封巴陵县公。于是在廷之臣真德秀、魏了翁、洪咨夔、胡梦昱等每以竑为言，弥远辄恶而斥远之。

端平元年，诏复官爵。妻吴氏为比丘尼，赐惠净法空大师，月给钵钱百贯。景定五年，度宗降诏，追复元赠节度使。德祐元年，提领户部财用兼修国史楙请立竑后，试礼部侍郎兼中书舍人王应麟请更封大国，表墓锡谥，命大宗正司议选择立后，迎善气，销恶运，莫先于此。下礼部议，赠太师、尚书令，依旧节度使，升封镇王，谥昭肃。以田万亩赐其家，遣应麟致祭。

卷二百四十七　　列传第六

宗室四

　　子䙆　子崧　子栎　子砥　子昼　子潚
师䨬　希言　希怿　士珸　士儦　士嶙　士晴
　不群　不弃　不尤　不愚　善俊　善誉　汝
述　叔近　叔向　彦倓　彦橚　彦逾

　　子䙆字正之，燕王五世孙。父令铄，官至宝文阁待制。子䙆以荫补承务郎，累迁少府监主簿，改河南少尹。

时治西内，子䙆有干才，漕使宋昇器之。或事有未便，子䙆辄力争，昇每改容谢之。除蔡河拨发纲运官。会夏旱，河水涸，转饷后期，贬秩一级。提举三门、白波辇运事，除直秘阁。丁内艰，起复。累进龙图阁、秘阁修撰，除陕西转运副使。

初，蔡京铸夹锡钱，民病壅滞，子䙆请铸小铁钱以权之，因范格以进。徽宗大说，御书"宣和通宝"四字为钱文。既成，子䙆奏令民以旧铜钱入官，易新铁钱。旬日，易得百余万缗。帝手札以新钱百万缗付五路，均籴细麦，命子䙆领其事。民苦限迫，诣子䙆诉者日数百人，子䙆奏请宽其期，民便之。会蔡京再相，言者希京意，论子䙆乱钱法，落职奉祠。

靖康初，复秘阁修撰。金人侵洛，子䙆奔荆南。溃兵祝靖、盛德破荆南城，子䙆匿民家，靖等知之，来谒，言京城已破。子䙆泣，说之曰："君辈宜亟还都城，护社稷，取功名，无贪财抚州民也。"皆应曰："诺。"子䙆因草檄趣之。翌日，靖等遂北行。

绍兴元年，召见，复徽猷阁直学士、知西外宗正司，改江西都转运使。时建督府，军须浩繁，子䙆运饷不绝，以功进宝文阁直学士，再知西外宗正司。三京新复，除京畿都转运使，以疾辞。卒于家，年六十七。

子䙆幼警悟，苏轼过其家，抱置膝上，谓其父曰："此公家千里驹也。"及长，善谈论，工诗。然崇宁、大观间土木繁兴，子䙆每董其役，识者鄙之。

子崧字伯山，燕懿王后五世孙。登崇宁五年进士第。宣和间，官至宗正少卿，除徽猷阁直学士、知淮宁府。

汴京失守，起兵勤王，道阻未得进。闻张邦昌僭位，以书白康王：宜遣师邀金人河上，迎请两宫，问罪僭逆，若议渡江，恐误大计。遂与知颍昌府何志同等盟，传檄中外。已而闻金人退，引兵襄邑，遣范埙、徐文中诣济州，请王进兵南京，且言："国家之制，无亲王在外者，主上特付大王以元帅之权，此殆天意。亟宜承制号召四方豪杰，则中原可传檄而定。"王命子崧充大元帅府参议官、东南道都总管。邦昌家在庐州，子崧檄通守赵令儦几察之，且请捕诛其母子，以绝奸心。

又言："自围城以来，朝命隔绝，乞下诸路，凡有事宜，并取大元帅府裁决，伪檄毋辄行。宣抚使范讷逗挠营私，所宜加罪。宜蠲被兵州县租，经理淮南、荆、浙形势之地，毋为群盗所据。"

檄止诸路毋受邦昌伪赦，移书责邦昌曰："人臣当见危致命，今议者籍籍，谓劫请倾危之计实由阁下，不然，金人何坚拒孙傅之请，而卒归于阁下也。敌既远去，宜速反正，若少迟疑，则天下共诛逆节，虽悔无及矣。"又遗书王时雍曰："诸公相与亡人之国，方且以为佐命功臣，不知平日所学何事。"

会邦昌遣使迎王次第白子崧，子崧即贻王书曰："似闻谓以京师残破，不可复入，止欲即位军中，便图迁徙，臣窃惑焉。夫欲致中兴，当谨举措，宜先谒宗庙，觐母后，明正诛赏，降霈四方。若京师果不可都，然后徐议所向。"

遂传檄京师，奏于隆祐太后曰："诸路先闻二圣北迁，易姓改国，恐间有假讨逆之名，以窃据州郡者。乞速下明诏，谕四方以迎立康王之意，庶几人心慰安，奸宄自消矣。"寻以所部兵会济州。

康王即位，子崧请放诸路常平积欠钱，又言："台谏为人主耳目，近年用非其人，率取旨言事。请尊旧制，听学士、中丞互举。范祖禹、常安民、上官均先朝言事尽忠，请录其子。"帝皆可其奏。因建三屯之议：一屯澶渊，一屯河中、陕、华，一屯青、郓间，以张声势。万一敌骑南侵，则三道并进，可成大功。

除延康殿学士、知镇江府、两浙路兵马铃辖。上章论王时雍、徐秉哲、吴幵、莫俦、范琼、胡思、王绍、王及之、颜博文、余大均等逼迁上皇，取太子，辱六宫，捕宗室，窃禁物，都人指为国贼。伏望肆诸市朝，以为臣子之戒。时滑州两经残破，子崧荐傅亮可任。除亮滑州通判，黄潜善沮之，命遂寝。

贼赵万犯镇江，子崧遣将击万于丹徒，调乡兵乘城为备。顷之，官军败归，乡兵惊溃，子崧率亲兵保焦山寺，贼据镇江。

初，昌陵复土，司天监苗昌裔谓人曰："太祖后当再有天下。"子崧习闻其说，靖康末起兵，檄文颇涉不逊。子崧与御营统制辛道宗有隙，道宗求得其文，上之。诏御史往案其狱，情得，帝震怒，不欲暴其罪，坐以前擅弃城，降单州团练副使，谪居南雄州。绍兴二年赦，复集英殿修撰，而子崧已卒于贬所。

子栎，燕懿王后五世孙。登元祐六年进士第。靖康中，为汝州太守。金人再渝盟，破荆湖诸州，独子栎能保境土。李纲言于朝，迁宝文阁直学士，寻提举万寿观。绍兴七年卒。

子砥，艺祖后令琦之子也。仕至鸿胪丞。北迁至燕山，久之，欲遁归，乃遣其徒朱国宾、王孝安至中京，求得上皇宸翰，怀之以归。建炎二年六月，至行在，帝命辅臣召问于都堂。子砥言："金人讲和以用兵，我国敛兵以待和。往者契丹主和议，女真主用兵，十余年间竟灭契丹。今复蹈其辙。譬人畏虎，啖虎以肉，食尽终必食人。若设陷阱待之，庶能制虎。"因复故官。已而赐对称旨，命知台州，卒。

子昼字叔问，燕王五世孙。少警敏强记，工书翰。累官宪州通判。宣和初，充详定《九域图志》编修官。出知泽州，改密州。诏为刑部员外郎，以忧去。

建炎四年，迁吏部员外郎。寻用大宗正士㒟荐，迁尚书左司员外郎，兼权货务，岁收茶、盐、香钱六百九万余缗，以功进秩一阶。试太常少卿，集《太常因革礼》八十篇，为二十七卷。上言复春分祀高禖礼。除权礼部侍郎，迁徽猷待制、枢密都承旨。以公族为侍从，及改官制后都承旨用文臣，皆自子昼始。

衢、严、信、饶之民，生子多不举，子昼请禁绝之。累求补外，迁徽猷阁直学士、知秀州。既而奉祠以归，寓于衢。绍兴十二年卒，年五十四。

子潚字清卿，秦康惠王后，孝靖公令奥之子也。七岁而孤，家贫力学。登宣和中进士第。调真州刑曹掾，与守争狱事，解官去。改衢州推官。胡唐老奇其才，任之。属时多故，子潚佐唐老缮完城具，苗、刘兵至城下，不能攻，以功进一秩。累官吏部郎中，求补外，迁户部郎中，总领江、淮军马钱粮。诸司馈礼，月以千缗，悉归之公帑。除直秘阁、两浙转运副使。朝廷遣人检沙田芦场，欲概增租额，子潚以承买异冒占，力止之。

时议者言：田之并太湖者被水患，宜分道诸浦注之江。诏子潚往案视。还言："太湖当数州巨浸，岂松江一川所能独泄。昔人于常熟北开浦二十四以达大江，又开浦十于崑山东南以入海，今皆湮塞，宜加疏浚。"从之。遂浚常熟东栅至雉浦入于泾浜；又疏凿福山塘，至尚市桥北注大江，分杀其势，水患用息。

明州守赵善继治郡残酷，子潚率诸监司劾罢之。除直敷文阁、知临安府，吏不能欺，禁权家僦人子女为仆妾者。诏权户部侍郎，升敷文阁待制，复知临安府。调三衢卒修筑都城，不扰而办。金主亮渝盟，子潚献助军十五万钱，特迁一秩。帝幸建康，充行宫留守参谋官。扈跸还，复知临安府。金人来议和，子潚谓事情叵测，宜以军礼待之。

孝宗嗣位，志图恢复，子潚练兵，习为"鹅鹳鱼丽阵"，上观于便殿，嘉之，赐金带。擢敷文阁直学士，移知明州、沿海制置使。台谏王十朋、王大宝抗疏留之，帝曰："朕委以防海，行召还矣。"初，海寇以赂通郡胥吏，吏反为之用，匿其踪迹，贼遂大炽，商舶不通。子潚以礼延土豪，俾率郡胥分道入海，告之曰："用命者有厚赏，不则杀无贷。"胥众震恐，争指贼处，悉禽获。凡豪猾为贼囊橐者，穷治之，海道遂平。

升龙图阁直学士、知福州。岁饥，告籴旁郡，米价顿平，民赖以济，进龙图阁学士，移知泉州。吏有掠民女为妾者，其妻妒悍，杀而磔之，贮以缶，抵其兄兴化掾，安廨中。姜父每日郡诉，吏不决。子潚访知状，亟遣人往兴化，果得缶以归，狱遂决。其发擿概类此。乾道二年卒于官，年六十六。

师罍字从善，系出燕懿王。王生彰化军节度使惟忠，惟忠生宣城侯从谨，从谨生崇国公世恬，世恬生嘉国公令畤。中兴初，韩世清挟令畤为变，裂黄旗被其身，固拒获免。令畤生朝奉郎子笺，子笺生和州防御使伯骕。伯骕少从高宗于康邸，以文艺侍左右。

师罍，伯骕之子也。举进士第，除司农簿，迁金部郎中。孝宗奇其才，顾遇颇厚。师罍奏：左右曹、度支、仓部宜立总计，司归并财物之数，以绝吏奸。制可。知吉州，即山炼铜，足冶欠额二十万。进户部郎官、淮东总领。

光宗初，擢太府少卿、知秀州，改淮南运判。时郡铁钱不行，盐商弗至，师罍请发度牒，出仓粟，以收铁钱，盐利遂通。累迁司农卿、知临安府。有僧号散圣者，以妖术惑众，师睪捕治黥之。

韩侂胄用事，师睪附之，遂得尹京。侂胄生日，百官争贡珍异，师睪最后至，出小合曰："愿献少果核侑觞。"启之，乃粟金蒲萄小架，上缀大珠百余，众惭沮。侂胄有爱妾十四人，或献北珠冠四枚于侂胄，侂胄以遗四妾，其十人亦欲之，侂胄未有以应也。师睪闻之，亟出钱十万缗市北珠，制十冠以献。妾为求迁官，得转工部侍郎。侂胄尝饮南园，过山庄，顾竹篱茅舍，谓师睪："此真田舍间气象，但欠犬吠鸡鸣耳。"俄闻犬噑丛薄间，视之乃师睪也，侂胄大笑久之。以工部尚书知临安府。

侂胄将用兵，师睪度侂胄材疏意广，必召祸，乃持异论，侍御史邓友龙劾罢之。侂胄死，其党多坐谪，以师睪尝与侂胄异，故获用。除宝谟阁直学士、知镇江府。

会荆湖始置制阃，以命师睪，给事中蔡幼学缴其命，遂罢归。未几，诏为兵部尚书、知临安府。幼学时为学士，亦不草诏，留元刚草之。时楮轻籴贵，师睪尹京未数月，楮价寖昂，籴亦稍平，执政愈益贤之。会武学士柯子冲、卢宣德以事至府，师睪擅挞遣之，众尽謹，文武二学之士交投牒，师睪乃罢免，与祠。卒于家，年七十。

师睪四尹临安，有能声。尝钩致民罪，没其家赀，谄事权贵，人以是鄙之。

希言字若讷，惠王令廌元孙也。淳熙十四年登第。调衢州司户，合郡民以计，表其坊里，标其户数，为图献于守，守才之。西安令不职，守檄希言摄邑。漕善令，会严州请复乌龙岭税场，檄希言往访之，俾得复职。希言力陈乌龙场不当复，漕怒曰："衢已复孔步、章戴二场，何乌龙独不可复？"希言谓二场当并罢去，漕不能夺，二场竟亦废。改吉州司理，属邑有诬人以杀人罪者，吏治之急，囚诬服。希言鞫得实，檄县他捕，乃得真盗。

用杨万里、周必大荐，授临安府司法，改淮西总所干办。移书约诸郡：纲必时发，至即受纳，无滞留。始至，军库见钱不满千缗，比去，库钱充溢。

知临安仁和县。辟学宫四百余亩。适大旱，蝗集御前芦场中，亘数里。希言欲去芦以除害，中使沮其策，希言驱卒燔之。临平塘堤决，希言督役，亲捧土投石，兵民争夺，堤成，因筑重堤，后不复决。民病和买绢折钱重，希言节公费，代其输。

除太社令，迁枢密院编修官兼右司。上言："诸将但务城守，敌来不拒，去不复追，异时之忧，殆不止保江而已。宜谕诸将，一军受围，诸军共守，敌不渡淮则均受赏，以战为守，毋以守为守。"迁宗正丞，请南班得与轮对，许之。累迁秘书丞、著作郎、军器少监，皆兼右司，又充密院检详，为宰属、枢椽凡六年，奉祠去。嘉定十七年卒，年六十一。赠资政殿大学士，封越国公，谥忠宪。

子与权，登进士第，再中刑法科。官至开府仪同三司。

希怿字伯和，燕王八世孙。登淳熙十四年进士第。赵汝愚帅福建，希怿为属吏，尝言：治人如修身，治政如理家，爱民如处昆弟。取古今官著惠爱者辑为一编，曰："是吾师矣。"汝愚嘉之，荐于宪辛弃疾。弃疾尚气，僚吏不敢与可否，希怿独尽言无所避。属邑候官苦税重，每不登额，希怿稽核公帑羡钱以足之。弃疾亦荐其能。汝愚当国，调江东运司干办。

同寅有坐侂胄党者，诸司莫敢荐，希怿贤其人，请以荐己者荐之。改太平州通判。先是盗黥而逃者，捕得处死。希怿言："强盗特贷命而辄逃者斩，今黥罪致死，非法之平也。"自是皆减死论。

迁江西茶盐提举。岁饥，恶少聚劫，希怿将自临按，幕属力止之，不听，曰："希怿不出，饥民终不得食，且召乱矣。"遂行，发粟赈给，禽首谋者治之，其党遂散。升本路帅兼漕事。黑风峒罗世传寇郴阳，奸民潜通贼，阴济以粮。希怿捕治之，贼乏食，乃去。未几，李元砺寇郴，陈廷佐寇南安，复诱罗世传与合，劫掠至龙泉。有何光世者，能知贼动息，希怿授光世计，俾诱世传诛元砺以自赎。功未竟，移知平江府，其后世传果缚元砺以献，廷佐势孤，亦降。

移知太平州，希怿为倅日，习知其民利病，遂损折帛价，减榷酤额，以苏民力。已而乞祠，迁端明殿学士，换昭信军节度使、开府仪同三司，致仕。嘉定五年卒，年五十八，赠少保，封成国公。

士珸字公美，濮安懿王曾孙也。天资警敏，儿时俨如成人。比弱冠，为右监门卫大将军、贵州团练使。从上皇北迁，次洺州东，与诸宗室议，欲遁还据城。谋未就而金人围合，皆散走。士珸乘驴西亡，夜半盗奴驴去，徒步疾趋，迟明，抵武安酒家，语人曰："我皇叔也。"邑官闻之来谒，资以衣冠鞍马。因募得少壮百余人，从至磁州，招集义兵以解洺围。旬日间，得胜兵五千人，归附者数万。

时洺州守臣王麟欲叛降敌，军民怒杀之，推统制韩一为主。士珸夜半薄城下，力战破围。翌日入城，部分守御。敌治壕堑，树鹿角，示以持久。士珸砺将士死守，飞火炮碎其攻具，以计生得其首领，敌乃解围去。以功迁权知洺州，仍兼防御使。

建炎二年，金人再犯洺，粮尽援绝，众不能守，乃拥士珸出城，由白家滩抵大名府，诏赴行在。

绍兴五年，迁泉州观察使，再迁平海军承宣使、知南外宗正事。时泉邸新建，向学者少，士珸奏宗子善轸文艺卓绝，众所推誉，乞免文解，由是人知激劝。迁节度使，未拜而卒，年四十六。赠少师，追封和义郡王。淳熙中，谥忠靖。子不流，历临安、绍兴帅，治有声。

士㒟字立之，郇康孝王仲御第四子。有大志，好学，善属文。初补右班殿直，累迁忠州防御使、郑州观察使，由宁远军承宣使转权同知大宗正事。时康王建大元帅府，士㒟请于孟太后，乞命帅府得承制便宜行事，又请奉王承大统，太后从之，王遂即位。

除光山军节度使，扈跸南幸。黄潜善等用事，士㒟论其误国，潜善斥之，出知南外宗正事。会苗傅、刘正彦作乱，士㒟易服入杭，以蜡书遗张浚，趣其勤王；复遗吕颐浩书，勉其与浚同济国难。苗傅等怒浚，浚坐谪。复遗浚书，谓朝廷无他意，俾贼勿疑耳。事平，加检校少保，除同知大宗正事。

丁母忧，起复，除知大宗正事。请序位安定郡王下，从之。累乞祠，不许。以定策功，诏其子不议改文秩，不愉易环卫官。加士儦检校少师。寻加开府仪同三司，判大宗正事。入觐，劝帝留意恤民。

金人既归河南、陕西地，命士儦谒陵寝，遂入柏城，披历榛莽，随宜葺治，礼毕而还。特封齐安郡王，以旌其劳。

寻权主奉濮安懿王祠事。军兴，罢宗室赐予，至有丧不能敛者，士儦以闻。诏缌麻、祖免亲任环卫官而身亡者，赐钱有差。

士儦数言事，忤秦桧。及岳飞被诬，士儦力辨曰："中原未靖，祸及忠义，是忘二圣不欲复中原也。臣以百口保飞无他。"桧大怒，讽言者论士儦交通飞，踪迹诡秘，事切圣躬，遂夺官。中丞万俟卨复希旨连击之。谪居于建，凡十二年而薨，年七十。帝哀之，赠太傅，追封循王。六子皆进官二阶。

长子不凡，方苗傅之乱，刲股纳蜡书，持告张浚，以功转两官，易文资。从赵哲收复建州，杀叶浓，以功赐爵二级。

士崤字仰夫，太宗五世孙。初以荫补官，累转太子率府副率。建炎初，隆祐太后幸洪州，敌奄至，百司散走。士崤至一大船中，见二帝御容，负以走。遇溃兵数百，同行至山中，众欲聚为盗，士崤出御容示之曰："盗不过求食为朝夕计耳，孰若仰给州县。士崤以近属谕之，必从。如此，则今日不饥饿，后日不失赏，是一举而两得也。"众听命。乃走谒太后虔州。

会虔民作乱，乡兵在外为应，与官军相持。士崤诣执政，谓当请太后急肆赦，人知免死，庶可安集；又宜急谕城中，城中定，则外寇可弭，譬如服药，心腹已安，外御风湿，乃余事耳。赦既下，城中遂定。迁右监门卫大将军、惠州防御使。绍兴二十一年卒，赠建宁军承宣使，追封建安郡王。

士晴，太宗之后，商、濮王之裔也。从上皇俱北迁，乘间变姓名入僧寺中，落发，衣僧衣以行，抵会稽。属驾循幸，以覃恩转千牛卫将军奉朝请而卒。

不群字介然，太宗六世孙。宣和中，量试授承事郎。靖康初，宰济南章丘县。县当山东、河北之冲，不群募效用五千人，增城浚濠，为战守备，敌攻围两月不能下。

迁维州通判，升直秘阁，通判镇江府，辟充两浙宣抚司主管机宜文字。高宗在越，诏改郴州。时群盗出没湖、湘间，不群严备御，盗不能犯。进直显谟阁，移知鼎州，充湖北兵马副钤辖。既而朝廷虑郴失守，复留不群于郴。坐岳飞破曹成，成遁，因犯郴，不群乘城固守，拒却之。

进直宝文阁，移知宣州。军需以时办，而民不扰。进秩二阶。知庐州。郦琼叛，拥不群北去，寻释之以归。帝召见，问琼叛故，不群曰："由刘锜除制置，琼等以为图己，兼抚谕后时，故叛。"帝悔之。除知荆南府，累迁两浙路转运副使，卒于官。

不弃字德夫，太宗之裔。绍兴中，为江东转运判官。秦桧忌四川宣抚使郑刚中，以不弃能制之，除太府少卿、四川宣抚司总领官。初，赵开总蜀赋，宣抚司文移率用申状，不弃至官，用张宪成故事，以平牒见刚中。刚中愕然，久之始悟其不隶己，遂有隙。不弃欲尽取宣抚司所储，刚中不与，不弃怒。刚中辟利州转运使王陟兼本司参议，不弃劾罢之。二人愈不相能，桧并召还，刚中在蜀，服用颇逾制，不弃复文致其事。桧乃罢刚中，升不弃敷文阁待制，知临安府。

逾年改工部侍郎，寻除敷文阁直学士、知绍兴府。时浙东旱，饥民多流亡。提举秦昌时，桧兄子也，不弃言其悉心振恤，全活甚众，昌时得迁秩。其媚桧如此。未几卒。

不尤，有武力。靖康之难，与王明募义兵，与金人战，雄张河南、北。盗皆避其锋，曰："此小使军也。"高宗即位，引众归，补武翼郎。从岳飞平湖寇。飞死，桧夺其兵，遣守横州而卒。

子善悉，进士登第。累官敷文阁直学士、两浙转运副使。

不惎字仁仲，嗣濮王宗晖曾孙也。父士囿，从上皇北迁，遥拜集庆军节度使。不惎初补保义郎，绍兴二十七年登第，易左宣义郎，调婺州金华丞。治县豪河汝翼，械请于郡，编隶他州，邑人慑服。

除永州通判。郡岁输米，倍收其赢，民病之，不惎言于守，损其数。帅司檄不惎靖州狱，辨出冤者数十人，靖人德之，绘其像以祠。

除知开州。开在巴东，俗鄙陋，不惎为兴学，俾民知孝义。郡有盐井，旧长吏必遣所亲监之，私其利。不惎罢遣，盐利倍入，郡计用饶，以羡余代民输夏秋两税及天申节银绢。在开二年，民绝斗争，夜户不闭。诸司交荐，以比古循吏。转夔州转运判官，开人数千遮城门，不得行。

至夔，民病上供银。时部使者以亲故摄大宁盐场，专其利。不惎斥去，而盐获羡余。乃出钱市羡盐数十万斤，易米得三万余斛，运抵湖北，市银以归，代诸郡纳上供银，省缗钱十五余万。

改成都路转运判官。适岁饥，不惎行抵泸南，贷官钱五万缗，遣吏分籴。比至，下令曰："米至矣。"富民争发粟，米价遂平。双流朱氏独闭籴，邑民群聚发其廪。不惎抵朱氏法，籍其米，黥盗米者，民遂定。

永康军岁治都江堰，笼石蛇绝江遏水，以灌数郡田。吏盗金，减役夫，堰不固而圮，田失水，故岁屡饥。不惎躬视，操板筑，绳吏以法。乃出令：民业耕者田主贷之，事末作者富民振之，老幼疾患者官为粥视。全活数百万。

黎州青羌奴儿结反，制司调兵往戍，属不惎给饷。故事，富人出粮，而下户以力致于边。不惪曰："民饥，不可扰也。"以籴余米发卒运之。已而朝廷命不惪摄制司。初，官兵败，前制使遣人赂奴儿结以和。不惪曰："奴儿结，吐蕃小种也，今且和，若大族何？"不听。

会酋豪梦束畜列率数千人入汉地二百余里，成都大恐。不惪静以镇之，召僚属饮。夜遣步将领飞山军径赴沉黎，又徙绵州兵戍邛州为后援，戒之曰："坚守勿动。"密檄诸蕃部：生获吐蕃一人赏十缣，杀一人二缣。于是邛部川首领崖襫合诸部落，大破吐蕃于汉源，斩梦束畜列首来献，凡十有六日而平。嘉州虚恨蛮入寇，不惪标吐蕃首境上，蛮惧，一夕遁去。不惪乃令缘边家出丁夫一人，分戍诸堡，复其家。不惪罢归，蜀人送者自成都至双流，遮道不得行。

未几，除成都提刑，改江西路转运判官。廷臣荐其贤，诏授右监门卫大将军、惠州防御使、知大宗正事。非常制也。吏白承受奏请须用中贵人，不惪曰："有司不存乎？"罢不用。中贵人或请见，辄谢出之。

进明州观察使，俄升昭庆军承宣使。金人完颜烈来聘，充馆伴副使。金使从者旧见馆使，皆对揖，不惪不为礼。宴玉津园，不惪连射皆中，使者惊服。

不惪以文行训勉族属，荐其秀杰者，奏新学宫，增广弟子员，仿大学校定法。置自讼斋，使有过者读书其中，人人感励。淳熙十四年卒，年六十七。赠开府仪同三司，封崇国公。

不惪性笃孝，生七岁，遭父北迁，每思慕涕泣。长力学，母曹氏止之，答曰："君父仇未报，非敢志富贵也。"登第时已入仕，法当超两秩，请回授其母。母封法止令人，高宗嘉其志，特封郡夫人。

居官所至有声，立朝好言天下事。蜀中武帅操重权，不惪请复置安抚司，相维而治。其论王抃不宜拣选诸路军，王友直不可为副都指挥使，尤人所难言者。遇大旱，一日九疏，劝上求直言，通下情，退而燔其稿。时布衣上书狂悖，多抵罪，不惪谓太上皇帝不罪言者，此宜书之御座右。帝悚然可之。既嘉其忠谅，每宴禁中，帝饮之酒，顾谓皇太子曰："此贤宗室也。"一日，坐待漏院，有给事中白英国公借击毬马，不惪正色曰："上惟一皇孙，万一马惊堕，斩汝辈无益也。"马竟不可得。所敬者朱熹、张栻，栻死为请谥，又请用熹。其好尚如此。

善俊，字俊臣，太宗七世孙。父不衰，闽路兵马钤辖。善俊初补承节郎，绍兴二十七年登第。换左承务郎，调南城丞，改昭信军，签判奇之。虞允文亦荐其有边帅才，除干办诸司审计司。知郴州，敷奏称旨，留为太府寺丞。

寻摄帅、知庐州。会岁旱，江、浙饥，民麇至。善俊括境内官田均给之，贷牛种，僦屋以居，死者为给椁，人至如归。州城旧毁于兵，善俊葺完之，因言："异时恃焦湖以通馈饷，今既堙涸，宜募乡兵保孤、姥二山，治屋以储粟。敌或败盟，则吾城守有余，饷道无乏矣。"又增筑学舍，新包拯祠，春秋祀之，人感其化。

累迁龙图阁直学士，移知建州。建俗生子往往不举，

善俊痛绳之，给金谷，捐己奉，以助其费。

再知庐州。首言和好不可恃，当高城浚池以为备。复芍陂、七门堰，农政用修。免责属邑坊场、河渡羡钱，百姓德之。

以父忧去，服阕，起知鄂州。适南市火，善俊亟往视事，弛竹木税，发粟振民，开古沟，创火巷，以绝后患。僚属争言用度将不足，善俊曰："吾将瘠己肥人。"乃省燕游车骑鼓吹之费，郡计用饶，代输民役钱。

再知建州。岁饥，民群趋富家发其廪，监司议调兵掩捕，善俊曰："是趣乱也。"谕许自新，平米价，民乃定。邑尉入盗十三人死罪，以希赏，善俊辨其冤。

徙知隆兴府，移江西转运副使。时朝廷议减月桩钱，善俊言："及州不及县，则县仍迫取于民，犹不减也。宜一路通裁其额，下之漕臣，科郡县轻重均减之。"又奏："和买已是白科，从而折变，益加糜费，其数反重于正税，并乞蠲减。黥卒遇赦还者，刺充铺兵，可除民害。"所言多见用。

转湖南帅。郴、桂地绝远，守多非才，善俊谓宜精其选。代输潭州经、总制钱，停醴陵渌水渡钱。加秘阁修撰，移知镇江府。丁母忧，终丧而卒，年六十四。

善俊风仪秀整，喜功名，尤好论事。孝宗时，日中有黑子，地屡震，每以饬边备为戒。孝宗英武独运，缺相者累年，善俊极言相位不可无人，尤人所难言者。

善誉字静之，父不倚，太宗之后也。善誉幼敏慧，力学。乾道五年，试礼部第一。初调昌国簿，摄邑事。劝编户哀金买田，以助嫁娶丧葬。捕得海盗全党，守欲上其功，善誉曰："奈何以人命希赏。"守益贤之，荐于朝。授两浙运干，改知抚州临川县。县尝预借民赋，善誉阅籍发逋负，按籍征催，卒以时办集，遂罢预借。

改常州添差通判。史浩言其贤，诏赴部堂审察，累迁大理丞、湖北常平茶盐提举。会大旱，善誉通融诸郡常平，计户振贷，嗣岁麦禾倍收，民争负以偿。奏罢税场十余、渡四十五，民便之。俾诸郡售田，委郡文学董其入，以给计偕者。

移潼川路提刑、转运判官。遂宁守徐谊乏廉声，部使者以其故御史，宽假之。善誉过遂宁，谊出迎，善誉抑使循廊，谊大沮。郡人闻之，争讼其过。善誉劾诸朝，宰相王淮善谊，寝其章。善誉径以闻，罢谊。又以羡赀给诸郡置庄，民生子及娠者俱给米，威惠并乎。宗子寓蜀者，少业儒，善誉即郡庠立学以教之，人始感励。引年乞祠，归处一室，以图书自娱。无疾而卒，年四十七，时淳熙十六年也。

善誉早失怙恃，抚育诸季备至，居官廉靖自将，多所著述，郭雍、朱熹尝取其《易说》云。

汝述字明可，太宗八世孙。曾祖士说，从二帝北迁，临河骂敌而死。汝述登淳熙十一年进士第。调南剑州顺昌尉。嘉定六年，诏主管官告院，自是常兼宰士，累迁将作少监，权侍立修注官。八年，除起居郎兼密院都承旨，俄

迁兵部侍郎。以母忧去，服阕，改邢部侍郎，迁尚书，知平江府，卒。

汝述为尉，应诏上封事，论议恳恻。立朝荐引，多知名之士。然为时相所亲，蹭蹬通显，人亦以此少之。

叔近，悼王元孙，荣良公克类之子也。建炎元年，为秀州守，杭卒陈通反，诏辛道宗将西兵讨之。兵溃为乱，抵秀州城下，叔近乘城谕以祸福，乱兵乃去。未几，差权两浙提刑。叔近招通，通听命。叔近以素队数十人入贼城，众犹不解甲。叔近置酒，推诚待之，遂皆感服，城中稍定。叔近奏：通初无叛心，止缘叶梦得赏不时给，遂至纷争；今已就招，请赦其待二百余人。帝许之。台谏皆言不可，遂寝。

叔近还秀州，已而王渊兵至杭，诈传呼云："赵秀州来。"通郊迎，渊遂诛之。初，渊在汴京，狎娼周氏，周氏后归叔近，渊衔之，乃诬叔近通贼，夺职拘于州，以朱芾代之。芾肆残虐，军民怨愤，小卒徐明率众囚芾，迎叔近领郡事，叔近不得辞，因抚定之，请择守于朝。

奏未达，朝廷命张俊致讨。俊，渊部曲也，辞行，渊谓之"叔近在彼"。俊谕意。领兵至郡，叔近出迎，俊叱令置对。方操笔，群刀遽前，断其右臂，叔近呼曰："我宗室也。"俊曰："汝既从贼，何云宗室！"语未竟，已折首于地。徐明等见叔近死，遂反戈婴城，纵火驱掠。翌日，俊斩关入，捕明等诛之。取周氏归于渊，绍兴九年，御史言叔近之冤，赠集英殿修撰。

叔向，魏王之系也。方汴京破时，叔向潜出，之京西。金人退，引众屯青城，入至都堂，叱王时雍等速归政，置救驾义兵。其后为部将于涣上变，告叔向谋为乱，诏刘光世捕诛之。

彦倓字安卿，彭城侯叔爽曾孙也。父公广，饶州太守。彦倓初调溧阳尉，邑民潘氏兄弟横邑中，号"三虎"，畜僮仆数百，邑官莫敢谁何。彦倓白其守治之，缚潘氏弟，正其罪。

改扬州司户，摄狱掾。有告主藏吏盗钱余千万，治之急，吏泣请死。彦倓察其情，屏人问，则诸吏共盗也，乃许自首免罪，一日而毕。改平江府推官，摄宜兴县。县自中兴后，预借民明年税，民挟此得慢其令。彦倓请禁预借，邑遂易治。

知临安于潜县。县胥往往通台省吏，得肆其奸。彦倓执其黠者，械送府。台省吏从中救之，彦倓力争，竟抵胥罪。浮桥屡以水败，彦倓梁以石，民免溺死。临安府通判。

开禧初，知兴国军。岁旱蝗，而军需益急，属邑令吴格负上供银尤多，彦倓坐累贬秩，格愧谢。彦倓曰："属时多艰，宜宽民力以崇根本，何谢为？"溃卒据外城为变，彦倓募能斩捕者赏之。既而各斩首以献，散其余党。

累迁湖南运判。瑶人罗孟传反，累岁不能平。彦倓谓帅臣曰："瑶人仇杀，乃其常情，况主断不平，是激之使叛也。能遣谍者离其党与，俾还自相仇，破之易矣。"帅从其计，遂降孟传。

寻知绍兴府。楮价轻，彦倓权以法，民便之。复鹿鸣礼，置兴贤庄以资其费。筑捍海石塘，亦置庄以备增筑。会旱，饥民聚陂湖中，彦倓取死囚，幂首刖足，徇于众曰："此劫菱藕者也。"遂散其众。乃第民高下，损其税有差，免输湖籍田米，举缗钱四十万以助荒政，民赖以济。诏改太府少卿，迁显谟阁、知太平州，调江西转运使。嘉定十一年卒于官，年六十四。

彦橚字文长，悼王七世孙。祖训之在《忠义传》。彦橚登乾道二年进士第。尉乐清，会大旱，令循故事祷雨，而责租益急。彦橚曰："损敛已责，所以招和气，何祷为？"已而果雨。累官福建路运干，属邑负振盐本钱数千万，累岁不能偿，彦橚白其长，蠲之。

庆元初，知晋陵县，岁饥，彦橚振恤有方，所活几二十万。又以羡钱为五等户代输。

擢监登闻检院。时韩侂胄方柄用，朝士悉趋其门，彦橚切叹愧。出知汀州，州民叶姓者，啸聚汀、赣间，彦橚遣将捕戮之。迁广西提刑，诸郡鬻官盐，取息之六以奉漕司，后增至八分。彦橚复其旧，以苏民力，朝廷从之。

侂胄死，诏户部侍郎兼枢密院检详。士大夫前与兵议者，坐侂胄党，将并逐之。彦橚叹曰："士方以伪学废，今又以兵端斥去，苟欲锢士，何患无名！"每见帝，必言才难。

迁湖广总领。旧士卒物故，大将不落其籍，而私其月请，彦橚置别籍稽核之。或传军中有怨言，彦橚曰："不乐者主帅耳，何损士卒。"持之三年，挂虚籍者赢三万，额减钱百万缗，用度以饶。比去，余七百万，而诸路累积逋负犹四百万，尽蠲之。

知平江府。郡之昆山并大海，盗出没，莫可踪迹，彦橚奏分其半置嘉定县，屯兵以守。转宝谟阁待制。卒于官，年七十一。

彦逾字德先，魏悼王后，崇简国公叔寓曾孙也。绍兴三十年登第。淳熙五年，知秀州。累迁太府少卿、四川总领。将入境，利西帅吴挺遣属吏安丙来迓，彦逾见即喜其人，从容问之曰："太尉统众六万，得无虚籍乎？"丙以情告。彦逾遗挺书，俾损虚籍数千，以宽四川之赋。挺不敢隐。改知镇江府，郡适旱饥，彦逾节浮费，发粟振籴，民赖以济。

迁户部侍郎、工部尚书。孝宗崩，光宗疾，不能持丧。枢密赵汝愚议请立嘉王为皇帝，欲倚殿帅郭杲为用，遣中郎将范任告之，杲不应。时中外汹汹，彦逾见汝愚，对泣，汝愚密告以翊戴之议。彦逾大喜，力赞其决。郭杲尝被诬，彦逾为白于帝，杲德之，遂驰告杲曰："彦逾与枢密第能谋之耳，太尉为国虎臣，当任其责。"杲未及对，彦逾急责之，杲许诺，遂领兵为卫。宁宗即位，汝愚谓彦逾曰："我辈宗臣，不当言功。"

会留正免相，汝愚登右揆，彦逾以端明殿学士出知建康，兼江东安抚使。未行，改四川安抚制置使，兼知成都府。彦逾为政不扰，蜀人便安之。以定策勋，累迁资政殿大学士。嘉泰间，知明州兼沿海制置使。嘉定间，乞祠以归，寻卒。

彦逾始与汝愚协济大计，冀汝愚引己共政，及外除，颇觖望，乃疏当时名臣上之，目为汝愚党，帝由是疑汝愚。

其两入蜀皆有声。然吴氏世守武兴，兼利西安抚，操重权。吴挺卒，朝廷用丘崈议，并利西安抚于东路，以革世将之弊。而彦逾奏复利西安抚，乃领以武帅。其后吴曦因之以生变，人以是咎彦逾云。

卷二百四十八　　列传第七

公主

秦国大长公主　太祖六女　太宗七女　真宗二女　仁宗十三女　英宗四女　神宗十女　哲宗四女　徽宗三十四女　孝宗二女　光宗三女　魏惠献王一女　宁宗一女　理宗一女

秦国大长公主，太祖同母妹也。初适米福德，福德卒。太祖即位，建隆元年，封燕国长公主，再适忠武军节度使高怀德，赐第兴宁坊。开宝六年十月薨，太祖临哭，废朝五日，赐谥恭懿。真宗追封大长公主。元符三年，改秦国。政和四年，改封恭懿大长帝姬。

有姊一人，未笄而夭。建隆三年，追封陈国长公主。元符改封荆国大长公主。政和改封恭献大长帝姬。

太祖六女。申国、成国、永国三公主，皆早亡。

魏国大长公主，开宝三年，封昭庆公主，下嫁左卫将军王承衍，赐第景龙门外。太宗即位，进封郑国。淳化元年，改封秦国。真宗至道三年，进长公主。大中祥符元年薨，赐谥贤肃。元符改封魏国大长公主。政和改贤肃大长帝姬。

鲁国大长公主，开宝五年，封延庆公主，下嫁左卫将军石保吉。太宗即位，进封许国。淳化元年，改晋国。真宗初，进长公主。大中祥符二年，进大长公主。薨，赐谥贤靖。元符改封鲁国。政和改贤肃大长帝姬。

陈国大长公主，开宝五年，封永庆公主，下嫁右卫将军魏咸信。太宗即位，进封虢国。淳化元年，改齐国。真宗初，进许国长公主。咸平二年薨，谥贞惠，后改恭惠。景祐三年，追封大长公主。元符改封陈国。政和改贤惠大长帝姬。

太宗七女。长滕国公主，早亡。

徐国大长公主，太平兴国九年，封蔡国，下嫁左卫将军吴元扆。淳化元年，改魏国。薨，谥英惠。至道三年，追封燕国长公主。景祐三年，进大长公主。元符改徐国。政和改英惠大长帝姬。

邠国大长公主，太平兴国七年为尼，号员明大师。八年卒。至道三年，追封曹国长公主。景祐三年，进大长公主。元符改邠国。

扬国大长公主，至道三年，封宣慈长公主。咸平五年，进鲁国，下嫁左卫将军柴宗庆，赐第普宁坊。宗庆，禹锡之孙，帝命主以妇礼谒禹锡第。历徙韩、魏、徐、福四国。仁宗立，进邓国大长公主。明道二年薨，追封晋国，谥和靖。元符封扬国。政和改和靖大长帝姬。主性妒，宗庆无子，以兄子为后。

雍国大长公主，至道三年，封贤懿长公主。咸平六年，下嫁右卫将军王贻永，进封郑国，赐第。景德元年薨，谥懿顺。景祐三年，追封大长公主。皇祐三年，改韩国。徽宗改封雍国。政和改懿顺大长帝姬。

卫国大长公主，至道三年，封寿昌长公主。大中祥符二年，进封陈国，改吴国，号报慈正觉大师。改楚国，又改邠国。天禧二年，改建国。乾兴元年，封申国大长公主。天圣二年薨，赐谥慈明。徽宗改卫国。政和改慈明大长帝姬。

荆国大长公主，幼不好弄，未尝出房闼。太宗尝发宝藏，令诸女择取之，欲以观其志，主独无所取。真宗即位，封万寿长公主，改随国，下嫁驸马都尉李遵勖。旧制选尚者降其父为兄弟行，时遵勖父继昌亡恙，主因继昌生日以舅礼谒之。帝闻，密以兼衣、宝带、器币助其为寿。遵勖宾客皆一时贤士，每燕集，主必亲视饔饩。尝有盗入主第，帝命有司讯捕。主请出所逮系人，以私钱募告者，果得真盗，法当死，复请贷之。历封越、宿、鄂、冀四国。明道元年，进魏国。

初，遵勖出守许州，暴得疾，主亟欲驰视之，左右白：须奏得报乃可行，主不待报而往，从者裁五六人。帝闻，遽命内侍督诸县逻兵以卫主车。其后居夫丧，衰麻未尝去身，服除，不复御华丽。尝燕禁中，帝亲为簪花，辞曰："自誓不复为此久矣。"尝因浴仆地，伤右肱，帝遣内侍责侍者，主曰："早衰力弱，不任步趋，非左右之过。"由是悉得免。

主善笔札，喜图史，能为歌诗，尤善女工之事。尝诫诸子以"忠义自守，无恃吾以速悔尤"，视他子与己出均。及病目，帝挟医诊视，自后妃以下皆至第候问。帝亲舐其目，左右皆感泣，帝亦悲恸曰："先帝伯仲之籍十有四人，今独存大主，奈何婴斯疾！"复顾问子孙所欲，主曰："岂可以母病邀赏邪？"赍白金三千两，辞不受。帝因谓从臣曰："大主之疾，倘可移于朕，亦所不避也。"主虽丧明，平居隐几，冲淡自若。诫诸子曰："汝父遗令：柩中无藏金玉，时衣数袭而已。吾殁后当亦如是。"

皇祐三年薨，年六十四。帝临奠，辍视朝五日。追封齐国大长公主，谥献穆。徽宗改封荆国。政和改献穆大长帝姬。

真宗二女。长惠国公主，早亡。

昇国大长公主，初入道。明道二年，封卫国长公主，号清虚灵照大师。庆历七年，追封鲁国，谥昭怀。徽宗改封昇国大长公主。政和改昭怀大长帝姬。

仁宗十三女。徐国、邓国、镇国、楚国、商国、鲁国、唐国、陈国、豫国九公主，皆早亡。

周、陈国大长公主，帝长女也。宝元二年，封福康。嘉祐二年，进封兖国。主幼警慧，性纯孝。帝尝不豫，主侍左右，徒跣吁天，乞以身代。帝隆爱之。

帝念章懿太后不及享天下养，故择其兄子李玮使尚主。玮朴陋，与主积不相能。主中夜扣皇城门入诉，玮皇惧自劾。谏官王陶论宫门夜开，乞绳治护卫，御史又共论主第内臣多不谨，帝为黜都监梁怀一辈十余人。后数年不复协，诏出玮于外，主降封沂，屏居内廷。久之，复召玮，使为驸马都尉如初。英宗立，进越国长公主。神宗治平四年，进楚国大长公主。

熙宁三年薨，年三十三。以玮奉主无状，贬陈州。辅臣议谥，帝以事仁祖孝，命曰庄孝，追封秦国。徽宗加周、陈国。政和改封庄孝明懿大长帝姬。

秦、鲁国贤穆明懿大长公主，仁宗皇帝第十女也。母曰周贵妃。嘉祐五年，封庆寿，进惠国。治平四年，进许国大长公主。下嫁吴越忠懿王之曾孙、右领军卫大将军钱景臻。改韩、周、燕国。徽宗朝，进秦、魏两国。政和三年，更封令德景行大长帝姬。

靖康二年，诸帝姬北徙，姬以先朝女，金人不知，留于汴。建炎初，复公主号，改封秦、鲁国。避地南渡，贼张遇掠其家，中子愕被害。公主至扬州朝谒，复避地之闽。

绍兴三年，自闽至会稽，请入见，因留居焉。后徙台州。上以公主行尊年高，甚敬之，每入内，见必先揖。靖康中，戚里例纳节，至是，公主为其子忱请还旧官，上以忱为沪川节度使，仍诏戚里不得援例。久之，又为忱请优赐推恩，上重违之，加忱开府仪同三司。时主有三子，恺、恺非上所出，故独厚于忱。上戒之曰："长主寿考如此，乃仁宗皇帝四十二年深仁厚泽，是以钟庆于长主。长主待遇诸子，宜法仁宗用心之均一。"主感服。

薨，年八十六。上辍朝五日，幸其第临奠，诏子孙皆进官一等。谥曰贤穆。二十九年，加谥明懿。

兖国大长公主，帝第十一女也。嘉祐六年，封永寿。进荣国长公主。治平四年，进邠国大长公主。熙宁九年，改鲁国。下嫁左领军卫大将军曹诗。主性俭节，于池台苑囿一无所增饰。十年夏，旱，曹族以主生日将盛具为寿，主曰："上方损膳彻乐，吾何心能安。"悉屏之。

元丰六年薨，年二十四，追封荆国，谥贤懿。迁其二子晔、旼皆领团练使。徽宗追封兖国，又改贤懿恭穆大长帝姬。

燕、舒国大长公主，帝第十二女也。嘉祐六年，封宝寿。八年，进封顺国长公主。治平四年，进冀国大长公主。元丰五年，改魏国，下嫁开州团练使郭献卿。上，进楚国。徽宗改吴国，进吴、越国，改秦、兖国。政和二年薨，追封燕、舒国，谥懿穆，复改懿穆大长帝姬。

英宗四女。舒国公主，早亡。

魏、楚国大长公主，帝长女。嘉祐八年，封德宁。治平三年，进封徐国，下嫁左卫将军王师约。四年，进陈国长公主。元丰八年薨，追封燕国大长公主，谥惠和。元祐四年，追封秦国。徽宗追封魏国，加韩、魏国，改魏、楚国，又改惠和大长帝姬。

魏国大长公主，帝第二女，母曰宣仁圣烈皇后。嘉祐八年，封宝安公主。神宗立，进舒国长公主，改蜀国，下嫁左卫将军王诜。诜母卢寡居，主处之近舍，日致膳羞。卢病，自和汤剂以进。帝厚于姊妹，故主第池馆服玩极其华缛。主以不得日侍宣仁于宝慈宫，居常悒然。间遇旱暵，帝降损以祷，主亦如之，曰："我奉赐皆出公上，固应同其休戚。"帝居慈圣光献皇后丧，毁甚，主曰："吾与上同体，视此亦复何聊！"立散遣歌舞三十辈。

元丰三年，病笃。主性不妒忌，王诜以是自恣，尝贬官。至是，帝命还诜官，以慰主意。太后临问，已不省，后恸哭，久稍能言，自诉必不起，相持而泣。帝继至，自为诊脉，亲持粥食之，主强为帝尽食。赐金帛六千，且问所须，但谢复诜官而已。明日薨，年三十。帝未上食即驾往，望署门而哭，辍朝五日。追封越国，谥贤惠。后进封大长公主，累改秦、荆、魏三国。

主好读古文，喜笔札，斟恤族党，中外称贤。诜不矜细行，至与妾奸主旁，妾数抵戾主。薨后，乳母诉之，帝命穷治，杖八妾以配兵。既葬，谪诜均州。子彦弼，生三岁卒。

韩、魏国大长公主，帝第三女，与魏国同生。始封寿康公主，改祁国、卫国，下嫁张敦礼。进冀国大长公主，改秦、越、楚国，加今封。政和三年，改贤德懿行大长帝姬。宣和五年薨。

神宗十女。楚国、郓国、潞国、邢国、邠国、兖国六公主，皆早薨。

周国长公主，帝长女也。母曰钦圣宪肃皇后。封延禧公主。生而警悟，自羁卯习嗜宛如成人。年十二卒，帝后皆变服哀送。追赠燕国。元符末，改封周国。

唐国长公主，帝第三女也。始封淑寿公主。初，帝念韩琦功德，欲与为婚姻，故哲宗秉先帝意，以主降琦之子嘉彦。历封温、曹、冀、雍、越、燕六国。政和元年薨，追封唐国长公主。

潭国贤孝长公主，帝第四女也。母曰宋贵妃。始封康国。绍圣四年，下嫁王遇。历韩、鲁、陈、郓四国。大观二年薨，追加封谥。

徐国长公主，帝幼女也。母曰钦成皇后。始封庆国，进益、冀、蜀、徐四国。年及笄，犹处圣瑞宫。侍母疾，昼夜不暂去，药饵非经手弗以进。追疾革，号恸屡绝，左右不忍视。

崇宁三年，下嫁郑王潘美之曾孙意。事姑修妇道。潘故大族，夫党数千百人，宾接皆尽礼，无里外言。志向冲淡,服玩不为纷华,岁时简嬉游,十年间惟一适西池而已。再生子,不成而死,媵妾得女,拊视如己出。政和三年,改称柔惠帝姬。五年薨,年三十一,追封贤静长帝姬。

哲宗四女。邓国、扬国二公主,早亡。

陈国公主,始封德康公主,进瀛国、荣国。大观四年,下嫁石端礼,徙陈国。改淑和帝姬。政和七年薨。

秦国康懿长公主,帝第三女也。始封康懿,进嘉国、庆国。政和二年,改韩国公主,出降潘正夫。改淑慎帝姬。靖康末,与贤德懿行大长公主俱以先朝女留于汴。建炎初,复公主号,改封吴国。觐上于越,以玉管笔、小玉山、奇画为献,上温辞却之。避地至婺州。

绍兴四年入见,其子尧卿等五人各进官一等。主奏言:"祖宗以来,驸马都尉石保吉、魏咸信、柴宗庆皆除使相。今正夫历事四朝,在汴京曾建议迎陛下,至杭州又言禁卫未集,预宜防变,乞除开府。"上不许。八年再入见。留宫中三日。时极暑,上每正衣冠对之饮食,又为正夫求恩数,上曰:"官爵岂可私与人,况今日多事,未暇及此。"时赵鼎当国,方论群臣绍述之奸,颇抑正夫。鼎去位,正夫始得开府之命。给事中刘一正言其非旧制,恐援例者多,乃诏:"哲宗惟正夫为近亲,余人毋得援例。"显仁太后归,主同秦、鲁国大长公主迎于道。十九年,又入朝。子长卿、粹卿、端卿皆自团练使升观察使,从所请也。孝宗即位,进封秦国大长公主。隆兴二年薨,谥康懿。

主在日,正夫官至少傅,封和国公;温卿宁国军承宣使,长卿宁江军承宣使,端卿昭信军承宣使,清卿容州观察使,墨卿、才卿并带团练使,其盛如此。正夫薨于绍兴二十二年,赠太傅。

徽宗三十四女。政和三年,改公主号为帝姬,国号易以美名,二字。

嘉德帝姬,建中靖国元年六月,封德庆公主。改封嘉福,寻改号帝姬,再封嘉德。下嫁左卫将军曾夤。

荣德帝姬,初封永庆公主,改封荣福。寻改号帝姬,再封荣德。下嫁左卫将军曹晟。

顺淑帝姬,初封顺庆公主。薨,追封益国。及改帝姬号,追封顺淑。

安德帝姬,初封淑庆公主,改封安福。寻改号帝姬,再封安德。下嫁左卫将军宋邦光。

茂德帝姬,初封延庆公主,改封康福。寻改号帝姬,再封茂德。下嫁宣和殿待制蔡鞗。

寿淑帝姬,初封寿庆公主。薨,追封豫国。及改帝姬号,追封寿淑。

惠淑帝姬,初封惠庆公主。薨,追封邓国。及改帝姬号,追封惠淑。

安淑帝姬,初封安庆公主,改封隆福。薨,追封蜀国。及改帝姬号,追封安淑。

崇德帝姬,初封和庆公主,改封崇福。寻改号帝姬。下嫁左卫将军曹湜。再封崇德。宣和二年薨。

康淑帝姬,初封康庆公主,改封承福。薨,追封商国。及改帝姬号,追封康淑。

荣淑帝姬,初封崇庆公主,改封懿福。薨,追封蔡国。及改帝姬号,追封荣淑。

保淑帝姬,初封保庆公主。薨,追封鲁国。及改帝姬号,追封保淑。

成德帝姬,初封昌福公主。改号帝姬,再封成德。下嫁向子房。

洵德帝姬,初封衍福公主。改号帝姬,寻改封洵德。下嫁田丕。

悼穆帝姬,初封徽福公主。改号帝姬。薨,追封悼穆。

显德帝姬,初封显福公主。改号帝姬,寻改封显德。下嫁刘文彦。

熙淑帝姬,初封熙福公主。薨,追封华国。及改帝姬,追封熙淑。

敦淑帝姬,初封寿福公主。薨,追封泾国。及改帝姬,追封敦淑。

顺德帝姬,初封顺福公主。改号帝姬,寻改封顺德。下嫁向子宸。

柔福帝姬,初封柔福公主。后改帝姬。

申福帝姬,初封。薨,追封冲慧。

宁福帝姬,政和四年封。

保福帝姬,追封庄懿。

贤福帝姬,追封冲懿。

仁福帝姬,追封顺穆。

和福帝姬。

永福帝姬。

惠福帝姬。

令福帝姬。

华福帝姬。

庆福帝姬。

仪福帝姬。

纯福帝姬。

恭福帝姬。

右三十四帝姬,早亡者十四人,余皆北迁。独恭福帝姬生才周晬,金人不知,故不行。建炎三年薨,封隋国公主。

安德帝姬有遗女一人,后适嗣秀王伯圭,封秦国夫人。

荣德帝姬至燕京,驸马曹晟卒,改适习古国王。绍兴中,有商人妻易氏者,在刘超军中见内人言宫禁事,遂自称荣德帝姬。镇抚使解潜送至行在,遣内夫人验之,诈。付大理寺,狱成,诏杖死。

又有开封尼李静善者,内人言其貌似柔福,静善即自称柔福。蕲州兵马钤辖韩世清送至行在,遣内侍冯益等验视,遂封福国长公主,适永州防御使高世荣。其后内人从显仁太后归,言其妄,送法寺治之。内侍李㥄自北还,又言柔福在五国城,送徐还而薨。静善遂伏诛。柔福薨在绍兴十一年,从梓宫来者以其骨至,葬之,追封和国长公主。

孝宗二女:长嘉国公主,绍兴二十四年,封硕人,进永嘉郡主,三十二年卒。诏以医官李师克等属吏,孝宗时居东宫,奏:"臣女幼而多疾,不宜罪医。"遂寝。乾道二年，赠嘉国公主。次女生五月而夭，未及封。

文安郡主，光宗长女也；次女封和政郡主；季女封齐安郡主。皆早卒。绍熙元年，并追赠公主。

安康郡主，魏惠献王女也。初封永宁郡主，改封通义。以父遗表，遂升安康。归殿前司前军统领罗忠信子良臣。诏王府主管邓从义谕旨："皇女孙郡主宜执妇道，务成肃雍之德，毋敢或违。"赐申第居之。良臣以恩转秉义郎，除阁门祗候官。开禧元年，郡主薨，年三十九。

祁国公主，宁宗女也。生六月而薨，追封祁国。

周、汉国公主，理宗女也。母贾贵妃，早薨。帝无子，公主生而甚钟爱。初封瑞国公主，改昇国。开庆初，公主年及笄，诏议尚选。宰臣请用唐太宗降十人故事，欲以进士第一人尚主，遂取周震炎。廷谢日，公主适从屏内窥见，意颇不怿，帝微知之。

景定二年四月，帝以杨太后拥立功，乃选太后侄孙镇尚主。擢镇右领军卫将军、驸马都统，进封公主为周国公主。帝欲时时见之，乃为主起第嘉会门，飞楼阁道，密迩宫苑，帝常御小辇从宫人过公主第。特赐董役官减三年磨勘，工匠犒赏有差。明年，进封周、汉国公主，拜镇庆远军承宣使。镇宗族娣姒皆推官加封，宠异甚渥。

七月，主病。有鸟九首大如箕，集主家捣衣石上，是夕薨，年二十二。无子，帝哭之甚哀，谥端孝。镇官节度使云。

卷二百四十九　列传第八

范质子旻　兄子杲　**王溥**父祚　**魏仁浦**子咸信
孙昭亮

范质，字文素，大名宗城人。父守遇，郑州防御判官。质生之夕，母梦神人授以五色笔。九岁能属文，十三治《尚书》，教授生徒。

后唐长兴四年举进士，为忠武军节度推官，迁封丘令。晋天福中，以文章干宰相桑维翰，深器之，即奏为监察御史。及维翰出镇相州，历泰宁、晋昌二节度，皆请质为从事。维翰再相，质迁主客员外郎、直史馆。岁余，召入为翰林学士，加比部郎中、知制诰。契丹侵边，少帝命汉祖等十五将出征。是夜，质入直，少帝令召诸学士分草制，质曰："宫城已闭，恐泄机事。"独具草以进，辞理优赡，当时称之。汉初，加中书舍人、户部侍郎。周祖征叛，每朝廷遣使赍诏处分军事，皆合机宜。周祖问谁为此辞，使者以质对。叹曰："宰相器也。"

周祖自邺起兵向阙，京城扰乱，质匿民间，物色得之，喜甚，时大雪，解袍衣之。且令草太后诰及议迎湘阴公仪注，质苍黄论撰，称旨。乃白太后，以质为兵部侍郎、枢密副使。周广顺初，加拜中书侍郎、平章事、集贤殿大学士。翌日，兼参知枢密院事。郊祀毕，进位左仆射兼门下侍郎、平章事、监修国史。从征高平还，加司徒、弘文馆大学士。显德四年夏，从征寿州还，加爵邑。质建议以律条繁冗，轻重无据，吏得因缘为奸。世宗特命详定，是为《刑统》。六年夏，世宗北征，质病留京师，赐钱百万，俾市医药。及平关南，至瀛州，质见于路左。师还，以枢密使魏仁浦为相，命质与王溥并参知枢密院事。世宗不豫，入受顾命。恭帝嗣位，加开府仪同三司，封萧国公。

及太祖北征，为六师推戴，自陈桥还府署。时质方就食阁中，太祖入，率王溥、魏仁浦就府谒见。太祖对之呜咽流涕，具言拥逼之状。质等未及对，军校罗彦瓌举刃拟质曰："我辈无主，今日须得天子。"太祖叱彦瓌不退，质不知所措，乃与溥等降阶受命。

宋初，加兼侍中，罢参知枢密。俄被疾，太祖征泽、潞，幸其第，赐黄金器二百两、银器千两、绢二千匹、钱二百万。太祖初即位，庶事谦抑，至于藩戚尚未崇建，幕府宾佐未列于位。质因上奏曰："自古帝王开基创业，封建子弟，树立磐维，宗戚既隆，社稷永固。伏见皇弟泰宁军节度使光义，自居戎职，特负将材，及领藩维，尤积时望；嘉州防御使光美，雄俊老成，修身乐善，嘉誉日闻。乞并行封册，申锡命书。皇子皇女虽在襁褓者，亦乞下有司许行恩制，此臣之愿也。臣又闻为宰相者，当举贤能，以辅佐天子。窃以端明殿学士吕余庆、枢密副使赵普精通治道，经事霸府，历岁滋深，睹其公忠，诚堪毗倚。乞授以台司，俾申才用。"帝嘉纳之。

先是，宰相见天子议大政事，必命坐面议之，从容赐茶而退，唐及五代犹遵此制。及质等惮帝英睿，每事辄具札子进呈，具言曰："如此庶尽禀承之方，免妄庸之失。"帝从之。由是奏御寖多，始废坐论之礼。

乾德初，帝将有事圜丘，以质为大礼使。质与卤簿使张昭、仪仗使刘温叟讨论旧典，定《南郊行礼图》上之。帝尤嘉奖。由是礼文始备，质自为序。礼毕，进封鲁国公，质奉表固辞，不允。二年正月，罢为太子太傅。九月，卒，年五十四。将终，戒其子旻勿请谥，勿刻墓碑。太祖闻之，为悲恸罢朝。赠中书令，赙绢五百匹、粟麦各百石。

质力学强记，性明悟。举进士时，和凝为翰林学士典贡部，览质所试文字，重之，自以登第名在十三，亦以其数处之。贡闱中谓之"传衣钵"。其后质登相位，为太子太傅，封鲁国公，皆与凝同云。初，质既登朝，犹手不释卷，人或劳之，质曰："有善相者，谓我异日位宰辅。诚如其言，不学何术以处之。"后从世宗征淮南，诏令多出其手，吴中文士莫不惊伏。质每下制敕，未尝破律，命刺史县令，必以户口版籍为急。朝廷遣使视民田，按狱讼，皆延见，为述天子忧勤之意，然后遣之。

世宗初征淮南，驻寿、濠，锐意攻取，且议行幸扬州。质以师老，与王溥泣谏乃止。及再驾扬州，因事忽褒仪，罪在不测。质入谒请见，世宗意其救仪，起避之。质趋前曰："仪近臣也，过小不当诛。"因免冠叩头泣下，曰：

"臣备位宰相，岂可使人主暴怒，致近臣于死地耶？愿宽仪罪。"世宗意遂解，复坐，即遣赦仪。

质性卞急，好面折人。以廉介自持，未尝受四方馈遗，前后所得禄赐多给孤遗。闺门之中，食不异品。身没，家无余赀。太祖因论辅相，谓侍臣曰："朕闻范质止有居第，不事生产，真宰相也。"太宗亦尝称之曰："宰辅中能循规矩、慎名器、持廉节，无出质右者，但欠世宗一死，为可惜尔。"从子校书郎旻求奏迁秩，质作诗晓之，时人传诵以为劝戒。有集三十卷，又述朱梁至周五代《通录》六十五卷，行于世。子旻。

旻字贵参，十岁能属文。以父任右千牛备身、太子司议郎，累迁著作佐郎。

宋初，为度支员外郎、判大理正事，俄知开封县。太宗时领京尹，数召与语，颇器重之。

岭南平，迁知邕州兼水陆转运使。俗好淫祀，轻医药，重鬼神，旻下令禁之。且割己奉市药以给病者，愈者千计，复以方书刻石置厅壁，民感化之。会南汉知广州官邓存忠劫土人二万众，攻州城七十余日，旻屡出亲战，矢集于胸，犹激励将卒殊死战，贼逡巡却。病创日笃，坚壁固守，遣使十五辈求援。广州救兵至，围解，赐玺书奖之。旻病甚，诏令有司以肩舆载归阙下。疾愈，通判镇州，有能声，赐钱二百万，迁库部员外郎。

开宝九年，知淮南转运事。太祖谓旻曰："朕今委卿以方面之重，凡除民隐、急军须之务，悉以便宜从事，无庸一一中覆也。"岁运米百余万石给京师，当时称有心计。

太平兴国初，召为水部郎中。钱俶献地，以旻为考功郎中，权知两浙诸州军事。旻上言："俶在国日，徭赋繁苛，凡薪粒、蔬果、箕帚之属悉收算。欲尽释不取，以蠲其弊。"从之。车驾征晋阳，上书求从，召为右谏议大夫、三司副使，判行在三司，又兼吏部选事。师还，加给事中。坐受人请求擅市竹木入官，为王仁赡所发，贬房州司户。语在《仁赡传》。量移唐州。六年，卒，年四十六。有集二十卷、《邕管记》三卷。其后子贻孙上言，诏复旧官。贻孙官至主客员外郎。

旲字师回，父正，青州从事。旲少孤，质视如己子。刻志于学，与姑臧李均、汾阳郭昱齐名，为文深僻难晓，后生多慕效之。以荫补太庙斋郎，再迁国子四门博士。

尝携文谒陶谷、窦仪，咸大称赏，谓旲曰："若举进士，当待汝以甲科。"及秋试，有上书言伐阅之家不当与寒士争科第，旲遂不应举。稍迁著作佐郎，出为许、邓二州从事，坐事免。太平兴国初，迁著作郎、直史馆，历右拾遗、左补阙。雍熙二年，同知贡举。俄上书自言其才比东方朔，求显用，以观其效。太宗壮之，擢知制诰。

旲家贫，贷人钱数百万。母兄晞性啬，尝为兴元少尹，居京兆，殖货钜万。亲故有自长安来者，绐旲曰："少尹不复靳财物，已挥金无算矣。"旲闻之喜，因上言兄老，求典京兆以便养。太宗从其请。改工部郎中，罢知制诰。旲既至，而晞吝如故，且常以不法干公府。旲大悔。旲视事逾年，境内不治。会贼帅刘渥剽掠属县，吏卒解散，遂惊悸成疾。

移知寿州，上言："家世史官，愿秉直笔，成国朝大典。"召为史馆修撰，固求掌诰词，帝从之。时翰林学士宋白左迁鄜州，贾黄中、李沆参知政事，苏易简转承旨，旲连致书相府，求为学士，且言于宰相李昉曰："先公尝授以制诰一编，谓旲才堪此职。"因出示昉，昉屡开解之。未几，太宗飞白书"玉堂"额以赐翰林，旲又上《玉堂记》，因请备职。太宗恶其躁竞，改右谏议大夫、知濠州，复召为史馆修撰。

初，太宗以太祖朝典策未备，乃议召旲。旲闻命喜甚，以为将加优擢，晨夜趋进。至宋州，遇朗州通判钱熙，旲问以"朝议将任仆何官"，熙言："重修《太祖实录》尔。"旲默然久之。感疾，至京师，旬月卒，年五十六。太宗闵之，录其二子。

旲性虚诞，与人交，好面誉背非，惟与柳开善，更相引重，始终无间。不善治生，家益贫，旲坐终日，不知计所出，人皆笑之。子坦亦登进士第。

王溥，字齐物，并州祁人。

父祚，为郡小吏，有心计，从晋祖入洛，掌盐铁案，以母老解职归。汉祖镇并门，统行营兵拒契丹，委祚经度刍粟；即位，擢为三司副使。历周为随州刺史。汉法禁牛革，辇送京师，遇暑雨多腐坏，祚请班铠甲之式于诸州，令裁之以输，民甚便之。移刺商州，以奉钱募人开大秦山岩梯路，行旅感其惠。显德初，置华州节度，以祚为刺史。未几，改镇颍州。均部内租税，补实流徙，以出旧籍。州境旧有通商渠，距淮三百里，岁久湮塞，祚疏导之，遂通舟楫，郡无水患。历郑州团练使。宋初，升宿州为防御，以祚为使。课民凿井修火备，筑城北堤以御水灾。因求致政，至阙下，拜左领军卫上将军，致仕。

溥，汉乾祐中举进士甲科，为秘书郎。时李宗贞据河中，赵思绾反京兆，王景崇反凤翔，周祖将兵讨之，辟溥为从事。河中平，得贼中文书，多朝贵及藩镇相交结语。周祖籍其名，将按之，溥谏曰："魑魅之形，伺夜而出，日月既照，氛祲自消。愿一切焚之，以安反侧。"周祖从之。师还，迁太常丞。从周祖镇邺。广顺初，授左谏议大夫、枢密直学士。二年，迁中书舍人、翰林学士。三年，加户部侍郎，改端明殿学士。周祖疾革，召学士草制，以溥为中书侍郎、平章事。宣制毕，周祖曰："吾无忧矣。"即日崩。

世宗将亲征泽、潞，冯道力谏止，溥独赞成之。凯还，加兼礼部尚书，监修国史。世宗尝从容问溥曰："汉相李崧以蜡书与契丹，犹有记其词者，信有之耶？"溥曰："崧为大臣，设有此谋，肯轻示外人？盖苏逢吉诬之耳。"世宗始悟，诏赠其官。世宗将讨秦、凤，求帅于溥，溥荐向拱。事平，世宗因宴酌酒赐溥曰："为吾择帅成边功者，卿也。"从平寿春，制加阶爵。显德四年，丁外艰。起复，表四上，乞终丧。世宗大怒，宰相范质奏解之，溥惧入谢。六年夏，命参知枢密院事。

恭帝嗣位，加右仆射。是冬，表请修《世宗实录》，遂奏史馆修撰、都官郎中、知制诰扈蒙，右司员外郎、知制谐张淡，左拾遗王格，直史馆、左拾遗董淳，同加修纂，从之。

宋初，进位司空，罢参知枢密院。乾德二年，罢为太子太保。旧制，一品班于台省之后，太祖因见溥，谓左右曰："溥旧相，当宠异之。"即令分台省班于东西，遂为定制。五年，丁内艰。服阕，加太子太傅。开宝二年，迁太子太师。中谢日，太祖顾左右曰："溥十年作相，三迁一品，福履之盛，近世未见其比。"太平兴国初，封祁国公。七年八月，卒，年六十一。辍朝二日，赠侍中，谥文献。

溥性宽厚，美风度，好汲引后进，其所荐至显位者甚众。颇吝啬。柞频领牧守，能殖货，所至有田宅，家累万金。

溥在相位，柞以宿州防御使家居，每公卿至，必首谒。柞置酒上寿，溥朝服趋侍左右，坐客不安席，辄引避。柞曰："此豚犬尔，勿烦诸君起。"溥讽柞求致政，柞意朝廷未之许也，既得请，柞大骂曰："我筋力未衰，汝欲自固名位，而幽囚我。"举大梃将击之，亲戚劝谕乃止。

溥好学，手不释卷，尝集苏冕《会要》及崔铉《续会要》，补其阙漏，为百卷，曰《唐会要》。又采朱梁至周为三十卷，曰《五十会要》。有集二十卷。

子贻孙、贻正、贻庆、贻序。贻正至国子博士。贻庆比部郎中。贻序，景德二年进士，后改名贻矩，至司封员外郎。贻正子克明，尚太宗女郑国长公主，改名贻永，令与其父同行。见《外戚传》。

贻孙字象贤，少随周祖典商、颍二州，署衙内都指挥使。显德中，以父在中书，改朝散大夫、著作佐郎。宋初，迁金部员外郎，赐紫，累迁右司郎中。淳化中，卒。太祖平吴、蜀，所获文史副本分赐大臣。溥好聚书，至万余卷，贻孙遍览之；又多藏法书名画。太祖尝问赵普，拜礼何以男子跪而妇人否，普问礼官，不能对。贻孙曰："古诗云'长跪问故夫'，是妇人亦跪也。唐太后朝妇人始拜而不跪。"普问所出，对云："大和中，有幽州从事张建章著《渤海国记》，备言其事。"普大称赏之。端拱中，右仆射李昉求郡省百官集议旧仪，贻孙具以对，事见《礼志》，时论许其谙练云。

魏仁浦，字道济，卫州汲人。幼孤贫，母为假黄缣制暑服，仁浦年十三，叹曰："为人子不克供养，乃使慈母求贷以衣我，我能安乎！"因慷慨泣下。辞母诣洛阳，济河沉衣中流，誓曰："不贵达，不复渡此！"晋末，隶枢密院为小史，任职端谨，侪辈不能及。契丹入中原，仁浦随众北迁。会契丹主殂于真定，仁浦得脱归。魏帅杜重威素知仁浦谨厚，善书计，欲留补牙职。仁浦以重威降将，不愿事之，遂遁去。重威遣骑追之，不及。汉祖起太原，次巩县，仁浦迎谒道左，即补旧职。

时周祖掌枢密，召仁浦问阙下兵数，仁浦悉能记之，手疏六万人。周祖喜曰："天下事不足忧也。"迁兵房主事，从周祖镇邺。

乾祐末，隐帝用武德使李邺等谋，诛大臣杨邠、史弘肇等，密诏澶帅李洪义杀骑将王殷，令郭崇害周祖。洪义知事不济，与殷谋，遣副使陈光穗赍诏示周祖。周祖惧，召仁浦入计，且示以诏曰："朝廷将杀我，我死不惧，独不念麾下将士乎？"仁浦曰："侍中握强兵临重镇，有功朝廷，君上信谗，图害忠良，虽欲割心自明，奚可得也，事将奈何。今诏始下，外无知者，莫若易诏以尽诛将士为名，激其怒心，非徒自免，亦可为杨、史雪冤。"周祖纳其言，倒用留守印，易诏书以示诸将。众惧且怒，遂长驱渡河。及即位，以仁浦为枢密副承旨，俄迁右羽林将军，充承旨。

周祖尝问仁浦诸州屯兵之数及将校名氏，令检簿视之。仁浦曰："臣能记之。"遂手疏于纸，校簿无差，周祖尤倚重焉。广顺末，太原刘崇寇晋州，仁浦居母丧，而宅迩宫城，周祖步登宽仁门，密遣小黄门召仁浦计事。明日，起复旧职。周祖大渐，谓世宗曰："李洪义长与节镇，魏仁浦无遗违禁密。"

世宗即位，授右监门卫大将军、枢密副使。从征高平，周师不利，东偏已溃，仁浦劝世宗出阵西殊死战，遂克之。师还，拜检校太保、枢密使。故事，惟宰相生辰赐器币鞍马，世宗特以赐仁浦。从平寿春，加检校太傅，进爵邑，迁中书侍郎、平章事、集贤殿大学士兼枢密使。世宗欲命仁浦为相，议者以其不由科第，世宗曰："古人为宰相者，岂尽由科第耶？"遂决意用之。恭帝嗣位，加刑部尚书。

宋初，进位右仆射，以疾在告。太祖幸其第，赐黄金器二百两、钱二百万。再上表乞骸骨，不许。乾德初，罢守本官。开宝二年春宴，太祖笑谓仁浦曰："何不劝我一杯酒？"仁浦奉觞上寿，帝密谓之曰："朕欲亲征太原，如何？"仁浦曰："欲速不达，惟陛下慎之。"宴罢，就第，复赐上尊酒十石、御膳羊百口。从征太原，中途遇疾。还，至梁侯驿卒，年五十九，赠侍中。

仁浦性宽厚，接士大夫有礼，务以德报怨。汉乾祐中，有郑元昭者，开封浚仪人，为安邑、解县两池榷盐使，迁解州刺史。会诏以仁浦妇翁李温玉为榷盐使管两池，元昭不得专其利。仁浦方为枢密院主事，元昭意仁浦必庇温玉，会李守贞于河中叛，温玉子在城中，元昭即系温玉以变闻。时周祖总枢务，知其有间，置而不问。显德中，仁浦为枢密史，元昭不自安。及代归阙，道洛都，以情告仁浦弟仁涤，仁涤曰："公第去，可无忧。我兄素宽仁有度，虽公事不欲伤于人，岂念私隙乎？"元昭至京师，仁浦果不介意，白周祖授元昭庆州刺史。汉隐帝宠作坊使贾延徽，延徽与仁浦并居，欲并其第，屡谮仁浦，几至不测。及周祖入汴，有擒延徽授仁浦者，仁浦谢曰："因兵戈以报怨，不忍为也。"力保全之。当时称其长者。世宗朝近侍有忤上至死者，仁浦力救之，全活者众。淮南之役，获贼兵数千人，仁浦从容上言，俾隶诸军，军中无滥杀者。

景德四年，其子咸信请谥曰宣懿。

子咸美、咸熙、咸信。咸美以左司御率府率致仕。咸熙性仁孝，尝会宾客，家童数辈覆案碎器，客皆惊愕，咸熙色不变，止令更设馔具。其宽厚若此。以父任，累迁屯田郎中，后至太仆少卿。卒年四十九。子昭庆驾部员外郎，昭文西染院使，昭素供奉官、阁门祗候。

咸信字国宝，建隆初，授朝散大夫、太子右坊通事舍人，改供奉官。

初，太祖在潜邸，昭宪太后尝至仁浦第，咸信方幼，侍母侧，俨如成人。太后奇之，欲结姻好。开宝中，太宗尹京，成昭宪之意，延见咸信于便殿，命与御带党进等较射，称善。遂选尚永庆公主，授右卫将军、驸马都尉。逾年，出领吉州刺史。

太平兴国初，真拜本州防御使。四年，诏用奉外赐钱十万。五年，坐遣亲吏市木西边，矫制免所过税算，罚一季奉。俄迁慎州观察使。雍熙三年冬，契丹扰边，王师出讨，悉命诸主婿镇要地：王承衍知大名，石保吉知河阳，咸信知澶州。四年，本郡黄河清，咸信以闻，诏褒答之。籍田毕，就拜彰德军节度。八月，遣归治所。

淳化四年，河决澶渊，陷北城，再命知州事。太宗亲谕方略，传置而往。时遣阁承翰修河桥，咸信请及流水未下造舟为便，承输入奏："方冬难成，请权罢其役。"咸信因其去，乃集工成之。奏至，上大悦。河平，遣还役兵。俄诏留筑堤，咸信以为天寒地涸，无决溢之患，复奏罢之。

真宗即位，改定国军节度。咸平中，大阅东郊，以为旧城内都巡检。车驾北征，为贝冀路行营都统署，诏督师。至贝州，敌人退，召还行在所。景德初，从幸澶州，石保吉与李继隆为排阵使。契丹请和，帝置酒行宫，面赏继隆、保吉，咸信避席，自愧无功，上笑而抚慰之。二年，改武成军节度，知曹州。秋霖积潦，咸信决广济河堤以导之，民田无害。扈驾朝陵还，上言先坟在洛，欲立碑，求茌盟津，以便其事，即改知河阳。大中祥符初，从东封，加检校太尉。将祀汾阴，命知澶州，令入内副都知张继能谕旨。移领忠武军节度。

未几召还，年已昏眊，见上，希旨求宠渥。七年，表乞任用，上出示中书向敏中曰："咸信联荣戚里，位居节制，复何望耶？"是冬，以新建南京，奖太祖旧臣，加同平章事。俄判天雄军。天禧初，改陕州大都督府长史、保平军节度。有感风疾苦，归。真宗尝谓宰相曰："咸信老病，诸子不克承顺，身后复能保守其家业耶？"未几卒，年六十九，赠中书令。录其诸子孙侄，迁官者七人。

咸信颇知书，善待士，然性吝喜利，仁浦所营邸舍悉擅有之。既卒，为诸侄所讼，时人耻之。

子昭易、昭亮、昭侃。昭易西京作坊使，知隰州。昭侃改名昭晌，为崇仪使。

昭亮字明公，公主所生。幼未名，太宗召入禁中，命赋赏花诗，诗成上之，太宗大悦，酌以上尊酒，命笔题"从训"、"昭亮"二名，令自择之。拜如京副使，迁如京、洛苑使，掌翰林司。丁公主忧，起复，授六宅使，领富州刺史，迁内藏库副使。未几，拜西上阁门使，进秩东上。上言阁门旧仪例未当，乃诏龙图阁学士陈彭年、待制张知白、引进使白文肇与昭亮同加详定，既成，赐白金千两。又建议设仪石于内殿，加领恩州团练使。时咸信在大名，属生日，命昭帝就赐礼物。是日，命至，军府荣之。父卒，迁四方馆使，仍兼掌客省，多纠群官之失仪者。昭亮多病在告，诏给其奉。天禧二年，卒。

昭亮未死日，数遣人入谒，求进用，加兼端州防御使。

未及拜命，死，仍以制书赐其家，赠贝州观察使。以弟昭侃为供备库使，子余庆为内殿崇班。

昭亮与陈彭年款昵，彭年尝称其才。昭亮居官务瞰察，多遣人侦伺僚辈，枢密承旨尹德润尝少之。会阁门副使焦守节、内殿崇班郭盛以役卒与德润治第，昭亮廉知发其事，皆坐黜削。李维即王曾妻之叔父，同在翰林，曾受诏试举人，以家事属维。昭亮意曾受祈请，奏其窃语。遣中使参问无他状，曾始得释。昭亮阴险多此类，时人恶之。余庆改名成德，为供备库副使。

赞曰：五季至周之世宗，天下将定之时也。范质、王溥、魏仁浦，世宗之所拔擢，而皆有宰相之器焉。宋祖受命，遂为佐命元臣，天之所置，果非人之所能测欤。质以儒者晓畅军事，及其为相，廉慎守法。溥刀笔家子，而好学终始不倦。仁浦尝为小史，而与溥皆以宽厚长者著称，岂非绝人之资乎！质临终，戒其后勿请谥立碑，自悔深矣。太宗评质惜其欠世宗一死。呜呼，《春秋》之法责备贤者，质可得免乎！

卷二百五十　　列传第九

石守信 子保兴　保吉　孙元孙 **王审琦** 子承衍
承衍曾孙克臣等 **高怀德　韩重赟** 子崇训　崇业
张令铎　罗彦瓌　王彦昇

石守信，开封浚仪人。事周祖，得隶帐下。广顺初，累迁亲卫都虞候。从世宗征晋阳，遇敌高平，力战，迁亲卫左第一军都校。师还，迁铁骑左右都校。从征淮南，为先锋，下六合，入涡口，克扬州，遂领嘉州防御使，充铁骑、控鹤四厢都指挥使。从征关南，为陆路副都部署，以功迁殿前都虞候，转都指挥使，领洪州防御使。恭帝即位，加领义成军节度。

太祖即位，迁侍卫马步军副都指挥使，改领归德军节度。李筠叛，守信与高怀德率前军进讨，破筠众于长平，斩首三千级。又败其众三万于泽州，获伪河阳节度范守图，降太原援军数千，皆杀之。泽、潞平，以功加同平章事。李重进反扬州，以守信为行营都部署兼知扬州行府事。帝亲征至大仪顿，守信驰奏："城破在朝夕，大驾亲临，一鼓可平。"帝亟赴之，果克其城。建隆二年，移镇郓州，兼侍卫亲军马步军都指挥使，诏赐本州宅一区。

乾德初，帝因晚朝与守信等饮酒，酒酣，帝曰："我非尔曹不及此，然吾为天子，殊不若为节度使之乐，吾终夕未尝安枕而卧。"守信等顿首曰："今天命已定，谁复敢有异心，陛下何为出此言耶？"帝曰："人孰不欲富贵，一旦有以黄袍加汝之身，虽欲不为，其可得乎。"守信等谢曰："臣愚不及此，惟陛下哀矜之。"帝曰："人生驹过隙尔，不如多积金、市田宅以遗子孙，歌儿舞女以终天年。

君臣之间无所猜嫌，不亦善乎。"守信谢曰："陛下念及此，所谓生死而肉骨也。"明日，皆称病，乞解兵权，帝从之，皆以散官就第，赏赉甚厚。

已而，太祖欲使符彦卿管军，赵普屡谏，以为彦卿名位已盛，不可复委以兵权，太祖不从。宣已出，普复怀之，太祖迎谓之曰："岂非符彦卿事耶？"对曰："非也。"因奏他事。既罢，乃出彦卿宣进之，太祖曰："果然，宣何以复在卿所？"普曰："臣托以处分之语有侏儒者，复留之。惟陛下深思利害，勿复悔。"太祖曰："卿苦疑彦卿，何也？朕待彦卿厚，彦卿岂负朕耶。"普对曰："陛下何以能负周世宗？"太祖默然，事遂中止。

开宝六年秋，加守信兼侍中。太平兴国初，加兼中书令。二年，拜中书令，行河南尹，充西京留守。三年，加检校太师。四年，从征范阳，督前军失律，责授崇信军节度、兼中书令，俄进封卫国公。七年，徙镇陈州，复守中书令。九年，卒，年五十七，赠尚书令，追封威武郡王，谥武烈。

守信累任节镇，专务聚敛，积财钜万。尤信奉释氏，在西京建崇德寺，募民辇瓦木，驱迫甚急，而佣直不给，人多苦之。子保兴、保吉。

保兴字光裔，本名保正，太祖取兴宗之义改之。建隆初，年十四，以荫补供奉官。明年，迁尚食副使。太祖尝召功臣子弟询以时事，保兴年最少，应对明白，太祖奇之，拜如京使。开宝中，领顺州刺史。太宗征河东，为御砦四面都巡检。太平兴国八年，出为高阳关监军。守信卒，起复，领本州团练使。雍熙初，契丹扰边，与戴兴、杨守一并为澶州前军驻泊。

李继迁入钞，徙银、夏、绥、府都巡检使。尝巡按罨子砦，并黑水河，趣谷中，夏人知之，以数千骑据险，渡河求战。保兴所部不满二千人，乃分短兵伏于河浒，俟其半渡，急击之，斩首百余级，追北数十里。优诏褒美。

端拱中，知平戎军，徙莫州，俄为西京都巡检使。淳化五年，真拜蕲州团练使，为永兴军钤辖，改夏、绥、麟、府州钤辖。至道二年，徙延州都巡检使兼署州事，改本路副都部署，与范重召等五路讨贼。有发伽罗腻数族率众来拒，保兴选敢死士数百人衔枚夜击，歼之。自是吴移、越移诸族归降。还，至乌、白池，贼又以方阵来拒。保兴麾众出入阵中，会乘马中流矢，挺身持满，易骑奋呼，且行且斗，凡三日四十二战，贼遂引去。

咸平二年，知威虏军。会夏人入钞，保兴发官帑钱数万缗分给战士，主者固执不可。保兴曰："城危如此，安暇中覆，事定，覆而不允，愿以家财偿之。"夏人退，驿置以闻，真宗贷而不问。

三年，就拜棣州防御使。徙知邢州，改澶州。在郡颇峻刑罚，每捶人，令缓施其杖，移晷方毕。五年，以疾求归京师。未几卒，年五十八。子元孙。

保兴世豪贵，累财钜万，悉为季弟保从之子所废。

保吉字祐之，初以荫补天平军衙内都指挥使。开宝四年，召见，赐袭衣、玉带、金鞍勒马。选尚太祖第二女延庆公主，拜左卫将军、驸马都尉，俄领爱州刺史。太平兴国初，迁本州防御使。五年，坐遣亲吏市竹木秦、陇间，矫制度关，为王仁赡所发，罚一季奉。七年，改朔州观察使。守信卒，起复，为威塞军节度。雍熙三年，出知河阳。四年，召入，复命知大名府兼兵马都部署，连改横海、安国二镇节度。

真宗即位，加检校太尉、保平军节度。车驾北巡，命为河北诸路行营都部署，屯定州。景德初，改武宁军节度、同平章事。冬，幸澶渊，命与李继隆分为驾前东西面都排阵使，军于北门外。辽骑数万骤至城下，保吉不介马而驰当其锋，辽人引去。俄而请盟，锡宴射于行宫后苑。帝谓继隆等曰："自古北边为患，今其畏威服义，息战安民，卿等力也。"保吉进曰："臣受命御患，上禀成算。至于布列行阵，指授方略，皆出于继隆。"继隆曰："宣力用心，躬率将士，臣不及保吉。"帝曰："卿等协和，共致太平，军旅之事，朕复何忧。"欢甚，赐以袭衣、金带、鞍勒马。

二年，改镇安军节度。未几，自治所来朝，愿奉朝请，从之。四年，部民上治状，乞还镇所，诏奖谕之，仍从其请。大中祥符初，从东封，摄司徒，封祀坛奉俎，加检校太师还镇。冬，公主疾，诏归视，主薨。明年，保吉卒，年五十七，赠中书令，谥庄武。

保吉姿貌瑰硕，颇有武干。累世将相，家多财，所在有邸舍、别墅，虽馔品亦饰以彩缋。好治生射利，性尤骄倨，所至峻暴好杀，待属吏不以礼。镇大名也，叶齐、查道皆知名士，尝械以运粮。初，程能为京西转运，保吉托治其私负，能不从。至是，其子宿为属邑吏，将辱之，会有辟召乃止。又染家贷钱，息不尽入，质其女，其父上诉，真宗亟命遣还。尝有仆侵盗私积，不时求对，恳请配录，帝曰："是有常法，不可。"保吉请不已，帝戒勖之。

善弋猎，畜鸷禽兽数百，令官健罗鸟雀饲之，人有规劝者辄怒之。在陈州，盛饰廨舍以迓贵主。因完葺城垒，疏牖于上，以瞰衢路，如箭窗状。未尝上闻，宾佐谏之不听，颇涉众议。初，守信镇陈，五十七年卒，及保吉继是镇，寿亦止是，谈者异之。

保吉子贻孙，任崇仪使，带御器械，坐事免官。孝孙，西京左藏库使。

元孙字善良，始名庆孙，避章献太后祖讳易之。以守信荫为东头供奉官、阁门祗候，累迁如京副使。

仁宗即位，改文思副使、勾当法酒库。吏盗酒，坐失察，追二官，复如京副使。为澶州巡检，徙知莫州，有治迹，以礼宾使再任。又徙保州，领廉州刺史，兼广信、安肃军缘边都巡检。时开屯田，凿塘水，有讼元孙擅污民田者，遣官按视，讼者以诬服，即赐白金五百两，诏褒谕之。再迁西上阁门使、并代州兵马钤辖，历侍卫亲军步军殿前都虞候、鄜延副都总管、缘边安抚使，迁邕州观察使。

康定初，夏人寇延州，元孙与战于三川口，军败见执。传者以为已死，赠忠正军节度使兼太傅，录其子孙七人。及元昊纳款，纵元孙归。谏官御史奏：元孙军败不死，辱国，请斩塞下。贾昌朝独言："在春秋时，晋获楚将穀臣，楚获晋将知䓨，亦还其国不诛。"因入对，探袖出《魏志于禁传》以奏曰："前代将臣败覆而还，多不加罪。"

帝乃贷元孙，安置全州。以升祔赦，内徙襄州。侍御史刘湜言："元孙失军辱命，朝廷贷而不诛，若例从量移，无以劝用命之士。"元孙遂不徙。后徙许州，还京师卒。

王审琦，字仲宝，其先辽西人，后徙家洛阳。汉乾祐初，隶周祖帐下，性纯谨，甚亲任之。从平李守贞，以功署厅直左番副将。广顺中，历东西班行首、内殿直都知、铁骑指挥使，从世宗征刘崇，力战有功，迁东西班都虞候，改铁骑都虞候，转本军右第二军都校。世宗召禁军诸校宴射苑中，审琦连中的，世宗嘉之，赏赉有加。俄领勤州刺史。

亲征淮南，舒州坚壁未下，诏以郭令图领刺史，命审琦及司超以精骑攻其城，一夕拔之，擒其刺史，获铠仗军储数十万计。令图既入城，审琦等遂救黄州，数日，令图为舒人所逐。审琦选轻骑衔枚夜发，信宿至城下，大败舒人，令图得复还治所。世宗嘉之，授散员都指挥使。又破南唐军于紫金山，先登，中流矢，转控鹤右厢都校，领虔州团练使。世宗围濠州，审琦率敢死士数千人拔其水砦，夺月城，濠州遂降。及攻楚州，为南面巡检，城将陷，审琦意淮人必遁，设伏待之。少顷，城中兵果凿南门而遁，伏兵击之，斩数千级，系五千余人，献于行在，赐名马、玉带、锦彩数百匹。淮南平，改铁骑右厢都校。又从平瓦桥关。恭帝即位，迁殿前都虞候、领睦州防御使。

宋初，擢为殿前都指挥使、领泰宁军节度。从征李筠，为御营前洞屋都部署，为飞石所伤，车驾临视。泽、潞平，改领武成军节度。李重进叛，副石守信为前军部署讨之。

建隆二年，出为忠正军节度。在镇八年，为政宽简。所部邑令以罪停其录事吏，幕僚白令不先咨府，请按之。审琦曰："五代以来，诸侯强横，令宰不得专县事。今天下治平，我悉守藩维，而部内宰斥去黠吏，诚可嘉尔，何按之有？"闻者叹服。

开宝二年，从征太原，为御营四面都巡检。三年，改镇许州，赐甲第，留京师。太祖尝召审琦宴射苑中，连中的，赐御马、黄金鞍勒。六年，与高怀德并加同平章事。七年，卒，年五十。

初，审琦暴疾，不能语，帝亲临视，及卒，又幸其第，哭之恸。赐中书令，追封琅琊郡王，赙赠加等。葬日，又为废朝。

审琦重厚有方略，尤善骑射。镇寿春，岁得租课，量入为出，未尝有所求求。素不能饮，尝侍宴，太祖酒酣仰祝曰："酒，天之美禄；审琦，朕布衣交也。方与朕共享富贵，何靳之不令饮邪？"祝毕，顾谓审琦曰："天必赐卿酒量，试饮之，勿惮也。"审琦受诏，饮十杯无苦。自此侍宴常引满，及归私家即不能饮，或强饮辄病。

子承衍、承衎、承德、承祐、承俊、承偓、承僎、承仅、承休。承德西上阁门使、会州刺史，承祐至如京使，承俊、承僎至内殿崇班，承偓至阁门祇候，承仅至左神武将军致仕，承休至内殿承制。

承衍字希甫，幼端谨。审琦镇兖、滑、寿春，皆署以牙职。开宝初，补内殿供奉官都知。三年，尚太祖女昭庆公主，授右卫将军、驸马都尉，仍充都知。逾年，领恩州刺史，加本州防御使。太平兴国初，迁应州观察使。二年春，太宗幸其第，赐宴，承衍以金器、名马为寿，诏赐银万两、锦彩五千匹。三年，加检校太保。坐市竹木秦、陇，矫制免税算，罚一季奉。七年，授彰国军节度。

雍熙中，出知天雄军府兼都部署。时契丹扰镇阳，候骑至冀州，去魏二百余里。邻境戒严，城中大恐，属上元节，承衍下令市中及佛寺然灯设乐，与宾佐宴游达旦，人赖以安。明年召还，复为贝冀都部署。端拱初，换永清军节度，再知天雄军。吏民千余诣监军，请为本道节帅，诏褒之。

真宗即位，改河中尹、护国军节度，加检校太尉。咸平六年，以疾求罢节钺，三抗表不许。帝自临问，至卧内慰勉久之，赐予甚厚，择京医数人迭宿其第。卒，年五十二。车驾亲临，赠中书令，给卤簿葬，谥恭肃。其后公主请置守冢五户，从之。

承衍善骑射，晓音律，颇涉学艺，好吟咏。以功臣子尚主贵显，拥富赀，自奉甚厚。

子世安、世隆、世雄、世融。世安至崇仪副使、通事舍人。世隆字本支，以公主子为如京副使，历洛苑、六宅二使、领平州刺史。性骄恣，每坐诸叔之上，人皆嗤之。景德初卒，特赠泰州防御使。召见其三子，赐名克基、克绪、克忠，皆面授供奉官。世雄至内殿崇班。世融为内殿承制。世安子克正殿中丞。克基、克忠并为西染院副使兼阁门通事舍人。克绪至内殿承制。世隆幼子克明为西上阁门副使。

承衎字希悦，开宝中，授闲厩使，面赐紫袍、金带，才十二岁。太平兴国中，出监徐州军，又为西京水南巡检使，改如京使。表求治郡自效，命知潭州，迁六宅使、领昭州刺史，俄知澶州，加庄宅使。咸平中，两赐川峡传诏，慰抚官吏，经略蛮洞。连知延、代、并三州，皆兼兵马钤辖，改尚食使。凤翔张雍病，命承衎代之，徙泾州，授西上阁门使，改领永州刺史。景德中，真宗以天水近边，蕃汉杂处，择守臣抚治，擢承衎知秦州，俄知天雄军。大中祥符初，进秩东上阁门使。承衎病足，在大名不能骑，政多废弛，及代，赐告家居，表求解职，不允。以久不朝请，求近郡，改左武卫大将军，知寿州。二年，卒，年四十九。诏遣其弟承僎驰往护丧。

承衎颇涉学，喜为诗，所至为一集。晓音律，多与士大夫游，意豁如也。初，审琦镇寿春，承衎生于郡廨，至卒亦于其地，人咸异之。

子世京为阁门祇候，世文内殿崇班。

克臣字子难。祖承衎尚秦国贤穆公主。克臣景祐进士，仁宗阅其文，顾侍臣曰："贤穆有孙登科，可喜也。"仕累通判寿州。鼓角卒夜入州廨，击郡将，既就擒，而监兵使所部被甲操刃立庭中，官吏骇观。克臣徐言曰："此不过为盗耳。"立遣甲者去，戒凶卒勿妄引他人，众谨服。是日天贶节，率掾属朝谒如常仪，人赖以安，犹坐贬监潭州税。

熙宁中，为开封、度支二判官，迁盐铁副使。时郑侠以上书窜岭表，克臣尝荐侠，且馈之白金，又坐夺官。复为户部副使，以集贤殿修撰知郓州。京东多盗，克臣请以便宜处决，遂下诸郡使械送尤桀者斩以徇，盗为少衰。河决曹村，克臣亟筑堤城下，或曰："河决澶渊，去郓为远，且州徙于高，八十年不知有水患，安事此。"克臣不听，役愈急，堤成，水大至，不没者才尺余。复起甬道，属之东平王陵埠，人得趋以避水。事宁，皆绘像祀之。

进天章阁待制，徙知瀛州。有告外间入境，密旨趣具狱，株连甚众，克臣阴缓之，已而得于他道。徙知太原。王中正西讨罔功，而诬克臣姑息士卒，使无固志，黜为单州。

明年，拜工部侍郎。至是，神宗幸尚书省，至部舍止辇，奖其治力，以为虽少者不及。顾其子驸马都尉师约使入觐。元祐四年，以龙图阁直学士、太中大夫卒，年七十六。

师约字君授，少习进士业。英宗欲求儒生为主婿，命宰相召克臣谕旨，令师约持所为文至第。明日，献赋一编，即坐中赋《大人继明诗》，遂赐对，选为驸马都尉，尚徐国公主。授左卫将军，面赐玉带。又赐《九经》、笔砚，勉之进学。

神宗即位，拜嘉州刺史，迁成州团练使。国朝故事主婿未尝居职，帝始令师约同管当三班院，试其才。明年，主就馆乃罢，迁汝州防御使。始制驸马都尉七年考绩法。转晋州观察使。

哲宗立，迁镇安军节度观察留后。宣仁后临朝，师约屡上书言事。元符初，议者以为职不当上言，褫其秩。徽宗即位，乃复保平军留后，又为枢密都承旨，未几复罢。崇宁元年，卒，年五十九。

师约善射，尝陪辽使燕射玉津园，一发中鹄，发必破的，屡受金带及鞍勒马之赐。

子殊，主所生，至阆州观察使。

高怀德，字藏用，真定常山人，周天平节度齐王行周之子。怀德忠厚倜傥，有武勇。行周历延、潞二镇及留守洛都，节制宋、亳，皆署为牙职。晋开运初，辽人侵边，以行周为北面前军都部署。怀德始冠，白行周愿从北征。行周壮之，许其行，至戚城遇辽军，被围数重，援兵不至，危甚。怀德左右射，纵横驰突，众皆披靡，挟父而出。以功罗州刺史，赐珍裘、宝带、名马以宠异之。及行周移镇郓州，改集州刺史，仍领牙校。又迁信州刺史，从行周再镇宋州。

晋末，契丹南侵，以行周为邢赵路都部署御之，留怀德守睢阳。会杜重威降契丹，京东诸州群盗大起，怀德坚壁清野，敌不能入。行周率兵归镇，敌遂解去。汉初，行周移镇魏博，及再领天平，以怀德为忠州刺史领职如故。周祖征慕容彦超，还过汶上，宠赐行周甚厚，并赐怀德衣带、彩缯、鞍勒马。

行周卒，召怀德为东西班都指挥使、领吉州刺史，改铁骑都指挥使。太原刘崇入寇，世宗讨之，以怀德为先锋都虞候。高平克捷，以功迁铁骑右厢指挥使、领果州团练使。

从征淮南，知庐州行府事，充招安使。战庐州城下，斩首七百余级。寻迁龙捷左厢都指挥使、领岳州防御使，赐骏马七匹。南唐将刘仁赡据寿春，舒元据紫金山，置连珠砦以援，以抗周师。世宗命怀德率帐下亲信数十骑觇其营垒。怀德夜涉淮，迟明，贼始觉来战，怀德以少击众，擒其裨将以还，尽侦知其形势强弱，以白世宗。世宗大喜，赐袭衣、金带、器币、银鞍勒马。世宗一日因按辔淮壖以观贼势，见一将追击贼众，夺槊以还，令左右问之，乃怀德也。召至行在慰劳，许以节钺。

世宗北征，命与韩通率兵先抵沧州。初得关南，又命副陈思让为雄州兵马都部署，克瓦桥关，降姚内斌以归。恭帝嗣位，擢为侍卫马军都指挥使、领江宁军节度，又为北面行营马军都指挥使。

太祖即位，拜殿前副都点检，移镇滑州，充关南副都部署，尚宣祖女燕国长公主，加驸马都尉。李筠叛上党，帝将亲征，先令怀德率所部与石守信进攻，破筠众于泽州南。事平，以功迁忠武军节度、检校太尉。从平扬州。建隆二年，改归德军节度。开宝六年秋，加同平章事；冬，长公主薨，去驸马都尉号。

太宗即位，加兼侍中，又加检校太师。太平兴国三年春，被病，诏太医王元佑、道士马志就第疗之。四年，从平太原，改镇曹州，封冀国公。七年，改武胜军节度。是年七月，卒，年五十七，赠中书令，追封渤海郡王，谥武穆。

怀德将家子，练习戎事，不喜读书，性简率，不拘小节。善音律，自为新声，度曲极精妙。好射猎，尝三五日露宿野次，获狐兔累数百，或对客不挥而起，由别门引数十骑从禽于郊。

子处恭，历庄宅使至右监门卫大将军致仕。处俊至西京作坊使。

韩重赟，磁州武安人。少以武勇隶周太祖麾下。广顺初，补左班殿直副都知。从世宗战高平，以功迁铁骑指挥使。从征淮南，先登中流矢，转右虞候。俄迁控鹤军都指挥使、领虔州刺史。

宋初，以翊戴功，擢为龙捷左厢都校、领永州防御使。从征泽、潞还，命代张光翰为侍卫马步军都指挥使、领江宁军节度。讨李重进，为行营马步军都虞候。建隆二年，改殿前都指挥使、领义成军节度。三年，发京畿丁壮数千，筑皇城东北隅，且令有司绘洛阳宫殿，按图修之，命重赟董其役。乾德三年秋，河决澶州，命重赟督丁壮数十万塞之。

四年，太祖郊祀，以为仪仗都部署。时有谮重赟私取亲兵为腹心者，太祖怒，欲诛之。赵普谏曰："亲兵，陛下必不自将，须择人付之。若重赟以谗诛，即人人惧罪，谁复为陛下将亲兵者。"太祖纳其言，重赟得不诛。后闻普尝救己，即诣普谢，普拒不见。

五年二月，出为彰德军节度。开宝二年，太祖征太原，过其郡，重赟迎谒于王桥顿，召赴燕饮。帝曰："契丹知我是行，必率众来援，彼意镇、定无备，必由此路入。卿为我领兵倍道兼行，出其不意，破之必矣。"乃命为北面都部署。重赟令军士衔枚夜发，果遇契丹兵于定州，见重赟旗帜，大骇欲引去，重赟乘之，大破其众，获马数百匹。太祖大喜，优诏褒美。七年，卒，赠侍中。

重赟信奉释氏，在安阳六七年，课民采木为寺，郡内苦之。子崇训、崇业。

重赟与张光翰、赵彦徽分领诸军节度，嘉其翊戴功也。光翰，后唐山南节度使虔钊兄子，及卒，赠侍中。彦徽，真定安喜人，与太祖同事世宗，太祖兄事之，及卒，赠侍中。

崇训字知礼，乾德中，以荫补供奉官，迁西京作坊副使，出为澶州河南北都巡检使。从太宗征河东，还，以贝、冀等州都巡检使权知麟州。

雍熙中，李继迁寇夏州，崇训领兵赴援，大败之。徙监夏州军。历知越、泉、登、莫四州，徙知威虏军，改如京使。咸平初，出知石州。属继迁犯境，崇训追袭之，至贺兰山而还。二年，再知麟州，又败继迁于城下。

崇训由河西徙闽、越，再移北边，凡二十五年，以劳擢西上阁门使、邠宁环庆清远军都巡检使。徙镇、定、高阳关行营铃辖，屯镇州，兼河北都转运使事。契丹兵为方顺河，将寇威虏军，崇训陈兵河南，扼其要路。敌遣别骑寇赤堠驿，崇训分兵擒戮之。既而值霖雨，敌兵饥乏不敢进，遂遁去。移并、代铃辖，权知并州。从部署张进领兵由土门会大将王超，袭破契丹于定州。六年，授四方馆使、枢密都承旨。又命为镇、定、高马步军都铃辖，屯定州。

景德初，契丹入寇至唐河，崇训陈兵河南。翌日，又与王超追袭至镇州。既而都署桑赞逗留不进，崇训帅兵独往。时车驾幸澶州，召崇训，乃还。三年春，拜检校太傅。大中祥符二年，授右龙武军大将军，领韶州防御使，以本官分司西京卒，年五十六。

崇训为人长厚谦畏，未尝忤物。

子允恭，礼宾副使，有谋略，好学，人以为能世其家云。

崇业字继源，以荫补供奉官，选尚秦王廷美女云阳公主，授左临门卫将军、驸马都尉。廷美得罪，降为右千牛卫率府率，分司西京，俄削秩，去驸马之号，从贬房陵。廷美卒，起为静难军行军司马。雍熙三年，授宁州刺史。公主卒，葬州境。真宗初，始得入朝。咸平四年，改左屯卫大将军、领高州团练使，追封公主为虢国长公主。五年十月，卒，年四十一。

子允升为内殿承制、阁门祗候。

张令铎，棣州厌次人。少以勇力隶军伍。后唐清泰中，补宁卫小校。晋初，改隶奉国军。汉乾祐中，从周太祖平河中，以功迁奉国军指挥使。广顺初，迁控鹤指挥使。累迁本军左厢都指挥使、领虔州团练使。从世宗征淮南，移领虎捷左厢，加常州防御使。再征寿春，命与龙捷右厢柴贵分为京城左右厢巡检。世宗将北征，命与韩通、高怀德领兵先赴沧州，又副韩令坤为霸州部署，率兵戍守。恭帝即位，授侍卫亲军步军都指挥使、领武信军节度使。令铎本名铎，以与河中张铎同姓名，故赐今名。

宋初，迁马步军都虞候、领陈州节制。太祖征李筠，以令铎为东京旧城内都巡检。建隆二年，出为镇宁军节度。帝为皇弟兴元尹光美娶其第三女。开宝二年，来朝被病，车驾临问，赐帛五千匹、银五千两，并赐其家人甚厚。明年春，卒于京师，年六十。帝甚悲悼，赠侍中。

令铎性仁恕，尝语人曰："我从军三十年，大小四十余战，多摧坚陷敌，未尝妄杀一人。"及卒，人多惜之。

子守正，至内园使。守恩，淳化中，累至崇仪副使，稍迁崇仪使，领绵州刺史。景德初，知原州，就加西上阁门使、知泰州，卒。录其子奉礼郎永安为大理评事，后至殿中丞。

罗彦瓌，并州太原人。父全德，晋泌州刺史，彦瓌得补内殿直。

少帝在澶州，欲命使宣慰大名府，时河北契丹骑充斥，遂募军中骁勇士十人从行，彦瓌备选。衔枚夜发，往返如期，由是补兴顺指挥使。开运末，契丹主至汴，遣彦瓌送厩马千匹赴幽蓟。彦瓌至元氏，闻汉祖建号太原，以马归汉，汉祖嘉之。及入汴，擢为护圣指挥使。周初，迁散员都虞候，坐枢密使王浚党，出为邓州教练使。世宗嗣位，召为伴饮指挥使，改马步军都军头。从向训收秦、凤有功，迁散指挥都虞候。

显德末，太祖自陈桥入归公署，宰相范质等，未及言，彦瓌挺剑而前曰："我辈无主，今日须得天子。"质等由是降阶听命。擢为控鹤左厢都指挥使，改内外马军都军头，领眉州防御使。从平泽、潞还，命代赵彦徽为侍卫步军都指挥使、领武信军节度。建隆二年，出为彰德军节度。乾德二年，改安国军节度，与昭义军节度李继勋大破契丹。四年春，又与阁门使田钦祚杀太原军千余人于静阳，禽其将鹿英等，获马三百匹。明年，移镇华州。开宝二年，卒，年四十七。

王彦昇，字光烈，性残忍多力，善击剑，号"王剑儿"。本蜀人，后唐同光中，蜀平，徙家洛阳。

初事宦官骠骑大将军孟汉琼，汉琼以其趫勇，言于明宗，补东班承旨。晋天福中，转内殿直。开运初，契丹围大名，少帝幸澶州，募勇敢士赍诏纳城中，彦昇与罗彦瓌应之。一夕突围而入，以功迁护圣指挥使。周广顺中，从向拱破太原兵虒亭南，斩敌帅王璋于阵，以功迁龙捷右第九军都虞候。累转铁骑右第二军校，领合州刺史。世宗征淮南，从刘崇进、宗偓破金牛水砦，禽伪军校阎承旺、范横。又从李重进扞吴兵于盛唐，斩二千余级。又从张永德攻瀛州，下束城，改散员都指挥使。

太祖北征，至陈桥，为众推戴。彦昇以所部先入京，遇韩通于路，逐至第杀之。初，太祖誓军入京不得有秋毫犯，及闻通死，意甚不乐。以建国之始，不及罪彦昇，拜恩州团练使、领铁骑左厢都指挥使。

后为京城巡检，中夜诣王溥第，溥惊悸而出，既坐，乃曰："此夕巡警甚困，聊就公一醉耳。"彦昇意在求贿，溥佯不悟，置酒数行而罢。翌日，溥密奏其事，乃出为唐州刺史。

乾德初，迁申州团练使。开宝二年，改防州防御使，是冬，又移原州。西人有犯汉法者，彦昇不加刑，召僚属饮宴，引所犯以手捽断其耳，大嚼，卮酒下之。其人流血被体，股栗不敢动。前后啖者数百人。西人畏之，不敢犯塞。七年，以病代还，次乾州卒，年五十八。太祖以其专杀韩通，终身不授节钺。

论曰：石守信而下，皆显德旧臣，太祖开怀信任，获其忠力。一日以黄袍之喻，使自解其兵柄，以保其富贵，以遗其子孙。汉光武之于功臣，岂过是哉。然守信之货殖钜万，怀德之驰逐败度，岂非亦因以自晦者邪。至于审琦之政成下蔡，重赟之功宣广陵，卓乎可称。令铎身四十余战，未尝妄杀，可谓勇者之仁矣。彦璙于革命之日，首挺剑以语范质，于宋则未必功在众先，于周则其过不在人后矣。王彦昇杀韩通，太祖虽不加罪，而终身不授节钺，是足垂训后人矣。保吉、承衍咸以帝婿致位藩镇，其被驱策、著戎功，则保吉为优，况推功李继隆，尤为不伐而有让，然械役名士，纵意禽荒，累德多矣。

卷二百五十一　　　列传第十

韩令坤父伦　**慕容延钊**子德丰　从子德琛
符彦卿子昭愿　昭寿

韩令坤，磁州武安人。

父伦，少以勇敢隶成德军兵籍，累迁徐州下邳镇将兼守御指挥使。世宗以令坤贵，擢陈州行军司马，及令坤领陈州，徙伦许州。罢职，复居宛丘，多以不法干郡政，私酤求市利，掊敛民财，公私患之。项城民武郁诣阙诉其事，命殿中侍御史率汀按之。伦诈报汀云被诏赴阙，汀奏之。世宗怒，追劾具伏，法当弃市。令坤泣请于世宗，遂免死流海岛。显德六年，为左骁卫中郎将，迁左监门卫将军。宋初，拜磁州刺史，转亳州团练使。乾德四年，改本州防御使，卒。

令坤少隶周祖帐下，广顺初，历铁骑散员都虞候，控鹤右第一军都校、领和州刺史。世宗即位，授殿前都虞候。俄赏高平之功，为龙捷左厢都虞候、领容州团练使，进本厢都指挥使、领泗州防御使。征太原，为行营前军都校。未几，为侍卫马军都指挥使、领定武军节度。

世宗命宰相李穀率兵征淮南，俾令坤等十二将以从。穀退保正阳，为吴人所乘。令坤与宣祖、李重进合兵击之，大败吴人。世宗亲征，闻扬州无备，遣令坤及宣祖、白延遇、赵晁等袭之。令坤先令延进以精骑数百迟明驰入，城中不之觉。令坤继至抚之，民皆按堵。南唐东都副留守冯延鲁为僧匿寺中，令坤求获之，送行在，遂以令坤知州事。由是泰州惧，以城降。

时钱傲受诏攻常、润，围毗陵，反为南唐所败。南唐乘胜遣将陆孟俊逼泰州，周师不能守，孟俊遂进军蜀冈，逼扬州，令坤弃其城。世宗怒，命太祖与张永德领兵趋六合援之。令坤闻援至，复入城守，与孟俊兵战，大败之，擒孟俊，败其将马贵于楚州湾头堰，擒涟州刺史秦进崇。俄命向拱为缘江招讨使，以令坤副之，下寿州。归朝，加检校太尉、领镇安军节度使。世宗又复幸淮右，次楚州，遣令坤率兵先入扬州，命权知军府事。扬州城为吴人所毁，诏发丁壮别筑新城，命令坤为修城都部署。

六年春，命令坤以汴、亳民导汴水入于蔡。三月，世宗将北征，命率龙捷、虎捷、骁武兵先赴大名，又副王晏为益津关一路都部署，俄为霸州都部署，率所部兵成之。恭帝即位，加检校太尉、侍卫马步军都虞候。冬，诏防北边。

宋初，移领天平军，加侍卫马步军都指挥使、同平章事。太祖亲征李筠，诏令坤率兵屯河阳。及泽、潞平，还京，锡宴令坤等于礼贤讲武殿，赐袭衣、器币、鞍勒马有差，以功加兼侍中。又从讨李重进。建隆二年，改成德军节度，充北面缘边兵马都部署。将赴镇，上于别殿置酒饯之，因勖其为治。

乾德六年，疽发背卒，年四十六。太祖素服发哀于讲武殿，录其子庆朝为闲厩使，庆雄为闲厩副使。令坤有才略，识治道，与太祖同事周室，情好亲密。镇常山凡七年，北边以宁。闻其卒，甚悼惜之。

初，南唐遣边镐破湖南，以马希崇分司扬州，及令坤克取之，希崇以妓杨氏献，令坤甚嬖之。会擒陆孟俊，将械送行在所，杨氏于帘间窥见之，即拊膺恸哭。令坤怪问之，杨氏曰："孟俊往年入潭州，杀我家二百口，惟妾为希崇所匿得免，愿甘心焉。"令坤以诘孟俊，孟俊具伏，令坤乃杀之。

慕容延钊，太原人。父章，襄州马步军都校、领开州刺史。延钊少以勇干闻。汉祖之兴也，周祖为其佐命，以延钊隶帐下。周广顺初，补西头供奉官，历尚食副使、铁骑都虞候。

世宗即位，为殿前散指挥使都校、领溪州刺史。高平之战，督左先锋，以功授虎捷左厢都指挥使、领本州团练使；迁殿前都虞候、领睦州防御使。从征淮南，改龙捷左厢都校、沿江马军都部署。归朝，复为殿前都虞候，出为镇淮军都部署。显德五年，世宗在迎銮江口，闻吴人舟数百艘泊东沛洲，即命延钊与右神武统军宋延渥讨之。延钊以骁骑由陆进，延渥督舟师沿江继进，大破之。淮南平，迁殿前副都指挥使、领淮南节度。恭帝即位，改镇宁军节度，充殿前副都点检，复为北面行营马步军都虞候。

太祖即位，延钊方握重兵屯真定，帝遣使谕旨，许以便宜从事。延钊与韩令坤所部兵按治边境，以镇静闻。太祖嘉之，加殿前都点检、同中书门下二品，避其父名故也。李筠叛，初命与王全斌由东路会兵进讨，俄为行营都部署、知潞州行府事；及平，加兼侍中，诏还澶州。

建隆二年，长春节来朝，赐宅一区。表解军职，徙为山南东道节度、西南面兵马都部署。是冬大寒,遣中使赐貂裘、百子毡帐。四年春,命he南征,以延钊为湖南道行营前军都部署。时延钊被病,诏令肩舆即戎事。贼将汪端与众数千扰朗州,延钊擒之,磔于市。荆、湘既平,加检校太尉。是冬,卒,年五十一。

初,延钊与太祖友善,显德末,太祖任殿前都点检,延钊为副,常兄事延钊;及即位,每遣使劳问,犹以兄呼之。洎寝疾,御封药以赐,闻其卒,恸哭久之。赠中书令,追封河南郡王,录其子弟授官者四人。

子德业、德丰、德钧。德业至卫州刺史,德钧至尚食副使。延钊弟延忠,历内殿直、供奉西头官至都知,至磁州刺史;延卿至虎捷军都指挥使。延钊子德琛。

德丰字日新,幼聪悟,延钊爱之,尝曰:"兴吾门者必此子。"八岁,补山南东道衙内指挥使。延钊卒,授如京使。

开宝中,从征太原,领砦南面巡检。又为扬州都监。征南唐,为洞子都监。城既下,命为昇州都监。市廛安静,泽国富饶,使者多裒聚金帛,德丰独以廉洁闻。俄领蔚州刺史。

太平兴国二年,知庆州兼郊、宁都巡检。尝破小遇族,夺名马数十匹,诏书褒谕。居任九年,以简静为治,边镇安之。

雍熙四年,使登、莱阅强壮,及还,拜西上阁门使。是冬,出为定远军钤辖,命领后阵中队,别将万骑以御边害。

淳化二年,进秩东上,知邢州。三年,改判四方馆事,出知延州。时侯延广知灵武,或言其得西夏情,倔强难制,命德丰代之,就赐白金三千两。会建使名,改为四方馆使。未几,以所部不治,徙知庆州,俄又改灵州兼部署。谷价涌贵,德丰出私廪赈饥民,全活者众。转引进使。贼入境,德丰率兵击走,获羊马甚众。

咸平二年,迁客省使,知镇州,召至便坐,抚慰甚至。是冬,辽人南侵,德丰缮兵固守,饷馈不绝,诏奖之。三年,改沧州。德丰轻财好施,厚享将士。在西边时,母留京师,妻孥寓长安,贫甚,真宗悯之,特诏给团练使奉。逾年,进颍州团练使,知贝、瀛二州。五年,卒,年五十五。家无余财,谈者善之。

子惟素,至殿内承制。

德琛以延钊荫补供奉官,累迁内殿崇班、知夔州。李顺之乱,贼酋张馀领众十万余、舟千艘来寇。与顺战龙山,斩首千余级;又与白继赟击贼,斩二万余,悉焚其舟。贼剽开州,围云安,德琛往援之,又斩百余级。累诏褒谕。历西京作坊、左藏二副使。咸平二年,转崇仪副使、荆湖北路钤辖。蛮扰澧、鼎境上,德琛战于北汊,夺耕牛、铠甲,斩馘以归。徙峡路钤辖,未至,复知夔州。景德中,领梧州刺史,复任峡路,再迁庄宅使,又为并、代钤辖,知宪州。天禧初,改右监门卫大将军。

符彦卿,字冠侯,陈州宛丘人。父存审,后唐宣武军节度、蕃汉马步军都总管兼中书令。彦卿年十三,能骑射,事庄宗于太原,以谨愿称,出入卧内,及长,以为亲从指挥使。入汴,迁散员指挥使。郭从谦之乱,庄宗左右皆引去,惟彦卿力战,射杀十数人,俄矢尽乘舆,遂恸哭而去。天成三年,以龙武都虞侯、吉州刺史讨王都于定州,大破契丹于嘉山。明年克其城,授耀州团练使。改庆州刺史。奉诏筑堡方渠北乌仑山口,以招党项。清泰初,改易州,兼领北面骑军,赐戎服、介胄、战马。尝射猎遂城盐台淀,一日射獐、麂、狼、狐、兔四十二,观者神之。晋天福初,授同州节度。兄彦饶亦镇滑台。俄而彦饶叛,彦卿上表待罪,乞归田里,晋祖释不问。改左羽林统军,俄兼领右羽林,改镇鄜延。

少帝幼与彦卿狎,即位,召还,出镇河阳三城。辽人南侵,诏彦卿率所部拒战澶州。契丹骑兵数万围高行周于铁丘,诸将莫敢当其锋,彦卿独引数百骑击之,辽人遁去,行周得免。又副李守贞讨平青州杨光远,移镇许州,封祁国公。

开运二年,与杜重威、李守贞经略北鄙。契丹主率众十余万围晋师于阳城,军中乏水,凿井辄坏,争绞泥吮之,人马多渴死。时晋师居下风,将战,弓弩莫施。彦卿谓张彦泽、皇甫遇曰:"与其束手就擒,曷若死战,然未必死。"彦泽等然之。遂潜兵尾其后,顺风击之,契丹大败,其主乘橐驼以遁,获其器甲、旗仗数万以归。少帝嘉之,改武宁军节度、同平章事。

为左右所间,会再出师河朔,彦卿不预,易其行伍,配以羸师数千,戍荆州口。及杜重威以大军降于滹水,急诏彦卿与高行周领禁兵屯澶渊。会彦泽引辽兵入汴,彦卿与行周遂归辽。辽主以阳城之败诘彦卿,彦卿对曰:"臣事晋王,不敢爱死,今日之事,死生唯命。"辽主笑而释之。

会徐、宋寇盗蜂起,辽主即遣彦卿归镇。行次甬桥,贼魁李仁恕拥众数万攻徐州。彦卿领数十骑遽至城下,仁恕遣其徒执彦卿马,请随入城。俄顷,彦卿子昭序自城中遣军校陈守习缒而出,大呼贼中曰:"相公当为国讨贼,何故自入虎口,乃助贼攻城?我虽父子,今为仇敌,当死战,城不可入。"贼惶愧罗拜彦卿前,乞免罪,彦卿为设誓,乃解去。

汉祖入汴,彦卿自徐州来朝,改镇兖州,加兼侍中。乾祐中,加兼中书令,封魏国公,拜守太保,移镇青州。及杀杨邠辈,召促赴阙下。

周祖即位,封淮阳王。刘铢诛,以其京城第宅赐彦卿。及征兖州,彦卿朝行在,献马及锦彩、军粮万石,连被赐赉。俄移镇郓州。会召魏府王殷,欲以彦卿代镇。俄辽人起兵,留殷控扼,故彦卿不入朝。殷得罪,即以彦卿为大名尹、天雄军节度,进封卫王。

世宗初,并人扰潞州,潞兵败,命彦卿领兵从磁州固镇路压其背。及帝亲征,命为行营一行都部署兼知太原行府事,领步骑二万进讨。

初,彦卿之行也,世宗以并人虽败,朝廷馈运不继,未议攻击,且令观兵城下,徐图进取。及周师入境,汾、晋吏民望风款接,皆以久罹虐政,愿输军须以资兵力,世宗从之。而连下数州，彦卿等皆以刍粮未备，欲旋军。世宗不之省，乃调山东近郡辇军食济之。及世宗至城下，命与郭从义、向训、白重赞、史彦超率万骑屯忻口，以拒北援，又下孟县。

辽人驻忻北，游骑及近郊，史彦超以二千骑当其锋，左右驰击，彦超死之；败辽众二千余，辽骑遁走。先锋为辽人所掩，重伤数百人，诸将论议矛盾，师故不振。世宗乃班师，数赐彦卿缯彩、鞍勒马，遣归本镇。还京，拜彦卿太傅，改封魏王。恭帝即位，加守太尉。

太祖即位，加守太师。建隆四年春，来朝，赐袭衣、玉带。宴射于金凤园，太祖七发皆中的，彦卿贡名马称贺。

开宝二年六月，移凤翔节度，被病肩舆赴镇，至西京，上言疾亟，请就医洛阳，从之。假满百日，犹请其奉，为御史所劾，下留司御史台。太祖以姻旧特免推鞫，止罢其节制。八年六月，卒，年七十八。丧事官给。

彦卿将家子，勇略有谋，善用兵。存审之第四子，军中谓之"符第四"。前后赏赐钜万，悉分给帐下，故士卒乐为效死。辽人自阳城之败，尤畏彦卿，或马病不饮龁，必唾而呢曰："此中岂有符王邪？"晋少主既陷契丹，德光之母问左右曰："彦卿安在？"或对曰："闻其已遣归徐州矣。"德光母曰："留此人中原，何失策之甚！"其威名如此。

镇大名余十年，政委牙校刘思遇。思遇贪黠，怙势敛货财，公府之利多入其家，彦卿不之觉。时藩镇率遣亲吏受民租，概量增溢，公取其余羡，而魏郡尤甚。太祖闻之，遣常参官主其事，由是斛量始平。诏以羡余粟赐彦卿，以愧其心。

彦卿酷好鹰犬，吏卒有过，求名鹰犬以献，虽盛怒必贳之。性不饮酒，颇谦恭下士，对宾客终日谈笑，不及世务，不伐战功。居洛阳七八年，每春月，乘小驷从家僮一二游僧寺名园，优游自适。

周世宗宣懿皇后、太宗懿德皇后，皆彦卿女也。自恭帝及太祖两朝，赐诏书不名。子昭信、昭愿、昭寿。昭信，天雄军衙内都指挥使、领贺州刺史。周显德初，卒，赠检校太保、阆州防御使。

昭愿字致恭，谨厚谦约，颇读书好事。周广顺中，以荫补天雄军牙职，俄领兴州刺史。

开宝中，改领恩州。彦卿养疾居洛，入补供奉官。四年，改领罗州刺史。七年，迁西京作坊副使。俄授尚食使，出护陈、许、蔡、颍等州巡兵。从征太原，为御营四面巡检使。及攻幽州，命与定国军节度宋偓率兵万余，置砦城南。师还，真拜蔡州刺史，知并、澶二州。不逾月，复移并门兼副部署。丁内艰，起复，为本州团练使，连知永兴军、梓滑二州。

咸平初，又为天雄军、邢州二钤辖。三年，以疾求归京师，诏遣中使、尚医驰传诊视。既还，帝issue以名方御药，拜本州防御使。四年，卒，年五十七。车驾临哭，赠镇东军节度。子承煦，为左千牛卫将军。

昭寿，初补供奉官。开宝七年，改西京作坊副使。历迁六宅副使、领兰州刺史。雍熙二年冬，命与刘知信护镇

州屯兵。会遣将北征，又与知信为押队都监，转尚食使，真拜光州刺史。端拱二年，知洪州。淳化四年，改定州。咸平初，迁凤州团练使、益州钤辖。

昭寿以贵家子日事游宴，简倨自恣，常纱帽素氅衣，偃息后圃，不理戎务，有所裁决，即令家人传道。多集锦工就廨舍织纤丽绮帛，每有所须，取给于市，余半岁方给其直，又令部曲私邀取之。广莳秫稻，未及成熟者亦取之，悉贮寺观中，久之损败，即勒道释价之。纵其下凌忽军校。

剑南自李顺平后，人心汹汹，知州牛冕缓弛无政，昭寿又不能御军，人皆怨愤。神卫卒赵延顺等八人谋欲害昭寿，未敢发。三年正旦，中使自峨眉山还京，昭寿戒驭吏具鞍马将送之，延顺等悉解羁中马靶，奔逸庭下，阳逐喧呼，登厅执昭寿杀之，并杀二仆，据甲仗库，取兵器。都监王泽闻之，急召本军及虞候王均率兵擒捕。延顺左执昭寿首，右操剑，彷徨无所适，卒见均至，即与众推均为帅，合骁猛、威武兵为乱。牛冕泪转运使张适奔汉州。是秋，官兵讨平之。见《雷有终传》。

昭寿子承谅，娶齐王女嘉兴县主，至内殿承制。

论曰：五季之乱，内则权臣擅命，外则藩镇握兵。宋兴，内外廓清，若天去其疾，或纳节以备宿卫，或请老以奉朝请。虽太祖善御，诸臣知机，要亦否极而泰之象也。彦卿一门二后，累朝袭宠，有谋善战，声振殊俗，与时进退，其名将之贤者欤？令坤、延钊素与太祖亲善，平荆、湘则南服厎定，镇常山则北边载宁，未尝恃旧与功以启嫌隙。创业君臣有过人者，类如是夫。

卷二百五十二　　列传第十一

王景 子廷义　**王晏**　**郭从义** 曾孙承祐
李洪信 弟洪义　**武行德**　**杨承信**　**侯章**

王景，莱州掖人，家世力田。景少倜傥，善骑射，不事生业，结里中恶少为群盗。梁大将王檀镇滑台，以景隶麾下，与后唐庄宗战河上，檀有功，景尝左右之。庄宗入汴，景来降，累迁奉圣都虞候。清泰末，从张敬达围晋阳，会契丹来援，景以所部归晋祖。

天福初，授相州刺史。范延光据邺叛，属郡多为所胁从，景独分兵拒守，晋祖嘉之，迁耀州团练使。及代，会晋祖幸邺，留为京城巡检使，改洺州团练使。开运初，授侍卫马军左厢都校。二年，契丹南侵，少帝幸澶渊，景与高行周等大破契丹众于戚城，迁侍卫马军都指挥使、领郑州防御使，出为晋州巡检使、知州事，拜横海军节度。契丹至汴，以其党代景。景归次常山，闻契丹主殂栾城，即间道归镇，斩关而入，契丹遁去。

汉乾祐初，加同平章事。会契丹饥，幽州民多度关求食，至沧州境者五千余人，景善怀抚，诏给田处之。

周祖微时与景善，及即位，加兼侍中。景起身行伍，

素无智略，然临政不尚刻削，民有讼必面诘之，不至大过即谕而释去，不为胥吏所摇，由是部民便之。广顺初入朝，民周环等数百人遮道留之不获，有截景马镫者，俄以景为护国军节度，岁余，迁镇凤翔。显德初，封褒国公，加开府阶。世宗即位，加兼中书令。先是，秦、凤陷蜀，州旁蕃汉户诣阙请收复，世宗命景与向拱率兵出大散关进讨，连陷砦栅，遂命景为西面行营都部署，大破蜀军于上邽，斩首数万级。是秋，秦州降。逾年，徙景镇秦州兼西面缘边都部署。恭帝即位，进封凉国公。

宋初，加守太保，封太原郡王。建隆二年春来朝，太祖宴赐加等，复以为凤翔节度、西面缘边都部署。四年，卒，年七十五。赠太傅，追封岐王，谥元靖。

初，景之奔晋也，妻坐戮，二子逃获免。晋祖待之厚，赏赐万计，尝问景所欲，对曰："臣自归国，受恩隆厚，诚无所欲。"固问之，景稽颡再拜曰："臣昔为卒，尝负胡床从队长出入，屡过官妓侯小师家，意甚慕之。今妻被诛，诚得小师为妻足矣。"晋祖大笑，即以小师赐景。景甚宠嬖之，后累封楚国夫人。侯氏尝盗景金数百两，私遗旧人，景知而不责。

性谦退，折节下士，每朝廷使至，虽卑位必降阶送迎，周旋尽礼。左右或曰："王位尊崇，无自谦抑。"景曰："人臣重君命，固当如是，我惟恐不谨耳。"初封郡王，朝廷以吏部尚书张昭将命，景尤加礼重，以万余缗遗昭。左右或言其过厚，景曰："我在行伍间，即闻张尚书名，今使于我，是朝廷厚我也，岂可以往例为限耶？"

景子廷义、廷睿、廷训。廷训至骁卫大将军致仕。

廷义起家供奉官，改如京副使，以善骑射，周世宗擢为虎捷都虞候，迁龙捷右第二军都校、领珍州刺史。宋初，改内外马步军副都军头。乾德四年，与韩重赟率师护治滑州灵河新堤。六年，增治京城，又命廷义董其役。开宝二年，加领横州团练使，从征太原。廷义性勇敢，亲鼓士乘城，独免胄，矢中其脑而颠，经宿卒，年四十七。太祖甚惜之，优诏赠建雄军节度。廷义性骄傲，好夸诞，每言："我当代王景之子。"闻者感笑之，因目为"王当代"。

王晏，徐州滕人，家世力田。晏少壮勇无赖，尝率群寇行攻劫。梁末，徐方大乱，属邑皆为他盗所剽，惟晏乡里恃晏获全。

后唐同光中，应募隶禁军，累迁奉国小校。

晋开运末，与本军都校赵晖、忠卫都校侯章等戍陕州。会契丹至汴，遣其将刘愿据陕，恣行暴虐，晏与晖等谋曰："今契丹南侵，天下汹汹，英雄豪杰固当乘时自奋。且闻太原刘公威德远被，人心归服，若杀愿送款河东，为天下唱首，则取富贵如反掌耳。"晖等然之。晏乃率敢死士数人夜逾城，入府署，劫库兵给其徒，迟明，斩愿首县府门外。众请晖为帅，章为本城副指挥使、内外巡检使兼都虞候，遣其子汉伦奉表晋阳。时汉祖虽建号，威声未振，得晏等来归，甚喜，即日以晖为保平军节度，章为镇国军节度，晏为绛州防御使，仍领旧职。既而晖等表晏始谋功为第一，迁建雄军节度。汉祖入汴，加同平章事。

周祖即位，加兼侍中。广顺元年，刘崇侵晋州，晏闭关不出，设伏城上。并人以为怯，竞攀堞而登，晏麾伏兵击之，颠死者甚众，遂焚桥遁。遣汉伦追北数十里，斩首百余级，擢汉伦滨州刺史。八月来朝，周祖以晏家彭城，授武宁军节度，俾荣其乡里。三年，周祖征兖州，次张康镇，晏来朝，献马七匹，赐袭衣、金带。亲郊毕，封滕国公，加开府阶。世宗即位，加兼中书令。

初，晏至镇，悉召故时同为盗者遗以金帛，从容置酒语之曰："吾乡素多盗，我与诸君昔尝为之。后来者固当出诸君之下，为我告谕，令不复为，若不能改，吾必尽灭其族。"由是境内安静，吏民诣阙举留，请为晏立衣锦碑。世宗初，复请立德政碑。世宗命比部郎中、知制诰张正撰文赐之，诏改其乡里为使相乡勋德里，私门立戟。未几，改河南尹、西京留守。显德三年，移凤翔节度。六年，从世宗北征，为益津关一路马军都部署，韩令坤副焉，遂平三关。

太祖即位，进封赵国公。从征李筠，师还，改安远军节度。乾德元年，进封韩国公，上章请老，拜太子太师致仕。每朝会，令缀中书门下班。俄归洛阳别墅。四年冬，卒，年七十七。废朝三日，赠中书令。

初，晏为军校，与平陆人王兴善，其妻亦相为娣姒。晏既贵，乃薄兴，兴不能平。晏妻病，兴语人曰："吾能治之。"晏遽访兴，兴曰："我非能医，但以公在陕时止一妻，今妓妾甚众，得非待糟糠之薄，致夫人怏怏成疾耶？若能斥去女侍，夫人之疾可立愈。"晏以为谤己，乃诬以他事，悉案诛其夫妻。

守西洛日，白重赞镇河阳，时世宗征淮南，重赞虑并人乘间为寇，因葺城垒，且约晏为援。晏意欲兼有三城，即与汉伦同率兵赴之。重赞闻其来，拒不纳，遣人语之曰："公在陕州已立大功，河阳小城不烦枉驾。"惭不能对，遂引兵还。

郭从义，其先沙陀部人。父绍古，事后唐武皇忠谨，特见信任，赐姓李氏。绍古卒，从义才丱角，庄宗畜于宫中，与诸子齿。明宗与绍古同事武皇，情好款狎，即位，以从义补内职，累迁内园使。

晋天福初，始复姓郭氏。坐事出为宿州团练副使。丁内艰北归，遂家太原。汉祖在镇，表为马步军都虞候，屡率师破契丹于代北。及建大号，从义首赞其谋，擢郑州防御使，充东南道行营都虞候，领首striking自太行路渡河。

汉祖入汴，以为河北都巡检使。杜重威据大名叛，以为行营诸军都虞候，重威降，为镇宁军节度。赵思绾之叛，为行营都部署，赐戎装、器仗、金带。师至永兴，围其城，即以从义为永兴军节度。思绾粮尽，城中人相食，从义系书矢上射入城中，说思绾令降，仍表于朝廷，许以华州节制。隐帝从其计，即遣使谕思绾，思绾开门纳款。翌日，从义具军容入城，憩候馆中，思绾入谒，即令武士执之，并其党三百余人悉斩于市，以功加同平章事。周广顺初，加兼侍中，移镇许宁。显德初，亲郊，加检校太师。世宗将征刘崇，从义适来朝，因请扈从，世宗甚悦，改天平军节度，即令从符彦卿破契丹于忻口。师还，以功加兼中书令。四年，从征淮南，移镇徐州。及世宗自迎銮至泗州，见于行在。恭帝即位，加开府阶。

宋初，加守中书令。太祖征扬州，从义迎谒于路，愿扈从，不允。乾德二年，又为河中尹、护国军节度。六年，以疾归京师。开宝二年，改左金吾卫上将军。逾年，上章请老，拜太子太师致仕。四年，卒，年六十三，赠中书令。

从义性重厚，有谋略，多技艺，尤善飞白书。初，思绾之叛也，巡检使乔守温通去，姬妾悉入思绾，思绾败，从义尽取之。守温诣从义求其妾妾，虽不敢拒，而心衔焉，遂发守温逃遁事，坐弃市，人皆冤之。从义善击毬，尝侍太祖于便殿，命击之。从义易衣跨驴，驰骤殿庭，周旋击拂，曲尽其妙。既罢，上赐坐，谓之曰："卿技固精矣，然非将相所为。"从义大惭。

子守忠、守信。守忠至闲厩副使。守信字宝臣，颇知书，与士大夫游，至东上阁门使、知邢州，卒。子世隆为比部员外郎。世隆子昭祐、承祐。昭祐为阁门祗候。

承祐字天锡，娶舒王元偁女，授西头供奉官。仁宗为皇太子，承祐补左清道率府率、春坊左谒者，真宗为玉石小牌二，勒铭以戒饬之。帝即位，迁西染院副使兼阁道通事舍人，勾当翰林司，迁西上阁门副使。坐盗御酒及用尚方金器除名，岳州编管，徙许州别驾。起为率府率，迁西京作坊使、勾当右骐骥院。院之大校试路马者，前鸣鞭拥御盖，承祐代试之，其狂憯如此。进六宅使、象州团练使。承祐性狡狯，缘东宫恩，又凭藉王邸亲，既废复用，乃憯言事，或指切人过失，同列谓之"武谏官"。真授卫州刺史、知相州，入为群牧副使，改潍州团练使，历知曹、郑、澶、郓、贝州。徙澶州兵马总管，役卒有异谋者，廉得不待奏，捕斩之。再知澶州，会中使过，遽延入问管军阙补何人，使者曰："闻朝廷方择才武者。"承祐起挽强自炫，左右皆笑。

入为龙、神卫四厢都指挥使。以父丧，起复真定府、定州等路副都总管。谏官欧阳修、余靖论其非才，改知相州，寻徙大名府副都总管。枢密使杜衍恶承祐骄恣，奏罢军权，为相州观察使、永兴军副都总管，改知邢州，徙河阳兵马总管。衍去位，复进为殿前都虞候、并代州副都总管兼知代州，徙邢州。谏官钱明逸言承祐无廉守，邢民素厌苦之，改相州，徙秦凤路副都总管。累迁建武军节度使、殿前副都指挥使。

寻以宣徽南院使判应天府，府壁垒不完，盗至卒无以御，承祐始城南关，浚沙、滩、盟三河。徙亳州。谏官言承祐在应天府给粮不以次，且擅留粮纲，批宣头，不发戍还兵，越法杖配轻罪，借用翰林器，出入拥旗枪，以禁兵拟周卫，体涉狂憯，无人臣礼。罢宣徽南院使，许州都总管，徙节保静军、知许州。

转运使苏舜元荐承祐有将帅才，政事如龚、黄。帝谓辅臣曰："彼庸人，监司乃龚、黄比之，何所取信哉。"改知郑州，未行，暴疾卒。赠太尉，谥曰密。承祐所至，多兴作为烦扰，百姓苦之。

李洪信，并州晋阳人，汉昭圣太后弟也。后弟六人，洪信居长，少善骑射。后唐明宗在藩时，隶帐下，及即位，爱将朱弘实总领捧圣军，弘实擢洪信为爪牙，渐迁小校。应顺中，潞王举兵，少帝杀弘实而东奔，捧圣军数百骑从行，洪信预焉。及次卫州，少帝与晋高祖遇，因有疑贰，谋害晋祖，其从兵皆乱。时汉祖方护晋祖，洪信以兵应之，获免。清泰中，又为雍王重美牙校。

晋初，为兴顺左厢都指挥使。汉祖统禁军，迁镇太原，奏隶麾下。汉祖领陈州刺史、左护圣左厢指挥使，俄加岳州防御使。从汉祖降邺，以警扈之劳，授侍卫马军都指挥使、领武信军节度。

乾祐中，以群小用事，心怀忧惧，白太后求解军职，出为镇宁军节度。岁余，迁保义军节度。初，杨邠以元从功臣为方镇者不谙政务，令三司择军将分补诸镇都押牙、孔目官，或恃以朝选，藩帅难制。洪信闻内难，即召马步军都校聂召，奉国军校杨德、王建、黄全武、杨进、翟本、右牙都校任温、武德，护圣都校康审澄及判官路涛、掌书记张洞、都押牙杨昭勋、孔目官魏守恭，悉杀之，诬奏谋逆。

周广顺初，加同平章事。洪信常以此妄杀自歉，及革命，内不自安。周祖犹以汉太后之故，移镇京兆。本城兵不满千，王峻西征至陕州，以援晋州为辞，又取去数百人。及刘崇北通，遣禁兵千余屯京兆，洪信益惧，即请入朝，恳辞藩镇，拜左武卫上将军。世宗即位，迁左骁卫上将军。显德五年，改右龙武军统军，从世宗北征，为合流口部署。

乾德五年，改左骁卫上将军。开宝五年请老，以本官致仕。八年，卒，年七十四。

洪信无他才术，徒以外戚致位将相。敛财累钜万，而吝啬尤甚。时节镇皆广置帐下亲兵，惟洪信最寡少。弟洪义。

洪义本名洪威，避周祖名改焉。汉祖镇太原，补亲校。开国，授护圣右厢都校、领岳州防御使，迁侍卫马军都指挥使、领武信军节度。

少帝即位，改镇宁军节度。会诛杨邠、史弘肇等，时侍卫步军都指挥使王殷屯澶州，即遣供奉官孟业赍密诏令洪义杀之，又令护圣都指挥使郭崇等害周祖于邺。洪义素怯懦，虑殷觉，迁延不敢发，遽引业见殷，殷乃锢业，送密诏于周祖。洎周祖起兵，少帝又诏洪义扼河桥，及周祖兵至，洪义就降。汉室之亡，由洪义也。

广顺初，权知宋州节度，未几，真拜归德军节度，加同平章事，权知许州。岁余，改镇安州。显德初，加检校太师。世宗即位。加兼侍中，未几，徙青州。六年夏，迁京兆尹、永兴军节度。恭帝嗣位，加开府阶。

宋初，加兼中书令，移鄜州。乾德五年，代归。卒年五十九，赠太师。

武行德，并州榆次人，身长九尺余，材貌奇伟，家甚贫，常采樵鬻之自给。晋祖镇并门，暇日，从禽郊外，值行德负薪趋拱于道左，晋祖见其魁岸，又所负薪异常，令力士更举之，俱不能举，颇奇之，因留帐下。

晋天福初，授奉国都头，迁指挥使，改控鹤指挥使、宁国军都虞候。开运中，契丹至汴，行德被获，乃伪请于契丹以自效。契丹信之，方具舟数十艘载铠甲，令行德率将校军卒送归其国。溯汴至河阴，行德谓诸将曰："我辈受国厚恩，而受制于契丹，与其离乡井、投边塞，为异域之鬼，曷若与诸君驱逐凶党，坚守河阳，姑俟契丹兵退，视天命所属归之，建功业，定祸乱，以图富贵可乎？"众素服行德威名，皆曰："所向惟命，不敢爱死。"行德即杀契丹监使，分授器甲，由汜水倍道抵河阳。契丹节度使崔廷勋出兵来拒，行德麾众逆击，自旦及午殊死战，廷勋大败，弃城走。行德遂据河阳，尽以府库分给将士，因推行德知州事。时契丹兵尚充斥，行德厉士卒，缮甲兵，据上游，士气益奋，人望归之。

闻汉祖起太原，即自称河阳都部署，遣其弟行友间道奉表劝进，汉祖览奏喜甚，即授行德河阳三城节度。汉祖由晋、绛至洛，行德迎候境上，以所部兵翼至京师，还河阳。

乾祐中，加同平章事，移真定尹、成德军节度。广顺初，加兼侍中，俄改忠武军节度，迁河南尹、西京留守。时禁盐入城，犯者法至死，告者给厚赏。洛阳民家妪将入城鬻蔬，俄有僧从妪买蔬，就筥翻视，密置盐筥中，少答其直，不买而去。妪持入城，抱关者搜得盐，擒以诣府。行德见盛盐襆非村妪所有，疑而诘之，妪言："适有僧自城外买蔬，取视久之而去。"即捕僧讯治之，具伏与关吏同诬妪以希赏。行德释妪，斩僧及抱关吏数辈。人畏之若神明，部下凛然。三年，丁外艰，起复。

显德初，加开府阶，进封谯国公。世宗即位，兼中书令。初，世宗自河东还，次河阳，以洛阳城头缺，令茸之。行德率部民万余完其城，封邢国公。是秋，代王晏为武宁军节度，与晏两换其任。先是，唐末杨氏据淮甸，自甬桥东南决汴，汇为污泽。二年，将议南征，遣行德率所部丁壮于古堤疏导之，东达于泗上。及亲征，以行德为濠州行营都部署，破淮军二千余人于郡境。俄遣率师屯定远以逼其城，为吴人所败，死者数百人，行德以身免，左授右卫上将军。五年，下淮南，复授行德保大军节度兼中书令。恭帝嗣位，进封宋国公。

宋初，加中书令，进封韩国公，再授忠武军节度，改封魏国公。乾德二年冬，移镇安州，加开府仪同三司。开宝二年，入为太子太傅。太平兴国三年，以本官致仕。四年，卒，年七十二，赠太师。

杨承信，字守真，其先沙陀部人。父光远，仕晋至太师、寿王。承信，光远第二子，幼以父任，自义武军节院使领兰州刺史，历宣武、平卢二军牙校。

开运初，光远以青州叛，少帝遣李守贞等讨之，食尽势穷，承信兄承勋劫其父以降，青州平，光远死。承信与弟承祚诣阙请死，诏释之，以承信为右羽林将军，承祚为右骁卫将军，放归，服丧私第，寻安置郑州。初，光远送款契丹求援，兵未至而光远降。及契丹来寇，承勋时为郑州防御使，召数其罪杀之。以承信为平户军节度，继父职。仕汉历安、郾二州节度，累加检校太师。

周广顺初，加同平章事。诸将西讨刘崇，承信表求预行。以郊祀恩加开府阶，封杞国公。世宗即位，进韩国公。显德初，征淮南，为濠州攻城副都部署，改寿州北砦都部署兼知行府事。寿州平，累战功，擢忠正军节度、同平章事。时徙州治下蔡，承信既增广其城，又遣监军薛友柔败淮人六百余于庐州北。恭帝即位，进封鲁国公。

宋初，加兼侍中，来朝，会征李筠，命为泽州西面都部署，筠平，移镇河中。乾德元年，进封赵国公。二年，卒，年四十四，赠中书令。

承信身长八尺，美仪表，善持论，且多艺能，虽叛臣之子，然累历藩镇，刻励为政而不苛，故能始终富贵。其卒也，蒲民表乞祠之，则其遗爱之在人者可知矣。景德四年，录其孙松为奉职。

侯章，并州榆次人。初在并门事后唐庄宗为队长，明宗朝迁小校。晋开运末，为忠卫指挥使，屯兵陕州，为内外马步军都指挥使兼三城巡检使。

会契丹入中原，与赵晖、王晏谋斩契丹将刘愿，送款于汉祖。汉祖入汴，擢为镇国军节度。乾祐初，加同平章事，寻移镇邠州。章居镇无善政，傲上剥下，以贪狠闻，用见户为逃，擅科租赋，乃矫奏贫民数千户负税租，久禁系不能输，愿以已奉代。时方姑息，诏褒之。副使赵彦铎有良马，章欲之不与，诬彦铎谋逆，杀之，亦置而不问。俄加检校太师。

周初，加兼侍中。广顺二年入朝，献银帛，请开宴，周祖谓左右曰："诸侯来朝，天子自当锡宴，以申恺乐，岂俟其贡奉为之耶？"命复赐之。仍令有司自今藩镇有进奉者勿受。俄赐宴广政殿，章又献银千两、马七匹上寿，复不纳。三年，授邓州节度。周祖亲郊，加开府阶，封申国公。世宗即位，加兼中书令。世宗亲征寿阳，命章为攻城水砦都部署，右卫大将军王璨副之。俄徙西北水砦都部署，再为武胜军节度。

建隆元年八月，授太子太师，封楚国公。既罢节镇，居常怏怏。一日于朝堂与故旧言晋、汉间事，时有轻忽章者，章厉声曰："当辽主疾作谋归，有上书请避暑嵩山者，我粗人，以战斗取富贵，若此谀佞，未尝为之。"坐中有惭者。乾德五年卒。

论曰：王景辈微时，或至为盗、负薪，遭五代之乱，奋身戎功，重据边要。宋兴，稽颡北向，太祖待以诚信，宜无不自安者。景趋利改图，乃至灭族。王晏、郭从义迁怒肆忿，诬人以死。侯章在藩邸有剥下之名，李洪义狃于肺腑之戚，而无外禀之志，咎孰甚焉。斯皆乱世之习，有不能尽去之者。武行德守洛邑，辩究欺罔，民用畏服，顾不优于诸人耶？

卷二百五十三　　　传第十二

折德扆 子御勋　御卿　曾孙克行　**冯继业**
王承美　李继周　孙行友 子全照

　　折德扆，世居云中，为大族。父从阮，自晋、汉以来，独据府州，控扼西北，中国赖之。仕周至静难军节度使。其镇府州时，署德扆为马步军都校。广顺间，周世宗建府州为永安军，以德扆为节度使，时从阮镇邠宁，父子俱领节镇，时人荣之。

　　显德中，德扆率师攻下河市镇，斩并军五百余级。入朝，以其弟德愿权总州事。时世宗南征，还次通许桥，德扆迎谒，且请迁内地；世宗以其素得蕃情，不许，厚加赐赉而遣之。德扆未至，德愿又破并军五百余于沙谷砦，斩其将郝章、张钊。

　　宋初，德扆又破河东沙谷砦，斩首五百级。建隆二年来朝，待遇有加，遣归镇。乾德元年，败太原军于城下，擒其将杨璘。二年，卒，年四十八，赠侍中。子御勋、御卿。

　　御勋字世隆，德扆镇府州日，表为右职。德扆卒，以御勋领汾州团练使、权知府州事。开宝二年，太祖征太原，御勋诣行在谒见，以为永安军留后。四年，以郊祀来朝，礼毕归镇。九年，郊祀西洛，复来朝，道病后期，改泰宁军节度使，留京师。太平兴国二年，卒，年四十，赠侍中。

　　御卿，幼补北院使，御勋知州事，署为兵马都校。御勋徙镇，召为闲厩副使、知府州。太宗征河东，命御卿与尹宪领屯兵同攻岚州，又破岢岚军，擒其军使折令图以献，遂下岚州，又杀其宪州刺史霍翊，又擒其将马延忠等七人。迁崇仪使。

　　淳化三年，凡四迁而为府州观察使。五年，拜永安军节度使。既而契丹众万余入寇，御卿大败之于子河汊，斩首五千级，获马千匹，契丹将号突厥太尉、司徒、舍利死者二十余人，擒其吐浑一人，自是契丹知所畏。太宗因遣使问御卿曰："西北要害皆屯劲兵，戎人何自而至？"御卿对曰："敌缘山峡小径入，谋剽略。臣谍知之，遣人邀其归路，因纵兵大击，败走之，人马坠厓谷死者相枕，其大将韩德威仅以身免。皆圣灵所及，非臣之功也。"上嘉之。

　　岁余，御卿被病，德威谍知之，且为李继迁所诱，率众来侵，以报子河汊之役。御卿力疾出战，德威闻其至，不敢进。会疾甚，其母密遣人召归，御卿曰："世受国恩，边寇未灭，御卿罪也。今临敌弃士卒自便，不可，死于军中乃其分也。为白太夫人，无念我，忠孝岂两全！"言讫泣下。翌日卒，年三十八。上闻悼惜久之，赠侍中，以其子惟正为洛苑使、知州事。惟正归朝，以其弟惟昌继之。

　　咸平二年，河西黄女族长蒙异保及惟昌所部啜讹引赵保吉之众入寇麟州万户谷，进至松花砦，惟昌与从叔同巡检使海超、弟供奉官惟信率兵赴战。会保吉兵众，官军不敌，惟昌臂中流矢坠马，摄弓起，得裨将马突围出，海超、惟信没焉。九月，保吉党万私保埋复来寇，惟昌与宋思恭、刘文质合战于埋井峰，败走之。又破言泥族拔黄砦，焚其器甲、车帐，俘斩甚众。以功领富州刺史，改文思使。景德元年，与王万海等破贼砦，护刍粮抵麟州。秋，入朔州界，破狼水砦，时契丹方围岢岚军，闻败遁去。明年，拜兴州刺史。

　　大中祥符二年，表求赴阙。真宗命近臣与射于苑中，宴赐甚厚。上言："先臣御卿蒙赐旗三十竿以壮军容，请别给赐。"许之。七年，命河东民运粮赴麟州，当出兵为援，惟昌力疾领步骑屯宁远砦，冒风沙而行。时疾已亟，犹与宾佐宴饮，谈笑自若焉。明日卒，年三十七。以其弟惟忠继之。

　　惟忠字荩臣，初以兄惟信战没，补西头供奉官，擢阁门祗候。及惟昌卒，以惟忠为六宅使、知府州兼麟府路都巡检使，领普州刺史；再迁左藏库使，真拜嘉州刺史，改资州，进简州团练使。丧母，起复云麾将军卒。

　　惟忠知兵事。天圣中，契丹与夏国会兵境上，声言嫁娶，惟忠觇得其实，率麾下往备之，戒士卒母轻动。一夕风霾，有骑走营中，以为寇至，惟忠坚卧不动，徐命擒之，得数诞马，盖虏所纵也。既卒，录其弟侄子孙七人，以其子继宣嗣州事。久之，特赠惟忠耀州观察使。

　　宝元中，继宣坐苛虐掊刻，种落嗟怨，绌为左监门卫将军、楚州都监，擢其弟右侍禁继闵为西京作坊使，嗣州事。

　　继闵字广孝。庆历中，元昊兵攻麟州不克，进围州城。城险且坚，东南有水门，厓壁峭绝，阻河。贼缘厓腹微径鱼贯而前，城中矢石乱下，贼转攻城北，士卒复力战，贼死伤甚众，遂引去，围丰州，丰州遂陷。继闵以城守劳，特迁宫苑使、普州刺史。未几，护送麟州戍卒冬服，贼伏兵邀击之，尽掠所赍，继闵脱身鯈间道归。会赦，止夺宫苑使，从复官，领果州团练使。自元昊反，继闵招辑归业者三千余户。皇祐二年，卒，以其弟继祖嗣州事。

　　继祖字应之，由右侍禁迁西染院使，累转皇城使、成州团练使。临政二十余年。奏乞书籍，仁宗赐以《九经》。韩绛发河东兵城啰兀，继祖为先锋，深入敌帐，降部落户八百。加解州防御使卒。继祖有子当袭州事，请以授兄之子克柔，诏从之，而进其三子官，录二孙为借职。

　　弟继世，少从军，为延州东路巡检。嵬名山之内附，继世先知之，遣其子克勤报种谔，谓用是取绥州。继世以骑步万军于怀宁砦，入晋祠谷，往银川，分名山之众万五千户居于大理河。夏人来攻，再战皆捷。谔抵罪逮系狱，以兵付之而行，遂同名山守绥州，录功领忠州刺史。说韩绛城啰兀以抚横山，因画取河南之策，绛以为然。以左骐骥使、果州团练使卒。诸司使无赙礼，诏以继世蕃官，捍边有绩，特给之。从子克行。

　　克行字遵道，继闵子也。初仕军府，无所知名。夏人寇环庆，种谔拒之，诏河东出师为援，克行请往。谔使以兵三千护道，战于葭芦川，先登，斩级四百，降户千，马畜万计。诸老将矍然曰："真折太尉子也。"擢知府州。

秦兵讨夏国，张世矩将河外军民，克行与俱。廷议谓守臣难自行，诏克行选隶世矩。克行抗章愿率部落先驱，未报，即委管钥而西。大酋咩保吴良以万骑来蹑，克行为后拒，度贼半度隘，纵击大破之，杀咩保吴良。师还自劾，释不问。王中正出塞，克行先拔宥州，每出必胜，夏人畏之，益左厢兵，专以当折氏。

太原孙览议城葭芦，诸将论多不合，召克行问策，即顿兵吐浑河，约勒部伍，为深入穷讨之状，敌疑不敢动。既讫役，又入津庆、龙横川，斩级三千。

诏河东进筑八砦，通道鄜延。延帅遣秦希甫来共议，克行请两路并力，以远者为先，希甫曰："由近及远，法也。"克行曰："不然，事有奇正。今乘士气之锐，所利在速，故先远役，以出其不意，若徐图之，士心且息矣。"希甫持不可，并上二义，卒用克行策。城成，谍言寇至，军中皆戒严，克行止之曰："彼自扰耳。"已而果然。

克行在边三十年，善拊士卒，战功最多，羌人呼为"折家父"。官至秦州观察使，卒，赠武安军节度使。子可大为荣州团练使、知府州。从子可适。

可适未冠有勇，驰射不习而能。鄜延郭逵见之，叹曰："真将种也。"荐试廷中，补殿侍，隶延州。从种谔出塞，遇敌马以少年易之，可适索与斗，斩其首，取马而还，益知名，米脂之役，与夏人战三角岭，得级多，又败之于蒲桃谷东。兵久不得食，千人成聚，籍籍于军门，或欲掩杀以为功，可适曰："此以饥而逃耳，非叛也。"单马出谕之曰："尔辈何至是，不为父母妻子念而甘心为异域鬼耶？"皆回面声喏，流涕谢再生，各遣归。

羌、夏人十万入寇，可适先得其守烽卒姓名，诈为首领行视，呼出尽斩之，烽不传，因卷甲疾趋，大破之于尾丁硙。回次樨杨沟，正午驻营，分骑据西山，曰："彼若蹑吾后，腹背受敌，必败。"果举军来，可适所部才八千，转战至高岭，乃从间道据洪德，设伏邀其归路。敌至，伏发冲之，其国母逾山而遁，焚弃辎重，虽帷账首饰之属亦不返，众相蹈藉，赴厓涧死者如积。论前后功，至皇城使、成州团练使、知岷兰州镇戎军。

渭帅章楶合熙、秦、庆三道兵筑好水川，命总管王文振统之，而可适将军为副。熙州兵千人失道尽死，文振归罪于可适，楶即下之吏，宰相章惇欲按军法，哲宗不许，犹削十三官而罢。楶republic留以责效，乃以权第十二将。

鬼名阿埋、昧勒都逋，皆夏人桀黠用事者，诏可适密图之，会二酋以畜牧为名会境上，可适谍知之，遣兵夜往袭，并俘其族属三千人，遂取天都山。帝为御文德殿受贺，以其地为西安州，迁可适东上阁门使、洺州防御使、泾原钤辖、知州事，真拜和州防御使，进明州观察使，为副都总管。

帅锺传守边，为敌所隔，以轻骑拔之，得归。传议取灵武，环庆亦请出师，命可适将万骑往，即薄灵州川。夏人扶老挟稚，中夜入州城，明日俘获甚夥，而庆兵不至，乃引还。诏使入觐，帝以传策访焉，对曰："得之易，守之难，当先侵弱其地，待吾藩篱既固，然后可图。"帝曰："卿言是也。"进武安军节度观察留后、步军都虞候。

大城萧关，与传议龃龉，会覆师数百于踏口，传劾之，贬郑州观察使。俄知卫州，拜淮康军节度使。转运使请于平夏、通峡、镇戎、西安四砦分筑场圃，置刍粟五百万，可适以费大难之，又欲借车牛以运，及致十万斛于熙河，皆戾其意，乃中以疑谤，召为佑神观使。明年，复以为渭州，命其子彦质直秘阁参军事，数月而卒，年六十一。彦质，绍兴中签书枢密院，别有传。

冯继业字嗣宗，大名人，父晖，朔方节度，封卫王。继业幼敏慧，有度量，以父任补朔方军节院使，随父历邠、孟，及再领朔方，皆补牙职。周广顺初，晖疾，继业图杀其兄继勋。晖卒，遂代其父为朔方军留后。以郊祀恩，加灵州大都督府长史，迁朔方节度、灵环观察、处置、度支、温池榷税等使。

恭帝时，继业既杀兄代父领镇，颇骄恣，时出兵劫略羌夷，羌夷不附，又抚士卒少恩，继业虑其为变，以太祖居镇日尝得给事，乃豫徙其孥阙下。

建隆初，来朝，连以驼马、宝器为献。开宝二年，赐诏奖谕，拜静难军节度使。三年，改镇定国军，吏民立碑颂其遗爱。太平兴国初来朝，封梁国公，留京师。明年，卒，年五十一，赠侍中。

王承美，丰州人，本河西藏才族都首领。其父事契丹，为左千牛卫将军，开宝二年率众来归。承美授丰州牙内指挥使，父卒，改天德军蕃汉都指挥使、知州事，移丰州刺史。遣军校诣阙言，愿诱退浑、突厥内附，上嘉其意。

太平兴国七年，与契丹战，斩获以计，禽其天德军节度使韦太以献。明年，契丹来寇，又击败其众万余，追北至青冢百余里，斩获益众。以功授本州团练使。以乞党族次首领弗香克浪买为归德郎将，没细大首领越移为怀化大将军，瓦窑为归德大将军。淳化二年冬来朝，令归所部，控于河汶。自是诸蕃岁修贡礼，颇效忠顺。

景德初来朝，以其守边岁久，迁本州防御使以还。自承美内属，给奉同蕃官例，至是，特诏月增五万。寻请于州城置孔子庙，诏可之。未几被疾，遣中使挟医视之。大中祥符五年，卒，赠恩州观察使。六年，录其子文宝、孙怀筠以官。

初，承美养其长孙文玉为子，奏署殿直，及卒，其本族首领上言文玉晓达军政，请令袭承美任。下蕃汉议，议同，以为侍禁、知州事。文玉父文恭时为侍禁，在沂州，表诉其事，诏改文恭为供奉官。九年，承美葬，诏以缯帛、米曲、羊酒赐其家。

李继周，延州金明人。祖计都，父孝顺，皆为金明镇使，继周嗣掌本族。

太平兴国三年，东山蕃落集众寇清化砦，继周率众败之，杀三千余人，补殿前承旨。雍熙中，又与侯延广败末藏、末腋等族于浑州西山。淳化四年，迁殿直，赐介胄、戎器、茶彩。明年，讨李继迁，命开治塞门、鸦儿两路，又招降族帐首领二十余人，率所部入夏州，败蕃兵数千于石堡砦。以功转供奉官，复加恩赏，仍赐官第。

继周以阿都关、塞门、卢关等砦最居边要，遂规修筑砦城。有磨卢家、媚咩、拽藏等族居近卢关，未尝内顺。继周夜率所部往袭，焚之，斩首俘获甚众。至道二年，授西京作坊副使，赐袍带、银彩、雕戈以宠之。大军讨西夏，命为延州路踏白先锋。会继迁邀战于路，继周战却之。咸平初，改西京左藏库副使。三年，复为先锋，入贼境，焚积聚，杀人畜，获器甲凡六十余万。授供备库使，领金明县兵马都监、新砦解家河卢关路都巡检。五年，授西京作坊使。蕃骑入钞，继周逐之出境。景德元年，夏人围麟州，继周受诏率兵会李继福掩击之。加领诚州刺史。

大中祥符二年，卒，年六十七，诏边臣择其子可袭职者以名闻，边臣言其子殿直士彬逊懦，从子士用朴忠练边事，且为部落所伏。乃诏士彬管勾部族事，士用为巡检都监以左右之。

士彬后至供备库副使、金明县都监、新砦解家河卢关路巡检。康定元年，元昊反，攻保安军，而潜兵袭金明，士彬父子俱被禽。士彬兄士绍至内殿崇班，士用至供奉官、阁门祗候。

李继福者，亦与继周同时归顺，授永平砦芨村军主，以战功历归德将军，领顺州刺史，至内殿崇班、新归明诸族都巡检。

孙行友，莫州清苑人，世业农。初，定州西二百里有狼山者，当易州中路，旧有城堡，边人赖之以避寇。山中兰若有尼，姓孙氏，名深意，有术惑众。行友兄方谏名之为姑师，事之甚谨。及尼坐亡，行友盗神其事，因以其术然香灯，聚民渐众。自晋少帝与契丹绝好，边州困于转输，遭民往往依方谏，推以为帅。方谏惧主帅捕逐，乃表归朝，因署为东北面招收指挥使，且赐院额曰"胜福"。每契丹军来，必率其徒袭击之，铠仗、畜产所得渐多，人益依以避难焉。易、定帅闻于朝，因以方谏为边界游奕使，行友副之。自是捍御侵轶，多所杀获。乘胜入祁沟关、平庸城，破飞狐砦，契丹颇畏之，边民千余家赖以无患。然亦阴持两端，以图自固。

已而晋师失律，蓟人导契丹陷中原，方谏之密搆也。契丹授方谏定州节度，行友易州刺史。寻以蕃将耶律忠代方谏于云州，方谏不受命，归保狼山。契丹北归，焚劫中山，方谏自狼山率众复保定州，归命于汉，授行友易州刺史，行义泰州刺史。弟兄掎角以居，寇每入，诸军镇闭垒坐视，一无所得。

行友尝遣都校王友遇巡警行石河，与契丹遇，杀百余骑，又尝获其刺史蔡福顺、清苑令王琏。乾祐中，契丹复犯塞，行友御之，俘系数百人。周太祖北征，行友道献俘馘人马以求见，且请自效，乃厚加赐予，留之军门。及周祖受命，行友屡上言侦得契丹离合，愿得劲兵三千乘间平定幽州，乃移方谏镇华州，以行友为定州留后。显德初，正授节钺。世宗自河东还，加检校太傅。六年，世宗北征，行友攻下契丹之易州，擒其刺史李在钦以献。

宋初，加同平章事。狼山佛舍妖妄愈甚，众趋之不可

禁，行友不自安，累表乞解官归山，诏不允。建隆二年，乃徙其帑廪，召集丁壮，缮治兵甲，欲据狼山以自固。兵马都监药继能密表其事，太祖遣阁门副使武怀节驰骑会镇、赵之兵。称巡边直入其城，行友不之觉。既而出诏示之，令举族赴关，行友苍黄听命。既至，命侍御史李维岳就第鞫之，得实，下诏切责，削夺从前官爵。勒归私第。仍戮其部下数人，遣使驰诣狼山，辇其尼师之尸焚之。行友弟易州刺史方进、兄子保塞军使全晖皆诣阙待罪，诏释之。

四年秋，诏免行友禁锢。未几，以郊祀恩，起为右龙武军将军。乾德二年，迁右监门卫大将军，又改左龙武军大将军。太平兴国六年，卒，年八十，赠左卫上将军。方进至德州刺史。子全照。

全照字继明，以荫补殿直，雍熙中授京南巡检，俄隶幽州部署曹彬麾下，迁供奉官、阁门祗候，历静戎、威虏二军监军。从田重进击贼有功，就加西京作坊使，兼知威虏军，连为广韶、鄜延二路都巡检使。淳化五年，率兵与李继隆克绥州，因与张崇贵等同守之。俄护屯兵于夏州，兼和州事。召还，为登莱路都巡检使，迁左藏库使、延州监军兼阿都关卢关路都巡检事。

咸平初，入掌军头引见司。二年，加如京使，为泾原路钤辖兼安抚都监，是冬徙并、汾等州巡检使。三年，改知顺安军，代还，复为环庆路钤辖，与李继和规度灵州道路。四年，加西上阁门使，复为环庆路钤辖。五年，将城绥州，以慕兴为绥州路部署，全照为钤辖。既又虑全照素刚执，与兴不协，乃以曹璨代之。既调兵夫二万余，全照言其非便，乃罢。又尝命度地河北，全照言沿河高阜可分置城堡屯戍者，宁边军南、武强县侧凡二处，上重于兴役，止命营安平南，徙置祁州。俄知天雄军府。六年夏，上裁定防秋御戎之要，命为宁边军部署，领兵八千扼要害之路。以全照好陵人，取其尝所保荐者王德钧、裴自荣共事焉。

景德元年，上幸澶渊，命为驾前西面邢洺路马步军钤辖兼天雄军驻泊，兼管勾东南贝、冀等州钤辖。全照言："若敌骑南逼魏城，但得骑兵千何，必能设奇取胜。"上赏其忠果，乃传诏都部署周莹，若全照欲击贼，即分兵给之。既而边骑果逼府城，全照拒退之，真宗遣使劳慰。时契丹请和，朝廷遣曹利用就其行帐议事，全照疑非诚恳，劝判府王钦若留不遣，故德清军不能守，吏民多为贼所害。及契丹出境，北面将帅还师并府城，全照令以次双行入门，魏能不从其约，率车马竖入，全照坐城楼引弓射之。钦若入朝就命，全照知军府事，以城守劳，加检校工部尚书，增食邑三百户。徙镇州。召还，进东上阁门使，领英州刺史。

全照形短精悍，知兵，以严毅整众，然性刚使气，专任刑罚。中书初进拟严州刺史，上曰："全照深刻，常虑人以严察议己，今授此州，似涉讥消。"乃改焉。三年，为邠宁环庆都部署。赵德明纳款，朝议减西鄜戍兵，令屯近地，全照以边防不可无备，未即奉诏。上曰："全照是好勇多言者，德明使已至阙，复何虑焉。"因徙全照知永兴

军府，仍拜四方馆使。西师移屯者至府，命全照兼驻泊铃辖。全照许州有别墅，求典是州，可之。大中祥符中，迁引进使。逾岁表求归朝，命掌阁门、客省、四方馆事。四年，车驾西幸，留为新城都巡检。未几卒，年六十。

论曰：五代之季，边圉之不靖也久矣。太祖之兴，虽不勤远略，而向之陆梁跋扈而不可制者，莫不竭忠效节，虽奔走僵仆而不避，岂人心之有异哉？良由威德之并用，控御之有道也。折氏据有府谷，与李彝兴之居夏州初无以异。太祖嘉其向化，许以世袭，虽不无世卿之嫌，自从阮而下，继生名将，世笃忠贞，足为西北之捍，可谓无负于宋者矣。承美、继周，分苴种落，亦能世其职者也。继业虽出贼叛之族，而有循良之风。方谏、行友介辽、晋间，持两端以取将相，终以首鼠获咎，其诸异端之害欤。全照职亲禁卫，素称严果，而昧於弭兵之利，君子所不予也。

卷二百五十四　　列传第十三

侯益子仁矩　仁宝　孙延广　**张从恩**　**扈彦珂**
薛怀让　**赵赞**　**李继勋**　**药元福**　**赵晁**子延溥

侯益，汾州平遥人。祖父以农为业。唐光化中，李克用据太原，益以拳勇隶麾下。从庄宗攻大名，先登，擒军校，擢为马前直副兵马使。征刘守光，先登，迁军使。破洺州，为机石伤足，庄宗亲以药傅其疮。及愈，改护卫指挥使。梁小将李立、李建以骁勇闻，军中惮之。会庄宗与梁人战河上，益挺身出斗，擒其二将，迁马前直指挥使。庄宗入汴，为本直副都校。从明宗讨赵在礼于邺。会诸军推戴明宗，益脱身归洛，庄宗抚其背出涕。

明宗立，益面缚请罪，明宗曰："尔尽忠节，又何罪也。"改本直左厢都校。天成初，朱守殷据夷门叛，益率所部斩关先入。转左右马前从马直都校、领濮州刺史。王都据定州叛，益从王晏球攻讨。会契丹来援，益逆击之，破其众唐河北，克其城，授宁州刺史。入为羽林军五十指挥都校、领费州刺史。

时夏帅李仁福卒，子彝超擅命自立，以邀节钺，命益帅师讨之。明宗不豫，遽追还。

应顺初，潞王举兵凤翔，以益为西面行营都虞侯。益知军情必变，称疾不奉诏，执政怒，出为商州刺史。蜀军寇金州，益率镇兵袭击，大破之。诏赐袭衣、名马，加西面行营都巡检使。

晋初，召为奉国都校、领光州防御使。范延光反大名，张从宾据河阳为声援。晋祖召益谓曰："宗社危若缀旒，卿能为朕死耶？"益曰："愿假锐卒五千人，破贼必矣。"以益为西面行营副都部署，率禁兵数千人，次虎牢。从宾军万余人，夹汜水而阵。益亲鼓，士乘之，大败其众，击杀殆尽，汜水为之不流，从宾乘马入水溺死。筑京观，刻石纪功。晋祖大喜，拜河阳三城节度，充邺都行营虞候。会延光以城降，移镇潞州。

天福四年，晋祖追念虎牢之功，迁武宁军节度、同平章事，遣中使谓益曰："朕思卿前年七月九日大立战功，故复以此月此日徙卿镇彭门，领相印。"仍赐门戟，改乡里为将相乡勋贤里。九月，徐州大火，益出金、粟振之。

明年，徙镇秦州，充西面都部署。阶州义军校王君怀苦其刺史暴虐，率众数千投蜀，请为先锋下秦、成诸州。益闻之惧，请援于朝；又潜遗书于蜀将，以达诚意。少帝闻之，疑为边患，议徙于内地。会蒲帅安审琦移镇许下，以益为河中尹、护国军节度。

契丹入汴，益率僚属归京师，诣契丹主，自陈不预北伐之谋。契丹授以凤翔节度。

汉祖即位，加兼侍中。益自以尝受契丹命，闻汉兵入洛，忧之，浚城隍为备。孟昶遣益所亲掌枢密王处回赍书招益，复遣绵州刺史吴崇恽厚遗之。崇恽本秦州押衙，益故吏也。乃何重建为帅，遣崇恽奉表以阶、秦归蜀，授刺史，故昶遣之。益遂与其子归蜀，昶令重建率川兵数万出大散关以应之。汉祖知其事，遣客省使王景崇率禁军数千，倍道趋岐下，召益入朝。时汉祖已不豫，召至卧内，谓之曰："侯益貌顺朝廷，心怀携贰。尔往至彼，如益来，即置勿问；苟迟疑不决，即以便宜从事。"景崇至京兆，合岐、雍、邠、泾之师以破蜀军。益惧，即谋入朝。

会闻汉祖崩，景崇欲诛益，虑隐帝不知先朝密旨。从事程渥，景崇里人也。益因遣之说景崇曰："君致位通显，亦可少加止足，何必怀祸人之心，为已甚之事乎？况侯君亲戚爪牙甚众，事若妄发，祸亦旋踵至矣。"景崇怒曰："子去，勿为游说，吾将族尔。"益知不用渥言，即率数十骑奔入朝。隐帝遣侍臣问益结连蜀军之由，益对曰："臣欲诱之出关，掩杀之耳。"隐帝笑之。益厚赂史弘肇辈，言景崇之横恣。诸权贵深庇护之，乃授以开封尹兼中书令。俄封鲁国公。景崇闻之，遂据城叛。益亲属在城中余七十口悉为景崇所害。

及周祖起兵，隐帝议出师御之，益献计曰："王者无敌于天下，兵不宜轻出，况大名戍卒家属尽在京城，不如闭关以挫其锐，遣其母妻发粮以招之，可不战而定。"慕容彦超以为益衰老，作懦夫计，沮之。隐帝遣益与彦超及张彦超、阎晋卿，吴虔裕守澶州。至赤冈，周师奄至，**战留子陂**，汉军不利。益临阵，见士卒无斗志，又占候不祥，乃与焦继勋等夜谒周祖，周祖慰劳遣还。

广顺初，封楚国公，改太子太师，俄又改封齐国公。显德元年冬，告老，以本官致仕归洛。遣使赐茶药钱帛，就抚问之。

太祖即位，遗赐器币，岁一来朝，太祖以耆旧厚待之。乾德初，郊祀，诏缀中书门下班，礼与丞相等。三年，卒，年八十，赠中书令。

五子：仁愿、仁矩、仁宝、仁遇、仁兴。仁愿至左金吾卫大将军、蓬州刺史。仁遇，西京内园使。仁兴，右屯卫将军。仁愿子延济，西京作坊使、康州刺史。

仁矩从益为商州牙校。益之讨张从宾也，仁矩首犯贼锋，以功领蓬州刺史，充河南牙职。从益历潞、徐、秦三镇。开运初，入为毡毯使，出为天平行军司马。

汉初，授隰州刺史，至郡决滞讼，一日释系囚百余，狱为之空，民情悦服。仕周，历左羽林将军，出为泗州刺史，改通州，兼屯田盐铁监使。

宋初，历祁、雄二州刺史。治军有方略，历数郡，咸有善政。开宝二年，卒，年五十六。太祖甚惜之，特命中使护丧。子延广、延乂，咸平二年进士及弟。

仁宝以荫迁太子中允，即赵普妹婿。卢多逊与普有隙，普罢相，即以仁宝知邕州。州之右江生毒药树，宣化县人常采货之。仁宝以闻，诏尽伐去。九年不代。太平兴国中，上言陈取交州之策，太宗大喜，令驰驿召归。多逊遽奏曰："若召仁宝，其谋必泄，蛮夷增备，未易取也。不如授仁宝飞挽之任，且经度之，别遣偏将发荆湖士卒一二万人，长驱而往，势必万全。"帝以为然。遂以仁宝为交州水陆计度转运使。前军发，遇贼锋甚盛，援兵不继，遇害死江中。太宗闻之，甚悼惜，特赠工部侍郎，录其子延龄、延世并为斋郎。延龄至殿中丞。延世至太子中舍。

延广，初在襁褓中，遭王景崇之难，乳母刘氏以己子代延广死。刘氏行丐抱持延广至京师，还益。延广父历通、祁、雄三州刺史，悉以补牙职。仁矩在雄州日，方饮宴，虏数十骑白昼入州城，居民惊扰。延广引亲信数骑驰出衙门，射杀其酋长一人，斩首数级，悉禽其余党。延广持首级以献，仁矩喜，拊其背曰："兴吾门者必汝也。"监军李汉超以其事闻，诏书褒美，赐锦袍银带。

仁矩卒，补西头供奉官。从党进讨太原。太平兴国初，预修永昌陵，出护延州军兼缘边巡检，善抚士卒，下乐为用，戎人畏服，迁阁门祗候。会西北戎入寇，边人扰乱，求可使徼巡者。近臣言："延广将家子，习边事无出其右。"延广时被病，强起之，迁崇仪副使，充同、鄜、坊、延、丹缘边都巡检使。延广力疾入辞，太宗赐以名药及方，遣太医随侍，其疾亦寻愈。戎人闻延广之至，不敢复为寇乱。

叛卒刘渥啸聚亡命数百人，寇耀州富平县，谋入京兆，其势甚盛。所过杀居民，夺财物，纵火而去，关右骚然。延广率兵数百，自间道追之，会渥于富平西十五里，渥众已千余人，相持久之。渥素惮延广，传言："我草间求活，观死如鸿毛耳，侯公家世富贵，奈何不思保守，而与亡卒争一旦之命于锋镝之下。"延广怒，因击之，挺身与渥斗大树下，断渥右臂，渥脱走，乘势大破其众。渥创甚，止谷中，后数日为追兵所获。渥素号骁勇无敌，至是为延广所杀，群盗丧气，余党稍稍自归，关右之定。上嘉之，擢拜崇仪使。

淳化二年，李继迁始扰夏台，即命延广领奖州刺史、知灵州，赐金带名马。会赵保忠阴结继迁，朝廷命骑将李继隆率兵问罪，以延广护其军。既而夏台平，保忠就缚。手诏褒美，锡赉甚厚。师还，留为延州钤辖。会节帅田重进老耄，郡中不治，以延广同知州事兼缘边都巡检使。

先是，延广知灵州，部下严整，戎人悦服，李继迁素避其锋。监军康赞元害其功，诬奏延广得虏情，恐后倔强难制。遽诏还，以慕容德丰代之，部内甚不治。至道间，继迁寇灵州，朝廷谋帅，同知枢密院事钱若水称延广可使，就拜宁州团练使、知灵州兼兵马都部署。赐白金二千两，岁增给钱二百万。戎人塞道，邮传馈饷皆不通，延广独引数十骑之镇，戎人素服其威名，皆相率引避。

二年春，被病，上遣御医驰驿视之。医至，疾已亟，延广谓中使李知信曰："延广自度必不起，家世受国恩，今日得死所矣，但恨未立尺寸功以报上耳。"言讫而卒，年五十。上闻之，为出涕，赙赗甚厚，以其子为六品正员官。子绍隆，东染院使、带御器械。绍隆子宗亮，右侍禁、阁门祗候。

张从恩，并州太原人。父存信，振武军节度。后唐明宗微时，尝隶存信麾下。时从恩尚幼，颇无赖，明宗甚薄之，及即位，止授散秩。从恩不得志，乃退归太原。

晋祖镇河东，为少帝娶从恩女。晋初，以外戚擢为右金吾卫将军，未几，改刺贝州，迁北京副留守，移授澶州防御使。历枢密副使、宣徽南院使、权西京留守，俄判三司。安从进叛于襄阳，以从恩为行营兵马都监。

少帝嗣位，襄阳平，迁检校太尉、开封尹，充东京留守。少帝自邺归汴，改邺都留守。锡赉加等，仍赐银装肩舆二，俾迎其家。明年，契丹扰河朔，从恩仅能完守。寻加同中书门下平章事。是岁，契丹将赵延昭据甘陵，命从恩为贝州行营都部署。从恩至，延昭遁去。诏与杜重威合兵三万北伐。

开运初，改天平军节度。契丹复扰边，命十五将北征，以从恩充北面行营都监。二年，移镇晋州，又改潞州。及契丹入汴，从恩欲降，从事高防谏曰："公晋室之亲，宜尽臣节。"从恩不听，乃弃城而去。巡检使王arasında悉取其家财，以城归汉祖。汉祖至汴，从恩惶惧不敢出。汉祖召赐袭衣、金带、鞍勒马、器币以安慰之。寻拜右卫上将军，奉朝请。

周初，迁左金吾卫上将军。周祖征兖州，从恩从行。世宗嗣位，加检校太师，封褒国公。宋初，改封许国公，久之，以病免。乾德四后，卒，年六十九。

扈彦珂，代州雁门人。幼事王建立，以谨厚称。晋天福中，建立节制潞州，卒，遗表荐彦珂，得补河东节度左都押衙。会汉祖自太原建号，擢为宣徽南院使。未几，授镇国军节度，华商等州观察、处置等使。

乾祐初，河中李守贞、永兴赵思绾、凤翔王景崇并据城叛，周祖为枢密使，总兵出征，道出华州。时议多以先讨景崇、思绾为便，周祖意未决，彦珂曰："三叛连衡，推守贞为主，宜先击河中；河中平，则永兴、凤翔失势矣。今舍近图远，若景崇、思绾逆战于前，守贞兵其后，腹背受敌，为之奈何？"周祖从其言，及平河中，以功迁护国军节度。时蒲人雕弊，思得良帅镇抚。彦珂暗弱，朝议少之。

广顺初，就加同平章事，移镇滑州。岁余代归。与凤翔赵晖俱请缙帛，请用宴，不纳，以滑州李守贞宅赐之。世宗嗣位，授左卫上将军。显德三年，以老疾上章求退，授开府仪同三司、太子太师致仕，归西京。太祖即位，遣使就赐器币，数月卒，年七十五。

薛怀让，其先戎人，徙居太原。少勇敢，喜战斗。后唐庄宗在镇，得隶帐下，累历军职。明宗时，改神武右厢都校、领奖州刺史。东川董璋遣怀让率本军从晋祖讨贼，贼平，迁绛州刺史。清泰初，移申州。明年，表乞罢郡赴代北军，力陈不允。

晋天福中，范延光叛于邺，以怀让为招牧使。及战，中流矢，诏赐汤药存问。又历沂、辽、密、怀四州刺史，所至无善政，颇事诛敛。杨光远反青州，召怀让至阙，赐袭衣、玉带，为行营先锋都指挥使，以功改宿州团练使。会契丹南侵，少帝幸澶州，遣怀让与李守贞、皇甫遇、梁汉璋率兵万人缘河而下，以守汶阳。时契丹岁扰边陲，朝廷择骁将守要郡，命怀让为洺州团练使。会符彦卿北讨契丹，以怀让为马军左厢排阵使。又以北面都招讨杜重威为先锋都指挥使。及重威降契丹于中渡桥，怀让亦在籍中，非其志也。

契丹主北归，留麻答守镇州，麻答遣步健督洺州供运。怀让闻汉祖举义晋阳，即杀步健，奉表归汉，汉祖遣郭从义分兵万余，与怀让取邢州。时伪帅刘铎守邢台，坚壁拒之，不克而还。麻答遣副将杨安以八百骑攻怀让，又命刚铁将三百骑继之。怀让战不胜，退保本州，契丹大掠其封内。及麻答为镇人所逐，杨安亟遁，铎又纳款汉祖。怀让乘其不虞，遣人绐铎云："我奉诏为邢州帅，今率众袭契丹，请置顿于郡。"铎无拒心，辄开门迎之，怀让杀铎，夺其城。汉祖即授以安国军节度。

隐帝即位，移镇同州。及杀杨邠等，急召怀让至阙。会北郊兵败，怀让降于周祖。

周祖登位，赐袭衣、金带、鞍勒马，遣还任，加同平章事。刘崇入寇，怀让表求西征，诏褒之。夏阳富人张廷徽诬告赵隐等五人为盗杀人，但厚赂怀让子有光。怀让知之，即讽吏掠治隐等，强伏之，遣掌书记李炳、亲校贾进蒙追、判官刘震等锻成其狱，隐等皆弃市。家人诣阙诉冤，怀让亦自入朝，遽献钱百万，请开宴，不纳。俄捕获本贼，下御史台鞫问，怀让惧，献马十匹，复不纳。有司请逮怀让系狱，周祖以宿将，释不问，杖流震等。俄以怀让为左屯卫上将军。

世宗即位，加左武卫上将军。显德五年，请老，拜太子太师致仕。恭帝即位，封杞国公。建隆元年，卒，年六十九。赠侍中。

怀让好畜马驼，马有大乌小乌者，尤奇骏。汉隐帝使求之，吝而不献。及罢节镇，环卫禄薄，犹有马百匹、橐驼三十头，倾资以给刍粟，朝夕阅视为娱。家人屡劝鬻以供费，怀让不听。及死，童仆皆劙面以哭，盖其俗也。

赵赞，字元辅。本名美，后改焉。幽州蓟人。祖德钧，后唐卢龙节度，封北平王。父延寿，尚明宗女兴平公主，至枢密使、忠武军节度。

赞幼聪慧，明宗甚爱之，与诸孙、外孙石氏并育于六宅。暇日，因遍阅诸孙数十人，目赞曰："是儿令器也。"赞七岁诵书二十七卷，应神童举。明宗诏曰："都尉之子、太尉之孙，幼能诵书，弱不好弄，克彰庭训，宜锡科名，可特赐童子及第。仍用长兴三年礼部春榜。"久之，延寿出镇宣武军，因奏署牙内都校。

清泰末，晋祖起并门，命延寿以枢密使将兵屯上党，德钧将本军自幽州来会。时晋祖以契丹之援，引兵南下，德钧父子降晋，契丹主尽锢之北去，赞独与母公主留西洛。天福三年，晋祖命赞奉母归蓟门，契丹署为金吾将军。数年，契丹以延寿为范阳节度，又署赞为牙内都校。开运末，契丹主将谋南侵，委政延寿。及平原陷，赞复以契丹署为河中节度。延寿从契丹北归，赞得留镇河中。

未几，汉祖起晋阳，赞奉表劝进，汉祖加检校太尉，仍镇河中。改京兆尹、晋昌军节度。赞惧汉疑己，潜遣亲吏赵仙奉表归蜀。判官李恕者，本延寿宾佐，深所委赖，至家事亦参之。及赞出镇，从为上介。至是，恕语赞曰："燕王入辽，非其所愿也，汉方建国，必务怀柔，公若泥首归朝，必保富贵，狼狈入蜀，理难万全。倘复不容，后悔无及。公能听纳，请先入朝，为公申理。"赞即遣恕诣阙。汉祖见恕，问赞何以附蜀，恕曰："赞家在燕蓟，身受丹之命，自怀忧恐，谓陛下终不能容，招引西军，盖图苟免。臣意国家甫定，务安臣民，所以令臣乞哀求觐。"汉祖曰："赞之父子亦吾人也，事契丹出于不幸。今闻延寿落于陷阱，吾忍不容赞耶？"恕未还，赞已离镇入朝，即命为左骁卫上将军，徙恕邠州判官。

赞仕周，历左右羽林、左龙武三统军。世宗南征，初遣赞率师巡警寿州城外，俄命为淮南道行营左厢排阵使。世宗归京，留赞与诸将分兵围寿春，赞独当东面。诸将战多不利，赞独持重，自秋涉冬，未尝挫衄。及受诏移军，尺椽片瓦，悉辇而行，城中人无敢睥睨者。会吴遣骁将鲁公绾帅十余万众，泝淮奄至，跨山为栅，阻肥水，俯瞰城中。时大军已解围，赞与大将杨承信将轻骑断吴人馈路，又独以所部袭破公绾军，为流矢所中。

世宗再征寿春，命造桥涡口，以通濠、泗。令骑帅韩令坤董其役，俾赞副之。属霖雨，淮水涨溢，濠人谋乘轻舟奄焚其桥，赞觇知之，设伏桥下。濠人果至，赞令强弩乱发，杀获甚众。及世宗移兵濠梁，以牛革蒙大盾攻城，赞亲督役，矢集于胄，虽被重伤，犹力战，遂拔其羊马城，刺史唐景思死焉，团练使郭廷谓以城降。世宗诏褒美之。又以所部兵巡抚滁、和之间，破吴人五百于石潭桥。淮南平，以战功多，授保信军节度。赞入视事，尽去苛政，务从宽简，居民便之。恭帝即位，加开府阶。

宋初，加检校太师，移忠正军节度，预平维扬。岁余，改镇延州，受密旨许以便宜行事。将及州境，乃前后分置步骑，绵绵不绝，林莽之际，远见旌旗，所部羌、浑来迎，无不慑服。

乾德六年，移建雄军节度。秋，命将征太原，以赞为邠州路部署。开宝二年，太祖将讨晋阳，又以为河东道行营前军马步军都虞候。车驾薄城下，分军四面，赞扼其西偏。并人乘晦自突门潜犯赞垒，赞率众击之，久而方退，弩矢贯足。太祖劳问数四，赐良药傅之。四年，改镇鄜州。

太宗即位，进封卫国公。太平兴国二年，来朝，未见而卒,年五十五。赠侍中。

赞颇知书,喜为诗,容止闲雅,接士大夫以礼,驭众有方略。其为政虽无异迹,而吏民畏服,亦近代贤帅也。

李继勋,大名元城人。周祖领镇,选隶帐下。广顺初,补禁军列校,累迁至虎捷左厢都指挥使、领永州防御使。显德初,迁侍卫步军都指挥使、领昭武军节度。岁余,改领曹州。

世宗亲征淮上,令继勋领兵屯寿州城南,进洞屋、云梯,以攻其城。继勋息于守御,为其所败,死者数万,梯、屋悉皆被焚。召归阙,出为河阳三城节度。议者以为失责帅之义。及再幸寿春回,左授继勋右武卫大将军,又以其掌书记陈南金裨赞无状,并黜之。

显德四年冬,复从世宗南征,及次迎銮,即命继勋帅黑龙船三十艘于江口滩,败吴兵数百,获战船二艘,以功迁左领军卫上将军。七月,改右羽林统军。六年春,世宗幸沧州,以继勋为战棹左厢都部署,前泽州刺史刘洪副之,俄权知邢州。恭帝即位,授安国军节度,加检校太傅。

宋初,加检校太尉。太祖平泽、潞,继勋朝于行在,即以为昭义军节度。是秋,率师入河东,燔平遥县,俘获甚众。建隆二年冬,又败并军千余人,斩首百余级,获其辽州刺史傅延彦及弟延勋来献。

乾德二年,诏与康延沼、尹训率步骑万余攻辽州,太原将郝贵超领兵来援,战于城下,继勋大败之。州将杜延韬危蹙,与拱卫都指挥使冀进、兵马都监供奉官侯美籍部下兵三千送款于继勋。即遣内供奉官都知慕容延忠入奏,诏褒之。未几,并人诱契丹步骑六万人来取辽州,复遣继勋与罗彦瑰、郭进、曹彬等领六万众赴之,大破契丹及太原军于城下。五年,加同平章事。

开宝初,将征河东,以继勋为行营前军都部署,败并人于涡河。二年,太祖亲征河东,命继勋为行营前军都部署。驾至城下,分军四面,继勋栅其南。三年春,移镇大名。太平兴国初,加兼侍中。俄以疾求归洛阳,许之,赐钱千万、白金万两。是秋,上表乞骸骨,拜太子太师致仕,朝会许缀中书门下班。寻卒,年六十二,赠中书令。

继勋累历藩镇,所至无善政,然以质直称。信奉释氏。与太祖有旧,故特承宠遇。

弟继偓,亦有武勇,周显德末,补内殿直。宋初,累历军职。开宝中,为步军副都军头。太平兴国三年,迁内外马步军副都军头。坐事改右卫率府率。六年,加本卫将军,领奖州刺史。累至龙卫右厢都指挥使、领本州团练使。

继勋子守恩至如京使。守元至北作坊使,守徽为崇仪副使。

药元福,并州晋阳人。幼有胆气,善骑射。初事邢帅王檀为厅头军使,以勇敢闻。事后唐,为拱卫、威和亲从马斗军都校,天平军内外马军都指挥使。晋天福中,为深州刺史。

开运初,契丹陷甘陵,围魏郡,师次于河。少帝驻军澶渊,契丹阵于城北,东西连亘,掩城两隅,登陴望之,不见其际。元福以左千牛卫将军领兵居阵东偏。澶民有马破龙者告契丹曰:"先攻其东,即浮梁可夺。"契丹信之,尽锐来战。元福与慕容邺各领二百骑为一队,跃出而斗,元福奋铁挝击契丹,毙者数人,左右驰突,无不披靡,契丹兵溃。少帝登城,见元福力战,召抚之曰:"汝奋不顾命,虽古之忠烈无以过之。"元福三马皆中流矢,少帝择名马赐之。明日将战,面授元福郑州刺史,为权臣所沮,止刺原州,俄改泰州。

明年,契丹复入。命元福与李守贞、符彦卿、皇甫遇、张彦泽等御之于阳城,为右厢副排阵使。晋师列方阵,设拒马为行砦。契丹以奇兵出阵后,断粮道,晋人乏水,士马饥渴,凿井未及泉,土辄坏塞,契丹顺风扬尘,诸将皆曰:"彼势甚锐,俟风反与战,破之必矣。"守贞与元福谋曰:"军中饥渴已甚,若俟风反出战,吾属为虏矣。彼谓我不能逆风以战,宜出其不意以击之,此兵家之奇也。"元福乃率麾下骑,开拒马出战,诸将继至,契丹大败,追北二十余里,杀获甚众,敌帅与百余骑遁去。以元福为威州刺史。

会灵武节度王令温以汉法治蕃部,西人苦之,共谋为乱,三族酋长拓跋彦超、石存、乜厮褒率众攻灵州。令温遣人间道入奏,乃以河阳节度冯晖镇朔方,召关右兵进讨,以元福将行营骑兵。元福与晖出威州土桥西,遇彦超兵七千余,邀晖行李。元福转战五十里,杀千级,禽三十余人,又遣都校授出令温,护送洛下。

朔方距威州七百里,无水草,号旱海,师须赍粮以行,至耀德食尽,比明,行四十里。彦超等众数万,布为三阵,扼要路,据水泉,以待晖军,军中大惧。晖遣人赂以金帛,求和解,彦超许之。使者往复数四,至日中,列阵如故。元福曰:"彼知我军饥渴,邀我于险,既许和而日中未决,此岂可信哉?欲困我耳。迁延至暮,则吾党成禽矣。"晖惊曰:"奈何?"元福曰:"彼虽众而精兵绝少,依西山为阵者是也,余不足患。元福请以麾下骑先击西山兵,公但严阵不动,俟敌少却,当举黄旗为号;旗举则合势进击,败之必矣。"晖然其策,遂率众进击,敌众果溃。元福即举黄旗以招晖,晖军继进,彦超大败,横尸蔽野。是夕,入清边军。明日,至灵州。元福还郡,诏赐晖、元福衣带缯帛银器。

汉乾祐中,从赵晖讨王景崇于凤翔。时兵力寡弱,不满万人,蜀兵数万来援,景崇至宝鸡,依山列栅。都监李彦从以数千人击蜀军,寡众不敌,汉军少却。元福领数百骑自后驱之,下令还顾者斩,众皆殊死战,大败蜀兵,追至大散关,杀三千余人,余皆弃甲遁去。凤翔平,以功迁淄州刺史。

周广顺初,王彦超讨徐州叛将杨温,以元福为行营兵马都监。数月克之,率师还京,改陈州防御使。

未几,刘崇引契丹扰晋州,命枢密使王峻率兵拒之,以元福为西北面都排阵使。军过蒙坑,崇夜烧营遁。峻令元福与仇超、陈思让追至霍邑,既行,又遣止之。元福谓思让等曰:"刘崇召契丹扰边,志在疲弊中国,今兵未交而遁,宜追奔深入,以挫其势。"诸将畏懦,遂止。周祖知其事,明年,因调兵戍晋州,谓左右曰:"去年刘崇之遁,若从药元福之言,则无边患矣。"

俄与曹英、向训讨慕容彦超于兖州,元福为行营马步军都虞候。诏元福自晋州率所部入朝,即遣东行,赐六铢、袍带、鞍马、器仗。周祖谓曰:"比用曹州防御使郑璋,我度彦超凶狡,多计谋,恐璋不能集事,选尔代之。已敕曹英、向训不令以军礼见汝。"及至军中,英、训皆尊礼之,当时有为宿将。筑连城以围充,彦超昼夜出兵,元福屡击败之,遂闭壁不敢出。十余日,元福营栅皆就,又穴地及筑土山,百道攻其城。会周祖亲征,元福以所部先入羊马城,诸军鼓噪角进,拔之。以功授建雄军节度。

世宗高平之战,刘崇败走太原,遂纵兵围其城。以元福为同州节度,充太原四面壕砦都部署。时攻具悉备,城中危急,以粮运不继,诏令班师。元福上言曰:"进军甚易,退军甚难。"世宗曰:"一以委卿。"遂部分卒伍为方阵而南,元福以麾下为后殿,崇果出兵来追,元福击走之。师还,加检校太尉,移镇陕州。又历定、庐、曹三镇。

宋初,加检校太师。九月卒,年七十七,赠侍中。

元福虽老,筋骨不衰,人或言其气貌益壮,当复领兵,必大喜,曲致礼待,或加以赠遗,时称骁将。

赵晁,真定人。初事杜重威为列校。重威诛,属周祖镇邺中,晁因委质麾下。周祖开国,擢为作坊副使。慕容彦超据兖州叛,以晁为行营步军都监。兖州平,转作坊使。晁自以隶事霸府,复有军功,而迁拜不满所望,居常怏怏。时枢密使王峻秉政,晁疑其轧已。一日饮酒诣其第,毁峻,峻不之责。世宗嗣位,改控鹤左厢都指挥使,领贺州刺史。

从征刘崇,转虎捷右厢都指挥使,领本州团练使兼行营步军都指挥使。军至河内,世宗意在速战,令晁倍道兼行。晁私语通事舍人郑好谦曰:"贼势方盛,未易敌也,宜持重以挫其锐。"好谦以所言入白,世宗怒曰:"汝安得此言,必他人所教。言其人,则舍尔;不言,当死!"好谦惧,遂以实对。世宗即命并晁械于州狱,军回始赦之。

及征淮南,改虎捷左厢、领阆州防御使,充前军行营步军都指挥使,又为缘江步军都指挥使。时李重进败吴人于正阳,以降卒三千人付晁,晁一夕尽杀之。世宗不之罪。寿春平,拜检校太保、河阳三城节度、孟怀等州观察措置等使。恭帝即位,加检校太傅。

宋初,加检校太尉。未几,以疾归京师,卒,年五十二。太祖甚悼之,赠太子太师,再赠侍中。

晁身长七尺,仪貌雄伟,好聚敛,处方镇以贿闻。以周初与宣祖分掌禁军,有宗盟之分,故太祖常优礼之,再加赠典焉。子延溥。

延溥,周显德中,以父任补左班殿直。宋初,为铁骑指挥使。开宝初,太祖亲征晋阳,太宗守京邑,延溥以所部为帐下牙军,转殿前散员指挥使。九年,改铁骑都虞候。

太宗即位,迁散指挥都虞候,领思州刺史。太平兴国二年,转内殿直都虞候。三年,改马步军都虞候。从平太原,略地燕蓟。六军扈从有后期至者,帝怒,欲置于法。延溥遂进曰:"陛下巡行边陲,以防御外侮,今契丹未殄,

而诛遣将士,若举后图,谁为陛下戮力乎?"帝嘉纳之。师还,迁内外马步军都军头,领本州防御使。

五年,殿前白进超卒,即日以延溥为日骑、天武左右厢都指挥使。兼权殿前都虞候事。坐遣亲吏市竹木所过关渡矫称制免算,责授登州团练使,令赴任。是冬,帝北巡至大名,复以延溥为本州防御使,即命为幽州东路行营壕砦都监。诏修缘边城垒。逾年,加凉州观察使,仍判登州。又为镇州兵马都部署,俄判霸州。

雍熙二年,改蔚州观察使,判冀州。会命曹彬等北征,又与内衣库使张绍勍、引进副使董愿为幽州西北道行营都监。师还,命知贝州,改滑州部署。四年,再知贝州,以疾求代,代未至,卒,年五十。赠天德军节度。

子承彬,至内殿崇班。承彬子咸一,为虞部员外郎,知宗正丞事。咸熙,天圣八年进士及第。

论曰:侯益在晋、汉时,数为反覆,观其受命契丹,私交伪蜀,赤冈之战,复夜谒周祖,宗属长幼,遭暴崇鲸鲵,殆无噍类,推其心迹,岂亿贰之罚钦?薛怀让、赵晁为将,皆忍于杀降。晁子延溥,能救后至之诛,虽父子之亲,仁暴相戾有若是者。余皆逢时奋武,致身荣显。扈彦珂请击河中,卒用其策,愚者之一虑云。

卷二百五十五　　列传第十四

郭崇　杨廷璋　宋偓　向拱　王彦超　张永德　王全斌曾孙凯　**康延泽**王继涛　高彦晖附

郭崇,应州金城人。重厚寡言,有方略。初名崇威,避周祖名,止称崇。父祖俱代北酋长。崇弱冠以勇力应募为卒。后唐清泰中,为应州骑军都校。

晋祖割云应地入为契丹,崇耻事之,奋身南归,历郓、河中、潞三镇骑军都校。开运中,戍太原。会汉祖起义,以崇为前锋。入汴,改护圣左第六军都校、领郢州刺史,改领富州。

从周祖平河中,以功迁果州防御使、领护圣右厢都指挥使。周祖镇邺,以崇领行营骑军兼天雄军都巡检使。

乾祐三年冬,崇从周祖平国难,与李筠拒慕容彦超于刘子陂,走之,以崇补侍卫马军都指挥使。遣冯道等迎湘阴公赟于徐州,将立。会契丹南侵,周祖北征,次于澶州,为六军推戴。枢密使王峻在京师闻变,遣崇率七百骑东拒赟,遇于睢阳。崇阵于牙门外,赟惧,登门楼呼崇曰:"汝等何遽至此?"崇曰:"澶州军变,遣崇来卫乘舆,非有他也。"赟召崇升楼,崇未敢登,即遣道下与语,崇乃登。具言军情有属,天命已定,赟执崇手泣,俛首久之。俄而赟所领卫兵都校张令超以众归崇,赟亲将贾、王等数怒目视道,将害之。赟曰:"汝辈勿草草,此非关令公事。"崇即送赟就馆舍。

广顺初,领定武军节度,又为京城都巡检使、修城都部署兼知步军公事。未几,复升陈州为节镇,以颍州隶焉,

命崇为节度。周祖亲郊，加同平章事，出镇澶州。周祖不豫，促还镇所。

世宗立，并人侵潞州，命崇与符彦卿出固镇以御之。世宗亲征，又副彦卿为行营都部署。师还，加兼侍中。冬，移真定尹、成德军世度。四年，世宗征淮南，契丹出骑万乘余掠边，崇率师攻下束鹿县，斩数百级，俘获甚众。五年，天清节，崇来朝，表求致政，不允，赐袭衣、金带、器币、鞍勒马，遣之。世宗平关南，至静安军，崇来朝。恭帝嗣位，加检校太师。

宋初，加兼中书令。崇追感周室恩遇，时复泣下。监军陈思海密奏其状，因言："常山近边，崇有异心，宜谨备之。"太祖曰："我素知崇笃于恩义，盖有所激发尔。"遣人觇之，还言崇方对宾属坐池潭小亭饮博，城中晏然。太祖笑曰："果如朕言。"未几来朝。时命李重进为平卢军节度，重进叛，改命崇为节制。乾德三年，卒，年五十八。太祖闻之震悼，赠太师。

子守璘至洛苑副使，妻即明德皇后之姊也。子允恭，以父任授殿直，至崇仪副使、知常州卒。次女为仁宗皇后。天圣三年，诏赠崇尚书令兼中书令，守璘太尉、宁国军节度，允恭太傅、安德军节度。六年，又诏追封崇英国公，加赠守璘永清军节度兼中书令，允恭忠武军节度兼侍中。允恭子中庸，左侍禁、阁门祗候、副使；中和，娶颍川郡王德彝女，为西染院副使。

杨廷璋字温玉，真定人。家世素微贱，有姊寡居京师，周祖微时，欲聘之，姊不从，令媒氏传言恐逼，姊以告廷璋。廷璋往见周祖，归谓姊曰："此人姿貌异常，不可拒。"姊乃从之。

周祖从汉祖镇太原，廷璋屡省其姊，周祖爱其纯谨。姊卒，留廷璋给事左右。及出讨三叛，入平国难，廷璋数献奇计。即位，追册廷璋姊为淑妃，擢廷璋为右飞龙使，廷璋固辞不拜，愿推恩其兄洪裕。即令召洪裕赴阙，以老病辞，就拜金紫光禄大夫、真定少尹。廷璋历皇城使、昭义兵马都监、澶州巡检使。

世宗自澶渊还京，言廷璋有干材，迁客省使。俄为河阳巡检、知州事。泾帅史懿称疾不朝，周祖命廷璋往代之。将行，谓之曰："懿不就命，即图之。"廷璋至，屏左右，以诏书示懿，谕以祸福，懿即日载路。俄闻周主崩，廷璋呕血不食者数日。

世宗立，拜左骁卫大将军，充宣徽北院使。征刘崇，以为建雄军节度。在镇数年，颇有惠爱。前后率兵入太原境，拔仁义、高壁等砦，获刺史、军校数十人，俘其民数千户，获器羊马数万计。并人弃沁州二百里，退保新城，廷璋遂置保安、兴同、白壁等十余砦。

会隰州刺史孙议卒，廷璋遣监军李谦溥领州事。谦溥至，并人来攻其城，议者以为宜速救。廷璋曰："隰州城壁坚完，并人奋至，未能为攻城具，当出奇以破之。"乃募敢死士百余人，许以重赏，由间道遣人约谦溥为内应。既至，即衔枚夜击，城中鼓噪以出，并人大溃，追北数十里，斩首千余级，获器甲万计。奏至，世宗喜曰："吾舅真能御寇。"诏褒之。

世宗自河东还，加检校太保。显德六年夏，率所部入河东界，下堡砦十三，降巡检使靳汉晃等三人。恭帝即位，加检校太傅。

宋初，加检校太尉。吏民诣阙，请立碑颂功德。太祖命卢多逊撰文赐之。李筠叛，潜遣亲信使赍蜡书求援邻境，廷璋获之，械送京师，因上攻取之策，即下诏委以经略。及车驾亲征，诏廷璋率所部入阴地，分贼势。贼平，归镇。是秋来朝，改镇邠州。乾德四年，移鄜州。开宝二年，召为右千牛卫上将军。四年，卒，年六十。赙帛二百匹。

廷璋美髯，长上短下，好修容仪，虽见小吏，未尝懈惰。善待士，幕府多知名人。在晋州日，太祖命荆罕儒为钤辖。罕儒以廷璋周朝近亲，疑有异志，每入府中，从者皆持刀剑，欲图廷璋。廷璋推诚待之，殊不设备，罕儒亦不敢发，终亦无患。议者以廷璋在泾州保全史懿，阴德之报也。

洪裕少时，尝渔于境貂裘陂，忽有驰骑至者，以二石雁授洪裕，一翼掩左，一翼掩右，曰："吾北岳使者也。"言讫，忽不见。是年生淑妃，明年生廷璋，家遂昌盛。

廷璋子七人，皆不为求官，惟表其孤甥安崇勋得西头供奉官。崇勋，后唐枢密使重海子也。廷璋子坦、埙皆进士及弟。坦至屯田员外郎，盐铁副使、判官，埙为都官郎中。

宋偓，河南洛阳人。谦恭下士。祖瑶，唐天德军节度兼中书令。父廷浩，尚后唐庄宗女义宁公主，生偓。廷浩历石、原、房三州刺史；晋初，为汜水关使，张从宾之叛，力战死之。偓年十一，以父死事授殿直，迁供奉官。

晋祖尝事庄宗，每偓母入见，诏令勿拜，因从容谓之曰："朕于主家诚无所靳，但朝廷多事，府库空竭，主所知也。今主居辇下，薪米为忧，当奉主居西洛以就丰泰。"命偓分司就养，敕有司供给，至于醮醯，率有加等。

汉祖在晋阳，遣其子承训至洛，奉书偓母，与偓结昏，即永宁公主也。累授北京皇城使。汉乾祐初，拜右金吾卫大将军、驸马都尉。隐帝即位，授昭武军节度，移镇滑州。

周祖举兵向阙，时偓在镇，开门迎谒，周祖深德之。偓率所部兵从周祖，至刘子陂，隐帝卫兵悉走投周祖。周祖谓偓曰："至尊危矣，公近亲，可亟去拥卫，无令惊动。"偓策马及御营，军已乱矣。广顺初，丁内艰，服除，授左监门卫上将军。

世宗征淮南，令偓与左龙武统军赵赞、右神武统军张彦超、前景州刺史刘建于寿州四面巡检。师还，以偓为右神武统军，充行营右厢都排阵使，又为庐州城下副部署。吴人大发舟师。次东沛洲，断苏、杭之路。世宗遣偓领战舰数百艘袭之，又遣大将慕容延钊率步骑而进，水陆合势大破之。

世宗尝次于野，有虎逼乘舆，偓引弓射之，一发而毙。及江北诸州悉平，画江为界。世宗驻迎銮，命偓率舟师三千沂江而上，巡警诸郡。师还，复授滑州节制，又移镇邓州。恭帝即位，加开府仪同三司。

宋初，加检校太师，遣领舟师巡抚江徼，舒州团练使司超副之。李重进谋以扬州叛，偓察其状，飞章以闻。太祖令偓屯海陵，以观重进去就。遂从征扬州，为行营排阵使。及平，以功改保信军节度。来朝，徙镇华州。会凿池都城南，命偓率舟师数千以习水战，车驾数临观焉。五年，改忠武军节度。

开宝初，太祖纳偓长女为后。偓本名延渥，以父名下字从"水"，开宝初，上言改为偓。三年，徙邠州。太平兴国初，加同平章事。二年，移定国军节度。四年，从平太原，又从征幽州。诏偓与尚食使侯昭愿领兵万余，攻城南面。师还归镇。

五年冬，车驾幸大名，召偓诣行在，诏知沧州。六年，封邢国公。俄迁同州。九年，又为右卫上将军。雍熙中，曹彬等北伐，班师，命偓知霸州，归阙。端拱二年，卒，年六十四。废朝，赠侍中，谥庄惠，中使护葬。

偓，庄宗之外孙，汉祖之婿，女即孝章皇后，近代贵盛，鲜有其比。子元靖至供备库使，元度至供备库副使，元载、元亨并至左侍禁、阁门祗候。初，孝章寝疾，语晋国长公主曰："我瞑目无他忧，惟虑族属不敦睦，贻笑于人。"景德中，偓幼子元翰果诣京府，求析家财。

元度子惟简，为殿直，惟易为奉职。

向拱字星民，怀州河内人。始名训，避周恭帝讳改焉。少倜傥负气。弱冠，闻汉祖在晋阳招致天下士，将往依之。中途遇盗，见拱状貌雄伟，意为富家子，随之，将劫其财。拱觉，行至石会关，杀所乘驴市酒会里中豪杰，告其故，咸出丁壮护拱至太原。以策干汉祖，汉祖不纳，客于周祖门下。及周祖领节镇，署拱知客押牙。

周祖即位，授宫苑使。广顺中，迁皇城使，出监昭义屯军。并人领马步十五都来侵，拱与巡检陈思让逆战于虒亭南，杀三百余人，擒百人，获其帅王璠、曹海金，又败其军于壶关。师还，会征慕容彦超，命为都监，赐以六铢、袍带、鞍勒马、器仗，即日遣行。贼平，命为陕州巡检。未几，改客省使、知陕州。

会延州高允权卒，其子绍基欲求继袭，即自领使务。朝廷益发兵戍守，命拱权知州事，俄迁内客省使。尝请禁州民卖军装兵器于西人，从之。所属部落有侵盗汉户者，拱招其酋帅犒之，令誓不敢侵犯。召拜左神武大将军、宣徽南院使。

刘崇入寇，遣马军樊爱能、步军何徽赴泽州，令拱监护之。世宗亲征，拱以精骑居阵中。高平之捷，以功兼义成军节度、河东行营前军都监。师还，出镇陈州。

先是，晋末，秦州节度何建以秦、成、阶三州入蜀，蜀人又取凤州。至是，宰相王溥荐拱可讨之，乃召拱与凤翔王景并率兵出大散关，连下城砦。复命拱为西南面行营都监。蜀人闻凤州急，发卒五千余出凤州北堂仓镇路，行至黄花谷，将绝周师粮道。拱与王景侦知之，命排阵使张建雄领兵二千直抵黄花谷，又遣别将领劲卒千人出敌后，截

其归路。故果为建雄所败，奔堂仓，又为劲卒所逼，合势掩击，擒其监军王峦、孙韬等千五百余。由是剑门之下，州邑营砦，望风宵遁，秦、凤、阶、成平。召归，宴于金祥殿。赐袭衣、金带、银器、缯帛、鞍勒马。

显德二年，世宗亲征淮南，以拱权东京留守兼判开封府事。时扬州初平，南唐令境上出师，谋收复。韩令坤有弃城之意，即驿召拱赴行在，拜淮南节度，依前宣徽使兼缘江招讨使，以令坤为副。时周师久驻淮阳，都将赵晁、白廷遇等骄恣横暴，不相禀从，惟务贪滥，至有劫人妻女者。及拱至，戮其不奉法者数辈，军中肃然。六月，追叙秦、凤功，加检校太尉。

时周师围寿春经年未下，江、淮草寇充斥，吴援兵栅于紫金山，与城中烽火相应。而舒、蕲、和、泰复为吴人所据。拱上言欲且徙扬州之师并力攻寿春，俟其城下，然后改图进取。世宗从之。拱乃封库，付扬州主者；复遣本府牙将分部按巡城中。秋毫不犯，军民感悦。及师行，吴人有负糇粮以送者。至寿春，与李重进合势以攻其城，改淮南道招讨都监，败淮南军二千于黄耆砦。

世宗再幸寿州，召拱宴赐甚厚，以为武宁军节度，命领其属驻镇淮军。及克寿州，以功加同平章事、领武宁军节度。四年，徙归德军节度。淮南平，改山南东道节度，俄充西南面水陆发运招讨使。恭帝即位。加检校太师、河南尹、西京留守。

宋初，加兼侍中。太祖征李筠，拱迎谒至氾水，言于上曰："筠逆节久著，兵力日盛，陛下宜急济大河，逾太行，乘其未集而诛之，缓则势张，难为力矣。"帝从其言，卷甲倍道趋之。筠果率兵南向，闻车驾至，惶骇走泽州城守，遂见擒。乾德初，从郊祀毕，封谯国公。

拱尹河南十余年，专治园林第舍，好声妓，纵酒为乐，府政废弛，群盗昼劫。太祖闻之怒，移镇安州，命左武卫上将军焦继勋代之，谓继勋曰："洛久不治，选卿代之，无复效拱为也。"

太平兴国初，进封秦国公，来朝，授左卫上将军。八年，代王彦超判左金吾街仗事。表献西京长夏门北园，诏以银五千两偿之。雍熙三年，卒，年七十五。赠中书令。

咸平初，真宗闻拱之后有寒馁流离者，录其孙怿为国子助教。拱子德明，至洛苑使，昱，大中祥符八年进士出身。德明子悦，为虞部郎中。

王彦超，大名临清人。性温和恭谨，能礼下士。少事后唐魏王继岌，从继岌讨蜀，还至渭南。会明宗即位，继岌遇害，左右遁去，彦超乃依凤翔重云山僧舍晖道人为徒。晖善观人，谓彦超曰："子，富贵人也，安能久居此？"给资帛遣之。

时晋祖帅陕，乃召至帐下，委以心腹。及移镇太原，将引兵南下，遣从事桑维翰求援契丹，以彦超从行。天福初，累迁奉德军校，再转殿前散指挥都虞候、领蒙州刺史。汉初，领岳州防御使兼护圣左厢都校，出为复州防御使。

周祖平内难后，北征契丹，以彦超为行营马步左厢都排阵使，从周祖入汴。时自彭门迎湘阴公入缵位，会军变，

周祖革命，即命彦超权知徐州节度。未行，湘阴公旧校巩廷美据州叛，真拜彦超武宁军节度，命讨之。彦超督战舰破其水砦，乘胜拔之。

又与枢密使王峻拒刘崇于晋州，彦超以骑兵进，崇遁去，授建雄军节度。复以所部追贼至霍邑，贼步骑堕崖谷，死者甚众。彦超归镇所，俄改河阳三城节度，移镇河中。

显德初，加同平章事。刘崇南寇，命彦超领兵取晋州路东向邀击，从战高平。彦超自阴地关与符彦卿会兵围汾州，诸将请急攻，彦超曰："城已危矣，且暮将降，我士卒精锐，傥驱以先登，必死伤者众，少待之。"翌日，州将董希颜果降。遂引兵趣石州，彦超亲鼓士乘城，躬冒矢石，数日下之，擒其守将安彦进，献行在。师还，改忠武军节度，加兼侍中。诏率所部浚胡芦河，城李晏口。工未毕，辽人万余骑来侵，彦超击败之，杀伤甚众。

宰相李谷征淮南，以彦超为前军行营副部署，败淮南军二千于寿州城下。吴兵水陆来援，谷退保正阳，吴人蹑其后。会李重进兵至，合势急击，大败吴人三万余众，追北二十余里。还，改京兆尹、永兴军节度。六年夏，移镇凤翔。恭帝嗣位，加检校太师、西面缘边副都部署。

宋初，加兼中书令，代还。太祖与彦超有旧，因幸作坊，召从臣宴射，酒酣，谓彦超曰："卿昔在复州，朕往依卿，何不纳我？"彦超降阶顿首曰："勺水岂能止神龙耶！当日陛下不留滞于小郡者，盖天使然尔。"帝大笑。彦超翌日奉表待罪，帝遣中使慰谕，令赴朝谒。

未几，复以为永兴军节度。又以其父光禄卿致仕重霸为太子少傅致仕。乾德二年，复镇凤翔。三年，丁外艰，起复。开宝二年，为右金吾卫上将军判街仗事。

太平兴国六年，封邠国公。七年，彦超语人曰："人臣七十致仕，古之制也。我年六十九，当自知止。"明年，表求致仕，加太子太师，给金吾上将军禄。彦超既得请，尽斥去仆妾之冗食者，居处服用，咸遵俭约。雍熙三年，卒，年七十三。赠尚书令。

开宝初，彦超自凤翔来朝，与武行德、郭从义、白重赞、杨廷璋俱侍曲宴。太祖从容谓曰："卿等皆国家旧臣，久临剧镇，王事鞅掌，非朕所以优贤之意。"彦超知旨，即前奏曰："臣无勋劳，久冒荣宠，今已衰朽，愿乞骸骨归丘园，臣之愿也。"行德等竟自陈凤昔战功及履历艰苦，帝曰："此异代事，何足论？"翌日，皆罢行德等节镇。时议以此许彦超。

初，彦超将致政，每戒诸子曰："吾累为统帅，杀人多矣，身死得免为幸，必无阴德以及后，汝曹勉为善事以自庇。"及卒，诸子果无达者。宣化门内有大第，园林甚盛，不十余年，其家已鬻之矣。孙克从，咸平元年进士及第，亦止于州县。

张永德字抱一，并州阳曲人。家世饶财。曾祖丕，尚气节。后唐武皇镇太原，急于用度，多严选富家子掌帑库。或调度不给，即坐诛，没入赀产。丕为之满岁，府财有余。宗人政当次补其任，率族属泣拜，请丕济其急，丕又为代掌一年，乡里服其义。父颖事晋至安州防御使。

永德生四岁，母马氏被出，育于祖母，事继母刘，以孝闻。周祖初为侍卫吏，与颖善，乃以女妻永德。永德迎其母妻诣宋州。时寇贼充斥，乃易弊衣，毁容仪，居委巷中。有贼过，即邀乞焉，绐曰："此悲田院耳。"贼即舍去，繇是免祸。周祖为枢密使，表永德授供奉官押班。

乾祐中，命赐潞帅常遇生辰礼币。遇，周祖之外兄弟也。时周祖镇邺，被谗，族其家。永德在潞州，闻有密诏授遇，永德探知其意，谓遇曰："得非沮杀永德耶？永德即死无怨，恐累君侯家耳。"遇愕然曰："何谓也？"永德曰："奸邪蠹政，郭公誓清君侧，愿且以永德属吏，事成足以为德，不成死未晚。"遇以为然，止令壮士严卫，然所以馈之甚厚。亲问之曰："君视丈人事得成否？"永德曰："殆必成。"未几，周祖使至，遇贺且谢曰："老夫几误大事。"

初，魏人柴翁以经义教里中，有女，后唐庄宗时备掖庭，明宗入洛，遣出宫。柴翁夫妻往迎之，至鸿沟，遇雨甚，逾旬不能前。女悉取装具，计直千万，分其半以与父母。令归魏，曰："儿见沟旁邮舍队长，项鬓黑为雀形者，极贵人也，愿事之。"问之，乃周祖也。父母大愧，然终不能夺。他日，语周祖曰："君贵不可言，妾有缗钱五百万资君，时不可失。"周祖因其资，得为军司。

柴翁好独寝，人传其能司冥间事。一日晨起，大笑不已，妻问之，不对。翁好饮，其妻逼令饮，极醉，因漏言曰："花项汉作天子矣。"其妻颇露之，遇亦微有闻，未深言。至是，永德故以此讽遇，遇送永德归周祖。

周祖登位，封永德妻为晋国公主，授永德左卫将军、内殿直小底四班都知，加驸马都尉、领和州刺史。逾年，擢为殿前都虞候、领恩州团练使，俄迁殿前都指挥使、泗州防御使，时年二十四。

显德元年，并州刘崇引契丹来侵。世宗亲征，战于高平，大将樊爱能、何徽方战退衄。时太祖与永德各领牙兵二千，永德部下善左射，太祖与永德厉兵分进，大捷，降崇军七千余众。及驻上党，世宗昼卧帐中，召永德语曰："前日高平之战，主将殊不用命，樊爱能而下，吾将案之以法。"永德曰："陛下欲固守封疆则已，必欲开拓疆宇，威加四海，宜痛惩其失。"世宗掷枕于地，大呼称善。翌日，诛二将以徇，军威大振。进攻太原，师薄城下，永德与符彦卿、史彦超北控忻口以断契丹援路。太原城四十里，周师去城三百步，围之三匝。自四月至六月，攻之不克。契丹援兵果至，彦超战没，继败其众二千，余众遁去。以永德领武信军节度。师还，徙义成军节度。

时永德父颖为隶人曹澄等所害，因奔南唐。会议南征，永德请行自效，许之。师至寿春，刘仁赡坚壁不下。永德出疲兵诱之，傍伏精骑，每战阳不利，北退三十里，伏兵突起夹攻，大败之，仁赡仅以身免。

三年，世宗亲征，至寿州城下，仁赡执澄等三人槛送行在，意求缓师，诏赐永德，俾其甘心。太祖与永德领前军至紫金山，吴人列十八砦，战备严整。敌垒西偏有高陇，下瞰其营中，永德选劲弓强弩伏陇旁，太祖麾兵直攻第一砦，战阳不胜，淮人果空砦出斗，永德亟登陇，发伏驰入据之，敌众散走。翌日，又攻第二砦，鼓噪而进，始攻北门，淮人开南门而通。时韩令坤在扬州。复为吴人所逼，欲退师。世宗怒，遣永德率师援之。又败泗州军千余于曲溪堰，俄屯下蔡。

时吴人以周师在寿春攻围日急，又恃水战，乃大发楼船蔽江而下，泊于濠、泗，周师颇不利。吴将林仁肇帅众千余，水陆齐进，又以船数艘载薪，乘风纵火，将焚周浮梁，周人忧之。俄而风反，吴人稍却，永德进兵败之。又夜使习水者没其船下，縻以铁縆，引轻舠急击。吴人既不得进，溺者甚众，夺其巨舰数十艘。永德解金带，赏习水者。乃距浮梁十余步，以铁索千余尺横截长淮，又维巨木，自是备御益坚矣。俄又败千余众于淮北岸，获战船数十艘，吴人多溺死。诏褒美之。

冬，擢为殿前都点检。四年，从克寿州还，制授检校太尉，领镇宁军节度。五年夏，契丹扰边，命永德率步骑二万拒之。从世宗北伐，还驻涧渊，解兵柄，加检校太尉、同中书门下平章事。恭帝嗣位，移忠武军节度。

太祖即位，加兼侍中。永德入朝，授武胜军节度。入觐，召对后苑，道旧故，饮以巨觥，每呼驸马不名。时并、汾未下，太祖密访其策。永德曰："太原兵少而悍，加以契丹为援，未易取也。臣以每岁多设游兵，扰其农事，仍发间使以谍契丹，绝其援，然后可下也。"帝然之。俄归本镇。

会出师讨金陵，永德以己资造战船数十艘，运粮万斛，自顺阳沿汉水而下。富民高进者，豪横莫能禁，永德乃发其奸，置于法。进潜诣阙，诬永德缘险固置十余砦，图为不轨。太祖命枢密都承旨曹翰领骑兵察之，诘其砦所，进曰："张侍中诛我宗党殆尽，希中以法，报私愤尔。"翰以进授永德，永德遽解缚就市，笞而释之。时称其长者。

太平兴国二年来朝，拜左卫上将军。五年，坐市秦、陇竹木所过矫制免关市算，降为本卫大将军。数月，复旧秩。六年，进封邓国公。雍熙中，连知沧、雄、定三州。

端拱元年，拜安化军节度。召还，为河北两路排阵使，屯定州。尝与契丹战，斩获甚众。二年，丁内艰，起复。淳化初，又代田重进知镇州。二年，改泰宁军节度兼侍中，出判并州兼并代都部署。

永德明天文术，尝与僚佐会食，有报辽兵寇州境者，永德用《太白万胜诀》占之，语坐客曰："彼虽以年月便利，乘会而来，反值岁星对逆，兵家大忌，必败。"未几，折御卿捷报至，众始叹伏。

自五代用兵，多姑息，藩镇颇恣部下贩鬻。宋初，功臣犹习旧事。太宗即位，诏群臣乘传出入，不得赍货邀利，及令人诸处图回，与民争利。永德在太原，尝令亲吏贩茶规利，阑出徼外市羊，为转运使王嗣宗所发，罢为左卫上将军。

真宗即位，进封卫国公。未几，判左金吾街仗事。咸平初，屡表请老，授太子太师，分司西京，仍以其孙大理寺丞文蔚厘务洛下，以便就养。

二年冬，契丹入边，帝将北巡，以永德宿将，召入对便殿，赐坐，访以边要。以老不可从行，留为东京内外都巡检使。三年，制授检校太师、彰德军节度、知天雄军。俄以衰耄，命还本镇。是秋卒，年七十三。遣内园使冯守规护柩还京师、赠中书令。诸孙迁秩者五人。

永德出母，后适朱邑刘祚。及永德镇南阳，祚已卒，迎母归州廨，起二堂，与继母刘并居。刘卒，马预中参，时年八十一，太宗劳之，赐冠帔，封莒国太夫人。同母弟刘再思，署子城使，于市西里起大第，聚刘族。

初，永德寓睢阳，有书生邻居卧疾，永德疗之获愈。生一日就永德求汞五两，既得，即置鼎中煮之，成中金。自是日与永德游，一日，告适淮上，语永德曰："后当相遇于彼。"永德曰："吴境不通，子何可去？"生曰："吾自有术。"永德送行数舍，恳求药法，生曰："君当大贵，吾不吝此，虑损君福。"言讫而去。及永德屯下蔡，牙帐前后队部曲八百人，皆金银刀槊，绣旗帜。永德善骑射，左右分挂十的，握十矢，疾驰互发，发必中。淮民环观，有一僧睥睨，永德遽召之，乃睢阳书生也。夜宿帐中，复求汞法。僧曰："始语君贵，今不谬矣。终能谨节，当保五十年富贵，安用此为？然能降志礼贤，当别有授公药法者。"永德由此益磬家资，延致方士，故太祖以方外待之。

初，睢阳书生尝言太祖受命之兆，以故永德潜意拱向。太祖将聘孝明皇后也，永德出缗钱金帛数千以助之，故尽太祖朝而恩渥不替。

孙文蔚虞部员外郎，文炳殿中丞。

王全斌，并州太原人。其父事庄宗，为岢岚军使，私畜勇士百余人，庄宗疑其有异志。召之，惧不敢行。全斌时年十二，谓其父曰："此盖疑大人有他图，愿以全斌为质，必得释。"父从其计，果获全，因以隶帐下。

及庄宗入洛，累历内职。同光末，国有内难，兵入宫城，近臣宿将皆弃甲遁去。惟全斌与符彦卿等十数人居中拒战。庄宗中流矢，扶掖至绛霄殿，全斌恸哭而去。明宗即位，补禁军列校。晋初，从侯益破张从宾于汜水，以功迁护圣指挥使。周广顺初，改圣为龙捷，以全斌为右厢都指挥使。及讨慕容彦超于兖州，为行营马步都校。显德中，从向训平秦、凤，遂领恩州团练使。俄迁领泗州防御使。从世宗平淮南，复瓦桥关，改相州留后。

宋初，李筠以潞州叛，全斌与慕容延钊由东路会大军进讨，以功拜安国军节度。诏令完葺西山堡砦，不逾时而就。建隆四年，与洺州防御使郭进等率兵入太原境，俘数千人以归，进克乐平。

乾德二年冬，又为忠武军节度。即日下诏伐蜀，命全斌为西川行营前军都部署，率禁军步骑二万、诸州兵万人由凤州路进讨。召示川峡地图，授以方略。

十二月，率兵拔乾渠渡、万仞燕子二砦，遂下兴州，蜀刺史蓝思绾退保西县。败蜀军七千人，获军粮四十余万斛。进拔石圌、鱼关、白水二十余砦，先锋史延德进军三泉，败蜀军数万，擒招讨使韩保正、副使李进，获粮三十余万斛。既而崔彦进、康延泽等逐蜀军过三泉，遂至嘉陵，杀虏甚众。蜀人断阁道，军不能进，全斌议取罗川路以入，延泽潜谓彦进曰："罗川路险，军难并进，不如分兵治阁道，与大军会于深渡。"彦进以白全斌，全斌然之。命彦进、延泽督治阁道，数日成，遂进击金山砦，破小漫天砦。全斌由罗川趣深渡，与彦进会。蜀人依江列阵以待，彦进遣张万友等夺其桥。会昏夜，蜀人退保大漫天砦。诘朝，彦进、延泽、万友分三道击之，蜀人悉其精锐来逆战，又大破之，乘胜拔其砦，蜀将王审超、监军赵崇渥遁去，复与三泉监军刘延祚、大将王昭远、赵崇韬引兵来战，三战三败，追至利州北。昭远遁去，渡桔柏江，焚梁，退守剑门。遂克利州，得军粮八十万斛。

自利州趋剑门，次益光。全斌会诸将议曰："剑门天险，古称一夫荷戈，万夫莫前，诸君宜各陈进取之策。"侍卫军头向韬曰："降卒牟进言：'益光江东，越大山数重，有狭径名来苏，蜀人于江西置砦，对岸有渡，自此出剑关南二十里，至清强店，与大路合。可于此进兵，即剑门不足恃也。'"全斌等即欲卷甲赴之，康延泽曰："来苏细径，不须主帅亲往。且蜀人屡败，并保退守剑门，莫若主帅协力进攻，命一偏将趋来苏，若达清强，北击剑关，与大军夹攻，破之必矣。"全斌纳其策，命史延德分兵趋来苏，造浮梁于江上，蜀人见梁成，弃砦而遁。昭远闻延德兵趋来苏，至清强，即引兵退，阵于汉源坡，留其偏将守剑门。全斌等击破之，昭远、崇韬皆遁走，遣轻骑追获，传送阙下，遂克剑州，杀蜀军万余人。

四年正月十三日，师次魏城，孟昶遣使奉表来降，全斌等入成都。旬余，刘廷让等始自峡路至。昶馈遗廷让等及犒师，一同全斌之至。及诏书颁赏，诸军亦无差降。由是两路兵相嫉，蜀人亦构，主帅遂不协。全斌等先受诏，每制置必须诸将金议，至是，虽小事不能即决。

俄诏发蜀兵赴阙，人给钱十千，未行者，加两月廪食。全斌等不即奉命，由是蜀军愤怨，人人思乱。两路随军使臣常数十百人，全斌、彦进及王仁赡等各保庇之，不令部送蜀兵，但分遣诸州牙校。蜀军至绵州果反，劫属邑，众至十余万，自号"兴国军"。有蜀文州刺史全师雄者，尝为将，有威惠，士卒畏服。适以其族赴阙下。绵州遇乱，师雄恐为所胁，乃匿其家于江曲民舍。后数日为乱兵所获，推为主帅。

全斌遣都监米光绪往招抚之，光绪尽灭师雄之族，纳其爱女及橐装。师雄闻之，遂无归志，率众急攻绵州，为横海指挥使刘福、龙捷指挥使田绍斌所败；遂攻彭州，逐刺史王继涛，杀都监李德荣，据其城。成都十县皆起兵应师雄，师雄自号"兴蜀大王"，开幕府，置僚属，署节帅二十余人，令分据灌口、导江、郫、新繁、青城等县。彦进与张万友、高彦晖、田钦祚同讨之，为师雄所败，彦晖战死，钦祚仅免，贼众益盛。全斌又遣张廷翰、张煦往击之，不利，退入成都。师雄分兵绵、汉间，断阁道，缘江置砦，声言欲攻成都。自是，邛、蜀、眉、雅、东川、果、遂、渝、合、资、简、昌、普、嘉、戎、荣、陵十七州，并随师雄为乱。邮传不通者月余，全斌等甚惧。时城中蜀兵尚余二万，全斌虑其应贼，与诸将谋，诱致夹城中，尽杀之。

未几，刘廷让、曹彬破师雄之众于新繁，俘万余人。

师雄退保郫县，全斌、仁赡又攻破之。师雄走保灌口砦。贼势既衄，余党散保州县。有陵州指挥使元裕者，师雄署为刺史，众万余，仁赡生擒之，磔于成都市。

俄虎捷指挥使吕翰为主将所不礼，因杀知嘉州客省使武怀节、战棹都监刘汉卿，与师雄党刘泽合，众至五万，逐普州刺史刘楚信，杀通判刘沂及虎捷都校冯绍。又果州指挥使宋德威杀知州八作使王永昌及通判刘涣、都监郑光弼，遂纠牙校王可璙率州民为乱。仁赡等讨吕翰于嘉州，翰败走入雅州。师雄病死于金堂，推谢行本为主，罗七君为佐命令公，与贼将宋德威、唐陶鳌据铜山，旋为康延泽所破。仁赡又败吕翰于雅州，翰走黎州，为下所杀，弃尸水中。后丁德裕等分兵招辑，贼众始息。

全斌之入蜀也，适属冬暮，京城大雪，太祖设毡帷于讲武殿，衣紫貂裘帽以视事，忽谓左右曰："我被服若此，体尚觉寒，念西征将冲犯霜雪，何以堪处！"即解裘帽，遣中黄门驰赐全斌，仍谕诸将，以不遍及也。全斌拜赐感泣。

初，成都平，命参知政事吕馀庆知府事，全斌但典军旅。全斌尝语所亲曰："我闻古之将帅，多不能保全功名，今西蜀既平，欲称疾东归，庶免悔吝。"或曰："今寇盗尚多，非有诏旨，不可轻去。"全斌犹豫未决。

会有诉全斌及彦进破蜀日，夺民家子女玉帛不法等事，与诸将同时召还。太祖以全斌等初立功，虽犯法，不欲辱以狱吏，但令中书问状，全斌等具伏。诏曰："王全斌、王仁赡、崔彦进等被坚执锐，出征全蜀，彼畏威而纳款，寻驰诏以申恩。用示哀矜，务敦绥抚，应孟昶宗族、官吏、将卒、士民悉令安存，无或惊扰；而乃违戾约束，侵侮宪章，专杀降兵，擅开公帑，豪夺妇女，广纳货财，敛万民之怨嗟，致群盗之充斥。以至再劳调发，方获平宁。洎命旋归，尚欲含忍，而衔冤之诉，日拥国门，称其隐没金银、犀玉、钱帛十六万七百余贯。又擅开丰德库，致失钱二十八万一千余贯。遂令中书门下召与讼者质证其事。而全斌等皆引伏。其令御史台于朝堂集文武百官议其罪。"

于是百官定议，全斌等罪当大辟，请准律处分。乃下诏曰："有征无战，虽举于王师；禁暴戢兵，当崇于武德。蠢兹庸蜀，自败奸谋，爰伐罪以宣威，俄望风而归命。遽令按堵，勿犯秋毫，庶德泽之涵濡，俾生聚之宁息。而忠武军节度王全斌、武信军节度崔彦进董兹锐旅，奉我成谋，既居克定之全功，宜体辑柔之深意。比谓不日清谧，即时凯旋，懋赏策勋，抑有彝典。而罔思寅畏，速此悔尤，贪残无厌，杀戮非罪，稽于偃革，职尔玩兵。尚念前劳，特从宽贷，止停旄钺，犹委藩宣。我非无恩，尔当自省。全斌可责授崇义军节度观察留后，彦进可责授昭化军节度观察留后，特建随州为崇义军、金州为昭化军以处之。仁赡责授右卫大将军。"开宝末，车驾幸洛阳郊祀，召全斌侍祠，以为武宁军节度。谓之曰："朕以江左未平，虑征南诸将不遵纪律，故抑卿数年，为朕立法。今已克金陵，还卿节钺。"仍以银器万两、帛万匹、钱千万赐之。全斌至镇数月卒，年六十九。赠中书令。天禧二年，录其孙永昌为三班奉职。

全斌轻财重士，不求声誉，宽厚容众，军旅乐为之用。黜居山郡十余年，怡然自得，识者称之。

子审钧，崇仪使、富州刺史、广州兵马钤辖；审锐，供奉官、阁门祗候。曾孙凯。

凯字胜予。祖审钧，尝为永兴军驻泊都监，以击贼死，遂家京兆。饶于财，凯散施结客，日驰猎南山下，以践蹂民田，捕至府。时寇准守长安，见其状貌奇之。为言："全斌取蜀有劳，而审钧以忠义死，当录其孤。"遂以为三班奉职、监凤翔獒屋税。历左右班殿直、监益州市买院、庆州合水镇兵马监押、监在京草场。

先是，守卒扫遗秆自入，凯禁绝，而众欲害之。事觉，他监官皆坐故纵，凯独得免。自右侍禁、雄州兵马监押，擢阁门祗候、定邢赵都巡检使。

元昊反，徙麟州都监。尝出双烽桥、染枝谷，遇夏人，破之。又破庞青、黄罗部，再战于伺候烽，前后斩首三百余级，获区落马牛、橐驼、器械以数千计。夏人围麟州，乘城拒斗，昼夜三十一日，始解去。特迁西头供奉官。

代迁，边寇犹钞掠，以为内殿崇班、麟州路缘边都巡检使，与同巡检张岊护粮道于青眉浪，寇猝大至，与岊相失。乃分兵出其后夹击之。复与岊合，斩首百余级。又入兔毛川，贼众三万，凯以兵六千陷围，流矢中面，斗不解，又斩首百余级，贼自蹂践，死者以千数。迁南作坊副使，后为并、代州钤辖，管勾麟府军马事。夏人二万寇青塞堡，凯出鞋邪谷，转战四十里，至杜胕川，大败之，复得所掠马牛以还。

经略使明镐言凯在河外九年，有功，遂领资州刺史。久之召还，未及见，会甘陵盗起，即命领兵赴城下。贼平，拜泽州刺史、知邠州。未几，为神龙卫四厢都指挥使、泽州团练使，历环庆、并代、定州路副都总管，捧日天武四厢、绵州防御使，累迁侍卫亲军步军副都指挥使、泾州观察使。又徙秦凤路，辞日，帝谕以唃氏木征，交易阻绝，颇有入寇之萌，宜安静以处之。凯至，与主帅以恩信抚接，遂复常贡。召拜武胜军节度观察留后、侍卫亲军马军副都指挥使。卒，年六十六。赠彰武军节度使，谥庄恪。

凯治军有纪律，善抚循士卒，平居与均饮食，至临阵援枹鼓，毅然不少假。故士卒畏信，战无不力，前后与敌遇，未尝挫衄。兔毛川之战，内侍宋永诚哭于军中，凯劾罢之。尤笃好于故旧。

子缄。缄子诜，字晋卿，能诗善画，尚蜀国长公主，官至留后。

康延泽，父福，晋护国军节度兼侍中。延泽，天福中，以荫补供奉官。周广顺二年，永兴李洪信入觐，遣延泽往巡检，迁内染院副使。

宋初，从慕容延钊、李处耘平湖湘。时荆南高保融卒，其子继冲嗣领军事，命延泽赍书币先往抚之。且察其情伪。及还，尽得其机事，因前导大军入境，遂下荆峡。以劳授正使。

乾德中，征蜀，为凤州路马军都监，破白水、阁子二砦，进击西县、三泉，获韩保正。由来苏路会大军，克剑门。及孟昶降，延泽以百骑先入成都，安抚军民，尽封府库而还。就命为成都府都监。会全师雄复乱，徙为普州刺史。时有降兵二万七千，诸将惧为内应，欲尽杀之。延泽请简老幼疾病七千人释之，余以兵卫还，浮江而下，贼若来劫夺，即杀之未晚。诸将不能用。俄出兵，败贼党刘泽三万人。复有王可璙率数郡贼兵来战，延泽击走之，追北至合州。又破可璙余党谢行本等，擒罗七君。事平，优诏嘉奖，就命为东川七州招安巡检使。

全斌等得罪，延泽亦坐贬唐州教练使。开宝中，起为供奉官，迁左藏库副使。坐与诸侄争家财失官，居西洛卒。

兄延沼，幼隶后唐明宗帐下。仕晋祖，为尚食使，改散指挥使都虞候、兴圣军都指挥使，出为随、泽二州刺史。

周祖北征，延沼与白文遇、李彦崇、曹奉金并从。广顺中，为侍卫马步军都军头，领信州刺史。从世宗征刘崇，率兵攻辽州，转龙捷右厢都校，领岳州防御使，真拜蔡齐郑楚四州防御使、晋潞二州兵马钤辖。

宋初，李重进叛，以延沼为前军马军都指挥使。建隆四年，改怀州防御使。乾德六年，命李继勋等征河东，以延沼为先锋都监。太祖亲征太原，以延沼宿将，熟练边事，诏领兵屯潞州，会以疾归郡。开宝二年，卒，年五十八。

王继涛，河朔人，少给事汉祖左右。乾祐初，补供奉官，历诸司副使。仕周，为右武卫大将军。淮南平，为天长军使。显德五年，迁和州刺史。

宋初，为左骁骑大将军，再迁左神武大将军，乾德二年，命护徙治安陵隧道。

大军伐蜀，为凤州路壕砦使。兴元降，王全斌命继涛权府事。孟昶降，全斌又遣继涛与供奉官王守讷部送昶归阙。守讷白全斌，言继涛问邦求宫妓、金帛，全斌遂留继涛，止令守讷送昶。俄诏以继涛为彭州刺史。

绵州军乱，劫全师雄为帅，率众攻彭州，继涛与都监李德荣拒之，德荣战死，继涛身被八枪，单骑走至成都。

素与通事舍人田钦祚有隙，会钦祚入朝，乃诬奏继涛以他事。太祖驿召继涛，将面质之，道病卒。诏曰："故彭州刺史王继涛，先登击贼，身被重创，优典未加，赍志而殁。故阶州刺史高彦晖，帅师讨贼，奋不顾命，垂老之年，殒身锋镝。永言痛悼，不忘于怀。宜各赐其家粟帛。"

高彦晖，蓟州渔阳人。仕契丹为瀛州守将。世宗北征，以城来降，迁耀、阶二州刺史。

王师伐蜀，为归州路先锋前都指挥使。全师雄之乱，崔彦进遣彦晖与田钦祚共讨之。至导江，与贼遇，贼据隘路，设伏竹箐中，官军至，遇伏发，遂不利。彦晖谓钦祚曰："贼势张大，日将暮，请收兵，诘朝与战。"钦祚欲遁，虑贼曳其后，乃绐之曰："公食厚禄，遇贼畏缩，何也？"彦晖复麾兵进。钦祚潜遁去。彦晖独与部下十余骑力战，皆死之，时年七十余。

彦晖老将，练习边事，上闻其殁，甚痛惜，故并命优恤之。

论曰：郭崇感激昔遇，发于垂涕。太祖察其忠厚，亟焚思诲之奏。虽魏文不强于杨彪，宋武无猜于徐广，何以加之。延璋开怀以待孤孺，宋偓抗章以察重进，向拱献谋以平上党，乘时建功，各奋所长，有足尚者。王彦超起自戎昭，历典藩服，引年高蹈，武夫之贞；至于自悔多杀，垂戒后裔，近乎仁人之用心。张永德前朝勋伐，夙识太祖，潜怀尊奉，虽有桥公祖之知，而非人臣之不二心者矣。乾德伐蜀之师，未七旬而降款至，诸将之功，何可泯也。王全斌黩货杀降，寻启祸变，太祖罪之，而从八议之贷，斯得驭功臣之道。延泽能相地险，豫谋屯备。继涛、彦晖，先登重伤，殒没无避，咸可称焉。

卷二百五十六　　列传第十五

赵普 弟安易

赵普，字则平，幽州蓟人。后唐幽帅赵德钧连年用兵，民力疲弊。普父遒举族徙常山，又徙河南洛阳。普沈厚寡言，镇阳豪族魏氏以女妻之。

周显德初，永兴军节度刘词辟为从事，词卒，遗表荐普于朝。世宗用兵淮上，太祖拔滁州，宰相范质奏普为军事判官。宣祖卧疾滁州，普朝夕奉药饵，宣祖由是待以宗分。太祖尝与语，奇之。时获盗百余，当弃市，普疑有无辜者，启太祖讯鞫之，获全活者众。淮南平，调补渭州军事判官。太祖领同州节度，辟为推官；移镇宋州，表为掌书记。

太祖北征至陈桥，被酒卧帐中，众军推戴，普与太宗排闼入告。太祖欠伸徐起，而众军擐甲露刃，喧拥麾下。及受禅，以佐命功，授右谏议大夫，充枢密直学士。

车驾征李筠，命普与吕余庆留京师，普愿扈从，太祖笑曰："若胜冑介乎？"从平上党，迁兵部侍郎、枢密副使，赐第一区。建隆三年，拜枢密使、检校太保。

乾德二年，范质等三相同日罢，以普为门下侍郎、平章事、集贤殿大学士。中书无宰相署敕，普以为言，上曰："卿但进敕，朕为卿署之可乎？"普曰："此有司职尔，非帝王事也。"令翰林学士讲求故实，窦仪曰："今皇弟尹开封，同平章事，即宰相任也。"令署以赐普。既拜相，上视如左右手，事无大小，悉咨决焉。是日，普兼监修国史。命薛居正、吕馀庆参知政事以副之，不宣制，班在宰相后，不知印，不预奏事，不押班，但奉行制书而已。先是，宰相兼敕，皆用内制，普相止用敕，非旧典也。

太祖数微行过功臣家，普每退朝，不敢便衣冠。一日，大雪向夜，普意帝不出。久之，闻叩门声，普亟出，帝立风雪中，普惶惧迎拜。帝曰："已约晋王矣。"已而太宗至，设重裀地坐堂中，炽炭烧肉。普妻行酒，帝以嫂呼之。因与普计下太原。普曰："太原当西北二面，太原既下，则我独当之，不如姑俟削平诸国，则弹丸黑子之地，将安逃乎？"帝笑曰："吾意正如此，特试卿尔。"

五年春，加右仆射、昭文馆大学士。俄丁内艰，诏起复视事。遂劝帝遣使分诣诸道，征丁壮籍名送京师，以备守卫；诸州置通判，使主钱谷。由是兵甲精锐，府为充实。

开宝二年冬，普尝病，车驾幸中书。三年春，又幸其第抚问之。赐赉加等。六年，帝又幸其第。时钱王俶遣使致书于普，及海物十瓶，置于庑下。会车驾至，仓卒不及屏，帝顾问何物，普以实对。上曰："海物必佳。"即命启之。皆瓜子金也。普惶恐顿首谢曰："臣未发书，实不知。"帝叹曰："受之无妨，彼谓国家事皆由汝书生尔！"

普为政颇专，廷臣多忌之。时官禁私贩秦、陇大木，普尝遣亲吏诣市屋材，联巨筏至京师治第，吏因之窃货大木，冒称普市货鬻都下。权三司使赵玭廉得以闻。太祖大怒，促令追班，将下制逐普，赖王溥奏解之。

故事，宰相、枢密使每候对长春殿，同止庐中；上闻普子承宗娶枢密使李崇矩女，即令分异。普又以隙地私易尚食蔬圃以广其居，又营邸店规利。卢多逊为翰林学士，因召对屡攻其短。会雷有邻击登闻鼓，讼堂后官胡赞、李可度受赇鬻法及刘伟伪作摄牒得官，王洞尝纳赂可度，赵孚授西川官称疾不上，皆普庇之。太祖怒，下御史府按问，悉抵罪，以有邻为秘书省正字。普恩益替，始诏参知政事与普更知印、押班、奏事，以分其权。未几，出为河阳三城节度、检校太傅、同平章事。

太平兴国初入朝，改太子少保，迁太子太保。颇为卢多逊所毁，奉朝请数年，郁郁不得志。会柴禹锡、赵镕等告秦王廷美骄恣，将有阴谋窃发。帝召问，普言愿备枢轴以察奸变，退又上书，自陈预闻太祖、昭宪皇太后顾托之事，辞甚切至。太宗感悟，召见慰谕，俄拜司徒兼侍中，封梁国公。先是，秦王廷美班在宰相上，至是，以普勋旧，再登元辅，表乞居其下，从之。及涪陵事败，多逊南迁，皆普之力也。

八年，出为武胜军节度、检校太尉兼侍中。帝作诗以饯之，普奉而泣曰："陛下赐臣诗，当刻石，与臣朽骨同葬泉下。"帝为之动容。翌日，谓宰相曰："普有功国家，朕昔与游，今齿发衰矣，不容烦以枢务，择善地处之，因诗什以导意。普感激泣下，朕亦为之堕泪。"宋琪对曰："昨日普至中书，执御诗涕泣，谓臣曰：'此生余年，无阶上答，庶希来世得效犬马力。'臣昨闻普言，今复闻宣谕，君臣始终之分，可谓两全。"

雍熙三年春，大军出讨幽蓟，久未班师，普手疏谏曰：

伏睹今春出师，将以收复关外，屡闻克捷，深快舆情。然晦朔屡更，荐臻炎夏，飞挽日繁，战斗未息，老师费财，诚无益也。

伏念陛下自翦平太原，怀徕闽、浙，混一诸夏，大振英声，十年之间，遂臻广济。远人不服，自古圣王置之度外，何足介意。窃虑邪诐之辈，蒙蔽睿聪，致兴无名之师，深蹈不测之地。臣载披典籍，颇识前言，窃见汉武时主父偃、徐乐、严安所上书及唐相姚元崇献明皇十事，忠言至论，可举而行。伏望万机之暇，一赐观览，其失未远，虽悔可追。

臣窃念大发骁雄，动摇百万之众，所得者少，所丧者多。又闻战者危事，难保其必胜；兵者凶器，深戒于不虞。所系甚大，不可不思。臣又闻上古圣人，心无固必，事不凝滞，理贵变通。前书有"兵久生变"之言，深为可虑，苟或更图稽缓，转失机宜。旬朔之间，时涉秋序，边庭早凉，弓劲马肥，我军久困，切虑此际，或误指踪。臣方冒宠以守藩，曷敢兴言而沮众。盖臣已日薄西山，余光无几，酬恩报国，正在斯时。伏望速诏班师，无容玩敌。

臣复有全策，愿达圣聪。望陛下精调御膳，保养圣躬，挈彼疲氓，转之富庶。将见边烽不警，外户不扃，率土归仁，殊方异俗，相率向化，契丹独将焉往？陛下计不出此，乃信邪诌之徒，谓契丹少事多，所以用武，以中陛下之意。陛下乐祸求功，以为万全，臣窃以为不可。伏愿陛下审其虚实，究其妄谬，正妖臣误国之罪，罢将士伐燕之师。非特多难兴王，抑亦从谏则圣也。古之人尚闻尸谏，老臣未死，岂敢百虑为安身之计而不言哉？

帝赐手诏曰：

朕昨者兴师选将，止令曹彬、米信等顿于雄、霸，裹粮坐甲以张军声。俟一两月间山后平定，潘美、田重进等会兵以进，直抵幽州，然后控扼险固，恢复旧疆，此朕之志也。奈何将帅等不遵成算，各骋所见，领十万甲士出塞远斗，速取其郡县，更还师以援辎重，往复劳弊，为辽人所袭，此责在主将也。

况朕踵百王之末，粗致承平，盖念彼民陷于边患，将救焚而拯溺，匪黩武以佳兵，卿当悉之也。疆场之事，已为之备，卿勿为忧。卿社稷元臣，忠言苦口，三复来奏，嘉愧实深。

普表谢曰：

昨以天兵久驻塞外，未克恢复，渐及炎蒸，事危势迫，辄陈狂狷，甘俟宪章。陛下特鉴衷诚，亲纡宸翰，密谕圣谋。臣窃审命师讨罪，信为上策，将帅能遵成算，必可平定。惟其不副天心，由兹败事。今既边鄙有备，更复何虞。况陛下登极十年，坐隆大业，无一物之失所，见万国之咸宁。所宜端拱穆清，啬神和志，自可远继九皇，俯观五帝。岂必穷边极武，与契丹较胜负哉？臣素亏壮志，划在衰龄，虽无功伐，愿竭忠纯。

观者咸嘉其忠。四年，移山南东道节度，自梁国公改封许国公。会诏下亲耕籍田，普表求入觐，辞甚恳切。上恻然谓宰相曰："普开国元臣，朕所尊礼，宜从其请。"既至，慰抚数四，普呜咽流涕。陈王元僖上言曰：

臣伏见唐太宗有魏玄成、房玄龄、杜如晦，明皇有姚崇、宋璟、魏知古，皆任以辅弼，委之心膂，财成帝道，康济九区，宗祀延洪，史策昭焕，良由登用得其人也。今陛下君临万方，焦劳庶政，宵衣旰食，以民为心。历考前王，诚无所让，而辅相之重，未偕曩贤。况为邦在于任人，任人在乎公正，公正之道莫先于赏罚，斯为政之大柄也。苟赏罚匪当，淑慝莫分，朝廷纪纲，渐致隳素。必须公正之人典掌衡轴，直躬敢言，以辨得失，然后彝伦式序，庶务用康。

伏见山南东道节度使赵普，开国元老，参谋缔构，重厚有识，不妄希求恩顾以全禄位，不私徇人情以邀名望，此真圣朝之良臣也。窃闻憸巧之辈，朋党比周，众口嗷嗷，恶直丑正，恨不斥逐退徽，以快其心。何者？盖虑陛下之再用普也。然公议之人，咸愿陛下复委以政，启沃君心，羽翼圣化。国有大事，使之谋之；朝有宏纲，使之举之；四目未察，使之明之；四聪未至，使之达之。官人以材，则无窃禄，致君以道，则无苟容。贤愚洞分，玉石殊致，当使结朋党以驰骛声势者气索，纵巧佞以援引侪类者道消。沈冥废滞得以进，名儒懿行得以显，大政何患乎不举，生民何患乎不康，匪逾期月之间，可臻清静之治。臣知虑庸浅，发言鲁直。伏望陛下旁采群议，俯察物情，苟用不失人，实邦国大幸。

籍田礼毕，太宗欲相吕蒙正，以其新进，藉普旧德为之表率，册拜太保兼侍中。帝谓之曰："卿国之勋旧，朕所毗倚，古人耻其君不及尧、舜，卿其念哉。"普顿首谢。

时枢密副使赵昌言与胡旦、陈象舆、董俨、梁颢厚善。会旦令翟马周上封事，排毁时政，普深嫉之，奏流马周，黜昌言等。郑州团练使侯莫陈利用骄肆僭侈，大为不法，普廉得之，尽以条奏，利用坐流商州，普固请诛之。其嫉恶强直皆此类。

李继迁之扰边，普建议以赵保忠复领夏台故地，因令图之。保忠反与继迁同谋为边患，时论归咎于普，颇为同列所窥，不得专决。

旧制，宰相以未时归第，是岁大热，特许普夏中至午时归私第。明年，免朝谒，止日赴中书视事，有大政则召对。冬，被疾请告，车驾屡幸其第省之，赐予加等。普遂称疾笃，三上表求致仕，上勉从之，以普为西京留守、河南尹，依前守太保兼中书令。普三表恳让。赐手诏曰："开国旧勋，惟卿一人，不同他等，无至固让，俟首涂有日，当就第与卿为别。"普捧诏涕泣，因力疾请对，赐坐移晷，颇言及国家事，上嘉纳之。普将发，车驾幸其第。

淳化三年春，以老衰久病，令留守通判刘昌言奉表求致政，中使驰传抚问，凡三上表乞骸骨。拜太师，封魏国公，给宰相奉料，令养疾，俟损日赴阙，仍遣其弟宗正少卿安易赍诏书赐之。又特遣使赐普诏曰："卿顷属微疴，恳求致政，朕以居守之重，虑烦眷瞩，维师之命，用表尊贤。伫闻有瘳，与朕相见。今赐羊酒如别录，卿宜爱精神，近医药，强饮食，以副朕眷遇之意。"七月卒，年七十一。

卒之先一岁，普生日，上遣其子承宗赍器币、鞍马就赐之。承宗复命，未几卒。次岁，普已罢中书令。故事，无生辰之赐，特遣普侄婿左正言、直昭文馆张秉赐之礼物。普闻之，因追悼承宗，秉未至而普疾笃。先是，普遣亲吏甄潜诣上清太平宫致祷，神为降语曰："赵普，宋朝忠臣，久被病，亦有冤累耳。"潜还，普力疾冠带，出中庭受神言，涕泗感咽，是夕卒。

上闻之震悼。谓近臣曰："普事先帝，与朕故旧，能断大事，向与朕尝有不足，众所知也。朕君临以来，每优礼之，普亦倾竭自效，尽忠国家，真社稷臣也，朕甚惜之。"因出涕，左右感动。废朝五日，为出次发哀。赠尚书令，追封真定王，赐谥忠献。上撰神道碑铭，亲八分书以赐之。

遣右谏议大夫范呆摄鸿胪卿，护丧事。赙绢布各五百匹，米面各五百石。葬日，有司设卤簿鼓吹如式。

二女皆笄，普妻和氏言愿为尼，太宗再三谕之，不能夺。赐长女名志愿，号智果大师；次女名志英，号智圆大师。

初，太祖侧微，普从之游，既有天下，普屡以微时所不足者言之。太祖豁达，谓普曰："若尘埃中可识天子、宰相，则人皆物色之矣。"自是不复言。普少习吏事，寡学术，及为相，太祖常劝以读书。晚年手不释卷，每归私第，阖户启箧取书，读之竟日。及次日临政，处决如流。既薨，家人发箧视之，则《论语》二十篇也。

普性深沉有岸谷，虽多忌克，而能以天下事为己任。宋初，在相位者多龌龊循默，普刚毅果断，未有其比。尝奏荐某人为某官，太祖不用。普明日复奏其人，亦不用。明日，普又以其人奏，太祖怒，碎裂奏牍掷地，普颜色不变，跪而拾之以归。他日补缀旧纸，复奏如初。太祖乃悟，卒用其人。又有群臣当迁官，太祖素恶其人，不与。普坚以为请，太祖怒曰："朕固不为迁官，卿若之何？"普曰："刑以惩恶，赏以酬功，古今通道也。且刑赏天下之刑赏，非陛下之刑赏，岂得以喜怒专之。"太祖怒甚，起，普亦随之。太祖入宫，普立于宫门，久之不去，竟得俞允。

太宗入弭德超之谮，疑曹彬不轨，属普再相，为彬辨雪保证，事状明白。太宗叹曰："朕听断不明，几误国事。"即日窜逐德超，遇彬如旧。

祖吉守郡为奸利，事觉下狱，案劾，爰书未具。郊礼将近，太宗疾其贪墨，遣中使谕旨执政曰："郊赦可特勿贷祖吉。"普奏曰："败官抵罪，宜正典辟。然国家卜郊肆类，对越天地，告于神明，奈何以吉而黩陛下赦令哉？"太宗善其言，乃止。

真宗咸平初，追封韩王。二年，诏曰："故太师赠尚书令、追封韩王赵普，识冠人彝，才高王佐，翊戴兴运，光启鸿图，虽吕望肆伐之勋，萧何指纵之效，殆无以过也。自辅弼两朝，周旋三纪，茂岩廊之硕望，分屏翰之剧权，正直不回，始终无玷，谋猷可复，风烈如生。宜预享于大烝，永同休于宗祏，兹为茂典，以答旧勋，其以普配飨太祖庙庭。"

普子承宗，羽林大将军，知潭、郓二州，皆有声；承煦，成州团练使。弟固、安易。固至都官郎中。

安易字季和。建隆初，摄府州录事参军，节度使折德扆言其清干，遂命即真。再迁河南府推官。会普居相位，十年不赴调。太平兴国中，历华、邢二镇掌书记。部刍粮至太原城下，拜监察御史，知兴元府；转殿中，赐绯鱼袋。先是，两川民输税者以铁钱易铜钱。安易言其非便，请许纳铁钱，诏从之。九年，起拜宗正少卿，知定州。会以曹璨知州，徙安易为通判，未几代归。又表求外任，命知耀州，留不遣，命按视北边事。

淳化中，尝建议以蜀地用铁钱，准铜钱数倍，小民市易颇为不便，请如刘备时令西川铸大钱，以十当百。下都省集议，吏部尚书宋琪等言："刘备时盖患钱少，因而改作，今安易之请反患钱多，非经久计也。"而安易论请不

已，仍募工铸大钱百余进之，极其精好，俄坠殿阶皆碎，盖熔铄尽其精液矣。太宗不之诘，犹嘉其用心，赐以金紫，且遣其典铸。既而大有亏耗，岁中裁得三千余缗，众议喧然，遂罢之。事具《食货志》。

历知襄、庐二州，就迁宗正卿，归朝，复领卿职。时属籍未备，奏请纂录，咸平初，乃命梁周翰与安易同修。安易略涉书传，性强狠，好谈世务，而疏阔不可用。初，太宗尝问农政，安易请复井田之制。又以其家本燕蓟，多访以边事。

景德初，礼官详定明德皇太后灵驾发引，于京师壬地权攒，依礼埋悬重，升祔神主。安易上言：

《礼》云"既虞作主"，虞者，已葬设音祭也。明未葬则未立虞主及神主。所以周制但凿木为悬重，以主神灵。王后七月而葬，则埋悬重，掩玄堂，凶仗、辒辌车、龙辀之属焚于柏城讫，始可立虞主。吉仗还京，备九祭，复埋虞主，然后立神主，升庙室。自旷古至皇朝，上奉祖宗陵庙行此礼，何以今日乃违典章，苟且升祔，方权攒妄立神主，未大葬辄埋悬重？且棺柩未归园陵，则神灵岂入太庙？奈柏城未焚凶仗，则凶秽唐突祖宗。望约孝章近例，但于壬地权攒，未立神主升祔，凶仪一切祇奉。俟丙午年灵驾西去园陵，东回祔庙。如此则免于颠倒，不利国家。

乃诏有司再加详定。判礼院孙何等上言：

按《晋书》羊太后崩，废一时之祀，天地明堂，去乐不作。又按《礼》，王后崩，五祀之祭不行既殡而祭。所言五祀不行，则天地之祭不废，遂议以园陵年月不便，须至变礼从宜。又缘先准礼文，候神主升祔毕，方行享祀。若俟丙午岁，则三年不祭宗庙，礼文有阙。况明德皇太后德配先朝，礼合升祔。遂与史馆检讨同共参详，以为庙未祔则神灵不至，伏恐祭祀难行。攒既毕则梓宫在郊，可以葬礼比附。遂按《礼》云"葬者藏也，欲人不得而见也。"既不欲穿圹动土，则龙辀、攒木、题凑，蒙椁上四柱如屋以覆，尽涂之。所合埋重，一依近例，便可升祔神主。安易妄言，以凶仗为凶秽，目群官为颠倒，指梓宫为棺柩，令百司分析园陵，渎圣听，诬罔臣下。

安易又云"昔日睹群官尽公，奉二帝诸后，并先山陵，后祔庙；今日睹群官颠倒，奉明德皇太后，独先祔庙，后园陵"者。今详当时先山陵后祔庙，正为年月便顺，别无阴阳拘忌。今则年月未便，理合从宜。未埋重则礼文不备，未升祔则庙祭犹阙，须从变礼，以合圣情。兼明德皇太后将赴权攒，而安易所称"柏城未焚凶仗，则凶秽唐突祖宗。"按《檀弓》云："丧之朝也，顺死者之孝心也。"郑玄注云，谓迁柩于庙。

又云："其哀离其室也，故至于祖考之庙而后行，商朝而殡于祖，周朝而遂葬。"今亦遥辞宗庙而后行，岂可以《礼经》所出目为颠倒，吉凶具仪谓之唐突哉？

又云："孝章皇后至道元年崩，亦缘有所嫌避，未赴园陵，出京权攒之时，不立神主入庙。直至至道三年，西去园陵，礼毕，然后奉虞主还京，易神主祔庙，

以合典礼。"今详当时文籍，缘孝章为太宗嫂氏，上仙之时，止辍五日视朝，百官不曾成服，与今不同。从初亦无诏命令住庙享。今明德皇太后母仪天下，主上孝极曾、颜，况上仙之初，即有遗命权停享祀。今按礼文，固合如此。安易荒唐庸昧，妄有援引，以大功之亲，比三年之制，欺罔君上，乃至于斯。

况安易以讦直自负，所诋者无非良善；以清要自高，所尚者无非鄙俗。名宦之志，老而益坚；诗书之文，懵而不习。本院所议，并明称典故，旁考时宜，虽曰从权，粗亦稽古，请依元议施行。

从之。安易又屡言陵庙事，词多鄙俚。晚岁趋进不已，时论嗤之。二年卒，年七十六。赠工部尚书。录其子承庆为国子博士，孙从政为太常寺奉礼郎。

论曰：自古创业之君，其居潜旧臣，定策佐命，树事建功，一代有一代之才，未尝乏也。求其始终一心，休戚同体，贵为国卿，亲若家相，若宋太祖之于赵普，可谓难矣。陈桥之事，人谓普及太宗先知其谋，理势或然。事定之后，普以一枢密直学士立于新朝数年，范、王、魏三人罢相，始继其位，太祖不亟于酬功，普不亟于得政。及其当揆，献可替否，惟义之从，未尝以勋旧自负。偃武而修文，慎罚而薄敛，三百余年之宏规，若平昔素定，一旦举而措之。太原、幽州之役，终身以轻动为戒，后皆如其言。家人见其断国大议，闭门观书，取决方册，他日窃视，乃《鲁论》耳。昔傅说告商高宗曰："学于古训乃有获，事不师古，以克永世，匪说攸闻。"普为谋国元臣，乃能矜式往哲，蓍龟圣模，宋之为治，气象醇正，兹岂无助乎。晚年廷美、多逊之狱，大为太宗盛德之累，而普与有力焉。岂其学力之有限而犹有患失之心欤？君子惜之。

卷二百五十七　　列传第十六

吴廷祚子元辅　元载　元扆　**李崇矩**子继昌
王仁赡　**楚昭辅**　**李处耘**子继隆　继和

吴廷祚，字庆之，并州太原人。少颇读书，事周祖，为亲校。广顺初，授庄宅副使，迁内军器库使、知怀州，入为皇城使。会天平符彦卿移镇大名，以廷祚权知郓州。

世宗即位，迁右羽林将军，充内客省使。未几，拜宣徽北院使。世宗征刘崇，为北面都巡检使。师还，权判澶州。归阙，加右监门卫大将军。俄迁宣徽南院使、判河南府、知西京留守事。汴河决，命廷祚督丁壮数万塞之。因增筑堤防，自京城至临淮，数旬讫工。世宗北征，权东京留守。是夏，河决郑州原武县，命廷祚发近县丁壮二万余塞之。师还，以廷祚为左骁卫上将军、检校太傅，充枢密使。恭帝即位，加检校太尉。

宋初，加同中书门下二品，以其父名璋，故避之。会李筠叛，廷祚白太祖曰："潞城岩险，且阻太行，贼据之，未易破也。筠素勇而轻，若速击之，必离上党来邀我战，犹兽亡其薮，鱼脱于渊，因可擒矣。"太祖遂亲征，以廷祚留守东京兼判开封府。筠果领兵来，战泽州南，其众败走。及讨李重进，又为东京留守。

建隆三年夏，帝谓之曰："卿掌枢务，有年于兹，与卿秦州，以均劳逸。明日制出，恐卿以离朕左右为忧，故先告卿。"即以为雄武军节度。先是，秦州夕阳镇西北接大薮，多材植，古伏羌县之地。高防知州日，建议就置采造务，调军卒分番取其材以给京师。西夏酋长尚波于率众争夺，颇伤役卒，防捕击其党，以状闻。上令廷祚代防，赍诏赦尚波于等，夏人感悦。是年秋，以伏羌地来献。

乾德二年来朝，改镇京兆。开宝四年长春节来朝。俄遇疾，车驾临问，命燕艾灸其腹，遣中使王继恩监视之。未几卒，年五十四。赠侍中，官给葬事。

廷祚谨厚寡言，性至孝，居母丧，绝水浆累日。好学，聚书万余卷。治家严肃，尤崇奉释氏。

子元辅、元载、元范、元扆、元吉、元庆。元范、元庆仕皆至礼宾副使。元吉，阁门祗候。元吉子昭允，太子中舍。元庆子守仁，内殿崇班。

元辅字正臣，颇好学，善笔札。周广顺中，以父任补供奉官。世宗嗣位，迁洛苑使。宋初，授左骁卫将军、澶州巡检，累官至定州钤辖。卒，年四十八。子昭德、昭逊、昭普，并阁门祗候。

元载，建隆初，授太子右春坊通事舍人，赐绯鱼袋。廷祚出镇秦、雍，并补衙门都校。廷祚卒，授供奉官。太平兴国三年，加阁门祗候，与太祝母宾古使契丹。九年，擢为西上阁门副使，出知陕州。

雍熙三年，徙知秦州。州民李益者，为长道县酒务官，家饶于财，僮奴数千指，恣横持郡吏短长，长吏而下皆畏之。民负息钱者数百家，郡为督理如公家租调，独推官冯伉不从。益遣奴数辈伺伉按行市中，拽之下马，因毁辱之。先是，益厚赂朝中权贵为庇护，故累年不败。及伉屡表其事，又为邸吏所匿，不得达。后因市马译者附表以闻，译因入见，上其表。帝大怒，诏元载逮捕之。诏书未至，京师权贵已报益，益惧，亡命。元载以闻，帝愈怒，诏州郡物色急捕之，获于河中府民郝氏家，鞠于御史府，具得其状，斩之，尽没其家。益子仕衡先举进士，任光禄寺丞，诏除籍，终身不齿。益之伏法，民皆饭僧相庆。

端拱初，迁西上阁门使。淳化二年，加领富州刺史，俄徙知成都府。蜀俗奢侈，好游荡，民无赢余，悉市酒肉为声技乐，元载禁止之；吏民细罪又不少贷，人多怨咨。及王小波乱，元载不能捕灭，受代归阙，而成都不守。

时李仕衡通判华州，常衔元载因事杀其父，伺元载至阙，遣人阅行装，收其关市之税。元载拒之，仕衡抗章疏其罪，坐责鄂州团练副使。移单州，以疾授左卫将军致政。卒，年五十三。

子昭明，为内殿崇班；昭矩，太子中舍。

元扆字君华。太平兴国八年，选尚太宗第四女蔡国公主，授左卫将军、驸马都尉。明年正月，领爱州刺史。是冬，领本州团练使。

雍熙三年，有事北边，元扆表求试剧郡，命知郓州。

逾年召入，寻知河阳。还朝，改郢州观察使。特诏朝会序班次节度使，奉禄赐予悉增之。再知河阳。

淳化元年，以主疾召还。主薨，复遣之任。五年，秋霖河溢，奔注沟洫，城垒将坏，元扆躬涉泥淖，督工补塞。民多构木树杪以避水，元扆命济以舟楫，设饼饵以食。时澶、陕悉罹水灾，元扆所部赖以获安。

真宗即位，换安州观察使，俄知澶州。咸平三年，转运使刘锡上其治状，诏书嘉奖，迁宁国军留后、知定州。时王超、王继忠领兵逾唐河，与辽人战，元扆度其必败，乃急发州兵护河桥。既而超辈果败，辽人乘之，至桥，见阵兵甚盛，遂引去。考满，吏民诣阙贡马，疏其善政十事，愿借留树碑，表其德政。诏褒之。属岁旱，吏白召巫以土龙请雨。元扆曰："巫本妖民，龙止兽也，安能格天？惟精诚可以动天。"乃集道人设坛，洁斋三日，百拜祈祷，澍雨沾洽。

景德元年代归，拜武胜军节度。三年，以陵域积水，议埋掘沟涧，命为修诸陵都部署，以内侍副都知阎承翰副之。出知潞州。初，并、代、泽、潞皆分辖戍卒，后并于太原。至是，以元扆临镇，遂分领泽、潞、晋、绛、慈、隰、威胜七州军戎事，委元扆专总之。东封，表求扈从，命祀青帝。礼毕，加检校太傅、知徐州。大中祥符四年，以祀汾阴恩，改领山南东道。五月，制书下，元扆被疾卒，年五十。赠中书令，谥忠惠。子弟进秩者五人。五年，葬元扆，时上元欲观灯，帝为移次夕。

元扆性谨让，在藩镇有忧民心，待宾佐以礼。喜读《春秋左氏》，声色狗马，一不介意。所得禄赐，即给亲族孤贫者。将赴徐州，请对言："臣族属至多，其堪禄仕者皆为表荐，余皆均奉赡之。"公主有乳媪，得入参宫禁，元扆虑其去后妄有请托，白上拒之。真宗深所嘉叹，于帝婿中独称其贤。及殁，甚悼惜。且以元扆得疾，本州不以闻，诏劾其官属。

子守礼，至六宅使、澄州刺史，以帝甥特赠和州防御使；守严，至内殿崇班，天禧中，录守严子承嗣、承绪并为殿直；守良为内殿崇班；守让閤门祗候。

李崇矩，字守则，潞州上党人。幼孤贫，有至行，乡里推服。汉祖起晋阳，次上党，史弘肇时为先锋都校，闻崇矩名，召署亲吏。乾祐初，弘肇总禁兵兼京城巡检，多残杀军民，左右俱畏，稍稍引去，惟崇矩事之益谨。及弘肇被诛，独得免。

周祖与弘肇素厚善，即位，访求弘肇亲旧，得崇矩。谓之曰："我与史公受汉厚恩，戮力同心，共奖王室，为奸邪所构，史公卒罹大祸，我亦仅免。汝史氏家故吏也，为我求其近属，吾将恤之。"崇矩上其母弟福。崇矩素主其家，尽籍财产以付福，周祖嘉之，以崇矩隶世宗帐下。显德初，补供奉官。从征高平，以功转供备库副使，改作坊使。恭帝嗣位，命崇矩告哀于南唐。还判四方馆事。

宋初，李筠叛，命崇矩率龙捷、骁武左右射禁军数千人屯河阳，以所部攻大会砦，拔之，斩首五百级。改泽、潞南面行营前军都监，与石守信、高怀德、罗彦瓌同破筠众于碾子谷。及平泽、潞，遣崇矩先入城，收图籍，视府库。因上言曰："上党，臣乡里也。臣父尚槀葬，愿护榇归京师。"许之，赐予甚厚。师还，会判三司张美出镇，拜右监门卫大将军，充三司使。从征李重进，还为宣徽北院使，仍判三司。

乾德二年，代赵普拜枢密使。五年，加检校太傅。时剑南初平，禁军校吕翰聚众构乱，军多亡命在其党中，言者请诛其妻子。太祖疑之，以语崇矩。崇矩曰："叛亡之徒固当孥戮，然案籍合诛者余万人。"太祖曰："朕恐有被其驱率，非本心者。"乃令尽释之。翰众闻之，亦稍稍自归。未几，翰败灭。

开宝初，从征太原。会班师，命崇矩为后殿。次常山，被病，帝遣太医诊视，命乘凉车还京师。崇矩叩头言："凉车乃至尊所御，是速臣死尔。"固辞得免。

时赵普乃相，崇矩以女妻普子承宗，相厚善，帝闻之不悦。有郑伸者，客崇矩门下仅十年，性险诐无行，崇矩待之渐薄。伸衔之，因上书告崇矩阴事。崇矩不能自明。太祖释不问，出为镇国军节度，赐伸同进士出身，以为酸枣主簿；仍赐器币、袭衣、银带。六年，崇矩入为左卫大将军。

太平兴国二年夏，河防多决，诏崇矩乘传自陕至沧、棣，按行河堤。是秋，出为邕、贵、浔、宾、横、钦六州都巡检使。未几，移琼、崖、儋、万四州都巡检使，麾下军士咸惮于行，崇矩尽出器皿金帛，凡直数百万，悉分给之，众乃感悦。时黎贼扰动，崇矩悉抵其洞穴抚慰，以己财遗其酋长，众皆怀附。代还，拜右千牛卫上将军。雍熙三年，命代宋偓判右金吾街仗兼六军司事。端拱元年，卒，年六十五。赠太尉，谥元靖。

崇矩性纯厚寡言，尤重然诺。尝事史弘肇，及贵，见其子孙，必厚礼之，振其乏绝。在岭海四五年，恬不以炎荒婴虑。旧涉海者多舣舟以俟便风，或旬余，或弥月，崇矩往来皆一日而渡，未尝留滞，士卒僮仆随者皆无恙。信奉释氏，饭僧至七十万，造像建寺尤多。又喜黄白术，自远迎其人，馆于家以师之，虽知其诈，犹以为神仙，试以终无悔恨。子继昌。

继昌字世长。初，崇矩与太祖同府厚善，每太祖诞辰，必遣继昌奉币为寿。尝畀弱弓轻矢，教以射法。建隆三年，荫补西头供奉官。太祖欲选尚公主，崇矩谦让不敢当，继昌亦自言不愿。崇矩亟为继昌聘妇，太祖闻之，颇不悦。

开宝五年，选魏咸信为驸马都尉，继昌同日迁如京副使。崇矩出华州，补镇国军牙职。入为右班殿直、东头供奉官，监大名府商税，岁课增羡。会诏择廷臣有劳者，府以名闻。丁外艰，服阕，授西京作坊副使。淳化中，齐饥多盗，命为登、莱、沂、密七州都巡检使。

至道二年，蜀贼平，余党颇啸聚，拜西京作坊使、峡路二十五州军捉贼招安都巡检使，旋改兵马钤辖。贼酋喻雷烧者，久为民患，以金带遗继昌，继昌伪纳之，贼懈不设备，因掩杀之。进西京左藏库使。

咸平三年，王均乱蜀，与雷有终、上官正、石普同受诏进讨，砦于城西门。贼忽开城伪遁，有终等各以所部径入，继昌觉，亟止之不听，因独还砦。贼果闭关发伏，悉陷之，有终等仅以身免。继昌按堵如故，所部诸校闻城中战声，泣请引去。继昌曰："吾位最下，当俟主帅命。"是夕，有终驰报至，徙继昌屯雁桥门。三月，破弥牟砦，斩首千级，大获器仗，进逼鱼桥门，均脱走。继昌入城，严戒部下，无扰民者。获妇女童幼窦空寺中，俟事平遣还其家。继昌急领兵追贼至资州，闻均枭首乃还。以功领奖州刺史。俄知青州，入掌军头引见司。

景德二年，将幸澶州，遣先赴河上给诸军铠甲。辽人请和，欲近臣充使，乃令继昌与其使姚东之偕诣辽部，俄与韩杞同至行在；及辽人聘至，又命至境首伴接。寻擢为西上阁门使。三年，又副任中正使契丹。是冬，将朝陵寝，以汝州近洛，卫兵所驻，命知州事兼兵马钤辖。驾还，召归，出知延州兼鄜延路钤辖。

大中祥符元年，进秩东上阁门使。俄以目疾求归京师。入对，劳问再三，遣尚医诊视，假满仍给以奉。少愈，令枢密院传旨，将真拜刺史，复任延安。继昌以疾表求休致。未几，改右骁卫大将军，领郡如故。祀汾阴，留为京师新城巡检钤辖，改左神武军大将军，权判右金吾街仗。其子遵勖，尚万寿长公主。

天禧初，主诞日，邀继昌至其家，迎拜为寿。帝知之，密以袭衣、金带、器币、珍果、美馔赐之。翌日，主入对，帝问继昌强健能饮食，拜连州刺史，出知泾州。表求两朝御书及谒拜诸陵，皆许之。二年冬，卒，年七十二。遣中使护榇以归。录其子赞善大夫文晟为殿中丞，殿直文旦为侍禁。

继昌性谨厚，士大夫乐与之游。为治尚宽，所至民怀之。任峡路时，与上官正联职。正残忍好杀，尝有县胥护刍粮，地远后期，正令斩之，继昌徐为解贷焉。郑伸者，早死，其母贫饿，尝诣继昌乞丐，家人竞前诟逐。继昌召见，与白金百两，时人称之。

遵勖初尚主，诏升为崇矩子，授昭德军留后、驸马都尉。

王仁赡，唐州方城人。少倜傥，不事生产，委质刺史刘词。词迁永兴节度，署为牙校。词将卒，遗表荐仁赡材可用。太祖素知其名，请于世宗，以隶帐下。

宋初，授武德使，出知秦州，改左飞龙使。建隆二年，迁右领军卫将军，充枢密承旨。高继冲请命，以仁赡为荆南巡检使。继冲入朝，命知军府。乾德初，迁左千牛卫大将军。不逾月，加内客省使。

二年春，召赴阙，擢为枢密副使。七月，加左卫大将军。兴师讨蜀，命仁赡为凤州路行营前军都监。蜀平，坐没入生口财货，杀降兵致蜀土扰乱，责授右卫大将军。初，剑南之役，大将王全斌等贪财，军政废弛，寇盗充斥。太祖知之，每使蜀来者，令陈全斌等所入贿赂、子女及发官库分取珠金等事，尽得其状。及全斌等归，帝诘仁赡，仁赡历诋诸将过失，欲自解。帝曰："纳李廷珪妓女，开丰德库取金宝，岂全斌辈邪？"仁赡不能对。廷珪，故蜀将也。帝怒，令送中书鞫全斌等罪，仁赡以新立功，第行降

黜而已。帝幸洛，以仁赡判留守司、三司兼知开封府事。及召沈伦赴行在，以仁赡为东京留守兼大内都部署。驾还，遂判三司，俄命权宣徽北院事。

太平兴国初，拜北院使兼判如故，加检校太保。四年，亲征太原，充大内部署，仍判留守司、三司，总辖里外巡检司公事。师还，加检校太傅。五年，仁赡廉得近臣戚里遣人市竹木秦、陇间，联巨筏至京师，所过关渡，矫称制免算；既至，厚结有司，悉官市之，倍收其直。仁赡密奏之，帝怒，以三司副使范旻、户部判官杜载、开封府判官吕端属吏。旻、载具伏阁上为市竹木入官；端为秦府亲吏乔琏请托执事者。贬旻为房州司户，载均州司户，端商州司户。判四方馆事程德玄、武德使刘知信，翰林使杜彦圭、日骑、天武四厢都指挥使赵延溥，武德副使窦神兴，左卫上将军张永德，左领军卫上将军祁廷训，驸马都尉王承衎、石保吉、魏咸信，并坐贩竹木入官，责降罚奉。是岁，车驾北巡，命仁赡为大内部署。

七年春，以政事与僚属相矛盾，争辩帝前，仁赡辞屈，责授右卫大将军。翌日，改唐州防御使，月给奉钱三十万。仁赡之获罪也，兵部郎中、判勾院宋琪及三司判官并降秩。先是，仁赡掌计司殆十年，恣下吏为奸，怙恩宠无敢发者；前者发范旻等事，中外益畏其口。会属吏陈恕等数人率以镞察不畏强御自任，因议本司事有不协者。朝参日，恕独出班持状奏其事。帝诘之，仁赡屈伏。帝怒甚，故及于谴，而恕等丞奖擢。琪与恕等联事，始合谋同奏，至帝前而宋琪犹附会仁赡，故亦左降。仁赡既失权势，因怏怏成疾，数日卒，年六十六。

后帝因言及三司财赋，谓宰相赵普等曰："王仁赡领邦计积年，恣吏为奸，诸场院官皆隐没官钱以千万计，朕悉令罢之，命使分掌。仁赡再三言，恐亏旧数，朕拒之。未逾年，旧获千缗者为一二万缗，万缗者为六七万缗，其利数倍，用度既足，傥遇水旱，即可免民租税。仁赡心知其非，颇亦惭悚，朕优容之。"子昭雍，为崇仪副使。

楚昭辅，字拱辰，宋州宋城人。少事华帅刘词。词卒，事太祖，隶麾下，以才干称，甚见信任之。陈桥师还，昭宪太后在城中，太祖忧之，遣昭辅问起居，昭辅具言士众推戴之状，太后乃安。

宋初，为军器库使。太祖亲讨泽、潞，及征淮扬，并以昭辅为京城巡检。建隆四年，权知扬州，使江表。还，命钩校左藏库金帛，数日而毕，条对称旨。开宝四年，帝以其能心计，拜左骁卫大将军、权判三司。六年，迁枢密副使。九年，命权宣徽南院事。

太平兴国初，拜枢密使。三年，加检校太傅。从征太原，加检校太尉。俄以足疾请告，帝亲临问。以所居湫隘，命有司广之，昭辅虑侵民地，固让不愿治。帝嘉其意，赐白金万两，令别市第。昭辅被疾，家居近一岁，始以石熙载代之。昭辅不求解职，上亦不忍罢。会郊祀毕，罢为骁骑卫上将军，逾年卒，年六十九。废朝，赠侍中，命中使护其丧归葬乡里。无子，录其兄子吉为供奉官，敏为殿直。

昭辅性勤介，人不敢干以私，然颇吝啬，前后赐予万

计，悉聚而畜之。尝引宾客故旧至藏中纵观，且曰："吾无汗马劳，徒以际会得此，吾为国家守尔，后当献于上。"及罢机务，悉以市善田宅，时论鄙之。

初，词卒，昭辅来京师，问卜于瞽者刘悟。悟为筮卜，曰："汝遇贵人，见奇表丰下者即汝主也，宜谨事之，汝当贵矣。"及见太祖，状貌如悟言，遂委质焉。

咸平三年，录弟之子谅为借职。大中祥符八年，又录从孙鼎为右班殿直。吉至内殿崇班。吉子随、敏子咸，并进士及第，随为太常博士，咸屯田员外郎。

李处耘，潞州上党人。父肇，仕后唐，历军校，至检校司徒。从讨王都定州，契丹来援，唐师不利，肇力战死之。晋末，处耘尚幼，随兄处畴至京师，遇张彦泽斩关而入，纵士卒剽略。处耘年犹未冠，独当里门，射杀十数人，众无敢当者。会暮夜，遂退。迨晓复斗，又杀数人，斗未解。有所亲握兵，闻难来赴，遂得释，里中赖之。

汉初，折从阮帅府州，召置门下，委以军务。从阮后历邓、滑、陕、邠四节度，处耘皆从之。在新平日，折氏甥诣阙诬告处耘之罪，周祖信之，黜为宜禄镇将。从阮表雪其冤，诏复隶麾下。

显德中，从阮遗表称处耘可用，会李继勋镇河阳，诏署以右职。继勋初不为礼，会因将吏宴射，处耘连四发中的，继勋大奇之，令升堂拜母，稍委郡务，俾掌河津。处耘白继勋曰："此津往来者惧有奸焉，不可不察也。"居数月，果得契丹谍者，索之，有与西川、江南蜡书，即遣处耘部送阙下。

太祖时领殿前亲军，继勋罢镇，世宗以处耘隶太祖帐下，补都押衙。会太祖出征，驻军陈桥，处耘见军中谋欲推戴，遽白太宗，与王彦昇谋，召马仁瑀、李汉超等定议，始以白太祖，太祖拒之。俄而诸军大噪，入驿门，太祖不能却。处耘临机决事，谋无不中，太祖嘉之，授客省使兼枢密承旨、右卫将军。

从平泽、潞，迁羽林大将军、宣徽北院使。讨李重进，为行营兵马都监。贼平，以处耘知扬州。大兵之后，境内凋弊，处耘勤于绥抚，奏减城中居民屋税，民皆悦服。建隆三年，诏归京师，老幼遮道涕泣，累日不得去。拜宣徽南院使兼枢密副使，赐甲第一区。

朗州军乱，诏慕容延钊率师讨之，以处耘为都监。入辞，帝亲授方略，令会兵汉上。先是，朝廷遣入酒坊副使卢怀忠使荆南，觇势强弱。使还，具言可取之状，遂命处耘图之。处耘至襄州，先遣阁门使丁德裕假道荆南，请具薪水给军，荆人辞以民庶恐惧，愿供刍饩于百里外。处耘又遣德裕谕之，乃听命。遂令军中曰："入江陵城有不由路及擅入民舍者斩。"

师次荆门，高继冲遣其叔保寅及军校梁延嗣奉牛酒犒师，且来觇也。处耘待之有加，谕令翌日先还。延嗣大喜，令报继冲以无虞。荆门距江陵百余里，是夕，召保寅等宴饮延钊之帐。处耘密遣轻骑数千倍道前进。继冲但候保寅、延嗣之还，遽闻大军奄至，即惶怖出迎，遇处耘于江陵北十五里。处耘揖继冲，令待延钊，遂率亲兵先入登北门。比继冲还，则兵已分据城中，荆人束手听命。即调发江陵卒万余人，并其师，晨夜趋朗州。又先遣别将分麾下及江陵兵趋岳州，大破贼于三江口，获船七百余艘，斩首四千级。又遇贼帅张从富于澧江，击败之。逐北至敖山砦，贼弃砦走，俘获甚众。处耘释所俘体肥者数十人，令左右分啗之，覼其少健者，令先入朗州。会暮，宿砦中，迟明，延钊大军继至。覼者先入城言，被擒者悉为大军所啖，朗人大惧，纵火焚城而溃。会朗帅周保权年尚幼，为大将汪端劫匿于江南砦僧寺中。处耘遣麾下牙将田守奇帅师渡江获之。遂入潭州，尽得荆湖之地。

初，师至襄州，衢肆鬻饼者率减少，倍取军人之直。处耘捕得其尤者二人送延钊，延钊怒不受，往复三四，处耘遂命斩于市以徇。延钊所部小校司义舍于荆州客将王氏家，使酒凶恣，王氏愬于处耘。处耘召义呵责，义又潜愬处耘于延钊。至白湖，处耘望见军人入民舍，良久，舍中人大呼求救，遣捕之，即延钊圉人也，乃鞭其背，延钊怒斩之。由是大不协，更相论奏。朝议以延钊宿将贳其过，谪处耘为淄州刺史。处耘惧，不敢自明。在州数年，乾德四年卒，年四十七。废朝，赠宣德军节度、检校太傅，赐地葬于洛阳偏桥村。

处耘有度量，善谈当世之务，居常以功名为己任。荆湖之役，处耘以近臣护军，自以受太祖之遇，思有以报，故临事专制，不顾群议，遂至于贬。后太祖颇追念之。及开宝中，为太宗纳其次女为妃，即明德皇后也。

子继隆、继和，自有传；继恂，官至洛苑使、顺州刺史，赠左神武大将军。继恂子昭逊，为供备库使。处畴，官至作坊使，子继凝。

继隆字霸图，幼养于伯父处畴。及长，以父荫补供奉官。处耘贬淄州，继隆亦除籍。会长春节，与其母入贡，复旧官。时权臣与处耘有宿憾者，忌继隆有才，继隆因落魄不治产，以游猎为娱。

乾德中平蜀，选为果、闽监军，年方弱冠，母忧其未更事，将辅以处耘左右。继隆曰："是行儿自有立，岂须此辈，愿不以为虑。"母慰而遣之。代还，夜涉栈道，雨滑，与马偕坠绝涧，深十余丈，挂于大树。骑卒驰数十里外，取火引缒而出之。

会征江南，领雄武卒三百戍邵州，止给刀盾。蛮贼数千阵长沙南，截其道。继隆率众力战，贼遁去，手足俱中毒矢，得良药而愈，部卒死伤者三之一。太祖闻其勇敢而器重之。又与石曦率兵袭袁州，破桃田砦，追贼二十里，入潭富砦，焚其梯冲刍积。

复从李符督荆湖漕运，给征南诸军。吴人以王师不便水战，多出舟师断饷道，继隆屡与斗，粮悉善达。日驰四五百里，常往来觇候。一日中途遇虎，射杀之。尝获吴将，部送赴阙，至项县而病，斩其首以献，太祖益嘉之。与吴人战，流矢中额，以所冠胄坚厚，得不伤。

太祖察其才，且追念其父，欲拔用之，谓曰："昇州平，可持捷书来，当厚赏汝。"时内侍使军中者十数辈，皆伺城陷献捷，会有机事当入奏，皆不愿行，而继隆独请赴阙。太宗见其来，时城尚未下，甚讶之。继隆度金陵破在旦夕，因言在途遇大风晦暝，城破之兆也。翌日，捷奏至，太祖召谓曰："如汝所料矣。"吴将卢绛聚众万余，攻掠州县，命继隆招来之。江南平，录功迁庄宅副使。从幸西洛，改御营前后巡检使。

太平兴国二年，改六宅使。尝诏与王文宝、李神祐、刘承珪同护浚京西河，又与梁迥、窦神宝治决河。迥体肥硕，所乘舟弊不能济，继隆易以己舟。已而继隆舟果覆，栖枯桑杪，赖他舟以度。

从征太原，为四面提举都监，与李汉琼领梯冲地道攻城西面，机石过其旁，从卒仆死，继隆督战无怠。讨幽州，与郭守文领先锋，破契丹数千众。及围范阳，又与守文为先锋，大败其众于湖翟河南。

后为镇州都监，契丹犯边，与崔翰诸将御之。初，太宗授以阵图，及临阵有不便，众以上命不可违。继隆曰："事有应变，安可预定，设获违诏之罪，请独当也。"即从宜而行，败之于徐河。

四年，迁宫苑使、领妫州刺史，护三交屯兵。与潘美出征北边，破灵丘县，尽略其人以归。改定州驻泊都监。尝领兵出土镫砦，与贼战，获牛羊、车帐甚众。诏书褒美。李继迁叛，命继隆与田仁朗、王侁率兵击之。四月，出银州北，破悉利诸族，追奔数十里，斩三千余级，俘蕃汉老幼千余，枭代州刺史折罗遇及其弟埋乞首。牛马、铠仗所获尤多。又出开光谷西杏子坪，破保寺、保香族，斩其副首领吧㐌已五十七人，降银三族首领折八军等三千余众，复破没邵浪、悉讹诸族，及浊轮川东、兔头川西，生擒七十八人，斩首五十九级，俘获数千计。引师至监城，吴移、越移四族来降，惟岌伽罗腻十四族怙其众不下，乃与尹宪袭击之，夷其帐千余，斩首七千余级。俄改领环州团练使，又护高阳关屯兵。

从曹彬征幽州，率兵助先锋薛继昭破其众数千于固安南，下固安、新城，进克涿州，矢中左股，血流至踵，获契丹贵臣一人。彬欲上其功，继隆止之。俄而傅潜、米信军败众溃，独继隆所部振旅而还。即命继隆知定州，寻诏分屯诸军，继隆令吏尽录其诏。旬余，有败卒集城下，不知所向，继隆按诏给券，俾各持诣所部。太宗益嘉其有谋。

三年，迁侍卫马军都虞候、领武州防御使。契丹大入边，出为沧州都部署。刘廷让与敌战君子馆，先约继隆以精卒后殿，缓急为援。既而敌围廷让数重，继隆引麾下兵退保乐寿，廷让力不敌，全军陷没，裁以单骑遁免。上怒，追继隆赴阙，令中书问状，既而得释。逾年，加领本州观察使。

端拱初，制授侍卫马军都指挥使、领保顺节度。九月，出为定州都部署。初，朝议有寇至，令坚壁清野，勿与战。一日，契丹骤至，攻蒲城，至唐河。护军袁继忠慨慷请出师，中黄门林延寿等五人以诏书止之。继隆曰："阃外之事，将帅得专。"乃与继忠出兵，战数合，击走之。

二年冬，送刍粟入威虏军，蕃将于越率骑八万来邀王师，继隆所领步骑裁一万，先命千人设伏城北十里，而与尹继伦列阵以待。敌众方食，继伦出其不意，击走之。继隆追奔过徐河，俘获甚众。尝有诏废威虏军，继隆言："梁门为北面保障，不可废。"遂城守如故，讫为要地。

淳化初，上遣使至定州，密谕继隆："若契丹复入寇，朕当亲讨。"继隆上奏曰："自北边肆孽，边邑多虞，陛下不知臣不材，任以疆事，臣敢不讲求军实，震耀戎容，奉扬天声，以遏外侮。然臣奉辞之日，曾沥愚衷，诚以蜂蚁之妖，必就鲸鲵之戮。臣子之分，死生以之，望不议于亲巡，庶靡劳于天步，今聆圣诲，将决亲征，且一人既行，百司景从，次舍驱驰，郡县供馈，劳费滋甚。珍此微妖，当责将帅，臣虽驽弱，誓死为期。"是岁，契丹不入边，议遂止。

四年夏，召还，太宗面奖之，改领静难军节度，复遣还屯所。时夏州赵保忠与继迁连谋，朝廷患之，又绥州牙校高文岯举城效顺，河外蕃汉大扰，以继隆为河西行营都部署、尚食使尹继隆为都监以讨之。既而继迁遁去，擒保忠以献。初，神将侯延广、监军秦翰议请诛保忠，及出兵追继迁，继隆曰："保忠机上肉尔，当请于天子。今继迁遁去，千里穷碛，艰于转饷，宜养威持重，未易轻举。"延广等服其言。

会密诏废夏州，隳其城。继隆命秦翰与弟继和及高继勋同入奏，以为朔方古镇，贼所窥觎之地，存之可依以破贼；并请于银、夏两州南界山中增置保戍，以扼其冲，且为内属蕃部之障蔽，而断贼粮运。皆不报。

至道二年，白守宗守荣、马绍忠等送粮灵州，为继迁所邀，败于浦洛河。上闻之怒，亟命继隆为灵、环十州都部署。是秋，五路讨继迁，以继隆出环州，取东关镇，由赤樫、苦井路赴之。继隆以所出道回远乏水，请由橐驼路径趋贼之巢穴。且遣继和入奏，太宗召诘之，知其必败，因遣周莹赍手诏切责，督其进至赤樫。莹至，继隆以便宜发兵，不俟报，与丁罕行十余日，果不见贼而还。诸将失期，士卒困乏。继隆素刚，因惭愤，肆杀戮，乃奏转运使陈绛、梁鼎军储不继，并坐削秩。

三年春，继迁以蕃部从顺者众，遣其军主史乩遇率兵屯橐驼口西北双堆，以遏绝之。熟仓族蕃官乩遇来告，继隆遣刘承蕴、田敏会乩遇讨之，斩首数千级，获牛马、橐驼万计。

先是，受诏送军粮赴灵州，必由旱海路，自冬至春，而刍粟始集。继隆请由古原州蔚茹河路便，众议不一，继隆固执论其事，太宗许焉。遂率师以进，壁古原州，令如京使胡守澄城之，是为镇戎军。

真宗即位，改领镇安军节度、检校太傅。逾月召还，加同中书门下平章事，解兵柄归本镇。咸平二年，丁内艰，起复。会秋潦暴集，蔡水坏岸，继隆乘危督士卒补塞，自辰讫午，冲波稍息。四年，加检校太师。王师失利于望都，继隆累求诣阙面陈边事，因乞自效。俄召还，延见询访，因言："丑类侵扰，盖亦常事，愿委将帅讨伐，不烦亲征。"真宗慰谕之，改山南东道节度，判许州。景德初，明德皇太后不豫，诏入省疾。九月，复许会葬。是冬，契丹大入，逾魏郡至河上。真宗幸澶渊，继隆表求扈从，命为驾前东西排阵使，先赴澶州，陈师于北城外，毁车为营。敌数万骑急攻，继隆与石保吉率众御之，追奔数里。及上至，幸北门观兵，召问慰劳，见其所部整肃，叹赏久之。翌日，幸营中，召从臣饮宴。二年春，还京，加开府仪同三司、食邑、实封。诏始下，会疾作，上亲临问。继和时为并、代铃辖，驿召省视。卒，年五十六。车驾临哭之恸，为制服发哀。赠中书令，谥忠武。以其子昭庆为洛苑使，从子昭口、昭逊，并为内殿崇班。又录其门下二十余人。乾兴初，诏与李沆，王旦同配享真宗庙庭。

继隆出贵胄，善骑射，晓音律，感慨自树，深沉有城府，严于御下。好读《春秋左氏传》，喜名誉，宾礼儒士。在太宗朝，特被亲信，每征行，必委以机要。真宗以元舅之亲，不欲烦以军旅，优游近藩，恩礼甚笃。然多智用，能谦谨保身。明德寝疾，欲面见之，上促其往。继隆但诣万安宫门拜笺，终不入。又尝命诸王诣第候谒，继隆不设汤茗，第假王府从行茶炉烹饮焉。昭庆改名昭亮，至东上阁门使、高州刺史。

继和字周叔，少以荫补供奉官，三迁洛苑使。淳化后，继隆多在边任，继和常从行，友爱尤至，每令入奏机事。继隆罢兵柄，手录唐李勣遗戒授继和，曰："吾门不坠者在尔矣。"

初，继隆之请城镇戎军也，朝廷不果于行。继和面奏曰："平凉旧地，山川**险阻**，旁扼夷落，为中华襟带，城之为便。"太宗乃许焉。后复不守。咸平中，继和又以为言，乃命版筑，以继和知其军，兼原、渭、仪都巡检使。城毕，加领平州刺史。建议募贫民及弓箭手，垦田积粟，又屡请益兵，朝议未许。上曰："苟缓急，部署不为济师，则或至失援矣。"命继和兼泾、原、仪、渭铃辖。时继迁未殪，命张齐贤、梁颢经略，因访继和边事。继和上言：

镇戎军为泾、原、仪、渭北面捍蔽，又为环、庆、原、渭、仪、秦熟户所依，正当回鹘、西凉、六谷、吐蕃、哔遇、贱遇、马臧、梁家诸族之路。自置军已来，克张边备，方于至道中所葺，今已数倍。诚能常用步骑五千守之，泾、原、渭州苟有缓急，会于此军，并力战守，则贼必不敢过此军；而缘边民户不废耕织，熟户老幼有所归宿。

此军苟废，则过此新城，止皆废垒。有数路来寇：若自陇山下南去，则由三百堡入仪州制胜关；自瓦亭路南去，则由弹筝峡入渭州安国镇；自清石岭东南去，则由小卢、大卢、潘谷入潘原县；若至潘原而西则入渭州，东则入泾州；若自东石岭东公主泉南去，则由东山砦故彭阳城西并入原州；其余细路不可尽数。如以五千步骑，令四州各为备御，不相会合，则兵势分而力不足御矣。故置此城以扼要路。

即令自灵、环、庆、鄜、延、石、隰、麟、府等州以外河曲之地，皆属于贼，若更攻陷灵州，西取回鹘，则吐蕃震惧，皆为吞噬，西北边民，将受驱劫。若以可惜之地，甘受贼攻，便思委弃，以为良策，是则有尽之地，不能供无已之求也。

臣虑议者以调发刍粮扰民为言，则此军所费，上出四州，地里非遥，输送甚易。又刘琮方兴屯田，屯田若成，积中有备，则四州税物，亦不须得。

况今继迁强盛，有逾曩日。从灵州至原、渭、仪州界，次更取镦子山以西接环州山内及平夏，次并黄河以东以南、陇山内外接仪州界，及灵州以北河外。蕃部约数十万帐，贼来足以斗敌，贼迁未盛，不敢深入。今则灵州北河外，镇戎军、环州并北彻灵武、平夏及山外黄河以东族帐，悉为继迁所吞，纵有一二十族，残破奔迸，事力十无二三。

自官军瀚海失利，贼愈猖狂，群蕃震惧，绝无斗志。兼以咸平二年弃镇戎后，继迁径来侵掠军界蕃族，南至渭州安国镇北一二十里，西至南市界三百余里，便于萧关屯聚万子、米遇、西鼠等三千，以胁原、渭、灵、环熟户，常时族帐谋归贼者甚多。赖圣谟深远，不惑群议，复置此军，一年以来，蕃部咸以安集，边民无复愁苦。以此较之，则存废之说，相失万倍矣。

又灵州远绝，居常非有尺布斗粟以供王府，今关西老幼，疲苦转饷，所以不可弃者，诚恐滋大贼势，使继迁西取秦、成之群蕃，北掠回鹘之健马，长驱南牧，何以枝梧？昨朝廷访问更送刍粮道路，臣欲自萧关至镇戎城砦，西就胡卢河川运送。但恐灵州食尽，或至不守，清远固亦难保，青冈、白马皆足御捍，则环州便为极边。若贼从萧关、武延、石门路入镇戎，纵有五七千兵，亦恐不敌，即回鹘、西凉路亦断绝。

伏见咸平三年诏书，缘边不得出兵生事蕃夷，盖谓贼如猛兽，不怫其心，必且不动。臣愚虑此贼他日愈炽，不若听骁骑锐旅屡入其境，彼或聚兵自固，则勿与斗，妖党才散，则令掩击。如此则王师逸而贼兵劳，贼心内离，然后大举。

及灵州孤垒，戍守最苦，望比他州尤加存恤。且守边之臣，内忧家属之窘匮，外忧奸邪之憎毁。忧家则思为不廉，忧身则思为退迹，思不廉则官局不治，思退迹则庶事无心，欲其奋不顾身，令出惟行，不可得已。良由赏未厚、恩未深也。赏厚则人无顾内之忧，恩深则士有效死之志。古之帝王皆悬爵赏以拔英俊，卒能成大功。

大凡君子求名，小人徇利。臣为儿童时，尝闻齐州防御使李汉超守关南，齐州属州城钱七八万贯，悉以给与，非次赏赉，动及千万。汉超犹私贩权场，规免商算，当时有以此事达于太祖者，即诏汉超私物所在，悉免关征。故汉超居则营生，战则誓死，赀产厚则心有所系，必死战则动有成绩。故毕太祖之世，一方为之安静。今如汉超之材固亦不少，苟能用皇祖之遗法，选择英杰，使守灵武，高官厚赏，不吝先与；往日，留半奉给其家，半奉资其用，然后可以责洁廉之节，保必胜之功也。

又戎事内制，或失权宜，汉时渤海盗起，龚遂为太守，尚听便宜从事。且渤海，汉之内地，盗贼，国之饥民；况灵武绝塞，西鄙强戎，又非渤海之比。苟许其专制，则无失事机，纵有营私冒利，民政不举，亦乞不问。用将之术，异于他官，贪勇知愚，无不皆录，但使法宽而人有所慕，则久居者安心展体，竭材尽虑，何患凉州之不可守哉？

又朝廷比禁青盐，甚乞允惬。或闻议者欲开其禁。且盐之不入中土，困贼之良策也。今若谓粮食自蕃界来，虽盐禁不能困贼，此鬻盐行贿者之妄谈也。蕃粟不入贼境，而入于边虞，其利甚明。况汉地不食青盐，熟户亦不入蕃界博易，所禁者非徒粮食也。至于兵甲皮干之物，其名益多。以朝廷雄富，犹言摘山煮海，一年商利不入，则或阙军须。况蕃戎所赖，止在青盐，禁之则彼自困矣。望固守前诏为便。

五年，继和领兵杀卫埋族于天麻川。自是垄山外诸族皆恐惧内附，愿于要害处置族帐砦栅，以为戍守。继和因请移泾原部署于镇戎，以壮军势，又请开道环、延以应援。真宗以其精心戎事，甚嘉。戎人伺警巡弛备，一夕，塞长壕，越古长城抵城下。继和与都监史重贵出兵御之，贼据险再突城隍，列阵接战，重贵中重创，败走之，大获甲骑。有诏嘉奖，别出良药、缣帛、牢酒以赐。

继和习武艺，好谈方略，颇知书，所至干治。然性刚忍，御下少恩，部兵终日擐甲，常如寇至；及较阅之际，杖罚过当，人多怨焉。真宗屡加勖励，且为覆护之。尝上言："保捷军新到屯所，多亡命者，请优赐缗钱；苟有亡逸，即按军法。"旧制，凡赐军中，虽缘奏请者，亦以特旨给之。上以继和峻酷，欲军士感此惠，特令以所奏著诏书中而加赐之。且以计情定罪，自有常制，不许其请。终以边防之地，虑人不为用，遣张志言代述。既即路，军中皆恐其复来。

六年，又出为并、代钤辖。将行请对，欲领兵去按度边垒。上曰："河东岩险，兵甲甚众，贼若入寇，但邀其归路，自可致胜，不必率兵而往也。"

景德初，北边入寇，徙北平砦。车驾驻澶渊，继和受诏与魏能、张凝领兵赴赵州蹑敌后。契丹请和，边民犹未宁，又命副将张凝为缘边巡检安抚使。事平，复还并、代。时朝廷每诏书约束边事，或有当行极断之语，官吏不详深意，即处大辟。继和言其事，乃诏："自今有云重断、极断、处斩、决配之类，悉须裁奏。"先是，继隆卒，继和耻以遗奏得官。久之，迁西上阁门使。未几，擢殿前都虞候、领端州防御使。大中祥符元年卒，年四十六。赠镇国军节度，遣诸王率宗室素服赴吊。二子早卒。帝以其族盛大，诸侄皆幼，令三班选使臣为主家事。

弟继恂，至洛苑使、顺州刺史，赠左神武大将军。子昭逊为供备库使。

论曰：夫乘风云之会，依日月之光，感慨发愤，效忠骏奔，居备要任，出握重兵，如是而令名克终，斯固可伟也。吴廷祚策李筠之破，如目睹其事，诚有将略。李崇矩秉纯厚之德，感史弘肇之恩，保其叛亡之孥，然交郑伸不知其倾险，坐谪炎海，固无先见之明矣；其子继昌，忘父仇不恤伸母之贫，虽非中道，亦人所难。王仁赡征蜀，杀降附之卒，肆贪矫之行，郁郁而毙，自贻伊戚，尚何尤乎？楚昭辅当陈桥推戴，太祖遣之入安母后，亦必可托以事者；及为三司，善于心计，人不可干以私，然终以讦直取寡信之名，何欤？处耘于创业之始，功参缔构，克荆山，靖衡、湘，势如拉枯，而志昧在和，勋业弗究，良可惜也；幸联戚畹之贵，秉旄继世，抑造物之报，啬此而丰彼欤？

卷二百五十八　　列传第十七

曹彬子璨　玮　琮　**潘美**李超附

曹彬，字国华，真定灵寿人。父芸，成德军节度都知兵马使。彬始生周岁，父母以百玩之具罗于席，观其所取。彬左手持干戈，右手持俎豆，斯须取一印，他无所视，人皆异之。及长，气质淳厚。汉乾祐中，为成德军牙将。节帅武行德见其端悫，指谓左右曰："此远大器，非常流也。"周太祖贵妃张氏，彬从母也。周祖受禅，召彬归京师。隶世宗帐下，从镇澶渊，补供奉官，擢河中都监。蒲帅王仁镐以彬帝戚，尤加礼遇。彬执礼益恭，公府燕集，端简终日，未尝旁视。仁镐谓从事曰："老夫自谓夙夜匪懈，及见监军矜严，始觉己之散率也。"

显德三年，改潼关监军，迁西上阁门使。五年，使吴越，致命讫即去。私觌之礼，一无所受。吴越人以轻舟追遗之，至于数四，彬犹不受。既而曰："吾终拒之，是近名也。"遂受而籍之以归，悉上送官。世宗强还之，彬始拜赐，悉以分遗亲旧而不留一钱。出为晋州兵马都监。一日，与主帅燕宾从环坐于野，会邻道守将走价驰书来诣，使者素不识彬，潜问人曰："孰为曹监军？"有指彬以示之，使人以为绐己，笑曰："岂有国戚近臣，而衣弋绨袍、坐素胡床者乎？"审视之方信。迁引进使。

初，太祖典禁旅，彬中立不倚，非公事未尝造门，群居燕会，亦所罕预，由是器重焉。建隆二年，自平阳召归，谓曰："我畴昔常欲亲汝，汝何故疏我？"彬顿首谢曰："臣为周室近亲，复忝内职，靖恭守位，犹恐获过，安敢妄有交结？"迁客省使，与王全斌、郭进领骑兵攻河东平乐县，降其将王超、侯霸荣等千八百人，俘获千余人。既而贼将蔚进率兵来援，三战皆败之。遂建乐平为平晋军。乾德初，改左神武将军。时初克辽州，河东召契丹兵六万骑来攻平晋，彬与李继勋等大败之于城下。俄兼枢密承旨。

二年冬，伐蜀，诏以刘光毅为归州行营前军副部署，彬为都监。峡中郡县悉下，诸将咸欲屠城以逞其欲，彬独申令戢下，所至悦服。上闻，降诏褒之。两川平，全斌等昼夜宴饮，不恤军士，部下渔夺无已，蜀人苦之。彬屡请旋师，全斌等不从。俄而全师雄等构乱，拥众十万，彬复与光毅破之于新繁，卒平蜀乱。时诸将多取子女玉帛，彬橐中唯图书、衣衾而已。及还，上尽得其状，以全斌等属吏。谓彬清介廉谨，授宣徽南院使、义成军节度使。彬入见，辞曰："征西将士俱得罪，臣独受赏，恐无以示劝。"上曰："卿有茂功，又不矜伐，设有微累，仁赡等岂惜言六年，遣李继勋、党进率师征太原，命为前军都监，战洞涡河，斩二千余级，俘获甚众。开宝二年，议亲征太原，复命为前军都监，率兵先往，次团柏谷，降贼将陈廷山。又战城南，薄于濠桥，夺马千余。及太祖至，则已分砦四面，而自主其北。六年，进检校太傅。

七年，将伐江南。九月，彬奉诏与李汉琼、田钦祚先赴荆南发战舰，潘美帅步兵继进。十月，诏以彬为昇州西南路行营马步军战棹都部署，分兵由荆南顺流而东，破峡口砦，进克池州，连克当涂、芜湖二县，驻军采石矶。十一月，作浮梁，跨大江以济师。十二月，大破其军于白鹭洲。

八年正月，又破其军于新林港。二月，师进次秦淮，江南水陆十余万陈于城下，大败之，俘斩数万计。及浮梁成，吴人出兵来御，破之于白鹭洲。自三月至八月，连破之，进克润州。金陵受围，至是凡三时，吴人樵采路绝，频经败衄，李煜危急，遣其臣徐铉奉表诣阙，乞缓师，上不之省。先是，大军列三砦，美居守北偏，图其形势来上。太祖指北砦谓使者曰："吴人必夜出兵来寇，尔亟去，令曹彬速成深沟以自固，无堕其计中。"既成，吴兵果夜来袭，美率所部依新沟拒之，吴人大败。奏至，上笑曰："果如此。"

长围中，彬每缓师，冀煜归服。十一月，彬又使人谕之曰："事势如此，所惜者一城生聚，若能归命，策之上也。"城垂克，彬忽称疾不视事，诸将皆来问疾。彬曰："余之疾非药石所能愈，惟须诸公诚心自誓，以克城之日，不妄杀一人，则自愈矣。"诸将许诺，共焚香为誓。明日，稍愈。又明日，城陷。煜与其臣百余人诣军门请罪，彬慰安之，待以宾礼，请煜入宫治装，彬以数骑待宫门外。左右密谓彬："煜入或不测，奈何？"彬笑曰："煜素懦无断，既已降，必不能自引决。"煜之君臣，卒赖保全。自出师至凯旋，士众畏服，无轻肆者。及入见，刺称"奉敕江南干事回"，其谦恭不伐如此。

初，彬之总师也，太祖谓曰："俟克李煜，当以卿为使相。"副师潘美预以为贺。彬曰："不然，夫是行也，仗天威，遵庙谟，乃能成事，吾何功哉，况使相极品乎！"美曰："何谓也？"彬曰："太原未平尔。"及还，献俘。上谓曰："本授卿使相，然刘继元未下，姑少待之。"既闻此语，美窃视彬微笑。上觉，遽诘所以，美不敢隐，遂以实对。上亦大笑，乃赐彬钱二十万。彬退曰："人生何必使相，好官亦不过多得钱尔。"未几，拜枢密使、检校太尉、忠武军节度使。

太宗即位，加同平章事。议征太原，召彬问曰："周世宗及太祖皆亲征，何以不能克？"彬曰："世宗时，史彦超败于石岭关，人情惊扰，故班师；太祖顿兵甘草地，会岁暑雨，军士多疾，因是中止。"太宗曰："今吾欲北征，卿以为何如？"彬曰："以国家兵甲精锐，剪太原之孤垒，如摧枯拉朽尔，何为而不可。"太宗意遂决。太平兴国三年，进检校太师，从征太原，加兼侍中。八年，为弭德超所诬，罢为天平军节度使。旬余，上悟其谮，进封鲁国公，待之愈厚。

雍熙三年，诏彬将幽州行营前军马步水陆之师，与潘美等北伐，分路进讨。三月，败契丹于固安，破涿州，戎人来援，大破之于城南。四月，又与米信破契丹于新城，斩首二百级。五月，战于岐沟关，诸军败绩，退屯易州，临易水而营。上闻，亟令分屯边城，追诸将归阙。

先是，贺令图等言于上曰："契丹主少，母后专政，宠幸用事，请乘其衅，以取幽蓟。"遂遣彬与崔彦进、米信自雄州，田重进趣飞狐，潘美出雁门，约期齐举。将发，上谓之曰："潘美之师但先趣云、应，卿等以十万众声言取幽州，且持重缓行，不得贪利。彼闻大兵至，必悉众救范阳，不暇援山后矣。"既而，美之师先下寰、朔、云、应等州，重进又取飞狐、灵丘、蔚州，多得山后要害地，彬亦连下州县，势大振。每奏至，上已讶彬进军之速。及彬次涿州，旬日食尽，因退师雄州以援馈饷。上闻之曰："岂有敌人在前，反退军以援刍粟，失策之甚也。"亟遣使止彬以前，急引师缘白沟河与米信军会，案兵养锐，以张西师之势；俟美等尽略山后地，会重进之师而东，合势以取幽州。时彬部下诸将，闻美及重进累建功，而己握重兵不能有所攻取，谋议蜂起。彬不得已，乃复裹粮再往攻涿州。契丹大众当前，时方炎暑，军士之困，粮且尽，彬退军，无复行伍，遂为所蹴而败。

彬等至，诏鞫于尚书省，令翰林学士贾黄中等杂治之，彬等具伏违诏失律之罪。彬责授右骁卫上将军，彦进右武卫上将军，信右屯卫上将军，余以次黜。四年，起彬为侍中、武宁军节度使。淳化五年，徙平卢军节度。真宗即位，复检校太师、同平章事。数月，召拜枢密使。

咸平二年，被疾。上趣驾临问，手为和药，仍赐白金万两。问以后事，对曰："臣无事可言。臣二子材器可取，臣若内举，皆堪为将。"上问其优劣，对曰："璨不如玮。"六月薨，年六十九。上临哭之恸，对辅臣语及彬，必流涕。赠中书令，追封济阳郡王，谥武惠；且赠其妻高氏韩国夫人；官其亲族、门客、亲校十余人。八月，诏彬与赵普配飨太祖庙庭。

彬性仁敬和厚，在朝廷未尝忤旨，亦未尝言人过失。伐二国，秋毫无所取。位兼将相，不以等威自异。遇士夫于途，必引车避之。不名下吏，每白事，必冠而后见。居官，奉入给宗族，无余积。平蜀回，太祖从容问官吏善否，对曰："军政之外，非臣所闻也。"固之，唯荐随军转运使沈伦廉谨可任。为帅知徐州日，有吏犯罪，既具案，逾年而后杖之，人莫知其故。彬曰："吾闻此人新娶妇，若杖之，其舅姑必以妇为不利，而朝夕笞詈之，使不能自存。吾故缓其事，然法亦未尝屈焉。"北征之失律也，赵昌言表请行军法。及昌言自延安还，被劾，不得入见。彬在宥府，为请于上，乃许朝谒。

子璨、珝、玮、玹、玘、珣、琮。珝娶秦王女兴平郡主，至昭宣使。玹左藏库副使。玘尚书虞部员外郎，珣东上阁门使，琮西上阁门副使。玘之女，即慈圣光献皇后也。芸，累赠魏王。彬，韩王。玘，吴王，谥曰安僖。玘之子俏、傅。俏见《外戚传》。傅，后兄也，荣州刺史谥恭怀。

璨字韬光，性沉毅，善射，以荫补供奉官。常从彬征讨，得与计议，彬以为类己，特钟爱焉。

迁宫苑副使，出为高阳关及镇、魏、并、代、赵五州都监。雍熙中，命知定州，改尚食使。淳化二年，领富州刺史，徙知代州。明年，擢为镇州行营钤辖，徙绥、银、夏、麟、府等州钤辖。契丹入寇，屡战有功，诸将多欲穷追，璨虑有伏，力止之。至道初，迁四方馆使、知灵州，徙河西钤辖，改引进使。范廷召将兵出塞，命璨为之副。丁外艰，起复，为鄜延路副都部署，拜赵州刺史，领武州团练使，充麟、府、浊轮副部署。出蕃兵邀继迁，俘馘甚众。入为枢密都承旨，改领亳州团练使。

契丹入寇，命为镇、定、高阳关三路行营都钤辖，领康州防御使，再知定州。明年冬，拜侍卫马军副都指挥使、天德军节度。入为东京旧城都巡检使，连拜彰国、保静、武宁、忠武等军节度使。在禁卫十余年，未尝忤旨。天禧三年春，以足疾授河阳节度使、同平章事。卒，年七十，赠中书令，谥武懿。

璨起贵胄，以孝谨称，能自奋厉，以世其家。习知韬略，好读《左氏春秋》，善抚士卒，兼著威爱。虽轻财不逮其父，而敬人和厚，亦有父风。子仪，官至耀州观察使。

玮字宝臣。父彬，历武宁、天平军节度使，皆以玮为牙内都虞候，补西头供奉官、阁门祗候。沉勇有谋，喜读书，通《春秋三传》，于《左氏》尤深。李继迁叛，诸将数出无功，太宗问彬：“谁可将者？”彬曰：“臣少子玮可任。”即召见，以本官同知渭州，时年十九。

真宗即位，改内殿崇班、知渭州。驭军严明有部分，赏罚立决，犯令者无所贷。善用间，周知虏动静，举措皆如老将。彬卒，请持丧，不听，改阁门通事舍人。迁西上阁门副使，徙知镇戎军。李继迁虐用其国人，玮知其下多怨，即移书诸部，谕以朝廷恩信，抚养无间所，以动诸羌。由是康奴等族请内附。继迁略西蕃境，玮邀击于石门川，俘获甚众。以镇戎军据平地，便于骑战，非中国之利，请自陇山以东，循古长城堑以为限。又以弓箭手皆土人，习障塞蹊隧，晓羌语，耐塞苦，官未尝与兵械资粮，而每战辄使先拒贼，恐无以责死力，遂给以境内闲田。春秋耕敛，州为出兵护作，而蠲其租。

继迁死，其子德明请命于朝。玮言：“继迁擅河南地二十年，兵不解甲，使中国有西顾之忧。今国危子弱，不即捕灭，后更强盛，不可制。愿假臣精兵，出其不意，禽德明送阙下，复河西为郡县，此其时也。”帝方以恩致德明，不报。既而西延家、妙娥、熟魏数大族请拔帐自归，诸将犹豫不敢应。玮曰：“德明野心，不急折其翮，后必飏去。”即日，将其士逾天都山，受降者内徙，德明不敢拒。迁西上阁门使，为环庆路兵马都钤辖，兼知邠州。封泰山，进东上阁门使。

帝以玮习知河北事，乃以为真定路都钤辖，领高州刺史。玮尝上泾原、环庆两道图。至是，帝以示左右，曰：“华夷山川城郭险固出入战守之要，举在是矣。”因敕别绘二图，以一留枢密院，一付本道，俾诸将得按图计事。复

为泾原路都钤辖兼知渭州，与秦翰破章埋族于武延川，分兵灭拨臧于平凉，于是陇山诸族皆来献地。玮筑堡山外，为笼竿城，募士兵守之。曰："异时秦、渭有警，此必争之地也。"祀汾阴，进四方馆使。逾年，上表还州事，愿专督军旅。帝不欲遽更守臣，以密诏敦谕之。改引进使、英州团练使，复知秦州，兼泾、原、仪、渭、镇戎缘边安抚使。

时唃厮啰强盛，立遵佐之。立遵乃上书求号"赞普。"玮言："赞普，可汗号也。立遵一言得之，何以处唃厮啰邪？且复有求，渐不可制。"乃以立遵为保顺军节度使，恩如厮铎督。西羌将举事，必先定约束，号为"立文法"。唃厮啰使其舅赏样丹与厮敦立文法于离王族，谋内寇。玮阴结厮敦，解宝带予之。厮敦感激，求自效，间谓玮曰："吾父何所忧？欲吾首，犹可断以献。"玮曰："我知赏样丹时至汝帐下，汝能为我取赏样丹首乎？"厮敦愕然应之。后十余日，果断其首来。厮敦因献南市地。南市者，秦、渭之厄也，玮城之，表厮敦为顺州刺史。

初，张佶知秦州，置四门砦，侵夺羌地，羌人多叛去，畏得罪不敢出。玮招出之，令入马赎罪，还故地，至者数千人，每送马六十匹，给彩一端。筑弓门、冶坊、床穰、静戎、三阳、定西、伏羌、永宁、小洛门、威远十砦，浚壕三百八十里，皆役属羌厢兵，工费不出民。伏羌首领厮鸡波、李磨论私立文法，玮潜兵灭其帐。其年，唃厮啰率众数万大入寇，玮迎战三都谷，追奔三十里，斩首千余级，获马牛、杂畜、器仗三万余。迁客省使、康州防御使。马波叱腾立栅野吴谷，玮选募神武军二百人，斩栅，获生口，孳畜甚众。

宗哥大首领甘遵治兵于任奴川，玮遣间杀遵，及破鱼角蝉所立文法于吹麻城。既而河州、洮兰、安江、妙敦、邈川、党逋诸城皆纳质为熟户。时玮作堡抵拶啰咙。拶啰咙，西蕃要害地也。先是，玮遣小吏杨知进护赐物通甘州可汗王，还过宗哥界，立遵邀知进，语曰："秦州大人直以兵入拶啰咙来，幸为我言，愿罢兵，岁入贡，约蕃汉为一家。"因使种人党失卑陵从知进来献马。自是唃厮啰势蹙，退保碛中不出。秦人请刻石纪功，有诏褒之。

天禧三年，德明寇柔远砦，都巡检杨承吉与战不利。以玮为华州观察使、鄜延路副都总管、环、庆、秦等州缘边巡检安抚使。委乞、骨咩、大门等族闻玮至，归附者甚众。拜宣徽北院使、镇国军节度观察留后、签书枢密院事。

宰相丁谓逐寇准，恶玮不附己，指为准党。除南院使、环庆路都总管安抚使。乾兴初，谪左卫大将军、容州观察使、知莱州。玮以宿将为谓所忌，即日上道，从弱卒十余人，不以弓帐矢旟自随。谓败，复华州观察使、知青州，徙天雄军，以彰化军节度观察留后知永兴军。拜昭武军节度使、知天雄军。以疾守河阳，数月，为真定府、定州都总管，改彰武军节度使。卒，赠侍中，谥武穆。

玮用士，得其死力。平居甚闲暇，及师出，多奇计，出入神速不可测。一日，张乐饮僚吏，中坐失玮所在，明日，徐出视事，而贼首已掷庭下矣。尝称疾，加砭艾，卧阁内不出。会贼至，玮奋起裹创，被甲跨马，贼望见，皆

遁去。将兵几四十年，未尝少失利。唃厮啰闻玮名，即望玮所在，东向合手加颡。契丹使过天雄，部勒其下曰："曹公在此，毋纵骑驰驱也。"真宗慎兵事，凡边事，必手诏诘难至十数反，而玮守初议，卒无以夺。后虽他将论边事者，往往密付玮处之。

渭州有告戍卒叛入夏国者，玮方对客弈棋，遽曰："吾使之行也。"夏人闻之，即斩叛者，投其首境上。羌杀边民，入羊马赎罪。玮下令曰："羌自相犯，从其俗；犯边民者，论如律。"自是无敢犯。

环、庆属羌田多为边人所市，致单弱不能自存，因没彼中。玮尽令还其故田，后有犯者，迁其家内地。所募弓箭手，使驰射，较强弱，胜者与田二顷。再更秋获，课市一马，马必胜甲，然后官籍之，则加五十亩。至三百人以上，团为一指挥。要害处为筑堡，使自垦其地为方田环之。立马社，一马死，众出钱市马。降者既多，因制属羌百帐以上，其首领为本族军主，次为指挥使，又其次为副指挥使，不及百帐者为本族指挥使。其蓄落杖校，止于本军叙进，以其习知羌情与地利，不可徙他军也。开边壕，率令深广丈五尺；山险不可堑者，因其峭绝治之，使足以限敌，后皆以为法。天雄卒有犯盗者，众谓狱必杀之，玮乃处以常法。人或以为疑，玮笑曰："临边对敌，斩不用命者，所以令吾众，非好杀也。治内郡，安事此乎？"

初守边时，山东知名士贾同造玮，客外舍。玮欲按边，即同舍，邀与俱。同问："从兵安在？"曰："已具。"既出就骑，见甲士三千环列，初不闻人马声。同归，语人曰："玮殆名将也。"玮为将不如其父宽，然自为一家。嘉祐八年，诏配享仁宗庙庭。

琮字宝章。兄翔，娶秦王女兴平郡主。琮幼时，从主入禁中，太宗置膝上，抚其背曰："曹氏有功我家，此亦佳儿也。"

及彬领镇海军节度使，补衙内都指挥使。彬卒，特迁西头供奉官、阁门祗候、勾当骐骥院、群牧估马司，市马课有羡，再迁西上阁门副使。与曹利用连姻，利用贬，出为河阳兵马都监，领内军器库，迁东上阁门使，荣州刺史。仁宗册琮兄女为后，礼皆琮主办，除卫州团练使。琮因奏曰："陛下方以至公属天下，臣既备后族，不宜冒恩泽，乱朝廷法。族人敢因缘请托，愿致于理。"时论称之。

出为环庆路马步军总管、知邠州，迁秦州防御使、秦凤路副都总管兼知秦州。度羨材为仓廪，大积谷古渭、冀城。生羌屡入钞边，琮怀以恩信，击牛酾酒犒之，多请内属。

宝元初南郊，召入侍祠。会元昊反，拜同州观察使，复知秦州，上攻、守、御三策。久之，兼同管勾泾原路兵马、定国军观察留后。刘平、石元孙败，关辅震恐。琮请籍民为义军，以张兵势，于是料简乡弓手数万人。贼寇山外，还天都，劫仪、秦属户。琮发骑士，设伏以待之，贼遂引去。琮欲诱吐蕃掎角图贼，得西川旧贾，使谕意。而沙州镇王子遣使奉书曰："我本唐甥，天子实吾舅也。自党项破甘、凉，遂与汉隔。今愿率首领为朝廷击贼。"帝善琮策，改陕西副都总管、经略安抚招讨副使，拜步军副都指挥使。与夏竦屯鄜州，还为马军副都指挥使，以疾卒。帝临奠，后并出临丧，就第成服。赠安化军节度使兼侍中，谥忠恪。

琮小心谨畏，善赞谒，御军整严，死时家无余赀。子佾，皇城使、嘉州防御使。佾子诗，尚鲁国大长公主。

潘美，字仲询，大名人。父璘，以军校戍常山。美少倜傥，隶府中典谒。尝语其里人王密曰："汉代将终，凶臣肆虐，四海有改卜之兆。大丈夫不以此时立功名、取富贵，碌碌与万物共尽，可羞也。"会周世宗为开封府尹，美以中涓事世宗。及即位，补供奉官。高平之战，美以功迁西上阁门副使。出监陕州军，改引进使。世宗将用师陇、蜀，命护永兴屯兵，经度西事。

先是，太祖遇美素厚，及受禅，命美先往见执政，谕旨中外。陕帅袁彦凶悍，信任群小，嗜杀黩货，且缮甲兵，太祖虑其为变，遣美监其军以图之。美单骑往谕，以天命既归，宜修臣职，彦遂入朝。上喜曰："潘美不杀袁彦，能令来觐，成我志矣。"

李重进叛，太祖亲征，命石守信为招讨使，美为行营都监以副之。扬州平，留为巡检，以任镇抚，以功授秦州团练使。时湖南叛将汪端既平，人心未宁，乃授美潭州防御使。岭南刘𬬮数寇桂阳、江华，美击走之。溪峒蛮獠自唐以来，不时侵略，颇为民患。美穷其巢穴，多所杀获，余加慰抚，夷落遂定。乾德二年，又从兵马都监丁德裕等率兵克郴州。

开宝三年，征岭南，以美为行营诸军都部署、朗州团练使，尹崇珂副之。进克富州，𬬮遣将率众万余来援，遇战大破之，遂克贺州。十月，又下昭、桂、连三州，西江诸州以次降。美以功移南面都部署，进次韶州。

韶，广之北门也，贼众十余万聚焉。美挥兵进乘之，韶州遂拔，斩获数万计。𬬮穷蹙，四年二月，遣其臣王珪诣军门求通好，又遣其左仆射萧漼、中书舍人卓惟休奉表乞降。美因谕以上意，以为彼能战则与之战，不能战则劝之守，不能守则谕之降，不能降则死，不能死则亡，非此五者他不得受。美既令殿直冉彦衮部送漼等赴阙。

𬬮复遣其弟保兴率众拒战，美即率厉士卒倍道趋栅头，距广州百二十里。𬬮兵十五万依山谷坚壁以待，美因筑垒休士，与诸将计曰："彼编竹木为栅，若攻之以火，彼必溃乱。因以锐师夹击之，万全策也。"遂分遣丁夫数千人，人持二炬，间道造其栅。及夜，万炬俱发，会天大风，火势甚炽。𬬮众惊扰来犯，美挥兵急击之，𬬮众大败，斩数万计。长驱至广州，𬬮尽焚其府库，遂克之，擒𬬮送京师，露布以闻。即日，命美与尹崇珂同知广州兼市舶使。五月，拜山南东道节度。五年，兼岭南道转运使。土豪周思琼聚众负海为乱，美讨平之，岭表遂安。

七年，议征江南。九月，遣美与刘遇等率兵先赴江陵。十月，命美为昇州道行营都监，与曹彬偕往，进次秦淮。时舟楫未具，美下令曰："美受诏，提骁果数万人，期于必胜，岂限此一衣带水而不径度乎？"遂麾以涉，大军随之，吴师大败。及采石矶浮梁成，吴人以战舰二十余鸣鼓溯流来趋利。美麾兵奋击，夺其战舰，擒其将郑宾等七人，又破其城南水砦，分舟师守之。奏至，太祖遣使令亟徙置战棹，以防他变。美闻诏即徙军。是夜，吴人果来攻砦，不能克。进傅金陵，江南水陆十万陈于城下，美率兵袭击，大败之。李煜危甚，遣徐铉来乞缓师，上不之省，仍诏诸将促令归附。煜迁延未能决，夜遣兵数千，持炬鼓噪来犯我师。美率精锐以短兵接战，因与大将曹彬率士晨夜攻城，百道俱进。金陵平，以功拜宣徽北院使。

秋，命副党进攻太原，战于汾上，破之，且多擒获。太平兴国初，改南院使。三年，加开府仪同三司。四年，命将征太原，美为北路都招讨，判太原行府事。部分诸将进讨，并州遂平。继征范阳，以美知幽州行府事。及班师，命兼三交都部署，留屯以捍北边。三交西北三百里，地名固军，其地险阻，为北边咽喉。美潜师袭之，遂据有其地。因积粟屯兵以守之，自是北边以宁。美尝巡抚至代州，既秣马蓐食，俄而辽兵万骑来寇，近塞，美誓众衔枚奋击，大破之。封代国公。八年，改忠武军节度，进封韩国公。

雍熙三年，诏美与曹彬、崔彦进等北伐，美独拔寰、朔、云、应等州。诏内徙其民。会辽兵奄至，战于陈家谷口，不利，骁将杨业死之。美坐削秩三等，责授检校太保。明年，复检校太师。知真定府，未几，改都部署、判并州。加同平章事，数月卒，年六十七。赠中书令，谥武惠。咸平二年，配飨太宗庙庭。

子惟德至宫苑使，惟固西上阁门使，惟正西京作坊使，惟清崇仪使，惟熙娶秦王女，平州刺史。惟熙女，即章怀皇后也。美后追封郑王，以章怀故也。

惟吉，美从子，累资为天雄军驻泊都监。虽连戚里，能以礼法自饬，扬历中外，人咸称其勤敏云。

李超者，冀州信都人。为禁卒，常从潘美军中，主刑刀。美好乘怒杀人，超每潜缓之。美怒解，辄得释，以是全者甚众，人谓其有阴德。

子浚字德渊。中进士，累擢秘书，知康州。咸平中，入为刑部详覆、御史台推直官。屡上书言事，迁开封府推官，赐绯鱼。景德初，拜虞部员外郎兼侍御史知杂事，赐金紫。从幸澶渊，颇上疏言便宜。师还，命与陈尧咨安抚河北。逾年，判吏部铨。濬居宪府，未再岁，帝宠待之，擢枢密直学士。宰相王旦言："濬虽有刊剧才，然骤历清切，时望未允。"真宗曰："朕业已许之矣。"寻知开封，能检察隐微，京师称之。累迁至右司郎中，出知秦州，暴疾卒。濬与李宗谔同岁同月后一日生，其卒也亦后一日，众以为异。

论曰：曹彬以器识受知太祖，遂膺柄用。平居，于百虫之蛰犹不忍伤，出使吴越，籍上私馈，悉用施予，而不留一钱；则其总戎专征，而秋毫无犯，不妄戮一人者，益可信矣。潘美素厚太祖，信任于得位之初，遂受征讨之托。刘鋹遣使乞降，观美所喻，辞义严正，得奉辞伐罪之体；则其威名之重，岂待平岭表、定江南、征太原、镇北门而后见哉？二人皆谥武惠，皆与配飨，两家子孙，皆能树立、享富贵。而光献、章怀皆称贤后，非偶然也。君子谓仁恕清慎，能保功名，守法度，唯彬为宋良将第一，岂无意哉？若李濬者，亦以材干自结主知，遂历清显。谓为阴德所致，理或然也。

卷二百五十九　　　列传第十八

张美　郭守文　尹崇珂　刘廷让　袁继忠　崔彦进　张廷翰　皇甫继明　张琼

张美，字玄圭，贝州清河人。少善书计，初为左藏小吏，以强干闻。三司荐奏，特补本库专知，出为澶州粮料使。周世宗镇澶渊，每有求取，美必曲为供给。周祖闻之怒，将谴责之，而恐伤世宗意，徙美为濮州马步军都虞候。

世宗即位，召为枢密承旨。时宰相范判三司，被疾，世宗命美为右领军卫大将军，权判三司。世宗征淮南，留美为大内部署。一日，方假寐，忽觉心动，遽惊起行视宫城中。少顷，内酝署火起，既有备，即扑灭之。俄真授三司使。

四年，世宗再幸淮上，皆为大内都点检。北征，又为大内都部署。师还，为左监门卫上将军，充宣徽北院使，判三司。美强力有心计，周知其利病，每有所条奏厘革，上多可之，常以干敏称。世宗连岁征讨，粮馈不乏，深委赖焉。然以澶渊有所求假，颇薄之，美亦自愧。恭帝嗣位，加检校太傅。

宋初，加检校太尉。初，李筠镇上党，募亡命，多为不法，渐倔强难制。美度筠必叛，阴积粟于怀、孟间。后筠果叛，太祖亲讨之，大军十万出太行，经费无阙，美有力焉。拜定国军节度。县官市木关中，同州岁出缗钱数十万以假民，长吏十取其一，谓之率分钱，岁至数百万，美独不取。未几，他郡有诣阙诉长吏受率分钱者，皆命偿之。

乾德五年，移镇沧州。太平兴国初来朝，改左骁卫上将军。美献都城西河曲湾果园二、蔬圃六、亭舍六十余区。八年，请老，以本官致仕。雍熙二年，卒，年六十八。淳化初，谥恭惠。子守瑛，至供备库使。孙士宗，至内殿承制。士宗卒，士禹为崇班，士安至阁门祗候，士宣为礼宾副使。

郭守文，并州太原人。父晖，仕汉为护圣军使，从周祖征河中，战死。守文年十四，居丧哀毁，周祖怜之，召隶帐下。广顺初，补左班殿直，再迁东第二班副都知。

宋初，迁西头供奉官。蜀平，选知简州。时剑外多寇，守文悉招来集附。从潘美征岭南，会擒刘鋹，遣守文驰传告捷，迁翰林副使。从曹彬等平金陵，护送李煜归阙下。时煜以拒命颇自歉，不欲生见太祖。守文察知之，因谓煜曰："国家止务恢复疆土，以致太平，岂复有后至之责耶？"煜心遂安。改西京作坊使、领翰林司事。俄从党进破并寇于团柏谷。

太平兴国初，秦州内附，蕃部骚动，命守文乘传抚谕，西夏悦伏。三年,迁西上阁门使。是夏,汴水决于宁陵,发宋、亳丁壮四千五百塞之,命守文董其役。是冬,又与阁门副使王侁、西八作副使石全振塞灵河县决河。

及征太原,守文与判四方馆事梁迥分护行营马步军。会刘继元降,其弟继文据代州,依辽人之援以拒命,遣守文讨平之。俄受诏护定州屯兵,大破辽人于蒲城。以功迁东上阁门使、领澶州刺史。召还,擢拜内客省使。八年,滑州房村河决,发卒塞之,命守文董其役。辽人扰雄州,命守文率禁兵数万人赴援,既至,辽人遁去。

雍熙二年,诏守文率兵屯三交,俄加领武州团练使。属夏人扰攘,命守文帅师讨之,破夏州盐城镇岌罗腻等十四族,斩首数千级,俘获生畜万计。又破哶嵬族,歼焉。诸部畏惧,相率来降,凡银、麟、夏三州归附者百二十五族、万六千余户,西鄙遂宁。三年春,大举北伐,为幽州道行营前军步军水陆都监。卒与辽人遇,为流矢所中,气色不挠,督战益急,军中服其量。会大军不利,坐违诏逗遛退军,左迁右屯卫大将军。事具《曹彬传》。

明年复旧职,裁三月,拜宣徽北院使。又与田钦祚并为北面排阵使,屯镇州。端拱初,改南院使、镇州路都部署。又为北面行营都部署兼镇定、高阳关两路排阵使。是冬,辽骑南侵,大破之唐河。端拱三年十月,卒,年五十五。太宗悼惜之,赠侍中。谥忠武,追封谯王,遣中使护丧,归葬京师。

守文沉厚有谋略,颇知书,每朝退,习书百行,出言温雅,未尝忤人意。先是,将臣戍边者多致寇以邀战功,河朔诸州殆无宁岁,既败歧沟关,乃命守文以内职总兵镇常山以经略之。

守文既丧月余,中使自北边来言:"守文死,军士皆流涕。"问问:"何以得此?"对曰:"守文得奉禄赏赉悉犒劳士卒,死之日,家无余财。"帝嗟久之,赐其家钱五百万,为真宗纳其女为夫人,即章穆皇后也。

子崇德至太子中舍。崇信至西京左藏库使、同知皇城司,赠福州观察使。崇俨至崇仪使、全州刺史,赠润州观察使。诸司使无废朝、赠官之例,崇信、崇俨咸以后兄故,特示优礼。崇俨子承寿,至虞部员外郎。天禧五年,录承寿子若水为太常寺奉礼郎,崇仁为解州团练使。

尹崇珂,秦州天水人,后徙居大名。父延勋,历磁、同、滁三州刺史。崇珂初事周世宗于藩邸,以谨厚称。及即位,补东西班都知。从战高平,有劳绩,迁本班副点检。从征淮南,迁都虞候,转都指挥使,改殿前都指挥使。

宋初,出为淄州刺史。有善政,民诣阙请刻石颂德,太祖命殿中侍御史李穆撰文赐之。讨湖南,为行营前军马军都指挥使。荆湘平,授朗州团练使。又与潘美、丁德裕克郴州。

乾德中,征岭表,以崇珂为行营马步军副部署。克广州,擒刘𫓧,即日诏与潘美同知广州兼市舶转运等使,录功迁保信军节度。未几,南汉开府乐范、容州都指挥使邓存忠、韶州贼帅周思琼、春恩道都指挥使麦汉琼等据五州之地以叛。崇珂讨之,太祖遣中使李神祐督战,数月,尽平其党,还治所。

六年,卒,年四十二。赠侍中。遣中使护其丧,归葬洛阳。以其子昭吉、弟崇珪并为西京作坊使,昭吉领会州刺史,崇珪领歙州刺史。

初,太宗在周朝娶崇珂妹,追谥淑德皇后。昭吉至洛苑使。次子昭辑,至供奉官、阁门祗候。

刘廷让,字光义,其先涿州范阳人。曾祖仁恭,唐卢龙军节度。祖守文,袭沧州卢彦威,遂据其城,昭宗授以节钺。后其弟守光囚父仁恭,守文举兵讨之,军败,为守光所杀。廷让与其父延让避难南奔。少有膂力,周祖镇邺,以隶帐下。广顺初,补内殿直押班,累迁龙捷都校。从世宗征淮南,以功领雷州刺史。再迁涪州团练使、领铁骑右厢。

宋初,转江州防御使、领龙捷右厢。从征李筠,为行营先锋使。建隆二年,改侍卫马军都指挥使、领江宁军节度。乾德二年春,诏领兵赴潞州,以备并寇。冬,兴师伐蜀,为四川行营前军兵马副都部署,率禁兵步骑万人、诸州兵万人,由归州进讨。入其境,连破松木、三会、巫山等砦,获蜀将南光海等五千余人,擒战棹都指挥使袁德宏等千二百人,夺战舰二百余艘。又获水军三千人,因度南岸,斩三千余级。

初,夔州有锁江为浮梁,上设敌棚三重,夹江列炮具。廷让等将行,太祖以地图示之,指锁江曰:"我军至此,溯流而上,慎勿以舟师争胜,当先以步骑陆行,出其不意击之,俟其势却,即以战棹夹攻,取之必矣。"及师至,距锁江三十里,舍舟步进,先夺其桥,复牵舟而上,破州城,守将高彦俦自焚,悉如太祖计。遂进克万、施、开、忠四州,峡中郡县悉下。

明年正月,次遂州,州将陈愈率吏民来降。尽出府库金帛以给将士。初出师也,太祖命之曰:"所得郡县,当倾帑藏,为朕赏战士,国家所取唯土疆尔。"故人皆效命,所至成功。蜀平,王全斌等皆坐纵部下掠夺子女玉帛及纳贿赂左降,惟廷让秋毫无犯。及全师雄等作乱,郡县相应,寇盗蜂起。廷让又与曹彬破之,以功改领镇安军节度,从征太原。开宝六年,出为镇宁军节度。太平兴国二年,入为右骁卫上将军。

雍熙三年,曹彬败于歧沟关,诸将失律,多坐黜免。既而契丹扰边,时议遣将,无慭上意者。时廷让与宋偓、张永德并罢节镇在环列,帝欲令击契丹自效,乃遣分守边郡,以廷让知雄州,又徙瀛州兵马都部署。是冬,契丹数万骑来侵,廷让与战君子馆。时天大寒,兵士弓弩皆不能彀,契丹围廷让数重。廷让先分精兵属李继隆为后殿,缓急为援。至是,继隆退保乐寿,廷让一军皆没,死者数万人,仅以数骑获免。先锋将贺令图、杨重进皆陷于契丹。自是河朔戍兵无斗志,又科乡民为兵以守城,皆未习战斗。契丹遂长驱而入,陷深、祁、德数州,杀官吏,俘士民,所在辇金帛而去。博、魏之北,民尤苦焉。太宗闻之,下哀痛之诏。

初,廷让诣阙待罪,太宗知为李继隆所误,不之责。

四年，复命代张永德知雄州兼兵马部署。是秋以疾闻，帝遣内医诊视，因上言求归京师，不俟报，乃离屯所。帝怒，下御史按问，狱具。下诏曰："右骁卫上将军刘廷让，朕以其宿旧，荐董军政，擢自环尹，付之成师，俾控边关，式防寇钞。而乃以病为解，不俟俾命，委弃戎重，傲装上道。矧万旅所集，实制于中权，列燧相望，或虞于外侮。事机一失，咎责安归。有司议刑，当在不赦。录其素效，特从宽典，可削夺在身官爵，配隶商州。"又黜其子如京使永德为濠州团练副使，崇仪副使永和为唐州刺史。廷让既黜，怏怏不食，行至华州卒，年五十九。帝录其旧勋，赠太师。

子永德至内殿崇班，永恭为西京作坊副使，永和为内殿承制，永锡至崇班，永保、永昌、永规并为阁门祗候，永崇为崇班，永宁及孙允忠并为阁门祗候。

袁继忠，其先振武人，后徙并州。父进，仕周为阶州防御使。继忠以父任补右班殿直。太祖平泽、潞，讨并、汾，悉预攻战。乾德中征蜀，隶大将刘廷让麾下。既克蜀，知云安军，历嘉、蜀二州监军。开宝中伐广南，为先锋壕砦。广南平，以功迁供奉官，护隰州白壁关屯兵。时河东拒命，继忠累入其境，破三砦，擒将校二人，得生口、马牛羊、铠仗逾万计。近戌主将惧无功受谴，以诚告继忠，继忠以所获分与之，遂与都巡检郭进略地忻、代州，改天平军巡检。

太宗即位，以为阁门祗候，令击梅山洞贼，破之。又巡遏边郡于唐龙镇。太宗征太原，继忠预破鹰扬军，先登陷阵。契丹入代境，继忠率兵击走之。以功迁通事舍人，护高阳关屯兵。与崔彦进破契丹长城口，杀获数万众，玺书褒美。时有劝继忠自论其功者，继忠不答。会赵保忠来朝献其地，绥州刺史李克宪偃蹇不奉诏，遣继忠谕旨，竟率克宪入朝。迁西上阁门副使。诏与田仁朗率兵定河西诸州，大破西人于葭芦州，迁引进副使，护定州屯兵。

雍熙二年，迁西上阁门使。三年，大将田重进征契丹，命继忠为定州路行营马步军都监。领师取飞狐，下灵丘，平蔚州，擒其帅大鹏翼以献，事见重进传。师还，继忠为后殿，行列甚整。至定州，重进欲斩降卒后期至者，继忠谕以杀降不祥，皆救免之。迁判四方馆事、领播州刺史，护屯兵如故。大将李继隆以易州静塞骑兵尤骁果，取隶麾下，畜其妻子城中。继忠言于继隆曰："此精卒，止可守城，万一敌至，城中谁与悍者？"继隆不从。既而契丹入寇，城陷，卒妻子皆为所俘。继隆疑此卒怨己，欲分隶诸军。继忠曰："不可。但奏升其军额，优以廪给，使之尽节可也。"从之，众皆感悦。继忠因自请以隶麾下。

会契丹骑大至，驻唐河北，诸将欲坚壁待之。继忠曰："今强敌在近，城中屯重兵不能剪灭，令长驱深入，侵略他郡，虽欲谋自安之计，岂折冲御侮之用乎？我将身先士卒，死于寇矣！"辞气慷慨，众壮之。静塞军摧锋先入，契丹兵大溃。太宗闻之，降玺书奖谕，赐予甚厚。淳化初，迁引进使，护镇定、高阳关两路屯兵。三年，被病，召赴阙，卒，年五十五。

继忠长厚忠谨，士大夫多与游，前后赐赉钜万计，悉以犒赏士卒。身死之日，家无余财，搢绅称之。子用成，雍熙初登进士第，至太常博士。

崔彦进，大名人。纯质有胆略，善骑射。汉乾祐中，隶周帐下。广顺初，补卫士。世宗镇澶渊，令领禁兵以从。显德初，为控鹤指挥使。从征淮南，以功迁散员都虞候。从平瓦桥关，改东西班指挥使、领昭州刺史。

宋初，改控鹤右厢指挥使、领果州团练使。征李筠，为先锋部署，以功迁常州防御使。从平李重进，改虎捷右厢。建隆二年，迁侍卫步军都指挥使、领武信军节度。大举伐蜀，为凤州路行营前军副都部署。蜀平，坐纵部下略玉帛、子女及诸不法事，左迁昭化军节度观察留后。太祖郊祀西洛，彦进来朝，授彰信军节度。

太平兴国二年，移镇河阳。四年正月，遣将征太原，分命攻城，以彦进与郢州防御使尹勋攻其东，彰德军节度李汉琼、冀州刺史牛思进攻其南，桂州观察使曹翰、翰林使杜彦圭攻其西，彰信军节度刘遇、光州刺史史珪攻其北。彦进督战甚急，太祖嘉之。晋阳平，从征幽州，又与内供奉官江守钧率兵攻城之西北。及班师，诏彦进与西上阁门副使薛继兴、阁门祗候李守斌领兵屯关南，以功加检校太尉。是秋，契丹侵遂城，彦进与刘廷翰、崔翰等击破之，斩首万级。五年，车驾北巡，以彦进为关南都部署，败契丹于唐兴口。

雍熙三年正月，命将北伐，分兵三路，诏彦进为幽州道行营马步军水陆副都部署，与曹彬、米信出雄州。大军失利，彦进坐违彬节制，别道回军，为敌所败，召还，贬右武卫上将军，事具彬传。四年春，授保静军节度。端拱元年，被病，召归阙，卒，年六十七。赠侍中。

彦进频立战功，然好聚财货，所至无善政。没后，诸子争家财，有司拟治。太宗召见，为决之，谓左右曰："此细务，朕不宜亲临，但以彦进尝任节制，不欲令其子辱于父耳。"

子怀遵至内殿崇班，怀清至崇仪副使。怀遵子上贤，娶镇王女崇安县主。怀清子从湜，娶岐王女永寿县主，为西京左藏库副使，后坐事除名。

张廷翰，泽州陵川人。初为汉祖亲校。汉祖入汴，补内殿直，迁东西班军使。周初，改护圣指挥使。从世宗平淮甸，以功迁铁骑右第二军都虞候。显德末，改殿前散都头都虞候。宋初，权为铁骑左第二军都校、领开州刺史。从平扬州，又以功迁控鹤左厢都指挥使、领果州团练使。未几，转龙捷左厢都指挥使、领春州团练使。乾德中，兴师伐蜀，以廷翰为归州路行营马军都指挥使，随刘廷让由归州路进讨。师次夔州，廷让顿兵白帝庙西，俄而夔州监军武守谦率所部来拒战，廷翰引兵逆击，败之于猪头铺，乘胜拔其城。蜀平，授侍卫马步军都虞候、领彰国军节度。开宝二年，寝疾，太祖亲临问，未几卒，年五十三。赠侍中。

皇甫继明，冀州蓨人。父济，汾川令。继明身长七尺，善骑射，以膂力闻郡中。刺史张廷翰以隶左右，荐于太祖，补殿前指挥使，历左右番押班都知。

太宗即位，累迁至捧日军都指挥使、领檀州刺史。太平兴国七年，坐秦王廷美事，出为汝州马步军都指挥使。雍熙三年，召入为马步军副都军头。四年，复为捧日右厢第三军都指挥使、领澶州刺史。田重进北征，继明为前锋，以功加马步军都军头。端拱二年，转龙、神卫四厢都指挥使、领罗州防御使。即日命副高琼为并代部署。淳化二年，又副范廷召为平房桥砦兵马都部署，改高阳关部署。

至道元年，改领洋州观察使，充环庆路马步军都部署。继明谨愿，御下严肃，士卒颇畏惮。二年，受诏护送辎重赴灵州，继明已先约灵州部署田绍斌率军迎援，适被病，裨将白守荣继明曰："君疾甚，不可行，恐失期会，守荣当率兵先往。"继明宿将，虑守荣等轻佻，与戎人接战，因谓之曰："我疾少间。"遂嬰铩被甲上马，强行至清远军，卒，年六十三，诏赠彰武军节度。迁其子怀信为供奉官。

张琼，大名馆陶人。世为牙中军。琼少有勇力，善射，隶太祖帐下。周显德中，太祖从世宗南征，击十八里滩砦，为战舰所围，一人甲盾鼓噪而前，众莫敢当，太祖命琼射之，一发而踣，淮人遂却。

及攻寿春，太祖乘皮船入城壕。城上车弩遽发，矢大如椽，琼亟以身蔽太祖，矢中琼股，死而复苏。镞著髀骨，坚不可拔。琼索杯酒满饮，破骨出之，血流数升，神色自若。太祖壮之。及即位，擢典禁军，累迁内外马步军都军头，领爱州刺史。数日，太宗自殿前都虞候尹开封。太祖曰："殿前卫士如狼虎者不啻万人，非琼不能统制。"即命琼代为都虞候，迁嘉州防御使。

琼性暴无机，多所凌轹。时史珪、石汉卿方用事，琼轻侮之，目为巫媪。二人衔之切齿，发琼擅乘官马，纳李筠隶仆，畜部曲百余人，恣作威福，禁军皆惧；又诬毁太宗为殿前都虞候时事。建隆四年秋，郊禋制下，方欲肃静京师，乃召讯琼。琼不伏，太祖怒，令击之。汉卿即奋铁挝乱下，气垂绝，曳出，遂下御史案鞫之。琼知不免，行至明德门，解所系带以遗母。狱具，赐死于城西井亭。太祖旋闻家无余财，止有仆三人，甚悔之。因责汉卿曰："汝言琼有仆百人，今何在？"汉卿曰："琼所养者一敌百耳。"太祖遂优恤其家。以其子尚幼，乃擢其兄进为龙捷副指挥使。

论曰：崔彦进与王全斌征蜀，黩货杀降，以致蜀乱，惟刘廷让一军秋毫无犯，纪律严否于斯别矣。尹崇珂斤斤谨厚，临淄攻守之绩，岭峤廓清之劳，至于瘁事。皇甫继明力疾以护军行，纯诚勇节，皆足嘉尚。张廷翰西征，未睹奇效。张美虽称干敏，而初有自愧之行。郭守文敦诗阅礼，轻财好施，慎持封疆，士卒乐用，终以勋旧蒙眷，联姻戚里。宋初诸将，要终而论，臧否异趣，何昭昭若是哉。

卷二百六十　　　列传第十九

曹翰　杨信弟嗣 赟　**党进　李汉琼
刘遇　李怀忠　米信　田重进　刘廷翰
崔翰**

曹翰，大名人。少为郡小吏，好使气陵人，不为乡里所誉。乾祐初，周太祖镇邺，与语，奇之，以隶世宗帐下。世宗镇澶渊，署为牙校，入尹开封，留翰在镇。会太祖寝疾，翰不俟召，归见世宗，密谓曰："主上不豫，王为家嗣，不侍医药而决事于外廷，失天下望。"世宗悟，即入侍，以府事属翰总决。

及世宗即位，补供奉官，从征高平，参豫谋画。寻迁枢密承旨，护塞决河。世宗征淮南，留铠甲千数在正阳，既而得降卒八百，部送归京师。时翰适在京师来诣，过正阳十数里许遇之，虑劫兵器为叛，矫杀之。及见世宗，具言其事，世宗不悦。翰曰："贼以困归我，非心服也，所得器甲，尽在正阳，苟为所劫，是复生一淮南矣。"因不之罪。从征瓦桥关，会班师，留知雄州。世宗大渐，谕范质等以王著为相，翰为宣徽使。质以著嗜酒，翰饰诈而专，并寝之。改德州刺史。

宋初，从征泽、潞，还，改济州刺史。乾德二年，太祖亲征西蜀，移刺均州，涧谷深险，翰令凿石通道，师旋以济；诏兼西南诸州转运使，自夔门径趋归州，饷运不乏，由夔、万入会王全斌军，成都以平。时全师雄拥众十万余据郫县叛，谋窥成都，翰率兵会刘光毅、曹彬等讨平之。未几，军校吕翰杀武怀节，据嘉州以叛，翰及诸将夺其城。谍知贼约三鼓复来攻，翰戒知更使缓，向晨犹二鼓，贼众不集而溃，因而破之，剑南遂平。师还，迁蔡州团练使。

开宝二年，从征太原，复为行营都壕砦使。既班师，会河决澶州，令翰董其役，翰出银器助役，沉所乘白马以祭；复决阳武，再护役，皆有成绩。将征江南，命翰率兵先赴荆南，改行营先锋使，进克池州。金陵平，江州军校胡德、牙将宋德明据城拒命。翰率兵攻之，凡五月而陷，屠城无噍类，杀兵八百。所略金帛以亿万计，伪言欲致庐山东林寺铁罗像五百头于京师，因调巨舰百艘，载所得以归。录功迁桂州观察使、判颍州。

太平兴国四年，从征太原，为攻城南面都部署。与崔彦进、李汉琼、刘遇三节度分部攻城，翰攻东北，而刘遇攻西北，与刘继元直，城尤险固，遇欲与翰易处，翰言："观察使班次下，当部东北。"遇坚欲易之，数日不决。上虑诸将不协，遣谕翰曰："卿智勇无双，西北面非卿不能当也。"翰乃奉诏，筑土山瞰城中，数日而就，继元甚恐。军中乏水，城西十余里谷中有娘子庙，翰往祷之，穿渠得水，人马以给。又从征幽州，率所部攻城东南隅，卒掘土得蟹以献。翰谓诸将曰："蟹水物而陆居，失所也。且多足，彼援将至，不可进拔之象，况蟹者解也，其班师乎？"

已而果验。

五年，从幸大名，拜威塞军节度，仍判颍州，复命为幽州行营都部署。诏督役开南河，自雄达莫，以通漕运，议筑大堤以捍之。翰遣徒数万，伐巨木于汉境，遣骑五，授五色旗为斥候，前遇丘陵、水泽、寇贼、烟火，则各举其旗以为应，又起烽燧于境上，故疑不敢近塞，得巨木数万以济用，讫事归镇。

翰在郡岁久，征敛苛酷，政因以弛。上以其有功，每优容之。会汝阴令孙崇望诣阙，诉翰私市兵器，所为多不法。诏遣御史滕中正乘传鞫之，狱具，当弃市，上贷其罪，削官爵，流锢登州。雍熙二年，起为右千牛卫大将军，分司西京。四年，召入为左千牛卫上将军，赐钱五百万，白金五千两。淳化三年，卒，年六十九，赠太尉。上命迁其四子守谦、守能、守节、守贵官，其六子守让、守赟、守澄、守恩、守英、守吉皆补殿直。

翰阴狡多智数，好夸诞，贪冒货赂，饮酒至数斗不乱。每奏事上前，虽数十条，皆默识不少差。尝作《退将诗》曰：“曾因国难披金甲，耻为家贫卖宝刀。”翰直禁日，因语及之。上悯其意，故有银钱之赐。咸平元年，赐谥武毅。

杨信，瀛州人。初名义。显德中，隶太祖麾下为裨校。宋初，权内外马步军副都军头。建隆二年，领贺州刺史。改铁骑、控鹤都指挥使，迁殿前都虞候，领汉州防御使。乾德初，亲郊，为仪仗都部署。四年，信病瘖，上幸其第，赐钱二百万。五年，改静江军节度。开宝二年，散指挥都知杜廷进等将为不轨，谋泄，夜启玄武门，召信逮捕，迟明，十九人皆获，上亲讯而诛之。六年，迁殿前指挥使，改领建武军节度。

太祖尝令御龙直习水战于后池，有鼓噪声，信居玄武门外，闻之，遽入，服皂绦袍以见。上谓曰：“吾教水战尔，非有他也。”出，上目送之，谓左右曰：“真忠臣也。”九年，授义成军节度。太平兴国二年，改镇宁军，并领殿前都指挥使。三年春，以瘖疾在告，俄卒，赠侍中。

信虽瘖疾而质实寡言，善部分士卒，指顾申儆，动有纪律，故见信任，而终始无疑焉。有童奴田玉者，能揣度其意，每上前奏事，及与宾客谈论，或指挥部下，必回顾玉，书掌为字，玉因直达其意无失。信未死前一日，瘖疾忽愈，上闻而骇之，遽幸其第。信自言遭遇两朝，恩宠隆厚，叙谢感慨，涕泗横集。上加慰勉，锡赉有差。信弟嗣、赟。

嗣，建隆初以信荐为殿直，三迁崇仪副使、火山军监军。雍熙四年，就命知军事。代还，以吏民借留再任，俄迁高阳关战棹都监。淳化二年，改知保州，门无私谒。转运使言其治状，优迁威虏军，改崇仪使，与曹思进同为静戎军、保州、长城、蒲城缘边都巡检使。改如京使，再知保州，有战功。

真宗即位，加洛苑使。咸平初，领奖州刺史。三年，与敌人战于廉良，斩首二千级，获战马辎重甚众，以功真拜保州刺史。召还，授本州团练使。时杨延昭方为刺史，嗣言：“尝与延昭同官，骤居其上，不可，愿守旧官。”上嘉其让，乃迁延昭官。嗣与延昭久居北边，俱以善战闻，时谓之"二杨"。嗣以武人治郡，不屑细务，又兼领巡徼，在郡日少，城堞圮坏，有未葺者，诏供备库副使赵彬代之，改深团练都巡检使兼保州钤辖。

五年，边人寇保州，嗣与杨延昭御之，部伍不整，为所袭。士马多亡失，代还，特宥其罪。明年，与防秋之策，条陈北面利害，以其练达边事，出为镇、定、高阳关三路后阵钤辖，移定州副都部署，留其家京师，假官第以居。

景德初，改镇州路副都部署。上以嗣耄年总军政，虑有废阙，旋命代之。连为赵、贝、深三州部署。大中祥符五年，复出为天雄军副都部署。六年，以左龙武大将军致仕。明年卒，年八十一。录其子承宪为侍禁。

赟稍知书，无异能，以兄故得掌禁旅，累资朝著至牧守焉。

党进，朔州马邑人。幼给事魏帅杜重威，重威爱其淳谨，及壮，犹令与姬妾杂侍。重威败，进以膂力隶军伍。周广顺初，补散指挥使，累迁铁骑都虞候。宋初，转本军都校，领钦州刺史，迁马步军副都军头、领虔州团练使，改虎捷右厢都指挥使、领睦州防御使。建隆二年，改领阆州。乾德初，改龙捷左厢都虞候、领利州观察使。后四年，权步军。杜审琼卒，命进代领其务。五年，领彰信军节度兼侍卫步军都指挥使。

开宝元年，将征太原，以进将河东行营前军。开宝二年，太祖师临晋阳，置砦四面，命进主其东偏。师未成列，太原骁将杨业领突骑数百来犯，进奋身从数人逐业；业急入隍中，会援兵至，缘绁入城获免。上激赏之。六年，改侍卫马军都指挥使、领镇安军节度。九年，又命将河东行营兵征太原，入其境，败太原军于城北。太祖崩，召还。太平兴国二年，出为忠武军节度。在镇岁余，一日自外归，有大蛇卧榻上寝衣中，进怒，烹食之。遇疾卒，年五十一，赠侍中。

进出戎行，形貌魁岸，居常恂恂，每擐甲胄，毛发皆竖。进名进，自称曰晖，人问之，则曰：“吾欲从吾便耳。”先是，禁中军校，自都虞候已上，悉书所掌兵数于梃上，如笏记然。太祖一日问进所掌几何，进不识字，但举梃以示于上曰：“尽在是矣。”上以其朴直，益厚之。尝受诏巡京师，闾里间有畜养禽兽者，见必取而纵之，骂曰：“买肉不将供父母，反以饲禽兽乎？”太宗尝令亲事臂鹰雏于市，进亟欲放之，吏曰：“此晋王鹰也。”进乃戒之曰：“汝谨养视。”小民传以为笑，其变诈又如此。杜重威子孙有贫困者，进分月俸给之，士大夫或有愧焉。子崇义闲厩使，崇贵阁门祗候。

李汉琼，河南洛阳人。曾祖裕，祁州刺史。汉琼体质魁岸，有膂力。晋末，补西班卫士，迁内殿直。周显德中，从征淮南，先登，迁龙旗直副都知，改左射指挥使。宋初，再迁铁骑第二军都校、领饶州刺史，迁控鹤左厢都校、领泸州刺史，改澄州团练使，转虎捷左厢都指挥使、领融州防御使，迁侍卫马军都虞候、领洮州观察使。

王师征江南，命领行营骑军兼战棹左厢都指挥使，自蕲春攻峡口砦，斩首数千级，获楼船数百艘，沿流拔池州，破铜陵，取当涂，作浮梁于牛渚以济大军。分围金陵，率所部度秦淮，取巨舰实苇其中，纵火攻其水砦，拔之。江南平，以功领振武军节度。

太平兴国二年，出为彰德军节度。四年，太宗亲征太原，改攻城都部署。汉琼与牛思进主攻城南偏，汉琼先登，矢集其脑，并中指，伤甚犹力疾战。上召至幄殿，赐良药以慰劳。先是，攻城者以牛革冒木上，士卒蒙之而进，谓之洞子。上欲幸其中，以劳士卒，汉琼极谏，以为矢石之下，非万乘之尊所宜轻往，上乃止。太原平，改镇州兵马钤辖。

契丹数万骑寇中山，汉琼与战于蒲城，大败之，逐至遂城，俘斩万计，加检校太尉。车驾幸大名，汉琼上谒，陈边事称旨，命为沧州都部署，加赐战马、金甲、宝剑、戎具以宠之。六年，以病还京，赐白金万两，月余卒，年五十五，赠中书令。

汉琼性木强，使酒难近，然善战有功。无子。弟汉赟、汉彬。太平兴国初，汉赟补供奉官，尝监高阳关、平戎军，乘传衢、婺二州，捕剧贼程白眉数十人，悉歼焉。累仕崇仪使、知宁州，大中祥符七年卒。汉彬至礼宾副使。

刘遇，沧州清池人。少魁梧有膂力。周祖镇大名，隶帐下。广顺初，补控鹤都头，改副指挥使。宋初，迁御马直指挥使，俄领汉州刺史，改领眉州。累迁控鹤右厢都指挥使、领琼州团练使。从征太原，以功迁虎捷右厢，改领蔚州防御使。开宝六年，转侍卫步军都虞候、领洮州观察使。征江南，领步军战棹都指挥使。时吴兵三万屯皖口，遇会诸路兵破之，擒其将朱令赟、王晖等，获戎器数万，金陵以平，录功加领大同军节度。车驾零祀西洛，命率禁卫以从。

太平兴国二年，出为彰信军节度。四年，征太原，与史珪攻城北面，平之。进定范阳，师还，坐所部失律，责授宿州观察使。五年，从幸大名，复保静军节度、幽州行营都部署，护筑保州、威虏、静戎、平塞、长城五城。八年，徙镇滑州。晨兴方对客，足有灸疮痛，其医谓火毒未去，故痛不止。遇即解衣，取刀割疮至骨，曰："火毒去矣。"谈笑如常时，旬余乃差。遇性淳谨，待士有礼，尤善射，太宗待之甚厚。雍熙二年，卒，年六十六，赠侍中，归葬京师。

李怀忠，涿州范阳人。初名怀义。太祖掌禁兵时，隶帐下为散都头，累迁殿前指挥使、都虞候、领开州刺史。乾德中，授东西班都指挥使，改领富州。开宝中，从太祖征晋阳，累月未下。会盛暑，欲班师以休息士卒，怀忠谓："贼婴孤城，内无储峙，外无援兵，其势困危，若急攻之，破在旦夕，臣愿奋锐为士卒先。"会大热，战不利，怀忠中流矢，力疾战益奋。还授散指挥使，迁富州团练使，改日骑左右厢都指挥使。

上幸西京，爱其地形势得天下中正，有留都之意。怀忠乘间进曰："东京有汴渠之漕，岁致江、淮米数百万斛，禁卫数十万人仰给于此，帑藏重兵皆在焉。根本安固已久，一旦遽欲迁徙，臣实未见其利。"上嘉纳之。

太宗即位，改领本州防御使，稍迁侍卫步军都虞候、领大同军节度。三年，改步军都指挥使，五月，卒，赠侍中。录其子绍宗等三人为供奉官。大中祥符三年，又录其子德钧为借职。

米信，旧名海进，本奚族，少勇悍，以善射闻。周祖即位，隶护圣军。从世宗征高平，以功迁龙捷散都头。太祖总禁兵，以信隶麾下，得给使左右，遂委心焉，改名信，署牙校。及即位，补殿前指挥使，迁直长。平扬州日，信执弓矢侍上侧，有游骑来迫乘舆，射之，一发而毙。迁内殿直指挥使。开宝元年，改殿前指挥使、领郴州刺史。

太宗即位，转散都头指挥使，继领高州团练使。太平兴国三年，迁领洮州观察使。四年，征太原，命为行营马步军指挥使，与田重进分督行营诸军。并人潜师来犯，信击败之，杀其将裴正。并州平，遂移兵攻范阳。师还，以功擢保顺军节度使。时信族属多在塞外，会其子全自朔州奋身来归，召见，俾乘传诣代州，伺间迎致其亲属，发劲卒护送之。既而全宿留逾年，边境斥候严，竟不能致。信慷慨叹曰："吾闻忠孝不两立，方思以身徇国，安能复顾亲戚哉。"北望号恸，戒子侄勿复言。五年，命与郭守赟等同护定州屯兵。六年秋，迁定州驻泊部署。八年，改领彰化军节度使。

雍熙三年，征幽蓟，命信为幽州西北道行营马步军都部署，败契丹于新城。契丹率众复来战，王师稍却，信独以麾下龙卫卒三百御敌，敌围之数重，矢下如雨，信射中数人，麾下士多死。会暮，信持大刀，率从骑大呼，杀数十人，敌遂小却，信以百余骑突围得免。坐失律，议当死，诏特原之，责授右屯卫大将军。明年，复授彰武军节度。

端拱初，诏置方田，以信为邢州兵马都部署以监之。二年，改镇横海军。信不知书，所为多暴横，上命何承矩为之副，以决州事。及承矩领护屯田，信遂专恣不法，军人宴犒甚薄，尝私市绢附上计吏，称官物以免关征，上廉知之。四年，召为右武卫上将军。明年，判左右金吾街仗事。未逾月，吏卒以无罪被捶挞者甚众。强市人物，妻死买地营葬，妄发居民家墓。家奴陈赞老病，箠之致死，为其家人所告。下御史鞫之，信具伏。狱未上而卒，年六十七。赠横海军节度。子继丰，内殿崇班、阁门祗候。

田重进，幽州人。形质奇伟，有武力。周显德中，应募为卒，隶太祖麾下。从征契丹，至陈桥还，迁御马军使，积功至濮州刺史。太平兴国四年，从征太原还，录功擢为天德军节度使。六年，改侍卫步军指挥使。八年，改领静难军节度使。九年，河决滑州韩、房村，重进总护其役，以刘吉为之副，河遂塞。

雍熙中，出师北征，重进率兵傅飞狐城下，用袁继忠计，伏兵飞狐南口，擒契丹骁将大鹏翼及其监军马赟、副将何万通并渤海军三千余人，斩首数千级，俘获以万计，逐北四十里，连下飞狐、灵丘等城。进攻蔚州，其牙校李存璋等杀酋帅萧啜理、执耿绍忠，率吏民来附。会曹彬之师不利，乃命重进董师驻定州，迁定州驻泊兵马都部署。三年，率师入辽境，攻下岐沟关，杀守城兵千余及获牛马辎重以还。四年春，改彰信军节度。

淳化三年，改真定尹、成德军节度。未几，移京兆尹、永兴军节度。五年，改知延州，复还镇。至道三年，卒，年六十九，赠侍中。

重进不事学，太宗居藩邸时，爱其忠勇，尝遗以酒炙不受，使者曰："此晋王赐也，何为不受？"重进曰："为我谢晋王，我知有天子尔。"卒不受。上知其忠朴，故终始委遇焉。子守信六宅使，守吉阁门祗候。

刘廷翰，开封浚仪人。父绍隐，后唐末隶兵籍。晋天福中，以队长戍魏博。范延光反，绍隐力战死焉。周世宗镇澶渊，廷翰以膂力隶帐下；即位，补殿前指挥使，累从征伐，以战功再迁至散指挥第一直都知。

宋初，预平上党、维扬，迁铁骑都指挥使、领廉州刺史。太宗即位，迁右厢都指挥使、领本州团练使，迁云州观察使。太平兴国四年，从征太原，领镇州驻泊都钤辖。

太宗北伐，既班师，上以边备在于得人，乃命廷翰、李汉琼率兵屯真定，崔彦进屯关南，崔翰屯定州。冬，契丹果纵兵南侵。廷翰先阵于徐河，彦进率师出黑芦堤北，衔枚蹑契丹后，崔翰、汉琼兵继至，合击之，大败其众于满城。廷翰以功领大同军节度、殿前都虞候。八年，改领彰信军节度。雍熙四年春，改镇滑、邢。端拱中，镇州驻泊马步军都部署郭守文卒，上特命廷翰代之。淳化三年，改大名尹、天雄军节度。三年，以病求解官，还阙，上亲临问，赐赉有加。未几卒，年七十，赠侍中。

廷翰自卫士至上将，颇以武勇自任，宽厚容众，虽不事威严，而长于御下。为殿前都指挥使，入朝，常行众中，每历官殿门，少识之者。尝与郊祀恩，当追封三世，廷翰少孤，其大父以上皆不逮事，忘其家讳，上为撰名亲书赐之。子赞元，宫苑使、澄州刺史；赞明，皇城使、勤州团练使。

崔翰，字仲文，京兆万年人。少有大志，风姿伟秀，太祖见而奇之，以隶麾下。从周世宗征淮南，平寿春，取关南，以功补军使。宋初，迁御马直副指挥使，从征泽、潞。开宝初，迁河东降民以实陕西地，晋人勇悍，多习武艺，命翰差择之。及阅试河北镇兵，取其骁果者以分配天武两军。九年，领州刺史。

太宗即位，进本州团练使。太平兴国二年秋，讲武于西郊，时殿前都指挥使杨信病喑，命翰代之。翰分布士伍，南北绵亘二十里，建五色旗号令，将卒望其所举，以为进退，六师周旋如一。上御台临观，大悦，以藩邸时金带赐之，谓左右曰："晋朝之将，必无如崔翰者。"

四年，从征太原，命总侍卫马步诸军，率先攻城，流矢中其颊，神色不变，督战益急，上即军帐抚问之。太原平，时上将有幽蓟，诸将以为晋阳之役，师罢饷匮，刘

继元降，赏赉且未给，遽有平燕之议，不敢言。翰独奏曰："所当乘者势也。不可失者时也，取之易。"上谓然，定议北伐。既而班师，命诸将暇以还。至金台驿，大军南向而溃，上令翰率卫兵千余止之。翰请单骑往，至则谕以师律，众徐以定，不戮一人。既复命，上喜，因命知定州，得以便宜从事，缘边诸军并受节制，军市租储，得以专用。

冬，契丹兵数万寇蒲城，翰会李汉琼兵于徐河，河阳节度崔彦进兵自高阳关继至，因合击之。契丹投西山坑谷中死者不可胜计，俘馘数万，所获他物又十倍焉。以功擢武泰军节度使。

初，刘继元降，上令翰往抚慰，俘略无得出城。时秦王廷美以数十骑将冒禁出，翰呵止之。至是，构于上。明年夏，出为感德军节度使。至镇时，盗贼充斥，翰诱其渠魁，戒以祸福，群盗感悟，散归农亩，境内肃然。

雍熙二年，移知滑州。三年，北伐不利，上追念徐河之功，召翰为威虏军行营兵马都部署。四年春，改镇定国军。二年，移镇镇安军。淳化三年召还，以疾留京师。稍间，入见上曰："臣既以身许国，不愿死于家，得以马革裹尸足矣。"上壮之，复令赴镇，月余卒，年六十三，赠侍中。

翰骁勇有谋，所至多立功。轻财好施，死之日家无余赀。晚年酷信释氏。子继颙，虞部员外郎。孙承业，内殿承制、阁门祗候；承佑，内殿崇班。

论曰：自曹翰而下，尝任将帅居节镇者凡十人，其初率由拳勇起家戎行，虽不事问学，而皆精白一心，以立事功。始终匹休，而无韩、彭之祸者，由制御保全之有道也。杨信以笃实，重进以忠朴，刘遇以淳谨，廷翰以武勇称，故皆终始委遇而不替。汉琼虽木强使酒，米信所为虽多暴横，党进恂恂类怀奸诈，怀忠论诋似昧大体；然以征太原、平江南、战徐河观之，皆不害其为骁果也。至于好谋善战，轻财好施，所至立功，则未有优于曹翰、崔翰者也。然不可与古之良将同日而语者，崔之论奏平燕，未免出于率尔；而曹之杀降卒、屠江州，则又过于忍者也。君子谓功莫优于二子，而过亦莫先于二子，信矣。

卷二百六十一　　列传第二十

李琼　郭琼　陈承昭　李万超　白重赞
王仁镐　陈思让孙若拙　焦继勋子守节　刘
重进　袁彦　祁廷训　张铎　李万全田景咸
王晖附

李琼，字子玉，幽州人。祖传正，涿州刺史。父英，涿州从事。琼幼好学，涉猎史传。杖策诣太原依唐庄宗，属募勇士，即应募，与周祖等十人约为兄弟。一日会饮，琼熟视周祖，知非常人。因举酒祝曰："凡我十人，龙蛇混合，异日富贵无相忘，苟渝此言，神降之罚。"皆刺臂

出血为誓。周祖与琼情好尤密，尝过琼，见其危坐读书，因问所读何书，琼曰：“此《阃外春秋》，所谓以正守国，以奇用兵，较存亡治乱，记贤愚成败，皆在此也。”周祖令读之，谓琼曰：“兄当教我。”自是周祖出入常袖以自随，遇暇辄读，每问难琼，谓琼为师。及讨河中，乃解琼兵籍，令参西征军事。贼平，表于朝，授朝散大夫、大理司直。岁中，迁太子洗马。周祖镇邺，表为大名少尹。

广顺初，拜将作监，充内作坊使，赐金紫。连知亳、陕二州，改济州刺史。世宗初，迁洛州团练使，改安州防御使，治郡宽简，民请立碑颂德，诏中书舍人窦仪撰文赐之。宋初，召为太子宾客。建隆三年，上章请老，改右骁卫上将军致仕。琼信释氏，明年四月八日，诣佛寺，遇疾归，至暮卒，年七十三，赠太子少师。

郭琼，平州卢龙人。祖海，本州两冶使。父令奇，卢台军使。琼少以勇力闻，事契丹，为蕃汉指挥使。后唐天成中，挈其族来归，明宗以为亳州团练使，改刺商州，迁原州。清泰初，移阶州，城垒未葺，蜀人屡寇，琼患之，因徙城保险，民乃无患。受诏攻文州，拔二十余砦，生擒数百人。

晋天福中，移刺警州，属羌、浑骚动，朔方节度张希崇表琼为部署，将兵共讨平之。连领滑、坊、虢、卫四州。开运初，为北面骑军排阵使。阳城之役，战功居多。改沂州刺史，充931口砦主兼东面行营都虞候。擒莫州刺史赵思以献，改刺怀州。俄为北面先锋都监。契丹陷中原，盗贼蜂起，山东为甚，契丹主命琼复刺沂州以御盗，琼即日单骑赴郡。盗闻琼威名，相率遁去。

汉乾祐中，淮人攻密州，以为行营都部署，未至，淮人解去。会平卢节度刘铢恃佐命之旧，称疾不朝，将相大臣，惧其难制，先遣琼与卫州刺史郭超以所部兵屯青州。铢不自安，置酒召琼，伏壮士幕下，欲害琼。琼知其谋，屏去从者，从容就席，略无惧色，铢不敢发。琼因为陈祸福，铢感其言，遂治装。俄诏至，即日上道。琼改颍州团练使，又加防御使。时朗州结荆、淮、广南合兵攻湖南，诏琼以州兵合王令温大军攻光州，寻以内难不果。罢归朝，遣诣河北计度兵甲刍粮。

周祖祀南郊，召权知宗正卿事。世宗征刘崇，为北面行营都监，历绛、蔡、齐三州防御使。在齐州，民饥，琼以己俸赈之。人怀其惠，相率诣阙颂其德政，诏许立碑。

宋建隆三年，告老，加右领军卫上将军致仕，归洛阳。乾德二年，卒，年七十二。琼虽起卒伍，而所至有惠政，尊礼儒士，孜孜乐善，盖武臣之贤者也。

陈承昭，江表人。始事李景为保义军节度，周世宗征淮南，景以承昭为濠、泗、楚、海水陆都应援使。世宗既拔泗州，引兵东下，命太祖领甲士数千为先锋，遇承昭于淮上击败之，追至山阳北，太祖亲禽承昭以献。世宗释之，授右监门卫上将军，赐锦袍、银带，改右领军卫上将军，分司西京。宋初入朝，太祖以承昭习知水利，督治惠民、五丈二河以通漕运，都人利之。建隆二年，河成，赐钱三十万。承昭言其婿王仁表在南唐，帝为致书于李景，令遣归阙，历左右神武统军。

四年春，大发近甸丁壮数万，修畿内河堤，命承昭董其役。又令督诸军子弟数千，凿池于朱明门外，以习水战。从征太原，承昭献计请壅汾水灌城，城危甚，会班师，功不克就。乾德五年，迁右龙武军统军。开宝二年，卒，年七十四。赠太子太师，中使护丧。大中祥符元年，录其孙宗义为三班借职。

李万超，并州太原人。幼孤贫，负贩以养母，晋祖起并门，万超应募隶军籍。战累捷，稍迁军校。从李守贞讨杨光远于青州，奋勇先登，飞石中其脑，气不属者久之。开运中，从杜重威拒契丹于阳城，流矢贯手，万超拔矢复战，神色自若。以功迁肃锐指挥使。

契丹入中原，时万超以本部屯潞州，主帅张从恩将弃城归契丹，会前骁卫将军王守恩服丧私第，从恩即委以后事，遁去。及契丹使至，专领郡务，守恩遂无所预。万超奋然谓其部下曰：“我辈垂饵虎口，苟延旦夕之命，今欲杀使，保其城。非止逃生，亦足建勋业，汝曹能乎？”众皆跃然喜曰：“敢不唯命。”遂率所部大噪入府署，杀其使，推守恩为帅，列状以闻。汉祖从其请，仍命史弘肇统兵先渡河至潞，见万超，语之曰：“得复此州，公之力也。吾欲杀守恩，以公为帅，可乎？”万超对曰：“杀契丹使以推守恩，盖为社稷计尔。今若贼害于人，自取其利，非宿心也。”弘肇大奇之，表为先锋马步军都指挥使，路经泽州，刺史翟令奇坚壁拒命，万超驰至城下，谕之曰：“今契丹北遁，天下无主，并州刘公仗大义，定中土，所向风靡，后服者族，盍早图之。”令奇乃开门迎纳。弘肇即留万超权州事，汉祖遂以为刺史。及征李守贞，以万超为行营壕砦使。河中平，拜怀州刺史。

周祖开国，从征慕容彦超，又为都壕砦使，以功授洺州团练使，预收秦、凤，改莱州。从平淮南，连移蕲、登二州，所至有善政。属有诏重均田租，前牟平令马陶，籍隶文登县，隐亩不通，命系之，将斩而后闻。陶惧遁去，由是境内肃然。宋初，入为右武卫大将军，迁左骁卫大将军。开宝八年，卒，年七十二。

白重赞，宪州楼烦人，其先沙陀部族。重赞少从军，有武勇。汉初，自散员都虞候三迁护圣都指挥使。乾祐中，李守贞据河中叛，隐帝以重赞为行营先锋都指挥使。河中平，以功领端州刺史。周初，转护圣左厢都指挥使。未几，出为郑州防御使，改相州留后。广顺中，授义成军节度。在镇日，河屡决，重赞亲部丁壮，塞大程、六合二堤，诏书褒美。

世宗征刘崇，以重赞为河东道行营马军都指挥使，重赞与李重进居阵西偏，樊爱能、何徽居阵东偏。既合战，爱能与徽皆遁走，惟重赞与重进率所部力战，世宗自督亲军合势薄之，并人大败。既诛爱能等，重赞以功授保大军节度使。及世宗征太原，以河阳刘词为随驾都部署，命重赞副之。其忻州监军杀刺史赵皋及契丹大将杨耨姑，以城降，而契丹兵犹盛，命重赟及符彦卿击走之。世宗还京，改河阳三城节度、检校太尉。及征淮南，命重赟率亲兵三千军于颍上。未几，改淮南道行营马步军都虞候。俄迁彰义军节度。

宋初，加检校太师，改镇泾州。有马步军教练使李玉，本燕人，凶狡，与重赟有隙。遂与部下阎承恕谋害重赟，密遣人市马缨，伪造制书云重赟构逆，令夷其族。乃自持伪制并马缨，以告都校陈延正曰："使者致而去矣。"延正具白重赟，重赟封其书以闻。太祖大骇，令验视之，率皆诞谬，遂命六宅使陈思诲驰赴泾州，禽玉及承恕鞫问，伏罪弃市。延正擢领刺史以赏之，仍诏诸州，凡被制书有关机密，则详验印文笔迹。俄改泰宁军节度。乾德四年，又为定国军节度。开宝二年，改左千牛卫上将军，奉朝请。三年，卒，年六十二。

王仁镐，邢州龙冈人。后唐明宗镇邢台，署为牙校，即位，擢为作坊副使，累迁西上阁门使。清泰中，改右领军卫将军。晋天福中，青州杨光远将图不轨，以仁镐为节度副使，伺其动静。历二年，或谮仁镐于朝，改护国军行军司马。仁镐至河中数月，光远反书闻。汉乾祐中，历昭义、天雄二军节度副使。

周祖镇邺，表仁镐为副留守。及起兵，仁镐预其谋。周祖即位，仁镐为王峻所忌，出为唐州刺史，迁棣州团练使，入为右卫大将军，充宣徽北院使兼枢密副使。显德初，出为永兴军节度使。世宗嗣位，移河中。会殿中丞上官瓒使河中还，言河中民多匿旺租，遂遣瓒复视均定。百姓苦之，多逃亡他郡，仁镐抗论其事，乃止。丁继母忧，去官。

五年，拜安国军节度，制曰："眷惟襄国，实卿故乡。分予龙节之权，成尔锦衣之美。"郡民扶老携幼，迎于境上，有献锦袍者四，仁镐皆衣之，厚酬以金帛。视事翌日，省其父祖之墓，周视松槚，涕泗呜咽，谓所亲曰："仲由以为不如负米之乐，信矣。"时人美之。郡有群盗，仁镐遣使遗以束帛，谕之，悉遁去，不复为盗。恭帝嗣位，移山南东道节度。

宋初，加检校太师。建隆二年，以疾召还，次唐州，卒于传舍，年六十九。

仁镐性端谨俭约，崇信释氏，所得俸禄，多奉佛饭僧，每晨诵佛经五卷，或至日旰方出视事。从事刘谦责仁镐曰："公贵为藩侯，不能勤恤百姓，孜孜事佛，何也？"仁镐敛容逊谢，无愠色。当时称其长者。

陈思让，字后己，幽州卢龙人。父审确，仕后唐至晋，历檀、顺、涿、均、沁、唐、祁、城八州刺史。预征蜀，权利州节度，终金州防御使。思让初隶庄宗帐下，即位，补右班殿直。晋天福中，转东头供奉官，再迁作坊使。安从进叛于襄阳，以思让为先锋右厢都监，从武德使焦继勋领兵进讨。遇从进之师于唐州花山下，急击大破之，从进仅以身免。以功领奖州刺史。从进平，授坊州刺史。

八年冬，契丹谋入寇，以思让监澶州军，赐鞍勒马、器帛。讨杨光远于青州也，又为行营右厢兵马都监，兵罢，改磁州刺史。会符彦卿北征契丹，思让求预行。未几，改卫州。连丁内外艰。时武臣罕有执丧礼者，思让不俟诏，去郡奔丧，闻者嘉之。起复随州刺史。

汉初，移淄州，罢任归朝。会淮南与朗州马希萼合兵淮南，攻湖南，马希广来乞师，旋属内难，又周祖北征，乃分兵令思让往郢州赴援，兵未渡而希广败。思让留于郢。

周祖即位，遣供奉官邢思进召思让及所部兵还。刘崇僭号太原，周祖思得方略之士以备边，遣思让率兵诣磁州，控扼泽、潞。未几，授磁州刺史，充北面兵马巡检。未行，升磁州为团练，即以思让充使。

广顺元年九月，刘崇遣大将李瓖领马步军各五都，乡兵十都，自团柏军于窑子店。思让与都监向训、张仁谦等率龙捷、吐浑军，至麇亭西，与瓖军遇，杀三百余人，生禽百人，获崇偏将王璠、曹海金，马五十四。俄遣王峻援晋州，以思让与康延昭分为左右厢排阵使，令率军自乌岭路至绛州与大军合。崇烧营遁去，思让又与药元福袭之。俄命权知绛州。明年春，迁绛州防御使。

显德元年九月，改亳州防御使，充昭义军兵马钤辖，屡败并人及契丹援兵，迁安国军节度观察留后，充北面行营马步军排阵使。五年，败并军千余于西山下，斩五百级。是秋，邢州官吏、耆艾邢铢等四十人诣阙，求借留思让，诏褒之。十二月，改义成军节度观察留后。

六年春，世宗将北征，命先赴冀州以俟命。及得瓦桥关，为雄州，命思让为都部署，率兵戍守。世宗不豫还京，留思让为关南兵马都部署。恭帝嗣位，授横海军节度。

宋初，加检校太傅。乾德二年，又为保信军节度。时皇子兴元尹德昭纳思让女为夫人。开宝二年夏，改护国军节度、河中尹。七年，卒，年七十二。赠侍中。

思让累历方镇，无败政，然酷信释氏，所至多禁屠宰，奉禄悉以饭僧，人目为"陈佛子"。身没之后，家无余财。弟思诲，至六宅使。子钦祚，累迁至香药库使、长州刺史。钦祚子若拙。

若拙字敏之。幼嗜学，思让尝令持书诣晋邸，太宗嘉其应对详雅，将縻以府职，若拙恳辞。太平兴国五年，进士甲科，解褐将作监丞、通判鄂州，改太子右赞善大夫、知单州。以能政，就改太常丞，迁监察御史，充盐铁判官。益州系囚甚众，太宗览奏讶之，召若拙面谕委以疏决，迁殿中侍御史、通判益州。淳化三年，就命为西川转运副使，未几，改正使，召归。会李至守洛都，表若拙佐治，改度支员外郎，通判西京留司。久之，柴禹锡镇泾州，复奏为通判，迁司封员外郎，部送刍粮至塞外，优诏奖之。

入为盐铁判官，转工部郎中。与三司使陈恕不协，求徙他局，改主判开拆司。车驾北巡，命李沆留守东京，以若拙为判官。河决郓州，朝议徙城以避水患，命若拙与阎承翰往规度，寻命权京东转运使，因发卒塞王陵口，又于齐州浚导水势，设巨堤于采金山，奏免六州所科榆木五百万，民甚便之。河平，真授转运使。召还，拜刑部郎中、知潭州。时三司使缺，若拙自谓得之。及是大失望，因请对，言父母年老，不愿远适，求纳制命。上怒，谓宰相曰：

"士子操修，必须名实相副，颇闻若拙有能干，特迁秩委以藩任，而贪进择禄如此。往有黄观者，或称其能，选为西川转运使，辄诉免，当时黜守远郡。今若拙复尔，亦须谴降。凡用人，岂以亲疏为间，苟能尽瘁奉公，有所树立，何患名位之不至也。"乃追若拙所授告敕，黜知处州，徙温州。代还，复授刑部郎中，再为盐铁判官，改兵部郎中、河东转运使，赐金紫。

会亲祀汾阴，若拙以所部缗帛、刍粟十万，输河中以助费，经度制置使陈尧叟言其干职，擢拜右谏议大夫，徙知永兴军府。时邻郡岁饥，前政拒其市籴，若拙至，则许贸易，民赖以济。又移知凤翔府，入拜给事中、知澶州。蝗旱之余，勤于政治，郡民列状乞留。天禧二年，卒，年六十四。录其子映为奉礼郎。

若拙多诞妄，寡学术，当时以第二人及第者为榜眼，若拙素无文，故目为"瞎榜"云。

焦继勋，字成绩，许州长社人。少读书有大志，尝谓人曰："大丈夫当立功异域，取万户侯。岂能孜孜事笔砚哉？"遂弃其业，游三晋间为轻侠，以饮博为务。晋祖镇太原，继勋以儒服谒见，晋祖与语，悦之，留帐下。天福初，授皇城兼宫苑使，迁武德使。安重荣反镇州，安从进自襄阳举兵为应。晋祖命继勋督诸将进讨。至唐州南，遇从进军万余，设伏击败之，禽其牙将安洪义、鲍洪等五十余人，得山南东道印，从进单骑奔还。从进复从贵率兵千余人，援均州刺史蔡行遇，继勋杀其众七百，生禽百，获从贵，断腕放入城中，从进自此不能复镇。继勋以功就拜齐州防御使。少帝即位，从进平，藉继勋威名镇之，徙襄阳防御使。岁余，入为右千牛卫大将军，拜宣徽北院使，迁南院使。

西人寇边，朝议发师致讨，继勋抗疏请行，拜秦州观察使兼诸蕃水陆转运使。既至，推恩信、设方略招诱，诸郡酋长相率奉玉帛、牛酒乞盟，边境以安。俄徙知陕州，就迁保义军兵马留后。

汉初，凤翔军校阳彦昭据城叛，命继勋率师讨之，以功授保大军节度。召入，会汉祖幸大名，留为京城右厢巡检使，俄改右羽林统军。隐帝末，命继勋领兵北征。及周祖举兵向阙，继勋奉隐帝逆战于留子陂，战不利，遂归周祖。

广顺初，改右龙武统军。世宗征淮南，为左厢排阵使，又改右羽林统军、左屯卫上将军，以战功拜彰武军节度。

宋初，召为右金吾卫上将军，改右武卫上将军。乾德三年，权知延州。四年，判右街仗杜审琼卒，命继勋代之。时向拱为西京留守，多饮燕，不省府事，群盗白日入都市劫财，拱被酒不出捕逐。太祖选继勋代之，月余，京城肃然。太祖将幸洛，遣庄宅使王仁珪、内供奉官李仁祚部修洛阳宫，命继勋董其役。车驾还，嘉其干力，召见褒赏，以为彰德军节度，仍知留府事。仁珪领义州刺史，仁祚为八作副使。继勋以太平兴国三年卒，年七十八，赠太尉。

继勋猎涉史传，颇达治道，所至有善政。然性吝啬，多省公府用度，时论少之。子守节。

守节字秉直，初补左班殿直，选为江、淮南路采访。还奏称旨，擢阁门祗候。李顺余党扰西川，命与上官正讨平之。高、溪州蛮内寇，又命往图方略，守节言："山川回险，非我师之利。"诏许招纳。

咸平中，置江淮南、荆湖路兵马都监，首被选擢。又讨施、夔州叛蛮，以大义谕其酋长，皆悔过内附，因为之画界定约。还迁阁门通事舍人，监香药榷易院，三司言岁课增八十余万。时守节已为衣库副使，当迁阁门副使，真宗谓辅臣曰："守节缘财利羡余而迁横行，何以劝边陲效命者？"止以为宫苑副使。

奉使契丹，馆伴丁求说指远山谓曰："此黄龙府也。"守节应声曰："燕然山距此几许？"求说惭服。久之，迁皇城副使，管勾军头引见司。坐以白直假枢密院副承旨尹德润治第，免所居官。三迁东上阁门使，加荣州刺史。数请补外，历知襄、邓、汝三州，迁四方馆使，以右神武大将军致仕卒。

刘重进，幽州人，本名晏僧。梁末隶军籍。晋初，以习契丹语，应募使北边，改右班殿直，因赐是名。迁西头供奉官，再使契丹。契丹主以其敏慧，留为帐前通事；俄南侵，署重进忠武军节度。

汉初，移镇邓州。汉法，禁牛革甚严，州民崔彦、陈宝选八人自本镇持革诣汉祖庙鞔鼓，重进杖遣之。判官史在德谓重进不善用法，宜置极典。及大理、刑部详覆，重进所断为是。在德坐故入，杖死之。

乾佑末，罢镇来朝。周祖起兵至封丘，诏重进与左神武统军袁义率兵拒之，重进望尘退走。周广顺初，从征兖州。未几，封薛国公。俄召为右神武统军，累加检校太师。世宗南征，为右厢排阵使。显德三年，世宗闻扬州无备，遣宣祖、韩令坤与重进等往袭取之，又为先锋都部署，进克泰州。初，杨行密子孙居海陵，号永宁宫，周师渡淮，尽为李景所杀。重进入其家，得玉砚、玉杯盘、水晶盏、玛瑙碗、翡翠瓶以献。俄命判庐州行府事兼行营都部署，败淮人千余于州境，又败五百众于白城湖。及世宗再巡，吴师溃于紫金山，有至东山口者，重进杀三千余众。及下寿州，以功授武胜军节度。淮南平，改镇邠州。世宗北征，为先锋都指挥使。恭帝即位，封开府。

宋初，进封燕国公。建隆二年秋，授右羽林统军。乾德五年，改左领军卫上将军。重进徒善译语，无他才能，值契丹入中原，遂至方镇。及在环卫，尝从幸玉津园，太祖召与语。既退，谓左右曰："观重进应对不逮常人，前朝以为将帅，何足重耶？"六年，卒，年七十。

袁彦，河中河东人。少以趫勇应募从事，隶奉国营。汉乾佑中，周祖领军讨李守贞，以彦置麾下，及镇邺，以为部直小将。周广顺中，世宗在澶渊，迁为亲事都校。世宗尹京，改开封府步直指挥使。显德初，授内外步军都军头，领泉州刺史。未几，改岳州防御使。从征寿州，为城北造竹龙都部署。竹龙者，以竹数十万竿，围而相属，上设版屋，载甲士数百人，以攻其城。又命于涡口修桥，桥成，世宗幸焉，因立为镇淮军。李继勋以淮上失律，罢军职，命彦为武信军节度，权侍卫步军都指挥使。又命为淮南道行营马步军副都指挥使，赐衣服、金带、鞍勒马、铠甲、器仗，遣赴军前。

太祖下滁阳，禽皇甫晖、姚凤，彦皆有劳绩，诏褒之。又令率师屯下蔡以逼寿春。及刘仁赡降，从世宗攻濠、泗，又禽南唐将许文缜、边镐等以献。师还，真授步军都指挥使，领彰信军节度。六年春，发近畿丁壮浚五丈河，命彦董其役。恭帝嗣位，移保义军节度。

宋初，加检校太尉。是秋来朝，改镇曹州。乾德六年，为静难军节度。开宝二年，移鄜州。五年，罢镇归阙，卒，年六十六。景德四年，特诏录其孙昭庆为借职。大中祥符八年，昭庆上彦周朝所受告敕有二圣名讳者，特迁殿直。

祁廷训，本名廷义，避太宗旧名改焉。河南洛阳人。父珪，梁左监门卫大将军。廷训善书计、骑射，隶周祖帐下。广顺中，历东西班右蕃行首、铁骑都虞候。世宗即位，改东西班都指挥使，迁内殿直都指挥使，继领兰、睦二州刺史。从征淮南，赐以明光细甲，令董舟师巡江界。吴人伏兵三江口葭苇中，掩击廷训，廷训力战大破之，俘馘千人，余党遁去。江北平，以功迁吉州团练使，领铁骑左厢都指挥使。月余，迁岚州防御使，领龙捷右厢都指挥使。

宋初，为安远军节度观察留后，是秋，改河阳。乾德二年，又改彰德军节度留后，俄权知邓州。五年，就拜义武军节度。开宝二年，太祖征太原，以廷训为北面副都部署。太平兴国元年来朝。二年冬，改左骁卫上将军。五年，坐私贩竹木费赢入官，责本卫大将军。未几，复旧官。六年，卒，年五十八。

廷训形质魁岸，无才略，临事多规避，时人目为"祁橐驼"，以其庞大而无所取也。

张铎，河朔人，少以材武应募隶军籍。汉初，为奉国右第六军都指挥使，领澧州刺史。周祖以枢密使镇邺，铎以所部从行，及起兵，铎预焉。广顺初，铎为奉国左厢都指挥使，韩通为右厢都指挥使；俄并兼防御使，铎领永州，通领睦州。会改奉国为虎捷，铎仍领其职。是冬，出为密州防御使，改亳州。三年，授镇国节度。郊祀毕，加检校太傅。世宗初，移彰义，未几，加检校太尉。显德三年，又移河中尹、护国军节度。

宋初，加检校太师，俄复镇泾州。州官岁市马，铎厚增其直而私取之，累至十六万贯，及擅借公帑钱万余缗，侵用官麴六千四百饼。事发，召归京师，本州械系其子保常及亲宋习。太祖以铎宿旧，释不问，罢镇为左屯卫上将军，奉朝请而已。其所盗用，仍蠲除之，保常、习亦得释。铎又尝假晋邸钱百六十万，太宗即位，诏贳之。俄命判左金吾街仗。及驾征河东，以铎为京城内外都巡检，鄜州刺史高继充、闲厩副使张守明分为里城左右厢巡检。雍熙三年，卒，年七十二。赠太傅。

子熙载至左千牛卫大将军。熙载子禹珪字天锡，粗知书，有方略，幼事太宗藩邸，即位，补东西班承旨，改殿

直，带御器械。以材勇擢居禁卫，殿前散祇候都虞候。咸平初，授内殿直都虞候，领恩州刺史。三年，出为滁州刺史，知洺、瀛、霸三州。并兼兵马钤辖，徙岚州。西人勒厥麻诱众叛，禹珪率众讨之，俘六千余人，获名马孳畜甚众。

景德初，授高阳关行营副都部署。契丹既请和，帝思守臣有武干能镇静边郡者，亲录十余人名付中书，禹珪预焉。遂知石州，徙代、兖州，又移澶州，颇勤政治，以瑞麦生、狱空，连诏嘉奖。会河堤决溢，禹珪率徒塞之，宰相王旦使兖州还，言其状，优诏褒之。就拜洺州团练使，寻知广信军。天禧初，复为高阳关副都部署兼知瀛州。明年召还，将授四厢之职，卒，年五十九。录其二子。

李万全，吐谷浑部人。善左右射，隶护圣军为骑士，累迁至本军都校，与田景咸、王晖等从周祖入汴，号十军主。显德中，为彰武军节度。宋初，加检校太尉、横海军节度。乾德中代归，太祖数召于苑中宴射。万全无将略，惟挽强弓，老而不衰，帝亦以此赏之。

田景咸、王晖，皆太原人。景咸仕汉，为奉国右厢都校，从周祖入汴，为龙捷左厢都校，改安国军留后。俄真拜，升本军节度。世宗时，拜武胜军节度。宋初，为左骁卫上将军。开宝三年卒。

景咸性鄙吝，务聚敛，每使命至，惟设肉一器，宾主共食。后罢镇，常忽忽不乐。妻识其意，引景咸遍阅囊储，景咸方自释。在邢州日，使者王班至，景咸劝班酒曰："王班请满饮。"典客曰："是使者姓名也。"景咸悟曰："我意'王班'是官尔，何不早谕我。"闻者笑之。

晖性亦吝啬，赀甚富，而妻子饭疏粝，纵部曲诛求，民甚苦之。世宗以先朝功臣，知而弗问焉，至右神武统军。建隆四年，终右领军卫上将军。

论曰：太祖事汉、周，同时将校多联事兵间，及分藩立朝，位或相亚。宋国建，皆折其猛悍不可屈之气，俛首改事，且为尽力焉。扬雄有言："御之得其道，则狙诈咸作使。"此太祖之英武而为创业之君也欤！

卷二百六十二　　列传第二十一

李穀　　昝居润　　窦贞固　　李涛 弟浣 孙 仲容　　王易简　　赵上交 子囗　　张锡　　张铸　　边归谠　　刘温叟 子烨 孙几　　刘涛　　边光范　　刘载　　程羽

李穀，字惟珍，颍州汝阴人。身长八尺，容貌魁伟。少勇力善射，以任侠为事，颇为乡人所困，发愤从学，所览如宿习。年二十七，举进士，连辟华、泰二州从事。

晋天福中，擢监察御史。少帝领开封尹，以穀为太常

丞，充推官。晋祖幸邺，少帝居守，加毂虞部员外郎，仍旧职。少帝为广晋尹，毂又为府推官。及即位，拜职方郎中，俄充度支判官，转吏部郎中，罢职。天福九年春，少帝亲征契丹，诏许扈从，充枢密直学士，加给事中。为冯玉、李彦韬所排。会帝再幸河北，改三司副使，权判留司三司事。

开运二年秋，出为磁州刺史、北面水陆转运使。契丹入汴，少帝蒙尘而北，旧臣无敢候谒者，毂独拜迎于路，君臣相对泣下。毂曰："臣无状，负陛下。"因倾橐以献。会契丹主发使至州，毂禽斩之，密送款于汉祖，潜遣河朔酋豪梁晖入据安阳，契丹主患之，即议北旋。

会有告契丹以城中虚弱者，契丹还攻安阳，陷其城，毂自郡候契丹，遂见获。契丹主先设刑具，谓之曰："尔何背我归太原？"毂曰："无之。"契丹主因引手车中，似取所获文字，而毂知其诈，因请曰："如实有此事，乞显示之。"契丹国制，人未伏者不即置死。自后凡诘毂者六次，毂词不屈。契丹主病，且曰："我南行时，人云尔谓我必不得北还，尔何术知之？今我疾甚，如能救我，则致尔富贵。"毂曰："实无术，盖为人所陷耳。"毂气色不挠，卒宽之。

俄而德光道殂，永康继立，署毂给事中。时契丹将麻荅守真定，而李崧、和凝与家属皆在城中。会李筠、何福进率兵逐麻荅，推护圣指挥使白再荣权知留后。再荣利崧等家财，令甲士围其居以求赂，既得之，复欲杀崧等灭口。毂遂见再荣谓之曰："今国亡主辱，公辈握劲兵，不能死节，虽逐一契丹将，城中战死者数千人，非独公之力也。一朝杀宰相，即日中原有主，责公以专杀，其将何辞以对？"再荣甚惧，崧等获免。

汉初，入拜左散骑常侍。旧制，罢外郡归本官，至是进秩，奖之也。俄权判开封府。时京畿多盗，中牟尤甚，毂诱邑人发其巢穴。有刘德舆者，梁时屡摄畿佐，居中牟，素有干材，毂即署摄本邑主簿。浃旬，毂请侍卫士兵数千佐德舆，悉禽贼党，其魁一即县佐史，一御史台吏。搜其家，得金玉财货甚众，自是行者无患。俄迁工部侍郎。

周祖西征，为西南面行营水陆转运使。关右平，改陈州刺史。会有内难，急召赴阙。周祖兵入汴，命权判三司。广顺初，加户部侍郎。未几，拜中书侍郎、平章事，仍判三司。初，汉乾祐中，周祖讨河中，毂掌转运，时周祖已有人望，属汉政紊乱，潜贮异志，屡以讽毂，毂但对以人臣当尽节奉上而已。故开国之初，倚以为相。是岁，淮阳吏民数千诣阙请立生祠，许之，毂恳让得止。

先是，禁牛革法甚峻，犯者抵死。毂乃校每岁用革之数，凡田十顷岁出一革，余听民私用。又奏罢屯田务，以民隶州县课役，尽除宿弊。毂父祖本居河南洛阳，经巢之乱，园庐荡尽，毂生于外。既贵，访得旧地，建兰若，又立垣屋，凡族人之不可仕者分田居之。诏改清风乡高阳里为贤相乡勋德里。

二年，晨起仆阶下，伤右臂，在告，旬中三上表辞相位，周祖不允，免朝参，视事本司，赐白藤肩舆，召至便殿勉谕。毂不得已，起视事。征兖州，为东京留守、判开封府事。

显德初，加右仆射、集贤殿大学士。从世宗征太原，遇贼于高平，匿山谷中，信宿而出，追及乘舆，世宗慰抚之。世宗将趋太原，命毂先调兵食，又代符彦卿判太原行府事。师还，进位司空、门下侍郎、监修国史。毂以史氏所述本于起居注，丧乱以来遂废其职，上言请令端明、枢密直学士编记言动，为内廷日历，以付史官。是岁，河大决齐、郓，发十数州丁壮塞之，命毂领护，刻期就功。

二年冬，议伐南唐，以毂为淮南道行营前军都部署，兼知庐、寿等州行府事，忠武军节度王彦超副之，韩令坤以下十二将率从。毂领兵自正阳渡淮，先锋都将白延遇败吴军数千于来远，又破千余人于山口镇，进攻上窑，又败千余众，获其小校数十人，长围寿春。南唐遣大将刘彦贞来援，毂召将佐谋曰："今援军已过来远，距寿阳二百里，舟棹将及正阳。我师无水战之备，万一断桥梁，隔绝王师，则腹背受敌矣。不如退守浮梁，以待戎辂之至。"初，世宗至圉镇，已闻此谋，亟走内侍乘驲止之。毂已退保正阳，仍焚刍粮，回军之际，递相掠夺，淮北役夫数百悉陷于寿春。世宗闻之怒，亟命李重进率师伐之，以毂判寿州行府。是秋，诏归阙，得风痹疾，告满百日，累表请致仕，优025不允。每军国大事，令中使就第问之。

四年春，吴人壁紫金山，筑甬道以援寿春，不及者数里。师老无功，时请罢兵为便，世宗令范质、王溥就毂谋之。毂手疏请亲征，有必胜之利者三，世宗大悦，用其策。及淮南平，赏赐甚厚。出毂疏，令翰林学士承旨陶毂为赞以赐之。是夏，世宗还，毂扶疾见便殿，诏令不拜，命坐御坐侧。以抱疾既久，请辞禄位。世宗怡然勉之，谓曰："譬如家有四子，一人有疾，弃而不养，非父之道也。朕君临万方，卿处辅相之位，君臣之间，分义斯在，奈何以禄奉为言？"毂愧谢而退。俄以平寿州，叙功加爵邑。是秋，毂抗表乞骸骨，罢相，守司空，加邑封，令每月肩舆一诣便殿，访以政事。

五年夏，世宗平淮南回，赐毂钱百万、米麦五百斛、刍粟薪炭等。恭帝即位，加开府仪同三司，进封赵国公。求归洛邑，赐钱三十万，从其请。太祖即位，遣使就赐器币。建隆元年，卒，年五十八。太祖闻之震悼，赠侍中。

毂为人厚重刚毅，深沉有城府，雅善谈论，议政事能近取譬，言多诣理，辞气明畅，人主为之耸听。人有难必救，有恩必报。好汲引寒士，多至显位。与韩熙载善，熙载将南渡，密告毂曰："若江东相我，我当长驱以定中原。"毂笑曰："若中原相我，下江南探囊中物耳。"毂后果如其言。李昉尝为毂记室，在淮上被病求先归。毂视之曰："子他日官禄当如我。"昉后至宰相、司空。

周显德中，扈载以文章驰名，枢密使王朴荐令知制诰。除书未下，朴诣中书言之。毂曰："斯人薄命，虑不克享耳。"朴曰："公在衡石之地，当以材进人，何得言命而遗才。"载遂知制诰，迁翰林学士，未几卒。世谓朴能荐士，毂能知人。毂归洛中，昭义李筠以毂周朝名相，遗钱五十万，他物称是，毂受之。既而筠叛，毂忧愤而终。子吉至补阙，拱至太子中允。

昝居润，博州高唐人。善书计。后唐长兴中，隶枢密院为小吏，以谨愿称。晋初，出掌滑州廪庾，遂补牙职。会景延广留守西洛，署为右职。延广卒，居润往依陕帅白文珂，文珂致仕，乃表荐居润于周祖。

时世宗尹京，诏以补府中要职。即位，擢为军器库使。从征高平，以功迁客省使，知青州。从向拱西征，为行营都监，秦、凤平，以居润为秦州，历知凤翔、河中府。显德三年秋，迁内客省使，代王朴知开封府。四年，再幸寿州，命为副留守。十月，幸淮上，以居润为宣徽北院使兼副留守。五年夏，南征还，复判开封府。六年，征关南，为东京副留守。及吴廷祚出塞河，命居润权知开封府事。廷祚为枢密使，真判开封府，改左领军卫上将军。恭帝嗣位，加检校太傅。

太祖立，加检校太尉。及征泽、潞，命赴澶州巡瞥。师还，权知镇州，加左领军卫上将军。建隆二年，又权知澶州。八月，拜义武军节度，在镇数年，得风痹，诏还京师。乾德四年，卒，年五十九，赠太师。

居润性明敏，有节概，笃于行义。初，晋室将亡，景延广委其族自洛赴难，至则为辽人所执。辽人在洛者遽欲恣摽掠，延广僚吏部曲悉遁，独居润力保护，其家以安。居润与太祖同事世宗，情好款洽，尝荐沈伦于太祖，以为纯谨可用，后至宰相，世称其知人。

子惟质至内园使，弟居济至水部员外郎。大中祥符三年，录其孙建中为三班借职。

窦贞固，字体仁，同州白水人。父专，后唐左谏议大夫。贞固幼能属文，同光中举进士，补万全主簿。丁内艰去官，服除，授河东节度推官。时晋祖在藩，以贞固廉介，甚重之。及即位，擢为户部员外郎、翰林学士，就拜中书舍人。

天福三年，诏百僚各上封事，贞固疏曰："臣闻举善为明，知人则哲。圣君在位，薮泽岂有隐沦；昭代用材，政理固无紊乱。求贤若渴，从谏如流，郑所以誉子皮；□□□□，□□□□，鲁所以讥文仲。为国之要，进贤是先。陛下方树丕基，宜求多士。乞降诏百僚，令各司议定一人，有何能识，堪任职官，朝廷依奏用之。若能符荐引，果谓当才，所奏之官，望加奖赏；如乖其举，或涉徇私，所奏之官，宜加殿罚。自然官由德序，位以才升。三人同行，尚闻择善；十目所视，必不滥知。臣职在论思，敢陈狂狷。"书奏，帝深嘉之，命所司著为令典。明年，改御史中丞，与太常卿崔棁、刑部侍郎吕琦、礼部侍郎张允同详定正冬朝会礼节、乐章及二舞伎列。历刑部、门下二侍郎。

少帝即位，拜工部尚书。迁礼部尚书，知贡举。旧制，进士夜试，继以三烛。长兴二年改令昼试，贞固以昼晷短，难尽士材，奏复夜试。择士平允，时论称之。改刑部尚书，出为颍州团练使。岁余，复拜刑部尚书。

汉祖入汴，贞固与礼部尚书王松率百官见于荥阳西，汉祖驻驾，劳问久之。初营礼庙，帝以姓自汉出，遂袭国号，尊光武为始祖，并亲庙为五。诏群臣议，贞固上言曰：

"按《王制》：'天子七庙，诸侯五，大夫三，士一。'《正义》曰：'周之制七庙者，太祖及文王、武王之祧与亲庙四也。'又曰：'七庙者，据周也。有其人则七，无其人则五。'至光武中兴，及魏、晋、宋、齐、隋、唐，或立六庙，或立四庙，盖建国之始，未盈其数也。《礼》曰'德厚者流光'，此天子可以祀六世之义也。今陛下大定寰区，重兴汉祚，旁求典礼，用正宗祧，伏请立高、曾、祖、祢四亲庙。及自古圣王祖有功、宗有德、更立始祖在四庙之外，不拘定数，所以或五庙或七庙。今请尊高皇帝、光武皇帝为始祖，法文王、武王不迁之制，用历代六庙之规，庶合典礼。"汉祖从之。论者以天子建国，各从其所起，尧自唐侯，禹生大夏是也。立庙皆祖其有功，商之契，周之后稷，魏之武帝，晋之三庙是也。高祖起于晋阳，而追嗣两汉，徒以同姓为远祖，甚非其义；贞固又以四亲匹庶，上合高、光，失之弥远矣。但援立亲庙可也，余皆非礼。俄迁吏部尚书。

初，帝与贞固同事晋祖，甚相得。时苏逢吉、苏禹珪自霸府僚佐骤居相位，思得旧臣冠首，以贞固持重寡言，有时望，乃拜司空、门下侍郎、平章事、弘文馆大学士。贞固少时中蛊，若蟄在喉中，常鲠阂。及为相日，因大吐，有物状蜥蜴落银盘中，毒气冲盘，焚于中衢，臭闻百步外，人皆异之。隐帝即位，加司徒，改本贯永安乡为贤相乡，班瑞里为勋贵里。杨邠、史弘肇、王章树党恣横，专权凌上，贞固但端庄自持，不能规救。

周祖兵起，贞固与苏逢吉奉隐帝兵次于野，败。逢吉仓黄自杀，贞固遂诣周祖。周祖称太后制，委贞固与苏禹珪、王峻同掌军国政事。周祖登位，加兼侍中。会以冯道为首相，改监修国史。俄罢相，守司徒，封沂国公。世宗即位，以范质为司徒，贞固遂归洛阳，输课役，齿为编民。贞固不能堪，诉于留守向拱，拱不听。

宋初，以前三公赴阙陪位，诣范质，求任东宫三少，预朝请，质不为奏。乃还洛，放旷山水，与布衣辈携妓载酒以自适。开宝二年病困，自为墓志，卒，年七十八。

李涛，字信臣，京兆万年人。唐敬宗子郇王玮十一世孙。祖镇，临濮令。父元，将作监。朱梁革命，元以宗室惧祸，挈涛避地湖南，依马殷，署涛衡阳令。涛从父兄郁仕梁为阁门使，上言涛父子旅湖湘，诏殷遣归京师，补河阳令。

后唐天成初，举进士甲科，自晋州从事拜监察御史，迁右补阙。宋王从厚镇邺，以涛为魏博观察判官。岁余，入为起居舍人。

晋天福初，改考功员外郎、史馆修撰。晋祖幸大梁，张从宾以盟津叛，陷洛阳，扼虎牢。故齐王全义子张继祚者实党之，晋祖将族其家。涛上疏曰："全义历事累朝，颇著功效。当巢、蔡之乱，京师为墟，全义手披荆棘，再造都邑，垂五十年，洛民赖之。乞以全义之故，止罪继祚妻子。"从之。尝奉诏为宋州括田使，前雄州刺史袁正辞赍束帛遗涛，以田园为托，涛表其事，晋祖嘉之。正辞坐降一阶，涛迁浚仪令。改比部郎中、盐判官，改刑部郎中。

泾帅张彦泽杀记室张式，夺其妻，式家人诣阙上诉。

晋祖以彦泽有军功，释其罪。涛伏阁抗疏，请置于法。晋祖召见谕之，涛植笏叩阶，声色俱厉，晋祖怒叱之，涛执笏如初。晋祖曰："吾与彦泽有誓约，恕其死。"涛厉声曰："彦泽私誓，陛下不忍食其言；范延光尝赐铁券，今复安在？"晋祖不能答，即拂衣起，涛随之，谏不已。晋祖不得已，召式父铎、弟守贞、子希范等皆拜以官，罢彦泽节制。涛归洛下，赋诗自悼，有"三谏不从归去来"之句。先是，范延光据邺叛，晋祖赐铁券许以不死，终亦不免，故涛引之。晋祖崩，涛坐不赴临，停。未几，起为洛阳令，迁屯田职方郎中、中书舍人。

会契丹入汴，彦泽领突骑入京城，恣行杀害，人皆为涛危之。涛诣其帐，通刺谒见。彦泽曰："舍人惧乎？"涛曰："今日之惧，亦犹足下昔年之惧也。向使先皇听仆言，宁有今日之事。"彦泽大笑，命酒对酌，涛神气自若。

汉祖起义至洛，涛自汴奉百官表入对，汉祖问京师财赋，从契丹去后所存几何，涛具对称旨，汉祖嘉之。至汴，以为翰林学士。杜重威据邺叛，高祖命高行周、慕容彦超讨之，二帅不协。涛密疏请亲征。高祖览奏，以涛堪任宰辅，即拜中书侍郎兼户部尚书、平章事。

隐帝即位，杨邠、周ં共掌机密，史弘肇握兵柄，与武德使李邺等中外争权，互作威福。涛疏请出邠等藩镇，以清朝政。隐帝不能决，白于太后，太后召邠等谕之。反为所构，免相归第。时中书厨釜鸣者数四，涛昼寝阁中，梦严饰厅事，群吏趋走，云迎新宰相诸司使，既寤，心异之。数日涛罢，以邠为相兼枢密使。及周祖举兵，太后仓皇涕泣曰："不用李涛之言，宜其亡也。"

周初，起为太子宾客，历刑部、户部二尚书。世宗晏驾，为山陵副使。恭帝即位，封莒国公。

宋初，拜兵部尚书。建隆二年，涛被病。有军校尹勋董浚五丈河，陈留丁壮夜溃，勋擅斩队长陈琲等十人，丁夫七十人皆杖一百，刵其左耳。涛闻之，力疾草奏，请斩勋以谢百姓。家人谓涛曰："公久病，宜自爱养，朝廷事且置之。"涛愤言曰："人孰无死，但我为兵部尚书，坐视军校无辜杀人，乌得不奏？"太祖览奏嘉之，诏削勋官爵，配隶许州。涛卒，年六十四，赠右仆射。

涛慷慨有大志，以经纶为己任。工为诗，笔札道媚，性滑稽，善谐谑，亦未尝忤物，居家以孝友闻。景德三年，其孙惟勤诣阙自陈，诏授许州司士参军。子承休至尚书水部郎中，承休子仲容。

涛弟浣，字日新。幼聪敏，慕王、杨、卢、骆为文章。后唐长兴初，吴越王钱镠卒，诏兵部侍郎杨凝式撰神道碑，令浣代草，凡万余言，文彩遒丽，时辈称之。秦王从荣召至幕中，从荣败，勒归田里。久之，起为校书郎、集贤校理。晋天福中，拜右拾遗，俄召为翰林学士。会废学士院，出为吏部员外郎，迁礼部郎中、知制诰。复置翰林，迁中书舍人，再为学士。时涛在西掖，缙绅荣之。

契丹入汴，浣与同职徐台符俱陷塞北。永康王兀欲袭位，置浣宣政殿学士。兀欲死，述律立，以其妻族萧海贞为幽州节度使。海贞与浣相善，浣乘间讽海贞以南归之计，海贞纳之。

周广顺二年，浣因定州孙方谏密表言契丹衰微之势，周祖嘉焉，遣谍者田重霸赍诏慰抚，仍命浣通信。浣复表述契丹主幼弱多宠，好击鞠，大臣离贰，若出师讨伐，因与通好，乃其时也，请速行之。属中原多事，不能用其言。

浣在契丹尝逃归，为其所获，防御弥谨。契丹应历十二年六月卒，时建隆三年也。涛收浣文章编之为《丁年集》。浣二子，承确主客郎中，承续职方郎中。

仲容字仪父，举进士甲科，除大理评事、知三原县。累擢监察御史，为殿试进士考官。真宗问题义，对称旨，诏试中书，擢左司谏、直史馆。天圣中，以起居郎为知制诰，累迁右谏议大夫。在西掖八年，次当补学士，而不为宰相张士逊所喜，罢为给事中、集贤院学士、判史馆、司农寺，复知制诰。及石中立、张观补学士，始以为翰林侍读学士。久之，兼龙图阁学士，至户部侍郎卒。

仲容性醇易，喜饮酒，不与物忤，与人言，未尝及势利。三弟早卒，字其诸孤十余人如己子，当世称其长者。然于吏事非所长。自集制草为《冠凤集》十二卷。

王易简，字国宝，京兆万年人。性介特寡合。曾祖朏，唐剑州刺史。祖远，连州刺史。父贯，唐州刺史。易简少好学，工诗。会僖宗幸蜀，长安兵乱，避地山谷。梁乾化中，邵王友诲镇陕，易简举进士，诣府拔解，友诲赠钱二十万。明年遂擢第，复隐华山。邠帅韩恭辟观察支使。府罢，华帅李保衡复辟从事。逾年，尹皓代保衡，易简仍在幕府。

会朱友谦以河中叛归庄宗，攻华州甚急，城中危惧，咸请筑月城以自固。皓恃勇不听，下令曰："有敢复言者斩。"易简固请，乃许。板筑始毕，外城果坏，军民赖之。会夜不能攻，友谦遂遁去。皓卒，易简归田里。久之，召为著作郎，数月弃去。复召为右拾遗，上书忤旨，出为邓州节度推官。

后唐同光中，遣魏王继岌伐蜀，以宰相郭崇韬为招讨使，辟易简为巡官，改魏王都督府记室参军。明宗即位，周帅罗周恭辟为掌书记。府罢，退居华阴，作《小隐诗》二十首并序以见志，好事者多传诵。秦王从荣闻而重之，谓宰相冯道、李愚曰："易简有才，岂宜久居外地。"即召为祠部员外郎，改水部郎中、知制诰，拜中书舍人。

晋初，赐金紫，判弘文馆、史馆事。晋祖为治务求速效，易简上《渐治论》以谏之，诏书褒答，以论付史馆。及废翰林学士，易简兼知内制，又拜御史中丞，历右丞、吏部侍郎、左丞、判吏部铨。尝上言："选门格敕条件具存，藩府官僚习熟者少，凡给文解，未晓规程，以致选人诣都，亲求解样，往来跋涉，重可伤闵，传写少差，旋复验放。乞自今委南曹详定解样，兼录长定格取解条，下诸州，板置州院门，每取解时，准条式遵行。"从之。晋祖在大梁，台省湫隘，易简奏举故事，一岁得光省钱二百万，缮治省署及造器物，号为举职。

周朝讳"简"，易止名易。广顺初，迁礼部尚书。是冬，合三铨为一，令易简权判，俄改刑部尚书。周祖将亲郊，命判兵部，会册四庙，命为副使。周祖晏驾，为山陵副使。显德四年，告老，以太子少保致仕，归乡里。

宋初，召加少傅。所居华阴，构一鸣堂、二品楼，优游自适。建隆四年四月，无疾卒，年七十九。子景让，进士及第，至尚书郎。

赵上交，涿州范阳人。本名远，字上交，避汉祖讳，遂以字称。祖光邺，鄂州录事参军。父简章，涿州司马。上交身长七尺，黑色，美风仪，善谈论，负才任气，为乡里所推。

后唐同光中，尝诣中山干王都。有和少微者亦在都门下，忌之，颇毁訾上交，都遂不为礼。上交不得志，因南游洛阳，与中官骠骑大将军马绍宏善。绍宏领北面转运制置大使，表为判官，迁殿中丞。秦王从荣开府兼判军卫，以上交为虞部员外郎，充六军诸卫推官。李澣、张沆、鱼崇远皆白衣在秦府，悉与上交友善。累迁司封郎中，充判官。从荣素豪迈，不遵礼法，好昵群小。上交从容言曰："王位尊崇，当修令德以慰民望，王忍为此，独不见恭世子、戾太子之事乎？"从荣怒出，历泾、秦二镇州节度判官。从荣及祸，僚属皆坐斥，上交由是知名。

晋初，召为左司郎中、度支判官，历右谏议大夫。会废翰林学士，以上交为中书舍人、知内外制，迁刑部侍郎。尝上言："伏睹长兴中诏书：'州县官在任详谳刑狱、昭雪人命者，不限岁月赴选，许令超资注官，仍赐章服。诸道州府给付公验，躬赴行部投状，随给优牒，庶绝欺罔，以存激劝。'载详元诏，止言州县，未该内外职司。乞自今但能雪活冤狱，不限中外官，并加旌赏。诸道州县委长吏抄案以闻，俟本人考满，即诣刑部投状，毋得隔越年岁，庶使内外同律。"诏从之。俄迁户部侍郎，拜御史中丞，弹举无所阿避。

契丹入汴，立明宗幼子许王从益为帝，以礼部尚书王崧为左丞相，上交为右丞相。契丹去，上交请去伪号，称梁王。汉祖将至，从益遣上交驰表献款，授检校礼部尚书、太仆卿，迁秘书监。周祖监国，命太师冯道迎湘阴公于徐州，以上交副之。

广顺初，拜礼部侍郎。会将试贡士，上交申明条制，颇为精密，始复糊名考校。擢扈载甲科，及取梁周翰、董淳之流，时称得士。转户部侍郎。明年再知举，谤议纷然。时枢密使王峻用事，常荐童子，上交拒之。峻怒，奏上交选士失实，贬商州司马，朝议以为太重，会峻贬乃止，但坐所取士李观、侯璨赋落韵，改太子詹事。

显德初，迁宾客。二年，拜吏部侍郎，多请告不朝，时出游别墅。世宗因问陶縠曰："上交岂衰老乎？"縠对曰："上交昔掌贡举，放鹭市家子李观及第，受所献名园，多植花卉，优游自适。"世宗怒，免其官。

宋初，起为尚书右丞。建隆二年正月，卒，年六十七。上交所莅官以干闻，当时称有公辅器。尤好吟咏，有集二十卷，张昭为序。

子晔，字可畏。七岁丧母，过哀。十二能属文，与兄晙同举进士，未成名而父夭，遂以荫补千牛备身，历秘书郎、殿中丞、著作郎。卒，年二十六。有集十卷，太宗尝取以入内。

张锡，福州闽县人。梁末，刘君铎任棣州刺史，辟为军事判官。棣为郓之属郡，郡有麹务，郓以牙将主之，颇横恣，民有犯麹三斤，牙将欲置于死，君铎力不能救。既而牙将盗麦百斛私造麹，事觉，锡判曰："麹犯三斤，求生不克，麦盗百斛，免死诚难。"时郡吏以使府牙将乞免，锡不允，固置于法。

同光末，赵在礼举兵于邺，濒河诸州多构乱，锡权知州事，即出省钱赏军，皆大悦，一郡独全，棣人赖之。后为淄川令，不畏强御，专务爱民，刺史有所徼，不答，由是衔之。及代，白其事于宰相冯道。道知锡介直，即奏召为监察御史，出为陕、虢观察判官。晋开运二年，拜右补阙，历起居郎、刑部员外郎、开封府判官、浚仪令、司门驾部二郎中，并以清节闻。周显德中，以老疾求解官，授右谏议大夫致政。

宋初，改给事中。锡无子，宰相范质尝兄事之，馆于别墅。锡以执政之门，不欲久处，往依乡人邓州观察判官黄保绪。建隆二年六月，卒于穰下。

张铸，字司化，河南洛阳人。性清介，不事生产。曾祖居卿，祖祎，父文蔚，在唐俱举进士。祎至翰林学士承旨、天平军节度、检校吏部尚书。文蔚，中书侍郎、平章事，《五代史》有传。

铸，梁贞明三年举进士，补福昌卫、集贤校理，拜监察御史，迁殿侍御史。仕后唐，历起居郎、金部员外郎，赐绯，改右司员外郎。

明宗初，转金部郎中，赐金紫。尝上言曰："国家以务农为本，守令以功课为先，广辟田畴，用资仓廪。窃见所在乡村浮户，方事垦辟，甫成生计，种田未至二顷，植木未及十年，县可以定色役，民畏责敛，舍之而去，殊乖抚恤之方，徒设招携之令。望令诸州应有荒田纵民垦莳，俟及五顷已上，三年外始听差科。"从之。使两浙还，迁考功郎中。

晋天福初，福州王延羲奉表称藩，遣铸持节册为闽国王。少帝即位，改河南令。开运二年，召为太常少卿，避曾祖讳不拜，改秘书少监、判太常寺事。逾年，转右庶子，分司西京。周广顺初，入为左谏议大夫、给事中，使朗州。显德三年，授检校礼部尚书、光禄卿，又以祖名请避，改秘书监、判光禄寺。宋初，加检校刑部尚书。建隆四年，卒，年七十三。

铸美姿仪，善笔札，老能灯下细书如蝇头。由晋以来，天地、宗庙及上徽号、封拜王公册文，皆诏铸书之。及卒，身无兼衣，家人鬻其服马、园圃，得钱十万以葬。

边归谠，字安正，幽州蓟人，父退思，檀州刺史。归谠弱冠以儒学名。后唐末，客游并、邠。晋祖镇太原，召置门下，表为河东节度推官、试秘书省校书郎，改太原府推官、试大理评事。

天福初，拜监察御史。历殿中侍御史、礼部员外郎，充户部判官。迁水部郎中，赐金紫，拜比部郎中、知制诰。历右谏议大夫、给事中。尝上言："使臣经过州县，券料外妄自徵需，以丰馔从，多索人驴，用递行李，挟命为势，凌下作威，供亿稍迟，即加鞭箠，吏民受辱，宁免怨嗟。欲望察访得情，严示惩戒。"从之。俄迁右散骑常侍。

汉初，历礼部、刑部二侍郎。时史弘肇枯权专杀，闾里告讦成风。归谠言曰："迩来有匿名书及言风闻事，构害善良，有伤风化，遂使贪吏得以报复私怨，谗夫得以肆其虚诞。请明行条制，禁遏诬罔。凡显有披论，具陈姓名。其匿名书及风闻事者并望止绝。"论者韪之。

周广顺初，迁兵部、户部二侍郎。世宗闻其亮直，擢为尚书右丞、枢密直学士，以备顾问。就转左丞，世宗以累朝以来宪纲不振，命为御史中丞。

归谠虽号廉直，而性刚介，言多忤物。显德三年冬，大宴广德殿，归谠酒酣，扬袂言曰："至于一杯而已。"世宗命黄门扶出之。归谠回顾曰："陛下何不决杀赵守微？"守微者，本村民，因献策擢拾遗，有妻复娶，又言涉指斥，坐决杖配流，故归谠语及之。翌日，伏阁请罪，诏释之，仍于阁门复饮数爵，以愧其心。五年秋，归谠与百官班广德殿门外，忽厉声闻于帝，诏夺一季奉。

宋初，迁刑部尚书。建隆三年，告老，拜户部尚书致仕。乾德二年，卒，年五十七。子定，雍熙二年进士及第。

刘温叟，字永龄，河南洛阳人。性重厚方正，动遵礼法。唐武德功臣政会之后。叔祖崇望，相昭宗。父岳，后唐太常卿。温叟七岁能属文，善楷隶。岳时退居洛中，语家人曰："吾儿风骨秀异，所知者寿耳。今世难未息，得与老夫皆为温、洛之叟足矣。"故名之温叟。以荫补国子四门助教，河南府文学。清泰中，为左拾遗、内供奉。以母老乞归就养，改监察御史，分司。时台署废弛，温叟作新之。未几，召为右补阙。

晋初，王松权知青州，表为判官，加朝散阶。入为主客员外郎。少帝领开封尹，奏为巡官，命典文翰，又改广晋府巡官。少帝即位，拜刑部郎中，赐金紫。改都官郎中，充翰林学士。初，岳仕后唐，尝居内署，至是温叟复居斯任，时人荣之。温叟既受命，归为母寿，候立堂下。须臾闻乐声，两青衣举箱出庭，奉紫袍、兼衣，母命卷帘见温叟曰："此即尔父在禁中日内库所赐者。"温叟拜受泣下，退开影堂列祭，以文告之。母感怆累日，不忍见温叟。岁满，加知制诰。

契丹入汴，温叟惧，随契丹北迁，与承旨张允共上表求解职。契丹主怒，欲出允等为县令。赵延寿曰："若学士才不称职求解者，守本官可也，不可加贬出。"遂得罢职出院。汉祖南下，温叟自洛从至郑州，称疾不行。及入汴，温叟久之方至，授驾部郎中。

周初，拜左谏议大夫，逾年，改中书舍人，加史馆修撰，判馆事。显德初，迁礼部侍郎、知贡举，得进士十六人。有谮于帝者，帝怒，黜十二人，左迁太子詹事。温叟实无私，后数年，其被黜者相继登第。温叟与张昭同修汉隐帝及周祖实录，恭帝即位，迁工部侍郎兼判国子祭酒事。

宋初，改刑部。建隆九年，拜御史中丞。丁内艰，退居西洛，旋复本官。三年，兼判吏部铨。因上言曰："伏见两京百司，渐乏旧人，多隳故事。虽检阅具存于往册，而举行须在于攸司。盖因年限得官，归司者例与减选；冬集赴调，授任者寻又出京。兼有裁满初官，不还旧局，但称前资，用图免役。又有尝因停任，切欲归司，而元敕不该，无由复职。遂使在司者失于教习，历事者难于追还。伏望自今诸司职掌，除官勒留及归司者，如理减外欠三选以下，仍须在司执行公事，及三十月即许赴集；如理减外欠三选以上，及在官不成资考者，即准元敕处分。若在任停官及在司停职者，经恩后于刑部出给雪牒，却勒归司，如无阙员，即令守阙，余依敕格处分。"

一日晚归由阙前，太祖方与中黄门数人偶登明德门西阙，前驺者潜知之，以白温叟。温叟令传呼如常过阙。翌日请对，具言："人主非时登楼，则近制咸望恩宥，辇下诸军亦希赏给。臣所以呵导而过者，欲示众以陛下非时不御楼也。"太祖善之。宪府旧例，月赏公用茶，中丞受钱一万，公用不足则以赃罚物充。温叟恶其名不取。任台丞十二年，屡求代。太祖难其人，不允。开宝四年被疾，太祖知其贫，就赐器币，数月卒，年六十三。

温叟事继母以孝闻，虽盛暑非冠带不敢见。五代以来，言执礼者惟温叟焉。立朝有德望，精赏鉴，门生中尤器杨徽之、赵邻幾，后皆为名士。范杲幼时，尝以文贽温叟，大加称奖，以女妻之。

太宗在晋邸，闻其清介，遣吏遗钱五百千，温叟受之，贮厅西舍中，令府吏封署而去。明年重午，又送角黍、执扇，所遣吏即送钱者，视西舍封识宛然，还以白太宗。太宗曰："我钱尚不用，况他人乎？昔日纳之，是不欲拒我也；今周岁不启封，其苦节愈见。"命吏辇归邸。是秋，太宗侍宴后苑，因论当世名节士，具道温叟前事，太祖再三赏叹。

雍熙初，子炤罢徐州观察推官待选，以贫诣登闻求注官。及引对，太宗问谁氏子，炤以温叟对。太宗愀然，召宰相语其事，且言当今大臣罕有其比。因问："炤当得何官？"宰相言："免选以为厚恩。"帝曰："其父有清操，录其子登朝，庶足示劝。"擢炤太子右赞善大夫，历判三司理欠、凭由司，江南转运司，入朝为司封郎中。炳、烨并进士及第。

烨字耀卿，进士及第。积官秘书省著作郎。知龙门县，群盗杀人，烨捕得之，将械送府，恐道亡去，皆斩之。众服其果。通判益州，召还，时王曙治蜀，或言其政苛暴。真宗问："曙治状与凌策孰愈？"烨曰："策在蜀，岁丰事简，故得以宽假民。比岁小歉，盗贼窃发，非诛杀不能禁。然曙所行，亦未尝出陛下法外。"帝善之。

天禧元年，始置监官。帝谓宰相曰："谏官御史，当识朝廷大体。"于是以烨为右正言。会岁荐饥，河决滑州，大兴力役，饥殍相望。烨请策免宰相，以应天变。都城东南有泉出，民争传可以已疾，诏即其地建祥源观。烨言其诡妄不经，且亢旱，不可兴土木以营不急；又请罢提点刑狱，禁民弃父母事佛老者。皆不报。

表请补外，帝以烨屡言事，乃以判三司户部勾院，出安抚京西。还，直集贤院，同修起居注，迁右司谏。以尚书工部员外郎兼侍御史知杂事，权判吏部流内铨。请京朝官遭父母忧，官司毋得奏留，故事当起复者如旧。因诏益、梓、利、夔路长吏，仍旧奏裁，余乞免持服者论其罪。改三司户部副使，擢龙图阁待制，提举诸司库务，权发遣开封府事。累迁刑部郎中、龙图阁直学士、知河南府，徙河中府，卒。

初，王曙坐寇准贬官，在朝无敢往见者。烨叹曰："友朋之义，独不行于今欤？"往饯之，经宿而还。尝善河中处士李渎，渎死，为陈其高行，诏以著作郎赠之。

唐末五代乱，衣冠旧族多离去乡里，或爵命中绝而世系无所考。惟刘氏自十二代祖北齐中书侍郎环隽以下，仕者相继，而世牒具存焉。子几。

几字伯寿，以烨任为将作监主簿。生而豪俊，长折节读书，第进士。

从范仲淹辟，通判邠州。邠地卤，民病远汲，几浚渠引水注城中。役兴，客曰："自郭汾阳城此外，苟外水可酾，何待今日？无为虚费劳人也！"几不答。未几，水果至，凿五池于通逵，民大便利。

孙沔荐其才堪将帅，换如京使、知宁州。俗喜巫，军校仗妖法结其徒，乱有日。几使他兵伏垒门以伺，夜半尽禽之。加本路兵马钤辖、知邠州。

侬智高犯岭南，几上书愿自效，以为广东、西捉杀。道闻蒋偕、张忠战没，疾驰至长沙，见狄青曰："贼若退守巢穴，瘴毒方兴，当班师以俟再举。若恃胜求战，此成擒耳。"贼果悉众来，大战于归仁铺。前锋孙节死，几以右军搏斗，自辰至巳，胜负未决。几言于青，出劲骑五千，张左右翼掎其中坚，贼骇溃。

进皇城使、知泾州。陛见，辞以母老，乞复文阶归养。仁宗谕之曰："泾，内地也，将母莫便焉。"命特赐冠帔。领循州刺史，迁西上阁门使，再归郎中班。曾公亮荐之，复以嘉州团练使为太原、泾原路总管。

夏人寇周家堡，转运使陈述古摄渭帅，几移文索援兵，不听，率诸将偕请，又不听，乃趣以手书。述古怒，移几为凤翔，且劾生事。朝廷以总管非转运使所得徙置，遣御史出按，述古黜，几亦改鄜州。召判三班院。边吏告夏人趋大顺，英宗问几。几曰："大顺天险，非夏人可得近，正恐与赵明为仇尔。"帝曰："明之子奔马入城，几为所掩，卿料敌一何神也。"以为秦凤总管。

神宗即位，转四方馆使、知保州，治状为河北第一。逾六年，即请老，还为秘书监致仕。元丰三年，祀明堂，大臣言几知音，诏诣太常定雅乐。几曰："古乐备四清声，沿五季乱离废，请增之。"乐成，予一子官。

几得谢二十年，放旷嵩、少间，遇唐末异人靖长官者得养生诀，故益老不衰。间与人语边事，谓张耒曰："比见诏书禁边吏夜饮。此曹一旦有急，将使输其肝脑，此平日禁其为乐，为今役者不亦难乎？夫椎牛酾酒，丰犒而休养之，非欲以醉饱为德，所以增士气也。"耒敬识其语。再加通议大夫，卒，年八十一。

几笃于风义，推父遗恩官从兄，已得任子，必先兄弟子之孤者。其议乐律最善，以为："律主于人声，不以尺度求合。古今异时，声亦随变，犹以古冠服加于今人，安得而称。儒者泥古，致详于形名度数间，而不知清浊轻重之用，故求于器虽合，而考于声则不谐。"尝游佛寺，闻钟声，曰："声澌而悲，主者且不利。"是夕，主僧死。在保州，闻角声，曰："宫微而商离，至秋，守臣忧之。"及期，几遇疾。然所学颇杂郑、卫云。

刘涛，字德润，徐州彭城人。后唐天成中，举进士，释褐为凤翔掌书记，拜右拾遗，赐绯。时太常判史在德上章，词理鄙俗，仍犯庙讳。涛上言请正其罪，虽不允，时论是之。出为山南东道节度判官，召为左补阙，迁起居舍人。

晋天福初，改司勋员外郎、史馆修撰，迁工部郎中，赐金紫。历度支、职方二郎中，掌左藏库。时少帝奢侈，常以银易金，广其器皿。李崧判三司，令上库金之数。及崧以元簿较之，少数千镒。崧责曰："帑库通式，一曰不受虚数，毫厘则有重典。"涛曰："帑司常有报不尽数，以备宣索。"崧令有司劾涛，涛事迫，以情告枢密使桑维翰，乃止罚一月奉。汉初，宰相苏禹珪荐为中书舍人。

周广顺中，坐令子监察御史顼代草诰命，左迁少府少监，分司西京；顼亦贬复州司户。显德初，就改太常少卿，俄拜右谏议大夫。四年，再知贡举。枢密使王朴尝荐童子刘谱于涛，涛不纳，朴衔之。时世宗南征在迎銮，涛引新及第人赴行在。朴时留守上都，飞章言涛取士不精。世宗命翰林学士李昉覆试，出者七人。涛坐责授太子右赞善大夫。恭帝即位，迁右詹事。涛性刚毅不挠，素与宰相范质不协，常郁郁不得志，遂退居洛阳之清化里，杜门以书史自娱。

太祖素知涛履行，开宝二年召赴阙，以老病求退，授秘书监致仕。年七十二卒。

清泰初，中书舍人卢导受诏主文，将锁宿，涛力荐薛居正，以为文章器业必至台辅，导取之，后果为相。世称其知人。

顼子晟，晟子讷、谭，并进士及第。晟至屯田员外郎，讷为殿中侍御史。

边光范，字子仪，并州阳曲人。性谦退和雅，有吏材。父仁嗣，忠武军节度副使。光范，后唐天成二年，起家榆次令，召为殿中丞，赐绯。长兴四年，改太常丞。丁内艰。晋天福初，服阕，授检校户部员外郎、北京留守判官兼侍御史。二年，拜太府少卿。上书曰："臣闻唐太宗有言：'朕居深宫之中，视听不能及远，所委者惟都督、刺史。'则知此官实系治乱，必须得人。今则刺史或因缘世禄，或贡奉家财，或微立军功，或但循官序。实恐抚民无术，御吏无方，以此牧民，而民受其赐鲜矣。望选能吏以苏民瘼，用致升平。"奏入，留中不出。俄为册秦王李从曮副使。张从恩以外戚为河南尹，奏授判官。迁秘书监兼御史中丞，入拜大理少卿。

少帝尹京，改卫尉少卿，充开封府判官，又改光禄少卿，广晋府判官，赐金紫。少帝即位，拜右谏议大夫，权知开封府事，迁给事中。会蝗灾，遣使亳州括借军粮，称为平允。时与契丹失欢，河朔连兵，命光范出使修好。会契丹复南入，光范行至赵州，召还。开运元年，权知郑州，拜左散骑常侍。二年，入为枢密直学士。少帝以光范藩邸旧僚，待遇尤厚。因游宴，见光范位翰林学士下，即日拜尚书礼部侍郎、知制诰，充翰林学士，仍直枢密院。

汉初，改检校刑部尚书、卫尉卿。上言："伏见朝廷除刺史，不限年月，或未及期年，又闻除代。往来跋涉，岂暇抚怀。望慎选良牧，立定年限，以责辑绥之效。"疏入，不报。乾祐二年，连使宋州虞城、汝州襄城，按视民田之伤稼者。是冬，为吴越加恩使。

周广顺初，出知陈州，迁秘书监，俄召拜御史中丞，赐袭衣、银器、缯彩、鞍勒马，复为礼部侍郎。时礼部侍郎于贡部或掌或否，光范拜官，将及秋试，乃言于执政曰："单门偶进，何言名第。若他曹公事，光范不敢辞；若处文衡，校阅名贤，品藻优劣，非下走所能。"执政曰："公晋末为翰林、枢密直学士，勿避事也。"及期，光范辞疾不出，乃以翰林学士承旨徐台符掌之，时论多其自知。

世宗即位，改刑部侍郎、权知开封府，俄迁户部。显德三年，命往大名检民田。五年，遣使普均租税，光范诣宋州。时韩通掌禁兵，领宋师修汴堤，访郡民，皆言光范均平之状，乃具以闻，世宗嘉之。

宋初，征泽、潞，命光范为前军转运，计度郑、洛、汝、孟、怀刍粮。秋，拜太常卿。时张昭为吏部尚书，朝议以其耆老，令光范签判选事。

建隆四年，襄州节度慕容延钊征湖南，以光范权知州事，路当冲会，饷馈无阙。是冬郊祀，召还。会延钊卒，复知襄州。大军数万由陕路讨蜀，出汉上，光范复当供亿，人不知劳。尝举本镇判官李楫为殿中侍御史，楫后坐事除籍，光范左迁太子宾客，仍知襄州。

五年，兼桥道使，朝廷遣使督治道，常六七辈，一使所调发民皆数百人，吏缘为奸，多私取民课，所发不充数，而道益不修。光范计其工，以州卒代民，官给器用，役不淹久，人以无扰。诏书褒美。开宝四年，复判吏部铨曹。御史中丞刘温叟卒，以光范判御史台事，数月，真拜中丞。六年，以疾解铨曹任。卒，年七十三。

光范性至孝，谦退和易，雅有吏干。母病疽，光范尝吮之。景德中，录其孙易从同学究出身。

刘载，字德舆，涿州范阳人。唐卢龙节度济之六世孙。父昭，下蔡令。载，后唐清泰中举进士。晋初，解褐校书郎，迁著作佐郎，赐绯，拜左拾遗、集贤殿直学士。汉初，为殿中侍御史，丁内艰，服阕，复拜旧官。判西京留台，改仓部员外郎。尝著五论，曰《为君》、《为相》、《为将》、《去谗》、《纳谏》，颇为文士所称。

周世宗初，擢知制诰。显德三年，拜右谏议大夫，与右拾遗郑起、尚书博士李宁同校道书。迁给事中，使许州定田租。俄赐金紫，为魏王符彦卿加恩国信使。

宋初，浚五丈河，自陈桥达曹州之西境，命护其役。建隆四年，贝州节度使张光翰来朝，遣载权知军事。光翰归镇，载还，知贡举。乾德初，掌建安榷货务。六年，就为江南国主生辰使，召还，令知镇州。

开宝四年，坐与何继筠不协，改山南东道行军司马。十年不召，尝受诏权点检州事。太平兴国初，复入为给事中。三年，出知襄州，六年，代还。告老，改工部侍郎致仕，乃赐一子出身。八年，卒，年七十一。

载尤好学，博通史传，善属文。尝受诏撰明宪皇后谥册文，又作《吊战国赋》万余言行于世。雅信释典，敦尚名节。

子宗言，至比部郎中。宗望，景德二年进士及第。大中祥符四年，其孙介以载文集来献，以为试将作主簿。

程羽，字冲远，深州陆泽人。少好学，能属文。晋天福中，擢进士第，授阳谷主簿。历虞乡、醴泉、新都令，皆有政绩。开宝中，选为两使判官，入对，太祖询以时事，敷奏称旨，擢著作郎，出知兴州。逾年，改知兴元府。□□□□。八年，诏归阙，以本官领开封府判官。

羽性淳厚，莅事恪谨。时太宗尹京，颇以长者待之。及即位，拜给事中，知开封府。未几，出知成都府，为政宽简，蜀人便之。入朝，拜礼部侍郎。上欲优以清职。故事，端明殿设学士二员，居翰林学士上，专备顾问，冯道、赵凤始居是职，累朝因之。及是，即殿名以羽为文明殿学士，位在枢密副使下，且即泰宁坊营第以赐之。

太平兴国五年，典试贡士，御试得人居多。六年，以老疾求解职，拜兵部侍郎，未几致仕，仍给本奉。雍熙元年，卒，年七十二。赠礼部尚书。

子希振，以荫至尚书虞部员外郎。大中祥符元年卒。其子遹，赐同学究出身。从孙琳，别传。

论曰：五季为国，不四、三传辄易姓，其臣子视事君犹佣者焉，主易则他役，习以为常。故唐方灭即北面于晋，汉甫称禅已相率下拜于周矣。君子伤之，此《杂臣传》所繇立也。李穀、边归说、窦贞固、李涛辈，或在庙堂，或侍帷幄，世主之所宠任，社稷之所倚赖，而更事异姓，不能以名节生死，伦义废矣。且谷以筹策自名，乃不能料艺祖有容人之量，及受李筠馈遗，惧其见杀，遂以忧死，又何缪耶？呜呼，魏范粲、齐颜见远，宜见褒于前史也。

卷二百六十三　　　列传第二十二

张昭　窦仪弟俨 偁**　吕馀庆　刘熙古**
子蒙正　蒙叟　**石熙载**子中立　**李穆**弟肃

张昭，字潜夫，本名昭远，避汉祖讳，止称昭。自言汉常山王耳之后，世居濮州范县。祖楚平，寿张令。楚平生直，即昭父也。初，楚平赴调长安，值巢寇乱，不知所终。直幼避地河朔，既冠，以父失所在，时盗贼蜂起，道路榛梗，乃自秦抵蜀，徒行丐食，求父所在，积十年不能得。乃发哀行服，躬耕海滨。青州王师范开学馆，延置儒士，再以书币招直，署宾职。师范降梁，直脱难北归，以《周易》《春秋》教授，学者自远而至，时号逍遥先生。

昭始七岁，能诵古乐府、咏史诗百余篇；未冠，遍读《九经》，尽通其义。处侪类中，缓步阔视，以为马、郑不己若也。后至赞皇，遇程生者，专史学，以为专究经旨，不通今古，率多拘滞，繁而寡要；若极谈王霸，经纬治乱，非史不可。因出班、范《汉书》十余义商榷，乃昭《荀纪》《国志》等，后又尽得十三史，五七年间，能驰骋上下数千百年事。又注《十代兴亡论》。处乱世，躬耕负米以养亲。

后唐庄宗入魏，河朔游士，多自效军门，昭因至魏，携文数十轴谒兴唐尹张宪。宪家富文籍，每与昭燕语，讲论经史要事，恨相见之晚，即署府推官。同光初，奏授真秩，加监察御史里行。宪为北京留守，昭亦从至晋阳。庄宗及难，闻邺中兵士推戴明宗，宪部将符彦超合戍兵将应之。昭谓宪曰："得无奉表劝进为自安之计乎？"宪曰："我本书生，见知主上，位至保厘，乃布衣之极。苟腼颜求生，何面目见主于地下？"昭曰："此古人之志也，公能行之，死且不朽矣。"相泣而去，宪遂死之，时论重昭能成宪之节。

时有害昭者，昭曰："明诚所至，期不再生，主辱臣亡，死而无悔。"众执以送彦超，彦超曰："推官正人，无得害之。"又逼昭为榜安抚军民。事宁，以昭为北京留守推官，加殿中侍御史、内供奉官，赐绯。天成三年，改安义军节度掌书记。

时以武皇、庄宗实录未修，诏正国军节度卢质、西川节度副使何瓒、秘书监韩彦辉缵录事迹。瓒上言："昭有史材，尝私撰《同光实录》十二卷，又闻其欲撰《三祖志》，并藏昭宗朝赐武皇制诏九十余篇，请以昭所撰送史馆。"拜昭为左补阙、史馆修撰，委之撰录。昭以懿祖、献祖、太祖并不践帝位，仍补为《纪年录》二十卷，又撰《庄宗实录》三十卷上之。优诏褒美，迁都官员外郎。

时皇子竞尚奢侈，昭疏谏曰：

帝王之子，长于深宫，安于逸乐，纷华之玩，丝竹之音，日接于耳目，不与骄期而骄自至。倘非天资英敏，识本清明，以此荡心，焉能无惑。苟不豫为教道，何以置之盘牙？臣见先帝时，皇子、皇弟尽喜无稽玩物之言，厌闻致治经邦之论，入则务饰姬姜，出则广增仆马，亲宾满坐，食客盈门，箴规者少，谐谑者多。以此而欲托以主鬯，不亦难乎？臣请诸皇子各置师傅，陛下令皇子屈身师事之，讲论道德。使一日之中，止记一事，一岁之内，所记渐多。每月终，令师傅具录闻奏。或皇子上谒之时，陛下更令侍臣面问，十中得五，为益良多，博识安危之理，深知成败之由。

臣又闻古之人君，即位而封太子、拜诸王，究其所由，盖有深旨。使庶不乱嫡，疏不间亲，礼秩有常，邪慝不作。近代人君，失于此道，以至邦家构患，衅隙萌生。昔隋祖聪明，炀帝亦倾杨勇；太宗齐圣，魏王终覆承乾。臣每读古书，深悲其事。愿于圣代，杜此厉阶。其于卜贰封宗，在臣未敢轻议。臣请诸皇子于恩泽赐与之间，婚姻省侍之际，依嫡庶而为礼秩，据亲疏而定节文，示以等威，绝其徼幸，保宗之道，莫大于斯。

明宗览疏而不能用。

四年，上《武皇以来功臣列传》三十卷，以本官知制诰。明宗好畋猎，昭疏谏曰：

太祖初镇太原，每年打鹿于北鄙；先帝在位，暇日射雁于近郊。此盖军务之余，畋游自适。洎先帝膺图启祚，向明御宇，则宜易彼诸侯之事，肃乎万乘之仪。而犹因习旧风，失其威重，驱逐原兽，殆无虚日。

臣愚以为事有可畏者四焉。洛都旧制，宫城与禁苑相连，人君宴游，不离苑囿，御马来往，辇路坦夷，不涉荒郊，何忧蹶失。今则驱驰骖服，涉历榛芜，此后节气严凝，径途冻滑，万一有衔橛之变，陛下纵自轻，奈宗庙社稷何？所可畏者一也。又陛下新有四海，宜以德服万邦。今则江、岭未平，淮夷尚梗，彼初闻陛下革先朝之失政，还太古之淳风，御物以慈，节财以俭，有典有则，不矜不骄，彼必有三苗率服之心，七旬来格之意。如闻陛下暂游近郊，彼即以为复好畋游。所可畏者二也。臣又闻"作法于凉，其弊犹贪，作法于贪，弊将如何？"且打鹿射雁之事新，败轨倾辀之辙在，常宜取鉴，不可因循。所可畏者三也。臣又闻"作事可法，贻厥孙谋。"若以陛下齐圣广渊之机，聪明神武之量，其可以宴游蒐狩之事，少累圣明，所谓"城中好广眉，城外加半额"，为法之弊，靡不由兹。所可畏者四也。

伏望陛下居高虑远，慎始图终，思创业之艰难，知守成之不易，念老氏驰骋之戒，树文王忠厚之基，约三驱之旧章，定四时之游幸。始出有节，后不敢违。

疏奏，明宗嘉纳之。

长兴二年，丁内艰，赙绢布五十匹，米麦五十石。昭性至孝，明宗闻其居丧哀毁，复赐以钱币。服除，改职方员外郎、知制诰，充史馆修撰。上言乞复本朝故事，置观察使察民疾苦，御史弹事，谏官月给谏纸。并从之。又奏请劝农耕及置常平仓等数事。

明宗方务听纳，昭复上疏曰："臣闻'安不忘危，治不忘乱'者，先儒之至训；'靡不有初，鲜克有终'者，前经之至戒。究观列辟，莫不以骄矜怠惰，有亏盛德。恭惟太宗贞观之初，玄宗开元之际，焦劳庶政，以致太平。及国富兵消，年高志逸，乃忽守约之道，或贻执简之讥。陛下以慈俭化天下，以礼法检臣邻，绌奸邪之党，延正直之论，务遵纯俭，以节浮费，信赏必罚，至公无私。其创业垂统之规，如贞观、开元之始，然陛下有始有终，无荒无怠。臣又伏念保邦之道，有八审焉。愿为陛下陈之：夫委任审于材器，听受审于忠邪，出令审于烦苛，兴师审于德力,赏罚审于喜怒,毁誉审于爱憎,议论审于贤愚,嬖宠审于奸佞。推是八审,以决万机,庶可以臻至治。"明宗览之称善。

清泰初,改驾部郎中、知制诰,撰皇后册文,迁中书舍人,赐金紫。二年,加判史馆兼点阅三馆书籍,校正添补。预修《明宗实录》,成三十卷以献。三年,迁礼部侍郎,改御史中丞。

晋天福初,从幸汴州。昭请创宫阙名额及振举朝纲、条疏百司廨舍。二年,改户部侍郎,宰相桑维翰荐为翰林学士。内署故事,以先后入为次,不系官序。特诏昭立位次承旨崔棁。晋祖尝幸内署,与昭语及并、魏旧事,甚重之,锡赉颇厚。直以昭故,授著作佐郎致仕,至是卒。归西洛,赙赐加等。五年,服阕,召为户部侍郎。以唐史未成,诏与吕琦、崔棁等续成之,别置史院,命昭兼判院事。昭又撰《唐朝君臣正论》二十五卷上之。改兵部郎中。八年,迁吏部,判东铨,兼史馆修撰、判馆事。开运二年秋,《唐书》成二百卷,加金紫阶,进爵邑。三年,拜尚书右丞,判流内铨,权知贡举。

汉初,复为吏部侍郎。时追尊六庙,定谥号、乐章、舞曲,命昭权判太常卿事,月余即真。乾佑二年,加检校礼部尚书。少帝年十九,犹有童心,昵比群小。昭上言请听政之暇,数召儒臣讲论经义。

周广顺初,拜户部尚书。子秉阳,为阳翟主簿,抵罪,昭自以失教,奉表引咎,左迁太子宾客。岁余,复旧官。尝奏请兴制举,设贤良方正能直言极谏、经学优深可为师法、详闲吏治达于教化三科,职官、士流、黄衣、草泽并许应诏。诸州依贡举体式,量试策论三道,共以三千字以上为准,考其文理俱优,解送尚书吏部,其登朝之官亦听自举。从之。

显德元年,迁兵部尚书。世宗以昭旧德,甚重焉。二年,表求致仕,优诏不允,促其入谒。尝诏撰《制旨兵法》十卷,又撰《周祖实录》三十卷,及梁郢王均帝、后唐闵帝废帝、汉隐帝五朝实录;梁二主年祀寖远,事皆遗失,遂不克修,余三帝实录,皆藏史阁。

世宗好拔奇俊,有自布衣及下位上书言事者,多不次进用。昭疏谏曰:"昔唐初,刘洎、马周起于徒步,太宗擢用为相;其后,柳璨、朱朴方居下僚,昭宗亦加大用。此四士者,受知于明主;然太宗用之而国兴,昭宗用之而国亡,士之难知如此。臣愿陛下存旧法而用人,当以此四士为鉴戒。"世宗善之。诏令详定《经典释文》、《九经文字》、《制科条式》,及问六玺所出,并议《三礼图》祭玉及鼎釜等。昭援引经据,时称其该博。恭帝即位,封舒国公。

宋初,拜吏部尚书。乾德元年郊祀,昭为卤簿使,奏复宫阙、庙门、郊坛夜警晨严之制。礼毕,进封郑国公,与翰林承旨陶榖同掌选。榖尝诬奏事,引昭为证,昭免冠抗论。太祖不说,遂三拜章告老,以本官致仕,改封陈国公。开宝五年,卒,年七十九。

昭博通学艺,书无不览,兼善天文、风角、太一、卜相、兵法、释老之说,藏书数万卷。尤好纂述,自唐、晋至宋,专笔削典章之任。岭南平,擒刘铱,将献俘,莫能知其礼。时昭已致政,太祖遣近臣就其家问之,昭方卧病,口占以授使者。著《嘉善集》五十卷、《名臣事迹》五卷。

子秉图进士及第,秉谦至尚书郎。

窦仪,字可象。蓟州渔阳人。曾祖逊,玉田令。祖思恭,妫州司马。父禹钧,与兄禹锡皆以词学名。禹钧,唐天佑末起家幽州掾,历沂、邓、安、同、郑、华、宋、澶州支使判官。周初,为户部郎中,赐金紫。显德中,迁太常少卿、右谏议大夫致仕。

仪十五能属文,晋天福中举进士。侍卫军帅景延广领襄州节度,表为记室。延广后历滑、陕、孟、郓四镇,仪并为从事。

开运中,杨光远以青州叛,时契丹南侵,博州刺史周儒以城降,光远与儒遣人引契丹轻骑于马家渡渡河。时延广掌卫兵,颜衎知州事,即遣仪入奏。仪谓执政曰:"昨与衎论事势,有所预虑,所以乘昼夜不息而来。国家若不以良将重兵控博州渡,必恐儒引契丹逾北岸与光远兵合,则河南危矣。"俄而儒果导契丹渡河,增置垒栅。少帝军河上,即遣李守贞等率兵万人,水陆并进,守汶阳,据要害。契丹果大至,击走之。汉初,召为右补阙、礼部员外郎。

周广顺初,改仓部员外郎、知制诰。未几,召为翰林学士。周祖幸南御庄宴射,坐中赐金紫。历驾部郎中、给事中,并充职。

刘温叟知贡举,所取士有覆落者,加仪礼部侍郎,权知贡举。仪上言:"请依晋天福五年制,废明经、童子科。进士省卷,令纳五轴以上,不得有神道碑志之类;帖经对义,有三通为合格;却复尽试。其落第者,分为五等:以词理纰缪之甚者为第五等,殿五举;其次为第四等,殿三举;以次稍可者为第三、第二、第一等,并许次年赴举。其学究,请并《周易》、《尚书》为一科,各对墨义三十道;《毛诗》依旧为一科,亦对墨义六十道。及第后,并减为七选集。诸科举人,第一场十否,殿五举;第二、第三场十否,殿三举;三场内有九否,殿一举。解试之官坐其罪。进士请解,加试论一首,以五百言以上为准。"奏可。

俄以父病,上表解官。世宗亲加慰抚,手封金丹,俾赐其父。父卒,归葬洛阳。诏赐钱三十万,米麦三百斛。终丧,召拜端明殿学士。从征淮南,判行在三司,世宗以其饷馈不继,将罪之,宰相范质救解得免。淮南平,判河南府兼知西京留守事。恭帝即位,迁兵部侍郎,充职。俄使南唐,既至,将宣诏,会雨雪,李景请于庑下拜受,仪曰:"仪获将国命,不敢失旧礼。傥以沾服失容,请俟他日。"景即拜命于庭。

建隆元年秋,迁工部尚书,罢学士,兼判大理寺。奉诏重定《刑统》,为三十卷。会翰林学士王著以酒失贬官,太祖谓宰相曰:"深严之地,当待宿儒处之。"范质等对曰:"窦仪清介重厚,然已自翰林迁端明矣。"太祖曰:"非斯人不可处禁中,卿当谕以朕意,勉令就职。"即日再入翰林为学士。

乾德二年，范质等三相并罢。越三日，始命赵普平章事。制书既下，太祖问翰林学士曰："质等已罢，普敕何官当署？"承旨陶谷时任尚书，乃建议相位不可以久虚，今尚书乃南省六官之长，可以署敕。仪曰："谷所陈非承平之制，皇弟开封尹、同平章事，即宰相之任。"太祖曰："仪言是也。"即命太宗署敕赐之。俄加礼部尚书。

时御史台议，欲以左右仆射合为表首，太常礼院以东宫三师为表首。仪援典故，以仆射合为表首者六，而谓三师无所据。朝议是之。四年秋，知贡举。是冬卒，年五十三，赠右仆射。

仪学问优博，风度峻整。弟俨、侃、偁、僖，皆相继登科。冯道与禹钧有旧，尝赠诗，有"灵椿一株老，丹桂五枝芳"之句，缙绅多讽诵之，当时号为窦氏五龙。

初，周祖平衮州，议将尽诛胁从者。仪白冯道、范质，同请于周祖，皆得全活。显德中，太祖克滁州，世宗遣仪籍其府库。太祖复令亲吏取藏中绢给麾下，仪曰："太尉初下城，虽倾藏以给军士，谁敢言者。今既著籍，乃公帑物也，非诏不可取。"后太祖屡对大臣称仪有执守，欲相之。赵普忌仪刚直，乃引薛居正参知政事。及仪卒，太祖悯然谓左右曰："天何夺我窦仪之速耶！"盖惜其未大用也。

侃，汉乾祐初及第，至起居郎。僖，周广顺初及第，至左补阙。

子谌、谔，谁，俱登进士第，谌至都官员外郎，谔至秘书丞。

俨字望之，幼能属文。既冠，举晋天福六年进士，辟滑州从事。府罢，授著作佐郎、集贤校理，出为天平军掌书记，以母忧去职。服除，拜左拾遗。开运中，诸镇恣用酷刑，俨上疏曰："案名例律，死刑二、绞、斩之谓也。绞者筋骨相连，斩者头颈异处，大辟之目，不出两端。淫刑之兴，近闻数等，盖缘外地不守通规，或以长钉贯人手足，或以短刀剐人肌肤，迁延信宿，不令就死。冤声上达，和气有伤，望加禁止。"上从之。

俨仕汉为史馆修撰。周广顺初，迁右补阙，与贾纬、王伸同修晋高祖少帝、汉祖三朝实录。改主客员外郎、知制诰。时仪自阁下入翰林，兄弟同日拜命，分居两制，时人荣之。俄加金部郎中，拜中书舍人。

显德元年，加集贤殿学士，判院事。父忧去职，服阕，复旧官。时世宗方切于治道，俨上疏曰："历代致理，六纲为首：一曰明礼，礼不明则彝伦不叙。二曰崇乐，乐不崇则二仪不和。三曰熙政，政不熙则庶务不整。四曰正刑，刑不正则巨奸不慑。五曰劝农，农不劝则资泽不流。六曰经武，武不经则军功不盛。故礼有纪，若人之衣冠；乐有章，若人之喉舌；政有统，若人之情性；刑有制，若人之呼吸；农为本，若人之饮食；武为用，若人之手足。斯六者，不可斯须而去身也。陛下思服帝猷，寤寐献纳，亟下方正之诏，廓开艺能之路。士有一技，必得自效。故小臣不揆，辄陈礼、乐、刑、政、劝农、经武之言。"世宗多见听纳。

南征还。诏俨考正雅乐，俄权知贡举。未几，拜翰林学士，判太常寺。俨校钟磬管龠之数，辨清浊上下之节，复举律吕旋相为宫之法，迄今遵用。

会诏中外臣僚，有所闻见，并许上章论议。俨疏曰："设官分职，授政任功，欲为政之有伦，在位官之无旷。今朝廷多士，省寺华资，无事有员，十及六七，止于计月待奉，计年待迁。其中廉干之人，不无愧耻之意。如非历试，何展公才。请改两畿诸县令及外州五千户以上县令为县大夫，升为从五品下。畿大夫见府尹如赤令之仪，其诸州府县大夫见本部长如宾从之礼。郎中、员外郎、起居、补阙、拾遗、侍御史、殿中侍御史、监察御史、光禄少卿以下四品，太常丞以下五品等，并得衣朱紫。满日，准在朝一任，约旧官迁二等。自拾遗、监察除授回日，即为起居、侍御史、中行员外郎。若前官不是三署，即罢后一年方得求仕。如此，则士大夫足以陈力，贤不肖无以驾肩，各系否臧，明行黜陟，利民益国，斯实良规。"又以为："家国之方，守谷帛而已，二者不出国而出于民。其道在天，其利在地，得其理者蕃阜，失其理者耗凋。民之颠蒙，宜有劝教。请于《齐民要术》及《四时纂要》、《韦氏月录》中，采其关于田蚕园圃之事，集为一卷，镂板颁行，使之流布。"疏奏不报。

宋初，就转礼部侍郎，代仪知贡举。当是时，祠祀乐章、宗庙谥号多俨撰定，议者服其该博。车驾征泽、潞，以疾不从。卒，年四十二。

俨性夷旷，好贤乐善，优游策府凡十余年。所撰《周正乐》成一百二十卷，诏藏于史阁；其《通礼》未及编纂而卒。有文集七十卷。俨与仪尤为才俊，对景览古，皆形讽咏，更迭唱和至二百篇，多以道义相敦励，并著集。

俨显德中奉使荆南。荆南自唐季以来，高氏据有其地，虽名藩臣，车服多僭侈逾制，以至司宾贱隶、候馆小胥，皆盛服影缨，与王人亢礼。俨讽以天子在上，诸侯当各守法度，悉令去之，然后宣达君命。

尤善推步星历，逆知吉凶。卢多逊、杨徽之同任谏官，俨尝谓之曰："丁卯岁五星聚奎，自此天下太平，二拾遗见之，俨不与也。"又曰："俨家昆弟五人，皆登进士第，可谓盛矣，然无及相辅者，唯偁稍近之，亦不久居其位。"卒如其言。俨有子早卒，以侄说为嗣。

偁字日章，汉乾祐二年举进士。周广顺初，补单州军事判官，迁秘书郎，出为绛州防御判官。宋初，历武宁军掌书记、西京留守判官、天雄归德军节度判官。开宝六年，拜右补阙、知宋州。尝作《遂命赋》以自悼。太宗领开封尹，选偁判官。时贾琰为推官，偁不乐其为人。太宗尝宴诸王，偁、琰与会，琰言矫诞，偁叱之曰："巧言令色，心不独愧乎。"上愕然，因罢会，出偁为彰义军节度判官。

太平兴国五年，车驾幸大名府，召至行在所，拜比部郎中。时议北征，偁请休兵牧马，以徐图之，上从其言。归，以偁为枢密直学士，赐第一区。六年，迁左谏议大夫，充职。

七年，参知政事。上谓偁曰："汝何能臻此？"偁曰："陛下不忘旧臣。"太宗曰："非也，卿能以公正责贾琰，朕旌直臣尔。"是秋卒，年五十八。车驾临哭，赠工部尚书。

初，俨在泾州，与丁颢同官，颢子谓方幼，俨见之曰："此儿必远到。"以女妻之。后为宰相、三公。太祖尝谓宰相曰："近朝卿士，窦仪质重严整，有家法，闺门敦睦，人无闲语，诸弟不能及。俨亦中人材尔，俨有操尚，可嘉也。"

吕馀庆，幽州安次人，本名胤，犯太祖偏讳，因以字行。祖衮，横海军节度判官。父琦，晋兵部侍郎。馀庆以荫补千牛备身，历开封府参军，迁户曹掾。晋少帝弟重睿领忠武军节度，以馀庆为推官。仕汉历周，迁濮州录事参军。太祖领同州节制，闻馀庆有材，奏为从事。世宗问曰："得非尝为濮州纠曹者乎？"即以为定国军掌书记。世宗尝镇澶渊，濮为属郡，故知其为人也。

太祖历滑、许、宋三镇，馀庆并为宾佐。及即位，自宋、亳观察判官召拜给事中，充端明殿学士。清泰中，琦亦居是职，官秩皆同，时人荣之。未几，知开封府。太祖征潞及扬，并领上都副留守。建隆三年，迁户部侍郎。丁母忧。荆湖平，出知潭州，改襄州，迁兵部侍郎、知江陵府。召还，以本官参知政事。

蜀平，命知成都府。时盗贼四起，军士恃功骄恣，大将王全斌等不能戢下。一日，药市始集，街吏驰报有军校被酒持刃夺贾人物。余庆立捕斩之以徇，军中畏伏，民用按堵。就加吏部侍郎。归朝，兼剑南、荆南等道都提举、三司水陆发运等使。开宝六年，与宰相更知政事印，旋以疾上表求解机务，拜尚书左丞。九年，卒，年五十。赠镇南军节度。

馀庆重厚简易，自太祖继领藩镇，馀庆为元僚。及受禅，赵普、李处耘皆先进用，馀庆恬不为意。未几，处耘黜守淄州，馀庆自江陵还，太祖委曲问处耘事，馀庆以理辨释，上以为实，遂命参知政事。会赵普忤旨，左右争倾普，馀庆独辨明之，太祖意稍解，时称其长者。至道中，以弟端为宰相，特诏赠侍中。

刘熙古，字义淳，宋州宁陵人，唐左仆射仁轨十一世孙。祖实进，尝为汝阴令。熙古年十五，通《易》、《诗》、《书》；十九，通《春秋》、子、史。避祖讳，不举进士。后唐长兴中，以《三传》举。时翰林学士和凝掌贡举，熙古献《春秋极论》二篇、《演例》三篇，凝甚加赏，召与进士试，擢第，遂馆于门下。

清泰中，骁将孙铎以战功授金州防御使，表熙古为从事。晋天福初，铎移汝州，又辟以随。熙古善骑射，一日，有鸦集戟门槐树，高百尺，铎恶之，投以瓦石不去，熙古引弓一发，贯鸦于树。铎喜，令勿拔矢，以旌其能。后二岁，铎卒，调补下邑令。俄为三司户部出使巡官，领永兴、渭桥、华州诸仓制置发运。仕汉，为卢氏令。周广顺中，改亳州防御推官，历澶州支使。秦、凤平，以为秦州观察判官。

太祖领宋州，为节度判官。即位，召为左谏议大夫，知青州。车驾征惟扬，追赴行在。建隆二年，受诏制置晋州榷矾，增课八十余万缗。乾德初，迁刑部侍郎、知凤翔府。未几，移秦州。州境所接多寇患，熙古至，谕以朝廷恩信，取蕃部酋豪子弟为质，边鄙以宁。转兵部侍郎，徙知成都府。六年，就拜端明殿学士。丁母忧。开宝五年，诏以本官参知政事，选名马、银鞍以赐。岁余，以足疾求解，拜户部尚书致仕。九年，卒，年七十四。赠右仆射。

熙古兼通阴阳象纬之术，作《续聿斯歌》一卷、《六壬释卦序例》一卷。性淳谨，虽显贵不改寒素。历官十八，登朝三十余年，未尝有过。尝集古今事迹为《历代纪要》五十卷。颇精小学，作《切韵拾玉》二篇，摹刻以献，诏付国子监颁行之。子蒙正、蒙叟。

蒙正字颐正，善骑射。乾德中，以荫补殿直，迁供奉官。王师征江南，命乘传军中承奉事。卢绛以舟师来援润州，蒙正白部署丁德裕，请分精甲百人，出与绛战，矢中左臂，战愈力。及下润州，获知州刘澄、监军崔谅，部送阙下。

岭南陆运香药入京，诏蒙正往规画。蒙正请自广、韶江溯流至南雄；由大庾岭步运至南安军，凡三铺，铺给卒三十人；复由水路输送。

又掌朝服法物库，会重制绣衣、卤簿，多其规式。太平兴国四年，转内藏库副使，进崇仪使。自创内藏库，即诏蒙正典领，凡二十余年。

真宗初，改如京使，出知沧、冀、磁三州。戎人犯境，蒙正调丁男乘城固守，有劳。未几，以擅乘驿马，责授亳州团练副使。咸平四年，卒，年七十二。

蒙叟字道民，乾德中，进士甲科。历岳、宿二州推官，以所知论荐，授太子中允、知乾兴，拜监察御史，徙知济州。俄以秦王子德恭判州事，就命为通判，郡事皆决于蒙叟。迁右补阙，转起居舍人、户部盐铁判官。再迁屯田郎中，历知庐、濠、滁、汝四州，迁都官。

咸平中，上疏曰："陛下已周谅闇，方勤万务，望崇俭德、守前规，无自矜能，无作奢纵，厚三军之赐，轻万姓之徭，使化育被于生灵，声教加于中外。且万国已观其始，惟陛下慎守其终，思鲜克之言，戒性习之渐，则天下幸甚。"上嘉之，以本官直史馆。

车驾北巡，令知中宫名。表献《宋都赋》，述国家受命建号之地，宜建都，立宗庙。时虽未遑，后卒从之。会诏直馆各献旧文，以蒙叟所著为嘉，改职方郎中。景德中，以足疾，拜太常少卿致仕。卒，年七十三。

蒙叟好学，善属辞，著《五运甲子编年历》三卷。

子宗儒，太子中舍；宗弼、宗海，并进士及第。

石熙载，字凝绩，河南洛阳人。周显德中，进士登第。疏俊有量，居家严谨，有礼法。宋初，太宗以殿前都虞候领泰宁军节制，辟为掌书记。及尹京邑，表为开封府推官。授右拾遗，迁左补阙。丁外艰，将起复，以逸出为忠武、崇义二军掌书记。太宗即位，复以左补阙召，同知贡举。时梅山洞蛮屡为寇，以熙载知潭州。召还，擢为兵部员外郎，领枢密直学士。未几，签书枢密院事，诏赐官第一区。

太平兴国四年，亲征河东，以给事中充枢密副使从行，还，迁刑部侍郎。五年，拜户部尚书、枢密使，以病足在告，寝疾久之未愈。八年，上表求解职，诏加慰抚，授尚书右仆射。九年，卒，年五十七。赠侍中，谥元懿。上为悲叹累日，且谓其事君之心，纯正无他，适当委用，而奄忽至此，深为可惜。国朝大臣谢事而卒，车驾临视者，唯熙载焉。

熙载性忠实，遇事尽言，是非好恶，无所顾避。人有善，即推荐之，时论称其长者。初，游学时，为养负米。尝行嵩阳道中，遇一叟，熟视熙载曰："真人将兴，子当居辅弼之位。"言讫不见。及居太宗幕下，颇尽诚节。典枢务日，上眷注甚笃，方将倚以为相，俄遘疾不起。

熙载事继母牛氏以孝闻。弟熙导，牛氏前夫子，随母归石氏。以熙载故，奏补殿直。从弟熙古、幼弟熙政，皆登进士第，熙载抚之如一。熙载卒时，子中孚、中立皆幼，熙政恶熙导以异姓居己上，乃诈传上旨，令己籍熙导家财，由是交讼。有司归罪熙导，上召问中孚、中立，令有司再鞫得实。熙导还本姓，中孚亦养于勿问，熙政坐除名。上素知熙载以母故育熙导甚厚，虽令还宗，而不夺其官，复以财产量给之。

咸平二年八月，熙载配飨太宗庙庭。熙政后为供备库副使。中孚至尚书虞部员外郎，子行简，大中祥符进士。

中立字表臣，年十三而孤。性疏旷，好谐谑，人不以为怒。初补西头供奉官，后五年，改光禄寺丞。家财悉推与诸父，无所爱。擢直集贤院，与李宗谔、杨亿、刘筠、陈越相厚善。校雠秘书，凡更中立者，人争传之。判三司理欠、凭由司。

帝幸亳，命修所过图经。为盐铁判官，累迁尚书礼部侍郎，判吏部南曹。注释御集，为检阅官。改判户部勾院，迁户部郎中、史馆修撰，纠察在京刑狱。以吏部郎中、知制诰领审官院。又同知礼部贡举，判集贤院。坐举官不当，落史馆修撰，罢审官院。顷之，复纠察刑狱，领三班院。历右谏议大夫、给事中，入为翰林学士、判秘阁。会知制诰并知贡举，诏中立与张观兼行外制，迁尚书礼部侍郎，为学士承旨兼龙图阁学士。景祐四年，拜参知政事。明年，灾异数见，谏官韩琦言："中立在位，喜诙笑，非大臣体。"与王随、陈尧佐、韩亿皆罢，以户部侍郎为资政殿学士，领通进、银台司，判尚书都省，进大学士。迁吏部侍郎、提举祥源观，以太子少傅致仕，迁少师。卒，赠太子太傅，谥文定。

中立练习台阁故事，不汲汲近名。喜宾客，客至必与饮酒，醉乃得去。初，家产岁入百万钱，末年费几尽。帝闻其病，赐白金三百两。既死，其家至不能办丧。子居简，至太子中允、集贤校理。

李穆，字孟雍，开封府阳武人。父咸秩，陕州大都督府司马。穆幼能属文，有至行。行路得遗物，必访主归之。从酸枣王昭素受《易》及《庄》、《老》书，尽究其义。昭素谓曰："子所得皆精理，往往出吾意表。"且语人曰："李生异日必为廊庙器。"以所著《易论》三十三篇授之。

周显德初，以进士为郢、汝二州从事，迁右拾遗。宋初，以殿中侍御史选为洋州通判。既至，剖决滞讼，无留狱焉。移陕州通判，有司调郡租输河南，穆以本镇军食阙，不即应命，坐免。又坐举官，削前资。时弟肃为博州从事，穆将母就肃居，虽贫甚，兄弟相与讲学，意泊如也。

开宝五年，以太子中允召。明年，拜左拾遗、知制诰。五代以还，词令尚华靡，至穆而独用雅正，悉矫其弊。穆与卢多逊为同门生，太祖尝谓多逊："李穆性仁善，辞学之外无所豫。"对曰："穆操行端直，临事不以生死易节，仁而有勇者也。"上曰："诚如是，吾当用之。"时将有事江南，已部分诸将，而未有发兵之端。乃先召李煜入朝，以穆为使。穆至谕旨，煜辞以疾，且言："事大朝以望全济，今若此，有死而已。"穆曰："朝与否，国主自处之。然朝廷甲兵精锐，物力雄富，恐不易当其锋，宜熟思之，无自贻后悔。"使还，具言状，上以为所谕要切。江南亦谓其言诚实。

太平兴国初，转左补阙。三年冬，加史馆修撰、判馆事，面赐金紫。四年，从征太原还，拜中书舍人。预修《太祖实录》，赐衣带、银器、缯彩。七年，以与卢多逊款狎，又为秦王廷美草朝辞笏记，为言者所劾，责授司封员外郎。

八年春，与宋白等同知贡举，及侍上御崇政殿亲试进士，上悯其颜貌癯瘁，即日复拜中书舍人、史馆修撰、判馆事。五月，召为翰林学士。六月，知开封府，剖判精敏，奸猾无所假贷，由是豪右屏迹，权贵无敢干以私，上益知其才。十一月，擢拜右谏议大夫、参知政事。月余，丁母忧，未几，起复本官。穆三上表乞终制，诏强起之，穆益哀毁尽礼。九年正月，晨起将朝，风眩暴卒，年五十七。

穆自责授员外郎，复中书舍人，入翰林，参知政事，以至于卒，不及周岁。上闻其死，哭谓近臣曰："穆国之良臣，朕方倚用，遽兹沦没，非斯人之不幸，乃朕之不幸也。"赠工部尚书。

穆性至孝，母尝卧疾，每动止转侧，皆亲自扶掖，乃称母意。初，穆坐秦王事属吏，其子惟简给祖母以穆奉诏鞫狱台中。及责授为省郎，还家，亦不以白母。每隔日，阳为入直，即访亲友，或游僧寺。免归，暨于牵复，母终弗之知。及居丧，思慕以至灭性。

穆善篆隶，又工画，常晦其事。质厚忠恪，谨言慎行，所为纯至，无有矫饰。深信释典，善谈名理，好接引后进，多所荐达。尤宽厚，家人未尝见其喜愠。所著文章，随即毁之，多不留稿。

子惟简，以父任将作监丞，多才艺，性冲澹，不乐仕进。去官家居三十余年，人多称之。真宗素闻其履行，景德三年，诏授惟简子郏将作监主簿。大中祥符七年冬，召惟简入对，特拜太子中允致仕，后加太常丞。天禧四年，卒，赐其家钱十万，仍给郏月奉终制。郏后为太子中舍。

肃字季雍，七岁诵书知大义，十岁为诗，往往有警语。举进士，登甲科。性嗜酒。历濮、博二州从事，迁保静军节度推官。诏方下，一夕与亲友会饮，酣寝而卒，年三十三。尝作《大宋乐章》九首，取九成、九夏之义，以颂国家盛德，其文甚工。又作《代周顗答北山移文》、《吊幽忧子文》、《病鸡赋》，意皆有所规焉。

论曰：张昭居五季之末，专以典章撰述为事，博洽文史，旁通治乱，君违必谏，时君虽嘉尚之而不能从。宋兴，敦奖硕儒，多所询访，庶几获稽古之效矣。窦氏弟昆以儒学进，并驰时望。仪之刚方清介，有应务之才，将试大用而遽沦亡。俨优游文艺，修起礼乐。太宗尹京，俨实元僚，冲淡回翔，晚著忠谠。若其门族宦业之盛，世或以为阴德之报，其亦义方之效也。余庆当太祖居潜，历任幕府，名亚赵普、李处耘；及二人登用，一不介意，其后相继为众所倾，乃能为之辩释。熙古居大任，自处如寒素。熙载立朝，言无顾避，喜荐善人。穆以文学孝行见称于时。数贤虽当创业之始，而进退之际，蔼然承平多士之风焉，宜宋治之日进于盛也。

卷二百六十四　　列传第二十三

薛居正子惟吉　**沈伦**子继宗　**卢多逊**父亿
宋琪宋雄

薛居正，字子平，开封浚仪人。父仁谦，周太子宾客。居正少好学，有大志。清泰初，举进士不第，为《遣愁文》以自解，寓意倜傥，识者以为有公辅之量。逾年，登第。

晋天福中，华帅刘遂凝辟为从事。遂凝兄遂清领邦计，奏署盐铁巡官。开运初，改度支推官。宰相李崧领盐铁，又奏署推官，加大理寺直，迁右拾遗。桑维翰为开封府尹，奏署判官。

汉乾祐初，史弘肇领侍卫亲军，威权震主，残忍自恣，无敢忤其意者。其部下吏告民犯盐禁，法当死。狱将决，居正疑其不实，召诘之，乃吏与民有私憾，因诬之，逮吏鞫之，具伏抵法。弘肇虽怒甚，亦无以屈。周广顺初，迁比部员外郎，领三司推官，旋知制诰。周祖征兖州，诏居正从行，以劳加都官郎中。显德三年，迁左谏议大夫，擢弘文馆学士，判馆事。六年，使沧州定民租。未几，以材干闻于朝，擢刑部侍郎，判吏部铨。

宋初，迁户部侍郎。太祖亲征李筠及李重进，并判留司三司，俄出知许州。建隆三年，入为枢密直学士，权知贡举。初平湖湘，以居正知朗州。会亡卒数千人聚山泽为盗，监军使疑城中僧千余人皆其党，议欲尽捕诛之。居正以计缓其事，因率众剪灭群寇，擒贼帅汪端，诘之，僧皆不预，赖以全活。

乾德初，加兵部侍郎。车驾将亲征太原，大发民馈运。时河南府饥，逃亡者四万家，上忧之，命居正驰传招集，浃旬间民尽复业。以本官参知政事。五年，加吏部侍郎。开宝五年，兼淮南、湖南、岭南等道都提举三司水陆发运使事，又兼判门下侍郎事，监修国史；又监修《五代史》，逾年毕，锡以器币。六年，拜门下侍郎、平章事。八年二月，上谓居正等曰："年谷方登，庶物丰盛，若非上天垂佑，何以及斯。所宜共思济物，或有阙政，当与振举，以成朕志。"居正等益修政事，以副上意焉。

太平兴国初，加左仆射、昭文馆大学士。从平晋阳还，进位司空。因服丹砂遇毒，方奏事，觉疾作，遽出。至殿门外，饮水升余，堂吏掖归中书，已不能言，但指庑间储水器。左右取水至，不能饮，偃阁中，吐气如烟焰，舆归私第卒，六年六月也，年七十。赠太尉、中书令，谥文惠。

居正气貌瑰伟，饮酒至数斗不乱。性孝行纯，居家俭约。为相任宽简，不好苛察，士君子以此多之。自参政至为相，凡十八年，恩遇始终不替。

先是，太祖尝谓居正曰："自古为君者鲜克正己，为臣者多无远略，虽居显位，不能垂名后代，而身陷不义，子孙罹殃，盖君臣之道有所未尽。吾观唐太宗受人谏疏，直诋其非而不耻。以朕所见，不若自不为之，使人无异词。又观古之人臣多不终始，能保全而享厚福者，由忠正也。"开宝中，居正与沈伦并为相，卢多逊参知政事，九年冬，多逊亦为平章事。及居正卒，而沈伦责授，多逊南流，论者以居正守道蒙福，果符太祖之言。

居正好读书，为文落笔不能自休。子惟吉集为三十卷上之，赐名《文惠集》。咸平二年，诏以居正配飨太宗庙庭。

惟吉字世康，居正假子也。居正妻妒悍，无子，婢妾皆不得侍侧，故养惟吉，爱之甚笃。少有勇力，形质魁岸，与京师少年追逐，角抵蹴踘，纵酒不谨。雅好音乐，尝与伶人游，居正不能知。荫补右千牛卫备身，历太子通奉舍人，改西头供奉官。

太宗即位，三相子皆越次拔擢，沈伦、卢多逊子并为尚书郎，惟吉以不习文，故为右千牛卫大将军。及居正卒，太宗亲临，居正妻拜于丧所，上存抚数四，因问："不肖子安在，颇改行否？恐不能负荷先业，奈何！"惟吉伏丧侧，窃闻上语，惧赧不敢起。自是尽革故态，谢绝所与游者，居丧有礼。既而多接贤士大夫，颇涉猎书史，时论翕然称之。上知其改行，令知澶州，改扬州。上表自陈，迁左千牛卫大将军。丁内艰，卒哭，起复本官，恳求终制，不许。俄诏知河南府，又知凤翔府。

淳化五年，秦州温仲舒以伐木为蕃户攘夺，驱其部落徙居渭北，颇致骚动。诏择守臣安抚之，乃命惟吉与仲舒对易其任。未几，迁左领军卫大将军。至道二年，移知延州，未行，卒，年四十二。

惟吉既知非改过，能折节下士，轻财好施，所至有能声。然御家无法，及其死，家人争财致讼，妻子辨对于公庭云。

沈伦，字顺宜，开封太康人。旧名义伦，以与太宗名下字同，止名伦。少习《三礼》于嵩、洛间，以讲学自给。汉乾祐中，白文珂镇陕，伦往依之。

周显德初，太祖领同州节度，宣徽使昝居润与伦厚善，荐于太祖，留幕府。太祖继领滑、许、宋三镇，皆署从事，掌留后财货，以廉闻。及受周禅，自宋州观察推官召为户部郎中。奉使吴越归，奏便宜十数事，皆从之。道出扬、泗，属岁饥，民多死，郡长吏白于伦曰："郡中军储尚百余万斛，傥贷于民，至秋复收新粟，如此则公私俱利，非公言不可。"还具以白。朝论沮之曰："今以军储振饥民，若荐饥无征，孰任其咎？"太祖以问，伦曰："国家以廪粟济民，自当召和气，致丰稔，岂复有水旱耶？此当决于宸衷。"太祖即命发廪贷民。

建隆三年，迁给事中。明年春，为陕西转运使。王师伐蜀，用为随军水陆转运使。先是，王全斌、崔彦进之入成都也，竞取民家玉帛子女，伦独居佛寺饭疏食，有以珍异奇巧物为献者，伦皆拒之。东归，箧中所有，才图书数卷而已。太祖知之，遂贬全斌等，以伦为户部侍郎、枢密副使。亲征太原，领大内都部署、判留司三司事。

先是，伦第庳陋，处之晏如。时权要多冒禁市巨木秦、陇间，以营私宅，及事败露，皆自启于上前。伦亦尝为母市木营佛舍，因奏其事。太祖笑谓曰："尔非逾矩者。"知其未葺居第，因遣中使按图督工为治之。伦私告使者，愿得制度狭小，使者以闻，上亦不违其志。

开宝二年，丁母忧，起复视事。六年，拜中书侍郎、平章事、集贤殿大学士兼提点荆南、剑南水陆发运事。雩祀西洛，以伦留守东京兼大内都部署。俄召赴行在，令预大礼。

太平兴国初，加右仆射兼门下侍郎、监修国史。亲征太原，复以伦为留守、判开封府事。师还，加左仆射。五年，史官李昉、扈蒙撰《太祖实录》五十卷，伦为监修以献，赐袭衣、金带。六年，加开府仪同三司。是岁疾作，自是多请告。

卢多逊事将发，伦已上表求致仕。明年多逊败，以伦与之同列，不能觉察，诏加切责，降授工部尚书。其子都官员外郎继宗，本由父荫，不宜更在朝行，可落班簿。时伦病不能兴，上表谢。未几，伦再奉章乞骸骨，复授左仆射致仕。上以伦国初旧臣，遽复继宗官以慰其心。雍熙四年，卒，年七十九。赠侍中。

伦清介醇谨，车驾每出，多令居守。好释氏，信因果。尝盛夏坐室中，恣蚊蚋嘬其肤，童子秉箑至，辄叱之，冀以徼福。在相位日，值岁饥，乡人假粟者皆与之，殆至千斛，岁余尽焚其券。

微时娶阎氏，无子，妾田氏生继宗。及贵，阎以封邑固让田，伦乃为阎治第太康，田遂为正室，搢绅非之。

初，有司议谥伦曰恭惠，继宗上言："亡父始从冠岁，即事儒业，未逾从贼，遽赴宾招，叨遇明时，陟于相位。伏见国朝故相，薛居正谥文惠，王溥谥文献，此虽近制，实为典常。若以臣父起家不由文学，即尝历集贤、修史之职，伏请改谥曰'文'。"

判太常礼仪院赵昂、判考功张洎驳曰："沈伦建事两朝，早升台弼，有祗畏谨守之美，有矜恤周济之心。案《谥法》：不懈于位，与夫谨事奉上，执事坚固，执礼御宾、率事以信、接下不骄、能远耻辱、贤而不伐、尊贤贵让、爱民长悌、不懈为德、既过能改，数者皆谓之'恭'。又云：慈民好与，与夫柔质慈民、爱民好柔、宽裕不苛、和质受谏，数者皆为'惠'。由汉以来，皆为美谥。如唐相温彦博之出纳明允，止谥曰'恭'；窦易直之公举无避，乃谥曰'恭惠'。而沈伦备位台衡，出于际会，徒能谨饬以自保全，以'恭'配'惠'，厥美居多。又按《谥法》：道德博闻曰'文'，忠信接礼曰'文'，宽不慢、廉不刿曰'文'，坚强不暴曰'文'，敏而好学、不耻下问曰'文'，德美才秀曰'文'，修治班制曰'文'。昔张说之谥文正，杨绾之谥文简，人不谓然。盖行义有所未充，虽蒙特赐，诚非至公。若夫大臣子孙，许其为父陈请，则曲台、考功之司为虚器，而彰善瘅恶之义微矣。继宗以其父曾任集贤殿学士及监修国史之职，辄引薛居正、王溥为比，则彼皆奋迹辞场，历典诰命，以'文'为谥，允合国章。至于集贤、国史，皆宰相兼领之任，非由文雅而登。其沈伦谥，伏望如故。"从之。

继宗字世卿，伦为枢密副使，以荫补西头供奉官。伦作相，授水部员外郎，加朝散大夫。迁都官、职方，知浚仪县，转屯田郎中，出知单州。代归，命使京东计度财赋。濮州土贡银，课民织造，不折省税；郓州节度配属县纳药物，皆为民病。继宗归，历言于上以除其弊。至道末，领淮南转运使。

继宗贵家子，倦于从吏，既因疾，以将作少监致仕。东封岁，求扈从，复授职方郎中。礼毕，改太仆少卿、判吏部南曹，迁光禄少卿、判三司三勾院。

继宗善营产业，厚于养生，不饮酒，不嗜音律，而喜接宾客，终日宴集无倦。大中祥符五年，卒，年五十五。前后录其子惟温、惟清、惟恭，并为将作监主簿。惟温后至秘书丞；惟清娶密王女宜都县主，至内殿承制。

卢多逊，怀州河内人。曾祖得一、祖真启皆为邑宰。父亿，字子元，少笃学，以孝悌闻。举明经，调补新乡主簿。秩满，复试进士，校书郎、集贤校理。晋天福中，迁著作佐郎，出为郓州观察支使。节帅杜重威骄蹇黩货，幕府贿赂公行，唯亿清介自持。会景延广镇天平，表亿掌书记；留守西洛，又表为判官。时国用窘乏，取民财以助军，河南府计出二十万缗，延广欲并缘以图羡利,增为三十七万缗。亿谏曰："公位兼将相，既富且贵。今国帑空竭，不得已而取资于民，公何忍利之乎？"延广惭而止。

汉初，以魏王承训为开封尹，授亿水部员外郎，充推官。时侍卫诸军骄恣，朝廷姑息之，军士成美以驴负盐入都门，阍者不敢执，反擒平民孟柔送侍卫司。柔自诬伏，论当弃市。亿察其冤，言于汉祖而释之。

周初，为侍御史。汉末兵乱，法书亡失。至是，大理奏重写律令格式，统类编敕。乃诏亿与刑部员外郎曹匪躬、大理正段涛同加议定。旧本以京兆府改同五府，开封、大名府改同河南府，长安、万年改为次赤县，开封、浚仪、大名、元城改为赤县。又定东京诸门薰风等为京城门，明德等为皇城门，启运等为宫城门，昇龙等为宫门，崇元等为殿门。庙讳书不成文，凡改点画及义理之误字二百一十有四。又以晋、汉及周初事关刑法敕条者，分为二卷，附编敕，自为《大周续编敕》，诏行之。俄以本官知杂事，加左司员外郎，迁主客度支郎中，并兼弘文馆直学士。世宗晏驾，为山陵判官，出为河南令。

宋初，迁少尹。亿性恬退，闻其子多逊知制诰，即上章求解。乾德二年，以少府监致仕。

多逊，显德初，举进士，解褐秘书郎、集贤校理，迁左拾遗、集贤殿修撰。建隆三年，以本官知制诰，历祠部员外郎。乾德二年，权知贡举。三年，加兵部郎中。四年，复权知贡举。六年，加史馆修撰、判馆事。

开宝二年，车驾征太原，以多逊知太原行府事。移幸常山，又命权知镇州。师还，直学士院。三年春，复知贡举。四年冬，命为翰林学士。六年，使江南还，因言江南衰弱可图之状。受诏同修《五代史》，迁中书舍人、参知政事。丁外艰，数日起复视事。会史馆修撰扈蒙请复修时政记，诏多逊专其事。金陵平，加吏部侍郎。

太平兴国初，拜中书侍郎、平章事。四年，从平太原还，加兵部尚书。

多逊博涉经史，聪明强力，文辞敏给，好任数，有谋略，发多奇中。太祖好读书，每取史馆，多逊预戒吏令白己，知所取书，必通夕阅览，及太祖问书中事，多逊应答无滞，同列皆伏焉。

先是，多逊知制诰，与赵普不协，及在翰林日，每召对，多攻普之短。未几，普出镇河阳。太宗践祚，普入为少保。数年，普子承宗娶燕国长公主女，承宗适知泽州，受诏归阙成婚礼。未逾月，多逊白遣归任，普由是愤怒。

初，普出镇河阳，上言自诉云："外人谓臣轻议皇弟开封尹，皇弟忠孝全德，岂有间然。矧昭宪皇太后大渐之际，臣实预闻顾命。知臣者君，愿赐昭鉴。"太祖手封其书，藏于宫中。至是，普复密奏："臣开国旧臣，为权幸所沮。"因言昭宪顾命及先朝自诉之事。上于宫中访得普前所上表，因感悟，即留承宗京师。未几，复用普为相，多逊益不自安。普屡讽多逊，令引退，多逊贪固权位，不能决。

会有以多逊尝遣堂吏赵白交通秦王廷美事闻，太宗怒，下诏数其不忠之罪，责授守兵部尚书。明日，以多逊属吏，命翰林学士承旨李昉、学士扈蒙、卫尉卿崔仁冀、膳部郎中知杂事滕中正杂治之。狱具，召文武常参官集议朝堂，太子太师王溥等七十四人奏议曰："谨案兵部尚书卢多逊，身处宰司，心怀顾望，密遣堂吏，交结亲王，通达语言，咒诅君父，大逆不道，干纪乱常，上负国恩，下亏臣节，宜膏铁钺，以正刑章。其卢多逊请依有司所断，削夺在身官爵，准法诛斩。秦王廷美，亦请同卢多逊处分，其所缘坐，望准律文裁遣。"

遂下诏曰："臣之事君，贰则有辟，下之谋上，将而必诛。兵部尚书卢多逊，顷自先朝擢参大政，洎于临御，俾正台衡，职在燮调，任为辅弼。深负倚毗，不思补报，而乃包藏奸宄，窥伺君亲，指斥乘舆，交结藩邸，大逆不道，非所宜言。爰遣近臣，杂治其事，丑迹尽露，具狱已成，有司定刑，外廷集议，佥以枭夷其族，污潴其宫，用正宪章，以合经义。尚念尝居重位，久事明廷，特宽尽室之诛，止用投荒之典，视汝有负，非我无恩。其卢多逊在身官爵及三代封赠、妻子官封，并用削夺追毁。一家亲属，

并配流崖州，所在驰驿发遣，纵经大赦，不在量移之限。期周已上亲属，并配隶边远州郡。部曲奴婢纵之。余依百官所议。中书吏赵白、秦王府吏阎密、王继勋、樊德明、赵怀禄、阎怀忠并斩都门外，仍籍其家，亲属流配海岛。"

阎密初给事廷美左右，太宗即位，补殿直，仍隶秦邸，恣横不法。王继勋尤廷美所亲信，尝使求访声妓，继勋因怙势以取货贿。德明素与赵白游处，多逊因之传达机事，以结廷美。又累遣怀禄私召同母弟军器库副使赵廷俊与语。怀忠尝为廷美使诣淮海国王钱俶遗白金、钿器、绢扇等，廷美又尝遣怀忠赍银器、锦彩、羊酒诣其妻父潘璘营宴军校。至是皆伏罪。多逊累世墓在河南，未败前，一夕震电，尽焚其林木，闻者异之。

多逊至海外，因部送者还，上表称谢。雍熙二年，卒于流所，年五十二。诏徙其家于容州，未几，复移置荆南。端拱初，录其子雍为公安主簿，还其怀州籍没先茔。雍卒，诸弟皆特敕除州县官。

初，亿性俭素，自奉甚薄。及多逊贵显，赐赉优厚，服用渐侈，怅然不乐，谓亲友曰："家世儒素，一旦富贵暴至，吾未知税驾之所。"后多逊果败，人服其识。

咸平五年，又录雍弟宽为襄州司士参军。宽弟察，中景德进士，将廷试，特诏授以州掾。大中祥符二年，始改簿尉。三年，察奉多逊丧归葬襄阳，又诏本州赐察钱三十万。四年，仍录其孙又玄为襄州司士。

宋琪，字叔宝，幽州蓟人。少好学，晋祖割燕地以奉契丹，契丹岁开贡部，琪举进士中第，署寿安王侍读，时天福六年也。幽帅赵延寿辟琪为从事，会契丹内侵，随延寿至京师。延寿子赞领河中节度，汉初改授晋昌军，皆署琪为记室。周广顺中，赞罢镇，补观城令。世宗征淮南，赞自右龙武统军为排阵使，复辟琪从征。及金陵归款，以赞镇庐州，表为观察判官。部有冤狱，琪辨之，免死者三人，特加朝散大夫。赞仕宋，连移寿阳、延安二镇，皆表为从事。

乾德四年，召拜左补阙、开封府推官。太宗为府尹，初甚加礼遇，琪与宰相赵普、枢密使李崇矩善，出入门下，遂恶之，乃白太祖出琪知龙州，移阆州。开宝九年，为护国军节度判官。

太宗即位，召赴阙。时程羽、贾琰皆自府邸攀附致显要，抑琪久不得调。太平兴国三年，授太子洗马，召见诘责，琪拜谢，请悔过自新。迁太常丞，出知大通监。五年，召归，将加擢用，为卢多逊所沮，改都官郎中，出知广州，将行，复以藩邸旧僚留判三司勾院。七年，与三司使王仁赡廷辨事忤旨，责授兵部员外郎，俄通判开封府事，京府置通判自琪始。

八年春正月，擢拜右谏议大夫、同判三司。三月，改左谏议大夫、参知政事。是秋，上将以工部尚书李昉参预国政，以琪先入，乃迁琪为刑部尚书。十月，赵普出镇南阳，琪遂与昉同拜平章事。自员外郎岁中四迁至尚书为相。上谓曰："世之治乱，在赏当其功，罚当其罪，即无不治；谓为饰喜怒之具，即无不乱，卿等慎之。"

九年九月，上幸景龙门外观水硙，因谓侍臣曰："此水出于山源，清冷甘美，凡近河水味皆甘，岂非余润之所及乎？"琪等对曰："实由地脉潜通而然，亦犹人之善恶以染习而成也。"其年冬，郊祀礼毕，加门下侍郎、昭文馆大学士。

一日，上谓琪等曰："在昔帝王多以崇高自处，颜色严毅，左右无敢贡言者。朕与卿等周旋款曲，商榷时事，盖欲通上下之情，无有壅蔽。卿等但直道而行，无得有所顾避。"琪谢曰："臣等非才，待罪相府，陛下曲赐温颜，令尽愚恳，敢不倾竭以副圣意。"会诏广宫城，宣徽使柴禹锡有别第在表识内，上言愿易官邸，上览奏不悦。禹锡阴结琪，欲因白请卢多逊旧第，上益鄙之。先是，简州军事推官王沔引对，上嘉其隽爽，面授朝官。翌日，琪奏沔经学出身，一任幕职，例除七寺丞。上曰："吾已许之矣，可与东宫官。"琪执不从，拟大理丞告牒进入，上批曰："可右赞善大夫。"琪勉从命，上滋不悦。

初，上令琪娶马仁瑀寡妻高继冲之女，厚加赐与以助采。广南转运王延范，高氏之亲也，知广州徐休复密奏其不轨，且言其依附大臣。上因琪与禹锡入对，问延范何如人，琪未知其端，盛言延范强明忠干，禹锡旁奏与琪同。上意琪交通，不欲暴其状，因以琪素好诙谐，无大臣体，罢守本官；禹锡授左骁卫大将军。琪将罢前数日，有异鸟集琪待漏之所，驱之不去，及是罢相，人以为先兆云。

端拱初，上亲耕籍田，以旧相进位吏部尚书。二年，将讨幽蓟，诏群臣各言边事。琪上疏谓：

大举精甲，以事讨除，灵旗所指，燕城必降。但径路所趋，不无险隘，必若取雄、霸路直进，未免更有阳城之围。盖界河之北，陂淀坦平，北路行师，非我所便。况军行不离于辎重，贼来莫测其浅深。欲望回辕，西适山路，令大军会于易州，循孤山之北，漆水以西，挟山而行，援粮而进，涉涿水，并大房，抵桑乾河，出安祖砦，则东瞰燕城，裁及一舍，此是周德威收燕之路。

自易水距此二百余里，并是沿山，村墅连延，溪涧相接，采薪汲水，我占上游。东则林麓平冈，非戎马奔冲之地，内排枪弩步队，实王师备御之方，而于山上列白帜以望之，戎马之来，二十里外可悉数也。

从安祖砦西北有卢师神祠，是桑乾出山之口，东及幽州四十余里。赵德钧作镇之时，欲遏西冲，曾堑此水。况河次半有崖岸，不可径度，其平处筑城护之，守以偏师，此断彼之右臂也。仍虑勇奚为寇，可分雄勇兵士三五千人，至青白军以来山中防遏，此是新州、妫川之间，南出易州大路，其桑乾河水属燕城北隅，绕西壁而转。大军如至城下，于燕丹陵东北横堰此水，灌入高梁河，高梁岸狭，桑水必溢。可于驻跸寺东引入郊亭淀，三五日涨漫百余里，即幽州隔在水南。王师可于州北系浮梁以通北路，贼骑来援，已隔水矣。视此孤垒，浃旬可克。幽州管内泊山后八军，闻蓟门不守，必尽归降，盖势使然也。

然后国家命重臣以镇之，敷恩泽以怀之。奚、霫部落，当刘仁恭及其男守光之时，皆刺面为义儿，服燕军指使，人马疆土少劣于契丹，自被胁从役属以来，常怀骨髓之恨。渤海兵马土地，盛于奚帐，虽勉事契丹，俱怀杀主破国之怨。其蓟门泊山后云、朔等州，沙陀、吐浑元是割属，咸非叛党。此番汉诸部之众，如将来王师讨伐，虽临阵擒获，必贷其死，命署置存抚，使之怀恩，但以罪契丹为名。如此则番部之心，愿报私憾，契丹小丑，克日殄平。其奚、霫、渤海之国，各选重望亲嫡，封册为王，仍赐分器、鼓旗、车服、戈甲以优遣之，必竭赤心，永服皇化。

俟克平之后，宣布守臣，令于燕境及山后云、朔诸州，厚给衣粮料钱，别作禁军名额，召募三五万人，教以骑射，隶于本州。此人生长塞垣，谙练戎事，乘机战斗，一以当十，兼得奚、霫、渤海以为外臣，乃守在四夷也。

然自阿保机时至于近日，河朔户口，虏掠极多，并在锦帐。平卢亦迩柳城，辽海编户数十万，耕垦千余里，既殄异类，悉为王民。变其衣冠，被以声教，愿归者俾复旧贯，怀安者因而抚之，申画郊坼，列为州县，则前代所建松漠、饶落等郡，未为开拓之盛也。琪本燕人，以故究知番部兵马山川形势。俄又上奏曰：

国家将平燕蓟，臣敢陈十策：一、契丹种族，二、料贼众寡，三、贼来布置，四、备边，五、命将，六、排阵讨伐，七、和番，八、馈运，九、收幽州，十、灭契丹。

契丹，蕃部之别种，代居辽泽中，南界潢水，西距邢山，疆土幅员，千里而近。其主自阿保机始强盛，因攻渤海，死于辽阳。妻述律氏生三男：长曰东丹；次曰德光，德光南侵还，死于杀胡林；季曰自在太子。东丹生永康，永康代德光为主，谋起军南侵，被杀于火神淀。德光之子述律代立，号为"睡王"。二年，为永康子明记所篡。明记死，幼主代立。明记妻萧氏，蕃将守兴之女，今幼主，萧氏所生也。

晋末，契丹主头下兵谓之大帐，有皮室兵约三万，皆精甲也，为其爪牙。国母述律氏头下，谓之属珊，属珊有众二万，乃阿保机之牙将，当是时半已老矣。南来时，量分借得三五千骑，述律常留余兵为部族根本。其诸大首领有太子、伟王、永康、南北王、于越、麻答、五押等。于越，谓其国舅也。大者千余骑，次者数百骑，皆私甲也。

别族则有奚、霫，胜兵亦万余人，少马多步。奚，其王名阿保得者，昔年犯阙时，令送刘琲、崔廷勋屯河、洛者也。又有渤海首领大舍利高模翰步骑万余人，并髡发左衽，窃为契丹之饰。复有近界尉厥里、室韦、女真、党项亦被胁属，每部不过千余骑。其三部落，吐浑、沙陀、泊幽州管内、雁门已北十余州军部落汉兵合二万余众，此是石晋割以赂蕃之地也。蕃汉诸族，其数可见矣。

每蕃部南侵，其众不啻十万。契丹入界之时，步骑车帐不从阡陌，东西一概而行。大帐前及东西差大首领三人,各率万骑,支散游奕,百十里外,亦交相侦逻,谓之栏子马。契丹主吹角为号,众即顿合,环绕穹庐,以近及远。折木梢屈之为弓子铺,不设枪营堑栅之备。每军行,听鼓三伐,不问昏昼,一匝便行。未逢大敌,不乘战马,俟近我师,即竟乘之,所以新羁战蹄有余力也。且用军之术,成列而不战,俟退而乘之,多伏兵断粮道,冒夜举火,土风曳柴,馈饷自赍,退败无耻,散而复聚,寒而益坚,此其所长也。中原所长,秋夏霖霪,天时也;山林河津,地利也;枪突剑弩,兵胜也;财丰士众,力强也。乘时互用,较然可知。

王师备边破敌之计,每秋冬时。河朔州军缘边砦栅,但专守境,勿辄侵渔,令彼寻戈,其词无措。或戎马既肥,长驱入寇,契丹主行,部落萃至,寒云翳日,朔雪迷空,鞍马相持,毡褐之利。所宜守阵坐甲,以逸待劳,令骑士并屯于天雄军、贝磁相州以来,若分在边城,缓急难于会合,近边州府,只用步兵,多屯弩手,大者万卒,小者千人,坚壁固守,勿令出战。彼以全国之兵,此以一郡之众,虽勇懦之有殊,虑众寡之不敌也。国家别命大将,总统前军,以遏侵轶,只于天雄军、刑洺贝州以来,设掎戎之备。俟其阳春启候,胡计既穷,新草未生,陈茭已朽,蕃马无力,疲寇思归,逼而逐之,必自奔北。

前军行阵之法,马步精卒不过十万,自招讨以下,更命三五人藩侯充都监、副戎、排阵、先锋等职,临事分布,所贵有权。追戎之阵,须列前后,其前阵万五千骑,阵身万人,是四十指挥,左右梢各十指挥,是二十将。每指挥作一队,自军主、都虞候、指挥使、押当,每队用马突或刃子枪一百余,并弓剑、骨朵。其阵身解镫排之,俟与戎相搏之时,无问厚薄,十分作气,枪突交冲,驰逐往来,后阵更进。彼若乘我深入,阵身之后,更有马步人五千,分为十头,以擅竿、镫弩俱进,为回骑之舍。阵梢不可轻动,盖防横骑奔冲,此阵以都监主之,进退赏罚,便可裁决。后阵以马步军八万,招讨董之,与前阵不得过三五里,展梢实心,布常山之势,左右排阵分押之。或前阵击破寇兵,后阵亦禁其驰骤轻进,盖师正之律也。

《牧誓》云:“四伐五伐,乃止齐焉。”慎重之戒也。是以开运中晋军掎戎,未尝放散,三四年间,虽德光为戎首,多计桀黠,而无胜晋军之处,盖并力御之。厥后о任人不当,为彦泽之所误。如将来杀获驱攘之后,圣人务好生之德,设息兵之谋,虽降志难甘,亦和戎为便。魏绛尝陈五利,奉春仅得中策,历观载籍,前王皆然。《易》称高宗用伐鬼方,《诗》美宣王薄伐狎狁,是知戎狄侵轶,其来尚矣。然则兵为凶器,圣人不得已而用之。若精选使臣,不辱君命,通盟继好,弭战息民,此亦策之得也。

臣复见国朝发兵,未至屯戍之所,已于两河诸郡调民运粮,远近骚然,烦费十倍。臣生居边土,习知其事。况幽州为国北门,押蕃重镇,养兵数万,应敌乃其常事。每逢调发,惟作糗粮之备,入蕃旬浃,军粮自赍,每人给妙斗余,盛之于囊以自随。征马每匹给生谷二斗,作口袋,饲秣日以二升为限,旬日之间,人马俱无饥色。更以牙官子弟,戮力津擎裹送,则一月之粮,不烦馈运。俟大军既至,定议取舍,然后图转饷,亦未为晚。臣去年有平燕之策,入燕之路具在前奏,愿加省览。

疏奏,颇采用之。

淳化二年,诏百官转对,琪首应诏,建明堂、辟雍之议。五年,李继迁寇灵武,命侍卫马军都指挥使李继隆为河西兵马都部署以讨之。西川贼帅李顺攻劫州县,以昭宣使王继恩为剑南西川招安使。琪又上书言边事曰:

臣顷任延州节度判官,经涉五年,虽未尝躬造夷落,然常令与蕃落将和断公事,岁无虚月,蕃部之事,熟于闻听。大约党项、吐蕃风俗相类,其帐族有生户、熟户,接连汉界、入州城者谓之熟户,居深山僻远、横过寇略者谓之生户。其俗多有世仇,不相来往,遇有战斗,则同恶相济,传箭相率,其从如流。虽各有鞍甲,而无魁首统摄,并皆散漫山川,居常不以为患。

党项界东自河西银、夏,西至灵、盐,南距鄜、延,北连丰、会。厥土多荒隙,是前汉呼韩邪所处河南之地,幅员千里。从银、夏至青、白两池,地惟沙碛,俗谓平夏;拓拔,盖蕃姓也。自鄜、延以北,多土山柏林,谓之南山;野利,盖羌族之号也。

从延州入平夏有三路:一、东北自丰林县苇子驿至延川县接绥州,入夏州界;一、正北从金明县入蕃界,至卢关四五百里,方入平夏州南界;一、西北历万安镇经永安城,出洪门至宥州四五百里,是夏州西境。我师如入夏州之境,宜先招致接界熟户,使为乡导,其强壮有马者,令去官军三五十里踏白先行。缘此三路,土山柏林,溪谷相接,而复隘狭不得成列,蹑此乡导,可使步卒多持弓弩枪锯随之,以三二千人登山侦逻,俟见坦途宁静,可传号勾马遵路而行,我皆严备,保无虞也。

长兴四年,夏州李仁福死,有男彝超擅称留后。当时诏延州安从进与李彝超换镇,彝超据夏州,固不奉诏,朝廷命邠州药彦稠总兵五万送从进赴任。时顿兵城下,议欲攻取,军储不继,遽命班师。而振旅之时,不能严整,失戈弃甲,遂为边人之利。

臣又闻党项号为小蕃,非是劲敌,若得出山布阵,止劳一战,便可荡除。深入则馈运艰难,穷追则窟穴幽隐,莫若缘边州镇,分屯重兵,俟其入界侵渔,方可随时掩击,非为养勇,亦足安边。凡乌合之徒,势不能久,利于速斗,以骋兵锋。莫若持重守疆,以挫其锐。彼无城守,众乏饩粮,威赏不行,部族分散,然后密令觇其保聚之处,预于麟、府、鄜、延、宁、庆、灵、武等州约期会兵,四面齐进,绝其奔走之路,合势击之,可以剪除无噍类矣。仍先告语诸军,击贼所获生口、资畜,许为己有,彼为利诱,则人百其勇也。

灵武路自通达军入青冈峡五百里，皆蕃部熟户。向来使人、商旅经由，并在部族安泊，所求赂遗无几，谓之"打当"，亦如汉界逆旅之家宿食之直也。此时大军或须入其境，则乡导踏白，当如夏州之法。况彼灵州便是吾土，刍粟储畜，率皆有备。缘路五七程，不烦供馈，止令逐都兵骑，裹粮轻赍，便可足用。谚所谓"磨镰杀马"，劫一时之力也，旬浃之余，固无阙乏矣。

又臣曾受任西川数年，经历江山，备见形势要害。利州最是咽喉之地。西过桔柏江，去剑门百里，东南去阆州，水陆二百余里，西北通白水、清川，是龙州入川大路，邓艾于此破蜀，至今庙貌存焉。其外三泉、西县、兴、凤等州，并为要冲，请选有武略重臣镇守之。

奏入，上密写其奏，令继隆择利而行。

至道元年春，大宴于含光殿，上问琪年，对曰："七十有九。"上因慰抚久之。二年春，拜右仆射，特令月给实奉一百千，又以其衰老，诏许五日一朝。是年九月被病，令其子贻序秉笔，授辞作《多幸老民叙》，大抵谓《洪范》五福，人所难全，而己兼有之，实天幸也。又口占遗表数百字而卒。赠司空，谥惠安。起复贻序为右赞善大夫，贻庥为大理评事，贻广童子出身。贻序上表乞终丧制，从之。天禧初，录其孙宗谅试秘书郎。

琪素有文学，颇谐捷。在使府前后三十年，周知人情，尤通吏术。在相位日，百执事有所求请，多面折之，以是取怨于人。

贻序尝预修《册府元龟》，笔札遒劲。未几，坐事左迁复州副使，起为殿中丞卒。

宋雄者，亦幽州人。初与琪齐名燕、蓟间，谓之"二宋"。

雄仕契丹为应州从事。雍熙三年，王师北伐，雄与其节度副使艾正以城降，授正本州观察使，以雄为鸿胪少卿同知州事。改光禄少卿，历知均、唐二州。未几，护河阴屯兵，以知河渠利害，因命领护汴口，均节水势，以达转漕，京师赖之。改太子詹事，复为光禄少卿，迁将作监。所至职务修举，公私倚任焉。

雄涉猎文史，善谈论，有气节，士流多推许之。景德元年，卒，年七十六。录其子可久为太常寺奉礼郎，赋禄终制。

论曰：自薛居正而下，尝居相位者凡四人，其始终出处虽不同，然观于其行事，概可见矣。初，朗州亡卒啸聚为盗，监军使疑城中僧千余人皆与谋，欲尽杀之，居正缓其事，贼禽而僧不与，卒赖以活。沈伦使吴越区，请以扬、泗军储百万余斛贷饥民，朝论难之。伦曰："国家以廪粟济民，自当召和气，致丰稔，岂复有水旱？"得请乃已。太祖每取书史馆，卢多逊预戒吏令白己，知所取，必通夕阅览，以是答问多中。宋琪始为程羽、贾琰所抑，继为多逊所忌，其后自员外郎岁中四迁至尚书，居相位。即此而观，则守道蒙福者非幸致，而投荒窜死者也非不幸也。宋雄善持

论，有气节，虽与琪齐名，而爵位不侔者，所遇不同焉尔。呜呼，自昔怀材抱艺，而抑郁下僚以终其身者多矣，岂特宋雄为然哉！

卷二百六十五　　列传第二十四

李昉子宗讷　宗谔　孙昭述等　**吕蒙正**
张齐贤子宗诲　**贾黄中**

李昉，字明远，深州饶阳人。父超，晋工部郎中、集贤殿直学士。从大父右资善大夫沼无子，以昉为后，荫补斋郎，选授太子校书。汉乾祐举进士，为秘书郎。宰相冯道引之，与吕端同直弘文馆，改右拾遗、集贤殿修撰。

周显德二年，宰相李穀征淮南，昉为记室。世宗览军中章奏，爱其辞理明白，已知为昉所作，及见《相国寺文英院集》，乃昉与扈蒙、崔颂、刘衮、窦俨、赵逢及昉弟载所题，益善昉诗而称赏之曰："吾久知有此人矣。"师还，擢为主客员外郎、知制诰、集贤殿直学士。四年，加史馆修撰、判馆事。是年冬，世宗南征，从至高邮，会陶穀出使，内署书诏填委，乃命为屯田郎中、翰林学士。六年春，丁内艰。恭帝嗣位，赐金紫。

宋初，加中书舍人。建隆三年，罢为给事中。四年，平湖湘，受诏祀南岳，就命知衡州，逾年代归。陶穀诬奏昉为所亲求京畿令，上怒，召吏部尚书张昭面质其事。昭老儒，气直，免冠上前，抗声云："穀罔上。"上疑之不释，出昉为彰武军行军司马，居延州为生业以老。三岁当内徙，昉不愿。宰相荐其可大用，开宝二年，召还，复拜中书舍人。未几，直学士院。

三年，知贡举。五年，复知贡举。秋，预宴大明殿，上见昉坐卢多逊下，因问宰相，对曰："多逊学士，昉直殿尔。"即令真拜学士，令居多逊上。昉之知贡举也，其乡人武济川预选，既而奏对失次，昉坐左迁太常少卿，俄判国子监。明年五月，复拜中书舍人、翰林学士。冬，判吏部铨。时赵普为多逊所构，数以其短闻于上，上询于昉，对曰："臣职司书诏，普之所为，非臣所知。"普寻出镇，多逊遂参知政事。

太宗即位，加昉户部侍郎，受诏与扈蒙、李穆、郭贽、宋白同修《太祖实录》。从政太原，车驾次常山，常山即昉之故里，因赐羊酒，俾召公侯相与宴饮尽欢，里中父老及尝与游从者咸预焉。七日而罢，人以为荣。师还，以劳拜工部尚书兼承旨。太平兴国中，改文明殿学士。时赵普、宋琪居相位久，求其能继之者，宿旧无逾于昉，遂命参知政事。十一月，普出镇，昉与琪俱拜平章事。未几，加监修国史，复时政记先进御而后付有司，自昉议始也。

雍熙元年郊祀，命昉与琪并为左右仆射，昉固辞，乃加中书侍郎。王师讨幽蓟不利，遣使分诣河南、东，籍民为兵，凡八丁取一。昉等相率奏曰："近者分遣使籍河南、东四十余郡之民以为边备，非得已也。然河南之民素习农

桑，罔知战斗，一旦括集，必致动摇，若因而啸聚，更须剪除。如此，则河北闾阎既困于戎马，河南生聚复扰于崔蒲，矧当春和，有妨农作。陛下若以明诏既颁，难于反汗，则当续遣使臣，严加戒饬，所至点募，人情若有不安，即须少缓，密奏取裁，庶免后患。"上嘉纳之。

端拱初，布衣翟马周击登闻鼓，讼昉居宰相位，当北方有事之时，不为边备，徒知赋诗宴乐。属籍田礼方毕，乃诏学士贾黄中草制，罢昉为右仆射，且加切责。黄中言："仆射，百僚师长，实宰相之任，今自工部尚书而迁是职，非黜责也。若曰文昌务简，以均劳逸为辞，斯为得体。"上然之。会边警益急，诏文武群臣各进策备御，昉又引汉、唐故事，深以屈己修好，弭兵息民为言，时论称之。

淳化二年，复以本官兼中书侍郎、平章事，监修国史。三年夏，旱蝗，既雨。时昉与张齐贤、贾黄中、李沆同居宰辅，以燮理非材，上表待罪，上不之罪。四年，昉以私门连遭忧戚，求解机务，诏不允，遣齐贤等谕旨，复起视事。后数月，罢为右仆射。先是，上召张洎草制，授昉左仆射，罢相，洎言："昉居燮理之任，而阴阳乖戾，不能决意引退，俾居百僚师长之任，何以示劝？"上览奏，乃令罢守本官。

晋侍中崧者，与昉同宗且同里，时人谓崧为东李家，昉为西李家。汉末，崧被诛。至是，其子璨自苏州常熟县令赴调，昉为讼其父冤，且言："周太祖已为昭雪赠官，还其田宅，录璨而官之。然璨年几五十，尚淹州县之职，臣昔与之同难，岂宜叼遇圣明。傥推一视之仁，泽及衰微之裔，则已往之冤获伸于下，而继绝之恩永光简册矣。"诏授璨著作佐郎，后官至右赞善大夫。

明年，昉年七十，以特进、司空致事，朝会宴飨，令缀宰相班，岁时赐予，益加厚焉。至道元年正月望，上观灯乾元楼，召昉赐坐于侧，酌御樽酒饮之，自取果饵以赐。上观京师繁盛，指前朝坊巷省署以谕近臣，令拓为通衢长廊，因论："晋、汉君臣昏暗猜贰，枉陷善良，时人不聊生，虽欲营缮，其暇及乎？"昉谓："晋、汉之事，臣所备经，何可与圣朝同日而语。若今日四海清晏，民物阜康，皆陛下恭勤所致也。"上曰："勤政忧民，帝王常事。朕不以繁华为乐，盖以民安为乐尔。"因顾侍臣曰："李昉事朕，两入中书，未尝有伤人害物之事，宜其今日所享如此，可谓善人君子矣。"

二年，陪祀南郊，礼毕入贺，因拜舞仆地，台吏掖之以出，卧疾数日薨，年七十二。赠司徒，谥文正。

昉和厚多恕，不念旧恶，在位小心循谨，无赫赫称。为文章慕白居易，尤浅近易晓。好接宾客，江南平，士大夫归朝者多从之游。雅厚张洎而薄张佖，及昉罢相，洎草制深攻诋之，而佖朔望必诣昉。或谓佖曰："李公待君素不厚，何数诣之？"佖曰："我为廷尉日，李公方秉政，未尝一有请求，此吾所以重之也。"

昉所居有园亭别墅之胜，多召故人亲友宴乐其中。既致政，欲寻洛中九老故事，时吏部尚书宋琪年七十九，左谏议大夫杨徽之年七十五，鄠州刺史魏丕年七十六，太常少卿致仕李运年八十，水部郎中朱昂年七十一，庐州节度副使武允成年七十九，太子中允致仕张好问年八十五，吴僧赞宁年七十八，议将集，会蜀寇而罢。

昉素与卢多逊善，待之不疑，多逊屡谮昉于上，或以告昉，不之信。及入相，太宗言及多逊事，昉颇为解释。帝曰："多逊居常毁卿一钱不直。"昉始信之。上由此益重昉。

昉居中书日，有求进用者，虽知其材可取，必正色拒绝之，已而擢用；或不足用，必和颜温语待之。子弟问其故，曰："用贤，人主之事；若受其请，是市私恩也，故峻绝之，使恩归于上。若不用者，既失所望，又无善辞，取怨之道也。"

初，超未有子，昉母谢氏娠，指腹谓叔母张曰："生男当与叔母为子。"故昉出继于超。昉再相，因表其事，求赠所生父母官。诏赠其祖温太子太傅，祖母权氏莒国太夫人，超太子太师，谢氏郑国太夫人。

昉素病心悸，数岁一发，发必弥年而后愈，盖典诰命三十余年，劳役思虑所致。及居相位，益加忧畏。有文集五十卷。子四人：宗讷、宗海、宗谔、宗谅。宗海，右赞善大夫。宗谅，主宾客员外郎。

宗讷字大辨，以荫补太庙斋郎，迁第四室长。代谒吏部铨，边光范意其年少，未能属辞，语之曰："苟援笔成六韵诗，虽不试书判，可入等矣。"宗讷易之，光范试诗赋，立就。明日，拟授秘书省正字；又明日，上命擢国子监丞。盖上居藩邸时，每有篇咏，令昉属和，前后数百章，皆宗讷缮写，上爱其楷丽，问知为宗讷所书，故有是命。太平兴国初，诏贾黄中集《神医普救方》，宗讷暨刘锡、吴淑、吕文仲、杜镐、舒雅皆预焉。雍熙初，昉在相位，上欲命宗讷为尚书郎，昉恳辞，以为非承平故事，止改秘书丞，历太常博士。

宗讷颇习典礼。淳化中，吕端掌礼院，引宗讷同判，累迁比部郎中。咸平六年，卒，年五十五。子昭遘，大中祥符五年献文，召试赐进士第，后为屯田员外郎。昭逊，太子中舍。

宗谔字昌武，七岁能属文，耻以父任得官，独由乡举，第进士，授校书郎。明年，献文自荐，迁秘书郎、集贤校理、同修起居注。先是，后苑陪宴，校理官不与，京官乘马不得入禁门。至是，皆因宗谔之请复之，遂为故事。

真宗即位，拜起居舍人，预重修《太祖实录》。从幸大名，上疏曰："国家驭边之术，制胜之谋，将帅之短长，兵卫之众寡，宸算庙谟，尽在吾术中矣。今之言事者，不过请陛下益兵贮粮，分道掩杀，言之甚易，行之则难。始受命则无不以攻坚陷阵为壮图，及遇敌则惟以闭垒塞关为上计，孤君父之重委，致生灵之重困，兴言及此，诚可叹息。自古行军出师，无不首择将帅。夫将帅随材任使，守一郡，控一城，分领骁勇，争据要害，又岂直三路主帅之名，然后能制六师生死之命乎？今陛下选任非不至也，权位非不重也，告戒非不丁宁也，处置非不专一也；而外敌犯塞，车驾亲征，曾不闻出丁人一骑为之救助，不知深沟高垒，秣马厉兵，欲安用哉？臣以为临军易帅，拔卒为将，在此时也。有功者拔于朝，不用者戮于市，亦此时也。

惟陛下图之。然后下哀痛之诏,行蠲复之恩。回銮上都,垂衣当宁,岂不盛哉。"

迁知制诰、判集贤院,纂《西垣集制》,刻石记名氏。尝牒御史台不平空,中丞吕文仲移文诘之,往复再三。宗谔执言两省故事与台司不相统摄者凡八。事闻,卒如宗谔议。

景德二年,召为翰林学士。是秋,将郊,命判太常大乐、鼓吹二署。先是,乐工率以年劳迁补,至有抱其器而不知声者。宗谔素晓音律,遂加审定,奏斥谬滥者五十人。因修完器具,更署职名,条上利病二十事,帝省阅而赏叹之。事具《乐志》。又著《乐纂》以献,命付史馆,自是月再肄习焉。

时诸神祠坛多阙外壝之制,因深堑列树以表之,营葺斋室,旧典因以振起。属契丹遣使来贺承天节,诏宗谔为馆伴使,自郊劳至饮饯,皆刊定其仪。

大中祥符初,从封泰山,改工部郎中。二年,始建昭应宫,命副丁谓为同修宫使。三年,知审官院。属祀汾阴后土,命为经度制置副使,同权河中府事。礼成,优拜右谏议大夫。

尝侍宴玉宸殿,上谓曰:"闻卿至孝,宗族颇多,长幼雍睦。朕嗣守二圣基业,亦如卿之保守门户也。"又曰:"翰林,清华之地,前贤扬历,多有故事,卿父子为之,必周知也。"宗谔尝著《翰林杂记》,以纪国朝制度,明日上之。

宗谔究心典礼,凡创制损益,靡不与闻。修定皇亲故事、武举武选入官资叙、阁门仪制、臣僚导从、贡院条贯,余多裁正。

五年,迎真州圣像,副丁谓为迎奉使。五月,以疾卒,年四十九。帝甚悼之,谓宰相曰:"国朝将相家能以声名自立,不坠门阀,唯昉与曹彬家尔。宗谔方期大用,不幸短命,深可惜也。"既厚赙其家,以白金赐其继母,又录其子若弟以官焉。

初,昉居三馆、两制之职,宗谔不数年,皆践其地。风流儒雅,藏书万卷。内行淳至,事继母符氏以孝闻。二兄早世,奉嫂字孤,恩礼兼尽。与弟宗谅友爱尤笃,覃恩所及,必先群从,及殁而己子有未仕者。程宿早卒,有弟无所依,宗谔为表请于朝而官之。勤接士类,无贤不肖,恂恂尽礼,奖拔后进,唯恐不及,以是士人皆归仰之。

宗谔工隶书。有文集六十卷,《内外制》三十卷。尝预修《续通典》、《大中祥符封禅汾阴记》、《诸路图经》,又作《家传》、《谈录》,并行于世。子昭通、昭述、昭适。

昭述字仲祖,以父荫为秘书省校书郎。召试学士院,赐进士出身,为刑部详覆官,累迁秘书丞。群牧制置使曹利用荐为判官,郓州牧地侵于民者凡数千顷,昭述悉复之。以太常博士知开封县,特迁尚书屯田员外郎、开封推官。坐尝被曹利用荐,出知常州,迁为三司度支判官,改河北转运使。江陵屯兵喧言仓粟陈腐,欲以动众。昭述取以为奉,且以饭其僚属,众遂定。

徙湖南潭州,戍卒愤监军酷暴,欲构乱,或指昭述谓曰:"如李公长者,何可负?"其谋遂寝。昭述闻之,以戒监军。监军自是不复为暴。比去,众遮道罗拜,指妻子曰:"向非公,无噍类矣。"

徙淮南转运使兼发运使,加直史馆。徙陕西转运使,纠察在京刑狱,为三司户部副使,累迁刑部郎中。陕西用兵,提点陕西计置粮草,还授度支、盐铁副使,以右谏议大夫为河北都转运使。

河决澶渊,久未塞。会契丹遣刘六符来,乃命昭述城澶州,以治堤为名,调兵农八万,逾旬而就。初,六符过之,真以为堤也,及还而城具,甚骇愕。初置义勇军,人情汹汹,昭述乘疾置日行数舍,开谕父老,众始安。宣抚使表其能,除龙图阁直学士、知澶州,又为枢密直学士、陕西都转运使。

河北始置四路,以为真定府路安抚使、知成德军。大水,民多流亡,籍僧舍积粟为粥糜,活饥民数万计。改龙图阁学士、知秦州。谏官、御史言昭述庸懦,不可负重镇,留真定府。居四年,入领三班院,以翰林侍读学士知郑州。未几,知通进银台司,判太常寺,复领三班,累迁尚书右丞。从祐享致斋于朝堂,得暴疾卒。赠礼部尚书,谥恪。

李氏居京城北崇庆里,凡七世不异爨,至昭述稍自丰殖,为族人所望,然家法亦不隳。

昭遘字逢吉,宗谔从子也,以荫为将作监主簿。幼时,杨亿尝过其家,出拜,亿命为赋,既成,亿曰:"桂林之下无杂木,非虚言也。"其后荐之,召试,授馆阁校勘,改集贤院校理。坐失误落秩。未几,复为盐铁判官。

初,议罢天下职田及公使钱,昭遘以为不可。三司使姚仲孙恶其异己,请诘所以兴利之实,昭遘争不屈,遂罢判官,为白波发运使。因入奏事,仁宗谓曰:"前所论罢职田等事,卿言是也。"迁直史馆、知陕州。谏官欧阳修言:"陕府,关中要地,昭遘无治剧材,不宜遣。"改判三司理欠司,徙度支判官。

使契丹还,道除陕西转运使。坐家僮盗辽人银酒杯,降知泽州。阳城冶铸铁钱,民冒山险输矿炭,苦其役,为奏罢铸钱。又言:"河东铁钱真伪淆杂,不可不革。"

后复直史馆、知陕州。城中旧无井,唐武德中,刺史长孙操始疏广济渠水入城,众赖其利。昭遘至,立庙祠之。归为三司户部判官,纠察在京刑狱,进直龙图阁,改集贤殿修撰,累迁尚书工部郎中。历知凤翔、河中府、晋州,迁管勾登闻检院。擢天章阁待制、知沧州,用谏官吴及言,复改知陕州,徙郑州卒。昭遘性和易,不忤物,能守家法。

吕蒙正字圣功,河南人。祖梦奇,户部侍郎。父龟图,起居郎。蒙正,太平兴国二年擢进士第一,授将作监丞,通判昇州。陛辞,有旨,民事有不便者,许骑置以闻,赐钱二十万。代还,会征太原,召见行在,授著作郎、直史馆,加左拾遗。五年,亲拜左补阙、知制诰。

初,龟图多内宠,与妻刘氏不睦,并蒙正出之,颇沦踬窘乏,刘誓不复嫁。及蒙正登仕,迎二亲,同堂异室,奉养备至。龟图旋卒,诏起复。未几,迁都官郎中,入为翰林学士,擢左谏议大夫、参知政事,赐第丽景门。上谓之曰:"凡士未达,见当世之务戾于理者,则怏怏于心;及列于位，得以献可替否，当尽其所蕴，虽言未必尽中，亦当佥议而更之，俾协于道。朕固不以崇高自恃，使人不敢言也。"蒙正初入朝堂，有朝士指之曰："此子亦参政耶？"蒙正阳为不闻而过之。同列不能平，诘其姓名，蒙正遽止之曰："若一知其姓名，则终身不能忘，不若毋知之为愈也。"时皆服其量。

李昉罢相，蒙正拜中书侍郎兼户部尚书、平章事、监修国史。蒙正质厚宽简，有重望，以正道自持。遇事敢言，每论时政，有未允者，必固称不可，上嘉其无隐。赵普开国元老，蒙正后进，历官一纪，遂同相位，普甚推许之。俄丁内艰，起复。

先是，卢多逊为相，其子雍起家即授水部员外郎，后遂以为常。至是，蒙正奏曰："臣忝甲科及第，释褐止授九品京官。况天下才能，老于岩穴，不沾寸禄者多矣。今臣男始离襁褓，膺此宠命，恐罹阴谴，乞以臣释褐时官补之。"自是宰相子止授九品京官，遂为定制。

朝士有藏古镜者，自言能照二百里，欲献之蒙正以求知。蒙正笑曰："吾面不过楪子大，安用照二百里哉？"闻者叹服。

淳化中，右正言宋抗上疏忤旨，抗，蒙正妻族，坐是罢为吏部尚书，复相李昉。四年，昉罢，蒙正复以本官入相。因对，论及征伐，上曰："朕比来征讨，盖为民除暴，苟好功黩武，则天下之人孑亡尽矣。"蒙正对曰："隋、唐数十年中，四征辽碣，人不堪命。炀帝全军陷没，太宗自运土木攻城，如此卒无所济。且治国之要，在内修政事，则远人来归，自致安静。"上嘉之。

尝灯夕设宴，蒙正侍，上语之曰："五代之际，生灵凋丧，周太祖自邺南归，士庶皆罹剽掠，下则火灾，上则彗孛，观者恐惧，当时谓无复太平之日矣。朕躬览庶政，万事粗理，每念上天之贶，致此繁盛，乃知理乱在人。"蒙正避席曰："乘舆所在，士庶走集，故繁盛如此。臣尝见都城外不数里，饥寒而死者甚众，不必尽然。愿陛下视近以及远，苍生之幸也。"上变色不言。蒙正侃然复位，同列多其直谅。

上尝欲遣人使朔方，谕中书选才而可责以事者，蒙正退以名上，上不许。他日，三问，三以其人对。上曰："卿何执耶？"蒙正曰："臣非执，盖陛下未谅尔。"固称："其人可使，余人不及。臣不欲用媚道妄随人主意，以害国事。"同列悚息不敢动。上退谓左右曰："蒙正气量，我不如。"既而卒用蒙正所荐，果称职。

至道初，以右仆射出判河南府兼西京留守。蒙正至洛，多引亲旧欢宴，政尚宽静，委任僚属，事多总裁而已。

真宗即位，进左仆射。会营奉熙陵，蒙正追感先朝不次之遇，奉家财三百余万以助用。葬日，伏哭尽哀，人以为得大臣体。咸平四年，以本官同平章事、昭文馆大学士。国朝以来三入相者，惟赵普与蒙正焉。郊祀礼成，加司空兼门下侍郎。六年，授太子太师，封蔡国公，改封随，又封许。

景德二年春，表请归洛。陛辞日，肩舆至东园门，命二子掖以升殿，因言："远人请和，弭兵省财，古今上策，惟愿陛下以百姓为念。"上嘉纳之，因迁从简太子洗马，知简奉礼郎。蒙正至洛，有园亭花木，日与亲旧宴会，子孙环列，送奉寿觞，怡然自得。大中祥符而后，上朝永熙陵，封泰山，祠后土，过洛，两幸其第，锡赉有加。上谓蒙正曰："卿诸子孰可用？"对曰："诸子皆不足用。有侄夷简，任颍州推官，宰相才也。"夷简由是见知于上。

富言者，蒙正客也。一日白曰："儿子十许岁，欲令入书院，事廷评、太祝。"蒙正许之。及见，惊曰："此儿他日名位与吾相似，而勋业远过于吾。"令与诸子同学，供给甚厚。言之子，即弼也。后弼两入相，亦以司徒致仕。其知人类如此。

许国之命甫下而卒，年六十八。赠中书令，谥曰文穆。

蒙正初为相时，张绅知蔡州，坐赃免。或言于上曰："绅家富，不至此，特蒙正贫时勾索不如意，今报之尔。"上命即复绅官，蒙正不辨。后考课院得绅实状，复黜为绛州团练副使。及蒙正再入相，太宗谓曰："张绅果有赃。"蒙正不辨亦不谢。在西京日，上数遣中贵人将命至，蒙正待之如在相位时，不少贬，时人重焉。

子从简，再为国子博士；惟简，太子中舍；承简，司门员外郎；行简，比部员外郎；务简，亦国子博士；居简，殿中丞；知简，太子右赞善大夫。

蒙正弟蒙休，咸平进士，至殿中丞。

龟图弟龟祥，殿中丞、知寿州。子蒙亨，举进士高等，既廷试，以蒙正居中书，故报罢。后历下蔡、武平主簿。至道初，考课州县官，蒙亨引对，文学、政事俱优，命为光禄寺丞，改大理寺丞，卒。次子蒙巽，虞部员外郎；蒙周，淳化进士及第。蒙亨子即夷简也。次子宗简，亦进士及第。

庆历中，居简提点京东刑狱，时夏竦有憾于石介，介死，竦言于上曰："介未尝死，北走邻国矣。"乃遣中使发棺验之。居简谓曰："万一介果死，则朝廷为无故发人之墓，奈何？"中使曰："于君何如？"居简曰："介死，当时必有内外亲族及门生会葬，问之可也。"中使乃令结状保证以闻，介事乃白。居简长者，其行事多类此。

徐州妖人孔直温挟左道诱军士为变，或诣转运使告，不受词。居简令易其牒，尽捕究党与，贷诖误者，请于朝，斩直温等。濮州复叛，都民惊溃，居简驰往，获首恶诛之。因大阅兵享劳，奸不得发。用二事，迁秩盐铁判官，拜集贤院学士、知梓州、应天府，徙荆南，进龙图阁直学士、知广州，陶甓甃城，人以为便。以兵部侍郎判西京御史台，卒，年七十二。

张齐贤，曹州冤句人。生三岁，值晋乱，徙家洛阳。孤贫力学，有远志，慕唐李大亮之为人，故字师亮。太祖幸西都，齐贤以布衣献策马前，召至行宫，齐贤以手画地，条陈十事：曰下并、汾，曰富民，曰封建，曰敦孝，曰举贤，曰太学，曰籍田，曰选良吏，曰慎刑，曰惩奸。内四说称旨，齐贤坚执以为皆善，上怒，令武士拽出之。及还，语太宗曰："我幸西都，唯得一张齐贤尔。我不欲爵之以官，异时可使辅汝为相也。"

太宗擢进士，欲置齐贤高第，有司偶失抡选，上不悦，一榜尽与京官，于是齐贤以大理评事通判衡州。时州鞫劫盗，论皆死，齐贤至，活其失入者五人。自荆渚至桂州，水递铺夫数千户，困于邮役，衣食多不给，论奏减其半。四年，代还，会亲征晋阳，齐贤上谒，迁秘书丞。忻州新下，命知州事。明年召还，改著作佐郎，直史馆，改左拾遗。冬，车驾北征，议者皆言宜速取幽蓟，齐贤上疏曰：

方今海内一家，朝野无事。关圣虑者，岂不以河东新平，屯兵尚众，幽燕未下，輂运为劳也。臣愚以为此不足虑也。自河东初下，臣知忻州，捕得契丹纳米典吏，皆云自山后转般以授河东。以臣料之，契丹能自备军食，则于太原非不尽力，然终为我有者，力不足也。河东初平，人心未固，岚、宪、忻、代未有军砦，入寇则田牧顿失，扰边则守备可虞。及国家守要害，增壁垒，左控右扼，疆事甚严，恩信已行，民心已定，乃于雁门阳武谷来争小利，此其智力可料而知也。圣人举事，动在万全，百战百胜，不若不战而胜，若重之慎之，则契丹不足吞，燕蓟不足取。

自古疆场之难，非尽由敌国，亦多边吏扰而致之。若缘边诸砦抚御得人，但使峻垒深沟，畜力养锐，以逸自处，宁我致人，此李牧所以用赵也。所谓择卒不如择将，任力不如任人。如是则边鄙宁，边鄙宁则輂运减，輂运减则河北之民获休息矣。民获休息，则田业增而蚕绩广，务农积谷，以实边用。且敌人之心固亦择利避害，安肯投诸死地而为寇哉？

臣闻家六合者以天下为心，岂止争尺寸之事，角强弱之势而已乎？是故圣人先本而后末，安内以养外。人民，本也，疆土，末也。五帝三王，未有不先根本者也。尧、舜之道无他，在乎安民而利之尔。民既安利，则远人敛衽而至矣。陛下爱民人、利天下之心，真尧、舜也。臣虑群臣多以纤微之利，克下之术，侵苦穷民，以为功能。至于生民疾苦，见之如不见，闻之如不闻，敛怨速尤，无大于此。伏望慎择通儒，分路采访两浙、江南、荆湖、西川、岭南、河东，凡前日赋敛苛重者，改而正之，因而利之，使赋税课利通济，可经久而行，为圣朝定法；除去旧弊，天下诸州有不便于民者，委长吏以闻。敢循故常者，重置之法。使天下耳目皆知陛下之心，戴陛下之惠，以德怀远，以惠利民，则远人之归，可立而待也。

六年，为江南西路转运副使，冬，改右补阙，加正使。齐贤至官，询知饶、信、虔州土产铜、铁、铅、锡之所，推求前代铸法，取饶州永平监所铸以为定式，岁铸五十万贯，凡用铜八十五万斤，铅三十六万斤，锡十六万斤，诣阙面陈其事，敷奏详确，议者不能夺。

先是，诸州罪人多桎送阙下，路死者十常五六。齐贤道逢南剑、建昌、虔州所送，索牍视之，率非首犯，悉伸其冤抑。因力言于朝，后凡送囚至京，请委强明吏虑问，不实，则罪及原问官属。自是江南送罪人者为减太半。

先是，江南诸州小民，居官地者有地房钱，吉州缘江地虽沦没，犹纳勾栏地钱，编木而浮居者名水场钱，皆前代弊政，齐贤悉论免之。

初，李氏据有江南，民户税钱三千已上者户出丁一人，黥面，自备器甲输官库，出即给之，日支粮二升，名为义军。既内附，皆放归农。至是，言者以为此辈久在行伍，不乐耕农，乞遣使选充军伍，并其家属送阙下。齐贤上言："江南义军，例皆良民，横遭黥配，无所逃避。克复之后，便放归农，久被皇风，并皆乐业。若逐户搜索，不无惊扰。法贵有常，政尚清净，前敕既放营农，不若且仍旧贯。"齐贤居使职，勤究民弊，务行宽大，江左人思之不忘。召还，拜枢密直学士，擢右谏议大夫、签书枢密院事。

雍熙初，迁左谏议大夫。三年，大举北伐，代州杨业战没。上访近臣以策，齐贤请行，即授给事中、知代州，与部署潘美同领缘边兵马。是时辽兵自湖谷入寇，薄城下，神卫都校马正以所部列南门外，众寡不敌，副部署卢汉赟畏懦，保壁自固。齐贤选厢军二千，出正之右，誓众慷慨，一以当百，辽兵遂却。

先是，约潘美以并师来会战，无何，间使为辽人所得。齐贤以师期既漏，且虑美众为辽所乘。既而美使至，云师出并州，至北井，得密诏，东师败绩于君子馆，并之全军不许出战，已还州矣。于时辽兵塞川，齐贤曰："贼知美之来，而不知美之退。"乃闭其使密室，中夜发兵二百，人持一帜，负一束刍，距州城西南三十里，列帜然刍。辽兵遥见火光中有旗帜，意谓并师至矣，骇而北走。齐贤先伏步兵二千于土磴砦，掩击大败之，擒其北大王之子一人，帐前舍利一人，斩数百级，获马二千、器甲甚众。捷奏，且归功汉赟。

端拱元年冬，拜工部侍郎。辽人又自大石路南侵，齐贤预简厢兵千人为二部，分屯繁畤、崞县。下令曰："代西有寇，则崞县之师应之；代东有寇，则繁畤之师应之。比接战，则郡兵集矣。"至是，果为繁畤兵所败。

二年，置屯田，领河东制置方田都部署，入拜刑部侍郎、枢密副使。淳化二年夏，参知政事，数月，拜吏部侍郎、同中书门下平章事。齐贤母孙氏年八十余，封晋国太夫人，每入谒禁中，上叹其福寿、有令子，多手诏存问，加赐与，搢绅荣之。

初，王延德与朱贻业同掌京庚，欲求补外，贻业与参政李沆有姻娅，托之以请于沆，沆为请于齐贤，齐贤以闻。太宗以延德尝事晋邸，怒其不自陈而干祈执政，召见诘责。延德、贻业皆讳不以实对，齐贤不欲累沆，独任其责。四年六月，罢为尚书左丞。十月，命知定州，以母老不愿往，未几，丁内艰，水浆不入口者七日，自是日啜粥一器，终丧不食酒肉蔬果。寻复转礼部尚书、知河南府。时狱有大辟将决，齐贤至，立辨而释之。三日，徙知永兴军。时阁门祗候赵赞以言事得幸，提点关中刍粮，所为多豪横。齐贤论列其罪，卒抵于法。俄徙襄州，移荆南，又徙安州。逾年，加刑部尚书。

真宗即位，召拜兵部尚书、同中书门下平章事。尝从容为上言皇王之道，而推本其所以然，且言："臣受陛下非常恩，故以非常为报。"上曰："朕以为皇王之道非有迹，但庶事适治道则近之矣。"时戚里有分财不均者更相讼，又入宫自诉。齐贤曰："是非台府所能决，臣请自治。"上俞之。齐贤坐相府，召讼者问曰："汝非以彼所分财多、汝所分少乎？"曰："然。"命具款。乃召两吏，令甲家入乙舍，乙家入甲舍，货财无得动，分书则交易之。明日奏闻，上大悦曰："朕固知非君莫能定者。"郊祀，加门下侍郎。与李沆同事，不相得。坐冬至朝会被酒失仪，免相。

四年，李继迁陷清远军，命以泾、原等州军安抚经略使，以右司谏梁颢为之副。齐贤上言谓："清远军陷没以来，青冈砦烧弃之后，灵武一郡，援隔势孤，此继迁之所觊觎而必至者也。以事势言之，加讨则不足，防遏则有余。其计无他，蕃部大族首领索与继迁有隙者，若能啖以官爵，诱以货利，结之以恩信，而激之以利害，则山西之蕃部族帐，靡不倾心朝廷矣。臣所领十二州军，见二万余人，若缘边料束本城等军，更得五万余人，招致蕃部，其数又逾十数万。但彼出则我归，东备则西击，使之奔走不暇，何能为我患哉？今灵武军民不翅六七万，陷于危亡之地，若继迁来春于我兵未举之前，发兵救援灵武，尽驱其众，并力攻围，则灵州孤城必难固守。万一失陷，贼势益增，纵多聚甲兵，广积财货，亦难保必胜矣。臣所以乞封潘罗支为六谷王而厚以金帛者，恐继迁且暴用兵断彼卖马之路也。苟朝廷信使得达潘罗支，则泥埋等族、西南远蕃，不难招集。西南既禀命，而缘边之势张，则鄜、延、环、庆之浅蕃，原、渭、镇戎之熟户，自然归化。然后使之与对替用兵及驻泊军马互为声援，则万山闻之，必不敢于灵州、河西顿兵矣。万山既退，则贺兰蕃部亦稍稍叛继迁矣。若曰名器不可以假人，爵赏不可以滥及，此乃圣人为治之常道，非随时变易之义也。"

齐贤又请调江淮、荆湘丁壮八万以益防御，朝议以为动摇，兼泽国人民，远戍西鄙亦非便，计遂寝。

齐贤又言："灵州斗绝一隅，当城镇完全、磧路未梗之时，中外已言合弃，自继迁为患已来，危困弥甚。南去镇戎约五百余里，东去环州仅六七日程，如此畏途，不须攻夺，则城中之民何由而出，城中之兵何由而归？欲全军民，理须应接。为今之计，若能增益精兵，以合西边屯驻、对替之兵，从以原、渭、镇戎之师，率山西熟户从东界而入，严约师期，两路交进。设若继迁分兵以应敌，我则乘势而易攻。且奔命途道，首尾难卫，千里趋利，不败则禽。臣谓兵锋未交，而灵州之围自解。然后取灵州军民，而置砦于萧关、武延川险要处以侨寓之，如此则蕃汉士人之心有所依赖。裁候平宁，却归旧贯，然后纵蕃汉之兵，乘时以为进退，则成功不难矣。"时不能用。未几，灵武果陷。

闰十二月，拜右仆射、判汾州，不行，改判永兴军兼马步军部署。时薛居正子惟吉妻柴氏无子早寡，尽畜其货产及书籍论告，欲改适齐贤。惟吉子安上诉其事，上不欲置于理，命司门员外郎张正伦就讯，柴氏所对与安上状异。下其事于御史，乃齐贤子太子中舍宗诲教柴氏为词。齐贤坐责太常卿、分司西京，宗诲贬海州别驾。

景德初，起为兵部尚书、知青州。上幸澶渊，命兼青、淄、潍州安抚使。二年，改吏部尚书。上疏言曰："臣在先朝，常忧灵、夏两镇终为继迁并吞，言事者以臣所虑为太过，略举既往之事以明本末。当时臣下皆以继迁只是怀恋父祖旧地，别无他心，先帝与以银州廉察，庶满其意。尔后攻劫不已，直至降麟、府州界八部族蕃酋，又胁制贺兰山下帐族，言事者犹谓封奖未厚。洎陛下赐以银、夏土壤，宠以节旄，自此奸威愈滋，逆志尤暴。屡断灵州粮路，复挠缘边城池，数年之间，灵州终为吞噬。当灵池、清远军垂欲陷没，臣方受经略之命。臣虑继迁须是得一两处强大蕃族与之为敌，此乃以蛮夷攻蛮夷，古今之上策也。遂请以六谷名目封潘罗支，俾其展效。其时近臣所见，全与臣谋不同，多为沮挠。及继迁为潘罗支射杀，边患谓可少息。今其子德明依前攻劫，析逋游龙钵等尽在部下，其志又似不小。臣虑德明乘大驾东幸之际，去攻六谷，则瓜、沙、甘、肃、于阗诸处渐为控制矣。向使潘罗支尚在，则德明未足为虞；今潘罗支已亡，厮铎督恐非其敌。望委大臣经制其事。"

从东封还，复拜右仆射。时建玉清昭应宫，齐贤言绘画符瑞，有损谦德，又违奉天之意，屡请罢其役。

三年，出判河阳，从祀汾阴还，进左仆射。五年，代还，请老，以司空致仕。入辞便坐，方拜而仆，上遽止之，许二子扶掖升殿，命益坐茵为三。

归洛，得裴度午桥庄，有池榭松竹之盛，日与亲旧觞咏其间，意甚旷适。七年夏，薨，年七十二。赠司徒，谥文定。

齐贤姿仪丰硕，议论慷慨，有大略，以致君自负。留心刑狱，多所全活。喜提奖寒隽。少时家贫，父死无以为葬，河南县吏为办其事，齐贤深德之，事以兄礼，虽贵不替也。仲兄昭度尝授齐贤经，及卒，表赠光禄寺丞。又尝依太子少师李肃家，肃死，为营葬事，岁时祭之。赵普尝荐齐贤于太宗，未用，普即具前列事，以谓："陛下若进齐贤，则齐贤他日感恩，更过于此。"上大悦，遂大用。种放之起，齐贤所荐也。齐贤四践两府，九居八座，以三公就第，康宁福寿，时罕其比。居相日，数起大狱，又与寇准相倾，人或以此少之。

齐贤诸子皆能有立：宗信，内殿崇班；宗理，大理寺丞；宗谅，殿中丞；宗简，阁门祗候；宗讷，太子中舍；宗礼最贤，虽累资登朝，而畏羁束，故多居田里。

宗海字习之，齐贤第二子也。少喜学兵法，阴阳、象纬之书无不通究。以父任为秘书省正字，迁至太子中舍，贬海州别驾。尝通判河阳，徙知富顺监。会夷人斗郎春叛，群獠皆骚动，宗海将郡兵攻破之。擢开封府判官、三司度支勾院。宗海在开封日，御史王沿劾其嗜酒废事，及为河北转运使，乃发沿居丧假官舟贾贩，朝论恶之。

会以调发扰民，徙知徐州。累迁太常少卿，后为永兴军兵马钤辖，又徙鄜延路兼知鄜州。元昊寇延安，刘平、石元孙败没，钤辖黄德和遁还，延州不纳，又走鄜州。宗海曰："军奔将无所归，激之则为乱矣。"乃纳之，拘德和以闻。是时鄜城不完，且无备，传言寇兵至，人心不安。宗海乃严斥候，籍入而禁出，使老幼并力守御，敌亦自引去。领兴州防御使，复徙永兴钤辖兼知鄜州，以秘书监致仕。

尝事干谒，其子曰："昔贺秘监以道士服东归会稽，明皇赐以鉴湖，以为休老之地。今洛下虽无鉴湖，而嵩、少、伊、瀍天下佳处，虽非朝廷所赐，皆闲逸之人所有尔。大人盍衣羽服以优游，何必更事请谒乎？"宗诲曰："吾作白头老监秘书而眠，何以贺老流沙之服为哉？"时以为名言。

初，齐贤守代州，宗诲尝预计画，其保任亲族不问疏近，以年为先后。然性贪，虽谢事，犹事货殖，以至于卒。

子二人。子皋字叔谟，少有才名而不自负，人乐与之游。最善尹洙，洙曰："吾交天下士多矣，不以通否易意者，子皋也。"举进士，试秘书郎、知新郑县。以齐贤相，迁校书郎，馆阁献颂，擢著作佐郎，进直史馆，累官至尚书司封员外郎。

子宪字彦章，以荫将作监主簿，以献文擢同进士出身，累迁尚书刑部郎中、知光化军。戍卒逐其帅韩纲，余党作乱，子宪招降之。征税重，人多逋负，子宪奏除之。历太常少卿、三司盐铁判官、直史馆、知洪州。迁右谏议大夫、知桂州，不赴，御史劾之，降秘书监。复为光禄卿，加直秘阁、知庐州，迁秘书监，累职徙扬州，卒。

贾黄中，字娲民，沧州南皮人，唐相耽四世孙。父玭字仲宝，晋天福三年进士，解褐。宋初，为刑部郎中，终水部员外郎、知浚仪县，年七十卒。玭严毅，善教子，士大夫子弟来谒，必谆谆诲诱之。初，通判镇州，葬乡党群从之未葬者十五丧，孤贫不自给者，咸教育而婚嫁之。

黄中幼聪悟，方五岁，玭每旦令正立，展书卷比之，谓之"等身书"，课其诵读。六岁举童子科，七岁能属文，触类赋咏。父常令蔬食，曰："俟业成，乃得食肉。"十五举进士，授校书郎、集贤校理，迁著作佐郎、直史馆。

建隆三年，迁左拾遗，历左补阙。开宝八年，通判定州，判太常礼院。黄中多识典故，每详定礼文，损益得中，号为称职。

岭南平，以黄中为采访使，廉直平恕，远人便之。还奏利害数十事，皆称旨。会克江表，迁知宣州。岁饥，民多为盗，黄中出己奉造糜粥，赖全活者以千数，仍设法弭盗，因悉解去。

太宗即位，迁礼部员外郎。太平兴国二年，知昇州。时金陵初附，黄中为政简易，部内甚治。一日，案行府署中，见一室扃钥甚固，命发视之，得金宝数十匮，计直数百万，乃李氏宫阁中遗物也，即表上之。上览表谓侍臣曰："非黄中廉恪，则亡国之宝，将污法而害人矣。"赐钱三十万。丁父忧，起复视事。五年，召归阙。

有荐黄中文学高第，召试中书，拜驾部员外郎、知制诰。八年，与宋白、吕蒙正等同知贡举，迁司封郎中，充翰林学士。雍熙二年，又知贡举，俄掌吏部选。端拱初，加中书舍人。二年，兼史馆修撰。凡再典贡部，多柬拔寒俊，除拟官吏，品藻精当。淳化二年秋，与李沆并拜给事中、参知政事。太宗召见其母王氏，命坐，谓曰："教子如是，真孟母矣。"作诗以赐之，颁赐甚厚。

黄中素重吕端为人，属端出镇襄阳，黄中力荐于上，因留为枢密直学士，遂参知政事。当世文行之士，多黄中所荐引，而未尝言，人莫之知也。然畏慎过甚，中书政事颇留不决。

四年冬，与沆并罢守本官。明年，知襄州，上言母老乞留京，改知澶州。辞日，上戒之曰："夫小心翼翼，君臣皆当然；若太过，则失大臣之体。"黄中顿首谢。上因谓侍臣曰："朕尝念其母有贤德，七十余年未觉老，每与之语，甚明敏。黄中终日忧畏，必先其母老矣。"因目参知政事苏易简曰："易简之母亦如之。自古贤母不可多得。"易简前谢曰："陛下以孝治天下，奖及人亲，臣实何人，膺兹荣遇。"

至道初，黄中遘疾，诏令归阙。会建储宫，择大臣有德望者为宾友，黄中在选中。以久疾，改命李至、李沆兼宾客，黄中亦特拜礼部侍郎，代至兼秘书监。黄中素嗜文籍，既居内阁，甚以为慰。

二年，以疾卒，年五十六，其母尚无恙，卒如上言。赠礼部尚书。上闻其素贫，别赐钱三十万。既葬，其母入谢，又赐白金三百两。上谓之曰："勿以诸孙为念，朕当不忘也。"

黄中端谨，能守家法，廉白无私。多知台阁故事，谈论亹亹，听者忘倦焉。在翰林日，太宗召见，访以时政得失，黄中但言："臣职典书诏，思不出位，军国政事，非臣所知。"上益重之，以为谨厚。及知政事，卒无所建明，时论不之许。有文集三十卷。

子守谦，雍熙二年进士；守正，献文召试，赐进士第，后为虞部员外郎；守约，国子博士；守文，殿中丞；守讷，右赞善大夫。

论曰：《诗》云："允也天子，降予卿士，实为阿衡，实左右商王。"言有是君则有是臣，有是臣则足以相是君也。太宗励精庶政，注意辅相，以昉旧德，亟加进用；继擢蒙正、齐贤，迭居相位；复进黄中，俾参大政。而四臣者将顺德美，修明庶政，以致承平之治，可谓君臣各尽其道者矣。君子谓李昉为多逊所毁而不校，蒙正为张绅所污而不辨，齐贤为同列所累而不言，黄中多所荐引而不有其功，此固人之所难也。而况四臣者皆贤宰辅，又能进退有礼，皆以善终，非盛德君子，其孰能与于斯？

卷二百六十六　　列传第二十五

钱若水_{从弟若冲}　苏易简　郭贽　李至　辛仲甫　王沔　温仲舒　王化基_{子举正　举元　孙诏}

钱若水，字澹成，一字长卿，河南新安人。父文敏，汉青州帅刘铢辟为录事参军，历长水鄠都尉、扶风令、相州录事参军。先是，府帅多以笔牍私取官库钱，韩重赟领节制，颇仍其弊。文敏不从，重赟假他事廷责之，文敏不为屈。太祖嘉其有守,授右赞善大夫、知泸州,召见讲武殿,谓曰:"泸州近蛮境,尤宜绥抚。闻知州郭思齐、监军郭重迁掊敛不法,恃其荒远,谓朝廷不知尔。至,为朕鞠之,苟一毫有侵于民,朕必不赦。"至郡,有政迹,夷人诣阙借留。诏改殿中丞,许再任。三迁司封员外郎,又知洺州、建昌军。卒,年七十二。

若水幼聪悟,十岁能属文。华山陈抟见之,谓曰:"子神清,可以学道;不然,当富贵,但忌太速尔。"雍熙中,举进士,释褐同州观察推官,听决明允,郡治赖之。淳化初,寇准掌选,荐若水洎王扶、程肃、陈充、钱熙五人文学高第,召试翰林,若水最优,擢秘书丞、直史馆。岁余,迁右正言、知制诰。会置理检院于乾元门外,命若水领之。俄同知贡举,加屯田员外郎。诏诣原、盐等州制置边事,还奏合旨,翌日改职方员外郎、翰林学士,与张洎并命。俄知审官院、银台通进封驳司。尝草赐赵保忠诏,有云:"不斩继迁,开狡兔之三穴,潜疑光嗣,持首鼠之两端。"太宗大以为当。

至道初,以右谏议大夫同知枢密院事。真宗即位,加工部侍郎。数月,以母老上章,求解机务,诏不许。若水请益坚,遂以本官充集贤院学士、判院事。俄诏修《太宗实录》,若水引柴成务、宗度、吴淑、杨亿同修,成八十卷。真宗览书流涕,锡赉有差。

初,太宗有畜犬甚驯,常在乘舆左右。及崩,鸣号不食,因送永熙陵寝。李至尝咏其事,欲若水书之以戒浮俗,若水不从。吕端虽为监修,以不莅局不得署名,至抉其事以为专美。若水称诏旨及唐朝故事以折之,时议不能夺。既又重修《太祖实录》,参以王禹偁、李宗谔、梁颢、赵安仁,未周岁毕。安仁时为宗正卿,上言蘷王于太宗属当为兄,《实录》所纪缪误。若水援国初诏令,廷诤数四乃定。

俄判吏部流内铨。从幸大名,若水陈御敌安边之策,有曰:

孙武著书,以伐谋为主;汉高将将,以用法为先。伐谋者,以将帅能料敌制胜也;用法者,以朝廷能赏罚不私也。今傅潜领雄师数万,闭门不出,坐视边寇俘掠生民,上孤委注之恩,下挫锐师之气,盖潜辈不能制胜,朝廷未能用法使然也。军法,临阵不用命者斩。今若斩潜以徇,然后擢用杨延朗、杨嗣者五七人,增其爵秩,分授兵柄,使将万人,间以强弩,分路讨除,孰敢不用命哉?敌人闻我将帅不用命,退则有死,岂独思遁,抑亦来岁不敢犯边矣。如此则可以坐清边塞,然后銮辂还京,天威慑于四海矣。

臣尝读前史,周世宗即位之始,刘崇结敌入寇,敌遣其将杨衮领骑兵数万,随崇至高平。当时懦将樊爱能、何徽等临敌不战,世宗大陈宴会,斩爱能等拔偏将十余人,分兵击太原。刘崇闻之,股栗不敢出,即日遁去。自是兵威大振。其后收淮甸,下秦、凤,平关南,席卷尔。以陛下之神武,岂让世宗乎?此今日御敌之奇策也。

若将来安边之术,请以近事言之,太祖朝制置最得其宜。止以郭进在邢州,李汉超在关南,何继筠在镇定,贺惟忠在易州,李谦溥在隰州,姚内斌在庆州,董遵诲在通远军,王彦昇在原州,但授缘边巡检之名,不加行营部署之号,率皆十余年不易其任。立立功者厚加赏赉,其位皆不至观察使。盖位不高则朝廷易制,任不易则边事尽知。然后授以圣谋,来则掩杀,去则勿追,所以十七年中,北边、西蕃不敢犯塞,以至屡使乞和,此皆陛下之所知也。苟能遵太祖故事,慎择名臣,分理边郡;罢部署之号,使不相统辖;置巡检之名,俾递相救应。如此则出必击寇,入则守城,不数年间,可致边烽罢警矣。

俄知开封府。时北边未宁,内出手札访若水以策。若水陈备边之要有五:

一曰择郡守,二曰募乡兵,三曰积刍粟,四曰革将帅,五曰明赏罚。

何谓择郡守?今之所患,患在战守不同心。望陛下选沉厚有谋谙边事者,任为边郡刺史,令兼缘边巡检,许召勇敢之士为随身部曲。廪赡不充则官为支给。然后严亭障,明斥候,每得事宜,密相报示。寇来则互为救应,齐出讨除;寇去则不令远追,各务安静。苟无大过,勿为替移;倘立微功,就加爵赏。如此则战守必能同心,敌人不敢近塞矣。

何谓募乡兵?今之所患,患在不知敌情。望诏逐州沿边民为招收军,给与粮赐,蠲其赋租。彼两地之中,各有亲族,使其怀惠,来布腹心。彼若举兵,此必预知,苟能预知,则百战百胜矣。

何谓积刍粟?今之所患,患在困民力。望陛下令缘边各广营田,以州郡长官兼其使额,每岁秋夏,较其课程,立鼓旗以齐之,行赏罚以劝之。仍纵商人入粟缘边。倘镇戍有三年之备,则敌人不敢动矣。

何谓革将帅?今之所患,患在重兵居外,轻兵居内。去岁傅潜以八万骑屯中山,魏、博之间镇兵全少,非銮辂亲征,则城邑危矣。望陛下慎选将臣任河北近镇,仍依旧事节制边兵,未能削部署之名,望且减行营之号;有警则暂巡边徼,无事则却复旧藩。岂惟不启戎心,况复待劳以逸。如此则不失备边之要,又无举兵之名,且使重兵不屯一处,进退动静,无施不可矣。

何谓明赏罚?今之所患,患在戎卒骄惰。臣自知府以来,见侍卫、殿前两司送到边上亡命军卒,人数甚多。臣试讯之,皆以思亲为言,此盖令之不严也。平时尚敢如此,况临大敌乎?望陛下以此言示将帅,俾申严号令,以警其下。古人云:"赏不劝谓之止善,罚不惩谓之纵恶。"又曰:"法不可移,令不可违。"臣尝闻郭进出镇西山,太祖每遣戍卒,必谕之曰:"汝等谨奉法。我犹赦汝,郭进杀汝矣。"其假借如此,故郭进所至,未尝少衄。陛下能鉴前日之事,即今日之元龟也。

若水又言:"边部用兵,唯视太白与月为进退者,诚以太白者将军也,星辰者廷尉也。合则有战,不合则无战;

合于东则主胜,合于西则客胜。陛下能用臣言以谨边备,则边patrol不召而自来矣。太祖临御十七年间,未尝生事疆场,而敌人往往遣使乞和者,以其任用得人而备御有方也。陛下苟思兵者凶器,战者危事,而不倒持太阿,授人以柄,则守在四夷,而常获静胜,此备御之上策也。"

未几,出知天雄军兼兵马部署。时言事者请城绥州,屯兵积谷以备党项。边城互言利害,前后遣使数辈按视,不能决。时已大发丁夫,将兴其役,诏若水自大名驰往视之。若水上言:"绥州顷为内地,民赋登集,尚须旁郡转饷。自赐地赵保忠以来,人户凋残,若复城之,即须增戍。刍粮之给,全仰河东。其地隔越黄河、铁碣二山,无定河在其城下,缓急用兵,输送艰阻。且其地险,若未茸未完,边寇奔冲,难于固守。况城邑焚毁,片瓦不存,所过山林,材木匮乏。城之甚劳,未见其利。"复诣阙面陈其事,上嘉纳之,遂罢役。初,若水率众过河,分布军伍,咸有节制,深为戍将推服。上谓左右曰:"若水,儒臣中知兵者也。"是秋,又遣巡抚陕西缘边诸郡,令便宜制置边事。还拜邓州观察使、并代经略使、知并州事。

六年春,因疾灸两足,创溃出血数斗,自是体貌羸瘵,手诏慰劳之,俾归京师。数月,始赴朝谒,因与僚友会食僧舍,假寝而卒,年四十四。赠户部尚书,赐其母白金五百两。子延年甫七岁,录为太常奉礼郎。

若水美风神,有器识,能断大事,事继母以孝闻。雅善谈论,尤轻财好施。所至推诚待物,委任僚佐,总其纲领,无不称治。汲引后进,推贤重士,襟度豁如也。精术数,知年寿不永,故恳避权位。其死也,士君子尤惜之。有集二十卷。

兄若愚,比部员外郎。从弟若冲,大中祥符中,调河阳令。有仆酗酒,杖之百数。仆挟刀夜潜室中,断其臂,若冲大呼;又害其幼子。诏磔仆于其门。真宗念若水母老,遣使存问,赐缯、绵、羊、酒;且赐若冲帛三十端,补孟州别驾。延年后以献文赐进士出身,历太常博士、集贤校理。

苏易简,字太简,梓州铜山人。父协举蜀进士,归宋,累任州县,以易简居翰林,任开封县兵曹参军,俄迁光禄寺丞,卒,特赠秘书丞。

易简少聪悟好学,风度奇秀,才思敏赡。太平兴国五年,年逾弱冠,举进士。太宗方留心儒术,贡士皆临轩覆试。易简所试三千余言立就,奏上,览之称赏,擢冠甲科。解褐将作监丞,通判昇州,迁左赞善大夫。八年,以右拾遗知制诰。雍熙初,以郊祀恩进秩祠部员外郎。二年,与贾黄中同知贡举。有诏,凡亲属就举者,籍名别试。易简妻弟崔范,匿父丧充贡,奏名在上第;又王千里者,水部员外郎孚之子,协为孚门生,千里预荐。上闻,坐范及千里罪。易简缘是罢知制诰,以本官奉朝请。未几,复知制诰。三年,充翰林学士。初,易简充贡,宋白掌贡部,至是裁七年。易简幼时随父河南,贾黄中来使,尝教之属辞;及是,悉为同列。易简连知贡举,陈尧叟、孙何并甲廷试。

淳化元年,丁外艰。二年,同知京朝官考课,迁中书舍人,充承旨。先是,曲宴将相,翰林学士皆预坐,梁迥启太祖罢之;又皇帝御丹凤楼,翰林承旨侍从升楼西南隅,礼亦废。至是,易简请之,皆复旧制。易简续唐李肇《翰林志》二卷以献,帝赐诗以嘉之。帝尝以轻绡飞白大书"玉堂之署"四字,令易简榜于厅额。易简会韩伾、毕士安、李至等往观。上闻,遣中使赐宴甚盛,至等各赋诗纪其事,宰相李昉等亦作诗颂美之。他日,易简直禁中,以水试欹器。上密闻之,因晚朝,问曰:"卿所玩得非欹器耶?"易简曰:"然,江南徐逸所作也。"命取试之。易简奏曰:"臣闻日中则昃,月满则亏,器盈则覆,物盛则衰。愿陛下持盈守成,慎终如始,以固丕基,则天下幸甚。"

会郊祀,充礼仪使。先是,扈蒙建议以宣祖升配。易简引唐故事,请以宣祖、太祖同配。从之。知审官院,言初任京朝官,未尝历州县,不得拟知州、通判。诏可。改知审刑院,俄掌吏部选,迁给事中、参知政事。时赵昌言亦参知政事,与易简不协,至忿争上前,上皆优容之。未几,昌言出使剑南,中路命改知凤翔府。明年,易简亦以礼部侍郎出知邓州,移陈州。至道二年,卒,年三十九,赠礼部尚书。

易简外虽坦率,中有城府。由知制诰入为学士,年未满三十。属文初不达体要,及掌诰命,颇自刻励。在翰林八年,眷遇夐绝伦等。李沆后入,在易简下,先参知政事,故以易简为承旨,锡赉均焉。太宗遵旧制,且欲稔其名望而后正台辅,易简以亲老急于进用,因亟言时政阙失,遂参大政。

蜀人何光逢,易简之执友也,尝任县令,坐赇削籍,流寓京师。会易简典贡部,光逢代人充试以取贽,易简于稠人中屏出之。光逢遂造谤书,斥言朝廷事,且讥易简。易简得其书以闻,逮捕光逢,狱具,坐弃市。易简以杀光逢非其意,居常怏怏。母薛氏以杀父执切责之,易简泣曰:"不谓及此,易简罪也。"及易简参知政事,召薛氏入禁中,赐冠帔,命坐,问曰:"何以教子成此令器?"对曰:"幼则束之以礼让,长则教以诗书。"上顾左右曰:"真孟母也。"

易简性嗜酒,初入翰林,谢日饮已微醉,余日多沉湎。上尝戒约深切,且草书《劝酒》二章以赐,令对其母读之。自是每入直,不敢饮。及卒,上曰:"易简果以酒死,可惜也。"易简常居雅善笔札,尤善谈笑,旁通释典,所著《文房四谱》、《续翰林志》及《文集》二十卷,藏于秘阁。三子,曰宿、曰寿、曰耆,大中祥符间,皆禄之以官云。

郭贽,字仲仪,开封襄邑人。乾德中,举进士,中首荐。太宗尹京,因事藩邸。太平兴国初,擢为著作佐郎、右赞善大夫。俄兼皇子侍讲,赐绯鱼。太宗至东宫,出《戒子篇》命贽注解,且令委曲讲说,以喻诸王。三年,与刘兼、张洎、王克正同知贡举,迁右补阙,与宋白并拜中书舍人,赐金紫。五年,复与程羽、侯陟、宋白同知贡举。置京朝官差遣院,凡将命出入、受代归阙官,悉考校劳绩,铨量才品,命贽、洎、滕中正、雷德骧领之。

七年,以本官参知政事。曹彬为弭德超所诬,贽极言救解,深为宰相赵普所重。尝因论事奏曰:"臣受不次之遇，誓以愚直上报。"太宗曰："愚直何益于事？"贽言："虽然，犹胜奸邪。"

无何，以入对宿醒未解，左迁秘书少监、知荆南府。府俗尚淫祀，厉久旱，盛陈祷雨之具。贽始至，命悉撤去，投之江，不数日大雨。就加左谏议大夫，入为盐铁使。时诸路积逋欠犯人，虽死犹系其子孙。贽条陈其事，多所蠲贷。籍田，超拜工部侍郎。淳化中，知澶州，坐河决免所居官。久之，起为给事中，复工部侍郎，知审官院、通进银台封驳司。

真宗即位，拜刑部，出知天雄军。翌日，贽入对，恳辞。上曰："全魏之地，所寄尤重，卿宜亟去。"入判太常寺、吏部流内铨，加集贤院学士、判院事。知河南府，归朝，献诗自陈，进秩吏部，俄兼秘书监。

初，真宗未出閤，贽已授经，上尝至其家；后杨可法继其任，上以为辅导不及贽，尝称贽纯厚长者。至是，在秘府，屡赐对，询访旧事。且愍其已老，特拜工部尚书、翰林侍读学士，作诗赐之，有"启发冲言晓典常"语。东封，迁礼部尚书。太宗在晋邸时，凡制篇咏，多令属和。真宗尝访其赐本，贽集为四卷以献，诏奖之。大中祥符三年，卒，年七十六。上以旧学之故，特亲临哭之，赠左仆射，谥文懿。录其子昭度为大理寺丞，昭升、昭用并大理评事，昭允左赞善大夫。

贽属文敏速而不雕刻，昭度集为三十卷上之，赐名《文懿集》。性温和，颇能延誉时隽。宋白以文学沉下位，贽荐引之，遂同掌诰命。赵昌言儿时，一见器之，及掌贡部，以为奏名之首，后卒贵显。贽初充赋有声，邑人同在籍中者忌之，潜加构毁，自是连上不中选。泊贽再知贡举，邑人子以明经充荐，诏下日，悔泣而去。贽闻之，命其所亲召至，慰谕俾就举，遂预荐中第。然吝啬，切于治生，晚节不事事，人颇以是少之。

李至，字言几，真定人。母张氏，尝梦八仙人自天降，授字图使吞之，及寤，犹若有物在胸中，未几，生至。七岁而孤，鞠于飞龙使李知审家。幼沉静好学，能属文。及长，辞华典赡。举进士，释褐将作监丞，通判鄂州。旋擢著作郎、直史馆。会征太原，命督泽、潞刍粮，累迁右补阙、知制诰。太平兴国八年，转比部郎中，为翰林学士。冬，拜右谏议大夫、参知政事。

雍熙初，加给事中。时议亲征范阳，至上疏以为："兵者凶器，战者危事，用之之道，必务万全。幽州为敌右臂，王师所向，彼必拒张，攻城数万，兵食倍之。今日边庾未充，况范阳之傍，坦无陵阜，去山既远，取石尤难。金汤之坚，必资机石，傥有未备，愿且缮完。畜威养锐，观衅以伐谋，更纵弥年，亦未为晚。必若圣心独断，在于必行，则京师天下之本，陛下恭守宗庙，不离京国，示敌人以闲暇，慰亿兆之仰望，策之上也。大名，河朔之咽喉，或暂驻銮辂，扬言自将，以壮军威，策之中也。若乃远提师旅，亲抵边陲，北有契丹之虞，南有中原之虑，则曳裾之恳切，断鞅之狂愚，臣虽不肖，耻在二贤后也。"至以目疾累表求解机政，授礼部侍郎，进秩吏部。

会建秘阁，命兼秘书监，选三馆书置阁中，俾至总之。至每与李昉、王化基等观书阁下，上必遣使赐宴，且命三馆学士皆与焉。至是升秘阁，次于三馆，从至请也。上尝临幸秘阁，出草书《千字文》为赐，至勒石，上曰："《千文》乃梁武得破碑钟繇书，命周兴嗣次韵而成，理无足取。若有资于教化，莫《孝经》若也。"乃书以赐至。荐潘慎修、舒雅、杜镐、吴淑等入充直馆校理。请购亡书，间以新书奏御，必便坐延见，恩礼甚厚。淳化五年，兼判国子监。至上言："《五经》书疏已板行，惟二《传》、二《礼》、《孝经》、《论语》、《尔雅》七经疏未备，岂副仁君垂训之意。今直讲崔颐正、孙奭、崔偓佺皆励精强学，博通经义，望令重加雠校，以备刊刻。"从之。后又引吴淑、舒雅、杜镐检正讹谬，至与李沆总领而裁处之。

至道初，真宗初正储位，以至与李沆并兼宾客，诏太子事以师傅礼。真宗每见必先拜，至等上表，不敢当礼。诏答曰："朕旁稽古训，肇建承华，用选端良，资于辅导。藉卿宿望，委以护调，盖将勖以谦冲，故乃异其礼数。勿饰当仁之让，副予知子之心。"至等相率谢。太宗谓曰："太子贤明仁孝，国本固矣。卿等可尽心规诲，若动皆合礼，则宜赞助，事有未当，必须力言。至于《礼》、《乐》、《诗》、《书》义有可裨益者，皆卿等素习，不假朕之言谕也。"

真宗即位，拜工部尚书、参知政事。一日，上访以灵武事，至上疏曰："河湟之地，夷夏杂居，是以先王置之度外。继迁异类，骚动疆场，然脐不足弭其患，擢发不足数其罪。然圣人之道，务屈己含垢以安亿民，盖所损者小，所益者大。望陛下以元元为念，不以巨憝介意。料彼胁从亦厌兵久矣，苟朝廷舍之不问，啖以厚利，縻以重爵，亦安肯迷而不复讫于沦胥哉？昨郑文宝绝青盐使不入汉界，禁粒食使不及羌夷，致彼有词，而我无谓，此之失策，虽悔何追。今若复禁止不许通粮，恐非制敌怀远、不战屈人之意。昔唐代宗虽罪田承嗣而不禁魏盐，陛下宜行此事，以安边鄙。使其族类有无交易，售盐以利之，通粮以济之，彼虽远夷，必然向化，互相诰谕。一旦怀恩，舍逆效顺，则继迁竖子孤而无辅，又安能为我蜂虿哉！今灵州不可弃，非独臣愚以为当然，若移朔方军额于环州，亦一时之权也。或指灵州为咽喉之地，西北要冲，安可弃之以为敌有，此不智之甚，非臣之所敢知也。"后灵武卒不能守。

咸平元年，以目疾求解政柄，授武信军节度，入辞节制，不允。居二年，徙知河南府。四年，以病求归本镇，许之。诏甫下，卒，年五十五。赠侍中，诏给其子惟良、惟允、惟熙等奉终制。

至尝师徐铉，手写铉及其弟锴集，置于几案。又赋《五君咏》，为铉及李昉、石熙载、王祐、李穆作也。至刚严简重，人士罕登其门。性吝啬。幼育于知审，及贵，即逐其养子以利其资。知审因至亦至右金吾卫大将军。

辛仲甫，字之翰，汾州孝义人。曾祖实，石州推官。祖迪，寿阳令。父藩，河东节度判官。仲甫少好学，及长，能吏事，伟姿仪，器局沉厚。周广顺中，郭崇掌亲军，领武定节制,置仲甫掌书记。显德初,出镇澶渊,仍署旧职。崇所亲吏为厢虞候,部民有被劫杀者,诉阴识贼魁,即捕盗吏也,官不敢诘。仲甫请自捕逮,鞫之,吏故稽其狱,仲甫曰:"民被寇害而使自诬服,蠹政甚矣,焉用僚佐为?"请易吏以雪冤愤。崇悟,移鞠之,乃得实状。崇移镇真定,改深、赵、镇观察判官。

太祖受命,以崇为监军。陈思诲密奏崇有奸状,上怒且疑,遣中使驰往验之。未至,崇忧懑失据,谓宾佐曰:"苟王人不察,为之奈何?"皆愕相视。仲甫曰:"皇帝膺运,公首效节,军民处置,率循常度,且何以加辞。第远侦使者,率僚属尽郊迎礼,听彼伺察,久当自辨矣。"崇如其言。使者至,视崇无他意,还奏,上大喜,归罪于思诲。仲甫又随崇为平卢军节度判官。崇卒,改郓、齐观察判官,累雪冤枉。

乾德五年,入拜右补阙,出知光州。州有横河与城直,会霖潦暴疾,水溢溃庐舍。仲甫集船数百艘,军资民储,皆赖以济。六年,移知彭州。州卒诱营兵及诸屯戍,谋以长春节宴集日为乱。属春初,仲甫出城巡视,见壑中草深,意可藏伏,命烧薙之。凶党疑谋泄,有自首者。禽百余人,尽斩之。先是州少种树,暑无所休。仲甫课民栽柳荫行路,郡人德之,名为"补阙柳"。太祖问群臣文武兼资者为谁,赵普以仲甫对。徙益州兵马都监,代还,选为三司户部判官。

太平兴国初,迁起居舍人,奉使契丹。辽主问:"党进何如人?如进之比有几?"仲甫曰:"国家名将辈出,如进鹰犬材耳,何足道哉!"辽主欲留之,仲甫曰:"信以成命,义不可留,有死而已。"辽主竟不能屈。使还,以刑部郎中知成都府。既至,奏免岁输铜钱,罢榷酤,政尚宽简,蜀人安之。八年,加右谏议大夫。时彭州盗贼连结为害,诏捕未获。仲甫诱令自缚诣吏者凡百余人,余因散去。

九年,入知开封府,拜御史中丞。雍熙二年,拜给事中、参知政事。端拱中,进户部侍郎。时吕蒙正以长厚居相位,王沔任事,仲甫从容其间而已。淳化二年,以足疾罢为工部尚书,出知陈州。代归,会蜀有寇,以仲甫素著恩信,将令舆疾招抚,以疾未行。无何,以太子少保致仕。真宗即位,加太子少傅。咸平三年,卒,年七十四,赠太子太保。子若冲、若虚、若蒙、若济、若渝,皆能其官。孙有孚、有邻,俱中进士。

王沔,字楚望,齐州人。太平兴国初,举进士,解褐大理评事。四年,太宗亲征太原,见于行在,授著作郎、直史馆。迁右拾遗,出为京西转运副使。明年,加右补阙、知怀州。八年春,与宋白、贾黄中等同知贡举,擢膳部郎中、枢密直学士。迁右谏议大夫、同签书枢密院事,赐第崇德坊。雍熙元年,加左谏议大夫、枢密副使。端拱初,改户部侍郎,参知政事。

淳化初,宰相赵普出守西洛。吕蒙正以宽简自任,政事多决于沔,沔与张齐贤同掌枢务,颇不叶。齐贤出知代州,沔遂为副使,参预政事。陈恕好苛察,亦尝与沔忤。淳化二年,齐贤泊恕参知政事,沔不自安,虑僚属有以中

书旧事告齐贤等。会左司谏王禹偁上言:"自今宰相及枢密使不得于本厅见客,许于都堂延接。"沔喜,即奏行之。直史馆谢泌以为如此是疑大臣以私也,疏驳之。太宗追还前诏,沔暨恕因是罢守本官。翌日,蒙正亦罢。沔见上,涕泣,不愿离左右。未几,须鬓皆白。会省吏事发,连中书,因有奏毁者。上语毁者曰:"吕蒙正有大臣体,王沔甚明敏。"毁者惭而止。

三年,上欲黜陟官吏,命沔与谢泌、王仲华同知京朝官考课。沔上言,应京朝官殿犯,乞令刑部条报,以赃及公私罪分三等以闻。立法苛察,欲因是以求再用。受命甫旬日,方视事,以暴疾卒,年四十三,赠工部尚书。

沔聪察敏辩,有适时之用,上前言事,能委曲敷绎。每对御读所试进士辞赋,音吐明畅,经读者多中高第。性苛刻,少诚信,掌机务日,凡谒见者必啖以甘言,皆喜过望,既而进退非允,人胥怨之。

沔弟淮,太平兴国五年进士,任殿中丞。尝掌香药榷易院,坐脏论当弃市,以沔故,诏杖一百,降定远主簿。沔以是频为寇准所诋云。

温仲舒,字秉阳,河南人。太平兴国二年,举进士,为大理评事,通判吉州。再迁秘书丞、知汾州,坐事除名。未几,复起为右赞善大夫,通判睦州。端拱初,拜右正言、直史馆、判户部凭由司。三年,拜工部郎中、枢密直学士,知三班院。秋,彗星见,召对别殿,仲舒以为"国家平太原以来,燕、代之交,城守年深,杀伤剽掠,彼此迭见。大河以北,农桑废业,户口减耗。凋弊之余,极力辜边。丁壮备徭,老弱供赋。遗庐坏堵,不亡即死。邪人媚上,犹云乐输。加以兵卒践更,行者辛苦,居者怨旷。愿推恩宥,以绥民庶。"太宗嘉纳之,遂赦河北。

淳化二年,拜右谏议大夫、枢密副使,改同知枢密院事。四年,罢知秦州。先是,俗杂羌、戎,有两马家、朵藏、枭波等部,唐末以来,居于渭河之南,大洛、小洛门砦,多产良木,为其所据。岁调卒采伐给京师,必以货假道于羌户。然不免攘夺,甚至杀掠,为平民患。仲舒至,部兵历按诸砦,谕其酋以威信,诸部献地内属。既而悉徙其部落于渭北,立堡砦以限之。民感其惠,为画像祠之。会有言仲舒生事者,上谓近臣曰:"仲舒尝总机密之职,在吾左右,当以绥怀为务。古者伊、洛之间,尚有羌、浑杂居,况此羌部内属,素居渭南,土著已久,一旦擅móu斥逐,或至骚动,又烦吾关右之民。"乃命知凤翔薛惟吉与仲舒对易其任。连知兴元、江陵二府,加给事中。会内侍蓝继宗使秦州还,言得地甚利。乃召仲舒,拜户部侍郎,寻参知政事。二砦后为内地,岁获巨木之利。

咸平初,拜礼部尚书,罢政,出知河阳。逾年,知开封府。五年,以京府务剧求罢,遂以本官兼御史中丞,寻迁刑部尚书、知天雄军,徙河南。景德中,并州缺守,上以北门重镇须大臣镇抚,非张齐贤、温仲舒不可,令宰相谕旨,皆不愿往。未几,复知审官院。大中祥符中,进秩户部尚书。三年,判昭文馆大学士,命下,卒,年六十七。赠左仆射,谥恭肃。

仲舒敏于应务。少与吕蒙正契厚，又同登第。仲舒黜废累年，蒙正居中书，极力援引，及被任用，反攻蒙正，士论薄之。自为正言至贰枢密，皆与寇准同进，时人谓之"温寇"。子嗣宗、嗣良、嗣先、嗣立。仲舒既卒，帝悯其孤弱，并禄以官。

王化基，字永图，镇定人。太平兴国二年，举进士，为大理评事，通判常州。迁太子右赞善大夫、知岚州。时赵普为相，建议以骤用人无益于治，改淮南节度判官，入为著作郎，迁右拾遗，抗疏自荐。太宗览奏曰："化基自结人主，慷慨之士也。"召试，知制诰，以右谏议大夫权御史中丞。一日，侍便殿，问以边事，对曰："治天下犹植木焉，所患根本未固，固则枝干不足忧。朝廷治，则边鄙何患乎不安？"又尝令荐士，即一疏数十人，王嗣宗、薛映、耿望，皆其人也。

化基尝慕范滂为人，献《澄清略》，言时事有五：

其一，复尚书省，曰：国家立制，动必法天。尚书省上应玄象，对临紫垣，故六卿拟喉舌之官，郎吏应星辰之位，斯实乾文昭著，故事具明。方今省署，名实未称。夫三司使额，乃近代权制；判官、推官、勾院、开拆、磨勘、凭由、理欠、孔目、勾押、前后行，皆州郡吏局之名。请废三司，止于尚书省设六尚书分掌其事；废判官、推官，设郎官分掌二十四司及左右司公事，使一人掌一司；废孔目、勾押、前后行为都事、主事、令史；废勾院、开拆、磨勘、凭由、理欠等司归比部及左右司。如此即事益精详，且尽去州郡吏局之名也。六卿如阙，即选名品相近、有才望者权之；郎官如阙，则于两省三院选名目有清望者，依资除之。其二十四司公事，若繁简不同，望下本省府属参酌其类，均而行之。

其二，慎公举，曰：朝廷频年下诏，以类求人。但闻例得举官，未见择其举主。欲望自今先责朝官有声望者，各举所知，其举得官员则置籍，并举名及姓籍之。所举之官，实著廉能，则特旌举主；若所举贪冒败事，连坐举主。陛下自登宝位，十年于兹，七经选抡，得人多矣。然下僚远官，不无沉滞。望令采访司及州郡长吏，廉察以闻，籍以待用，则下无遗材矣。

其三，惩贪吏，曰：贪吏之于民，其损甚大。屈法烦刑，徇私肆虐，使民之受害甚于木之受蠹。若乃用非其人而不绳以法，虽夷、齐、颜、闵不能自见。盖中人之性，如水之在器，方员不常，顾用之者何如尔。望令诸路转运使副兼采访之名，责以觉察州、府、军、监长吏得失，俟其澄清部内，则待以不次之擢，置于侍从之间。所贵周知物理，能备顾问，且足为外官之劝也。

其四，省冗官，曰：古人建官，初不必备者，惟得其人也。国家封疆虽逾前世，而分设庶官实倍常数，意欲尽笼天下之利，而民物转加凋弊。二十年前，江、淮诸郡，扬、楚最居要冲，务穰事众，地广民繁。然止设知州一人，署领官事，其余通判官、推官及州官等，悉皆分管权务、仓库。当时事无不集，兼少狱讼。其后十年，臣任扬州时，朝廷添置监临、使臣等职，实逾本州官数。诸州冗员，似此非一。今以朝官、诸色使臣及县令、簿、尉等高卑相折而计之，一人月费不啻十千，以千人约之，岁计用十余万千，更倍万约之，万又
倍。使皆廉吏，止糜公帑；设或贪夫参错其间，则取于民者又加倍焉。望委各路转运使副，与知州同议裁减。若县令、簿、尉等官自前多不备置，可兼者兼之，如此则冗官汰矣。

其五，择远官，曰：负罪之人，多非良善，贪残凶暴，无所不至。若授以远方牧民之官，其或怙恶不悛，恃远肆毒。小民罹殃，卒莫上诉，甚非抚绥远人之意也。若自今以往，西川、广南长吏不任负罪之人，则远人受赐矣。

书奏，太宗嘉纳之。

初，柴禹锡任枢密，有奴受人金，而禹锡实不知也。参知政事陈恕欲因以中禹锡。太宗怒，引囚讯其事，化基为辨其诬。太宗感悟，以化基为长者。淳化中，拜中丞，俄知京朝官考课，迁工部侍郎。至道三年，超拜参知政事。咸平四年，以工部尚书罢知扬州。移知河南府，进礼部尚书。大中祥符三年，卒，年六十七。赠右仆射，谥惠献。化基宽厚有容，喜愠不形，僚佐有相凌慢者，辄优容之。在中书，不以荫补诸子官，然善教训，故其子举正、举直、举善、举元皆有所立。

举正字伯仲，幼嗜学，厚重寡言。化基以为类己，器爱异诸子，以荫补秘书省校书郎。进士及第，知伊阙、任丘县，馆阁校勘、集贤校理、《真宗实录》院检讨、国史编修官。三迁尚书度支员外郎、直集贤院，修《三朝宝训》，同修起居注，擢知制诰。其妻父陈尧佐为相，改龙图阁待制、尧佐罢，以兵部郎中复知制诰，为翰林学士，拜右谏议大夫、参知政事。前一日，吏有驰报者，举正方燕居斋舍，徐谓吏曰："安得漏禁中语？"既入谢，仁宗曰："卿恬于进取，未尝干朝廷以私，故不次用卿。"

时陕西用兵，吕夷简以宰相判枢密院，举正曰："判名重，不可不避也。"乃改兼枢密使。迁给事中。御史台举李徽之为御史，举正友婿也，格不行。徽之讼曰："举正妻悍不能制，如谋国何？"欧阳修等亦论举正懦默不任事，举正亦自求去，遂以资政殿学士、尚书礼部侍郎知许州。光化军叛卒转寇傍境，而州兵有谋起为应者，举正潜捕首恶者斩之。徙知应天府，累迁左丞。

皇佑初，拜御史中丞，乃奏："张尧佐庸人，缘妃家，一日领四使，使贤士大夫无所附。"不报，举正因留班廷净，乃夺宣徽、景灵二使。又曰："先朝用人，虽守边累年者，官止遥郡刺史。今所用未尽得人，而克期待迁，使后有功者何所劝耶？且转运使察官吏能否，生民休戚赖焉。命甫下而数更，不终岁而再易，恩泽所以未宣，民疾所以未瘳者，职此故也。"御史唐介坐言事贬春州，举正力言之，介得徙英州。居半岁，尧佐复为宣徽使。家居凡七上疏。及狄青为枢密使，又言青出兵伍不可为执政，力争不能夺，因请解言职。帝称其得风宪体，遣赐就第，赐

白金三百两，除观文殿学士、礼部尚书、知河南府，入兼翰林侍读学士。每进读及前代治乱之际，必再三讽谕。

以太子少傅致仕，卒，赠太子太保，谥安简，赐黄金百两。文章雅厚如其为人，有《平山集》、《中书制集》、《内制集》五十卷。

举元字懿臣，以上文章赐进士出身。知潮州，江水败堤，盗乘间窃发，举元夜召里豪计事，盗既获，乃治堤。为河阴发运判官。或言大河决，将犯京师。举元适入对，具论地形证其妄，已而果然。历郡牧、户部判官、京东转运使。沙门岛多流人，守吏顾货橐，阴杀之。举元请立监以较赏罚，自是全活者众。徙淮南、河东。夏人来争屈野地。举元从数骑度河，设幕与之议，示以赤心，夏人感服。

治平中，又徙成都。邛井盐岁入二百五十万，为丹棱卓个所侵，积不售，下令止之，盐登于旧。召提举在京修造，英宗劳之曰："官庐舍害于水，仅有存者，卿究心公家，毋惮其劳。"俄进盐铁副使，拜天章阁待制，知沧州，改河北都转运使，知永兴军。庆人、夏人屯境上，有窥我意。举元使二裨将以千骑扼其要害。长安遣从事来会兵泾原，戒勿轻举。大将窦舜卿锐意请行，不听。举元曰："不过三日，虏去矣。"至期果去。神宗以细札谕攻守策，举元请省官减戍，益备去兵，勿营亭障。舆论不合，遂引疾求解，徙陈州，未行而卒。官至给事中，年六十二。子诏。

诏字景献，用荫补官，通判广信军事，知博州。魏俗尚椎剽，奸盗相囊橐，诏请开反告杀并赎罪法，以携其党。元祐初，朝廷起回河之议，未决，而开河之役遽兴。诏言河朔秋潦，水淫为灾，民人流徙，赖发廪振赡恩，稍苏其生，谓宜安之，未可以力役伤也。从之。擢开封府推官。富民贷后绝僧牒为缗钱十三万，逾期复责倍输，身死赀籍，又锢其妻子，诏请免之。出为滑州。州属县有退滩百余顷，岁调民刈草给河堤，民病其役，诏募人佃之，而收其余。为度支郎中，使契丹。时方讨西夏，迓者耶律诚欲尝我，言曰："河西无礼，大国能容之乎？"诏曰："夏人侮边，既正其罪矣，何预两朝和好事？"入贺，故事，跪而饮，盖有误拜者，乃强诏。诏曰："南北百年，所守者礼，其可纷更耶？"卒跪饮之。

崇宁中，由大理少卿为卿，徙司农。御史论诏在滁日请苏轼书《醉翁亭碑》，罢主崇福宫。旋知汝州，铸钱卒骂大校，诏斩以徇，而上章待罪。除直秘阁，言者复抉滁州事，罢去。起知深、兖二州，徙同州，过阙，留为左司郎中，迁卫尉、太府卿、刑部侍郎，详定敕令。旧借绯紫者不佩鱼，诏言："章服所以辨上下，今与胥吏不异。"遂皆佩鱼。历工、兵、户三部侍郎，转开封尹。时子琦使京西，摄尹洛。父子两京相望，人以为荣。

进刑部尚书，拜延康殿学士，提举上清宝箓宫，复为工部尚书。徽宗闵其老，命毋拜，诏皇恐，于是但朝朔望。俄以银青光禄大夫致仕，卒，年七十九。

论曰：自昔参大政、赞机务，非明敏特达之士，不能胜其任。若又饬以文雅，济以治具，则尽善矣。若水机鉴明敏，儒而知兵；李至刚严简重，好古博雅，其于柄用宜矣。王沔临事精密，能远私谒，而考课之议，颇伤苛刻；仲甫以吏事为时用，未免苟容之诮，瑕瑜固不相掩也。仲舒见举于蒙正，而反攻其短；易简不能周恤光逢，而置之死地，其不可与郭贽辨曹彬之诬、化基伸禹锡之枉同日而语也明矣。此纯厚长者之称，所以独归于二子欤！举正继践台佐，得风宪体；举元任职边郡，有持重称。翘诏之父子又并尹两京，克济其美，何王氏子孙之多贤也！

卷二百六十七　　列传第二十六

张宏　赵昌言　陈恕魏羽　刘式附　**刘昌言　张洎　李惟清**

张宏，字巨卿，青州益都人。高祖茂昭，唐易、定节度使。曾祖玄，易州刺史。祖持，蒲城令。父峭，业《春秋》，一举不第，退居丘园，后唐天成中以贤帅后补协律郎，至平利令。

宏，太平兴国二年，举进士，为将作监丞，通判宣州。改太子中允、直史馆，迁著作郎，赐绯鱼，预修《太平御览》，历左拾遗。六年，出为峡路转运副使，就加左补阙，会省副使，知遂州，以勤干闻，入为度支员外郎。

雍熙中，吕蒙正、李至、张齐贤、王沔荐其文行，改主客郎中、史馆修撰。数日，以本官充枢密直学士，赐金紫。太宗召对便殿，谓曰："成都重地，卿为朕镇之。"因厚赐以遣。至郑州，促召归阙，拜右谏议大夫、枢密副使。会太宗亲试礼部不合格贡士，令枢密院给牒，因谓宏曰："朕自御极以来，亲择群材，大者为栋梁，小者为榱桷，卿与吕蒙正皆中朕选，大臣颇有沮议。非朕独断，岂能及此乎？"宏顿首谢。

时河朔用兵，宏居位无所建白，御史中丞赵昌言多言边事，乃以昌言副枢密，宏为中丞，两更其任。端拱初，改工部侍郎，再为枢密副使。淳化二年，以吏部侍郎罢，俄判吏部铨，权知开封府。太宗御便殿虑囚，以府狱多壅，诏劾其官属，宏等顿首请罪，乃释之。真宗尹京，宏罢奉朝请。至道初，出知潞州。二年，就转右丞。真宗即位，加工部尚书。咸平初，还朝，知审官院、通进银台封驳司。二年，真宗以上封者众，虑其稽留，命宏与王旦知登闻鼓院，再掌吏部选。四年，卒，年六十三。废朝，赠右仆射，命中使莅葬事。录其子可久大理评事，可道太祝，可度奉礼郎。

宏循谨守位，不求赫赫之誉，历践通显，未尝败事。可久至虞部员外郎，可道国子博士，可度太子中舍。

赵昌言，字仲谟，汾州孝义人。父睿，从事使府，太宗尹开封，选为雍丘、太康二县令，后终安、申观察判官。

昌言少有大志，赵逢、高锡、寇准皆称许之。太平兴国三年，举进士，文思甚敏，有声于场屋，为贡部首荐。

廷试日，太宗见其辞气俊辩，又睹其父名，谓左右曰："是尝为东畿宰，朕之生辰，必献诗百韵为寿，善训其子，亦可嘉也。"擢置甲科，为将作监丞，通判鄂州。拜右拾遗、直史馆，赐绯鱼。选为荆湖转运副使，迁右补阙，会省副职，改知青州。入拜职方员外郎，知制诰，预修《文苑英华》。雍熙初，加屯田郎中。明年，同知贡举，俄出知天雄军。

时曹彬、崔彦进、米信失律于歧沟，昌言遣观察支使郑蒙上疏，请诛彬等。优诏褒答，召拜御史中丞。太宗宴金明池，特召预焉。宪官从宴，自昌言始也。

河朔用兵，枢密副使张宏循默守位，昌言条多上边事，太宗即以昌言为左谏议大夫，代宏为枢密副使，迁工部侍郎。时盐铁副使陈象舆与昌言善，知制诰胡旦、度支副使董俨皆昌言同年，右正言梁颢尝在大名幕下。四人者，日夕会昌言之第。京师为之语曰："陈三更，董半夜。"有佣书翟颖，性险诞，与旦狎，旦为作大言之辞，使颖上之，为颖改姓名马周，以为唐马周复出也。其言多毁时政，自荐为大臣，及历举数十人皆公辅器，期昌言为内应。陈王尹开封，廉知以闻，诏捕颖系狱，鞫之，尽得其状。昌言坐贬崇信军节度行军司马，颖仗脊黥面，流海岛，禁锢终身。

初，太宗厚遇昌言，垂欲相之。赵普以勋旧复入，恶昌言刚戾，乃相吕蒙正。裁数月，会有颖狱，普以昌言树党，再劾太宗诛之，太宗特宥焉。淳化二年，起昌言知蔡州，逾年，召拜右谏议大夫。或议弛茶盐禁，以省转漕。命昌言为江淮、两浙制置茶盐使，昌言极言非便，太宗不纳，趣昌言往。昌言固执如初。即以户部副使雷有终代之，卒以无利而罢。

昌言复知天雄军，赐钱二百万。大河贯府境，豪民峙刍茭图利，诱奸人潜穴堤防，岁仍决溢。昌言知之。一日，堤吏告急，命径取豪家峙积以给用，自是无敢为奸利者。属澶州河决，流入御河，涨溢浸府城，昌言籍府兵负土增堤，数不及千，乃索禁卒佐役，皆偃蹇不进。昌言怒曰："府城将垫，人民且溺，汝辈食厚禄，欲坐观耶？敢不从命者斩。"众股慄赴役，不浃旬城完。太宗手诏褒谕之，召拜给事中、参知政事，俾乘疾置以入，即赴中书。

时京城连雨，昌言请出厩马分牧外郡。或以盛秋备敌，马不可阙。昌言曰："塞下积水，敌必不至。"太宗从之。未几，王小波、李顺构乱于蜀，议遣大臣抚慰。昌言独请发兵，无使滋蔓，廷议未决。会嘉、眉连陷，始命王继恩等分路进讨。昌言摄祭太庙，宿斋中，因召对滋福殿，复赞其计，遂遣使督继恩战。继恩御众寡术，余寇未殄，握兵留成都，士无斗志，郡县复有陷者。太宗意颇厌兵，召昌言谓曰："西川本自一国，太祖平之，讫今三十年矣。"昌言知意，即前指画攻取之策。太宗喜，命昌言为川峡五十二州招安行营马步军都部署。昌言恳辞，敦谕不许，赐精铠、良马、白金五千两，别赐手札数幅，皆讨贼方略。自继恩以下，并受节度。既行，有奏昌言无嗣，鼻折山根，颇有反相，不宜遣握兵入蜀。后旬日，召宰相于北苑门曰："昨令昌言入蜀，朕思之有所未便。且蜀贼小丑，昌言大

臣，未易前进。且令驻凤翔，止遣内侍卫绍钦赍手书指挥军事，亦可济也。"诏书追及，昌言已至凤州，留候馆百余日。贼平，改户部侍郎，罢政事，知凤翔府。徙澶、泾、延三州。

真宗即位，迁兵部侍郎、知陕州，表求还京，不许。未几，移知永兴军。咸平三年，与吕蒙正、寇准同召，以本官兼御史中丞、知审官院。有言门资官不宜任亲民，昌言手疏，以才不才在人，岂以寒进世家为限，遂罢其议。加工部尚书，仍兼中丞。

先时，多遣台吏巡察群臣逾越法式者，昌言建议请准故事，令左右巡使分领之。会知审刑院赵安仁、判大理寺韩国华断狱失中解职，昌言因上言："详断官宜加慎择，自今有议刑不当，严示惩罚，授以远官，若有罪被问不即引伏者，许令追摄。又天下大辟断讫，皆录款闻奏，付刑部详覆，用刑乖理者皆行按劾。惟开封府未尝奏案，或断狱有失，止罪元勘官吏，知府、判官、推官、检法官皆不及责，则何以辨明枉滥，表则方夏？望自今如外州例施行。"从之。会孟州民常德方讼讼津尉任懿以贿登第，事下御史，乃知举王钦若受之，昌言以闻。钦若自诉，诏邢昺覆按，坐昌言故入，夺官，贬安远军行军司马，移武胜军。

景德初，拜刑部侍郎。求兼三馆职，命判尚书都省。真宗幸澶渊，以盟津居要，增屯兵，命知河阳。历知天雄军府。境内有小盗，昌言榜谕："能告贼者给赏，牙吏即迁职。"枢密使王继英以为小盗不当擅为赏格，乃诏昌言易其榜，有劳者俟朝旨。未几，徙知镇州，迁户部侍郎。大中祥符二年，卒，年六十五。赠吏部尚书，谥曰景肃。录其子庆嗣为国子监丞，赋禄终丧。侄孙允明同学究出身。

昌言喜推奖后进，掌漕湖外时，李沆通判潭州，昌言谓有台辅之量，表闻之朝。王旦宰岳州平江，昌言一见，识其远大，以女妻之，后皆为贤相。王禹偁自卑秩擢词职，亦昌言所荐也。

昌言强力尚气概，当官无所顾避，所至以威断立名，虽屡经摈斥，未尝少自抑损。然刚愎纵率，对僚吏倨慢，时论以此少之。庆嗣至太子洗马。

陈恕，字仲言，洪州南昌人。少为县吏，折节读书。江南平，礼部侍郎王明知洪州，恕以儒服见，明与语，大奇之，因资送令预计偕。太平兴国二年进士，解褐大理评事、通判洪州，恕以乡里辞。改澶州。澶自唐季为节镇兼领，吏多缘簿书干没为奸。恕尽摘发其弊，郡中称为强明，以吏干闻。

召入，为右赞善大夫，同判三司勾院，迁左拾遗，充度支判官。与判使王仁赡廷争本司事，仁赡屈伏，坐贬秩，擢恕为度支员外郎，仍旧职。

再迁工部郎中、知大名府。时契丹内寇，受诏增浚城隍，其器用取于民者不时集，恕立擒府中大豪一人，会将吏将斩之。宗族号诉，宾佐竞前请救，大豪叩头流血，请翌日集事，违期甘死。恕令械之以徇；民皆恐慄，无敢

后期者，数日功就。

会契丹引去，召入为户部郎中、户部副使，迁右谏议大夫、知澶州。驿召为河北东路营田制置使。太宗谕以农战之旨，恕对曰："古者兵出于民，无寇则耕，寇至则战。今之戎士皆以募致，衣食仰给县官，若使之冬持兵御寇，春执耒服田，万一生变，悔无及矣。"太宗曰："卿第行，朕思之。"恕行数日，果有诏，止令修完城堡、通导沟渎而已，营田之议遂寝。俄知代州，入判吏部选事，拜盐铁使。恕有心计，厘去宿弊，太宗深器之，亲题殿柱曰："真盐铁陈恕"。

迁给事中、参知政事。数月，太宗言及户部使樊知古所部不治。恕与知古联事，情好款洽，密以语之，欲知古修举其职。知古诉于太宗，太宗怒恕泄禁中语，罢守本官。旋出知江陵府，大发群吏奸脏，坐徒、流、停、废者甚众，郡内惕息。

淳化四年，太宗从魏羽、段惟一之请，分三司为十道，置左右计使，以魏羽、董俨分主之；召恕为工部侍郎，充总计使，判左右计事。左右计使分判十道事，凡议论、计度并令恕等参预。恕以官司各建，政令互出，难以经久，极言其非便。岁余，果罢，复以恕为盐铁使。

时太宗留意金谷，召三司吏李溥等二十七人对于崇政殿，询以计司利害。溥等言条目烦多，不可以口占，愿给笔札以对。太宗遣中黄门送诣相府，限五日悉条上之。溥等共上七十一事，诏以四十四事付有司行之，其十九事下恕等议可否。遣知杂御史张秉、中使张崇贵监议，令中书籍其事，专检举之，无致废格。赐溥等白金缗钱，悉补侍禁、殿直，领其职。太宗谓宰相曰："溥等条奏事颇有所长。朕尝语恕等，若文章稽古，此辈固不可望；若钱谷利病，颇自幼至长寝处其中，必周知根本。卿等但假以颜色，引令剖陈，必有所益。恕等刚强，终不肯降意询问。"吕端对曰："耕当问奴，织当问婢。"寇准曰："夫子入太庙，每事问，乃以贵下贱，先有司之义。"

后数日，太宗又曰："国家岁入财数倍于唐。唐中叶以降，藩镇擅命，征赋多不入公家，下陵上替，经制隳坏。若前代为得，即已致太平，岂复烦朕心虑也。"因召恕等责以职事旷废。恕等对曰："今土宇至广，庶务至繁，国用军须，所费浩瀚，又遇诸州凡有灾沴，必尽蠲其租。臣等每举榷利，朝廷必以侵民为虑，皆尼而不行。纵使耿寿昌、桑弘羊复生，亦所不逮。臣等驽力，惟尽心簿领，终不足上神圣治。"太宗曰："卿等清而不通，专守绳墨，终不能为国家度长絜大，剖烦析滞。只如京城仓库，主吏当改职者，簿领中壹处节目未备，即至十年五年不决，以致贫无资给，转徙沟壑。此卿等之过，岂不伤和气哉？"恕等顿首谢。五年，赐三司钱百万，募吏有能言本司不便者，令恕等量事大小，以钱赏之，钱尽更给。

至道二年，欲并三司，命官总判。其勾院、磨勘、理欠、凭由、支收、行帐、提点等司，令恕条列其事以闻。恕奏曰："伏以封域浸广，财谷繁多，三司之中，簿牒填委，朝廷设法，督责尤严，官吏救过不暇。若为三部各设主司，择才非难，办事亦易。事办过鲜，不挠上心，此亦

一时之良策也。其勾院、磨勘两司，出于旧制，关防之要，莫加于此。理欠、凭由二司，虽非旧设，自理欠失序，凭由散落，故设二司专令典掌。纲目咸具，制置有伦，遽欠无失理之名，凭由鲜流散之弊，实亦要切，不可废除。若两司并委一官，方及判官一员之事。其主辖支收司，先因从京支度财货，转输外地，此除彼附，照验稽滞，若京城得贤主史，使居此司，专行检辖，凡支拨官物，便给除破文凭，却于所司置簿记录，催到收附文记，即乃勾销簿书取捷之门，亦为允当。其行帐司近日权置，了绝旧帐，帐目告尽，司额自除。提点司是中旨特置，提振三司废怠之事，固非有司敢得拟议也。"诏三司都凭由、理欠司宜令为一处，命官兼判。应诸道逋负官物，令三司逐部理约，理欠司但总其所逋之数纠督之。余悉从恕奏。

恕将立茶法，召茶商数十人，俾各条利害，恕阅之第为三等，语副使宋大初曰："吾观下等固灭裂无取。上等取利太深，此可行于商贾，不可行于朝廷。惟中等公私皆济，吾裁损之，可以经久。"于是始为三法行之，货财流通。

峡路诸州，承孟氏旧政，赋税轻重不均，阆州税钱千八百为一绢，果州六百为一绢。民前后击登闻鼓陈诉，历二十年，诏下本道官吏，因循不理。转运副使张晔年少气锐，会受诏按覆，即便宜行之。恕奏晔擅改法，计果州一岁亏上供绢万余，晔坐削一任免。

恕每便殿奏事，太宗或未深察，必形诮让。恕敛板踧缩，退至殿壁负立，若无所容。俟意稍解复进，悉执前奏，终不改易，如是或至三四。太宗以其忠，多从之。迁礼部侍郎。真宗即位，加户部，命条具中外钱谷以闻。恕久不进，屡趣之，恕曰："陛下富于春秋，若知府库充实，恐生侈心，臣是以不敢进。"真宗嘉之。

咸平二年，帝北巡，充行在转运使。俄以母老求解，拜吏部侍郎，知通进银台封驳司、审官院。上言："封驳之任，实给事中之职，隶于左曹。虽别建官局，不可失其故号。请以门下封驳事隶银台司。"从之。五年，知贡举。恕自以洪人避嫌，凡江南贡士悉被黜退。又援贡举非其人之条，故所取甚少，而所取以王曾为首，及廷试糊名考校，曾复得甲科，时议称之。恕每自叹曰："吾得曾，名世才也，不愧于知人矣。"

恕事母孝，母亡，哀慕过甚，不食荤茹，遂至羸瘠。起复视事，迁尚书左丞、权知开封府。恕已病，犹勉强亲职，数月增剧，表求馆殿之职，获奉以济其贫。真宗曰："卿求一人可代者，听卿去。"是时寇准罢枢密使，恕即荐以自代，遂以准为三司使，恕为集贤学士、判三司事。准即检寻恕前后改革兴立之事，类以为册，及以所出榜，别用新板，躬至恕第请判押。恕亦不让，一一押之，自是计使无不循其旧贯。至李谘为三司使，始改茶法，恕之规模渐革矣。

帝重恕，诏太医诊疗。百日，有司请停奉，不许，未几，卒，年五十九。恕将卒，口占遗奏及约束后事，送终之具，无不周悉。真宗悼惜，废朝，赠吏部尚书。录其子执中为太常寺太祝，执古为奉礼郎。

恕颇涉史传，多识典故，精于吏理，深刻少恩，人不敢干以私。前后掌利柄十余年，强力干事，胥吏畏服，有称职之誉。善谈论，听者忘倦。素不喜释氏，尝请废译经院，辞甚激切。真宗曰："三教之兴，其来已久，前代毁之者多矣，但存而不论可也。"

恕性吝，怒子淳私用钱。及寝疾，上言淳不率教导，多与非类游，常习武艺，愿出为外州军校。真宗曰："戎校管镇兵，非丞郎家子弟所莅也。"以为滁州司马。恕卒，召复旧官，后竟以贿败。执中至同中书门下平章事，别有传；执古至虞部员外郎；执方、执礼，并太子中舍。

魏羽者，字垂天，歙州婺源人。少能属文，上书李煜，署弘文馆校书郎。时建当涂县为雄远军，以羽为判官。宋师渡江出其境，羽以城降，太祖擢为太子中舍，仍旧职。金陵平，入朝，出知兴州。

太平兴国初，知棣州，改京兆府。六年，受诏诣瀛州覆军市租，得隐漏数万计。因上言："本州录事参军郭震十年未代；河间令崔能前任即墨，未满岁迁秩。有司调选失平，疏远何由闻达，请罪典司，以肃欺弊。"上赐诏褒谕。复命，迁太常博士、知宋州，又徙阆州，就改膳部员外郎。丁外艰，起复莅事，入判大理寺。历度支、户部二判官，召拜本曹郎中。因上疏言三司职官颇众，愿省其半，可以责成，仍条列利病凡二十事。诏下有司详议，皆以为便。改盐铁判官。时北边多警，朝议耕战之术，以羽为河北东路营田副使，改两浙转运使，迁兵部郎中。

淳化初，选为秘书少监，逾月，迁左谏议大夫，俄拜度支使，改盐铁使。四年，并三部为一司，以羽判三司。先是，三司簿领堆积，吏缘为奸，虽尝更立新制，未为适中。是冬，羽上言："依唐制天下郡县为十道，两京为左右计，各署判官领之。"制三司使二员，以羽为左计使，董俨为右计使，中分诸道以隶焉。未久，以非便罢，守本官，出知滑州。丁内艰，起复，加给事中，徙潭州，遣使谕旨。真宗即位，迁工部侍郎，连徙杭、扬二州，召权知开封府。车驾北巡，判留司三司，再为户部度支使。

咸平四年，以疾解职，拜礼部侍郎。谢日，召升便殿，从容问谕，勉以医药。月余卒，年五十八。

羽涉猎史传，好言事。淳化中，许王暴薨，或有以宫府旧事上闻者。太宗怒，追捕僚吏，将穷究之。羽乘间上言曰："汉戾太子窃弄父兵，当时言者以其罪当笞耳。今许王之过，未甚于是。"太宗嘉纳之，繇是被劾者皆获轻典。尝建议有唐以来，凡制诏皆经门下省审，有非便者许其封驳，请遵故事，择名臣专领其职，迄今不废。

羽强力有吏干，尤小心谨事。太宗尝谓左右曰："羽有心计，亦明吏道，但无执守，与物推移耳。历剧职十年，始逾四十，须鬓尽白，亦可怜也。"羽出入计司凡十八年，习知金谷之事，然颇伤烦急，不达大体。

景德二年，长子玠卒，其妻自陈家贫无禄，上悯之。次子校书郎瓘为奉礼郎，后为殿中丞；琰为太子中舍。孙平仲，天禧三年同进士出身。

羽同时有刘式者，亦久居计司，创端拱中三年磨勘之法，首以式主之。

式字叔度，袁州人也。李煜时，举《三传》中第。归宋，历迁大理寺丞、赞善大夫、监通州丰利监及主三司都磨勘司，仍赐绯。式又建议置主辖支收司，以谨财赋出纳，时以为当。迁秘书丞，与陈靖使高丽。至道中，并三勾院为一，命式领之。再转工部员外郎，赐金紫。迁刑部。式深究簿领之弊，江、淮间旧有横赋，逋积至多，式奏免之，人以为便。然多所条奏，检校过峻，为下吏所讼，免官，卒。

真宗追录前效，赐其子立本学究出身。次子立之，后为国子博士。立德、立礼，并进士及第，立礼为殿中丞。

刘昌言，字禹谟，泉州南安人。少笃学，文词靡丽。本道节度陈洪进辟功曹参军，掌笺奏。洪进遣子文显入贡，令昌言偕行，太祖亲劳之。

太平兴国二年，洪进归朝，改镇徐州，又辟推官。五年，举进士入格，太宗初惜科第，止授归德军掌书记。八年，复举得第，迁保信、武信二镇判官。宰相赵普镇南阳，重昌言有吏干。钱俶帅邓，表荐之。移泰宁军节度判官。入为左司谏、广南安抚使。淳化初，赵普留守西京，表为通判，委以府政。普疾，属昌言后事。普卒，昌言感普知己，经理其家事。太宗以为忠于所举，拜起居郎，赐金紫、钱五十万。连对三日，皆至日旰。昌言捷给诙诡，能揣人主意，无不称旨。太宗谓宰相曰："昌言质状非伟，若以貌取，失之子羽矣。"迁工部郎中，逾月，守本官，充枢密直学士，与钱若水同知审官院。二十八日，迁右谏议大夫、同知枢密院事。

昌言骤用，不为时望所伏，或短其闽语难晓，太宗曰："惟朕能晓之。"又短其委母妻乡里，十余年不迎侍，别娶旁妻。太宗既宠之，诏令迎归京师，本州给钱办装，县次续食。时又有光禄丞何亮家果州，秘书丞陈靖家泉州，不迎其亲。下诏戒谕文武官，父母在剑南、峡路、漳泉、福建、岭南，皆令迎侍，敢有违者，御史台纠举以闻。

昌言自以登擢非次，惧人倾夺。会诛凶人赵赞，昌言与赞素善，前在河南尝保任之，心不自安。因太宗言及近侍有与赞交者，昌言蹶然出位，顿首称死罪。太宗慰勉之，然自此恶其为人。以给事中罢，出知襄州。上言："水旱民输税愆期。旧制六月开仓，臣令先一月许所在县驿输纳以便民。获盗当部送阙下，臣恐吏柔懦不能制，再亡命，配隶军籍。此二事，臣从便宜，不如诏书，虑谗慝因而浸润，愿陛下察之。"太宗下诏责其不循旧章，敛怨于民，自今敢背弃诏条，谴责不复恕。

至道二年，徙知荆南府。真宗即位，就拜工部侍郎。咸平二年，卒，年五十八，赠工部尚书。子有方，比部员外郎；有政，虞部员外郎。

张洎，滁州全椒人。曾祖旼，澄城尉。祖蕴，泗上转运巡官。父煦，滁州司法掾。洎少有俊才，博通坟典。江南举进士，解褐上元尉。李景长子弘冀卒，有司谥宣武。洎议以为世子之礼，但当问安视膳，不宜以"武"为称。旋命改谥，擢监察御史。洎自以论事称旨，遂肆弹击无所忌,大臣游简言等嫉之。会景迁国豫章,留煜居守,即荐洎为煜记室,不得从。未几,景卒,煜嗣。擢工部员外郎、试知制诰;满岁,为礼部员外郎、知制诰。迁中书舍人、清辉殿学士,参预机密,恩宠第一。

洎旧字师黯,改字偕仁。清辉殿在后苑中,煜宠洎,不欲离左右,授职内殿,中外之务一以谘之。每兄弟宴饮,作妓乐,洎独得预。为建大第宫城东北隅,及赐书万余卷。煜尝至其第,召见妻子,赐予甚厚。

洎尤好建议,每上言,未即行,必称疾,煜手札慰谕之,始复视事。及王师围城,逾年,城危甚,洎劝煜勿降,每引符命云:"玄象无变,金汤之固,未易取也。北军旦夕当自引退。苟一旦不虞,即臣当先死。"既而城陷,洎携妻子及橐装,自便门入止宫中,给光政使陈乔同升阁,欲与俱死。乔自经气绝,洎乃下见煜曰:"臣与乔同掌枢务,国亡当俱死。又念主在,谁能为主白其事,不死,将有以报也。"

归朝,太祖召责之曰:"汝教煜不降,使至今日。"因出帛书示之,乃围城日洎所草诏,召上江救兵蜡丸书也。洎顿首请罪曰:"实臣所为也。犬吠非其主,此其一尔,他尚多有。今得死,臣之分也。"辞色不变。上奇之,贷其死,谓曰:"卿大有胆,不加卿罪。今之事我,无替昔日之忠也。"拜太子中允,岁余,判刑部。太宗即位,以其文雅,选直舍人院,考试诸州进士。未几,使高丽,复命,改户部员外郎。太平兴国四年,出知相州。明年夏,徙贝州。是冬,又知相州。部内不治,转运使田锡言其状,代还。洎求见廷辩,上以其儒生,不责以吏事,诏不问。令以本官知译经院,迁兵部员外郎、礼、户二部郎中。雍熙二年,同知贡举。

端拱初,契丹寇边,诏群臣言事。洎上奏,以练兵聚谷,分屯塞下,来则备御,去则勿追为要略。会钱俶薨,太常定谥忠懿。洎时判考功,为覆状,经尚书省集议。虞部郎中张佖奏驳曰:"按考功覆状一句云'亢龙无悔',实非臣子宜言者。况钱俶生长岛夷,凤为荒服,未尝略具尊位,终是藩臣,故名不可称龙,位不可为亢。其'亢龙无悔'四字,请改正。"事下中书,以诘洎。对状曰:"窃以故秦国王明德茂勋,格于天壤,处崇高之富贵,绝纤介之讥嫌。太常礼院稽其功行,定兹嘉谥,考功详覆之际,率遵至公,故其议状云:'兹所谓受宠若惊,居亢无悔者也。'谨按《易·乾》之九三云:'君子乾乾,夕惕若厉,无咎。'王弼注云:'处下体之极,居上体之下,履重刚之险,因时而惕,不失其几,可以无咎。处下卦之极,愈于上九之亢。'《易例》云:'初九为元士,九二为大夫,九三为诸侯。'《正义》云:'《易》之本理,以体为君臣。九三居下体之极,是人臣之体也。其免亢龙之咎者,是人臣之极,可以慎守免祸。故云免亢极之祸也。'《汉书·梁商传赞》云:'地居亢满,而能以谨厚自终。'杨植《许由碑》云:'锱铢九有,亢极一夫。'杜鸿渐《让元帅表》云:'禄位亢极,过逾涯量。'卢杞《郭子仪碑》云:'居亢无悔,其心益降。'李翰《书霍光传》云:'有伊、周负荷之明,无九三亢极之悔。'张说《祁国公碑》云:'一无目牛之全,一无亢龙之悔也。'况考功状内止称云:'受宠若惊,居亢无悔。'即本无'亢龙无悔'之语。斯盖张佖擅改公奏,罔冒天聪。请以状看详,反坐其人,以惩奸妄。"俄下诏曰:"张洎援引故实,皆有依据。张佖学识浅,敷陈失实,尚示矜容,免其黜降,可罚一月俸。"

洎未几选为太仆少卿、同知京朝官考课,拜右谏议大夫、判大理寺。又充史馆修撰、判集贤院事。淳化中,上令史馆修撰杨徽之等四人修正入阁旧图,洎同奉诏,因讨论故事,独草奏以闻。洎又言:

按旧史,中书、门下、御史台为三署,谓侍从供奉之官。今起居日侍从官先入殿庭,东西立定,俟正班入,一时起居。其侍从官东西列拜,甚失北面朝谒之仪。请准旧仪,侍从官先入起居,行毕,分侍立于丹墀之下,谓之"蛾眉班"。然后宰相率正班入起居,雅合于礼。

臣又闻古之王者,躬勤庶务,其临朝之疏数,视政事之繁简。唐初五日一朝,景云初,始修贞观故事。自天宝兵兴之后,四方多故,肃宗而下,咸只日临朝,双日不坐。其只日或遇阴霾、盛暑、大寒、泥泞,亦放百官起居。双日宰相当奏事,即特开延英召对。或夷蛮入贡,勋臣归朝,亦特开紫宸殿引见。陛下自临大宝,十有五年,未尝一日不鸡鸣而起,听天下之政,虽刚健不息,固天德之常然,而游焉息焉,亦圣人之谟训。傥君父焦劳于上,臣子缄默于下,不能引大体以争,则忠良之心,有所不至矣。

臣欲望陛下依前代旧规,只日视朝,双日不坐。其只日遇大寒、盛暑、阴霾、泥泞,亦放百官起居,其双日于崇德、崇政两殿召对宰臣。常参官以下及非时蛮夷入贡、勋臣归朝,亦特开上阁引见,并请准前代故事处分。

奏入不报。

时,上令以《儒行篇》刻于版,印赐近臣及新第举人。洎得之,上表称谢,上览之而嘉。翌日,谓宰相曰:"群臣上章献文,朕无不再三省览。如张洎一表,援引古今,甚不可得。可召至中书,宣谕朕意。"数月,擢拜中书舍人,充翰林学士。上顾谓近臣曰:"学士之职,清要贵重,非他官可比,朕常恨不得为之。"故事,赴上日设燕,教坊以杂戏进,久罢其事。至是,令尽设之,仍诏枢密直学士吕端、刘昌言及知制诰柴成务等预会,时以为荣。

俄判吏部铨。尝引对选人,上顾之谓近臣曰:"张洎富有文艺,至今尚苦学,江东士人之冠也。"洎与钱若水同在禁林,甚被宠顾。时刘昌言骤擢枢要,人望甚轻,董俨方掌财赋,欲以计倾之。会杨徽之、钱熙尝言洎及若水旦夕当大用。熙以语昌言,昌言曰:"洎必参政柄。若水后进年少,岂遽及此。"时翰林小吏谭事在侧,昌言虑洎闻之,即对小吏尽述熙言,令告洎。洎方修饬边幅以固恩宠,疑徽之遣熙以搆飞语中己,遂白于上。上怒,召昌言质之,以徽之为镇安军行军司马,熙罢职,通判朗州。

会皇子益王元杰改封吴王,行扬州、润州大都督府长史,领淮南、镇江两军节制。洎当草制,因上疏议曰:

"谨按前史,皇子封王,以郡为国,置傅相及内史、中尉等,佐王为治。自汉、魏以降,所封之王始不之国,朝廷命卿大夫临郡,即称内史行郡事。东晋永和、泰元之际,有琅邪王、会稽王、临川王,故谢灵运、王羲之等为会稽、临川内史,即其事也。唐有天下,以扬、益、潞、幽、荆五郡为大都督,署长史、司马为上佐,即前代内史之类也。其大都督之号,非亲王不授;其扬、益等郡,或有亲王遥领,朝廷命大臣临郡者,即皆长史、副大使知节度事也。臣请质之前代,段文昌出镇扬州,云'淮南节度副大使知节度事、兼扬州大都督府长史'。李载义镇幽州,云'卢龙军节度副大使知节度事、兼幽州大都督府长史',即其例也。今益王以扬、润二郡建社为吴国王,居大都督之任,又已正领节度事,岂宜却加长史之号,乃是国王自为上佐矣。若或朝廷且以长史拜受,其加衔内又无副大使、知节度使之目,倘或他日别命守将,俾临本郡,即不知以何名目而授除也。臣草制之夕,便欲上陈,虑奏报往反,有妨明日宣降。兹事有关国体,况吴王未领恩命,尚可改正,乞付中书门下,商议施行。"宰相以制命已行,难于追改。泊又上表论列,吕蒙正言:"越王领福州长史,今吴王独为大都督,居越王之上,非便。"上令俟异日除授,并改正之。至明年,上郊祀覃庆,遂改焉。

俄奉诏与李至、范杲、张洎同修国史,又判史馆。洎博涉经史,多知典故。每上有著述,或赐近臣诗什,洎必上表,援引经传,以顺其意。上因赐诗褒美,有"翰长老儒臣"之句。与苏易简同在翰林,尤不协,及易简参知政事,洎多攻其失。既而易简罢,即以洎为给事中、参知政事,与寇准同列。

先是,准知吏部选事,洎掌考功,为吏部官属。准年少,新进气锐,思欲老儒附己以自大。洎凤夜坐曹视事,每冠带候准出入于省门,揖而退,不交一谈。准益重焉,因延与语。洎捷给善持论,多为准规画,准心伏,乃兄事之,极口谈洎于上。上欲进用,又知其江左日多谗毁良善,李煜杀潘佑,洎尝预谋,心疑之。翰林待诏尹熙古、吴郚皆江东人,洎尝善待之。上一夕召熙古辈侍书禁中,因问以佑得罪故。熙古言煜忿佑谏说太直耳,非洎谋也。自是洗然,遂加擢用,盖准挽引之也。既同秉政,奉准愈谨,政事一决于准,无所参预。专修时政记,甘言善柔而已。后因奏事异同,准复忌之。

至道二年五月,四方馆使曹璨自河西驰骑入奏边事,言继迁率万余众寇灵州。上诏宰相吕端、知枢密院事赵镕等各以所见画策,即日具奏来上。吕端相率诣长春殿见上,言曰:"臣等若各述所见,则非询谋佥同之议,望许共为一状,陈其利害。"洎越次奏曰:"端等备位辅弼,上有所询问,反缄默不言,深失讦谟之体。"端曰:"洎欲有言,不过揣摩陛下意耳,必无鲠切之理。"上默然。翌日,洎上疏引贾捐之弃珠崖事,愿弃灵武以省关西馈运。上尝有此意,既而悔之,洎果迎合之,览奏不悦。既以疏付洎,谓之曰:"卿所陈,朕不晓一句。"洎惶恐而退。上召同知枢密院事向敏中等谓曰:"张洎上言,果为吕端所料,朕已还其疏矣。"

洎既议事不称旨,恐惧,欲自固权位。上已嫉准专恣,恩宠衰替。洎虑一旦同罢免,因奏事,大言寇准退后多诽谤。准但色变,不敢自辩。上由是大怒,准旬日罢。未几,洎病在告,满百日,力疾请对,方拜,踣于上前,左右掖起之。明日,上章求解职,优诏不允。后月余,改刑部侍郎,罢知政事。奉诏呜咽,疾遂亟,十余日卒,年六十四。赠刑部尚书,以其二子皆为京官。

洎风仪洒落,文采清丽,博览道释书,兼通禅寂虚无之理。终日清谈,亹亹可听。尤险诐,好攻人之短。李煜既归朝,贫甚,洎犹丐索之。煜以白金颒面器与洎,洎尚未满意。时潘慎修掌煜记室,洎疑慎修教煜,素与慎修善,自是亦稍疏之。煜子仲寓雅好蒲博饮宴,洎因切谏之,仲寓谢过。后数月,人有言仲寓蒲博如故,洎遂与之绝。及仲寓死郢州,葬京师,洎亦不赴吊。与张佖议事不协,遂为仇隙,始以从父礼事佖,既而不拜。尤善事内官,在翰林日,引唐故事,奏内供奉官蓝敏政为学士使,内侍裴愈副之。上览奏,谓曰:"此唐室弊政,朕安可蹈此覆辙,卿言过也。"洎惭而退。性鄙吝,虽亲戚无所沾,及江表故旧,亦罕登其门。素与徐铉厚善,后因议事相忤,遂绝交。然手写铉文章,访求其笔札,藏箧笥,甚于珍玩。洎有文集五十卷行于世。

子安期,至国子博士;方回,后为虞部员外郎。方回子怀玉,王钦若婿,赐进士及第,大理寺丞,秘书校理。

李惟清,字直臣,下邑人。父仲行,为章丘簿,因徙家焉。惟清,开宝中,以三史解褐涪陵尉。蜀民尚淫祀,病不疗治,听于巫觋,惟清擒大巫笞之,民以为及祸。他日又加箠焉,民知不神。然后教以医药,稍变风俗。时遣宦官督输造船木,纵恣不法,惟清奏杀之,由是知名。秩满,迁大理寺丞。

太平兴国三年,迁为荆湖北路转运判官。五年,改左赞善大夫,充转运副使,升正使,就改监察御史,兼总南路。尝入奏事,太宗问曰:"荆湖累年丰稔,又无徭役,民间苏否?"惟清曰:"臣见官卖盐斤为钱六十四,民以三数斗稻价,方可买一斤。"乃诏斤减十钱。徙京西转运使,入为度支判官,改主客员外郎。

雍熙三年,大举取幽州,惟清以为兵食未丰,不可轻动。朝廷业已兴师,奏入不报。判度支许仲宣建议通盐法,以卖盐岁课赋于乡村,与户税均纳。惟清奉诏往荆湖诸路详定,奏言以盐配民非便,遂罢。使还,上又问民间苦乐不均事,惟清言:"前在荆湖,民市清酒务官酿转酽者,斗给耗二升,今三司给一升,民多他图,而岁课甚减。"诏复其旧。未几,出为京东转运使。会募丁壮为义军,惟清曰:"若是,天下不耕矣。"三上疏谏,繇是独选河北,而余路悉罢。擢屯田郎中、度支副使。

端拱初,迁右谏议大夫,历户部使,改度支使。会遣使河朔治方田,大发兵。惟清以盛春妨农,恳求罢废。太宗曰:"兵夫已发矣。止令完治边城而已。"淳化三年,迁给事中,充盐铁使,遂以帐式奏御。太宗曰:"费用若此,民力久何以堪?如可减省,即便裁度。"惟清曰:"此开宝军兴之际，其数倍多，盖以将帅未得其人，边事未宁，屯兵至广也。臣闻汉有卫青、霍去病，唐有郭子仪、李晟，西北望而畏之。如此则边事息而支用减矣。望慎择将帅，以有威名者俾安边塞，庶节费用。"上言："彼一时，此一时也。今之西北交诈，与古不同。选用将帅，亦须深体今之几宜。韩、彭虽古之名将，以彼时之见，制今之敌，亦恐不能成功。今纵得人，未可便如古委之。此乃机事，卿所未知也。"

淮南榷货务卖岳茶，斤为钱百五十。主吏言陈恶者二十六万六千余斤，惟清擅减斤五十钱，不以闻。滁、泗、濠、楚州、涟水军亦以岳茶陈恶，减价市之。计亏钱万四千余贯，为勾院吏卢守仁所发，左授卫尉少卿，黜判官李瑉为本曹员外郎，赐守仁钱十五万。俄出知广州。至道初，就拜右谏议大夫。太宗闻其廉平，诏奖之。二年，徙广南东、西路都转运使，寻召拜给事中。逾月，同知枢密院事。

惟清倜傥自任，有钩距。临事峻刻，所至称强干。然以俗吏进，无人望。才数月，真宗即位，加刑部侍郎，复除御史中丞。既去枢要，怫郁尤甚，肆情弹击。咸平元年，卒，年五十六，赠户部尚书。

子永锡，荫至光禄寺丞。颇涉学属辞，尚气少检，喜交结。冯拯、王济、皇甫选多与之游，日聚举子于家，谈议时政。真宗将幸河朔，永锡犹服父丧，上章大言，列诋近臣，自谓有致太平灭敌之术。选为户部判官，因对，袖表以献，又自荐扬。真宗驻跸大名，召赴行在，试策不中，贬泷水县主簿。选为南剑州团练副使，俄复光禄寺丞。六年，又坐交游非类，监和州商税，后至右赞善大夫。

次子永德，至殿中丞。

论曰：张宏为枢副，当用兵之际，循默备位；赵昌言为御史中丞，屡上书言兵，乃两易之。中丞可使循默者居之乎？宋失政矣。昌言识李沆，器王旦，陈恕取士得王曾，举代得寇准，皆可谓知人之明。然赵好奖拔，而颇树党与，终以取败；陈典贡举，务黜恶士，以避嫌疑，皆非君子所为也。昌言尚气敢言，恕为宋人能吏之首，庶足称矣。刘昌言感赵普之遇，身后经理其家；然委亲乡里，十年而不迎侍，厚薄失措，又何取乎？张洎初对李煜勿降，既而不能死之，"犬吠非主"之对，徒以辩舌，侥幸得免。厥后揣摩百端，谗毁正直，利口之士，鲜不为反覆小人也。李惟清居台端，恨失政柄，恣情鸷击。旧史称为俗吏，又奚责焉。

卷二百六十八　　列传第二十七

柴禹锡　张逊　杨守一　赵镕　周莹
王继英　王显

柴禹锡，字玄圭，大名人。少时，有客见之曰："子质不凡，若辅以经术，必致将相。"禹锡由是留心问学。时太宗居晋邸，以善应对，获给事焉。太平兴国初，授供奉官。三年，改翰林副使，迁如京使，仍掌翰林司。每夜直，上以藩府旧僚，多召访外事。迁宣徽北院使，赐第宝积坊。告秦王廷美阴谋，擢枢密副使。逾年，转南院使。服劳既久，益加勤敏。

雍熙中，议广宫城。禹锡有别业在表识中，请以易官邸，上因是薄之。又与宰相宋琪厚善。会广州徐休复密奏转运王延范不轨状，且言倚附大臣，无敢动摇者。上因访琪及禹锡曰："延范何如人？"延范与琪妻为疏属，甚言其忠勤，禹锡亦傍赞之。上意其交通，滋不悦。禹锡又为琪请卢多逊故第，上益恶其朋比。坐琪以诙谐罢相，不欲显言之也。下诏切责禹锡，以骁卫大将军出知沧州。在任勤于政治，部民诣滨州列状以闻。改涪州观察使，徙澶、镇二州驻泊部署，俄知潞州，州民乞留三载，诏奖之。徙知永兴军府，再召为宣徽北院使、知枢密院事。

至道初，制受镇宁军节度、知泾州。入谢日，上谓曰："由宣徽罢者不过防御使尔，今委卿旌节，兼之重镇，可谓优异矣。"禹锡流涕哽咽而已。咸平中，移知贝州。是岁，契丹兵奄至城下，禹锡内严备御，寇寻引去。明年，徙陕州。

景德初，子宗庆选尚，召禹锡归阙，令公主就第谒见，行舅姑礼，固辞不许。顷之，还镇。未几，卒，年六十二，赠太尉。子宗亮，太子中允；宗庆，永清军节度。

张逊，博州高唐人。数岁丧父，养于叔父职方员外郎幹，后随母归魏仁浦家，驸马都尉咸信，其异父弟也。太宗在晋邸，召隶帐下。太平兴国初，补左班殿直。从征太原还，迁文思副使，再迁香药库使。岭南平后，交阯岁入贡，通关市。并海诸人遂浮舶贩易外国物，阇婆、三佛齐、渤泥、占城诸国亦岁至朝贡，由是犀象、香药、珍异充溢府库。逊请于京置榷易署，稍增其价，听商人金帛市之，恣其贩鬻，岁可获钱五十万缗，以济经费。太宗允之，一岁中果得三十万缗。自是岁有增羡，至五十万。

雍熙二年，录其劳，迁领妫州刺史。三年，与安忠并命为东上阁门使。数月，会许仲宣罢判度支，即以逊为度支使。端拱初，迁盐铁使。二年，授宣徽北院使、签署枢密院事。未几，兼枢密副使、知院事。与同列寇准不协，每奏事，颇相矛盾。

一日，逊等晚归私第，准与温仲舒并辔，有狂民迎马首拜呼万岁。街使王宾旧与逊同事晋邸，逊又尝举宾，雅相厚善，因奏民迎准拜呼万岁。准自辩："实与仲舒同行，盖逊令宾独奏斥丘。"辞意俱厉，因互发其私。太宗恶之，下诏切责，逊左降右领军卫将军，准亦罢职。会判右金吾街仗蔡玉冒奏富人子为州大校，黜官，命逊代掌其事。

西蜀李顺为乱，诏发兵水陆进讨，以荆渚居其要害，命逊为右骁卫大将军、知江陵府，赐钱二百万，白金三千两。逊既至，会峡路诸漕卒数千人聚江陵，有告其谋变以应蜀寇，府中议欲尽诛之。逊止捕首恶杨承进等二十一人斩于市，余党亲加慰抚，飞奏以闻。太宗嘉之，诏以其卒分配州郡。数月，逊卒，年五十六，时至道元年也。赠桂州观察使，归葬京师。逊小心谨慎，徒以攀附至贵显，其讦谋献替无闻焉。

子敏中，初补供奉官。逊在宣徽，表言尝业文，愿改秩，即换大理寺丞，累至比部郎中。次子虚中，娶宗室申国公女，至供奉官、阁门祗候。敏中子先，进士及第。

杨守一，字象先，其先河南洛阳人。唐末避乱，徙家宋、郑间。守一稍通《周易》及《左氏春秋》，事太宗于晋邸。太宗即位，补右班殿直。太平兴国中，出护登州兵。召还，监仪鸾司。累迁西头供奉官，其下多贵族子弟，颇豪纵侥幸。始置三班院，令守一专其事，考核授任，渐有条制。岁余，改翰林学士。守一初名守素，至是诏改之。

七年，与赵镕、柴禹锡、相里勋等告秦王廷美阴谋事，擢东上阁门使兼枢密都承旨。八年，改判四方馆事。雍熙中，诏护迁云、朔归附安庆兵屯于潞州。三年，转内客省使，仍兼都承旨。端拱元年，授宣徽北院使、签署枢密院事。是秋，卒，年六十四。赠太尉，中使护葬。

守一性质直勤谨，无他材术，徒以肇自王府，久事左右，适会时机，故历职通显，饰终之礼，率加常数焉。

子安期历国子博士，坐事贬卒。安期子梦得，进士及第。

赵镕，字化钧，沧州乐陵人。以刀笔事太宗于藩邸，即位，补东头供奉官。因使吴越赐国信，及钱俶纳土，遣检校帑廪，转内酒坊副使。以告秦王廷美阴事，迁六宅使，领罗州刺史。掌翰林司，擢东上阁门使。

郭贽参知政事，镕以同府之旧，尝有所请托，贽不从。镕摭堂吏过失以闻，贽见上，白镕私谒，即召镕廷辩。词屈，出为梓、遂州都巡检使，改左骁卫大将军，领郡如故。代还，知沧州兼兵马部署。镕在郡完城堑，严战具。寇尝数百骑至境上，闻有备，引去。迁左神武大将军。会崔翰知州，改镕为本州钤辖。

又知庐州，因对，自陈愿留，不许。逾年，召为枢密都承旨，同掌三班，俄拜宣徽北院使、同知枢密院事，与柴禹锡并掌机务。尝遣吏卒变服，散之京城察事。卒乘醉与卖书人韩玉斗殴，不胜，因诬玉言涉指斥。禹锡等遽以闻，玉坐抵法。太宗寻知其冤，自后廉事不复听。禹锡出镇，镕加知院事。真宗即位，改南院使、检校太傅，以心疾求解。是秋，授寿州观察使。咸平元年三月，卒，年五十五。赠忠正军节度，录其三子官。

镕少涉猎文史，美书翰，委质晋邸，以勤谨自奋。本名容，太宗改为镕，曰："陶镕所以成器也。"镕性好佛，多蓄古书画。三子：忠辅，西京左藏库副使；忠愿，虞部员外郎；忠厚，内殿崇班。

周莹，瀛州景城人。右领军卫上将军景之子也。景家富财，好交结，历事唐、汉、周。习水利，尝浚汴口，导郑州郭西水入中牟渠，修滑州河隄，累迁至是官。

太宗潜邸时，莹得给事左右。即位，补殿直，领武骑卒巡警泉、福州。卒才数百，捕剧贼千余，迁供奉官。天雄军节度孙永祐、转运使杨缄称荐之，又使绥、银州按边事，还奏称旨，擢鞍辔库副使。

雍熙二年，为杭、睦五州都巡检使兼杭州都监。会妖僧绍伦为变，莹擒获之，逮捕就戮者三百余人，人以为酷滥。代还，改崇仪使、沧州都监。召拜西上阁门使，领镇、定、高阳关都监，加判四方馆事。与郝守濬护塞宋州决河，俄改三路排阵钤辖，历知天雄军、真定二府，就迁引进使。

至道二年，代还。会李继隆讨夏，诏莹诣军前，授以机事，还拜客省使，签书枢密院诸房公事，俄兼提点宣徽诸房、鼓司、登闻院，与刘承珪并任。

真宗嗣位，承珪分使河北告谕，加领富州刺史。上闻其母老病，闵之，特封武功郡太夫人。秋，拜宣徽北院使。先是，宣徽著位在枢密副使上，莹表请居下，从之。咸平二年，大阅，命为随驾部署。从征河朔，又为驾前马步都部署。

三年，迁南院使、知枢密院事。会蜀平，部送胁从者数十百人至阙下。西川转运使马亮因入奏，请赦其罪遣还。莹以为当尽诛之。令莹、亮廷议，上是亮议，悉原其罪。

五年，高阳关都部署阙，蕃侯无足领之者，宰相请辍宣徽使以居其任。时王继英任北院，上以莹练达军事，乃拜永清军节度，兼领其任，为三路排阵使。莹隶人有钱仁度者，颇有军功，与虎翼小校刘斌相竞，为殿直阎渥所发。以莹故，诏勿问，止徙斌隶他军。契丹入寇，诏步兵赴宁边军为援。莹至，则寇兵已去，即日还屯所。上闻曰："莹何不持重少留，示以不测。轻于举措，非将帅体也。"

景德初，丁内艰，起复，代王显为天雄军都部署兼知军府事。尝召洺州骑士千五百人赴大名，道与寇直，力战，有死伤者，莹犹谓其玩寇，将悉诛之。诏赐金帛，谕莹勿治其罪。车驾北巡，为驾前东西贝冀路都部署。明年，改知陕州，俄徙永兴军府，又移邠州，兼环庆路都部署。时夏州内属，诏省戍兵还营，以减馈饷之费。仍手诏谕莹，莹遽奏乞留，以张边威。上谓莹庸懦不智，以曹玮代之，徙知澶州。

大中祥符初，改天平军节度。明年，为镇定都部署兼知定州。转运使奏其旷弛，徙知澶州，境内屡有寇盗，宰相以莹任居将帅，不能以威望镇靖，请徙他郡。上曰："处之闲僻，适使其自偷尔。"遂下诏督责，令其擒捕。时发卒修河防，而军中所给糇粮，多腐败不可食；又役使不均，莹不加恤，以故亡命者众。

七年，入朝，复遣还镇。又以澶渊当契丹之冲，藉其廪给之厚，复命知澶州。九年，被疾，求还京师。卒，年六十六，赠侍中。初谥忠穆，后改元惠。录其二子供奉官普、显为内殿崇班、二孙永昌、永吉为殿直。

莹居枢近，无他谋略，及莅军旅，历藩镇，功业无大过人者。故事，大礼覃庆，外藩无赐物例。东封岁，莹镇澶渊，车驾所经，故特有袭衣、金带、器帛之赐。祀汾阴，莹知定州，乃预上言："礼成，所赐望于治所支给。"人咸笑之。普后为崇仪副使，显至内殿承制。

王继英，开封祥符人。少从赵普给笔札，普自罢河阳，为少保，从者皆去，继英趋事逾谨。普再入相，继英隶名中书五房、院。

　　时真宗在藩邸，选为寻史兼内知客事。太宗召见，谓曰："汝昔事赵普，朕所备知。今奉亲贤，尤宜尽节。"及建储，授左清道率府副率兼左春坊谒者。谒者本宦职，副率品秩颇崇，非趋走左右者所宜为，俾兼领之，执政之误也。

　　真宗即位，擢为引进使。咸平初，领恩州刺史兼掌阁门使，迁左神武大将军、枢密都承旨，改客省使。契丹入寇，继英密请车驾北巡，上从之，即命继英驰传诣镇、定、高阳关阅视行宫储顿，宣谕将士。俄充澶州铃辖。会大将傅潜逗挠得罪，令继英即军中召还属吏。

　　寻掌三班，拜宣徽北院使，与周莹同知枢密院事。莹出镇，继英遂冠枢宥，小心慎靖，以勤敏称，上倚赖之。

　　景德初，授枢密使。旧制，枢密院使祖母及母生封郡太夫人，有诏特加国封。尝因进补军校，白上曰："疏外之人急于攀附者，谓臣蒙蔽不为荐引。"上曰："此辈虽有夤缘，亦须因事立功，方许擢用，不可过求侥幸，卿勿复言也。"

　　从幸澶州，契丹请和，谘访经略，继英预焉。明年郊祀，加特进、检校太傅。三年，卒，年六十一。上临哭之，赐白金五千两，赠太尉、侍中，谥恭懿。且为葬其祖父，赠其妻贾长乐郡太夫人，录其子婿、门下亲吏数十人。

　　初，继英幼孤，寄育外氏。既贵，外王父、诸舅有旅殡者，时方奏遣其子营葬，会卒，特诏有司给办焉。

　　子遵式、遵海、遵度、遵范，皆至显宦。

　　王显，字德明，开封人。初为殿前司小吏，太宗居藩，尝给事左右。性谨介，不好狎，未尝践市肆。即位，补殿直，稍迁供奉官。

　　太平兴国三年，授军器库副使，迁尚食使。逾年，与郭昭敏并为东上阁门使。八年春，拜宣徽南院使兼枢密副使。是夏，制授枢密使。上谓之曰："卿世家本儒，少遭乱失学，今典朕机务，无暇博览群书，能熟《军戒》三篇，亦可免于面墙矣。"因取是书及道德坊宅一区赐之。

　　其后居位既久，机务益繁，副使赵昌言、张准锋气皆锐，慢显，显或失误，护短终不肯改，上每面戒之。淳化三年八月，诏加切责，黜授随州刺史，充崇信军节度、观察等使，遣之任。

　　俄知永兴军，徙延州。时夏台、益部寇扰，显上疏曰："间岁以来，戎事未息，李继迁负恩于灵、夏，王小波干纪于巴、邛，河右坤维并兴师旅。而继迁翻然向化，遣子入觐，愿修职贡。陛下曲加容纳，许其内附，示以德信，伸以恩锡，所以绥怀之者至矣。然而狼子野心，未可深信。所宜谨屯戍，固城垒，积刍粮，然后遴选才勇，付以边任，纵有缓急，则备御有素，彼又奚能为患哉？至若蜀寇未平，神人共愤，谓宜申饬将帅，速期荡平，既免老师以费财，且防事久则生变。又况邛、蜀物产殷富，其间士卒骄怠，迟留顾恋，实兼有之。莫若勿惮往来，潜为更代，既可均其劳逸，抑可免于迁延。至于河北关防所当加谨者，诚以国家方事西南，密谋兴举，若分中朝之势力，则长外寇之奸谋矣。"

　　时制，沿边粮斛不许过河西，河西青盐不得过界贩鬻，犯者不以多少，处斩。显请犯多者依法，自余别为科断，以差其罪。章上未报，移知秦州。

　　初，温仲舒知州日，开拓山林，讽藩部献其地。后朝廷虽尝给还，而采伐如故。转运使卢知翰请量给蕃部茶彩，以酬所献，诏遣张从式与显同往规度。显言："乃者朝命以赵保吉修贡，边城务使安静，若今动众开斥疆境，非便。"议遂罢。

　　咸平初，入朝，改横海军节度，出知镇州。二年，曹彬卒，复拜枢密使。郊祀，加检校太师。真宗幸大名，内枢惟显与副使宋湜从，言者多谓显专司兵要，谋略非长。会湜卒，乃以参知政事向敏中权同知枢密院事。三年春，改授山南东道节度、同中书门下平章事、定州路行营都部署、河北都转运使兼知定州。秋，吏民诣驻泊都部署孔守正言显治状，愿便留。守正以闻。明年秋，加镇、定、高阳关三路都部署，许便宜从事。十月，契丹入寇，前军过威房军。比时方积雨，契丹以皮为弦，湿缓不堪用，显因大破之，枭获名王、贵将十五人及羽林印二钮，斩首二万级。显上言："先奉诏令于近边布阵，及应援北平控扼之路，无何，敌骑已越亭障，显之前阵虽有捷克，终违诏命。"上章请罪。上降手札，以慰其忧悸。

　　明年，求致仕，不许，改河阳三城节度。将之镇，时议亲征契丹，显言："盛寒在序，敌未犯塞，銮舆轻举，直抵穷边，寇若不逢，师乃先老。况今继迁未灭，西鄙不宁，傥北边部落，与之结援，则中国之患，未可量也。议者乃于此时请复幽蓟，非计之得也。凡建议大事，上下协力，举必成功。今公卿士大夫以至庶人，尚有异同，未可谓为万全之举。若能选择将帅，训练士卒，坚城垒而缮甲兵，亦足以待敌矣。必欲复燕、蓟旧地，则必修文德、养勇锐，伺时之利，以奉行天罚而后可。"

　　景德初，徙知天雄军府。又言："祖宗以来，多命近臣统领军旅。今后宣徽使，宜于文武群臣中择晓达边事者为之。盖位高则威名著，识远则勋劳立故也。武臣以罪黜者，宜加容贷，不以一眚遂废，苟用之有恩，必得其死力，故曰使功不如使过也。至若临敌命将，则贵专任，出师应敌，则约束将校，使相应援。全是数者，则军威倍壮，人心增勇矣。"既而上表请赴行在，从之。是年秋，遣还镇。

　　契丹入寇，上议亲征。显复陈三策，谓："大军方在镇定，契丹必不南侵，车驾止驻澶渊，诏镇定出兵，会河南军，合击之可也。若契丹母子虚张声势，以抗我师，潜遣锐兵南攻驾前诸军，则令镇定之师直冲戎帐，攻其营砦，则沿河游兵不战而自屈矣。否则遣骑兵千、步兵三千于濮州渡河，横掠澶州，继以大军追北掩击，亦可出其不意。"已而契丹请盟，赵德明遣使修贡称藩，朝廷加赏锡，且许通青盐以济边民，从显之请也。

　　三年冬，被病，诏中使偕尚医疗视。明年正月，许还京师。时车驾上陵，显谓宾佐曰："余年位偕极，今天子道出虎牢，不得一拜属车之尘，是遗恨也。"言讫涕下，至京，信宿卒，年七十六。车驾至郑州，闻之，遣宫苑使邓永迁驰还护丧，赠中书令，谥忠肃。录其二子。

显自三班不数年正枢任，奖擢之速，时无拟之者。显吏军司时，张永德以滑州节制为殿前都点检。及显自枢密镇孟津兼相帅，永德由太子太师为相帅，同日宣制，永德兼大夫反在显下，时人讶之。显居中执政，矫情以厚胥吏，醴醴自固而已。在藩镇，颇纵部曲扰下，论者非之。

子希逸字仲庄，以荫补供奉官。好学，尤熟唐史，聚书万余卷。换秩授朝奉大夫、太子中允。咸平初，改殿中丞、直史馆，预修《册府元龟》，加祠部员外郎，卒。希范至如京副使。

论曰：自柴禹锡而下，率因给事藩邸，以攀附致通显者凡七人。若守一之质直，赵镕之勤谨，服劳虽久而益修乃职，则其被眷遇也宜矣。张逊优于理财而未免于媚嫉，周莹练习军旅而颇伤于酷滥，禹锡素称勤敏而不能不涉于朋比，王显虽谨介自将而昧于学识，故莫逃于醴醴之讥。若以勤谨被信任，耆德冠枢宥，而善终如始者，其惟继英乎。《易》曰："君子有终，吉。"此之谓也。

卷二百六十九　　列传第二十八

陶穀　扈蒙　王著　王祐子旭　孙质
杨昭俭　鱼崇谅　张澹　高锡从子冕

陶穀，字秀实，邠州新平人。本姓唐，避晋祖讳改焉。历北齐、隋、唐为名族。祖彦谦，历慈、绛、澧三州刺史，有诗名，自号鹿门先生。父涣，领夷州刺史，唐季之乱，为邠帅杨崇本所害。时穀尚幼，随母柳氏育崇本家。

十余岁，能属文，起家校书郎、单州军事判官。尝以书干宰相李崧，崧甚重其文。时和凝亦为相，同奏为著作佐郎、集贤校理。改监察御史，分司西京，迁虞部员外郎、知制诰。会晋祖废翰林学士，兼掌内外制。词目繁委，穀言多委惬，为当时最。少帝初，赐绯袍、靴、笏、黑银带。天福九年，加仓部郎中。

初，崧从契丹以北，高祖入京师，以崧第赐苏逢吉，而崧别有田宅在西京，逢吉皆取之。崧自北还，因以宅券献逢吉，逢吉不悦，而崧子弟数出怨言。其后逢吉乃诱告崧与弟屿、巘等下狱，崧惧，移病不出。崧族子昉为秘书郎，尝往候崧，崧语昉曰："迩来朝廷于我有何议？"昉曰："无他闻，唯陶给事往往于稠人中厚诬叔父。"崧叹曰："穀自单州判官，吾取为集贤校理，不数年擢掌诰命，吾何负于陶氏子哉？"及崧遇祸，昉尝因公事诣穀，穀问昉："识李侍中否？"昉敛衽应曰："远从叔尔。"穀曰："李氏之祸，穀出力焉。"昉退之汗出。

穀性急率，尝与兖帅安审信集会，杯酒相失，为审信所奏。时方姑息武臣，穀坐责授太常少卿。尝上言："顷莅西台，每见台司详断刑狱，少有即时决者。至于间阎夫妇小有争讼，淹滞积时，坊市死亡丧葬，必俟台司判状，奴婢病亡，亦须检验。吏因缘为奸，而邀求不已，经旬不获埋瘗。望申条约以革其弊。"从之。俄拜中书舍人。尝请教习乐工、停二舞郎，及禁民伐桑枣为薪，并从其请。开运三年，赐金紫。

契丹主北归，胁穀令从行。穀逃匿僧舍中，衣布褐，阳为行者状。军士意其诈，持刃陵胁者日数四。穀颇工历数，谓同辈曰："西南五星连珠，汉地当有王者出。契丹主必不得归国。"及耶律德光死，有孛光芒指北，穀曰："自此契丹自相鱼肉，永不乱华矣。"遂归汉，为给事中。乾祐中，令常参官转对。穀上言曰："五日上章，曾非旧制。百官叙对，且异昌言。徒浼天聪，无益时政，欲乞停转对。在朝群臣有所闻见，即许不时诣阙闻奏。"从之。

仕周为右散骑常侍，世宗即位，迁户部侍郎。从征太原，时鱼崇谅迎母后至，穀乘间言曰："崇谅宿留不来，有顾望意。"世宗颇疑之。崇谅又表陈母病，诏许归陕州就养，以穀为翰林学士。

世宗尝语宰相曰："朕观历代君臣治平之道，诚为不易。又念唐、晋失德之后，乱臣黠将，僭窃者多。今中原甫定，吴、蜀、幽、并尚未平附，声教未能远被，宜令近臣各为论策，宣导经济之略。"乃命承旨徐台符以下二十余人，各撰《为君难为臣不易论》、《平边策》以进。其策率以修文德、来远人为意，惟穀与窦仪、杨昭俭、王朴以封疆密迩江、淮，当用师取之。世宗自克高平，常训兵讲武，思混一天下。及览其策，忻然听纳，由是平南之意益坚矣。

显德三年，迁兵部侍郎，加承旨。世宗留心稼穑，命工刻木为耕夫、织妇、蚕女之状，置于禁中，思广劝课之道，穀为赞辞以进。显德六年，加吏部侍郎。

宋初，转礼部尚书，依前翰林承旨。穀在翰林，与窦仪不协，仪有公望，虑其轧己，尝附宰相赵普与赵逢、高锡辈共排仪，仪终不至相位。

乾德二年，判吏部铨兼知贡举。再为南郊礼仪使，法物制度，多穀所定。时范质为大礼使，以卤簿清游队有甲骑具装，莫知其制度，以问于穀。穀曰："梁贞明丁丑岁，河南尹张全义献人甲三百副、马具装二百副。其人甲以布为里，黄缣表之，青绿画为甲文，红锦绿青缯为下裙，绛韦为络，金铜琢，长短至膝。前膺为人面二目，背连膺缠以红锦腾蛇。马具装盖寻常马甲，但加冲拂于前膺及后鞦尔。庄宗入洛，悉焚毁。"质命有司如穀说，造以给用。又乘舆大辇，久亡其制，穀创意造之，后承用焉。明德门成，诏穀为之记。

乾德中，命库部员外郎王贻孙、《周易》博士奚屿同考试品官子弟。穀属其子鄑于屿，鄑书不通，以合格闻，补殿中省进马。俄为人所发，下御史府案问，屿责授乾州司户，贻孙责授左赞善大夫，夺穀奉两月。穀后累加刑部、户部二尚书。开宝三年，卒，年六十八。赠右仆射。

穀强记嗜学，博通经史，诸子佛老，咸所总览；多蓄法书名画，善隶书。为人儁辨宏博，然奔竞务进，见后学有文采者，必极言以誉之；闻达官有闻望者，则巧诋以排之，其多忌好名类此。初，太祖将受禅，未有禅文，縠在旁，出诸怀中而进之曰："已成矣。"太祖甚薄之。尝自曰："吾头骨法相非常，当戴貂蝉冠尔。"盖有意大用也，人多笑之。子郕，至起居舍人。天禧四年，录縠孙寇试秘书省校书郎。

扈蒙，字日用，幽州安次人。曾祖洋，涿州别驾。祖智周，卢龙军节度推官。父曾，内园使。蒙少能文，晋天福中，举进士，入汉为鄠县主簿。赵思绾叛，遣郭从义讨之。郡县吏供给皆戎服趋事，蒙冠服褒博，举止舒缓，从义颇讶之。转运使李榖谓曰："蒙文学名流，不习吏事。"遂不之问。周广顺中，从归德军节度赵晖为掌书记，召为右拾遗、直史馆、知制诰。蒙从弟载时为翰林学士，兄弟并掌内外制，时号"二扈"。

宋初，由中书舍人迁翰林学士，坐请托于同年仇华，黜为太子左赞善大夫，稍迁左补阙，掌大名市征。六年，复知制诰，充史馆修撰。开宝中，受诏与李穆等同修《五代史》，详定《古今本草》。五年，连知贡举。

七年，蒙上书言："昔唐文宗每召大臣论事，必命起居郎、起居舍人执笔立于殿侧，以纪时政，故《文宗实录》稍为详备。至后唐明宗，亦命端明殿学士及枢密直学士轮修日历，送史官。近来此事都废，每季虽有内殿日历，枢密院录送史馆，然所记者不过臣下对见辞谢而已。帝王言动，莫得而书。缘宰相以漏泄为虑，昧于宣播，史官疏远，何得与闻。望自今凡有裁制之官，优恤之言，发自宸衷、可书简策者，并委辛臣及参知政事每月轮知抄录，以备史官撰集。"从之，即以参知政事卢多逊典其事。

九年正月，受朝乾元殿，降王在列，声明大备。蒙上《圣功颂》，以述太祖受禅、平一天下之功，其词夸丽，有诏褒之。为卢多逊所恶，出知江陵府。

太宗即位，召拜中书舍人，旋复翰林学士。与李昉同修《太祖实录》。太平兴国四年，从征太原还，转户部侍郎，加承旨。雍熙三年，被疾，以工部尚书致仕。未几，卒，年七十二。赠右仆射。

自张昭、窦仪卒，典章仪注，多蒙所刊定。初，太祖受周禅，追尊四庙，亲郊，以宣祖配天。及太宗即位，礼官以为舜郊喾，商郊冥，周郊后稷，王业所因兴也。若汉高之太公，光武之南顿君，虽有帝父之尊，而无预配天之祭。故自太平兴国三年、六年再郊，并以太祖配，于礼为允。太宗将东封，蒙定议曰："严父莫大于配天，请以宣祖配天。"自雍熙元年罢封禅为郊祀，遂行其礼，识者非之。

蒙性沉厚，不言人是非，好释典，不喜杀，缙绅称善人。有笑疾，虽上前不自禁。多著述，有《鳌山集》二十卷行于世。载字仲熙，有传，见《五代史》。

王著，字成象，单州单父人。性豁达，无城府。幼能属文，汉乾祐中，举进士。周祖镇大名，世宗侍行，闻著名，召置门下，因得谒见周祖。广顺中，世宗镇澶州，辟观察支使。随世宗入朝，迁殿中丞；即位，拜度支员外郎。显德三年，充翰林学士。六年，丁家艰，起复。南唐李景使其弟从善来贡，会恭帝嗣位，命著伴送至睢阳，加金部郎中、知制诰，赐金紫。世宗灵驾赴庆陵，符后从行，公务悉资于著。

宋初，加中书舍人。建隆二年，知贡举。时亳州献紫芝，郓州获白兔，陇州贡黄鹦鹉，著献颂，因以规谏。太祖甚嘉其意，下诏褒之。四年春，宿直禁中，被酒，发倒垂被面，夜扣滋德殿门求见。帝怒，发其醉宿倡家之过，黜为比部员外郎。乾德初，改兵部员外郎。二年，复知制诰。数月，加史馆修撰、判馆事。三年，就转户部郎中。六年，复为翰林学士，加兵部郎中，再知贡举。开宝二年冬，暴卒，年四十二。

著少有俊才，世宗以幕府旧僚，眷待尤厚，常召见与语，命皇子出拜，每呼学士而不名。屡欲相之，以其嗜酒，故迟留久之。及世宗疾大渐，太祖与范质入受顾命，谓质等曰："王著藩邸旧人，我若不讳，当命为相。"世宗崩乃止。著善与人交，好延誉后进，当世士大夫称之。有传，见《五代史》。

王祐，字景叔，大名莘人。祖言，仕唐黎阳令。父彻，举后唐进士，至左拾遗。

祐少笃志词学，性倜傥有俊气。晋天福中，以书见桑维翰，称其藻丽，由是名闻京师。邺帅杜重威辟为观察支使。汉初，重威移镇睢阳，反侧不自安，祐尝劝之，使无反汉，不听。祐坐是贬沁州司户参军，因作书贻乡友以见志，辞气俊迈，人多称之。仕周，历魏县、南乐二令。

太祖受禅，拜监察御史，由莘县移知光州，迁殿中侍御史。乾德三年，知制诰。六年，加集贤院修撰，转户部员外郎。

太祖征太原，已济河。诸州饷馈集上党城中，车乘塞路，上闻之，将以稽留罪转运使。赵普曰："六师方至，而转运使以获罪闻，敌必谓储峙不充，有以窥我矣，非威远之道也。俾能治剧者，往莅其州足矣。"即命祐知潞州。及至，馈饷无乏，路亦无壅，班师，召还。

会符彦卿镇大名，颇不治，太祖以祐代之，俾察彦卿动静，谓曰："此卿故乡，所谓昼锦者也。"祐以百口明彦卿无罪，且曰："五代之君，多因猜忌杀无辜，故享国不永，愿陛下以为戒。"彦卿由是获免，故世谓祐有阴德。

继以用兵岭表，徙知襄州。湖湘平，移知潭州。召还，摄判吏部铨。时左司员外郎侯陟自扬州还，复判铨，祐判门下省，陟所注拟，祐多驳正。卢多逊与陟善，陟因诉之，多逊素恶祐不比已，遂出祐为镇国军行军司马。

太平兴国初，移知河中府。入为左司员外郎，拜中书舍人，充史馆修撰。未几，知开封府，以病请告。太宗谓祐文章、清节兼著，特拜兵部侍郎。月余卒，年六十四。

初，祐掌诰，会卢多逊为学士，阴倾赵普，多逊累讽祐比己，祐不从。一日，以宇文融排张说事劝释之，多逊滋不悦。及普再入，多逊果败，与宇文融事颇类，识者服其先见。

祐子三人：曰懿，曰旦，曰旭。旦自有传。初，祐知贡举，多拔擢寒俊，毕士安、柴成务皆其所取也。后与其子旦同入两制，居中书。懿字文德，励志为学，举进士，尝知袁州，有政绩，卒，年四十九。

旭字仲明。严于治内，恕以接物，尤笃友谊。以荫补太祝，尝知缑氏县。时官邻邑者多贪猥，民有"永宁三镬，缑氏一镰"之谣。又知雍丘县。

真宗尹京时，素闻其能，及践阼，三迁至殿中丞。自旦居宰府，旭以嫌不任职。王矩尝荐旭材堪治剧，真宗召旦谓曰："前代弟兄同居要地者多矣，朝廷任才，岂以卿故屈之邪？"命授京府推官，旦固辞，改判南曹。由判国子监出知颍州，荒政修举。

大中祥符间，旦既薨，扬历中外，卓有政绩，由兵部郎中出知应天府。卒，年六十八。懿子睦，旭子质，皆能其官。

质字子野。少谨厚淳约，力学问，师事杨亿，亿叹以为英妙。伯父昱见其所为文，嗟赏之。以荫补太常寺奉礼郎。后献文召试，赐进士及第，被荐为馆阁校勘，改集贤校理，累迁尚书祠部员外郎。丁父忧，与诸弟饭脱粟茹蔬。终丧，通判苏州，州守黄宗旦少质，尝因争事，宗旦："少年乃与丈人抗邪？"质曰："事有当争，职也。"卒不为屈。宗旦得盗铸钱者百余人，下狱治，退告质曰："吾以术钩致得之。"喜见于色。质曰："以术钩人置之死而又喜，仁者之政，固如是乎？"宗旦惭沮，为薄其罪。还判尚书刑部、吏部南曹，知蔡州。州人岁时祀吴元济庙，质曰："安有逆丑而庙食于民者。"毁之，为更立狄仁杰、李愬像而祠之，蔡人至今号"双庙"。以本曹郎中召为开封府推官。时兄雍为三司判官，质不欲兄弟并居省府，恳辞，得知寿州，徙庐州。盗杀其徒，并赘而遁，捕得之。质论盗死，大理以谓法不当死，质曰："盗杀其徒，自首者原之，所以疑坏其党，且许之自新，此法意也。今杀人取赘而捕获，贷之，岂法意乎？"疏上，不报，降监舒州灵仙观。采古今炼形摄生之术，撰《宝元总录》百卷。逾年，韩琦知审刑院，请盗杀其徒，非自首者勿原。著为令。于是郑戬、叶清臣皆言质非罪，且称其材，起知泰州，迁度支郎中，徙荆湖北路转运使。

尝摄江陵府事，或诉民约婚后期，民言贫无赘以办，故违约。质问其费几何，出私钱予之。吏捕盗人衣者，盗叩头曰："平生不为过，迫饥寒而至于此。"质命取衣衣之，遣去。加史馆修撰、同判吏部流内铨。擢天章阁待制，出知陕州，卒。

质家世富贵，兄弟习为骄侈，而质克己好善，自奉简素如寒士，不喜畜财，至不能自给。初，旦为中书舍人，家贫，与昆弟贷人息钱，违期，以所乘马偿之。质阅书得故券，召子弟示之曰："此吾家素风，尔曹当毋忘也。"范仲淹贬饶州，治朋党方急，质独载酒往饯。或以诮质，质曰："范公贤者，得为之党，幸矣。"世以此益贤之。

杨昭俭，字仲宝，京兆长安人。曾祖嗣复，唐门下侍郎、平章事、吏部尚书。祖授，唐刑部尚书。父景，梁左谏议大夫。

昭俭少敏俊，后唐长兴中，登进士第。解褐成德军节度推官。历镇、魏掌书记，拜左拾遗、直史馆，与中书舍人张昭远等同修《明宗实录》。书成，迁殿中侍御史。

天福初，改礼部员外郎。晋祖命宰相冯道为契丹册礼使，以昭俭为介，授职方员外郎，旋加虞部郎中，俄以本官知制诰。不逾月三拜命，时人荣之。又为荆南高从诲生辰国信使，赐金紫。使回，拜中书舍人，又为翰林学士。

时骄将张彦泽镇泾原，暴杀从事张式，朝廷不加罪。昭俭与刑部郎中李涛、谏议大夫郑受益抗疏论列，请置之法。疏奏不报。会有诏令朝臣转对，或有封事，亦许以不时条奏。昭俭复上疏曰："天子君临四海，日有万机，懋建诤臣，弥缝其阙。今则谏臣虽设，言路不通，药石之论不达于圣聪，而邪佞之徒取容于左右。御史台纪纲之府，弹纠之司，衔冤者固当昭雪，为蠹者难免放流。陛下临御以来，宽仁太甚，徒置两司，殆如虚器。遂令节使慢侮朝章，屠害幕吏，始诉冤于丹阙，反执送于本藩。苟安跋扈之心，莫恤冤抑之苦。愿回睿断，诛彦泽以谢军吏。"由是权臣忌之。会请告洛阳，不赴晋祖丧，为有司所纠，停官。

未几，起为河南少尹，改秘书少监，寻复中书舍人。时河决数郡，大发丁夫，以本部帅董其役，既而塞之。晋少主喜，诏立碑记其事。昭俭上谏曰："陛下刻石纪功，不若降哀痛之诏；摛翰颂美，不若颁罪己之文。"言甚切至，少主嗟赏之，卒罢其事。周世宗爱其才，复召入翰林为学士。岁余，改御史中丞，多振举台宪故事。未几，以鞫狱之失，与知杂御史赵砺、侍御史张纠并出为武胜军节度行军司马。

开宝二年，入为太子詹事，以眼疾求退。六年，以工部尚书致仕。太宗即位，就加礼部尚书。太平兴国二年，卒，年七十六。

昭俭美风仪，善谈名理，事晋有直声。然利口喜讥訾，执政大臣惧其构谤，多曲徇其意。

鱼崇谅，字仲益，其先楚州山阳人，后徙于陕。崇谅初名崇远，后避汉祖讳改之。幼能属文，弱冠，相州刺史辟为从事。会魏帅杨师厚卒，建相州为昭德军，分魏郡州县之半以隶之。魏人不便，神校张彦及帐下，囚节度使贺德伦归款庄宗，崇谅奔归陕。

明宗即位，秦王从荣表为记室。从荣诛，坐除籍，流庆州。清泰初，移华州。俄以从荣许归葬，放还陕。三年，起为陕州司马。仕晋，历殿中侍御史，凤翔李俨表为观察支使。奉方物入贡，宰相荐为屯田员外郎、知制诰。开运末，契丹入汴，契丹相张砺荐为翰林学士。契丹主北归，留崇谅京师。

汉祖之入，尽索崇谅所受契丹诏敕，焚于朝堂，复令知制诰。俄拜翰林学士，就加中书舍人。隐帝即位，崇谅以母老求就养，除保义军节度副使，领台州刺史，食郡奉。会举师讨三叛，节度使白文珂在军前，崇谅知后事。凡供军储、备调发，皆促期而办，近镇赖之。崇谅亲属尽在凤翔城中，逾年城破，李穀为转运使，庇护崇谅家数十口，皆无恙。崇谅请告，自岐迎居于陕。未几，王仁裕罢内职，朝议请召崇谅为学士。

周祖践祚，书诏繁委，皆崇谅为之。广顺初，加工部侍郎，充职。会兖州慕容彦超加封邑，彦超已怀反侧，遣崇谅充使赐官告，仍慰抚之。时多进策人，命崇谅就枢密院引试，考定升降。

崇谅以母老思乡里，求解官归养。诏给长告，赐其母衣服、缯帛、茶药、缗钱，假满百日，令本州月给钱三万，米面十五斛。俄拜礼部侍郎，复为学士。诏令侍母归阙，崇谅再表以母老病乞终养，优诏不允。世宗征高平，崇谅尚未至，陶穀乘间言曰："鱼崇谅逗留不来，有顾望意。"世宗颇疑之。崇谅又表陈母病，诏许归陕州就养。迄太祖朝不起。

太宗即位，诏授金紫光禄大夫、尚书兵部侍郎致仕。岁余卒。

张澹，字成文，其先南阳人，徙家河南。澹幼而好学，有才藻。晋开运初，登进士第。宰相桑维翰器之，妻以女。解褐校书郎，直昭文馆，再迁秘书郎，充盐铁推官，历左拾遗、礼部员外郎，并充史馆修撰。出为洛阳令，秩满，授吏部员外，复充史馆修撰。周恭帝初，拜右司员外郎、知制诰。

建隆二年，加祠部郎中。会秘书郎张去华上书自荐有文艺，愿与澹及祠部员外郎知制诰卢多逊、殿中侍御史师颂并试，核定优劣。太祖令并试于讲武殿，澹所对不应策问，责授左司员外郎。未几，通判泰州兼海陵盐监副使。蜀平，通判梓州，复拜祠部郎中。

开宝初，就转仓部郎中。四年冬，以本官复知制诰。六年，会李昉责授，卢多逊使江南，内署阙学士，太祖令澹权直学士院。七年长春节，摄殿中监，进酒，命赐金紫。六月，权点检三司事。不逾旬，疽发背卒，年五十六。太祖闻其无子，甚愍之，命中使护葬于洛阳。

澹美风仪，善谈论，历官庀务，所至皆治。初与词臣校艺，黜居郎署，颇怏怏。晚年附会卢多逊，方再获进用。

淳化中，太宗论及文士，曰："澹典书命而试以策，非其所长，此盖陶穀、高锡党、张去华以阻澹尔。若使穀辈出其不意而遽试之，岂有不失律者邪？"

高锡，字天锡，河中虞乡人。家世业儒，幼颖悟，能属文。汉乾祐中，举进士。王晏镇徐州，辟掌书记；留守西洛，又辟河南府推官。坐按狱失实夺官，迁置泾州，会赦得归。周显德初，刘崇入寇，宰相请选将拒之。世宗锐意亲征，破崇高平，诛败将樊爱能等，由是政无大小悉亲决之，不复责成有司。锡徒步诣招谏匦上书，请择贤任官，分治众职，疏奏不报。世宗尝令翰林学士及两省官分撰俳优词，付教坊肄习，以奉游宴。锡复上疏谏。后为蔡州防御推官。

宋初，弃官归京师，诣匦上疏，请禁兵器，疏入不报。建隆五年，又以书干宰相范质，质奏用为著作佐郎。明年

春，迁监察御史。秋，拜左拾遗、知制诰，加屯田员外郎。

乾德初，赐绯。太宗尹京，石熙载在幕中，锡弟铣应进士举，干熙载，望首荐。铣辞艺浅薄，熙载不许，锡深衔之，数于帝前言熙载裨赞无状。帝具以语太宗，且曰："当为汝择人代之。"太宗曰："熙载勤于乃职，闻高锡尝求荐其弟，熙载拒之，虑为锡所构。"帝大悟，虽怒之，未有以发。会使青州，私受节帅郭崇赂遗；又尝致书澧州刺史为僧求紫衣，为人所告。事下御史府核实，责贬莱州司马。遇赦，改均州别驾，移陈州。太平兴国八年，卒。

兄子冕。冕字子庄，周显德中，诣阙上书，称旨，擢为谏议大夫。宰相范质以为超擢太过，诏特授将仕郎，守右补阙，赐赍加等。宋初，由膳部都官员外郎累至膳部郎中，出知益州。雍熙二年，卒，年五十。赠右谏议大夫，录其子垂休为固始主簿。

论曰：自唐以来，翰林直学士与中书舍人对掌训辞，颂宣功德，箴谏阙失，不专为文墨之职也。宋兴，亦采词藻以备斯选，若穀之才隽，著之敏达，澹之治迹，锡之策虑，冕之敦质，咸有可观。然豫成禅代之诏，见薄时君，终身不获大用。及夫险诐忌前，酣齿谗少检，阿势希荣，构逸谋己，皆无取焉。蒙博洽长厚，继窦仪裁定仪制，惜乎南郊之议，请去太祖以宣祖配天，为识者所非。昭俭抗论跋扈，志除骄将，而多言历诋，自取恶名，抑好讦为直者与？崇谅奉亲笃至，反罹间毁，终身归养，而不复起，后蒙旌贲之典，则为善者耸动矣。祐以百口明符彦卿无他志，且言以猜忌杀无辜者享国不长，因以杜太宗之他疑，又却卢多逊之倾赵普，以致被黜，仁者有后，宜乎子旦为宋元臣焉。

卷二百七十　　　列传第二十九

颜衎　剧可久　赵逢　苏晓　高防　冯瓚
边珝　王明　许仲宣　杨克让　段思恭
侯陟　李符　魏丕　董枢

颜衎，字祖德，兖州曲阜人。自言兖国公四十五世孙。少苦学，治《左氏春秋》。梁龙德中擢第，解褐授北海主簿，以治行闻。再调临济令。临济多淫祠，有针姑庙者，里人奉之尤笃。衎至，即焚其庙。

后唐天成中，为邹平令。符习初镇天平，习，武臣之廉慎者，以书告属邑毋聚敛为献贺。衎未领书，以故规行之，寻为吏所讼。习遽召衎笞之，幕客军吏咸以为辱及正人，习甚悔焉，即表为观察推官，且塞前事。长兴初，召拜太常博士，习力奏留之。习致仕，衎东归养亲。

未几，房知温镇青州，复辟置幕下。知温险愎，厚敛多不法，衎每极言之，不避其患。晋祖入洛，知温恃兵力偃蹇，衎劝其入贡。知温以善终，衎之力也。知温诸子不

慧，衎劝令以家财十万余上进。晋祖嘉之，归功于衎。知温子彦儒授沂州刺史，衎拜殿中侍御史。

俄迁都官员外郎，充东都留守判官，改河阳三城节度副使、检校左庶子，知州事。居半岁，得家问，父在青州有风痹疾，衎不奏弃官去侍疾，不复有仕宦意。岁余，父疾不能起，衎亲自掬矢，未尝少倦。晋祖闻之，召为工部郎中、枢密直学士，连使促召至阙，辞曰："臣无他才术，未知何人误有闻达。望放臣还，遂其私养。"晋祖曰："朕自知卿，非他人荐也。"俄废枢密院，以本官奉朝请。逾年，上表请还侍养，授青州行营司马。丁父忧，哀毁甚。俄召为驾部郎中、盐铁判官。以母老恳辞，有诏止守本官。

未几，复出为天平军节度副使。开运末，授左谏议大夫，权判河南府，召拜御史中丞。丧乱之后，朝纲不振，衎执宪颇有风采。尝上言："才除御史者，旋授外藩宾佐，复有以私故细事求假外拜，州郡无参谒之仪，出入失风宪之体，渐恐四方得以轻易，百辟无所准绳。请自今藩镇幕僚，勿得任台官；虽亲王、宰相出镇，亦不得奏充宾佐。非奉制勘事，勿得出京，自余不令厘杂务。"诏惟辟召入幕如故，余从其请。复抗表求侍养，改户部侍郎。衎又坚乞罢免，诏书褒许，即与其母东归。

汉乾祐末，丁忧。服除，诏郓州高行周津遣赴阙，衎辞以足疾，不至。周广顺初，起为尚书右丞，俄充端明殿学士。太祖征兖州，驻城下，遣衎往曲阜祠文宣王庙。城平，以衎权知州事。归朝，权知开封。

时王峻持权，衎与陈观俱为峻所引用。会峻败，观左迁，衎罢职，守兵部侍郎。显德初，上表求解官，授工部尚书，致仕还乡里，台阁缙绅责饯都门外，冠盖相望，时人荣之。建隆三年春，卒于家，年七十四。

衎守章句，无文藻，然谅直孝悌，为时所推。

剧可久，字尚贤，涿州范阳人。沉毅方正，明律令。与冯道、赵凤为友。后唐同光初，凤荐于朝，补徐州司法，以干职闻。召为大理评事，赐绯。逾年，迁大理正，坐误治狱责授登州司户。遇赦，召为著作郎。仕晋，历殿中少监、太子右谕德、大理少卿，赐金紫。晋祖崩，可久方在病告，有司纠以不赴国哀，坐免。未几复官，迁大理卿。

周广顺初，改太仆卿，复为大理卿。会郑州民李思美妻诣御史台诉夫私鬻盐，罪不至死，判官杨瑛置以大辟。有司摄治瑛，瑛具伏。可久断瑛失入，减三等，徒二年半。宰相王峻欲杀瑛，召可久谓之曰："死不可复生，瑛枉杀人，其可恕耶？"可久执议益坚，瑛得免死。由是忤峻，改太仆卿，分司西京。显德三年，所举官犯脏，可久坐停任。明年，复起为右庶子。

世宗以刑书深古，条目繁细，难于检讨。又前后敕格重互，亦难详审，于是中书门下奏曰："伏以刑法者，御人之衔勒，救弊之斧斤，有国家者不可一日而废也。虽尧、舜之世，亦不能舍此而致治。今奉制旨，删定律令，有以见明罚敕法之意也。窃以朝廷之所用者，《律》十二卷、《律疏》三十卷、《式》二十卷、《令》三十卷、《开成格》一十卷、《大中统类》一十二卷，后唐以来至汉末编敕三十三卷，及国朝制敕等。律令则文辞古质，或难以详明，格敕则条目繁多，或有所疑误。将救舞文之弊，宜伸画一之规。所冀民不陷刑，吏有所守。臣等商议，望准制旨施行。仍命侍御史知杂事张湜、太子右庶子剧可久、殿中侍御史率汀、职方郎中邓守中、仓部郎中王莹、司封员外郎贾玭、太常博士赵砺、国子博士李光赞、大理正苏晓、太子中允王伸等十人编集新格，勒成部秩。律令之有难解者，就文训释；格敕之有繁杂者，随事删削；其有矛盾相违、轻重失宜者，尽从改正，无或拘牵。候毕日，委御史台、尚书省四品以上及两省五品以上官参详可否，送中书门下议定。"从之。自是湜等于都省集议删定，仍令大官供膳。五年，书成，凡三十卷，目曰《刑统》。宰相请颁天下，与律、疏、令、式并行。可久复拜大理卿。建隆三年，告老，改光禄卿致仕。卒，年七十七。

可久在廷尉四十年，用法平允，以仁恕称。

赵逢，字常夫，妫州怀戎人。性刚直，有吏干。父崇事刘守光为牙校。后唐天祐中，庄宗遣周德威平幽州，因诛崇。逢尚幼，德威录为部曲，令与诸子同就学。及德威战没胡柳陂，逢乃游学河朔间。久之西游，客凤翔李从曮门下。从曮卒，侯益领节制，逢又依之。汉乾祐中，益入为开封尹，表逢为巡官，逢不乐，乃求举进士。是岁，礼部侍郎、集贤殿学士司徒翊典贡举，擢登甲科。解褐授秘书郎、直史馆。周广顺中，历左拾遗、右补阙，皆兼史职。世宗嗣位，迁礼部员外郎、史馆修撰。显德四年，改膳部员外郎、知制诰。逾年，转水部郎中，仍掌诰命，恭帝即位，赐金紫。

宋初，拜中书舍人。太祖征泽、潞，逢从行。次河内，闻李筠拥兵入寇，又虑太行艰险，乃妄言坠马伤足，留于怀州。驾还京，有密旨除拜，逢当草制，又称疾不入。太祖谓宰相曰："此人得非规避行役者耶？"对曰："诚如圣言。"遂贬房州司户。会恩，量移汝州司马。

乾德初，召赴阙，授都官郎中、知制诰，充史馆修撰、判馆事。二年，改判昭文馆。未几，充枢密直学士，加左谏议大夫。蜀平，出知阆州。时部内盗贼攻州城，逢防御有功。贼既平，诛灭者仅千家。妻朱氏病死京师，诏给葬事。代还，迁给事中，充职。六年，权知贡举。

太祖征太原，以逢为随军转运使，铸印赐之。会发诸道丁壮数十万，筑堤壅汾水灌晋阳城。逢白太祖乞效用，即命督其版筑。时方盛暑，逢于烈日中亲课力役，因而遘疾，舆归京师。开宝八年卒。

逢扬历清近，所至有声，然伤惨酷，又言多诋讦，故缙绅目之为"铁橛"。大中祥符三年，特诏录其子极为三班借职。

苏晓，字表东，京兆武功人。父瓒，仕后唐，历秘书少监。长兴初，晓辟邓州从事。汉祖镇太原，表为观察支使。周广顺初，由华州支使入为大理正。以谳狱有功，迁少卿。显德中，历屯田郎中。

宋初，诏与窦仪、奚屿、张希让等同详定《刑统》为三十卷及《编敕》四卷。建隆四年，权大理少卿事，迁度支郎中。乾德三年，出为淮南转运使，建议榷蕲、黄、舒、庐、寿五州茶，置十四场，规其利，岁入百余万缗。开宝三年，迁司勋郎中，改西川转运使，仍掌京城市征。

先是，朝廷遣供备库使李守信市木秦、陇间，守信盗官钱巨万，既受代，为部下所发，守信至中牟，自到于传舍。太祖命晓案之，逮捕甚众。右拾遗、通判秦州马适妻李，即守信息女。守信尝用木为筏以遗适，晓得守信所送书以进，太祖将舍之，晓上章固请置于法，仍籍其家。余所连及者，多至破产，尽得所隐没官钱。擢拜晓右谏议大夫、判大理寺，赐金紫，迁左谏议大夫。七年，监在京商税。九年六月卒，年七十三。

晓深文少恩，当时号为酷吏。及卒，无子，有一女甚钟爱，亦先晓卒，人以为深刻所致。

高防，字修己，并州寿阳人。性沉厚，守礼法。累世将家。父从庆，戍天井关，与梁军战死。防年十六，护柩以归。事父母孝，好学，善为诗。初，张从恩为北京副留守，奏摄太原府仓曹掾。从恩移澶州防御使，表为判官。有亲校段洪进盗官木造器，市取其直。从恩闻之怒，将杀之。洪进惧，思缓其罪，绐曰："判官使为之。"从恩召防诘之，防即引伏，洪进得免。从恩遗防钱十千、马一匹遣之。防拜受而去，终不自明。既而悔之，命骑追及，防不得已而还，宾主如初。又居帐下岁余，稍稍有言防自诬以活人，从恩益加礼重。从恩入为枢密副使，防授国子监丞。从恩留守西洛，又为推官。召拜殿中丞，充盐铁推官。以母忧去官，服除，随从恩历郓、晋、潞三镇判官。契丹入汴，晋主北行。从恩欲归款契丹，召拜计议，防为陈逆顺，请固守臣节。为左右所摇，从恩不用其言，遂归契丹。既行，命副使赵行迁知留后，从恩所亲王守恩为巡检，与防同领郡事。防与守恩谋诛行迁，以城归汉祖。汉祖召防赴太原，加检校金部郎中。

乾祐初，授屯田员外郎，改浚仪令。时杨邠用事，与防有隙，未几，免职。居数月，梦一吏以白帕裹印，自门入授防，防寤而思曰："白主刑，吾当为主刑官乎？"俄而周祖即位，起为刑部员外郎，吏赍印至，一如梦中所睹。改开封令，迁本府少尹，除刑部郎中。宿州民以刃杀妻，妻族受赂，伪言风狂病喑。吏引律不加考掠，具狱上请覆。防云："其人风不能言，无医验状，以何为证？且禁系逾旬，亦当须索饮食。愿再劾，必得其情。"周祖然之，卒置于法。

世宗尹京，判官崔颂忤旨，简求僚佐，宰相首以防荐。周祖曰："朕方欲用之。"乃以防代颂。世宗即位，拜左谏议大夫，赐金紫、鞍勒马。显德二年，迁给事中。从征淮南，初下泰州，即命防权知州事兼判海陵监事。会吴师至，乃迁州民入牙城，分兵固守，以俟外援。俄而扬帅韩令坤驰骑召防，吴军复至广陵，防与令坤败之。诏书嘉奖。三年，改左散骑常侍。其秋，召归阙。复历知蔡、宋二州。再从世宗南征，判行泗州，及城降，命防知州事，复知蔡州。五年，迁户部侍郎。世宗谋取蜀，以防为西南面水陆转运制置使，屡发刍粮赴凤州，为征讨之备。

太祖还自陈桥，防所居为里民所略，诏赐绫绢、衣服、衾裯、鞍马。及征李筠，防又为潞州东北路计度转运使。泽、潞平，拜尚书左丞，赐银器、彩帛、鞍勒马。

建隆二年，出知秦州，州与夏人杂处，罔知教养，防齐之以刑，旧俗稍革。州西北夕阳镇，连山谷多大木，夏人利之。防议建采造务，辟地数百里，筑堡要地。自渭而北，夏人有之；自渭而南，秦州有之。募卒三百，岁获木万章。夏部尚波千等率诸族千余人，涉渭夺木筏，杀役兵。防出与战，俘四十七人以献。太祖虑扰边郡，诏谕酋帅，赐所获之俘锦袍、银带以遣之，遂罢采木之役，命吴廷祚为节度以代防。归为枢密直学士，复出知凤翔。乾德元年卒，年五十九。太祖甚悼惜，赐其子太府寺丞延绪诏曰："尔父有干蛊之才，怀匪躬之节，朕所毗倚，遽兹沦亡，闻之盝伤，不能自已。矧素尚清白，谅无余资，殡殓所须，特宜优恤。今遣供奉官陈彦珣部署归葬西洛，凡所费用，并从官给。"

冯瓒，字礼臣，齐州历城人。性便佞，任数，务巧进。父知兆，后唐司农卿。瓒以荫补，解褐授秘书省校书郎，迁著作佐郎，出为诸城令。岁满，授太子右赞善大夫。汉初，改监察御史。周广顺元年，迁殿中侍御史。河阳判官宋仁范与洛阳嫠妇交讼，诏瓒劾之。狱成，大理断以官当徒，追两官告身，刑部员外郎张处素覆核无异，奏行。仁范诣阙诉其事，诏还一官，瓒、处素俱坐降一阶。显德初，迁刑部员外郎，充三司判官。岁余，改祠部郎中，充集贤院直学士。

宋初，转兵部郎中，加金紫阶。瓒风神俊爽，善谈论，有吏材，太祖甚宠之，擢拜左谏议大夫，出知舒州。境内有菰蒲鱼鳖之饶，居民采以自给，防御使司超尽征之，瓒奏夺民利，请蠲除，从之。建隆四年春，徙知庐州。乾德三年，以本官充枢密直学士。

时剑外初平，卒有亡命者散匿为盗，命瓒知梓州。无何，蜀军校上官进率亡命三千余人，掠民数万，夜攻州城。瓒曰："贼乘夜奄至，此乌合之众，以篙梃相击，必无固志。正可持重以镇之，且自溃矣。"城中止有云骑兵三百，令分守城门。瓒坐城楼，密令促其更筹，未夜分击五鼓，贼悉遁去。因纵兵追之，擒上官进，斩于市。诱其余党千余人，并释其罪，境内获安。

初，太祖欲任用瓒，常与赵普言瓒有奇材。普忌之，乃遣诣蜀平寇，潜令所亲信从其行，密察其过，即亡入京师击登闻鼓，讼瓒及监军绫锦副使李美、通判阆中侍御史李楫受赇为奸事。急召归阙，亲问之，词理屡屈，乃属吏。既而普遣人至潼关，阅其囊装，得金带珍玩之物，皆封题将以赂刘鋹，鋹方在太宗幕府。瓒具伏，普言法当死，太祖欲贷之，普固执不可，乃削去名籍。瓒流登州沙门岛，美配隶通州海门岛，鋹免所居官。李楫者，尝与王德裔佐王饶幕，太祖纳孝明皇后，因识之。德裔轻率而楫谨厚，太祖薄德裔而厚楫，至是，楫特免配流。未几，复为御史。

瓒在海上凡十年不得召，开宝末，遇赦放还。太宗即位,授左赞善大夫。太平兴国元年冬,与礼部员外郎贾黄中、左补阙程能分掌左藏三库。先是,货泉与金帛通。至是,以帑藏充溢,乃命分之。二年,复赐金紫。明年,判大理寺,改度支判官,迁秘书少监,充职。四年,上亲征太原,以瓒为随驾三司判官。凯旋,改大理卿兼判秘书省。以足疾求解,优诏免朝请,令于本司视事。瓒抗章请退,除给事中致仕,复旧勋阶。五年,卒,年六十七。子克忠,至内殿崇班、阁门祗候。

边珝,字待价,华州郑人也。曾祖頔,石泉令。祖操,下邳令。父蔚,太常卿。珝,晋天福六年,举进士,解褐秘书省校书郎、直洪文馆。汉乾祐初,为右拾遗,加朝散大夫。泽州饥,奉诏视民田。周广顺元年,迁右补阙。三年,转起居舍人。显德二年,改库部员外郎。丁外艰,服阕,授职方员外郎,知通州。珝课鬻盐于狼山,岁增万余石。

宋初,诣卫州视秋稼及掌京仓。建隆二年,兄玕自河南令入为吏部员外郎,复以珝为洛阳令。兄弟迭尹赤邑,时人荣之。乾德初,召为仓部郎中。蜀平,命珝知三泉县。开宝初,迁职方郎中,监京兆麹务,又掌永安军榷货,奏徙务扬州。有富民诉广陵尉谢图杀其父,本部收尉囚之,官吏推劾累三百日,狱未具,州以状闻。诏珝案鞫,尽得其实。乃富民以私憾诬告尉,即反坐之。就命权知州事,仍兼权货务。罢郡,又兼掌酒税盐矾务。未几,丁母忧,起复,知州事。会征江表,兼领淮南转运使。金陵平,知江北诸州转运事。

太宗即位,迁吏部郎中。召还,赐金紫,充广南转运使。初至,桂州守张颂卒。颂,潍州人,藁葬城外。旧制不许以族行,仆人乃分匿其家财,珝召官吏悉追取之,部送其柩归潍州。又属郡守与护军有忿隙者,但奏令易地,不致之于罪衅。太平兴国五年,代归。拜右谏议大夫,领吏部选事。七年,移知开封府。明年夏,卒,年六十三。

珝精力有吏材,帝方欲倚用,及闻其卒,叹惜数四,赐其家绢四百匹,钱二十万。珝一子早卒,以其从子俊为尉氏主簿。兄玕至金部郎中,弟玢为赞善大夫,从子仿至殿中丞,倚为比部员外郎。

王明,字如晦,大名成安人。晋天福中,举进士不第。骁骑将药元福为原州刺史,辟为从事。冯晖节制灵武,表为观察巡官。周广顺初,元福领陈州防御使,奏署判官。会刘崇寇晋州,命元福将兵援之,事多咨于明。

先是,州县吏部送丁壮饷粮,一夕,夫尽遁去。元福怒,尽驱官吏出军门,将就戮。明驰往止之,入白元福曰:"今军储无阙,丁夫数万人,文吏懦不能制,斩之何益,不如宽以待之。贼败凯旋,公无专杀之名,不亦善乎?"元福感悟,尽免其死。既而崇众宵遁,即命元福为建雄军节度留镇,因奏署明为书记,赐绯鱼。

显德初,元福移镇陕,恃功多骄恣,明以直道规之,忤其左右,多毁明于元福,元福亦稍疏之。明以父病求归省,元福数召明,明因谢绝之。诣阙上书,求任州县,历清平、鄄城二县令。

宋初,荆南高继冲入觐,授彭门节钺,以明为武宁军节度掌书记。乾德初,召公卿近臣各举清白有吏干者一人,给事中马士元以明塞诏,召为左拾遗。蜀平,选知荣州,代归,迁右补阙。会用兵于岭南,选为荆湖转运使。开宝三年,大举南征,以明为随军转运使。山路险绝,舟车不通,但以丁壮数万人转递,供亿不阙。每下一郡一城,必先保其簿书,守其仓库。既而贺州未下,明入与主帅计曰:"当急取之,恐援兵至,则我师胜负未可知。"诸将颇犹豫。明乃擐甲胄,率所部护送辎重百人,拥丁夫数千,备锸皆作,堙其堑,直抵城门。城中惧,开门纳款,遂据有之。因抵广州,贼众十余万拒战。是夕,大风发屋折木,众乃惊惧。明与都部署潘美等谋,命丁夫数千人,人持二炬,间道先掩贼垒,大军蓐食,阵以待之。俄而万炬皆发,焚其栅。贼惊,果来犯,大军因迎击之,贼大败,斩首数万,刘𬬮以城降。广州平,为本道转运使。太祖嘉其功,擢授秘书少监,领韶州刺史,充转运使。俄以潘美、尹崇珂为岭南转运使,以明为副使。明遍历部内,视民疾苦,旧无名科敛,悉条奏除之,岭表遂安。

七年,代归,帝召见劳问,赐袭衣、金带、鞍勒马。是岁,将用师南唐,以明为黄州刺史,帝密授成算。明既视事,即完葺城垒,训练士卒,众莫解其意。俄而王师自荆渚乘战舰而下,即以明为池州至岳州江路巡检战棹都部署。击鄂州军于江南,斩首三百级。又破万余人于武昌,杀江南军七百人,拔樊山砦。破江州军,斩首三千级。又破江南军三百人于江中,获船十余艘。又击败湖口军万余众,夺战舰五百艘。

时南唐将朱令赟自上江领众十五万,连大舰沿流而下,将焚采石浮梁,抵金陵为援。明率所部舟师屯独树口,遣其子驰奏,请添造战舰三百艘以袭令赟。帝曰:"非应急策也,令赟朝夕至,金陵之围解矣。"乃密遣人谕明,令树长木于洲浦间,若帆樯之状。令赟望见之,果疑大军袭其后,逗挠不敢进。明移檄诸军,相为掎角,因督兵棹袭之。至小孤山,与诸军合势,大破之,擒令赟,众赴水死者十五六。金陵平,诏明安抚诸郡,因命知洪州。太宗即位,兼领江南诸路转运使。召为右谏议大夫,充三司副使。

太平兴国七年,与侯陟同判三司事。八年,召分三司,各命使领之,改左谏议大夫,为盐铁使,迁给事中。雍熙四年,改光禄卿,出知并州。端拱元年,代还。表求换秩,改礼部侍郎。会契丹扰边,诏以明知真定府。契丹遁去。淳化初,诏归阙,知京朝官差遣事。二年,卒,年七十三。

子挺、扶,并进士及第。历台省,累为转运使,皆知名。挺至殿中侍御史,扶尝直集贤院,至工部员外郎。景德中,录幼子揆为光禄寺主簿。大中祥符八年,又录其孙师颜为三班借职,揆至殿中丞。

许仲宣,字希粲,青州人。汉乾祐中,登进士第,时年十八。周显德初,解褐授济阴主簿,考功员外郎张义荐为淄州团练判官。宋初赴调,引对便殿。仲宣气貌雄伟,太祖悦之。擢授太子中允，受诏知北海军。仲宣度其山川形势、地理广袤可以为州郡，因画图上之，遂升为潍州。

初，议建牧马监，令仲宣行视诸州，颇得善地。从征并门，掌给纳，四十余州资粮悉能集事，帝益知其强干。开宝四年，知荆南转运事。及征江南，又兼南面随军转运事，兵数十万，供馈无阙。南唐平，以漕挽功拜刑部郎中。中谢日，召升殿奖谕，赐绯。九年，诏知永兴军府事。

太宗嗣位，迁兵部郎中，驿召赴阙，赐金紫。授西川转运使，属西南夷寇钞边境，仲宣亲至大度河，谕以逆顺，示以威福，夷人率服。会言事者云，江表用兵时，仲宣干没官钱，召还，令御史台尽索财用簿钩校，凡数年而毕，无有欺隐。

改广南转运使，会征交州，其地炎瘴，士卒死者十二三，大将孙全兴等失律，仲宣因奏罢其兵。不待报，即以兵分屯诸州。开库赏赐，草檄书以谕交州。交州即送款内附，遣使修贡。仲宣复上章待罪，帝嘉之。

太平兴国六年冬，南郊毕，迁吏部郎中。八年，与膳部郎中、知杂滕中正，兵部郎中刘保勋，刑部郎中辛仲甫，皆以久次郎署，擢升谏垣，仲宣为左谏议大夫。未几，召还，以本官权度支。雍熙四年，出知广州，未上，移知江陵府，俄改河南府。端拱中，迁给事中。淳化元年，卒，年六十一。

仲宣性宽恕，倜傥不检，有心计。初，为济阴主簿时，令与簿分掌县印。令畜嬖妾，与其室争宠，令弗能禁。嬖欲陷其主，窃取其印藏之，封识如故，以授仲宣。翌日署事，发匣，则无其印，因逮捕县吏数辈及令、簿家人，下狱鞫问，果得之于令舍灶突中。令闻之，仓皇失措，仲宣处之晏然，人服其量。尝从征江南，都部署曹彬令取陶器数万，给士卒为灯具。仲宣已预料置，奉之如其数。其才干类此。

子待用为国子博士，待问再举及第，至殿中丞，待旦至比部员外郎。待用子巨源，亦登进士第。

杨克让，字庆孙，同州冯翊人。高祖公略，洪州都督。晋末，举进士不第，州将刘继勋辟为户曹掾。汉乾祐中，本府节度张彦成表授掌书记。

周广顺初，彦成移镇安阳、穰下，克让以旧职从行。彦成入为执金吾，病笃，奏称其材可用。克让以彦成死未葬，不忍就禄，退居别墅，俟张氏子外除。时论称之。历镇宁军掌书记。显德二年，调凤翔府司录参军，加兼监察御史，以祖母老解官归养。未几，改延州观察推官，与通判宋琪并为节度使赵赞所礼。累加朝散大夫兼殿中侍御史，连以家难去职。

太祖素知其名，会赞入觐，复称其才，即起为左补阙，掌蕲口榷货务。乾德六年，知果州。上言愿毕襄事，特赐缗钱，许葬毕赴任。开宝三年，就命为西川转运副使，蜀民怀其善政，玺书褒美。代归阙下，疏民利病十事，称旨。太祖召升殿，赐坐劳问，面赐金紫。将大用，为侯陟所沮，事见陟传。

征南唐，命克让知昇州行府。昇州平，就知州事兼水陆计度转运使事，加兵部员外郎。太平兴国初，就加刑部郎中、知大名府。会钱俶、陈洪进来归疆土，以克让为两浙西南路转运使。泉州民啸聚为盗，克让在福州，即率其屯兵至泉州，与王明、王文宝共讨平之。四年，徙知广州，俄兼转运市舶使。明年，卒，年六十九。

克让少好学，手写经籍，盈于箧笥。多收图画墨迹。历官廉谨干局，所至有声。每视事，自旦至暮，或通夕，断决如流，无有凝滞，当时称为能吏。

子希闵字无间。生而失明，令诸弟读经史，一历耳辄不能忘。属文善尺牍，赵普守西洛，府中笺疏，皆希闵所为。将奏署本府掾，固辞不受，普优加赠赠。张齐贤、李沆、薛惟吉、张茂宗继领府事，皆优待之。卒，年三十九，有集二十卷。自教三子：曰华，曰严，曰休，皆登进士第。日华都官员外郎，曰严职方员外郎，曰休殿中丞。希闵弟希甫，淳化三年进士，至屯田员外郎。从子曰宣，亦登进士第。

段思恭，泽州晋城人。曾祖约，定州司户。祖昶，神山令。父希尧，晋祖镇太原，辟为从事，与桑维翰同幕府。晋有天下，希尧累历清显。思恭以门荫奏署镇国军节度使官。天福中，希尧任棣州刺史兼权盐矾制置使。思恭解官侍养，奉章入贡，改国子四门博士，赐绯。开运初，出为华、商等州观察支使。刘继勋节制同州，辟为掌书记。继勋入朝，会契丹入汴，军士喧噪，请立思恭为州帅，思恭谕以祸福，拒而弗从，乃止。

汉祖建国，授左补阙。隐帝时，蝗，诏遍祈山川。思恭上言："赦过宥罪，议狱缓刑，苟狱讼平允，则灾害不生。望令诸州速决重刑，无致淹滥，必召和气。"从之。历度支、驾部。周显德中，定滨州田赋，世宗嘉之，赐金紫。丁外艰，服阕，拜左司员外郎。

建隆二年，除开封令，迁金部郎中。乾德初，平蜀，通判眉州。时亡命集众，攻逼州城，刺史赵廷进惧不能敌，将奔嘉州，思恭止之，因率屯兵与贼战彭山。军人皆观望无斗志，思恭募军士先登者厚赏，于是诸军贾勇，大败贼，思恭矫诏以上供钱帛给之。后度支请按其罪，太祖怜其果干，不许，令知州事。丁母忧，起复，俄召为考功郎中，知泗州。

会冯继业自灵州举宗来朝，帝以思恭代知州事，仍语之曰："冯继业言灵州非卫、霍名将镇抚之不可，汝其往哉！"思恭曰："臣奉诏而往，必能治之。"帝壮之，赐窄衣、金带、钱二百万，仍以途涉诸部，令别赍金帛以遗之。思恭下车，矫继业之失，绥抚夷落，访求民病，悉条奏免之。俄而回鹘入贡，路出灵州，交易于市，思恭遣吏市硇砂，吏争直，与之竞。思恭释吏，械其使，数日贳之。使还愬其主，复遣使赍牒诣灵州问故，思恭理屈不报。自是数年，回鹘不复朝贡。

久之，迁右谏议大夫、知扬州。朝廷方经略江表，命思恭兼沿江巡检。每出巡，委州事于通判，以牌印、鼓角、金钲自随。驿书自京师来者，令赍至其所，事多稽滞。因与通判李苕相告讦，诏以属吏。思恭辞不直，责授太常少卿、改知宿州。太宗即位，迁将作监、知秦州。坐擅借官库银造器，又妄以贡奉为名，贱市狨毛虎皮为马饰，为通判王廷范所发，降授少府少监、知邢州。太平兴国六年，迁少府监。雍熙元年，南郊毕，表乞复旧官，再为右谏议大夫。二年，知寿州。端拱初，迁给事中，寻知陕州。淳化三年，卒，年七十三。

思恭以门资历显官，不知书，无学术；然践更吏事，所至亦著勤绩。子惟一至太常博士、三司度支判官。从子惟几，第进士，仕至兵部员外郎。

侯陟，淄州长山人。汉末，举明经。周广顺初，试校书郎，为西州回鹘国信使判官，还补雷泽主簿。司门员外郎姚恕凡四荐陟，为襄城令、汝州防御判官、濮阳襄邑令。建隆初，为冤句令，以清干闻。二年，擢为左拾遗，仍知县事。节度袁彦颇为不法，陟抗章言之，彦上表谢，自陈无罪，太祖亦不穷治。四年，令兼领本县屯兵，俄改淮南转运使，赐绯衣、黑银带，迁右补阙。乾德三年，就改侍御史。明年，入为左司员外郎、度支判官。朝议欲以本官领省事，改度支员外郎，依前充判官。开宝五年，复为左司员外郎。六年，权判吏部铨，俄赐金紫。十二月，诏与户部员外郎、知制诰王祐等同知贡举，未锁宿，出知扬州。会出师收金陵，陟以所部败南唐军千人于宣化城。俄为部下所讼，追赴阙，陟度理穷，乃求哀卢多逊，多逊素与陟善，为其画计。时江表未拔，太祖厌兵，南土暑炽，军卒疫死，方议休兵，以为后图。陟适从扬州来，知金陵危甚，多逊令上急变求见。陟时被病，令掖入，即大言曰："南唐平在朝夕，陛下奈何欲班师，愿急取之。臣若误陛下，愿夷三族。"上屏左右，召升殿问状，遂寝前议，并赦陟罪，复知吏部选事。

太平兴国初，迁户部郎中。俄而选人有妄冒，事发，词涉于陟。南曹雷德骧将奏劾之，陟造便殿自首，出为河北转运使。征太原，为太原东路转运使。驾还，次镇州，命先还上都供顿军需。以功迁左谏议大夫，权御史中丞事。五年，同知贡举。开宝末，赵普在中书，陟尝上疏言其短。至是，普再入相，陟颇忧惧。六年，南郊毕，加给事中。七年，三司使王仁赡下降，以陟与王明同判三司。八年，卒，赠工部尚书。

陟有吏干，性狡狯，好进，善事权贵，巧中伤人。太祖尝召刑部郎中杨克让，命坐与语，且谕以将大用。陟素忌克让，侦知之。因奏事，上问识杨克让否，陟曰："臣与克让甚善，知其人才识，朝廷佳士也。近闻其自言于上许以大用，多市白金作饮器以自奉，臣颇怪之。"上怒，亟令克让出典郡。其险诐如此。

李符，字德昌，大名内黄人。汉乾祐中，郭从义讨赵思绾于京兆，辟符在幕府，表为京兆府户曹掾。历郿县主簿、保义军节度推官。丁内艰，服除，调汝州防御判官，权知州事。右庶子杨恪荐为大理正。乾德中，知归州转运司制置。

归朝，以京西诸州钱帛不登，选知京西南面转运事，

奏便宜百余条，凡四十八事，命著为令，赐绯鱼。因奏对称旨，迁起居郎。后荆湖转运许仲宣随军讨南唐，诏符赴荆湖调发刍粮，符领船数千艘顺流而下。事毕，赐金紫。符又建议凿横江河以通漕运，发和州三县丁壮给其役。太祖欲幸西京，有事于南郊。符上书陈八难曰："京邑凋弊，一也；宫阙不备，二也；郊庙未修，三也；百司不具，四也；畿内民困，五也；军食不充，六也；壁垒未设，七也；千乘万骑盛暑扈行，八也。"不从。礼毕还京，改比部外郎、判刑部。

太平兴国初，迁驾部，转祠部郎中，知广州兼转运使。二年，符图海外诸城及岭外花木各一以献。在任有善政，民为立生祠。五年，召为右谏议大夫、判吏部铨兼大理寺理。三司副使范旻得罪，以符代之。赐白金三千两。车驾幸大名，领行在三司。未几，坐与官属竞课最，罢职守本官。

七年春，开封尹秦王廷美出守西京，以符知开封府。廷美事发，太宗令归第省过。赵普令符上言："廷美在西洛非便，恐他有变，宜迁远郡，以绝人望。"遂有房陵之贬。普恐泄言，坐符用刑不当，贬宁国军行军司马。卢多逊贬崖州也，符白昔曰："珠崖虽远在海中，而水土颇善。春州稍近，瘴气甚毒，至者必死，愿徙多逊处之。"普不答。先是，太宗尹京，符因宋琪荐弭德超事藩邸。符贬，德超为枢密副使，屡称其冤。会德超以事贬，帝恶其朋党，徙符岭表，普移符知春州。至郡岁余卒，年五十九。

符无文学，有吏干，好希人主意以求进用，终以此败。至道二年，郊祀，追复右谏议大夫。祥符五年，录其子璜试将作监主簿。

魏丕，字齐物，相州人，颇涉学问。周世宗镇澶渊，辟司法参军。有盗五人狱具，丕疑其冤，缓之。不数日，果获真盗，世宗嘉其明。慎历顿丘、冠氏、元城三县令。世宗即位，改右班殿直。自陈本以儒进，愿受本资官。世宗曰："方今天下未一，用武之际，藉卿干事，勿固辞也。"未几，出监明灵砦军。世宗征淮甸，丕获江南谍者四人，部送行在。诏奖之，赐钱十万，迁供奉官、供备库副使。

太祖即位，改作坊副使。时杨承信帅河中，或言其反侧未安，命丕赐承信生辰礼物，阴察之。还，言其无状。太祖尝召对，语丕曰："作坊久积弊，尔为我修整之。"丕在职尽力，以久次转正使。开宝九年，领代州刺史。凡典工作十余年，讨泽潞、维扬，下荆广，收川峡，征河东，平江南，太祖皆先期谕旨，令修创器械，无不精办。旧床子弩射止七百步，令不增造至千步。及改绣衣卤簿，亦敕丕裁制。丕撤本坊旧屋，为舍衢中，收僦直及鬻死马骨，岁得钱七千余缗，工匠有丧者均给之。太祖幸洛郊祀，三司使王仁赡议雇民车牛运法物，太祖以劳民，不悦，召丕议之。丕请拣本坊工匠少壮者二千余，分为递铺输之，时以为便。

雍熙四年，代郝正为户部使。端拱初，迁度支使。是冬，出为黄州刺史。还朝，召对便坐，赐御书《急就章》、《朱邸集》。丕退作歌以献，因自述愿授台省之职。太宗面

谕曰："知卿本儒生，然清望官奉给不若刺史之优也。"淳化初，改汝州刺史。历知凤州，改襄州。境内久旱，丕以诚祷之，一夕，雨沾足。明年，召还，屡求退居西洛，不许。

四年，表求致仕，授左武卫大将军，仍领汝州刺史。俄判金吾街仗。初，六街巡警皆用禁卒，至是，诏左右街各募卒千人，优以廪给，使传呼鲁盗。丕以新募卒引对，遂分四营，营设五都，一如禁兵之制。五年，改领郓州刺史。俄改领复州，迁左骁卫大将军。咸平二年卒，年八十一。

丕好歌诗，颇与士大夫游接，有时称。南唐主李煜妻卒，遣丕充吊祭使，且使观其意趣。煜邀丕登昇元阁赋诗，丕有"朝宗海浪拱星辰"之句，以风动之。太宗尝赐诗，令丕与柴禹锡和焉。

董枢，真定元氏人。后唐太清中，以献书授校书郎。累历宾佐。晋天福中，为左拾遗、知枢密院表奏。周广顺初，为左补阙。世宗即位，诏常参官各奏封事，枢上平吴策。淮南平，迁浚仪令。恭帝即位，迁殿中侍御史。

太祖乾德初，迁主客员外郎。上书请伐蜀，蜀平，通判剑州。会全师雄叛，攻剑。刺史张仁谦足疾不能战，欲弃城走。枢固争，战贼败之，因招余众降。仁谦饮枢令醉，密杀降数百，诬奏枢与贼通。会中使自成都还，备言其事，太祖并召之，庭辩曲直，仁谦遂屈。下御史台鞫之，黜宋州教练使，以枢尝贡西伐计，迁比部郎中。三年，出兼桂阳监使，上书请伐广南。诏益桂阳戍卒三千，令枢统之。

开宝二年，又上方略。会刘𫓩令内侍曾居实侵桂阳，枢击退之。三年，大举伐𫓩，令枢率兵趋连口，克之。改兵部郎中，权知连州兼行营招抚使。岭南平，赐钱三百万。四年，移知襄州，又为河北转运使，改判西京留司御史台。

初，枢罢桂阳监，以左赞善大夫孔璘代之。璘通《三礼》，尝讲学于河朔。擢第，历州县。及升朝，莅桂阳，岁满，以太子洗马赵瑜代之。

瑜，赵州人。家世豪右，自言谙练边事。开宝中，命为易州通判，岁满，移桂阳。瑜至，即称疾，遂以著作郎张侃代之。侃至月余，奏瑜在任累月，得羡银数千斤，虽送官而不具数闻，计枢与璘隐没可知矣。诏下御史案之，狱具。有司论坐赃法，俱当死。太祖曰："赵瑜非自盗，但不能发摘耳。"枢、璘并坐死，瑜决杖流海岛。擢侃为屯田员外郎。

论曰：颜衎振举风宪，不避强御。剧可久居廷尉之任，以平允闻。赵逢果断之士，而独尚严酷，处之要密之职，则非所宜。苏晓锐意深刻，乐致人罪，后嗣衰谢，厥报不诬。高防陈逆顺以聋臣节，体明慎而究疑狱，治迹清操，没而弥章。若其自诬以救人之死，古人何加焉。冯瓒省关市之苛赋，设方略以击贼，功若可称，而巧宦任数，竟致倾败，理固然矣。边珝、王明、许仲宣、杨克让出官效用，以清干称。然仲宣宽简持重，造次不挠，盖人之难能者。王明累参戎事，预立战功，至若开谕元福，止其暴诛，

此赴蹈之仁也。段思恭遏乱兵，击群寇，便宜从事，以著奇绩，斯亦可矣。然不能动遵规矩，速讼左降者再焉。侯陟吏才适用，患在忮刻。李符ППК时务，乃事深文，以致投荒自弊，遂为口实。魏丕久典工效，以济戎用，至于平反冤盗之狱，救杨承信之诬，善尤可称。董枢论平吴伐蜀及取广南，咸克举之，且多战功，而以贪墨取败。惜哉！

卷二百七十一　　　列传第三十

马令琮　杜汉徽　张廷翰　吴虔裕　蔡审廷　周广　张勋　石曦　张藏英　陆万友　解晖　李韬　王晋卿　郭廷谓_{子廷濬} 从子廷泽　赵延进　辅超

马令琮，本名令威，避周祖名改之，大名人。父全节，《五代史》有传。全节历横海、定远、昭义、彰德、定武、天雄六节度，皆署令琮为牙校，累授彰德牙内都指挥使、检校尚书左仆射，领勋州刺史。令琮少善骑射，尝从其父平安州及与镇州安重荣战，皆有功，由是知名。晋开运二年，全节卒，令琮起复，拜隰州刺史。汉祖开国，为西京巡检使。周祖受命，改陈州刺史。征兖州，为京城四门外巡检。世宗嗣位，移随州。显德二年，入为虎捷左第一军都指挥使。六年，兼领建州刺史。

太祖即位，出刺怀州。李筠叛，将亲征，召三司张美饷兵食，美言河内密迩上党，令琮日夜储蓄以俟王师。太祖善之，命授团练使。执政言令琮方优亿大军，不可移他郡，故升怀州为团练，以令琮充使，又充先锋都指挥使。泽、潞平，为昭义兵马钤辖。逾年被疾，诏许归郡。乾德元年，卒，年三十九。太祖甚怜之，录其子延恩为殿直。

杜汉徽，京兆长安人。父阿孙，为太原威胜军使。汉徽有膂力，善骑射，年十七，仕后唐武皇为厅直队长。天成中，累迁护圣军使。晋天福六年，与慕容邺等讨安州李金全，生禽指挥使孙厚，以功迁兴顺指挥使。八年，从征镇州安重荣，改护圣指挥使，赠阿孙为左赞善大夫。开运二年，以所部戍深州，破契丹于乐寿，杀获甚众。汉初，从高行周讨杜重威于邺，屡为流矢所中，身被重创，犹力战，观者壮之。又率所部戍镇州，破契丹于灵寿，获车马甚众。周世宗征刘崇，汉徽有战功，补龙捷左第五军都虞候，移所部屯安平县，破契丹于县南，获器甲车帐，迁本军左第四都虞候。

宋初，补本军都校，领茂州刺史，改领潮州。从平李筠，又从平李重进，录功居多。建隆三年，出为天长军使，移雄武军使、知屯田事。是冬，被病，即以符印授通判宋鸢，请告归京。家人劝其求医药，汉徽笑曰："我在戎行四十年，大小百余战，不死幸矣，安用药为？"未几，卒。

张廷翰，冀州信都人。父慎图，仕周为兵部郎中。廷翰少慷慨，有智略，善骑射。晋天福中，冀州刺史张建武召补牙校，其后刺史李冲署为本州牢城军校。契丹入中原，署其党何行通为刺史，契丹主道殂，州人共杀行通，推廷翰知州事。汉初，就拜刺史，廷翰尽捕杀行通者戮于市。为政宽厚简易，民甚爱之。周广顺初，召赴阙，周祖见其貌魁伟，谓枢密使王峻曰："冀州近边，虽更择人，亦无逾廷翰者。"即日遣还。在郡八年，契丹将高牟翰数扰边，皆为廷翰击走。廷翰家富于财，岁遣人赍金帛北入市善马，常得数百匹，贡献外悉遗贵近，甚获美誉。显德中，历棣、海、沂三州团练使，屡率兵败淮人，移莱州。

宋初，又历冀、亳二州。乾德二年卒，年四十七。

吴虔裕，许州许田人。父徽，左卫将军。虔裕少为郡吏，汉祖镇许，爱其精谨，署以右职。及移镇太原，以虔裕从。开国，擢为引进使，转内客省使。时镇州节度刘在明卒，遣虔裕率兵巡护。隐帝即位，召为宣徽北院使。

周祖讨三叛，以虔裕为河中行营都监，率护圣诸军五千以往。李守贞出兵五千余，设梯桥，分五路于长连城西北以御周祖。周祖令虔裕率大军横击之，蒲人败走，夺其梯桥，杀伤大半。师还，赐袭衣、玉带。会枢密使杨邠上言求解职，隐帝遣人谕邠曰："枢机之任，非卿不可，卿何听间离而为此请耶？"使至而虔裕在坐，即扬言曰："机要重地，非可久处，俾后来者迭居可也。"使还以白帝，帝怒，出虔裕为郑州防御使。乾祐末诛大臣，急诏入朝，命将兵守澶州。及留子陂战败，遂降周祖。广顺初，遣还，赐以袭衣、玉带、鞍勒马。从周祖讨慕容彦超，破之。改汝州防御使，历右卫、左金吾卫二大将军兼街仗使。

太平兴国六年，迁右千牛卫上将军，仍判左街仗事。虔裕掌金吾三十余年，端拱初卒，年八十八，赠太尉。

虔裕性简率，言多轻肆。右金吾上将军王彦超告老，虔裕语人曰："我纵僵仆殿阶下，断不学王彦超七十致仕。"人传笑之。每朝会及从游宴，太宗怜其寿高，常慰抚之。子延彬，至仪鸾副使，延彬子仁美，至内殿崇班。

蔡审廷，磁州武安人。曾祖凝，邢州别驾。祖绾，武安远城三冶使。父颙，洺州长史。审廷少能骑射，晋初，应募补护圣散都头。周显德初，擢为殿前散员，转铁骑副兵马使。从世宗战高平有功，迁军使。太祖为殿前都点检，从世宗征淮南，审廷隶麾下，预战紫金山，改副指挥使。

宋初，授殿前散都头指挥使。从征李筠，攻泽州先登，为飞石伤足，帝赐以良药、美酒。及车驾还京，幸其官署问之，赐赉甚厚。寻转内殿直都虞候，俄改伴饭都指挥使。建隆中，领富州刺史兼内外马步军副都军头。乾德初，授冀州刺史。征太原时，为北面步军都指挥使，屯兵易州。审廷训练士卒甚整，太祖至镇阳，见于行在所，赐名马、宝剑，命为镇州兵马都钤辖。开宝八年卒，年六十九。

周广，字大均，其先应州神武川人。父密，事晋，历鄘、延、晋三镇节度使。周广顺初，至太子太师致仕。广幼从其父为牙校。汉初，授供奉官。未几，擢左千牛卫将军。周祖命将讨慕容彦超于兖州，以广为行营都监。贼平，录功迁右武卫将军。俄改右神武将军，充镇淮军兵马都监。从世宗征淮南。既得江北数州，即命广劳来安集，民甚德之。因领常州刺史兼内外马步军都军头。淮南平，改眉州刺史。

宋初，授隰州刺史。乾德三年，迁潘州团练使，令训练雄武诸营。开宝二年，从征太原，为攻城楼橹战棹都部署，师还，加内外马步军副都军头。六年，改右屯卫大将军，领郡如故。太平兴国二年卒。

张勋，河南洛阳人。晋开运中，事留守景延广为典客，延广表为供奉官。周世宗将征淮南，以勋为申州缘淮巡检。因采光州机事闻于朝廷，即命勋率兵同讨平之，遂监光州军，充内外巡检。后攻黄州，败吴人于麻城，复破柏业山砦，目中流矢。迁内园副使。及征瀛、莫，以为霸州兵马都监。

初，征李筠，勋从石守信董前军，拔大会砦，及败筠众于太行，破泽州，皆预有功。太祖还京，命权知许州。未几，李重进叛，又诏与石守信、李处耘先率兵进讨。拔扬州，以勋为兵马都监，迁毡毯使。讨朗陵，充前军兵马都监。荆湖平，以功就拜衡州刺史。乾德初，克郴州及桂阳监，以勋为刺史兼监军。五年，代归，至扬州卒，年六十八。太祖甚怜之，录其子廷敏为殿直。勋性残忍好杀，每攻破城邑，但扬言曰"且斩"，颇有横罹锋刃者。将赴衡州，州民皆涕泣相谓曰："'张且斩'至矣，吾辈何以安乎！"

石曦，并州太原人，晋祖弟韩王晖之子。天福中，以曦为右神武将军。历汉至周，为右武卫、左神武二军将军。恭帝即位，初为左卫将军。会高丽王昭加恩，命曦副左骁卫大将军戴交充使。

建隆三年，再使高丽，迁左骁卫大将军，护秦州屯兵。西人犯边，曦率所领击破之，斩渠帅十三人。太祖征晋，曦领兵二千人自泽、潞除汾道至太原，壅汾水灌其城，又益兵千人，部攻辽州。俄知雄州，代，为潭州钤辖。开宝八年，领兵败南唐军二千余于袁州，平梅山、板仓诸洞蛮寇，俘馘数千人。太平兴国中，历右神武、右羽林大将军，连知孟、襄二州，迁领诚州刺史。雍熙四年，改知霸州兼部署。会陈廷山谋以平戎军叛入北边，曦察知之，与侯延济定计，禽廷山以献。录其功，加领本州团练使、同知镇州。淳化二年，移原州，迁右龙武军大将军。被病请告，诏特给全奉。四年，卒，年七十四，赗赙加等。

张藏英，涿州范阳人，自言唐相嘉贞之后。唐末，举族为贼孙居道所害。藏英年十七，仅以身免。后逢居道于幽州市，引佩刀刺之，不死，为吏所执。节帅赵德钧壮之，释而不问，以补牙职。藏英后闻居道避地关南，乃求为关南都巡检使。至则微服携铁杖，匿居道舍侧，伺其出击之，仆于地，啮其耳啖之，遂禽归。设父母位，陈酒肴，缚居道于前，号泣鞭之，窝其肉，经三日，刳其心以祭。即诣官首服，官为上请而释之。燕、蓟间目为"报仇张孝子"。契丹用为卢台军使兼权盐制置使，领坊州刺史。周广顺三年，率内外亲属并所部兵千余人，及煮盐户长幼七千余口，牛马万计，舟数百艘，航海归周。至沧州，刺史李晖以闻。周祖颇疑之，令馆于封禅寺，俄赐袭衣、银带、钱十万、绢百匹、银器、鞍勒马。数月，世宗即位，授德州刺史。未几，召归，对便殿，询以备边之策。藏英请于深州李晏口置砦，及诱境上亡命者以隶军，愿为主将，得便宜讨击。世宗悉从之。以为缘边招收都指挥使，赐名马、金带。藏英遂筑城李晏口，累月，募得劲兵数千人。会遣凤翔节度王彦超巡边，为契丹所围，藏英率新募兵驰往击之，转战十余里，契丹解去。改濮州刺史，仍领边任。契丹将高牟翰以精骑数千扰边，藏英逆击于胡卢河北，自旦至晡，杀伤甚众。值暮收兵，契丹遁去。后因领兵巡乐寿，契丹幽州骁将姚内斌侦知藏英兵少，以精骑二千阵于县之北，藏英率麾下击之，自辰及申，士皆殊死战，内斌遂解去。世宗降玺书褒美。征瓦桥关，为先锋都指挥使，败契丹骑数百于关北。下固安县，又改关南排阵使。宋初，迁瀛州团练使，并护关南军。建隆三年，卒于治所，年六十九。孙鉴，自有传。

陆万友，蔚州灵丘人。少隶太原为神校。汉祖起义，擢为护圣指挥使。隐帝即位，出为天雄军马军都指挥使。周祖之起兵也，万友预谋。及践阼，擢为散员都指挥使，领奖州刺史。世宗嗣位，迁龙捷左第三军都指挥使。转控鹤右厢都校、领虔州团练使，改虎捷右厢、领阆州防御使。恭帝嗣位，出为安州防御使。

宋初，历沂、蕲二州防御使。乾德四年，改汝州。开宝中，讨南唐，造舟于采石矶以济师，命万友守之。江南平，为和州防御使。太宗嗣位，以为晋、绛等州都巡检使。帝征太原，克汾、石二州，以万友为石州都巡检使，俄兼知石州，移巡警凤翔、秦、陇。代归，诏知瀛州，在郡二年，政务苟简。雍熙二年，改右监门卫大将军，充河阴兵马都监，逾年卒，年七十三。万友始业圬镘，既贵达，不忘本，以银为圬镘器数十事示子孙。性猛暴，以武勇自任，所至无善政。太宗以其勋旧，恩遇不替，聘其次女为许王夫人。

解晖，洺州临洺人。父珏，应募为州兵，后唐天成中，西征至剑门，没于阵。晖少有勇力，以父死戎事，得隶兵籍。戍雁门，与契丹接战，斩首七级，获酋长一人。以功迁奉国军队长。晋天福中，安重荣反镇州，因举兵向阙。至宋城，晋师逆战，大破之。晖募军中壮士百余人夜捣贼垒，杀获甚众。晖频中流矢，而督战自若，颜色不挠，以功迁本军列校。周广顺初，刘崇与契丹侵晋州，晖从都部署、枢密使王峻等往援之。晖率敢死士三十余，夜入契丹帐击之，杀获甚众，迁本军第五指挥使。从世宗征淮南，率所部下黄州，禽刺史高弼，迁虎捷第一军为虞候。

宋初，步军都军头，从征泽州，力战，目中流矢。师还，策勋为内外马步军副都军头。建隆四年，充湖广道行营前军战棹都指挥使。潭州平，降玺书奖谕。伪统军黄从志据岳州，晖率舟师讨平之，生禽从志及将校十四人，俘斩数千，溺死者众。改控鹤右第二军都指挥使，领高州刺史。乾德六年，诏领所部军屯上党，从李继勋略太原。开宝九年，破太原军于境上，斩首千余级，获马三十匹。改均州刺史。

太平兴国二年，诏于潞州北乱柳石围中筑城，名威胜军，以晖为军使。从征并州，与尚食使石彦赟率所部先下隆州，杀并州三百余，禽招讨使李询等六人，以献于行在所，赐予有加。复令与彦赟督战士隶城西行营，分攻太原。刘继元降，太宗以太原宫女三人赐晖，俄以功迁本州团练使、知霸州。雍熙初，充云、应、寰、朔、忻、代等州都巡检使。三年，代归本郡。淳化二年，被病，上章告老，改右千牛卫上将军致仕。诏未至而卒，年八十。

晖鸷猛木强，每受诏征伐，常身先之。人所惮者，晖视之若甚易，由是频立战功，金创遍体。时称骁将。子守颙，至内殿崇班、阁门祗候。

李韬，河朔人。有勇力胆气，善用梢，为禁军队长。周祖征三叛，韬从白文珂攻河中，兵傅其城。文珂夜诣周祖议犒军，留韬城下。时营栅未备，李守贞乘虚来袭，营中忽见火发，知贼骤至，惶怖失据。客省使阎晋卿率左右数十人，遇韬于月城侧，谓韬曰："事急矣，城中人悉被黄纸甲，为火光所照，色俱白，此殊易辨，奈军士无斗志何？"韬愤怒曰："岂有食君禄而不为国致死耶！"即援梢而进，军中死士十余辈随韬犯贼锋。蒲有猛将跃马持戈拟韬，韬刺之，洞胸而坠。又连杀数十人，蒲军遂溃，因击大破之，守贞自是闭垒不敢出。俄骁将王三铁降，城遂平，韬由此知名。累迁军校，出为赵州刺史，移慈州。乾德六年卒。

王晋卿，河朔人。少勇敢，为乡里所推。周世宗在澶渊，晋卿以武艺求见，得隶帐下。及即位，补东头供奉官。从战高平，征淮甸，每遣宣传密旨，甚亲信之。洎北征，为先锋都监，督战有功，诏权控鹤为虞候。克关南，授军器库使。显德四年，为龙捷右第一军都指挥使，领彭州刺史。恭帝即位，出为滨州刺史。

乾德中，为兴州刺史。四年，移汉州。时蜀初平，寇盗充斥，晋卿严武备，设方略，禽捕剪灭，靡有遗漏，自是虽剧贼无敢窥其境。然以贿闻，太祖惜其才而不问。秩满归阙，以疾求颐养，改左监门卫将军、奉朝请。贡重锦十匹、银千两以谢，诏不纳，以其黩货，愧之也。未几，诏戍北边，疆场清肃。开宝四年，复授莫州刺史。在郡谨斥候，善抚循，士卒皆乐为之用，边民安堵。六年八月卒，年六十七。

郭廷谓，字信臣，徐州彭城人。父全义，仕南唐为濠州观察使。廷谓幼好学，工书，善骑射。补殿前承旨，改濠州中军使，李景每令侦中朝机事入奏。全义卒，擢庄宅使、濠州监军。周世宗攻淮右，南人屡败，城中甚恐，廷谓与州将黄仁谦为固御之计。周师遣谍以铁券及其垒，廷谓拒之。城中负贩之辈率不逞，廷谓虑其亡逸，籍置大寺，遣兵守之，给日食，俾制防城具，随其所习，以故周师卒不得觇城中虚实。

周师为浮梁涡口，命张从恩、焦继勋守之，廷谓语仁谦曰："此濠、寿之患也。彼以骑士胜，故利于陆；我以舟师锐，故便于水。今夏久雨，淮流泛溢，愿假舟兵二千，断其桥，屠其城，直抵寿春。"仁谦初沮其议，不得已从之，即轻棹衔枚抵其桥，麾兵断笮，悉焚之。周师大衄，死者不可计，焚其资粮而还。以功授武殿使。周师退保定远，又募壮士为负贩状入定远，侦军多寡及守将之名。还曰："武行德、周务勍也。"廷谓曰："是可图也。"又籍乡兵万余泊卒五千，日夕训练，依山衔枚设伏以破之，周师大溃，行德单骑脱走。时有以玉帛子女饷廷谓者，悉拒之，唯取良马二百匹以献。以功为滁州刺史、上淮巡检应援兵马都监。及紫金山之战，南唐诸将多归降者，独廷谓以全军还守濠州，追不能及。时濠守欲弃城走，廷谓止之。俄加本州团练使，缮戈甲，治沟垒，常若敌至。是秋，周师复至，表于景请援，且言周兵四临，乞卑辞请和，以固邻好。夜出敢死士千余袭周营，焚头车洞屋，周师踣躏死者甚众。既而援兵不至，周师急击，廷谓集诸军垒门之外，南望大恸而降于周。至山阳，见世宗，特加宴劳，赐金带、袭衣、良马、器皿，拜亳州防御使。以其弟本州马步都校廷赞为和州刺史。命攻天长军，降其将马贇。又为楼橹战棹左右厢都监，俄归谯郡。

宋初，从征上党，再知亳州。乾德二年代还，改绛州防御使。两川平，冯瓒知梓州，为仆夫所讼，召廷谓为静江军节度观察留后以代之。州承旧政，有庄宅户、车脚户，皆隶州将，鹰鹯户日献雉兔，田猎户岁入皮革；又有乡将、都将、镇将辈互扰闾里，廷谓悉除之。开宝五年，卒，年五十四。

廷谓性恭谨，事母以孝闻，未尝不束带立侍。子延溥。廷谓兄廷谕，仕南唐为太子洗马致仕，宋初至秘书监。廷谕子延泽。

延溥字利川。幼谦和。初，廷谓为静江军节度使，延溥为桂州牙内都指挥使。廷谓卒，太祖录延溥为供奉官，屡使西北，宣谕机事。

太平兴国初，以内庭宣袭及殿前赐赍，移文库务，未有专领之者。乃置合同凭由印，命延溥与内藏库副使刘蒙正掌之。又领八作司及督治汴河。

雍熙三年，改崇仪使。诏与翟守素、田仁朗、王继恩往河北，分路按行诸州城垒，发镇兵茸之。端拱二年，诏建河北方田，命延溥等五人共往规画，会罢其务而止。淳化四年，李顺乱，改西京作坊使，充成都十州都巡检使。时成都将陷，延溥单骑入城，与郭载议募亡卒退保剑门，贼数千来蹑其后，击破之。王继恩率兵至，以延溥为先锋壕砦使，即领兵倍道先进。贼出探骑数十，延溥悉禽之，尽得贼机事。延溥易旗变号，贼不知觉，斩关掩入，斩千余级。继恩又请延溥知汉州，州经兵燹，廨舍、桥梁、城砦悉毁。延溥募军民茸之，又率州帑以应军须。录功，改洛苑使。又命率兵屯遂州，剑门钤辖、转运使刘锡言其劳，诏书嘉奖。真宗初，改内园使。代还，会河朔用兵，延溥驰往边城，按视砦垒。咸平二年，疾卒。子有伦，为供奉官、阁门祗候。

延泽字德润，南唐试秘书省正字。乾德中，四迁著作佐郎，转殿中丞、知建州。淳化二年，太宗闻延泽洎右赞善大夫董元亨皆好学，博通典籍，诏宰相召问经史大义，皆条对称旨，命为史馆检讨。历国子《周易》博士、国子博士。咸平中求休退，授虞部员外郎致仕。居濠州城南，有小园以自娱，其咏牡丹千余首。聚图籍万余卷，手自刊校。范杲、韩丕皆与之游。景德初卒。元亨亦至虞部员外郎，尝缵《玄门碑志》三十卷。

赵延进，澶州顿丘人。父晖，周太子太师。晖为偏将时，赵在礼据邺。延进颇亲学，尝与军中少年入民家，竞取财贿，延进独持书数十编以归，同辈哂之。

汉末，晖领凤翔节度，未赴镇，王景崇据城反，命晖为都招讨使击之。延进年十八，屡当军锋。景崇平，延进奉捷奏以入，授凤翔牙内指挥使，领贵州刺史。晖徙宋州，亦从为牙职，改领荣州刺史。睢阳有盗数百，各立酋帅，为民患。延进以父命，领牙兵千余悉禽戮之，诏书褒美。丁外艰，表求持服。既终丧，周世宗征淮南，延进献万缣以助军，仍请对，世宗召见之。时延进有从兄为虎捷都虞候、帐前横冲指挥使，世宗指延进语之曰："尔弟拳勇有谋，将授以禁军大校。"延进自陈好读书，不愿也。翌日，授右千牛卫将军、濠州兵马钤辖，从征瓦桥关，为随驾金吾街仗使。

宋初，迁右羽林军将军、濠州都监。会伐蜀，以襄州当川路津要，命为钤辖、同知州务。蜀平，专领郡事。汉江水岁坏堤，害民田，常兴工守护，延进累石为岸，遂绝其患。入为两浙、漳泉国信使。开宝二年，授右龙武将军、知灵州，以母老愿留，得权判右金吾街仗使，历知河中府、梓、相、青三州。

太平兴国中，大军平并州，讨幽蓟，皆为攻城八作壕砦使。尝诏督造炮具八百，期以半月，延进八日成。太宗亲试之，大悦。又令主城北诸洞子。及班师，命与孟玄哲、药可琼留屯定州。辽人扰边，命延进与崔翰、李继隆将兵八万御之，赐阵图，分为八阵，俾以从事。师次满城，辽骑坌至，延进乘高望之，东西亘野，不见其际。翰等方按图布阵，阵去各百步，士众疑惧，略无斗志。延进谓翰等曰："主上委吾等以边事，盖期于克敌尔。今敌众若此，而我师星布，其势悬绝，彼若掩我，将何以济！不如合而击之，可以决胜。违令而获利，不犹愈于辱国乎？"翰等曰："万一不捷，则若之何？"延进曰："倘有丧败，则延进独当其责。"于是改为二阵，前后相副。士众皆喜，三战，大破之，获人马、牛羊、铠甲数十万。以功迁右监门卫大将军、知镇州。及代，吏民数千守阙借留，诏许留一年。俄改右领军卫大将军，出为高阳关、平戎军都监兼缘边巡检，改钤辖。知扬州，召入，授右屯卫大将军，徙知相州。

迁右骁卫大将军，改知邓州。淳化初，飞蝗不入境，诏褒之。还，判右金吾街仗事。至道二年，拜右金吾卫大将军。咸平二年卒，年七十三，赠左武卫上将军。

延进姿状秀整，涉猎经史，好作诗什，士流以此多之。延进妻即淑德皇后之妹，故在显德、兴国中，颇任以腹心。子昂，太平兴国二年登进士第，至户部郎中、直昭文馆。

辅超，忻州秀容人，家世业农。超少勇悍有力，晋开运中应募，隶澶州军籍。汉乾祐中，赵思绾据永兴叛，周祖护诸将讨之，督兵攻城。超率骁勇十七人升云梯，斫北门楼，楼坏而入，士卒继进，城遂陷，以功补小校。显德中，从太祖征淮南，常执锐前驱，定滁、泗，破淮阴，下扬州，以功转日骑副兵马使。

宋初，从平上党，再迁内直都知，太宗即位，以超为马军都军头。会亲征太原，冒矢石攀堞先登，身被十三创，帝嘉其勇，赐锦袍、银带、帛五十段。诘朝，再乘城，中流矢者八，复加厚赐。大举袭范阳，分兵三路，超隶偏将米信，为田重进先锋，取飞狐、蔚州。迁马步军副都军头，俄出补曹州马步军都指挥使，领峰州刺史，改栾州。召归，转都军头。淳化三年，出为德州刺史，坐诬奏使者殴杀驿吏，责授右监门卫将军，领诚州刺史。五年，复加都军头，领澄州刺史。真宗即位，加领奖州团练使，真拜莱州团练使，以年老愿留京师，从之。景德元年卒，年七十七。

论曰：太祖有天下，凡五代之臣，无不以恩信结之，既以安其反侧，亦藉其威力，以镇抚四方。故一时诸将吴虔裕、蔡审廷之徒，数从征讨，咸有劳绩焉。若马令琮守河内，储兵食以迎王师；解晖击湖南，冒锋镝以禽敌将：此忠荩骁果，尤可称者。汉徽之疾危辞药，藏英之为亲复仇，亦皆一节之美。惟张勋嗜杀，晋卿冒货，虽立威著勤，所不取也。

卷二百七十二　　列传第三十一

杨业子延昭等　**王贵**附　**荆罕儒**从孙嗣　**曹光实**从子克明　**张晖**　**司超**

杨业，并州太原人。父信，为汉麟州刺史。业幼倜傥任侠，善骑射，好畋猎，所获倍于人。尝谓其徒曰："我他日为将用兵，亦犹用鹰犬逐雉兔尔。"弱冠事刘崇，为保卫指挥使，以骁勇闻。累迁至建雄军节度使，屡立战功，所向克捷，国人号为"无敌"。

太宗征太原，素闻其名，尝购求之。既而孤垒甚危，业劝其主继元降，以保生聚。继元既降，帝遣中使召见业，大喜，以为右领军卫大将军。师还，授郑州刺史。帝以业老于边事，复迁代州兼三交驻泊兵马部署，帝密封橐装，赐予甚厚。会契丹入雁门，业领麾下数千骑自西陉而出，由小陉至雁门北口，南向背击之，契丹大败。以功迁云州观察使，仍判郑州、代州。自是，契丹望见业旌旗即引去。主将戍边者多忌之，有潜上谤书斥言其短，帝览之皆不问，封其奏以付业。

雍熙三年，大兵北征，以忠武军节度使潘美为云、应路行营都部署，命业副之，以西上阁门使、蔚州刺史王侁，军器库使、顺州团练使刘文裕护其军。诸军连拔云、应、寰、朔四州，师次桑乾河，会曹彬之师不利，诸路班师，美等归代州。

未几，诏迁四州之民于内地，令美等以所部之兵护之。时契丹国母萧氏与其大臣耶律汉宁、南北皮室及五押惕隐领众十余万，复陷寰州。业谓美等曰："今辽兵益盛，不可与战。朝廷止令取数州之民，但领兵出大石路，先遣人密告云、朔州守将，俟大军离代州日，令云州之众先出。我师次应州，契丹必来拒，即令朔州民出城，直入石碣谷。遣强弩千人列于谷口，以骑士援于中路，则三州之众，保万全矣。"侁沮其议曰："领数万精兵而畏懦如此。但趋雁门北川中，鼓行而往。"文裕亦赞成之。业曰："不可，此必败之势也。"侁曰："君侯素号无敌，今见敌逗挠不战，得非有他志乎？"业曰："业非避死，盖时有未利，徒令杀伤士卒而功不立。今君责业以不死，当为诸公先。"将行，泣谓美曰："此行必不利。业，太原降将，分当死。上不杀，宠以连帅，授之兵柄。非纵敌不击，盖伺其便，将立尺寸功以报国恩。今诸君责业以避敌，业当先死于敌。"因指陈家谷口曰："诸君于此张步兵强弩，为左右翼以援，俟业转战至此，即以步兵夹击救之，不然，无遗类矣。"美即与侁领麾下兵阵于谷口。自寅至巳，侁使人登托逻台望之，以为契丹败走，欲争其功，即领兵离谷口。美不能制，乃缘交河西南行二十里。俄闻业败，即麾兵却走。业力战，自午至暮，果至谷口。望见无人，即拊膺大恸，再率帐下士力战，身被数十创，士卒殆尽，业犹手刃数十百人。马重伤不能进，遂为契丹所擒，其子延玉亦没焉。业因太息曰："上遇我厚，期讨贼捍边以报，而反为奸臣所迫，致王师败绩，何面目求活耶！"乃不食，三日死。

帝闻之，痛惜甚，俄下诏曰："执干戈而卫社稷，闻鼓鼙而思将帅。尽力死敌，立节迈伦，不有追崇，曷彰义烈！故云州观察使杨业诚坚金石，气激风云。挺陇上之雄才，本山西之茂族。自委戎乘，式资战功。方提貔虎之师，以效边陲之用。而群帅败约，援兵不前。独以孤军，陷于沙漠；劲果森厉，有死不回。求之古人，何以加此！是用特举徽典，以旌遗忠。魂而有灵，知我深意。可赠太尉、大同军节度，赐其家布帛千匹、粟千石。大将军潘美降三官，监军王侁除名、隶金州，刘文裕除名、隶登州。"

业不知书，忠烈武勇，有智谋。练习攻战，与士卒同甘苦。代北苦寒，人多服毡罽，业但挟纩露坐治军事，傍不设火，侍者殆僵仆，而业怡然无寒色。为政简易，御下有恩，故士卒乐为之用。朔州之败，麾下尚百余人，业谓曰："汝等各有父母妻子，与我俱死，无益也，可走还，报天子。"众皆感泣不肯去。淄州刺史王贵杀数十人，矢尽遂死，余亦死，无一生还者。闻者皆流涕。业既没，朝廷录其子供奉官延朗为崇仪副使，次子殿直延浦、延训并为供奉官，延瓌、延贵、延彬并为殿直。

延昭本名延朗，后改焉。幼沉默寡言，为儿时，多戏为军阵，业尝曰："此儿类我。"每征行，必以从。太平兴国中，补供奉官。业攻应、朔，延昭为其军先锋，战朔州城下，流矢贯臂，斗益急。以崇仪副使出知景州。时江、淮凶歉，命为江、淮南都巡检使。改崇仪使、知定远军，徙保州缘边都巡检使，就加如京使。

咸平二年冬，契丹扰边，延昭时在遂城。城小无备，契丹攻之甚急，长围数日。契丹每督战，众心危惧，延昭悉集城中丁壮登陴，赋器甲护守。会大寒，汲水灌城上，且悉为冰，坚滑不可上，契丹遂溃去，获其铠仗甚众。以功拜莫州刺史。时真宗驻大名，傅潜握重兵顿中山。延昭与杨嗣、石普屡请益兵以战，潜不许。及潜抵罪，召延昭赴行在，屡得对，访以边要。帝甚悦，指示诸王曰："延昭父业为前朝名将，延昭治兵护塞有父风，深可嘉也。"厚赐，遣还。是冬，契丹南侵，延昭伏锐兵于羊山西，自北掩击，且战且退。及西山，伏发，契丹众大败，获其将，函首以献。进本州团练使，与保州杨嗣并命。帝谓宰相曰："嗣及延昭，并出疏外，以忠勇自效。朝中忌嫉者众，朕力为保庇，以及于此。"五年，契丹侵保州，延昭与嗣提兵援之，未成列，为契丹所袭，军士多丧失。命李继宣、王汀代还，将治其罪。帝曰："嗣辈素以勇闻，将收其后效。"即宥之。六年夏，契丹复侵望都，继宣逗遛不进，坐削秩，复用延昭为都巡检使。时讲防秋之策，诏嗣及延昭条上利害，又徙宁边军部署。

景德元年，诏益延昭兵满万人，如契丹骑入寇，则屯静安军之东。令莫州部署石普屯马村西以护屯田。断黑卢口、万年桥敌骑奔冲之路，仍会诸路兵掎角追袭，令魏能、张凝、田敏奇兵牵制之。时王超为都部署，听不隶属。延昭上言："契丹顿澶渊，去北境千里，人马俱乏，虽众易败，凡有剽掠，率在马上。愿饬诸军，扼其要路，众可歼焉，即幽、易数州，可袭而取。"奏入，不报，乃率兵抵辽境，破古城，俘馘甚众。

及请和，真宗选边州守臣，御笔录以示宰相，命延昭知保州兼缘边都巡检使。二年，追叙守御之劳，进本州防御使，俄徙高阳关副都部署。在屯所九年，延昭不达吏事，军中牒诉，常遣小校周正治之，颇为正所罔，因缘为奸。帝知之，斥正还营而戒延昭焉。大中祥符七年，卒，年五十七。

延昭智勇善战，所得奉赐悉犒军，未尝问家事。出入骑从如小校，号令严明，与士卒同甘苦，遇敌必身先，行阵克捷，推功于下，故人乐为用。在边防二十余年，契丹惮之，目为杨六郎。及卒，帝嗟悼之，遣中使护榇以归，河朔之人多望柩而泣。录其三子官，其常从、门客亦试艺甄叙之。子文广。

文广字仲容。以班行讨贼张海有功，授殿直。范仲淹宣抚陕西，与语奇之，置麾下。从狄青南征，知德顺军，为广西钤辖，知宜、邕二州，累迁左藏库使、带御器械。治平中，议宿卫将，英宗曰："文广，名将后，且有功。"乃擢成州团练使、龙神卫四厢都指挥使，迁兴州防御使、

秦凤副都总管韩琦使筑篳篥城，文广声言城喷珠，率众急趣篳篥，比暮至其所，部分已定。迟明，敌骑大至，知不可犯而去，遗书曰："当白国主，以数万精骑逐汝。"文广遣将袭之，斩获甚众。或问其故，文广曰："先人有夺人之气。此必争之地，彼若知而据之，则未可图也。诏书褒谕，赐袭衣、带、马。知泾州、镇戎军，为定州路副都总管，迁步军都虞候。辽人争代州地界，文广献阵图并取幽燕策，未报而卒，赠同州观察使。

王贵者，并州太原人。广顺初，补卫士。宋初，累迁至散员都指挥使、马步军都军头，领胜州刺史。太平兴国二年，出为淄州刺史。受诏从潘美北征，攻沁州，颇立战功。及从杨业，为辽兵所围，亲射杀数十人，矢尽，张空弮又击杀数人，遂遇害。年七十三。擢其子文晟供奉官、文昱殿直。

荆罕儒，冀州信都人。父基，王屋令。罕儒少无赖，与赵凤、张辇为群盗。晋天福中，相率诣范阳，委质燕王赵延寿，得掌亲兵。开运末，延寿从契丹主德光入汴，署罕儒密州刺史。汉初，改山南东道行军司马。周广顺初，为率府率，奉朝请，贫不能振。显德初，世宗战高平，戮不用命者，因求骁勇士。通事舍人李延杰以罕儒闻，即召赴行在，命为招收都指挥使。会征太原，命罕儒率步卒三千先入敌境。罕儒令人负束刍径趋太原城，焚其东门。擢为控鹤弩手、大剑直都指挥使。从平淮南，领光州刺史，改泰州，为下蔡守御都指挥使舒、蕲二州招安巡检使。四年，泰州初下，真拜刺史兼海陵、盐城两监屯田使。明年三月，世宗幸泰州，以罕儒为团练使，赐金带、银器、鞍勒马。六年春，军吏耆艾诣阙请留，恭帝诏褒之。

建隆初，升郑州防御，以罕儒为使，改晋州兵马钤辖。罕儒恃勇轻敌，尝率骑深入晋境，人多闭壁不出，虏获甚众。是年冬，复领千余骑抵汾州城下，焚其草市，案兵以退。夕次京土原，刘钧遣大将郝贵超领万余众袭罕儒，黎明及之。罕儒遣都监、毡毯副使阎彦进分兵以御贵超。罕儒锦袍裹甲据胡床享士，方割羊臂臑以啖，闻彦进小却，即上马麾兵径犯贼锋。并人攒戈舂之，罕儒犹格斗，手杀十数人，遂遇害。刘钧素畏罕儒之勇，常欲生致，及闻其死，求杀罕儒者戮之。太祖痛惜不已，擢其子守勋为西京武德副使。因索京土原之不效命者，黜慈州团练使王继勋为率府率，阎彦进为殿直，斩其部下龙捷指挥使石进德等二十九人。

罕儒轻财好施。在泰州，有煮海之利，岁入钜万，诏听十收其八，用犹不足。家财入有籍，出不问其数。有供奉官张奉珪使泰州，自言后唐张承业之子。罕儒曰："我生平闻张特进名，幸而识其子。"厚加礼待，遗钱五十万，米千斛。

罕儒虽不知书，好礼接儒士。进士赵保雍登科覆落，客游海陵。罕儒问其所欲，保雍以将归京师，且言缘江榷务以丝易茗有厚利。罕儒立召主藏奴，令籍藏中丝，得四千余两，尽以与之。然好勇善战，不顾胜负。常欲削平太原，志未果而及于败，人皆惜之。罕儒兄延福。延福孙嗣。

嗣，乾德初，应募为控鹤卒，从李继勋讨河东。继勋择悍勇百人，间道截洛阳砦。嗣出行间请行，手斩五十余级，贼焚砦宵遁。迨薄汾河，贼将杨业扼桥路，嗣与众转战，贼退逾桥。杀业所部兵千计，射中业从骑，获旗鼓铠甲甚众，业退保城。进焚南门，夺羊马城，矢集于面。贼数千夜来薄砦，继勋选勇敢五百人接战，而嗣为冠。及旦，战数合，多所斩馘。

从太祖征太原，贼来拒，焚洞子。遣殿前杨信领百人援之，嗣预焉，率先陷阵。召见，补御龙直。太平兴国初，三迁至天武军校。太宗再征太原，嗣自陈愿率一队先登，命主城西洞子。车驾巡视，嗣登城，手刃数贼，足贯双箭，中手炮，折二齿。太宗见之，亟召赐锦袍、银带。从征幽州，隶殿前崔翰，斩三十级，补龙猛副指挥使。

五年，契丹侵雄州，据龙湾堤。嗣隶袁继忠，继忠令率千兵力战夺路。内侍有至州阅城垒者，出郛外，敌进围之，亟出兵接战，十数合，斩骑卒七百级。嗣军夜相失，在古城庄外，三鼓突敌围，壁于莫州城下，又领百人斧敌望橹，斩五十级。敌穿桥界河，将遁，嗣邀击之，杀获甚众。六年，从崔彦进捍契丹于静戎北，砦于唐兴口。彦进遣嗣率所部度河，与契丹战，败之，追奔二十余里。八年，李继迁寇边，嗣从袁继忠、田钦祚戍三叉口，为前锋，斩贼千余，追之，获牛羊、铠甲、弓矢数千计。进至万井口、狐路谷，余贼复来请战。初以雄武千人为后殿，为贼所掩。继忠命嗣援之，凡数战，始与雄武合队，因列阵格斗，复夺人马七百余。钦祚夜还，依山为营，贼亦砦其下。募劲卒五十往袭之，嗣为其帅。抵贼所，刺杀百余人，焚其砦而还，诏赐锦袍、银带。

雍熙三年，从田重进、谭延美率师入辽境，疾战飞狐口，辽师不利。重进引全师合击，辽骑引去。进至飞狐城北，辽将大鹏翼率众复至。重进阵压东偏，数战不胜，命嗣出西偏，麾兵薄山崖，以短兵接战。辽兵败，投崖而下，手斩百余级。散卒千余在野，嗣呵止之，悉断弦折笴来降，追至河槽，复击退。余众屯土岭，裨将黄明与战不胜，将退，嗣谓之曰："汝且顿兵于此，为我声援，我当夺此岭。"遂力战，追奔五十余里，抵仓头而还。又领招收卒千人，克仓头、小治二砦。黄明与战，克直谷砦，命嗣屯焉。数日，辽人复致师，重进与战，奔突往来，大军颇扰。重进召嗣合战，悉走之，夺炮具、铠胄。贼乘夜复围直谷、石门二砦，重进遣嗣以精兵五百济之，嗣曰："敌二万余，今援师甚寡，难以解围。"重进颇忧之。嗣曰："谭师屯小治，绾兵二千，愿间道以往，邀其策应。"中夜，匹马诣延美，延美曰："敌势若此，何可解也？"嗣曰："请移全军就平川，植旗立队，别择三二百人张白旗于道侧。彼见旗帜绵亘远甚，谓大军继至，嗣自以所部五百疾驱往斗，必克其砦。"延美许焉。一日凡五七战，辽兵遂引去，咸如嗣所料。

蔚州之降也，重进先命嗣率勇士数十人缒入，见守将，得其实状。翌日，将受降，而敌反拒大军所出之路，遂与斗，杀伤甚众，屡缒入城，取守将之归服者。重进之垒，粮运颇乏，嗣遣降卒辇州廪济之。辽援兵大至，副都指挥使江谦妄言惑众，嗣即斩之。悉收兵敛辎重还重进砦，与辽人转战。时军校五人，其四悉斗死，至大岭，嗣与战，败走之。师还，太宗引见便殿，重进言其有劳，补本军都虞候。

又从李继隆御敌于北平砦，将赴蒲城，道遇敌，疾战，俘获甚众。又战于鸾女祠，继隆遣步卒二千，伏定州古城，为敌所攻，命嗣援之。至唐河桥，嗣扼桥路出战，解敌围数重，与伏兵合，分为三队，背水为阵。敌将于越率骑百余队临烽台求战，嗣整兵与战，数合，得与继隆会，又阵于东偏，大败之。继隆以闻，诏嘉奖之，迁本军都指挥使，领澄州刺史。

至道二年，加御前忠佐马步军头、屯定州。辽人入侵，隶范廷召，提偏师捍辽兵于嘉山。廷召徙高阳，命嗣以兵二千为殿。过平敌城，辽众十余万来，嗣屡出战。及桑赞、秦翰来援，夜二鼓，敌再至，嗣曰："彼不利夜战，我当破其砦，以趣大军。"即与赞、翰合势，戒所部望敌炬火多处并力冲之，诘旦，至瀛州。咸平三年，加领本州团练使，出为郎山路都巡检使，破敌砦于蒲阴，俘获甚众。四年，命嗣领万人断西山路。会敌遽至，大兵不及进而止。五年，真拜蔡州团练使、赵州部署。逾年，徙沧州。是冬，辽人入侵，命率所部自齐州抵淄、青警备。景德初，又命与刘汉凝、田思明率兵至冀州防边。俄赴澶州行在所。会辽人请和，复遣还任。历郓州、凤翔、永兴部署。车驾幸亳州，留为旧城内间都巡检使。大中祥符七年，改虢州防御使、邠宁环庆副部署，卒。嗣起行间，以劳居方面，经百五十余战，殁。兄子信、贵，并为左侍禁，贵至内殿崇班。

曹光实，雅州百丈人。父畴，为蜀静南军使，控扼邛崃，以捍蛮夷。光实少武勇，有胆气，轻财好施，不事细行，意豁如也。畴卒，光实嗣职，迁永平军节度管内捕盗游奕使。

乾德中，太祖命王全斌等平蜀。俄而盗贼群起，夷人张忠乐者，尝群行攻劫，且憾光实杀其徒党，率众数千，中夜奄至，环其居，鼓噪并进。光实负其母，挥戈突围以出，贼众辟易不敢近，贼杀其族三百余口。又发冢墓，坏其棺椁。光实诣全斌，具以事白，誓雪冤愤。时蜀中诸郡未下，乃图雅州地形要害，兼陈用兵攻取之策，请官军先下之。全斌壮其志，令率兵先导，果克其城，获忠乐而甘心焉。全斌乃署光实为义军都指挥使。残寇犹据沈黎，光实以所部尽平之。遂以光实知黎、雅二州兼都巡检使，安集劳来，蛮族怀之。

六年秋，全斌遣入贡京师，遂言境内安义，乞罢义军归农。太祖喜，谓左右曰："此蜀中杰俊也。"诏升殿，劳问久之，以为黎州刺史。开宝三年，改唐州刺史。及平交、广，群盗未息，以光实为岭南诸州都巡检使。既至，捕逐群盗，海隅以宁。太平兴国二年，就迁本州团练使。车驾征河东，以光实知威胜军事，令调军食。光实入告，愿提一旅奋锐先登，帝曰："资粮事重，亦足宣力也。"河东平，命为汾、辽、石、沁等州都巡检使。五年，改汝州团练使。

大军北征,与潘美分道出雁门。光实为前锋,遇敌迎击,败之,斩首数千级,优诏嘉奖。

李继捧之入朝也,以光实为银、夏、绥、麟、府、丰、宥州都巡检使。继捧弟继迁逃入蕃落,为边患,光实乘间掩袭之地斤泽,俘斩甚众,破其族帐,获继迁母妻及牛羊万计。继迁仅免,使人绐光实曰:"我数奔北,势窘不能自存矣,公许我降乎?"因致情款,陈甥舅之礼,期某日降于葭芦川。光实信之,且欲专其功,不与人谋。及期,继迁先设伏兵,令十数人近城迎致光实,光实从数百骑往赴之。继迁前导北行,将至其地,举手麾鞭而伏兵应之,光实遂遇害,卒,年五十五。帝闻之惊悼,赙赠加等,以其子大理评事克让为右赞善大夫,克恭为殿直。淳化二年,又录克己为奉职,后至内殿承制;克广至阁门祗候。从子克明。

克明字尧卿。既生,会敌攻百丈县,父光远遇害,姆抱克明匿苇蒲中得免。既长,喜兵法,善骑射,从父光实奇之。补为衙内都虞候。光实击敌于葭芦川,战殁。克明时护辎重在后,闻光实死,惧军乱,秘不发丧。阳令人西来传光实命还军银州,而潜与仆张贵入敌中,获光实尸以还,葬京师,由是显名。

初,蜀人留京师者禁不得还乡里,克明以母老间道归。李顺反,闻克明将家子,且有名,欲胁以官。克明携母遁山谷,夜止神祠中,梦有人叱之起,既觉而去,贼果至。及贼陷雅州,克明募众数万人以迎王师,遂复名山、火井、夹江等九县。分兵嘉、眉、邛三州,立七砦以邀贼。复收雅州,斩六十余人,贼将何承禄等走云南。蜀平,擢西头供奉官、黎州兵马监押。以余寇未息,权邛州驻泊巡检。明年,峡路溃卒邓绍等复起攻雅州,克明又平之。还军邛州,遇贼王珂,战于延贡镇,击以矛,中左踝。后又设伏山下,以数十骑与贼接战,克明伪北,而所部失期,伏不发。克明挺身走,贼追急,乃倚大石引弓三发,毙三人,由是获免。入朝,改内殿崇班,为温、台等七州都巡检使。

景德中,蛮寇邕州,改供备库副使、知邕州。左、右江蛮洞三十六,克明召其酋长,谕以恩信,是岁承天节,相率来集。克明慰抚,出衣服遗之,感泣而去。独如洪峒恃险不至,克明谕两江防遏使黄众盈引兵攻之,斩其首领陆木前,枭于市。

宜州澄海军校陈进反。时郁江暴涨,州城摧圮,克明率丁夫伐木为连筏,维之水上,状如郛郭。又多张旗帜,浮巨筏,陈兵其上,为守御备。募溪峒兵三千,而黄众盈亦济兵千五百,将趣象州。会巡抚使曹利用约克明会兵,行次贵州,遇贼,大败之,斩首四百余级。贼平,利用专其功。代还,真宗问南方事,对称旨,赐一子官,迁供备库使,江、淮、两浙都大提举捉贼。克明使人捕贼,辄出私钱资之,以故人人尽力。视贼中趫勇者,释缚,使还捕其党,前后获千余人。知江宁府张咏以其事闻,赐钱四十万,领平州刺史、知辰州。抚水蛮叛,徙宜、融、桂、昭、柳、象、邕、钦、廉、白十州都巡检使兼安抚使。既至,蛮酋献药一器,曰"溪峒药",药箭中人,以是解之可不

死。克明曰:"何以验之?"曰:"请试以鸡犬。"克明曰:"当试以人。"乃取药箭刺酋股而饮以药,即死,群蛮惭惧而去。

是年冬,安抚都监王文庆、马玉出天河砦东,克明与中人杨守珍出环州樟岭西,磴道危绝,林木深阻,蛮多伏弩以待。玉所向力战,屡败蛮军。是时朝廷意在招附,数诏谕克明,而克明亦惮深入,屡移文止玉。玉至如门团,为蛮所扼,不得进。克明迁延顾望,月余,乃至抚水州,与知州蒙承贵等约盟而还。

未几,知桂州兼管勾溪峒公事,始置溪峒司。又奏阅广南两路土军为忠敢军。州人覆茅为屋,岁多火,克明选北军教以陶瓦,又激江水入城,以防火灾。代还,知滁州,徙鼎州。会交阯李公蕴寇邕州,以文思使复知邕州。既至,遣人入交阯谕以利害,公蕴拜表谢罪。迁西上阁门使,历知登、舒、邵三州,复徙鼎州,卒。

张晖,幽州大城人。后唐清泰初,隶控鹤军,累迁奉国、弩手都头。晋开运末,与武行德为契丹甲船于河阴。行德领河阳,以晖为弩手指挥使,复令引兵趣怀州。契丹将遁去,因领州军。汉祖入汴,晖迎于荥阳,授怀州刺史。乾祐初,郓州刺史慕容业治多不法,以晖为缘汉都巡检使,领唐州,屯兵至郓州,即代业。还京,改郓州刺史。

周广顺初,刘崇寇晋、绛,召晖为步军左厢排阵使。师还,改沂州刺史。三年,吏民诣阙举留,俄改冀州。会诏筑李晏口、束鹿、安平、博野、百八桥、武强等城,命晖护其役,逾月而就。从世宗征淮甸,充壕砦都指挥使。既拔楚、泗,即授泗州。未几,改耀州,俄为西南面桥道使。

宋初,从征泽、潞,为行营壕砦使,先登陷阵。事平,迁华州团练使,在郡颇有治状。建隆二年,太原未下,诏入觐问计,晖对曰:"泽、潞经李筠之叛,疮痍未复,军旅一兴,恐人力重困。不若戢兵育民,俟富庶而后为谋。"乃赐袭衣、金带、鞍勒马,令还州。朝廷方议伐蜀,迁凤州团练使兼缘边巡检壕砦桥道使。晖尽得山川险易,因密疏陈之,太祖览之大悦。乾德二年,大军西下,乃以晖充西川行营先锋都指挥使。督兵开大散关路,躬抚士卒,且役且战,人忘其劳。十二月,至青泥岭,卒。

天禧五年,晖妻年百五岁,家贫,诣阙自陈。诏赐束帛,录其孙永德为三班借职。

司超,大名元城人。初事邢帅安叔千,超往依之,隶帐下为小校。汉祖在太原,汉祖将渡河,遣超先领劲骑,由晋、绛趋河阳。及入汴,以超为郓州必敌指挥使。时京东诸州寇盗充斥,以超为宋、宿、亳三州游奕巡检使。改宿州西固镇守御都指挥使,移屯颍州下蔡镇。屡与淮人战,有功。周世宗命宰相李榖讨淮南,以超为步军先锋副都指挥使,又为庐、寿、光、黄等州巡检使。大败淮人三千余众于盛唐县,获艘船四十余艘,禽其监军高弼、果毅指挥使许万以献。时黄州未下,即命超遥领刺史兼楼橹战棹右厢都校。师还,改光州刺史,败吴军千余于麻城北。

显德四年冬，与王审琦攻舒州，败吴军三千，先禽刺史施仁望献于行在。即以超为舒州团练使。

宋初，命副宋偓领舟师巡抚江徼，月余，特诏升舒州为防御，以超充使。太祖讨李重进，以为前军步军都指挥使，及平，遣归治所。建隆三年春，迁蔡州防御使。乾德六年，改绛州防御使，徙晋州兵马钤辖。是秋，又副赵赞为邠州行营都部署，进攻河东。及太祖亲征，为行营前军步军都指挥使，改郑州防御使。开宝七年，朝廷将讨江左，以超久在淮右，习知江山险易，徙蕲州防御使，行至淮西卒，年七十一。天禧元年，录其孙文睿为三班奉职。

论曰：昔许子卒于师，葬之加等。《春秋》书之，所以褒臣节而儆官守也。业、罕儒、光实咸当捍城之寄，临戎力战，殁于敌境。虽罕儒恃勇不戒，光实甘贼迁之言，失在轻敌，然其忘躯徇节，诚可嘉也。业本太原骁将，感太宗宠遇，思有以报。常胜之家，千虑一失。然其素得士心。部卒不忍离去，从之以殁，则忠义之风概可见矣。嗣与延昭并克勘勋伐。延昭久居边阃，总戎训士，威名方略，闻于敌人，于嗣为优。晖于危时则有陷阵之功，平日则献息戎之谏。超频战以清淮海，其忠诚勇果，率有可尚者焉。

卷二百七十三　　列传第三十二

李进卿 子延渥　杨美　何继筠 子承矩　李汉超 子守恩　郭进 牛思进附　李谦溥 子允正
姚内斌　董遵诲　贺惟忠　马仁瑀

李进卿，并州晋阳人。少以骁勇隶护圣军。晋天福中，杜重威帅师败安重荣于宗城，进卿力战有功，擢为兴顺军校。周祖开国，命领所部兵戍灵寿，久之，迁龙捷指挥使。显德初，从世宗战高平，改铁骑指挥使，历散员左射都校，改铁骑及内殿直都虞候。

宋初，领贵州刺史，三迁铁骑左厢都指挥使，领乾州团练使。乾德初，迁控鹤左厢都指挥使，改汉州团练使。二年，转虎捷左厢都指挥使，领澄州团练使。是岁冬，伐蜀，以进卿为归州路行营步军都指挥使，拔巫山砦，下夔、万二州。蜀平，录功拜侍卫亲军步军都虞候，领保顺军节度。开宝二年，太祖亲征河东，留进卿为在京都巡检，颍州刺史常晖、淄州刺史韩光愿分为河南、北巡检。及还，改亲军马军都虞候。六年，迁步军都指挥使，领静江军节度，卒，年五十九，赠侍中。子延渥、延信。延信至内殿崇班。

延渥以荫补供奉官，寻为阁门祗候，三迁至西京左藏库使。咸平初，历知平戎、宁边、顺安军、保州、威虏军钤辖，又知冀州。六年，徙瀛州。

景德初，契丹大举扰边，经胡卢河，逾关南，十月，抵城下。昼夜鼓噪，四面夹攻。旬日，其势益张，唯击鼓伐木之声相闻，驱奚人负板秉烛乘墉而上。延渥率州兵强壮，又集巡检史普所部乘城，发礧石巨木击之，皆累累而坠，杀伤甚众。翌日，契丹主与其母亲鼓众急击，发矢如雨。延渥分兵拒守益坚，契丹遁去，死者三万余，伤者倍之，获铠甲、兵矢、竿牌数百万，驿书以闻。赐延渥锦袍、金带，将士缗钱，迁延渥本州团练使。以通判、太子中允陆元凯为国子博士，赐绯；推官李翔为太子中允；录事参军蔡亨为右赞善大夫；侍禁、兵马监押王海，殿直、贝冀同巡检史普为内殿崇班，充职如故。

初，成棚垂板护城才数寸许，契丹射之，矢集其上凡二百余。及请葺城，诏取板视之，真宗颇称其劳。又闻城守之际，陆元凯流矢中面，史普勇敢不避敌，复迁元凯屯田员外郎、普尚食副使。普寻卒，又录其子昭度为右侍禁，昭俭为奉职。

二年，延渥徙知邢州，历天雄军、贝州副都部署，知冀、贝、博三州。大中祥符八年入朝，以疾，连赐告，换右领军卫大将军，领演州团练使。明年，从其请，以左武卫大将军致仕。天禧初卒。子宗禹，为内殿崇班。

杨美，并州文水人。本名光美，避太宗旧名改焉。美状貌雄伟，武力绝人，以豪侠自任。汉乾祐中，周祖征三叛，美杖策诣军门求见，周祖召与语，壮之，留帐下。广顺初，累迁禁军大校，从世宗征淮南，以功擢铁骑都指挥使，领白州刺史。

太祖与美有旧，即位，以为内殿直都知。建隆三年，升青州北海县为军，以美为军使。为政尚简易，民皆德之。乾德二年，召还，北海民数百诣阙乞留，诏谕之不去，笞为首者始罢。迁马步军都头。会征蜀，以美为归州路战棹左右厢都指挥使。蜀平，迁内外马步军副都头，领恩州团练使。开宝二年，改领端州防御使。六年，加都军头，领宜州观察使。俄授虎捷左右厢都指挥使，领河西军节度。会遣党进、潘美征太原，命美为行营马军都虞候。太平兴国二年冬，出为保静军节度。三年夏，以疾求解官归京师，寻医药，诏遣内侍与道士马志视之。未几，卒，年四十八，赠侍中。命中使护葬。美为人任气好施，凡得予赐及奉禄，尽赒给亲戚故旧。死之日，家无余财，人多叹息之。

何继筠，字化龙，河南人。父福进，历事后唐至周，累官忠武、成德、天平三节度。继筠幼时与群儿戏，必分行伍为战阵之象。晋初，补殿直。周祖讨三叛，表继筠从行。贼平，改供奉官。广顺初，福进镇真定，署衙内都校，尝领偏师出土门，与并人战，斩首数千级，以功领钦州刺史。契丹将高模翰率二千骑扰深、冀，以苇栰度胡卢河。继筠与虎捷都指挥使刘诚海率兵拒之，至武强，获老稚千余人，模翰遁去。俄随福进入朝，为内殿直都知。福进卒，起复，为濮州刺史，领兵戍静安军。契丹入侵，继筠逆击败之，改棣州刺史。世宗征瓦桥关，命继筠以所部兵出百井道，破并人数千众。恭帝即位，以为西北面行营都监。

建隆二年，升棣州为团练，以继筠充使。三年，命为关南兵马都监。乾德四年,加本州防御使。开宝元年秋,命昭义节度李继勋等征太原,以继筠为先锋部署。至涡河,与并人遇,击走之,夺汾河桥,败其众于城下,获马五百匹,擒其将张环、石赟以献。二年春,太祖亲征晋阳,契丹来援。继筠时屯兵阳曲县,驿召至行在所,授以方略,命将精骑数千赴石岭关拒契丹,谓之曰:"翌日亭午,俟卿来奏捷也。"至期,帝御北台以俟。见一骑自北来,亟遣逆问之,乃继筠子承睿来献捷。生擒刺史二人,获生口百余,斩首千余级,马七百余匹,器甲甚众。初,并人恃契丹为声援,及捷奏,太祖命以所获首级、铠甲示城下,并人丧气。继筠以功拜建武军节度、判棣州。三年,来朝,诏赐鞍马、戎杖,令戍边。四年秋,来朝,疽发背。车驾幸其第,锡赉甚厚。未几,卒,年五十一。帝亲临之,为之流涕,从容谓侍臣曰:"继筠捍边有功,朕不早授方镇者,虑其数奇耳。今才领节制,果至沦没,良可惜也。"赠侍中,赙绢五百匹,中使护丧,令以生平所佩剑及介胄同葬。

继筠深沉有智略,前后备边二十年,与士卒同甘苦,得其死力。善揣边情,边人畏伏,多画像祠之。子承矩。

承矩字正则。幼为棣州衙内指挥使,从继筠讨刘崇,擒其将胡澄以献。开宝四年,授闲厩副使。太平兴国三年,漳、泉陈洪进纳士,诏承矩乘传监泉州兵。会仙游、莆田、百丈寇贼啸聚,承矩与乔维岳、王文宝讨平之,以功就迁闲厩使。疏为政之害民者数十事上之,悉被容纳。会改使名,即为崇仪使。五年,知河南府。时调丁男百十辈转送上供纲,承矩以为横役,奏罢其事。徙知潭州,凡六年,囹圄屡空,诏嘉奖之。入为六宅使。端拱元年,领潘州刺史,命护河阳屯兵。

米信知沧州,以其不习吏事,命承矩知节度副使,实专郡治。时契丹挠边,承矩上疏曰:"臣幼侍先臣关南征行,熟知北边道路、川源之势。若于顺安砦西开易河蒲口,导水东注于海,东西三百余里,南北五七十里,资其陂泽,筑堤贮水为屯田,可以遏敌骑之奔轶。俟期岁间,关南诸泊悉塞阒,即播为稻田。其缘边州军临塘水者,止留城守军士,不烦发兵广戍。收地利以实边,设险固以防塞,春夏课农,秋冬习武,休息民力,以助国经。如此数年,将见彼弱我强,彼劳我逸,此御边之要策也。其顺安军以西,抵西山百里许,无水田处,亦望选兵戍之,简其精锐,去其冗缪。夫兵不患寡,患骄慢而不精;将不患怯,患偏见而无谋。若兵精将贤,则四境可以高枕而无忧。"太宗嘉纳之。

属霖雨为灾,典者多议其非便。承矩引援汉、魏至唐屯田故事,以折众论,务在必行。乃以承矩为制置河北缘边屯田使,俾董其役。事具《食货志》。由是自顺安以东,濒海,广袤数百里,悉为稻田,而有莞蒲蜃蛤之饶,民赖其利。

淳化四年,擢为西上阁门使、知沧州,逾年,徙雄州。御书印纸录其功最,仍赐以弓剑。承矩推诚御众,同其甘苦。边民有告机事者,屏左右与之款接,无所猜忌,故契丹动息皆能前知。至道元年,契丹精骑数千夜袭城下,伐鼓纵火,以逼楼堞。承矩整兵出拒,迟明,列阵酣战久之,斩馘甚众,擒其酋所谓铁林相公者,契丹遁去。是年春,府州尝败契丹众,承矩条杀获以谕州民,或揭于市,契丹愧忿,故有是役。太宗意其轻率致寇,复命与沧州安守忠两换其任。魏廷式使河北,得雄州功状,抗表上言。又遣内侍刘勋核实,及麾下士有功者千余人,皆优擢赏赐。

真宗嗣位,复遣知雄州,赐承矩诏曰:"朕嗣守鸿业,惟怀永图,思与华夷共臻富寿。而契丹自太祖在位之日,先帝继统之初,和好往来,礼币不绝。其后克复汾、晋,疆臣贪地,为国生事,信好不通。今者圣考上仙,礼当讣告。汝任居边要,洞晓诗书,凡有事机,必能详究,轻重之际,务在得中。"承矩贻书契丹,谕以怀来之旨,然未得其要。

咸平二年,契丹南侵,屡遣内侍以密诏问御遏之计,密封以献。尝诏听边民越拒马河塞北市马。承矩上言曰:"缘边战棹司自淘河至泥姑海口,屈曲九百余里,此天险也。太宗置砦二十六,铺百二十五,廷臣十一人,戍卒三千余,部舟百艘,往来巡警,以屏奸诈,则缓急之备,大为要害。今听公私贸市,则人马交度,深非便宜,且砦、铺皆为虚设矣。"疏奏,即停前诏,屡被手札褒饬。三年,召还,拜引进使。州民百余诣阙贡马,乞借留承矩,诏书嘉奖,复遣之。承矩上言曰:

契丹轻而不整,贪而无亲,胜不相让,败不相救。以驰骋为容仪,以弋猎为耕钓。栉风沐雨,不以为劳,露宿草行,不以为苦。复恃骑战之利,故频年犯塞。臣闻兵有三阵:日月风云,天阵也;山陵水泉,地阵也;兵车士卒,人阵也。今用地阵而设险,以水泉而作固,建设陂塘,绵亘沧海,纵有敌骑,安能折冲?昨者契丹犯边,高阳一路,东负海,西抵顺安,士庶安居,即屯田之利也。今顺安西至西山,地虽数军,路才百里,纵有丘陵冈阜,亦多川渎泉源,因而广之,制为塘埭,自可息边患矣。

今缘边守将多非其才,不悦诗书,不习礼乐,不守疆界,制御无方,动误国家,虽提貔虎之师,莫遏犬羊之众。臣按兵法,凡用兵之道,校之以计而索其情,谓将孰有能,天地孰得,法令孰行,兵众孰强,士卒孰练,赏罚孰明,此料敌制胜之道也。知此而用战者必胜,否则必败。夫惟无虑而易敌者必擒于人也。伏望慎择疆吏,出牧边民,厚之以奉禄,使悦其心,借之以威权,使严其令。然后深沟高垒,秣马厉兵,为战守之备。修仁立德,布政行惠,广安辑之道。训士卒,辟田畴,劝农耕,畜刍粟,以备凶年。完长戟,修劲弩,谨烽燧,缮保戍,以防外患。来则御之,去则备之,如此则边城按堵矣。

臣又闻古之明王,安集吏民,顺俗而教,简募良材,以备不虞。齐桓、晋文皆募兵以服邻敌,故强国之君,必料其民有胆勇者聚为一卒,乐进战效力以显忠勇者聚为一卒,能逾高赴远、轻足善斗者聚为一卒,此三者兵之练锐,内出可以决围,外入可以屠城。况小大异形,强弱异势,险易异备。卑身以事强,小国之形也。以蛮夷伐蛮夷，中国之形也。故陈汤统西域而郅支灭，常惠用乌孙而边部宁。且聚胆勇、乐战、轻足之徒，古称良策，请试行之。且边鄙之人，多负壮勇，识外邦之情伪，知山川之形胜。望于边郡置营召募，不须品度人才，止求少壮有武艺者万人。俟契丹有警，令智勇者统而用之，必显成功，乃中国之长算也。

又如榷场之设，盖先朝从权立制，以惠契丹，纵其逾信犯盟，亦不之废，似全大体。今缘边榷场，因其犯塞，寻即停罢。去岁以臣上言，于雄州置场卖茶，虽赍货并行，而边氓未有所济。乞延访大臣，议其可否，或文武中有抗执难议，是必别有良谋。请委之边任，使施方略，责以成功。苟空陈浮议，上惑圣聪，祇如灵州，足为证验，况兹契丹又非夏州之比也。

四年十月，建议选锐兵于乾宁军，挽刀鱼船自界河直趣平州境，以牵西面之势。五年，诏兼领制置屯田使。始建榷场，或者谓承矩意在继好，然契丹无厌，未足诚信，徒使公行窥伺。会契丹有杀斥候卒者，复罢之。时契丹数窥边城，大浚渠，颇挠其役。诏承矩握兵深入其境，以分其势。承矩以无骑兵，第遣数千卒出混泥城，袭之而还。

景德元年，入朝，进领英州团练使。真宗谓宰相曰："承矩读书好名，以才能自许，宜择善地处之。"冬，出知澶州。承矩自守边以来，尝欲朝廷怀柔远人，为息兵之计。及是，车驾按巡本部，卒与契丹和，益加叹赏。韩杞之至也，命郊劳之。明年春，复知雄州。是岁，契丹始遣使奉币。承矩以朝廷待边人之礼悠久可行者，悉疏以闻。手诏嘉纳，仍听事有未尽者便宜裁处。三年，真拜雄州团练使。时边兵稍息，农政未修。又置缘边安抚使，命承矩为之，且诏边民诱其复业。承矩曰："契丹闻之，必谓诱其部属也。"乃易诏文为水旱流民之意。王钦若时知枢密，援汉虫达、周仲居改诏，请罪承矩。帝曰："承矩任边有功，当优假之。"第诏自今朝旨未便者，奏禀进止。

承矩颇有识鉴，典长沙日，李沆、王旦为佐，承矩厚待之，以为有公辅器。善推步，自知冥数，乃以老疾求辞郡。诏自择其代，承矩以李允则为请。乃授承矩齐州团练使，遣之任，至郡裁七日，卒，年六十一。特赠相州观察使，赙钱五十万，绢五百匹，中使护葬。

以其子龟龄为侍禁；昌龄、九龄为殿直；遐龄为斋郎。缘边泊涿、易州民，闻承矩卒，皆相率诣雄州发哀饭僧。昌龄娶齐王女太和县主，至内殿崇班。昌龄子象中，为阁门祇候。

李汉超，云州云中人。始事郧帅范延光，不为所知。又事郓帅高行周，亦不见亲信。会周世宗镇澶渊，汉超遂委质焉。即位，补殿前指挥使，三迁殿前都虞候。

宋初，改散指挥都指挥使，领绵州刺史，累迁控鹤左厢都校，领恩州团练使。从平李重进，寻迁齐州防御使兼关南兵马都监。汉超在关南，人有讼汉超强取其女为妾及贷而不偿者，太祖召而问之曰："汝女可适何人？"曰："农家也。"又问："汉超未至关南，契丹如何？"曰："岁苦侵暴。"曰："今复尔耶？"曰："否。"太祖曰："汉超，朕之贵臣也，为其妾不犹愈于农妇乎？使汉超不守关南，尚能保汝家之所有乎？"责而遣之。密使谕汉超曰："亟还其女并所贷，朕姑贳汝，勿复为也。不足于用，何不以告朕耶？"汉超感泣，誓以死报。在郡十七年，政平讼理，吏民爱之，诣阙求立碑颂德。太祖诏率更令徐铉撰文赐之。

霸州监军马仁瑀尝兄事汉超，多自肆，擅发麾下卒入辽境，剽夺人口、羊马，由是二将交恶。太祖虑其生变，遣中使赐汉超、仁瑀金帛，令和解之。太平兴国初，迁应州观察使、判齐州，仍为关南巡检。二年八月，卒于屯所。太宗甚悼惜，赠太尉、忠武军节度，中使护葬。汉超善抚士卒，与之同甘苦，死之日，军中皆流涕。子守恩。

守恩，少骁果善战，有父风。初补齐州牙职。开宝二年，太祖亲征太原，汉超为北面行营都监，守恩从父军中。会契丹遣兵援河东，至定州西嘉山，将入土门，守恩领牙兵数千骑战败之。斩首三千级，获战马、器甲甚众，擒首领二十七人。随汉超见于行在，赐戎服、金带、器币、缗钱，太祖谓左右曰："此稚子能若是，他日将帅才也。"汉超卒，擢为骁猛军校，累官至陇州刺史、知灵州。与转运使陈纬部刍粮过瀚海，为贼所邀，守恩及子广文助教象之、陇州衙内指挥使望之、弟寄班守忠皆没。真宗闻之震悼，特赐守恩洪州观察使。次子祐之、顺之、用之、润之、庆之、成之、藏之。

郭进，深州博野人。少贫贱，为钜鹿富家佣保。有膂力，倜傥任气，结豪侠，嗜酒蒲博。其家少年患之，欲图杀进，妇竺氏阴知其谋，以告进，遂走晋阳依汉祖。汉祖壮其材，留帐下。晋开运末，契丹扰边。汉祖建号太原。契丹主道殂，汉祖将入汴，进请以奇兵间道先趋洺州，因定河北诸郡。累迁乾、坊二州刺史。少帝即位，改磁州。

周广顺初，移淄州。二年，吏民诣观察使举留。是秋，迁登州刺史。会群盗攻劫居民，进率镇兵平之，部内清肃，民吏千余人诣阙请立《屏盗碑》，许之。显德初，移卫州。卫、赵、邢、洺间多亡命者，以汲郡依山带河，易为出没，伺间椎剽，吏捕之辄遁去，故累岁不能绝其党类。进备知其情状，因设方摘之，数月间剪灭无余，郡民又请立碑记其事。改洺州团练使，有善政，郡民复诣阙请立碑颂德，诏左拾遗郑起撰文赐之。进尝于城四面植柳，壕中种荷芰蒲苇，后益繁茂。郡民见之有垂涕者，曰："此郭公所种也。"

建隆初，太祖亲征泽、潞，迁本州防御使，充西山巡检。尝与曹彬、王全斌入太原境，获数千人。开宝二年，太祖亲征河东，以进为行营前军马军都指挥使。九年，命将征河东，以进为河东道、忻、代等州行营马步军都监，招徕山后诸州民三万七千余口。太平兴国初，领云州观察使、判邢州，仍兼西山巡检，赐京城道德坊第一区。

四年，车驾将征太原，先命进分兵控石岭关，为都部署，以防北边。契丹果犯关，进大破之，又攻破西龙门砦，俘馘来献，自是并人丧气。时田钦祚护石岭军，恣为奸利诸不法事，进虽力不能禁，亦屡形于言。进武人，性刚烈，战功高,钦祚以他事侵之,心不能甘,自经死,年五十八,钦祚以暴卒闻。太宗悼惜久之,赠安国军节度,中使护葬。后颇闻其事,因罢钦祚内职,出为房州团练使。

进有材干,轻财好施,然性喜杀,士卒小违令,必置于死,居家御婢仆亦然。进在西山,太祖遣戍卒,必谕之曰:"汝辈谨奉法。我犹贷汝,郭进杀汝矣。"其御下严毅若此。然能以权道任人,尝有军校自西山诣阙诬进者,太祖诘知其情状,谓左右曰:"彼有过畏罚,故诬进求免尔。"遣使送与进,令杀之。会并人入寇,进谓诬者曰:"汝敢论我,信有胆气。今舍汝罪,能掩杀并寇,即荐汝于朝;如败,可自投河东。"其人踊跃听命,果致克捷。进即以闻,乞迁其职,太祖从之。

初,开宝中,太祖令有司造宅赐进,悉用筒瓦。有司言:旧制,非亲王公主之第不可用。帝怒曰:"进控扼西山十余年,使我无北顾忧。我视岂减儿女耶?亟往督役,无妄言。"太平兴国初,又赐宅一区。

牛思进者,祁州无极人。少从军,以膂力闻。尝取强弓绖于耳,以手引之令满。又负墙立,力士二人撮其乳曳之,巍不动,军中咸异之。太平兴国四年,知平定军,从征河东,石岭关部署郭进卒,命思进代之。师还,以功改本州团练使。七年,授右千牛卫上将军致仕,卒。

李谦溥,字德明,并州盂人。性慷慨,重然诺。父荛,后唐清泰中,晋祖镇并门,署为参谋。天福初,为开封府推官,使契丹还,上言:"屈节外国,非久长策。"时晋祖方父事契丹,不悦其言,出为汝州鲁山令,卒官。

谦溥少通《左氏春秋》。从晋祖入汴,补殿直,奉使契丹。少帝即位,改西头供奉官,汉初,迁东头。周祖讨三叛及守邺都,谦溥往来宣密命,周祖爱之。广顺初,迁供备库副使。世宗征刘崇,辽州刺史张乙坚壁不下,遣谦溥单骑说之,乙以城降,以功改闲厩使。师还,留为晋州兵马都监。以偏师入河东境,频致克捷,世宗诏褒美之。会隰州刺史孙义卒,时世宗亲征淮南,谦溥请节帅杨廷璋曰:"大宁,咽喉要地,不可阙守。且车驾出征,若俟报,则孤城陷矣。"廷璋即部署谦溥权隰州事。至郡,亟命浚城隍,严兵备,凡八日,并人果以数千骑来寇。时盛暑,谦溥单衣持扇,从二小吏登城,徐步按视战具。并人退舍,后旬余,大发冲车攻城。谦溥募敢死士,得百余人,短兵坚甲,衔枚夜缒出城。会廷璋兵至,合势夹攻,掩其不及。并人大扰,悉众遁去。追北数十里,斩首千余级,时显德四年也。明年五月,攻破孝义县,以功领衢州刺史、监军如故。世宗北征,召赴行在。恭帝即位,为澶州巡检使,诏城莫州,数旬而就。改丹州刺史。

建隆四年,移慈州,兼晋、隰缘边巡检,行石州事,以兴同砦为治所。冬,将有事于南郊。太祖命四路进兵,略地太原。郑州刺史孙延进、绛州刺史沈继深、通事舍人王睿等师出阴地,以谦溥为先锋,会霍邑。谦溥因画攻取之策,继深等共沮之,延进不能用。军还,出白璧关,次谷口,谦溥语诸将曰:"王师深入敌境,今既退军,彼必乘我,诸君当备之。"诸将不答,谦溥独令所部擐甲。俄

追骑果至,延进等仓皇走谷中,独谦溥麾兵拒之,并人引退。未几,移隰州刺史。

开宝元年,命李继勋等征太原,以谦溥为汾州路都监。太祖征晋阳,为东砦都监。前军副部署党进遣谦溥伐木西山以给军用,未至,闻鼓声,乃并人逼西砦。大将赵赞御之,并众未退,谦溥麾所部赴之。太祖遽至观战,怪其赴援者非精甲,问之,乃谦溥也,帝甚喜。谦溥在州十年,敌人不敢犯境。有招收将刘进者,勇力绝人,谦溥抚之厚,藉其死力,往来境上,以少击众。并人患之,为蜡丸书以间进,佯遗书道中,晋帅赵赞得之闻。太祖令械进送阙下,谦溥诘其事,进伏请死。谦溥曰:"我以举宗四十口保汝矣。"即上言进为并人所恶,此乃反间也。奏至,帝悟,遂令释之,赐以禁军都校戎帐、服具。进感激,愿击敌自效。

开宝三年,召谦溥为济州团练使。后边将失律,复为晋、隰缘边巡检使,边民闻之喜,争相迎劳于道左。六年,领兵入太原,连拔七砦。八年,以疾求归,肩舆抵洛,太祖遣中使领太医就视之。至京师,疾笃,累上章辞禄,不许。明年春,卒,年六十二。太祖甚痛惜之,赙赠有加,葬事官给。

谦溥与宣祖同里闬,弟谦昇与太祖为布衣交。其母阎尝厚待太祖,及即位,数迎入宫中,使左右掖之,不令拜,命坐饮食,话及旧故,赐赉优厚。雍熙中,太宗为许王纳谦昇女为夫人,以谦昇为如京副使。谦溥子允则、允正,允则至宁州防御使。从子允恭为内殿崇班、阁门祗候。

允正字修已,以荫补供奉官。太平兴国中,掌左藏库,屡得升殿奏事,太宗颇记忆其旧故。雍熙中,与张平同掌三班,俄为阁门祗候。四年,迁阁门通事舍人。时女弟适许王,以居第质于宋偓,太宗诘之曰:"尔父守边二十余年,止有此第耳,何以质之?"允正具以奏,即遣内侍辇钱赎还,缙绅咸赋诗颂美。

淳化中,命讨戎、泸州叛蛮。迁西上阁门副使。太宗虑京城狱囚淹系,命允正提总之。尝请诏御史台给开封府司录司、左右军巡、四排岸司印纸作囚簿,署禁系月日,条其罪犯,岁满较其殿最。诏从其请。逾年,开封府上言:"京师浩穰,禁系尤众,御史府考校之际,胥吏奔命,有妨推鞫,况无欺隐,不烦推校。"卒罢之。允正又提点左右藏,屡乘传北面,经度边要。五年,为卫州修河部署。会建清远军积石砦,命诣瀚海部分其役。还,拜西上阁门使、并州驻泊钤辖。俄代张永德知州事,徙代州。

咸平初,使西蜀询访民事,还,进秩东上阁门使,历知镇、莫二州。又为并、代马步军钤辖。契丹扰边,车驾驻大名,允正与高琼率太原军出土门路来会,召见便殿。所部有广锐骑士数百,皆素练习,命允正引以入,赐缗钱。遣屯邢州,与石保吉逐辽人,辽人遁去。俄以兵会大名,复还并代。五年,合泾原仪渭、邠宁环庆两路为一界,命王汉忠为都部署,驿召允正为钤辖兼安抚都监,即日上道。又命与钱若水同诣洪德、怀安沿边诸砦经度边事,加领诚州刺史。七月,罢两路之职,复任并代钤辖。每钱若水按巡边垒,即诏权莅州事。进四方馆使,代马知节为鄜

延部署、兼知延州，改客省使、知定州兼镇定都钤辖。

大中祥符三年，累表求还。至京师，将祀汾阴，以疾难于扈从，命为河阳部署以便养。会张崇贵卒，赵德明颇逾轶，亟诏徙允正为鄜延部署，内侍密诏存谕。礼成，领河州团练使。允正颇知书，性严毅，疏财，喜自修饬。素病伛偻，以是罕在要近，累典边任，多杀戮。是秋，徙知永兴军，卒，年五十一。

姚内斌，平州卢龙人。仕契丹，为关西巡检、瓦桥关使。周显德六年，太祖从世宗北征，兵次瓦桥关，内斌率众五百人以城降。世宗以为汝州刺史，吏民诣阙举留，恭帝诏褒之。内斌本名犯宣祖讳下一字，遂改今名。从平李筠，改虢州刺史。西夏数犯西鄙，以内斌为庆州刺史兼青、白两池榷盐制置使。在郡十数年，西夏畏伏，不敢犯塞，号内斌为"姚大虫"，言其武猛也。

初，内斌降，其妻子皆在契丹。乾德四年，子承赞密自幽州来归。五年，幽州民田光嗣等又以内斌儿女六人间道来归，太祖并召见，赐以衣服、缗钱、鞍马，令中使护送还内斌。开宝四年，召赴阙，上待之甚厚，遣归治所。七年春，暴得疾卒，年六十四。遣中使护丧，归葬洛阳，常赙外，赐其子田三十顷。承赞为供奉官、阁门祇候，死于阵；承鉴至殿中丞。

董遵海，涿州范阳人。父宗本，善骑射，隶契丹帅赵延寿麾下，尝以事说延寿，不能用。及延寿被执，举族南奔。汉祖得之，擢拜随州刺史，署遵海随州牙校。周显德初，世宗北征，大将高怀德，遵海之舅也，表遵海从行。师次高平，与晋人遇。将接战，晋兵未成列，怀德命遵海先出奇兵击之，晋人溃，大军继进，遂败之。二年，讨秦、凤，大将韩通又表遵海自随。与贼战于唐仓，先登陷阵，擒蜀招讨使王鸾以献，克秦、凤二州。师还，录其前后功，补东西班押班，又迁骁武指挥使。四年，从世宗征淮南，攻合肥，下之。六年，从韩通平雄、霸二州。

太祖微时，客游至汉东，依宗本，而遵海凭藉父势，太祖每避之。遵海尝谓太祖曰："每见城上紫云如盖，又梦登高台，遇黑蛇约长百尺余，俄化龙飞腾东北去，雷电随之，是何祥也？"太祖皆不对。他日论兵战事，遵海理多屈，拂衣而起。太祖乃辞宗本去，自是紫云渐散。及即位，一日，便殿召见，遵海伏地请死，帝令左右扶起，因谕之曰："卿尚记往日紫云及龙化之梦乎？"遵海再拜呼万岁。俄而部下有军卒击登闻鼓，诉其不法十余事，太祖释不问。遵海益惶愧待罪，太祖召而谕之曰："朕方赦过赏功，岂念旧恶耶？汝可勿复忧，吾将录用汝。"遵海再拜感泣。又问遵海："母安在？"遵海奏曰："母氏在幽州，经患难睽隔。"太祖因令人赂边民，窃迎其母，送与遵海。遵海遣外弟刘综贡马以谢，太祖解其所服真珠盘龙衣，命赍赐之。综曰："遵海人臣，岂敢当此。"太祖曰："吾方委以方面，不此嫌也。"

会李筠叛泽、潞，令遵海从慕容延钊讨之，迁马军都军头，因留之镇守。三年，召归，再迁为散员都虞候。乾德六年，以西夏近边，授通远军使。遵海既至，召诸族酋长，谕以朝廷威德，刲羊酾酒，宴犒甚至，众悦服。后数月，复来扰边，遵海率兵深入其境，击走之，俘斩甚众，获羊马数万，夷落以定。太祖嘉其功，就拜罗州刺史，使如故。太宗即位，兼领灵州路巡检。

遵海不知书，豁达无崖岸，多方略，能挽强命中，武艺皆绝人。在通远军凡十四年，安抚一面，夏人悦服。尝有剽略灵武进奉使鞍马、兵器者，遵海部署帐下欲计之。夏人惧，尽归所略，拜伏请罪，遵海即慰抚令去。自是各谨封略，秋毫不敢犯。历太祖、太宗朝，委遇始终不替，许以便宜制军事。太平兴国六年，卒，年五十六。帝轸悼久之，遣中使护葬，赗赙加等，录其子嗣宗、嗣荣为殿直。

贺惟忠，忻州定襄人。少勇敢，善骑射。周祖将兵讨三叛，惟忠谒于道左，自陈其有武艺，周祖悦之，即留置所部。洎开国，得隶世宗帐下，奏补供奉官，不辞，辄入朝。世宗怒之，及嗣位，终不迁擢。

初授仪鸾副使，令知易州，捍边有功，寻迁正使。开宝二年，太祖驻常山，以惟忠为本州刺史兼易、定、祁等州都巡检使。尝中流矢，六年，金疮发而卒。太祖闻之嗟悼，即以其子昭度为供奉官。

惟忠性刚果，知书，洞晓兵法，有方略。在易州缮完亭障，抚士卒，得其死力，每乘塞出兵，所向必克，威名震北边，故十余年间契丹不敢南牧。昭度至西京作坊使。淳化中，知通远军，有罪当弃市，减死流商州。

马仁瑀，大名夏津人。十余岁时，其父令就学，辄逃归。又遣于乡校习《孝经》，旬余不识一字。博士笞之，仁瑀夜中独往焚学堂，博士仅以身免。常集里中群儿数十人，与之戏，为行阵之状，自称将军，日与之约，鞭其后期者，群儿皆畏伏。又市果均给之，益相亲附。及长，善射，挽弓二百斤。

汉乾祐中，周祖镇邺，仁瑀年十六，愿隶帐下，周祖素闻其勇，既见，甚喜，留置左右。广顺初，补内殿直。世宗嗣位，命卫士习射苑中，仁瑀弓力最劲，而所发多中，赐锦袍、银带。会太原刘崇入寇，世宗亲征至高平，周师不利，诸将多引退。仁瑀谓众曰："主辱臣死，安用我辈！"乃控弦跃马，挺身出阵射贼，毙者数十人，士气益振，大军乘之，崇遂收绩。世宗至上党，诸将坐失律诛者七十余人。擢仁瑀为弓箭控鹤直指挥使，及还京，又迁散指挥使。从征淮南，至楚州，攻水砦。砦中建飞楼高百尺余，世宗观之，相去殆二百步，楼上崒卒厉声嫚骂，世宗怒甚，命左右射之，远莫能及。仁瑀引满，应弦而颠。及淮南平，身被数十创，赐以良药，迁内殿直都虞候。又从平三关。恭帝嗣位，诏从太祖北伐。

初以佐命功授散员都指挥使，领贵州刺史，俄迁铁骑右厢都指挥使，又为虎捷左厢都指挥使，领扶州团练使。从平泽、潞，以功领常州防御使，改龙捷左厢都指挥使。建隆二年，改领岳州防御使，俄又移领汉州。

初，诏仁瑀等领荆湖诸郡，不数岁，复其地。至是，将征蜀，又诏领川、峡诸郡，遂平之。先是，薛居正知贡举，仁瑀私嘱所与者，榜出，无其人。闻喜宴日，仁瑀酒酣，携所嘱者诣居正切责之。为御史中丞刘温叟所劾，帝优容之。王继勋以后族骄恣，凌蔑诸帅，人皆避之。独仁瑀词气不相下，尝攘臂欲殴之。会帝将讲武郊外，遂欲相图，各勒所部兵私市白梃。太祖密知之，诏罢讲武，出仁瑀为密州防御使。

太祖征晋阳，命仁瑀率师巡边，至上谷、渔阳。契丹素闻仁瑀名，不敢出，因纵兵大掠，俘生口、牛羊数万计。驾还，仁瑀归治所。明年，群盗起兖州，贼首周弼、毛袭甚勇悍，材貌奇伟，弼号曰"长脚龙"。监军讨捕数不利，诏仁瑀掩击。仁瑀率帐下十余卒入泰山，擒弼，尽获其党，鲁郊遂宁。

开宝四年，迁瀛州防御使。兄子尝因醉误杀平民，系狱当死。民家自言非有宿憾，但过误尔，愿以过失杀伤论。仁瑀曰："我为长吏，而兄子杀人，此怙势尔，非过失也。岂敢以私亲而乱国法哉？"遂论如律，给民家布帛为棺敛具。太平兴国初，移知辽州。四年，车驾征太原，命仁瑀与成州刺史慕容超、飞龙使白重贵、八作使李继昇分兵攻城。及征范阳，命仁瑀率禁兵击契丹于卢龙北，契丹兵奔溃。师还，迁朔州观察使，判瀛州事。七年，卒，年五十。赠河西军节度，葬事官给。

论曰：宋初，交、广、剑南、太原各称大号，荆湖、江表止通贡奉，契丹相抗，西夏未服。太祖常注意于谋帅，命李汉超屯关南，马仁瑀守瀛州，韩令坤镇常山，贺惟忠守易州，何继筠领棣州，以拒北敌。又以郭进控西山，武守琪戍晋州，李谦溥守隰州，李继勋镇昭义，以御太原。赵赞屯延州，姚内斌守庆州，董遵诲屯环州，王彦昇守原州，冯继业镇灵武，以备西夏。其族在京师者，抚之甚厚。郡中榷筦之利，悉以与之。恣其贸易，免其所征税，许其召募亡命以为爪牙。凡军中事皆得便宜，每来朝，必召对命坐，厚为饮食，锡赉之遣之。由是边臣富赡，能养死士，使为间谍，洞知敌情；及其入侵，设伏掩击，多致克捷，二十年间无西北之忧。以至命将出师，平西蜀，拓湖湘，下岭表，克江南，所向遂志，盖能推赤心以驭群下之所致也。

若李进卿、杨美亦专师西征，而美居北海，以乐易结民心，诚得为政之本。延渥、承矩、守恩、允正皆绍先业，以勋名著。承矩议屯田，赞和好，其谋甚远。守恩以果敢死事。宋之武功，于斯为盛焉。

卷二百七十四　　列传第三十三

王赞　张保续　赵玭　卢怀忠　王继勋
丁德裕　张延通　梁迥　史珪　田钦祚
侯赟　王文宝　翟守素　王侁　刘审琼

王赞，澶州观城人。少为小吏，累迁本州马步军都虞候。周世宗镇澶渊，每旬决囚，赞引律令辨析中理，问之，知其尝事学问，即署右职。及即位，补东头供奉官，累迁右骁卫将军、三司副使。时张美为使，世宗问："京城卫兵岁廪几何？"美不能对，赞代奏甚析，美因是衔之。及征关南，言于世宗，以赞为客省使，领河北诸州计度使。五代以来，姑息藩镇，有司不敢绳以法。赞所至，发擿奸伏，无所畏忌，振举纲领，号为称职，由是边臣切齿。师还，复为三司副使。

建隆初，始平李重进，太祖素知赞材干，可委以完葺，即令知扬州。既行，舟覆于閗桥下，溺死，亲属随没者三人。上甚嗟悼，谓左右曰："溺吾枢密使矣！"盖将大用也。赐其家绢三百匹，米、麦各二百斛。

张保续字嗣光，京兆万年人。父洪，唐左武卫上将军，保续以荫补太庙斋郎。梁贞明中，调补临济尉，选充四方馆通事舍人。后唐天成初，领瓜州官告国信副使。郊祀，改右赞善大夫。晋天福中，历太府、光禄二少卿，职同正，领通事舍人。开运二年，契丹入寇，杜重威、李守贞、符彦卿等率兵御之。命保续驰骑往来军中谕机事。既而大破敌于阳城，使还，以本官充西上阁门副使。明年，使荆南，复命转东上阁门副使。契丹犯阙，被驱北徙，留范阳，岁余逃归。

汉乾祐初，出为陇州防御使。周祖革命，召为东上阁门副使，从平慕容彦超。累迁引进副使、知阁门事。世宗即位，授西上阁门使。明年，进秩东上阁门使。从上征淮南，会寿州纳款，遣保续先往慰抚，及刘仁赡率将卒出降，以功迁判四方馆事，就迁客省使。从平瓦桥关，奉使吴越。

宋初，迁卫尉卿，判四方馆、客省、阁门事。保续性介直，好俭素，在阁门前后四十年，善宣赞辞，令听者倾耸。累使藩国不辱命。历事六朝，未尝有过。从征李筠，以足疾留河内，后归京师。建隆三年，卒，年六十四。

赵玭，澶州人。家富于财。晋天福中，以纳粟助边用，补集贤小史，调濮州司户参军。刺史白重进以其年少，欲试以事，因以滞狱授之。玭为平决，悉能中理。重进移刺虢、成二州，连辟为从事。会契丹构难，秦帅何重建献地于蜀，孟知祥署高彦俦秦州节度，成为支郡，因署玭秦、成、阶等州观察判官。

周显德初，命王景帅兵讨秦凤。彦俦出兵救援，未至，闻军败，因溃归。砒闭门不纳，召官属谕之曰："今中朝兵甲无敌于天下，自用师西征，战无不胜。蜀中所遗，将皆武勇者，卒皆骁锐者，然杀戮遁逃之外，几无孑遗。我辈安忍坐受其祸？去危就安，当在今日。"众皆俯伏听命。砒遂以城归朝。世宗欲命以藩镇，宰相范质不可，乃授郢州刺史，历汝、密、泽三州刺史。

建隆中，入为宗正卿。乾德初，出为泰州刺史。二年，改左监门卫大将军、判三司。砒狂躁婞直，多忤上旨，太祖颇优容之。尝廉得宰相赵普私市秦、陇大木事，潜以奏白，然惧普知，因称足疾求解职。五年春，罢使，守本官。自是累献密疏，皆留中不出，常疑普中伤。六年，诣阙，纳所授告命，诏勒归私第。又请退居郓州，不许。砒不胜忿，逾年，伺普入朝，马前扬言其短。上闻之，召砒及普于便殿，面质其事。砒大言诋普贩木规利，上怒，促令集百官逐普，且谕其事。王溥等奏 砒诬罔大臣，普事得解。上诘责砒，命武士挝之，令御史鞫于殿庭。普为营救，得宽其罚，黜为汝州牙校。太平兴国三年卒，年五十八。

卢怀忠，瀛州河间人。少有膂力，善骑射。汉乾祐初，寓居河中，值李守贞之叛，周帅围其城，怀忠夜逾城出见，陈攻取便宜。河中平，奏补供奉官。从征慕容彦超于兖州。显德初，监沂州军，以所部破海州，功居多。世宗议北征，先遣怀忠按视出师道路。三关平，迁如京副使。

宋初，迁内酒坊副使。会朗州军乱，太祖将出师致讨，遣怀忠使荆南，因谓曰："江陵人情去就，山川向背，我欲尽知之。"怀忠使还，奏曰："继冲甲兵虽整，而控弦不过三万；年谷虽登，而民苦于暴敛。南迩长沙，东距金陵，西迫巴蜀，北奉朝廷。观其形势，盖日不暇给矣。"太祖召宰相范质等谓曰："江陵四分五裂之国，今出师湖南，假道荆渚，因而下之，万全策也。"即以怀忠为前军步军都监。荆湖平，以功迁内酒坊使。

乾德二年，改判四方馆事，知江陵府。四年，王师伐蜀。江陵当峡、江会冲，以供亿之劳，迁客省使。又明年，使江南还，中途遇疾，肩舆归京师。太祖遣医丸艾以赐之，未几卒，年四十九。大中祥符四年，录其子熙为校书郎。

王继勋，陕州平陆人。隶河中府为牙校。李守贞之叛，令继勋据潼关，为郭从义所破，走还河中。俄白文珂、刘词领兵至城下，守贞又遣继勋与其爱将聂知夜出攻河西砦，复为汉兵所败，被创而遁。继勋度守贞必败，遂逾城出降，周祖奏补供奉官。广顺初，领汾州刺史，充晋、磁、隰等州缘边巡检，历宪、麟、石、磁四州刺史。

宋初，迁磁州团练使，坐境上用兵失律、荆罕儒陷阵，责授右监门卫率。初平荆襄，命权知道州，未几，授本州刺史。州境与广南接，刘鋹屡引兵入寇，继勋因上言岭表可图之状。及王师南伐，以为贺州道行营马步军都监。继勋有武勇，在军阵，常用铁鞭、铁槊、铁挝，军中目为"王三铁"。

丁德裕，洺州临洺人。父审琦，彰武军节度。周广顺初，以荫补供奉官。宋初，历通事舍人、西上閤门副使。建隆三年，迁东上閤门使。从慕容延钊平荆湖，以功授引进使。又与潘美、尹崇珂克郴州，迁客省使。乾德五年，迁内客省使。时成都初平，群寇大起，用为西川都巡检使，与閤门副使张延通同率师讨之，擒贼帅康祚，磔于市。岁余，尽平其党。颇与延通不协，归朝，告其阴事，延通坐弃市。又奏转运使、礼部郎中李铉尝醉酒，言涉指斥。上怒，驿召铉下御史案之。铉言德裕在蜀日屡以事请求，多拒之，皆有状。御史以闻。太祖悟，止坐铉酒失，责授左赞善大夫。

未几，德裕亦出知潞州。会征江南，遣德裕为常州行营兵马都监，领吴越兵，助主师进讨。常州平，命权知州事。又改昇州东南路行营都监，败润州军五千余于城下。及拔润州，移领常、润等州经略巡检使。德裕以倾险为众所恶，恃势刚狠，不恤士卒，黩货无厌，越人苦之。钱俶奏其事，贬房州刺史，卒。

张延通，潞州潞城人。父彦成，周右金吾卫上将军。延通性颖悟，有才干，荫补供奉官。宋初，历通事舍人，迁东上閤门副使。开宝中，为西川兵马都监。太祖以蜀寇未平，命同内客省使丁德裕、引进副使王班、内臣张屿领兵屯蜀部。德裕颇专恣，延通面质其短，德裕衔之。又与张屿不协，延通亦为和解之，德裕疑延通与屿为党，益不悦。会太祖征太原，有使自行在至，备言太祖当盛暑躬冒矢石，劳顿万状。延通曰："主上勤劳若此，而吾辈日享安乐。"盖言不自安也。德裕不答。会张屿先诣阙，太祖赐予甚厚。延通、德裕继至，则召延通顾问，而待德裕稍薄。德裕颇疑惧，遂奏延通尝于众言涉指斥，且多不法事，指屿为党。太祖怒，即收延通、张屿及王班下御史台鞫之，延通等引伏。太祖始欲舍之，及引问，延通抗对不逊，遂斩之。屿、班并内臣王仁吉并杖脊，屿配流沙门岛，班许州，仁吉西窑务，时开宝二年也。

梁迥，博州聊城人。少为吏部小史。周世宗在藩邸日，得给事左右。及嗣位，补殿直，改供奉官，四迁至左藏库使。

太祖将讨西蜀，以迥监秦州戍兵。蜀平，改监霸州兵，转宫苑使。从征太原还，会命蜀州刺史聂章为沁州兵马部署，以迥监其军。无何，并人入寇，迥与閤彦进同率兵击败之，以功迁东上閤门使。开宝五年，命为广南道兵马都监，兼诸司巡检。

八年，奉使江南。迥素贪冒，外务矫饰，初若严毅不可犯，虽馈食亦不受，江南人颇惮之。既而奉以赀货，殆直数万缗，迥即大喜过望，登舟纵酒，继日宴乐。及归，恋恋不发，人多笑之。暨王师伐金陵，命迥与潘美、刘遇率步兵先赴荆南。且以迥护行营步兵及左厢战棹，与吴人战采石，杀获甚众。江南平，以功领顺州团练使。

太宗即位，判四方馆事，领禁军戍泽州。太平兴国三年，钱俶来朝，命往淮、泗迎劳。夏，汴水大决，诏迥发畿内丁男三千护塞汴口。四年，征太原，以迴为行营前军马步军都监，督军攻城，中流矢四。车驾还，命与孟玄哲、崔翰率兵屯定州，以功迁引进使。五年，受诏与潘美城并州于三交，及筑缘边堡障。七年，李继迁寇边，以迴领兵护银、夏州。八年，召归，授唐州防御使，令赴职。

雍熙二年，继迁诱杀都巡检使曹光实，乘势数寇边。复召迴为银、夏都巡检使，赴边捍御之。三年夏，卒于银州官舍，年五十九。

迴性粗率，尤不喜文士，故事，节帅出镇及来朝，便殿宴犒，翰林学士皆预坐。开宝中，迴为阁门使，白太祖曰："陛下宴犒将帅，安用此辈预坐？"自是罢之。至淳化中，翰林学士苏易简白于太宗，始复预焉。大中祥符八年，录迴子廷翰为奉职。

史珪，河南洛阳人。父晖，晋严卫指挥使。珪少以武勇隶军籍，周显德中，迁小校。太祖领禁卫，以珪给事左右。及受禅，用为御马直队长，四迁马步军副都军头兼控鹤、弓弩、大剑都指挥使。开宝六年，加都军头，领毅州刺史。

太祖初临御，欲周知外事，令珪博访。珪廉得数事白于上，验之皆实，由是信之，后乃渐肆威福。民有市官物不当价者，珪告其欺罔，当置法，列肆无不侧目。上闻之，因下诏曰："古人以狱市为寄者，盖知小民唯利是从，不可尽法以绳之也。况先甲之令，未尝申明。苟陷人于刑，深非理道。将禁其二价，宜示以明文，自今应市易官物，有妄增价直欺罔官钱者，案鞫得实，并以枉法论。其犯在诏前者，一切不问。"自是珪不复敢言。

时德州刺史郭贵知邢州，国子监丞梁梦昇知德州，贵族人亲吏之在德州者颇为奸利，梦昇以法绳之。贵素与珪善，遣人以其事告珪，图去梦昇。珪悉记于纸，将伺便言之。一日，上因言："尔来中外所任，皆得其人。"珪遽曰："今之文臣，亦未必皆善。"乃探怀中所记以进，曰："只如知德州梁梦昇欺蔑刺史郭贵，几至于死。"上曰："此必刺史所为不法。梦昇，真清强吏也。"因以所记纸付中书曰："即以梦昇为赞善大夫。"既又曰："与左赞善。"珪以潜不行，居常怏怏。九年，坐漏泄禁中语，出为光州刺史。会岁饥，淮、蔡民流入州境，珪不待闻，即开仓减价以粜，所全活甚众，吏民诣阙请植碑颂德者数百人。

太平兴国初，以为扬、楚等九州都巡检使。四年，征太原，命珪与彰信军节度刘遇攻城北面。从征潞州，坐所部逗挠失律，责授定武行军司马。数月，召为右卫将军，领平州刺史。督浚惠民河，自尉氏达京九十里，数旬而毕，民咸便之。会江、淮民黠谋首等数十百人聚为盗，命珪率龙猛骑兵五百往捕，悉获之。六年，迁隰州刺史，知保州、静戎军。上缘边便宜十五事，皆从之。

雍熙中，从曹彬征幽州，为押阵部署，以所部下涿州。师还，卒，年六十一。珪多智数，好以甘言小惠取誉于人，故所至不忍其去云。

田钦祚，颍州汝阴人。父令方，汉虢州团练使。帐下伶人靖边庭妻有美色，令方私之，边庭不胜忿。会陕西三叛连衡，关辅间人情大扰。边庭率其徒数人夜縋入州廨，害令方，因掠郡民投赵思绾，至潼关，与守关使者战，遂败散。朝廷录钦祚为殿直，改供奉官。周世宗征淮南，为前军都监。从征关南还，会塞澶渊决河，命钦祚领禁兵护役，因令督治澶州城。淮人寇高密，刺史王万威求济师，命钦祚领州兵援之，既至，围解。

宋初，迁阁门通事舍人。乾德二年冬，讨蜀，为北路先锋都监，令乘传往来宣达机事。孟昶降，奉捷书驰奏，迁西上阁门副使。蜀土寇乱，又遣钦祚率师讨平之。四年春，并人寇乐平，从罗彦瓌拒之，独以所部三千人破寇，擒副将一人，俘获甚众，以功迁西上阁门使。开宝二年，又与何继筠破贼兵于石岭关，领贺州刺史，判四方馆使。三年，契丹寇中山，以钦祚为定州路兵马都部署。与战遂城，自旦及晡，杀伤甚众。钦祚马中流矢踣，骑士王超授钦祚以马，军复振，敌解去。朝廷将议讨江表，遣钦祚觇之，还奏合旨，江南所得宝货直三千万，悉以赐钦祚。会兴师，首命钦祚与曹彬、李汉琼率骑军先赴江陵，就命为昇州西南路行营马军兼左厢战棹都监。领兵败吴军万余于溧水，斩其主帅李雄等五人，擒裨将二人。进围金陵，为南面攻城部署。既平，以功加领汾州防御使。

太平兴国初，迁引进使，为晋州都铃辖。太原骁将杨业率众寇洪洞县，钦祚击败之，斩首千余级，获马数百。太宗赐钦祚白金五千两，令市宅。四年，从征太原，护前锋骑兵，屯石岭关以捍契丹。

钦祚性刚戾负气，多所忤犯，与主帅郭进不协，进战功高，屡为钦祚所陵，心不能甘，遂自缢死。初，贼兵奄至，进出战，钦祚但闭壁自守，既去，又不追。所受月奉刍粟，多贩鬻规利，为部下所诉，责授睦州团练使。车驾北巡，以为幽州西路行营壕砦都监。六年秋，改房州团练使，逾年，又改柳州。岭外多瘴气，因遘疾，累表乞生还阙下。上怜之，迁郓州团练使。在郡二年，入觐，钦祚见上，涕泣不已。以为银、夏、绥、宥都巡检使，俄召还。会征幽州，命钦祚与宣徽南院使郭守文为排阵使。时钦祚已被病，受诏不胜喜，一夕，卒。

钦祚性阴狡，尤不喜儒士，好狎侮同列，人多恶之。子承海，仕至供奉官、阁门祗候；承说，至崇仪副使。

侯赟，并州太原人。父义，汉辽州刺史。赟以荫补殿前承旨。周显德中，再迁至供奉官，使江南，复命领三门、集津发运事。

宋初，为诸卫将军。先是，朝廷岁仰关中谷麦以给用，赟掌其事历三十年，国用无阙。累迁至右武卫将军。开宝中，历知建安军、扬、徐二州，皆有善政。太宗即位，移知福州，改右卫将军。太平兴国二年，钱俶初纳土，诏赟驰往两浙诸州阅视军储刍茭，累迁右卫大将军。七年，知灵州，按视蕃落，宴犒以时，得边士心，部内大治，迁左卫。在朝方凡十余年，上念久次，求可代者而难其人。淳化二年，卒于官，年七十四，赠本卫上将军。

王文宝，开封阳武人，以任子补殿直。太平兴国初，累迁至军器库使。尝使契丹。会陈洪进献漳、泉地，以文宝监泉州兵。群盗大起，文宝与转运使杨克让、知州乔惟岳共讨平之。以功领妫州刺史，加内弓箭库使。二年，京西转运使程能议开新河，自襄、汉至京师，引白河水注焉，以通湘、潭之漕。诏发唐、邓、汝、颍、许、蔡、陈、郑丁夫数万赴其役，又发诸州兵万人助之。命文宝与六宅使李继隆、作坊副使李仁祐、刘承珪分往护作。既而地高水下，不能通，卒堙废焉。雍熙四年，改东上阁门使，历知泾、延二州。会辽人寇通远军，命文宝率师致讨，还迁判四方馆事。

文宝历内职三十年，雅好言外事，太祖、太宗颇信任之，中外咸畏其口。出为高阳关兵马钤辖，淳化二年，卒于官。

翟守素，济州任城人。父溥，晋左司御率府率。守素以父任为殿直，历汉、周，迁供奉官，领承天军使。乾德中，为引进副使，从王全斌伐蜀，以往来驰告军事为职。蜀平，擢判四方馆事。以两川余寇未殄，虑致骚动，再令守素入蜀经略诸郡，分兵以防遏之。

开宝中，会麟、府内属戎人争地不决，因致扰乱，命守素驰往抚喻。守素辨其曲直，戎人悦服。从征太原，命海州刺史孙方进围汾州，守素监其军，转引进使。

开宝三年，命为剑南十州都巡检使，东上阁门使郭崇信副之。赐守素钱五百万，入谢日，复遣为岐帅符彦卿官告使。守素辞以锡赏优厚，不敢更当奉使之诏，上不许。九年，吴越国王钱俶来朝，命守素护诸司供帐，迎劳郊外。并垒未下，诏与洺州防御使郭进率兵深入其境，蹂藉禾稼，守素多所俘获。太宗即位，迁客省使，领宪州刺史。

太平兴国三年夏，河决荥阳，诏守素发郑之丁夫千五百人，与卒千人领护塞之。是秋，梅山洞蛮恃险叛命，诏遣守素率诸屯兵往击之。值霖雨弥旬，弓弩解弛，不堪用，明日，将接战，守素一夕令削木为弩。及旦，贼奄至，交射之，贼遂败。乘胜逐北，尽平其巢穴。先是，数郡大吏、富人多与贼帅包汉阳交通，既而得其书讯数百封，守素并焚之，反侧以定。俄而钱俶献浙右之地，诏守素为两浙诸州兵马都监，安抚诸郡，人心甚悦，即以知杭州。岁满，为西京巡检使。秦王廷美以事勒归私第，以守素权知河南府兼留守司事，属洛阳岁旱艰食，多盗，上忧之。守素既至，渐以宁息。未几，迁商州团练使。

雍熙二年，改知延州。自刘廷让败于君子馆，河朔诸州城垒多圮。四年，诏守素与田仁朗、王继恩、郭延濬分路案行，发诸州镇兵增筑，护其役。赐白金三十两，留充天雄军兵马钤辖、知大名府，改知潞州。会建方田，命为代北方田都部署、并州兵马钤辖，从屯夏州，改知凤翔府。

淳化中，夏帅赵保忠上言，其弟继迁诱戎人为寇，且求援师。诏守素率兵复屯夏州，未几，又徙石州，以老病上疏求归本郡，从之。三年，卒，年七十一。

守素逮事四朝，绵历内职五十余年。性谨慎，宽仁容众，所至有治绩。凡断大辟狱，虽罪状明白，仍遍询僚寀，佥同而后决。属吏有过不面折，必因公宴援往事之相类者言其获咎，以微警之。新进后生多至节帅，而守素久次不迁，殊无陨获意，时论以此多之。

王侁，字秘权，开封浚仪人。父朴，周枢密使，侁以父任太仆寺丞。朴卒，世宗幸其第，召见诸孤，以侁为东头供奉官。开宝中，征江南，命侁率师戍桐城。王师渡江，与樊若水同知池州，领兵败江南军四千余于宣州。金陵平，加阁门祗候。

太平兴国初，预讨梅山洞蛮。契丹使来贡，诏侁送于境上。还，使灵州、通远军。及旋，言主帅所留牙兵率与边人交结，颇桀黠难制，岁久当虑，请悉代之。太宗因遣侁调内郡卒代往之。戍者闻代，多不愿还。侁察其中旅拒者斩之以徇，众皆悚息，遂将以还。一岁中数往来西边，多奏便宜，上多听用，迁通事舍人。

四年，从征太原，以侁护阳曲、塌地、石岭关诸屯，赐厩马介胄。五月，即城下转东上阁门副使。晋阳平，留为岚、宪巡检。九年，代还，迁西上阁门使，赐钱百万。河西三族首领折遇乜叛入李继迁，侁将师讨擒之，以功领蔚州刺史。王师北征，命为并州驻泊都监，又为云、应等州兵马都监。

侁性刚愎，以语激杨业，业因力战陷于阵，侁坐除名，配隶金州，事载《杨业传》。会赦，移均州团练副使。淳化五年召还，道病，至京师卒。

弟偡，供奉官、阁门祗候，坐征交阯军败诛；备、偓并进士及第，偓至太常博士。

朴弟格，宋初为右补阙、直史馆，至都官员外郎、广南转运使。格子侗，太平兴国进士，至都官员外郎。

刘审琼，涿州范阳人。家素贫。汉乾祐中，湘阴公镇彭门，审琼始隶帐下。周祖受命，遁去，依永兴军节度刘词，颇委任之。词卒，属太祖节镇，给事左右。及受禅，补殿直。从平泽、潞，改供奉官。

开宝中，累迁至军器库使。会枢密使李崇矩门人郑伸击登闻鼓，诬告崇矩受太原席羲叟黄金，私结翰林学士扈蒙，以甲科私羲叟，引审琼为证。上怒，召审琼诘问，审琼具言其诬枉，得解，遂出知镇州。七年，太宗征河东，驻跸月余，储偫无阙，迁检校檀州刺史、知潭州。州素多火，日调民积水为防，民甚劳之。审琼至，悉罢之，以为民便。徙知河阳。淳化三年，受代归，陈衰老，乞正受郡符。上闵其旧人，授坊州刺史。至道三年，卒于官。

审琼尝给事外诸侯，雅善酒令博鞠，年八十余，筋力不衰，髭发黳黑。孙爽，进士及第，后为祠部员外郎、秘阁校理。

论曰：王赞奋迹小校，有奉公之节，绳奸列郡，不畏强御。保绪单车出使，不辱君命。怀忠识荆渚之将危。继勋知番禺之可取。侯赟久治边郡。文宝数护屯兵：斯各一时之效也。德裕、梁迥、钦祚、王侁皆练习戎旅，颇著勋劳，然率强戾而乏温克，以速于戾，斯乃明哲之所戒。玼以刚险蒙悔吝，珪以发摘肆威福，其不逭者欤！守素不事躁竞，审琼克享期颐。《易》曰："视履考祥，其旋元吉。"此之谓也。

卷二百七十五　　列传第三十四

刘福　安守忠　孔守正　谭延美　元达
常思德　尹继伦　薛超丁罕　赵瑨附　郭密
傅思让　李斌附　田仁朗　刘谦

刘福，徐州下邳人。少倜傥，魁岸有膂力。周显德中，世宗征淮南，福徒步谒见于寿春。世宗奇之，因留麾下。每出战，则令福率卫士为先锋，与破紫金山砦。淮南平，录功授怀德指挥使。

宋初，迁横海指挥使，率所部隶步帅刘光毅，由峡路征蜀。比至成都，孟昶已降。大将王全斌部送降卒归京师，至绵州，降卒盗库兵，劫蜀旧将全师雄以叛，焚庐舍，剽财货以去。刺史成彦饶以同、华兵百余人守其城，全斌遣米光绪将七百骑及福所部以屯护之。光绪尽杀师雄妻孥，师雄领叛卒，益聚村民十余万众，攻城益急。会龙捷指挥使田绍斌率精锐百骑，由东山西北行，福领所部由山南行，出贼不意，夹击之。贼众大溃，斩首及溺江死者以万计，以功授虎捷都虞候。继隶曹彬麾下，平江南。还，授指挥使，领蔚州刺史。从太宗克并、汾，迁马步都军头、武州团练使。端拱初，出为洺州防御使。二年，改雄州防御使兼本州兵马都部署。雄州地控边塞，常屯重兵。福至部，按行城垒，调镇兵以给缮完，出私钱以资宴犒，寇虽大至，而恃以无恐矣。淳化初，迁凉州观察使、判雄州事。二年，卒，年六十四。赠太傅。

福虽不学，而御下有方略，为政简易，人甚德之。领雄州五年，郡境宁谧。福既贵，诸子尝劝起大第，福怒曰："我受禄厚，足以僦舍以庇。汝曹既无尺寸功以报朝廷，岂可营度居室，为自安计乎？"卒不许。既死，上闻其言，赐其子白金五千两，使市第宅。

安守忠，字信臣，并州晋阳人。父审琦，为周平卢军节度，封陈王。晋天福八年，审琦出领山南东道，以守忠为牙内指挥使，领绣州刺史。周显德四年春，改鞍辔库使。会淮南初下，命守忠驰往宣谕。时藩臣骄蹇，遇朝使多简傲，守忠抗以正礼，无所屈命。未几，改卫州刺史。

宋初，入为左卫将军。建隆四年，湖南初平，命为永州刺史。乾德中，护河阴屯兵。蜀平，太祖知远俗苦苛虐，南郑为走集之地，故特命守忠知兴元府以抚绥之。四年，改汉州刺史。时寇难甫平，使车旁午，公廪不足，守忠出私钱以给用。每遣使，太祖必戒之曰："安守忠在蜀，能律己以正，汝行见之，当效其为人也。"开宝初，改濮州刺史。会河决澶州，命守忠副颍州团练使曹翰护役，河决遂塞。五年，知辽州。民有阴召并寇谋内应者，事泄，守忠悉斩以徇。九年，命将征太原，守忠受诏与孙晏宣由辽州入，既而与路罗砦监押马继恩遇，乃相与会兵入贼境，燔砦四十余，获牛羊数千。议将深入，会上崩，乃班师。

太平兴国初，移知灵州，在官凡七年。雍熙二年，改知易州，徙夏州。每西戎犯边，战无不捷，录功就拜濮州团练使。端拱中，知沧州，改瀛州，兼高阳关驻泊部署，迁瀛州防御使。初，守忠尝梦一"濮"字方丈余，及领是郡几二十年，于是始寤。淳化二年，徙知雄州。方与僚佐宴饮，有军校谋变，攒甲及闉，闻者仓卒入白。守忠言笑自若，徐顾坐客曰："此辈酒狂尔，擒之可也。"人服其量焉。明年，加耀州观察使，兼判雄州。未几，召还，条陈边事，敷奏称旨，赐钱五百万。五年，又知沧州。至道初，移雄州。三年，复知沧州。拜感德军节度观察留后，徙宋州，兼制置营田使。威德兼著，吏民不忍其去。咸平三年入觐，遗迁未行，暴卒，年六十九，赠太尉。录其子继昌为供备库副使，婿王世及为光禄寺丞。

守忠谨悫淡薄，为治简静。太祖居藩日，素相厚善，及受禅后，每优任之，守忠处之益谦。从征太原，多与谋略，人罕知之者。所至藩郡，乐施予，丰宴犒，且喜与士大夫游从，故时论多与之。初，审琦以爱妾故，为隶人所戕。守忠终身不畜妓妾，而喜佞佛，盖有所惩云。

孔守正，开封浚仪人。幼事后唐明宗子许王从益。汉初，为东西班承旨，事魏王承训。周世宗征淮南，以材勇选为东班承旨。

宋初，补内殿直，兼领骁雄、吐浑指挥。从刘廷翰平蜀，还，迁骁雄副指挥使。开宝中，太祖征太原，守正隶何继筠麾下。会契丹遣兵来援晋阳，守正接战于石岭关，大败之，斩首万级，获其将王破得。时宋师之陷敌者数千人，守正以骑军驰之，尽夺以还。

太平兴国中，累迁日骑东西班指挥使。太宗亲征晋阳，守正分主城西洞屋，领步卒大呼先登，继与内侍蔡守恩等率骑兵力战，晋军遂溃。从征范阳，至金台驿，诏与刘仁蕴先趋岐沟关。时城未下，守正夜超垣，度鹿角，临机桥，以大军将至，说关使刘禹使降。禹解悬桥，守正遂入城，抚谕其军民，以城守属綦廷朗，而己赴行在。时契丹兵在涿州东，守正与傅潜率御前东西班分两阵驰击之，逐北二十余里，降其羽林兵数百人。继与高怀德、刘廷翰合兵追之至桑乾河，契丹自是不敢近塞。以劳再迁日骑都指挥使，领濡州刺史。

端拱初，迁龙卫都指挥使，领长州团练使，出镇真定。是年秋，出为颍州防御使。未几，太宗以其练习戎旅，特置龙卫、神卫四厢都指挥使以授之。改领振州防御使。明年，拜殿前都虞候，领容州观察使。一日，侍宴北苑，上入玄武门，守正大醉，与王荣论边功于驾前，忿争失仪，侍臣请以属吏，上弗许。翌日，俱诣殿廷请罪，上曰："朕亦大醉，漫不复省。"遂释不问。俄命为定州行营副部署,受诏诣保州军开道,遇敌于曹河,与战数合,枭首三十余,获马五十匹,上闻而壮之。

淳化初,擢高阳关副都部署。军中小将有署其校长者,守正械送阙下,取裁于上,未尝专决焉。明年,护浚惠民河,塞澶州决河,就命知州军。改慎州观察使,还,领代州部署,连移并代、夏绥、麟府三镇。与李继迁战大横冈,援范廷召出塞,破贼于白池,至行庄,焚掠甚众,改代、夏二州部署。

真宗即位,复徙代州。咸平初,授昌化军节度观察留后,守正上言:"四任雁门,边亭久安,愿徙东北以自效。"会夏人入寇,改定州行营副都部署。四年,移彰德军留后,以风疾妨政,改安化军留后。景德初,复以不任职,代。时议防秋北鄙,守正犹屡表请行。上闵之,不许。无何,卒,年六十六,赠泰宁军节度使。

谭延美,大名朝城人。躯干壮伟。少不逞,遇群盗聚谋将行剽劫,延美即趋就之。及就捕,法皆抵死,延美以与盗素不相识,获免。自后往来澶、魏间,为盗于乡里,乡里患之。周世宗镇澶渊,募置帐下。即位,补殿前散都头。从征淮南,以劳迁控鹤军副指挥使。又从克三关。时太祖领禁兵,留督牙队。

建隆元年,补控鹤指挥使,稍迁都虞候、马步副都军头。征湖南,与解晖分领行营战棹都指挥使。时汪端寇攻朗州甚急,招讨慕容延钊遣延美率兵赴之,大败贼众,擒端以还。擢铁骑副指挥使,领睦州刺史,四迁至内殿直都知。

太平兴国初,为蕲州刺史,连徙庐、寿、濠、光州军巡检使,剧贼之为害者悉就捕。六年,徙知威虏军。雍熙三年,举兵北伐,命延美为幽州西面行营都监,与田重进出飞狐北。俄遇敌,延美曰:"彼恃众易我,宜出其不意先攻之。"即麾骑军直进,敌兵将溃,大军继至,遂败之,斩首五百;获其将大鹏翼以献,以功擢本州防御使。逾年,改亳州,出为镇州钤辖。

端拱元年,徙知宁远军。一旦,契丹兵抵城下,延美开门以示之,不敢入。围城数日,开门如故,民出取刍粮者无异平日,契丹卒疑之,遂引去。二年,进邕州观察使,判亳州,兼知代州。是时任边郡者,皆令兼领内地一州,处其家属。徙知潞、陕、泾州。咸平四年,以左领军卫上将军致仕。六年,卒,年八十三,赠建武军节度。子继伦,至崇仪副使;雍,虞部员外郎。

元达,初名守旻,洺州鸡泽人。身长八尺余,负膂力,善射。家业农,不任作苦,委耒耜,慨叹而去之。事任侠,纵酒。尝醉,见道旁槐树,拔剑斩之,树立断。达私喜曰:"吾闻李将军射石虎饮羽,今树为我断,岂神助欤?"尝从少年数十人欲起为盗,里中父老交戒之,乃止。时郡以户籍调役,达当送徒阙下,行数舍,乃悉纵之,曰:"吾观汝曹,亦丈夫也,岂乐为是哉?可善自为计,吾亦从此逝矣!"已而郡遣追捕,至则达援弓引满待之,追者不敢近。由是亡命山林间,为乡里患。

太宗居晋邸时,达求见,得隶帐下。尝侍太宗习射园亭,命之射,达射四发不中的,已而连中。上喜,为更其名曰达。及即位,补御龙直队长。雍熙初,累迁妫州刺史,继领本州团练使。时州郡部送亡命者至阙,左右讽杀之,达奏曰:"此类窜匿者众,岂能尽杀之哉?不如赦之,以开其自新之路,且以成好生之德。"上悦,因悉原之。端拱二年,擢侍卫步军都虞候,领幽州刺史。历北面行营都部署,由常山镇入为京城巡检。淳化四年卒,年四十二,赠昭化军节度。

达虽奋自草野,历职戎署,至交士夫,能折节尽礼,人以是称之。

常思德,开封人。周显德初,以材勇应募,隶天武军,累迁神卫都虞候。雍熙初,从曹彬征幽州,因署牙校。寻镇威虏军。端拱初,以弓箭直都虞候领溪州刺史。淳化中,李顺叛蜀,命往夔、峡捕讨,师次达州新宁县,调近州土兵掩杀贼徒三千余人于梁山。时雷有终领大军抵合州境上,贼众二万来拒。思德与尹元、裴庄等合击之,合州遂平。贼帅田奉正、苏荣据果州,思德因其遁而追捕之,斩首八百。果州既定,余贼保渠州,及走广安、梁山。乃分兵为二:抵广安、梁山者,思德领之;趣渠州者,元、庄领之。合力进讨,尽歼其党。自是川、峡赖以安静,无复寇患,以功真授汝州刺史。

初,曹彬北征不利,至涿州,左右皆溃散,独思德以所部护至易州。语人曰:"既备戎行,则与主帅同死生可也。若视利害以为去就,将何面目以见君父乎?"太宗尝闻其言,至是,陛辞,深加慰劳,且谕之曰:"为臣以忠实为本,汝少壮时,既以骁勇自效,且能尽心于主将,事朕之日虽久,而忠实如一。今虽老,亦当尽心乃职,庶无负乎朕之委寄也。"

未几,移庆州路副都部署、屯邠州。咸平初,与李继隆同部刍粮赴灵州。以疾改陈留都监,换左神武大将军。二年,卒,年六十五。

尹继伦,开封浚仪人。父勋,郢州防御使。尝内举继伦以为可用,太祖以补殿直,权领虎捷指挥,预平岭表,下金陵。太宗即位,改供奉官。从征太原,还,迁洛苑使,充北面缘边都巡检使。

端拱中,威虏军粮馈不继,契丹潜议入寇。上闻,遣李继隆发镇、定兵万余,护送辎重数千乘。契丹将于越谍知之,率精锐数万骑,将邀于路。继伦适领兵巡徼,路与寇直。于越径趋大军,过继伦军,不顾而去。继伦谓其麾下曰:"寇蔑视我尔。彼南出而捷,还则乘胜驱我而北,不捷亦且泄怒于我,将无遗类矣。为今日计,但当卷甲衔枚以蹑之。彼锐气前趣,不虞我之至,力战而胜,足以自树。纵死犹不失为忠义,岂可泯然而死,为胡地鬼乎!"众皆愤激从命。继伦令军中秣马,俟夜,人持短兵,潜蹑其后。行数十里,至唐河、徐河间。天未明,越去大军四五里,会食讫将战,继隆方阵于前以待,继伦从后急击,杀其将皮室一人。皮室者,契丹相也。皮室既擒,众遂惊溃。于越方食，失箸，为短兵中其臂，创甚，乘善马先遁。寇兵随之大溃，相蹂践死者无数，余党悉引去。契丹自是不敢窥边，其平居相戒，则曰：当避"黑面大王"，以继伦面黑故也。以功领长州刺史，仍兼巡检。

淳化初，著作佐郎孙崇谏自契丹逃归，太宗询以边事，极言徐河之战契丹为之夺气，故每闻继伦名，则仓皇不知所措。于是迁继伦尚食使，领长州团练使，以励边将。淳化五年，李继隆奉诏讨夏州，以继伦为河西兵马都监。未几，以深州团练使领本州驻泊兵马部署。

至道二年，分遣将帅为五道，以讨李继迁。时大将李继隆由灵环路往，逗挠不进。上怒，急召继伦至京师，授灵、庆兵马副都部署，欲以夹辅继隆也。时继伦已被病，强起受诏。上素闻其嗜酒，以上尊酒赐而遣之。即日乘驿赴行营，至庆州卒，年五十。上闻之嗟悼，赙赠加等，遣中使护其丧而归葬焉。

薛超，辽州平城人。少有勇力。乾德初，应募为虎捷卒。从崔彦进伐蜀平，录功补虞候，迁十将。太平兴国初，四迁至天武指挥使。从征太原，领游骑千人备御镇、定境上，以张军势。及车驾还，契丹频寇镇、定，侵掠无已。超从大将刘廷翰率兵至徐河，贼将领骑十余出挑战，超跃马直前，连射数人毙，敌势遂却。大军乘之奋击，斩首万余级。以功加步军都军头，迁神卫军校，领叙州刺史。雍熙三年，从潘美北征，至雁门、西陉，路与契丹遇，又战败之。追至寰州，斩首五百余级，其将赵彦辛以城降。超连被创，流血濡甲缕，部分军士自若，乘胜抵应州，其节度副使艾正以城降。还，加马步军都军头。淳化初，屯镇州，迁天武指挥使，领澄州团练使。至道元年卒，年五十七。

丁罕者，颍州人。应募补卫士，累迁指挥使。从刘廷翰战徐河，以夺桥功，迁本军都虞候。累迁天武指挥使，领奖州团练使。淳化三年，出为泽州团练使、知霸州。会河溢坏城垒，罕以私钱募筑，民咸德之。五年，以容州观察使领灵环路行营都部署，与李继迁战，斩首俘获以数万计。至道中，率兵从大将李继隆出青冈峡，贼闻先遁，追十日程，不见而返。三年，真拜密州观察使、知威虏军，徙贝州。咸平二年，卒。子守德，能世其家。

赵瑨者，贝州清河人。由卫士累迁龙卫指挥使。亦以徐河战功，加镇州团练使，至兵马部署。至道二年卒于官，年七十。赠归义军节度使。

郭密，贝州经城人。躯干雄伟，膂力绝人。幼孤，随母适同郡王乙，因冒姓王氏。以知瀛州马仁瑀荐，隶晋王帐下，给事左右。太宗即位，补指挥使，复姓郭氏。至淳化间，凡八迁，移贝州驻泊兵马部署。会夏人寇边，以密有武略，擢领安州观察使，充灵州兵马都部署。训练士卒，号令严肃，夏人畏服，边境赖以宁谧。至道二年卒，年五十八。赠保顺军节度。

傅思让者，冀州信都人。少无赖，有勇力，善骑射。太宗居晋邸，补亲事都校。即位，补卫士直长，累迁至平州刺史。奉诏破契丹兵于唐兴口。端拱中，四迁为容州观察使、知莫州，移陇州。上命殿中丞林特同判州事，以夹辅之，以思让所为多不法故也。至道二年卒，年七十四。赠保顺军节度。

李斌者，青州人。太宗在晋邸，闻其状貌魁伟，召置左右。即位，补御龙直副指挥使。太平兴国中，以天武指挥使领郑州刺史。七年，坐尝受秦王廷美馈遗，贬曹州都校。雍熙三年，迁营州刺史。四年，领溪州团练使，连为贝、冀二州驻泊都监。淳化中，继领莱州、洺州团练使。勤于政理，人服其清慎，转运使陈纬以状闻于朝。至道初，拜桂州观察使，仍判洺州，徙沧州。及代，吏民不忍其去，邻境亦上其善状，诏书褒美之。咸平三年卒，年六十一。

田仁朗，大名元城人。父武，仕晋昭义军节度使。仁朗以父任西头供奉官。太祖即位，从讨李重进，攻城有功，还，与右神武统军陈承昭浚五丈河，以通漕运。

乾德中，讨蜀，命仁朗为凤州路壕砦都监。伐木除道，大军以济，录功迁染院副使。太祖征太原，与陈承昭壅汾水灌城。城将陷，会班师。俄迁内染院使，数日，改左藏库使。为中官所谮，太祖怒，立召诘之，至殿门，命去冠带。仁朗神色不挠，从容曰："臣尝从破蜀，秋毫无犯，陛下固知之。今主藏禁中，岂复为奸利以自污？"太祖怒释，止停其职。

开宝六年，起为榷易使。七年，以西北边内侵，选知庆州。仁朗至，率麾下往击之，短兵将接，前锋稍却，仁朗斩指挥使二人，军中震恐，争乞效命，遂大破之。其酋长相率请和，仁朗烹牛置酒与之约誓，边境乃宁，玺书褒美。

太平兴国初，秦州羌为寇，命仁朗屯兵清水。会李飞雄事败，召为西上阁门使。四年，征太原，命仁朗与阁门祗候刘绪按行太原城四面壕砦，阅视攻城梯冲、器械。太原平，留仁朗为兵马钤辖，闲厩使武再兴、军器库副使贾湜并为巡检。俄命仁朗与再兴役民筑榆次新城。从幸大名，又命为沧州钤辖，俄迁东上阁门使、知秦州。九年，判四方馆事。会议东封，命仁朗自京抵泰山，督役治道。

李继迁为乱，命仁朗率兵巡银、夏，岁余召还。未几，继迁攻麟州，诱杀曹光实，遂围三族砦。命仁朗与阁门使王侁、副使董愿、宫苑使李继隆，驰传发边兵数千击之。仁朗次绥州，奏请益兵，留月余俟报。会三族砦将折遇乜杀监军使者，与继迁合。太宗闻之大怒，亟遣军器库使刘文裕自三交乘疾置代仁朗。继迁乘急攻抚宁砦，仁朗不知为文裕所代，喜谓诸将曰："敌人逐水草散保岩险，常鸟合为寇，胜则进，败则走，无以穷其巢穴。今继迁啸聚羌、戎数万，尽锐以攻孤垒，抚宁小而固，兵少而精，未可以旬浃破。当留信宿，俟其困，以大兵临之，分强弩三百，邀其归路，必成擒矣。"仁朗部署已定，欲示闲暇，日纵其樗博，不恤军事。上知之，遣使召仁朗赴阙，下御史按问仁朗请益兵及陷三族状。仁朗对曰："所召银、绥、夏兵，其州皆留防城，不遣。所部有千余人，皆曹光实旧卒，器甲不完，故请益兵。况转输刍粟未备，三族砦与绥相去道远，非元诏所救。昨臣已定擒继迁策，会诏代臣，其谋不果。"因言："继迁得部落情，愿降优诏怀来之，或以厚利啖诸酋长密图之。不尔，恐他日难制，大为边患。"御史以其状闻，上大怒，切责宪府官吏曰："仁朗不恤军政，得为过乎？"大理遂当仁朗乏军兴及征人违期二十日以上，坐死，上特贷之，下诏责授商州团练副使，驰驿发遣。

是役也，仁朗计已决，为王侁等所构，逗挠不进军，故及于贬。后数月，上知其无罪，召拜右神武军大将军。部修河北东路诸州城池，数月而就。留知雄州，加领澄州刺史。时河北用兵，大藩多用节将，朝议以通判权位不伦，选诸司使有吏干者佐之，以仁朗知定州节度副使事。俄召赴阙，未闻命而卒，年六十，时端拱二年也。

仁朗性沉厚，有谋略。颇涉书传，所至有善政。雅好音律，尤臻其妙。时内职中咸以仁朗为称首，故死之日人多惜之。

刘谦，博州堂邑人。曾祖直，以纯厚闻于乡党，里有盗其衣者，置不问。州将廉知，俾人故窃其衣，亦不诉理，即召诘前盗衣者，俾还之。直给云："衣乃自以遗少年，非窃也。"州将义之，赐以金帛，不受而去。父仁罕，轻侠自任。五代末，寇盗充斥，仁罕率众断澶州浮桥以溃贼，因诱获数十人，出刍粟给官军，补内黄镇将。尝因事至酒家，遇群寇暴集，以计悉枭其首，携诣西京留守向拱，补汜水镇将，俄为散都头。宋初，迁许州龙卫副指挥使。会王师征广南，为前锋。还，改同州都校，卒。

谦少感概，不拘小节。初诣岭表省父，仁罕资以金帛，令北归行商。还堂邑旧墅，尝为乡里恶少所辱，谦不胜怒，殴杀之。亡命京师，遂应募从军，补卫士，稍迁内殿直都知。至道初，真宗升储邸，增补宫卫，太宗御便坐，亲选诸校，授谦西头供奉官、东宫亲卫都知，赐袍笏、靴带、器币。真宗即位，擢授洛苑使。谦起行伍，不乐禁职，求换秩，改殿前左班指挥使，给诸司使奉料。咸平初，迁御前忠佐马步军都军头，领勤州刺史，加殿前右班都虞候。上幸大名，至北苑，属谦有疾，遣归将护，谦恳请从行。既俾其二子随侍，仍挟尚医以从，御厨调膳以给之。疾瘳，毁所服鞍勒以遗中使，上闻，赐白金二百两。驾还，改捧日左厢都指挥使，领本州团练使。四年，迁捧日、天武四厢都指挥使，领本州防御使，权殿前都虞候。

时高翰为天武左厢都校，有卒负债杀人，瘗尸翰营中，累日，发土得之。上怒翰失检察，执见于便殿。谦即前奏："翰职在巡逻及阅教诸军，不时在营，本营事宜责之军头。"上为释翰罪。

景德初，加侍卫马军都虞候，改领浔州防御使，俄权步军都指挥使。明年冬，制授殿前副都指挥使、振武军节度。先是，谦久权殿前都虞候，俄擢曹璨正授，谦颇形慨叹。至是，璨副马军，而升谦领禁卫务。河北屯兵，常以八月给冬衣。谦上言边城早寒，请给以六月，后为以例。无何，以足疾求典郡，上召见，敦勉之。

大中祥符初，从东封，上升泰山，诏都总山下马步诸军，与西京左藏库副使赵守伦阅视山门，设施有法，著籍者乃得上焉。礼成，进授都指挥使，移领保静军节度。明年八月卒，年六十，赠侍中。初，谦将应募，与同军王仁德讯于日者。日者指谦谓仁德曰："尔当为此人厩吏。"及谦帅殿前，仁德果隶役厩中。

子怀懿，后为东染院副使。怀诠，内殿崇班、阁门祗候。

论曰：宋初诸将，率奋自草野，出身戎行，虽盗贼无赖，亦厕其间，与屠狗贩缯者何以异哉？及见于用，皆能卓卓自树，由御之得其道也。刘福御下有方略，所至著绩，受禄虽厚，而不为燕安之谋，可谓国尔忘家者矣。守忠练达边事，提身谦慎，弭卒校之变于谈笑之顷，非善于行权者不能也。仁朗沈毅有谋，累从征讨，绥州之役，不惟无功，而反坐逗挠，岂其计之不善哉？特为逸邪所构尔。自余诸子，皆积战功以取通侯。若延美之开门示敌，思德之翼卫主帅，继伦之袭击朱丹，薛超之裹创赴战，元达之请赦亡命，郭密之训抚士卒，斯皆忠义仁勇，有足称者。罕、瑶、思让，若斌、若谦，虽乏奇功，而亦克共乃职，能寡过者也。守正素练戎旅，累任边要，而矜劳肆忿，视于劳谦之君子，能无愧乎。

卷二百七十六　　列传第三十五

刘保勋　滕中正　刘蟠　孔承恭　宋珰
袁廓　樊知古_{郭载附}　臧丙　徐休复　张观
陈从信　张平_{子从吉}　王继昇_{子昭远}　尹宪
王宾　安忠

刘保勋，字修业，河南人。父处让，仕后唐，入晋拜枢密使，出为彰德军节度。保勋少好骑射。后唐清泰中，裁十许岁，摄潞州左司马，随父署彰德军衙内都校。父卒，补供奉官。习刑名之学，颇工诗。因献诗，宰相桑维翰奇之，奏擢为太常丞。历汉为秘书丞。周广顺初，有荐其详练法律，兼大理正，迁工部员外郎。历掌郓、宋、楚三州盐、麹、商税。

宋初，拜户部。遭母丧，起复，出掌蕲口榷茶。徙云安监盐制置使，岁满，出羡余百万，转运使欲以状闻，保勋曰："贪官物为己功，可乎？"乃止。开宝初，迁司封员外郎、监左藏库。六年，知宋州。太平兴国初，迁祠部郎中、通判晋州。二年，选为江南西路转运使，赐钱百万。三年，徙两浙东北路。太宗征晋阳，改户部郎中，为随军转运使兼勾当北面转运事。又与侯陟同勾当军前诸事。会陕西北路转运使雷德骧调发沁州军粮后期，诏劾德骧，以保勋代之。太原平，命知并州。逾年召入，判大理寺，出知昇州。是冬，召归，点检三司开拆司，会盐铁使阙，又命权领其事。迁兵部郎中兼判三司勾院。八年，拜右谏议大夫,俄知开封府。寡妇刘诣府诉夫王前妻子元吉置堇食中,毒已将死。按验狱成,元吉妻挝登闻鼓诉冤,事下御史台。其实刘有奸状,元吉知之,刘惭悸成疾,故诬告之。保勋坐夺奉三月,俄以辛仲甫代之。未几,复判大理寺。

雍熙二年,权御史中丞兼勾当差遣院。是秋,罢权中丞。三年春,命曹彬等征幽州,保勋以本官知幽州行府事。子利涉以开封府兵曹督刍粟随军,常从其父。会王师不利,济拒马河,更相蹂躏,多死。保勋马陷淖中,利涉自后掀出之,力不胜,人马相挤压,遂俱死。时年六十二。上命恤其后。保勋三子:二子先保勋死,季子随没。以其孙巨川为嗣,授秘书正字。端拱初,特召赠工部侍郎。

保勋性纯谨,少寐,未尝忤物,精于吏事,不惮繁剧。尝语人曰:"吾受君命未尝辞避,接同僚未尝失意,居家积赀未尝至千钱。"及死,闻者皆痛惜之。至道三年,又录其次孙世长为正字。咸平初,保勋妻卒,诏赐钱十万。巨川,累为比部郎中。

滕中正,字普光,青州北海人。曾祖瑶,高邮令。祖煦,即墨令。父保裔,兴平令。中正弱冠,举进士不第。周显德中,滑帅向拱奏辟为掌书记。拱移镇彭门,会中正丁外艰,复表夺情,仍署旧职,加朝散大夫。拱镇襄阳,以中正为襄、均、房、复观察判官。及留守西洛,又奏署河南府判官、检校户部员外郎。

乾德五年,度支员外郎侯陟表中正有材干,入为殿中侍御史。两川平,选知兴元府,判西京留台,俄通判河南府留守司事。太祖雩祀西洛,以祗事之勤,转仓部员外郎。

太宗即位,迁考功员外郎,授四川东路转运使。太平兴国五年,召为膳部郎中兼侍御史知杂事。六年,命与中书舍人郭贽、户部郎中雷德骧同知京朝官考课。中正尝荐举监察御史张白知蔡州,假贷官钱二百贯籴粟麦以射利,坐弃市。中正降为本曹员外郎,依旧知杂。未几,又擢拜右谏议大夫,权御史中丞。

雍熙元年春,大宴,上欢甚,以虚愍示群臣。宰相言饮酒过度,恐有失仪之责。上顾谓中正曰:"今君臣相遇,有失者勿弹劾也。"因是伶官盛言宴会之乐。上曰:"朕乐在时平民安。"是冬乾明节,群臣上寿酒,既三行,上目中正曰:"三爵之饮,实惟常礼,朕欲与群臣更举一卮,可乎?"中正曰:"陛下圣恩甚厚,臣敢不奉诏。"殿上皆称万岁。

二年,以年老辞,出知河南府。未几,被病罢,分司西京。淳化初,判留司御史台,命其子玄锡权河南司录以便养。二年,卒,年八十四。

中正性峻刻,连鞫大狱,时议以为深文。权中丞日,振举纲宪,人以称职许之。二子并举进士,玄锡至刑部郎中,玄晏后名世宁,至工部郎中。

刘蟠,字士龙,滨州渤海人。汉乾祐二年举进士,解褐益都主簿。宋初,历安远军及河阳节度推官、保义军掌书记。乾德五年,召拜监察御史,典染院事。初,苏晓掌京城市征,颇干集,及卒,选蟠代之。冬,命为太宗生辰使。开宝七年,与殿中丞刘德言同知淮南诸州转运事。太平兴国初,就迁仓部员外郎,改转运使,岁漕江东米四百万斛以给京师,颇为称职。秩满,部内僧道乞留,诏许再任,赐金紫,改驾部员外郎。八年,丁内艰,时以诸州纲运留滞,起复,知京城陆路发运司事。会河决韩村,大发丁夫塞之,命蟠调给其饷,未几河塞。朝廷方议封禅,以蟠为东封水陆计度转运使,会诏罢其礼。俄迁工部郎中,充河北水路转运使。改刑部郎中,就充水陆转运使,入判本部事。籍田毕,迁左谏议大夫。淳化初,兼同考京朝官差遣。二年,暴中风眩,上遣太医视之,赐以金丹。卒,年七十三。赐钱十万,给其丧事。

蟠性清介寡合,能攻苦食淡,专事苛刻,好设奇诈,以售知人主。典染作日,太祖多临视之,蟠侦车驾至,辄衣短后衣,芒屩持梃以督役,头蓬不治,遽出迎谒。太祖以为勤事,赐钱二十万。尝受诏巡茶淮南,部民私贩者众。蟠乘羸马,伪称商人,抵民家求市茶,民家不疑,出与之,即擒置于法。

子错,初以父荫为大理评事,咸平二年,擢进士。尝献《幸太学颂》。真宗中夜观书,得错颂,颇嘉赏之,出以示辅臣,且言错幼孤,能自立,召试,命直史馆。累迁至户部郎中、盐铁副使。

孔承恭,字光祖,京兆万年人。唐昭宗东迁,举族随之,遂占籍河南。五世祖戢,《唐书》有传。戢孙迥,莱州刺史。迥子昌庶,虞部郎中。昌庶子庄,仕晋为右谏议大夫。由戢至庄,皆登进士第。承恭,庄之子也。以门荫授秘书省正字,历温、安丰二县主簿。时王审琦节制寿春,以承恭名家子,奏摄节度推官。府罢,调补郑州录事参军,入为大理寺丞。献宫词,托意求进。太祖怒其引喻非宜,免所居官,放归田里。

太宗即位,以赦复授旧官。时初榷酒,以承恭监西京酒麹,岁增课六千万。迁大理正,议狱平允,擢库部员外郎,判大理少卿事。迁屯田、兵部二郎中,同考校京朝官课第。端拱三年,下诏曰:"九寺三监,国之羽仪,制度声名,往往而在。各有副贰,率其司存,品秩素高,职任尤重。郎吏迁授,斯为旧章。比闻缙绅之流,颇以台阁自许,目为散地,甚无谓焉。朕将振之,自我而始。其以兵部郎中孔承恭为太常少卿,魏羽为秘书少监,户部郎中柴成务为光禄少卿,魏庠为卫尉少卿,张洎为太仆少卿,吕端为大理少卿,臧丙为司农少卿,袁廓为鸿胪少卿,工部郎中张雍为太府少卿。"又以屯田郎中雷有终为少府少监,虞部郎中索湘为将作少监。时裴祚、慎从吉、宋雄先为少卿,皆改授东宫官。又诏承恭与左散骑常侍徐铉刊正道书,俄以疾求解官,且言早游嵩、少间,乐其风土,愿卜居焉。上召见,哀其羸瘵,出御药赐之,授将作监致仕。以其子玢同学究出身,为登封县尉,俾就禄养。未果行而卒,年六十二。

承恭少疏纵,及长,能折节自励。尝上疏请令州县长吏询访耆老,求知民间疾苦、吏治得失,及举令文"贱避贵，少避长，轻避重，去避来"，请诏京邑并诸州于要害处设木牌刻其字，违者论如律。上皆为行之。尤奉佛，多蔬食，所得奉禄，大半以饭僧。尝劝上不杀人，又请于征战地修寺及普度僧尼，人多言其迂阔云。

宋珰，字宝臣，华州渭南人。父鸾，监察御史。珰，乾德中进士及第，拔萃登科，解褐青城主簿。好写书，秩满，载数千卷以归。吴廷祚镇永兴，辟掌书奏。廷祚卒，复调下邽主簿，擢著作佐郎、知绵州。太宗即位，改右赞善大夫，为峡路转运副使。代还，召对，赐绯鱼。复出知秦州，有善政，就拜监察御史，充陕西转运使，以韦壹代知秦州，珰去州未百日，壹坐事系狱。上以珰前有治绩，赐钱五十万，再命知秦州，安集诸戎，部内清肃。

雍熙初，转比部员外郎。在任凡六年，召归，面赐金紫，授度支判官。俄迁屯田郎中、知益州，属岁饥多盗，珰始至，以方略擒捕招辑，盗皆首伏屏息，下诏嘉奖。端拱初，就拜右谏议大夫。时两川转运使副皆坐事免，以珰为西川转运使，加左谏议大夫，改知陕州。

淳化中，三吴岁饥、疾病，民多死，择长吏养治之，命珰知苏州。珰体丰硕，素病足，至州，地卑湿，疾益甚。人或劝其谢疾北归，珰曰："天子以民病俾我绥抚，我以身病而辞焉，非臣子之义也。"既而太白犯南斗，曰："斗为吴分，民方饥，天象如此，长吏得无咎乎！"四年，卒，年六十一。上闻之嗟悼，录其子明远为蒲城主簿，俾护其丧归葬焉。

珰性清简，历官三十年，未尝问家事，唯聚书以贻子孙。且曰："使不忘本也。"明远，淳化三年进士，后为都官员外郎。次子柔远，亦举进士及第。垂远，阁门祗候。

袁廓，剑州梓潼人。在蜀举进士及第。入宋，补双流县主簿。又为西平县主簿，勾稽漏籍，得民丁万余，州将荐其勤职，就迁上蔡令。又以课最，擢太子右赞善大夫，令于御史府分领推事，掌榷货务。廓性夸诞，敢大言，好诋讦，太祖以奇士待之。

太宗即位，迁殿中丞，出知楚州。归，掌京师市征，岁中增课数万缗，上嘉之，赐绯鱼，赉钱百万。会钱俶尽籍土宇以献，命廓按籍浙中，诸州军仓库之物悉输京师，得以便宜从事。仍诏每公宴别席而坐，以宠异之。复命知郓州，会河决，溢入城，浸居人庐舍，至冬月结为冰。廓大发民凿取，以竹舆舁出城，散积之。使者至，谓其有略，致水不入城，乃以状闻，拜监察御史。至春冻解，州地下，流渐溢入为民患。

会秦王廷美迁房州，以崇仪副使阎彦进知州事，廓通判州事，并赐白金三百两。廓俄转殿中侍御史，召为户部判官，命与陈恕、李惟清专计度刍粮事。改户部员外郎，又为度支判官。籍田，转本曹郎中，判户部勾院。

廓强项好争，数与判使等较曲直于上前，声气俱厉，上每优容之。然勾稽精密，由是部领拥积，为郡吏所讼，诏御史辨问，廓谒见宰相赵普自理。属郑州团练使侯莫陈利用得罪，廓尝与利用书札往还稔昵。普谓之曰："职司

常事，此不足云，与利用交结款密，于理可乎？"廓惊惭泣下，不能对。数日，出知温州。就迁鸿胪少卿。

同郡袁仁甫掌州之关征，素以宗盟之分，颇相亲善，一旦不协，互有论奏。上遣光禄寺丞牛韶往按验，韶至，并摄系狱置对。上疑廓被诬，驿召赴阙。廓性刚褊，被诘治峻急，诏书未至，以愤死。上闻，甚追悼之。复验仁甫所诉，多无实状，免韶官，贬仁甫商州长史，赠廓右谏议大夫。录其子丘贺为奉礼郎，始十岁。上犹念廓不已，又诏削仁甫名籍，配隶商州。

樊知古，字仲师，其先京兆长安人。曾祖俦，濮州司户参军。祖知谕，事吴为金坛令。父潜，事李景，任汉阳、石埭二县令，因家池州。知古尝举进士不第，遂谋北归。乃渔钓采石江上数月，乘小舟载丝绳，维南岸，疾棹抵北岸，以度江之广狭。开宝三年，诣阙上书，言江南可取状，以求进用。太祖令送学士院试，赐本科及第，解褐舒州军事推官。尝启于上，言老母亲属数十口在江南，恐为李煜所害，愿迎至治所。即诏煜令遣之。煜方闻命，即厚给赉装，护送至境上。

七年，召拜太子右赞善大夫。会王师征江表，知古为乡导，下池州。八年，以知古领州事。先是，州民保险为寇，知古击之，连拔三砦，擒其魁以献，余皆溃散。方议南征，命高品石全振往湖南造黄黑龙船，以大舰载巨竹絙，自荆南而下，遣八作使郝守濬等率丁匠营之。议者以谓江涛险壮，恐不能就，乃于石牌口试造之，移至采石，三日桥成，不差尺寸，从知古之请也。

金陵平，擢拜侍御史，令乘传按行江南诸州，询访利民，复命知江南东路转运事。数日，改授江南转运使，赐钱一百万。先是，江南诸州官市茶十分之八，复征其余分，然后给符听其所往，商人苦之。知古请蠲其税，仍差增所市之直，以便于民。江南旧用铁钱，十当铜钱之一，物价翔踊，民不便，知古亦奏罢之。先是，李煜用兵，权宜调敛，知古悉奏为常额。豫章洪氏尝掌昇州榷酤，逋铁钱数百万。至是，知古挟微时尝辱于洪氏，责偿铜钱以快意。

太宗即位，授库部员外郎。召归，换金紫，赐钱百万，命为京西北路转运使。太平兴国六年，加虞部郎中，就改知邠州，移凤翔府。入为盐铁判官，出领荆湖转运使。雍熙初，迁比部郎中。会河朔用兵，分诸郡为两路，以给漕輓。迁知古为东路转运使，迁驾部郎中，赐钱五十万。知古本名若水，字叔清，因召见，上问之曰："卿名出何书？"对曰："唐尚书右丞倪若水亮直，臣窃慕之。"上笑曰："可改名'知古'"。知古顿首奉诏。倪若水实名"若冰"，知古学浅，妄引以对，人皆笑之。

端拱初，迁右谏议大夫、河北东西路都转运使，赐白金千两。两路各置转运副使，都转运使之名自知古始。二年，诏加河北西路招置营田使。奏请修城木五百余万、牛革三百万。上曰："万里长城岂在于此？自古匈奴、黄河，互为中国之患。朕自即位以来，或疆场无事，则有修筑河堤之役。近者边烽稍警，则黄河安流无害，此盖天意更迭垂戒，常令惕励。然而预备不虞，古之善教，深沟高垒，

亦王公设险之义也。所请过当，不亦重困吾民乎？"乃诏有司量以官物给之。

会度支使李惟清上言河北军储无备，请发河南十七军州转粟以赴。太宗曰："农事方殷，岂可更兴此役？"惟清固以为请，上遣左正言冯拯乘传与知古计之。知古即言："河北军储可以均济足，俟农隙令民转饷。"拯复命，太宗曰："不细筹之，则民果受弊矣。"未几，入朝奏事称旨，拜给事中。俄为户部使。

知古有才力，累任转运使，甚得时誉。及在户部，频以职事不治，诏书切责，名益减。素与陈恕亲善，恕时参知政事，太宗言及计司事有乖违者，恕具以告。后因奏事，知古遂自解。上问："从何得知？"曰："陈恕告臣。"上怒恕泄禁中语，且嫉知古轻悦，故两罢之。出知古知梓州，未至，改西川转运使。

知古自以尝任三司使，一旦掌漕运剑外，郁郁不得志，常称足疾，未尝按行郡县。蜀中富饶，罗纨锦绮等物甲天下，言事者竞商榷功利。又土狭民稠，耕种不足给，由是兼并者益籴贱贩贵以规利。

淳化中，青城县民王小波聚徒为乱，谓其众曰："吾疾贫富不均，今为汝辈均之。"附者益众，遂攻陷青城县，掠彭山，杀其令齐元振。巡检使张玘与斗于江源县，射小波，中其额，旋病创死，玘亦被杀。众遂推小波妻弟李顺为帅。初，小波党才数百人，州县失于备御，故所在蜂起，至万余人。攻蜀州，杀监军王亮及官吏十余人。陷邛州，害知州桑保绅、通判王从式及诸僚吏，逐都巡检使郭允能。允能率麾下与战新津江口，为贼所杀，同巡检、殿直毛俨徒步以身免。贼势益张，众至数万人，陷永康军、双流、新津、温江、郫县，纵火大掠，留其党守之。往攻成都，烧西郭门，不利，引去。陷汉州、彭州，旋陷成都。

时已诏知梓州、右谏议大夫张雍代知古为转运使。雍未至，知古与知府郭载及属官走东川。诏复令掌两川漕运。知古具伏擅离所部，制置无状，上特宥之，以本官出知均州。视事旬日，忧悸卒，年五十二。上犹嗟悯，赐其子汉公同学究出身。

知古明俊有吏干，辞辨捷给，及任西川，不能弭盗而逃，虽获宥，终以惭死云。

郭载，字咸熙，开封浚仪人。父晖，右监门卫将军、义州刺史。载荫为右班殿直，累迁供奉官、阁门祇候。雍熙初，提举西川兵马捕盗事，太宗赐鞍马、器械、银钱以遣之。四年，以积劳加崇仪副使。召还，上言："川、峡富人俗多赘婿，死则与其子均分其财，故贫者多。"诏禁之。端拱二年，擢引进副使、知天雄军，入同勾当三班，出知秦州兼沿边都巡检使。先是，巡边者多领兵骑以威戎人，所至颇烦苦之。载悉减去，戎人感悦。迁西上阁门使，改知成都府。

载在天雄军，屡奏市籴朝臣段献可、冯侃等所市粗恶，军人皆曰："此物安可充食？"太宗颇疑，使覆验之，及报，与载奏同。献可等皆坐削官，仍令填偿。及载受代，献可等所市皆已支毕，复有羡数。三司判勾冯拯以闻，太宗召度支使魏羽诘之。羽曰："献可等所市不至粗恶，亦无欠数。臣与侃亲旧，是以未敢白。"太宗曰："此公事尔，何用畏避？"因诏宰相谓曰："此乃郭载力奏，朕累与卿等议，皆云有实。今支毕，颇有羡余，军士复无词诉。郭载，朕向以纯诚待之，何为矫诬及此？然已委西川，俟还日别当诘责。"于是献可等悉复官。

载行至梓州，时李顺已构乱，有日者潜告载曰："益州必陷，公往当受祸，少留数日可免。"载怒曰："吾受诏领方面，阽危之际，岂敢迁延邪？"即日入成都。顺兵攻城益急，不能拒守，乃与樊知古率僚属斩关出，以余众由梓州趋剑门，随招安使王继恩统兵讨顺，平之，复入成都。月余，忧患成病，卒，年四十。

载前在蜀，颇能为民除害，故蜀民悦之。再至成都，即值兵乱，及随继恩平贼，亦有所全济。故其死也，成都人多叹惜之。

臧丙，字梦寿，大名人。弱冠好学。太平兴国初举进士，解褐大理评事，通判大宁监，官课民煮井为盐，丙职兼总其事。先是，官给钱市薪，吏多侵牟，至岁课不充，坐械系者常数十百人。丙至，召户面付以钱，既而市薪积山，岁盐致有羡数。

太宗平晋阳，以丙为右赞善大夫、知辽州。丙素刚果，有吏干。会同年生冯汝士以秘书丞知石州，与监军不协，一夕剖刃于腹而死，事可疑。丙上疏言，汝士死非自杀，乞按治。上览奏惊骇，即遣使鞫之，召丙问状。丙曰："汝士居牧守之任，不闻有私罪，而言自杀，若使冤死不明，不加宿直者以罪，今后书生不能治边郡矣。"上嘉其直，改著作郎，俄迁右拾遗、直史馆。加工部员外郎，充河东转运使，俄兼本路营田使。代归，授户部郎中、同知审官院。

朝廷方以九寺亚列为重，改司农少卿。淳化二年，拜右谏议大夫，出知江陵府。岁余，疾。上闻之，遣中使及尚医驰往视之，逾月卒，年五十三。上轸悼之，以其子待用为四门助教。

丙旧名愚，字仲回。既孤，常梦其父召丙偶立于庭，向空指曰："老人星见矣。"丙仰视之，黄明润大，因望而拜。既寤，私喜曰："吉祥也。"以寿星出丙入丁，乃改名焉，至是无验。丙于礼不当更名，古人戒数占梦，无妄喜也。

待用历金部郎中、东染院使、贺州刺史。次子列进士及第，至太常丞。

徐休复，字广初，濮州鄄城人。太平兴国初举进士，解褐大理评事、通判。转运使荐其材，代归，授太子右赞善大夫，改著作郎、直史馆，赐绯鱼，迁左拾遗。六年，加右补阙，充两浙东北路转运副使，移知明州。七年秋，被召赴阙，明年，授库部员外郎、知制诰。九年，出知广州，是岁，加水部郎中。雍熙二年，就迁比部郎中，充枢密直学士，赐金紫，依旧知州事。

休复与转运使王延范不协，乃奏延范私养术士，厚待过客,抚部下吏有恩,发书与故人韦务昇作隐语,侦朝廷事,反状已具。诏遣内侍阁承翰与休复同按劾之,遂抵于法。

端拱初,加左谏议大夫,召为户部使。淳化元年,罢使,迁给事中,连知青、潞二州。休复先上言,以父母藁葬青社,愿得领州事,因营丘垄。至青州逾年,但聚财殖货,终不言葬事。至潞州数月,疡生于脑。既而疾甚,若见王延范,休复但号呼称死罪,后数日卒,年五十三。

休复无他能,掌诰命甚不称职,履行不见称于搢绅云。

张观,字仲宾,常州毗陵人。在江南登进士第。归宋,为彭原主簿。太平兴国初,移兴元府掾,复举进士不第,调鸡泽主簿。再求试,特授忠武掌书记,就改观察判官。上请复刺史及不遣武德卒诣外州侦事,颇称旨,召拜监察御史,充桂阳监使。献所业文,赐进士及第。

会三司言剑外赋税轻,诏观乘传按行诸州,因令稍增之。观上疏言:"远民不宜轻动挠,因而抚之,犹虑其失所,况增赋以扰之乎？设使积粟流衍,用输京师,愈烦漕輓之力,固不可。或以分兵就食,亦非安存之策,徒敛怨于民,未见国家之利。"太宗深以为然,因留不遣。

其后,复上疏曰:

臣凭藉光宠,备位风宪,每遇百官起居日,分立于庭,司察不如仪者举之。因见陛下天慈优容,多与近臣论政,德音往复,颇亦烦劳。至于有司职官,承意将顺,簿书丛脞,咸以上闻,岂徒亵黩至尊,实亦轻率国体。况帝王之道,言则左史书之,动则右史书之,列于缃素,垂为轨范,不可不慎也。若夫方今之急者,远人未服,边鄙不宁。阴阳未序,仓廪犹虚。淳朴未还,奢风尚炽。县道未治,逋逃尚多。刑法未措,禁令犹密。坠典未复,封祀犹阙。凡此数者,皆朝廷之急务也。诚愿陛下听断之暇,宴息之余,体貌大臣,以之扬榷,使沃心造膝,极意论思,则治体化源,何所不至？

臣又尝读唐史,见贞观初始置崇文馆,命学士、耆儒更直互进,听朝之际,则入内殿讲论文义,商榷时政。或日旰忘倦,或宵分始罢,书诸信史,垂为不朽。况陛下左右前后,皆端士伟人,伏望释循常之务,养浩然之气,深诏近臣,阐扬玄风,上为祖宗播无疆之休,下为子孙建不拔之业。与夫较量金谷,剖析毫厘,以有限之光阴,役无涯之细务者,安可同年而语哉！

上览而称之,召赐绯鱼,以为度支判官。

岁余,迁左司,改盐铁判官。尝因奏事白上曰:"陛下务敦淳化,殿宇采饰,皆彻去之,惟尚朴素,天下幸甚。然于服御器用,臣愿亦从纯俭。"上曰:"朕庶事简约,至于所服,多用绘绢,皆经浣濯尔,卿言甚善。"观顿首谢。观数在省署及长春殿次中,谘事于其使李惟清,辨说牴牾,失礼容,惟清不能甘,因奏解其任。观抗章论列,上亦察其无失,故未几复授旧职。又谏罢治佛寺,不报。俄

出为诸路茶盐制置副使,上疏言:更茶盐之制,于理非便。不合旨,改知黄州,迁扬州,皆有善政。

会三司改旧贯,均州县之籍以分其职,召为三司河东道判官。有诏计司官属不得越局言他事,观自以任谏官,乃上书指陈拾遗补阙之职,言事固当然,不奉诏。上怒,谓宰相曰:"朕俾警三司僚属各率其职,非令谏官不言时务,观乃妄有援引,以讽刺朕,姑为容忍,不欲深责。"乃令出知道州,移广南西路转运使。坐奏交州黎桓为乱兵所杀、丁璿复位事不实,被劾。狱未具,卒于桂州,年五十三。

观广览《汉》史,雅好论事,辞理切直,有古人之风焉。

论曰:保勋从其子以死事,宋玚忘其身以恤民,臧丙信友谊以明枉,其所履历,皆有足观。中正粗振风纪而峻深寡恕,袁廓刚狷夸诞以徼宠任,承恭平恕知止而好佞佛,固皆未尽于善。知古首献征南之谋,遂阶试用,而其揽辔旧都,犹寻宿怨,与昔人所谓不以私怨恶废乡党之好者异矣。郭载肆为矫诬,而怀恚以死;休复亏慎终之孝,而乐致人于祸,庸何议焉？若观之献纳忠谠,识达体要,则又可嘉者也。

陈从信,字思齐,亳州永城人。恭谨强力,心计精敏。太宗在晋邸,令典财用,王宫事无大小悉委焉。累官右知客押衙。开宝三年秋,三司言:仓储月给止及明年二月,请分屯诸军尽率民船,以资江、淮漕运。太祖大怒,责之曰:"国无九年之蓄曰不足,尔不素计而使仓储垂尽,乃请屯兵括民船以运,是可卒致乎？今设汝安用？苟有所阙,当罪汝以谢众！"三司使楚昭辅惧,诣太宗求宽释,使得尽力。

太宗既许,召从信问之,对曰:"从信尝游楚、泗,知粮运之患。良以舟人之食,日历郡县勘给,是以凝滞。若自发舟计日往复并支,可以责其程限。又楚、泗运米于舟,至京复輂入仓,宜宿备卒定,令即时出纳,如此,每运可减数十日。楚、泗至京千里,旧八十日一运,一岁三运。若去淹留之虚日,则岁可增一运焉。今三司欲籍民舟,若不许,则无以责办,许之,则冬中京师薪炭殆绝矣。不若募舟之坚者漕粮,其损败者任载薪炭,则公私俱济。今市米腾贵,官价斗钱七十,贾者失利,无敢致于京师,虽居商厚储亦匿而不粜,是以米益贵,民将饿殍。若听民自便,即四方奔凑,米多而价自贱矣。"太宗明日具奏,太祖可之,其事果集焉。

太宗即位,迁东上阁门使,充枢密都承旨。会八作副使綦廷珪,因疾假满不落籍,愈日不朝参,即入班中,宣徽使潘美、王仁赡并坐夺奉一季,从信与阁门使商凤责授闲厩使、阁门祗候,余抵罪有差。太平兴国三年,改左卫将军,复为枢密都承旨。太宗征并、汾,以为大内副部署。七年,坐秦王廷美事,以本官罢。明年,分使三部,以从信为度支使,赐第于浚仪宝积坊,加右卫大将军。九年,卒,年七十三,赠太尉。

从信好方术，有李八百者，自言八百岁，从信事之甚谨，冀传其术，竟无所得。又侯莫陈利用者，所为多不法，始因从信推荐，人以是少之。

张平，青州临朐人。弱冠寓单州，依刺史罗金山。金山移滁州，署平马步都虞候。太宗尹京兆，置其邸。及秦王廷美领贵州，复署为亲吏。后数年，有谮平匿府中钱物，秦王白太宗鞫之，无状，秦王益不喜，遂遣去。太宗怜其非罪，以属徐帅高继冲，继冲署为镇将。平叹曰："吾命虽蹇，后未必不为福也。"

太宗即位，召补右班殿直，监市木秦、陇，平悉更新制，建都务，计水陆之费，以春秋二时联巨筏，自渭达河，历砥柱以集于京。期岁之间，良材山积。太宗嘉其功，迁供奉官、监阳平都木务兼造船场。旧官造舟既成，以河流湍悍，备其漂失，凡一舟调三户守之，岁役户数千。平遂穿池引水，系舟其中，不复调民。有寇阳拔华者，往来关辅间，为患积年。朝廷命内侍督数州兵讨之，不克。平以好辞遣人说之，遂来归。改崇仪副使，仍领其务。凡九年，计省官钱八十万缗。

雍熙初，召还，同知三班事，迁如京使。三年，改西上阁门使。才三月，又改客省使。四年，代王明为盐铁使。平掌阳平署积年，是秋，闻陕西转运使李安发其旧为阳平奸利，忧患成疾而卒，年六十三。废朝，赠右千牛卫上将军，官给葬具。

平好史传，微时遇异书，尽日耽玩，或解衣易之。及贵，聚书数千卷。在彭门日，郡吏有侮平者数辈，后悉被罪配京窑务。平子从式适董其役，见之，以语平。平召至第，为设酒馔劳之，曰："公等不幸，偶罹斯患，慎勿以前为念。"给以缗钱，且戒从式善视之。未几，遇赦得原，时人称其宽厚。

从式事太宗藩邸，累官文思使。次子从吉，以荫补殿直，转供奉官、知宜州，屡破溪蛮。转运使尧叟上其状，累迁内殿崇班、阁门祗候。在任凡八年，代还，为如京副使。咸平中，知环州，尝与宋沆率兵袭西夏，小衄，部署张凝表其专，责授内殿崇班。俄知澧州，复旧秩。景德四年，宜州军校陈进叛，命副曹利用为广南东、西路安抚使，将兵讨之。次象州大鸟砦，与贼战，进为先锋郭志言所刺，遂入城，斩首六十级。以平贼功，改庄宅副使。未还，卒，年四十九。

王继昇，冀州阜城人。性纯质谨愿。事太宗于藩邸，太宗信任之。即位，补供奉官，累迁军器库副使。陈洪进来献漳、泉之地，以继昇为泉州兵马都监。会游洋洞民万余叛，攻泉，继昇潜率精骑二百夜击破之，擒其魁，械送阙下，余党悉平。召还，迁军器库使，领顺州刺史，知诸道陆路发运事。

雍熙四年，以诸道水陆发运并为一司，命继昇与刑部员外郎董俨同掌其事，号为称职。俄迁右神武军将军。端拱初，改领本州团练使，三月，卒，年六十四。太宗颇嗟悼，赠洋州观察使，葬事官给。子昭远。

昭远，形质魁伟，色黑，继昇名之"铁山"。有膂力，善骑射。少时入山捕鹰鹘，值涧水暴涨十余丈，昭远升大树，经宿得免。尝涉河，冰陷，二公傍共援出之，昭远神色自若。喜与里中恶少游处，一日，众祀里神，昭远适至，有以博投授之，谓曰："汝他日傥有节钺，试掷以卜之。"昭远一掷，六齿皆赤。

南游京师，事太宗于晋邸，特被亲遇，常呼其小字。及即位，补殿前指挥使，稍迁都知。从征太原，先登，为流矢所中，血渍甲缕，战益急。会刘继元降，命守城门，籍兵仗。又从征范阳，多所擒获，超散员指挥使。

涪王之迁房陵也，禁卫诸校杨均、王荣等以依附被谴，独昭远无所预，太宗以为忠。再迁东西班都虞候，转殿前班都指挥使，领寰州刺史。改马步军都军头，命乘传镇、定、高阳关，募兵以备契丹。又为冀州驻泊都监，俄授泽州团练使、洺州都部署。太宗屡称其能，可备急使。

端拱初，召为殿前都虞候，领勤州防御使。命有司治绫锦院为公署，掘地得铁若山形，或言此地即铁山故营，又与昭远幼名合，闻者异之。太宗尝书坫纨扇，作古诗赐诸将，意多比讽，其赐昭远，尤加赏遇。二年，领沙州观察使，再为并、代副都部署。至道中，李继迁扰西鄙，绝灵武粮道，命昭远为灵州路都部署，护二十五州刍粟，竟达灵武，继迁不敢犯。

真宗即位，徙定州行营都部署。未几，拜保静军节度使，充天雄军都部署、知府事。咸平二年，移知河阳，数月卒，年五十六。时车驾在大名，为废朝。赠太尉，谥惠和，中使护葬。

昭远颇知书，性吝啬，所至无善政。母弟昭懿亦事晋邸，至捧日都虞候。弟昭逊，西京作坊使。初，祖母郭氏尝对昭远母指昭远曰："此儿有贵相，他日必至公侯。"指昭懿曰："此儿奉钱过二万，不能胜矣。"果皆如其言。

昭远子怀普，九岁事太宗左右，至西京左藏库使、平州刺史。怀一，供备库副使。怀正，内殿承制。怀英，内殿崇班。

尹宪，并州晋阳人。开宝中，事太宗于藩邸。太宗即位，擢为殿直，充延州保安军使，改供奉官。太平兴国四年，护府州屯兵，与鄜州三族会攻岚州，破敌千余众，擒伪知岚州事马延忠，拔latest河诸砦。以功转西京作坊副使。入朔州界，破宁武军，杀其军使，获人马、器甲甚众。改护夏州兵，转供备库使。杀戮三汊、丑奴庄、炭伽罗腻叶十四族，及诱其渠帅。屡降诏书褒美。雍熙初，诏就知夏州，攻破李继迁之众于地斤泽，继迁遁走，俘获四百余帐。奏请于所部抽移诸帐，别置骑兵，号曰平砦，以备其用，诏从之。俄杀芦关及南山野狸数族，诸族遂扰。代还，为洪州巡检。未几，命护莫州屯兵。

三年，诏知瀛州兼兵马钤辖，领冀州刺史，迁东上阁门使。端拱二年，知沧州，移邢州，皆兼钤辖。淳化初，与王文宝并命为四方馆使，连护镇、定州屯兵。改知贝州，移高阳关兵马钤辖。五年，知定州，与兵马部署王荣不协。荣素粗暴，因忿殴宪仆地，宪怏怏致疾，数日卒，年六十三。

王宾，许州许田人。小心谨愿。年十余，事宣祖左右，及长，善骑射。太宗领充海节制，太祖以署府中右职。太平兴国初，补东头供奉官、亳州监军。宾妻妒悍，宾不能制，时监军不许挈家至任所，妻擅至亳，宾具白上。太宗召其妻，俾卫士捽之，杖百，以妻忠靖卒，一夕死。迁宾仪鸾副使，领内酒坊。

从征太原，又从征范阳，与彰信节度刘遇攻城东面。五年，车驾北巡，副王仁赡为大内都部署。七年，改洛苑使。会汴漕壅滞，军食不给，诏别置水陆发运两司，以宾有心计会，领演州刺史，与儒州刺史许昌裔同掌其事。凡四年，储积增羡，号为称职，俄改右神武将军。

黎阳当舟车交会，禁兵常屯万余，以度支使张逊荐，命宾护黎阳军，兼领黄、御两河发运事，俄领本州团练使。以宾请黎阳建通利军，命就知军事。宾规起公署、邮馆，供帐之器咸具。加本军大将军，岁别给钱二百万，俄兼河北水陆路转运使。

贝州兵屯无壁垒，分寓邸肆，宾选隙地筑舍千二百余以处之，优诏褒美。召为右羽林大将军、判左金吾兼六军诸卫仪仗司事。淳化四年，出知扬州兼淮南发运使，徙为通许镇都监。至道元年，卒，年七十三，赙赠加等。

宾事宣祖、太祖、太宗殆六十年，最为勤旧，故恩宠尤异，前后赐赉数千万，俱奉释氏。在黎阳日，按见古寺基，即以奉钱修之，掘地丈余，得数石佛及石碣，有宾姓名，宾异其事以闻。诏名寺为淳化，赐新印经一藏、钱三百万以助之。

安忠，河南洛阳人。祖叔千，仕晋累任方镇，以太子太师致仕。父延韬，左清道率府率。忠形质魁岸，不知书，才通姓名而已。事太宗藩邸殆二十年，太宗即位，授东头供奉官，掌弓箭库。迁内弓箭库副使、西京作坊使，掌翰林司、内衣库，提点医官院，掌屯兵于雄州。

会曹彬败于拒马河，忠分砦兵布列缘边，以备游骑，又凿河葺城壁。俄徙威房军，又隶镇定路大阵之左厢，就擢东上阁门使。与大将李继隆、田重进、崔翰追契丹兵祁州北，诏书奖饬。端拱元年，移护高阳关屯兵。契丹侵镇、定，又与崔翰拒之。傅潜阵于瀛州，忠当城之西面。二年，徙知寿州，逾月，移贝州。有剧贼十二人久为民患，忠捕之，悉获。

淳化四年，判左金吾衔仗。王宾出知扬州，以忠代为左龙武大将军。忠泣请："诸卫将军列在朝外，不得迎左右，愿复旧职。"上笑曰："列将之官，古官也。大将军三品，汝终不知朝廷表著之位。"因从其请。俄复东上阁门使，充淮南诸州兵马铃辖。至道三年，以病求归，至泗州卒，年六十四。天禧元年，录其孙惟庆为殿直。

论曰：太宗居潜，左右必求忠厚强干之士。及即位，修旧邸之功，陈从信、张平、王继昇、尹宪、王宾、安忠六人者，咸备任使，又皆畀以兵食之重寄，而各振举其职

焉，有足称者矣。然平不修旧怨，庶几进于士夫之度。从信所进邪佞以术蛊惑上心，犹不免于近侍之常态欤！

卷二百七十七　　列传第三十六

张鉴　姚坦　索湘　宋太初　卢之翰　郑文宝　王子舆　刘综　卞衮　许骧　裴庄　牛冕 张适附　栾崇吉　袁逢吉　韩国华　何蒙　慎知礼 子从吉

张鉴，字德明，瀛州团练使藏英之孙。父裔，以荫补供奉官。鉴本将家，幼能嗜学，入卫州霖落山肄业，凡十余年。太平兴国三年，擢进士第，释褐大理评事、监泰州紫墟榷务。升朝，为太子右赞善大夫、知婺州，就迁著作郎。还，拜监察御史。奉诏决狱江左，颇雪冤滞。历殿中侍御史。

会命曹彬等进讨幽州，问群臣以方略，鉴上疏极言不可。论者以鉴燕人，沮议非忠也，太宗置不问。与赵延进同掌左藏，延进恃恩逾规，鉴廷奏之。有旨罢延进，以鉴判三司度支、凭由催欠司。时三部各置凭由催欠，鉴请并为一，从之。王明、李惟清荐其能，用为江南转运使。本部有大姓为民患者，鉴以名闻。太宗尽令部送魁首及妻子赴阙，以三班职名羁縻之，江左震肃。又建议割瑞州清江、吉州新淦、袁州新喻三县置临江军，时以为便。召还，特被慰奖。梓州符昭愿骄僭不法，即以鉴代之。迁刑部员外郎、判大理寺，迁屯田郎中、判三司都催欠司，改都勾院，擢拜枢密直学士、知通进、银台、封驳司，又掌三班。上言供奉官以下不考校殿最，恐无沮劝，即诏鉴兼磨勘职。改三司为左右计，分天下为十道，鉴奏其非便。未几，果复旧。

淳化中，盗起西蜀，王继恩讨平之，而御军无政，其下恃功暴横。益州张咏密奏，请命近臣分屯师旅，即遣鉴与西京作坊使冯守规偕往。召对后苑门，面授方略。鉴曰："益部新复，军旅不和，若闻使命骤至，易其戎伍，虑或猜惧，变生不测。请假臣安抚之名。"太宗称善。鉴至蜀，继恩犹偃蹇，不意朝廷闻其纵肆，鉴之行，付以空名宣头及廷臣数人，鉴与咏即遣部戍卒出境，继恩麾下使臣亦多遣东还，督继恩辈分路讨捕残寇，而鉴等招辑反侧。事平归朝，未至，拜左谏议大夫、户部使。

会五路进兵讨西夏，令鉴乘传往环州，与李继隆议护送刍粮入灵州。及还，上疏言：

关辅之民，数年以来，并有科役，畜产荡尽，室庐顿空。加以浦洛之行，曾经剽劫。原州之役，又致迁延。非独令之弗从，实缘力所不逮。况复先弃粮草，见今逐处追科，本户税租，互遣他州送纳，往返千里，费耗十倍，愁苦怨叹，充塞路岐，自春徂冬，曾无暂息，糇粮乏绝，力用殚穷。顾此疲羸，尤堪轸恤。今

若复有差率，益致流亡，纵令驱迫，必恐挠溃。愿陛下特垂诏旨，无使重劳，因兹首春，俾务东作。

况灵州一方，僻居绝塞，虽西陲之旧地，实中夏之蠹区。竭物力以供须，困甲兵而援送，萧然空垒，祇益外虞。不若以赐继迁，使怀恩奉籍，稍息飞輓之役。事当深虑，理要预防。若待川决而后防，火炽而方戢，则焚溺之患深矣，虽欲拯救，其可得乎？寻诏鉴专督军粮，以军兴法从事，馈运颇集。

真宗即位，迁给事中、使如故。咸平初，改工部侍郎、出知广州。居二年，民条其政绩上请刻石。三年，移知朗州。溪洞群蛮数寇扰，鉴召酋豪，谕以威信，皆俯伏听命。

初，鉴在南海，李夷庚为通判，谢德权为巡检，皆与之不协。二人密言鉴以赀付海贾，往来贸市，故徙小郡。至是，鉴自陈有亲故谪琼州，每以奉米附商舶寄赡之，又言夷庚、德权检人贪凶之状，上意稍释。召还，以疾徙知相州。有芝草生于监牧之室，鉴表其祥异，以为河朔弭兵款附之兆。优诏答之。景德初，卒，年五十八。子士廉为殿中丞，士宗太子洗马，士程屯田员外郎。

姚坦，字明白，曹州济阴人。开宝中，以《尚书》擢第，调补将陵尉。历隰州推官、将作监丞、知浔州。太平兴国三年召还，为著作佐郎、通判唐州。

八年，诸王出阁，诏给、谏以上，于朝班中举年五十以上、通经有文行者，以备宫僚，乃以户部员外郎王適、监察御史赵齐为卫王府谘议，左赞善大夫戴玄为本府翊善。水部员外郎赵令图为广平郡王府谘议，国子博士阎象为本府翊善。又以起居舍人杨可法、国子博士杨幼英、左赞善大夫杜新及坦并为皇子翊善，国子博士邢昺为诸王府侍讲，坦仍赐绯鱼。太宗召適等谓曰："诸子生长深宫，未知世务，必资良士赞导，使日闻忠孝之道。汝等皆朕所慎简，各宜勉之。"坦历殿中丞、仓部员外郎，赐金紫。迁本曹郎中，转考功，仍为益王府翊善。

坦性木强固滞。王尝于邸中为假山，费数百万，既成，召宾僚乐饮，置酒共观之。坦独俯首，王强使视之，曰："但见血山耳，安得假山！"王惊问故，坦曰："在田舍时，见州县督租，捕人父子兄弟，送县鞭笞，流血被体。此假山皆民租税所为，非血山而何？"是时太宗亦为假山，闻而毁之。

王少佚豫，坦即丑诋，王颇鄙其为人。自是坦每暴扬其事，上尝诫之曰："元杰知书好学，亦足为贤王矣。少不中节，亦须婉辞规讽，况无大故而诋讦之，岂裨赞之道邪？"顷之，左右乃教王诈称疾不朝。太宗日使视疾，逾月不瘳，甚忧之，召王乳母问状，乳母曰："王本无疾，徒以姚坦检束，居常不得自便，王不乐，故成疾。"上怒曰："吾选端士，辅王为善。王不能用规谏，而又诈疾，欲使朕去正人以自便，何可得也。且王年少，必尔辈为之谋耳。"因命捽致后苑，杖之数十。召坦慰谕曰："卿居王宫，能以正为群小所疾，大为不易。卿但如是，勿虑谗间，朕必不听。"王薨，改卫尉少卿，判吏部南曹。他日因事得对，上以其旧人，召升殿与语。坦言及故府，意短诸王

而称己之敢言。坦退，上谓侍臣曰："坦在宫邸，不能以正理诲谕，事有微失，即从而扬之，此卖直取名耳。"

景德初，求补郡，俾知邓州。转运使表其治状，诏嘉奖之。大中祥符初，复知光州。二年，卒，年七十五。

索湘，字巨川，沧州盐山人。开宝六年进士，释褐郓州司理参军。齐州有大狱，连逮辈千五百人，有司不能决。湘受诏推鞫，事随以白。太平兴国四年，转运使和岘荐其能，迁太仆寺丞，充度支巡官。改太子右赞善大夫，转殿中丞，充推官，拜监察御史。九年，河决，坏民田，命与户部推官元犯同按行。会诏下东封，与刘蟠同知泰山路转运事，又为河北转运副使。湘经度供馈，以能干闻。事集，加屯田员外郎。

明年，契丹入寇，王师衄于君子馆，敌兵乘胜据中渡桥，塞土门，将趋镇州。诸将计议未定，湘为田重进画谋，结大阵东行，声言会高阳关兵，敌以为然，即拥众邀我于平虏城。夜二鼓，率兵而南，径入镇阳，据唐河，乘其无备破砦栅。及敌兵觉，悉遁走。雍熙中，召为盐铁判官，改驾部员外郎。端拱二年，河北治方田，命副樊知古为招置营田使。会议罢，复为河北转运使。转虞部郎中，选为将作少监。居无何，有讼其擅易库缣以自用者，坐授膳部员外郎、知相州。时有群盗聚西山下，谋断澶州河桥，入攻磁、相州，援旗伐鼓，白昼抄劫。邻郡发兵千人捕逐，无敢近。湘择州军得精锐三百人，侦其入境，即掩击而尽擒之。转运使王嗣宗以状闻，诏复旧官，命为河东转运使。湘以忻州推官石ית道、宪州录事胡则为干职，命以自随，所至州郡，勾检其簿领焉。二人后皆历清要。明年，王超等率师趋乌白池，抵无定河。水源涸绝，军士渴乏。时湘已辇大锹千枚至，令凿井，众赖以济。

真宗即位，入为右谏议大夫。复充河北转运使，属郡民有干酿，岁输课甚微，而不逞辈因之为奸盗。湘奏废之。德州旧赋民马以给驿，又役民为步递，湘以官马兵卒，人皆便之。会内殿崇班阎日新建议，请于静戎、威虏两军置场鬻茶，收其利以资军用。湘言非便，遂止。又言事者请许権场商旅以茶药等物贩易于北界，北界商旅许于雄、霸州市易，资其懋迁，庶息边患。诏湘详议以闻，乃上言曰："北边自兴置権场，商旅辐凑，制置深得其宜。今若许其交相贩易，则沿边商人深入戎界，窃为非便。又北界商人若至雄、霸，其中或杂奸伪，何由辨明？况边民易动难安，蕃戎之情宜为羁制。望且仍旧为便。"会有诏规度复修定州新乐、蒲阴两县，湘以其地迫窄，非屯兵之所，遂奏罢之。

湘少文而长于吏事，历边部，所至必广储畜为备豫计，出入军旅间，颇著能名。先是，边州置権场，与蕃夷互市，而自京辇物货以充之，其中茶茗最为烦扰，复道远多损败。湘建议请许商贾缘江载茶诣边郡入中，既免道途之耗，复有征算之益。又威虏、静戎军岁烧缘边草地以虞南牧，言事者又请于北砦山麓中兴置银冶，湘以为召寇，亦奏罢之。

咸平二年，入为户部使。受诏详定三司编敕，坐与王

扶交相请托，擅易板籍，责授将作少监。三年，出知许州，徙荆南，复为右谏议大夫、知广州。四年，卒，诏遣其子希颜护丧传置归乡里。

宋太初，字永初，泽州晋城人。太平兴国三年举进士，解褐大理评事、通判戎州，以善政闻。有诏褒美，迁将作监丞、赞善大夫、通判晋州，转太常丞。雍熙三年，通判成都府，赐绯鱼。会诏求直言，著《守成箴》以献。淳化初，迁监察御史。时北面用兵，选为雄州通判。入判度支勾院。二年，为京西转运副使。未几，移河东。四年，迁正使。改殿中侍御史。

至道初，迁兵部员外郎，充盐铁副使，赐金紫。时陈恕为使，太初有所规画必咨恕，未尝自用为功，恕甚德之。会西鄙有警，转馈艰急，改刑部郎中、充陕西转运使。二年，命白守荣、马绍忠护刍粮，分三番抵灵州。转运副使卢之翰违旨并往，为戎人所剽。上怒，捕太初及副使秘书丞窦玭系狱。太初责怀州团练副使，之翰、玭悉除名，之翰贬许州司马，玭商州司户掾。明年，起太初为祠部郎中，知梓州。俄复旧秩。

真宗嗣位，召还，复命经度陕西馈运事。咸平初，拜右谏议大夫、知江陵府。蛮寇扰动，太初以便宜制遏，诏奖之。三年，再知梓州。明年，益州雷有终以母老求还，诏太初就代。时分川峡为四路，各置转运使。上以事有缓急，难于均济，命太初为四路都转运使，要切之务，俾同规画。太初与钤辖杨怀忠颇不协，时蜀土始安，上虑其临事矛盾，亟召太初还。会御史中丞赵昌言等坐事被劾，命权御史中丞。先是，按劾有罪必豫请朝旨，太初以为失风宪体，狱成然后闻上，时论题之。俄出知杭州。太初有宿疾，以浙右卑湿不便，求近地，得庐州。疾久，颇昏忘，不能治大郡，连徙汝、光二州。景德四年卒，年六十二。录其弟继让试校书郎。

太初性周慎，所至有干职誉。尝著《简谭》三十八篇，自序略曰："广平生纂文史老释之学，尝谓《礼》之中庸，伯阳之自然，释氏之无为，其归一也。喜以古圣道契当世之事，而患未博也，忽外物触于耳目，内机发于性情，因笔而简，以备阙忘耳。"子传庆，后为太子中舍。

卢之翰字维周，祁州人。曾祖玄晖，鸿胪卿。祖知海，天雄军掌书记。父宏，蔡州防御判官。之翰少笃学，家贫，客游单州，防御使刘乙馆于门下。乙徙钱塘，之翰随寓其郡。太平兴国四年举进士，不得解，诣登闻自陈，诏听附京兆府解试。明年登第，解褐大理评事、知临安县，三迁殿中丞，通判洺州。

会契丹入寇，之翰募城中丁壮，决漳、御河以固城壁，房不能攻。吏民诣阙求借留。召还，迁太常博士，为河东转运副使，徙京西转运副使，改工部员外郎。建议导溴河合于淮，达许州，以便漕运。以劳加户部员外郎。又改陕西转运使，迁吏部员外郎。至道初，李顺乱蜀，命兼西川安抚转运使。贼平，还任。

之翰尝荐李宪为大理丞，宪坐赃抵死，之翰当削三任。时副使郑文宝议城清远军，又禁蕃商货盐，之翰心知其非便，以文宝方任事，不敢异其议。及文宝得罪，之翰并前愆，左授国子博士，领使如故。寻复旧职。会调发刍粮输灵州，诏分三道护送，命洛苑使白守荣、马绍忠领其事。之翰违旨擅并为一，为李继迁邀击于蒲洛河，大失辎重。诏国子博士王用和乘传逮捕，系狱鞫问。之翰坐除名，贬许州司马。明年，起为工部员外郎、同勾当陕西转运使。真宗即位，复吏部员外郎，充转运使。以久次，召拜礼部郎中，赐金紫，复遣之任。

咸平元年，以疾命国子博士张志言代还。未几，复出为京西转运使。先是，朝廷议城故原州，以张守备，之翰沮罢之，其后西鄙不宁，修葺为镇戎军。之翰坐横议非便，黜知归州，便道之官，限五日即发。三年，授广南西路转运使。会广州索湘卒，就改太常少卿、知州事。之翰无廉称，又与转运使凌策不协，阴发其事。五年，徙知永州，未行，卒，年五十七。

郑文宝，字仲贤，右千牛卫大将军彦华之子。彦华初事李煜，文宝以荫授奉礼郎，掌煜子清源公仲寓书籍，迁校书郎。入宋，煜以环卫奉朝请，文宝欲一见，虑卫者难之，乃被蓑荷笠，以渔者见，陈圣主宽宥之意，宜谨节奉上，勿为他虑。煜忠之。后补广文馆生，深为李昉所知。

太平兴国八年登进士第，除修武主簿。迁大理评事、知梓州录事参军事。州将表荐，转光禄寺丞。留一岁，代归。献所著文，召试翰林，改著作佐郎、通判颖州。丁外艰，起知州事。召拜殿中丞，使川、陕均税。次渝、涪，闻夔州广武卒谋乱，乃乘舸泛江，一夕数百里，以计平之。授陕西转运副使，许便宜从事。会岁歉，诱豪民出粟三万斛，活饥民八万六千口。既而李顺乱西蜀，秦陇贼赵包聚徒数千，将趋剑阁以附之。文宝移书蜀郡，分兵讨袭，获其渠魁，余党奔焉。

文宝前后自环庆部粮越旱海入灵武者十二次，晓达蕃情，习其语。经由部落，每宿酋长帐中，其人或呼为父。迁太常博士。内侍方保吉出使陕右，颇恣横，且言文宝与陈尧叟交游，为荐其弟尧佐。驿召令辩对，途中上书自明。太宗察其事，坐保吉罪，厚赐文宝而遣之。俄又召至阙下，文宝奏对辩捷，上深眷遇。俄加工部员外郎。时龙猛卒戍环庆，七年不得代，思归，谋乱。文宝矫诏以库金给将士，且自劾，请代偿。诏蠲其所费。

先是，诸羌部落树艺殊少，但用池盐与边民交易谷麦，会馈饷趋灵州，为继迁所钞。文宝建议以为"银、夏之北，千里不毛，但以贩青白盐为命尔。请禁之，许商人贩安邑、解县两池盐于陕西以济民食。官获其利，而戎益困，继迁可不战而屈"。乃诏自陕以西有敢私市者，皆抵死，募告者差定其罪。行之数月，犯者益众。戎人乏食，相率寇边，屠小康堡。内属万余帐亦叛。商人贩两池盐少利，多取他径出唐、邓、襄、汝间邀善价，吏不能禁。关、陇民无盐以食，境上骚扰。上知其事，遣知制诰钱若水驰传视之，悉除其禁，召诸族抚谕之，乃定。

朝廷议城古威州，遣内侍冯从顺访于文宝，文宝言：

威州在清远军西北八十里,乐山之西。唐大中时,灵武朱叔明收长乐州,邠宁张君绪收六关,即其地也。故垒未圮,水甘土沃,有良木薪秸之利。约葫芦、临洮二河,压明沙、萧关两戍,东控五原,北固峡口,足以襟带西凉,咽喉灵武,城之便。

然环州至伯鱼,伯鱼抵青冈,青冈拒清远皆两舍,而清远当群山之口,扼塞门之要,刍车野宿,行旅顿绝。威州隔城东隅,竖石盘互,不可浚池。城中旧乏井脉,又飞鸟泉去城尚千余步,一旦缘边警急,贼引平夏胜兵三千,据清远之冲,乘高守险,数百人守环州甜水谷、独家原,传箭野狸十族,胁从山中熟户,党项孰敢不从。又分千骑守碛北清远军之口,即自环至灵七百里之地,非国家所有,岂威州可御哉?请先建伯鱼、青冈、清远三城,为顿师归重之地。

古人有言:"金城汤池,非粟不能守。"俟二年间,秦民息肩,臣请建营田积粟实边之策,修五原故城,专三池盐利,以金帛啖党项酋豪子弟,使为朝廷用。不唯安朔方,制竖子,至于经营安西,绥复河湟,此其渐也。

诏从其议。

文宝至贺兰山下,见唐室营田旧制,建议兴复,可得秔稻万余斛,减岁运之费。清远据积石岭,在旱海中,去灵、环皆三四百里,素无水泉。文宝发民负水数百里外,留屯数千人,又募民以榆槐杂树及猫狗鸦乌至者,厚给其直。地焉卤,树皆立枯。西民甚苦其役,而城之不能守,卒为山水所坏。又令宁、庆州为水硙,亦为山水漂去。

继迁酋长有鬼啰鬼悉俄者,文宝以金帛诱之,与手书要约,留其养子为质,令阴图继迁,即遣去。谓之曰:"事成,朝廷授汝以刺史。"文宝又预漆木为函,以备驰献继迁之首。又发民曳古碑石诣清远军,将图纪功。而鬼啰等尽以事告继迁,继迁上表请罪。上怒文宝,犹含容之。既而文宝复请禁盐,边民冒法抵罪者甚众。太常博士席羲叟决狱陕西,廉知其事,以语中丞李昌龄,昌龄以闻。文宝又奏减解州盐价,未满岁,亏课二十万贯,复为三司所发。乃命盐铁副使宋太初为都转运使,代文宝还,下御史台鞠问,具伏。下诏切责,贬蓝山令。未几,移枝江令。

真宗即位,徙衡山。咸平中召还,授殿中丞,掌京南榷货。时庆州发兵护乡粮诣灵州,文宝素知山川险易,上言必为继迁所败。未几,果如其奏。转运使陈纬没于贼,继迁进陷清远军。时文宝丁内艰,服未阕,即命相府召询其策略。文宝因献《河西陇右图》,叙其地利本末,且言灵州不可弃。时方遣大将王超援灵武,即复文宝工部员外郎,为随军转运使。至环州,或言灵州已陷,文宝乃易其服,引单骑,冒大雪,间道抵清远故城,尽得其实,遂奏班师,就除本路转运使,上疏请再葺清远军。都部署王汉忠言其好生事,遂徙河东转运使。尝上言管内广锐兵万余,难得资粮,请徙置近南诸州,又欲令强壮户市马,备征役。宰相李沆等以为广锐州兵,皆本州守成,置营必虑安土重迁,徙之即致纷扰。又强壮散处村落,无所拘辖,勒其市马,亦恐非便。上复令文宝条对,文宝固执前议,

且言土人久留,恐或生事。上曰:"前令团并军伍,改置营壁,欲其互移本贯,行之已久。"而文宝确陈其利,因命钱若水详度以闻。若水所对与沆等同,遂罢之。

先是,麟、府屯重兵,皆河东输馈,虽地里甚迩,而限河津之阻。土人利于河东民罕至,则刍粟增价。上尝访使边者,言河裁阔数十步,乃诏文宝于府州、定羌军经度置浮桥,人以为便。会继迁围麟州,令乘传晨夜赴之,围解。迁刑部员外郎,赐金紫。顷之,寇准荐其熟西事,可备驱策,因复任陕西转运使。尝出手札,密戒令事与僚属共议,勿得过有须索,重扰于下。后有言其张皇者,诏徙京西,以朱台符代之。

景德元年冬,契丹犯边,又徙河东。文宝安辑所部,募乡兵,张边备,又领蕃汉兵赴河北,手诏褒谕。未几,复莅京西。契丹请和,文宝陈经久之策,上嘉之。三年,召还,未至,遇疾,表求藩郡散秩。诏听不除其籍,续奉养疾,以其子郓州推官于陵为大理寺丞、知襄城县,以便其养。大中祥符初,改兵部员外郎。车驾祀汾阴还,文宝至郑州请见。上以其久疾,除忠武军行军司马。文宝不就,以前官归襄城别墅。六年,卒,年六十一。

文宝好谈方略,以功名为己任。久在西边,参预兵计,心有余而识不足。又不护细行,所延荐属吏至多,而未尝择也。晚年病废,从子为邑,多挠县政。能为诗,善篆书,工鼓琴。有集二十卷,又撰《谈苑》二十卷、《江表志》三卷。

王子舆字希孟,密州莒人。曾祖甲,以义勇为乡人所推。唐末,淄、青、徐、兖皆南结吴人以拒梁,梁得三镇,吴人北侵益急,沂、密尤被其害。州民聚为八砦以捍寇,遂署甲为八砦都指挥使。祖徽,袭父职,晋末,贼帅赵重进掠高密,徽战没。父琏,复嗣其事。周世宗平淮南,始去兵即农,厚自封殖。

子舆少业文词,太平兴国八年举进士,解褐北海主簿。历大理评事,知临海县,改光禄寺丞。使西蜀决狱还,知兴国军。淳化中,雷有终为江、浙、荆湖茶盐制置使,奏子舆为判官。转太子中允,改著作郎,江、淮、两浙制置茶盐,就转太常博士。真宗即位,迁殿中侍御史。因入对,与三司论列利害,以子舆为长。转度支员外郎。子舆以每事上计司,移报稽滞,求兼省职,乃命为盐铁判官,仍领制置,增岁课五十余万贯。咸平三年,就命兼充淮南转运使。

子舆精于吏事,久掌茶盐漕运,周知利害,裁量经制,公私便之。所至郡县,以公事申请者,文牒纷委,顷刻待报,子舆皆即决遣,曾无凝滞。明年,表求代,诏许自择。子舆以卞衮、刘师道名闻,即命衮与师道为转运使。召子舆,拜右谏议大夫、户部使。五年二月,方奏事便殿,俄疾作仆地,命中使掖之以出,至第卒。以子道宗方幼,命三司判官朱台符检校其家。子舆止一子,而三女皆幼。道宗寻卒,家寓楚州。子舆妻刘还父母家,子舆旅榇在京师。景德中,官借船移柩,还葬其里,鬻京师居第,以钱寄楚州官库,以备三女资送。从其从弟之请也。

刘综，字居正，河中虞乡人。少依外兄通远军使董遵诲，遵诲尝遣贡马。太祖嘉其敏辩，将授三班之职。综自陈素习词业，愿应科举。及还，上解真珠盘龙衣，令赐遵诲，综辞曰："遵海人臣，安敢当此赐！"上曰："吾委遵诲以方面，不以此为疑也。"

雍熙二年举进士第，解褐邛州军事推官。就改永康军判官，迁大理评事、通判眉州，转太仆寺丞。代还，对便殿，因言："蜀地富庶，安宁已久，益州长吏，望慎择其人。"上嘉之，改太子中允。未几，李顺果为乱，复召见，面赐绯鱼。寻为三门发运司水陆转运使，通判大名府。连丁家难，起知建安军。

先是，天长军及扬州六合县民输赋非便，综奏请降天长军为县，隶扬州，以六合县隶建安军，自是民力均济。时淮南转运使王嗣宗兼发运事，规画多迂滞。综因上言请复置都大发运司，专干其职。至道三年，迁太常丞，职事修举，多称荐者。

咸平初，命代王钦若判三司都理欠凭由司，出为河北转运副使。尝言："州县幕职官，以昏耄放罢者，其间有实廉谨之士，或幼累无托，或居止无定，全藉禄廪以济朝夕，一旦停罢，则饥寒无依，似伤和气。望自今并除致仕官。"又言："法官断狱，皆引律令之文，以定轻重之罪，及其奏御，复云虑未得中，别取进止，殊非一成不变之道，且复烦于圣断。望降旨约束，不得复然。"时河北承兵寇之后，民户凋弊，吏部所铨幕职州县官皆四方之人，不习风俗，且有怀土之思，以是政事多因循不举。综议请自今并以河朔人充之，冀其安居，勤于职事。

夏人扰西边，环庆大屯兵马，诏徙综为陕西转运副使，转太常博士。时梁鼎议禁解盐，官自货鬻，乃命综与杜承睿制置青白盐事。综条上利害，力言其不便，卒罢其事。时灵州孤危，献言者或请弃之，综上言曰："国家财力雄富，士卒精锐，而未能剪除凶孽者，诚以赏罚未行，而所任非其材故也。今或轻从群议，欲弃灵州，是中贼之奸计矣。且灵州民淳土沃，为西陲巨屏，所宜固守，以为捍蔽。然后于浦洛河建军城，屯兵积粮为之应援，此暂劳永逸之势也。况镇戎军与灵州相接，今若弃之，则原、渭等州益须设备，较其劳费十倍而多，则利害之理昭然可验矣。"俄充转运使。

四年，又献议于镇戎军置屯田务，又录唐《安国镇制置城壕镇戎古记》石本以进，诏从其请。俄诣阙，奏事称旨，赐金紫，缗钱五十万，复遣莅职。又尝言："天下州郡长吏，审官皆据资例而授，未为得人。自今西川、荆湖、江、浙、福建、广南知州，或地居津要，或户口繁庶之处，望亲加选任。其执政旧臣及给、舍以上知州处，亦择官通判。又京朝官当任远官者，率以父母未葬为辞，意求规免。请自今父母委未葬者，许请告营办。审官投状，并明言父母已葬，方许依例考课，违者并罢其官。"从之。

五年，拜工部员外郎兼侍御史知杂事。六年，迁起居舍人，再为河北转运使。时两河用兵，边事烦急，转漕之任，尤所倚办。综继领其职，号为详练。至是眷瞩甚厚，警急之际，辄资其奏处。契丹请和，乃遣近臣谕以擢用之意。景德三年，召拜户部员外郎、枢密直学士、勾当三班院。综言："御史员数至少，每奉朝请，劾制狱，多以他官承之，甚紊彝制。望诏两制以上各举材堪御史者充，三院共置十员。若出使按狱，所经州郡，官吏能否，生民利病，刑狱枉滥，悉得察举。"四年，西幸，道出河阳境上，时节度王显被疾还京，以综权知孟州事。未几召还，复出知并州，以政绩闻。州民乞留，优诏嘉奖。归朝，知审官院，改吏、礼二部郎中，充职，兼知通进、银台、封驳司。

大中祥符四年，馆伴契丹使，因作《大雪歌》以献。即命同知贡举，以李宗谔代为馆伴使。俄权知开封府。综以贵要交结富民，为之请求，或托为亲属，奏授试秩，缘此谒见官司，颇紊公政，因建议请加抑止。又文武官居远任，而家属寓京师，其子孙弟侄无赖者，望严行约束，并其交游辈劾罪，从之。七年，以末疾求典河中，真宗以太宁宫庙长吏夏祠，综艰于拜起，虑不克恭事，命知庐州。明年，罢学士，授左谏议大夫。八年卒，年六十一。

综强敏有吏材，所至抑挫豪右，振举文法，时称干治。然尚气好胜，不为物论所许。子建中、正中，并赞善大夫。弟绰，淳化三年进士，官刑部郎中。

卞衮，字垂象，益州成都人。父震，工为诗。举蜀进士，渝州刺史南光海辟为判官。蜀平，仍旧职。会贼杜承褒率众胁城，援兵不至，震躬率士卒，且战且拒，为流矢所中，创甚，不能临军。而州兵重伤，卷甲宵遁，刺史陈文袭不能遏贼，遂与据郡城，以伪官厚贿诱震，震皆斩其使。贼有东章者，本州兵校也。因遣人述朝廷威德，谕以祸福，章惧且信，因伏兵击其党类。承褒之众素不为备，即时大溃，震与文袭分部余卒夹攻之，贼众遂平。文袭坐陷失州城，削籍为民。震以前功得赎，以虢州录事参军卒。

太平兴国八年，衮登进士第，累迁大理评事、知将乐县，改光禄寺丞、通判泗州。迁著作佐郎、广南转运司承受公事，俄通判宣州。淳化中，上命采庶僚中廉干者，给御书印纸，俾书课最，仍赐实奉以旌异之，衮预焉。改太常丞。咸平初，迁监察御史，为淮南转运副使、同荆湖运使，以干职闻，就加殿中侍御史。入判三司开拆司，再为淮南转运使兼发运使。咸平六年，并三司使之职而分置副贰，以衮为刑部员外郎，充盐铁副使。景德初，疽发于背卒，年四十五。录其弟衷为临颍主簿，子咸为将作监主簿。

衮明敏有吏干，累掌财赋，清心治局，号为称职。然性惨毒，掊克严峻，专事搒楚，至有"大虫"之号。真宗尝谓近臣曰："衮公忠尽瘁，无所畏避，人罕能及，然顷在外任，颇伤残酷，所至州县，纤微之过，无所容贷。大凡督察部下，纠逖愆违，非有大故，所宜矜恕，官吏自当畏威怀惠，不敢贰过，公家之事亦无不济。乃知为吏之方，适中为善也。"

许骧，字允升，世家蓟州。祖信，父唐，世以财雄边郡。后唐之季，唐知契丹将扰边，白其父曰："今国政废弛，狄人必乘衅而动，则朔、易之地，民罹其灾。苟不即去，且为所虏矣。"信以资产富殖，不乐他徙，唐遂潜赍百金而南。未几，晋祖革命，果以燕、蓟赂契丹，唐归路遂绝。尝拥商赀于汴、洛间，见进士缀行而出，窃叹曰："生子当令如此！"因不复行贾，卜居睢阳，娶李氏女，生骧，风骨秀异。唐曰："成吾志矣！"

郡人戚同文以经术聚徒，唐携骧诣之，且曰："唐顷者不辞父母，死有余恨，今拜先生，即吾父矣。又自念不学，思教子以兴宗绪，此子虽幼，愿先生成之。"骧十三，能属文，善词赋。唐不识字，而罄家产为骧交当时秀彦。

骧太平兴国初诣贡部，与吕蒙正齐名，太宗尹京，颇知之。及廷试，擢甲科，解褐将作监丞、通判益州，赐钱二十万。迁右赞善大夫。五年，转右拾遗、直史馆，改右补阙。六年，出为陕府西北路转运副使。会罢副使，徙知鄜州。召还，为比部员外郎。历知宣、昇二州。雍熙二年，改江南转运副使。洪、吉上供客船水损物，主吏惧罪，故覆舟，鞫狱者按以欺盗，当流死者数百人。骧驰往讯问，得其情实以闻，多获轻典，优诏褒之。又上言："劫盗配流，遇赦得原，还本乡，雠告捕者，多所杀害，自今请以隶军。"诏可。迁正使。端拱初，拜主客郎中，俄徙知福州。累表求还，不俟报，入朝，召对便殿，延闰良久。改兵部郎中，领西川转运使，以久处外任为辞，擢授右谏议大夫，就命知益州。召归，上言："蜀民浮窳易摇，宜择忠厚者抚之，为备预。"既而李顺叛，众颇伏其先见。命知审官院，迁御史中丞，以疾固让，不许。占谢日，命坐劳问，出良药赐之曰："此朕所服得验者。"后骧以久病不能振职。真宗即位，改工部侍郎。屡求小郡养疾，因入朝失仪，为御史所纠，特诏不问，命知单州。咸平二年卒，年五十七。赠工部尚书。赐其子宗寿出身。

骧虽无他才略，而人以儒厚长者称之。宗寿后为殿中丞。

裴庄，字端己，阆州阆中人。曾祖琛，后唐昭州刺史。祖远，河东观察支使。父全福，鄠县令。庄在蜀，以明经登第。归宋，历虹县尉、高陵主簿，本府召权司理掾。转运使雷德骧以威望自任，尝巡按至境，官属皆出迎候。庄独视事本局，徐谒道周，德骧称其有守。徙权忻州录事参军。先是，并州待积军储，条制甚峻，掌出纳者常十余人，及庄代之，独任其事。擢授绛州防御推官，提点并、岚二州缗帛刍粮，改江州判官，仍莅旧局。

雍熙三年，命将巡边，以庄掌随军粮料。内客省使杨守一称荐之，授大理寺丞。时迁云、朔降户于汝、洛，遣庄安辑之。俄通判忻州，未上道，会魏成信出镇澶州，改命为通判。未逾年，咸信表其能，迁太子中允。端拱初，潘美镇真定，又辟为通判。时契丹掠赵、深，边将无功，庄上书以为"周世宗诛樊爱能、何徽二将，遂取淮南，克巴蜀。愿陛下申明纪律，无使玩寇。"又言："缘边砦栅戍兵既寡，戎人易以袭取，咸请废罢，以益州兵。"会诏建方田，庄复上言："大役兵师，虑生事于边鄙。"上善之。

淳化三年，召访以边事，称旨，面赐绯鱼，令授清资官。翌日，拜监察御史、荆湖南路转运使。未行，改三司盐铁判官。上疏请给两省官谏纸，又引故事，禁屠月勿报重刑。会刘式建议请废缘江榷务，庄力言其非便。出为荆湖北路转运使。五年，李顺乱蜀，命与雷有终兼峡路随军转运、同知兵马事。或言庄本蜀人，不宜此任，上益倚信之，许以便宜。事平，转殿中侍御史，历工部、司封二员外郎，特召问讨贼方略。

至道二年，遣将五路出讨李继迁，庄阴料师出无功，因请加恩继迁，俟其倔强拒命，则按甲塞外，俘擒未晚。既而诸将果败绩。俄迁祠部郎中。真宗即位，迁度支，充河东转运使。上章言："庆、邠、延州、通远军，咸处边要，请武干如姚内斌、董遵诲者任之。"又言："田绍斌尝被疑，韩崇业本秦王婿，程德玄始事晋邸，初甚亲近，后疏远外迁，皆怀怨望，不宜委以戎寄。"未几，移知苏州。

咸平二年，命巡抚江南。使还，言池州、兴国军得良吏，余无足称者。且言："朝廷所命知州、通判，率以资考而授，至有因循偷安，无政术而继得亲民者。其素蕴公器有政绩者，偶缘公坐，则黜司冗务，真伪莫辨，侥幸滋甚。自今望慎选其人，勿以资格补授，有政绩者加以恩礼。"

是年秋，契丹犯塞，命为河北转运使。时傅潜统大军驻定州北，庄屡条奏其无谋略，虑或失机。会王显掌枢密，显与潜俱起攀附，颇庇之。庄奏至，多不报。徙知越州。俄傅潜得罪，庄因上言："显、潜皆非材，致误边事，请行严诛，以肃群议。"未几，徙知宣州。会诏百辟上封直言，庄条列四事：一曰去暴征，二曰省烦刑，三曰择吏职，四曰敦稼政。疏奏，诏令开陈其所宜行先后，庄对甚悉。改司封郎中。景德中，命安抚两浙，奏能吏二十人，慢官者五人，多所升黜。又知潞、邢二州。

大中祥符初东封，改鸿胪少卿，入判登闻鼓院。祀汾阴，迁太仆少卿，为北岳加号册礼副使，撰《北行记》三卷以献。六年，出知襄州。明年，车驾幸南京，庄以逮事太宗恩例，授太府卿，权判西京留司御史台。天禧二年，入判刑部，以疾分司西京。郊祀，改光禄卿，求归上都，以便医药。卒，年八十一。录其孙庆孙，试将作监主簿。

庄有吏干，颇无清操，慷慨敢言，太宗奖其忠谠，多所听纳。好为规画，然寡学术。尝建议请置广听院西垣学士，闻者嗤之。晚年退居，制棺椟以自随。喜接宾客，终日无倦。子兔，咸平三年进士，屯田郎中；稷，左班殿直、阁门祇候。

牛冕，字君仪，徐州彭城人。太平兴国三年进士，解褐将作监丞、通判郴州，徙和州。加左赞善大夫，迁太常丞、知滁州，以勤政闻。召归，转监察御史。

端拱元年，召试文章，迁左正言、直史馆。出知润州，徙泉州，未至，就命为福建转运使，加左司谏。建议废邵武军归化金坑，土人便之。至道初，召入，进秩兵部员外郎，知潭州。至郡才数日，复召拜兼侍御史知杂事。

真宗在东宫，冕尝奉使赐生辰礼币，即位尚记其名，改工部郎中。永熙陵复土，会阙中丞，命为仪仗使。时三司各设官局，多不均济。冕请合为一使，分设其贰，则事务不烦而办，其后卒用冕议。

咸平元年，选知益州，仍拜右谏议大夫。两川自李顺平后，民罹困苦，未安其业，朝廷缓于矜恤，故戍卒乘符昭寿之虐，啸集为乱。冕与转运使张适委城奔汉州，诏遣赴阙，至京兆，劾其罪，并削籍，冕流儋州，适为连州参军。冕遇赦，移钦、英二州，历鄂、海二州别驾、淮南节度副使。

大中祥符初，真宗语宰相曰："冕素纯善，黜弃久矣，量宜甄叙。"即起知涟水军，俄复为祠部员外郎。卒，年六十四。子昭俭，至殿中丞。

张适者，太平兴国五年进士。任藩郡，有治绩，以廉敏称。为水部员外郎、知鄜州。获对，太宗喜其词气俊迈，赐绯鱼。旋改京东转运副使，加直集贤院，一日三被宠渥，时人荣之。徙西川转运使，坐贬，后起为彰信军节度副使、知淮阳军，卒。

樊崇吉，字世昌，开封封丘人。少为吏部令史，上书言事，调补临淄主簿。会令坐赃败，即命崇吉代之。复以书判优等，改舒州团练判官，未行，留为中书刑房堂后官，改太子右赞善大夫，出掌扬州榷务。未几，迁殿中丞，复为堂后官兼提点五房公事。

崇吉明习文法，清白勤事。至道初，擢度支员外郎、度支副使。时以堂后官著作佐郎杨文质为秘书丞、提点五房事，上召见，谓曰："汝见擢用樊崇吉否？当自勖励。"崇吉俄加祠部郎中。真宗时，累擢为江南转运使。代还，判刑部兼鼓司、登闻院。后迁司农少卿、知洪州。有司岁敛民财造舟，崇吉至，奏罢之。以疾徙濠州，迁卫尉少卿，以将作监致仕，卒。子二人：源，虞部员外郎。沂，殿中丞。

袁逢吉，字延之，开封鄢陵人。曾祖仪，仕唐，以军功至黄州刺史。祖光甫，尉氏令。父赡，大理评事。逢吉四岁，能诵《尔雅》、《孝经》，七岁兼通《论语》、《尚书》。周太祖召见，发篇试之，赐束帛以赏其精习。开宝八年，擢《三传》第，释褐清江尉。知州王明荐其能，就除丰城令。明年，又与转运使张去华条上治状，以《春秋》博士召。端拱初，迁国子博士、度支推官。又判户部勾院、度支，凭由理欠司。淳化中，改户部判官。历水部司门员外郎。出为西京转运使，转水部郎中。宰相吕蒙正称其有经术，宜任学官。会蜀叛，方籍其吏资授西川转运使。至道初，徙荆湖北路。时贼方平，夔、峡犹聚官军，供馈出于荆楚，逢吉惮涉远，不赴军前计度，坐乏粮饷，罢职知夔州。会遣使川、陕采访，因条上知州、通判有治迹者七人，逢吉与朱协、李虚己、薛颜、邵晔、查道、刘检预焉，皆赐诏褒谕。历司门、库部二郎中。

咸平中，复为京东转运使，连知福、江、陈、襄四州。大中祥符中，权西京留司御史台，徙知汝州，以逮事太祖，拜鸿胪少卿。七年，卒，年六十九。

逢吉性修谨，练达时务。初，郓州牧马草地侵民田数百顷，牒诉连上，凡五遣使按视，不决。逢吉受命往，则悉还所侵田，民咸德之。兄及甫，历京东、峡路转运副使，至驾部郎中。逢吉子成务，至比部员外郎、京东转运副使。从子楚材，至虞部员外郎。

韩国华，字光弼，相州安阳人。太平兴国二年举进士，解褐大理评事、通判泸州，就迁右赞善大夫。代还，除彰德军节度判官。迁著作佐郎、监察御史。

雍熙中，假太常少卿使高丽。时太宗将北征，以高丽接辽境，屡为其所侵，命赍诏谕之，且令发兵西会。既至，其俗颇犷骜，恃险迁延，未即奉诏。国华移檄，谕以朝廷威德，宜亟守臣节，否则天兵东下，无以逃责。于是俯伏听命。使还，赐绯鱼。雍熙三年，改右拾遗、直史馆，判鼓司、登闻院，俄充三司开拆推官。四年，判本司，迁左司谏，充盐铁判官。

淳化二年，契丹请和，朝议疑其不实，遣国华使河朔以察之。既至，尽得其诈以闻。每岁后苑赏花，三馆学士皆得预。三年春，国华与潘太初因对，自言任两省清官兼计司职，不得侍曲宴，愿兼馆职，即日命并直昭文馆。后二日，陪预苑宴。三司属官兼直馆，自国华等始。未几，授刑部员外郎，历判三司勾院，复为盐铁判官，又为左计判官，寻判三勾，赐金紫，改兵部员外郎、屯田郎中、京东转运使，徙陕西路。旧制，川、陕官奉缗悉支铁钱，资用多乏，国华奏增其数。加都官郎中，入判大理寺，改职方郎中。以详定失中，命梁颢代之。知河阳、潞州，转运使言其善绥辑，供亿干办，诏奖之。

景德中，假秘书监使契丹，又为江南巡抚，入权开封府判官。真宗朝陵，魏咸信自曹州召入扈从，命国华权州事。俄改太常少卿、出知泉州。大中祥符初，迁右谏议大夫。四年，代还，至建州，卒于传舍，年五十五。赐其子琬出身。

国华伟仪观，性纯直，有时誉。子瑶、璩、琦，并进士及第。琦相英宗、神宗，自有传。

何蒙，字叔昭，洪州人。少精《春秋左氏传》。李煜时，举进士不第，因献书言事，署录事参军。入宋，授洺州推官。太平兴国五年，调遂宁令。时太宗亲征契丹还，作诗以献。召见赏叹，授右赞善大夫，三迁至水部员外郎、通判庐州。时郡中火燔廨舍，权务俱烬。蒙假民器，贷邻郡麴米为酒，既而课增倍。户部使上其状，诏赍缗钱奖之。稍迁司门。巡抚使潘慎修荐其材敏，驿召至京，因面对，访以江、淮茶法，蒙条奏利害称旨，赐绯鱼及钱十万。后二日复对，又上淮南酒榷便宜，特改库部，复赐钱二十万，因命至淮右提总其事，自是岁有羡利。使还，知温州，未行，留提举在京诸司库务。求外任，复命知温州。坐举人不当，削一官。

真宗即位，复前资，因上言请开淮南盐禁。时卞衮、杨允恭辈方以禁盐为便，共排抑之，出知梧州。顷之，改水部郎中，上所著《兵机要类》十卷。时审官拟知汉阳军，及引对，改知鄂州。大中祥符初，转库部。四年，加太府少卿。未几，知太平州，又知袁州。州民多采金，蒙建议请以代租税。上曰："若此则农废业矣。"不许。俄徙濠州。六年，上表谢事，授光禄少卿致仕，命未下，卒，年七十七。

慎知礼，衢州信安人。父温其，有词学，仕钱俶，终元帅府判官。知礼幼好学，年十八，献书干俶，署校书郎。未几，命为掌书记。

宋初，介俶子惟济入觐，归，署营田副使。太平兴国三年，从俶归朝，授鸿胪卿。历知陈州、兴元府。知礼母年八十余，居宛丘，恳求归养。退处十年，缙绅称其孝。及母服除，表请纳禄。至道三年，以工部侍郎致仕。知礼自幼至白首，岁读《五经》，周而后止。每开卷，必正衣冠危坐，未尝少懈焉。咸平初卒，年七十一。子从吉。

从吉字庆之，钱俶之婿也。为元帅府长史。归宋，历将作少监。会择朝士有望者补少列，改太子右庶子。真宗升储，换卫尉少卿。真宗即位，复为右庶子，迁詹事。从吉自归朝，居散秩几三十年，颇以文酒自娱，士大夫多与之游。景德初，上言求领事务，判刑部。颇留意法律，条上便宜，天下所奏成案率多纠驳，取本司所积负犯人告身鬻之，以市什器。

大中祥符初，改授卫尉卿，纠察在京刑狱，拜右谏议大夫，判吏部铨。初，选人试判多藉地而坐，从吉以公钱市莞席给之。临事敏速，勤心公家，所至务瞰察，多请对陈事，上谓其无隐。

八年，改给事中、权知开封府。既受命，召戒之曰："京府浩穰，凡事太速则误，太缓则滞，惟须酌中耳。请属一无所受。"才数月，有咸平县民张斌妻卢氏，诉侄质被酒诟悖。张素豪族，质本养子，而证左明白，质贿于吏。从吉子大理寺丞锐时督运石塘河，往来咸平，为请于县宰，断复质刘姓，第令与卢同居。质泊卢迭为讼，县闻于府。从吉命户曹参军吕楷就县推问。卢之从叔虢略尉昭一赂白金三百两于楷，楷久不决。卢兄文质又纳钱七十万于从吉长子大理寺丞钧，钧以其事白从吉，而隐其所受。卢又诣府列诉，即下其事右军巡院。昭一兄澄尝以手书达钱惟演，云寄语从吉，事逮钧、锐，请缓之。从吉颇疑惧，密请付御史台。即诏御史王奇、直史馆梁固鞫之。狱成，从吉坐削给事勒停，惟演罢翰林学士，楷、钧免官，配隶衡、郓州，锐、文质皆削一官，澄、昭一并决杖配隶。

又高清者，库部郎中士宏之子，景德中举进士，宰相寇准以弟之女妻之。寇氏卒，故相李沆家复婿之。历官以贿闻，颇恃姻援骄纵，被服如公侯家，以是欺蠹小民。知太康县，民有诣府诉家产者，清纳其贿，时已罢任，即逃居他所。锐尝就清贷白金七十两，清以多纳贿赂，事将败，求以为助。时方鞫卢氏狱，从吉请对，发其事，欲以自解。逮清等系狱，命比部员外郎刘宗言、御史江仲甫劾之。清枉法当死，特杖脊黥面，配沙门岛；锐又削卫尉寺丞。从吉坐首露在已发，当赎铜，特削谏议大夫。天禧三年，起为卫尉卿。明年，判登闻鼓院。坐与寇准善，以光禄卿致仕。未几卒，年七十。

从吉喜为诗，时有警语。兼工医术。子孙登仕者甚众，第进士升朝曳绯者数人。家富于财，尤能治生，多作负贩器僦赁，以至鬻棺椟于市。又善为馔具，分遗权要。晚年进趋弥笃，以至于败，物论鄙之。子镛，金部度支员外郎、秘阁校理。错，太常博士。

论曰：八政之首食货，以国家之经费不可一日而无也。然生之有道而用之有节，则存乎其人焉尔。张鉴将命西蜀，处制得宜，庶乎可与行权者也。子舆裁损经制，索湘议罢鬻茶，许骧谨守儒行，知礼笃信经学，国华不辱君命，皆有足称者焉。太初自谓达性命之蕴，而卒流于释、老之归，文宝久任边郡，而不免以生事蒙黜，刘综著劳朔、易而短于经术，从吉勤于公务而疏于训子，固未得为尽善也。自余诸子，之翰亏洁白之操，卞衮乏仁恕之道，冕之弃其城守，坦之疏于辅导，则君子所不予也。

卷二百七十八　　列传第三十七

马全义 子知节　**雷德骧** 子有终　孙孝先　曾孙简夫　**王超** 子德用

马全义，幽州蓟人。十余岁学击剑，善骑射。十五，隶魏帅范延光帐下。延光叛，晋祖征之，以城降，悉籍所部来上。全义在籍中，因补禁军。以不得志，遂遁去。汉乾祐中，李守贞镇河中，召置帐下。及守贞叛，周祖讨之，全义每率敢死士，夜出攻周祖垒，多所杀伤。守贞贪而无谋，性多忌克，全义屡为画策，皆不能用。城陷，遂变姓名亡命。

周广顺初，世宗镇澶渊，全义往事之。从世宗入朝，周祖召见，补殿前指挥使，谓左右曰："此人忠于所事，昔在河中，屡挫吾军，汝等宜效之。"世宗即位，迁右番首。从世宗战高平，以功迁散员指挥使。从征淮南，以功迁殿前指挥使、右番都虞候。恭帝即位，授铁骑左第二军都校，领播州刺史。

宋初，历内殿直都知、控鹤左厢都校，领果州团练使。从征李筠，筠退保泽州，城小而固，攻之未下，太祖患之，召全义赐食御榻前问计，对曰："筠守孤城，若并力急攻，立可殄灭；傥缓之，适足长其奸尔。"太祖曰："此吾心也。"即麾兵急击。全义率敢死士数十人乘城，攀堞而上，为飞矢贯臂，流血被体。全义拔镞临敌，士气益奋，遂克其城。迁虎捷左厢都校、领睦州防御使。又从征李重进，控鹤、虎捷两军为后殿。贼平班师，录功居多，改龙捷左厢都校，领江州防御使。俄被疾，太祖遣太医诊视，仍谕密旨曰："俟疾间，当授以河阳节制。"全义疾已亟，但叩头谢。数日卒，年三十八。特赠检校太保、大同军节度使。子知节。

知节字子元，幼孤。太宗时，以荫补供奉官，赐今名。年十八，监彭州兵，以严莅众，众惮之如老将。又监潭州兵，时何承矩为守，颇以文雅饰吏治，知节慕之，因折节读书。雍熙间，护兵博州，契丹入边，败我师于君子馆。先是，知节完城缮甲，储积刍粟，吏民以为生事。既而契丹果至，以有备，引去。

徙知定远军。时议调河南十三州之民输饷，河北转运使樊知古适至军议事，知节曰："军少粟多，簸其红腐，尚当得十之六七。"知古从之，果获粟五十万斛，分给诸屯，遂省河南之役。时部民入保避寇，卒有盗妇女首饰者，护军止笞遣之。知节曰："民避外患而来，反罹内寇，此而可恕，何以肃下？"即命斩之。知深、庆二州，迁西京作坊使。旋知梓州。李顺之叛，诏与王继恩同讨贼。继恩恃势自任，恶知节不附己，遣守彭州，付之羸兵三百，彭之旧卒，悉召还成都。知节累请益兵，不从。贼众十万攻城，知节力战，自晨抵晡，士多死，慨然叹曰："死贼手，非壮夫也。"即横槊溃围出，迟明，援兵至，复鼓噪入，贼遂溃去。太宗闻而叹曰："贼众我寡，知节不易当也。"授益州钤辖，加益、汉九州都巡检使，迁内园使。会韩景祐帐下刘旰胁牙兵为乱，连下州县，众逾二千，知节领兵三百，追至蜀州，与战，旰走邛州。知节曰："贼破邛州，必乘胜渡江薄我，既息而后战，官军虽倍，制之亦劳，不如乘其弊急击之，破之必矣。"遂行。次方井镇，与旰遇，杀之无噍类。

咸平初，领登州刺史、知秦州。州尝质羌酋支属余二十人，逾二纪矣。知节曰："羌亦人尔，岂不怀归？"悉遣之。羌人感之，讫终，更不犯塞。时州有银坑，岁久矿竭，课额弗除，主吏破产，偿之不足。知节请蠲之，章三上，乃允。迁西上阁门使，知益州兼本路转运使。自乾德后，岁漕蜀物，动逾万计。时籍富民以部舟运，坐沉覆破产者众。知节请代督以省校而程其漕事，自是蜀人赖以免患。

徙知延州兼鄜、延驻泊部署。边寇将至，方上元节，遂命张灯启关，累夕宴乐。寇不测，即引去。会镇州程德玄政事旷弛，徙知节代之。诏发澶、魏等六州粮输定武，时兵交境上，知节曰："粮之来，是资盗也。"止令于舟车所至收之，寇无所得而遁。

车驾在澶渊，时王超拥兵数十万屯真定，逗留不进。知节移书诮让之，超始出兵，犹以中渡无桥为辞。知节预命度材，一夕而具。景德中，徙知定州，未几，拜东上阁门使、枢密都承旨，擢拜签书枢密院事。

当是时，契丹已盟，中国无事，大臣方splitprosperous，而知节每不然之，尝言"天下虽安，不可忘战去兵"以为戒。自陈年齿未衰，五七年间尚可驱策，如边方有警，愿预其行，但得副都部署名及良马数匹、轻甲一联足矣。上以为然，因命制钢铁锁子甲以赐焉。进宣徽北院使，加兼枢密副使。时王钦若为枢密使，知节薄其为人，遇事敢言，未尝少屈。每廷议，得其不直，辄面诋之。时钦若宠顾方隆，知节愈不为下。

大中祥符七年，出为颍州防御使、知潞州。天禧初，移知天雄军，召拜宣徽南院使、知枢密院事。以疾乞罢，除彰德军留后、知贝州兼部署。将行，真宗闵其癯瘵，止命归镇。时上党、大名之民已争来迎谒。未几，卒，年六十五。赠侍中，谥正惠。

知节将家子，慷慨以武力智谋自许，又能好书，宾友儒者，所与善厚，必一时豪杰，论事謇謇未尝有所顾忌，故闻其风者，亦知其为正直云。

雷德骧，字善行，同州郃阳人。周广顺三年举进士，解褐磁州军事判官。召为右拾遗，充三司判官，赐绯鱼。显德中，入受诏均定随州诸县民田屋税，称为平允。

宋初，拜殿中侍御史，改屯田员外郎、判大理寺。其官属与堂吏附会宰相赵普，擅增刑名，因上言，欲求见太祖以白其事。未引对，直诣讲武殿奏之，辞气俱厉。太祖诘之，德骧对曰："臣值陛下日昃未食，方震威严尔。"帝怒，令左右曳出，诏置极典。俄怒解，黜为商州司户参军。刺史知德骧旧为省郎，以客礼之。及奚屿知州，希宰相旨，至则倨受庭参。德骧不能堪，出怨言，屿衔之。适有言德骧至郡为文讪上者，屿召德骧与语，潜遣吏给其家人取得之，即械系德骧，具状以闻。太祖贷其罪，削籍徙灵武。数年，其子有邻击登闻鼓，诉中书不法事，赵普由是出镇河阳。召德骧为秘书丞，俄分判御史台三院事，又兼判吏部南曹。开宝七年，同知贡举。太祖崩，以德骧为吴越国告哀使。还，迁户部员外郎兼御史知杂事，改职方员外郎，充陕西、河北转运使。历礼部、户部郎中，入为度支判官。

太平兴国四年，车驾征太原，为太原西路转运使。六年，同知京朝官考课，俄迁兵部郎中。七年，以公累降本曹员外郎、出知怀州。未几，复旧官，又命为两浙转运使。其子殿中丞有终亦为淮南转运使，父子同日受诏，搢绅荣之。俄迁右谏议大夫。

雍熙二年，征归朝，同知京朝官考课。初，帝谓宰相曰："朕前日阅班籍，择官为河北转运使，所患不能周知群臣履行。自今令德骧录京朝官履历功过之状引对，既得渐识群臣，择才委任，且使有官政者乐于召对，负瑕累者耻于顾问，可以为惩劝矣。"

端拱初，迁户部侍郎。会赵普再入相，宣制之日，德骧方立班，不觉坠笏，遽上疏，乞归田里。太宗召见，安谕之，赐白金三千两，罢知考课，止以本官奉朝请。会议事尚书省，乘酒叱起居员外郎郑构为盗，御史奏劾，下御史台案问，具伏，帝止令罚月奉而释之。迄赵普出守西洛，帝终保全之。

淳化二年，为其婿如京副使卫濯讼有邻子秘书省校书郎孝先内乱，帝素怜德骧，恐暴扬其丑，不以孝先属吏，止除名配均州。德骧坐失教，责授感德军行军司马。并其子少府少监有终责授衡州团练副使。德骧因惭愤成疾，三年，卒，年七十五。有终为三司盐铁副使，表乞追复旧官，从之。

德骧无文采，颇以强直自任，性褊躁，多忤物，不为士大夫所与。

有邻，开宝中，举进士不第。其父既窜灵武，意宰相赵普挤抑之。时堂后吏胡赞、李可度在职岁久，或称其请托受赇，而秘书丞王洞与德骧同年登第，有邻每造谒洞，洞多以家事委之。一日，洞令有邻市白金半铤，因曰：

"此令吾子知,要与胡将军。"盖谓赟也。时又有诏,应摄官三任解由全者许投牒有司,即得召试录用。有邻素与前摄上蔡主簿刘伟交游,知伟虽尝三摄,而一任失其解由,伟造伪印,令其兄前进士佚书写之,因是得试送铨。遂具章告其事,并下御史府按鞫。狱具,伟坐弃市,洞等并决杖除名,赟、可度仍籍其家。有邻授秘书省正字,赐公服靴笏、银鞍勒马、绢百匹,自是累上疏密告人阴事。俄被病,白昼见伟入室,以杖篦其背。有邻号呼闻于外,数日而死。赐德骧钱十万,以给丧事。

有终字道成,幼聪敏,以荫补汉州司户参军。时侯陟典选,木强难犯,选人听署于庭,无敢哗者。有终独抗言,愿为大郡治狱掾,陟叱之曰:"年未三十,安可任此官?"有终不为沮。署莱芜尉。知监、左拾遗刘祺以有终年少,颇易之。有终发其奸赃,祺坐罪杖流海岛,以有终代知监事。先是,三司补吏为冶官,率以赀进,多恣横。至是,受署者惮有终,率多避免。太宗即位,闻其名,遣内侍伍守忠同掌监事,且察其治迹。守忠至裁周月,即还奏有终强济之状,亟诏为大理寺丞。会德骧任陕西转运,奏为解州通判,特许德骧不巡察是州。有终入奏盐池利害,改赞善大夫,令还权知军事,省通判。太平兴国六年,迁殿中丞、知密州,徙淮南转运副使,赐绯鱼,改太常博士。时德骧主漕两浙,往往省于境上,时人荣之。

雍熙中,王师北征,命为蔚州飞狐路随军转运使。入为盐铁判官,历户部、度支副使,赐金紫,出知升州。淳化初,就迁少府少监、知广州。二年,女弟婿王濯讼其家法不谨,有终坐亲累,责授衡州团练副使,夺章服。俄丁外艰,行及许田,召归,入对,赐钱八十万,起为都官员外郎,历度支、盐铁副使,复金紫。时以江南、岭外茶盐价不一,细民冒禁私贩,多陷重辟。诏有终领江、淮、两浙、荆湖、福建、广南路茶盐制置使,就出盐产茶之地,以便宜裁制。使还,改工部郎中、知大名府,不逾月,复为少府少监,徙知江陵。

李顺之乱,王师西征,命与裴庄为峡路随军转运使、同知兵马事。调发兵食,规画戎事,皆有节制。师行至峡中,遇盗格斗,众渴乏。会天雨,军士以兜牟承水饮之,且行且战,进至广安军。军垒瀕江,三面树栅。会夜阴晦,贼众奄至,鼓噪举火,士伍恐惧,有终安坐栉发自若。贼围既合,有终引奇兵出其后击之,贼众惊扰,赴水死者无算。就拜右谏议大夫、知益州。次简州,寓佛舍,度贼必至,命左右重闭,召土人严更警备,初夕,间道而出。贼围守数重,及坏寺入,惟折柝者在焉。俄兼同招安使。贼平,改知许州。三年,改给事中、知并州。

真宗嗣位,加工部侍郎。咸平二年,代还,知审刑院,俄授户部使。三年,将巡师大名,遣有终乘驲先诣澶州督纳粮草。车驾还,次德清军,会益州奏至,神卫中卒以正旦窃发,害兵马钤辖符昭寿,拥都虞候王均为乱,逐知州牛冕。即日,拜有终泸州观察使、知益州兼川峡两路招安捉贼事。御厨使李惠、洛苑使石普、供备库副使李守伦并为招安巡检使,给步骑八千,命往招讨。又以洺州团练使上官正为东川都钤辖,西京作坊使李继昌为峡路都钤辖,崇仪副使高继勋、王阮并为益州驻泊都监,供奉官、阁门祗候孙正辞为诸州都巡检使。

正月三日,均率众陷汉州,进攻绵州,旬日不能下,趣剑门。先是,知剑州、秘书丞李士衡度寇必至,城不能守,悉徙官帑保剑门,焚其仓廪,及署榜招军卒之流逸者,得数千人。已而贼果至,士衡与剑门都监、左藏库副使裴臻逆击之。时风雪连日,均众无所掠,唯食败糟,臻与战,斩首数千级。贼众疲剧宵遁,还保益州。士衡即驰骑入奏,上嘉之,拜士衡度支员外郎,赐绯;臻崇仪使、领峰州刺史,仍旧职。知蜀州、供奉官、阁门祗候杨怀忠闻变,即调乡丁会十一路巡检兵,刻期进讨。蜀民不从贼者相率抗御,侪伍谓之"清坛众"。择"清坛"之魁七十余人,悉补巡检将,遣判官高本驰驿以闻。十七日,怀忠率众入益州,焚城北门,至三井桥。时均尚留剑门,与贼将鲁麻胡阵于江渎庙前,自晨至晡,战数合,怀忠兵势不敌,退还所部。怀忠部下多李顺旧党,颇贪剽劫,故败绩焉。

怀忠移文嘉、眉七州,调军士丁男来会。二月,再攻益州。时均方遣逆党赵延顺攻邛、蜀,怀忠逆与之战,贼稍退。怀忠与转运使陈纬麾兵由子城南门直入军资库,与纬署其库籥。均众皆银枪绣衣,为数队,分列子城中。贼兵出通远门,与怀忠战数合,会暮,怀忠复退至榨桥,背水列阵,砦楮木桥南,以捍邛、蜀之路。贼故不复能角斗,自清水坝、温江、金马三道来攻楮木砦,出官军后,焚社原神祠,断邛、蜀援路。怀忠三路分兵以抗之,斩首五百余级,驱余众入皂江,获甲弩甚众。乘胜逐贼至益州南十五里,砦于鸡鸣原,以俟王师。均亦闭成都东门以自固。

是月,有终等至,令石普先与绵、汉都巡检张思钧收复汉州,进壁升仙桥。贼出攻砦,有终击走之。一日,均开城伪为遁状,有终与上官正、石普率兵径入,官军分剽民财,部伍不肃。贼闭关发伏,布床榻于路口,官军不得出,因为所杀。有终等缘堞而坠,李惠死之,退保汉州。益州城中民皆奔迸四出,复为贼党分骑追杀,或囚絷之,支解族诛以恐众。又胁士民僧道之少壮者为兵,先刺手背,次髡首,次黥面,给军装,令乘城,与旧贼党相间。有终署榜招之,至则署其衣袂释之,日数百人。

三月,进攻弥牟砦,斩首千余级,复为贼所拒。四月,贼由升仙桥分路来寇,并军于东偏,有终率兵逆击,大败之,杀千余人,夺其伞盖、金枪等物,均单骑还城。有终遣其子奉礼郎孝若驰奏,上召孝若问败贼之由,笑谓左右曰:"均鼠窃尔,虽婴城自守,计日可擒矣。"孝若因言尝习武艺,愿改秩以效,即补供奉官。俄以刑部员外郎马亮为转运使,国子博士张志言副之,供备库副使张煦为绵、汉都巡检使。杨怀忠又分所部砦于合水尾、浣花等处,树机石、设笆篱以拒之。

贼自升仙之败,彻桥塞门,官军进至清远江,为梁而度。有终与石普屯于城北门之西,依壕为土山,分设鹿角,又得旧草场,造梯冲洞车攻具,普专主之。高继勋、张煦、孙正辞攻城东,上官正、李继昌、王阮攻城西,杨怀忠与巡检殿直、阁门祗候马贵攻城南。贼将赵延顺尽驱凶党以拒。既而延顺中流矢死，又遣其党丁重万立城门上，官军射之，殪。每攻城，辄会雨，城滑不能上，官军及丁夫为洞屋以进，贼又凿地道出掩之，溺壕中死者千余，军势小衄。时方暑湿，军士多疾，有终市药他州疗之。

是月，诏洛苑使、入内副都知秦翰为两川捉贼招安使。有终与翰叶议，于城北鱼桥又筑土山。八月，克城北羊马城，遂设雁翅敌棚，覆洞屋以进，逼罗城。九月，城北洞屋成，贼对设敌楼以抗官军，有终遣卒焚之，贼自是销沮，筑月城以自固。有终募敢死士间道以入，贼为药矢，中者立死。有终令卒蒙毡秉燧以入，悉焚其望橹机石，先遣东西南砦鼓噪攻城，有终与石普分主洞屋以进。普穴城为暗门，门成，贼攒戟于前，无敢进者。有二卒请行，许以厚赏，乃麾戈直冲之，贼锋稍却，遂入城。有终登城楼下瞰，贼之余众，犹集天长观前，于文翁坊密设炮架。高继勋白于孟亮，请给秸秆油粃，众执长戟巨斧，秉炬以进，悉焚之。杨怀忠焚其砦天长观前，追至大安门，复败焉。是夕二鼓，均与其党二万余南出万里桥门，突围而遁。有终疑有伏，遣人纵火城中。诘朝，与秦翰登门楼，牙吏有受伪署官职者，捕得，立楼下，傍积薪，厝火其上，索男子魁壮者令辨之，曰某尝受某职，即命左右捽投火中。自晨至晡，焚死者数百人，时谓冤酷。均既走，度合水尾，由广都略陵、荣，趣富顺监，所过断桥塞路，焚仓库而去。

初，有终遣怀忠领虎翼军追之，后二日，石普继往，以全军为后援。十月，均至富顺，其将校以筏度江、趋戎、泸蛮境。朝廷每岁孟冬朔，诏富顺监具酒肴，犒内属蛮酋。是日裁设具，而均党适至，皆食焉。闻怀忠追骑将至，均心易之，谓其党曰："速降怀忠。"令其众负担以行。怀忠距富顺六十里，于杨家市少憩，贼众在后者邀战，怀忠遣骑士登高原觇视，且语其左右曰："纵贼度江，后悔无及，闻石侯将至，当以奇兵取之。"乃临江列阵击之，余党散走，有挐舟将度江而遁者，怀忠合强弩射之，溺死甚众。怀忠张旗鸣鼙入城，均方在监署中，其众多醉，均穷蹙缢死。虎翼军校鲁斌斩其首诣怀忠，获僭伪法物、旌旗、甲马甚众，禽其党六千余人，逆徒歼焉。怀忠旋军出北门，石普之众方至，夺均首驰归成都，枭于北市。

均本隶开封散从直，后补军校。初，神卫军之戍成都者，以均及董福分二指挥以领之。福御众有法，部下皆优足。均纵其下饮博，军装亦以给费。是岁，车驾幸河朔，符昭寿与牛冕大阅于东郊，蜀人趋观之，二军衣服鲜弊不等，均众因是惭愤。益州知州与钤辖二廨并禁旅为牙队，岁除，冕以酒肴犒部士，而昭寿既骄恣，复肆侵虐，冕亦宽弛无政，故诘朝合起为乱。

神卫军既杀昭寿，是日，成都官吏方相与贺正，闻变，皆奔窜，牛冕与转运张适缒城而出，惟都巡检使刘绍荣冒刃格斗。既而众寡不敌，叛卒尚未有主，或欲奉绍荣为帅者，绍荣摄弓骂曰："我燕人也，比弃乡土以来本朝，岂能与汝同逆，汝亟杀我，我肯负朝廷哉！"众未敢动。监军王泽与均适至，乃谓均曰："汝所部为乱，盍自往招安？"均既往，叛卒即拥之为主，绍荣自经死。均僭号大蜀，改元化顺，署置官称，设贡举，以张锴为谋主。

锴本名美，太原旧卒，后为神卫小校。狡狯，尝历战阵，粗习阴阳，以荧惑同恶，故劝均为乱。均实懋愞无谋，尝言："官军若至，我当先路出迎，自陈被胁之状。"锴闻之，择军中子弟署寄班，以防守均，令不与人接见。官军围城，每射箭招诱，及令均子弟至城下，均皆不之知。得箭书，锴悉焚之。自起至败，所守止一城而已。均初署亲军为天降虎翼，后果为虎翼军所杀。

贼既平，遣承受供奉官杨崇勋乘传告捷，赐崇勋锦袍、银带、器币，有终加保信军节度观察留后，以秦翰为内园使、恩州刺史，石普为冀州团练使，高继勋、王阮并为崇仪使，孙正辞为内殿崇班，李继昌为奖州刺史，张煦为供备库副使，杨怀忠为供备库副使，马贵为供奉官。是役也，怀忠之功居最，为石普所忌，朝廷微闻之，遣寄班安守忠按视战所，尽其功状，以故怀忠复迁崇仪使，领恩州刺史。

四年，有终代还，命为泾、原、仪、渭、镇戎路都部署，辞不拜，改知永兴军府，徙秦州。景德初，徙为并、代副都部署，赐黄金四百两。丁内艰，起复，契丹入寇，上幸澶渊，诏有终率所部由土门抵镇州，与大兵会。既而王超、桑赞逗挠无功，唯有终赴援，威声甚振，河北列城，赖其雄张。俄而契丹修好，命还屯所，就判并州，召拜宣徽北院使、检校太保。二年七月，暴疾卒，年五十九，赠侍中。录其子孝若为内殿崇班、阁门祇候，孝杰为内殿崇班，孝绪为供奉官，孝恭为侍禁，亲族、门客、给事辈迁补者八人。

有终倜傥自任，不拘小节，有干局，沈敏善断，不畏强御，轻财好施。历典藩阃，能抚士卒，丰于宴犒，官用不足，则倾私帑及榷钱以给之。家无余财，奉身甚薄，常所御者，铜鞍勒马而已。第在崇仁里者，德骧所创。有终在蜀尝贷备用库钱数百万，奏纳其第偿之，优诏蠲免。为宣徽使，特给廉镇公用钱岁二千贯。身没之日，宿负犹不啻千万，官为偿之。王继英在枢密，颇忌有终进用，屡言其在蜀及守边厚费以收士卒心，真宗不之信，卒保护焉。

孝先字子思，有邻子也。举进士，试秘书省校书郎，知天长县。以卫濯讼其内乱，除籍配均州。后复知宛丘县，李继隆判陈州，荐其能，加试大理评事。契丹内寇，真宗幸大名，孝先以部刍粮河北，首至行在，擢太常寺奉礼郎。

王均反益州，随季父有终进讨，孝先率先锋与贼战升仙桥，斩首数百，得均金枪黄伞以献，改将作监丞。

李继迁陷灵州，朝廷调兵，军费多出于民，关内大扰。孝先请益募商人入粟塞下，偿以茶盐。召对称旨，命驰驿陕西，与转运使郑文宝议立规画，后多施行。累迁尚书屯田员外郎。尝建置三司拘收司，以检天下财利出入之数，诏如其请。

知兴元府，坐保任失实，降通判华州，徙知郓州。宰相寇准举，换内园使、知贝州。会慈州民张熙载诈称黄河都总管，籍并河州郡刍粮数，至贝州。孝先觉其奸，捕系狱。孝先欲因此为奇功，以动朝廷，迫司理参军艾瑛教熙载伪为契丹谍者，号景州刺史兼侍中、司空、太灵宫使，部送京师。枢密院按得孝先所教状，谪泽州都监，利、虢三州,改环庆路兵马钤辖、知邠州。逾年,领昭州刺史,为益州钤辖,再迁左藏库使,擢西上阁门使、泾原路钤辖兼知渭州,复知邠州,徙耀州,以右领军卫大将军、昭州刺史,分司西京,卒。子简夫。

简夫字太简,隐居不仕。康定中,枢密使杜衍荐之,召见,以秘书省校书郎签书秦州观察判官。公事既罢,居长安,自以处士起,不复肯随众调官,多为岐路求辟荐。时三白渠久废,京兆府遂荐简夫治渠事。先时,治渠岁役六县民四十日,用梢木数百万,而水不足。简夫用三十日,梢木比旧三之一,而水有余。知坊州,徙阆州,用张方平荐,知雅州。

既而辰州蛮酋彭仕羲内寇,三司副使李参、侍御史朱处约安抚不能定,继命简夫往。至则督诸将进兵,筑明溪上、下二砦,据其险要,拓取故省地石马崖五百余里。仕羲内附。擢三司盐铁判官,以疾,知虢、同二州,累迁尚书职方员外郎,卒。录其子寿臣为郊社斋郎。

简夫始起隐者,出入乘牛,冠铁冠,自号"山长"。关中用兵,以口舌捭阖公卿。既仕,自奉稍骄侈,驺御服饰,顿忘其旧,里闾指笑之曰:"牛及铁冠安在?"

王超,赵州人,弱冠长七尺余。太宗尹京,召置麾下。及即位,以隶御龙直。淳化二年,累迁至河西军节度使、殿前都虞候。

真宗嗣位,以翊戴功,加检校太傅、领天平军节度。咸平二年秋,大阅禁兵二十万于东郊,超执五方旗以节进退,上御戎辂观之,面赐褒奖。从幸大名,与都虞候张进并为先锋。都大点检傅潜逗挠得罪,以超为侍卫马步军都虞候、镇州行营都部署,又帅镇、定、高阳关三路。契丹入边,与战于遂城西,俘馘二万计,斩其神王骑将十五人,手诏褒美。

李继迁陷清远军,以超将西面行营之师御之,徙帅永兴军。宰相言超材堪将帅,遂以超帅定州路行营,王继忠副之。寻加镇、定、高阳关三路都部署,密遣中使赐以御弓矢,许便宜从事。加同府仪同三司、检校太尉。咸平六年,辽师大入,超召镇州桑赞、高阳关周莹率兵会定州,莹以非诏旨不至。辽兵围望都,超、赞率兵赴之,阵于县南六里。继忠在阵东偏,契丹出其背,遮绝粮道,人马乏困,继忠驰前与契丹战,超、赞遂旋师,继忠孤军没焉。上即遣刘承珪、李允则驰往,察退衄之状,且言镇州副部署李福、拱圣军都指挥使王昇当战先旋,福坐削籍流封州,昇决杖配隶琼州。

景德初,上亲巡澶渊,召超赴行在,复缓师期,契丹遂深入。会南北通好,故薄其责,止罢超三路帅,为崇信军节度使,徙知河阳。又移镇建雄,知青州,卒。赠侍中,再赠尚书令,追封鲁国公,谥武康。

超为将善部分,御下有恩。与高琼同典禁旅,尝休假他适,过营垒,军校不时将迎,琼即命箠罚,超以为非公行,不当加罪,人称其恕。然临军寡谋,拙于战斗。子德用。

德用字元辅。父超为怀州防御使,补衙内都指挥使。

至道二年,分五路出兵击李继迁,超帅兵六万出绥、夏,德用年十七,为先锋,将万人战铁门关,斩首十三级,俘掠畜产以数万计。进师乌白池,他将多失道不至,虏锐甚,超按兵不进,德用请乘之,得精兵五千,转战三日,敌势却。德用曰:"归师迫险必乱。"乃领兵距夏州五十里,绝其归路,下令曰:"乱行者斩!"一军肃然,超亦为之按辔。继迁蹑其后,左右望见伍甚严整,莫敢近。超抚其背曰:"王氏有子矣。"

累迁内殿崇班,以御前忠佐为马军都军头,出为邢、洺、磁、相巡检。盗张洪霸相聚界上,吏不能捕。德用以毡车载勇士,诈为妇人饰,过邯郸。贼果来邀,勇士奋出,悉禽之。徙督捕陕西东路,盗贼相戒曰:"此禽张洪霸者。"皆相率逃去。为环、庆路指挥使,寻以奏事忤旨,责授郓州马步军都指挥使。历内殿直都虞候、殿前左班都虞候、柳州刺史,迁捧日左厢都指挥使、英州团练使。

天圣初,以博州团练使知广信军。城坏久不治,德用率禁军增筑之,有诏褒谕。徙冀州,历龙神卫、捧日天武四厢都指挥使、康州防御使、侍卫亲军步军马军都虞候。召还,又为并、代州马步军副都总管,迁殿前都虞候、步军副都指挥使。历桂州、福州观察使。

章献太后临朝,有求内降补军吏者,德用曰:"补吏,军政也,不可与。"太后固欲与之,卒不奉诏,乃止。太后崩,有司请卫士坐甲,德用曰:"非故事也。"不奉诏。

仁宗阅太后阁中,得德用前奏军吏事,奇之,以为可大用,拜检校太保、签书枢密院事。德用谢曰:"臣武人,幸得以驰驱自效,赖陛下威灵,待罪行间足矣。且臣不学,不足以当大事。"帝遣使者趣入院,遂为副使。久之,以奉国军节度观察留后同知院事,迁知院。历安德军,加检校太尉、定国军节度使、宣徽南院使。赵元昊反,德用请自将讨之,不许。

德用状貌雄毅,面黑,颈以下白晰,人皆异之。言者论德用貌类艺祖,御史中丞孔道辅继言之,且谓德用得士心,不宜久典机密,遂罢为武宁军节度使、徐州大都督府长史。有言德用市马于府州者,上其券,乃市于商人者。言者犹不已,降右千牛卫上将军、知随州。州置判官,家人皆惶恐,德用举止言色如平时,惟不接宾客而已。徙知曹州,或谓德用曰:"孔中丞害公,今死矣。"德用曰:"中丞言官,岂害我者?朝廷亡一忠臣,可惜也。"起为保静军节度观察留后、知青州,改澶州。陕西用兵久无功,契丹遣刘六符来求复关南地,以兵压境。德用见帝,流涕言:"臣前被罪,陛下赦而不诛,今不足辱命。"帝慰劳,曰:"河北方警,藉卿镇抚之。"又赐手诏慰勉,拜保静军节度使。岁大熟,六符见德用拜曰:"此公仁政所及也。"徙真定府、定州路都管,还奏事,复以宣徽南院使判成德军。未行,徙定州路都总管。日训练士卒,久之,士殊可用。

契丹使谍者来觇,或请捕杀之。德用曰:"第舍之,彼得实以告,是服人之兵以不战也。"明日大阅,援枹鼓之士皆踊跃,进退坐作,终日不嚣一人。乃下令:"具糗粮,听吾鼓声,视吾旗帜所向。"觇者归告契丹,谓汉兵将大入。既而复议和,遂徙陈州,又徙河阳。不行,入奉朝请,出判相州，拜同中书门下平章事、判澶州。徙郑州，封祁国公，还，为会灵观使。

德用素善射，虽老不衰。侍射瑞圣园，辞曰："臣老矣，不能胜弓矢。"帝再三谕之，持二矢未发。帝顾之，使必中，乃收弓矢谢，一发中的，再发又中。帝笑曰："德用欲中即中尔，孰谓老且衰乎？"赐袭衣、金带，加检校太师，复判郑州，徙澶州，改集庆军节度使，封冀国公。皇祐三年，上疏乞骸骨，以太子太师致仕，大朝会缀中书门下班。

德用将家子，习知军中情伪，善以恩抚下，故多得士心。虽屡临边境，未尝亲矢石、督攻战，而名闻四夷，虽闾阎妇女小儿，皆呼德用曰"黑王相公"。

帝尝遣使问边事，德用曰："咸平、景德中，赐诸将阵图，人皆死守战法，缓急不相救，以至于屡败。诚愿不以阵图赐诸将，使得应变出奇，自立异效。"帝以为然。

德用虽致仕，乾元节上寿，预班廷中。契丹使语译者曰："黑王相公乃复起耶？"帝闻之，起为河阳三城节度使、同中书门下平章事、判郑州。至和元年，遂以为枢密使，命入谒拜。明年，富弼相，契丹使耶律防至，德用与防射玉津园。防曰："天子以公毕枢密而用富公为相，将相皆得人矣。"帝闻之喜，赐弓一，矢五十。后封鲁国公，求去位至六七，乃以为忠武军节度使、景灵宫使，又以为同群牧制置使。有诏五日一会朝，听孙一人扶掖。卒，年七十九，赠太尉、中书令，谥武恭。加赐其家黄金。

德用诸子中，咸融最钟爱，晚年颇纵之，不法，后更折节自饬，官至左藏库使、眉州防御使。

论曰：全义、德骧，遇知太祖、太宗，超复翊戴真宗，宜致崇显，然董董无逾人者，而各有子勒勋于国籍。若知节生将家，喜读书，立朝争事，以刚正称天下，其邦之司直欤。有终起进士，明干知兵，平蜀钜贼，振声邻敌，可谓"肇敏戎公"矣。至于精神折冲，名闻四夷，矫矫虎臣，则德用其有焉。

卷二百七十九　　列传第三十八

王继忠　傅潜张昭允附　**戴兴　王汉忠　王能　张凝　魏能　陈兴　许均　张进　李重贵　呼延赞　刘用　耿全斌　周仁美**

王继忠，开封人。父珫，为武骑指挥使，戍瓦桥关，卒。继忠年六岁，补东西班殿侍。真宗在藩邸，得给事左右，以谨厚被亲信。即位，补内殿崇班，累迁至殿前都虞候，领云州观察使，出为深州副都部署，改镇、定、高阳关三路钤辖兼河北都转运使，迁高阳关副都部署，俄徙定州。

咸平六年，契丹数万骑南侵，至望都，继忠与大将王超及桑赞等领兵援之。继忠至康村，与契丹战，自日昳至乙夜，敌势小却。迟明复战，继忠阵东偏，为敌所乘，断饷道，超、赞皆畏缩退师，竟不赴援。继忠独与麾下跃马驰赴，服饰稍异，契丹识之，围数十重。士皆重伤，殊死战，且战且行，旁西山而北，至白城，遂陷于契丹。真宗闻之震悼，初谓已死，优诏赠大同军节度，赗赙加等，官其四子。

景德初，契丹请和，令继忠奏章，乃知其尚在。朝廷从之，自是南北戢兵，继忠有力焉。岁遗使至契丹，必以袭衣、金带、器币、茶药赐之，继忠对使者亦必泣下。尝附表恳请召还，上以誓书约各无所求，不欲渝之，赐诏谕意。契丹主遇继忠甚厚，更其姓名为耶律显忠，又改名宗信，封楚王，后不知其所终。子怀节、怀敏、怀德、怀政。

真宗宫邸攀附者，继忠之次有王守俊至济州刺史，蔚昭敏至殿前都指挥使、保静军节度，翟明至洺州团练使，王遵度至磁州团练使，杨保用至西上阁门使、康州刺史，郑怀德至御前忠佐马步军都军头、永州团练使，张承易至礼宾使，吴延昭至供备库使，白文肇至引进使、昭州团练使，彭睿至侍卫马军副都指挥使、武昌军节度，靳忠至侍卫马军都虞候、端州防御使，郝荣至安国军节度观察留后，陈玉至冀州刺史，崔美至济州团练使，高汉美至郑州团练使，杨谦至御前忠佐马步军副都军头、河州刺史。

傅潜，冀州衡水人。少事州将张廷翰。太宗在藩邸，召置左右。即位，隶殿前左班，三迁东西班指挥使。征太原，一日，再中流矢。又从征范阳，先到涿州，与契丹战，生擒五百余人。翌日，上过其所，见积尸及所遗器仗，嘉叹之。师旋，擢为内殿直都虞候。上对枢密言："潜从行有劳，赏薄。"复加马步都军头，领罗州刺史，改捧日右厢都指挥使，领富州团练使，迁日骑、天武左右厢都指挥使，领云州防御使。

雍熙三年，命大将曹彬北征，以潜为幽州道行营前军马步军都指挥使。师败于拒马河，责授右领军卫大将军，自检校司徒降为右仆射，仍削功臣爵邑。明年，起为内外马步军头、领潘州防御使，寻拜殿前都虞候、领容州观察使。端拱初，加殿前副都指挥使、领昭化军节度，出为高阳关都部署。淳化二年四月，拜侍卫马步军都虞候、领武成军节度。至道中，出为延州路都部署，改镇州。

真宗即位，领忠武军节度，数月召还。咸平二年，复出为镇、定、高阳关三路行营都部署。契丹大入，缘边城堡悉飞书告急，潜麾下步骑凡八万余，咸自置铁挝、铁棰，争欲奋击。潜畏懦无方略，闭门自守，将校请战者，则丑言骂之。无何，契丹破狼山砦，悉锐攻威虏，略宁边军及祁、赵，游骑出邢、洺，镇、定路不通者逾月。朝廷屡间道遣使，督其出师，会诸路兵合击，范廷召、桑赞、秦翰亦屡促之，皆不听。廷召等怒，因诟潜曰："公恇怯乃不如一妪尔。"潜不能答。都钤辖张昭允又屡劝潜，潜笑曰："贼势如此，吾与之角，适挫吾锐气尔。"然不得已，分骑八千、步二千付廷召等，于高阳关逆击之，仍许出兵为援。洎廷召等与契丹血战而潜不至，康保裔遂战死。

及车驾将亲征，又命石保吉、上官正自大名领前军赴镇、定与潜会。潜卒逗遛不发，致敌骑犯德、棣，渡河凑淄、齐，劫人民，焚庐舍。上驻大名而边捷未至，且诸将屡请益兵，潜不之与。有战胜者，潜又抑而不闻。上由是大怒，乃遣高琼单骑即军中代之，令潜诣行在。至，则下御史府，命钱若水同劾按，一夕狱具。百官议法当斩，从驾群臣多上封请诛之。上贷其死，下诏削夺潜在身官爵，并其家属长流房州。潜子内殿崇班从范，亦削籍随父流所，仍籍没其赀产。五年，会赦，徙汝州。景德初，起为本州团练副使，改左千牛卫上将军，分司西京。大中祥符四年，车驾西巡至洛，因令从驾还京，迁监门大将军，还其宅。久之，判左金吾街仗。天禧元年，卒。

张昭允者，字仲孚，卫州人。以父秉荫，试大理评事。潘美妻以女，奏换右班殿直，以久次，迁通事舍人。端拱初，契丹内扰，命为雄州监军。敌骑乘秋掠境上，昭允与知州田仁朗选锐卒袭其帐，败走之。进西上閤门副使，提总左右藏金银钱帛。

昭允以诸州绢常度外长数尺，请裂取付工官备他用，岁获羡余。既而土卒受冬服，度之不及程，出怨言，昭允坐免官。俄起为崇仪副使，累迁西上閤门使、河西马步军钤辖，屯石州。会讨李继迁，王超出夏、绥州路，领后阵，超深入数百里，逾白池，道阻粮绝，昭允以所部援之，戎人大败。

真宗即位，以昭允章怀皇后姊婿，颇被亲信。咸平二年，命为镇、定、高阳关行营马步都钤辖。时傅潜为都部署，畏懦城守，昭允屡劝其出兵，潜按兵不动。潜既得罪，昭允亦削夺官爵，长流通州。景德二年，起为楚州团练副使，改右神武将军。大中祥符元年，卒。

昭允喜笔札，习射，晓音律。子正中、居中。

戴兴，开封雍丘人。年十余岁，以勇力闻里中。及长，身长七尺余，美髭髯，眉目如画。太宗在藩邸，兴诣府求见，奇之，留帐下。即位，补御马左直，迁直长，再迁御龙直副指挥使。从征太原，先登，中流矢，补御龙弓箭直指挥使，迁都虞候。一日，帝问兴曰："汝颇有尊属否？"对曰："臣父延正、兄进皆力田。"即召延正为诸卫将军，进为天武军使。俄以兴领严州刺史，改天武左厢都指挥使、领胜州团练使。

雍熙三年，曹彬等北征失律，诸将多坐黜免，以兴为侍卫步军都虞候，领云州防御使。契丹挠边，命兴屯澶州以备非常，改本州观察使，充天雄军副都部署。

端拱初，迁步军都指挥使、领镇武军节度，赐袭衣、金带、鞍勒马。历澶州，天雄军都部署，改殿前副都指挥使，出帅镇、定二州。时盗贼群起，会五巡检兵讨之，逾月不能克。兴阴勒所部潜出击之，擒戮殆尽。未几，徙高阳关，迁殿前都指挥使，领定国军节度，赐白金万两，岁加给钱七百万。

淳化五年，出为定武军节度，岁加给钱千万。西北未平，徙夏州路行营都部署、知州事。时五路讨李继迁，兴所深入千余里，不见贼。会太宗崩，三上表求赴国哀，不俟报上道。及至京师，以擅离所部，左迁左领卫上将军。咸平初，兼判左金吾街仗，俄出知京兆府，卒。赠太尉，遣中使护其丧归葬乡里。录其子永和、永丰。

王汉忠，字希杰，徐州彭城人。少豪荡，有膂力，形质魁岸，善骑射。节帅高继冲欲召至帐下，汉忠不往。因殴杀里中少年，遂亡。经宿复苏，其父遣人追及于萧县，汉忠不肯还，西至京师。太宗在藩邸，召见，奇其材力，置左右。即位，补殿前指挥使，累迁内殿直都知。从征太原，先登，流矢中眸，战益急，上壮之，迁东西班指挥使。刘继元降，以所部安抚城中。师还，改殿前左班指挥使，三迁右班都虞候、领涿州刺史。雍熙中，改马步军都军头。端拱初，出为宾州团练使，历冀、贝二州部署，徙天雄军。二年，入为侍卫马军都虞候、领洮州观察使、高阳关副都部署。契丹南侵，汉忠合诸军击败之，斩馘甚众。淳化初，徙定州。五年，迁殿前都虞候。

真宗即位，自中山召归。俄复出为高阳关都部署，进领威塞军节度。咸平三年，又为泾原、环庆两路都部署兼安抚使，迁侍卫马军都指挥使，改镇、定、高阳关都部署、三路都排阵使。契丹掠中山，汉忠率诸将阵于野，契丹遁，追斩甚众，获其贵将。加殿前副都指挥使，改领保静军节度。

五年，罢西面经略使，命汉忠为邠宁、环庆两路都部署，李允正、宋沆为钤辖，领戍兵二万五千人，委汉忠分道控制。数月召还，坐违诏无功，责为左屯卫上将军、出知襄州，常奉外增岁给钱二百万。未上道，暴得疾卒。赠太尉，以其长子内殿崇班从吉为閤门祗候，次子从政、从益为左右侍禁。

汉忠有识略，军政甚肃，每行师，诘旦，必行香祝曰："愿军民无犯吾令，违者一毫不贷。"故所部无盗。性刚果，不务小节，轻财乐施。好读书，颇能诗。喜儒士，待宾佐有礼，名称甚茂，以是自矜尚，群帅不悦。

汉忠没后，其子从吉诣阙上书讼父冤，因历诋群臣有行赂树党及蒙蔽边防屯戍艰苦之事。真宗命枢密王继英等问状，从吉止诵状中语，他无所对。上以从吉付御史，具伏，乃进士杨逢为之辞。从吉坐除名，配随州；逢杖配春州。

王能，广济定陶人。初事州将袁彦，太宗在晋邸，召置左右。即位，补内殿直，六迁至殿前左班指挥使，进散员都虞候。久之，领潘州刺史，再迁殿前右班都虞候兼御前忠佐马步军都军头。咸平初，自捧日右厢都指挥使出为济州团练使、知静戎军。建议决鲍河，断长城口，北注雄州塘水，为戎马限，方舟通漕，以实塞下。又开方田，尽静戎、顺安之境。北边来寇，能击走之。

初，真宗询军校勤勇者，委以方面，因语宰相曰："闻王能、魏能颇宣力公家，陈兴、张禹珪亦有声于时，才固难全，拔十得五，亦有助也。"景德初，擢本州防御使，与魏能、张凝并命出为邢洺路都部署，俄改镇、定、高阳关三路行营都部署、押策先锋。护城祁州，躬率丁夫，旦暮不离役所，宴犒周洽。会诏使自北至者言之，手诏褒伤，连徙天雄军、高阳关二部署，改定州副都部署。

大中祥符二年，诏合镇、定两路部署为一，命能领之。明年召入，拜侍卫步军副都指挥使、领曹州观察使。祀汾阴，留为京城巡检兼留曰殿前司事。礼成，加领振武军节度，复为镇、定副都部署兼知定州。八年，求表入觐，许之。

先是，节帅陛见，必饮于长春殿，掌兵者则不预。至是，特令用藩臣例。有司言："能既赴坐，则殿前马军帅皆当侍立。"由是特令诸帅预坐，自是掌兵者率以为例。俄还屯所，改领静江军节度。天禧元年，转都指挥使、领保静军节度。是冬代还，入见，以足疾免舞蹈，赐宴。累表求解，特与告医疗。二年，制授彰信军节度，罢军职赴镇，以地近其乡里，宠之也。明年，卒，年七十八。赠太尉，而录其子守信等官。

张凝，沧州无棣人。少有武勇，倜傥自任。乡人赵氏子以材称，凝耻居其下，因挟弓与角胜负。约筑土百步射之，凝一发洞过，矢激十许步，抵大树而止，观者叹服。节帅张美壮之，召置帐下。太宗在藩邸，闻其名，以隶亲卫。即位，补殿前指挥使，稍迁散祗候班都虞候。

淳化初，以其有材干，与王斌、王宪并授洛苑使，凝领绣州刺史，赐袭衣、金带，每颁赉必异等。出为天雄军驻泊都监，移贝州，改高阳关行营钤辖、六宅使。真宗践祚，加庄宅使，迁北作坊使。

咸平初，契丹南侵，凝率所部兵设伏于瀛州西，出其不意，腹背奋击，挺身陷敌。凝子昭远，年十六，从行。即单骑疾呼，突入阵中，掖凝出，左右披靡不敢动。明年，契丹兵大至，车驾幸大名，凝与范廷召于莫州东分据要害，断其归路。契丹宵遁，凝纵兵击之，尽夺所掠生口、资畜。徙镇、定、高阳关路前阵钤辖，迁赵州刺史。

四年，召还，代潘璘为邠宁环庆灵州路部署兼安抚使。时斥堠数扰，转运使刘综惧飞挽不给，问计于凝。凝曰："今当深入，因敌资粮，不足虑也。"乃自白豹镇率兵入敌境，生擒贼将，烧荡三百余帐，刍粮八万，斩首五千余，获牛马、器甲二万，降九百余人。庆州蕃族胡家门等桀黠难制，凝因袭破之。又熟户与生羌错居，颇为诱胁，凝引兵至八州原、分水岭、柔远镇，降咎穆等百七十余族，合四千户，边境获安。就加宁州团练使。

景德初，迁本州防御使，代杨嗣为定州路行营副部署，徙保州驻泊，又兼北面安抚使。时王超为总帅，以大兵顿中山，朝议择凝与魏能、田敏、杨延昭分掌精骑，俟契丹至，则深入以牵其势。超尝请四人悉隶所部，上以本设奇兵挠敌之心腹，若复取裁大将，则无以责效，乃令凝等不受超节度。时魏能逗挠，退保城壁，众皆愤悱，责让能，凝独默然。或问之，凝曰："能粗材险愎，既不为诸君所容，吾复切言之，使其心不自安，非计也。"上闻而嘉其有识。

车驾观兵澶渊，凝率众抵易州。既而契丹受盟北归，所过犹侵剽不已，遂以凝为缘边安抚使，提兵蹑其后，契丹乃不敢略夺。改高阳关部署。明年，议劳，就加殿前都虞候，卒。

凝忠勇好功名，累任西北，善训士卒，缮完器仗，前后赏赐多以犒师，家无余资，京师无居第。真宗悼惜之，赠彰德军节度，遣中使护丧还京，官给葬事，厚恤其家。子昭远。

魏能，郓人也。少应募，隶云骑军，后选补日骑左射，又隶殿前班，七迁散员左班都知。旧制，诸军辞见，才器勇敢或迥异出群者，许将校交举以任，使毋枉其志。能时戍外藩，咸未有举者。太宗曰："能材勇过人，朕可自保。"由是进用之。

端拱二年，加御前忠佐马军副都军头，历殿前左班都虞候、领溪州刺史，加秩转马步军都军头。咸平三年，真拜黄州刺史。明年，为镇、定、高阳关三路前阵钤辖。五年，知郑州团练使，复任威虏军。

契丹入寇，能当城西，与诸将合战，无惮色，大败其众，斩首二万级。契丹统军铁林相公来薄阵，能发矢殪之，并其将十五人，夺甲马、兵械益众。契丹复入，能率州军逆战南关门，遣其子正与都监刘知训间道绝敌行势，战数十合，退薄西山下，破走之，获器甲十八万。契丹尝谋入钞，能侦知，即发兵逆击，生擒酋帅，殄灭殆尽。

六年，改威虏军部署、知军事。士民诣阙下乞留能，诏嘉之。能建言：戍卒逃边境者，请没其妻与子为奴婢。上虑严迫，听缓期自新，违以法坐。会浚顺安军营田河道以扼寇，徙莫州路部署。石普屯良顺安之西境，诏能与杨延昭、田敏掎角为备。景德初，破敌长城口，追越阳山，斩首级、获兵器益众，诏赐锦袍、金带。复以所部御寇于顺安。

六月，召拜防御使，复出为宁边军路部署。诏推能果略，再任以威虏，使副精兵伺敌动止。边人百余掠居民，树蕃僧为帅，能与田敏、杨勋合兵设伏击之，擒其帅。贼来逼城，能出兵拒之，少衄，即却阵入城，张凝以兵击却之。会诏能与凝领偏师分道入幽、易，牵制契丹之势，能畏愞不前，且不戢所部，多俘夺人马。俄徙屯定州，及遣凝蹑迹北行，能粗险，自度无功，心愧，多怨辞，以讪闻。朝议谓能刚猾少检，不可专任，乃命綦政敏为钤辖，俾同职焉。

明年，师还大名。时王能、曹璨各领兵归阙，即城下，钤辖孙全照遣能、璨之师由北门分道先入，能师继之。能怒全照之后己，即疾驱竞入，全照射之，能噤喑不堪，夺全照弓以去。翌日，诣判府王钦若诬全照射伤押队阁门杨凝，词颇纷竞。全照密疏能摧兵退缩，师缓失期，及师旋不整状。上初闻能逗遛，微怒。会全照奏，乃质实于张凝、白守素等，即责授右羽林将军，出为巩县都监。明年，以自陈，特改官右骁卫大将军、虢州都监，累迁加领康州团练使。大中祥符八年，卒。录其子正为阁门祗候，靖为三班奉职。

陈兴，澶州卫南人。开宝中应募为卒，得隶御龙右直。

太宗征河东,幸幽陵,兴常从,特被赏赐,累迁天武指挥使。端拱中,改隶前忠佐步军都军头。王超为并、代部署,奏兴随军,遣戍汾州。明年,李继隆行营河西,兴隶麾下,部清朔、龙卫诸军,克绥、夏、银州,继命权知夏州。寻还屯所,受诏提辖河东缘边城池、器甲、刍粮。至道初,继隆荐其材干,召补御龙弩直都虞候。咸平初,为马军都军头、领蒙州刺史。三年,真授宪州刺史、知霸州,徙沧州副都部署,移石、隰驻泊。会城绥州,诏与钱若水往视利害,事具《若水传》。

又徙泾原仪渭镇戎军部署。上言镇戎军去渭州瓦亭砦七十余里,中有二堡,请留兵三百人戍之。俄与曹玮、秦翰领兵抵镇戎军西北武延咸泊川,掩击蕃寇章埋族帐,斩二百余级,生擒三百余人,夺铠甲、牛羊、驼马三万计。诏书嘉奖,赐金带、锦袍、器币。继迁所部康奴族,往岁钞劫灵州援粮,恃险为众,尤桀黠难制。复与秦翰等合众进讨,穷其巢穴,俘老幼、获器畜甚众,尽焚掘其窨藏。复诏褒之,仍加赐赉。其年,六谷大首领潘罗支言,欲率诸蕃击贼,请会兵灵州。上以道远难刻师期,诏兴侯罗支报至,即勒所部过天都山以援,勿须奏命。会继迁死,事寝。景德三年,迁本州团练使、知徐州。

兴起行伍,有武略,所至颇著声绩。真宗言军校之材,必以兴为能。大中祥符初,召为龙神卫四厢都指挥使、领登州防御使,出为邠宁环庆路副都部署兼知邠州。坐擅释劫盗,罢军职,改叙州防御使、知怀州。六年,卒。

许均,开封人。父逖,太常博士。均,建隆中应募为龙捷卒,征辽州,以功补武骑十将,赐锦袍、银带。开宝中,迁武骑副兵马使。从曹彬征金陵,率众陷水砦,流矢贯手。改本军使。从征河东,攻隆州城,先登,陷之,中八创。迁副指挥使,前后屡被赏赐。出屯杭州,妖僧绍伦结党为乱,均从巡检使周莹悉擒杀之。

端拱初,补指挥使。从李继隆、秦翰赴夏州。擒赵保忠,令均率兵卫守。改龙卫第四指挥使,俄屯夏州,贼来犯境,一日十二战,走之。又从石普击贼于原州牛栏砦,深入,获牛羊、汉生口甚众。普表上其功,迁第三军指挥使。

咸平初,以御前忠佐马军都军头戍秦州。王均之乱,遣乘传之蜀,隶雷有终麾下,守鱼桥门,又从秦翰追杀贼党于广都,降其余七千余。驿召授东西班都虞候、领顺州刺史。五年,稍迁散员都虞候。尝召见,访以北面边事,翌日,真拜磁州刺史、深州兵马钤辖。六年,改泾州驻泊部署。数月,知镇戎军。尝出巡警,至陇山木峡口,真宗以其无敌离城,虑有狂寇奔突,诏书戒敕。俄以其不明吏治,用曹玮代之,徙邠州驻泊部署,改永兴军部署。车驾将巡澶渊,诏均与知府向敏中及凤翔梁鼎同提总诸州巡检捕盗事,至河阳,召赴行在。

时有王长寿者,本亡命卒,有勇力,多计虑,聚徒百余。是春,抵陈留剽劫,县民捕之不获,朝廷遣使益兵,逐之澶、濮间。会契丹南侵,夹河民庶惊扰,长寿结党愈众,人皆患之。均至胙城,长寿与其徒五千余人入县钞掠,

均部下徒兵褐祖与斗,均以方略诱之,生擒长寿,斩获恶党皆尽。上以方御敌,未欲因捕贼奖均。但赏均部下卒,被伤者赐帛迁级焉。明年,追叙前劳,擢为本州团练使,寻出知代州。四年秋,均被疾,以米锐代还,未至而均卒。录其子怀忠为奉礼郎,怀信为侍禁。幼子怀德,自有传。

张进,兖州曲阜人,拳勇善射,挽强及石余。应募曹州,隶镇兵。太祖亲选勇士,奇进才力,以补控鹤官,积劳至御龙弩直都虞候、领恩州刺史。至道中,兼御前忠佐步军都军头。太宗尝幸内厩,进以亲校执钺前导,体质魁岸,迥出侪辈。太宗熟视异之,擢为天武右厢都指挥使、领贺州团练使。

咸平初,迁昭州防御使,充龙神卫四厢都指挥使、京城左右厢巡检。未几,迁捧日、天武四厢都指挥使。二年秋,阅武近郊,进与殿前都指挥使王超亲执金鼓,节其进退,军容甚肃。从上北征,又与超管勾大阵及先锋策应。三年,权殿前都虞候,迁侍卫步军都虞候、镇州副部署,徙天雄军部署。会河决郓州王陵口,发数州丁男塞之,命进董其役,凡月余毕,诏褒之。移并、代副部署。

李继迁寇麟州,州者遣单介间道乞师太原。诸将以无诏旨,犹豫未决,进独抗议,发兵赴援,既至而围解,手诏褒美。契丹侵中山,命进率广锐二万骑,由土门会兵镇、定,未至而敌退,复归晋阳。景德元年,卒。上遣中使护丧还京,官给葬事。子元晋,至内殿崇班、阁门祗候。天禧末,录其次子元素为三班借职。

李重贵,孟州河阳人。姿状雄伟,善骑射。少事寿帅王审琦,颇见亲信,以甥妻之,补合流镇将。镇有群盗,以其尚少,谋夜入劫钞。重贵知之,即筑栅课民习射,盗闻之溃去。太宗在藩邸,知其勇干,召隶帐下。即位,补殿前指挥使,累迁至龙卫左第四军都指挥使、领河州刺史,改捧日右厢都指挥使、领蛮州团练使。

至道二年,出为卫州团练使。未行,会命将五路讨李继迁,以重贵为麟府州浊轮砦路都部署。得对便殿,因言:"贼居沙碛中,逐水草牧畜,无定居,便战斗,利则进,不利则走。今五路齐入,彼闻兵势太盛,不来接战,且谋远遁。欲追则人马乏食,将守则地无坚垒。贼既未平,臣辈何颜以见陛下?"太宗善之,出御剑以赐,又累遣使抚劳。既而诸将果无大功。及还,命为代、并副都部署。真宗即位,加本州防御使,徙高阳关行营副都部署。

咸平二年,契丹南侵,议屯杨疃,张凝领先锋遇敌,重贵率策应兵酣战,全军而还。范廷召自定州至,遇契丹兵交战,康保裔大阵为敌所覆,重贵与凝赴援,腹背受敌,自申至寅,疾力战,敌乃退。时诸将颇失部分,独重贵与凝全军还屯。凝议上将士功状,重贵喟然曰:"大将陷没而吾曹计功,何面目也!"上闻而嘉之。

明年春,以劳进阶及食邑,徙知贝州,召至劳问,复遣入郡。是冬,徙沧州驻泊副都部署兼知州事。以疾求还京就医药,既愈,连为邢州、天雄军二部署,又知冀州。景德初,车驾幸澶渊,召还,为大内都部署。明年春,出

知郑州，以疾甚，授左武卫大将军、领潘州防御使，改左羽林军大将军致仕。大中祥符三年，卒。

呼延赞，并州太原人。父琮，周淄州马步都指挥使。赞少为骁骑卒，太祖以其材勇，补东班长，入承旨，迁骁雄军使。从王全斌讨西川，身当前锋，中数创，以功补副指挥使。太平兴国初，太宗亲选军校，以赞为铁骑军指挥使。从征太原，先登乘城，及堞而坠者数四，面赐金帛奖之。七年，从崔翰戍定州，翰言其勇，擢为马军副都军头，稍迁内员寮直都虞候。

雍熙四年，加马步军副都军头。尝献阵图、兵要及树营砦之策，求领边任。召见，令之作武艺。赞具装执鞭驰骑，挥铁鞭、枣槊，旋绕廷中数四，又引其四子必兴、必改、必求、必显以入，迭舞剑盘槊。赐白金数百两及四子衣带。

端拱二年，领富州刺史。俄与辅超并加都军头。淳化三年，出为保州刺史、冀州副都部署。至屯所，以无统御材，改辽州刺史。又以不能治民，复为都军头、领扶州刺史，加康州团练使。

咸平二年，从幸大名，为行宫内外都巡检。真宗尝补军校，皆叙己功，或至喧哗，赞独进曰："臣月奉百千，所用不及半，忝幸多矣。自念无以报国，不敢更求迁擢，将恐福过灾生。"再拜而退，众嘉其知分。三年，元德皇太后园陵，命掌护仪卫，及还而卒。

赞有胆勇，骜悍轻率，常言愿死于敌。遍文其体为"赤心杀贼"字，至于妻孥仆使皆然，诸子耳后别刺字曰："出门忘家为国，临阵忘死为主。"及作破阵刀、降魔杵，铁折上巾，两旁有刃，皆重十数斤。绛帕首，乘骓马，服饰诡异。性复鄙诞不近理，盛冬以水沃孩幼，冀其长能寒而劲健。其子尝病，赞刲股为羹疗之。赞卒后，擢必显为军副都军头。

刘用，相州人。祖万进，河中府马步军都指挥使。父守忠，左骁卫大将军致仕。用晓音律，善骑射，事太宗于晋邸。即位，补军职，累迁散都头都虞候。端拱初，为马步军副都军头，领凉州刺史，镇定招安使，转捧日都指挥使。李顺乱蜀，为西路行营钤辖。贼平，迁祁州刺史。至道初，为河西、乌白池都钤辖，斩首千余级，夺马五百匹，改高阳关副都部署。

真宗即位，加本州团练使、并州副都部署。咸平中，徙贝州，俄知瀛州，复为高阳关副都部署。时烽候数警，用建议益边兵，俟其南牧，即率骁锐出东路以牵制其势，因图上地形。上召宰相阅视，可其奏，且令转运使于保州、威虏、静戎、顺安军预备资粮。

六年，命将三路出师捍敌，诏用与刘汉凝、田思明领兵五千，由东路会石普、孙全照掎角攻之。未几，换镇州副部署。景德初，为邢州部署。车驾北征，用以城守之劳，进爵邑，历知齐、陈、潞三州，大中祥符二年卒。

耿全斌，冀州信都人。父颢，怀顺军校。全斌少丰伟，颢携谒陈抟，抟谓有藩侯相。颢戍西蜀，全斌往省，乘舟泝江，夜大风失缆，漂七十里，至曙风未止，舟忽泊岸，人颇异之。后游京师，属太宗在藩邸，全斌候拜于中衢，自荐材干，得召试武艺，以善左射，隶帐下。即位，补东班承旨，稍迁骁猛副兵马使。

从征太原，还，遇契丹于蒲阴，追击至徐阝，因据水口要害。迁补日骑副兵马使、云骑军使，屯瀛州。与契丹战，所乘马两中流矢死，凡三易乘，战不却，契丹为引去。端拱初，击番部于宥州，败之。历云骑指挥使、御前忠佐马军副都军头，改马军都军头，戍深州，累转散直都虞候、领顺州刺史，改殿前左班都虞候、马步军都军头。

全斌在军中有能名。真宗尝召问边事，全斌口陈利害，甚称旨。因谓辅臣曰："元澄、郑诚、耿全斌，人多称之。观其词气，若有志操，止在宿卫，无以见其才，宜以边郡试之。"遂拜雄州刺史、知深州，徙石、隰部署以备河西。继迁死，全斌率兵入伏落关，诱番部来归者数千人。俄知安肃军，尝绘山川险易，为图以献。

契丹来侵，自山北抵河浒，全斌遣子从政焚桥砦，分率精兵击走之。改冀州刺史、高阳关钤辖，擢从政为侍禁、寄班祗候。大中祥符初，封禅泰山，以为濮州钤辖。其年还京师，卒。

周仁美，深州人。开宝中，应募隶贝州骁捷军。关南李汉超选备使，屡捕获契丹谍者。从汉超战于西嘉山，身中重创，补队长。汉超上其功，隶殿前班，赐衣带、鞍勒马、什物、奴婢、器械。命王继恩引入纵观，过祗候库，太祖问其力能负钱几许，仁美曰："臣可胜七八万。"太祖曰："可惜压死。"止命负四万五千，因赐之。稍迁右班都知、御前忠佐马军副都军头，戍环州。

时牛耶泥族累岁为寇，仁美与陈德玄、宋思恭往击之，斩首三千级，获牛羊三百余，发戎族困窘以饷师。又与思恭讨募窟泉岌拖族，格斗，斩八十余级。至道初，石昌牛耶泥族复叛，德玄令仁美提兵抚辑之。仁美谓石昌镇主和文显曰："此贼不除，边患未弭。"因厚设肴酒，召首长二十八人缚送州狱，自是诸族慑畏。

二年，又与马绍忠、白守荣、田绍斌部刍粮趣清远军，仁美为先锋。至岐子平，与虏角，走之。明日，又战于浦洛河，自巳至戌，战数十合，进壁乾河。绍忠、守荣皆败走，绍斌退止浦洛，独仁美所部不满三千，身中八创，护刍粮、官吏直抵清远。绍斌继至，深叹其勇干，表上其功。

时运粮民道路被伤者相继，仁美领徒援护，悉抵环州。又遇虏于橐驼路，击走之。先是，诸蕃每贡马京师，为继迁邀击，仁美领骑士为援，贼不敢犯。补澶州龙卫军都虞候，部署李继隆奏留麾下，选军中伉健者千人，令仁美领之，屡入敌境，战有功。

俄还澶州。召见，会令诸军射，仁美自陈筋力未衰，愿对殿廷发二矢，上许之。既而前奏曰："臣老于戎门，多戍外郡，罕曾入觐京阙。前后征行，体被三十余创，今日得对万乘，千载之幸。傥或备员宿卫，立殿庭下一日足矣。"上顾傅潜而笑，潜亦称其武干，力留，补马步军副都军头。

潜屯北面，常以自随。契丹攻蒲阴，仁美领万骑解其围。又从王超屯镇、定、仪、渭，累迁龙卫军都指挥使、领顺州刺史，复屯镇、定。时州有亡命卒聚盗，剽村闾为患，王超委仁美招捕。仁美选勇敢卒，诈亡命趣贼所，得其要领，即自往谕以祸福，留贼中一日。超忽失仁美，求之甚急。诘旦，仁美至，具道其事，乃出库钱付仁美为赏。不数日，贼悉降，凡得二百余人，以隶军籍。

景德中，徙屯陈州，入掌军头引见司。大中祥符元年，从驾泰山，命检视山下诸坛牲牢祭馔。明年，出为磁州团练使、知卫州，俄改沧州部署，移高阳关副部署。八年，擢为龙神卫四厢都指挥、领奖州防御使，迁捧日、天武四厢都指挥使，改领端州防御使，权京新城内都巡检。先是，巡兵捕亡卒盗贼，不获皆有罚，而获者无赏。仁美因差立赏格以闻，诏从其请。天禧三年，卒。

论曰：继忠临阵赴敌，以死自效，其生也亦幸而免，然在朔庭贵宠用事，议者方之李陵，而大节固已亏矣。潜为三路帅，握兵八万余，大敌在前，逗挠县缩，致康保裔以无援战没，此而不诛，宋于是乎失刑矣。兴、均辈或由藩邸进，或自行伍起，一时际会，出则书勋辕门，入则拱扈岩陛，求其如古名将，则未之见也。

卷二百八十　　列传第三十九

田绍斌　王荣　杨琼　钱守俊　徐兴　王杲
李重诲　白守素　张思钧　李琪　王延范

田绍斌，汾州人。仕河东刘钧为佐圣军使，戍辽州。周显德四年，领五十骑来归，钧屠其父母家属。世宗召补骁武副指挥使。

宋初，随崔彦进征李筠，攻大会砦，破之，以功迁龙捷指挥使。又败筠于泽州茶碾村，筠退保泽州，绍斌凿濠围守，流矢中左目，前军部署韩令坤以其事闻。及太祖召见于潞州，绍斌杀晋军益众，夺其铠甲。又从讨李重进于扬州，壁城南，围三日，城溃，斩首逾千级。赐袍带、缗帛，寻补马军副都军头、龙卫指挥使。下荆湖，平岭南，率皆从行。讨蜀，隶大将刘延让麾下。会全师雄寇神泉，绍斌率所部败其党数千，时汉、剑道梗，因赖以宁，太祖遣使孙晏赍诏赐赉有加。凡在蜀三岁，剿盗殄除。还，改龙捷都虞候。

尝盗官马，贸直尽偿博进，事发，狱具，有司引见讲武殿，绍斌称死罪。太祖知其骁勇，欲宥之，执于门外，遣内侍私谓之曰："尔今死有余责。"绍斌曰："若恩贷臣死，当尽节以报。"俄复引见，释之，且密赐白金。

会征江南，择诸军借事得五百人，为步斗军，令绍斌领之，及率云骑二千，抵昇州城下，克获居多。太祖亲讨河东，命绍斌从何继筠扼契丹兵于北百井，夺贼鼓帜而还。

太平兴国初，擢龙卫军指挥使、领江州刺史。二年，梅山洞蛮叛，命与翟守素分往击之。至邵州，闻蛮酋苞汉阳死，去其居十里，大溃其众，擒蛮二万，令军中取利剑二百斩之，余五千遣归谕诸洞，自是其党帖服。太宗赐以金帛、缗钱、金带、鞍马。历天武、日骑军指挥使，改马步都军头，出戍镇、定、高阳关。

曹彬之攻幽州也，命为先锋指挥使，数遇契丹兵斗，夺牛羊、器甲。师还，召见便殿，加领溪州团练使，复遣屯北面。端拱元年，拜冀州防御使，寻改解州。

淳化中，为河中、同、丹、坊、鄜、延、横岭蕃界都巡检使。会郑文宝议城席鸡城砦为清远军，绍斌与文宝领其役。城毕，以文宝之请，命为知军事。至道元年，拜会州观察使，仍判解州，俄充灵州马步军部署。领徒入蕃讨贼，斩首二千级，获羊、马、橐驼二万计，马以给诸军之阙者。捷闻，手诏嘉谕之。数部金粟帛诣灵武、清远，远人慑服不扰。

未几，皇甫继明、白守荣等督转饷于灵州，绍斌率兵援接，抵咸井。贼逾三千余来薄阵，且行且斗，至耀德，凡杀千人。寇复尾后，绍斌为方阵，使被伤者居中，自将骑三百、步弩三百，与敌兵确于浦洛河，大败之。

初，守素与绍斌为期，既而继明卒，故后一日，遂为贼所围。守荣等欲击之，绍斌曰："蕃戎轻佻，勿弃辎重与战，当按辔结阵徐行。"守荣等忿曰："若但率兵来迎，勿预吾事。"绍斌因率所部去辎重四五里。继迁初见绍斌旌旗，不敢击。守荣等自欲邀功，与战。贼先伏兵，以羸骑挑战，已而伏发，守荣战败，丁夫愕眙逋遁，蹂践至死者众。绍斌率所部徐还，一无遗失。至清远，与张延州会食。见濠中人裸而呼曰："我白守荣也。"绳引而上，解衣遗之，遣内侍马从顺驿闻。太宗益嘉之，优诏褒美。

时命李继隆、范廷召讨继迁，就命绍斌为本州都部署兼内外都巡检使。继隆以浦洛之败上闻，言绍斌握兵不顾，自言"灵武非我不能守"，欲图方面，有异志。太宗怒曰："此昔尝背太原来投，今又首鼠两端，真贼臣也。"即遣使捕系诏狱鞫问，贬右监门卫率府副率、虢州安置。

真宗即位，召还，授右监门卫大将军、领叙州刺史，寻改莱州防御使，诏还其所籍居第，赐良马十匹。调环、庆、灵州、清远军部署。庆州有野鸡族，数为寇掠，道路患之。尝有骁捷卒二十余往邠州，为其掠夺，即驰告绍斌。绍斌召其酋帅三人，断臂、馘、劓放还，寇感而化，帖服。绍斌素勇悍，与同职颇不叶。转运使宋太初每按部灵州、清远，多贸市，绍斌语发其私，太初心衔之，及还朝，言绍斌之过，寻赴召，直其事。

咸平二年，北面寇警，复命为镇、定、高阳关路押先锋，隶傅潜。潜遣与石普并戍保州，普阴与知州杨嗣议出兵击讨之。及夜，普、嗣未还，绍斌疑其败衄，即领兵援之。普、嗣果为贼所困，度严凉河，颇丧师众。及绍斌至，即合兵疾战，获一百四十余人，以劳迁邢州观察使。潜屯中山，绍斌三驰书于潜，且言："边众大至，但列兵唐河南，背城与战，慎无穷追。"潜性畏懦，闻之益不敢出，贼众益炽，焚劫城砦。车驾驻大名，召潜属吏，词逮绍斌，即遣使械系，下御史台鞫问，免官，黜为左卫率府副率，送往上都，禁其出入。五年，授右千牛卫将军致仕。

景德初，起为左龙武军将军、永城兵马都监。三年，迁左监门卫大将军。帝以绍斌久失职，不宜在冲要，乃徙考城都监。大中祥符初，领长州刺史。从东封，朝觐坛就班，军士建充庭旗，旗倒，压绍斌仆地，遽起无伤。时绍斌已老，其壮健若此。迁左领军卫大将军、领康州团练使、巩县都监。二年，卒，年七十七。

绍斌长兵间，习战法，其后累以格斗立功，然性暴戾，故屡被黜。子守信，为内殿崇班、阁门祗候。

王荣，定州人。父洪嗣，仕晋为本州十县游奕使。荣少有膂力，事瀛州马仁瑀为厮役。太宗在藩邸，得隶左右。即位，补殿前指挥使，稍迁本班都知、员僚直都虞候。盗发棣州，州兵不能捕，荣往讨擒之。加御前忠佐马步军都军头、领懿州刺史。坐受秦王廷美宴劳，出为濮州马军教练使。未行，马仁瑀子告荣与秦王亲吏善，因狂言"我不久当得节帅"，坐削籍，流海岛。

雍熙中召还，为副军头。端拱初，改员寮左右直都虞候兼都军头，复领懿州刺史。累迁龙卫都指挥使、领罗州团练使。率兵戍遂城，边骑来寇，击败之，擒千余人。召拜侍卫马军都虞候、峰州观察使，出为定州行营都部署。荣粗率，所为不中理，侵取官地莳蔬，吝惜公钱，不以劳将士，且母老不迎养，供给甚薄。太宗闻而怒曰："忠臣出于孝子之门，荣亲爱若此，窜逐之余，凶行弗悛，岂可复置左右，效晋帝养成张彦泽邪？"即诏罢，督责，授右骁卫大将军。寄班供奉官张明护定州兵，睹荣不法，间尝规正。荣护短，每疾其攻己。庄宅使王斌亦监宝是州，素与荣善，意明构荣之罪，因撼明以报怨。下枢密院问状，皆不实。上怒，语左右曰："张明起贱微中，以蹴鞠事朕，洁己小心，见于辈流。夫刑罚之加，必当其罪。今王斌以荣故而曲奏明罪，欲致刑宪，苟失其当，适足以快荣之心，而诬罔得以肆行矣。且荣凌轹同类，事君亲鲜竭其力。国家赏罚之柄，非所敢私，将帅之职，非神校同。朕岂党张明而弃王荣哉，奈何不求直于理之当也？"遂赐劳明缗钱、束帛，荣迁右羽林军大将军。

真宗即位，领奖州刺史，寻授滨州防御使，迁泾原仪渭驻泊部署。咸平二年，车驾北征，召为贝、冀行营副都部署。师旋，复还泾原。明年，授以灵武刍粮，疏于智略，不严斥候，至积石，夜为蕃寇所劫，营垒大乱，众亡殆尽。法当诛，恕死，除名配均州。六年，起为左卫将军。

景德初，权判左金吾街仗司事。上观兵澶渊，契丹游骑涉河冰抵濮州境，命为黄河南岸都巡检使，与郑怀德自行在领龙卫兵追袭。时已诏沧州部署荆嗣先率所部屯淄、青，遣荣等合兵邀击之。二年，迁左神武军大将军、领恩州刺史。郊祀，改左龙武军、领达州团练使。大中祥符中，迁上卫大将军、领昌州防御使。六年，朝太清宫，命为河南府驻泊都监。九年，卒，年七十。官其一子。荣善射，尝引强注屋栋，矢入木数寸，时人目为"王硬弓"。

杨琼，汾州西河人。幼事冯继业，以材勇称。太宗召置帐下。即位，隶御龙直，三迁神勇指挥使。从征太原，以劳补御龙直指挥使。雍熙初，改弩直都虞候兼御前忠佐马步都军头、领显州刺史。

淳化中，李顺叛蜀，琼往夔、峡擒贼招安，领兵自峡上，与贼遇，累战抵渝、合，与尹元、裴庄分路进讨，克资、普二州、云安军，斩首数千级。诏书嘉奖，遣使即军中真拜单州刺史。

至道初，召还共职。明年，徙知霸州兼钤辖。未几，改防御使，灵庆路副都部署、河外都巡检使。贼累寇疆，琼固捍有功。导黄河，溉民田数千顷。败贼于合河镇北，擒获人畜居多。贼骑五百掠城下，击破之，追北三十里。并赐诏嘉谕。

咸平二年，命为泾原仪渭邠宁庆清远军灵州路副都部署。寻徙镇、定、高阳关三路押策先锋，屯定州之北。明年，副王超为镇州部署，再迁环庆，徙定州。四年，召还，以鄜州观察使充灵、环十州军副都部署兼安抚副使。尝遣使谕旨，贼若寇清远及青冈、白马砦，即合兵与战。是秋，果长围清远，顿积石河。清远屡走间使诣琼请济师，琼将悉出兵为援，钤辖内园使冯守规、都监崇仪使张继能曰："敌近，重兵在前，继无以进，不可悉往。"乃止。命副部署海州团练使潘璘、都监西京左藏库刘文质率兵六千赴之，且曰："伺我之继至。"琼逗遛不进，顿庆州。寇鼓兵攻南门，其子阿移攻北门，堙壕断桥以战。琼遣钤辖李让督精卒六百往援，至则城陷矣。贼泊青冈城下，琼与守规、继能方缓行出师，及闻清远之败，益惴怯不前。顺州刺史王璨普谓琼曰："青冈地远水泉，非屯师计，愿弃之。"琼力谋焚刍粮兵仗，驱老幼以出。琼却师，退保洪德砦，寇威浸炽，未尝交一锋。事闻于上，传召琼辈，悉系御史狱，治罪当死。兵部尚书张齐贤等议请如律，诏特贷命，削官，长流崖州，继能、守规辈同坐，籍其家业。明年，移道州。

景德初，起为右领军卫将军。分司西京。累迁左领军卫大将军、领贺州团练使、知兖州。有州卒自言得神术，能飞行空中，州人颇惑。琼捕至，折其足，奏戮之。五年，卒，年六十七。录其子舜臣为奉职。长子舜宾，内殿崇班、阁门祗候。

钱守俊，濮州雷泽人。少勇鸷，尝为盗陂泽中，称"转陂鹘"。周显德中，应募为铁骑卒。早事太祖，从征淮南，战紫金山，下寿春，获战舰千余艘。继从克关南。

宋初，补禁卫，隶散员直。乾德中，转殿前班都知。寻征太原，方战，矢中左足，拔而复进，格斗不已。还，改东西班指挥使，迁马步军副都军头。太平兴国四年，命与张绍勍、李神祐、刘承珪率师屯定州，以备北边。俄加秩领演州刺史，移屯赵州。又从征范阳，师还，道遇敌，战于徐河，斩首千级，夺马百匹。雍熙三年，命将北征，田重进出飞狐道，守俊以偏师为援，边骑云集，守俊按甲从容进战，大败之。连护屯兵于赵、定。代还，掌军头引见司。

淳化三年，出为单州团练使。又明年，改迁齐州。时河西蕃部内扰，命以副都部署镇其地。既而徙屯石州，数改官。时有言守俊病且老，握重兵不堪其职。召还，授左领军卫大将军、领潘州防御使、权金吾街仗。大中祥符三年卒，年八十一。

守俊累从军征讨，前后中三十六创。景德中，录其子允庆为奉职。弟守信，官崇仪副使；守荣，内园使。

徐兴，青州人。以拳勇得隶兵籍。周显德中，从太祖征淮右。宋初，隶御龙直。会平泽、潞，上其功，补控鹤军使。征晋阳，部卒壅汾水灌并州城，益多其劳。还，迁本军副指挥使。

太平兴国初，从潘美趣田柏谷，奋与贼斗，有果敢气，人莫能胜。生擒伪兵马都监李美，身被重创，无所回挠。加指挥使。太宗征太原，讨幽、蓟，兴从战，屡中流矢，以著迹闻。补天武都虞候，累迁秩，出为洺州部署。初议建方田，命兴董其事，寻复辍。端拱中，修镇、定城，逾月讫工。改莫州防御使、知静戎军，历祁、博二州。

咸平中，为泾、原、环、庆十州部署。诏督转灵武刍粮，道积石，率掠于寇。兴以步兵畏恶，战不利，时王荣援兵不应，遂败走。坐削籍，流郓州。会赦，入为右卫将军，迁左监门卫大将军。景德二年卒，年六十八。

王杲，齐州人。周显德中，应募为卒。从世宗收三关，隶先锋。宋初，征泽、潞，平扬州，杲应选从行，既获战功，乃拔迁散指挥使，累转马军副都军头，屯并州。雍熙中，为龙卫右第二军都虞候。会遣赵保忠还夏州，命杲引兵护送。及还，保忠以方物贶，杲拒不纳。太宗知之，诏赐白金百两。迁右第一军，屯镇州。

契丹入寇，隶大将郭守文，捍城，杲守北关。寇退，命督饷藁趣威房军。还抵徐河，时尹继伦与寇战，小衄，杲适遇贼河上，即按兵拒之，杀贼，夺所乘马。守文上闻，得召见问状，补都军头、领勤州刺史，命监河北，有能声，寻命阅教定州诸军骑射，入掌军头引见司。

李顺乱，与尹元并为西川招安使，败贼，斩首万级，以功真拜唐州刺史。时贼虽平，道路尚梗，余党或保山林以肆奸，杲与石普等追捕于彭州，于是始平。至道初，乃还。复迁灵州副部署，道环州，留改并州，徙知夏州。会赵保吉归款，召还，次伏落津，移知石州，徙石、隰副部署。未几，以转饷河西失期，降右千牛卫大将军。咸平五年，出为亳州永城县都监。被召，将入见，以疾亟弗果，卒，年六十四。

李重海，应州金城人。祖高，后唐庄宅使、奖州刺史。父彦荣，仕契丹，署环州刺史，重海尝为其应州马步军都指挥使。太平兴国五年，潘美出师御寇，重海从其节度使萧咄李迎战于代州北岭，大败。美斩咄李，擒重海以献。太宗召见，补邓州马步军副指挥使。会赵普出镇，奏监州军。

雍熙三年，召还，为武州刺史，出为忻州都巡检、缘边十八砦招安制置使，赐服带、鞍马。北兵寇边，重海以所部邀战，败之，获羊马、铠甲甚众，赐诏嘉美。会岭蛮叛，改广、桂、融、宜、柳州招安捉贼使，听便宜从事。

至道初，累迁泾原仪渭镇戎军钤辖。咸平三年，徙邠宁环庆路。坐转饷灵武不严斥候，至积石为房骑掠于道，营部大乱，除名，流光州。五年，起为内殿崇班、鄜延驻泊都监，俄迁崇仪使。景德中，赵德明既纳款，或言以麟、府谋有他志。上以泾原地要兵众，虑有缓急，遂徙重海为钤辖。复迁益州，改皇城使。大中祥符六年，卒，年六十八。

重海纯悫寡过。真宗悼其没于远土，命其子乘传往护柩归，听止驿舍之别次。子禹谟，录为将作监主簿。弟重睿，历官澄州团练使。子禹偁，阁门祗候。

白守素，开封人。祖延遇，仕周至镇国军节度。父廷训，宋初为龙捷都指挥使、领博州刺史。守素以荫补东班承旨。太平兴国五年，迁补右班殿直，以善射，授供奉官、带御器械，三迁至供备库使。

咸平三年春，契丹犯边，命与王能戍邢州，俄又与麦守恩、石赞领先锋御之。敌退，复与荆嗣督河北、京东捕贼。四年，命为镇州行营钤辖，领骑兵摄大阵西偏，屡当格斗。俄改定州钤辖，复徙镇州。王继忠之陷也，宋师还渡河，敌人乘之，守素据桥，有矢数百，每发必中，敌不敢近，遂引去。

真宗与辅臣议三路御贼，咸曰："威虏扼北道要害尤甚，请分骑兵六千屯之，命魏能为部署。"上曰："能颇强愎，尤难共事，闻守素久练边计，张锐性颇和善，参知戎务，庶克相济。"乃命守素、锐为钤辖，戍顺安以贰之。

景德元年，契丹侵长城口，守素与能发兵破之，追北过阳山，斩首级、获器械甚众，赐锦袍、金带。俄徙屯冀州，转运使刘综举其智勇，材任将帅，加领康州刺史。又提骑卒戍静戎军，兼莅营田之役，俄为镇、定钤辖。是冬，契丹复内侵，守素败其前锋，获车重，又入敌境，俘擒甚众。及请和，省边戍之职，与曹璨留任镇、定。追叙前劳，加合州团练使。

大中祥符三年，命副李迪使契丹。守素居边岁久，名闻北庭，颇畏伏之。上虑其不欲行，密遣内侍询于守素，守素顿首感咽，即以崔可道代焉。再迁南作坊使。大中祥符五年，卒。上甚惜之，常赙外别赍钱五十万，令护丧还京师，录其一子官。

张思钧，邢州沙河人。祖中正，汉泽州刺史。思钧少善击剑、挽强，善博奕。初应募为卒，晋开运间，迁广锐军使。周广顺初，从聂知遇攻河东，破其众三千余。从向训东征，为捉生将，擒小校张万于江猪岭。又从符彦卿与并人斗代州，留为南北两关巡检。

宋初，补龙卫指挥使。李继勋下辽州，战带甲祠，斩首万余级，追奔至长城，擒其将莫山、鲍淑，掠人骑二百余。俄屯潞州，合战三十余。乾德中，以劳秩迁都虞候。

开宝三年，郭进、田钦祚戍三交，尝从战于石岭关，斩首万五千余级。阁门祗候齐延琛、苗昶陷军中，思钧鼓劲骑突入，夺还。何继筠入晋境，思钧隶麾下，拔南桥径度。大将之出，必辟为先锋。太平兴国初，屯定州，领兵援磁窑，战败其众，身中五十创，奋不顾，乃逐贼，薄军城，夺马及铠甲居多。未几，边人复攻，逆战城下，斩首万余级。上嘉之，命赐服带，领河州刺史。

雍熙三年，边人寇河间，刘廷让会战君子馆，命思钧翼从。时天大寒，弓不得彀，援兵不至，于是败绩，陷留军中数年，役役不得还。端拱初，自契丹始逃归，授澄州刺史、知齐州。思钧以武进，素不知民政，仅逾月，即徙濮、郓、滨、棣州巡检。至道中，改鄜、延巡检使。会茸右堡砦，击寇走之。未几，寇逼保安军，与曹璨往援，追蹑五十余里，至木场，寇乃遁去。

真宗即位，徙益州钤辖兼绵、汉九州都巡检使。咸平中，以王均之乱，出兵保绵州。贼陷汉州，思钧进攻，克之，斩伪刺史苗进，又与石普败贼弥牟砦。巴西尉傅翱有善马，思钧求之，翱不与。思钧平贼，心恃功居多，召翱至，责以转饷后期，斩之。上闻其事，传召付御史台鞫治，罪当斩，特贷之，削籍流封州。

六年，起为左司御率府率、考城监军。车驾幸澶渊，召诣行在，命李继隆、石保吉同议兵事，赐服御有加。景德二年，为西京水北都巡检使，俄分司西京。召对行在，上悯其老，授唐州防御副使，徙郑州。大中祥符二年，再迁左千牛卫将军。四年七月，卒，年八十九。子承恩，为三班奉职。

思钧起行伍，征讨稍有功。质状小而精悍，太宗尝称其"楼罗"，自是人目为"小楼罗"焉。

李琪，河南伊阙人。幼生长兵家，得给事宣祖，左右太祖，以材力称，进备执御。及受禅，命补镇职。太宗在京府，复令事之。由是累迁效忠都虞候、开封府马步军副都指挥使、领富州刺史。尝请对，自言经事太祖，而京师无居宅，太宗以官第假之。

琪性素鄙，历事三朝，而行不加修。每分遣士卒守护关梁，必觊其赠遗，视所厚薄为重轻。太宗知之，遂改授屯卫大将军，领郡如故，乃顾曰："吾欲置琪于无过之地尔。"加左武卫大将军。景德中，以老且病，表求五日一赴起居，俄为台谏所纠，令赴常参。真宗念其旧，特赐给月奉以养。大中祥符元年卒，年八十四。

王延范，江陵人。形貌奇伟，喜任侠，家富于财。父保义，为荆南高氏行军司马兼领武泰军留后。高从诲奏署延范太子舍人。后随从诲孙继冲入觐，荐为大理寺丞、知泰州。累迁司门员外郎。

太平兴国九年，为广南转运使。性豪率尚气，尤好术数。尝通判梓州，有杜先生以左道惑众，谓延范曰："汝意有所之，我常阴为之助。"延范心喜，敢为恣横。后为江南转运使，有刘昂卖卜于吉州市，其言多验，谓延范曰："公当偏霸一方。"又有徐肇为延范推九宫算法，得八少一，肇惊起曰："君侯大贵不可言，当如江南李国主。"前戎城主簿田辨自言善相，谓延范曰："君是坐天王形、频伽眼、仙人鼻、雌龙耳、虎望，有大威德，猛烈富贵之相也。即日当乘四门辇。"至是，有豹入其公宇，噬伤数吏，从者皆恐慄，不敢进，延范独拔戟前逐，刺杀之，益以此自负。与广州掌务殿直赵延贵、将作监丞雷说会宿，观天象，延贵指西方一大星曰："此所谓'火星入南斗，天子下殿走'者也。"

雷说出《星经》证之，乃太白行度经南斗，延贵谬为火星也。

延范日夕与掌市舶陆坦议欲发兵，会坦代归，延范寓书左拾遗韦务昇为隐语，侦朝廷机事。延范奴视僚属，峻刑多怨。会怀773小将张霸给使转运司，延范因事杖之，霸知延范与知广州徐休复不协，诣休复告延范将谋不轨及诸不法事。休复驰奏之。太宗遣高品阎承翰乘传，会转运副使李琯暨休复杂治延范，具伏。与昂、辨、坦俱斩广州市，籍没延范家。务昇除名配商州，延贵等皆抵罪，赐霸钱十万。

论曰：绍斌从征讨，凡逾百战，未尝以为惮；屡被废斥，未尝以为慊。太祖宥盗马罪，引见赐予，屈法使过，用能致其力也。荣薄事亲，下诏督过。琼折州卒足以释妖惑。王杲辞赆于夏。思钧拔身自归，当斩而贷。琪以鄙称。守俊、兴辈以勇得备给使。守素久练边计，人颇畏伏。重海虽将略不足，亦有可称。大抵武夫悍卒，不能无过，而亦各有所长。略其过而用其长，皆足以集事。至于一胜一负，兵家常势，顾其大节何如耳。若荣也，薄其所生，大节亏矣，屡以罪黜，宜哉。

卷二百八十一　　　列传第四十

吕端　毕士安_{曾孙仲衍　仲游}　**寇凖**

吕端，字易直，幽州安次人。父琦，晋兵部侍郎。端少敏悟好学，以荫补千牛备身。历国子主簿、太仆寺丞、秘书郎、直弘文馆，换著作佐郎、直史馆。太祖即位，迁太常丞、知浚仪县，同判定州。开宝中，西上阁门使郝崇信使契丹，以端假太常少卿为副。八年，知洪州，未上，改司门员外郎、知成都府，赐金紫。为政清简，远人便之。

会秦王廷美尹京，召拜考功员外郎，充开封府判官。太宗征河东，廷美将有居留之命，端白廷美曰："主上栉风沐雨，以申吊伐，王地处亲贤，当表率扈从。今主留务，非所宜也。"廷美由是恳请从行。寻坐王府亲吏请托执事者违诏市竹木，贬商州司户参军。移汝州，复为太常丞、判寺事。出知蔡州，以善政，吏民列奏借留。改祠部员外郎、知开封县，迁考功员外郎兼侍御史知杂事。使高丽，暴风折樯，舟人怖恐，端读书若在斋阁时。迁户部郎中、判太常寺兼礼院，选为大理少卿，俄拜右谏议大夫。

许王元僖尹开封，又为判官。王尝有发其阴事者，坐裨赞无状，遣御史武元颖、内侍王继恩就鞫于府。端方决事，徐起候之，二使曰："有诏推君。"端神色自若，顾从者曰："取帽来。"二使曰："何遽至此？"端曰："天子有制问，即罪人矣，安可在堂上对制使？"即下堂，随问而答。左迁卫尉少卿。会置考课院，群官有负谴置散秩者，引对，皆泣涕，以饥寒为请。至端，即奏曰："臣前佐秦邸，以不检府吏，谪掾商州，陛下复擢官籍辱用。今许王暴薨，臣辅佐无状，陛下又不重谴，俾亚少列，臣罪大而幸深矣！今有司进退善否，苟得颍州副使，臣之愿也。"太宗曰："朕自知卿。"无何，复旧官，为枢密直学士，逾月，拜参知政事。

时赵普在中书，尝曰："吾观吕公奏事，得嘉赏未尝喜，遇抑挫未尝惧，亦不形于言，真台辅之器也。"岁余，左谏议大夫寇准亦拜参知政事。端请居准下，太宗即以端为左谏议大夫，立准上。每独召便殿，语必移晷。擢拜户部侍郎、平章事。

时吕蒙正为相，太宗欲相端，或曰："端为人糊涂。"太宗曰："端小事糊涂，大事不糊涂。"决意相之。会曲宴后苑，太宗作《钓鱼诗》，有云："欲饵金钩深未达，磻溪须问钓鱼人。"意以属端。后数日，罢蒙正而相端焉。初，端兄余庆，建隆中以藩府旧僚参预大政，端复居相位，时论荣之。端历官仅四十年，至是骤被奖擢，太宗犹恨任用之晚。端为相持重，识大体，以清简为务。虑与寇准同列，先居相位，恐准不平，乃请参知政事与宰相分日押班知印，同升政事堂，太宗从之。时同列奏对多有异议，惟端罕所建明。一日，内出手札戒谕："自今中书事必经吕端详酌，乃得闻奏。"端愈谦让不自当。

初，李继迁扰西鄙，保安军奏获其母。至是，太宗欲诛之，以寇准居枢密副使，独召与谋。准退，过相幕，端疑谋大事，邀谓准曰："上戒君勿言于端乎？"准曰："否。"端曰："边鄙常事，端不必与知，若军国大计，端备位宰相，不可不知也。"准遂告其故。端曰："何以处之？"准曰："欲斩于保安军北门外，以戒凶逆。"端曰："必若此，非计之得也，愿少缓之，端将覆奏。"入曰："昔项羽得太公，欲烹之，高祖曰：'愿分我一杯羹。'夫举大事不顾其亲，况继迁悖逆之人乎？陛下今日杀之，明日继迁可擒乎？若其不然，徒结怨仇，愈坚其叛心尔。"太宗曰："然则何如？"端曰："以臣之愚，宜置于延州，使善养视之，以招来继迁。虽不能即降，终可以系其心，而母死生之命在我矣。"太宗抚髀称善："微卿，几误我事。"即用其策。其母后病死延州，继迁寻亦死，继迁子竟纳款请命，端之力也。进门下侍郎兼兵部尚书。

太宗不豫，真宗为皇太子，端日与太子问起居。及疾大渐，内侍王继恩忌太子英明，阴与参知政事李昌龄、殿前都指挥使李继勋、知制诰胡旦谋立故楚王元佐。太宗崩，李皇后命继恩召端，端知有变，锁继恩于阁内，使人守之而入。皇后曰："宫车已晏驾，立嗣以长，顺也，今将如何？"端曰："先帝立太子正为今日，今始弃天下，岂可遽违命有异议邪？"乃奉太子至福宁庭中。真宗既立，垂帘引见群臣，端平立殿下不拜，请卷帘，升殿审视，然后降阶，率群臣拜呼万岁。以继勋为使相，赴陈州。贬昌龄忠武军司马，继恩右监门卫将军、均州安置，且除名流浔州，籍其家赀。

真宗每见辅臣入对，惟于端肃然拱揖，不以名呼。又以端躯体洪大，宫庭阶阸稍峻，特令梓人为纳陛。尝召对便殿，访军国大事经久之制，端陈当世急务，皆有条理，真宗嘉纳。加右仆射，监修国史。明年夏，被疾，诏免常参，就中书视事。上疏求解，不许。十月，以太子太保罢。在告三百日，有司言当罢奉，诏赐如故。车驾临问，端不能兴，抚慰甚至。卒，年六十六，赠司空，谥正惠。追封妻李氏泾国夫人，以其子藩为太子中舍，荀大理评事，蔚千牛备身，苘殿中省进马。

端姿仪瑰秀，有器量，宽厚多恕，善谈谑，意豁如也。虽屡经摈退，未尝以得丧介怀。善与人交，轻财好施，未尝问家事。李惟清自知枢密改御史中丞，意端抑己，及端免朝谒，乃弹奏常参官疾告逾年受奉者，又构人谄堂吏过失，欲以中端。端曰："吾直道而行，无所愧畏，风波之言不足虑也。"

端祖究，尝事沧州节度刘守文为判官。守文之乱，究举族被害。时父琦方幼，同郡赵玉冒锋刃绐监者曰："此予之弟，非吕氏子也。"遂得免。玉子文度为耀帅，文度孙绍宗十余岁，端视如己子，表荐赐出身。故相冯道，乡里世旧，道子正之病废，端分奉给之。端两使绝域，其国叹重之，后有使往者，每问端为宰相否，其名显如此。

景德二年，真宗闻端后嗣不振，又录蔚为奉礼郎。藩后病足，不任朝谒，请告累年，有司奏罢其奉，真宗特令复旧官，分司西京，给奉家居养病。端不蓄赀产，藩兄弟贫匮，又迫婚嫁，因质其居第。真宗时，出内府钱五百万赎还之。又别赐金帛，俾偿宿负，遣使检校家事。藩、苘皆至国子博士，蔚至太子中舍。

毕士安，字仁叟，代州云中人。曾祖宗昱，本县令。祖球，本州别驾。父义林，累辟使府，终观城令，因家焉。士安少好学，事继母祝氏以孝闻。祝氏曰："学必求良师友。"乃与如宋，又如郑，得杨璞、韩丕、刘锡为友，因为郑人。

乾德四年，举进士。邠帅杨廷璋辟幕府，掌书奏。开宝四年，历济州团练推官，专掌笺榷，岁课增羡。改兖州观察推官。太平兴国初，为大理寺丞，领三门发运事。吴越钱俶纳土，选知台州，言："钱氏上图籍，有司皆张侈赋数，今湖海新民始得天子吏，宜有安辑，愿一用旧籍。"诏从之。明年，迁左赞善大夫，徙饶州，改殿中丞。召还，为监察御史。复出知乾州，以母老愿降任就养，改监汝州稻田务。

雍熙二年，诸王出阁，慎择僚属。以虞部郎中王龟从兼陈王府记室参军，水部员外郎王素兼韩王府记室参军，秘书丞张茂直兼益王府记室参军，士安左迁左拾遗兼冀王府记室参军。太宗召谓曰："诸子生长宫庭，未闲外事，年渐成人，必资良士赞导，使日闻忠孝之道，卿等勉之。"赐袭衣、银带、鞍勒马。

士安本名士元,以"元"犯王讳,遂改焉。迁考功员外郎。端拱中,诏王府僚属各献所著文,太宗阅视累日,问近臣曰:"其才已见矣,其行孰优?"或以士安对。上曰:"正协朕意。"俄以本官知制诰,王请对愿留府邸,不许。淳化二年,召入翰林为学士。大臣以张洎荐,太宗曰:"洎视毕士安词艺践历固不减,但履行远在下尔。"士安以父名义林抗章引避,朝议谓二名不偏讳,不听。

三年,与苏易简同知贡举,加主客郎中。以疾请外,改右谏议大夫、知颍州。真宗以寿王尹开封府,召为判官。及为皇太子,以兼右庶子迁给事中。登位,命权知开封府事,拜工部侍郎、枢密直学士。时近臣有怙势强取民间定婚女,其家诉于府,士安因对奏,还之。宫府常从为廷职者,每授任于外,必令士安戒勖。

咸平初,辞府职,拜礼部侍郎,复为翰林学士。诏选官校勘《三国志》、晋、唐书。或有言两晋事多鄙恶不可流行者。真宗以语宰相,士安曰:"恶以戒世,善以劝后。善恶之事,《春秋》备载。"真宗然之,遂命刊刻。士安以目疾求解,改兵部侍郎,出知潞州,特加月给之数。入为翰林侍读学士。景德初,兼秘书监。契丹谋入境,士安首疏五事应诏,陈选将、饷兵、理财之策,真宗嘉纳。

李沆卒,进士安吏部侍郎、参知政事。入谢,真宗曰:"未也,行且相卿。"士安顿首。真宗曰:"朕倚卿以辅相,岂特今日。然时方多事,求与卿同进者,其谁可?"对曰:"宰相者,必有其器,乃可居其位,臣驽朽,实不足以胜任。寇准兼资忠义,善断大事,此宰相才也。"真宗曰:"闻其好刚使气。"又对曰:"准方正慷慨有大节,忘身徇国,秉道疾邪,此其素所蓄积,朝臣罕出其右者,第不为流俗所喜。今天下之民虽蒙休德,涵养安佚,而西北跳梁为边境患,若准者正所宜用也。"真宗曰:"然,当藉卿宿德镇之。"未阅月,以本官与准同拜平章事。士安兼监修国史,居准上。

准为相,守其嫉恶,小人日思所以倾之。有布衣申宗古告准交通安王元杰,准皇恐,莫知所自明。士安力辩其诬,下宗古吏,具得奸罔,斩之,准乃安。

景德元年九月,契丹统军挞览引兵分掠威房、顺安、北平,侵保州,攻定武,数为诸军所却。益东驻阳城淀,遂攻高阳,不得逞,转窥贝、冀、天雄,兵号二十万。真宗坐便殿,问策安出。士安与寇准条所以御备状,又合议请真宗幸澶渊。士安言澶渊之行,当在仲冬;准谓当亟往,不可缓。卒用士安议。

初,咸平六年,云州观察使王继忠战陷契丹。至是,为契丹奏请议和。大臣莫敢如何,独士安以为可信,力赞真宗当羁縻不绝,渐许其成。真宗谓敌悍如此,恐不可保。士安曰:"臣尝得契丹降人,言其虽深入,屡挫不甚得志,阴欲引去而耻无名,且彼宁不畏人乘虚覆其巢穴,此请殆不妄。继忠之奏,臣请任之。"真宗喜,手诏继忠,许其请和。

时已诏巡幸,而议者犹哄哄,二三大臣有进金陵及成都图者。士安亟同准请对,力陈其不可,惟坚定前计。真

宗严兵将行,太白昼见,流星出上台北贯斗魁。或言兵未宜北,或言大臣应之。士安适卧疾,移书准曰:"屡请舁疾从行,手诏不许,今大计已定,唯君勉之。士安得以身当星变而就国事,心所愿也。"已而少间,追至澶渊,见于行在。时已聚兵数十万,契丹大震,犹乘众掠德清。至澶北鄙,为伏弩发射,挞览死,众溃遁去。

会曹利用自契丹使还,具得要领。又与其使者姚东之俱来,讲和之议遂定。岁遗契丹银绢三十万,朝论皆以为过。士安曰:"不如此,契丹所顾不重,和事恐不能久。"及罢兵,从还,乃按边要选良守将易置之:雄州以李允则,定州马知节,镇州孙全照,保州杨延昭,它所择用各得其任。令塞上得境外牛马类者悉还之,通互市,除铁禁,招流亡,广储蓄。未几,夏州赵德明亦款塞内附。二方既定,中外略安。量时制法,次第施行。复置贤良方正、直言极谏等科,以广取士。

二年,章七八上,以病求兔,优诏不允。遣使敦谕,不得已,复起视事。十月晨朝,至崇政殿庐,疾暴作,真宗步出临视,已不能言。诏内侍窦神宝以肩舆送归第,卒,年六十八。车驾临哭,废朝五日,赠太傅、中书令,谥文简。以皇城使卫绍钦治葬,有司给卤簿。录其子世长为太子中舍,庆长为大理寺丞,孙从古为将作监主簿。

士安端方沉雅,有清识,酝藉,美风采,善谈吐,所至以严正称。年耆目眊,读书不辍,手自雠校,或亲缮写。又精意词翰,有文集三十卷。尝语人曰:"仆仕宦无赫赫之誉,但力自规检,庶几寡过尔。"凡交游无党援,唯王祐、吕端见引重,王旦、寇准、杨亿相友善,王禹偁、陈彭年皆门人也。禹偁,济州人。幼时以事至士安官舍,士安识其非常童,留之,教以学,誉业日显。后遂登科进用,更在士安前。及士安知制诰,其命乃禹偁词也。

士安没后,真宗谓寇准等曰:"毕士安,善人也,事朕南府、东宫,以至辅相。饬躬慎行,有古人之风,遽此沦没,深可悼惜。"及王旦为相,面奏:"陛下尝称毕士安清慎如古人,在位闻之感叹。仕至辅相,而四方无田园居第,没未终丧,家用已屈,真不负陛下所知。然使其家假贷为生,宜有以周之者,窃谓当出上恩,非臣敢为私惠。"真宗感叹,赐白金五千两。

子世长至卫尉卿,庆长至太府卿。孙从善光禄少卿,从古驾部郎中,从厚、从海检校水部员外郎,从简博罗令,从道殿中丞,从范山南西道节度推官,从益太常寺太祝,从周朝散郎、知洋州。曾孙仲达、仲偃仕至郡守,仲衍、仲游、仲愈。

仲衍字夷仲,以荫为阳翟主簿。张昪,县人也,方镇许,请于朝,欲兴乡校。既具材计工,又听民自以其力输助。邑子马宏以口舌横闾里,谩谓诸豪曰:"张公兴学,而县令乃因以取诸民,由十百而至千万未已也,君将不堪。诚捐百金予我,我能止役。"豪信其能,予百金。宏即诣府宣言:"县吏尽私为学之费,又将赋于民。"昪果疑焉,敕县且止,又揭其事于道。令欲上疏辩,仲衍曰:"亡益也,不如取宏治之,不辩自直矣。"会摄县事,即逮捕验治,五日得其奸,言于昪,流宏邓州,一县相贺。给事中

张问居里中，谓仲衍曰："谚云'锄一恶，长十善'，君之谓也。"

举进士中第，调沈丘令。欧阳修、吕公著荐之，入司农为主簿，升丞。吴充引为中书检正。奉使契丹，宴射连破之，众惊异之。且伟其姿容，密使人取其衣为度，制服以赐。时预其元会，尽能记其朝仪节奏，图画归献。后钱勰出使，契丹主犹问："毕少卿何官？今安在？"

王珪与充不相能，以仲衍为充所用，数求罪过欲伤之，卒无可乘，但留滞不迁。经四年，乃以秘阁校理同知太常礼院，为官制局检讨官，制文字千万计，区别分类，损益删补，皆曲尽其当。凡从中问其事，必须仲衍然后报，他人不知也。撰《中书备对》三十卷，士大夫家争传其书。

高丽使入贡，诏馆之。上元夕，与使者宴东阙下，作诗诵圣德，神宗次韵赐焉，当时以为宠。官制行，帝自擢起居郎，王珪留除命，谓为太峻，争于前。帝连称曰："是当得尔。"未几，暴得疾，一夕卒，年四十三。帝遣中使唁其家，赙钱五十万。

仲游字公叔，与仲衍同登第，调寿丘柏城主簿、罗山令、环庆转运司干办公事。从高遵裕西征，运期迫遽，陕西八十县馈饷之夫三十万，一旦悉集，转运使范纯粹、李察度受其赋而给之食，必旷日乃可。会僚属议，皆不知所为，以诿仲游。仲游集诸县吏，令先效金帛缗钱之最，戒勿启扃鐍，共簿其名数以为质，预伤具斛量数千，洞撤仓庾墙壁，使籯粮者至其所，人自概概，输其半而以半自给，不终朝霍然而散。翌日，大军遂行。纯粹、察叹且谢曰："非君几败吾事。"

元祐初，为军器卫尉丞。召试学士院，同策问者九人，乃黄庭坚、张耒、晁补之辈。苏轼异其文，擢为第一。加集贤校理、开封府推官，出提点河东路刑狱。韩缜以故相在太原，按视如列即，缜奴告有卒剽其衣于公堂之侧，缜怒，将置卒于理。仲游曰："奴衣服鲜薄而敢掠之于帅牙，非人情也。"取以付狱治，卒得免。太原铜器名天下，独不市一物；惧人以为矫也，且行，买二茶匕而去。缜曰："如公叔可谓真清矣。"

召拜职方、司勋二员外郎，改秘阁校理、知耀州。是岁大旱，仲游先民之未饥，揭喻境内曰："郡振施与平粜若干万硕。"实虚张其数。富室知有备，亦相劝发廪。凡民就食者十七万九千口，无一人去其乡。

徽宗时，历知郑、郓二州、京东、淮南转运副使。入为吏部郎中，言孔子庙自颜回以降，皆爵命于朝，冠冕居正，而子鲤、孙伋乃野服幅巾以祭，为不称。诏皆追侯之。

仲游早受知于司马光、吕公著，不及用。范纯仁尤知之，当国时，又适居母丧，故未尝尺寸进。然亦堕党籍，坎壈散秩而终，年七十五。

仲游为文切于事理而有根柢，不为浮夸诡诞、戏弄不庄之语。苏轼在馆阁，颇以言语文章规切时政。仲游忧其及祸，贻书戒之曰：

孟轲不得已而后辩，孔子欲无言，古人所以精谋极虑，固功业而养寿命者，未尝不出乎此。君自立朝以来，祸福利害系身者未尝言，顾直惜其言尔。夫言语之累，不特出口者为言，其形于诗歌、赞于赋颂、托于碑铭、著于序记者，亦语言也。今知畏于口而未畏于文，是其所是则见是者喜，非其所非则蒙非者怨；喜者未能济君之谋，而怨者或已败君之事矣。天下论君之文，如孙膑之用兵，扁鹊之医疾，固所指名者矣。虽无是非之言，犹有是非之疑，又况其有耶？官非谏臣，职非御史，而非是人所未是，危身触讳以游其间，殆犹抱石而救溺也。

司马光为政，反王安石所为，仲游予之书曰：

昔安石以兴作之说动先帝，而患财之不足也，故凡政之可以得民财者无不用。盖散青苗、置市易、敛役钱、变盐法者，事也；而欲兴作、患不足者，情也。苟未能杜其兴作之情，而徒欲禁其散敛变置之事，是以百说而百不行。今遂废青苗，罢市易，蠲役钱，去盐法，凡号为利而伤民者，一扫而更之，则向来用事于新法者必不喜矣。不喜之人，必不但曰'青苗不可废，市易不可罢，役钱不可蠲，盐法不可去'，必操不足之情，言不足之事，以动上意，虽致石人而使听之，犹将动也。如是，则废者可复散，罢者可复置，蠲者可复敛，去者可复存矣。则不足之情，可不预治哉？

为今之策，当大举天下之计，深明出入之数，以诸路所积之钱粟一归地官，使经费可支二十年之用。数年之间，又将十倍于今日。使天子晓然知天下之余于财也，则不足之论不得陈于前，然后所论新法者，始可永罢而不可行矣。

昔安石之居位也，中外莫非其人，故其法能行。今欲救前日之敝，而左右侍从、职司、使者，十有七八皆安石之徒，虽起二三旧臣，用六七君子，然累百之中存其十数，乌在其势之可为也。势未可为而欲为之，则青苗虽废将复散，况未废乎？市易虽罢且复置，况未罢乎？役钱、盐法亦莫不然。以此救前日之敝，如人久病而少间，其父子兄弟喜见颜色而未敢贺者，以其病之犹在也。

光、轼得书耸然，竟如其虑。

仲愈历国子监丞、诸王府侍讲、知凤翔府，坐兄仲游陷党籍，例废黜。徽宗曰："毕仲衍被遇先帝，可除罪籍。"以仲愈为都官郎中，擢秘书少监，卒。

寇瑊，字平仲，华州下邽人也。父宪，晋开运中，应辟为魏王府记室参军。瑊少英迈，通《春秋》三传。年十九，举进士。太宗取人，多临轩顾问，年少者往往罢去。或教瑊增年，答曰："瑊方进取，可欺君邪？"后中第，授大理评事，知归州巴东、大名府成安县。每期会赋役，未尝辄出符移，唯具乡里姓名揭县门，百姓莫敢后期。累迁殿中丞、通判郓州。召试学士院，授右正言、直史馆，为三司度支推官，转盐铁判官。会诏百官言事，而瑊极陈利害，帝益器重之。擢尚书虞部郎中、枢密院直学士，判吏部东铨。尝奏事殿中，语不合，帝怒起，瑊辄引帝衣，令帝复坐，事决乃退。上由是嘉之，曰："朕得寇瑊，犹文皇之得魏徵也。"

淳化二年春,大旱,太宗延近臣问时政得失,众以天数对。準对曰:"《洪范》天人之际,应若影响,大旱之证,盖刑有所不平也。"太宗怒,起入禁中。顷之,召準问所以不平状,準曰:"愿召二府至,臣即言之。"有诏召二府入,準乃言曰:"顷者祖吉、王淮皆侮法受赇,吉赃少乃伏诛;淮以参政沔之弟,盗主守财至千万,止杖,仍复其官,非不平而何?"太宗以问沔,沔顿首谢,于是切责沔,而知準为可用矣。即拜準左谏议大夫、枢密副使,改同知院事。

準与知院张逊数争事上前。他日,与温仲舒偕行,道逢狂人迎马呼万岁,判左金吾王宾与逊雅相善,逊嗾上其事,準引仲舒为证,逊令宾独奏,其辞颇厉,且互斥其短。帝怒,谪逊,準亦罢知青州。

帝顾準厚,既行,念之,常不乐。语左右曰:"寇準在青州乐乎?"对曰:"準得善藩,当不苦也。"数日,辄复问。左右揣帝意且复召用準,因对曰:"陛下思準不少忘,闻準日纵酒,未知亦念陛下乎?"帝默然。明年,召拜参知政事。

自唐末,蕃户有居渭南者。温仲舒知秦州,驱之渭北,立堡栅以限其往来。太宗览奏不怿,曰:"古羌戎尚杂处伊、洛,彼蕃夷易动难安,一有调发,将重困吾关中矣。"準言:"唐宋璟不赏边功,卒致开元太平。疆埸之臣邀功以稔祸,深可戒也。"帝因命準使渭北,安抚族帐,而徙仲舒凤翔。

至道元年,加给事中。时太宗在位久,冯拯等上疏乞立储贰,帝怒,斥之岭南,中外无敢言者。準初自青州召还,入见,帝足创甚,自褰衣以示準,且曰:"卿来何缓耶?"準对曰:"臣非召不得至京师。"帝曰:"朕诸子孰可以付神器者?"準曰:"陛下为天下择君,谋及妇人、中官,不可也;谋及近臣,不可也;唯陛下择所以副天下望者。"帝俯首久之,屏左右曰:"襄王可乎?"準曰:"知子莫若父,圣虑既以为可,愿即决定。"帝遂以襄王为开封尹,改封寿王,于是立为皇太子。庙见还,京师之人拥道喜跃,曰:"少年天子也。"帝闻之不怿,召準谓曰:"人心遽属太子,欲置我何地?"準再拜贺曰:"此社稷之福也。"帝入语后嫔,宫中皆前贺。复出,延準饮,极醉而罢。

二年,祠南郊,中外官皆进秩。準素所喜者多得台省清要官,所恶不及知者退序进之。彭惟节位素居冯拯下,拯转虞部员外郎,惟节转屯田员外郎,章奏列衔,惟节犹处其下。準怒,堂帖戒拯毋乱朝制。拯愤极,陈準擅权,又条上岭南官吏除拜不平数事。广东转运使康戬亦言:吕端、张泊、李昌龄皆準所引,端之,泊能曲奉準,而昌龄畏懦,不敢与準抗,故得以任胸臆,乱经制。太宗怒,準适祀太庙摄事,召责端等。端曰:"準性刚自任,臣等不欲数争,虑伤国体。"因再拜请罪。及準入对,帝语及冯拯事,自辩。帝曰:"若廷辩,失执政体。"準犹力争不已,又持中书簿论曲直于帝前,帝益不悦,因叹曰:"鼠雀尚知人意,况人乎?"遂罢準知邓州。

真宗即位,迁尚书工部侍郎。咸平初,徙河阳,改同州。三年,朝京师,行次阌乡,又徙凤翔府。帝幸大名,诏赴行在所,迁刑部,权知开封府。六年,迁兵部,为三司使。时合盐铁、度支、户部为一使,真宗命準裁定,遂以六判官分掌之,繁简始适中。

帝久欲相準,患其刚直难独任。景德元年,以毕士安参知政事,逾月,并命同中书门下平章事,準以集贤殿大学士位士安下。是时,契丹内寇,纵游骑掠深、祁间,小不利辄引去,徜徉无斗意。準曰:"是狃我也。请练师命将,简骁锐据要害以备之。"是冬,契丹果大入。急书一夕凡五至,準不发,饮笑自如。明日,同列以闻,帝大骇,以问準。準曰:"陛下欲了此,不过五日尔。"因请帝幸澶州。同列惧,欲退,準止之,令候驾起。帝难之,欲还内,準曰:"陛下入则臣不得见,大事去矣,请毋还而行。"帝乃议亲征,召群臣问方略。

既而契丹围瀛州,直犯贝、魏,中外震骇。参知政事王钦若,江南人也,请幸金陵。陈尧叟,蜀人也,请幸成都。帝问準,準心知二人谋,乃阳若不知,曰:"谁为陛下画此策者,罪可诛也。今陛下神武,将臣协和,若大驾亲征,贼自当遁去。不然,出奇以挠其谋,坚守以老其师,劳佚之势,我得胜算矣。奈何弃庙社欲幸楚、蜀远地,所在人心崩溃,贼乘势深入,天下可复保邪?"遂请帝幸澶州。

及至南城,契丹兵方盛,众请驻跸以觇军势。準固请曰:"陛下不过河,则人心益危,敌气未慑,非所以取威决胜也。且王超领劲兵屯中山以扼其亢,李继隆、石保吉分大阵以扼其左右肘,四方征镇赴援者日至,何疑而不进?"众议皆惧,準力争之,不决。出遇高琼于屏间,谓曰:"太尉受国恩,今日有以报乎?"对曰:"琼武人,愿效死。"準复入对,琼随立庭下,準厉声曰:"陛下不以臣言为然,盍试问琼等?"琼即仰奏曰:"寇準言是。"準曰:"机不可失,宜趣驾。"琼即麾卫士进辇,帝遂渡河,御北城门楼,远近望见御盖,踊跃欢呼,声闻数十里。契丹相视惊愕,不能成列。

帝尽以军事委準,準承制专决,号令明肃,士卒喜悦。敌数千骑乘胜薄城下,诏士卒迎击,斩获大半,乃引去。上还行宫,留準居城上,徐使人视準何为。準方与杨亿饮博,歌谑欢呼。帝喜曰:"準如此,吾复何忧?"相持十余日,其统军挞览出督战。时威虎军头张瓌出床子弩,弩撼机发,矢中挞览额,挞览死,乃密奉书请盟。準不从,而使者来请益坚,帝将许之。準欲邀使称臣,且献幽州地。帝厌兵,欲羁縻不绝而已。有谮準幸兵以自取重者,準不得已,许之。帝遣曹利用如军中议岁币,曰:"百万以下皆可许也。"準召利用至幄,语曰:"虽有敕,汝所许毋过三十万,过三十万,吾斩汝矣。"利用至军,果以三十万成约而还。河北罢兵,準之力也。

準在相位,用人不以次,同列颇不悦。它日,又除官,同列因吏持例簿以进。準曰:"宰相所以进贤退不肖也,若用例,一吏职尔。"二年,加中书侍郎兼工部尚书。準颇自矜澶渊之功,虽帝亦以此待準甚厚。王钦若深嫉之。一日会朝,準先退,帝目送之,钦若因进曰:"陛下敬寇準,为其有社稷功邪？"帝曰："然。"钦若曰："澶渊之役，陛下不以为耻，而谓準有社稷功，何也？"帝愕然曰："何故？"钦若曰："城下之盟，《春秋》耻之。澶渊之举，是城下之盟也。以万乘之贵而为城下之盟，其何耻如之！"帝愀然为之不悦。钦若曰："陛下闻博乎？博者输钱欲尽，乃罄所有出之，谓之孤注。陛下，寇準之孤注也，斯亦危矣。"

由是帝顾準浸衰。明年，罢为刑部尚书、知陕州，遂用王旦为相。帝谓旦曰："寇準多许人官，以为己恩。俟行，当深戒之。"从封泰山，迁户部尚书、知天雄军。祀汾阴，命提举贝、德、博、洺、滨、棣巡检捉贼公事，迁兵部尚书，入判都省。幸亳州，权东京留守，为枢密院使、同平章事。

林特为三司使，以河北岁输绢阙，督之甚急。而準素恶特，颇助转运使李士衡而沮特，且言在魏时尝进河北绢五万匹三司不纳，以至阙供，请劾主吏以下。然京师岁费绢百万，準所助才五万。帝不悦，谓王旦曰："準刚忿如昔。"旦曰："準好人怀惠，又欲人畏威，皆大臣所避。而準乃为己任，此其短也。"未几，罢为武胜军节度使、同平章事、判河南府，徙永兴军。

天禧元年，改山南东道节度使，时巡检朱能挟内侍都知周怀政诈为天书，上以问王旦。旦曰："始不信天书者準也。今天书降，须令準上之。"準从上其书，中外皆以为非。遂拜中书侍郎兼吏部尚书、同平章事、景灵宫使。

三年，祀南郊，进尚书右仆射、集贤殿大学士。时真宗得风疾，刘太后预政于内，準请间曰："皇太子人所属望，愿陛下思宗庙之重，传以神器，择方正大臣为羽翼。丁谓、钱惟演，佞人也，不可以辅少主。"帝然之。準密令翰林学士杨亿草表，请太子监国，且欲援亿辅政。已而谋泄，罢为太子太傅，封莱国公。时怀政反侧不自安，且忧得罪，乃谋杀大臣，请罢皇后预政，奉帝为太上皇，而传位太子，复相準。客省使杨崇勋等以告丁谓，谓微服夜乘犊车诣曹利用计事，明日以闻。乃诛怀政，降準为太常卿、知相州，徙安州，贬道州司马。帝初不知也，他日，问左右曰："吾目中久不见寇準，何也？"左右莫敢对。帝崩时亦言惟準与李迪可托，其见重如此。

乾兴元年，再贬雷州司户参军。初，丁谓出準门至参政，事準甚谨。尝会食中书，羹污準须，谓起，徐拂之。準笑曰："参政国之大臣，乃为官长拂须邪？"谓甚愧之，由是倾构日深。及準贬未几，谓亦南窜，道雷州，準遣人以一蒸羊逆境上。谓欲见準，準拒绝之。闻家僮谋欲报仇者，乃杜门使纵博，毋得出，伺谓行远，乃罢。

天圣元年，徙衡州司马。初，太宗尝得通天犀，命工为二带，一以赐準。及是，準遣人取自洛中，既至数日，沐浴，具朝服束带，北面再拜，呼左右趣设卧具，就榻而卒。

初，张咏在成都，闻準入相，谓其僚属曰："寇公奇才，惜学术不足尔。"及準出陕，咏适自成都罢还，準严供帐，大为具待。咏将去，準送之郊，问曰："何以教準？"咏徐曰："《霍光传》不可不读也。"準莫谕其意，归取传读之，至"不学无术"，笑曰："此张公谓我矣。"

準少年富贵，性豪侈，喜剧饮，每宴宾客，多阖扉脱骖。家未尝燕油灯，虽庖匽所在，必然炬烛。

在雷州逾年。既卒，衡州之命乃至，遂归葬西京。道出荆南公安，县人皆设祭哭于路，折竹植地，挂纸钱，逾月视之，枯竹尽生笋。众因为立庙，岁时享之。无子，以从子随为嗣。準殁后十一年，复太子太傅，赠中书令、莱国公，后又赐谥曰忠愍。皇祐四年，诏翰林学士孙抃撰神道碑，帝为篆其首曰"旌忠"。

论曰：吕端谏秦王居留，表表已见大器，与寇準同相而常让之，留李继迁之母不诛。真宗之立，闭王继恩于室，以折李后异谋，而定大计；既立，犹请去帘，升殿审视，然后下拜，太宗谓之"大事不糊涂"者，知臣莫过君矣。宰相不和，不足以定大计。毕士安荐寇準，又为之辨诬。契丹大举而入，合辞以劝真宗，遂幸澶渊，终却钜敌。及议岁币，因请重赂，要其久盟；由是西夏失牵制之谋，随亦内附。景德、咸平以来，天下又安，二相协和之所致也。準于太宗朝论建太子，谓神器不可谋及妇人、谋及中官、谋及近臣。此三言者，可为万世龟鉴。澶渊之幸，力沮众议，竟成隽功，古所谓大臣者，于斯见之。然挽衣留谏，面诋同列，虽有直言之风，而少包荒之量。定策禁中，不慎所与，致启怀政邪谋，坐窜南裔。勋业如是而不令厥终，所谓"臣不密则失身"，岂不信哉！

卷二百八十二　　列传第四十一

李沆弟维　王旦　向敏中

李沆，字太初，洺州肥乡人。曾祖丰，泰陵令。祖滔，洺州团练判官。父炳，从邢帅薛怀让辟，为观察支使。怀让徙同州，又为掌书记，历邠州、凤翔判官，拜殿中侍御史、知舒州。太祖征金陵，缘淮供亿，惟舒尤甚，以劳加侍御史，卒。

沆少好学，器度宏远，炳尝语人曰："此儿异日必至公辅。"太平兴国五年，举进士甲科，为将作监丞、通判潭州，迁右赞善大夫，转著作郎。相府召试约束边将诏书，既奏御，太宗甚悦，命直史馆。雍熙三年，右拾遗王化基上书自荐，太宗谓宰相曰："李沆、宋湜，皆嘉士也。"即命中书并化基召试，并除右补阙、知制诰。沆位最下，特升于上，各赐钱百万。又以沆素贫，多负人钱，别赐三十万偿之。四年，与翰林学士宋白同知贡举。谤议虽众，而不归咎于沆。迁职方员外郎，召入翰林为学士。

淳化二年，判吏部铨。尝侍曲宴，太宗目送之曰："李沆风度端凝，真贵人也。"三年，拜给事中、参知政事。四年，以本官罢，奉朝请。未几，丁内艰，起复，遂出知昇州。未行，改知河南府。真宗升储，迁礼部侍郎兼太子宾客，诏东宫待以师傅礼。真宗即位，迁户部侍郎、参知政事。咸平初，以本官平章事，监修国史，改中书侍郎。

会契丹犯边,真宗北幸,命沆留守,京师肃然。真宗还,沆迎于郊,命坐置酒,慰劳久之。累加门下侍郎、尚书右仆射。真宗问治道所宜先,沆曰:"不用浮薄新进喜事之人,此最为先。"问其人,曰:"如梅询、曾致尧等是矣。"后致尧副温仲舒安抚陕西,于阁门疏言仲舒不足与共事。轻锐之党无不称快,沆不喜也,因用他人副仲舒,罢致尧。帝尝语及唐人树党难制,遂使王室微弱,盖奸邪难辨尔。沆对曰:"佞言似忠,奸言似信,至如卢杞蒙蔽德宗,李勉以为真奸邪是也。"真宗曰:"奸邪之迹,虽曰难辨,然久之自败。"

一夕,遣使持手诏欲以刘氏为贵妃,沆对使者引烛焚诏,附奏曰:"但道臣沆以为不可。"其议遂寝。驸马都尉石保吉求为使相,复问沆,沆曰:"赏典之行,须有所自。保吉因缘戚里,无攻战之劳,台席之拜,恐腾物议。"他日再三问之,执议如初,遂止。帝以沆无密奏,谓之曰:"人皆有密启,卿独无,何也?"对曰:"臣待罪宰相,公事则公言之,何用密启?夫人臣有密启者,非谗即佞,臣常恶之,岂可效尤?"

时李继迁久叛,兵众日盛,有图取朔方之意。朝廷困于飞挽,中外咸以为灵州乃必争之地,苟失之,则缘边诸郡皆不可保。帝颇惑之,因访于沆。沆曰:"继迁不死,灵州非朝廷有也。莫若遣使密召州将,使部分军民空垒而归,如此,则关右之民息肩矣。"方众议各异,未即从沆言,未几而灵州陷,帝由是益重之。

沆为相,王旦参政事,以西北用兵,或至旰食。旦叹曰:"我辈安能坐致太平,得优游无事耶?"沆曰:"少有忧勤,足为警戒。他日四方宁谧,朝廷未必无事。"后契丹和亲,旦问何如,沆曰:"善则善矣,然边患既息,恐人主渐生侈心耳。"旦未以为然。沆又日取四方水旱盗贼奏之,旦以为细事不足烦上听。沆曰:"人主少年,当使知四方艰难。不然,血气方刚,不留意声色犬马,则土木、甲兵、祷祠之事作矣。吾老,不及见此,此参政他日之忧也。"沆没后,真宗以契丹既和,西夏纳款,遂封岱、祠汾,大营宫观,蒐讲坠典,靡有暇日。且亲见王钦若、丁谓等所为,欲谏则业已同之,欲去则上遇之厚,乃以沆先识之远,叹曰:"李文靖真圣人也。"当时遂谓之"圣相"。

寇准与丁谓善,屡以谓才荐于沆,不用。准问之,沆曰:"顾其为人,可使之在人上乎?"准曰:"如谓者,相公终能抑之使在人下乎?"沆笑曰:"他日后悔,当思吾言也。"准后为谓所倾,始伏沆言。

沆为相,接宾客,常寡言。马亮与沆同年生,又与其弟维善,语维曰:"外议以大兄为无口匏。"维乘间达亮语,沆曰:"吾非不知也。然今之朝士得升殿言事,上封论奏,了无壅蔽,多下有司,皆见之矣。若邦国大事,北有契丹,西有夏人,日旰条议所以备御之策,非不详究。荐绅如李宗谔、赵安仁,皆时之英秀,与之谈,犹不能启发吾意。自余通籍之子,坐起拜揖,尚周章失次,即席必自论功最,以希宠奖,此有何策而与之接语哉?苟屈意妄言,即世所谓笼罩。笼罩之事,仆病未能也。"沆又尝言:"居重位实无补,惟中外所陈利害,一切报罢之,此少以报国尔。朝廷防制,纤悉备具,或徇所陈请,施行一事,即所伤多矣,陆象先曰'庸人扰之'是已。检人苟一时之进,岂念厉民耶?"沆为相,常读《论语》。或问之,沆曰:"沆为宰相,如《论语》中'节用而爱人,使民以时',尚未能行。圣人之言,终身诵之可也。"

景德元年七月,沆待漏将朝,疾作而归,诏太医诊视,抚问之使相望于道。明日,驾往临问,赐白金五千两。方还宫而沆薨,年五十八。上闻之惊叹,趣驾再往,临哭之恸,谓左右曰:"沆为大臣,忠良纯厚,始终如一,岂意不享遐寿!"言终又泣下。废朝五日,赠太尉、中书令,谥文靖。录其弟国子博士赞为虞部员外郎,光禄寺丞源为太子中舍、屯田员外郎,直集贤院维为户部员外郎。子宗简为大理评事。甥苏昂、妻兄之子朱涛并同进士出身。乾兴元年,仁宗即位,诏配享真宗庙庭。

沆性直谅,内行修谨,言无枝叶,识大体。居位慎密,不求声誉,动遵条制,人莫能干以私。公退,终日危坐,未尝跛倚。治第封丘门内,厅事前仅容旋马。或言其太隘,沆笑曰:"居第当传子孙,此为宰相厅事诚隘,为太祝、奉礼厅事已宽矣。"至于垣颓壁损,不以屑虑。堂前药阑坏,妻戒守舍者勿葺以试沆,沆朝夕见之,经月终不言。妻以语沆,沆曰:"岂可以此动吾一念哉!"家人劝治居第,未尝答。弟维因语次及之,沆曰:"身食厚禄,时有横赐,计囊装亦可以治第,但念内典以此世界为缺陷,安得圆满如意,自求称足?今市新宅,须一年缮完,人生朝暮不可保,又岂能久居?巢林一枝,聊自足耳,安事丰屋哉?"

沆与诸弟友爱,尤器重维,暇日相对宴饮清言,未尝及朝政,亦未尝问家事。沆没后,或荐梅询可用,真宗曰:"李沆尝言其非君子。"其为信倚如此。

维字仲方,第进士,为保信军节度推官。真宗初,献《圣德诗》,召试中书,擢直集贤院,以沆相,避知歙州。至郡,兴学舍,岁时行乡射之礼。沆没,入为户部员外郎。

契丹请和,以为贺正旦使。真宗方幸西京,维还诣行在,具言其待遇礼厚,必保盟好。擢兵部员外郎、知制诰。自是每北使至,多命维主之。擢为翰林学士,累迁中书舍人,以疾辞,出知许州。复入翰林为学士承旨,加史馆修撰。仁宗初,再迁为尚书左丞兼侍读学士,预修《真宗实录》,迁工部尚书。会塞下传契丹将绝盟,复遣维往使。其主隆绪重维名,馆伴加礼,使赋《两朝悠久诗》。诗成,大喜。既还,帝欲用为枢密副使,或斥维赋诗自称小臣,乃寝。迁刑部尚书,辞不拜,引李士衡故事求换官,除相州观察使,为谏官刘随所诋,知亳州。请赴本镇,改河阳。久之还朝,复出知陈州,卒。

维博学,少以文章知名,至老手不废书。景德以后,巡幸四方,典章名物,多维所参定。尝预定《七经正义》,修《续通典》、《册府元龟》。性宽易,喜愠不见于色,奖借后进,嗜酒善谑,而好为诗。常曰:"人生觞咏自适,余何营哉?"既没,家无余赀。景祐元年,赠尚书右仆射。子师锡,虞部员外郎;公谨,太子中舍。

王旦,字子明,大名莘人。曾祖言,黎阳令。祖彻,左拾遗。父祐,尚书兵部侍郎,以文章显于汉、周之际,事太祖、太宗为名臣。尝谕杜重威使无反汉,拒卢多逊害赵普之谋,以百口明符彦卿无罪,世多称其阴德。祐手植三槐于庭,曰:"吾之后世,必有为三公者,此其所以志也。"

旦幼沉默,好学有文,祐器之曰:"此儿当至公相。"太平兴国五年,进士及第,为大理评事、知平江县。其廨旧传有物怪凭庡,居多不宁。旦将至前夕,守吏闻群鬼啸呼云:"相君至矣,当避去。"自是遂绝。就改将作监丞。赵昌言为转运使,以威望自任,属吏屏畏,入旦境,称其善政,以女妻之。代还,命监潭州银场。何承矩典郡,荐入为著作佐郎,预编《文苑英华》《诗类》。迁殿中丞、通判郑州。表请天下建常平仓,以塞兼并之路。徙濠州。淳化初,王禹偁荐其才,任转运使。驿召至京,旦不乐吏职,献文召试,命直史馆。二年,拜右正言、知制诰。

初,祐以宿名久掌书命,旦不十年继其任,时论美之。钱若水有人伦鉴,见旦曰:"真宰相器也。"与之同列,每曰:"王君凌霄耸壑,栋梁之材,贵不可涯,非吾所及。"李沆以同年生,亦推重为远大之器。明年,与苏易简同知贡举,加虞部员外郎、同判吏部流内铨、知考课院。赵昌言参机务,旦避嫌,引唐独孤郁、权德舆故事辞职。太宗嘉其识体,改礼部郎中、集贤殿修撰。昌言出知凤翔,即日以旦知制诰,仍兼修撰、判院事,面赐金紫,择牯犀带宠之,又令冠西阁。至道元年,知理检院。二年,进兵部郎中。

真宗即位,拜中书舍人,数月,为翰林学士兼知审官院、通进银台封驳司。帝素贤旦,尝奏事退,目送之曰:"为朕致太平者,必斯人也。"钱若水罢枢务,得对苑中,访近臣之可用者,若水言:"旦有德望,堪任大事。"帝曰:"此固朕心所属也。"咸平三年,又知贡举,锁宿旬日,拜给事中、同知枢密院事。逾年,以工部侍郎参知政事。

契丹犯边,从幸澶州。雍王元份留守东京,遇暴疾,命旦驰还,权留守事。旦曰:"愿宣寇准,臣有所陈。"准至,旦奏曰:"十日之间未有捷报,时当如何?"帝默然良久,曰:"立皇太子。"旦既至京,直入禁中,下令甚严,使人不得传播。及驾还,旦子弟及家人皆迎于郊,忽闻后有驺呵声,惊视之,乃旦也。二年,加尚书左丞。三年,拜工部尚书、同中书门下平章事、集贤殿大学士、监修《两朝国史》。

契丹既受盟,寇准以为功,有自得之色,真宗亦自得也。王钦若忌准,欲倾之,从容言曰:"此《春秋》城下之盟也,诸侯犹耻之,而陛下以为功,臣窃不取。"帝愀然曰:"为之奈何?"钦若度帝厌兵,即谬曰:"陛下以兵取幽燕,乃可涤耻。"帝曰:"河朔生灵始免兵革,朕安能为此?可思其次。"钦若曰:"唯有封禅泰山,可以镇服四海,夸示外国。然自古封禅,当得天瑞希世绝伦之事,然后可尔。"既而又曰:"天瑞安可必得?前代盖有以人力为之者,惟人主深信而崇之,以明示天下,则与天瑞无异也。"帝思久之,乃可,而心惮旦,曰:"王旦得无不可乎?"钦若曰:"臣得以圣谕喻之,宜无不可。"乘间为旦言,

黾勉而从。帝犹尤豫,莫与筹之者。会幸秘阁,骤问杜镐曰:"古所谓河出图、洛出书,果何事耶?"镐老儒,不测其旨,漫应之曰:"此圣人以神道设教尔。"帝由此意决,遂召旦饮,欢甚,赐以尊酒,曰:"此酒极佳,归与妻孥共之。"既归发之,皆珠也。由是凡天书、封禅等事,旦不复异议。

大中祥符初,为天书仪仗使,从封泰山,为大礼使,进中书侍郎兼刑部尚书。受诏撰《封祀坛颂》,加兵部尚书。四年,祀汾阴,又为大礼使,迁右仆射、昭文馆大学士。仍撰《祠坛颂》,将复进秩,恳辞得免,止加功臣。俄兼门下侍郎、玉清昭应宫使。五年,为玉清奉圣像大礼使。景灵宫建,又为朝修使。七年,刻天书,兼刻玉使,选御厩三马赐之。玉清昭应宫成,拜司空。京师赐酺,旦以惨恤不赴会,帝赐诗导意焉。《国史》成,迁司空。旦为天书使,每有大礼,辄奉天书以行,恒邑邑不乐。凡柄用十八年,为相仅一纪。

会契丹修和,西夏誓守故地,二边兵罢不用,真宗以无事治天下。旦谓祖宗之法具在,务行故事,慎所变改。帝久益信之,言无不听,凡大臣有所请,必曰:"王旦以为如何?"旦与人寡言笑,默坐终日,及奏事,群臣异同,旦徐一言以定。归家,或不去冠带,入静室独坐,家人莫敢见之。旦弟以问赵安仁,安仁曰:"方议事,公不欲行而未决,此必忧朝廷矣。"

帝尝示二府《喜雨诗》,旦袖归曰:"上诗有一字误写,莫进入改却否?"王钦若曰:"此亦无害。"而密奏之。帝愠,谓旦曰:"昨日诗有误字,何不来奏?"旦曰:"臣得诗未暇再阅,有失上陈。"惶惧再拜谢,诸臣皆拜,独枢密马知节不拜,具以实奏,旦曰:"王旦略不辨,真宰相器也。"帝顾旦而笑焉。天下大蝗,使人于野得死蝗,帝以示大臣。明日,执政遂袖死蝗进曰:"蝗实死矣,请示于朝,率百官贺。"旦独不可。后数日,方奏事,飞蝗蔽天,帝顾旦曰:"使百官方贺,而蝗如此,岂不为天下笑耶?"

宫禁火灾,旦驰入。帝曰:"两朝所积,朕不妄费,一朝殆尽,诚可惜也。"旦对曰:"陛下富有天下,财帛不足忧,所虑者政令赏罚之不当。臣备位宰府,天灾如此,臣当罢免。"继上表待罪,帝乃降诏罪己,许中外封事言得失。后有言荣王宫火所延,非天灾,请置狱劾,当坐死者百余人。旦独请曰:"始火时,陛下已罪己诏天下,臣等皆上章待罪。今反归咎于人,何以示信?且火虽有迹,宁知非天谴耶?"当坐者皆免。

日者上书言宫禁事,坐诛。籍其家,得朝士所与往还占问吉凶之说。帝怒,欲付御史问状。旦曰:"此人之常情,且语不及朝廷,不足罪。"真宗怒不解,旦因自取尝所占问之书进曰:"臣少贱时,不免为此。必以为罪,愿并臣付狱。"真宗曰:"此事已发,何可免?"旦曰:"臣为宰相执国法,岂可自为之,幸于不发而以罪人。"帝意解。旦至中书,悉焚所得书。既而复悔,驰取之,而已焚之矣。由是皆免。仁宗为皇太子,太子谕德见旦,称太子学书有法。旦曰:"谕德之职,止于是耶?"张士逊又称太子书,

旦曰："太子不在应举,选学士不在学书。"
　　契丹奏请岁给外别假钱币。旦曰："东封甚近,车驾将出,彼以此探朝廷之意耳。"帝曰："何以答之?"旦曰："止当以微物而轻之。"乃以岁给三十万物内各借三万,仍谕次年额内除之。契丹得之,大惭。次年,复下有司:"契丹所借金币六万,事属微末,今仍依常数与之,后不为比。"西夏赵德明言民饥,求粮百万斛。大臣皆曰："德明新纳誓而敢违,请以诏责之。"帝以问旦,旦请敕有司具粟百万于京师,而诏德明来取之。德明得诏,惭且拜曰:"朝廷有人。"
　　寇凖数短旦,旦专称凖。帝谓旦曰:"卿虽称其美,彼专谈卿恶。"旦曰:"理固当然。臣在相位久,政事阙失必多。凖对陛下无所隐,益见其忠直,此臣所以重凖也。"帝以是愈贤旦。中书有事送密院,违诏格,凖在密院,以事上闻。旦被责,第拜谢,堂吏皆见罚。不逾月,密院有事送中书,亦违诏格,堂吏欣然呈旦,旦令送还密院。凖大惭,见旦曰:"同年,甚得许大度量?"旦不答。寇凖罢枢密使,托人私求为使相,旦惊曰:"将相之任,岂可求耶!吾不受私请。"凖深憾之。已而除凖武胜军节度使、同中书门下平章事。凖入见,谢曰:"非陛下知臣,安能至此?"帝具道旦所以荐者。凖愧叹,以为不可及。凖在藩镇,生辰,造山棚大宴,又服用僭侈,为人所奏。帝怒,谓旦曰:"寇凖每事欲效朕,可乎?"旦徐对曰:"凖诚贤能,无如騃何。"真宗意遂解,曰:"然,此正是騃尔。"遂不问。
　　翰林学士陈彭年呈政府科场条目,旦投之地曰:"内翰得官几日,乃欲隔截天下进士耶?"彭年皇恐而退。时向敏中同在中书,出彭年所留文字,旦瞑目取纸封之。敏中请一览,旦曰:"不过兴建符瑞图进尔。"后彭年与王曾、张知白参预政事,同谓旦曰:"每奏事,其间有不经上览者,公批旨奉行,恐人言之以为不可。"旦逊谢而已。一日奏对,旦退,曾当稍留,帝惊曰:"有何事不与王旦来?"皆以前事对。帝曰:"旦在朕左右多年,朕察之无毫发私。自东封后,朕谕以小事一面奉行,卿等谨奉之。"曾等退而愧谢,旦曰:"正赖诸公规益。"略不介意。
　　帝欲相王钦若,旦曰:"钦若遭逢陛下,恩礼已隆,且乞留之枢密,两府亦均。臣见祖宗朝未尝有南人当国者,虽古称立贤无方,然须贤士乃可。臣为宰相,不敢沮抑人,此亦公议也。"真宗遂止。旦没后,钦若始大用,语人曰:"为王公迟我十年作宰相。"钦若与陈尧叟、马知节同在枢府,因奏事忿争。真宗召旦至,钦若犹哗不已,知节流涕曰:"愿与钦若同御史府。"旦叱钦若使退。帝大怒,命付狱。旦从容曰:"钦若等恃陛下厚顾,上烦谴诃,当行朝典。愿且还内,来日取旨。"明日,召旦前问之,曰:"钦若等当黜,未知坐以何罪?"帝曰:"坐忿争无礼。"旦曰:"陛下奄有天下,使大臣坐忿争无礼之罪,或闻外国,恐无以威远。"帝曰:"卿意如何?"旦曰:"愿至中书,召钦若等宣示陛下含容之意,且戒约之。俟少间,罢之未晚也。"帝曰:"非卿之言,朕固难忍。"后月余,钦若等皆罢。
　　旦尝与杨亿评品人物,亿曰:"丁谓久远当何如?"旦曰:"才则才矣,语道则未。他日在上位,使有德者助之,庶得终吉;若独当权,必为身累尔。"后谓果如言。
　　旦为兖州景灵宫朝修使,内臣周怀政偕行,或乘间请见,旦必俟从者尽至,冠带出见于堂皇,白事而退。后怀政以事败,方知其远虑。内臣刘承规以忠谨得幸,病且死,求为节度使。帝语旦曰:"承规待此以瞑目。"旦执不可,曰:"他日将有求为枢密使者,奈何?"遂止。自是内臣官不过留后。
　　旦为相,宾客满堂,无敢以私请。察可与言及素知名者,数月后,召与语,询访四方利病,或使疏其言而献之。观才之所长,密籍其名,其人复来,不见也。每有差除,先密疏三四人姓名以请,所用者帝以笔点之。同列不知,争有所用,惟旦所用,奏入无不可。丁谓以是数毁旦,帝益厚之。故参政李穆子行简,以将作监丞家居,有贤行,迁太子中允。使者不知其宅,真宗命就中书问旦,人始知行简为旦所荐。旦凡所荐,皆人未尝知。旦没后,史官修《真宗实录》,得内出奏章,始知朝士多旦所荐云。谏议大夫张师德两诣旦门,不得见,意为人所毁,以告向敏中,为从容明之。及议知制诰,旦曰:"可惜张师德。"敏中问之,旦曰:"累于上前言师德名家子,有士行,不意两及吾门。状元及第,荣进素定,但当静以待之尔。若复奔竞,使无阶而入者当如何也。"敏中启以师德之意,旦曰:"旦处安得有人敢轻毁人,但师德后进,待我薄尔。"敏中固称:"适有阙,望公弗遗。"旦曰:"第缓之,使师德知,聊以戒贪进、激薄俗也。"
　　石普知许州,不法,朝议欲就劾。旦曰:"普武人,不明典宪,恐恃薄效,妄有生事。必须重行,乞召归置狱。"乃下御史按之,一日而狱具。议者以为不屈国法而保全武臣,真国体也。薛奎为江、淮发运使,辞旦,旦无他语,但云:"东南民力竭矣。"奎退而曰:"真宰相之言也。"张士逊为江西转运使,辞旦求教,旦曰:"朝廷权利至矣。"士逊迭更是职,思旦之言,未尝求利,识者曰:"此运使识大体。"张咏知成都,召还,以任中正代之,言者以为不可。帝问旦,对曰:"非中正不能守咏之规。他人往,妄有变更矣。"李迪、贾边有时名,举进士,迪以赋落韵,边以《当仁不让于师论》以"师"为"众",与注疏异,皆不预。主文奏乞收试,旦曰:"迪虽犯不考,然出于不意,其过可略。边特立异说,将令后生务为穿凿,渐不可长。"遂收迪而黜边。
　　旦任事久,人有谤之者,辄引咎不辨。至人有过失,虽人主盛怒,可辨者辨之,必得而后已。素羸多疾,自东鲁复命,连岁求解,优诏褒答,继以面谕,委任无贰。天禧初,进位太保,为兖州太极观奉上宝册使,复加太尉兼侍中,五日一赴起居,入中书,遇军国重事,不限时日入预参决。旦愈畏避,上疏恳辞,又托同列奏白。帝重违其意,止加封邑。一日,独对滋福殿,帝曰:"朕方以大事托卿,而卿疾如此。"因命皇太子出拜,旦皇恐走避,太子随而拜之。旦言:"太子盛德,必任陛下事。"因荐可为大臣者十余人,其后不至宰相惟李及、凌策二人,亦为名臣。旦复求避位,帝睹其形瘁,恻然许之。以太尉领玉清昭应宫使，给宰相半奉。

初，旦以宰相兼使，今罢相，使犹领之，其专置使自旦始焉。寻又命肩舆入禁，使子雍与直省吏挟扶，见于延和殿。帝曰："卿今疾亟，万一有不讳，使朕以天下事付之谁乎？"旦曰："知臣莫若君，惟明主择之。"再三问，不对。时张咏、马亮皆为尚书，帝历问二人，亦不对。因曰："试以卿意言之。"旦强起举笏曰："以臣之愚，莫如寇准。"帝曰："准性刚褊，卿更思其次。"旦曰："他人，臣所不知也。臣病困，不能久侍。"遂辞退。后旦没岁余，竟用准为相。

旦疾甚，遣内侍问者日或三四，帝手自和药，并薯蓣粥赐之。旦与杨亿素厚，延至卧内，请撰遗表。旦言："忝以宰辅，不可以将尽之言，为宗亲求官，止叙生平遭遇，愿旦亲庶政，进用贤士，少减焦劳之意。"仍戒子弟："我家盛名清德，当务俭素，保守门风，不得事于泰侈，勿为厚葬以金宝置柩中。"表上，真宗叹之，遂幸其第，赐白金五千两。旦作奏辞之，藁末，自益四句云："益惧多藏，况无所用，见欲散施，以息咎殃。"即舁至内阁，诏不许。还至门，旦已薨，年六十一。帝临其丧恸，废朝三日，赠太师、尚书令、魏国公，谥文正，又别次发哀。后数日，张旻赴镇河阳，例宜饮饯，以旦故，不举乐。录其子、弟、侄、外孙、门客、常从，授官者十数人。诸子服除，又各进一官。已而闻旦奏藁自益四句，取视，泣下久之。旦有文集二十卷。乾兴初，诏配享真宗庙廷。及建碑，仁宗篆其首曰："全德元老之碑。"

旦事寡嫂有礼，与弟旭友爱甚笃。婚姻不求门阀。被服质素，家人欲以缯锦饰毡席，不许。有货玉带者，弟以为佳，呈旦，旦命系之，曰："还见佳否？"弟曰："系之安得自见？"旦曰："自负重而使观者称好，无乃劳乎！"亟还之。故所服止于赐带。家人未尝见其怒，饮食不精洁，但不食而已。尝试以少埃墨投羹中，旦惟啖饭，问何不啜羹，则曰："我偶不喜肉。"后又墨其饭，则曰："吾今日不喜饭，可别具粥。"旦不置田宅，曰："子孙当各念自立，何必田宅，徒使争财为不义尔。"真宗以其所居陋，欲治之，旦辞以先人旧庐，乃止。宅门坏，主者彻新之，暂于庑下启侧门出入。旦至侧门，据鞍俯过，门成复由之，皆不问焉。三子：雍，国子博士；冲，左赞善大夫；素，别有传。

向敏中，字常之，开封人。父瑀，仕汉符离令。性严毅，惟敏中一子，躬自教督，不假颜色。尝谓其母曰："大吾门者，此儿也。"敏中随瑀赴调京师，有书生过门，见敏中，谓邻母曰："此儿风骨秀异，贵且寿。"邻母入告其家，比出，已不见矣。及冠，继丁内外忧，能刻厉自立，有大志，不屑贫窭。

太平兴国五年进士，解褐将作监丞、通判吉州，就改右赞善大夫。转运使张齐贤荐其材，代还，为著作郎。召见便殿，占对明畅，太宗善之，命为户部推官，出为淮南转运副使。时领外计者，皆以权宠自尊，所至畏惮，敏中不尚威察，待僚属有礼，勤于劝勖，职务修举。或荐其有武干者，召入，将授诸司副使。敏中恳辞，仍献所著文，加直史馆，遣还任。以耕籍恩，超左司谏，入为户部判官、知制诰。未几，权判大理寺。

时没入祖吉赃钱，分赐法吏，敏中引钟离意委珠事，独不受。妖尼道安构狱，事连开封判官张去华，敏中妻父也，以故得请不预决谳。既而法官皆贬，犹以亲累落职，出知广州。入辞，面叙其事，太宗为之感动，许以不三岁召还。翌日，迁职方员外郎，遣之。是州兼掌市舶，前守多涉讥议。敏中至荆南，预市药物以往，在任无所须，以清廉闻。就擢广南东路转运使，召为工部郎中。太宗飞白书敏中泊张咏二名付中书，曰："此二人，名臣也，朕将用之。"左右因称其材，并命为枢密直学士。

时通进、银台司主出纳书奏，领于枢密院，颇多壅遏，或至漏失。敏中具奏其事，恐远方有失事机，请别置局，命官专莅，校其簿籍，诏命敏中与咏领其局。太宗欲大任敏中，当途者忌之。会有言敏中在法寺时，皇甫侃监无为军榷务，以贿败，发书历诣朝贵求为末减，敏中亦受之。事下御史，按实，尝有书及门，敏中睹其名，不启封遣去。俄捕得侃私僮诘之，云其书寻纳简中，瘗临江传舍。驰驿掘得，封题如故。太宗大惊异，召见，慰谕赏激，遂决于登用。未几，拜右谏议大夫、同知枢密院事。自郎中至是百余日，超擢如此。时西北用兵，枢机之任，专主谋议，敏中明辨有才略，遇事敏速，凡二边道路、斥堠、走集之所，莫不周知。至道初，迁给事中。

真宗即位，敏中适在疾告，力起，见于东序，即遣视事。进户部侍郎。会曹彬为枢密使，改为副使。咸平初，拜兵部侍郎、参知政事。从幸大名，属宋湜病，代兼知枢密院事。时大兵之后，议遣重臣慰抚边郡，命为河北、河东安抚大使，以陈尧叟、冯拯为副，发禁兵万人翼从。所至访民疾苦，宴犒官吏，莫不感悦。四年，以本官同平章事，充集贤殿大学士。

故相薛居正孙安上不肖，其居第有诏无得贸易，敏中违诏质之。会居正子惟吉嫠妇柴将携赀产适张齐贤，安上诉其事，柴遂言敏中尝求娶已，不许，以是阴庇安上。真宗以问敏中，敏中言近丧妻不复议婚，未尝求婚于柴，真宗因不复问。柴又伐鼓，讼益急，遂下御史台，并得敏中质宅之状。时王嗣宗为盐铁使，素忌敏中，因对言，敏中议娶王承衍女弟，密约已定而未纳采。真宗询于王氏，得其实，以敏中前言为妄，罢为户部侍郎，出知永兴军。

景德初，复兵部侍郎。夏州李继迁兵败，为潘罗支射伤，自度孤危且死，属其子德明必归宋，曰："一表不听则再请，虽累百表，不得，请勿止也。"继迁卒，德明纳款，就命敏中为鄜延路缘边安抚使，俄还京兆。

是冬，真宗幸澶渊，赐敏中密诏，尽付西府，许便宜从事。敏中得诏藏之，视政如常日。会大傩，有告禁卒欲倚傩为乱者，敏中密使麾兵被甲伏庑下幕中。明日，尽召宾僚兵官，置酒纵阅，无一人预知者。命傩入，先驰骋于中门外，后召至阶，敏中振袂一挥，伏出，尽擒之，果各怀短刃，即席斩焉。既屏其尸，以灰沙扫庭，张乐宴饮，坐客皆股栗，边藩遂安。时旧相出镇，不以军事为意。寇准虽有重名，所至终日游宴，则以所爱伶人或付富室，辄厚有得。张齐贤倜傥任情，获劫盗或至纵遣。帝闻之，称敏中曰："大臣出临四方，惟敏中尽心于民事尔。"于是有复用之意。二年，又以德明誓约未定，徙敏中为鄜延路都署兼知延州，委以经略，改知河南府兼西京留守。

大中祥符初，议封泰山，以敏中旧德有人望，召入，权东京留守。礼成，拜尚书右丞。

时吏部选人多稽滞者，命敏中与温仲舒领其事。俄兼秘书监，又领工部尚书，充资政殿大学士，赐御诗褒宠。祀汾阴，复为留守。敏中以厚重镇静，人情帖然，帝作诗遣使驰赐之。拜刑部尚书。五年，复拜同平章事，充集贤殿大学士，加中书侍郎。寻充景灵宫使，宫成，进兵部尚书，为兖州景灵宫庆成使。

天禧初，加吏部尚书，又为应天院奉安太祖圣容礼仪使。进右仆射兼门下侍郎，监修国史。是日，翰林学士李宗谔当对，帝曰："朕自即位，未尝除仆射，今命敏中，殊命也，敏中应甚喜。"又曰："敏中今日贺客必多，卿往观之，勿言朕意也。"宗谔既至，敏中谢客，门阑寂然。宗谔与其亲径入，徐贺曰："今日闻降麻，士大夫莫不欢慰相庆。"敏中但唯唯。又曰："自上即位，未尝除端揆，非勋德隆重，眷倚殊越，何以至此。"敏中复唯唯。又历陈前世为仆射者勋德礼命之重，敏中亦唯唯，卒无一言。既退，使人问庖中，今日有亲宾饮宴否，亦无一人。明日，具以所见对。帝曰："向敏中大耐官职。"徙玉清昭应宫使。以年老，累请致政，优诏不许。三年重阳，宴苑中，暮归中风眩，郊祀不任陪从。进左仆射、昭文馆大学士，奉表恳让，又表求解，皆不许。明年三月卒，年七十二。帝亲临，哭之恸，废朝三日，赠太尉、中书令，谥文简。五子、诸婿并迁官，亲校又官数人。

敏中表裹瑰硕，有仪矩，性端厚岂弟，多智，晓民政，善处繁剧，慎于采拔。居大任三十年，时以重德目之，为人主所优礼，故虽衰疾，终不得谢。及追命制入，帝特批曰："敏中淳谨温良，宜益此意。"其恩顾如此。有文集十五卷。

子传正，国子博士；传式，龙图阁直学士；传亮，驾部员外郎；传师，殿中丞；传范，娶南阳郡王惟吉女安福县主，为密州观察使，谥惠节。

传亮子经，定国军留后，谥康懿。经女即钦圣宪肃皇后也，以后族赠敏中燕王、传亮周王、经吴王。敏中余孙绎、绛，并官太子中书。

论曰：宋至真宗之世，号为盛治，而得人亦多。李沆为相，正大光明，其焚封妃之诏以格人主之私，请迁灵州之民以夺西夏之谋，无愧宰相之任矣。沆尝谓王旦、边患既息，人主侈心必生，而声色、土木、神仙祠祷之事将作，后王钦若、丁谓之徒果售其佞。又告真宗不可用新进喜事之人，中外所陈利害皆报罢之，后神宗信用安石变更之言，驯至芬扰。世称沆为"圣相"，其言虽过，诚有先知者乎！王旦当国最久，事至不胶，有谤不校，荐贤而不市恩，救罪辄宥而不费辞。澶渊之役，请于真宗曰："十日不捷，何以处之？"真宗答曰："立太子。"契丹逾岁给而借币，西夏告民饥而假粮，皆一语定之，伟哉宰相才也。惟受王钦若之说，以遂天书之妄，斯则不及李沆尔。向敏中耻受赃物之赐以远其污，预避市舶之嫌以全其廉，坚拒皇甫侃之书以免其累，拜罢之际，喜愠不形，亦可谓有宰相之风焉。

卷二百八十三　　列传第四十二

王钦若 林特附　　丁谓　　夏竦 子安期

王钦若，字定国，临江军新喻人。父仲华，侍祖郁官鄂州。会江水暴至，徙家黄鹤楼，汉阳人望见楼上若有光景，是夕，钦若生。钦若早孤，郁爱之。太宗伐太原时，钦若才十八，作《平晋赋论》献行在。郁为濠州判官，将死，告家人曰："吾历官逾五十年，慎于用刑，活人多矣，后必有兴者，其在吾孙乎！"

钦若擢进士甲科，为亳州防御推官，迁秘书省秘书郎，监庐州税。改太常丞、判三司理欠凭由司。时毋宾古为度支判官，尝言曰："天下逋负，自五代迄今，理督未已，民病几不能胜矣。仆将启蠲之。"钦若一夕命吏勾校成数，翌日上之。真宗大惊曰："先帝顾不知邪？"钦若徐曰："先帝固知之，殆留与陛下收人心尔。"即日放逋负一千余万，释系囚三千余人。帝益器重钦若，召试学士院，拜右正言、知制诰，召为翰林学士。蜀寇王均始平，为西川安抚使。所至问系囚，自死罪以下第降之，凡列便宜，多所施行。还，授左谏议大夫、参知政事，以郊祀恩，加给事中。

河阴民常德方讼临津县尉任懿赂钦若得中第，事下御史台劾治。初，钦若咸平中尝知贡举，懿举诸科，寓僧仁雅舍。仁雅识僧秦者与钦若厚，懿与惠秦约，以银三百五十两赂钦若，书其数于纸，令惠秦持之。会钦若已入院，属钦若客纳所书于钦若妻李氏，惠秦所书银百两，欲自取之。李氏令奴祁睿书懿名于臂，并以所约银告钦若。懿再入试第五场，睿复持汤饮至贡院，钦若密令奴索取银，懿未即与而登科去。仁雅驰书河阴，始归之。德方得其书，以告御史中丞赵昌言，昌言以闻。既捕祁睿等，亦请逮钦若属吏。

祁睿本亳小吏，虽从钦若久，而名隶亳州。钦若乃言："向未有祁睿，惠秦亦不及门。"帝方顾钦若厚，命邢昺、阎承翰等于太常寺别鞫。懿更云妻兄张驾识知举官洪湛，尝俱造湛门。始但以银属二僧，不知达主司为谁。昺等遂诬湛受懿银，湛适使陕西还，而狱已具。时驾且死，睿又悉遁去，钦若因得固执祁睿休役后始佣于家，它奴使多新募，不识惠秦，故皆无证验。湛坐削藉、流儋州，而钦若遂免。方湛代王旦入知贡举，懿已试第三场，及官收湛赃，家无有也，乃以湛假梁颢白金器输官，湛遂死贬所。人知其冤，而钦若恃势，人莫敢言者。

景德初，契丹入寇，帝将幸澶渊。钦若自请北行，以工部侍郎、参知政事判天雄军、提举河北转运司，真宗亲宴以遣之。素与寇准不协，及还，累表愿解政事，罢为刑部侍郎、资政殿学士。寻判尚书都省，修《册府元龟》，或褒赞所及，钦若自名表首以谢，即缪误有所谴问，戒书吏但云杨亿以下，其所为多此类也。岁中，改兵部，升大学士、知通进银台司兼门下封驳事。初，钦若罢，为置资政殿学士以宠之，准定其班在翰林学士下。钦若诉于帝，复加"大"字，班承旨上。以尚书左丞知枢密院事，修国史。

大中祥符初，为封禅经度制置使兼判兖州，为天书仪卫副使。先是，真宗尝梦神人言"赐天书于泰山"，即密谕钦若。钦若因言，六月甲午，木工董祚于醴泉亭北见黄素曳草上，有字不能识，皇城吏王居正见其上有御名，以告。钦若既得之，具威仪奉导至社首，跪授中使，驰奉以进。真宗至含芳园奉迎，出所上《天书再降祥瑞图》示百僚。钦若又言至岳下两梦神人，愿增建庙庭。及至威雄将军庙，其神像如梦中所见，因请构亭庙。封禅礼成，迁礼部尚书，命作《社首颂》，迁户部尚书。从祀汾阴，复为天书仪卫副使，迁吏部尚书。明年，为枢密使、检校太傅、同中书门下平章事。初，学士晁迥草制，误削去官，有诏仍带吏部尚书。圣祖降，加检校太尉。钦若居第在太庙后墙，自言出入诃导不自安，因易赐官第于安定坊。七年，为同天书刻玉使。

马知节同在枢密，素恶钦若，议论不相下。会泸州都巡检王怀信等上平蛮功，钦若久不决，知节因面诋其短，争于帝前。及趣论赏，钦若遂擅除怀信等官，坐是，罢枢密使，奉朝请。改刻玉副使、知通进银台司。复拜枢密使、同平章事。上玉皇尊号，迁尚书右仆射、判礼仪院，为会灵观使。有龟蛇见拱圣营，因其地建祥源观，命钦若总领之。寻拜左仆射兼中书侍郎、同平章事。明年，为景灵使，阅《道藏》，得赵氏神仙事迹四十人，绘于廊庑。又明年，商州捕得道士谯文易，畜禁书，能以术使六丁六甲神，自言尝出入钦若家，得钦若所遗诗。帝以问钦若，谢不省，遂以太子太保出判杭州。

仁宗为皇太子，自以东宫师保请归朝，复为资政大学士。诏日赴资善堂侍讲皇太子。会辅臣兼领三少，钦若以品高求换秩，拜司空，寻除山南道节度使、同平章事、判河南府。与宰相丁谓不相悦，以疾请就医京师，不报。令其子从益移文河南府，舆疾而归。谓言钦若擅去官守，命御史中丞薛映就第按问。钦若惶恐伏罪，降司农卿，分司南京，夺从益一官。

仁宗即位，改秘书监，起为太常卿、知濠州，以刑部尚书知江宁府。仁宗尝为飞白书，适钦若有奏至，因大书"王钦若"字。是时，冯拯病，太后有再相钦若意，即取字缄置汤药合，遣中人赍以赐，且口宣召之。至国门而人未有知者。既朝，复拜司空、门下侍郎、同平章事、玉清昭应宫使、昭文馆大学士，监修国史。

帝初临政，钦若谓平时百官叙进，皆有常法，为《迁叙图》以献。《真宗实录》成，进司徒，以郊祀恩，封冀国公。知邠武军吴植病，求外徙，因殿中丞余谔以黄金遗钦若，未至，而植复遣牙吏至钦若第问之。钦若执以送官，植、谔皆坐贬。初，钦若安抚西川，植为新繁县尉，尝荐举之。至是，亦当以失举坐罪，诏勿问。兼译经使，始赴传法院，感疾亟归。帝临问，赐白金五千两。既卒，赠太师、中书令，谥文穆，录亲属及所亲信二十余人。国朝以来宰相恤恩，未有钦若比者。

钦若尝言："少时过圃田，夜起视天中，赤文成'紫微'字。后使蜀，至褒城道中，遇异人，告以他日位至宰相。既去，视其刺字，则唐相裴度也。"及贵，遂好神仙之事，常用道家科仪建坛场以礼神，朱书"紫微"二字陈于坛上。表修裴度祠于圃田，官其裔孙，自撰文以纪其事。

真宗封泰山、祀汾阴，而天下争言符瑞，皆钦若与丁谓倡之。尝建议躬谒元德皇太后别庙，为庄穆皇后行期服。议者以谓'天子当绝傍期，钦若所言不合礼'。又请置先蚕并寿星祠，升天皇北极帝坐于郊坛第一龛，增执法、孙星位，别制王公以下车辂、鼓吹，以备拜官、婚葬。所著书有《卤簿记》、《彤管懿范》、《天书仪制》、《圣祖事迹》、《翊圣真君传》、《五岳广闻记》、《列宿万灵朝真图》、《罗天大醮仪》。钦若自以深达道教，多所建明，领校道书，凡增六百余卷。

钦若状貌短小，项有附疣，时人目为"瘿相"。然智数过人，每朝廷有所兴造，委曲迁就，以中帝意。又性倾巧，敢为矫诞。马知节尝斥其奸状，帝亦不之罪。其后仁宗尝谓辅臣曰："钦若久在政府，观其所为，真奸邪也。"王曾对曰："钦若与丁谓、林特、陈彭年、刘承珪，时谓之'五鬼'。奸邪险伪，诚如圣谕。"

钦若子从益，终赞善大夫，追赐进士及第。后无子，以叔之子为后。

林特字士奇。祖揆，仕闽为南剑州顺昌令，因家顺昌。特少颖悟，十岁，谒江南李景，献所为文，景奇之，命作赋，有顷而成，授兰台校书郎。江南平，伪官皆入见，特袖文以进。太宗以为长葛尉，改遂州录事参军。代还，命中书引对，授大理寺丞、通判陇州，有治状。田重进镇永兴，太宗以重进武人，选特与杨覃并为通判，人赐白金二百两，给实奉。会出兵五路讨李继迁，督所部转刍粟，先期以办。吕蒙正辟通判西京留守事。蒙正入相，荐之，入判三司户部勾院。

梁鼎制置陕西青白盐，前后上议异同，真宗选特与知永兴军张咏同商利害，所奏合旨。累迁尚书祠部员外郎，为户部副使，诏赴内朝。三司副使预内朝，自特始。徙盐铁副使。

真宗北征，命同知留司三司公事，迁司封员外郎。车驾谒陵，为行在三司副使，诏与刘承珪、李溥比较江淮茶法。因裁定新制，岁增课百余万，特迁祠部郎中。封泰山，祀汾阴，皆为行在三司副使。以右谏议大夫权三司使、修玉清昭应宫副使。将祀太清宫，遣特储供具，为行在三司使。礼成，进给事中，为修景灵宫副使兼修兖州景灵宫、太极观。昭应宫成，迁尚书工部侍郎，真拜三司使。枢密使寇准言特奸邪，又数与争言，帝为出准，特在职如故。后罢三司，以户部侍郎同玉清昭应宫副使。兖州宫观成，迁吏部侍郎。天禧元年，为修上《圣祖宝册》副使，转尚书右丞。

时天下完富，丁谓以符瑞、土木迎帝意，而以特有心计，使干财利佐之。然特亦天性邪险，善附会，故谓始终善特，当时与陈彭年等号"五鬼"，语在《王钦若传》。

仁宗在东宫，以工部尚书兼太子宾客，改詹事。丁谓欲引为枢密副使，而李迪执不可。仁宗即位，进刑部尚书、翰林侍读学士。谓贬，特亦落职知许州。还朝，以户部尚书知通进银台司、判尚书都省、勾当三班院。特体素羸，然未尝一日谒告，及得疾，才五日而卒。赠尚书左仆射。太后遣中使祀奠。

特精敏，喜吏职，据案终日不倦。真宗数访以朝廷大事，特因有所中伤，人以此惮焉。奉诏撰《会计录》三十卷。又为《东封西祀朝谒太清宫庆赐总例》三十六卷。

子潍、洙。潍亦有吏能，历官至三司盐铁副使，以秘书监致仕，卒。洙，官至司农卿、知寿州，临事苛急，鼓角将夜入州廨，拔堂槛铁钩击杀之。

丁谓，字谓之，后更字公言，苏州长洲人。少与孙何友善，同袖文谒王禹偁，禹偁大惊重之，以为自唐韩愈、柳宗元后，二百年始有此作。世谓之"孙丁"。淳化三年，登进士甲科，为大理评事、通判饶州。逾年，直史馆，以太子中允为福建路采访。还，上茶盐利害，遂为转运使，除三司户部判官。峡路蛮扰边，命往体量。还奏称旨，领峡路转运使，累迁尚书工部员外郎，会分川峡为四路，改夔州路。

初，王均叛，朝廷调施、黔、高、溪州蛮子弟以捍贼，既而反为寇。谓至，召其酋开谕之，且言有诏赦不杀。酋感泣，愿世奉贡。乃作誓刻石柱，立境上。蛮地饶粟而常乏盐，谓听以粟易盐，蛮人大悦。先时，屯兵施州而馈以夔、万州粟。至是，民无转饷之劳，施之诸砦，积聚皆可给。特迁刑部员外郎，赐白金三百两。时溪蛮别种有入寇者，谓遣高、溪酋帅其徒讨击，出兵援之，擒生蛮六百六十，得所掠汉口四百余人。复上言：黔南蛮族多善马，请致馆，犒给缯帛，岁收市之。其后徙置夔州城砦，皆谓所经画也。居五年，不得代，乃诏举自代者，于是入权三司盐铁副使。未几，擢知制诰，判吏部流内铨。

景德四年，契丹犯河北，真宗幸澶渊，以谓知郓州兼齐、濮等州安抚使，提举转运兵马巡检事。契丹深入，民惊扰，争趣杨刘渡，而舟人邀利，不时济。谓取死罪给为舟人，斩河上，舟人惧，民得悉渡。遂立部分，使并河执旗帜，击刁斗，呼声闻百余里，契丹遂引去。明年，召为右谏议大夫、权三司使。上《会计录》，以景德四年民赋户口之籍，较咸平六年之数，具上史馆，请自今以咸平籍为额，岁较其数以闻，诏奖之。寻加枢密直学士。

大中祥符初，议封禅，未决，帝问以经费，谓对"大计有余"，议乃决。因谓谓为计度泰山路粮草使。初，议即宫城乾地营玉清昭应宫，左右有谏者。帝召问，谓对曰："陛下有天下之富，建一宫奉上帝，且所以祈皇嗣也。群臣有沮陛下者，愿以此论之。"王旦密疏谏，帝如谓所对告之，且不复敢言。乃以谓为修玉清昭应宫使，复为天书扶侍使，迁给事中，真拜三司使。祀汾阴，为行在三司使。建会灵观，谓复总领之。迁尚书礼部侍郎，进户部，参知政事。建安军铸玉皇像，为迎奉使。朝谒太清宫，为奉祀经度制置使、判亳州。帝赐宴赋诗以宠其行，命权管勾驾前兵马事。谓献白鹿并灵芝九万五千本。还，判礼仪院，又为修景灵宫使，摹写天书刻玉笈，玉清昭应宫副使。大内火，为修葺使。历工、刑、兵三部尚书，再为天书仪卫副使，拜平江军节度使、知昇州。

天禧初，徙保信军节度使。三年，以吏部尚书复参知政事。是岁，祀南郊，辅臣俱进官。故事，尝为宰相而除枢密使，始得迁仆射，乃以谓检校太尉兼本官为枢密使。时寇准为相，尤恶谓，谓媒蘖其过，遂罢准相。既而拜谓同中书门下平章事、昭文馆大学士、监修国史、玉清昭应宫使。周怀政事败，议再贬准，帝意欲谪准江、淮间，谓退，除道州司马。同列不敢言，独王曾以帝语质之，谓顾曰："居停主人勿复言。"盖指曾以第舍假准也。

其后诏皇太子听政，皇后裁制于内，以二府兼东宫官，遂加谓门下侍郎兼太子少傅，而李迪先兼少傅，乃加中书侍郎兼尚书左丞。故事，左、右丞非两省侍郎所兼，而谓意特以抑迪也。谓所善林特，自宾客改詹事，谓欲引为枢密副使兼宾客，迪执不可，因大诟之。既入对，斥谓奸邪不法事，愿与俱付御史杂治，语在《迪传》。帝因格前制不下，乃罢谓为户部尚书，迪为户部侍郎，寻以谓知河南府，迪知郓州。明日，入谢，帝诘所争状，谓对曰："非臣敢争，乃迪忿詈臣尔，愿复留。"遂赐坐。左右欲设墩，谓顾曰："有旨复平章事。"乃更以杌进，即入中书视事如故。仍进尚书左仆射、门下侍郎、平章事兼太子少师。天章阁成，拜司空。乾兴元年，封晋国公。

仁宗即位，进司徒兼侍中，为山陵使。寇准、李迪再贬，谓取制草改曰："当丑徒干纪之际，属先王违豫之初，罹此震惊，遂至沈剧。"凡与准善者，尽逐之。是时二府定议，太后与帝五日一御便殿听政。既得旨，而谓潜结内侍雷允恭，令密请太后降手书，军国事进入印画。学士草制辞，允恭先持示谓，阅讫乃进。盖谓欲独任允恭传达中旨，而不欲同列与闻机政也。允恭倚谓势，益横无所惮。

允恭方为山陵都监，与判司天监邢中和擅易皇堂地。夏守恩领工徒数万穿地，土石相半，众议日喧，惧不能成功，中作而罢，奏请待命。谓庇允恭，依违不决。内侍毛昌达自陵下还，以其事奏，诏问谓，谓始请遣使按视。既而咸谓复用旧地，乃诏冯拯、曹利用等就谓第议，遣王曾覆视，遂诛允恭。

后数日，太后与帝坐承明殿，召拯、利用等谕曰："丁谓为宰辅，乃与宦官交通。"因出谓尝托允恭令后苑匠所造金酒器示之，又出允恭尝干谓求管勾皇城司及三司衙司状，因曰："谓前附允恭奏事，皆自已与卿等议定，故皆可其奏；且营奉先帝陵寝，而擅有迁易，几误大事。"拯等奏曰："自先帝登遐，政事皆谓与允恭同议，称得旨禁中。臣等莫辨虚实，赖圣神察其奸，此宗社之福也。"乃降谓太子少保、分司西京。故事，黜宰相皆降制，时欲亟行，止令拯等即殿庐召舍人草词，仍榜朝堂，布谕天下。追其子珙、玘、玭、斌一官，落琪馆职。

先是，女道士刘德妙者，尝以巫师出入谓家。谓败，逮系德妙，内侍鞫之。德妙通款，谓尝教言："若所为不过巫事，不若托言老君言祸福，足以动人。"于是即谓家设神像，夜醮于园中，允恭数至请祷。及帝崩，引入禁中。又因穿地得龟蛇，令德妙持入内，绐言出其家山洞中。仍复教云："上即问若，所事何知为老君，第云'相公非凡人，当知之'。"谓又作颂，题曰"混元皇帝赐德妙"，语涉妖诞。遂贬崖州司户参军。诸子并勒停。玭又坐与德妙奸，除名，配隶复州。籍其家，得四方赂遗，不可胜纪。其弟诵、说、谏悉降黜。坐谓罢者，自参知政事任中正而下十数人。在崖州逾三年，徙雷州，又五年，徙道州。明道中，授秘书监致仕，居光州，卒。诏赐钱十万，绢百匹。

谓机敏有智谋，俭狡过人，文字累数千百言，一览辄诵。在三司，案牍繁委，吏久难解者，一言判之，众皆释然。善谈笑，尤喜为诗，至于图画、博奕、音律，无不洞晓。每休沐会宾客，尽陈之，听人人自便，而谓从容应接于其间，莫能出其意者。

真宗朝营造宫观，奏祥异之事，多谓与王钦若发之。初，议营昭应宫，料功须二十五年，谓令以夜继昼，每绘一壁给二烛，七年乃成。真宗崩，议草遗制，军国事兼取皇太后处分，谓乃增以"权"字。及太后称制，又议月进钱充宫掖之用，由是太后深恶之，因雷允恭遂并录谓前后欺罔事窜之。

在贬所，专事浮屠因果之说，其所著诗并文亦数万言。家寓洛阳，尝为书自克责，叙国厚恩，戒家人毋辄怨望，遣人致于洛守刘烨，祈付其家。戒使者伺烨会众僚时达之，烨得书不敢私，即以闻。帝见感恻，遂徙雷州，亦出于揣摩也。谓初通判饶州，遇异人曰："君貌类李赞皇。"既而曰："赞皇不及也。"

夏竦，字子乔，江州德安人。父承皓，太平兴国初，上《平晋策》，补右侍禁，隶大名府。契丹内寇，承皓由间道发兵，夜与契丹遇，力战死之，赠崇仪使，录竦为润州丹阳县主簿。

竦资性明敏，好学，自经史、百家、阴阳、律历，外至佛老之书，无不通晓。为文章，典雅藻丽。举贤良方正，擢光禄寺丞、通判台州。召直集贤院，为国史编修官、判三司都磨勘司，累迁右正言。帝幸亳州，为东京留守推官。仁宗初封庆国公，王旦数言竦材，命教书资善堂。未几，同修起居注，为玉清昭应宫判官兼领景灵宫、会真观事，迁尚书礼部员外郎、知制诰。史成，迁户部。景灵宫成，迁礼部郎中。

竦娶杨氏，杨亦工笔札，有钩距。及竦显，多内宠，浸与杨不谐，杨悍妒，即与弟媢疏竦阴事，窃出讼之，又竦母与杨母相诟詈，偕诉开封府，府以事闻，下御史台置劾，左迁职方员外郎、知黄州。后二年，徙邓州，又徙襄州。属岁饥，大发公廪，不足，竦又劝率州大姓，使出粟，得二万斛，用全活者四十余万人。仁宗即位，迁户部郎中、徙寿、安、洪三州。洪俗尚鬼，多巫觋惑民，竦索部中得千余家，敕还农业，毁其淫祠以闻。诏江、浙以南悉禁绝之。

竦材术过人，急于进取，喜交结，任数术，倾侧反覆，世以为奸邪。当太后临朝，尝上疏乞与修《真宗实录》，不报。既而丁母忧，潜至京师，依中人张怀德为内助，宰相王钦若雅善竦，因左右之，遂起复知制诰，为景灵判官、判集贤院，以左司郎中为翰林学士、勾当三班院兼侍读学士、龙图阁学士，又兼译经润文官。迁谏议大夫，为枢密副使、修国史，迁给事中。初，武臣赏罚无法，吏得高下为奸，竦为集前比，著为定例，事皆按比而行。改参知政事、祥源观使。增设贤良等六科，复百官转对，置理检使，皆竦所发。与宰相吕夷简不相能，复为枢密副使，迁刑部侍郎。史成，进兵部，寻进尚书左丞。

太后崩，罢为礼部尚书、知襄州，改颍州。京东荐饥，徙青州兼安抚使。逾年，罢安抚，迁刑部尚书、徙应天府。宝元初，以户部尚书入为三司使。赵元昊反，拜奉宁军节度使、知永兴军，听便宜行事。徙忠武军节度使、知泾州。还，判永兴军兼陕西经略、安抚、招讨，进宣徽南院使。与陈执中论兵事不合，诏徙屯鄜州。

初，竦在泾州，朝廷遣庞籍就计事。竦上奏曰：

顷者继迁叛背，屡寇朔方。至道初，洛苑使白守荣等率重兵护粮四十万，遇寇浦洛河，粮卒并没，守荣仅以身免。吕端始欲发兵，由麟府、鄜延、环庆三路趣平夏，袭其巢穴，太宗难之。后命李继隆、丁罕、范廷召、王超、张守恩五路入讨。继隆与罕合兵，行旬日，不见贼；守恩见贼不击；超及廷召至乌白池，以诸将失期，士卒困敝，相继引还。时继迁当继捧入朝之后，曹光实掩袭之余，遁逃穷蹙，而犹累岁不能剿灭。先皇帝鉴追讨之敝，戒疆吏谨烽候、严卒乘，来即驱逐之，去无追捕也。

然拓跋之境，自灵武陷没之后，银、绥割弃已来，假朝廷威灵，其所役属者不过河外小羌尔。况德明、元昊相继猖獗，以继迁穷蹙，比元昊富实，势可知也。以先朝累胜之士，较当今关东之兵，勇怯可知也。以兴国习战之师，方沿边未试之将，工拙可知也。继迁窜伏平夏，元昊窟穴河外，地势可知也。若分兵深入，糗粮不支，师行贼境，利于速战。俛进则贼避其锋，退则敌蹑其后，老师费粮，深可虞也。若穷其巢穴，须涉大河，长舟巨舰，非仓卒可具也。若浮囊挽梗，联络而进，我师半渡，贼乘势掩击，未知何谋可以捍御？臣以为不较主客之利，不计攻守之便，而议追讨者，非良策也。

因条上十事。时边臣多议征讨，朝廷乡之，而竦言出师非便。既而诏以泾原、鄜延两路兵进讨，会元昊稍求纳款，范仲淹请留鄜延兵，由是泾原兵亦不行。中国之师，卒不出塞。

竦上十事：一、教习强弩以为奇兵；二、羁縻属羌以为藩篱；三、诏唃厮啰父子并力破贼；四、度地形险易远近、砦栅多少、军士勇怯，而增减屯兵；五、诏诸路互相应援；六、募土人为兵，州各一二千人，以代东兵；七、增置弓手、壮丁、猎户以备城守；八、并边小砦，毋积刍粮，贼攻急，则弃小砦入保大砦，以完兵力；九、关中民坐累若过误者，许人入粟赎罪，铜一斤以粟五斗，以赡边计；十、损并边冗兵、冗官及减骑军，以舒馈运。当时颇采用之。

其募土人为兵，令下而杨偕奏言："西兵比继迁时十增七八，县官困于供亿，今州复益一二千人，则岁费不赀。若训习士卒，使之精锐，选任将帅，求之方略，自然以寡击众，以一当百矣。竦云'土兵训练可代东兵'，此虚言也。自德明纳款以来，东兵犹不可代，况今日乎？"朝廷下竦议，竦奏："陕西防秋之敌，无甚东兵，不惯登陟，不耐寒暑，骄懦相习，廪给至厚。土兵便习，各护乡土，山川道路，彼皆素知，岁省刍粮钜万。且收聚小民，免饥饿为盗，代兵东归，以卫京师，万世利也。偕欲以寡击众，殆虚言也。"

偕复奏云：

自古将帅深入殊庭，霍去病止将轻骑八百，直弃大将军数百里赴利，斩捕过当；又将万骑逾乌鳖，讨遬仆，涉狐奴，历五王国，过焉支山千有余里，合兵鏖皋兰下，杀楼兰王，虏侯王，执昆邪王子，收休屠祭天金人。赵充国亦以万骑破先零。李靖以骁骑三千破突厥，又以精骑一万至阴山，斩首千余级，俘男女十余万，擒颉利以献。自汉以来，用少击众，不可胜数。竦在泾原守城垒，据险阻，来则御之，去则释之，不闻出师也。竦惧战或败衄，托以兵少为辞尔。

竦言土兵各护乡土，自古兵有九地，士卒近家，谓之散地，言其易离散也。第以近事言之，阁门祗候王文恩出师败北，而土兵皆奔走，惟东兵仅二百人，杀敌兵甚众。以此知兵之强弱，不系东西，在将有谋与无谋尔。今边郡参用东兵、土兵，若尽罢东兵，亦非计也。古人有言："非陇西之民有勇怯，乃将吏之制巧拙异也。"今防边东兵，人月受米七斗五升，土兵二石五斗，而竦乃言东兵廪给至厚，又不知其甚也。竦又言募土兵训练以代东兵，且土兵数万，须募足训练，虽三二岁未得成效，兵精犹恐奔北，岂有骤加训练而能取胜哉？

竦议遂屈。

竦雅意在朝廷，及任以西事，颇依违顾避，又数请解兵柄。改判河中府，徙蔡州。庆历中，召为枢密使。谏官、御史交章论："竦在陕西畏懦不肯尽力，每论边事，但列众人之言，至遣敕使临督，始陈十策。尝出巡边，置侍婢中军帐下，几致军变。元昊尝募得竦首者与钱三千，为贼轻侮如此。今复用之，边将体解矣。且竦挟诈任数，奸邪倾险，与吕夷简不相能。夷简畏其为人，不肯引为同列，既退，乃荐之以释宿憾。陛下孜孜政事，首用怀诈不忠之臣，何以求治？"会竦已至国门，言者论不已，请不令入见。谏官余靖又言："竦累表引疾，及闻召用，即兼驿而驰。若不早决，竦必坚求面对，叙恩感泣，复有左右为之地，则圣听惑矣。"章累上，即日诏竦归镇，竦亦自请还节。徙知亳州，改授吏部尚书。岁中，加资政殿学士。

竦之及国门也，帝封弹疏示之，既至亳州，上书万言自辨。复拜宣徽南院使、河阳三城节度使、判并州。请复置宦者为走马承受。明年，拜同中书门下平章事、判大名府。又明年，召入为宰相。制下，而谏官、御史复言："大臣和则政事修，竦前在关中，与执中论议不合，不可使共事。"遂改枢密使，封英国公。

请析河北为四路。亲事官夜入禁中，欲为乱，领皇城司者皆坐逐，独杨怀敏降官，领入内都知如故。言者以为竦结怀敏而曲庇之。会京师同日无云而震者五，帝方坐便殿，趣召翰林学士张方平至，谓曰："夏竦奸邪，以致天变如此，宜出之。"罢知河南府，未几，赴本镇，加兼侍中。飨明堂，徙武宁军节度使，进郑国公，锡赉与辅臣等。将相居外，遇大礼有赐，自竦始。寻以病归，卒。赠太师、中书令。赐谥文正，刘敞言："世谓竦奸邪，而谥为正，不可。"改谥文庄。

竦以文学起家，有名一时，朝廷大典策屡以属之。多识古文，学奇字，至夜以指画肤。文集一百卷。其为郡有治绩，喜作条教，于闾里立保伍之法，至盗贼不敢发，然人苦म㔍扰。治军尤严，敢诛杀，即疾病死丧，拊循甚至。尝有龙骑卒戍边，群剽，州郡莫能止，或密以告竦。时竦在关中，俟其至，召诘之，诛斩殆尽，军中大震。其威略多类此。然性贪，数商贩部中。在并州，使其仆贸易，为所侵盗，至杖杀之。积累财累钜万，自奉尤侈，畜声伎甚众。所在阴间僚属，使相猜阻，以钩致其事，遇家人亦然。

子安期，字清卿，以父任为将作监主簿，召试，赐进士出身。累迁太常博士，擢提点荆湖南道刑狱。除开封府推官，徙判官，判三司盐铁勾院，出为京西转运使。盗起部中，剽劫州县，而光化军戍卒相继叛，势且相合，安期督将吏捕斩殆尽。徙河东转运使，累迁尚书工部郎中，徙江、淮发运使，入为三司户部副使。会元昊纳款，西边罢兵，命往陕西与诸路经略安抚司议损边费，颇奏省冗员及汰边兵之不任役者五万人。擢天章阁待制，遂为陕西都转运使。徙河北，进吏部郎中。

时竦为枢密使，为请还所迁官，丐淮、浙一郡。复以为工部郎中、江淮发运使，徙知永兴军。进龙图阁直学士、吏部郎中、知渭州。简弓箭手，得骁勇万人为步兵，骑又半之，教以战阵法，由是土兵胜他路。又籍塞下闲田，募人耕种，岁得谷数万斛，以备振发，名曰贷仓。

迁右谏议大夫，进枢密直学士，徙延州。未至，丁父忧。服除，辞所进职，复为龙图阁直学士兼侍读，提举集禧观。以学士复知延州，州东北阻山，无城郭，虏骑尝乘之。安期至，即大筑城。时方暑，士卒有怨言，安期益令广袤计数百步，令其下曰："敢言者斩。"躬自督役，不逾月而就。元昊请画疆界，朝廷欲遣使，以问安期。安期对曰："此不足烦王人，衙校可办也。"议遂决。暴得疾，卒，诏遣中使护其丧以归。

安期虽乘世资，颇以才自厉，朝廷数器使之，然无学术，而求入侍经筵，为世所讥。其奉养声伎，不减其父云。

论曰：王钦若、丁谓、夏竦，世皆指为奸邪。真宗时，海内乂安，文治洽和，群臣将顺不暇，而封禅之议成于谓，天书之诬造端于钦若，所谓以道事君者，固如是耶？竦阴谋猜阻，钩致成事，一居政府，排斥相踵，何其患得患失也！钦若以赃贿干史议，其得免者幸矣。然而党恶丑正，几败国家，谓其尤者哉。

卷二百八十四　　列传第四十三

陈尧佐兄尧叟　弟尧咨　从子渐　**宋庠**弟祁

陈尧佐，字希元，其先河朔人。高祖翔，为蜀新井令，因家焉，遂为阆州阆中人。父省华字善则，事孟昶为西水尉。蜀平，授陇城主簿，累迁栎阳令。县之郑白渠为邻邑强族所据，省华尽去壅遏，水利均及，民皆赖之，徙楼烦令。端拱三年，太宗亲试进士，伯子尧叟登甲科，占谢，辞气明辨，太宗顾左右曰：「此谁子？」王沔以省华对。即召省华为太子中允，俄判三司都凭由司，改盐铁判官，迁殿中丞。河决郓州，命省华领州事。俄为京东转运使，超拜祠部员外郎、知苏州，赐金紫。时遇水灾，省华复流民数千户，殍者悉瘗之，诏书褒美。历户部、吏部二员外郎，改知潭州。省华智辨有吏干，入掌左藏库，判吏部南曹，擢鸿胪少卿。景德初，判吏部铨，权知开封府，转光禄卿。旧制，卿监坐朵殿，太宗以省华权莅京府，别设其位，升于两省五品之南。省华以府事繁剧，请禁宾友相过，从之。未几，因疾求解任，拜左谏议大夫，再表乞骸骨，不许，手诏存问，亲阅方药赐之。三年，卒，年六十八，特赠太子少师。

尧佐进士及第，历魏县、中牟尉，为《海喻》一篇，人奇其志。以试秘书省校书郎知朝邑县，会其兄尧叟使陕西，发中人方保吉罪，保吉怨之，诬尧佐以事，降本县主簿。徙下邽，迁秘书郎、知真源县，开封府司录参军事，迁府推官。坐言事忤旨，降通判潮州。修孔子庙，作韩吏部祠，以风示潮人。民张氏子与其母濯于江，鳄鱼尾而食之，母弗能救。尧佐闻而伤之，命二吏擘小舟操网往捕。鳄至暴，非可网得，至是，鳄弭受网，作文示诸市而烹之，人皆惊异。

召还，直史馆、知寿州。岁大饥，出奉米为糜粥食饿者，吏人悉献米至，振数万人。徙庐州，以父疾请归，提点开封府界事，后为两浙转运副使。钱塘江篝石为堤，堤再岁辄坏。尧佐请下薪实土乃坚久，丁谓不以为是，徙京西转运使，后卒如尧佐议。徙河东路，以地寒民贫，仰石炭以生，奏除其税。又减泽州大广冶铁课数十万。徙河北，母老祈就养，召纠察在京刑狱，为御试编排官，坐置等误降官，监鄂州茶场。

天禧中，河决，起知滑州，造木龙以杀水怒，又筑长堤，人呼为「陈公堤」。初营永定陵，复徙京西转运使，入为三司户部副使，徙度支，同修《真宗实录》。不试中书，特擢知制诰兼史馆修撰，知通进、银台司。进枢密学士、知河南府，徙并州。每汾水暴涨，州民辄忧扰，尧佐为筑堤，植柳数万本，作柳溪，民赖其利。

召同修《三朝史》，代弟尧咨同知开封府，累迁右谏议大夫，为翰林学士，遂拜枢密副使。祥符知县陈诂治严急，吏欲罪诂，乃空县逃去，太后果怒。而诂连吕夷简亲，执政以嫌不敢辨。事下枢密院，尧佐独曰：「罪诂则奸吏得计，后谁敢复绳吏者？」诂由是得免。以给事中参知政事，迁尚书吏部侍郎。

太后崩，执政多罢，以户部侍郎知永兴军。过郑，为郡人王文吉以变事告，下御史中丞范讽劾治，而事乃辨。改知庐州，徙同州，复徙永兴军。初，太后遣宦者起浮图京兆城中，前守姜遵尽毁古碑碣充砖甓用，尧佐奏曰：「唐贤臣墓石，今十亡七八矣。子孙深刻大书，欲传之千载，乃一旦与瓦砾等，诚可惜也。其未毁者，愿敕州县完护之。」徙郑州。会作章惠太后园陵，州供张甚严，赐书褒谕。既而拜同中书门下章事、集贤殿大学士。以灾异数见，罢为淮康军节度使、同中书门下平章事、判郑州。以太子太师致仕，卒，赠司空兼侍中，谥文惠。

尧佐少好学，父授诸子经，其兄未卒业，尧佐窃听已成诵。初肄业锦屏山，后从种放于终南山，及贵，读书不辍。善古隶八分，为方丈字，笔力端劲，老犹不衰。尤工诗。性俭约，见动物，必戒左右勿杀，器服坏，随辄补之，曰：「无使不全见弃也。」号「知余子」。自志其墓曰：「寿八十二不为夭，官一品不为贱，使相纳禄不为辱，三者粗可归息于父母栖神之域矣。」陈抟尝谓其父曰：「君三子皆当将相，惟中子贵且寿。」后如抟言。有《集》三十卷，又有《潮阳编》、《野庐编》、《愚丘集》、《遣兴集》。

尧叟字唐夫，解褐光禄寺丞、直史馆，与省华同日赐绯，迁秘书丞。久之，充三司河南东道判官。时宋、亳、陈、颍民饥，命尧叟及赵况等分振之。再迁工部员外郎、广南西路转运使。岭南风俗，病者祷神不服药，尧叟有《集验方》，刻石桂州驿。又以地气蒸暑，为植树凿井，每三二十里置亭舍，具饮器，人免阏死。会加恩黎桓，为交州国信使。初，将命者必获赠遗数千缗，桓责赋敛于民，往往断其手及足趾。尧叟知之，遂奏召桓子，授以朝命，而却其私觌。又桓界先有亡命来奔者，多匿不遣，因是海贼频年入寇。尧叟悉捕亡命归桓，桓感恩，并捕海贼为谢。

先是，岁调雷、化、高、藤、容、白诸州兵，使辇军粮泛海给琼州。其兵不习水利，率多沉溺，咸苦之。海北岸有递角场，正与琼对，伺风便一日可达，与雷、化、高、太平四州地水路接近。尧叟因规度移四州民租米输于场，第令琼州遣蜑兵具舟自取，人以为便。

咸平初，诏诸路课民种桑枣，尧叟上言曰：「臣所部诸州，土风本异，田多山石，地少桑蚕。昔云入蚕之绵，谅非五岭之俗，度其所产，恐在安南。今其民除耕水田外，地利之博者惟麻苎尔。麻苎所种，与桑柘不殊，既成宿根，旋擢新干，俟枝叶裁茂则刈获之，周岁之间，三收其苎。复一固其本，十年不衰。始离田畴，即可纺绩。然布之出，每端止售百钱，盖织者众、市者少，故地有遗利，民艰资金。臣以国家军须所急，布帛为先，因劝谕部民广植麻苎，以钱盐折变收市之，未及二年，已得三十七万余匹。自朝廷克平交、广，布帛之供，岁止及万，较今所得，何止十倍。今树艺之民，相率竞劝；杼轴之功，日以滋广。欲望自今许以所种麻苎顷亩，折桑枣之数，诸县令佐依例书历为课，民以布赴官卖者，免其算税。如此则布帛上供，泉货下流，公私交济，其利甚博。"诏从之。代还，加刑部员外郎，充度支判官。

未几，会抚水蛮酋蒙令国杀使臣扰动，命尧叟为广南东、西两路安抚使，赐金紫遣之。事平，迁兵部，拜主客郎中、枢密直学士、知三班兼银台通进封驳司、制置群牧使。

河决澶州王陵口，诏往护塞之，遂与冯拯同为河北、河东安抚副使。时中外上封奏者甚众，命与拯详定利害，及与三司议减冗事。俄与拯并拜右谏议大夫、同知枢密院事。有言三司官吏积习依违，文牒有经五七岁不决者，吏民抑塞，水旱灾诊，多由此致。请委逐部判官检覆判决，如复稽滞，许本路转运使闻奏，命官推鞫，以警弛慢。乃诏尧叟与拯举常参官干敏者，同三司使议减烦冗，参决滞务。尧叟请以秘书丞直史馆孙冕同领其事，凡省去烦冗文帐二十一万五千余道，又减河北冗官七十五员。

五年，郊祀，进给事中。会王继英为枢密使，以尧叟签署院事，奉秩恩例悉同副使，迁工部侍郎。真宗幸澶渊，命乘传先赴北砦按视戎事，许以便宜。景德中，迁刑部、兵部二侍郎，与王钦若并知枢密院事。真宗朝陵，权东京留守。每裁刊刑禁，虽大辟亦止面取状，亟决遣之，以故狱无系囚。真宗曰："尧叟素有裁断，然重事宜付有司按鞫而详察之。"因加诏谕。俄兼群牧制置使。始置使，即尧叟为之，及掌枢密，即罢其任。至是，以国马戎事之本，宜得大臣总领，故又委尧叟焉。自是多立条约。又著《监牧议》，述马政之重。预修国史。

大中祥符初，东封，加尚书左丞。诏撰《朝觐坛碑》，进工部尚书，献《封禅圣制颂》，帝作歌答之。祀汾阴，为经度制置使、判河中府。礼成，进户部尚书。时诏王钦若为《朝觐坛颂》，表让尧叟，不许。别命尧叟撰《亲谒太宁庙颂》，加特进，赐功臣。又以尧叟善草隶，诏写途中御制歌诗刻石。

五年，与钦若并以本官检校太傅、同平章事，充枢密使，加检校太尉。从幸太清宫，加开府仪同三司。未几，与钦若罢守本官，仍领群牧。明年，复与钦若以本官检校太尉、同平章事，充枢密使。尧叟素有足疾，屡请告。九年夏，帝临问，劳赐加等。疾甚，求表避位，遣阁门使杨崇勋至第抚慰，以询其意。尧叟词志颇确，优拜右仆射、知河阳。肩舆入辞，至便坐，许三子扶掖升殿，赐诗为饯，又赐仲子希古绯服。

天禧初，病亟，召其子执笔，口占奏章，求还辇下，诏许之。肩舆至京师，卒，年五十七。废朝二日，赠侍中，谥曰文忠，录其孙知言、知章为将作监主簿。长子师古赐进士出身，后为都官员外郎。希古至太子中舍，坐事除籍。

尧叟伟姿貌，强力，奏对明辨，多任知数。久典机密，军马之籍，悉能周记。所著《请盟录》三集二十卷。

母冯氏，性严。尧叟事亲孝谨，怡声侍侧，不敢以贵自处。家本富，禄赐且厚，冯氏不许诸子事华侈。景德中，尧叟掌枢机，弟尧佐直史馆，尧咨知制诰，与省华同在省，诸孙任官者十数人，宗亲登科者又数人，荣盛无比。宾客至，尧叟兄弟侍立省华侧，客不自安，多引去。旧制登枢近者，母妻即封郡夫人。尧叟以父在朝，母止从父封，遂以妻封表让与母，朝廷援制不许。父既卒，帝欲褒封其母，以问王旦。旦曰："虽私门礼制未阙，公朝降命亦无嫌也。"乃封上党郡太夫人，进封滕国，年八十余无恙，后尧叟数年卒。

尧咨字嘉谟，举进士第一，授将作监丞、通判济州，召为秘书省著作郎、直史馆、判三司度支勾院，始合三部勾院兼总之。擢右正言、知制诰。崇政殿试进士，尧咨为考官，三司使刘师道属弟几道以试卷为识验，坐贬单州团练副使。复著作郎、知光州。寻复右正言、知制诰，知荆南。改起居舍人，同判吏部流内铨。旧格，选人用举者多迁官，而寒士无以进，尧咨进其可擢者，帝特迁之。改右谏议大夫、集贤院学士，以龙图阁直学士、尚书工部郎中知永兴军。长安地斥卤，无甘泉，尧咨疏龙首渠注城中，民利之。然豪侈不循法度，敝武库，建视草堂，开三门，筑甬道，出入列禁兵自卫。用刑惨急，数有仗死者。尝以气凌转运使乐黄目，黄目不能堪，求解去，遂徙尧咨知河南府。既而有发尧咨守长安不法者，帝不欲穷治，止削职徙邓州，才数月，复知制诰。

尧咨性刚戾，数被挫，忽忽不自乐。尧叟进见，帝问之，对曰："尧咨岂知上恩所以保佑之，自请遭逸以至此尔!"帝赐诏条其事切责，乃皇恐斯谢。还，判登闻检院，复龙图阁直学士。坐失举，降兵部员外郎。丧母，起复工部郎中、龙图阁直学士、会灵观副使。边臣飞奏嗢斯啰立文法召蕃部欲侵边，以为陕西缘边安抚使。再迁右谏议大夫、知秦州，徙同州，以尚书工部侍郎权知开封府。入为翰林学士，以先朝知榜甲科，特诏班旧学士蔡齐之上。

换宿州观察使、知天雄军，位丞郎上。尧咨内不平，上章固辞，皇太后特以只日召见，敦谕之，不得已，拜命。自契丹修好，城壁器械久不治，尧咨葺完之。然须索烦扰，多暴怒，列军士持大梃侍前，吏民语不中意，立至困仆。以安国军节度观察留后知郓州。建请浚新河，自鱼山至下杷以导积水。拜武信军节度使、知河阳，徙澶州，又徙天雄军。所居栋摧，大星实于庭，散为白气。已而卒，赠太尉，谥曰康肃。

尧咨于兄弟中最为少文，然以气节自任。工隶书。善射，尝以钱为的，一发贯其中。兄弟同时贵显，时推为盛族。子述古，太子宾客致仕；博古，笃学能文，为馆阁校勘，早卒。

从子渐字鸿渐，少以文学知名于蜀。淳化中，与其父尧封皆以进士试廷中，太宗擢渐第，辄辞不就，愿擢其父，许之。至咸平初，渐始仕，为天水县尉。时学者罕通扬雄《太玄经》，渐独好之，著书十五篇，号《演玄》，奏之。召试学士院，授仪州军事推官。举贤良方正科，不中，复调陇西防御推官，坐法免归，不复有仕进意，蜀中学者多从之游。尧咨不学，渐心薄之。尧咨后贵显，与渐益不同，因言渐罪戾之人，聚徒太盛，不宜久留远方。即召渐至京师，授颍州长史。丁谓等知其无他，得改凤州团练推官，迁耀州节度推官。卒，有文集十五卷，自号金龟子。

宋庠，字公序，安州安陆人，后徙开封之雍丘。父玘，尝为九江椽，与其妻钟祷于庐阜。钟梦道士授以书曰："以遗尔子。"视之，《小戴礼》也，已而庠生。他日见许真君像，即梦中见者。

庠天圣初举进士，开封试、礼部皆第一，擢大理评事、同判襄州。召试，迁太子中允、直史馆，历三司户部判官，同修起居注，再迁左正言。郭皇后废，庠与御史伏阁争论，坐罚金。久之，知制诰。时亲策贤良、茂才等科，而命与武举人杂视。庠言："非所以待天下士，宜如本朝故事，命有司设次具饮膳，斥武举人令别试。"诏从之。兼史馆修撰、知审刑院。密州豪王澥私酿酒，邻人往捕之，澥绐奴曰："盗也。"尽使杀其父子四人。州论奴以法，澥独不死。宰相陈尧佐右澥，庠力争，卒抵澥死。改权判吏部流内铨，迁尚书刑部员外郎。仁宗欲以为右谏议大夫、同知枢密院事，中书言故事无自知制诰除执政者，乃诏为翰林学士。帝遇庠厚，行且大用矣。

庠初名郊，李淑恐其先己，以奇中之，言曰："宋，受命之号；郊，交也。合姓名言之为不祥。"帝弗为意，他日以谕之，因改名庠。宝元中，以右谏议大夫参知政事。庠为相儒雅，练习故事，自执政，遇事辄分别是非。尝从容论及唐人阁仪，庠退而上奏曰：

入阁，乃有唐只日于紫宸殿受常朝之仪也。唐有大内，又有大明宫，宫在大内之东北，世谓之东内，高宗以后，天子多在。大明宫之正南门曰丹凤门，门内第一殿曰含元殿，大朝会则御之；第二殿曰宣政殿，谓之正衙，朔望大册拜则御之；第三殿曰紫宸殿，谓之上阁，亦曰内衙，只日常朝则御之。天子坐朝，须立仗于正衙殿，或乘舆止御紫宸，即唤仗自宣政殿两门入，是谓东、西上阁门也。

以本朝宫殿视之：宣德门，唐丹凤门也；大庆殿，唐含元殿也；文德殿，唐宣政殿也；紫宸殿，唐紫宸殿也。今欲求入阁本意，施于仪典，须先立仗文德庭，如天子止御紫宸，即唤仗自东、西阁门入，如此则差与旧仪合。但今之诸殿，比于唐制南北不相对尔。又按唐自中叶以还，双日及非时大臣奏事，别开延英殿，若今假日御崇政、延和是也。乃知唐制每遇坐朝日，即为入阁，其后正衙立仗因而遂废，甚非礼也。

庠与宰相吕夷简论数不同，凡与善者，夷简皆指为朋党，如郑戬、叶清臣等悉出之，乃以庠知扬州。未几，以资政殿学士徙郓州，进给事中。参知政事范仲淹去位，帝问宰相章得象，谁可代仲淹者，得象荐宋祁。帝雅意在庠，复召为参知政事。庆历七年春旱，用汉灾异策免三公故事，罢宰相贾昌朝，辅臣各削一官，以庠为右谏议大夫。帝尝召二府对资政殿，出手诏策以时事，庠曰："两汉对策，本延岩穴草莱之士，今备位政府而比诸生，非所以尊朝廷，请至中书合议条奏。"时陈执中为相，不学少文，故夏竦为帝画此谋，意欲困执中也。论者以庠为知体。

明年，除尚书工部侍郎，充枢密使。皇祐中，拜兵部侍郎、同中书门下平章事、集贤殿大学士。享明堂，迁工部尚书。尝请复群臣家庙，曰："庆历元年赦书，许文武官立家庙，而有司终不能推述先典，因循顾望，使王公荐享，下同委巷，衣冠昭穆，杂用家人，缘偷袭弊，甚可嗟也。请下有司论定施行。"而议者不一，卒不果复。

三年，祁子与越国夫人曹氏客张彦方游。而彦方伪造敕牒，为人补官，论死。谏官包拯奏庠不戢子弟，又言庠在政府无所建明，庠亦请去。乃以刑部尚书、观文殿大学士知河南府，后徙许州，又徙河阳，再迁兵部尚书。入觐，诏缀中书门下班，出入视其仪物。以检校太尉、同平章事充枢密使，封莒国公。数言："国家当慎固根本，畿辅宿兵常盈四十万，羡则当补更戍，祖宗初谋也，不苟轻改。"既而与副使程戡不协，戡罢，而御史言庠昏惰，乃以河阳三城节度、同平章事判郑州，徙相州。以疾召还。

英宗即位，移镇武宁军，改封郑国公。庠在相州，即上章请老，至是请犹未已。帝以大臣故，未忍遽从，乃判亳州。庠前后所至，以慎静为治，及再登用，遂沉浮自安。晚爱信幼子，多与小人游，不谨。御史吕晦请敕庠不得以二子随，帝曰："庠老矣，奈何不使其子从之。"至亳，请老益坚，以司空致仕。卒，赠太尉兼侍中，谥元献。帝为篆其墓碑曰"忠规德范之碑"。

庠自应举时，与祁俱以文学名擅天下，俭约不好声色，读书至老不倦。善正讹谬，尝校定《国语》，撰《补音》三卷。又辑《纪年通谱》，区别正闰，为十二卷。《掖垣丛志》三卷，《尊号录》一卷，别集四十卷。天资忠厚，尝曰："逆诈恃明，残人矜才，吾终身弗为也。"沈邈尝为京东转运使，数以事侵庠。及庠在洛，邈子监鞠院，因出借县人负物，杖之，道死实以他疾。而邈子为府属所恶，欲痛治之以法，庠独不肯，曰："是安足罪也！"人以此益称其长者。弟祁。

祁字子京，与兄庠同时举进士，礼部奏祁第一，庠第三。章献太后不欲以弟先兄，乃擢庠第一，而置祁第十。人呼曰"二宋"，以大小别之。释褐复州军事推官。孙奭荐之，改大理寺丞、国子监直讲。召试，授直史馆，再迁太常博士、同知礼仪院。有司言太常旧乐数增损，其声不和。诏祁同按试。李照定新乐，胡瑗铸钟磬，祁皆典之，事见《乐志》。预修《广业记》成，迁尚书工部员外郎、同修起居注，权三司度支判官。方陕西用兵，调费日蹙，上疏曰：

兵以食为本，食以货为资，圣人一天下之具也。今左藏无积年之镪，太仓无三岁之粟，尚方冶铜匭而不发。承平如此，已自凋困，良由取之既殚，用之无度也。朝廷大有三冗，小有三费，以困天下之财。财穷用褊，而欲兴师远事，诚无谋矣。能去三冗、节三费，专备西北之屯，可旷然高枕矣。

何谓三冗？天下有定官无限员，一冗也；天下厢军不任战而耗衣食，二冗也；僧道日益多而无定数，三冗也。三冗不去，不可为国。请断自今，僧道已受戒具者姑如旧，其他悉罢还为民，可得耕夫织妇五十余万人，一冗去矣。天下厢军不择屠小尩弱而悉刺之，才图供役，本不知兵，又且月支廪粮，岁费库帛，数口之家，不能自庇，多去而为盗贼，虽广募之，无益也。其已在籍者请勿论，其他悉驱之南亩，又得力耕者数十万，二冗去矣。国家郡县，素有定官，譬以十人为额，常以十二加之，即迁代、罪谪，随取之而有。今一官未阙，群起而逐之，州县不广于前，而官五倍于旧，吏何得不苟进，官何得不滥除？请诏三班审官院内诸司、流内铨明立限员，以为定法。其门荫、流外、贡举等科，实置选限，稍务择人，俟有阙官，计员补吏，三冗去矣。

何谓三费？一曰道场斋醮，无有虚日，且百司供亿，至不可赀计。彼皆以祝帝寿、奉先烈、祈民福为名，臣愚以为此主者为欺盗之计尔。陛下事天地、宗庙、社稷、百神，牺牲玉帛，使有司端委奉之、岁时荐之，足以竦明德、介多福矣，何必希屑屑之报哉？则一费节矣。二曰京师寺观，或多设徒卒，添置官府，衣粮率三倍他处。居大屋高庑，不徭不役，坐蠹齐民，其尤者也。而又自募民财，营建祠庙，虽曰不费官帑，然国与民一也，舍国取民，其伤一焉，请罢去之，则二费节矣。三曰使相节度，不隶藩要。夫节相之建，或当边镇，或临师屯，公用之设，劳众而飨宾也。今大臣罢黜，率叨恩除，坐縻邦用，莫此为甚。请自今地非边要、州无师屯者，不得建节度；已带节度，不得留近藩及京师，则三费节矣。

臣又闻之，人不率则不从，身不先则不信。陛下能躬服至俭，风示四方，衣服起居，无逾旧规，后宫锦绣珠玉，不得妄费，则天下响应，民业日丰，人心不摇，师役可举，风行电照，饮马西河。蠢尔戎首，在吾掌中矣！

徙判盐铁勾院，同修礼书。次当知制诰，而庠方参知政事，乃以为天章阁待制，判太常礼院、国子监，改判太常寺。庠罢，祁亦出知寿州，徙陈州。还，知制诰、权同判流内铨，以龙图阁直学士知杭州，留为翰林学士。提举诸司库务，数厘正弊事，增置勾当公事官，其属言利害者，皆使先禀度可否，而后议于三司，遂著为令。徙审官院兼侍读学士。庠复知政事，罢祁翰林学士，改龙图学士、史馆修撰，修《唐书》。累迁右谏议大夫，充群牧使。庠为枢密使，祁复为翰林学士。

景祐中，诏求直言，祁奏："人主不断是名乱。《春秋》书：'殒霜，不杀菽。'天威暂废，不能杀小草，犹人主不断，不能制臣下。"又谓："与贤人谋而与不肖者断，重选大臣而轻任之，大事不图而小事急，是谓三患。"其意主于强君威，别邪正，急先务，皆切中时病。

会进温成皇后为贵妃。故事，命妃皆发册，妃辞则罢册礼。然告在有司，必俟旨而后进。又凡制词，既授阁门宣读，学士院受而书之，送中书，结三少衔，官告院用印，乃进内。祁适当制，不俟旨，写告不送中书，径取官告院印之，亟封以进。后方爱幸，觊行册礼，得告大怒，掷于地。祁坐是出知许州。甫数月，复召为侍读学士、史馆修撰。祀明堂，迁给事中兼龙图阁学士。坐其子从张彦方游，出知亳州。兼集贤殿修撰。

岁余，徙知成德军，迁尚书礼部侍郎。请弛河东、陕西马禁，又请复唐驮幕之制。居三月，徙定州，又上言：

天下根本在河北，河北根本在镇、定，以其扼贼冲，为国门户也。且契丹摇尾五十年，狼态猇心，不能无动。今垂涎定、镇，二军不战，则薄深、赵、邢、洺，直捣其虚，血吻婪进，无所顾藉。臣窃虑欲兵之强，莫如多谷与财；欲士训练，莫如善择将帅；欲人乐斗，莫如赏重罚严；欲贼顾望不敢前，莫如使镇重而定强。夫耻怯尚勇，好论事，甘得而忘死：河北之人，殆天性然。陛下少励之，不忧不战。以欲战之士，不得善将，虽斗犹负。无谷与财，虽金城汤池，其势必轻。

今朝廷将择练卒，制财积粮，乃以陕西、河东为先，河北为后，非策也。西贼兵锐士寡，不能深入，河东天险，彼惮为寇。若河北不然，自蓟直视，势同建瓴，贼鼓而前，如行莞筵。故谋契丹者当先河北，谋河北者舍镇、定无议矣。臣愿先入谷镇、定，镇、定既充，可入谷余州。列将在陕西、河东有功状者，得迁镇、定，则镇、定重。天下久平，马益少，臣请多用步兵。夫云奔飙驰，抄后掠前，马之长也；强弩巨梃，长枪利刀，什伍相联，大呼薄战，步之长也。臣料朝廷与敌相攻，必不深入穷追，殴而去之，及境则止，此不待马而步可用矣。臣请损马益步，故马少则骑精，步多则斗健，我能用步所长，虽契丹多马，无所用之。

夫镇、定一体也，自先帝以来为一道，帅专而兵不分，故定搤其胸，则镇搤其肋，势自然耳。今判而为二，其显显有害者，屯砦山川要险之地裂而有之，平时号令文移不能一，贼脱叩营垒，则彼此不相谋，尚肯任此责邪！请合镇、定为一路，以将相大臣领之，无事时以镇为治所，有事则迁治定，指授诸将，权一而责有归，策之上也。陛下当居安思危，熟计所长，必待事至而后图之，殆矣。

河东马强，士习善驰突，与镇、定若表里，然东下井陉，不百里入镇、定矣。贼若深入，以河东健马佐镇、定兵，掩其惰若归者，万出万全，此一奇也。臣闻事切于用者，不可以文陈，臣所论件目繁碎，要待刀笔吏委曲可晓，臣已便俗言之，辄别上择将畜财一封，乞下枢密院、三司裁制之。

又上《御戎论》七篇。加端明殿学士，特迁吏部侍郎、知益州。寻除三司使。右司谏吴及尝言祁在定州不治，纵家人贷公使钱数千缗，在蜀奢侈过度。既而御史中丞包拯亦言祁益部多游燕，且其兄方执政，不可任三司。乃加龙图阁学士、知郑州。《唐书》成，迁左丞，进工部尚书。以羸疾，请便医药，入判尚书都省。逾月，拜翰林学士承旨，诏遇入直，许一子主汤药。复为群牧使，寻卒。遗奏曰："陛下享国四十年，东宫虚位，天下系望，人心未安。为社稷深计，莫若择宗室贤材，进爵亲王，为亿兆之主。若六宫有就馆之庆，圣嗣蕃衍，则宗子降封郡王，以避正嫡，此定人心、防祸患之大计也。"

又自为志铭及《治戒》以授其子："三日敛，三月葬，慎无为流俗阴阳拘忌也。棺用杂木，漆其四会，三涂即止，使数十年足以腊吾骸、朽衣巾而已。毋以金铜杂物置冢中。且吾学不名家，文章仅及中人，不足垂后。为吏在良二千石下，勿请谥，勿受赠典。冢上植五株柏，坟高三尺，石翁仲他兽不得用。若等不可违命。若等兄弟十四人，惟二孺儿未仕，以此诿莒公。莒公在，若等不孤矣。"后赠尚书。

祁兄弟皆以文学显，而祁尤能文，善议论，然清约庄重不及庠，论者以祁不至公辅，亦以此云。修《唐书》十余年，自守亳州，出入内外尝以稿自随，为列传百五十卷。预修《籍田记》、《集韵》。又撰《大乐图》二卷，文集百卷。祁所至，治事明峻，好作条教。其子遵《治戒》不请谥，久之，学士承旨张方平言祁法应得谥，谥曰景文。

论曰：咸平、天圣间，父子兄弟以功名著闻于时者，于陈尧佐、宋庠见之。省华声闻，由诸子而益著。尧佐相业虽不多见，世以宽厚长者称之。尧叟出典方州，入为侍从，课布帛，修马政，减冗官，有足称者。庠明练故实，文藻虽不逮祁，孤风雅操，过祁远矣。君子以为陈之家法，宋之友爱，有宋以来不多见也，呜呼贤哉！

卷二百八十五　　列传第四十四

陈执中　刘沆　冯拯子行己　仲己
贾昌朝弟昌衡　从子炎　伯祖父琰　**梁适**孙子美

陈执中，字昭誉，以父恕任，为秘书省正字，累迁卫尉寺丞、知梧州。上《复古要道》三篇，真宗异而召之。帝属疾，春秋高，大臣莫敢言建储者，执中进《演要》三篇，以蚤定天下根本为说。翌日，帝以他疏示辅臣，皆赞曰"善"。帝指其袖中曰："又有善于此者。"出之，乃《演要》也。因召对便殿，劳问久之，擢右正言。逾月，遂立皇太子。明年，坐考御试进士卷差谬，贬卫尉寺丞、监岳州酒务。稍复殿中丞、通判抚州，复右正言。

曹利用婿卢士伦除福建运使，惮远不行，利用为请，乃改京东。执中尝劾奏之，利用挟私怨，出执中知汉阳军。及利用得罪，乃召为群牧判官，权三司盐铁判官、知谏院、提举诸司库务，以尚书工部员外郎兼御史知杂、同判流内铨，迁三司户部副使。

明道中，安抚京东，进天章阁待制。使还，知应天府，徙江宁府、扬州，再迁工部郎中，改龙图阁直学士、知永兴军，拜右谏议大夫、同知枢密院事。

元昊寇延州，手诏咨访辅臣攻守方略，执中既上对，退，复奏疏曰："元昊乘中国久不用兵，窃发西垂，以游兵困劲卒、甘言悦守臣，一旦连犯亭障，延安几至不保。此盖范雍纳诡说，失于戒严，刘平轻躁，丧其所部。上下纷攘，远近震骇。自金明李士彬族破，而并边篱落皆大坏。塞门、金明相距二百里，宜列修三城，城屯兵千人，益募弓箭手。寇大至则退保，小至则出斗。选阁门祗候以上为寨主、都监，以诸司使为卢关一路都巡检，以兵二千属之，使为三砦之援。熟羌居汉地久者，委边臣拊存之；反覆者，破逐之。至于新拊黠羌，如泾原康奴、灭臧、大虫族，久居内地，常有叛心，不肆剪除，恐终为患。今军须之出，民已愁叹，复欲遍修城池如河北之制，及夏须成，使神运之犹恐不能，民力其堪此乎？陕西地险，非如河北，惟泾州、镇戎军势稍平易，若不责外守而劳内营，非策之上也。宜修并边城池，其次如延州之鄜、同，环庆之邠、宁，不过五七处，量为营葺，则科率减、民力苏矣。今贼势方张，宜静守以骄其志，蓄锐以挫其锋，增土兵以备守御，省骑卒以减转饷。然后徐议荡平，改张节度，更须主张，将臣横议不入，则忠臣尽节而捐躯矣。"

既而议刺土兵，久不决，罢知青州。又以资政殿学士知河南府，改尚书工部侍郎、陕西同经略安抚招讨使。与夏竦同知永兴军，议边事多异同，诏令互出巡边，乃屯泾州，令诸部曰："寇籍吾水草，钞边图利，不除，且复至。"命悉焚之。表解兵柄，以为兵尚神密，千里禀命，非所以制胜，宜属四路各保疆圉。朝议善之，就知陕州，复徙青州。于是请城傅海诸州，朝廷重兴役，有诏不许。执中不奉诏，卒城之。

明年，沂卒王伦叛，趣淮南，执中遣巡检傅永吉追至采石矶，捕杀之。召拜参知政事。谏官孙甫、蔡襄极论不可，帝遣使驰赐敕告。逾年，拜同中书门下平章事、集贤殿大学士兼枢密使。西夏纳款，与宰相贾昌朝请解枢密。七年春，旱，昌朝罢，执中降给事中。已而加昭文馆大学士、监修国史，逾月复官。

皇祐初，以足疾辞位，自陈不愿为使相、大学士，学士孙抃当制，遂以尚书左丞知陈州。宰相文彦博、宋庠以为礼薄，帖麻改兵部尚书。迁吏部、观文殿大学士。久之，拜集庆军节度使、同平章事、判大名府。河决商胡，走大名，程琳欲为堤，不果成而去。执中乘年丰调丁夫增筑二百里，以障横溃。以吏部尚书复相同平章事、昭文馆大学士。每朝退，闭中书东便门，以防漏泄。三司勾当公事及监场务官，权势所引者，皆奏罢之，内外为之肃然。

会张贵妃薨，治丧皇仪殿，追册为后。王洙、石全彬务以非礼导帝意，执中随辄奉行，至以洙为员外翰林学士，全彬领观察使，给留后奉。久之，嬖妾笞小婢出外舍死，御史赵抃列八事奏劾执中，欧阳修亦言之。至和三年春，旱，谏官范镇言："执中为相，不病而家居。陛下欲弭灾变，宜速退执中，以快中外之望。"既而御史中丞孙抃与其属郭申锡、毋湜、范师道、赵抃请合班论奏，诏令轮日入对，卒罢执中为镇海军节度使、同平章事、判亳州。逾年辞节，改尚书左仆射、观文殿大学士，封英国公，徙河南府，又徙曹州，皆不赴。过都，以疾赐告，就第拜司徒、岐国公致仕，卒，赠太师兼侍中。

执中在中书八年，人莫敢干以私，四方问遗不及门，惟殿前都指挥使郭承祐数至其家，为御史所言，遂诏中书、枢密自今非聚厅无见宾客。及议谥，礼官韩维曰："执中以公卿子，遭世承平，因缘一言，遂至贵显。天子以后宫之丧，问所以葬祭之礼，执中位上相，不能总率群司考正仪典，知治丧皇仪非嫔御之礼，追册位号于宫闱有嫌，建庙用乐逾祖宗旧制，皆白而行之，此不忠之大者。闺门之内，礼分不明，夫人正室疏薄自绌，庶妾贱人悍逸不制，其治家无足言者。宰相不能秉道率义，正身齐家，方杜门深居，谢绝宾客，曰：'我无私也，我不党也。'岂不陋哉？谥法：'宠禄光大曰荣'，'不勤成名曰灵'。执中出入将相，以一品就第，宠禄光大矣；得位行政，贤士大夫无述焉，不勤成名矣；请谥曰荣灵。"后改谥恭襄，诏谥曰恭。帝篆其墓碑曰"褒忠之碑"。

子世儒，官至国子博士，妻李与群婢杀世儒所生母，世儒与谋，皆弃市。

刘沆，字冲之，吉州永新人。祖景洪，始，杨行密得江西，衙将彭玕据州自称太守，属行密以兵，欲胁众附湖南，景洪伪许之。复以州归行密，退居不仕。及徐温建国，以礼聘之，不起，官其子煦为殿直都虞候。父素，不仕，以财雄里中，喜宾客。景洪尝告人曰："我不从彭玕，几活万人，后世当有隆者。"因名所居北山曰后隆山。山有牛僧孺读书堂，即故基筑台曰聪明台。沆母梦衣冠丈夫曰牛相公来，已来有娠，乃生沆。

及长，倜傥任气。举进士不中，自称"退士"，不复出，父力勉之。天圣八年，始擢进士第二，为大理评事、通判舒州，有大狱历岁不决，沆数日决之。章献太后建资圣浮图，内侍张怀信挟诏命，督役严峻，州将至移疾不敢出，沆奏罢怀信。再迁太常丞、直集贤院，出知衡州。大姓尹氏欺邻翁老子幼，欲窃取其田，乃伪作卖券，及邻翁死，遂夺而有之。其子诉于州县，二十年不得直，沆至，复诉之。尹氏持积岁税钞为验，沆曰："若田千顷，岁输岂特此耶？尔始为券时，尝如敕问邻乎？其人固多在，可讯也。"尹氏遂伏罪。迁太常博士，历三司度支、户部判官、同修起居注，擢右正言、知制诰、判吏部流内铨。奉使契丹，馆伴杜防强沆以酒，沆沾醉，拂袖起，因骂之，坐是出知潭州。又降知和州，改右谏议大夫、知江州。

时湖南蛮猺数出寇，至杀官吏。以沆为龙图阁直学士、知潭州兼安抚使，许便宜从事。沆大发兵至桂阳，招降二千余人，使散居所部，而蛮酋降者皆奏命以官。又募土兵分捕余党，破桃油平、能家源，斩馘甚众。已而贼复出，杀裨将胡元，坐降知鄂州，徙京南，迁给事中，徙洪州。还，知审刑院，除知永兴军。顷之，以龙图阁学士权知开封府，数发隐伏。祀明堂，迁尚书工部侍郎。逾年，拜参知政事。

初，沆在府，有张彦方者，客越国夫人曹氏家，受富民金，为伪告敕。既败系狱，沆抵彦方死，辞不及曹氏。曹氏，张贵妃母也。沆既用，谏官、御史皆谓沆于彦方独不尽，疑以此进，争论之，帝不听。贵妃薨，追册皇后，沆为监护使。数月，拜同中书门下平章事、集贤殿大学士，改园陵使。御史中丞孙抃、御史范师道、毋湜言，宰相不当为赠后典葬，不报。既葬，赐后阁中金器数百两，力辞，而请其子瑾试学士院，遂帖职。

时中书可否多用例，人或援例以讼，而法有不行。沆进言三弊曰："近臣保荐辟请，动逾数十，皆浮薄权豪之流交相荐举。有司以之贸易，而遂使省、府、台、阁华资要职，路分、监司边防寄任，授非公选，多出私门。又职掌吏人迁补有常，而或减选出官、超资换职、堂除便家、先次差遣之类。此近臣保荐之弊一也。审官、吏部铨、三班当入川、广，乃求近地，当入近地，又求在京，及堂除升陟省府、馆职、检讨之类。此近臣陈匄亲属之弊二也。其叙钱谷管库之劳、捕贼昭雪之赏，常格虽存，侥幸犹甚。以法则轻，以例则厚，执政者不能持法，多以例与之。此叙劳干进之弊三也。愿诏中书、枢密，凡三事毋用例，余听如旧。"事既施行，而众颇不悦，寻如旧。

文彦博、富弼复入为相。彦博为昭文馆大学士，弼监修国史，沆迁兵部侍郎，位在弼下。论者以为非故事，由学士杨察之误，乃帖麻改沆监修国史，弼为集贤殿大学士。沆既疾言事官，因言："自庆历后，台谏官用事，朝廷命令之出，事无当否悉论之，必胜而后已，专务抉人阴私莫辨之事，以中伤士大夫。执政畏其言，进擢尤速。"沆遂举行御史迁次之格，满二岁者与知州。御史范师道、赵抃岁满求补郡，沆引格出之，中丞张昇等言沆挟私出御史。时枢密使狄青亦因御史言，罢知陈州，沆奏曰："御史去陛下将相，削陛下爪牙，此曹所谋，臣莫测也。"昇等益论辨不已，罢沆为观文殿大学士、工部尚书、知应天府。迁刑部尚书，徙陈州。

沆长于吏事，性豪率，少仪矩。然任数，善刺探权近过失，阴持之以轩轾取事，论者以此少之。卒，赠左仆射兼侍中。知制诰张瓌草词诋沆，其家不敢请谥。帝为篆墓碑曰"思贤之碑"。子瑾，尝为天章阁待制，坐法免，后以功复职。

冯拯，字道济。父俊，事汉湘阴公刘赟。赟死，俊与从行千余人系侍卫狱，周太祖赦出之，授检校太子宾客，戍安远军驭马镇，辞不行，因徙居河阳。

拯以书生谒赵普，普奇其状，曰："子富贵寿考，宜不下我。"举进士，补大理评事、通判峡州，权知泽州，徙坊州，迁太常丞。江南旱，命驰传振贷贫乏，察官吏能否，还奏称旨，权知石州，擢右正言，岁余代归。出使河北，与转运使樊知古计边储。还，判三司户部理欠凭由司，为度支判官。

淳化中，有上封请立皇太子者，拯与尹黄裳、王世则、洪湛伏阁请立许王元僖，太宗怒，悉贬岭外。拯知端州，既至，上言请遣使括诸路隐丁、更制版籍及议盐法通商，凡十余事。太宗欲召还参知政事，寇准素不悦拯，乃徙知鼎州。改通判广州。郊祀毕，覃恩，拯与通判彭惟节皆迁尚书员外郎，惟节以太常博士为屯田员外，而拯以左正言为虞部员外。拯书名旧在惟节上，及奏事如故，准切责之。拯上书言准阿意不平，准坐此罢。

拯以母丧请内徙，命知江州。真宗即位，进比部员外郎。御史中丞李惟清表为推直官，判三司度支勾院，迁驾部。咸平初，坐试开封进士赋涉讥讪，下拯御史台，未几，释之。

明年，兼侍御史知杂事。时西北用兵，王超、傅潜将兵出定、瀛间，观望玩寇，拯极论之，不报。超等果逗挠覆军。命拯按傅狱，抵潜罪，窜流之。擢祠部郎中、枢密直学士，权判吏部流内铨。以审官及铨法未备，建请凡荫补京官，试读一经，书家状通习为中格，始得仕。同勾当三班院。向敏中宣抚河北、河东，拯及陈尧叟为副，宴饯长春殿。

明年，以右谏议大夫同知枢密院事。帝欲修绥州，谋诸辅臣，拯与宰相向敏中等皆曰便。宰相吕蒙正、参知政事王旦、王钦若皆曰宜弃勿修。帝遣洪湛驰驿往视，还，上七利二害，卒修完之。时上封者言："三司多滞务，州郡禀疑事，吏民诉理冤狱，逡遁不决者辄数岁，水旱或由于此。"诏拯选干强吏同三司使裁冗事、督举稽留，遂与判度支勾院孙冕省帐牍二十一万五千本，并废冗官十五员。

迁尚书工部侍郎、签书枢密院事。赐手札访边事，拯谓："备边之要，不扼险以制敌之冲，未易胜也。若于保州、威房间，依徐、鲍河为阵，其形势可取胜矣。前岁王显违诏不趋要地，契丹初压境，王师未行，而契丹骑已入钞，赖霖雨乃遁去。比王超奏敌已去，而东路奏敌方来，既聚军中山以救望都，而兵困粮匮，将臣陷殁无尽，超等仅以身免。今防秋，宜于唐河增屯兵至六万，控定武之北为大阵，邢州置都总管为中阵，天雄军置钤辖为后阵，罢莫州、狼山两路兵。"从之。景德中，为参知政事，再迁兵部侍郎。摄事享太庙，有司供帐幔，守奉人宿庙室前，喧嚣不肃，拯以闻。诏专为庙享制帝幕什器，藏宗正寺，禁吏卒登庙阶。

王济上编敕，帝以其烦简不一，语辅臣曰："显德敕尤烦，盖世宗严急，出于一时之意，臣下不敢言其失也。"王旦进曰："诏敕宜简，近亦伤于烦。"拯对曰："开宝间，除诸州通判敕，刑狱、钱谷悉条列约束，今则略矣。"时契丹始盟，拯言边方骚动，武臣幸之以为利。帝曰："朝廷以信为守，然戒备不可废也，此外，当静治以安吾民尔。尔其奉承之。"

大中祥符初，严贡举糊名法。拯与王旦论选举帝前，拯请兼考策论，不专以诗赋为进退。帝曰："可以观才识者，文论也。"拯论事多合帝意如此。封泰山，为仪仗使。礼成，进尚书左丞。以疾在告，数请罢，帝以手诏谕旨，又命宰相王旦就第劝拯起视事。

从祀汾阴，为仪仗使，迁工部尚书。复以疾求罢，拜刑部尚书、知河南府，听以府事委官属。七年，除御史中丞，又以疾辞，除户部尚书、知陈州。真宗尝谓王旦曰："拯固求闲郡，何邪？"旦对曰："马知节尝讥拯好富贵，所

欲节度使尔。拯恐为知节所量，不敢请大藩，殆为此也。"再知河南府，迁兵部尚书，入判尚书都省，以吏部尚书、检校太傅、同中书门下平章事充枢密使。其冬，拜右仆射兼中书侍郎、太子少傅、同平章事、集贤殿大学士，进左仆射。

乾兴元年，进封魏国公，迁司空兼侍中。辅臣会食资善堂，召议事，丁谓独不预。谓知得罪，颇哀请。钱惟演遽曰："当致力，无大忧也。"拯熟视惟演，惟演蹶踏。及对承明殿，太后怒甚，语欲诛谓。拯进曰："谓固有罪，然帝新即位，亟诛大臣，骇天下耳目。谓岂有逆谋哉？第失奏山陵事耳。"太后怒少解。谓既贬，拯代谓为司徒、玉清昭应宫使、昭文馆大学士、监修国史，又为山陵使，奉安真宗御容于西京。寻在病告，帝赐白金五千两，拯叩头称谢。五上表愿罢相，拜武胜军节度使、检校太尉兼侍中、判河南府。即卧内赐告及旌纛，遣内引宾抚问。还，奏其家俭陋，被服甚质。太后赐以衾裯锦绮屏，然拯平居自奉侈靡，顾禁中不知也。既卒，赠太师、中书令，谥文懿。

拯气貌严重，宦者传诏至中书，不延坐。工部尚书林特尝诣第，累日不得通，白以咨事，使诣中书。既至，又遣堂吏谓之曰："公事何不自达朝廷？"卒不见，特大愧而去。钱惟演营入相，拯以太后姻家力言之，遂出惟演河阳。子行己、伸己。

行己字肃之，以父任为右侍禁、泾原路驻泊都监、知宪州，因治状增秩。历石、保、霸、冀、莫五州，所至有能称。

夏人既纳款，疆候播言契丹治兵幽燕，大为战具。议者欲解西备北，行己言："辽、夏为与国，元昊入贡，容怀诡计，幽燕治兵，或为虚声，边鄙之虞，恐不在河朔也。"

皇祐中，知定州，韩琦荐为路钤辖。徙知代州，管干河东缘边安抚事。夏人掠麟州，蕃部且盗耕屈野河西田，遇官军逴逻者，辄聚射。诏行己计之。行己言："此奸民无忌惮，非君长过，不宜以细故启大衅，但加戒敕足矣。"

五台山寺调厢兵义勇缮葺，为除和籴谷三万，行己谓不可损岁入之储，以事不急之务。进西上阁门使，四迁客省使，更高阳关、秦凤、定州、大名府路马步总管，以卫州防御使致仕，预洛阳耆英之集。元祐中，终金州观察使，年八十四。

伸己字齐贤，以荫补右侍禁。累迁西头供奉官，授阁门祗候、桂州兵马都监。转运使俞献可辟知廉州。久之，安化蛮扰边，献可又荐知宜州。

天圣中，改桂、宜、融、柳、象沿边兵马都监，遂专溪峒事。以礼宾使复知宜州。代还，道改供备库使、知邕州。治舍有井，相传不敢饮，饮辄死。伸己日汲自供，终更无恙。旁城数里，有金花木，土俗言花开即瘴起，人不敢近。伸己故以花盛时酣燕其下，亦复无害。明道恭谢，改东染院使、领荣州刺史，梓夔路兵马钤辖，迁洛苑使、知桂州兼广西钤辖。道江陵，会安化蛮犯边，官军不利，仁宗遣中人趣伸己讨之。伸己日夜疾驰至宜州，缮器甲，募丁壮，转粮饷，由三路以进。伸己临军，单骑出阵，语

酋豪曰："朝廷抚汝甚厚，汝乃自取灭亡耶！今我奉天子命来，汝听吾言则生，不则无噍类矣。"众仰泣罗拜曰："不图今日再见冯公也。"明日，蛮渠弃兵械率众降军门。

初，部卒以覆将畏匿，伸己曰："纪律不明，主将也，战士何罪？"请于朝，贷其死。以劳迁西上阁门使、知宜州。乐善蛮寇武阳，伸己遣谕祸福，蛮大悦，悉还所掠。又莫世堪负险强黠，抄劫边户，为疆场患。伸己设伏擒捕，皆置于法。迁果州团练使。在宜二年，徙桂州，改右武卫大将军，守本官分司西京，卒。

始，安化蛮叛，区希范应募击贼。贼平，希范诣阙，自言其功。朝廷下宜州，伸己谓希范无功妄要赏，遂编管全州。其后希范遁归，谋为乱，欲杀伸己，岭外骚然，议者皆罪伸己焉。

贾昌朝，字子明，真定获鹿人。晋史官纬之曾孙也。天禧初，真宗尝祈谷南郊，昌朝献颂道左，召试，赐同进士出身，主晋陵簿。赐对便殿，除国子监说书。孙奭判监，独称昌朝讲说有师法。他日书路随、韦处厚传示昌朝曰："君当以经术进，如二公。"为颍川郡王院伴读。再迁殿中丞，历知宜兴、东明县。奭侍读禁中，以老辞，荐昌朝自代，召试中书，寻复国子监说书。上言："礼，母之讳不出于宫。今章献太后易月制除，犹讳父名，非尊宗庙也。"诏从之。景祐中，置崇政殿说书，以授昌朝。诵说明白，帝多所质问，昌朝请记录以进，赐名《迩英延义记注》，加直集贤院。

太平兴国寺灾，是夕，大雨震雷。朝廷议修复，昌朝上言："《易·震》之象曰：'洊雷震，君子以恐惧修省。'近年寺观屡灾，此殆天示警告，可勿缮治，以示畏天爱人之意。"西域僧献佛骨、铜像，昌朝请加赐遣还，毋以所献示中外。悉行其言。天章阁置侍讲，亦首命昌朝。累迁尚书礼部郎中、史馆修撰。

刘平为元昊所执，边吏诬平降贼，议收其家。昌朝曰："汉族杀李陵，陵不得归，而汉悔之。先帝厚抚王继忠家，终得继忠用。平事未可知，使收其族，虽平在，亦不得还矣。"乃得不收。擢知制诰、权判吏部流内铨兼侍讲。初，铨法，县令奉钱满万二千，乃举令。昌朝曰："法如此，则小县终不得善令。请概举令，而与之奉如大县。"

进龙图阁直学士、权知开封府，迁右谏议大夫、权御史中丞兼判国子监。议者欲以金缯啖契丹使攻元昊，昌朝曰："契丹许我有功，则责报无穷矣。"力止之。乃上言曰："太祖初有天下，监唐末五代方镇武臣、土兵牙校之盛，尽收其威权，当时以为万世之利。及太宗时，将帅率多旧人，犹能仗威灵，禀成算，出师御寇，所向有功。近岁恩幸子弟，饰厮传，钓名誉，多非勋劳，坐取武爵，折冲攻守，彼何自而知兵？然边鄙无事，尚得自容。自西羌之叛，士不练习，将不得人，以屡易之将驭不练之士，故战则必败。此削方镇太过之弊也。况亲旧、恩幸，出即为将，素不知兵，一旦付以千万人之命，是驱之死地矣。此用亲旧、恩幸之弊也。今杨崇勋、李昭亮尚任边鄙，望速选士代之。方镇守臣无数更易，刺史以上，宜慎用授，以待有功。此救弊之一端也。"又上备边六事：

其一曰驭将帅。自古帝王，以恩威驭将帅，赏罚驭士卒，用命则军政行而战功集。太祖脱裘帽赐王全斌曰："今日居此幄，尚寒不可御，况伐蜀将士乎？"此驭之以恩也。曹彬、李汉琼讨江南，太祖召彬至前，立汉琼等于后，授以剑曰："副将以下，不用命者得专戮之。"汉琼等股栗而退，此驭之以威也。太祖虽削武臣之权，然一时赏罚及用财集事，皆听其专，有功则赏，有败则诛。今每命将帅，必先疑贰，非近幸不信，非姻旧不委。今陕西四路，总管而下，钤辖、都监、巡检之属，悉参军政，谋之未成，事已先漏，甲可乙否，上行下戾，主将不专号令，故动则必败。请自今将帅，去疑贰，推恩惠，务责以大效，得一切便宜从事。偏裨有不听令者，以军法论，此驭将之道也。

其二曰复土兵。今河北河东强壮、陕西弓箭手之类，土兵遗法也。河北乡兵，其废已久，陕西土兵，数为贼破，存者无几。臣以谓河北、河东强壮，已召近臣详定法制，每乡为军。其材能绝类者，籍其姓名递补之。陕西蕃落弓箭手，贪召募钱物，利月入粮奉，多就黥涅为营兵。宜优复田畴，使力耕死战，世为边用，可以减屯戍、省供馈矣。内地州县，增置弓手，如乡军之法而阅试之。

其三曰训营卒。太祖朝，令诸军毋得食肉衣帛，营舍有粥酒肴则逐去，士卒有服缯彩者笞责之。异时被铠甲、冒霜露，战胜攻取，皆此曹也。今营卒骄惰，临敌无勇。旧例三年转员，谓之落权正授，虽未能易此制，即不必一例使为总管、钤辖，择有才勇可任将帅者授之。况今之兵仗制造，殊不适用。宜按八阵、五兵之法，以时教习。使启殿有次序、左右有形势，前却相附，上下相援，令之曰："失一队长，则斩一队。"何虑众不为用乎？

其四曰制远人。今四夷荡然与中国通，在北则臣契丹，其西则臣元昊，二国合从，有掎角中国之势。借使以岁币羁縻之，臣恐不可胜算。古之备边，西有金城、上郡，北则云中、雁门。今自沧之秦，绵亘数千里，无山河之阻，独恃州县镇戍尔。岁所供赡，又不下数千万，一谷不熟，或至狼狈。契丹近岁兼用燕人治国，建官一同大夏。元昊据河南列郡而行赏罚，此中国患也。宜度西方诸国如沙州、喝厮、明珠、灭臧之族，近北如黑水女真、高丽、新罗之属，旧通中国，募人往使，诱之使归我，则势分而衅生，体解而瓦裂矣。

其五曰绥蕃部。属户者，边垂之屏翰也。延有金明，府有丰州，皆戎人内附之地。朝廷恩威不立，强敌迫之，塞上诸州，藐焉孤垒，蕃部既坏，土兵亦衰，破敌之日，未可期也。臣请陕西缘边诸路，守臣皆带"安抚蕃部"之名，择其族大有劳者为酋帅，如河东折氏之比，庶可为吾藩篱之固也。

其六曰谨觇候。古者守封疆，出师旅，居则有行人之舰国，战则有前茅之虑无，其谨如此。太祖命李汉超镇关南，马仁瑀守瀛州，韩令坤镇常山，贺惟忠守易州，何继筠领棣州，郭进控山西，武守琪戍晋阳，李谦溥守隰州，董遵诲屯环州，王彦昇守原州，冯继业镇灵武。笼榷之利，悉输之军中，听其贸易，而免其征税。边臣富于财，得以为间谍，羌夷情状，无不预知。二十年间，无外顾之忧。今日西鄙任边事者，敌之情状与山川、道路险易之势，绝不通晓。使蹈不测之渊，入万死之地，肝脑涂地，狼狈相藉，何以破敌制胜耶？愿监艺祖任将帅之制，边城财用悉以委之。募敢勇之士为爪牙，临阵自卫，无杀将之辱；募死力为舰候，而望敌知来，无陷兵之耻。"书奏，多施行之。

昌朝请度经费，罢不急。诏与三司合议，岁所省缗钱百万。又言："朝臣七十，筋力衰者，宜依典故致仕，有功状可留者勿拘。"因疏耄昏不任事者八人，令致仕。庆历三年，拜参知政事。上言："用兵以来，天下民力颇困。请诏诸路转运使，毋得承例折变科率，须科折者，悉听奏裁。虽奉旨及三司文移，于民不便者，亦以上闻。"

以工部侍郎充枢密使，寻拜同中书门下平章事、集贤殿大学士，仍兼枢密使。居两月，拜昭文馆大学士、监修国史。元昊归石元孙，议赐死。昌朝独曰："自古将帅被执，归者多不死。"元孙由是得免。诏有司议升祔奉慈庙三后，有司论不一。昌朝曰："章献母仪天下，章懿诞育圣躬，宜如详符升祔元德皇后故事。章惠于陛下有慈保之恩，当别享奉慈庙如故。"乃奉二后神主，升祔真宗庙。密诏迁中外官一等，优赐诸军，昌朝与同列力疏，乃止。又诏迁二府官，益固辞。元昊既款附，请宰相罢兼枢密使。

六年，日食。帝谓昌朝等曰："谪见于天，愿归罪朕躬。卿宜究民疾苦，思所以利安之。"昌朝对曰："陛下此言，足以弭天变，臣敢不夙夜孜孜以奉陛下？"帝又曰："人主惟畏天而修德，犹人臣畏法而自新也。"昌朝因顿首谢。明年春，旱，帝避正寝，减膳。昌朝引汉灾异册免三公故事，上表乞罢。

参知政事吴育数与昌朝争议上前，论者多不直昌朝。有向绶者知永静军，疑通判潜己，诬以事，迫令自杀。高若讷知审刑院，附昌朝议，欲从轻坐。吴育力争，绶卒减死一等。未几，若讷为御史中丞，言大臣廷争不肃，故雨不时若，遂罢育，而除昌朝武胜军节度使、检校太傅、同中书门下平章事、判大名府兼北京留守司、河北安抚使。帝赐银饰肩舆。寻以讨贝州贼有功，移山南东道节度使。杨偕言贼发昌朝部中，不当赏。弗从。

契丹聚亡卒勇佷者，号"投来南军"。边法，卒亡自归者死。昌朝除其法，归者辄迁补，于是来者稍众，因廉知契丹事。契丹遂拒亡卒，黜南军不用。边人以地外质，契丹故稍侵边界。昌朝为立法，质地而主不时赎，人得赎而有之，岁余，地悉复。

三司使叶清臣移用河北库钱，昌朝格诏不与，清臣论列不已，遂出清臣河阳，徙昌朝判郑州。过阙入觐，留为祥源观使，拜尚书右仆射、观文殿大学士、判尚书都省、朝会班中书门下，视其仪物。岁中求外，复除山南东道节度使、右仆射、检校太师兼侍中、判郑州。固辞仆射、侍中，改同中书门下平章事。赐中谢，自昌朝始也。

母丧去位，服除，判许州。召对迩英阁，帝问《乾卦》，昌朝上奏曰："《乾》之上九称：'亢龙有悔。'悔者，凶灾之萌，爻在亢极，必有凶灾。不言凶而言悔者，以悔有可凶可吉之义，修德则免悔而获吉矣。'用九，见群龙无首，吉'。圣人用刚健之德，乃可决万机。天下久盛，柔不可以济，然亢而过刚又不能久。独圣人外以刚健决事，内以谦恭应物，不敢自矜为天下首，乃吉也。"手诏优答。又言："汉、唐都雍，置三辅内翼京师，朝廷都汴，而近京诸郡皆属他道，制度不称王畿。请析京东之曹州，京西之陈、许、滑、郑，皆隶开封府，以四十二县为京畿。"帝纳之。将行，命讲读官饯于资善堂。复判大名府兼河北安抚使。时河决商胡，昌朝请复故道，不从。语在《河渠志》。六塔功败，滨、棣、德、博民多水死，昌朝振救之甚力。内侍刘恢往视，还，言河决赵征村，与帝名嫌为不祥，时皆谓昌朝使之以摇当国者。嘉祐元年，进封许国公，又兼侍中，寻以同中书门下平章事为枢密使。

三年，宰相文彦博转罢，谏官、御史恐昌朝代彦博，乃相与言昌朝建大第，别创客位以待宦官，宦官有矫制者，枢密院释不治。遂以镇安军节度使、右仆射、检校太师、侍中兼充景灵宫使，出判许州。又以保平军节度、陕州大都督府长史移大名府兼安抚使。英宗即位，徙凤翔节度使，加左仆射、凤翔尹，进封魏国公。治平元年，以侍中守许州，力辞弗许。明年，以疾留京师，乃以左仆射、观文殿大学士判尚书都省，卒，年六十八，谥曰文元。御书墓碑曰"大儒元老之碑"。所著《群经音辨》、《通纪》、《时令》、《奏议》、《文集》百二十二卷。

昌朝在侍从，多得名誉。及执政，乃不为正人所与，而数有攻其结宦官、宫人者。初，昌朝侍讲时，同王宗道编修资善堂书籍，其实教授内侍，谏官吴育奏罢之。及张方平留唐询，而询谮育，世以为昌朝指也。然言者谓昌朝释宦官矫制，后验问无事实云。

子章，馆阁校勘，蚤世。青，朝请大夫。弟昌衡。

昌衡字子平。举进士，为梓州路转运判官。贾人请富顺井盐，吏视贿多寡为先后，昌衡一随月日给之。泸州边夷蛮，故时守以武吏，昌衡请由东铨调选。蛮驱马来市，官第其良驽为二等，上者送秦州，下者辄轻估直而抑买，昌衡请严禁之。徙提点淮南刑狱、广东转运使，徙两浙路。熙宁更法度，核吏治，昌衡数以利害闻，神宗奖其论奏忠益。召为户部副使、提举市易司，课羡，增秩右谏议大夫，加集贤殿修撰、知河南府，历陈、郓、应天府、邓州。以正议大夫致仕，卒。从子炎。

炎字长卿，以昌朝荫，更历笼库，积迁至工部侍郎。政和中，以显谟阁待制知应天府，徙郓州、永兴。初，陕西行铁钱久，币益轻。蔡京设法尽敛之，更铸夹锡钱，币稍重。京去相，转运使李谌、陈敦复见所敛已多，遽请罢铸。铁钱既复行，其轻加初，自关以西皆罢市，民不聊生。炎独一切弛禁，听从其便。其后，宣徽使童贯又以两者重轻相形,遂尽废夹锡不得用,民益以为苦。炎徙知延安,因表言:"钱法屡变,人心愈惑。今人以为利者,臣见其害;以为是者,臣见其非。中产之家,不过畜夹锡钱一二万,既弃不用,则惟有守钱而死耳。边氓生理萧条,官又一再变法,鄜延去敌迫近,民殊不安。民不安则边不可守,愿得内郡以养母。"乃命为颍州,未行,复留。又与贯制疆事不合,贯沮之,改河阳,又改邓州。加直学士、知永兴。入对,留为工部侍郎。贯签书枢密院河西、北两房,侍从邀炎俱往贺,炎曰:"故事无签书两房者,彼非执政,何贺为?"会以疾卒,年五十八。赠银青光禄大夫。

昌朝伯祖父琰。琰字季华,晋中书舍人、给事中纬之子也。以荫授临淄、雍丘主簿,历通判澧州。太宗尹京,奏以为开封府推官,加左赞善大夫。及即位,超拜左正议大夫、枢密直学士。未几,擢三司副使。太平兴国二年,卒。

琰风神峻整,有吏干,佐太宗居幕府凡五年,勤于所职。昆弟五人,琰最幼,及琰历官而诸兄相继死。琰拊循孤幼,聚族凡百口,分给衣食,庭无间言,士大夫以此称之。

琰子浞、汾。浞至军器库使。交阯黎桓之篡丁璿也,朝廷以孙全兴将兵讨焉。浞与王僎同掌军事,黎桓伪降,全兴信之,军遂北,浞、僎并坐失律诛。汾至殿中丞。浞子昌符,赐同学究出身。汾子昌龄,第进士,为屯田员外郎。

梁适,字仲贤,东平人,翰林学士颢之子也。少孤,尝辑父遗文及所自著以进,真宗曰:"梁颢有子矣。"授秘书省正字。为开封工曹,知昆山县。徙梧州,奏罢南汉时民间折税。更举进士,知淮阳军,又奏减京东预买绸百三十万。论景祐赦书不当录朱梁后,仁宗记其名,寻召为审刑详议官。

梓州妖人白彦欢依鬼神以诅杀人,狱具,以无伤瘢。适驳曰:"杀人以刃或可拒,而诅可拒乎?是甚于刃也。"卒论死。有鸟似鹤集端门,稍下及庭中,大臣或倡以为瑞,适曰:"此野鸟入宫庭耳,何瑞之云?"

尝与同院燕肃奏何次公案,帝顾曰:"次公似是汉时人字。"肃不能对,适进曰:"盖宽饶、黄霸皆字次公。"帝悦,因询适家世,益器之。他日宰相拟适提点刑狱,帝曰:"姑留之,俟谏官有阙,可用也。"遂拜右正言。

林瑀由中旨侍讲天章阁,适疏其过。又言:"夏守赟为将无功,不宜复典宥密。"会妇党任中师执政,以嫌改直史馆,修起居注。奉使陕西,与范仲淹条边机十余事。进知制诰、权发遣开封府。岁余,出知兖州。莱芜冶铁为民病,当役者率破产以偿,适募人为之,自是民不忧冶户,而铁岁溢。再迁枢密直学士、知延州。告归治葬,过京师,得入见,自言前为朋党挤逐,留为翰林学士。御史交劾之,以侍读学士知澶州,徙秦州。入知审刑院,擢枢密副使。

张尧佐一日除四使,言者争之力,帝颇怒。适曰:"台谏论事,职耳。尧佐恩实过,恐非所以全之。"遂夺二使。侬智高入寇,移嫒书求邕、桂度,帝将受其降。适

曰:"若尔,岭外非朝廷有矣。"乃遣狄青讨之。贼平,帝曰:"向非适言,南方安危,未可知也。"迁参知政事。契丹欲易国书称南北朝,适曰:"宋之为宋,受之于天,不可改也。契丹亦其国名,自古岂有无名之国哉?"遂止。进同中书门下平章事、集贤殿大学士。大珰王守忠求为节度使,适持不可;张贵妃治丧皇仪殿,又以为不可。将以适为园陵使,适言国朝以来无此制,由是浸与陈执中不合。

适晓畅法令,临事有胆力,而多挟智数,不为清议所许。御史马遵、吴中复极论其贪黩怙权,罢知郑州。京师茶贾负公钱四十万缗,盐铁判官李虞卿案之急,贾惧,与吏为市,内交于适子弟,适出虞卿提点陕西刑狱。及罢,帝即还虞卿三司。复加观文殿大学士、知秦州。古渭初建砦,间为属羌所钞,益兵拒守,羌复惊疑。适具牛酒,召谕其种人,且罢所益兵,羌不为患。徙永兴军。夏人盗耕屈野河西田累年,朝廷欲正封,以适为定国军节度使、知并州,至则悉复侵地六百里。还,知河阳,领忠武、昭德二镇、检校太师,复为观文殿大学士,以太子太保致仕,进太傅。熙宁三年,卒,年七十。赠司空兼侍中,谥曰庄肃。

孙子美,绍圣中,提举湖南常平。时新复役法,子美先诸路成役书,就迁提点刑狱。建中靖国初,除尚书郎中,中书舍人邹浩封还之,改京西转运副使。谏议大夫陈次升又言:"子美缘章惇姻家,连使湖外,承迎其旨意,一时逐臣在封部者,多被其虐,不宜使在近畿。"及徙成都路,累迁直龙图阁、河北都转运使,倾漕计以奉上,至捐缗钱三百万市北珠以进。崇宁间,诸路漕臣进羡余,自子美始。北珠出女真,子美市于契丹,契丹嗜其利,虐女真捕海东青以求珠。两国之祸盖基于此,子美用是致位光显。

宣和四年,以疾罢为开府仪同三司、提举嵩山崇福宫。卒,赠少保。子美为郡,纵侈残虐,然有干才,所至办治云。

论曰:此五人者,皆以文吏为宰相。执中建储一言,适契上意,不然,何超迁之骤也。然与刘沆皆寡学少文,希世用事。冯拯议论多迎合王意,昌朝明经术而尚阿私,梁适晓法令而挟智术,斯君子所不与也。若执中不受私谒,沆临事强果,拯从容一言免谓于诛死,此又足称者焉。

卷二百八十六　　列传第四十五

鲁宗道　薛奎　王曙 子益柔　**蔡齐** 从子延庆

鲁宗道,字贯之,亳州谯人。少孤,鞠于外家。诸舅皆武人,颇易宗道,宗道益自奋厉读书。袖所著文谒戚纶,纶器重之。举进士,为濠州定远尉,再调海盐令。县东南旧有港,导海水至邑下,岁久湮塞,宗道发乡丁疏治之,人号"鲁公浦"。改歙州军事判官,再迁秘书丞。陈尧叟辟通判河阳。

天禧元年，始诏两省置谏官六员，考所言为殿最，首擢宗道与刘烨为右正言。谏章由阁门始得进而不赐对，宗道请面论事而上奏通进司，遂为故事。尝言："守宰去民近，而无以区别能否。今除一守令，虽资材低下，而考任应格，则左司无擯斥，故天下亲民者黩货害政，十常二三，欲裕民而美化，不可得矣。汉宣帝除刺史守相，必亲见而考察之。今守佐虽不暇亲见，宜令大臣延之中书，询考以言，察其应对，设之以事，观其施为才不肖，皆得进退之。吏部之择县令放此，庶得良守宰宣助圣化矣。"真宗纳之。宗道风闻，多所论列，帝意颇厌其数。后因对，自讼曰："陛下用臣，岂欲徒事纳谏之虚名邪？臣窃耻尸禄，请得罢去。"帝抚谕良久，他日书殿壁曰："鲁直"，盖思念之也。寻除户部员外郎兼右谕德。逾年，迁左谕德、直龙图阁。

仁宗即位，迁户部郎中、龙图阁直学士兼侍讲、判吏部流内铨。宗道在选调久，患铨格烦密，及知吏所以为奸状，多厘正之，悉揭科条庑下，人便之。雷允恭擅易山陵，诏与吕夷简等按视。还，拜右谏议大夫、参知政事。

章献太后临朝，问宗道曰："唐武后何如主？"对曰："唐之罪人也，几危社稷。"后默然。时有请立刘氏七庙者，太后问辅臣，众不敢对。宗道不可，曰："若立刘氏七庙，如嗣君何？"帝、太后将同幸慈孝寺，欲以大安辇先帝行，宗道曰："夫死从子，妇人之道也。"太后遽命辇后乘舆。时执政多任子于馆阁读书，宗道曰："馆阁育天下英才，岂纳裤子弟用以恩泽处邪？"枢密使曹利用恃权骄横，宗道屡于帝前折之。自贵戚用事者皆惮之，目为"鱼头参政"，因其姓，且言骨鲠如鱼头也。再迁尚书礼部侍郎、祥源观使。在政府七年，务抑侥幸，不以名器私人。疾剧，帝临问，赐白金三千两。既卒，皇太后临奠之，赠兵部尚书。

宗道为人刚正，疾恶少容，遇事敢言，不为小谨。为谕德时，居近酒肆，尝微行就饮肆中，偶真宗亟召，使者及门久之，宗道方自酒肆来。使者先入，约曰："即上怪公来迟，何以为对？"宗道曰："第以实言之。"使者曰："然则公当得罪。"曰："饮酒，人之常情，欺君，臣子之大罪也。"真宗果问，使者具以宗道所言对。帝诘之，宗道谢曰："有故人自乡里来，臣家贫无杯盘，故就酒家饮。"帝以为忠实可大用，尝以语太后，太后临朝，遂大用之。初，太常议谥曰刚简，复改为肃简。议者以为"肃"不若"刚"为得其实云。

薛奎，字宿艺，绛州正平人。父化光，善数术，尝以平晋策干太宗不在，召见不用，罢归。适奎始生，抚其首曰："是子必至公辅。"奎举进士，为州第一，乃推与里人王严，而处其下。进士及第，为隰州军事推官。州民常聚博僧舍，一日，盗杀寺奴取财去，博者适至，血偶浣衣，逻卒捕送州，考讯诬伏。奎独疑之，白州缓其狱，后果得杀人者。徙仪州推官，尝部丁夫运粮至盐州，会久雨，粟麦渍腐，奎白转运卢之翰，请纵民还州而偿所失。之翰怒，欲劾奏之。奎徐曰："用兵久，人疲转饷，今幸兵食有余，安用此陈腐以困民哉！"之翰意解，凡民所失，悉奏除之。改大理寺丞、知莆田县。请蠲南闽时税咸鱼、蒲草钱。

迁殿中丞、知长水县，徙知兴州。州有钱监，岁调兵三百人采铁，而岁入不偿费。奎奏听民自采，而所输辄倍之。迁太常博士。向敏中荐为殿中侍御史，出为陕西转运使。赵德明言延州蕃落侵其地黑林平，下诏按验。奎阅郡籍，德明尝假道黑林平，移文录示之，德明遂伏。未几，坐失举免。数月，起通判陕州，改尚书户部员外郎、淮南转运副使，迁江、淮制置发运使。疏漕河、废三堰以便饷运，进吏部员外郎。父丧，夺哀，擢三司户部副使。与使李士衡争论事，改户部郎中、直昭文馆、知延州。

赵元昊每遣吏至京师请奉予，吏因市禁物，隐关算为奸利，奎廉得状，请留蜀道缣帛于关中，转致给之。迁吏部，擢龙图阁待制、权知开封府。为政严敏，击断无所贷，帝益加重。使契丹，还，迁谏议大夫、权御史中丞。上疏论择人、求治、崇节俭、屏声色，凡十数事。章献太后称制，契丹使萧从顺请见太后，且言南使至契丹者皆见太后，而契丹使来乃不得见。奎时馆伴，折之曰："皇太后垂帘听政，虽本朝群臣，亦未尝见也。"从顺乃已。或谮云奎漏禁中语，改授集贤院学士、知并州，改秦州。州宿重兵，经费常不足，奎务为俭约，教民水耕，谨商算。岁中积粟三百万，征算余三千万，核民隐田数千顷，得刍粟十余万。加枢密直学士、知益州。秦人与夷落数千人列奎治状，请留，玺书褒谕，不许。成都民妇讼其子不孝，诘之，乃曰："贫无以为养。"奎出俸钱与之，戒曰："若复失养，吾不贷汝矣！"其母子遂如初。尝夜燕，有戍卒杀人，人皆奔走，奎密遣捕杀之，坐客莫有知者。临事持重明决，多此类也。

召为龙图阁学士、权三司使，遂参知政事。帝谕曰："先帝尝以为卿可任，今用卿，先帝意也。"俄让给事中。帝尝谓辅臣曰："臣事君鲜有克终者。"奎曰："保终之道，匪独臣不然也。"历数唐开元、天宝时事以对，帝然之。迁尚书礼部侍郎。太后谒太庙，欲被服天子衮冕，奎曰："必御此，若何为拜？"力陈其不可，终不见听。及太后崩，帝见左右泣曰："太后疾不能言，犹数引其衣若有所属，何也？"奎曰："其在衮冕也。服之岂可见先帝于地下！"帝悟，卒以后服敛。因上言逐内侍罗崇勋等。时二府大臣多罢去，奎得喘疾，数辞位，罢为户部侍郎、资政殿学士、判尚书都省。帝手书禁方赐之，小间，入见。疾寻作，卒，赠兵部尚书，谥简肃。

奎性刚不苟合，遇事敢言。真宗时数宴大臣，至有沾醉者。奎谏曰："陛下即位之初，励精万几而简宴幸。今天下诚无事，而宴乐无度，大臣数被酒无威仪，非所以重朝廷也。"真宗善其言。及参政事，谋议无所避。能知人，范仲淹、庞籍、明镐自为吏部选人，皆以公辅许之。无子，以从子为嗣。

王曙，字晦叔，隋东皋子绩之后。世居河汾，后为河南人。中进士第，再调定国军节度推官。咸平中，举贤良方正科，策入等，迁秘书省著作佐郎、知定海县。还，为群牧判官，考集古今马政，为《群牧故事》六卷，上之。

迁太常丞、判三司凭由理欠司。坐举进士失实，降监卢州茶税，再迁尚书工部员外郎、龙图阁待制。以右谏议大夫为河北转运使，坐部吏受赇，降知寿州。徙淮南转运使，勾当三班院，权知开封府。以枢密直学士知益州。绳盗以峻法，多致之死。有卒夜告其军将乱，立辨其伪，斩之。蜀人比之张咏，号"前张后王"。入为给事中。仁宗为皇太子，与李迪同选兼宾客，复坐贡举失实，黜官。复为给事中兼群牧使。其妻，寇准女也。准罢相且贬，曙亦降知汝州。准再贬，曙亦贬郢州团练副使。起为光禄卿、知襄州，又徙汝州。复给事中、知潞州。州有杀人者，狱已具，曙独疑之。既而提点刑狱杜衍至，事果辨。曙为作《辨狱记》以戒官吏。

徙河南府、永兴军，召为御史中丞兼理检使，理检置使自此始。玉清昭应宫灾，系守卫者御史狱。曙恐朝廷议修复，上言："昔鲁桓、僖宫灾，孔子以为桓、僖亲尽当毁者也。辽东高庙及高园便殿灾，董仲舒以为高庙不当居陵旁，故灾。魏崇华殿灾，高堂隆以台榭宫室为戒，宜罢之勿治，文帝不听，明年，复灾。今所建宫非应经义，灾变之来若有警者。愿除其地，罢诸祷祠，以应天变。"仁宗与太后感悟，遂减守卫者罪。已而诏以不复缮修谕天下。又请三品以上立家庙，复唐旧制。以尚书工部侍郎参知政事。以疾请罢，改户部侍郎、资政殿学士、知陕州，徙河阳。再知河南府，迁吏部。召为枢密使，拜同中书门下平章事。逾月，首发疽，卒。赠太保、中书令，谥文康。

曙方严简重，有大臣体，居官深自抑损。喜浮图法，斋居蔬食，泊如也。初，钱惟演留守西京，欧阳修、尹洙为官属。修等颇游宴，曙后至，尝屏色戒修等曰："诸君纵酒过度，独不知寇莱公晚年之祸邪！"修起对曰："以修闻之，莱公正坐老而不知止尔！"曙默然，终不怒。及为枢密使，首荐修等，置之馆阁。有集四十卷，《周书音训》十二卷，《唐书备问》三卷，《庄子旨归》三篇，《列子旨归》一篇，《戴斗奉使录》二卷，集《两汉诏议》四十卷。

子益恭、益柔。益恭字达夫，以荫为卫尉寺丞。性恬淡，慕唐王龟之为人，数解官就养。曙参知政事，治第西京，益恭劝曙引年谢事，曙不果去。终父丧，遂以尚书司门员外郎致仕，间与浮图、隐者出游，洛阳名园山水，无不至也。以子登朝，累司农少卿，卒。

益柔字胜之。为人伉直尚气，喜论天下事。用荫至殿中丞。元昊叛，上备边选将之策。杜衍、丁度宣抚河东，益柔寓书言："河外兵饷无法，非易帅臣、转运使不可。"因条其可任者。衍、度使还，以学术政事荐，知介丘县。庆历更用执政，异意者指为朋党，仁宗下诏戒敕，益柔上书论辨，言尤切直。尹洙与刘沪争城水洛事，自泾原贬庆州。益柔讼之曰："水洛一障耳，不足以拒贼。沪裨将，洙为将军，以天子命呼之不至，戮之不为过；顾不敢专执之以听命，是洙不伸将军之职而上尊朝廷，未见其有罪也。"不听。范仲淹未识面，以馆阁荐之，除集贤校理。预苏舜钦奏邸会，醉作《傲歌》。时诸人欲遂倾正党，宰相章得象、晏殊不可否，参政贾昌朝阴主之，张方平、宋祁、王

拱辰攻排不遗力，至列状言益柔罪当诛。韩琦为帝言："益柔狂语何足深计。方平等皆陛下近臣，今西陲用兵，大事何限，一不为陛下论列，而同状攻一王益柔，此其意可见矣。"帝感悟，但黜监复州酒。久之，为开封府推官、盐铁判官。凡中旨所需不应法式，有司迎合以求进者，悉论之不置。出为两浙、京东西转运使。上言："今考课法区别长吏能否，必明有显状，显状必取其更置兴作大利。夫小政小善，积而不已，然后能成其大。取其大而遗其细，将竞利图功，恐事之不举者日多，而虚名无实之风日起。愿参以唐四善，兼取行实，列为三等。"不行。

熙宁元年，入判度支审院。诏百官转对，益柔言："人君之难，莫大于辨邪正；邪正之辨，莫大于置相。相之忠邪，百官之贤否也。若唐高宗之李义甫，明皇之李林甫，德宗之卢杞，宪宗之皇甫镈，帝王之鉴也。高宗、德宗之昏蒙，固无足论；明皇、宪宗之聪明，乃蔽于二人如此。以二人之庸，犹足以致祸，况诵六艺、挟才智以文致其奸说者哉！"意盖指王安石也。判吏部流内铨。旧制，选人当改京官，满十人乃引见。由是士多困滞，且遇举者有故，辄不用。益柔请二人即引见，众论翕然称之。直舍人院、知制诰兼直学士院。董毡遇明堂恩，中书熟状加光禄大夫，而旧阶已特进，益柔以闻。帝谓中书曰："非翰林，几何不为羌夷所笑。"宰相怒其不申堂，用他事罢其兼直。迁龙图阁直学士、秘书监，知蔡扬亳州、江宁应天府。卒，年七十二。

益柔少力学，通群书，为文日数千言。尹洙见之曰："赡而不流，制而不窘，语淳而厉，气壮而长，未可量也。"时方以诗赋取士，益柔去不为。范仲淹荐试馆职，以其不善词赋，乞试以策论，特听之。司马光尝语人曰："自吾为《资治通鉴》，人多欲求观读，未终一纸，已欠伸思睡。能阅之终篇者，惟王胜之耳。"其好学类此。

蔡齐，字子思，其先洛阳人也。曾祖绾，为莱州胶水令，因家焉。齐少孤，依外家刘氏。举进士第一。仪状俊伟，举止端重，真宗见之，顾宰相寇准曰："得人矣。"诏金吾给七驺，传呼以宠之。状元给驺，自齐始也。除将作监丞、通判兖州，徙潍州。以秘书省著作郎直集贤院。

仁宗初，为司谏、修起居注，改尚书礼部员外郎兼侍御史知杂事。钱惟演守河阳，请曲赐镇兵钱，章献太后将许之。齐曰："上新即位，惟演外戚，请偏赏以示私恩，不可许。"遂劾奏惟演。以起居舍人知制诰，入为翰林学士，加侍读学士。太后大出金帛修景德寺，遣内侍罗崇勋主之，命齐为文记之。崇勋阴使人诱齐曰："趣为记，当得参知政事矣。"齐久之不上，崇勋谗之，罢为龙图阁学士、知河南府。参知政事鲁宗道固争留之，不能得。以亲老，改密州，徙应天府，召为右谏议大夫、御史中丞。

太后崩，遗诏以杨太妃为皇太后，同裁制军国事。阁门趣百官贺，齐使台吏毋追班，乃入白执政曰："上春秋富，习知天下情伪，今始亲政事，岂宜使女后相踵称制乎！"遂罢预政。复为龙图阁学士、权三司使。有飞语传荆王元俨为天下兵马都元帅者，捕得系狱，连逮甚众。帝

怒，使齐按问之。齐曰："此小人无知，不足治，且无以安荆王。"帝悟，遽释之。拜枢密副使。交阯虐其部人，款宜州自归者八百余人，议者谓不可内。齐曰："蛮人去暴而归有德，却之不祥，请给荆湖闲田使自营；若纵去，当不复还旧部，必聚而为盗贼矣。"不从。后数年，蛮果为乱。蜀大姓王齐雄坐杀人除名。齐雄，太后姻家，未更赦，复官。齐曰："果如此，法挠矣！"明日，入奏事曰："齐雄恃势杀人，不死，又亟授以官，是以恩废法也。"帝曰："降一等与官可乎？"齐曰："以恩废法，如朝廷何！"帝勉从之，乃抵齐雄罪。钱惟演附丁谓，枢密题名，辄削去寇准姓氏，云"逆准不书"。齐于仁宗曰："寇准忠义闻天下，社稷之臣也，岂可为奸党所诬哉！"仁宗遽令磨去。

郭皇后废，将立富人陈氏女为后，齐极论之。拜礼部侍郎、参知政事。契丹祭天于幽州，以兵屯境上。辅臣欲调兵备边，与齐迭议帝前，齐画三策，料契丹必不叛盟。王曾与齐善，曾与夷简不相能，曾罢相，齐亦以户部侍郎归班。寻出知颍州，卒，年五十二，赠兵部尚书，谥曰文忠。颍人见其故吏朱宷会丧，犹号泣思之。

齐方重有风采，性谦退，不妄言。有善未尝自伐。丁谓秉政，欲齐附己，齐终不往。少与徐人刘颜善，颜罪废，齐上其书数十万言，得复官。颜卒，又以女妻其子庠。所荐庞籍、杨偕、刘随、段少连，后率为名臣。始，齐无子，以从子延庆为后。既殁，有遗腹子曰延嗣。

延庆字仲远，中进士第，通判明州。历福建路转运判官，提点京东、陕西刑狱。神宗初，以集贤校理历开封府推官。有卫士告黄衣老卒筒火入直，延庆察卒色辞，疑焉，询之，果为所诬，即反坐告者。事闻，帝重之，加直史馆、知河中府。明年，同修起居注，直舍人院、判流内铨，拜天章阁待制、秦凤等路都转运使，以应办熙河军须功，进龙图阁直学士。

王韶进师河州，羌断其归路。延庆曰："兵事非吾宜预，然主帅在难，不急援之，恐败国事。"遂檄兵赴救，羌解去，韶得全师还。转运判官蔡曚劾其擅兴，朝廷问知状，易曚他道。韶入朝，延庆摄熙帅。元夕张灯，羌乘隙伏兵北关下，遣其种二十九人伪请来属，将举火内应。延庆觇知，悉斩以徇，伏者颈溃。蕃官诈称木征欲降，邀大将景思立来迎。延庆命毋辄出，即违节制，虽有功亦诛，思立不从，卒败死。

徙知成都府兼兵马都钤辖。本道旧不置都钤辖，至是特命之。茂州羁縻州蛮族九，自推一人为将统其众，将常在州听要束。州居群蛮中，无城堑，惟树鹿角为固。蛮屡夜入剽人畜，徼货来赎。民患苦，诣郡守李琪请筑城。琪上于朝，诏延庆度其利便，延庆下其事，琪已去。后守范百常以为利，筑之。蛮酋诉谓侵其土地，乞罢筑，不许。蛮数百奄至，拒却之。明日，又大至，尽焚鹿角及民庐舍，引梯冲攻牙城，百常捍御，杀二蛮酋，乃退。然游骑犹绕四山，南北路皆为所据，城中不敢出。百常募人间道告急于成都。延庆命与之和，奏乞遣近上内臣共经蛮事。诏押

班王中正往，中正受旨，凡军事皆令与都钤辖议。将行，言茂去成都远，一一与议，虑失事机，请得专决。于是事无巨细皆自处，延庆不复预。监司附中正，奏延庆区理失宜，致生边患。徙知渭州，仍降为天章阁待制。

夏人禹臧苑麻疑出境有谋，使人入塞卖马，吏执以告。延庆曰："彼疑，故来觇。执之，是成其疑。"约马直授之使去。疆吏入敌境攘羊马，得而戮诸境上，且告之曰："两境不相侵，则相保以安，故戮以戒。若有之，亦当尔也。"夏人悦服。

尝得《安南行军法》读之，仿其制，部分正兵弓箭手人马，团为九将，合百队，分左右前后四部。队有驻战、拓战之别，步骑器械，每将皆同。以蕃兵人马为别队，各随所近分隶焉。诸将之数，不及正兵之半，乃所以制之。处老弱于城砦，较其远近而为区别。使蕃、汉无得相杂，以防其变。具为书上之。时鄜延吕惠卿亦分画兵，延庆条其不便，神宗善其议。召知开封府，拜翰林学士。以言者罢知滁州，历瀛、洪州，复龙图阁待制，帅高阳。阅岁，复直学士，移定武。元祐中，入为工部、吏部侍郎。卒，年六十二，赐钱三十万，官庀其葬。

延庆有学问，平居简嘿，遇事能别白是非，所至有惠政。既为伯父齐后，齐晚得子，乃归其宗，籍家所有付之，无一毫自予，莱人义焉。

论曰：章献太后称制时，群臣多希合用事，鲁宗道、薛奎、蔡齐参预其间，正色孤立，无所回挠。宗道能沮刘氏七庙之议，奎正母后衮冕为非礼，齐从容一言绝女后相踵称制之患，真所谓以道事君者欤！曙辨奸断狱，为时良吏，在位又多荐拔名臣，若请群臣立家庙以复古礼，皆知为政之本焉。

卷二百八十七　　列传第四十六

杨砺　宋湜　王嗣宗　李昌龄从子纮
赵安仁父孚　子良规　孙君锡　**陈彭年**

杨砺，字汝砺，京兆鄠人。曾祖守信，唐山南西道节度、同平章事，本宫官复恭假子也。祖知礼，后唐均州刺史。父仁俨，入蜀仕王氏，为丹棱令。蜀平，补渭南主簿，累迁永和令。砺，建隆中举进士甲科。父丧，绝水浆数日。服除，以禄不足养母，闲居无仕进意，乡旧移书敦谕，砺乃赴官。解褐凤州团练推官，岁余，又以母疾弃官。开宝九年，诣阙献书，召试学士院，授陇州防御推官。入迁光禄寺丞，丁内艰，起就职。久之，转秘书丞，改屯田员外郎、知鄂州，以善政闻。

端拱初，真宗在襄邸，迁库部，充记室参军，赐金紫。初，广顺中，周世宗节制澶州，砺赘文见之，馆接数日。世宗入朝，砺处僧舍，梦古衣冠者曰："汝能从乎？"砺随往，睹宫卫若非人间，殿上王者秉珪南向，总三十余。砺

升谒之，最上者前有案，置簿录人姓名，砺见已名居首，因请示休咎。王者曰："我非汝师。"指一人曰："此来和天尊，异日汝主也，当问之。"其人笑曰："此去四十年，汝功成，予名亦显矣。"砺再拜，寤而志之。砺初名励，以籍作砺，遂改之。至是，受命谒见藩府，归谓子曰："吾今见襄王仪貌，即所梦本和天尊也。"迁水部郎中。真宗尹开封，砺为推官。真宗尝问砺："何年及第？"砺唯唯不对。后知其唱名第一，自悔失问，谓砺不以科名自伐，甚重之。储官建，兼右谕德，转度支郎中。即位，拜给事中、判吏部铨。未几，召入翰林为学士。咸平初，知贡举，俄拜工部侍郎、枢密副使。二年，卒，年六十九。真宗轸悼，谓宰相曰："砺介直清苦，方当任用，遽此沦谢。"即冒雨临其丧。砺僦舍委巷中，乘舆不能进，步至其第，嗟悯久之。废朝，赠兵部尚书，中使护葬。

砺为文尚繁，无师法，每诗一题或数十篇。在翰林，制诰迂怪，见者哂之。有文集二十卷。子峤至祠部郎中，峰至太常博士，峭至太子中舍。少子峒，至道初与张庶凝刊校真宗储邸书籍，真宗即位，皆赐进士出身、直史馆。峒至祠部郎中，庶凝至太常丞。

宋湜，字持正，京兆长安人。曾祖择，牟平令。祖赞，万年令。父温故，晋天福中进士，至左补阙；弟温舒，亦进士，至职方员外郎，兄弟皆有时名。湜幼警悟，早孤，与兄泌励志笃学，事母以孝闻。温舒典耀州，湜侍行，代作笺奏，词敏而丽。温舒拊背曰："此儿真国器，恨吾兄不及见也。"太平兴国五年进士，释褐将作监丞、通判梓州权盐院，就迁右赞善大夫。宋准荐其文，拜著作郎、直史馆，赐绯。雍熙三年，以右补阙知制诰，与王化基、李沆并命，仍赐白金五百两、钱五十万。加户部员外郎，与苏易简同知贡举，俄判刑部，赐金紫。

淳化二年，袄尼道安讼大理断狱不当，湜坐累，降均州团练副使。时母老，湜留其室奉养。移汝州，与王禹偁并召入，为礼部员外郎、直昭文馆。五年，以职方员外郎再知制诰、判集贤院，知银壹、通进、封驳司。至道元年，为翰林学士，知审官院、三班。又兼修国史、判昭文史馆事，加兵部郎中。

真宗即位，拜中书舍人。丁内艰，起复。咸平元年冬，改给事中，充枢密副使。真宗北巡，将次大名，以扈从军列为行阵，亲御铠甲于中，诸王、枢密介胄以从，命湜与王显分押后阵。驻跸数日，常召见便殿，方奏事，疾作仆地。内侍掖出，太医诊视，抚问相继，以疾亟闻。明年正月，真宗临视，许以先归，赐衾褥，曰："此朕尝御者，虽故暗，亦足御道途之寒。"又遣内侍护送供帐，至澶州，卒，年五十一。废朝，赠吏部侍郎。以子纶为太祝，纯为奉礼郎；弟某为光禄寺丞，湛为大理寺丞；侄孙选同学究出身。真宗再幸河朔，追悼之，加赠刑部尚书，谥曰忠定。

湜风貌秀整，有酝藉，器识冲远，好学，美文词，善谈论饮谑，晓音律，妙于奕棋。笔法遒媚，书帖之出，人多传效。喜引重后进有名者，又好趋人之急，当世士流翕然宗仰之。有文集二十卷。

湜兄泌，太平兴国二年进士，至起居郎、直史馆、越王府记室参军。

温舒三子，沆、瀚、涛。沆，刚率，喜谈兵。太平兴国五年进士，历左正言、京西转运使、度支判官。淳化二年，吕蒙正罢相，沆坐亲党，贬宜州团练副使，起为太子中允，换如京副使。咸平中，遣与梅询使西京为安抚使，未行，罢为环庆路都监。与知环州张从擅发兵袭敌，不与部署叶谋，又士卒有死伤者，责授供奉官。后为文思副使、京西提点刑狱，卒。瀚有清节，居长安不仕，与种放、魏野游，多篇什酬唱。涛，端拱二年进士，历殿中丞、知襄城县，以政绩闻，赐绯鱼。历盐铁判官，累迁监察御史、知虢州。纯及泌子纬皆至殿中丞。

王嗣宗，字希阮，汾州人。曾祖同节，宝鼎令。祖待价，汾州防御推官。父梦证，成州军事判官。嗣宗少力学自奋，游京师，以文谒王祐，颇见优待。开宝八年，登进士甲科，补秦州司寇参军。侍御史路冲知州事，为政苛急，盗贼群起。嗣宗乘间极言其阙失，冲大怒，系嗣宗于狱，又教无赖民被罪者讼嗣宗治狱枉滥。朝廷遣殿中丞王廷范按之，具获讼者诬罔状，嗣宗乃得释。

太宗征河东，嗣宗陈边事，召赴行在，授大理寺丞、通判睦州，改右赞善大夫、徙河州。太宗遣武德卒潜察远方事，嗣宗械送京师，因奏曰："陛下不委任天下贤俊，猥信此辈以为耳目，臣窃不取。"太宗怒其横，遣使械嗣宗下吏，削秩。会赦，复官，寻以秘书丞通判澶州，并河东西，植树万株，以固堤防。上言："本州榷酤斗量，校以省斗不及七升，民犯法酿者三石以上坐死，有伤深峻，臣恐诸State率如此制，望诏自今并准省斗定罪。"从之。入为三司开拆推官，以左正言充河北转运副使。时边境用兵，崔翰为大将，嗣宗每以苦言激其展效，就赐绯鱼。太宗将议亲征，嗣宗上疏言契丹必不至之状，甚见嘉纳。改左司谏，赐白金千两。入为度支判官，改驾部员外郎。妻病，夜抉本司署门取药，为直官宋镐所发，坐罢职。顷之，出知兴元府，徙京西转运使。又移河北，赐金紫，贝州骁捷卒五十余人谋窃发，嗣宗率吏悉擒之，优诏嘉奖。迁虞部郎中，赐钱百万。

至道初，移河东转运使，以为政暴率闻。徙知耀州，又知同州，加比部郎中、淮南转运使、江浙荆湖发运使。扬、楚间有窀家神庙，民有疾不饵药，但竭致祀以徼福。嗣宗撤其庙，选名方，刻石州门，自是民风稍变。初，漕运经泗州浮桥，舟多覆坏，嗣宗徙置城隅，遂获安济。又建议外任官奉薄，贪猾者或致丰给，廉谨者终婴贫匮，请以公田均赐之。就改职方郎中。

咸平三年，以漕运称职，就拜太常少卿。逾年，以右谏议大夫充三司户部使，改盐铁使。尝与度支使梁鼎、户部使梁颢同对，言曰："国家经费甚繁，赋入渐少，加以冗食者众，尤为耗蠹，所宜裁节。若用度不足，即复ректуру扰于民矣。况西北二边未平，有馈运之烦，臣等会议，事可省者，愿条列以闻。"从之。明年，将郊祀，嗣宗因条上应奉诸物以及工作，凡减杂物十万六千，省工九万九千。

又言计省条奏,事有可纪者,望令判使一员,撰录送史馆。诏以三司务繁,不当日有纂录,可逐季录送。会罢三部使,改左谏议大夫、知通进、银台司兼门下封驳事,出知并州兼并代部署。州境有卧龙王庙,每穷冬,阖境致祭,值风雪寒甚,老幼踣于道,嗣宗亟毁之。转运使郑文宝上其政绩,有诏褒美。先是,西边市马,以给北边战士,有瘠弱者即送阙下,暑月道远多死。嗣宗建议,以汾州地凉,接楼烦诸监,美水草,请就牧放,从之。召拜御史中丞。

大中祥符间,真宗告谒太庙,嗣宗立班失仪,因自首。真宗谓宪官当守礼法,以其性粗略,不之责。加兼工部侍郎、权判吏部铨。嗣宗刚果率易,无所畏惮,每进见,极谈时事,或及人间细务。颇轻险好进,深诋参知政事冯拯之短,遂结宰相王旦及弟旭,使达意于旦以为助。旦疾其丑行,因力庇拯,嗣宗大怒。知制诰王曾从妹适孔冕家,闺门不睦。曾从东封,至冕家啜茗中毒,得良药乃解。事已暴露,曾密疏方行大礼,愿罢推究。宰相亦以冕先圣后,将有褒擢,乃隐其事。嗣宗独谓曾诬构冕,惧反坐,乃求寝息。会愆雨,嗣宗请对,言:"孔冕为王曾所讼,傥朝旨鞫问,加之锻炼,则冕终负冤枉。又侯德昭援敕叙绯,年考未满,以欺诈得之,非吏部令史自首,亦无由知。沿堂行首李永锡坐赃除名,复引充旧职,寻送铨授令录。"真宗亟召王旦等诘之。旦曰:"孔冕之罪,朝议特为容隐,不令按问,诚非冤枉也。德昭据吏部奏验,乃行制命,及其首露,即已追夺。永锡先为县吏,坐为本部节度市羊不输算除名,及沿堂阙人,李沆以其魁梧,因选拟官,复用为副行首。在省祗事四年,陈牒乞班叙用,因复送铨。"真宗曰:"止此,乃致旱邪?"嗣宗理屈,复以他辞侵旦,且不与抗,乃已。明年十月,嗣宗复请对,言:"去岁八月至今年十月不雨,宿麦不登。及秋,兖、郓苦雨,河溢害稼,刑政有失,致成灾沴。孔冕冤枉,播在人口,王曾尚居近班,愿示黜退,以正朝典,臣请露章以闻。"真宗语王旦等曰:"曾实无罪,若嗣宗上章,亦须裁处。"旦曰:"冕不善之迹甚众,但以宜圣之后不欲穷究,谓其冤枉,感伤和气,恐未近理。"赵安仁曰:"今若再行按问,冕何能免罪?"王钦若曰:"臣请审问嗣宗,若再鞫冕,不能自隐,如何区处?"明日,嗣宗复对,且谢前言之失,真宗亦优容之。其强妄多此类。

将祀汾阴,以永兴重地,思得大臣才兼文武者镇之。因谓宰相曰:"嗣宗尝自言知武事,可授廉车以当此任,宜召问之。"嗣宗愿奉诏,即拜耀州观察使、知永兴军府。真宗作诗赐之。时种放得告归山,嗣宗逆于传舍,礼之甚厚。放既醉,稍倨,嗣宗怒,以语讥放。放曰:"君以手搏得状元耳,何足道也!"初,嗣宗就试讲武殿,搏赵昌言帽,擢首科,故放及之。嗣宗愧恨,因上疏言:"所部兼并之家,侵渔众民,凌暴孤寡,凡十余族,而放为之首。放弟侄无赖,据林麓樵采,周回二百余里,夺编甿厚利。愿以臣疏下放,赐放终南田百亩,徙放嵩山。"疏辞极于诟辱,至目放为魑魅。真宗方厚待放,令徙居嵩阳避之。

四年,邠宁陈兴擅释劫盗,徙嗣宗知邠州兼邠宁环庆路都部署。城东有灵应公庙,傍有山穴,群狐处焉,妖巫挟之为人祸福,民甚信向,水旱疾疫悉祷之,民语为之讳"狐"音。前此长吏,皆先谒庙然后视事。嗣宗毁其庙,熏其穴,得数十狐,尽杀之,淫祀遂息。徙知镇州,发边肃奸赃,肃坐贬。嗣宗尝言徙种放、掘邠狐、按边肃,为去三害。

居二岁,召还,授枢密副使、检校太保。寇准为使,嗣宗与之不叶,累表解职,授检校太傅、大同军节度、知许州。嗣宗尝游是州,别墅在焉,时人以为荣。移知河南府。天禧初,改感德军节度,洛下讹言相惊。徙知陕州,再表请老,且求入觐,遣使召还。郊祀,改静难军节度。既至阙下,病足,不能朝谒,乃求再知许州,不复议休退。寇准为相,素恶之,特命以左屯卫上将军、检校太尉致仕。表求面辞,以足疾艰于拜起,特免舞蹈,许其子扶掖之。对数刻,赐钱百万,还许下。准贬,朝议以嗣宗藩辅旧臣,特命月给奉五十千。嗣宗尤睦宗族,抚诸侄女如己子,著遗戒以训子孙勿得析居,又令以《孝经》、弓剑、笔砚置圹中。五年,卒,年七十八。废朝,赠侍中。谥曰景庄。录其子二人,甥二人官。

嗣宗事三朝,最为宿旧。所至以严明御下,尤傲狠,务以丑言凌挫群类。为中丞日,尝忿宋白、郭贽、邢昺七十不请老,屡请真宗敕其休致,又遣亲属讽激之。及嗣宗晚岁疾甚,犹享厚禄,徘徊不去,尝谓人曰:"仆惟此一事,未能免物议。"众皆哂之。嗣宗好为文,而札尤甚。奉祀之岁,近臣皆为颂记,宰相以嗣宗所撰,不足发挥盛德,虑为时所诮,乃不许刻石。所著有《中陵子》三十卷。

子尧臣,内殿承制;唐臣,太子中舍。从子舜臣,供奉官、阁门祗候;禹臣,太子中舍。

李昌龄,字天锡,宋州楚丘人。曾祖确,胶水令。祖谭,邯郸令。父运,太常卿。昌龄,太平兴国三年举进士,大理评事、通判合州。历将作监丞、右赞善大夫、通判银州。京城开金明池,昌龄献诗百韵,太宗嘉之,擢右拾遗、直史馆,赐绯。改右补阙,出知滁州。丁内艰,起为淮南转运使,转户部员外郎、知广州。

广有海舶之饶,昌龄不能以廉自守,淳化二年代还。初,运尝典许州,有第在城中,昌龄包苴辎重悉留贮焉,其至京城,但药物药器而已。会有言其贪者,太宗以为诬,召赐金紫,擢祠部郎中,逾月,为枢密直学士。昌龄上言:"广州市舶,每岁商舶至,官尽增价买之,良苦相杂,少利。自今请择其良者,官如价给之,苦者恣其卖,勿禁。雷、化、新、白、惠、恩等州山林有群象,民能取其牙,官禁不得卖。自今宜令送官,以半价偿之,有敢隐匿及私市与人者,论如法。"诏皆从之。

是秋,初置审刑院于禁中。凡狱具上奏,先申审刑院,印付大理、刑部断覆以闻,又下审刑院覆裁决,以付中书,当者行之,否则宰相闻以论决。命昌龄知院事。月余,又权判吏部流内铨,数日,授右谏议大夫,充户部使。

三年,改度支使,拜御史中丞。下诏御史台,合行故事并条奏以闻,狱无大小,自中丞以下皆亲临鞫问,不得专责所司,李继隆受命河朔征讨,不赴台辞,昌龄纠之,遣吏追还，罚奉。又劾陕西转运使郑文宝生事边境，筑城沙碛，轻变禁法，文宝坐贬湖外。

至道二年，以本官参知政事。占谢便殿，太宗谓曰："中书政本，当进用善良，博询众议，以正道临之，即怨谤无由而生矣。"昌龄居位，颇选懦无所建明。真宗即位，加户部侍郎。坐交结王继恩，贬忠武军节度行军司马。

咸平二年，起为殿中少监。会诏群臣言边事，昌龄求面陈事机，不报。王均之乱，命知梓州。知杂御史范正辞劾其广舶宿犯，亟代还，知河阳。丁外艰，起复，奉朝请，以风恙求领小郡，复得光州，就改光禄卿。疾，不能治事。转运使以闻，命守本官分司西京。寻请致仕，真宗曰："昌龄素无清誉。"乃授秘书监，遂其请。大中祥符元年，卒，年七十二。废朝，录子虞卿试将作监主簿。昌龄兄昌图至国子博士，弟昌言至太子中舍。昌言子晋卿、仲卿、耀卿，并进士及第，晋卿为秘书丞。从子纮。

纮字仲渊。父克明，仕至提点广东刑狱。纮，进士及第，试秘书省校书郎、知歙县。地产黄金，民输以代赋，后金竭，责其赋如故。纮奏罢之。历知於潜、剡县，治有惠爱。御史知杂吕夷简荐之，改著作佐郎、监丹阳县酒税，知灵池县。

刘均、蔡齐举为御史台推直官，拜监察御史。时召成都府乐工许朝天等补教坊，纮言："陛下即位，尚未能显岩穴之士，而首召伶人，非所以广德美于天下。"朝天等遂罢归。迁殿中侍御史。阁门使王遵度领皇城，遣卒刺事，告贾人有为契丹间谍者，捕系皇城司按劾。命纮覆讯，纮悉得其冤，抵卒罪，降遵度曹州兵马都监。

判三司开拆司。辅郡旱，流星坠西南有声，会祫襫于文德殿，纮奏曰："文德殿布政会朝之正位，每灾异，辄聚缁黄讽呗于其间，何以示中外？"改盐铁判官，历梓州、陕西、河北路转运使，迁侍御史。建言："西北久通好，士习安佚，不知战阵之法。宜择良将，练精卒，去冗惰，实仓廪，丰财用，为守御备。"举种世衡等数人，及奏罢贡余物遗近臣。迁知杂事、权同判流内铨。

为三司度支副使，使契丹。故事，奉使者以皇城卒二人与偕，察其举措，使者悉姑息以避中伤。前此刘随为所诬，坐贬，久未复。纮使还，具言其枉，稍徙随南京。除天章阁待制、河北都转运使，迁刑部郎中，还，同知通进、银台司，进龙图阁直学士、知秦州，卒。

纮方介有吏材，笃于交游，与刘颜为友，颜死，移任子恩官其子。

弟纬，起家三班借职，杜衍荐为阁门祇候，镇戎军瓦亭砦都监。积劳累迁至河北缘边安抚副使。韩琦荐知保州，以左骐骥使、荣州刺史知雄州。治兵颇严，不事厨传，数与宦者争利害。积公使钱贮米三千斛为常平仓，奏下其法他州。迁西上阁门使，留再任，卒。子师中至天章阁待制。

赵安仁，字乐道，河南洛阳人。曾祖武唐，虢州刺史。父孚字大信。周显德初，举进士，调补开封尉。乾德中，为浦江令，持父丧，服阕，摄永宁令。会亲征太原，部送本邑粮馈，民怀其惠，列状以闻，即真授其任，擢宗正丞。开宝中，初置衣库，令孚主之。俄坐事连逮抵罪，语见《赵普传》。

太宗即位，起为国子监丞、知袁州。还，知开封府司录参军事，受诏与殿中侍御史柴成务、供奉官葛彦恭、殿直郭载行视黄河，分南北岸按行，复遥堤以纾湍决。孚言治遥堤不如分水势，于是建议于澶、滑二州立分水之制。时决河未平，重惜民力而寝焉。朝廷议行封禅，孚上《封禅颂》，召拜秘书丞，赐绯鱼。受诏鞫开封狱，得其非辜者，即日授推官。迁监察御史，出知舒州，改殿中侍御史。

雍熙中，诏询文武御戎之策。孚奏议曰："臣愚以为不用干戈，不劳飞辇，为万世之利者，敢献其说，惟明主择之。古者兵交使在其间，虽飞矢在上，走驿在下，盖信义不可废也。昔苗民逆命，帝乃诞敷文德，而有苗格。又仲尼曰：'有能一日克己复礼，天下归仁。'只如并门一方，历代难取，圣襟英断，一举成功。当其逆城危于累卵，生聚怀伏，而陛下犹遣通事舍人薛文宝入城谕之。日者北边未宾，全燕犹梗，再兴军旅，将复土疆。臣窃计屯戍边陲，故非获已，暴露原野，岂是愿为？欲望朝廷通达国信，近鉴唐高祖之降礼，远法周古公之让地。圣人以百姓之心为心，君子见几而作，谕以祸福，示以恩威，议定边疆，永息征战。养民事天，济时利物，莫过于此。臣又计彼虽嗜好不同，然去危就安，厌劳喜逸，亦人情之所同也。"上嘉之。雍熙中，廷策贡士，而安仁预为考官，赐金紫，因顾安仁问孚年几，安仁曰："臣父年六十二。"上曰："孚，名士也。"亟召对，亦赐金紫。明年，卒。

安仁生而颖悟，幼时执笔能大字，十三通经传大旨，早以文艺称。赵普、沈伦、李昉、石熙载咸推奖之。雍熙二年，登进士第，补梓州榷盐院判官，以亲老弗果往。会国子监刻《五经正义》板本，以安仁善楷隶，遂奏留书之。

历大理评事、光禄寺丞，召试翰林，以著作佐郎直集贤院，赐绯。时王侯、内戚家多以铭诔为托。太宗制九弦琴、五弦阮，时多献赋颂，上嘉文物之盛，悉阅览，订其工拙。时称安仁、李宗谔、杨亿辞雅赡，召诣中书奖谕。翌日，改迁太常丞。

真宗即位，拜右正言，预重修《太祖实录》。上出师大名，安仁上疏曰："臣以为有急务者三，大要者五。急务三者：其一，激励戎臣，举劝惩之典；其二，振救边民，行优恤之惠；其三，车驾还京，重神武之威。大要五者：其一，选将略；其二，持兵势；其三，求军谋；其四，修军政；其五，爱民力。"

咸平三年，同知贡举。未几，知制诰，副夏侯峤巡抚江南，还，知审刑院。尝有将校笞所部卒死，罪议大辟。安仁以军中之令，非严不整，遂获免死。继判尚书刑部兼制置群牧使，同知三班、审官院。景德初，翰林学士梁颢召对，询及当世台阁人物，上称安仁文行。寻颢卒，即以安仁为工部员外郎，充翰林学士。

初，孚极陈和好之利。至是，安仁从幸澶州，会北边请盟，首命安仁撰答书，又独记太祖时聘问书式。辽使韩杞至，首命接伴，凡覿见仪制，多所裁定。馆舍夕饮，杞举橙子曰："此果尝见高丽贡。"安仁曰："橙橘产吴、楚，朝廷职方掌天下图经，凡他国所产靡不知也。今给事中吕祐之尝使高丽，未闻有橙柚。"杞失于夸诞，有愧色。杞既受袭衣之赐，且以长为解，将辞复左在。安仁曰："君将升殿受还书，天颜咫尺，如不衣所赐之衣，可乎？"杞乃服以入。

及姚东之至，又令安仁接伴。东之谈次，颇矜兵强战胜。安仁曰："老氏云：'佳兵者不祥之器，圣人不得已而用之。'胜而不美，而美之者，是乐杀人也，乐杀人者不得志于天下。"东之自是不敢复言。王继忠将兵陷没，不能死节而反事之，东之屡称其材。安仁曰："继忠早事藩邸，闻其稍谨，不知其他。"其敏于酬对，切中事机，类如此。时论翕然，称其得体，上益喜之，自是有意柄用。安仁又集和好以来事宜，及采古事，作《戴斗怀柔录》三卷以献。

二年春，又与晁迥等同知贡举。三年，以右谏议大夫参知政事，俄修国史。大中祥符初，议封禅，与王钦若并为泰山经制度置使、判兖州。礼毕，复拜工部侍郎。内外书诏有切要者，必经其裁。进秩刑部。五年，以兵部侍郎仍兼修史，奉祀，又同知礼仪院。八年，知贡举。三典春闱，择士平允，是故独无讥诮，上再赐诗嘉之。

寻知兼宗正卿。旧制，宫闱令，凡有议奏与寺连署。上以安仁旧德，俾知寺，以次列状取裁。寺掌玉牒属籍，梁周翰始创其制而未备，安仁重加详定，又为《仙源积庆图》，皆统例精简。奏置修玉牒官，事具《职官志》。国史成，迁右丞。是夏，又为景灵宫副使。屡得对言事，尝奏曰："方今治定功成，固轶前代，陛下勤亲庶政，旰食忘倦，然而君临之大，所宜分伤有司，为式于天下。"遂诏诸司掌常务有条例者，毋或奏禀。天禧二年，改御史中丞。请给御宝印历，书三院御史弹纠事。五月，暴疾卒，年六十一。废朝，赠吏部尚书，谥文定，以其子温瑜为大理寺丞，良规为奉礼郎，承裕为正字。

安仁质直纯懿，无所矫饰，宽恕谦退，与物无竞，虽家人仆使，未尝见其喜愠。女弟适董氏，早寡，取归给养。其甥董灵运尚幼，躬自训导，为毕婚娶。幼少与宋元舆同学，元舆门地贵盛，待安仁甚厚。元舆蚤卒，家绪浸替，安仁屡以金帛济之。善训诸子，各授一经。尤嗜读书，所得禄赐，多以购书。虽至显宠，简俭若平素。时阅典籍，手自雠校。三馆旧阙虞世南《北堂书钞》，惟安仁家有本，真宗命内侍取之，嘉其好古，手诏褒美。尤知典故，凡近世典章人物之盛，悉能记之。喜诲诱后进，成其声名，当世推重。有集五十卷。温瑜，后为国子博士。

良规字元甫。父安仁奏为秘书省正字、同判太常寺。张知白荐之，召试，赐进士及第。用王曙举，擢集贤校理兼宗正丞，预修《会要》。坐宗正吏盗太庙神御物，出通判蕲州，徙河南府，知泰、滁二州。历京西陕西路提点刑狱，荆湖南路转运使，奏罢马氏时所赋丁口米数万石。权判三司开拆司、度支勾院，直集贤院、知庐州，积官至光禄卿，罢职。初与张宪、掌禹锡、齐廓、张子思并为太常

少卿兼馆职，当进谏议大夫，而执政靳之，止迁卿。故事，卿不兼职，故皆罢。未几，皆还之。

改直秘阁、同判宗正事，迁秘书监，知同、陕、相三州。陕岁饥，百姓请免残税二分，为官伐芟，以给河埽。或以为须报乃可行，良规曰："若尔，无及矣。"檄县遂行，而以擅命自劾。进太子宾客、权判殿中省，迁尚书工部侍郎、判本部、知濠州，卒。良规所至州郡，为政不甚力，然善委任佐属，禄赐多分赡族人，余皆输之酒家。子君锡。

君锡字无愧。性至孝。母亡，事父良规不违左右，夜则寝于傍。凡衾裯薄厚、衣服寒温、药石精粗、饮食旨否、柹发剪爪、整冠结带，如《内则》所载者，无不亲之。及登进士第，以亲故不愿仕。良规每出，必扶掖上下，至杂立仆御中。尝从谒文彦博，彦博异其容止，问而知之，语诸子，令视以为法。

良规没，调知武强县。从韩琦大名幕府。彦博及吴充在枢管，更荐之为检详吏房文字，徙知大宗正丞，加秘阁校理，改宗正丞。时增诸宗院讲书教授官，而逐院自备缗钱为月馈，贫者或不能以时致，宗师辄移文督取。君锡言："国家养天下士于太学，尚不较其费，安有教育宗室令自行束脩之理！"诏悉从官给。历开封府推官。

元祐初，迁司勋右司郎中、太常少卿，擢给事中。论蔡确、章惇有罪不宜复职；大河不可轻议东回，请亟罢修河司，以省邦费，宽民力。苏轼出知杭州，君锡言："轼之文，追攀《六经》，蹈藉班、马，知无不言。壬人畏惮，为之消缩；公论倚重，隐如长城。今飘然去国，邪党必谓朝廷稍厌直臣，且将乘隙复进，实系消长之机。不若留之在朝，用其善言则天下蒙福，听其谠论则圣心开益，行其诏令则四方风动，为利博矣。"进刑部侍郎、枢密都承旨，拜御史中丞。即上疏劝哲宗亲讲学，广谘问，为躬政之渐。

君锡素有志行，后随人低昂，无大建明。初称苏轼之贤，遇贾易劾轼题诗怨谤，即继言"轼负恩怀逆，无礼先帝，愿亟正其罪。"宣仁后览之不悦，曰："君锡全无执守。"复以吏部侍郎、天章阁待制知郑、陈、澶三州、河南府，徙应天。因清明出郊，具奠谒杜衍、张昇、张方平、赵概、王尧臣、蔡抗、蔡挺之茔，邀七家子孙，陪祭于侧，时人传其风义。绍圣中，贬少府少监，司分南京，卒，年七十二。绍兴六年，赠徽猷阁直学士。

陈彭年，字永年，抚州南城人。父省躬，鹿邑令。彭年幼好学，母惟一子，爱之，禁其夜读书。彭年篝灯密室，不令母知。年十三，著《皇纲论》万余言，为江左名辈所赏。唐主李煜闻之，召入宫，令子仲宣与之游。金陵平，彭年师事徐铉为文。太平兴国中，举进士，在场屋间颇有隽名。尝因京城大醮，跨驴出游构赋，自东华门至阙前，已口占数千言。然佻薄好嘲咏，频为宋白所黜，雍熙二年始中第。

调江陵府司理参军。因监决死囚，怖之，换江陵主簿，历澧、怀二州推官。在怀，深为知州乔惟岳倚任。会樊知古为河北转运，以亲嫌，徙泽州，丁内艰免。御史中丞王化基荐其才，改卫尉寺丞，迁秘书郎，为大理寺详断官。

坐事出监湖州盐税，寻又停官。彭年素贫窭，居丧免职，赖仆人佣贩以济。真宗即位，复为秘书郎。乔惟岳刺史海州，及知苏、寿二州，并表彭年通判州事。

咸平三年，屡上疏言事，召试学士院，迁秘书丞、知阆州。未行，改金州。四年，上疏曰："夫事有虽小而可以建大功，理有虽近而可以为远计者，其事有五：一曰置谏官，二曰择法吏，三曰简格令，四曰省冗员，五曰行公举。此五者，实经世之要道，致治之坦途也。"会诏举贤良方正，翰林学士朱昂以彭年闻，召之，辞以贫乏，请终秩。

景德初，代还，直秘阁。杜镐、刁衎荐其该博，命直史馆兼崇文院检讨。又代潘慎修起居注，赐绯鱼。献《大宝箴》曰：

二仪之内，最灵者人。生民之中，至大者君。民既可畏，天亦无亲。所辅者德，所归者仁。恭己御下，辉光益新。载籍斯在，谋猷备陈。

内绥万姓，外抚百蛮。治乱所始，言动之间。观之则易，处之甚难。由是先哲，喻彼投艰。苟能虑未，乃可防闲。审求逆耳，无恶犯颜。

既庶而富，教化乃施。慈俭之政，富庶之基。鳏寡孤独，人之所悲。发号施令，宜先及之。黄发鲐背，心实多知。左右侍从，何尚于兹。

瞻言百辟，咸代天工。傥无虚授，可建大中。克彰慎柬，惟藉至公。知人则哲，听德则聪。才固难备，道亦少同。菲菲冈舍，杞梓乃充。

不扶自直，惟蓬在麻。非拣莫见，惟金在沙。参备顾问，必辨忠邪。献替以正，裨益无涯。自匿草泽，亦有国华。访此髦士，可拒朋家。

三章之立，庶民作程。钦哉恤哉，可以措刑。七代之建，奸孽是平。本仁本义，可以弭兵。是为齐礼，亦曰好生。有教无类，自诚而明。

宗庙社稷，飨之以恭。宫室苑囿，诚之在丰。春鬼秋祢，不废三农。击石拊石，用格神宗。使人以悦，乃克成功。治国以政，罔或不从。

济济多士，用之有光。硁硁小器，谋之弗臧。忠言致益，岂让膏粱。六艺为乐，宁后笙簧。任贤勿贰，尧所以昌。改过不吝，汤所以王。

六合至广，万汇尤多。风俗靡一，嗜欲相摩。如驭朽索，若防决河。左契斯执，六辔遂和。导之以德，民免婴罗。不懈于位，俗乃偃戈。

先王之训，罔不咸然。吾君之治，亦取斯焉。小心翼翼，终日乾乾，三灵降鉴，百禄无愆。由兹率十，永戴先天。巍巍洪业，亿万斯年。

顷之，预修《册府元龟》。三年，迁右正言，充龙图阁待制，赐金紫。先是，诏谏官御史举职言事，唯彭年与侍御史贾翱数有章奏，建白弹射，真宗令中书置籍记之。加刑部员外郎。与晁迥同知贡举，请令有司详定考试条式。真宗因命彭年与戚纶参定，多革旧制，专务防闲。其所取者，不复拣择文行，比较一日之艺，虽杜绝请托，然置甲等者，或非宿名之士。

大中祥符中，议建封禅，彭年预详定仪注，上言辨正包茅之用。礼成，进秩工部郎中，加集贤殿修撰。三年，改兵部郎中、龙图阁直学士。迁右谏议大夫兼秘书监，诏就命食厅编次《太宗御集》，赐勋上柱国。

尝因奏对，真宗谓之曰："儒术污隆，其应实大，国家崇替，何莫由斯。故秦衰则经籍道息，汉盛则学校兴行。其后命历迭改，而风教一揆。有唐文物最盛，朱梁而下，王风寝微。太祖、太宗丕变弊俗，崇尚斯文。朕获绍先业，谨导圣训，礼乐交举，儒术化成，实二后垂裕之所致也。又君之难，由乎听受；臣之不易，在乎忠直。其君以宽大接下，臣以诚明奉上，君臣之心皆归于正。直道而行，至公相遇，此天下之达理，先王之成宪，犹指诸掌，孰谓难哉！"彭年曰："陛下圣言精诣，足使天下知训，伏愿躬演睿思，著之篇翰。"真宗为制《崇儒术》、《为君难为臣不易》二论示之。彭年复请示辅臣，刻石国子监焉。

六年，召入翰林，充学士兼龙图阁学士，同修国史。彭年尝谒王旦，旦辞不见。翌日，见向敏中。敏中以彭年所上文字示旦，且瞑目不览，曰："是不过兴建符瑞，图进取耳。"真宗奉祀亳州太清宫，丁谓为经度制置使，以彭年副之。又为谓同知礼仪院，礼成，加给事中。时谓恳让进秩，彭年亦辞之，不许，又为天书同刻玉副使。国史成，迁工部侍郎。九年，拜刑部侍郎、参知政事，判礼仪院，充会灵观使。

天禧大礼，为天书仪卫副使。又为参详仪制奉宝册使。正月九日，侍真宗朝天书，将诣太庙，退就中书阁中如厕，眩仆，肩舆还家。遣中使挟医诊疗，旦夕存问。进兵部侍郎，表求罢奉，不许。二月，卒，年五十七。真宗亲临，涕泗久之。又睹所居陋弊，叹息数四。废朝，赠右仆射，谥曰文僖，录子倧期大理寺丞，孙彦先太常寺奉礼郎。真宗前后赐彭年御制歌诗凡六篇。彭年妻入谒，出彭年像示之，锡赉甚厚。

彭年性敏给，博闻强记，慕唐四子为文，体制繁靡。贵至通显，奉养无异约。所得奉赐，惟市书籍。大中祥符间，附王钦若、丁谓，朝廷典礼，无不参预。其仪制沿革、刑名之学，皆所详练，若前世所未有，必推引依据以成就之。故时政大小，日有询访，应答该辩，一无凝滞，皆与真宗意谐。

及升内阁，李宗谔、杨亿皆在后。宗谔卒，亿病退，而彭年专任矣。事务既丛，形神皆耗，遂举止失措，颠倒冠服，家人有不记其名者。奉诏同编《景德朝陵地里》、《封禅》、《汾阴》三记，《阁门》、《客省》、《御史台仪制》，又受诏编御集及宸章，集历代妇人文集。所著《文集》百卷，《唐纪》四十卷。

论曰：杨砺遭遇龙飞，致位崇显，自以梦协其兆，而忠言善政，一无可述。惟弃官侍母，不以科名自伐，盖有取焉。宋湜懿文多识，名动人主，至与李沆同命。虽去沆远甚，然乐善好施，士类归之，亦可尚也。王嗣宗治家能睦，为政可称，所至立彻淫祀，亦人之所难。至于刚愎少文，谋害王旦、王曾，与寇准相忤，其余不足观也矣。李昌龄累更剧任，遂阶大用，党邪徇货，遂贻终身之玷，良可丑也。赵安仁言事，切中时弊，及答契丹书，不失祖宗规式，又能以凶器之言折敌，不使矜战，可谓才辨之臣矣。其孙君锡于元祐反正，论格蔡确、章惇复官之命，庶几无忝所生。陈彭年以辞藻被遇，上表献箴，详练仪制，若可嘉尚。乃附王钦若、丁谓，溺志爵禄，甘为小人之归，岂不重可叹也哉！

卷二百八十八　列传第四十七

任中正 弟中师　**周起　程琳　姜遵　范雍**
孙子奇　曾孙坦　**赵稹　任布　高若讷**
孙沔

任中正，字庆之，曹州济阴人。父载，右拾遗。中正进士及第，为池州推官。历大理评事、通判邵州，改太府寺丞、通判濮州。以翰林学士钱若水荐，迁秘书省著作佐郎、通判大名府。

转运使陈纬徙陕西，举中正自代，太宗曰："朕自知之。"召为秘书丞、江南转运副使。中正躯干颀长，帝择大笏，命内臣取绯衣之长者赐之。至部，岁大稔，民出租赋，平籴皆盈羡。发运使王子舆欲悉调饷京师，中正曰："东南岁输五百余万，而江南所出过半。今岁有余，或岁少歉则数不登，患及吾民矣。"乃止。

擢监察御史、两浙转运使。民饥，中正不俟诏，发官廪振之。按晋州盛梁狱，论如法。迁殿中侍御史、判三司凭由司。既而有与梁善者，密中之，出为荆湖转运使。迁左司谏、直史馆、知梓州。擢枢密直学士，代张咏知益州。在郡五载，遵咏条教，蜀人便之。知审刑院，出知并州。迁给事中、权知开封府。

大中祥符九年，拜尚书工部侍郎、枢密副使。马知节知密院，改同知院事。明年，曹利用为枢密，复为副使，再进兵部侍郎、参知政事。

仁宗在东宫时，以右丞兼宾客。迁工部尚书。帝既即位，乃拜兵部尚书。中正素与丁谓善，谓且贬，左右莫敢言者，中正独营救谓，降太子宾客、知郓州。中正弟尚书兵部员外郎、判三司盐铁勾院中行，右正言中师，皆坐贬。顷之，以母老徙曹州，迁礼部尚书。卒，赠尚书左仆射，谥康懿。

初，中正母入谒禁中，与陈彭年、王曾、张知白妻同见真宗，命中正母为班首，且赐坐。中正事亲孝，平居简素，而饮食极丰美。

中师字祖圣，进士及第，试秘书省校书郎、知平陆县。真宗将祀汾阴，命陈尧叟判河中府，以经制祀事，辟掌笺奏，累迁著作郎，历知千乘、襄邑县，改秘书丞。以张知白荐，遂为右正言。中正贬，中师亦降太常博士、监宿州酒税。未几，通判应天府。

曹利用辟为群牧判官，徙知滑州，入为开封府判官。累迁尚书度支郎中、直史馆、知澶州。以太常少卿、直昭文馆知广州。视事之明日，吏白，故事当谒诸祠庙，而廨有淫祠，中师遽命撤去之。兼市舶使，市舶置使自此始。

还，为谏议大夫、判尚书刑部。加集贤院学士，再知澶州。未行，进龙图阁直学士、知并州，许便宜从事。改枢密直学士、知益州。先是，转运使韩渎急于笼利，自薪刍、蔬果之属皆有算，而中师尽奏蠲之。

康定中，任布守河阳，数上书论事，帝欲用之。吕夷简荐中师才不在任布下，遂并召为枢密副使。明年，建北京，令中师领修建。进给事中，宣抚河东，不行。求补郡，以尚书礼部侍郎、资政殿学士知永兴军。求内徙，得知陈州。

逾年，上书言："臣老矣，家本曹人，愿得守曹。"遂以知曹州。改户部侍郎。明年，请老，拜太子少傅致仕，进少师。卒，赠太子太傅，谥安惠。中师性乐易，平居自奉甚俭约，晚知养生之术，号大块翁。

周起字万卿，淄州邹平人。生而丰下，父意异之，曰："此儿必起吾门。"因名起。幼敏慧如成人。意知卫州，坐事削官，起才十三，诣京师讼父冤，父乃得复故官。举进士，授将作监丞、通判齐州。擢著作佐郎、直史馆，累迁户部、度支判官。

真宗北征，领随军粮草事。以右正言知制诰，权判吏部流内铨。寻为东京留守判官，判登闻鼓院。封泰山，摄御史中丞、考制度副使，所过得采访官吏能否及民利病以闻。东封还，近臣率颂功德，起独以居安为戒。进金部员外郎、判集贤院。

初置纠察刑狱司，因命起，起乃请诸已决而事有所枉及官吏非理榜掠者，并听受诉，从之。擢枢密直学士、权知开封府。起听断明审，举无留事。真宗尝临幸问劳，起请曰："陛下昔龙潜于此，请避正寝，居西庑。"诏从之，名其堂曰继照。

起尝奏事殿中，适仁宗始生，帝曰："卿知朕喜乎？宜贺我有子矣。"即入禁中，怀金钱出，探以赐起。改勾当三班院兼判登闻检院。从祀汾阴，留权知河中府，徙永兴、天雄军，所至有风烈，数赐书褒谕。三迁右谏议大夫、知并州。拜给事中、同知枢密院事。进礼部侍郎，为枢密副使。尝与寇准过同列曹玮家饮酒，既而客多引去者，独起与寇准尽醉，夜漏上乃归。明日入见，引咎伏谢。真宗笑曰："天下无事，大臣相与饮酒，何过之有？"

起素善寇准。准且贬，起亦罢为户部郎中、知青州，又降太常少卿、知光州。稍迁秘书监，徙扬、杭二州，又徙应天府。复为礼部侍郎、判登闻鼓院。以疾请知颍州，徙陈州、汝州。卒，赠礼部尚书，谥安惠。

起性周密，凡奏事及答禁中语，随辄焚草，故其言外人无知者。家藏书至万余卷。起能书。弟超，亦能书，集古今人书井所更体法，为《书苑》十卷，累官主客郎中。起子：延荷，以孝友闻，官殿中丞；延隽，颇雅厚，官太常少卿。

程琳，字天球，永宁军博野人。举服勤辞学科，补泰宁军节度推官。改秘书省著作佐郎、知寿阳县，监左藏库，召试，直集贤院。改太常博士、权三司户部判官，契丹馆伴使。契丹使者谓琳曰："先皇帝尝通使承天，太后独无使，何也？"琳曰："南北，兄弟也。先皇帝视承天犹从母，故无嫌；今皇太后乃嫂也，礼不通问。"契丹使者语屈。后修《真宗实录》，而大中祥符以来起居注阙，琳追述上之，遂修起居注，提举在京诸司库务，知制诰、判吏部流内铨。

权三司使范雍使契丹，命琳发遣三司使。太仓赡军粟陈腐不可食，岁且饥，琳尽发以贷民，凡六十万斛，饥民赖以全活，而军得善粟。盐铁官任布请铸大钱一当十，度支判官许申请以铜铁杂铸，下其议。琳曰："第五琦用大钱，法卒不可行。乞令申试之。"铸卒不就。

契丹遣萧蕴、杜防来，蕴出位图示琳曰："中国使者坐殿上高位，今我位乃下，请升之。"琳曰："此真宗所定，不可易。"防曰："大国之卿，可以当小国之君。"琳曰："南北虽两朝，无小大之异，卿尝坐我殿上，我顾小国耶？"防无以对。宰相将许之，琳曰："许其小必启其大。"

以右谏议大夫权御史中丞。宰相张知白尤器之，当除命，喜曰："不辱吾笔矣。"时岁饥，上疏请罢诸土木营造，蠲被灾郡县租赋。改枢密直学士、知益州。上元张灯，州人夜聚游嬉，琳戒曰："有火则随救之，毋白也。"已而果有火，终宴人无知者。或告振武军变，琳曰："军中动静我自知之，苟有谋，不待告也。"

迁给事中、权知开封府。王蒙正子齐雄挝老卒死，贷妻子使以病告。琳察其色辞异，令有司验得挝死状。蒙正连姻章献太后家，太后谓琳曰："齐雄非杀人者，乃其奴尝挝之。"琳曰："奴无自专理，且使令与己犯同。"太后嘿然，遂论如法。外戚吴氏离其夫而挈其女归，夫诉于府。琳命还女，吴氏曰："已纳宫中矣。"琳请于帝曰："臣恐天下人有窃议陛下夺人妻女者。"帝亟命出之。笞而归其妻。

迁工部侍郎、龙图阁学士，复为御史中丞。不拜，以翰林侍读学士兼龙图阁学士再知开封府。改三司使，出纳尤谨，禁中有所取，辄奏罢之。内侍言琳专，琳曰："三司财赋，皆朝廷有也。臣为陛下惜，于臣何有？"帝然之。或请并天下农田税物名者，琳曰："合而为一，易于勾校，可也。后有兴利之臣，复用旧名增之，是重困民，无已也。"再迁吏部侍郎，遂参知政事，迁尚书左丞。

时元昊反，犹遣使来朝，众请按诛之。琳曰："遣使，常事也，杀之不祥。"后使者益骄横，大臣患之。琳曰："始不杀，无罪也；今既骄横，可暴其恶诛之，国法也，又何患焉？"又议重贿唃厮啰使讨贼，得地即与之。琳曰："使唃厮啰得地是复生一元昊矣。不若用间，使二羌势不合，中国利也。"

故枢密副使张逊第在武成坊，其曾孙偕才七岁，宗室女生也，贫不自给。乳媪擅出券鬻第，琳欲得之，使开封府吏密谕媪，以偕幼，宜得御宝许鬻乃售。乳媪以宗室女故，入宫见章惠太后。既得御宝，琳乃市取之。又令吏市材木，买妇女。已而吏以赃败，御史按劾得状，降光禄卿、知颍州。

顷之，为户部侍郎，寻复吏部、知天雄军。又以左丞为资政殿学士。及建天雄军为北京，内侍皇甫继明主营宫室，欲侈大以要赏。琳以为方事边陲，又事土木以困民，不可。既而继明数有论奏，帝遣御史鱼周询按视，遂罢继明，命琳独主之。迁工部尚书，加大学士、河北安抚使。改武昌军节度使、知永兴军、陕西安抚使。以宣徽北院使判延州，仍为陕西安抚使。

元昊死，谅祚立，方幼，三大将分治其国。议者谓可因此时，以节度使啖三将，使各有所部分，以弱其势，不战而屈矣。琳曰："幸人之丧，非所以柔远人，不如因而抚之。"议者惜其失几。

既而遣使册命，夏人方围庆阳。琳曰："彼若贪此，可缓庆州之难矣。"具礼币赐予之数移报之，果喜，即日迎册使，庆阳之围亦解。尝获戎首，不杀，戒遣之，夏人亦相告毋捕汉民。久之，以五百户驱牛羊扣边请降，且言："契丹兵至衙头矣，国中乱，愿自归。"琳曰："彼诈也。契丹至帐下，当举国取之，岂容有来降者？间闻夏人方捕叛者，此其是邪？不然，诱我也。"拒不受。已而贼果以骑三万临境上，以捕降者为辞。琳谍知之，闭壁倒旗，戒诸将勿动，贼疑有备，遂引去。

拜同中书门下平章事、判大名府。琳持重不扰，前后守魏十年，度要害，缮壁垒，增守御备。植杂木数万，曰："异时楼橹之具，可不出于民矣。"人爱之，为立生祠。改武胜军，又换镇安军节度使。上书曰："臣虽老，尚能为国守边。"未报，得疾卒。赠中书令，谥文简。

琳为人敏厉深严，长于政事，辨议一出，不肯下人。然性啬于财，而厚自奉养。章献太后时，尝上《武后临朝图》，人以此薄之。

姜遵，字从式，淄州长山人。进士及第，为蓬莱尉，就辟登州司理参军，开封府右军巡判官。有疑狱，将抵死，遵辨出之。迁太常博士，王曾荐为监察御史、殿中侍御史、开封府判官。知吉州高惠连与遵有隙，发遵在庐陵时赃事，按验无状，犹降通判延州。复入为侍御史、判户部勾院。利州路饥，以遵为体量安抚，迁知邢州。

仁宗即位，徙滑州，为京东转运使，徙京西。未几，以刑部郎中兼侍御史知杂事。建言三司、开封府吏日接宾客，废事，有诏禁止。历三司副使，再迁右谏议大夫、知永兴军。奏罢咸阳富民元氏岁贡梨。召拜枢密副使，迁给事中，卒。赠吏部侍郎。

遵长于吏事，为治尚严猛，所诛残者甚众。在永兴，太后尝诏营浮屠，遵毁汉、唐碑碣代砖甓，既成，得召用。

范雍，字伯纯，世家太原。曾祖仁恕，仕蜀为宰相。祖从龟，刑部侍郎，入朝，改右屯卫将军，后葬河南，遂为河南人。雍中进士第，为洛阳县主簿。累官殿中丞、知端州。迁太常博士。寇准辟为河南通判，还，判三司开拆司。河决滑州，选为京东转运副使。历河北、陕西转运使，入为三司户部副使，又徙度支。以尚书工部郎中为龙图阁待制、陕西都转运使。还，提举诸司库务，勾当三班院。

环、原州属羌扰边，以雍为安抚使。建言："属羌因罪罚羊者，旧输钱，而比年责使出羊，羌人颇以为患。请输钱如旧，罪轻者以汉法赎金。"从之。迁右谏议大夫、权三司使。

雍在京东时，平滑州水患。以劳加龙图阁直学士。明年，拜枢密副使。丁母忧，起复，迁给事中。玉清昭应宫灾，章献太后泣对大臣曰："先帝竭力成此宫，一夕延燎几尽，惟一二小殿存尔。"雍抗言曰："不若悉燔之也。先朝以此竭天下之力，遽为灰烬，非出人意；如因其所存，又将葺之，则民不堪命，非所以畏天戒也。"时王曾亦止之，遂诏勿葺。迁尚书礼部侍郎。

太后崩，罢为户部侍郎、知陕州，改永兴军。是岁饥疫，关中为甚，雍为振恤。以疾，请近郡，遂知河阳。进吏部侍郎，徙应天府，又改河南府，进资政殿学士。陈安边六事，又请于天雄军聚甲兵以备河北，于永兴军、河中府益募土兵以备陕西，即泾原、环庆有警，河中援之。

既而元昊反，拜振武军节度使、知延州。因言："延州最当贼冲，地阔而砦栅疏，近者百里，远者二百里，土兵寡弱，又无宿将为用，而贼出入于此，请益师。"不报。元昊先遣人通款于雍，雍信之，不设备。一日，引兵数万破金明砦，乘胜至城下。会大将石元孙领兵出境，守城者才数百人。雍召刘平于庆州，平帅师来援，合元孙兵与贼夜战三川口，大败，平、元孙皆为贼所执。雍闭门坚守，会夜大雪，贼解去，城得不陷。左迁户部侍郎、知安州。居一岁，复吏部侍郎、知河中府。

又为资政殿学士、知永兴军兼转运司事，迁尚书左丞，加大学士。初，完永兴城，或言其非便，诏止其役，雍匿诏而趣成之。明年，贼犯定川，邠、岐之间皆恐，而永兴独不忧寇。复徙河南府，又迁礼部尚书，卒。赠太子太师，谥忠献。

雍为治尚恕，好谋而少成。在陕西，尝请于商、虢置监铸铁钱，后不可行；又括诸路牛以兴营田，亦随废。颇知人，喜荐士，后多至公卿者。狄青为小校时，坐法当斩，雍贷之。

子宗杰，为兵部员外郎、直史馆，历陕西转运使，先雍卒。宗杰子子奇。

子奇字中济，阶祖雍荫，签书并州判官。以唐介荐，神宗赐对，提举修在京仓。三司使又荐，按覆营缮，匠吏积为欺隐，惧罪，造飞语间之。神宗遣大阉张茂则察其无私，劳之曰："为吏当如是，无恤人言。"授户部判官，为湖南转运副使。建言："梅山蛮恃险为边患，宜拓取之。"后章惇开五溪，议由此起。

入判将作监。使于辽，导者改路回远，子奇谓曰："此去云中有直道，旬日可至，何为出此？"导者又欲沮子奇下马馆门外，子奇曰："异时于中门下马，今何以辄易？"导者计屈。历河东、陕西、河北、京东四路转运使，工部、左司二郎中，加直龙图阁，使河北。诸郡犹榷盐，奏罢之。

元祐初，为将作监、司农卿，复使陕西，以病解。起知郑州，加集贤殿修撰、知河阳。召权户部侍郎，删酒户苛禁及奴婢告主给赏法。未几，出知庆州，广储蓄，缮城栅，严守备，羁黠羌，推诚待下，人乐为用。入为吏部侍郎，以待制致仕，卒，年六十三。子坦。

坦字伯履，以父任为开封府推官、金部员外郎、大理少卿，改左司员外郎。押伴夏国使，应对合旨，赐进士第，权起居舍人。使于辽，复命，具语录以献。徽宗览而善之，付鸿胪，令后奉使者视为式。迁殿中监，知开封府，再命使辽。时兴边议，非时遣使以观衅，坦以不宜始祸，辞其行。徽宗怒，责舒州团练副使，稍复集贤殿修撰，知江宁府、洪扬二州。

召为户部侍郎，论当十及夹锡钱之弊。以便亲请外，知河阳。入辞，徽宗曰："夹锡钱之害，甚于当十，宜速正之，为一道率。"坦至，即奏罢之。政和初，复为户部，遂改当十钱为当三；罢淮盐入东北；鬻诸州公田，以实常平。又上疏言："户部岁入有限，用则无穷。今节度使八十员，留后至刺史数千员，自非军功得之，宜减其半奉；及他工技末作，一切裁损。"时以为当。

时张商英为相，坦多与之合。及商英去，言者论坦助为匿竭之说，以摇众听；又言坦建议鬻田、改常平法、废元符令及罢夹锡钱之罪，贬黄州团练副使，安置韶州。以赦，复徽猷阁待制，卒，年六十二。

赵稹，字表微。其先单父人，后徙宣城。为人诚质宽厚，少好学。吴太府卿田霖退居郡中，名有风鉴，故以女妻稹。擢进士第，历平定军判官、台州推官。改大理寺丞、知昆山县，通判楚州。迁殿中丞、知通州。召还，同判宗正寺，枢密直学士李滨荐为监察御史，再迁侍御史、判登闻鼓院、开封府判官，徙三司开拆、凭由司。帝祀汾阴，为留守推官。

迁尚书兵部员外郎、益州路转运使，真宗谕曰："蜀远而数乱，其利害朕所欲闻。卿至，悉条上之，祗附常奏，毋著姓名。"稹至，数言部中事，至一日章数上。蒲江县捕劫盗不得，反逮系平民，楚掠诬服。稹适行部，意其冤，驰入县狱，问得状，悉纵之。迁工部郎中。

召为侍御史知杂事、同判吏部流内铨，纠察在京刑狱。慎从吉知开封府，其子钧、锐受赇，事连钱惟演。稹与王曾白其奸状，从吉坐免，惟演亦罢去。

改三司盐铁副使，擢右谏议大夫、集贤院学士、知益州。度支市锦六千匹，召工计岁织裁千余匹，止以岁所织数上供。久之，或言稹不达民情，喜尊大，降知同州，徙凤翔、京兆府，三迁工部侍郎，复纠察在京刑狱。加枢密直学士、知并州，代还，迁刑部侍郎。

天圣八年，擢枢密副使，迁吏部侍郎。时，权出宫掖，稹厚结刘美人家婢，以故位政府。命未出，人驰告稹，稹问曰："东头？西头？"盖意在中书也。闻者皆以为笑。章献太后崩，罢为尚书左丞、知河中府，迁礼部尚书。既病，乞骸骨，拜太子少傅致仕。卒，赠太子太保，谥僖质。

任布，字应之，河南人。后唐宰相圜四世孙也。力学，家贫，尝从人借书以读。进士及第，补安肃军判官，辄刺问房中事，上疏请饬边备，仍奏河北利害。后契丹至澶渊，真宗识其名，特改大理寺丞、知安阳县。通判嘉州，还，知开封府司录事，通判大名府。初置提点刑狱，选布领荆湖南路。

入权三司盐铁判官，判度支勾院。京城东南有泉涌出，为筑祥源观，男女徒跣奔走瞻拜。布论之曰："明朝不宜以神怪衒愚俗。"遂忤宰相意。又与徐奭、麻温其试开封府进士，而奭潜发封卷视之。降监邓州税，徙知宿州。

时越州守阙，寇准曰："越州有职分田，岁入且厚，今争者颇众，非廉士莫可予。"乃徙布越州。有祖讼其孙者"醉酒詈我"，已而悔，日哭于庭曰："我老无子，赖此孙以为命也。"布闻之，贷其死，上书自劾，朝廷亦不之责。

寇准贬，布亦徙建州，累迁尚书职方员外郎。丁谓既逐，稍用为白波发运使。岁余，判三司开拆司，出为梓州路转运使。富顺监盐井，岁久卤薄而课存，主者至破产，或鬻子孙不能偿。布奏除之。迁祠部郎中、权户部判官，擢江、淮制置发运使。前使者多聚山海珍异之物以饷权要，布一切罢去。

召为三司度支副使，奉使契丹。还，加直史馆、知荆南。为盐铁副使，命管伴契丹使。历兵部、刑部郎中，拜右谏议大夫、知真定府。或欲省河北兵，布言："契丹、西夏方窥伺中国，备未可弛也。"筑甬道潭沱河，跨绝泥潦。徙滑州，改天雄军。迁给事中、集贤院学士、知许州。未几，为龙图阁直学士，徙澶州。黄德和诬刘平降贼，欲收平家，布力言平非降贼者。复徙真定，又徙河南府，未至，召为枢密副使。

布纯约自守，及秉政，无所建明。子逊尝上书，诋大臣及布皆为不才，御史鱼周询因奏疏曰"布不才，其子能知之。"乃以尚书工部侍郎罢知河阳。议者以周询引逊语逐其父，为不知体。改蔡州，授太子少保致仕，进少傅。皇祐间，诏陪祀明堂，称疾不赴。赐一子进士出身，迁少师。

始，布归洛中，作五知堂，谓知恩、知道、知命、知足、知幸也。卒，赠太子太傅，谥恭惠。子达，性亦恬远，尚释氏学，历官为司封郎中。

高若讷，字敏之，本并州榆次人，徙家卫州。进士及第，补彰德军节度推官，改秘书省著作佐郎，再迁太常博士、知商河县。县有职分田，而牛与种皆假于民，若讷独废不耕。

御史知杂杨偕荐为监察御史里行，迁尚书主客员外郎、殿中侍御史里行。改左司谏、同管勾国子监，迁起居舍人、知谏院。时范仲淹坐言事夺职知睦州，余靖、尹洙论救仲淹，相继贬斥。欧阳修乃移书责若讷曰："仲淹刚正，通古今，班行中无比。以非辜逐，君为谏官不能辨，犹以面目见士大夫，出入朝廷，是不复知人间有羞耻事耶！今而后，决知足下非君子。"若讷愈，以其书奏，贬修夷陵令。未几，加直史馆，以刑部员外郎兼侍御史知杂事。

王蒙正知蔡州，若讷言："蒙正起裨贩，因缘戚里得官。向徙郴州，物论犹不平，今予之大州，可乎？"诏寝其命。大庆殿设祈福道场，若讷奏曰："大庆殿非行礼不御，非法服不坐，国之路寝也，岂可聚老、释为渎慢？"阎文应入内都知，若讷言其肆横不法，请出之，遂出文应为相州兵马钤辖。又奏三公坐而论道，今二府对才数刻，何以尽万几？宜赐坐从容，如唐延英故事。

擢天章阁待制、知永兴军，留判吏部流内铨，出为河东路都转运使。召还，兼侍读、权判尚书刑部。丁母忧，始许行服，给实奉终丧。服除，加龙图阁直学士、史馆修撰，以右谏议大夫权御史中丞。时宰相贾昌朝与参知政事吴育数争事上前。明年春，大旱，帝问所以然者，若讷曰："阴阳不和，责在宰相。《洪范》，大臣不肃，则雨不时若。"于是昌朝及育皆罢，若讷遂代育为枢密副使。

王则据贝州，讨之，逾月未下。或议招降，若讷言："河朔重兵所积，今释不讨，后且启乱阶。"及破城，知州张得一送御史台劾治，有臣贼状。朝廷议贷死，若讷谓："守臣不死，自当诛，况为贼屈？"得一遂弃市。

以工部侍郎、参知政事为枢密使。凡六降恩，若讷多覆奏不行。入内都知王守忠欲得节度使，固执为不可。若讷畏慎少过，而前驺驱路人辄至死，御史奏弹之。皇祐五年，罢为观文殿学士兼翰林侍读学士、尚书左丞、同群牧制置使、判尚书都省，止命舍人草词。卒，赠右仆射，谥文庄。

若讷强学善记，自秦、汉以来诸传记无不该通，尤喜申、韩、管子之书，颇明历学。因母病，遂兼通医书，虽国医皆屈伏。张仲景《伤寒论诀》、孙思邈《方书》及《外台秘要》久不传，悉考校讹谬行之，世始知有是书。名医多出卫州，皆本高氏学焉。

皇祐中，诏累黍定尺以制钟律，争论连年不决。若讷以汉货泉度一寸，依《隋书》定尺十五种上之。并损益祠祭服器，悉施用。有集二十卷。

孙沔，字元规，越州会稽人。中进士第，补赵州司理参军。跌荡自放，不守士节，然材猛过人。后以秘书丞为监察御史里行。

景祐元年，礼院奏用冬至日册后，沔奏："丧未祥禫而行嘉礼，非制也。"同安县尉李安世上书指切朝政，被劾，沔奏："加罪安世，恐杜天下言者，请勿治。"黜知衡山县。道上书言时事，再贬永州监酒。移通判潭州、知处州。复为监察御史，再知楚州。所至皆著能迹。召为左正言，论事益有直名。迁尚书工部员外郎，提举两浙刑狱，遂以起居舍人为陕西转运使。

时宰相吕夷简求罢，仁宗优诏弗许。沔上书言："自夷简当国，黜忠言，废直道，及以使相出镇许昌，乃荐王随、陈尧叟代己。才庸负重，谋议不协，忿争中堂，取笑多士，政事寝废。又以张士逊冠台席，士逊本乏远识，至隳国事。盖夷简不进贤为社稷远图，但引不若己者为自固之计，欲使陛下知辅相之位非己不可，冀复思己而召用也。陛下果召夷简还，自大名入秉朝政，于兹三年，不更一事。以姑息为安，以避谤为智。西州将帅累以败闻，契丹无厌，乘此求赂。兵奸货悖，天下空竭，刺史牧守，十不得一。法令变易，士民怨咨，隆盛之基，忽至于此。今夷简以病求退，陛下手和御药，亲写德音，乃谓'恨不移卿之疾在于朕躬'，四方义士传闻诏语，有泣下者。夷简在中书二十年，三冠辅相，所言无不听，所请无不行，有宋得君，一人而已，未知何以为陛下报？天下皆称贤而陛下不用者，左右毁之也；皆谓憸邪而陛下不知者，朋党蔽之也。比契丹复盟，西夏款塞，公卿忻忻，日望和平。若因此振纪纲，修废坠，选贤任能，节用养兵，则景德、祥符之风，复见于今矣。若恬然不顾，遂以为安，臣恐土崩瓦解，不可复救。而夷简意谓四方已宁，百度已正，欲因病默默而去，无一言启沃上心，别白贤不肖，虽尽南山之竹，不足书其罪也。"

书闻，帝不之罪，议者喜其謇切。居两月，以天章阁待制为都转运使，又迁礼部郎中，为环庆路都总管、安抚经略使、知庆州。元昊死，诸将欲乘其隙，大举灭之。沔曰："乘危伐丧，非中国体。"三司所给特支，物恶而估高，军士有语，优人因戏及之。沔曰："此朝廷特赐，何敢妄言动众！"命斩之狥。将佐争言："此特戏尔，不足深罪也。"沔徐呼还，杖脊配岭南，谓之曰："汝赖戏我前，即私议动众，汝必死，而告者超迁矣。"明日，给特支，士无敢欢者。

历知陕西、河东都转运使，又知庆州，聚战亡遗骸葬祭之，军中感泣。凡三知庆州，边人服其能。迁龙图阁直学士，又迁枢密直学士、知成都府，未至，以母丧罢。服除，为陕西都转运使。求知明州，会京东多盗，乃以知徐州，明购赏，严诛罚，盗遂止。

徙秦州，时侬智高反，沔入见，帝以秦事勉之。对曰："臣虽老，然秦州不足烦圣虑，陛下当以岭南为忧也。臣睹贼势方张，官军朝夕当有败奏。"明日，闻蒋偕死，帝谕执政曰："南事诚如沔所料。"宰相庞籍奏遣沔行，以为湖南、江西路安抚使，以便宜从事，加广南东、西路安抚使。沔请益发骑兵，且增选偏裨二十八人，求武库精甲五千。参知政事梁适折之曰："毋张皇！"沔曰："前日惟亡备，故至此。今指期灭贼，非可以侥幸胜，乃欲示镇静耶？夫实备不至而貌为镇静，危亡之道也。"居二日，促行，才与兵七百。沔忧贼度岭而北，乃檄湖南、北曰："大兵且至，其缮治营垒，多具宴犒。"贼疑不敢北侵。会遣狄青为宣抚使，沔与青会。青与智高遇，战归仁铺，智高败走。青还，沔留治后事，迁给事中。及还，帝问劳，解御带赐之，以知杭州。至南京，召为枢密副使。

张贵妃薨，追册为皇后，命沔读册。故事，正后，翰林学士读册。沔既陈不可用宰相护葬，且曰："陛下若以臣沔读册则可，以枢密副使读册则不可。"遂求罢职。以资政殿学士知杭州。迁大学士，徙知青州。又迁观文殿学士、知并州。而谏官吴及、御史沈起奏沔淫纵无检，守杭及并所为不法，乃徙寿州。

诏按其迹，而使者奏："沔在处州时，于游人中见白牡丹者，遂诱与奸。及在杭州，尝从萧山民郑昊市纱，昊高其直，沔为恨。会昊贸纱有隐而不税者，事觉，沔取其家簿记，积计不税者几万端，配隶昊他州。州人许明有大珠百，沔妻弟边珣以钱三万三千强市之。沔爱明所藏郭虔晖画《鹰图》，明不以献。初，明父祷水仙大王庙生明，故幼名'大王儿'。沔即捕按明僭称王，取其画鹰，刺配之。及沔罢去，明诣提点刑狱，断一臂自讼，乃得释。杭州人金氏女，沔白昼使吏卒舆致，乱之。有赵氏女已许嫁莘旦，沔见西湖上，遂设计取赵女至州宅，与饮食卧起。所刺配人以百数，及罢，盗其按去，后有诉冤者多以无按，不能自解。在并州，私役使吏卒，往来青州、麟州市卖纱、绢、绵、纸、药物。官庭列大梃，或以暴怒申诉事者，尝剔取盗足后筋，断之。"奏至，乃责宁国节度副使，监司坐失察，皆被绌。其后复光禄卿，分司南京，居宿州。会恩，知濠州，以尚书礼部侍郎致仕。

英宗即位，迁户部。帝与执政议守边者，难其人，参知政事欧阳修奏："孙沔向守环庆，养练士卒，招抚蕃夷，恩信最著。今虽七十，心力不衰，中间曾以罪废，然宜弃瑕使过。"遂起为资政殿学士、知河中府，又以为观文殿学士、知庆州，徙延州，道卒。

沔居官以才力闻，强直少所惮，然喜宴游女色，故中间坐废。妻边氏悍妒，为一时所传。初，陕西用兵，朝廷多假边帅倚以集事，近臣出帅或骄恣越法。及沔废后，真定路安抚使吕溱继得罪，自此守帅之权宜微矣。

论曰：君子惟能立身，而后可以佐国。中正、起自陷朋党，遵、积憸邪，沔颇知兵而以污败。琳有才器，能断大事，然献《武后临朝图》于章献，君子鄙之。雍任边寄而覆军败将，几不自保。若讷喜申、韩、管子之书，中师、布少所建明，殆亦未足与议也。

卷二百八十九　　列传第四十八

高琼 子继勋　继宣　**范廷召**　**葛霸** 子怀敏

高琼，家世燕人。祖霸，父乾。五代时，李景据江南，潜结契丹，岁遣单使往复。霸将契丹之命，以乾从行使景。方至江左，谍间北使与中夏构隙，以纾疆场之难，遂杀霸，居乾濠州，声言为汴人所杀。乾在濠州生三子，以江左蹙弱，寻挈族归中朝，给田亳州之蒙城，因土著焉。

琼少勇鸷无赖，为盗，事败，将磔于市，暑雨创溃，伺守者稍息，即掣钉而遁。事王审琦，太宗尹京邑，知其材勇，召置帐下。太宗尝侍宴禁中，甚醉，及退，太祖送至苑门。时琼与戴兴、王超、李斌、桑赞从，琼左手执靮，右手执镫，太宗乃能乘马。太祖顾琼等壮之，因赐以控鹤官衣带及器帛，且勉令尽心焉。

太宗即位，擢御龙直指挥使。从征太原，命押弓弩两班，合围攻城。及讨幽蓟，属车驾倍道还，留琼与军中鼓吹殿后，六班扈从不及，惟琼首率所部见行在，太宗大悦，慰劳之。太平兴国四年，迁天武都指挥使、领西州刺史。明年，改为神卫右厢都指挥使、领本州团练使。车驾巡师大名，命琼与日骑右厢都指挥使朱守节分为京城内巡检。坐事，出为许州马步军都指挥使。

会有龙骑亡命卒数十人，因知州臧丙出郊，谋劫其导从以叛。琼闻即白丙，趣还城，因自率从卒数十人，挟弓矢单骑追捕，至榆林村，及之。贼入村后舍，登墙以拒。贼首青脚狼者注弩将射琼，琼引弓一发毙之，遂悉擒送于州。丙上其事。会将北伐，召归。授马步军都军头、领蓟州刺史、楼船战棹都指挥使，步船千艘赴雄州。又城易州。师还，为天武右厢都指挥使、领本州团练使。

端拱初，迁左厢，改领富州团练使。是秋，出为单州防御使，改贝州部署。其出守也，与范廷召、王超、孔守正并爲爲。数月，廷召等皆拔补兵职，琼颇悒悒。时王承衍镇贝丘，公主每入禁中，颇知上于琼厚，承衍每宽慰之。二年，召还。故事，廉察以上入朝，始有茶药之赐，至是特赐琼焉。三月，迁朔、易帅臣，制授琼侍卫步军都指挥使、领归义军节度，廷召辈始加观察使，不得与琼比。出为并州马步军都部署，时潘美亦在太原，旧制，节度使领军职者居上，琼以美旧臣，表请居其下，从之。戍兵有以廪食陈腐哗言者，琼知之，一日，出巡诸营，士卒方聚食，因取其饭自啖之，谓众曰：“今边鄙无警，尔等坐饱甘丰，宜知幸也。”众言遂息。改镇州都部署。至道中，就改保大军节度，典军如故。

真宗即位，加彰信军节度，充太宗山陵部署，复为并代都部署。咸平中，契丹犯塞，其母年帐至狼山大夏。上亲巡河朔，遣杨允恭驰往，召琼率所部出土门，与石保吉会镇、定。既而傅潜以逗留得罪，即召琼代之。兵罢，复还本任。转运使言其政绩，诏褒之。

咸平三年，代还，以手创不任持笏，诏执梃入谒，授殿前都指挥使。先是，范廷召、桑赞所将边兵临敌退衄，言者请罪之。以问琼，琼对曰：“兵违将令，于法当诛。然陛下去岁已释其罪，今复行之，又方屯诸路，非时代易，臣恐众心疑惧。”乃止。

景德中，车驾北巡。时前军已与敌接战，上欲亲临营垒，或劝南还，琼曰：“敌师已老，陛下宜亲往，以督其成。”上悦，即日进幸澶渊。明年，以罢兵，料简兵卒诸班直十年者出补军校，年老者退为本班剩员。琼进曰：“此非激劝之道，宿卫岂不劳乎？”自是八年者皆得叙补焉。

马军都校葛霸权步军司，会以疾在告，令琼兼领二司。琼从容上言曰：“臣衰老，傥又有犬马之疾，则须一将总此二职。臣事先朝时，侍卫都虞候以上常至十员，职位相亚，易于迁改，且使军伍熟其名望，边藩缓急，亦可选用。”上深然之。未几，以久疾求解兵柄，授检校太尉、忠武军节度。三年冬，疾甚，上欲亲临问之，宰相不可，乃止。卒，年七十二，赠侍中。

琼不识字，晓达军政，然颇自任，罕与副将参议。善训诸子：继勋、继宣、继忠、继密、继和、继隆、继元。继勋、继宣最知名。

继勋字绍先，初补右班殿直。仪状顾伟，太宗见而异之，召问其家世，以琼子对。擢寄班祗候，累迁内殿崇班。

咸平初，王均据益州。以崇仪副使为益州兵马都监、提举西川诸州军巡检公事。招安使雷有终以兵五百授继勋，守东郭二门，会贼攻弥牟砦，继勋引兵转斗至嘉州，败之，获黄缯、金涂铨以还。有终益以劲兵复进攻二门，克之，乃建帜城上。诸将知城拔，有终乃引军薄天长门，贼复来拒战。会日暮，有终欲少休，继勋曰：“贼窘矣，急击之，无失也。”率十数骑鏖战，身被数创，血濡甲；马死，更马以进。会入内都知秦翰来援，贼退保子城，不敢出。继勋潜知贼欲夜遁，开围使得溃去，均卒败灭。以功迁崇仪使。贼余党保山薮中，时出剽劫，乃徙绵汉剑门路都巡检使。继勋募恶少年侦贼动静，穷蹑岩穴，掩其不备，悉擒杀之。

又徙峡路钤辖，还朝，迁洛苑使、并代州钤辖。徙屯岢岚军。契丹聚兵五万屯草城川，继勋登高望之，谓军使贾宗曰：“彼众而阵不整，将不才也。我兵虽少，可以奇取胜。先伏兵山下，敌见我弱，必急攻我。我诱之南走，尔起乘之，当大溃。”转战至寒光岭，伏发，契丹果败，相蹂躏死者万余人，获马、牛、橐驼甚众。迁弓箭库使，赐金带、锦袍，领荣州刺史，徙麟、府州钤辖。

时屯兵河外，馈运不属。继勋扼兔毛川，援送军食，师乃济。徙知环州，又徙瀛州。时岁饥，募富人出粟以给贫者。明年大稔，木生连理者四，郡人上治状请留。迁内藏库使，以官苑使奉使契丹。还，知定州，迁西上阁门使、昭州团练使，徙鄜延路钤辖，坐市马亏价失官。已而复为西上阁门使、荣州刺史、知冀州、领果州团练使。徙贝州，复知瀛州。

仁宗即位，改东上阁门使，真授陇州团练使、知雄州。其冬，契丹猎燕蓟，候卒报有兵入钞，边州皆警。继勋曰：“契丹岁赖汉金缯，何敢损盟好邪？”居自若，已，乃知渤海人叛契丹，行剽两界也。擢捧日天武四厢都指挥使、连州防御使，又知瀛州。历步军马军殿前都虞候、步军副都指挥使、邕州观察使、泾原路副都总管兼知渭州。入宿卫，出为天雄军都总管，愿复护边，既而留不遣。后为真定府定州路都总管，改威武军节度观察留后，遂拜保顺军节度使、马军副都指挥使。

恭谢礼成，徙昭信军节度使，为庄献明肃太后山陵、庄懿太后园陵都总管，以老病乞骸骨。召见便殿，许一子扶掖，俾勿拜，听辞管军。授建雄军节度使、知滑州。河水暴溢，啮堤岸，继勋虽老，躬自督役，露坐河上，暮夜犹不辍，水乃杀怒，滑人德之。卒，年七十八，辍视朝一日，赠太尉。继勋性谦，有机略，善抚御士卒，临战辄胜。在蜀有威名，号"神将"。

子遵甫，官至北作坊副使。嘉佑八年，遵甫女正位皇后，神宗即位，册皇太后。累赠继勋太师、尚书令兼中书令，追封康王，谥穆武。熙宁九年，帝诏宰相王珪为神道碑，御篆碑首曰"克勤敏功钟庆之碑"。遵甫亦赠太师、尚书令兼中书令，追封楚王。

继宣字舜举。幼善骑射，颇工笔札，知读书。以恩补西头供奉官、惠民河巡督漕船。会岁饥多盗，兼沿河巡检捉贼，迁阁门祗候、邠州兵马都监。曹玮守邠，数与言兵，荐其可用。

乾兴初，以内殿崇班为益州都监。蜀人富侈，元夕大张灯，知府薛奎戒以备盗，继宣籍恶少年饮犒之，使夜中潜志盗背，明日皆获。历磁、相、邢、洺都巡检使，知安肃军，徙保州。累迁礼宾使、益州路兵马钤辖。还，为西上阁门使、泾原路钤辖兼安抚使、知渭州，迁四方馆使、昭州刺史、知雄州。

初，元昊反，声言侵关陇。继宣请备麟府。未几，羌兵果入寇河外，陷丰州。擢捧日天武四厢都指挥使、恩州团练使、知并州。俄寇麟府，继宣帅兵营陵井，抵天门关。是夕大雨，及河，师半济，黑凌暴合，舟不得进，乃具牲酒为文以祷。已而凌解，师济，进屯府谷，间遣勇士夜乱贼营。又募黥配厢军，得二千余人，号清边军，命偏将王凯主之。军次三松岭，贼数万众围之，清边军奋起，斩首千余级。其相蹸藉死者不可胜计。筑宁远砦，相视地脉，凿石出泉。已而城五砦，迁眉州防御使，卒。

范廷召，冀州枣强人。父铎，为里中恶少年所害。廷召年十八，手刃父仇，剖取其心以祭父墓。弱冠，身长七尺余，有膂力。尝为盗，以勇壮闻。周广顺初，应募为北面招收指挥使。世宗即位，入补卫士。从征高平，战疾力，迁殿前指挥使。从征淮南，战紫金山，流矢中左股。

宋初，从平李筠、李重进，转本班都知。又从征太原，再转散都头、都虞候、领费州刺史。太平兴国中，以日骑军都指挥使从平太原，征范阳。秦王廷美尝遣亲吏阎怀忠、赵琼犒禁军列校，廷召预焉，坐出为唐州马步军都指挥使。

雍熙三年，议北征，召入为马步军都军头、领平州刺史、幽州道前军先锋都指挥使。与贼遇固安南，破其众三千，斩首千余级，克固安、新城二县，乘胜下涿州。廷召复与贼战，中流矢，血溃中缨，神色自若，督战益急，诏褒。师还，迁日骑右厢都指挥使、领本州团练使，又迁左厢，移领高州。端拱初，出为齐州防御使，数月，授捧日天武四厢都指挥使、领澄州防御使。二年，转殿前都虞候、领凉州观察使、镇州副都部署。大破契丹三万众于徐河，斩首数千级。

淳化二年，为平房桥砦都部署，历并代、环庆两路副部署。至道中，遣将从五路讨李继迁，命廷召副李继隆为环庆灵都部署。廷召出延州路，与贼遇白池，获米募军主吃啰等兵器、铠甲数万。是役也，诸将失期，独廷召与王超大小数十战，屡克捷，上嘉之。俄又为并代两路都部署。三年，迁侍卫马军都指挥使、领河西军节度，为定州行营都部署。

咸平二年，契丹入塞，车驾北巡。廷召与战瀛州西，斩首二万级，逐北至莫州东三十里，又斩首万余，夺其所掠老幼数万口，契丹遁去。师还，录功加检校太傅，益赋邑，又改殿前都指挥使。四年正月被疾，车驾临问，卒，年七十五，赠侍中。

廷召在军四十余年，由显德以来，凡亲征，未尝不从。善骑射，尝出猎，有群鸟飞过，廷召发矢，并贯其三，观者骇异。性恶飞禽，所至处弹射殆绝。尤不喜驴鸣，闻必击杀之。

子守均为散员都虞候、演州刺史；守信内殿承制、阁门祗候；守宣内殿崇班；守庆更名珪，后为西京作坊副使、淮南江浙荆湖制置发运副使。

葛霸，真定人。姿表雄毅，善击刺骑射。始事太宗于藩邸；践阼，补殿前指挥使，稍迁本班都知，三迁至散员都虞候。雍熙中，幽州之师失律，大补军校，以霸为骁骑军都指挥使、领檀州刺史，戍定州。尝遇敌唐河，与战，败走之，斩获甚众。俄召为御前忠佐马步军都军头。端拱初，出为博州团练使，历潞、代二州部署。淳化元年，擢殿前都虞候、领潘州观察使，为高阳关副都部署，进都部署。凡七战。召还，制授保顺军节度，典军如故。出为镇州都部署，徙天雄军。

咸平三年，车驾劳师于大名，霸与石保吉同来觐。时康保裔没于河间，即日以霸为贝、冀、高阳关前军行营部署。二月，就迁副都指挥使。未几，改邠宁、泾原、环庆三路都部署。四年，迁侍卫马军都指挥使，领感德军节度。

景德元年，河决澶州横垅埽，命为修河都部署。未行，属北边有警，真宗议亲征，以霸为驾前西面邢洺路都部署，又副李继隆为驾前东面排阵使，驻澶州。明年召还，以功特加封邑。上言朝廷居明德心丧，尚遏音乐，请停迎授之制，奏可。是年冬，以霸久典兵，年且老，罢军职，授昭德军节度、并代都部署。时ة臣有隶麾下者，颇扰军民，霸昏耄，为所罔，真宗知之，故有是召。

四年夏，徙知耀州。霸虽愞，然能谨直自持。会东封，表求扈跸。既以疾不能从，车驾还次济南，疾少间，迎谒行在。上嘉其意，劳问久之。未几卒，年七十五，赠太尉。

子怀信、怀正、怀敏、怀煦。怀信至如京副使，怀煦内殿承制，怀正博州团练使、知沧、莫二州。

怀敏以荫授西头供奉官，加阁门祗候。历同提点益州路刑狱、襄邓都巡检。使契丹，知隰、莫、保三州，累迁东染院使、康州刺史、知雄州，就迁西上阁门使。上《平燕策》。会岁旱，塘水涸，怀敏虑契丹使至测知其广深，乃拥界河水注之，塘复如故。召对边事，复还雄州，改莱州团练使。浊流砦兵叛，杀官吏溃去，怀敏发兵掩袭，尽诛其党。在雄州五年，徙沧州。

怀敏为王德用妹婿，德用贬，亦降知滁州。陕西用兵，起为泾原路马步军副总管兼泾原秦凤两路经略、安抚副使。既入对，以曹玮尝所被介胄赐之，令制置鄜延、环庆两路存废砦栅。擢龙神卫四厢都指挥、眉州防御使、本路副都总管、知泾州。迁捧日天武四厢都指挥使、鄜延路副都总管。进殿前都虞候、知延州。范仲淹言其猾懦不知兵，复徙泾原路兼招讨、经略、安抚副使。

庆历二年，元昊寇镇戎军，怀敏出瓦亭砦，督砦主都监许思纯、环庆路都监刘贺、天圣砦主张贵,及缘边都巡检使向进、刘湛、赵瑜等御敌。军次安边砦,给刍秣未绝,怀敏辄离军,夜至开远堡北一里而舍。既而自镇戎军西南,又先引从骑百余以前,承受赵正曰:"敌近,不可轻进。"怀敏乃少止。日暮趋养马城,与知镇戎军曹英及泾原路都监李知和王保王文、镇戎军都监李岳、西路都巡检使赵珣等会兵。闻元昊徙军新壕外,怀敏议质明袭之,乃命诸命将分四路趣定川砦:刘湛、向进出西水口,泾原路都监赵珣出莲华堡,曹英、李知和出刘璠堡,怀敏出定西堡。知和与英督军夜发。翌日,湛、进行次赵福堡,遇敌,战不胜,保向家峡,怀敏使珣、英并镇戎军西路巡检李良臣、孟渊援之。

俄报敌已拔栅逾边壕,怀敏入保定川砦,敌毁板桥,断其归路,别为二十四道以过军,环围之。又绝定川水泉上流,以饥渴其众。刘贺率蕃兵斗于河西,不胜,余众溃去。怀敏为中军屯塞门东偏,英等阵东北隅。敌自褊江三、葉橐会出,四面环之。先以锐兵冲中军,不动,回击英军。会黑风起东北,部伍相失,阵遂扰。士卒攀城堞争入,英面被流矢,仆壕中,怀敏部兵见之亦奔骇。怀敏为众蹂躏几死,舁致瓮城,久之乃苏。复选士据门桥,挥手刃以拒入城者。赵珣等以骑军四合御敌,敌众稍却,然大军无斗志。珣驰入,劝怀敏还军中。

是夕,敌聚火围城四隅,临西北呼曰:"尔得非总管厅点阵图者邪?尔固能军,乃入我围中,今复何往!"夜四鼓,怀敏召曹英、赵珣、李知和、王保、王文、许思纯、刘贺、李良臣、赵瑜计议,莫知所出,遂谋结阵走镇戎军。鸡鸣,怀敏自谕:"亲军左右及在后者皆毋得动,平明,从吾往安西堡。以英、珣为先锋,贺、思纯为左右翼,知和为殿,听中军鼓乃得行。"至卯,鼓未作,怀敏先上马,而大军按堵未动。怀敏周麾者再,将径去,有执辔者劝不可,怀敏不得已而还。使参谋郭京等取刍城中,未至,怀敏复上马,叱执辔者使去,不听,拔剑且击之,士遂散。怀敏驱马东南驰二百里,至长城壕,路已断,敌周围之,遂与诸将皆遇害。余军九千四百余人,马六百余匹,为敌所断。其子宗晟与赵正、郭京、承受王昭明等还保定川。

初,怀敏令军中步兵毋得动,及前阵已去,后军多不知者,故皆得存。时韩质、郝从政、胡息以兵六千保莲华堡,刘湛、向进兵一千保向家峡,皆不赴援。于是敌长驱抵渭州,幅员六七百里,焚荡庐舍,屠掠民畜而去。奏至,帝嗟悼久之,赠怀敏镇戎军节度使兼太尉,英、知和、珣、保、文、质、岳、贵、璘、思纯、良臣及同时战没者,及泾原巡检杨遵、笼竿城巡检姚夔、泾原都巡检司监押董谦、同巡检唐斌、指使霍达,皆赠官有差。复降向进等官,落郝从政、赵瑜职。

怀敏通时事,善候人情,故多以才荐之。及用为将,而轻率昧于应变,遂至覆军。帝念之,赐谥忠隐。子宗晟、宗寿、宗礼、宗师,皆迁官。

论曰:真宗澶渊之役,高琼之功亦盛矣。范廷召年十八,能手刃父仇;琼将磔之于市,幸以逃免;葛霸善击刺马射,给事藩邸:皆非素习韬略者也。及其出身戎行,迭居节镇,而卓有可观,由所遇之得其时也。或谓琼颇自用,谋议不及参佐,而洞晓军政;霸虽失于巽懦,而能谨直自持;廷召性虽癖,在军中四十年,累从征讨,所至有功:皆不害其为骁果也。廷召诸子,珪为最贤,霸子怀敏以战死,固皆足称。若继宣、继勋之将业,则过其父远甚,此"克勤敏功钟庆之碑"所由以立欤!夫以三子之自树如此,而不得与狄青、郭逵同日而论者,岂非拳勇之有余,而器识之不足也欤!

卷二百九十　　列传第四十九

曹利用孙继邺附　**张耆**子希一等　**杨崇勋**
夏守恩弟守赟　子随　**狄青**张玉　孙节附
郭逵

曹利用,字用之,赵州宁晋人。父谏,擢明经第,仕至右补阙,以武略改崇仪使。利用少喜谈辩,慷慨有志操。谏卒,补殿前承旨,改右班殿直,迁为鄜延路走马承受公事。

景德元年,契丹寇河北,真宗幸澶州,射杀契丹大将挞览,契丹欲收兵去,使王继忠议和,择可使契丹者。利用适奏事行在,枢密院以利用应选,帝曰:"此重事也,毋轻用人。"明日,枢密使王继英又荐利用,遂授阁门祗候、崇仪副使,奉书诣契丹军。帝语利用曰:"契丹南来,不求地则邀赂尔。关南地归中国已久,不可许;汉以玉帛赐单于,有故事。"利用愤契丹,色不平,对曰:"彼若妄有所求,臣不敢生还。"帝壮其言。

利用驰至军中,耶律隆绪母见利用车上,车辄设横板,布食器,召与饮食,其从臣重行坐。饮食毕,果议关南地,利用拒之。遣其臣韩杞来报命,利用再使契丹。契丹母曰:"晋德我,畀我关南地,周世宗取之,今宜还我。"利用曰:"晋人以地界契丹,周人取之,我朝不知也。若岁求金帛以佐军,尚不知帝意可否,割地之请,利用不敢以闻。"其政事舍人高正始遽前曰:"我引众以来,图复故地。若止得金帛归,则愧吾国人矣。"利用曰:"子盍为契丹熟计,使契丹用子言,恐连兵结衅,不得而息,非国利也。"契丹度不可屈,和议遂定,利用奉约书以归。擢东上阁门使、忠州刺史,赐第京师。契丹遣使来聘,遂命利用迎劳之。

知宜州刘永规驭下残酷,军校乘众怨,杀永规叛,陷柳城县,围象州,分兵掠广州,岭南骚动。帝谓辅臣曰:"向者司天占候当用兵,朕固忧远方守将非其人,以起边衅,今果然。曹利用晓方略,尽心于事,其以为广南安抚使。"利用至岭外,遇贼武仙县。贼持健标,蒙采盾,衣甲坚利,锋镝不能入。利用使士持巨斧长刀破盾,遂斩首以徇。岭南平，迁引进使。历客省使、嘉州防御使，出为鄜延路总管。大中祥符七年，拜枢密副使，加宣徽北院使、同知院事，进知院事，遂拜枢密使、同中书门下平章事。

利用在位既久，颇恃功。天禧二年，辅臣丁谓、李迪争论帝前，迪斥谓奸邪，因言利用与之为朋党。利用曰："以片文遇主，臣不如迪；捐躯以入不测之虏，迪不逮臣也。"迪坐是免，而利用以检校太师兼太子少保为会灵观使，进尚书右仆射。

乾兴初，加左仆射兼侍中、武宁军节度使、景灵宫使，诏如曹彬给公使钱岁万缗。契丹使者萧从顺桀骜，称疾留馆下，不时发。朝廷遣使问劳，相望于道。利用请一切罢之，从顺乃引去。

加司空。旧制，枢密使虽检校三司兼侍中、尚书令，犹班宰相下。乾兴中，王曾由次相为会灵观使，利用由枢密使领景灵宫使，时重官观使，诏利用班曾上，议者非之。未几，曾进昭文馆大学士、玉清昭应宫使，将告谢，而利用犹欲班曾上，阁门不敢裁。帝与太后坐承明殿久之，遣押班趣班，阁人惶惧莫知所出，曾抗声司吏曰："但奏宰臣王曾等告谢。"班既定，而利用怏怏不平。帝使同列慰晓之，仍诏宰臣、枢密使序班如故事，而利用益骄，尚居次相张知白上。寻召张旻于河阳，为枢密使，利用疑代己，始悔惧焉。

初，章献太后临朝，中人与贵戚稍能轩轾为祸福，而利用以勋旧自居，不恤也。凡内降恩，力持不予，左右多怨，太后亦严惮利用，称曰"侍中"而不名。利用奏事帝前，或以爪击带鞓，左右指以示太后曰："利用在先帝时，何敢尔邪？"太后领之。利用奏抑内降恩难屡却，亦有不得已从之者。人揣知之，或绐太后曰："蒙恩得内降辄不从，今利用家媪阴诸臣请，其必可得矣。"下之而验，太后始疑其私，颇衔怒。

内侍罗崇勋得罪，太后使利用召崇勋戒敕之，利用去崇勋冠帻，诟斥良久，崇勋恨之。会从子汭为赵州兵马监押，而州民赵德崇诣阙告汭不法事。奏上，崇勋请往按治，遂穷探其狱。汭坐被酒衣黄衣，令人呼万岁，杖死。初，汭事起，即罢利用枢密使，加兼侍中判邓州。及汭诛，谪左千牛卫将军、知随州。又坐私贷景灵宫钱，贬崇信军节度副使，房州安置，命内侍杨怀敏护送；诸子各夺二官，没所赐第，籍其赀，黜亲属十余人。宦者多恶利用，行至襄阳驿，怀敏不肯前，以语逼之，利用素刚，遂投缳而绝，以暴卒闻。

后其家请居邓州，帝恻然许之，命其子内殿崇班渊监本州税。明道二年，追复节度兼侍中，后赠太傅，还诸子官，赐谥襄悼，命学士赵概作神道碑，帝为篆其额曰"旌功之碑"，诏归所没旧产。

利用性悍梗少通，力裁侥幸，而其亲旧或有因缘以进者，故及于祸。然在朝廷忠荩有守，始终不为屈，死非其罪，天下冤之。

孙继邺字元嗣，其先金陵人。祖谦，事李昪为长剑都指挥使，南伐闽，援兵不至，战死。父承睿时为小校，愤将兵者不如期，致其父没，乃刺杀之，亡去，转徙淮、楚

间。久之，入京师，以策上太宗，授左班殿直，终左藏库使。

继邺初以三班奉职监浔阳酒税。会宜州陈进反，曹利用辟以自随，为前驱，破贼于象州大乌岭。以功迁左侍禁、端州兵马监押。徙秦州永宁砦，总徒城洛门，改西头供奉官。晁迥荐为阁门祗候，上御戎策十数事。又用曹玮荐，为鄜延路兵马都监，徙知环州，累迁崇仪副使。会修筑洪德砦，与总兵者论事不协，绌为冀州兵马监都，起知保安军，徙泾州。使契丹。

枢密使曹利用欲用之，继邺恶其权盛，阴知利用将有祸，数以疾辞，遂除左龙武军统军致仕。利用贬，复为崇仪副使，迁供备库使、知石州，徙保州，领恩州刺史、知雄州。累迁西上阁门使，擢为龙神卫四厢都指挥使、端州防御使。出为环庆路副都总管，道改泾原路，兼知渭州。建言："萧关故道，前控大川，善水草，贼骑所从出也。诚得属羌，与奉赐，且羁其酋领，使为藩篱，则可无西顾忧矣。"为步军都虞候，徙真定路，卒。

张耆，字元弼，开封人。年十一，给事真宗藩邸，及即位，授西头供奉官。尝与石知颙待射苑中，连发中的，擢供备库副使、带御器械。

咸平中，契丹犯边，以功迁南作坊使、昭州刺史、天雄军兵马钤辖。边兵未解，徙镇州行营钤辖，又徙定州。契丹围望都，耆与诸将从间道往援，比至，城已陷矣。耆与敌战，身被数创，杀契丹枭将。迟明复战，而王继忠为契丹所执。耆还，因言天道方利先举者，请大举讨之，及上兴师出境之日。帝以问辅臣，以为不可。迁昭州团练使、并代州钤辖。明年，契丹兵复入，帝欲亲征，耆奏边事十余条，多论兵贵持重及所以取胜者。召还，入对，帝曰："卿尝请北伐，契丹入塞，与卿所请兴师之日同，悔不用卿策。今领守澶州而未得人，如何？"耆请行。帝喜，命为驾前西面钤辖，令至澶州候契丹远近。耆驰骑往，改东面排阵钤辖。

事平，会曹州赵谏告耆受金，为人求荐礼部，贬供备库使、潞州都监。久之，事稍辨，复官管勾皇城司。帝以耆历河东，稔边事，召耆至宣和阁，问地里险易状。耆因言："云、应、蔚、朔四郡，间遣人以文移至并、代间，非觇边虚实，即欲熟道路。宜密谕代州，使自云、应、蔚至者由大石谷入，自朔至者由土墱入，余间道皆塞之以示险。"景德罢兵，耆与曹璨、李神祐、岑保正阅军籍，请汰罢癃者。迁英州防御使、侍卫亲军马军都虞候。

从帝东封，迁绛州防御使、殿前都虞候。时建玉清宫，耆奏疏谓殚国财力，非所以承天意。迁相州观察使、马军副都指挥使。从祀汾阴，授威塞军节度使，进宣徽南院使兼枢密副使。罢，判河阳。丁父母忧，起复，徙武宁军节度使，拜同中书门下平章事、判陈州。累迁镇安军、淮南节度使、判寿州。遣中书舍人张师德就赐告敕。寻召为枢密使兼群牧制置使、会灵观使。

先名旻，至是表改名耆。加尚书左仆射，历河阳、泰宁、山南东道、昭德军节度使，进兼侍中，封邓国公。章

献太后崩，以左仆射、护国军节度出判许州，移襄、邓、孟、许、陈、寿六州，封徐国公。

耆为人重密，有智数，真宗在东宫，尝命授以《论语》、《左氏春秋》，后又赐《宸戒》二十条及《圣政记》、《册府元龟》，故颇知传记及术数之学，言象纬辄中。章献太后微时尝寓其家，耆事之甚谨。及太后预政，宠遇最厚，赐第尚书省西，凡七百楹，安佚富盛逾四十年。家居为曲阛，积百货其中，与群婢相贸易。有病者亲为诊切，以药偿之，欲钱不出也。所历藩镇，人颇以为扰。然御诸子严，日一见之，即出就外舍，论者亦以此多之。以太子太师致仕，卒，赠太师兼侍中，谥荣僖。

子二十四人。得一，庆历中守贝州，妖人王则作乱，不能死，又与之草礼仪，伏诛；可一，坐与群婢贼杀其妻，弃市；利一，团练使；诚一，客省使、枢密都承旨。

希一字简翁，以父耆任，累官引进使，历知冀、邢等九州。贝州叛，希一先引兵至，得其水门。犹坐兄得一累，监洪州盐。复为河北缘边安抚副使。请徙边兵内地以宽籴费，每州岁为市平以籴边谷，使人不能高下其价；戍卒之驾给粮，先军士一日，使其家为伍保，坐以逃亡之累，皆著为法。徙成都利州路钤辖、真定府路总管。

累使辽及馆客，辽人尝以雄州不当禁渔界河、及役白沟两属民为言。希一曰：“界河之禁，起于大国统和年，今文移尚存。白沟本输中国田租，我太宗特除之，自是大国侵牟立税，故名两属，恶有中国不役之理？”辽人词塞。以均州防御使提举集禧观，卒。弟利一。

利一字和叔。以荫补供奉官、光州都监。提点京东、淮南刑狱，知莫、冀二州，为河北缘边安抚都监兼阁门通事舍人、知广信军。

谍告辽人宋元寇边，利一置酒高会于谯门，卒率众遁去。徙知保州、雄州，累迁西上阁门使、嘉州团练使。辽人刺两属民为兵，民不堪其辱，利一缓徕之。有大姓举族南徙，慕而来者至二万。利一发廪振恤，且移诘涿州，自是不敢复刺。

巡检赵用有罪，坐不察举，改卫州钤辖。久之，为定州路钤辖，进马步军总管，徙真定、大名府路。历知代、沧、澶、郑、相州，终雄州团练使。

杨崇勋，字宝臣，蓟州人。祖守斌，事太祖为龙捷指挥使。父全美，事太宗为殿前指挥使。崇勋以父任为东西班承旨，事真宗于东宫。帝尝曰：“闻若嗜学，吾授若书。”崇勋自是稍通兵法及前代兴废之事。真宗即位，迁右侍禁、西头供奉官、寄班祇候。

雷有终讨王均，崇勋承受公事，以奏捷擢内殿崇班。累迁西上阁门使、群牧都监，改副使，以左卫大将军、恩州刺史为枢密都承旨，寻提举枢密诸房、通进银台司事。以英州防御使为马军都虞候、并代州马步军副都总管，留为客省使、领群牧使。

真宗久不豫，寇准罢。入内副都知周怀政谋奉帝为太上皇，传位太子，复相准。尝以谋访崇勋，崇勋以变告。丁谓得其辞，夜造曹利用，共议发之。翌日，诛怀政，擢崇勋邓州观察使，不拜，乃以内客省使领桂州观察使，复兼群牧使。初，群牧置使皆以文臣领之，崇勋曰：“马者战备，虽无事，可去邪？”

仁宗即位，以彰德军节度观察留后知陈州，授殿前都虞候、真定府定州路副都总管、知定州，历马军副都指挥使、殿前都指挥使、振武军节度使，拜宣徽南院使兼枢密副使。宫中火，为修葺副使。又历镇南、定武军、山南东道节度使。

章献与仁宗言，先帝最称崇勋质信，可任大事，乃进枢密使。百官诣洪福院上章懿册，退而立班奉慰，宰相张士逊过崇勋园饮，日中期不至。御史中丞范讽劾奏，与士逊俱罢，以同平章事、河阳三城节度使判许州。翌日，改陈州。景祐初，怀政家人讼冤，遂罢同平章事，知寿州，徙亳州，复知陈州。

契丹将渝盟，朝廷择将备边，崇勋请行，复拜同平章事、判定州。既而老不任事，徙成德军，又徙郑州。坐其子宗诲纳赇枉法，以左卫上将军致仕，改太子太保，卒。赠太尉，谥恭密，寻改谥恭毅。

崇勋性贪鄙，久任军职。当真宗时，每对，辄肆言中外事，喜中伤人，人以是畏之。在藩镇日，尝役兵工作木偶戏人，涂以丹白，舟载鬻于京师。

夏守恩，字君殊，并州榆次人。父遇，为武骑军校，与契丹战，殁。时守恩才六岁，补下班殿侍，给事襄王宫，累迁西头供奉官。

真宗即位，四迁至北作坊使、普州刺史。帝幸澶渊，守恩从行，数见任使。迁博州刺史，历龙神卫、捧日天武四厢都指挥使、泰州防御使。帝不豫，中宫预政，以守恩领亲兵，倚用之。擢殿前都虞候，以安远军节度使观察留后管勾殿前马步军都指挥使事。

天圣初，加步军副都指挥使、威塞军节度使，为永定陵总管。雷允恭、邢中和徙皇堂，穿地得水泉，土石相半，人疫，功不就。守恩以闻，允恭等伏诛。徙节河阳三城，归本镇，知澶、相、曹三州，并代路马步军都总管，历天雄、泰宁、武宁节度使，为真定府定州路都总管。

守恩所至，恃宠骄恣不法。其子元吉通赂遗，市物多不予直。定州通判李参发其赃，命侍御史赵及与大名府通判李钺鞠问得实，法当死，帝命贷之，除名连州编管，卒贬所。

守赟字子美。初，守恩给事襄王邸，王问其兄弟，守恩言守赟四岁而孤，日侍王邸，不得时抚养，心辄念之。王为动容，即日召入宫，而怜其幼，听就外舍。后二年，复召入，王乳母齐国夫人使傅婢拊视之。

稍长，习通文字。王为太子，守赟典工作事。及即位，授右侍禁。李继迁叛，命使绥、夏伺边衅，迁西头供奉官、寄班祇候。帝幸大名，为驾前走马承受。康保裔与贼战，没，部曲畏诛，声言保裔降贼，密诏守赟往察之。守赟变服入营中，廉问得状，还奏称旨。诏恤保裔家，以守赟为真定路走马承受公事。

帝幸澶渊及祀汾阴，皆为驾前巡检，累迁东绫锦副使。从幸亳州，命修行宫。转崇仪使、提举仓草场。帝甚亲信之，遣中使问守赟曰："欲管军乎？为横行使乎？"守赟曰："臣得日近冕旒足矣。"寻迁西上阁门使、提举诸司库务，以右千牛卫大将军、昭州刺史为枢密都承旨，兼领三班院。

每契丹使至，与杨崇勋迭为馆伴副使，凡十余年。擢侍卫亲军步军都虞候，改马军、并代州都总管。累迁步军、马军殿前副都指挥使，建武、镇东、保大军节度使。俄以修大内劳，除殿前都指挥使，徙定国军节度使。

守恩坐赃废，守赟亦以镇海军节度使罢管军，之本镇。逾年，徙定州路都总管，召知枢密院事。既入见，帝问西事，守赟言："平时小障屯兵马不及千余，贼兵盛至，固守不暇，安能出斗邪？宜并其兵以据冲要，伺便邀击，功或可成。"帝然之。

刘平、石元孙败，人有以降贼诬告者。守赟颇辨其枉，引康保裔事为质，自请将兵击贼。换宣徽南院使、陕西马步军都总管兼经略、安抚、缘边招讨使，命勾当御药院张德明、黎用信掌御剑以随之。然守赟性庸怯，寡方略，不为士卒所服。

寻诏驻军河中，居数月，徙屯鄜州。其子随为陕西缘边招讨副使。时晏殊、宋绶知枢密院，又召守赟同知院事。随卒，守赟请罢，以宣徽南院使、天平军节度使判澶州，以疾徙相州。疾稍平，复为真定府定州等路都总管，未至，徙高阳关，就判瀛州。卒，赠太尉，谥忠僖。

随字君正，颇好儒术，多从士大夫游。以父荫为茶酒班殿侍，迁右班殿直。仁宗在东宫，为率府副率兼春坊谒者。及即位，除内殿承制、阁门祗候，累迁西上阁门使，出为天雄军兵马钤辖。以母疾召还，领三班院，再迁四方馆使、营州刺史。出知卫州，真拜韶州团练使。徙邠州，迁泰州防御使。

元昊反，为鄜延路副都总管。随本名元亨，与元昊有嫌，因奏改焉。寻徙环庆路，未几，复还鄜延。元昊为书及锦袍、银带投境上，以遗金明李士彬，且约以同叛。候人得之，诸将皆疑士彬，独随曰："此行间尔。士彬与羌世仇，若有私约，通赠遗，岂使众知邪？"乃召士彬与饮，厚抚之。士彬感泣，后数日，果击贼，斩首获羊马自效。

及守赟知枢密院事，除耀州观察使、知亳州。刘平、石元孙败，以随知河中府。守赟经略安抚陕西，留领会灵观事。守赟还，复为陕西副都总管兼缘边招讨副使。帝曰："朝廷方以边事委卿，卿毋以父在机密为嫌。"时随已病，次陕州，卒。赠昭信军节度使，谥庄恪。随在边陲无多战功，然慎重少过。

论曰："曹利用投身不测之渊，以口舌吠契丹，使河北七十年无锋镝之虞，勋业固伟矣。岭南之战，亦岂可少哉！恃功怙宠，祸萌而弗悟，可悲也已！耆、崇勋二夏奋闟茸，位将相，皆骄侈贪冒，恃私恩，违清议，君子所不取也。

狄青，字汉臣，汾州西河人。善骑射。初隶骑御马直，选为散直。宝元初，赵元昊反，诏择卫士从边，以青为三班差使、殿侍、延州指使。时偏将屡为贼败，士卒多畏怯，青行常为先锋。凡四年，前后大小二十五战，中流矢者八。破金汤城，略宥州，屠咄哇、岁香、毛奴、尚罗、庆七、家口等族，燔积聚数万，收其帐二千三百，生口五千七百。又城桥子谷，筑招安、丰林、新砦、大郎等堡，皆扼贼要害。尝战安远，被创甚，闻寇至，即挺起驰赴，众争前为用。临敌被发、带铜面具，出入贼中，皆披靡莫敢当。

尹洙为经略判官，青以指使见，洙与谈兵，善之，荐于经略使韩琦、范仲淹曰："此良将材也。"二人一见奇之，待遇甚厚。仲淹以《左氏春秋》授之曰："将不知古今，匹夫勇尔。"青折节读书，悉通秦、汉以来将帅兵法，由是益知名。以功累迁西上阁门副使，擢秦州刺史、泾原路副都总管、经略招讨副使，又加捧日天武四厢都指挥使、惠州团练使。

仁宗以青数有战功，欲召见问以方略，会贼寇渭州，命图形以进。元昊称臣，徙真定路副都总管，历侍卫步军殿前都虞候、眉州防御使，迁步军副都指挥使、保大安远二军节度观察留后，又迁马军副都指挥使。

青奋行伍，十余年而贵，是时面涅犹存。帝尝敕青傅药除字，青指其面曰："陛下以功擢臣，不问门地，臣所以有今日，由此涅尔。臣愿留以功军中，不敢奉诏。"以彰化军节度使知延州，擢枢密副使。

皇祐中，广源州蛮侬智高反，陷邕州，又破沿江九州，围广州，岭外骚动。杨畋等安抚经制蛮事，师久无功。又命孙沔、余靖为安抚使讨贼，仁宗犹以为忧。青上表请行，翌日入对，自言："臣起行伍，非战伐无以报国。愿得蕃落骑数百，益以禁兵，羁贼首致阙下。"帝壮其言，遂除宣徽南院使、宣抚荆湖南北路、经制广南盗贼事，置酒垂拱殿以遣之。时智高还据邕州，青合孙沔、余靖兵次宾州。

先是，蒋偕、张忠皆轻敌败死，军声大沮。青戒诸将毋妄与贼斗，听吾所为。广西钤辖陈曙乘青未至，辄以步卒八千犯贼，溃于昆仑关，殿直袁用等皆遁。青曰："令之不齐，兵所以败。"晨会诸将堂上，揖曙起，并召用等三十人，按以败亡状，驱出军门斩之。沔、靖相顾愕眙，诸将股栗。

已而顿甲，令军中休十日。觇者还，以为军未即进。青明日乃整军骑，一昼夜绝昆仑关，出归仁铺为阵。贼既失险，悉出逆战。前锋孙节搏贼死山下，贼气锐甚，沔等俱失色。青执白旗麾骑兵，纵左右翼，出贼不意，大败之，追奔五十里，斩首数千级，其伪黄师宓、侬建中智中及伪官属死者五十七人，生擒贼五百余人，智高夜纵火烧城遁去。迟明，青按兵入城，获金帛钜万，杂畜数千，招复老壮七千二百尝为贼所俘胁者，慰遣之。枭黄师宓等邕州城下，敛尸筑京观于城北隅。时贼尸有衣金龙衣者，众谓智高已死，欲以上闻。青曰："安知非诈邪？宁失智高，不敢诬朝廷以贪功也。"初，青之至邕也，会瘴雾昏塞，或谓贼毒水上流，士饮者多死，青殊忧之。一夕，有泉涌砦下，汲之甘，众遂以济。

复为枢密副使，迁护国军节度使、河中尹。还至京师，帝嘉其功，拜枢密使，赐第敦教坊，优进诸子官秩。初，青既行，帝每忧之曰："青有威名，贼当畏其来。左右使令，非青亲信者不可；虽饮食卧起，皆宜防窃发。"乃驰使戒之。及闻青已破贼，顾宰相曰："速议赏，缓则不足以劝矣。"

始，交阯愿出兵助讨智高，余靖言其可信，具万人粮于邕、钦待之。诏以缗钱三万赐交阯为兵费，许贼平厚赏之。青既至，檄余靖无通使假兵，即上奏曰："李德政声言率步兵五万、骑一千赴援，非其情实。且假兵于外以内寇，非我利也。以一智高而横蹂二广，力不能讨，乃假兵蛮夷，蛮夷贪得忘义，因而启乱，何以御之？请罢交阯助兵。"从之。贼平，人服其有远略。

青在枢密四年，每出，士卒辄指目以相矜夸。又言者以青家狗生角，且数有光怪，请出青于外以保全之，不报。嘉祐中，京师大水，青避水徙家相国寺，行止殿上，人情颇疑，乃罢青为同中书门下平章事，出判陈州。明年二月，疽发髭，卒。帝发哀，赠中书令，谥武襄。

青为人慎密寡言，其计事必审中机会而后发。行师先正部伍，明赏罚，与士同饥寒劳苦，虽敌猝犯之，无一士敢后先者，故其出常有功。尤喜推功与将佐。始，与孙沔破贼，谋一出青，贼既平，经制余事，悉以诿沔，退若不用意者。沔始叹其勇，既而服其为人，自以为不如也。尹洙以贬死，青悉力赒其家事。子谘、咏，并为阁门使。咏数有战功。

熙宁元年，神宗考次近世将帅，以青起行伍而名动夷夏，深沉有智略，能以畏慎保全终始，慨然思之，命取青画像入禁中，御制祭文，遣使赍中牢祠其家。

张玉字宝臣，保定人。以六班散直隶狄青麾下，筑青涧、招安砦。遇夏兵三万，有驰铁骑挑战者，玉单持铁简出斗，取其首及马，军中因号曰张铁简。以状闻。仁宗曰："真勇将也。"以为本路同巡检。从征侬智高，抵归仁驿，贼列三锐陈以逆官军，军小却，玉率右厢突骑横贯贼垒，贼大溃。帝召见，使作锐陈于殿廷下，观破贼之势。擢为广西钤辖，徙大名，进龙、神四厢都指挥使，为副都总管。

谅祚攻大顺城，玉以兵三千夜击之，惊溃而去。累迁昭州防御使，徙泾原。熙宁中，庆州卒叛，玉袭逐于石门，卒穷蹙请降，玉斩二百人，坐夺职，降为陵州团练使，居数月，复之。

王韶开熙河，玉迁宣州观察使，为副都总管。河北置三十七将，以玉为第一将。入为马步军都虞候，卒，赠建雄留后。

孙节，开封人。少隶军籍，以才勇补右侍禁。与狄青同在延州，数攻破敌砦有功，累迁西京左藏库副使。及青讨智高，辟隶麾下。至归仁铺，节为前锋，直前搏战，贼锐甚，节麾山下，俄中枪而没。特赠忠武军节度留后，封其妻为仁寿郡君，官其子二人、从子三人，给诸司副使奉，终其身。

郭逵，字仲通，其先自邢徙洛。康定中，兄遵死于敌，录逵为三班奉职，隶陕西范仲淹麾下。仲淹勉以问学。延安清刚社募兵误杀熟羌，将论死，逵请而免之，活壮士十

三人。方议取灵武，逵曰："地远而食不继，城大而兵不多，未见其利。"未几，泾原任福以全军没，人服其先见。

陈执中安抚京东，奏为驻泊将。执中与宾佐论当今名将，共推葛怀敏。逵曰："怀敏易与尔，他日必败朝廷事。"执中始怒，居数日，问曰："君何以知葛怀敏非名将而败事邪？"曰："喜功徼幸，徒勇无谋，可禽也。"执中叹曰："君真知兵，怀敏既覆师矣。"为真定兵马监押。

保州卒叛，田况遣逵往招之。逵与乱者侍其臻尝同事范仲淹，驰至城下，示以旧所佩紫囊。臻识之，即与其党韦贵、史克顺皆再拜，邀逵登城。既见，申谕祸福，众或疑不即下，曰："若降，恐不免。"逵请以身为质，于是开城降。论功加阁门祗候、环庆兵马都监。遭母忧，不得解官，凡三请乃许。庆帅杜杞赆以钱四十万，谢弗受。卒丧，为泾原都监。拔古渭城，转通事舍人，徙河北缘边安抚都监。副吴奎使契丹，值其主受尊号，入观礼。使还，黜为汾州都监。

庞籍镇河东，俾权忻州。契丹来求天池庙地，籍不能决，以诿逵。逵访得太平兴国中故牍，证为王土，檄报之，契丹愧伏。

湖北溪蛮彭仕羲叛，加带御器械，为路钤辖兼知澧州。得蛮亲信为乡导，尽得诸隘，遂破其所居桃花州，仕羲弃城走，众悉降。迁礼宾使，徙南路钤辖、知邵州。武冈蛮反，逵讨平之。累迁容州观察使。仁宗山陵，以逵掌宿卫。迁殿前都虞候，出为泾原路副都部署。

治平二年，以检校太保同签书枢密院，旋出领陕西宣抚使，判渭州。逵虽立军功，而骤跻政地，议者不厌，谏官、御史交论之，不听。神宗即位，迁静难军留后，召还。言者复力争，乃改宣徽南院使、判郓州。至郓七日，徙镇鄜延。

种谔受嵬名山降，取绥州，夏人遂杀杨定。朝论以边衅方起，欲弃绥。逵曰："虏既杀王官，而又弃绥不守，见弱已甚。且名山举族来归，当何以处？"既而夏人欲以塞门、安远二砦来易，朝廷许之。逵曰："此正商於六百里之策也。非先交二砦，不可与。"遣其属赵卨、薛昌朝与夏使议，唯言砦基。卨曰："二砦之北，旧有三十六堡，且以长城岭为界，西平王祥符所移书固在也。"虏使惊不能对，乃寝其请。初，诏焚弃绥州，逵匿而不下。至是，帝问大臣，皆莫知，逵始自劾向者违诏旨之罪，帝手诏褒答。

夏人又求以亡命景询易名山，逵曰："询，庸人也，于事何所轻重！受之则不得不还名山，恐自是蕃酋无复敢向化矣。"逵诇得杀杨定者首领姓名，谍告将斩之于境以谢罪，逵曰："是且枭死囚以给我。"报曰："必执李崇贵、韩道喜来。"夏人言："杀之矣。"逵命以二人状貌物色诘问虏，情得，乃执献之。加检校太尉、雄武军留后。

韩绛主种谔计图横山，与逵议出兵。逵曰："谔，狂生尔，朝廷徒以家世用之，必误大事。"绛怒，以为沮挠，奏召逵还。明年，庆州乱，出判永兴，徙秦州。王韶开熙河，逵案其不法。朝廷遣蔡确鞫之，谓逵诬罔，落宣徽使、知潞州。徙太原，复宣徽使。

交阯李乾德陷邕管，召为安南行营经略招讨使兼荆

湖、广南宣抚使，请鄜延、河东旧吏士自随。将行，宴于便殿，赐中军旗章剑甲以示宠。次长沙，先遣将复邕、廉；至广西，讨拔广源州，降守将刘应纪；又ީ决里隘，乘胜取桄榔、门州，大战富良江，斩伪王子洪真。乾德穷蹙，奉表归命。时兵夫三十万人，冒暑涉瘴地，死者过半。至是，与贼隔一水不得进，乃班师。坐贬左卫将军，西京安置，屏处十年。哲宗立，复左屯卫大将军致仕。起知滁州，进广州观察使、知河中。辞归洛，改为武卫上将军、提举崇福宫，卒。辍视朝一日，赠雄武军节度使。

逵忼慨喜兵学，神宗尝访八阵遗法，对曰："兵无常形，是特奇正相生之一法尔。"因为帝论其详。在延安，使以教兵，久不就。逵择诸校习金鼓、屯营者六十四人，使人教一队，顷刻而成。尤善用偏裨，每至所部，令人自言所能，暇日阅按之，故临阵皆尽其技。

李复圭治庆州之败，既斩李信、刘甫，又欲罪鄜延都巡检使白玉。玉见逵托以后事，且泣言不得终养母。逵哀之，不遣，申救甚力，得免。已而玉大捷于新砦，神宗谓逵曰："白玉能以功补过，卿之力也。"每战，先招怀，后战斗，爱惜士卒，不妄加诛戮。其杀贼妇女老弱者，皆不赏。虽坐征南无功久废，犹隐然为一时宿将云。

论曰：宋至仁宗时，承平百年，武夫悍卒遭时致位者虽有之，起健卒至政府，隐然为时名将，惟青与逵两人尔。青在边境凡二十五战，无大胜，亦无大败，最后昆仑一举，颇著奇隽。考其识量，亦过人远矣。逵料葛怀敏之败，如烛照龟卜，一时最为知兵。虽南征无功，用违其长，又何尤焉。

卷二百九十一　列传第五十

吴育　**宋绶**子敏求　从子昌言　**李若谷**子淑　孙寿朋　复圭　**王博文**子畴　**王臻**

吴育，字春卿，建安人也。父待问，与杨亿同州里，每造亿，亿厚礼之。门下少年多易之，亿曰："彼他日所享，非若曹可望也。"累官光禄卿，以礼部侍郎致仕。

育少奇颖博学，举进士，试礼部第一，中甲科。除大理评事，迁寺丞。历知临安、诸暨、襄城三县。自秦悼王葬汝后，子孙从葬，皆出宦官典护。岁时上冢者，往来呼索抚州县。育在襄城，请凡官所须，具成数，毋容使者妄索，羊豕悉出大官，由是民省供费殆半。宦官过者衔之，或中夜叩里门，索牛驾车，育拒不应。异时宗子所过，纵鹰犬暴民田，入襄城境，辄相戒约，毋敢纵者。

举贤良方正，擢著作郎、直集贤院、通判苏州。还知太常礼院，奏定礼文，名《太常新礼庆历祀仪》。改右正言，历三司盐铁、户部二判官。寻以本官供谏职。

元昊僭号，议出兵讨之。群臣曰："元昊，小丑也，旋即诛灭矣。"育独建言："元昊虽称蕃臣，其尺赋斗租，不入县官，且服叛不常，请置之，示不足责。且已僭舆服，势必不能自削，宜援国初江南故事，稍易其名，可以顺拊而收之。"不报。复上言："宜先以文诰告谕之，尚不宾，姑严守御，不足同中国叛臣亟加征讨。且征讨者，贵在神速；守御者，利于持重。羌人剽悍多诈，出没不时，我师乘锐，见小利小胜，必贪功轻进，往往堕贼计中。第严约束，明烽候，坚壁清野，以挫其锋。"时方锐意讨之，既而诸将多覆军者，久之无功，卒封元昊为夏国主，如育所议。

育又上言："天下久安，务因循而厌生事，政令纪纲，边防机要，置不复修。一有边警，则仓皇莫知所为，殆稍安静，则又无敢辄言者。若政令修，纪纲肃，财用富，恩信给，赏罚明，将帅练习，士卒精锐，则四夷望风，自无他志。若一不备，则乘间而起矣。"

又曰："汉通西域诸国，断匈奴右臂。诸戎内附，虽有桀黠，不敢独叛。唐太宗尝赐回鹘可汗并其相手书，纳其贡奉，厚以金帛。真宗命潘罗支攻杀李继迁，而德明乃降。元昊第见朝廷比年与西域诸戎不通朝贡，乃得以利啖邻境，固其巢穴，无肘腋之患。跳梁猖獗，彼得以肆而不顾矣。请募士谕哂厮啰及他蕃部，离散其党与，使并力以攻，而均其恩赐，此伐谋之要也。"因录上真宗时通西域诸蕃事迹。除同修起居注，遂知制诰，进翰林学士，累迁礼部郎中。

契丹与元昊构兵，元昊求纳款。契丹使来请勿纳元昊，朝廷未知所答。育因上疏曰："契丹受恩，为日已久。不可纳一叛羌，失继世兄弟之欢。今二蕃自斗，斗久不解，可观形势，乘机立功。万一过计亟纳元昊，臣恐契丹窥兵赵、魏，朝廷不得元昊毫发之助，而太行东西，且有烟尘之警矣。宜使人谕元昊曰：'契丹汝世姻，一旦自绝，力屈而归我，我所疑也。若无他者，当顺契丹如故，然后许汝归款。'告契丹曰：'已诏元昊，如能投谢辕门，即听内附；若犹坚拒，当为讨之。'如此，则彼皆不能归罪我矣。"于是召两制，出契丹书，令两制同上对，不易育议。

寻知开封府。居数日，发大奸吏一人，流岭外。又得巨盗，积赃万九千缗，狱具而辄再变，帝遣他吏按之，卒伏法。时岁饥多盗，育严赏功之法，尝得盗而未赏者，一切赏之，以明不欺。

庆历五年，拜右谏议大夫、枢密副使。居数月，改参知政事。山东盗起，帝遣中使按视，还奏："盗不足虑。兖州杜衍、郓州富弼，山东人尊爱之，此可忧也。"帝欲徙二人于淮南。育曰："盗诚无足虑者，小人乘时以倾大臣，祸几不可御矣。"事遂寝。章献、章懿太后升祔真宗庙，议者请覃恩，且优赐军士。育曰："无事而启侥幸，谁为陛下建此议者，请治之。"已而外人多怨执政者，帝以语辅臣。育曰："此必建议者欲动摇上听，臣以身许国，何惮此耶？"

向绶知永静军，为不法，疑通判江中立发其阴事，因构狱以危法中之，中立自经死。绶宰相子，大臣有营助，欲傅轻法。育曰："不杀绶，无以示天下。"卒减死一等，流南方。御史唐询请罢制科，帝刊其名付中书，育奏疏驳议，帝因谕辅臣曰："彼上言者，乞从内批行下，今乃知欺罔也。"育曰："非睿听昭察，则挟邪蠹国，靡所不为。愿出姓名按劾，以明国法。"

育在政府，遇事敢言，与宰相贾昌朝数争议上前，左右皆失色。育论辨不已，乃请曰："臣所辨者，职也；顾力不胜，愿罢臣职。"乃复以为枢密副使。明年大旱，御史中丞高若讷曰："大臣喧争为不肃，故雨不时若。"遂罢昌朝，而育归给事中班。未几，出知许州，徙蔡州。设伍保法，以检制盗贼。时京师有告妖人千数聚确山者，诏遣中使往召捕者十人。至，则以巡检兵往索之，育曰："使者欲得妖人还报邪？"曰："然。"曰："育在此，虽不敏，聚千人境内，毋容不知。此特乡民用浮图法相聚，以利钱财尔，一弓手召之，可致也。今以兵往，人相惊疑，请留毋往。"中使以为然。顷之，召十人者至，械送阙下，皆无罪释之。而告者伏辜。

寻以资政殿学士知河南府，徙陕州。上书论诏狱曰："先王凝旒黈纩，不欲闻见人之过失也。设有罪，即属之有司。杨仪尝为三司判官，近自御史台移知都亭驿，械缚过市，人人不测为何等大狱。及闻案具，乃止请求常事。使道路众口纷纷窃议，朝廷之士，人皆自危，岂养廉耻、示敦厚之道哉。"

迁礼部侍郎、知永兴军，召兼翰林侍读学士。以疾辞，且请便郡。帝语大臣曰："吴育刚正可用，第嫉恶太过耳。"因命知汝州，遣内侍赐以禁中良药。会疾不已，又请居散地，以集贤院学士判西京留司御史台。外台旧不领民事，时张尧佐知河阳，民讼久不决，多诣育诉。育为辨曲直，判书状尾，尧佐畏惧奉行。复为资政殿学士兼翰林侍读学士、知陕州，进资政殿大学士。召还，判尚书都省。

一日，侍读禁中，帝因语及"臣下毁誉，多出爱憎，卿所当慎也。"育曰："知而形之言，不若察而行之事。圣主之行，如日月之明。进一人，使人皆知其善，出一人，使人皆晓其恶，则阴邪不能构害，公正可以自立，百王之要道也。"帝数欲大用，为谏官刘元瑜诬奏育在河南尝贷民出息钱。久之，除宣徽南院使、鄜延路经略安抚使、判延州。

夏人既称臣，而并边种落数侵耕为患。庞籍守并州，欲筑堡备之。育谓："要契未明而亟城，则羌人必争，争而受患者必麟府也。"移文河东，又遗籍手书及疏于朝，不报。既而夏人果犯河外，陷骁将郭恩，而太原将佐皆得罪去。疾复作，辞不任边事，求解宣徽使，复以为资政殿大学士、尚书左丞、知河中府，徙河南。病革，视事如平日，因阅囚辨非罪，窜舞文吏二人。已而卒，年五十五。赠吏部尚书，谥正肃。

育性明果，所至作条教，简疏易行而不可犯。遇事不妄发，发即人不能挠。辨论明白，使人听之不疑。

初尹开封，范仲淹在政府，因事与仲淹忤。既而仲淹安抚河东，有奏请，多为任事者所沮，育取可行者固行之。其在二府，待问以列卿奉朝请，育不自安，请罢去，不听。及出帅永兴，时待问尚亡恙，肩舆迎侍，时人荣之。晚年在西台，与宋庠相唱酬，追裴、白遗事至数百篇。体素羸，少时力学，得心疾。后得古方，和丹砂饵之，大醉，一夕而愈。后数发，每发数十日乃已。有集五十卷。弟充，为宰相，自有传。

宋绶，字公垂，赵州平棘人。父皋，尚书度支员外郎、直集贤院。绶幼聪警，额有奇骨，为外祖杨徽之所器爱。徽之无子，家藏书悉与绶。绶母亦知书，每躬自训教，以故博通经史百家，文章为一时所尚。

初，徽之卒，遗奏补太常寺太祝。年十五，召试中书，真宗爱其文，迁大理评事，听于秘阁读书。大中祥符元年，复试学士院，为集贤校理，与父同职。后赐同进士出身，迁大理寺丞。及祀汾阴，召赴行在，与钱易、陈越、刘筠集所过地志、风物、故实，每舍止即以奏。将祠亳州太清宫，以签书亳州判官事，入为左正言、同判太常礼院。久之，判三司凭由司。建言："比岁下赦令释逋负，后期未报者六十八州。请于诸路选官考核，欺半月以闻。"于是脱械系三千二百人，蠲积负数百万。

擢知制诰、判吏部流内铨兼史馆修撰、玉清昭应宫判官。累迁户部郎中、权直学士院，同修《真宗实录》，进左司郎中，遂为翰林学士兼侍读学士、勾当三班院。始诏读唐史，固求解三班以颛进讲。同修国史，迁中书舍人。昭应宫灾，罢二学士。逾年，复翰林学士。史成，迁尚书工部侍郎兼侍读学士。

时太后犹称制，五日一御承明殿，垂帘决事，而仁宗未尝独对群臣也。绶奏言："唐先天中，睿宗为太上皇，五日一受朝，处分军国重务，除三品以下官，决徒刑。宜约先天制度，令群臣对前殿，非军国大事，除拜皆前殿取旨。"书上，忤太后意，改龙图阁学士，出知应天府。太后崩，帝思绶言，召还，将大用，而宰相张士逊沮止之，复加翰林侍读学士。诏定章献明肃、章懿太后祔庙礼，绶援《春秋》考仲子之宫、唐仪坤庙故事，请别筑宫曰奉慈庙以安神主，事多采用。

始置端明殿学士，以命绶，绶固辞。又言："帝王御天下，在总揽威柄。而一纪以来，令出帝帷。自陛下躬亲万务，内外延首，思见圣政，宜惩违革弊，以新百姓之耳目。而赏罚号令，未能有过于前日，岂非三事大臣不能推心悉力，以辅陛下之治耶？顷太后朝多吝除拜，而邪幸或径取升擢，议者谓恩出太后。今恩赏虽行，又谓自大臣出，非大臣朋党罔上，何以得此。朋党之为朝廷患，古今同之。或窥测帝旨，密令陈奏；或附会己意，以进退人。大官市恩以招权，小人趋利以售进，此风浸长，有蠹邦政。太宗尝曰：'国家无外忧必有内患。外忧不过边事，皆可预防；奸邪共济为内患，深可惧也。'真宗亦曰：'唐朋党尤盛，王室遂卑。'愿陛下思祖宗之训，念王业艰难，整齐纲纪，正在今日。"张士逊罢，乃拜绶参知政事。

初，有诏罢修寺观，而章惠太后以旧宅为道观，谏官、御史言之。帝曰："此太后奁中物也，谏官、御史欲邀名邪？"绶进曰："彼岂知太后所为哉，第见兴土木违近诏，即论奏之。且事有疑似，彼犹指为过，或陛下有大阙失，近臣虽不言，然传闻四方，为圣政之累，何可忽也。太祖尝谓唐太宗为谏官所诋,不以为愧。何若动无过举,使无得而言哉?"

郭皇后废,帝命绶作诏曰:"当求德阀,以称坤仪。"既而左右引富人陈氏女入宫,绶曰:"陛下乃欲以贱者正位中宫,不亦与前日诏语戾乎?"后数日,王曾入对,又论奏之。帝曰:"宋绶亦如此言。"时大臣继有论者,卒罢之。

帝春秋富,天下久无事,绶虑宴乐有渐,乃言:"人心逸于久安,而患害生于所忽。故立防于无事,销变于未萌。事至而应,不亦殆欤?臣愿饬励群司,不以承平自息。"又上:"驭下之道有三:临事尚乎守,当机贵乎断,兆谋先乎密。能守则奸不能移,能断则邪不能惑,能密则事不能挠。愿陛下念之!至若深居燕间,声味以调六气,节宣以顺四时,保养圣躬,宗社之休也。"再迁吏部侍郎。

时宰相吕夷简、王曾论议数不同。绶多是夷简,而参知政事蔡齐间有所异,政事繇此依违不决,于是四人者皆罢。绶以尚书左丞、资政殿学士留侍讲筵,权判尚书都省。岁余,加资政殿大学士,以礼部尚书知河南府。

元昊反,刘平、石元孙败没,帝以手诏赐大臣居外者,询攻守之策。绶画十事以献。复召知枢密院事,迁兵部尚书、参知政事。时绶母尚在,绶既得疾,不视事,犹起居自力,区处后事。寻卒,赠司徒兼侍中,谥宣献。

绶性孝谨清介,言动有常。为儿童时,手不执钱。家藏书万余卷,亲自校雠,博通经史百家,其笔札尤精妙。朝廷大议论,多绶所财定。杨亿称其文沈壮淳丽,曰:"吾殆不及也。"及卒,帝多取所书字藏禁中。初,郊祀,绶摄太仆卿。帝问仪物典故,占对辨洽,因上所撰《卤簿图》十卷。子敏求。

敏求字次道,赐进士及第,为馆阁校勘。预苏舜钦进奏院会,出签书集庆军判官。王尧臣修《唐书》,以敏求习唐事,奏为编修官。持祖母丧,诏令居家修书。卒丧,同知太常礼院。

石中立薨,子继死,无他子。其孙祖仁疑所服,下礼官议。敏求谓宜为服三年,当解官,斩衰。同僚援据不一,判寺宋祁是其议,遂定为令。加集贤校理。从宋庠辟,通判西京。为群牧度支判官。坠马伤足,出知亳州。治平中,召为《仁宗实录》检讨官,同修起居注、知制诰、判太常寺。

英宗在殡,有言宗室服疏者可嫁娶,敏求以为大行未发引,不可。逾年,又有言者。敏求言宗室义服,服降而练,可嫁娶矣。坐前后议异,贬秩知绛州。王珪、范镇乞留,使成《实录》。神宗曰:"典礼,国之所重,而误谬如是,安得无责。"然敏求议初不误,曾公亮恶礼院刘瑾附敏求为说,故因是去之。是岁,即诏还。

徐国公主以夫冗为侄奏官,敏求疏其乱天伦,执正之。王安石恶吕公著,诬其言韩琦欲因人心,如赵鞅兴晋阳之甲,以逐君侧之恶,出之颍州。敏求当草制,安石谕旨使明著罪状,敏求但言敷陈失实。安石怒白于帝,命陈升之改其语,敏求请解职,未听。

会李定自秀州判官除御史,敏求封还词头,遂以本官右谏议大夫奉朝请。策试贤良方正,孔文仲对语切直,擢置优等,安石愈怒,罢文仲。人为敏求惧,帝独全护之,除史馆修撰、集贤院学士。邓润甫为帝言:"比群臣多尚告讦,非国家之美,宜登用敦厚之士,以变薄俗。"乃加敏求龙图阁直学士,命修《两朝正史》,掌均国公笺奏。元丰二年,卒,年六十一。特赠礼部侍郎。

敏求家藏书三万卷,皆略诵习,熟于朝廷典故,士大夫疑议,必就正焉。补唐武宗以下《六世实录》百四十八卷,它所著书甚多,学者多咨之。尝建言:"河北、陕西、河东举子,性朴茂,而辞藻不工,故登第者少。请令转运使择荐有行艺材武者,特官之,使人材参用,而士有可进之路。又州郡有学舍而无学官,故士轻去乡里以求师,请置学官。"后颇施行之。族弟昌言。

昌言字仲谟,以荫为泽州司理参军。州有杀人狱,昌言疑其冤,坚请迹捕,果得真犯者。稍迁河阴发运判官。自济源之官,见道上弃尸若剐剥状者甚众,窃叹郡县之不治。既至河阴,得凶盗六辈,杀人而鬻之,如是十余年,掩其家,犹得执缚未杀者七人。县吏与市井少年共为肱譬,昌言穷治其渊薮,皆法外行之,而流其家人。擢都水监丞。

熙宁初,河决枣强而北。昌言建议,欲于二股河口西岸新滩,立土约障水,使之东流。候稍深,即断北流,纵出葫卢下流,以除恩、冀、深、瀛水患。诏从之。提举河渠王亚以为不可成,不如修生堤。朝廷遣翰林学士司马光往视,如昌言策。不两月,决口塞。光奏昌言独有功,若与同列均受赏,恐不足以劝。诏理提点刑狱资序,迁开封府推官、同判都水监。汴水涨,昌言请塞訾家口。已而汴流绝,监丞侯叔献唱为昌言罪,昌言惧,求知陕州。历濮、冀二州。河决曹村,召判都水监,往护河堤。灵平埽成,转少府监。卒,赠绢二百匹。

李若谷,字子渊,徐州丰人。少孤游学,依姻家赵况于洛下,遂葬父母缑氏。举进士,补长社县尉。州葺兵营,课民输木,椓尉受之,而吏以不中程,多退斥,欲苛苦输者,因以取赇;若谷度材,别其长短、大小为程,置庭中,使民自输。

改大理寺丞、知宜兴县。官市湖洑茶,岁约户税为多少,率取足贫下,若谷始置籍备勾检。茶恶者旧没官,若谷使归之民,许转贸以偿其数。知连州。真宗将朝谒太清宫,选通判亳州。累迁度支员外郎、权三司户部判官,出为京东转运使。会河决白马,调取刍楗,同列卢士伦协三司意,趣刻抚州县,而若谷宽之。士伦不悦,构于朝,徙知陕州。盗聚青灰山久不散,遣牙吏持榜招谕,盗杀其党与自归。改梓州。

天圣初,判三司户部勾院。使契丹,陛辞,不俟垂帘请对,乃遽诣长春殿奏事,罢知荆南。士族元甲恃荫屡犯法,若谷杖之,曰:"吾代若父兄训之尔。"王蒙正为驻泊都监,挟太后姻横肆,若谷绳以法。监司右蒙正,奏徙若谷潭州。

洞庭贼数邀商人船杀人,辄投尸水中。尝捕获,以尸无验,每贷死,隶他州。既而逃归,复攻劫,若谷擒致之,磔于市。自是寇稍息。累迁太常少卿、集贤殿修撰、知滑州。河啮韩村堤,夜驰往,督兵为大埽,至旦堤完。以右谏议大夫知延州。州有东西两城夹河,秋、夏水溢,岸辄圮,役费不可胜纪。若谷乃制石版为岸,押以巨木,后虽暴水,不复坏。官仓依山而贮谷少,若谷使作露囷,囷可贮二万斛,他郡多取法焉。迁给事中、知寿州。豪右多分占芍陂,陂皆美田,夏雨溢坏田、辄盗决。若谷擒冒占田者逐之,每决,辄调濒陂诸豪,使塞堤,盗决乃止。

加集贤院学士、知江宁府。卒挽舟过境,寒瘠甚者,留养视之,须春温遣去。民丐于道者,以分隶诸僧寺,助给春饟。还,勾当三班院,进龙图阁直学士、知河南府。贵人多葬洛阳,敕使须索烦扰,若谷奏令鸿胪预约所调移府,逆为营办。改枢密直学士、知并州。民贫失婚姻者,若谷出私钱助其嫁娶。赘婿、亡赖委妻去,为立期,不还,许更嫁。并多降人,喜盗窃,籍累犯者,以三人为保,有犯,并坐之,悛者削去籍名。

进尚书工部侍郎、龙图阁直学士、知开封府,拜参知政事。建言:"风俗媮恶,在上之人作而新之。君子小人,各有其类,今一目以朋党,恐正人无以自立矣。"帝悟,为下诏谕中外。以耳疾,累上章辞位,罢为资政殿大学士、吏部侍郎、提举会灵观事。以太子少傅致仕,卒,年八十。赠太子太傅,谥康靖。

若谷性资端重,在政府,论议常近宽厚。治民多智虑,恺悌爱人,其去,多见思。少时与韩亿为友,及贵显,婚姻不绝焉。子淑。

淑字献臣,年十二,真宗幸亳,献文行在所。真宗奇之,命赋诗,赐童子出身。试秘书省校书郎,寇准荐之,授校书郎、馆阁校勘。

乾兴初,迁大理评事。修《真宗实录》,为检讨官。书成,改光禄寺丞、集贤校理,为国史院编修官。召试,赐进士及第,改秘书郎,进太常丞、直集贤院、同判太常寺,擢史馆修撰,再迁尚书礼部员外郎,上时政十议。改知制诰、勾当三班院,为翰林学士,进吏部员外郎。会若谷参知政事,改侍读学士,加端明殿学士。若谷罢,进本曹郎中,典豫王府章奏。

以右谏议大夫知许州。岁饥,取民所食五种上之,帝恻然,为蠲其赋。权知开封府,复为翰林学士、中书舍人。言者指其在开封多袭近吏人,改给事中、知郑州。徙河阳,转尚书礼部侍郎,复为翰林学士。罢端明殿学士,判流内铨,复加端明殿学士。

初,在郑州,作《周陵诗》。国子博士陈求古以私隙讼其讥讪朝廷,除龙图阁学士,出知应天府。累表论辨,不报,乃请侍养。明年,复端明、侍读二学士,判太常寺。父丧免官,终丧起复,再为翰林学士。谏官包拯、吴奎等言淑性奸邪,又尝请侍养父而不及其母,罢翰林学士,以端明、龙图阁学士奉朝请。丁母忧,服除,为端明、侍读二学士。迁户部侍郎,复为翰林学士,而御史中丞张昪等又论奏之,不拜,除兼龙图阁学士。由是壹郁不得志,出知河中府,暴感风眩,卒。赠尚书右丞。

淑警慧过人,博习诸书,详练朝廷典故,凡有沿革,帝多谘访。制作诰命,为时所称。其他文多裁取古语,务为奇险,时人不许也。

初,宋郊有学行,淑恐其先用,因密言曰:"'宋',国姓;而'郊'者交,非善应也。"又宋祁作《张贵妃制》,故事,妃当册命,祁疑进告有非是,以淑明典故问之,淑心知其误,谓祁曰:"君第进,何疑邪?"祁遂得罪去,其倾侧险陂类此。尝修《国朝会要》、《三朝训鉴图》、《阁门仪制》、《康定行军赏罚格》,又献《系训》三篇,所著别集百余卷。子寿朋、复圭。

寿朋字延老。庆历初,与弟复圭同试学士院,赐进士出身,判吏部南曹。使行诸陵,奏言:"昭宪皇后诞育二圣,为国文母,独以合葬安陵,不及时祭,请更其礼。"从之。迁群牧判官,击断敏甚。皇城卒逻其纵游无度,出知汝州。尽推职田之入归前守杨畋;畋死,又经理其家。以饥岁营州廨劳民,降为荆门军。

历开封府推官、户部判官、知凤翔府沧州。沧地震,坏城郭帑庾。寿朋以席为屋,督吏寀缮葺,未数月,复其旧。括芜田三万顷,纵民耕之,择其壮者使习兵。河方北涌,随塞之,故道狭,寿朋度必东溃,谕居人徙避,后三县四镇果垫焉。司马光出使,荐其能,加直史馆。入直舍人院、同修起居注,进户部、盐铁副使。性疏隽任侠,奉祠西太一宫,饮酒食肉如常时,暴得疾卒。诏中使抚其孥,赐白金三百两。

复圭字审言。通判澶州。北使道澶,民主驿率困急。豪杜氏十八家,诡言唐相如晦后,每赕吏脱免,复圭按籍役之。知滑州。兵匠相忿阋,挥所执铁椎,椎杀争者于厅事,立斩之。徙知相州。

自太宗时,聚夏人降者五指挥,号"厅子马",子弟相承,百年无它役。复圭斥不如格者,选能骑射士补之。为度支判官、知泾州。始二税之入,三司移折已重,转运使又覆折之,复圭为奏免,民立生祠。历湖北、两浙、淮南、河东、陕西、成都六转运使。浙民以给衙前役,多破产,复圭悉罢遣归农,令出钱助长名人承募,民便之。濒海人赖蛤沙地以生,豪家量受税于官而占为己有,复圭奏蠲其税,分以予民。

熙宁初,进直龙图阁、知庆州。夏人筑垒于其境,不犯汉地。复圭贪边功,遣大将李信帅兵三千,授信以陈图,使自荔原堡夜出袭击,败还,复圭斩信自解。又欲澡前耻,遣别将破其金汤、白豹、西和市,斩首数千级。后七日,秉常举国入寇。御史谢景温劾复圭擅兴,致士卒死伤,边民流离,谪保静军节度副使。岁余,知光化军。张商英言:"夏人谋犯塞之日久矣,与破金汤适相值,非复圭生事。"乃召判吏部流内铨,知曹、蔡、沧州,还为盐铁副使,以集贤殿修撰知荆南,卒。

复圭临事敏决,称健吏,与人交不以利害避。然轻率躁急,无威重,喜以语侵人,独为王安石所知,故既废即起。

王博文,字仲明,曹州济阴人。祖谏,给事太宗藩邸,为西京作坊副使。博文年十六，善属文，举进士开封府，以回文诗百篇为公卷，人谓之"王回文"。淳化三年，太宗亲试进士，以年少罢归。后谏卒官庐州，州守刘蒙叟为言，召试舍人院，为安丰主簿，历南丰尉，有能名。调南剑州军事推官，改大理寺丞，监荆南榷货务，迁殿中丞。陈尧咨荐之，试中书，赐进士第，擢知濠州，历真州。真宗幸亳，权江、淮制置司事。改监察御史、梓州路转运使。以疾，请出知海州，徙密州。负海有盐场，岁饥，民多盗鬻，吏捕之辄抵死。博文请弛盐禁，候岁丰乃复，从之。除殿中侍御史。

天禧中，朱能、王先在长安伪为《乾祐天书》，事觉，能既败死，先与其徒就禽，诏博文乘驿按劾。博文唯治首恶，胁从者七人，得以减论。还为开封府判官，丁母忧。

始，博文幼丧父，其母张氏改适韩氏。及博文在朝，谓子无绝母礼，请得以恩封之。母死，又谓古之为父后者不为出母服，以废宗庙祭也。今丧者皆祭，无害于行服。乃请解官持服，然议者以丧而祭为非礼。服除，为三司户部判官。出为河北转运使，迁侍御史、陕西转运使。

属羌撒逋渴以族落数千帐叛，既又寇原州柳泉镇、环州鹁鸽泉砦，梧州刺史杜澄、内殿崇班赵世隆战没。博文劾奏内侍都知周文质、押班王怀信为泾原、环庆两路钤辖，提重兵驻大拔砦，玩寇逗留，耗用边费，请用曹玮、田敏代。既而文质、怀信坐法，遂以玮知永兴军，使节制边事。会玮病不行，又用敏为泾原路总管，寇遂平。

迁尚书兵部员外郎，为三司户部副使，再迁户部郎中、龙图阁待制、判吏部流内铨、权发遣三司使事。与监察御史崔暨、内侍罗崇勋同鞫真定府曹汭狱。及还，权知开封府，进龙图阁直学士、知秦州。为走马承受贾德昌所毁，徙凤翔府，又徙永兴军。明年，德昌以赃败，改枢密直学士，复知秦州。

初，沿边军民之逃者必为熟户畜牧，又或以遗远羌易羊马，故常没者数百人。其禽生羌，则以锦袍、银带、茶绢赏之。间有自归，而中道为夏人所得，亦不能辨，坐法皆斩。博文乃遣习知边事者，密持信纸往招，至则悉贷其罪，由是岁减殊死者众。朝廷下其法旁路。

又言河西回鹘多缘互市家秦、陇间，请悉遣出境，戒守臣使讥察之。再迁右谏议大夫，以龙图阁学士复知开封府。都城豪右邸舍侵通衢，博文制表木按籍，命左右判官分彻之，月余毕。出知大名府，迁给事中。召权三司使，遂同知枢密院事，逾月而卒。帝临奠，赠尚书吏部侍郎。

博文以吏事进，多任剧繁，为政务平恕，常语诸子曰："吾平生决罪，至流刑，未尝不阴择善水土处，汝曹志之。"然治曹汭狱，议者多谓博文希太后旨，纵崇勋傅致其罪。子畴。

畴字景彝，以父荫补将作监主簿。中进士第，累迁太常博士。翰林学士宋祁提举诸司库务，荐畴勾当公事。时有宦官同提举者，畴辞于中书曰："翰林先进，畴恐不得事也。然以朝士大夫而为阉人指使，则畴实耻之。"

用贾昌朝荐，改编修《唐书》。仁宗猎近郊，畴引十事以谏。皇祐中，手诏禁贵戚近习私谒者，畴献《圣政惟公颂》。召试，直秘阁，为开封府推官。宦者李允良诉其叔父死，疑为仇家所毒，请发棺验视，众欲许之，畴独不可。曰："苟无实，是无故而暴尸，且安知非允良有奸？"穷治，果与其叔父家有怨。历三司度支判官、修起居注、知制诰、权判吏部流内铨，以右谏议大夫权御史中丞。

时陈升之拜枢密副使，谏官、御史唐介等奏弹升之不当大用，朝廷持不行，介等争数月不已，乃两罢之。而论者谓介等为众人游谈所误。畴疏言："浮华险薄之徒，往来谏官、御史家，掎摭人罪，浸以成俗，请出诏戒励。"从之。迁给事中。

英宗既即位，感疾，皇太后垂帘听政。其后帝疾平，犹未御正殿，畴上疏请御朝听政。及永昭陵复土，祭仁宗虞主于集英殿，以宗正卿摄事。畴奏曰："人子之葬其亲，送形而往，迎神而返，故虞祭所以安神也。位尊者礼重，礼重者祭多，故天子之虞数至于九。今山陵，嗣君不得亲往，则道路五虞，理可命宗正摄事。若神主既至，则四虞之祭，虽或圣躬未宁，亦宜勉强。况陛下在藩邸，以好古知礼、仁孝聪明闻于中外，此先帝所以托天下也。臣愿始终令德，以全美名。"

帝既视朝前后殿，而于听事犹持谦抑。畴复上疏曰："庙社拥佑陛下，起居安宁，临朝以时，仅逾半载，而未闻开发听断，德音遏塞，人情缺然。伏望思太祖、太宗艰难取天下之劳，真宗、仁宗忧勤守太平之力，勉于听决大政，以慰母后之慈。勿为疑贰谦抑，自使盛德暗然不光。"

未几，又上疏曰：

董仲舒为武帝言天人之际曰："事在勉强而已。勉强学问，则闻见广而智益明；勉强行道，则德日起而大有功。"陛下起自列邸，光有天命，然而祖宗基业之重，天人顾享之际，所以操心治身、正家保国者，尤在于勉强力行也。陛下昔在宗藩，已能务德好学，语言举动未尝越礼，是天性有圣贤之资。自疾平以来，于兹半岁，而临朝高拱，无所可否。群臣关白军国之政者日益至，其请人主财决者日益多，然犹圣心盘桓，无所是非者，何也？得非以初继大统，或虑未究朝廷之事，故谦抑而未皇耶？或者圣躬尚未宁，而不欲自烦耶？抑有所畏忌而不言耶？苟为谦抑而未皇，则国家万务，日旷月废，其势将趋于祸乱无疑也。若圣躬未能宁，则天下之名医良工，日可召于前。而方技不试，药石不进，养疾于身，坐俟岁月，非求全之道也。苟有所畏忌而不言，则又过计之甚也。

今中外之事，无可疑畏，臣尝为陛下力言之矣。陛下何不坦心布诚，廓开大明以照天下，外则与执政大臣讲求治体，内则于母后请所未至。延礼贤俊，咨访忠直，广所未见，达所未闻。若陛下朝行之，则众心夕安矣。况陛下向居藩邸，日夕于侧者，惟一二讲学之师，与左右给使之人耳。修身行己，德业日新，而知者无几，则是为善多而得名常少也；然而终能德成行尊，美名远闻，此先帝之所以属心也。今处亿兆之上，有一言动则天下知之，简册书之，比之于昔，是善行易显而美名易成也。然而尚莫之闻者，是不为尔，非不能也。有始有终者，圣贤之能事，在陛下勉强而已。

畴又上疏欲车驾行幸，以安人心。时大臣亦有请，帝乃出祷雨，都人瞻望欢呼。数日，皇太后还政，畴又上疏：“请诏二府大臣讲求所以尊崇母后之礼。若朝廷严奉之体，与岁时朔望之仪，车服承卫之等威，百司拱拟之制度，它时尊称之美号，外家延赏之恩典，凡可以称奉亲之意者，皆宜优异章大，以发扬母后之功烈，则孝德昭于天下矣。”

时诏近臣议仁宗配祭。故事，冬、夏至祀昊天上帝、皇地祇，以太祖配；正月上辛祈谷，孟夏雩祀，孟冬祀神州地祇，以太宗配；正月上辛祀感生帝，以宣祖配；季秋大飨明堂、祀昊天上帝，以真宗配。而学士王珪等与礼官上议，以谓季秋大飨，宜以仁宗配，为严父之道。知制诰钱公辅独谓仁宗不当配祭。畴以谓珪等议遗真宗不得配，公辅议遗宣祖、真宗、仁宗俱不得配，于礼意未安。乃献议曰："请依王珪等议，奉仁宗配飨明堂，以符《大易》配考之说、《孝经》严父之礼。奉迁真宗配孟夏雩祀，以仿唐贞观、显庆故事。太宗依旧配正月上辛祈谷、孟冬祀神州地祇，余依本朝故事。如此，则列圣并侑；对越昊穹，厚泽流光，垂裕万世。必如公辅之议，则陷四圣为失礼，导陛下为不孝，违经戾古，莫此为甚。"自此公辅不悦，而朝廷以畴论事有补，帝与执政大臣皆异之。

迁翰林学士、尚书礼部侍郎、同提举诸司库务。数月，拜枢密副使。于是公辅言畴望轻资浅，在台素餐，不可大用，又颇荐引近臣可为辅弼者。公辅坐贬。畴在位五十五日，卒。帝甚悼惜之，临哭，赐白金三千两，赠兵部尚书，谥忠简。

畴名臣子，性介特，厉风操，喜言朝廷事。好治容服，坐立嶷然，言必文，未尝慢戏，吏治审密，文辞严丽。其执政未久、终于位及所享寿，类其父云。

王尧字总之，赵州临城人。七岁丧父，哀毁过人。既长，状貌奇伟。举进士，授婺州观察推官。代还，真宗见而异之，特迁秘书省著作佐郎、知祁县，通判湖州。再迁太常博士、提点梓州路刑狱，权三司户部判官。使契丹还，判都磨勘司。以尚书度支员外郎兼侍御史知杂事。上言："方调兵塞决河，而近郡灾歉，民力雕敝，请罢土木之不急者。"改三司户部副使。枢密使曹利用得罪，尧以同里为利用所厚，出知湖州，徙苏州。还为三司盐铁副使。

时龙图阁待制马季良方用事，建言京师贾人常以贱价居茶盐交引，请官置务收市之。季良挟章献姻家，众莫敢迕其意，尧独不可，曰："与民竞利，岂国体耶！"擢天章阁待制、判大理寺、提举在京诸司库务，安抚淮南，权判吏部流内铨，累迁刑部。

益、利路旱饥，为安抚使，以左司郎中、枢密直学士知益州。戍卒有夜焚营、杀马、胁军校为乱者，尧潜遣兵环营，下令曰："不乱者敛手出门，无所问。"于是众皆出，命军校指乱者，得十余人，即戮之。及旦，人莫知也。其为政有大体，不为苛察，蜀人爱之。拜右谏议大夫、同知

枢密院事。景祐五年，参知政事。明年，迁尚书工部侍郎、知枢密院事。

天圣中，尧尝使河北，过真定，见曹玮，谓曰："君异日当柄用，愿留意边防。"尧曰："何以教之？"玮曰："吾闻赵德明尝使人以马榷易汉物，不如意，欲杀。少子元昊方十余岁，谏曰：'我戎人，本从事鞍马，而以资邻国易不急之物，已非策，又从而斩之，失众心矣。'德明从之。吾尝使人觇元昊，状貌异常，他日必为边患。"尧殊未以为然也。比再入枢密，元昊反，帝数问边事，尧不能对。及西征失利，议刺乡兵，又久未决。帝怒，尧与陈执中、张观同日罢，尧出知河南府，始叹玮之明识。未几，得暴疾卒。赠户部尚书，谥忠穆。

尧少时，馆礼部尚书王化基之门，枢密副使宋湜见而以女妻之。宋氏亲族或侮易之，化基曰："后三十年，尧富贵矣。"果如所言。

论曰：吴育刚毅不挠，而设施无闻，其才不逮志者与？宋绶博洽明敏，若谷务长厚，博文习吏事，当仁宗时，先后与政，仅能恭慎寡过，保有禄位，施及后嗣。敏求、淑俱练达典故，傅以文采，而淑以倾险败德，视畴之介特，数建忠谋，则贤不肖之相去远矣。王尧不留意曹玮之言，卒以昧于边事见黜，宜哉！

卷二百九十二　　列传第五十一

李谘　程戡　夏侯峤　盛度　丁度　张观
郑戬　明镐　王尧臣　孙抃　田况

李谘，字仲询，唐赵国公岠之后。岠贬死袁州，因家新喻，遂为新喻人。谘幼有至性，父文捷出其母，谘日夜号泣，食饮不入口，父怜之而还其母，遂以孝闻。举进士，真宗顾左右曰："是能安其亲者。"擢第三人，除大理评事、通判舒州，召试中书，为太子中允、直集贤院。历三司、开封府判官，再迁左正言，出为淮南转运副使。帝幸亳，以劳，迁尚书礼部员外郎。会江南饥，徙江东转运副使，为度支判官。擢知制诰，寇准数改谘所拟制辞，谘不乐，以父留乡里请外，遂出知荆南。会翰林学士阙，宰相拟他官，帝曰："不如李谘。"遂为学士。

仁宗即位，超迁本曹郎中、权知开封府，数月，权三司使，拜右谏议大夫。尝奏事两宫曰："天下赋调有定，今西北寝兵且二十年，而边馈如故。戍兵虽未可减，其末作浮费非本务者，宜一切裁损以厚下。"即诏谘与御史中丞刘筠等同议冗费，以景德较天禧，计所减得十三之上。

时陕西缘边数言军食不给，度支郎内钱不足支月奉，章献太后忧之，命吕夷简、鲁宗道、张士逊与谘等经度其事。谘曰："旧法商人入粟边郡，算茶与犀象、缗钱，为虚实三估，出钱十四文，坐得三司钱百文。"谘请变法以实钱入粟，实钱售茶，三者不得相为轻重。既行而商人果

失厚利，怨谤蜂起。谘以疾累请郡，改枢密直学士、知洪州。行数月，而御史台鞫吏王举、句献私商人，多请慈州矾，会计茶法不折虚费钱，妄称增课百万缗，以觊恩赏。谘坐不察夺职。

久之，进给事中、知杭州，复枢密直学士、知永兴军。衣冠子弟恃荫无赖者，谘悉杖之，境内肃然。还，勾当三班院，坐举吏降左谏议大夫。权三司使事，是岁，禁中火，仓卒营造，应办举集。

进尚书礼部侍郎，拜枢密副使。数月，遭父丧，起复，迁户部侍郎、知院事。是时榷茶法浸坏，乃诏谘、蔡齐等更议之。谘以前坐变法得罪，固辞，不许。于是复用谘所变法，语具《食货志》。卒，赠右仆射，谥宪成。

谘性明辨，周知世务，其处烦猝，常若闲暇，吏不敢欺。在枢府，专务革滥赏，抑侥幸，人以为称职。无子，以族子为后。

程戡，字胜之，许州阳翟人。少力学，举进士甲科，补泾州观察推官，再迁秘书丞、通判许州。曹利用贬，戡以利用婿降通判蕲州。徙虔州，州人有杀母，暮夜置尸仇人之门，以诬仇者。狱已具，戡独辨之，正其罪。以尚书屯田员外郎知归州，召为侍御史、三司度支判官。

宝元初，忻、代地震，坏城郭、庐舍，死伤甚众，命戡安抚，颇以便宜从事。改起居舍人、知谏院，迁兵部员外郎兼侍御史知杂事、三司户部副使。擢天章阁待制、陕西都转运使。

未几，知渭州。陕西有保毅军，人苦其役。戡奏曰："保毅在乡兵外，不黥而有籍，所以佐边备也。已隶保捷兵，而保毅籍如故，州县但供力役，率困急，至破析财产售田者，犹数户出一夫，民不胜苦。"因诏：私役保毅者以计佣律坐之。

进枢密直学士、知成都府。坐尝保任贝州张得一，得一伏诛，夺职出知凤翔府，寻徙河中。御史中丞张观辨之，复为枢密直学士、知永兴军，徙瀛州，四迁给事中。契丹使过，称疾，求著帽见，戡使谓曰："有疾，可毋相见，见当如礼。"使者语屈，冠而见。

人言岁在甲午，蜀且有变，孟知祥之割据，李顺之起而为盗，皆此时也。仁宗自择戡再知益州，迁端明殿学士，召见慰遣。至彭州，民妄言有兵变，捕斩之。守益州者以嫌，多不治城堞，戡独完城浚池自固，不以为嫌也。

召拜参知政事，奏禁蜀人妖言诬民者。避宰相文彦博亲，改尚书户部侍郎、枢密副使。数与宋庠争议，谏官、御史皆论之，戡亦自请罢。除吏部侍郎、观文殿学士兼翰林侍读学士、同群牧制置使，寻拜宣徽南院使、鄜延路经略安抚使、判延州。

英宗即位，以安武军节度使留再任。初，覃恩，蕃官例不序迁。至是，用戡奏始皆得认。又请首领有战功材武，皆得召见，选补为蕃官。延州夹河为两城，雉堞颇卑小。敌登九州台，则下瞰城中。戡调兵夫大增筑之。横山酋豪怨谅祚，欲率其属叛，取灵、夏，来求兵为援。戡言："豺虎非自相搏，则未易取也；痈疽非自溃，则未易攻

也。谅祚久悖慢，宜乘此许之，所谓以蛮夷攻蛮夷，中国之利也。"会英宗不豫，大臣重生事，不报。

言者请选大臣帅永兴，屯重兵以制五路，敕戡具利害以闻。戡以为"四路距永兴皆十数驿，设有警，使听节制，则不及事矣。且关中财赋不赡，宿军多，何以给之？"

治平初，命宦官王昭明等领四路蕃部事。戡曰："蕃部所以亡去，苦边吏苛暴，为西人诱略尔。今昭明等徒能呼召首领，犒以牛酒，恐未足以结其心也。而甚动边听，宜更置路分钤辖、都监，各部一将兵，兼沿边巡检使，无复专蕃部事。"从其奏。夏人遣使入贡，僭汉官移文于州，称其国中官曰枢密。戡止令称使副不以官，称枢密曰"领庐"，方许之。

戡告老章累上，终弗听，遣使以手诏问劳，赐茶药、黄金，乃再上章曰："臣老疾剧矣，高奴屯劲兵为要地，岂养病所耶？"召还，道卒。赠太尉，谥康穆。

戡久在边，安重习事，治不近名。然不为言者所与，或传戡交通宦官阎士良，至令妻出见之。

夏侯峤，字峻极，其先幽州人。高祖秀，为济州钜野镇游奕使，因家焉。父浦，梁开平中，以明经至棣州录事参军。峤幼好学，弱冠，以辞赋称，周相李穀延置门下。又依西京留守向拱，摄伊阳令；拱移安州，又令摄录事参军。

太平兴国初，举进士甲科，解褐大理评事、通判兴州，累迁右赞善大夫。从征太原，督刍粮于河朔。迁殿中丞、通判邠州。岁满，拜监察御史、通判兴元府，进秩殿中。

雍熙二年代还，对便坐。太宗语有司曰："此人朕自知其才行，勿须奏拟。"即日改左补阙、直史馆，赐绯鱼。会王师护边，乘传督河间馈道，就命知莫州。逾月，徙洪州，改起居郎。真宗在襄邸，太宗择朝士谨厚者为官属，即召入为翊善，赐金紫，加直昭文馆。真宗尹京府，命兼推官，加判封员外郎。东宫建，复兼中舍，迁工部郎中。及嗣位，拜给事中、知审刑院。数月，擢枢密院副使。

咸平元年，以户部郎中罢。二年，始建讲读之职，命峤为翰林侍读学士。及杨徽之卒，又命兼秘书监。是秋，江、浙饥，命为江南巡抚使，所过疏理刑讼，存问耆老，务从宽简，人以为便。使还，采病民二十余事上之，亟诏厘革。又判吏部选事。

峤善鼓琴，好读庄、老书，淳厚谨慎，居官无过失。真宗尤爱重之，多所询访，每以善人目之。素好道，留意养生，少疾。景德元年五月，以选人俟对崇政殿，暴中风眩，亟诏取金丹，上尊酒饵之，肩舆还第，遣内侍召外内名医诊视。其夕卒，年七十二。诏赠兵部尚书，赙赐外，增赐白金三百两给葬。录其子大理寺丞晟为太子中舍，孙恭为奉礼郎，侄孙蔚赐同学究出身。峤在近侍，恩遇甚渥。卒后数月，毕士安为相，抚坐叹曰："使夏侯君在，吾岂先据此位！"有集十五卷。

大中祥符初，晟上《汉武封禅图》，缋金匮、玉匮、石礥、石距之状，咸有注释，上览而善之。至驾部员外郎。恭至太子中舍。

盛度，字公量，世居应天府，后徙杭州餘杭县。曾祖铞，仕钱氏为余杭县令。父豫，从钱俶入朝，终尚书度支郎中。度举进士第，补济阴尉。选为封丘主簿，改府仓曹参军，为光禄寺丞、御史台推勘官，改秘书省秘书郎。试学士院，为直史馆、三司户部判官，累迁尚书屯田员外郎。

契丹寇边，从幸大名，数上疏论边事。奉使陕西，因览疆域，参质汉、唐故地，绘为《西域图》以献。改开封府判官，坐决狱失实，降监洪州税。起知建昌军、三司盐铁判官，改起居舍人、知制诰。度尝奏事便殿，真宗问其所上《西域图》，度因言："酒泉、张掖、武威、燉煌、金城五郡之东南，自秦筑长城，西起临洮，东至辽碣，延袤万里。有郡、有军、有守捉，襟带相属，烽火相望，其为形势备御之道至矣。唐始置节度，后以宰相兼领，用非其人，故有河山之险而不能固，有甲兵之利而不能御。今复绘山川、道路、壁垒、区聚，为《河西陇右图》，愿备上览。"真宗称其博学。

后迁右谏议大夫、权知开封府。以疾不拜，改会灵观判官，入翰林为学士，加史馆修撰。历兵部郎中、景灵宫副使。寇准罢相，度以交通周怀政，出知光州。乾兴初，再谪和州团练副使。丁谓贬，起为祠部郎中，复兵部郎中，迁太常少卿、知筠州，更虔、滁、苏三州。还知审刑院，以右谏议大夫知扬州，加集贤院学士。

初，度谪洪州，建请复贤良方正科，又请建四科以取士，曰：博通坟典达于教化科，才识兼茂明于体用科，军谋宏远堪任将帅科，明晓法律能按章覆问科。既而用夏竦议，置六科，其议亦自度始。

复为翰林学士、史馆修撰，迁给事中。尝受诏与御史中丞王随议通解盐，听商旅入钱算盐，语在《食货志》。寻进承旨，以礼部侍郎兼端明殿学士，召问边计，退而条十事上之。又兼侍读学士。

景祐二年，拜参知政事。时王曾、吕夷简为相，度与宋绶、蔡齐并参知政事，曾与齐善，而夷简与绶善，惟度不得志于二人。及二人俱辞相，仁宗问度曰："王曾、吕夷简力求退，何也？"度对曰："二人腹心之事，臣不得而知，陛下询二人以孰可代者，则其情可察矣。"仁宗果以问曾，曾荐齐，又问夷简，夷简荐绶，于是四人俱罢，而度独留。迁知枢密院事。

章得象既相，以度尝位其上，即拜武宁军节度使。坐令开封府吏冯士元强取其邻所赁官舍，以尚书右丞罢。复知扬州，加资政殿学士、知应天府。暴感风眩，以太子少傅致仕，卒。赠太子太保，谥文肃。

度好学，家居列图书，每归，未尝释手。敏于为文，而泛滥不精。尝奉诏同编《续通典》、《文苑英华》，注释御集。真宗祀汾阴，仁宗在藩邸，诏掌起居笺奏及留司章奏。有《愚谷》、《银台》、《中书》、《枢中》四集，又有《中书》、《翰林》二制集。

天禧三年，诏许中书舍人、给事中、谏议大夫母封郡太君，而学士不预。时度官兵部郎中，因请追封其母，自是学士官未至谏议者，其母皆得封郡君。

度体肥大，艰于拜起，宾客有拜之者，则俯伏不能兴，往往瞠视而诟詈之。性极猜险，虽平居，僚友不敢易语言。所至，下贫无赖，多所纵舍；稍有贤者，一切绳之以法。

子申甫，终尚书兵部郎中、集贤校理，尝为福建转运使，颇以修洁称。

从兄京，有吏能，以尚书工部侍郎致仕，卒。

丁度，字公雅，其先恩州清河人。祖颐，后唐清泰初陷契丹，逃归，徙居祥符。父逢吉，以医术事真宗藩邸，然好聚书，与儒者游。度强力学问，好读《尚书》，尝拟为《书命》十余篇。大中祥符中，登服勤词学科，为大理评事、通判通州，改太子中允、直集贤院。坐解送国子监进士失实，监齐州税。还知太常礼院，判吏部南曹。上书论六事：一、增讲读官；二、增谏员；三、补荫用大功以上亲；四、选河北、河东役兵补禁军；五、籍令佐垦田为殿最；六、凡缘公事坐私罪仗者，听保任迁官。章献太后善之。

旧制，监司及藩镇辞谒皆赐对。仁宗初即位，止令附中书、枢密奏之，度言，附奏非所以防壅蔽也。又尝献《王凤论》于章献太后，以戒外戚。历三司磨勘司、京西转运使。司天言永昌陵有白气，请增筑以厌之，有诏按视。度奏神道贵静，不可轻缮治，乃止。入知制诰，迁翰林学士，纠察在京刑狱，判太常礼院兼群牧使。

刘平、石元孙败，帝遣使问所以御边。度奏曰："今士气伤沮，若复追穷巢穴，馈粮千里，轻用人命以快一朝之意，非计之得也。唐都长安，天宝后，河、湟覆没，泾州西门不开，京师距寇境不及五百里，屯重兵，严烽火，虽常有侵轶，然卒无事。太祖时，疆场之任，不用节将。但审擇材器，丰其廪赐，信其赏罚，方隅辑宁几二十年。为今之策，莫若谨亭障，远斥堠，控扼要害，为制御之全计。"因条上十策，名曰《备边要览》。

时西疆未宁，二府三司，虽旬休不废务。度言："苻坚以百万师寇晋，谢安命驾出游以安人心。请给假如故，无使外夷窥朝廷浅深。"从之。累迁中书舍人，为承旨。

时叶清臣请商州置监铸大钱，以一当十。度奏曰："汉之五铢，唐之开元及国朝钱法，轻重大小，最为折中。历代改更，法虽精密，不能期年，即复改铸。议者欲绳以峻法，革其盗铸。昔汉变钱币，盗铸死者数十万。唐铸乾元及重轮乾元钱，钱轻币重，严刑不能禁止。今禁旅戍边，月给百钱，得大钱裁十，不可畸用，旧钱不出，新钱愈轻，则刍粮增价。臣尝知湖州，民有抵茶禁者，受千钱立契代鞭背。在京西，有强盗杀人，取其弊衣，直不过数百钱。盗铸之利，不啻数倍。复有湖山绝处，凶魁啸聚，炉冶日滋，居则铸钱，急则为盗。民间铜铅之器，悉为大钱，何以禁止。"

度又言："祥符、天圣间，牧马至十余万，其后言者以天下无事，不可虚费，遂废八监。然犹秦渭环阶麟府文州、火山保德岢岚军，岁市马二万二百匹，补京畿、塞下之阙。自西鄙用兵，四年所牧，三万而已。马少地闲，坊监诫可罢；若贼平马归，则不可阙。今河北、河东、京东西、淮南皆籍丁壮为兵，请令民畜一战马者，得免二丁，仍不许赍产以升户等，则缓急有备，而国马蕃矣。"

庆历中，副杜衍宣抚河东。久之，迁端明殿学士、知审刑院。时江西转运使移属州，凡市末盐钞，每百缗贴纳钱三之一。通判吉州李虞卿受财免贴纳，事觉，大理将以枉法论。度曰："枉法，谓于典宪有所阿曲。虞卿所违者，转运使移文尔。"遂贷虞卿死。

帝尝问，用人以资与才孰先？度对曰："承平时用资，边事未平宜用才。"时度在翰林已七年，而朝廷方用兵，故对以此。谏官孙甫论度所言，盖自求柄用，帝谕辅臣曰："度在侍从十五年，数论天下事，顾未尝及私，甫安从得是语。"

未几，擢工部侍郎、枢密副使。因言："周世宗募骁健，有朝出群盗、夕备宿卫者；太祖阅猛士实骑军。请择河北、河东、陕西就粮马军，以补禁旅之阙。"又言："契丹尝渝盟，预备不可忽。"因上《庆历兵录》五卷、《赡边录》一卷。明年，参知政事。会春旱，降秩中书舍人，逾月，复官。

后二年，卫士为变，事连宦官杨怀敏，枢密使夏竦请御史与宦官同于禁中鞫之，不可滋蔓，令反侧者不自安。度曰："宿卫有变，事关社稷，此而可忍孰不可忍！请付外台穷治党与。"争于帝前。仁宗从竦言，度遂求解政事，罢为紫宸殿学士兼侍读学士。御史何郯言，紫宸非官称所宜。改观文殿学士、知通进银台司、判尚书都省，再迁尚书右丞，卒。赠吏部尚书，谥文简。

度性淳质，不为威仪，居一室十余年，左右无姬侍。然喜论事，在经筵久之，帝每以学士呼之而不名。尝问蓍龟占应之事，乃对："卜筮虽圣人所为，要乙一技而已，不若以古之治乱为监。"又示以敧器曰："朕欲临天下以中正之道。"度对曰："臣等亦愿无倾满以事陛下。"因奏太宗尝作此器，真宗亦尝著论，于是帝制《后述》以赐之。

度著《迩英圣览》十卷、《龟鉴精义》三卷、《编年总录》八卷，奉诏领诸儒集《武经总要》四十卷。子讽，集贤校理。

张观，字思正，绛州绛县人。少谨愿好学，有乡曲名。中服勤辞学科，擢为第一，授将作监丞、通判解州。会盐池吏以赃败，坐失举劾，降监河中府税。复通判果州，改秘书省秘书郎。

仁宗即位，迁太常丞，擢右正言、直史馆，为三司度支判官，同修起居注，改右司谏、知制诰、判登闻检院，出知杭州。还判国子监，权发遣开封府事，进为翰林学士、知审官院，累迁左司郎中，以给事中权御史中丞。

时星流、地震、雷发正月，诏求直言。观谓："承平日久，政宽法慢，用度渐侈，风俗渐薄，以致灾异。"因上四事：一曰知人，二曰严禁，三曰尚质，四曰节用。河北大雨水，又条七事，曰："导积水以广播种，缓催欠以省禁锢，宽刑罚以振淹狱，收逃田以募归复，罢工役以先急务，止配率以阜民财，通商旅以济艰食。"复知审官院，

遂拜同知枢密院事。

康定中，西兵失利，因议点乡兵，久之不决，遂与王鬷、陈执中俱罢，以资政殿学士、尚书礼部侍郎知相州。徙澶州。河坏孙陈埽及浮梁，州人大恐，或请趋北原以避水患。观曰："太守独去，如州民何。"乃躬率卒徒增筑之，堤完，水亦退。

徙郓州。旧法，京东通安邑盐，而濒海之地禁私煮。观上言："利之所在，百姓趋之，虽日杀于市，恐不能止，请弛禁以便民。"岁免黥配者不可胜计。历知应天府、孟州、河南府，以吏部侍郎兼御史中丞。以父居业高年多病，请便郡，以观文殿学士知许州。月余，拜左丞。丁父忧，哀毁过人，既练而卒。赠吏部尚书，谥文孝。

观性至孝，初为秘书郎，其父方为州从事，因上书愿以官授父。真宗嘉之，以居业为京官。及观贵，居业缧恩至太府卿。居业尝过洛，嘉其山川风物，曰："吾得老于此足矣。"观于是买田宅、营林榭，以适其意。早起奉药、膳，然后出视事，未尝一日废也。趣尚恬旷，持廉少欲，平生书必以楷字，无一行草，类其为人。仁宗飞白书"清"字赐观，以赏其性。然于吏事非所长，知开封府，民犯夜禁，观诘之曰："有人见否？"众传以为笑。

郑戬，字天休，苏州吴县人。早孤力学。客京师，事杨亿，以属辞知名，后复还吴。及亿卒，宾客弟子散去，戬乃倍道会葬。举进士，擢甲科，授太常寺奉礼郎、签书宁国军节度判官事，召试学士院，为光禄寺丞、集贤校理、通判越州。还，改太子中允、同知太常礼院，注释御制《发愿文》、《三宝赞》，升直史馆、三司户部判官，同修起居注，以右正言知制诰。判国子监，选明经生讲解经义。徙知审刑院，迁起居舍人、龙图阁直学士、权知开封府。

吏冯士元为奸利，有告士元受赇藏禁书者，戬穷治之。辞连宰相吕夷简、知枢密院盛度、参知政事程琳，遂逮捕夷简子公绰、公弼参劾其状。既而士元流海岛，度、琳坐尝交关士元罢去，其余绌得者自御史中丞孔道辅、天章阁待制庞籍又十余人，朝议畏其敫核。戬敏强善听决，喜出不意，独假贷细民，即豪宗大姓，绳治益急，政有能迹。徙权三司使，复转运使考课格，分别殿最。又勾较三司出入，得羡钱四百万缗，以右谏议大夫、同知枢密院改枢密副使。

戬与参知政事宋庠，为宰相吕夷简所忌，与庠皆罢，以资政殿学士知杭州。钱塘湖溉民田数十顷，钱氏置撩清军，以疏淤填之患。既纳国后不复治，葑土堙塞，为豪族僧坊所占冒，湖水益狭。戬发属县丁夫数万辟之，民赖其利。事闻，诏本郡岁治如戬法。

迁给事中，徙并州，道改郓州，又徙永兴军。建言："凡军行所须，愿下有司相缓急，析为三等，非急罢去。"先是，衙吏输木京师，浮渭泛河，多漂没，既至，则斥不中程，往往破家不能偿，戬奏岁减二十余万；又奏罢括籴，以劝民积粟。长安故都多豪恶，戬治之尚严，甚者至黥窜，人皆慑息。

未几，为陕西四路都总管兼经略、安抚、招讨使，驻

泾州，听便宜从事。迁尚书礼部侍郎。时知庆州滕宗谅、知渭州张亢过用公使钱，戬致于法。行边至镇戎军，趣莲花堡，天寒，与将佐置酒，元昊拥兵近塞。会暮尘起，有报敌骑至者，戬曰："此必三川将按边回，非敌骑也。"已而果然。及疆事少宁，诏还，知永兴军。

初，静边砦主刘沪谋筑水洛、结公二城，以通秦、渭援兵，招生羌大王族为边卫。戬使沪与著作佐郎董士廉督其役。会罢戬四路，宣抚使韩琦、知渭州尹洙皆以为不便，召沪、士廉罢役归，不听。乃使裨将狄青将兵以往，械送德顺军狱。戬力争于朝，卒城之。

进户部侍郎、资政殿大学士、知并州。契丹与元昊方交兵，边奏互上，独戬不以闻。诏遣使问其故，戬对曰："敌自相攻，中国不足忧也。"麟、府间有弃地曰草城川，戬募土人为弓箭手，计口给田。初，兵兴，用不足。河东行铁钱，山多炭、铁，鼓铸利厚，重辟不能止。戬乃请三当一。令既下，民兵相扇动，数千人邀走马承受诉。承受，中贵人，不能遏。又群噪牙门，守门者拒不得入。戬闻，悉召至庭下，推首谋者数十人，黥隶他州，事乃定。

迁吏部侍郎，改宣徽北院使，拜奉国军节度使，卒。赠太尉，谥文肃。戬遇事，果敢必行。然忮气近侠，用刑峻深，士民多怨之。

明镐字化基，密州安丘人。中进士第，补蕲州防御推官。真宗崩，上《真颂》四十六篇，改大理寺丞。薛奎领秦州，辟为节度判官。奎徙益州，辟知录事参军。程琳代奎，奏为签书节度判官，就通判州事，迁太常博士。还朝，仁宗问镐所能，奎称其沈鸷有谋，能断大事，除开封推官。献《六冗书》，进尚书祠部员外郎，为三司户部判官，改刑部员外郎、京东转运使，迁兵部员外郎、直史馆、益州路转运使。会岁饥，民无积聚，盗贼间发，镐为平物价，募民为兵，人赖以安。

知陵州，楚应戋赃败，或告以先期奏之，镐曰："获罪则已，安可欺朝廷耶？"卒坐失察，降知同州。未逾月，会元昊寇延州，起为陕西转运使。庞破金明砦，既去，议修复其城，帅臣拥兵不即进，而镐止以百余骑，自督将士，一月而成。又尝阅同州厢军，得材武者三百余人，教以强弩，奏为清边军，号最骁悍。其后，陕西、河东颇仿置之。

迁户部郎中、直昭文馆、知陕州，徙江、淮制置发运使。未行，会贼破丰州，擢天章阁待制、河东都转运使。修建宁中候百胜砦、镇川清塞堡，凡五城，以劳迁左司郎中。

明年，擢龙图阁直学士、知并州。镐大巡边以备贼。时边任多纨袴子弟，镐乃取尤不职者杖之，疲软者皆自解去，遂奏择习事者守堡砦。军行，娼妇多从之，镐欲驱逐，恶伤士卒心，会有忿争杀娼妇者，吏执以白，镐曰："彼来军中何耶？"纵去不治，娼妇闻皆散走。以枢密直学士、左谏议大夫知成德军，入知开封府。

王则叛，命镐为体量安抚使；则未下，又命参知政事文彦博为宣抚使，以镐副之。贝州平，迁端明殿学士、给事中、权三司使，诸将悉超迁，都虞候、士卒八千四百人，第其功为五等，每等迁一资。彦博数推镐功，拜参知政事。

已而疽发背，帝谓辅臣曰："镐忠亮有劳，及其未乱，思一见之。"临问，恻然曰："方赖卿谋国事，何遽被疾！"镐气急，犹能顿首谢。翌日，卒，谥文则。镐端挺寡言，所至安静有体，而遇事不苟，为世所推重。

王则者，本涿州人。岁饥，流至恩州，自卖为人牧羊，后隶宣毅军为小校。恩、冀俗妖幻，相与习《五龙》、《滴泪》等经及图谶诸书，言释迦佛衰谢，弥勒佛当持世。初，则去涿，母与之诀别，刺"福"字于其背以为记。妖人因妄传字隐起，争信事之，而州吏张峦、卜吉主其谋，党连德、齐诸州，约以庆历八年正旦，断澶州浮梁，乱河北。会其党潘方净以书谒北京留守贾昌朝，事觉被执，故不待期，亟以七年冬至叛。

时知州张得一方与官属天庆观，则率其徒劫库兵，得一走保骁捷营。贼焚门，执得一囚之。兵马都监、内殿承制田斌以从卒巷斗，不胜而出。城扉阖，提点刑狱田京、任黄裳持印，弃其家缒城出，保南关。贼从通判董元亨取军资库钥，元亨拒之，杀元亨。又出狱囚，囚有憾司理参军王奖者，遂杀奖。既而节度判官李浩、清河令齐开、主簿王湙皆被害。

则僭号东平郡王，以张峦为宰相，卜吉为枢密使，建国曰安阳。榜所居门曰中京，居室厩库皆立名号，改年曰得圣，以十二月为正月。百姓年十二以上、七十以下，皆涅其面曰"义军破赵得胜"。旗帜号令，率以"佛"为称。城以一楼为一州，书用名，补其徒为知州，每面置一总管。然缒城下者日众。于是令守者伍伍为保，一人缒，余悉斩。

有州民汪文庆、郭斌、赵宗本、汪顺者，自城上系书射镐帐，约为内应，夜垂缒以引官军。既内数百人，焚楼橹，贼觉，率众拒战。初，官军既登，欲专其功，断缒以绝后来者。及与贼战，兵寡不敌，与文庆等复缒而下。是夜，城几克。则期正月十四日出要劫契丹使，谍者以告。镐遣殿侍安素伏兵西门，贼果以数百人夜出，伏发，皆就获。

城峻不可攻，乃为距闉，将成，为贼所焚。遂即南城为地道，日攻其北牵制之。及文彦博至，穴通城中，选壮士中夜由地道入，众登城。贼纵火牛，官军以枪中牛鼻，牛还攻之，贼大溃，开东门遁。阁门祗候张绚缘壕与战，死之。总管王信捕得则，其余众保村舍，皆焚死。槛送则京师，支解以徇。则叛凡六十六日。

王尧臣，字伯庸，应天府虞城人。举进士第一，授将作监丞、通判湖州。召试，改秘书省著作郎、直集贤院。会从父冲坐事，出尧臣知光州。父丧，服除，为三司度支判官，再迁右司谏。

郭皇后薨，议者归罪内侍都知阎文应，尧臣请穷治左右侍医者，不报。时上元节，有司张灯，尧臣俟乘舆出，即上言："后已复位号，今方在殡，不当游幸。"帝为罢张灯。擢知制诰、同知通进银台司、提举诸司库务，知审刑院，入翰林为学士、知审官院。

陕西用兵，为体量安抚使。将行，请曰："故事，使者所至，称诏存问官吏将校，而不及于民。自元昊反，三年于今，关中之民凋弊为甚，请以诏劳来，仍谕以贼平蠲租赋二年。"仁宗从之。

使还，上言：

陕西兵二十万，分屯四路，然可使战者止十万。贼众入寇，常数倍官军。彼以十战一，我以一战十，故三至而三胜，由众寡不侔也。泾原近贼巢穴，最当要害，宜先备之。今防秋甚迩，请益团士兵，以二万屯渭州，为镇戎山外之援；万人屯泾州，为原、渭声势；二万屯环庆，万人屯秦州，以制其冲突。

且贼之犯边，不患不能入，患不能出。并塞地形，虽险易不同，而兵行须由大川，大川率有砦栅为控扼。贼来利在房掠，人自为战，故所向无前。若延州之金明、塞门砦，镇戎之刘璠、定川堡，渭州山外之羊牧隆城、静边砦，皆不能扼其来。故贼不患不能入也。既入汉地，分行钞略，驱房人畜，劫掠财货，士马疲困，奔趋归路，无复斗志。若以精兵扼险，强弩注射，旁设奇伏，断其首尾，且追且击，不败何待。故贼之患在不能出也。

贼屡乘战胜，重掠而归，诸将不能追击者，由兵寡而势分也。若尚循故辙，必无可胜之理。

又论："延州、镇戎军、渭州山外三败之由，皆为贼先据胜地，诱致我师，将帅不能据险击归，而多倍道趋利。兵方疲顿，乃与生羌合战，贼始纵铁骑冲我军，继以步奰挽强注射，锋不可当，遂致掩覆，此主帅不思应变以惩前失之咎也。愿敕边吏，常远斥候，遇贼至，度远近立营砦，然后量敌奋击，毋得轻出。"诏以其言戒边吏。

时韩琦坐好水川兵败徙秦州，范仲淹亦以擅复元昊书降耀州。尧臣言：二人者，皆忠义智勇，不当置之散地。又荐种世衡、狄青有将帅才。明年，贼果自镇戎军、原州入寇，败葛怀敏，乘胜掠平凉、潘原，关中震恐，自邠、泾以东，皆闭垒自守。仲淹自将庆州兵捍贼，贼引去。仁宗思其言，乃复以琦、仲淹为招讨使，置府泾州，益屯兵三万人，而使尧臣再安抚泾原。

初，曹玮开山外地，置笼竿等四砦，募弓箭手，给田使耕战自守。其后将帅失抚御，稍侵夺之，众怨怒，遂劫德胜砦将姚贵，闭城畔。尧臣适过境上，作书射城中，谕以祸福，众遂出降。乃为申明约束如旧而去。

既还，上言："自陕西用兵，夏竦、陈执中并以两府旧臣，为陕西经略、安抚、招讨使，韩琦、范仲淹止为经略、安抚副使。既而张存知延州，王沿知渭州，张奎知庆州，俱是学士、待制之职，亦止管勾本路总管司事。及竦、执中罢，四路置帅，遂各带都总管及经略、安抚、招讨等使，因而武臣副总管亦为副使。今琦、仲淹、庞籍既为陕西四路都总管、缘边经略安抚招讨等使，四路当禀节制，而尚带经略使名者九人，各置司行事。名号不异，而所禀非一。今请逐路都总管、副总管并罢经略，只充缘边安抚使。"既而滕宗谅亦以为请，遂罢之。

又言："鄜延、环庆路，其地皆险固而易守；惟泾原自汉、唐以来，为冲要之地。自镇戎军至渭州，沿泾河大川直抵泾、邠，略无险阻。虽有城砦据平地，贼径交属，难以捍防，如郭子仪、浑瑊，常宿重兵守之。自元昊叛命数年，由此三入寇。朝廷置帅府于泾州，为控扼关、陕之会，诚合事机。然频经败覆，边地空虚，士气不振。愿深监近弊，精择将佐；其新集之兵，未经训练，宜易以旧人。傥一路兵力完实，则贼不敢长驱入寇矣。"因论沿边城砦、控扼要害、贼径通属及备御轻重之策为五事上之。又请泾、原五州营田，益置弓箭手，及请彻潼关楼橹，皆报可。

以户部郎中权三司使，辟张显之、杜杞等十余人为副使、判官。时入内都知张永和建议，收民僦舍钱十之三以助军费。尧臣入对曰："此衰世之事，召怨而携民，唐德宗所以致朱泚之乱也。"度支副使林濰畏永和，附会其说，尧臣奏黜濰，议乃定。

夔州转运使请增盐井岁课十余万缗，尧臣以为上恩未尝及远人，而反牟取厚利，适足以敛怨，罢之。迁翰林学士承旨兼端明殿学士，为群牧使。丁母丧，服除，转右谏议大夫。

初，学士苏易简、丁度皆自郎中进中书舍人充承旨，及尧臣为承旨，不迁官，意宰相贾昌朝所抑。及是，文彦博为相，因其满，遂优迁之。大享明堂，加给事中。与三司更议茶法，较天下每岁财赋出入，上其数，遂拜枢密副使。

会侬智高反，请析广西宜、容、邕州为三路，以融、柳、象隶宜州，白、高、窦、雷、化、郁林、仪、藤、梧、龚、琼隶容州，钦、宾、廉、横、浔、贵隶邕州；遇蛮入寇，三路会支郡兵掩击，令经略、安抚使守桂州以统制焉；益募澄海、忠敢土军分屯，运全、永、道三州米以饷之，罢遣北兵远戍。时狄青经制岭南，诏青审议，以为便。

居枢密三年，务裁抑侥幸，于是有镂匿名书以布京城，然仁宗不以为疑也。以户部侍郎参知政事。久之，帝欲以为枢密使，而当制学士胡宿固抑之，乃进吏部侍郎。卒，赠尚书左仆射，谥文安。

尧臣以文学进，典内外制十余年，其为文辞温丽。执政时，尝与宰相文彦博、富弼、刘沆劝帝早立嗣，且言英宗尝养宫中，宜为后，为诏草挟以进，未果立。

元丰三年，子同老进遗稿论父功，帝以访文彦博，具奏本末，遂加赠太师、中书令，改谥文忠。

孙抃，字梦得，眉州眉山人。六世祖长孺，喜藏书，号"书楼孙氏"，子孙以田为业。至抃始读书属文。中进士甲科，以大理评事通判绛州。召试学士院，除太常丞、直集贤院，为开封府推官，判三司开拆司，同修起居注，以右正言知制诰，迁起居舍人、翰林学士兼侍读学士、史馆修撰，累迁尚书吏部郎中。抃虽久处显要，罕所建明。

皇祐中，以右谏议大夫权御史中丞。制下，谏官韩绛论奏抃非纠绳才，不可任风宪。抃即手疏曰："臣观方今士人，趋进者多，廉退者少。以苟求事为精神，以能讦人为风采；捷给若嗇夫者谓之有议论，刻深若酷吏者谓之有政事。谏官所谓才者，无乃谓是乎？若然，臣诚不能也。"

仁宗察其言，趣视事，且命知审官院。抃辞以任言责不当兼事局，乃止。

在台，数言事，不为矫激，尤喜称荐人才。帝欲除入内都知王守忠领武宁军节度使，抃奏罢之。温成皇后葬，以刘沆为监护使，抃奏沆为宰相，不当为后妃护葬丧事。时又议为后建陵立庙，抃率官属言非礼。因相与请对，固争不能得，伏地不起，帝为改容遣之。御史请罢宰相梁适，未听，抃奏曰："适在相位，上不能持平权衡，下不能笃训子弟。言事官数论奏，未闻报可，非罢适无以慰物论。"宰相陈执中嬖妾张氏榜杀，置狱取证左，执中弗遣，有诏勿推。抃复与官属请对论列，疏十上，适、执中卒皆罢。

改翰林学士承旨，复兼侍读学士。帝读《史记龟策传》，问："古人动作必由此乎？"对曰："古有大疑，既决于己，又询于众，犹谓不有天命乎，于是命龟以断吉凶。所谓'谋及乃心，谋及卿士，谋及庶人，谋及卜筮'。盖圣人贵诚，不专人谋，默与神契，然后为得也。"帝善其对。

谏官陈升之上选用、责任、考课转运使三法，命抃与御史中丞张昪典之，卒亦无所进退焉。再迁礼部侍郎。抃久居侍从，泊如也，人以为长者。既而枢密副使程戡罢，帝欲用旧人，即以命抃。岁中，参知政事。

抃性笃厚寡言，质略无威仪。居两府，年益耄，无所可否。又善忘，语言举止多可笑，好事者至传以为口实。御史韩缜弹奏之，罢为观文殿学士、同群牧制置使，复兼侍读学士。英宗即位，进户部侍郎。告老，以太子少傅就第，卒。赠太子太保，谥文懿。

田况，字元均，其先冀州信都人。晋乱，祖行周没于契丹。父延昭，景德中脱身南归，性沈鸷，教子甚严，累官至太子率府率。况少卓荦有大志，好读书。举进士甲科，补江陵府推官，再调楚州判官，迁秘书省著作佐郎。举贤良方正，改太常丞、通判江宁府。

赵元昊反，夏竦经略陕西，辟为判官。时竦与韩琦、尹洙等画上攻守二策，朝廷将用攻策，范仲淹议未可出师。况上疏曰：

昔继迁扰边，太宗部分诸将五路进讨，或遇贼不击，或战衄而还。又尝令白守荣、马副忠护送粮饷于灵州，诸将多违诏自奋，浦洛河之败，死者数万人。今将帅士卒，素已懦怯，未甚更练。又知韩琦、尹洙同建此策，恐未甚推服，临事进退，有误大举。其不可一也。

计者以为贼常并力而来，我常分兵以御，众寡不敌，多贻败衄，今若全师大举，必有成功，此思之未熟尔。夫三军之命，系于将帅。人之才有大小，智有远近，以汉祖之善将，不若淮阴之益办，况庸人乎？今徒知大众可以威敌，而不思将帅之才否，此祸之大者也。两路之人，众十余万，庸将驱之，若为舒卷；贼若据险设伏，邀截冲击，首尾前后，势不相援，一有不利，则边防守莫守，别贻后患。安危之计，决于一

举。其不可二也。

自西贼叛命以来，虽屡乘机会，然终不敢深寇郡县，以厌其欲者，非算之少也。直以中国之大，贤俊之盛，甲兵之众，未易可测。今师深入，若无成功，挫国威灵，为贼轻侮，或别堕奸计，以致他虞。其不可三也。

计者又云，将帅虽未足倚，下流勇进，或有其人。自刘平、石元孙陷没，士气挫怯，未能振起。今兵数虽多，疲懦者众，以庸将驱怯兵，入不测之地，独其下使臣数辈，干赏蹈利，欲邀奇功，未见其利。其不可四也。

计者又云，非欲深绝沙碛，以穷妖巢，但浅入山界，以挫贼气，如袭白豹城之比。臣谓乘虚袭掠，既不能破戎首、拉凶党，但残戮孥弱，以厚怨毒，非王师吊伐招怀之体。然事出无策，为彼之所为，亦当霆发雷逝，往来轻速，以掩其不备。今兴师十万，鼓行而西，贼已清野据险以待，我师何袭挫之有？其不可五也。

自元昊寇边，人皆知其诛赏明、计数黠。今未有间隙可窥，而暴为兴举，计事者但欲决胜负于一战。幸其或有所成，否则愿自比王恢以待罪，勇则勇矣，如国事何。其不可六也。

昨仲淹奏乞朝廷，敦包荒之量，存郦延一路。令诸将勒兵严备，未行讨伐，容示以恩意，岁时之间，或可招纳。若使泾原一路独入，则孤军进退，忧患不浅。传闻贼谋，俟我师诸路入界，并兵以敌，此正陷贼计中。其不可七也。

以臣所见，夏竦、韩琦、尹洙同献此策，今若奏乞中罢，则是自相违异；欲果决进讨，则又仲淹执议不同。乞召两府大臣定议，但令严设边备，若有侵掠，即出兵邀击；或贼界谨自守备，不必先用轻举。如此则全威制胜，有功而无患也。

于是罢出师议。

况又言治边十四事。迁右正言，管勾国子监、判三司理欠凭由司，专供谏职，权修起居注，遂知制诰。尝面奏事，论及政体，帝颇以好名为非，意在遵守故常，况退而著论上之。其略曰：

名者由实而生，非徒好而自至也。尧、舜三代之君，非好名者。而鸿烈休德，倬若日月，不能纤晦者，有实美而然也。设或谦弱自守，不为恢闳睿明之事，则名从而晦矣，虽欲好之，岂可得耶。

方今政令宽弛，百职不修，二虏炽结，凌慢中国。朝廷恫矜下民横罹杀掠，竭沥膏血，以资缮备，而未免侵轶之忧。故屈就讲和，为翕张予夺之术。自非君臣朝夕耻愤，大有为以遏后虞，则势可忧矣。陛下若恐好名而不为，则非臣之所敢知也。陛下倘奋乾刚，明听断，则有英睿之名；行威令，慑奸宄，则有神武之名；斥奢汰，革风俗，则有崇俭之名；澄冗滥，轻会敛，则有广爱之名；悦亮直，恶谄媚，则有纳谏之名；务咨询，达壅蔽，则有勤政之名；责功实，抑偷

幸,则有求治之名。今皆非之而不为,则天下何所望乎?抑又圣贤之道曰名教,忠谊之训曰名节,群臣诸儒所以尊辅朝廷,纪纲人伦之大本也。陛下从而非之,则教化微,节义废,无耻之徒争进,而劝沮之方不行矣,岂圣人率下之意耶。

时边奏契丹修天德城及多建堡砦。况意其蓄奸谋,乃上疏曰:

朝廷予契丹金帛岁五十万,朘削生民,输将道路,疲弊之势,渐不可久。而近西羌通款,岁又予二十万,设或复肆贪渎,再有规求,朝廷尚可从乎?臣至愚,不当大责,每念及此,则惋叹不已。矧两府大臣,皆宗庙社稷、天下生民所望而系安危者,岂不为陛下思之哉?每旦垂拱之对,不过目前政事数条而已,非陛下所以待辅臣,非辅臣所以忧朝廷之意也。

有唐故事,肃宗以天下未乂,除正衙奏事外,别开延英以询访宰相,盖旁无侍卫,献可替否,曲尽讨论。今北敌桀慢,而河朔将佐之良愚,中兵之善窳,道路之夷险,城垒之坚弊,军政之是否,财粮之多少,在两府辅臣,实未有知之者。万一变发所忽,制由中出,少有差跌,则事不测矣。如前岁萧英、刘六符始来,和议未决,中外惶扰,不知为计,此臣所目睹也。和议既定,又复恬然若无事者,是岂得为安哉。

愿因燕闲,召执政大臣于便殿,从容赐坐,访逮时政,专以虑患为急。则人人惟恐不知以误应对,事事惟恐不集以孤圣怀,且夕忧思,不敢少懈,同心协力,必有所为。今不以此为务,而日以委琐之事,更相辩对,议者羞之。臣叨备近列,系朝廷休戚,惟陛下不以人废言。

寻为陕西宣抚副使,还领三班院。保州云翼军杀州吏据城叛,诏况处置之。既而除龙图阁直学士、知成德军。况督诸将攻,以敕榜招降叛卒二千余人,坑其构逆者四百二十九人,以功迁起居舍人。徙秦州。丁父忧,诏起复,固辞。又遣内侍持手敕起之,不得已,乞归葬阳翟。既葬,托边事求见,泣请终制,仁宗恻然许之。帅臣得终丧自况始。服除,以枢密直学士、尚书礼部郎中知渭州。

迁右谏议大夫、知成都府。蜀自李顺、王均再乱,人心易摇,守得便宜决事,多擅杀以为威,虽小罪,犹并妻子徙出蜀,至有流离死道路者。况至,拊循教诲,非有甚恶不使迁,蜀人尤爱之。

迁给事中,召为御史中丞。既至,权三司使,加龙图阁学士、翰林学士。况钩考财赋,尽知其出入,乃约《景德会计录》,以今财赋所入,多于景德,而岁之所出,又多于所入。因著《皇祐会计录》上之。以礼部侍郎为三司使。至和元年,擢枢密副使,遂为枢密使。以疾,罢为尚书右丞、观文殿学士兼翰林侍读学士,提举景灵宫,遂以太子少傅致仕,卒。赠太子太保,谥宣简。

况宽厚明敏,有文武材。与人若无不可,至其所守,人亦不能移也。其论天下事甚多,至并枢密院于中书以一政本,日轮两制馆阁官一员于便殿备访问,以锡庆院广太学,兴镇戎军、原渭等州营田,汰诸路宣毅、广捷等冗军,策元昊势屈纳款,必令尽还延州侵地,毋过许岁币,并入中青盐,请戮陕西陷殁主将随行亲兵。其论甚伟,然不尽行也。有奏议二十卷。

始,契丹寇澶州,略得数百人,以属其父延昭。延昭哀之,悉纵去,因自脱归中国。延昭生八男,子多知名,况长子也。保州之役,况坑杀降卒数百人,朝廷壮其决,后大用之。然卒无子,以兄子为后。

论曰:时治平而文德用,则士之负艺者致位政府,宜矣。李谘、程戡晓畅吏事。谘变茶法,虽浮议动摇,乍行乍止,卒无能易其说;戡任边寄,守以安静,非必智谋,抑所遇之时耳。峤尚庄、老,以善著称。张观、丁度、孙抃,世推其德性淳易,而盛度每为寮友猜惮,心迹固何如也。戬明伟宏放,亦一时之俊。尧臣论议铿铿,正谊而不谋利,其最优乎。镐坚正宴合,驭军严,临事果,其安抚河东边塞,后来父老道其举动措置,辄嗟叹追思。况有文武才略,言事精畅,然欲惩兵骄,乃坑降卒,弗忌阴祸,惜哉!

卷二百九十三　　列传第五十二

田锡　王禹偁　张咏

田锡,字表圣,嘉州洪雅人。幼聪悟,好读书属文。杨徽之宰峨眉,宋白宰玉津,皆厚遇之,为之延誉,繇是声称翕然。太平兴国三年,进士高等,释褐将作监丞、通判宣州。迁著作郎、京西北路转运判官。改左拾遗、直史馆,赐绯鱼。锡好言时务,既居谏官,即上疏献军国要机者一、朝廷大体者四。其略曰:

顷岁王师平太原,未赏军功,迄今二载。幽燕窃据,固当用兵,虽禀宸谋,必资武力。愿陛下因郊禋、耕籍之礼,议平戎之功,则驾驭戎臣,莫兹为重,此要机也。

今交州未下,战士无功,《春秋》所谓"老师费财"者是也。臣闻圣人不务广疆土,惟务广德业,声教远被,自当来宾。周成王时,越裳九译来贡,且曰:"天无迅风疾雨、海不扬波三年矣。意者中国其有圣人乎?盍往朝之。"交州瘴海,得之如获石田。臣愿陛下务修德以来远,无钝兵以挫锐,又何必以蕞尔蛮夷,上劳震怒乎?此大体之一也。

今谏官不闻廷争,给事中不闻封驳,左右史不闻升陛轩、记言动,岂圣朝美事乎?又御史不敢弹奏,中书舍人未尝访以政事,集贤院虽有书籍而无职官,秘书省虽有职官而无图籍。臣愿陛下择才任人,使各司其局,苟职业修举,则威仪自严。此大体之二也。

尔者寓县平宁,京师富庶。军营马监,靡不恢崇;佛寺道宫,悉皆轮奂。加又辟西苑,广御池,虽周之灵囿,汉之昆明,未足为比。而尚书省湫隘尤甚,郎曹无本局，尚书无听事。九寺三监，寓天街之两廊，贡院就武成王庙，是岂太平之制度邪？臣愿陛下别修省寺，用列职官。此大体之三也。

案狱官令，枷杻有短长，钳锁有轻重，尺寸斤两，并载刑书，未闻以铁为枷者也。昔唐太宗观《明堂图》，见人之五藏皆丽于背，遂减徒刑。况隆平之时，将措刑不用，于法所无，去之可矣。此大体之四也。

疏奏，优诏褒答，赐钱五十万。僚友谓锡曰："今日之事鲜矣，宜少晦以远逸忌。"锡曰："事君之诚，惟恐不竭，矧天植其性，岂为一赏夺邪？"时赵普为相，令有司受群臣章奏，必先白锡。锡贻书于普，以为失至公之体，普引咎谢之。

六年，为河北转运副使，驿书言边事曰：

臣闻动静之机，不可妄举；安危之理，不可轻言。利害相生，变易不定；取舍无惑，思虑必精。夫动静之机，不可妄举者，动谓用兵，静谓持重。应动而静，则养寇以生奸；应静而动，则失时以败事。动静中节，乃得其宜。今北鄙驿骚，盖亦有以居边任者，规羊马细利为捷，矜捕斩小胜为功，贾怨结仇，兴戎致寇，职此之由。前岁边陲傲扰，亲迁革辂，戎骑既退，万乘方归。是皆失我机先，落其术内，劳烦耗致，可胜言哉。伏愿申饬将帅，慎固封守，勿尚小功。许通互市，俘获蕃口，抚而还之。如此不出五载，河朔之民，得务农业，亭障之地，可积军储。然后待其乱而取之则克，乘其衰而兵之则降，既心服而忘归，则力省而功倍。

诚愿考古道，务远图，示绥怀万国之心，用驾驭四夷之策，事戒辄发，理贵深谋，所谓安危之理，不可轻言者。国家务大体，求至治则安；舍近谋远，劳而无功则危。为君有常道，为臣有常职，是务大体也。上不拒谏，下不隐情，是求至治也。汉武帝躬秉武节，登单于之台；唐太宗手结雨衣，伐辽东之国：则是舍近谋远也。沙漠穷荒，得之无用，则是劳而无功也。在位之臣，敢言者少，言而见听，未必蒙福，言而不从，方且虞祸，欲下不隐情得乎？恶在其务大体而求至治也。

臣又谓利害相生，变易不定者，《兵书》曰："不能尽知用兵之害者，则不能尽知用兵之利。"盖事有可进而退，则害成之事至焉；可退而进，则利用之事去焉。可速而缓，则利必从之而失；可缓而速，则害必由之而致。可诛而赦，则奸宄之心，或有时而生害；可赦而诛，则忠勇之人，或无心于利国。可赏而罚，则以害勤劳之功；可罚而赏，则有以利憸逾之幸。能审利害，则为聪明。以天下之耳听之则聪，以天下之目视之则明。故《书》曰"明四目、达四聪"，此之谓也。臣又谓取舍不可以有惑者，故曰"孟贲之狐疑，不如童子之必至"。思虑不可以不精者，故曰"差若毫厘，缪以千里"。自国家图燕以来，连兵未解，财用不得不耗，人心不得不忧，愿陛下精思虑，决取舍，无使旷日持久，穷兵极武焉。

书奏，上嘉之。七年，徙知相州，改右补阙。复上章论事。

明年，移睦州。睦州人旧阻礼教，锡建孔子庙，表请以经籍给诸生，诏赐《九经》，自是人知向学。会文明殿灾，又拜章极言时政，上嘉纳焉。转起居舍人，还判登闻鼓院，上书请封禅。以本官知制诰，寻加兵部员外郎。

端拱二年，京畿大旱，锡上章，有"调燮倒置"语，忤宰相，罢为户部郎中，出知陈州。坐稽留杀人狱，责授海州团练副使，后徙单州。召为工部员外郎，复论时政阙失，俄诏直集贤院。至道中，复旧官。

真宗嗣位，迁吏部。出使秦、陇，还，连上章言，陕西数十州苦于灵、夏之役，生民重困，上为之戚然。同知审官院兼通进、银台、封驳司，赐金紫；与魏廷式联职，以议论不协求罢，出知泰州。会彗星见，拜疏请责躬以答天戒，再召见便殿。及行，降中使抚谕，仍加优赐。

咸平三年，诏近臣举贤良方正，翰林学士承旨宋白以锡应诏。还朝，屡召对言事。锡尝奏曰："陛下即位以来，治天下何道？臣愿以皇王之道治之。旧有《御览》，但记分门事类。臣请钞略四部，别为《御览》三百六十卷，万几之暇，日览一卷，经岁而毕。又采经史要切之言，为《御屏风》十卷，置扆座之侧，则治乱兴亡之鉴，常在目矣。"真宗善其言，诏史馆以群书借之，每成书数卷，即先进内。锡乃先上《御览》三十卷、《御屏风》五卷。

《御览序》曰："圣人之道，布在方册。《六经》则言高旨远，非讲求讨论，不可测其渊深。诸史则迹异事殊，非参会异同，岂易记其繁杂。子书则异端之说胜，文集则宗经之辞寡。非猎义以为鉴戒，举纲要以观会通，为日览之书，资日新之德，则虽白首，未能穷经，矧王者乎？臣每读书，思以所得上补圣聪，可以铭于座隅者，书于御屏；可以用于常道者，录为御览。冀以涓埃之微，上裨天地之德，俾功业与尧、舜比崇，而生灵亦跻仁寿之域矣。"

《御屏风序》曰："古之帝王，盘盂皆铭，几杖有戒，盖起居必睹，而夙夜不忘也。汤之《盘铭》曰：'苟日新，日日新，又日新。'武王铭于几杖曰：'安不忘危，存不忘亡，孰惟二者，后必无凶。'唐黄门侍郎赵智为高宗讲《孝经》，举其要切者言之曰：'天子有争臣七人，虽无道不失其天下。'宪宗采《史》、《汉》、《三国》已来经济之要，号《前代君臣事迹》，书于屏间。臣每览经、史、子、集，因取其语要，辄用进献，题之御屏，置之座右，日夕观省，则圣德日新，与汤、武比隆矣。"

五年，再掌银台，览天下奏章，有言民饥盗起及诏救不便者，悉条奏其事。上对宰相称锡"得争臣之体"，即日以本官兼侍御史知杂事，擢右谏议大夫、史馆修撰。连上八疏，皆直言时政得失。六年冬，病卒，年六十四。遗表劝上以慈俭守位，以清净化人，居安思危，在治思乱。上览之恻然，谓宰相李沆曰："田锡，直臣也。朝廷少有阙失，方在思虑，锡之章奏已至矣。若此谏官，亦不可得。"嗟惜久之，特赠工部侍郎。录其二子，并为大理评事，给奉终丧。

锡耿介寡合，未尝趋权贵之门，居公庭，危坐终日，无懈容。慕魏徵、李绛之为人，以尽规献替为己任。尝曰：

"吾立朝以来，章疏五十有二，皆谏臣任职之常言。苟获从，幸也，岂可藏副后，谤时卖直邪？"悉命焚之。然性凝执，治郡无称。所著有《咸平集》五十卷。

王禹偁，字元之，济州钜野人。世为农家，九岁能文，毕士安见而器之。太平兴国八年擢进士，授成武主簿。徙知长洲县，就改大理评事。同年生罗处约时宰吴县，日相与赋咏，人多传诵。端拱初，太宗闻其名，召试，擢右拾遗、直史馆，赐绯。故事，赐绯者给涂金银带，上特命以文犀带宠之。即日献《端拱箴》以寓规讽。

时北庭未宁，访群臣以边事。禹偁献《御戎十策》，大略假汉事以明之："汉十二君，言贤明者，文、景也；言昏乱者，哀、平也。然而文、景之世，军臣单于最为强盛，肆行侵掠，候骑至雍，火照甘泉。哀、平之时，呼韩邪单于每岁来朝，委质称臣，边烽罢警。何邪？盖汉文当军臣强盛之时，而外任人、内修政，使不能为深患者，由乎德也。哀、平当呼韩衰弱之际，虽外无良将，内无贤臣，而致其来朝者，系于时也。今国家之广大，不下汉朝，陛下之圣明，岂让文帝。契丹之强盛，不及军臣单于，至如挠边侵塞，岂有候骑至雍，而火照甘泉之患乎？亦在乎外任人、内修德尔。臣愚以为：外则合兵势而重将权，罢小臣诇逻边事，行间谍离其党，遣赵保忠、折御卿率所部以掎角。下诏感励边人，使知取燕蓟旧疆，非贪其土地；内则省官以宽经费，抑文士以激武夫，信用大臣以资其谋，不贵虚名以戒无益，禁游惰以厚民力。"帝深嘉之。又与夏侯嘉正、罗处约、杜镐表请同校《三史书》，多所厘正。

二年，亲试贡士，召禹偁，赋诗立就。上悦曰："此不逾月遍天下矣。"即拜左司谏、知制诰。是冬，京城旱，禹偁疏云："一谷不收谓之馑，五谷不收谓之饥。馑则大夫以下，皆损其禄；饥则尽无禄，廪食而已。今旱云未霑，宿麦未苗，既无积蓄，民饥可忧。望下诏直云：'君臣之间，政教有阙，自乘舆服御，下至百官奉料，非宿卫军士、边庭将帅，悉第减之，上答天谴，下厌人心，俟雨足复故。'臣朝行中家最贫，奉最薄，亦愿首减奉，以赎耗蠹之咎。外则停岁市之物；内则罢工巧之伎。近城掘土，侵冢墓者瘗；外州配隶之众，非赃盗者释。然后以古者猛虎渡河、飞蝗越境之事，戒敕州县吏。其余军民刑政之弊，非臣所知者，望委宰臣裁议颁行，但感人心，必召和气。"

未几，判大理寺，庐州妖尼道安诬讼徐铉，道安当反坐，有诏勿治。禹偁抗疏雪铉，请论定道安罪，坐贬商州团练副使，岁余移解州。四年，召拜左正言，上以其性刚直不容物，命宰相戒之。直昭文馆，丐外任以便奉养，得知单州，赐钱三十万。至郡十五日，召为礼部员外郎，再知制诰。屡献讨李继迁便宜，以为继迁不必劳力而诛，自可用计而取。谓宜明数继迁罪恶，晓谕蕃汉，重立赏赐，高与官资，则继迁身首，不枭即擒矣。其后潘罗支射死继迁，夏人款附，卒如禹偁策。

至道元年，召入翰林为学士，知审官院兼通进、银台、封驳司。诏命有不便者，多所论奏。孝章皇后崩，迁梓宫于故燕国长公主第，群臣不成服。禹偁与客言，后尝母仪仪天下，当遵用旧礼。坐谤讪，罢为工部郎中、知滁州。初，禹偁尝草《李继迁制》，送马五十匹为润笔，禹偁却之。及出滁，闽人郑褒徒步来谒，禹偁爱其儒雅，为买一马。或言买马亏价者，太宗曰："彼能却继迁五十马，顾肯亏一马价哉？"移知扬州。真宗即位，迁秩刑部，会诏求直言，禹偁上疏言五事：

一曰谨边防，通盟好，使辇运之民有所休息。方今北有契丹，西有继迁。契丹虽不侵边，戍兵岂能减削？继迁既未归命，馈饷固难寝停。关辅之民，倒悬尤甚。臣愚以为宜赦封疆之吏，致书辽臣，俾达其主，请寻旧好。下诏赦继迁罪，复与夏台。彼必感恩内附，且使天下知陛下屈己而为民也。

二曰减冗兵，并冗吏，使山泽之饶，稍流于下。当乾德、开宝之时，土地未广，财赋未丰，然而击河东，备北鄙，国用未足，兵威亦强，其义安在？由所蓄之兵锐而不众，所用之将专而不疑故也。自后尽取东南数国，又平河东，土地财赋，可谓广且丰矣，而兵威不振，国用转急，其义安在？由所蓄之兵冗而不尽锐，所用之将众而不自专故也。臣愚以为宜经制兵赋，如开宝中，则可高枕而治矣。且开宝中设官至少。臣本鲁人，占籍济上，未及第时，一州止有刺史一人、司户一人，当时未尝阙事。自后有团练推官一人，太平兴国中，增置通判、副使、判官、推官，而监酒、榷税算又增四员。曹官之外，更益司理。问其租税，减于曩日也；问其人民，逃于昔时也。一州既尔，天下可知。冗吏耗于上，冗兵耗于下，此所以尽取山泽之利，而不能足也。夫山泽之利，与民共之。自汉以来，取为国用，不可弃也；然亦不可尽也。只如茶法从古无税，唐元和中，以用兵齐、蔡，始税茶。唐史称是岁得钱四十万贯，今则数百万矣，民何以堪？臣故曰减冗兵，并冗吏，使山泽之饶，稍流于下者此也。

三曰艰难选举，使入官不滥。古者乡举里选，为官择人，士君子学行修于家，然后荐之朝廷，历代虽有沿革，未尝远去其道。隋、唐始有科试，太祖之世，每岁进士不过三十人，经学五十人。重以诸侯不得奏辟，士大夫罕有资荫，故有终身不获一第，没齿不获一官者。太宗毓德王藩，睹其如此。临御之后，不求备以取人，舍短用长，拔十得五。在位将逾二纪，登第殆近万人，虽有俊杰之才，亦有容易而得。臣愚以为数百年之艰难，故先帝济之以泛取，二十载之需泽，陛下宜纠之以旧章，望以举场还有司，如故事。至于吏部铨官，亦非帝王躬亲之事，自来五品已下，谓之旨授官，今幕职、州县而已，京官虽有选限，多不施行。臣愚以为宜以吏部还有司，依格敕注拟可也。

四曰沙汰僧尼，使疲民无耗。夫古者惟有四民，兵不在其数。盖古者井田之法，农即兵也。自秦以来，战士不服农业，是四民之外，又生一民，故农益困。然执干戈卫社稷，理不可去。汉明之后，佛法流入中国，度人修寺，历代增加。不蚕而衣，不耕而食，是五民之外，又益一而为六矣。假使天下有万僧，日食米一升，岁用绢一匹，是至俭也，犹月费三千斛，岁用万缣，何况五七万辈哉。不曰民蠹得乎？臣愚以为国家度人众矣，造寺多矣，计其费耗，何啻亿万。先朝不豫，舍施又多，佛若有灵，岂不蒙福？事佛无效，断可知矣。愿陛下深鉴治本，亟行沙汰，如以嗣位之初，未欲惊骇此辈，且可以二十载，不度人修寺，使自销铄，亦救弊之一端也。

五曰亲大臣，远小人，使忠良謇谔之士，知进而不疑，奸检倾巧之徒，知退而有惧。夫君为元首，臣为股肱，言同体也。得其人则勿疑，非其人则不用。凡议帝王之盛者，岂不曰尧、舜之时，契作司徒，咎繇作士，伯夷典礼，后夔典乐，禹平水土，益作虞官。委任责成，而尧有知人任贤之德。虽然，尧之道远矣，臣请以近事言之。唐元和中，宪宗尝命裴垍铨品庶官，垍曰："天子择宰相，宰相择诸司长官，长官自择僚属，则上下不疑，而政成矣。"识者以垍为知言。愿陛下远取帝尧，近鉴唐室，既得宰相，用而不疑。使宰相择诸司长官，长官自取僚属，则垂拱而治矣。古者刑人不在君侧，《语》曰："放郑声，远佞人。"是以周文王左右，无可结袜者，言皆贤也。夫小人巧言令色，意惟希旨，事必害正，心惟忌贤，非至明不能深察。旧制，南班三品，尚书方得升殿，比来三班奉职，或因遣使，亦许升殿，惑乱天听，无甚于此。愿陛下振举纪纲，尊严视听，在此时矣。

臣愚又以为今之所急，在先议兵，使众寡得其宜，措置得其道。然后议吏，使清浊殊涂，品流不杂，然后艰选举以塞其源，禁僧尼以去其耗，自然国用足而王道行矣。

疏奏，召还，复知制诰。咸平初，预修《太祖实录》，直书其事。时宰相张齐贤、李沆不协，意禹偁议论轻重其间。出知黄州，尝作《三黜赋》以见志。其卒章云："屈于身而不屈于道兮，虽百谪而何亏！"三年，濮州盗夜入城，略知州王守信、监军王昭度，禹偁闻而奏疏，略曰：

伏以体国经野，王者保邦之制也。《易》曰"王公设险，以守其国"。自五季乱离，各据城垒，豆分瓜剖，七十余年。太祖、太宗，削平僭伪，天下一家。当时议者，乃令江淮诸郡毁城隍、收兵甲、彻武备者，二十余年。书生领州，大郡给二十人，小郡减五人，以充常从。号曰长吏，实同旅人；名为郡城，荡若平地。虽则尊京师而抑郡县，为强干弱枝之术，亦匪得其中道也。臣比在滁州，值发兵挽漕，关城无人守御，止以白直代主开闭，城池颓圮，铠仗不完。及徙维扬，称为重镇，乃与滁州无异。尝出铠甲三十副，与巡警使臣，毂弩张弓，十损四五，盖不敢擅有修治，上下因循，遂至于此。今黄州城雉器甲，复不及滁、扬，万一水旱为灾，盗贼窃发，虽思御备，何以枝梧。盖太祖削诸侯跋扈之势，太宗杜僭伪觊望之心，不得不尔。其如设法救世，久则弊生，救弊之道，在乎从宜。疾若转规，固不可胶柱而鼓瑟也。今江、淮诸州，大患有三：城池堕圮，一也；兵仗不完，二也；军不服习，三也；濮贼之兴，慢防可见。望陛下特纡宸断，许江、淮诸郡，酌民户众寡，城池大小，并置守捉。军士多不过五百人，阅习弓剑，然后渐葺城壁，缮完甲胄，则郡国有御侮之备，长吏免剽略之虞矣。

疏奏，上嘉纳之。

四年，州境二虎斗，其一死，食之殆半。群鸡夜鸣，经月不止。冬雷暴作。禹偁手疏引《洪范传》陈戒，且自劾；上遣内侍乘驲劳问，醮禳之，询日官，云："守土者当其咎。"上惜禹偁才，是日，命徙蕲州。禹偁上表谢，有"宣室鬼神之问，不望生还；茂陵封禅之书，止期身后"之语。上异之，果至郡未逾月而卒，年四十八。讣闻，甚悼之，厚赙其家。赐一子出身。

禹偁词学敏赡，遇事敢言，喜臧否人物，以直躬行道为己任。尝云："吾若生元和时，从事于李绛、崔群间，斯无愧矣。"其为文著书，多涉规讽，以是颇为流俗所不容，故屡见摈斥。所与游必儒雅，后进有词艺者，极意称扬之。如孙何、丁谓辈，多游其门。有《小畜集》二十卷、《承明集》十卷、《集议》十卷、诗三卷。子嘉祐、嘉言俱知名。

嘉祐为馆职，寇准曰："吾尹京，外议云何？"对曰："人言丈人且入相。"准曰："于吾子意何如？"嘉祐曰："以愚观之，不若不为相之善也，相则誉望损矣。自古贤相，所以能建功业、泽生民者，其君臣相得，如鱼之有水，故言听计从，而臣主俱荣。今丈人负天下重望，中外有太平之责焉，丈人于明主，能若鱼之有水乎？"准大喜，执其手曰："元之虽文章冠天下，至于深识远虑，或不逮吾子也。"嘉祐官不显。

嘉言以进士第为江都簿，真宗尝观禹偁奏章，嗟美切直，因访其后，宰相以嘉言闻。即召对，擢大理评事，至殿中侍御史。

曾孙汾举进士甲科，仕至工部侍郎，入元祐党籍。

张咏，字复之，濮州鄄城人。少任气，不拘小节，虽贫贱客游，未尝下人。太平兴国五年，郡举进士，议以咏首荐。有乡儒张覃者未第，咏与寇准致书郡将，荐覃为首，众许其能让。是岁，咏登进士乙科，大理评事、知鄂州崇阳县。再迁著作佐郎。以苏易简荐，入为太子中允，迁秘书丞、通判麟相二州，乞掌濮州市征以便养。俄召还，赐绯鱼，知浚仪县。会李沆、宋湜、寇准连荐其才，以为荆湖北路转运使，奏罢归、峡二州水递夫，就转太常博士。

太宗闻其强干，召还，超拜虞部郎中，赐金紫。旬日，与向敏中并擢为枢密直学士、同知银台通进封驳司兼掌三班院。张永德为并代部署，有小校犯法，笞之至死，诏案其罪。咏封还诏书，且言："陛下方委永德边任，若以一部校故，推辱主帅，臣恐下有轻上之心。"太宗不从。未几，果有营兵胁诉军校者，咏引前事为言，太宗改容劳之。

出知益州，时李顺构乱，王继恩、上官正总兵攻讨，顿师不进。咏以言激正，勉其亲行，仍盛为供帐饯之。酒酣，举爵属军校曰："尔曹蒙国厚恩，无以塞责，此行当直抵寇垒，平荡丑类。若老师旷日，即此地还为尔死所矣。"正由是决行深入，大致克捷。继恩帐下卒缒城夜遁，吏执以告。咏不欲与继恩失欢，即命縶投眢井，人无知者。时寇略之际，民多胁从，咏移文谕以朝廷恩信，使各归田里。且曰："前日李顺胁民为贼，今日吾化贼为民，不亦可乎？"时民间讹言，有白头翁午后食人儿女，一郡嚣然。至暮，路无行人，既而得造讹者戮之，民遂帖息。咏曰："妖讹之兴，沴气乘之，妖则有形，讹则有声，止讹之术，在乎识断，不在乎厌胜也。"

初，蜀士知向学，而不乐仕宦。咏察郡人张及、李畋、张逵者皆有学行，为乡里所称；遂敦勉就举，而三人者悉登科，士由是知劝。民有谍诉者，咏灼见情伪，立为判决，人皆厌服。好事者编集其辞，镂板传布。咏尝曰："询君子得君子，询小人得小人，各就其类询之，则无不审矣。"其为政，恩威并用，蜀民畏而爱之。丁外艰，起复，改兵部郎中。会诏川、陕诸州参用铜铁钱，每铜钱一当铁钱十。咏上言："昨经利州，以铜钱一换铁钱五，绵州铜钱一换铁钱六，益州铜钱一换铁钱八。若一其法，公私非便。望依旬估折纳铜钱。"

真宗即位，加左谏议大夫。咸平初，入拜给事中、户部使，改御史中丞。承天节斋会，丞相大僚有酒失者，咏奏弹之。二年，同知贡举。是夏，以工部侍郎出知杭州。属岁歉，民多私鬻盐以自给，捕获犯者数百人，咏悉宽其罚而遣之。官属请曰："不痛绳之，恐无以禁。"咏曰："钱塘十万家，饥者八九，苟不以盐自活，一旦蜂聚为盗，则为患深矣。俟秋成，当仍旧法。"有民家子与姊婿讼家财。婿言妻父临终，此子才三岁，故见命掌赀产；且有遗书，令异日以十之三与子，余七与婿。咏览之，索酒酹地，曰："汝妻父，智人也，以子幼俾托汝。苟以七与子，则子死汝手矣。"亟命以七给其子，余三给婿，人皆服其明断。知永兴军府。

五年，马知节自益徙延州，朝议择可代者。真宗以咏前在蜀治行优异，复命知益州，仍加刑部侍郎、枢密直学士，就迁吏部侍郎。转运使黄观上其治状，有诏褒美。会遣谢涛巡抚西蜀，上因令传谕咏曰："得卿在蜀，朕无西顾之忧矣。"归朝，复掌三班，领登闻检院。

咏中岁疡生脑，颇妨巾栉，求知颍州。真宗以其公直，有时望，再任益部，皆以政绩闻，不当莅小郡。令中书召问，将委以青社或真定，令其自择。咏辞不就，遂命知昇州。大中祥符初，加左丞。三年春，州民以咏秩满借留，就转工部尚书，令再任。是秋，以江左旱歉，命充昇、宣等十州安抚使，进礼部。上闻咏脑疡甚，悯之，令薛映驰驿代还。以疾未见，恨不得面陈所蕴，乃抗论言："近年虚国帑藏，竭生民膏血，以奉无用之土木，皆贼臣丁谓、王钦若启上侈心之为也。不诛死，无以谢天下。"章三上，出知陈州。

初，咏与青州傅霖少同学。霖隐不仕。咏既显，求霖者三十年不可得，至是来谒。阍吏白傅霖请见，咏责之曰："傅先生天下贤士，吾尚不得为友，汝何人，敢名之！"霖笑曰："别子一世尚尔邪，是岂知世间有傅霖者乎？"咏问"昔何隐，今何出？"霖曰："子将去矣，来报子尔。"咏曰："咏亦自知之。"霖曰："知复何言。"翌日别去。后一月而咏卒，年七十。赠左仆射，谥忠定。

咏刚方自任，为治尚严猛，尝有小吏忤咏，咏械其颈。吏恚曰："非斩某，此枷终不脱。"咏怒其悖，即斩之。少学击剑，慷慨好大言，乐为奇节。有士人游宦远郡，为仆夫所持，且欲得其女为妻，士人者不能制。咏遇于传舍，知其事，即阳假此仆为驭，单骑出近郊，至林麓中，斩之而还。尝谓其友人曰："张咏幸生明时，读典坟以自律，不尔，则为何人邪？"故其言曰："事君者廉不言贫，勤不言苦，忠不言己效，公不言己能，斯可以事君矣。"性躁果卞急，病创甚，饮食则痛楚增剧，御下益峻，尤不喜人拜跪，命典客预戒止。有违者，咏即连拜不止，或倨坐骂之。真守尝称其材任将帅，以疾不尽其用。自号乖崖，以为"乖"则违众，"崖"不利物。有集十卷。弟诜，为虞部员外郎。

论曰：《传》云："邦有道，危言危行。"三人者，躬骨鲠謇谔之节，蔚为名臣，所遇之时然也。禹偁制戎之策，厥后果符其言，而醇文奥学，为世宗仰。锡身没之后，特降褒命，以贲直操，与夫容容嘿嘿，以持禄固位者异矣。咏所至以政绩闻。天子尝曰："咏在蜀，吾无西顾之忧。"其被奖与如此。然皆肮脏自信，道不谐偶，故不极于用云。

卷二百九十四　　列传第五十三

掌禹锡　苏绅　王洙子钦臣　胥偃　柳植
聂冠卿　冯元　赵师民　张锡　张揆　杨安国

掌禹锡，字唐卿，许州郾城人。中进士第，为道州司理参军。试身言书判第一，改大理寺丞，累迁尚书屯田员外郎、通判并州。擢知庐州，未行，丁度荐为侍御史，上疏请严备西羌。时议举兵，禹锡引周宣薄伐为得，汉武远讨为失；且建画增步卒，省骑兵。旧法，荐举边吏，贪赃皆同坐。禹锡奏谓："使贪使愚，用兵之法也。若举边吏必兼责士节，则莫敢荐矣。材武者孰从而进哉？"后遂更其法。

出提点河东刑狱。杜衍荐，召试，为集贤校理，改直集贤院兼崇文院检讨。历三司度支判官、判理欠司、同管勾国子监。历判司农、太常寺。数考试开封国学进士，命题皆奇奥，士子惮之，目为"难题掌公"。迁光禄卿，改直秘阁。英宗即位，自秘书监迁太子宾客。御史劾禹锡老病不任事，帝怜其博学多记，令召至中书，示以弹文。禹锡惶怖自请，遂以尚书工部侍郎致仕，卒。

禹锡矜慎畏法，居家勤俭，至自举几案。尝预修《皇祐方域图志》、《地理新书》，奏对帝前，王洙推其稽考有劳，赐三品服。及校正《类篇》、《神农本草》，载药石之名状为《图经》。喜命术，自推直生日，年庚寅，日乙酉，时壬午,当《易》之《归妹》、《困》、《震》初中末三卦。以世应飞伏纳五甲行轨析数推之,卦得二十五少分,三卦合七十五年约半,禄秩算数,尽于此矣。著《郡国手鉴》一卷,《周易集解》十卷。好储书,所记极博,然迂漫不能达其要。常乘驽马,衣冠污垢,言语举止多可笑,僚属或慢侮之,过闾巷,人指以为戏云。

苏绅,字仪甫,泉州晋江人。进士及第。历宜、复、安三州推官,改大理寺丞。母丧,寓扬州。州将盛度以文学自负,见其文,大惊,自以为不及,由是知名。再迁太常博士,举贤良方正科,擢尚书祠部员外郎、通判洪州,徙扬州。归,上十议,进直史馆,为开封府推官、三司盐铁判官。时众星西流,并代地大震,方春而雷,诏求直言,绅上疏极言时事。

安化蛮蒙光月率众寇宜州,败官军,杀钤辖张怀志等六人。绅上言曰:

国家比以西北二边为意,而鲜复留意南方,故有今日之患,诚不可不虑也。臣顷从事宜州,粗知本末。安化地幅员数百里,持兵之众,不过三四千人。然而敢肆侵扰,非特恃其险绝,亦由往者守将失计,而国家姑息之太过也。

向闻宜州吏民言,祥符中,蛮人骚动,朝廷兴兵讨伐。是时,唯安抚都监马玉勒兵深入,多所杀获。知桂州曹克明害其功,累移文止之,故玉志不得逞。蛮人畏伏其名,至今言者犹惜之。使当时领兵者皆如玉,则蛮当殄灭,无今日之患矣。至使乘隙蹂边,屠杀将吏,其损国威,无甚于此。朝廷傥不以此时加兵,则无以创艾将来,而震叠荒裔。彼六臣者,虽不善为驭,自致丧败,然衔冤负耻,当有以刷除。

臣观蛮情,所恃者地形险阻,据高临下,大军难以并进。然其壤土硗确,资蓄虚乏,刀耕火种,以为饩粮。其势可以缓图,不可以速取;可以计覆,不可以力争。今广东西教阅忠敢澄海、湖南北雄武等军,皆惯涉险阻。又所习兵器,与蛮人略同。请速发诣宜州策应,而以他兵代之。仍命转运使备数年军食,今秋、冬之交,岚气已息,进军据其出路,转粟补卒,为旷日持久之计。伺得便利,即图深入,可以倾荡巢穴,杜绝蹊迳。纵使奔进林莽,亦且坏其室庐,焚其积聚,使进无钞略之获,退无攻守之备。然后谕以国恩,许以送款,而徙之内郡,收其土地,募民耕种,异时足以拓外夷为屏蔽也。

仍诏旁近诸蛮,谕以朝廷讨叛之意,毋得相为声援;如获首级,即优赏以金帛。计者出此,则不越一年,逆蛮必就殄灭。况广西溪峒、荆湖、川峡蛮落甚多,大抵好为骚动。因此一役,必皆震慑,可保数十年无傲扰之虞矣。

朝廷施用其策,遣冯伸己守桂州经制之,蛮遂平。

又陈便宜八事:

一曰重爵赏。先王爵以褒德,禄以赏功,名以定流品,位以民才实。未有无德而据高爵,无功而食厚禄,非其人而受美名,非其才而在显位者。不妄与人官,非惜宠也,盖官非其人,则不肖者逞。不妄赏人,非爱财也,盖赏非其人,则侥幸者众。非特如此而已,则又败国伤政,纳侮诒患。上干天气,下戾人心,灾异既兴,妖孽乃见。故汉世五侯同日封,天气赤黄,及丁、傅封而其变亦然。杨宣以为爵土过制,伤乱土气之祥也。

二曰慎选择。今内外之臣,序年迁改,以为官滥,而复有论述微效,援此希进者。朝臣则有升监司,使臣则有授横行。不问人材物望,可与不可,并甄禄之。不三数年,坐致清显。如此不止,则异日必以将相为赏矣。

三曰明荐举。今有位多援亲旧,或迫于权贵,甚非荐贤助国,为官择人之道。若要官阙人,宜如祖宗故事,取班簿亲择五品以上清望官,各令举一二人,述其才能德业,陛下与执政大臣,参验而擢之。试而有效,则先赏举者,否则黜责之。如此,则人人得以自劝。又选人条约太严。旧制,三人保者,得选京官,今则五人。旧转运使、提点刑狱率当三人,今止一人。旧大两省官岁举五人,今才举三人;升朝官举三人,今则举一人。旧不以在任及所统属皆得奏举,今则须在任及统属方许论荐。驱驰下僚,未免有贤愚同滞之叹也。

四曰异服章。朝班中执技之人与丞郎清望同佩金鱼,内侍班行与学士同服金带,岂朝廷待贤才、加礼遇之意?宜加裁定,使采章有别,则人品定而朝仪正矣。

五曰适才宜。古者自黄、散而下,及隋之六品,唐之五品,皆吏部得专去留。今审官院、流内铨,则古之吏部;三班院,古之兵部。不问官职之闲剧,才能之长短,惟以资历深浅为先后,有司但主簿籍而已。欲贤不肖有别,不可得也。太宗皇帝始用赵普议,置考课院以分中书之权,今审官是也,其职任岂轻也哉?宜择主判官,付之以事权,责成其选事。若以为格例之设久,不可遽更。或有异才高行,许别论奏,如寇准判铨,荐选人钱若水等三人,并迁朝官为直馆。其非才亦许奏殿,如唐卢从愿为吏部,非才实者并令罢选,十不取一是也。

六曰择将帅。汉制边防有警,左右之臣,皆将帅也。唐室文臣,自员外、郎中以上,为刺史、团练、防御、观察、节度等使,皆是养将帅之道,岂尝限以文武?比年设武举,所得人不过授以三班官,使人监临,欲图其建功立事,何可得也?臣僚举换右职者,必人才弓马兼书算策略,亦责之太备。宜使有材武者居统领之任,有谋画者任边防之寄,士若素养之,不虑不为用也。

七曰辨忠邪。夫忠贤之嫉奸邪,谓之去恶,恶不去则害政而伤国。奸邪陷忠良,谓之蔽明,明不蔽,则无以稔其慝而肆其毒矣。忠邪之端,惟人主深辨之。自古称帝之圣者,莫如唐尧,然而四凶在朝,圮毁善类。好贤之甚者，莫如汉文，然而绛、灌在列，不容贤臣。愿监此而不使誉毁之说得行，爱憎之徒逞志，则忠贤进而邪慝消矣。

八曰修预备。国家承平，天下无事将八十载，民食宜足而不足，国用宜丰而未丰，甚可怪也。往者明道初，虫螟水旱，几遍天下。始之以饥馑，继之以疾疫，民之转流死亡，不可胜数。幸而比年稍稔，流亡稍复，而在位未尝留意于备预之道，莫若安民而厚利，富国而足食。欲民之安，则为之择守宰、明教化；欲民之利，则为之去兼并、禁游末。恤其疾苦，宽其徭役，则民安而利矣。欲国之富，则必崇节俭，敦质素，蠲浮费。欲食之足，则省官吏之冗，去兵释之蠹，绝奢靡之弊，塞凋伪之原，则国食足矣。民足于下，国富于上，虽有灾沴，不足忧也。

书奏，帝嘉纳之。进史馆修撰，擢知制诰，入翰林为学士。再迁尚书礼部郎中。

王素、欧阳修为谏官，数言事，绅忌之。会京师闵雨，绅请对，言："《洪范》五事，'言之不从，是谓不乂，厥咎僭，厥罚常旸。'盖言国之号令，不专于上，威福之柄，或移臣下，虚哗愤乱，故其咎僭。"又曰："庶位逾节兹谓僭。刑赏妄加，群阴不附，则阳气胜，故其罚常旸。今朝廷号令，有不一者，庶位有逾节而陵上者，刑赏有妄加于下者，下人有谋而僭上者。此而不思，虽祷于上下神祇，殆非天意。"绅意以指谏官。谏官亦言绅举御史马端非其人，改龙图阁学士、知扬州，复为翰林学士、史馆修撰、权判尚书省。

绅锐于进取，善中伤人。阴中王德用，其疏至有"宅枕乾冈，貌类艺祖"之语，帝恶之，匿其疏不下。遂出绅，以吏部郎中改侍读学士、集贤殿修撰、知河阳，徙河中。未行感疾，为医者药所误，犹力疾笞之，已而卒。

绅博学多知，喜言事。尝请罢连日视朝，复唐制朔望唤仗入阁，间开便殿，延对辅臣；宽制举科格，以收才杰，选命谏员，勿侵御史职事。赵元昊反，请诏边帅为入讨之计，且曰："以十年防守之费，为一岁攻取之资；不尔，则防守之备，不止于十年矣。"又曰："今边兵止备陕西，恐贼出不意窥河东，即麟、府不可不虑，宜稍移兵备之。鄜、延与原州、镇戎军，皆当贼冲，而兵屯众寡不均。或寇原州、镇戎军，则鄜、延能应援。陕西屯卒太多，永兴为关、陇根本，而戍者不及三千。宜留西戍之兵，壮关中形势，缓急便于调发。郡县备盗不谨，请增尉员，益弓手藉。"其论利害甚多。

绅与梁适同在两禁，人以为险波，故语曰："草头木脚，陷人倒卓。"子颂，别有传。

王洙，字原叔，应天宋城人。少聪悟博学，记问过人。初举进士，与郭稹同保。人有告稹冒祖母禫，主司欲脱洙连坐之法，召谓曰："不保，可易也。"洙曰："保，不愿易。"遂与稹俱罢。再举，中甲科，补舒城县尉。坐覆县民钟元杀妻不实免官。

后调富川县主簿。晏殊留守南京，厚遇之，荐为府学教授。召为国子监说书，改直讲。校《史记》、《汉书》，擢史馆检讨、同知太常礼院，为天章阁侍讲。专读宝训、要言于迩英阁。累迁太常博士、同管勾国子监，预修《崇文总目》成，迁尚书工部员外郎。修《国朝会要》，加直龙图阁、权同判太常寺。坐赴进奏院赛神与女妓杂坐，为御史劾奏，黜知濠州，徙襄州。

会贝卒叛，州郡皆恟恟，襄佐史请罢教阅士，不听。又请毋给真兵，洙曰："此正使人不安也。"命给库兵，教阅如常日，人无敢哗者。

徙徐州。时京东饥，朝廷议塞商胡，赋楗薪，输半而罢塞。洙命更其余为谷粟，诱愿输者以饷流民，因募其壮者为兵，得千余人，盗贼衰息。有司上其最，为京东第一，徙亳州。复为天章阁侍讲、史馆检讨。

帝将祀明堂，宋祁言："明堂制度久不讲，洙有《礼》学，愿得同具其仪。"诏还洙太常，再迁兵部员外郎，命撰《大飨明堂记》。除史馆修撰，迁知制诰。诏诸儒定雅乐，久未决。洙与胡瑗更造钟磬，而无形制容受之别。皇祐五年，有事于南郊，劝上用新乐，而议者多非之，卒不复用。

夏竦卒，赐谥文献。洙当草制，封还其目曰："臣下不当与僖祖同谥。"因言："前有司谥王溥为文献，章得象为文宪，字虽异而音同，皆当改。"于是太常更谥竦文庄，而溥、得象皆易谥。

尝使契丹，至靴淀。契丹令刘六符来伴宴，且言耶律防善画，向持礼南朝，写圣容以归，欲持至馆中。洙曰："此非瞻拜之地也。"六符言恐未得其真，欲遣防再往传绘，洙力拒之。

尝言天下田税不均，请用郭谘、孙琳千步开方法，颁州县以均其税。贵妃张氏薨，治丧皇仪殿，追册温成皇后。洙钧撦非礼，阴与内侍石全彬附会时事。陈执中、刘沆在中书，喜其助已，擢洙为翰林学士。既而温成即园立庙，且欲用乐，诏礼院议。礼官论未一，洙令礼直官填印纸，上议请用乐，朝廷从其说。礼官吴充、鞫直卿移文开封府，治礼直官擅发印纸罪。知府蔡襄释不问，而谏官范镇疏礼院议园陵前后不一，请诘所以。御史继论之不已，宰相意充等风言者，皆罢斥。

既而洙以兄子尧臣参知政事，改侍读学士兼侍讲学士。罢一学士，换二学士且兼讲读，前此未尝有也。是岁，京东、河北秋大稔。洙言："近年边籴，增虚价数倍，虽复稍延日月之期，而终偿以实钱及山泽之物，以致三司财用之蹙。请借内藏库禁钱，乘时和籴京东、河北之粟，以供边食，可以坐纾便籴之急。"又言："近时选谏官、御史，凡执政之臣尝所荐者，皆不与选。且士之饬身励行，稍为大臣所知，反置而不用，甚可惜也。"及得疾逾月，帝遣使问："疾少间否，能起侍经席乎？"时不能起矣。

洙泛览传记，至图纬、方技、阴阳、五行、算数、音律、诂训、篆隶之学，无所不通。及卒，赐谥曰文，御史吴中复言官不应得谥，乃止。预修《集韵》、《祖宗故事》、《三朝经武圣略》、《乡兵制度》，著《易传》十卷、杂文千有余篇。子钦臣。

钦臣字仲至,清亮有志操,以文贽欧阳修,修器重之。用荫入官,文彦博荐试学士院,赐进士及第。历陕西转运副使。元祐初,为工部员外郎。奉使高丽,还,进太仆少卿,迁秘书少监。开封尹钱勰入对,哲宗言:"比阅书诏,殊不满人意,谁可为学士者?"勰以钦臣对。哲宗曰:"章惇不喜。"乃以勰为学士,钦臣领开封。改集贤殿修撰、知和州。徙饶州,斥提举太平观。徽宗立,复待制、知成德军。卒,年六十七。

钦臣平生为文至多,所交尽名士,惟嗜古,藏书数万卷,手自雠正,世称善本。

胥偃,字安道,潭州长沙人。少力学,河东柳开见其所为文曰:"异日必得名天下。"举进士甲科,授大理评事、通判湖、舒二州,直集贤院、同判吏部南曹、知太常礼院,再迁太常丞、知开封县。

与御史高升试府进士,既封弥卷首,辄发视,择有名者居上。降秘书省著作佐郎、监光化军酒。起通判邓州,复太常丞。林特知许州,辟通判州事,徙知汉阳军。还判三司度支勾院、修起居注。累迁尚书刑部员外郎,遂知制诰,迁工部郎中,入翰林为学士,权知开封府。

忻州地震,偃以为:"地震,阴之盛。今朝廷政令,不专上出,而后宫外戚,恩泽日蕃,此阳不胜阴之效也。宜选将练师,以防边塞。"赵元昊朝贡不至,偃曰:"遽讨之,太暴。宜遣使问其不臣状,待其辞屈而后加兵。则其不直者在彼,而王师之出有名矣。"又奏:"戍兵代还,宜如祖宗制,阅其花后殿次进之。"

会有卫卒赂库吏求拣冬衣,坐系者三十余人。时八月,霜雪暴至。偃推《洪范》"急,恒寒若"之咎,请从末减,奏可。西塞用兵,士卒妻子留京师者犯法当死,帝不忍用刑,或欲以毒置饮食中,令得善死。偃极言其不可,帝亦悔而止。宦人程智诚与三班使臣冯文显八人抵罪,帝使赦智诚三人,而文显五人坐如法。偃曰:"恤近遗远,非政也,况同罪异罚乎?"诏并释之。未几,卒。

偃未仕时,家有良田数十顷,既贵,悉以予族人。初,天下职田,无日月之限,而赴官者多以前后为断。偃请水陆田各限以月,因著为令。尝与谢绛受诏试中书吏,而大臣有以简属偃者,偃不敢发视,亟焚之。欧阳修始见偃,偃爱其文,召置门下,妻以女。偃纠察刑狱,范仲淹尹京,偃数纠其立异不循法者。修方善仲淹,因与偃有隙。

子元衡,有学行,能自立,为尚书都官员外郎,并其子茂谌咸早卒。偃妻,直史馆刁约之妹。与元衡妇韩、茂谌妇谢皆寡居丹阳,闺门有法,江、淮人至今称之。

柳植,字子春,真州人。少贫,自奋为学,从祖开颇器之。举进士甲科,为大理评事、通判滁州。迁著作郎、直集贤院、知秀州。除三司度支判官,出知宣州。擢修起居注、知制诰。求知苏州,徙杭州,累迁尚书工部员外郎中。召还,为翰林学士,迁谏议大夫、御史中丞。既而以疾辞,改侍读学士、知邓州。迁给事中、移颍州。

先是,张海、郭邈山叛京西,攻掠县镇,而光化卒邵兴亦率其徒作乱,逐官吏,取库兵而去。时植领京西安抚使,坐贼发部中不能察,降右谏议大夫、知黄州。久之,复其官。坐张得一落职,未几,复其职如故。历知寿、亳、蔡、扬四州,分司西京,遂致仕。累迁吏部侍郎,卒。

植平居畏慎,寡言笑,所至官舍,蔬果不辄采,家无长物,时称其廉。

聂冠卿,字长孺,歙州新安人。五世祖师道,杨行密版奏,号问政先生,鸿胪卿。冠卿举进士,授连州军事推官。杨亿爱其文章,于是大臣交荐,召试学士院,校勘馆阁书籍。迁大理寺丞,为集贤校理、通判蕲州。坐尝校《十代兴亡论》谬误落职。

再迁太常博士,复集贤校理。言:"天下旬奏狱,虽笞、杖并覆,而徒、流不系狱者乃不以闻,非所以矜慎刑罚之意。请自今罢覆笞、杖罪,自徒以上虽不系狱,亦奏覆。"从之。判登闻鼓院,历开封府判官、三司盐铁度支判官,同修起居注。累迁尚书工部郎中。

初,翰林侍讲学士冯元修大乐,命冠卿检阅事迹。又预撰《景祐广乐记》,特迁刑部郎中、直集贤院。以兵部郎中、知制诰判太常礼院,纠察刑狱。奉使契丹,其主谓曰:"君家先世奉道,子孙固有昌者。"尝观所著《蕲春集》,词极清丽,因自击毬纵饮,命冠卿赋诗,礼遇甚厚。还,同知通进银台司、审刑院,入翰林为学士。母亡,起复,判昭文馆。未几,兼侍读学士。

冠卿每读《左氏春秋》,必引尊王黜霸之义以讽。一日,坠笏上前,帝悯冠卿丧毁羸瘠,既退,赐禁中汤剂。未几,告归葬亲,至扬州卒。诏以其弟太常博士世卿通判宣州。初,世卿监延丰仓,掘地得古砖,有隶书字,半漫灭。其可辨者云:"公先世饵霞栖云,高尚不仕,累石于江滨。"又云:"昭王大丞相聂。"又云:"水龙夜号,夕鸡骇飞。其年九月十二日卒,年五十有五。"冠卿始见而恶之,至是,校所卒岁月及其享年,无少异者。

冠卿嗜学好古,手未尝释卷,尤工诗,有《蕲春集》十卷。

论曰:学士大夫异于众人者,以操行修尔。《诗》曰:"靡不有初,鲜克有终。"君子不可不慎也。禹锡迁陋,不知止足之戒,取讥当世。绅急进喜倾。洙阿谀附会,晚节污变,卒忘平生之学。偃之恬正,植之廉介,冠卿之雅尚,其列侍从,庶亡愧焉。

冯元,字道宗。高祖禧,唐末官广州,以术数仕刘氏。传三世至父邴,广南平,入朝为保章正。元幼从崔颐正、孙奭为《五经》大义,与乐安孙质、吴陆参、谯夏侯圭善,群居讲学,或达旦不寝,号"四友"。进士中第,授江阴尉。

时诏流内铨取明经者补学官,元自荐通《五经》。谢泌笑曰:"古治一经,或至皓首,子尚少,能尽通邪?"对曰:"达者一以贯之。"更问疑义,辨析无滞。补国子监讲书,迁大理评事,擢崇文院检讨兼国子监直讲。王旦闻其名，尝令说《论语》、《老子》，群子弟侍听，因荐之。

真宗试进士殿中，召元讲《易》。元进说曰："地天为《泰》者，以天地之气交也。君道至尊，臣道至卑，惟上下相与，则可以辅相天地，财成万化。"帝悦。未几，迁太子中允、直龙图阁，诏预内朝，直龙图阁预内朝自此始。

天禧初，数与查道、李虚己、李行简入讲《易》于宣和门北阁。迁太常丞兼判礼部、吏部南曹。皇子为寿春郡王，王旦又荐元宜讲经资善堂。帝以元少，更用崔遵度。会遵度卒，擢左正言兼太子右谕德。

仁宗即位，迁户部员外郎，为直学士兼侍讲。与孙奭以经术并进讲论，自是仁宗益响学。历会灵观副使、知通进银台司、判登闻检院、同判国子监。故事，国子监多宿儒典领，后颇用公卿子弟，任均管库。及奭、元并命，士议悦服。同知贡举，进龙图阁学士，预修《三朝正史》。为翰林学士、判都省三班院、史馆修撰、判流内铨兼群牧使，四迁给事中。

明道元年，当监护宸妃葬事。及帝亲政，追册宸妃为庄懿皇后，改葬永定陵。既以圹而流泉沮洳，言者以监护不职，罢翰林学士、知河阳。王曾为真元东朝旧臣，不宜以细故外补。即召为翰林侍讲学士，迁礼部侍郎、知审官院，复判礼院、国子监。上《金华五箴》，赐书褒答。修《景祐广乐记》，书成，迁户部侍郎。足疾气忤，属李淑、宋祁为铭志。卒，赠本部尚书，谥章靖。

元性简厚，不治声名，非庆吊未尝过谒二府。执亲丧，自括发至祥练，皆案礼变服，不为世俗斋荐，遇祭日，与门生对坐，诵说《孝经》而已。多识古今台阁品式之事，尤精《易》。

初，七岁，方读《易》，每夜梦异人，以绀莲华与元吞之，且曰："善读此，后必贵显。"元旦老，率三日一诵《易》。无子，以兄之子谌为后。

赵师民，字周翰，青州临淄人。九岁能属文，举进士第，孙奭辟兖州说书，领城主簿。师民学问精博，奭自以为不及。夏竦尤所奇重，称为"盛德君子"，论其文行，愿回两子恩，授以京秩。除齐州推官、青州教授，更天平军节度推官。

年五十来京师，近臣张观、宋郊、王尧臣、庞籍、韩琦、明镐列荐，为国子监直讲，兼润、冀二王宫教授。改著作佐郎、宗正寺主簿，加崇文院检讨、崇政殿说书，迁宗正丞。

会赵元昊反，罢进讲。师民上书陈十五事：一曰咨辅相，二曰命将帅，三曰束侍从，四曰择守宰，五曰治军旅，六曰修边防，七曰求谏诤，八曰延讲诵，九曰革贡举，十曰久官政，十一曰谨财用，十二曰不遗年，十三曰容诽谤，十四曰除忌讳，十五曰慎出令。因献《劝讲箴》。明年春，帝遂御迎阳门，召近臣观图画，复命讲读经史。师民见朝廷厌兵，屈意以招元昊，内不能平。乃上言请任方面，以图报效。迁天章章阁侍讲、同知贡举、进待制、同判宗正寺。

尝讲《诗》"如彼泉流"，曰："水之初出，喻王政之发。顺行则通，通故清洁；逆乱则壅，壅故浊败。贤人用，则王政通而世清平；邪人进，则王泽壅而世浊败。幽王失道，用邪绌正，正不胜邪，虽有善人，不能为治，亦将相牵而沦于污浊也。"帝曰："水何以喻政？"对曰："水者，顺行而润下，利万物，故以喻政，此于比兴，义最大。"

后讲《论语》，问"修文德"，曰："文者，经天纬地之总称。君人之道，抚之以仁，制之以义，接之以礼，讲之以信，皆是。"帝曰："然其所先者，无若信也。"曰："信者，天下之大本，仁义礼乐，皆必由之，此实至道之要。"复问"钻燧改火"，曰："古之圣王，举动必顺天时，所以四时变，火随木色。近世渐务苟简，以为非治具而遂废之，至其万事皆不如古。"又问："子夏、子张所言交道孰胜？"曰："圣哲之道，含覆广大，与天地参。善者有以进德，恶者俾之改行。子张之言为优。"

他日读《汉记》，问长安城，众莫能知，共推师民。因陈自古都雍年世，旧址所在，若画诸掌。帝悦曰："何其所记如此！"在经筵十余年，甚见奖异。尝盛夏属疾家居，帝飞白书团扇为"和平"字，赐以寄意。

累请补郡，除龙图阁直学士、知耀州。帝自写诗宠行，目以"儒林旧德"。将行，上疏曰：

近睹太阳食于正朔，此虽阴阳之事，亦虑是天意欲以感动圣心。臣非瞽史，不知天道，但率愚意言之。其月在亥，亥为水，水为正阴。其日在丙，丙为正阳。月掩日，阴侵阳，下蔽上之象也。《诗》曰："十月之交，朔日辛卯。"又曰："彼月而微，此日而微。"谓以阴奸阳，失其叙也。又曰："百川沸腾，山冢崒崩。高岸为谷，深谷为陵。"谓下陵上，侵其权也。又曰："皇父卿士，番惟司徒。家伯维宰，中允膳夫。聚子内史，蹶维趣马，楀维师氏。"谓大小之臣，有不得其人者也。宗周之间，时王失德。今而引喻，盖事有所譬，固当不讳。

凡天之示象，由人君有失，不然，则下蔽其上。古人君之失，不过暴虐急慢，奢侈纵放，不师古始。舍是，何失道之有？今圣心慈仁恭勤，俭约自检，动循典礼，如此自非下蒙上、邪挠正，使主恩不下究，而谁之咎欤？望陛下朝夕咨于丞弼心膂之臣，洎左右近侍耳目之官。其忠而纯者，与之慎束内外百执事及州县牧宰，使主恩究于下，不为群邪所蔽塞，则亿兆之幸也。

三迁刑部郎中，复领宗正，卒。

师民淳静刚敏，举止凝重。幼丧父，哀感，不畜婢妾，年四十四始婚。志尚清远，专以读书为事。性极慈恕，勤于吏治，政有惠爱。尝奏蠲陕西旱租。又欲论榷酤诸敝，会仁宗不豫而止。常患近世官失其守，作《正官名》，议多不载。有集三十卷。子彦若，试中书舍人。

张锡，字贶之，其先京兆人。曾祖山甫，尝从唐僖宗入蜀，蜀平，徙家汉阳。锡进士甲科，为试秘书省校书郎、知南昌县。迁著作郎、知新州。初建学于州，自是人始知学。再迁太常博士、监染院。诏选能吏治畿县，乃以锡知东明。始至，令其下曰："吾所治者三：恃力、恃富、恃赎者，吾所先也。"岁中以治迹闻。枢密直学士李及荐为监察御史。丁谓贬崖州，议迁内地。锡疏谓："奸邪弄国，本与天下共弃之；今复还，是违天下意。"由是止徙雷州。

玉清昭应宫灾，连系甚众。锡言："天灾反以罪人，恐重天怒，愿修德以应之。"会论者众，狱遂解。迁殿中侍御史，权三司盐铁判官，出为荆湖北路转运使，改尚书兵部员外郎，还判度支勾院，为京东转运使。淄、青、齐、濮、郓诸州人冒耕河壖地，数起争讼。锡命籍其地，收租绢岁二十余万，讼者亦息。判盐铁勾院，为河北转运使，改江、淮制置发运使，召兼侍御史知杂事、判大理寺、权知谏院，安抚利、夔路。历度支、盐铁副使。丧母，起复，擢天章阁待制、知河中府，累迁右司郎中，以龙图阁直学士知滑州，迁右谏议大夫、知审官院。进翰林侍读学士、判太常寺、国子监。卒，赠尚书工部侍郎。

锡淳重清约，虽贵，奉养如少贱时。读书老而弥笃。初，举广文馆进士，考官任随以为第一，及随死，无子，锡屡赒其家。

张揆字贯之，其先范阳人，后徙齐州。擢进士第，历北海县尉，改大理寺丞。以疾解官，十年不出户。读《易》，因通扬雄《太玄经》。陈执中安抚京东，荐揆经明行淳，召为国子监直讲，徙诸王府侍讲。以尚书度支员外郎直史馆、荆王府记室参军。府罢，权三司户部判官。上所著《太玄集解》数万言。诏对迩英阁，令擢著，得断首，且言："断首准《易》之《夬》，盖以阳刚决阴柔，君子进、小人退之象。"仁宗悦。擢天章阁待制兼侍读，累迁右谏议大夫，进龙图阁直学士、给事中、判太常寺。一日，进读汉《马后传》。至服大练、抑止外家，因言："今妃族太盛，不可不裁损，使保其家。"帝嘉纳之。诏改王溥谥，有议欲为文忠者，揆曰："溥，周之宰相，国亡不能死，安得为忠？"乃谥为文康。加翰林侍读学士、知审刑院，出知齐州。卒，赠尚书礼部侍郎。

揆性刚狷少容，阔于世务，然好读书，老而不倦。与弟掞相友爱，掞，为龙图阁直学士。

杨安国字君倚，密州安丘人。父光辅，居马耆山，学者多从受经。州守王博文荐为太学助教。孙奭知兖州，又荐为太常寺奉礼郎，州学讲书。既而奭与冯元荐安国为国子监直讲，并召光辅至。仁宗命说《尚书》，光辅曰："尧、舜之事，远而未易行，愿讲《无逸》一篇。"时年七十余矣，而论说明畅。帝悦，欲留为学官，固辞，以国子监丞老于家。

安国《五经》及第，为枝江县尉，后迁大理寺丞。光辅教授兖州，请监兖州酒税，徙监益州粮料院，入为国子监直讲。景祐初，置崇政殿说书，安国以国子博士预选。久之，进天章阁侍讲、直龙图阁，遂为天章阁待制、龙图阁直学士，皆兼侍讲。进翰林侍讲学士，历判尚书刑部、太常寺，纠察在京刑狱，累迁给事中。年七十余，卒，赠尚书礼部侍郎。

安国讲说，一以注疏为主，无他发明，引喻鄙俚，世或传以为笑。尤喜纬书及注疏所引纬书，则尊之与经等。在经筵二十七年，仁宗称其行义淳质，以比先朝崔遵度。

尝讲《易》至《鼎卦》，帝问："九四象如何？"安国对："九四上承至尊，下应初交，任重非据，故折足覆餗。亦犹任得其人，则虽重可胜，非其人，必有颠覆之患。"帝称善。又尝讲《周官》至"大荒大札，则薄征缓刑"，因进言曰："古所谓缓刑，乃贳误之民尔。今众持兵仗取民廪食，一切宽之，恐无以禁奸。"帝曰："不然，天下皆吾赤子，迫于饿莩，至起为盗。州县既不能振恤，乃捕而杀之。不亦甚乎。"尝请书《无逸篇》于迩英阁之后屏，帝曰："朕不欲背圣人之言。"，命蔡襄书《无逸》、王洙书《孝经》四章列置左右。

论曰：冯元质直博雅，有古君子之风，欧阳修称师民醇儒硕学，在仁宗时，并蒙宿望，先后执经劝讲，庶有所补益矣。张锡清慎敛晦，晚始见知。揆及安国父子俱侍经幄，考求其说，亡过人者。夫博习修洁之士，潜德隐行，不闻于世者多矣。由是言之，士遇不遇，岂非命哉！

卷二百九十五　　列传第五十四

尹洙　孙甫　谢绛子景温　叶清臣　杨察

尹洙，字师鲁，河南人。少与兄源俱以儒学知名。举进士，调正平县主簿。历河南府户曹参军、安国军节度推官、知光泽县。举书判拔萃，改山南东道节度掌书记、知伊阳县，有能名。用大臣荐，召试，为馆阁校勘，迁太子中允。会范仲淹贬，敕榜朝堂，戒百官为朋党。洙上奏曰："仲淹忠亮有素，臣与之义兼师友，则是仲淹之党也。今仲淹以朋党被罪，臣不可苟免。"宰相怒，落校勘，复为掌书记、监唐州酒税。

西北久安，洙作《叙燕》、《息戍》二篇，以为武备不可弛。

《叙燕》曰：

战国世，燕最弱。二汉叛臣，持燕挟虏，蔑能自固，以公孙伯珪之强，卒制于袁氏。独慕容乘石虎乱，乃并赵。虽胜败异术，大概论其强弱，燕不能加赵。赵、魏一，则燕固不敌。唐三盗迭衡百余年，虏未尝越燕侵赵、魏，是燕独能支虏也。自燕入于契丹，势日炽大。显德世，虽复三关，尚未尽燕南地。国初，始与并合，势益张，然止命偏师备御。王师伐蜀伐吴，泰然不以两河为顾，是赵、魏足以制之明矣。并寇既平，悉天下兵锐专力契丹，不能攘尺寸地。顷岁以百万众驻赵、魏，讫敌退莫敢抗，世多咎其不战。然我众负城，有内顾心，战不必胜，不胜则事亟矣，故不战未尝咎也。

原其弊，在兵不分。设兵为三，壁于争地，掎角以疑其势,设覆以待其进。边垒素固,驱民以守之,俾其兵顿坚城之下,乘间夹击,无不胜矣。盖兵不分有六弊:使敌蓄勇以待战,无他枝梧,一也;我众则士怠,二也;前世善将兵者必问几何,今以中才尽主之,三也;大众偾北,彼遂长驱无复顾忌,四也;重兵一属,根本虚弱,纤人易以干说,五也;虽委大柄,不无疑贰,复命贵臣监督,进退皆由中御,失于应变,六也。兵分则尽易其弊,是有六利也。

胜败兵家常势。悉内以击外,失则举所有以弃之,苻坚淝水、哥舒翰潼关是也。是则制敌在谋不在众。以赵、魏、燕南,益以山西,民足以守,兵足以战。分而帅之,将得专制,就使偏师挫衄,他众尚奋,讵能系国安危哉?故师覆于外而本根不摇者,善败也。昔者六国各有地千里,师败于秦,散而复振,几百战犹未及其都,守国之固也。陈胜、项梁举关东之众,朝败而夕亡,新造之势也。以天下之广谋其国,不若千里之固,而袭新造之势,傥幸于一战,庸非惑哉?兵既久弛,士大夫诵习,谓百世不复用,非甚妄者不谈。然兵果废则已,傥后世复用之,鉴此少以悟世主,故迹其胜败云。

《息戍》曰:

国家割弃朔方,西师不出三十年,而亭徼千里,环重兵以戍之。虽种落屡扰,即时辑定,然屯戍之费,亦已甚矣。西戎为寇,远自周世,西汉先零、东汉烧当、晋氏、羌、唐秃发,历朝侵轶,为国剧患。兴师定律,皆有成功,而劳弊中国,东汉尤甚,费用常以亿计。孝安世,羌叛十四年,用二百四十亿。永和末,复经七年,用八十余亿。及段纪明,用裁五十四亿,而剪灭殆尽。今西北泾原、邠宁、秦凤、鄜延四帅,戍卒十余万。一卒岁给,无虑二万,骑卒与冗卒,较其中者,总廪给之数,恩赏不在焉,以十万较之,岁用二十亿。自灵武罢兵,计费六百余亿,方前世数倍矣。平世屯戍,且犹若是,后虽有他警,不可一日辍去,是十万众,有增而无损期也。国家厚利募商入粟,倾四方之货,然无水漕之运,所籴亦不过被边数郡尔。岁不常登,虞有常给,顷年亦尝稍匮矣。傥其乘我荐饥,我必济师,馈饷当出于关中,则未战而西垂已困,可不虑哉?

按唐府兵,上府千二百人,中府千人,下府八百人。为今之计,莫若籍丁民为兵,拟唐置府,颇损其数。又今边鄙虽有乡兵之制,然止极塞数郡,民籍寡少,不足备敌。料京兆西北数郡,上户可十余万,中家半之,当得兵六七万。质其赋无他易,赋以帛名者不易以五谷,畜马者又蠲其杂徭。民幸于庇宗,乐然隶籍。农隙讲事,登材武者为什长、队正,盛秋旬阅,常若寇至。以关内、河东劲兵傅之,尽罢京师禁旅,慎简守帅,分其统,专其任。分统则兵不重,专任则将益励,坚其守备,习其形势,积粟多,教士锐,使虏众无隙可窥,不战而慑。《兵志》所谓"无恃其不来,恃吾有以待之",其庙胜之策乎?

又为《述享》、《审断》、《原刑》、《敦学》、《矫察》、《考绩》、《广谏》,凡《杂议》共九篇上之。

赵元昊反,大将葛怀敏辟为经略判官。洙虽用怀敏辟,尤为韩琦所深知。顷之,刘平、石元孙战败,朝廷以夏竦为经略、安抚使,范仲淹、韩琦副之,复以洙为判官。洙数上疏论兵,请便殿召对二府大臣议边事,及讲求开宝以前用兵故实,特出睿断,以重边计。又请减并栅垒,召募土兵,省骑军,增步卒。又上鬻爵令。时诏问攻守之计,竦具二策,令琦与洙诣阙奏之。帝取攻策,以洙为集贤校理。洙遂趋延州谋出兵,而仲淹持不可。还至庆州,会任福败于好水川,因发庆州部将刘政锐卒数千,趋镇戎军赴救,未至,贼引去。夏竦奏洙擅发兵,降通判濠州。当时言者谓福之败,由参军耿傅督战太急。后得傅书,乃戒福使持重,毋轻进。洙以傅文吏,无军责而死于行阵,又为时所诬,遂作《悯忠》、《辨诬》二篇。

未几,韩琦知秦州,辟洙通判州事,加直集贤院。上奏曰:

汉文帝盛德之主,贾谊论当时事势,犹云可为恸哭。孝武帝外制四夷,以强主威,徐乐、严安尚以陈胜亡秦、六卿篡晋为戒。二帝不以危乱灭亡为讳,故子孙保有天下者十余世。秦二世时,关东盗起。或以反者闻,二世怒,下吏;或曰逐捕今尽,不足忧,乃悦。隋炀帝时,四方兵起,左右近臣皆隐贼数,不以实闻,或言贼多者,辄被诘。二帝以危乱灭亡为讳,故秦、隋宗社数年为丘墟。陛下视今日天下之治,孰与汉文?威制四夷,孰与汉武?国家基本仁德,陛下慈孝爱民,诚万万于秦、隋矣。至于西有不臣之虏,北有强大之邻,非特闾巷盗贼之势也。

自西夏叛命四年,并塞苦数扰,内地疲远输。兵久于外而休息无期,卒有乘弊而起。《兵法》所谓"虽有智者,不能善其后"。当此之时,陛下宜夙夜忧惧,所以虑事变而塞祸源也。陛下延访边事,容纳直言,前世人主,勤劳宽大,未有能远过者。然未闻宗庙为忧,危亡为惧,此贱臣所以感愤于邑而不已也。何者?今命令数更,恩宠过滥,赐与不节。此三者,戒之慎之,在陛下所行尔,非有难动之势也。而因循不革,弊坏日甚。臣谓陛下不以宗庙为忧、危亡为惧者,以此。

夫命令者,人主所以取信于下也。异时民间,朝廷降一命令,皆竦视之;今则不然,相与窃语,以为不久当更,既而信然,此命令日轻于下也。命令轻,则朝廷不尊矣。又闻群臣有献忠谋者,陛下始甚听之,后复一人沮之,则意移矣。忠言者以信之不能终,颇自诎其谋,以为无益,此命令数更之弊也。

夫爵赏,陛下所持之柄也。近时外戚、内臣以及士人,或因缘以求恩泽,从中而下谓之"内降"。臣闻唐氏政衰,或母后专制,或妃主擅朝,树恩私党,名为"斜封"。今陛下威柄自出,外戚、内臣贤而才者,当与大臣公议而进之,何必袭"斜封"之弊哉。且使大臣从之,则坏陛下纲纪;不从,则沮陛下德音。

坏纲纪，忠臣所不忍为；沮德音，则威柄轻于上。且尽公不阿，朝廷所以责大臣。今乃自以私昵挠之，而欲责大臣之不私，难矣。此恩宠过滥之弊也。

夫赐予者，国家所以劝功也。比年以来，嫔御及伶官、太医之属，赐予过厚。民间传言，内帑金帛，皆祖宗累朝积聚。陛下用之，不甚爱惜，今之所存无几。疏远之人，诚不能知内府丰匮之数，但见取于民者日烦，即知畜于公帑者不厚。臣亦知国家自西方宿兵，用度浸广，帑藏之积，未必悉为赐予所费，然下民不可家至而户晓，独见陛下行事感动尔。往岁闻边将王珪，以力战赐金，则无不悦服；或见优人所得过厚，则往往愤叹。人情不可不察，此赐予不节之弊也。

臣所论三事，皆人人所共知，近臣从谀而不言，以至今日。方今非独四夷之为患，朝政日弊而陛下不寤，人心日危而陛下不知。故臣愿先正于内，以正于外。然后忠谋渐进，纪纲渐举，国用渐足，士心渐奋。边境之患，庶乎息矣。惟深察秦、隋恶闻忠言所以亡，远法汉主不讳危乱所以存，日亲盛德，与民更始，则天下幸甚。

仁宗嘉纳之。

改太常丞、知泾州。以右司谏、知渭州兼领泾原路经略公事。会郑戬为陕西四路都总管，遣刘沪、董士廉城水洛，以通秦、渭援兵。洙以为前此屡困于贼者，正由城砦多而兵势分也。今又益城，不可，奏罢之。时戬已解四路，而奏沪等督役如故。洙不平，遣人再召沪，不至；命张忠往代之，又不受。于是谕狄青械沪、士廉下吏。戬论奏不已，卒徙洙庆州而城水洛。又徙晋州，迁起居舍人、直龙图阁、知潞州。会士廉诣阙上书讼洙，诏遣御史刘湜就鞫，不得他罪。而洙以部将孙用由军校补边，自京师贷息钱到官，亡以偿。洙惜其才可用，恐以犯法罢去，尝假公使钱为偿，又以为尝自贷，坐贬崇信军节度副使，天下莫不以为湜文致之也。徙监均州酒税，感疾，沿牒至南阳访医，卒，年四十七。嘉祐中，宰相韩琦为洙言，乃追复故官，及官其子构。

洙内刚外和，博学有识度，尤深于《春秋》。自唐末历五代，文格卑弱。至宋初，柳开始为古文，洙与穆修复振起之。其为文简而有法，有集二十七卷。自元昊不庭，洙未尝不在兵间，故于西事尤练习。其为兵制之说，述战守胜败，尽当时利害。又欲训土兵代戍卒，以减边费，为御戎长久之策，皆未及施。而元昊臣，洙亦去而得罪矣。

孙甫字之翰，许州阳翟人。少好学，日诵数千言，慕孙何为古文章。初举进士，得同学究出身，为蔡州汝阳县主簿。再举进士及第，为华州推官。转运使李纮荐其材，迁大理寺丞、知绛州翼城县。杜衍辟为永兴司录，凡吏职纤末皆倚办甫。甫曰："待我以此，可以去矣。"衍闻之，不复以小事属甫。衍与宴语，甫必引经以对，言天下贤俊，历评其才性所长。衍曰："吾辟属官，得益友。"诸生亦多从甫学问。

徙知永昌县，监益州交子务，再迁太常博士。蜀用铁钱，民苦转贸重，故设法书纸代钱，以便市易。转运使以伪造交子多犯法，欲废不用。甫曰："交子可以伪造，钱亦可以私铸，私铸有犯，钱可废乎？但严治之，不当以小仁废大利。"后卒不能废。衍为枢密副使，荐于朝，授秘阁校理。

是岁，诏三馆臣僚言事。甫进十二事，按祖宗故实，校当世之治有所不逮者，论述以为讽谏，名《三圣政范》。改右正言。时河北降赤雪，河东地震五六年不止，甫推《洪范五行传》及前代变验，上疏曰："赤雪者，赤眚也，人君舒缓之应。舒缓则政事弛，赏罚差，百官废职，所以召乱也。晋太康中，河阴降赤雪。时武帝怠于政事，荒宴后宫。每见臣下，多道常事，不及经国远图，故招赤眚之怪，终致晋乱。地震者，阴之盛也。阴之象，臣也，后宫也，四夷也。三者不可过盛，过盛则阴为变而动矣。忻州赵分，地震六年。每震，则有声如雷，前代地震，未有如此之久者。惟唐高宗本封于晋，及即位，晋州经岁地震。宰相张行成言，恐女谒用事，大臣阴谋，宜制于未萌。其后武昭仪专恣，几移唐祚。天地灾变，固不虚应，陛下救纾缓之失，莫若自主威福，时出英断，以儆奸邪，以肃天下。救阴盛之变，莫若外谨戎备，内制后宫。谨戎备，则切责大臣，使之预图兵防，熟计成败；制后宫，则凡掖庭非典掌御幸者，尽出之，且裁节其恩，使无过分，此应天之实也。"时契丹、西夏稍强，后宫张修媛宠幸，大臣专政，甫以此谏也。

又言："修媛宠恣市恩，祸渐已萌。夫后者，正嫡也，其余皆婢妾尔。贵贱有等，用物不宜过僭。自古宠女色，初不制而后不能制者，其祸不可悔。"帝曰："用物在有司，朕恨不知尔。"甫曰："世谓谏臣耳目，所以达不知也。若所谓前世女祸者，载在书史，陛下可自知也。"

夏国乞盟，甫上一利、四害曰："宿兵以来，国用空耗。今若与之约和，则边兵可减，科敛可省。其为利一也。始，契丹声言，尝遣使谕西人使臣中国。今和议既成，必恃其功。去岁有割地之请，朝廷已增岁赂，若更有求，将安拒之？其为害一也。自承平四十年，武事不饬，及边鄙有警，而用不习之将，不练之兵，故久无成功。然比来边臣中材谋勇健者，往往复出，方在讲训不懈，以张中国之威。一旦因议和弛备，复如曩日，缓急必不可用。其为害二也。自元昊拒命，终不敢深入关中者，以咟嘶啰等族不附，虑为后患也。今中国与之和，获岁遗之厚，彼必专力以制二番，强大之势，自兹为始。其为害三也。且朝廷恃久安之势，法令纪纲，弛而不葺。及西戎累败，王师始议更张，以救前弊。今见戎人请和，苟贪无事，他时之患，不可救矣。其为害四也。凡利害之机，愿陛下熟图之。"

又言："张子奭使夏州回，元昊复称臣，然乞岁卖青盐十万石，兼欲就京师互市诸物，仍求增岁给之数。臣以谓西盐数万石，其直不下钱十余万缗。况朝廷已许岁赐二十五万，若又许其卖盐，则与遗契丹物数相当。使契丹闻之，则贪得之心生矣。况自德明之时，累乞放行青盐，先帝以其乱法，不听。及请之不已，追德明弟入质而许之，是则以彼难从之事，杜其意也。盖盐，中国之大利，又西戎之盐，味胜解池所出，而出产无穷。既开其禁，则流于民间，无以堤防矣。兼闻张子奭言，元昊自拒命以来，收结人心，钞掠所得，旋给其众，兵力虽胜，用度随窘。当此之时，尤宜以付困之，安得汲汲与和，曲徇其请乎？"

时陕西经略招讨副使韩琦、判官尹洙还朝，甫建议请诏琦等，条四路将官能否，为上、中、下三等，黜其最下者。保州兵变前，有告者，大臣不时发之。甫因言枢密使副当得罪，使，乃杜衍也。边将刘沪城水洛于渭州，总管尹洙以沪违节度，将斩之。大臣稍主洙议，甫以谓："水洛通秦、渭，于国家为利，沪不可罪。"由是罢洙而释沪。衍屡荐甫，洙与甫素善者，而甫不少假借，其鲠亮不私如此。

甫尝言参知政事陈执中不学亡术，不可用。帝难之，由是求补外，不许。其后奏丁度因对求进用，帝曰："度未尝请也。"度乞与甫辩，且指甫为宰相杜衍门人。乃以右司谏出知邓州，徙安州，历江东、两浙转运使。

范仲淹知杭州，多以便宜从事。甫曰："范公，大臣也。吾屈于此，则不得伸于彼矣。"一切绳之以法，然退未尝不称其贤。再迁尚书兵部员外郎，改直史馆、知陕州，徙晋州。为河东转运使、三司度支副使，迁刑部郎中、天章阁待制、河北都转运使，留为侍读。卒，特赠右谏议大夫。

甫性劲果，善持论，有文集七卷，著《唐史记》七十五卷。每言唐君臣行事，以推见当时治乱，若身履其间，而听者晓然，如目见之。时人言："终日读史，不如一日听孙论也。"《唐史》藏秘阁。

谢绛，字希深，其先阳夏人。祖懿文，为杭州盐官县令，葬富阳，遂为富阳人。父涛，以文行称，进士起家，为梓州榷盐院判官。李顺反成都，攻陷州县，涛尝画守御之计。贼平，以功迁观察推官，权知华阳县。乱亡之后，田庐荒废，诏有能占田而倍入租者与之，于是腴田悉为豪右所占，流民至无所归。涛收诏书，悉以田还主。改秘书省著作佐郎、知兴国军。还，以治行召对长春殿，命试学士院。会契丹入寇，真宗议亲征，时曹、濮多盗，而契丹声言趋齐、郓，以涛知曹州。属县赋税多输睢阳助兵食，是岁霖潦，百姓苦于转送，涛悉留不遣。奏曰："江、淮漕运，日过睢阳，可取以饷军。愿留曹赋繇广济河以馈京师。"转运使论以为不可，诏从涛奏。尝使蜀还，举所部官三十余人。宰相疑以为多，涛曰："有罪，愿连坐之。"奉使举官连坐，自涛始。久之，用冯拯荐，复召试，以尚书兵部员外郎直史馆，遂兼侍御史知杂事。真宗山陵灵驾所经道路，有司请悉坏城门、庐舍，以过车舆象物。涛言："先帝车驾封祀，仪物大备，犹不闻有所毁撤，且遗诏从俭薄。今有司治明器侈大，以劳州县，非先帝意，愿下少府裁损之。"进直昭文馆，累官至太子宾客。

绛以父任试秘书省校书郎，举进士中甲科，授太常寺奉礼郎、知汝阴县。善议论，喜谈时事，尝论四民失业，累数千言。天禧中，上疏谓宋当以土德王天下。时大理寺丞董行父，请用天为统，以金为德。诏两制议，皆言：

"用土德，则当越唐上承于隋；用金德，则当越五代绍唐。而太祖实受终周室，岂可弗遵传继之序？"绛、行父议皆黜不用。

杨亿荐绛文章，召试，擢秘阁校理、同判太常礼院。丁母忧，服阙，仁宗即位，迁太常博士。用郑氏《经》、唐故事议宣祖非命祖，不宜配享感生帝，请以真宗配之。翰林学士承旨李维以为不可。寻出通判常州。天圣中，天下水旱、蝗起，河决滑州，绛上疏曰：

去年京师大水，败民庐舍，河渠暴溢，几冒城郭；今年苦旱，百姓疫死，田谷焦槁，秋成绝望：此皆大异也。按《洪范》、京房《易传》皆以为简祭祀，逆天时，则水不顺下；政令逆时，水失其性，则坏国邑，伤稼穑；颛事者知，诛罚绝理，则大水杀人；欲德不用，兹谓张，厥灾荒；上下皆蔽，兹谓隔，其咎旱：天道指示戒，大要如此。陛下夙夜勤苦，思有以上塞时变，固宜策告殄咎，变更理化，下罪己之诏，修顺时之令，宣群言以导壅，斥近幸以损阴。而圣心优柔，重在改作，号令所发，未闻有以当天心者。

夫风雨、寒暑之于天时，为大信也；信不及于物，泽不究于下，则水旱为沴。近日制命，有信宿辄改，适行遽止，而欲风雨以信，其可得乎？天下之广，万几之众，不出房闼，岂能尽知？而在廷之臣，未闻被数刻之召，吐片言之善，朝夕左右，非恩泽即佞幸，上下皆蔽，其应不虚。

昔两汉日食、地震、水旱之变，则策免三公，以示戒惧。陛下进用丞弼，极一时之选，而政道未茂，天时未顺，岂大臣辅佐不明邪？陛下信任不笃邪？必若使之，宜推心责成，以极其效；谓之不然，则更选贤者。比来奸邪者易进，守道者数穷，政出多门，俗喜由径。圣心固欲尽得天下之贤能，分职受业；而宰相方委贤进吏，无敢建白。欲德不用之应，又可验矣。

今阳骄莫解，虫孽渐炽，河水妄行。循依违之迹，行寻常之政，臣恐不足回灵意、塞至戒。古者，谷不登则亏膳，灾屡至则降服，凶年不涂塈。愿下诏引咎，损太官之膳，避路寝之朝，许士大夫斥讳上闻，讥切时病。罢不急之役，省无名之敛，勿崇私恩，更进直道，宣德流化，以休息天下。至诚动乎上，大惠浃于下，岂有时泽之艰哉！

仁宗嘉纳之。

会修国史，以绛为编修官，史成，迁祠部员外郎、直集贤院。时涛官西京，且老矣，因请便养，通判河南府。又论："唐室丽正、史官之局，并在大明、华清宫内。太宗皇帝肇修三馆，更立秘阁于昇龙门左，亲为飞白书额，作赞刻石属下。景德中，图书浸广，真宗皇帝益以内帑四库。二圣数尝临幸，亲加劳问，递宿广内者，有不时之召。人人力道术、究艺文，知天子尊礼甚勤，而名臣高位，繇此其选也。往者遭遘延燔，未遑中葺，或引两省故事，别建外馆，直舍卑喧，民檐丛接。大官卫尉，供馐滋削，亏体伤风，莫兹为甚。陛下未尝迁翠华、降玉趾，寥寥册府，不闻舆马之音，旷有日矣。议者以谓慕道不笃于古，待士少损于前。士无延访之勤，而因循相尚，不自激策，文雅渐弊，窃为圣朝惜之。愿辟内馆，以恢景德之制。"诏可。

绛虽在外，犹数论事。奏言："近岁不逞之徒，托言数术，以先生、处士自名，秃巾短褐，内结权幸，外走州邑，甚者矫诬诏书，傲忽官吏。请严禁止。尝以墨敕赐封号者，追还之。"

还权开封府判官，言：

"蝗亘田野，坌人郛郭，跳掷官寺，井厕皆满。鲁三书螟，《谷梁》以为哀公用田赋虐取于民。朝廷敛弛之法，近于廉平，以臣愚所闻，似吏不甚称而召其变。凡今典城牧民，有顽方面之执：才者掠功取名，以严急为术，或辩伪无实，数蒙奖录；愚者期会簿书，畏首与尾。二者政殊，而同归于弊。

夫为国在养民，养民在择吏，吏循则民安，气和而灾息。愿先取大州邑数十百，诏公卿以下，举任州守者，使得自辟属县令长，务求material略，不限资考。然后宽以约束，许便宜从事。期年条上理状，或徙或留，必有功化风迹，异乎有司以资而任之者焉。汉时，诏问京房灾异可息之术，房对以考功课吏。臣愿陛下博访理官，除烦苛之命；申敕计臣，损聚敛之役。勿起大狱，勿用躁人，务静安，守渊默。《传》曰：'大侵之礼，百官备而不制。言省事也。'如此而沴气不弭，嘉休不至，是灵意谴调，而圣言罔惑钦。"

会郭皇后废，绛陈《诗白华》，引申后、褒姒事以讽，辞甚切至。徙三司度支判官，再迁兵部员外郎。上言："迩来用物滋侈，赐予过制，禁中须索，去年计为缗钱四十五万。自今春至四月，已及二十余万。比诏裁节费用，而有司移文，但求咸平、景德簿书。簿书不存，则无所措置。臣以谓不若推近及远，递考岁用而裁节之，不必咸平、景德为准也。"

初，诏罢织密花透背，禁人服用，且云自披庭始。既而内人赐衣，复取于有司。又后苑作制玳瑁器，索龟筒于市。龟筒，禁物也，民间不得有，而索不已。绛皆论罢之。又言："号令数变则亏国体，利害偏听则惑聪明。请者务欲各行，而守者患于不一。请罢内降，凡诏令皆由中书、枢密，然后施行。"因进《圣治箴》五篇。

以父忧去，服除，擢知制诰，判吏部流内铨、太常礼院。吏部拟官，旧视职田有无，不问多寡，以是不均。绛为核其实，以多寡为差，其有名而无实者皆不用，人以为便。初改判礼院为知礼仪事，自绛建请。

使契丹，还，请知邓州。距州百二十里，有美阳堰，引湍水溉公田。水来远而少，利不及民；滨堰筑新十为防，俗谓之墩者，大小又十数，岁数坏，辄调民增筑。奸人蓄薪芟，以时其急，往往盗决堰墩，百姓苦之。绛按召信臣六门堰故迹，距城三里，壅水注钳庐陂，溉田至三万顷。请复修之，可罢州人岁役，以水与民，未就而卒，年四十六。

绛以文学知名一时，为人修洁酝藉，所至大兴学舍，尝请诸郡立学。在河南修国子学，教诸生，自远而至者数百人。好施宗族，喜宾客，以故，卒之日，家无余赀。有

文集五十卷。子景初、景温、景平、景回。景平好学，著诗书传说数十篇，终秘书丞。景回早卒。

景温字师直。中进士第，通判汝、莫二州，江东转运判官。兴宣城百丈圩，议者以为罪，降通判、知涟水军。神宗初，知谏院邵亢直其前事，徙真州，提点江西刑狱。历京西、淮南转运使。

景温平生未尝仕中朝，王安石与之善，又景温妹嫁其弟安礼，乃骤擢为侍御史知杂事。安石方恶苏轼，景温劾轼向丁忧归蜀，乘舟商贩。朝廷下六路捕逮篙工、水师穷其事，讫无一实。苏颂等论李定不持母服，景温察安石指，为辨于前。已而事下台，景温难违众议，始云李定当追服。又言薛向不当得侍从，王韶边奏诬罔，浸失安石意，然犹以尝助已，但改直史馆兼侍读。不敢拜，出知邓州。

逾年，进陕西都转运使，以不奉司农约束，改知邓、襄、澶三州，加直龙图阁，判将作监。转右谏议大夫、知潭州。章惇开五溪，景温协力拓筑，论功进官，召拜礼部侍郎。复出知洪州、应天府、瀛州。

元祐初，进宝文阁直学士、知开封府。未满岁，御史中丞刘挚言其非拨烦吏。右司谏王觌言："瀛州妖妇李自称事九仙圣母，能与人通语言，谈祸福。景温在郡为所惑，礼饷甚厚，遣十兵挈之入京。数遣子恺至其处，补李婿为小史，使出入官府，崇大声势；至纵嬖妾之弟，醉欧市人。为政若此，尚何惜而不加谴。"于是罢知蔡州。

三年初，置权六曹尚书，以为刑部。刘安世复论之，改知郓州，再历永兴军。时章惇为相，景温言元祐大臣改先帝之政，并西夏人偃蹇终未顺命，宜罢分画，以马迹所至为境。惇用其说，徙知河阳，卒，年七十七。

叶清臣，字道卿，苏州长洲人。父参，终光禄卿。清臣幼敏异，好学善属文。天圣二年，举进士，知举刘筠奇所对策，擢第二。宋进士以策擢高第，自清臣始。授太常寺奉礼郎、签书苏州观察判官事。还为光禄寺丞、集贤校理，通判太平州、知秀州。入判三司户部勾院，改盐铁判官。

上言九事：请遣使循行天下，知民疾苦，察吏能否；兴太学，选置博士，许公卿大臣子弟补学生；重县令；诸科举人取名大义，责以策问；省流外官，无得入仕；听武臣终三年之丧；罢度僧；废读经一业；训兵练将，慎出令，简条约。词多不载。出知宣州，累迁太常丞，同修起居注，判三司盐铁勾院，进直史馆。

是冬，京师地震，上疏曰："天以阳动，君之道也；地以阴静，臣之道也。天动地静，主尊臣卑。易此则乱，地为之震。乃十二月二日丙夜，京师地震，移刻而止；定襄同日震，至五日不止，坏庐寺，杀人畜，凡十之六。大河之东，弥千五百里而及都下，诚大异也。属者荧惑犯南斗，治历者相顾而骇。陛下忧勤庶政，方夏泰宁，而一岁之中，灾变仍见。必有下失民望、上戾天意者，故垂戒以启迪清衷。而陛下泰然不以为异，徒使内侍走四方，治佛事，修道科，非所谓消复之实也。顷范仲淹、余靖以言事被黜，天下之人，嗒舌不敢议朝政者，行将二年。愿陛下深自咎

责,许延忠直敢言之士,庶几明威降鉴,而善应来集也。"书奏数日,仲淹等皆得近徙。

会诏求直言,清臣复上疏言大臣专政,仁宗嘉纳之。清臣请外,为两浙转运副使。并太湖有民田,豪右据上游,水不得泄,而民不敢诉。尝建请疏盘龙汇、沪渎港入于海,民赖其利。以右正言知制诰,知审官院,判国子监。

时陕西用兵,上言:"当今将不素蓄,兵不素练,财无久积。小有边警,外无骁将,内无重兵。举西北二垂观之,若瀇落大瓠,外示雄壮,其中空洞,了无一物。脱不幸戎马猖突,腹内诸城,非可以计术守也。自元昊僭窃,因循至于延州之寇,中间一岁矣。而屯戍无术,资粮不充,穷年畜兵,了不足用,连监牧马,未几已虚。使蚩蚩之氓无所倚而安者,此臣所以孜孜忧大瓠之穿也。今羌戎稍却,变诈亡穷,岂宜乘即时之小安,忘前日之大辱?又将泰然自处,则后日视今,犹今之视前也。"

元昊围延州,既解去,钤辖内侍卢守懃与通判计用章更讼于朝。时内侍用事者,多为守懃游说,**朝廷议薄守懃罪**,而流用章岭南。清臣上疏曰:"臣闻众议,延州之围,卢守懃首对范雍号泣,谋遣李康伯见元昊,为偷生之计。计用章以为事急,不若退保鄜州,李康伯遂有'死难,不可出城见贼'之语。自元昊退,守懃惧金明之失、二将之没,朝廷归罪边将;又思仓卒之言,一旦为人所发,则祸在不测。遂反覆前议,移过于人,先为奏陈,冀望取信。正如黄德和诬奏刘平,欲免退走之罪。寻闻计用章亦疏斥守懃事状,诏文彦博置劾,未分曲直,而遽罪用章、康伯,特赦守懃。此必有议者结中人、惑圣听,以为方当用师边陲,不可轻起大狱。臣观前史,魏尚、陈汤虽有功,尚不免削爵,罚作案验吏士。何况拥兵自固,观望不出,恣纵羌贼,破一县,擒二将。大罪未戮,又自蔽其过,矫诬上奏,此而不按,何罪不容?设用章有退保之言,止坐畏懦;而守懃谋见贼之行,乃是归款。二者之责,孰重孰轻,望诏彦博鞫正其狱。苟用章之状果虚,守懃之罪果白,用章更置重科,物论亦允。无容偏听一辞,以亏王道无党之义。"其后狱具,守懃才降湖北兵马都监。

时西师未解,急于经费,中书进拟三司使,清臣初不在选中。帝曰:"叶清臣才可用。"擢为起居舍人、龙图阁学士、权三司使公事。始奏编前后诏敕,使吏不能欺,簿帐之丛冗者,一切删去。内东门、御厨皆内侍领之,凡所呼索,有司不敢问,乃为合同以检其出入。清臣与宋庠、郑戬雅相善,为吕夷简所恶,出知江宁府。逾年,入翰林学士,知通进银台司、勾当三班院。丁父忧,言者以清臣为知兵,请起守边。及服除,宰相陈执中素不悦之,即除翰林侍读学士、知邠州。道由京师,因请对,改澶州,进尚书户部郎中、知青州。徙知永兴军,浚三白渠,溉田逾六千顷。

仁宗御天章阁,召公卿,出手诏问当世急务。清臣闻之,为条对,极论时政阙失,其言多剀切权贵。且曰:"陛下欲息奔竞,此系中书。若宰相裁抑奔竞之流,则风俗惇厚,人知止足;宰相用俭佞之士,则贪荣冒进,激成浑波。向有职在管库,日趋走时相之门。入则取街谈巷言,以资耳目;出则窃庙谟朝论,以惊流辈。一旦皆擢职司,以酬所任。比日人士竞踵此风,出入权要之家,时有'三尸'、'五鬼'之号。乃列馆职,或置省曹。且台谏官为天子耳目,今则不然,尽为宰相肘腋。宰相所恶,则捃以微瑕,公行击搏;宰相所善,则从而唱和,为之先容。中书政令不平,赏罚不当,则箝口结舌,未尝敢言。人主纤微过差,或宫闱小事,即极言过当,用为讦直。供职未逾岁时,迁擢已加常等。宋禧为御史,劝陛下宫中畜犬设棘,以为守卫。削弱朝体,取笑四夷,不加诃谴,擢为谏官。王达两为湖南、江西转运使,所至苛虐,诛剥百姓,徙配无辜,特以宰相故旧,不次拔擢,遂有河北之行。如此,是长奔竞也。"其他所列利害甚众。

会河决商胡,北道艰食,复以为翰林学士、权三司使。旧制,有三司使、权使公事,而清臣所除,止言"权使",自是分三等焉。以户部副使向传式不职,奏请出之。皇祐元年春,帝御便殿,访近臣以备边之策。清臣上对,略曰:

陛下临御天下,二十八年,未尝一日自暇自逸。而西夏、契丹频岁为患者,岂非将相大臣,不得其人,不能为陛下张威德而攘四夷乎?昔王商在廷,单于不敢仰视。郅都临代,匈奴不敢犯边。今内则辅相寡谋,纲纪不振;外则兵不素练,将不素蓄。此外寇得以内侮也。庆历初,刘六符来,执政无术略,不能折冲樽俎,以破其谋。六符初亦疑大国之有人,藏奸计而未发。既见表里,遂肆跳梁。只烦一介之使,坐致二十万物,永匮膏血,以奉腥膻。此有识之士,所以为国长太息也。

今诏问:"北使诣阙,以伐西戎为名,即有邀求,何以答之?"臣闻誓书所载,彼此无求。况元昊叛边,累年致讨,契丹坐观金鼓之出,岂有毫发之助?今彼国出师,辄求我助,奸盟违约,不亦甚乎?若使辩捷之人,判其曲直,要之一战,以破其谋,我直彼曲,岂不惮服。苟不知咎,或肆侵陵,方河朔灾伤之余,野无庐舍,我坚壁自守,纵令深入,其能久居?既无所因之粮,则亟当遁去。然后选择骁勇,遏绝归341途,设伏出奇,邀击首尾,若不就禽,亦且大败矣。

诏问:"辅翼之能,方面之才,与夫帅领偏裨,当今孰可以任此者。"臣以为不患无人,患有人而不能用尔。今辅翼之臣,抱忠义之深者,莫如富弼。为社稷之固者,莫如范仲淹。谙古今故事者,莫如夏竦。议论之敏者,莫如郑戬。方面之才,严重有纪律者,莫如韩琦。临大事能断者,莫如田况。刚果无顾避者,莫如刘涣。宏达有方略者,莫如孙沔。至于帅领偏裨,贵能坐运筹策,不必亲当矢石,王德用素有威名,范仲淹深练军政,庞籍久经边任,皆其选也。狄青、范全颇能驭众,蒋偕沉毅有术略,张亢倜傥有胆勇,刘贻孙材武刚断,王德基纯悫劲勇,此可补偏裨者也。

诏谓:"朔方灾伤,军储缺乏。"此则三司失计置,转运使不举职,固非一日。既往固已不咎,来者又复不追,臣未见其可也。且如施昌言承久弊之政,方欲竭思虑、办职事,一与贾昌朝违戾,遂被移徙,军储何由不乏？自去年秋八月，计度市籴，而昌朝执异议，仲春尚未与夺，财赋何缘得丰？先朝置内帑，本备非常。今为主者之吝，自分彼我，缓急不以为备，则臣不知其所为也。至如粒食之重，转徙为难，莫若重立爵等，少均万数，豪民诖误，使得入粟，以免杖笞，必能速办。夫能俭啬以省费，渐致于从容。德音及此，天下之福也。比日多以卑官躐请厚奉，或身为内供奉而有遥刺之给，或为观察使便占留后之封，幸门日开，赐予无艺。若令有司执守，率循旧规，庶几物力亦获宽弛。

诏问："战马乏绝，何策可使足用？"臣前在三司，尝陈监牧之弊，占良田九万余顷，岁费钱百万缗。天闲之数，才三四万，急有征调，一不可用。今欲不费而马立办，莫若赋马于河北、河东、陕西、京东西五路。上户一马，中户二户一马，养马者复其一丁。如此，则坐致战马二十万匹，不为难矣。

时清臣以河北乏兵食，自汴漕米繇河阴输北道者七十余万；又请发大名库钱，以佐边籴。而安抚使贾昌朝格诏不从，清臣固争，且疏其跋扈不臣。宰相方欲两中之，乃徙昌朝郑州，罢清臣为侍读学士、知河阳。卒，赠左谏议大夫。

清臣天资爽迈，遇事敢行，奏对无所屈。郭承祐妻舒王元偁女，封郡主，给奉；及承祐为殿前副都指挥使，妻以不加封，请增月给，清臣执奏不可。仁宗曰："承祐管军，妻又诸王女，当优之。"清臣曰："是终为侥幸。"遂卷其奏置怀中，不行。数上书论天下事，陈九议、十要、五利，皆当世可行者。有文集一百六十卷。子均，为集贤校理。

杨察，字隐甫。其先晋人，从唐僖宗入蜀，家于成都。至其祖钧，始从孟昶归朝。钧生居简，仕真宗时，至尚书都官员外郎，尝官庐州，遂为合肥人。居简生察，景祐元年，举进士甲科，除将作监丞、通判宿州。迁秘书省著作郎、直集贤院，出知颍、寿二州，入为开封府推官，判三司盐铁、度支勾院，修起居注，历江南东路转运使。属吏以察年少，易之。及行部，数摘奸隐，众始畏伏。察在部，专以举官为急务。人或议之，察曰："此按察职也，苟掎拾羡余，则俗吏之能，何必我哉！"召为右正言、知制诰，权判礼部贡院。时上封者请罢有司糊名考士，及变文格，使为放轶以袭唐体。察以谓："防禁一溃，则奔竞复起。且文无今昔，惟以体要为宗，若肆其澶漫，亦非唐氏科选之法。"前议遂寝。

晏殊执政，以妻父嫌，换龙图阁待制。母忧去职，服除，复为知制诰，拜翰林学士、权开封府，擢右谏议大夫、权御史中丞。论事无所避。会诏举御史，建言："台属供奉殿中，巡纠不法，必得通古今治乱良直之臣。今举格太密，公坐故故，皆置不取，恐英伟之士，或有所遗。"御史何郯以论事不得实，中书问状。察又言："御史，故事许风闻；纵所言不当，自系朝廷采择。今以疑似之间，遽被诘问，臣恐台谏官畏罪缄默，非所以广言路也。"

又数以言事忤宰相陈执中。未几，三司户部判官杨仪以请求贬官，察坐前在府失出笞罪，虽去官，犹罢知信州。徙扬州，复为翰林侍读学士，又兼龙图阁学士、知永兴军，加端明殿学士、知益州。再迁礼部侍郎，复权知开封府，复为翰林学士、权三司使。

内侍杨永德毁察于帝，三司有狱，辞连卫士，皇城司不即遣，而有诏移开封府鞫之。察由是乞罢三司，乃迁户部侍郎兼三学士，提举集禧观，进承旨。逾年，复以本官充三司使。饵钟乳过剂，病痈卒。赠礼部尚书，谥宣懿。

察美风仪。幼孤，七岁始能言，母颇知书，尝自教之。敏于属文，其为制诰，初若不用意；及稿成，皆雅驯有体，当世称之。遇事明决，勤于吏职，虽多益喜不厌。痈方作，犹入对，商画财利，归而大顿，人以为用神太竭云。有文集二十卷。无子，以兄子庶为嗣。

弟寘，举进士第一，通判润州，以母忧不赴，毁瘠而卒。时人伤之。

论曰：当仁宗在位时，宋兴且百年，海内嘉靖，上下安佚。然法制日以玩弛，侥幸之弊多。自西陲用兵，关中困扰，天子悯劳元元，奋然欲用群材以更内外之治，于时俊杰辈出。尹洙崎岖兵间，亦颇论天下之事。孙甫驰骋言路，咸以文学、方正知名。绛文词议论，尤为儒林所宗。朝廷方欲倚用之，不幸死矣。最后，清臣、察繇进士高等，不数年致位侍从，立朝謇謇，无所附丽，为一时名臣。岂非出于上之所自擢，故奋励不挠，以图报称哉？

卷二百九十六　　列传第五十五

韩丕　师颃　张茂直　梁颢子固**　杨徽之**
杨澈　吕文仲　王著　吕祐之　潘慎修
杜镐　查道从兄陶

韩丕，字太简，华州郑人。父昊，晋开运中，为曲阳主簿，契丹攻城，陷没焉。母改适他氏。丕幼孤贫，有志操，读书于骊山、嵩阳，通《周易》、《礼记》，为人讲说。常有山林之志，家虽甚贫，处之晏如。年长，始学文。开宝中，郑牧知文州，与之偕行，遂薄游两川。及牧知成都，刘熙古延置门下，掌书奏，以孙女妻之。

太平兴国三年举进士，声名籍甚，公卿多荐之者。尝著《孟母碑》、《返鲁颂》，人多讽诵之。解褐大理评事、通判衡州。石熙载荐其文行，代还，以文学试中书，擢著作佐郎、直史馆，赐绯鱼。未几，改左拾遗。八年，迁职方员外郎、知制诰。雍熙初，加虞部郎中。二年，与贾黄中、徐铉同知贡举。丕属思艰涩，及典书命，伤于稽缓。宰相宋琪性褊急，常加督责，或申以谐谑，丕不能平。又舍人王祐以前辈负气，每陵轹面折之。丕乃表求外郡，出知虢州，就改职方郎中。端拱初，拜右谏议大夫，赐金紫，知河阳、濠州。

丕起寒素，以冲澹自处，不奔竞于名宦，太宗甚嘉重之。淳化二年，召入为翰林学士，终以迟钝不敏于用。俄罢职，充集贤殿修撰、知均州。就迁给事中、工部侍郎，徙金州。召还，充史馆修撰，又出知滁州，就加礼部。大中祥符二年，卒。

丕纯厚畏慎，似不能言者。历典州郡，虽不优于吏事，能以清介自持，时称其长者云。

师颃，字霄远，大名内黄人。父均，后唐长兴二年进士，终永兴节度判官，因家关右。颃少笃学，与兄颂齐名。建隆二年举进士，窦仪典贡举，擢之上第。释褐耀州军事推官，以疾解，久不赴调。开宝中，复为解州推官。太平兴国初，召还，迁大理寺丞、陕西河北转运判官，就改著作佐郎。秩满，迁监察御史、通判永兴军府。坐秦王廷美假公帑缗钱，左授乾州团练副使，寻复旧官。六年，改殿中侍御史、通判邠州。徙知简州，转起居舍人。以公累去官，复为殿中侍御史，知资、眉二州。颃所至，以简静为治，蜀人便之。代还，迁侍御史、知安州，赐缗钱二十万。移朗州，超拜工部郎中，命知陕州，赐金紫。

时西鄙用兵，辉道所出，军士多亡命，啸聚山林为盗。颃严其巡捕，盗越他境。改刑部郎中，未几召还。真宗以其旧人，素负才望，而久次于外，累召对，询其文章。颃谦逊自晦，上益嘉之。翌日，命以本官知制诰，兼史馆修撰。咸平二年，与温仲舒、张咏同知贡举。明年，召入翰林为学士。五年，复与陈恕同典贡部，又知审官院、通进银台封驳司。俄卒，年六十七。诏遣官护葬，给其子仲回秘书丞奉终丧。

颃旷达夷雅，搢绅多慕其操尚。有集十卷。子三人：仲回，端拱元年进士及第，至太常博士；仲宰，国子博士；仲说，殿中丞。

张茂直，字林宗，兖州瑕丘人。父延昇，以经术教授乡里。茂直方弱冠，慕容彦超据州城，驱之守陴。及周师破敌，拥城守者列坐，将斩之。有卒挟刃谓茂直曰："汝发甚鬒，惜为颈血所污，可先断之。"茂直许焉。刃未及发，会得释。后励志于学。

开宝中，州将器其为人，首荐之，且给钱五万，以助其装。二年，登进士第，解褐海州推官，进司农寺丞、通判泰州。为转运使韦务昇诬奏，徙监梓州富国监。代还，自陈得雪。复通判静安军。军不领县，城闉之外，即深州之下博，茂直奏割下博隶焉。进秩著作佐郎，扈蒙荐其才，改秘书丞。

会福州民讼田，命茂直按之，将行，留不遣。参知政事李至称其端实，命入益王元杰府为记室参军。王好学，多为诗什，遇茂直甚厚。虽受时果之赐，亦分饷焉。王尝遣使征诗，茂直援笔而就，甚称赏。

端拱元年，召对，赐金紫。数日，改度支员外郎，三迁本曹郎中。真宗居藩时，茂直与朱昂并在诸王府，每预宴集，屡因酬唱识其名。即位，选用旧臣，得茂直及昂，与梁周翰、师颃辈相继知制诰。茂直既入西阁，会元杰生旦，遣持礼币为赐，复至旧府，时人荣之。

茂直淳至寡言，晚年多疾，才思梗涩不称职。改秘书少监，出知颍州。咸平四年，卒，年七十五。子成列，端拱二年进士及第；成务，比部员外郎。

梁颢，字太素，郓州须城人。曾祖涓，成武主簿。祖惟忠，以明经历佐使府，至天平军节度判官。父文度早世，颢养于叔父。王禹偁始与乡贡，颢依以为学，尝以疑义质于禹偁，禹偁拒之不答。颢发愤读书，不期月，复有所质，禹偁大加器赏。初举进士，不中第，留阙下。献疏曰：

臣历观史籍，唐实之御天下也，列圣间出，人文阐耀，尚且渴于共治，旁求多彦，设科之选，逾四十等。当时秉笔之士，彬彬翔集，表著所以。左右前后，有忠有良，导化原、树治本者，享三百年，得人之由也。

五代不竞，兹制日泊。国家兴儒，追风三代。方今科名之设，俊造毕臻，秉笔者如林，趋选者如云。贡于诸侯，考于春官，陛下躬临慎择，必尽至公。奈何所取不出于诗赋、策论，简于心者援而陟之，咈于心者推而黜之，宁无滥陟枉黜之失耶？其间阘茸妄进，滥厕科场者，间亦有之。

若曰陛下嘉惠孤寒沉滞之士，罔计贤否，悉拔而登之，一视同仁。臣窃谓此非确论。盖圣人在上，则内君子而外小人。若薰莸同器，甚非所以正人伦、厚风俗也。况丘园之下，岂无宏才茂德之士。陛下诚能设科以擢异等之士，俾陈古今之治乱、君臣之得失、生民之休戚、贤愚之用舍，庶几有益于治，不特诗赋、论策之小技，以应有司之求而已。

疏上，不报。

雍熙二年，复举进士，廷试，方禹中献赋。太宗召升殿，询其门第，赐甲科，解褐大名府观察推官。四年，与梁湛并召为右拾遗、直史馆，赐绯。判鼓司、登闻院。颢在大名佐赵昌言。昌言入掌枢密，会翟马周事，颢坐贬虢州司户参军。起知鱼台县，就加大理评事。召还，迁殿中丞。顷之，复直史馆，历开封府推官、三司关西道判官，转太常博士。丁内艰，起令赴职，改右司谏。

真宗初，诏群臣言事，颢时使陕西，途中作《听政箴》以献。还为度支判官。咸平元年，与杨励、李若拙、朱台符同知贡举。时诏钱若水重修《太祖实录》，表颢参其事，又同修起居注。扈跸大名，诏访群臣边事，颢上疏曰：

臣闻自古用兵之道，在乎明赏罚而已。然而赏不可以独任，罚不可以少失。故《兵法》曰："罚之不行，譬如骄子之不可用。"又曰："善为将者，威振敌国，令行三军。尽忠益时者，虽仇必赏；犯法败事者，虽亲必罚。"故孙武斩队长而兵皆整，穰苴斩监军而敌遂退。以此言之，兵法不可不正也。

昨者大将出师，乘秋备塞，而傅潜奉明诏，握重兵，逗挠无谋，守陴玩寇，老精兵於不用。以至蕃马南牧，边尘昼惊，河朔之民，流移失所，魏博以北，蹂践一空。遂至残妖未殄，銮辂亲征，此所谓以贼遗君父者也。乃或赦而不诛，则何以谢横死之民；或黜而不戮，则何以恢用兵之略。以军法论之，固合斩潜以徇军中，降诏以示天下。如此，则协前古之典章，戒后来之将帅，然后择边臣之可用者，就委用之。

臣尝读汉史，李广之屯兵行师也，无部伍行阵，就善水草，人人自便，不击刁斗以自卫，远於斥候，未尝遇害，而广终为名将，士卒乐用。又唐高祖之备北边也，选劲兵为游骑，不赍军粮，随逐水草，遇敌则杀，当时以为得策。愿於边将中，不以名位高卑，但择其武勇谋略素为众所推服者，取十人焉。人付骑士五十，器甲完备，轻赍粮糗，逐水草以为利，往复捍御。不令入郡邑，不许聚处，遇有寇兵，随时掩捕。仍令烽候相望，交相救应。缘边州郡守城兵帅，即坚壁以待之。遇游骑近城，掩杀边寇，内量出兵甲援救。如此，则乘城者不坚闭郡门，免坐观於胜负；捍边者不苟依郡郭，可行备於寇攘。虽匪良筹，且殊胶柱。时论颇称之。

三年，与李宗谔、赵安仁并命知制诰，赐金紫。是年冬，王均平，命为峡路安抚使。归掌三班。韩国华判大理，以断刑失中，乃选颢以代之。四年，张齐贤使关右安抚，以颢为之副。

颢有吏才，每进对，词辩明敏，真宗嘉赏。凡群臣上封者，悉付颢泊薛映详阅可否。冬，以河北饥盗，命与映分为东、西路巡检使。还，拜右谏议大夫，充户部使。会罢三部使，以颢为翰林学士同知审官院、三班。景德元年，权知开封。

颢美风姿，强力少疾，闺门雍睦。与人交久而无改，士大夫多之。六月，暴病卒，年九十二。上甚轸恻，赐赠加等。所著文集十五卷。子固、述、遹。遹相仁宗，别有传。

固字仲坚，幼有志节，尝著《汉春秋》，颢器赏之。初，以颢遗荫，赐进士出身。服阕，诣登闻院让前命，愿赴乡举，许之。大中祥符元年，举服勤词学科，擢甲第。解褐将作监丞、同判密州，就迁著作佐郎。归朝，改著作郎、直史馆，赐绯。历户部判官、判户部勾院。

为人气调俊爽，善与人交，疏财慷慨，尚气义，明于吏道。马元方领三司，临事粗率，固撼其旷阙之状，屡请对条奏。尝诏鞠狱，时称平审。天禧大礼成，奏颂甚工。无几卒，年三十三。有集十卷。

杨徽之，字仲猷，建州浦城人。祖郜，仕闽为义军校。家世尚武，父澄独折节为儒，终浦城令。徽之幼刻苦为学，邑人江文蔚善赋，江为能诗，徽之与之游从，遂与齐名。尝肄业于浔阳庐山，时李氏据有江表，乃潜服至汴、洛，以文投窦仪、王朴，深赏遇之。

周显德中，举进士，刘温叟知贡部，中甲科。同时登第者十六人，世宗命覆试，惟徽之与李覃、何严、赵邻几中选。解褐校书郎、集贤校理。宰相范质深器重之，历著作佐郎、右拾遗。窦俨纂礼乐书，徽之预焉。

乾德初，与郑玘并出为天兴令，府帅王彦超素知其名，待以宾礼。蜀平，移峨眉令。时宋白宰玉津，多以吟咏酬答。复为著作佐郎、知全州，就迁左拾遗、右补阙。太平兴国初，代还。太宗素闻其诗名，因索所著。徽之以数百篇奏御，且献诗为谢，其卒章有"十年流落今何幸，叨遇君王问姓名"语。太宗览之称赏，自是圣制多以别本为赐。迁侍御史、权判刑部。尝属疾，遣尚医诊疗，赐钱三十万。转库部员外郎，赐金紫，判南曹，同知京朝官差遣。会诏李昉等采缉前代文字，类为《文苑英华》，以徽之精于风雅，分命编诗，为百八十卷。历迁刑、兵二部郎中。献《雍熙词》，上赓其韵以赐。

端拱初，拜左谏议大夫，出知许州。入判史馆事，加修撰。因次对上言，曰："自陛下嗣统鸿图，阐扬文治，废坠修举，儒学响臻，乃至周岩野以聘隐沦，开贤科以擢才彦，取士之道，亦已至矣。然擅文章者多超迁，明经业者罕殊用，向非振举，曷劝专勤，师法不传，祖述安在！且京师四方之会，太学首善之地。今五经博士，并阙其员，非所以崇教化，奖人材，縻内及外之道也。伏望涣发明诏，博求通经之士，简之朝著，拔自草莱，增置员数，分教胄子，随其所业，授以本官，廪稍且优，旌别斯在。淹贯之士，既蒙厚赏，则天下善类知所劝矣，无使唐、汉专称得人。"太宗嘉纳之，顾谓宰相曰："徽之儒雅，操履无玷，置于馆阁宜矣。"未几，改判集贤院。尝诏预观灯乾元楼，上嘉其精力不衰。

时刘昌言拔自下位，不逾时参掌机务，惧无以厌人望，常求自安之计。董俨为右计使，欲倾昌言代之，尝谓徽之曰："上遇张洎、钱若水甚厚，旦夕将大用。"有直史馆钱熙者，与昌言厚善，诣徽之，徽之语次及之。熙遽以告昌言，昌言以告洎。洎方固宠，谓徽之造熙构飞语中伤己，遂白上。上怒，召昌言质其语。出徽之为山南东道行军司马，熙落职通判朗州。徽之未行，改镇安军行军司马。

真宗尹京，妙选僚佐，驿召为左谏议大夫，与毕士安并充开封府判官，召对便殿，谕以辅导意。东宫建属，以徽之兼左庶子。尝出巡田，真宗作诗言怀，因以寄之。迁给事中。即位，拜工部侍郎、枢密直学士，俄兼秘书监。咸平初，加礼部侍郎。二年春，以衰疾求解近职，改兵部，仍兼秘书监。入谢，命坐，劳之曰："图书之府，清净无事，俾卿得以养性也。"是秋，特置翰林侍读学士，命与夏侯峤、吕文仲并为之，赐宴秘阁，且褒以诗。

未几，以足疾请告，上取名药以赐。郊祀不及扈从，锡赉如侍祠之例。车驾北巡，徽之力疾辞于苑中。上顾谓曰："卿勉进医药，比见，当不久也。"及驻跸大名，特降手诏存谕。明年春正月，车驾还，又遣使临问。卒，年八十。赠兵部尚书，赐其家钱五十万，绢五百匹。录其外孙宋绶太常寺太祝，侄孙偓、集并同学究出身。

徽之纯厚清介，守规矩，尚名教，尤疾非道以干进者。尝言："温仲舒、寇准用搏击取贵位，使后辈务习趋竞，礼俗浸薄。"世谓其知言。徽之寡谐于俗，唯李昉、王祐深所推服，与石熙载、李穆、贾黄中为文义友。自为郎官、御史，朝廷即待以旧德。善谈论，多识典故，唐室以来士族人物，悉能详记。酷好吟咏，每对客论诗，终日忘倦。既没，有集二十卷留于家，上令夏侯峤取之以进。徽之无子。后徽之妻王卒，及葬，复以缯帛赐其家。

澈字晏如，徽之宗人也，世家建阳。父思进，晋天福中北渡海，因家于青州之北海，累佐使幕。澈幼聪警，七岁读《春秋左氏传》，即晓大义。周宰相李穀召令默诵，一无遗误，穀甚异之。年十六，思进为镇赵从事，会昭庆令缺，使府命澈假其任。时河决邻郡，府督役甚急。澈部徒数千，径大泽中，多芦苇，令采刈为筏，顺流而下。既至，执事者诃以后期，俄而苇筏继至，骇而问之，澈以状对，乃更嗟赏。

建隆初，举进士，时窦仪典贡部，谓澈文词敏速，可当书檄之任。调补河内主簿，再迁青州司户参军。知州张全操多不法，澈鞫狱平允，无所阿畏。太祖知其名，召试禁中，改著作佐郎，出知渠州。江南平，改通判虔州，令就大将曹彬分兵以行。既入境，伪帅郭再兴拥兵自固，澈单骑直趋其垒，谕以朝廷威信，再兴即奉符以代。澈悉料城中军士之勇壮者，凡五百人为一纲，部送京师。土豪黎、罗二姓，聚众依山谋乱，澈率兵平之，擒二豪，械送阙下。

迁右赞善大夫、知淄州。事亲以孝闻，求便侍养，徙同判青州。三迁祠部员外郎，复知淄州，又知舒州，累转祠部郎中。咸平初，遴选王府僚佐，以澈为雍王府记室参军，赐金紫，加度支郎中。

景德初，车驾幸澶渊，王为东京留守，澈迁兵部郎中，充留守判官。军巡囚逸，王惊而感疾，及薨，又得闺门残忍之状，坐辅导不善免官。未几，起为祠部郎中。卒，年七十四。子恋，淳化进士，职方员外郎。

吕文仲，字子臧，歙州新安人。父裕，伪唐歙州录事参军。文仲在江左，举进士，调补临川尉，再迁大理评事，掌宗室书奏。入朝，授太常寺太祝，稍迁少府监丞。预修《太平御览》、《广记》、《文苑英华》，改著作佐郎。太平兴国中，上每御便殿观古碑刻，辄召文仲与舒雅、杜镐、吴淑读。尝令文仲读《文选》，继又令读《江海赋》，皆有赐赉。以本官充翰林侍读，寓直御书院，与侍书王著更宿。时书学葛湍亦直禁中，太宗暇日，每从容问文仲以书史、著以笔法、湍以字学。雍熙初，文仲迁著作佐郎，副王著使高丽。复命改左正言，巡抚福建。未几，赐金紫，加左谏议大夫。

淳化中，与陈尧叟并兼关西巡抚使。时内品方保吉专干榷酤，威制郡县。民疲吏扰，交易旧法，讼其掊克者甚众。文仲等具奏其实，太宗怒甚。亟召保吉，将劾之，反为保吉所讼，下御史验问。文仲所坐皆细事，而素畏愞，且耻与保吉辨对，因自诬伏，遂罢职。既而太宗知其由，复令直秘阁；逾月，再为侍读。一日，召于崇政殿，读上草书经史故实数十轴，诏模刻于石。迁起居舍人、兵部员外郎、同判吏部铨，知银台通进封驳司、审官院。咸平三年，拜工部郎中，充翰林侍读学士，受诏集太宗歌诗为三十卷，诏书加奖，又知审刑院。六年，授御史中丞。

景德中，鞫曹州奸民赵谏狱。谏多与士大夫交游，内出姓名七十余人，令悉穷治。文仲请对，言逮捕者众，或在外郡，苟悉索之，虑动人听。上曰："卿执宪，当嫉恶如仇，岂公行党庇邪？"文仲顿首曰："中司之职，非徒绳纠愆违，亦当顾国家大体。今纵七十人悉得奸状，以陛下之慈仁，必不尽戮，不过废弃而已。但籍其名，更察其为人，置于冗散，或举选对扬之日摈斥之，未为晚也。"上从其言。三年，迁工部侍郎，复为翰林侍读学士。

文仲久居禁近，颇周密兢慎。一日早朝，暴得风疾，请告逾百日，诏续其奉。明年，改刑部侍郎，充集贤院学士，未几卒，录其子永为奉礼郎。

文仲富词学，器韵淹雅。其使高丽也，善于应对，清净无所求，远俗悦之。后有使高丽者，必询其出处。然性颇龌龊，不为时论所许。有集十卷。

王著，字知微，文仲同时人。自言唐相石泉公方庆之后，世家京兆渭南。祖贲，广明中从僖宗入蜀，遂为成都人。贲仕王建，为雅州刺史。父景环，万州别驾。著，伪蜀明经及第，历平泉、百丈、永康主簿。蜀平赴阙，授隆平主簿，凡十一年不代。著善攻书，笔迹甚媚，颇有家法。太宗以字书讹舛，欲令学士删定，少通习者。太平兴国三年，转运使侯陟以著名闻，改卫寺丞、史馆祗候，委以详定篇韵。六年，召见，赐绯，加著作佐郎、翰林侍书与侍读，更直于御书院。

太宗听政之暇，尝以观书及笔法为意，诸家字体，洞臻精妙。尝令中使王仁睿持御札示著，著曰："未尽善也。"太宗临学益勤，又以示著，著答如前。仁睿诘其故，著曰："帝王始攻书，或骤称善，则不复留心矣。"久之，复以示著。著曰："功已至矣，非臣所能及。"其后真宗尝对宰相语其事，且嘉著之善于规益，于侍书待诏中亦无其比。

雍熙二年，迁左拾遗，使高丽。端拱初，加殿中侍御史。二年，与文仲同赐金紫。明年，卒，特加赗赐，录其子嗣复为奉礼郎。

吕祐之，字元吉，济州钜野人。父文赞，本州录事参军。祐之，太平兴国初，举进士，解褐大理评事、通判洋州。改右赞善大夫，出为泰宁军节度判官，移天雄军。召拜殿中侍御史，决狱西蜀。还知贝州，换右补阙、直史馆、同判吏部南曹，迁起居舍人。

端拱中，副吕端使高丽，假内库钱五十万以办装。还，遇风涛，舟欲覆，祐之悉取所得货沉之，即止。复献《海外覃皇泽诗》十九首，太宗嘉之，仍蠲其所贷。淳化初，判户部勾院，会分备三馆职，以祐之与赵昂、安德裕并直昭文馆。俄以本官知制诰，赐金紫，同知贡举。

有东野日宣者，祐之以妻族尝荐举之，坐鞫狱陈州不实，贬官，祐之亦降授殿中丞，再直史馆。未几，复知制诰。太宗尝阅班簿，择近臣举官，睹祐之姓名，宰相因言其前坐举无状。上曰："此正可令赎过矣。"即取祐之焉。

至道初，拜右谏议大夫，赐金紫，知审官院。出知襄州，徙寿州。真宗即位，转给事中，复知襄州，移昇州。

岁余，又典襄阳。归，掌吏部选事，知通进、银台司，与吕文仲并拜工部侍郎、翰林侍读学士。自置侍读、侍讲，甚艰其选，至是裁七人。祐之第其名氏，刻石于秘阁。

祐之纯谨长者，不喜趋竞，所至无显誉，备顾问，不能有所启发。会文仲以疾罢近职，祐之亦出为集贤院学士，仍并迁刑部侍郎。景德四年，卒，年六十一。有集三十卷。

潘慎修，字成德，泉州莆田县人。父承祐，仕闽，后归江南，仕李景，至刑部尚书致仕。慎修少以父任为秘书省正字，累迁至水部郎中兼起居舍人。

开宝末，王师征江南，李煜遣随其弟从镒入贡买宴钱，求缓兵。留馆怀信驿。旦夕捷书至，邸吏督从镒入贺。慎修以为国且亡，当待罪，何贺也？自是每群臣称贺，从镒即奉表请罪。太祖嘉其得礼，遣中使慰谕，供帐牢饩悉加优给。煜归朝，以慎修为太子右赞善大夫。煜表求慎修掌记室，许之。煜卒，改太常博士。历膳部、仓部、考功三员外，通判寿州，知开封县，又知湖、梓二州。

淳化中，秘书监李至荐之，命以本官知直秘阁。慎修善弈棋，太宗屡召对弈，因作《棋说》以献。大抵谓："棋之道在乎恬默，而取舍为急。仁则能全，义则能守，礼则能变，智则能兼，信则能克。君子知斯五者，庶几可以言棋矣。"因举十要以明其义，太宗览而称善。俄与直昭文馆韩援使淮南巡抚，累迁仓部、考功二部郎中。咸平中，又副邢昺为两浙巡抚使，俄同修起居注。景德初，上言衰老，求外任。真宗以儒雅宜留秘府，止听解记注之职。数月，擢为右谏议大夫、翰林侍读学士。从幸澶渊，遘寒疾，诏令肩舆先归。明年正月，卒，年六十九。赠钱二十万，绢一百匹。

慎修疾虽亟，精爽不乱，托陈彭年草遗奏，不为诸子干泽，但以主恩未报为恨。上悯之，录其子汝士为大理评事，汝砺为奉礼郎。令有司给舟载其柩归洪州。

慎修风度酝藉，博涉文史，多读道书，善清谈。先是，江南旧臣多言李煜阁懦，事多过实。真宗一日以问慎修，对曰："煜或懵理若此，何以享国十余年？"他日，对宰相语及之，且言慎修温雅不忘本，得臣子之操，深嘉奖之。当时士大夫与之游者，咸推其素尚。然颇恃前辈，待后进倨慢，人以此少之。有集五卷。

汝士至工部员外郎，直集贤院。

杜镐，字文周，常州无锡人。父昌业，南唐虞部员外郎。镐幼好学，博贯经史。兄为法官，尝有子毁父面像，为旁亲所讼，疑其法不能决。镐曰："僧道毁天尊、佛像，可比也。"兄甚奇之。举明经，解褐集贤校理，入直澄心堂。

江南平，授千乘县主簿。太宗即位，江左旧儒多荐其能，改国子监丞、崇文院检讨。会将祀南郊，彗星见，宰相赵普召镐问之。镐曰："当祭而日食，犹废；况谪见如此乎？"普言于上，即罢其礼。翌日，迁著作佐郎，改太子左赞善大夫，赐绯鱼。历殿中丞、国子博士，加秘阁校理。太宗观书秘阁，询镐经义，进对称旨，即日改虞部员外郎，加赐金帛。又问："西汉赐与悉用黄金，而近代为难得之货，何也？"镐曰："当是时，佛事未兴，故金价甚贱。"又尝召问天宝梨园事，敷奏详悉。再迁驾部员外郎，判太常礼院，与朱昂、刘承珪编次馆阁书籍，虞部郎中，事毕，赐金紫，改直秘阁。会修《太祖实录》，命镐检讨故事，以备访问。

景德初，置龙图阁待制，因以命锡镐，加都官郎中。从幸澶渊，遇懿德皇后忌日，疑军中鼓吹之礼，时镐先还备仪仗，命驰骑问之。镐以武王载木主伐纣，前歌后舞为对。预修《册府元龟》，改司封郎中。四年，拜右谏议大夫、龙图阁直学士，赐袭衣、金带，班在枢密直学士下。时特置此职，儒者荣之。

大中祥符中，同详定东封仪注，迁给事中。三年，又置本阁学士，迁镐工部侍郎，充其职。上日，赐宴秘阁，上作诗赐之，进秩礼部侍郎。六年冬，卒，年七十六。录其子渥为大理寺丞及三孙官。

镐博闻强记，凡所检阅，必戒书吏云："某事，某书在某卷、几行。"覆之，一无差误。每得异书，多召问之，镐必手疏本末以闻，顾遇甚厚。士大夫有所著撰，多访以古事，虽晚辈、卑品请益，应答无倦。年逾五十，犹日治经史数十卷，或寓直馆中，四鼓则起诵《春秋》。所居僻陋，仅庇风雨，处之二十载，不迁徙。燕居暇日，多挈醪馔以待宾友。性和易，清素有懿行，士类推重之。

查道，字湛然，歙州休宁人。祖文徽，仕南唐至工部尚书。父元方，亦仕李煜，为建州观察判官。王师平金陵，卢绛据歙州，遣使传檄至郡，元方斩其使。及绛擒，太祖闻元方所为，优奖之。拜殿中侍御史、知泉州，卒。

道幼沉嶷不群，罕言笑，喜亲笔砚，文徽特爱之。未冠，以词业称。侍母渡江，奉养以孝闻。母尝病，思鳜羹，方冬苦寒，市之不获。道泣祷于河，凿冰取之，得鳜尺许以馈。又刲臂血写佛经，母疾寻愈。后数年，母卒，绝意名宦，游五台，将落发为僧。一夕，震雷破柱，道坐其下，了无怖色，寺僧异之，咸劝以仕。

端拱初，举进士高第，解褐馆陶尉。曹彬镇徐州，辟为从事，深被礼遇。改兴元观察推官。寇准荐其才，授著作佐郎。淳化中，蜀寇叛，命道通判遂州。召对，出御书历，俾录其课，给以实奉。至道二年，有使两川者，得道公正清洁之状以闻，优诏嘉奖。迁秘书丞，俄徙知果州。

时寇党尚有伏岩谷依险为栅者，其酋何彦忠集其徒二百余，止西充之大木槽，觳刃露刃。诏书招谕之，未下，咸请发兵殄之。道曰："彼遇人也，以惧罪，欲延命须臾尔。其党岂无违误邪？"遂微服单马数仆，不持尺刃，间关林壑百里许，直趋贼所。初悉惊畏，持满外向。道神色自若，踞胡床而坐，谕以诏意。或识之曰："郡守也，尝闻其仁，是宁害我者。"即相率投兵罗拜，号呼请罪，悉给券归农。加赐袍带驿奏，玺书褒谕。

咸平四年代归，赐绯鱼。上言曰："朝廷命转运使、副，不惟审度金谷，盖以察廉郡县，庶臻治平，以召和气。今观所至，或匪尽公，盖无惩劝之科，致有因循之弊。望自今每使回日，先令具任内曾荐举才识者若干，奏绌贪猥者若干，朝廷议其否臧，以为赏罚。"从之。俄出知宁州。会举贤良方正之士，李宗谔以道名闻，策入第四等，拜左正言、直史馆。未几，出为西京转运副使。六年，始令三司使分部置副，召入，拜工部员外郎、充度支副使，赐金紫。

道儒雅迂缓，治剧非所长。卞衮为盐铁副使，与道同候对，将升殿，遽出奏牍请道同署。及上询问事本，道素未省视，不能对，遂以本官罢，出知襄州。卒不能自辩，亦无愠色。

大中祥符元年，归直史馆，迁刑部员外郎，预修《册府元龟》。三年，进秩兵部，为龙图阁待制，与张知白、孙奭、王曙并命焉。加刑部郎中、判吏部选事，纠察在京刑狱。奉使契丹，以久次，进右司郎中。真宗退朝之暇，召冯元讲《易》便坐，惟道与李虚己、李行简预焉。

天禧元年，以耳聩难于对问，表求外任，得知虢州。将行，上御龙图阁饮饯之。秋，蝗灾民歉，道不候报，出官廪米赈之，又设粥糜以救饥者，给州麦四千斛为种于民，民赖以济，所全活万余人。二年五月，卒，讣闻，真宗轸惜之。诏其子奉礼郎循之乘传往治丧事，迁大理评事，赋禄终制。

道性淳厚，有犯不较，所至务宽恕，胥吏有过未尝笞罚，民讼逋负者，或出己钱偿之，以是颇不治。尝出按部，路侧有佳枣，从者摘以献，道即寸直挂钱于树而去。儿时尝戏画地为大第，曰："此当分赡孤遗。"及居京师，家甚贫，多聚亲族之茕独者，禄赐所得，散施随尽，不以屑意。与人交，情介切至，废弃孤露者，待之愈厚，多所周给。

初，赴举，贫不能上，亲族哀钱三万遗之。道出滑台，过父友吕翁家。翁丧，贫婆无以葬，其母兄将鬻女以襄事。道倾褚中钱与之，且为其女择婿，别加资遣。又故人卒，贫甚，质女婢于人。道为赎之，嫁士族。搢绅服其履行。好学，嗜弈棋，深信内典。平居多茹蔬，或止一食，默坐终日，服玩极于卑俭。尝梦神人谓曰："汝位至正郎，寿五十七。"而享年六十四，论者以为积善所延也。有集二十卷，从兄陶。

陶字大均，初事李煜，以明法登科，补常州录事参军。归朝，诏大理评事，试律学，除本寺丞，迁大理正，历侍御史、权判大理寺，赐绯。断官仲禹锡讼陶用法非当，陶抗辩得雪。迁工部郎中，俄知台州，累迁兵部。咸平五年，朱博为大理，议赵文海罪不当，宰相请以陶代。真宗曰："闻陶亦深文，当加戒勖。"即迁秘书少监、判寺事。时杨亿知审刑，陶屡攻其失，又命代之，赐金紫。陶持法深刻，用刑多失中，前后坐罚金百余斤，皆以失入，无误出者。景德三年，卒，年七十。子拱之，淳化三年进士，后为都官郎中；庆之，太子中舍。

论曰：典诰命者，以词章典雅为先；侍讲读者，以道德洽闻为贵。自昔皆难其人，至宋尤重其选。太宗崇尚儒术，听政之暇，以观书为乐，置翰林侍读学士以备顾问。真宗克绍先志，兼置侍讲学士，且因内阁以设职名，俾鸿硕之士更直迭宿，相与从容讲论。以丕之清介，颀之和豫，颢之明敏，茂直之淳厚，俾领词职，固无忝矣。若文仲之器韵淹雅，慎修之酝藉该贯，杜镐之博闻强识，查道之纯孝笃义，置诸左右，启沃尤多，岂直讲论文义而已哉。若祐之不喜趋竞，徽之深疾幸进，风采凝峻，又其卓然者也。徽之尝谓："温仲舒、寇准以搏击取贵位，使后辈务习趋竞，礼俗浸薄。"君子以为名言云。

卷二百九十七　列传第五十六

孔道辅子宗翰　**鞠咏　刘随　曹修古　郭劝　段少连**

孔道辅，字原鲁，初名延鲁，孔子四十五代孙也。父勖，进士及第，为太平州推官，以殿中丞通判广州。会真宗东封，躬诣孔子祠。帝问宰相："孔氏今孰为名者？"或言勖有治行，即召对，以为太常博士、知曲阜县。初，勖在广州，以清洁闻，及被召，蕃酋争持宝货以献，皆慰遣之。后为御史台推直官，累迁秘书监、分司南京，管勾祖庙，以尚书工部侍郎致仕。后道辅卒，年八十九。

道辅幼端重，举进士第，为宁州军事推官，数与州将争事。有蛇出天庆观真武殿中，一郡以为神，州将帅官属往奠拜之，欲上其事。道辅径前以笏击蛇，碎其首，观者初惊，后莫不叹服。迁大理寺丞、知仙源县，主孔子祠事。孔氏故多放纵者，道辅一绳以法。上言庙制库陋，请加修崇，诏可。再迁太常博士。章献太后临朝，召为左正言。受命日，论奏枢密使曹利用、尚御药罗崇勋窃弄威柄，宜早斥去，以清朝廷。立对移刻，太后可其言，乃退。未几，为直史馆、判三司理欠凭由司。

奉使契丹，道除右司谏、龙图阁待制。契丹宴使者，优人以文宣王为戏，道辅艴然径出。契丹使主客者邀道辅还坐，且令谢之。道辅正色曰："中国与北朝通好，以礼文相接。今俳优之徒，慢侮先圣而不之禁，北朝之过也。道辅何谢！"契丹君臣默然，又酌大卮谓曰："方天寒，饮此，可以致和气。"道辅曰："不和，固无害。"既还，言者以为生事，且开争端。仁宗问其故，对曰："契丹比为黑水所破，势甚蹙。平时汉使至契丹，辄为所侮，若不较，恐益慢中国。"帝然之。历判吏部流内铨、纠察在京刑狱。坐纠事不当，出知郓州，徙青州。还判流内铨，迁尚书兵部员外郎，复出知徐、许二州，徙应天府。

明道二年，召为右谏议大夫、权御史中丞。会郭皇后废，道辅率谏官孙祖德、范仲淹、宋郊、刘涣，御史蒋堂、郭劝、杨偕、马绛、段少连等十人，诣垂拱殿伏奏："皇后天下之母，不当轻议绌废。愿赐对，尽所言。"帝使内侍谕道辅等至中书，令宰相吕夷简以皇后当废状告之。道辅语夷简曰："大臣之于帝后，犹子事父母也；父母不和，可以谏止，奈何顺父出母乎？"夷简曰："废后自有汉、唐故事。"道辅复曰："人臣当道君以尧、舜，岂得引汉、唐失德为法邪？"夷简不答，即奏言："伏阁请对，非太平美事。"于是出道辅知泰州。明日晨，入至待漏，闻有诏，亟驰出城。顷之，徙徐州，又徙兖州，进龙图阁直学士，迁给事中。在兖三年，复入为御史中丞。

道辅性鲠挺特达，遇事劲无所避，出入风采肃然，及再执宪，权贵益忌之。初，道辅与其父里中僦郭贽旧宅居之，有言于帝者曰："道辅家近太庙，出入传呼，非所以尊神明。"即诏道辅他徙。集贤校理张宗古上言，汉内史府在太庙壖垣中，国朝以来，庙垣下皆有官私第舍，谓不须避。帝出宗古通判莱州。道辅叹曰："俭人之言入矣！"

会受诏鞫冯士元狱，事连参知政事程琳。宰相张士逊素恶琳，而疾道辅不附己，将逐之，察帝有不悦琳意，即谓道辅："上顾程公厚，今为小人所诬，见上，为辨之。"道辅入对，言琳罪薄不足深治。帝果怒，以道辅朋党大臣，出知郓州。已而道辅知为士逊所卖，颇愤惋。时大寒上道，行至韦城，发病卒，天下莫不以直道许之。皇祐三年，王素因对语及道辅，仁宗思其忠，特赠尚书工部侍郎。子宗翰。

宗翰字周翰。登进士第，知仙源县，而为治有条理，遇族人有恩，不以私故徇法。王珪、司马光皆上章论荐，由通判陵州为夔峡转运判官，提点京东刑狱、知虔州。城滨章、贡两江，岁为水啮。宗翰伐石为址，冶铁锢之，由是屹然，诏书褒美。历陕、扬、洪、兖州，皆以治闻。哲宗初立求言，吏民上书以千数，诏司马光采阅其可用者十五人，独称奖其二，乃宗翰与王巩也。

元祐初，召为司农少卿，迁鸿胪卿。言："孔子之后，自汉以来有褒成、奉圣、宗圣之号，皆赐实封或缣帛，以奉先祀。至于国朝，益加崇礼。真宗东封临幸，赐子孙世袭公爵，然兼领他官，不在故郡，于名为不正。请自今袭封之人，使终身在乡里。"诏改衍圣公为奉圣公，不领他职，给庙学田万亩，赐国子监书，立学官以诲其子弟。进刑部侍郎，属疾求去，以宝文阁待制知徐州，未拜而卒。

鞠咏字咏之，开封人。父励，尚书膳部员外郎、广南转运使。咏十岁而孤，好学自立。举进士，试秘书省校书郎、知钱塘县，改著作郎、知山阴县。

仁宗即位，以太常博士召为监察御史。钱惟演自亳州来朝，图入相。咏言："惟演憸险，尝与丁谓为婚姻，缘此大用。后揣知谓奸状已萌，惧牵连得祸，因此力攻谓。今若遂以为相，必大失天下望。"太后遣内侍持奏示之，惟演犹顾望不行。咏语谏官刘随曰："若相惟演，当取白麻廷毁之。"惟演闻，乃亟去。

大安殿柱生芝草，召群臣就观。咏言："陛下新即位，河决未塞，霖雨害稼，宜思所以应灾变。臣愿陛下以援进忠良、退斥邪佞为国宝，以训劝兵农、丰积仓廪为天瑞。草木之怪，何足尚哉！"

时王钦若复相，咏嫉钦若阿倚，数睥睨其短，钦若心忌之。会咏兼左巡使，率府率崇俊入朝失仪，咏言崇俊少在边，今老矣，此不足罪。钦若奏咏废朝廷仪，出通判信州。又坐鞫陈绛狱失实，徙邵州。钦若卒，御史中丞王臻奏还咏殿中侍御史，为三司盐铁判官。曹利用贬死，利用尝所荐擢者多领兵守边，朝廷欲罢去之，咏请一切毋治。

天圣六年夏，大星昼陨，有声如雷，咏条五事上之。因言："太子少保致仕晁迥，虽老而有器识，宜蒙访对，其必有补。"又言："三司使用胡则，丁谓党也，性贪巧，不可任利权。"河北、京师旱饥，奏请出太仓米十万石振饥民。江、淮制置使钟离瑾因奏计，多致东南物以赂权贵。咏请御史台劾状，帝面谕瑾还所部。以尚书礼部员外郎兼侍御史知杂事、权同判吏部流内铨，为三司盐铁副使。

八年，特置天章阁待制，以咏及范讽为之。判登闻检院。定国军节度使张士逊入觐，冀得再用。咏奏曰："曹利用擅威福，士逊与之共事，相亲厚，援荐以至相位。陛下以东宫僚属用之，臣愿割旧恩，伸公义，趣使之藩。"士逊乃赴镇。明年咏卒。尝著《道释杂言》数十篇，别构净室以居，自号深宁子。

刘随，字仲豫，开封考城人。以进士及第，为永康军判官。军无城堞，每伐巨木为栅，坏辄以他木易之，颇用民力。随因令环植杨柳数十万株，使相连属，以为限界，民遂得不扰。属县令受赇鬻狱，转运使李士衡托令于随，不从。士衡愤怒，乃奏随苛刻，不堪从政，罢归，不得调。初，西南夷市马入官，苦吏诛索，随为绳按之。既罢，夷人数百诉于转运使曰："吾父何在？"事闻，乃得调。

后改大理寺丞，为详断官。李溥以赃败，事连权贵，有司希旨不穷治，随再劾之，卒抵溥罪。晁迥荐通判益州，吕夷简安抚川峡，又言其材，以太常博士改右正言。数月，坐尝为开封府发解巡捕官，而不察举人，私以策辞相授，降监济州税，稍徙通判晋州。

还朝，迁右司谏，为三司户部判官。随在谏职数言事，尝言："今所切，在于纳谏，其余守常安靖而已。"又奏："频年水旱，咎在执事大臣忿争不和。请察王钦若等所争，为辨曲直。"又因星变言："国家本支蕃衍，而定王之外，封策未行。望择贤者，用唐故事，增广嗣王、郡王之封，以慰祖宗意。"时下诏蜀中，选优人补教坊，随以为贱工不足辱诏书。又劾奏江、淮发运使钟离瑾载奇花怪石数十艘，纳禁中及赂权贵。累疏论丁谓奸邪，不宜还之内地；胡则，谓之党，既以罪出陈州，不当复进职。王钦若既死，诏塑其像茅山，列于仙官。随言："钦若赃污无忌惮，考其行，岂神仙耶？宜察其妄。"又言："李维以词臣求换武职，非所以励廉节。"前后所论甚众。

帝既益习天下事，而太后犹未归政，随请军国常务，专禀帝旨，又谏太后不宜数幸外家，太后不悦。会随请外，出知济州，改起居郎。久之，迁尚书刑部员外郎，入兼侍御史知杂事。上言："比年庶官侥幸请托，或对见之际，涕泗祈恩，或绩效甚微，衔鬻要赏。亦有藩翰之臣，位尊职重，表章不逊，请求麋厌。按察之司，燕安顾望，以容奸为大体，以举职为近名，以巧诈为贤，以恬退为拙。以至贪残者渎于货财，老疾者不知止足。请行申儆之法。"朝廷为下诏戒中外。

未几，权同判吏部流内铨，以长定格从事，吏不得为奸。改三司盐铁副使。使契丹，以病足痹，辞不能拜。及还，为有司劾奏，夺一官，出知信州，徙宜州，再迁工部郎中、知应天府。召为户部副使，改天章阁待制，不旬日卒。

随与孔道辅、曹修古同时为言事官，皆以清直闻。随临事明锐敢行，在蜀，人号为"水晶灯笼。"初，使契丹还，会贬，而官收所得马十五乘。既卒，帝怜其家贫，赐钱六十万。

曹修古，字述之，建州建安人。进士起家，累迁秘书丞、同判饶州。宋绶荐其材，召还，以太常博士为监察御史。上四事，曰行法令、审故事、惜材力、辨忠邪，辞甚切至。又奏："唐贞观中，尝下诏令致仕官班本品见任上，欲其知耻而勇退也。比有年余八十，尚任班行，心力既衰，官事何补。请下有司，敕文武官年及七十，上书自言，特与迁官致仕，仍从贞观旧制，即宿德勋贤，自如故事。"因著为令。

修古尝偕三院御史十二人晨朝，将至朝堂，黄门二人行马不避，呵者止之，反为所詈。修古奏："前史称，御史台尊则天子奠。故事，三院同行与知杂事同，今黄门侮慢若此，请付所司劾治。"帝闻，立命笞之。晏殊以笏击人折齿。修古奏："殊身任辅弼，百僚所法，而忿躁亡大臣体。古者，三公不按吏，先朝陈恕于中书榜人，即时罢黜。请正典刑，以允公议。"

司天监主簿苗舜臣等尝言，土宿留参，太白昼见，诏日官同考定。及奏，以谓土宿留参，顺不相犯；太白昼见，日未过午。舜臣等坐妄言灾变被罚。修古奏言："日官所定，希旨悦上，未足为信。今罚舜臣等，其事甚小，然恐人人自此畏避，佞媚取容，以灾为福，天变不告，所损至大。"禁中以翡翠羽为服玩，诏市于南越。修古以谓重伤物命，且真宗时尝禁采狨毛，故事未远。命罢之。时颇崇建塔庙，议营金阁，费不可胜计，修古极陈其不可。

久之，出知歙州，徙南剑州，复为开封府判官。历殿中侍御史，擢尚书刑部员外郎、知杂司事、权同判吏部流内铨。未逾月，会太后兄子刘从德死，录其姻戚至于厮役几八十人。龙图阁直学士马季良、集贤校理钱暖皆缘遗奏超授官秩，修古与杨偕、郭劝、段少连交章论列。太后怒，下其章中书。大臣请黜修古知衢州，余以次贬。太后以为责轻，命皆削一官，以修古为工部员外郎、同判杭州，未行，改知兴化军。会赦复官，卒。

修古立朝，慷慨有风节。当太后临朝，权幸用事，人人顾望畏忌，而修古遇事辄言，无所回挠。既没，人多惜之。家贫，不能归葬，宾佐赙钱五十万。季女泣白其母曰："奈何以是累吾先人也。"卒拒不纳。太后崩，帝思修古忠，特赠右谏议大夫，赐其家钱二十万，录其婿刘勖为试将作监主簿。修古无子，以兄子觐为后。

觐知封州，依智高乱，死之，见《忠义传》。弟修睦，性廉介自立，与修古同时举进士，有声乡里，累官尚书都官员外郎、知邵武军。御史中丞杜衍荐以为侍御史。岁余，改司封员外郎，出知寿州，徙泉州。坐失举，夺一官罢去。

后以知吉州，不行，上书请老，不听，分司南京，未几致仕，年五十一。章得象表其高，诏还所夺官，卒。

曹氏自修古以直谅闻，其女子亦能不累于利，至觐，又能死其官，而修睦亦恬于仕进，不待老而归，世以是贤之。

郭劝，字仲褒，郓州须城人。举进士，授宁化军判官，累迁太常博士、通判密州。特迁尚书屯田员外郎、梓州路转运判官。以母老固辞，复为博士、通判莱州。州民霍亮为仇人诬罪死，吏受赇傅致之，劝为辨理得免。擢殿中侍御史。

时宋绶出知应天府，杜衍在荆南，劝言："绶有辞学，衍清直，不宜处外。"又言："武胜军节度使钱惟演迁延不赴陈州，觊望相位；弟惟济任观察使、定州总管，自请就迁留后；胡则以罪罢三司使，乃迁工部侍郎、集贤院学士。请趣惟演上道，罢惟济兵权，追则除命。"又论刘从德遗奏恩滥，贬太常博士、监潍州税。

改祠部员外郎、知莱州。月余，复为侍御史、判三司盐铁勾院。郭皇后废，议选纳陈氏，劝进谏曰："正家以正天下，自后妃始。郭氏非有大故，不当废。陈氏非世阀，不可以俪宸极。"疏入，后已废，而陈氏议遂寝。

迁兵部员外郎兼起居舍人、同知谏院。马季良自贬所求致仕，朝廷从之。劝言："致仕所以待贤者，岂负罪贬黜之人可得，请追还敕诰。"又言："发运使刘承德献轮扇浴器，大率以媚上也。请付外毁，以戒邪佞。"

赵元昊袭父位，以劝为官告使，所遗百万，悉拒不受。还，兼侍御史知杂事、权判流内铨，迁工部郎中、度支副使，拜天章阁待制、知延州。元昊将山遇率其族来归，且言元昊将反。劝与兵马钤辖李渭议，自德明纳贡四十年，有内附者未尝留，乃奏却之。是冬，元昊果反，遣其使称伪官来。劝视其表函犹称臣，因上奏曰："元昊自僭中国名号，然尚称臣，可渐以礼屈之，愿与大臣熟议。"遂落职知齐州，改淄州，数月，移磁州。元昊益侵边，关陕扰攘，言者犹指劝不当绝山遇事，又降兵部员外郎。丁母忧，起复，知凤翔府，寻复待制。

召权户部副使，以龙图阁直学士知滑州，再迁兵部郎中，徙沧州，又徙成德军。盗起甘陵，徙郓州。既而知成德军韩琦言，劝所遣将张忠、刘遵，平贼功皆第一，特诏奖谕。未几，召为翰林侍读学士，复判流内铨，改左谏议大夫、权御史中丞。迁给事中，辞不受，而请赠其祖莱阳令宁，遂以为尚书祠部员外郎。

卫士有相恶者，阴置刃衣箧中，从勾当皇城司杨景宗入禁门，既而为阍者所得，景宗辄隐不以闻。劝请先治景宗罪，章再上，不听，又廷争累日，卒贬景宗。祀明堂，将加恩中外官，劝就斋次，帅群御史求对，不许，又极论之。是年，复为侍读学士、同知通进银台司。

劝性廉俭，居无长物。尝谓诸子曰："颜鲁公云，'生得五品服章绂，任子为斋郎，足矣。'"及再为侍读，曰："吾起诸生，志不过郡守，今年七十，列侍从，可以归矣。"遂用元日拜章，三上不得谢，赐银使市田宅。后二年卒。

子源明，治平中，为太常博士。会御史知杂事吕诲等奏弹中书议追崇濮安懿王典礼非是，被黜，以源明补监察御史里行。源明乞免除命，请追诲等，遂听免。后以职方员外郎知单州，卒。

段少连，字希逸，开封人。其母尝梦凤集家庭，寤而生少连。及长，美姿表，倜傥有识度。举服勤词学，为试秘书省校书郎、知崇阳县。崇阳剧邑，自张咏为令有治状，其后惟少连能继其风迹。权杭州观察判官。预校《道经》，改秘书省著作佐郎，历知蒙城、名山、金华三县，以本省丞为审刑院详议官。张士逊守江宁，辟通判府事，还为御史台推直官，迁太常博士。论刘从德遗奏恩滥，降秘书丞、监涟水军酒税。复为博士、通判天雄军。

太后崩，召为殿中侍御史，与孔道辅等伏阁言郭皇后不当废，少连坐贬。复上疏曰："陛下亲政以来，进用直臣，开辟言路，天下无不欢欣。一旦以谏官、御史伏阁，遽行黜责，中外皆以为非陛下意。盖执政大臣，假天威以出道辅、仲淹，而断来者之说也。窃睹戒谕：'自今有章，宜如故事密上，毋得群诣殿门请对。'且伏阁上疏，岂非故事，今遽绝之，则国家复有大事，谁敢旅进而言者。昔唐阳城王仲舒伏阁雪陆贽，崔元亮叩殿陛谏宋申锡，前史以为美事。今陛下未忍废黜皇后，而两府列状议降为妃，谏官、御史，安敢缄默。陛下深惟道辅等所言为阿党乎？为忠亮乎？"疏入不报。

又上疏曰：

高明粹清，凝德无累者，天之道也。氛祲蔽翳，晦明偶差，乃阴阳之沴尔。象天德者，君之体也。治阴阳者，臣之职也。陛下秉一德、临万方，有生之类，莫不浸涵德泽。而氛祲蔽翳，偶差晦明，以累圣德者，由大臣怀禄而不谏，小臣畏罪而不言。臣独何人，敢贡狂瞽。窃痛陛下履仁圣之具美，乏骨鲠之良辅，因成不忍之忿，又稽不远之复。臣是以沥肝胆，披情愫，为陛下廓清氛祲蔽翳之累。

《易》曰："夫夫妇妇而家道正，正家而天下定。"《诗》云："刑于寡妻，以御于家邦。"若然，则君天下修化本者，莫不自内而刑外也。况闻入道降妃之议，出自臣下。且后妃有罪，黜出告宗庙，废则为庶人，安有不示之于天下，不告之于祖宗，而阴行臣下之议乎？且皇后以小过降为妃，则臣下之妇有小过者，亦当降为妾矣。比抗章请对，不蒙赐召，岂非奸邪之臣，离间陛下耶？臣等赴中书，时执政之臣，谓后有妒忌之行，始议入道，终降为妃。兼云有上封者，虑后不利于圣躬，故筑高垣，置在别馆。臣等备言中外之议，以为未可。愿速降明诏，复中宫位号，以安民心。翌日诏出，乃云"中宫有过，掖庭具知，特示涵容，未行遽黜，置之别馆，俾自省修，供给之间，一切如故。"臣未审黜置别馆，为后为妃？诏书不言，安所取信。况皇后事陛下一纪有余，而辅臣仓卒以降黜之议，惑于宸听，搢绅循默，无敢为陛下言者。臣所谓氛祲蔽翳，以累圣德者，盖臣职有旷尔。

臣窃恐奸邪之人，引汉武幽陈皇后故事，以谄惑陛下。且汉武骄奢淫纵之主，固不足踵其行事。而为人臣者，思致君如尧、舜，岂致君如汉武哉！今皇后置于别馆，必恐惧修省，陛下仁恕之德，施于天下，而独不加于中宫乎？愿诏复中宫位号，杜绝其间，待之如初。天地以正，阴阳以和，人神共欢，岂不美哉。陛下苟为邪臣所蔽，不加省察，臣恐高宗王后之枉，必见于他日，宫闱不正之乱，未测于将来，惟圣神虑焉。

未几，除开封府判官，改尚书刑部员外郎、直集贤院，为三司度支判官，出为两浙转运副使。旧使者所至郡县，索簿书，不暇殚阅，往往委之吏胥，吏胥持以为货。少连命郡县上簿书悉缄识，遇事间指取一二自阅，摘其非是者按之，余不及阅者，全缄识以还。由是吏不能为奸，而州县簿书莫敢不治矣。部吏有过，召诘曰："闻子所为若此，有之乎？有当告我，我容汝自新；苟以为无，吾不使善人被谤，即为汝辨明矣。"吏不敢欺，皆以实对。少连每得其情，谆谆戒饬使去，后有能自改过者，犹保任之。秀州狱死无罪人，时少连在杭，吏畏恐聚谋，伪为死者服罪款，未及缀，属少连已篙舟入城，讯狱吏，具服请罪，以为神明。是时，郑向守杭，无治才。讼者不服，往往自州出，径趋少连；少连一言处决，莫不尽其理。

徙使淮南，兼发运司事，加兵部员外郎。又徙陕西。驸马都尉柴宗庆知陕州，纵其下挠民，少连入境，劾奏之。入兼侍御史知杂事，逾月，为三司度支副使。河东地震，奉使安抚。还，擢工部郎中、天章阁待制、知广州。时元昊反，范仲淹荐少连才堪将帅，迁龙图阁直学士、知泾州，改渭州，命未至而卒。少连通敏有才，遇事无大小，决遣如流，不为权势所屈。既卒，仁宗叹惜之。

论曰：古人有言："山有猛兽，藜藿为之不采。"当天圣、明道间，天子富于春秋，母后称制，而内外肃然，纪纲具举，朝政亡大阙失，奸人不得以自肆者，谠言路得人故也。是时，孔道辅、鞠咏、刘随、曹修古迭为谏官、御史，郭劝、段少连继之，皆侃侃正色，遇事辄言，虽被斥逐，不更其守。及帝既亲政，道辅、劝、少连复任言责，郭后之废，引议慷慨，犯人主，责大臣，其气益壮，遗风余烈，天下至今称之。《诗》所谓"邦之司直"，其庶几欤！

卷二百九十八　　列传第五十七

彭乘　嵇颖　梅挚　司马池子旦 从子里 曾孙朴　**李及　燕肃**子度 孙瑛　**蒋堂**
刘夔　马亮　陈希亮

彭乘，字利建，益州华阳人。少以好学称州里，进士及第。尝与同年生登相国寺阁，皆瞻顾乡关，有从宦之乐，乘独西望，怅然曰："亲老矣，安敢舍晨昏之奉，而图一身之荣乎！"翌日，奏乞侍养。居数日，授汉阳军判官，遂得请以归。久之，有荐其文行者，召试，为馆阁校勘。固辞还家，后复除凤州团练推官。

天禧初，用寇准荐，为馆阁校勘，改天平军节度推官。预校正《南、北史》、《隋书》，改秘书省著作佐郎，迁本省丞、集贤校理。恳求便亲，得知普州，蜀人得守乡郡自乘始。普人鲜知学，乘为兴学，召其子弟为生员教育之。乘父卒，既葬，有甘露降于墓柏，人以为孝感。服除，知荆门军，改太常博士。召还，同判尚书刑部，出知安州，徙提点京西刑狱，改夔州路转运使。会土贼田忠霸诱下溪州蛮将内寇，乘适按郡至境，大集边吏，勒兵下山以备贼，贼遁去。因遣人间之，其党斩忠霸，夷其家。召修起居注，擢知制诰，累迁工部郎中，入翰林为学士，领吏部流内铨、三班院，为群牧使。既病，仁宗救太医诊视，赐以禁中珍剂。卒，赐白金三百两。御史知杂何郯论请赠官，不许，诏一子给奉终丧。

初，修起居注缺中书舍人，而乘在选中，帝指乘曰："此老儒也，雅有恬退名，无以易之。"及召见，谕曰："卿先朝旧臣，久补外，而未尝自言。"对曰："臣生孤远，自量其分，安敢过有所望。"帝颇嘉之。乘质重寡言，性纯孝，不喜事生业。聚书万余卷，皆手自刊校，蜀中所传书，多出于乘。晚岁，历典赞命，而文辞少工云。

嵇颖，字公实，应天宋城人。父适，尝为石首主簿。民有父子坐重系，府檄适按之，抵其父于法，而子获免；父死，假人言曰："主簿，仁人也，行且生贤子，后必大。"明年颖生。

天圣中，进士及第，授蔡州团练判官。王曾知青州、徙天雄军，皆辟为从事。后用曾荐，迁太子中允，为集贤校理。历开封府推官、三司度支判官、同修起居注，擢知制诰，累迁尚书兵部员外郎。召入翰林为学士，未及谢，卒。诏以告敕、袭衣、金带、鞍勒马赐其家。

颖举进士，时王曾、张知白相继为南京留守，见颖谨厚笃学，谓其子弟曰："若曹师表也。"张尧封尝从颖学，所为文，多留颖家。其后尧封女入禁中，为修媛，甚被宠幸，令其弟化基诣颖，求编次其父稿，为序以献之。颖不答，亦不以献。

梅挚，字公仪，成都新繁人。进士，起家大理评事、知蓝田上元县，徙知昭州，通判苏州。二浙饥，官贷种食，已而督偿颇急，挚言借贷本以行惠，乃重困民，诏缓输期。

庆历中，擢殿中侍御史。时数有灾异，引《洪范》上《变戒》曰："'王省惟岁'，谓王总群吏如岁，四时有不顺，则省其职。今日食于春，地震于夏，雨水于秋。一岁而变及三时，此天意以陛下省职未至，而丁宁戒告也。伊、洛暴涨漂庐舍，海水入台州杀人民，浙江溃防，黄河溢堤，所谓'水不润下'。陛下宜躬责修德，以回上帝之眷佑。阴不胜阳，则灾异衰止，而盛德日起矣。"

徙开封府推官，迁判官。僧常莹以简札达宫人，辇官郑玉醉呼，欧徽巡卒，皆释不问，挚请悉杖配之。改度支判官，进侍御史。论石元孙"不死行陈，系累以还，国之辱也，不斩无以厉边臣。"再奏不报。李用和除宣徽使，加同中书门下平章事。挚言："国初，杜审琼亦帝舅也，官止大将军；李继隆累有战功，晚年始拜使相。祖宗慎名器如此，今不宜亟授无功。"以户部员外郎兼侍御史知杂事、权判大理寺。言："权陕西转运使张尧佐非才，缘宫掖以进，恐上累圣德。"及奏减资政殿学士员，召待制官同议政，复百官转对。帝谓大臣曰："梅挚言事有体。"以为户部副使。

会宴契丹使紫宸殿，三司副使当坐殿东庑下。同列有谓曲宴例坐殿上，而大宴当止殿门外尔。因不即坐，与刘湜、陈泊趋出。降知海州，徙苏州，入为度支副使。初，河北岁饥，三司益漕江、淮米饷河北。后江、淮饥，有司尚责其数，挚奏减之。

擢天章阁待制、陕西都转运使。还判吏部流内铨，进龙图阁学士、知滑州。州岁备河，调丁壮伐滩苇，挚以疲民，奏用州兵代之。河大涨，将决，夜率官属督工徒完堤，水不为患，诏奖其劳。勾当三班院、同知贡举。请知杭州，帝赐诗宠行。累迁右谏议大夫，徙江宁府，又徙河中。卒。

挚性淳静，不为矫厉之行，政迹如其为人。平居未尝问生业，喜为诗，多警句。有奏议四十余篇。

司马池，字和中，自言晋安平献王孚后，征东大将军阳葬安邑澜洄曲，后魏析安邑置夏县，遂以县人。池少丧父，家赀数十万，悉推诸父，而自力读书。时议者以蒲坂、窦津、大阳路官运盐回远闻，乃开岍口道，自闻喜逾山而抵垣曲，咸以为便。池谓人曰："昔人何为舍迩而就迂，殆必有未便者。"众不以为然。未几，山水暴至，盐车人牛尽没入河，众乃服。

举进士，当试殿庭而报母亡，友匿其书。池心动，夜不能寐，曰："吾母素多疾，家岂无有异乎？"行至宜城门，徘徊不能入。因语其友，而友止以母疾告，遂号恸而归。后中第，授永宁主簿。出入乘驴。与令相恶，池以公事谒令，令南向踞坐不起，池挽令西向偶坐论事，不为少屈。历建德、郫县尉。蜀人妄言戍兵叛，蛮将入寇，富人争瘗金银逃山谷间。令闾丘梦松假他事上府，主簿称疾不出，池摄县事。会上元张灯，乃纵民游观，凡三夕，民心遂安。

调郑州防御判官、知光山县。禁中营造，诏诸州调竹木，州符期三日毕输。池以土不产大竹，转市蕲、黄，非三日可致，乃更与民自为期，约过不输者罪之，既而输竹先诸县。

盛度荐于朝，改秘书省著作佐郎、监安丰酒税，徙知小溪县。刘烨知河南府，辟知司录参军事，岁余，通判留守司。枢密使曹利用奏为群牧判官，辞不就，朝廷固授之。利用尝委捉大臣所负进马价，池曰："令之不行，由上犯之。公所负尚多，不先输，何以趣他人。"利用惊曰："吏给我已输矣。"亟命送官，数日而诸负者皆入。利用贬，其党畏罪，从而毁短者甚众，池独扬言于朝，称利用枉，朝廷卒不问。

会诏百官转对，池言："唐制门下省，诏书之出，有不便得以封还。今门下虽有封驳之名，而诏书一切自中书以下，非所以防过举也。"内侍皇甫继明给事章献太后阁，兼领估马司，自言估马有羡利，乞迁官。事下群牧司，阅无羡利。继明方用事，自制置使以下皆欲附会为奏，池独不可。除开封府推官，敕至阁门，为继明党所沮，罢知耀州。擢利州路转运使、知凤翔府。

召知谏院，上表恳辞。仁宗谓宰相曰："人皆嗜进，而池独嗜退，亦难能也。"加直史馆，复知凤翔。有疑狱上谳，大理辄复下，掾属惶遽引咎。池曰："长吏者政事所繇，非诸君过。"乃独承其罪，有诏勿劾。岐阳镇巡检夜饮富民家，所部卒执之，俾为约，不敢复督士卒，而后释其缚；池捕首恶诛之，巡检亦坐废。

累迁尚书兵部员外郎，遂兼侍御史知杂事。尝言："陕西用兵无宿将，刘平好自用而少智谋，必误大事。"后平果败。更户部度支、盐铁副使。岁满，中书进名，帝曰："是固辞谏官者。"擢天章阁待制、知河中府，徙同州，又徙杭州。

池性质易，不饰厨传，刬剧非所长，又不知吴俗，以是谤讯闻朝廷。转运使江钧、张从革劾池决事不当十余条，及稽留德音，降知虢州。初，转运使既奏池，会吏有盗官银器，械州狱，自陈为钧掌私厨，出所卖过半；又越州通判载私物盗税，乃从革之姻，遣人私请。或谓池可举劾以报仇，池曰："吾不为也。"人称其长者。徙知晋州，卒。子旦、光，光自有传。从子里。

旦字伯康。清直敏强，虽小事必审思，度不中不释。以父任，为秘书省校书郎，历郑县主簿。郑有妇蔺讼夺人田者，家多金钱，市党买吏，合为奸谩，十年不决。旦取案一阅，情伪立见，黜吏十数辈，冤者以直。又井元庆豪欺乡里，莫敢谁何，旦擒致于法。时旦年尚少，上下易之，自是惊服。吏捕蝗，因缘搔民。旦言："蝗，民之仇，宜听自捕，输之官。"后著为令。丁内外艰，服除，监饶州永平铸钱监。知祁县，天大旱，人乏食，群盗剽敓，富家巨室至以兵自备。旦召富者开以祸福，于是争出粟，减直以粜，犹不失其赢，饥者获济，盗患亦弭。

举监在京百万仓，时祁隶太原，以太原留，不召。通判乾州，未行，举监在京杂物库。知宜兴县，其民嚚讼，且每狱必穷根株，痛绳之，校系县门，民稍以诋冒为耻。市贯大溪，贾昌朝所作长桥，坏废岁久，旦劝民葺复，不劳而成。

时王安石守常州，开运河，调夫诸县。旦言："役大而亟，民有不胜，则其患非徒不可就而已。请令诸县岁递一役，虽缓必成。"安石不听。秋，大霖雨，民苦之，多自经死，役竟罢。历知梁山军、安州。旦治郡有大体，所施设，取于适理便事。再监凤翔太平官，以熙宁八年致仕。历官十七迁，至太中大夫。元祐二年，卒，年八十二。

旦澹薄无欲，奉养苟完，人不见其贵。与弟光尤友终始，人无间言。光居洛，旦居夏县，皆有园沼胜概。光岁一往省旦，旦亦间至洛视光。凡光平时所与论天下事，旦有助焉。及光被门下侍郎召，固辞不拜。旦引大义语之

曰："生平诵尧、舜之道，思致其君，今时可而违，非进退之正也。"光幡然就位。方是时，天下俱光之终不出，及闻此，皆欣然称曰："长者之言也。"

英宗即位，例以亲属入贺得官，时旦在梁山，诸孙未仕者皆不遣，惟遣其从兄子禀。旦与人交以信义，喜周其急。尝有以罪免官贫不能存者，月分俸济之，其人无以报，愿以女为妾。旦惊谢之，亟出妻奁中物使嫁之。旦生于丙午，与文彦博、程公珦、席汝言为同年会，赋诗绘像，世以为盛事，比唐九老。三子：良，试将作监主簿；富永，承议郎、陕州通判；宏，陈留令。宏子朴。

里字昭远。进士释褐，授威胜军判官，改大理寺丞。庞籍为鄜延经略使，奏通判鄜州。州将武人，不法，里平居与之欢甚，临事正色力争，不少假借。性廉静质直，所至有惠政。每罢官，至京师，未尝有所谒视。审官榜久阙，人所不取者，乃受之而去。后知乾州，为太常少卿而卒。

朴字文季，少育于外祖范纯仁。绍圣党事起，父宏上书论辨得罪。纯仁责永州，疾失明，客至，必令朴导以见。时方七岁，进揖应对如成人，客皆惊叹。以纯仁遗恩为官。宏死，徒跣负柩还。调晋宁军士曹参军。通判不法，转运使王似讽朴伺其过，朴不可，曰："下吏而陷长官，不唯乱常，人且不食吾余矣，死不敢奉教。"似贤而荐之。

靖康初，入为虞部、右司员外郎。金人次汴郊，命朴使之。二酋问朴家世，具以告。喜曰："贤者之后也。"待之加礼，乃吐腹心，谕以亟求讲解。朴复命，任事者疑不决。都城陷，钦宗思朴之言，以为兵部侍郎。二帝将北迁，又贻书请存立赵氏，金人惮之，挟以北去，且悉取其孥。开封仪曹赵鼎，为匿其长子俣于蜀，故得免。

建炎登极，赦至燕，朴私令赍诣徽宗，为人所告。金主怜其忠，释之。徽宗崩，朴与奉使朱弁在燕共议制服，弁欲先请，朴曰："为臣子闻君父丧，当致其哀，尚何请。设请而不许，奈何？"遂服斩衰，朝夕哭。金人亦义而不问。又遣朱松年间行，以金人情实归报。宋因王伦出使，持黄金赐朴。伦还，言金命朴为行台左丞，朴辞而止，益重之。后卒于真定。讣闻，诏称其忠节显著，赠兵部尚书，谥曰忠洁。

李及，字幼几，其先范阳人，后徙郑州。父覃，左拾遗。及举进士，再调昇州观察推官。寇准荐其才，擢大理寺丞、知兴化军。以殿中丞通判曹州。州民赵谏者，素无赖，持郡短长，纵为奸利。及受命，谏在京师，乃谒及，及不之见，慢骂而去，投匿名书诬及，因以毁朝政。会上封者发谏事，命转运使与及察其状。及条上谏前后所为不道，诏御史劾得其实，斩于都市，及由是知名。擢知陇州。

初，置提点刑狱，内出及与陈纲二人名付中书。明日，以纲使河北，及使陕西，特迁一官。还判三司磨勘司，出知凤翔府，徙延州，除三司户部副使，为淮南转运使，累迁太常少卿、知秦州。议者以及谨厚，非守边才。及至秦州，州将吏亦颇易之。会有禁卒白昼攫妇人金钗于市，吏执以来。及方坐观书，召之使前，略加诘问，其人服罪。及亟命斩之，观书如故，于是将士皆惊服。改左司郎中、

枢密直学士，以右谏议大夫召还，勾当三班院，再迁尚书工部侍郎，历知杭州、郓州、应天、河南府，召拜御史中丞。卒，年七十。特赠礼部尚书，谥恭惠。

及资质清介，所治简严，喜慰荐下吏，而乐道人之善。在杭州，恶其风俗轻靡，不事宴游。一日，冒雪出郊，众谓当置酒召客，乃独造林逋清谈，至暮而归。居官数年，未尝市吴中物。比去，唯市《白乐天集》。在河南，杜衍为提点刑狱，间与衍会，而具甚疏薄。他日，中贵人用事者至，亦无加品，衍叹其清德。娶张氏，性嫉悍。及尝生子，鞫之外舍，张固请归保养之，乃会亲属，以子击堂柱，碎其首。及遂无子，以弟之子为后。

燕肃，字穆之，青州益都人。父峻，慷慨任侠，杨光远反时，率其属迎符彦卿，遂家曹州。肃少孤贫，游学。举进士，补凤翔府观察推官。寇准知府事，荐改秘书省著作佐郎、知临邛县。县民尝苦吏追扰，肃削木为牒，民讼有连逮者，书其姓名，使自召之，皆如期至。知考城县，通判河南府。召为监察御史，准方知河南，奏留之。

迁殿中侍御史、提点广南西路刑狱，迁侍御史，徙广南东路。还，为丁谓所恶，出知越州。徙明州，俗轻悍喜斗，肃下令独罪先殴者，于是斗者乃息。直昭文馆，为定王府记室参军，判尚书刑部。建言："京师大辟一覆奏，而州郡之狱有疑及情可悯者上请，多为法司所驳，乃得不应奏之罪。愿如京师，死许覆奏。"遂诏疑狱及情可悯者上请，语在《刑法志》。其后大辟上请者多得贷，议自肃始。擢龙图阁待制、权审刑院、知梓州，还，同纠察在京刑狱，再判刑部，累迁左谏议大夫、知亳州，徙青州。属岁歉，命兼京东安抚使。入判太常寺兼大理寺，复知审刑。肃言："旧太常钟磬皆设色，每三岁亲祠，则重饰之。岁既久，所涂积厚，声益不协。"乃诏与李照、宋祁同按王朴律，即划涤考击，合以律准，试于后苑，声皆协。又诏与章得象、冯元详刻漏。进龙图阁直学士、知颍州，徙邓州。官至礼部侍郎致仕，卒。

肃喜为诗，其多至数千篇。性精巧，能画，入妙品，图山水毫布浓淡，意象微远，尤善为古木折竹。尝造指南、记里鼓二车及欹器以献，又上《莲花漏法》。诏司天台考于钟鼓楼下，云不与《崇天历》合。然肃所至，皆刻石以记其法，州郡用之以候昏晓，世推其精密。在明州，为《海潮图》，著《海潮论》二篇。子度，孙瑛。

度字唐卿。登进士第，知陈留县。京东蝗，年饥盗发，度劝邑豪出粟六万以济民，又行保伍法以察盗，善状日闻。通判永兴军。三司使王尧臣举为户部判官，以伐阅浅，始命权发遣，遂为故事。

出知滑。滑与黎阳对境，河埽上临魏都，霖潦暴至，薪刍不属。度曰："魏实为河朔根本，不可坐视成败。"悉以所储茭楗御之，埽赖以不溃。复为户部判官。岁皇祐甲午，益州言："岁在甲午，蜀再乱，今又值之，民为戚戚。"乃命度出使备不虞，还奏无足虑。权河北转运副使，六塔河决，坐贬秩知蔡州，徙福州。闽故多盗，度请假事权制摄一道，遂加兵马钤辖。入为户部副使，以右谏议大夫知潭州。卒，年七十。

度有心计，凡六佐大农。庆历中，三司请榷河北盐。度言："川峡不榷酒，河北不禁盐，此祖宗顺民俗，不易之制也，榷之非是。"会张方平亦论之，议遂寝。

瑛字仁叔，以荫为瑕丘尉。县人习为盗，瑛榜谕曰："今平民或呼以盗，必怒见词色，顾乃舍耕稼本业，为人所不肯为者。及陷于罪，则终身不齿于乡间，尉不忍以是待汝。"盗感悟，为稍弭。累迁太府丞、开封少尹。历广东转运判官，进副使，加进秘阁。时方尚老氏教，瑛言："守臣任满考课，乞以兴崇教法、拯葺道宫为善最。"从之。连进直龙图阁。

时瑛在岭峤七年，括南海犀珠、香药，奉宰相内侍，人目之为"香燕"。遂加徽猷阁待制提举醴泉观，拜户部侍郎。徽宗赐书"仁人义士之家"以表之，盖取王安石颂其曾大父肃诗语也。转开封尹，赐进士出身，兼侍读，且将大用。后以御史言瑛不能拨烦戢奸吏，致贼杀不辜，罢为龙图阁直学士。未数月，为户部尚书。

靖康初，以龙图阁学士知河阳。金兵入寇，三城当兵冲，瑛至，未及备，而兵骑大集，乘锐攻城，瑛不能御，将出奔，为乱兵所害，年五十。建炎初，赐端明殿学士。

蒋堂，字希鲁，常州宜兴人。擢进士第，为楚州团练推官。满岁，吏部引对，真宗览folios试判，善之，特授大理寺丞、知临川县。县富人李甲多为不法，前令莫能制，堂戒谕不悛，白州以兵索其家，得僭乘舆物，置于死。

历通判眉、许、吉、楚州，以太常博士知泗州，召为监察御史。禁中火，有司请究所起，多引宫人属吏。堂言："火起无迹，安知非天意也，陛下宜修德应变。有司乃欲归咎宫人，以之属吏，何求不可，而遂赐之死，是重天谴也。"诏原之。论奏郭皇后不当废，坐贬。再迁侍御史、判三司度支勾院，出为江南东路转运使，徙淮南，兼江、淮发运事。

时废发运使，上封者屡以为非便。堂言："唐裴耀卿、刘晏、第五琦、李巽、裴休，皆尝为江淮、河南转运使，不闻别置使名。国朝卞衮、王嗣宗、刘师道，亦止为转运兼领发运司事，而岁输京师常足。"时虽用其议，后卒复。在江、淮，岁荐部吏二百人。或谓曰："一有谬举，且得罪，何以多为？"堂曰："十得二三，亦足报国。"坐失按蕲州王蒙正故人部吏死罪，降知越州。州之鉴湖，马臻所为，溉田八千顷，食利者万家，前守建言听民自占，多为豪右所侵，堂奏复之。

徙苏州，入判刑部，徙户部勾院，历户部、度支、盐铁副使，安抚梓夔路，擢天章阁待制、江淮制置发运使。先是，发运使上计，造大舟数十，载江、湖物入遗京师权贵，堂曰："吾岂为此，岁入自可附驿奏也。"前后五年，未尝一至京师。就除河东路都转运使，未行，知洪州。改应天府，累迁左司郎中、知杭州，以枢密直学士知益州。

庆历初，诏天下建学。汉文翁石室在孔子庙中，堂因广其舍为学宫，选属官以教诸生，士人翕然称之。杨日严在蜀，有能名，堂素不乐之。于是节游宴，减厨传，专尚宽纵，颇变日严之政。又建铜壶阁，其制宏敞，而材不预具，功既半，乃伐乔木于蜀先主惠陵、江渎祠，又毁后土及刘禅祠，蜀人浸不悦，狱讼滋多。久之，或以为私官妓，徙河中府，又徙杭州、苏州。以尚书礼部侍郎致仕，卒，特赠吏部侍郎。

堂为人清修纯饬，遇事毅然不屈，贫而乐施。好学，工文辞，延誉晚进，至老不倦，尤嗜作诗，有《吴门集》二十卷。

刘夔，字道元，建州崇安人。进士中第，补广德军判官，累迁尚书屯田员外郎，权侍御史。李照改制大乐钟磬，夔以为："乐之大本，与政化通，不当轻易其器。愿择博学之士以补卿、丞，凡四方妄献说以要进者，请一切罢之。"帝善其言。

历三司户部判官，判度支勾院，江西、两浙、淮南转运使，加直史馆、知陕州，改太常少卿、知广州。所至有廉名。权三司度支副使。桂阳监蛮唐和寇边，以右谏议大夫、龙图阁直学士知潭州，兼湖南安抚使。初至，遣人谕蛮酋使降；不从，乃举兵击败和于银江源，进破其巢穴，蛮逃遁远去。前将以帛购蛮首，至是有持首取购者，按问，乃辄杀平民，诛之而罢购，州境获安。还，权判吏部流内铨、知审刑院。

河北大水，民流入京东为盗，诏增京东守备。帝问谁可守郓者，宰相以夔对，进给事中、枢密直学士以往。至郓，发廪振饥，民赖全活者甚众，盗贼衰息，赐书褒谕。大臣议欲修复河故道，夔极言其不可，遂罢。迁工部侍郎、知福州。请解官入武夷山为道士，弗许。知建州，寻告老，遂以户部侍郎致仕。英宗即位，迁吏部。卒，年八十三。

夔尝过江东，见二囚系累年矣。问之，曰："前此杀吉州掾徐咸，疑二人者。"夔为言于朝，释之，后果得真盗。尝遇隐者，得养生术，遂蔬食及独居，退处一阁，家人罕见其面。至老，手足耳目强明，如少壮时。不治财产，所收私田有余谷，则以振乡里贫人。前死数日，自作遗表，以禄赐所余分亲族。告其家人曰："某日，吾死矣。"如期而死。无子。

马亮，字叔明，庐州合肥人。举进士，为大理评事、知芜湖县，再迁殿中丞、通判常州。吏民有因缘亡失官钱，籍其赀犹不足以偿，妻子连逮者至数百人。亮纵去，缓与之期，不逾月，尽输所负。罗处约使江东，以亮治行闻，擢知濮州。

会诸路转运司置纠察刑狱官，以福建路命亮，覆讯冤狱，全活者数十人。迁太常博士、知福州。苏易简荐亮才任繁剧，召还，同提点三司都勾院、磨勘凭由司。久之，出知饶州。州豪白氏多执吏短长，尝杀人，以赦免，愈骛横，为闾里患，亮发其奸，诛之，部中畏慑。州有铸钱监，匠多而铜锡不给，亮请分其工之半，别置监于池州，岁增铸缗钱十万。迁殿中侍御史。

真宗即位，上书言："陛下初政，军赏宜速，而所在不时，请遣使分督之。又赦书蠲除州县逋负，而有司趣责愈急，宜如赦推恩以宽民。故事，以亲王尹开封，地尊势重，嫌隙易生，愿鉴其繇，以示保全亲爱之道。契丹仍岁南侵，河朔萧然，请修好以息边民。"帝善其言，以亮为可用。

王均反，以为西川转运副使。贼平，主将邀功，诛杀不已，亮全活千余人。城中米斗千钱，亮出廪米裁其价，人赖以济。召问蜀事，会械送贼诖误者八十九人至阙下，执政欲尽诛之。亮曰："愚民胁从，此特百之一二，余窜伏山林者众。今不贷之，反侧之人，闻风疑惧，一唱再起，是灭一均、生一均也。"帝悟，悉宥之。加直史馆，复遣还部。

时诸州盐井，岁久泉涸，而官督所负课，系捕者州数百人。亮尽释系者，而奏废其井，又除属部旧逋官物二百余万。还知潭州，属县有亡命卒剽攻，为乡间患，人共谋杀之。事觉，法当死者四人，亮咸贷之，曰："为民去害，而反坐以死罪，非法意也。"徙昇州。行次江州，属岁旱民饥，湖湘漕米数十舟适至，亮移文守将，发以振贫民。因奏："濒江诸郡皆大歉，而吏不之救，愿罢官籴，令民转粟以相赒。"

以右谏议大夫知广州。时宜州陈进初平，而澄海兵从进反者家属二百余人，法当配隶，亮悉置不问。盐户逋课，质其妻子于富室，悉取以还其家。海舶久不至，使招来之，明年，至者倍其初，珍货大集，朝廷遣中使赐宴以劳之。是岁东封，亮敦谕大食陀婆离、蒲含沙贡方物泰山下。

历知虔洪二州、江陵府，再迁尚书工部侍郎，复知昇州，徙杭州，加集贤院学士。先是，江涛大溢，调兵筑堤而工未就，诏问所以捍江之策。亮袭诏祷伍员祠下，明日，潮为之却，出横沙数里，堤遂成。入为御史中丞。建言："士民父祖未葬而析居，请自今未葬者，毋得辄析。"明年，改兵部侍郎、知庐州，徙江陵，又徙江宁府。仁宗初，拜尚书右丞，复知庐州，召判尚书都省兼审刑院，迁工部尚书、知亳州，又迁江宁府，以太子少保致仕，卒，赠尚书右仆射。

亮有智略，敏于政事，然其所至无廉称。吕夷简少时，从其父蒙亨为县福州，亮见而奇之，妻以女。妻刘惎曰："嫁女当与县令儿邪？"亮曰："非尔所知也。"陈执中、梁适为京官，田况、宋庠及其弟祁为童子时，亮皆厚遇之，曰："是后必大显。"世以亮为知人。亮卒，时夷简在相位，有司谥曰忠肃，人以为是也。子仲甫，为天章阁待制。

陈希亮，字公弼，其先京兆人。唐广明中，违难迁眉州青神之东山。希亮幼孤好学，年十六，将从师，其兄难之，使治钱息三十余万，希亮悉召取钱者，焚其券而去。业成，乃召兄子庸、谕使学，遂俱中天圣八年进士第，里人表其闾曰"三俊"。

初为大理评事、知长沙县。有僧海印国师，出入章献皇后家，与诸贵人交通，恃势据民地，人莫敢正视，希亮捕治置诸法，一县大耸。郴州竹场有伪为券给输户送官者，事觉，输户当死，希亮察其非辜，出之，已而果得其造伪者。再迁殿中丞，徙知鄠县。老吏曹腆侮法，以希亮年少,易之。希亮视事,首得其罪。脾叩头出血,愿自新,希亮戒而舍之,卒为善吏。巫觋岁敛民财祭鬼,谓之春斋,否则有火灾;民讹言有绯衣三老人行火。希亮禁之,民不敢犯,火亦不作。毁淫祠数百区,勒巫为农者七十余家。及罢去,父老送之出境,泣曰:"公去我,绯衣老人复出矣。"迁太常博士。有言郴狱活人死罪,赐五品服。

初,蜀人官蜀,不得通判州事。希亮以母老,愿折资为县侍亲,于是知临津县。母终,服除,为开封府司录司事。福胜塔火,官欲更造,度用钱三万,希亮言:"陕西用兵,愿以此馈军。"诏罢之。青州民赵禹上书,言赵元昊必反,宰相以禹狂言,徙建州,元昊果反。禹讼所部不受,亡至京自理,宰相怒,下开封狱。希亮言禹可赏不可罪,争不已。上释禹,赏为徐州推官,且欲以希亮为御史。会外戚沈元吉以奸盗杀人,希亮一问得实,自惊仆死,沈氏诉之,诏御史劾希亮及诸椽吏。希亮曰:"杀此贼者独我耳。"遂引罪坐废。

期年,盗起京西,杀守令,富弼荐希亮可用,起知房州。州素无兵备,民凛凛欲亡去,希亮以牢城卒杂山河户,得数百人。日夜部勒,声振山南,民恃以安。殿侍雷甲以兵百余人逐盗竹山,甲不能戢,所至为暴。或疑为盗,告希亮盗入境,且及门。希亮即勒兵阻水拒之,命持满无得发,士皆植立如偶人。甲射之,不动,乃下马拜请死,曰:"初不知公官军也。"吏士皆欲斩甲以徇,希亮独治为暴者十余人,使甲以捕盗自赎。

时剧贼党军子方张,转运使使供奉官崔德赟捕之。德赟既失党军子,遂围竹山民贼所尝仓者曰向氏,杀父子三人,枭首南阳市。曰:"此党军子也。"希亮察其冤,下德赟狱,未服。党军子获于商州,诏赐向氏帛,复其家,流德赟通州。或言华阴人张元走夏州,为元昊谋臣。诏徙其族百余口于房,几察出入,饥寒且死。希亮曰:"元事虚实不可知,使诚有之,为国者终不顾家,徒坚其为贼耳。此又皆其疏属,无罪。"乃密以闻,诏释之。老幼哭希亮庭下曰:"今当还故乡,然奈何去父母乎?"遂画希亮像祠焉。

代还,执政欲以为大理少卿,希亮曰:"法吏守文,非所愿,愿得一郡以自效。"乃以为宿州。州跨汴为桥,水与桥争,常坏舟。希亮始作飞桥,无柱,以便往来。诏赐缣以褒之,仍下其法,自畿邑至于泗州,皆为飞桥。

皇祐元年,移滑州。奏事殿上,仁宗劳之曰:"知卿疾恶,无惩沈氏子事。"未行,诏提举河北便籴。都转运使魏瓘劾希亮擅增损物价。已而瓘除龙图阁学士、知开封府,希亮乞廷辨。既对,仁宗直希亮,夺瓘职知越州,且欲用希亮。希亮言:"臣与转运使不和,不得为无罪。"力请还滑。会河溢鱼池埽,且决,希亮悉召河上使者,发禁兵捍之。庐于所当决,吏民涕泣更谏,希亮坚卧不动,水亦去,人比之王尊。

是岁,盗起宛句,昼劫张郭镇,执濮州通判井渊。仁宗以为忧,问执政可用者。未及对,仁宗曰:"朕得之矣。"乃以希亮为曹州。不逾月,悉擒其党。

淮南饥,安抚、转运使皆言寿春守王正民不任职,正民坐免,诏希亮乘传代之。转运使调里胥米而蠲其役,凡十三万石,谓之拆役米。米贵,民益饥。希亮至,除之,且表其事,旁郡皆得除。又言正民无罪,职事办治。诏复以正民为鄂州。

久之,徙知庐州。虎翼军士屯寿春者,以谋反诛,迁其余不反者数百人于庐,皆心疑不安。一日,有窃入府舍将为不利者。希亮笑曰:"此必醉耳。"贷而流之,尽以其余给左右使令,且以守仓库。人为之惧,希亮益加亲信,皆感德,指心誓为希亮死。改提点刑狱江东,迁度支郎中,徙河北。

嘉祐二年,入为开封府判官,改判三司户部勾院。朝廷以三司事冗,簿书留滞,乃命希亮又兼并拆司。荣州鬻盐凡十八井,岁久澹竭,有司责课如初,民破产籍没者三百余家。希亮为言,还其所籍,岁蠲三十余万斤。三司簿书滞留者,自天禧以来,末帐六百有四,明道以来,生事二百一十二万,希亮日夜课吏,凡九月,去其三之二。度支吏不时勾,希亮杖之。副使以希亮擅决罚,由是事复滞。

会接伴契丹使还,自请补外,乃以为京西转运使,赐三品服。石塘河役兵叛,其首周元自称周大王,震动汝、洛间。希亮闻之,即日轻骑出按,吏请以兵从,希亮不许。其贼二十四人道遇希亮,以希亮轻出,意色闲和,不能测,遂相与列诉道周。希亮徐问其所苦,命一老兵押之,曰:"以是付叶县,听吾命。"既至,令曰:"汝以自首,皆无罪,然必有首谋者。"众不敢隐,乃斩元以徇,流军校一人,余悉遣赴役如初。

迁京东转运使。潍州参军王康赴官,道博平,大猾有号"截道虎"者,殴康及其女几死,吏不敢问。希亮移捕甚急,卒流海岛;又劾吏姓纵,坐免者数人。徐州守暴苛,以细过籍民产数十家,获小盗,使必自诬抵死。希亮言其状,卒以废去。

数上章请老,不允,移知凤翔。仓粟支十二年,主者以腐败为忧,岁饥,希亮发十二万石贷民。有司惧为擅发,希亮身任之。是秋大熟,以新易旧,官民皆便。于阗使者入朝,过秦州,经略使以客礼享之。使者骄甚,留月余,坏传舍什器,纵其徒入市掠饮食,民户皆昼闭。希亮闻之曰:"吾尝主契丹使,得其情。使者初不敢暴横,皆译者教之,吾痛绳以法,译者惧,其使不敢动矣。况此小国乎?"乃使教练使持书告译者曰:"入吾境,有秋毫不如法,吾且斩若。"取军令状以还。使者至,罗拜庭下,希亮命坐两廊饮食,之,护出其境,无一人哗者。

英宗即位,迁太常少卿。狱有盗,法当死,僚官持不可。久之,盗杀守吏遁去。希亮以前议谳于朝,而希亮之议是。僚官惧,欲以事中希亮,希亮自顾无有其事。始,州郡以酒相饷,例皆私有之,而法不可。希亮以遗游士之贫者,既而曰:"此亦私也。"以家财偿之。遂借此上书自劾,求去不已,坐是分司西京。未几致仕,卒,年六十四。希亮尝梦异人按图而告之年,至是果然。赠工部侍郎。

希亮为人清劲寡欲,不假人以色,自王公贵人,皆严惮之。见义勇发,不计祸福。所至,奸民猾吏,易心改行,不改者必诛。然出于仁恕,故严而不残。少与蜀人宋辅游辅卒于京，母老，子端平幼，希亮养其母终身，以女妻端平，使同诸子学，卒登进士第。

四子：忱，度支郎中。恪，滑州推官。恂，大理寺丞。慥字季常，少时使酒好剑，用财如粪土，慕朱家、郭解为人，闾里之侠皆宗之。在岐下，尝从两骑挟二矢与苏轼游西山。鹊起于前，使骑逐而射之，不获，乃怒马独出，一发得之。因与轼马上论用兵及古今成败，自谓一世豪士。稍壮，折节读书，欲以此驰骋当世，然终不遇。洛阳园宅壮丽与公侯等，河北有田岁得帛千匹，晚年皆弃不取。遁于光、黄间，曰岐亭。庵居蔬食，徒步往来山中，妻子奴婢皆有自得之意，不与世相闻，人莫识也。见其所著帽方屋而高，曰："此岂古方山冠之遗像乎？"因谓之"方山子。"及苏轼谪黄，过岐亭，识之，人始知为慥云。

论曰：乘雅恬退，颖不阿贵戚，有儒者之风。挚淳静而不矫，池质易而长厚，肃议法平恕，及、堂、夔清修自守，盖侍从之选也。希亮为政严而不残，其良吏与。马亮饶才智而寡廉称，士论以此惜之。

卷二百九十九　　列传第五十八

狄棐子遵度　**郎简**　**孙祖德**　**张若谷**
石扬休　**祖士衡**　**李垂**　**张洞**　**李仕衡**
李溥　**胡则**　**薛颜**　**许元**　**钟离瑾**
孙冲　**崔峄**　**田瑜**　**施昌言**

狄棐，字辅之，潭州长沙人。少随父官徐州，以文谒路振，振器爱之，妻以女。举进士甲科，以大理评事知分宜县。历开封府司录，知璧州。道长安，为寇准所厚，准复入相，乃荐通判益州。擢开封府判官，历京西益州路转运、江淮制置发运使，累迁太常少卿、知广州，加直昭文馆。代还，不以南海物自随，人称其廉。拜右谏议大夫、龙图阁直学士、权判吏部流内铨，出知滑州，速给事中，徙天雄军。会给郊赏帛不善，士卒哗噪趣府门，棐不能治。事闻，命侍御史刘夔按视，未及境，众不自安。棐驰白夔，请给以行河事。夔至，与转运使李纾诛首恶数人。棐坐罢懦，降知随州，徙同州。勾当三班院，进枢密直学士，历知陕郑州、河中河南府，复判流内铨。出知扬州，未行，卒。

有狄国宾者，仁杰之后，分仁杰告身与棐，棐奏录国宾一官，而自称仁杰十四世孙。棐在河中时，有中贵人过郡，言将援棐于上前。棐答以他语，退谓所亲曰："吾湘潭一寒士，今官侍从，可以老而自污耶？"其为政恺悌，不为表襮，死之日，家无余赀。

子**遵度**，字元规。少颖悟，笃志于学。每读书，意有所得，即仰屋瞪视，人呼之，弗闻也。少举进士，一斥于有司，耻不复为。以父任为襄县主簿，居数月，弃去。好为古文，著《春秋杂说》，多所发明。尝患时学靡敝，作《拟皇太子册文》、《除侍御史制》、《裴晋公传》，人多称之。尤嗜杜甫诗，赏赞其集。一夕，梦见甫为诵世所未见诗，及觉，才记十余字，遵度足成之，为《佳城篇》。后数月卒。有集十二卷。

郎简，字叔廉，杭州临安人。幼孤贫，借书录之，多至成诵。进士及第，补试秘书省校书郎、知宁国县，徙福清令。县有石塘陂，岁久湮塞，募民浚筑，溉废田百余顷，邑人为立生祠。调随州推官。及引对，真宗曰："简历官无过，而无一人荐，是必恬于进者。"特改秘书省著作佐郎、知分宜县，徙知窦州。县吏死，子幼，赘婿伪为券冒有其赀。及子长，屡诉不得直，乃讼于朝。下简劾治，简示以旧牍曰："此尔翁书耶？"曰："然。"又取伪券示之，弗类也，始伏罪。

徙藤州，兴学养士，一变其俗，藤自是始有举进士者。通判海州，提点利州路刑狱。官罢，知泉州。累迁尚书度支员外郎、广南东路转运使，擢秘书少监、知广州，捕斩贼冯佐臣。入判大理寺，出知越州，复归判尚书刑部，出知江宁府，历右谏议大夫、给事中、知扬州，徙明州。以尚书工部侍郎致仕。祀明堂，迁刑部，卒，年八十有九，特赠吏部侍郎。

简性和易，喜宾客。即钱塘城北治园庐，自号武林居士。道引服饵，晚岁颜如丹。尤好医术，人有疾，多自处方以疗之，有集验方数十，行于世。一日，谓其子絜曰："吾退居十五年，未尝小不怿，今意倦，岂不逝欤？"就寝而绝。幼从学四明朱颐，长学文于沈天锡，既仕，均奉资之。后二人亡，又访其子孙，为主婚嫁。平居宴语，惟以宣上德、救民患为意。孙沔知杭州，榜其里门曰德寿坊。然在广州无廉称，盖为絜所累。絜，终尚书都官员外郎。

孙祖德，字延仲，潍州北海人。父航，监察御史、淮南转运。祖德进士及第，调濠州推官、校勘馆阁书籍。时校勘官不为常职，满岁而去。改大理寺丞、知榆次县，上书言刑法重轻。以尚书屯田员外郎通判西京留守司。方冬苦寒，诏罢内外工作，而钱惟演督修天津桥，格诏不下。祖德曰："诏书可稽留耶？"卒白罢役。

入为殿中侍御史，迁侍御史。章献太后春秋高，疾加剧，祖德请还政。已而疾少间，祖德大恐。及太后崩，诸尝言还政者多进用，遂擢尚书兵部员外郎兼起居舍人、知谏院。言郭皇后不当废，获罪，以赎论。久之，迁天章阁待制。

时三司判官许申因宦官阎文应献计，以药化铁成铜，可铸钱，裨国用。祖德言："伪铜，法所禁而官自为，是教民欺也。"固争之，出知兖、徐、蔡州，永兴军。徙凤翔府，请置乡兵。改龙图阁直学士、知梓州，累迁右谏议大夫、知河中府。历陈、许、蔡、潞、郓、亳州，应天府。以疾得颍州，除吏部侍郎致仕，卒。有《论事》七卷。

祖德少清约，及致仕，娶富人妻，以规有其财。已而妻悍，反资以财而出之。子珪，江东转运使。

张若谷,字德繇,南剑沙县人。进士及第,为巴州军事推官。会蜀寇掠邻郡,若谷摄州事,率众为守御备,贼乃引去。调全州军事推官。入见,真宗识其名,顾曰:"是尝在巴州御贼者耶?"特改大理寺丞、知濠阳县。三司言:"广宁岁铸缗钱四十万,其主监宜择人。"乃以命若谷。岁余,所铸赢三十万缗。擢知处州,历江湖淮南益州路转运、江淮制置发运使。入为三司度支、盐铁副使,累迁右谏议大夫、知并州。

先是,麟、府岁以缯锦市蕃部马,前守辄罢之。若谷以谓:互市,所以利戎落而通边情,且中国得战马,亟罢之,则猜阻不安。奏复市如故,而马入岁增。提举诸司库务,权判大理寺,进枢密直学士,历知澶州、成德军、扬州、江宁府,入知审官院,纠察在京刑狱,知通进银台司、应天府。改龙图阁学士,徙杭州。会岁饥,斥余廪为糜粥赈救之。权判吏部流内铨、知洪州,累官至尚书左丞致仕。

若谷素为宰相张士逊引拔,然所至亦自有循良迹,不激讦取名云。

石扬休,字昌言,其先江都人。唐兵部郎中仲览之后,后徙京兆。七代祖藏用,右羽林大将军,明于历数,尝召家人谓曰:"天下将有变,而蜀为最安处。"乃去依其亲眉州刺史李洎,遂为眉州人。

扬休少孤力学,进士高第,为同州观察推官,迁著作佐郎、知中牟县。县当国西门,衣冠往来之冲也,地瘠民贫,赋役烦重,富人隶太常为乐工,侥幸免役者凡六十余家。扬休请悉罢之。改秘书丞,为秘阁校理、开封府推官,累迁尚书祠部员外郎,历三司度支、盐铁判官。坐前在开封尝失盗,出知宿州。

顷之,召入为度支判官,修起居注。初,记注官与讲读诸儒,皆得侍坐迩英阁。扬休奏:"史官记言动,当立以侍。"从其言。判盐铁勾院,以刑部员外郎知制诰、同判太常寺。初,内出香祠温成庙,帝误书名称臣,扬休言:"此奉宗庙礼,有司承误不以闻。"帝嘉之。兼勾当三班院,为宗正寺修玉牒官。迁工部郎中,未及谢,卒。

扬休喜闲放,平居养猿鹤,玩图书,吟咏自适,与家人言,未尝及朝廷事。及卒,发箧中所得上封事十余章,其大略:请增谏官以广言路,置五经博士使学者专其业,出御史按察诸道以防壅蔽,复齿胄之礼以强宗室,择守令,重农桑,禁奢侈,皆有补于时者。然扬休为人慎默,世未尝以能言待之也。至于诰命,尤非所长。

平生好殖财。因使契丹,道感寒毒,得风痹,谒告归乡,别坟墓。扬休初在乡时,衣食不足,徒步去家十八年。后以从官还乡里,畴昔同贫窭之人尚在,皆曰:"昌言来,必嗣我矣。"扬休卒不挥一金,反遍令里中富人金以去。

祖士衡,字平叔,蔡州上蔡人。少孤,博学有文,为李宗谔所知,妻以兄子。杨亿谓刘筠曰:"祖士衡辞学日新,后生可畏也。"举进士甲科,授大理评事、通判蕲州,再迁殿中丞、直集贤院,改右正言、户部判官。未几,提举在京诸司库务,迁起居舍人、注释御集检阅官,遂知制诰,为史馆修撰,纠察在京刑狱,同知通进、银台司。天圣初,以附丁谓,落职知吉州。言者又以在郡不修饬,复降监江州税。士衡儿时过外家,有僧善相,见之,语人曰:"是儿神骨秀异,他日有名于时,若年过四十,当位极人臣。"年三十九,卒于官。

李垂,字舜工,聊城人。咸平中,登进士第,上《兵制》、《将制书》。自湖州录事参军召为崇文校勘,累迁著作郎、馆阁校理。上《导河形胜书》三卷,欲复九河故道,时论重之。又累修起居注。丁谓执政,垂未尝往谒。或问其故,垂曰:"谓为宰相,不以公道副天下望,而恃权估势。观其所为,必游朱崖,吾不欲在其党中。"谓闻而恶之,罢知亳州,迁颍、晋、绛三州。明道中,还朝,阁门祗候李康伯谓曰:"舜工文学议论称于天下,诸公欲用为知制诰,但宰相与舜工未尝相识,盍一往见之。"垂曰:"我若昔谒丁崖州,则乾兴初已为翰林学士矣。今已老大,见大臣不公,常欲面折之,焉能趋炎附热,看人眉睫,以冀推挽乎?道之不行,命也。"执政知之,出知均州。卒,年六十九。

五子,仲昌最知名,锐于进取,尝献计修六塔河无功,自殿中丞责英州文学参军。

张洞,字仲通,开封祥符人。父惟简,太常少卿。洞为人长大,眉目如画,自幼开悟,卓荦不群。惟简异之,抱以访里之卜者。曰:"郎君生甚奇,必在策名,后当以文学政事显。"既诵书,日数千言,为文甚敏。未冠,晔然有声,遇事慷慨,自许以有为。时,赵元昊叛扰边。关、陇萧然,困于飞挽,且屡丧师。仁宗太息,思闻中外之谋。洞以布衣求上方略,召试舍人院,擢试将作监主簿。

寻举进士中第,调涟水军判官,遭亲丧去,再调颍州推官。民刘甲者,强弟柳使鞭其妇,既而投杖,夫妇相持而泣。甲怒,逼柳使再鞭之。妇以无罪死。吏当夫极法,知州欧阳修欲从之。洞曰:"律以教令者为首,夫为从,且非其意,不当死。"众不听,洞即称疾不出,不得已谳于朝,果如洞言,修甚重之。

晏殊知永兴军,奏管勾机宜文字。殊儒臣,喜客,游其门者皆名士,尤深敬洞。改大理丞、知巩县。会殊留守西京,复奏知司录。殊晚节骤用刑,幕府无敢言。洞平居与殊赋诗饮酒,倾倒无至,当事有官责,持议甚坚,殊为沮止,洞亦自以不负其知。

枢密副使高若讷、参知政事吴育荐其文学,宜为馆职,召试学士院,充秘阁校理、判祠部。时天下户口日蕃,民去为僧者众。洞奏:"至和元年,敕增岁度僧,旧敕诸路三百人度一人,后率百人度一人;又文武官、内臣坟墓,得置寺拨放,近岁滋广。若以勋劳宜假之者,当依古给户守冢,禁毋樵采而已。今祠部帐至三十余万僧,失不裁损,后不胜其弊。"朝廷用其言,始三分减一。知太常礼院,宰相陈执中将葬,洞与同列谥为荣灵,其孙诉之,诏孙抃等复议,改曰恭。洞驳奏:"执中位宰相,无功德而罪戾多,生不能正法以黜之，死犹当正名以诛之。"竟从扞等议。

初，皇后郭氏忤旨得罪废没，后仁宗悔之，诏追复其号，二十余年矣。至是，有司请祔于庙。知制诰刘敞以谓："《春秋》书'禘于太庙，用致夫人'。致者，不宜致也。且古者不二嫡，当许其号，不许其礼。"洞奏："后尝母天下，无大过恶，中外所知。陛下既察其偶失恭顺，洗之于既没，犹曰不许其礼，于义无当。且废后立后，何嫌于嫡？此当时大臣护已然之失，乖正名之典，而敞复引《春秋》'用致夫人'。按《左氏》哀姜之恶所不忍道，而二《传》有非嫡之辞，敞议非是。若从变礼，尚当别立庙。"不行。转太常博士，判登闻鼓院。仁宗方向儒术，洞在馆阁久，数有建明，仁宗以为知《经》，会覆考进士崇政殿，因赐飞白"善经"字宠之。洞献诗谢，复赐诏奖谕。

出知棣州，转尚书祠部员外郎。河北地当六塔之冲者，岁决溢病民田。水退，强者多冒占，弱者耕居无所。洞奏一切官为标给，蠲其租以缓新集。河北东路民富蚕桑，契丹谓之"绫绢州"，朝廷以为内地不虑。洞奏："今沧、景，契丹可入之道，兵守多缺，契丹时以贩盐为名，舟往来境上，此不可不察。愿度形势，置帅、增屯戍以控扼之。"

时天下久安，荐绅崇尚虚名，以宽厚沉默为德，于事无所补，洞以谓非朝廷福。又谓："谏官持谏以震人主，不数年至显仕，此何为者。当重其任而缓其迁，使端良之士不亟易，而浮躁者绝意。"致书欧阳修极论之。召权开封府推官。

英宗即位，转度支员外郎。英宗哀疚，或经旬不御正殿，洞上言："陛下春秋鼎盛，初嗣大统，岂宜久屈刚健，自比冲幼之主。当躬万机，揽群材，以称先帝付畀之意，厌元元之望。"大臣亦以为言，遂听政。命考试开封进士，既罢，进赋，题曰《孝慈则忠》。时方议濮安懿王称皇事，英宗曰："张洞意讽朕。"宰相韩琦进曰："言之者无罪，闻之者足以戒。"英宗意解。

诏讯祁国公宗说狱，宗说恃近属，贵骄不道，狱具，英宗以为辱国，不欲暴其恶。洞曰："宗说罪在不宥。虽然，陛下将惩恶而难暴之，独以其坑不辜数人，置诸法可矣。"英宗喜曰："卿知大体。"洞因言："唐宗室多贤宰相名士，盖其知学问使然。国家本支蕃衍，无亲疏一切厚廪之，不使知辛苦。婢妾声伎，无多寡之限，至灭礼义，极嗜欲。贷之则乱公共之法，刑之则伤骨肉之爱。宜因秩品立制度，更选老成教授之。"宗室缘是怨洞，痛诋訾言，上亦起藩邸，赖察之，不罪也。

转司封员外郎、权三司度支判官。对便殿称旨，英宗遂欲进用，大臣忌之，出为江西转运使。江西荐饥，征民积岁赋，洞为奏免之。又民输绸绢不中度者，旧责以满匹，洞命计尺寸输钱，民便之。移淮南转运使，转工部郎中。淮南地不宜麦，民艰于所输，洞复命输钱，官为籴麦，不逾时而足。洞在棣时，梦人称敕召者，既出，如拜官然，顾视旌旗吏卒罗于庭。至是，梦之如初。自以年不能永，教诸子部分家事。未几卒，年四十九。

李仕衡，字天均，秦州成纪人，后家京兆府。进士及第，调鄠县主簿。田重进守京兆，命仕衡鞫死囚五人，活者四人。重进即其家谓曰："子有阴施，此门当高大之。"徙知彭山县，就加大理评事，迁光禄寺丞。父益，以不法诛，仕衡亦坐除名。

后会赦，寇准荐其材，尽复其官，领渭桥辇运，通判邠州，再迁秘书丞，徙知剑州。王均反，仕衡度州兵不足守，即弃城焚刍粟，辇金帛东守剑门。既而贼陷汉州，攻剑州，州空无所资，即趋剑门。仕衡预招贼众，得千余人，待之不疑。贼将至，与钤辖裴臻迎击之，斩首数千级。乃乘驿入奏，擢尚书度支员外郎，赐服绯鱼。已而使者言仕衡尝弃城，降监虔州税。

召还，判三司盐铁勾院。度支使梁鼎言："商人入粟于边，率高其直，而售以解盐。商利益博，国用日耗。请调丁夫转粟，而辇盐诸州，官自鬻之，岁可得缗钱三十万。"仕衡曰："安边无大于息民，今不得已而调敛之，又增以转粟䩞盐之役，欲其不困，何可得哉！"不听，遂行鼎议，而关中大扰。乃罢鼎度支使，以仕衡为荆湖北路转运使，徙陕西。初，岁出内帑缗钱三十万，助陕西军费。仕衡言岁计可自办，遂罢给。

真宗谒陵寝，因幸洛，仕衡献粟五十万斛，又以三十万斛馈京西。朝廷以为材，召为度支副使。上言："关右既弛盐禁，而永兴、同华耀四州犹率卖盐，年额钱请减十之四。"诏悉除之。累迁司封郎中，为河北转运使。又奏罢内帑所助缗钱百万。建言："河北岁给诸军帛七十万，而民艰于得钱，悉贷假于里豪，出倍偿之息，以是工机之利愈薄。方春民不足，请户给钱，至夏输帛，则民获利而官用足矣。"诏优其直，仍推其法于天下。

封泰山，献钱帛、刍粮各十万，见于行宫，迁右谏议大夫。祀汾阴，又助钱帛三十万，乃命同林特提举京西、陕西转运事。权知永兴军，进给事中。逾月，以枢密直学士知益州。

顷之，河北阙军储，议者以谓仕衡前此助封祀费，真宗闻之，以为河北都转运使。驾如亳州，又贡丝绵、缣帛各二十万。后集粟塞下，至钜万斛。或言粟腐不可食，朝廷遣使取视之，而粟不腐也。棣州洿下苦水患，仕衡奏徙州西北七十里，既而大水没故城丈余。南郊，复进钱帛八十万。先是，每有大礼，仕衡必以所部供军物为贡，言者以为不实。仕衡乃条析进六十万皆上供者，二十万即其羡余。帝不之罪，谓王旦曰："仕衡应猝有材，人欲以此中之。然朝廷所须，随大小即办，亦其所长也。"明年旱蝗，发粟粟赈民，又移五万斛济京西。

迁尚书工部侍郎、权知天雄军。民有盗瓜伤主者，法当死，仕衡以岁饥，奏贷之。盗起淄、青间，迁刑部侍郎、知青州。前守捕群盗妻子置棘围中，仕衡至，悉纵罢之使去。未几，其徒有枭贼首至者。入为三司使，帝作《宽财利论》以赐之。乃更陕西入粟法，使民得受钱与茶。旧市羊及木，责吏送京师，而羊多道死，木至湍险处往往漂失，吏至破产不能偿。仕衡乃许吏私附羊，免其算，使得补死者；听民自采木输官，用入粟法偿其直。迁吏部侍郎。

仁宗即位，拜尚书左丞，以足疾，改同州观察使、知陈州。州大水，筑大堤以障水患。徙颍州，复知陈州。曹利用，仕衡婿也。利用被罪，降仕衡左龙武军大将军，分司西京。岁余，改左卫大将军，卒。其后诸子诉其父有劳于国，非意左迁，诏追复同州观察使。

仕衡前后管计事二十年，材о智过人，然素贪，家赀至累钜万，建大第长安里中，严若官府。

子丕绪，荫补将作监主簿。及仕衡归老，丕绪时为尚书虞部员外郎，请解官就养。朝廷以为郎，故事不许，请削一官，乃听。未几，还之。居十余年，仕衡死，服除，久之不出。大臣为言，起金书永兴军节度判官事。历通判永兴军、同州，知解州、兴元府、华州，累迁司农卿致仕，卒。丕绪居官廉静，不为矫激。家多图书，集历代石刻，为数百卷藏之。

李溥，河南人。初为三司小吏，阴狡多智数。时天下新定，太宗厉精政事，尝论о财赋，欲有所更革，引三司吏二十七人对便殿，问以职事。溥询其目，请退而条上。命至中书，列七十一事以闻，四十四事即日行之，余下三司议可否。于是帝以溥等为能，语辅臣曰："朕尝谕陈恕等，如溥辈虽无学，至于金谷利害，必能究知本末，宜假以色辞，诱令开陈。而恕等强愎自用，莫肯询问。"吕端对曰："耕当问奴，织当问婢。"寇准曰："孔子入太庙，每事问。盖以贵下贱，先有司之义也。"帝以为然，悉擢溥等以官，赐钱币有差。

溥为左侍禁、提点三司孔目官，请著内外百官诸军奉禄为定式。加阁门祇候。催运陕西粮草，赴清远军，还，提举在京仓草场，勾当北作坊。齐州大水，坏民庐舍，欲徙州城，未决，命溥往视，遂徙城而还。又与李仕衡使陕西，增酒榷缗钱岁二十五万。三迁崇仪使。

景德中，茶法既弊，命与林特、刘承珪更定法，募人入金帛京师，入刍粟塞下，与东南茶皆倍其数，即以溥制置江、淮等路茶盐矾税兼发运事，使推行之。岁课缗钱，果增其旧，特等皆受赏。溥时已为发运副使，迁为使，仍改西京作坊使。然茶法行之数年，课复损于旧。江、淮岁运米输京师，旧止五百余万斛，至溥乃增至六百万，而诸路犹有余畜。高邮军新开湖水散漫多风涛，溥令漕舟东下者还过泗州，因载石输湖中，积为长堤，自是舟行无患。累迁北作坊使。

时营建玉清昭应宫，溥与丁谓相表里，尽括东南巧匠遣诣京，且多致奇木怪石，以傅会帝意。建安军铸玉皇、圣祖，溥典其事，丁谓言溥蔬食者周岁，而溥亦数奏祥应，遂以为迎奉圣像都监、领顺州刺史，迁奖州团练使。溥自言江、淮岁入茶，视旧额增五百七十余万斤。并言，漕舟旧以使臣若军大将，人掌一纲，多侵盗，自溥并三纲为一，以三人共主之，使更相间察。大中祥符九年，初运米一百二十五万石，才失二百石。会溥当代，诏留再任，特迁宫苑使。

初，谯县尉陈齐论榷茶法，溥荐齐任京官，御史中丞王嗣宗方判吏部铨，言齐豪民子，不可用。真宗以问执政，

冯拯对曰："若用有材，岂限贫富。"帝曰："卿言是也。"因称溥畏慎小心，言事未尝不中利害，以故任之益不疑。然溥久专利权，内倚丁谓，所言辄听。帝尝语执政曰："群臣上书论事，法官辄沮之，云非有大益，无改旧章，然则何以广言路。"王旦对曰："法制数更，则诏令牴牾，故重于变易。"因言："溥尝请盗贩茶盐者赃仗皆没官，已可之矣。"帝曰："此特畏溥之强，不敢退却，自今虽小吏言，亦宜详究行之。"

溥既专且贪，緣是浸为不法。发运使黄震条其罪状以闻，罢知潭州。命御史鞫治，得溥私役兵为姻家林特起第，附官舟贩竹木，奸赃十数事。未论决，会赦，贬忠武军节度副使。仁宗即位，起知淮阳军，历光、黄二州，复以赃败，贬蔡州团练副使。久之，监徐州利国监，以千牛卫将军致仕，卒。

胡则，字子正，婺州永康人。果敢有材气。以进士起家，补许田县尉，再调宪州录事参军。时灵、夏用兵，转运使陈湘命则部送刍粮，为一月计。则曰："为百日备，尚恐不支，奈何为一月邪？"湘惧无以给，遣则遂入奏。太宗因问以边策，对称旨，顾左右曰："州县岂乏人？"命记姓名中书。后李继隆讨贼，久不解，湘语则曰："微子几败我事。"一日，继隆移文转运司曰："兵且深入，粮有继乎？"则告湘曰："彼师老将归，欲以粮乏为辞耳，姑以有余报之。"已而果为则所料。湘为河北转运使，奏改秘书省著作佐郎、金书贝州观察判官事。

后以太常博士提举两浙榷茶，就知睦州，徙温州。岁余，提举江南路银铜场、铸钱监，得吏所匿铜数万斤，吏惧且死，则曰："马伏波哀重囚而纵之，吾岂重货而轻数人之生乎？"籍为羡余，不之罪。改江、淮制置发运使，累迁尚书户部员外郎。真宗幸亳还，擢三司度支副使。

初，丁谓举进士，客许田，则厚遇之，谓贵显，故则骤进用。至是，谓罢政事，出则为京西转运使，迁礼部郎中。部内民讹言相惊，至遣使安抚乃定。坐是，徙广西路转运使。有番舶遭风至琼州，且告食乏，不能去。则命贷钱三百万，吏白夷人狡诈，又风波不可期。则曰："彼以急难投我，可拒而不与邪？"已而偿所贷如期。又按宜州重辟十九人，为辨活者九人。复为发运使，累迁太常少卿。

乾兴初，坐丁谓党，降知信州，徙福州，以右谏议大夫知杭州。入权吏部流内铨，坐失举，复为太常少卿、知池州。未行，复谏议大夫、知永兴军，徙河北都转运使，以给事中权三司使，通京东西、陕西盐法，人便之。初，则在河北，殿中侍御史王沿尝就则假官舟贩盐，又以其子为名祈买酒场。至是，张宗诲摘发之，按验得实，出则知陈州。逾月，授工部侍郎、集贤院学士。刘随上疏言："则奸邪贪滥闻天下，比命知池州，不肯行，今以罪去，骤加美职，何以风劝在位？"后徙杭州，再迁兵部侍郎致仕，卒。

则无廉名，喜交结，尚风义。丁谓贬崖州，宾客随散落，独则间遣人至海上，馈问如平日。在福州时，前守陈

绛尝延蜀人龙昌期为众人讲《易》，得钱十万。绛既坐罪，遂自成都械昌期至。则破械馆以宾礼，出俸钱为偿之。

昌期者，尝注《易》、《诗》、《书》、《论语》、《孝经》、《阴符经》、《老子》，其说诡诞穿凿，至诋斥周公。初用荐者补国子四门助教，文彦博守成都，召置府学，奏改秘书省校书郎，后以殿中丞致仕。著书百余卷，嘉祐中，诏取其书。昌期时年八十余，野服自诣京师，赐绯鱼，绢百匹。欧阳修言其异端害道，不当推奖，夺所赐服罢归，卒。

薛颜字彦回，河中万泉人。举《三礼》中第，为嘉州司户参军。代还引见，太宗顾问之，对称旨，改将作监丞、监华州酒税。以秘书省著作佐郎使夔、峡，疏决刑狱。还，改太子左赞善大夫、知云安军，徙渝、阆二州，擢三司盐铁判官，河北计置粮草。

初，丁谓招抚溪蛮，有威惠，部人爱之。留五年，诏谓自举代，谓荐颜为峡路转运使，累迁尚书虞部员外郎。始，孟氏据蜀，徙夔州于东山，据峡以拒王师，而民居不便也，颜为复其故城。宜州陈进反，命勾当广南东、西路转运司事。贼平，迁金部员外郎，改河东转运使。

祀汾阴，徙陕西。河中浮桥岁为水所败，颜即北岸酾上流为支渠，以杀水怒，因取渠水溉其旁田，民颇利之。坊州募人炼矾，岁久课益重，至有破产被系不能偿者。颜奏：“罢坊矾，则晋矾当大售。”后如其策。徙河北。历知河阳、杭徐州，累迁光禄少卿，以少府监知江宁府。逻者昼劫人，反执平人以告。颜视其色动，曰：“若真盗也。”械之，果引伏。转右谏议大夫、知河南府。

仁宗即位，迁给事中。丁谓分司西京，以颜雅与善，徙知应天府，又徙耀州。部有豪姓李甲，结客数十人，号"没命社"，少不如意，则推一人以死斗之，积数年，为乡人患，莫敢发。颜至，大索其党，会赦当免，特杖甲流海上，余悉籍于军。以光禄卿分司西京，卒于家。

尝属杜衍为墓志，衍却之。仁宗闻其事，他日，谓衍曰：“薛颜有丑行，卿不欲志其墓，诚清识也。”孙向，自有传。

许元，字子春，宣州宣城人。以父荫为太庙斋郎，改大理寺丞，累迁国子博士，监在京榷货务，三门发运判官。元为吏强敏，尤能商财利。庆历中，江、淮岁漕不给，京师乏军储，参知政事范仲淹荐元可独倚办，擢江、淮制置发运判官。至，则悉发濒江州县藏粟，所在留三月食，远近以次相补，引千余艘转漕而西。未几，京师足食，朝廷以为任职，就迁副使。遂以尚书主客员外郎为使，进金部，特赐进士出身，迁侍御史。

尝欲与施昌言分行二浙、江南调发军食。仁宗闻之，语辅臣曰：“东南岁比不登，民力匮乏，尝诏损岁漕百万石，而元与昌言乃更欲分道而出，是必诛求疲民以自为功，非朕志也。”下诏戒饬。既而元欲专六路财赋，收羡余以媚三司，惮诸部不从，请以六路转运司自隶，既可之矣，而转运使多论其罪，事遂寝。擢天章阁待制，再迁郎中，以疾请还。历知扬、越、泰州，卒。

元在江、淮十三年，以聚敛刻剥为能，急于进取，多聚珍奇以赂遗京师权贵，尤为王尧臣所知。发运使治所在真州，衣冠之求官舟者，日数十辈。元视势家贵族，立榷巨舰与之；即小官茕独，伺候岁月，有不能得。人以是愤怨，而元自以为当然，无所愧悍。

钟离瑾，字公瑜，庐州合肥人。举进士，为简州推官，以殿中丞通判益州。建言：“州郡既上雨，后虽凶旱，多隐之以成前奏，请令监司劾其不实者。”擢开封府推官，出提点两浙刑狱。衢、润州饥，聚饿者食之，颇废农作，请发米二万斛赈给，家毋过一斛。后徙淮南转运副使，历京西、河东、河北转运使，改江、淮制置发运使。殿直王乙者，请自扬州召伯埭至瓜州，潴河百二十里，以废二埭。诏瑾规度，以工大不可就，止置闸召伯埭旁，人以为利。累迁尚书刑部郎中，为三司户部副使，除龙图阁待制、权知开封府。未逾月，得疾，仁宗封药赐之，使未及门而卒。

孙冲，字升伯，赵州平棘人。举明经，历古田青阳尉、盐山丽水主簿。尝丁丧父母去官，有司循五代故事，必六年乃听调，冲援古制，以书干宰相，不纳。后举进士，登甲科。授将作监丞，历通判晋、绛、保三州，坐与保州守争事，降监吉州酒，累迁太常博士。

河决棣州，知天雄军寇准请徙州治河，命冲往按视。还言："徙州动民，亦未乞治堤，不若塞河为便。"遂以冲知棣州，自秋至春，凡四决，冲皆塞之，就除殿中侍御史。准为枢密使，卒徙州阳信。而冲坐守护河堤过严，民输送往来堤上者辄榜之，为使者论奏，徙知襄州。冲复上疏论徙州非便，著《河书》以献。

会京西蝗，真宗遣中使督捕，至襄，怒冲不出迎，乃奏蝗唯襄为甚，而州将日置酒，无恤民意。帝怒，命即州置狱。冲得属县言岁稔状，驰驿上之。时使者犹未还，帝悟，为追使者笞之。以侍御史为京西转运。塞滑州决河，权知滑州。参知政事鲁宗道总河事，用太博士李渭策，欲盛夏兴役。冲言徙费薪楗，困人力，虽塞必决。遂罢知河阳。累迁刑部郎中，历湖北、河东转运使。

会南郊赏赐军士，而汾州广勇军所得帛不逮他军，一军大噪，捽守佐登堂下劾之，约与善帛乃免。城中戒备，遣兵围广勇营。冲适至，命解围弛备，置酒张乐，推首恶十六人斩之，遂定。初，守佐以乱军所约者上闻，诏给善帛。使者至潞，冲促之还，曰："以乱而得所欲，是愈诱之乱也。"卒留不与。入判登闻鼓院，以目疾改兵部郎中、直史馆、知河中府，徙潞州，复为河东转运使，迁太常少卿，擢右谏议大夫，复知潞州，迁翰林院学士。及徙同州，权西京留司御史台，迁给事中。丧明，卒。

冲为吏，所至以强干称，能任钩距，多得事情，然无家法，晚节尤寡廉声。孙永，自有传。

崔峄，字之才，京兆长安人。进士及第，累官尚书职方员外郎、知遂州。建议瞿塘峡置关如剑门，以察奸人。事既施行，徙提点刑狱。嘉陵江岁调民丁治堤堨，峄更用州兵代其役。文州蕃卒数剽攻边户，守臣虑生事，多以牛酒和遣。峄请守臣岁时得行边，益募勇壮，伺其发，一切捕击之，后无复内寇。就除转运使。历三司户部判官、河东转运使。会更钱法，潞州民大扰，推其首恶诛之，人心遂定。

后为户部副使，以右谏议大夫为河东都转运使，迁给事中，还，纠察在京刑狱。谏官、御史言宰相陈执中纵嬖妾杀婢，命按治。峄以为执中自以婢不恪笞之死，非妾杀之，颇左右执中，即授龙图阁待制、知庆州。羌井坑族乱，潜兵讨平。历知同州、凤翔府，改工部侍郎、集贤院学士、知河中府。

峄所至贪奸，比老益甚。在凤翔，转运使薛向按之急，不得已至河中。请老，以刑部侍郎致仕，卒。

田瑜，字资忠，河南寿安人。举进士，历衰、鄂、合三州军事推官，迁大理寺丞，知鹿邑、建阳县，徙知蒙、江二州，累迁尚书司封员外郎、提点广南西路刑狱。庆历中，区希范诱溪洞环州蛮叛，上以瑜习知南方事，就除荆湖北路转运使。瑜檄属郡募民击贼，又督转粟以守要害，故兵所至皆不乏食，贼势大挫。

徙两浙转运按察使。杭州龙山堤岁决，水冒民居，辄赋刍塞之。瑜与民约，每刍十束，更输石一尺。率五岁，得石百万，为石堤，堤固而岁不调民。加直史馆、益州路转运使，改江、淮制置发运使，擢天章阁待制、知广州，累迁谏议大夫、权三司户部副使。

侬智高犯邕，瑜条上用兵御贼十事。智高平，召对便殿，具言南方山川险要，所以备守之策，乃以为广南东路体量安抚使。还，纠察刑狱，同判吏部流内铨，除龙图阁直学士、知青州。城中有杀人投尸井中者，吏以其无主名，不以闻。瑜廉得之，大出金帛购贼，后数日，邻州民执贼以告。属岁凶多盗，瑜立赏罚、设方略捕格之，境中肃然。徙知澶州，背发疽卒。

瑜谨厚少文，而于吏事颇尽心，然御下急，无廉称。

施昌言，字正臣，通州静海人。举进士高第，授将作监丞、通判滁州。后以太常博士召试馆职，不中选，迁尚书屯田员外郎、知太平州。上《政论》三十篇。入为殿中侍御史、开封府判官。安抚淮南，还，以礼部员外郎兼御史知杂事，迁三司度支副使，除天章阁待制、河北转运使。言事者以为滨、棣等六州河可涉，宜有城守以边，以待契丹。诏昌言与宦官杨怀敏往视。怀敏以为当城如边，昌言曰："六州地千里，又河数移徙，城之甚难而无利。契丹未渝盟先自困，非便也。"或请于麟、府立十二砦以拓境，又诏昌言与明镐、张元度可否，昌言独以为："麟、府在河外，于国家无毫发入，而至今馈守者，徒以畏蹙国之虚名。今不当又事无利之砦，以重困财力。"就除知庆州。在州所为不法，语彻朝廷。昌言疑通判陈湜言之，追发湜罪，湜坐废，昌言亦降知华州。

历知沧州、河阳，移河北都转运使。议商胡埽决河，令复故道，与北京留守贾昌朝累论。徙江、淮发运使，加

龙图阁直学士、知应天府，又知延州。召还，会塞六塔河，以为都大修河制置使，辞，弗许，加枢密直学士、知澶州，以便役事。河决，夺一官知滑州，又知杭州，加龙图阁学士，复知滑州。以老求罢，乃以知越州。至京师，卒。

昌言为发运使时，召范仲淹后堂，出婢子为优，杂男子嫚戏，无所不言。仲淹怪问之，则皆昌言子也，仲淹大不怿而去。其治家如此。

论曰：狄棐、郎简、孙祖德、张若谷、石扬休、祖士衡并以文辞高第，累侍从，历方州，始为名臣，终鲜大过，考其行事可见也。李垂宁去华近，不肯见宰相；张洞以直言正论为大臣所忌，则其抱负从可知矣。若李仕衡而下十人，皆能任剧繁，然或寡廉称，或有丑行，君子耻之。

卷三百　　列传第五十九

杨偕　王沿子鼎　杜杞　杨畋　周湛　徐的
姚仲孙　陈太素马寻　杜曾附　李虚己
张傅　俞献卿　陈从易　杨大雅

杨偕，字次公，坊州中部人。唐左仆射於陵六世孙。父守庆，仕广南刘氏，归朝，为坊州司马，因家焉。偕少从种放学于终南山，举进士，释褐坊州军事推官、知汧源县，再调汉州军事判官。道遇术士曰："君知世有化瓦石为黄金者乎？"就偕试之，既验，欲授以方。偕曰："吾从吏禄，安事化金哉？"术士曰："子志若此，非吾所及也。"出户，失所之。

在官，数上书论时政，又上所著文论。召试学士院，不中，改永兴军节度推官。又上书论陕西边事，复召试，不赴，即迁秘书省著作佐郎，为审刑院详议官，再迁太常博士。宋绶荐为监察御史，改殿中侍御史。与曹修古连疏，言刘从德遗奏恩太滥，贬太常博士、监舒州税。以尚书祠部员外郎知光州，改侍御史，为三司度支判官。

时郭皇后废，偕与孔道辅、范仲淹力争。道辅、仲淹既出，偕止罚金。乃言愿得与道辅等皆贬，不报。富民陈氏女选入宫，将以为后，偕复上疏谏上。以尚书户部员外郎兼侍御史知杂事。马季良以罪斥置滁州，自言得致仕。偕以谓致仕用优贤者，不当以宠罪人，又数论升降之弊，仁宗嘉纳之。判吏部流内铨，徙三司度支副使，擢天章阁待制、河北转运使。按知定州夏宁恩赃数万，守恩流岭南。明年，丁母忧，愿终制，不许，进龙图阁直学士、知河中府。

元昊反，刘平、石元孙战没。偕闻，乃伪为书驰告延州曰："朝廷遣救兵十万至矣。"命傍郡县大具刍粮、什器以俟。比书至，贼已解去。夏竦为陕西经略使，请增置土兵，易戍兵归卫师。偕言："方关中财用乏，复增土兵，徒耗国用。今贼势方盛，虽大增土兵，亦未能减戍兵东归，

第竦惧败事，欲以兵少为解尔。"竦复奏偕不忠，沮边计，偕争愈力。时陕西议立五保，偕又以为扰民，疏请罢之。徙陕州，又徙河东都转运使。诏大选三路之民，募为兵。偕复言："方今兵不为少，苟多而不练，则其势易以败，又困国而难供。"时论者惟务多兵，而偕论常如此。

进枢密直学士、知并州。及元昊入寇，密诏偕选强壮万人，策应麟、府。偕奏："出师临阵，无纪律则士不用命。今发农卒赴边，虑在路逃逸及临阵退缩、不禀号令，请以军法从事。"诏如所请。并人大惊畏，都转运使文彦博奏罢之。有中官预军事素横，前帅优遇之。偕至，一绳以法，命率所部兵从副总管赴河外，戒曰："遇贼将战，一禀副总管节度。"中人不服，捧檄诉。偕叱曰："汝知违主帅命即斩首乎？"监军怖汗，不觉堕笏，翌日告疾，未几遂卒。于是军政肃然。

元昊大掠河北，诏修宁远砦。偕：宁远砦在河外，介麟、丰二州之间，无水泉可守。请建新麟州于岚州，有白塔地可建砦屯兵。谓"迁有五利，不迁有三害。省国用，惜民力，利一也。内御岢岚、石府州沿河一带贼所出路，利二也。我据其要，则河冰虽合，贼不敢逾河而东，利三也。商旅往来以通货财，利四也。方河冻时，得所屯兵马五七千人以张军势，利五也。今麟州转输速俗束刍斗粟，费直千钱，若因循不迁，则河东之民，困于调发无已时，害一也。以孤垒饵敌，害二也。道路艰阻，援兵难继，害三也。且州之四面，属羌遭贼驱胁，荡然一空，止存孤垒，犹四支尽废，首面心腹独存也。今契丹又与西贼共谋，待冰合来攻河东，若朝廷不思御捍之计而修宁远砦，是求虚名而忽大患也。况灵、夏二州皆汉、唐郡，一旦弃之，一麟州何足惜哉！"书奏，帝谓辅臣曰："麟州，古郡也。咸平中，尝经寇兵攻围，非不可守，今遽欲弃之，是将退而以河为界也。宜谕偕速修复宁远，以援麟州。"

明年，改左司郎中、本路经略安抚招讨使，赐钱五十万。偕列六事于朝：一、罢中人预军事；二、徙麟州；三、以便宜从事；四、出冗师；五、募武士；六、专捕贼。且曰："能用臣言则受命，不然则已。"朝廷不从，偕累奏不已，乃罢知邢州，徙沧州。求面论兵事，召还，令间日入对。

偕在并州日，尝论《八阵图》及进神楯、劈阵刀，其法外环以车，内比以楯。至是，帝命以步卒五百，如其法布阵于庭，善之，乃下其法于诸路。其后王吉果用偕刀楯法败元昊于兔毛川。久之，迁翰林侍读学士、知审官院，复以为左司郎中。元昊乞和而不称臣，偕以谓连年出师，国力日蹙，宜权许之，徐图诛灭之计。谏官王素、欧阳修、蔡襄累章劾奏："偕职为从官，不思为国讨贼，而助元昊不臣之请，罪当诛。陛下未忍加戮，请出之，不宜留处京师。"帝以其章示偕，偕不自安，乃求知越州，道改杭州。时襄谒告过杭而轻游里市，或谓偕合言于朝。对曰："襄尝缘公事抵我，我岂可以私报耶？"又上《太平可致十象图》。

还，判太常、司农寺，改右谏议大夫。请老，以尚书工部侍郎致仕。于其归，特赐宴。尝召问，赐不拜。卒，遗奏《兵论》一篇，帝怜之，特赠兵部侍郎。偕性刚而忠朴，敢为大言，数上书论天下事，议者以为迂阔难用。与人少合，尤喜古今兵法，有《兵书》十五卷，集十卷。子忱、慥，皆有隽才，早卒。

王沿，字圣源，大名馆陶人。少治《春秋》。中进士第，试秘书省校书郎，历知彭城、新昌二县，改相州观察推官，知宗城县。张知白荐其才，擢著作佐郎，入为审刑院详议官，再迁太常博士。上书论：

汉、唐之初，兵革才定，未暇治边围，则屈意以讲和。承平之后，我力有余，而外侮不已，则以兵治之，孝武之于匈奴，太宗之于突厥、颉利是也。宋兴七十年，而契丹数侵深、赵、贝、魏之间，先朝患征调之不已也，故屈己与之盟。然彼以戈矛为耒耜，以剽虏为商贾；而我垒不坚，兵不练，而规规于盟歃之间，岂久安之策哉？

夫善御敌者，必思所以务农实边之计。河北为天下根本，其民俭啬勤苦，地方数千里，古号丰实。今其地，十三为契丹所有，余出征赋者，七分而已。魏史起凿十二渠，引漳水溉斥卤之田，而河内饶足。唐至德后，渠废，而相、魏、磁、洺之地并漳水者，累遭决溢，今皆斥卤不可耕。故沿边郡县，数蠲租税，而又牧监刍地，占民田数百千顷，是河北之地，虽十有其七，而得赋之实者，四分而已。以四分之力，给十万防秋之师，生民不得不困也。且牧监养马数万，徒耗刍豢，未尝获其用。请择壮者配军，衰者徙之河南，孳息者养之民间。罢诸圃牧，以其地为屯田，发役卒、刑徒田之，岁可用获谷数十万斛。夫漳水一石，其泥数斗，古人以为利，今人以为害，系乎用与不用尔。愿募民复十二渠，渠复则水分，水分则无奔决之患。以之灌溉，可使数郡瘠卤之田，变为膏腴，如是，则民富十倍，而帑廪有余矣。以此驭敌，何求不可。

诏河北转运使规度，而通判洺州王轸言："漳河岸高水下，未易疏导；又其流浊，不可溉田。"沿方迁监察御史，即上书驳轸说，帝虽嘉之而不即行，语在《河渠志》。时枢密副使晏殊以笏击从者折齿，知开封府陈尧咨、判官张宗诲日嗜酒惰事，沿皆弹奏之。天圣五年，安抚关陕，减诸县秋税十二三。还，为开封府推官。又体量河朔饥民，所至不俟诏，发官廪济之。就除转运副使。上言：

本朝制兵刑，未几于古。自契丹通好三十年，二边常屯重兵，坐耗国用，而未知所以处之。请教河北强壮，以代就粮禁卒之阙；罢招厢军，以其冗者隶作屯田。行之数年，禁卒当渐销减，而强壮悉为精兵矣。

古者"刑平国，用中典"，而比者以敕处罪，多重于律。以绢估罪者，敕以缗直代之，律坐髡钳而役者，敕黥窜以为卒。比诸州上言，谪卒太多，衣食不足，愿勿复谪者七十余州。以律言之，皆不至是，是以繁文罔之而置于理也。诚愿削深文而用正律，以钱定罪者，悉从绢估；黥窜为卒者，止从髡钳。此所谓胜残去杀，无待百年者也。

被诏鞫曹汭狱于真定府,迁殿中侍御史。母丧服除,改尚书工部员外郎、知邢州,复起为河北转运使。奏罢二牧监,以地赋民。导相、卫、邢、赵水下天平、景祐诸渠,溉田数万顷。因诣阙奏事,上所著《春秋集传》十六卷,复上书以《春秋》论时事。授直昭文馆,为三司户部副使,徙盐铁,迁兵部员外郎、天章阁待制、陕西都转运使。时朝廷将减卒戍,就食内地,诏与知州、总管、钤辖等议。沿即奏减卒数万,知枢密院李谘以为不可,复下沿边都监议。沿上疏曰:"兵机当在廊庙之上,岂可取责小人哉!"谘恶其言,奏罢之,降知滑州,徙成德军。建学校,行乡饮酒礼。

迁刑部郎中、河东都转运使,加龙图阁直学士、知并州。时元昊数寇河东,建议徙丰州,不报,已而州果陷。进枢密直学士、右司郎中,为泾原路经略、安抚、招讨使兼知渭州。增屯兵,城中隘甚,乃筑西关城五里。改泾州观察使。元昊入寇,副都总管葛怀敏率兵出捍,沿教怀敏率兵据瓦亭待之。怀敏进兵镇戎,沿以书戒勿入,第背城为砦,以赢师诱贼,贼至,发伏击之可有功。怀敏不听,进至定川,果为所败。贼乘胜犯渭州,沿率州人乘城,多张旗帜为疑兵,贼遂引去。坐怀敏败,复为龙图阁直学士、刑部郎中、知虢州,寻降天章阁待制,而为权御史中丞贾昌朝所奏,落待制。未几,徙知成德军,复待制,又徙河中府,卒。

沿好建明当世事,而其论多龃龉。初兴河北水利,导诸渠溉民田,论者以为无益。已而邢州民有争渠水至杀人者,然后人知沿所建为利。尝论以《春秋》法断事,然真定之狱,人以为沿傅致之。有文集二十卷,《唐志》二十一卷。子鼎。

鼎字鼎臣,以进士第,累迁太常博士。王尧臣领三司,举勾当公事,数上书论时政得失。时天子患吏治多弛,监司不举职,而范仲淹等方执政,择诸路使者令按举不法,以鼎提点江东刑狱。与转运使杨纮、判官王绰竞擿发吏,至微隐罪无所贷。于是所部官吏怨之,目为"三虎"。仁宗闻之,不说,后傅惟几奉使江东,戒以毋效"三虎"为也。仲淹等罢,鼎与纮、绰皆为人所言,时鼎提点两浙刑狱,降知深州。

王则以贝州反,深卒庞旦与其徒,谋以元日杀军校、劫库兵应之。前一日,有告者。鼎夜出檄,遣军校摄事外邑,而阴为之备。翌日,会僚吏置酒如常,叛党愕不敢动。鼎刺得实,徐捕首谋十八人送狱。狱具,俟转运使为审决。未至,军中恟恟谋劫囚。鼎即谓僚吏曰:"吾不以累诸君。"独命取囚桀骜者数人,斩于市,众皆失色,一郡帖然。转运使至,囚未决者半,讯之,皆伏诛。

明年,河北大饥,人相食,鼎经营赈救,颇尽力。徙建州,其俗生子多不举,鼎为条敕禁止。时盗贩茶盐者众,一切杖遣之,监司数以为言,鼎弗为变。徙提点河北刑狱,治奸赃益急,所劾举,不避贵势。召为开封府判官,改盐铁判官,累迁司封员外郎、淮南两浙荆湖制置发运副使。内侍杨永德奏请沿汴置铺挽漕舟,岁可省卒六万,鼎议以为不可。永德横猾,执政重违其奏,乃令三司判官一员将

永德就鼎议,发八难,永德不能复。鼎因疏言:"陛下幸察用臣,不宜过听小人,妄有所改,以误国计。"于是永德言不用。

居二年,遂以为使。前使者多渔市南物,因奏计京师,持遗权贵。鼎一无所市,独悉意精吏事,事无大小,必出于己。凡调发纲吏,度漕路远近,定先后为成法,于是劳逸均,吏不能为重轻。官舟禁私载,舟兵无以自给,则尽盗官米为奸。有能居贩自赡者,市人持以法,不肯偿所遭。鼎为移州县督偿之,舟人有以自给,不为奸,而所运米未尝不足也。入为三司盐铁副使。数与包拯争议,不少屈。拯素强,然无如之何。迁刑部郎中、天章阁待制、河北都转运使,徙使河东,卒。

鼎性廉不欺,尝任其子,族人欲增年以图速仕,鼎不可。父死,分诸子以财,鼎悉推与其弟。尝知临邛县,转运使选摄新繁,新繁多职田,斗粟不以自入。奉使契丹,得千缣,散之族人,一日尽。所至不扰,唯市饮食日用物,增直以偿。事继母孝,教育孤侄甚至,自奉养俭约。当官明敏,强直不可挠。所荐士多知名,有终身不识者。然性猜忌,其行部,至于药饵,皆手自肩镝。至潞州八义馆,疾作,不知人事,左右遑遽,发药食,悉无题识,莫敢进,以迄于卒。初,鼎与弟豫皆有才气,好上书言事,仁宗称之,以为豫孟浪,鼎所言多可用。豫为人不事羁检,以大理寺丞知伊阙县,有异政。弃官浮游江、湖间,殖货自给以卒。

杜杞,字伟长。父镐,荫补将作监主簿,知建阳县。强敏有才。闽俗,老而生子辄不举。杞使五保相察,犯者得重罪。累迁尚书虞部员外郎、知横州。时安化蛮寇边,杀知宜州王世宁,出兵讨之。杞言:"岭南诸郡,无城郭甲兵之备,牧守非才。横为邕、钦、廉三郡咽喉,地势险阻,可屯兵为援。邕管内制广源,外控交阯,愿择文臣识权变练达岭外事者,以为牧守,使经制边事。"改通判真州,徙知解州,权发遣度支判官。盗起京西,掠商、邓、均、房,焚光化军,授京西转运、按察使。居数月,贼平。

会广西区希范诱白崖山蛮蒙赶反,有众数千,袭破环州、带溪普义镇宁砦,岭外骚然。擢刑部员外郎、直集贤院、广南西路转运按察安抚使。行次真州,先遣急递以书谕蛮,听其自新。次宜州,蛮无至者。杞得州校,出狱囚,脱其械,使入洞说贼,不听。乃勒兵攻破白崖、黄坭、九居山砦及五峒,焚毁积聚,斩首百余级,复环州。贼散走,希范走荔波洞,杞遣使诱之,赶来降。杞谓将佐曰:"贼以穷蹙降我,威不足制则恩不能怀,所以数叛,不如尽杀之。"乃击牛马,为曼陀罗酒,大会环州,伏兵发,诛七十余人。后三日,又得希范,醢之以遗诸蛮,因老病而释者,才百余人。御史梅挚劾杞杀降失信,诏戒谕之,为两浙转运使。明年,徙河北,拜天章阁待制、环庆路经略安抚使、知庆州。杞上言:"杀降者臣也,得罪不敢辞。将吏劳未录,臣未敢受命。"因为行赏。蕃酋率众千余内附,夏人以兵索酋而劫边户,掠牛马,有诏责杞。杞言:"彼违誓举兵,酋不可与。"因移檄夏人,不偿所掠,则酋不

可得，既而兵亦罢去。

杞性强记，博览书传，通阴阳数术之学，自言吾年四十六死矣。一日据厕，见希范与赵在前诉冤，叱曰："尔狂僭叛命，法当诛，尚敢诉邪！"未几卒。有奏议十二卷。

兄植，以文雅知名，累任监司，终少府监。弟枢，亦强敏，为比部员外郎。有张彦方者，温成皇后母越国夫人客也。坐奸利论死，语连越国夫人。开封不敢穷治，执政以后故，亦不复诘。狱上，中书遣枢虑问，枢扬言将驳正；亟改用谏官陈升之，权幸切齿于枢。前此，御史中丞王举正留百官班论张尧佐除宣徽使，枢尝出班问其故。至是，盖累月矣，坐是罪枢，绌监衡州税，卒。

杨畋字乐道，保静军节度使重勋之曾孙。进士及第，授秘书省校书郎、并州录事参军，再迁大理寺丞、知岳州。庆历三年，湖南徭人唐和等劫掠州县，擢殿中丞、提点本路刑狱，专治盗贼事。乃募才勇，深入峒讨击。然南方久不识兵，士卒多畏慑。及战孤浆峒，前军衄，大兵悉溃，畋踣岩下，藉浅草得不死。卒厉众平六峒，以功，迁太常博士。未几，坐部将胡元战死，降知太平州。岁余，贼益肆。帝遣御史按视，还言："畋尝战山下，人乐为用，今欲殄贼，非畋不可。"乃授东染院使、荆湖南路兵马钤辖。贼闻畋至，皆恐畏，逾岭南遁。又诏往韶、连等州招安之。乃约贼使出峒，授田为民，而转运使欲授以官与赏，纳质使还。畋曰："贼剽攻湖、广七年，所杀不可胜计，今使饱赉粮、据峒穴，其势不久必复乱。"明年春，贼果复出阳山。畋即领众出岭外，涉夏、秋，凡十五战，贼溃，畋感瘴疾归。蛮平，愿还旧官，改尚书屯田员外郎、直史馆、知随州。

召还，为三司户部判官，奉使河东。丁父忧，会侬智高陷邕州，召至都门外，辞以丧服不敢见。仁宗赐以服饰御巾，入对便殿。即日，除起居舍人、知谏院、广南东西路体量安抚、经制贼盗。畋至韶州，会张忠战死，智高自广州回军沙头，将济。畋令苏缄弃英州，蒋偕焚粮储，及召开赟、岑宗闵、王从政退保韶州。贼势愈炽，畋不能抗，遂杀蒋偕、王正伦，败陈曙，复据邕州。畋坐是落知谏院、知鄂州，再降为屯田员外郎、知光化军。明年，又降为太常博士，岁终，徙邠州。

复起居舍人，为河东转运使。入为三司户部副使，迁吏部员外郎。奉使契丹，以曾伯祖业尝陷虏，辞不行。河北旧以土绢给军装，三司使张方平易以他州绢，畋既同书奏闻，外议籍籍，又密陈其不可。久之，擢天章阁待制兼侍读、判吏部流内铨。上言："愿择宗室之贤者，使侍膳禁中，为宗庙计。"

嘉祐三年冬，河北地震。明年，日食正旦。复上疏曰："汉成帝时，日食地震，哀、平之世，嫡嗣屡绝，此天所以示戒也。陛下宜早立皇嗣，以答天意。"改知制诰。李珣自防御使迁观察，刘永年自团练使迁防御，畋当草制，封还词头。因言："祖宗故事，郭进出西山，董遵诲、姚内斌守环、庆，与强寇对垒，各十余年，未尝转官移镇，重名器也。今珣等无尺寸功，特以外戚故除之，恐非祖宗意。"不报，诏他舍人草制。而范镇言："朝廷如以畋言为是，当罢珣等所迁官；倘以为非，乞复令畋命词。"不允。进龙图阁直学士，复知谏院。

嘉祐六年，京师大水，畋上言："《洪范五行传》：'简宗庙则水不润下。'又曰：'听之不聪，厥罚常水。'去年夏秋之交，久雨伤稼，澶州河决，东南数路，大水为沴。陛下临御以来，容受直谏，非听之不聪也。以孝事亲，非简于宗庙也。然而灾异数见，臣愚殆以为万机之听，必有失于审者；七庙之享，必有失于顺者，惟陛下积思而矫正之。"乃下其章礼官并两制考议，咸言南郊三圣并侑，温成皇后立庙，皆违经礼。于是诏："自今南郊以太祖皇帝定配，改温成庙为祠殿。"

旧制，内侍十年一迁官。枢密院以为侥幸，乃更定岁数倍之。畋言："文臣七迁，而内侍始得一磨勘，为不均。宜如文武官僚例，增其岁考。"遂诏南班以上仍旧制，无劳而尝坐罪徒者，即倍其年。议者谓畋右士人比阉寺为失。卒，赠谏议大夫。

畋出于将家，折节喜学问，为士大夫所称。在山下讨蛮，家问至，即焚之，与士卒同甘苦，破诸峒。及用之岭南，以无功斥，名称遂衰。性情介谨畏，每奏事，必发封数四而后上之。自奉甚约，为郡待客，虽监司，菜果数器而已。及卒，家无余赀，特赐黄金二百两。其后端午赠讲读官，御飞白书扇，遣使特赐置其枢。

周湛，字文渊，邓州穰人。进士甲科，为开州推官。中身言书判，改秘书省著作佐郎、通判戎州。俗不知医，病者以祈禳巫祝为事，湛取古方书刻石教之，禁为巫者，自是人始用医药。累迁尚书都官员外郎、知虔州，提点广南东路刑狱。

初，江、湖民略良人，鬻岭外为奴婢。湛至，设方略搜捕，又听其自陈，得男女二千六百人，给饮食还其家。徙京西路，邓州美阳堰岁役工数十万，溉州县职田，而利不及民，湛奏罢之。为盐铁判官，三司帐籍浩烦，吏胥离析为弊欺。湛为立勘同法，岁减天下计帐七千。为江南西路转运使，州县簿领案牍，淆混无纪次，且多亡失，民诉讼无所质，至久不能决。湛为立号，以月日比次之，诏下其法诸路。又以徭赋不均，百姓巧于避匿，因条其诡名挟佃之类十二事，且许民自言，凡括隐户三十万。

还为户部判官，又为夔州路转运使。云安盐井岁赋民薪茅，至破产责不已，湛为蠲盐课而省输薪茅。判盐铁勾院，以太常少卿直昭文馆，为江、淮制置发运使。陛辞，仁宗诫以毋纳包苴于京师。湛惶恐对曰："臣蒙圣训，不敢苟附权要，以谋进身。"湛治烦剧，能得其要，所至喜条上利害，前后至数十百事。天资强记，吏胥满前，一见辄识其姓名。大江历舒州长风沙，其地最险，谓之石牌湾，湛役三十万工，凿河十里以避之，人以为利。

除度支副使。旧制，发运司保任军将至三司，不得考覆而皆迁之。至是，以名上者三十五人，湛尽覆其滥者。拜右谏议大夫。使契丹，辞不行。

知襄州，襄人不善陶瓦，率为竹屋，岁久侵据官道，檐庑相逼，火数为害。湛至，度其所侵，悉毁彻之，自是无火患。然豪姓不便，提点刑狱李穆奏湛扰人，徙知相州。右司谏吴及疏曰："湛裁损居民第，为官也；百姓侵官而主司禁之，其职然也。况闻湛明著律令，约民以信，乃奉法行事，百姓自知罪不敢诉。郡从事高直温，夏竦子婿也。竦邸店最广，故加谮于穆，且谓湛伐木若干株。昔之民居侵越官道，木在道侧，既正其侵地，则木在中衢，固宜翦去。又湛种楸桐千余本，课户贮水，以严火禁。又于民居得众汲旧井四，废而复兴，人得其利。道傍之井，反在民居之下，其侵越岂不白乎？望诏执政大臣辨正湛、穆是非，明垂奖黜。若谓湛已行之令，惮于追改，是伤风败俗，贻患于后，不若追改之愈也。湛守大郡，于湛不为重轻，但国家举错有所未安，奉职者将何以劝邪？"未几卒。湛为人脱易，少威仪，然善射弩，虽隔屋亦中云。

徐的，字公淮，建州建安人。擢进士第，补钦州军事推官。钦土烦郁，人多死瘴疠。的见转运使郑天监，请曰："徙州濒水可无患，请转而上闻。"从之，天监因奏留的使办役。的短衣持梃，与役夫同劳苦，筑城郭，立楼橹，以备战守。画地居军民，为府舍、仓库、沟渠、廛肆之类，民皆便之。

迁大理寺丞、知吴县，移梁山军，通判常州。属岁饥，出米为糜粥以食饿者。累迁尚书屯田员外郎、知临江军，擢广南西路提点刑狱。安化州蛮攻杀将吏，所部卒畏诛，谋欲叛。的驰至宜州，慰晓之曰："尔曹亡惧，能出力讨贼，犹可立功以自赎。若朝叛则夕死。非计也。"众皆敛手听命。奏复澄海、忠敢军，后皆获其用。改知舒州，徙荆湖北路转运使。辰州蛮彭士义为寇，的开示恩信，蛮党悔过自归。

摄江陵府事，城中多恶少年，欲为盗，辄夜纵火，火一夜十数发。的籍其恶少年姓名，使相保任，曰："尔辈递相察，不然，皆尔罪也。"火遂息。太子洗马欧阳景猾横不法，为里人害，的发其奸，窜之岭外。以兵部员外郎为淮南、江、浙、荆湖制置发运副使。奏通泰州海安、如皋县漕河，诏未下，的以便宜调兵夫浚治之，出滞盐三百万，计得钱八百万缗。遂为制置发运使。

军贼王伦起山东，转掠淮南，的团兵待之。会青州改遣裨将傅永吉追杀至历阳，的与赏，迁工部郎中。复治泰州西溪河，发积盐，加直昭文馆。区希范、蒙赶寇衡湘，命的招抚之。既至，再宿，会蛮酋相继出降。三司以郊祠近，宜召还计事，既还，蛮复叛。除度支副使、荆湖南路安抚使，至桂阳，降者复众。其钦景、石硋、华阴、水头诸洞不降者，的皆讨平之，斩其酋熊可清等千余级。卒于桂阳。

论曰：宋承平时，书生知兵者盖寡，偕、沿数上书言边事，策画论议，有得有失，固皆一时之俊。畋由将家子力学第进士，再讨徭贼，前胜后败，兵家之常也。杞、的俱以征宜州蛮立功，杞则杀降失信，的则招徕以恩，其优劣概可见矣。湛强敏，所至有治绩，史称善射，抑亦文臣之习武事者欤。鼎性孝友，自奉甚约，而疏于财，居官清辨，土俗有生子不举者辄禁之，独发摘吏奸贻众怒，或以"虎"目之，岂其然乎？

姚仲孙，字茂宗，本曹南著姓，曾祖仁嗣，陈州商水令，因家焉。父晔，举进士第一，官至著作佐郎。仲孙早孤，事母孝。擢进士第，补许州司理参军。民妇马氏夫被杀，指里胥尝有求而其夫不应，以为里胥杀之，官捕系辞服。仲孙疑其枉，知州王嗣宗怒曰："若敢以身任之耶？"仲孙曰："幸毋遽决，冀得徐辨。"后两月，果得杀人者。

调邢州推官，徙资州。转运使檄仲孙诣富顺监按疑狱，全活数十人。资州更二守，皆悫老，事多决于仲孙。改大理寺丞、知建昌县。初，建昌运茶抵南康，或露积于道，间为霖潦所败，主吏至破产不能偿。仲孙为券，吏民输山木，即高阜为仓，邑人利之。徙通判彭州。尝以天下久无事，不可以弛兵备，因上前世御戎料敌之策，名《防边龟鉴》。通判睦州，徙滁州。岁旱饥，有诏发官粟以赈民，而主吏不时给。仲孙既至州，立劾主吏，夜索丁籍尽给之。累迁尚书屯田员外郎。

王鬷守益州，辟通判州事。召为右司谏。入内都知阎文应求为都知，仲孙数其罪，白上曰："方帝斋宿太庙，而文应叱医官，声闻行在。郭皇后暴薨，中外莫不疑文应置毒者。"出文应为泰州兵马钤辖，又称疾留，复论奏，乃亟去。

以起居舍人知谏院，管勾国子监，以尚书户部员外郎兼侍御史知杂事。时谏议大夫十二员，仲孙曰："谏议大夫盖朝廷之选，不宜以岁月序进。今诸寺卿至前行郎中三十五员，贴近职者犹不在数，若以年劳授，则数年之外，谏议大夫员益多。请艰其选，以处材望之臣，余悉次补卿监。"乃诏当选者奏听旨。先是，诸路复提点刑狱，还朝多擢为省府官。仲孙请第其课为三等升黜之，即诏仲孙司考课之法。

历三司户部、度支、盐铁副使，进天章阁待制、河北都转运使。大修城垒兵备，仁宗赐诏褒之。权知澶州，河坏明公埽，绝浮桥，仲孙亲总役堤上，埽一夕复完。权知大名府，夜领禁兵塞金堤决河。是岁，澶、魏虽大水，民不及患。进礼部郎中、龙图阁学士，徙陕西都转运使，未行，权三司使事。属西北备边，募兵益屯及赏赐、聘问之费，不可胜计。仲孙悉心经度，虽病，未尝辄废事。坐小吏诈为文符，出知蔡州。因母忧丧一目，卒。

陈太素，字仲华，河南缑氏人。中进士第。尝为大理详断官，入审刑为详议官，权大理少卿，又判大理事。任刑法二十余年，朝廷有大狱疑，必召与议。太素为推原人情，以傅法意，众皆释然，自以为不及。虽号明习法令，然所论建，亦或有不中。每临案牍，至忘寝食，大寒暑不变。子弟或止之，答曰："囹圄之苦，岂不甚于我也。"历知江阴军、兖州、明州，有治迹。在大理，耳疾，数求罢，执政以为任职，弗许。累官至尚书兵部郎中，卒。

太素家行修治，尤喜论刑名。常以为有司议法，当据文直断，不可求曲当法；求曲当法，所以乱也。

同时有马寻者，须城人。举《毛诗》学究，累判大理寺，以明习法律称。历提点两浙陕西刑狱、广东淮南两浙转运使，知湖、抚、汝、襄、洪、宣、邓、滑八州。襄州饥，人或群入富家掠囷粟，狱吏鞫以强盗，寻曰："此脱死尔，其情与强盗异。"奏得减死，论著为例。终司农卿。

又有杜曾者，濮州人。为吏号知法，尝言："国朝因唐大中制，故杀，人虽已伤未死、已死更生，皆论如已杀。夫杀人者死，伤人者刑，先王不易之典。律虽谋杀已伤则绞，盖甚其处心积虑，阴致贼害尔。至于故杀，初无杀意，须其已死，乃有杀名；苟无杀名而用杀法，则与谋杀孰辨？自大中之制行，不知杀几何人矣。请格勿用。"又言："近世赦令，杀人已伤未死者，皆得原减，非律意。请伤者从律保辜法，死限内者论如已杀，勿赦。"皆著为令。

李虚己，字公受，五世祖盈，自光州从王潮徙闽，遂家建安。父寅，有清节，仕江南李氏，至诸司使。江南国除，授殿前承旨，辞不拜。时伪官皆入留京师，而寅母独在江南，乃遣其长子归养。举进士，起家为衢州司理参军。母老，弃官以归。虚己亦中进士第，历沈丘县尉，知城固县，改大理评事，累迁殿中丞，提举淮南茶场。召知荣州，未行，改遂州。

时太宗励精政事，尝手书累二十余纸，曰："公勤洁己、奉法疾奸、惠爱临民者，乃可书为劳绩，月给奉以实钱。"命有司择群臣以治最闻者赐之，仍谕曰："除奸之要，在乎奉法，不可因以生事。"时虚己被赐，因献诗自陈父子遭遇，荣及祖母。帝悦，为批其纸尾曰："虚己学古入官，荣亲事生，奉书为郡，欲布新规，朕得二千石矣。"遂赐五品服，又赐其祖母钱五十万，命翰林学士张洎会两制、三馆儒臣遍阅所批诏。其后以南郊恩封群臣母妻，虚己又请罢其妻封以授祖母，诏悉封之，世以为荣。

会遣使察川峡吏能否，而州多不治，唯虚己与薛颜、邵晔、查道数人，以能任职称。再迁尚书屯田员外郎。以便亲，请通判洪州。是时寅已谢归，春秋高，寅母尚无恙，虚己双举迎侍。寅至豫章，乐其山水，曰："此可以终吾身也。"遂临州之东湖，筑第宇以居。虚己为侍御史，出提点荆湖南路刑狱，徙淮南转运副使，累迁兵部郎中，为龙图阁待制，历判大理寺。久之，求补外，真宗称其儒雅循谨，特迁右谏议大夫。数月，出知河中府。召权御史中丞。未几，以疾辞，进给事中、知洪州。迁尚书工部侍郎，徙池州。求分司南京，卒。初，寅之请老，年未六十。虚己分司而归，年六十九。其季虚舟仕至余干县令，坐法免官，不复言仕。

初，太宗既赐虚己钱，翌日，以语宰相曰："虚己诗思可嘉，予钱五十缗矣。"宰相对以所予乃五十万，帝知其误，由是诏群臣以章献者阁门勿受，皆由中书门下阅而上之。然论者谓虚己父子笃行，家甚贫，虽人主一时之误，殆天赐也。寅事亲孝，治家有法，闺门之内肃如也。虚己、虚舟又以孝友清慎世其家。虚舟之子宽，为尚书金部郎中；定，为司农少卿，为吏颇有能名。

虚己喜为诗，数与同年进士曾致尧及其婿晏殊唱和。初，致尧谓曰："子之词诗虽工，而音韵犹哑。"虚己未悟。后得沈休文所谓"前有浮声，则后须切响"，遂精于格律。有《雅正集》十卷。

张傅，字岩卿，唐初功臣公谨之裔。祖播，为亳州团练副使，子孙因为谯人。傅进士及第，稍迁秘书省著作佐郎、知奉符县。时方修会真宫、天书观及增治岳祠，以办事称，赐钱二十万。宰相向敏中册东岳帝号还，荐之，知楚州。会岁饥，贻书发运使求贷粮，不报。因叹曰："民转死沟壑矣，报可待邪？"乃发上供仓粟赈贷，所活以万计，因拜章待罪，诏奖之。

提点江西刑狱，徙江东，就除转运使，入权三司盐铁判官。会河决济北，民多被害，命安抚京东。累迁工部郎中，出为两浙转运使，改荆湖北路，复为盐铁判官，再迁兵部，为陕西转运使，徙江、淮发运使，未至，召还。属西京奏兵食乏，因言冯翊、华阴积粟多，可运二十万石，籴三门下济之。遂留为侍御史知杂事，判吏部流内铨，进三司度支副使。以疾请外，迁太常少卿、知应天府。逾月，为右谏议大夫，徙青州，迁给事中、知郓州，复知应天府，遂以工部侍郎致仕，卒。

傅强力治事，七为监司，所至审核簿书，勾摘奸隐，州县惮之。傅曰："奚为我惮哉。吾所以事事致察者，正所以爱州县也。吏不敢慢，则州县不复犯法矣。"人亦以为然。天禧中，有术士自言数百岁，少时尝游秦悼王家，历见唐肃宗、代宗朝，由是出入禁中，见尊重，人无敢诘其伪。傅见之，讯以唐事，术士语屈。

俞献卿，字谏臣，歙人。少与兄献可以文学知名，皆中进士第。献可有吏称，历吏部郎中、龙图阁待制。献卿起家补安丰县尉。有僧贵宁，积财甚厚，其徒杀之，诣县给言师出游矣。献卿曰："吾与宁善，不告而去，岂有异乎？"其徒色动，因执之，得其所瘗尸，一县大惊。再调昭州军事推官，会宜州陈进乱，象州守不任事，转运使檄献卿往佐之。及至，守谋弃城，献卿曰："临难苟免，可乎？贼至，尚当力击；不胜，有死而已，奈何弃去。"初，昭州积缗钱钜万，献卿尽用平籴，至积谷数万，及是大兵至，赖以馈军。改大理寺寺丞，为本寺详断官。历知慎、仁和二县，再迁太常博士、知南雄州，徙潮州。

除殿中侍御史，为三司盐铁判官。上言："天下谷帛日益耗，物价日益高，欲民力之不屈，不可得也。今天下谷帛之直，比祥符初增数倍矣。人皆谓稻苗未立而和籴，桑叶未吐而和买。自荆湖、江、淮间，民愁无聊，转运使务刻剥以增其数，岁益一岁。又非时调率营造，一切费用，皆出于民，是以物价积高，而民力积困也。陛下诚以景德中西、北二边通好最盛之时一岁之用较之，天禧五年，凡官吏之要冗，财用之盈缩，力役之多寡，贼盗之增减，较然可知其利害。况自天禧以来，日侈一日，又甚于前。夫庖不盈者漏在下，木不茂者蠹在内。陛下宜知其有损于彼，无益于此，与公卿大臣，朝夕图议而救正之。"帝纳其言，为罢诸宫观兵卫，又命官除无名之费以钜万计。

淮、浙盐利不登，命献卿往经度之，更立新法，岁增盐课缗钱甚众。会其兄为盐铁副使，徙开封府判官。朝廷择陕西转运使，宰相连进数人，不称旨。他日，献卿在所拟中。帝曰："此可以除陕西转运使。"时边吏多因事邀功，泾原路钤辖擅于武延川凿边壕、置堡砦，献卿度必招寇患，亟檄罢之。未几，贼果至，杀将士，塞所凿壕而去。徙京西。因入对，甚言赵振堪将帅，范仲淹、明镐可大用，及条上边策甚备。

除福建转运使，还判三司盐铁勾院，累迁尚书刑部郎中、直史馆、知荆南，历户部、度支、盐铁副使，以右谏议大夫、集贤院学士知杭州。暴风，江潮溢决堤，献卿大发卒凿西山，作堤数十里，民以为便。还，勾当三班院、知通进、银台司，最后知应天府，以刑部侍郎致仕，卒。

陈从易，字简夫，泉州晋江人。进士及第，为岚州团练推官，再调彭州军事推官。王均盗据成都，连陷绵、汉诸郡，彭人谋杀兵马都监以应之。时从易摄州事，斩其首谋者，召余党晓以祸福，贳之，众皆呼悦。乃率厉将吏，修严守械，戒其家僮积薪舍后，曰："吾力不足以守，当死于此。"贼闻其有备，不敢入境。贼平，安抚使王钦若以状闻，召为秘书省著佐郎、大理寺详断官。迁太常博士，出知邵武军。预修《册府元龟》，改监察御史。真宗宴近臣崇和殿，召从易预，赋诗称旨。迁侍御史，改刑部员外郎、直史馆、知虔州。会岁大饥，有持杖盗取民谷者，请一切减死论，凡生者千余人。

天禧中，坐荐送别头进士失实，降工部员外郎。以父老，求乡郡。宰相寇准恶其疏己，除吉州，从易因对自言改福州。未行，遭父丧，服除，纠察在京刑狱，出为湖南转运使，徙知荆南，擢太常少卿、直昭文馆、知广州。又坐尝课校太清楼书字非伪误而从易妄判窜之，降直史馆。明年复职。在广三年，以清德闻。入为左司郎中、知制诰。

初，景德后，文士以雕靡相尚，一时学者乡之，而从易独守不变。与杨大雅相厚善，皆好古笃行，时朝廷矫文章之弊，故并进二人，以风天下。兼史馆修撰，迁左谏议大夫。命使契丹，以年老，辞不行。又辞职请补郡，进龙图阁直学士、知杭州，卒。

从易好学强记，为人激直少容，喜别白是非，多面折人，或尤其过，从易终不变。王钦若最善之，尝谓人曰："数日不见简夫，辄忽忽不怿。"及废居南京，时丁谓方用事，人畏谓，无敢往见钦若者。从易将使湖南，欲过之，遇汴水旱涸，遂告谓曰："从易愿使湖外者，非独为贫也，亦以王公在宋，故就省之尔。今汴涸，义不可从他道进，幸公许少留。"即日大喜曰："王公之门，独君为知我者。"留权纠察刑狱，从易不敢当，乃听归馆，须汴通乃行。时寇准贬道州，谓又谓从易曰："庐陵之事，可以释憾矣。"从易对曰："以故相事之尔。"谓有愧色。其行志多类此。所著《泉山集》二十卷，《中书制稿》五卷，《西清奏议》三卷。

杨大雅，字子正，唐靖恭诸杨虞卿之后。虞卿孙承休，唐天祐初，以尚书刑部员外郎为吴越国册礼副使，杨行密据江、淮，道阻不克归，遂家钱塘。大雅，承休四世孙也。钱俶归朝，挈其族寓宋州。大雅素好学，日诵数万言，虽饮食不释卷。进士及第，历新息、鄢陵县主簿，改光禄寺丞、知新昌县，徙知浔州，监在京商税，再迁秘书丞。

咸平中，交趾献犀，因奏赋，召试，迁太常博士。久之，又上书自荐，献所为文，复召试。直集贤院，出知筠、袁二州，提举开封府界诸县镇事，为三司监铁判官，知越州，提点淮南路刑狱。还，考试国子监生，坐失荐，迭降监陈州酒。徙知常州，判三司都磨勘司、户部勾院。迁集贤殿修撰、知应天府。还，纠察在京刑狱，以兵部郎中知制诰。大雅初名侃，至是，避真宗藩邸讳，诏改之。居二岁，拜右谏议大夫、集贤院学士、知亳州，卒。

大雅朴学自信，无所阿附，直集贤院二十五年不迁，有出其后者，往往致显荣。或笑其违世自守，大雅叹曰："吾不学乎世，而学乎圣人，由是以至此。吾之所有，不敢以荐于人，而尝自献乎天子矣。"天禧中，使淮南，循江按部，过金陵境上，遇风覆舟，得傍卒拯之，及岸，冠服尽丧。时丁谓镇金陵，遣人遗衣一袭，大雅辞不受，谓以为歉。宰相王钦若亦不悦之。晚与陈从易并命知制诰。大雅尝因转对，上《原治》十七篇。所著《大隐集》三十卷，《西垣集》五卷，《职林》二十卷，《两汉博闻》十二卷。

论曰：仲孙以才力自奋于时，论事著效，号为能吏。太素、寻、曾能知法意，理官之良也。虚己、献卿立朝虽微，卓荦大节，及为他官，所至有吏称。若从易拒释憾之言，大雅辞袭衣之遗，卒使权奸愧歉，抑又可尚哉。

卷三百一　　　　列传第六十

**边肃　梅询　马元方　薛田　寇瑊
杨日严　李行简　章频　陈琰　李宥　张秉
张择行　郑向　郭劝　赵贺　高觌　袁抗
徐起　张旨　齐廓　郑骧**

边肃，字安国，应天府楚丘人。进士及第，除大理评事、知於潜县，累迁太常博士。三司使魏羽荐为户部判官，祀南郊，超荐尚书度支员外郎。帝以三司钩取无法，至道初，置行司，以会财用之数，命肃主之。帐成，迁工部郎中。

真宗幸大名府，命肃经度行在粮草。改判开拆司，出知曹州，徙邢州。会契丹大入，先是地屡震，城堞摧圮，无守备，帝在澶州，密诏肃："若州不可守，听便宜南保他城。"肃匿诏不发，督士卒乘城而辟诸门，悉所部兵阵以代之。骑傅城下，肃与战小胜，契丹莫测也，居三日，引去。时镇、魏、深、赵、磁、洺六州闭壁不出，老幼趋城者，肃悉开门纳之。

擢枢密直学士，徙宣州。车驾朝陵，徙河南府。还，勾当三班院。出知天雄军，徙真定府，累迁给事中。以王嗣宗代肃。嗣宗与肃有旧隙，讽通判东方庆讼肃前在州，私以公钱贸易规利，遣吏强市民羊，买女口自入。嗣宗上其事，帝以肃近臣，不欲属吏，遣刘综、任中正以章示之，肃引伏。以守城功，止夺三官，贬岳州团练副使。久之，徙武昌、安远军节度副使，起知光州，以泰宁军节度副使徙泗州，又徙泰州，卒。

子调，终尚书兵部员外郎、福建路转运使。

梅询，字昌言，宣州宣城人。少好学，有辞辨。进士及第，为利丰监判官。后以秘书省著作佐郎、御史台推勘官，预考进士于崇政殿，真宗过殿庐，奇其占对详敏，召试中书，除集贤院。

李继迁攻灵州急，吴淑上书请遣使谕秦、陇以西诸戎，使攻继迁。询亦请以朔方授潘罗支，使自攻取。帝问谁可使罗支者，询请行，未至而灵州陷。还，为三司户部判官。询自以为遇主知，屡上书陈论西北事。时契丹数侵河北，询请遣大臣临边督战，募游手击贼。又论曹玮、马知节才可用，傅潜、杨琼败当诛，田绍斌、王荣等可责其效以赎过，凡数十事，其言甚壮。

帝欲命知制诰，李沆力言其险薄望轻，不可用。后断田讼失实，降通判杭州，知苏州，就徙两浙转运副使，判三司开拆司。坐议天书，出知濠州。为湖北转运使，擅假驿马与邵晔子省亲疾而马死，夺官一级，降通判襄州。知鄂州，徙苏州，为陕西转运使。坐荐举朱能，贬怀州团练副使。又以善笔准，徙池州。起知广德军，历楚、寿、陕州。复直集贤院，改直昭文馆、知荆南，擢龙图阁待制，纠察在京刑狱。历龙图阁直学士、枢密直学士，知通进银台司，判流内铨，为翰林侍读学士、群牧使。累迁给事中、知审官院。

仁宗御迩英阁，读《正说养民篇》，览历代户口登耗之数，顾谓侍臣曰："今天下民籍几何？"询对曰："先帝所作，盖述前代帝王恭俭有节，则户口充羡；赋敛无艺，则版图衰减。炳然在目，作鉴后王。自五代之季，生齿凋耗，太祖受命，而太宗、真宗休养百姓，今天下户口之数，盖倍于前矣。"因诏三司及编修院检阅以闻。病足，出知许州，卒。故事，侍读学士无出外者。天禧中，张知白罢参知政事，领此职，始出知大名府。非历二府而出者自询始。

询性卞急好进，而侈于奉养，至老不衰。然数为朝廷言兵。在濠州，梦人告曰："吕丞相至矣。"既而吕夷简通判州事，故待之甚厚。其后，援询于废斥中，以至贵显，夷简力也。

马元方，字景山，濮州鄄城人。父应图，尝知顿丘县，太宗攻幽州，应图部刍粮，没虏中。元方去发为浮屠，间行求父尸，不得，诉于朝。上哀之，为官其兄元吉。

元方，淳化三年进士及第，为韦城县主簿，改大理寺评事、知万年县。诸将讨李继迁，关辅转饷逾瀚海，多失亡，独元方所部全十九。以劳，迁本寺丞，为御史台推勘官，迁殿中丞。户部使陈恕奏为判官，元方言："方春民贫，请预贷库钱，至夏秋，令以绢输官。"行之，公私果便，因下其法诸路。

知徐州，改太常博士、梓州路转运使。后知郓州，量括牧地数千顷。为京东转运副使，迁转运使。按部至濮州，被酒殴知州蒋信，降知宿州，下诏切责之。徙滑州，为京西转运使，知应天府，累迁太常少卿。擢右谏议大夫、权三司使公事，众论不以为允。真宗谓宰臣曰："元方在三司，何多谤也？"王旦曰："元方尽心营职，然其性卞急，且不纳僚属议，而丑言诋之，所以贾怨。"帝曰："僚属顾不有贤俊邪？"岁余，以烦苛罢。进给事中、权知开封府。以枢密直学士知并州，留再任，赐白金五百两，诏中书谕以委属之意。官至兵部侍郎，卒。

薛田，字希稷，河中河东人。少师事种放，与魏野友善。进士，起家丹州推官。李允正知延州，辟为从事，向敏中至，亦荐其材。改著作佐郎、知中江县。真宗祀汾阴，田时居父丧，经度制置使陈尧叟奏起通判陕州。还，拜监察御史，以母忧去。会祀太清宫，又用丁谓奏，起通判亳州。迁殿中侍御史、权三司度支判官，改侍御史、益州路转运使。民间以铁钱重，私为券以便交易，谓之"交子"，而富家专之，数致争讼。田请置交子务，以榷其出入，未报。及寇瑊守益州，卒奏用其议，蜀人便之。

就除陕西转运使，进直昭文馆、知河南府，复入度支为副使。使契丹还，擢龙图阁待制、知天雄军。未几，擢知开封府，以枢密直学士知益州，累迁左司郎中。代还，知审刑院。羌人内寇，特迁右谏议大夫、知延州。久之，以疾徙同州，又徙永兴军，辞不行，卒。

田性颇和厚，初以干敏数为大臣所称，后屡更任使，所治无赫赫名。

寇瑊，字次公，汝州临汝人。初，母梦神人授珠，吞之而娠，生而眉目美秀。擢进士，授蓬州军事推官。李顺余党谢才盛等复起为盗，瑊设方略，擒送京师。

徙开封推官。会施州蛮叛，转运使移瑊权领施州。先是，戍兵仰他州馈粮，瑊至，请募人入米，偿以盐，军食遂足，而民力纾。复招谕高州刺史田彦伊子承宝入朝，得给印纸为高州官族。未几，溪南蛮复内寇，瑊率众擒其酋领戮之，以白芳子弟数百人筑栅，守其险要。

就除大理寺丞、知开州，迁殿中丞、通判河南府。坐解送诸科失实，降监晋州税。以太常博士通判并州，改监察御史。真宗祀汾阴，王嗣宗知永兴，辟权通判，专领祠事。迁殿中侍御史，为开封府判官。尝奏事，帝询施州备御之术，因谕之曰："东川控蛮夷，尔功已试，其为朕镇抚之。"命为梓州路转运使。

晏州多刚县酋斗望劫泸州，烧淯井监，杀官吏。瑊趋富顺监，命部兵多张旗帜，逾山西北趋戎州，尽取公私舟载粮甲,具音乐,合两路兵至江安,诱纳溪、蓝、顺史个松、南广移、悦等州刺史及八姓乌蛮首领,使断贼径。用夷法,植竹为誓门,横竹系猫、犬、鸡各一于其上;老夷人执刀剑,谓之"打誓",呼曰:"誓与汉家同心击贼。"即刺牲血和酒而饮。琉给盐及酒食、针梳、衣服等,付以大榜,约大军至,揭榜以别逆顺,"不杀汝老少,不烧汝栏栅。"夷人大喜。帝遣内殿崇班王怀信议讨招辑之宜,琉奏:"夷人尝于二年春烧淯井监,杀吏民。既赦贷其罪,复来寇边,声言朝廷且招安,得酒食衣服矣。若不讨除,则戎、泸、资、荣、富顺监诸夷竞起为边害矣。"诏发陕西兵,益以白芳子弟合六千三百人,缘淯井溪转斗,凡十一阵,破之。夷人相率来附,纳牛羊、铜鼓、器械甚众,而斗望犹旅拒不从。琉命怀信分兵拔其栅,与都巡检使符承顺进战思晏江口,斗望等始惊遽,势稍却,明日,复分三道来拒王师,怀信等格战,琉乘其后,大破之。斗望众万余,器不能军,溺死者众,遂降。因籍军之勇悍千人,分五都以隶禁军,为宁远指挥,使守淯井监,更建砦栅,濬三壕以环之。就加侍御史,召为三司盐铁判官,逾月,出为河北转运使。

天禧中,河决澶渊。琉视役河上,堤垫数里,众皆奔溃,而琉独留自若。须臾,水为折去,众颇异之。迁工部郎中,上言:"契丹约和以来,河北减戍卒之半,而复刺土兵,其实益三分之一,而塞下军储不给。请行入中、凿头、便籴三说之法。"入为三司度支副使。未几,以右谏议大夫、集贤院学士知益州。

仁宗即位,迁给事中。琉与丁谓厚善,帝谓辅臣曰:"琉有吏干,毋深谴也。"徙邓州,坐失举,降少府监、知金州,复右谏议大夫。会河决,徙知滑州,总领修河。既而以岁饥罢役,琉言:"病民者特楗刍耳,幸调率已集,若积之经年,则朽腐为弃物,后复兴工敛之,是重困也。"乃再诏塞河。河平,擢枢密直学士。

明年,复给事中、知秦州,又坐失举夺一官。召权三司使,复其官如故。时有议茶法者,帝访以利害,琉曰:"议者未知其要尔。河北入中兵食,皆仰给于商旅。若官尽其利,则商旅不行,而边民困于馈运,茶法岂可以数更?"帝然之。权知开封府,戚里有殴妻至死,更赦事发者。太后怒曰:"夫妇齐体,奈何殴致死邪?"琉对曰:"伤居限外,事在赦前,有司不敢乱天下法。"卒免死。天圣末,再使契丹,未行而卒。

琉少孤,鞠于祖母王氏,及登朝,以妻封邑回授之,朝臣得回封祖母自琉始。性疏财,通音律,知术数。初附丁谓,故少达,及谓败左迁,郁郁不自得,秘书丞彭齐赋《丧家狗》以刺之。

杨日严,字垂训,河南人。进士及第,试秘书省校书郎、知安丘县。三司辟为检法官,迁大理寺丞,又为本寺检法官,监都进奏院,通判亳、陈二州,判吏部南曹兼登闻鼓院。出知襄州,徙庐、郓二州,入为开封府判官。

使契丹还,为两浙转运副使。未行,会青、徐饥,改京东转运使。因请江、淮、陕西转运粟五十万,以赈贫民;

又开清河八十里抵暖水河,并堤起仓廪,以便漕运。加直史馆,徙益州转运使,又徙江、淮制置发运使。还,历三司户部、度支、盐铁副使。累迁太常少卿,以右谏议大夫、集贤院学士知河中府,加枢密直学士、知益州。

时用兵伐元昊,三司急财用,有诏析户版为十等,第赋役;民以岁租占佃官田庐者,高其估,募输钱就市为己业,人苦其扰。又陕西奏收市益、梓、利路溪洞马,而不知其实无马也。日严皆奏罢之。迁勾当三班院、知通进银台司。闻后为守者,其政不便蜀人,因进对,犹从容言:"远方所宜抚安之,无容变法以生事。"迁给事中,以龙图阁学士知澶州。召权知开封府,吏械囚不谨,囚自杀,坐是罢府事。判太常、司农寺,同知审官院,卒。

日严初为益州转运使,无他治能,及知益州,颇为蜀人所信爱。兄日华,历官至太常少卿、三司副使。

李行简,字易从,同州冯翊人。家贫,刻志于学,读《六经》每至夜分,寒暑不易。又聚木叶学书,笔法道劲。与里中富人杨士元同学,既而同时中进士第,士元资遗行简,谢不取。起家陇州司理参军,徙彭州军事推官。

陵州富民陈子美父死,继母诈为父书逐出之,累诉不得直,转运使檄行简劾正其狱。改秘书省著作郎,再迁太常博士、知坊州。御史中丞王嗣宗荐为监察御史,王旦数称其才,真宗雅亦知之,再迁侍御史。

陕西旱蝗,命往安抚,发仓粟救乏绝,又蠲耀州积年逋租。还,擢龙图阁待制,历尚书刑部郎中。帝数幸龙图阁,命讲《周易》,间访大臣能否,行简所对无怨昵,各道其所长,人以为长者。久之,拜右谏议大夫、集贤院学士。乾兴初,改给事中,以足疾请外,得知河中府,徙虢州,卒。

章频,字简之,建州浦城人。与弟顿皆以进士试礼部预选,会诏兄弟毋并举,频即推其弟,弃去。后六年,乃擢第。自试秘书省校书郎、知南昌县,改大理寺丞、知九陇县,迁殿中丞。

眉州大姓孙延世伪为券夺族人田,久不能辨,转运使使按治之。频视券墨浮朱上,曰:"是必先盗印然后书。"既引伏,狱未上,而其家人复诉于转运使,更命知华阳县黄梦松覆按,无所异。梦松用此入为监察御史,频坐不时具狱,降监庆州酒,徙知长洲县。

天禧初,增置谏官、御史十二人,频以选得召对,称旨,擢监察御史。陈、亳间民讹言兵起,老幼皆奔,命安抚京西。还,为三司度支判官。青州麻士瑶杀从子温裕,并其财,遣往按治,士瑶伏诛。又诏鞠邛州牙校讼盐井事。皇城使刘美依倚后家受贿,使人市其狱,频请捕系,真宗以后故不问。忤旨,出知宣州,改殿中侍御史,迁侍御史。

频雅善丁谓,谓贬,左迁尚书比部员外郎、监饶州酒。起知信州,进刑部员外郎、知福州。王氏时,赋民官田,岁输租税而已。至是,或谓鬻之可得缗钱二十余万,频疏以为不可。徙知潭州。改广西转运使,摘宣州守贪暴不法,既罢去,反讼频子许尝被刑,而冒奏为秘书省校书郎,频坐谪知饶州。复入为度支判官，累迁刑部郎中。使契丹，至紫濛馆卒。契丹遣内侍就馆奠祭，命接伴副使吴克荷护其丧，以锦车驾橐驼载至中京，敛以银饰棺，又具鼓吹羽葆，吏士持甲兵卫送至白沟。诏遣其子访乘传扈其柩以归。访官三班奉职，即许也。

陈琰，字伯玉，澶州临河人。进士及第，历溧阳、栾城县主簿，迁大理寺丞、监真定府税，知金堂、夏津二县。再迁太常博士。转运使卢士伦，曹利用婿也，怙势听狱不以直，讼者不已，付琰评决，琰直之。御史知杂韩亿闻其事，奏为监察御史。丁父丧，哀毁，坟木连理。忧除，迁殿中侍御史。

天圣五年祀南郊，中外以为丁谓复还，琰上疏曰："乱常肆逆，将而必诛，阴怀奸恶，有杀无赦。丁谓因缘险佞，据窃公台。贿赂包苴，盈于私室；威权请谒，行彼公朝。引巫师妖术，厌魅宫闱；易神寝龙冈，冀消王气。今禋柴展礼，涣汗推恩，必虑谓潜输货贿，私结要权，假息遐荒，冀移善地。李德裕止因朋党，不获生还，卢多逊曲事王藩，卒无牵复。请不原赦。"帝然之。

为三司度支判官，迁侍御史。历京西、河东、河北转运副使，三司户部、度支、盐铁副使。汴仓纳粮纲，概量不实，操舟者坐亡失所载，或杖背徒重役。琰始奏选官监视，谓之"定计斗面"。积迁至尚书工部郎中，卒。

李宥，字仲严，唐之后裔，自吴徙青，遂为青人。祖成，五代末，以诗酒游公卿间，善墨写山水，至得意处，疑非笔墨所成。人欲求者，先为置酒，酒酣落笔，烟景万状，世传以为宝。父觉，见《儒林传》。

宥幼孤，不好弄，长读书属文，不杂交游。举进士，调火山军判官。入馆校勘书籍，迁集贤校理，遂直院。知蕲州，岁凶人散，委婴孩而去者相属于道。宥令吏收取，计口给谷，俾营妇均养之，每旬阅视，所活甚众。或杀人，以米十石给佣者，使就狱，曰："我重赂吏，尔必不死。"宥得其情，论如法。

提点荆湖刑狱，权户部判官，利州转运使，判户部勾院，知制诰，纠察在京刑狱，同判太常寺。旧宗庙五飨，辅臣摄事，中废且久，止差从官。宥因对力言，遂复故事。以谏议大夫知江宁府。民有告人杀其子者，曰："吾子去家时，巾若巾，今巾是矣。"民自诬服。宥疑，召问，卒伸其枉。府舍火，宥畏乱兵，阖门不救，降秘书监致仕。起分司南京，改太子宾客，判留司御史台，卒。

宥性清介，然与物无忤，好奖拔士人。外族甚贫，宥有别业，以券畀之。既死，家无余财，官赐钱十万。

张秉，字孟节，歙州新安人。父谔，字昌言，南唐秘书丞、通判鄂州。宋师南伐，与州将许昌裔叶议归款，太祖召见，劳赐良厚，授右赞善大夫。蜀平，选知阆州。太平兴国中，即除西川转运副使。先是，土人罕习舟楫，取峡江中竞渡者给漕运役，覆溺常十四五。谔建议置威棹军分隶管勾，自是无覆舟之患。累迁荆湖、江、浙等道制置茶盐副使，卒。

秉举进士，仪状丰丽，属词敏速，善书翰，太宗喜之，擢置甲科。解褐将作监丞、通判宣州。迁监察御史，深为宰相赵普所器，以弟之子妻之。会有荐其才，得知郑州。召还，直昭文馆，迁右司谏。会以赵昌言为制置茶盐使，秉与薛映副之。入为右计司河南西道判官，俄换盐铁判官、度支员外郎、知制诰、判吏部铨、知审官院。唐朝故事，南省首曹罕兼掌诰，多退为行内诸曹郎。至是，用此制，其后迁改，多优迁首曹，遂隳旧制矣。迁工部郎中，依前知制诰。

真宗嗣位，进秩兵部郎中、判昭文馆。时草叙用官制，有"顷因微累，谪于遐荒"之语，上览之曰："若此，则是先朝失刑矣。"遂除秉左谏议大夫，连知颍、襄二州。徙凤翔府，诉以母老贫婆，诏给装钱，未行，改江陵。丁母忧，起复，知河南府。景德初，徙河阳，换澶州。车驾将幸河上，又徙知滑州。道出韦城，秉迎谒境上，俾预从官侍食；遣与齐州马应昌、濮州张晟往来河上，部丁夫凿凌，以防契丹南渡。

召归阙，复判吏部铨，拜工部侍郎、同知审官院、通进银台司，纠察在京刑狱。复与周起同试东封路服勤辞学、经明行修举人。出知永兴军府，会祀汾阴，为东京留守判官，转礼部侍郎，加枢密直学士，复知并州。将行，恳求御诗为饯，上为作五言赐之。徙相州。九年，复纠察在京刑狱，暴疾卒。

秉典藩府，无显赫誉，及再至太原，临事少断，多与宾佐博弈。虽久践中外，然无仪检，好谐戏，人不以宿素称之。好饬衣服，洁馔具，每公宴及朋友家集会，多自挈肴膳而往。家甚贫，常质衣以给费焉。

张择行，字行先，青州益都人。进士起家，历北海、临沂主簿，自宣州观察推官为大理寺丞。初，石亭县橡檄将陵塞决河，众欲登舟以济，择行独以为不可，皆笑其怯。既而舟果覆，择行坐堤上董役，犒卒不溃。

除监察御史、殿中侍御史，改言事御史、右司谏。与唐介、包拯共论张尧佐除节度、宣徽两使不当，语甚切。又论河北兵多、财不足，愿分兵就食内地，不报。迁侍御史知杂事，擢天章阁待制、知谏院，累迁吏部员外郎。御史皆言宰相陈执中嬖妾笞小婢，死外舍。择行以为主命妾笞婢，于律不当坐，御史固迫之，因中风不能语。除户部郎中、集贤殿修撰，提举兖州仙源县景灵宫，逾年而卒。

郑向，字公明，开封陈留人。举进士中甲科，为大理评事、通判蔡州，累迁尚书屯田员外郎、知濠州，徙蔡州。召试集贤院，未几，除三司户部判官，修起居注。迁度支员外郎，为盐铁判官。出为两浙转运副使，疏润州蒜山漕河抵于江，人以为便。复为盐铁判官，擢知制诰、同勾当三班院。使契丹，再迁兵部郎中、提点诸司库务，以龙图阁直学士知杭州，卒。

五代乱亡，史册多漏失，向著《开皇纪》三十卷，撷拾遗事，颇有补焉。

郭稹，字仲微，开封祥符人。世寓郑州，举进士中甲科，为河南县主簿。除国子监直讲，议者以其资浅，罢还河南。时孙奭、冯元判监事，因奏稹学问通博，他选莫能及，乃得留。居二岁，陈尧咨知大名，辟签书府判官事，改大理寺丞。奭等复荐为直讲。奭出知兖州，又荐稹与贾昌朝赴中书试讲说，而稹固辞。召试学士院，为集贤校理。冯元知河阳，辟为通判，徙通判河南府。入为三司度支、户部判官，累迁尚书刑部员外郎，同修起居注。

康定元年使契丹，告用兵西鄙。契丹厚礼之，与同出观猎，延稹射。稹一发中走兔，众皆愕视，契丹主遗以所乘马及他物甚厚。既还，转兵部，知制诰，判吏部流内铨，擢龙图阁直学士、权知开封府。暴感风眩卒。

稹性和易，文思敏赡，尤刻意于赋，好用经语对，颇近于谐。聚古书画，不计其赀购求之。妇张悍嫉，无子。初，稹幼孤，母边更嫁王氏，既而母亡，稹解官服丧。知礼院宋祁言稹服丧为过礼，诏下有司博议，用冯元等奏，听解官申心丧，语在《礼志》。

论曰：肃之守邢，以羸兵却勍敌，开门纳避难之民，功在王府。元方为并州，有勤留之命，其宜民可知。宥在蕲，则活饥氓；在江宁，则直冤狱。吏之良者欤！然皆不能无小累也。日严、行简临政，视秉、择行、向、稹虽无瑕可指，亦皆无赫赫名。询以厚吕夷简，复致贵显；琉、频坐善丁谓，并遭斥谪，固不足议者。琰谓奸邪，不当用南郊恩牵复，与唐袁高论执卢杞正相类，识者韪之。

赵贺，字余庆，开封封丘人。少时，尝丧明，久之，遇异医辄愈。喜饮酒，至终日不乱。事继母至孝。举《毛诗》及第，补临朐县主簿。贺有干力，知州寇准且知贺。淳化中，调工壮塞澶州决河，众多逸去，独贺全所部而归。临朐父老张乐迎贺，准使由谯门过，曰："旌贺之能也。"改大理评事。盐池吏欺缗钱，选贺往解州钩校出入，贺悉得其奸。

契丹入寇，真宗决策澶渊，遣使八人省州县，贺以太子中舍安抚京东。改殿中丞，历通判明州、宿州。徙知汉州，蜀吏喜弄法，而贺精明，吏不敢欺，事更贺所，多被究诘，人目为"赵家关"，谓如关梁不可越也。

召权三司户部判官，真补度支判官，出为京东转运副使，徙京西。又徙益州路转运使，寻纠察在京刑狱，累迁尚书工部郎中、提举诸司库务，为江、淮制置发运使。发运司占隶三司军将，分部漕船，旧皆由主吏白遣，受赇不平，或数得诣富饶郡，因以商贩，贫者至不能堪其役。贺乃籍诸州物产厚薄，分剧易为三等，视其功过自裁定，由是吏巧不得施，岁漕米溢常数一百七十万。

苏州太湖塘岸坏，及并湖支渠多湮废，水侵民田。诏贺与两浙转运使徐奭兼领其事，伐石筑堤，浚积潦，自吴江东赴海。流民归占者二万六千户，岁出苗租三十万。迁刑部郎中，历三司户部、度支、盐铁副使，知延、同、秦三州、江陵府，累迁光禄卿，入判大理寺，以右谏议大夫知永兴军，徙邓州。岁余，判宗正寺，出知越州。坐失举，降知濠州，改庐州。迁给事中，复判宗正寺，知郑、蔡、寿三州，卒。

在临朐时，用转运使李中庸荐改官。中庸没，无子，贺为主葬，图其象，岁时祠于家。子宗道，终集贤校理。

高觌，字会之，宿州蕲人。进士起家，为嘉兴县主簿。后以孙奭荐，改秘书省著作佐郎，累迁尚书屯田员外郎、通判泗州。诏定淮南场茶法，觌陈说利害，不报。擢提点利州路刑狱，召为三司户部判官，安抚河北。还，为京西转运使。徙益州。彭州广碃、丽水二峡地出金，宦者挟富人请置场，募人夫采取之。觌曰："聚众山谷间，与夷獠杂处，非远方所宜，且得不偿失。"奏罢之。王蒙正恃章献太后亲，多占田嘉州，诏勿收赋，觌又极论其不可。坐失察嘉州守张约受赇，贬通判杭州，徙知福州。入为三司盐铁判官，历陕西、河北转运使，累迁兵部郎中，复入户部、盐铁为副使，迁右谏议大夫、河东都转运使，加集贤院学士，判尚书刑部，进给事中、知单州，卒。

子秉常，为梓州路转运使。

袁抗，字立之，洪州南昌人。举进士，得同学究出身，调阳朔县主簿，荐补桂州司法参军。抚水蛮寇融州，转运使俞献可檄抗权融州推官，督兵粮与谋军事。蛮洽舟且至，抗即杨梅、石门两隘建水栅二，据其冲，贼不得入，后因置戍不废。事平，特迁衡州推官，改大理寺丞，累迁国子博士、知南安军，擢提点广南东路刑狱。浙东叛卒鄂邻钞闽、越，转南海，与广州兵逆战海中。值大风，有告邻溺死者，抗独曰："是日风势趣占城，邻未必死。"后果得邻于占城。

还为度支三司判官，以尚书金部员外郎为梓州路转运使，徙益州路。时三司岁市上供绫锦、鹿胎万二千匹，抗言："蜀民困悴，愿少纾其力，以备秦中他日之用。"是年郊祀，蠲其数之半。黎州岁售蛮马，诏择不任战者却之。抗奏："朝廷与蛮夷互市，非所以取利也。今山前后五部落仰此为衣食，一旦失利侵侮，不知费直几马也。臣念蜀久安，不敢奉诏。"寻如旧制。除江、淮发运使，召为三司盐铁副使。时抗老矣，为御史所劾，罢知宣州。累迁光禄少卿，分司南京。明堂覃恩，改少府监，卒。

抗喜藏书，至万卷，江西士大夫家鲜及也。抗子陟，少刻厉好学，善为诗，终殿中丞。

徐起，字豫之，濮州鄄城人。举进士，试秘书省校书郎、知隰川县，积官尚书都官员外、知楚州。枢密直学士张宗象荐之，擢提点广南西路刑狱。入判三司开拆司，历开封、三司度支判官。馆伴契丹使，还奏："所过州县，使者既去，官吏将校皆出郊旅贺，燕饮久之，城邑为之空。"乃下约束禁止之。出为荆湖北路转运使，部有戍卒杀人系狱，其徒欲劫之。起闻，亟往按诛之，分其徒隶他州。

徙江西，知徐州，就为转运使。募富室得米十七万斛，赈饿殍，又移粟以赡河北、京西者，凡三百万。与安抚使刘夔不相能,徙京西。又徙江东,起请开长淮旧浦,以便漕运。知洪州,徙兖州。有都巡检虐所部,而部兵百余人,持兵至庭下。州人大恐,起不为动,以祸福开谕之,众感泣听命。因按致其首,奏罢都巡检。复为度支判官,累迁秘书监、知湖州,卒。

张旨,字仲微,怀州河内人。父延嘉,颇读书,不愿仕,州上其行,赐号嵩山处士。旨进保定军司法参军,上书转运使钟离瑾,愿补一县尉,捕剧贼以自效。瑾壮其请,为奏徙安平尉,前后捕盗二百余人。尝与贼斗,流矢中臂,不顾,犹手杀数十人。擢试秘书省校书郎、知遂城县,迁著作佐郎。

明道中,淮南饥,自诣宰相陈救御之策。命知安丰县,大募富民输粟,以给饿者。既而浚淠河三十里,疏泄支流注芍陂,为斗门,溉田数万顷,外筑堤以备水患。再迁太常博士、知尉氏县,徙通判忻州。

元昊反,特迁尚书屯田员外郎、通判府州。州依山无外城,旨将筑之,州将曰:"吾州据险,敌必不来。"旨不听。城垂就,寇大至,乃联巨木补其罅,守以强弩。中外不相闻者累日,人心震恐。库有杂彩数千段,旨矫诏赐守城卒,卒皆东望呼万岁,贼疑以救至也。州无井,民取河水以饮,贼断其路。旨夜开门,率兵击贼少却,以官军壁两旁,使民出汲。复以渠泥覆积草,贼望见,以为水有余。督居民乘城力战,贼死伤者众,随解去。以功迁都官员外郎,徙知莱州。

叶清臣举材堪将帅,召对,改知邢州,擢提点河东路刑狱。范仲淹、欧阳修复言其鸷武有谋略,除阁门使,固辞。进工部郎中、知凤翔府,加直史馆、知梓州,以直龙图阁知荆南。入判尚书刑部,累迁光禄卿,知潞、晋二州。以老疾,权判西京御史台,寻卒。

齐廓,字公阗,越州会稽人。举进士第,自梧州推官累迁太常博士、知审刑详议官,知通、泰州。提点荆湖南路刑狱。潭州鞫系囚七人为强盗,当论死。廓讯得其状非强,付州使劾正,乃悉免死。平阳县自马氏时税民丁钱,岁输银二万八千两,民生子,至壮不敢束发,廓奏蠲除之。历三司度支、开封府判官,出为江西、淮南转运使。时初兼按察,同时奉使者,竞为苛刻邀声名,独廓奉法如平时,人以为长厚。入判盐铁勾院,加史馆、知荆南府,徙明、舒、湖三州,积官光禄卿、直秘阁,以疾分司南京,改秘书监,卒。

廓庆柔恭谨,人犯之不校。弟唐,为吉州司理参军,博览强记,尝举贤良方正,对策入等。越州蒋堂奏廓及唐父母垂老,穷居乡里,二子委之而官,唐复久不归省,于是罢唐,令归侍养。廓方使湖南,虽置不问,然士论薄之。

郑骧,字士龙,河南人。登进士第,更庆、汝、郑、秦州推官,改秘书省著作郎、知垣曲县。康继英辟签书卫州判官事,刘从德代继英,又表骧有善状,进一官。寻监左藏库,迁太常博士、知乾州,提点益州路刑狱,为三司度支判官。建言:"蜀人引江水溉田,率有禁,岁旱利不均,宜弛其禁。"又言:"京西旱,旧禁粟无出国门,可且勿禁。"

庆历中,与鱼周询刺陕西民兵十余万。除陕西转运、按察使兼三门发运使,加直史馆、河北转运使,入为度支副使。河决德州,入王纪口,议欲徙州,诏骧往视之,还言州不当徙,已而果无患。又为河北转运使。王则反,讨平之。除天章阁待制、知凤翔府。先是,皇甫泌、夏安期皆为转运使,泌先谪去,安期后至,不及赏,骧因辞不受,愿命推功与二人。复为河北都转运使,累迁尚书工部郎中,以疾知华州,卒。

论曰:历观数子,风迹虽不同,其为政爱民,谦己利物,有古道焉。若旨浚淠河,觊罢采金,抗论互市,起赈穷戢暴,骧推功与人,皆无所愧矣。赵贺不忘李中庸,而齐廓兄弟弃亲以徇荣,用心何其不同哉!

卷三百二　　列传第六十一

王臻　鱼周询　贾黯　李京 吴鼎臣附
吕景初 马遵附　**吴及　范师道　李绚　何中立
沈邈**

王臻,字及之,颍州汝阴人。始就学,能文辞。曾致尧知寿州,有时名,臻以文数十篇往见,致尧览之,叹曰:"颍、汝固多奇士。"举进士中第,为大理评事,历知舒城、会昌县,通判徐、定二州,以殿中丞知兖州,特迁监察御史。

中使就营景灵宫、太极观,臻佐助工费有劳,迁殿中侍御史,擢淮南转运副使。时发运司建议浚淮南漕渠,废诸堰,臻言:"扬州召伯堰,实谢安为之,人思其功,以比召伯,不可废也。浚渠亦无所益。"召为三司度支判官,而发运司卒浚渠以通漕,臻坐前异议,降监察御史、知睦州。道复官,徙福州。闽人欲报仇,或先食野葛,而后趋仇家求斗,即死其处,以诬仇人。臻辨察格斗状,被诬者往往释去,俗为之少变。又民间数以火讹相惊,悉捕首恶杖之,流海上,民乃定。

仁宗即位,迁提举在京诸司库务,历三司户部、度支副使,擢龙图阁待制、权知开封府,累迁尚书工部郎中。奸人伪为皇城司刺事卒,吓民以取赇,臻购得其主名,黥窜三十余人,都下肃然。以右谏议大夫权御史中丞,建言:"三司、开封府诸曹参军及赤县丞尉,率用贵游子弟,骄惰不习事。请易以孤寒登第、更仕宦书考无过者为之。"又言:"在京百司吏人入官,请如《长定格》,归司三年。"皆可其奏。未几,卒。臻刚严善决事,所至有风迹。

鱼周询,字裕之,开封雍丘人。早孤,好学。举进士中第，为大理评事，历知南华、分宜、静海三县，迁太常博士、通判汉州。城中夜有火，部众救之，植剑于前曰："攘一物者斩！"火止，民无所失亡。以尚书屯田员外郎知真州，徙提点荆湖南路刑狱。求便郡，知安州，徙蔡州，召为侍御史。陕西用兵，科敛烦数，命安抚京西路，还赐绯衣银鱼。为开封府判官，又使陕西刺史兵，判三司理欠、凭由司。进起居舍人、知谏院，固辞，乃以尚书户部员外郎兼侍御史知杂事，为三司盐铁副使。时渭州城水洛，尹洙、郑戬争未决，诏周询与都转运使程戡相利害。周询是戬议，遂城之。迁吏部员外郎，擢天章阁待制、知成德军，徙河北都转运使，拜右谏议大夫、权御史中丞。

庆历八年，手诏近臣访天下之务。周询对曰：

陛下患西陲御备，天下绎骚，趣募兵士，急调军食，虽常赋有增，而经用不足。臣以谓唐季及五代，强臣专地，中国所制，疆域非广。及祖宗有天下，俘吴、楚、蜀、晋，北捍獯鬻，西服羌戎，所用甲兵，所入租赋，比之于今，其数尚寡。然而摧坚震敌，军府无空虚之弊，县官无烦费之劳，盖赏信罚必，将选兵精之效也。近元昊背惠，西方宿师。朝廷用空疏阘茸者为偏裨，以游惰怯懦者备行伍，故大举即大败，小战辄小奔。徒日费千金，度支不给，卖官鬻爵，淆杂仕流，以铁为钱，隳坏国法。而又官立盐禁，驱民赍輂，荡析恒产，怨咨盈路。去秋水旱继作，今春饥馑相属，生灵重困，于兹为剧。今元昊幼子新立，乃朝廷宽财用、惜民力之时也，速宜经度，以纾匮乏。愿委安抚使与本路守边、掌计臣僚同议，裁减冗兵，节抑浮费，禁止横敛，廪假贫民，去武臣之庸懦，出守宰之贪残。仍冀特发宸衷，出内帑钱助关陕费，使通盐商之利，改钱币之法，宣布德泽，与民休息。然后劝勉农桑，隐括税籍，收遗利，抑兼并，则公有羡财，私有余力矣。

陛下患承平浸久，仕进多门，人污政滥，员多阙少，滋长奔竞，糜费廪禄。臣以谓国家于制举、进士、明经之外，复有任子、流外之补，负瑕衅、服舆台者，亦置班列。历年既久，纷猥塞路，求人任事，适用者鲜，而又亟更数易，交错道涂，额置有常，诏除无限，凡守一阙，动逾再期。预闻籍、服武弁者，坐费水衡之给，虚计岁考之期；赴铨调、守选格者，居多困乏之叹，行寡廉耻之风。官冗之弊，一至于此！愿陛下特诏，进士先取策论，诸科兼通经义，中第解褐，无令过多。其文武班奏荐并流外出官者，权停五七年，自然名器不滥，奔竞衰息矣。

陛下患牧守之职，罕闻奏最。臣闻汉宣帝勉厉二千石，其有治效者，增秩赐金，或爵至关内侯，公卿缺，则以次用之，故良吏为盛。国家鉴诸侯专地之患，一切用郡守治之。而班行浸冗，序迁者众。乃有地处藩宣，秩为卿监，而未历省府提转，则为沉抑。内重外轻，何以求治？改弦易辙，正在此时。愿诏两府大臣，选委两制、台谏官参举，如两任通判可充知州军京朝官，依次除补。若治状尤异，即升省府提转。其常例

入知州者，一切停罢，则进擢得人，牧守重矣。

陛下患帅将之任，艰于称职。臣闻晏子荅司马穰苴曰："文能附众，武能威敌。"是知将帅之材，非文武兼备，则不可为。我朝自二边款附，久不用兵。近岁有西北之警，补授帅臣，出于遽猝，非自卒伍，即恩泽侯。无信义以结士心，无庄严以正师律，退则奔北，进则被擒，亏损威灵，取侮夷狄，命将之失，未有若今之甚也。愿择名臣，选举深博有谋、知兵练武之士，不限资级，试以边任，临轩敦遣，假以威权，如祖宗朝任郭进、李汉超辈，阃外之事，俾得专之，无以谤谗轻有迁徙，使其足以取重，则安有不称职之忧乎？

陛下患西北多故，边情叵测，献奇谲空言者多，陈悠久实效者少，备豫不虞，理当先物。臣闻国家和约北戎，爵命西夏，偃革止戈，逾四十载。而守边多任庸人，不严武备，因循姑息，为敌所窥，致元昊悖逆，耶律张皇。未免屈已为民，息兵讲好，皆用苟安之谋，而无经远之策。此班固所谓"不选武略之臣，恃吾所以待寇而行货赂，割剥百姓以奉寇仇"者也。愿陛下特议减三路兵马之驽冗者，以纾经费，以息科敛。然后选将帅，择偏裨，使戢肃骄兵，饬利戎器，识山川形胜，用兵奇正。河朔旷平，可施车阵，亦宜讲求其法。虽二边异时侵轶，恃吾有以待之，庶几无患矣。

时执政及近臣所对多疏阔，仁宗颇嘉周询详敏。知恩州张得一诛，坐失举，出知永兴军；数日，改知成德军，未行，卒。帝嗟悼之，特赠尚书工部侍郎。

周询性和易，闻见该洽，明吏事。在安州时，园吏见大蛇垂阑楯，即视之，乃周询醉而假寐，世传其异。

贾黯，字直孺，邓州穰人。擢进士第一，起家将作监丞、通判襄州。还为秘书省著作佐郎、直集贤院，迁左正言、判三司开拆司。

黯自以年少遭遇，备位谏官，果于言事。首论韩琦、富弼、范仲淹可大用。杜枢覆张彦方狱，将驳正，忤执政意，执政以他罪绌枢。黯言："枢无罪，且旨从中出，不因臣下弹奏。恐自此贵幸近习，言一得入，则将阴肆谗毁，害及善良，不可不察。"时言者或论事亡状，辄戒励穷诘。黯奏："谏官、御史，迹既疏远，未尝预闻时政，不免采于传闻，一有失言，而诘难沮辱随之，非所以开广言路。请如唐太宗用王珪、魏徵故事，每执政奏事，听谏官一人随入。"执政又患言事官旅进，论议上前不肯止。乃诏："凡欲合班上殿者，皆禀中书俟旨。"黯论以为："今得进见言事者，独谏官、御史，若然，言路将壅，陛下不得闻外事矣。请如故便。"皆弗许。

侬智高反，余靖知桂州，杨畋安抚广南东、西路，皆许便宜行事。黯言："二人临事，指踪不一，则下将无所适从。又靖专节制西路，若贼东向，则非靖所统，无以使众，不若并付靖经制两路。"从之。皇祐四年，同修起居注，徙判盐铁勾院，迁左司谏。建言天下复置义仓，下其

说诸路，而论者不一，黯亦反复辨析，卒不果行。宰相刘沆请中外荐举陈乞，一切以诏令从事，毋用例。论者以为非便，黯奏罢之。狄青除枢密副使，黯言："国初武臣宿将，扶建大业，平定列国，有忠勋者，不可胜数。然未有以卒伍登帷幄者。"不报。会灵观灾，又言："天意所欲废，当罢营缮，赦守卫者罪，以示儆惧修省之意。"擢知制诰。

初，仁宗视事退，御迩英阁，召侍臣讲读，而修起居注官独先出。黯言："君臣访对，动关政体，而史臣不得预闻，请并召侍经筵。"许之。初，迩英、延义二阁，讲读官自有记注。至是，乃罢焉。直龙图阁钱延年擢天章阁待制，黯当命辞，即诋延年不才，不宜污侍从，封词目还中书，命遂寝。

判吏部流内铨。益州推官桑泽父留乡里，死三年矣。泽为弗知者而调京师，既觉而去。黯奏劾，废终身。福州推官刘抃挟数术，言人祸福，多游公卿门，黯奏以为灵台郎。

时诏两制、两省官唯公事许至中书，枢密院见执政，群臣心知其非，而嫌于自言。后黯知许州，乃言："他官皆得见执政，而侍从近臣，反疏斥疑间如此。尝闻先朝用王禹偁请，百官候谒宰相，并于政事堂。枢密使亦须聚坐接见，以防请托。令下，左正言谢泌上书，以谓非人主推赤心待大臣，大臣展四体报人主之谊。"即时追寝前诏。

徙襄州，迎父之官，而父有故人在部中，遣直厅卒致问。黯辄笞卒，父恚，一夕归乡里。他日，疾且亟，黯内怀不自安，请徙郡及解官就养。不报，乃弃官去。而御史吴中复等劾黯辄委州印，挠朝廷法，绌知郢州。未及行，父死。服除，勾当三班院，为翰林学士。唐介等坐言陈升之不当柄用，皆外补。黯奏介等敢言，请宽之。以疾请郡，改侍读学士、知邓州。未行，疾愈，复以为翰林学士、知审官院。

时官吏有以祖父嫌名，援律为请授他官。黯言："礼不讳嫌名，二名不偏讳，律：'府号、官称犯祖父名而冒荣居之，又上书若奏事犯祖庙讳，罪皆有差。'又曰：'若嫌名及二名偏犯者，不坐。'今官吏许避嫌名，则或有如此而不自言者，可坐以冒荣之律乎？国朝雍熙中，尝诏：'除官犯私讳者，三省御史台五品、文班四品以上，许用式奏改，余不在此制。'请约雍熙诏书，自某品而上，以礼律从事。"诏非嫌名及二名，不以品秩高下皆听避。

累迁尚书左司郎中、权知开封府。两军狱囚岁瘐死者众，而吏不任其责。黯言："吏或急于视囚，饥渴疾病，因以致死，请岁计死者多少而赏罚之。"府吏额七百人，以罪废复叙者，皆数外补之，黯请叙者须有阙乃补。然所断治，或出己见，人不以为允。御史中丞王畴与其属陈经、吕诲、傅尧俞，谏官司马光、龚鼎臣、王陶，皆言黯刚愎自任，赦书下府，罪应释者反重行之。罢为同提举在京诸司库务。

英宗即位，迁中书舍人。受诏撰《仁宗实录》，权知审刑院，为群牧使。时封拜皇子，并除检校太傅。黯言："太师、太傅、太保，是为三师，天子之所师法。子为父师，于义不可，盖前世因循弗思之过。请自今皇子及宗室属卑者，皆毋兼师傅官，随其迁序，改授三公。"下两制议，请如黯奏。而中书亦谓："自唐以来，亲王无兼师傅者。国朝以三师、三公皆虚名，故因而授之，宜正其失。"诏可。

迁给事中、权御史中丞。未几，以吕诲知杂事，诲尝弹治黯，逡巡引避。黯言尝荐诲为御史，知其方正谨厚，一时公言，非有嫌怨，愿终与共事，诲乃就职。时帝初即位，王广渊、周孟阳以藩邸之旧，数召对。黯言："俊乂满朝，未有一被召者，独亲近一二旧人，示天下以不广。请如太宗故事，召侍从馆阁之臣，以备顾问。"帝从容谓黯曰："朕欲用人，少可任者。"黯对："天下未尝乏人，顾所用如何尔。"退而上五事：一、知人之明，二、养育以渐，三、材不求备，四、以类荐举，五、择取自代。

后与两制合议，请以濮王为皇伯，执政弗从，数诣中书争论。会大雨水，时黯已被疾，疏言："简宗庙，逆天时，则水不润下。今二三执政，知陛下为先帝后，乃阿谀容说，违背经义，建两统贰父之说，故七庙神灵震怒，天降雨水，流杀人民。"既病，求出，以翰林侍读学士知陈州。未行，卒，年四十四。口占遗奏数百言，犹以濮王议为请。赠尚书礼部侍郎。

初，黯母陈归宗，继母史在堂，后迎陈归，二母不相善，黯能安以事之。黯修洁自喜，在朝数言事，或从或否，人称其介直。然卞急，初通判襄州，疑优人戏己，以人菡啖之。在开封，为罪人所詈，又啖以人菡，言者亦以是诋之。

李京，字伯升，赵州人。进士中第，历平定军判官、冀州推官，改大理寺丞、知魏县。奉法严正，吏不便，欲以苛中京，遂相率遁去。监司果议以苛刻斥京，知府任布曰："如此，适堕吏计中。"京赖以免。徙永昌县，通判赵州。王拱辰荐为监察御史里行，迁监察御史。

时太史言日当食不食，群臣皆贺。京上疏曰："陛下因天之戒，恐惧修省，避正殿，减常膳，故精意感格，日当食而阴云蔽亏。虽宋景公之荧惑退舍，商大戊之桑谷并枯，无以异也。然臣区区窃有所疑者，自宝元初，定襄地震，坏城郭，覆庐舍，压死者以数万人。殆今十年，震动不已，岂非西、北二边，有窥中国之意乎？二月雷发声，在《易》为《豫》，言万物出地，皆悦豫也。八月收声，在《易》为《归妹》，言雷声入地，避群阴之害也。今孟夏雷未发声，岂非号令不信乎？愿陛下饬边臣备夷狄，戒辅臣慎出命，以厌祸于未形。又尚美人弃外馆多年，比闻复召入。臣虑假媚道以为蛊惑，宜亟绝之。苗继宗嫔御子弟，乃缘恩私，为府界提点。宜割帷薄之爱，重名器之分，庶几不累圣政。"仁宗嘉纳，授右正言、直集贤院、同管勾国子监，加史馆修撰。

数上书论事，宰相贾昌朝不悦。京尝属侍御史吴鼎臣荐推直官李寔，鼎臣希昌朝意，以告中丞高若讷。若讷为鼎臣上京简，谪京太常博士、监鄂州税。既至，引令狐峘、钱徽事言："臣为御史谏官，首尾五年，凡六上章、四亲对，自陈疾故，恳求外补。臣之出处，粗有本末。向者在台，见《入阁图》，三院御史立班各异。闻元日将入阁，而御史王贽、何郯皆谒告归。会推直官李寔岁将满，因简鼎臣宜留寔补御史，鼎臣亦谓议协公望，不意逾两月，乃诬臣与寔为朋党。臣初被黜，阅诸橐中，鼎臣所遗私书别纸故在，臣令马谌亟悉焚毁。臣与寔僚友，鼎臣乡曲之旧，鼎臣为御史，臣延誉推引，实有力焉。待之不疑，因以诚告，岂谓倾险包藏，甘为鹰犬，惟陛下察之。"未几，卒官。诏录谌为郊社斋郎。

鼎臣，棣州人。既逐京，会昌朝罢，夏竦自北京召为相。鼎臣先论竦在并州杖杀私仆，复与谏官、御史言竦论议与陈执中异，不可共事。竦既罢，遂以刑部员外郎知谏院。上言："朝廷方与契丹保誓约，而杨怀敏增广塘水，辄生事，民或怨叛，虽斩怀敏，无及矣。"遂为河北体量安抚，令经度塘水利害，而鼎臣更顾望，依违不能决。昌朝与都转运使施昌言议河事不合，鼎臣自度支副使拜天章阁待制，代昌言，数月卒。

吕景初，字冲之，开封酸枣人。以父荫试秘书省校书郎，举进士，历汝州推官，改著作佐郎、知夏阳县，佥书河南府判官，通判并州。高若讷荐为殿中侍御史。

张贵妃薨，有司请依荆王故事，辍视朝五日，或欲更增日，听上裁，乃增至七日。景初言："妃一品当辍朝三日，礼官希旨，使恩礼过荆王，不可以示天下。"妃既追册为皇后，又诏立忌，景初力争，乃罢。

时兵冗，用度乏，景初奏疏曰："圣人在上，不能无灾，而有救灾之术。今百姓困穷，国用虚竭，利源已尽，惟有减用度尔。用度之广，无如养兵。比年招置太多，未加拣汰。若兵皆勇健，能捍寇敌，竭民膏血以啖之，犹为不可，况羸疾老怯者，又常过半，徒费粟帛，战则先奔，致勇者亦相牵以败。当祖宗时，四方割据，中国才百余州，民力未完，耕植未广，然用度充足者，兵少故也，而所征皆克。自数十年来，用数倍之兵，所向必败。以此，知兵在精，不在众也。议者屡以为言，陛下不即更者，由大臣偷安避怨，论事之臣，又复缄默，则此弊何时而息。望诏中书、枢密院，议罢招补，而汰冗滥。"

又言："坐而论道者，三公也。今辅臣奏事，非留身求罢免，未尝从容独见，以评讲治道。虽愿治如尧、舜，得贤如稷、契，而未至于治者，抑由此也。愿陛下于辅臣、侍从、台谏之列，择其忠信通治道者，屡诏而数访之，幸甚！"又与言事御史马遵、吴中复奏弹梁适与刘宗孟连姻，而宗孟与冀州富人共商贩。下开封府劾治，所言不实，皆坐谪，景初通判江宁府。徙知衡州，复召还台。

嘉祐初，大雨水，景初曰："此阴盛阳微之诫也。"乃上疏称："商、周之盛，并建同姓；两汉皇子，多封大国；有唐宗室，出为刺史；国朝二宗，相继尹京。是欲本支盛强，有磐石之安，则奸雄不敢内窥，而天下有所倚望矣。愿择宗子之贤者，使得同安侍膳于宫中，以消奸萌，或尹京典郡，以为夹辅之势。"时狄青为枢密使，得士卒心，议者忧其为变。景初奏疏曰："天象谪见，妖人讹言，权臣有虚声，为兵众所附，中外为之恟恟。此机会之际，间不容发，盖以未立皇子，社稷有此大忧。惟陛下蚤为之计，则人心不摇，国本固矣。"数诣中书白执政，请出青。文彦博以青忠谨有素，外言皆小人为之，不足置意。景初曰："青虽忠，如众心何，盖为小人无识，则或以致变。大臣宜为朝廷虑，毋牵闾里恩也。"知制诰刘敞亦论之甚力，卒出青知陈州。

李仲昌以河事败，内遣中人置狱。景初意贾昌朝为之，即言："事无根原，不出政府，恐阴邪用此，以中伤善良。"乃更遣御史同讯。迁右司谏，安抚河北。还，奏比部员外郎郑平占籍真定，有田七百余顷，因请均其徭役，著限田令。以户部员外郎兼侍御史知杂事，判都水监，改度支副使，迁吏部员外郎，擢天章阁待制、知谏院，以病，未入谢而卒。

马遵者字仲涂，饶州乐平人。尝以监察御史为江、淮发运判官，就迁殿中侍御史为副使。入为言事御史，谪知宣州，后复为右司谏，以礼部员外郎兼侍御史知杂事，改吏部，直龙图阁，卒。性乐易，善议论，其言事不为激讦，故多见推行，杜衍、范仲淹皆称道之。

吴及，字几道，通州静海人。年十七，以进士起家，为侯官尉。闽俗多自毒死以诬仇家，官司莫能辨，及悉为谳正，前后活五十三人，提点刑狱移其法于一路。辟大理寺检法官，徙审刑院详议，累迁太常博士。

是时，仁宗春秋既高，无子，及因推言阉寺，以及继嗣事。至和元年，上疏曰：

> 臣闻"官师相规，工执艺事以谏。"臣幸得待罪法吏，辄原刑法之本，以效愚忠。切惟前世肉刑之设，断支体，刻肌肤，使终身不息。汉文感缇萦之言，易之鞭箠，然已死而笞未止，外有轻刑之意，其实杀人。祖宗鉴既往之弊，蠲除烦苛，始用折杖之法，新天下耳目，兹盖旷古圣贤，思所未至，陛下深恻民隐，亲览庶狱。历世用刑，无如本朝之平恕，宜乎天降之祥。而方当隆盛之时，未享继嗣之庆，臣窃惑焉。

> 或者宦官太多，而陛下未悟也。何则？肉刑之五，一曰宫，古人除之，重绝人之世。今则宦官之家，竞求他子，剿绝人理，希求爵命。童幼何罪，隐于刀锯，因而夭死者，未易悉数。夫有疾而夭，治世所羞，况无疾乎？有罪而宫，前王不忍，况无罪乎？臣闻汉永平之际，中常侍四员，小黄门十人尔。唐太宗定制，无得逾百员。且以祖宗近事较之，祖宗时宦官凡几何人，今凡几何人？臣愚以谓卵伤而凤凰不至，宦官多而继嗣未育也。伏望顺阳春生育之令，浚发德音，详为条禁。进献宦官，一切权罢，擅宫童幼，置以重法。若然，则天心必应，圣嗣必广，召福祥、安宗庙之策，无先于此。

书奏，帝异其言，欲用为谏官，而及以父忧去。

嘉祐三年，始擢秘阁校理，逾月，改右正言。复上疏曰："帝王之治，必敦骨肉之爱，而以至亲夹辅王室。《诗》曰：'怀德惟宁，宗子惟城。'故同姓者，国家之屏翰；储副者，天下之根本。陛下以海宇之广，宗庙之重，而根本未立,四方无所系心,上下之忧,无大于此。谓宜发自圣断,择宗室子以备储副。以服属议之,则莫如亲;以人望言之,则莫如贤。既兼亲贤,然后优封爵以宠异之,选重厚朴茂之臣以教导之,听入侍禁中,示欲为后,使中外之人悚然瞻望,曰:'宫中有子矣。'陛下他日有嫡嗣,则异其恩礼,复令归邸,于理无嫌,于义顺,弭觊觎之心,属天下之望,宗庙长久之策也。"既而又言:"开宝诏书:'内侍臣年三十无养父者,听养一子为嗣,并以名上宣徽院,违者抵死。'比年此禁益弛,夭绝人理,阴累圣嗣。愿诏大臣明示旧制,上顺天意,以绥福祐。"明年,遂权罢内臣进养子。

管勾登闻检院。又上书论政事,谓:"仓廪空虚,内外匮乏,其弊在于官多兵冗。请汰冗兵,省冗官,然后除民之疾苦。"因条上十余事,多施用之。建请择馆职,分校馆阁书,并求遗书于天下,语在《艺文志》。

明年,日食三朝,及言:"日食者,阴侵阳之戒。在人事,则臣陵君,妻乘夫,四夷侵中国。今大臣无姑息之政,非所谓臣陵君,失在陛下渊默临朝,使阴邪未尽屏也。后妃无权横之家,非所谓妻乘夫,失在左右亲倖,骄纵亡节也。疆场无虞,非所谓四夷侵中国,失在将帅非其人,为敌所轻也。"因言孙沔在并州,苛暴不法,燕饮无度;庞藉前在并州,轻动寡谋,辄兴堡砦,屈野之衄,为国深耻。沔縁此坐废。

又言:"春秋有告籴,陛下恩施动植,视人如伤。然州郡官司各专其民,擅造闭籴之令,一路饥,则邻路为之闭籴;一郡饥,则邻郡为之闭籴。夫二千石以上,所宜同国休戚,而坐视流离,岂圣朝子育兆民之意哉!"遂诏:"邻州、邻路灾伤而辄闭籴,论如违制律。"

久之,迁右司谏、管勾国子监。在职数年,以劲正称,遇事无小大辄言。尝请毋纳群臣上尊号,出后宫私身及非执事人,毋以御宝白札子赐近幸家人冠帔及比丘尼紫衣;并责执政大臣因循苟简,畏避怨谤,宜用唐李吉甫故事,选拔贤俊,约杜预遗法,旌擢守令;复置将作监官属,专领营造;论入内都知任守忠陵轹驸马都尉李玮及干求内降。

会谏官陈升之建请裁节班行补授,下两制、台谏官集议。主铁冶者,旧得补班行。至是,议罢之。既定稿,及与御史沈起辄增注兴国军磁湖铁冶如旧制。主磁湖冶者,大姓程叔良也。翰林学士胡宿等即劾及与起职在台谏,而为程氏经营占锢恩例,请诏问状,皆引伏。及出为工部员外郎、知庐州,进户部、直昭文馆、知桂州。卒,录其弟齐为太庙斋郎。

及当官有守,初为检法官,三司请重铸铁钱法至死。下有司议,及争不可,主者恚曰:"立天下法,当由一检法邪?"及曰:"义理为先,安有高下?"卒不为诎。

范师道,字贯之,苏州长洲人。进士及第,为抚州判官,后知广德县。县有张王庙,民岁祠神,杀牛数千,师道禁绝之。通判许州,累迁都官员外郎,吴育举为御史。奏请罢内降推恩,择宰相久其任,选宗室贤者养宫中备储贰。

初,皇祐中,贾昌朝上议置五辅郡,设京畿转运使、提点刑狱,号为"拱辅京师",而论者谓宦官谋广亲事亲从兵,欲取京畿财赋赡之,因以收事柄。师道力奏非便,遂复旧制。又以四年贡举,士苦淹久,请易为三年。宰相刘沆护葬温成皇后,礼官议称"陵",师道以为非典制,数以争,沆恶之,引著令"台官满二年当补外",出知常州。台谏官共言师道不当去,不报。徙广南东路转运使。旧补摄官皆委吏胥,无先后远近之差,师道为置籍次第之。召为盐铁判官,道改两浙转运使,迁起居舍人、同知谏院,管勾国子监。

后宫周氏、董氏生公主,诸阁女御多迁擢。师道上疏曰:"礼以制情,义以夺爱,常人之所难,惟聪明睿哲之主然后能之。近以宫人数多而出之,此盛德事也。然而事有系风化治乱之大,而未以留意,臣敢为陛下言之。窃闻诸阁女御,以周、董育公主,御宝白札并为才人,不自中书出诰。而掖庭觊觎迁拜者甚多,周、董之迁可矣,女御何名而迁乎?才人品秩既高,古有定员,唐制止七人而已。祖宗朝宫闱给侍不过二三百,居五品之列者无几,若使诸阁皆迁,则不复更有员数矣。外人不能详知,止谓陛下于宠幸太过,恩泽不节耳。夫妇人女子,与小人之性同,宠幸太过,则渎慢之心生,恩泽不节,则无厌之怨起,御之不可不以其道。且用度太烦,须索太广,一才人之奉,月直中户百家之赋,岁时赐予不在焉。况诰命之出,不自有司,岂盛时之事耶?恐斜封、墨敕,复见于今日矣。"

时大星陨东南,有声如雷。又上疏曰:"《汉》、《晋天文志》:'天狗所下,为破军杀将,伏尸流血。'《甘氏图》:'天狗移,大贼起。'今朝廷非无为之时也,而备边防盗,未见其至。虽有将帅,不老则愚,士卒虽多,劲勇者少。小人思乱,伺隙乃作,必有包藏险心,投隙而动者。宜拣拔将帅,训练卒伍,诏天下预为备御。"仁宗晚年尤恭俭,而四方无事,师道言虽切,每优容之。迁兵部员外郎,兼侍御史知杂事、判都水监。与谏官、御史数奏枢密副使陈升之不当用,升之罢,师道亦出知福州。顷之,以工部郎中入为三司盐铁副使。感风眩,迁户部,直龙图阁、知明州,卒。

师道厉风操,前后在言责,有闻即言,或独争,或列奏。如陈执中家人杀婢,卒坐免;夺王拱辰宣徽使、李淑翰林学士;及王德用、程戡领枢密,宦官石全彬、阎士良升进,皆尝奏数其罪焉。

李绚,字公素,邛州依政人。少放荡亡检,兄绚教之书,严其课业而出,绚邀自若,比暮绚归,绚徐取书视之,一过辄诵数千言,绚奇之。稍长,能属文,尤工歌诗。尝以事被系,既而逸去。

擢进士第,再授大理评事、通判邠州。元昊犯延州,并边皆恐。邠城隍不完,绚力摄守,即发民治城,僚吏皆谓当言上速报,绚不听。帝闻之喜,因诏他州悉治守备。还为太子中允、直集贤院,历开封府推官、三司度支判官,为京西转运使。是时,范雍知河南,王举正知许州,任中师知陈州，任布知河阳，并二府旧臣，绚皆以不才奏之。

未几，召修起居注，纠察在京刑狱。时宰相杜衍各拔知名士置台省，恶衍者指绚为其党。绚尝举陆经，经坐赃贬；而任布又言绚在京西苛察，出知润州。改太常丞，徙洪州。时五溪蛮寇湖南，择转运使，帝曰："有馆职善饮酒者为谁，今安在？"辅臣未谕，帝曰："是往岁城邠州者，其人才可用。"辅臣以绚对，遂除湖南转运使。绚乘驿至邵州，戒诸部按兵毋得动，使人谕蛮以祸福，蛮罢兵受约束。

复修起居注，权判三司盐铁勾院，复纠察在京刑狱。以右正言、知制诰奉使契丹，知审官院，迁龙图阁直学士、起居舍人、权知开封府，治有能名。绚夜醉，晨奏事酒未解，帝曰："开封府事剧，岂可沉湎于酒邪？"改提举在京诸司库务，权判吏部流内铨。初，慈孝寺亡章献太后神御物，盗得，而绚误释之，诎知苏州，未行，卒。

绚疏明乐易，少周游四方，颇练世务。数上书言便宜。仁宗春秋高，未有继嗣，绚因祀高禖还献赋，大指言宜远嬖宠，近贤良，则神降之福，子孙繁衍，帝嘉纳之。性嗜酒，终以疾死。

何中立，字公南，许州长社人。幼警迈，与狄遵度游，遵度曰："美才也！"其父棐遂以女妻之。进士及第，授大理评事，历金吊镇安、武胜二镇节度判官，迁殿中丞，召试学士院，为集贤校理。改太常博士、修起居注，迁祠部员外郎、知制诰，权发遣开封府事。

初，有盗慈孝寺章献皇太后神御服器者，既就絷，李绚以属吏，考掠不得其情，辄释去。中立至，人复执以来，中立曰："此真盗也。"穷治之，卒伏罪。迁兵部员外郎，纠察在京刑狱。除龙图阁直学士、知秦州。言者以为非治边才，改庆州。奏："臣不堪于秦，则不堪于庆矣，愿守汝。"不报。戍卒有告大校受赃者，中立曰："是必挟他怨也。"鞭卒窜之。或曰："贷奸可乎？"中立曰："部曲得持短长以制其上，则人不自安矣。"还判太常寺，迁刑部郎中，进枢密直学士、知许州，改陈州。讹言大水至，居人皆恐，中立捕诛之。又徙杭州，暴中风卒。

中立颇以文词自喜，然嗜酒无行。庆历中，集贤校理苏舜钦监进奏院，为赛神会，预者皆一时知名士，中立亦在召中。已而辞不往，后舜钦等得罪，中立有力焉。

沈邈，字子山，信州弋阳人。进士及第，起家补大理评事、知侯官县，通判广州，累迁都官员外郎，历知真州、福州。庆历初，为侍御史。时吕夷简罢相，辅臣皆进官，邈言："爵禄所以劝臣下，非功则授则为滥。今边鄙屡警，未闻庙堂之谋有以折外侮，无名进秩，臣下何劝焉。"又论："夏竦除枢密使，而竦阴交内侍刘从愿。使从愿内济狡谲，竦外专机务，奸党得计，人主之权去矣。"其言甚切。权盐铁判官，转兵部员外郎。时选诸路转运加按察使，邈与张昷之、王素首被选。邈加直史馆，使京东。岁余，入为侍御史知杂事。未几，擢天章阁待制、知澶州，徙河北都转运使，又徙陕西，岁中，加刑部郎中、知延州，卒。

邈疏爽有治才，然性少检。在广州时，岁游刘王山，会宾友纵酒，而与闾里妇女，笑言无间。

论曰：庆历以来，任谏官、御史，名有风采，见推于时者，縩臻、京之辈，凡数十人，观其所陈，盖不虚得。及之论阉宦，真仁人之言，其最优乎！绚、中立、邈亦有美才，致位通显，然皆以酒失自累，故不能无贬焉。

卷三百三　　　列传第六十二

张昷之　魏瓘弟琰**　滕宗谅**刘越附**　李防　赵湘　唐肃**子询**　张述　黄震　胡顺之　陈贯**子安石**　范祥**子育**　田京**

张昷之字景山。父秘，自有传。昷之进士及第，补乐清尉，润州观察推官，校勘馆阁书籍，迁集贤校理，通判常州，知温州。蔡齐荐其材可用，擢提点淮南路刑狱。杨崇勋知亳州，恃恩为不法，诬蒙城知县王申罪，械送狱。昷之廉得冤状，乃出申，配奸吏若干人。徙广南东路转运使。夷人有犯，其酋长得自治而多惨酷，请一以汉法从事。权度支判官，为京西转运使，加直史馆，徙河北。被边诸州发卒斩西山木，卒逃入契丹者岁数百人，敌既利其所开地，又得亡卒，故不争。昷之戒斩伐毋得深入北地，卒亦不敢逃。

还，为盐铁副使，擢天章阁待制、河北都转运按察使。保州、广信、安肃军自五代以来别领兵万人，号缘边都巡检司，亦以策先锋，以知州、军为使，置副二人，分所领卒为三部，使援邻道。太祖尝用之有功，诏每出巡别给粮钱以优之。其后州将不复出，内侍为副，数出巡，部卒偏得廪赐，军中以为不均。通判保州石待举言于昷之，请合三部兵更出入，季一出即别给钱粮，余悉罢，仍请以武臣代内侍。时杨怀敏方任边事，尤不悦巡检司。云翼卒恶石待举，遂杀之以作乱。昷之自魏驰至城下，召诸将部分攻城，使人请怀敏曰："不即来，当以军法从事。"既至，又以兵自卫，昷之曰："诸将方集，独敢以兵随，将欲反邪！"叱去卫者。城开，田况潜杀降兵数百人，昷之预知其谋。除户部副使，既而坐前事夺职，知虢州。

王则反贝州，有言昷之在河北捕得妖人李教不杀，使得逸去，今乃为则主谋，事平，无其人。会冀州人段得政诣阙，自言"尝为叔父屯田郎中昙赎免缘坐"，且言"昙以书属昷之"，乃下御史按劾，虽不得书，犹夺三官，监鄂州税。知汉阳军，稍迁刑部郎中，复待制、知湖州，徙扬州。以光禄卿致仕，卒。昷之喜吏事，所至有声。退居筑家庙，率子弟岁时奉祠。

魏瓘，字用之。父羽奏补秘书省校书郎、监广积仓，知开封府仓曹参军。持法精审，明吏事。上元起彩山，阙前张灯，与宦者护作，宦者挟气，视瓘年少，辄诛索侵扰。瓘密以闻，诏杖宦者遣之。

瓘门人魏纲上疏诋天书，流海岛，瓘亦坐是停官。复监邓州税、鄂州茶，以大理寺丞知衡山县，通判寿州，历知循、随、安州，提点广南西路刑狱。邕州獠户缘遘负没妇女为佣者一千余人，悉奏还其家。就除转运使。刘辰时计口以税，虽舟居皆不免，至是而雷、化、钦、廉、高州犹未除，瓘为除之。减柳州无名役四百人。召权度支判官。寻以罪降知洪州，徙梓州路转运使，还知蔡州、潭州，为京西转运使，江、淮制置发运使，自主客郎中迁太常少卿，知广州。筑州城环五里，疏东江门，凿东西澳为水闸，以时启闭焉。拜右谏议大夫，再任临江军判官。

史沆性险诐，尝为瓘所劾免。会广州封送贡余椰子煎等饷京师，辄邀留之，飞奏指以为珍货，诏遣内侍发验无有，沆坐不实废，瓘亦降知鄂州。未逾年，复为陕西转运使，徙河北。以给事中知开封府，政事严明，吏民惮之。内东门索命妇车，得赂遗掖庭物，付府验治，狱未上，内降释罪。谏官吴奎言法当执奏，而瓘不即奏行，请以废法论，降知越州。

侬智高寇广东、西，独广州城坚守不能下。于是论筑城功，迁工部侍郎、集贤院学士，复知广州，兼广东经略安抚使，给禁卒五千，听以便宜从事。属狄青已破贼，召还，纠察在京刑狱。议者请开六塔河，塞商胡北流，宰相主其说，命瓘按视，还奏以为不可塞。下溪州蛮彭士羲叛，将发兵讨除。进龙图阁直学士、知荆南。瓘以为"五溪之险，师行鸟道，诸将贪功生事，于国家何所利？"因条上三策，以招徕为上，守御为下，功取为失。不报。后卒如瓘议。徙澶州、滑州。又徙邓州，不行，请老，以吏部侍郎致仕，卒。

瓘所至整办，与人置对未尝屈。史沆、王逵以善讼名天下，瓘既废沆，又尝奏抵逵罪，专任机谋，不称循吏。弟琰。

琰字子浩，以父恩授秘书省正字，为吏强敏，名齐于瓘。尝通判陈州，适岁饥，百姓相率强取人粟，坐死者甚众，琰曰："此迫于穷饿，岂得已者。"坐其首谳之。历知寿、润、滁、安州。寿州盗杀寺童子，有司执僧笞服，琰怜其非罪，命脱械纵去，一府争以为不可，后数日得真盗。富人犯法当死而死狱中，琰曰："是尝欺匿异籍孤弱者财，所以自毙，觊不可穷治尔，其吏受赇而为之谋乎？"后有告者如琰所料。累官司农卿、知福州，徙广州。以疾告，得知江宁府。晚昏眊，纵私人乱法，日笞扑无罪吏卒。监司劾奏，召判刑部，乃致仕，进卫尉卿，卒。

滕宗谅，字子京，河南人。与范仲淹同年举进士，其后仲淹称其才，乃以泰州军事推官召试学士院。改大理寺丞，知当涂、邵武二县，迁殿中丞，代还。会禁中火，诏劾火所从起，宗谅与秘书丞刘越皆上疏谏。宗谅曰："伏见掖庭遗烬，延炽宫闼，虽沿人事，实系天时。诏书亟下，引咎涤瑕，中外莫不感动。然而诏狱未释，鞫讯尚严，恐违上天垂戒之意，累两宫好生之德。且妇人柔弱，笞楚之下，何求不可，万一怀冤，足累和气。祥符中，宫掖火，先帝尝索其类置之法矣，若防患以刑而止，岂复有今日之虞哉。况变警之来，近在禁掖，诚愿修政以禳之，思患以防之。凡逮系者特从原免，庶灾变可销而福祥来格也。"疏奏，仁宗为罢诏狱。时章献太后犹临朝，宗谅言国家以火德王，天下火失其性由政失其本，因请太后还政，而越亦上疏。太后崩，擢尝言还政者，越已卒，赠右司谏，而除宗谅左正言。

刘越者字子长，大名人。少孤贫，有学行，亦宗谅同年进士。尝知襄城、固始二县，有能名。既赠官，又官其一子，赐其家钱十万。

宗谅后迁左司谏，坐言宫禁事不实，降尚书祠部员外郎、知信州。与范讽雅相善，及讽贬，宗谅降监池州酒。久之，通判江宁府，徙知湖州。元昊反，除刑部员外郎、直集贤院、知泾州。葛怀敏军败于定州，诸郡震恐，宗谅顾城中兵少，乃集农民数千753服乘城，又募勇敢，谍知寇远近及其形势，檄报旁郡使为备。会范仲淹自环庆引蕃汉兵来援，时天阴晦十余日，人情忧沮，宗谅乃大设牛酒迎犒士卒；又籍定州战没者于佛寺祭酹之，厚抚其孥，使各得所，于是边民稍安。

仲淹荐以自代，擢天章阁待制，徙庆州。上言："朝廷既授范仲淹、韩琦四路马步军都总管、经略安抚招讨使，而诸路亦带招讨称号，非所宜。"诏罢之。御史梁坚劾奏宗谅前在泾州费公钱十六万贯，及遣中使检视，乃始至部，日以故事犒赉诸部属羌，又间以馈遗游士故人。宗谅恐连逮者众，因焚其籍以灭姓名。仲淹时参知政事，力救之，止降一官，知虢州。御史中丞王拱辰论奏不已，复徙岳州，稍迁苏州，卒。

宗谅尚气，倜傥自任，好施与，及卒，无余财。所莅州喜建学，而湖州最盛，学者倾江、淮间。有谏疏二十余篇。

李防，字智周，大名内黄人。举进士，为莫州军事推官。随曹彬入契丹，授忠武军节度推官。括磁、相二州逃户田，增租赋十余万。因请均定田税，又请县有破逃五十户者令佐降下考，百户殿三选，二百户停所居官，能招携者旌赏之。改秘书省著作佐郎、通判潞州，迁秘书丞。体量二浙民饥，建言逃户田宜即召人耕种，使人不敢轻去畎亩，而官赋常在。又请京师置折中仓，听人入粟，以江、浙、荆湖物偿之。擢开封府推官，请与判官间三五日即府司军巡院察冤狱。出为陕路转运副使。先是沿江水递，岁役民丁甚众，颇废农作，防悉以城卒代之。会分川、陕为四路，徙防梓州路转运使，累迁尚书工部员外郎，为三司户部判官。

景德初，江南旱，诏与张知白分东、西路安抚。上言："秦羲尝增江、淮、两浙、荆湖榷酤钱，民颇烦扰。江南以岁饥权罢，而淮南、荆湖未被德音。"诏悉罢之，仍诏羲等毋得复增榷酤之利。遂为江南转运。淮南旧不禁盐，制置司请禁盐而官自鬻之，使兵夫辇载江上，且多漂失之患。防请令商人入钱帛京师，或输刍粮西北边，而给以盐，则公私皆利,后采用之。徙知应天府,凿府西障口为斗门,泄汴水,淤旁田数百顷,民甚利之。又徙兴元府,入为三司盐铁判官,失举免官。后起通判河南府,徙知宿、延、亳三州,为利州路转运使,累迁兵部郎中、纠察刑狱,擢右谏议大夫、知永兴军,进给事中,复知延州,更耀、潞二州,卒。

防好建明利害,所至必有论奏,朝廷颇施行之。其精力过人。防在江南,晏殊以童子谒见,防命赋诗,使还荐之,后至宰相。

赵湘,字巨源,华州人。进士甲科,历彰武、永兴、昭武三军节度推官,迁秘书省著作佐郎、知新繁县。以吏最,命知商州,徙陇州、兴元府,再迁太常博士。上《补政忠言》十篇,召判宗正寺,赐白金二百两。久之,上书言:"元德李太后母育圣躬,请祔太宗庙室。"后用其说。册赵德明,假尚书礼部员外郎,为官告副使。

擢殿中侍御史,权判三司勾院,上言:"汉章帝以《月令》冬至之后有顺阳助生之文,而无鞠狱断刑之政,遂定令毋以十一月、十二月报囚。今季冬诞圣之月而决大辟不废。愿诏有司,自仲冬留大辟弗决,俟孟春临轩阅视,情可矜恻者贷之,他论如法。"真宗曰:"此固善矣,然虑系囚益淹久,吏或因缘为奸尔。"湘又上书请封禅。未几,命管勾南宫北宅事。东封泰山,为东京留守推官,礼成,迁侍御史。昇州火,命湘往致祠,兼问民疾苦。还言转运使刘煦弛职不按部,知洪州马景病不任事,皆罢黜之。

纠察刑狱,改尚书刑部员外郎兼侍御史知杂事。湘又言:"旧制文武常参官日趋朝,并赴待漏院俟禁门辟,今则辰漏上始放外朝,故朝者多后时乃入。望敕正衙门主者察晚至,以惩其慢。若风雨寒暑托病不朝者罪之。"时帝亲制五箴以自儆,湘因言:"宗室风化所本,宜有以训厉,愿特制铭以赐南北邸。"帝悦,为制宗室座右铭,赐宁王元偓以下并及湘,且谕之曰:"卿宗姓也,故赐卿。"

祀汾阴,为考制度副使,请如《周官》置土训,录所过州县山川与俗好恶,日上奏御。兼判宗正寺。历三司户部、度支副使。祀太清宫,管勾留司三司事。为盐铁副使,再迁工部郎中、直昭文馆,出知河南府,徙河中府,为京西转运使。又徙凤翔府、延州,迁太常少卿、知襄州。又知应天府,进右谏议大夫,复知河南,为集贤院学士,以疾徙虢州,卒。

唐肃,字叔元,杭州钱塘人。当钱俶时,始七岁,能诵《五经》,名闻其国中。后与孙何、丁谓、曹商游,学者慕之。举进士,调郿县主簿,徙泰州司理参军。有商人寓逆旅,而同宿者杀人亡去,商人夜闻人声,往视之,血沾商人衣,为捕吏所执,州趣狱具。肃探知其冤,持之,后数日得杀人者。后守雷有终就辟为观察推官。迁秘书省著作佐郎,历知闻喜、福昌县,通判陕州。召拜监察御史。或荐肃为群牧判官,真宗曰:"朕欲别用肃。"遂提点梓州路刑狱。迁殿中侍御史,入为三司户部判官,出知舒州。迁侍御史,为福建路转运使,判三司开拆司。再迁工部郎中、知洪州。寻为江南东路转运使,擢三司度支副使。奉使契丹,还,迁刑部。为龙图阁待制、登闻检院,知审刑院,卒。子询。

询字彦猷,以父任为将作监主簿。天圣中,诏许天下士献文章,应诏者百数,有司第其善者,询数人而已,诏赐进士及第、知长兴县。

后以太常博士知归州,用翰林学士吴育荐为御史,未至,丧母。服除,育方参政事,宰相贾昌朝与询有亲嫌,育数与昌朝言,询用故事当罢御史,昌朝欲留询,不得已,以知庐州。凡官外徙者皆放朝辞,而询独不用,比入见,中丞张方平乃奏留询,育争不能得,询由是怨育而附昌朝。昌朝雅不善育,询希其旨上奏曰:"贤良方正、直言极谏、茂才异等科,汉、唐皆不常置。若天见灾异,政有阙失,则诏在位荐之,不可与进士同时设科。若因灾异,非时举擢,宜如汉故事,亲策当世要务,罢秘阁之试。"育亦奏言:"三代以来,取士之盛,莫如汉、唐。汉诏举贤良文学直言极谏之士,非有灾异而举。唐制科之盛,固不专于灾异也。况灾异之出,或称年所无,则此举奚设?或频岁而有,则于事太烦。令礼部进士数年一举,因以制科随之,则事与时宜。又从而更张之,使遗材绝望,非所以广贤路也。"仁宗是育言,诏礼部:"自今制科随进士贡举,其著为令。"时育由制科进,帝以为得人,故询力肆排诋,意在育不在制科也。

育弟妇故驸马都尉李遵勖妹,有六子而寡。询又奏育弟妇久寡不使更嫁,欲用此附李氏自进。后询终以故事罢御史,除尚书工部员外郎、直史馆、知湖州,徙江西转运使。

会诏淮南、江、浙、荆湖六路转运司移文发运使如所属,询争以为不可,乃移福建路。还,为三司户部判官,又判磨勘司,出为江东转运使。上言:"执政纯取科名显者修起居注,非故事。"未几,起居注阙人,帝特用询,遂知制诰。以参知政事曾公亮亲嫌,出知苏州,徙杭、青二州,进翰林侍读学士,累迁右谏议大夫。召还,勾当三班院,判太常寺,进给事中,卒,赠礼部侍郎。有集三十卷。

询少刻励自修,已而不固所守,及知湖州,悦官妓取以为妾。好畜砚,客至辄出而玩之,有《砚录》三卷。子坰,附王安石为监察御史里行,自有传。

论曰:宋承平日久,吏多以严刻为治。昷之辨冤狱,配奸吏;瓘奏抚妇女为佣者若干人,琰吏事不下于瓘,脱械纵囚,审知奸弊,何其明且决也。宗谅、刘越以孤生立朝,请太后还政。越年不逮用,声名与宗谅同矣。防请罢权酤,兴水利,湘廉问疾苦,按不称职者;肃明于狱讼:皆不多见也。然昷之以杀降而夺官,瓘以能置对而兴谤,询傅会喜进,窃非其据,虽列侍从,君子所不与也。

张述,字绍明,遂州小溪人。举进士,调咸阳县主簿,改大理寺丞,迁太常博士。皇祐中,仁宗未有嗣,述上书曰:"生民之命,系于宗庙社稷,而继嗣为之本。匹夫有百金之产,犹能定谋托后,事出于素,况有天下者哉。陛下承三圣之业，传之千万年，斯为孝矣。宗庙社稷未有托焉，此臣所以夙夜彷徨而为陛下忧也。谓宜慎择宗亲才而贤者，异其礼秩，试以职务，俾内外知圣心有所属，则天下大幸。"至和元年，复上疏曰："臣闻'明两作离，大人以继明照四方'。离为日，君象也。二明相继故能久照，东升西没，昼夜迭运，数之常也。陛下御天下且三纪矣，是日之正中也，而未闻以继照为虑，臣窃疑之。历观前世或令出宫闱，或谋起闾寺，或奸臣首议，利幼主以专政，假后宫以盗权，安危之机发于顷刻。朝议恬然，曾不为计，此臣拳拳为陛下言也。"述前后七上疏，最后语尤激，仁宗终不以为罪。

述慷慨喜论事，历通判延州，知泗州，皆有政迹。后以尚书职方员外郎为江、浙、荆湖、福建、广南路提点坑冶铁钱事，行至万州，道病卒。

黄震，字伯起，建州浦城人。进士及第，累迁著作佐郎、通判遂州。尝给两川军士缗钱，诏至西川，而东川独不及，军士谋为变。震白主者曰："朝廷岂忘东川邪？殆诏书稽留尔。"即开州帑给钱如西川，众乃定，明日诏至。累迁尚书都官员外郎、提点湖北路刑狱，还，判三司磨勘司，擢江、淮发运使。

先是，李溥自三司小吏为发运使十余年，奸赃狼籍，丁谓党之，无敢言者。震将行，上书自陈，辞颇愤激，真宗知其意在溥也，谕之曰："卿当与人和。"震对曰："廉正公忠，臣职也。负陛下任使者，臣不敢与之和。"既至，发溥奸赃数十事，溥坐废；而震亦为溥讼，夺一官。罢，畏谓权，不敢自直，及谓贬，乃复官，知饶州，徙广东转运使。广南岁进异花数千本，至都下枯死者十八九，道路苦其烦扰，震奏罢之。震在真宗朝数论事，既卒，诏进其官一等。

胡顺之，字孝先，原州临泾人。登进士第，试秘书省校书郎、知休宁县。民有汪姓者豪横，县不能制，岁租赋常不入，适以讼逮捕，不肯出。顺之曰："令不行何以为政。"命积薪环而焚之，豪大骇，少长趋出，叩头伏辜，推其长械送州，致之法。为青州从事。高丽入贡，中贵人挟以为重，使州官旅拜于郊。顺之曰："青，大镇也。在唐押新罗、渤海，奈何卑屈如此？"独不拜。大姓麻士瑶阴结贵侍，匿兵械，服用拟尚方，亲党仆使甚多，州县被陵蔑，莫敢发其奸。会士瑶杀兄子温裕，其母诉于州，众相视曰："孰敢往捕者？"顺之持檄径去，尽得其党。有诏鞫问，士瑶论死，其子弟坐流放者百余人。改著作佐郎、知常熟县，迁秘书丞，分司南京。

仁宗即位，迁太常博士。天圣、明道间，再上宰相书，乞太后还政，宰相匿不以闻。太后崩，顺之附疾置自言，求其书，出宰相家。仁宗嘉其忠，特迁尚书屯田员外郎。其后数论朝廷事，仲淹爱其才，然挟术尚权，喜纵横捭阖。以目失明废，州里皆惮焉。

陈贯，字仲通，其先相州安阳人，后葬其父河阳，因家焉。少倜傥，数上疏言边事。举进士，真宗识贯名，擢置高第。为临安县主簿，以秘书省著作佐郎为刑部详覆官，改秘书丞，为审刑院详议官，历知卫州、泾州。督察盗贼，禁戢不肖子弟，簿书笼库，赋租出入，皆自检核。尝谓僚属曰："视县官物如己物，容有奸乎？"州人惮其严。擢利州路转运使。岁饥，出职田粟赈饥者，又帅富民令计口占粟，悉发其余。徙陕西，累迁尚书度支员外郎，入为三司盐铁判官。领河北转运使，请疏徐、鲍、曹、易四水，兴屯田。徙河东，历三司户部、盐铁副使，以刑部郎中直昭文馆，知相州。还朝卒。

贯喜言兵，咸平中，大将杨琼、王荣丧师而归，贯上书曰："前日不斩傅潜、张昭允，使琼辈畏死不畏法，请自今合战而奔者，主校皆斩；大将战死，裨校无伤而还，与奔军同。军岫城围，别部力足救而不至者，以逗留论。"真宗嘉纳之。又尝上《形势》、《选将》、《练兵论》三篇，大略言：

地有六害。今北边既失古北之险，然自威虏城东距海三百里，沮泽硗确，所谓天设地造，非敌所能轻入。由威虏西极狼山不百里，地广平，利驰突，此必争之地。凡争地之利，先居则佚，后起则劳，宜有以待之。

昔李汉超守瀛州，契丹不敢视关南尺寸地。今将帅大抵用恩泽进，虽谨重可信，卒与敌遇，方略何从而出邪？故敌势益张，兵折于外者二十年。

方国家收天下材勇以备禁旅，赖廪给赐予而已，恬于休息，久不识战，可以卫京师，不可以成边境。请募土人隶本军，籍丁民为府兵，使北捍契丹，西捍夏人。敌之情伪，地势之险易，彼皆素知，可不战而屈人之兵矣。

后以疾卒。著《兵略》，世颇称之。子安石。

安石字子坚，以荫锁厅及第。嘉祐中，为夔、峡转运判官。民蓄蛊毒杀人，捕诛其魁并得良药图，由是遇毒者得不死。提点陕西刑狱，摄帅鄜延，能用谍者，敌动静辄先闻。尝敕边民戒严，既而数万骑奄至，无所获而去，玺书嘉之。历使京西、河东、淮南、京东，知苏州、邠州、河中府。户部副使韩绛镇太原，议行盐法，与监司多不合，加安石集贤殿修撰，为河东都转运使，议始定。谓其僚曰："兴事当有渐，急则扰。"乃出盐付民而俾之券，使随所得贸易，鬻毕而归券，私贩为减。进天章阁待制。

官军西征时，遣县令佐督饷，安石谓文吏畏怯，武人邀功，乃但取敢行者。申约束以防众溃，曰："事不豫警，俟其犯而诛之，是罔民也。"王中正帅东师而西，报安石持四十日粮，而师驻白草平弥月。安石深念曰："吾顿兵益久，而秦甲未至，倘不足于食，将以乏军兴罪我。"即擅发民再饷，乃以闻。李舜举劾其专，诏置狱于潞，安石自麟州会逮，俄而他路馈粮多不继，神宗察其无罪，赦之。

尚书省初建，召为户部侍郎。尝与右曹李定同奏事，帝目留之曰："卿岂非在淮南日不肯保李定持服者乎？"对曰："诏问臣，臣不敢不以实奏。"帝曰："以实事君，朕所与也。"进吏部侍郎。选人将改京官，须次久，临当引对，率困于刑寺审问，或沮以微文，则一跌不复。安石则罢再问，以绝蔑弊，遂为后法。出知永兴军、邓、襄、陈、郑州、河阳，至龙图阁直学士。绍圣元年卒，年八十一。

范祥，字晋公，邠州三水人。进士及第，自乾州推官稍迁殿中丞、通判镇戎军。元昊围城急，祥帅将士拒退之。请筑刘璠堡、定川砦，从之。历知庆、汝、华三州，提举陕西银铜坑冶铸钱。祥晓达财利，建议变盐法，后人不敢易，稍加损益，人辄自便，语在《食货志》。提点本路刑狱，制置解盐，累迁度支员外郎，权转运副使。古渭砦距秦州三百里，道经哑儿峡，边城数请城之，朝廷以馈饷之艰不许。祥权领州事，骤请修筑，未报，辄自兴役。蕃部惊扰，青唐族羌攻破广吴岭堡，围哑儿峡砦，官军战死者千余人，坐削一官，知唐州。后复官，提举陕西缘边青、白盐，改制置解盐使，卒。

嘉祐中，包拯言："祥通陕西盐法，行之十年，岁减榷货务使缗钱数百万，其劳可录。"官其子孙景郊社斋郎。熙宁中，平洮、岷、叠、宕、河州数千里，置郡县，以古渭为通远军。权陕西转运副使张诜奏："朝延复洮、陇故地，自将帅至裨佐悉有功赏。臣见洮、渭父老言，皇祐中，转运使祥因熟羌数被寇掠，其部族愿输土置城以为守御，乃即古渭为砦。祥此举足以消沮边隙，可谓知攻守之利矣。兵出少挫，身黜谋废，臣窃悲之。冀推原旧功，少赐褒恤，使天下知祥死犹被恩，且舒祥忠义之气。"诏赠秘书，录一子未官者。子育。

育字巽之，举进士，为泾阳令。以养亲谒归，从张载学。有荐之者，召见，授崇文校书、监察御史里行。神宗喻之曰："《书》称'堲谗说殄行'，此朕任御史之意也。"育请用《大学》诚意、正心以治天下国家，因荐载等数人。西夏入环庆，诏育行边，还言："宝元、康定间，王师与夏人三大战而三北，今再举亦然。岂中国之大，不足以支夏人数郡乎？由不察彼己，妄举而骤用之尔。昨荔原之役，夏人声言：'我自修垒，不与汉争。'三犯之，然后掩杀，虽追奔亦不至境。由是观之，其情大可见矣。"

又使河东，论韩绛筑啰兀二砦："始调外郡稍远边城前后三十万夫，辽州最为穷僻，然犹上户配夫四百三十四，僦直计三千缗，下者十六人，其直十万。辇运所经二十二驿，宣抚司不先告期，转运使临时督办，致民皆破产，上下莫敢言。独辽守李宏能约民力所胜，而馈不失期，顾以诉其实，翻令鞠罪。愿贷被劾官吏，其刍粮在道者随所至受之，使已困之民咸蒙德泽。"神宗皆从之。坐劾李定亲丧匿服，罢御史，检正中书户房，固辞，乃知韩城县。

诏往鄜延议画地界，育言："保疆不如约信，持约不如敦信。前日疆场尝严矣，一旦约败兵挈，斗者跃于前，耕者侵于后，是封沟不足恃也。使人左去而兵革右兴，金缯朝委而烽烟夕举，是持约不足恃也。今我见利而加兵，当讲好之后，复自立界，不亦愧乎！"安南行营郭逵、赵禼以兵十万伐交阯，行及长沙，病死相属，逵、禼又不辑睦，育疏其不便，不从。久之，知河中府，加直集贤院，徙凤翔，以直龙图阁镇秦州。

元祐初，召为太常少卿，改光禄卿、枢密都承旨。刘安世暴其闺门不肃，出知熙州。时又议弃质孤、胜如两堡，育争之曰："熙河以兰州为要塞，此两堡者兰州之蔽也。弃之则兰州危，兰州危则熙河有腰膂之忧矣。"又请城李诺平、汝遮川，曰："此赵充国屯田古榆塞之地也。"不报。入为给事中、户部侍郎，卒。高宗绍兴中，采其抗论弃地及进筑之策，赠宝文阁学士。

田京，字简之，世居沧州，其后徙亳州鹿邑。举进士，调蜀州司法参军，自秦州观察推官改秘书省著作佐郎，为大理寺详断官。

赵元昊反，侍读学士李仲容荐京知兵法，召试中书，擢通判镇戎军。夏守赟为陕西经略使，奏兼管勾随军粮料。入对，陈方略，赐五品服。寻为经略安抚判官。守赟既罢，以武略应运筹决胜科，及试秘阁，与他科偕试六论，京自以记诵非所长，引去。

又参夏竦军事。会遣翰林学士晁宗悫即军中问攻守孰便，众欲大举入讨，京曰："夏人之不道久矣，未易破也。今欲驱不习之师，深入敌境，与之角胜负，此兵家所忌，师出必败。"或曰："不如讲和。"京曰："敌兵未尝挫，安肯降我哉？"未几，元昊使黄延德叩延州乞降，以奇兵出原、渭，败大将任福。夏竦素不悦京，坐是改通判庐州，徙知邵武军，提点河北路刑狱事。乃上言："请择要官守沧、卫，凿西山石白废道以限戎马，义勇聚教，复给粮，置卒守烽燧，用奇正法训兵，徙战马内地以息边费。"凡十余事，仁宗颇嘉纳之。

入为开封府判官，坐械囚送狱道死，出知蔡州，徙相、邢二州，复提点河北刑狱事。王则据恩州反，京缒城趣南关，入骁健营抚士卒。保州振武兵焚民居欲应贼，京捕斩之乃定。贼遣其党崔象伪出降，京以其持妖言惑众，又斩之徇，由是营兵二十六指挥在外者皆慑服，不敢叛。州之南关，民众多如城中，得不陷贼，京有功焉。京督士攻甚力，贼系京妻子乘城迫使呼曰："毋亟攻，城中将屠我辈矣。"京叱诸军益进攻，注矢仰射，杀其家四人。贼知京无所顾，乃牵妻子去，恩州平。以不能预察贼，降监郢州税。

先是，驻泊都监田斌亦以贼发不能捕，待罪兵间，及城破，从诸将入，以功迁宫苑副使，而京独被谪。御史言失察贼过轻，忘家为国义独重，不宜左迁，乃徙通判兖州。又徙知江阴军、知密州，历提点淮南刑狱事、京西转运使，累迁户部员外郎、直史馆、知沧州转运使。

京能招辑流民，为之给田除税租，凡增户万七千，特迁工部郎中。然传者谓流民之数多不实，又强为人田非所乐，侵民税地，仿古屯田法，其后法不成，所给种钱牛价，民多不偿，鞭笞督责，至累年不能平，公私皆患之。擢天章阁待制、陕西都转运使，改兵部郎中，复知沧州，拜右谏议大夫，卒。

京喜论议，然语繁而迂，颇通兵战、历算、杂家之术。为人尚气节，少时与常山董士廉、汾阴郭京相友善，俱以倜傥闻。著《天人流术》、《通儒子》十数书，又有奏议十卷。

论曰：人臣之职，当奋不顾身，而庸人怯夫于国事则喑噤而不言，若胡越肥瘠之不相干，如张述者其亦忠且果矣。黄震指李溥忤权臣，胡顺之击强宗，为众人所不敢为；陈贯论兵事，范祥画边计，皆一时隽士。妖盗窃发，京出孤力保城南，置妻孥之忧，先登示贼，其勇盖可壮也。

卷三百四 列传第六十三

周渭　梁鼎　范正辞 子讽 　刘师道
王济　方偕　曹颖叔　刘元瑜　杨告
赵及　刘湜　王彬　仲简

周渭，字得臣，昭州恭城人。幼孤，养于诸父。力学，工为诗。刘铱据五岭，昭州皆其地也，政繁赋重，民不聊生。渭率乡人六百逾岭，将避地零陵。未至，贼起，断道绝粮，复还恭城，则庐舍煨烬，遂奔道州。为盗所袭，渭脱身北上。

建隆初，至京师，为薛居正所礼。上书言时务，召试，赐同进士出身，解褐白马主簿。县大吏犯法，渭即斩之。上奇其才，擢右赞善大夫。时魏帅符彦卿专恣，朝廷选常参官强干者莅其属邑，以渭知永济县。彦卿郊迎，渭揖于马上，就馆始与相见，略不降屈。县有盗伤人而逸，渭捕获，并暴庇匿者按诛之，不以送府。

乾德中，通判兴州。州领置口砦多戍兵，监军傲狠，纵其下为暴，居人苦之。渭驰往谕以祸福，斩其军校，众皆慑服。诏书嘉奖，命兼本砦钤辖。开宝元年，凤州七房冶主吏盗隐官银，择渭往代。周岁，羡课数倍，赐绯鱼，又迁知棣州。殿直傅延翰为监军，谋作乱走契丹，为部下所告，渭擒之以闻；命械至阙下，鞫得实，斩于西市。渭在郡以简肃称，及还，吏民遮道泣留，俄诏赐钱百万。

太平兴国二年，为广南诸州转运副使。初，渭之入中原，妻子留恭城。开宝三年，平广南，诏昭州访求，赐钱米存恤之。及是，渭始还故里，乡人以为荣。渭奏去刘铱时税算之繁者，重定田赋，兴学校。迁殿中丞。属有事交阯，主将逗挠无功。有二败卒擐甲先至邕州市，夺民钱，渭捕斩之。后至者悉令解甲以入，讫无敢犯。移书交阯，谕朝廷威信，将刻日再举。黎桓惧，即遣使入贡。就加监察御史，在岭南凡六年。徙知扬州，迁殿中侍御史，改两浙东、西路转运使，入为盐铁判官。迁侍御史，历判户部、度支二勾院，出知亳州，赐金紫，俄换宋州。加职方员外郎，为益州转运使。坐从子违诏市马，黜为彰信军节度副使。咸平二年，真宗闻其清节，召还，将复用，诏下而卒，年七十七。上悯其贫不克葬，赙钱十万，以其子建中为乘氏主簿。

渭妻莫荃，贤妇人也。渭北走时，不暇与荃诀，二子孩幼，荃尚少，父母欲嫁之。荃泣誓曰："渭非久困者，今违难远适，必能自奋。"于是亲蚕绩碓舂，以给朝夕，二子皆毕婚娶。凡二十六年，复见渭，时人异之。朱昂著《莫节妇传》纪其事。

梁鼎字凝正，益州华阳人。祖钺，仕蜀为剑门关使。父文献，乘氏令。鼎，太平兴国八年进士甲科，解褐大理评事、知秭归县，再迁著作佐郎。端拱初，献《圣德徽号颂》万余言，试文，迁殿中丞、通判歙州，以能声闻，有诏嘉奖。徙知吉州，民有萧甲者，豪猾为民患，鼎暴其凶状，杖脊黥面徙远郡。太宗尤赏其强干，代还，赐绯鱼，旧例当给银宝瓶带，太宗特以犀带赐之，记其名于御屏。

淳化中，上言曰："《书》云：'三载考绩，三考黜陟幽明。'此乃尧、舜氏所以得贤人治天下也。三代而下，典章尚存，两汉以还，沿革可见。至于唐室，此道尤精，有考功之司，明考课之令，下自簿尉，上至宰臣，皆岁计功过，较定优劣，故人思激厉，绩效著闻。五代兵革相继，礼法陵夷，顾惟考课之文，祇拘州县之辈，黜陟既异，名存实亡。且夫今之知州，即古之刺史，治状显著者，朝廷不知；方略蔑闻者，任用如故。大失劝惩之理，寖成苟且之风。是致水旱荐臻，狱讼填溢，欲望天下承平，岂可得也。伏惟陛下继二圣之丕图，为亿兆之司牧，念百官之未乂，思四海之未康，特诏有司，申明考绩之法，庶几官得其人，民受其赐矣。"

俄为开封府判官，迁太常博士、三司右计判官，又为总计判官，会复三部，换度支判官。至道初，鼎洎陈尧叟建议兴三白渠，及陈、许、邓、颍、蔡、宿、亳数州用水利垦田，事具《食货志》。迁都官员外郎、江南转运副使，就改起居舍人，徙陕西。二年，五将分道击李继迁，李继隆擅出赤怪路无功，还奏军储失期，鼎坐削三任。复为殿中丞，领职如故。以母老求郡，历知徐、密二州。真宗践位，复旧官。咸平四年，迁兵部员外郎、知制诰，赐金紫。时三司督逋负严急，有久被留系者，命鼎与薛映按籍详定，多所蠲免。逾月，拜右谏议大夫、度支使。

时西鄙未宁，建议陕西禁解池盐，所在官鬻，诏从之。以鼎为制置使，杨覃为转运使，张贺副之，又以内殿崇班杜承睿同制置盐事。议者多言："边民旧食青盐，其价甚贱。洎禁青盐以困贼，令商贾入粟，运解盐于缘边，价直与蕃盐不相远，故蕃部赀盐至者，不能货鬻。今若禁解池盐，与内地同价，则民必冒禁复市青盐，乃资盗粮也。"时刘综为陕西转运使，鼎奏罢之。综归朝，亦密陈其非便。鼎既行，即移文禁止盐商，所在约束乖当，延州刘廷伟、庆州郑惟吉皆不从规画。

又鼎奏运咸阳仓粟以实边，粟已陈腐，鼎即与民，俟秋收易新粟，朝廷闻而止之，上封章密陈其烦扰者甚众，鼎始谋多沮，遂令林特乘传与永兴张咏会鼎等同议可否，于是依旧通盐商。鼎坐首议改作非是，诏罢度支使，守本官。未几，丁内艰，起复。景德初，知三班院、通进银台司兼门下封驳事，出知凤翔府。以居忧哭泣伤目，表求判西京留司御史台。三年，卒，年五十二，赐二子出身。

鼎伟姿貌，磊落尚气，有介节，居官峻厉，名称甚茂。好学，工篆、籀、八分。尝著《隐书》三卷，《史论》二十篇，《学古诗》五十篇。子申甫、吉甫。

范正辞，字直道，齐州人。父劳谦，获嘉令。正辞治《春秋公羊》、《谷梁》，登第，调补安阳主簿。开宝中，判入等，迁国子监丞、知戎州，改著作佐郎。代还，治通欠于淄州，转运使称其能，转左赞善大夫，就知淄州。太宗征河东，诸州部粮多不及期，正辞所部长山县吏张秀督民输，受钱二千，即杖杀之，郡中畏服。

太平兴国中，改殿中丞，通判棣、深二州，迁国子博士。御史中丞刘保勋奏充台直，会有言饶州多滞讼，选正辞知州事，至则宿系皆决遣之，胥吏坐淹狱停职者六十三人。会诏令料州兵送京师，有王兴者，怀凶悍行，以刃故伤其足，正辞斩之。兴妻诣登闻上诉，太宗召见，正辞廷辨其事。正辞曰："东南诸郡，饶实繁盛，人心易动。兴敢扇摇，苟失控驭，则臣无待罪之地矣。"上壮其敢断，特迁膳部员外郎，充江南转运副使，赐钱五十万。

饶州民甘绍者，积财钜万，为群盗所掠，州捕系十四人，狱具，当死。正辞按部至，引问之，囚皆泣下，察其非实，命徙他所讯鞫。既而民有告群盗所在者，正辞潜召监军王愿掩捕之。愿未至，盗遁去，正辞即单骑出郭二十里，追及之。贼控弦持矟来逼，正辞大呼，以鞭击之，中贼双目，执之。贼自刃不殊，余贼渡江散走，追之不获，旁得所弃赃。贼尚有余息，正辞即载归，令医傅药，创既愈，按其奸状，伏法，而前十四人皆得释。

端拱二年，代归，与洛苑副使綦仁泽、西京作坊副使尹宗谔同监折中仓。先是，令商人输米豆而以茶盐酬其直，谓之"折中"，复有言其弊，罢之，至是复置焉。迁仓部员外郎，同知幕府州县官考课，改判刑部，历户部、盐铁二判官，迁考功员外郎，通判定、扬、杭三州。真宗即位，迁膳部郎中，召判三司勾院，俄复为盐铁判官。咸平二年，出为河东转运使。三年，以本官兼侍御史知杂事。

时李昌龄自忠武行军起知梓州，董俨知寿州，王德斋、杨缄皆任转运使，后失官宰畿邑。正辞上言："昌龄辈贪墨著闻，愿陛下罢其民政。"诏追还俨敕，余悉代之。又言："治民之官，牧宰为急。"举吴奋等五人堪任大郡，复请令奋等各举知县、县令，从之。坐鞫任懿狱，贬滁州团练副使。会赦，复为仓部考功员外郎、通判郓州，知淮阳军，复膳部郎中，以年老，求监兖州商税。大中祥符三年四月卒，年七十五。子讽、讽，并进士及第。

讽字补之，以荫补将作监主簿，献《东封赋》，迁太常寺奉礼郎。又献所为文，召试入等，出知平阴县。会河决王陵埽，水去而土肥，失阡陌，田讼不能决，讽分别疆畔，著为券，民持去不复争。讽辨数激昂，喜为名声，然亦操持在己，吏不敢欺。为县存视贫弱，至豪猾大家，峻法治之。

举进士第，迁大理评事、通判淄州。岁旱蝗，他谷皆不立，民以蝗不食菽，犹可艺，而患无种，讽行县至邹平，发官廪贷民。县令争不可，讽曰："有责，令无预也。"即出贷三万斛；比秋，民皆先期而输。徙知梁山军，以母老不行，得通判郓州。时知州李迪贬衡州副使，宰相丁谓戒使者持诏书促上道，讽辄留迪数日，为治装祖行。诏塞决河，州募民入刍楗，而城邑与农户等，讽曰："贫富不同而轻重相若，农民必大困。且诏书使度民力，今则均取之，此有司误也。"即改符，使富人输三之二，因请下诸州以郓为率，朝廷从其言。

徙知广济军，民避水堤居，凡给徭于官者，讽悉纵使护其家，奏除其租赋。累迁太常博士，以疾监舒州灵仙观。尚御药张怀德至观斋祠，讽颇要结之，怀德荐于章献太后，遂召还。问所欲言，对曰："今权臣骄悍，将不可制。"盖指曹利用也。利用贬，拜右司谏、三司度支判官。百官转对，敕近臣阅视其可行者，类次以闻。讽奏曰："非上亲览决可否，则谁肯为陛下极言者。"玉清昭应宫灾，下有司治火所起，讽曰："此天之戒告，乃复置狱以穷治之，非所以应天也。"狱由是得解。议者疑复修，讽上书谏："山木已尽，人力已竭，宫必不成。臣知朝廷亦不为此，其如疑天下何。宜诏示四方，使明知之。"于是下诏罢修。改尚书礼部员外郎兼侍御史知杂事。

钱惟演自许州来朝，图相位，讽奏："惟演尝为枢密使，以皇太后姻属罢之，示天下以不私，固不可复用。"遂以惟演守河南。使契丹，道过幽州北，见原野平旷，慨然曰："此为战地，不亦信哉。"辽人相目不敢对。擢天章阁待制、知审刑院，出知青州，再迁户部郎中。时山东饥，宰相王曾，青人，家积粟多，讽发取数千斛济饥民，因请遣使安抚京东。入为右谏议大夫、权御史中丞。又请益漕江、淮米百万，自河阳、河阴东下以赈贷之。钱惟演倡议献、懿二太后宜祔真宗庙室，讽弹奏之；及言其在太后时权宠甚盛，且与后族连姻，请绌去。仁宗不听，讽袖告身以对曰："陛下不听臣言，臣今奉使山陵，而惟演守河南，臣早暮忧刺客。愿纳此，不敢复为御史中丞矣。"帝不得已可之，讽乃趋出，遂贬惟演随州。

陈尧佐罢参知政事，有王文吉者，告尧佐谋反，仁宗遣中官讯问，复以属讽。夜中被旨究诘，旦得其诬状奏之。时上章懿皇后谥，宰相张士逊、枢密使杨崇勋日中不赴慰班，讽弹士逊与崇勋，俱罢。讽尝侍对，帝语及郭后亡子。讽言亡子大义当废，阴合帝旨，以龙图阁直学士权三司使。时狄棐为直学士已久，讽盛气凌棐，宰相李迪右之，遂特诏班棐上，论者非之。寻转阁学士，又疾免三司使，改翰林侍读学士、管勾祥源观。徙会灵观，复改阁学士、给事中、知兖州。

既至郡，而庞籍为广南东路转运使，未行，上言："向为侍御史，尝奏弹讽以三司使曲为左藏监库吴守则奏课迁官。尚美人同父弟娶守则女，讽以银鞍勒遗守则相纳。既出兖州，乃给言贷，假翰林白金器数千两自随，而增产于齐州，市官田亏平估。"置狱于南京劾之，讽坐听旨擅驰驿还兖州，当赎；籍所奏有不实，当免官。宰相吕夷简嫉讽诡激，特贬讽武昌军节度行军司马；贷籍，止降官知临江军。由是宰相李迪等坐亲善讽皆斥。

岁中徙保信军，听居舒州持母丧，又许归齐州。日饮酒自纵，为时所讥。服除，改将作少监、知淮阳军，迁光禄卿、知陕州，道改潞州。入见帝言："元昊不可击，独以兵守要害，捍侵掠，久当自服。倘内修百度，躬节俭，如祖宗故事，则疆事不足忧。"复给事中，卒。

讽尝建议朝廷当差择能臣，留以代大臣之不称职者。大臣闻而恶之。又数短参知政事王随于帝前，因奏："外人谓臣逐随将取其位，愿先出臣，为陛下引奸邪去，而朝廷清矣。"又尝与张士逊议事不合，讽曰："世谓大事未易可议，小事不足为，所为终何事邪？"及为庞籍讼，人谓大臣阴讽籍焉。

讽类旷达，然捭阖图进，不守名检，所与游者辄慕其所为，时号"东州逸党"。山东人颜太初作《逸党诗》刺之，而姜潜者又尝贻书以疏其过云。

子宽之，终尚书刑部郎中、知濠州。

刘师道，字损之，一字宗圣，开封东明人。父泽，右补阙。师道，雍熙二年举进士，初命和州防御推官，历保宁、镇海二镇从事，凡十年。王化基、吕祐之、乐史荐于朝，擢著作佐郎，才一月，会考课，又迁殿中丞，出知彭州，就加监察御史。转运使刘锡、马襄上其治迹，召归。会浦洛之败，奉诏劾白守荣辈，狱成，太宗奖其勤，面赐绯鱼。

川陕豪民多旁户，以小民役属者为佃客，使之如奴隶，家或数十户，凡租调庸敛，悉佃客承之。时有言李顺之乱，皆旁户鸠集，请择旁户为三耆长迭主之，畸岁劳则授以官，诏师道使两川议其事。师道以迭使主领则争忿滋多，署以名级又重增扰害，廷奏非便，卒罢之。改祠部员外郎，出为京东转运使。真宗嗣位，进秩度支。咸平初，范正辞荐其材堪长民，徙知润州。三年，改淮南转运副使兼淮南、江、浙、荆湖发运使。四年，以漕事入奏，特迁司封，俄为正使，改工部郎中，代查道为三司度支副使。七月，擢枢密直学士，掌三班。俄擢权三司使，从幸澶渊，判随驾三司，充都转运使。

师道弟几道，举进士礼部奏名，将廷试，近制悉糊名较等，陈尧咨当为考官，教几道于卷中密为识号。几道既擢第，事泄，诏落其籍，永不预举。师道固求辨理，诏曹利用、边肃、阎承翰诣御史府推治之。坐论奏诬罔，责为忠武军行军司马，尧咨免所居官，为郓州团练副使。二年，以郊祀恩，起为工部郎中、知复州，换秀州。

大中祥符二年，以兵部郎中知潭州，迁太常少卿。师道敏于吏事，所至有声，吏民畏爱。长沙当湖、岭都会，剖烦析滞，案无留事。岁满，复加枢密直学士，换左司郎中，留一任。七年，李应机代还。应机未至郡，六月，师道暴病卒，年五十四，录几道为试秘书省校书郎。

师道性慷慨尚气，善谈世务，与人交敦笃。工为诗，多与杨亿辈酬唱，当时称之。

王济，字巨川。其先真定人，祖卿，有词辨，赵王熔召置幕府。熔政衰，卿惧祸，避地深州饶阳，遂为县人。父恕，后唐时童子及第，开宝中，知秀州。会盗起，城陷，为盗所杀，将并害济。济伏柩号恸，谓贼曰："吾父已死，吾安用生为，但恨力不能杀汝，以报父仇尔！"贼义之，舍去。济携父骨匿山谷间。既而官军大集，济脱身谒其帅朱乙，陈讨贼之计。乙嘉之，遗以束帛，奏假驿置遣归。

先是，济母终于岳阳，权窆佛舍。至是，乃并护二丧还饶阳。州将以闻，太祖召见，以其尚少，且俾就学。雍熙中，上书自陈死事之孤，得试学士院，补龙溪主簿。时调福建输鹤翎为箭羽，鹤非常有物，有司督责急，一羽至直数百钱，民甚苦之。济谕民取鹅翎代输，仍驿奏其事，因诏旁郡悉如济所陈。县有陂塘数百顷，为乡豪斡其利，会岁旱，济悉导之，分溉民田。汀州以银冶构讼，十年不决，逮系数百人，转运使使济鞫之，才七日情得，止坐数人。

再调胙城尉，徙临河主簿。转运使王嗣宗被诏举法官，以济名闻。迁光禄寺丞、权大理丞，改刑部详覆官、通判镇州。牧守多勋旧武臣，倨贵陵下，济未尝挠屈。戍卒颇恣暴不法，夜或焚民舍为盗。一夕，报有火，济部壮士数十潜在侦伺，果得数辈并所盗物，即斩之。驰奏其事，太宗大悦。都校孙进使酒无赖，殴折人齿，济不俟奏，杖脊送阙下，繇是军城畏肃。就迁太子中舍，诏书奖劳。召判登闻鼓院，拜监察御史。上疏陈统天下之术、节民物之道，大者有十：择左右，别贤愚，正名器，去冗食，加奉禄，谨政教，选良将，分兵戍，修民事，开仕进。其言切于时，词多不载。

咸平初，济以刑纲尚繁，建议请删定制敕，乃命张齐贤领其事，济预焉。《刑统》旧条：持仗行劫，不以赃有无，悉抵死。齐贤议货不得财者，济曰："刑，期于无刑。以死惧之，尚不畏，况缓其死乎？"因与齐贤廷争数四。济词气甚厉，目齐贤为腐儒。然卒从齐贤议，人以济为刻。改盐铁判官。

车驾巡师大名，调丁夫十五万修黄、汴河，济以为劳民，诏济驰往经度，还奏省十六七。齐贤时为相，以河决为忧。因对，并召济见，齐贤请令济署状保河不决，济曰："河决亦阴阳灾诊，宰相苟能和阴阳，弭灾诊，为国家致太平，河之不决，臣亦可保。"齐贤曰："若是，则今非太平邪？"济曰："北有契丹，西有继迁，两河、关右岁被侵扰。以陛下神武英略，苟用得其人，可以驯致，今则未也。"上动容，独留济问边事。济曰："陛下承二圣之基，拥百万之众，蠢兹丑虏，敢尔凭陵，盖谋谟当国之人未有如昔之比。臣谓国家所恃，独一洪河耳！此诚急贤之秋；不然，臣恐敌人将饮马于河渚矣。"又著《备边策》十五条以献。

三年，选官判大理寺，上曰："法寺宜择当官不回者，苟非其人，或有冤滥，即感伤和气。王济近数言事，似有操持，可试之。"遂令济权判大理寺事。福津尉刘莹集僧舍，屠狗群饮，杖一伶官致死，济论以大辟，遇赦从流。时王钦若知审刑，与济素不相得，又以济尝忤齐贤，乃奏莹当以德音原释。齐贤、王钦若议济坐故入，停官。逾年，复为监察御史、通判河南府。

景德初，徙知河中府。契丹南侵，上幸澶渊，诏缘河断桥梁，毁船舫，稽缓者论以军法。济曰："陕西有关防隔阂，舳舻远属，军储数万，一旦沉之，可惜；又动摇民心。"因密奏寝其事，上深嘉叹，遣使褒谕。未几，召拜工部员外郎兼侍御史知杂事。三年，判司农寺。时周伯星见，济乘间言曰："昔唐太宗以丰年为上瑞。臣愿陛下日慎一日，居安虑危，则天下幸甚。"受诏与刘综改定茶法，颇易旧制，由是忤丁谓、林特、刘承规辈，因与钦若迭诋訾之。

四年，拜本曹郎中，出知杭州。上面加慰谕，仍戒以朝廷阙失许密上言。迁刑部郎中。郡城西有钱塘湖，溉田千余顷，岁久湮塞。济命工浚治，增置斗门，以备溃溢之患，仍以白居易旧记刻石湖侧，民颇利之。睦州有狂僧突入州廨，出妖言，与转运使陈尧佐按其实，斩之，上嘉其能断。大中祥符三年，徙知洪州，兼江南西路安抚使。属岁旱民饥，躬督官吏为糜粥，日亲尝而给之；录饥民为州兵，全活甚众。是岁卒，年五十九，遗奏大旨以进贤退谀佞、罢土木不急之费为言。

济颇涉经史，好读《左氏春秋》，性刚直，无所畏避。少时，深州刺史念金锁一见器之，且托后于济。金锁没，济抚其孤，授置禄仕。素与内臣裴愈有隙，愈坐事，上怒甚，命宪府鞠之，济适知杂事，力为辨理，遂获轻典。子孝杰，国子博士。

论曰：渭有清节，临事多从便文。鼎好规画。师道喜论世务。正辞按贪吏，辨冤狱。济议论挺特，无所畏避。五臣者，仕不过监司、郡守，而名称甚茂，可尚哉。

方偕，字齐古，兴化莆田人。年二十，及进士第，为温州军事推官。岁饥，民欲隶军就廪食，州不敢擅募。偕乃诣提点刑狱吕夷简曰："民迫流亡，不早募之，将聚而为盗矣。"夷简从之，籍为军者七千人。后迁汀州判官，权知建安县。县产茶，每岁先社日，调民数千鼓噪山旁，以达阳气。偕以为害农，奏罢之。

迁秘书省著作佐郎，历知福清、资阳县。累迁尚书屯田员外郎，为御史台推直官。澧州逃卒佣民家自给，一日，诬告民事摩驼神，岁杀十二人以祭。州逮其族三百人系狱，久不决。偕被诏就劾，令卒疏所杀主名，按验皆亡状，事遂辨，卒以诬告论死。知杂事庞籍荐为御史里行，再迁侍御史。南京鸿庆宫灾，偕引汉罢原庙故事，请勿复修。

元昊寇塞门，鄜延副总管赵振逗挠不出救，诏偕往按之，法当斩。偕奏："兵寡不敌，苟出以饵贼，无益也。"振由是得不死。为开封府判官、江南安抚。三司岁出乳香、绵绮下州郡配民，偕奏罢之。更盐铁判官，迁兵部员外郎兼御史知杂事，言："以罪谪监当者，监司勿得差权亲民官。"判大理寺，改度支副使，擢天章阁待制、江淮制置发运使、知杭州，迁刑部郎中。

偕以吏事进，治杭州有能声。喜饮酒，至酣宴无节。数月，暴中风，以太常少卿分司西京，迁光禄卿，卒。

曹颖叔，字秀之，亳州谯人。初名熙，尝梦之官府，见颖叔名，遂更名颖叔。进士及第，历威胜军判官、渭州军事推官。御史中丞蔡齐荐为台主簿，改大理寺丞。韩亿知亳州，辟金书节度判官事，通判仪州。韩琦、文彦博荐其才，徙夔州路转运判官。夔、峡尚淫祠，人有疾，不事医而专事神，颖叔悉禁绝之，乃教以医药。提点陕西路刑狱，夏人纳款，诏与户部副使夏安期、转运使柳灏减戍卒吏员之冗者。为开封府判官，时御史宋禧鞫卫士狱于内侍省，禧不能辨，及狱具，内侍使禧自为牒，颖叔言禧为制使辱命，请置之法。元昊死，为夏国祭奠使。除直史馆、知凤翔府，徙益州路转运使，权度支副使。

侬智高寇岭南，朝议以闽中久弛兵备，擢天章阁待制、知福州。累迁右司郎中，为陕西都转运使。自庆历铸大铁钱行陕西，民盗铸不已，三司上榷铁之议。颖叔曰："铁钱轻而货重，不可久行，况官自榷铁乎？请罢铸诸郡铁钱，以三铁钱当铜钱之一。"从之。两川和买绢给陕西兵，而蜀人苦于烦敛，颖叔为岁出本路缯钱五十万，以易军衣之余者，两川之民始无扰焉。进龙图阁直学士、知永兴军；然年老，渐昏耄，事颇壅积，人或嘲诮之，卒于官。

刘元瑜字君玉，河南人。进士及第，补舞阳县主簿，改秘书省著作佐郎、知雍丘县，通判隰、并二州，知鄄州。以太常博士为监察御史，上言："考课之法，自朝廷至员外郎、郎中、少卿，须清望官五人保任始得迁，故浮薄辈日趋权门，非所以养廉耻也。"诏罢之。

提举河北便籴。会永宁云翼军士谋为变，吏穷捕，党与谋劫囚以反，百姓窃知多逃避。元瑜驰至，斩为首者，其余皆释去不问。历京西、河东转运使，迁右司谏。劾奏"集贤校理陆经谪官在河南日，杖妓争田寡妇，且贷民锱，监司列荐其才，投托权要，遂复馆职，请重置于法，并坐保荐者。"诏编吏，遂窜经袁州。

又疏"李用和、曹琮、李昭亮不可典军；梁适不当翰林学士；范仲淹以非罪贬，既复天章阁待制，宜在左右；尹洙、余靖、欧阳修皆以朋党斥逐。此小人恶直丑正者也。"既而与靖等相失，反言："前除夏竦为枢密使，谏臣数人摭其旧过，召至都门而罢。自此以进退大臣为己任，激讦阴私为忠直，荐延轻薄，列之馆阁，以唱和为朋比。近除两府，出自圣断，独党人以进用不出于己，议论纷然，臣恐复被疏罢矣。前日孙甫荐叶清臣，毁丁度，效此也。"因论："靖知制诰不宜兼领谏职，且奉使契丹，对契丹主，效六国语，辱国命，请加罪。"修、靖深恶之，繇是论者以元瑜为奸邪。

后除三司盐钱副使，以天章阁待制知潭州。猺人数为寇，元瑜使州人杨谓入梅山，说酋长四百余人出听命，因厚犒之，籍以为民，凡千二百户。徙桂州，固辞，降邓州。坐在潭州擅补画工吴元吉为画助教，降知随州。又失保任，改信州，徙襄州。富人子张锐少孤弱，同里车氏规取其财，乃取锐父弃妾他姓子养之。比长，使自诉，阴赇吏为助，州断使归张氏，锐莫敢辨。既同居逾年，车即导令求析居。元瑜察知，穷治得奸状，黥车窜之，人伏其明。历河中府，以左谏议大夫知青州，卒。

元瑜性贪，至窃贩禁物，亲与小人争权，时论鄙之。

杨告字道之，其先汉州绵竹人。父允恭，西京左藏库使，数任事有功。既死，赐告同学究出身，调庐江尉。时张景笞吏死而吏捕急，逃归告，惧告不见纳，告曰："君勿忧也，吾死生以之。"景笞免。改丰城主簿，邑有贼杀人，投尸于江，人知主名，而畏不敢言。告闻，亲往擒贼。有言贼欲报怨者，告不为动。既而果乘夜欲刺告，告又捕得，致于法，境内肃然。

再调南剑州判官，知南安、六合、钱塘、宁国县，改大理寺丞、通判江宁州。盗杀商人，凿舟沉尸江中。有被诬告者笞服，狱具，告疑其无状，后数日，果得真盗。徙知池州，累迁尚书司封员外郎、开封府推官、开拆司。为赵元昊旌节官告使，元昊专席自尊大，告徙坐即宾位，莫之屈也。除京西转运副使。属部岁饥，所至发公廪，又募富室出粟赈之。民伐桑易粟，不能售，告命高其估以给酒，官民获济者甚众。以疾，权管勾西京留台。顷之，判三司凭由、理欠司，为淮南转运使，徙制置发运使，除三司户部副使，更度支，安抚河东，改盐铁副使。历祠部、度支、司封郎中，以少府监复为制置发运使。拜右谏议大夫、知郑州，徙江宁府、寿州。

告晓法令，颇知财利，而不务苛刻，时号能吏，然喜事权贵以要进。一子，力学有文，数为近臣荐，召试，赐同进士出身，未几卒。告悲伤之，寻卒。

赵及，字希之，其先幽州良乡人。父的，事契丹为蔚州灵丘令，雍熙中，王师北征，乃归，授偃师令，因家焉。及举进士，为慈州军事推官，徙广信军判官，改秘书省著作佐郎、知魏县，徙九陇，以母老监叶县税，历黄河、御河催纲，通判青州、大名府，累迁尚书屯田员外郎，被举为殿中侍御史、权宗正丞。诏劾夏守恩狱，内侍岑守中用贿挠法，及劾正其罪。迁侍御史，夏守赟经略西鄙还，及言其无功，不可复枢府。又疏罢郭承祐团练使。

未几，请知怀州，徙徐州，还为三司户部判官，迁兵部员外郎、京东转运按察使。知莱州张周物贪暴，及劾奏，贬周物岭外。擢兼侍御史知杂事，数论时政，权判吏部流内铨。初，铨吏匿员阙，与选人为市，及奏阙至即榜之，吏部榜阙自及始。迁户部副使，以疾，改刑部郎中、直昭文馆、知卫州，召为盐铁副使。又以疾，请知汝州，岁余，复召为副使，不赴。徙知河中府，特拜天章阁待制、右司郎中。祀明堂，迁右谏议大夫。还判大理寺、流内铨。出知徐州，疾甚，求解近职，还事，乃以本官管勾南京留司御史台，未赴，卒。

及和厚谦退，内行尤笃，所治有声，民吏爱之。

刘湜，字子正，徐州彭城人。举进士，为澶州观察推官，再调湖南节度推官，改秘书省著作佐郎、知益都县，徙阴平。再迁太常博士、通判剑州。审阆州狱，活死囚七人。王尧臣安抚陕西，荐之，擢知耀州。富平有盗掠人子女者，既就擒，阳死，伺间逸去；捕得，复阳死，守者以报，湜趣焚其尸。拜监察御史，王德用自随州诏还，近

臣言其有反相，湜保右之。历开封府推官、三司盐铁判官，迁殿中侍御史。上言："转运使掎撼郡县，苛束官吏，人不得骋其材，宜稍宽假，不为改者绳治之。"诏诣渭州劾尹洙私用公使钱，颇傅致重法，以故洙坐废。还，为尚书礼部员外郎兼侍御史知杂事，同判吏部流内铨，除盐铁副使。议者谓湜探宰相意，深致洙罪，故得优擢焉。

明年，宴紫宸殿，副使当坐殿东庑，湜不即坐，趣出。阁门奏之，坐谪知沂州，徙兖州。又坐沂州误出囚死罪，降知海州。起为河东转运使，迁户部员外郎，复为盐铁副使兼领河渠事。汴水绝，凿河阴新渠，通漕运如故。会江南饥，擢天章阁待制、知江宁府，奏运苏州米五十万斛，以贷饥民。除户部郎中、知广州。侬智高初平，湜练士兵，葺械器，作铁锁断江路。有盗据山，敕贷罪招之，不肯降。湜知并山民资之食，即徙民绝饷，盗困蹙乞降，民安之。居二年，母老求内徙，遂徙徐州。湜喜曰："昔布衣随计，今以侍从官三品复典乡郡，过始望矣。"又以左司郎中知郓州，迁龙图阁直学士、知庆州。

湜少贱，母更嫁营卒，既登第，具袍笏趋卒舍迎母，里人观叹。然嗜酒，持法少恕，改知密州，以病卒。

王彬，光州固始人。祖彦英，父仁偘，从其族人潮入闽。潮有闽土，彦英颇用事，潮恶其逼，阴欲图之。彦英觉之，挈家浮海奔新罗。新罗长爱其材，用之，父子相继执国政。

彬年十八，以宾贡入太学。淳化三年，进士及第，历雍丘尉。皇城司阴遣人下畿县刺史，多厉民，令佐至与为宾主。彬至，捕鞫之，得所受赂，致之法，自是诏亲事官母得出都城。易右班殿直，辞不受。后以秘书省著作佐郎通判筠州，历知抚州。抚州民李甲、饶英恃财武断乡曲，县莫能制。甲从子罾县令，人告甲语斥乘舆。彬按治之，索其家得所藏兵械，又得服器有龙凤饰，甲坐大逆弃市。并按英尝强取人孥，配岭南，州里肃然。

擢提点荆湖南路刑狱，徙知潭州，入判三司户部勾院，出为京西转运使，徙河北。部吏马崇正倚章献太后姻家豪横不法，彬发其奸赃，下吏。忤太后意，徙京东，又徙河东、陕西。复为三司盐铁判官，判都理欠、凭由司，累迁太常少卿，卒。

仲简字畏之，扬州江都人。以贫，佣书杨亿门下，亿教以诗赋，遂举进士。历通判郑州、河南府推官。改秘书省著作佐郎、知芜湖县，通判楚州，累迁尚书都官员外郎。改侍御史、安抚京东，迁知真州，入为三司度支判官。经制陕西粮草，就迁兵部员外郎、直史馆、知陕州。徙江东转运使，除侍御史知杂事，为三司盐铁副使、工部郎中。奉使陕西，多任喜怒，以马箠击军士流血，仁宗面诘之，不能对，出为河东转运使。

逾年，复为盐铁副使，再迁兵部，擢天章阁待制、知广州。侬智高犯邕州，沿江而下，人告急，简辄囚之，仍榜于道，敢妄言惑众者斩，以是人不复为避贼计。比智高至，始令民入城，民争道，竞以金帛遗阍者，相蹂践至死

者甚多，其不得入者，皆附贼。贼既去，以其能守城，徙知荆南。既而言者论之，遂落职，又降刑部郎中、知筠州。复为兵部郎中，徙洪州，卒。

论曰：士抱一艺者，思奋励以功名自效，况其设施见于政事者乎？方偕、曹颖叔、杨告、赵及、王彬之流皆文吏，能推恩行利，划烦去蠹，其治不下古人。刘元瑜、刘湜辈亦不减此数人，然而元瑜讥诋余靖，湜文致尹洙，公议所不与也。仲简小才，所谓斗筲之器也，何足道哉！

卷三百五　　列传第六十四

杨亿 弟伟 从子纮　**晁迥** 子宗悫　**刘筠**　**薛映**

杨亿，字大年，建州浦城人。祖文逸，南唐玉山令。亿将生，文逸梦一道士，自称怀玉山人来谒。未几，亿生，有毛被体，长尺余，经月乃落。能言，母以小经口授，随即成诵。七岁，能属文，对客谈论，有老成风。雍熙初，年十一，太宗闻其名，诏江南转运使张去华就试词艺，送阙下。连三日得对，试诗赋五篇，下笔立成。太宗深加赏异，命内侍都知王仁睿送至中书，又赋诗一章，宰相惊其俊异，削章为贺。翌日，下制曰："汝方龀龆，不由师训，精爽神助，文字生知。越景绝尘，一日千里，予有望于汝也。"即授秘书省正字，特赐袍笏。俄丁外艰，服除，会从祖徽之知许州，亿往依焉。务学，昼夜不息，徽之间与语，叹曰："兴吾门者在汝矣。"

淳化中，诣阙献文，改太常寺奉礼郎，仍令读书秘阁。献《二京赋》，命试翰林，赐进士第，迁光禄寺丞。属后苑赏花曲宴，太宗召命赋诗于坐侧；又上《金明池颂》，太宗诵其警句于宰相。明年三月，苑中曲宴，亿复以诗献。太宗讶有司不时召，宰相言："旧制，未贴职者不预。"即以亿直集贤院。表求归乡里，赐钱十五万。至道初，太宗亲制九弦琴、五弦阮，文士奏颂者众，独称亿为优，赐绯鱼。二年春，迁著作佐郎，帝知其贫，屡有沾赉，尝命为越王生辰使。时公卿表疏，多假文于亿，名称益著。

真宗在京府，徽之为首僚，邸中书疏，悉亿草定。即位初，超拜左正言。诏钱若水修《太宗实录》，奏亿参预，凡八十卷，而亿独草五十六卷。书成，乞外补就养，知处州。真宗称其才长于史学，留不遣，固请，乃许之任。郡人周启明笃学有文，深加礼待。召还，拜左司谏、知制诰，赐金紫。

咸平中，西鄙未宁，诏近臣议灵州弃守之事。亿上疏曰：

臣尝读史，见汉武北筑朔方之郡，平津侯谏，以为罢敝中国，以奉无用之地，愿罢之。上使辩士朱买臣等发十策以难平津，平津不能对。臣以为平津为贤相，非不能折买臣之舌，盖所以顺人君之意尔。旧称朔方，地在要荒之外，声教不及。元朔中，大将军卫青奋兵掠地，列置郡县。今灵州盖朔方之故墟，僻介西鄙，数百里间无有水草，烽火亭障不相望。当其道路不壅，馈饷无虞，犹足以张大国之威声，为中原之捍蔽。自边境屡惊，凶党猖炽，爵赏之而不恭，讨罚之而无获。自曹光实、白守荣、马绍忠及王荣之败，资粮扉屦，所失至多，将士丁夫，相枕而死。以至募商人输帛入谷，偿价数倍。孤壤筑城，边民绎骚，国帑匮乏，不能制边人之命，及济灵武之急。数年之间，凶党逾盛。灵武危堞，岿然仅存，河外五城，继闻陷没。但坚壁清野，坐食糗粮，闭垒枕戈，苟度朝夕，未尝出一兵驰一骑，敢与之角。此灵武之存无益，明矣。平津所言罢敝中国以奉无用之地，正今日谓也。

臣以为存有大害，弃有大利，国家輓粟之劳，士卒流离之苦，悉皆免焉。尧、舜、禹，圣之盛者也，地不过数千里，而明德格天，四门穆穆。武丁、成王，商、周之明主也，然地东不过江、黄，西不过氐、羌，南不过蛮荆，北不过太原，而颂声并作，号为至治。及秦、汉穷兵拓土，肝脑涂地，校其功德，岂可同年而语哉！昔西汉贾捐之建议弃朱崖，当时公卿，亦有异论，元帝力排众说，奋乎独见，下诏废之，人颂其德。故其诏曰："议者以弃朱崖羞威不行，夫通于时变，即忧万民之饥饿，危孰大焉。且宗庙之祭，凶年不备，况乎避不嫌之辱哉？"臣以为类于灵武也。必以失地为言，即燕蓟八州，河湟五郡，所失多矣，何必此为？

臣窃惟太祖命姚内斌领庆州，董遵诲领环州，统兵裁五六千，悉付以阃外之事，士卒效命，疆场晏然，朝廷无旰食之忧，疆场无羽书之警。臣乞选将临边，赐给廪赋，资以策略，许以便宜而行。傥寇扰内属，挠之以劲兵，示之以大信，怀荒振远，谕以赏格，彼则奔溃众叛，安能与大邦为敌哉？若欲谋成庙堂，功在漏刻，臣以为彼众方黠，积财犹丰，未可以岁月破也。直须弃灵州，保环庆，然后以计困之尔。如臣之策，得骁将数人，提锐兵一二万，给爰县赋以资所用，令分守边城，则寇可就擒，而朝廷得以无虞矣。

景德初，以家贫，乞典郡江左，诏令知通进、银台司兼门下封驳事。时以吏部铨主事前宜黄簿王太冲为大理评事，亿以丞吏之贱，不宜任清秩，即封诏还。未几，太冲补外。俄判史馆，会修《册府元龟》，亿与王钦若同总其事。其序次体制，皆亿所定，群僚分撰篇序，诏经亿窜定方用之。三年，召为翰林学士，又同修国史，凡变例多出亿手。大中祥符初，加兵部员外郎、户部郎中。

五年，以疾在告，遣中使致太医视之，亿拜章谢，上作诗批纸尾，有"副予前席待名贤"之句。以久疾，求解近职，优诏不许，但权免朝直。亿刚介寡合，在书局，唯与李维、路振、刁衎、陈越、刘筠辈厚善。当时文士，咸赖其题品，或被贬议者，退多怨诽。王钦若骤贵，亿素薄其人，钦若衔之，屡抉其失；陈彭年方以文史售进，忌亿名出其右，相与毁訾。上素重亿，皆不惑其说。亿有别墅在阳翟，亿母往视之，因得疾，请归省，不待报而行。上亲缄药剂，加金帛以赐。亿素体羸，至是，以病闻，请解官。有嗾宪官劾亿不俟命而去，授太常少卿，分司西京，许就所居养疗。尝作《君可思赋》，以抒忠愤。《册府元龟》成，进秩秘书监。

七年，病愈，起知汝州。会加上玉皇圣号，表求陪预，即代还，以为参详仪制副使，知礼仪院，判秘阁、太常寺。天禧二年冬，拜工部侍郎。明年，权同知贡举，坐考较差谬，降授秘书监。丁内艰，属行郊礼，以亿典司礼乐，未卒哭，起复工部侍郎，令视事。四年，复为翰林学士，受诏注释典籍，又兼史馆修撰、判馆事，权景灵宫副使。十二月，卒，年四十七。录其子纮为太常寺奉礼郎。

亿天性颖悟，自幼及终，不离翰墨。文格雄健，才思敏捷，略不凝滞，对客谈笑，挥翰不辍。精密有规裁，善细字起草，一幅数千言，不加点窜，当时学者，翕然宗之。而博览强记，尤长典章制度，时多取正。喜诲诱后进，以成名者甚众。人有片辞可纪，必为讽诵。手集当世之述作，为《笔苑时文录》数十篇。重交游，性耿介，尚名节。多周给亲友，故廪禄亦随而尽。留心释典禅观之学，所著《括苍武夷颍阴韩城退居汝阳蓬山冠鳌》等集、《内外制》、《刀笔》，共一百九十四卷。弟倚，景德中举进士，得第三等及第；以亿故，升为第二等。亿无子，以从子纮为后。弟伟。

伟字子奇，幼学于亿。天禧元年献颂，召试学士院，赐进士及第。以试秘书省校书郎知衢州龙游县，再补蕲州录事参军，国子监荐为直讲。驸马都尉李遵勗守澶州，辟签书镇宁军节度判官事。迁大理寺丞、知河间县，再迁太常博士。用近臣荐，为集贤校理、通判单州。会巡检部卒李素合州卒二百余人，谋杀巡检使，入鼓角门，州将不敢出。伟挺身往问曰："若属何为而反？"俱曰："将有诉于州，非反也。"伟曰："持兵来，非反而何？若属皆有父母妻子，以一朝忿而欲鱼肉之乎？"悉令投兵，坐籍首恶得十余人，斩之。徙知祥符县、提点开封府界诸县镇公事，权开封府判官，又判三司开拆司，累迁尚书兵部员外郎、同修起居注。

伟清慎，无治剧才，常秉小笏以朝。知制诰缺。中书以伟名进。仁宗曰："此非秉小笏者邪？"遂命知制诰，权谏院。尝曰："谏臣宜陈列大事，细故何足论。"然当时讥其亡补。迁刑部郎中，为翰林学士。祀明堂，迁右司郎中、判太常寺，为群牧使兼侍读学士，进中书舍人。卒，赠尚书礼部侍郎。

纮字望之，以荫历官知鄞县。鄞滨海，恶少贩鱼盐者，群居洲岛，或掠商人财物入海，吏不能禁。纮至，设方略，使识者质恶少船，及归，始给还，且戒谕之，由是不敢为盗。以亿文献，赐进士出身。通判越州，知筠州，提点江东刑狱，除转运、按察使。江东饥，纮开义仓赈之，吏持不可。纮曰："义仓，为民也，稍稽，人将殍矣。"

纮御下急，常曰："不法之人不可贷。去之，止不利一家尔，岂可使郡邑千万家俱受害邪？"闻者望风解去，或过期不敢之官。与王鼎、王绰号"江东三虎"。坐降知衡州，徙越州。为荆南转运使，徙福建，不赴，知湖州，复

为江东转运使。官至太常少卿，卒。纮性严，虽家居，儿女不敢妄言笑。聚书数万卷，手抄事实，名《窥豹篇》。

晁迥，字明远，世为澶州清丰人，自其父佺，始徙家彭门。迥举进士，为大理评事，历知岳州录事参军，改将作监丞，稍迁殿中丞。坐失人囚死罪，夺二官。复将作丞，监徐、婺二州税，迁太常丞。真宗即位，用宰相吕端、参知政事李沆荐，擢右正言、直史馆。献《咸平新书》五十篇，又献《理枢》一篇。召试，除右司谏、知制诰，判尚书刑部。

帝北征，雍王元份留守京师，加右谏议大夫，为判官，进翰林学士。未几，知审官院，为明德、章穆二园陵礼仪使，同修国史。知大中祥符元年贡举。封泰山，祀汾阴，同太常详定仪注，累迁尚书工部侍郎。使契丹，还，奏《北庭记》，加史馆修撰、知通进银台司。献《玉清昭应宫颂》，其子宗悫继上《景灵宫庆成歌》。帝曰："迥父子同献歌颂，搢绅间美事也。"

史成，擢刑部侍郎，进承旨。时朝廷方修礼文之事，诏令多出迥手。尝夜召对，帝令内侍持烛送归院。方盛暑，为躅宿直，令三五日一至院；迥辞以非故事，乃听俟秋还直。迁兵部侍郎，请分司西京，特拜工部尚书、集贤院学士、判西京留司御史台。赐一子官河南，以就养。

仁宗即位，迁礼部尚书。居台六年，累章请老，以太子少保致仕，给全俸，岁时赐赉如学士。天圣中，迥年八十一，召宴太清楼，免舞蹈。子宗悫为知制诰，侍从同预宴。迥坐御史中丞之南，与宰臣同赐御飞白大字。既罢，所以宠赉者甚厚，进太子少傅。后复召对延和殿，帝访以《洪范》雨旸之应。对曰："比年变灾荐臻，此天所以警陛下。愿陛下修饬王事，以当天心，庶几转乱而为祥也。"既而献《斧扆》、《慎刑箴》、《大顺》、《审刑》、《无尽灯颂》，凡五篇。及感疾，绝人事，屏医药，具冠服而卒，年八十四。罢朝一日，赠太子太保，谥文元。

迥善吐纳养生之术，通释老书，以经传傅致，为一家之说。性乐易宽简，服道履正，虽贵势无所屈，历官临事，未尝挟情害物。真宗数称其好学长者。杨亿尝谓迥所作书命无过褒，得代言之体。喜质正经史疑义，摽括字类。有以术命语迥，迥曰："自然之分，天命也。乐天不忧，知命也。推理安常，委命也。何必逆计未然乎？"所著《翰林集》三十卷，《道院集》十五卷，《法藏碎金录》十卷，《耆智余书》、《随因纪述》、《昭德新编》各三卷。子宗悫。

宗悫字世良，以父荫为秘书省校书郎。屡献歌颂，召试，赐进士及第。又除馆阁校勘，三迁大理寺丞、集贤校理兼注释御集检阅官。迥领西台，宗悫求便养，通判许州。仁宗即位，迁殿中丞、同修起居注。天圣中，百官转对，宗悫请减上供，垦闲田，择狱官，令监司举县令。累迁尚书祠部员外郎、知制诰。宋绶尝谓："自唐以来，唯杨於陵身见其子嗣复继掌书命，今始有晁氏焉。"父忧，夺丧，管勾会灵观，入翰林为学士。母亡，又起复，兼龙图阁学士、权发遣开封府事，辨雪疑狱有能名。

元昊反，关中久宿师，以宗悫安抚陕西，与夏竦议攻

守策。未还，道拜右谏议大夫、参知政事。会朝廷以金饰胡床及金汲器赐唃厮罗，宗愍曰："仲叔于奚辞邑请繁缨，孔子曰：'不如多与之邑。'繁缨，诸侯之马饰，犹不可与陪臣，况以乘舆之器赐外臣乎？必欲优其礼，不若加赐金帛。"后从帝郊祠感疾，数求罢，除资政殿学士、给事中。数日，卒。赠工部尚书，谥文庄。

宗愍性敦厚，事父母孝，笃于故旧，凡任子恩皆先其族人。在翰林，一夕草将相五制，褒扬训戒，人得所宜。尝密诏访边策，陈七事，颇施用之。

刘筠，字子仪，大名人。举进士，为馆陶县尉。还，会诏知制诰杨亿试选人校太清楼书，擢筠第一，以大理评事为秘阁校理。真宗北巡，命知大名府观察判官事。自边鄙罢兵，国家闲暇，帝垂意篇籍，始集诸儒考论文章，为一代之典。筠预修图经及《册府元龟》，推为精敏。真宗将祀汾脽，屡得嘉雪，召筠及监察御史陈从易崇和殿赋歌诗，帝数称善。车驾西巡，又命筠纂土训。是时四方献符瑞，天子方兴礼文之事，筠数上赋颂。及《册府元龟》成，进左正言、直史馆、修起居注。尝属疾，予告满，辄再予，积三百日，每诏续其奉。

迁左司谏、知制诰，加史馆修撰，出知邓州，徙陈州。还，纠察在京刑狱，知贡举，迁尚书兵部员外郎。复请邓州，未行，进翰林学士。初，筠尝草丁谓与李迪罢相制，既而谓复留，令别草制，筠不奉诏，乃更召晏殊。筠自院出，遇殊枢密院南门，殊侧面而过，不敢揖，盖内有所愧也。帝久疾，谓浸擅权，筠曰："奸人用事，安可一日居此。"请补外，以右谏议大夫知庐州。

仁宗即位，迁给事中，复召为翰林学士。逾月，拜御史中丞。先是，三院御史言事，皆先白中丞。筠榜台中，御史自言事，毋白丞杂。知天圣二年贡举，数以疾告，进尚书礼部侍郎、枢密直学士、知颍州。召还，复知贡举，进翰林学士承旨兼龙图阁直学士、同修国史、判尚书都省。祀南郊，为礼仪使，请宿斋太庙日，罢朝飨玉清昭应宫，俟礼成，备銮驾恭谢。从之。筠素爱庐江，遂筑室城中，构阁藏前后所赐书，帝飞白书曰"真宗圣文秘奉之阁"。再知庐州，营冢墓，作棺，自为铭刻之。既病，徙于书阁，卒。

筠，景德以来，居文翰之选，其文辞善对偶，尤工为诗。初为杨亿所识拔，后遂与齐名，时号"杨刘"。凡三入禁林，又三典贡部，以策论升降天下士，自筠始。性不苟合，临事明达，而其治尚简严。然晚于阳翟同姓富人奏求恩泽，清议少之。著《册府应言》、《荣遇》、《禁林》、《肥川》、《中司》、《汝阴》、《三入玉堂》凡七集。一子蚤卒，田庐没官。包拯少时，颇为筠所知。及拯显，奏其族子为后，又请还所没田庐云。

薛映，字景阳，唐中书令元超八世孙，后家于蜀。父允中，事孟氏为给事中。归朝，为尚书都官郎中。映进士及第，授大理评事，历通判绵、宋、昇州，累迁太常丞。王化基荐为监察御史、知开封县。太宗召对，为江南转运使，改左正言、直昭文馆，为江、淮、两浙茶盐制置副使。改京东转运使，徙河东，兼河西随军。求便亲，知相州。再领漕京东，积迁尚书礼部郎中，擢知制诰，权判吏部流内铨兼制置群牧使。同梁颢安抚河北，还，权判度支。

映以右谏议大夫知杭州。映临决蜂锐，庭无留事。转运使姚铉移属州："当直官毋得辄断徒以上罪。"映即奏："徒、流、笞、杖，自有科条，苟情状明白，何必系狱，以累和气。请诏天下，凡徒流罪于长吏前对辨，无所异，听遣决之。"朝廷施用其言。与铉既不协，遂发铉纳部内女口及鬻钿器抑取其直，又广市绫罗不输税。真宗遣御史台推勘官储拱劾铉，得实，贬连州文学。映坐尝召人取告铉状，当赎金，帝特贳之。

在杭五年，入知通进、银台司兼门下封驳事。封泰山，为东京留守判官，迁给事中、勾当三班院，出知河南府。祀汾阴还，驻跸西京，以映有治状，赐御书嘉奖。

迁尚书工部侍郎、集贤院学士、判尚书都省，进枢密直学士、知昇州。建言："州以牛赋民出租，牛死，租不得蠲。"帝览章矍然，曰："此朝廷岂知邪？"因令诸州条奏，悉蠲之。顷之，纠察在京刑狱，再判都省。历尚书左丞、知扬州。徙并州，又徙永兴军，拜工部尚书兼御史中丞。仁宗即位，迁礼部，再为集贤院学士、判院事、知曹州，分司南京。卒，赠右仆射，谥文恭。

映好学有文，该览强记，善笔札，章奏尺牍，下笔立成。为治严明，吏不能欺。每五鼓冠带，黎明据案决事，虽寒暑，无一日异也。子耀卿秘阁校理，孙绅直龙图阁。

论曰：自唐末词气浸敝，迄于五季甚矣。先民有言："政庞土裂，大音不完，必混一而后振。"宋一海内，文治日起。杨亿首以辞章擅天下，为时所宗，盖其清忠鲠亮之气，未卒大施，悉发于言，宜乎雄伟而浩博也。刘筠后出，能与齐名，气象似尔，至于文体之今古，时习使然，遑暇议是哉。晁迥宽易，与物无忤，父子先后典书命，称为名臣。薛映学艺、吏术俱优，而挟忿以抉人之私，君子病之。

卷三百六　　　　列传第六十五

谢泌　孙何弟仅　朱台符　戚纶　张去华子师德　乐黄目　柴成务

谢泌，字宗源，歙州歙人。自言晋太保安二十七世孙。少好学，有志操。贾黄中知宣州，一见奇之。太平兴国五年进士，解褐大理评事、知清川县，徙彰明，迁著作佐郎。端拱初，为殿中丞，献所著文十编、《古今类要》三十卷，召试中书，以直史馆赐绯。时言事者众，诏阁门，非涉侥望乃许受之。繇是言路稍壅。泌抗疏陈其不可，且言："边鄙有事，民政未乂，狂夫之言，圣人择焉。苟诘而拒之，四聪之明，将有所蔽。愿采其可者，拒其不可者，庶颙颙之情，得以上达。"复言："国家图书，多失次序。唐景龙中，尝分经、史、子、集为四库，命薛稷、武平一、马怀素分掌，望遵复故事。"遂令直馆分典四部，以泌知集库。改左正言，使岭南采访。

淳化二年，久旱，复上言时政得失。时王禹偁上言："请自今庶官候谒宰相，并须朝罢于政事堂，枢密使预坐接见，将以杜私请。"诏从之。泌上言曰："伏睹明诏，不许宰相、枢密使见宾客，是疑大臣以私也。《书》曰：'任贤勿贰，去邪勿疑。'张说谓姚元崇曰：'外则疏而接物，内则谨以事君。此真大臣之体。'今天下至广，万机至繁，陛下以聪明寄于辅臣，自非接下，何以悉知外事？若令都堂候见，则庶官请见咨事，略无解衣之暇。今陛下囊括宇宙，总揽英豪，朝廷无巧言之士，方面无姑息之臣，奈何疑执政，为衰世之事乎。王禹偁昧于大体，妄有陈述。"太宗览奏，即追还前诏，仍以泌所上表送史馆。会修正殿，颇施采绘，泌复上疏。亟命代以丹垩，且嘉其忠荩，拜左司谏，赐金紫、钱三十万。一日，得对便殿，太宗称其任直敢言，泌奏曰："陛下从谏如流，故臣得以竭诚。昔唐季孟昌图者，朝疏谏而夕去位，鉴于前代，取乱宜矣。"太宗动色久之。时，群臣升殿言事者，既可其奏，得专达于有司，颇容巧妄。泌请自今凡政事送中书，机事送枢密，金谷送三司，覆奏而行，从之。

俄判三司盐铁勾院。奉诏解送国学举人，黜落既多，群聚喧诟，怀甓以伺泌出。泌知之，潜由他途入史馆，数宿不敢出，请对自陈。太宗问："何官骖导严肃，都人畏避？"有以台杂对者，即授泌虞部员外郎兼侍御史知杂事。上元观灯，泌特预召，自是为例。转金部员外郎，充盐铁副使。顷之，魏羽为使，即泌之外舅，以亲嫌，改度支副使。因郊祀，条上军士赏给之数。太宗曰："朕惜金帛，止备赏赐尔。"泌因曰："唐德宗朱泚之乱，后唐庄宗马射之祸，皆赏军不丰所致。今陛下薄于躬御，赏赐特优，实历代之所难也。"俄与王沔同磨勘京朝官。太宗孜孜为治，每御长春殿视事罢，复即崇政殿临决，日旰未进御膳。泌言："请自今长春罢政，既膳后御便坐。"不报。俄知三班、通进银台司，出知湖州。再迁主客郎中、知虢州。

真宗初，边人屡寇，泌上疏曰：

臣窃惟圣心所切者，欲天下朝夕太平尔。雍熙末，赵普录唐姚崇《太平十事》以献。未几，普复相，时称致治之策无出于此。寻普病，又辽骑扰边，因循未行。今北边谧宁，继迁请命，则可行于今日矣。臣以为先朝未尽行者，俟陛下行。陛下自临大宝，边不加兵，西北肃然，民安岁登，则太平之象，复何远哉。至于省不急之务，削烦苛之政，抑奔竞，来直言，斯皆致太平之术，又岂让唐开元之治也。议者或谓，方今用兵异于开元，且开元边戎孔炽，明皇卒与之和。至如汉高祖亦然。此皆屈己以宁天下，岂以轻大国而竞小忿乎。请以近事言，往岁讨交趾，王师一动，南方几摇。先皇以为得之无用，弃之实便，及授官为蕃屏，则至今鼠伏。石晋之末，耻讲和契丹，遂致天下横流，岂得为强？或者有言，敌所嗜者禽色，所贪者财利，余无他智计。先朝平晋之后，若不举兵临之，

但与财帛，则幽蓟不日纳土矣。察此，乃知其情古犹今也。汉祖、明皇所用之计，正可以饵其心矣。

臣伏睹近诏，以不逞之徒所陈述，皆闾阎事。臣闻古先哲王询于刍荛，察于迩言者，盖虑视听之蔽，故采此以达物情，亦罕行其事也。先朝有侯莫陈利用、陈廷山、郑昌嗣、赵赞之徒，喋喋利口，赖先帝圣聪，寻剪除之，然为患已深矣。臣又闻辅时佐主，建万世之基，立不拔之策者，必倚老成之人。至如成、康刑措，由任周、召；文、景清静，不易萧、曹；明皇太平，亦资姚、宋。夫精练国政，斟酌王度，未闻市井之胥，走尘之吏，可当其任也。惟陛下察往古用贤致治之道，则贤者亦必尽忠竭力，以辅成太平之治矣。

咸平二年，徙知同州。代还，知鼓司、登闻院。五年，与陈恕同知贡举，复知通进、银台司，加刑部，出为两浙转运使。近制，文武官告老者皆迁秩，令录授朝官，并给半俸。泌言："请自今七十以上求退者，许致仕；因疾及历任犯赃者，听从便。"诏可。徙知福州，代还，民怀其爱，刻石以纪去思。转兵部郎中，复知审官院，直昭文馆。知荆南府，改襄州，迁太常少卿、右谏议大夫、判吏部铨。大中祥符五年卒，年六十三。

泌性端直，然好方外之学，疾革，服道士服，端坐死。帝闻而嗟异，遣使临问恤赐，录其子衍为太常寺奉礼郎，衔将作监主簿。衍为太子中舍。

孙何，字汉公，蔡州汝阳人。祖镒，唐末秦宗权据州，强以宾佐起之。镒伪疾不应，还家，以讲授为业。父庸，字鼎臣，显德中，献《赞圣策》九篇，引唐贞观所行事，以魏玄成自况。得对，言曰："武不可黩，敛不可厚，奢不可放，欲不可极。"世宗奇其言，命中书试，补开封兵曹掾。建隆初，为河南簿。太平兴国六年，鸿胪少卿刘章荐其材，改左赞善大夫。历殿中丞、知龙州而卒。

何十岁识音韵，十五能属文，笃学嗜古，为文必本经义，在贡籍中甚有声。与丁谓齐名友善，时辈号为"孙丁"。王禹偁尤推重之。尝作《两晋名臣赞》、《宋诗》二十篇、《春秋意》、《尊儒教议》，闻于时。淳化三年举进士，开封府、礼部俱首荐，及第又得甲科，解褐将作监丞、通判陕州。召入直史馆，赐绯，迁秘书丞、京西转运副使。历右正言，改右司谏。

真宗初，何献五议：其一，请择儒臣有方略者统兵；其二，请世禄之家肄业太学，寒隽之士州郡推荐，而禁投贽自媒者；其三，请复制举；其四，请行乡饮酒礼；其五，请以能授官，勿以恩庆例迁。上览而善之。咸平二年，举入阁故事，何次当待制，献疏曰：

六卿分职，邦家之大柄也。有吏部辨考绩而育人材，有兵部简车徒而治戎备，有户部正版图而阜货财，有刑部谨纪律而诛暴强，有礼部祀神示而选贤俊，有工部缮宫室而修堤防，六职举而天下之事备矣。故周之会府，汉之尚书，立庶政之根本，提百司之纲纪。令、仆率其属，丞、郎分其行，二十四司粲

焉星拱，郎中、员外判其曹，主事、令史承其事。四海九州之大，若网在纲。

唐之盛时，亦不闻别分利权，刱使额，而军须取足。及元宗侈心既萌，召发既广，租调不充，于是萧景、杨钊始以地官判度支，而宇文融为租调地税使，始开利孔，以构祸阶。至于肃、代，则有司之职尽废，而言利之臣攘臂于其间矣。于是叛乱相仍，经费不充，迫于军期，切于国计，用救当时之急，卒以权宜裁之。五代短促，曾莫是思。

今国家三圣相承，五兵不试，太平之业，垂统立制，在此时也。所宜三部使额，还之六卿，慎择户部尚书一人，专掌盐铁使事，俾金部郎中、员外郎判之。又择本行侍郎二人，分掌度支、户部使事，各以本曹郎中、员外郎分判之，则三使泊判官，虽省犹不省也。仍命左右司郎中、员外总知帐目，分勾稽违。职守有常，规程既定，则进无掊克之虑，退有详练之名，周官唐式，可以复矣。兹事非艰，在陛下行之尔。是冬，从幸大名，诏访边事。何疏曰：

陛下嗣位以来，训师择将，可谓至多，以高祖之大度，兼萧王之赤心，神武冠于百王，精兵倍于前代。分阃仗钺者，固当以身先士卒为心，贼遗君父为耻。而列城相望，坚壁自全，手握强兵，坐违成算，遂使腥膻得计，蛇豕肆行，焚劫我郡县，系累我黎庶。陛下摅人神之愤怒，悯河朔之生灵，爰御六师，亲幸澶、魏，天声一振，敌骑四逃，虽镇、定道路已通，而德、棣烽尘未息，此殆将帅或未得人，边奏或有壅阏，邻境不相救援，糗粮须俟转输之所致也。

将帅者何？或恃勇无谋，或忌功玩寇，但全城堡，不恤人民。边奏者何？护塞之臣，固禄守位，城池焚劫，不以实闻，老幼杀伤，托言他盗。不救援者何？缘边州县，城垒参错，如辅车唇齿之相依，若头目手足之相卫，托称兵少不出，或待奏可乃行。俟辇输者何？敌骑往还，猋驰鸟逝，羸粮景从，万两方行，追乎我来，寇已遁去。此四者，当今急务。择将帅，则莫若文武之内，参用谋臣；防壅阏，则莫若凡奏边防，陛见庭问；合救援，则莫若督以军令，听其便宜；运糗粮，则莫若轻赍疾驱，角彼趫捷。

今大驾既驻邺下，契丹终不敢萌心南牧，所虑荐食者，惟东北无备之城，缮完周防，不可不慎。且蜂虿有毒，豺狼无厌。今契丹西畏大兵，北无归路，兽穷则搏，物不可轻，余孽或尚稽诛，奔突亦宜预备。大河津济，处处有之，亦望量屯禁兵，扼其要害，则请和之使，不日可待。

真宗览而嘉之。及傅潜逗挠无功，何又请斩潜以徇。俄权户部判官，出为京东转运副使，又献疏请择州县守宰，省三司冗员，遴选法官，增秩益奉。未几，徙两浙转运使，加起居舍人。景德初，代还，判太常礼院。俄与晁迥、陈尧咨并命知制诰，赐金紫，掌三班院。何先已被疾，勉强亲职。一日，奏事上前，坠奏牍于地，俯而取之，复坠笏。有司劾以失仪，诏释之。何惭，上章求改少卿监，

分司西京养疾，上不许，第赐告，遣医诊视。医勉其然艾，何答曰："死生有命。"卒不听。是冬卒，年四十四。上在澶渊，闻之悯惜，录其子言为大理评事。

何乐名教，勤接士类，后进之有词艺者，必为称扬。然性卞急，不能容物。在浙右专务峻刻，州郡病焉。好学，著《驳史通》十余篇，有集四十卷。弟佺。

佺字邻幾。少勤学，与何俱有名于时。咸平元年，进士甲科，兄弟连冠贡籍，时人荣之。解褐舒州团练推官，会诏举贤良方正之士，赵安仁以佺名闻。策入第四等，擢光禄寺丞、直集贤院，俄知浚仪县。景德初，拜太子中允、开封府推官，赐绯。北边请盟，遣使交聘，佺首为国母生辰使。改本府判官，迁右正言、知制诰，赐金紫，同知审官院。是冬，永兴孙全照求代，真宗思择循良任之，御书边肃泊佺二名示宰相。或言佺尝倅京府，谙民政，乃命知永兴军府。佺纯厚长者，为政颇宽，尝诏戒焉。大中祥符元年，加比部员外郎。代还，知审刑院。顷之，拜右谏议大夫、集贤院学士、权知开封府。改左谏议大夫，出知河中府。归朝，复领审刑院。久次，进给事中。天禧元年正月卒，年四十九。录其子大理评事和为卫尉寺丞。

佺性端悫，中立无竞，笃于儒学，士大夫推其履尚，有集五十卷。佺弟侑亦登进士第，至殿中丞。

朱台符字拱正，眉州眉山人。父赋，举拔萃，历度支判官，卒于殿中丞。台符少聪颖，十岁能属辞，尝作《黄山楼记》，士友称之。及长，善词赋。时太宗廷试贡士，多擢敏速者，台符与同辈课试，以尺晷成一赋。淳化三年，进士登甲科，解褐将作监丞、通判青州。召入直史馆，赐绯鱼，再迁秘书丞、知浚仪县。

咸平元年，与杨砺、李若拙、梁颢同知贡举，俄以京府旧僚，擢太常博士，出为京西转运副使。时北边为梗，台符上言曰：

臣闻蛮夷猾夏，《帝典》所载，商、周而下，数为边害。或振旅薄伐，或和亲修好，历代经营，斯为良策。至于秦筑长城而黔首叛，汉绝大漠而海内虚，逞志一时，贻笑万代，此商鉴不远也。顷者，晋氏失御，中原乱离，太祖深鉴往古，酌取中道，与民休息，遣使往来。二十年间，罕闻入寇，大省戍边之卒，不兴出塞之兵。关防谧宁，府库充溢，信深得制御之道也。

幽蓟之地，实维我疆，尚隔混同，所宜开拓。太宗平晋之后，因其兵势，将遂取之。人虽协谋，天未猒乱，螗斧拒辙，用稽戾诛。重兴吊伐之师，又作迁延之役。自兹厥后，大肆凶锋，杀略军民，攻拔城砦，长驱深入，莫可禁止。当是时也，以河为塞，而赵、魏之间，几非国家所有。既阻欢盟，乃为备御，屯士马，益将帅，刍粟之飞辂，金帛之委输，赠给赏赐，不可胜数。繇是国家之食货，匮于河朔矣。

陛下自天受命，与物更始，继迁授节，黎桓加爵，咸命使者镇抚其邦。惟彼契丹，未加渥泽，非所以柔远能迩，昭王道之无偏也。今祥禫将终，中外引颈

观听德音。臣愚以为宜于此时赦契丹罪,择文武才略习知边境辨说之士,为一介使,以嗣位服除,修好邻国,往告谕之。彼十年以来,不复犯塞,以臣计之,力有不足,志欲归向,而未得其间也。今若垂天覆之仁,假来王之便,必欢悦慕义,遣使朝贡。因与之尽捐前恶,复寻旧盟,利以货财,许以关市,如太祖故事,使之怀恩畏威。则两国既和,无北顾之忧,可以专力西鄙,继迁自当革心而束手矣,是一举而两得也。

台符又自请往使,时论韪之。

咸平二年春,旱,诏求直言。台符上疏,请重农积谷,任将选兵,慎择守令,考课黜陟,轻徭节用,均赋慎刑,责任大臣,与图治道。奏入,优诏褒答。入为盐铁判官,改判户部勾院,拜工部员外郎,换度支判官。景德初,郑文宝为陕西转运,或言其张皇生事,徙台符代之,仍赐金紫。

台符俊爽好谋,然颇以刻碎为举职。与杨覃联事,覃颇欲因仍旧贯,台符则更革烦扰,议事违戾,交相掎奏,以不协闻,命御史视其状。九月,徙台符知郓州,覃知随州。三年,召还,会执政有不喜者,复出知洪州,卒于舟次,年四十二。赐其子公佐同学究出身,赠钱二十万。

台符好学,敏于属辞,喜延誉后进,有集三十卷。公佐及台符弟昌符,大中祥符中,举进士,廷试并得第五人。初,昌符登科,宰相言昌符即台符弟,上因言台符有文学及著述可采,甚嗟悼之。公佐卒,又以次子寿隆试将作监主簿。昌符为屯田员外郎。

戚纶字仲言,应天楚丘人。父同文,字文约,自有传。纶少与兄维以文行知名,笃于古学,喜谈名教。太平兴国八年举进士,解褐沂水主簿。按版籍,得逋户脱口漏租者甚众。徙知太和县。同文卒于随州,纶徒步奔讣千里余。俄诏起复莅职,就加大理评事。江外民险悍多构讼,为《谕民诗》五十篇,因时俗耳目之事,以申规诲,老幼多传诵。每岁时必与狱囚约,遣归祀其先,皆如期而还。迁光禄丞,坐鞫狱陈州失实,免官。著《理道评》十二篇,钱若水、王禹偁深所赏重。久之,复授大理评事、知永嘉县。境有陂塘之利,浚治以备水旱。复为光禄寺丞,转运使又上其政绩,连诏褒之。

真宗即位,转著作佐郎、通判泰州。将行,秘书监杨徽之荐其文学纯谨,宜在馆阁,命为秘阁校理。受诏考校司天台职官,定州县职田条制。诏馆阁官以旧文献,上嘉纶所著,特改太常丞,俄判鼓司、登闻院。出内府缗帛市边粮,诏纶乘传往均市之。

景德元年,判三司开拆,赐绯鱼,改盐铁判官。上疏言边事,甚被嘉奖。十月,拜右正言、龙图阁待制,赐金紫。时初建是职,与杜镐并命,人皆荣之。纶久次州县,留意吏事,每便殿请对,语必移晷,或夜中召见,多所敷启。俄上奏曰:"夫出纳献替,王臣之任;章疏奏议,谏者之职。臣屡蒙召对,皆延数刻,屈万乘之尊,接一介之士,圣德渊深,包纳荒秽,体其至愚,不罪触犯,安敢循嘿不言。谨摭十事该治本者附于章左:一曰王畿关辅,二曰五等封建,三曰复制科,四曰崇国学,五曰辟旷土,六曰修贡举,七曰任大臣,八曰置平籴,九曰益厢军、减禁兵,十曰修《六典》令式。"词颇深切,上为嘉奖。

二年,与赵安仁、晁迥、陈充、朱巽同知贡举,纶上言取士之法,多所规制,并纳用焉。预修《册府元龟》,会置官总在京诸司之务,凡百三十司,命纶与刘承珪同领其事。判鸿胪寺。先是,群臣诏葬,公私所费无定式。纶言其事,诏同晁迥、朱巽、刘承珪校品秩之差,定为制度,遂遵行之。纶以三公、尚书、九列之任,唐末以来,有司渐繁,纲目不一,谓宜采《通礼》、《六典》令式,比类沿革,著为大典,时论称之。进秩右司谏、兵部员外郎。时诏禁群臣匿名上封及非次升殿奏事,纶谓"忠谠之入,当开奖言路,若疏远之士,尤艰请对",上颇嘉之。

大中祥符元年,掌吏部选事。上初受灵文,纶上疏曰:"臣遐稽载籍,历考秘文,验灵应之垂祥,顾天人之相接。陛下绍二圣丕业,启万世鸿基,勤行企道,恭默思玄,上天降鉴,瑞牒昭锡,聿示临民之戒,用恢奕叶之祥。乞诏有司,速修大祀,载命侍从,摹写祥符,勒于嘉玉,藏之太庙,别以副本秘于中禁,传示万叶,无敢怠荒。然臣恐流俗幻惑狂谋,以人鬼之妖辞,乱天书之真旨。伏望端守玄符,凝神正道,以答天贶,以惠蒸黎。"是冬,封泰山,命纶同计度发运事。礼成,迁户部郎中、直昭文馆,待制如故。被诏,同编《东封祥瑞封禅记》。会峻待制之秩,又兼集贤殿修撰。建议修释奠仪,颁于天下;立常平仓,隶司农寺,以平民籴,皆从之。尝宴饯种放于龙图阁,诏近臣为序,上览纶所作,称其有史才。

三年,擢枢密直学士,上作诗宠之。祀汾阴,复领发运之职。居无何,出知杭州,就加司封郎中。属江潮为患,乃立堤岸,以易柱石之制,虽免水患,而众颇非其变法。胡则时领发运,尝知杭州,肆纵不检,厚结李溥,纶素恶之。通判吴耀卿,则之党也,伺纶动静,密以报则。则时为当涂所昵,因共掎摭纶过,徙知扬州。惟扬亦溥、则巡内,持之益急,求改僻郡,徙徐州。八年,与刘综并罢学士,授左谏议大夫。代还,复知青州。岁饥,发公廪以救饿殍,全安甚众。徙郓州,王遵诲为劝农副使,尝任西边,寓家永兴,闺门不肃,事将发,知府寇准为平之。纶因戏谑语及准,遵诲恚怒,以为污己,遂奏纶谤讪,坐左迁岳州团练副使,易和州。天禧四年,改保静军副使。是冬,以疾求归故里,改太常少卿,分司南京。五年,卒,年六十八。

纶笃于古学,善谈名理,喜言民政,颇近迂阔。事兄维友爱甚厚,维卒,讣闻,哀恸不食者数日。与交游故旧,以信义著称。士子谒见者,必询其所业,访其志尚,随才诱诲之。尝云:"归老后,得十年在乡间讲习,亦可以恢道济世。"大中祥符中,继修礼文之事,纶悉参其议,与陈彭年并职,屡召对,多建条式,恩宠甚盛。乐于荐士,每一奏十数人,皆当时知名士。晚节为权幸所排,遂不复振。善训子弟,虽至清显,不改其纯俭。既没,家无余赀。张知白时知府事,锾奉以助其丧。家人于几阁间,得《遗戒》一篇，大率皆诱劝为学。有集二十卷。又前后奏议，有机务利害、备边均田之策，别为《论思集》十卷，分上下篇。天圣中，其子舜宾献之，诏赠左谏议大夫。舜宾，官太子中舍。

张去华，字信臣，开封襄邑人。父谊，字希贾。好学，不事产业。既孤，诸父使督耕陇上，他日往视之，见阅书于树下，怒其不亲稼事，诟辱之。谊谓其兄曰："若不就学于外，素志无成矣。"遂潜诣洛阳龙门书院，与宗人沆、鸾、滉结友，故名闻都下。

长兴中，和凝掌贡举，谊举进士，调补耀州团练推官。晋天福初，代还。会凝由内署拜端明殿学士，署门不接宾客，谊闻之，即日致书于凝，以为"切近之职，实当顾问，四方利害，所宜询访，若不接宾客，声誉耳目，坐亏职业，虽为自安计，其可久乎？"凝大奇之，他日，荐于宰相桑维翰曰："凝门生中有张谊者，性介直，颇涉辞艺，可备谏职。"未几，超拜左拾遗。谊以晋室新造，典礼未完，数上章请复有唐故事。又言契丹有援立之助，所宜敦信谨条，不可自逸，以启衅端。改右补阙，充集贤殿修撰，历礼部员外郎、侍御史。改仓部、知制诰，加礼部郎中。

乾祐初，真拜中书舍人。时苏逢吉、杨邠、王章辈攀附汉祖，骤得大用，搢绅多附之，谊不为屈，故共嫉之。遣谊为吴越宣谕使，与兵部郎中马承翰同往赐官告。浙人每迓朝使，必列步骑以自夸诧，谊与承翰窃笑之。又乘酒，言词有轻发者，钱俶甚耻之，乃奏谊擅箠防援官。又夜集，与承翰使酒，语相侵，坐贬均州司户，改房州司马，岁余卒。

去华幼励学，敏于属辞，以荫补太庙斋郎。周世宗平淮南，去华时年十八，慨然叹曰："兵战未息，民事不修，非驭国持久之术。"因著《南征赋》《治民论》，献于行在。召试，授御史台主簿。属三院议事，不得预坐，谓所亲曰："簿领之职，非壮夫所为。"即弃官归郑州，杜门不出者三载。

建隆初，始携文游京师，大为李昉所称。明年，举进士甲科，即拜秘书郎、直史馆。以岁满不迁，上章自诉，因言制诰张澹、卢多逊、殿中侍御史师颂文学肤浅，愿得校其优劣。太祖立召澹辈与去华临轩策试，命陶谷等考之。澹以所对不应问，降秩，乃擢去华为右补阙，赐袭衣、银带、鞍勒马。朝议薄其躁进，以是不迁秩者十六年。尝得对便殿，询及家世，遂诉父始忤权贵，因罹重贬。宰相薛居正亦为言之，太祖为之动容，且曰："汉室不道，奸臣擅权，此朕所亲见也。"荆湖平，命通判道州。去华上言："桂管为五岭冲要，令刘铱保境固守，赖之为捍蔽，若大军先克其城，以趣番禺，如践无人之境。"且言桂州可取之状，有诏嘉奖。代还，知磁、乾二州，选为益州通判，迁起居舍人、知凤翔府。

从太宗征太原，监随驾左藏库，就命为京东转运使。历左司员外郎、礼部郎中。太平兴国七年，为江南转运使。雍熙中，王师讨幽州，去华督宋州馈运至拒马河，就命掌河北转运事。三年，知陕州，未行，著《大政要录》三十篇以献，上览而嘉之，诏书褒美，赐彩五十匹，因留不遣。会许王尹京，命为开封府判官，殿中侍御史陈载为推官，并赐金紫。谓曰："卿等皆朝之端士，特加选用，其善佐吾子。"各赐钱百万。逾岁，就拜左谏议大夫，又令枢密使王显传旨，谕以辅成之意。未几，有庐州尼道安讼弟妇不实，府不为治，械系送本州。弟妇即徐铉妻之甥。道安伐登闻鼓，言铉以尺牍求请，去华故不为治。上怒，去华坐削一任，贬安州司马。岁余，召授将作少监、知兴元府，未行，改晋州。迁秘书少监、知许州。

真宗嗣位，复拜左谏议大夫。未几，迁给事中、知杭州。两浙自钱氏赋民丁钱，有死而不免者，去华建议请除之，有司以经费所仰，固执不许。咸平二年，徙苏州。顷之，以疾求分司西京。在洛葺园庐，作中隐亭以见志。景德元年，改工部侍郎致仕。三年，卒，年六十九。

去华美姿貌，善谈论，有蕴藉，颇尚气节。在营道得父同门生何氏二子，教其学问。受代，携之京师，慰荐馆谷，并登仕籍。尝献《元元论》，大旨以养民务穑为急，真宗深所嘉赏，命以缣素写其论为十八轴，列置龙图阁之四壁。然不饰边幅，颇为清议所贬，以是不登显用。有集十五卷。子师古至国子博士，师锡殿中丞，师颜国子博士。

师德，字尚贤。去华十子，最器师德。尝欲任以官，辞不就。去华曰："此儿必继吾志。"真宗祀汾阴，知河南府薛映荐其学行，又献《汾阴大礼颂》于行在。是岁，举进士亦为第一，时人荣之。除将作监丞、通判耀州。迁秘书省著作郎、集贤校理、判三司都理欠凭由司。建言："有通负官物而被系，本非侵盗，若荦独贫病无以自偿，愿特蠲之。"帝用其言。尝奏事殿中，帝访以时事，而条对甚备。帝喜曰："朕藩邸知卿父名，今又知卿才。"其后每遣使，帝辄曰："张师德可用。"契丹、高丽使来，多以师德主之。天禧初，安抚淮南，苦风眩，改判司农寺。擢右正言、知制诰，判尚书刑部。顷之，出知颍州，迁刑部员外郎、判大理寺，为群牧使、景灵宫判官，再迁吏部郎中。以疾，知邓州，徙汝州，拜左谏议大夫，罢知制诰。

师德孝谨有家法，不交权贵，时相颇不悦之。然亦多病，在西掖九年不迁，卒于官。有文集十卷。子景宪，为太中大夫。

乐黄目，字公礼，抚州宜黄人。世仕江左李氏。父史，字子正。齐王景达镇临川，召掌笺奏，授秘书郎。入朝，为平原主簿。太平兴国五年，与颜明远、刘昌言、张观并以见任官举进士。太宗惜科第不与，但授诸道掌书记。史得佐武成军，既而复赐及第。上书言事，擢为著作佐郎、知陵州，献《金明池赋》，召为三馆编修。

雍熙三年，献所著《贡举事》二十卷，《登科记》三十卷，《题解》二十卷，《唐登科文选》五十卷，《孝弟录》二十卷，《续卓异记》三卷。太宗嘉其勤，迁著作郎、直史馆。转太常博士、知舒州，迁水部员外郎。淳化四年春，与司封员外郎、直昭文馆李藐同使两浙巡抚，加都官、知黄州。又献《广孝传》五十卷，《总仙记》一百四十一卷。诏秘阁写本进内。史好著述，然博而寡要，以五帝、三王，皆云仙去，论者嗤其诡诞。

咸平初，迁职方，复献《广孝新书》五十卷，《上清文苑》四十卷。出知商州。史前后临民，颇以贿闻。俄以老疾为言，听解职，分司西京。五年，郊祀毕，奉留守司表入贺，因得召对。上见其矍铄不衰，又知笃学，尽取所著书藏秘府，复授旧职，与黄目同在文馆，人以为荣。出掌西京磨勘司，黄目为京西转运。改判留司御史台。车驾幸洛，召对，赐金紫。史久在洛，因卜居，有亭榭竹树之胜，优游自得。未几卒，年七十八。所撰又有《太平寰宇记》二百卷，《总记传》百三十卷，《坐知天下记》四十卷，《商颜杂录》、《广卓异记》各二十卷，《诸仙传》二十五卷，《宋齐丘文传》十三卷，《杏园集》、《李白别集》、《神仙宫殿窟宅记》各十卷，《掌上华夷图》一卷。又编己所著为《仙洞集》百卷。

黄目淳化三年举进士，补伊阙尉。迁大理寺丞、知寿安县。咸平中，徙知壁州，未行，上章言边事，召对，拜殿中丞。久之，直史馆、知浚仪县。俄上言曰："伏以从政之原，州县为急；亲民之任，牧宰居先。今朝官以数任除知州，簿尉以两任入县令，虽功过易见，而能否难明。伏见唐开元二年选群官，有宏才通识，堪致理化者，授刺史、都督。又引新授县令于宣政殿，试理人策一道，惟鄠城令袁济及格，擢授醴泉令，余二百人，且令赴任，十余人并放令习学。臣欲望自今审官院差知州，铨曹注县令，候各及三二十人，一次引见于御前，试时务策一道。察言观行，取其才识明于吏治、达于教化者充选；其有不分曲直、罔辨是非者，或黜之厘务，或退守旧资。如此，则官得其人，事无不治。"上颇嘉其好古。历度支、盐铁判官，迁太常博士、京西转运使。丁内艰，时真宗将幸洛，以供亿务繁，起令莅职。史寻卒，上复诏权夺。

大中祥符中，使契丹还，改工部员外郎、广南西路转运使。就拜起居郎，改陕西转运使，赐金紫。陈尧咨知永兴，好以气凌黄目，因表求解职，不许。尧咨多纵恣不法，有密言其事者，诏黄目察之，得实以闻，尧咨坐罢龙图阁职，徙知邓州。八年，黄目入判三司三勾院。天禧初，马元方奏黄目职事不举，遂分三勾院，以三人掌之。黄目罢任，奉朝请。逾月，拜兵部员外郎、知制诰，充会灵观判官。黄目属辞淹缓，朝议以为不称职。时以盛度知京府，辞不拜，即迁黄目右谏议大夫、权知开封府，度为会灵观判官，两换其任。

仁宗升储，拜给事中兼左庶子。入内副都知张继能，尝以公事请托黄目，至是未申谢，事败，降左谏议大夫、知荆南府。明年，复为给事中，徙潭州。长沙月给，减于荆渚，特诏增之，又谕以兵赋繁综寄任之意。五年，代还，知审官院。黄目以风疾题品乖当，改知通进、银台司兼门下封驳事。数月，求外任，得知亳州。俄而幼子死，闻讣恸绝，所疾加甚，卒，年五十六。录其子理国为卫尉寺丞，定国为大理评事。

黄目面柔简默，为吏处剧，亦无败事。有集五十卷，又撰《学海搜奇录》四十卷，《圣朝郡国志》二十卷。黄目兄黄裳，弟黄庭，黄裳孙滋，并进士及第。黄裳、黄庭皆至太常博士。

柴成务，字宝臣，曹州济阴人也。父自牧，举进士，能诗，至兵部员外郎。成务乾德中京府拔解，太宗素知其名，首荐之，遂中进士甲科，解褐峡州军事推官。改曹、单观察推官，迁大理寺丞。太平兴国五年，转太常丞，充陕西转运副使，赐绯，再迁殿中侍御史。八年，与供奉官葛彦恭使河南，案行遥堤。历知果、苏二州，就为两浙转运使，改户部员外郎、直史馆，赐金紫。入为户部判官、迁本曹郎中。太宗选郎官为少卿监，以成务为光禄少卿。

俄奉使高丽，远俗尚拘忌，以月日未利拜恩，稽留朝使。成务贻书，往反开谕大体，国人信服，事具《高丽传》。淳化二年，为京东转运使。会宋州河决，成务上言："河水所经地肥淀，愿免其租税，劝民种艺。"从之。召拜司封郎中、知制诰，赐钱三十万。时吕蒙正为宰相，尝与之联外姻，避嫌辞职，不许。俄与魏庠同知京朝官考课。四年，又与庠同知给事中事，凡制敕有所不便者，许封驳以闻。

蜀寇平，使峡路安抚，改左谏议大夫、知河中府。时银、夏未宁，蒲津当馈饷之冲，事皆集办，得脱户八百家以附籍。府城街陌颇隘狭，成务曰："国家承平已久，如车驾临幸，何以驻千乘万骑邪？"乃奏撤民庐以广之。其后祀汾阴，果留跸河中，衢路显敞，咸以为便。

真宗即位，迁左谏议大夫、知梓州。未几代还，又遣知青州，表求俟永熙陵复土毕之任。旋受诏与钱若水等同修《太宗实录》，书成，知扬州。入判尚书刑部，本司小吏倨慢，成务怒而笞之，吏击登闻鼓诉冤，有诏问状。成务叹曰："忝为长官，杖一胥而被劾，何面目据堂决事邪！"乃求解职。景德初，卒，年七十一。

成务有词学，博闻稽古，善谈论，好谐笑，士人重其文雅。然为郡乏廉称，时论惜之。文集二十卷。成务年六十六始有子，比卒，裁六岁，授奉礼郎，名贻范，后为国子博士。

论曰：泌述唐、汉之治，台符陈商、周之鉴，历布腹心，奏议反覆论当世事，尽言无隐。何建五议，纶摭十事，皆切于辅治。何勤接士类，纶乐于荐士，皆足以仪表当世者也。去华颇尚气节，而能作成后进；黄目属辞淹缓，而著述浩瀚；成务寡清白之操，而专对不辱，俱有足称者焉。

卷三百七　　列传第六十六

乔维岳 王陟附　张雍　董俨　魏廷式
卢琰　宋抟　凌策　杨覃　陈世卿
李若拙 子绎　陈知微

乔维岳，字伯周，陈州南顿人。治《三传》。周显德初登第，授太湖主簿。四年，迁平舆令。开宝中，右拾遗刘穑荐其才，擢为太子中舍、知高邮军，通判扬州，徙常州。金陵平，又移昇州，改殿中丞。太平兴国初，徙襄州，俄丁内艰。三年，陈洪进表纳疆土，以其子文显为泉州留后，朝廷议择能臣关掌郡事，即起乔维岳为通判。会盗起仙游莆田县、百丈镇，众十余万攻城，城中兵裁三千，势甚危急。监军何承矩、王文宝欲尽屠其民，燔府库而遁。维岳挺然抗议，以为："朝廷寄以绥远，今惠泽未布，盗贼连结，反欲屠城，岂诏意哉。"承矩等因复坚守，既而转运使杨克让率福州兵破贼，围遂解，诏褒之。

归朝，为淮南转运副使，迁右补阙，进为使。淮河西流三十里曰山阳湾，水势湍悍，运舟多罹覆溺。维岳规度开故沙河，自末口至淮阴磨盘口，凡四十里。又建安北至淮澨，总五堰，运舟所至，十经上下，其重载者皆卸粮而过，舟时坏失粮，纲卒缘此为奸，潜有侵盗。维岳始命创二斗门于西河第三堰，二门相距逾五十步，覆以厦屋，设县门积水，俟潮平乃泄。建横桥岸上，筑土累石，以牢其址。自是弊尽革，而运舟往来无滞矣。

尝按部至泗州，虑狱，法掾误断囚至死。维岳诘之，法掾俯伏，且泣曰："有母年八十余，今获罪，则母不能活矣。"维岳悯之，因谓曰："他日朝制按问，第云转运使令处兹罪。"卒如其言，获免；维岳坐赎金百二十斤，罢使职，权知楚州。迁户部员外郎。代还，为度支判官，转本曹郎中，出为两浙转运使，历知怀州、沧州。

会考课京朝官，召还。属真宗以寿王尹京，精择府僚，留为开封府推官。或言维岳在淮南，决狱不平允，左右有知其事者辨之，太宗特加赏异。储闱建，兼左谕德，转太常少卿。京府事繁，维岳评处详敏。有王陟为司录，真宗亦称其明干。及践祚，即命维岳与毕士安权知开封府，拜给事中、知审官院。维岳体肥年衰，艰于拜趋，陈乞外迁小州。上嘉其静退，特授海州刺史。

咸平初，知苏州。素病风，上以吴中多食鱼蟹，乃徙寿州，仍命太医驰疗之。四年，卒，年七十六。赠兵部侍郎，官给其葬。大中祥符中，录其孙世昌、献之，并赐同学究出身。维岳明习吏事，有治剧才。在怀州，王钦若始举进士，维岳知其贵；又善待陈彭年，自刺郡连易为通判，皆称荐之。

王陟者，潞州上党人。淳化三年举进士，补岚州团练推官。内侍罗怀嗣言其督运有劳，迁晋州观察推官。至道初，度支判官李择言荐为著作佐郎、同判大名府，留知开封府司录参军。前司录阎仲卿喜云为，屡升殿奏事，真宗尹京时颇不悦。及陟代之，以谨干闻，尤被待遇。即位，召赐绯鱼袋，改著作郎、开封府推官，乘传陕西，与转运使督馈灵武刍粮。

咸平初，迁太常博士，出为河东转运使，赐金紫。时赵保吉纳款，屡遣与内侍张崇贵裁度边事，正其经界，又副崇贵使夏州赐告命。代归，会温仲舒知贡举，命陟与刑部员外郎董龟正同考试及封印卷首。俄改工部员外郎、知棣州。

五年，召归，判三司盐铁勾院。初，上以京府之旧，颇隆眷遇，将加擢用。会有言其在贡部，举子有纳贿成名者，恃恩宠，希显要，徙大第以居，事遂寝。六年，卒。上甚悼之，录其子若拙为奉礼郎，若谷为太庙斋郎。后陟妻卒，又命给其子奉，使终丧制。若拙官国子博士。

张雍，德州安德县人。治《毛氏诗》。开宝六年中第，释褐东关尉。太平兴国初，有荐其材者，召归，改将作监丞、知南雄州。迁太子右赞善大夫、知开封府司录参军事，俄为秘书丞，充推官。

京城民王元吉者，母刘早寡，有奸状，为姻族所知，忧悸成疾。又惧元吉告之，遂遣侍婢诉元吉寘蛊食中以毒已，病将死。事下右军巡按之，未得实；移左军巡，推吏受刘赂掠治，元吉自诬伏。俄而刘死，府虑囚，元吉始以实对。又移付司录，尽捕元推吏，稍见诬构之迹。且以逮捕者众，又狱已累月未能决，府中惧其淹，列状引见，诏免死决徒。元吉大呼曰："府中官吏悉受我赂，反使我受刑乎？"府不敢决，元吉历陈所受赂主名，又令妻张击登闻鼓诉之。上召张临轩顾问，尽得其枉状，立遣中使捕元推官吏，付御史鞫治。时滕中正为中丞，雍数及父也，诏供奉官蔚进别鞫之。雍坐与知府刘保勋、判官李继凝初虑问，元吉称冤，徙左军巡，雍戒吏止令鞫其毒母状，致吏讯掠惨暴。上怒，雍及左右军巡判官韩昭裔、宋廷煦悉坐免所居官，保勋、继凝各夺一季奉，左右军巡使殿直庞则、王荣并降为殿前承旨。

雍熙初，雍复为秘书丞、御史台推直官，改盐铁推官，迁右补阙，充判官。端拱初，转工部郎中、判度支勾院。未几，又为盐铁判官兼判勾院。逾年，以本官兼侍御史知杂事。月余，出为淮南转运使。淳化初，选为太府少卿。二年，加右谏议大夫，徙两浙转运使，入知审刑院。三年，充户部使，出知梓州，就命为西川转运使，俄复知梓州。

五年，蜀州青城民王小波、李顺作乱，众至万人。雍训练士卒，得城中兵三千余人，又募强勇千余守城，辇绵州金帛以实帑藏。推官陈世卿治戎器，掌书记施谓、权盐院判官谢涛伐山木为竿，销铜钟为箭镞，纽布为索，守械悉备。遣推官盛梁请兵于朝。未几，益绵邛彭汉州、永康军悉陷于贼。顺入成都，僭号大蜀王，势甚盛，遣其党杨广将十万众寇剑门，相里贵帅众十万围梓潼。雍与监军卢斌登堞望之，贼所出兵，皆老弱疲惫，无铠甲，斌笑请开北门击之，雍曰："不可，贼或诈见老弱，设伏伺我。又城中吏民心未定，脱为伏兵所突，则堕其奸计，非良策也。"言未毕，果有卒依敌楼呼啸，与外应和，雍亟斩以徇。贼大设梯冲火车，昼夜鼓噪，攻城益急，城中大恐，雍命发机石碎之，火箭杂下。贼稍退，复治攻具城西北隅，雍绐曰："军士趣治装，吾将开东门击贼。"阳遣步骑五百临东门。贼升牛头山瞰城内，信然，伏精兵万余山之东隅以待我。雍即召敢死士百辈縋而下，尽焚其攻具，自午达申殆尽，贼以为神。凶党数乘城进战，皆不利。一日，北风昼晦，贼乘风纵火，急攻北门。雍与卢斌等领兵据门，立矢石间，固守不动，贼为之少却。长围八十余日，会王继恩遣石知颙来援，贼始溃去。遣施谓入奏，上手诏褒美，擢雍给事中，斌西京作坊使、领成州刺史，世卿掌书记，谓节度判官，涛观察推官。又以通判将作监丞赵贺为太子中舍，监军供奉官辛规为内殿崇班。

至道二年，改工部侍郎。明年召归，复知永兴军，转礼部侍郎，改刑部，充度支使。咸平四年，迁盐铁使。上以雍龊龊小心，三司事重，宜有裁制，乃用王嗣宗代之。又以其无过，特拜户部侍郎，复知审刑院，出知秦州，徙凤翔府。

景德初，权知开封府事。上览奏狱，京府囚二百余人，以为淹系，遣给事中董俨、直昭文馆韩国华同虑问，决遣之。三年，改兵部侍郎、同知审官院。明年，车驾朝陵，判留司尚书省，出知邓州。大中祥符元年，请老，以尚书右丞致仕，诰命未至而卒，年七十。

雍性鄙吝，莅事勤恪，善为米盐苛察以肃下，恃其清干，受遇于时，益矫厉以取名誉。所至藩镇宴犒，率皆裁节；聚公钱为羡余，以输官帑；会集宾佐，粝食而已。在三司置簿籍，有"桉前急"、"马前急"、"急中急"之目，颇为时论所诮。雍姿貌鲁朴，始登科，为滕中正婿，中正子锡、世宁咸笑之。中正曰："此人异日必显达寿考，非汝曹所及。"锡兄弟虽有名，然终不越郎署，亦无耆年者。子太冲，官殿中丞。

董俨，字望之，河南洛阳人。太平兴国三年进士，解褐大理评事、通判饶州，加著作佐郎。五年，授左拾遗、直史馆。转右补阙，充淮南西路转运副使。会罢使，就命知光州。俨狂躁务进，不乐外郡，上书乞还京师。太宗怒，降为秘书丞，削史馆职，徙知忠州。复为右补阙，俄复直史馆。会并水陆发运为一，俨与王继昇同领其事，就转刑部员外郎。

端拱初，进郎中、三司度支副使。坐翟马周事，左授海州团练副使，移知泰州。逾年，以户部员外郎知泉州，召为京东转运使。时三司改易制度，置三计使，因留拜右谏议大夫，充长计使。使罢，出知扬州，迁右谏议大夫。徙潭州，转给事中，历知广岳洪三州、江陵府。

景德中，归朝。会开封府系囚二百余人，朝议以其稽滞，命俨与韩国华、张雍同虑问，裁决之。俄判吏部铨，加工部侍郎。时黄观罢西川转运归阙，俨与知杂御史王济姻家，因托济言于观，求荐己知益州。未几，观复领陕西转运，得对便殿，俨谓其必荐己。他日，面陈："自以孤直不为权要所容，况黄观庸浅无操持，恐为执政所使，妄有论荐，俾臣远适，惟陛下察之。"真宗不之诘。数日，王济得对，因述俨尝有私托，且言："俨性本矫诈，臣语观不可许之。"真宗不欲暴其事，乃出俨知青州。俨复请对，言为权臣所摈，上慰遣之，久而不去，乃谓之曰："尔自告黄观求知益州，复有何人排斥乎？"俨即瞿然，且言："观、济尝议益州须得臣往弹压之。"上以其词不类，因令条析以闻，复遣使陕西质问黄观。观具述俨托王济求荐之事，且言俨素待臣非厚。初，淳化中，俨为计使，观为判官。俨知观不饮酒，一日聚食，亲酌以劝观，观为强饮之。有顷，都监赵赞召观议事，观即往。赞曰："饮酒耶？"观以实对。翌日，俨与赞密奏观嗜酒废职，故观因是及之。乃诏枢密直学士刘综与御史杂治之，俨方引伏，坐责授山南东道节度行军司马，不署州事。

大中祥符初，会赦，起知郓州，病疽卒，年五十四。俨俊辩有才干，不学无操行，所至厚纳货赂。尝令引赞吏改制朱衣，每夕纳俨第，而潜以轻帛制衣易之。在铨司，命胥吏市物，及请其直，则呵责之，其鄙屑如此。又广畜姬媵，颇喜豪侈。用倾狡图位，终以是败，士大夫丑之。东封恩，复其官。子仲容、仲宗，并为太子中舍。兄伟至殿中丞致仕。

魏廷式，字君宪，大名宗城人。少明法学。尝客游赵州，舍于监军魏咸美之廨，廨有西堂，素凶，咸美知廷式有胆气，命居之，卒无恙。来京师，咸美弟咸信置馆舍，以同宗善待之。太平兴国五年中第，释褐朗州法曹掾。转运使李惟清以其吏材奏，知桃源县，迁将作监丞。端拱初，改著作佐郎、通判颍州。

淳化二年，始命李昌龄判审刑院，以廷式明练刑章，奏为详议官。屡进对，太宗悦其明辨，迁太子左赞善大夫。时初较廷臣殿最，命廷式与枢密都承旨赵镕、李著同勾当三班，多所规制。越王生日，令持礼物赐之，超拜主客员外郎、判三司都勾院，换河南东道判官，改户部员外郎、知利州。

李顺为盗，就命充陕西至益州路转运使。后入奏事，太宗谓曰："有事当白中书。"廷式曰："臣三千七百里外乘驿而至，以机事上闻，愿取断宸衷，非为宰相来也。"即不时召对，问方略称旨，赐钱五十万，令还任。贼平，知宁州，未至，召入判大理寺。

至道初，乘传河朔决狱，复出知宋、潭二州。湖南地土衍沃，民喜讼产，有根柢巧伪难辨者，廷式立裁之，吏民咸服。转吏部员外郎、知桂州，历工部郎中。真宗即位，改刑部。会王继恩有罪下吏，命廷式同按之，逾宿而狱具。俄知审官院、通进银台封驳司，拜右谏议大夫、知审刑院，出知泾州。咸平二年卒，年四十九。录其子摄太常寺太祝舜卿为太祝，禹卿同学究出身。

廷式所至，以严明称，刚果敢言，为人主厚遇，然性倾险，喜中伤人，士君子惮其口而鄙其行。

卢琰，字锡珪，淄州淄川人。父浚，右谏议大夫。琰太平兴国八年进士举,解褐历城主簿。历大理评事、知安吉县。三迁太常丞、通判并州。至道中,就加太常博士。咸平二年,选为开封府判官,与推官李防并命。真宗谓宰相曰:"人之有材,难得尽知,但历试而后可见。"浞谢曰,特升殿,谕以天府事繁慎选之意,仍赐缗钱。会狱空,有诏奖之。迁工部员外郎,为河北转运副使。

时北鄙未宁,调发军储,粮道不绝。以职务修举,召入,迁秩刑部,赐金紫,复遣之任。会城祁州,命专董其役。契丹入边,车驾幸澶州,浞自定州随军至大名,即单骑赴行在。召对,劳问久之。其子士宗时为隰州推官,特迁大理寺丞。契丹请和,浞上言领职六年,求归阙,许之。以使劳,优拜吏部员外郎、判三司三勾院。会宋抟使契丹,命权户部副使。时议东封,又权京东转运使,往营顿置。加户部郎中,复判三勾院。

大中祥符二年,以本官兼侍御史知杂事。数月,授三司度支副使。祀汾阴岁,命与鲍中和同判留守司三司,加吏部郎中,俄拜右谏议大夫、知永兴军府。五年,再为河北转运使。浞勤于吏职,所至以干集闻。颇知命,尝语亲旧曰:"官五品,服三品,天不与者寿尔。"明年被疾,诏遣中使将太医诊视。六年,卒,年五十九。时浞母八十余,无恙,上悯之,以士宗为太常博士,特命知怀州;又以次子秘书丞士伦为太常博士,给禄终丧。士伦至工部郎中、度支副使,士宗自有传。

宋抟,字鹏举,莱州掖人。治《毛氏诗》。开宝八年,宋准典贡部,得第,调补遂宁尉。历潍州司理参军,改白龙令。膳部员外郎鞠砺荐其能,迁右赞善大夫、知利丰监,徙知藤州。改殿中丞、通判洪州。复有荐者,召还,命提点河北西路刑狱,未行,改监左藏库。迁国子博士、通判西京留守司,得对便坐,赐钱三十万。久之,徙江南转运使,就迁度支员外郎。

真宗嗣位,迁司封员外郎、河东转运使。上言:"大通监冶铁盈积,可备诸州军数十年鼓铸,愿权罢采以纾民。"又请科诸丁壮为兵,以增戍备。在任凡十一年。河东接西北境,时边事未息,屯师甚广,抟经制漕运,以干治称。连他徙,州郡辄乞留,有诏褒饬。两至夏州界部发居民,数诣阙奏事称旨。屡以秩满请代,朝议以抟善职,就加祠部郎中,赐金紫。尝荐代州承受使臣王白,上以本置此职,止于视军政、察边事,抟不应保奏。因诏诸路,自今勿得举承受使臣。

景德四年,入判三司勾院,逾月,为户部副使。大中祥符初,进秩刑部郎中,俄使契丹,会疾,契丹主以车迎之。二年,卒,年六十六。子可法至太子中舍,舜元登进士第。抟卒,舜元自筠州判官改著作佐郎。又赐其孙出身。

凌策,字子奇,宣州泾人。世给事州县。策幼孤,独历志好学,宗族初不加礼,因决意渡江,与姚铉同学于庐州。雍熙二年举进士,起家广安军判官。改西川节度推官,以强干闻。淳化三年,就命为光禄寺丞,签书两使判官。代还,拜左赞善大夫、通判定州,赐朱衣、银章、御书历,给以实奉。李顺之乱,川峡选官多悍行,策自陈三莅蜀境,谙其民俗,即命知蜀州。又以巴西当益之冲道,徙绵州,加太常博士。

还朝,会命为广南西路转运使,进屯田员外郎。入为户部判官,迁都官。先是,岭南输香药,以邮置卒万人,分铺二百,负檐抵京师,且以烦役为患。诏策规制之,策请陆运至南安,泛舟而北,止役卒八百,大省转送之费。卢之翰任广州,无廉称,以策有干名,拜职方员外郎、直史馆,命代之,赐金紫。广、英路自吉河趣板步二百里,当盛夏时瘴起,行旅死者十八九。策请由英州大源洞伐山开道,直抵曲江,人以为便。代还,知青州。东封,以供亿之勤,超拜都官郎中,入判三司三勾院,出知扬州。属江、淮岁俭,颇有盗贼,以策领淮南东路安抚使。驾旋,使停,进秩司封。时洪州水,知州李玄病,上与宰相历选朝士,将徙策代之。上曰:"南昌水潦艰殆,长吏当便宜从事,不必禀于外计也。"王旦言:"策莅事和平,可寄方面,望即以江南转运使授之,仍诏谕差迭之意。"饶州产金,尝禁商market市嚣,或有论告,逮系满狱。策请纵民贩市,官责其算,人甚便之。五年,召拜右谏议大夫、集贤殿学士、知益州。初,策登第,梦人以六印加剑上遗之,其后往剑外凡六任,时以为异。策勤吏职,处事精审,所至有治迹。

九年,自蜀代还,上颇有意擢用,会已病,命知通进、银台司兼门下封驳事,纠察在京刑狱。真宗尝对王旦言:"策有才用,治蜀敏而有断。"旦曰:"策性淳质和,临事强济。"上深然之。是秋,拜给事中、权御史中丞。时榷茶之法弊甚,诏与翰林学士李迪、知杂御史吕夷简同议经制,稍宽其旧。

明年,疾甚,不能朝谒,累遣中使挟医存问,赐名药。复表求典郡,寻迁工部侍郎,从其请。天禧二年三月卒,年六十二。录其子将作监主簿瓘、琬并为奉礼郎,续给其奉。策兄简,官国子博士,分司南京。

杨覃,字申锡,汉太尉震之后。唐有京兆尹凭居履道坊,仆射于陵居新昌坊,刑部尚书汝士居靖恭坊,时称"三杨",皆为盛门,而靖恭尤著。汝士弟虞卿、汉公、鲁士皆显名。虞卿至工部侍郎、京兆尹,生堪,为太子少师。堪生承休,昭宗朝,以兵部员外郎使吴越,会杨行密据淮甸,绝其归路,因留浙中。承休生岩,即覃祖也,署为镇海军节度副使,奏领春州刺史。岩生郁,早卒。

覃少献书于嗣王俶,俶私署著作佐郎,从俶归朝,为禹城尉。太平兴国八年,举进士擢第,授徐州观察推官,改著作佐郎、知戎州。再迁太常博士,使陕西,蠲逋负。覃本名蟫,至是,太宗为改焉。淳化中,转屯田员外郎、同判寿州。巡抚使潘慎修上其政绩,有诏嘉奖,就命知州事。数月,召还,未上道,会丁内艰,州民列状乞留,转运使以闻,有诏夺情。

时田重进为永兴节度,选覃与林特同判军府事,赐覃绯鱼,仍赐御书历,给以实奉。重进不法,覃事多抗执,重进颇不悦,形于辞色。覃表求徙任,不许,就转都官员外郎。时讨李继迁，调发刍粮，覃、特皆以苛急促办为务。覃令钳手，特令即械颈，虽衣冠旧族不免，人用怨嗟。改职方员外郎。

咸平初，迁屯田郎中、三门发运使。吕蒙正在河南，荐其材，诏入判三司磨勘、凭由、理欠司。四年春，旱，覃上言："古之用刑，皆避三统之月，汉旧章断狱报重，尽三冬之月。又唐太宗凡断重刑日，敕减膳彻乐。今春物方盛，时雨尚愆，辇毂之下，狱系甚繁。望诏有司，死罪未得论决，俟雨降，乃复常典。仍望自今凡决重刑日，依唐故事，以彰至仁之德。"尝献《时务策》五篇：一曰御戎，二曰用兵，三曰为政，四曰选贤，五曰刑罚。文多不载。

明年，权同知贡举，出为陕西转运使，赐金紫。会边臣言继迁死，愿乘此时深入致讨。覃建议："伐丧非礼，且其子尚在，当为之备。请诏边臣谨守疆候，毋得轻举，俟其众叛亲离，则亡无日矣。"时西鄙屯兵，调役甚繁，副使朱台符务有为，而覃务循旧，且言边事不宜更张。初，寇准知青州，台符为通判。至是，准作相，覃意台符凭恃僚旧，密以上闻。坐不协，徙知随州。王超节制汉东，覃移唐州。

景德二年，召归。属河北兵革之后，命覃诣澶、滨、棣、德、博州巡抚振给之。出知潭州，王师讨宜贼，军须多出长沙，曹利用以闻，诏书褒劳，加刑部郎中。大中祥符二年，代冯亮为淮南、江、浙、荆湖制置发运使。月余，改太常少卿、直昭文馆、知广州。

覃勤于吏事，所至以干济称。南海有蕃舶之利，前后牧守或致谤议，惟覃以廉著，远人便之。加右谏议大夫。四年，卒，年五十四。遣其长子褒礼郎文友乘传赴丧，诏本州护柩还其家，官给所费。录其次子文敏为扬州司士参军。覃从弟蜕及从子佣、傅，并登进士第。蜕官司封员外郎，佣后名大雅，自有传。

陈世卿字光远，南剑人。雍熙二年，登进士第，解褐衡州推官。再调东川节度推官。会李顺寇两川，知州张雍以州兵马为数部，使官分领。世卿素善射，当城一面，亲射中数百人。贼浸盛，同幕皆谋图全计。世卿正色曰："食君禄，当委身报国，奈何欲避难为他图耶？"亟出白雍曰："此徒皆懦儒，存之适足惑众，不若遣出求援。"雍从之。贼既引去，世卿适丁外艰，雍表其材，诏追出视事，就改掌书记。凡七年，归朝，为秘书丞，迁太常丞、知新安县。或荐其堪任台宪，即召归，会张鉴出知广州，表为通判。将行，召见，赐绯，加太常博士。

景德初，徙知建州。真宗知其材干，逾月，授福建转运使，规画南剑州安仁等银场，岁增课羡，诏奖之。俄代姚铉为两浙路转运使，历祠部员外郎，判三司三勾院。大中祥符四年，改度支员外郎，出为荆湖北路转运使。属澧州慈利县下溪等四州蛮人侵县境地四百余里，朝命世卿与阁门祗候史方、知澧州刘仁霸同领兵讨之，遂还所侵地，标正经界，取其要领，又令纳所掠汉口千余，复置澧川、武口等砦以控制，自是平定，有诏嘉奖。还朝，屡述溪洞利害。召对，真宗器其材，复自言愿效用于烦剧。

会邵晔知广州，被疾，乃授世卿秘书少监代之，加赐金紫。郡有计口买盐之制，人多不便，至，即奏除之。九年，卒，年六十四。录其子南安主簿俨为太祝。

李若拙，字藏用，京兆万年人。父光赞，贝、冀观察判官。若拙初以荫补太庙斋郎，复举拔萃，授大名府户曹参军。时符彦卿在镇，光赞居幕下，若拙得以就养。俄又举进士，王祐典贡举，擢上第，授密州防御推官。登贤良方正直言极谏科，太祖嘉其敏赡，改著作佐郎。故事，制策中选者除拾遗、补阙。若拙以恩例不及，上书自陈，执政恶之，出监商州坑冶。迁太子左赞善大夫，以官称与父名同，辞，不许。太平兴国二年，知乾州，会李飞雄诈乘驿称诏使，事败伏法。太宗以若拙与飞雄父若愚连名，疑其昆弟，命殿直卢氵向即捕系州狱，乃与若愚同宗，通家非亲，不知其谋，犹坐削籍流海岛。岁余，起授卫尉寺丞、知陇州。

四年，复旧官。以政闻，超授监察御史、通判泰州。同帅宋偓年老政弛，又徙若拙通判焉。未几，御史中丞滕中正荐之，召归台。顷之，改右补阙。时诸王出阁，若拙献颂称旨，召见，赐绯鱼，同勾当河东转运兼云、应等八州事。尝诣阙言边事，太宗嘉之。又同掌水陆发运司。

雍熙三年，假秘书监使交州。先是，黎桓制度逾僭。若拙既入境，即遣左右戒以臣礼，繇是桓听命，拜诏甚恭。燕飨日，以奇货异物列于前，若拙一不留盼。取先陷蛮使邓君辩以归，礼币外，不受其私觌。使还，上谓其不辱命。迁起居舍人，充盐铁判官。

淳化二年，出为两浙转运使。契丹寇边，改职方员外郎，徙河北路，赐金紫。五年，直昭文馆，迁主客郎中、江南转运使。若拙质状魁伟，尚气有干才，然临事太缓。宰相以为言，罢使知泾州。至道二年，黎桓复侵南鄙，又诏若拙充使，至，则桓复禀命。使还，真宗嗣位，召见慰问，进秩金部郎中。召试学士院，改兵部郎中，充史馆修撰，俄知制诰。咸平初，同知贡举，被疾，改右谏议大夫。车驾北巡，判留司御史台。明年，使河朔按边事，知昇、贝二州。四年，卒，年五十八。子绎。

绎字纵之，幼谨愿自修。初，以父使交阯有劳，补太庙斋郎，改太常寺太祝。举进士中第，除将作监丞。累迁尚书屯田员外郎、知华州。蒲城民李蕴诉人盗其从子亡去，绎问曰："若有仇耶？"曰："无有。"曰："有失亡邪？"曰："无有。"绎挥蕴去，因密刺蕴。蕴有阴罪，侄觉之，惧事暴，杀之以灭口。遂收蕴致法。擢提点河北刑狱，权知贝州。岁旱，绎为酒务，市民葬草溢常数，饿者皆以樵采自给，得不死，官入亦数倍。边民岁输防城火牛草十余万，委积久，辄腐败，绎奏罢之。三迁本曹郎中，为利州路转运使。

河北经费不支，仁宗问谁可任者，参知政事薛奎荐绎，遂徙河北。进刑部郎中、直史馆、知延州，改兵部，为江、淮制置发运使。内出绢五十万匹，责贸于东南。绎曰："百姓饥，不宜重扰。"辄奏罢之。甫半年，漕课视常岁增五之一。迁太常少卿，再知延州。绎所至颇称治，自以久宦在外，意不自得，作《五知先生传》，谓知时、知难、知命、知退、知足也。尝两知凤翔府，至是，又徙凤翔。寻为右谏议大夫，卒。

陈知微，字希颜，高邮人。咸平五年，进士甲科，解褐将作监丞、通判歙州。擢为著作佐郎、直史馆，俄充三司户部判官。奉使契丹，迁太常博士、判三司都磨勘司，再为户部判官，出为京东转运副使，奏还东平监所侵民田六百八十家。又决古广济河通运路，罢夹黄河，岁减夫役数万计。

迁右司谏，徙荆湖南路转运使。召还，拜比部员外郎、知制诰。淮南饥，遣知微巡抚，所至按视储粮，察诸官吏能否。使还，判吏部铨，兼刑部。知微词藻虽无奇采，而平雅适用。一日，进改群官，除目纷委，适当知微次直，思亦敏速。又判司农寺，纠察在京刑狱。天禧二年，加玉清昭应宫判官，俄以疾闻，真宗遣中贵挟太医往视之。卒，年五十。录其子舜卿为太常奉礼郎，给奉终丧，又假官船载其柩还乡里。

知微仪状甚伟，沉厚有材干，不务龈察，时人许其处剧，惜其母老不克终养。有集三十卷。子尧卿，大中祥符五年，进士及第。

论曰：维岳明习吏事，才足以治剧，而能曲全法掾，其仁恕蔼然。雍虽素称鄙吝，而勤恪清干，观其捍守，亦可见矣。俨务进渎货，廷式倾险忌刻，自不容于清议。若琰、抟经制漕运有方，策之处事精详，治迹昭著，覃之律身廉洁，兼勤吏事，世卿之安远，若拙之专对，皆为时论所许。绎之谨愿，克世其家，知微敦实有材干，不屑其职，亦可尚也。至若王陟以谨干称，而取士以谤致污，惜哉！

卷三百八　　列传第六十七

上官正　卢斌　周审玉　裴济　李继宣
张旦　张煦　张佶

上官正，字常清，开封人。少举《三传》，后为郦州摄官。雍熙中，召授殿前承旨，屡遣鞫狱，迁供奉官、阁门祗候、天雄监军。淳化中，转作坊副使、剑门都监。李顺之乱，分其党趋剑门，时疲兵数百人，正奋励士气以御之。会成都监军宿翰领兵投剑门，与正兵合，因迎击，大破贼数千众，斩馘殆尽。奏至，太宗嘉之，诏书奖饬，并赐袭衣、金带，超正为六宅使、剑州刺史、充剑门部署，翰自供奉官擢崇仪使，领昭州刺史。数月，正被疾，请寻医，至阙。疾愈，入对，上劳问久之，复遣还任所，赐以金丹、良药、衣带、白金千两、马三匹，授以方略，令招抚残孽，慰勉遣之。

初，川贼甚盛，朝议深以栈路为忧，正以孤军力战挫贼锋，自是阁道无壅，王师得以长驱而入。贼众三百余，败归成都，顺怒其惊众，尽斩之，然自此沮气矣。后贼既诛，余寇匿山谷，恃险结集，剽劫为患。王继恩百计召诱不至，正谕以朝廷恩信，皆相率出降。未几，加峰州团练使，与雷有终并为西川招安使，代王继恩。

正木强好凌人，自谓平贼有劳，受人主知，无所顾忌。数面攻两川官吏之短而暴扬之，众积怨怒，多上章诉其不法者。太宗谓近臣曰："人臣可任用者，朕常欲保全。正婞直而失于谦和，每谤书至，朕虽力与明辩，然众怒难犯，恐其不能自全。"乃赐手札戒谕曰："言者，君子之枢机，枢机之发，荣辱之主，不可不慎也。夫遇事辄发，悔不可及。傥自恃无瑕，而好面攻人之短，岂谓喜怒不形于色耶？当以和辑远民为念，斯尽善矣。"正上表谢。

真宗即位，改庄宅使。是秋，广武叛卒刘旰啸聚数千辈，逐都巡检使韩景祐，略汉蜀邛州、怀安永康军。正与钤辖马知节领兵趋新津，抵丈井，击败之，斩旰，平其党。迁南作坊使，赐锦袍、金带。咸平初，召还，擢拜东上阁门使、勾当军头引见司，俄权户部使。二年，出知沧州，徙高阳关副都部署，真拜洺州团练使。车驾北巡，以为行营先锋钤辖。

寻知青州，未行，会王均叛蜀，命为峡路都钤辖，移知梓州。又历沧、瀛、镇、贝四州，高阳关部署。以足疾，求知磁州，手诏慰勉。会邢州地震，民居不安，徙正典之。移潞州。景德中，以河北新经兵革，慎择守臣，以正知贝州，迁洺州防御使，复知沧州，移同州。再表引年，授左龙武军大将军、平州防御使，分司西京。寻以本官致仕，赐全俸，仍以见缗给之。四年，卒，年七十五。子璨至内殿崇班。

卢斌，开封人。以笔札事晋邸，太宗即位，补殿直。雍熙中，领兵屯霸州。会大举北伐，令以五千骑随曹彬抵祁沟。时契丹据河，王师乏水，斌请以千弩研砦，契丹遁去，遂移军夹河。既克涿州，令斌以万人戍守，会食尽，大兵将还，斌因恳言："涿州深在北境，外无援兵，内无资粮，丁籍残失，守之无利。今若还师，必须结阵而去，以一阵之役，比于固守，其利百矣。"复虑辽人乘便剽袭，宜为之备。彬以为然，遂令斌拥城中老幼，并狼山南还易州。彬之旋也，无复行伍，果为契丹所乘。诸将皆以失律被谴，斌亦下枢密院问状，太宗闻其尝建议弃涿州，遂释不问。以为霸州破虏军缘边巡检。

端拱中，又为永兴军、华州巡检。时大贼侯和尚、刘渥劫兴平、栎阳，杀捕贼官二人。斌率兵掩袭，且追且斗，薄南山，渡渭水，抵凤翔，复至耀州，擒斩并尽。以劳，改供奉官。召还，面加奖慰，授阁门祗候，又赐白金、缗钱、衣带。寻为梓、遂十二州都巡检使，太宗谕之曰："川峡人情易摇，设有寇攘，虽他境亦当袭逐，仍许便宜从事，不须中覆。"淳化二年，贼任诱等寇昌、合州。斌率兵顿昌州南牛斗山，侦知贼在龙水镇，值大雨，斌驰马四十里，骑从数十人，遂斩诱等百余级，贼众悉平。

三年，富顺监蛮掠荣州，斌晨夜倍道以赴，得州兵千人,署随军粮料以张其势。蛮乃遁,追至地头镇东南八十里,树栅,招其酋甫羌一阿奴纲,谕以朝旨,歃血刻石为盟而遣之。俄而荣、戎、资州、富顺监贼十五队钞乡邑,斌擒三百人,部送阙下,余悉临敌斩戮。

四年,贼王尽复起荣、资,斌击灭之,尽缚以献。迁内殿崇班。是冬,李顺为乱,斌即率兵六百抵成都,斗战连月,杀数万人。明年,成都不守,斌赴梓州,集十州兵赴援,知州张雍委以监护之任。会江水泛溢,毁子城。斌劝谕州民,翌日,畚锸大集,自城西大濠中掘堑深丈,决西河水,注之以环城。二月,贼渠相里贵众二十一万傅城下,城中兵裁三千。斌曰:"军法倍兵不战,然狂丑乌合,非训练之师,以吾仗天子威灵,必可殄荡。"即感厉士伍,负土塞南北门,为固守之计。又突出与贼战,击刺三十余合,贼稍却。俄复大设机石、连弩、冲车、云梯,四面鼓噪乘城,矢石乱下,斌与州将随机设备。长围八十日,会王继恩令石知颙率兵来援,斌出东门迎劳王师,贼不战而溃。斌乘胜追斩及纳降二万余。五月,贼数万围阆州,斌领千兵赴之,斩首五千,围遂解。又至蓬州老鸦山,贼众三千为阵拒斌,斌击败之,至城下,贼复大集,斩三千级。蓬州平,斌传诏安抚蓬、阆、渠、达四州,擢授西京作坊使,领成州刺史。

斌在川峡六年,以孤军御寇,累立战功,表求入奏。太宗遣使谕之曰:"俟妖孽尽殄,当召汝。"既而贼党集梓、绵、汉三州境上,斌往平之。未几,代还,太宗亲加劳问。拜东上阁门使、检校左仆射,加食邑三百户,赐白金千两、袍笏、金带。上言:"葭萌路出师讨贼,可直入利州。若寇焚栈道,剑门之险不足固也,请置砦栅。"从之。

寻命为银、夏兵马钤辖,遣与李继隆等五路出师讨李继迁。斌求对,恳言曰:"羌夷之族,马骄兵悍,往来无定,败则走他境,疾战沙漠,非天兵所利。不若坚保灵州,于内地多积刍粮,以师援送。苟其至也,会兵首尾击之,庶几无枉费,而不失固围之策矣。"时业已出师,不从其议。改授灵环路钤辖,领兵二万为前锋,令于乌、白池与诸军会。斌谓李继隆曰:"灵州抵乌、白池,月余方至。若自环州橐驼路,裁十日程。"即不俟诏而往,与诸将失期,不见贼而还。俄徙屯宁州,以疾召归,勾当军头引见司。咸平初,卒,年五十。子文质殿中丞。

周审玉,开封人。父勋,以亲校事唐明宗,累立战功,太平兴国中,至隰州团练使。周显德初,审玉荫补殿直,从世宗平瓦桥关,甚见亲信。太祖受禅,为供奉官,未几,加阁门祗候。累迁崇仪、洛苑副使、西京作坊使。雍熙中,契丹犯塞,潘美屯师定州,审玉为监军。尝与敌战,而先锋刘绪陷贼,审玉跃马趣击,拔绪而还,以勇敢闻。

淳化中,知贝州。有骁捷卒成州者三十七人,同谋杀审玉,劫库兵而叛,推虞候赵咸雍为首。审玉觉之,与转运使王嗣宗率兵悉擒其党,斩十五级,磔咸雍于市。先是,咸雍父镤,晋天福中,尝诱契丹屠州城。至是五十年,而其子戮于都市,旧老犹记其事,咸异之。审玉以功领顺州刺史。

至道初,徙并州钤辖。咸平初,知凤翔府。有桑门乘传而西,以市木为名,威动府县。审玉曰:"此有所倚而为也。"因按诘之,尽得其奸状,杖其背,械送阙下。以目疾,代还,奉朝请,俄丁内艰。既而谓亲友曰:"仆齿发迟暮,而未能辞禄仕者,良以慰母心尔,今可行其志矣。"乃拜章请老,得千牛卫大将军致仕。三年,卒,年七十四。审玉晚年,好读《神农本草》,留意方术。少长兵间,习知攻守之法。真宗尝召至便坐,示以攻战器。方奏对,疾作,诏遣使就第,赐白金慰恤之。子允迪,为虞部员外郎。

裴济字仲溥,绛州闻喜人。唐相耀卿八世孙,后徙家河中。济少事晋邸,同辈有忮悍者,济屡纠其过失,被谮,出补太康镇将。未几,谮济者坐法。太宗知济可任,会即位,补殿直,为天威军兵马监押。及平太原,征幽蓟,济迎谒陪扈,令监军易州,契丹攻城不能下。以劳,迁西头供奉官。

太平兴国末,江表盗起,命为巡检,迁崇仪副使。召还,迁崇仪使。监戍兵于威虏军,途次镇州,夜有贼骑扣城门,大呼曰:"官军至矣。"州将然之,促守吏开关,济遽止之曰:"此必妄也。"及旦,果有敌兵逼去。太宗嘉之,迁西上阁门使、定州都监,就加行营钤辖,寻知定州。契丹三万骑来攻,济逆击于徐河,斩数千级,获牛马、铠仗甚众。

淳化初,与周莹同判四方馆,未几,为镇州行营钤辖。又与李继隆击贼于唐河,济短兵陷阵,贼大败走,优诏褒美。初,继隆以济性刚,不悦之;及是役,抚济恨相知之晚。改四方馆使,复知定州,徙天雄军钤辖。迁客省使,复知定州。至道二年,改内客省使、知镇州。立春日,出土牛以祭,酌奠始毕,有卒挟牛去。济察其举止,知欲为变,亟命擒之,果有窃发者数十人,已劫鄜阛矣,悉搜捕腰斩之,军民肃然。济在镇、定凡十五年,威绩甚著。召还,知天雄军。

咸平初,李继迁叛,以济领顺州团练使、知灵州兼都部署。至州二年,谋缉八镇,兴屯田之利,民甚赖之。其年,清远军陷,夏人大集,断饷道,孤军绝援,济刺指血染奏,求救甚急,兵不至,城陷,死之。上闻嗟悼,特赠镇江军节度。三子并优进秩。济在诸使中甚有声望,及没,夏人皆惜之。景德中,济妻永泰郡君景氏卒,特诏追封平阳郡夫人,诸子给奉终丧。

子德谷虞部郎中,德基至如京使,德丰殿中丞。济兄丽泽、弟丽正,并进士及第。丽泽至右补阙,丽正至金部员外郎。丽正子德舆,为殿中丞。

李继宣,开封浚仪人。乾德中,补右班殿直,令与御带更直,裁十七岁。尝命往陕州捕虎,杀二十余,生致二虎、一豹以献。太平兴国初,掌南作坊使,改供奉官,出为邠、宁、庆三州巡检、都监。继宣本名继隆,与明德皇后兄同姓名。至是,太宗为改焉。

五年,召还,承受定州路奏事。奉诏修长城口、平塞威虏静戎军、保州，又领兵入敌境，获老幼千余，牛畜数百。又率兵捍契丹于乾宁泥姑海口。契丹寇静戎军，从崔彦进过拒马河接战，自午至申，大败之。又为贝州监军。

雍熙三年，曹彬北征，继宣从先锋李继隆至方城，力战三日，大军继至，遂克固州。进壁涿州东，又与敌斗，乘胜攻北门，克之。日领轻骑度涿河，觇敌势，又将五千骑援米信，因率劲骑追至新城北，大败之，斩其酋贺恩相公，继宣亦中流矢。大军还雄州取刍粮，遇契丹新城，疾战至暮，继宣中十创，剑及兜鍪。明日复战，继隆为敌所邀，继宣以所部拔之，且战且行，夺涿河，数日，乃至涿州。及弃州保歧沟关，又战拒马上，追奔至孤山，契丹乃引去。留屯满城，俄还贝州。召入，以功超授崇仪使，代王继恩为易州驻泊都监，赐钱五十万，白金五百两。又领骑兵五千戍北平，押大阵东偏，受田重进节度，屯长城口。敌至大沟，继宣进满城。敌至定州，夺河桥，重进召继宣洎田绍斌赴援，绍斌为敌所败，继宣独按部转斗入定州。敌兵北去，重进命将五千骑蹑其后，抵拒马河。及敌据杨疃，继宣径掩击之，遂焚庐舍而遁。

雍熙四年，为高阳关行营都监。端拱初，契丹骑至瀛、镇，继宣率步骑万人入敌境，抵胜务，焚聚落，获生口，契丹乃引退。时易州候骑不至，继宣于易州、平塞军、长城口、威虏静戎顺安军至高阳，为望橹七所，举烽以候警急。二年，为镇、定、高阳关三路排阵都监，押大阵西偏。与李继隆部刍粮抵威虏，还度徐河，为敌追袭。继宣驻军与斗，杀获甚众。又领骑二千，败契丹于保州西射城，追薄西山，有诏褒美。

淳化三年，徙知保州，又转庄宅使。筑关城，浚外濠，葺营舍千五百区；造船一百艘，入鸡距泉以运粮，人咸便之。数月，徙定州行营都监，戍深州，改高阳关行营都监。课军中劲弩，为入阵之备。五年，领高州刺史。会契丹泛海劫千乘县，继宣请于海口置砦以御之。

至道三年，迁北作坊使，俄召还，加南作坊使，出为镇州行营钤辖。契丹寇定州，命主无ади分马。敌至怀德桥，继宣领兵三千掩袭之。至，则虏已坏桥，继宣横木而度，追奔五十余里。契丹焚镇州中渡、常山二桥，继宣领兵趣之，契丹保丰隆山砦，继宣伐木治常山桥，契丹闻之，大惧，拔砦遁走。

继宣锐于追袭，傅潜为部署，继宣诣潜请行，颇为所抑。及召潜属吏，诏继宣与高琼同主军事，逐敌越拒马河，复为镇州钤辖。受诏按视缘边城砦，权知威虏军，敌骑至城下，屡出兵设伏，斩获甚众。俄还镇州。

咸平四年，拜西上阁门使，领康州刺史，为前阵钤辖，与秦翰、杨延昭、杨嗣分屯戎、威虏。敌至，会师于威虏，延昭、嗣轻骑先赴羊山，继宣与翰分左右队各整所部，翰全军亦往，继宣留壁赤虏，止以二骑徐进。至，则延昭、嗣适为敌所乘。继宣即召赤虏之师，与翰师合势大战，敌走上羊山。继宣逐之，环山麓至其阴。继宣马连中矢毙，凡三易骑，进至牟山谷，大克捷。延昭、嗣、翰之师，初顿赤虏，既而退保威虏，继宣以所部独与敌角，薄暮，始至威虏。诏书称奖，特加检校官及食邑。

明年，徙定州钤辖，捍契丹于唐河。会缘边都巡检使杨延昭、杨嗣御敌师败，诏继宣与内殿崇班王汀代之。望都之败，敌骑剽郡县，继宣壁徐河，契丹数十队薄威虏，威虏魏能与战，走之，久而继宣始至。又寇静戎，汀请分兵自将袭契丹，继宣拒之，虽日出游骑侦敌势，屡徙砦而未尝出战。为能、汀所发，召还，令枢密院问状，降为如京副使。

景德初，加如京使、镇州钤辖。契丹乘秋来攻，时桑赞病足，郑诚赴定州，继宣独主镇州全师，历屯邢、赵。及与契丹和，命为高阳关钤辖。是冬，复为西上阁门使，领康州刺史。三年，兼知瀛州。继宣罕识字，上以河间郡事繁，虑狱讼有枉，命高继勋代之，止为钤辖。

大中祥符初，徙镇、定两路钤辖，进秩东上阁门使。召还，改郓州部署，加四方馆使。以疾，授西京水南都巡检使，每夕罕巡警，为留司所举，特诏增巡检一员，专主夜巡。六年，疾甚，求至京师寻医，卒，年六十四。子守忠，左侍禁、阁门祗候。

张旦，赵州人。勇敢善射，以经学中第，至国子博士。淳化中，知陵州。时李顺构乱，连下城邑。贼党数万攻陵州，州兵不满三百，旧不设城堞。旦修完战具，置鹿角砦，驱市人进战，大败之，杀五千余人，获器械万计。诏书褒之，特迁水部员外郎，赐绯鱼，由是知名。数月，西川招安使上官正言：“雅州密迩蛮蜑，在于镇抚须得其人，伏见水部员外郎张旦，前守陵州，以孤军抗群寇，保全壁垒，至今剑外伏其威名。望改授诸司使，令知州事。”上以省郎之重，不欲徙他职，乃授刑部员外郎，赐金紫。乘传之任，寇不敢犯。

真宗即位，迁兵部员外郎，改尚食使、知德清军。景德中，契丹入寇，陷军壁。旦与其子利涉率众奋击，并战没。上闻之惊悼，特赠左卫大将军、深州团练使，利涉崇仪副使。录其四子官。时有上封事者，言朝廷宜优加恩典，以劝忠臣。诏以恤旦事告谕天下。

又虎翼都虞候胡福戍军城，率兵力战，金创遍体，犹奋剑转斗，矢无虚发，麾下已尽，独挺刃杀数十人。副指挥使尚祚能运大挝，所斩首拉肋者，亦百余人，众寡不敌，遂与指挥使张睿、刘福、都头辅能等四人并死之。真宗嘉叹其忠勇，遣使访遗骸，唯得福尸，命其子厚葬之。赠福洺州团练使，祚滨州刺史，睿演州刺史，刘福临州刺史，能等并赠诸卫府府副率。又邯郸令李晦辞赴任，值道梗，留德清同拒敌；侍禁夏承皓部兵至大名界遇敌，皆战没。赠晦辞工部员外郎，承皓崇仪使。时又赠受事河朔而没者，殿直刘超供备库使，入内高班内品李知顺为六宅副使，奉职胡度等三人为内殿崇班，仍各录其子，及赐其家金帛。

张煦，字辅旸，开封人。开宝末，补府中牙职。雍熙二年，自陈太宗尹京尝事左右，命为殿前承旨，迁殿直、歙州监军。凶人黄行达弟坐法抵死，行达诬州将故入其罪，诏州通判姚铉与煦鞫之，即日决遣。还擢供奉官、阁门祗候。占谢日，又改内殿崇班，镇、定、邢、赵、山西、土门路都巡检使。契丹骑兵剽境上，煦以所部斩首数十，走之。葛霸、周莹、李继宣称其干举，有诏嘉奖。代还，拜供备库副使，权知环州。数月，改岢岚军使，又知保安军。

咸平中，王均乱蜀，以煦为绵、汉、剑门路都巡检使。又与雷有终进攻成都，煦主东砦，焚其郛及楼堞，均突围而遁。贼平，以功就迁正使，俄益州都监，与知州宋太初同提总本路诸军事。有战舰卒将谋扰动，煦即日斩之。

夏人寇边，改泾原仪渭都钤辖。又为邠宁环庆路钤辖兼巡检、安抚都监，累蹑寇入贼中，掩杀甚众，有诏嘉奖。会遣王超、张凝、秦翰援灵武，命煦为西路行营都监。至镇戎，闻灵武已陷，复本任。与张凝入西夏境，出白豹镇，至柔远川，夏人七百余邀战，煦与庆州监军张纶击杀甚众。清远故城有酋长，请以甲骑三万来降。煦与凝曰："此诈也。"亟严兵以待之，果然。凝按部归环州，道为敌所邀。煦闻之，领所部锐兵自庆州赴之，一昔与凝会，射杀其大将，与凝同还。

景德元年，加领贺州刺史，复为泾原仪渭镇戎军钤辖，再知环州。四年，宜州戍卒陈进反，命副曹利用为广东西路安抚使。贼众拥判官宜州卢均，僭号南平王，围象州，煦以兵会利用斩之。初与利用同赍纸，人持百枚，备给立功将士。及破贼，利用在前军无所给，煦在后而所给过半，真宗谓其太过。贼平，改如京使，知怀州。

东封岁，权河阳钤辖，迁文思使、知曹州。会江、淮灾歉，分命大藩长吏绥抚，以煦为江南西路安抚都监。俄还济阴，加北作坊使，又徙沧州，就转宫苑使，领康州刺史。大中祥符九年，加领昭州团练使、知鄜州。未几，复知沧州。天禧三年，拜西上阁门使，徙并代钤辖。以老疾求近郡，得知磁州。四年，卒，年七十三。煦明术数，善相宅，时称其妙。

张佶，字仲雅，本燕人，后徙华州渭南。初名志言，后改焉。父昉，殿中少监。佶少有志节，始用荫补殿前承旨，以习儒业，献文求试，换国子监丞。迁著作佐郎、监三白渠、知泾阳县。端拱初，为太子右赞善大夫。曹州民有被诬杀人者，诏往按之，发擿奸伏，冤人得雪。寻通判忻州，迁殿中丞，兼御河督运。

至道中，通判陕州，再部送刍粮赴灵武，就改国子博士。咸平初，擢为陕西转运副使，赐绯鱼。至延安，遇夏人入寇，亲督兵击败之。三年，徙西川转运副使。时诏讨王均，以馈饷之劳，迁虞部员外郎。贼平，分川峡为四路，以佶为利州路转运使。有荐其武干者，召还，授如京使、泾原钤辖兼知镇戎军。徙麟府路钤辖，夏人来寇，佶率兵与战，亲射杀酋帅，俘获甚众，余党遁去。诏书褒之，赐锦袍、金带。景德中，徙益州钤辖，加宜州刺史，迁文思使。佶御军抚民，甚有威惠，蜀人久犹怀之。

大中祥符四年，车驾祀汾阴，以为西京旧城巡检、钤辖。礼成，加授北作坊使，充赵德明官告使。又为鄜、延钤辖。会秦州李溶暴卒，上语近臣曰："天水边要，宜速得人。"马知节称佶可任，上然之，遂改左骐骥使，就命知秦州。至州，置四门砦，开拓疆境，边部颇怨。又临渭置采木场，戎人不之争，移帐而去。佶不甚存抚，亦不奏加赉赐，边人追悔，引众劫掠，佶深入掩击，败走之。议者又欲加恩宗哥、立遵等族，以扼夏宁，佶请拒绝之，事具《吐蕃传》。朝廷始务宁边，以佶轻信易事，徙邠宁路钤辖。天禧初，召为契丹国信副使，再任邠宁，兼知邠州，迁宫苑使。未逾月，擢拜西上阁门使，复为泾原钤辖。四年，卒，年六十九。

佶涉猎书史，好吟咏，勇敢善射，有方略，其总戎护塞，以威名自任。子宗象，兵部员外郎、直史馆、度支判官。

论曰：自古盛德之世，未尝无边圉之患，要在得果毅之臣以捍御之。昔人有言"谁能去兵"，汉祖亦云"安得猛士"，盖为此也。李顺叛蜀，攻陷郡邑，正捍剑门，斌守梓潼，其绩最多。契丹入寇，审玉、继宣，拔陷将于重围之中，固有余勇，佶、煦宣力西南，勤干威惠，亦皆可取。济、旦以孤城捍强寇，援绝战死，一代死事之表表者，其可泯诸。

卷三百九　　　列传第六十八

王延德　常延信　程德玄　王延德
魏震　张质　杨允恭　秦羲　谢德权
阎日新　靳怀德

王延德，开封东明人。曾祖芝，濮阳令。祖璋，相州录事参军。父温。晋末契丹内寇，温率乡豪捍蔽境内，里人德之。宣祖掌畿甸兵，与温厚善，延德方总角，宣祖爱其谨重，召置左右。太宗尹京，署为亲校，专主庖膳，尤被倚信。

太平兴国初，授御厨副使，数月，迁正使。从征太原，未几，加尚食使，赐浚仪县寿昌坊宅一区。俄领蓟州刺史，兼掌武德司，改皇城使，掌御辇院、左藏库。延德所领凡五印，因对恳让，遂罢左藏、御厨。八年，兼充亲王诸宫使。延德素谨慎，以旧恩，每延访外事。端拱初，领本州团练使。淳化中，当进秩，延德与王继恩、杜彦钧使额已极，特置昭宣使，以延德等为之。至道二年，加领平州防御使。

真宗嗣位，改领怀州。永熙复土，提点缘路供顿。咸平初，出知华州，占谢日，面请罢昭宣使，从之。实以御侮正秩，奉给优厚故也。上幸大名，为东京旧城都巡检使。明年，以风痹请告，遣还本郡，是冬卒，年六十四。赠邕州观察使。

延德所至，好撰集近事。掌御厨则为《司膳录》，掌皇城司则为《皇城纪事录》，从郊祀为行宫使则为《南郊录》，奉诏修内则为《版筑记》，从灵驾则为《永熙皇堂录》、《山陵提辖诸司记》，及治郡则为《下车奏报录》。先是，诏史官修太祖、太宗《实录》，多以国初事访延德，又上《太宗南宫事迹》三卷。子应昌，庄宅使、端州团练使。

常延信，并州平晋人。祖思，仕周历昭义、归德、平卢三镇节度，延信皆补牙职，领和州刺史。思卒，入为六宅使，领郡如故。

建隆初，改领平州，坐与妻族相讼，左授右监门卫副率，领护滑州黄河堤。开宝中，为京新城外汴河南巡检，出为潼关监军。延信以关路岩险，奏易道路及填禁坑，役工四十余万。又监通许镇兵，改梓、遂十二州都巡检使，赐袍带、钱百万。太平兴国初，秩满，留再任，赐钱四十万。时亡命卒多以山林为寇，延信尝领徒捕杀三百余人。又为唐、邓都巡检使，代还，继改右清道、右司御二副率。

雍熙三年，命督镇州以北至军前刍粮。是冬，为全、邵六州都巡检使，令疾置之任。就充羊状六砦都钤辖，迁右卫副率。会诚州蛮归款，命延信驰入溪洞，索其要领。又逐蛮直趣古镇，过西延、大木诸洞，蛮人慑伏。

淳化中，历襄、邓、宋、曹等州都巡检使，改左监门卫将军，屡部徒修护河防，改左领军、左屯卫二将军，充西京水南都巡检使。有盗掠彭婆镇及甲马营，延信驰以往，悉擒之。咸平中，历太康、巩县二监军。景德二年，卒，年六十四。

程德玄，字禹锡，郑州荥泽人。善医术。太宗尹京邑，召置左右，署押衙，颇亲信用事。太祖大渐之夕，德玄宿信陵坊，夜有扣关疾呼趣赴宫邸者。德玄遽起，不暇盥栉，诣府，府门尚关。方三鼓，德玄不自悟，盘桓久之。俄顷，见内侍王继恩驰至，称遗诏迎太宗即位。德玄因从以入，拜翰林使。

太平兴国二年，陈洪进来朝，命德玄迎劳之。船舰度淮，暴风起，众恐，皆请勿进。德玄曰："吾将君命，岂避险？"以酒祝而行，风浪遽止。三年，迁东上阁门使，兼翰林司事。是秋，领代州刺史。从征太原，为行宫使，师还，以功改判四方馆事。俄迁领本州团练使，又加领本州防御使。

五年，坐市秦、陇竹木联筏入京师，所过矫制免算，又高其估以入官，为王仁赡所发，责授东上阁门使，领本州刺史。陕府西南转运使、左拾遗韦务昇，京西转运使、起居舍人程能，判官、右赞善大夫时载，坐纵德玄等于部下私贩鬻，务昇洎能并责授右赞善大夫，载将作监丞。是冬，车驾幸魏府，命总御营四面巡检，掌给诸军资粮。

德玄攀附至近列，上颇信其言，谳是趋附者甚众。或言其交游太盛，遂出为崇信军节度行军司马，逾年，复拜慈州刺史，移知环州。时西鄙酋豪相继内附，诏以空名告敕百道付德玄，得便宜补授。顷之，以疾求致仕，优诏不许。淳化三年，改本州团练使、知邠州。未半岁，复典环州。李顺之寇西蜀，移知凤州，兼领凤、成、阶、文等州驻泊兵马事，徙庆州。咸平中，入朝，真宗命坐抚劳，访

以边事。俄出知并州兼并代副都部署，移镇州，受代归阙。景德初，卒，年六十五。大中祥符中，其子继宗上章，恳祈赠典，上悯之，特赠郑州防御使。

兄德元同仕王府，至内酒坊副使。继宗，东头供奉官、阁门祗候，次子继忠，内殿崇班。德元子贲，大中祥符五年举进士，累迁太常博士。

王延德，大名人。少给事晋邸。太平兴国初，补殿前承旨，再迁供奉官。六年，会高昌国遣使朝贡，太宗以远人输诚，遣延德与殿前承旨白勋使焉。自夏州渡河，经沙碛，历伊州，望北庭万五千里。雍熙二年，使还，撰《西州程记》以献，授崇仪副使，掌御厨。明年，拜正使，出知庆州。

淳化三年，代还，监折博仓。延德与张齐贤善，因国子博士朱贻业通言齐贤，求免掌庾，希进用。齐贤为言之，上怒曰："延德愿掌仓以自效，未逾月，又祷宰相求免，何也？"因召延德诘责，自言未尝遣贻业诣相府有所求请。上疑齐贤不实，召贻业至，贻业又讳之，齐贤耻自辨，因顿首称罪。上怒，即以延德领懿州刺史以宠之。五年，提点三司衙司、磨勘凭由司。未几，拜左屯卫大将军、枢密都承旨，俄授度支使。

真宗即位，转左千牛卫上将军，充使如故。延德前使西域，冒寒不汗，得风痹疾，艰于步履。咸平初，出为舒州团练使、知郓州，徙青州，坐市物有剩利，降授左武卫将军。久病落籍，遣家人代诣登闻鼓院求休致，上以其事先帝，复授左千牛卫上将军致仕。景德三年，卒，年六十八。

延德以攀附得官，倾险好进，时人恶之。兄延之，乾德六年进士，至屯田郎中致仕。

魏震，不知何许人。祖浩，赠国军权盐制置使。父钺，蒲台令。震初用祖荫，当补廷职，自以习词业，不屑就。姚恕尝与钺蒲台交代，及为皇子教授，太宗在藩邸，恕尝称震之材，因召置邸中。即位，补殿直、庐寿八州巡检。从征河东，掌行在左藏库，改供奉官。雍熙初，温州进瑞木成文，震作诗赋以献，拜崇仪副使，赐白金二千两，掌内弓箭库。出知保州，会诸将北伐，为幽州西北路钤辖。下飞狐、蔚州，以功就迁崇仪使、知蔚州。复知保州，移秦州钤辖。端拱中，召拜西上阁门使，俄知庐州，徙澶州。淳化二年，进东上阁门使、知凤州，坐事免。至道初，起为洛苑使、知洪州。二年，复为东上阁门使，知定、代二州并兼行营钤辖。咸平元年卒。子致恭，殿中丞。

张质，字守朴，博州高唐人。少孤，养于兄赟。赟为枢密院典谒，质因得隶兵房，颇为赵普、曹彬所知。太宗征河东，还驻镇阳，彬方典枢务。一夕，议调发屯兵，时军载簿领，阻留在道。质潜计兵数，部分军马，及得兵籍较之，悉无差谬。淳化中，累迁本房副都承旨。

咸平初，授左监门卫将军、枢密副承旨。先是，枢密吏皆以年劳次补，有至主事而槁其职者。景德三年夏，

内出公事三条，令主事以下详决之，命质与礼房副承旨尹德润宿御书院考第。翌日，上亲临阅视，凡选补四十余人，不中式除崇班、供奉官、奉职者十余人。以质为左屯卫大将军，加给月奉，历右神武军、右卫二大将军。

大中祥符七年，转都承旨。在枢罗仅五十年，练习事程，精敏端悫，未尝有过。旧，本院吏罕有迁至都承旨者，上素知质廉谨，故以授之。尝召问五代以降泊国初军籍更易之制，且命条具利害，质纂为三篇，目曰《兵要》以进，上览而称善。

好养生之术，老而不衰，以是多接隐人方士，然语不及公家事。每大祀巡幸，质多为行宫使，或领巡检提点供顿之务。天禧元年九月，方候对承明殿，暴中风眩，舆归卒，年七十四。录其子大理评事纯为卫尉寺丞，孙思道为三班奉职。

杨允恭，汉州绵竹人。家世豪富，允恭少倜傥任侠。乾德中，王师平蜀，群盗窃发，允恭裁弱冠，率乡里子弟砦于清泉乡，为贼所获，将杀之。允恭曰："苟活我，当助尔。"贼素闻其豪宗，乃释之。阴结贼帅子，日与饮博，阳不胜，偿以赀，使伺贼。贼将害允恭，其子以告，因遁去。内客省使丁德裕讨贼至州，允恭以策干之，署绵、汉招收巡检，贼平，补殿前承旨。

太平兴国中，以殿直掌广州市舶。自南汉之后，海贼子孙相袭，大者及数百人，州县苦之。允恭因都运入奏其事，太宗即命为广、连都巡检使。又以海盐盗入岭北，民犯者众，请建大庾县为军，官辇盐市之。诏建为南安军，自是冒禁者少。贼有叶氏者，众五百余，往来海上。允恭集水军，造轻舸，掩袭其首，斩之。余党弃船走，伏匿山谷，允恭伐木开道，悉歼焉。贼寇每遇风涛，则遁止洲岛间。允恭领众涉海，捕之殆尽，贼皆望风奔溃。又抵漳、泉贼所止处，尽夺先所劫男女六十余口还其家。诏书嘉奖，赐钱十万，转供奉官。诏归，改内殿崇班。

时缘江多贼，命督江南水运，因捕寇党。行及临江军，择骁卒挐轻舟伺下江贼所止，夜发军城，三鼓，遇贼百余，拒敌久之，悉枭其首。又趣通州境上蹑海贼，贼系众舟。张幕，发劲弩、短炮。允恭兵刃所向，多为幕所萦，炮中允恭左肩，流血及袖，容色弥壮。徐遣善泅者以绳连铁钩散掷之，坏其幕，士卒争进，贼赴水死者大半，擒数百人。自是江路无剽掠之患。以功转洛苑副使，江、淮、两浙都大发运、擘画茶盐捕贼事；赐紫袍、金带、钱五十万。先是，三路转运使各领其职，或廉庾多积，而军士舟楫不给，虽以官钱雇丁男挽舟，而土人惮其役，以是岁上供米，不过三百万。允恭尽籍三路舟卒与所运物数，令诸州择牙吏，悉集，允恭乃辨数授之。江、浙所运，止于淮、泗，由淮、泗输京师，行之一岁，上供者六百万。

淳化五年，转西京作坊使。初，产茶之地，民输赋者悉计其直，官售之，精粗不校，咸输榷务。商人弗肯售，久即焚之。允恭曰："竭民利而取之，积腐而弃之，非计也。"至道初，刘式建议请废缘江榷务，许商人过江，听私货鬻。允恭以为诸州新陈相糅，两河诸州风土，各有所

宜，非杂以数品，即商人少利。请依旧江北置务，均色号，以年次给之。事下三司，盐铁使陈恕等以允恭议为是，诏从之。即命允恭为发运使，始改"擘画"为"制置"，以西京作坊副使李廷遂、著作佐郎王子舆并为同发运使。

巢、庐江二县旧隶庐州，道远多寇，民输劳费。允恭请以二县建军，诏许之，以无为为额。淮南十八州军，其九禁盐地，则上下其直，民利商盐之贱，故贩者益众，至有持兵器往来为盗者。允恭以为行法宜一，即奏请悉禁，而官遣吏主之。事下三司，三司言其不可，允恭再三为请，太宗始从之。是岁，收利巨万。允恭与王子舆、秦羲同主茶盐之任，多作条制，遂变新法。

真宗即位，改西京左藏库使。又言川峡铁钱之弊，曰："凡民田之税，昔输铜钱之一，今输铁钱亦一；而吏卒奉旧给铜钱之一，今给铁钱五；及行用交易，则铁钱之十，为铜钱之一。且民入田税，以一为十，官失其九矣；吏卒奉给，增一为五，官又失其四矣；吏卒得五用十，复失其半矣。臣在先朝，尝陈其事，愿发法以革其弊，先帝方议行之，会贼顺叛扰而止。今陛下继成先烈，可遂建其法，使民不失所。且饶、信之铜，积数千万，若遣运于荆，达于蜀，蜀素多铜，俾夔、益、遂各置监鼓铸，岁用均给，不十年，悉用铜钱矣。"议虽未用，然自是吏卒奉给，始改用十铁钱易铜钱之一。

俄知通利军，兼黄、御河发运使。会议减西鄙屯兵，以息转饷，召允恭与崇仪副使窦神宝、阁门祗候李允则驰往经度，图上郡县山川之形胜。允恭因建议曰："自环州入积石、抵灵武七日程。刍粟之运，其策有三。然以人以驴，其费颇烦，而所载数数。莫若用诸葛亮木牛之制，以小车发卒分铺运之。每车四人挽之，旁设兵卫，加戈刃于其上，寇至则聚车于中，合士卒之力，御寇于外。"寻为议者所沮而止。复遣之任，又议，江、淮盐铁使陈恕力争，诏从允恭之议。加领康州刺史。

咸平初，以北边卖马，未有定直，命允恭主平其估，乃置估马司，铸印以为常制。王均之乱，上虑南方有聚寇，命允恭为荆湖、江、浙都巡检使，内殿崇班杨守遵副之，赐与甚厚。二年夏，以疾闻，遣其子大理评事可乘传侍疾。七月，卒于昇州，年五十六，赐其次子告同学究出身，赙钱二十万，绢百匹。又以钱五万、帛五十匹给其家。命扬州官造第一区赐之。

允恭有胆干，能以方略捕贼。王小波之乱也，李顺之兄自荣据绵竹，土人多被胁从。允恭兄允升、弟允元，率乡里子弟并力破之；又为王师乡导，执自荣诣剑门以献。王继恩表其事，诏赐允升学究出身，授本县令，允元什邡令。明年，召赴阙，授允升右赞善大夫，允元大理评事。可，咸平元年进士，喜属文，有吏干，累召试，历户部、盐铁判官，知洪、宣、润、寿、潭州，至都官员外郎。告，虞部员外郎。

秦羲，字致尧，江宁人。世仕江左。曾祖本，岳州刺史。祖进远，宁国军节度副使。父承裕，建州监军使、知州事。李煜之归朝也，承裕遣羲诣阙上符印，太祖召见，

悦其趋对详谨，补殿直，令督广济漕船。太平兴国中，有南唐军校马光琏等亡命荆楚，结徒为盗。羲受诏，缚光琏以献，太宗壮之。积劳改西头供奉官，决狱于淮南诸州。

淳化中，又督洛州采铜。雷有终称其有心计，遣监兴国军茶务。会杨允恭改茶盐法，荐羲掌真州榷务，寻提点淮南西路茶盐，得羡余十余万，遂与允恭同为江、淮制置，擢授阁门祗候，兼制置矾税。

咸平初，入奏，真宗面加慰劳。淮南榷盐，二岁增钱八十三万余贯，以劳改内殿崇班，又兼制置荆湖路。江南群盗久为民患，羲讨捕皆尽。四年，领发运使事，改供备库副使，献议增榷酤岁十八万缗，所增既多，尤为刻下。会岁旱，诏罢之。景德初，迁供备库使、知江陵府。坐举官不如状，削秩。

大中祥符初，起授供备库副使、宿州监军，稍迁东染院副使。明年，广州言澄海兵尝捕宜贼，颇希恩桀骜，军中不能制，部送阙下。上以远方大镇，宜得材干之臣镇抚之。宰相历言数人，皆不称旨。上曰："秦羲可当此任。"复授供备库使，充广州铃辖。历东染院使、知苏州，改崇仪使、提举在京诸司库务。因对，求典藩郡，迁内园使、知泉州。天禧四年，代还。道病卒，年六十四。

羲知书，好为诗，喜宾客，颇有士风。历财货之任，凡十余年，精勤练习，号为称职。

谢德权，字士衡，福州人。父文节，初仕王氏，为侯官令。后入南唐，为忠烈都虞候、饶州团练使，以骁勇闻。周世宗南征，文节独摄甲度大江，潜觇故垒，吴人号为"铁龙"。后守鄂州，拒宋师，战没。

德权初以父死事，李煜署庄宅副使。归宋，诣登闻检院自荐，补殿前承旨，迁殿直、陕西巡检，以劳就改右侍禁。咸阳浮桥坏，转运使宋太初命德权规画，乃筑土实岸，聚石为仓，用河中铁牛之制，缆以竹索，繇是无患。

咸平二年，宜州溪蛮叛，命陈尧叟往经度之，德权预其行，以单骑入蛮境，谕以朝旨，众咸听命。尧叟以闻，加阁门祗候，广、韶、英、雄、连、贺六州都巡检使。代归，提点京城仓草场。先是，窖积多患地下湿，德权累甓为台以藉之，遂无败腐。

京城衢巷狭隘，命德权广之。既受诏，则先撤贵要邸舍，群议纷然。有诏止之，德权面请曰："臣已受命，不可中止。今沮事者皆权豪辈，各惜室僦资耳，非有他也。"上从之。因条上衢巷广袤及禁鼓昏晓之制。

会有凶人刘晔、僧澄雅讼执政与许州民阴构夏为叛者，诏温仲舒、谢泌鞫问，令德权监之。既而按验无状，翌日，对便殿，具奏其妄。泌独曰："追摄大臣，狱状乃具。"德权曰："泌欲陷大臣耶！若使大臣无罪受辱，则人君何以使臣，臣下何以事君？"仲舒曰："德权所奏甚善。"上乃可之。

六年，命城新乐县，迁供奉官。又命浚北平砦濠，葺蒲阴城。一日，遽乘传诣阙求对，且言："边民多挈族入城居止。前岁契丹入塞，傅潜闭垒自固，康保裔被擒，王师未有胜捷。臣以为今岁契丹必寇内地，令边兵聚屯一处，尤非便利，愿速分戍镇、定、高阳三路。天雄城垒阔远，请急诏葺之，仍葺澶州城，北治德清军城堑，以为豫备。臣实虑蒲阴工作未讫，寇必暴至。"上慰遣之，既而契丹果围蒲阴。及闻有诏修河北行宫，德权又驿奏，请车驾毋渡河，及至澶州，德权单马间道赴行在。

未几，迁内殿崇班、提辖三司衙司。德权为设备制，均其差使。有大将隶内侍主藏，内侍为奏留，觊免烦重之役。德权携奏白上，极言侥幸，上称其有守。又命提总京城四排岸，领护汴河兼督辇运。前是，岁役浚河夫三十万，而主者因循，堤防不固，但挑沙拥岸址，或河流泛滥，即中流复填淤矣。德权须以沙尽至土为垠，弃沙堤外，遣三班使者分地以主其役。又为大锥以试筑堤之虚实，或引锥可入者，即坐所辖官吏，多被谴免者。植树数十万以固岸。建议废京师铸钱监，徙西窑务于河阴，大省劳费。改崇仪副使，兼领东西八作司。先时，每营造患工少，至终岁不成。德权按其役，皆克日而就。

大中祥符元年，议东封，命与刘承珪、戚纶同计度发运，迁供备库使。预修玉清昭应宫。时，累徙民舍以广宫地。刘承珪议掘地及丈，加筑以壮基址。德权患其劳役过甚，日与忿争，不能夺，遂求罢，复领京城仓草场。导金水河，自皇城西环太庙，凡十余里。三年，出知泗州，占谢日，自陈："臣久领京务，颇虑中外观听，谓臣负谴外迁，愿稍进其秩。"诏改西染院使遣之。至任，逾月卒，年五十八。以其子平为定远主簿，给奉终丧。

德权清苦干事，好兴功利，多所经画。见官吏徇私者，必面斥之，所至整肃。然喜采察纤微，以闻于上，朝论恶之。

阎日新，宿州临涣人。少为本州牙职，补三司使役吏。淳化中，选隶寿王府，主邸中记簿。真宗即位，擢为供奉官，提点雄、霸、静戎军榷场。咸平元年，迁内殿崇班、永兴军驻泊都监，徙剑门关兼知剑门县，就加供备库副使、庆州都监。景德初，命管勾邠、宁、环州驻泊兵马。时，部署张凝屡入边界焚族帐，日新皆提兵应援。俄知泾州，未几，移庆州。上言："野溪、三门等族恃岭崄，桀黠难制，请开古川道，东至乐业镇，西出府城。"从之。就转供备库使、知环州兼邠宁环庆路铃辖、缘边都巡检使、安抚都监。俄换泾原仪渭路。二年，迁如京使，领万州刺史。上朝陵、东封，皆命为行宫使。

大中祥符初，改文思使。日新起胥史，好云为以进取，尝上言："群臣子弟以荫得官，往往未童龀以受奉，望自今年二十以上，乃给廪。又京城百官早朝，而学士、丞、郎、舍人以上，导从呵止太盛，难于趋避，望令裁减。"又屡请对，多所建白。且自陈筋力尚壮，愿正授刺郡，守边城以效用。

俄真拜坊州刺史、知渭州兼泾原路驻泊铃辖。将祀汾阴，故改知同州事，俨信顿即日新所部，车驾至，迎谒献方物。劳问久之，遂从祀雕上，赐以袭衣、金带。还过新市镇，又设彩楼乐伎以迎驾。明年，徙知徐州。代还，以足疾，改右领军卫大将军、昭州团练使、知单州。疾益甚，许还京师。天禧初，卒，年六十八。

　　靳怀德，博州高唐人。祖昌范，殿中丞。父隐，禹城令。怀德太平兴国中明法，解褐广安军判官。秩满，授鸿胪寺丞，历著作佐郎、太子左赞善大夫、通判相州，改殿中丞、通判广州，迁国子博士、通判沧州。历虞部、比部员外郎，又通判莫州，知德州。

　　咸平中，契丹入寇，怀德固守城壁，又转运使刘通言其善政，连有诏褒之。徙知密州，会留后孔守正之镇，代还。盐铁使陈恕、判官王济荐其武干，换如京使、知邠州。怀德本名湘，素游寇准之门，准父名湘，景德中，准方为相，怀德乃改名焉。俄知沧州。大中祥符初，召还，复遣之任，吏民诣转运使李士衡借留怀德，士衡以闻。未几，迁文思使。三年秋，以江左旱歉，命为洪、虔十州安抚都监。未至任，改知曹州。

　　明年春，选为益州钤辖，加领长州刺史。怀德历官以强干称，然酗酒多失，将行，别诏戒勖。真宗又面谕之，就迁北作坊使。在剑外，军民甚畏爱。复以善职入拜西上阁门使，改领昭州刺史、知澶州。是州居水陆之要，怀德悉心抚治，颇著政绩，使车往复，多称誉焉。又知陕州，逾年，归阙而卒，时天禧元年，年七十三。

　　论曰：世乏全材，则各录其所长而用焉，亦皆可以集事功。允恭有心计，好言事，是时摘山煮海，方舟之漕，规制未备，故因其建白而从之，利甚博焉。羲亦精心敏职，士大夫许其酝藉。德权清廉强忮，矫名好威，然其斥谢泌以大臣非可受辱，识堂陛之分，长者之言哉。延德而下，遭会进陟，迭居事任，其指使治迹，各有可取者焉。

卷三百一十　　列传第六十九

李迪 子柬之 肃之 承之 及之 孙孝基 孝寿 孝称　**王曾** 弟子融　**张知白**　**杜衍**

　　李迪，字复古，其先赵郡人，后徙幽州。曾祖在钦，避五代乱，又徙家濮。迪深厚有器局，尝携其所为文见柳开，开奇之曰："公辅材也。"

　　举进士第一，授将作监丞，历通判徐、兖州。改秘书省著作郎、直史馆，为三司盐铁判官。东封泰山，复通判兖州，坐尝解开封府进士失当，谪监海州税。改右司谏，起知郓州，召纠察在京刑狱，迁起居舍人，安抚江、淮，以尚书吏部员外郎为三司盐铁副使，擢知制诰。

　　真宗幸亳，为留守判官，遂知亳州。亡卒群剽城邑，发兵捕之，久不得。迪至，悉罢所发兵，阴听察知贼区处，部勒骁锐士，擒贼，斩以徇。代归，会唃厮啰叛，帝忧关中，召对长春殿，进右谏议大夫、集贤院学士、知永兴军。城中多无赖子弟，喜犯法，迪奏取其甚者，部送阙下。徙陕西都转运使，入为翰林学士。

　　尝归沐，忽传诏对内东门，出三司使马元方所上岁出入材用数以示迪。时频岁蝗旱，问何以济，迪请发内藏库以佐国用，则赋敛宽，民不劳矣。帝曰："朕欲用李士衡代元方，俟其至，当出金帛数百万借三司。"迪曰："天子于财无内外，愿下诏赐三司，以示恩德，何必曰借。"帝悦。又言："陛下东封时，敕所过毋伐木除道，即驿舍或州治为行宫，裁令加涂墍而已。及幸汾、亳，土木之役，过往时几百倍。今蝗旱之灾，殆天意所以儆陛下也。"帝深然之。

　　他日，又召对龙图阁，命迪草诏，徐谓迪曰："曹玮在秦州，屡请益兵，未及遣，遽辞州事，第怯耳。谁可代玮者？"迪对曰："玮知唃厮啰欲入寇，且窥关中，故请益兵为备，非怯也。且玮有谋略，诸将皆非其比，何可代。陛下重发兵，岂非将上玉皇圣号，恶兵出宜秋门邪？今关右兵多，可分兵赴玮。"帝因问关右兵几何，对曰："臣向在陕西，以方寸小册书兵粮数备调发，今犹置佩囊中。"帝令自探取，且黄门取纸笔，具疏某处当留兵若干，余悉赴塞下。帝顾曰："真所谓颇、牧在禁中矣。"未久，唃厮啰果犯边。秦州方出兵，复召迪问曰："玮此举胜乎？"对曰："必胜。"居数日，奏至，玮与敌战三都谷，果大胜。帝曰："卿可以知玮必胜？"对曰："唃厮啰兵远来，使谍者声言以某日下秦州会食，以激怒玮。玮勒兵不动，坐待敌至，是以逸待劳也。臣用此知其胜。"帝益重之，自是欲大用矣。

　　初，上将立章献后，迪屡上疏谏，以章献起于寒微，不可母天下。章献深衔之。天禧中，拜给事中、参知政事。周怀政之诛，帝怒甚，欲责及太子，群臣莫敢言。迪从容奏曰："陛下有几子，乃欲为此计。"上大寤，由是独诛怀政等。仁宗为皇太子，除太子太傅，迪辞以太宗时未尝立保傅，止兼太子宾客，诏皇太子礼宾客如师傅。加礼部侍郎。寇准罢，帝欲相迪，迪固辞。一日，对滋福殿，有顷，皇太子出拜曰："陛下用宾客为宰相，敢以谢。"帝顾谓迪曰："尚可辞邪！"拜吏部侍郎兼太子少傅、同中书门下平章事、景灵宫使、集贤殿大学士。

　　初，真宗不豫，寇准议皇太子总军国事，迪赞其策，丁谓以为不便，曰："即日上体平，朝廷何以处此？"迪曰："太子监国，非古制邪？"力争不已。于是皇太子于资善堂听常事，他皆听旨。准既贬，谓寖擅权用事，至除吏不以闻。迪愤然语同列曰："迪起布衣至宰相，有以报国，死犹不恨，安能附幸为自安计邪！"自此不协。时议二府皆进秩兼东宫官，迪以为不可。谓又欲引林特为枢密副使，而迁迪中书侍郎兼尚书左丞。故事，宰相无为左丞者。既而帝御长春殿，内出制书置榻前，谓辅臣曰："此卿等兼东宫官制书也。"迪进曰："东宫官属不当增置，臣不敢受此命。"宰相丁谓罔上弄权，私林特、钱惟演而嫉寇准。特子杀人，事寝不治，准无罪罢斥，惟演姻家使预政，曹利用、冯拯相为朋党。臣愿与谓俱罢，付御史劾正。"帝怒，留制不下，左迁迪户部侍郎。谓再对，传口诏入中书复视事，出迪知郓州。

　　仁宗即位，太后预政，贬准雷州，以迪朋党傅会，贬衡州团练副使。谓使人迫之，或讽谓曰："迪若贬死，公如士论何？"谓曰："异日诸生记事，不过曰'天下惜之'而已。"谓败，起为秘书监、知舒州，历江宁府、兖州、青州，复兵部侍郎、知河南府。来朝京师，时太后垂帘，语迪曰："卿向不欲吾预国事，殆过矣。今日吾保养天子至此，卿以为何如？"迪对曰："臣受先帝厚恩，今日见天子明圣，臣不知皇太后盛德，乃至于此。"太后亦喜。以尚书左丞知河阳，迁工部尚书。太后崩，召为资政殿学士、判尚书都省。未几，复拜同中书门下平章事、集贤殿大学士。

景祐中，范讽得罪，迪坐姻党，罢为刑部尚书，知亳州，改相州。既而为资政殿大学士、翰林侍读学士，留京师。迪素恶吕夷简，因奏夷简私交荆王元俨，尝为补门下僧惠清为守阙鉴义。夷简请辨，诏讯之，乃迪在中书所行事，夷简以斋祠不预。降太常卿、知密州。复刑部尚书、知徐州。迪奏所部邻兖州，欲行县因祠岳为上祈年、祷皇子。仁宗语辅臣曰："大臣当为百姓访疾苦，祈祷非迪所宜，其毋令往。"久之，改户部尚书、知兖州，复拜资政殿大学士。

元昊攻延州，武事久弛，守将或为他名以避兵。迪愿守边，诏不许，然甚壮其意。除彰信军节度使、知天雄军，徙青州。逾年，之本镇。请老，以太子太傅致仕，归濮州。后其子东之为侍御史知杂事，奉迎来京师。帝数遣使问劳，欲召见，以疾辞。薨，年七十七。赠司空、侍中，谥文定。帝篆其墓碑曰"遗直之碑"，又改所葬邓侯乡曰遗直乡。子东之、肃之、承之、及之，孙孝寿、孝基、孝称。

东之字公明，晓国朝典故。献文，召试，赐进士出身，为馆阁校勘、宣化军使。境上有废河故道，官收行者税，谓之"干渡钱"，奏除之。进直集贤院、判吏部南曹、开封府推官、盐铁判官，历知邢汉庐州、凤翔府、京东、陕西转运使，擢侍御史知杂事。

东之自少受知于寇准，至是论准保护之功。仁宗恻然，即赐其碑曰"旌忠"。拜天章阁待制、河北都转运使，加龙图阁直学士。建言补荫之门太广，遂诏裁定，自二府而下，通三岁减入仕者一千人。知荆南、河阳、澶州，改集贤院学士，判西京留司御史台。

英宗即位，富弼荐其学行，复旧职，兼侍读。帝劳之曰："卿通议耆儒，方咨访以辅不逮，岂止经术而已。"帝颇欲肃正官省，东之谏曰："陛下，长君也，立自宗藩，众方观望，愿曲为包覆。"赐颍王生日礼物，故事，王拜赐竟，即退。帝谕王令留东之食，冀其从容也。王即位未几，东之请老，自工部尚书拜太子少保致仕。旧无阁门谢辞式，特赐对延和，命之坐，仍置宴资善堂，遣使谕之曰："以先帝梓宫在殡，朕不得为诗。"令讲读官皆赋诗，劳勉甚渥，又敕王珪叙其事。东之出都门，即幅巾白衣以见客。再迁少师。熙宁六年，卒，年七十八。

有李受者，字益之，长沙之浏阳人也。仕于治平中，至右谏议大夫、天章阁待制兼侍读。屡以老乞骸骨，不听。神宗立，进给事中、龙图阁直学士。复言："臣在先帝时，年已七十，不敢窃禄以自安。今又加数年，筋力愈矣，惟陛下哀之。"于是拜刑部侍郎致仕，赐宴赋诗及序，如东之礼。相去数月，故时称"二李"。卒年八十，赠工部尚书。

肃之字公仪，迪弟子也。以迪荫，监大名府军资库。大河溢，府檄修冠氏堤，功就弗扰，民悦之，请为宰。邑多盗，时出害人。肃之令比户置鼓，有盗，辄击鼓，远近皆应，盗为之衰止。为御河催纲。横陇之决，使者檄护金堤，满岁无河患。

通判澶州。契丹泛使将过郡，而楼堞坏圮，肃之谓郡守曰："吾州为景德破敌之地，当示雄疆，今保障若是，且奈何？"遂鸠工构城屋，凡千区。已而中贵人衔命来视，规置一新，惊赏嗟异，闻之朝。擢知德州，提点开封府界内县镇，夔路、湖南刑狱。侬蛮暴岭外，肃之亲捍诸境，会蒋偕失利，亟率兵往蹀于临贺，贼引去。狄青、孙沔交荐之，徙湖北转运使。辰阳彭仕羲叛，讨平之，犹以过左迁，知齐州。改江东、两浙、河北转运使，进度支副使、江淮发运使。

神宗初即位，谅祚寇大顺城。肃之入奏，帝访以西夏事，奏对称旨。以为右谏议大夫、知庆州；数日，徙瀛州。大雨地震，官舍民庐推陷。肃之出入泥潦中，结草囤以储庾粟之暴露者，为芨舍以居民，启廪振给，严儆盗窃，一以军法从事。天子闻而嘉之，遣使劳赐。迁天章阁待制、知开封府，出知定州。还，迁三司使，又出为永兴军、青、齐二州。元丰二年，复知开封，为枢密都承旨，加龙图阁直学士、知郓州。四年，提举太极观。卒，年八十二。

肃之内行修饬，母丧，庐墓三年，不入城郭。季弟承之，生而孤，鞠育海道，至于成人，遂相继为侍从。帝称其一门忠孝云。

承之字奉世，性严重，有忠节。从兄东之将仕以官，辞不受，而中进士第，调明州司法参军。郡守任情酷法，人莫敢忤，承之独毅然力争之。守怒曰："曹掾敢如是邪？"承之曰："事始至，公自为之则已，既下有司，则当循三尺之法矣。"守惮其言。

尝建免役议，王安石见而称之。熙宁初，以为条例司检详文字，得召见。神宗语执政曰："承之言制置司事甚详，非他人所及也。"改京官。他日，谓之曰："朕即位以来，不轻与人改秩，今以命汝，异恩也。"

检正中书刑房，察访淮浙常平、农田水利、差役事，还奏《役书》二十篇，加集贤校理。又察访陕西，时郡县昧于奉法，敛羡余过制。承之曰："是岂朝廷意邪？"悉裁正其数。迁集贤殿修撰，擢宝文阁待制，为同群牧使，纠察在京刑狱兼枢密都承旨，出知延州，入权三司使。

蔡确治相州狱，多引朝士，皆望风自折服。承之为帝言其险诐之状，帝意始悟，趣使诘竟。迁龙图阁直学士，恳辞，乞授兄肃之，曰："臣少鞠于兄，且兄为待制十年矣。"帝曰："卿兄弟孝友，足厉风俗。肃之亦当迁也。"即并命焉。

商人犯禁货北珠，乃为公主售，三司久不敢决。承之曰："朝廷法令，畏王姬乎？"亟索之。帝闻之曰："有司当如此矣。"进枢密直学士。坐补吏不当，降待制、知汝州。未几，为陕西都转运使，召拜给事中、吏部侍郎、户部尚书，复以枢密直学士知青州。历应天府、河阳、陈、郓、扬州而卒。

及之字公达，亦迪弟之子。由荫登第，通判安肃军。康定中，夏人犯边，契丹复发兵并塞，疆候戒严。及之言："契丹以与夏人甥舅之故，特此慰其心，且姑张虚势以疑我，必不失誓好，愿毋过虞。"已而果然。

徙通判河南府。亡卒张海倚山啸聚，白昼掠城市。及之督捕，单骑与海语，谕使归命，当奏贷其死。海感动弛备，奏方上，而众兵集，悉获之。知信州，灵鹫山浮屠，犯法者众，及之治其奸，流数十人，乃自劾。朝廷嘉之，释不问。入判刑部。尝撰次唐史有益治体者，为《君臣龟监》八十卷。王尧臣上其书，并表其学行，韩琦亦以馆职荐之。召试，除直秘阁，历开封府判官、知泾、晋、陕三州。

及之吏事精明，所居官皆称职。以太中大夫致仕，再转正议大夫。卒，年八十五。

柬之子孝基，及之子孝寿、孝称。

孝基字伯始。进士高第，唱名至墀下，仁宗顾侍臣曰："此李迪孙邪？能世其家，可尚也。"晏殊、富弼荐其材任馆阁，欲一见之。孝基曰："名器可私谒邪？"竟不往。

知汝阴、雍丘县，通判阆州、舒州，知随州。所治虽剧，然事来亟断，不为证左回枉，甫日中，庭已空矣。或问其术，曰："无他，省事耳。"阆中江水啮城几没，郡吏多引避，孝基率其下决水归旁谷，城赖以全。舒吏受赂鬻狱，以杀人罪加平民，孝基劾治三日，得其情，乃抵其罪。以亲须养，求监崇福宫，判西京国子监。凡就闲十年，累官光禄卿，与父柬之同谢事，才五十，士大夫美之，以比二疏。

孝基为人冲澹，善养生，平居轻安。弟孝称对，帝问起居状，叹曰："度越常人远矣。"后十一年，无疾卒。

孝寿字景山，为开封府户曹参军。元符中，吕嘉问知府事，受章惇、蔡卞指，锻炼上书人，命孝寿摄司录事，成其狱。徽宗即位，嘉问先已得罪，孝寿亦削秩。蔡京为政，以为府推官，迁大理、太仆卿，擢显谟阁待制，为开封尹。

前此，闾里亡赖子，自断截臂腕，托废疾凌良民，无所惮畏。孝寿悉搜出之，部付旁郡，一切治理。加直学士，出知兴仁、开德府。京起苏州章绖狱，还孝寿开封，使往即讯。至苏州，穷治铸钱，逮系逾千数，方冬惨掠囚，堕指脱足不可计，死则投于垣外。日夜锻炼，款未就，京犹嫌其缓，召使还。其后，绖兄弟竟用此黜窜。又知虢、兖二州。坐守兴仁日与巡检戏射狂人张立死，除名。居无何，起知苏州。

政和初，拜刑部侍郎，复改开封尹。奉宸库吏吕寿盗金，系狱而逃。孝寿尽执守兵，论为故纵，非任事之吏与不上直者，亦以不即追掩之。凡配隶四十人，阴赂杖者使加重，六七人才出关而死。帝闻之，命悉还余人。于是谏议大夫毛注论其残忍苛虐，乞加谴，不听。孝寿犹以狱空上表贺。

孝寿虽亡状，亦时有可观。有举子为仆所凌，忿甚，具牒欲送府，同舍生劝解，久乃释。戏取牒效孝寿花书判云："不勘案，决杖二十。"仆明日持诣府，告其主仿尹书判私用刑。孝寿即追至，备言本末，孝寿幡然曰："所判正合我意。"如数与仆杖，而谢举子。时都下数千人，无一仆敢肆者，时以此称之。明年，以疾，罢为龙图阁学士、提举醴泉观。卒，赠正奉大夫。

孝称字彦闻，以荫登朝。值郊恩得封父，及之已官通议大夫，有司限以格，孝称言，恐非朝廷所以推恩优老之意，诏特许之，遂为著令。

崇宁中，提举湖北、京西常平，提点京西南路刑狱。蔡京之姻宋乔年为京畿转运使，有囚逸，捕得之。孝称上其功，乔年受赏，而孝称用是得工部员外郎。不阅月，迁大理少卿。连奏狱空，进为卿，且数增秩，擢工部、户部二侍郎，为开封尹。

陈瓘之子正彙在杭州上书，告京不利社稷。郡守蔡薿执送京师，并逮瓘诣狱，孝称胁使证其子，瓘不可。暨狱上，竟窜正彙海岛。京愈德之，进刑部尚书，而以其兄孝寿代为尹。孝称请班兄下，不许。避亲嫌，徙工部。卒，赠光禄大夫。

王曾，字孝先，青州益都人。少孤，鞠于仲父宗元，从学于里人张震，善为文辞。咸平中，由乡贡试礼部、廷对皆第一。杨亿见其赋，叹曰："王佐器也。"以将作监丞通判济州。代还，当召试学士院，宰相寇准奇之，特试政事堂，授秘书省著作郎、直史馆、三司户部判官。

景德初，始通和契丹，岁遣使致书称南朝，以契丹为北朝。曾曰："从其国号足矣。"业已遣使，弗果易。迁右正言、知制诰兼史馆修撰。时瑞应沓至，曾尝入对，帝语及之。曾奏曰："此诚国家承平所致，然愿推而弗居，异日或有灾诊，则免舆议。"及帝既受符命，大建玉清昭应宫，下莫敢言者，曾陈五害以谏。旧用郎中判大理寺，帝欲重之，特命曾。且谓曾曰："狱，重典也，今以屈卿。"曾顿首谢。仍赐钱三十万，因请自辟僚属，著为令。迁翰林学士。帝尝晚坐承明殿，召对久之，既退，使内侍谕曰："向思卿甚，故不及朝服见卿，卿勿以我为慢也。"其见尊礼如此。

知审刑院。旧违制无故失，率坐徒二年，曾请须亲被旨乃坐。既而有犯者，曾乃以失论。帝曰："如卿言，是无复有违制者。"曾曰："天下至广，岂人人尽晓制书，如陛下言，亦无复有失者。"帝悟，卒从曾议。再迁尚书主客郎中。知审官院、通进银台司，勾当三班院，遂以右谏议大夫参知政事。

时宫观皆以辅臣为使。王钦若方挟符瑞，傅会帝意，又阴欲排异己者，曾当使会灵，因以推钦若，帝始疑曾自异。及钦若相，会曾市贺皇后家旧第，其家未徙去，而曾令人舁土置门外，贺氏诉禁中。明日，帝以语钦若，乃罢曾为尚书礼部侍郎、判都省，出知应天府。天禧中，民间讹言有妖起若飞帽，夜搏人，自京师以南，人皆恐。曾令夜开里门，敢倡言者即捕之，卒无妖。徙天雄军，复参知政事，迁吏部侍郎兼太子宾客。

真宗不豫，皇后居中预政，太子虽听事资善堂，然事皆决于后，中外以为忧。钱惟演，后戚也，曾密语惟演曰："太子幼，非宫中不能立。加恩太子，则太子安；太子安，所以安刘氏也。"惟演以为然，因以白后。帝崩，曾奉命入殿庐草遗诏："以明肃皇后辅立皇太子，权听断军国大事。"丁谓入，去"权"字。曾曰："皇帝冲年，太后临朝，斯已国家否运。称'权'，犹足示后。且增减制书有法，表则之地，先欲乱之邪？"遂不敢去。仁宗立，迁礼部尚书。群臣议太后临朝仪，曾请如东汉故事，太后坐帝右，垂帘奏事。丁谓独欲帝朔望见群臣，大事则太后召对辅臣决之，非大事令入内押班雷允恭传奏禁中，画可以下。曾曰："两宫异处，而柄归宦官，祸端兆矣。"谓不听。既而允恭坐诛，谓亦得罪。自是两宫垂帘，辅臣奏事如曾议。

谓初败，任中正言："谓被先帝顾托，虽有罪，请如律议功。"曾曰："谓以不忠得罪宗庙，尚何议邪！"时真宗初崩，内外汹汹，曾正色独立，朝廷倚以为重。拜中书侍郎兼本官、同中书门下章事，集贤殿大学士、会灵观使。王钦若卒，曾以门下侍郎兼户部尚书为昭文馆大学士、监修国史、玉清昭应宫使。曾以帝初即位，宜近师儒，即召孙奭、冯元劝讲崇政殿。天圣四年夏，大雨。传言汴口决，水且大至，都人恐，欲东奔。帝问曾，曾曰："河决，奏未至，第民间妖言尔，不足虑也。"已而果然。陕西转运使置醋务，以榷其利，且请推其法天下，曾请罢之。

曾方严持重，每进见，言利害事，审而中理；多所荐拔，尤恶侥幸。帝问曾："比臣僚请对，多求进者？"曾对曰："惟陛下抑奔竞而崇恬静，庶几有难进易退之人矣。"曹利用恶曾班己上，尝怏怏不悦，语在《利用传》。及利用坐事，太后大怒，曾为之解。太后曰："卿尝言利用强横，今何解也？"曾曰："利用素恃恩，臣故尝以理折之。今加以大恶，则非臣所知也。"太后意少释，卒从轻议。

始，太后受册，将御大安殿，曾执以为不可，及长宁节上寿，止共张便殿。太后左右姻家稍通请谒，曾多所裁抑，太后滋不悦。会玉清昭应宫灾，乃出知青州。以彰信军节度使复知天雄军，契丹使者往还，敛车徒而后过，无敢哗者。人乐其政，为画像而生祠之。改天平军节度使、同中书门下平章事、判河南府。景祐元年，为枢密使。明年，拜右仆射兼门下侍郎、平章事、集贤殿大学士，封沂国公。

曾进退士人，莫有知者。范仲淹尝问曾曰："明扬士类，宰相之任也。公之盛德，独少此耳。"曾曰："夫执政者，恩欲归己，怨使谁归？"仲淹服其言。初，吕夷简参知政事，事曾谨甚，曾力荐为相。及夷简位曾上，任事久，多所专决，曾不能堪，论议间有异同，遂求罢。仁宗疑以问曾曰："卿亦有所不足邪？"时外传知秦州王继明纳赂夷简，曾因及之。帝问夷简，曾与夷简交论帝前。曾言亦有过者，遂与夷简俱罢，以左仆射、资政殿大学士判郓州。宝元元年冬，大星晨坠其寝，左右惊告。曾曰："后一月当知之。"如期而薨，年六十一。赠侍中，谥文正。

曾资质端厚，眉目如画。在朝廷，进止皆有常处，平居寡言笑，人莫敢干以私。少与杨亿同在侍从，亿喜谈谑，凡僚友无不狎侮。至与曾言，则曰："余不敢以戏也。"平生自奉甚俭，有故人子孙来告别，曾留之具馔，食后，合中送数轴笺纸，启视之，皆它人书简后裁取者也。皇祐中，仁宗为篆其碑曰"旌贤之碑"，后又改其乡曰旌贤乡。大臣赐碑篆自曾始。仁宗既祔庙，诏择将相配享，以曾为第一。曾无子，养子曰绛。又以弟子融之子绎为后，尚书兵部郎中、秘阁校理致仕，卒。

子融字熙仲。初以曾奏，为将作监主簿。祥符进士及第，累迁太常丞、同知礼院。献所为文，召试，直集贤院。尝论次国朝以来典礼因革，为《礼阁新编》上之。以其书藏太常。

权三司度支、盐铁判官。任布请铸大钱，行之京城。三司使程琳集官议，子融曰："今军营半在城外，独大钱城中，可乎？"事遂寝。权同纠察刑狱、知河阳。又集五代事，为《唐余录》六十卷以献。进直龙图阁，累迁太常少卿、权判大理寺。乃取谳狱轻重可为准者，类次以为断例。

拜天章阁待制、尚书吏部郎中、知荆南。盗张海纵掠襄、邓，至荆门，子融阅州兵，将迎击之，贼引去。迁右谏议大夫、知陕州，徙河中府。既而勾当三班院，迁给事中，以尚书工部侍郎、集贤院学士知兖州。不赴，改刑部侍郎致仕。英宗即位，进兵部，卒。

本名晔，字子融。元昊反，请以字为名。性俭啬，街道卒除道，侵子融邸店尺寸地，至自诣开封府诉之。然教饬子孙，严厉有家法。晚学佛氏，从僧怀琎游。

张知白，字用晦，沧州清池人。幼笃学，中进士第，累迁河阳节度判官。咸平中疏，言当今要务，真宗异之，召试舍人院，权右正言。献《凤扆箴》，出知剑州。逾年，召试中书，加直史馆，面赐五品服，判三司开拆司。

江南旱，与李防分路安抚。及还，权管勾京东转运使事。周伯星见，司天以瑞奏，群臣伏阁称贺。知白以为人君当修德应天，而星之见伏无所系，因陈治道之要。帝谓宰臣曰："知白可谓乃心朝廷矣。"东封，进右司谏。又言："咸平中，河湟未平，臣尝请罢郡国所上祥瑞。今天下无事，灵贶并至，望以《泰山诸瑞图》置玉清昭应宫，其副藏秘阁。"

陕西饥，命按巡之。寻知邓州。会关右流佣至境，知白既发仓廪，又募民出粟以济。擢龙图阁待制、知审官院，再迁尚书工部郎中，使契丹。知白以朝廷制官，重内轻外，为引唐李峤议迁台阁典藩郡，乃自请补外，不许，遂命纠察在京刑狱，固请，知青州。还京师，求领国子监。帝曰："知白岂倦于处剧邪？"宰臣言："知白更践中外，未尝为身谋。"乃迁右谏议大夫、权御史中丞，拜给事中、参知政事。

郊礼成，迁尚书工部侍郎。时同列王曾迁给事中，犹班知白上，知白心不能平，累表辞之。曾亦固请列知白下，乃加知白金紫光禄大夫，复为给事中、判礼仪院。曾罢，还所辞官。时王钦若为相,知白论议多相失,因称疾辞位,罢为刑部侍郎、翰林侍读学士、知大名府。及钦若分司南京,宰相丁谓素恶钦若,徙知白南京留守,意其报怨。既至,待钦若加厚。谓怒,复徙知白亳州,迁兵部。仁宗即位,进尚书右丞,为枢密副使,以工部尚书同中书门下平章事、会灵观使、集贤殿大学士。时进士唱第,赐《中庸篇》,中书上其本,乃命知白进读,至修身治家之道,必反复陈之。

知白在相位,慎名器,无毫发私。常以盛满为戒,虽显贵,其清约如寒士。然体素羸,忧畏日侵,在中书忽感风眩,舆归第。帝亲问疾,不能语,薨。为罢上巳宴,赠太傅、中书令。礼官谢绛议谥文节,御史王嘉言言:"知白守道徇公,当官不挠,可谓正矣,谥文正。"王曾曰:"文节,美谥矣。"遂不改。

知白九岁,其父终邢州,殡于佛寺。及契丹寇河北,寺宇多颓废,殡不可辨。知白既登第,徒行访之,得佛寺殿基,恍然识其处。既发,其衣衾皆可验,众叹其诚孝。尝过陕州,与通判孙何遇,读庑旁古碑凡数千言,及还,知白略无所遗。天圣中,契丹大阅,声言猎幽州,朝廷患之。帝以问二府,众曰:"备粟练师,以备不虞。"知白曰:"不然,契丹修好未远,今其举者,以上初政,试观朝廷耳,岂可自生衅事!若终以为疑,莫如因河决,发兵以防河为名,彼亦不虞也。"未几,契丹果罢去。无子,以兄子子思为后,仕至尚书工部侍郎致仕。

杜衍,字世昌,越州山阴人。父遂良,仕至尚书度支员外郎。衍总发苦志厉操,尤笃于学。擢进士甲科,补扬州观察推官,改秘书省著作佐郎、知平遥县。使者荐之,通判晋州。

诏举良吏,擢知乾州。陈尧咨安抚陕西,有诏藩府乃赐宴,尧咨至乾州,以衍贤,特赐宴,仍徙衍权知凤翔府。及罢归,二州民邀留境上,曰:"何夺我贤太守也?"以太常博士提点河东路刑狱,迁尚书祠部员外郎。按行潞州,折冤狱,知州王曙为作《辨狱记》。高继昇知石州,人告继昇连蕃族谋变,逮捕系治,久不决,衍辩其诬,抵告者罪。宁化军守将鞫人死罪,不以实,衍覆正之。守将不伏,诉之,诏为置狱,果不当死。徙京西路,又徙知扬州。有司奏衍辨狱法当赏,迁刑部。章献太后遣使安抚淮南,使还,未及他语,问杜衍安否,使者以治状对。太后叹曰:"吾知之久矣。"

徙河东转运副使、陕西转运使。召为三司户部副使,擢天章阁待制、知江陵府。未行,会河北乏军费,选为都转运使,迁工部郎中,不增赋于民而用足。还,为枢密直学士。求补外,以右谏议大夫知天雄军。

始,衍为治谨密,不以威刑督吏,然吏民亦惮其清整。仁宗特召为御史中丞。奏言:"中书、枢密,古之三事大臣,所谓坐而论道者也。止只日对前殿,何以尽天下之事?宜迭召见,赐坐便殿,以极献替可否,其他,不必亲烦陛下也。"又议常平法曰:"岁有丰凶,谷有贵贱,官以法平之,则农有余利矣。今豪商大贾,乘时贱收,水旱,则稽伏而不出,冀其翔踊,以图厚利,而困吾民也。请量州郡远近,户口众寡,严赏罚,课责官吏,出纳无壅,增损有宜。公籴未充,则禁争籴以规利者;籴毕而储之,则察其以供军为名而假借者。州郡阙母钱,愿出官帑助之。否则劝课之官,家至日见,亦奚益于事哉。"

兼判吏部流内铨。选补科格繁长,主judge不能悉阅,吏多受赇,出缩为奸。衍既视事,即敕吏函铨法,问曰:"尽乎?"曰:"尽矣。"力阅视,具得本末曲折。明日,令诸吏无得升堂,各坐曹听行文书,铨事悉自予夺,由是吏不能为奸利。数月,声动京师。改审官院,其裁制如判铨时。迁尚书工部侍郎、知永兴军。民有昼亡其妇者,为设方略捕,立得杀人贼,发所瘗尸,并得贼杀他妇人尸二,秦人大惊。徙并州。元昊反,以太原要冲,加龙图阁学士。

宝元二年,迁刑部侍郎、复知永兴军。时方用兵,民苦调发,吏因缘为奸。衍区处计画,量道里远近,宽其期会,使民得次第输官,比他州费,省钱过半。召还,权知开封府,权近闻衍名,莫敢干以私。拜同知枢密院事,改枢密副使。夏竦上攻守策,宰相欲用出师。衍曰:"侥幸成功,非万全计。"争议久之,求罢不许,赐手诏敦勉。为河东宣抚使,拜吏部侍郎、枢密使。每内降恩,率寝格不行,积诏旨至十数,辄纳帝前。谏官欧阳修入对,帝曰:"外人知杜衍封还内降邪?凡有求于朕,每以衍不可告之而止者,多于所封还也。"

契丹与元昊战黄河外,参知政事范仲淹宣抚河东,欲以兵自从。衍曰:"二国方交斗,势必不来,我兵不可妄出。"仲淹争议帝前,诋衍,语甚切。仲淹尝父行事衍,衍不以为恨。契丹婿刘三嘏避罪来归,辅臣议厚馆之,以诘契丹阴事。谏官欧阳修亦请留三嘏,帝以问衍。衍曰:"中国主忠信,若自违誓约,纳叛亡,则不直在我。且三嘏为契丹近亲,而逋逃来归,其谋身若此,尚足与谋国乎!纳之何益,不如还之。"乃还三嘏。拜同平章事、集贤殿大学士兼枢密使。

衍好荐引贤士,而沮止侥幸,小人多不悦。其婿苏舜钦,少年能文章,论议稍侵权贵,监进奏院,循前例,祠神以伎乐娱宾。集贤校理王益柔为衍所知,或言益柔尝戏作《傲歌》,御史皆劾奏之,欲因以危衍。谏官孙甫言:"丁度因对求大用,请属吏。"度知甫所奏误,力求置对。衍以甫方奉使契丹,寝甫奏,度深衔之。及衍罢,度草制指衍为朋比。时范仲淹、富弼欲更理天下事,与用事者不合,仲淹、弼既出宣抚,言者附会,益攻二人之短。帝欲罢仲淹、弼政事,衍独左右之,然衍平日议论,实非朋比也。以尚书左丞出知兖州。庆历七年,衍甫七十,上表请还印绶,乃以太子少师致仕。

衍为宰相,贾昌朝不喜,议者谓故相一上章得请,以三少致仕,皆非故事,盖昌朝抑之也。皇祐元年,特迁太子太保,召陪祀明堂,仍诏应天府敦遣就道,都亭驿设帐具几杖待之,称疾固辞。进太子太傅,赐其子同进士出身,又进太子太师。知制诰王洙谒告归应天府,有诏抚问,封祁国公。

衍清介不殖私产,既退,寓南都凡十年,第室卑陋,才数十楹，居之裕如也。出入从者十许人，乌帽、皁绨袍、革带。或劝衍为居士服，衍曰："老而谢事，尚可窃高士名邪！"善为诗，正书、行、草皆有法。病革，帝遣中使赐药，挟太医往视，不及，卒，年八十。赠司徒兼侍中，谥正献。戒其子努力忠孝，敛以一枕一席，小圹庳冢以葬。自作遗疏，其略曰："无以久安而忽边防，无以既富而轻财用，宜早建储副，以安人心。"语不及私。

论曰：李迪、王曾、张知白、杜衍，皆贤相也。四人风烈，往往相似。方仁宗初立，章献临朝，颇挟其才，将有专制之患。迪、曾正色危言，能使宦官近习，不敢窥觎；而仁宗君德日就，章献亦全令名，古人所谓社稷臣，于斯见之。知白、衍劲正清约，皆能靳惜名器，裁抑侥幸，凛然有大臣之概焉。宋之贤相，莫盛于真、仁之世，汉魏相、唐宋璟、杨绾，岂得专美哉！

卷三百一十一　　列传第七十

晏殊　庞籍孙恭孙　**王随　章得象**
吕夷简子公绰　公弼　公孺　**张士逊**

晏殊，字同叔，抚州临川人。七岁能属文，景德初，张知白安抚江南，以神童荐之。帝召殊与进士千余人并试廷中，殊神气不慑，援笔立成。帝嘉赏，赐同进士出身。宰相寇准曰："殊江外人。"帝顾曰："张九龄非江外人邪？"后二日，复试诗、赋、论，殊奏："臣尝私习此赋，请试他题。"帝爱其不欺，既成，数称善。擢秘书省正字，秘阁读书。命直史馆陈彭年察其所与游处者，每称许之。

明年，召试中书，迁太常寺奉礼郎。东封恩，迁光禄寺丞，为集贤校理。丧父，归临川，夺服起之，从祀太清宫。诏修宝训，同判太常礼院。丧母，求终服，不许。再迁太常寺丞，擢左正言、直史馆，为昇王府记室参军。岁中，迁尚书户部员外郎，为太子舍人，寻知制诰、判集贤院。久之，为翰林学士，迁左庶子。帝每访殊以事，率用方寸小纸细书，已答奏，辄并稿封上，帝重其慎密。

仁宗即位，章献明肃太后奉遗诏权听政。宰相丁谓、枢密使曹利用，各欲独见奏事，无敢决其议者。殊建言："群臣奏事太后者，垂帘听之，皆毋得见。"议遂定。迁右谏议大夫兼侍读学士，太后谓东宫旧臣，恩不称，加给事中。预修《真宗实录》。进礼部侍郎，拜枢密副使。上疏论张耆不可为枢密使，忤太后旨。坐从幸玉清昭应宫从者持笏后至，殊怒，以笏撞之折齿，御史弹奏，罢知宣州。数月，改应天府，延范仲淹以教生徒。自五代以来，天下学校废，兴学自殊始。召拜御史中丞，改资政殿学士、兼翰林侍读学士，兵部侍郎、兼秘书监，为三司使，复为枢密副使，未拜，改参知政事，加尚书左丞。太后谒太庙，有请服衮冕者，太后以问，殊以《周官》后服对。太后崩，以礼部尚书罢知亳州，徙陈州，迁刑部尚书，以本官兼御史中丞，复为三司使。

陕西方用兵，殊请罢内臣监兵，不以阵图授诸将，使得应敌为攻守；及募弓箭助教之，以备战斗。又请出宫中长物助边费，凡他司之领财利者，悉罢还度支。悉为施行。康定初，知枢密院事，遂为枢密使。进同中书门下平章事。庆历中，拜集贤殿学士、同平章事，兼枢密使。

殊平居好贤，当世知名之士，如范仲淹、孔道辅皆出其门。及为相，益务进贤材，而仲淹与韩琦、富弼皆进用，至于台阁，多一时之贤。帝亦奋然有意，欲因群材以更治，而小人权幸皆不便。殊出欧阳修为河北都转运，谏官奏留，不许。孙甫、蔡襄上言："宸妃生圣躬为天下主，而殊尝被诏志宸妃墓，没而不言。"又奏论殊役官兵治僦舍以规利。坐是，降工部尚书、知颍州。然殊以章献太后方临朝，故志不敢斥言；而所役兵，乃辅臣例宣借者，时以谓非殊罪。

徙陈州，又徙许州，稍复礼部、刑部尚书。祀明堂，迁户部，以观文殿大学士知永兴军，徙河南府，迁兵部。以疾，请归京师访医药。既平，复求出守，特留侍经筵，诏五日一与起居，仪从如宰相。逾年，病浸剧，乘舆将往视之。殊即驰奏曰："臣老疾，行愈矣，不足为陛下忧也。"已而薨。帝虽临奠，以不视疾为恨，特罢朝二日，赠司空兼侍中，谥元献，篆其碑首曰"旧学之碑"。

殊性刚简，奉养清俭。累典州，吏民颇畏其悁急。善知人，富弼、杨察，皆其婿也。殊为宰相兼枢密使，而弼为副使，辞所兼，诏不许，其信遇如此。文章赡丽，应用不穷，尤工诗，闲雅有情思，晚岁笃学不倦。文集二百四十卷，及删次梁、陈以后名臣述作，为《集选》一百卷。

子知止，为朝请大夫。

庞籍，字醇之，单州成武人。及进士第，为黄州司理参军，知州夏竦以为有宰相器。调开封府兵曹参军，知府薛奎荐为法曹。迁大理寺丞、知襄邑县。

预修《天圣编敕》，为刑部详覆官。擢群牧判官，因转对言："旧制不以国马假臣下，重武备也。枢密院以带甲马借内侍杨怀敏，群牧覆奏，乃赐一马，三日，乃复借之，数日而复罢。枢密掌机命，反覆乃如此。平时，百官奏事上前，不自批章，止送中书、枢密院。近岁玺书内降，寖多于旧，无以防偏请、杜幸门矣。往者，王世融以公主子殴府吏，法当赎金，特停任。近作坊料物库主吏盗官物，辄自逃避。以宫掖之亲，三司遽罢追究。今日玺断乃异于昔，臣窃惑焉。祥符令检下稍严，胥吏相率空县而去，令坐罢免。若是，则清强者沮矣。"

久之，出知秀州，召为殿中侍御史，章献太后遗诰：章惠太后议军国事；籍请下阁门，取垂帘仪制尽焚之。又奏："陛下躬亲万机，用人宜辨邪正、防朋党，擢进近列，愿采公论，毋令出于执政。"孔道辅谓人曰："言事官多观望宰相意，独庞醇之，天子御史也。"为开封府判官，尚美人遣内侍称教旨免工人市租。籍言："祖宗以来，未有美人称教旨下府者，当杖内侍。"诏有司："自今宫中传命，毋得辄受。"数劾范讽罪，讽善李迪，皆寖不报，反坐言宫禁事不得实,以祠部员外郎罢为广南东路转运使。又言范讽事有不尽如奏,讽坐贬,籍亦降太常博士、知临江军。寻复官,徙福建转运使。

景祐三年,为侍御史,改刑部员外郎、知杂事,判大理寺,进天章阁待制。元昊反,为陕西体量安抚使。坐令开封府吏冯士元市女口,降知汝州。徙同州,就除陕西都转运使。文彦博鞫黄德和狱,未上,诏籍同案。籍言曰:"德和退怯当诛。刘平力战而没,宜加恤其子孙。"又建言:"频岁灾异,天久不雨。宫中费用奢靡,出纳不严,须索烦多,有司无从钩校虚实。臣窃谓凡乘舆所费,宫中所用,宜务加裁抑,取则先帝,修德弭灾之道也。今宿兵西鄙,将士力战,弗获功赏;而内官、医官、乐官,无功劳,享丰赐,天下指目,谓之'三官'。愿少裁损,无厚费予,专励战功,寇不足平也。"

进龙图阁直学士、知延州,俄兼鄜延都总管、经略安抚缘边招讨使。明年,改延州观察使,力辞,换左谏议大夫。自元昊陷金明、承平、塞门、安远、栲栳砦,破五龙川,边民焚掠殆尽,籍至,稍葺治之。戍兵十万无壁垒,皆散处城中,畏籍,莫敢犯法。金明西北有浑州川,土沃衍。川尾曰桥子谷,寇出入之隘道。使部将狄青将万余人,筑招安砦于谷旁,数募民耕种,收粟以赡军。周美袭取承平砦,王信筑龙安砦,悉复所亡地,筑十一城。及开乱名、平戎道,通永和、乌仁关,更东西阵法为方阵,颇损益兵械。元昊遣李文贵赍野利旺荣书来送款,籍曰:"此诈也。"乃屯兵青涧城。后数月,果大寇定川,籍召文贵开谕之,遣去。既而元昊又以旺荣书来,会帝厌兵,因招怀之,遣籍报书,使呼旺荣为太尉。籍曰:"太尉三公,非陪臣所得称,使旺荣当之,则元昊不得臣矣。今其书自称'宁令'或'谟宁令',皆其官名也,于义无嫌。"朝廷从之。

会敌新破泾原城砦,方议修复。使者往返,逾年,又遣贺从勖来,改名曰曩霄,称男不称臣。籍不敢闻,从勖曰:"子事父,犹臣事君也。若得至京师,天子不许,更归议之。"籍送使者阙下,因陈便宜,言:"羌久不通和市,国人愁怨。今辞理寖顺,必有改事中国之心,请遣使者申谕之。"朝廷采用其策。元昊既臣,召籍为枢密副使。籍言:"自陕西用兵,公私俱困,请并省官属,退近塞之兵就食内地。"从之,于是颇省边费。改参知政事,拜工部侍郎、枢密使,迁户部,拜同中书门下平章事、昭文馆大学士、监修国史。籍初入相,且独员,而遽为昭文馆大学士,出殊拜也。

侬智高反,师数不利,遣狄青为宣抚使。谏官韩绛谓武人不宜专任,帝以问籍。籍曰:"青起行伍,若以文臣副之,则号令不专,不如不遣。"诏岭南诸军,皆受青节度。既而捷书至,帝喜曰:"青破贼,卿之力也。"遂欲以青为枢密使、同平章事,籍力争之,不听。岭南平,二广举人推恩者六百九十一人,论者以为过。

顷之,齐州学究皇甫渊以捕贼功,法当赏钱,数上书求用。道士赵清贶与籍姊婿亲,敎为渊白籍,乃与堂吏共受渊赂。小吏诉之,下开封府,捕清贶,刺配远州,道死。韩绛言籍阴讽府杖杀清贶以灭口,覆之无状。言不已,乃罢知郓州。居数月,加观文殿大学士。拜昭德军节度使、知永兴军,改并州。

仁宗不豫,籍尝密疏,请择宗室之贤者为皇子,其言甚切。坐擅听麟州筑堡白草平,而州将武戬等为夏人所败,复为观文殿大学士、户部侍郎、知青州。迁尚书左丞,不拜。徙定州,召还京师,上章告老,寻以太子太保致仕,封颍国公。薨,年七十六。时仁宗不豫,废朝、临奠皆不果,第遣使吊赗其家。赠司空,加侍中,谥庄敏。

籍晓律令,长于吏事。持法深峭,军中有犯,或断斩刳磔,或累笞至死,以故士卒畏服。治民颇有惠爱,及为相,声望减于治郡时。子元英,朝散大夫。孙恭孙。

恭孙字德孺,以荫,补通判施州。崇宁中,部蛮向文强叛,诏转运使王蘧领州事致讨,恭孙说降文强而斩之。蘧上其功,进三秩,知涪州,遂以开边为己任。诱珍州骆文贵、承州骆世华纳土,费不赀。转运判官朱师古劾恭孙生事,诏黜师古而以恭孙代,于是溱、播、溪、思、费等州相继降。每开一城,辄褒迁,五年间,至徽猷阁待制。威州守乞通保、霸二州,进恭孙直学士、知成都府,委以招纳。未几,其酋董舜咨、董彦博来纳土,诏遣赴阙,皆拜承宣使,赐第京师,更名保州祺州、霸州亨州,使恭孙进筑之。言者论其贪纵,究治如章,谪保静军节度副使。才逾月,起知陈州,复待制,帅泸州。又以筑思州,进学士。前后在西南二十年,所得州县,多张名簿,实瘠卤不毛地,缮治转饷,为蜀人病,无几时皆废。宣和中,卒。

王随,字子正,河南人。登进士甲科,为将作监丞、通判同州,迁秘书省著作郎、直史馆、判三司磨勘司。为京西转运副使,陛辞,且言曰:"臣父母素洛中,乃在所部,得奉汤药,圣主之泽也。"真宗因赐诗宠行,以羊酒束帛令过家为寿。迁淮南转运使,父忧,起复。时岁比饥,随敕属部出库钱,贷民市种粮,岁中约输绢以偿,流庸多复业。徙河东转运使,三迁刑部员外郎兼侍御史知杂事。擢知制诰,以不善制辞,出知应天府。一日,帝谓宰相曰:"随治南京太宽。"王旦曰:"南京,都会之地,随临事汗漫,无以弹压。"改知扬州。再加右谏议大夫、权知开封府。

仁宗为太子,拜右庶子,仍领府事。周怀政诛,随自陈尝假怀政白金五十两,夺知制诰,改给事中、知杭州。乾兴初,复降秘书少监,徙通州。以州少学者,徙孔子庙,起学舍,州人喜,遣子弟就学。母丧,起复光禄卿、知润州,徙江宁府。岁大饥,转运使移府发常平仓米,计口日给一升,随置不听,曰:"民所以饥者,由兼并闭籴,以邀高价也。"乃大出官粟,平其价。

复给事中,为龙图阁直学士、知秦州。秦卒有负罪逃入蕃部者,戎人辄奴畜之,小不如意,复执出求赏,前此坐法多死。随下教能自归者免死,听复隶军籍,由是多来归者。又建请增蕃落卒,给废陷马地,募民耕种。坐事,徙河南府。入为御史中丞,同知礼部贡举,迁尚书礼部侍郎、翰林侍读学士。

明道中,为江淮安抚使,还拜户部侍郎、参知政事,请与同列日献前代名臣规谏一事。议者谓非辅弼之职,其事遂寝。加吏部侍郎、知枢密院事,为庄惠皇太后园陵监护使,拜门下侍郎、同中书门下平章事、昭文馆大学士、监修国史。自薛居正后,故事,初相无越迁门下侍郎者,学士丁度之失也。

顷之,以疾在告,诏五日一朝,入中书视事。为相一年,无所建明。与陈尧佐、韩亿、石中立同执政,数争事。会灾异屡发,谏官韩琦言之,四人俱罢。随以彰信军节度使、同中书门下平章事判河阳。薨,赠中书令,谥章惠,后改文惠。

随外若方严,而治失于宽。晚更下急,辄嫚骂人。性喜佛,慕裴休之为人,然风迹弗逮也。

章得象,字希言,世居泉州。高祖仔钧,事闽为建州刺史,遂家浦城。得象母方娠,梦登山,遇神人授以玉象,及生,父奂复梦家庭积笏如山。长而好学,美姿表,为人庄重。进士及第,为大理评事、知玉山县,迁本寺丞。

真宗将东封泰山,以殿中丞签书兖州观察判官事,知台州,历南雄州,徙洪州。杨亿以为有公辅器,荐之。或问之,亿曰:"闽士轻狭,而章公深厚有容,此其贵也。"得象尝与亿戏博李宗谔家,一夕负钱三十万,而酣寝自如。他日博胜,得宗谔金一奁;数日博又负,即反奁与宗谔,封识未尝发也。其度量宏廓如此。

未几,召试,为直史馆、安抚京东,权三司度支判官,累迁尚书刑部郎中,使契丹,遂以兵部郎中知制诰。逾年,为翰林学士,迁右谏议大夫,以给事中为群牧使,迁礼部侍郎兼龙图阁学士,进承旨兼侍讲学士,擢同知枢密院事,迁户部侍郎,遂拜同中书门下平章事、集贤殿大学士。帝谓得象曰:"向者太后临朝,群臣邪正,朕皆默识之。卿清忠无所附,且未尝有所干请,今日用卿,职此也。"

陕西用兵,加中书侍郎兼工部尚书兼枢密使,辞所加官。明年,以工部尚书为昭文馆大学士。庆历五年,拜镇安军节度使、同平章事,封郇国公,徙判河南府,守司空致仕,薨。故事,致仕官乘舆不临莫,帝特往焉。赠太尉兼侍中,谥文宪。皇祐中,改谥文简。

得象在翰林十二年,章献太后临朝,宦官方炽,太后每遣内侍至学士院,得象必正色待之,或不交一言。在中书凡八年,宗党亲戚,一切抑而不进。仁宗锐意天下事,进用韩琦、范仲淹、富弼,使同得象经画当世急务,得象无所建明,御史孙抗数言之,得象居位自若。既而章十上请罢,帝不得已,许之。初,闽人谣曰:"南台江合出宰相。"至得象相时,沙涌可涉云。

论曰:殊、籍、随、得象皆起孤生,致位宰相。籍通晓法令,随练习民事,皆能用其所长。然籍终至绌免,随数遭谴斥,何其才之难得也。得象浑厚有容,殊喜荐拔人物,乐善不倦,方之诸人,殊其最优乎!

吕夷简,字坦夫,先世莱州人。祖龟祥知寿州,子孙遂为寿州人。夷简进士及第,补绛州军事推官,稍迁大理寺丞。祥符中,试材识兼茂明于体用科,或言六科所以求

阙政,今封禅告成,何阙政之求,罢之。通判通州,徙濠州,再迁太常博士。

河北水,选知滨州。代还奏:"农器有算,非所以劝力本也。"遂诏天下农器皆勿算。擢提点两浙刑狱,迁尚书祠部员外郎。时京师大建宫观,伐材木于南方。有司责期会,工徒至有死者,诬以亡命,收系妻子。夷简请缓其役,从之。又言:"盛冬挽运艰苦,须河流渐通,以卒番送。"真宗曰:"观卿奏,有为国爱民之心矣。"擢刑部员外郎兼侍御史知杂事。

蜀贼李顺叛,执送阙下,左右称贺。既而属御史台按之,非是,贺者趣具顺狱,夷简曰:"是可欺朝廷邪?"卒以实奏,忤大臣意。岁蝗旱,夷简请责躬修政,严饬辅相,思所以共顺天意;及奏弹李溥专利罔上。寇凖判永兴,黥有罪者徙湖南,道由京师,上凖变事。夷简曰:"凖治下急,是欲中伤凖尔,宜勿问,益徙之远方。"从之。赵安仁为御史中丞,夷简以亲嫌,改起居舍人、同勾当通进司兼银台封驳事。使契丹,还,知制诰。两川饥,为安抚使,进龙图阁直学士,再迁刑部郎中、权知开封府。治严办有声,帝识姓名于屏风,将大用之。

仁宗即位,进右谏议大夫。雷允恭擅徙永定陵地,夷简与鲁宗道验治,允恭诛,以给事中参知政事,因请以祥符天书内之方中。真宗祔庙,太后欲具平生服玩如宫中,以银罩覆神主。夷简言:"此未足以报先帝。今天下之政在两宫,惟太后远奸邪,奖忠直,辅成圣德,所以报先帝者,宜莫若此也。"故事,郊祠毕,辅臣迁官,夷简与同列皆辞之,后为例。迁尚书礼部侍郎、修国史,进户部,拜同中书门下平章事、集贤殿大学士、景灵宫使。玉清昭应宫灾,太后泣谓大臣曰:"先帝尊道奉天而为此,今何以称遗旨哉"夷简意其将复营构也,乃推《洪范》灾异以谏,太后默然。因奏罢二府兼宫观使。进吏部,拜昭文馆大学士、监修国史,史成,辞进官。

天圣末,加中书侍郎。章懿太后为顺容,薨,宫中未治丧,夷简朝奏事,因曰:"闻有宫嫔亡者。"太后矍然曰:"宰相亦预宫中事邪?"引帝偕起。有顷独出,曰:"卿何间我母子也?"夷简曰:"太后他日不欲全刘氏乎?"太后意稍解。有司希太后旨,言岁月葬未利。夷简请发哀成服,备仪仗葬之。

大内火,百官晨朝,而宫门不开。辅臣请对,帝御拱辰门,百官拜楼下,夷简独不拜。帝使人问其故,曰:"宫庭有变,群臣愿一望清光。"帝举帘见之,乃拜。诏以为修大内使。内成,进尚书右仆射兼门下侍郎,辞仆射,乃兼吏部尚书。

初,荆王子养禁中,既长,夷简请出之。太后欲留使从帝诵读,夷简曰:"上富春秋,所亲非儒学之臣,恐无益圣德。"即日命出邸中。太后崩,帝始亲政事,夷简手疏陈八事,曰:正朝纲,塞邪径,禁货赂,辨侥幸,绝女谒,疏近习,罢力役,节冗费。其劝帝语甚切。

帝始与夷简谋,以张耆、夏竦皆太后所任用者也,悉罢之,退告郭皇后。后曰:"夷简独不附太后邪?但多机巧、善应变耳。"由是夷简亦罢为武胜军节度使、检校太

傅、同中书门下平章事、判陈州。及宣制，夷简方押班，闻唱名，大骇，不知其故。而夷简素厚内侍副都知阎文应，因使为中诇，久之，乃知事由皇后也。岁中而夷简复相。初，刘涣上疏请太后还政，太后怒，使投岭外，属太后疾革，夷简请留之。至是，涣以前疏自言，帝擢涣右正言，顾谓夷简："向者枢密院亟欲投涣，赖卿以免。"夷简谢，因曰："涣由疏外故敢言，大臣或及此，则太后必疑风旨自陛下，使子母不相安矣。"帝以夷简为忠。郭后以怒尚美人，批其颊，误伤帝颈。帝以爪痕示执政大臣，夷简以前罢相故，遂主废后议。仁宗疑之，夷简曰："光武，汉之明主也，郭后止以怨怼坐废，况伤陛下颈乎？"夷简将废后，先敕有司，无得受台谏章奏。于是御史中丞孔道辅、右司谏范仲淹率台谏诣阁门请对，有旨令台谏诣中书，夷简乃贬出道辅等，后遂废。宗室子益众，为置大宗正纠率，增教授员。加右仆射，封申国公。

王曾与夷简数争事，不平，曾斥夷简纳赂市恩。夷简乞置对，帝问曾，曾语屈，于是二人皆罢。夷简以镇安军节度使、同平章事判许州，徙天雄军。未几，以右仆射复入相，逾年，进位司空，辞不拜，徙许国公。时方饬兵备，以判枢密院事，而谏官田况言总判名太重，改兼枢密使。

契丹聚兵幽蓟，声言将入寇，议者请城洛阳。夷简谓："契丹畏壮侮怯，遽城洛阳，亡以示威，景德之役，非乘舆济河，则契丹未易服也。宜建都大名，示将亲征以伐其谋。"或曰："此虚声尔，不若修洛阳。"夷简曰："此子囊城郢计也。使契丹得渡河，虽高城深池，何可恃耶？"乃建北京。

未几，感风眩，诏拜司空、平章军国重事，疾稍间，命数日一至中书，裁决可否。夷简力辞，复降手诏曰："古谓艾可疗疾，今蘷以赐卿。"三年春，帝御延和殿召见，敕乘马至殿门，命内侍扶掖兀子舁以前。夷简引避久之，诏给扶毋拜。乃授司徒、监修国史，军国大事与中书、枢密同议。固请老，以太尉致仕，朝朔望。既薨，帝见群臣，涕下，曰："安得忧国忘身如夷简者！"赠太师、中书令，谥文靖。

自仁宗初立，太后临朝十余年，天下晏然，夷简之力为多。其后元昊反，四方久不用兵，师出数败，契丹乘之，遣使求关南地。颇赖夷简计画，选一时名臣报使契丹、经略西夏，二边以宁。然建募万胜军，杂市井小人，浮脆不任战斗，用宗宰补环卫官，骤增奉赐，又加遗契丹岁缯金二十万，当时不深计之，其后费大而不可止。郭后废，孔道辅等伏阁诤谏，而夷简谓伏阁非太平事，且逐道辅。其后范仲淹屡言事，献《百官图》论迁除之敝，夷简指为狂肆，斥于外。时论以此少之。

夷简当国柄最久，虽数为言者所诋，帝眷倚不衰。然所斥士，旋复收用，亦不终废。其于天下事，屈伸舒卷，动有操术。后配食仁宗庙，为世名相。始，王旦奇夷简，谓王曾曰："君其善交之。"卒与曾并相。后曾家请御篆墓碑，帝因惨然思夷简，书"怀忠之碑"四字以赐之。有集二十卷。

子公绰、公弼、公著、公孺。公著自有传。

公绰字仲裕，荫补将作监丞、知陈留县。天圣中，为馆阁对读。召试，直集贤院，辞，改校理，迁太子中允。夷简罢相，复为直集贤院、同管勾国子监，出知郑州。尝问民疾苦，父老曰："官籍民产，第赋役重轻，至不敢多畜牛，田畴久芜秽。"公绰为奏之，自是牛不入籍。还判吏部南曹，累迁太常博士、同判太常寺。请复太医局，及请设令、丞、府史如天官医师。钧容直假太常旌蘉、羽籥，为优人戏，公绰执不可，遂罢之。纠察在京刑狱。虎翼卒刘庆告变，下吏案验，乃庆始谋，众不从，庆反诬众以邀赏。因言："京师卫兵百万，不痛惩之，则众心摇。"遂斩庆以徇。迁尚书工部员外郎，为史馆修撰。

时夷简虽谢事，犹领国史，公绰辞修撰。夷简薨，还兵部员外郎，复为修撰。服除，复同判太常寺兼提举修祭器。公绰以郊庙祭器未完，制度多违礼，请悉更造。故事，荐新诸物，礼官议定乃荐，或后时陈败。公绰采《月令》诸书，以四时新物及所当荐者，配合为图。又以岁大、中、小祠凡六十一，禘祫二，祼献兴俯，玉帛尊彝，菁茆醯醢，钟石歌奏，集为《郊祀总仪》上之。又言："古者，天地、宗庙、日月、五方、百神之祀，咸有尊罍，五齐三酒，分实其中，加明水、明酒，以达阴阳之气。今有司徒设尊罍，而酌用一尊，非礼神之意。宜按《周礼》实齐酒，取火于日，取水于月，因天地之洁气。"又言："祖宗配郊，当正位，今侧乡之，非所以示尊严也。"初，谥诸后，皆系祖宗谥，而真宗五后独曰"庄"。公绰曰："妇人从夫之谥，真宗谥章圣，而后曰'庄'，非礼也，愿更为'章'。"多施行之。

历知制诰、龙图阁直学士、集贤殿修撰、知永兴军，改枢密直学士、知秦州。安远砦、古渭州诸羌来献地，公绰顾其属曰："天下之大，岂利区落尺寸地以为广邪？"却之。弓箭手马多阙，公绰谕诸砦户为三等，凡十丁为社，至秋成，募出金帛市马，马少，则先后给之。祀明堂，迁刑部郎中，召为龙图阁学士、权知开封府。岁余，愿罢府事，进翰林侍读学士、知审刑院兼判太常寺。

初，公绰在开封府，宰相庞籍外属道士赵清贶受赂，杖脊道死。至是，御史以为公绰受籍旨，杖杀清贶以灭口，左迁龙图阁学士、知徐州。方杖清贶时，实非公绰所临。顷之，公绰亦自辨，复侍读学士，徙河阳，留侍经筵。时久不雨，帝顾问："何以致雨？"曰："狱久不决，即有冤者，故多旱。"帝亲虑囚，已而大雨。迁右司郎中，未拜，卒。赠左谏议大夫。

公绰通敏有才，父执政时，多涉干请，喜名好进者趋之。尝漏泄除拜以市恩，时人比之窦申。

公弼字宝臣。赐进士出身，积迁直史馆、河北转运使。自宝元、庆历以来，宿师备边。既西北撤警，而将屯如故，民疲馈饷。公弼始通御河，漕粟寔塞下；冶铁以助经费；移近边屯兵就食京东；增城卒，给板筑；蠲冗赋及民逋数百万。夷简之亡也，仁宗思之，问知公弼名，识于殿柱。至是，益材其为。擢都转运使，加龙图阁直学士、知瀛州，入权开封府。尝奏事退，帝目送之，谓宰相曰："公弼甚似其父。"

改同群牧使,以枢密直学士知渭、延二州,徙成都府。其治尚宽,人疑少威断。营卒犯法当杖,捍不受,曰:"宁以剑死。"公弼曰:"杖者国法,剑汝自请。"杖而后斩之,军府肃然。英宗罢三司使蔡襄,召公弼代之。初,公弼在群牧时,帝居藩,得赐马颇劣,欲易不可。至是,帝谓曰:"卿曩岁不与朕马,是时固已知卿矣。蔡襄主计,诉讼不时决,故多留事。卿继其后,将何以处之?"公弼顿首谢,对曰:"襄勤于事,未尝有旷失,恐言之者妄耳。"帝以为长者。拜枢密副使。时言事者数与大臣异议去,公弼谏曰:"谏官、御史,为陛下耳目,执政为股肱。股肱耳目,必相为用,然后身安而元首尊。宜考言观事,视其所以而进退之。"彗出营室,帝忧之,同列请伤边备。公弼曰:"彗非小变,陛下宜侧身修德,以应天戒,臣恐患不在边也。"

神宗立,司马光劾内侍高居简,帝未决。公弼曰:"光与居简,势不两立。居简,内臣耳,而光中执法,愿陛下择其重者。"帝曰:"然则当奈何?"公弼曰:"迁居简一官,而解其近职,光当无争。"从之。进枢密使。议者欲并环庆、鄜延为一路,公弼曰:"自白草西抵定远,中间相去千里,若合为一路,猝有缓急,将何以应?"又欲下边臣使议之,公弼曰:"庙堂之上不处决,而谍边吏,可乎?"乃止。

王安石知政事,嗛公弼不附己,白用其弟公著为御史中丞以逼。公弼不自安,立上章避位,不许。陈升之建议,卫兵年四十以上,稍不中程者,减其禀廪,徙之淮南。公弼以为非人情,帝曰:"是当退为剩员者,今故为优假,何所害?"对曰:"臣不敢生事邀名,正恐误国耳。既使去本土,又削其廪,倘二十万众皆反侧,为之奈何?"韩绛议复肉刑,公弼力陈不可,帝皆为之止。

安石立新法,公弼数言宜务安静,又将疏论之。从孙嘉问窃其稿示安石,安石先白之,帝不乐,遂罢为观文殿学士、知太原府。韩绛宣抚秦、晋,将取啰兀城,令河东发兵二万,趣神堂新路。公弼曰:"虏必设伏以待我。永和关虽迂远,可安行无患。"乃由永和。既而新路援兵果遇伏,诏褒之。麟州无井,唯沙泉在城外,欲拓城包之,而土善陷,夏人每至围城,人皆忧渴死。公弼用其僚邓子乔计,仿古拔轴法,去其沙,实以末炭,墁土于其上,板筑立,遂包泉于中。自是城坚不陷,而州得以守。

俄以疾,请知郑州。王韶取熙河,朝廷谋秦凤帅,曰:"公弼在河东,方出师仓卒时,有绥御之能,宜使往。"乃拜宣徽西院使、判秦州。帝疑其不肯行,公弼闻命即治装,帝喜,召之入对,慰劳而遣之。既赴镇,羌董毡辄治书称敕,公弼却之,曰:"藩臣安得妄称敕?"董毡惧,自是不复敢。才旬月,复以疾求解,为西太一宫使。薨,年六十七。赠太尉,谥曰惠穆。

公孺字稚卿。任为奉礼郎,赐进士出身,判吏部南曹。占对详敏,仁宗以为可用。知泽、颍、庐、常四州,提点福建、河北路刑狱,入为开封府推官。民鬻薪为盗所夺,逐之遭伤,尹包拯命笞盗。公孺曰:"盗而伤主,法不止笞。"执不从,拯善其守。及使三司,而公孺为判官,事皆咨决之。判都水监,未几,改陕西转运使。

神宗得绥州,遣使议守弃之便,久未决。命公孺往,与郭逵议合,遂存绥州。常平法行,公孺请以青苗、免役归提刑司。徙知渭州,再徙郓州。坐失入死刑,责知蔡州。

元丰初,帝召公孺,慰之曰:"长安谋帅,无以易卿。"命知永兴军。徙河阳,洛口兵千人,以久役思归,奋斧锤排关,不得入,西走河桥,观听汹汹。诸将请出兵掩击,公孺曰:"此皆亡命,急之,变且生。"即乘马东去,遣牙兵数人迎谕之曰:"汝辈诚劳苦,然岂得擅还?一度桥,则罪不赦矣!太守在此,愿自首者止道左。"皆伫立以俟。公孺索倡首者,黥一人,余复送役所。语其校曰:"若复偃蹇者,斩而后报。"众帖息。乃自劾专命,诏释之。

知审官东院,出知秦州。李宪以诏出兵,欲尽驻原、渭,公孺不可,与宪相论奏,坐徙相州,更陈、杭、郑、瀛四州。元祐初,加龙图阁直学士,复以为秦州,固辞,改秘书监。迁刑部侍郎、知开封府,为政明恕。幕人迁醢坐设,毁其角,法当徙,公孺请罪,数十人皆以杖免。原庙亡珠,系治典吏久,公孺曰:"主者番代不一,曷尝以珠数相授受,岁时讳日,宫嫔狎至,奈何颛指吏卒乎?"请之,得释。擢户部尚书,以病,提举醴泉观。卒,年七十。赠右光禄大夫。

公孺廉俭,与人寡合。尝护曹佾丧,得厚饷,辞不受,谈者清其节焉。

张士逊,字顺之。祖裕,尝主阴城盐院,因家阴城。士逊生百日始啼。淳化中,举进士,调郧乡主簿,迁射洪令。转运使檄移士逊治郪,民遮马首不得去,因听还射洪。安抚使至梓州,问属吏能否,知州张雍曰:"射洪令,第一也。"改襄阳令,为秘书省著作佐郎、知邵武县,以宽厚得民。前治射洪,以旱,祷雨白崖山陆使君祠,寻大雨,士逊立廷中,须雨足乃去。至是,邵武旱,祷欧阳太守庙,庙去城过一舍,士逊彻盖,雨沾足始归。改秘书丞、监折中仓,历御史台推直官。

翰林学士杨亿荐为监察御史。贡举初用糊名法,士逊为诸科巡铺官,以进士有姻党,士逊请避去,真宗记名于御屏,自是有亲嫌者皆移试,著为令。中书拟人充江南转运使,再拟辄见却,帝独用士逊。再迁侍御史,徙广东,又徙河北。河侵棣州,诏徙州阳信,议者患粮多,不可迁。士逊视濒河数州方艰食,即计余以贷贫者,期来岁输阳信,公私利之。

仁宗入阁,帝选僚佐,谓宰臣曰:"翊善、记室,府属也,王皆受拜。今王尚少,宜以士逊为友,令王答拜。"于是以户部郎中直昭文馆,为寿春郡王友,改昇王府谘议参军,迁右谏议大夫兼太子右庶子,改左庶子。士逊言:"诣资善堂,升阶列拜,而皇太子犹跪受,宜诏皇太子坐受之。"帝不许。诏士逊等遇太子侍驾出入许陪从。判史馆,知审刑院,以太子宾客、枢密直学士判集贤院。既而二府大臣皆领东宫官,遂换太子詹事,擢枢密副使,迁给事中兼詹事,累迁尚书左丞,遂拜礼部尚书、同中书门下平章事、集贤殿大学士。

曹汭狱事起，宦者罗崇勋、江德明方用事，因潜利用。帝疑之，问执政，众顾望未有对者。士逊徐曰："此独不肖子为之，利用大臣，宜不知状。"太后怒，将罢士逊。帝以其东宫旧臣，加刑部尚书、知江宁府，解通犀带赐之。后领定国军节度使、知许州。

明道初，复入相，进中书侍郎兼兵部尚书。明年，进门下侍郎、昭文馆大学士、监修国史。是岁旱蝗，士逊请如汉故事册免，不许。及帝自损尊号，士逊又请降官一等，以答天变，帝慰勉之。群臣上章懿谥册，退而入慰，士逊与同列过杨崇勋园饮，日中不至。御史中丞范讽劾士逊，以尚书左仆射判河南府，崇勋亦以使相判许州。翌日入谢，班崇勋下。帝问其故，士逊曰："崇勋为使相，臣官仆射，位当下。"遂为山南东道节度使、同中书门下平章事、判许州，以崇勋知陈州。时士逊罢已累日，制犹用宰相衔，有司但奉行制书，不复追改。徙河南府。

宝元初，复以门下侍郎、兵部尚书入相，封郧国公。士逊与辅臣奏事，帝从容曰："朕昨放宫人，不独闵幽闭，亦省浮费也。近复有献李女者，朕却而弗受。"士逊曰："此盛德事也。"帝徐曰："近言者至有毁大臣、揭君过者。"士逊曰："陛下审察邪正，则检讦之人，宜自戒惧矣。"冯士元狱既具，帝以决狱问士逊。士逊曰："台狱阿徇，非出自宸断，何以惬中外之论邪。"帝曰："君子小人各有党乎？"士逊曰："有之，第公私不同尔。"帝曰："法令必行，邪正有别，则朝纲举矣。"

康定初，士逊言禁兵久戍边，其家在京师，有不能自存者。帝命内侍条指挥使以下为差等，出内藏缗钱十万赐之。士逊又请遣使安抚陕西，帝命遣知制诰韩琦以行。于是诏枢密院，自今边事，并与士逊等参议。及简辇官为禁军，辇官携妻子遮宰相、枢密院喧诉，士逊方朝，马惊堕地。时朝廷多事，士逊亡所建明，谏官韩琦论曰："政事府岂养病之地邪。"士逊不自安，累上章请老，乃拜太傅，封邓国公致仕。诏朔望朝见及大朝会，缀中书门下班，与一子五品服。士逊辞朝朔望，间遣中使劳问，御书飞白"千岁"字赐之，士逊因建千岁堂。尝请买城南官园，帝以赐士逊。宰相谢得，盖自士逊始。就第凡十年，卒，年八十六。帝临奠，赠太师、中书令，谥文懿，御篆其墓碑曰"旧德之碑"。

士逊生七日，丧母，其姑育养之。既长，事姑孝谨。姑亡，为行服，徒跣扶柩以葬，追封南阳县太君。初，陈尧佐罢参知政事，人有挟怨告尧佐谋反，复有诬谏官阴附宗室者。士逊曰："俭人构陷善良，以摇朝廷，奸伪一开，亦不能自保矣。"帝悟，抵告者以罪，诬谏官事亦不下。然曹利用在枢府，藉宠肆威，士逊居其间，无所可否，时人以"和鼓"目之。士逊尝纳女口宫中，为御史杨偕所劾。

子友直字益之。初补将作监主簿，再迁为丞。士逊为请馆阁校勘，仁宗曰："馆阁所以待英俊，不可。"乃令馆阁读书，诏校勘毋得增员。后编三馆书籍，迁秘阁校理、同知礼院，赐进士出身，知襄州。坐军贼张海剽劫不能制，罢归。后除史馆修撰，御史何郯言："史馆修撰，故事，皆试知制诰，友直不当得。"改集贤殿修撰。以天章阁待制知陕州，同勾当三班院。侍宴集英殿，犹衣绯衣，仁宗顾见之，乃赐金紫。累迁工部郎中、知越州。州民每春敛财，大集僧道士女，谓之"祭天"，友直下令禁绝，取所敛财，建学以延诸生。卒官。士逊尝记帝东宫旧事，而史官未之见，友直纂为《资善录》上之。

幼子友正字义祖，杜门不治家事，居小阁学书，积三十年不辍，遂以书名。神宗评其草书，为本朝第一。

论曰：吕夷简、张士逊皆以儒学起家，列位辅弼。仁宗之世，天下承平，因时制宜，济以宽厚，相臣预有力焉。士逊练习民事，风迹可纪，而依违曹利用以取讥。方夷简在下僚，诸父蒙正以宰相才期之。及其为相，深谋远虑，有古大臣之度焉。在位日久，颇务收恩避怨，以固权利，郭后之废，遂成其君之过举，咎莫大焉。虽然，吕氏更执国政，三世四人，世家之盛，则未之有也。

卷三百一十二　　列传第七十一

韩琦 子忠彦　**曾公亮** 子孝宽 孝广 孝蕴
陈升之　**吴充**　**王珪** 从父罕 从兄琪

韩琦，字稚圭，相州安阳人。父国华，自有传。琦风骨秀异，弱冠举进士，名在第二。方唱名，太史奏日下五色云见，左右皆贺。授将作监丞、通判淄州，入直集贤院、监左藏库。时方贵高科，多径去为显职，琦独滞笼库，众以为非宜，琦处之自若。禁中需金帛，皆内臣直批旨取之，无印可验，琦请复旧制，置佥宣合同司，以相防察。又每纲运至，必俟内臣监莅，始得受，往往数日不至，暴露庑下。衙校以为病，琦奏罢之。

历开封府推官、三司度支判官，拜右司谏。时宰相王随、陈尧佐，参知政事韩亿、石中立，在中书罕所建明，琦连疏其过，四人同日罢。又请停内降，抑侥幸。凡事有不便，未尝不言，每以明得失、正纪纲、亲忠直、远邪佞为急，前后七十余疏。王曾为相，谓之曰："今言者不激，则多畏顾，何补上德？如君言，可谓切而不迂矣。"曾闻望方崇，罕所奖与，琦闻其语，益自信。权知制诰。

益、利岁饥，为体量安抚使。异时郡县督赋调繁急，市上供绮绣诸物不予直，琦为缓调蠲给之，逐贪残不职吏，汰冗役数百，活饥民百九十万。赵元昊反，琦适自蜀归，论西师形势甚悉，即命为陕西安抚使。刘平与贼战，败，为所执，时宰人他诬，收系平子弟，琦辨其直冤。

进枢密直学士，副夏竦为经略安抚、招讨使。诏遣使督出兵，琦亦欲先发以制贼，而合府廷争，元昊遂寇镇戎。琦画攻守二策驰入奏，仁宗欲用攻策，执政者难之。琦言："元昊虽倾国入寇，众不过四五万人，吾逐路重兵自为守，势分力弱，遇敌辄不支。若并出一道，鼓行而前，乘贼骄惰，破之必矣。"乃诏鄜延、泾原同出征。既还营，元昊来求盟。琦曰："无约而请和者，谋也。"命诸将戒严，贼果犯山外。琦悉兵付大将任福，令自怀远城趋德胜砦出贼后，如未可战，即据险置伏，要其归。及行，戒之至再。又移檄申约，苟违节度，虽有功，亦斩。福竟为贼诱，没于好水川。谏使人收散兵，得琦檄于衣带间，言罪不在琦。琦亦上章自劾，犹夺一官，知秦州，寻复之。

会四路置帅，以琦兼秦凤经略安抚、招讨使。庆历二年，与三帅皆换观察使，范仲淹、庞籍、王沿不肯拜，琦独受不辞。未几，还旧职，为陕西四路经略安抚、招讨使，屯泾州。琦与范仲淹在兵间久，名重一时，人心归之，朝廷倚以为重，故天下称为"韩范"。东兵从宿卫来，不习劳苦，琦奏增土兵以代戍，建德顺军以蔽萧关、鸣沙之道。方谋取横山，规河南，而元昊称臣，召为枢密副使。

元昊介契丹为援，强邀索无厌，宰相晏殊等厌兵，将一切从之。琦陈其不便，条所宜先行者七事：一曰清政本，二曰念边计，三曰擢材贤，四曰备河北，五曰固河东，六曰收民心，七曰营洛邑。继又陈救弊八事，欲选将帅，明按察，丰财利，遏侥幸，进能吏，退不才，谨入官，去冗食。谓："数者之举，谤必随之，愿委付辅臣，听其注措。"帝悉嘉纳。遂宣抚陕西，讨平群盗张海、郭邈山；禁卒羸老不任用者，悉汰之；尽修葺延城障，须敌悉归所侵地，乃许之。归陈西北四策，以为："今当以和好为权宜，战守为实务。请缮甲厉兵，营修都城，密定讨伐之计。"

时二府合班奏事，琦必尽言，虽事属中书，亦指陈其实。同列或不悦，帝独识之，曰："韩琦性直。"琦与范仲淹、富弼皆以海内人望，同时登用，中外贶想其勋业。仲淹等亦以天下为己任，群小不便之，毁言日闻。仲淹、弼继罢，琦为辨析，不报。尹洙与刘沪争城水洛事，琦右洙，朝论不谓然。乃请外，以资政殿学士知扬州，徙郓州、成德军、定州。兼安抚使，进大学士，又加观文殿学士。

初，定州兵狃平贝州功，需赏赉，出怨语，至欲噪城下。琦闻之，以为不治且乱，用军制勒习，诛其尤无良者。士死攻战，则赏赐其家，籍其孤嫠继禀之，威恩并行。又仿古三阵法，日月训齐之，由是中山兵精劲冠河朔。京师发龙猛卒戍保州，在道为人害，至定，琦悉留不遣，易素教者使之北，又振活饥民数百万。玺书褒激，邻道视以为准。

拜武康军节度使、知并州。承受廖浩然，怙中贵势贪恣，既诬逐前帅李昭亮，所为益不法，琦奏还之，帝命鞭诸本省。契丹冒占天池庙地，琦召其酋豪，示以曩日彼所求修庙檄，无以对，遂归我斥地。既又侵耕阳武砦地，琦凿堑立石以限之。始，潘美镇河东，患寇钞，令民悉内徙，而空塞下不耕，于是忻、代、宁化、火山之北多废壤。琦以为此皆良田，今弃不耕，适足以资敌，将皆为所有矣。遂请距北界十里为禁地，其南则募弓箭手居之，垦田至九千六百顷。久之，求知相州。

嘉祐元年，召为三司使，未至，迎拜枢密使。三年六月，拜同中书门下平章事、集贤殿大学士。六年闰八月，迁昭文馆大学士、监修国史，封仪国公。帝既连失三王，自至和中得疾，不能御殿。中外惴恐，臣下争以立嗣固根本为言，包拯、范镇尤激切。积五六岁，依违未之行，言者亦稍息。至是，琦乘间进曰："皇嗣者，天下安危之所系。自昔祸乱之起，皆由策不早定。陛下春秋高，未有建立，何不择宗室之贤者，以为宗庙社稷计？"帝曰："后宫将有就馆者，姑待之。"已又生女。

一日，琦怀《汉书·孔光传》以进，曰："成帝无嗣，立弟之子。彼中材之主，犹能如是，况陛下乎。愿以太祖之心为心，则无不可者。"又与曾公亮、张昇、欧阳修极言之。会司马光、吕诲皆有请，琦进读二疏，未及有所启，帝遽曰："朕有意久矣，谁可者？"琦皇恐对曰："此非臣辈所可议，当出自圣择。"帝曰："宫中尝养二子，小者甚纯，近不慧，大者可也。"琦请其名，帝以宗实告。宗实，英宗旧名也。琦等遂力赞之，议乃定。

英宗居濮王丧，议起知宗正。琦曰："事若行，不可中止。陛下断自不疑，乞内中批出。"帝意不欲宫人知，曰："只中书行足矣。"命下，英宗固辞。帝复问琦，琦对曰："陛下既知其贤而选之，今不敢遽当，盖器识远大，所以为贤也。愿固起之。"英宗既终丧，犹坚卧不起。琦言："宗正之命初出，外人皆知必为皇子，不若迳正其名。"乃下诏立为皇子。明年，英宗嗣位，以琦为仁宗山陵使，加门下侍郎，进封卫国公。

琦既辅立英宗，门人亲客，或从容语及定策事，琦必正色曰："此仁宗圣德神断，为天下计，皇太后内助之力，臣子何与焉。"英宗暴得疾，太后垂帘听政。帝疾甚，举措或改常度，遇宦官尤少恩。左右多不悦者，乃共为谗间，两宫遂成隙。琦与欧阳修奏事帘前，太后呜咽流涕，具道所以。琦曰："此病固尔，病已，必不然。子疾，母可不容之乎？"修亦委曲进言，太后意稍和，久之而罢。后数日，琦独见上，上曰："太后待我无恩。"琦对曰："自古圣帝明王，不为少矣。然独称舜为大孝，岂其余尽不孝耶？父母慈爱而子孝，此常事不足道；惟父母不慈，而子不失孝，乃为可称。但恐陛下事之未至尔，父母岂有不慈者哉。"帝大感悟。及疾愈，琦请乘舆因祷雨具素服以出，人情乃安。太后还政，拜琦右仆射，封魏国公。

夏人寇大顺，琦议停岁赐，绝和市，遣使问罪。枢密使文彦博难之，或举宝元、康定事，琦曰："谅祚，狂童也，非有元昊智计，而边备过当时远甚。亟诘之，必服。"既而谅祚上表谢，帝顾琦曰："一如所料。"帝寝疾，琦入问起居，言曰："陛下久不视朝，愿早建储，以安社稷。"帝领之，即召学士草制，立颍王。

神宗立，拜司空兼侍中，为英宗山陵使。琦执政三世，或病其专。御史中丞王陶劾琦不赴文德殿押班为跋扈。琦请去，帝为黜陶。永厚陵复土，琦不复入中书，坚辞位。除镇安武胜军节度使、司徒兼侍中、判相州。入对，帝泣曰："侍中必欲去，今日已降制矣。"赐兴道坊宅一区，擢其子忠彦秘阁校理。琦辞两镇，乃但领淮南。

会种谔擅取绥州，西边伎扰，改判永兴军，经略陕西。琦言："边臣肆意妄作，弃约基乱，愿召二府亟决之。"琦入辞，曾公亮等方奏事，乞与琦同议。帝召之，琦曰："臣前日备员政府，所当共议。今日，藩臣也，不敢预闻。"

又言："王陶指臣为跋扈，今陛下乃举陕西兵柄授臣，复有劾臣如陶者，则臣赤族矣。"帝曰："侍中犹未知朕意邪？"琦初言绥州不当取，已而夏人诱杀杨定，琦复言："贼既如此，绥今不可弃。"枢密院以初议诘之，琦具论其故，卒存之。

熙宁元年七月，复请相州以归。河北地震、河决，徙判大名府，充安抚使，得便宜从事。王安石用事，出常平使者散青苗钱。琦亟言之。帝袖其疏以示宰臣，曰："琦真忠臣，虽在外，不忘王室。朕始谓可以利民，今乃害民如此。且坊郭安得青苗，而亦强与之乎？"安石勃然进曰："苟从其欲，虽坊郭何害。"明日，称疾不出。当是时，新法几罢，安石复出，持前议益坚。琦又恳奏，安石下之条例司，令其属疏驳，刊石颁天下。琦申辨愈切，不克从。于是请解四路安抚使，止领一路，安石欲沮琦，即从之。六年，还判相州。

契丹来求代北地，帝手诏访琦，琦奏言：

臣观近年以来，朝廷举事，似不以大敌为恤。彼见形生疑，必谓我有图复燕南意，故引先发制人之说，造为衅端。所以致疑，其事有七：高丽臣属北方，久绝朝贡，乃因商舶诱之使来，契丹知之，必谓将以图我。一也。强取吐蕃之地以建熙河，契丹闻之，必谓行将及我。二也。遍植榆柳于西山，冀其成长以制蕃骑。三也。创团保甲。四也。诸州筑城凿池。五也。置都作院，颁弓刀新式，大作战车。六也。置河北三十七将。七也。契丹素为敌国，因事起疑，不得不然。

臣昔年论青苗钱事，言者辄肆厚诬，非陛下之明，几及大戮。自此，闻新法日下，不敢复言。今亲被诏问，事系安危，言及而隐，死有余罪。臣尝窃计，始为陛下谋者，必曰治国之本，当先聚财积谷，募兵于民，则可以鞭笞四夷。故散青苗钱，使民出利；为免役之法，次第取钱；迨置市易务，而小商细民，无所措手。新制日下，更改无常，官吏茫然，不能详记，监司督责，以刻为明。今农怨于畎亩，商叹于道路，长吏不安其职，陛下不尽知也。夫欲攘斥四夷，以兴太平，而先使邦本困摇，众心离怨，此则为陛下始谋者大误也。

臣今为陛下计，谓宜遣使报聘，具言向来兴作，乃修备之常，岂有他意；疆土素定，悉如旧境，不可持此造端，以隳累世之好。以可疑之形，如将官之类，因而罢去。益养民爱力，选贤任能，疏远奸谀，进用忠鲠，使天下悦服，边备日充。若其果自败盟，则可一振威武，恢复故疆，摅累朝之宿愤矣。

疏上，会安石再入相，悉以所争地与契丹，东西七百里，论者惜之。八年，换节永兴军，再任，未拜而薨，年六十八。前一夕，大星陨于治所，枥马皆惊。帝发哀苑中，哭之恸。辍朝三日，赐银三千两、绢三千匹，发两河卒为治冢，琢其碑曰"两朝顾命定策元勋"。赠尚书令，谥曰忠献，配享英宗庙庭。常令其子若孙一人官于相，以护丘墓。故事，三省长官，惟尚书令为尤重，赠者必兼他官。至琦，乃单赠。后又诏，虽当追策，不复更加师保，盖贵之也。

琦蚤有盛名，识量英伟，临事喜愠不见于色，论者以重厚比周勃，政事比姚崇。其为学士临边，年甫三十，天下已称为韩公。嘉祐、治平间，再决大策，以安社稷。当是时，朝廷多故，琦处危疑之际，知无不为。或谏曰："公所为诚善，万一蹉跌，岂惟身不自保，恐家无处所。"琦叹曰："是何言也。人臣尽力事君，死生以之。至于成败，天也，岂可豫忧其不济，遂辍不为哉。"闻者愧服。在魏都久，辽使每过，移牒必书名，曰："以韩公在此故也。"忠彦使辽，辽主问知其貌类父，即命工图之，其见重于外国也如此。

琦天资朴忠，折节下士，无贵贱，礼之如一。尤以奖拔人才为急，傥公论所与，虽意所不悦，亦收用之，故得人为多。选饬群司，皆使奉法循理。其所建请，第顾义所在，无适莫心。在相位时，王安石有盛名，或以为可用，琦独不然之。及守相，陛辞，神宗曰："卿去，谁可属国者，王安石何如？"琦曰："安石为翰林学士则有余，处辅弼之地则不可。"上不答。其镇大名也，魏人为立生祠。相人爱之如父母，有斗讼，传相劝止，曰："勿挠吾侍中也。"与富弼齐名，号称贤相，人谓之"富韩"云。徽宗追论琦定策勋，赠魏郡王。子五人：忠彦、端彦、纯彦、粹彦、嘉彦。端彦右赞善大夫。纯彦官至徽猷阁直学士。粹彦为吏部侍郎，终龙图阁学士。嘉彦尚神宗女齐国公主，拜驸马都尉，终瀛海军承宣使。

忠彦字师朴，少以父任，为将作监簿，复举进士。琦罢政，忠彦以秘书丞召试馆职，除校理、同知太常礼院，为开封府判官、三司盐铁判官。出通判永宁军，召还，为户部判官。

琦薨，服除，为直龙图阁，擢天章阁待制、知瀛州。朝廷以夏人囚废其主秉常，用兵西方，既下米脂等城砦数十，夏人求救于辽，辽人移牒继至。会遣使贺辽主生辰，神宗以命忠彦，遂以给事中奉使。辽遣赵资睦迓之，语及西事，忠彦曰："此小役也，何问为？"辽主使其臣王言敷燕于馆，言敷问："夏国胡罪，而中国兵不解？无失两朝之欢，则善矣。"忠彦曰："问罪西夏，于二国之好何预乎？"

使还。时官制行，章惇为门下侍郎，奏："给事中东省属官，封驳宜先禀而后上。"忠彦奏："朝廷之事，执政之所行也。事当封驳，则与执政固已异矣，尚何禀议之有。"诏从其请。左仆射王珪为南郊大礼使，事之当下者，自从其所画旨。忠彦以官制驳之曰："今事于南郊者，大礼使既不从中画旨，处分出一时者，又不从中书奏审。官制之行，曾未期月，而庙堂自渝之，后将若之何？"乃诏事无钜细，必经三省而后行。拜礼部尚书，以枢密直学士知定州。

元祐中，召为户部尚书，擢尚书左丞。弟嘉彦尚主，改同知枢密院事，迁知院事。哲宗亲政，更用大臣，言者观望，争言垂帘时事。忠彦言："昔仁宗始政，当时亦多讥斥章献时事，仁宗恶其持情近薄，下诏戒饬。陛下能法仁祖用心，则善矣。"以观文殿学士知真定府，移定州。忠彦在西府，以用兵西方非是，愿以所取之地弃还之，以息民力。至是，言者以为言，降资政殿学士，改知大名府。徽宗即位，以吏部尚书召拜门下侍郎。忠彦陈四事：一曰广仁恩，二曰开言路，三曰去疑似，四曰戒用兵。逾月，拜尚书右仆射兼中书侍郎。上用忠彦言，数下诏蠲天下逋责，尽还流人而甄叙之，忠直敢言若知名之士，稍见收用。

进左仆射兼门下侍郎，封仪国公。而曾布为右相，多不协，言事者助布排忠彦，以观文殿大学士知大名府。又以钦圣欲复废后，为忠彦罪，再降太中大夫，怀州居住。又论忠彦在相位，不应弃湟州，谪崇信军节度副使，济州居住。逮复湟、鄯，又谪磁州团练副使。复太中大夫，遂以宣奉大夫致仕。卒，年七十二。子治，徽宗时，为太仆少卿，出知相州。以疾丐祠，命其子肖胄代之，别有传。

论曰：琦相三朝，立二帝，厥功大矣。当治平危疑之际，两宫几成嫌隙，琦处之裕如，卒安社稷，人服其量。欧阳修称其"临大事，决大议，垂绅正笏，不动声色，措天下于泰山之安，可谓社稷之臣"。岂不信哉！忠彦世济其美，继登相位，宜矣。

曾公亮，字明仲，泉州晋江人。举进士甲科，知会稽县。民田镜湖旁，每患湖溢。公亮立斗门，泄水入曹娥江，民受其利。坐父买田境中，谪监湖州酒。久之，为国子监直讲，改诸王府侍讲。岁满，当用故事试馆职，独献所为文，授集贤校理、天章阁侍讲、修起居注。擢天章阁待制，赐金紫。先是，待制不改服。仁宗面锡之，曰："朕自讲席赐卿，所以尊宠儒臣也。"遂知制诰兼史馆修撰，为翰林学士、判三班院。三班吏丛猥，非赇谢不行，贵游子弟多倚势请谒。公亮掇前后章程，视以从事，吏不能举手。以端明殿学士知郑州，为政有能声，盗悉窜他境，至夜户不闭。尝有使客亡橐中物，移书诘盗，公亮报："吾境不藏盗，殆从者之廋耳。"索之，果然。复入为翰林学士、知开封府。未几，擢给事中、参知政事。加礼部侍郎，除枢密使。嘉祐六年，拜吏部侍郎、同中书门下平章事、集贤殿大学士。

公亮明练文法，更践久，习知朝廷台阁典宪，首相韩琦每咨访焉。仁宗末年，琦请建储，与公亮等共定大议。密州民田产银，或盗取之，大理当以强。公亮曰："此禁物也，取之虽强，与盗物民家有间矣。"固争之，遂下有司议，比劫禁物法，盗得不死。初，东州人多用此抵法，自是无死者。

契丹纵人渔界河，又数通盐舟，吏不敢禁，皆谓：与之校，且生事。公亮言："萌芽不禁，后将奈何？雄州赵滋勇而有谋，可任也。"使谕以指意，边害讫息。英宗即位，加中书侍郎兼礼部尚书，寻加户部尚书。帝不豫，辽使至不能见，命公亮宴于馆，使者不肯赴。公亮质之曰："锡宴不赴，是不虔君命也。人主有疾，而必使亲临，处之安乎？"使者即就席。神宗即位，加门下侍郎兼吏部尚书。

熙宁二年，进昭文馆大学士，累封鲁国公。以老避位，三年九月，拜司空兼侍中、河阳三城节度使、集禧观使。明年，起判永兴军。先是，庆卒叛，既伏诛，而余党越佚，

自陕以西皆警备。阅义勇，益边兵，移内地租赋，人情骚然。公亮一镇以静，次第奏罢之，专务裁抑冗费。长安豪喜造飞语，声言营卒怨减削，谋以上元夜结外兵为乱，邦人大恐。或劝毋出游，公亮不为动，张灯纵观，与宾佐竟夕乃归。居一岁，还京师。旋以太傅致仕。元丰元年卒，年八十。帝临哭，辍朝三日，赠太师、中书令，谥曰宣靖，配享英宗庙庭。及葬，御篆其碑首曰"两朝顾命定策亚勋之碑"。

公亮方厚庄重，沈深周密，平居谨绳墨，蹈规矩；然性吝啬，殖货至钜万。帝尝以方张安世。初荐王安石，及同辅政，知上方向之，阴为子孙计，凡更张庶事，一切听顺，而外若不与之者。尝遣子孝宽参其谋，至上前略无所异，于是帝益信任安石。安石德其助己，故引擢孝宽至枢密以报之。苏轼尝从容责公亮不能救正，公亮曰："上与介甫如一人，此乃天也。"世讥其持禄固宠云。子孝宽，从子孝广、孝蕴。

孝宽字令绰，以荫知桐城县。选知咸平县，民诣府诉雨伤麦，府以妄杖之。孝宽躬行田，辨其实，得蠲赋。除秘阁修撰、提点开封府界镇县。

保甲法行，民相惊言且籍为兵。知府韩维上言，乞候农隙行之。孝宽榜十七县，揭赏告捕扇惑者，民兵不敢诉，维之言不得行。入知审官东院、判刑部。

熙宁五年，迁枢密都承旨，承旨用文臣，自孝宽始。擢拜枢密直学士、签书枢密院。丁父忧，除丧，以端明殿学士知河阳，徙郓。郓有孟子庙，孝宽请于朝，得封邹国公，配享孔子。连徙镇，以吏部尚书召，道卒，年六十六。赠右光禄大夫。

孝广字仲锡。元丰末，为北外都水丞。元祐中，大臣议复河故道，召孝广问之，言不可，出通判保州。久之，复为都水丞。前此，班行使臣部木筏至者，须校验无所失亡，乃得送铨，监吏领赇谢，不时遣。孝广治籍疏姓名，谨其去留，一岁中，归选者百辈。

除京西转运判官，入为水部员外郎。河决内黄，诏孝广行视，遂疏苏村，凿钜野，导河北流，纡澶、滑、深、瀛之害。迁都水使者。洛水频岁溢涌，浸啮北岸，孝广按河堤，得废达口遗迹，曰："此昔人所以杀水势也。"即日浚决之，累石为防，自是无水患。出提点永兴路刑狱、陕西、京西转运副使，还为左司郎中，擢户部侍郎，进尚书。坐钱帛不给费，罢为天章阁待制、知杭州。又以前聘契丹失奉使体，夺职。寻复之，移知潭州，加显谟阁直学士、知郓州。

孝广与胡安国、邹浩善，皆大观中忤时相，御史论之，复夺职知饶州。逾年，徙广州，历成德军、太原府，得故职以卒，年六十，赠正议大夫。孝广涖官以严称，获盗，辄碎其手焉。

孝蕴字处善。绍圣中，管干发运司粜籴事，建言扬之瓜洲，润之京口，常之犇牛，易堰为闸，以便漕运、商贾。既成，公私便之。提举两浙常平，改转运判官，知临江军，召为左司员外郎，迁起居舍人。

时京邑有盗，徽宗怒，期三日不获，坐尹罪。孝蕴奏：

"求盗急则逋益远，小缓当自出。"从其言，得盗。崇宁建殿中省，擢为监。居数月，言者论其与张商英善，以集贤殿修撰提举知襄州，徙江浙荆淮发运。泗州议开直河，以避涨溢沙石之害，孝蕴以淮、汴不相接，不可成。既而工役大集，竟成之，策勋第赏，辞不受。未几，河果塞，召为户部侍郎，帝尝问右曹储物几何，疾作不能对。徙工部，以显谟阁待制知杭州。其后坐累，连削黜，至贬安远军节度副使。

宣和二年，始复天章阁待制、知歙州。方腊起青溪，孝蕴约敕郡内，无得奔扰，分兵守阨塞，有避贼来归者，获罪，使出境，人稍恃以安。会移青州，既行而歙陷，道改杭州，时贼已破杭，孝蕴单车至城下。城既克复，军士多杀人，孝蕴下令，胁从者得自首，无辄杀，皆束手不敢鹜。论功，进显谟阁直学士，又加龙图阁学士。卒，年六十五，赠通议大夫。

陈升之，字旸叔，建州建阳人。举进士，历知封州、汉阳军，入为监察御史、右司谏，改起居舍人、知谏院。时俗好藏去交亲尺牍，有讼，则转相告言，有司据以推诘。升之谓："此告讦之习也，请禁止之。"又言："三馆为搢绅华途，近者用人益轻，遂为贵游进取之阶，请严其选。"诏自今臣僚乞子孙恩者，毋得除馆阁。

著作佐郎王瓘遇殿帅郭承祐于道，诃怒不下马，执送府。升之言，京官不宜为节度使下马，因劾承祐骄恣，解其任。张尧佐缘后宫亲，为三司使，寻为宣徽使；内侍王守忠领两镇留后，求升正班；御史张昪补郡，久不召；彭思永论事，令究问所从来；唐介击宰相，斥岭南：升之皆极谏。迁侍御史知杂事。凡任言责五年，所上数十百事，然持论不坚，以故不尽施用。

擢天章阁待制、河北都转运使，知瀛州、真定府，加龙图阁直学士，复知谏院。上言："天下州县治否，朝廷不能周知，悉付之转运使。今选用不精，又无考课，非阘滞罢懦，则凌肆刻薄，所以疾苦愁叹，壅于上闻。必欲垂意元元，宜从此始。"乃诏翰林学士承旨孙抃、权御史中丞张昪，与升之同领磨勘转运使及提点刑狱功务。

升之初为谏官时，尝请抑绝内降，诏许有司执奏勿下。至是，申言之。诏委三省劾正其罪，仍揭于朝堂。文彦博乞罢相，升之虑枢密使贾昌朝复用，疏论其邪，昌朝卒罢去。迁枢密直学士、知开封府。岁余，拜枢密副使。于是谏官御史唐介、范师道、吕诲、赵抃、王陶交章论升之阴结宦者，故得大用。仁宗以示升之，升之丐去。帝谓辅臣曰："朕选用执政，岂容内臣预议邪？"乃两罢之。以升之为资政殿学士、知定州，徙太原府。

治平二年，复拜枢密副使。神宗立，以母老请郡，为观文殿学士、知越州。熙宁元年，徙许，中道改大名府，过阙，留知枢密院。故事，枢密使与知院事不并置。时文彦博、吕公弼既为使，帝以升之三辅政，欲稍异其礼，故特命之。明年，同制置三司条例司，与王安石共事。数月，拜中书门下平章事、集贤殿大学士。升之既相，遂请免条例司，其说以为宰相无所不统，所领职事，岂可称司。安石曰："古之六卿，即今之执政，有司马、司徒、司空，各名一职，何害于理？"升之曰："若制置百司条例则可，但今制置三司一官，则不可。"由是忤安石，称疾卧逾十旬，帝数敦谕，乃出。会母丧，去位；终制，召为枢密使。足疾不能立朝，七年，冬祀，又不能相礼。拜镇江军节度使、同平章事、判扬州，封秀国公。卒，年六十九。赠太保、中书令，谥曰成肃。

升之深狡多数，善傅会以取富贵。王安石用事，患正论盈庭，引升之自助。升之心知其不可，而竭力为之用，安石德之，故使先已为相。甫得志，即求解条例司，又时为小异，阳若不与之同者。世以是讥之，谓之"筌相"。升之初名旭，避神宗嫌名，改焉。

吴充，字冲卿，建州浦城人。未冠举进士，与兄育、京、方皆高第。调谷熟主簿，入为国子监直讲、吴王宫教授。等辈多与宗室狎，充齿最少，独以严见惮，相率设席受经。充作《六箴》以献，曰视，曰听，曰好，曰学，曰进德，曰崇俭。仁宗命缮写赐皇族，英宗在藩邸，书之坐右。

除集贤校理、判吏部南曹。选人胡宗尧者，翰林学士宿之子，坐小累，不得改京官。判铨欧阳修为之请，仇家谮修以为党宿，诏出修同州。充言："修以忠直擢侍从，不宜用谗逐。若以为私，则臣愿与修同贬。"于是修复留，而充改知太常礼院。张贵妃薨，治丧越式，判寺王洙命吏以印纸行文书，不令同僚知。充移开封治吏罪，忤执政意，出知高邮军。还为群牧判官、开封府推官，历知陕州，京西、淮南、河东转运使。

英宗立，数问充所在，会入觐，语其为吴王宫教授时事，嘉劳之。寻权盐铁副使。熙宁元年，知制诰。神宗谕以任用意，曰："先帝知卿久矣。"遂同知谏院。言："士大夫亲没，或藁殡数十年，伤败风化，宜限期使葬。"诏著为令。河北水灾、地震，为安抚使。使还，王安石参知政事，充子安持，其婿也，引嫌解谏职，知审刑院，权三司使，为翰林学士。三年，拜枢密副使。王韶取洮州，蕃酋木征遁去，充请招还故地，縻以爵秩，使自领所部，永为外臣，无庸列置郡县，殚财屈力。时方以开拓付韶，充言不用。

八年，进检校太傅、枢密使。充虽与安石连姻，而心不善其所为，数为帝言政事不便。帝察其中立无与，欲相之，安石去，遂代为同中书门下平章事、监修国史。充欲有所变革，乞召还司马光、吕公著、韩维、苏颂，乃荐孙觉、李常、程颢等数十人。光亦以充可告语，与之书曰："自新法之行，中外汹汹。民困于烦苛，迫于诛敛，愁怨流离，转死沟壑。日夜引领，冀朝廷觉悟，一变敝法，几年于兹矣。今日救天下之急，苟不罢青苗、免役、保甲、市易、息征伐之谋，而欲求成效，犹扬汤之沸，而益薪鼓橐也。欲去此五者，必先creditor利害，以悟人主之心。欲悟人主之心，必先开言路。今病虽已深，犹未至膏肓，失今不治，遂为痼疾矣。"充不能用。

王珪与充并相，忌充，阴掣其肘。而充素恶蔡确，确治相州狱，捕安持及亲戚、官属考治，欲钩致充语，帝独明其亡他。及确预政，充与议变法于前，数为所诎。安南师出无功，知谏院张璪又谓充与郭逵书，止其进兵，复置狱。充既数遭同列困毁，素病瘤，积忧畏，疾益侵。元丰三年三月，舆归第，罢为观文殿大学士、西太一宫使。逾月，卒，年六十。赠司空兼侍中，谥曰正宪。

充内行修饬，事兄甚谨。为相务安静。性沉密，对家人语，未尝及国家事，所言于上，人莫知者。将终，戒妻子勿以私事干朝廷，帝益悲之。世谓充心正而力不足，讥其知不可而弗能勇退也。子安诗、安持。安诗在元祐时为谏官、起居郎。安持为都水使者，迁工部侍郎，终天章阁待制。安诗子储、安持子俅，官皆员外郎，坐与妖人张怀素通谋，诛死。

王珪，字禹玉，成都华阳人，后徙舒。曾祖永，事太宗为右补阙。吴越纳土，受命往均赋，至则悉除无名之算，民皆感泣。使还，或言其多弛赋租。帝诘之，对曰："使新附之邦，蒙天子仁恩，臣虽得罪，死不恨。"帝大悦。

珪弱岁奇警，出语惊人。从兄琪读其所赋，喟曰："骐骥方生，已有千里之志，但兰筋未就耳。"举进士甲科，通判扬州。吏民皆少珪，有大校嫚不谨，捽置之法。王伦犯淮南，珪议出郊掩击之，贼遁去。召直集贤院，为盐铁判官、修起居注。接伴契丹使，北使过魏，旧皆盛服入。至是，欲便服，妄云衣冠在后乘。珪命取授之，使者愧谢。遂为贺正旦使。进知制诰、知审官院，为翰林学士、知开封府。遭母忧，除丧，复为学士，兼侍读学士。

先是，三圣并侑南郊，而温成庙享献同太室。珪言："三后并配，所以致孝也，而渎乎飨帝。后宫有庙，所以广恩也，而僭乎飨亲。"于是专以太祖侑于郊，而改温成庙为祠殿。嘉祐立皇子，中书召珪作诏，珪曰："此大事也，非面受旨不可。"明日请对，曰："海内望此举久矣，果出自圣意乎？"仁宗曰："朕意决矣。"珪再拜贺，始退而草诏。欧阳修闻而叹曰："真学士也。"帝宴宝文阁，作飞白书分侍臣，命珪识岁月姓名。再宴群王，又使为序，以所御笔、墨、笺、砚赐之。

英宗立，当撰先帝谥，珪言："古者贱不诔贵，幼不诔长，故天子称天以诔之，制谥于郊，若云受之于天者。近制，唯词臣撰议，庶僚不得参闻，颇违称天之义。请令两制共议。"从之。濮王追崇典礼，珪与侍从、礼官合议宜称皇伯，三夫人改封大国，执政不以为然。其后三夫人之称，卒如初议。始，珪之请对而作诏也，有密谮之者。英宗在位之四年，忽召至蕊珠殿，传诏令兼端明殿学士，锡之盘龙金盆，谕之曰："秘殿之职，非直器卿于翰墨间，二府员缺，即出命矣。曩有谗口，朕今释然无疑。"珪谢曰："非陛下至明，臣死无日矣。"神宗即位，迁学士承旨。珪典内外制十八年，最为久次，尝因展事斋宫，赋诗有所感，帝见而怜之。熙宁三年，拜参知政事。九年，进同中书门下平章事、集贤殿大学士。

元丰官制行，由礼部侍郎超授银青光禄大夫。五年，正三省官名，拜尚书左仆射兼门下侍郎，以蔡确为右仆射。先是，神宗谓执政曰："官制将行，欲新旧人两用之。"又曰："御史大夫，非司马光不可。"珪、确相顾失色。珪忧甚，不知所出。确曰："陛下久欲收灵武，公能任责，则相位可保也。"珪喜，谢确。帝尝欲召司马光帅庆，使上平西夏策。珪意以为既用兵深入，必不召光，虽召，将不至。已而光果不召。永乐之败，死者十余万人，实珪启之。

八年，帝有疾，珪白皇太后，请立延安郡王为太子。太子立，是为哲宗。进珪金紫光禄大夫，封岐国公。五月，卒于位，年六十七。特辍朝五日，赙金帛五千，赠太师，谥曰文恭。赐寿昌甲第。

珪以文学进，流辈咸共推许。其文闳侈瑰丽，自成一家，朝廷大典策，多出其手，词林称之。然自执政至宰相，凡十六年，无所建明，率道谀将顺。当时目为"三旨相公"，以其上殿进呈，云"取圣旨"；上可否讫，云"领圣旨"；退谕禀事者，云"已得圣旨"也。绍圣中，邢恕谤起，黄履、叶祖洽、刘拯交论珪元丰末命事，以为当时两府大臣，尝议奏请建储，珪辄语李清臣云："他自家事，外庭不当管。"恕又诱教高遵裕子士京上奏，言珪欲立雍王，遣士京故兄士充，传道言语于禁中。珪由是得罪，追贬定安军司户参军，削诸子籍。徽宗即位，还其官封。蔡京秉政，复夺赠谥。政和中，又复之。珪季父罕，从兄琪。

罕字师言，以荫知宜兴县。县多湖田，岁诉水，轻重失其平。罕躬至田处，列高下为图，明年诉牒至，按图示之，某户可免，某户不可免，众皆服。范仲淹在润，奏下其式于诸道。西方用兵，仍年科箭羽于东南，价踊贵，富室至豫贮以待鬻。罕白郡守，倍其直市之，而令民输钱。旁州闻之，皆愿如常州法。累迁户部判官。修太宗别庙，中贵人大虑材，将一新之。罕白是特岁久丹漆黯暗，但当致饰耳，榱栌皆如故，唯易一楹，省缗钱十万。

出为广东转运使。侬智高入寇，罕行部在潮，广州守仲简自围中遣书邀罕，罕报曰："吾家亦受困，非不欲归，顾独归无益，当求所以相济者。"遂还惠州。州之恶少年正相率为盗，里落惊扰，惠人要罕出城，及郊，遮道求救护者数千计。罕择父老可语者问以策，曰："吾属皆有田客，欲给以兵，使相保聚。"罕曰："有田客者如是，得矣，无者奈何？"乃呼耆长发里民，补壮丁，每长二百人；又令邑尉增弓手二千。巳时下令，约申而集。募有方略者，许以官秩、金帛，使为甲首。久之，无至者。有妇人诉为仆夺钗珥，捕得之，并执夺攘者十八辈，皆枭首决口置道左，传曰："此耆长发为壮丁不肯行者也。"观者始有怖色。至期，得六百人，尉所部亦至。于是染库帛为旗；授之。割牛革为盾形，柔之汤中，每盾削竹签十六，穿于革，以木为鼻，使持之自蔽。断苦竹数千，铦其末，使操为兵。悉出公私戎器。檄告属城，仿而行之。数日，众大振，向之恶少年，皆隶行伍，无敢动。乃简卒三千，方舟建旗，伐鼓作乐，顺流而下。将至广，悉众登岸，斩木为鹿角，积高数仞，营于南门。智高戴黄盖临观，相去三十步，见已严备，不敢犯。罕徐开门而入，智高遂解去。时南道邮驿断绝，罕上事，不得通；而提点刑狱鲍轲遁处南雄，数具奏。及贼平，轲受赏，罕谪监信州酒。安抚使孙沔言轲实有功，复以为西路转运使。或传智高不死，走火峒，侬宗旦据险聚众，邕守萧注谋击之。罕呼宗旦子日新谓之曰："汝父内为交阯所仇，外为边将希赏之饵，非计也。汝归报，择利而为之。"于是父子俱降。

徙知潭州。擢户部、度支副使，复为潭州。为政务适人情，不加威罚。有狂妇数诉事，出言无章，却之则勃骂，前守每叱逐之。罕独引至前，委曲徐问，久稍可晓，乃本为人妻，无子，夫死，妾有子，遂逐妇而据家资，屡诉不得直，因愤恚发狂。罕为治妾而反其资，妇良愈，郡人传为神明。监司上治状，敕书褒谕，赐绢三百。徙知明州。以光禄卿卒，年八十。兄之子珪少孤，罕教养有恩，后珪贵，每予书，必以盛满为戒云。

琪字君玉，儿童时已能为歌诗。起进士，调江都主簿。上时务十二事，请建义仓，置营田，减度僧，罢鸾爵，禁锦绮、珠贝，行乡饮、籍田，复制科，兴学校。仁宗嘉之，除馆阁校勘、集贤校理。

帝宴太清楼，命馆阁臣赋《山水石歌》，琪独蒙褒赏。诏通判舒州。岁饥，奏发廪救民，未报，先振以公租，守以下皆不听，琪挺身任之。知复州，民殴佃客死，吏论如律。琪疑之，留未决，已而新制下，凡如是者听减死。历开封府推官，直集贤院，两浙淮南转运使、修起居注、盐铁判官、判户部勾院、知制诰。尝入对便殿，帝从容谓曰："卿雅有心计，若三司缺使，当无以易卿。"

会奉使契丹，因感疾还，上介诬其诈，责信州团练副使。久之，以龙图阁待制知润州。转运使欲浚常、润漕河，琪陈其不便，诏寝役。而后议者卒请废古城埭，破古函管而浚之，河反狭，舟不得方行，公私交病。徙知江宁。先是，府多火灾，或托以鬼神，人不敢救。琪召令厢逻，具为作赏捕之法，未几，得奸人，诛之，火患遂息。复知制诰，加枢密直学士、知邓州，徙扬州，入判太常寺，又出知杭州，复为扬州、润州。以礼部侍郎致仕。卒，年七十二。

琪性孤介，不与时合。数临东南名镇，政尚简静。每疾俗吏饰厨传以沽名誉，故待宾客颇阔略。间造飞语起谤，终不自恤。葬于真州。诏真、扬二州发卒护其窆，盖异数也。

论曰：公亮静重镇浮，练达典宪，与韩琦并相，号称老成。升之自为言官，即著直声。然皆挟术任数，公亮疾琦专任，荐王安石以间之，升之阴助安石，阳为异同，以避清议，二人措意如此，岂诚心谋国者乎？新法之行，何望其能正救也。及安石去位，充、珪实代之，天下嗃嗃，思有所休息。充力不逮心，同僚左揳右伺，至鞅鞅以死，伤哉，其不足与有行也。珪容身固位，于势何所重轻，而阴忌正人，以济其患失之谋，鄙夫可与事君也与哉！

卷三百一十三　列传第七十二

富弼子绍庭　**文彦博**

富弼，字彦国，河南人。初，母韩有娠，梦旌旗鹤雁降其庭，云有天赦，已而生弼。少笃学，有大度，范仲淹见而奇之，曰："王佐才也。"以其文示王曾、晏殊，殊妻以女。

仁宗复制科，仲淹谓弼："子当以是进。"举茂材异等，授将作监丞、签书河阳判官。仲淹坐争废后事贬，弼上言："是一举而二失也，纵未能复后，宜还仲淹。"不听。通判绛州，迁直集贤院。赵元昊反，弼疏陈八事，乞斩其使者。召为开封府推官、知谏院。康定元年，日食正旦，弼请罢宴彻乐，就馆赐北使酒食。执政不可，弼曰："万一契丹行之，为朝廷羞。"后闻契丹果罢宴，帝深悔之。时禁臣僚越职言事，弼因论日食，极言应天变莫若通下情，遂除其禁。

元昊寇鄜、延，破金明，钤辖卢守懃不救，内侍黄德和引兵走，大将刘平战死，德和诬其降贼。弼请按竟其狱，德和坐要斩。夏守赟为陕西都部署，又以入内都知王守忠为钤辖。弼言："用守赟既为天下笑，今益以守忠，殆与唐监军无异。守懃、德和覆车之辙，可复蹈乎！"诏罢守忠。又请令宰相兼领枢密院。时西夏首领二人来降，但补借奉职。弼言当厚赏以劝来者。事下中书，宰相初不知也。弼叹曰："此岂小事，而宰相不知邪！"更极论之，于是从弼言。除盐铁判官、史馆修撰，奉使契丹。庆历二年，为知制诰，纠察在京刑狱。堂吏有伪为僧牒者，开封不敢治。弼白执政，请以吏付狱，吕夷简不悦。

会契丹屯兵境上，遣其臣萧英、刘六符来求关南地。朝廷择报聘者，皆以其情叵测，莫敢行，夷简因是荐弼。欧阳修引颜真卿使李希烈事，请留之，不报。弼即入对，叩头曰："主忧臣辱，臣不敢爱其死。"帝为动色，先以为接伴。英等入境，中使迎劳之，英托疾不拜。弼曰："昔使北，病卧车中，闻命辄起。今中使至而君不拜，何也？"英矍然起拜。弼开怀与语，英感悦，亦不复隐其情，遂密以其主所欲得者告曰："可从，从之；不然，以一事塞之足矣。"弼具以闻。帝唯许增岁币，仍以宗室女嫁其子。

进弼枢密直学士，辞曰："国家有急，义不惮劳，奈何逆以官爵赂之。"遂以使报聘。既至，六符ш为馆客。弼见契丹主问故，契丹主曰："南朝违约，塞雁门，增塘水，治城隍，籍民兵，将以何为？群臣请举兵而南，吾以谓不若遣使求地，求而不获，举兵未晚也。"弼曰："北朝忘章圣皇帝之大德乎？澶渊之役，苟从诸将言，北兵无得脱者。且北朝与中国通好，则人主专其利，而臣下无获；若用兵，则利归臣下，而人主任其祸。故劝用兵者，皆为身谋耳。"契丹主惊曰："何谓也？"弼曰："晋高祖欺天叛君，末帝昏乱，土宇狭小，上下离叛，故契丹全师独克，然壮士健马物故太半。今中国提封万里，精兵百万，法令修明，上下一心，北朝欲用兵，能保其必胜乎？就使其胜，所亡士马，群臣当之欤，抑人主当之欤？若通好不绝，岁币尽归人主，群臣何利焉？"契丹主大悟，首肯者久之。弼又曰："塞雁门者，以备元昊也。塘水始于何承矩，事在通好前。城隍皆修旧，民兵亦补阙，非违约也。"契丹主曰："微卿言，吾不知其详。然所欲得者，祖宗故地耳。"弼曰："晋以卢龙赂契丹，周世宗复取关南，皆异代事。若各求地，岂北朝之利哉？"

既退，六符曰："吾主耻受金帛，坚欲十县，何如？"弼曰："本朝皇帝言，朕为祖宗守国，岂敢妄以土地与人。北朝所欲，不过租赋尔。朕不忍多杀两朝赤子，故屈己增币以代之。若必欲得地，是志在败盟，假此为词耳。澶渊之盟，天地鬼神实临之。今北朝首发兵端，过不在我。天地鬼神，其可欺乎！"明日，契丹主召弼同猎，引弼马自近，又言得地则欢好可久。弼反覆陈必不可状，且言："北朝既以得地为荣，南朝必以失地为辱。兄弟之国，岂可使一荣一辱哉？"猎罢，六符曰："吾主闻公荣辱之言，意甚感悟。今惟有结昏可议耳。"弼曰："婚姻易生嫌隙。本朝长公主出降，赀送不过十万缗，岂若岁币无穷之利哉？"契丹主谕弼使归，曰："俟卿再至，当择一受之，卿其遂以誓书来。"

弼归复命，复持二议及受口传之词于政府以往。行次乐寿，谓副使张茂实曰："吾为使者而不见国书，脱书词与口传异，吾事败矣。"启视果不同，即驰还都，以晡时入见，易书而行。及至，契丹不复求婚，专欲增币，曰："南朝遗我之辞当曰'献'，否则曰'纳'。"弼争之，契丹主曰："南朝既惧我矣，于二字何有？若我拥兵而南，得无悔乎！"弼曰："本朝兼爱南北，故不惮更成，何名为惧？或不得已至于用兵，则当以曲直为胜负，非使臣之所知也。"契丹主曰："卿勿固执，古亦有之。"弼曰："自古唯唐高祖借兵于突厥，当时赠遗，或称献纳。其后颉利为太宗所擒，岂复有此礼哉！"弼声色俱厉，契丹知不可夺，乃曰："吾当自遣人议之。"复使刘六符来。弼归奏曰："臣以死拒之，彼气折矣，可勿许也。"朝廷竟以"纳"字与之。始受命，闻一女卒；再命，闻一子生，皆不顾。又除枢密直学士，迁翰林学士，皆恳辞，曰："增岁币非臣本志，特以方讨元昊，未暇与角，故不敢以死争，其敢夸乎！"

三年，拜枢密副使，辞之愈力，改授资政殿学士兼侍读学士。七月，复拜枢密副使。弼言："契丹既结好，议者便谓无事，万一败盟，臣死且有罪。愿陛下思其轻侮之耻，坐薪尝胆，不忘修政。"以谂纳上前而罢。逾月，复申前命，使宰相谕之曰："此朝廷特用，非以使辽故也。"弼乃受。帝锐以太平责成宰辅，数下诏督弼与范仲淹等，又开天章阁，给笔札，使书其所欲为者；且命仲淹主西事，弼主北事。弼上当世之务十余条及安边十三策，大略以进贤退不肖、止侥幸、去宿弊为本，欲渐易监司之不才者，使澄汰所部吏，于是小人始不悦矣。

元昊遣使以书来，称男不称臣。弼言："契丹臣元昊而我不臣，则契丹为无敌于天下，不可许。"乃却其使，卒臣之。四年，契丹受礼云中，且发兵会元昊伐呆儿族，于河东为近，帝疑二边同谋。弼曰："兵出无名，契丹不为也。元昊本与契丹约相左右，今契丹独获重币，元昊有怨言，故城威塞以备。呆儿屡盗威塞，契丹疑元昊使之，故为是役，安能合而寇我哉？"或请弼发为备，弼曰："如此正堕其计，臣请任之。"帝乃止，契丹卒不动。夏竦不得志，中弼以飞语。弼惧，求宣抚河北，还，以资政殿学士出知郓州。岁余，逸不验，加给事中，移青州，兼京东路安抚使。

河朔大水，民流就食。弼劝所部民出粟，益以官廪，得公私庐舍十余万区，散处其人，以便薪水。官吏自前资、待缺、寄居者，皆赋以禄，使即民所聚，选老弱病瘠者廪之，仍书其劳，约他日为奏请受赏。率五日，辄遣人持酒肉饭糗慰藉，出于至诚，人人为尽力。山林陂泽之利可资以生者，听流民擅取。死者为大冢葬之，目曰"丛冢"。明年，麦大熟，民各以远近受粮归，凡活五十余万人，募为兵者万计。帝闻之，遣使褒劳，拜礼部侍郎。弼曰："此守臣职也。"辞不受。前此，救灾者皆聚民城郭中，为粥食之，蒸为疾疫，及相蹈藉，或待哺数日不得粥而仆，名为救之，而实杀之。自弼立法简便周尽，天下传以为式。

王则叛，齐州禁兵欲应之，或诣弼告。齐非弼所部，恐事泄变生，适中贵人张从训衔命至青，弼度其可用，密付以事，使驰至齐，发吏卒取之，无得脱者。即自劾颛擅之罪，帝益嘉之，复以为礼部侍郎，又辞不受。迁大学士，徙知郑、蔡、河阳，加观文殿学士，改宣徽南院使、判并州。至和二年，召拜同中书门下平章事、集贤殿大学士，与文彦博并命。宣制之日，士大夫相庆于朝。帝微觇知之，以语学士欧阳修曰："古之命相，或得诸梦卜，岂若今日人情如此哉？"修顿首贺。帝弗豫，大臣不得见，中外忧悚。弼、彦博入问疾，因托襆裇事止宿连夕，每事皆关白乃行，宫内肃然，语在《彦博传》。嘉祐三年，进昭文馆大学士、监修国史。

弼为相，守典故，行故事，而傅以公议，无容心于其间。当是时，百官任职，天下无事。六年三月，以母忧去位，诏为罢春宴。故事，执政遭丧皆起复。帝虚位五起之，弼谓此金革变礼，不可施于平世，卒不从命。英宗立，召为枢密使。居二年，以足疾求解，拜镇海军节度使、同中书门下平章事、判扬州，封祁国公，进封郑。

熙宁元年，徙判汝州。诏入观，许肩舆至殿门。神宗御内东门小殿，令其子掖以进，且命毋拜，坐语，从容访以治道。弼知帝果于有为，对曰："人主好恶，不可令人窥测；可测，则奸人得以傅会。当如天之监人，善恶皆所自取，然后诛赏随之，则功罪无不得其实矣。"又问边事，对曰："陛下临御未久，当布德行惠，愿二十年口不言兵。"帝默然。至日昃乃退。欲以集禧观使留之，力辞赴郡。明年二月，召拜司空兼侍中，赐甲第，悉辞之，以左仆射、门下侍郎同平章事。

时有为帝言灾异皆天数，非关人事得失所致者。弼闻而叹曰："人君所畏惟天，若不畏天，何事不可为者！此必奸人欲进邪说，以摇上心，使辅拂谏争之臣，无所施其力。是治乱之机，不可以不速救。"即上书数千言，力论之。又言："君子小人之进退，系王道之消长，愿深加辨察，勿以同异为喜怒、喜怒为用舍。陛下好使人伺察外事，故奸险得志。又多出亲批，若事事皆中，亦非为君之道；脱十中七八，积月累月，所失亦多。今中外之务渐有更张，大抵小人惟喜生事，愿深烛其然，无使有悔。"是时久旱，群臣请上尊号及用乐，帝不许，而以同天节契丹使当上寿，故未断其请。弼言此盛德事，正当以此示之，乞并罢上寿。帝从之，即日雨。弼又上疏，愿益畏天戒，远奸佞，近忠良。帝手诏褒答之。

王安石用事，雅不与弼合。弼度不能争，多称疾求退，章数十上。神宗将许之，问曰："卿即去，谁可代卿者？"弼荐文彦博，神宗默然，良久曰："王安石何如？"弼亦默然。拜武宁节度使、同中书门下平章事、判河南，改亳州。青苗法出，弼以谓如是则财聚于上，人散于下，持不行。提举官赵济劾弼格诏旨，侍御史邓绾又乞付有司鞫治，乃以仆射判汝州。安石曰："弼虽贵，犹不失富贵。昔鲧以方命殛，共工以象恭流，弼兼此二罪，止夺使相，何由沮奸？"帝不答。弼言："新法，臣所不晓，不可以治郡。愿归洛养疾。"许之。遂请老，加拜司空，进封韩国公致仕。弼虽家居，朝廷有大利害，知无不言。郭逵讨安南，乞诏遴择利进退，以全王师；契丹争河东地界，言其不可许；星文有变，乞开广言路；又请速改新法，以解倒县之急。帝虽不尽用，而眷礼不衰，尝因安石有所建明，却之曰："富弼手疏称'老臣无所告诉，但仰屋窃叹'者，即当至矣。"其敬之如此。

元丰三年，王尧臣之子同老上言："故父参知政事时，当仁宗服药，尝与弼及文彦博议立储嗣，会翌日有瘳，其事遂寝。"帝以问彦博，对与同老合，帝始知至和时事。嘉弼不自言，以为司徒。六年八月，薨，年八十。手封遗奏，使其子绍庭上之。其大略云：

陛下即位之初，邪臣纳说图任之际，听受失宜，上误聪明，浸成祸患。今上自辅臣，下及多士，畏祸图利，习成敝风，忠词谠说，无复上达。臣老病将死，尚何顾求？特以不忍上负圣明，辄倾肝胆，冀哀怜愚忠，曲垂采纳。

去年永乐之役，兵民死亡者数十万。今久戍未解，百姓困穷，岂讳过耻败不思救祸之时乎？天地至仁，宁与羌夷校曲直胜负？愿归其侵地，休兵息民，使关、陕之间，稍遂生理。兼陕西再团保甲，又葺教场，州县奉行，势倍星火，人情惶骇，难以复用，不若寝罢以缓怀之。臣之所陈，急于济事。若夫要道，则在圣人所存，与所用之人君子、小人之辨耳。陛下审观天下之势，岂以为无足虑邪？

帝览奏震悼，辍朝三日，内出祭文致奠，赠太尉，谥曰文忠。

弼性至孝，恭俭好修，与人言必尽敬，虽微官及布衣谒见，皆与之亢礼，气色穆然，不见喜愠。其好善嫉恶，出于天资。常言："君子与小人并处，其势必不胜。君子不胜，则奉身而退，乐道无闷。小人不胜，则交结构扇，

千岐万辙，必胜而后已。迨其得志，遂肆毒于善良，求天下不乱，不可得也。"其终身皆出于此云。元祐初，配享神宗庙庭。哲宗篆其碑首曰"显忠尚德"，命学士苏轼撰文刻之。绍圣中，章惇执政，谓弼得罪先帝，罢配享。至靖康初，诏复旧典焉。

绍庭字德先，性靖重，能守家法。弼薨，两女与婿及甥皆同居，绍庭待之与父时不殊，一家之事毫发不敢变，族里称焉。历京正丞、提举三门白波辇运、通判绛州。建中靖国初，除提举河北西路常平，辞曰："熙宁变法之初，先臣以不行青苗被罪，臣不敢为此官。"徽宗嘉之，擢祠部员外郎。未几，出知宿州。卒，年六十八。子直柔，绍兴中，同知枢密院事，别有传。

文彦博，字宽夫，汾州介休人。其先本敬氏，以避晋高祖及宋翼祖讳改焉。少与张昪、高若讷从颍昌史炤学，炤母异之，曰："贵人也。"待之甚厚。及进士第，知翼城县，通判绛州，为监察御史，转殿中侍御史。

西方用兵，偏校有临陈先退、望敌不进者，大将守著令皆申覆。彦博言："此可施之平居无事时尔。今拥兵数十万，而将权不专，兵法不峻，将何以济？"仁宗嘉纳之。黄德和之诬刘平降虏也，以金带赂平奴，使附己说以证。平家二百口皆械系。诏彦博置狱于河中，鞫治得实。德和党援盛，谋翻其狱，至遣他御史来。彦博拒不纳，曰："朝廷虑狱不就，故遣君。今案具矣，宜亟还，事或弗成，彦博执其咎。"德和并奴卒就诛。以直史馆为河东转运副使。麟州饷道回远，银城河外有唐时故道，废弗治，彦博父洎为转运使日，将复之，未及而卒。彦博嗣成父志，益储粟。元昊来寇，围城十日，知有备，解去。迁天章阁待制、都转运使，连进龙图阁、枢密直学士、知秦州，改益州。尝击毬钤辖廨，闻外喧甚，乃卒长杖一卒，不伏。呼入问状，令引出与杖，又不受，复呼入斩之，竟毬乃归。召拜枢密副使、参知政事。

贝州王则反，明镐讨之，久不克。彦博请行，命为宣抚使，旬日贼溃，槛则送京师。拜同中书门下平章事、集贤殿大学士。荐张瓌、韩维、王安石等恬退守道，乞褒劝以厉风俗。与枢密使庞籍议省兵，凡汰为民及给半廪者合八万，论者纷然，谓必聚为盗，帝亦疑焉。彦博曰："今公私困竭，正坐兵冗。脱有难，臣请死之。"其策讫行，归兵亦无事。进昭文馆大学士。御史唐介劾其在蜀日以奇锦结宫掖，因之登用。介既贬，彦博亦罢为观文殿大学士、知许州，改忠武军节度使、知永兴军。至和二年，复以吏部尚书同中书门下平章事、昭文馆大学士，与富弼同拜，士大夫皆以得人为庆，语见《弼传》。

三年正月，帝方受朝，疾暴作，扶入禁中。彦博呼内侍史志聪问状，对曰："禁密不敢漏言。"彦博叱之曰："尔曹出入禁闼，不令宰相如天子起居，欲何为邪？自今疾势增损必以告，不尔，当行军法。"又与同列刘沆、富弼谋启醮大庆殿，因留宿殿庐。志聪曰："无故事。"彦博曰："此岂论故事时邪？"知开封府王素夜叩宫门上变，不使入；明旦言，有禁卒告甲与虞候欲为乱。沆欲捕治，彦博

召都指挥使许怀德，问都虞候何如人，怀德称其愿可保。彦博曰："然则卒有怨，诬之耳。当亟诛之以靖众。"乃请沈判状尾，斩于军门。

先是，弼用朝士李仲昌策，自澶州商胡河穿六漯渠，入横垅故道。北京留守贾昌朝素恶弼，阴约内侍武继隆，令司天官二人俟执政聚时，于殿庭抗言国家不当穿河于北方，致上体不安。彦博知其意有所在，然未有以制之。后数日，二人又上言，请皇后同听政，亦继隆所教也。史志聪以其状白执政。彦博视而怀之，不以示同列，而有喜色，徐召二人诘之曰："汝今日有所言乎？"曰："然。"彦博曰："天文变异，汝职所当言也。何得辄预国家大事？汝罪当族！"二人惧，色变。彦博曰："观汝直狂愚耳，未忍治汝罪，自今无得复论。"二人退，乃出状示同列。同列皆愤怒曰："奴敢尔僭言，何不斩之？"彦博曰："斩之，则事彰灼，于中宫不安。"众皆曰："善。"既而议遣司天官定六漯方位，复使二人往。继隆白请留之，彦博曰："彼本不敢妄言，有教之者耳。"继隆默不敢对。二人至六漯，恐治前罪，更言六漯在东北，非正北也。帝疾愈，彦博等始归第。当是时，京师业业，赖彦博、弼持重，众心以安。沈密白帝曰："陛下违豫时，彦博擅斩告反者。"彦博闻之，以沈判呈，帝意乃解。御史吴中复乞召还唐介。彦博因言，介顷为御史，言臣事多中臣病，其间虽有风闻之误，然当时责之太深，请如中复奏。时以彦博为厚德。久之，以河阳三城节度使同平章事、判河南府，封潞国公，改镇保平、判大名府。又改镇成德，迁尚书左仆射、判太原府。俄复镇保平、判河南。丁母忧，英宗即位，起复成德军节度使，三上表乞终丧，许之。

初，仁宗之不豫也，彦博与富弼等乞立储嗣。仁宗许焉，而后宫将有就馆者，故其事缓。已而彦博去位，其后弼亦以忧去。彦博既服阕，复以故官判河南，有诏入觐。英宗曰："朕之立，卿之力也。"彦博悚然对曰："陛下入继大统，乃先帝圣意，皇太后协赞之力，臣何闻力之有？兼陛下登储极之时，臣方在外，皆韩琦等承圣志受顾命，臣无与焉。"帝曰："备闻始议，卿于朕有恩。"彦博逊避不敢当。帝曰："暂烦西行，即召还矣。"寻除侍中，徙镇淮南、判永兴军，入为枢密使、剑南西川节度使。

熙宁二年，相陈升之，诏："彦博朝廷宗臣，其令升之位彦博下，以称遇贤之意。"彦博曰："国朝枢密使，无位宰相上者，独曹利用尝在王曾、张知白上。臣忝知礼义，不敢效利用所为，以紊朝著。"固辞乃止。夏人犯大顺，庆帅李复圭以陈图方略钤辖李信等，趣使出战。及败，乃妄奏信罪。彦博暴其非，宰相王安石曲诛信等，秦人冤之。庆州兵乱，彦博言于帝曰："朝廷行事，务合人心，宜兼采众论，以静重为先。陛下厉精求治，而人心未安，盖更张之过也。祖宗法未必皆不可行，但有偏而不举之敝尔。"安石知为己发，奋然排之曰："求去民害，何为不可？若万事隳脞，乃西晋之风，何益于治？"御史张商英欲附安石，摭枢密使他事以摇彦博，坐不实贬。彦博在枢府九年，又以极论市易司监卖果实，损国体敛民怨，为安石所恶，力引去。拜司空、河东节度使、判河阳，徙大名府。身虽在外，而帝眷有加。

时监司多新进少年，转运判官汪辅之辄奏彦博不事事，帝批其奏以付彦博曰："以侍中旧德，故烦卧护北门，细务不必劳心。辅之小臣，敢尔无礼，将别有处置。"未几，罢去。初，选人有李公义者，请以铁龙爪治河，宦者黄怀信沿其制为浚川杷，天下指笑以为儿戏，安石独信之，遣都水丞范子渊行其法。子渊奏用杷之功，水悉归故道，退出民田数万顷。诏大名核实，彦博言："河非杷可浚，虽甚愚之人，皆知无益，臣不敢雷同罔上。"疏至，帝不悦，复遣知制诰熊本等行视，如彦博言。子渊乃请觐，言本等见安石罢，意彦博复相，故傅会其说。御史蔡确亦论本奉使无状。本等皆得罪，独彦博勿问。寻加司徒。

元丰三年，拜太尉，复判河南。于是王同老言至和中议储嗣事，彦博适入朝，神宗问之，彦博以前对英宗者复于帝曰："先帝天命所在，神器有归，实仁祖知子之明，慈圣拥佑之力，臣何功？"帝曰："虽云天命，亦系人谋。卿深厚不伐善，阴德如丙吉，真定策社稷臣也。"彦博曰："如周勃、霍光，是为定策。自至和以来，中外之臣献言甚众，臣等虽尝有请，弗果行。其后韩琦等讫就大事，盖琦功也。"帝曰："发端为难，是时仁祖意已定，嘉祐之末，止申前诏尔。正如丙吉、霍光，不相掩也。"遂加彦博两镇节度使，辞不拜。将行，赐宴琼林苑，两遣中谒者遗诗祖道，当世荣之。

王中正经制边事，所过称受密旨募禁兵，将之而西。彦博以无诏拒之，中正亦不敢募而去。久之，请老，以太师致仕，居洛阳。元祐初，司马光荐彦博宿德元老，宜起以自辅。宣仁后将用为三省长官，而言事者以为不可，乃命平章军国重事，六日一朝，一月两赴经筵，恩礼甚渥。然彦博无岁不求退，居五年，复致仕。绍圣初，章惇秉政，言者论彦博朋附司马光，诋毁先烈，降太子少保。卒，年九十二。崇宁中，预元祐党籍。后特命出籍，追复太师，谥曰忠烈。

彦博逮事四朝，任将相五十年，名闻四夷。元祐间，契丹使耶律永昌、刘霄来聘，苏轼馆客，与使入觐，望见彦博于殿门外，却立改容曰："此潞公也邪？"问其年，曰："何壮也！"轼曰："使者见其容，未闻其语。其综理庶务，虽精练少年有不如；其贯穿古今，虽专门名家有不逮。"使者拱手曰："天下异人也。"既归洛，西羌首领温溪心有名马，请于边吏，愿以馈彦博，诏许之。其为外国所敬如此。

彦博虽穷贵极富，而平居接物谦下，尊德乐善，如恐不及。其在洛也，洛人邵雍、程颢兄弟皆以道自重，宾接之如布衣交。与富弼、司马光等十三人，用白居易九老会故事，置酒赋诗相乐，序齿不序官，为堂，绘像其中，谓之"洛阳耆英会"，好事者莫不慕之。神宗导洛通汴，而主者遏绝洛水，不使入城中，洛人颇患苦之。彦博因中使刘惟简至洛，语其故，惟简以闻。诏令通行如初，遂为洛城无穷之利。

彦博八子，皆历要官。第六子及甫，初以大理评事直史馆，与邢恕相善。元祐初，为吏部员外郎，以直龙图阁知同州。彦博平章军国，及甫由右司员外郎引嫌改卫尉、光禄少卿。彦博再致仕,及甫知河阳,召为太仆卿,权工部侍郎,罢为集贤殿修撰、提举明道宫。蔡渭、邢恕持及甫私书造梁焘、刘挚之谤,逮诣诏狱,及甫有憾于元祐,从而实之,亦坐夺职。未几,复之,卒。

论曰:国家当隆盛之时,其大臣必有耆艾之福,推其有余,足芘当世。富弼再盟契丹,能使南北之民数十年不见兵革。仁人之言,其利博哉!文彦博立朝端重,顾盼有威,远人来朝,仰望风采,其德望固足以折冲御侮于千里之表矣。至于公忠直亮,临事果断,皆有大臣之风,又皆享高寿于承平之秋。至和以来,共定大计,功成退居,朝野倚重。熙、丰而降,弼、彦博相继以老,恺人无忌,善类沦胥,而宋业衰矣!《书》曰:"番番良士,膂力既愆,我尚有之。"岂不信然哉!

卷三百一十四　　列传第七十三

范仲淹子纯祐　纯礼　纯粹　**范纯仁**子正平

范仲淹,字希文,唐宰相履冰之后。其先,邠州人也,后徙家江南,遂为苏州吴县人。仲淹二岁而孤,母更适长山朱氏,从其姓,名说。少有志操,既长,知其世家,乃感泣辞母,去之应天府,依戚同文学。昼夜不息,冬月惫甚,以水沃面;食不给,至以糜粥继之,人不能堪,仲淹不苦也。举进士第,为广德军司理参军,迎其母归养。改集庆军节度推官,始还姓,更其名。

监泰州西溪盐税,迁大理寺丞,徙监楚州粮料院,母丧去官。晏殊知应天府,闻仲淹名,召置府学。上书请择郡守,举县令,斥游惰,去冗僭,慎选举,抚将帅,凡万余言。服除,以殊荐,为秘阁校理。仲淹泛通《六经》,长于《易》,学者多从质问,为执经讲解,亡所倦。尝推其奉以食四方游士,诸子至易衣而出,仲淹晏如也。每感激论天下事,奋不顾身,一时士大夫矫厉尚风节,自仲淹倡之。

天圣七年,章献太后将以冬至受朝,天子率百官上寿。仲淹极言之,且曰:"奉亲于内,自有家人礼,顾与百官同列,南面而朝之,不可为后世法。"且上疏请太后还政,不报。寻通判河中府,徙陈州。时方建太一宫及洪福院,市材木陕西。仲淹言:"昭应、寿宁,天戒不远。今又侈土木,破民产,非所以顺人心、合天意也。宜罢修寺观,减常岁市木之数,以蠲除积负。"又言:"恩幸多以内降除官,非太平之政。"事虽不行,仁宗以为忠。

太后崩,召为右司谏。言事者多暴太后时事,仲淹曰:"太后受遗先帝,调护陛下者十余年,宜掩其小故,以全后德。"帝为诏中外,毋辄论太后时事。初,太后遗诰以太妃杨氏为皇太后,参决军国事。仲淹曰:"太后,母号也,自古无因保育而代立者。今一太后崩,又立一太后,天下且疑陛下不可一日无母后之助矣。"

岁大蝗旱,江、淮、京东滋甚。仲淹请遣使循行,未报。乃请间曰:"宫掖中半日不食,当何如?"帝恻然,乃命仲淹安抚江、淮,所至开仓振之,且禁民淫祀,奏蠲庐舒折役茶、江东丁口盐钱,且条上救敝十事。

会郭皇后废,率谏官、御史伏阁争之,不能得。明日,将留百官揖宰相廷争,方至待漏院,有诏出知睦州。岁余,徙苏州。州大水,民田不得耕,仲淹疏五河,导太湖注之海,募人兴作,未就,寻徙明州,转运使奏留仲淹以毕其役,许之。拜尚书礼部员外郎、天章阁待制,召还,判国子监,迁吏部员外郎、权知开封府。

时吕夷简执政,进用者多出其门。仲淹上《百官图》,指其次第曰:"如此为序迁,如此为不次,如此则公,如此则私。况进退近臣,凡超格者,不宜全委之宰相。"夷简不悦。他日,论建都之事,仲淹曰:"洛阳险固,而汴为四战之地,太平宜居汴,即有事必居洛阳。当渐广储蓄,缮宫室。"帝问夷简,夷简曰:"此仲淹迂阔之论也。"仲淹乃为四论以献,大抵讥切时政。且曰:"汉成帝信张禹,不疑舅家,故有新莽之祸。臣恐今日亦有张禹,坏陛下家法。"夷简怒诉曰:"仲淹离间陛下君臣,所引用,皆朋党也。"仲淹对益切,由是罢知饶州。

殿中侍御史韩渎希宰相旨,请书仲淹朋党,揭之朝堂。于是秘书丞余靖上言曰:"仲淹以一言忤宰相,遽加贬窜,况前所言者在陛下母子夫妇之间乎?陛下既优容之矣,臣请追改前命。"太子中允尹洙自讼与仲淹师友,且尝荐己,愿从降黜。馆阁校勘欧阳修以高若讷在谏官,坐视而不言,移书责之。由是,三人者偕坐贬。明年,夷简亦罢,自是朋党之论兴矣。仲淹既去,士大夫为论荐者不已。仁宗谓宰相张士逊曰:"向贬仲淹,为其密请建立皇太弟故也。今朋党称荐如此,奈何?"再下诏戒敕。

仲淹在饶州岁余,徙润州,又徙越州。元昊反,召为天章阁待制、知永兴军,改陕西都转运使。会夏竦为陕西经略安抚、招讨使,进仲淹龙图阁直学士为副之。夷简再入相,帝谕仲淹使释前憾。仲淹顿首谢曰:"臣乡论盖国家事,于夷简无憾也。"

延州诸砦多失守,仲淹自请行,迁户部郎中兼知延州。先是,诏分边兵:总管领万人,钤辖领五千人,都监领三千人。寇至御之,则官卑者先出。仲淹曰:"将不择人,以官为先后,取败之道也。"于是大阅州兵,得万八千人,分为六,各将三千人,分部教之,量贼众寡,使更出御贼。时塞门、承平诸砦既废,用种世衡策,城青涧以据贼冲,大兴营田,且听民得互市,以通有无。又以民远输劳苦,请建鄜城为军,以河中、同、华中下户税租就输之。春夏徙兵就食,可省籴十之三,他所减不与。诏以为康定军。

明年正月,诏诸路入讨,仲淹曰:"正月塞外大寒,我师暴露,不如俟春深入,贼马瘦人饥,势易制也。况边备渐修,师出有纪,贼虽猖獗,固已慑其气矣。鄜、延密迩灵、夏,西羌必由之地也。第按兵不动,以观其衅,许臣稍以恩信招来之。不然,情意阻绝,臣恐偃兵无期矣。

若臣策不效，当举兵先取绥、宥，据要害，屯兵营田，为持久计，则茶山、横山之民，必挈族来归矣。拓疆御寇，策之上也。"帝皆用其议。仲淹又请修承平、永平等砦，稍招还流亡，定堡障，通斥候，城十二砦，于是羌汉之民，相踵业归。

久之，元昊归陷将高延德，因与仲淹约和，仲淹为书戒喻之。会任福败于好水川，元昊答书语不逊，仲淹对来使焚之。大臣以为不当辄通书，又不当辄焚之，宋庠请斩仲淹，帝不听。降本曹员外郎、知耀州，徙庆州，迁左司郎中，为环庆路经略安抚、缘边招讨使。初，元昊反，阴诱属羌为助，而环庆酋长六百余人，约为乡道，事寻露。仲淹以其反复不常也，至部即奏行边，以诏书犒赏诸羌，阅其人马，为立条约："若仇已和断，辄私报之及伤人者，罚羊百、马二，已杀者斩。负债争讼，听告官为理，辄质缚平人者，罚羊五十、马一。贼马入界，追集不赴随本族，每户罚羊二，质其首领。贼大入，老幼入保本砦，官为给食；即不入砦，本家罚羊二；全族不至，质其首领。"诸羌皆受命，自是始为汉用矣。

改邠州观察使，仲淹表言："观察使班待制下，臣守边数年，羌人颇亲爱臣，呼臣为'龙图老子'。今退而与王兴、朱观为伍，第恐为贼轻矣。"辞不拜。庆之西北马铺砦，当后桥川口，在贼腹中。仲淹欲城之，度贼必争，密遣子纯祐与蕃将赵明先据其地，引兵随之。诸将不知所向，行至柔远，始号令之，版筑皆具，旬日而城成，即大顺城是也。贼觉，以骑三万来战，佯北，仲淹戒勿追，已而果有伏。大顺既城，而白豹、金汤皆不敢犯，环庆自此寇益少。

明珠、灭臧劲兵数万，仲淹闻泾原欲袭讨之，上言曰："二族道险，不可攻，前日高继嵩已丧师。平时且怀反侧，今讨之，必与贼表里，南入原州，西扰镇戎，东侵环州，边患未艾也。若北取细腰、胡芦众泉为堡障，以断贼路，则二族安，而环州、镇戎径道通彻，可无忧矣。"其后，遂筑细腰、胡芦诸砦。

葛怀敏败于定川，贼大掠至潘原，关中震恐，民多窜山谷间。仲淹率众六千，由邠、泾援之，闻贼已出塞，乃还。始，定川事闻，帝按图谓左右曰："若仲淹出援，吾无忧矣。"奏至，帝大喜曰："吾固知仲淹可用也。"进枢密直学士、右谏议大夫。仲淹以军出无功，辞不敢受命，诏不听。

时已命文彦博经略泾原，帝以泾原伤夷，欲对徙仲淹，遣王怀德喻之。仲淹谢曰："泾原地重，第恐臣不足当此路。与韩琦同经略泾原，并驻泾州，琦兼秦凤，臣兼环庆。泾原有警，臣与韩琦合秦凤、环庆之兵，掎角而进；若秦凤、环庆有警，亦可率泾原之师为援。臣当与琦练兵选将，渐复横山，以断贼臂，不数年间，可期平定矣。愿诏庞籍兼领环庆，以成首尾之势。秦州委文彦博，庆州用滕宗谅总之。孙沔亦可办集。渭州，一武臣足矣。"帝采用其言，复置陕西路安抚、经略、招讨使，以仲淹、韩琦、庞籍分领之。仲淹与琦开府泾州，而徙彦博帅秦，宗谅帅庆，张亢帅渭。

仲淹为将，号令明白，爱抚士卒，诸羌来者，推心接之不疑，故贼亦不敢辄犯其境。元昊请和，召拜枢密副使。王举正懦默不任事，谏官欧阳修等言仲淹有相材，请罢举正用仲淹，遂改参知政事。仲淹曰："执政可由谏官而得乎？"固辞不拜，愿与韩琦出行边。命为陕西宣抚使，未行，复除参知政事。会王伦寇淮南，州县官有不能守者，朝廷欲按诛之。仲淹曰："平时讳言武备，寇至而专责守臣死事，可乎？"守令皆得不诛。

帝方锐意太平，数问当世事，仲淹语人曰："上用我至矣，事有先后，久安之弊，非朝夕可革也。"帝再赐手诏，又为之开天章阁，召二府条对，仲淹皇恐，退而上十事：

一曰明黜陟。二府非有大功大善者不迁，内外须在职满三年，在京百司非选举而授，须通满五年，乃得磨勘，庶几考绩之法矣。二曰抑侥幸。罢少卿、监以上乾元节恩泽；正郎以下若监司、边任，须在职满二年，始得荫子；大臣不得荐子弟任馆阁职，任子之法无冗滥矣。三曰精贡举。进士、诸科请罢糊名法，参考履行无阙者，以名闻。进士先策论，后诗赋，诸科取兼通经义者。赐第上，皆取诏裁。余优等免选注官，次第人守本科选。进士之法，可以循名而责实矣。四曰择长官。委中书、枢密院先选转运使、提点刑狱、大藩知州；次委两制、三司、御史台、开封府官、诸路监司举知州、通判；知州通判举知县、令。限其人数，以举主多者从中书选除。刺史、县令，可以得人矣。五曰均公田。外官廪给不均，何以求其为善耶？请均其入，第给之，使有以自养，然后可以责廉节，而不法者可诛废矣。六曰厚农桑。每岁预下诸路，风吏民言农田利害，堤堰渠塘，州县选官治之。定劝课之法以兴农利，减漕运。江南之圩田，浙西之河塘，隳废者可兴复。七曰修武备。约府兵法，募畿辅强壮为卫士，以助正兵。三时务农，一时教战，省给赡之费。畿辅有成法，则诸道皆可举行矣。八曰推恩信。赦令有所施行，主司稽违者，重置于法；别遣使按视其所当行者，所在无废格上恩者矣。九曰重命令。法度所以示信也，行之未几，旋即厘改。请政事之臣参议可以久行者，删去烦冗，裁为制敕行下，命令不至于数变更矣。十曰减徭役。户口耗少而供亿滋多，省县邑户少者为镇，并使、州两院为一，职官白直，给以州兵，其不应受役者悉归之农，民无重困之忧矣。

天子方信向仲淹，悉采用之，宜著令者，皆以诏书画一颁下；独府兵法，众以为不可而止。

又建言："周制，三公分兼六官之职，汉以三公分部六卿，唐以宰相分判六曹。今中书，古天官冢宰也，枢密院，古夏官司马也。四官散于群有司，无三公兼领之重。而二府惟进擢差除，循资级，议赏罚，检用条例而已。上非三公论道之任，下无六卿佐王之职，非治法也。臣请仿前代，以三司、司农、审官、流内铨、三班院、国子监、太常、刑部、审刑、大理、群牧、殿前马步军司，各委辅臣兼判其事。凡官吏黜陟、刑法重轻、事有利害者，并从辅臣予夺；其体大者，二府金议奏裁。臣请自领兵赋之职，如其无补，请先黜降。"章得象等皆曰不可。久之，乃命参知政事贾昌朝领农田，仲淹领刑法，然卒不果行。

初，仲淹以忤吕夷简，放逐者数年，士大夫持二人曲直，交指为朋党。及陕西用兵，天子以仲淹士望所属，拔用之。及夷简罢，召还，倚以为治，中外想望其功业。而仲淹以天下为己任，裁削幸滥，考核官吏，日夜谋虑兴致太平。然更张无渐，规摹阔大，论者以为不可行。及按察使出，多所举劾，人心不悦。自任子之恩薄，磨勘之法密，侥幸者不便，于是谤毁稍行，而朋党之论浸闻上矣。

会边陲有警，因与枢密副使富弼请行边。于是，以仲淹为河东、陕西宣抚使，赐黄金百两，悉分遗边将。麟州新罹大寇，言者多请弃之，仲淹为修故砦，招还流亡三千余户，蠲其税，罢榷酤予民。又奏免府州商税，河外遂安。比去，攻者益急，仲淹亦自请罢政事，乃以为资政殿学士、陕西四路宣抚使、知邠州。其在中书所施为，亦稍稍沮罢。

以疾请邓州，进给事中。徙荆南，邓人遮使者请留，仲淹亦愿留邓，许之。寻徙杭州，再迁户部侍郎，徙青州。会病甚，请颍州，未至而卒，年六十四。赠兵部尚书，谥文正。初，仲淹病，帝常遣使赐药存问，既卒，嗟悼久之。又遣使就问其家，既葬，帝亲书其碑曰"褒贤之碑。"

仲淹内刚外和，性至孝，以母在时方贫，其后虽贵，非宾客不重肉。妻子衣食，仅能自充。而好施予，置义庄里中，以赡族人。泛爱乐善，士多出其门下，虽里巷之人，皆能道其名字。死之日，四方闻者，皆为叹息。为政尚忠厚，所至有恩，邠、庆二州之民与属羌，皆画像立生祠事之。及其卒也，羌酋数百人，哭之如父，斋三日而去。四子：纯祐、纯仁、纯礼、纯粹。

纯祐字天成，性英悟自得，尚节行。方十岁，能读诸书；为文章，籍籍有称。父仲淹守苏州，首建郡学，聘胡瑗为师。瑗立学规良密，生徒数百，多不率教，仲淹患之。纯祐尚未冠，辄白入学，齿诸生之末，尽行其规，诸生随之，遂不敢犯。自是苏学为诸郡倡。宝元中，西夏叛，仲淹连官关陕，皆将兵。纯祐与将卒错处，钩深摘隐，得其才否。由是仲淹任人无失，而屡有功。仲淹帅庆，议城马铺砦，砦逼夏境，夏惧扼其冲，侵挠其役。纯祐率兵驰据其地，夏众大至，且战且役，数日而成，一路恃之以安。纯祐事父母孝，未尝违左右，不应科第。及仲淹以谗罢，纯祐不得已，荫守将作监主簿，又为司竹监，以非所好，即解去。从仲淹之邓，得疾昏废，卧许昌。富弼守淮西，过省之，犹能感慨道忠义，问弼之来公耶私耶，弼曰"公"。纯祐曰"公则可"。凡病十九年卒，年四十九。子正臣，守太常寺太祝。

纯礼字彝叟，以父仲淹荫，为秘书省正字，签书河南府判官，知陵台令兼永安县。永昭陵建，京西转运使配木石砖甓及工徒于一路，独永安不受令。使者以白陵使韩琦，琦曰："范纯礼岂不知此？将必有说。"他日，众质之，纯礼曰："陵寝皆在邑境，岁时缮治无虚日，今乃与百县均赋，曷若置此，使之奉常时用乎？"琦是其对。还朝，用

为三司盐铁判官，以比部员外郎出知遂州。

泸南有边事，调度苛棘，纯礼一以静待之，辨其可具者，不取于民。民图像于庐，而奉之如神，名曰"范公庵"。草场火，民情疑怖，守吏惕息俟诛。纯礼曰："草湿则生火，何足怪！"但使密偿之。库吏盗丝多罪至死，纯礼曰："以棼然之丝而杀之，吾不忍也。"听其家趣买以赎，命释其株连者。除户部郎中、京西转运副使。

元祐初，入为吏部郎中，迁左司。又迁太常少卿、江淮荆浙发运使。以光禄卿召，迁刑部侍郎，进给事中。纯礼凡所封驳，正名分纪纲，皆国体之大者。张耒除起居舍人，病未能朝，而令先供职。纯礼批敕曰："臣僚未有以疾谒告，不赴朝参先视事者。耒能供职，岂不能见君？坏礼乱法，所不当为。"闻者皆悚动。御史中丞击执政，将遂代其位，先以讽纯礼。纯礼曰："论人而夺之位，宁不避嫌邪？命果下，吾必还之。"宰相即徙纯礼刑部侍郎，而后出命。转吏部，改天章阁待制、枢密都承旨，去知亳州、提举明道宫。

徽宗立，以龙图阁直学士知开封府。前尹以刻深为治，纯礼曰："宽猛相济，圣人之训。今处深文之后，若益以猛，是以火济火也。方务去前之苛，犹虑未尽，岂有宽为患也。"由是一切以宽处之。中旨鞫享泽村民谋逆，纯礼审其故，此民入戏场观优，归途见匠者作桶，取而戴于首曰："与刘先生如何？"遂为匠擒。明日入对，徽宗问何以处之，对曰："愚人村野无所知，若以叛逆蔽罪，恐辜好生之德，以不应为杖之，足矣。"曰："何以戒后人？"曰："正欲外间知陛下刑宪不滥，足以为训尔。"徽宗从之。

拜礼部尚书，擢尚书右丞。侍御史陈次升乞除罢言官并自内批，不由三省进拟，右相曾布力争不能得，乞降黜次升。纯礼徐进曰："次升何罪？不过防柄臣各引所亲，且去不附己者尔。"徽宗曰："然。"乃寝布议。

吕惠卿告老，徽宗问执政，执政欲许之。纯礼曰："惠卿尝辅政，其人固不足重，然当存国体。"曾布奏："议者多忧财用不足，此非所急也，愿陛下勿以为虑。"纯礼曰："古者无三年之蓄，曰国非其国。今大农告匮，帑庾椔空，而曰不足虑，非面谩邪？"因从容谏曰："迩者朝廷命令，莫不是元丰而非元祐。以臣观之，神宗立法之意固善，吏推行之，或有失当，以致病民。宣仁听断，一时小有润色，盖大臣识见异同，非必尽怀邪为私也。今议论之臣，有不得志，故挟此藉口。以元丰为是，则欲贤元丰之人；以元祐为非，则欲斥元祐之士，其心岂恤国事？直欲快私忿以售其奸，不可不深察也。"

又曰："自古天下汩乱，系于用人。祖宗于此，最得其要。太祖用吕余庆，太宗用王禹偁，真宗用张知白，皆从下列置诸要途。人君欲得英杰之心，固当不次饬拔。必待荐而后用，则守正特立之士，将终身晦迹矣。"左司谏江公望论继述事当执中道，不可拘一偏。徽宗出示其疏，纯礼赞之曰："愿陛下以晓中外，使知圣意所向，亦足以革小人徇利之情。乞褒迁公望，以劝来者。"

纯礼沉毅刚正，曾布惮之，激驸马都尉王诜曰："上欲除君承旨，范右丞不可。"诜怒。会诜馆辽使，纯礼主

宴,诋诬其辄斥御名,罢为端明殿学士、知颍昌府,提举崇福宫。崇宁中,启党禁,贬试少府监,分司南京。又贬静江军节度副使,徐州安置,徙单州。五年,复左朝议大夫,提举鸿庆宫。卒,年七十六。

纯粹字德孺,以荫迁至赞善大夫、检正中书刑房,与同列有争,出知滕县,迁提举成都诸路茶场。元丰中,为陕西转运判官。时五路出师伐西夏:高遵裕出环庆,刘昌祚出泾原,李宪出熙河,种谔出鄜延,王中正出河东。遵裕怒昌祚后期,欲按诛之,昌祚忧患病卧,其麾下皆愤焉。纯粹恐两军不协,致生他变,劝遵裕往问昌祚疾,其难遂解。神宗责诸将无功,谋欲再举。纯粹奏:"关陕事力单竭,公私大困,若复加骚动,根本可忧。异时言者必职臣是咎,臣宁受尽言之罪于今日,不忍默默以贻后悔。"神宗纳之,进为副使。

吴居厚为京东转运使,数献羡赋。神宗将以徐州大钱二十万缗助陕西,纯粹语其僚曰:"吾部虽急,忍复取此膏血之余?"即奏:"本路得钱诚为利,自徐至边,劳费甚矣。"恳辞弗受。入为右司郎中。哲宗立,居厚败,命纯粹以直龙图阁往代之,尽革其苛政。时苏轼自登州召还,纯粹与轼同建募役之议,轼谓纯粹讲此事尤为精详。

复代兄纯仁知庆州。时与夏议分疆界,纯粹弃所取夏地,曰:"争地未弃,则边隙无时可除。如河东之葭芦、吴堡,鄜延之米脂、义合、浮图,环庆之安疆,深在夏境,于汉界地利形势,略无所益。而兰、会之地,耗蠹尤深,不可不弃。"所言皆略施行。纯粹又言:"诸路策应,旧制也。自徐禧罢策应,若夏兵大举,一路攻围,力有不胜,而邻路拱手坐观,其不拔者幸尔。今宜修明战守救援之法。"朝廷是之。及夏侵泾原,纯粹遣外曲珍救之,曰:"本道首应援牵制之策,臣子之义,忘躯徇国,无谓邻路被寇,非我职也。"珍即日疾驰三百里,破之于曲律,捣横山,夏众遁去。元祐中,除宝文阁待制,再任,召为户部侍郎,又出知延州。

绍圣初,哲宗亲政,用事者欲开边衅,御史郭知章遂论纯粹元祐弃地事,降直龙图阁。明年,复以宝文阁待制知熙州。章惇、蔡卞经略西夏,疑纯粹不与共事,改知邓州。历河南府、滑州,旋以元祐党人夺职,知均州。徽宗立,起知信州,复故职,知太原,加龙图阁直学士,再临延州。改知永兴军。寻以言者落职,知金州,提举鸿庆宫。又责常州别驾,鄂州安置,锢子弟不得擅入都。会赦,复领祠。久之,以右文殿修撰提举太清宫。党禁解,复徽猷阁待制,致仕。卒,年七十余。

纯粹沉毅有干略,才应时须,尝言卖官之滥,以为:"国法固许进纳取官,然未尝听其理选。今西北三路,许纳三千二百缗买斋郎,四千六百缗买供奉职,并免试注官。夫天下士大夫服勤至于垂死,不沾世恩,其富民猾商,捐钱千万,则可任三子,切为朝廷惜之。"疏上,不听。凡论事剀切类此。

纯仁,字尧夫,其始生之夕,母李氏梦儿堕月中,承以衣裾,得之,遂生纯仁。资警悟,八岁,能讲所授书。以父任为太常寺太祝。中皇祐元年进士第,调知武进县,以远亲不赴;易长葛,又不往。仲淹曰:"汝昔日以远为言,今近矣,复何辞?"纯仁曰:"岂可重于禄食,而轻去父母邪?虽近,亦不能遂养焉。"仲淹门下多贤士,如胡瑗、孙复、石介、李觏之徒,纯仁皆与从游。昼夜肄业,至夜分不寝,置灯帐中,帐顶如墨色。

仲淹没,始出仕,以著作佐郎知襄城县。兄纯祐有心疾,奉之如父,药膳居服,皆躬亲时节之。贾昌朝守北都,请参幕府,以兄辞。宋庠荐试馆职,谢曰:"辇毂之下,非兄养疾地也。"富弼责之曰:"台阁之任岂易得?何庸如是。"卒不就。襄城民不蚕织,劝使植桑,有罪而情轻者,视所植多寡除其罚,民益赖慕,后呼为"著作林"。兄死,葬洛阳。韩琦、富弼贻书洛尹,使助其葬,既葬,尹讶不先闻。纯仁曰:"私室力足办,岂宜烦公为哉?"

签书许州观察判官、知襄邑县。县有牧地,卫士牧马,以践民稼,纯仁捕一人杖之。牧地初不隶县,主者怒曰:"天子宿卫,令敢尔邪?"白其事于上,劾治甚急。纯仁言:"养兵出于税亩,若使暴民田而不得问,税安所出?"诏释之,且听牧地隶县。凡牧地隶县,自纯仁始。时旱久不雨,纯仁籍境内贾舟,谕之曰:"民将无食,尔所贩五谷,贮之佛寺,候食阙时吾为汝籴。"众贾从命,所蓄十数万斛。至春,诸县皆饥,独境内民不知也。

治平中,擢江东转运判官,召为殿中侍御史,迁侍御史。时方议濮王典礼,宰相韩琦、参知政事欧阳修等议尊崇之。翰林学士王珪等议,宜如先朝追赠期亲尊属故事。纯仁言:"陛下受命仁宗而为之子,与前代定策入继之主异,宜如王珪等议。"继与御史吕诲等更论奏,不听。纯仁还所授告敕,家居待批。既而皇太后手书尊王为皇,夫人为后。纯仁复言:"陛下以长君临御,奈何使命出房闱,异日或为权臣矫托之地,非人主自安计。"寻诏罢追尊,起纯仁就职。纯仁请出不已,遂通判安州,改知蕲州。历京西提点刑狱、京西陕西转运副使。

召还,神宗问陕西城郭、甲兵、粮储如何,对曰:"城郭粗全,甲兵粗修,粮储粗备。"神宗愕然曰:"卿之才朕所倚信,何为皆言粗?"对曰:"粗者未精之辞,如是足矣。愿陛下且无留意边功,若边臣观望,将为他日意外之患。"拜兵部员外郎,兼起居舍人、同知谏院。奏言:"王安石变祖宗法度,掊克财利,民心不宁。《书》曰:'怨岂在明,不见是图。'愿陛下图不见之怨。"神宗曰:"何谓不见之怨?"对曰:"杜牧所谓'天下之人,不敢言而敢怒'是也。"神宗嘉纳之,曰:"卿善论事,宜为朕条古今治乱可为监戒者。"乃作《尚书解》以进,曰:"其言皆尧、舜、禹、汤、文、武之事也。治天下无以易此,愿深究而力行之。"加直集贤院、同修起居注。

神宗切于求治,多延见疏逖小臣,咨访阙失。纯仁言:"小人之言,听之若可采,行之必有累。盖知小忘大,贪近昧远,愿加深察。"富弼在相位,称疾家居。纯仁言:"弼受三朝眷倚,当自任天下之重,而恤己深于恤物,忧疾过于忧邦,致主处身,二者胥失。弼与先臣素厚,臣在谏省,不录私谒以致忠告,愿示以此章,使之自省。"又论吕海不当罢御史中丞，李师中不可守边。

及薛向任发运使，行均输法于六路。纯仁言："臣尝亲奉德音，欲修先王补助之政。今乃效桑羊均输之法，而使小人为之，掊克生灵，敛怨基祸。安石以富国强兵之术，启迪上心，欲求近功，忘其旧学。尚法令则称商鞅，言财利则背孟轲，鄙老成为因循，弃公论为流俗，异己者为不肖，合意者为贤人。刘琦、钱顗等一言，便蒙降黜。在廷之臣，方大半趋附。陛下又从而驱之，其将何所不至。道远者理当驯致，事大者不可速成，人材不可急求，积敝不可顿革。傥欲事功亟就，必为憸佞所乘，宜速还言者而退安石，答中外之望。"不听。遂求罢谏职，改判国子监，去意愈确。执政使谕之曰："毋轻去，已议除知制诰矣。"纯仁曰："此言何为至于我哉，言不用，万钟非所顾也。"

其所上章疏，语多激切。神宗悉不付外，纯仁尽录申中书，安石大怒，乞加重贬。神宗曰："彼无罪，姑与一善地。"命知河中府，徙成都路转运使。以新法不便，戒州县未得遽行。安石怒纯仁沮格，因谮者遣使欲捃摭私事，不能得。使者以他事鞭伤传言者，属官喜谓纯仁曰："此一事足以塞其谤，请闻于朝。"纯仁既不奏使者之过，亦不折言者之非。后竟坐失察僚佐燕游，左迁知和州，徙邢州。未至，加直龙图阁、知庆州。

过阙入对，神宗曰："卿父在庆著威名，今可谓世职。卿随父既久，兵法必精，边事必熟。"纯仁揣神宗有功名心，即对曰："臣儒家，未尝学兵，先臣守边时，臣尚幼，不复记忆，且今日事势宜有不同。陛下使臣缮治城垒，爱养百姓，不敢辞；若开拓侵攘，愿别谋帅臣。"神宗曰："卿之才何所不能，顾不肯为朕悉心尔。"遂行。

秦中方饥，擅发常平粟振贷。僚属请奏而须报，纯仁曰："报至无及矣，吾当独任其责。"或谤其所活不实，诏遣使按视。会秋大稔，民欢曰："公实活我，忍累公邪？"昼夜争输还之。使者至，已无所负。邠、宁间有丛冢，使者曰："全活不实之罪，于此得矣。"发冢籍骸上之。诏本路监司穷治，乃前帅楚建中所封也。朝廷治建中罪，纯仁上疏言："建中守法，申请间不免有殍死者，已坐罪罢去。今缘按臣而及建中，是一罪再刑也。"建中犹赎铜三十斤。环州种古执熟羌为盗，流南方，过庆呼冤，纯仁以属吏，非盗也。古避罪谰讼，诏御史治于宁州。纯仁就逮，民万数遮马涕泗，不得行，至有自投于河者。狱成，古以诬告谪。亦加纯仁以他过，黜知信阳军。

移齐州。齐俗凶悍，人轻为盗劫。或谓："此严治之犹不能戢，公一以宽，恐不胜其治矣。"纯仁曰："宽出于性，若强以猛，则不能持久；猛而不久，以治凶民，取玩之道也。"有西司理院，系囚常满，皆屠贩盗窃而督偿者。纯仁曰："此何不保外使输纳邪？"通判曰："此释之，复窦，官司往往待其以疾毙于狱中，是与民除害尔。"纯仁曰："法不至死，以情杀之，岂理也邪？"尽呼至庭下，训使自新，即释去。期岁，盗减比年大半。

丐罢，提举西京留司御史台。时耆贤多在洛，纯仁及司马光，皆好客而家贫，相约为真率会，脱粟一饭，酒数

行，洛中以为胜事。复知河中，诸路阅保甲妨农，论救甚力。录事参军宋儋年暴死，纯仁使子弟视丧，小殓，口鼻血出。纯仁疑其非命，按得其妾与小吏奸，因会，置毒鳖肉中。纯仁问食肉在第几巡，曰："岂有既中毒而尚能终席者乎？"再讯之，则儋年素不食鳖，其曰毒鳖肉者，盖妾与吏欲为变狱张本，以逃死尔。实儋年醉归，毒于酒而杀之。遂正其罪。

哲宗立，复直龙图阁、知庆州。召为右谏议大夫，以亲嫌辞，改天章阁待制兼侍讲，除给事中。时宣仁后垂帘，司马光为政，将尽改熙宁、元丰法度。纯仁谓光："去其太甚者可也。差役一事，尤当熟讲而缓行，不然，滋为民病。愿公虚心以延众论，不必谋自己出；谋自己出，则谄谀得乘间迎合矣。役议或难回，则可先行之一路，以观其究竟。"光不从，持之益坚。纯仁曰："是使人不得言尔。若欲媚公以为容悦，何如少年合安石以速富贵哉。"又云："熙宁按问自首之法，既已行之，有司立文太深，四方死者视旧数倍，殆非先王宁失不经之意。"纯仁素与光同志，及临事规正，类如此。初，种古因诬纯仁停任。至是，纯仁荐为永兴军路钤辖，又荐知隰州。每自咎曰："先人与种氏上世有契义，纯仁不肖，为其子孙所讼，宁论曲直哉。"

元祐初，进吏部尚书，数日，同知枢密院事。初，纯仁与议西夏，请罢兵弃地，使归所掠汉人，执政持之未决。至是，乃申前议，又请归一汉人予十缣。事皆施行。边俘鬼章以献，纯仁请诛之塞上，以谢边人，不听。议者欲致其子，收河南故地，故赦不杀。后又欲官之，纯仁复固争，然鬼章子卒不至。

三年，拜尚书右仆射兼中书侍郎。纯仁在位，务以博大开上意，忠笃革士风。章惇得罪去，朝廷以其父老，欲畀便郡，既而中止。纯仁请置往咎而念其私情。邓绾帅淮东，言者斥之不已。纯仁言："臣尝为绾诬奏坐黜，今日所陈为绾也，左降不宜录人之过太深。"宣仁后嘉纳。因下诏："前日希合附会之人，一无所问。"

学士苏轼以发策问为言者所攻，韩维无名罢门下侍郎补外。纯仁奏轼无罪，维尽心国家，不可因谮黜官。及王觌言事忤旨，纯仁虑朋党将炽，与文彦博、吕公著辨于帘前，未解。纯仁曰："朝臣本无党，但善恶邪正，各以类分。彦博、公著皆累朝旧人，岂容雷同罔上。昔先臣与韩琦、富弼同庆历柄任，各举所知。当时飞语指为朋党，三人相继补外。造谤者公相庆曰：'一纲打尽。'此事未远，愿陛下戒之。"因极言前世朋党之祸，并录欧阳修《朋党论》以进。

知汉阳军吴处厚傅致蔡确安州《车盖亭诗》，以为谤宣仁后，上之。谏官欲置于典宪，执政右其说，唯纯仁与左丞王存以为不可。争之未定，闻太师文彦博欲贬于岭峤，纯仁谓左相吕大防曰："此路自乾兴以来，荆棘近七十年，吾辈开之，恐自不免。"大防遂不敢言。及确新州命下，纯仁于宣仁后帘前言："圣朝宜务宽厚，不可以语言文字之间暧昧不明之过，诛窜大臣。今举动宜与将来为法，此事甚不可开端。且以重刑除恶，如以猛药治病，

其过也，不能无损焉。"又与王存谏于哲宗，退而上疏，其略云："盖如父母之有逆子，虽天地鬼神不能容贷，父子至亲，主于恕而已。若处之必死之地，则恐伤恩。"确卒贬新州。

大防奏确党人甚盛，不可不问。纯仁面谏朋党难辨，恐误及善人。遂上疏曰："朋党之起，盖因趣向异同，同我者谓之正人，异我者疑为邪党。既恶其异我，则逆耳之言难至；既喜其同我，则迎合之佞日亲。以至真伪莫知，贤愚倒置，国家之患，率由此也。至如王安石，正因喜同恶异，遂至黑白不分，至今风俗，犹以观望为能，后来柄臣，固合永为商鉴。今蔡确不必推治党人，旁及枝叶。臣闻孔子曰：'举直错诸枉，能使枉者直。'则是举用正直，而可以化枉邪为善人，不仁者自当屏迹矣。何烦分辨党人，或恐有伤仁化。"司谏吴安诗、正言刘安世交章击纯仁党确，纯仁亦力求罢。

明年，以观文殿学士知颍昌府。逾年，加大学士、知太原府。其境土狭民众，惜地不葬。纯仁遣僚属收无主烬骨，别男女异穴，葬者三千余。又推之一路，葬以万数计。夏人犯境，朝廷欲罪将吏。纯仁自引咎求贬。秋，有诏贬官一等，徙河南府，再徙颍昌。

召还，复拜右仆射。因入谢，宣仁后帘中谕曰："或谓卿必先引王觌、彭汝砺，卿宜与吕大防一心。"对曰："此二人实有士望，臣终不敢保位蔽贤，望陛下加察。"纯仁将再入也，杨畏不悦，尝有言，纯仁不知。至是，大防约畏为助，欲引为谏议大夫。纯仁曰："谏官当用正人，畏不可用。"大防曰："岂中畏尝言公邪？"纯仁始知之。后畏叛大防，凡有以害大防者，无所不至。宣仁后寝疾，召纯仁曰："卿父仲淹，可谓忠臣。在明肃皇后垂帘时，唯劝明肃尽母道；明肃上宾，唯劝仁宗尽子道。卿当似之。"纯仁泣曰："敢不尽忠。"

宣仁后崩，哲宗亲政，纯仁乞避位。哲宗语吕大防："纯仁有时望，不宜去，可为朕留之。"且趣入见，问："先朝行青苗法如何？"对曰："先帝爱民之意本深，但王安石立法过甚，激以赏罚，故官吏急切，以致害民。"退而上疏，其要以为"青苗非所当行，行之终不免扰民也"。

是时，用二三大臣，皆从中出，侍从、台谏官，亦多不由进拟。纯仁言："陛下初亲政，四方拭目以观，天下治乱，实本于此。舜举皋陶，汤举伊尹，不仁者远。纵未能如古人，亦须极天下之选。"又群小力排宣仁后垂帘时事，纯仁奏曰："太皇保佑至明，功烈诚心，幽明共监，议者不恤国事，一何薄哉。"遂以仁宗禁言明肃垂帘事诏书上之。曰："望陛下稽仿而行，以戒薄俗。"

苏辙论殿试策问，引汉昭变武帝法度事。哲宗震怒曰："安得以汉武比先帝？"辙下殿待罪，众不敢仰视。纯仁从容言："武帝雄才大略，史无贬辞。辙以比先帝，非谤也。陛下亲事之始，进退大臣，不当如呵叱奴仆。"右丞邓润甫越次曰："先帝法度，为司马光、苏辙坏尽。"纯仁曰："不然，法本无弊，弊则当改。"哲宗曰："人谓秦皇、汉武。"纯仁曰："辙所论，事与时也，非人也。"哲宗为之少霁。辙平日与纯仁多异，至是乃服谢纯仁曰：

"公佛地位中人也。"辙竟落职知汝州。

全台言苏轼行吕惠卿告词，讪谤先帝，黜知英州。纯仁上疏曰："熙宁法度，皆惠卿附会王安石建议，不副先帝爱民求治之意。至垂帘之际，始用言者，特行贬窜，今已八年矣。言者多当时御史，何故畏避不即纳忠，今乃有是奏，岂非观望邪？"御史来之邵言高士敦任成都钤辖日不法事，及苏辙所谪太近。纯仁言："之邵为成都监司，士敦有犯，自当按发。辙与政累年，之邵已作御史，亦无纠正，今乃继有二奏，其情可知。"

纯仁凡荐引人材，必以天下公议，其人不知自纯仁所出。或曰："为宰相，岂可不牢笼天下士，使知出于门下？"纯仁曰："但朝廷进用不失正人，何必知出于我邪？"哲宗既召章惇为相，纯仁坚请去，遂以观文殿大学士加右正议大夫知颍昌府。入辞，哲宗曰："卿不肯为朕留，虽在外，于时政有见，宜悉以闻，毋事形迹。"徙河南府，又徙陈州。初，哲宗尝言："贬谪之人，殆似永废。"纯仁前贺曰："陛下念及此，尧、舜用心也。"

既而吕大防等窜岭表，会明堂肆赦，章惇先言："此数十人，当终身勿徙。"纯仁闻而忧愤，欲斋戒上疏申理之。所亲劝以勿为触怒，万一远斥，非高年所宜。纯仁曰："事至于此，无一人敢言，若上心遂回，所系大矣。不然，死亦何憾。"乃疏曰："大防等年老疾病，不习水土，炎荒非久处之地，又忧虞不测，何以自存。臣曾与大防等共事，多被排斥，陛下之所亲见。臣之激切，止是仰报圣德。向来章惇、吕惠卿虽为贬谪，不出里居。臣向曾有言，深蒙陛下开纳，陛下以一蔡确之故，常轸圣念。今赴彦若已死贬所，将不止一蔡确矣。愿陛下断自渊衷，将大防等引赦原放。"疏奏，忤惇意，诬为同罪，落职知随州。

明年，又贬武安军节度副使、永州安置。时疾失明，闻命怡然就道。或谓近名，纯仁曰："七十之年，两目俱丧，万里之行，岂其欲哉？但区区之爱君，有怀不尽，若避好名之嫌，则无为善之路矣。"每戒子弟毋得小有不平，闻诸子怨章惇，纯仁必怒之。江行赴贬所，舟覆，扶纯仁出，衣尽湿。顾诸子曰："此岂章惇为之哉？"既至永，韩维责均州，其子诉维执政日与司马光不合，得免行。纯仁之子欲以纯仁与光议役法不同为请，纯仁曰："吾用君实荐，以至宰相。昔同朝论事不合则可，汝辈以为今日之言，则不可也。有愧心而生者，不若无愧心而死。"其子乃止。

居三年，徽宗即位，钦圣显肃后同听政，即日授纯仁光禄卿，分司南京，邓州居住。遣中使至永赐茶药，谕曰："皇帝在藩邸，太皇太后在宫中，知公先朝言事忠直，今虚相位以待，不知足疾如何，用何人医之。"纯仁顿首谢。道除右正议大夫、提举崇福宫。不数月，以观文殿大学士、中太一宫使诏之。有曰："岂唯尊德尚齿，昭示宠优；庶几鲠论嘉谋，日闻忠告。"纯仁以疾，捧诏而泣："上果用我矣，死有余责。"徽宗又遣中使赐茶药，促入觐，仍宣渴见之意。

纯仁乞归许养疾，徽宗不得已许之。每见辅臣问安否，乃曰："范纯仁，得一识面足矣。"遂遣上医视疾。疾小愈，丐以所得冠帔改服色酬医。诏赐医章服，令以冠帔与族侄。疾革，以宣仁后诬谤未明为恨。呼诸子口占遗表，命门生李之仪次第之。其略云："盖尝先天下而忧，期不负圣人之学，此先臣所以教子，而微臣资以事君。"又云："惟宣仁之诬谤未明，致保祐之忧勤不显。"又云："未解疆埸之严，几空帑藏之积。有城必守，得地难耕。"凡八事。建中靖国改元之旦，受家人贺。明日，熟寐而卒，年七十五。诏赙白金三十两，敕许、洛官给其葬，赠开府仪同三司，谥曰忠宣，御书碑额曰："世济忠直之碑"。

纯仁性夷易宽简，不以声色加人，谊之所在，则挺然不少屈。自为布衣至宰相，廉俭如一，所得奉赐，皆以广义庄；前后任子恩，多先疏族。没之日，幼子、五孙犹未官。尝曰："吾平生所学，得之忠恕二字，一生用不尽。以至立朝事君，接待僚友，亲睦宗族，未尝须臾离此也。"每戒子弟曰："人虽至愚，责人则明；虽有聪明，恕己则昏。苟能以责人之心责己，恕己之心恕人，不患不至圣贤地位也。"又戒曰："《六经》，圣人之事也。知一字则行一字。要须'造次颠沛必于是'，则所谓'有为者亦若是'尔。岂不在人邪？"弟纯粹在关陕，纯仁虑其于西夏有立功意。与之书曰："大辂与柴车争逐，明珠与瓦砾相触，君子与小人斗力，中国与外邦校胜负，非唯不可胜，兼亦不足胜，不唯不足胜，虽胜亦非也。"亲族有请教者，纯仁曰："惟俭可以助廉，惟恕可以成德。"其人书于坐隅。有文集五十卷，行于世。子正平、正思。

正平字子夷，学行甚高，虽庸言必援《孝经》、《论语》。父纯仁卒，诏特增遗泽，官其子孙，正平推以幼弟。绍圣中，为开封尉，有向氏于其坟造慈云寺。户部尚书蔡京以向氏后戚，规欲自结，奏拓四邻田庐。民有诉者，正平按视，以为所拓皆民业，不可夺；民又挝鼓上诉，京坐罚金二十斤，用是蓄恨正平。

及当国，乃言正平矫撰父遗表。又谓李之仪所述《纯仁行状》，妄载中使蔡克明传二圣虚伫之意，遂以正平逮之仪、克明同诣御史府。正平将行，其弟正思曰："议《行状》时，兄方营窀穸之事，参预笔削者，正思也，兄何为哉？"正平曰："时相意属我，且我居长，我不往，兄弟俱将不免，不若身任之。"遂就狱，捶楚甚苦，皆欲诬服。独克明曰："旧制，凡传圣语，受本于御前，请宝印出，注籍于内东门。"使从其家得永州传宣圣语本有御宝，又验内东门籍皆同。其遗表八事，诸子以朝廷大事，防后患，不敢上之，缴申颍昌府印寄军资库。自颍昌取至，亦实。狱遂解。正平羁管象州，之仪羁管太平州。正平家属死者十余人。

会赦，得归颍昌。唐君益为守，表其所居为忠直坊，取所赐"世济忠直"碑额也。正平告之曰："此朝廷所赐，施于金石，揭之墓隧，假宠于范氏子孙则可；若于通途广陌中为往来之观，以耸动庸俗，不可也。"君益曰："此有司之事，君家何预焉？"正平曰："先祖先君功名，人所知也。十室之邑，必有忠信，异时不独吾家诒笑，君亦受其责矣。"竟撤去之。正平退闲久，益工诗，尤长五言，著《荀里退居编》，以寿终。

论曰：自古一代帝王之兴，必有一代名世之臣。宋有仲淹诸贤，无愧乎此。仲淹初在制中，遗宰相书，极论天下事，他日为政，尽行其言。诸葛孔明草庐始见昭烈数语，生平事业备见于是。豪杰自知之审，类如是乎！考其当朝，虽不能久，然先忧后乐之志，海内固已信其有弘毅之器，足任斯责，使究其所欲为，岂让古人哉！纯仁位过其父，而几有父风。元祐建议攻熙、丰太急，纯仁救蔡确一事，所谓谋国甚远，当世若从其言，元祐党锢之祸，不至若是烈也。仲淹谓诸子，纯仁得其忠，纯礼得其静，纯粹得其略。知子孰与父哉！

卷三百一十五　　列传第七十四

韩亿子综　**韩绛**子宗师　**韩维**　**韩缜**子宗武

韩亿，字宗魏，其先真定灵寿人，徙开封之雍丘。举进士，为大理评事、知永城县，有治声。他邑讼不决者，郡守皇甫选辄属亿治之。通判陈州，会河决，治堤费万计，亿不赋民而营筑之。真宗尝欲召试，而与王旦有亲嫌，特召见，改一官知洋州。州豪李甲，兄死迫嫂使嫁，因诬其子为他姓，以专其赀。嫂诉于官，甲辄赂吏掠服之，积十余年，诉不已。亿视旧牍未尝引乳医为证，召甲出乳医示之，甲亡以为辞，冤遂辨。累迁尚书屯田员外郎、知相州。河北旱，转运使不以实闻，亿独言岁饥，愿贷民租。有诬其子纲请求受金者，亿请自置狱按之，事虽辨，犹降通判大名府。寻为殿中侍御史，迁侍御史，安抚淮、浙，除开封府判官，出为河北转运使。

仁宗初，进直史馆、知青州，以司封员外郎兼侍御史知杂事，判大理寺丞。吴植知临江军，使人纳金于宰相王钦若，因牙吏至京师，审之，语颇泄，钦若知不可掩，执吏以闻。诏付台治，而植自言未尝纳金，反诬吏误以问所亲语达钦若。亿穷治之，盖植以病惧废，金未达而事已露也。植乃除名。并按钦若，诏释不问。三司更茶法，岁课不登，亿承诏劾之，由丞相而下皆坐失当之罚，其不挠如此。自薛奎后，亿独掌台务者逾年。

除龙图阁待制，奉使契丹。时副使者，章献外姻也，妄传皇太后旨于契丹，谕以南北欢好传示子孙之意，亿初不知也。契丹主问亿曰："皇太后即有旨，大使何独不言？"亿对曰："本朝每遣使，皇太后必以此戒之，非欲达于北朝也。"契丹主大喜，曰："此两朝生灵之福也。"人谓副使既失辞，而亿更以为恩意，甚推美之。

知亳州，召知审刑院，再迁兵部郎中、同判吏部流内铨，以右谏议大夫、枢密直学士知益州。故事，益州岁出官粟六万石，振粜贫民。是岁大旱，亿倍数出粟，先期予民，民坐是不饥。又疏九升江口，下溉民田数千顷。维、茂州地接羌夷，蕃部岁至永康官场鬻马，亿虑其觇两川，奏徙场黎州境上。拜御史中丞，请如唐制，置御史里行。

景祐二年，以尚书工部侍郎同知枢密院事。时承平久，武备不戒，乃请二府各列上才任将帅者数十人，稍试用之。又言武臣宜知兵，而书禁不传，请纂其要授之。于是帝亲集《神武秘略》，以赐边臣。

唃厮啰与赵元昊相攻，来献捷。朝廷议加唃厮啰节制。亿曰："彼皆蕃臣也，今不能谕令解仇，乃因而加赏，非所以绥御四方也。"议遂寝。元昊岁遣人至京师，出入民间无他禁，亿请下诏为除馆舍礼之，官主贸易，外虽若烦扰，实羁防之。

知开封府范仲淹献《百官图》，指宰相吕夷简差除不平，而阴荐亿可用。仲淹既贬，帝以谕亿。亿曰："仲淹举臣以公，臣之愚陛下所知；举臣以私，则臣委质以来，未尝交托于人。"遂除户部、参知政事。会忻州地大震，谏官韩琦言宰相王随、陈尧佐非辅弼才，又言亿子综为群牧判官，不当自请以兄纲代之。遂与宰相皆罢，知应天府，寻加资政殿学士、知成德军。改澶州，复知亳州，官至尚书左丞，以太子少傅致仕。卒，赠太子太保，谥忠宪。

亿性方重，治家严饬，虽燕居，未尝有惰容。见亲旧之孤贫者，常给其昏葬。每见天下诸路有奏捃拾官吏小过者，辄颜色不怿，曰："天下太平，圣主之心，虽昆虫草木，皆欲使之得所。今仕者大则望为公卿，次亦望为侍从、职司一千石，其下亦望京朝、幕职，奈何锢之于盛世？"八子：纲、综、绛、绎、维、缜、纬、缅。

纲，尚书水部员外郎。庆历中，知光化军，性苛急，不能抚循士卒。会盗张海剽劫至境上，纲帅禁兵乘城，给饼饵多不时，民具酒食犒军，辄收其羊豕，市钱制兵器，士皆愤怒。又尝命军校作阵图，不成，将斩之，众益骇。一日，士方食，军校邵光叱众起勿食。纲怒，执数人系狱。兴惧，帅众劫库兵为乱，欲杀纲。纲携妻子缒城，由汉江而下。兴等遂纵火掠城中，引众趋蜀道，为官兵所败，遂斩之，余党悉诛。纲坐弃城除名，编管英州。

综字仲文。荫补将作监主簿，迁大理评事。举进士中第，通判邓州、天雄军。会河溢金堤，民依丘冢者数百家。综令曰："能济一人，予千钱。"民争操舟筏以救，已而丘冢多溃。吕夷简自北京入相，荐为集贤校理、同知太常院。历开封府推官，数月，迁三司户部判官、同修起居注。

使契丹，契丹主问其家世，综言亿在先朝尝持礼来，契丹主喜曰："与中国通好久，父子俱使我，宜酌我酒。"综率同使者五人起为寿，契丹主亦离席酬之，欢甚。既还，陈执中以为生事，出知滑州，徙许州。

殿前指挥使许怀德从妹亡，有别产在阳翟，以无子，籍于官，怀德欲私有之，讼未决。因杨仪为书属综，书至而转运使已徙狱他州矣。综坐得书不以闻，夺集贤校理，知袁州。未几，复为江东转运使。还，再修起居注，累迁刑部员外郎、知制诰，卒。

综尝为契丹馆伴使，使者欲为书称北朝而去契丹号。综曰："自古未有建国而无号者。"使惭，遂不复言。其后朝廷择馆伴契丹使者，帝曰："孰有如韩综者乎？"子宗道，为户部侍郎、宝文阁待制。

纲子宗彦，字钦圣。荫补将作监主簿。举进士甲科，累迁太常博士。以大臣荐，召试，为集贤校理。历提点京西、京东刑狱。应天府失入平民死罪，狱成未决，通判孙世宁辨正之。狱吏当坐法，而尹刘沆纵弗治；宗彦往按举，沆复沮止之。宗彦疏沆于朝，抵吏罪。仁宗春秋高，未有嗣。宗彦上书曰："汉章帝诏诸怀妊者赐胎养谷，人三斗，复其夫勿算一岁，著为令。臣考寻世次，帝八子，长则和帝，而质、安以下诸帝皆其系胄，请修胎养之令。"且曰："人君务蕃毓其民，则天亦昌衍其子孙矣。"以尚书兵部员外郎判三司盐铁勾院，卒。

综子宗道，历官至户部侍郎、宝文阁待制。

韩绛，字子华。举进士甲科，通判陈州。直集贤院，为开封府推官。有男子冷青，妄称其母顷在掖庭当幸，有娠而出生己，府以为狂，奏流汝州。绛言，留之在外将惑众。追责穷治，盖其母尝执役宫禁，嫁民冷绪，生一女，乃生青，遂论弃市。

历户部判官。江南饥，为体量安抚使，行便民事数十条；宣州守廖庑贪暴不法，下吏置诸理，民大悦。使还，同修起居注，擢右正言。仁宗谓绛曰："用卿出自朕，卿凡论事，不宜过激，当存朝廷大体，要令可行，毋使朕为不听谏者。"

入内都知王守忠兼判内侍省，绛言："判名太重，且国朝以来，未有兼判两省者。"诏自今勿复除。道士赵清贶出入宰相庞籍家，以赂败，开封杖流之，道死。绛言籍讽府杀之，籍与尹俱谪去。未几复进，绛力争不得，遂解言职。明年，知制诰，乞守河阳，召判流内铨。河决商胡，用李仲昌议，开六塔河而患滋甚，命绛安抚河北。时宰主仲昌，人莫敢异。绛劾言蠹国害民，罪不可贷，仲昌遂窜岭表。迁龙图阁直学士、知瀛州。欧阳修率同列言："绛宜在朝廷，瀛非所处也。"留知谏院，纠察在京刑狱。为翰林学士、御史中丞。

帝祷茅山求嗣，绛草祝辞，因劝帝汰出宫人，及限内臣养子之世，以重绝人之世，皆从之。掖庭刘氏通请谒为奸，绛以告帝。帝曰："非卿言，朕无由知。"不数日，出刘氏及他不谨者。真定守吕溱犯法，从官通章请贷之，绛曰："法行当自贵者始，更相请援，则公道废矣。"并劾请者，溱遂绌。富弼用张茂实掌禁兵，绛言："人谓茂实为先帝子，岂宜用典宿卫？"不报，阖门待罪，自言不敢复称御史中丞。诏召之，及出，不秉笏穿朝堂，谏官论之，罢知蔡州。

数月，以翰林侍读学士知庆州。熟羌据堡为乱，即日讨平之。加端明殿学士、知成都府。张咏镇蜀日，春粜米，秋粜盐，官给券以惠贫弱，历岁久，权归豪右；中人奉使至蜀，使酒吏主贸易，因附益以取悦，绛悉奏罢之。召知开封府，为三司使。请以川、陕职田谷输常平仓，而随其事任道里差次给直。帝叹曰："众方姑息，卿独不能徇时邪！"即行之。内诸司吏数干恩泽，绛辄执不可。为帝言："身犯众怒，惧有飞语。"帝曰："朕在藩邸日，颇闻有司以国事为人情。卿所守固善，何惮于谗？"

神宗立，韩琦荐绛有公辅器，拜枢密副使。始请建审官西院，掌武臣升朝者，以息吏奸。神宗尝问天下遗利，绛请尽地力。因言差役之弊，愿更定其法，役议自此始矣。代陈升之同制置三司条例，王安石每奏事，必曰："臣见安石所陈非一，皆至当可用，陛下宜省察。"安石恃以为助。熙宁三年，参知政事。夏人犯塞，绛请行边，安石亦请往。绛曰："朝廷方赖安石，臣宜行。"乃以为陕西宣抚使。既，又兼河东，几事不可待报者，听便宜施行，授以空名告敕，得自除吏。十二月，即军中拜同中书门下平章事、昭文馆大学士，开幕府于延安。绛素不习兵事，注措乖方，选蕃兵为七军，用知青涧城种谔策，欲取横山，令诸将听命于谔，厚赏犒蕃兵，众皆怨望；又夺骑兵马以与之，有抱马首以泣者。既城啰兀，又冒雪筑抚宁堡，调发骚然。已而二城陷，趣诸道兵出援，庆卒遂作乱。议者罪绛，罢知邓州。明年，以观文殿学士徙许州，进大学士，徙大名府。七年，复代王安石相。既颛处中书，事多稽留不决，且数与吕惠卿争论，乃密请帝再用安石。安石至，颇与绛异。有刘佐者，坐法免，安石欲拔拭用佐，绛不可。议帝前未决，即再拜求去。帝惊曰："此小事，何必尔？"对曰："小事尚不伸，况大事乎！"帝为逐佐。未几，绛亦出知许州。

元丰元年，拜建雄军节度使、知定州。入为西太一宫使。六年，知河南府。夏，大雨，伊、洛间民被溺者十五六。绛发廪振恤，环城筑堤，数月，水复至，民赖以免。哲宗立，更镇江军节度使、开府仪同三司，封康国公，为北京留守。河决小吴，都水议傍魏城凿渠东趋金堤，役甚棘。绛言："功必不成，徒耗费国力，而使魏人流徙，非计也。"三奏，讫罢之。元祐二年，请老，以司空、检校太尉致仕。明年，卒，年七十七。赠太傅，谥曰献肃。

绛临事果敢，不为后虑。好延接士大夫，数荐司马光可用，终以党王安石复得政，是以清议少之。

子宗师，字传道，以父任历州县职。既登第，王安石荐为度支判官、提举河北常平。累官至集贤殿修撰、知河中府，卒。初，宗师在神宗朝，数赐对，常弗忍去亲侧，屡辞官不拜，世以孝与之。

韩维，字持国。以进士奏名礼部，方亿辅政，不肯试大廷，受荫入官。父没后，闭门不仕。宰相荐其好古嗜学，安于静退，召试学士院，辞不就。富弼辟河东幕府，史馆修撰欧阳修荐为检讨、知太常礼院。礼官议祫享东向位，维请虚室以待太祖。温成后立庙用乐，维以为不如礼，请一切裁去。议陈执中谥，以为张贵妃治丧皇仪殿、追册位号，皆执中所建，宜曰荣灵。诏谥曰恭，维曰："责难于君谓之恭，执中何以得此？"议讫不行，乞罢礼院。以秘阁校理通判泾州。

神宗封淮阳郡王、颖王，维皆为记室参军。王每事咨访，维悉心以对，至拜起进趋之容，皆陈其节。尝与论天下事，语及功名。维曰："圣人功名，因事始见，不可有功名心。"王拱手称善。闻维引疾请郡，上章留之。时禁中遣使泛赐诸臣家，为王择妃。维上疏曰："王孝友聪明，

动履法度，方向经学，以观成德。今卜族授室，宜历选勋望之家，谨择淑媛，考古纳采、问名之义，以礼成之，不宜苟取华色而已。"

左、右史阙，英宗访除授例，执政曰："用馆阁久次及进士高第者。"帝曰："第择人，不必专取高科。"执政以维对，遂同修起居注、侍迩英讲。帝初免丧，简默不言。维上疏曰："迩英阁者，陛下燕闲之所也。侍于侧者，皆献纳论思之臣。陈于前者，非经则史。可以博咨访之义，穷仁义之道，究成败之原。今礼制终毕，臣下倾耳以听玉音，陛下之言，此其时也。臣请执笔以俟。"进知制诰、知通进银台司。

御史吕诲等以濮议得罪，维谏曰："诲等审议守职，不过欲陛下尽如先王之法而止尔。请追还前诏，令百官详议，以尽人情；复诲等职任，以全政体。"既而责命不由门下，维又言："罢黜御史，事关政体，而不使有司与闻，纪纲之失，无甚于此。乞解银台司。"不从，遂阖门待罪。有诏举台官二人，维言："吕诲、范纯仁有已试之效，愿复其职。"翰林学士范镇作批答不合旨，出补郡。维言："镇所失只在文字，当涵容之。前黜钱公辅，中外以为太重，连退二近臣，而众莫知其所谓，自此谁敢尽忠者？"

颖王为皇太子，兼右庶子。神宗即位，维进言："百执事各有职位，当责任，若代之行事，最为失体。天下大事不可猝为人，人君设施，自有先后。"因释滕文公问孟子居丧之礼，推后世礼文之变，以伸规讽，帝皆嘉纳。除龙图阁直学士。

御史中丞王陶弹宰相韩琦为跋扈，罢为翰林学士。维言："中丞之言是，宰相安得无罪？若其非是，安得止罢台职？今为学士，是迁也。"参知政事吴奎论陶事，出知青州。维言进退大臣，不当如是。诏迁奎官。维又言："执政罢免，则为降黜；今复迁官，则为褒进。二者理难并行，此与王陶罢中丞而加学士何以异？"章上，奎还就职。维援前言求去，知汝州。数月，召兼侍讲、判太常寺。

初，僖祖主已迁，及英宗祔庙，中书以为僖祖与稷、契等，不应毁其庙。维言："太祖戡定大乱，子孙遵业，为宋太祖，无可议者。僖祖虽为高祖，然仰迹功业，非有所因，若以所事稷、契事之，惧有所未安，宜如故便。"王安石方主初议，持不行。熙宁二年，迁翰林学士、知开封府。明年，为御史中丞，以兄绛在枢府，力辞之。安石亦恶其言保甲事，复使为开封。始分置八厢决轻刑，毂下清肃。时吴充为三司使，帝曰："维、充以文学进，及任烦剧，而皆称职，可谓得人矣。"兼侍读学士，充群牧使。考试制举人，孔文仲对策入等，以切直罢归。维言："陛下毋谓文仲为一贱士，黜之何损。臣恐贤俊解体，忠良结舌，阿谀苟合者将窥隙而进，为祸不细。"安石益恶之。

枢密使文彦博求去，帝曰："密院事剧，当除韩维佐卿。"明日，维奏事殿中，以言不用，请郡。帝曰："卿东宫旧人，当留以辅政。"对曰："使臣言得行，贤于富贵；若缘攀附旧恩以进，非臣之愿也。"遂出知襄州，改许州。

七年二月，召为学士承旨。入对，帝曰："天久不雨，朕日夜焦劳，奈何？"维曰："陛下忧悯旱灾，损膳避殿，

此乃举行故事，恐不足以应天变。当痛自责己，广求直言。"退，又上疏曰："近畿内诸县，督索青苗钱甚急，往往鞭挞取足，至伐桑为薪以易钱货，旱灾之际，重罹此苦。若夫动甲兵，危士民，匮财用于荒夷之地，朝廷处之不疑，行之甚锐；至于蠲除租税，宽裕遭负，以救愁苦之民，则迟迟而不肯发。望陛下奋自英断行之，过于养人，犹愈过于杀人也。"上感悟，即命维草诏求直言。其略曰："意者听纳不得于理与？狱讼非其情与？赋敛失其节与？忠言谠论郁于上闻，而阿谀壅蔽以成其私者众与？"诏出，人情大悦。有旨体量市易、免行利病，权罢力田、保甲，是日乃雨。

王安石罢，会绛入相，加端明殿学士、知河阳，复知许州。帝幸旧邸，进资政殿学士。曾巩当制，称其纯明亮直，帝令改命词。维知帝意，请提举嵩山崇福宫。帝崩，赴临阙庭。宣仁后手诏劳问，维对曰："人情贫则思富，苦则思乐，困则思息，郁则思通。诚能常以利民为本，则民富；常以忧民为心，则民乐；赋役非人力所堪者去之，则劳困息；法禁非人情所便者蠲之，则郁塞通。推此而广之，尽诚而行之，则子孙观陛下之德，不待教而成矣。"

未几，起知陈州，未行，召兼侍读，加大学士。尝言："先帝以夏国主秉常废，故兴问罪之师。今既复位，有蕃臣礼，宜还其故地。"因陈兵不可不息者三，地不可不弃者五。又言："仁宗选建储嗣，一时忠勋皆被宠禄；范镇首开此议，赏独不及，愿褒显其功。"镇于是复起用。

元祐更役法，命维详定。时四方书疏多言其便，维谓司马光曰："小人议论，希意迎合，不可不察。"成都转运判官蔡矇附会定差，维恶而劾之。执政欲废王安石《新经义》，维以当与先儒之说并行，论者服其平。拜门下侍郎。御史张舜民以言事罢，王岩叟救之，折简密询上官均。语泄，诏岩叟分析。维曰："臣下折简聚谈，更相督责，乃是相率为善，何害于理？若琐琐责善，惧于国事无益也。"

维处东省逾年，有忌之者密为逸诉，诏分司南京。尚书右司王存抗声前曰："韩维得罪，莫知其端，臣窃为朝廷惜。"乃还大学士、知邓州。兄绛为之请，改汝州。久之，以太子少傅致仕，转少师。

绍圣中，坐元祐党，降左朝议大夫，再谪崇信军节度副使，均州安置。诸子乞纳官爵，听父里居。哲宗览奏恻然，许之。元符元年，以幸睿成宫，复左朝议大夫，是岁卒。年八十二。徽宗初，悉追复旧官。

韩缜，字玉汝。登进士第，签书南京判官。仁宗以水灾求直言，缜上疏曰："今国本未立，无以系天下心，此阴盛阳微之应。"词极剀切。刘沆荐其才，命编修三班敕。前此，武臣不执亲丧。缜建言："三年之服，古今通制；晋襄衰墨从戎，事出一时。"遂著令，自崇班以上听持服。为殿中侍御史。参知政事孙抃持禄充位；权陕西转运副使薛向赴阙；枢密院辄画旨除为真；刘永年以外戚除防御使；内侍史志聪私役皇城亲从；缜皆极论之。帝为罢抃，寝向与永年之命，而正志聪罪。迁侍御史、度支判官，出为两浙、淮南转运使，移河北。

夏谅祚死，子秉常嗣，遣使求封册。朝廷方责夏人不修职贡，欲择人诘其使。缜适陛辞，神宗命之往。缜至驿问罪，使者引服，追夜，奏上。帝喜，改使陕西。入知审官西院、直舍人院。以兄绛执政，改集贤殿修撰、盐铁副使，以天章阁待制知秦州。尝宴客夜归，指使傅勍被酒，误随入州宅，与侍妾遇，缜怒，令军校以铁裹杖筶杀之。勍妻持血衣，挝登闻鼓以诉，坐落职，分司南京。秦人语曰："宁逢乳虎，莫逢玉汝。"其暴酷如此。久之，还待制、知瀛州。

熙宁七年，辽使萧禧来议代北地界。召缜馆客，遂报聘，令持图牒致辽主，不克见而还。知开封府，禧再至，复馆之。诏乘驿诣河东，与禧分画，以分水岭为界。复命，赐袭衣、金带，为枢密都承旨，还龙图阁直学士。元丰五年，官制行，易太中大夫、同知枢密，进知院事。

哲宗立，拜尚书右仆射兼中书侍郎。首相蔡确与章惇谋诬东朝，及确为山陵使，缜暴其奸状，由是东朝及外廷悉知之。确使还，欲以其属高遵惠、张琬、韩宗文为美官。宣仁后以访缜，缜曰："遵惠为太后从父；琬者，中书郎璪之弟；宗文，臣侄也。今擢用非次，则是君臣各私其亲，何以示天下？"乃止。

元祐元年，御史中丞刘挚、谏官孙觉、苏辙、王觌，论缜才鄙望轻，在先朝为奉使，割地六百里以遗契丹，边人怨之切骨，不可使居相位。章数十上，罢为观文殿大学士、知颍昌府。移永兴、河南，拜安武军节度使、知太原府，易节奉宁军。请老，为西太一宫使，以太子太保致仕。绍圣四年卒，年七十九。赠司空，谥曰庄敏。

缜外事庄重，所至以严称。虽出入将相而寂无功烈，厚自奉养，世以比晋、何、曾云。子宗武。

宗武，第进士，韩宗彦镇瀛州，辟为河间令。值河溢，增堤护城，吏率兵五百伐材近郊，虽墓木亦不免，父老遮道泣，宗武入府白罢之。徽宗即位，为秘书丞，因日食上疏言："近世事有微渐而不可不察者五：大臣不畏公论，小臣趋利附下，一也。人主急于政事，威柄下移，怨诺归上，二也。左右无辅拂之士，守边无御侮之臣，三也。开境土以速边患，耗赋财以弊民力，四也。岁谷不登，仓庾空竭，民人流亡，盗贼数起，五也。根治朋党，追复私怨。正士黜废，耆老歼亡，旋起大狱，害及善类。文章号令，衰于前世。大河决溢，饥馑荐臻。执政大臣，人怀异意，排去旧怨，以立新党，徒为纷纷，无忧国忘家之虑。诚愿躬揽权纲，收还威柄，敷言奏功，考察名实，不以宴御之好、钟鼓之娱为乐。仁祖恻怛至诚，以收天下之心；神宗厉精不息，以举天下之事：皆所宜法。"不报。

哲宗将祔庙，中旨索省中书画甚急。宗武言："先帝祔庙，陛下哀慕方深，而丹青之玩，取索不已，播之于外，惧损圣德。陛下践祚，如日初升，当讲劘典训，开广圣学，好玩易志，正古人所戒也。"疏入，皇太后见之，怒曰："是皆内侍数辈所为尔。"欲尽加罚，帝委曲申救，乃已。明日，太后对宰相奖叹，令俟谏官员阙即用之。寻除都官员外郎，改开封府推官。丐外，为淮南转运判官。前使者贷上供钱，禁庭遣使来索，宗武奏具状，词极鲠切，坐贬秩，罢归。久之，蔡京欲以知颍州。帝语秘书事，京不敢复言，遂致仕。官累太中大夫，年八十二卒。

论曰：王称曰："昔袁安未尝以赃罪鞫人，史氏以其仁心，足以覃乎后昆。韩亿不悦据人小过，而君子知其后必大，皆盛德事也。亿有子位公府，而行各有适。绛适于同，维适于正，缜适于严。呜呼，维其贤哉！"

卷三百一十六　　列传第七十五

包拯　吴奎　赵抃子㠭　**唐介**子淑问　义问　孙恕

包拯，字希仁，庐州合肥人也。始举进士，除大理评事，出知建昌县。以父母皆老，辞不就。得监和州税，父母又不欲行，拯即解官归养。后数年，亲继亡，拯庐墓终丧，犹徘徊不忍去，里中父老数来劝勉。久之，赴调，知天长县。有盗割人牛舌者，主来诉。拯曰："第归，杀而鬻之。"寻复有来告私杀牛者，拯曰："何为割牛舌而又告之？"盗惊服。徙知端州，迁殿中丞。端土产砚，前守缘贡，率取数十倍以遗权贵。拯命制者才足贡数，岁满不持一砚归。

寻拜监察御史里行，改监察御史。时张尧佐除节度、宣徽两使，右司谏张择行、唐介与拯共论之，语甚切。又尝建言曰："国家岁赂契丹，非御戎之策。宜练兵选将，务实边备。"又请重门下封驳之制，及废锢赃吏，选守宰，行考试补荫弟子之法。当时诸道转运加按察使，其奏劾官吏多摭细故，务苛察相高尚，吏不自安，拯于是请罢按察使。

去使契丹，契丹令典客谓拯曰："雄州新开便门，乃欲诱我叛人，以刺疆事耶？"拯曰："涿州亦尝开门矣，刺疆事何必开便门哉？"其人遂无以对。

历三司户部判官，出为京东转运使，改尚书工部员外郎、直集贤院，徙陕西，又徙河北，入为三司户部副使。秦陇斜谷务造船材木，率课取于民；又七州出赋河桥竹索，恒数十万，拯皆奏罢之。契丹聚兵近塞，边郡稍警，命拯往河北调发军食。拯曰："漳河沃壤，人不得耕，刑、洺、赵二州民田万五千顷，率用牧马，请悉以赋民。"从之。解州盐法率病民，拯往经度之，请一切通商贩。除天章阁待制、知谏院。数论斥权幸大臣，请罢一切内除曲恩。又列上唐魏郑公三疏，愿置之坐右，以为龟鉴。又上言天子当明听纳，辨朋党，惜人才，不主先入之说，凡七事；请去刻薄，抑侥幸，正刑明禁，戒兴作，禁妖妄。朝廷多施行之。除龙图阁直学士、河北都转运使。尝建议无事时徙兵内地，不报。至是，请："罢河北屯兵，分之河南兖、郓、齐、濮、曹、济诸郡，设有警，无后期之忧。借曰戍兵不可遽减，请训练义勇，少给糇粮，每岁之费，不当屯兵一月之用，一州之赋，则所给者多矣。"不报。徙知瀛州，诸州以公钱贸易，积岁所负十余万，悉奏除之。

以丧子乞便郡，知扬州，徙庐州，迁刑部郎中。坐失保任，左授兵部员外郎、知池州。复官，徙江宁府，召权知开封府，迁右司郎中。

拯立朝刚毅，贵戚宦官为之敛手，闻者皆惮之。人以包拯笑比黄河清，童稚妇女，亦知其名，呼曰"包待制"。京师为之语曰："关节不到，有阎罗包老。"旧制，凡讼诉不得径造庭下。拯开正门，使得至前陈曲直，吏不敢欺。中官势族筑园榭，侵惠民河，以故河塞不通，适京师大水，拯乃悉毁去。或持地券自言有伪增步数者，皆审验劾奏之。

迁谏议大夫、权御史中丞。奏曰："东宫虚位日久，天下以为忧，陛下持久不决，何也？"仁宗曰："卿欲谁立？"拯曰："臣不才备位，乞豫建太子者，为宗庙万世计也。陛下问臣欲谁立，是疑臣也。臣年七十，且无子，非邀福者。"帝喜曰："徐当议之。"请裁抑内侍，减节冗费，条责诸路监司，御史府得自举属官，减一岁休暇日，事皆施行。

张方平为三司使，坐买豪民产，拯劾奏罢之；而宋祁代方平，拯又论之；祁罢，而拯以枢密直学士权三司使。欧阳修言："拯所谓牵牛蹊田而夺之牛，罚已重矣，又贪其富，不亦甚乎！"拯因家居避命，久之乃出。其在三司，凡诸管库供上物，旧皆科率外郡，积以困民。拯特为置场和市，民得无扰。吏负钱帛多缧系，间辄逃去，并械其妻子者，类皆释之。迁给事中，为三司使。数日，拜枢密副使。顷之，迁礼部侍郎，辞不受，寻以疾卒，年六十四。赠礼部尚书，谥孝肃。

拯性峭直，恶吏苛刻，务敦厚，虽甚嫉恶，而未尝不推以忠恕也。与人不苟合，不伪辞色悦人，平居无私书，故人、亲党皆绝之。虽贵，衣服、器用、饮食如布衣时。尝曰："后世子孙仕宦，有犯赃者，不得放归本家，死不得葬大茔中。不从吾志，非吾子若孙也。"初，有子名繶，娶崔氏，通判潭州，卒。崔守死，不更嫁。拯尝出其媵，在父母家生子，崔密抚其母，使谨视之。繶死后，取媵子归，名曰綖。有奏议十五卷。

吴奎，字长文，潍州北海人。性强记，于书无所不读。举《五经》，至大理丞，监京东排岸。庆历宿卫之变，奎上疏曰："涉春以来，连阴不解，《洪范》所谓'皇之不极，时则有下伐上'者。今卫士之变，起于肘腋，流传四方，惊骇群听。闻皇城司官六人，其五已受责，独杨怀敏尚留。人谓陛下私近幸而屈公法，且获贼之际，传令勿杀，而左右辄屠之。此必其党欲以灭口，不然，何以不奉诏？"遂乞召对面论，仁宗深器之。再迁殿中丞，策贤良方正入等，擢太常博士、通判陈州。

入为右司谏，改起居舍人，同知谏院。每进言，惟劝帝禁束左右奸幸。内东门阑得赂遗物，下吏研治，而开封用内降释之。奎劾尹魏瓘，出瓘越州。彭思永论事，诏诘所从受。奎言："御史法许风闻，若穷核主名，则后谁敢来告以事？是自涂其耳目也。"上为罢不问。郭承祐、张尧佐为宣徽使，奎连疏其不当，承祐罢使，出尧佐河阳。皇祐中，颇多灾异，奎极言其微曰："今冬令反燠，春候反寒，太阳亏明，五星失度，水旱作沴，饥馑荐臻，此天道之不顺也。自东徂西，地震为患，大河横流，堆阜或出，此地道之不顺也。邪曲害政，阴柔蔽明，群小纷争，众情壅塞，西、北贰敌，求欲无厌，此人事之不和也。夫帝王之美，莫大于进贤退不肖。今天下皆谓之贤，陛下知之而不能进；天下皆谓之不肖，陛下知之而不能退。内宠骄恣，近习回挠，阴盛如此，宁不致大异乎？又十数年来下令及所行事，或有名而无实，或始是而终非，或横议所移，或奸谋所破，故群臣百姓，多不甚信，以谓陛下言之虽切而不能行，行之虽锐而不能久。臣愿谨守前诏，坚如金石，或敢私挠，必加之罪，毋为人所测度，而取轻于天下。"

唐介论文彦博，指奎为党，出知密州。加直集贤院，徙两浙转运使。入判登闻检院、同修起居注、知制诰。奉使契丹，会其主加号令，要入贺，奎以使事有职，不为往。归遇契丹使于途，契丹以金冠为重，纱冠次之。故事，使者相见，其衣服重轻必相当。至是，使者服纱冠，而要奎盛服。奎杀其仪以见，坐是出知寿州。

至和三年，大水，诏中外言得失。奎上疏曰："陛下在位三十四年，而储嗣未立。在礼，大宗无嗣，则择支子之贤者。以昭穆言，则太祖、太宗之曾孙，所宜建立，以系四海之望。侯有皇子则退之，而优其礼于宗室，谁曰不然？陛下勿听奸人邪谋，以误大事。若仓卒之际，柄有所归，书之史册，为万世叹愤。臣不愿以圣明之资，当危亡之比。此事不宜优游，愿亟裁定。定之不速，致宗祀无本，郁结群望，推之咎罚，无大于此。"帝感其言，拜翰林学士，权开封府。

奎达于从政，应事敏捷，吏不敢欺。富人孙氏幸权财利，负其息者，至评取物产及妇女。奎发孙宿恶，徙其兄弟于淮、闽，豪猾畏敛。居三月，治声赫然。除端明殿学士、知成都府，以亲辞，改郓州，复还翰林，拜枢密副使。治平中，丁父忧，居丧毁瘠，庐于墓侧，岁时洁严祭祀，不为浮屠事。

神宗初立，奎适终制，以故职还朝。逾月，参知政事。时已召王安石，辞不至，帝顾辅臣曰："安石历先帝朝，召不赴，颇以为不恭。今又不至，果病耶，有所要耶？"曾公亮曰："安石文学器业，不敢为欺。"奎曰："臣尝与安石同领群牧，见其护短自用，所为迂阔。万一用之，必紊乱纲纪。"乃命知江宁。

奎尝进言："陛下在推诚应天，天意无他，合人心而已。若以至诚格物，物莫不以至诚应，则和气之感，自然而致。今民力困极，国用窘乏，必俟顺成，乃可及他事。帝王所职，惟在于判正邪，使君子常居要近，小人不得以害之，则自治矣。"帝因言："尧时，四凶犹在朝。"奎曰："四凶虽在，不能惑尧之聪明。圣人以天下为度，未有显过，固宜包容，但不可使居要近地尔。"帝然之。御史中丞王陶，以论文德不押班事诋韩琦，奎状其过。诏除陶翰林学士，奎执不可。陶又疏奎阿附。陶既出，奎亦以资政殿大学士知青州。司马光谏曰："奎名望清重，今为陶绌奎，恐大臣皆不自安，各求引去。陛下新即位，于四方观

听非宜。"帝乃召奎归中书。及琦罢相，竟出知青州。明年薨，年五十八。赠兵部尚书，谥曰文肃。

奎喜奖廉善，有所知辄言之，言之不从，不止也。少时甚贫，既通贵，买田为义庄，以周族党朋友。没之日，家无余资，诸子至无屋以居，当时称之。

赵抃，字阅道，衢州西安人。进士及第，为武安军节度推官。人有赦前伪造印，更赦而用者，法吏当以死。抃曰："赦前不用，赦后不造，不当死。"谳而生之。知崇安、海陵、江原三县，通判泗州。濠守给士卒廪赐不如法，声欲变，守惧，日未入，辄闭门不出。转运使檄抃摄治之，抃至，从容如平时，州以无事。

翰林学士曾公亮未之识，荐为殿中侍御史，弹劾不避权幸，声称凛然，京师目为"铁面御史。"其抗务欲朝廷别白君子小人，以谓："小人虽小过，当力遏而绝之；君子不幸违误，当保全爱惜，以成就其德。"温成皇后之丧，刘沆以参知政事监护，及为相，领事如初。抃论其当罢，以全国体。又言宰相陈执中不学无术，且多过失；宣徽使王拱辰平生所为及奉使不法；枢密使王德用、翰林学士李淑不称职：皆罢去。吴充、鞠真卿、刁约以治礼院吏，马遵、吕景初、吴中复以论梁适，相继被逐。抃言其故，悉召还。吕溱、蔡襄、吴奎、韩绛既出守，欧阳修、贾黯复求郡。抃言："近日正人端士纷纷引去，侍从之贤如修辈无几，今皆欲去者，以正色立朝，不能谄事权要，伤之者众耳。"修、黯由是得留，一时名臣，赖以安焉。

请知睦州，移梓州路转运使，改益州。蜀地远民弱，吏肆为不法，州郡公相馈饷。抃以身帅之，蜀风为变。穷城小邑，民或生而不识使者，抃行部无不至，父老喜相慰，奸吏竦服。召为司司谏。内侍邓保信引退兵董吉烧炼禁中，抃引文成、五利、郑注为比，力论之。陈升之副枢密，抃与唐介、吕海、范师道言升之奸邪，交结宦官，进不以道。章二十余上，升之去位。抃与言者亦罢，出知虔州。虔素难治，抃御之严而不苛，召戒诸县令，使人自为治。令皆喜，争尽力，狱以屡空。岭外仕者死，多无以为归，抃造舟百艘，移告诸郡曰："仕宦之家，有不能归者，皆于我乎出。"于是至者相继，悉授以舟，并给其道里费。召为侍御史知杂事，改度支副使，进天章阁待制、河北都转运使。时贾昌朝以故相守魏，抃将按视府库，昌朝使来告曰："前此，监司未有按视吾藏者，恐事无比，若何？"抃曰："舍是，则他郡不服。"竟往焉。昌朝不悦。初，有诏募义勇，过期不能办，官吏当坐者八百余人。抃被旨督之，奏言："河朔频岁丰，故应募者少，请宽其罪，以俟农隙。"从之。坐者获免，而募亦随足。昌朝始愧服。加龙图阁直学士、知成都，以宽为治。抃向使蜀日，有聚为妖祀者，治以峻法。及是，复有此狱，皆谓不免。抃察其亡他，曰："是特酒食耳。"刑首恶而释余人，蜀民大悦。会荣諲除转运使，英宗谕諲曰："赵抃为成都，中和之政也。"

神宗立，召知谏院。故事，近臣还自成都者，将大用，必更省府，不为谏官。大臣以为疑，帝曰："吾赖其言耳，

苟欲用之，无伤也。"及谢，帝曰："闻卿匹马入蜀，以一琴一鹤自随，为政简易，亦称是乎？"未几，擢参知政事。抃感顾知遇，朝政有未协者，必密启闻，帝手诏褒答。

王安石用事，抃屡斥其不便。韩琦上疏极论青苗法，帝语执政，令罢之。时安石家居求去，抃曰："新法皆安石所建，不若俟其出。"既出，安石持之愈坚。抃大悔恨，即上言："制置条例司建使者四十辈，骚动天下。安石强辩自用，诋天下公论以为流俗，违众罔民，顺非文过。近者台谏侍从，多以言不听而去；司马光除枢密，不肯拜。且事有轻重，体有大小。财利于事为轻，而民心得失为重；青苗使者于体为小，而禁近耳目之臣用舍为大。今去重而取轻，失大而得小，惧非宗庙社稷之福也。"奏入，恳乞去位，拜资政殿学士、知杭州，改青州。时京东旱蝗，青独多麦，蝗来及境，遇风退飞，尽堕水死。

成都以戍卒为忧，遂以大学士复知成都。召见，劳之曰："前此，未有自政府往者，能为朕行乎？"对曰："陛下有言，即法也，奚例之问？"因乞以便宜从事。既至蜀，治益尚宽。有卒长立堂下，呼谕之曰："吾与汝年相若，吾以一身入蜀，为天子抚一方。汝亦宜清谨畏戢以率众，比成还，得余赏持归，为室家计可也。"人喜转相告，莫敢为恶，蜀郡晏然。剑州民私作僧度牒，或以为谋逆告，抃不师界狱吏，以意决之，悉从轻比。谮者谓其纵逆党，朝廷取具狱阅之，皆与法合。茂州夷剽境上，惧讨乞降，乃缚奴将杀之，取血以受盟。抃使易用牲，皆欢呼听命。

乞归，知越州。吴越大饥疫，死者过半。抃尽救荒之术，疗病，埋死，而生者以全。下令修城，使得食其力。复徙杭，以太子少保致仕，而官其子屼提举两浙常平以便养。屼奉抃遍游诸名山，吴人以为荣。元丰七年，薨，年七十七。赠太子少师，谥曰清献。

抃长厚清修，人不见其喜愠。平生不治赀业，不畜声伎，嫁兄弟之女十数，他孤女二十余人，施德茕贫，盖不可胜数。日所为事，入夜必衣冠露香以告于天，不可告，则不敢为也。其为政，善因俗施设，猛宽不同，在虔与成都，尤为世所称道。神宗每诏二郡守，必以抃为言。要之，以惠利为本。晚学道有得，将终，与屼诀，词气不乱，安坐而没。宰相韩琦尝称抃真世人标表，盖以为不可及云。

屼，字景仁。由荫登第，通判江州，改温州，代还，得见。时抃已谢事，神宗命为太仆丞，擢监察御史。以父老请外，提举两浙常平。元祐中，复为御史。上疏言："治平以前，大臣不敢援置亲党于要涂，子弟多处管库，甚者不使应科举，与寒士争进。自王安石柄国，持内举不避亲之说，始以子雱列侍从，由是循习为常。资望浅者，或居事权繁重之地；无出身者，或预文字清切之职，今宜杜绝其源。"又言："台谏之臣，或稍迁其位，而阴夺言责；或略行其言，而退与善地；或两全并立，苟从讲解；或置而不问，外示包容。使忠鲠之士，蒙羞难退，皆朝廷所宜深察也。"傅尧俞、王岩叟、梁焘、孙升以事去，屼言："诸人才能学术，为世推称；忠言嘉谟，见于已试，宜悉召还朝。"所言皆切时务。

避执政亲嫌，改都官员外郎，出提点京东刑狱。元符中，历鸿胪、太仆少卿。曾布知枢密院，将白为都承旨，蔡卞撼其救傅尧俞事，遂不用。未几卒。

初，抃庐母墓三年，县榜其里曰"孝弟"。处士孙侔为作《孝子传》。及屼执父丧，而甘露降墓木。屼卒，子云又以毁死，人称其世孝。

唐介，字子方，江陵人。父拱，卒漳州，州人知其贫，合钱以赙，介年尚幼，谢不取。擢第，为武陵尉，调平江令。民李氏贤而吝，吏有求不厌，诬为杀人祭鬼。岳守捕其家，无少长楚掠，不肯承。更属介讯之，无他验。守怒白于朝，遣御史方偕徙狱别鞠之，其究与介同。守以下得罪，偕受赏，介未尝自言。

知莫州任丘县，当辽使往来道，驿吏以诛索破家为苦。介坐驿门，令曰："非法所应给，一切勿与。稍毁吾什器者，必执之。"皆帖伏以去。沿边塘水岁溢，害民田，中人杨怀敏主之，欲割邑西十一村地猪涨潦，介筑堤扞之，民以为利。通判德州，转运使崔峄取库绢配民而重其估。介留牒不下，且移安抚司责数之。峄怒，数驰檄按诘，介不为动。既而果不能行。

入为监察御史里行，转殿中侍御史。启圣院造龙凤车，内出珠玉为之饰。介言："此太宗神御所在，不可喧渎；后宫奇靡之器，不宜过制。"诏亟毁去。张尧佐骤除宣徽、节度、景灵、群牧四使，介与包拯、吴奎等力争之，又请中丞王举正留百官班庭论，夺其二使。无何，复除宣徽使、知河阳。介谓同列曰："是欲与宣徽，而假河阳为名耳，不可但已也。"而同列依违，介独抗言之。仁宗谓曰："除拟本出中书。"介遂劾宰相文彦博守蜀日造间金奇锦，缘阉侍通宫掖，以得执政；今显用尧佐，益自固结，请罢之而相富弼。又言谏官吴奎表里观望，语甚切直。帝怒，却其奏不视，且言将远窜。介徐读毕，曰："臣忠愤所激，鼎镬不避，何辞于谪？"帝急召执政示之曰："介论事是其职。至谓彦博由妃嫔致宰相，此何言也？进用家司，岂应得预？"时彦博在前，介责之曰："彦博宜自省，即有之，不可隐。"彦博拜谢不已，帝怒益甚。梁适叱介使下殿，修起居注蔡襄趋进救之。贬春州别驾，王举正以为太重，帝旋悟，明日取其疏入，改置英州，而罢彦博相，吴奎亦出。又虑介或道死，有杀直臣名，命中使护之。梅尧臣、李师中皆赋诗激美，由是直声动天下，士大夫称真御史，必曰唐子方而不敢名。

数月，起监郴州税，通判潭州，知复州，召为殿中侍御史。遣使赐告，趣诣阙下。入对，帝劳之曰："卿迁谪以来，未尝以私书至京师，可谓不易所守矣。"介顿首谢，言事益无所顾。他日请曰："臣既任言责，言之不行将固争，争之重以累陛下，愿得解职。"换工部员外郎、直集贤院，为开封府判官，出知扬州，徙江东转运使。御史吴中复言，介不宜久居外。文彦博再当国，奏："介向所言，诚中臣病，愿如中复言。"然但徙河东。

久之，入为度支副使，进天章阁待制，复知谏院。帝自至和后，临朝渊默。介言："君臣如天地，以交泰为理。

愿时延群下，发德音，可否万几，以幸天下。"又论：宫禁干丐恩泽，出命不由中书，宜有以抑绝；赐予嫔御之费，多先朝时十数倍，日加无穷，宜有所朘损；监司荐举，多得文法小吏，请令精择端良敦朴之士，毋使与憸薄者同进；诸路走马承受凌扰郡县，可罢勿遣，以权归监司；兖国公主夜开禁门，宜劾宿卫主吏，以严宫省。帝悉开纳之。

御史中丞韩绛劾宰相富弼，弼家居求罢，绛亦待罪。介与王陶论绛以危法中伤大臣，绛罢。介嫌于右宰相，请外，以知荆南。敕过门下，知银台司何郯封还之，留权开封府。旋以论罢陈升之，亦出知洪州。加龙图阁直学士、河北都转运使，枢密直学士、知瀛州。

治平元年，召为御史中丞。英宗谓曰："卿在先朝有直声，故用卿，非繇左右言也。"介曰："臣无状，陛下过听，愿献愚忠。自古欲治之主，亦非求绝世惊俗之术，要在顺人情而已。祖宗遗德余烈，在人未远，愿览已成之业以为监，则天下蒙福矣。"明年，以龙图阁学士知太原府。帝曰："朕视河东，不在中执法下，暂烦卿往耳。"夏人数扰代州边，多筑堡境上。介遣兵悉撤之，移谕以利害，遂不敢动。

神宗立，以三司使召。熙宁元年，拜参知政事。先时，宰相省阅所进文书于待漏舍，同列不得闻。介谓曾公亮曰："身在政府而文书弗与知，上或有所问，何辞以对？"乃与同视，后遂为常。帝欲用王安石，公亮因荐之，介言其难大任。帝曰："文学不可任耶？吏事不可任耶？经术不可任耶？"对曰："安石好学而泥古，故论议迂阔，若使为政，必多所变更。"退谓公亮曰："安石果用，天下必困扰，诸公当自知之。"中书尝进除目，数日不决，帝曰："当问王安石。"介曰："陛下以安石可大用，即用之，岂可使中书政事决于翰林学士？臣近每闻宣谕某事问安石，可即行之，不可不行，如此则执政何所用，恐非信任大臣之体也。必以臣为不才，愿先罢免。"

安石既执政，奏言："中书处分札子，皆称圣旨，不中理者十八九，宜止令中书出牒。"帝愕然。介曰："昔寇准用札子迁冯拯官不当，拯诉之，太宗谓：'前代中书用堂牒，乃权臣假此为威福。太祖时以堂帖重于敕命，遂削去之。今复用札子，何异堂帖？'张洎因言：'废札子，则中书行事，别无公式。'太宗曰：'大事则降敕，其当用札子，亦须奏裁。'此所以称圣旨也。如安石言，则是政不自天子出，使辅臣皆忠贤，犹为擅命，苟非其人，岂不害国？"帝以为然，乃止。介自是数与安石争论。安石强辩，而帝主其说。介不胜愤，疽发于背，薨，年六十。

介为人简伉，以敢言见惮。每言官缺，众皆望介处之，观其风采。神宗谓其先朝遗直，故大用之。然居政府，遭时有为，而扼于安石，少所建明，声名减于谏官、御史时。比疾亟，帝临问流涕，复幸其第吊哭，以画像不类，命取禁中旧藏本赐其家。赠礼部尚书，谥曰质肃。子淑问、义问，孙恕。

淑问字士宪。第进士，至殿中丞。神宗以其家世，擢监察御史里行，谕以谨家法、务大体。淑问见帝初即位，锐于治，因言："中旨数下，一出特断，当谨出纳、别枉

直，使命令必行。今诏书求直言，而久无所施用，必欲屈群策以起治道，愿行其言。"初，诏侍臣讲读。淑问言："王者之学，不必分章句、饰文辞。稽古圣人治天下之道，历代致兴亡之由，延登正人，博访世务，以求合先王，则天下幸甚。"河北饥，流人就食京师，官振廪给食，来者不止。淑问曰："出粟不继，是诱之失业而就死地也。"条三策上之。

滕甫为中丞，淑问力数其短，帝以为邀名，乃诏避其父三司使，出通判复州。久之，知真州，提点湖北刑狱，言新法不便，乞解使事，黜知信阳军，以病免。数年，起知宣州，徙湖州，入为吏部员外郎。又引疾求外，帝以为避事，降监抚州酒税。哲宗立，司马光荐其行己有耻，难进，召为左司谏，以病致仕，数月卒。

义问字士宣。善文辞，锁厅试礼部，用举者召试秘阁，父介引嫌罢之。熙宁中，辟京西转运司管勾文字。神宗览本道章奏，知义问所为。以其名访辅臣，因黄好谦领使事，谕之曰："唐义问风力强敏，行且用矣，可面诏之。"寻以为司农管当公事。方行手实法，所在骚然。义问言："今造簿甫二岁，民不堪命，不宜复改为。"从曾孝宽使河东，还奏事，记利害纲目于笏，帝取而熟视之，历举以问，应析如流。帝喜曰："欲见卿，非今日也。"擢湖南转运判官。一路敷免役钱，又分户五等，储其羡为别赋，号"家力钱"，义问奏除之。移使京西，文彦博守西都，义问求罢去。彦博告以再入相时，尝荐其父，晚同为执政，相得甚欢，故义问乃止。时陕西大举兵，多亡卒，所至成聚。义问请令诣官自陈，给券续食，人以为便。会有不悦之者，免归。

元祐中，起知齐州，提点京东刑狱、河北转运副使。属邑尉因捕盗误遗火，盗逸去，民家被焚，讼尉故纵火。郡守执尉，抑使服，义问辨出之，方旱而雨。用彦博荐，加集贤修撰，帅荆南，请废渠阳诸砦。蛮杨晟秀断之以叛，即拜湖北转运使，讨降之，复砦为州。进直龙图阁，以集贤殿修撰知广州。章惇秉政，治弃渠阳罪，贬舒州团练副使。后七年，复故官，知颍昌府，卒。

恕，崇宁初，为华阳令，以不能奉行茶法，忤使者，谢病免归。其弟意方为南陵令，亦以病自免，兄弟杜门躬耕。恕寻以宣教郎致仕。靖康元年，御史中丞许翰言其高行，诏起为监察御史。意亦为宰相吴敏荐，召对，而贫不能行，竟饿死江陵山中。

论曰：拯为开封，其政严明，人到于今称之。而不尚苛刻，推本忠厚，非孔子所谓刚者乎？奎博学清重，君子人也。抃所至善治，民思不忘，犹古遗爱。介敢言，声动天下，斯古遗直也。夫听谏者，明君所难，以唐文皇犹弗终于魏徵，观四臣面净，鲠吭逆心，或不能堪，而仁宗容之无咈，诚盛德之主哉！矧世孝，淑问难进，义问强敏，恕高行不陨家声，有足美云。

卷三百一十七　　列传第七十六

邵亢 从父必　冯京　钱惟演
从弟易　易子彦远　明逸　诸孙景谌　勰　即

邵亢，字兴宗，丹阳人。幼聪发过人，方十岁，日诵书五千言。赋诗豪纵，乡先生见者皆惊伟之。再试开封，当第一，以赋失韵，弗取。范仲淹举亢茂才异等，时布衣被召者十四人，试崇政殿，独亢策入等，除建康军节度推官。或言所对策字少，不应式，宰相张士逊与之姻家，故得预选，遂报罢。而士逊子实娶它邵，与亢同姓耳。士逊既不能与直，亢亦不自言。

赵元昊叛，亢言："用兵在于择将，今天下久不知战，而所任多儒臣，未必能应变。武人得长一军，又已老，讵能身先矢石哉？间起故家恩幸子弟，彼安识攻守之计？况将与卒素不相附，又亡坚甲利兵之御。此不待两军相当，而胜败之机，固已形矣。"因献《兵说》十篇。

召试秘阁，授颍州团练推官。晏殊为守，一以事诿之。民税旧输陈、蔡，转运使又欲覆折缗钱，且多取之。亢言："民之移输，劳费已甚。方仍岁水旱，又从而加取，无乃不可乎？"遂止。入为国子监直讲、馆阁校勘、同知太常礼院。张贵妃薨，立园陵，禁京城乐一月，亢累疏罢之。进集贤校理。仁宗继嗣未立，亢言："国之外患在边围，然御之术，不过羁縻勿绝而已。内患则不然，系社稷之安危，不可不蚤定也。"提点开封县镇公事。比有纵火者，一不获则主使坐罪，民或自燔其居以中吏。亢请非延及旁舍者，虽失捕，得勿坐。徙为府推官，改度支判官。

契丹遣使贺乾元节，未至，仁宗崩。议者谓宜却，或欲俟其及国门而谕使之还，亢请令奉书至柩前，使见嗣君。从之。选为颍王府翊善，加直史馆。召对群玉殿，英宗访以世事，称之曰："学士真国器也。"擢同修起居注。建言："陛下初政，欲治国者先齐家，颍王且授室，愿采用古昏礼。公主下降，不宜厌舅姑之尊。"帝深纳之。他日，谕王曰："以翊善端直朴厚，辍为谏官矣。"王出道帝语，遂以知制诰知谏院。东宫建，为右庶子。

神宗立，迁龙图阁直学士。有谮之者曰："先帝大渐时，亢尝建垂帘之议。"御史吴申即论之。帝知其妄，置不问。亢自诉曰："方先帝不豫，群臣莫得进见，臣无由面陈，必有章奏。乞索之禁中，若得之，臣当伏诛；不然，则谮臣者，岂宜但已，愿下狱考实。"帝不许。时待制以上为帅、守，每他徙必迁职秩，亢请未满两岁者勿推恩。王陶劾韩琦，吴奎与之辨。亢诋奎所言颠倒，失大臣体，盖欲并撼琦。琦与奎竟同日去。

进枢密直学士、知开封府。亢遇事敏密，吏操辞牒至前，皆反覆阅之。人或以为劳，亢曰："决是非于须臾，正当尔。初虽烦，后乃省也。"籍里间恶少年与吏之废停者，一有所犯，皆迁处之，畿下斗讼为之衰止。拜枢密副使。

夏人诱杀知保安军杨定，朝廷谋大讨。亢曰："天下财力弹屈，未宜用兵，唯当降意抚纳，俟不顺命，则师出有名矣。"因条上其事。诏报之曰："中国民力，大事也。兵兴之后，不无掊率，人心一摇，安危所系。今动自我始，先违信誓，契丹闻之，将不期而自合，兹朕所深忧者。当悉如卿计。"未几，夏主谅祚死，国人执杀定者来请和。或欲乘此更取塞门地，亢以为幸人之丧，非义也，乃止。

亢在枢密逾年，无大补益，帝颇厌之，尝与谏官孙觉言，欲以陈升之代亢，而使守长安。觉遽劝亢荐升之，帝怒其希指，黜觉，亢亦引疾辞，以资政殿学士知越州。历郑、郓、亳三州。薨，年六十一。赠吏部尚书，即其乡赐以居宅，谥曰安简。从父必。

必字不疑。举进士，为上元主簿。国子监立石经，必善篆隶，召充直讲。选为《唐书》编修官。必以史出众手，非古人撰述之体，辞不就。进集贤校理、同知太常礼院。天子且亲祠，执事者习礼坛下。必言："《周官·大宗伯》：'凡王之祷祠，肆仪为位。'郑康成释云：'若今肆司徒府。'古礼如此。今即祠所习之，为不敬。"乃徙于尚书省。张贵妃受册，礼官议命妇入贺仪未决，或曰："妃为修媛时，命妇已不敢亢礼，况今日乎？"必曰："宫省事秘不可知。既下有司议，惟有外一品南省上事百官班见之仪，然礼无不答。"众议乃定。

出知常州，召为开封府推官。坐在常州日杖人至死，责监邵武税，然杖者实不死。久之，知高邮军，提点淮南刑狱，为京西转运使。必居官厉风采，始至郡，惟一赴宴集；行部，但一受酒食之馈。以为数会聚则人情狎，多受馈则不能行事，非使者体也。入修起居注、知制诰。

雄州种木道上，契丹遣人夜伐去，又数渔界河中。事闻，命必往使，必以理折契丹，屈之。还，知谏院。编《仁宗御集》成，迁宝文阁直学士、权三司使，加龙图阁学士、知成都。卒于道，年六十四。遣中使护其丧归。

冯京，字当世，鄂州江夏人。少隽迈不群，举进士，自乡举、礼部以至廷试，皆第一。时犹未娶，张尧佐方负宫掖势，欲妻以女。拥至其家，束之以金带，曰："此上意也。"顷之，宫中持酒殽来，直出奁具目示之。京笑不视，力辞。出守将作监丞、通判荆南军府事。还，直集贤院。判吏部南曹，同修起居注，吴充以论温成皇后追册事，出知高邮，京疏充言是，不当黜。刘沆请并斥京，仁宗曰："京亦何罪？"但解其记注，旋复之。

试知制诰。避妇父富弼当国嫌，拜龙图阁待制、知扬州。改江宁府，以翰林侍读学士召还，纠察在京刑狱。为翰林学士、知开封府。数月不诣丞相府，韩琦语弼，以京为傲。弼使往见琦，京曰："公为宰相，从官不妄造请，乃所以为公重，非傲也。"出安抚陕西，请城古渭，通西羌嘲氏，界木征官，以断夏人右臂。除端明殿学士、知太原府。

神宗立，复为翰林学士，改御史中丞。王安石为政，京论其更张失当，累数千百言，安石指为邪说，请黜之。

帝以为可用,擢枢密副使。河东麟、府、丰三州,城垒兵械不治,官吏皆受谴。京以先帅本道,上章自劾曰:"使诸路帅臣,知其虽一时脱去,后能倖窃名位者,犹必行法,将不敢复偷惰旷职。"优诏不听。进参知政事。数与安石论辨,又荐刘攽、苏轼掌外制。安石令保甲养马,京谓必不可行。会选人郑侠上书言时政,荐京可相,吕惠卿因是谮京与侠通,罢知亳州。未几,以资政殿学士知渭州。茂州夷叛,徙知成都府。番部何丹方寇鸡宗关,闻京兵至,请降。议者遂欲荡其巢窟,京请于朝,为禁侵掠,给稼器,饷粮食,使之归。夷人喜,争出犬豕割血受盟,愿世世为汉藩。惠卿告安石罪,发其私书,有曰"勿令齐年知",齐年谓京也,与安石同年生。帝以安石为欺,复召京知枢密院。京以疾未至,帝中夕呼左右语曰:"适梦冯京入朝,甚慰人意。"乃赐京诏,有"渴想仪刑,不忘梦寐"之语。及入见,首以所梦告焉。顷之,以观文殿学士知河阳。

哲宗即位,拜保宁军节度使、知大名府,又改镇彰德。于是范祖禹言:"京再执政,初与王安石不合,后为吕惠卿所倾,其中立不倚之操,为先帝称挹。且昭陵学士,独京一人存,若付之枢密,必允公论。"时京已老,乃以为中太一宫使兼侍讲,改宣徽南院使,拜太子少师,致仕。绍圣元年,薨,年七十四。帝临奠于第,赠司徒,谥曰文简。

始,京乡居,受恩通判南宫成,追贵,以郊恩官其子。尝过外兄朱适,出侍妾,询知为同年进士妻,亟请以嫁之。其为郡守,诸县公事至,即历究之,苟与县牒合而处断丽于法者,呼法吏决罪,不以付狱。报下捷疾,一无壅滞,人服其敏云。

钱惟演,字希圣,吴越王俶之子也。少补牙门将,从俶归朝,为右屯卫将军。历右神武军将军。博学能文辞,召试学士院,以笏起草立就,真宗称善。改太仆少卿,献《咸平圣政录》。命真秘阁,预修《册府元龟》,诏与杨亿分为之序。除尚书司封郎中、知制诰,再迁给事中、知审官院。大中祥符八年,为翰林学士,坐私谒事罢之。寻迁尚书工部侍郎,再为学士、会灵观副使。又坐贡举失实,降给事中。复工部侍郎,擢枢密副使、会灵观使兼太子宾客,更领祥源观。累迁工部尚书。

仁宗即位,进兵部。王曾为相,以惟演尝位曾上,因拜枢密使。故事,枢密使必加检校官,惟演止以尚书充使,有司之失也。初,惟演见丁谓权盛,附之,与为婚。谓逐寇准,惟演与有力焉。及序枢密题名,独刊去准,名曰"逆准",削而不书。谓祸既萌,惟演虑并得罪,遂挤谓以自解。宰相冯拯恶其为人,因言:"惟演以妹妻刘美,乃太后姻家,不可与机政,请出之。"乃罢为镇国军节度观察留后,即日改保大军节度使、知河阳。逾年,请入朝,加同中书门下平章事、判许州。未即行,冀复用,侍御史鞠咏奏劾之,惟演乃亟去。天圣七年,改武胜军节度使。明年来朝,上言先垅在洛阳,愿守宫钥。即以判河南府,再改泰宁军节度使。

惟演雅意柄用,抑郁不得志。及帝耕籍田,求侍祠,因留为景灵宫使。太后崩,诏还河南。惟演不自安,请以庄献明肃太后、庄懿太后并配真宗庙室,以希帝意。惟演既与刘美亲,又为其子暖娶郭后妹,至是,又欲与庄懿太后族为婚。御史中丞范讽劾惟演擅议庙,且与后家通婚姻。落平章事,为崇信军节度使,归本镇。未几,卒,特赠侍中。太常张瑰按《谥法》敏而好丹曰"文",贪而败官曰"墨",请谥文墨。其家诉于朝,诏章得象等覆议,以惟演无贪黩状,而晚节率职自新,有惶惧可怜之意,取《谥法》追悔前过曰"思",改谥曰思。庆历间,二太后始升祔真宗庙室,子暖复诉前议,乃改谥曰文僖。

惟演出于勋贵,文辞清丽,名与杨亿、刘筠相上下。于书无所不读,家储文籍侔秘府。尤喜奖厉后进。初,真宗谥号称"文",惟演曰:"真宗幸澶渊御契丹,盟而服之,宜兼谥'武'。下有司议,乃加谥"武定"。所著《典懿集》三十卷,又著《金坡遗事》《飞白书叙录》《逢辰录》《奉藩书事》。惟演尝语人曰:"吾平生不足者,惟不得于黄纸上押字尔。"盖未尝历中书故也。子暖、晦、暄,从弟易。

晦字明叔,以大理评事娶献穆大长公主女,累迁东上阁门使、贵州团练使。王守忠领两使留后,移阁门定朝立燕坐位,晦因言:"天子大朝会,令宦者齿士大夫坐殿上,必为外夷所笑。"守忠更欲以礼服进酒,晦又以为不可。勾当三班院、群牧都监,授忠州防御使、知河中府。帝因戒曰:"陕西方罢兵,民困久矣。卿为朕委抚,毋纵酒乐,使人呼为贵戚子弟也。"晦顿首谢。改颍州防御使,为秦凤路马步军总管。复还三班院,同提举集禧观。历霸州防御使,为群牧副使,卒。

暄字载阳,以父荫累官驾部郎中、知抚州,移台州。台城恶地下,秋潦暴集,辄圮溺,人多即山为居。暄为增治城堞,垒石为台,作大堤捍之。进少府监、权盐铁副使。暄钩考诸路逋租,两浙转运使负课当坐,暄上言:"浙部仍岁饥,故租赋不登籍,今使者获罪,必亟敛于民,民不堪矣。"神宗即诏释之。官制行,为光禄卿,出知郓州,拜宝文阁待制,卒。子景臻,尚秦、鲁国大长公主。景臻子忱,在《外戚传》。

易字希白。始,父倧嗣吴越王,为大将胡进思所废,而立其弟俶。俶归朝,群从悉补官,易与兄昆不见录,遂刻志读书。昆字裕之,举进士,为治宽简便民,能诗,善草隶书,累官右谏议大夫,以秘书监于家。

易年十七,举进士,试崇政殿,三篇,日未中而就。言者恶其轻俊,特罢之。然自此以才藻知名。太宗尝与苏易简论唐世文人,叹时无李白。易简曰:"今进士钱易,为歌诗殆不下白。"太宗惊喜曰:"诚然,吾当自布衣召置翰林。"值盗起剑南,遂寝。真宗在东宫,图山水扇,会易作歌,赏爱之。

易再举进士,就开封府试第二。自谓当第一,为有司所屈,乃上书言试《朽索之驭六马赋》,意涉讥讽。真宗恶其无行,降第三。明年,第二人中第,补濠州团练推官。召试中书,改光禄寺丞、通判蕲州。奏疏曰:"尧放四罪而不言杀,彼四者之凶,尚恶言杀,非尧仁之至乎?古之肉刑者劓、椓、黥、刖皆非死，尚以为虐。近代以来，断人手足，钩背烙筋，身见白骨而犹视息，四体分落乃方绝命。以此示人，非平世事也。今四方长吏竞为残暴，婺州先断贼手足，然后斩之以闻。寿州巡检使磔贼于阛阓之中，其旁犹有盗物者。使严刑可诫于众，则秦之天下无叛民矣。臣以谓非法之刑，非所以助治，惟陛下除之。"帝嘉纳其言。

景德中，举贤良方正科，策入等，除秘书丞、通判信州。东封泰山，献《殊祥录》，改太常博士、直集贤院。祀汾阴，幸亳州，命修《车驾所过图经》，献《宋雅》一篇，迁尚书祠部员外郎。坐发国子监诸科非其人，降监颍州税。数月，召还。久之，判三司磨勘司。上言："官物在籍，而三司移文厘正，或其数细微，辄历年不得报，徒扰州县。自今官钱百、谷斗、帛二尺以下，非欺给者除之。"真宗雅眷词臣，其典掌诰命，皆躬自柬拔。擢知制诰、判登闻鼓院、纠察在京刑狱。累迁左司郎中，为翰林学士，侍直未满，卒。仁宗怜之，召其妻盛氏至禁中，赐以冠帔。

易才学瞻敏过人，数千百言，援笔立就。又善寻尺大书行草，及喜观佛书，尝校《道藏经》，著《杀生戒》，有《金闱》、《瀛州》、《西垣制集》一百五十卷，《青云总录》、《青云新录》、《南部新书》、《洞微志》一百三十卷。子彦远、明逸，相继皆以贤良方正应诏。宋兴以来，父子兄弟制策登科者，钱氏一家而已。

彦远字子高，以父荫补太庙斋郎，累迁大理寺丞。举进士第，以殿中丞为御史台推直官。通判明州，迁太常博士。举贤良方正能直言极谏科，擢尚书祠部员外郎、知润州。上疏曰：

陛下即位以来，内无声色之娱，外无畋渔之乐，而前岁地震，雄、霸、沧、登，旁及荆湖，幅员数千里，虽往昔定襄之异，未甚于此。今复大旱，人心嗷嗷，天其或者以陛下备寇之术未至，牧民之吏未良，天下之民未安，故出谴告以示之。苟能顺天之戒，增修德业，宗社之福也。

今契丹据山后诸镇，元昊盗灵武、银、夏，衣冠车服，子女玉帛，莫不有之。往时，元昊内寇，出入五载，天下骚然。及纳款赐命，则被边长吏，不复铨择，高冠大裾，耻言军旅。一日契丹负恩，乘利入塞，岂特元昊之比耶？湖、广蛮獠劫掠生民，调发督敛，军须百出，三年于今，未闻分寸之效。惟陛下念此三方之急，讲长久之计，以上答天戒。

时旱蝗，民乏食，彦远发常平仓赈救。部使者诘其专且推价，彦远不为屈。召为右司谏，请勿数赦，择牧守，增奉入以养廉吏，息土木以省功费。迁起居舍人、直集贤院、知谏院。会诸路奏大水，彦远言阴气过盛，在《五行传》"下有谋上之象"，请严宫省宿卫。未几，有挟刃犯谂门者。特赐五品服。又上疏曰：

农为国家急务，所以顺天养财，御水旱，制蛮夷之原本也。唐开元户八百九十余万，而垦田一千四百三十余万顷。今国家户七百三十余万，而垦田二百一十五万余顷，其间逃废之田，不下三十余万，是田畴不辟，而游手者多也。劝课其可不兴乎？

本朝转运使、提点刑狱、知州、通判，皆带劝农之职，而徒有虚文，无劝导之实。宜置劝农司，以知州为长官，通判为佐，举清强幕职、州县官为判官。先以垦田顷亩及户口数、屋塘、山泽、沟洫、桑柘，著之于籍，然后设法劝课，除害兴利。岁终农隙，转运司考校之，第其赏罚。

杨怀敏妄言契丹主宗真死，乃除入内副都知；内侍黎用信以罪窜海岛，赦归，遂得环卫官致仕；许怀德、慎镛高年未谢事；杨景宗、郭承祐阘冗小人，宜废不用：历举劾之，多见听纳。彦远性豪迈，其任言职，数有建明。卒于官。

明逸字子飞。繇殿中丞策制科，转太常博士。为吕夷简所知，擢右正言。首劾范仲淹、富弼："更张纲纪，纷扰国经。凡所推荐，多挟朋党。乞早罢免，使奸诈不敢效尤，忠实得以自立。"疏奏，二人皆罢；其夕，杜衍亦免相。明逸盖希章得象、陈执中意也。

石元孙与夏人战没，以死事褒赠，既而生归，朝廷释不问。明逸请正其偾军之罪，乃窜之远方而夺其恩。进同修起居注、知制诰，擢知谏院，为翰林学士。自登科至是，才五年。加史馆修撰、知开封府。妖人冷青自称皇子，捕至府，明逸方正坐，青叱曰："明逸安得不起？"明逸为起，坐尹京无威望；又狱吏榜妇人鄢氏堕足死，罢为龙图阁学士、知蔡州。历扬、青、郓、曹州、应天府，还，判流内铨、知通进银台司，复出知成德军、渭州。加端明殿学士、知秦州。

先是，于阗入贡，道逸川，唃厮啰留不遣。会其妻亡，前帅张方平请因而恤之，且诱其股次入贡，诏赙绢千匹。明逸言："朝廷抚唃氏至厚，顷以招马为名，赂缯缯；邀请六事，既徇其五，而犹觖望。今壅遏荒服之贡，固有罪矣，岂可复加赐以辱国体？"从之。而于阗使与殷次亦皆至。厮啰有子质于秦，别子木征居河州。殿侍程从简私与之盟，令过洮河，许以官，且归其质子。事不验，木征怒，留贡使。明逸械从简往诘，因斩之。木征惶惧，悉遣所留者。

治平初，复为翰林学士。神宗立，御史论其倾险检薄，顷附贾昌朝、夏竦以陷正人，文辞浅缪，岂应冒居翰院？乃罢学士。久之，知永兴军。熙宁四年，卒，年五十七。赠礼部尚书，谥曰修懿。

藻字醇老，明逸之从子也。幼孤，刻厉为学。第进士，又中贤良方正科，为秘阁校理。

慈圣后临朝，藻三上书乞还政。同修起居注、知制诰。加枢密直学士、知开封府。平居乐易无崖岸，而居官独立守绳墨，为政简静有条理，不肯徇私取显。数求退，改翰林侍读学士、知审官东院。卒，年六十一。神宗知其贫，赙钱五十万，赠太中大夫。

景谌，景臻之从兄也。繇殿直巡辖两京马递，中进士第。初赴开封解试，时王安石得其文，以为知道者。既荐送之，又推誉于公卿间，自是执弟子礼。安石提点府界，景谌为属主簿,又以文荐之。执丧居许,闻安石得政,喜,因事来京师谒之。方盛夏,安石与僧智缘卧于地,一最亲者祖坐其侧。顾景谌襫服脱帽,未及它语,卒然问曰:"青苗、助役如何?"景谌曰:"利少害多,异日必为民患。"又问:"孰为可用之人?"曰:"居丧不交人事,而知人尤难事也。"遂辞出。

后调官复来,安石已作相,又往诣之。安石令先与弟安国相见。安国亦与之善,谓景谌曰:"相君欲以馆阁相处而任以事。"景谌曰:"百事皆可为,所不知者新书、役法耳。"及见安石,安石欲令治峡路役书,且委以戎、沪蛮事。景谌曰:"峡路民情,仆固不能知;而戎、沪用兵,系朝廷举动、一路生灵休戚,愿择知兵爱人者。"安石大怒,坐上客数十人,皆为之惧。退就谒舍,赏激之与诋以为矫者参半。景谌笑曰:"自古以来,好利者众,而顾义者寡,故天下万事,皆由人而不在于己。苟为利所动,而由于人,则盗亦可为也。夫盗之所以为盗者,利胜于义,而不知所以为之者耳。吾又何憾焉?"遂与安石绝。熙宁末,从张景宪辟知瀛州,终身为外官,仅至朝请郎而卒。

觊字穆父,彦远之子也。生五岁,日诵千言。十三岁,制举之业成。熙宁三年试应,既中秘阁选,廷对入等矣,会王安石恶孔文仲策,迁怒罢其科,遂不得第。以荫知尉氏县,授流内铨主簿。判铨陈襄尝登进班簿,神宗称之。襄曰:"此非臣所能,主薄钱觊为之耳。"明日召对,将任以清要官。安石使弟安礼来见,许州为御史。觊谢曰:"家贫母老,不能为万里行。"安石知不附己,命权盐铁判官,历提点京西、河北、京东刑狱。元丰定官制,觊方居丧。帝于左司郎中格自书其姓名,须终制日授之。

奉使吊高丽,外意颇谓欲结之以北伐。觊入请使指,帝曰:"高丽好文,又重士大夫家世,所以选卿,无他也。"乃求吕端故事以行,凡馈饩非故所有者皆弗纳。归次紫燕岛,王遣二吏追饷金银器四千两。觊曰:"在馆时既辞之矣,今何为者?"吏泣曰:"王有命,徒归则死,且左番已受。"觊曰:"左右番各有职,吾唯例是视,汝可死,吾不可受。"竟却之。还,拜中书舍人。

元祐初,迁给事中,以龙图阁待制知开封府。老吏畏其敏,欲困以事,导人诉牒至七百。觊随即剖决,简不中理者,缄而识之,戒无复来。阅月听讼,一人又至,呼诘之曰:"吾固戒汝矣,安得欺我?"其人阑曰:"无有。"觊曰:"汝前诉云云,吾识以某字。"启缄示之,信然,上下皆惊咤。宗室、贵戚为之敛手,虽丞相府谒吏干请,亦械治之。积为众所憾,出知越州,徙瀛州。召拜工部、户部侍郎,进尚书,加龙图阁直学士,复知开封,临事益精。苏轼乘其据案时遗之诗,觊操笔立就以报。轼曰:"电扫庭讼,响答诗筒,近所未见也。"

哲宗莅政,翰林缺学士,章惇三荐林希,帝以命觊,仍兼侍读。以尝行惇谪词,惧其求去。帝曰:"岂非'趦趄非少主之臣,硁硁无大臣之节'者乎?朕固知之,毋庸避也。"尝侍经幄,帝留与之语曰:"台臣论徐邸事,其辞及郑、雍,小人离间骨肉如此。若雍有请,当付卿以美诏慰安之。"既而雍章至,觊答诏云:"弗容群枉,规欲动摇,

朕察其厚诬,力加明辨,夫何异趣,乃尔乞身。"帝见之,谓能道所欲言者。惇因是极意排诋,讽全台攻之,言不已。罢知池州,卒于官,年六十四。讣未至,帝犹即其从弟景臻问安否。元符末,追复龙图阁学士。

即字中道,吴越王诸孙也。第进士,为睦州推官。部使者有狱在衢,咳即以荐牍,使往治。即曰:"吾宁老冗选中,岂忍以数十人易一荐乎?"至,则平反之。辟鄜延幕府。崇宁中,为陕西转运判官。王师复银州,转饷最。徽宗召对,问曰:"灵武可取乎?"对曰:"夏人去来飘忽,不能持久,是其所短;然其民皆兵,居不縻饮食,动不勤转饷,愿敕边臣先为不可胜以待衅,庶可得志。"帝曰:"大岩泉可取否?"对曰:"是所谓瀚海也。臣闻其地皆舄卤,无水泉,或以饮马,口鼻皆裂,正得之无所用。"帝然之。

除直龙图阁、知庆州。至镇,筑安边城,归德堡,包地万顷,纵耕其中,岁得粟数十万。徙知延安府,加集贤殿修撰,又进徽猷阁待制、显谟阁直学士。在延五年,童贯宣抚陕西,得便宜行事。时长安百物踊贵,钱币益轻,贯欲力平之,计司承望风旨,取市价率减什四,违者重置于法,民至罢市。徐处仁争之,得罪。又行均籴法,贱入民粟,而高金帛估以赏,下至蕃兵、射士之授田者,咸被抑配,关内骚然,几于生变。即亦屡抗章,极陈其害,贬永州团练副使,然籴害亦寝。

数月,还待制、知兴仁府,从太原,以童贯宣抚本道辞,不许。居二年,以疾提举洞霄宫,复直学士。睦寇作,起知宣州。即自力上道,至则悉意应军须。贯上其功,进龙图阁学士。贯遂引为河北、河东参谋,以老固辞,乃转正奉大夫致仕。卒,赠金紫光禄大夫,谥曰忠定。

论曰:进士自乡举至廷试皆第一者才三人,王曾、宋庠为名宰相,冯京为名执政,风节相映,不愧其科名焉。邵亢知太常,裁损张贵妃恤典,颖王授室、公主下嫁,请用古典,可谓不愧其官守矣。邵必亦习礼者也,预修《唐书》而能力辞,以为史出众手,非古人撰述之体,岂非名言乎?钱惟演敏思清才,著称当时,然急于柄用,阿附希进,遂丧名节。钱氏三世制科,易、明逸皆掌书命,时人荣之。惜乎易以轻俊,明逸以倾险,并为时论所憾云。

卷三百一十八　　列传第七十七

张方平　王拱辰　张昪　赵概
胡宿_{子宗炎　从子宗愈　宗回}

张方平,字安道,南京人。少颖悟绝伦,家贫无书,从人假三史,旬日即归之,曰:"吾已得其详矣。"凡书皆一阅不再读,宋绶、蔡齐以为天下奇才。举茂材异等,为校书郎、知昆山县。又中贤良方正,选迁著作佐郎、通判

睦州。

赵元昊且叛，为嫚书来，规得谴绝以激使其众。方平请："顺适其意，使未有以发，得岁月之顷，以此间选将厉士，坚城除器，为不可胜以待之。虽终于必叛，而兵出无名，吏士不直其上，难以决胜。小国用兵三年，而不见胜负，不折则破；我以全制其后，必胜之道也。"时天下全盛，皆谓其论出姑息，决计用兵。方平上《平戎十策》，以为："入寇当自延、渭，巢穴之守必虚。宜屯兵河东，卷甲而趋之，所谓攻其所必救，形格势禁之道也。"宰相吕夷简善其策而不果行。当召试馆职，仁宗曰："是非两策制科者乎？何试也？"命直集贤院，俄知谏院。夏人寇边，方平首乞合枢密之职于中书，以通谋议。帝然之，遂以宰相兼枢密使。时调诸道弓手，刺其壮者为宣毅、保捷，方平连疏争之，弗听。既而两军骄甚，合二十余万，皆市人不可用，如方平言。

夏竦节制陕西并护诸将，四路以禀复失事机，且诏使出师，逗遛不行。及丰州陷，刘平等覆师，主帅皆坐谴，竦独不预，方平劾罢之，而请四路帅臣，各自任战守。西师久未解，元昊亦困弊，方平言："陛下犹天地父母也，岂与犬豕豺狼较乎？愿因郊赦，引咎示信，开其自新之路。"帝喜曰："是吾心也。"是岁，改庆历赦书，敕边吏通其善意，元昊竟降。既，以修起居注使契丹。契丹主顾左右曰："有臣如此，佳哉！"骑而击毬于前，酌玉卮饮之，且赠以所乘马。还，知制诰，权知开封府。府事丛集，前尹率书板识之，方平独默记决遣，无少差忘。进翰林学士。元昊既臣，而与契丹有隙，来请绝其使，议者不可。方平曰："得新附之小羌，失久和之强敌，非计也。宜赐元昊诏，使之审处，但嫌隙朝除，则封册暮下。如此，于西、北为两得矣。"时韪其谋。拜御史中丞，改三司使。

初，王拱辰议榷河北盐，方平见曰："河北再榷盐，何也？"帝曰："始立এ耳。"方平曰："昔周世宗以盐课均之税中，今两税盐钱是也。岂非再榷乎？"帝惊悟，方平请直降手诏罢之。河间父老迎拜于澶州，为佛老会七日，以报上恩，事具《食货志》。加端明殿学士、判太常寺。

禁中卫卒夜变，帝旦语二府，奖张贵妃扈跸功。夏竦即倡言："当求所以尊异之礼。"方平闻之，谓陈执中曰："汉冯婕妤身当猛兽，不闻有所尊异；且皇后在而尊贵妃，古无是事。果行之，天下之责，将萃于公矣。"执中瞿然而罢。

帝以丰财省费访群臣，方平既条对，又独上数千言，大略以为："祥符以来，务为姑息，渐失祖宗之旧。取士、任子、磨勘、迁补之法坏，命将养兵，皆非旧律。国用既窘，则政出多门；大商豪民乘隙射利，而茶盐香矾之法乱。此治忽盛衰之本，不可以不急。"帝览对甚悦，且大用，会判官杨仪得罪，坐与交，出知滁州。顷之，知江宁府，入判流内铨。

以侍讲学士知滑州，徙益州。未至，或扇言侬智高在南诏，将入寇，摄守亟调兵筑城，日夜不得息，民大惊扰。朝廷闻之，发陕西步骑兵仗，络绎往戍蜀。诏趣方平行，许以便宜从事，方平曰："此必妄也。"道遇戍卒，皆遣归，他役尽罢。适上元张灯，城门三夕不闭，得邛部川译人始造此语者，枭首境上，而流其余党，蜀人遂安。

复以三司使召。方西鄙用兵，两蜀多所调发，方平为奏免横赋四十万，减铸铁钱十余万缗。又建言："国家都陈留，当四通五达之道，非若雍、洛有山川足恃，特倚重兵以立国耳。兵恃食，食恃漕运，以汴为主，汴带引淮、江，利尽南海。天圣已前，岁调民浚之，故水行地中。其后，浅妄者争以裁减役费为功，汴日以塞，今仰而望焉，是利尺寸而丧丘山也。"乃画上十四策。富弼读其奏，漏尽十刻，帝称善。弼曰："此国计大本，非常奏也。"悉如其说行之。

迁尚书左丞、知南京。未几，以工部尚书帅秦州。谍告夏人将压境，方平料简士马，声言出塞。已而寇不至，言者论其轻举，曾公亮曰："兵不出塞，何名轻举？寇之不得至，有备故也。倘罪之，后之边臣，将不敢为先事之备矣。"方平不自安，请知南京。

英宗立，迁礼部尚书，请知郓州。还，为学士承旨。帝不豫，召至福宁殿，帝冯几言，言不可辨。方平进笔请，乃书云："明日降诏，立皇太子。"方平抗声曰："必颍王也，嫡长而贤，请书其名。"帝力疾书之，乃退草制。

神宗即位，召见，请约山陵费，帝曰："奉先可损乎？"对曰："遗制固云，以先志行之，可谓孝矣。"又请差减锡赉，以乾兴为准，费省什七八。方平进诏草，帝亲批之，曰："卿文章典雅，焕然有三代风，又善以丰为约，意博而辞寡，虽《书》之训诰，殆无加也。"其见称重如此。

拜参知政事。御史中丞司马光疏其不当用，不听。光解中丞，曾公亮议用王安石，方平以为不可。数日，遭父忧，服阕，以观文殿学士留守西京。入觐，留判尚书都省，力请知陈州。安石行新法，方平陛辞，极论其害，曰："民犹水也，可以载舟，亦可以覆舟；兵犹火也，弗戢必自焚。若新法卒行，必有覆舟、自焚之祸。"帝怃然。

韩绛主西师，庆卒乱，京西转运使令一路各会兵于州，民大骇。方平持檄不下而奏之，帝曰："守臣不当尔邪！"命罢诸郡兵。召为宣徽北院使，留京师。王安石深沮之，以为青州。未行，帝问祖宗御戎之要，对曰："太祖不勤远略，如灵夏、河西，皆因其酋豪，许之世袭；环州董遵诲、西山郭进、关南李汉超，皆优其禄赐，宽其文法。诸将财力丰而威令行，间谍精审，吏士用命，故能以十五万人而获百万之用。及太宗谋取燕蓟，又内徙李彝兴、冯晖，于是朝廷始旰食矣。真宗澶渊之克，与契丹盟，至今人不识兵革。三朝之事如此。近岁疆埸之臣，乃欲试天下于一掷，事成徼利，不成诒患，不可听也。"帝曰："庆历以来，卿知之乎？元昊初臣，何以待之？"对曰："臣时为学士，誓诏封册，皆出臣手。"帝曰："卿时已为学士，可谓旧德矣。"

契丹泛使萧禧来议疆事，临当辞，卧驿中不起。方平谓枢密使吴充曰："但令主者日致馈勿问，且使边郡檄国可也。"充启从之，禧即行。除中太一宫使。

王安石弛铜禁，奸民日销钱为器，边关海舶不复讥钱出，钱日耗。方平极论其害，请诘安石："举累朝之令典，一旦削除之，其意安在？"帝颇采其言，而方平求去。进使南院，判应天府。帝曰："朕欲卿与韩绛共事，而卿论政不同；欲置卿枢密，而卿论兵复异。卿受先帝末命，讫无以副朕意乎？"遂行。

高丽使过府，长吏当送迎，方平言："臣班视二府，不可为陪臣屈。"诏但遣少尹。王师征安南，方平言："举西北壮士健马，弃之炎荒，其患有不可胜言者。若师老费财，无功而还，社稷之福也。"后皆如其言。

新法鬻河渡坊场，司农并及祠庙，宋阏伯、微子庙皆为贾区。方平言："宋王业所基，阏伯封于商丘，以主大火；微子为始封之君，是二祠者，亦不得免乎？"帝震怒，批牒尾曰："慢神辱国，无甚于斯！"于是天下祠庙皆得不鬻。数请老，以太子少师致仕。官制行，废宣徽使，独命领之如故。哲宗立，加太子太保。元祐六年，薨，年八十五。赠司空。遗令毋请谥，尚书右丞苏辙为请，乃谥曰文定。

方平慷慨有气节，既告老，论事益切，至于用兵、起狱，尤反覆言之。且曰："臣且死，见先帝地下，有以藉口矣。"平居未尝以言徇物、以色假人。守蜀日，得眉山苏洵与其二子轼、辙，深器异之。尝荐轼为谏官。轼下制狱，又抗章为请，故轼终身敬事之，叙其文，以比孔融、诸葛亮。晚，受知神宗。王安石方用事，巍然不小屈，以是望高一时。守宋都日，富弼自亳移汝，过见之曰："人固难知也。"方平曰："谓王安石乎？亦岂难知者！方平顷知皇祐贡举，或称其文学，辟以考校。既入院，凡院中之事，皆欲纷更。方平恶其人，檄使出，自是未尝与语也。"弼有愧色，盖弼素亦善安石云。

王拱辰，字君贶，开封咸平人。元名拱寿，年十九，举进士第一，仁宗赐以今名。通判怀州，入直集贤院，历盐铁判官、修起居注、知制诰。庆历元年，为翰林学士。

契丹使刘六符尝谓贾昌朝曰："塘泺何为者？一苇可杭，投箠可平；不然，决其堤，十万土囊，即可路矣。"仁宗以问拱辰，对曰："兵事尚诡，彼诚有谋，不应以语我，此夸言尔。设险守国，先王不废，而祖宗所以限敌人也。"至是，又使六符来，求关南十县，斥太宗伐燕为无名，举朝莫知所答。拱辰曰："王师征河东，契丹既通使，而寇石岭关以援贼。太宗怒，遂回军伐之，岂谓无名？"乃作报书曰："既交石岭之锋，遂有蓟门之役。"契丹得报，遂继好如初。帝喜，谓辅臣曰："非拱辰深练故实，殆难答也。"

权知开封府，拜御史中丞。夏竦除枢密使，拱辰言："竦经略西师，无功称而归。今置诸二府，何以厉世？"因对，极论之。帝未省，遽起，拱辰前引裾，乃纳其说，竦遂罢。又言："滕宗谅在庆州，所为不度，而但降秩守號，惧边臣则效，宜施重责。"未听，即家居，求自贬。乃徙宗谅岳州，敕拱辰赴台。入见，帝曰："言事官第自举职，勿以朝廷未行为沮己，而轻去以沽名。自今有当言者，宜力陈毋避。"

僧绍宗以铸佛像惑众，都人竞投金冶中，宫掖亦出赀佐之。拱辰言："西师宿边，而财费于不急，动士心，起民怨。"诏亟禁之。苏舜钦会宾客于进奏院，王益柔醉作《傲歌》，拱辰风其僚鱼周询、刘元瑜举劾之。两人悉窜废，同席者俱逐。时杜衍、范仲淹为政，多所更张，拱辰之党不便。舜钦、益柔皆仲淹所荐，而舜钦，衍婿也，故因是倾之，由此为公议所薄。

复以翰林学士权三司使。坐举富民郑旭，出知郑州，徙澶、瀛、并三州。数岁还，为学士承旨兼侍读。帝于迩英阁置《太玄经》、蓍草，顾曰："朕每阅此。卿亦知其说乎？"拱辰具以对，且曰："愿陛下垂意《六经》，旁采史策，此不足学也。"

至和三年，复拜三司使。聘契丹，见其主混同江，设宴垂钓，每得鱼，必酌拱辰酒，亲鼓琵琶以侑饮。谓其相曰："此南朝少年状元也，入翰林十五年，故吾厚待之。"使还，御史赵抃论其辄当非正之礼，"异时北使援比以请，将何辞拒之？"湖南转运判官李章、知潭州任颛市死商真珠，事败，具狱上，拱辰愆入珠掖庭。抃并劾之。除宣徽北院使，抃言："宣徽之职，本以待勋劳者，唯前执政及节度使得为之，拱辰安得污此选？"乃以端明殿学士知永兴军，历泰定二州、河南大名府，积官至吏部尚书。

神宗登极，恩当转仆射，欧阳修以为此宰相官，不应序进，但迁太子少保。熙宁元年，复以北院使召还。王安石参知政事，恶其异己，乘二相有故，出为应天府。八年，入朝，为中太一宫使。

元丰初，转南院使，赐金方团带。再判大名，改武安军节度使。三路籍民为保甲，日聚而教之，禁令苛急，往往去为盗，郡县不敢以闻。拱辰抗言其害曰："非止困其财力，夺其农时，是以法驱之，使陷于罪罟也。浸淫为大盗，其兆已见。纵未能尽罢，愿财损下户以纾之。"主者指拱辰为沮法，拱辰曰："此老臣所以报国也。"上章不已。帝悟，于是第五等户得免。

哲宗立，徙节彰德，加检校太师。是年薨，年七十四。赠开府仪同三司，谥懿恪。

论曰：方平、拱辰之才，皆较然有过人者，而不免司马光、赵抃之论。岂其英发之气，勇于见得，一时趋乡未能尽适于正与？及新法行，方平痛陈其弊，拱辰争保甲，言尤剀切，皆谓谔不少贬，为国老成，望始重矣。若方平识王安石于辟校贡举之时，而知其后必乱政，其先见之明，无忝吕海云。

张昇字杲卿，韩城人。举进士，为楚丘主簿。南京留守王曾称其有公辅器。累官度支员外郎。夏竦经略陕西，荐其才，换六宅使、泾原秦凤安抚都监。未几，以母老，求归故官，得知绛州，改京西转运使。知邓州，又以母辞。或指为避事，范仲淹言于朝曰："张昇岂避事者？"乃许归养。历户部判官、开封府推官，至知杂御史。

张尧佐缘恩骤用，知开封府；内侍杨怀敏夜直禁中，而卫士为变，皆极论之。昇性质朴，不善择言，至斥张贵妃为一妇人，谓怀敏得志，将不减刘季述。仁宗读之不怿，以语陈升之。升之曰："此忠直之言，不激切，则圣意不可回矣。"帝乃解。以天章阁待制知庆州,改龙图阁直学士、知秦州。

初,青唐蕃部蔺毡,世居古渭,积与夏人有隙,惧而献其地。摄帅范祥无远虑,亟城之。诸族畏其逼,举兵叛。昪至,请弗勿城。诏户部副使傅求审视之,以为不可弃,与昪议殊。先是,副总管刘涣讨叛羌,逗挠不时进,昪命他将郭恩代之,羌乃溃去。涣黜其功,讼恩多杀老稚,以撼昪。朝廷命张方平守秦,徙涣泾原,亦徙昪青州。将罪昪,方平辞曰:"涣、昪有阶级,今互言而两罢帅,不可也。"昪乃复留。

至和二年,召兼侍读,拜御史中丞。刘沆在相位,以御史范师道、赵抃尝攻其恶,阴欲出之。昪曰:"天子耳目之官,奈何用宰相怒而斥?"上章力争之,沆竟罢去。帝见昪指切时事无所避,谓曰:"卿孤立,乃能如是。"对曰:"臣仰托圣主,致位侍从,是为不孤。今陛下之臣,持禄养望者多,而赤心谋国者少,窃以为如陛下乃孤立尔。"帝为之感动。

契丹主宗真遣使赍其画像来,求帝画像,未报而死。子洪基立,以为请,诏昪报聘,谕使更致新主像。契丹欲先得之,昪曰:"昔文成以弟为兄屈,尚先致敬,况今为伯父哉!"遂无以夺,乃复以洪基像来。嘉祐三年,擢枢密副使,迁参知政事、枢密使。昪爱惜官资,凡内降所与,多持不下。见帝春秋高,前后屡进言储嗣事,卒与韩琦同决策。

英宗立,请老,帝曰:"太尉勤劳王家,讵可遽去?"但命五日一至院,进见无蹈舞。司马光上疏言:"近岁以来,大臣年高者皆不敢自安其位,言事者欲以为名,又从而攻之。使其人无可取,虽少壮何为?果有益于时,虽老何伤?昪为人忠谨清直,不可干以私,若使且居其位,于事亦未有旷废也。"昪请不已,始赐告,令养疾,遂以彰信军节度使、同中书门下平章事判许州,改镇河阳三城。拜太子太师致仕。熙宁十年薨,年八十六。赠司徒兼侍中,谥曰康节。

赵概,字叔平,南京虞城人。少笃学自力,器识宏远,为一时名辈称许。中进士第,通判海州,为集贤校理、开封府推官。奏事殿中,仁宗面赐银绯。

出知洪州,州城西南薄章江,有泛溢之虞,概作石堤二百丈,高五丈,以障其冲,水不为患。僚吏郑陶、饶奭挟持郡事,为不法,前守莫能制。州之归化卒,皆故时群盗。奭造飞语曰:"卒得廪米陈恶,有怨言,不更给善米,且生变。"概不答。卒有自容州戍逃归而犯夜者,斩之以徇,因收陶、奭抵罪,阖府股栗。

加直集贤院、知青州。坐失举渑池令张诰免,久乃起,监密州酒。知滁州,山东有寇李二过境上,告人曰:"我东人也,公尝为青州,民爱之如父母,我不忍犯。"率众去。

召修起居注。欧阳修后至,朝廷欲骤用之,难于越次。概闻,请郡,除天章阁待制、纠察在京刑狱,修遂知制诰。逾岁,概始代之。郊祀,当任子、进阶爵,乞回其恩,封

母郡太君。宰相谓曰:"君即为学士,拟封不久矣。"概曰:"母年八十二,愿及今拜君赐以为荣。"乃许之,后遂为例。

苏舜钦等以群饮逐,概言:"预会者皆馆阁名士,举而弃之,鲜士大夫望,非国之福也。"不报。求知苏州,终母丧,入为翰林学士。聘契丹,契丹主会猎,请赋《信誓如山河诗》。诗成,亲酌玉杯为概劝,且授侍臣刘六符素扇,写之纳袖中,其礼重如此。还,兼侍读学士。谏官郭申锡论事忤旨,帝欲加罪,概曰:"陛下始面谕申锡毋面从,今黜之,何以示天下?"乃止。

以龙图阁学士知郓州、应天府,代韩绛为御史中丞。绛以论张茂实不宜典禁卫罢,概至,首言之,茂实竟去。御药院内臣有寄资至团练使者,谓之暗转。概请明限以年,诏俟出院优迁之,毋得累寄。擢枢密使、参知政事。数以老求去。熙宁初,拜观文殿学士、知徐州。自左丞转吏部尚书,前此,执政迁官,未有也。以太子少师致仕,退居十五年,尝集古今谏争事,为《谏林》百二十卷上之。神宗赐诏曰:"请老而去者,类以声问不至朝廷为高。唯卿有志爱君,虽退处山林,未尝一日忘也。当置于坐右,时用省阅。"元丰六年薨,年八十八。赠太子太师,谥曰康靖。

概秉心和平,与人无怨怒。虽在事如不言,然阴以利物者为不少,议者以比刘宽、娄师德。坐张诰贬六年,念之终不衰,诰死,恤其家备至。欧阳修遇概素薄,又躐知制诰,及修有狱,概独抗章明其罪,言为仇者所中伤,不可以天下法为人报怨。修得解,始服其长者。为郓州时,吏按前守冯浩侵公使钱三十万,当以职田租偿。概知其贫,为代以己奉。其平生所为类此。

概初名槩,尝梦神人金书名簿有"赵概",遂更云。

胡宿,字武平,常州晋陵人。登第,为扬子尉。县大水,民被溺,令不能救,宿率公私船活数千人。以荐为馆阁校勘,进集贤校理。通判宣州,囚有杀人者,将抵死,宿疑而讯之,囚悍箠楚不敢言。辟左右复问,久乃云:"且将之田,县吏缚以赴官,莫知其故。"宿取具狱缄阅,探其本辞,盖妇人与所私者杀其夫,而执平民以告也。

知湖州,前守滕宗谅大兴学校,费钱数十万。宗谅去,通判、僚吏皆疑以为欺,不肯书历。宿消之曰:"君辈佐滕侯久矣,苟有过,盍不早正?乃阴拱以观,俟其去而非之,岂昔人分谤之意乎?"坐者大惭谢。其后湖学为东南最,宿之力为多。筑石塘百里,捍水患,民号曰胡公塘,而学者为立生祠。

久之,为两浙转运使。召修起居注、知制诰。入内都知杨怀敏坐卫士之变,斥为州都监,未几,召入复故职。宿封还词头,且言:"怀敏得不穷治诛死,已幸,岂宜复在左右?"命遂寝。

庆历六年,京东、两河地震,登、莱尤甚。宿兼通阴阳五行灾异之学,乃上疏曰:"明年丁亥,岁之刑德,皆在北宫。阴生于午,而极于亥。然阴犹强而未即伏,阳犹微而不能胜,此所以震也。是谓龙战之会,其位在乾。若西北二边不动,恐有内盗起于河朔。又登、莱视京师,为

东北少阳之位,今二州置金坑,多聚民凿山谷,阳气耗泄,故阴乘而动。宜即禁止,以宁地道。"时以为迂阔。明年,王则果以贝州叛。皇祐五年正月,会灵宫灾,是岁冬至,郊,以二帝并配。明年大旱,宿言:"五行,火,礼也。去岁火而今又旱,其应在礼,此殆郊丘并配之失也。"即建言并配非古,宜用迭配如初。时议者谓士大夫言,七十当致仕,其不知止者,请令有司按籍举之。宿以为非优老之义,当少缓其期法:武吏察其任事与否,勿断以年;文吏使得自陈而全其节。及言皇祐新乐与旧乐难并用;礼部间岁一贡士不便,当用三年之制。皆如其言。

唐介贬岭南,帝遣中使护以往。宿言:"事有不可测,介如不幸道死,陛下受杀直臣之名。"帝悟,追还使者。迁翰林学士,知审官、刑院。李仲昌开六塔河,民被害,诏狱薄其罪。宿请斩以谢河北,仲昌由是南窜。兖国公主下降,将行册礼。宿谏曰:"陛下昔封两长主,未尝册命,今施之爱女,殆非汉明帝所谓'我子岂得与先帝子等'之义也。"

泾州卒以折支不时给,出恶言,且欲相煽为乱。既置于法,乃命劾三司吏。三司使包拯护弗遣。宿曰:"泾卒固悖慢,然当给之物,越八十五日而不与,计吏安得为无罪?拯不知自省,公拒制命,纪纲益废矣。"拯惧,立遣吏。韩琦守并州,请复其节镇。宿言:"参、商为仇雠之星。国家受命于商丘,而参为晋地。今欲崇晋,非国之利也。宋兴削平四方,并最后服,故太宗不使列于方镇,八十年矣,宜如故便。"议遂止。后琦秉政,卒复之。

拜枢密副使。曾公亮任雄州,赵滋颛治界河事。宿言于英宗曰:"忧患之来,多藏于隐微,而生于所忽。自滋守边,北人捕鱼伐苇,一切禁绝,由此常与斗争。南北通好六十载,内外无患,近年边遽来上,不过侵诬尺寸,此城砦之吏移文足以辨诘,何至于兴甲兵哉?今搢绅中有耻燕蓟外属者,天时人事未至,而妄意难成之福。愿守两朝法度,以惠养元元,天下幸甚。"宿以老,数乞谢事。治平三年,罢为观文殿学士、知杭州。明年,以太子少师致仕,未拜而薨,年七十二。赠太子太傅,谥曰文恭。

宿为人清谨忠实,内刚外和,群居不哗笑,与人言,必思而后对。故临事重慎,不辄发,发亦不可止。居母丧三年,不至私室。其当重任,尤顾惜大体。在审官、刑院,择详议官,有在选中者,尝监征榷,以水灾负课。同列谓小累不足白,宿竟白之,而荐其才足用,仁宗听纳。同列退而诮曰:"公固欲白上,倘缘是不用,奈何?"宿曰:"彼之得否,不过一详议官。宿平生以诚事主,今白言矣,忍以毫发欺乎?为之开陈,听吾君自择尔。"少与一僧善,僧有秘术,能化瓦石为黄金。且死,将以授宿,使葬之。宿曰:"后事当尽力,他非吾所冀也。"僧叹曰:"子之志,未可量也。"其笃行自励,至于贵达,常如布衣时。

子宗炎,从子宗愈、宗回。

宗炎字彦圣,由将作监主簿锁厅登第。为国子大宗正丞、开封府推官、考功吏部郎中。旧制,选人改京官,举将小牴吏议,辄尼不行。宗炎请先引见,俟举者罪即追止,从之。

哲宗崩,辽使来吊祭,宗炎以鸿胪少卿逆境上。使者不易服,宗炎以礼折之,须其听命,乃相见。暨还,升为卿。初,父宿使辽,辽人重之。其后宗炎婿邓忠臣逆客,客问:"中外尝有充使者否?"忠臣以宿告,且言:"前使鸿胪,其子也。"客叹:"胡氏世不乏人。"俄以直龙图阁知颍昌府,历密州而卒。

宗炎善为诗,藻思清婉。欧阳修守亳,与客游郡圃,或诵其诗,修赏味不已,以为有鲍、谢风致。其重之如此。

宗愈字完夫,举进士甲科,为光禄丞。宿得请杭州,英宗问:"子弟谁可继者?"以宗愈对。召试学士院。

神宗立,以为集贤校理。久之,兼史馆检讨,遂同知谏院。修内卒盗皇城器物,宗愈言:"唐长孙无忌不解佩刀入东上阁门,校尉论当死。今禁卒为盗,而入内都知不能觉察,愿正其罪。"殿帅直庐在长庆门内,久而自置隶圉。宗愈曰:"严禁旅,所以杜奸宄也。奈何令私人得为之?万一凶黠者窜名其间,将不可悔。请易募老卒。"

王安石用李定为御史,宗愈言:"御史当用学士及丞、杂论荐,又须官博士、员外郎。今定以幕职不因荐得之,是殆一出执政意,即大臣不法,谁复言之?"苏颂、李大临不草制,坐绌;宗愈又争之,安石怒,出通判真州。历提点河东刑狱、开封府推官、吏部右司郎中。

元祐初,进起居郎、中书舍人、给事中、御史中丞。时更定役法,书成,衙校募不足者,听差入等户。宗愈言:"法贵均一,若持两端,则于文有害。是乃差法,非募法也。请删之。"

哲宗尝问朋党之弊,对曰:"君子指小人为奸,则小人指君子为党。君子,盖义之与比者。陛下能择中立之士而用之,则党祸熄矣。"明日,具《君子无党论》以进。拜尚书右丞。于是谏议大夫王觌论其不当,而刘安世、韩川、孙觉等合攻之,朝廷依违。逾年,出觌润州,而言者愈力。乃罢为资政殿学士、知陈州,徙成都府,蜀人安其政。召为礼部尚书,迁吏部,卒,年六十六。赠左银青光禄大夫。

宗回字醇夫,用荫登第,为编修敕令官、司农寺干当公事、京西转运判官、提点刑狱、京东陕西转运使、吏部郎中。绍圣初,以直龙图阁知桂州,进宝文阁待制。坐系平民死,降集贤殿修撰、知随州,改秦州、庆州,复为待制。

先是,熙河将王赡下邈川有功,帅孙路不乐赡,夺其兵与王愍。朝廷知之,以宗回代路,加直学士。时青唐瞎征内附,而心牟钦毡勒兵立别酋陇拶,还其地,势复张。瞎征大惧,自髡为僧以祈免。王赡怨孙路,因言青唐不烦兵可下。至,则驻宗哥城不进。宗回怒,日夜檄趣之,且戒赡曰:"青唐兵甚弱,陇拶稚子,何能为,而怯懦逗遛,吾将以军法从事。"又遣王愍发至邈川,声言代赡。赡惧,乃率步骑掩青唐,据之,陇拶降。诏以青唐为鄯州,邈川为湟州。未几,属羌郎阿章叛,拒官军。宗回遣将王吉、魏钊讨之,皆败死。又遣钤辖种朴往。朴言:"贼锋方锐,且盛寒,宜少缓师。"宗回不听,督之急。朴不得已,行,亦败死。于是转运判官秦希甫言湟、鄯难守,以为弃之便。事下宗回,宗回持不可,希甫罢去。会徽宗弃鄯州,于是任伯雨再疏其罪，夺职知蕲州。

还，为待制。历庆、渭、陈、延、澶州。兄宗愈入党籍，宗回亦罢郡。居亡何，录其坚守湟、鄯之议，起知秦州。进枢密直学士，徙永兴、郑州、成德军，复坐事去。大观中卒，赠银青光禄大夫。

胡氏自宿始大，及宗愈仍世执政，其后子孙至侍从、九卿者十数，遂为晋陵名族。

论曰：张昪清忠谅直，赵概雅量过人，胡宿学通天人之奥，考其立朝大节皆磊落，为良执政。宗愈仍居右辖，而学术视宿则有间矣。宗回非边将材，其守河湟之议，盖以趣种朴于死，蕲合上意，以解其责尔。若胡氏之世大也，殆脱万人于水死，而阴德之所致与？

卷三百一十九　　列传第七十八

欧阳修子发　棐　**刘敞**弟攽　子奉世　**曾巩**弟肇

欧阳修，字永叔，庐陵人。四岁而孤，母郑，守节自誓，亲诲之学，家贫，至以荻画地学书。幼敏悟过人，读书辄成诵。及冠，嶷然有声。

宋兴且百年，而文章体裁，犹仍五季余习。锼刻骈偶，淟涊弗振，士因陋守旧，论卑气弱。苏舜元、舜钦、柳开、穆修辈，咸有意作而张之，而力不足。修游随，得唐韩愈遗稿于废书簏中，读而心慕焉。苦志探赜，至忘寝食，必欲并辔绝驰而追与之并。

举进士，试南宫第一，擢甲科，调西京推官。始从尹洙游，为古文，议论当世事，迭相师友，与梅尧臣游，为歌诗相倡和，遂以文章名冠天下。入朝，为馆阁校勘。

范仲淹以言事贬，在廷多论救，司谏高若讷独以为当黜。修贻书责之，谓其不复知人间有羞耻事。若讷上其书，坐贬夷陵令，稍徙乾德令、武成节度判官。仲淹使陕西，辟掌书记。修笑而辞曰："昔者之举，岂以为己利哉？同其退不同其进可也。"久之，复校勘，进集贤校理。庆历三年，知谏院。时仁宗更用大臣，杜衍、富弼、韩琦、范仲淹皆在位，增谏官员，用天下名士，修首在选中。每进见，帝延问执政，咨所宜行。既多所张弛，小人翕翕不便。修虑善人必不胜，数为帝分别言之。初，范仲淹之贬饶州也，修与尹洙、余靖皆以直仲淹见逐，目之曰"党人"。自是，朋党之论起，修乃为《朋党论》以进。其略曰："君子以同道为朋，小人以同利为朋，此自然之理也。臣谓小人无朋，惟君子则有之。小人所好者利禄，所贪者财货，当其同利之时，暂相党引以为朋者，伪也。及其见利而争先，或利尽而反相贼害，虽兄弟亲戚，不能相保，故曰小人无朋。君子则不然，所守者道义，所行者忠信，所惜者名节。以之修身，则同道而相益，以之事国，则同心而共济，终始如一，故曰惟君子则有朋。纣有臣亿万，惟亿万心，可谓无朋矣，而纣用以亡。武王有臣三千，惟一心，可谓大朋矣，而周用以兴。盖君子之朋，虽多而不厌故也。故为君但当退小人之伪朋，用君子之真朋，则天下治矣。"

修论事切直，人视之如仇，帝独奖其敢言，面赐五品服。顾侍臣曰："如欧阳修者，何处得来？"同修起居注，遂知制诰。故事，必试而后命，帝知修，诏特除之。

奉使河东。自西方用兵，议者欲废麟州以省馈饷。修曰："麟州，天险，不可废；废之，则河内郡县，民皆不安居矣。不若分其兵，驻并河内诸堡，缓急得以应援，而平时可省转输，於策为便。"由是州得存。又言："忻、代、岢岚多禁地废田，愿令民得耕之，不然，将为敌有。"朝廷下其议，久乃行，岁得粟数百万斛。凡河东赋敛过重民所不堪者，奏罢十数事。使还，会保州兵乱，以为龙图阁直学士、河北都转运使。陛辞，帝曰："勿为久留计，有所欲言，言之。"对曰："臣在谏职得论事，今越职而言，罪也。"帝曰："第言之，毋以中外为间。"贼平，大将李昭亮、通判冯博文私纳妇女，修捕博文系狱，昭亮惧，立出所纳妇。兵之始乱也，招不至死，既而皆杀之，胁从二千人，分隶诸郡。富弼为宣抚使，恐后生变，将使同日诛之，与修遇於内黄，夜半，屏人告之故。修曰："祸莫大於杀已降，况胁从乎？既非朝命，脱一郡不从，为变不细。"弼悟而止。

方是时，杜衍等相继以党议罢去，修慨然上疏曰："杜衍、韩琦、范仲淹、富弼，天下皆知其有可用之贤，而不闻其有可罢之罪，自古小人谗害忠贤，其说不远。欲广陷良善，不过指为朋党，欲动摇大臣，必须诬以颛权，其故何也？去一善人，而众善人尚在，则未为小人之利；欲尽去之，则善人少过，难为一一求瑕，唯指以为党，则可一时尽逐，至如自古大臣，已被主知而蒙信任，则难以他事动摇，唯有颛权是上之所恶，必须此说，方可倾之。正士在朝，群邪所忌，谋臣不用，敌国之福也。今此四人一旦罢去，而使群邪相贺於内，四夷相贺於外，臣为朝廷惜之。"于是邪党益忌修，因其孤甥张氏狱傅致以罪，左迁知制诰、知滁州。居二年，徙扬、颍州。复学士，留守南京，以母忧去。服除，召判流内铨，时在外十二年矣。帝见其发白，问劳甚至。小人畏修复用，有诈为修奏，乞澄汰内侍为奸利者。其群皆怨怒，谮之，出知同州，帝纳吴充言而止。迁翰林学士，俾修《唐书》。奉使契丹，其主命贵臣四人押宴，曰："此非常制，以卿名重故尔。"

知嘉祐二年贡举。时士子尚为险怪奇涩之文，号"太学体"，修痛排抑之，凡如是者辄黜。毕事，向之嚣薄者伺修出，聚噪于马首，街逻不能制；然场屋之习，从是遂变。

加龙图阁学士、知开封府，承包拯威严之后，简易循理，不求赫赫名，京师亦治。旬月，改群牧使。《唐书》成，拜礼部侍郎兼翰林侍读学士。修在翰林八年，知无不言。河决商胡，北京留守贾昌朝欲开横垄故道，回河使东流。有李仲昌者，欲导入六塔河，议者莫知所从。修以为："河水重浊，理无不淤，下流既淤，上流必决。以近事验之，决河非不能力塞，故道非不能力复，但势不能久耳。横垅功大难成，虽成将复决。六塔狭小，而以全河注之，滨、棣、德、博必被其害。不若因水所趋，增堤峻防，疏其下流，纵使入海，此数十年之利也。"宰相陈执中主昌朝，文彦博主仲昌，竟为河北患。

台谏论执中过恶，而执中犹迁延固位。修上疏，以为"陛下拒忠言，庇愚相，为圣德之累。"未几，执中罢。狄青为枢密使，有威名，帝不豫，讹言籍籍，修请出之于外，以保其终，遂罢知陈州。修尝因水灾上疏曰："陛下临御三纪，而储宫未建。昔汉文帝初即位，以群臣之言，即立太子，而享国长久，为汉太宗。唐明宗恶人言储嗣事，不肯早定，致秦王之乱，宗社遂覆。陛下何疑而久不定乎？"其后建立英宗，盖原于此。

五年，拜枢密副使。六年，参知政事。修在兵府，与曾公亮考天下兵数及三路屯戍多少、地理远近，更为图籍。凡边防久缺屯戍者，必加搜补。其在政府，与韩琦同心辅政。凡兵民、官吏、财利之要，中书所当知者，集为总目，遇事不复求之有司。时东宫犹未定，与韩琦等协定大议，语在《琦传》。英宗以疾未亲政，皇太后垂帘，左右交构，几成嫌隙。韩琦奏事，太后泣语之故。琦以帝疾为解，太后意不释，修进曰："太后事仁宗数十年，仁德著于天下。昔温成之宠，太后处之裕如；今母子之间，反不能容邪？"太后意稍和，修复曰："仁宗在位久，德泽在人。故一日晏驾，天下奉戴嗣君，无一人敢异同者。今太后一妇人，臣等五六书生耳，非仁宗遗意，天下谁肯听从。"太后默然，久之而罢。

修平生与人尽言无所隐。及执政，士大夫有所干请，辄面谕可否，虽台谏官论事，亦必以是非诘之，以是怨诽益众。帝将追崇濮王，命有司议，皆谓当称皇伯，改封大国。修引《丧服记》，以为："'为人后者，为其父母报。'降三年为期，而不没父母之名，以见服可降而名不可没也。若本生之亲，改称皇伯，历考前世，皆无典据。进封大国，则又礼无加爵之道。故中书之议，不与众同。"太后出手书，许帝称亲，尊王为皇，王夫人为后。帝不敢当。于是御史吕诲等诋修主此议，争论不已，皆被逐。惟蒋之奇之说合修意，修荐为御史，众目为奸邪。之奇患之，则思所以自解。修妇弟薛宗孺有憾于修，造帷薄不根之谤摧辱之，展转达于中丞彭思永，思永以告之奇，之奇即上章劾修。神宗初即位，欲深谴修。访故宫臣孙思恭，思恭为辨释，修杜门请推治。帝使诘思永、之奇，问所从来，辞穷，皆坐黜。修亦力求退，罢为观文殿学士、刑部尚书、知亳州。明年，迁兵部尚书、知青州，改宣徽南院使、判太原府。辞不拜，徙蔡州。

修以风节自持，既数被污蔑，年六十，即连乞谢事，帝辄优诏弗许。及守青州，又以请止散青苗钱，为安石所诋，故求归愈切。熙宁四年，以太子少师致仕。五年，卒，赠太子太师，谥曰文忠。

修始在滁州，号醉翁，晚更号六一居士。天资刚劲，见义勇为，虽机阱在前，触发之不顾。放逐流离，至于再三，志气自若也。方贬夷陵时，无以自遣，因取旧案反覆观之，见其枉直乖错不可胜数，于是仰天叹曰："以荒远小邑，且如此，天下固可知。"自尔，遇事不敢忽也。学者求见，所与言，未尝及文章，惟谈吏事，谓文章止于润身，政事可以及物。凡历数郡，不见治迹，不求声誉，宽简而不扰，故所至民便之。或问："为政宽简，而事不弛废，何也？"曰："以纵为宽，以略为简，则政事弛废，而民受其弊。吾所谓宽者，不为苛急；简者，不为繁碎耳。"修幼失父，母尝谓曰："汝父为吏，常夜烛治官书，屡废而叹。吾问之，则曰：'死狱也，我求其生，不得尔。'吾曰：'生可求乎？'曰：'求其生而不得，则死者与我皆无恨。夫常求其生，犹失之死，而世常求其死也。'其平居教他子弟，常用此语，吾耳熟焉。"修闻而服之终身。

为文天才自然，丰约中度。其言简而明，信而通，引物连类，折之于至理，以服人心。超然独骛，众莫能及，故天下翕然师尊之。奖引后进，如恐不及，赏识之下，率为闻人。曾巩、王安石、苏洵、洵子轼、辙，布衣屏处，未为人知，修即游其声誉，谓必显于世。笃于朋友，生则振掖之，死则调护其家。

好古嗜学，凡周、汉以降金石遗文、断编残简，一切掇拾，研稽异同，立说于左，的的可表证，谓之《集古录》。奉诏修《唐书》纪、志、表，自撰《五代史记》，法严词约，多取《春秋》遗旨。苏轼叙其文曰："论大道似韩愈，论事似陆贽，记事似司马迁，诗赋似李白。"识者以为知言。

子发字伯和，少好学，师事安定胡瑗，得古乐锺律之说，不治科举文词，独探古始立议论。自书契以来，君臣世系，制度文物，旁及天文、地理，靡不悉究。以父恩，补将作监主簿，赐进士出身，累迁殿中丞。卒，年四十六。苏轼哭之，以谓发得文忠公之学，汉伯喈、晋茂先之流也。

中子棐字叔弼，广览强记，能文辞，年十三时，见修著《鸣蝉赋》，侍侧不去。修抚之曰："儿异日能为吾此赋否？"因书以遗之。用荫，为秘书省正字，登进士乙科，调陈州判官，以亲老不仕。修卒，代草遗表，神宗读而爱之，意修自作也。服除，始为审官主簿，累迁职方员外郎、知襄州。曾布执政，其妇兄魏泰倚声势来居襄，规占公私田园，强市民货，郡县莫敢谁何。至是，指州门东偏官邸废址为天荒，请之。吏具成牍至，棐曰："孰谓州门之东偏而有天荒乎？"却之。众共白曰："泰横于汉南久，今求地而缓与之，且不可，而又可却邪？"棐竟持不与。泰怒，谮于布，徙知潞州，旋又罢去。元符末，还朝。历吏部、右司二郎中，以直秘阁知蔡州。蔡地薄赋重，转运使又为覆折之令，多取于民，民不堪命。会有诏禁止，而佐吏惮使者，不敢以诏旨从事。棐曰："州郡之于民，诏令苟有未便，犹将建请。今天子诏意深厚，知覆折之病民，手诏止之。若有惮而不行，何以为长吏？"命即日行之。未几，坐党籍废，十余年卒。

论曰："三代而降，薄乎秦、汉，文章虽与时盛衰，而蔼如其言，晔如其光，皦如其音，盖均有先王之遗烈。涉晋、魏而弊，至唐韩愈氏振起之。唐之文，涉五季而弊，至宋欧阳修又振起之。挽百川之颓波，息千古之邪说，使斯文之正气，可以羽翼大道，扶持人心，此两人之力也。愈不获用，修用矣，亦弗克究其所为，可为世道惜也哉!

刘敞，字原父，临江新喻人。举庆历进士，廷试第一。编排官王尧臣，其内兄也，以亲嫌自列，乃以为第二。通判蔡州，直集贤院，判尚书考功。

夏竦薨，赐谥文正。敞言："谥者，有司之事，竦行不应法。今百司各得守其职，而陛下侵臣官。"疏三上，改谥文庄。方议定大乐，使中贵人参其间。敞谏曰："王事莫重于乐。今儒学满朝，辨论有余，而使若赵谈者参之，臣惧为袁盎笑也。"权度支判官，徙三司使。

秦州与羌人争古渭地。仁宗问敞："弃守孰便？"敞曰："若新城可以蔽秦州，长无羌人之虞，倾国守焉可也。或地形险利，贼乘之以扰我边鄙，倾国争焉可也。今何所重轻，而殚财困民，捐士卒之命以规小利，使曲在中国，非计也。"议者多不同，秦州自是多事矣。

温成后追册，有佞人献议，求立忌。敞曰："岂可以私昵之故，变古越礼乎？"乃止。吴充以典礼得罪，冯京救之，亦罢近职。敞因对极论之。帝曰："充能官，京亦亡它，中书恶其太直，不相容耳。"敞曰："陛下宽仁好谏，而中书乃排逐言者，是蔽君之明，止君之善也。臣恐感动阴阳，有日食、地震、风雹之异。"已而果然。因劝帝收揽威权，无使聪明蔽塞，以消灾咎。帝深纳之，以同修起居注。未一月，擢知制诰。宰相陈执中恶其斥己，沮止之，帝不听。宦者石全彬领观察使，意不惬，有愠言，居三日为真，敞封还除书，不草制。

奉使契丹，素习知山川道径，契丹导之行，自古北口至柳河，回屈殆千里，欲夸示险远。敞质译曰："自松亭趋柳河，甚径且易，不数日可抵中京，何为故道此？"译相顾骇愧曰："实然。但通好以来，置驿如是，不敢变也。"顺州山中有异兽，如马而食虎豹，契丹不能识，问敞。敞曰："此所谓驳也。"为说其音声形状，且诵《山海经》、《管子》书晓之，契丹益叹服。使还，求知扬州。

狄青起行伍为枢密使，每出入，小民辄聚观，至相与推诵其拳勇，至壅马足不得行。帝不豫，人心动摇，青益不自安。敞辞赴郡，为帝言曰："陛下幸爱青，不如出之，以全其终。"帝颔之，使出谕中书，青乃去位。

扬之雷塘，汉雷陂也，旧为民田。其后官取潴水而不偿以它田，主皆失业。然塘亦破决不可漕，州复用为田。敞据唐刊券，悉用还民，发运使争之，敞卒以予民。天长县鞠王甲杀人，既具狱，敞见而察其冤，甲畏吏，不敢自直。敞以委户曹杜诱，诱不能有所平反，而傅致益牢。将论囚，敞曰："冤也。"亲按问之。甲知能为己直，乃敢告，盖杀人者，富人陈氏也。相传以为神明。徙郓州，郓比易守，政不治，市邑擅敚公行。敞决狱讼，明赏罚，境内肃然。客行寿张道中，遗一囊钱，人莫敢取，以告里长，里长为守视，客还，取得之。又有暮遗物市中者，旦往访之，故在。先是，久旱，地多蝗。敞至而雨，蝗出境。召纠察在京刑狱。营卒桑达等醉斗，指斥乘舆。皇城使捕送开封，弃达市。敞移府，问何以不经审讯。府报曰："近例，凡圣旨及中书、枢密所鞫狱，皆不虑问。"敞奏请一准近格，枢密院不肯行，敞力争之，诏以其章下府，著为令。

嘉祐恰享，群臣上尊号，宰相请撰表。敞说止不得，乃上疏曰："陛下不受徽号且二十年。今复加数字，不足尽圣德，而前美并弃，诚可惜也。今岁以来，颇有灾异，正当寅畏天命，深自抑损，岂可于此时乃以虚名为累。"帝览奏，顾侍臣曰："我意本谓当尔。"遂不受。

蜀人龙昌期著书传经，以诡僻惑众。文彦博荐诸朝，赐五品服。敞与欧阳修俱言："昌期违古畔道，学非而博，王制之所必诛，未使即少正卯之刑，已幸矣，又何赏焉。乞追还诏书，毋使有识之士，窥朝廷深浅。"昌期闻之，惧不敢受赐。

敞以议论与众忤，求知永兴军，拜翰林侍读学士。大姓范伟为奸利，冒同姓户籍五十年，持府县短长，数犯法。敞穷治其事，伟伏罪，长安中谨喜。未及受刑，敞召还，判三班院，伟即变前狱，至于四五，卒之付御史决。

敞侍英宗讲读，每指事据经，因以讽谏。时两宫方有小人间言，谏者或讦而过直。敞进读《史记》，至尧授舜以天下，拱而言曰："舜至侧微也，尧禅以位，天地享之，百姓戴之，非有他道，惟孝友之德，光于上下耳。"帝竦体改容，知其以义理讽也。皇太后闻之，亦大喜。

积苦眩瞀，屡予告。帝固重其才，每燕见他学士，必问敞安否；帝食新橙，命赐之。疾少间，复求外，以为汝州，旋改集贤院学士、判南京御史台。熙宁元年，卒，年五十。

敞学问渊博，自佛老、卜筮、天文、方药、山经、地志，皆究知大略。尝夜视镇星，谓人曰："此于法当得土，不然，则生女。"后数月，两公主生。又曰："岁星往来虚、危间，色甚明盛，当有兴于齐者。"岁余而英宗以齐州防御使入承大统。尝得先秦彝鼎数十，铭识奇奥，皆案而读之，因以考知三代制度，尤珍惜之。每曰："我死，子孙以此蒸尝我。"朝廷每有礼乐之事，必就其家以取决焉。为文尤赡敏。掌外制时，将下直，会追封王、主九人，立马却坐，顷之，九制成。欧阳修每于书有疑，折简来问，对其使挥笔，答之不停手，修服其博。长于《春秋》，为书四十卷，行于时。弟攽，子奉世。

攽字贡父，与敞同登科，仕州县二十年，始为国子监直讲。欧阳修、赵概荐试馆职，御史中丞王陶有夙憾，率侍御史苏寀共排之，攽官已员外郎，才得馆阁校勘。熙宁中，判尚书考功、同知太常礼院。

诏封太祖诸孙行尊者为王，奉太祖后。攽言："礼，诸侯不得祖天子，当自奉其国之祖。宜崇德昭、德芳之后，世世勿降爵，宗庙祭祀，使之在位，则所以褒扬艺祖者著矣。"后二王绍封，如攽议。

方更学校贡举法，攽曰："本朝选士之制，行之百年，累代将相名卿，皆由此出，而以为未尝得人，不亦诬哉。愿因旧贯，毋轻议改法。夫士修于家，足以成德，亦何待于学官程课督趣之哉。"

王安石在经筵，乞讲者坐。敩曰："侍臣讲论于前，不可安坐，避席立语，乃古今常礼。君使之坐，所以示人主尊德乐道也；若不命而请，则异矣。"礼官皆同其议，至今仍之。考试开封举人，与同院王介争訾，为监察御史所劾罢。礼院廷试始用策，初，考官吕惠卿列阿时者在高等，评直者反居下。敩覆考，悉反之。又尝治安石书，论新法不便。安石怒摭前过，斥通判泰州，以集贤校理、判登闻检院、户部判官知曹州。曹为盗区，重法不能止。敩曰："民不畏死，奈何以死惧之。"至，则治尚宽平，盗亦衰息。为开封府判官，复出为京东转运副。部吏畏软不逮者，务全安之。徙知兖、亳二州。吴居厚代为转运使，能奉行法令，致财赋，乃追坐敩废弛，黜监衡州盐仓。

哲宗初，起知襄州。入为秘书少监，以疾求去，加直龙图阁、知蔡州。于是给事中孙觉、胡宗愈、中书舍人苏轼、范百禄言："敩博记能文章，政事俫古循吏，身兼数器，守道不回，宜优赐之告，使留京师。"至蔡数月，召拜中书舍人。请复旧制，建紫微阁于西省。竟以疾不起，年六十七。

敩所著书百卷，尤邃史学。作《东汉刊误》，为人所称。预司马光修《资治通鉴》，专职汉史。为人疏俊，不修威仪，喜谐谑，数用以招怨悔，终不能改。

奉世字仲冯，天资简重，有法度。中进士第。熙宁三年，初置枢密院诸房检详文字，以太子中允居吏房。

先是，进奏院每五日具定本报状，上枢密院，然后传之四方。而邸吏辄先期报下，或矫为家书，以入邮置。奉世乞革定本，去实封，但以通函腾报。从之。神宗称其奉职不苟，加集贤校理、检正中书户房公事，改刑房，进直史馆、国史院编修官。大理治相州狱，详断官窦苹以白奉世，奉世曰："君自以法从事，毋庸白。"后蔡确以是文致奉世罪，谪降蔡州粮料院。久之，为吏部员外郎。

元祐初，历度支左司郎中、起居郎、天章阁待制、枢密都承旨、户部吏部侍郎、权户部尚书。七年，拜枢密直学士，签书院事。哲宗亲政，用二内侍为押班，中书舍人吕希纯封还之。帝谓有近例，奉世曰："虽有近例，奈人不可户晓，顾以率先施行为非耳。"帝为反命。既而章惇当国，奉世乞免去。

绍圣元年，以端明殿学士知成德军，改定州。逾年，知成都府。过阙入觐，欲述朋党倾邪之状。帝将听其来，曾布曰："元祐变先朝法，无一当者，奉世有力焉，最为漏网，恐不足见。"遂不许。明年，责光禄少卿，分司南京，居郴州。御史中丞邢恕劾奉世合刘挚倾害大臣，附吕大防、苏辙，遂登政府，再贬隰州团练副使。

徽宗立，尽还其官职，知定州、大名府、郓州。崇宁初，再夺职，责居沂、兖，以赦得归。政和三年，复端明殿学士。薨，年七十三。

奉世优于吏治，尚安静，文词雅赡，最精《汉书》学。常云："家世唯知事君，内省不愧，恃士大夫公讼而已。得丧，常理也，譬如寒暑加人，虽善摄生者不能无病，正须安以处之。"

曾巩，字子固，建昌南丰人。生而警敏，读书数百言，脱口辄诵。年十二，试作《六论》，援笔而成，辞甚伟。甫冠，名闻四方。欧阳修见其文，奇之。

中嘉祐二年进士第。调太平州司法参军，召编校史馆书籍，迁馆阁校勘、集贤校理，为实录检讨官。出通判越州，州旧取酒场钱给募牙前，钱不足，赋诸乡户，期七年止；期尽，募者志于多入，犹责赋如初。巩访得其状，立罢之。岁饥，度常平不足赡，而田野之民，不能皆至城邑。谕告属县，讽富人自实粟，总十五万石，视常平价稍增以予民。民得从便受粟，不出田里，而食有余。又贷之种粮，使随秋赋以偿，农事不乏。

知齐州，其治以疾奸急盗为本。曲堤周氏拥赀雄里中，子高横纵，贼良民，污妇女，服器上僭，力能动权豪，州县吏莫敢诘，巩取置于法。章丘民聚党村落间，号"霸王社"，椎剽夺囚，无不如志。巩配三十一人，又属民为保伍，使几察其出入，有盗则鸣鼓相援，每发辄得盗。有葛友者，名在捕中，一日，自出首。巩饮食冠裳之，假以骑从，辇所购金帛随之，夸徇四境。盗闻，多出自首。巩外视章显，实欲携贰其徒，使之不能复合也。自是外户不闭。河北发民浚河，调及它路，齐当给夫二万。县初按籍三丁出夫一，巩括其隐漏，至于九而取一，省费数倍。又弛无名渡钱，为桥以济往来。徙传舍，自长清抵博州，以达于魏，凡省六驿，人皆以为利。徙襄州、洪州。会江西岁大疫，巩命县镇亭传，悉储药待求，军民不能自养者，来食息官舍，资其饮食衣衾之具，分医视诊，书其全失、多寡为殿最。师征安南，所过州为万人备。他吏暴诛亟敛，民不堪。巩先期区处猝集，师去，市里不知。加直龙图阁、知福州。南剑将乐盗廖恩既赦甲出降，余众溃复合，阴相结附，旁连数州，尤桀者呼之不至，居人慄恐。巩以计罗致之，继自归者二百辈。福多佛寺，僧利其富饶，争欲为主守，贿请公行。巩俾其徒相推择，识诸籍，以次补之。授帖于府庭，却其私谢，以绝左右徼求之弊。福州无职田，岁鬻园蔬收其直，自入常三四十万。巩曰："太守与民争利，可乎？"罢之。后至者亦不复取也。

徙明、亳、沧三州。巩负才名，久外徙，世颇谓偃蹇不偶。一时后生辈锋出，巩视之泊如也。过阙，神宗召见，劳问甚宠，遂留判三班院。上疏议经费，帝曰："巩以节用为理财之要，世之言理财者，未有及此。"帝以《三朝》、《两朝国史》各自为书，将合而为一，加巩史馆修撰，专典之，不以大臣监总，既而不克成。会官制行，拜中书舍人。时自三省百职事，选授一新，除书日至十数，人人举其职，于训辞典约而尽。寻掌延安郡王牋奏。故事命翰林学士，至是特属之。甫数月，丁母艰去。又数月而卒，年六十五。

巩性孝友，父亡，奉继母益至，抚四弟、九妹于委废单弱之中，宦学昏嫁，一出其力。为文章，上下驰骋，愈出而愈工，本原《六经》，斟酌于司马迁、韩愈，一时工作文词者，鲜能过也。少与王安石游，安石声誉未振，巩导之于欧阳修，及安石得志，遂与之异。神宗尝问："安石何如人？"对曰："安石文学行义，不减扬雄，以吝故不及。"帝曰："安石轻富贵，何吝也？"曰："臣所谓吝者，谓其勇于有为，吝于改过耳。"帝然之。吕公著尝告神宗，以巩为人行义不如政事，政事不如文章，以是不大用云。弟布，自有传，幼弟肇。

肇字子开，举进士，调黄岩簿，用荐为郑州教授，擢崇文校书、馆阁校勘兼国子监直讲、同知太常礼院。太常自秦以来，礼文残缺，先儒各以臆说，无所稽据。肇在职，多所厘正。亲祠皇地祇于北郊，盖自肇发之，异论莫能夺其议。

兄布以论市易事被责，亦夺肇主判。滞于馆下，又多希旨窥伺者，众皆危之，肇恬然无怍。曾公亮薨，肇状其行，神宗览而嘉之。迁国史编修官，进吏部郎中，迁右司，为《神宗实录》检讨。元祐初，擢起居舍人。未几，为中书舍人。论叶康直知秦州不当，执政讶不先白，御史因攻之。肇求去，范纯仁语于朝曰："若善人不见容，吾辈不可居此矣。"力为之言，乃得释。

门下侍郎韩维奏范百禄事，太皇太后以为谗毁，出守邓。肇言："维为朝廷辨邪正是非，不可以疑似逐。"不草制。谏议大夫王觌，以论胡宗愈，出守润，肇言："陛下寄腹心于大臣，寄耳目于台谏，二者相须，阙一不可。今觌论执政即去之，是爱腹心而涂耳目也。"帝悟，加觌直龙图阁。

太皇受册，诏遵章献故事，御文德殿。肇言："天圣初，两制定议受册崇政，仁宗特改焉，此盖一时之制。今帝述仁宗故事，以极崇奉孝敬之诚，可谓至矣。臣窃谓太皇当于此时特下诏扬帝孝敬之诚，而固执谦德，屈从天圣两制之议，止于崇政，则帝孝愈显，太皇之德愈尊矣。"坤成节上寿，议令百官班崇政。肇又言："天圣三年，近臣班殿廷，百官止请内东门拜表。至九年，始御会庆。今太皇盛德，不肯自同章献，宜如三年之制。"并从之。

四年，春旱，有司犹讲春宴。肇同彭汝砺上疏曰："天蒂方作，正君臣侧身畏惧之时。乃相与饮食燕乐，恐无以消弭天变。"翼日，有旨罢宴。蔡确贬新州，肇先与汝砺相约极论。会除给事中，汝砺独封还制书，言者谓肇卖友，略不自辨。以宝文阁待制知颍州，徙邓、齐、陈州、应天府。

七年，入为吏部侍郎。肇在礼院时，启亲祠北郊之议。是岁当郊，肇坚抗前说，既而合祭天地，乃自劾，改刑部。请不已，出知徐州，徙江宁府。帝亲政，更用旧臣，数称肇议礼，趣入对。肇言："人主虽有自然之圣质，必赖左右前后得人，以为立政之本。宜于此时选忠信端良之士，置诸近班，以参讲议，备顾问。与夫深处法宫，亲近暬御，其损益相去万万矣。"贵近恶其语，出知瀛州，与吕布易地。时方治实录讥讪罪，降为滁州。稍复集贤殿修撰。历泰州、海州。徽宗即位，复召为中书舍人。

日食四月朔，当降诏求言。肇具述帝旨，诏下，投匦者如织。章惇恶之，欲因事去肇，帝不听。元祐臣僚被谴者，咸以赦恩甄叙。肇请并录死者，作训词，哀厚恻怛，读者为之感怆。迁翰林学士兼侍读。谏官陈瓘、给事中龚原以言得罪，无敢救，肇极力论解。时论者谓元祐、绍圣

均为有失，兄布传帝命，使肇作诏谕天下。肇见帝言："陛下思建皇极，以消弭朋党，须先分别君子小人，赏善罚恶，不可偏废。"开说备至。已而诏从中出。布之拜相，肇适当制，国朝学士弟草兄制，唯韩维与肇，为衣冠荣。建中靖国元年，太史奏日又当食四月。肇请对言："比岁日食正阳，咎异章著。陛下简俭清净之化，或衰于前；声色服玩之好，或萌于心；忠邪贤不肖，或有未辨；赏庆刑威，或有未当。左右阿谀，壅蔽矫举，民冤失职，郁不得伸。此宜反覆循省，痛自克责，以塞天变。"言发涕下，帝悚然顺纳。

兄布在相位，引故事避禁职，拜龙图阁学士、提举中太一宫。未几，出知陈州，历太原、应天府、扬定二州。崇宁初，落职，谪知和州，徙岳州，继贬濮州团练副使，安置汀州。四年，归润而卒，年六十一。

自熙宁以来四十年，大臣更用事，邪正相轧，党论屡起，肇身更其间，数不合。兄布与韩忠彦并相，日夕倾危之。肇既居外，移书告之曰："兄方得君，当引用善人，翊正道，以杜惇、卞复起之萌。而数月以来，所谓端人吉士，继迹本朝，所进以为辅佐、侍从、台谏，往往皆前日事惇、卞者。一旦势异今日，必首引之以为固位计，思之可为恸哭。比来主意已移，小人道长。进则必论元祐人于帝前，退则尽排元祐者于要路。异时惇、卞纵未至，一蔡京足以兼二人，可不深虑。"布不能从。未几，京得政，布与肇俱不免。

肇天资仁厚，而容貌端严。自少力学，博览经传，为文温润有法。更十一州，类多善政。绍兴初，谥曰文昭。子统，至左谏议大夫。

论曰：刘敞博学雄文，邻于邃古，其为考功，仁宗赐夏竦谥，上疏争之，以为人主不可侵臣下之官；及奉诏定乐，中贵预列，又谏曰："臣惧为衰盎所笑。"此岂事君为容悦者哉。敞虽疏隽，文垾于敞。奉世克肖，世称"三刘"。曾巩立言于欧阳修、王安石间，纡徐而不烦，简奥而不晦，卓然自成一家，可谓难矣。肇以儒者而有能吏之才。宋之中叶，文学法理，咸精其能，若刘氏、曾氏之家学，盖有两汉之风焉。

卷三百二十　　列传第七十九

蔡襄　吕溱　王素从子靖　从孙震
余靖　彭思永　张存

蔡襄，字君谟，兴化仙游人。举进士，为西京留守推官、馆阁校勘。范仲淹以言事去国，余靖论救之，尹洙请与同贬，欧阳修移书责司谏高若讷，由是三人者皆坐谴。襄作《四贤一不肖诗》，都人士争相传写，鬻书者市之，得厚利。契丹使适至，买以归，张于幽州馆。

庆历三年，仁宗更用辅相，亲擢靖、修及王素为谏官，襄又以诗贺，三人列荐之，帝亦命襄知谏院。襄喜言路开，而虑正人难久立也。乃上疏曰："朝廷增用谏臣，修、靖、素一日并命，朝野相庆。然任谏非难，听谏为难；听谏非难，用谏为难。三人忠诚刚正，必能尽言。臣恐邪人不利，必造为御之之说。其御之之说不过有三，臣请为陛下辨之。一曰好名。夫忠臣引君当道，论事唯恐不至，若避好名之嫌无所陈，则土木之人，皆可为矣。二曰好进。前世谏者之难，激于忠愤，遭世昏乱，死犹不辞，何好进之有？近世奖拔太速，但久而勿迁，虽死是官，犹无悔也。三曰彰君过。谏争之臣，盖以司过举耳，人主听而行之，足以致从谏之誉，何过之能彰。至于巧者亦然，事难言则喑而不言，择其无所忤者，时一发焉，犹或不行，则退而曰吾尝论某事矣，此之谓好名。默默容容，无所愧耻，躐资累级，以挹显仕，此之谓好进。君有过失，不救之于未然，传之天下后世，其事愈不可掩，此之谓彰君过。愿陛下察之，毋使有好谏之名而无其实。"

时有旱蝗、日食、地震之变，襄以为："灾害之来，皆由人事。数年以来，天戒屡至。原其所以致之，由君臣上下皆阙失也。不颛听断，不揽威权，使号令不信于人，恩泽不及于下，此陛下之失也。持天下之柄，司生民之命，无嘉谋异画以矫时弊，不尽忠竭节以副任使，此大臣之失也。朝有敝政而不能正，民有疾苦而不能去，陛下宽仁少断而不能规，大臣循默避事而不能斥，此臣等之罪也。陛下既有引过之言，达于天地神祇矣，愿思其实以应之。"疏出，闻者皆悚然。

进直史馆，兼修起居注，襄益任职论事，无所回挠。开宝浮图灾，下有旧瘗佛舍利，诏取以入，宫人多灼臂落发者。方议复营之，襄谏曰："非理之福，不可徼幸。今生民困苦，四夷骄慢，陛下当修人事，奈何专信佛法？或以舍利有光，推为神异，彼其所居尚不能护，何有于威灵。天之降灾，以示儆戒，顾大兴功役，是将以人力排天意也。"

吕夷简平章国事，宰相以下就其第议政事，襄奏请罢之。元昊纳款，始自称"兀卒"，既又译为"吾祖"。襄言："'吾祖'犹云'我翁'，慢侮甚矣。使朝廷赐之诏，而亦曰'吾祖'，是何等语邪？"

夏竦罢枢密使，韩琦、范仲淹在位，襄言："陛下罢竦而用琦、仲淹，士大夫贺于朝，庶民歌于路，至饮酒叫号以为欢。且退一邪，进一贤，岂遂能天下轻重哉？盖一邪退则其类退，一贤进则其类进。众邪并退，众贤并进，海内有不泰乎！虽然，臣切忧之。天下之势，譬犹病者，陛下既得良医矣，信任不疑，非徒愈病，而又寿民。医虽良术，不得尽用，则病且日深，虽有和、扁，难责效矣。"

保州卒作乱，推懦兵十余辈为首恶，杀之以求招抚。襄曰："天下兵百万，苟不诛杀决行之令，必开骄慢暴乱之源。今州兵戕官吏、闭城门，不能讨，从而招之，岂不为四方笑。乞将兵入城，尽诛之。"诏从其议。

以母老，求知福州，改福建路转运使，开古五塘溉民田，奏减五代时丁口税之半。复修起居注。唐介击宰相，触盛怒，襄趋进曰："介诚狂愚，然出于进忠，必望全贷。"既贬春州，又上疏以为此必死之谪，得改英州。温成后追册，请勿立忌，而罢监护园陵官。

进知制诰，三御史论梁适解职，襄不草制。后每除授非其职，辄封还之。帝遇之益厚，赐其母冠帔以示宠，又亲书"君谟"两字，遣使持诏予之。迁龙图阁直学士、知开封府。襄精吏事，谈笑剖决，破奸发隐，吏不能欺。以枢密直学士再知福州。郡士周希孟、陈烈、陈襄、郑穆以行义著，襄备礼招延，诲诸生以经学。俗重凶仪，亲亡或秘不举，至破产饭僧，下令禁止之。徙知泉州，距州二十里万安渡，绝海而济，往来畏其险。襄立石为梁，其长三百六十丈，种蛎于础以为固，至今赖焉。又植松七百里以庇道路，闽人刻碑纪德。

召为翰林学士、三司使，较天下盈虚出入，量力以制用。划剔蠹敝，簿书纪纲纤悉皆有法。

英宗不豫，皇太后听政，为辅臣言："先帝既立皇子，宦妾更加荧惑，而近臣知名者亦然，几败大事，近已焚其章矣。"已而外人遂云襄有论议，帝闻而疑之。会襄数谒告，因命择人代襄。襄乞为杭州，拜端明殿学士以往。治平三年，丁母忧。明年卒，年五十六。赠吏部侍郎。

襄工于书，为当时第一，仁宗尤爱之，制《元舅陇西王碑》文命书之。及令书《温成后父碑》，则曰："此待诏职耳。"不奉诏。于朋友尚信义，闻其丧，则不御酒肉，为位而哭。尝饮会灵东园，坐客误射矢伤人，遂指襄。他日帝问之，再拜愧谢，终不自辨。

蔡京与同郡而晚出，欲附名阀，自谓为族弟。政和初，襄孙佃廷试唱名，居举首，京侍殿上，以族孙引嫌，降为第二，佃终身恨之。乾道中，赐襄谥曰忠惠。

吕溱，字济叔，扬州人。进士第一。通判亳州，直集贤院，同修起居注。坐预进奏院宴饮，出知蕲、楚、舒三州。复修起居注。

侬智高寇岭南，诏奏邸毋辄报。溱言："一方有警，使诸道闻之，共得为备。今欲人不知，此何意也。"进知制诰，又出知杭州，入为翰林学士。疏论宰相陈执中奸邪，仁宗还其疏。溱曰："以口舌论人，是阴中大臣也。愿出以示执中，使得自辨。"未几，执中去，溱亦以侍读学士知徐州，赐宴资善堂，遣使谕曰："此特为卿设，宜尽醉也。"诏自今由经筵出者视为例。

徙成德军，时方开六塔河，宰相主其议。会地震，溱请罢之，以答天戒。溱豪侈自放，简忽于事。与都转运使李参不相能，还，判流内铨，参劾其借官麹作酒，以私货往河东贸易，及违式受馈赂，事下大理议。溱乃未尝受，而外廷纷然谓溱有死罪。帝知其过轻，但贬秩，知和州。御史以为未抵罪，分司南京。起知池州、江宁府，复集贤院学士，加龙图阁直学士、知开封府。

时为京尹者比不称职，溱精识过人，辨讼立断，豪恶敛迹。尝以职事对，神宗察其有疾色，勉以近医药，已而果病。改枢密直学士、提举醴泉观，遂卒，年五十五。赠礼部侍郎。帝悼念之，诏中书曰："溱立朝最孤，知事君之节，绝迹权贵，故中废十余年，人无言者。方擢领要剧，而奄忽沦亡，家贫子幼，遭此大祸，必至狼狈。宜优给赙礼，官庀其葬，以厉臣节。"敕其妇兄护丧归。

溱开敏，善议论，一时名辈皆推许。然自贵重，在杭州接宾客，不过数语，时目为"七字舍人"云。

王素，字仲仪，太尉旦季子也。赐进士出身，至屯田员外郎。御史中丞孔道辅荐为侍御史。道辅贬，出知鄂州。仁宗思其贤，擢知谏院。素方壮年，遇事感发。尝言："今中外无名之费，倍蓰于前，请省其非急者。"适皇子生，将进百僚以官，惠诸军以赏。素争曰："今西夏畔涣，契丹要求，县官之须，且日急矣。宜留爵秩以赏战功，储金缯以佐边费。"议遂已。

京师旱，素请帝祷于郊，帝曰："太史言月二日当雨，今将以旦日出祷。"素曰："臣非太史，然度是日必不雨。"帝问故，曰："陛下知其旦雨而祷之，应天不以诚，故臣知不雨。"帝曰："然则明日诣醴泉观。"素曰："醴泉之近，犹外朝耳，岂惮暑不远出邪？"帝悚然。更诏诣西太一宫，谏官故不在属车间，乃命素扈从。日甚炽，埃氛翳空，比舆驾还，未薄城，天大雷电而雨。

王德用进二女子，素论之，帝曰："朕真宗皇帝之子，卿王旦之子，有世旧，非他人比也。德用实进女，然已事朕左右，奈何？"素曰："臣之忧正恐在左右尔。"帝动容，立命遣二女出。赐素银绯，擢天章阁待制、淮南都转运按察使。时新置按察，类多以苛为明。素独不擿细故，即有贪刻，必绳治穷竟，以故下吏爱而畏之。改知渭州，坐市木河东，有扰民状，降华州，又夺职徙汝。俄悉还其故，迁龙图阁直学士。

初，原州蒋偕建议筑大虫巉堡，宣抚使听之。役未具，敌间伺要击，不得逞。偕惧，来归死。素曰："若罪偕，乃是堕敌计。"责偕使毕力自效。总管狄青曰："偕往益败，不可遣。"素曰："偕败则总管行，总管败，素即行矣。"青不敢复言，偕竟城而还。以枢密直学士知开封府。至和秋，大雨，蔡河裂，水入城。诏军吏障朱雀门，曰："皇上不豫，兵民庐舍多覆压，众心怦怦然，奈何更塞门以动众。"违诏止其役，水亦不害。

出知定州、成都府。先是，牙校岁输酒坊钱以供厨传，日加厚，输者困。素一切裁约之。铁钱布满两蜀，而鼓铸不止，币益轻，商贾不行，命罢铸十年，以权物价。凡为政，务合人情，蜀人纪其目，号曰"王公异断"。复知开封。素以三公子少知名，出入侍从将帅，久颇鞅鞅，厌倦剧烦，事多卤莽不治，盗贼数发。御史纠其过，出知许州。

治平初，夏人寇静边砦。召拜端明殿学士，复知渭州，于是三镇、泾原蕃夷故老皆欢贺，比至，敌解去。拓渭西南城，浚隍三周，积粟支十年。属羌奉土地来献，悉增募弓箭手。行陈出入之法，身自督训。其居旧穿土为室，寇至，老幼多焚死，为筑八堡使居之。其众领于两巡检，人莫得自便。素曰："是岂募民兵意邪？"听散耕田里，有警则聚，故士气感奋，精悍他道莫及。尝宴堂上，边民传寇

至，惊入城。诸将曰："使奸人亦从而入，将必为内应，合拒勿内。"素曰："若拒之东去，关中必摇。吾在此，敌必不敢犯我，此当有奸言。"乃下令："敢传寇至者斩。"有顷，候骑从西来，人传果安，诸将皆服其明。

换澶州观察使、知成德军，改青州观察使。熙宁初，还，以学士知太原府。汾河大溢，素曰："若坏平晋，遂灌州城矣。"亟命具舟楫，筑堤以捍之。一夕，水骤至，人赖以安。入知通进、银台司，转工部尚书，仍故职致仕。故事，虽三公致仕，亦不带职。朝廷方新法制，素首以学士就第。卒，年六十七，谥曰懿敏。子巩，从子靖，从孙震。

巩有隽才，长于诗，从苏轼游。轼守徐州，巩往访之，与客游泗水，登魋山，吹笛饮酒，乘月而归。轼待之于黄楼上，谓巩曰："李太白死，世无此乐三百年矣。"轼得罪，巩亦窜宾州。数岁得还，豪气不少挫。后历宗正丞，以跌荡傲世，每除官，辄为言者所议，故终不显。

靖字詹叔，蚤孤，自力于学，好讲切天下利害。以祖荫历通判阆州、知滁州，主管北京御史台。契丹数遣横使来，靖疏言："彼利中国赐遗，挟虚声以济其欲，渐不可长，宜有以折之。"又请复明经科，加试贡士以策，观其所学，稍变声律之习。

擢利州路转运判官，提点陕西刑狱。乡户役于州县者，优则愿久留，劳则欲亟去，吏得权其迟速。靖一以岁月遣代，遂为令。徙河东长子县。贼杀人，捕治十数辈，不得实，皆去之。靖阅其牍曰："此真盗也。"教吏曲折讯囚，果服罪。为开封府推官。曹、濮盗害，官吏久不获，靖受诏督捕，成擒者十八九。因言盗之不戢，由大姓为囊橐，请并坐之，著为令。

徙广南转运使。熙宁初，广人讹言交阯且至，老幼入保。事闻，中外以为忧。神宗曰："王靖在彼，可无念。"即拜太常少卿、直昭文馆、知广州。居二年，入为度支副使，卒。

子古，字敏仲，第进士。熙宁中，为司农主簿，使行淮、浙振旱蓄，究张若济狱，劾转运使王廷老、张靓失职，皆罢之。连提举四路常平，王安礼欲用为太常丞，神宗谓古好异论，止以为博士。加上仁宗、英宗谥，因升祔四后，初议不发册，古言："发册之礼，虽为祔庙节文，而升祔之重，乃由册而后显。今既行升祔，则礼不可废。"乃诏用竹册。又定诸神祠封额、爵号之序。

出为湖南转运判官，提点淮东刑狱，历工部、吏部、右司员外郎，太府少卿。奉使契丹，异时北使所过，凡供张悉贷于民，古请出公钱为之，民得不扰。绍圣初，迁户部侍郎，详定役法，与尚书蔡京多不合。京言："臣欲用元丰人额雇直，而古乃用司马光法。"诏徙古兵部，寻以集贤殿修撰为江、淮发运使，进宝文阁待制、知广州。言者论其常指平岁为凶年，妄散积财，夺职知袁州。

徽宗立，复拜户部侍郎，迁尚书。与御史中丞赵挺之偕领放欠，挺之言："古蠲除太多，欲尽倾天下之财，不可用。"遂改刑部。攻不已，以宝文阁直学士知成都。堕崇宁党籍，责衡州别驾，安置温州。复朝散郎，寻卒。

震字子发，以父任试铨优等，赐及第。上诸路学制，神宗称其才。以习学中书刑房公事，遂为检正。预修条例，加馆阁校勘，检正孔目吏房。
　　元丰官制行，震与吴雍从辅臣执笔入记上语，面授尚书右司员外郎，使自书除目，举朝荣之。兼修《市易敕》，帝谕之曰："朝廷造法，皆本先王之制，推行非人，故不能善后。且以钱贷民，有不能偿，辄籍其家，岂善政也。宜计其负几何，悉捐之。"震顿首奉诏。
　　进起居舍人，使行西边，还为中书舍人。元祐初，迁给事中，御史王岩叟劾之，以龙图阁待制知蔡州，历五郡。绍圣初，复为给事中，权吏部尚书，拜龙图阁直学士、知开封府。
　　震与章惇皆吕惠卿所荐，而素不相能。府奏狱空，哲宗疑不实。震谓惇抑己，于是颍昌盖渐有讼，许赂惇子弟，震捕渐掠治，颇得踪迹。惇惧，以狱付大理，而徙震为枢密都承旨，遂坐折狱滋蔓、倾摇大臣，夺职知岳州，卒。

　　余靖，字安道，韶州曲江人。少不事羁检，以文学称乡里。举进士起家，为赣县尉，试书判拔萃，改将作监丞、知新建县，迁秘书丞。数上书论事，建言班固《汉书》舛谬，命与王洙并校司马迁、范晔二史。书奏，擢集贤校理。
　　范仲淹贬饶州，谏官御史莫敢言。靖言："仲淹以刺讥大臣重加谴谪，倘其言未合圣虑，在陛下听与不听耳，安可以为罪乎？汲黯在廷，以平津为多诈；张昭论将，以鲁肃为粗疏。汉皇、吴主熟闻訾毁，两用无猜，岂损令德。陛下自亲政以来，屡逐言事者，恐钳天下口，不可。"疏入，落职监筠州酒税。尹洙、欧阳修亦以仲淹故，相继贬逐，靖繇是益知名。徙监泰州税，知英州，迁太常博士，复为校理、同知礼院。
　　庆历中，仁宗锐意欲更天下敝事，增谏官员，使论得失，以靖为右正言。时四方盗贼窃发，州郡不能制。靖言："朝廷威制天下在赏罚，今官吏弛事，群盗蜂起，大臣龌龊守常，不立法禁，可为国家忧也。请严捕贼赏罚，及定为贼劫质、亡失器甲除名追官之法。"
　　司天言太白犯岁星，又犯执法。靖上疏请责躬修德，以谢天变。使契丹，辞日，以所奏事书笏，各举一字为目，凡数十事。帝顾见之，命悉条奏，日几昃，乃罢。进修进居注。开宝寺灵感塔灾，复上疏言："五行之占，本是灾变，朝廷所宜诫惧，以答天意。闻尝诏取旧瘗舍利入禁中阅视，道路传言，舍利在内廷有光怪，窃恐巧佞之人，推为灵异，惑乱视听，再图营造。臣闻帝王之道，能勤俭厥德，感动人心，则虽有危难，后必安济。今自西垂用兵，国帑虚竭，民亡储蓄，十室九空。陛下若勤劳罪己，忧人之忧，则四民安居，海内蒙福。如不恤民病，广事浮费，奉佛求福，非天下所望也。若以舍利经火不坏，遂为神异，即本在土中，火所不及。若言舍利皆能出光怪，必有神灵凭之，此妄言也。且一塔不能自卫，为火所毁，况藉其福以庇民哉？"
　　靖在职数言事，尝论夏竦奸邪，不可为枢密使；王举正不才，不宜在政府；狄青武人，使之独守渭州，恐败边事；张尧佐以修媛故，除提点府界公事，非政事之美，且郭后之祸，起于杨、尚，不可不监。太常博士王翼西京治狱还，赐五品服，靖曰："治狱而锡服，外人不知，必以为翼深文重法，能希陛下意，以取此宠，所损非细事也。尝有工部郎中吕觉以治狱赐对，祈易章绶，陛下谕之曰：'朕不欲因鞫囚与人恩泽。'觉退以告臣，臣尝书之起居注。陛下前日谕觉是，则今日赐翼非矣。是非与夺之间，贵乎一体。小人望风希进，无所不至，幸陛下每于事端，抑其奔竞。"其说多见纳用。
　　会西鄙厌兵，元昊请和，议增岁赐。靖言："景德中，契丹举国兴师，直抵澶渊，先帝北征渡河，止捐金缯三十万与之。今元昊战虽累胜，皆由将帅轻敌易动之故。数年选将练兵，始知守战之备，而锐意解仇，所予至二十六万。且戎事有机，国力有限，失之于始，虽悔何追。夫以景德之患，近在封域之内，而岁赐如彼；今日之警，远在边鄙之外，而岁赐如此。若元昊使还，益有所许，契丹闻之，宁不生心？无厌之求，自此始矣。傥移西而备北，为祸更深。但思和与不和，都有后患，则不必曲意俯徇，以贻国羞。"擢知制诰。
　　元昊既归款，朝廷欲加封册，而契丹以兵临西境，遣使言："为中国讨贼，请止毋和。"朝议难之。会靖数言契丹挟诈，不可轻许，即遣靖往报，而留夏国封策不发。靖至契丹，卒屈其议而还。朝廷遂发夏册，臣元昊。西师既解严，北边亦无事。靖三使契丹，亦习外国语，尝为蕃语诗，御史王平等劾靖失使者体，出知吉州。靖为谏官时，尝劾奏太常博士茹孝标不孝，匿母丧，坐废。靖既失势，孝标诣阙言靖少游广州，犯法受榜。靖闻之不自得，求侍养去。改将作少监，分司南京，居曲江。已而授左神武军大将军、雅州刺史、寿州兵马钤辖，辞不就。再迁卫尉卿、知虔州，丁父忧去。
　　侬智高反邕州，乘胜掠九郡，以兵围广州。朝廷方顾南事，就丧次起靖为秘书监、知潭州，改桂州，诏以广南西路委靖经制。智高西走邕州，靖策其必结援交阯，而胁诸峒以自固，乃约李德政会兵击贼于邕州，备万人粮以待之；而诏亦给缗钱二万助德政兴师，且约贼平更赏以缗钱二万。又募侬、黄诸姓酋长，皆縻以职，使不与智高合。既而朝廷遣狄青、孙沔将兵共讨贼。青却交阯，援兵不用，贼平。就迁靖给事中。御史梁茜言赏薄，又迁尚书工部侍郎。初，青兵未至前，戒部将勿战。靖迫钤辖陈曙出斗，败走。青至，按军法斩曙及指使袁用等于坐，靖瞿然起拜。及诸将班师，独留靖广西，遣人入特磨道擒智高母子弟三人，生致之阙下。加集贤院学士，徙知潭州，又徙青州。
　　交阯蛮申绍泰寇邕州，杀五巡检。以靖安抚广西，至则召交阯用事臣费嘉祐诘问之，嘉祐曰，给以近边种落相侵报，误犯官军，愿悉推治，还所掠及械罪人以自赎。靖信之，厚谢遣去，嘉祐遂归，不复出。
　　知广州，官至工部尚书，代归，卒。三司使蔡襄为靖言，特赠刑部尚书，谥曰襄。靖尝梦神人告以所终官而死秦亭，故靖常畏西行。及卒，则江宁府秦淮亭也。

彭思永，字季长，庐陵人。第进士，知南海、分宁县，通判睦州。台州大水败城，人多溺，往摄治焉。尽葬死者，作文祭之；民贫不能葺居，为伐木以助之，数月，公私之舍皆具，城筑高于前，而坚亦如之。

知潮州、常州。入为侍御史，论内降授官赏之弊，谓斜封非盛世所当有，仁宗深然之。皇祐祀明堂前一日，有传百官皆进秩者。思永言不宜滥恩，以益侥幸。时张尧佐已贵而犹觊执政，王守忠已受宠而求旄节。思永率同列言之，或曰："俟命出，未晚也。"思永曰："先事而言，第得罪尔；命一出，不可止矣。"遂独抗疏曰："陛下覃此谬恩，岂为天下孤寒哉。不过为尧佐、守忠取悦众人耳。外戚秉政，宜侍用权，非社稷之福也。"帝怒，中丞郭劝、谏官吴奎为之请，乃以泛恩转司封员外郎而解台职，为湖北转运使。

下溪蛮彭仕羲作乱，先移书激骂辰州守。守将讨之，思永按部适至，仕羲惧，遣使迎谢，寝其谋。

加直史馆，为益州路转运使。成都府吏盗公钱，付狱已三岁，出入自如。思永摄府事甫一日，即具狱。民以楮券为市，藏衣带中，盗置刃于爪，捷取之，鲜败者。思永得一人诘之，悉黥其党隶兵间。中使岁祠峨眉，率留成都掊珍玩，价直数百万钱，悉出于民。思永胺其三之一，使怒去，而不能有所中伤也。

寻为户部副使，擢天章阁待制、河北都转运使、知瀛州。北俗以桑麻为产籍，民惧赋不敢艺，日益贫，思永始奏更之。徙知江宁府。

治平中，召为御史中丞。濮王有称亲之议，言事者争之，皆斥去。思永更上疏极论曰："濮王生陛下，而仁宗以陛下为嗣，是仁宗为皇考，而濮王于属为伯，此天地大义，生人大伦。如乾坤定位，不可得而变也。陛下为仁庙子，曰考曰亲，乃仁庙也；若更施于濮王，是有二亲矣。使王与诸父夷等，无有殊别，则于大孝之心亦为难安。臣以为当尊为濮国大王，祭告之辞，则书'侄嗣皇帝书名昭告于皇伯父'。在王则极尊崇之道，而于仁庙亦无所嫌矣，此万世之法也。"疏入，英宗感其切至，垂欲施行，而中书持之甚力，卒不果。

神宗即位，御史蒋之奇纠欧阳修阴事，挽思永自助。思永以为帷薄之私，非外人所知，但其首建濮议，违典礼以犯众怒，不宜更在政府。诏问语所从来，思永不肯对，而极陈大臣专恣朋党。乃出知黄州，改太平州。熙宁三年，以户部侍郎致仕，卒，年七十一。

思永仁厚廉恕。为儿时，且起就学，得金钗于门外，默坐其处。须臾亡钗者来物色，审之良是，即付之。其人欲谢以钱，思永笑曰："使我欲之，则匿金矣。"始就举，持数钏为资。同举者过之，出而玩，或坠其一于袖间，众相为求索。思永曰："数止此耳。"客去，举手揖，钏坠于地，众皆服其量。居母丧，婆甚，乡人馈之，无所受。子卫，亦孝谨，以父老，弃官家居十余年，族里称之。

张存，字诚之，冀州人。举进士，为安肃军判官。天禧中，诏铨司以身言书判取士，才得二人，存预其选。改著作佐郎，知大名府朝城县。寇准为守，异待之。御史中丞王曙，屡荐为殿中侍御史，迁侍御史。

仁宗初亲政，罢百官转对，存请复之。又言："前者曹修古辈同忤旨废黜，布衣林献可因上封事窜恶地，恐自今忠直之言，与夫理乱安危之机，蔽而不达。"因历引周昌、朱云、辛庆忌、辛毗事，以开帝意。历京东陕西、河北、转运使、户部度支副使。西边动兵，以天章阁待制为陕西都转运使。

黄德和之诬刘平也，存奏言："平与敌接战，自旦至暮，杀伤相当，因德和引却，以致溃败。方贼势甚张，非平搏战，其势不沮；延州孤垒，非平解围，其城必不守。身既陷没，而不幸又为逸狡所困，边臣自此无复死节矣。"朝廷采其说，始遣文彦博按治，由是平得直，而德和诛。

元昊求款附，议者犹执讨伐之策。存建言："兵役不息，生民疲弊。敌既有悛心，虽名号未正，颇羁縻之。"迁龙图阁直学士，知延州。以母老惮行，徙泽州，还为待制。逾年，知成德军，复学士。

契丹与元昊结昏，阴谋相首尾，聚兵塞上而求关南。存言："河北城久不治，宜留意。"乃以为都运使，尽城诸州。入知开封府，复使河北。王则反，坐失察，降知汀州。

存婿李敫之弟李教，因醉为妖言，事觉自缢死。或言教不死，在贝州，父母私属以存故得免。御史案验无状，犹夺职知池州，又徙郴。久之，乃复职，以吏部侍郎致仕，凡十五年，积迁礼部尚书。

存性孝友，尝为蜀郡，得奇缯文锦以归，悉布之堂上，恣兄弟择取。常曰："兄弟，手足也；妻妾，外舍人耳。奈何先外人而后手足乎？"收恤宗属，嫁聘穷嫠，不使一人失所。家居矜庄，子孙非正衣冠不见。与宾友燕接，垂足危坐终日，未尝倾倚。枣强河决，势逼冀城，或劝使他徙，曰："吾家，众所望也，苟轻举动，使一州吏民何以自安。"讫不徙。卒，年八十八，谥恭安。

论曰：蔡襄、王素、余靖，皆昭陵贤御史也。襄数论治体，推韩琦、范仲淹之贤。素请罢不急之赏，论仁宗纳二女子为非。靖黜夏竦、王举正为不可用。盖仁宗锐于求治，数君子提纲振纪而扶持之，卒成庆历之治，良有以也。夫襄精于民事，吏不敢欺；靖用兵蛮徼，卒收功名；素在西边多惠政，其尹开封，虽颇厌烦剧，再为渭州，边民老幼，至相率称贺，其惠之在民者，深矣哉。若吕溱论陈执中，则不欲以口舌中人。彭思永名士，能识程颐之贤，而不能容欧阳修之刚；蒋之奇之诬，竟坐是黜，士论憾之。刘平之死，众莫敢言，张存独处而明之。使忠义之气，死而复生，较之诸人，亦无忝焉。

卷三百二十一　　列传第八十

郑獬　陈襄　钱公辅　孙洙　丰稷
吕诲　刘述　刘琦　钱顗　郑侠

郑獬，字毅夫，安州安陆人。少负俊材，词章豪伟峭整，流辈莫敢望。进士第一。通判陈州，入直集贤院、度支判官、修起居注、知制诰。

英宗即位，治永昭山陵，悉用乾兴制度。獬言："今国用空乏，近者赏军，已见横敛，富室嗟怨，流闻京师。先帝节俭爱民，盖出天性，凡服用器玩，极于朴陋，此天下所共知也。而山陵制度，乃欲效乾兴最盛之时，独不伤俭德乎？愿饬有司，损其名数。"又言："天子初即位，郡国驰表称贺，例官其人，此出五代余习，因仍未改。今庶官猥众，充溢铨曹。况前日群臣进官，已布维新之泽，不须复行此恩，以开侥幸。"皆不报。又上疏言："陛下初临御，恭默不言，所与共政者七八大臣而已，焉能尽天下之聪明哉？愿申诏中外，许令尽言，有可采录，召与之对。至于臣下进见，访以得失，虚心求之，必能有益治道。"帝嘉纳之。时诏诸郡敦遣遗逸之士，至则试之秘阁，命以官。颇有谬举者，众论喧哗，旋即废罢。獬言："古之荐士，以谓拔十得五，犹得其半；况今所失未至十五，而遽以浮言废之，可乎？愿复此科，使豪俊无遗滞之叹。"未及行，出知荆南。治平中，大水求言，獬上疏曰："陛下侧身思咎，念可以消复之，不知求忠言者，将欲用之邪，抑但举故事邪？观前世之君，因变异以求谏者甚众，及考其实，则能用其言而载于行事者，盖亦鲜矣。今诏发天下忠义之士，必有极其所韫，以荐诸朝，一日万机，势未能尽览，不过如平时下之中书、密院，至于无所行而后止。如是则与前世之为空言者等尔。谓宜选官置属，掌所上章，与两府近臣从容讲贯，可则行之，否则罢之，有疑焉，则广询而决之。群臣得问众事举，此应天之实也。天下之进言也甚难，而上之受言也常忽。愿陛下采群臣之章疏，容而听之，史册大书，以为某年大水，诏求直言，用某人之辞而求某事，以出夫前世之为空言者，无令徒挂墙壁为虚文而已。"还，判三班院。

神宗初，召獬夕对内东门，命草吴奎知青州及张方平、赵抃参政事三制，赐双烛送归会人院，外廷无知者。遂拜翰林学士。朝廷议纳横山，獬曰："兵祸必起于此。"已而种谔取绥州，獬言："臣窃见手诏，深戒边臣无得生事。今乃特尊用变诈之士，务为掩袭，如战国暴君之所尚，岂帝王大略哉！谔擅兴，当诛。"又请因谅祚告哀，遣使立其嗣子，识者韪之。

权发遣开封府。民喻兴与妻谋杀一妇人，獬不肯用按问新法，为王安石所恶，出为侍读学士、知杭州。御史中丞吕诲乞还之，不听。未几，徙青州。方散青苗钱，獬言："但见其害，不忍民无罪而陷宪网。"引疾祈闲，提举鸿庆宫，卒，年五十一。家贫子弱，其柩藁殡僧屋十余年，滕甫为安州，乃克葬。

陈襄，字述古，福州侯官人。少孤，能自立，出游乡校，与陈烈、周希孟、郑穆为友。时学者沉溺于雕琢之文，所谓知天尽性之说，皆指为迂阔而莫之讲。四人者始相与倡道于海滨，闻者皆笑以惊，守之不为变，卒从而化，谓之"四先生"。

襄举进士，调浦城主簿，摄令事。县多世族，以请托胁持为常，令不能制。襄欲稍革其俗，每听讼，必使数吏环立于前。私谒者不得发，老奸束手。民有失物者，贼曹捕偷儿至，数辈相撑拄，襄语之曰："某庙钟能辨盗，犯者扣之辄有声，余则否。"乃遣吏先引以行，自率同列诣钟所祭祷，阴涂以墨，而以帷蔽之。命群盗往扣，少焉呼出，独一人手无所污，扣之，乃为盗者；盖畏钟有声，故不敢触，遂服罪。

知河阳县，始教民种稻。富弼为郡守，一见即礼遇之。襄留意教化，进县子弟于学。或谗之于弼，谓其诱邑子以资过客，弼疑焉。人劝毁学舍以塞谤，不听。久之，弼以语襄，襄曰："自反而缩，虽千万人往矣。公苟有惑志，何名知己。"益讲说不少懈。弼由是愈益奇之，及入相，荐为秘阁校理、判祠部。译经僧死，遗表度十僧，列子庙三年度一道士，皆抑不行。

知常州，运渠横遏震泽，积水不得北入江，为常、苏二州病。襄度渠之丈尺与民田步亩，定其数，授以浚法。未几，遂削望亭古堰，水不复积。入为开封府推官、盐铁判官。神宗立，奉使契丹，以设席小异于常，不即坐。契丹移檄疆吏，坐出知明州。明年，同修起居注，知谏院，改侍御史知杂事。论青苗法不便，曰："臣观制置司所议，莫非引经以为言，而其实则称贷以取利，事体卑削，贻中外讥笑。是特管夷吾、商鞅之术，非圣世所宜行。望贬斥王安石、吕惠卿以谢天下。"又乞罢韩绛政府，以杜大臣争利而进者，且言韩维不当为中丞，刘述、范纯仁等无罪，宜复官。皆不听，而召试知制诰。襄以言不行，辞不肯试，愿补外。安石欲以为陕西转运使，帝惜其去，留修起居注。襄恳辞，手诏谕之，乃就职。逾年，为知制诰，安石又欲出之，帝不许。寻直学士院，安石益忌之，摘其书诏小失，出知陈州，徙杭州，以枢密直学士知通进、银台司兼侍读，判尚书都省。卒，年六十四，赠给事中。

襄莅官所至，必务兴学校。平居存心以讲求民间利病为急。既亡，友人刘彝视其箧，得手书累数十幅，盈纸细书，大抵皆民事也。在经筵时，神宗顾之甚厚，尝访人材之可用者。襄以司马光、韩维、吕公著、苏颂、范纯仁、苏轼至于郑侠三十三人对，谓光、维、公著皆股肱心膂之臣，不当久外；谓侠愚直敢言，发于忠义，投窜瘴疠，朝不谋夕，愿使得生还。帝不能尽用。

钱公辅，字君倚，常州武进人。少从胡翼之学，有名吴中。第进士甲科。通判越州，为集贤校理、同判吏部南曹。历开封府推官、户部判官、知明州。衙前法以三等差次劳勤，应格者听指酒场以自补，富者足欲而贫得日困，充募益鲜，额有不足，至役乡民，破产不供费。公辅取酒场官鬻之，分轻重以给役者，不复调民。同修起居注，进知制诰。

英宗即位，陈《治平十议》，大要言采民政，分吏课，择守宰，置二府官属。又作《帝问》一篇上之。王畴为翰林学士未久，擢副枢密。公辅谓畴素望浅，不草制。帝以初政用大臣，而公辅格诏，谪为滁州团练使。议者以为重，吕诲等上章救之，不得。逾年，起知广德军。神宗立，拜天章阁待制、知邓州，复知制诰。入见，帝劳苦之，使录《十议》以进，命知谏院。尝至中书白事，富弼谓曰：“上求治如饥渴，正赖君辈同心以济。”公辅曰：“朝廷所为是，天下谁敢不同！所为非，公辅欲同之，不可得已。”

王安石雅与之善，既得志，排异己者，出滕甫郓州。公辅数于帝前言甫不当去。薛向更盐法，安石主其议，而公辅谓向当黜，遂拂安石意，罢谏职，旋知江宁府。明年，帝欲召还，安石言其助小人为异议，不宜在左右，但徙扬州。以病乞越，改提举崇福观，卒，年五十二。

孙洙，字臣源，广陵人。羁丱能文，未冠擢进士。包拯、欧阳修、吴奎举应制科，进策五十篇，指陈政体，明白剀切。韩琦读之，太息曰：“恸哭流涕，极论天下事，今之贾谊也。”再迁集贤校理、知太常礼院。

治平中求言，以洙应诏疏时弊要务十七事后多施行，兼史馆检讨、同知谏院，乞增谏员以广言路。凡有章奏，辄焚其稿，虽亲子弟不得闻。王安石主新法，多逐谏官御史，洙知不可，而郁郁不能有所言，但力求补外，得知海州。免役法行，常平使者欲加敛绪钱，以取赢为功，洙力争之。方春旱，发运使调民浚漕渠以通盐舸，洙持之不下，三上奏乞止其役。旱蝗为害，致祷于朐山，彻奠，大雨，蝗赴海死。

寻干当三班院。三班员过万数，功罪籍不明，前后牴牾，吏左右出入，公为欺奸。洙革其甚者八事，定为令。同修起居注，进知制诰。先是，百官迁叙，用一定之词，洙建言：“群臣进秩，事理各异，而同用一词，至或一门之内，数人拜恩，名体散殊，而格以一律。苟从简便，非所以畅王言、重命令也。”诏自今封赠荫补，每大礼一易，他皆随等撰定。

元丰初，兼直学士院。澶州河平，作灵津庙，诏洙为之碑，神宗奖其文。擢翰林学士，才逾月，得疾。时参知政事阙，帝将用之，数遣中使、尚医劳问。入朝期日，洙小愈，在家习肆拜跽，愦不能兴，于是竟卒，年四十九。帝临朝嗟惜，常赙外赐钱五十万。

洙博闻强识，明练典故，道古今事甚有条理。出语皆成章，虽对亲狎者，未尝发一鄙语。文词典丽，有西汉之风。士大夫共以丞辅期之，不幸早世，一时悯伤焉。

丰稷，字相之，明州鄞人。登第，为谷城令，以廉明称。从安焘使高丽，海中大风，樯折，舟几覆，众惶扰莫知所为，稷独神色自若。焘叹曰：“丰君未易量也。”知封丘县，神宗召对，问：“卿昔在海中遭风波，何以不畏？”对曰：“巨浸连天，风涛固其常耳，凭仗威灵，尚何畏！”帝悦，擢监察御史。治参知政事章惇请托事，无所移挠，出惇陈州。徙著作佐郎、吏部员外郎，提点利州、成都路刑狱。

入为殿中侍御史。上疏哲宗曰：“陛下明足以察万事之统，而不可用其明；智足以应变曲当，而不可用其智。顺考古道，二帝所以圣；仪刑文王，成王所以贤。愿以《洪范》为元龟，祖训为宝鉴，一动一言，思所以为则于四海，为法于千载，则教化行，习俗美，而中国安矣。”刘奉世册立夏国嗣子乾顺，而乾顺来贺坤成节，奉世遽出境，稷劾之，奉世以贱论，迁右司谏。扬、荆二王为天子叔父，尊宠莫并，密令蜀道织锦茵。稷于正衙论曰：“二圣以俭先天下，而宗王僭侈，官吏奉承，皆宜纠正。”既退，御史赵屼谓曰：“闻君言，使屼汗流浃背。”改国子司业、起居舍人，历太常少卿、国子祭酒。车驾幸太学，命讲《书·无逸篇》，赐四品服，除刑部侍郎兼侍讲。元祐八年春，多雪，稷言：“今嘉祥未臻，沴气交作，岂应天之实未充，事天之礼未备，畏天之诚未孚欤？宫掖之臣，有关预政事，如天圣之罗崇勋、江德明，治平之任守忠者欤？愿陛下昭圣德，祗天戒，总正万事，以消灾祥。”帝亲政，召内侍居外者乐士宣等数人。稷言：“陛下初亲万机，未闻登进忠良，而首召近幸，恐上累大德。”

以集贤院学士知颍州、江宁府，拜吏部侍郎，又出知河南府，加龙图阁待制。章惇欲因以道路，连岁亟徙六州。徽宗立，以左谏议大夫召，道除御史中丞。入对，与蔡京遇，京越班揖曰：“天子自外服召公中执法，今日必有高论。”稷正色答曰：“行自知之。”是日，论京奸状，既而陈瓘、江公望皆言之，未能动。稷语陈师锡等曰：“京在朝，吾属何面目居此？”击之不已，京遂去翰林。又乞辨宣仁诬谤之祸，且言：“史臣以王安石《日录》乱《神宗实录》，今方修《哲宗实录》，愿申饬之。”时宦官渐盛，稷怀《唐书·仇士良传》读于帝前，读数行，帝曰：“已谕。”稷为若不闻者，读毕乃止。

曾布得助嬖昵，将拜相，稷约其僚共论之。俄转工部尚书兼侍读，布遂相。稷谢表有佞臣之语，帝问为谁，对曰：“曾布也。陛下斥之外郡，则天下事定矣。”改礼部。论宋用臣不当赐美谥，不为书敕。哲宗升祔，议功臣配享，稷以为当用司马光、吕公著。或谓二人尝得罪，不可用。稷曰：“止论其有功于时尔，如唐五王岂非得罪于中宗，何嫌于配享？”又言：“陛下以‘建中靖国’纪元，臣谓尊贤纳谏，舍己从人，是谓‘建中’；不作奇技淫巧，毋使近习招权，是谓‘靖国’。以副体元谨始之义。”禁内织锦缘宫帘为地衣，稷言：“仁宗衾褥用黄纻，服御用缯缯，宜守家法。”诏罢之。

稷尽言守正，帝待之厚，将处之尚书左丞，而积忤贵近，不得留，竟以枢密直学士守越。蔡京得政，修故怨，贬海州团练副使、道州别驾，安置台州。除名徙建州，稍复朝请郎。卒，年七十五。建炎中，追复学士，谥曰清敏。

初，文彦博尝品稷为人似赵抃，及赐谥，皆以

"清"得名。稷三任言责,每草疏,必密室,子弟亦不得见。退多焚稿,未尝以时政语人。所荐士如张庭坚、马涓、陈瓘、陈师锡、邹浩、蔡肇,皆知名当世云。

论曰:熙宁行新法,轻进少年争趋竞进,老成知务者逡巡引退,何其见几之明耶?獬议论剀切,精练民事,青苗法行,獬独幡然求去,至窘迫不堪,弗恤也。襄奋起海隅,屡折不变,学者卒从而化,乃心民事,死犹不已。公辅以忤安石见黜,洙为谏官不能言,至免役取赢,洙方力争,所谓不揣其本者欤!稷劾蔡京,论司马光、吕公著当配享庙庭,盖亦名侍从也。

吕诲,字献可,开封人。祖端,相太宗、真宗。诲性纯厚,家居力学,不妄与人交。进士登第,由屯田员外郎为殿中侍御史。时廷臣多上章讦人罪,诲言:"台谏官许风闻言事,盖欲广采纳以补阙政。苟非职分,是为侵官。今乃诋斥平生,暴扬暧昧,刻薄之态浸以成风,请下诏惩革。"枢密副使程戡结贵幸,致位政地,诲疏其过,以宣徽使判延州。复上言:"戡以非才罢,不宜更委治任;宣徽使地高位重,非戡所当得也。"兖国公主薄其夫,夜开禁门入诉。诲请并劾阍吏,且治主第宦者罪,悉逐之。御药供奉官四人遥领团练使,御前忠佐当次复留,诲劾枢密使宋庠阴求援助,徇私紊法。诏罢庠而用陈升之为副使,诲又论之。升之既去,诲亦出知江州,时嘉祐六年也。

上疏请蚤建皇嗣,曰:"窃闻中外臣僚,以圣嗣未立,屡有密疏请择宗人。唯陛下思忠言,奋独断,以遏未然之乱。又闻太史奏,彗躔心宿,请备西北。按《天文志》,心为天王正位,前星为太子,直则失势,明则见祥。今既直且暗,而妖彗乘之,臣恐咎证不独在西北也。自夏及秋,雨淫地震,阴盛之沴,固有冥符。近者宗室之中,讹言事露,流传四方,人心骇惑,窥觎之志,可不防其渐哉!愿为社稷宗庙计,审择亲贤,稽合天意,宸谋已定,当使天下共知。万一有奸臣附会其间,阳为忠实,以缓上心,此为患最大,不可不察也。"仁宗以诲章付中书韩琦,由此定议。

召为侍御史,改同知谏院。英宗不豫,诲请皇太后日命大臣一员,与淮阳王视进药饵。都知任守忠用事久,帝之立非守忠意,数间谍东朝,播为恶言,内外汹惧。诲上两宫书,开陈大义,词旨深切,多人所难言者。帝疾小愈,屡言乞亲万几。太后归政,诲言于帝曰:"后辅佐先帝历年,阅天下事多矣。事之大者,宜关白咨访然后行,示弗敢专。"遂论守忠平生罪恶,并其党史昭锡窜之南方。内臣王昭明等为陕西四路钤辖,专主蕃部。诲言:"自唐以来,举兵不利,未有不自监军者。今走马承受官品至卑,一路已不胜其害,况钤辖乎?"卒罢之。

治平二年,迁兵部员外郎,兼侍御史知杂事。上言:"台谏者,人主之耳目,期补益聪明,以防壅蔽。旧三院御史,常有二十员,而后益衰减,盖执政者不欲主上闻中外之阙失。今台阙中丞,御史五员,惟三人在职,封章十上,报闻者八九。谏官二人,一他迁,一出使,言路壅塞,未有如今日之甚者。窃愿陛下亟之。"帝览奏,即命邵必知谏院。

于是濮议起,侍从请称王为皇伯,中书不以为然,诲引义固争。会秋大水,诲言:"陛下有过举而灾沴遽作,惟濮王一事失中,此简宗庙之罚也。"郊庙礼毕,复申前议,七上章,不听;乞解台职,亦不听。遂劾宰相韩琦不忠五罪,曰:"昭陵之土未干,遽欲追崇濮王,使陛下厚所生而薄所继,隆小宗而绝大宗。言者论辨累月,琦犹遂非,不为改正,中外愤郁,万口一词。愿黜居外藩,以慰士论。"又与御史范纯仁、吕大防共劾欧阳修"首开邪议,以枉道说人主,以近利负先帝,陷陛下于过举"。皆不报。已而诏濮王称亲,诲等知言不用,即上还告敕,居家待罪,且言与辅臣势难两立。帝以问执政,修曰:"御史以为理难并立,若臣等有罪,当留御史。"帝犹豫久之,命出御史,既而曰:"不宜责之太重。"乃下迁诲工部员外郎、知蕲州。

神宗立,徙晋州,加集贤殿修撰、知河中府。召为盐铁副使,擢天章阁待制,复知谏院,拜御史中丞。初,中旨下京东买金数万两,又令广东市真珠,传云将备宫中十阁用度。诲言:"陛下春秋富盛,然聪明睿知,以天下为心,必不留神于此,愿亟罢之。"

王安石执政,时多谓得人。诲言其不通时事,大用之,则非所宜。著作佐郎章辟光上言,岐王颢宜迁居外邸。皇太后怒,帝令治其离间之罪。安石谓无罪。诲请下辟光吏,不从,遂上疏劾安石曰:"大奸似忠,大佞似信,安石外示朴野,中藏巧诈,陛下悦其才辨而委任之。安石初无远略,惟务改作立异,罔上欺下,文言饰非,误天下苍生,必斯人也。如久居庙堂,必无安静之理。辟光之谋,本安石及吕惠卿所导。辟光扬言:'朝廷若深罪我,我终不置此二人。'故力中营救。愿察于隐伏,质之士论,然后知臣言之当否。"帝方注倚安石,还其章。诲求去,帝谓曾公亮曰:"若出诲,恐安石不自安。"安石曰:"臣以身许国,陛下处之有义,臣何敢以形迹自嫌,苟为去就。"乃出诲知邓州。苏颂当制,公亮谓之曰:"辟光治平四年上书时,安石在金陵,惠卿监杭州酒税,安得而教之?"故制词云:"党小人交谮之言,肆罔上无根之语。"制出,帝以咎颂,以公亮之言告,乃知辟光治平时自言他事,非此也。诲之将有言也,司马光劝止之,诲曰:"安石虽有时名,然好执偏见,轻信奸回,喜人佞己。听其言则美,施于用则疏;置诸宰辅,天下必受其祸。且上新嗣位,所与朝夕图议者,二三执政而已,苟非其人,将败国事。此乃腹心之疾,救之惟恐不逮,顾可缓耶?"诲既斥,安石益横。光由是服诲之先见,自以为不及也。

明年,改知河南,命未下而寝疾矣。旋提举崇福宫,以疾表求致仕曰:"臣本无宿疾,医者用术乖方,妄投汤剂,率任情意,差之指下,祸延四支。一身之微,固无足恤,奈九族之托何!"盖以身疾谕朝政也。

诲三居言责,皆以弹奏大臣而去,一时推其鲠直。居病困,犹旦夕愤叹,以天下事为忧。既革,司马光往省之,至则目已瞑。闻光哭,蹶然而起,张目强视曰:"天下事尚可为,君实勉之。"光曰:"更有以见属乎?"曰:"无有。"遂卒,年五十八,海内闻者痛惜之。

元祐初，吕大防、范纯仁、刘挚表其忠，诏赠谏议大夫，以其子由庚为太常寺太祝。自海罢去，御史刘述、刘琦、钱𫖮皆以言安石被黜。

刘述字孝叔，湖州人。举进士，为御史台主簿，知温、耀、真三州，提点江西刑狱，累官都官员外郎，六年不奏考功课。知审官院胡宿言其沉静有守，特迁兵部员外郎，改荆湖南北、京西路转运使，再以覃恩迁刑部郎中。

神宗立，召为侍御史知杂事，又十一年不奏课。帝知其久次，授吏部郎中。尝言去奢当自后宫始，章辟光宜诛，高居简宜黜，张方平不当参大政，王拱辰不当除宣徽使。皆不报。滕甫为中丞，述将论之。甫闻，先请对。甫退，述乃言甫为言官无所发明，且摘其隐慝。帝曰："甫遇事辄争，裨益甚多，但外人不知耳。甫谈卿美不辍口，卿无言也。"

王安石参知政事，帝下诏令中丞举御史，不限官高卑。赵抃争之，弗得。述言："旧制，举御史官，须中行员外郎至太常博士，资任须实历通判，又必翰林众学士与本台丞杂互举。盖众议佥举，则各务尽心，不容有偏蔽私爱之患。今专委中丞，则爱憎在于一己。若一一得人，犹不至生事；万一非其人，将受权臣属托，自立党援，不附己者得以中伤，媒蘖诬陷，其弊不一。夫变更法度，其事不轻，而止是参知政事二人，同书札子。且宰相富弼暂谒告，曾公亮已入朝，台官今不阙人，何至急疾如此！愿收还前旨，俟弼出，与公亮同议，然后行之。"弗听。

述兼判刑部，安石争谋杀刑名，述以为不是。及敕下，述封还中书，奏执不已。安石白帝，诏开封府推官王克臣劾述罪。于是述率御史刘琦、钱𫖮共上疏曰："安石执政以来，未逾数月，中外人情嚣然胥动。盖以专肆胸臆，轻易宪度，无忌惮之心故也。陛下任贤求治，常若饥渴，故置安石政府。必欲致时如唐、虞，而反操管、商权诈之术，规以取媚。遂与陈升之合谋，侵三司利柄，取为己功；开局设官，用八人者分行天下，惊骇物听，动摇人心。去年因许遵文过饰非，妄议自首按问之法，安石任一偏之见，改立新议，以害天下大公。章辟光献岐邸迁外之说，疏间骨肉，罪不容诛。吕诲等连章论奏，乞加窜逐。陛下虽许其请，安石独进瞽言，荧惑圣听。陛下以为爱己，隐忍不行。先朝所立制度，自宜世世子孙，守而勿失；乃欲事事更张，废而不用。安石自应举历官，尊尚尧、舜之道，以倡率学者，故士人之心靡不归向，谓之为贤。陛下亦闻而知之，遂正位公府。遭时得君如此之专，乃自建财利之议，务为容悦，言行乖戾，一至于此。刚狠自任，则又甚焉。奸诈专权之人，岂宜处之庙堂，以乱国纪！愿早罢逐，以慰安天下元元之心。曾公亮位居丞弼，不能竭忠许国，反有畏避之意，阴自结援以固宠，久妨贤路，亦宜斥免。赵抃则括囊拱手，但务依违大臣，事君岂当如是！"

疏上，安石奏先贬琦、𫖮监处、衢州盐务。公亮疑太重，安石曰："蒋之奇亦降监，当从之。"司马光乃上疏曰："臣闻孔子曰：'守道不如守官。'孟子曰：'有言责者，不得其言则去。'此古今通义，人臣之大节也。彼谋杀已

伤自首刑名，天下皆知其非。朝廷既违众议而行之，又以守官之臣而罪之，臣恐失天下之心也。夫继食鹰鹮者，求其鸷也，鸷而烹之，将安用哉！今琦、𫖮所坐，不过疏直，乃以迕犯大臣，猥加谴谪，恐臣下自此以言为讳。乞还其本资，以靖群听。"不报。

开封狱具，述三问不承。安石欲置之狱，光又与范纯仁争之，乃议贬为通判。帝不许，以知江州。逾岁，提举崇禧观。卒，年七十二，绍兴初，赠秘阁修撰。

刘琦，字公玉，宣城人。博学强览，立志峻洁。以都官员外郎通判歙州。召为侍御史，建言："自城绥州，数致羌寇，宜弃之。"浙西开漕渠，役甚小，使者张大其事，以功迁官。言者论其非，诏琦就劾，官吏人人慑恐。琦但按首谋二人而已。既贬，通判邓州而卒，年六十一。

钱𫖮，字安道，常州无锡人。初为宁海军节度推官，守孙沔用威严为治，属吏奔走听命。𫖮当官而行，无所容挠，遇不可，必争之，由是独见器重。知赣、乌程二县，皆以治行闻。

治平末，以金部员外郎为殿中侍御史里行。许遵议谋杀案问刑名，未定而入判大理，𫖮以为："一人偏词，不可以汩天下之法，遵所见迂执，不可以当刑法之任。"不从。二年而贬，将出台，于众中责同列孙昌龄曰："平日士大夫未尝知君名，徒以昔官金陵，媚事王安石，宛转荐君，得为御史。亦当少思执国，奈何专欲附会以求美官？𫖮今当窜，君自谓得策邪？我视君犬彘之不如也。"即拂衣上马去。

后自衢徙秀州。家贫母老，至丐贷亲旧以给朝晡，而怡然无谪官之色。苏轼遗以诗，有"乌府先生铁作肝"之句，世因目为"铁肝御史"。卒，年五十三。

郑侠，字介夫，福州福清人。治平中，随父官江宁，闭户苦学。王安石知其名，邀与相见，称奖之。进士高第，调光州司法参军。安石居政府。凡所施行，民间不以为便。光有疑狱，侠谳议傅奏，安石悉如其请。侠感为知己，思欲尽忠。

秩满，径入都。时初行试法之令，选人中式者超京官，安石欲使以是进，侠以未尝习法辞。三往见之，问以所闻。对曰："青苗、免役、保甲、市易数事，与边鄙用兵，在侠心不能无区区也。"安石不答。侠退不复见，但数以书言法之为民害者。久之，监安上门。安石虽不悦，犹使其子雱来，语以试法。方置修经局，又欲辟为检讨，更命其客黎东美谕意。侠曰："读书无几，不足以辱检讨。所以来，求执经相君门下耳。而相君发言持论，无非以官爵为先，所以待士者亦浅矣。果欲援侠而成就之，取其所献利民便物之事，行其一二，使进而无愧，不亦善乎？"

是时，免役法出，民商咸以为苦，虽负水、舍发、担粥、提茶之属，非纳钱者不得贩鬻。税务索市利钱，其末或重于本，商人至以死争，如是者不一。侠因东美列其事。未几，诏小夫裨贩者免征，商之重者十损其七，他皆无所

行。

是时,自熙宁六年七月不雨,至于七年之三月,人无生意。东北流民,每风沙霾曀,扶携塞道,羸瘠愁苦,身无完衣。并城民买麻糁麦麸,合米为糜,或茹木实草根,至身被锁械,而负瓦揭木,卖以偿官,累累不绝。侠知安石不可谏,悉绘所见为图,奏疏诣阁门,不纳。乃假称密急,发马递上之银台司。其略云:"去年大蝗,秋冬亢旱,麦苗焦枯,五种不入,群情俱死;方春斩伐,竭泽而渔,草木鱼鳖,亦莫生遂。灾患之来,莫之或御。愿陛下开仓廪,赈贫乏,取有司掊克不道之政,一切罢去。冀下召和气,上应天心,延万姓垂死之命。今台谏充位,左右辅弼又皆贪猥近利,使夫抱道怀识之士,皆不欲与之言,陛下以爵禄名器,驾驭天下忠贤,而使人如此,甚非宗庙社稷之福也。窃闻南征北伐者,皆以其胜捷之势、山川之形,为图来献,料无一人以天下之民质妻鬻子,斩桑坏舍,流离逃散,邅迍不给之状上闻者。臣谨以逐日所见,绘成一图,但经眼目,已可涕泣。而况有甚于此者乎!如陛下行臣之言,十日不雨,即乞斩臣宣德门外,以正欺君之罪。"疏奏,神宗反覆观图,长吁数四,袖以入。是夕,寝不能寐。翌日,命开封体放免行钱,三司察市易,司农发常平仓,三卫民熙河所用兵,诸路上民物流散之故。青苗、免役权息追呼,方田、保甲并罢,凡十有八事。民间欢叫相贺。又下责躬诏求言。越三日,大雨,远近沾洽。辅臣入贺,帝示以侠所进图状,且责之,皆再拜谢。

安石上章求去,外间始知所行之由,群奸切齿,遂以侠付御史,治其擅发马递罪。吕惠卿、邓绾言于帝曰:"陛下数年以来,忘寐与食,成此美政,天下方被其赐;一旦用狂夫之言,罢废殆尽,岂不惜哉?"相与环泣于帝前,于是新法一切如故。

安石去,惠卿执政,侠又上疏论之。仍取唐魏徵、姚崇、宋璟、李林甫、卢杞传为两轴,题曰《正直君子邪曲小人事业图迹》。在位之臣暗合林甫辈而反于崇、璟者,各以其类,复为书献之。并言禁中有被甲、登殿等事。惠卿奏为谤讪,编管汀州。御史台吏杨忠信谒之曰:"御史缄默不言,而君上书不已,是言责在监门而台中无人也。"取怀中《名臣谏疏》二帙授侠曰:"以此为正人助。"惠卿暴其事,且嗾御史张琥并劾冯京为党与。侠行至太康,还对狱,狱成,惠卿议致之死。帝曰:"侠所言非为身也,忠诚亦可嘉,岂宜深罪?"但徙英州。既至,得僧屋将压者居之,英人无贫富贵贱皆加敬,争遣子弟从学,为筑室以迁。

哲宗立,始得归。苏轼、孙觉表言之,以为泉州教授。元符七年,再窜于英。徽宗立,赦之,仍还故官,又为蔡京所夺,自是不复出。布衣粝食,屏处田野,然一言一话,未尝忘君。宣和元年卒,年七十九。里人揭其间为郑公坊,州县皆祀之于学。绍熙初,诏赠朝奉郎。官其孙嘉正为山阴尉。

论曰:诲以言三黜,述、琦、颛穷厄至死,皆充然无悔,身虽不偶,而声名则昭著于天下后世矣。侠以区区小官,虽未信而谏,能以片言悟主,殃民之法几于一举而空之,功虽不成,而此心亦足以白于天下后世。吕惠卿、邓绾之罪,可胜诛哉!

卷三百二十二　　列传第八十一

何郯　吴中复 从孙择仁　**陈荐　王猎　孙思恭
周孟阳　齐恢　杨绘　刘庠　朱京**

何郯,字圣从,本陵州人,徙成都。第进士,由太常博士为监察御史,转殿中侍御史,言事无所避。王拱辰罢三司使守亳,已而留经筵,郯乞正其营求之罪。石介死,枢密使夏竦诬其诈,朝廷下京东体实,郯与张昪极陈竦奸状,事得寝。杨怀敏以卫卒之乱,犹为副都知,郯又与昪及鱼周询论之。仁宗召谕云:"怀敏实先觉变,宜有所宽假。"郯等皆言不可,卒出之。郯争辨尤力。帝曰:"古有碎首谏者,卿能之乎?"对曰:"古者君不从谏,则臣有碎首;今陛下受谏如流,臣何敢掠美而归过君父。"帝欣纳之。

夏竦倡张贵妃之功,谏官王贽遂言贼根本起于皇后阁,请究其事,冀摇动中宫,而阴为妃地。帝以语郯,郯曰:"此奸人之谋也。"乃止不究。竦负罪不去,郯等奏出知河南,竦乞留京师。郯言:"佞人在君侧,为善政累,愿勿革前命。"竦遂行。

时诏群臣陈左右朋邪、中外险诈,久而无所行。郯请阅实其是否,因言曰:"诚以待物,物必以诚。诚与疑,治乱之本也,不可以一臣诈而疑众臣,一士诈而疑众士。且择官者宰相之职,今用一吏,则疑其从私,故细务或劳于亲决。分阃者将帅之任,今专一事,则疑其异图,故多端而加羁制。博访者大臣之体,今见一士,则疑其请托。相先后者士之常,今进其类,则疑为朋党。君臣交疑,而欲天下无否塞之患,不可得矣。"

都知王守忠以修祭器劳,迁景福殿使,给两使留后奉。郯曰:"守忠劳薄赏重。旧制,内臣遥领止于廉察。今虽不授留后,而先给其禄;既得其禄,必得其官;若又从之,则何求不可。"既又诏许如正班。守忠移阁门,欲缀本品坐宴,郯又言:"祖宗之制,未有内臣坐殿上者。此弊一开,所损不细。"守忠闻之,不敢赴。知杂御史阙,执政欲进其党,帝以郯不阿权势,越次用之。郯遍历三院,有直声。晚节颇回畏,因地震言阴盛臣强,以讥切韩琦;又乞召还王陶以迎合上意,由是声名损于御史时也。

以母老求西归,加直龙图阁、知汉州。将行,上疏言:"张尧佐缘后宫亲,叨窃非据,外庭窃议,谓将处之二府。若此命一出,言事之臣,必以死争之。倘罢尧佐则伤恩,黜言者则累德,累德、伤恩,皆为不可。臣谓莫若富贵尧佐而不假之权,如李用和可也。"其后卒罢尧佐宣徽之命。进集贤殿修撰、知梓州,擢天章阁待制,还判银台司。时封驳之职废,郯乞准故事,凡诏敕并由门下,从之。唐介出荆南，敕过门下，郯封还之，介复留谏院。迁龙图阁直学士，为河东都转运使。故相梁适帅太原，病不能事，内臣苏安静钤辖兵马，怙宠不法，皆劾奏之。

历知大兴、河南。治平末，再知梓州。居三年，老而病，犹乞进用。神宗薄之，诏提举成都玉局观。从臣外祠自此始。遂以尚书右丞致仕。卒，年六十九。

吴中复，字仲庶，兴国永兴人。父仲举，仕李煜为池阳令。曹彬平江南，仲举尝杀彬所招使者。城陷，彬执之，仲举曰："世禄李氏，国亡而死，职也。"彬义而不杀。

中复进士及第，知峨眉县。边夷民事淫祠太盛，中复悉废之。廉于居官，代还，不载一物。通判潭州，御史中丞孙抃荐为监察御史，初不相识也。或问之，抃曰："昔人耻为呈身御史，今岂有识面台官耶？"迁殿中侍御史。弹宰相梁适，仁宗曰："马遵亦言之矣。"且问中复曰："唐自天宝后治乱分，何也？"中复历引姚、宋、九龄、林甫、国忠用舍以对。适罢，中复亦通判虔州，未至，复还台。

富弼李仲昌开六漯河，内臣刘恢密告所断冈与国姓上名同，贾昌朝阴助之，欲以摇弼。诏中复往治，促行甚急。中复言："狱起奸臣，非盛世所宜有。"驰至，较其名，乃赵征村也，亦无冈势，狱以故得止。又弹宰相刘沆，沆罢。改右司谏，同知谏院。迁御史知杂事、户部副使，擢天章阁待制，知泽州、瀛州，移河东都转运使，进龙图阁直学士、知江宁府。邮兵苦巡辖官苛刻，縶而鞭之。狱具，法不至死，中复以便宜戮首恶，流其余，入奏为令。历成德军、成都府、永兴军。

河北行青苗法，使者至，将先下州县。中复檄之曰："敛散自有期，今先事扰之，何也？"拒不听，且以报。安抚司韩琦方疏谏青苗，录其语以上。熙宁并省郡邑，以永康为县，中复言："永康控威、茂，不可废。"其后因夷竟复之。关内大旱，民多流亡。中复请加赈恤，执政恶之，遣使往视，谓为不实，削一阶，提举玉隆观。起知荆南，坐过用公使酒，免。卒，年六十八。中复乐易简约，好周人之急，士大夫称之。从孙择仁。

择仁字智夫，以父任，为开封雍丘主簿。元祐中，金水河堤坏，十六县皆选属疕役，得诣朝堂白事。宰相范纯仁独异之，曰："簿领中乃有是人邪？"

建中靖国初，畿内饥，多盗，以择仁知太康县。始至，召令贼曹曰："民穷而盗，非天性也，我以静镇之。若亡命椎埋故犯，我一切诛之，毋得贷。"群盗相戒不入境。中贵人谭稹奴犯法，按致于理。积羞恚造谮，徽宗召户部郎中宋乔年往鞫。乔年，忱吏也，疾驱至。候择仁惶遽入白，择仁著衣冠坐庑下。乔年虑囚摘隐，剔抉帑庾出入，不能得毫毛罪，乃归传舍。择仁上谒，乔年迎笑曰："所以来，为察君罪，顾乃得一奇士，吾今荐君矣。"居数日，召诣阙。

方有事青唐，擢熙河路转运判官，即以直秘阁为副使，从招讨使王厚领兵深入，克兰、廓城栅十三。加龙图，进集贤殿修撰，为京畿都转运使。郑州城恶，受命更筑之。或谮于帝曰："新城杂以沙土，反不如故，且速圮。"帝怒，密遣取块城上，缄以来，令卫卒三投之，坚致如削铁，谮不能售。遂拜户部侍郎兼知开封府。故事，尹以三日听讼，右曹吏十辈列庭下，自占姓名，一人云："某人送某狱，某人当杖，某人去"，而尹无所可否。有窦鉴者，以捕盗宠，官诸司使，服金带。择仁视事，狃旧态来前，叱而械诸狱，一府大惊。卖珠人居民货久不返，度事急，匿宦官杨戬第，择仁迹取之，窜于远。

戬中以事，出为显谟阁直学士、知熙州，从永兴军。走马承受蓝从熙言其擅改茶法，夺职，免。再阅岁，以徽猷阁待制领江、淮发运，还直学士、知渭州。以病提举崇福宫，起知青州，不克拜，卒，年六十六。

陈荐字彦升，邢州沙河人。举进士，为华阳尉。盗杀人，弃尸民田。荐出验，有以移尸告者。田主又杀其母。县欲加致杀二人，以诬荐失盗之责。荐不可，曰："焉有诬人以自贳者邪！"已而获盗。

从韩琦定州、河东幕府。性木强简澹，独琦知之最深，每语人曰："廉于进，勇于退，嫌疑间毫发不处，与人交久而不变，如彦升者，无几也。"琦辅政，荐为秘阁校理、判登闻检院、知太常礼院。

英宗诸王出阁，选为记室参军，直集贤院。颍王为皇太子，加右谕德；王即位，拜天章阁待制，进知制诰、知谏院。薛向首谋取横山，功不成，荐请以汉王恢之罪罪向。杨绘论曾公亮用人不当，言既行而迁侍读，罢谏职。荐曰："此乃宰相欲杜绘言尔，所言是，宜责宰相。"疏入不报。

除龙图阁直学士、河北都转运使。河决枣强，水官议于恩、冀、深、瀛之间筑堤三百六十里，期一月就功，役丁夫八万。荐曰："河未能为数州害，民力方困，愿以岁月为之。"还，判流内铨、太常寺。议学校贡举法，请会三年贡士数均之诸路，计口察孝廉如汉制。权主管御史台，言李定匿所生母丧，不宜为御史。罢台事。又以议典礼不合，出知蔡州。召为宝文阁学士兼侍读，进资政殿学士。

屡求退，以为本州，命两省燕饯资善堂。擢其子厚御史台主簿。未几，提举崇福宫。卒，年六十九，赠光禄大夫。

王猎，字得之，长垣人。累应进士不第，乃治生积钱，既而叹曰："此败吾志也。"悉以班诸亲族。庆历用兵，诏求遗逸，范仲淹荐之，得出身为永兴蓝田主簿。府使之掌学。诸生有犯法者，猎自责数，以为教之不至，屏出之府。帅意其私，捕生下狱，猎前白曰："此特年少不率教尔。致于理，不足以益美化，恐适贻士类辱。"帅悟而喜曰："吾虑初不及此。"即释生而待猎加敬。徙林虑令，县依山，俗以搜田为生，不知学。猎立孔子庙，择秀民诲之。汉杜乔墓在境中，往奠谒，建祠其旁。居官无丝发扰，吏民爱信，共目为清长官。

入为吴王潭王宫教授、睦亲广亲宅讲书、诸王侍讲。凡在京藩十二年，宗室无高卑少长，各得其欢如一日。英宗在邸，尊礼之；入为皇子，即拜说书；及即位，拜天章阁待制兼侍讲。方议濮王称，以问猎，猎不可。帝曰："王待侍讲厚，亦持此说邪？"对曰："臣荷皇恩厚，不敢以非礼名号加于王，所以报王也。"帝大悟，自是不复议。以疾请谢事，不许。疾愈入见，帝喜曰："侍讲乃欲舍朕去乎？"

神宗立，进龙图阁直学士。求知襄州，未行，改滑州。自工部郎中为本曹侍郎致仕，给全奉。后八年卒，年八十。诏赙绢千匹，官其二孙，赐家人冠帔，人以为宠。

孙思恭，字彦先，登州人。擢第后，即遭父丧，不肯复从官，二十年间才三书吏考。为宛丘令，转运使以水灾时调春夫，争弗得，乃弃官去。吴奎荐其学行，补国子直讲，加秘阁校理。事神宗藩邸为说书，又为侍讲、直集贤院。以居中都久，力请补外，王奏留之。及即位，擢天章阁待制。

思恭性不忤物，犯而不校，笃于事上。有所见，必密疏以闻。帝亦间访以政。欧阳修初不知思恭，修出政府，思恭尽力救解。出知江宁府、邓州，以疾移单州，管干南京留司御史台。卒，年六十一。

思恭精关氏《易》，尤妙于《大衍》。尝修天文院浑仪，著《尧年至熙宁长历》，近世历数之学，未有能及之者。

周孟阳，字春卿，其先成都人，徙海陵。醇谨夷缓。第进士，为潭王宫教授、诸王府记室。

英宗居环列，以其质厚，礼重之；会除知宗正寺，力辞，凡上十八表，皆孟阳为文。又从容陈古事以讽，英宗悚然起拜；及为皇子，愈坚卧不出。孟阳入见卧内，劝之曰："天子知太尉贤，参以天人之助，乃发德音。何为坚拒如此？"英宗曰："非敢徼福，以避祸也。"孟阳曰："今已有此迹，设固辞不拜，使中人别有所奉，遂得燕安无患乎？"时中使趣召十辈，又命宗谔倾一宫往请，不能动，及是，意乃决。

帝即位，命为皇子位说书，以尝侍藩邸，固辞。加直秘阁、同知太常礼院。数引对，访以时务。最后，召至隆儒殿，在迩英苑中，群臣未尝至。人疑且大用，帝亦谕以不次进擢意。孟阳称他人，使代己，乃迁集贤殿修撰、同判太常寺兼侍读。神宗初立，入奏事，方升殿，帝望见恸哭，左右皆泣下。拜天章阁待制。卒，年六十九。诏特官其婿及子孙二人，除其家负官缗钱数万。

齐恢，字熙业，蒲阴人。唐宰相映之裔也。第进士，历通判陈州，提点成都府路刑狱三年，徙河东。凡公帑格外馈饷之物，一无所受。单车而东，入为户部判官。神宗出阁，精简宫僚，韩琦荐其贤，以直昭文馆，为颍王府翊善，进太子左谕德。帝即位，拜天章阁待制，知通进、银台司。出知相州，召知审官西院，纠察在京刑狱。卒，年六十六。恢居乡里，恂恂称君子；临政府，明白简约，不苛扰，所至人爱之。帝念旧僚，自谏议大夫特赠工部侍郎。

杨绘，字元素，绵竹人。少而奇警，读书五行俱下，名闻西州。进士上第，通判荆南。以集贤校理为开封推官，遇事迎刃而解，诸吏惟日不足，绘未午率沛然。仁宗爱其才，欲超置侍从，执政见其年少，不用。以母老，请知眉州，徙兴元府。吏请摄穿窬盗库缣者，绘就视之，踪迹不类人所出入，则曰："我知之矣。"呼戏沐猴者诘于庭，一讯具伏，府中服其明。在郡狱无系囚。

神宗立，召修起居注、知制诰、知谏院。诏遣内侍王中正、李舜举等使陕西，绘言："陛下新即位，天下拭目以观初政。馆阁、台省之士，朝廷所素养者不之遣，顾独遣中人乎？"向传范安抚京东西路，绘请易之，以杜外戚干进之渐。执政曰："不然，传范久领郡，有政声，故使守郓，非由外戚也。"帝曰："谏官言是，斯可塞异日妄求矣。"曾公亮请以其子判登闻鼓院，用所厚曾巩为史官。绘争曰："公亮持国，名器视如己物。向者公亮官越，占民田，为郡守绳治，时巩父易占亦官越，深庇之。用巩，私也。"帝为寝其命。绘亦解谏职，改兼侍读，绘固辞，滕甫言于帝。帝诏甫曰："绘抗迹孤远，立朝寡援，不畏强御，知无不为。朕一见许其忠荩，擢置言职，信之亦笃矣。今日之除，盖难与宰相并立于轻重之间，姑令少避尔，卿其谕朕意。"绘曰："谏官不得其言则去，经筵非姑息之地。"卒不拜。未阅月，复知谏院，擢翰林学士，为御史中丞。

时安石用事，贤士多谢去。绘言："老成之人，不可不惜。当今旧臣多引疾求去：范镇年六十有三、吕诲五十有八、欧阳修六十有五而致仕；富弼六十有八而引疾，司马光、王陶皆五十而求散地，陛下可不思其故乎？"又言："方今以经术取士，独不用《春秋》，宜令学者以《三传》解经。"免役法行，绘陈十害。安石使曾布疏其说。诏绘分析，固执前议，遂罢为侍读学士、知亳州，历应天府、杭州。再为翰林学士。

议者欲加孔子帝号，绘以为非礼，又言不宜用辽历改置闰，悉从之。绘常荐属吏王永年，御史蔡承禧言其私通馈赂，坐贬荆南节度副使。详在《窦卞传》。数月，分司南京，改提举太平观，起知兴国军。元祐初，复天章阁待制，再知杭州。卒，年六十二。

绘为吏敏强，主爱利，而受性疏旷，讫以是见废斥。然表里洞达，一出于诚，为范祖禹所容重。为文立就，有集八十卷。

刘庠，字希道，彭城人。八岁能诗。蔡齐妻以子，用齐遗奏，补将作监主簿。复中进士第，为高密广平院教授。

英宗求直言，庠上书论时事。帝以示韩琦，琦对之"未识"，帝益嘉重，除监察御史里行。日食甫数日，苑中张具待幸，庠言非所以祗天戒，诏罢之。会圣宫修仁宗神御殿，甚宏丽。庠言："天子之孝，在继先志，隆大业，不在宗庙之靡。宜损其制，以昭先帝俭德。"奉宸库被盗，治守藏吏。庠言："皇城几察厉禁，实近侍主之，当并按。"仁宗外家李珣犯销金法，庠奏言，法行当自贵近始。帝不豫，储嗣未正，庠拜疏谓："太子，天下本。汉文帝于初元即为无穷计。颍王长且贤，宜亟立，使日侍禁中，阅四方章奏。"帝皆行之。

神宗立，迁殿中侍御史，为右司谏。言："中国御戎之策，守信为上。昔元昊之叛，五来五得志，海内为之困弊。今莫若示大信、舍近功，为国家长利。"奉使契丹。故事，两国忌日不相避。契丹张宴白沟，日当英宗祥祭，庠丐免，契丹义而听之。

除集贤殿修撰、河东转运使。庠计一路之产，铁利为饶，请复旧冶鼓铸，通隰州盐矾，博易以济用。又请募民入粟塞下，豫为足食。进天章阁待制、河北都转运使。契丹侵霸州土场，或言河北不可不备。庠上五策，料其必不动，已而果然。大河东流，议者欲徙而北。内侍程昉希功，请益兵济役。庠请迟以岁月，徐观其势而顺导之。朝廷是其议。移知真定府，又为河东都转运使，召知开封府。

庠不肯屈事王安石。安石欲见之，戒典谒者曰："今日客至勿纳，惟刘尹来，即告我。"有语庠者曰："王公意如此，盍一往见。"庠谓："见之，何所言？自彼执政，未尝一事合人情。脱问青苗、免役，将何辞以对？"竟不往。奏论新法，神宗谕之曰："奈何不与大臣协心济治乎？"庠曰："臣子于君父各伸其志。臣知事陛下，不敢附安石。"会与蔡确争廷参礼，遂以为龙图阁直学士、知太原府。请复宪州募民子弟剽锐工技击者，籍为勇敢，仿汉谪戍法，贯流以下罪徙实河外。

契丹建牙云中，遣骑涉内地，边吏执之。契丹檄取纷然，又遣使议疆事。众疑其造兵端，欲大为备。庠奏言："云朔岁俭，军无见粮。契丹张形示强，造端首祸，曲在彼不在我，愿勿听。宜先谕以理，然后饬兵观衅。"帝嘉使者辞顺，讫以黄嵬山分水岭立新疆。遭母丧，服终，知成都府。乞禁西山六州与汉人婚姻，勿蹈吐蕃取维州之害。徙秦州。坐失举，降知虢州，移江宁府、滁州，徙永兴军。时西征无功，关内骚动。庠过关，力言虚内事外，恐摇根本，帝感纳其忠。

元祐初，加枢密直学士、知渭州。卒，年六十四。宣仁闻之曰："帅臣极难得，刘庠可惜也。"庠有吏能，淹通历代史，王安石称其博。卒后，苏颂论庠治平建储之功，诏褒录其子。

朱京，字世昌，南丰人。父轼，有隐德。京博学淹贯，登进士甲科。教授亳州、应天府，入为太学录。神宗数召见论事，擢监察御史。时中丞及同僚多罢去，京抗疏曰："御史假之则重，略之则轻。今耳目之官，屡进屡却，则言者不若静默为贤，直者不若柔从为智。偷安取容，虽得此百数，亦何益国邪？"他日入见，帝劳之曰："昨览奏疏，所补多矣。"京风神峻整，见者悚之，目为真御史。

初，台臣奏事，必先移阁门，得班乃入。京尝以名闻，翌旦既入，会有先之者，不及对而退。帝问京安在，左右以告，诏趣之入，辰漏且尽，为留班以须。未几，论大臣除拟有爱憎之私。中书言其失实，谪监兴国军盐税。历太常博士、湖北、京西、江东转运判官，提点淮西刑狱、司封员外郎。元符初，迁国子司业。京在元祐时，尝为《幸太学颂》，或摘其语有及先朝者，京亦固辞不拜。徽宗初立，复命之，逾月而卒。

论曰：何郯、吴中复，皆良御史也。郯出夏竦，阻王守忠，奸人庶几少戢矣。中复耻识面台官，其所守可见矣。荐之论李定，思恭之右欧阳修，绘请惜老成，庠不附新法，数子所见，何其同也。犹为令而兴孔子庙，孟阳以教授而参决大计，此其卓然者乎。恢临政简约，无可议者。京持论端确，竟以去位，君子惜之。

卷三百二十三　　列传第八十二

**蔚昭敏　高化　周美　阎守恭　孟元　刘谦
赵振　张忠　范恪　马怀德　安俊　向宝**

蔚昭敏，字仲明，开封祥符人。父兴，事周世宗，数战伐有功，又从太宗平太原，终龙尉都虞候。真宗为襄王，昭敏自东班殿侍选隶襄王府。帝即位，授西头供奉官，累迁崇仪使，冀贝行营兵马都监。契丹以五千骑突至冀州城南，昭敏帅部兵与战，败之，得其器甲，贼遁去，而师不失一人。

咸平四年，领顺州刺史、定州行营钤辖兼押大阵，又为镇、定、高阳关三路先锋。契丹入寇，帝北巡至大名，契丹退趋莫州，昭敏与范廷召追至莫州东三十里，斩首万余级，擒生口甚众，契丹委器甲遁去。拜唐州团练使，累迁至殿前副都指挥使，迁都指挥使、保静军节度使。以足疾，命入谒无拜。卒，赠侍中。

高化，字仲熙，真定人。少沉勇有力，不事耕稼，学击剑，善射。契丹犯河北，应募转饷飞狐口。杨业留戏下，使捕贼酋大鹏翼，获之。会契丹又犯真定，乃辞业还家，家属尽为契丹所掠去。从州将入京师，遂隶禁军，选为襄王牵鞚官。王尹京，命巡内外八厢，积获奸盗甚众。盗有遗化金帛者，化弗受。一日，王趋急召出府门，马惊堕，化掖之而起。王曰："微尔，吾几殆。"益亲信之。

真宗即位，擢御龙弩直双员都头，累迁御龙骨朵直都虞候。乾兴初，授天武右第二军都指挥使、荣州刺史，迁天武右厢都指挥使、蜀州团练使。天圣六年夏，大雨，命护汴堤。夜驰至城西，堤欲坏，督守兵负土不能遏。时夏守恩方典军，积材木城隅，化尽取以塞堤，乃得无患。仁宗嘉之，进神龙卫四厢都指挥使、龚州防御使，为鄜延路马步军副都总管，徙泾原路、权知渭州，迁捧日、天武四厢都指挥使。

发兵袭明珠族，不利，降滑州总管。改兴州防御使、真定路副都总管，徙高阳关路。修护章惠太后园陵，累拜殿前副都指挥使，历建武军节度使。以老，辞管军。诏入朝，化又固请，改武安军节度使、知沧州，未行，改相州。部有大狱已具，皆当论死。化疑之，遣移讯，果出无罪者三人。逾年，复告老，以右屯卫上将军致仕。卒，年八十。赠太尉，谥曰恭壮。

化谨质少过，驭军有法。虽起身行伍，然颇知民事焉。

周美，字之纯，灵州回乐人。少隶朔方军，以材武称。赵保吉陷灵州，美弃其族，间走归京师，天子召见，隶禁军。契丹犯边，真宗幸澶州，御城北门，美慷慨自陈，愿假数骑缚契丹将至阙下，帝壮之，常令宿卫。

天圣初，德明部落寇平凉方渠，美以军候戍边，与州将追战，破之于九井原、乌仑河，斩首甚众。累迁天武都虞候。元昊反，陕西用兵，经略使夏竦荐其材，擢供备库使、延州兵马都监。夏人既破金明诸砦，美请于经略使范仲淹曰："夏人新得志，其势必复来。金明当边冲，我之蔽也，今不亟完，将遂失之。"仲淹因属美复城如故。数日，贼果来，其众数万薄金明，阵于延安北三十里。美领众二千力战，抵暮，援兵不至，乃徙军山北，多设疑兵。夏人望见，以为救至，即引去。既而复出艾蒿砦，遂至郭北平，夜斗不解。美率众使人持一炬从间道上山，益张旗帜，四面大噪，贼惧走。获牛羊、橐驼、铠甲数千计，遂募兵筑万安城而还。敌复寇金明，美引兵由虞家堡并北山而下，敌即引却。迁文思使，徙知保定军。经略使庞籍表留之，改东路都巡检使。败敌于金汤城，焚其族部二十一。

元昊大入，据承平砦。诸将会兵议攻讨，洛苑副使种世衡请赍三日粮直捣敌穴。美曰："彼知吾来，必设伏待我。不如间道掩其不意。"世衡不听。美独以兵西出芙蓉谷，大破敌。世衡果无功。未几，敌复略土堌砦，美迎击于野家店，追北至拓跋谷，大败其众。以功迁右骐骥使。军还，筑栅于葱梅官道谷，以据敌路。令士卒益种营田，岁收谷六千斛。复率众繇厅子部西济大理河，屠札万多移二百帐，焚其积聚以归。籍、仲淹交荐之，除鄜延路兵马都监，迁贺州刺史。

初，美自灵武来，上其所服精甲，诏藏军器库。至是，加饰黄金，遣使即军中赐之。又破敌于无定河，乘胜至绥州，杀其酋豪，焚庐帐，获牛马、橐驼、器械三百计，因城龙口平砦。敌以精骑数千来袭，美从百余骑驰击破之。加本路钤辖，遂为副总管。迁龙神卫四厢都指挥使、通州刺史；进捧日、天武四厢都指挥使，陵州团练使。

庆历中，又城清水、安定、黑水、佛堂、北横山、乾谷、土明、柳谷、雕巢、卢儿、原安砦十一堡。安定之役，谍报敌数万将大至，经略使遣管勾机宜楚吏中分诸将兵，趣城黑水以待。诸将惮敌且至，不肯与兵。美曰："兵常以寡击众，何自怯也。"卒以兵二千与建中，而敌亦引去。每边书至，诸将各择便利，独美未尝辞难，然所向辄克，诸将以此服之。历侍卫亲军马军殿前都虞候、眉州防御使、步军副都指挥使、遂州观察使、鄜延副都总管。召还，授耀州观察使，又进马军都指挥使。卒，赠忠武军节度使，谥忠毅。

自陕西用兵，诸将多不利，美前后十余战，平族帐二百，焚二十一，招种落内附者十一族，复城堡甚多。在军中所得禄赐，多分其戏下，有余，悉飨劳之。及死，家无余赀。子蓥卒，以孙永清为子，官至引进副使。

阎守恭，并州榆次人。父荣，倜傥有志略，刘继元欲召至帐下，辞以母老不就。守恭生而体貌奇伟，荣曰："是必当事太平天子，吾无恨矣。"后十七年，刘氏平，徙太原民于大名府，因家焉。往来负贩于并、汾间，过西山，闻郭进为都巡检使，太宗甚宠遇之。乃慨然曰："进不遇主，亦行伍尔，吾自度岂不及进邪？"遂应募，隶拱圣军，擢殿前押班。

咸平中，从幸河北，以功为捧日副指挥使，历拱圣、龙卫、捧日指挥使，累迁左第二军指挥使、乾州刺史。明道中，落军职，以德州刺史为永兴军兵马钤辖，徙并代路。

守恭性沉勇，御军严。虽家居如对宾客。常访求士大夫，取郭进事而师法之。所得奉禄悉散与人。在并州，因春社会宾客曰："守恭，太原一贫民尔。徒步位刺史，老复官乡里，逾分多矣。今日与卿辈诀。"后十日卒。

孟元，字善长，洺州人。性谨愿少过，颇喜读书。少隶禁军，以挽强选补殿侍，累迁散都头副指挥使，擢如京使、并代州兵马都监，改钤辖，徙高阳关路，又徙真定路。

王则据贝州反，元赴城下攻战，被数十创，又中机石，坠濠中。既出，战愈力。更募死士由永济渠穴地以进。贼平，改右骐骥使，徙大名府路钤辖。河朔饥，权知沧州。民鬻盐为生，岁荒盐多不售，民无以自给。元度军食有余，悉用易盐，籴是民不转徙。

御史中丞郭劝言其贝州功而赏未当，乃擢普州刺史，迁宫苑使，专管勾麟府军马事。护筑永宁堡，敌不敢动。为龙神卫四厢都指挥使、忠州团练使、高阳关马步军总管，迁天武、捧日四厢都指挥使，又迁步军都虞候、眉州防御使、并代路副都总管。判北京贾昌朝奏为大名府路副都总管，徙定州路，迁马军都虞候，徙鄜延路，行至郑州卒，赠遂州观察使。

刘谦，字汉宗，开封人。少补卫士，数迁至捧日右厢都指挥使，领嘉州团练使兼京城巡检。元昊反，改博州团练使、环庆路马步军总管兼知邠州。谦不读书，然斗讼曲直，皆区处当理。前守者多强市民物以饰厨传，谦独无所挠，邠人颇爱之。夏竦奏为泾原路总管，徙知泾州，未行，会贼寇镇戎军，谦引兵深入贼境，破其聚落而还。以功擢龙神卫四厢都指挥使、象州防御使。暴疾卒，赠永清军节度观察留后。

赵振，字仲威，雄州归信人。景德中，从石普于顺安军。获契丹阵图，授三班借职。后数年，为隰州兵马监押，捕盗于青灰山，杀获甚众。

高平蛮叛，徙湖北都巡检使兼制置南路。以南方暑湿，弓弩不利，别创小矢，激三百步，中辄洞穿，蛮遂骇散。岁中，迁庆州沿边都巡检使。时，金汤李钦、白豹神木马儿、高罗跂臧三族尤悍难制，振募降羌，啗以利，令相攻，破十余堡。钦等诣振自归。振为置酒，先酣，取细仗，围财数分，植百步外共射。钦等百发不中，振十矢皆贯，钦等皆惊，誓不复敢犯。

明年，泾原属羌胡萨逋歌等叛，钤辖王怀信以兵数千属振游奕，屡捷。从数十骑诣怀信，遇贼十倍，射殪数十余，悉退散。数月，贼数万围平远砦，都监赵士龙战没。振出别道，力战抵砦，夺取水泉，率敢死士破围，贼走，追斩数千级，徙泾原都盐，历知顺安、保安、广信军、霸州，改京东都大提举捉贼。明年，知环州，累迁象州防御使。

元昊将反，为金银冠珮饰甲骑遗属羌，振潜以金帛诱取之，以破其势，得冠珮银鞍三千、甲骑数百。告邻部俾以环为法，不听，于是东荄、金明、万刘诸族胜兵数万，悉为贼所有。及刘平等皆败，唯环庆无患。自本路马步军副总管擢龙神卫四厢都指挥使、鄜延路副都总管、知延州，代范雍。寻改捧日、天武四厢。振谓将吏曰："今贼以我夷伤，必乘胜以进，势宜固守。尚虑诸城不能皆如吾谋，苟延州弗支，则陕西未可测，此天下安危之机也。"

未几，贼寇塞门砦。振有兵几八千，按甲不动。砦中兵才千人，屡告急，被围五月，才遣百余人赴之，砦遂陷。砦主高延德、监押王继元皆没于贼。振坐拥兵不救，为都转运使庞籍所奏，贬白州团练使、知绛州。未行，会延德、继元家复诉于朝，敕御史方偕就劾振。法当斩，再贬太子左清道率府率、潭州安置。逾年，复为武卫将军、惠州团练使、并代路兵马钤辖，就迁副总管、祁州团练使。

元昊既破丰州，将袭近砦，振率钤辖张亢、麦允言出麟州深柏堰，击破之。兼领岚、宪六州军事。河外饥，振设法通砦外商，得米数十万斛，军民以济。进博州防御使，改解州致仕。复起为左神武军大将军，卒。

振刚强自负，有武力，便弓马，喜谋画，轻财尚气，众乐为用。子珣、瑜，皆工骑射。

珣年十六，仁宗召试便殿，授三班借职。景祐中，有言珣艺益进，且习书史。复召见阅武伎，又试策略于中书，条对数千言。自殿直进阁门祗候，未几，除濠州兵马都监。

初，珣随父在西边，访得五路徼外形胜利害，作《聚米图经》五卷。诏取其书，并召珣至，又上《五阵图》、《兵事》十余篇。帝给步骑使按阵，既成，临观之。陈执中招讨陕西，荐为缘边巡检使。吕夷简、宋庠为奏曰："用兵以来，策士之言以万计，无如珣者。"即擢通事舍人、招讨都监。珣白以年少新进，辞都监。授兵万人，御赐铠仗，令自择偏裨、参佐，居泾原，兼治笼竿城。

麻毡、党留百余帐处近塞为暴，珣白府，引兵二万，自静边厉揆吴抵木宁袭贼，俘获数千计。静边将刘沪殿后，为贼所掩。珣登阪望见，从骑数百复入，拔沪之众以出，士皆叹服。瞎毡依兔谷无所属，珣与书招之，遗以绦绵，瞎毡听命。

改本路都监，诏追入朝。将行，适元昊大入，府檄留珣，会葛怀敏于瓦亭。怀敏已屯五谷口西至马栏城，闻夏人徙军新壕外，议欲质明掩袭。珣谓怀敏曰："敌远来，众倍锋锐，莫若依马栏城布栅以扼其路，守镇戎城以便饷道，俟其衰击之，此必胜之道也。不然，必为贼所屠。"怀

敏不听，兵遂逼镇戎城，越界壕，抵定川。未及阵，夏人引铁骑来犯，珣居阵西北，瑜亦在军中，战甚力。东壁兵辄溃，中军大扰，珣拥刀斧手前斗，夏众稍却，我军复阵。怀敏诘朝退走，就食镇戎。俄夏骑四合，珣被擒，瑜以身免。

珣美风仪，性劲特好学，恂恂类儒者。既没，人多惜之。赠莫州刺史，后卒贼中。瑜弟璞，亦知名。

张忠，字圣毗，开封人。先世业农，忠慷慨不事生产。初隶禁军，累迁龙、神卫左第二军指挥使。仁宗即位，迁天武左第三指挥使、融州刺史，改天武右厢指挥使、潮州团练使。未几，真拜齐州团练使，擢知沧州、本路钤辖。杨怀敏以忠御下急，因奏对言之，徙澶州总管。会河决商胡，诏留戍满卒以助堤役，辄群噪，将劫库兵为乱。州将恐，召忠议。忠潜捕倡前者数人，斩以徇。明年，以疾求医京师，卒。

范恪，字许国，开封人。初名全，少隶军籍于许州，选入捧日军，又选为殿前指挥使，历行门、龙旗直、散员押班。康定元年，元昊数寇边。试武伎，擢内殿崇班、庆州北路都巡检使，与攻白豹城，破之。既还，夏人遣骑袭其后。恪设伏崖险，敌半度，邀击之，斩首四百级，生获七十余人。以功迁内殿承制。

尝会诸道兵攻十二盘暨咄当、迷子砦，中流矢，督战愈力。视炮石中有火燃者，恪取号于众曰："贼矢石尽，用灶下甓矣。"于是士卒争奋，果先得城。迁供备库副使。

恪有弓胜一石七斗，其箭镞如铧，名曰铧弓。又于羽间识其官称、姓氏，凡所发必中，至一箭贯二人。他日，取蕉蒿砦归，恪独殿后，为数千骑所袭。恪视矢箙止有一铧，即为引满之势，贼遽却。尝与总管杜惟序、钤辖高继隆将兵分讨汉乞、薛马、都嵬等三砦，恪先破都嵬，而继隆围薛马不能下，恪驰往取之，既又援惟序下汉乞砦。改左骐骥副使。

虏犯大顺城，诸将皆闭城自守。恪率兵二千余，战克之。改宫苑副使、环庆路兵马都监，因特召见。仁宗谓曰："适有边奏，贼犯高平军刘璠堡，可乘驿亟往。"遂迁礼宾使、荣州刺史、环庆路钤辖，手诏令趣范仲淹麾下起兵赴援。恪昼夜兼行，比至平凉，贼已解。顷之，迁洛苑使，权秦凤路兵马总管。

恪骁勇善射，临难敢前，故数有战功，自龙、神卫四厢都指挥使累迁至侍卫亲军马步军副都指挥使，历坊州刺史、解州防御、宣州观察使、保信军节度观察留后，以疾出为永兴军路副都总管，数月卒，赠昭化军节度使。

马怀德，字得之，开封祥符人。父玉，东头供奉官，言怀德可试引弓、击剑、角觝，补三班奉职，为延州南安砦主、东路巡检。数以少击西贼，败其众。范仲淹知延州，修青涧城，奏怀德为兵马监押，以所部兵入贼境，破遮鹿、要册二砦，亲射杀其酋狗儿厢主，迁左班殿直。又率蕃汉烧荡贼海沟、茶山、龙柏、安化十七砦三百余帐，

斩首数百级，虏马驼牛羊万数，迁右侍禁。

以范仲淹、韩琦荐，授阁门祗候，延州庞籍入奏为东路都巡检使。夷黑神、厥保等十八砦，贼以四万骑犯边，趋仆射谷。怀德以兵数千据谷旁高原待之，斩首二百级，得畜产、器械以千数。迁内殿崇班。又以兵修龙安城，虏不敢犯，遂为鄜延路都监。又城绥平，破贼青化、押班、吃当三砦，杀获甚众。

元昊为夏国主，命国子博士高良夫与怀德会西人画界。庞籍具论其前后功，迁供备库副使兼阁门通事舍人。时用兵久，民多亡散，怀德招辑有方，经略使梁适奏请推其法诸路。历知保安军、环州、环庆益利路钤辖，累迁至四方馆使、舒州团练使，徙鄜延路副都总管。

坐违法赂宦官阎士良，为安抚吕景初所奏，降四方馆使、英州刺史。大名府路总管，侍卫亲军步军都虞候、象州防御使、鄜延路副都总管，迁马军都虞候，徙环庆路。环州蕃官苏恩以其属叛，往降之。又迁殿前都虞候、步军副指挥使、随州观察使。

英宗即位，迁静难军节度观察留后，召还，卒，赠安远军节度使。尝因战，流矢中其颡，镞入于骨，以弩弦系镞，发机而出之。

安俊，字智周，其先太原人。祖赟，高州团练使。仁宗为皇太子，俊以将家子谨厚，选为资善堂祗候。及即位，补右班殿直，累迁东头供奉官、阁门祗候，为环州都监。破赵元昊吃㕎、井那等诸砦，安抚使韩琦上其功，迁内殿崇班、环庆路都监，徙泾原。契丹欲渝盟，与狄青、范恪同召至京师，将使备北边，擢内园副使。翌日，改礼宾使。

会葛怀敏败，命为秦凤路钤辖，复徙泾原。因条上御戎十三事，改原州，徙麟州，迁六宅使、贵州刺史、知忻州，徙代州。为帅臣诬奏，降京东路钤辖。富弼知青州，为之辨理，其除虢州刺史，徙高阳关路，又迁原州刺史，知沧、泾、冀三州。秦人筑古渭城，蕃部大扰，徙秦凤路总管。历龙神卫、捧日、天武四厢都指挥使，果州团练使，环庆路副总管；迁侍卫步军都虞候、陵州防御使。卒，赠阆州观察使。

俊久在边，羌人识之。环州得俘虏，知州种世衡问之曰："若属于吾将孰畏？"曰："畏安大保。"指俊于坐曰："此长髯将军是也。"

向宝，镇戎军人，为御前忠佐，换礼宾使，泾原、秦凤钤辖。积劳，自皇城使带御器械，历真定、鄜延副总管，迁龙神卫四厢都指挥使、嘉州团练使，卒。

宝善骑射，年十四，与敌战，斩首二级。及壮，以勇闻。有虎踞五原卑邪州，东西百里断人迹，宝一矢毙之。道过潼关，巨盗郭逸山多载关中金帛、子女，宝射走之，尽得其所掠。尝至太原，梁适射弩再中的，授宝矢射之，四发三中。适曰："今之飞将也。"神宗称其勇，以比薛仁贵。及死，厚恤其家。

论曰：蔚昭敏、高化、周美，盖皆有功于边鄙者。化在蜀州，取军中积材以塞水患，又能平反冤狱，脱人于死，盖武人之知民事者。美败夏人，焚族部，城堡砦，未尝择便利，而所向辄胜；所得禄赐，悉分与麾下，士亦乐为之用，推古良将，何以加此。阎守恭暴郭进为人，而慷慨自效，起徒步至刺史，其志亦岂小哉。孟元、刘谦、马怀德、范恪皆经略西鄙，数战有功。其初起自卒伍，而能练习民事、招辑散亡，不独一武夫而已。赵振挽强命中，精晓兵机。塞门之败，振拥兵不救，何独暗于此邪？子珣年少习书史，阅武技，用兵以来，人以为无如珣者。笼竿一战，西人奔走不暇，从容而拔刘沪于死，英风义烈，何可少哉！葛怀敏以不用珣计而取败，珣亦力战而没，惜哉！安俊、向宝无多战功，夏人皆识其名而畏之。张忠区区，较之诸人，未可同日语也。

卷三百二十四　　列传第八十三

石普　张孜　许怀德　李允则
张亢 兄奎　**刘文质** 子涣　沪　**赵滋**

石普，其先幽州人，自言唐河中节度雄之后，徙居太原。祖全，事周为铁骑军使。父通，事太宗于晋邸。普十岁给事邸中，以谨信见亲，补亨班祗候，再迁东头供奉官。贼邢橐驼、贾秃指数百人寇掠永兴诸县，命普督兵往捕，悉获之。迁内殿崇班、带御器械。李顺叛，普为西川行营先锋，与韩守英、马知节诛斩之。迁西京作坊使、钦州刺史。顺余党复寇邛蜀，伪称邛南王。又为西川都提举捉贼使。时蜀民疑不自安，多欲为盗者，普因驰入对，面陈："蜀乱由赋敛苛急，农民失业，宜稍蠲减之，使自为生，则不讨而自平矣。"帝许之。普即日还蜀，揭榜谕之，莫不悦服。贼平，赐白金三千两、袭衣、金带、鞍勒马。累迁洛苑使、富州团练使、延州缘边都巡检使。羌酋乜羽内寇，普追杀之。

从真宗幸大名，会王均叛，以为川峡路招安巡检使，佐雷有终率诸将进讨。至天回镇，贼出拒战，普领前阵力击破之。贼退保益州，王师围城数月不下，普缮车炮，又为地道攻城。城破，均夜半突围，由南门遁，普引兵追击于富顺监，均自杀，余党皆平。迁冀州团练使，赐黄金三百两、白金三千两。故事，正任不兼带御器械，帝特以命普。

契丹犯边，为保州兵马钤辖、北面行营押策先锋，与契丹战廉良城，又战长城口，获俘馘器甲甚众。徙定州路副都总管。灵州失守，益兵备关中，徙永兴军副都总管。时军制疏略，凡号令进退，及呼召将佐、会合别屯，皆遣人驰告。普上请曰："臣尝将兵，辄破一钱，与别将各持半，用相合为信。"帝为置传信牌，漆木长六寸，阔三寸，腹背刻字而中分之，置凿柄令可合。又穿二窍，容笔墨，上施纸札，每临阵则分持，或传令则书其言，系军吏之颈，至彼为合契。又献《御戎图》，请设堑以陷敌马，并上所置战械甚众。徙为莫州总管。

初，契丹南侵，败我兵于望都。既而谍者言复欲大入寇，帝自画军事，以手诏示辅臣曰：

镇、定、高阳三路兵宜会定州，夹唐河为大阵，立栅以守。量寇远近出军。俟敌疲则先锋出致师，用骑卒居中，环以步卒，接短兵而已，无远离队伍。

又分兵出三路：以六千骑屯威虏军，魏能、白守素、张锐领之；五千骑屯保州，杨延昭、张禧、李怀岊领之；五千骑屯北平寨，田敏、杨凝、石延福领之，以当贼锋。始至勿轻斗，待其气衰，背城以战。若南越保州，与大军遇，则令威虏之师与延昭会，使腹背受敌。若不攻定州，纵轶南侵，则复会北平田敏，合势入契丹界，邀其辎重，令雄、霸、破虏已来，互为声援。

又命孙全照、五德钧、裴自荣将兵八千屯宁边军，李重贵、赵守伦、张继旻将兵五千屯邢州，扼东西路。契丹将遁，则令定州大军与三路骑兵会击之，令普统军一万于莫州，卢文寿、王守俊监之，敌骑北去，则西趋顺安军袭击，断西山之路。如河冰已合，敌由东路，则刘用、刘汉凝、田思明以兵五千会普、全照为掎角，仍命石保吉将万兵镇大名，以张军势。

缋图以授诸将。

后数月，敕辅臣曰："北边已屯大兵，而边奏至，敌未有衅，且聚军虚费，民力何以给之？"宜有制画，以为控遏。且静戎、顺安军界，先开营田、河道，可以扼黑卢口、三台、小李路，亦可通漕运至边。宜乘此用众浚治，使及军城，彼或挠吾役，即合兵击之。"李沆等曰："设险以制敌，守边之利也。"遂诏内侍阁文庆与静戎、顺安知军事王能、马济督其事，而徙普屯顺安之西，与威虏魏能、保州杨延昭、北平田敏为掎角。

内侍冯仁俊掌御剑于莫州，与普不叶。帝曰："勿穷治以骄衅帅。"第召仁俊还。又令普率所部屯乾宁军，复迁普冀州团练使，徙本州总管。车驾幸澶渊，时王继忠已陷契丹，契丹欲请和，因继忠遣人持信箭为书遗普，且通密表。事平，迁容州观察使。向敏中为鄜延路都总管，以普副之。赵德明纳款，诏降制命，普言："不宜授以押蕃落使，使之总制属羌，则强横不可制矣。"乃止兼管内蕃落使。

未几，徙并代路，给公使钱二千五百缗，普援例岁给钱三千缗，枢密院言无此例。又言李汉超守河朔时，岁给以万计，今并代屯军多，不足以犒军，帝不纳。改桂州观察使、镇州路总管，迁保平军节度观察留后，赴本镇。帝祀汾阴，还至陕西，普请驻跸城中。因赐诗，令扈从至西京。拜河西军节度使、知河阳，徙许州。筑大流堰，引河通漕京师。上《军仪条目》二卷、《用将机宜要诀》二图。时方崇尚符瑞，而普请罢天下醮设，岁可省缗钱七十余万，以赡国用，颇忤帝意。

大中祥符九年，上言九月下旬日食者三；又言："商贾自秦州来，言𠮷厮啰欲阴报曹玮，请以臣所献阵图付

玮，可使玮必胜。"帝以普言逾分，而枢密使王钦若言普欲以边事动朝廷，帝怒，命知杂御史吕夷简劾之。狱具，集百官参验，九月下旬日不食。坐普私藏天文，下百官杂议，罪当死。议以官当。诏除名，贬贺州，遣使縶送流所。帝谓辅臣曰："普出微贱，性轻躁，干求不已。既憎文艺，而假手撰述，以揣摩时事。闻在系所思其幼子，时时泣下，可听挈家以行。"甫至贺州，授太子左清道率府副率、房州安置，增房州屯兵百人护守。

稍复为左千牛卫将军，其妻表求普领小郡，迁左领军卫大将军。仁宗即位徙安州，迁左屯卫大将军，徙蔡州。坐失保任，降本卫将军。历迁左千牛、左领军卫大将军，起知信阳军，徙光州。以私用孔子庙钱，贬太子左监门率府副率，滁州安置。以左卫将军分司西京，给官第居蔡州，迁大将军，卒。

普倜傥有胆略，凡预讨伐，闻敌所在，即驰赴之。两平蜀盗，大小数十战，摧锋与贼角，众推其勇。颇通兵书、阴阳、六甲、星历、推步之术。太宗尝曰："普性刚鸷，与诸将少合。"然藉其善战，每厚遇之。后以罪废，每太宗忌日，必尽室诣佛寺斋荐，率以为常。

张孜，开封人。母微时生孜，后入宫乳悼献太子。孜方在襁褓，真宗以付内侍张景宗曰："此儿貌厚，汝谨视之。"景宗遂养以为子。荫补三班奉职、给事春坊司，转殿直。

皇太子即位，迁供奉官、阁门祗候。为陈州兵马都监，筑堤袁家曲捍水，陈以无患。五迁为供备库使，领恩州团练使、真定路兵马钤辖，历知莫、贝、瀛三州。转运使名张昷之奏罢冀、贝骁捷军士上关银、鞵钱，事下孜议，孜言："此界河策先锋兵，有战必先登，故平时赐予异诸军，不可罢。"昷之犹执不已，遂奏罢保州云翼别给钱粮，军怨果叛。

契丹欲背盟，富弼往使，命孜为副，议论虽出弼，然孜亦安重习事。以劳迁西上阁门使、知瀛州，拜单州团练使、龙神卫四厢都指挥使、并代副总管。河东更铁钱法，人情疑贰，兵相率扣府欲诉，闭门不纳。是日几乱，孜策马从数卒往谕之，皆散还营。迁济州防御使、侍卫马军都虞候，又迁殿前都虞候，加桂州管内观察使，迁侍卫步军副都指挥使。虎翼兵教不中程，指挥使问状，屈强不肯对，乘夜，十余人大噪，趣往将害人，孜禽首恶斩之然后闻。迁昭信军节度观察留后、马军副都指挥使。

孜长于宫禁中，内外颇涉疑似，言者请罢孜兵柄，乃出为宁远军节度使、知潞州，徙陈州。仁宗以其无他，复召为马军副都指挥使。御史中丞韩绛又言："孜不当典兵，而宰相富弼荐引之，请黜弼。"弼引咎求罢政事。谏官御史皆言进拟不自弼，绛家居待罪，曰："不敢复称御史矣。"坐此谪知蔡州。而孜寻以罪罢，知曹州。卒，赠太尉，谥勤惠。孜初名茂实，避英宗旧名，改"孜"云。

许怀德，字师古，开封祥符人。父均，磁州团练使。怀德长六尺余，善骑射击刺。少以父任为东西班殿侍，累

擢至殿前指挥使、左班都虞候。

元昊寇边，选为仪州刺史、鄜延路兵马钤辖，迁副总管。夏人三万骑围承平砦，怀德时在城中，率劲兵千余人突围，破之。夏人复阵，有出阵据鞍嫚骂者，怀德引弓一发而踣，敌乃去。屠金明县，复进围延州。怀德遽还，夜遣裨将以步骑千余人，出不意击之，斩首二百级，遂解延州。迁凤州团练使，专领延州东路菱村一带公事。

徙秦凤路，未行，坐夏人破塞门砦不赴援，降宁州刺史。顷之，擢龙神卫四厢都指挥使、陵州团练使、本路副都总管。迁康州防御使，又坐当出讨贼逗留不进，所部兵夫弃随军刍粮，更赦，徙秦凤路副都总管，改捧日、天武四厢。又以贼侵掠属羌，亡十余帐，徙永兴军，又徙高阳关、并代路，历殿前都虞候、遂州观察使、侍卫亲军马军副都指挥使、武信军节度观察留后、殿前副都指挥使、宁远军节度使。会从妹亡，无子，怀德欲冒有其田，事觉，罢管军，知亳州，徙徐州。岁余，复为殿前都指挥使。祀明堂，进都指挥使，更保宁、建雄二节度。

年八十犹生子，筋力过人。在宿卫十四年，数乞身，帝不许。怀德曰："臣年过矣，倘为御史所弹，且不得善罢。"即诏为减数岁。卒，赠侍中，谥荣毅。

怀德自初擢守边，连以畏懦被谪，已而与功臣并进典军，及坐请托得罪，去而复还。时遭承平，保宠终禄。故事，节度使移镇加恩，皆别上表再辞，每降批答，遣内侍赍赐，必有所遗。怀德以祫享加恩，既又移镇，乃共为一表以辞。翰林学士欧阳修劾其慢朝命，诏以修章示之，怀德谢罪而已，不复别进表。其鄙吝如此。

李允则，字垂范，济州团练使谦溥子也。少以材略闻，荫补衙内指挥使，改左班殿直。太平兴国七年，幽蓟还师，始置榷场于静戎军，允则典其事。还，使河东路决系囚，原治逋欠。又使荆湖察官吏，与转运使检视钱帛、器甲、刑狱，遂擢阁门祗候。浚治京师诸河，创水门，郑州水砲。西川贼刘旰平，上官正议修城未决，命允则与王承衍、阎承翰往视。还，言西川以无城难守，宜如正议。又言兵分则缓急不为用，请并屯要害，以便馈饷。高溪州蛮田彦伊入寇，遣诣辰州，与转运使张素、荆南刘昌言计事。允则以蛮徼不足加兵，悉招辑之。

累迁供备库副使、知潭州。将行，真宗谓曰："朕在南衙，毕士安尝道卿家世，今以湖南属卿。"初，马氏暴敛，州人出绢，谓之地税。潘美定湖南，计屋输绢，谓之屋税。营田户给牛，岁输米四斛，牛死犹输，谓之枯骨税。民输茶，初以九斤为一大斤，后益至三十五斤。允则请除三税，茶以十三斤半为定制，民皆便之。湖湘多山田，可以艺粟，而民惰不耕。乃下今月所给马刍，皆输本色，繇是山田悉垦。湖南饥，欲发官廪先赈而后奏，转运使执不可，允则曰："须报逾月，则饥者无及矣。"明年荐饥，复欲先赈，转运使又执不可，允则请以家资为质，乃得发廪贱粜。因募饥民堪役者隶军籍，得万人。转运使请发所募兵御邵州蛮，允则曰："今蛮不搅，无名益戍，是长边患也。且兵皆新募，饥瘵未任出戍。"乃奏罢之。陈尧叟安抚湖南，民列允则治状请留，尧叟以闻。召还，连对三日，帝曰："毕士安不谬知人者。"

迁洛苑副使、知沧州。允则巡视州境，浚浮阳湖，葺营垒，官舍间穿井。未几，契丹来攻，老幼皆入保而水不乏，斫冰代炮，契丹遂解去。真宗复召谓曰："顷有言卿浚井葺屋为劳民者，及契丹至，始见善为备也。"转西上阁门副使、镇定高阳三路行营兵马都监，押大阵东面。请对，自陈武艺非所长，不可以当边剧。帝曰："卿为我运筹策，不必当矢石也。"赐白金二千两，副以韩幄、什器，凡下诸路宣敕，必先属允则省而后行。及王超败，人心震摇，允则劝超哀经向师哭，以解众忿。真宗知允则始屡趣超进兵，手诏褒厉。

契丹通好，徙知瀛州，上言："朝廷已许契丹和议，但择边将，谨誓约，有言和好非利者，请一切斥去。"真宗曰："兹朕意也。"迁西上阁门副使。何承矩为河北缘边安抚、提点榷场，及承矩疾，诏自择代，乃请允则知雄州。初，禁榷场通异物，而逻者得所易珉玉带。允则曰："此以我无用易彼有用也，纵不治。"迁东上阁门使、奖州刺史。河北既罢兵，允则治城垒不辍，契丹主曰："南朝尚修城备，得无违誓约乎？"其相张俭曰："李雄州为安抚使，其人长者，不足疑。"既而有诏诘之，允则奏曰："初通好不即完治，恐他日颓圮因此废守，边患不可测也。"帝以为然。

城北旧有瓮城，允则欲合大城为一。先建东岳祠，出黄金百两为供器，道以鼓吹，居人争献金银。久之，密自彻去，声言盗自北至，遂下令捕盗，三移文北界，乃兴版筑，扬言以护祠。而卒就关城浚壕，起月堤，自此瓮城之人，悉内城中。始，州民多以草覆屋，允则取材木西山，大为仓廪营舍。始教民陶瓦甓，标里闾，置廊市、邸舍、水砲。城上悉累甓，下环以沟堑，莳麻植榆柳。广阔承翰所修屯田，架石桥，构亭榭，列堤道，以通安肃、广信、顺安军。

岁修禊事，召界河战棹为竞渡，纵北人游观，潜寓水战。州北旧多设陷马坑，城上起楼为斥堠，望十里；自罢兵，人莫敢登。允则曰："南北既讲和矣，安用此为？"命彻楼夷坑，为诸军蔬圃，浚井疏洫，列畦陇，筑短垣，纵横其中，植以荆棘，而其地益阻隘。因治坊巷，徙浮图北原上，州民旦夕登望三十里，下令安抚司，所治境有隙地悉种榆，久之榆满塞下。顾谓僚佐曰："此步兵之地，不利骑战，岂独资屋材耶？"

上元旧不燃灯，允则结彩山，聚优乐，使民夜纵游。明日，侦知北酋欲间入城中观，允则与同僚伺郊外。果有紫衣人至，遂与俱入传舍，不交一言，出奴女罗侍左右，剧饮而罢。且置其所乘骡庑下，使遁去，即幽州统军也。后数日，为契丹所诛。尝宴军中，而甲仗库火。允则作乐行酒不辍，副使请救，不答。少顷火熄，命悉瘗所焚物，密遣吏持檄瀛州，以茗笼运器甲。不浃旬，兵数已完，人无知者。枢密院请劾不救火状，真宗曰："允则必有谓，姑诘之。"对曰："兵械所藏，儆火甚严，方宴而焚，必奸人所为。舍宴而救，事或不测。"

又得谍，释缚厚遇之，谍言燕京大王遣来，因出所刺缘边金谷、兵马之数。允则曰："若所得谬矣。"呼主吏按籍书实数与之。谍请加缄印，因厚赐以金，纵还。未几，谍遽至，还所与数，缄印如故，反出彼中兵马、财力、地里委曲以为报。一日，民有诉为契丹民殴伤而遁者。允则不治，与伤者钱二千，众以为怯。逾月，幽州以其事来诘，答以无有。盖他谍欲以殴人为质验，比得报，以为妄，乃杀谍。云翼卒亡入契丹，允则移文督还，契丹报以不知所在。允则曰："在某所。"契丹骇，不敢隐，既归卒，乃斩以徇。历四方馆引进使、高州团练使。天禧二年，以客省使知镇州，徙潞州。仁宗即位，领康州防御使。天圣六年，卒。

允则不事威仪，间或步出，遇民可语者，延坐与语，以是洞知人情。讼至，无大小面讯立断。善抚士卒，皆得其用。盗发辄获，人亦莫知所由。身无兼衣，食无重羞，不畜资财。在河北二十余年，事功最多，其方略设施，虽寓于游观、亭传间，后人亦莫敢堕。至于国信往来，费用仪式，多所裁定。晚年居京师，有自契丹亡归者，皆命舍允则家。允则死，始寓枢密院大程官营。

张亢，字公寿，自言后唐河南尹全义七世孙。家于临濮。少豪迈有奇节，事兄奎甚谨。进士及第，为广安军判官、应天府推官。治白沙、石梁二渠，民无水患。改大理寺丞、签书西京判官事。

通判镇戎军，上言："赵德明死，其子元昊喜诛杀，势必难制，宜亟防边。"因论西北攻守之计，章数十上，仁宗欲用之，会丁母忧。既而契丹聚兵幽、涿间，河北增备，遂起为如京使、知安肃军。因入对曰："契丹岁享金帛甚厚，今其主孱而勇欷，惧中国见伐，特张言耳，非其实也。万一倍约，臣请擐甲为诸军先。"

元昊反，为泾原路兵马钤辖、知渭州，累迁右骐骥使、忠州刺史，徙鄜延路、知鄜州。上疏曰：

旧制，诸路总管、钤辖、都监各不过三两员，余官虽高，止不过一路。总管、钤辖不预本路事。今每路多至十四五员，少亦不减十员，皆兼本路分事，不相统制，凡有论议，互报不同。按唐总管、统军、都统，处置、制置使，各有副贰，国朝亦有经略、排阵使，请约故事，别置使名，每路军马事，止以三两员领之。

又泾原一路，自总管、钤辖、都监、巡检及城砦所部六十余所，兵多者数千人，少者才十人，兵势既分，不足以当大敌。若敌以万人为二十队，多张声势以缀我军，后以三五万人大入奔突，则何以支？

又比来主将与军伍移易不定，人马强弱，配属未均。今泾原正兵五万，弓箭手二万，鄜延正兵不减六七万，若能预为团结，明定节制，迭为应援，以逸待劳，则乌合饥馁之众，岂能窥我浅深乎？请下韩琦、范仲淹分按，逐路以马步军八千已上至万人，择才位兼高者为总领。其下分为三将：一为前锋，一为策前锋，一为后阵。每将以使臣、忠佐三两人，分屯要害

之地，敌小入则一将出，大入则大将出。

又量敌数多少，使邻路出兵应接，此所谓常山蛇势也。今万人已上为一大将，一路又有主帅，延州领三大将，鄜州一大将，保安军及西路巡检、德靖砦共为一大将，则鄜延路兵五万人矣。原渭州、镇戎军各一大将，渭州山外及瓦亭各一大将，则泾原路兵五万人矣。弓箭手、熟户不在焉。昨延州之败，盖由诸将自守不相应援。请令边臣预定其法，敌寇某所，则某将为先锋，某将出某所为奇兵，某将出某所为声援，某城砦相近出敢战死士某所设覆，都、同巡检则各扼要害。

又令邻路取某路出应，仍潜用旗帜为号。昨刘平救延州，前锋陷贼者已二千骑，平犹不知。赵瑜部马军间道先进，而赵振与王逵趋塞门，至高头平路，白马报敌张青盖驻山东，振麾兵掩袭，乃瑜也。臣在山外策应，未尝用本指挥旗号，自以五行支干别为引旗。若甲子日本军相遇，则先见者张青旗，后见者以绯旗应之，此是干相生，其干相克及支相生克亦如之。盖兵马出入，昼则百步之外不能相知，若不预为之号，必误军事。国家承平日久，失于训练，今每指挥艺精者不过百余人，余皆瘦弱不可用。且官军所恃者，步军与强弩尔。臣知渭州日，见广勇军守强弩者三百五十人，引一石二斗者仅百人，余仅及七八斗，正欲阅习时易为力尔。臣以跳镫弩试，皆不能张，阅习十余日，裁得百余人。又教以小坐法，亦十余日，又教以带甲小坐法，五十余日始能服熟。若安前弊以应新敌，其有必胜之理乎？

又兵官多张边事，以媒进邀赏，刘平之败，正繇贪功轻进，镇戎军最近边境，每报贼骑至，不问多寡，凡主兵者皆出，至边壕则贼已去矣。盖权均势埒，各不相下，若不出，则恐得怯懦之罪。且诸路骑兵不能驰险，计其刍粟，一马之费，可养步军五人。马高不及格，宜悉还坊监，止留十之三，余以步兵代之。又比来禁卫队长，繇年劳换前班者，或为诸司使副，白丁试武技，亦命以官，而诸路弓箭手生长边陲，父祖效命，累世捍贼，乃无迁擢之路，何以激劝边民？

窃闻大帅议五路进师，且用兵以来，屡出无功，若一旦深入，臣切以为未可也。山界诸州城砦，距边止二三百里，夏兵器甲虽精利，其斗战不及山界部族，而财粮又尽出山界。若十月后令诸将分番出界，使夏人不得耕牧。然后出步兵，负十日粮，人日给米一升，马日给粟四升、草五分，贼界有草地，以半资放牧，亦可减辇运之半。王师既行，使唃厮啰及九姓回纥分制其后，必荡覆巢穴。

又言："陕西民调发之苦，数倍常岁，宜一切权罢，令安抚司与逐州长吏减省他役，顾应边须。及选殿侍军将各三十人，以驼、骡各二百，留其半河中，以运鄜、延、保安军军须，其半留乾州或永兴军，以运环、庆、原、渭、镇戎军军须，分一转运使专董其事。又鄜州四路半当冲要，尝以闲慢路递铺兵卒之半，贴冲要二路。驿百人，每

三人挽小车，载二百五十斤至三百斤，若团并辇运，边计亦未至失备，而民力可以宽矣。"

初，亢请乘驿入对，诏令手疏上之，后多施用。进西上阁门使，改都钤辖，屯延州。又奏边机军政措置失宜者十事，言：

王师每出不利，岂非节制不立，号令不明，训练不至，器械不精？或中敌诡计，或自我贪功；或左右前后自不相救，或进退出入未知其便；或兵多而不能用，或兵少而不能避；为持权者所逼，或因懦将所牵；或人马困饥而不能奋，或山川险阻而不能通：此皆将不知兵之弊也。未闻深究致败之由而为之措置，徒益兵马，未见胜术。一也。

去春敌至延州，诸路发援兵，而河东、秦凤各逾千里，泾原、环庆不减十程。去秋贼出镇戎，远自鄜延发兵，千里远斗，锐气已衰，如贼已退，乃是空劳师徒，异时更寇别路，必又如此，是谓不战而自弊。二也。

今鄜延副都总管许怀德兼管勾环庆军马，环庆副总管王仲宝复兼鄜延，其泾原、秦凤总管等亦兼邻路，虽令互相策应，然环州至延州十四五驿，径赴亦不下十驿；泾原至秦凤千里，若发兵互援，而山路险恶，人马之力已竭。三也。

四路军马各不下五六万，朝廷罄力供亿，而边臣但言兵少，每路欲更增十万人，亦未见功效。且兵无节制一弊，无奇正二弊，无应援三弊，主将不一四弊，兵分势弱五弊。有此五弊，如驱市人而战，虽有百万，亦无益于事。四也。

古人教习，须三年而后成，今之用兵已三年矣，将帅之材孰贤孰愚，攻守之术孰得孰失，累年败衄，而居边要者未知何谋。使更数年未罢兵，国用民力，何以克堪。若因之以饥馑，加之以他寇，则安危之策，未知如何。五也。

今言边事者甚众，朝廷或即奏可，或再详究以闻，或付有司。前条方行，后令即变，胥史有钞录之劳，官吏无商略之暇，边防军政，一无定制。六也。

夏竦、陈执中皆朝廷大臣，凡有边事，当付之不疑。今但主文书、守诏令，每有宣命，则翻录行下；如诸处申禀，则令候朝旨。如是，则何必以大臣主事？七也。

前河北用兵，减冗官以省费，今陕西日以增员，如制置青白盐使副、招抚蕃部使臣十余员，所占兵士千余人，请给岁约万缗。复有都大提举马铺器甲之类，诸州并募攻敌、致胜、保捷、广锐、宣毅等兵，久未曾团结训练，但费军廪，无益边备。八也。

今军有手艺者，管兵之官，每一指挥，抽占三之一。如延州诸将不出，即有兵二万，除五千守城之外，其余止一万五千。若有警急，三日内不能团集，况四十里外便是敌境，一有奔突，何以备之？九也。

陕西教集乡兵，共十余万人。市井无赖，名挂尺籍，心薄田夫，岂无奸盗杂于其中？苟无措置，他日为患不细。十也。

既而复请面陈利害，不报。

会元昊益炽，以兵围河外。康德舆无守御才，属户豪乜啰叛去，导夏人自后河川袭府州，兵至近道才觉，而蕃汉民被杀掠已众。攻城不下，引兵屯琉璃堡，纵游骑钞麟、府间，二州闭壁不出。民乏饮，黄金一两易水一杯。时丰州已为夏人所破，麟、府势孤，朝廷议弃河外守保德军未果，徙亢为并代都钤辖、管勾麟府军马事。单骑叩城，出所授敕示城上，门启，既入，即纵民出采薪刍汲涧谷。然夏人犹时出钞掠，亢以州东焦山有石炭穴，为筑东胜堡；下城旁有蔬畦，为筑金城堡；州北沙坑有水泉，为筑安定堡，置兵守之。募人获于外，腰镰与卫送者均得。其时禁兵皆败北，无斗志，乃募役兵敢战者，夜伏隘道，邀击夏人游骑。比明，有持首级来献者，亢以锦袍赐之，禁兵始惭奋曰："我顾不若彼乎？"又纵使饮博，方窘乏幸利，咸愿一战。亢知可用，始谋击琉璃堡，使谍伏敌砦旁草中，见老羌方炙羊髀占吉凶，惊曰："明当有急兵，且趣避之。"皆笑曰："汉儿皆藏头膝间，何敢！"亢知无备，夜引兵袭击，大破之。夏人弃堡去，乃筑宣威砦于步驼沟捍寇路。

时麟州馈路犹不通，敕亢自护赏物送麟州。敌既不得钞，遂以兵数万趋柏子砦来邀。亢所将才三千人，亢激怒之曰："若等已陷死地，前斗则生，不然，为贼所屠无余也。"士皆感厉。会天大风，顺风击之，斩首六百余级，相蹂践赴崖谷死者不可胜计，夺马千余匹。乃修建宁砦。夏人数出争，遂战于兔毛川。亢自抗大阵，而使骁将张岊伏短兵强弩数千于山后。亢以万胜军皆京师新募市井无赖子弟，罢畏不能战，敌目曰"东军"，素易之，而怯虎翼军勇悍。亢阴易其旗以误敌，敌果趣"东军"，而值虎翼卒，搏战良久，伏发，敌大溃，斩首二千级。不逾月，筑清塞、百胜、中候、建宁、镇川五堡，麟、府之路始通。

亢复奏："今所通特一径尔，请更增并边诸栅以相维持，则可以广田牧，壮河外之势。"议未下，会契丹欲渝盟，领果州团练使、知瀛州。葛怀敏败，迁四方馆使、泾原路经略安抚招讨使、知渭州，亢闻诏即行，及至，敌已去。郑戬统四路，亢与议不合，迁引进使，徙并代副都总管。御史梁坚劾亢出库银给牙吏往成都市易，以利自入，夺引进使，为本路钤辖。及夏人与契丹战河外，复引进使、副都总管，知代州兼河东沿边安抚事。范仲淹宣抚河东，复奏亢前所增广堡砦，宜使就总其事。诏既下，明镐以为不可，屡牒止之。亢曰："受诏置堡砦，岂可得经略牒而止耶？坐违节度，死所甘心，堡砦必为也。"每得牒，置案上，督役愈急。及堡成，乃发封自劾，朝廷置不问。蕃汉归者数千户，岁减戍兵万人，河外遂为并、汾屏蔽。

复知瀛州，因言："州小而人众，缓急无所容，若广东南关，则民居皆在城中。"夏竦前在陕西，恶亢不附己，特沮其役，然卒城之。加领眉州防御使，复为泾原路总管、知渭州。会给郊赏，州库物良而估贱，三司所给物下而估高，亢命均其直，以便军人。转运使奏亢擅减三司所估。会竦为枢密使，夺防御使，降知磁州。御史宋禧继言亢尝以库银市易，复夺引进使，为右领卫大将军、知寿州。

后陕西转运使言亢所易库银非自入者,改将作监、知和州。坐失举,徙筠州。久之,复为引进使、果州团练使,又复眉州防御使、真定府路副都总管。迁客省使,以足疾知卫州,徙怀州。坐与邻郡守议河事,会境上经夕而还,降曹州钤辖。改河阳总管,以疾辞,为秘书监。未几,复客省使、眉州防御使、徐州总管,卒。

亢好施轻财,凡燕犒馈遗,类皆过厚,至遣人贸易助其费,犹不足。以此人乐为之用。同学生为吏部,亢怜其老,荐为县令。后既为所累,出筠州,还,所荐者复求济,亢又赠金帛,终不以屑意。驭军严明,所至有风迹,民图像祠之。

奎字仲野,先亢中进士。历并、秀州推官,监衢州酒。徐生者殴人至死,系婺州狱,再问辄言冤。转运使命奎复治。奎视囚籍印窾伪,深探之,乃狱吏窜易,卒释徐生,抵吏罪,众惊伏。同时荐者三十九人,改大理寺丞,知合淝县,徙南充县。

以殿中丞通判泸州,罢归。会秦州盐课亏缗钱数十万,事连十一州。诏奎往按,还奏三司发钞稽缓,非诸州罪。因言:"盐法所以足军费,非仁政所宜行。若不得已,令商人转贸流通,独关市收其征,上下皆利。孰与设重禁壅阏之为民病?"于是悉除所负。未几,知江州,徙楚州,迁太常博士,召为殿中侍御史、知滑州,徙邢州。母病,辄割股肉和药以进,母遂愈。其后母卒,庐于墓,自负土植松柏。

服终,授度支判官,出为京东转运使,以侍御史为河东转运使,进刑部员外郎、知御史杂事。安抚京东,募民充军凡十二万,奏州县吏能否数十人。还为户部副使。及分陕西为四路,擢天章阁待制、环庆路经略安抚招讨使、知庆州,以父名余庆辞,不许。历陕西都转运使、知永兴军、河东都转运使,加龙图阁直学士,知澶、青、徐、扬等州,再迁吏部郎中。

时李宥知江宁府,府廨尽焚。谏官言金陵始封之地,守臣视火不谨,宜择才臣缮治之。迁右谏议大夫、知江宁府。奎简材料工,一循旧制,不逾时复完。还,判吏部流内铨,徙审官院、知河南府。河南宫阙岁久颇摧圮,奎大加兴葺。又按唐街陌,分榜诸坊。初,全义守洛四十年,洛人德之,有生祠。及见奎伟仪观,曰:"真齐王孙也。"因复兴齐王祠。岁余,以能政闻,迁给事中,归朝。京东盗起,加枢密直学士、知郓州,数月,捕诸盗,悉平。

奎治身有法度,风力精强,所至有治迹,吏不敢欺,第伤苛细。亢豪放喜功名,不事小谨。兄弟所为不同如此,然皆知名一时。子燾,龙图阁直学士。

刘文质,字士彬,保州保塞人,简穆皇后从孙也。父审琦,虎牢关使,从讨李重进战死。文质幼从母入禁中,太宗授以左班殿直,迁西头供奉官、寄班祗候。帝颇亲信之,数访以外事。尝谓内侍窦神兴曰:"文质,朕之近亲,又忠谨,其赐白金百斤。"出为两浙走马承受公事,擢西京左藏库副使、岢岚军使,赐金带、名马。徙知麟州,改麟府浊轮砦兵马钤辖。击蕃酋万保移,走之。越河破契丹,拔黄太尉砦,杀获万计,赐锦袍、金带。徙知庆州。

李继迁入寇,文质将出兵,而官吏不敢发库钱。乃以私钱二百万给军,士皆感奋,遂大破贼。徙泾州,充麟州、清远军都监,又破敌于枝子平。咸平中,清远军陷,坐逗挠夺官,雷州安置。久之,起为太子率府率、杭州驻泊都监。封泰山,以内殿崇班为青、齐、淄、潍州巡检。进礼宾副使、石隰缘边同都巡检使,徙秦州钤辖。建小落门砦,亲率士版筑。会李滋知秦州,因就赐白金五百两。

天禧中,知代州。先是,蕃部获逃卒,给绢二匹、茶五斤,卒皆论死。时捕得百三十九人,文质取二十九人,以赦后论如法,余悉配隶他州。再迁内园使、知邠州,数从曹玮出战,筑堡障。复徙秦州钤辖,领连州刺史,再知代州,卒。厚赙其家,官子三人。

文质以简穆亲,又父死事,故前后赐予异诸将。真宗尝问保塞之旧,文质上宣祖、太祖赐书五函。仁宗亦以书赐之。然性刚,喜评刺短长,于贵近无所避,故不大显。子十六人,涣、沪皆知名。

涣字仲章,以父任为将作监主簿,监并州仓。天圣中,章献太后临朝久,涣谓天子年加长,上书请还政。后震怒,将黥隶白州,吕夷简、薛奎力谏得免。仁宗亲政,擢为右正言。郭后废,涣与孔道辅、范仲淹等伏阙争之,皆罚金。会河东走马承受奏,涣顷官并州,与营妓游,黜通判磁州,寻知辽州。

夏人叛,朝廷议遣使通河西唃氏,涣请行。间道走青唐,谕以恩信。唃氏大集庭帐,誓死捍边,遣骑护出境,得其誓书与西州地图以献。加直昭文馆,迁陕西转运使、由工部郎中知沧州,改吉州刺史,知保州。州自戍卒叛后,兵益骄。涣至,虎翼军谋举城叛,民大恐。涣单骑徐叩营,械首恶者归,斩之,一军帖服。徙登州,益治刀鱼船备海寇,寇不敢犯,诏嘉奖之。

历知邢、恩、冀、泾、澶五州。恩承贼蹂践后,涣经理缮葺有叙,兵民犯法,一切用重典,威令大振。治平中,河北地震,民乏粟,率贱卖耕牛以苟朝夕。涣在澶,尽发公钱买之。明年,民无牛耕,价增十倍,涣复出所市牛,以元直与民,澶民赖不失业。历秦凤、泾原、真定、定州路总管,四迁至镇宁军节度观察留后。熙宁中,还,为工部尚书致仕。

涣有才略,尚气不羁,临事无所避,然锐于进取。方开拓洮、岷,讨安南,涣既老,犹露章请自效,不报。卒,年八十一。

沪字子濬,颇知书传,深沉寡言,有知略。以荫补三班奉职,累迁右侍禁。康定中,为渭州瓦亭砦监押,权静边砦,击破党留等族,斩一骁将,获马牛橐驼万计。时任福败,边城昼闭,居民畜产多为贼所掠,沪独开门纳之。

迁左侍禁,韩琦、范仲淹荐授阁门祗候。又破穆宁生氏。西南去略阳二百里,中有城曰水洛,川平土沃,又有水轮、银、铜之利,环城数万帐,汉民之逋逃者归之,教其百工商贾,自成完国。曹玮在秦州,尝经营不能得。沪进城章川,收善田数百顷,以益屯兵,密使人说城主铎厮那令内附。会郑戬行边,沪遂召铎厮那及其酋属来献结公、水洛、路罗甘地，愿为属户。戬即令沪将兵往受地。既至而氐情中变，聚兵数万合围，夜纵火呼啸，期尽杀官军。沪兵才千人，前后数百里无援，沪坚卧，因令晨炊缓食，坐胡床指挥进退，一战氐溃，追奔至石门，酋皆稽颡请服。因尽驱其众麾下，以通秦、渭之路。又败临洮氐于城下。迁内殿崇班。

戬以三将兵遣董士廉助筑城，功未半，会戬罢四路招讨使，而泾原路尹洙以为不便，令罢筑，且召沪，不听，日增版趣役。洙怒，使狄青械沪、士廉下狱。氐众惊，收积聚，杀吏民为乱，朝廷遣鱼周询、程戬往视，氐众诣周询，请以牛羊及丁壮助工役，复以沪权水洛城砦主。城成，终以违本路安抚使节制，黜一官，为镇戎军西路都巡检。复内殿崇班，疡发首，卒。弟渊将以其柩东归，居人遮道号泣请留，葬水洛，立祠城隅，岁时祀之。

经略司言，得熟户蕃官牛装等状，愿得沪子弟主其城。乃命其弟淳为水洛城兵马监押，城中有碑记沪事。

赵滋，字子深，开封人。父士隆，天圣中，以阁门祇候为邠宁环庆路都监，战没。录滋三班奉职。滋少果敢任气，有智略。康定初，以右侍禁选捕京西叛卒有功，迁左侍禁，后为泾原仪渭、镇戎军都巡检。会渭州得胜砦主姚贵杀监押崔绚，劫宣武神骑卒千余人叛，攻羊牧隆城。滋驰至，谕降八百余人，贵穷，走出砦。招讨使令滋给赐降卒及迁补将吏，滋以为如是是诱其为乱，藏其牒不用，还，为招讨使所怒，故赏弗行。

范仲淹、韩琦经略陕西，举滋可将领，得阁门祇候，为镇戎军西路都巡检。时京西军贼张海久未伏诛，命滋都大提举陕西、京西路捉贼，数月贼平。后为京东东路都巡检。富弼为安抚使，举再任登州。乳山砦兵叛，杀巡检，州将诛首恶数人，不穷按。滋承檄验治，驰入其垒，次第推问，得党与百余人付狱，众莫敢动。

在京东五年，数获盗，不自言，弼为言，乃自东头供奉官超授供备库副使、定州路驻泊都监。尝因给军食，同列言粟不善，滋叱之曰："尔欲以是怒众耶？使众有一言，当先斩尔以徇。"韩琦闻之壮之，以为真将帅材。及琦在河东，又奏滋权并代路钤辖，改管勾河东经略司公事。建言："代州、宁化军有地万顷，皆肥美，可募人田作，教战射，为堡砦。"人以为利。

累迁西上阁门副使，历知安肃军、保州。滋强力精悍，有吏能，所至称治。会契丹民数违约，乘小舟渔界河中，吏惮生事，累岁莫敢禁。后又遣大舟十余，自海口运盐入界河。朝廷患之，以滋可任，徙知雄州。滋戒巡兵，舟至，辄捕其人杀之，藁其舟，移文还涿州，渔者遂绝。契丹因使人以为言，而知瀛州彭思永、河北转运使唐介燕度，皆以滋生事，请罢之。朝廷更以为能，擢龙神卫四厢都指挥使、嘉州团练使，迁天武、捧日四厢都指挥使。

英宗即位，领端州防御使、步军都虞候，赐白金五百两，留再任。未几，卒，赠遂州观察使。

滋在雄州六年，契丹惮之。契丹尝大饥，旧，米出塞不得过三斗，滋曰："彼亦吾民也。"令出米无所禁，边人

德之。驭军严，战卒旧不服役，滋役之如厢兵，莫敢有言。缮治城壁、楼橹，至于簿书、米盐，皆有条法。性尤廉谨，月得公使酒，不以入家。然傲慢自誉，此其短也。

论曰：石普晓畅军事，习知民庸，然揣摩时政，终以罪废。张孜虽称持重，迹其所长，无足取者。许怀德以懦不任事，数遭贬斥，其不及普远矣。刘文质以私钱给军，且脱人于死，仕虽偃蹇，声名俱章章矣。涣以小官，能抗疏母后，辑暴弭奸，则其余事也。沪、水洛之战，从容退师，沪之才略，其最优者欤？赵滋有吏能，出米塞下以振契丹，亦仁人之用心。李允则在河北二十年，设施方略，不动声气，契丹至以长者称之。张亢起儒生，晓韬略，琉璃堡、兔毛川之捷，良快人意，区区书生，功名如此，何其壮哉！奎以治迹著称，其视亢盖所谓难为兄难为弟者欤？

卷三百二十五　　列传第八十四

刘平 弟兼济　**郭遵**附　**任福**
王珪　**武英**　**桑怿**　**耿傅**　**王仲宝**附

刘平，字士衡，开封祥符人。父汉凝，从太宗征河东岢岚、宪州。累迁崇仪使。平刚直任侠，善弓马，读书强记。进士及第，补无锡尉，击贼杀五人，擢大理评事。知鄢陵县，徙南充。夷人寇渚井监，转运使以平权泸州事，平率土丁三千击走之。祠汾阴，迁本寺丞。还，路由安州，遇贼十数人，平发矢毙三贼，余骇散。以寇准荐，为殿中丞、知泸州，夷人惩前败，不敢扰边。

召拜监察御史，数上疏论事，为丁谓所忌。久之，除三司盐铁判官、河北安抚，改殿中侍御史、陕西转运使。与副使论事不合，徙知襄州。仁宗即位，迁侍御史。

初，真宗知其才，将用之。丁谓乘间曰："平，将家子，素知兵，若使将西北，可以制俗。"后章献太后思谓言，特改衣库使、知邠州。属户明珠、磨糜族数反覆，平潜兵杀数千人，以功领宾州刺史、鄜延路兵马钤辖，徙泾原路，兼知渭州。胡则为陕西都转运使，平奏曰："则，丁谓党，今隶则部，虑掎摭致罪。"徙汝州，改淮南、江、浙、荆湖制置发运副使，行数驿，召还，真拜信州刺史、知雄州。居四年，迁忻州团练使、知成德军。

景祐元年，拜龙神卫四厢都指挥使、永州防御使、知定州，徙环庆路副都总管，进侍卫亲步军都虞候。奏言："元昊势且叛，宜严备之。"寻坐被酒破锁入甲仗库，为转运使苏耆所劾，落管军，知同州。上疏自列，召入问状，复为步军都虞候、知澶州。时议塞河，而平言不知河事，乃徙沧州副都总管。

时吕夷简为宰相，台谏官数言政事阙失，平奏书曰："臣见范仲淹等毁誉大臣，此必有要人授旨仲淹辈，欲逐

大臣而代其位者。臣于真宗朝为御史，顾当时同列，未闻有奸邪党与诈忠卖直，所为若此。臣虑小臣以浅文薄伎，偶致显用，不识朝廷典故，而论事浸淫，遂及管军将校。且武人归退，与儒臣异路，若摘擿短长，妄有举劾，则心摇而怨结矣。愿明谕台谏官，毋令越职，仍不许更相引荐。或阙员，则朝廷自择忠纯者德用之。"论者以谓希夷简意也。改高阳关副总管。

宝元元年，以殿前都虞候为环庆路马步军副总管。会元昊反，迁邕州观察使，为鄜延路副总管兼鄜延、环庆路同安抚使。顷之，兼管勾泾原路兵马，进步军副都指挥使、静江军节度观察留后。献攻守之策曰：

五代之末，中国多事，唯制西戎为得之。中国未尝遣一骑一卒，远屯塞上，但任土豪为众所伏者，封以州邑，征赋所入，足以赡兵养士，由是无边鄙之虞。太祖定天下，惩唐末藩镇之盛，削其兵柄，收其赋入，自节度以下，第坐给奉禄，或方面有警，则总师出讨，事已，则兵归宿卫，将还本镇。彼边方世袭，宜异于此，而误以朔方李彝兴、灵武冯继业一切亦徙内地。自此灵、夏仰中国戍守，千里运粮，兵民并困。

其后灵武失守，而赵德明惧王师问罪，愿为藩臣。于时若止弃灵、夏、绥、银，与之限山为界，则无今日之患矣。而以灵、夏两州及山界蕃汉户并授德明，故蓄甲治兵，渐窥边隙，鄜延、环庆、泾原、秦陇所以不能弛备也。

今元昊嗣国，政刑惨酷，众叛亲离，复与唃厮啰构怨，此乃天亡之时。臣闻寇不可玩，敌不可纵。或元昊不能自立，别有酋豪代之，西与唃厮啰复平，北约契丹为表里，则何以制其侵轶？今元昊国势未强，若乘此用鄜延、环庆、泾原、秦陇四路兵马，分两道，益以蕃汉弓箭手，精兵可得二十万，三倍元昊之众，转粮二百里，不出一月，可收山界洪、宥等州。招集土豪，縻之以职，自防御使以下，刺史以上，第封之，给以衣禄金帛，又以土人补将校，使勇者贪于禄，富者安于家，不期月而人心自定。及遣使谕唃厮啰，授以灵武节度，使挠河外族帐，以窘元昊。复出麟、府、石州蕃汉步骑，猎取河西部族，招其酋帅，离其部众，然后以大军继之，元昊不过鼠窜为穷寇尔，何所为哉！

且灵、夏、绥、银地不产五谷，人不习险阻，每岁资粮，取足洪、宥。而洪、宥州羌户劲勇善战，夏人恃此以为肘腋。我苟得之，以山为界，凭高据险，下瞰沙漠，各列堡障，量以戍兵镇守，此天险也。庙朝之谋，不知出此，而争灵、夏、绥、银，连年调发，老师费财，以致中国疲弊，小丑猖獗，此议臣之罪也。

今朝廷或贷元昊罪，更示含容，不惟宿兵转多，经费尤甚。万一元昊潜结契丹，互为掎角，则我一身二疾，不可并治。必轻者为先，重者为后，如何减兵以应河北？请召边臣，与二府定守御长策。

疏奏未报。

属元昊盛兵攻保安军，时平屯庆州，范雍以书召平，平率兵与石元孙合军趋土门。既又有告敌兵破金明、围延州者，雍复召平与元孙救延州。平素轻敌，督骑兵昼夜倍道行，明日，至万安镇。平先发，步军继进，夜至三川口西十里止营，遣骑兵先趋延州争门。时鄜、延路驻泊都监黄德和将二千余人，屯保安北碎金谷，巡检万俟政、郭遵各将所部分屯，范雍皆召之为外援，平亦使人趣其行。诘旦，步兵未至，平与元孙还逆之。行二十里，乃遇步兵，及德和、万俟政、郭遵所将兵悉至，将步骑万余结阵东行五里，与敌遇。

时平地雪数寸，平与敌皆为偃月阵相向。有顷，敌兵涉水为横阵，郭遵及忠佐王信薄之，不能入。官军并进，杀数百人，乃退。敌复蔽盾为阵，官军击却之，夺盾，杀获及溺水死者几千人。平左耳、右颈中流矢。日暮，战士上首功及所获马，平曰："战方急，尔各志之，皆当重赏汝。"语未已，敌以轻兵薄战，官军引却二十步。黄德和居阵后，望见军却，率麾下走保西南山，众从之，皆溃。平遣其子宜孙驰追德和，执辔语曰："当勒兵还，并力抗敌，奈何先奔？"德和不从，驱马遁赴甘泉。平遣军校杖剑遮留士卒，得千余人。转斗三日，贼退还水东。平率余众保西南山，立七栅自固。敌夜使人叩栅，问大将安在，士不应。复使人伪为戍卒，递文移平，平杀之。夜四鼓，敌环营呼曰："如许残兵，不降何待！"平旦，敌酋举鞭麾骑，自山四出合击，绝官军为二，遂与元孙皆被执。

初，德和言平降贼，朝廷发禁兵围其家。及命殿中侍御史文彦博即河中府置狱，遣庞籍往讯焉，具得其实。遂释其家，德和坐腰斩。而延州吏民亦诣阙诉平战没状，遂赠朔方军节度使兼侍中，谥壮武，赐官陵坊第，封其妻赵氏为南阳郡太夫人，子孙及诸弟皆优迁，未官者录之。其后降羌多言平在兴州未死，生子于贼中。及石元孙归，乃知平战时被执，后没于兴州。弟兼济。

兼济字宝臣，以父荫补三班奉职。善骑射，读兵书知大旨。为襄州兵马监押。汉江暴涨，兼济解衣涉水，率众捍城，州赖以完。擢阁门祗候、雄霸州界河巡检，徙晋、绛、泽、潞都巡检使。岁饥，太行多盗，禽二百余人。改左侍禁、鄜延路兵马都监，权知保安军，历同提点陕西、河东刑狱，徙知箆竿城。

夏人寇边，众号数万，兼济将兵千余，转战至黑松林，败之。属其兄平战没于三川口，特授内殿崇班、知原州。入辞，仁宗慰勉之曰："国忧未弭，家仇未报，不可不力也。"属户明珠族叛，诸将欲亟讨。兼济第日纵饮击鞠，缪为不知，以疑其意。既而叛者自溃，乃追袭之，射杀其酋长，收余众以归。徙宁州，破靳斯韈砦，徙鄜州。

元昊既称藩，徙梓夔路铃辖，又徙知镇戎军。兼济御下严急，转运使言士心多怨，请徙诸内地。改泾原路铃辖，复知宁州，又知原州，徙冀州、广信军。累迁文思使、惠州刺史、河北缘边安抚副使，擢西上阁门使、同管勾三班院，出知雄州。

先是，边民避罪逃者，契丹辄纳之，守将畏事不敢诘，兼济悉移檄责还。徙冀州，逾月，改忻州，复管勾三班院，卒。

郭遵者，开封人也，家世以武功称。遵少隶军籍，稍迁殿前指挥使。乾兴中，改左班殿直、并代路巡检。迁右侍禁、庆州柔远砦兵马监押。召试骑射优等，迁左侍禁、阁门祇候。为秦州三阳砦主，徙延州西路都巡检使。

元昊寇延州，遵以裨将属刘平，遇敌，驰马入敌阵，杀伤数十人。敌出骁将扬言当遵，遵挥铁杵破其脑，两军皆大呼。复持铁枪进，所向披靡。会黄德和引兵先溃，敌战益急。遵奋击，期必死，独出入行间。军稍却，即复马以殿，又持大矟横突之。敌知不可敌，使人持大縡索立高处迎遵马，辄为遵所断。因纵遵使深入，攒兵注射之，中马，马踣仆地，被杀。特赠果州团练使。以其父斌为太子右清道率府副率；母贺，封仁寿郡君；妻尹，安康郡君；弟青石侍禁，迁三班奉职。四子尚幼，仁宗悉为赐名，忠嗣西头供奉官，忠绍左侍禁，忠裔右侍禁，忠绪左班殿直。女旧为尼，亦赐紫方袍。

遵用铁杵、枪、矟，共九十斤，其后耕者得其器于战处，皇祐中，乃并与其衣冠葬之河南。遂自有传。

任福，字祐之，其先河东人，后徙开封。咸平中，补卫士，由殿前诸班累迁至遥郡刺史。元昊反，除莫州刺史、岚石隰州缘边都巡检使。既辞，奏曰："河东地介大河，斥堠疏阔，愿严守备，以戒不虞。"仁宗善之，命知陇州，擢秦凤路马步军副总管。诏陕西增城垒、器械，福受命四十日，而战守之备皆具。以忻州团练使为鄜延路副总管、管勾延州东路蕃部事。

寻知庆州，复兼环庆路副总管。上言："庆州去蕃族不远，愿勒兵境上，按亭堡，谨斥堠。"因经度所过山川道路，以为缓急攻守之备。帝益善之，听便宜从事。

夏人寇保安、镇戎军，福与子怀亮、侄婿成皆自华池凤川镇声言巡边，召诸将牵制敌势。行至柔远砦，犒蕃部，即席部分诸将，攻白豹城。夜漏未尽，抵城下，四面合击。平明，破其城，纵兵大掠，焚巢穴，获牛马、橐驼七千有余，委聚方四十里，平骨咩等四十一族。以功拜龙神卫四厢都指挥使、贺州防御使，改侍卫马军都虞候。

康定二年春，朝廷欲发泾原、鄜延两路兵西讨，诏福诣泾原计事。会安抚副使韩琦行边趋泾原，闻元昊谋寇渭州，琦亟趋镇戎军，尽出其兵，又募敢勇得万八千人，使福将之。以耿傅参军事，泾原路驻泊都监桑怿为先锋，钤辖朱观、都监武英、泾原都监王珪各以所部从福节制。琦戒福等并兵，自怀远城趋得胜砦，至羊牧隆城，出敌之后。诸砦相距才四十里，道近粮饷便，度势未可战，则据险设伏，待其归邀击之。福引轻骑数千，趋怀远城捺龙川，遇镇戎军西路巡检常鼎、刘肃，与敌战于张家堡南，斩首数百。夏人弃马羊橐驼佯北，怿引骑趋之，福蹑其后。谍传敌兵少，福等颇易之。薄暮，与怿合军屯好水川，观、英屯龙落川，相距隔山五里，约翌日会兵川口。路既远，刍饷不继，士马乏食已三日。追奔至笼竿城北，遇夏军，循川行，出六盘山下，距羊牧隆城五里结阵，诸将方知堕敌计，势不可留，遂前格战。怿驰犯其锋，福阵未成列，贼纵铁骑突之，自辰至午，阵动，众傅山欲据胜地。俄伏发，自山背下击，士卒多坠崖堑，相覆压，怿、肃战死。敌分兵数千，断官军后，福力战，身被十余矢。有小校刘进者，劝福自免。福曰："吾为大将，兵败，以死报国尔。"挥四刃铁简，挺身决斗，枪中左颊，绝其喉而死。乃并兵攻观、英。战既合，王珪自羊牧隆城引兵四千，阵于观军之西；渭州驻泊都监赵津将瓦亭骑兵二千继至。珪屡出略阵，阵坚不可破，英重伤，不能视军。敌兵益至，官军遂大溃，英、津、珪、傅皆死；内殿崇班臞赟、西头供奉官王庆、侍禁李简、李禹亨、刘钧亦战没；军校死者数十人，士死者六千余人。唯观以兵千余保民垣，四向纵射，会暮，敌引去，与福败处相距五里，然其败不相闻也。福子怀亮亦死之。

方元昊倾国入寇，福临敌受命，所统皆非素抚之兵，既又分出趋利，故至于甚败。奏至，帝震悼，赠福武胜军节度使兼侍中，赐第一区，月给其家钱三万，粟、麦四十斛。追封母为陇西郡太夫人，妻为琅邪郡夫人，录其子及从子凡六人。

王珪，开封人也。少拳勇，善骑射，能用铁杵、铁鞭。年十九，隶亲从官，累迁殿前第一班押班，擢礼宾副使、泾州驻泊都监。

康定初，元昊寇镇戎军，珪将三千骑为策先锋，自瓦亭至师子堡，敌围之数重，珪奋击披靡，获首级为多。叩镇戎城，请益兵，不许。城中惟缒糇粮予之。师既饱，因语其下曰："兵法，以寡击众必在暮，我兵少，乘其暮击之，可得志也。"复驰入，有骁将持白帜植枪以詈曰："谁敢与吾敌者！"枪直珪胸而伤右臂，珪左手以杵碎其脑。继又一将复以枪进，珪挟其枪，以鞭击杀之。一军大惊，遂引去。珪亦以马中箭而还，仁宗特遣使抚谕之；然以其下死伤亦多，止赐名马二匹、黄金三十两，裹创绢百匹；复下诏暴其功塞下，以厉诸将。

是岁，改泾原路都监。明年，为本路行营都监，勒金字处置牌赐之，使得专诛杀。寻至黑山，焚敌族帐，获首级、马驼甚众。会敌大入，以兵五千从任福屯好水川，连战三日，诸将皆败。任福陷围中，望见麾帜犹在，珪欲援出之，军校有顾望不进者，斩以徇。乃东望再拜曰："非臣负国，臣力不能也，独有死报尔。"乃复入战，杀数十百人，鞭铁挠曲，手掌尽裂，奋击自若。马中镞，凡三易，犹驰击杀数十人。矢中目，乃还，夜中卒。

珪少通阴阳术数之学，始出战，谓其家人曰："我前后大小二十余战，杀敌多矣，今恐不得还。我死，可速去此，无为敌所仇也。"及敌攻瓦亭，购甚急，果如所料。镇戎之战，以所得二枪植山上，其后边人即其处为立祠。赠金州观察使，追封其妻安康郡君，录其子光祖为西头供奉官、阁门祇候，后为东上阁门使；光世，西头供奉官；光嗣，左侍禁。

武英字汉杰，太原人。父密，随刘继元归朝，仕至侍禁、镇定同巡检。与契丹战，没于望都，赠西京左坊使，录英为三班借职，以右班殿直为忻、代州同巡检。会州将出猎，因留帐饮，英曰："今空郡而来，万一敌乘间入城，奈何？"既而敌百余骑果入寇，英领众左右驰射，悉禽获之。以功迁左班殿直、监雄州榷场，改右侍禁、阁门祗候，为环州都巡检使，徙洪德砦主，又徙庆州柔远砦。

元昊寇延州，英主兵攻后桥，以分敌势。擢内殿承制、环庆路驻泊都监。破党平族，又从任福破白豹城，迁礼宾副使，寻兼泾原行营都监。与任福诸将战张家堡，斩首数十百，敌弃羊马伪遁。诸将皆趋利争进，英以为前必有伏，众不听，已而伏发。福等既败，英犹力战，自辰至申，矢尽遇害。赠邢州观察使。录其子三班奉职永符为东头供奉官、阁门祗候；永孚，西头供奉官；永昌，左侍禁。侄永保，右班殿直；永锡，三班奉职。

桑怿，开封雍丘人。勇力过人，善用剑及铁简，有谋略。其为人不甚长大，与人接，常祗畏若不自足，语言如不出其口，卒遇之，不知其勇且健也。兄慥，举进士，有名。怿以再举进士，不中。

尝遭大水，有粟二廪，将以舟载之，见百姓走避水者，遂弃其粟而载之，得皆不死。岁饥，聚人共食其粟，尽而止。后徙居汝、颍间，耕龙城废田数顷以自给。

诸县多盗，怿自请补耆长，得往来察奸，因召里中恶少年戒曰："盗不可为，吾不汝容也。"有顷，里老父子死未敛，盗夜脱其衣之，父不敢告县。怿疑少年王生者，夜入其家，得其衣，不使之知也。明日，见而问之曰："尔许我不为盗，今里中盗尸衣者，非尔邪？"少年色动，即推仆地，缚之，诘共盗者姓名，尽送县，皆伏辜。

尝之郏城，遇尉出捕盗，招怿饮酒。与俱行，至贼所藏，尉怯甚，阳为不知，将去。怿曰："贼在此，欲何之？"乃下马，独格杀数人，因尽缚之。又闻襄城有盗十许人，独提一剑以往，杀数人，尽缚其余，汝旁县为之无盗。京西转运使奏其事，补郏城尉。

天圣中，河南诸县多盗，转运使奏移渑池尉。群盗保青灰山，时出攘剽。有宿盗王伯者，尤为民害，朝廷每授巡检使，必疏姓名使捕之。怿为官，巡检伪为宣头以示怿，牒怿致之。怿不知其伪也，因挺身入贼中，与伯同卧起，十余日，伯遂与怿出至山口，为巡检伏兵所执，怿几不免。怿曰："巡检惧无功尔。"即以伯与巡检，使自为功。巡检俘献京师，而怿不复自言。朝廷知之，为黜巡检，擢怿右班殿直、永安县巡检。

明道末，京西旱蝗，有恶贼二十三人，枢密院召怿至京师，授以贼名姓，使往捕。怿曰："盗畏吾名，必溃，溃则难得矣，宜先示之以怯。"至则闭栅，戒军吏不得一人辄出。居数日，军吏不知所为，数请出自效，辄不许。夜，与数卒变为盗服以出，迹盗所尝行处。入民家，民皆走，独一妪留，为具饮食，如事群盗。怿归，闭栅三日，复往，自携具就妪馔，而以余遗妪，妪以为真盗。乃稍就妪，与语及群盗，一妪曰："彼闻桑殿直来，皆遁去。近闻闭营不出，知其不足畏，今皆近矣，某在某处。"怿又三日往，厚遗之，遂以实告曰："我桑殿直也，为我察其实而慎勿泄。"后三日复来，于是妪尽得居处之实以告。怿明日部分军士，尽擒诸盗。其尤强梁者，怿自驰马以往，士卒不及从，惟四骑追之，遂与贼遇，手杀三人。凡二十三人者，一日皆获。

还京师，枢密吏求银，为致阁门祗候。怿曰："用赂得官，非我欲，况贫无银；有，固不可也。"吏怒，匿其功状，止免其短使而已。除兵马监押，未行，会宜州蛮叛，杀海上巡检，官军不能制，因命怿往，尽手杀之。还，乃授阁门祗候。怿曰："是行也，非独吾功，位有居吾上者，吾乃其佐也。今彼留而我还，我赏厚而彼轻，得不疑我盖其功而自伐乎？受之，徒惭吾心。"将让其赏以归己上者。或讥以好名，怿叹曰："士顾其心如何尔，当自信其心以行，若欲避名，则善皆不可为也。"益辞之，不许。

宝元初，迁西头供奉官、广西驻泊都监。元昊反，参知政事宋庠荐其有勇略，迁内殿崇班、鄜延路兵马都监。逾月，徙泾原路，屯镇戎军，与任福遇敌于好水川，力战而死。赠解州防御使；子湜皇城使。

耿傅字公弼，河南人。祖昭化，为蜀州司户参军。盗据城，欲胁以官，昭化大骂，至断手足，不屈而死。

傅少喜侠尚气，初以父荫为三班奉职，换伊阳县尉，历明州司理参军，迁将作监丞、知永宁县。河南守宋绶荐其材，迁通判仪州，徙庆州。时议进兵西讨，以傅督一道粮馈。

会元昊入寇，参任福行营军事，遇敌姚家川，诸将失利，敌骑益至，武英劝傅避去，傅不答。英叹曰："英当死，君文吏，无军责，奈何与英俱死？"朱观亦白傅少避贼锋，而傅愈前，指顾自若，被数创，乃死。

始，傅与观营笼落川，夜作书遗福，以其日小胜，前与敌大军遇，深以持重戒之。自写题观名，以致福军中。傅死后，韩琦得其书于随军孔目官彭忠，奏上之。诏赠傅右谏议大夫，官其子瑗为太常寺太祝，璆为太常寺奉礼郎，璋为将作监主簿，珪试秘书省校书郎，琬同学究出身。

王仲宝字器之，密州高密人。初为刑部史，补齐州章丘尉。以捕群盗六十余人有功，用开封府判官鞠仲谋荐，召对，改右班殿直，为镇、定、保、深、永宁、天雄六州军巡检。又以捕贼功，迁左班，徙河北西路提举捕贼，擒磁州名贼王遇仙、博州孙流油辈，凡四十人。

夜有盗叩户外乞降，左右欲杀之，为首级论功，仲宝不可，纳舍中使寝。擢阁门祗候，命乘驿捕登州海贼百余人，获之。还，为河北提举捉贼，又捕斩百余人。知信安军，复为河北提举捉贼。有盗百余依西山，官军不能捕，仲宝悉招出，隶军籍，奏以自随。徙泽、潞、晋、绛、慈、隰、威胜军巡检使，至官才八日，获太行山宿贼八十人。累赐金帛、缗钱。使契丹，积迁内殿承制。

天圣初，知镇戎军，改供备库副使。破康奴族，获首领百五十、羊马七千，诏奖其功。凡五年，还，巡护惠民河堤岸，迁供备库使、麟府路兵马铃辖、知麟州。会镇戎军蕃族内寇，徙泾原路铃辖，复知镇戎军，又徙原、环二州。以西京左藏库使、惠州刺史知利州，徙并、代州铃辖，改西上阁门使。建言："缘边博籴，属羌苦之，数逃去。请宽其法，使得复业，以捍边境。"久之，迁东上阁门使。

元昊寇延州，仲宝将兵至贺兰谷，以分兵势，败蕃将罗遵于长鸡岭。迁四方馆使，领濮州团练使，为泾原路总管、安抚副使兼管勾秦凤路军马事。与西羌战六盘山，俘馘数百人。

时任福大败好水川，别将朱观被围于姚家堡，仲宝以兵救之，拔观出围，乘以从马。时诸将皆没，独仲宝与观得还。徙环庆路副都总管、知庆州。未几，兼本路经略安抚、招讨副使。破金汤城，复赐诏奖谕，徙澶州副总管。安抚使范仲淹以仲宝武干未衰，奏留之。明年，以磁州防御使知代州，除左屯卫大将军致仕，卒。

论曰：元昊乘中国弛备，悉众寇边，王师大衄者三，夫岂天时不利哉？亦人谋而已。好水之败，诸将力战以死。噫，趋利以违节度，固失计矣；然秉义不屈，庶几烈士者哉！

卷三百二十六　　列传第八十五

景泰　王信　蒋偕　张忠　郭恩　张岊
张君平　史方　卢鉴　李渭　王果　郭谘
田敏　侍其曙　康德舆　张昭远

景泰，字周卿，普州人。进士起家，补坊州军事推官。后以尚书屯田员外郎通判庆州，即上言："元昊虽称臣，诚恐包藏祸心。当选主将，练士卒，修城池，储资粮，以备不虞。"三疏不报。俄元昊反，又上《边臣要略》二十卷。迁都官、知成州，奏《平戎策》十有五篇。

会有荐泰知兵者，召对称旨，换左藏库使、知宁州。任福败，徙原州。元昊众十万，分二道，一出刘璠堡，一出彭阳城，入攻渭州。葛怀敏援刘璠，战崆峒北，败没，敌骑逾平凉，至潘原。泰率兵五千，从间道赴原，而先锋左班殿直张迥逗遛不进，泰斩以徇。遇敌彭阳西，裨将夏侯观欲退守彭阳，泰弗许，乃依山而阵。未成列，敌骑来犯，泰阴遣三百骑，分左右翼，张旗帜为疑兵。敌欲遁去，将校请进击，泰止之，遣士搜山，果得伏兵，与战，斩首千余级。以功迁西上阁门使、知镇戎军兼兵马钤辖。久之，领忠州刺史，徙秦凤路马步军总管，卒。

子思立，熙宁中屡有战功，为引进使、忠州防御使、知河州，与董毡部兵战，没，后思忠以左藏库副使、遂州驻泊都监击泸州夷人，陷于罗箇暮山下。兄弟继死王事，人皆怜其忠。

王信，字公亮，太原人。家故饶财，少勇悍。大中祥符中，盗起晋、绛、泽、潞数州，信应募籍军，与其徒生擒贼七十人，累以功补龙、神卫指挥使。部使者表荐，召阅其艺，迁御前忠佐，领河中府、同干郾延丹坊州庆成军管界捉贼，又迁龙卫都虞候兼郾延巡检。

康定初，刘平、石元孙战于三川，信以所部兵薄贼，斩首数十级。迁捧日都虞候，改西京作坊使、知镇戎军，徙保安军兼鄜延路马步都监。始至之夕，敌众号数万傅城，军吏气慑。信领劲兵二千，夜出南门与战，失其前锋，因按军不动。迟明，潜上东山整师，乘势而下，击走之，获首级、马牛居多。迁钤辖兼经略、安抚、招讨都监，领贵州刺史。葛怀敏战败，信出兵拒敌，俘斩甚众。进保州刺史，就迁马步军都总管。四路置招讨使，遂为本路招讨副使。累迁马步军都虞候、象州防御使，徙高阳关路。

王则反贝州，用安抚使明镐奏，为贝州城下都总管。城破，则遁，信率兵执则而还，余党自焚死。拜感德军节度观察留后，召为步军副都指挥使，未至，卒。赠武宁军节度兼侍中。

蒋偕，字齐贤，华州郑县人。幼贫，有立志。父病，尝刲股以疗，父愈，诘之曰："此岂孝邪？"曰："情之所感，实不自知也。"举进士，补韶州司理参军，以秘书省著作佐郎为大理寺详断官。

密州豪人王瀚使奴杀一家四人，偕当瀚及奴皆大辟。宰相陈尧佐欲宽瀚，判审刑院宋庠与偕持之不从，偕以是知名。

陕西用兵，数上书论边事，迁秘书丞、通判同州，计置陕西钱粮。逾年，为沿边计置青白盐使。用庞籍、范仲淹荐，改北作坊副使、环庆路兵马都监，历知汾、泾二州，徙原州。边民苦属户为钞盗，偕得数辈，腰斩境上，盗为息。迁北作坊使兼本路钤辖，明珠、康奴诸族数为寇，偕潜兵伺之，斩首四百，擒酋豪，焚帐落，获马、牛、羊千计。所俘皆剖割磔裂于庭下，坐客为废饮食，而偕语笑自若。徙华州兵马钤辖。

湖南蛮唐和内寇，徙潭州钤辖。贼平，知忻州，徙冀州。坐擅率粮草，降知霸州。逾年，徙恩州，领韶州刺史。属兵粮乏绝，朝廷方募民入粟，增虚直，给券诣京师射取钱货，谓之交钞，患未有应令者，偕使州仓谬为入粟数，辄作钞，遣属官持至京师转贸，得缗钱以补军食。为御史弹奏，降知坊州。

侬智高反，除宫苑使、韶州团练使，为广南东西路钤辖。贼方围广州。偕驰传十七日至城下。战士未集，会侬智高徙军沙头，安抚杨畋檄偕赞粮储，退保韶州。坐此，降潭州驻泊都监，再降北作坊使、忠州刺史。命未至，军次贺州太平场，贼夜入营，袭杀之。赠武信军节度观察留后。

初，偕入广州，即数知州仲简曰："君留兵自守，不袭贼，又纵步卒贼平民以幸赏，可斩也。"简曰："安有团练使欲斩侍从官？"偕曰："斩诸侯剑在吾手，何论侍从！"左右解之，乃止。卒以轻肆败。

张忠，开封人。初隶龙骑备征，选为教骏。有军校恣掊敛，忠殴杀之，坐配鼎州。既逭去为盗，复招出。隶龙猛军，以材武补三班借职、陕西总管司指使。数攻破堡砦，杀剧贼张海、郭邈山。从平恩州，功第一。累迁如京使、资州刺史，历真定府、定州、高阳关、京东西路兵马钤辖。侬智高反，就移广东，领英州团练使。初，智高围广州，时洪州驻泊都监蔡保恭及知英州苏缄以兵八千人据边渡村，扼贼归路，忠夺而将之。谓其下曰："我十年前一健儿，以战功为团练使，若曹勉之。"于是不介骑而前。会先锋遇贼奔，忠手拉贼帅二人，马陷泞，不能奋，遂中标枪死。录其父率府副率致仕余庆为左监门卫大将军，赐第一区，给半俸终身；封其母为河内郡夫人；弟愿迁右班殿直、阁门祗候；官其子永寿、永吉、永德及其婿刘鐏凡四人。封长女为清河县君。

郭恩，开封人。初隶诸班，出为左侍禁、阁门祗候，历延州西路都巡检、环州肃远砦主，累迁内殿承制、秦凤路兵马都监。开古渭州路，为前锋，斩首九百余级，擢崇仪副使。会掌乌族叛，又率兵攻讨，斩首八十五级，迁六宅副使。累劳，补崇仪使，为秦陇路兵马钤辖，徙并、代州钤辖，管勾麟府军马事。

夏人岁侵屈野河西地，至耕获时，辄屯兵河西以诱官军。经略使庞籍每戒边将，敛兵河东毋与战。嘉祐二年，自正月出屯，至三月然后去。通判并州司马光行边至河西白草平，数十里无寇迹。是时，知麟州武戡、通判夏倚已筑一堡为候望，又与光议曰："乘敌去，出不意可更增二堡，以据其地。请还白经略使，益禁兵三千、役兵五百，不过二旬，壁垒可城。然后废横戎、临塞二堡，彻其楼橹，徙其甲兵，以实新堡，列烽燧以通警急。从衙城红楼之上，俯瞰其地，犹指掌也。有急，则州及横阳堡出兵救之；敌来耕则驱之，种则蹂践之；敌盛则入堡以避。如是，则堡外必不敢耕种，州西五六十里之内晏然矣。"籍遂檄麟州如其议。

五月，恩及武戡、走马承受公事内侍黄道元等以巡边为名，往按视之。会谍者言，敌兵盛伐沙窣浪，恩欲止不行。道元怒，以言胁恩，夜率步骑一千四百余人，不甲者半，循屈野河北而行，无复部伍。夏人举火卧牛峰，戡指以谓恩曰："敌已知吾军至矣。"道元曰："此尔曹故欲沮我师。"及闻鼓声，道元犹不信。行至谷口，恩欲休军，须晓乃登山。道元奋衣起曰："几年闻郭恩名，今日懦怯与贾逵何殊？"恩亦愠曰："不过死耳！"乃行。比明，至忽里堆。敌数十人皆西走，相去数十步，止。恩等踞胡床，遣使骑呼之，敌不应，亦不动。俄而起火，敌骑张左右翼，自南北交至。堆东有堑，其中有梁，谓之"断道堰"。恩等东据梁口，与力战，自旦至食。时敌自两旁堑中攀缘而上，四面合击，恩众大溃。

夏倚方在红楼，见敌骑自西山大下，与推官刘公弼率城中诸军，闭门乘城。武戡走东山，趣城东，抉门以入。恩、道元及府州宁府砦兵马都监刘庆皆被执。使臣死者五人，军士三百八十七人，已馘耳鼻得还者百余人，亡失器甲甚众。恩不肯降，乃自杀。赠同州观察使，封其妻为京兆郡君，录其子弟有差，给旧俸三年。武戡坐弃军除名，编管江州。

张岊，字子云，府州府谷人。以赀为牙将，有胆略，善骑射。天圣中，西夏观察使阿遇有子来归。阿遇寇麟州，虏边户，约还子然后归所俘。麟州还其子，而阿遇辄背约。安抚使遣岊诘问，岊径造帐中，以逆顺谕阿遇，阿遇语屈，留岊共食。阿遇袖佩刀，贯大胔啖岊，岊引吻就刀食肉，无所惮。阿遇复弦弓张镞，指岊腹而彀，岊食不辍，神色自若。阿遇抚岊背曰："真男子也。"翌日，又与岊纵猎，双兔起马前，岊发两矢，连毙二兔。阿遇惊服，遗岊马、橐驼，悉归所房。州将补为来远砦主。手杀伪首领，夺其甲马。时年十八，名动一军。

元昊犯鄜延，诏麟府进兵。岊以都教练使从折继闵破浪黄、党儿两族，射杀数十人，斩伪军主敖保，以功补下班殿侍、三班差使。

时敌骑方炽，中人促赐军衣，至麟州，不得前。康德舆管勾军马司事，遣岊驰骑五十往护之。至青眉浪，遇贼接战，流矢贯双颊，岊拔矢，斗愈力，夺马十二匹而还。贼兵攻府州甚急，城西南隅库下，贼将登，众噪曰："城破矣！"岊乘陴大呼搏贼，贼稍却，飞矢中右目，下身被三创，昼夜督守。又帅死士开关，护州人汲于河，讫围解，城中水不乏，以劳，迁右班殿直。然贼尝往来邀夺馈运，以岊为麟、府州道路巡检。至深柏堰，遇贼数千，分兵追击，斩首百余级，夺器械、马牛数百。近郊民田，比秋成未敢获，岊以计干张亢，得步卒九百人护之，大败贼于龙门川。从诸将通麟州粮道，破贼于柏子砦。改左班殿直。

内侍宋永诚传诏砦下，岊护永诚，遇贼三松岭。贼以精骑挑战，矢中岊臂，犹跃马左右驰射，诸将乘胜而进，贼皆弃溃。特改西头供奉官，又迁内殿崇班。贼破丰州，岊与诸将一日数战，破容州刺史耶布移守贵三砦，俘获万计。迁礼宾副使。

明镐在河东，以岢岚军当云、朔路，奏岊为麟府路驻泊都监兼沿边都巡检使，驻岢岚。张亢修并砦堡障，初议置安丰砦于石合神，岊以为非要害之地，遂徙砦于生地骨堆以扼贼。左右亲信咸曰："擅易砦地可乎？"岊曰："苟利国家，得罪无憾也。"卒易之。已而本道上言，左迁绛州兵马都监。二州未解严，复麟府驻泊都监，屯安丰。累迁洛苑使。尝从数骑夜入羌中侦机事，既还，羌觉追之，岊随羌疾驰，效羌语，与羌俱数里，乃得脱。前后数中流矢，创发臂间，卒。

张君平，字士衡，磁州滏阳人。以父承训与契丹战死，补三班差使殿侍、黔州指挥使。獠兵屡入寇，君平引兵击破之，以功迁奉职，除驻泊监押，徙容、白等州巡检。又以捕贼功，迁右班殿直。

谢德权荐君平河阴窖务，擢阁门祗候，管勾汴口。建言：岁开汴口，当择其地；得其地，则水湍驶而无留沙，岁可省功百余万。又请沿河县植榆柳，为令佐、使臣课最，及瘗汴河流尸。悉从其言。天圣初，议塞滑州决河，以君平习知河事，命以左侍禁签书滑州事兼修河都监。既而河未塞，召同提点开封府界县镇公事。以尝护滑州堤有功，特迁内殿崇班。君平以京师数罹水灾，请委官疏凿近畿诸州古沟洫，久之，稍完，遂诏畿内及近畿州县长吏，皆兼管勾沟洫河道。

自畿至泗州，道路多群寇，君平请两驿增置使臣，专主捕盗，而罢夹河巡检，于是行者无患。复为滑州修河都监，迁供备库副使。河平，改西作坊使，就迁铃辖，卒。

君平有吏材，尤明于水利，自议塞河，朝廷每访以利害。河平，君平且死，论者惜之。录三子官。子巩，皇祐中，以尚书虞部员外郎为河阴发运判官，管勾汴口，嗣其父职云。

论曰：孔子谓："暴虎冯河，死而无悔者，不与也。"老氏曰："佳兵者不祥。"景泰辈或起书生，或奋行伍，或出亡命，非有将率之材也。泰、信以区区之卒，尝摧西夏之强锋，颇知持重以制敌耳。蒋、张轻肆自用，竟殒于乌合之寇。恩怃道元之势，身陷虎口，守义不屈，犹足尚也。岊之骁勇，固非临事而惧者。君平死战之子，乃明习水利，以吏材称，亦可谓善变矣。

史方，字正臣，开封人。应《周易》学究不中，补西第二班殿侍，再迁三班奉职，为潭、澧、鼎沿边同巡检，改右班殿直、阁门祗候。会澧州诉民下溪州蛮侵其土地，遣乘驿往视。自竹疏驿至申文崖，复地四百余里，得所掠五百余人，又置澧州、武口、杨泉、索溪四砦，以扼贼冲。就知邵州，徙澧州，迁右侍禁。

天禧中，下溪州蛮彭仕汉寇辰州，杀巡检王文庆。方勒兵入溪洞讨捕，降其党李顺同等八百余人，诛其尤恶者社忽等十九人。迁西头供奉官、知辰州兼沿边溪洞都巡检使，修南、北江五砦，徙夔州。时富、顺州蛮田彦晏寇施州，焚暗利砦。方领兵直抵富、顺，荡其巢穴，穷追彦晏至七女栅，降之。迁内殿崇班，改内殿承制，奉使契丹，以供备库副使知环州、环庆路兵马都监。

先是，磨娟、浪豈、托校、拔新、兀二、兀三六族内寇，方谕以恩信，乃传箭牵羊乞和。减禁兵五千，徙内地以省边费。徙庆州，迁礼宾使兼环庆路兵马铃辖，复知环州。岁余，迁爱州刺史，为益州铃辖，徙秦凤路，迁西京作坊使，卒。

卢鉴，字正臣，金陵人。累举进士不中，授三班奉职、监坊州酒税，以右殿直为鄜延路走马承受公事。李继迁寇边，与总管王荣败走之；又与铃辖张崇贵击贼，焚其积聚，斩首级而还。擢阁门祗候，为本路兵马都监。复出荡族帐，获羊牛万计。徙凤翔、秦陇、阶、成等州提点贼盗公事，寻为都巡检使，徙利州都监。

初，继迁声言石陨帐前，有文曰："天诫尔勿为中国患。"鉴时为承受，入奏事，真宗问之，鉴曰："此诈为之以欺朝廷也，宜益为备。"至是，继迁陷灵武，帝思其言，特迁右侍禁、知仪州。州有制胜关，最号要度，继迁欲乘虚袭取之，放言将由此大入。谍者以告。有诏徙老幼、刍粟于内地。鉴曰："此奸谋也，且示疠弱，摇民心，臣不敢奉诏。"卒不徙，已而贼亦不至。再迁西头供奉官、知利州。

会岁饥，以便宜发仓粟振民。秩满，民请留，诏留一年。提点河东路刑狱，历知保州、广信军、原州，就为环庆路都监兼知庆州，徙环州。平磨媚族于合道镇。坐事徙丹州。累迁西京左藏库使、恩州刺史，为环庆路铃辖兼知环州，改西上阁门使、秦州，卒。

李渭，字师望，其先西河人，后家河阳。进士起家，为临颍县主簿，累官至太常博士。会河决滑州，天圣初，上治河十策，参知政事鲁宗道奉诏行河。奏渭换北作坊副使，与张君平并为修河都监。未几皆罢，以渭为郓州兵马都监，徙知宪州，又知凤州兼阶、成州铃辖。

初，属户寇陷阶州沙滩砦，渭至，诘所以然者，乃都校赵钊扰之，奏流钊道州，以恩信谕酋帅，复其砦。迁军器库副使，历知原、环、庆三州。时诏举勇略任边者，李谘以渭应诏。徙益利路兵马铃辖，领惠州刺史，迁东八作使，擢西上阁门使。徙鄜延路，再迁四方馆使。

宝元元年，元昊将山遇率其族来归，且言元昊反状，渭与知州郭劝谋，却之。既而元昊果反。又与劝奏，以为元昊表至犹称臣，可渐屈以礼。朝廷初以渭兼知鄜州，坐是贬为尚食使、知汝州，徙磁州。元昊犯边，言者益归罪于渭，复降右监门卫将军、白波兵马都监，卒。

王果字仲武，深州饶阳人。举明法。历大理寺详断官，迁光禄寺丞，以太子右赞善大夫为审刑院详议官，迁殿中丞。奏边策，试舍人院，改衣库副使、知永宁军，更尚食使、知保州。

契丹谋致书求关南地，使未至，果购谍者先得其稿，奏之，擢领贺州刺史兼高阳关路兵马铃辖。中官杨怀敏领沿边屯田事，大广塘水，边臣莫敢言，果独抗辨水侵民田，无益边备。怀敏怒，诉果以不法，左迁青州兵马都监。历永兴军兵马铃辖、知陇州。

俄诏还，迁皇城使、河北沿边安抚副使，徙知定州兼真定路兵马铃辖。叛卒据保州，果坐多伤士众，徙知密州。又知忻州、鄜州，权秦凤路兵马总管，迁西上阁门使，徙知沧州，卒。

郭谘，字仲谋，赵州平棘人。八岁始能言，聪敏过人。举进士，历通利军司理参军、中牟县主簿，改大理寺丞、知济阴县。建言："澶、滑堤狭，无以杀大河之怒，故汉以来河决多在澶、滑。且黎阳九河之原，今若引河出汶子山下，穿金堤，与横垅合，以达于海，则害可息。"诏本道使者共议，弗合。部夫坐小法，监通利军税。

洺州肥乡县田赋不平，岁久莫治，转运使杨偕遣谘摄令以往。既至，闭阁数日，以千步方田法四出量括，遂得其数，除无地之租者四百家，正无租之地者百家，收遗赋八十万，流民乃复，偕奏其才，迁殿中丞、知馆陶县。

康定西征，谘上战略，献《拒马枪阵法》，其制利山川险隘，以骑士试上前，擢通判镇戎军，募兵教习。会三司议均税法，知谏院欧阳修言，惟谘方田法简而易行，诏谘与孙琳均蔡州上蔡县税。以母忧免官。用宰相吕夷简荐,起为崇仪副使、提举黄御河堤岸。

时富弼使契丹,谘入对,陈大水御戎之要。诏与杨怀敏、邓保信行河,其议"决黎阳大河,下与胡芦、滹沱、后唐河以注塘泊,混界河,使东北水抵于海,上溢鹳鹊陂,下注北当城,南视塘泊,界截房疆,东至海口,西接保塞。惟保塞正西四十里,水不可到,请立堡砦,以兵戍之。"诏储用兴役,会契丹约和而止。知丹、利二州。

王则叛,文彦博荐谘知冀州,运粮助攻讨。贼平,徙忻州,开渭渠,导汾水,兴水利,置屯田。转运使任颛言谘有巧思,自为兵械皆可用。诏以所作刻漏、圆楯、独辕弩、生皮甲来上,帝颇嘉之。除益州路兵马钤辖,累迁英州刺史,后为契丹祭奠副使、知汾州。未行,言独辕弩可试,改鄜延路兵马钤辖,许发弩五百,募士兵教之。既成,经略使夏安期言其便,诏立独辕弩军。以西上阁门使知潞州。言怀、保二郡旁山,可以植稻;定武河抵瀛、莫间,可兴水田。又作鹿角车、陷马枪,请广独辕弩于他道。诏诸置弩千分给并、潞,谘因上疏曰:"臣自冠武弁,未尝一日不思御戎之计。顷使契丹,观幽燕地方不及三百里,无十万人一年之费,且乌合之众,非二十万不敢举。若以术制之,使举不得利,居无以给,不逾数年,必弃幽州而遁。臣庆历初经画河北大水,界断敌疆,乃其术也。臣所创车弩可以破坚甲,制奔冲,若多设之,助以大水,取幽蓟犹如探囊中物尔。"

时三司议均田租,召还,谘陈均括之法四十条。复上《平燕议》曰:"契丹之地,自瓦桥至古北口,地狭民少。自古北口至中原,属奚、契丹,自中原至庆州,道旁才七百余家。盖契丹疆土虽广,人马至少,倘或南牧,必率高丽、渤海、黑水、女真、室韦等国会战,其来既远,其粮匮乏。臣闻以近待远,以佚待劳,以饱待饥,用兵之善计。又闻得敌自至者胜,先据便地者佚。以臣所见,请举庆历之策,合众河于塘泊之北界,以限戎马,然后以景德故事,顿兵自守。步卒十二万,骑卒三万,强壮三万,岁计粮饷百八十三万六千斛。又傍河郡邑,可以水运以给保州。然后以拒马车三千,陷马枪千五百,独辕弩三万,分选五将,臣可以备其一,来则战,去则勿追。幽州粮储既少,敌不可久留,不半年间,当遁沙漠。则进兵断古北口,砦松亭关,传檄幽蓟,燕南自定。且彼之所恃者,惟马而已。但能多方致力,使马不获伸用,则敌可破,幽燕可取。"帝壮其言,诏置独辕弩二万,同提举百司及南北作坊,以完军器。

谘尝谓:作汴乘索河三十六陂之流,危京师,请自巩西山七里店孤柏岭下凿七十里,导洛入汴,可以四时行运。诏都水监杨佐同往计度。归,未及论功而卒。

田敏,字子俊,本易州牙吏。雍熙中,王师讨幽蓟,曹彬进兵涿州,敌断其后。王继恩募勇士持书抵彬,敏应募,间行由祁沟关达涿州。彬得诏,选壮士五十人卫敏还,道遇贼,力战,四十八人死,敏与两人者,仅以身免。彬上其事,太宗召见,复令赍诏谕彬。师还,补敏易州静砦指挥使。

端拱初,以所部兵屯定州。契丹攻北河唐,大将李继隆遣部将逆战,为敌所乘。奋至水南,敏以百骑奋击,敌惧,退水北,遂引去。又出狼山,袭契丹,至满城,获首级甚众。既而敌陷易州,敏失其家所在。帝擢敏本军都虞候,赐白金三百两,使间行求其父母,得之以归。徙屯镇州,而升其指挥为内员僚直。

李继隆讨夏州,奏隶麾下。敏率兵至灵州橐驼口双堆西,遇敌,斩首三千级,获羊马、橐驼、铠仗数万计。继隆上其功,迁御前忠佐马步军副都军头。既而又从傅潜于定州。时契丹断蒲阴路,城中有神勇军士千余人。属敌兵盛,不敢战,敏率轻锐援出之。真宗幸天雄军,诏敏隶高琼,使追贼至宁远军,以功领涿州刺史。王均乱西川,从招安使雷有终败贼于灵池山。贼平,迁马步军都军头。

咸平中,契丹复入寇,敏从王显为镇、定先锋,大败契丹于遂城西羊山,斩其酋长。真授单州刺史,后为邢州兵马钤辖。未几,从王起屯定州,遇契丹于望都,逆战,斩首二千余级。徙北平砦兵马钤辖,领骑兵五千以当其冲。

先是,两地供输民多为契丹乡导,敏自鱼台北悉驱南徙,凡七百余户,送定州。迁北平砦总管,赐御剑,听以便宜从事。至是,契丹复入寇,复与敌战杨村,败之。敏谍知契丹主去北平十里蒲阴驻砦,敏夜率锐兵,袭破其营帐。契丹主大惊,问挞览曰:"今日战者谁?"挞览曰:"所谓田厢使者。"契丹主曰:"其锋锐不可当。"遂引众去。

敌攻瀛州不下,欲乘虚犯贝、魏,诏敏与魏能、张凝三路兵,入敌纵击,以牵其势。敏出西路,抵易州南十里,屯师石村,虏获人畜、铠仗以万计。寻诏三路兵还定州,敏遇敌于镇州之北马头岭,复大破之。契丹请和,乃徙敏镇定路都钤辖,迁本州团练使,充镇定路总管。徙永兴军、陕州,历鄜延、环庆、凤翔三路,久之,为环庆路都总管。

时后桥属羌数扰边,敏诛违命者十八族,又败罗骨于三店川,迁郑州防御使、泾原路总管,后徙环庆。坐与部豪往还纳赂为不法,降左屯卫大将军、昭州防御使。既而以虢州团练使知隰州,复为环庆路都总管、仪州防御使,卒。敏在边二十余年,凡迁授,多以功伐,虽晚不自饬,而朝廷亦优容之。

侍其曙,字景升。父稹,左监门卫大将军。曙少举进士不第,以父任为殿前承旨,改右班殿直。咸平中,以阁门祗候为苏、杭、湖、秀等州都巡检使。迁左侍禁,领东西排岸司,与谢德权提举在京仓草场。尝于仓隙地牧牛羊,为德权所讼。真宗以问德权曰:"牛羊食仓粟邪?"曙闻而自劾,帝勉谕之。它日,召曙问:"汝才孰与德权?"对曰:"德权畏法慎事,臣乃敢于官仓牧牛羊,是不及也。"人多称之。

鄂州男子闻人若挫,告其徒永兴民李琰将作乱,命曙同度支判官李应机往按之。至则设方略,捕琰党三十余人,皆伏法。琰辞连己所不快者数十人,一切不问。青州卒庞德讼其校李绪谋以众叛,帝疑其诬,又命曙至青州,与通判魏德昇同至劾，无验，遂弃德市。知青州张齐贤奏曙擅杀人，帝曰："不尔，无以安被告者。"曙还，奏德惮绪治军严，故诬之。帝擢绪本军虞候，而进曙东头供奉官。初，太宗平河东，建塔于太原故城，塔毁，帝欲新之，遣内侍经度，计工二百万。帝疑，命曙往，减费十九。改内殿崇班。

祥符二年，黎州夷人为乱，诏曙乘驿往招抚，其酋首纳款，杀牲为誓。曙按行盐井，夷人复叛。曙率部兵百余，生擒首领三人，斩首数十级。因上言蛮阻险拒命，请必加讨。诏知庆州孙正辞、环庆驻泊都监张继勋领陕西兵，同曙俱进，所至皆降。曙又言：王师已至而方出，请诛之。真宗谓王旦曰："已降而杀之，何以信四夷？"不许。夷人平，迁内殿承制，再迁如京副使、知登州。

会岁饥，请漕江、淮米以振贫乏，活者甚众。累迁西京作坊使、惠州刺史、知桂州，徙滑州，迁西上阁门使，徙郓州，提举在京诸司库务，卒。曙为人沈敏，有干略，善论利害事，朝廷数任使之。

康德舆，字世基，河南洛阳人。父赞元，尝以作坊使从曹光实袭李继迁，获其母妻，擢崇仪使、武州刺史。赞元死，真宗追其功，录德舆三班奉职，迁右班殿直、泾原路走马承受，擢阁门祇候。河啮阳武埽，诏遣德舆完筑。历开封府西路都巡检、勾当榷货务，皆兼领埽事。改巡护开府等六州黄河堤岸。

天圣中，使夏州，赐赵德明冬服。夏人谓曰："前康将军战灵武者，非先世邪？"德舆惧其复仇，绐曰："非也。"还，勾当汴口，改西头供奉官。用枢密使曹利用荐，迁内殿崇班、河阴兵马都监，建沿汴斗门以节水。会积雨，汴水将溢，德舆请自京西导水入护龙河，水得不溢。历知原州、庆州，益州路兵马钤辖，久之，领昭州刺史，徙并代兵马钤辖、管勾麟府路军马事。

有蕃部乜罗为殿侍，求锦袍、驿料，德舆不与，乜罗颇出怨言。后有谮乜罗与贼通，战则反射汉人，乜罗无以自明，乃谋附贼。指挥张岊闻之，召乜罗与饮，乜罗泣曰："我岂附贼者邪？盖逃死耳。"岊以告德舆："乜罗叛，信矣，不可不杀。"元昊方屡入寇，德舆不听，曰："今日岂杀蕃部时邪？"岊曰："叛者特乜罗，非众所欲也，请为君召与饮，仆崖谷中，声言堕马死，安知汉杀之？"德舆犹豫不决，以问所亲，所亲恶岊，短毁之，岊计不得行。

知府州折继闵闻贼将至，以告德舆，德舆怒曰："君不召，何以知其来也！"贼果以乜罗为向导，自后河川入袭府州。蕃汉欲入城，德舆闭门不纳，或降贼，或为贼所杀，不可胜计。贼既围府州，德舆与马步军副总管王元、兵马钤辖杨怀忠按兵不出战，但移文转运司调军食。转运副使文彦博籍民輂运，至境不俟，而德舆等终不出。及陷丰州，才出屯州城数里，三日而还。居民望见，以谓寇复至，皆弃其所赍，入保城郭。然朝廷不悉闻，德舆止坐不出战，降为东染院使、河阳兵马都监。寻复昭州刺史、知保州，徙真定府定州路总管，历知代、石、仪三州，大名府路钤辖，提举金堤，累迁西上阁门使。

至和中，河决小吴埽，破东堤顿丘口，居民避水者趋堤上，而水至不得达，德舆以巨舰五十，顺流以济之，遂免垫溺。复领果州团练使、知冀州，徙赵州。有告云翼卒谋以上元夜劫库兵为乱，德舆会宾属燕饮自若，阴遣人捕首谋诛之。徙陈州钤辖，卒。

张昭远，字持正，沧州无棣人。父凝，殿前都虞候、宁州防御使。契丹内寇，凝与康保裔伏兵瀛州，陷围中。昭远年十八，挺身掖出之，擢左班殿直、寄班祇候。每出使还，奏利害，多称旨。为忻州都巡检，改阁门祇候、知火山军，管勾河东缘边安抚司，再迁内殿崇班。

天禧初，阁门副使缺员，枢密院方奏拟人，真宗曰："朕有人矣。张昭远知边略，曹仪习朝仪，可并除西上阁门副使。"俄为河北缘边安抚副使，寻知瀛州，改东上阁门副使、知定州，以引进副使复知瀛州，迁西上阁门使、知雄州。献言岁会四榷场入中银，帝谓辅臣曰："先朝置榷场，所以通货，非所以计贸易之利也。"

会大雨，陂塘大溢，昭远勒兵筑长堤，以捍其冲。徙鄜延路兵马钤辖，进都钤辖，筑堡成平川。领忠州刺史、知成德军，迁四方馆使。滹沱河决，坏城郭，乃修五关城，外环以堤，民至今为利。擢捧日天武四厢都指挥使、新州防御使，历步军马军都虞候、嘉州防御使，知代州。召还，改莫州防御使，罢管军，授左龙武军大将军、昭州防御使，卒。特赠应州观察使。

论曰：郭谘以其智巧材略，自见于功利之间，有足称者。曙，抑其次也，余皆碌碌者矣。如方之御寇，鉴之料敌，王果持法峭深，治军严办，兹其长也。田敏屡有战功，而贪墨败度，幸容于时。李渭治无远略，一失机会，关中兵祸，数年不解。德舆闭城以弃其民，昭远计榷场所入，焉知圣人怀柔之意哉。

卷三百二十七　　列传第八十六

王安石子雱　唐坰附　**王安礼　王安国**

王安石，字介甫，抚州临川人。父益，都官员外郎。安石少好读书，一过目终身不忘。其属文动笔如飞，初若不经意，既成，见者皆服其精妙。友生曾巩携以示欧阳修，修为之延誉。擢进士上第，签书淮南判官。旧制，秩满许献文求试馆职，安石独否。再调知鄞县，起堤堰，决陂塘，为水陆之利；贷谷与民，出息以偿，俾新陈相易，邑人便之。通判舒州。文彦博为相，荐安石恬退，乞不次进用，以激奔竞之风。寻召试馆职，不就。修荐为谏官，以祖母年高辞。修以其须禄养言于朝，用为群牧判官，请知常州。移提点江东刑狱，入为度支判官，时嘉祐三年也。

安石议论高奇，能以辨博济其说，果于自用，慨然有矫世变俗之志。于是上万言书，以为："今天下之财力日以困穷，风俗日以衰坏，患在不知法度，不法先王之政故也。法先王之政者，法其意而已。法其意，则吾所改易更革，不至乎倾骇天下之耳目，嚣天下之口，而固已合先王之政矣。因天下之力以生天下之财，取天下之财以供天下之费，自古治世，未尝以财不足为公患也，患在治财无其道尔。在位之人才既不足，而闾巷草野之间亦少可用之才，社稷之托，封疆之守，陛下其能久以天幸为常，而无一旦之忧乎？愿鉴苟且因循之弊，明诏大臣，为之以渐，期合于当世之变。臣之所称，流俗之所不讲，而议者以为迂阔而熟烂者也。"后安石当国，其所注措，大抵皆祖此书。

俄直集贤院。先是，馆阁之命屡下，安石屡辞；士大夫谓其无意于世，恨不识其面，朝廷每欲畀以美官，惟患其不就也。明年，同修起居注，辞之累日。阁门吏赍敕就付之，拒不受；吏随而拜之，则避于厕；吏置敕于案而去，又追还之；上章至八九，乃受。遂知制诰，纠察在京刑狱，自是不复辞官矣。

有少年得斗鹑，其侪求之不与，恃与之昵辄持去，少年追杀之。开封当此人死，安石驳曰："按律，公取、窃取皆为盗。此不与而彼携以去，是盗也；追而杀之，是捕盗也，虽死当勿论。"遂劾府司失入。府官不伏，事下审刑、大理，皆以府断为是。诏放安石罪，当诣阁门谢。安石言："我无罪。"不肯谢。御史举奏之，置不问。

时有诏舍人院无得申请除改文字，安石争之曰："审如是，则舍人不得复行其职，而一听大臣所为，自非大臣欲倾侧而为私，则立法不当如此。今大臣之弱者不敢为陛下守法；而强者则挟上旨以造令，谏官、御史无敢逆其意者，臣实惧焉。"语皆侵执政，由是益与之忤。以母忧去，终英宗世，召不起。

安石本楚士，未知名于中朝，以韩、吕二族为巨室，欲藉以取重。乃深与韩绛、绛弟维及吕公著交，三人更称扬之，名始盛。神宗在颖邸，维为记室，每讲说见称，辄曰："此非维之说，维之友王安石之说也。"及为太子庶子，又荐己代。帝由是想见其人，甫即位，命知江宁府。数月，召为翰林学士兼侍讲。熙宁元年四月，始造朝。入对，帝问为治所先，对曰："择术为先。"帝曰："唐太宗何如？"曰："陛下当法尧、舜，何以太宗为哉？尧、舜之道，至简而不烦，至要而不迂，至易而不难。但末世学者不能通知，以为高不可及尔。"帝曰："卿可谓责难于君，朕自视眇躬，恐无以副卿此意。可悉意辅朕，庶同济此道。"

一日讲席，群臣退，帝留安石坐，曰："有欲与卿从容论议者。"因言："唐太宗必得魏徵，刘备必得诸葛亮，然后可以有为，二子诚不世出之人也。"安石曰："陛下诚能为尧、舜，则必有皋、夔、稷、卨；诚能为高宗，则必有傅说。彼二子皆有道者所羞，何足道哉？以天下之大，人民之众，百年承平，学者不为不多。然常患无人可以助治者，以陛下择术未明，推诚未至，虽有皋、夔、稷、卨、傅说之贤，亦将为小人所蔽，卷怀而去尔。"帝曰："何世无小人，虽尧、舜之时，不能无四凶。"安石曰："惟能辨四凶而诛之，此其所以为尧、舜也。若使四凶得肆其谗慝，则皋、夔、稷、卨亦安肯苟食其禄以终身乎？"

登州妇人恶其夫寝陋，夜以刃斫之，伤而不死。狱上，朝议皆当之死，安石独援律辨证之，为合从谋杀伤，减二等论。帝从安石说，且著为令。

二年二月，拜参知政事。上谓曰："人皆不能知卿，以为卿但知经术，不晓世务。"安石对曰："经术正所以经世务，但后世所谓儒者，大抵皆庸人，故世俗皆以为经术不可施于世务尔。"上问："然则卿所施设以何先？"安石曰："变风俗，立法度，最方今之所急也。"上以为然。于是设制置三司条例司，命与知枢密院事陈升之同领之。安石令其党吕惠卿任其事。而农田水利、青苗、均输、保甲、免役、市易、保马、方田诸役相继并兴，号为新法，遣提举官四十余辈，颁行天下。

青苗法者，以常平籴本作青苗钱，散与人户，令出息二分，春散秋敛。均输法者，以发运之职改为均输，假以钱货，凡上供之物，皆得徙贵就贱，用近易远，预知在京仓库所当办者，得以便宜蓄买。保甲之法，籍乡村之民，二丁取一，十家为保，保丁皆授以弓弩，教之战阵。免役之法，据家赀高下，各令出钱雇人充役，下至单丁、女户，本来无役者，亦一概输钱，谓之助役钱。市易之法，听人赊贷县官财货，以田宅或金帛为抵当，出息十分之二，过期不输，息外每月更加罚钱百分之二。保马之法，凡五路义保愿养马者，户一匹，以监牧见马给之，或官与其直，使自市，岁一阅其肥瘠，死病者补偿。方田之法，以东、西、南、北各千步，当四十一顷六十六亩一百六十步为一方，岁以九月，令、佐分地计量，验地土肥瘠，定其色号，分为五等，以地之等，均定税数。又有免行钱者，约京师百物诸行利入厚薄，皆令纳钱，与免行户祗应。自是四方争言农田水利，古陂废堰，悉务兴复。又令民封状增价以买坊场，又增茶盐之额，又设措置河北籴便司，广积粮谷于临流州县，以备馈运。由是赋敛愈重，而天下骚然矣。

御史中丞吕诲论安石过失十事，帝为出诲，安石荐吕公著代之。韩琦谏疏至，帝感悟，欲从之，安石求去。司马光答诏，有"士夫沸腾，黎民骚动"之语，安石怒，抗章自辨，帝为巽辞谢，令吕惠卿谕旨，韩绛又劝帝留之。安石入谢，因为上言中外大臣、从官、台谏、朝士朋比之情，且曰："陛下欲以先王之正道胜天下流俗，故与天下流俗相为重轻。流俗权重，则天下之人归流俗；陛下权重，则天下之人归陛下。权者与物相为重轻，虽千钧之物，所加损不过铢两而移，今奸人欲败先王之正道，以沮陛下之所为。于是陛下与流俗之权适争轻重之时，加铢两之力，则用力至微，而天下之权，已归于流俗矣，此所以纷纷也。"上以为然。安石乃视事，琦说不得行。

安石与光素厚，光援朋友责善之义，三诒书反覆劝之，安石不乐。帝用光副枢密，光辞未拜而安石出，命遂寝。公著虽与所引，亦以请罢新法出颍州。御史刘述、刘琦、钱顗、孙昌龄、王子韶、程颢、张戬、陈襄、陈荐、谢景温、杨绘、刘挚，谏官范纯仁、李常、孙觉、胡宗愈皆不得其言，相继去。骤用秀州推官李定为御史，知制诰宋敏求、李大临、苏颂封还词头，御史林旦、薛昌朝、范育论定不孝，皆罢逐。翰林学士范镇三疏言青苗，夺职致仕。惠卿遭丧去，安石未知所托，得曾布，信任之，亚于惠卿。

三年十二月，拜同中书门下平章事。明年春，京东、河北有烈风之异，民大恐。帝批付中书，令省事安静以应天变，放遣两路募夫，责监司、郡守不以上闻者。安石执不下。

开封民避保甲，有截指断腕者，知府韩维言之，帝问安石，安石曰："此固未可知，就令有之，亦不足怪。今士大夫睹新政，尚或纷然惊异；况于二十万户百姓，固有蠢愚为人所惑动者，岂应为此遂不敢一有所为邪？"帝曰："民言合而听之则胜，亦不可不畏也。"

东明民或遮宰相马诉助役钱，安石白帝曰："知县贾蕃乃范仲淹之婿，好附流俗，致民如是。"又曰："治民当知其情伪利病，不可示姑息。若纵之使妄经省台，鸣鼓邀驾，恃众侥幸，则非所以为政。"其强辩背理率类此。

帝用韩维为中丞，安石憾曩言，指为善附流俗以非上所建立，因维辞而止。欧阳修乞致仕，冯京请留之，安石曰："修附丽韩琦，以琦为社稷臣。如此人，在一郡则坏一郡，在朝廷则坏朝廷，留之安用？"乃听之。富弼以格青苗解使相，安石谓不足以阻奸，至比之共、鲧。灵台郎尤瑛言天久阴，星失度，宜退安石，即黥隶英州。唐坰本以安石引荐为谏官，因请对极论其罪，谪死。文彦博言市易与下争利，致华岳山崩。安石曰："华山之变，殆天意为小人发。市易之起，自为细民久困，以抑兼并尔，于官何利焉？"阙其奏，出彦博守魏。于是吕公著、韩维，安石藉以立声誉者也；欧阳修、文彦博，荐之者也；富弼、韩琦，用为侍从者也；司马光、范镇，交友之善者也：悉排斥不遗力。

礼官议正太庙太祖东向之位，安石独定议还僖祖于祧庙，议者合争之，弗得。上元夕，从驾乘马入宣德门，卫士诃止之，策其马。安石怒，上章请逮治。御史蔡确言："宿卫之士，拱扈至尊而已，宰相下马非其处，所应诃止。"帝卒为杖卫士，斥内侍，安石犹不平。王韶开熙河奏功，帝以安石主议，解所服玉带赐之。

七年春，天下久旱，饥民流离，帝忧惧形于色，对朝嗟叹，欲尽罢法度之不善者。安石曰："水旱常数，尧、汤所不免，此不足招圣虑，但当修人事以应之。"帝曰："此岂细事，朕所以恐惧者，正为人事之未修尔。今取免行钱太重，人情咨怨，至出不逊语。自近臣以至后族，无不言其害。两宫泣下，忧京师乱起，以为天旱，更失人心。"安石曰："近臣不知为谁，若两宫有言，乃向经、曹佾所为尔。"冯京曰："臣亦闻之。"安石曰："士大夫不逞者以京为归，故京独闻其言，臣未之闻也。"监安上门郑侠上疏，绘所见流民扶老携幼困苦之状，为图以献，曰："旱由安石所致。去安石，天必雨。"侠又坐窜岭南。慈圣、宣仁二太后流涕谓帝曰："安石乱天下。"帝亦疑之，遂罢为观文殿大学士、知江宁府，自礼部侍郎超九转为吏部尚书。

吕惠卿服阕，安石朝夕汲引之，至是，白为参知政事，又乞召韩绛代己。二人守其成模，不少失，时号绛为"传法沙门"，惠卿为"护法善神"。而惠卿实欲自得政，忌安石复来，因郑侠狱陷其弟安国，又起李士宁狱以倾安石。绛觉其意，密白帝请召之。八年二月，复拜相，安石承命，即倍道来。《三经义》成，加尚书左仆射兼门下侍郎，以子雱为龙图阁直学士。雱辞，惠卿劝帝允其请，由是嫌隙愈著。惠卿为蔡承禧所击，居家俟命。雱风御史中丞邓绾，复弹惠卿与知华亭县张若济为奸利事，置狱鞫之，惠卿出守陈。

十月，彗出东方，诏求直言，及询政事之未协于民者。安石率同列疏言："晋武帝五年，彗出轸；十年，又有孛。而其在位二十八年，与《乙巳占》所期不合。盖天道远，先王虽有官占，而所信者人事而已。天文之变无穷，上下傅会，岂无偶合。周公、召公，岂欺成王哉。其言中宗享国日久，则曰'严恭寅畏，天命自度，治民不敢荒宁'。其言夏、商多历年所，亦曰'德'而已。裨灶言火而验，欲禳之，国侨不听，则曰'不用吾言，郑又将火'。侨终不听，郑亦不火。有如裨灶，未免妄诞，况今星工哉？所传占书，又世所禁，誊写伪误，尤不可知。陛下盛德至善，非特贤于中宗，周、召所言，则既阅而尽之矣，岂须愚瞽复有所陈。窃闻两宫以此为忧，望以臣等所言，力行开慰。"帝曰："闻民间殊苦新法。"安石曰："祁寒暑雨，民犹怨咨，此无庸恤。"帝曰："岂若并祁寒暑雨之怨亦无邪？"安石不悦，退而属疾卧，帝慰勉起之。其党谋曰："今不取上素所不喜者暴进用之，则权轻，将有窥人间隙者。"安石是其策。帝喜其出，悉从之。时出师安南，谍得其露布，言："中国作青苗、助役之法，穷困生民。我今出兵，欲相拯济。"安石怒，自草敕榜诋之。

华亭狱久不成，雱以属门下客吕嘉问、练亨甫共议，取邓绾所列惠卿事，杂他书下狱，安石不知也。省吏告惠卿于陈，惠卿以状闻，且讼安石曰："安石尽弃所学，隆尚纵横之末数，方命矫令，罔上要君。此数恶力行于年岁之间，虽古之失志倒行而逆施者，殆不如此。"又发安石私书曰："无使上知"者。帝以示安石，安石谢无有，归以问雱，雱言其情，安石咎之。雱愤恚，疽发背死。安石暴绾罪，云"为臣子弟求官及荐臣婿蔡卞"，遂与亨甫皆得罪。绾始以附安石居言职，及安石与吕惠卿相倾，绾极力助攻惠卿。上颇厌安石所为，绾惧失势，屡留之于上，其言无所顾忌；亨甫险薄，诣事雱以进，至是皆斥。

安石之再相也，屡谢病求去，及子雱死，尤悲伤不堪，力请解几务。上益厌之，罢为镇南军节度使、同平章事、判江宁府。明年，改集禧观使，封舒国公。屡乞还将相印。元丰二年，复拜左仆射、观文殿大学士。换特进，改封荆。哲宗立，加司空。

元祐元年，卒，年六十六，赠太傅。绍圣中，谥曰文，配享神宗庙庭。崇宁三年，又配食文宣王庙，列于颜、孟之次，追封舒王。钦宗时，杨时以为言，诏停之。高宗用赵鼎、吕聪问言，停宗庙配享，削其王封。

初，安石训释《诗》、《书》、《周礼》，既成，颁之学官，天下号曰"新义"。晚居金陵，又作《字说》，多穿凿傅会。其流入于佛、老。一时学者，无敢不传习，主司纯用以取士，士莫得自名一说，先儒传注，一切废不用。黜

《春秋》之书，不使列于学官，至戏目为"断烂朝报"。

安石未贵时，名震京师，性不好华腴，自奉至俭，或衣垢不浣，面垢不洗，世多称其贤。蜀人苏洵独曰："是不近人情者，鲜不为大奸慝。"作《辩奸论》以刺之，谓王衍、卢杞合为一人。

安石性强忮，遇事无可否，自信所见，执意不回。至议变法，而在廷交执不可，安石傅经义，出己意，辩论辄数百言，众不能诎。甚者谓"天变不足畏，祖宗不足法，人言不足恤。"罢黜中外老成人几尽，多用门下儇慧少年。久之，以旱引去，洎复相，岁馀罢，终神宗世不复召，凡八年。子雱。

雱字元泽。为人慓悍阴刻，无所顾忌。性敏甚，未冠，已著书数万言。年十三，得秦卒言洮、河事，叹曰："此可抚而有也。使西夏得之，则吾敌强而边患博矣。"其后王韶开熙河，安石力主其议，盖兆于此。举进士，调旌德尉。

雱气豪，睥睨一世，不能作小官。作策三十余篇，极论天下事，又作《老子训传》及《佛书义解》，亦数万言。时安石执政，所用多少年，雱亦欲预选，乃与父谋曰："执政子虽不可预事，而经筵可处。"安石欲上知而自用，乃以雱所作策及注《道德经》镂板鬻于市，遂传达于上。邓绾、曾布又力荐，召见，除太子中允、崇政殿说书。神宗数留与语，受诏撰《诗》、《书》义，擢天章阁待制兼侍讲。书成，迁龙图阁直学士，以病辞不拜。

安石更张政事，雱实导之。常称商鞅为豪杰之士，言不诛异议者法不行。安石与程颢语，雱囚首跣足，携妇人冠以出，问父所言何事。曰："以新法数为人所阻，故与程君议。"雱大言曰："枭韩琦、富弼之头于市，则法行矣。"安石遽曰："儿误矣。"卒时才三十三，特赠左谏议大夫。

唐坰者，以父任得官。熙宁初，上书云："秦二世制于赵高，乃失之弱，非失之强。"神宗悦其言。又云："青苗法不行，宜斩大臣异议如韩琦者数人。"安石尤喜之，荐使对，赐进士出身，为崇文校书。上薄其人，除知钱塘县。安石欲留之，乃令邓绾荐为御史，遂除太子中允。数月，将用为谏官，安石疑其轻脱，将背己立名，不除职，以本官同知谏院，非故事也。

坰果怒安石易己，凡奏二十疏，论时事，皆留中不出。乃因百官起居日，扣陛请对，上令谕以他日，坰伏地不起，遂召升殿。坰至御坐前，进曰："臣所言，皆大臣不法，请对陛下一一陈之。"乃摺笏展疏，目安石曰："王安石近御坐，听札子。"安石迟迟，坰诃曰："陛下前犹敢如此，在外可知！"安石悚然而进。坰大声宣读，凡六十条，大略以"安石专作威福，曾布等表里擅权，天下但知惮安石威权，不复知有陛下。文彦博、冯京知而不敢言。王珪曲事安石，无异厮仆。"且读且目珪，珪惭惧俯首。"元绛、薛向、陈绎，安石颐指气使，无异家奴。张琥、李定为安石爪牙，台官张商英乃安石鹰犬。逆意者虽贤为不肖，附己者虽不肖为贤。"至诋为李林甫、卢杞。上屡止之，坰慷慨自若，略不退慑。读已，下殿再拜而退。侍臣卫士，相顾失色，安石为之请去。阁门纠其渎乱朝仪，贬

潮州别驾。邓绾申救之，且自劾缪举。安石曰："此素狂，不足责。"改监广州军资库，后徙吉州酒税，卒官。

论曰：朱熹尝论安石"以文章节行高一世，而尤以道德经济为己任。被遇神宗，致位宰相，世方仰其有为，庶几复见二帝三王之盛。而安石乃汲汲以财利兵革为先务，引用凶邪，排摈忠直，躁迫强戾，使天下之人，嚣然丧其乐生之心。卒之群奸嗣虐，流毒四海，至于崇宁、宣和之际，而祸乱极矣。"此天下之公言也。昔神宗欲命相，问韩琦曰："安石何如？"对曰："安石为翰林学士则有余，处辅弼之地则不可。"神宗不听，遂相安石。呜呼！此虽宋氏之不幸，亦安石之不幸也。

王安礼，字和甫，安石之弟也。早登科，从河东唐介辟。熙宁中，鄜延路城啰兀，河东发民四万负饷，宣抚使韩绛檄使佐役，后帅吕公弼将从之。安礼争曰："民兵不习武事，今驱之深入，此不为寇所乘，则冻饿而死尔，宜亟罢遣。"公弼用其言，民得归，而他路遇敌者，全军皆覆。公弼执安礼手言曰："四万之众，岂偶然哉。果有阴德，相与共之。"

初，绛专爵赏，既上最，多失实，公弼以状闻。诏即河东议功，公弼将受之。安礼曰："宣抚使以宰相节制诸道，且许便宜，封授一有不腆，人犹得非之。公藩臣，乃欲隐进功状于非其任邪？"公弼遽辞。遂荐安礼于朝，神宗召对，欲骤用之。安石当国，辞，以为著作佐郎、崇文院校书。他日得见，命之坐，有司言八品官无赐坐者，特命之。迁直集贤院，出知润州、湖州，召为开封府判官。尝偕尹奏事，既退，独访以天下事，帝甚乡纳。直舍人院、同修起居注。

苏轼下御史狱，势危甚，无敢救者。安礼从容言："自古大度之主，不以言语罪人。轼以才自奋，谓爵位可立取，顾录录如此，其心不能无觖望。今一旦致于理，恐后世谓陛下不能容才。"帝曰："朕固不深谴也，行为卿贳之。卿第去，勿漏言，轼方怨于众，恐言者缘以害卿也。"李定、张璪皆捝使勿救，安礼不答，轼以故得轻比。

进知制诰。彗星见，诏求直言。安礼上疏曰："人事失于下，变象见于上。陛下有仁民爱物之心，而泽不下究，意者左右大臣不均不直，谓忠者为不忠，不贤者为贤，乘权射利者，用力弹于沟瘠，取利究于园夫，足以干阴阳而召星变。愿察亲近之行，杜邪枉之门。至于祈禳小数，贬损旧章，恐非所以应天者。"帝览数嘉叹，谕之曰："王珪欲使卿条具，朕尝谓不应沮格人言，以自壅障。今以一指蔽目，虽泰、华在前弗之见，近习蔽其君，何以异此，卿当益自信。"

以翰林学士知开封府，事至立断。前滞讼不得其情，及具按而未论者几万人，安礼剖决，未三月，三狱院及畿、赤十九邑，囚系皆空。书揭于府前，辽使过而见之，叹息夸异。帝闻之，喜曰："昔秦内史廖从容俎豆，以夺由余之谋，今安礼能勤吏事，骇动殊邻，于古无愧矣。"特升一阶。

帝数失皇子，太史言民墓多迫京城，故不利国嗣，诏

悉改卜，无虑数十万计，众汹惧。安礼谏曰："文王卜世三十，其政先于掩骼埋胔，未闻迁人之冢以利其嗣者。"帝恻然而罢。

逻者连得匿名书告人不轨，所涉百余家。帝付安礼曰："亟治之。"安礼验所指，皆略同，最后一书加三人，有姓薛者，安礼喜曰："吾得之矣。"呼问薛曰："若岂有素不快者耶？"曰有持笔来售者，拒之，鞅鞅去，其意似见衔。"即命捕讯，果其所为也。即枭其首于市，不逮一人，京师谓为神明。

宗室令骈以数十万钱买妾，久而斥归之，诉府督元直。安礼视妾，既火败其面矣，即奏言："妾之所以直数十万者，以姿首也，今炙败之，则不复可鬻，此与炮烙之刑何异。请勿理其直而加厚遣，以为戒。"诏从之，仍夺令骈俸。

后宫造油箔，约三年损者反其价，才一年有损者，中官持诣府，请如约，词气甚厉。安礼曰："庸讵非置之不得其地，为风雨燥湿所坏耶？苟如是，民将无复得直，约不可用也。"卒不追。以是宗室、中贵人皆惮之。

元丰四年，初分三省，置执政，拜中大夫、尚书右丞。转左丞。王师问罪夏国，泾原承受梁同奏："转运使叶康直饷米，恶不可食。"帝大怒曰："贵籴远饷，反不可用。徒弊民力于道路，康直可斩也。"安礼曰："此一梁同之言，疑未必实，当按之。"乃遣判官张大宁与同参核，且械系康直以俟。既而米可用者什八九，帝意解，赦康直。

是时，伐夏不得志，李宪又欲再举。帝以访辅臣，王珪曰："向所患者用不足，朝廷今捐钱钞五百万缗，以供军食有余矣。"安礼曰："钞不可啖，必变而为钱，钱又变为刍粟。今距出征之期才两月，安能集事。"帝曰："李宪以为已有备，彼宦者能如是，卿等独无意乎？唐平淮蔡，唯裴度谋议与主同。今乃不出公卿而出于阉寺，朕甚耻之。"安礼曰："淮西，三州尔，有裴度之谋，李光颜、李愬之将，然犹引天下之兵力，历岁而后定。今夏氏之强非淮蔡比，宪材非度匹，诸将非有光颜、愬辈，臣惧无以副圣志也。"帝悟而止。后欲除宪节度使，安礼又以为不可。

御史中丞舒亶上章诋执政，且言："尚书不置录目，有旨按吏罪。"安礼请取台录以为式，乃与省中同，遂并列亶他事，亶坐废。徐禧计议边事，安礼曰："禧志大才疏，必误国。"及永乐败书闻，帝曰："安礼每劝朕勿用兵，少置狱，盖为是也。"

久之，御史张汝贤论其过，以端明殿学士知江宁府，汝贤亦罢。元祐中，加资政殿学士，历扬、青、蔡三州。又为御史言，失学士，移舒州。绍圣初，还职，知永兴军。二年，知太原府。苦风痹，卧帐中决事，下不敢欺。卒，年六十二，赠右银青光禄大夫。

安礼伟风仪，论议明辨，常以经纶自任，而阔略细谨，以故数诒口语云。

王安国，字平甫，安礼之弟也。幼敏悟，未尝从学，而文词天成。年十二，出所为诗、铭、论、赋数十篇示人，语皆警拔，遂以文章称于世，士大夫交口誉之。于书无所

不通，数举进士，又举茂材异等，有司考其所献序言为第一，以母丧不试，庐于墓三年。

熙宁初，韩绛荐其材行，召试，赐及第，除西京国子教授。官满，至京师，上以安石故，赐对。帝曰："卿学问通古今，以汉文帝为何如主？"对曰："三代以后未有也。"帝曰："但恨其才不能立法更制尔。"对曰："文帝自代来，入未央宫，定变故俄顷呼吸间，恐无才者不能。至用贾谊言，待群臣有节，专务以德化民，海内兴于礼义，几致刑措，则文帝加有才一等矣。"帝曰："王猛佐苻坚，以蕞尔国而令必行，今朕以天下之大，不能使人，何也？"曰："猛教坚以峻刑法杀人，致秦祚不传世，今刻薄小人，必有以是误陛下者。愿颛以尧、舜、三代为法，则下岂有不从者乎。"又问："卿兄秉政，外论谓何？"曰："恨知人不明，聚敛太急尔。"帝默然不悦，由是别无恩命，止授崇文院校书，后改秘阁校理。屡以新法力谏安石，又质责曾布误其兄，深恶吕惠卿之奸。

先是，安国教授西京，颇溺于声色，安石在相位，以书戒之曰："宜放郑声。"安国复书曰："亦愿兄远佞人。"惠卿衔之。及安石罢相，惠卿遂固郑侠事陷安国，坐夺官，放归田里。诏以谕安石，安石对使者泣下。既而复其官，命下而安国卒，年四十七。

论曰：安石恶苏轼而安礼救之，昵惠卿而安国折之，议者不以咎二弟，惟其当而已矣。安礼为政，有足称者。安国早卒，故不见于用云。

卷三百二十八　　列卷第八十七

李清臣　安焘　张璪　蒲宗孟　黄履
蔡挺兄抗　**王韶**子厚 厥　**薛向**子嗣昌　**章楶**

李清臣，字邦直，魏人也。七岁知读书，日数千言，暂经目辄诵，稍能戏为文章。客有从京师来者，与其兄谈佛寺火，清臣从傍应曰："此所谓灾也，或者其蠹民已甚，天固儆之邪？"因作《浮图灾解》。兄惊曰："是必大吾门。"韩琦闻其名，以兄之子妻之。

举进士，调邢州司户参军、和川令。岁满，荐者逾十数，应得京官。适举将薛向有公事未竟，阁铨格，判铨张掞摘使自陈勿用。清臣曰："人以家保己而己舍之，薄矣。须待之。"掞离席曰："君能如是，未可量也。"应材识兼茂科，欧阳修壮其文，以比苏轼。治平二年，试秘阁，考官韩维曰："荀卿氏笔力也。"试文中书，修迎语曰："不置李清臣于第一，则谬矣。"启视如言。

时大雨霖，灾异数见，论者归咎濮议。及廷对，或谓曰："宜以《五行传》'简宗庙，水不润下'为证，必擢上第。"清臣曰："此汉儒附会之说也，吾不之信。民间岂无疾痛可上者乎？"即条对言："天地之大，譬如人一身，腹心肺腑有所攻塞，则五官为之不宁。民人生聚，天地之腹心肺腑也；日月星辰，天地之五官也。善止天地之异者，

不止其异，止民之疾痛而已。"策入等，以秘书郎签书平江军判官，名声籍甚。英宗知之，语王广渊曰："韩琦固忠臣，但避嫌太审。如李清臣者，公议皆谓可用，顾以亲抑之可乎？"既而诏举馆阁，欧阳修荐之，得集贤校理、同知太常礼院。

从韩绛使陕西。庆卒乱，家属九指挥应诛，清臣请于绛，配隶为奴婢。绛坐贬，清臣亦通判海州。久之，还故官，出提点京东刑狱。齐、鲁盗贼为天下剧，设耳目方略，名捕且尽。作《韩琦行状》，神宗读之曰："良史才也。"召为两朝国史编修官，撰《河渠》、《律历》、《选举》诸志，文直事详，人以为不减《史》、《汉》。同修起居注，进知制诰、翰林学士。元丰新官制，拜吏部尚书。清臣官右正言，当易承议阶，帝曰："安有尚书而犹承议郎者？"乃授朝奉大夫。六年，拜尚书右丞。哲宗即位，转左丞。

时熙、丰法度，一切厘正，清臣固争之，罢为资政殿学士、知河阳，徙河南、永兴。召为吏部尚书，给事中姚勔驳之，改知真定府。班行有王宗正者，致憾于故帅，使其妻诣使者，告前后馈饷过制，囚系数百人。清臣至，立奏解其狱，而窜宗正。帝亲政，拜中书侍郎，勔复驳之，不听。

绍圣元年，廷试进士，清臣发策曰："今复词赋之选而士不知劝，罢常平之官而农不加富，可差可募之说杂而役法病，或东或北之论异而河患滋，赐土以柔远也而羌夷之患未弭，弛利以便民也而商贾之路不通。夫可则因，否则革，惟当之为贵，圣人亦何有必焉。"主意皆绌元祐之政，策士悟其指，于是绍述之论大兴，国是遂变。

范纯仁去位，清臣独颛中书，亟复青苗、免役法，除诸路提举官。觊为相，顾苏辙轧己，乃摭辙尝以汉武比先帝激上怒，辙罢。时召章惇未至，清臣心益觊之。已而惇入相，复与为异。惇既逐诸臣，并籍文彦博、吕公著以下三十人，将悉窜岭表。清臣曰："更先帝法度，不为无过，然皆累朝元老，若从惇言，必大骇物听。"帝曰："是岂无中道耶？合揭榜朝堂，置余人不问。"鄜延路金明砦主将张舆战没，惇怒，议尽戮全军四千人。清臣曰："将死亦多端，或先登争利，或轻身入敌。今悉诛吏士，异时亡将必举军降虏矣。"于是但诛牙兵十六辈。

上幸楚工第，有狂妇人遮道叫呼，告清臣谋反，属吏捕治，本澶州娼而为清臣姑子田氏外妇者。清臣不能引去，用御史言，以大学士知河南，寻落职知真定府。

初，蔡确子渭上书诉父冤，造奇谮以危刘挚等，清臣心知其诬，弗之省，坐夺学士。徽宗立，入为门下侍郎。仆射韩忠彦与之有连，惟其言是听，出范纯礼、张舜民，不使吕希纯、刘安世入朝，皆其谋也。寻为曾布所陷，出知大名府而卒，年七十一。赠金紫光禄大夫。

清臣蚤以词藻受知神宗，建大理寺，筑都城，皆命作记，简重宏放，文体各成一家。为人宽洪，不忮害。尝为舒亶所劾，及在尚书，亶以赃抵罪，独申救之，曰："亶信亡状，然谓之赃则不可。"再为姚勔所驳，当绍圣议贬，或激使甘心，清臣为之言曰："勔以职事，所见或不同，岂应以臣故而加重？"帝悟，薄勔罪。起身穷约，以俭自持，至富贵不改。居官奉法，毋敢挠以私。然志在利禄，不公于谋国，一意欲取宰相，故操持悖谬，竟不如愿以死。后朝议以复孟后罪，追贬武安军节度副使，再贬雷州司户参军。

安焘，字厚卿，开封人。幼警悟。年十一，从学里中，羞与群儿伍，闻有老先生聚徒，往师之。先生曰："汝方为诵数之学，未可从吾游，当群试省题一诗，中选乃置汝。"焘无难色。诗成，出诸生上，由是知名。

登第，调蔡州观察推官，至太常丞、主管大名府路机宜文字。用欧阳修荐，为秘阁校理、判吏部南曹、荆湖北路转运判官、提点刑狱兼常平、农田水利、差役事。时方兴新法，奉行之吏，或迎合求进。司农符檄日夜下，如免役增宽剩，造簿供手实，青苗责保任，追胥苛切，其类旁午。焘平心奉法，列其泰甚于朝。移使京东路，过阙入见，神宗伟其仪观，留检正中书孔目房、修起居注。

元丰初，高丽新通使，假焘左谏议大夫往报之。高丽迎劳，馆饩加ломинал 丹礼数等，使近臣言："王遇使者甚敬，出诚心，非若奉契丹苟免边患而已。"焘笑答曰："尊中华，事大国，礼一也，特以罕至有加尔。朝廷与辽国通好久，岂复于此较厚薄哉！"使还，帝以为知礼，即授所假官，兼直学士院。

知审刑院，决剖滞讼五百余案。因言："每蔽狱上省，轻重有疑，则必致驳，势既不敌，故法官顾避稽停。请自今以疑狱谳者，皆得轻论。"从之。求知陈州，还，为龙图阁直学士、判军器监。

命馆辽使。方宴近郊，使者不令其徒分坐庑下，力争之，使无以夺。至肄仪将见，又不使缀行分班，使者入，余皆坐门外，焘请令门见而出，众始愧悔。逮辞日，悉如仪。或谓细故无足较，焘曰："契丹喜尝试人，其渐不可长也。"俄权三司使，改户部尚书。六年。同知枢密院。

夏人款塞，乞还侵疆。焘言："地有非要害者固宜予，然羌情无厌，当使知吾宥过而息兵，不应示以厌兵之意。"哲宗立，复仍前议，二府遂欲并弃熙河。焘固争之，曰："自灵武而东，皆中国故地。先帝有此武功，今无故弃之，岂不取轻于外夷？"于是但以葭芦等四砦归之。

蔡确辈更用事，焘循循其间，不能有所建明。元祐二年，进知院事。时复洮、河，擒鬼章青宜结，二边少清，而并塞犹苦寇掠。焘言："为国者不可好用兵，亦不可畏用兵，好则疲民，畏则遗患。今朝廷每戒疆吏，非举国入寇毋得应之，则固畏用兵矣。虽仅保障戍，实堕其计中，愿复讲攻扰之策。且乾顺幼竖，梁氏擅权，族党酋渠多反侧顾望。若有以离间之，未必不回戈而复怨，此一奇也。"其后夏人自相携贰，使来修贡，悉如焘策。

宣仁太后患国用不足，颇裁冗费，宗室奉亦在议中。焘谏曰："陛下虽痛抑外家，以示至公，然此举不可不深思而熟计。"太后悟，遂止。

大河北流，宰相主水官议，必欲回之东注。焘以河流入淤淀，久必淤浅，恐河朔无以御敌，遂上言曰："自小吴未决之前，河虽屡徙，而尽在中国，故京师得以为北限。

今决而西，则河尾益北，如此不已，将南岸遂属敌界。彼若建桥梁，守以州郡，窥兵河外，可为寒心。今水官之议，不过论地形，较功费；而献纳之臣，不考利害轻重，徒便于治河，而以设险为缓，非至计也。"帝虽然之，而回河之议纷起，东北萧然烦费，功亦不就。

三年，同列皆序迁，且新用执政，焘独如初。诏增其两秩，焘恳辞曰："是虽有故事，窃意以一时同列超升之故，特用是以慰安其心尔。今日愿自臣革之，使朝廷不为姑息，而大臣稍敦廉耻之风，庶或有补。"竟不受。以母忧去，卒丧，拜观文殿学士、知郑州，徙颍昌及河南府，入为门下侍郎。

宣仁之丧，宗室既为三年服，才越岁，章惇拜相，欲革为期。焘争之曰："上以先后保佑之久，追崇如恐不尽，兹用明道故实耳。遽改之，播诸天下，非佳声也。"乃止。焘与惇布衣交，觊其助己，焘不肯少下之。阳翟民盖渐有财讼，而与谏官来之邵交通，开封得其事。惇右之邵，欲薄其罪，焘不可；复欲并劾开封，焘又不可，遂与惇隙。明堂斋祠，为仪仗使，后官有绝驰道穿仗而过者，焘方举劾，谏官常安民又言，教坊不当于相国寺作乐。帝怒，欲逐安民，焘为救释。惇遂潜寻其相表里，出知郑州，徙大名。

父日华，本三班院吏，以焘恩封光禄大夫，至是卒，年九十余。焘免丧，徽宗立，复知枢密院。旧制，内侍出使，以所得旨言于院，审实乃得行。后多辄去，焘请按治之。都知阎守懃领他职，祈罢不以告，亦劾之，帝敕守懃诣焘谢。郝随得罪，或揣上意且起用，欲援赦为阶，亦争之。

以老避位，帝将宠以观文殿大学士，有间之者曰："是宰相恩典也。"但以学士知河南。将行，上疏曰："自绍圣、元符以来，用事之臣，持绍述之名，诳惑君父，上则固宠位而快恩仇，下则希进用而肆朋附。彼自为谋则善矣，未尝有毫发为公家计者也。夫听言之道，必以其事观之。臣不敢高谈远引，独以神考之事切于今者为证。熙宁、元丰之间，中外府库，无不充衍，小邑所积钱米，亦不减二十万，绍圣以还，倾竭以供边费，使军无见粮，吏无月俸，公私虚耗，未有甚于此时，而反谓绍述，岂不为厚诬哉！愿陛下监之，勿使饰偏辞而为身谋者复得行其说。"又言："东京党祸已萌，愿戒履霜之渐。"语尤激切。

初，建青唐湟川为湟州，戍守困于供亿。焘在枢府，因议者以为可弃，奏还之。崇宁元年议其罪，降端明殿学士，再贬宁国军节度副使，汉阳军安置。湟州复，又降祁州团练副使，鄯州之复，又移建昌军，然弃鄯州时，焘居忧不预也，终不敢自明。阅再岁，始复通议大夫，还洛卒，年七十五。后五岁，悉还其官职。

子扶，靖康时为给事中。金人入京师，责取金帛，扶与梅执礼、陈知质、程振皆见杀。

张璪，初名琥，字邃明，滁州全椒人，洎之孙也。早孤，鞠于兄环，欲任以官，辞不就。未冠登第，历凤翔法曹、缙云令。

王安石与环善，既得政，将用之，而环已老，乃引璪同编修中书条例，授集贤校理、知谏院、直舍人院。杨绘、刘挚论助役，安石使璪为文诘之，辞，曾布请为之，由是忤安石意。神宗欲命璪知制诰，安石荐用布，以璪同修起居注。自县令至是，才岁余。坐奏事不实，解三职，已而复之。

时建议武学，璪言："古之太学，舞干习射，受成献功，莫不在焉。文武之才，皆自此出，未闻偏习其一者也。请无问文武之士，一养于太学。"朝廷既复河、陇，欲因势戡定夔、蜀、荆、广诸夷，璪言："先王务治中国而已。今生财未尽有道，用财未尽有礼，不宜遽及徂征之事。"皆不听。以集贤殿修撰知蔡州，复知谏院兼侍御史知杂事。

卢秉行盐法于东南。操法峻急，一人抵禁，数家为驱役，且破产以偿告捕，二年中犯者万人。璪条列其状。又言："行役法以来，最下户亦每岁纳钱，乞度宽羡数均损之，以惠贫弱。"后皆施行。

郑侠事起，璪媚吕惠卿，劾冯京与侠交通有迹，深其辞，致京等于罪。判司农寺，出知河阳。元丰初，入权度支副使，遂知制诰、知谏院。判国子监，荐蔡卞可为直讲。建增博士弟子员，月书、季考，岁校，以行艺次升，略仿《周官》乡比之法，立斋舍八十二。学官之盛，近代莫比，其议多自璪发之。

苏轼下台狱，璪与李定杂治，谋傅致轼于死，卒不克。详定郊庙奉祀礼文，议者多以国朝未尝躬行于泽之礼为非正，诏议更制。璪请于夏至之日，备礼容乐舞，以冢宰摄事。帝曰："在今所宜，无以易此。"卒行其说。为翰林学士，详定官制，以寄禄二十四阶易前日省、寺虚名，而职事名始正。

四年，拜参知政事，改中书侍郎。哲宗立，谏官、御史合攻之，谓："璪奸邪便佞，善窥主意，随势所在而依附之，往往以危机陷人。深交舒亶，数起大狱，天下共知其为大奸。小人而在高位，德之贼也。"疏入，皆不报。最后，刘挚言："璪初奉安石，旋附惠卿，随王珪，党章惇，谄蔡确，数人之性不同，而能探情变节，左右从顺，各得其欢心。今过恶既章，不可不速去。"如是逾岁，乃以资政殿学士知郑州，徙河南、定州、大名府，进大学士，知扬州以卒。赠右银青光禄大夫，谥曰简翼。

蒲宗孟，字传正，阆州新井人。第进士，调夔州观察推官。治平中，水灾地震，宗孟上书，斥大臣及宫禁、宦寺。熙宁元年，改著作佐郎。神宗见其名，曰："是尝言水灾地震者邪！"召试学士院，以为馆阁校勘、检正中书户房兼修条例，进集贤校理。

时三司新置提举帐司官，禄丰地要，人人欲得之。执政上其员，帝命与宗孟。命察访荆湖两路，奏罢辰、沅役钱及湖南丁赋，远人赖之。吕惠卿制手实法，然犹许灾伤五分以上不预。宗孟言："民以手实上其家之物产而官为注籍，以正百年无用不明之版图而均齐其力役，天下良法也。然灾伤五分不预焉。臣以为使民自供，初无所扰，何待丰岁？愿诏有司，勿以丰凶弛张其法。"从之，民于是益病矣。

俄同修起居注、直舍人院、知制诰，帝又称其有史才，命同修两朝国史，为翰林学士兼侍读。旧制，学士唯服金带，宗孟入谢，帝曰："学士职清地近，非他官比，而官仪未宠。"乃加佩鱼，遂著为令。枢密都承旨张诚一预书局事，颇肆横，挟中旨以胁同列。宗孟持其语质帝前，皆非是，因叩头白其奸。帝察其不阿，欲大用，拜尚书左丞。

帝尝语辅臣，有无人才之叹，宗孟率尔对曰："人才半为司马光邪说所坏。"帝不语，直视久之，曰："蒲宗孟乃不取司马光邪！未论别事，只辞枢密一节，朕自即位以来，唯见此一人；他人，则虽迫之使去，亦不肯矣。"宗孟惭惧，至无以为容。仅一岁，御史论其荒于酒色及缮治府舍过制，罢知汝州。逾年，加资政殿学士，徙亳、杭、郓三州。

郓介梁山泺，素多盗，宗孟痛治之，虽小偷微罪，亦断其足筋，盗虽为衰止，而所杀亦不可胜计矣。方徙河中，御史以惨酷劾，夺职知虢州。明年，复知河中，还其职。帅永兴，移大名。宗孟厌苦易地，颇默默不乐，复求河中。卒，年六十六。

宗孟趣尚严整而性侈汰，藏帑丰，每旦刲羊十、豕十，然烛三百入郡舍。或请损之，愠曰："君欲使我坐暗室忍饥邪？"常日盥洁，有小洗面、大洗面、小濯足、大濯足、小大澡浴之别。每用婢子数人，一浴至汤五斛。他奉养率称是。尝以书抵苏轼云："晚年学道有所得。"轼答之曰："闻所得甚高，然有二事相劝：一曰慈，二曰俭也。"盖针其失云。

黄履，字安中，邵武人。少游太学，举进士，调南京法曹，又为高密、广平王二宫教授、馆阁校勘，同知礼院。擢监察御史里行，辞御史，改崇政殿说书兼知谏院。

神宗尝询天地合祭是非，对曰："国朝之制，冬至祭天圆丘，夏至祭地方泽，每岁行之，皆合于古。犹以有司摄事未足以尽，于是三岁一郊而亲行之，所谓因时制宜者也，虽施之方今，为不可易。惟合祭之非，在所当正。然今日礼文之失，非独此也，愿敕有司正群祀，为一代损益之制。"诏置局详定，命履董之，北郊之议遂定。同修起居注，进知制诰、同修国史。遭母忧去，服除，以礼部尚书召对阙中。

闽省盐法苦，言者众，神宗谓履自闽来，恃以为决。履乃陈法甚便，遂不复革，乡论鄙之。迁御史中丞。履以大臣多因细故罚金，遂言："贾谊有云：'遇之以礼，则群臣自喜。'群臣且然，况大臣乎？使罪在可议，黜之可也；可恕，释之可也，岂可罚以示辱哉！"时又制侍郎以下不许独对，履言："陛下博访万务，虽远外微官，犹令独对，顾于侍从乃弗得愿也。"遂刊其制。御史翟思言事，有旨诘所自来。履谏曰："御史以言为职，非有所闻，则无以言。今乃究其自来，则人将惩之，台谏不复有闻矣，恐失开言路之意。"事乃寝。

哲宗即位，徙为翰林学士。履素与蔡确、章惇、邢恕相交结，每确、惇有所嫌恶，则使恕道风旨于履，履即排击。至是，更自谓有定策功。刘安世发其罪，以龙图阁直学士知越州，坐举御史不当，降天章阁待制。历舒、洪、苏、鄂、青州、江宁、应天、颍昌府。绍圣初，复龙图阁直学士，为御史中丞。极论吕大防、刘挚、梁焘垂帘时事，乞正典刑；又言司马光变更先朝已行之法为罪。

先是，北郊之论虽定，犹不果行，履又建言："阳复阴消，各因其时。上圆下方，各顺其体。是以圣人因天祀天，因地祀地，三代至汉，其仪不易。及王莽谄事元后，遂跻地位，同席共牢，历世袭行，不能全革。逮神宗考古揆今，以正大典，尝有意于兹矣。今承先志，当在陛下及二三执政。"哲宗询诸朝，章惇以为北郊止可谓之社。履曰："天子祭天地。盖郊者交于神明之义，所以天地皆称郊。故《诗序》云'郊祀天地'。若夫社者，土之神而已，岂有祭大祇亦谓之社乎？"哲宗可之，遂定郊议。拜尚书右丞。

会正言邹浩以言事贬新州，履曰："浩以亲被拔擢之故，敢犯颜纳忠，陛下遽斥之死地，人臣将视以为戒，谁复敢为陛下论得失乎？乞徙善地。"坐罢知亳州。徽宗立，召为资政殿学士兼侍读，复拜右丞。未逾年，求去，加大学士、提举中太一宫，卒。

论曰：哲宗亲政之初，见虑未定，范、吕诸贤在廷，左右弼谟，俾日迓忠说，疏绝回通，以端其志向，元祐之治业，庶可守也。清臣怙才躁进，阴觊柄用，首发绍述之说，以隙国是，群奸洞之，冲决莫障，重为荐绅之祸焉。至于兴大狱以倾冯京、苏轼者，璪也；助成手实之法，以坏人材、谰司马光者，宗孟也；评垂帘之事，击吕大防、刘挚等去之者，履也。清臣真小人之靡，三子抑其亚乎。燾论议识趣，有可称述，虽立朝无附，而依违蔡确、章惇间，无所匡建，非大臣之道也。

蔡挺，字子政，宋城人。第进士，调虔州推官。秩满，以父弼言当官蜀，乞代行，遂授陵州团练推官。王尧臣安抚陕西，辟管勾文字。富弼使辽，奏挺从，至雄州，誓书有所更易，遣挺还白。仁宗欲知契丹事，召对便殿，挺时有父丧，听以衫帽入。

范仲淹宣抚陕西、河东，奏挺通判泾州，徙鄜州。河北多盗，精择诸郡守，以挺知博州。申饬属县严保伍，得居停奸盗者数人，弛其宿负，补为吏，使之察警，盗每发辄得。均博平、聊城二县税，岁衍钜万。三司下其法于四方，然大抵增赋也。

为开封府推官、提点府界公事。部修六漯河，用李仲昌议，塞北流，入于六漯。一夕复决，兵夫芟楗漂溺不可计。降知滁州，言者以为轻，乃贬秩停官。

越数岁，稍起知南安军，提点江西刑狱、提举虔州盐。自大庾岭下南至广，驿路荒远，室庐稀疏，往来无所芘。挺兄抗时为广东转运使，乃相与谋，课民植松夹道，以休行者。江闽盐贼率千百为州县害，挺谕所部与期，使首纳器甲，原其罪，得兵械万计。官盐恶而价贵，盗盐善而价且下，故私贩日滋。挺简僚吏至淮转新盐，明赏罚，以官数之余畀之，于是贼党破散，宿弊遂绝，岁增卖盐四十万。

改陕西转运副使，进直龙图阁、知庆州，因上书论攻守大计。夏人大入，挺尽敛边户入保，戒诸砦无出战。谅祚亲帅军数万攻大顺，挺料城坚不可破，而柔远城恶，亟遣总管张玉将锐师守之。先布铁蒺藜大顺城旁水中，骑渡水多踬，惊言有神。过三日不克，谅祚督帐下决战，挺伏强弩壕外，飞矢贯其铠，遂引却。移寇柔远，玉夜斫营，夏人惊扰溃去。环州熟羌思顺举族投谅祚，倚为乡导。挺宣言思顺且复来，命葺其旧舍，出兵西为迎候之举。谅祚果疑思顺，毒之死。挺筑城马练平为荔原堡，分属羌三千人守之。

神宗即位，加天章阁待制、知渭州。举籍禁兵悉还府，不使有隐占。建勤武堂，五日一训之，偏伍钲鼓之法甚备。储劲卒于行间，遇用奇，则别为一队。甲兵整习，常若寇至。又分义勇为伍番，番三千人，参正兵防秋与春，以八月、正月集，四十五日而罢，岁省粟帛、钱纩十三万有奇。括并边生地冒耕田千八百顷，募人佃种，以益边储。取边民阑市蕃部田八千顷，以给弓箭手。又筑城定戎军为熙宁砦，开地二千顷，募卒三千人耕守之。

谍告夏人候胡卢河，挺出奇兵迎击之。夏人溃，分诸将蹑而讨之，荡其七族。进右谏议大夫，赐金帛二千。夏人复犯诸砦，环庆兵不能御，挺遣张玉以万人往解其围。庆州军变，挺讨平之，进龙图阁直学士。广锐卒徙营，众惮迁，欲为乱，城中震扰，挺推斩首恶十九人，讫徙营。蕃部岁饥，以田质于弓箭手，过期辄没。挺为贷钱，岁息什一，后遂推为蕃汉青苗、助役法。又自以意制渡河大索及兵械镰枪，皆获其用。

熙宁五年，拜枢密副使。帝问挺泾原训兵之法，召部将按于崇政殿，善之，下以为诸郡法。河州景思立战死，帝开天章阁访执政，挺请行。帝曰："此小事，不足烦卿。河朔有警，卿当行矣。"契丹议云中地，挺请罢沿边戍人，示以无事，因乞置三十七将，皆行其策。

七年冬，奏事殿中，疾作而仆，帝亲临赐药，罢为资政殿学士、判西京留司御史台。元丰二年，薨，年六十六。赠工部尚书，谥曰敏肃。

挺谲而多知，人莫能窥其府。初，为富弼、范仲淹客，颇泄其几事于吕夷简以自售。在渭久，郁郁不自聊，寓意曲词，有"玉关人老"之叹。中使至，则使优伶歌之，以达于禁掖。神宗愍焉，遂有枢密之拜云。

抗字子直。中进士，调太平州推官。闻父疾，委官去。稍迁睦亲宅讲书。英宗在宫邸，器重之，请于安懿王，愿得与游。每见，必衣冠尽礼，义兼师友。再迁太常博士、通判秦州，为秘阁校理，乞知苏州。州并江湖，民田苦风潮害，抗筑长堤，自城属昆山，亘八十里，民得立塍堨，大以为利。

徙广东转运使。岑水铜冶废，官给虚券为市，久不偿。人无所取资，聚而私铸，抗皆给之，人得直止。番禺岁运盐英、韶，道远，多侵窃杂恶。抗命十舸为一运，择摄官主之，岁终会其殿最，增十五万缗。

英宗立，召为三司判官。广部去京师远，不即至，帝见南来者必问之。及入对，谕曰："卿乃吾故人，朕望于卿者厚，勿以常礼自疏也。"以史馆修撰同知谏院。方议安懿王典礼，抗引礼为人后之谊，指陈切至，涕泪被面，帝亦感泣。都城大水，抗请见，帝迎问之，抗推原变异，守前说以对。大臣畏其谏，列白为知制诰，迁龙图阁直学士、知定州。帝惜其去，曰："第行，且召矣。"

郡兵番戍，室家留营多不谨，夫归辄首原，抗下令悉按以法，戍者感焉。帝不豫，趣命为太子詹事，未至而神宗立，改枢密直学士、知秦州。过阙，帝见之，悲恸不自胜，曰："先帝疾大渐，犹不忘卿。"遂赴镇。

秦有质院，质诸羌百余人，自少至老，扃系之，非死不出，抗皆纵释，约毋得擅相仇杀。已而有犯者，斩以徇，莫敢奸令。居数日，梦英宗召语，眷如平生，欲退复留。觉为家人言，感念歔欷。及灵驾发引之旦，东望号恸，见僚佐于便室，骤得疾卒，年六十。特赠礼部侍郎。又欲赐谥，吴奎曰："抗以旧恩，自杂学士赠官，已逾常制。"遂止。

王韶，字子纯，江州德安人。第进士，调新安主簿、建昌军司理参军。试制科不中，客游陕西，访采边事。

熙宁元年，诣阙上《平戎策》三篇，其略以为："西夏可取。欲取西夏，当先复河、湟，则夏人有腹背受敌之忧。夏人比年攻青唐，不能克，万一克之，必并兵南向，大掠秦、渭之间，牧马于兰、会，断古渭境，尽服南山生羌，西筑武胜，遣兵时掠洮、河，则陇、蜀诸郡当尽惊扰，瞎征兄弟其能自保邪？今唃氏子孙，唯董毡粗能自立，瞎征、欺巴温之徒，文法所及，各不过一二百里，其势岂能与西人抗哉！武威之南，至于洮、河、兰、鄯，皆故汉郡县，所谓湟中、浩亹、大小榆、枹罕，土地肥美，宜五种者在焉。幸今诸羌瓜分，莫相统一，此正可合而兼抚之时也。诸种既服，唃氏敢不归？唃氏归则河西李氏在吾股掌中矣。且唃氏子孙，瞎征差盛，为诸羌所畏，若招谕之，使居武胜或渭源城，使纠合宗党，制其部族，习用汉法，异时族类虽盛，不过一延州李士彬、环州慕恩耳。为汉有肘腋之助，且使夏人无所连结，策之上也。"神宗异其言，召问方略，以韶管干秦凤经略司机宜文字。

蕃部俞龙珂在青唐最大，渭源羌与夏人皆欲羁属之，诸将议先致讨。韶因按边，引数骑直抵其帐，谕其成败，遂留宿。明旦，两种皆遣其豪随以东。久之，龙珂率属十二万口内附，所谓包顺者也。

韶又言："渭源至秦州，良田不耕者万顷，愿置市易司，颇笼商贾之利，取其赢以治田。"帝从其言，改著作佐郎，仍命韶提举。经略使李师中言："韶乃欲指占极边弓箭手地耳，又将移市易司于古渭，恐秦州自此益多事，所得不补所亡。"王安石主韶议，为罢师中，以窦舜卿代，且遣李若愚按实。若愚至，问田所在，韶不能对。舜卿检索，仅得地一顷，既地主有讼，又归之矣。若愚奏其欺，安石又为罢舜卿而命韩缜。缜遂附会实其事，师中、舜卿皆坐谪，而韶为太子中允、秘阁校理。后帅郭逵上韶盗贷市易钱，安石以为不足校，徙逵泾原。

帝志复河、陇，筑古渭为通远军，以韶知军事。五七月,引兵城渭源堡及乞神平,破蒙罗角、抹耳水巴等族。初,羌保险,诸将谋置阵平地,韶曰:"贼不舍险来斗,则我师必徒归。今已入险地,当使险为吾有。"乃径趣抹邦山,压敌军而阵,令曰:"敢言退者斩!"贼乘高下斗,师小却。韶躬擐甲胄,麾帐下兵逆击之,羌大溃,焚其庐帐而还,洮西大震。会瞎征度洮为之援,余党复集。韶戒别将由竹牛岭路张军声,而潜师越武胜,遇瞎征首领瞎药等,与战破之,遂城武胜,建为镇洮军。进右正言、集贤殿修撰。复击走瞎征,降其部落二万。更名镇洮为熙州,以熙、河、洮、岷、通远为一路,诏以龙图阁待制知熙州。

六年三月,取河州,迁枢密直学士。降羌叛,诏回军击之。瞎征以其间据河州,韶进破诃诸木藏城,穿露骨山,南入洮州境,道狭隘,释马徒行,或日至六七。瞎征留其党守河州,自率尾官军,韶力战破走之,河州复平。连拔宕、岷二州,叠、洮羌酋皆以城附。军行五十有四日,涉千八百里,得州五,斩首数千级,获牛、羊、马以万计。进左谏议大夫、端明殿学士。七年,入朝,又加资政殿学士,赐第崇仁坊。

还至兴平,闻景思立败于踏白城,贼围河州,日夜驰至熙。熙方城守,命撤之。选兵得二万,议所向,诸将欲趋河州。韶曰:"贼所以围城者,恃有外援也。今知救至,必设伏待我,且新胜气锐,未可与争。当出其不意,以攻其所恃,此所谓'批亢捣虚,形格势禁,则自为解'者也。"乃直扣定羌城,破结河族,断夏国通路,进临宁河,分命偏将入南山。瞎征知援绝,拔栅去。

初,思立之覆师也,羌势复炽,朝廷议弃熙河,帝为之旰食,数下诏戒韶持重勿出。及是,帝大喜。诏还熙州,以兵循西山绕出踏白后,焚八千帐,瞎征穷蹙丏降,俘以献。拜韶观文殿学士、礼部侍郎。资政、观文学士,非尝执政而除者,皆自韶始。官其兄弟及两子,前后赐绢八千匹。未几,召为枢密副使。

熙河虽名一路,而实无租入,军食皆仰给他道。转运判官马瑊捃官吏细故,韶欲罢瑊,王安石右瑊,韶始沮,于是与安石异。数以母老乞归,帝语安石勉留之。

安南之役,韶言:"决里、广源之建,臣以为贪虚名而忘实祸,执政乃疑臣为刺讥。方举事之初,臣力争极论,欲宽民力而省财用,但同列莫肯听,至以熙河事折臣。臣本意不费朝廷而可以至伊吾卢甘,初不欲令熙河作路,河、岷作州也。今与众异论,偿不求退,必致不容。"诏本凿空开边,骤跻政地,乃以勤兵费财归曲朝廷,帝由是不悦,以故罢职知洪州,又坐谢表怨慢,落职知鄂州。元丰二年,还其职,复知洪州。四年,病疽卒,年五十二。赠金紫光禄大夫,谥曰襄敏。

韶起孤生,用兵有机略。临出师,召诸将授以指,不复更问,每战必捷。尝夜卧帐中,前部遇敌,矢石已交,呼声震山谷,侍者往往股栗,而韶鼻息自如。在鄂宴客,出家姬奏乐,客张缄醉挽一姬不前,将拥之,姬泣以告。韶徐曰:"本出汝曹娱客,而令失欢如此。"命酌大杯罚之,谈笑如故,人亦服其量。韶交亲多楚人,依韶求仕,乃分属诸将,或杀降羌老弱予以首为功级。韶晚节言动不常,颇若病狂状。既病疽,洞见五脏,盖亦多杀微云。子十人,厚、寀最显。

厚字处道。少从父兵间,畅习羌事,官累通直郎。元祐弃河、湟,厚上疏陈不可,且诣政事堂言之,不听。绍圣中,用荐者换礼宾副使、干当熙河公事。

会羌酋瞎征、陇拶争国,河州守将王赡与厚同献议复故地。元符元年六月,师出塞。七月,下邈川,降瞎征。九月,次青唐,陇拶出迎。遂定湟、鄯。诏赐陇拶姓名曰赵怀德,进厚东上阁门副使、知湟州。既而他种叛,合兵来攻,厚不能支。朝廷度二州不可守,乃以畀怀德,而贬厚右内府率,再贬贺州别驾。

崇宁初,蔡京复开边,还厚前秩,于是羌人多罗巴奉怀德之弟溪赊罗撒谋复国。怀德畏逼,奔河南,种落更挟之以令诸部。朝廷患众羌扇结,命厚安抚洮西,遣内客省使童贯偕往。多罗巴知王师且至,集众以拒。厚声言驻兵而阴戒行,羌备益弛,乃与偏将高永年异道出。多罗巴三子以数万人分据险,厚进击破杀之,唯少子阿蒙中流矢去,道遇多罗巴,与俱遁。遂拔湟州。以功进威州团练使、熙河经略安抚。

三年四月,厚帅大军次于湟,命永年将左军循宗水而北,别将张诚将右军出宗谷而南,自将中军趋绥远,期会宗哥川,羌置陈临宗水,倚北山,溪赊罗撒张黄屋,建大斾,乘高指呼,望中军旗鼓争赴之。厚麾游骑登山攻其背,亲帅强弩迎射,羌退走,右军济水击之,大风从东南来,扬沙瞥羌目,不得视,遂大败,斩首四千三百余级,俘三千余人。罗撒以一骑驰去,其母龟兹公主与诸酋开鄯州降。厚计罗撒必且走青唐,将夜追之,童贯以为不能及,遂止。师下青唐,知罗撒留一宿去,贯始悔之。厚将大军趣廓州,酋落施军令结以众降,遂入廓州。超拜厚武胜军节度观察留后。

明年,罗撒复入寇,永年战死,羌焚大通河桥以叛,新疆大震。厚坐逗遛,降郢州防御使。已而赵怀德约降未决,厚以书谕之,怀德即纳款。还厚旧官。入朝,提举醴泉观,卒。赠宁远军节度使,谥曰庄敏。

寀字辅道。好学,工词章。登第,至校书郎。忽若有所睹,遂感心疾,唯好延道流谈丹砂、神仙事。得郑州书生,托左道,自言天神可祈而下,下则声容与人接。因习行其术,才能什七八,须两人共为乃验。外间喧传,浸淫彻禁庭。

徽宗方崇道教,侍晨林灵素自度技不如,愿与之游,拒弗许。户部尚书刘昺,寀外兄也,久以争进绝还往,神降寀家,使因昺以达,寀言其故,神曰:"第往与之言,汝某年月日在蔡京后堂谈某事,有之否?"昺惊骇汗浃,不能对,盖所言皆阴中伤人者。乃言之帝,即召。寀风仪既高,又善谈论,应合上指。帝大喜,约某日即内殿致天神。灵素求与共事,又弗许。或谓灵素,但勿令郑书生偕,寀当立败。即白帝曰:"寀父兄昔在西边,密与夏人谋反国。迟至尊候神,且图不轨。"帝疑焉。及是日,寀与书生至东华门,灵素戒阍卒独听寀入。帝斋洁敬待,越三夕无所闻,乃下寀大理,狱成,弃市,昺窜琼州。

薛向,字师正。以祖颜任太庙斋郎,为永寿主簿,权京兆户曹。有商胡赍银二箧,出枢密使王德用书,云以与其弟。向适监税,疑之曰:"乌有大臣寄家问而诿胡人者?"鞫之,果妄。

为邠州司法参军。夏人叛,秦中治城,侍御史陈洎行边,向诣洎陈三敝,言:"今板筑暴兴,吏持斧四出伐木,无问井闾丘陇,民不敢诉。必不得已,宜乓葺边城。函关,秦东塞,今西乡设守,是为弃关内乎?三司贷龙门富人钱,以百年全盛之天下,一方有警,即称贷于民,非义也。"洎上其说,悉从之。邠守贪沓,欲因事为邪,并治于城,立表于市以撤屋,冀得赂免,向力争罢之。

监在京榷货务,连岁羡缗钱,当迁秩,移与其兄。三司判官董沔议改河北便籴,行钞法。向曰:"如此,则都内之钱不继,茶、盐、香、象将益不售矣。"有司主沔议,既而边籴滞不行,沔坐黜。

以向知鄜州。大水冒城郭,沉室庐,死者相枕。郡卒戍延安。诣主将求归视。弗得,皆亡奔。至,则家人无存者,聚谋为盗,民大恐。向遣吏晓之曰:"冒法以赴急,人之常情,而不听若辈归,此武将不知变之过也。亟往收溺尸,贳汝擅还之罪。"众入庭下泣谢,一境乃安。

又论河北籴法之弊,以为:"度支岁费钱缗五百万,所得半直,其赢皆入贾贩家。今当有以权之,遇谷贵,则官籴于澶、魏,载以给边;新陈未交,则散籴价以救民乏;军食有余,则坐仓收之。此策一行,谷将不可胜食矣。"朝廷是向计,始置便籴司于大名,以向为提点刑狱兼其事。武强有盗杀人而逸,尉捕平民抑使承,向覆其冤,脱六囚于死。

入为开封度支判官,权陕西转运副使、制置解盐。盐足支十年,而岁调畦夫数千,向奏损其数。兼提举买马,监牧沙苑养马,岁得驹三百,而费钱四千万,占田千顷。向请斥闲田予民,收租入以市之。乃置场于原、渭,以羡盐之直市马,于是马一岁至万匹。昭陵复土,计用钱粮五十万贯石,三司不能供亿,将移陕西缘边入盐中于永安县。向陈五不可,以为失信商旅,遂举所阙之数以献。尝夜至灵宝县,先驱入驿,与客崔令孙争舍。令孙正病卧,惊而死,罢知汝州。甫数月,复以为陕西转运副使,进为使。厚陵役费,其助如永昭时,凡将漕八年,所入盐、马、刍、粟数累万,民不益赋,其课为最。

夏将嵬名山以绥州来归,青涧城主种谔将往迎,诏向与议。谔不俟命,亟率所部出塞,遂城之。廷议劾谔擅兴,将致法。向言:"谔今者之举,盖忘身以徇国,有如不称,臣请坐之。"谔既贬,向亦罢知绛州,再贬信州,移潞州。张靖使陕西还,陈向制置盐、马之失。诏向诣阙与辩,靖辞穷,即罪之。

神宗知向材,以为江、浙、荆、淮发运使。纲舟历岁久,篙工利于盗货,尝假风水沉溺以灭迹。向募客舟分载,以相督察。官舟有定数,多为主者冒占,悉夺畀属州,诸运皆诣本曹受遣;以地有美恶,利有重轻,为立等式,用所漕物为诛赏。迁天章阁待制。环庆有疆事,帝以向习知地形,召诣中书。旧制,发运使上计毋得出入,唯止都门达章奏。至是,弛其禁。熙宁四年,权三司使。明堂礼成,有司误迁向右谏议大夫,诏罚吏而向官不夺。河、洮用兵,县官费不可计,向未尝乏供给。及解严,上疏乞戒将帅裁溢员,汰冗卒、省浮费、节横赋,手敕褒纳。进龙图阁直学士。

辽人求代北地,北边择牧,加枢密直学士、给事中、知定州。高阳关募兵,敌阴遣人应选。向谍知之,主者觉,纵使亡去,向遣逻捕取之,械送瀛州,戮于市。北使久留都亭,数出不逊语,而云、应点兵,涿、易治道,金谓必渝盟。向曰:"彼欲疆议速成,故多张虚势以撼我。使者惧不如其请,故肆嫚言以侥幸取成。兵来不除道,其亦无能为也已。"后皆如向言。迁工部侍郎。向控辞,赐诏弗允。故事,前两府辞官乃降诏,两省得诏自向始。元丰元年,召同知枢密院。

向干局绝人,尤善商财,计算无遗策,用心至到,然甚者不能无病民,所上课间失实。时方尚功利,王安石从中主之,御史数有言,不听也。向以是益得展奋其材业,至于论兵帝所,通畅明决,遂由文俗吏得大用。及在政地,同列质以西北事,则养威持重,未尝启其端,非常所以属望意。会诏民畜马,向既奉命,旋知民不便,议欲改为。于是舒亶论向反覆无大臣体,斥知颍州。又改随州,卒,年六十六。元祐中,录其言,谥曰恭敏。子绍彭,有翰墨名,中子嗣昌。

嗣昌亦以吏材奋。崇宁中,历熙河转运判官,梓州、陕西转运副使,直龙图阁、集贤殿修撰,入为左司郎中,擢徽猷阁待制、陕西都转运使,知渭州,改庆州。监公使库皇置坐狱,嗣昌奏请之。遂以监临自盗责安化军节度副使,安置郢州。起知相州,复待制、知太原府。论筑泾原三仓劳,加显谟阁直学士;又以抚纳西羌功,进延康、宣和殿学士,拜礼部、刑部尚书。坐拟反覆罢,提举崇福宫。久之,迁延康殿学士、知延安府,赐第京师。当迁官,丐回授其子昶京秩。

嗣昌前后因事六七贬,多以欺罔获罪。至是,言者并论之,降为待制,卒。

先是,徽宗有意图北方,遣谭稹衔命访诸帅,韩梓彦、洪中孚皆力云不可,嗣昌乃润饰谍词,以开边隙。及论事帝前,语至兴师,或感激流涕。造乱之咎,人皆归责焉。

章楶,字质夫,建州浦城人。祖频,为侍御史,忤章献后旨黜官,仁宗欲用之而卒,楶以叔得象荫,为孟州司户参军。应举入京,闻父对狱于魏,弃不就试,驰往直其冤。还,试礼部第一,擢知陈留县,历提举陕西常平、京东转运判官、提点湖北刑狱、成都路转运使,入为考功、吏部、右司员外郎。

元祐初,以直龙图阁知庆州。时朝廷戢兵,戒边吏勿妄动,且捐葭芦、安疆等四砦予夏,使归其永乐之人。夏得砦益骄。楶言:"夏嗜利畏威,不有惩艾,边不得休息,宜稍取其土疆,如古削地之制,以固吾圉。然后诸路出兵,择据要害,不一再举,势将自蹙矣。"遂乘便出讨,以致其师,夏果入围环州。桌先用间知之,遣骁将折可適伏兵洪德城。夏师过之,伏兵识其母梁氏旗帜,鼓噪而出,斩获甚众。又预毒于牛圈潴水,夏人马饮者多死。召权户部侍郎。明年,除知同州。绍圣初,知应天府,加集贤殿修撰、知广州,徙江、淮发运使。

哲宗访以边事,对合旨,命知渭州。至即上言城胡芦河川,据形胜以逼夏。乃以三月及熙河、秦风、环庆四路之师,阳缮理他堡壁数十所,自示其怯。或以桌怯,请曰:"此夏必争之地,夏方营石门峡,去我三十里,能夺而有之乎?"桌又阳谢之,阴具板筑守战之备,帅四路师出胡芦河川,筑二城于石门峡江口好水河之阴。二旬有二日成,赐名平夏城、灵平砦。方兴役时,夏以其众来乘,桌迎击败之。既而环庆、鄜延、河东、熙河皆相继筑城,进拓其境,夏人愕视不敢动。夏主遂奉其母合将数十万兵围平夏,疾攻十余日,建高车临城,填堑而进,不能克,一夕遁去。夏统军嵬名阿埋、西寿监军妹勒都逋皆勇悍善战,桌谍其弛备,遣折可適、郭成轻骑夜袭,直入其帐执之,尽俘其家,房馘三千余,牛羊十万,夏主震骇。哲宗为御紫宸殿受贺,累擢桌枢密直学士、龙图阁端明殿学士,进阶大中大夫。

桌在泾原四年,凡创州一、城砦九,荐拔偏神,不间厮役,至于夏降人折可適、李忠杰、朱智用,咸受其驭。夏自平夏之败,不复能军,屡请命乞和,哲宗亦为之寝兵。桌立边功,为西方最。

时章惇用事,桌与惇同宗,其得兴事,颇为世所疑。徽宗立,请老,徙知河南。入见,留拜同知枢密院事,俾其子绎为开封推官以便养。逾年,力谢事罢,授资政殿学士、中太一宫使,未几,卒。徽宗悼之。赠右银青光禄大夫,谥曰庄简,赙赗甚厚。

桌七子:绎、综、绲、绾、继、缤、缜。绎、综最知名。绎颡推官为户部员外郎、提点淮南东路刑狱、权知扬州兼提举香盐事。时方铸崇宁大钱,令下,市区昼闭,人持钱买物,至日旴,皇皇无肯售。绎饰市易务致百货,以小钱收之;且檄仓吏粜米,以大钱予之,尽十日止,民心遂安。未几,新钞法行,旧钞尽废,一时商贾束手,或自杀。绎得诉者所持旧钞,为钱以千计者三十万,上疏言钞法误民,请约以示大信。上怒,罢绎,降两官。

综第进士,历陕西转运判官,入为户部员外郎。中书侍郎刘逵之妻,综姊也。逵渐复元祐之政,综多赞之。蔡京欲挤逵,且甚综不附己,使其党攻之,出综湖州。论者不已,差主管西京崇福宫。

综历通判常州,绾知丹徒县,继签判西安州,缤签判苏州,桌孙菱承奉郎,菱监苏州税,俱列仕显。

及京复相,遂兴制狱,倾章氏。继居苏州,或得私铸钱数巨器,京风言者诬继与州人郁宝所铸。诏遣李孝寿、张茂直、沈畸、萧服更往鞠之,连系数百人,累月卒无实,狱多死者。京大怒,别遣孙杰鞠之,傅致如章,继刺面配沙门岛,追毁出身以来文字,除名勒停,籍入其家。窜绎台州,综秀州,绾温州,绾睦州,缤永州,菱处州,菱均州,官司降罢除名者十余人,时论冤之。

孙杰擢龙图阁直学士、知苏州,张商英入相,始辨前狱,移继常州,综复朝奉郎、通判秀州。顷之,继改授内殿崇班,综秘书省校书郎,迁户部员外郎,出提点两浙刑狱,以龙图阁直学士知越州。谭稹宣抚燕山,请综为参谋,加右文殿修撰。金人破蔚州,背归山后议,稹以错置乖方罢。综落职送吏部,会赦恩,上书告老,复龙图阁直学士致仕,卒。

论曰:神宗奋英特之资,乘财力之富,锐然欲复河、湟,平灵、夏,而蔡挺、王韶、章桌辈起诸生,委褒衣,树勋戎马间。世非无材,顾上所趣尚磨厉奚如耳。观挺之治兵,韶之策敌,桌之制胜,亦一时良将。薛向虽无三子劳,而董漕边饟,不乏仰给,持重枢府,不启事端,又其善也。若厚之降陇拶、瞎征,取湟、鄯、廓州,功足继韶。而嗣昌造衅北伐,乃悖于向,可胜诛邪?虽然,佳兵好还,道家所戒,卒之寀以左道杀,继以铸钱陷,此非其验也与。

卷三百二十九　　列传第八十八

常秩　邓绾子洵武**　李定　舒亶**
塞周辅子序辰**　徐铎　王广渊**弟临
王陶　王子韶　何正臣　陈绎

常秩,字夷甫,颍州汝阴人。举进士不中,屏居里巷,以经术著称。嘉祐中,赐束帛,为颍州教授,除国子直讲,又以为大理评事;治平中,授忠武军节度推官、知长葛县,皆不受。

神宗即位,三使往聘,辞。熙宁三年,诏郡"以礼敦遣,毋听秩辞"。明年,始诣阙,帝曰:"先朝累命,何为不起?"对曰:"先帝亮臣之愚,故得安闾巷。今陛下严诏趣迫,是以不敢不来,非有所决择去就也。"帝悦,徐问之:"今何道免民于冻馁?"对曰:"法制不立,庶民食侯食,服侯服,此今日大患也。臣才不适用,愿得辞归。"帝曰:"既来,安得不少留?异日不能用卿,乃当去耳。"即拜右正言、直集贤院、管干国子监,俄兼直舍人院,迁天章阁侍讲、同修起居注,仍使供谏职,复乞归,改判太常寺。

七年,进宝文阁待制兼侍读,命其子立校书崇文院。九年,病不能朝,提举中太一宫、判西京留司御史台。还颍。十年,卒,年五十九,赠右谏议大夫。

秩平居为学求自得。王回,里中名士也,每见秩与语,辄欿然自以为不及。欧阳修、胡宿、吕公著、王陶、沈遘、王安石皆称荐之。翕然名重一时。

初,秩隐居,既不肯仕,世以为必退者也。后安石为相更法,天下沸腾,以为不便,秩在间阎,见所下令,独以为是,一召遂起。在朝廷任谏争,为侍从,低首抑气,无所建明,闻望日损,为时讥笑。秩长于《春秋》,至斥孙复所学为不近人情。著讲解数十篇,自谓"圣人之道,皆在于是"。及安石废《春秋》,遂尽讳其学。

立,始命为天平军推官,秩死,使门人赵冲状其行,云:"自秩与安石去位,天下官吏阴变其法,民受涂炭,上下循默,败端内萌,莫觉莫悟。秩知其必败。"绍圣中,蔡卞荐立为秘书省正字、诸王府说书侍讲,请用为崇政殿说书,得召对,又请以为谏官。卞方与章惇比,曾布欲倾之,乘间为哲宗言立附两人,因暴其行状事,以为诋毁先帝。帝亟下史院取视,言其不逊,以责惇、卞,惇、卞俱请贬立,乃黜监永州酒税。

邓绾,字文约,成都双流人。举进士,为礼部第一。稍迁职方员外郎。熙宁三年冬,通判宁州。时王安石得君专政,绾上时政数十事,以为宋兴百年,习安玩治,当事更化。又上书言:"陛下得伊、吕之佐,作青苗、免役等法,民莫不歌舞圣泽。以臣所见宁州观之,知一路皆然;以一路观之,知天下皆然。诚不世之良法,愿勿移于浮议而坚行之。"其辞盖媚王安石。又贻以书颂,极其佞谀。

安石荐于神宗,驿召对。方庆州有夏寇,绾敷陈甚悉。帝问安石及吕惠卿,以不识对。帝曰:"安石,今之古人;惠卿,贤人也。"退见安石,欣然如素交。宰相陈升之、冯京以绾练边事,属安石致斋,复使知宁州。绾闻之不乐,诵言:"急召我来,乃使还邪?"或问:"君今当作何官?"曰:"不失为馆职。"得无为谏官乎?"曰:"正自当尔。"明日,果除集贤校理、检正中书孔目房。乡人在都者皆笑且骂,绾曰:"笑骂从汝,好官须我为之。"

寻同知谏院。献所著《洪范建极锡福论》,帝曰:"《洪范》,天人、自然之大法,朕欲举而措诸天下,矫革众敝。卿当堲淫朋比德之人,规以助朕。"绾顿首曰:"敢不力行所学,以奉圣训。"明年,迁侍御史知杂事、判司农寺。

时常平、水利、免役、保甲之政,皆出司农,故安石藉绾以威众。绾请先行免役于府界,次及诸道。利州路岁用钱九万六千缗,而转运使李瑜率三十万,绾言:"均役本以裕民,今乃务聚敛,积宽余,宜加重黜。"富弼在亳,不散青苗钱,绾请付吏治之。畿县民诉助役,诏询其便否两行之,绾与曾布辄上交堂帖。中丞杨绘言未闻司农得缴奏者,不报。凡吕公著、谢景温所置推直官、主簿,悉罢去之,而引蔡确、唐坰为御史。

五年春,擢御史中丞。国朝故事,未有台杂为中丞者,帝特命之。又加龙图阁待制。建言:"顷时御史罢免,犹除省府职司,盖厥初选用既审,则议论虽不合,人材亦不可遗,愿籍前后谏官、御史得罪者姓名,以次甄录,使于进退间与凡僚稍异,则人思竭尽矣。"

辽人来理边地,屯兵境上,声言将用师,于是两河戒严,且令河北修城守之具。绾曰:"非徒无益,且大扰费。"帝从其言而止。又言:"辽妄为地讼,意在窥我。去冬聚兵累月,遽巡自罢,其情伪可见。今当御之以坚强,则不渝二国之平,平则彼不我疑,而我得以远虑。苟先之以畏

屈,彼或将力争,则大为中国之耻。"帝览疏嘉之。

安石去位,绾颇附吕惠卿。及安石复相,绾欲弥前迹,乃发惠卿置田华亭事,出知陈州。又论三司使章惇协济其奸,出知湖州。初,惠卿弟和卿创手实法,绾曰:"凡民养生之具,日用而家有之。今欲尽令覈实,则家有告讦之忧,人怀隐匿之虑,无所措手足矣。商贾商殖货财,交易有无,不过服食、器用、米粟、丝麻、布帛之类,或春有之而夏以荡析,或秋贮之而冬已散亡,公家簿书,何由拘录,其势安得不犯?徒使嚚讼者趋赏报怨以相告讦,畏怯者守死忍困而已。"诏罢其法。迁翰林学士,仍为中丞。

绾虑安石去失势,乃上言宜录安石子及婿,仍赐第京师。帝以语安石,安石曰:"绾为国司直,而为宰臣乞恩泽,极伤国体,当黜。"又荐彭汝砺为御史,安石不悦,遂自劾失举。帝谓绾操心颇僻,赋性奸回,论事荐人,不循分守,斥知虢州。逾岁,为集贤院学士、知河阳,元丰中,以待制知荆南、陈、陕,徙永兴军,改青州。奏言岁大稔,斗粟五七钱。帝知其佞,令提举官酌市价以闻。进龙图阁直学士、知邓州。

元祐初,徙扬州。言者论其奸,改滁州,未去邓而卒,年五十九。子洵仁、洵武。洵仁,大观中为尚书右丞。

洵武字子常,第进士,为汝阳簿。绍圣中,哲宗召对,为秘书省正字、校书郎、国史院编修官,撰《神宗史》,议论专右蔡卞,诋诬宣仁后尤切,史祸之作,其力居多。迁起居舍人。

徽宗初,改秘书少监,既而用蔡京荐,复史职,御史陈次升、陈师锡言:"洵武父绾在熙宁时以曲媚王安石,神宗数其邪僻奸回,今置洵武太史,岂能公心直笔,发扬神考之盛德,而不掩其父之恶乎?且其人材凡近,学问荒缪,不足以污此选。"不听。迁起居郎。

时韩忠彦、曾布为相,洵武因言:"陛下乃先帝子,今相忠彦乃琦之子。先帝行新法以利民,琦尝论其非,今忠彦为相,更先帝之法,是忠彦能继父志,陛下为不能也。必欲继志述事,非用蔡京不可。"京出居外镇,帝未有意复用也,洵武为帝言:"陛下方绍述先志,群臣无助者。"乃作《爱莫助之图》以献。其图如《史记》年表,列旁行七重,别为左右,左曰元丰,右曰元祐,自宰相、执政、侍从、台谏、郎官、馆阁、学校各为一重。左序助绍述者,执政中唯温益一人,余不过三四,若赵挺之、范致虚、王能甫、钱通之属而已。右序举朝辅相、公卿、百执事咸在,以百数。帝出示曾布,而揭去左右一姓名。布请之,帝曰:"蔡京也。洵武谓非相此人不可,以与卿不同,故去之。"布曰:"洵武既与臣所见异,臣安敢豫议?"明日,改付温益,益欣然奉行,请籍异论者,于是决意相京。进洵武中书舍人、给事中兼侍讲,修撰《哲宗实录》,迁吏部侍郎。

洵武疏言:"神宗稽古建官,既正省、台、寺、监之职,而以寄禄阶易空名矣。今在选七阶,自两使判官至主簿、尉,有带知安州云梦县而为河东干当公事者,有河中司录参军而监楚州盐场者,有瀛州军事推官、知大名府元城县充濮州教授者,殽乱纷错,莫甚于此。谓宜造为新名,因而制禄。"诏悉更之。迁刑部尚书,又请初出官人兼用

刑法试,俾知为吏之方。崇宁三年,拜尚书右丞,转左丞、中书侍郎。

妖人张怀素狱兴,其党有与洵武连昏者,坐出知随州。提举明道宫,复端明殿学士,知亳州、河南府,召为中太一宫使,连进观文殿学士,为大名尹。政和中,夏祭,入侍祠。以佑神观使兼侍读留修国史,改保大军节度使。未几,知枢密院。

五豀蛮扰边,即仿陕西弓箭手制,募边民习知溪洞险易者,置所司教以战阵,劝以耕牧,得胜兵几万人以镇抚之。迁特进,拜少保,封莘国公,恩典如宰相。宣和元年,薨,年六十五,赠太傅,谥曰文简。

邓氏自绾以来,世济其奸,而洵武阿二蔡尤力。京之败乱天下,祸源自洵武起焉。

李定,字资深,扬州人。少受学于王安石。登进士第,为定远尉、秀州判官。熙宁二年,孙觉荐之,召至京师,谒谏官李常,常问曰:"君从南方来,民谓青苗法何如?"定曰:"民便之,无不喜者。"常曰:"举朝方共争是事,君勿为此言。"定即往白安石,且曰:"定但知据实以言,不知京师乃不许。"安石大喜,谓曰:"君且得见,盍以上道之。"立荐对。神宗问青苗事,其对如曩言,于是诸言新法不便者,帝皆不听。命定知谏院,宰相言前无选人除谏官之比,遂拜太子中允、监察御史里行。知制诰宋敏求、苏颂、李大临封还制书,皆罢去。

御史陈荐疏:"定顷在泾县主簿,闻庶母仇氏死,匿不为服。"诏下江东、淮、浙转运使问状,奏云:"定尝以父年老,求归侍养,不云持所生母服。"定自辩言,实不知为仇所生,故疑不敢服,而以侍养解官。曾公亮谓定当追行服,安石力主之,改为崇政殿说书。御史林旦、薛昌朝言,不宜以不孝之人居劝讲之地,并论安石,章六七上,安石又白罢两人,定亦不自安,蕲解职,以集贤校理、检正中书吏房、直舍人院同判太常寺。八年,加集贤殿修撰、知明州。

元丰初,召拜宝文阁待制、同知谏院,进知制诰,为御史中丞。劾苏轼《湖州谢上表》,摘其语以为侮慢。因论轼自熙宁以来,作为文章,怨谤君父,交通戚里。逮赴台狱穷治,当会赦,论不已,窜之黄州。方定自鞫轼狱,势不可回。一日,于崇政殿门外语同列曰:"苏轼乃奇才也。"俱不敢对。

请复六案纠察之职,并诸路监司皆得钩考,从之。彗出东方,求直言,太史谓有兵变,帝命宦者视卫士饮食。定言一饭不足市恩,适起小人之心,乃止。或议废明堂祀,帝以访定。定曰:"三岁一郊或明堂,祖宗以来,未之有改。谁为此言,愿治其妄。"帝曰:"听卿言足矣。"迁翰林学士。坐论府界养马事失实,罢知河阳,留守南京,召为户部侍郎。哲宗立,以龙图阁学士知青州,移江宁府。言者争暴其前过,又谪居滁州。元祐二年,卒。

定于宗族有恩,分财振赡,家无余赀。得任子,先及兄息。死之日,诸子皆布衣。徒以附王安石骤得美官,又陷苏轼于罪,是以公论恶之,而不孝之名遂著。

舒亶,字信道,明州慈溪人。试礼部第一,调临海尉。民使酒骂逐后母,至亶前,命执之,不服,即自起斩之,投劾去。王安石当国,闻而异之,御史张商英亦称其材,用为审官院主簿。使熙河括田,有绩,迁奉礼郎。郑侠既贬,复被逮,亶承命往捕,遇诸陈。搜侠箧,得所录名臣谏草,有言新法事及亲朋书尺,悉按姓名治之,窜侠岭南,冯京、王安国诸人皆得罪。擢亶太子中允、提举两浙常平。

元丰初,权监察御史里行。太学官受赇,事闻,亶奉诏验治,凡辞语微及者,辄株连考竟,以多为功。加集贤校理。同李定劾苏轼作为歌诗讥讪时事。亶又言:"王诜辈公为朋比,如盛侨、周邠固不足论,若司马光、张方平、范镇、陈襄、刘挚,皆略能诵说先王之言,而所怀如此,可置而不诛乎?"帝觉其言为过,但贬轼、诜,而光等罚金。

未几,同修起居注,改知谏院。张商英为中书检正,遗亶手帖,示以子婿所为文。亶具以白,云商英为宰属而干请言路,坐责监江陵税。始,亶以商英荐得用;及是,反陷之。进知杂御史、判司农寺,超拜给事中、权直学士院。逾月,为御史中丞。举劾多私,气焰熏灼,见者侧目,独惮王安礼。

亶在翰林,受厨钱越法,三省以闻,事下大理。初,亶言尚书省凡奏钞法当置籍,录其事目。今违法不录,既案奏,乃谩以发放历为录目之籍,亶以为大臣欺罔。而尚书省取台中受事籍验之,亦无录目,亶遽杂他文书送省,于是执政复发其欺。大理鞫厨钱事,谓亶为误。法官吴处厚驳之,御史杨畏言亶所受文籍具在,无不承之理。帝曰:"亶自盗为赃,情轻而法重;诈为录目,情重而法轻。身为执法,而诈妄若是,安可置也!"命追两秩勒停。亶比岁起狱,好以疑似排抵士大夫,虽坐微罪废斥,然远近称快。十余年,始复通直郎。

崇宁初,知南康军。辰溪蛮叛,蔡京使知荆南,以开边功,由直龙图阁进待制,明年,卒,赠直学士。

蹇周辅,字磻翁,成都双流人。少与范镇、何郯为布衣交。年未冠,试大廷,不第。镇、郯既贵达,周辅始特奏名,再举进士,知宜宾、石门二县,通判安肃军,为御史台推直官。善于讯鞫,钩索微隐,皆用智得情。尝有诏狱,事连掖庭掌宝侍史,它司累月不能决,乃命周辅。度不可追逮,奏以要辞示主者诘服之,时以为知体。及治李逢狱竟,台臣杂治无异辞,神宗称其能,擢开封府推官,出为淮南转运副使。盗廖恩聚党闽中,多害兵吏,改使福建,护诸将以讨之,恩遂降。

元丰初,循唐制,归百司狱于大理寺,选为少卿,迁三司度支副使。先是,湖南例食淮盐,周辅始请运广盐数百万石,分饷郴、全、道州;又以淮盐增配潭、衡诸郡,湘中民愁困,法既行,遂领于度支。以集贤殿修撰为河北都转运使,进宝文阁待制,召为户部侍郎、知开封府,事多不决。授中书舍人,不拜,改刑部侍郎。元祐初,言者暴其立江西、福建盐法,掊克欺诞,负公扰民,罢知和州。

徙庐州。卒，年六十六。

周辅强学，善属文，神宗尝命作《答高丽书》，屡称善。为吏深文刻核，故老而获戾。子序辰。

序辰字授之，登第后数年，以泗州推官主管广西常平。周辅方使闽，上言父子并祗命远方，家无所托，薪改一近地。乃易京西，旋提举江西常平，继父行盐法。为监察御史，迁殿中侍御史、右司谏。哲宗立，改司封员外郎。周辅得罪，以序辰成其恶，降签书庐州判官。起知楚州，提点江东刑狱。

绍圣中，迁左司员外郎，进起居郎、中书舍人、同修国史。疏言："朝廷前日正司马光等奸恶，明其罪罚，以告中外。惟变乱典刑，改废法度，讪訾宗庙，睥睨两宫，观事考言，实状彰著，然踪迹深秘，包藏祸心，相去八年之间，盖已不可究质。其章疏案牍，散在有司，若不汇缉而藏之，岁久必致沦弃。愿悉讨奸臣所言所行，选官编类，入为一帙，置之一府，以示天下后世大戒。"遂命序辰及徐铎编类。由是缙绅之祸，无一得脱者。迁礼部尚书，与安惇看详诉理事。以奉使辽国无状，黜知黄州。阅四月，除龙图阁待制、知扬州。

徽宗立，中书言序辰元类元祐章牍，傅致语言，指为谤讪。诏与惇并除名勒停，放归田里。蔡京为相，复拜刑部、礼部侍郎，为翰林学士，进承旨。有言其在先帝遏密中以音乐自娱者，黜知汝州。二年，徙苏州。坐纵部民盗铸钱，谪单州团练副使、江州安置。又坐守苏时以天宁节同其父忌日，辄于前一日设宴，及节日不张乐，移永州。会赦，复官中奉大夫，遂卒。序辰亦有文，善傅会，深文刻核，似其父云。

徐铎字振文，兴化莆田人。熙宁进士第一，签书镇东军判官，绍圣末，以给事中直学士院。塞序辰建议编类元祐诸臣章牍事状，诏铎同主之。凡一时施行文书，捃拾附著，纤悉不遗。迁礼部侍郎。铎虽云封驳，而是时凡给事中不肯书读者，辄命代行。贡院获举人挟书，开封尹蒋之奇将以徒定罪，铎争不可，之奇为从轻比。既上省，章惇怒，罚府吏，举人竟坐刑，铎不复敢有言，众传以为笑。后议除御史中丞，或摭此事以为无所执持，乃止。

徽宗立，以龙图阁待制知青州。御史中丞丰稷论铎编类事状，率视章惇好恶为轻重，存殁名臣，横罹窜斥，序辰既放归田里，铎之罪不在其下。诏落职知湖州。崇宁中，拜礼部尚书。方议庙制，铎请增为九室。议者疑已祧之主不可复祔，铎言："唐之献祖、中宗、代宗与本朝之僖祖，皆尝祧而复，今宜存宣祖于当祧，复翼祖于已祧，礼无不称。"从之。进吏部尚书，卒。

论曰：士学不为己，而俯仰随时，如挈皋居井上，求其立朝不挠，不可得已。常秩在嘉祐、治平时，三辞羔雁之聘，若能隐居以求其志者。及王安石用事，一召即至，容容历年，曾无一嘉谟，而窃显位。至定之党附，亶之凶德，宜为世所指名。绾及周辅二家，父子并同恶相济，而序辰与铎编类事状，流毒元祐名臣，忠义之士，为之一空，驯致靖康之祸，可胜叹哉。

王广渊，字才叔，大名成安人。庆历中，上曾祖明家集，诏官其后，广渊推与弟广廉，而以进士为大理法直官、编排中书文字。裁定祖宗御书十卷，仁宗嘉之，以知舒州，留不行。

英宗居藩邸，广渊因见昵，献所为文，及即位，除直集贤院。谏官司马光言："汉卫绾不从太子饮，故景帝待之厚。周张美私以公钱给世宗，故世宗薄之。广渊交结奔竞，世无与比，当仁宗之世，私自托于陛下，岂忠臣哉？今当治其罪，而更赏之，何以厉人臣之节？"帝不听，用为群牧、三司户部判官，从容谓曰："朕于《洪范》得高明沉潜之义，刚内以自强，柔外以应物，人君之体，无出于是。卿为朕书之于钦明殿屏，以备观省，非特开元《无逸图》也。"加直龙图阁。帝有疾，中外忧疑，不能寝食，帝自为诏谕之曰："朕疾少间矣。"广渊宣言于众。

神宗立，言者劾其漏泄禁中语，出知齐州，改京东转运使，得于内省传达章奏。曾公亮、王安石持不可，乃止。广渊以方春农事兴而民苦乏，兼并之家得以乘急要利，乞留本道钱帛五十万，贷之贫民，岁可获息二十五万，从之。其事与青苗钱法合，安石始以为可用，召至京师。御史中丞吕公著摭其旧恶，还故官。程颢、李常又论其抑配掊克，迎朝廷旨意以困百姓。会河北转运使刘庠不散青苗钱奏适至，安石曰："广渊力主新法而遭劾，刘庠故坏新法而不问，举事如此，安得人无向背？"故颢与常不行。徙使河东，擢宝文阁待制、知庆州。

宣抚使兴师入夏境，檄庆会兵。方授甲，卒长吴逵以众乱，广渊亟召五营兵御之。逵率二千人斩关出，广渊遣部将姚兕、林广追击，降其众。柔远三都戍卒欲应贼，不果，广渊阳劳之，使还役，潜遣兵间道邀袭，尽戮之。犹以盗发所部，削两秩。二年，进龙图阁直学士、知渭州。

广渊小有才而善附会，所辟置类非其人。帝谓执政曰："广渊奏辟将佐，非贵游子弟，即胥史辈，至于濮宫书吏亦预选，盖其人与时君卿善。一路官吏不少，置而不取，乃用此辈，岂不误朝廷事？已下诏切责，卿等宜贻书申戒之。"卒，年六十，赠右谏议大夫。元丰初，诏以其被遇先帝之故，弟临自皇城使擢为兵部郎中、直昭文馆，子得君赐进士出身。

临字大观，亦起进士，签书雄州判官。嘉祐初，契丹泛使至，朝论疑所应，临言："契丹方饥困，何能为？然《春秋》许与之义，不可以不谨。彼尝求驯象，可拒而不拒；尝求乐章，可与而不与，两失之矣。今横使之来，或谓其求圣像，圣像果可与哉？"朝廷善其议。治平中，诏求武略，用近臣荐，自屯田员外郎换崇仪使、知顺安军，改河北沿边安抚都监。上备御数十策，大略皆自治而已。

契丹刺两输人为义军，来归者数万。或谓遣还，临曰："彼归我而遣之，必为乱，不如因而抚之。"诏从其请，自是来者益多，契丹悔失计。进安抚副使，历知泾、鄜州、广信、安肃军。

召对，还文阶，知齐州、沧州、荆南，入为户部副使，以宝文阁待制知广州府、河中，卒。

王陶，字乐道，京兆万年人。第进士，至太常丞而丁父忧。陶以登朝在郊祀后，恩不及亲，乞还所迁官，丐追赠。诏特听之，仍俟服阕，除太子中允。

嘉祐初，为监察御史里行。卫卒入延福宫为盗，有司引疏决恩降其罪。陶曰："禁省之严，不应用外间会降为比。"于是流诸海岛，主者皆论罚。中贵人导炼丹者入禁廷，陶言："汉、唐方士，名为化黄金、益年寿以惑人主者，后皆就戮。请出之。"陈升之为枢密副使，论其不当，升之去，陶亦知卫州，改蔡州。明年，复以右正言召。陶言："臣与四人同补郡，今独两人召，请并还唐介、吕诲等。"

英宗知宗正寺，逾年不就职。陶上疏曰："自至和中圣躬违豫之后，天下颙颙，无所寄命，交章抗疏，请早择宗室亲贤，以建储嗣，危言切语，动天感人。夫为是议者，岂皆怀不忠孝、为奸利附托之人哉？发于至诚，念宗庙社稷无穷大计而已。陛下顺民欲而安人心，故亲发德音，锐为此举，中外摇摇之心，一旦定矣。厥后浸润稽缓，岂免忧疑？流言或云事由嫔御、宦侍姑息之语，圣意因而惑焉。妇人近幸，讵识远图？臣恐海内民庶，谓陛下始者顺天意民心命之，今者听左右姑息之言而疑之，使远近奸邪得以窥间伺隙，可不惜哉！"因请对，仁宗曰："今当别与一名目。"既而韩琦决策，遂立为皇子。英宗即位，加直史馆、修起居注、皇子位伴读、淮阳颍王府诩善、知制诰，进龙图阁学士、知永兴军，召为太子詹事。

神宗立，迁枢密直学士，拜御史中丞。郭逵以签书枢密宣抚陕西，诏令还都。陶言："韩琦置逵二府，至用太祖故事，出师劫制人主，琦必有奸言惑乱圣德。愿罢逵为渭州。"帝曰："逵先帝所用，今无罪黜之，是章先帝用人之失也，不可。"陶既不得逵，遂以琦不押文德常朝班奏劾之。陶始受知于琦，骤加奖拔。帝初临御，颇不悦执政之专，陶料必易置大臣，欲自规重位，故视琦如仇，力攻之，琦闭门待罪。帝徙陶为翰林学士，旋出知陈州，入权三司使。吕公著言其反覆不可近，又以侍读学士知蔡州，历河南府、许、汝、陈三州，以东宫旧臣加观文殿学士。帝终薄其为人，不复用。元丰三年，卒，年六十一，赠吏部尚书，谥曰文恪。

陶微时苦贫，寓京师教小学。其友姜愚气豪乐施，一日大雪，念陶奉母寒馁，荷一锸划雪，行二十里访之。陶母子冻坐，日高无炊烟。愚亟出解所衣锦裘，质钱买酒肉、薪炭，与附火饮食，又捐数百千为之娶。陶既贵，尹洛，愚老而丧明，自卫州新乡往谒之，意陶必念旧哀己。陶对之邈然，但出尊酒而已。愚大失望，归而病死。闻者益薄陶之为人。

王子韶，字圣美，太原人。中进士第，以年未冠守选，复游太学，久之乃得调。王安石引入条例司，擢监察御史里行，出按明州苗振狱。安石恶祖无择，子韶迎其意，发无择在杭州时事，自京师逮对，而以振狱付张载，无择遂废。中丞吕公著等论新法，一台尽罢。子韶出知上元县，迁湖南转运判官。御史张商英劾其不葬父母，贬知高邮县。由司农丞提举两浙常平。入对，神宗与论字学，留为资善堂修定《说文》官。官制行，为礼部员外郎，以入省后期，改库部。

元祐中，历吏部郎中、卫尉少卿，迁太常谏官。刘安世言："熙宁初，士大夫有'十钻'之目，子韶为'衙内钻'，指其交结要人子弟，如刀钻之利。又陷祖无择于深文，缙绅所共鄙薄，岂宜污礼乐之地！"改卫尉卿。安世复言："七寺正卿班少常上，因弹击而获超迁，是启侥幸也。"乃出知沧州。入为秘书少监，迎伴辽使，御下苛刻，军吏因被酒刃伤子韶及其子。又出知济州，建言乞追复先烈以贻后法，复以太常少卿召，进秘书监，拜集贤殿修撰、知明州，卒。崇宁二年，子相录元祐中所上疏稿闻于朝，诏赠显谟阁待制。

何正臣，字君表，临江新淦人。九岁举童子，赐出身，复中进士第。元丰中，用蔡确荐，为御史里行。遂与李定、舒亶论苏轼，得五品服，领三班院。会正御史专六察，正臣言："幸得备言路，以激浊扬清为职，不宜兼治它曹。"神宗善之，为悉罢御史兼局，而正臣解三班，加直集贤院，擢侍御史知杂事。

韩存宝讨泸夷无功，命治其狱，被以逗挠罪诛之。还，除宝文阁待制、知审官东院，尚书省建为吏部侍郎。逾年，嫚于奉职，铨拟多牴牾。事闻，以制法未善为解。王安礼曰："法未善，有司所当请，岂得归罪于法？"乃出知潭州。时诏州县听民以家赀易盐，吏或推行失指。正臣条上其害，谓无益于民，亦不足以佐国用，遂寝之，民以为便。后历刑部侍郎、知宣州，卒。

陈绎，字和叔，开封人。中进士第，为馆阁校勘、集贤校理，刊定《前汉书》，居母丧，诏即家雠校。英宗临政渊嘿，绎献五箴，曰主断、明微、广度、省变、稽古。同判刑部，狱讼有情法相忤者，谳之。或言刑曹唯知正是否，不当有所轻重。绎曰："持法者贵审允，心知失刑，恶得坐视？"由是多所平反。帝称其文学，以为实录检讨官。

神宗立，为陕西转运副使，入直舍人院、修起居注、知制诰，拜翰林学士，以侍讲学士知邓州。绎不能肃闺门，子与妇一夕俱殒于卒伍之手，傲然无愧色。召知通进、银台司，帝语辅臣曰："绎论事不避权贵。"命权开封府。时狱有小疑，辄从中覆；至绎，特听便宜处决。久之。还翰林，仍领府。治司农吏盗库钱狱未竟，中书检正张谔判寺事，惧失察，以帖诘稽留，绎遣吏示以成牍。言者论其徇宰属，纵有罪，出知滁州。郊祀恩，复知制诰，言者再论之，得秘书监、集贤院学士。

元丰初，知广州。库有檀香佛像，绎以木易之。事觉，有司当为官物有剩利。帝曰："是以事佛丽重典矣。"时绎已加龙图阁待制、知江宁府，乃贬建昌军，夺其职。后复太中大夫以卒，年六十八。

绎为政务摧豪党，而行与貌违，暮年缪为敦朴之状，好事者目为"热熟颜回"。

论曰：王广渊在仁宗时，因近昵献文于英宗潜邸，固已有窃取功名之心，盖为臣之不忠者，虽列侍从，乌足道哉！王陶始为韩琦所知，在御史时，颇能讥切时政。及为中丞，则承望风旨，攻琦如仇雠，欲自取重位。其忘姜愚布衣之义，又不足责矣。王子韶之陷祖无择，何正臣之论苏轼，皆小人之盗名。陈绎希合用事，固无足道，然于狱事多所平反，惜乎闺门不肃，廉耻并丧，虽明晓吏事，亦何取焉。

卷三百三十　　列传第八十九

任颛　李参　郭申锡　傅求　张景宪
窦卞　张瓌　孙瑜　许遵　卢士宗
钱象先　韩铎　杜纯弟纮**杜常　谢麟**
王宗望　王吉甫

任颛，字诚之，青州寿光人。举进士，得同学究出身。至卫尉丞。上其文，乃赐第，擢盐铁判官。陕西铸康定大铜钱，颛曰："坏五为一，以一当十，恐犯者众。"卒如其言。

夏人纳款，遣使要请十一事，甚者欲去臣称男。颛押伴，一切晓以义，辞折而去。又再遣使来欲自买卖，且通青盐，增岁赐。诏许置榷场，其议多颛所发。出为京西转运使，奏计京师。元昊为下所杀，遣杨守素来告哀。守素，乃始为元昊谋不称臣、纳赐节者也，仁宗记尝屈其使者，复使押伴。颛问守素其主所以死，不能对，讫去，不敢肆。改知凤翔府。帝语辅臣，颛宜备朝廷委任，留判三司凭由司。为谅祚册礼使，采摭西夏风物、山川、道里、出入攻取之要，为《治戎精要》三篇上之。

进直史馆，迁河东转运使。帝尝以禁帑金帛赐河北，亦欲与河东。颛辞曰："受委制财用，而先有求，不敢。"颛为使者，每行部，必择僚佐之贤者一人与俱，凡事必与议，未尝以胥吏自随，人安其政。入为盐铁副使，擢天章阁待制。

侬贼犯岭外，以知潭州。宣抚司以宣毅卒有功，檄补军校，颛察其色动，曰："必有异志。"执按之，具服为贼内应。搜其家，得所记潭事甚悉，枭首以徇。诏书褒激，赐白金五百两，进龙图阁直学士、知渭州。坐在潭日贱市死商珠，降为待制。时四路以边警闻，渭独无所上，朝廷疑斥候不密，颛力言无他虞，帝使觇之，信。乃还学士，徙徐州，以太子宾客致仕。积官户部侍郎，卒，年七十八。

李参，字清臣，郓州须城人。以荫知盐山县。岁饥，谕富室出粟，平其直予民，不能籴者，给以糟籺，所活数万。

通判定州，都部署夏守恩贪滥不法，转运使使参按之，得其事，守恩谪死。知荆门军，荆门岁以夏伐竹，并税簿输荆南造舟，积日久多蠹恶不可用，牙校破产不偿责。参请冬伐竹，度其费以给，余募商人与为市，遂除其害。

历知兴元府，淮南、京西、陕西转运使。部多戍兵，苦食少。参审订其阙，令民自隐度麦粟之赢，先贷以钱，俟谷熟还之官，号"青苗钱"。经数年，廪有羡粮。熙宁青苗法，盖萌于此矣。

朝廷患边费益广，参建议辇钱边郡，以平估籴，权罢入中法。比其去，省榷货钱千万计。召为盐铁副使，以右谏议大夫为河北都转运使。与安抚使郭申锡相视决河，议不协；又与真定吕溱相恶，二人皆得罪，参移使河东，知荆南。

嘉祐七年，召为三司使，参知政事孙抃曰："参为主计，外台将承风刻剥天下，天下之民困矣。"乃改群牧使。诏王安石、王陶置局经度国计，参言："官各有职，臣不任事，当从废黜。不然，乞罢此局。"从之。

治平初，加集贤院学士、知瀛州，赐黄金百两，帅臣有赐自参始。再迁枢密直学士、知秦州。蕃酋药家族作乱，讨平之，得良田五百顷，以募弓箭手。居镇阅岁，未尝以边事闻。英宗遣使问故，对曰："将在边，期于无事而已，不敢妄以寇贻主忧。"以疾解边任，判西京御史台，起知曹、濮二州。神宗久知其才，书姓名于殿柱。以知永兴军，不行，卒，年七十四。

参无学术，然刚果严深，喜发摘奸伏，不假贷，事至即决，虽簿书纤悉不遗，时称能吏。

郭申锡，字延之，魏人。自言唐代公元振之后。第进士，为晋陵尉。民诉弟为人所杀，申锡察其色惧而哭不哀，曰："吾得贼矣，非汝乎？"执而讯之，果然。久之。知博州。州兵出戍，有欲胁众为乱者，申锡戮一人，黥二人，乃定。奏至，仁宗曰："小官临事如此，岂易得？"即为御史台推直官。数上疏论事，大臣不便。鞫狱庆州。京东盗执濮州通判井渊，迁知州事，未阅月，悉擒凶党，斩以徇。

召为侍御史，遂知杂事。张贵妃追册、起园陵，张尧佐为使相，陈执中嬖妾杀婢，余靖引胡恢有丑行，高若讷引范祥启边衅，申锡皆奏劾之，屡诋权幸无所避，帝谓之曰："近世士大夫，方未达时，好指陈时事，及被进用则不然，是资言以进耳，卿勿为也。"

谍称契丹遣泛使，命事量安抚河北，还为盐铁副使。相视决河，坐讼李参失实，黜知瀛州。帝明榜朝堂，称其欺诬，以儆在位。旋加直史馆、知江宁府，再副盐铁，进天章阁待制、知邓州河中。

种谔取绥州，申锡曰："边患将自此始。"及谅祚死，请捐前故，听其子袭爵，且言曰："二虏赖岁币甚厚，渝平岂其所利，必有以致之。但得重将守边，不要功生事，则善矣。"著《边鄙守御策》。以给事中致仕，卒，年七十七。

傅求，字命之，考城人。进士甲科，通判泗州。淮水溢，毁城。朝廷遣中使护筑，绝淮取土，道远，度用兵六十万。求相汴堤旁有高埠，夷之得土，载以回舟，省工费殆半。

徙大名府，府守吕夷简委以事。夷简入相，荐其才，擢知宿州，提点江西、益州刑狱，为梓州路转运使。夷獠寇合江，钤辖司会兵掩击，求驰往按所状，乃县吏冒取播州田，獠故恐而叛。即黥吏置岭南，夷人闻之，散去。益州文彦博上其状，进秩，徙陕西。

关中行当十铁钱，盗铸不可计，求请变法。时州县已散二百八十万缗，亟下令更为当三。民出不意，荡产失业，多自经死，然盗铸遂止。自康定用兵，移税输边，民力大困，求令输本州，而转钱以供边籴，民受其惠，而兵食亦足。召为户部副使。

陇右蕃酋兰毡献古渭州地，秦州范祥纳之，请缮城屯兵，又括熟户田，诸羌靳之，相率叛。夏人欲得渭地久，又移文来索。后帅张昪以祥贪利生事，请弃之。诏求往视，求以为城已讫役，且已得而弃，非所以强国威。乃诏谕羌众，反其田，报夏人以渭非其有，不应索，正其封疆而还，兵遂解。进天章阁待制，陕西都转运使，加龙图阁直学士、知庆州。

环之定边砦蕃官苏恩，以小过疑惧而遁，将佐议致讨。泾原既出师境上，求谓恩非素携二者，乘以兵，必起边患。但遣裨将从十数卒扣其帐，开以祸福，恩感泣，还砦如初。入判太常寺，权发遣开封府，迁枢密直学士、知定州，复以龙图阁学士权开封。

求本有吏能干局，至是，春秋浸高，且病聩。三司大将钱吉密杀妹，为邻所告，求不能决，反坐告者；又断狱数差失。御史言其不胜任，出知兖州。卒，年七十一。

张景宪，字正国，河南人。以父师德任淮南转运副使。山阳令郑昉赃累巨万，亲戚多要人，景宪首案治，流之岭外，贪吏望风引去。徙京西、东转运使。王逵居郓，专持吏短长，求请贿谢如所欲，景宪上其恶，编置宿州。熙宁初，为户部副使。

韩绛筑抚宁、啰兀两城，帝命景宪往视。始受诏，即言城不可守，固不待到而后知也。未几，抚宁陷。至延安，又言："啰兀邈处孤城，凿井无水，将何以守，臣在道，所见师劳民因之状非一，愿罢徒劳之役，废无用之城，严饬边将为守计。令边郡召生羌，与之金帛、官爵，恐黠羌多诈，缓急或为内应，宜亟止之。"陕西转运司议，欲限半岁令民悉纳钱于官，而易以交子。景宪言："此法可行于蜀耳，若施之陕西，民将无以为命。"其后卒不行。

加集贤殿修撰，为河东都转运使。议者欲分河东为两路，景宪言："本道地肥硗相杂，州县贫富亦异，正宜有无相通，分之不便。"议遂寝，改知瀛州，上言："比岁多不登，民积逋欠。今方小稔，而官督使并偿，道路流言，其祸乃甚于凶岁。愿以宽假。"帝从之，仍下其事。

元丰初年，知河阳。时方讨西南蛮，景宪入辞，因言："小丑跳梁，殆边吏扰之耳。且其巢穴险阻，若动兵远征，万一馈饷不继，则我师坐困矣。"帝曰："卿言是也，然朝廷有不得已者。"明年，徙同州，以太中大夫卒，年七十七。

景宪在仁宗朝为部使者，时吏治尚宽，独多举刺；及熙宁以来，吏治峻急，景宪反济以宽。方新法之行，不劾一人。居官不畏强御，非公事不及执政之门。自负所守，于人少许可，母卒，一夕须发尽白，世以此称之。

窦卞，字彦法，曹州冤句人，进士第二，通判汝州。秦悼王葬汝，宗室来衬者众，役兵三千。郡守林潍以汝与其乡近，因使辇薪刍、铁石致其家。众怨愤，谋杀潍，会日暮门闭，不果，遂挟大校叛。卞启关招谕之，曰："汝曹特醉酒狂呼尔，毋恐。"众少定，乃密推首恶羁之，请于朝，诏潍致仕，悉配徙乱者。

加集贤校理、知太常院，知绛州，开封府推官。方禁销金为衣，皇城卒捕得之，属下治，以中禁为言。奏曰："真宗行此制，自掖廷始，今不正以法，无以示天下，且非祖宗立法意。"英宗曰："然。文王'刑于寡妻，至于兄弟，以御于家邦'，正谓是也。"从其请。

出知深州。熙宁初，河决潭沱，水及郡城，地大震。流民自恩、冀来，踵相接，卞发常平粟食之。吏白擅发且获罪，卞曰："俟请而得报，民死矣。吾宁以一身活数万人。"寻以请，诏许之。外间讹言水大至，卞下令敢言者斩。一日，复报大水且至，吏请闭门，卞不可，既而果妄。时发六州卒筑武强，陈卒惰，主者笞之，不服。卞曰："厢兵犯将校，法不至重，然兴役聚工，不可拘以常法。"命斩之以闻，有诏嘉奖。还为户部判官、同修起居注，进天章阁待制，判昭文馆、将作监。

始，卞官汝时，与殿直王永年相接颇厚，及在京师，永年求监金曜门库，卞为祷提举杨绘，绘荐为之。永年置酒于家，延绘、卞至，出其妻侑饮，且时致薄饷。永年以事系狱死，御史发其私，卞坐夺职，提举灵仙观。卒，年四十五。

张瓌，字唐公，洎之孙也。举进士，以妇父王钦若嫌，召试学士院，赐第，除秘阁校理、同知太常礼院。谥钱惟演曰文墨，其子挝登闻鼓上诉，仁宗使问状，瓌条奏甚切，朝廷不能夺，乃赐谥曰思。温成庙祠享如神御，请杀其礼。

判吏部南曹，为开封府推官、知洪州。营校督役苛急，其徒三百人将以夜杀之。求不获，持铤噪于门，请易校。瓌召问谕遣，明日，推治黠十人，不为易校。积阀当迁，十年不会课，文彦博为言，特迁之。徙两浙转运使，加直史馆、知颖州、扬州，即拜淮南转运使。

三司下诸道责羡财，淮南独上金九钱，三司使怒，移文谯切，瓌以赋数民贫对。入修起居注、知制诰。草故相刘沆赠官制，颇言其附会取显位。沆子瑾帅子弟妇女衰绖诣阙，哭诉瓌挟私怨，且丑诋其人。执政以褒赠乃恩典，瓌不当为贬词，出知黄州，然瑾亦竟不敢请父谥。还判流内铨。英宗时，论第在先朝乞蚤定储副者，进左谏议大夫、翰林侍读学士。刘瑾又讼其判铨日调其子不应法，复出濠州。历应天府、河南、河阳，请为太平州。

瓘平生荐士，后虽不如所举，未尝以令自首，故再坐削阶。当官遇事辄言，触忤势要，至屡黜，终不悔。卒，年七十。

孙瑜，字叔礼，博平人。以父任为将作监主簿，贾昌朝荐为崇文检讨、同知礼院、开封府判官。

使契丹，适西讨捷书至，馆伴要入贺，啖以厚饷，瑜辞以奉使有指，不肯贺。加秘阁校理、两浙转运使。入辞，仁宗访其家世，谓曰："卿孙奭子邪？奭，大儒也，久以道辅朕。"因面赐金紫。

先是，郡县仓庾以斗斛大小为奸，瑜奏均其制，黜吏之亡状者，民大喜。有言其变新器非便，下迁知曹州。寻有言瑜所作量法均一诚便者，乃还其元资，徙知蔡州，毁吴元济像，以其祠事裴度。大水缘城隙入，瑜使囊沙数千捍其冲，城得弗坏。更相、兖、潍、单四州，累官工部侍郎，卒，年七十九。

始，奭之亡，朝廷录其子孙，时瑜之子为诸孙长，瑜曰："吾忍因父丧而官吾子乎？"以兄之孤上之。瑜天资整敏，齐家以严称。善与人交，一受知终身不易。所荐士有过，或教使自言，曰："已知之而复挤之。吾不为也。"

论曰：宋至神宗，承平百余年，风行政成，士皆守官称职，虽上之化，亦下之气习使然也。当时仕于朝廷，出守方岳，持节一道，专对四方者，各有其人，其政迹且多可纪，自颛至瑜是已。颛能折夏人，屈元昊使者；参击贪除害，乃心边事；申锡除凶党，诋权幸；求黜陟吏，禁盗铸；卞以身活人；瓘不贡羡财；景宪因母死而发白；孙瑜不忍以父丧而得官：此其行尤昭昭者欤。

许遵，字仲途，泗州人，第进士，又中明法，擢大理寺详断官、知长兴县。水灾，民多流徙，遵募民出米振济，竟以无患。益兴水利，溉田甚博，邑人便利，立石纪之。

为审刑院详议官，知宿州、登州。遵累典刑狱，强敏明恕。及为登州，执政许以判大理，遵欲立奇以自衒。会妇人阿云狱起。初，云许嫁未行，嫌婿陋，伺其寝田舍，怀刀斫之，十余创，不能杀，断其一指。吏求盗弗得，疑云所为，执而诘之，欲加讯掠，乃吐实。遵按云纳采之日，母服未除，应以凡人论，谳于朝。有司当为谋杀已伤，遵驳言："云被问即承，应为按问。审刑、大理已绞刑，非是。"事下刑部，以遵为妄，诏以赎论。未几，果判大理。耻用议法坐劾，复言："刑部之议非直，云合免所因之罪。今弃敕不用，但引断例，一切按而杀之，塞其自守之路，殆非罪疑惟轻之义。"诏司马光、王安石议。光以为不可，安石主遵，御史中丞滕甫、侍御史钱顗皆言遵所争戾法意，自是廷论纷然。安石既执政，悉罪异己者，遂从遵议。虽累问不承者，亦得为按问。或两人同为盗劫，吏先问左，则按问在左；先问右，则按问在右。狱之生死，在问之先后，而非盗之情，天下益厌其说。

熙宁间，出知寿州，再判大理寺，请知润州，又请提举崇福宫。寻致仕，累官中散大夫。卒，年八十一。

卢士宗，字公彦，潍州昌乐人。举《五经》，历审刑院详议、编敕删定官，提点江西刑狱。侍讲杨安国以经术荐之，仁宗御延和殿，诏讲官悉升殿听其讲《易》。明日，复命讲《泰卦》，又召经筵官及仆射贾昌朝听之。授天章阁侍讲，赐三品服，加直龙图阁、天章阁待制、判流内铨。

李参、郭申锡有决河讼，诏士宗劾之。士宗言两人皆为时用，有罪当验问，不宜逮鞫。于是但黜申锡为州。进龙图阁直学士、知审刑院、通进银台司。

仁宗神主祔庙，礼院请以太祖、太宗为一世，而增一室以备天子事七世之礼。诏两制与礼官考议，孙抃等欲如之。士宗以为："在礼，太祖之庙，万世不毁；其余昭穆，亲尽即毁，示有终也。自汉以来，天子受命之初，太祖尚在三昭、三穆之次，祀四世或六世，其以上之主，属虽尊于太祖，亲尽则迁。故汉元帝之世，瘗太上庙主于国，魏明帝迁处士主于国邑，晋武、惠祔庙，迁征西、豫章府君。大抵迁六世则迁其主，盖太祖已正东向之位，则并三昭三穆为七世矣。唐高祖初祀四世，太宗增祀六世，太宗祔庙则迁弘农府君，高宗祔庙又迁宣宗，皆前世成法，惟明皇九庙祀八世，于事为不经。今大行祔庙，僖祖亲尽当迁，于典礼为合，不当添展一室。"诏抃等再议，卒从八室之说，议者咎之。

出知青州，入辞，英宗曰："学士忠纯之操，朕所素知，岂当久处外。"命再对，及见，论知人安民之要，劝帝守祖宗法。御史言其罕通吏事，且衰病，改沂州。

熙宁初，以礼部侍郎致仕，卒，年七十一。士宗以儒者长刑名之学，而主于仁恕，故在刑部审刑，前后十数年。

钱象先，字资元，苏州人。进士高第，吕夷简荐为国子监直讲，历权大理少卿、度支判官、河北、江东转运使，召兼天章阁侍讲。详定一路敕成，当进勋爵，仁宗以象先母老，欲慰之，独赐紫章服。进待制、知审刑院，加龙图阁直学士，出知蔡州。

象先长于经术，侍迩英十余年，有所顾问，必依经以对，反复讽谕，遂及当世之务，帝礼遇甚渥。故事，讲读官分日迭进，象先已得蔡，帝犹谕之曰："大夫行有日矣，宜讲彻一编。"于是同列罢进者浃日。徙知河南府、陈州，复兼侍讲、知审刑院。

象先旁通法家说，故屡为刑官，条令多所裁定。尝以为犯敕者重，犯令者轻，请移敕文入令者甚众。又议告捕法，以为罪有可去，有可捕，苟皆许捕，则奸人将倚法以害善良，因削去许捕百余事。其持心平恕类此。复知许、颍、陈三州，以吏部侍郎致仕。卒，年八十一。

韩琦，字君玉，卫州汲人。登进士第，知定州安喜县。为政勤力，能使吏不赇，守韩琦称其才。为开封司录。嘉祐宽恤诸道，分遣使者。琦曰："京师诸夏本，顾独不蒙惠乎？"乃具徭役利害上之，诏司马光、陈洙详定条式，遂革大姓渔并之弊。提点利州路、河北刑狱，以开封府判官迎契丹使。使问："南朝不闻打围，何也？"琦曰："我后仁及昆虫，非时不为耳。"

熙宁初，为梓州路转运使。朝廷命诸道议更役法，璹首建并纲减役之制，纲以数计者百二十有八，衙前以人计者二百八十有三，省役人五百。又请裁定诸州衙簿，于是王安石言："璹所言既久为公私病，监司背公养誉，莫之或恤，而独能体上意，宜加赏。"乃下褒诏，且赐帛二百。入为盐铁副使，以右谏议大夫知澶州。坐失举，降太常少卿。河决，昼夜捍御。神宗念其劳，复故官太中大夫，判将作监，转正议大夫致仕。卒，年七十七。

璹吏事绝人，阅按牍，终身不忘，澶州民怀思之。他日，郡守或欲有所为，民必曰："此已经韩太中矣。"以故辄止。

杜纯，字孝锡，濮州鄄城人。少有成人之操，伯父没官南海上，其孤弱，柩不能还。纯白父请往，如期而丧至。

以荫为泉州司法参军。泉有蕃舶之饶，杂货山积。时官于州者私与为市，价十不偿一，惟知州关咏与纯无私买，人亦莫知。后事败，狱治多相牵系，独两人无与。咏犹以不察免，且檄参对。纯愤懑，陈书使者为讼冤，咏得不坐。

熙宁初，以河西令上书言政，王安石异之，引置条例司，数与论事，荐于朝，充审刑详议官。或议复肉刑，先以刖代死刑之轻者，纯言："今盗抵死，岁不减五十，以死惧民，民常不畏，而况于刖乎？人知不死，犯者益众，是为名轻而实重也。"事遂寝。

秦帅郭逵与其属王館成讼，纯受诏推鞫，得韶罪。安石主韶，变其狱，免纯官。韩绛为相，以检详三司会计。安石再来，乃请监池州酒。久之，为大理正。上言："朝廷非不恶告讦，而有讞事者以摘抉隐微，盖京师聚万姓，易以宿奸，于计当然，非扰人也。比来或徒隶鞭笞，或民相怨仇，或意冒告赏，但泛云某有罪，某知状，官不识所逮之囚，囚不省见逮之故。若许有司先计其实，而坐为欺者以诬告，当无不竟矣。"

隰州商尹奇贸温泉矾有羡数，云官润之，寺欲械讯河东。纯曰："奇情止尔，若傅致其罪，恐自是民无复敢货矾，则数百万之储，皆为土石。请姑没其羡而释其人。"曹州民王坦避水患，以车载货入京，征商者以为匿税，寺议窾坦，纯复争之，卿杨汲奏为立异，又废于家。

元祐元年，范纯仁、韩维、王存、孙永交荐之，除河北转运判官。初更役书，司马光称其论议详尽，予之书曰："足下在彼，朝廷无河北忧。"纯因建言："河防旧隶转运，今乃领属都水外丞，计其决溢之变，前日不加多，今日不加少。然出财之司，则常忧费而缓不急；用财之官，则宁过计而无不及，不如使之归一。"后如其言。

召为刑部员外郎、大理少卿，擢侍御史。言者诋其不由科第，改右司郎中，寻知相州，徙徐州、陕西转运使。还，拜鸿胪、光禄卿，权兵部侍郎，谢病，以集贤院学士提举崇福宫，改修撰。卒，年六十四。弟纮。

纮字君章，起进士，为永年令。岁荒，民将他往，召谕父老曰："令不能使汝必无行，若留，能使汝无饥。"皆喜听命。乃官给印券，使称贷于大家，约岁丰为督偿，于是咸得食，无徙者。明年稔，偿不愆素。神宗闻其材，用为大理详断官、检详枢密刑房，修《武经要略》。以职事对，帝翌日语宰相，嘉其论奏明白，未果用。

纮每议狱，必傅经谊。民间有女幼许嫁，未行而养于婿氏，婿氏杀以诬人，吏当如昏法。纮曰："礼，妇三月而庙见，未庙见而死，则归葬于家，示未成妇也。律，定昏而夫犯，论同凡人。养妇虽非礼律，然未成妇则一也。"议乃定。又论："天下囚应死，吏懦不行法，辄以疑谳。夫杀人而以疑谳，是纵民为杀之道也。请治妄谳者。"不从。

擢刑部郎中。元祐初，为夏国母祭奠使。时夏人方修贡，入其国，礼犹倨，迓者至衣毛裘，设王人坐，蒙以氎，且不跪受诏。纮责之曰："天王吊礼甚厚，今不可以加礼。"夏人畏惧加敬。他日，夏使至，请归复侵疆。纮逆之至馆，使欲入见有所陈，纮止之，答语颇不逊。纮曰："国主设有请，必具表中，此大事也，朝廷肯以使人口语为可否乎？"随语连拄之，乃不敢言。

迁司封郎中、大理卿，以直秘阁知齐、邓二州，复为大理卿，权刑部侍郎，加集贤殿修撰，为江淮发运使、知郓州。狱系囚三百人，纮至之旬日，处决立尽。又以刑部召，未至，还之郓。

尝有揭帜城隅，著妖言其上，期为变，州民皆震。俄而草场白昼火，盖所揭一事也，民又益恐。或请大索城中，纮笑曰："奸计正在是，冀因吾胶扰而发，奈何堕其术中？彼无能为也。"居无何，获盗，乃奸民为妖如所揣，遂按诛之。徙知应天府，卒，年六十二。

纮事兄纯礼甚备。在郓州闻讣，泣曰："兄教我成立，今亡不得临，死不瞑矣。"适诣阙，迎其柩于都门，哀动行路。悉以奉钱给寡嫂，推其子恩，官其子若孙一人。宦京师时，里人马随调选，病卧逆旅，纮载与归，医视之。随竟死，为治丧第中。或以为嫌，不自恤，其风义盖天性云。

杜常，字正甫，卫州人，昭宪皇后族孙也。折节学问，无戚里气习。尝跨驴读书，驴嗜草失道，不之觉，触桑木而堕，额为之伤。中进士第，调河阳司法参军事，富弼礼重之。积迁河东转运判官，提点河北刑狱，历兵部左司郎中、太常少卿、太仆太府卿、户工刑吏部侍郎，出知梓州、青、郓、徐州、成德军。

崇宁中，至工部尚书，以龙图阁学士知河阳军。苦旱，及境而雨，大河决，直州西上埽，势危甚。常亲护役，徙处埽上，埽溃水溢，及常坐而止。于是役人尽力，河流遂退，郡赖以安。卒，年七十九。

谢麟，字应之，建州瓯宁人。登第，调会昌令。民被酒夜与仇斗，既归而所亲杀之，因诬仇。麟知死者无子，所亲利其财，一讯得实。再调石首令，县苦江水为患，堤不可御，麟叠石障之，自是人得安堵，号"谢公堤"。

通判辰州。章惇使湖湘，拓沅州，荐麟为守，由太常博士改西上阁门副使。猺贼犯辰溪，麟且捕且招，一方以宁。诏使经制宜州獠，降其种落四千八百人，纳思广洞民千四百室，得铠甲二万，褒赐甚渥。加果州刺史，知荆南、泾、邠二州。

元祐初，复以朝议大夫、直秘阁知潭州，加直龙图阁，历徙江宁、凤翔府、渭桂二州。融江有夷警，将吏议致讨，麟以计平之。戍兵从北来，不能水土，麟部土人使极南，而北兵止屯近郡，赖以全者甚众。卒于官。

王宗望，字磻叟，光州固始人。以荫累擢夔州路转运副使。哲宗即位，行赦赏军，万州弥旬不给。庖卒朱明因众怒，白昼入府宅，伤守臣，左右惊散，他兵籍籍谋兆乱。宗望闻变，自夔疾驱至，先命给赏，然后斩明以徇，且窜视守伤而不救者。乃自劾，朝廷嘉之。历仓部郎中、司农少卿、江淮发运使。

楚州沿淮至涟州，风涛险，舟多溺。议者谓开支氏渠引水入运河，岁久不决，宗望始成之，为公私利。代吴安持为都水使者。自大河有东、北流之异，纷争十年，水官无所适从。宗望谓回河有创立金堤七十里，索缗钱百万，诏从之。右正言张商英论其诞谩，而宗望奏已有成绩，遂增秩三等，加直龙图阁、河北都转运使，擢工部侍郎，以集贤殿修撰知郓州。卒，年七十七。元符中，治其导河东流事，以为附会元祐，追所得恩典云。

王吉甫，字邦宪，同州人。举明经，练习法律，试断刑入等，为大理评事，累迁丞、正、刑部员外郎、大理少卿。

舒亶以官烛引至第，执政欲坐以自盗。吉甫谓不可，执政怒，移狱他所，吉甫亦就辨。亶乃用饮食论罪，不以烛也。南郊起幔城，役卒急于毕事，董役者责之曰：“此殆类白露屋耳。”卒诉之。吏当非所宜言论死。吉甫谓非咒诅不应死，遂求对。神宗怒曰：“得非为白露屋事来邪？”吉甫从容敷陈，不少慑，帝为霁怒，其人得释。苏轼南迁，所过，郡守有延馆之者，走马使上闻，诏鞫之。吉甫议当笞，宰相章惇不悦。吉甫曰：“法如是，难以增加成罪。”卒从笞。太仓火，议诛守者十余人，亦争之，皆得不死。其持论宽平，大抵类此。

请知齐州、梓州。梓在东川为壮藩，户口最盛。转运使欲增折配以取羡余。吉甫谓其僚曰：“民力竭矣，一增之后，不可复减，吾宁贻使者怒，忍为国敛怨、为民基祸哉。”竟却之。历提点梓州路京畿刑狱、开封少尹、知同、邢、汉三州，以中大夫卒，年七十。

吉甫老于为吏，廉介不回，但一于用法，士恨其少缘饰云。

论曰：宋取士兼习律令，故儒者以经术润饰吏事，举能其官。遵惠政及民，而缓登州妇狱，君子谓之失刑。士宗、象先皆执经劝讲，其为刑官，论法平恕，宜哉；踦吏事绝人，民怀其德。纯以微官能著清节，纮议狱必傅经谊，风义蔼然。常坐护危堞，麟定徭、獠，宗望弭万州之变，皆靖至难之事于谈笑间。吉甫一于用法，而廉介不回，有足称云。

卷三百三十一　　列传第九十

孙长卿　周沆　李中师　罗拯　马仲甫
王居卿　孙构　张诜　苏寀　马从先
沈遘 弟辽 从弟括 李大临　吕夏卿
祖无择　程师孟　张问 陈舜俞 乐京 刘蒙 附
苗时中　韩贽　楚建中　张颉　卢革 子秉

孙长卿，字次公，扬州人。以外祖朱巽任为秘书省校书郎。天禧中，巽守雍，命随所取浮图像入见。仁宗方权听天下事，嘉其年少敏占对，欲留侍东宫，辞以母疾。诏迁官知楚州粮料院。郡仓积米五十万，陈腐不可食，主吏皆惧法，毋敢轻去，长卿为酌新旧均溧之，吏罪得免。

通判河南府。秋，大雨，军营坏，或言某众将叛，洛中哗然。长卿驰谕之曰：“天雨败屋庐，未能茸，汝辈岂有欲叛意，得无有乘此动吾军者邪？”推首恶一人诛之，留宿其所，众遂定。诏汰三陵奉先卒，汰者群噪府下，长卿矫制使还，而具言不可汰之故，朝廷为止。知和州，民诉人杀弟，长卿察所言无理，问其赀，曰：“上等也。”“家几人？”曰："惟此弟尔。"曰："然则汝杀弟也。"鞫之，服，郡人神明之。

提点益州路刑狱，历开封盐铁判官、江东淮南河北转运使、江浙荆淮发运使。岁漕米至八百万，或疑其多，长卿曰："吾非欲事羡赢，以备饥岁尔。"议者谓楚水多风波，请开盱眙河，自淮趣高邮，长卿言："地阻山回绕，役大难就。"事下都水。调工数百万，卒以不可成，罢之。时又将弛茶禁而收其征，召长卿议，长卿曰："本祖宗榷茶，盖将备二边之籴，且不出都内钱，公私以为便。今之所行，不足助边籴什一，国用耗矣。"乃条所不便十五事，不从。

改陕西都转运使，逾年，知庆州。州据险高，患无水，盖尝疏引涧谷汲城中，未几复绝。长卿凿百井，皆及泉。泥阳有罗川、马岭，上构危栈，下临不测之渊，过者惴恐。长卿访寻唐故道，辟为通途。加集贤院学士、河东都转运使，拜龙图阁直学士、知定州。

熙宁元年，河北地大震，城郭仓庾皆陨，长卿尽力缮补。神宗知其能，转兵部侍郎，留再任。明年，卒，年六十六。

长卿无文学，而长于政事，为能臣。性洁廉，不以一毫取诸人。定州当得园利八十万，悉归之公。既没，诏中使护其丧归葬。

周沆，字子真，青州益都人。第进士，知渤海县。岁满，县人请留，既报可，而以亲老求监州税。通判凤翔，初置转运判官。沆使江西，求葬亲，改知沂州。历开封府推官。

湖南蛮唐、盘二族寇暴，杀居民，官军数不利，以沆为转运使。沆言："蛮骤胜方骄，未易斗力，宜须秋冬进兵。且其地险气毒，人骁悍，善用铤盾，北军不能确。请选邕、宜、融三州卒三千人习知山川技艺者，径捣其巢，布余兵络山足，出则猎寇之。俟其势穷力屈，乃可顺抚。"朝廷用其策，二族皆降。加直史馆、知潭州。他道兵来戍者，率两期乃代，多死瘴疠，沆清以期为断，戍人便之。

徙河东转运使。民盗铸铁钱，法不能禁，沆高估钱价，铸者以无利，自息。入为度支副使。

侬智高乱定，仁宗命安抚广西，谕之曰："岭外地恶，非贼所至处，毋庸行。"对曰："君命，仁也；然远民罹涂炭，当布宣天子德泽。"遂往，遍行郡邑。民避寇弃业，吏用常法，满半岁则听人革佃。沆曰："是岂与凶年诡征役者同科？"奏申其期。擢天章阁待制、陕西都转运使，改河北。

李仲昌建六塔河之议，以为费省而功倍。诏沆行视，沆言："近计塞商胡，本度五百八十万工，用薪刍千六百万；今才用功一万，薪刍三百万。均一河也，而功力不相侔如是，盖仲昌先为小计，以来兴役尔。况所复新渠，视河广不能五之一，安能容受？此役若成，河必泛溢，齐、博、滨、棣之民其鱼矣。"既而从初议，河塞复决，如沆言。

又徙河东转运使，迁龙图阁直学士、知庆州。召知通进银台司、判太常寺。英宗既即位，契丹贺乾元节使至，沆馆客，欲取书柩前，使者以非典故，不可。沆折之曰："昔贵国有丧，吾使至柳河即反，今听于几筵达命。恩礼厚矣，尚何云？"使者立授书。朝廷未知契丹主年，沆乘间杂他语以问，得其实，使者悔之曰："今复应兄事南朝矣。"

进枢密直学士、知成德军。俗多弃亲事佛。沆阅按，斥数千人还其家。以户部侍郎致仕，卒，年六十九。

李中师，字君锡，开封人。举进士，陈执中荐为集贤校理、提点开封府界。境多盗，中师立赏格，督吏分捕，尽得之。进秩，辞不受，乃擢度支判官，为淮南转运使。两浙饥，移淮粟振赡，僚属议勿与，中师曰："朝廷视民，淮、浙等尔。"卒与之。徙河东，入为度支副使，拜天章阁待制、陕西都转运使，知澶州、河南府。召权三司使、龙图阁直学士，复为河南。前此多大臣居守，委事掾幕，吏习弛缓，中师一以严整齐之。号为治办。然用法刻深，烦碎无大体，唯厚结中人。

初，神宗尝对宰相称其治状，富弼曰："陛下何从知之？"帝默然。中师衔弼沮已，及再至，弼已老，乃籍其户，令出免役钱与富民等。又希司农指，多取余，视他处为重，洛人怨之。朝廷以中师率先推行，召为群牧使。乞废河南、北监牧，省国费，而养马于民，不报。后竟行其说，民不堪命。权发遣开封府，卒，年六十一。有女嫁陈执中子世儒，坐夫事诛死。

罗拯，字道济，祥符人。第进士，历官知荣州。州介两江间，每江涨，辄犯城郭，拯作东西二堤除其患。选知秀州，为江西转运判官、提点福建刑狱。泉州兴化军水坏庐舍，拯请勿征海运竹木，经一年，民居皆复其旧。

迁转运使。邵武之光泽不榷酒，以课赋民，号"黄麴钱"，拯均之他三邑，人以为便。改江、淮发运副使。江、淮故无积仓，漕船系岸下，俟籴入乃得行，盖官吏以淮南不受陈粟为逃谴计。拯始请凡米至而不可上供者，以廪军，又贮浙西米于润仓以时运，自是漕增而费省。转为使。

拯使闽时，泉商黄谨往高丽，馆之礼宾省，其王云自天圣后职贡绝，欲命使与谨俱来。至是，拯以闻，神宗许之，遂遣金悌入贡。高丽复通中国自兹始。加天章阁待制。居职七年，徙知永兴军、青、颍、秦三州，卒，年六十五。

拯性和柔，不与人校曲直。为发运使时，与副度公弼不协。公弼徙他道，御史劾其贷官钱，拯力为辨理。钱公辅为谏官，尝论拯短，而公辅姻党多在拯部内，往往荐进之。或讥以德报怨，拯曰："同僚不协，所见异也；谏官所言，职也。又何怨乎？"时论服其长者。

马仲甫，字子山，庐江人，太子少保亮之子也。举进士，知登封县。辕道险厄，遂佣民凿平为坦途，人便其行，为刻石颂美。通判赵州，知台州，为度支判官。

内侍杨永德言漕舟淮、汴间，惟水递铺为便。诏仲甫偕往订可否，还言其害十余条，议遂格。出为夔路转运使。岁饥，盗粟者当论死，仲甫请罪减一等，诏须奏裁。复言："饥羸拘囚，比得报，死矣，请决而后奏。"

徙使淮南。真、扬诸州地狭，出米少，官籴之多，价常踊登，滨江米狼戾，而农无所售。仲甫请移籴以纾其患，两益于民，从之。遂繇户部判官为发运使。自淮阴径泗上，浮长淮，风波覆舟，岁罹其患。仲甫建议凿洪泽渠六十里，漕者之便。

拜天章阁待制、知瀛州秦州。古渭介青唐之南，夏人在其北，中通一径，小警则路绝。仲甫得筚栗城故址，自鸡川砦筑堡，北抵南谷，环数百里为内地，诏赐名甘谷堡。故时羌人入城贸易，皆僦邸，仲甫设馆处之，阳示礼厚，实闲之也。

熙宁初，守亳、许、扬三州，纠察在京刑狱，知通进、银台司，复为扬州，提举崇禧观，卒。

王居卿，字寿明，登州蓬莱人，以进士至知齐州，提举夔路京东刑狱、盐铁判官。建言商贾转百货市塞上者，听以家赀抵于官，为给长券，至卖所，并输征税直，公私便之。

出知扬州，改京东转运使。青州河贯城中，苦泛溢为病，居卿即城立飞梁，上设楼橹，下建门，以时闭启，人诵其智。徙河北路。河决曹村，居卿立软横二埽以遏怒流，而不与水争。朝廷赏其功，建以为都水法。召拜户部副使、提举市易，擢天章阁待制、河北都转运使。知秦州、太原府，卒，年六十二。居卿俗吏，特以言利至从官。

孙构字绍先，博平人。中进士第，为广济军判官，岁入圭田粟六百石，构止受百石，余以畀学官。久之，知黎州，夷年墨败扰边，用间杀之。蜀帅吕公弼上其事，擢知真州。凶岁得盗，令名指党伍，悉置诸法，境内为清。

迁度支判官。夔州部夷梁承秀、李光吉、王兖导生獠入寇，转运判官张诜请诛之。选构为使，倍道之官，至则遗渝州豪杜安行募千人往袭，自督官军及黔中兵击其后，斩承秀，入讨二族，火其居。余众保黑崖岭，黔兵从间道夜噪而进，光吉坠崖死，兖自缚降。以其地建南平军。录功加直昭文馆。

徙湖北转运使。章惇兴南、北江蛮事，构谕降懿、洽二州，纳归附州十四。初，渡辰溪，舟毁而溺，得援者仅免，神宗悯之。赐帛三百。北江酋彭师晏常持向背，构知向水酋彭儒武与有隙，檄使攻之。师晏降，得其下溪州地，五溪皆平。进集贤殿修撰，赐三品服。交阯入寇，拜右谏议大夫、知桂州，声言将掎角捣其巢穴，寇闻引去。以疾提举崇福宫，换太中大夫，卒，年六十四。

构喜功名，勇于建立，西南边事自此始云。

张诜，字枢言，建州浦城人。第进士，通判越州。民患苦衙前役，诜科别人户，籍其当役者，以差人钱为雇人充，皆以为便。知襄邑县，擢夔路转运判官。录辟土之功，加直集贤院，改陕西转运副使。召对，帝曰："朕未识卿，每阅章奏，独卿与蔡挺有所论请，使人了然。寻当以帅事相属。"及入辞，赐服金紫。

明年，直龙图阁、知秦州。前此将吏贪功，多从羌地猎射，因起边患。诜至，申令毋得犯，得一人，斩诸境上，群羌感悦，迁天章阁待制、知熙州。董毡遣鬼章逼岷州，诜往讨，董毡迎战，破之于错凿城，斩首万级。

元丰初，加龙图阁直学士、知成都府，徙杭州。将行，复命权经略熙河事，趣使倍道行。时仓卒治戎，有司计产调夫，户至累首，民多流亡。诜中途诉其状，乞敕剑外招携之，不报。会灵武师罢，乃赴杭，道过京师，帝访以西事，对曰："彼势虽弱，而我师未锐，边衅未彻，愿以岁月图功。"累官正议大夫，卒，年七十二。

诜性孝友，廉于财，平生不殖田业。既建拓泸夷地被进用后，虽有善言可纪，终不谅清议云。

苏寀字公佐，磁州滏阳人。擢第，调充州观察推官，受知于守杜衍。为大理详断官。民有母改嫁而死，既葬，辄盗其柩归袝，法当死。寀曰："子取母袝父，岂与发冢取财等？"请而生之。

迁审刑院详议、御史台推直官，知单州，提点梓州益州路刑狱、利路转运使。文州岁市羌马，轻转买蜀货，猾驵上下物价，肆为奸渔。寀议置折博务，平货直以易马，宿弊顿绝。

入判大理寺，为湖北、淮南、成都路转运使，擢侍御史知杂事，判刑部。使契丹，还及半道，闻英宗晏驾，契丹置宴仍用乐，寀谓送者曰："两朝兄弟国家，君臣之义，吾与君等一也。此而可忍，孰不可忍。"遂为之彻乐。

进度支副使，以集贤殿修撰知凤翔。还，纠察在京刑狱，又出知潭州、广州，累转给事中，知河南府，无留讼。入知审刑院，卒。寀长于刑名，故屡为法官，数以谳议受诏奖焉。

马从先，字子野，祥符人。少尽力于学。父当任子，推以与其弟。由进士累官太常少卿、知宿州。宿在淮、汴间，素难治，从先以囊博者、重坐者厚赏以求盗。禁屠牛、铸钱，严甚。大水，发廪振流亡，全活数十万。代还，知寿州，以老辞，英宗谕遣之曰："闻卿治行籍甚，寿尤重于宿，姑为朕往。"既至，治如曩时。由太子宾客转工部侍郎致仕。从先性整严，虽盛夏不袒跣。晚学佛，预言其终时，年七十六而卒。

论曰：长卿性务廉洁，以能臣称，中师用法刻深，以治辨称，虽均为材吏，而优劣自见。拯与仲甫俱能为国兴利除害。构始开西南边，诜遂拓泸夷遂进用，虽有他善，而不能道清议。至于沈决河议，绥远民，折邻使，历有可称述者，其最优欤。

沈遘，字文通，钱塘人，以荫为郊社斋郎。举进士，廷唱第一，大臣谓已官者不得先多士，乃以遘为第二。通判江宁府，归，奏《本治论》。仁宗曰："近献文者率以诗赋，岂若此十篇之书为可用也。"除集贤校理，顷之，修起居注，遂知制诰。以父扶坐事免，求知越州，徙杭州。

为人疏隽博达，明于吏治，令行禁止。民或贫不能葬，给以公钱，嫁孤女数百人，倡优养良家子者，夺归其父母。善遇僚寀，皆甘乐倾尽为之耳目，刺间巷长短，纤悉必知，事来立断。禁捕西湖鱼鳖，故人居湖上，蟹夜入其篱间，适有客会宿，相与食之，旦诣府，遘迎语曰："昨夜食蟹美乎？"客笑而谢之。小民有犯法，情稍不善者，不问法轻重，辄刺为兵，奸猾屏息。提点刑狱鞫真卿将按其状，遘为稍弛，而刺者复为民。

嘉祐遗诏至，为次于外，不饮酒食肉者二十七日。召知开封府，迁龙图阁直学士，治如在杭州。备作视事，逮午而毕，出与亲旧还往，从容燕笑，沛然有余暇，士大夫交称其能。拜翰林学士、判流内铨。丁母忧，英宗闵其去，赉黄金百两，仍命扶丧归苏州。既葬，庐墓下，服未竟而卒，年四十，世咨惜之。弟辽，从弟括。

辽字睿达，幼挺拔不群，长而好学尚友，傲睨一世。读左氏、班固书，小摹仿之。辄近似，乃锄植纵舍，自成一家。趣操高爽，缥缥然有物外意，绝不喜进取。用兄任监寿州酒税。吴充使三司，荐监内藏库。熙宁初，分审官建西院，以为主簿，时方重此官，出则奉使节度。辽故受知于王安石，安石尝与诗，有"风流谢安石，潇洒陶渊明"之称。至是当国，更张法令，辽与之议论，寝口沸意，日益见疏，于是坐与其长不相能，罢去。

久之，以太常寺奉礼郎监杭州军资库，转运使使摄华亭县。他使者适有凤憾，思中以文法，因县民忿争相牵告，辞语连及，遂文致其罪。下狱引服，夺官流永州，遭父忧不得释。更赦，始徙池州。留连江湖间累年，益偃蹇傲世。

既至池，得九华、秋浦间，玩其林泉，喜曰："使我自择，不过尔耳。"既筑室于齐山之上，名曰云巢，好事者多往游。

辽追悔平生不自贵重，悉谢弃少习，杜门隐几，虽笔砚亦埃尘竟日。间作为文章，雄奇峭丽，尤长于歌诗，曾巩、苏轼、黄庭坚皆与唱酬相往来，然竟不复起，元丰末，卒，年五十四。

括字存中，以父任为沭阳主簿。县依沭水，乃职方氏所书"浸曰沂、沭"者，故迹漫为污泽，括新其二坊，疏水为百渠九堰，以播节原委，得上田七千顷。

擢进士第，编校昭文书籍，为馆阁校勘，删定三司条例。故事，三岁郊丘之制，有司按籍而行，藏其副，吏沿以干利。坛下张幔，距城数里为园囿，植采木、刻鸟兽绵络其间。将事之夕，法驾临观，御端门、陈仗卫以阅严警，游幸登赏，类非斋祠所宜。乘舆一器，而百工侍役者六七十辈。括考礼沿革，为书曰《南郊式》。即诏令点检事务，执新式从事，所省万计，神宗称善。

迁太子中允、检正中书刑房、提举司天监，日官皆市井庸贩，法象图器，大抵漫不知。括始置浑仪、景表、五壶浮漏，招卫朴造新历，募天下上太史占书，杂用士人，分方技科为五，后皆施用。加史馆检讨。

淮南饥，遣括察访，发常平钱粟，疏沟渎，治废田，以救水患。迁集贤校理，察访两浙农田水利，迁太常丞、同修起居注。时大籍民车，人未谕县官意，相挻为忧；又市易司患蜀盐之不禁，欲尽实私井而辇解池盐给之。言者论二事如织，皆不省，括侍帝侧，帝顾曰："卿知籍车乎？"曰："知之。"帝曰："何如？"对曰："敢问欲何用？"帝曰："北边以马取胜，非车不足以当之。"括曰："车战之利，见于历世。然古人所谓兵车者，轻车也，五御折旋，利于捷速。今之民间辐车重大，日不能三十里，故世谓之太平车，但可施于无事之日尔。"帝喜曰："人言无及此者，朕当思之。"遂问蜀盐事，对曰："一切实私井而运解盐，使一出于官售，诚善。然忠万、戎、泸间夷界小井尤多，不可猝绝也，势须列候加警，臣恐得不偿费。"帝领之。明日，二事俱寝。擢知制诰，兼通进、银台司，自中允至是才三月。

为河北西路察访使。先是，银冶，转运司置官收其利，括言："近宝则国贫，其势必然；人众则囊橐奸伪何以检颐？朝廷岁遗契丹银数千万，以其非北方所有，故重而利之。昔日银城县、银坊城皆没于彼，使其知凿山之利，则中国之币益轻，何赖岁饷，邻衅将自兹始矣。"

时赋近畿户出马备边，民以为病，括言："北地多马而人习骑战，犹中国之工强弩也。今舍我之长技，强所不能，何以取胜？"又边人习兵，唯以挽强定最，而未必能贯革，谓宜以射远入坚为法。如是者三十一事，诏皆可之。

辽萧禧来理河东黄嵬地，留馆不肯辞，曰："必得请而后反。"帝遣括往聘。括诣枢密院阅故牍，得顷岁所议疆地书，指古长城为境，今所争盖三十里远，表论之。帝以休日开天章阁召对，喜曰："大臣殊不究本末，几误国

事。"命以画图示禧，禧议始屈。赐括白金千两使行。至契丹庭，契丹相杨益戒来就议，括得地讼之籍数十，预使吏士诵之，益戒有所问，则顾吏举以答。他日复问，亦如之。益戒无以应，谩曰："数里之地不忍，而轻绝好乎？"括曰："师直为壮，曲为老。今北朝弃先君之大信，以威用其民，非我朝之不利也。"凡六会，契丹知不可夺，遂舍黄嵬而以天池请。括乃还，在道图其山川险易迂直，风俗之纯庞，人情之向背，为《使契丹图抄》上之。拜翰林学士、权三司使。

尝白事丞相府，吴充问曰："自免役令下，民之诋訾者今未衰也，是果于民何如？"括曰："以为不便者，特士大夫与邑居之人习于复除者尔，无足恤也。独徵户本无力役，而亦使出钱，则为可念。若悉弛之，使一无所预，则善矣。"充然其说，表行之。

蔡确论括首鼠乖刺，阴害司农法，以集贤院学士知宣州，明年，复龙图阁待制、知审官院，又出知青州，未行，改延州。至镇，悉以别赐钱为酒，命廛市良家子驰射角胜，有轶群之能者，自起酌酒以劳之，边人欢激，执弓傅矢，唯恐不得进。越岁，得彻札超乘者千余，皆补中军义从，威声雄他府。以副总管种谔西讨援银、宥功，加龙图阁学士。朝廷出宿卫之师来戍，赏赉至再而不及镇兵。括以为卫兵虽重，而无岁不战者，镇兵也。今不均若是，且召乱。乃藏敕书，而矫制赐赏缣钱数万，以驿闻。诏报之曰："此右府颁行之失，非卿察事机，必扰军政。"自是，事不暇请者，皆得专之。蕃汉将士自皇城使以降，许承制补授。

谔师次五原，值大雪，粮饷不继，殿直刘归仁率众南奔，士卒三万人皆溃入塞，居民怖骇。括出东郊饯河东归师，得奔者数千，问曰："副都总管遣汝归取粮，主者为何人？"曰："在后。"即谕各令归屯。及暮，至者八百，未旬日，溃卒尽还。括出按兵，归仁至，括曰："汝归取粮，何以不持军符？"归仁不能对，斩以徇。经数日，帝使内侍刘惟简来诘叛者，具以对。

大将景思谊、曲珍拔夏人磨崖葭芦浮图城，括议筑石堡以临西夏，而给事中徐禧来，禧欲先城永乐。诏禧护诸将往筑，令括移府并塞，以济军用。已而禧败没，括以夏人袭绥德，先往救之。不能援永乐，坐谪均州团练副使。元祐初，徙秀州，继以光禄少卿分司，居润八年卒，年六十五。

括博学善文，于天文、方志、律历、音乐、医药、卜算，无所不通，皆有所论著。又纪平日与宾客言者为《笔谈》，多载朝廷故实、耆旧出处，传于世。

李大临，字才元，成都华阳人。登进士第，为绛州推官。杜衍安抚河东，荐为国子监直讲、睦亲宅讲书。文彦博荐为秘阁校理。考试举人，误收失声韵者，责监滁州税。未几，还故职。

仁宗尝遣使赐馆阁官御书，至大临家，大临贫无皂隶，方自秣马，使者还奏，帝曰："真廉士也。"以亲老，请知广安军，徙邛州。还，为群牧判官、开封府推官。

神宗雅知其名，擢修起居注，进知制诰、纠察在京刑

狱。言青苗法有害无益，王安石怒。会李定除御史，宋敏求、苏颂相继封还词命，次至大临，大临亦还之。帝批："去岁诏书，台官不拘官职奏举，后未审更制也。"颂、大临合言："故事，台官必以员外郎、博士，近制但不限此，非谓选人亦许之也。定以初等职官超朝籍，躐宪台，国朝未有。幸门一开，名器有限，安得人人满其意哉。"复诏谕数四，颂、大临故争不已，乃以累格诏命，皆归班，大临以工部郎中出知汝州。

辰溪贡丹砂，道叶县，其二箧化为双雉，斗山谷间。耕者获之，人疑为盗，械送于府。大临识其异，讯得实，释耕者。徙知梓州，加集贤殿修撰，复天章阁待制。甫七十，致仕七年而卒。

大临清整有守，论议识大体，因争李定后名益重，世并宋敏求、苏颂称为"熙宁三舍人"云。

吕夏卿，字缙叔，泉州晋江人。举进士，为江宁尉。编修《唐书》成，直秘阁、同知礼院。仁宗选任大臣，求治道，夏卿陈时务五事，且言："天下之势，不能常安，当于未然之前救其弊；事至而图，恐无及已。"朝廷颇采其策。

英宗世，历史馆检讨、同修起居注、知制诰。帝尝访以政，对曰："两朝不惜金帛以和二边，脱民锋镝之祸，古未有也。愿勿失前好。"出知颍州，得奇疾，身体日缩，卒时才如小儿，年五十三。

夏卿学长于史，贯穿唐事，博采传记杂说数百家，折衷整比。又通谱学，创为世系诸表，于《新唐书》最有功云。

祖无择，字择之，上蔡人。进士高第。历知南康军、海州，提点淮南广东刑狱、广南转运使，入直集贤院。时封孔子后为文宣公，无择言："前代所封曰宗圣，曰奉圣，曰崇圣，曰恭圣，曰褒圣；唐开元中，尊孔子为文宣王，遂以祖谥而加后嗣，非礼也。"于是下近臣议，改为衍圣公。

出知袁州。自庆历诏天下立学，十年间其敝徒文具，无命教之实。无择首建学官，置生徒，郡国弦诵之风，由此始盛。同修起居注、知制诰，加龙图阁直学士、权知开封府，进学士，知郑、杭二州。

神宗立，知通进、银台司。初，词臣作诰命，许受润笔物。王安石与无择同知制诰，安石辞一家所馈不获，义不欲取，置诸院梁上。安石忧去，无择用为公费，安石闻而恶之。熙宁初，安石得政，乃讽监司求无择罪。知明州苗振以贪闻，御史王子韶使两浙，廉其状，事连无择。子韶，小人也，请遣内侍自京师逮赴秀州狱。苏颂言无择列侍从，不当与故吏对曲直，御史张戬亦救之，皆不听。及狱成，无贪状，但得其贷官钱、接部民坐及乘船过制而已。遂谪忠正军节度副使。安石犹为帝言："陛下遣一御史出，即得无择罪，乃知朝廷有事但不为，未有为之而无效者。"寻复光禄卿、秘书监、集贤院学士，主管西京御史台，移知信阳军，卒。

无择为人好义，笃于师友，少从孙明复学经术，又从穆修为文章。两人死，力求其遗文汇次之，传于世。以言语政事为时名卿，用小累锻炼放弃，讫不复振，士论惜之。

论曰：沈遘以文学致身，而长于治才。沈括博物洽闻，贯乎幽深，措诸政事，又极开敏。吕夏卿号称史才，尤精谱谍之学。宋之缙绅，士各精其能，学不苟且，故能然也。李大临官居缴驳，克举其职；祖无择治郡所至，能修校官，是皆班班可纪者。然大临以论李定绌，无择以忤安石废弃终身，即是亦足以知二人之贤矣。

程师孟，字公闢，吴人。进士甲科。累知南康军、楚州，提点夔路刑狱。泸戎数犯渝州，边使者治所在万州，相去远，有警率浃日乃至，师孟奏徙于渝。夔部无常平粟，建请置仓，适凶岁，振民不足，即矫发他储，不俟报。吏惧，白不可。师孟曰："必俟报，饿者尽死矣。"竟发之。

徙河东路。晋地多土山，旁接川谷，春夏大雨，水浊如黄河，俗谓之"天河"，可溉灌。师孟出钱开渠筑堰，淤良田万八千顷，裒其事为《水利图经》，颁之州县。为度支判官，知洪州，积石为江堤，浚章沟，揭北闸以节水升降，后无水患。

判三司都磨勘司。接伴契丹使，萧惟辅曰："白沟之地当两属，今南朝植柳数里，而以北人渔界河为罪，岂理也哉？"师孟曰："两朝当守誓约，涿郡有案牍可覆视，君舍文书，腾口说，遽欲生事耶？"惟辅愧谢。

出为江西转运使。盗发袁州，州吏为耳目，久不获。师孟械吏数辈送狱，盗即成擒。加直昭文馆、知福州。筑子城，建学舍，治行最东南。徙广州，州城为侬寇所毁，他日有警，民骇窜，方伯相踵至，皆言土疏恶不可筑。师孟在广六年，作西城。及交阯陷邕管，闻广守备固，不敢东。时师孟已召还，朝廷念前功，以为给事中、集贤殿修撰、判都水监。

贺契丹生辰，至涿州，契丹命席，迎者正南向，涿州官西向，宋使介东向。师孟曰："是卑我也。"不就列。自日昃争至暮，从者失色，师孟辞气益厉，叱候者易之，于是更与迎者东西向。明日，涿人饯于郊，疾驰过不顾；涿人移雄州，以为言，坐罢归班。复起知越州、青州，遂致仕，以光禄大夫卒，年七十八。

师孟累领剧镇，为政简而严，罪非死者不以属吏。发隐擿伏如神，得豪恶不逞跌宕者，必痛惩艾之，至剿绝乃已，所部肃然。洪、福、广、越为生立祠。

张问，字昌言，襄阳人也。进士起家，通判大名府。群牧地在魏，岁久冒入于民，有司按旧籍括之，地数易主，券不明，吏苟趣办，持诏书予人田，至毁室庐、发丘墓。问至，则曰："是岂朝廷意耶？"其上以闻。仁宗谕大臣曰："吏用心悉如何，何患赤子之不安也。"立罢之。

擢提点河北刑狱。大河决，议筑小吴，问言："曹村、小吴南北相直，而曹村当水冲，赖小吴堤薄，水溢北出，故南堤无患。若筑小吴，则左强而右伤，南岸且决，水并京畿为害，独可于孙、陈两埽间起堤以备之耳。"诏付水官议，久不决，小吴卒溃。

徙江东、淮南转运使，加直集贤院、户部判官，复为河北转运使。所部地震，河再决，议者欲调京东民三十万，自澶筑堤抵乾宁。问言："堤未能为益，灾伤之余，力役劳民，非计也。"神宗从之。问十年不奏考课，诏特迁其官，入为度支副使，拜集贤殿修撰、河东转运使。坐误军须，贬知光化军，未几，复使河北。诸葛公权之乱，郡县株蔓，连逮至数百千人，问上疏申理，止诛首恶。

熙宁末，知沧州。自新法行，问独不阿时好。岁饥，为帝言民苟免常平、助役之苦，反以得流亡为幸，语切直惊人。元丰定官制，王安礼荐问可任六曹侍郎，帝以其好异论，不用。历知河阳、潞州。元祐初，为秘书监、给事中，累官正议大夫，卒，年七十五。

问处己廉洁，尝仕鄜延幕府，与种世衡善，父丧，世衡遗汝州田十顷，辞弗受。使归，未至而世衡卒。其子古，用父治命，亦不纳田，芜秽者三十年。后汝守请以给学，朝廷命反诸种氏。

熙宁时，有陈舜俞、乐京、刘蒙，亦以役法废黜。

舜俞，字令举，湖州乌程人。博学强记。举进士，又举制科第一。熙宁三年，以屯田员外郎知山阴县，诏俟代还试馆职。舜俞辞曰："爵禄名器，砥砺多士，宜示以至神，乌可要期如付剂契？"缴中书帖上之。

青苗法行，舜俞不奉令，上疏自劾曰："民间出举财物，取息重止一倍，约偿缗钱，而谷粟、布缕、鱼盐、薪蒉、耰锄、釜锜之属，得杂取之。朝廷募民贷取，有司约中熟为价，而必偿缗钱，欲如私家杂偿他物不可得，故愚民多至卖田宅、质妻孥。有识耆老，戒其乡党子弟，未尝不以贯贷为苦。祖宗著令，以财物相出举，任从书契，官不为理。其保全元元之意，深远如此。今诱之以便利，督之以威刑，方之旧法，异矣。诏谓振民乏绝而抑兼并，然使十户为甲，浮浪无根者毋得给俵，则乏绝者已不蒙其惠。此法终行，愈为兼并地尔。何以言之？天下之有常平，非能人人计口受俸，但榷谷价贵贱之柄，使积贮者不得深藏以邀利尔。今散为青苗，唯恐不尽，万一饥馑荐至，必有乘时贵籴者，未知将何法以制之？官制既放钱取息，富室藏镪，坐待邻里逋欠之时，田宅妻孥随欲而得，是岂不为兼并利哉。虽分为夏秋二科，而秋放之月与夏敛之期等，夏放之月与秋敛之期等，不过展转计息，以给为纳，使吾民终身以及世世，每岁两输息钱，无有穷已。是别为一赋以敝海内，非王道之举也。"奏上，责监南康军盐酒税，五年而卒。

舜俞始尝齐官归，居秀之白牛村，自号白牛居士。已而复出，遂贬死。苏轼为文哭之，称其"学术才能，兼百人之器，慨然将以身任天下之事，而人之所以周旋委曲、辅成其天者不至。一斥不复，士大夫识与不识，皆深悲之"云。

京，荆南人。为布衣时，乡里称其行义，事母至孝。妻张氏家绝，挟女弟自随，京未尝见其面。妻死，京寝食于外，为嫁之。嘉祐初，诏访遗逸，以荐闻，得校书郎，为湖阳、赤水二县令。神宗求言，京上疏以畏天保民为请。知长葛县。助役法行，京曰："提举常平官言不便。"使之条析，又不报，且不肯治县事，自列丐去。提举官劾之，诏夺著作佐郎。经十年，乃复官，监黄州酒税，以承议郎致仕。元祐初，召赴阙，不至，终于家。

蒙字子明，渤海人。耻为词赋，不肯举进士；习茂才异等，又不欲自售。都转运使刘庠举遗逸，召试第一，知湖阳县。常平使者召会诸县令议免役法，蒙为不便，不肯与议，退而条上其害，即投劾去，亦夺官。归乡教授，养亲讲学，从游甚众。元丰二年，卒，才年四十。门人朋友诔其行，号曰正思先生。元祐初，赐其家帛五十匹。

苗时中，字子居，其先自壶关徙宿州。以荫主宁陵簿。邑有古河久陿，请开导以溉田，为利甚博，人谓之苗公河。

调潞州司法参军。郡守欲入一囚于死，执不可。守怒，责甚峻，时中曰："宁归田里，法不可夺。"守悟而听之。熙宁中，以司农丞使梓州路，密荐能吏十人，后皆进用，人卒莫之知。

交人犯边，擢广西转运副使。师讨交人罪，次富良江，久不进。时中曰："师无进讨意，贼必从间道来，乘我不备，冀万一之胜，势穷然后降耳。"密备之，既而果从上流来，战败，始纳款。

徙梓州转运副使。韩存宝讨蛮乞弟，逗遛不行。时中曰："师老矣，将士暴露，非计之善者。"存宝不听，卒坐诛。林广代存宝。乞弟既降，复逸去，将士相视失色。及暮，刁斗不鸣，时中问广，广曰："既失贼，故纵兵追之，不暇恤尔。"时中曰："天子以十万众相付，岂以一死为勇耶。今入异境，变且不测。"广悟，亟止追者，整军以进。会得诏班师，军行，时中以粮道远，创为摺运法，食以不乏。迁两阶，为发运副使、河东转运使，加直龙图阁、知桂州，进宝文阁待制，至户部侍郎，卒。

韩赞，字献臣，齐州长山人。登进士第，至殿中侍御史。坐微累，黜监江州税。道除知睦州，复为侍御史。荆湖灾，出持节安抚。湘中自马氏擅国，计丁输米，身死产竭不得免，赞奏除之。改知谏院，进天章阁待制。宰相梁适以私容奸，狄青起卒伍、位枢密，内侍王守忠迁官不次，皆举劾无所讳。

出知沧、瀛二州，迁龙图阁直学士、河北都转运使。河决商胡而北，议者欲复之。役将兴，赞言："北流既安定，骤更之，未必能成功。不若开魏金堤使分注故道，支为两河，或可纾水患。"诏遣使视相，如其策，才役三千人，几月而毕。入判都水监，权开封府，政简而治。知河南府，建永厚陵，费省而不扰，神宗称之。还知审刑院、纠察在京刑狱，知徐州，以吏部侍郎致仕。

赞性行淑均，平居自奉至约，推所得禄赐买田赡族党，赖以活者殆百数。退休十五年，谢绝人事，读书赋诗以自娱。年八十五，卒。

楚建中，字正叔，洛阳人。第进士，知荥河县。民苦盐税不平，建中约田多寡以为轻重。主管鄜延经略机宜文字。夏人来正土疆，往莅其事，众暴至，两骑傅矢引满向之，建中披腹使射，曰："吾不惮死。"骑即去，众服其量。元昊归款，建中白府请筑安定、黑水八堡以控东道，夏人果来，闻有备，不敢入。累迁提点京东刑狱、盐铁判官。昭陵建，命裁定调度，省数十万计。历夔路、淮南、京西转运使，进度支副使。

神宗用事西鄙，以建中尝为边臣所荐，召欲用之，言不合旨，出知沧州。久之，为天章阁待制、陕西都转运使，知庆州、江宁、成德军，以正议大夫致仕。元祐初，文彦博荐为户部侍郎，不拜。卒，年八十一。

张颉，字仲举，其先金陵人，徙鼎州桃源。第进士，调江陵推官。岁旱饥，朝廷遣使安抚，颉条献十事，活数万人。知益阳县，县接梅山溪峒，多蛮獠出没，颉按禁地约束，召徭人耕垦，上其事，不报。累迁开封府判官、提点江西刑狱、广东转运使。

熙宁中，章惇取南江地，建沅、懿等州，克梅山，与杨光僭为敌。颉居忧于鼎，移书朝贵，言南江杀戮过甚，无辜者十八九，浮尸蔽江，民不食鱼者数月。惇疾其说，欲分功咎之。乃言曰："颉昔令益阳，首建梅山之议，今日成功，权舆于颉。"诏赐绢三百匹。寻擢江、淮制置发运副使，改知荆南，复徙广西转运使。时建广源为顺州，将城之，颉谓无益，朝廷从其议。坐捽骂参军沈竦罢归。

未几，以直集贤院知齐、沧二州，进直龙图阁、知桂州。入觐，帝首言："卿乡者论顺州不可守，信然。"时有献言者谓："海南黎人陈被盖五洞酋领，异时盛强，且为中国患。今请出兵自效，宜有以抚纳之。"命颉处其事。颉使一介往呼之。出，补以牙校，喜而去。诏问何赏之薄，对曰："荒徼蛮蜒无他觊，得是足矣。"寻罢兵，海外讫无事。

久之，转运使马默劾其经理宜州蛮事失宜，罢职知均州。哲宗立，还故职，知凤翔、广州，召为户部侍郎。

颉所历以严致理，而深文狡狯。右司谏苏辙论其九罪，执政以颉虽无德而才可用，不报。逾年，以宝文阁制出为河北都转运使，徙知瀛州。湖北溪徭畔，朝廷托颉素望，复徙知荆南，至都门，暴卒。

卢革，字仲辛，湖州德清人。少举童子，知杭州马亮见所为诗，嗟异之。秋，贡士，密戒主司勿遗革。革闻，语人曰："以私得荐，吾耻之。"去弗就。后二年，遂首选；至登第，年才十六。

庆历中，知龚州。蛮入寇，桂管骚动，革经画军需，先事而集。移书安抚使杜杞，请治诸郡城，及易长吏之不才者。又言："岭外小郡，合四五不当中州一大县，无城池甲兵之备，将为贼困，宜度远近并省之。"后侬智高来，九郡相继不守，皆如革虑。

知婺、泉二州，提点广东刑狱、福建湖南转运使。复请外，神宗谓宰相曰："革廉退如是，宜与嘉郡。"遂为宣州。以光禄卿致仕。用子秉恩转通议大夫，退居于吴十五年。秉为发运使，得请岁一归觐。后帅渭，乞解官终养。帝数赐诏慰勉，时以为荣。卒，年八十二。

秉字仲甫，未冠，有隽誉。尝谒蒋堂，坐池亭，堂曰："亭沼粗适，恨林木未就尔。"秉曰："亭沼如爵位，时来或有之；林木非培植根株弗成，大似士大夫立名节也。"堂赏味其言，曰："吾子必为佳器。"

中进士甲科，调吉州推官、青州掌书记、知开封府仓曹参军，浮湛州县二十年，人无知者。王安石得其壁间诗，识其静退，方置条例司，预选中。奉使淮、浙治盐法，与薛向究索利病，出本钱业鬻海之民，戒不得私鬻，还奏，遂为定制。

检正吏房公事，提点两浙、淮东刑狱，颛提举盐事，持法苛严，追胥连保，罪及妻孥，一岁中犯者以千万数。进制置发运副使。东南饥，诏损上供米价以籴。秉言："价虽贱，贫者终艰得钱，请但偿籴本，而以其余振赡。"是岁上计，神宗问曰："闻滁、和民捕蝗充食，有诸？"对曰："有之，民饥甚，殍死相枕籍。"帝恻然曰："前此独赵抃为朕言之耳。"先是，发运使多献余羡以希恩宠，秉言："职在董督六路财赋，以时上之，安得羡。今称羡者，率正数也。请自是罢献，独以七十万缗偿三司逋。"

加集贤殿修撰、知渭州。五路大出西讨，唯泾原有功，进宝文阁待制。夏境胡卢川距塞二百里，恃险远不设备，秉遣将姚麟、彭孙袭击之。俘斩万计。迁龙图阁直学士。夏酋仁多鬼丁举国入寇，犯熙河定西城，秉治兵瓦亭，分两将驻静边砦，指夏人来路曰："吾迟明坐待捷报矣。"及明果至，见宋师，惊曰："天降也。"纵击之，皆奔溃。或言鬼丁已死，有识其衣服者，诸将请以闻。秉曰："幕府上功患不实，吾敢以疑似成欺乎？"他日物色之，鬼丁果死，诏褒赐服马、金币，且使上所获器甲。

秉守边久，表父革年老，乞归。移知湖州，行三驿，复诏还渭，慰藉优渥。革闻，亦以义止其议。已而革疾亟，乃得归。元祐中，知荆南。刘安世论其行盐法虐民，降待制、提举洞霄宫，卒。

论曰：宋室之人才亦盛矣。青苗法始行，满朝耆寿故臣、法家拂士，引古今通谊，尽力争之而不能止，往往多自引去。及数年之后，宪令既成，天下亦莫如之何。已而间守远郡，尚能恳恳为民有言。舜俞、京、蒙以区区一县令，力抗部使者，视弃其官如弊屣，类非畏威怀禄者能之。师孟活饥赢，兴水利，摘奸诛恶，所历可称；建使契丹，正坐席礼，毅然不少屈。时中止林广纵兵追蛮，深达兵家之变。赞居谏省，举劾无所避，允有直臣之风。建中雅量却敌，辞严气正，尤为奇伟。颉虽有才，而深文狡狯，岂其天性然。革始终廉退，秉不免于阿徇时好，行盐法以虐民，父子之相远哉。

卷三百三十二　　列传第九十一

滕元发　李师中　陆诜 子师闵
赵卨　孙路　游师雄　穆衍

　　滕元发，初名甫，字元发。以避高鲁王讳，改字为名，而字达道，东阳人。将生之夕，母梦虎行月中，堕其室。性豪隽慷慨，不拘小节。九岁能赋诗，范仲淹见而奇之。举进士，廷试第三，用声韵不中程，罢，再举，复第三。授大理评事、通判湖州。孙沔守杭，见而异之，曰："奇才也，后当为贤将。"授以治剧守边之略。
　　召试，为集贤校理、开封府推官、盐铁户部判官、同修起居注。英宗书其姓名藏禁中，未及用。神宗即位，召问治乱之道，对曰："治乱之道如黑白、东西，所以变色易位者，朋党汩之也。"神宗曰："卿知君子小人之党乎？"曰："君子无党，辟之草木，绸缪相附者必蔓草，非松柏也。朝廷无朋党，虽中主可以济；不然，虽上圣亦殆。"神宗以为名言，太息久之。进知制诰、知谏院。御史中丞王陶论宰相不押班为跋扈，神宗以问元发，元发曰："宰相固有罪，然以为跋扈，则臣以为欺天陷人矣。"
　　拜御史中丞。种谔擅筑绥州，且与薛向发诸路兵，环、庆、保安皆出剽掠，夏人诱杀将官杨定。元发上疏极言谅祚已纳款，不当失信，边隙一开，兵连民疲，必为内忧。又中书、枢密制边事多不合，中书赏战功而枢密降约束，枢密诘修堡而中书降褒诏。元发言："战守，大事也，而异同如是，愿敕二府必同而后下。"宰相以其子判鼓院，谏官谓不可。神宗曰："鼓院传达而已，何与于事。"元发曰："人有诉宰相，使其子达之，可乎？"神宗悟，为罢。
　　京师郡国地震，元发上疏指陈致灾之由，大臣不悦，出知秦州。神宗曰："秦州，非朕意也。"留不遣。馆伴契丹使杨兴公，开怀与之语，兴公感动，将去，泣而别之。河北地大震，命元发为安抚使。时城舍多圮，吏民惧压，皆幄寝芰舍，元发独处屋下，曰："屋摧民死，吾当以身同之。"瘗死食饥，除田租，修堤障，察贪残，督盗贼，北谙遂安。除翰林学士、知开封府。民王颖有金为邻妇所隐，阅数尹不获直。颖愤而致偾，扶杖诉于庭。元发一问得实，反其金，颖投杖仰谢，失伛所在。
　　夏国主秉常被篡，元发言："继迁死时，李氏几不立矣。当时大臣不能分建诸豪，乃以全地王之，至今为患。今秉常失位，诸将争权，天以此遗陛下，若再失此时，悔将无及。请择立一贤将，假以重权，使经营分裂之，可不劳而定，百年之计也。"神宗奇其策，然不果用。
　　元发在神宗前论事，如家人父子，言无文饰，洞见肝鬲。神宗知其诚荩，事无巨细，人无亲疏，辄皆问之。元发随事解答，不少嫌隐。王安石方立新法，天下訩訩，恐元发有言，神宗信之也，因事，以翰林侍读学士出知郓州。徙定州。初入郡，言新法之害，且曰："臣始以意度其不可耳，既为郡，乃亲见之。"岁旱求言，又疏奏："新法害民者，陛下既知之矣，但下一手诏，应熙宁三年以来所行有不便者，悉罢之，则民心悦而天意解矣。"皆不听。
　　历青州、应天府、齐、邓二州。会妇党李逢为逆，或因以挤之，黜为池州，未行，改安州。流落且十岁，犹以前过贬居筠州。或以为复有后命，元发谈笑自若，曰："天知吾直，上知吾忠，吾何忧哉。"遂上章自讼，有曰："乐羊无功，谤书满篋；即墨何罪，毁言日闻。"神宗览之恻然，即以为湖州。
　　哲宗登位，徙苏、扬二州，除龙图阁直学士，复知郓州。学生食不给，民有争公田二十年不决者，元发曰："学无食而以良田饱顽民乎？"乃请以为学田，遂绝其讼。时淮南、京东饥，元发虑流民且至，将蒸为疠疫。先度城外废营地，召谕富室，使出力为席屋，一夕成二千五百间，井灶器用皆具。民至如归，所全活五万。徙真定，又徙太原。
　　元发治边凛然，威行西北，号称名帅。河东十二将，其八以备西边，分半番休。元发至之八月，边谍来告，请八将皆防秋。元发曰："夏若并兵犯我，虽八将不敌；若其不来，四将足矣。"卒遣更休。防秋将惧，扣阁争之。元发指其颈曰："吾已舍此矣，头可斩，兵不可出。"是岁，塞上无风尘警，诏以四砦赐夏人，葭芦在河东，元发请先画境而后弃，且曰："取城易，弃城难。"命部将訾虎领兵护边，夏不敢近。夏既得砦，又欲以绥德城为说，画境出二十里外。元发曰："是一举而失百里，必不可。"九上章争之。
　　以老力求淮南，乃为龙图阁学士，复知扬州，未至而卒，年七十一，赠左银青光禄大夫，谥曰章敏。

　　李师中，字诚之，楚丘人。年十五，上封事言时政。父纬为泾原都监，夏人十余万犯镇戎，纬帅兵出战，而帅司所遣别将郭志高逗遛不进，诸将以众寡不敌，不敢复出，纬坐责降。师中诣宰相辩父无罪，时吕夷简为相，诘问不屈，夷简怒，以为非布衣所宜言。对曰："师中所言，父事也。"由是知名。
　　举进士，鄜延庞籍辟知洛川县。民有罪，妨其农时者必遣归，令农隙自诣吏。令当下者榜于民，或召父老谕之。租税皆先期而集。民负官茶直十万缗，追系甚众，师中为脱桎梏，语之曰："公钱无不偿之理，宽与汝期，可乎？"皆感泣听命。乃令乡置一匦，籍其名，许日输所负，一钱以上辄投之。书簿而去。比终岁，逋者尽足。官移诸郡粟于边，已而反之，盛冬大雪，劳且费，至贱售予兼并家。师中令过县愿输者听，躬坐庾门，执契以须，数日，得万斛。使下其法于他县。尝出乡亭，见戎人杂耕，皆兵兴时入中国，人藉其力，往往结为婚姻，久而不归。师中言若辈不可杂处，言之经略使，并索旁郡者，徙诸绝塞。
　　庞籍为枢密副使，荐其才：召对，转太子中允、知敷政县，权主管经略司文字。夏人以岁赐缓，移边曰："愿勿逾岁暮。"诏吏报许，师中更牒曰："如故事。"枢密院劾为擅改制书，师中曰："所改者郡牒耳，非制也。"朝廷是之，薄其过。

提点广西刑狱。桂州灵渠故通漕，岁久石窒舟滞，师中即焚石，凿而通之。邕管有马军五百，马不能夏，多死。师中谓地皆险阻，无所事骑，奏罢之。士人补摄官，铨授无法，权在吏。悉记其名，使待除于家。

初，邕州萧注、宜州张师正谋启边衅，注欲以所管蛮峒酋豪往讨交阯，云不用朝廷兵食。诏下经略使萧固、转运使宋咸，二人为注所饵，合词称便，而师中至，诏以注奏付之。师中邀注来，难之曰："君以酋豪伐交阯，能保必胜乎？"曰："不能。"师中曰："既不能保必胜，脱有败衄，奈何？"注知不可，遂罢议。会蛮徭申绍泰入追亡者，害巡检宋士尧，注又张皇为骇奏，仁宗为之旰食。师中言无足忧，因劾注邀功生事，掊敛失众心，卒致将率败覆，按法当斩。于是注责泰州安置，并按固、咸，皆坐贬。师中摄帅事。交阯耀兵于边，声言将入寇。师中方宴客，饮酒自若，草六榜揭境上，披以其情得，不敢动，即日贡方物。绍泰惧，委巢穴遁去。依智高子宗旦保火峒，众无所属，前将规讨以幸赏，遂固守。师中檄谕祸福，立率其族以地降。边人化其德，多画象立祠以事，称为桂州李大夫，不敢名。

还，知济、兖二州。济水堙塞久，师中访故道，自兖城西南启凿之，功未半而去。迁直史馆、知凤翔府。种谔取绥州，师中言："西夏方入贡，叛状未明，恐彼得以藉口，徒启其衅端也。"鄜延路觇知西夏驻兵绥、银州，檄诸路当牵制，师中疏论牵制之害。时诸将皆请行，师中曰："不出兵，罪独在帅，非诸将忧也。"既而此举卒罢。

熙宁初，拜天章阁待制、河东都转运使。西人入寇，以师中知秦州。诏赐以《班超传》，师中亦以持重总大体自处。前此多屯重兵于境，寇至则战，婴其锐锋，而内无以遏其入。师中简善守者列塞上，而使善战者中居，令诸城曰："即寇至，坚壁固守；须其去，出战士尾袭之。"约束既熟，常以取胜。

王韶筑渭、泾上下两城，屯兵以胁武胜军，抚纳洮、河诸部。下师中议，遂言："今修筑必广发兵，大张声势，及令蕃部纳土，招弓箭手，恐西蕃及洮、河、武胜军部族生疑。今不若先招抚青唐、武胜及洮、河诸族，则西蕃族必乞修城砦，因其所欲，量发兵筑城堡，以示断绝夏人钞略之患，部人必归心。唐于西域，每得地则建为州，其后皆陷失，以清水为界。大抵根本之计未实，腹心之患未除，而勤远略、食土地者，未有不如此者。"诏师中罢帅事。韶又请置市易，募人耕缘边旷土，师中奏阻其谋。王安石方主韶，坐以奏报反覆罪，削职知舒州。徙洪、登、齐，复待制、知瀛州。又乞召司马光、苏轼等置左右。师中言时政得失，又自称荐曰："天生微臣，盖为圣世，有臣如此，陛下其舍诸。"吕惠卿嫉其语，以为罔上，遂贬和州团练副使安置。还右司郎中，卒，年六十六。

师中始仕州县，邸状报包拯参知政事，或云朝廷自此多事矣。师中曰："包公何能为，今鄞县王安石者，眼多白，甚似王敦，他日乱天下，必斯人也。"后二十年，言乃信。

其志尚甚高，每进见，多陈天人之际、君臣大节，请以进贤退不肖为宰相考课法。在官不贵威罚，务以信服人，至明而恕。去之日，民拥道遮泣，马不得行。杜衍、范仲淹、富弼皆荐其有王佐才。然好为大言，以故不容于时而屡黜，气未尝少衰。

陆诜，字介夫，余杭人。进士起家，签书北京判官。贝州乱，给事不乏兴；贼平，又条治其狱，无滥者。加集贤校理、通判秦州。范祥城古渭，诜主馈饷，具言："非中国所恃，而劳师屯戍，且生事。"既而诸羌果怒争，塞下大扰，经二岁乃定。

判太常礼院、吏部南曹，提点开封县镇。咸平龙骑军皆故群盗，牢廪不时得，殴苍给官，还营不自安，大校柴元煽使乱。诏诜往视，许元以不死，命取始祸者自赎，众皆帖然。

提点陕西刑狱。时铸钱法坏，议者欲变大钱当一，诜言："民间素重小铜钱而贱大铁钱，他日一当三犹轻之，今减令均直，大钱必废。请以一当二，则公私所损亡几，而商贾可以通行；兼盗铸者计其直无赢，将必自止。"从之。

徙湖南、北转运使，直集英院，进集贤殿修撰、知桂州。奏言："邕去桂十八驿，异时经略使未尝行伤武备，臣愿得一往，使群蛮知省大将号令，因以声震南交。"诏可。自侬徭定后，交人浸骄，守帅常姑息。诜至部，其使者黎顺宗来，偃蹇如故态。诜绌其礼，召问折谕，导以所当为，慑伏而去。诜遂至邕州，集左、右江四十五峒首诣麾下，阅简工丁五万，补置将吏，更铸印给之，军声益张。交人滋益恭，遣使入贡。召为天章阁待制、知谏院，命张田代之，英宗戒以毋得改诜法。

道除知延州，趣入觐，帝劳之曰："卿在岭外，施设无不当者。鄜延最当敌要，今将何先？"对曰："边事难以隃度，未审陛下欲安静邪，将威之也？"帝曰："大抵边陲当安静。昨王素为朕言，惟朝廷与帅臣意如此；至如诸将，无不贪功生事者。卿谓何如？"诜曰："素言是也。"谅祚寇庆州，以败还，声言益发人骑，且出嫚辞，复攻围大顺城。诜谓由积习致然，不稍加折消，则国威不立。乃留止请时服使者及岁赐，而移宥州问故。帝喜曰："固知诜能办此。"谅祚闻之大沮，盘旋不敢入，乃报言："边吏擅兴兵，今诛之矣。"朝廷遣何次公持诏书谕告，诜以为未可。明年，又乞留赐冬服及大行遗赐二使，而自以帅牒告之故。谅祚始因诜谢罪，贡职。

银州监军嵬名山与其国隙，扣青涧城主种谔求内附，谔以状闻，遂欲因取河南地。诜曰："数万之众岂容可受，若但以众来，情伪未可知，且安所置之。"戒谔毋妄动。谔持之力，诏诜召谔问状，与转运使薛向议抚纳。诜、向言："名山诚能据横山以捍敌，我以刺史世封之，使自为守，故为中国之利。今无益我而轻启西衅，非计也。"乃共画三策，令幕府张穆之入奏，而穆之阴受向指，诡言必可成。神宗意诜不协力，徙知秦、凤。谔遂发兵取绥州，诜欲理谔不禀节制之状,未及而徙。诜驰见帝,请弃绥州而上谔罪,帝愈不怿,罢知晋州。既谔抵罪,向、穆之皆坐贬,以诜知真定,改龙图阁学士、知成都。

青苗法出,诜言:"蜀峡刀耕火种,民常不足。今省税科折已重,其民轻侈不为储积,脱岁俭不能偿逋,适陷之死地,愿罢四路使者。"诏独置成都府一路。熙宁三年,卒,年五十九。子师闵。

师闵以父任为官。熙宁末,李稷提举成都路茶场,辟干当公事;不三年,提举本路常平,遂居稷职。在蜀茶额三十万,稷既增而五之,师闵又衍为百万。稷死,师闵讼其前功,乞赐之土田。诏赐稷十顷,进师闵都大提举成都、永兴路榷茶,位视转运使。又兼买马、监牧,事权震灼,建请无不遂志,所行职事,他司莫预闻。茶祸既被于秦、蜀,又欲延荆、楚、两河,神宗不许。元祐初,用御史中丞刘挚言,遣黄廉入蜀访察。右司谏苏辙论其六害,谓:"李稷引师闵共事,增额置场,以金银货拘民间物折博,贱取而贵出之,其害过于市易。自法始行,至今四变,利益深,民益困。立法之虐,未有甚于此者。"廉奏至,如辙所陈。乃贬师闵主管东岳庙。

久之,起知蕲州。会复置常平官,李清臣在中书,即以师闵使河北。寻加直秘阁,复领秦、蜀茶事,于是一切如初。又使掾属诣阙奏券马事,安寿、韩忠彦议颇异,独曾布以为然,曰:"但行之一年,而以较纲马,利害即可见矣。"师闵遂请令蕃汉商人愿持马受券者,于熙、秦两路印验给价给之,而请直于太仆,若此券盛行,则买马场可罢。既用其策,明年,太仆会纲马之籍,死者至什二,而券马所损才百分一。诏奖之,赐以金帛。改陕西转运使,加集贤殿修撰、知秦州。

诸道方进筑被爵赏,师闵在秦无所事,怏怏不释。曾布议使督本部兵赴熙河共攻,师闵承命踊跃,集兵四万以待。而章惇阴讽熙帅钟传先出塞,敕师闵听传节制,筑浅井,又筑乱啰,皆不成而还。传更檄会兵于颠耳关,未至复却。秦凤之师再出再返,劳且弊,言者乞加责,不听。

旋进宝文阁待制,召为户部侍郎。未及拜,坐秦州诈增首虏事,落职知鄞。未几,还之。历河南、永兴军、延安府,卒。

赵卨,字公才,邛州依政人。第进士,为汾州司法参军。郭逵宣抚陕西,辟掌机宜文字。种谔擅纳绥州降人数万,朝廷以其生事,议诛谔,反故地归降人,以解仇释兵。卨上疏曰:"谔无名兴举,死有余责。若将改而还之,彼能听顺而亡绝约之心乎?不若谕以彼众饿莩,投死中国,边臣虽擅纳,实无所利,特以往年俘我苏立、景询辈尔。可遣询等来,与降人交归,各遵纪律,而疆场宁矣。如其蔽而不遣,则我留横山之众,未为失也。"

又徙逵帅鄜延,为逵移书执政,请存绥州以张兵势,先规度大理河川,建堡砦,画稼穑之地三十里,以处降者。若弃绥不守,则无以安新附之众。援种世衡招蕃兵部敌屯青涧城故事。朝廷从之,活降人数万,为东路捍蔽。熙宁初,夏人诱杀知保安军杨定等,既而以李崇贵、韩道喜来

献,且请和。朝廷欲官其任事之酋,镂岁赐以为俸给,因使纳塞门、安远二砦而还绥州。卨言:"绥实形势之地,宜增广边障,乃无穷之利。若存绥以观其变,计之得也。"神宗召问状,对曰:"绥之存亡,皆不免用兵。降二万人入吾肝脾,衅隙已深,不可亡备。"神宗然之。除集贤校理。

夏人犯环庆,后复来贺正。卨请边吏离其心腹,因以招横山之众,此不战而屈人兵也。迁提点陕西刑狱。韩绛宣抚陕西,河东兵西讨,卨为绛言:"大兵过山界,皆砂碛,乏善水草,又亡险隘可以控扼,今切危之。若乘兵威招诱山界人户,处之生地,当先经画山界控扼之地,然后招降;不尔,劳师远攻,未见其利。"绛欲取横山,纳种谔之策,遂城啰兀,以卨权宣抚判官。谔趣河东兵会银川,规以后期斩将。卨白绛,令谔自往中路迎东兵。谔惧违节制,乃不敢逞。加直龙图阁、知延州。

夏人屡欲款塞,每以虚声摇边。诏问方略,卨审计形势,为破敌之策以献。遣裨将曲珍、吕真以兵千人分巡东西路。夏人方以四万众自间道欲取绥,道遇珍,皇骇亟战,真继至,夏众败走。夏自失绥,意未能已。卨揣知其情,奏言:"夏使请和,必欲画绥界,愿听本路经略司分画;岁赐,则俟通和之日复焉。"明年,遂用卨策,以绥为绥德城。

初,鄜延地皆荒瘠,占田者不出租赋,倚为藩蔽。宝元用兵后,凋耗殆尽,其旷土为诸酋所有。卨因招问曰:"往时汝族户若干,今皆安在?"对:"大兵之后,死亡流散,其所存止此。"卨曰:"其地存乎?"酋无以对。卨曰:"听汝自募丁,家使占田充兵,若何?吾所得者人尔,田则吾不问也。"诸酋皆感服归募,悉补亡籍。又检括境内公私闲田,得七千五百余顷,募骑兵万七千。卨以异时蕃兵提空簿,漫不可考,因议涅其手。属岁饥,卨令蕃兵愿刺手者,贷常平谷一斛,于是人人愿刺,因训练以时,精锐过于正兵。神宗闻而嘉之,擢天章阁待制。

交阯叛,诏为安南行营经略、招讨使,总九将军讨之,以中官李宪为贰。卨与议不合,请罢宪。神宗问可代者,卨以郭逵老边事,愿为神赞,于是以逵为宣抚使,卨副之。逵至,辄与卨异:卨欲乘兵形未动,先牒辑两江峒丁,择壮勇咻以利,使招徕携贰,隳其腹心,然后以大兵继之,逵不听;卨又欲使人赍敕榜入贼中招纳,又不听。遂令燕达先破广源,复长永平。卨以为广源间道距交州十二驿,趣利掩击,出其不意,川途并进,三路致讨,势必分溃,固争不能得。贼乘缓遂据江列战舰数百艘,官军不能济。卨分遣将吏伐木治攻具,机石如雨,其舰被击,皆废。徐以罢卒致贼,设伏击之,斩首数千级,馘其渠酋,遂皆降。逵怍于玩寇,乃移疾先还。逵既坐贬,卨亦以不即平贼,降为直龙图阁、知桂州。后复天章阁待制、权三司使。

时西师大举,五路并进,以卨为河东转运使,领降卒赴鄜延饷种谔军。谔抵罪,卨又坐馈饷不给,黜知相州。既而镌职知淮阳军,居数月,尽复故职。

知庆州。羌嵬名昌诡称送币,将入寇,卨知蕃主白信可使,信适以罪系狱。破械出之,告以其故,约期日使往,果缚取以归。明年,夏人欲袭取新垒,大治攻械。卨

具上挠夏计。及夏侵兰州,禹遣曲珍将兵直抵盐韦,俘馘千,驱挚畜五千。其酋㭊厥鬼名宿兵于贺兰原,时出攻边,禹遣将李照甫、蕃官归仁各将兵三千左右分击,耿端彦兵四千趋贺兰原,戒端彦曰:"贺兰险要,过岭,则砂碛也。使敌入平夏,无繇破之。"又选三蕃官各轻兵五百,取间道出敌砦后,邀其归路。端彦与战贺罕平,敌败,果趋平夏。千兵伏发,敌骇溃,斩馘甚众,生擒鬼名,斩首领六,获战马七百,牛羊、老幼三万余。迁龙图阁直学士,复帅延安。

元祐初,梁乙埋数扰边,禹知夏将入侵,檄西路将刘安、李仪曰:"夏即犯塞门,汝径以轻兵捣其腹心。"后果来犯,安等袭洪州,俘斩甚众,夏遂入贡。既而以重兵压境,诸将亟请益戍兵为备,禹徐谕之曰:"第谨斥堠、整戈甲,无为寇先,戍兵不可益也。"因遣人诘夏,夏兵遂去。迁枢密直学士。

乙埋终不悛。使间以善意问乙埋:"何苦与汉为仇。必欲寇,第数来,恐汝所得不能偿所亡,洪州是也。能改之,吾善遇汝。"遗之战袍、锦彩,自是乙埋不复窥塞。禹乃纵间,国中疑而杀之。

五年,拜端明殿学士,迁太中大夫。夏遣使以地界为请,朝廷许还葭芦、米脂、浮屠、安疆四砦,以禹领分画之议。夏既得四砦,犹未有恭顺意,未几复犯泾原。会禹卒,年六十五,赠右光禄大夫。绍圣四年,以禹与元祐弃地议,系其名于党籍。

孙路字正甫,开封人。进士及第。元丰中,为司农丞。邓润甫荐为御史,召对,其言不合新政,神宗语辅臣以为不可用,下迁主簿。路鞅鞅不释,求通判河州,徙兰州。夏人入寇,论捍御功,进五阶,除陕西转运判官。

元祐初,为吏部、礼部员外郎,侍讲徐王府。司马光将弃河、湟,邢恕谓光曰:"此非细事,当访之边人,孙路在彼四年,其行止足信,可问也。"光亟召问,路挟舆地图示光曰:"自通远至熙州才一径,熙之北已接夏境,今自北关辟土百八十里,濒大河,城兰州,然后可以捍蔽。若捐以予敌,一道危矣。"光幡然曰:"赖以访君,不然几误国事。"议遂止。

迁右司郎中,以直龙图阁知庆州。章惇柄国,复议取弃地。时诸道相视未进,路声言修旧垒,载器甲楼卤,顿大顺城下,夜半趋安疆,迟明据之,六日而城完。加宝文阁待制,遂筑兴平、横山。进龙图阁直学士,徙知熙州。

泾原城西安,诏出师牵制其势。路即将众临会州,遂建取青唐之策。大将王愍、王赡捣邈川,赡先至,下之。愍与争功,路右愍,顾属以兵;赡有请,辄弗应。赡诉诸朝,召拜路兵部尚书;以龙图阁学士知成都。未行,坐他事削职,知兴国军。徽宗立,历太原、河南、永兴军、河中府,卒。

游师雄,字景叔,京兆武功人。学于张载,第进士。为仪州司户参军,迁德顺军判官。鄜延将刘绍与主帅议战守策;欲自延安入安定、黑水,师雄以地薄贼境,惧有伏,请由他道。既而谍者言夏伏精骑于黑水傍,绍谢曰:"微君言,吾不返矣。"

赵禼帅延安,辟为属。时夏人扰边,戍兵在别堡,龙安以北诸城兵力咸弱,禼患之。师雄请发义勇以守,多聚石城上,待其至。夏人知有备,不敢入,但袭荒堆、三泉而还。岁饥,行诸垒振贷,计口赋粮,人无殍亡。运石莹甲,深沟缮城,边备益固。

元祐初,为宗正寺主簿。执政将弃四砦,访于师雄。师雄曰:"此先帝所立,以控制夏人者也,若何弃之,不惟示中国之怯,将起敌人无厌之求。傥泸、戎、荆、奥视以为请,亦将与之乎?万一燕人遣一乘之使,来求关南十县,为之奈何?"不听。因著《分疆录》。迁军器监丞。

吐蕃寇边,其酋鬼章青宜结乘间胁属羌构夏人为乱,谋分据熙河。朝廷择可使者与边臣措置,诏师雄行,听便宜从事。既至,谍知夏人聚兵天都山,前锋屯通远境。吐蕃将攻河州,师雄欲先发以制之,请于帅刘舜卿。舜卿曰:"彼众我寡,奈何?"师雄曰:"在谋不在众。脱事不济,甘受首戮。"议三日乃定,遂分兵为二,姚兕将而左,种谊将而右。兕破六逋宗城,斩首千五百级,攻讲朱城,断黄河飞梁,青唐十万众不得度。谊破洮州,擒鬼章及大首领九人,斩首千七百级。捷书闻,百僚表贺,遣使告永裕陵。将厚赏师雄,言者犹以为邀功生事,止迁一官,为陕西转运判官、提点秦凤路刑狱。

夏人侵泾原,复入熙河,师雄言:"兰州距贼一舍,通远不百里,非有重山复岭之阻。宜于定西、通渭之间建汝遮、纳迷、结珠三栅,及护耕七堡,以固藩篱,此无穷之利也。"诏付范育,皆如初议。

入拜祠部员外郎,加集贤校理,为陕西转运使。内地移粟于边,民以辇儳为病。师雄言:"往者边土不耕,仰给于内,今积粟已多,军食自足,宜令内地量转输致之直,以免大费。"报可。召诣阙,哲宗劳之曰:"洮州之役,可谓隽功,但恨赏太薄耳。"对曰:"皆上禀庙算,臣何力之有焉。唯当时将士勋劳未录,此为欠也。"因陈其本末。拜卫尉少卿。哲宗数访边防利病,师雄具庆历以来边臣施置之臧否,朝廷谋议之得失,及方今御敌之要,凡六十事,名曰《绍圣安边策》,上之。

出知邠州,改河中府,进直龙图阁、知秦州,未至,诏摄熙州。以夏人扰边,诏使者与熙帅、秦帅共谋之。使者锐于讨击,师雄谓:"进筑城垒以自蔽,席卷之师未应深入也。"上章争之,不报。既而使者知攻取之难,卒用师雄策。

自复洮州之后,于阗、大食、佛林、邈黎诸国皆惧,悉遣使入贡。朝廷令熙河限其二岁一进。师雄曰:"如此,非所以来远人也。"未几还秦,徙知陕州。卒,年六十。师雄慷慨豪迈,有志事功,议者以用不尽其材为恨。

穆衍,字昌叔,河内人,徙河中。第进士,调华池令。民牛为仇家断舌而不知何人,讼于县,衍命杀之。明日,仇以私杀告,衍曰:"断牛舌者乃汝耶?"讯之具服。

后知淳化、耀之属县。衍从韩绛宣抚陕西,遇庆卒溃乱，衍念母在耀，亟谒归，信宿走七驿。比至，庆卒尝戍华池，知衍名，不敢近。时诸郡捕贼兵粮糗无以给，遂擅发常平仓，且惧得罪。衍曰："饥之不恤，则吾兵将为庆卒矣。"衍考课为一路最。元丰中，种谔西征，参其军事。谔第赏，以死事为下。衍曰："此非所以劝忠也。"力争之。谔还入塞，诏往灵武援渭、庆两军。将行，衍曰："吾兵惰，归未及解甲，安能犯不测于千里外哉？"谔乃止。同幕畏罪，阳谢衍曰："师不再举，君之力也。"衍识其意，曰："全万众之命，以一身塞责，衍无憾焉。"

元祐初，大臣议弃熙、兰，衍与孙路论疆事，以为"兰弃则熙危，熙弃则关中震。唐自失河、湟，西边一有不顺，则警及京都。今二百余年，非先帝英武，孰能克复。若一旦委之，恐后患益前，悔将无及矣"。议遂止。改陕西转运判官，金部、户部员外郎。熙河分画未决，诏衍视之。还言："质孤、胜如据两川美田，实彼我必争之地，自西关失利，遂废不守。请界二垒之间，城李诺平以控要害，及他城堡皆起亭障，以通泾原。"明年，遂城李诺，名曰定远。三迁左司郎中。

绍圣初，以直秘阁为陕西转运使，加直龙图阁、知庆州，徙延安，又徙秦州，未行而卒。年六十三。敕河中官庀其葬，后追录不弃兰州议，官其一子。

论曰：自熙宁至于绍圣，四方之事多矣。夏人乍服乍叛，其地或予或夺，庙堂之上，论靡有定，相为短长，元发、师中辈七人，一时谋谟，盖可考也。元发论君子小人，言简而尽，足动人主，而神宗惑安石之言，竟弗之悟。师中豫识安石于鄞令，以为目肖王敦，将乱天下，盖又先于吕诲矣。诜能镇抚西夏，又能靖交阯之难，诚有御边之才；其子师闵为时笼利，无足取者。赵禼狃于西陲之胜，取败南裔，后获鬼名，庶足自赎。朝臣议弃河、湟，孙路以一言止之，使司马光自悔几于误国；及取青唐，下邈川，可验其能，然右王愍而困王赡，非大将之器也。游师雄之禽鬼章，复洮州，以致诸国入贡，校之诸将，其功独为隽伟。衍为政得民心，既去而乱兵不忍惊其母，德之足以感人，有如是夫。

卷三百三十三　　列传第九十二

杨佐　李兑从弟先　**沈立　张掞　张焘**
俞充　刘瑾　阎询　葛宫　张田　荣諲
李载　姚涣　朱景于光庭　**李琮　朱寿隆**
卢士宏　单煦　杨仲元　余良肱　潘凤

杨佐，字公仪，本唐靖恭诸杨后，至佐，家于宣。及进士第，为陵州推官。州有盐井深五十丈，皆石也，底用柏木为干，上出井口，垂绠而下，方能及水。岁久干摧败，欲易之，而阴气腾上，入者辄死；惟天有雨，则气随以下，稍能施工，晴则亟止。佐教工人以木盘贮水，穴窍洒之，如雨滴然，谓之"雨盘"。如是累月，井干一新，利复其旧。

累迁河阴发运判官，干当河渠司。皇祐中，汴水杀溢不常，漕舟不能属。佐度地凿渎以通河流，于是置都水监，命佐以盐铁判官同判。京城地势南下，涉夏秋则苦霖潦，佐开永通河，疏沟浍出野外，自是水患息。又议治孟阳河，议者谓不便。佐言："国初岁转京东粟数十万，今所致亡几，傥不浚复旧迹，后将废矣。"乃从其策。

出为江、淮发运使。孟阳之役，调民七、八千，夷丘墓百数，怨声盈塞。诏开封鞠治，官吏独舍佐不问。纠察刑狱刘敞请加贬黜，不听。召为盐铁副使，拜天章阁待制，复判都水，知审官院，权发遣开封府。

尝使契丹，虏馈以方物，书独称名。英宗升遐，奉遗留物再往使，卒于道，年六十一。诏护丧归，赙以黄金，恤其家。

李兑，字子西，许州临颍人。登进士第，由屯田员外郎为殿中侍御史。按齐州叛卒，狱成，有欲夜篡囚者，兑以便宜斩之，人服其略。

张尧佐判河阳，兑言尧佐素无行能，不宜以戚里故用。改同知谏院。狄青宣抚广西，入内都知任守忠为副，兑言以宦者观军容，致主将掣肘，非计。仁宗为罢守忠。太常新乐成，王拱辰以为十二钟磬一以黄钟为律，与古异，胡瑗及阮逸亦言声不能谐。诏近臣集议，久而不决。兑言："乐之道，广大微妙，非知音入神，讵容轻议。愿参新旧，但取谐和近雅者，合而用之。"进侍御史知杂事，擢天章阁待制、知谏院。转运使制禄与郡守殊，时有用弹劾夺节及老疾请郡者，一切得仍奉稍。兑言非所以劝沮，乃诏悉依所居官格。兑在言职十年，凡所论谏，不自表襮，故鲜传世。

出知杭州，帝书"安民"二字以宠。徙越州，加龙图阁直学士、知广州，南人谓自刘氏纳土后，独兑著清节。还知河阳，帝又宠以诗。徙邓州。富人榜仆死，系颈投井中而以缢为解。兑曰："既赴井，复自缢，有是理乎？必吏受赇教之尔。"讯之果然。

兑历守名郡，为政简严，老益精明。自邓归，泊然无仕宦意。对便殿，力丐退，英宗命无拜，以为集贤院学士、判西京御史台。积官尚书右丞，转工部尚书致仕。卒，年七十六，谥曰庄。从弟先。

先字渊宗，起进士，为虔州观察推官，摄吉州永新令。两州俗尚讼，先为辨枉直，皆得其平。

知信州、南安军，抚楚州，历利、梓、江东、淮南转运使。寿春民陈氏施僧田，其后贫弱，往丐食僧所而僧逐之，取僧园中笋，遂执以为盗。先诘其由，夺田之半以还之。所至治官如家，人目以俚语：在信为"错安头"，谓其无貌而有材也；在楚为"照天烛"，称其明也。楚有民迫于输赋，杀牛鬻之。里胥白于官，先愍焉，但令与杖。通判孙龙舒以为徒刑，毁其牍。明日龙舒来，先引囚曰："汝罪应杖，以通判贷汝矣。"遣之出。

积官至秘书监致仕。兄兑尚无恙，事之弥笃。以子叙封，得太中大夫，闲居一纪卒，年八十三。子庭玉，年六十即弃官归养。人贤其家法云。

沈立，字立之，历阳人。举进士，签书益州判官，提举商胡埽。采摭大河事迹、古今利病，为书曰《河防通议》，治河者悉守为法。迁两浙转运使。苏、湖水，民艰食，县戒强豪民发粟以振，立亟命还之，而劝使自称贷，须岁稔，官为责偿。茶禁害民，山场、榷场多在部内，岁抵罪者辄数万，而官仅得钱四万。立著《茶法要览》，乞行通商法，三司使张方平上其议。后罢榷法，如所请，立召为户部判官。

奉使契丹，适行册礼，欲令从其国服，不则见于门。立折之曰：“往年北使讲见仪，未尝令北使易冠服，况门见邪？”契丹愧而止。

迁京西北转运使。都水方兴六塔河，召与议，立请止修五股等河及漳河，分杀水势以省役，从之。加集贤修撰、知沧州，进右谏议大夫、判都水监，出为江、淮发运使。居职办治，加赐金，数诏嘉之。知越州、杭州、审官西院、江宁府。

初，立在蜀，悉以公粟售书，积卷数万。神宗问所藏，立上其目及所著《名山水记》三百卷。徙宣州，提举崇禧观。卒，年七十二。

张掞，字文裕，齐州历城人。父蕴，咸平初，监淄州兵。契丹入寇，游骑至淄、青间，州人将弃城，蕴拔刀遮止于门，力治守备，游骑为之引去。郡守愧，始谋掠为己功，反陷以罪，蕴受而不校。

掞幼笃孝，蕴病，刲股肉以疗。举进士，知益都县。当督赋租，置里胥弗用，而民皆以时入。石介献《息民论》，请以益都为天下法。丁内艰，时隆寒，徒跣举柩，叩首流血，与兄㧑庐墓左。

明道中，京东饥，盗起，以御史中丞范讽荐，知莱州掖县。民诉旱于州，拒之，掞自为奏闻，诏除登、莱税。通判永兴军，为集贤校理，四迁为龙图阁直学士、知成德军。宦者阎士良为钤辖，多挠帅权，用危法中军校，掞直之，而劾士良。英宗登极，朝廷使来告，士良辞疾居家，宴客自若，奏抵其罪。入判太常、司农寺，累官户部侍郎致仕。熙宁七年，卒，年八十。

掞忠笃诚悫，既老益康宁。少与刘潜、李冠游，及其死，率里人葬之，置田赡其孥。事㧑如父，理家必谘而行，为乡党矜式。

张焘，字景元，枢密直学士奎之子也。举进士，通判单州。州卒谋乱，期有日，焘得告者，徐诣营取首恶，置诸法。知沂、潍二州。沂产布，潍产绢，而有司科赋相反，焘始革之。潍多圭田，率计亩微绢，而躏河役，焘不肯踵例，废法还其役，入损于旧五之四，且命吏曰：“吾知守己而已，无妨后人，汝勿著为式。”

提点河北刑狱，摄领澶州，七日而商胡决。焘拯溺救饥，所全活者十余万，犹坐免。数年，复提点河东、陕西、京西刑狱，为盐铁判官、淮南转运使、江淮发运副使。泗州水，城且坏，焘悉力营护，诏宠其劳。入为户部副使。京师赋麴于酒，人有常籍，毋问售不售，或蹶产以偿。焘请罢岁额，严禁令，随所用麴多寡以售，自是课增溢。官修睦亲宅，议取民居，焘言：“芳林园有余地，宗室足自处，无庸起民居。”从之。孝严殿成，请图乾兴以来文武大臣像于壁。

迁天章阁待制、陕西都转运使。蒲津浮桥坏，铁牛皆没水中，焘以策列巨木于岸以为衡，缒石其秒，挽出之，桥复其初。保安二土豪善骑射，为边人所惮，故纵善马诱使取之，而强以汉法。焘按得其状，俱以隶军。加龙图阁直学士、知成都府。蜀人苦多盗，焘严保伍，使不得隐，而申其捕限。南蛮寇黎、雅，讨走之，罢磨刀崖戍卒。改知瀛州。

母丧服阕。故事，起执政以诏，近臣以堂帖；神宗特命赐诏。判太常寺，知邓、许二州，复判太常，知通进、银台司，提举崇福宫，由给事中易通议大夫。卒，年七十。

焘才智敏给，常从范仲淹使河东。至汾州，民遮道数百趋诉，仲淹以付。焘方与客弈，局未终，处决已竟。英宗时，三司前奏事，帝诘铸钱本末，皆不能对，焘悉论无隐。帝是之，顾左右识其姓名，后欲以为观察使守边，曰：“卿家世事也。”焘对曰：“臣叔父亢有大才，臣愚不可继。”遂止。

俞充字公达，明州鄞人。登进士第。熙宁中为都水丞，提举沿汴淤泥溉田，为上腴者八万顷。检正中书户房，加集贤校理、淮南转运副使，迁成都路转运使。茂州羌寇边，充上十策御戎。神宗遣内侍王中正同经制，建三堡，复永康为军，因诈杀羌众以为中正功，与深相结，至出妻拜之。中正还阙，荐充可任。召判都水监，进直史馆。中书都检正御史彭汝砺论其媚事中正，命遂寝。

河决曹村，充往救护，还，陈河防十余事，概论“水衡之政不修，因循苟且，浸以成习。方曹村决时，兵之役者仅十余人，有司自取败事，恐未可以罪岁也。”加集贤殿修撰、提举市易，岁增课百四十万。故事当赐钱，充曰：“奏课，职也，愿自今罢赐。”诏听之。

擢天章阁待制、知庆州。庆阳兵骄，小绳治辄肆悖，充严约束，斩妄言者五人于军门。闻有病苦则巡抚劳饷，死不能举者出私财以周其丧，以故莫不畏威而怀惠。环州田与夏境犬牙交错，每获必遭掠，多弃弗理，充檄所部复以时耕植。慕家族山夷叛，举户亡入西者且三百，充遣将张守约耀兵塞上，夏人亟反之。

充之帅边，实王珪荐，欲以遏司马光之入。充亦知帝有用兵意，屡倡请西征，后言：“夏酋秉常为母梁所戕，或云虽存而囚，不得与国政。其母宣淫凶恣，国人怨嗟，实为兴师问罪之秋也。秉常亡，将有桀黠者起，必为吾患。今师出有名，天亡其国，度如破竹之易。愿得乘传入觐，面陈攻讨之略。”诏令掾属入议，未及行，充暴卒，年四十九。

刘瑾，字元忠，吉州人，沆之子也。第进士，为馆阁校勘。沆亡，得褒赠。知制诰张瓌草词，语涉讥贬，瑾泣涕不能食，阖门衰绖，邀宰相自言。朝廷为改命，黜瓌为州，瑾亦坐衰服入公门罢职。没丧不就官，丐守坟墓。王素为请，以伸孝子之志。诏复职，迁集贤校理、通判睦州，为淮南转运副使。召修起居注，加史馆修撰、河北转运使，拜天章阁待制、知瀛州。坐与世居通问，徙明州。未行，改镇广州。与枢密院论戍兵不合，改虔州。战棹都监杨从先奉旨募兵不至，擅遣其子懋纠诸县巡检兵集郡下，瑾怒责之，遂发悖谬语，懋诉瑾于朝，遂废于家。逾年，复待制、知江州，历福州、秦州、成德军，卒。

瑾素有操尚，所莅以能称，然御下苛严，少纵舍，好面折人短，以故多致訾怨。

阎询，字议道，凤翔天兴人。少时以学问著闻，擢进士第，又中书判拔萃科。累迁秘书丞，为监察御史里行。诏治王素狱，坐有姻嫌不以闻，降监河阳酒税，累迁为盐铁判官。使契丹。询颇谙北方疆理，时契丹在靴淀，迓者王惠导询由松亭往，询曰："此松亭路也，胡不径葱岭而迂枉若是，岂非夸大国地广以相欺邪？"惠惭不能对。加直龙图阁、知梓州，徙河东转运使，言："三路土兵疲老者，听其族以强壮者代。"从之。进集贤殿修撰、知河中府。大河涨，坏浮桥，询易为长桥。拜天章阁待制、知广州，不即赴，罢职知商州。神宗转右谏议大夫，改邠、同二州，提举上清太平宫，卒，年七十九。

葛宫，字公雅，江阴人。举进士，授忠正军掌书记。善属文，上《太平雅颂》十篇，真宗嘉之，召试学士院，进两阶。又献《宝符阁颂》，为杨亿所称。知南充县，东川饥，民艰食，部使者檄守资、昌两州，以惠政闻。知南剑州。土豪彭孙聚党数百，凭依山泽为盗，出害吏民，不可捕，宫遣沙县尉许抗谕降之。并溪山多产铜、银，吏挟奸图利，课岁不登，宫一变其法，岁羡余六百万。三司使闻于朝，论当赏。宫曰："天地所产，吾顾盗之，又可为功乎？"卒不言。

徙知滁、秀二州，秀介江湖间，吏为关泾渎上，以征往来，间有昏葬，趋期者多不克，宫命悉毁之。积官秘书监、太子宾客。治平中，转工部侍郎。熙宁五年，卒，年八十一。宫性敦厚，恤录宗党，抚孤嫠，赖以存者甚众。

宫弟密，亦以进士为光州推官。豪民李新杀人，嫁其罪于邑民葛华，且用华之子为证。狱具，密得其情，出之。法当赏，密白州使勿言。仕至太常博士。天性恬靖，年五十，忽上章致仕，姻党交止之，笑曰："俟罪疾、老死不已而休官者，安得有余裕哉。"即退居，号草堂逸老，年八十四乃终。平生为诗慕李商隐，有西崑高致。

子书思，踵登第，调建德主簿。时密已老，欲迎以之官，密难之。书思曰："曾子不肯一日去亲侧，岂以五斗移素志哉？"遂投劾归养十年余，近臣表其志行，以为泗州教授，弗就。密不得已，许以他日偕行，始乞监新市镇。居父丧，哀毁骨立，盛暑不释苴麻，终禫不忍去冢舍。累年，乃出仕，历封丘主簿、涟水县丞。时兄书元为望江令，同隶淮南监司，有舍兄而荐己者，移书乞改荐兄，不许，则封檄还之。其笃行类皆此。仕至朝奉郎，亦告老，父子归休皆不待年。卒，年七十三，特谥曰清孝。子胜仲，孙立方，皆以学业至侍从，世为儒家。胜仲自有传。

论曰：佐、立擅水衡之政，为时所称。兑居官论谏，无所表襮，先克承之。掞之孝，煮之智，瑾之苛严，询之辞令，皆著一时，自致显官。俞充制军禁暴，足为能臣，而希时相之意，倡请西征，使其不死，边陲之祸，其可既乎？葛氏自宫以下，簪缨相继，盛哉。

张田，字公载，澶渊人。登进士第，知应天府司录。欧阳修荐其才，通判广信军。夏竦、杨怀敏建策增七郡塘水，诏通判集议，田曰："此非御敌策也，坏良田，浸冢墓，民被其患，不为便。"因奏疏极论，谪监郢州税。

久之，通判冀州。内侍张宗礼使经彻，酣酒自恣，守贰无敢白者，田发其事，诏配西陵洒扫。摄度支判官。祫享太庙，又请自执政下差减常费，唐介论其亏损上恩，出知蕲州。俄提点湖南刑狱，介与司马光又状其倾险，改知湖州，徙庐州，治有善迹。

移桂州。异时蛮使朝贡假道，与方伯抗礼，田独坐堂上，使引入拜于庭，而犒贿加腆。土豪刘纪、庐豹素为边患，讫田去，不敢肆。京师禁兵来戍，不习风土，往往病于瘴疠，田以兵法训峒丁而奏罢戍。或告交阯李日尊兵九万，谋袭特磨道，诸将请益兵，田曰："交阯兵不满三万，必其国有故，张虚声以吓我耳。"谍既得实，果其兄弟内相残，惧边将乘之也。宜州人魏利安负罪亡命西南龙蕃，从其使入贡，凡十反。至是龙以烈来，复从之。田因其入谒，诘责之，枭其首，欲并斩以烈，叩头流血请命。田曰："汝罪当死，然事幸在新天子即位赦前，汝自从朝廷乞恩。"乃密请贷其死。

熙宁初，加直龙图阁、知广州。广旧无外郭，民悉野处，田始筑东城，环七里，赋功五十万，两旬而成。初，役人相惊以白虎夜出，田迹知其伪，召巡逻者曰："今夕有白衣人出入林间者，谨捕之。"如言而获。城既就，东南微陷，往视之，暴卒，年五十四。

田为人忼直喜喜，好嫚骂，气陵其下，故死无哀者。然临政以清，女弟聘马军帅王凯，欲售珠犀于广，顾曰："南海富诸物，但身为市舶使，不欲自污尔。"作钦贤堂，绘古昔清刺史像，日夕师拜之。苏轼尝读其书，以侔古廉吏。

荣諲，字仲思，济州任城人。父宗范，知信州铅山县。诏罢县募民采铜，民散为盗，宗范请复如故。真宗嘉异，擢提点江、浙诸路银铜坑冶，历官九年。

諲举进士，至盐铁判官。晋州产矾，京城大豪岁输钱五万缗，颛其利，諲请榷于官，自是数入四倍。为广东转运使。广有板步古河路绝险，林箐瘴毒。諲开真阳峡，至洸口古径，作栈道七十间抵清远，趋广州，遂为夷涂。

复入为开封府判官。太康民事浮屠法，相聚祈禳，号"白衣会"，县捕数十人送府。尹贾黯疑为妖，请杀其为首者而流其余，谭持不从，各具议上之。中书是谭议，但流其首而杖余人。加直史馆、知澶州。

改京东转运使。莱阳产银砂，民有私采者，事露，安抚使欲论以劫盗。谭曰："山泽之利，人得有之，所盗者岂民财耶？"贷免甚众。又使成都府路，召为户部副使，以集贤殿修撰知洪州。以疾故，徙舒州，未至而卒。累官秘书监，年六十五。

李载，字伯熙，黎阳人。少苦学，隆暑读书，置足于水，虽得疾，不舍去。登进士第，调冀州推官。知大名冠氏县，府守吕夷简入相，荐其材，知齐州。钤辖赵瑜使酒殴载，乃扃户避逸。瑜得罪，载坐不举劾，黜为信阳军。安抚使钱明逸等为之申理，改常州。知祥符县，有巫以井泉饮人，云可愈疾，趋者旁午，载杖巫，埋其井。历知虢州、涟水军。

载性笃孝，侍母病不解带，至病亟不能食，载亦不食，母知之，为强食。六为州，一以宽厚称。以光禄卿提举仙源观，卒，年七十四。

姚涣字虚舟，世家长安。隋开皇中，有景彻者，以讨平泸夷，策功为普州刺史，卒，子孙遂家普州。涣第进士，监益州交子务，发奸隐万缗，主吏皆当死，涣曰："戮人以干泽，非吾志也，义不蔽奸而已。"请于使者，愿不受赏，于是全活者众。知峡州。宜都民为盗所残，县执囚讯服，以狱上。涣移劾于他有司，居亡何，真盗获。大江涨溢，涣前戒民徙储积、迁高阜，及城没，无溺者。因相地形筑子城、堋台，为木岸七十丈，缭以长堤，楗以薪石，厥后江涨不为害，民德之。徙知涪州，宾化夷多犯境，涣施恩信拊纳，酋豪争罗拜廷下，讫涣去无警。终光禄卿，年六十七。

朱景，字伯晦，河南偃师人。举进士，调荥泽簿。西方用兵，诏侍从馆阁举县令，景预选，知陇州汧源县。累迁知汝州。菓驿道远，隶囚为送者所虐，多死，俗传为"菓家关"，景重禁以绝其患。擢知寿州，秩稀视提点刑狱。始至，亟发廪振给，劝富者出积谷，所活数万。城西居民三千室，建请筑外郭环入之，公私称便。再迁光禄卿。

熙宁初，病革，自占遗表，呼其子光庭操笔书之。其略云："切闻河北水灾、地震，陛下当减膳避殿，斋居加省，召二府大臣朝夕咨访阙失，思所以弭咎。"凡数百言，无一语求恩。卒，年七十一。诏加赗赠，录其子以官。

光庭字公掞，十岁能属文。辞父荫擢第，调万年主簿。数摄邑，人以"明镜"称。历四县令。曾公亮以才荐，神宗召见，问欲再举安南之师。光庭对曰："愿陛下勿以人类畜之。盖得其地不可居，得其民不可使，何益于广土辟地也。"又问治何经，对曰："少从孙复学《春秋》。"又问："今中外有所闻乎？"对曰："陛下更张法度，臣下奉行或非圣意，故有便有不便。诚能去其不便，则天下受福矣。"帝以其言为疏阔，不用。签书河阳判官，从吕大防于长安幕府。五路出师讨西夏，雍为都会，事倚以办，调发期会甚急，光庭每执不从。使者怒，将加以乏兴罪，光庭求免去，大防为之解。

哲宗即位，司马光荐为左正言，首乞罢提举常平官、保甲青苗等法。论蔡确为山陵使，而乃先灵驾而行，为臣不恭。又言章惇欺罔肆辩，韩缜挟邪冒宠，言甚切。宣仁后嘉其守正，谕令尽言，毋有所畏避。迁左司谏，又论"苏轼试馆职发策云：'今欲师仁祖之忠厚，而患百官有司不举其职，或至于媮；欲法神考之厉精，而恐监司、守令不识其意，流入于刻。'臣谓仁宗难名之盛德，神考有为之善志，而不当以'媮'、'刻'为议论，望正其罪，以戒人臣之不忠者。"未几，中丞傅尧俞、侍御史王岩叟相继论列。宣仁后曰："详览文意，是指今日百官有司、监司守令言之，非所以讽祖宗也。"遂止。

河北饥，谭持节行视，即发廪振民；而议者以耗先帝积年兵食之蓄，改左司员外郎。迁太常少卿，拜侍御史。论蔡确怨谤之罪，确贬新州。拜右谏议大夫、给事中。乞补外，除集贤殿修撰、知亳州。数月召还，复为给事中。

坐封还刘挚免相制，复落职守亳。岁余，徙潞州，加集贤院学士。邻境旱饥，流民入境者踵接，光庭日为食以食之，常至暮，自不暇食，遂感疾，犹自力视事。出祷雨，拜不能兴，再宿而卒，年五十八。绍圣中，追贬柳州别驾。元符初，又停锢其诸子。

光庭始学于胡瑗，瑗告以为学之本在于忠信，故终身行之。徽宗立，复其官。

李琮，字献甫，江宁人。登进士第，调宁国军推官。州庚积谷腐败，转运使移州散于民，俾至秋偿新者。守将行之，琮曰："谷不可食，强与民责而偿之，将何以堪。"持不下，守愧谢而止。

吕公著尹开封，荐知阳武县。役法初行，琮处画尽理，旁近民相率挝登闻鼓，愿视以为则。徽宗召对，擢利州路、江东转运判官。行部至宣城，按民田诡称逃绝者九千户，他县皆然。言于朝，命以户部判官使江、浙，选强明吏立赏剔抉。吏幸赏，以多为功，琮亦因是希进，民患苦之，得缗钱百余万。进度支判官，颁职式于诸道。淮南赋入甲它部，以为转运副使，徙梓州路。

元祐初，言者论其括隐税之害，黜知吉州。御史吕陶又言巴蜀科折已重，琮复强民输税，且无得以奇数并合，人尤咨怨。于是凡以括田受赏者悉夺之。历相、洪、潞三州。潞有谋乱者，为书期月揭道上，部使者闻之，惧，檄索奸甚亟。琮置不问，以是日置酒高会，讫无他。入为太府卿，迁户部侍郎，以宝文阁待制知杭州、永兴军、河南、瀛州。卒，年七十五。

琮长于吏治，而所至主于掊克，为士论嗤鄙。子回，绍兴初参知政事。

朱寿隆，字仲山，密州诸城人。以荫知九陇县。吏告民一家七人以火死，寿隆曰："宁有尽室就焚无一脱者，殆必有奸。"逾月获盗，果杀其人而纵火也。知宿州，宿多剧盗，至白昼被甲剽攻，郡县不能制。寿隆设方略耳目，捕斩千余人。

擢提点广西刑狱。岭外新经侬寇，修营城障，贵州虐用其人，不能聊生。寿隆驰诣州，械守送狱，奏黜之。老稚妇女遭乱，流转不能自还者，檄所在资送其还。旧制，溪蛮侵暴羁縻州，虽杀人无得仇报，寿隆请听相偿，蛮始畏戢。

历盐铁度支判官，夔路转运使。巴峡地隘，民困于役，免其不应法者千五百人。复为盐铁判官、京东转运使，赐三品服。岁恶民移，寿隆谕大姓富室畜为田仆，举贷立息，官为置籍索之，贫富交利。以少府监知扬州，卒，年六十八。

寿隆为人和厚，接谈怡怡，必当于理，而不屈于权贵。狄青讨贼，欲杀裨将不用命者数人，寿隆极论罪不当死。孙沔在坐，曰："侬贼害民万计，此何足惜。"寿隆曰："王师之来以除民害，顾可效贼为暴邪？"青感其言而止。

卢士宏，字子高，新郑人。以父任屡更州县，所至著清名。知信阳军。官捕为妖术者，余党惧及，群聚山谷间，士宏请减其罪招之，即相帅归命。徙知汉州，校实民产，使力役不滥，人德之。又知洋州。先是，圭田多虚籍。士宏考校，令随实以输，自部使者而下，皆十损七八。文彦博、包拯以廉能荐，由三司开拆司擢夔州路转运使，遂知广州。或传安南舟数百泊海中，将为寇，岭徼惊摇。士宏灼其非，是日，从宾客宴游为乐，民赖以安。受代还，引疾丐便郡，知郑州。未几，以光禄卿致仕。卒，年七十三。凡衣衾棺椁之制，皆有遗命，戒诸子勿为铭志。

单煦，字孟阳，平原人。举进士，知洛阳县。民以妖幻传相教授，煦迹捕戮三十余人，当得上赏，不肯言。转知昌州，时诏城蜀治，煦以蜀地负山带江，一旦毁篱垣而兴板筑，其费巨万，非民力所堪，请但筑子城。转运使即移诸郡如其议。

徙清平军使。有二盗杀人，捕治不承，煦纵使之食，甲食之既，乙不下咽，执而讯之，果杀人者。为御史台推直官，江南人诬转运使吕昌龄以贿，中丞张昪讯而论之。鞫未就，敕煦往治，煦不肯阿其长，卒直昌龄。乞外迁，知濮、合二州。合居涪、汉间，夏秋患于淫潦，煦筑东堤以御之。赤水县盐井涸，奏蠲其赋。累官光禄卿，卒，年七十七。

煦友爱兄熙，兄尝殴人至死，未有知者。煦曰："家贫亲老，仰兄以养，义当代之死。"即趋诣斗所以待捕。已而死者甦，惊问之，煦以情告。其人感叹，遂辍讼。

杨仲元，字舜明，管城人。第进士，调宛丘主簿。民诉旱，守拒之，曰："邑未尝旱，狡吏导民而然。"仲元白之曰："野无青草，公日宴黄堂，宜不能知，但一出郊可见矣。狡吏非他，实仲元也。"竟免其税。知泽州沁水县，

民持物来输者，视其价稍增之，余则下其估。官有所须，不强赋民，听以所有与官为入，度相当则止，率常先办。河外用兵，督馈转至界，夕宿洪谷口。仲元相其地，乃寇所由径路，亟命去之。民以困乏为辞，不听，寇果夜出劫诸部，沁水独免。后二十年，其子过县，父老拜泣曰："河西之役，非公无今日矣。"

初，军期尚缓，而仲元督行良急。至则刍粮有不集者皆可贱市，后期者物数倍其价，民始知其为利。州买羊，敛民差出钱，弊滋蔓，病民为甚，仲元更其令，户才费钱百。又遣吏市羔于他所，明年以供州，不科一钱。徙知郧乡县，宰相张士逊先茔隶境内，将属之，召不往。至则按籍均役之，虽堂帖求免，不为减。

历知光、虔、虢三州，官光禄卿，改中散大夫。戒诸子曰："吾入官五十年，未尝以私怒加人，虽杖刑之微，苟有两比，不敢与轻法，以是为报国耳。"卒，年七十五。

余良肱，字康臣，洪州分宁人。第进士，调荆南司理参军。属县捕得杀人者，既自诬服，良肱视验尸与刃，疑之曰："岂有刃盈尺伤不及寸乎？"白府请自捕逮，未几，果获真杀人者。民有失财物逾十万，逮平民数十人，方暑，搒掠号呼闻于外；或有附吏耳语，良肱阴知其为盗，亟捕诘之，赃尽得。

改大理寺丞，出知湘阴县。县逋米数千石，岁责里胥代输，良肱论列之，遂蠲其籍。通判杭州，江潮善溢，漂官民庐舍，良肱累石堤二十里障之，潮不为害。时王陶为属官，常以气犯府帅，吏或诉陶，帅挟憾欲按之，良肱不可曰："使陶以罪去，是以直不容也。"帅遂已。后陶官于朝，果以直闻。知虔州，士大夫死岭外者，丧车自虔出，多弱子寡妇。良肱悉力振护，孤女无所依者，出俸钱嫁之。以母老，得知南康军。丁母忧，服除，为三司使判官。

方关、陕用兵，朝议贷在京民钱，良肱力争之，会大臣亦以为言，议遂格。内府出腐币售三司，三司吏将受之，良肱独曰："若赋诸军，军且怨；不则货诸民，民且病。请付文思，以奉帷幄。"

改知明州。朝廷方治汴渠，留提举汴河司。汴水淀污，流且缓，执政主狭河议。良肱谓："善治水者不与水争地。方冬水涸，宜自京左浚治，以及畿右，三年，可使水复行地中。"弗听。又议伐汴堤木以资狭河。良肱言："自泗至京千余里，江、淮漕卒接踵，暑行多病喝，藉荫以休。又其根盘错，与堤为固，伐之不便。"屡争不能得，乃请不与其事。执政虽怒，竟不为屈。改太常少卿、知润州，迁光禄卿、知宣州，治为江东最。请老，提举洪州玉隆观，卒，年八十一。七子，卞、奭最知名。卞字洪范，奭字荀龙，皆以任子恩试校书郎。

卞博学多大略，累为唐州判官、湖北安抚司勾当机宜文字。讨叛蛮有功，知沅州。蛮杀沿边巡检，卞设方略复平之，加奉议郎。先是，良肱为鼎州推官，五溪蛮叛，良肱运粮境上，周知其利害，上书言："此弹丸地，不足烦朝廷费，不如弃与而就抚之。"当时是其议，未果弃也。及蛮叛，断渠阳道，扼官军不得进，卞适使湖北，帅唐义问

即授卞节制诸将。阴选死士三千人，夜衔枚绕出贼背，伐山开道，漏未尽数刻，入渠阳。黎明整众出，贼大骇，尽锐来战，奋击大破之。鼓行度险，贼七遇七败，斩首数千级，蛮遂降。寻有诏废渠阳军为砦，尽拔居人护出之。绍圣初，治弃渠阳罪，免归。徽宗即位，复奉议郎，管勾玉隆观。未几，复渠阳为靖州，又论前事免，终于家。

爽尚气自信，不少贬以合世。应元丰诏，上便宜十五事，言过剀切。元祐末，爽复极言请太皇太后还政事，章惇憾爽不附己，乃摘其言为谤讪，以瀛州防御推官除名，窜封州。久之，起知明州，未行，以言者罢，监东岳庙。崇宁中，与卞俱入党籍。

潘凤，字伯恭，郑王美从孙也。天圣中，上书论时政，授仁寿主簿。久之，知韶州，擢江西转运判官，提点广西、湖北刑狱。邵州蛮叛，湖南骚动，迁转运使，专制蛮事，亲督兵破其团峒九十。徙知滑州，改湖北转运便，知桂州。坐在湖北时匿名书诬判官韩绛，谪监随州酒税。起知光化军。大臣以将帅才举之，易端州刺史，再迁徙鄜州。召对，访交、广事称旨，还复封郎中、直昭文馆，复知桂州。

交人败于占城，伪表称贺以为大捷，神宗诏之曰："智高之难方二十年，中人之情，燕安忽事，直谓山僻蛮獠，无可虑之理。殊不思祸生于所忽，唐六诏为中国患，此前事之师也。卿本将家子，寄要蕃，宜体朕意，悉心经度。"凤遂上书陈交阯可取状，且将发兵。未报，而徙河北转运使，历度支、盐铁副使，知河中府。章惇察访荆湖，讨南、北江蛮徭，陈凤忧边状，以知潭州。再迁光禄卿，知荆南、鄂州，卒，年七十。

论曰：士之官斯世，有一善可称，致生民咸被其泽于无穷者，故州郡之寄为尤重，张田免禁兵毒于瘴厉，士宏考圭田出于实输，朱景父子、谭、载、煦、涣、士宏、寿隆辈，皆有德在民。仲元不以私怒加人，良肱明于折狱，凤以将家子而能留心边务，用当其材，举能其官。若琼也虽长于吏治，而所至掊克，君子奚取焉。

卷三百三十四　　列传第九十三

徐禧 李稷附　**高永能**　**沈起**
刘彝　**熊本**　**萧注**　**陶弼**　**林广**

徐禧，字德占，洪州分宁人。少有志度，博览周游，以求知古今事变、风俗利疚，不事科举。熙宁初，王安石行新法，禧作《治策》二十四篇以献。时吕惠卿领修撰经义局，遂以布衣充检讨。神宗见其所上策，曰："禧言朝廷用经术变士，十已八九，然窃袭人之语，不求心通者相半，此言是也。宜试于有用之地。"即授镇安军节度推官、中书户房习学公事。岁余召对，顾问久之，曰："朕多阅人，未见有如卿者。"擢太子中允、馆阁校勘、监察御史里行。

与中丞邓绾、知谏院范百禄杂治赵世居狱。李士宁者，挟术出入贵人间，尝见世居母康，以仁宗御制诗赠之。又许世居以宝刀，且曰："非公不可当此。"世居与其党皆神之，曰："士宁，二三百岁人也。"解释其诗，以为至宝之祥。及鞠世居得之，逮捕士宁，而宰相王安石故与士宁善，百禄劾士宁以妖妄惑世居，致不轨。禧奏："士宁遗康诗实仁宗制，今狱官以为反，臣不敢同。"百禄言："士宁有可死之状，禧故出之以媚大臣。"朝廷以御史杂知、枢密承旨参治，而百禄坐报上不实贬，进禧集贤校理、检正礼房。

安石与惠卿交恶，邓绾言惠卿昔居父丧，尝贷华亭富人钱五百万买田事，诏禧参鞠。禧阴右惠卿，绾劾之，会绾贬官，狱亦解。禧出为荆湖北路转运副使。元丰初，召知谏院。惠卿在鄜延，欲更蕃汉兵战守约约，诸老帅不谓然，帝颇采听，将推其法于他路，遣禧往经画。禧是惠卿议，谓帅蔡延庆亦以为不然，帝召延庆至，加禧直龙图阁，使往代，以母忧不行。服除，召试知制诰兼御史中丞。官制行，罢知制诰，专为中丞。邓绾守长安，禧疏其过，帝知其以惠卿故，虽改绾青州，亦左迁禧给事中。

种谔西讨，得银、夏、宥三州而不能守。延帅沈括欲尽城横山，瞰平夏，城永乐，诏禧与内侍李舜举往相其事，令括总兵以从，李稷主馈饷。禧言："银州虽据明堂川、无定河之会，而故城东南已为河水所吞，其西北又阻天堑，实不如永乐之形势险阨。窃惟银、夏、宥三州，陷没百年，一日兴复，于边将事功，实为俊伟，军锋士气，固已百倍；但建州之始，烦费不赀。若选择要会，建置堡栅，名虽非州，实有其地，旧来疆塞，乃在腹心。已与沈括议筑砦堡各六。砦之大者周九百步，小者五百步，堡之大者二百步，小者百步，用工二十三万。"遂城永乐，十四日而成。禧、括、舜举还米脂。明日，夏兵数千骑趋新城，禧亟往视之。或说禧曰："初被诏相城，御寇，非职也。"禧不听，与舜举、稷俱行，括独守米脂。先是，种谔还自京师，极言城永乐非计，禧怒变色，谓谔曰："君独不畏死乎？敢误成事。"谔曰："城之必败，败则死，拒节制亦死；死于此，犹愈于丧国师而沦异域也。"禧度不可屈，奏谔跋扈异议，诏谔守延州。夏兵二十万屯泾原北，闻城永乐，即来争边。人驰告者十数，禧等皆不之信，曰："彼若大来，是吾立功取富贵之秋也。"禧亟赴之，大将高永亨曰："城小人寡，又无水，不可守。"禧以为沮众，欲斩之，既而械送延狱。比至，夏人倾国而至，永亨兄永能请及其未陈击之。禧曰："尔何知，王师不鼓不成列。"禧执刀自率士卒拒战。夏人益众，分阵迭攻抵城下。曲珍兵陈于水际，官军不利，将士皆有惧色。珍白禧曰："今众心已摇，不可战，战必败，请收兵入城。"禧曰："君为大将，奈何遇敌不战，先自退邪？"俄夏骑卒度水犯陈。鄜延选锋军最为骁锐，皆一当百，银枪锦袄，光彩耀日，先接战而败，奔入城，蹂后陈。夏人乘之，师大溃，死及弃甲南奔者几半。珍与残兵入城，崖峻径窄，骑卒缘崖而上，丧马八千匹,遂受围。水砦为夏人所据,掘井不及泉,士卒渴死者太半。夏人蚁附登城,尚扶创拒斗。珍度不可敌,又白禧,请突围而南;永能亦劝李稷尽捐金帛,募死士力战以出,皆不听。戊戌夜大雨,城陷,四将走免,禧、舜举、稷死之,永能没于陈。

初,括奏夏兵来逼城,见官兵整,故还。帝曰:"括料敌疏矣,彼亲未出战,岂肯遽退邪?必有大兵在后。"已而果然。帝闻禧等死,涕泣悲愤,为之不食。赠禧金紫光禄大夫、吏部尚书,谥曰忠愍。官其家二十人。稷工部侍郎,官其家十二人。

禧疏旷有胆略,好谈兵,每云西北可唾手取,恨将帅怯尔。吕惠卿力引之,故不次用。自灵武之败,秦、晋困棘,天下企望息兵,而沈括、种谔陈进取之策。禧素以边事自任,狂谋轻敌,猝与强虏遇,至于覆没。自是之后,帝始知边臣不可信倚,深自悔咎,遂不复用兵,无意于西伐矣。子俅自有传。

李稷,字长卿,邛州人。父绚,龙图阁直学士。稷用荫历管库,权河北西路转运判官,修拓深、赵、邢三州城,役无怨素,然峭刻严忍。察访使者以为言,都水丞程昉亦诉其越职。诏令件析。御史周尹又论稷父死二十年不葬,仅徙东889,俄提举蜀部茶场。甫两岁,羡课七十六万缗,擢盐铁判官。诏推扬其功以劝在位,遂为陕西转运使、制置解盐。秦民作舍道傍者,创使纳"侵街钱",一路扰怨,与李察皆以苛暴著称。时人语曰:"宁逢黑杀,莫逢稷、察。"

种谔起兴、灵议,稷闻之亦上言:"可令边面诸将各出兵挠之,使不得耕种,则其国必困,国因众离,取可决也。"及出境,稷督饷,民苦折运,多散逸,稷令骑士执之,断其足筋,宛转山谷间,凡数千人,累日乃得死。始,稷受旨得斩郡守以下,于是上下相临以峻法,虽小吏护丁夫,亦颤慑不请。军食竟不继。谔谋斩稷,客吕大钧引义责之,复使还取粮。既集,谔犹宣言稷乏军兴,致大功不就,坐削两秩,贬为判官。

永乐既城,稷悉辇金、银、钞、帛充牣其中,欲夸示徐禧,以为城甫就而中巳实。积金既多,故受围愈急,而稷守之不敢去,以及于难。李舜举别有传。

高永能,字君举,世为绥州人。初,伯祖文岯举州来归,即拜团练使,已而弃之北迁,其祖文玉独留居延州,至永能始家青涧。少有勇力,善骑射,由行伍补殿侍,稍迁供奉官。种谔取绥州,发永能兵六千先驱入啰兀,五战皆捷,转供备库副使。治绥德城,辟地四千顷,增户千三百,即知城事。

元丰初,为鄜延都监。秋,大稔,夏人屯二千骑于大会平,将取稼。永能简精骑突过其营,骑卒惊溃,获钤辖二人。转六宅使。夏人患之,令曰:"有得高六宅者,赏金等其身。"经略使吕惠卿行边,永能伏骑谷中,以备侵轶。边骑果至,驰出击走之。夏兵二万犯当川堡,永能以千骑与相遇,度不能支,依险设疑兵,且斗且却,而令后骑扬尘,若援兵至者,奋而前,遂解去。擢本路钤辖。

四年,西讨,永能为前锋,围米脂城。边人十万来援,永能谓弟永亨曰:"彼恃众集易吾军,营当大川,宜严陈待其至,张左右翼击之,可破也。"诘旦,鏖战于无定河,斩首数千级,得马三千,橐驼牛羊万计。城犹未下,密遣谍说降其东壁守将,衣以文锦,导以鼓吹,耀诸城下,酋令介讹遇乃出降。进东上阁门使、宁州刺史,以年请老,不许,又进四方馆使、荣州团练使。

永乐之役,献谋皆不用。城既陷,其孙昌裔欲援之从间道出,永能叹曰:"吾结发从事西羌,战未尝挫,今年已七十,受国大恩,恨无以报,此吾死所也。"顾易一卒敝衣,战而死。其子世亮与昌裔求得尸以归。诏赠房州观察使,录世亮为忠州刺史,诸孙皆侍禁殿直。

永能家世州将,所领多故部曲,拊之有恩惠,遇敌则身先之。下有伤者,载以己副马,故能得士死力。远近喜言其事,称之曰"老高"。及死,边人无不痛惜。尝过其远祖唐绥州刺史思祥淘沙川庙,得画像及神道碑上之,诏即所在赐田三十顷,以奉祭祀。

永能之亡,延州将皇城使寇伟亦力战而没,赠均州防御使。

沈起,字兴宗,明州鄞人。进士高第,调滁州判官,与监真州转般仓。闻父病,委官归侍,以丧免,有司劾其擅去。终丧,荐书应格当迁,帝谓辅臣曰:"观过知仁。今由父疾而致罪,何以厚风教而劝天下之为人子者。"乃特迁之,知海门县。

县负海地卑,间岁海潮至,冒民田舍,民徙以避,弃其业。起为筑堤百里,引江水灌溉其中,田益辟,民相率以归,至立祠以报。御史中丞包拯举为监察御史。吏部格,选吏以赃私绌法,无轻重终身不迁。起论其情可矜者,可限年叙用,遂著为令。立县令考课法,设河渠司领诸道水政,乞采汉故事,择卿大夫子弟入宿卫,选贤文学高第给事宫省,勿专任宦官,宗室祖免亲令补外官,复府兵,汰冗卒,书数十上。以论兴国铁官事不合,出通判越州,改知蕲、楚二州。

京东岁饥盗起,除提点刑狱。至,则开首赎法携其伍,盗内自睽疑,转相束缚唯恐后。改开封府判官,为湖南转运使。凡羽毛、筋革、舟楫、竹箭之材,多出所部,取于民无制,吏挟为奸。起会其当用,自与商人贸易,所省什六七。召为三司盐铁副使,直舍人院。

熙宁三年,韩绛使陕西,加起集贤殿修撰、陕西都转运使。庆州军变,将寇长安,起率兵讨平之。会韩绛城绥州不利,起亦罢知江宁府。入知吏部流内铨。奉使契丹,至王庭,其位著乃与夏使等,起曰:"彼陪臣尔,不当与王人齿。"辞不就列,遂升东朝使者,自是为定制。六年,拜天章阁待制、知桂州。

自王安石用事,始求边功,王韶以熙河进,章惇、熊本亦因此求奋。是时,议者言交阯可取,朝廷命萧注守桂经略之。注盖造谋者也,至是,复以为难。起言:"南交小丑,无不可取之理。"乃以起代注,遂一意攻讨。妄言密受旨,擅令疆吏入溪洞,点集土丁为保伍,授以阵图,使岁时肄习。继命指使因督饷盐之海滨，集舟师寓教水战。故时交人与州县贸易，悉禁止之。于是交阯益贰，大集兵丁谋入寇。

苏缄知邕州，以书抵起，请止保甲，罢水运，通互市。起不听，劾缄沮议，起坐边议罢。命刘彝代之以守广，日遏绝其表疏，于是交人疑惧，率众犯境，连陷廉、白、钦、邕四州，死者数十万人。事闻，贬起团练使，安置郢州，徙越，又徙秀而卒。

起生平喜谈兵，尝以兵法谒范仲淹，仲淹器其材，注《孙武》书以自见，卒用此败。

刘彝，字执中，福州人。幼介特，居乡以行义称。从胡瑗学，瑗称其善治水，凡所立纲纪规式，彝力居多。第进士，为邵武尉，调高邮簿，移朐山令。治簿书，恤孤寡，作陂池，教种艺，平赋役，抑奸猾，凡所以惠民者无不至。邑人纪其事，目曰"治范"。

熙宁初，为制置三司条例官属，以言新法非便罢。神宗择水官，以彝悉东南水利，除都水丞。久雨汴涨，议开长城口，彝请但启杨桥斗门，水即退。为两浙转运判官。知虔州，俗尚巫鬼，不事医药。彝著《正俗方》以训，斥淫巫三千七百家，使以医易业，俗遂变。加直史馆，知桂州。禁与交人互市，交阯陷钦、廉、邕三州，坐钤辖均州团练副使，安置随州。又除名为民，编隶涪州，徙襄州。元祐初，复以都水丞召还，病卒于道，年七十。著《七经中义》百七十卷，《明善集》三十卷，《居阳集》三十卷。

论曰：兵，凶器也，虽圣人犹曰未学。轻敌寡谋，鲜有不自焚者。永乐之陷，安南之畔，死者百万，罹祸甚惨，良由数人者不自量度，以开边衅。禧、稷、永能之死，宜矣。起执议益坚，妄意轻举，虽贬官莫赎其责。彝不能行所学，而规规然蹈前车之辙，以济其过，焉得无罪？

熊本，字伯通，番阳人。儿时知学，郡守范仲淹异其文。进士上第，为抚州军事判官，稍迁秘书丞、知建德县。县令顷包鱼池为圭田，本弛以与民。

熙宁初，上书言："陛下师用贤杰，改修法度，得稷、离、皋、夔之佐。"由是提举淮南常平、检正中书礼房事。

六年，泸州罗、晏夷叛，诏察访梓、夔，得以便宜治夷事。本尝通判戎州，习其俗，谓："彼能扰边者，介十二村豪为乡导尔。"以计致百余人，枭之泸川，其徒股栗，愿矢死自赎。本请于朝，宠以刺史、巡检之秩，明示劝赏，皆踊跃顺命，独柯阴一酋不至。本合晏州十九姓之众，发黔南义军强弩，遣大将王宣、贾昌言率以进讨。贼悉力旅拒，败之黄葛下，追奔深入。柯阴窘，乞降，尽籍丁口、土田及其重宝善马，归之公上，受贡职。于是乌蛮罗氏鬼主诸夷皆从风而靡，愿世为汉官奴。迁刑部员外郎、集贤殿修撰、同判司农寺。神宗劳之曰："卿不伤财，不害民，一旦去百年之患，至于檄奏详明，近时鲜俪焉。"赐三品服。西南用兵蛮中始此。

蔡京时为秀州推官，本言其学行纯茂，练习新法，荐为干当公事。河、湟初复，本为秦凤路都转运使。熙河法禁阔略，蓄积不支岁月，本奏省冗官百四十员，岁减浮费数十万。

渝州南川獠木斗叛，诏本安抚。本进营铜佛坝，抗其亢，焚积聚，以破其党。木斗气索，举溱州地五百里来归，为四砦九堡，建铜佛坝为南平军。初，熟獠王仁贵以木斗亲系狱，本释其缚置麾下，至是推锋先登。大臣议加本天章阁待制，帝曰："本之文，朕所自知，当典书命。"遂知制诰。帝数称其文有体，命院吏别录以进。

又上疏云："天下之治，有因有革，期于趣时适治而已。议者猥用持盈守成之说，文苟简因循之治，天下之吏因以安常习故为俗，奋言纳忠者，悠悠之徒相与蹙额盱衡而诋骂之。陛下出大号，发大政，可谓极因革之理。然改制之始，安常习故之群嚻视四起，交喧而合噪，或净于廷，或谤于市，或投劾引去者，不可胜数。陛下烛见至理，独立不夺，今虽少定，彼将伺隙而逞。愿陛下深念之，勿使噪喧之众有以窥其间，而终万世难就之业，天下幸甚。"本之意，专以媚王安石也。

范子渊创浚河之役，文彦博争之，命本行视，议如彦博。安石白出本分司西京。居三年，起知滁州，改广州，召为工部侍郎。宜州蛮扰边，道除龙图阁待制、知桂州。至则谕溪洞酋长，戒边吏勿生事，请选将练兵代戍，益市马以足骑兵，宜州遂无事。民蔡宝珣扇龙蕃与峒户相仇杀，欲引兵致讨以为功。本质之，色动，缚而投之海。蛮夷以为神。

谍告交人明年将入寇，使者实其言，诏访，本曰："使者在道，安得此？藉使有谋，何自先知之？"已而果妄。是时，既以顺州赐李乾德，疆画未正，交人缘是辄暴勿阳地而逐侬智会。智会来乞师，本檄问状，乾德敛兵谢本，因请以宿桑八洞不毛之地赐之，南荒遂安。

转运判官许彦先议通湖南盐于西广，计口授民，度可得息三十万。本言："桂管民贫地瘠，恐不堪命。"议遂格。入为吏部侍郎。逾年，力请外，仍待制、知洪州。言者谓本弃八洞为失谋，夺一官，徙杭州、江宁府，再知洪州。召还，卒于道。有文集、奏议凡八十卷。

萧注，字岩夫，临江新喻人。磊落有大志，尤喜言兵。常言："四方有事，吾将兵数万，鼓行其间，战必胜，攻必取，岂不快哉！"

举进士，摄广州番禺令。侬智高围州数月，方舟数百攻城南，势危甚。注自围中出，募海滨壮士，得二千人，乘大舶集上流，因飓风起，纵火焚贼舟，破其众。即日发县门纳援兵，民持牛酒、刍粮继续入，城中人始有生意。自是每战以胜归。蒋偕上其功，擢礼宾副使、广南驻泊都监。贼还据邕管，余靖患其啸诱诸洞，以属注。注挺身入蛮中，施结恩信。狄青师次宾州，召会诸将，疑注倚贼声势为奸利，欲诛之。注觉，托为游辞，不肯往。贼破，青始闻注前功，以知邕州。

智高走大理国，母与二弟寓特磨道。注帅师往讨，获一神将。引致卧内，与之语，具得贼情，悉擒送阙下。拜西上阁门副使。募死士使入大理取智高,至则已为其国所杀,函首归献。转为使。

居邕数年,阴以利啖广源群蛮,密缮兵甲,乃上疏曰:"交阯虽奉朝贡,实包祸心,常以蚕食王土为事。往天圣中,郑天益为转运使,尝责其擅赋云河洞。今云河乃落蛮数百里,盖年侵岁吞,驯致于是。臣已尽得其要领,周知其要害。今不取,异日必为中国忧。愿驰至京师,面陈方略。"未报,而甲洞申绍泰犯西平,五将被害。谏官论注不法致寇,罢为荆南钤辖、提点刑狱。李师中又劾其沮威嗜利,略智高阉民为奴,发洞丁采黄金无帐籍可考。中使按验颇有实,贬泰州团练副使。淮南转运使言:"注椎牛屠狗,招集游士,部勒为兵,教之骑射,请徙大州以縻之。"诏改镇南军节度副使。

近臣有讼注广州功者,起为右监门将军、邠州都监。熙宁初,以礼宾使知宁州。环庆李信之败,列城皆坚壁,注独启关夜宴如平时。复阁门使,管干麟府军马。辞云:"身本书生,差长拊纳,不闲战斗,惧无以集事。"时有言"交人挫于占城,众不满万,可取也"。遂以注知桂州。

入觐,神宗问攻取之策,对曰:"昔者臣有是言,是时溪洞之兵,一可当十;器甲坚利,亲信之人皆可指呼而使。今两者不如昔,交人生聚教训十五年矣,谓之'兵不满万',妄也。"既至桂,种酋皆来谒。注延访山川曲折,老幼安否,均得其欢心,故李乾德动息必知之。然有献征南策者,辄不听。会沈起以平蛮自任,帝使代注而罢,注归,卒于道,年六十一。诏优录其子,赗绢三百。

注有胆气,嗜杀,而能相人。自陕西还,帝问注:"韩绛为安抚使,施设何如?"对曰:"庙算深远,臣不能窥。然知绛当位极将相。"帝喜曰:"果如卿言,绛必成功。"问王安石,曰:"安石牛目虎顾,视物如射,意行直前,敢当天下大事。然不如绛得和气为多,惟气和能养万物尔。"王韶为建昌参军,注曰:"君他日类孙沔,但寿不及。"后皆如其言。

陶弼,字商翁,永州人。少倜傥,放宕吴中。行山间,有双鲤戏溪水上,伫观之。傍一老父顾曰:"此龙也,行且斗,君宜亟去。"去百步许,雷大震而雨,岸圮木拔。又出大云,仓卒遇风暴怒,二十七艘同时溺,独弼舟得济,人以是异之。一见丁谓,谓妻以宗女,因从学兵法,能持论纵横。庆历中,杨畋讨湖南猺,弼上谒,畋授之兵使往袭,大破之。以功得阳朔主簿。

侬智高犯南海,畋为安抚使,辟参军谋。使下英江会诸将议击,未至,智高解去。弼舍舟,从其徒数十人,间关步出赴畋。次临贺,大将蒋偕适战死,余众畏亡将被诛,多降贼。弼数与之遇,亟矫畋命揭榜道上,谕使归,许以不死,凡得千五百人。府罢,调阳朔令。课民植木官道旁,夹数百里,自是行者无夏秋暑暍之苦,它郡县悉效之。摄兴安令,移书说桂守萧固浚灵渠以通漕,不听;至李师中,卒浚。师征安南,馈饷于是乎出,大为民利。

知宾、容、钦三州,换崇仪副使,迁为使,知邕州。邕经侬寇,井隧荡然,人不乐其生。弼绥辑惠养,至忘其勤。诸峒献土物求内附,弼降意抚答,谢其贽,皆感悦无犯边者。邕地卑下,水易集,夏大雨弥月,弼登城以望,三边皆漫为陂泽,亟窒垠江三门,谕兵民即高避害。俄而水大至,弼身先版筑,召僚吏赋役,为土囊千余置道上,水果从窦入,随塞之。城虽不坏,而人皆乏食,则为发廪以振于内,方舟入馈于外,水不及女墙者三板,旬有五日乃退,公私一无所失亡。自横、浔以东数州皆没。弼久于邕,请便郡,徙鼎州。章惇经理五溪蛮事,荐为辰州,迁皇城使。降北江彭师宴,授忠州刺史。

郭逵南征,转弼康州团练使,复知邕州。民再罹祸乱,散匿山谷,弼率百骑深入左江峒,民知其至,扶老携幼以归。逵帅官军临富良江,使弼殿。交人纳款,逵欲班师,恐为所袭。乃以计夜起,军不整,骑步相蹋藉乱行。贼隔江阴伺觇,知弼殿,弗敢追。弼申令帐下毋动,迟明,结队徐行,逵赖以善还。建所得广源峒为顺州,桄榔为县。进弼西上阁门使,留知顺州。

州去邕二千里,多毒草瘴雾,戍卒死者什七八,弼亦疾甚,然早暮劳视,视其良苦,意气激扬,士莫不感泣,强奋起为用。交人袭取桄榔,扬声欲图州,独难弼。弼素得人心,贼动息皆先知。获间谍不杀,谕以逆顺,纵之去,恩威两施,以是终弼在不敢犯。加东上阁门使,未拜而卒。诏录其家五人。

弼能为诗,好士乐施,所得俸禄,悉以与人,家至贫不恤也。既死,妻在乡里,僦屋以居。

林广,莱州人。以捧日军卒为行门,授内殿崇班,从环庆蔡挺麾下。李谅柞寇大顺城,广射中之。李信败于荔原,广引兵西入,破十二盘,攻白豹、金汤,皆先登。夜过洛河,夏人来袭,广扬声选强弩列岸侧,实卷甲疾趋,夏人疑不敢渡。尝护中使临边,将及乌鸡川,遽率众循山行。道遇熟羌以险告,广不答,夏人果伏兵于川,计不行而去。告者乃谍也。

夏人围柔远城,广止守,戒士卒即有变毋得轻动。火夜起积薪中,众屯守自若。明日,敌至马平川,大持攻具来。广被甲启他门鼓而出,若将夺其马,敌舍城救马,广复入,益修守备,夜募死士斫其营。夏人数失利,始引退。累迁礼宾使。韩绛奏为本道将。

庆兵据北城叛,广在南城,望其众进退不一,曰:"是不举军乱也。"挺身绳城出其后,谕以逆顺,皆投兵听命。出者财三百人,广语余众曰:"乱者去矣,汝曹事我久,能听我,不唯得活,仍有功。"得百余人。激厉要求,使反攻城下兵,禽戮皆尽,遂平北城。出追乱者,至石门山与之遇,谕之不肯降;纵兵尾击,敌知不得免,始请命。广曰:"不从吾言,今窘而就死,非降也。"悉斩之。迁本路都监。诏入对,神宗奖金汤、石门之功,慰赐甚厚,将使开熙河。辞以不习洮、陇事,乃迁钤辖使,还徙鄜延。攻踏白城,功最,迁皇城使。进讨洮羌,加带御器械、环庆副都总管。安南用师,诣阙请行。帝曰:"南方卑湿。知卿病足,西边方开拓,宜复归。"擢龙神卫四厢都指挥使、英州刺史。边臣或言:"往者刘平因救邻道战没,今宜罢援兵。"广曰："此乃制贼长计也。使贼悉力寇一路，而他道不救，虽古名将亦无能为已。平之所以败，非出援罪。"乃止。

再转步军都虞候。韩存宝讨泸蛮乞弟，逗挠不进，诏广代之。广至，阅兵合将，搜人材勇怯，三分之，日夕肄习，间椎牛享犒，士心皆奋。遣使开晓乞弟，仍索所亡卒。乞弟归卒七人，奏书降而身不至。乃决策深入，陈师泸水，率将吏东乡再拜。誓之曰："朝廷以存宝用兵亡状，使我代之，要以必禽渠魁。今孤军远略，久驻贼境，退则为戮，冒死一战，胜负未可知。纵死，犹有赏，愈于退而死也。与汝等戮力而进，可乎？"众皆踊跃。广挟所得渠帅及质子在军，而令以次酋护饷，以是入箐道而无钞略之患。师行有二途，从纳溪抵江门近而险，从宁远抵乐共坝远而平。蛮意官军必出江门，盛兵阻隘；而师趋乐共，蛮不能支，皆遁去。广分兵绕帽溪，掩江门后，破其险，水陆皆通行，益前进，每战必捷。次落婆远，乞弟遣叔父阿汝约降求退舍，又约不解甲。广察其有异，除阜为坛，距中军五十步，且设伏。明日，乞弟拥千人出降，匿弩士毡裘，犹豫不前谢恩。广发伏击之，蛮奔溃，斩阿汝及大酋二十八人。乞弟以所乘马授弟阿字，大将王光祖追斩之，军中争其尸，乞弟得从江桥下脱走。得其种落三万，进次归徕州，穷探巢穴，发故酋甫望箇恕塚。天寒，士多堕指，而乞弟竟不可得。监军先受密诏，听引兵还，遂班师。

拜卫州防御使、马军都虞候。西兵未解，上疏求面陈方略。及入见，言："韩存宝虽有罪，功亦多，以今日朝廷待诸将，存宝不至死。"广还部，至阌乡，疽发断颈卒，年四十八。

广为人有风义，轻财好施，学通《左氏春秋》。临事持重，长于料敌，以智损益《八陈图》，又撰约束百余条列上，边地颇推行之。其名闻于西夏。秉常母梁氏将内侮，论中国将帅，独畏广，闻其南征，乃举兵。然在泸以敕书招蛮，既降而杀之，此其短也。巡被恶疾死，或以为杀降之报云。

论曰：宋太宗既厌兵，一意安边息民，海内大治。真宗、仁宗深仁厚泽，涵煦生民，然仁文有余，义武不足，盖是时中国之人，不见兵革之日久矣。于是契丹、西夏起为边患，乃不吝缯帛以成和好。神宗抚承平之运，锐焉有为，积财练兵，志在刷耻，故一时材智之士，各得暴其所长，以兴立事功，若熊本、萧注、陶弼、林广实然。本、注起身科第，弼能诗好士，广学通《左氏春秋》。昔孙权劝吕蒙学，文武岂二致哉！本上书以媚时相，广之征蛮，发塚杀降，君子疵之。

卷三百三十五　　列传第九十四

种世衡 子古　谔　谊　孙朴　师道　师中

种世衡，字仲平，放之兄子也。少尚气节，昆弟有欲析其赀者，悉推与之，惟取图书而已。以放荫补将作监主簿，累迁太子中舍。

尝知泾阳县，里胥王知谦以奸利事败，法当徒，遁去。比郊赦辄出，世衡曰："送府则会赦"，杖其脊而请罪于府，知府李谘奏释之。后通判凤州。州将王蒙正，章献后姻家也，所为不法。尝干世衡以私，不听，蒙正怒，乃诱知谦讼冤而阴助之，世衡坐流窦州，徙汝州。弟世材上一官以赎，为孟州司马。久之，龙图阁直学士李纮为辨其诬，宋绶、狄棐继言之，除卫尉寺丞，历监随州酒，签书同州、鄜州判官事。

西边用兵，守备不足。世衡建言，延安东北二百里有故宽州，请因其废垒而兴之，以当寇冲，右可固延安之势，左可致河东之粟，北可图银、夏之旧。朝廷从之，命董其役。夏人屡出争，世衡且战且城之。然处险无泉，议不可守。凿地百五十尺，始至于石，石工辞不可穿，世衡命屑石一畚酬百钱，卒得泉。城成，赐名青涧城。迁内殿崇班、知城事。开营田二千顷，募商贾，贷以本钱，使通货赢其利，城遂富实。间出行部族，慰劳酋长，或解与所服带。尝会客饮，有得敌情来告者，即以饮器予之，繇是属羌皆乐为用。再迁洛苑副使、知环州。

蕃部有牛家族奴讹者，素屈强，未尝出谒郡守，闻世衡至，遽郊迎。世衡与约，明日当至其帐，往劳部落。是夕大雪，深三尺。左右曰："地险不可往。"世衡曰："吾方结诸羌以信，不可失期。"遂缘险而进。奴讹方卧帐中，谓世衡必不能至，世衡蹴而起，奴讹大惊曰："前此未尝有官至吾部者，公乃不疑我耶！"率其族罗拜听命。

羌酋慕恩部落最强，世衡尝夜与饮，出侍姬以佐酒。既而世衡起入内，潜于壁隙中窥之。慕恩窃与侍姬戏，世衡遽出掩之，慕恩惭惧请罪。世衡笑曰："君欲之耶？"即以遗之，由是得其死力。诸部有贰者，使讨之无不克。有尤二族，世衡招之不至，即命慕恩出兵诛之。其后百余帐皆自归，莫敢贰。因令诸族置烽火，有急则举燧，介马以待。

葛怀敏败，率羌兵数千人以援泾原，无敢后者。尝课吏民射，有过失，射中则释其罪；有辞某事、请某事，辄因中否而与夺之。人人自厉，皆精于射，繇是数年敌不敢近环境。

迁东染院使、环庆路兵马钤辖。范仲淹檄令与蒋偕筑细腰城，世衡时卧病，即起，将所部甲士昼夜兴筑，城成而卒。

初，世衡在青涧城，元昊未臣，其贵人野利刚浪㥄、遇乞兄弟有材谋，皆号大王。亲信用事，边臣欲以谋间之。庆历二年，鄜延经略使庞籍，两为保安军守刘拯书，赂蕃部破丑以达野利兄弟，而泾原路王沿、葛怀敏亦遣人持书及金宝以遗遇乞。会刚浪㖫令浪埋、赏乞、媚娘等三人诣世衡请降，世衡知其诈，曰："与其杀之，不若因以为间。"留使监商税，出入骑从甚宠。有僧王光信者，趫勇善骑射，习知蕃部山川道路。世衡出兵，常使为乡导，数荡族帐，奏以为三班借职，改名嵩。世衡为蜡书，遣嵩遗刚浪㖫，言浪埋等已至，朝廷知王有向汉心，命为夏州节度使，奉钱月万缗，旌节已至，趣其归附，以枣缀画龟，喻其早归之意。刚浪㖫得书大惧，自所治执嵩归元昊。元昊疑刚浪㖫贰己，不得还所治，且锢嵩穽中。使其臣李文贵以刚浪㖫旨报世衡，且言不达所遗书意，或许通和，愿赐一言。世衡以白籍。时朝廷已欲招抚，籍召文贵至，谕以国家宽大开诚意，纵使还报。元昊得报，出嵩，礼之甚厚，使与文贵偕来。自是继遣使者请降，遂称臣如旧。世衡闻野利兄弟之诛，为文越塞祭之。籍疏嵩劳，具言元昊未通时，世衡画策遣嵩冒艰险间其君臣，遂成猜贰，因此与中国通，请优进嵩官。迁三班奉职。后嵩因对自陈，又进侍禁、阁门祗候。

世衡死，籍为枢密使。世衡子古上书讼父功，为籍所抑。古复上书，遂赠世衡成州团练使，诏流内铨授古大县簿尉，押还本贯。籍既罢，古复辩理，下御史考验，以籍前奏王嵩疏为定。诏以其事付史官，听古从官便郡。

世衡在边数年，积谷通货，所至不烦县官益兵增馈。善抚养士卒，病者遣一子专视其食饮汤剂，以故得人死力。及卒，青涧及环人皆画象祠之。子古、谔、诊，皆有将材。关中号曰"三种"。谊，其幼子也。孙朴、师道、师中。

古字大质，少慕从祖放为人，不事科举。当任官，辞以与弟，时称"小隐君"。世衡卒，录古为天兴尉，累转西京左藏库副使、泾原路都监、知原州。

羌人犯塞，古御之。斩级数百。筑城镇戎之北，以据要害。神宗召对，迁通事舍人，官其三弟。与弟诊破环州折姜会，斩首二千级，迁西上阁门副使。民有损直鹭田于熟羌以避役者，古按其状，得良田三千顷，丁四千，悉刺为民兵。历环庆、永兴军路钤辖。

坐讼范纯仁不当，夺一官，知宁州，徙镇戎军。熙河师十万道境上，须刍粮，僚佐以他路为言。古曰："均王师也。"命给之。又徙鄜、隰二州，卒，年七十。

古明达孝义。弟谔坐擅兴系狱，乞纳官赎其罪。世衡遗张问田千亩，问返之，而世衡死，古终不复受。然世衡受知于范仲淹，因立青涧功，而古以私憾讼纯仁，士论少之。

谔字子正，以父任累官左藏库副使，延帅陆诜荐知青涧城。

夏酋令㖫内附，诜恐生事，欲弗纳，谔请纳之。夏人来索，诜问所以报，谔曰："必欲令㖫，当以景询来易。"乃止。询者，中国亡命至彼者也。

夏将嵬名山部落在故绥州，其弟夷山先降，谔使人因夷山以诱之，赂以金盂，名山小吏李文喜受而许降，而名山未之知也。谔即以闻，诏转运使薛向及陆诜委谔招纳。谔不待报，悉起所部兵长驱而前，围其帐。名山惊，援枪欲斗，夷山呼曰："兄已约降，何为如是？"文喜因出所受金盂示之，名山投枪哭，遂举众从谔而南。得酋领三百、户万五千、兵万人。将筑城，诜以无诏出师，召谔还。军次怀远，晨起方栉，敌四万众坌集，傅城而陈。谔开门以待，使名山帅新附百余人挑战，谔兵继之，鼓行而出。至晋祠据险，使偏将燕达、刘甫为两翼，身为中军，乃闭垒，悉老弱乘城鼓噪以疑贼。已而合战，追击二十里，俘馘甚众，遂城绥州。诜劾谔擅兴，且不禀节制，欲捕治，未果而诜徙秦。言者交攻之，遂下吏，贬秩四等，安置随州。会侯可以言水利入见，神宗问其事，对曰："种谔奉密旨取绥而获罪，后何以使人？"帝亦悔，复其官。

韩绛宣抚陕西，用为鄜延钤辖。绛城啰兀，规横山，令谔将兵二万出无定川，命诸将皆受节度，起河东兵会银州。城成而庆卒叛，诏罢师，弃啰兀，责授汝州团练副使。再贬贺州别驾，移单州，又移华州。绛再相，讼其前功，复礼宾副使、知岷州。董毡将鬼章举兵于洮、岷，新羌多叛，谔讨袭诛之。从李宪出塞，收洮州，下逋宗、讲珠、东宜诸城，掩击至大河，斩首七千级。

迁东上阁门使、文州刺史、知泾州，徙鄜延副总管。上言："夏主秉常为其母所囚，可急因本路官捣其巢穴。"遂入对，大言曰："夏国无人，秉常孺子，臣往持其臂以来耳。"帝壮之，决意西讨，以为经略安抚副使，诸将悉听节制。谔即次境上，帝以谔先期轻出，使听令于王中正。敌屯兵夏州，谔率本路并畿内七将兵攻米脂，三日未下。夏兵八万来援，谔御之无定川，伏兵发，断其首尾，大破之，降守将令介讹遇。捷书闻，帝大喜，群臣称贺，遣中使谕奖，而罢中正。谔留千人守米脂，进次银、石、夏州，不见敌。始，被诏当会灵武，谔迁柩不进，士卒饥急，欲以粮运不继归罪转运使李稷。驻军麻家平，大校刘归仁以众溃，诏令班师。犹迁凤州团练使、龙神卫四厢都指挥使。

谔谋据横山之志未已，遣子朴上其策。帝召朴问状，擢为阁门祗候。将进城横山，命徐禧、李舜举使鄜延计议。谔言："横山延袤千里，多马宜稼，人物劲悍善战，且有盐铁之利，夏人恃以为生；其城垒皆控险，足以守御。今之兴功，当自银州始。其次迁宥州，又其次修夏州，三郡鼎峙，则横山之地已囊括其中。又其次修盐州，则横山强兵战马、山泽之利，尽归中国。其势居高，俯视兴、灵，可以直覆巢穴。"而禧与沈括定议移银州，城永乐，与谔始谋异，乃奏留谔守延。既而永乐受围，谔观望不救，帝冀其后效，置不问，且虞贼至，就命知延州。疽发背卒，年五十七。

谔善驭士卒，临敌出奇，战必胜，然诈诞残忍，左右有犯立斩，或先剚肺肝，坐者掩面，谔饮食自若。敌亦畏其敢战，故数有功。李稷之馈军也，且入谔营，军吏鸣鼓声喏。谔呼问吏曰："军有几帅？要当借汝头以代运使。"即叱斩之。稷惶怖遽出。尝渡河，猝遇敌，绐门下客曰："事急矣，可衣我衣，乘我马，从旗鼓千骑，亟趋大军。"

客信之,敌以为谞,追之,几不免。自熙宁首开绥州,后再举西征,皆其兆谋,卒致永乐之祸。议者谓谞不死,边事不已。

谊字寿翁。熙宁中,古人对,神宗问其家世,命谊以官。从高遵裕复洮、岷,又平山后羌,至熙河副将。使青唐,董毡遣鬼章迎候境上,取道故为回枉,以夸险远。谊固习其地里,诮之曰:"尔跳梁坎井间,谓我不知远近邪?"命趋便道。鬼章怒,胁以兵,谊声气不动,卒改途。外为路都监。自兰州渡河讨贼,斩首六百,累转西京使。元祐初,知岷州。鬼章诱杀景思立,后益自矜,大有窥故土之心,使其子诣宗哥请益兵入寇,且结属羌为内应。谊刺得其情,上疏请歼之。诏遣游师雄就商利害,遂与姚兕合兵出讨。羌迎战,击走之,追奔至洮州。谊亟进攻,晨雾蔽野,跬步不可辨。谊曰:"吾军远来,彼固不知厚薄,乘此可一鼓而下也。"遂亲鼓之。有顷,雾霁,先登者已得城,鬼章就执。谊戏问之曰:"别后安否?"不能对,徐谓人曰:"我生恶种使,今日果为所擒。天不使我复有故土,命也。"遂俘以归。拜西上阁门使、康州刺史,徙知鄜州。

夏人犯延安,赵卨使谊统诸军。敌闻谊至,皆溃去。延人谓:"得谊,胜精兵二十万。"进熙河钤辖、知兰州。兰与通远皆绝塞,中间保障不相接,腴田多弃不耕,谊请城李诺平以扼冲要。会迁东上阁门使、保州团练使,卒,年五十五。

谊倜傥有气节,喜读书。莅军整严,令一下,死不敢避;遇敌,度不胜不出,故每战未尝负败。岷羌酋包顺、包诚恃功骄恣,前守务姑息,谊至,厚待之。适有小过,叱下吏,将置法,顺、诚叩头伏罪,愿效命以赎,乃使输金出之,群羌畏慑。及洮州之役,二人功最多。

朴以父任右班殿直,积劳,迁至皇城使、昌州刺史,徙熙河兰会钤辖兼知河州,安抚洮西沿边公事。河南蕃部叛,属羌阿章率他族拒官军,熙帅胡宗回使朴出讨。时朴至州才二日,以贼锋方锐,且盛寒,欲姑徐之,而宗回驰檄为六七,不得已,遂出兵。羌知朴来,伏以待。朴遇伏,首尾不相应,朴殊死战,为贼所杀,以马负其尸去。羌乘胜追北。师还遇隘,壅连不得行。偏将王舜臣者善射,以弓挂臂,独立败军后。羌来可万骑,有七人介马而先。舜臣念此必羌酋之尤桀黠者,不先殪之,吾军必尽。乃宣言曰:"吾欲最先行者眉间插花。"引弓三发,陨三人,皆中面;余四人反走,矢贯其背。万骑睅眙莫敢前,舜臣因得整众。须臾,羌复来。舜臣自申及酉,抽矢千余发,无虚者。指裂,血流至肘。薄暮,乃得逾隘。将士气夺,无敢妄言战。当是时,微舜臣则师歼矣。事闻,赠朴雄州防御使,官其后十人。

师道字彝叔。少从张载学,以荫补三班奉职,试法,易文阶,为熙州推官、权同谷县。县吏有田讼,弥二年不决。师道缮阅案牍,穷日力不竟,然所讼止母及兄而已。引吏诘之曰:"母、兄,法可讼乎。汝再期扰乡里足未?"吏叩头服罪。

通判原州,提举秦凤常平。议役法忤蔡京旨,换庄宅使、知德顺军。又谓其诋毁先烈,罢入党籍,屏废十年。以武功大夫、忠州刺史、泾原都钤辖知怀德军。夏国画境,其人焦彦坚必欲得故地,师道曰:"如言故地,当以汉、唐为正,则君家疆土益蹙矣。"彦坚无以对。

童贯握兵柄引西,翕张威福,见者皆旅拜,师道长揖而已。召诣阙,徽宗访以边事,对曰:"先为不可胜,来则应之。妄动生事,非计也。"贯议徙内郡弓箭手实边,而指为新边所募。帝复访之,对曰:"臣恐勤远之功未立,而近扰先及矣。"帝善其言,赐袭衣、金带,以为提举秦凤弓箭手。时五路并置官,帝谓曰:"卿,吾所亲擢也。"贯滋不悦,师道不敢拜,以请,得提举崇福宫。久之,知西安州。

夏人侵定边,筑佛口城,率师往夷之。始至渴甚,师道指山之西麓曰:"是当有水。"命工求之,果得水满谷。累迁龙神卫四厢都指挥使、洺州防御使、知渭州。督诸道兵城席苇平,土赋工,敌至,坚壁葫芦河。师道陈于河浒,若将决战者。阴遣偏将曲充径出横岭,扬言援兵至,敌方骇顾,杨可世潜军军其后,姚平仲以精甲衷击之,敌大溃,斩首五十级,获橐驼、马牛万计,其酋仅以身免。卒城而还。

又诏帅陕西、河东七路兵征臧底城,期以旬日必克。既薄城下,敌守备甚固。官军小息,列校有据胡床自休者,立斩之,尸于军门。令曰:"今日城不下,视此。"众股栗,噪而登城,城即溃,时兵至才八日。帝得捷书喜,进侍卫亲军马军副都指挥使、应道军承宣使。

从童贯为都统制,拜保静军节度使。贯谋伐燕,使师道尽护诸将。师道谏曰:"今日之举,譬如盗入邻家不能救,又乘之而分其室焉,无乃不可乎?"贯不听。既次白沟,辽人噪而前,士卒多伤。师道先令人持一巨梃自防,赖以不大败。辽使来请曰:"女真之叛本朝,亦南朝之所甚恶也。今射一时之利,弃百年之好,结豺狼之邻,基他日之祸,谓为得计可乎?救灾恤邻,古今通义,惟大国图之。"贯不能对,师道复谏宜许之,又不听,密劾其助敌。王黼怒,责为右卫将军致仕,而用刘延庆代之。延庆败绩于卢沟,帝思其言,起为宪州刺史、知环州,俄还保静军节度使,复致仕。

金人南下,趣召之,加检校少保、静难军节度使、京畿河北制置使,听便宜檄兵食。师道方居南山豹林谷,闻命即东。过姚平仲,有步骑七千,与之俱北。至洛阳,闻斡离不已屯京城下,或止勿行曰:"贼势方锐,愿少驻汜水,以谋万全。"师道曰:"吾兵少,若迟回不进,形见情露,祇取辱耳。今鼓行而前,彼安能测我虚实?都人知吾来,士气自振,何忧贼哉!"揭榜沿道,言种少保领西兵百万来。遂抵城西,趋汴水南,径逼敌营。金人惧,徙砦稍北,敛游骑,但守牟驼冈,增垒自卫。

时师道春秋高,天下称为"老种"。钦宗闻其至,喜甚,开安上门,命尚书右丞李纲迎劳。时已议和,入见,帝问曰:"今日之事,卿意如何?"对曰:"女真不知兵,岂有孤军深入人境而能善其归乎?"帝曰:"业已讲好矣。"对曰:"臣以军旅之事事陛下,余非所敢知也。"拜检校少傅、同知枢密院、京畿两河宣抚使,诸道兵悉隶焉。以平仲为都统制。师道时被病,命毋拜,许肩舆入朝。金使王汭在廷颉颃,望见师道,拜跪稍如礼。帝顾笑曰:"彼为卿故也。"京城自受围,诸门尽闭,市无薪菜。师道请启西、南壁,听民出入如常。金人有擅过偏将马忠军者,忠斩其六人。金人来诉,师道付以界旗,使自为制,后无有敢越佚者。又请缓给金币,使彼惰归,扼而歼诸河,执政不可。

种氏、姚氏皆为山西巨室,平仲父古方以熙河兵入援。平仲虑功名独归种氏。乃以士不得速战为言达于上。李纲主其议,令城下兵缓急听平仲节度。帝日遣使趣师道战,师道欲俟其弟秦凤经略使师中至,奏言过春分乃可击。时相距才八日,帝以为缓,竟用平仲斫营,以及于败。既败,李邦彦议割三镇,师道争之不得。李纲罢,太学诸生、都人伏阙愿见种、李,诏遣使弹压。师道乘车而来,众褰帘视之,曰:"果我公也。"相率声喏而散。

金师退,乃罢为中太一宫使。御史中丞许翰见帝,以为不宜解师道兵柄。上曰:"师道老矣,难用,当使卿见之。"令相见于殿门外。师道不语,翰曰:"国家有急,诏许访所疑,公勿以书生之故不肯谈。"师道始言:"我众寡,但分兵结营,控守要地,使彼粮道不通,坐以持久,可破也。"翰叹味其言,复上奏谓师道智虑未衰,尚可用。于是加检校少师,进太尉,换节镇洮军,为河北、河东宣抚使,屯滑州,实无兵自随。

师道请合关、河卒屯沧、卫、孟、滑,备金兵再至。朝论以大敌甫退,不宜劳师以示弱,格不用。既而师中战死,姚古败,朝廷震悚,召师道还。太原陷,又使巡边。次河阳,遇王汭,揣敌必大举,亟上疏请幸长安以避其锋。大臣以为怯,复召还。既至,病不能见。十月,卒,年七十六。帝临奠,哭之恸,赠开府仪同三司。

京师失守,帝搏膺曰:"不用种师道言,以至于此!"金兵之始退也,师道申前议,劝帝乘半济击之,不从,曰:"异日必为国患。"故追痛其语。建炎中,加赠少保,谥曰忠宪。

师中字端孺。历知环、滨、邠州、庆阳府、秦州,侍卫步军副都指挥使、房州观察使、奉宁军承宣使。

金人内侵,诏提秦凤兵入援,未至而敌退,乃以二万人守滑。遣副姚古为河北制置使,古援太原,师中援中山、河间。或谓师中自磁、相而北,金人若下太行,则势不自还,此殴凝师于河上比也。时大臣立议矛盾,枢密主破敌,而三省令护出之。师中渡河,即上言:"粘罕已至泽州,臣欲由邢、相间捷出上党,捣其不意,当可以逞。"朝廷疑不用。斡离不还,师中逐出境。粘罕至太原,悉破诸县,为锁城法困之,内外不相通。姚古虽复隆德、威胜,扼南北关,而不能解围。于是诏师中由井陉道出师,与古掎角,进次平定军,乘胜复寿阳、榆次,留屯真定。时粘罕避暑云中,留兵分就畜牧,觇者以为将遁,告诸朝。知枢密院许翰信之,数遣使督师中出战,且责以逗挠。师中叹曰:"逗挠,兵家大戮也。吾结发从军,今老矣,忍受此为罪乎!"即日办严,约古与张灏俱进,辎重赏犒之物,皆不暇以行。五月,抵寿阳之石坑,为金人所袭。五战三

胜,回趋榆次,去太原百里,而古、灏失期不至,兵饥甚。敌知之,悉众攻,右军溃而前军亦奔。师中独以麾下死战,自卯至巳,士卒发神臂弓射退金兵,而赏赉不及,皆愤怨散去,所留者才百人。师中身被四创,力疾斗死。

师中老成持重,为时名将,诸军自是气夺。刘韐言:"师中闻命即行,奋不顾身,虽古忠臣,不过也。"请加优赠,以劝死国者。诏赠少师,谥曰庄愍。

论曰:宋惩五季藩镇之弊,稍用逢掖治边陲、领介胄。然兵势国之大事,非素明习,而欲应变决策于急遽危难之际,岂不仆哉。种氏自世衡立功青涧,抚循士卒,威动羌、夏,诸子俱有将材,至师道、师中已三世,号山西名将。徽宗任宦竖起边衅,师道之言不售,卒基南北之祸。金以孤军深入,师道请迟西师之至而击之,长驱上党;师中欲出其背以掩之,可谓至计矣。李纲、许翰顾以为怯缓逗挠,动失机会,遂至大衄,而国随以败,惜哉!

卷三百三十六　　列传第九十五

司马光子康　**吕公著**子希哲　希纯

司马光,字君实,陕州夏县人也。父池,天章阁待制。光生七岁,凛然如成人,闻讲《左氏春秋》,爱之,退为家人讲,即了其大指。自是手不释书,至不知饥渴寒暑。群儿戏于庭,一儿登瓮,足跌没水中,众皆弃去,光持石击瓮破之,水迸,儿得活。其后京、洛间画以为图。仁宗宝元初,中进士甲科。年甫冠,性不喜华靡,闻喜宴独不戴花,同列语之曰:"君赐不可违。"乃簪一枝。

除奉礼郎,时池在杭,求签苏州判官事以便亲,许之。丁内外艰,执丧累年,毁瘠如礼。服除,签书武成军判官事,改大理评事,补国子直讲。枢密副使庞籍荐为馆阁校勘,同知礼院。中官麦允言死,给卤簿。光言:"繁缨以朝,孔子且犹不可。允言近习之臣,非有元勋大劳而赠以三公官,给一品卤簿,其视繁缨,不亦大乎。"夏竦赐谥文正,光言:"此谥之至美者,竦何人,可以当之?"改文庄。加集贤校理。

从庞籍辟,通判并州。麟州屈野河西多良田,夏人蚕食其地,为河东患。籍命光按视,光建:"筑二堡以制夏人,募民耕之,耕者众则籴贱,亦可渐纾河东贵粟远输之忧。"籍从其策;而麟将郭恩勇且狂,引兵夜渡河,不设备,没于敌,籍得罪去。光三上书自引咎,不报。籍没,光升堂拜其妻如母,抚其子如昆弟,时人贤之。

改直秘阁、开封府推官。交阯贡异兽,谓之麟,光言:"真伪不可知,使其真,非自至不足为瑞,愿还其献。"又奏赋以风。修起居注,判礼部。有司奏日当食,故事食不满分,或京师不见,皆表贺。光言:"四方见、京师不见,此人君为阴邪所蔽;天下皆知而朝廷独不知,其为灾当益

同知谏院。苏辙答制策切直,考官胡宿将黜之,光言:"辙有爱君忧国之心,不宜黜。"诏置末级。

仁宗始不豫,国嗣未立,天下寒心而莫敢言。谏官范镇首发其议,光在并州闻而继之,且贻书劝镇以死争。至是,复面言:"臣昔通判并州,所上三章,愿陛下果断力行。"帝沉思久之,曰:"得非欲选宗室为继嗣者乎?此忠臣之言,但人不敢及耳。"光曰:"臣言此,自谓必死,不意陛下开纳。"帝曰:"此何害,古今皆有之。"光退未闻命,复上疏曰:"臣向者进说,意谓即行,今寂无所闻,此必有小人言陛下春秋鼎盛,何遽为不祥之事。小人无远虑,特欲仓卒之际,援立其所厚善者耳。'定策国老'、'门生天子'之祸,可胜言哉?"帝大感动曰:"送中书。"光见韩琦等曰:"诸公不及今定议,异日禁中夜半出寸纸,以某人为嗣,则天下莫敢违。"琦等拱手曰:"敢不尽力。"未几,诏英宗判宗正,辞不就,遂立为皇子,又称疾不入。光言:"皇子辞不赀之富,至于旬月,其贤于人远矣。然父召无诺,君命召不俟驾,愿以臣子大义责皇子,宜必入。"英宗遂受命。

兖国公主嫁李玮,不相能,诏出玮卫州,母杨归其兄璋,主入居禁中。光言:"陛下追念章懿太后,故使玮尚主。今乃母子离析,家事流落,独无雨露之感乎?玮既黜,主安得无罪?"帝悟,降主沂国,待李氏恩不衰。进知制诰,固辞,改天章阁待制兼侍讲、知谏院。时朝政颇姑息,胥史喧哗则逐中执法,辇官悖慢则退宰相,卫士凶逆而狱不穷治,军卒訾三司使而以为非犯阶级。光言皆陵迟之渐,不可以不正。充媛董氏薨,赠淑妃,辍朝成服,百官奉慰,定谥,行册礼,葬给卤簿。光言:"董氏秩本微,病革方拜充媛。古者妇人无谥,近制惟皇后有之。卤簿本以赏军功,未尝施于妇人。唐平阳公主有举兵佐高祖定天下功,乃得给。至韦庶人始令妃主葬日皆给鼓吹,非令典,不足法。"时有司定后宫封赠法,后与妃俱赠三代,光论:"妃不当与后同,衰盎却慎夫人席,正为此耳。天圣亲郊,太妃止赠二代,而况妃乎?"

英宗立,遇疾,慈圣光献后同听政。光上疏曰:"昔章献明肃有保佑先帝之功,特以亲用外戚小人,负谤海内。今摄政之际,大臣忠厚如王曾,清纯如张知白,刚正如鲁宗道,质直如薛奎者,当信用之;猥鄙如马季良,逸诡如罗崇勋者,当疏远之,则天下服。"帝疾愈,光料必有追隆本生事,即奏言:"汉宣帝为孝昭后,终不追尊卫太子、史皇孙;光武上继元帝,亦不追尊钜鹿、南顿君,此万世法也。"后诏两制集议濮王典礼,学士王珪等相视莫敢先,光独奋笔书曰:"为人后者为之子,不得顾私亲。王宜准封赠期亲尊属故事,称为皇伯,高官大国,极其尊荣。"议成,珪即命吏以其手稿为按。既上与大臣意殊,御史六人争之力,皆斥去。光乞留之,不可,遂请与俱贬。

初,西夏遣使致祭,延州指使高宜押伴,傲其使者,侮其国主,使者诉于朝。光与吕诲乞加宜罪,不从。明年,夏人犯边,杀略吏士。赵滋为雄州,专以猛悍治边,光论其不可。至是,契丹之民捕鱼界河,伐柳白沟之南,朝廷以知雄州李中祐为不材,将代之。光谓:"国家当戎夷附顺时,好与之计较末节,及其桀骜,又从而姑息之。近者西祸生于高宜,北祸起于赵滋;时方贤此二人,故边臣皆以生事为能,渐不可长。宜敕边吏,疆场细故辄以矢刃相加者,罪之。"

仁宗遗赐直百余万,光率同列三上章,谓:"国有大忧,中外窘乏,不可专用乾兴故事。若遗赐不可辞,宜许侍从上进金钱佐山陵。"不许。光乃以所得珠为谏院公使钱,金以遗舅氏,义不藏于家。后还政,有司立式,凡后有所取用,当覆奏乃供。光云:"当移所属使立供已,乃具数白后,以防矫伪。"

曹佾无功除使相,两府皆迁官。光言:"陛下欲以慰母心,而迁除无名,则宿卫将帅、内侍小臣,必有觊望。"已而迁都知任守忠等官,光复争之,因论:"守忠大奸,陛下为皇子,非守忠意,沮坏大策,离间百端,赖先帝不听;及陛下嗣位,反覆交构,国之大贼。乞斩于都市,以谢天下。"责守忠为节度副使,蕲州安置,天下快之。

诏刺陕西义勇二十万,民情惊挠,而纪律疏略不可用。光抗言其非,持白韩琦。琦曰:"兵贵先声,谅祚方桀骜,使骤闻益兵二十万,岂不震慑?"光曰:"兵之贵先声,为无其实也,独可欺之于一日之间耳。今吾虽益兵,实不可用,不过十日,彼将知其详,尚何惧?"琦曰:"君但见庆历间乡兵刺为保捷,忧今复然,已降敕榜与民约,永不充军戍边矣。"光曰:"朝廷尝失信,民未敢以为然,虽光亦不能不疑也。"琦曰:"吾在此,君无忧。"光曰:"公长在此地,可也;异日他人当位,因公见兵,用之运粮戍边,反掌间事耳。"琦嘿然,而讫不为止。不十年,皆如光虑。

王广渊除直集贤院,光论其奸邪不可近:"昔汉景帝重卫绾,周世宗薄张美。广渊当仁宗之世,私自结于陛下,岂忠臣哉?宜黜之以厉天下。"进龙图阁直学士。

神宗即位,擢为翰林学士,光力辞。帝曰:"古之君子,或学而不文,或文而不学,惟董仲舒、扬雄兼之。卿有文学,何辞为?"对曰:"臣不能为四六。"帝曰:"如两汉制诏可也;且卿能进士取高第,而云不能四六,何邪?"竟不获辞。

御史中丞王陶以论宰相不押班罢,光代之,光言:"陶由论宰相罢,则中丞不可复为。臣愿俟既押班,然后就职。"许之。遂上疏论修心之要三:曰仁,曰明,曰武;治国之要三:曰官人,曰信赏,曰必罚。其说甚备。且曰:"臣获事三朝,皆以此六言献,平生力学所得,尽在是矣。"御药院内臣,国朝常用供奉官以下,至内殿崇班则出;近岁暗理官资,非祖宗本意。因论高居简奸邪,乞加远窜。章五上,帝为出居简,尽罢寄资者。既而复留二人,光又力争之。张方平参知政事,光论其不叶物望,帝不从。还光翰林兼侍读学士。

光常患历代史繁,人主不能遍鉴,遂为《通志》八卷以献。英宗悦之,命置局秘阁,续其书。至是,神宗名之曰《资治通鉴》,自制《序》授之,俾日进读。

诏录颖邸直省官四人为阁门祗候,光曰:"国初草创,天步尚艰，故御极之初，必以左右旧人为腹心耳目，谓之随龙，非平日法也。阁门祗候在文臣为馆职，岂可使厮役为之。"

西戎部将鬼名山欲以横山之众，取谅祚以降，诏边臣招纳其众。光上疏极论，以为："名山之众，未必能制谅祚。幸而胜之，灭一谅祚，生一谅祚，何利之有；若其不胜，必引众归我，不知何以待之。臣恐朝廷不独失信谅祚，又将失信于名山矣。若名山余众尚多，还北不可，入南不受，穷无所归，必将突据边城以救其命。陛下不见侯景之事乎？"上不听，遣将种谔发兵迎之，取绥州，费六十万，西方用兵，盖自此始矣。

百官上尊号，光当答诏，言："先帝亲郊，不受尊号。末年有献议者，谓国家与契丹往来通信，彼有尊号我独无，于是复以非时奉册。昔匈奴冒顿自称'天地所生日月所置匈奴大单于'，不闻汉文帝复为大名以加之也。愿追述先帝本意，不受此名。"帝大悦，手诏奖光，使善为答辞，以示中外。

执政以河朔旱伤，国用不足，乞南郊勿赐金帛。诏学士议，光与王珪、王安石同见，光曰："救灾节用，宜自贵近始，可听也。"安石曰："常衮辞堂馔，时以为衮自知不能，当辞位不当辞禄。且国用不足，非当世急务，所以不足者，以未得善理财者故也。"光曰："善理财者，不过头会箕敛尔。"安石曰："不然，善理财者，不加赋而国用足。"光曰："天下安有此理？天地所生财货百物，不在民，则在官，彼设法夺民，其害乃甚于加赋。此盖桑羊欺武帝之言，太史公书之以见其不明耳。"争议不已。帝曰："朕意与光同，然姑以不允答之。"会安石草诏，引常衮事责两府，两府不敢复辞。

安石得政，行新法，光逆疏其利害。迩英进读，至曹参代萧何事，帝曰："汉常守萧何之法不变，可乎？"对曰："宁独汉也，使三代之君常守禹、汤、文、武之法，虽至今存可也。汉武取高帝约束纷更，盗贼半天下；元帝改孝宣之政，汉业遂衰。由此言之，祖宗之法不可变也。"吕惠卿言："先王之法，有一年一变者，'正月始和，布法象魏'是也；有五年一变者，巡守考制度是也；有三十年一变者，'刑罚世轻世重'是也。光言非是，其意以风朝廷耳。"帝问光，光曰："布法象魏，布旧法也。诸侯变礼易乐者，王巡守则诛之，不自变也。刑新国用轻典，乱国用重典，是为世轻世重，非变也。且治天下譬如居室，敝则修之，非大坏不更造也。公卿侍从皆在此，愿陛下问之。三司使掌天下财，不才而黜可也，不可使执政侵其事。今为制置三司条例司，何也？宰相以道佐人主，安用例？苟用例，则胥吏矣。今为看详中书条例司，何也？"惠卿不能对，则以他语诋光。帝曰："相与论是非耳，何至是。"光曰："平民举钱出息，尚能蚕食下户，况悬官督责之威乎！"惠卿曰："青苗法，愿取则与之，不愿不强也。"光曰："愚民知取债之利，不知还债之害，非独县官不强，富民亦不强也。昔太宗平河东，立籴法，时米斗十钱，民乐与官为市。其后物贵而和籴不解，遂为河东世世患。臣恐异日之青苗，亦犹是也。"帝曰："坐仓籴米何如？"坐者皆起，光曰："不便。"惠卿曰："籴米百万斛，则省东南之漕，以其钱供京师。"光曰："东南钱荒而粒米狼戾，今不籴米而漕钱，弃其有余，取其所无，农末皆病矣！"侍讲吴申起曰："光言，至论也。"

它日留对，帝曰："今天下汹汹者，孙叔敖所谓'国之有是，众之所恶'也。"光曰："然。陛下当论其是非。今条例司所为，独安石、韩绛、惠卿以为是耳，陛下岂能独与此三人共为天下邪？"帝欲用光，访之安石。安石曰："光外托劘上之名，内怀附下之实。所言尽害政之事，所与尽害政之人，而欲置之左右，使以国论，此消长之大机也。光才岂能害政，但在高位，则异论之人倚以为重。韩信立汉赤帜，赵卒气夺，今用光，是与异论者立赤帜也。"

安石以韩琦上疏，卧求去。帝乃拜光枢密副使，光辞之曰："陛下所以用臣，盖察其狂直，庶有补于国家。若徒以禄位荣之，而不取其言，是以天官私非其人也。臣徒以禄位自荣，而不能救生民之患，是盗窃名器以私其身也。陛下诚能罢制置条例司，追还提举官，不行青苗、助役等法，虽不用臣，臣受赐多矣。今言青苗之害者，不过谓使者骚动州县，为今日之患耳。而臣之所忧，乃在十年之外，非今日也。夫民之贫富，由勤惰不同，惰者常乏，故必资于人。今出钱贷民而敛其息，富者不愿取，使家以多散为功，一切抑配。恐其逋负，必令贫富相保，贫者无可偿，则散而之四方；富者不能去，必责使代偿数家之负。春算秋计，展转日滋，贫者既尽，富者亦贫。十年之外，百姓无复存者矣。又尽散常平钱谷，专行青苗，它日若思复之，将何所取？富室既尽，常平已废，加之以师旅，因之以饥馑，民之羸者必委死沟壑，壮者必聚而为盗贼，此事之必至者也。"抗章至七八，帝使谓曰："枢密，兵事也，官各有职，不当以他事为辞。"对曰："臣未受命，则犹侍从也，于事无不可言者。"安石起视事，光乃得请，遂求去。

以端明殿学士知永兴军。宣抚使下令分义勇戍边，选诸军骁勇武士，募市井恶少年为奇兵；调民造干糒，悉修城池楼橹，关辅骚然。光极言："公私困敝，不可举事，而京兆一路皆内郡，缮治非急。宣抚之令，皆未敢从，若乏军兴，臣当任其责。"于是一路独得免。徙知许州，趣入觐，不赴；请判西京御史台归洛，自是绝口不论事。而求言诏下，光读之感泣，欲嘿而不忍，乃复陈六事，又移书责宰相吴充，事见《充传》。

蔡天申为察访，妄作威福，河南尹、转运使敬事之如上官；尝朝谒应天院神御殿，府独为设一班，示不敢与抗。光顾谓台吏曰："引蔡寺丞归本班。"吏即引天申立监竹木务官富赞善之下。天申窘沮，即日行。

元丰五年，忽得语涩疾，疑且死，豫作遗表置卧内，即有缓急，当以畀所善者上之。官制行，帝指御史大夫曰："非司马光不可。"又将以为东宫师傅。蔡确曰："国是方定，愿少迟之。"《资治通鉴》未就，帝尤重之，以为贤于荀悦《汉纪》，数促使终篇，赐以颍邸旧书二千四百卷。及书成，加资政殿学士。凡居洛阳十五年，天下以为真宰相，田夫野老皆号为司马相公，妇人孺子亦知其为君实也。

帝崩，赴阙临，卫士望见，皆以手加额曰："此司马相公也。"所至，民遮道聚观，马至不得行，曰："公无归洛，留相天子，活百姓。"哲宗幼冲，太皇太后临政，遣使问所当先，光谓："开言路。"诏榜朝堂。而大臣有不悦者，设六语云："若阴有所怀；犯非其分；或扇摇机事之重；或迎合已行之令；上以徼幸希进；下以眩惑流俗。若此者，罚无赦。"后复命示光，光曰："此非求谏，乃拒谏也。人臣惟不言，言则入六事矣。"乃具论其情，改诏行之，于是上封者以千数。

起光知陈州，过阙，留为门下侍郎。苏轼自登州召还，缘道人相聚号呼曰："寄谢司马相公，毋去朝廷，厚自爱以活我。"是时天下之民，引领拭目以观新政，而议者犹谓"三年无改于父之道"，但毛举细事，稍塞人言。光曰："先帝之法，其善者虽百世不可变也。若安石、惠卿所建，为天下害者，改之当如救焚拯溺。况太皇太后以母改子，非子改父。"众议甫定。遂罢保甲团教，不复置保马；废市易法，所储物皆鬻之，不取息，除民所欠钱；京东铁钱及茶盐之法，皆复其旧。或谓光曰："熙、丰旧臣，多憸巧小人，他日有以父子义间上，则祸作矣。"光正色曰："天若祚宗社，必无此事。"于是天下释然，曰："此先帝本意也。"

元祐元年复得疾，诏朝会再拜，勿舞蹈。时青苗、免役、将官之法犹在，而西戎之议未决。光叹曰："四患未除，吾死不瞑目矣。"折简与吕公著云："光以身付医，以家事付愚子，惟国事未有所托，今以属公。"乃论免役五害，乞直降敕罢了。诸将兵皆隶州县，军政委守令通决。废提举常平司，以其事归之转运、提点刑狱。边计以和戎为便。谓监司多新进少年，务为刻急，令近臣于郡守中选举，而于通判中举转运判官。又立十科荐士法。皆从之。

拜尚书左仆射兼门下侍郎，免朝觐，许乘肩舆，三日一入省。光不敢当，曰："不见君，不可以视事。"诏令子康扶入对，且曰："毋拜。"遂罢青苗钱，复常平籴粜法。两宫虚己以听。辽、夏使至，必问光起居，敕其边吏曰："中国相司马矣，毋轻生事、开边隙。"光自见言行计从，欲以身徇社稷，躬亲庶务，不舍昼夜。宾客见其体羸，举诸葛亮食少事烦以为戒，光曰："死生，命也。"为之益力。病革，不复自觉，谆谆如梦中语，然皆朝廷天下事也。

是年九月薨，年六十八。太皇太后闻之恸，与帝即临其丧，明堂礼成不贺，赠太师、温国公，襚以一品礼服，赙银绢七千。诏户部侍郎赵瞻、内侍省押班冯宗道护其丧，归葬陕州，谥曰文正，赐碑曰"忠清粹德"。京师人罢市往吊，鬻衣以致奠，巷哭以过车。及葬，哭者如哭其私亲。岭南封州父老，亦相率具祭，都中及四方皆画像以祀，饮食必祝。

光孝友忠信，恭俭正直，居处有法，动作有礼。在洛时，每往夏县展墓，必过其兄旦，且年将八十，奉之如严父，保之如婴儿。自少至老，语未尝妄，自言："吾无过人者，但平生所为，未尝有不可对人言者耳。"诚心自然，天下敬信，陕、洛间皆化其德，有不善，曰："君实得无知之乎？"

光于物澹然无所好，于学无所不通，惟不喜释、老，曰："其微言不能出吾书，其诞吾不信也。"洛中有田三顷，丧妻，卖田以葬，恶衣菲食以终其身。

绍圣初，御史周秩首论光诬谤先帝，尽废其法。章惇、蔡卞请发冢斫棺，帝不许，乃令夺赠谥，仆所立碑。而惇言不已，追贬清远军节度副使，又贬崖州司户参军。徽宗立，复太子太保。蔡京擅政，复降正议大夫，京撰《奸党碑》，令郡国皆刻石。长安石工安民当镌字，辞曰："民愚人，固不知立碑之意。但如司马相公者，海内称其正直，今谓之奸邪，民不忍刻也。"府官怒，欲加罪，泣曰："被役不敢辞，乞免镌安民二字于石末，恐得罪于后世。"闻者愧之。

靖康元年，还赠谥。建炎中，配飨哲宗庙庭。

康字公休，幼端谨，不妄言笑，事父母至孝。敏学过人，博通群书，以明经上第。光修《资治通鉴》，奏检阅文字。丁母忧，勺饮不入口三日，毁几灭性。光居洛，士之从学者退与康语，未尝不有得。途之人见其容止，虽不识，皆知其为司马氏子也。以韩绛荐，为秘书，由正字迁校书郎。光薨，治丧皆用《礼经》家法，不为世俗事。得遗恩，悉以与族人。服除，召为著作佐郎兼侍讲。

上疏言："比年以来，旱暵为虐，民多艰食。若复一不稔，则公私困竭，盗贼可乘。自古圣贤之君，非无水旱，惟有以待之，则不为甚害。愿及今秋熟，令州县广籴，民食所余，悉归于官。今冬来春，令流民就食，候乡里丰穰，乃还本土。凡为国者，一丝一毫皆当爱惜，惟于济民则不宜吝。诚能捐数十万金帛，以为天下大本，则天下幸甚。"拜右正言，以亲嫌未就职。

为哲宗言前世治少乱多，祖宗创业之艰难，积累之勤劳，劝帝及时向学，守天下大器，且劝太皇太后每于禁中训迪，其言切至。迩英进讲，又言："《孟子》于书最醇正，陈王道尤明白，所宜观览。"帝曰："方读其书"。寻诏讲官节以进。

康自居父丧，居庐疏食，寝于地，遂得腹疾，至是不能朝谒。赐优告。疾且殆，犹具疏所当言者以待，曰："得一见天子极言而死无恨。"使召医李积于充。积老矣，乡民闻之，往告曰："百姓受司马公恩深，今其子病，愿速往也。"来者日夜不绝，积遂行；至，则不可为矣。年四十一而卒。公卿嗟痛于朝，士大夫相吊于家，市井之人，无不哀之。诏赠右谏议大夫。

康为人廉洁，口不言财。初，光立神道碑，帝遣使赐白金二千两，康以费皆官给，辞不受。不听。遣家吏如京师纳之，乃止。

论曰：熙宁新法病民，海内骚动，忠言谠论，沮抑不行；正人端士，摈弃不用。聚敛之臣日进，民被其虐者将二十年。方是时，光退居于洛，若将终身焉。而世之贤人君子，以及庸夫愚妇，日夕引领望其为相，至或号呼道路，愿其毋去朝廷，是岂以区区材智所能得此于人人哉？德之盛而诚之著也。

一旦起而为政，毅然以天下自任，开言路，进贤才。

凡新法之为民害者，次第取而更张之，不数月之间，划革略尽。海内之民，如寒极而春，旱极而雨，如解倒悬，如脱桎梏，如出之水火之中也。相与咨嗟叹息，欢欣鼓舞，甚若更生，一变而为嘉祐、治平之治。君子称其有旋乾转坤之功，而光于是亦老且病矣。天若祚宋，憖遗一老，则奸邪之势未遽张，绍述之说未遽行，元祐之臣固无恙也。人众能胜天，靖康之变，或者其可少缓乎？借曰有之，当不至如是其酷也。《诗》曰："哲人云亡，邦国殄瘁。"呜呼悲夫！

康济美象贤，不幸短命而死，世尤惜之。然康不死，亦将不免于绍圣之祸矣。

吕公著，字晦叔，幼嗜学，至忘寝食。父夷简器异之，曰："他日必为公辅。"恩补奉礼郎，登进士第，召试馆职，不就。通判颍州，郡守欧阳修与为讲学之友。后修使契丹，契丹主问中国学行之士，首以公著对。判吏部南曹，仁宗奖其恬退，赐五品服。除崇文院检讨、同判太常寺。寿星观营进真宗神御殿，公著言："先帝已有三神御，而建立不已，殆非祀无丰昵之义。"进知制诰，三辞不拜。改天章阁待制兼侍读。

英宗亲政，加龙图阁直学士。方议追崇濮王，或欲称皇伯考，公著曰："此真宗所以称太祖，岂可施于王。"及下诏称亲，且班讳，又言："称亲则有二父之嫌，王讳但可避于上前，不应与七庙同讳。"吕诲等坐论濮王去，公著言："陛下即位以来，纳谏之风未彰，而屡绌言者，何以风示天下？"不听。遂乞补外，帝曰："学士朕所重，其可以去朝廷？"请不已，出知蔡州。

神宗立，召为翰林学士、知通进银台司。司马光以论事罢中丞，还经幄。公著封还其命曰："光以举职赐罢，是为有言责者不得尽其言也。"诏以告直付阁门。公著又言："制命不由门下，则封驳之职，因臣而废。愿理臣之罪，以正纪纲。"帝谕之曰："所以徙光者，赖其劝学耳，非以言事故也。"公著请不已，竟解银台司。

熙宁初，知开封府。时夏秋淫雨，京师地震。公著上疏曰："自昔人君遇灾者，或恐惧以致福，或简诬以致祸。上以至诚待下，则下思尽诚以应之，上下至诚而变异不消者，未之有也。惟君人者去偏听独任之弊，而不主先入之语，则不为邪说所乱。颜渊问为邦，孔子以远佞人为戒。盖佞人惟恐不合于君，则其势易亲；正人惟恐不合于义，则其势易疏。惟先格王正厥事，未有事正而世不治者也。"礼官用唐故事，请以五月御大庆殿受朝，因上尊号。公著曰："陛下方度越汉、唐，追复三代，何必于阴长之日，为非礼之会，受无益之名？"从之。

二年，为御史中丞。时王安石方行青苗法，公著极言曰："自古有为之君，未有失人心而能图治，亦未有能胁之以威、胜之以辩而能得人心者也。昔日之所谓贤者，今皆以此举为非，而生议者一切诋为流俗浮论，岂昔皆இ而今皆不肖乎？"安石怒其深切。帝使举吕惠卿为御史，公著曰："惠卿固有才，然奸邪不可用。"帝以语安石，安石益怒，诬以恶语，出知颍州。

八年，彗星见，诏求直言。公著上疏曰："陛下临朝愿治，为日已久，而左右前后，莫敢正言。使陛下有欲治之心，而无致治之实，此任事之臣负陛下也。夫士之邪正、贤不肖，既素定矣。今则不然，前日所举，以为天下之至贤；而后日逐之，以为天下至不肖。其于人材既反覆不常，则于政事亦乖戾不审矣。古之为政，初不信于民者有之，若子产治郑，一年而人怨之，三年而人歌之。陛下垂拱仰成，七年于此，然舆人之诵，亦未有异于前日，陛下独不察乎？"

起知河阳，召还，提举中太一宫，迁翰林学士承旨，改端明殿学士、知审官院。帝从容与论治道，遂及释、老，公著问曰："尧、舜知此道乎？"帝曰："尧、舜岂不知？"公著曰："尧、舜虽如此，而惟以知人安民为难，所以为尧、舜也。"帝又言唐太宗能以权智御臣下。对曰："太宗之德，以能屈己从谏尔。"帝善其言。

未几，同知枢密院事。有欲复肉刑者，议取死囚试剕、刖，公著曰："试之不死，则肉刑遂行矣。"乃止。夏人幽其主，将大举讨之。公著曰："问罪之师，当先择帅，苟未得人，不如勿举。"及兵兴，秦、晋民力大困，大臣不敢言，公著数白其害。

元丰五年，以疾乞去位，除资政殿学士、定州安抚使。俄永乐城陷，帝临朝叹曰："边民疲弊如此，独吕公著为朕言之耳。"徙扬州，加大学士。将立太子，帝谓辅臣，当以吕公著、司马光为师傅。

哲宗即位，以侍读还朝。太皇太后遣使迎，问所欲言，公著曰："先帝本意，以宽省民力为先。而建议者以变法侵民为务，与己异者一切斥去，故日久而弊愈深，法行而民愈困。诚得中正之士，讲求天下利病，协力而为之，宜不难矣。"至则上言曰："人君初即位，当正始以示天下，修德以安百姓。修德之要，莫先于学。学有缉熙于光明，则日新以底至治者，学之力也。谨昧死陈十事，曰畏天、爱民、修身、讲学、任贤、纳谏、薄敛、省刑、去奢、无逸。"又乞备置谏员，以开言路。拜尚书左丞、门下侍郎。

元祐元年，拜尚书右仆射兼中书侍郎。三省并建，中书独为取旨之地。乃请事于三省者，与执政同进呈，取旨而各行之。又执政官率数日一聚政事堂，事多决于其长，同列莫得预。至是，始命日集，遂为定制。与司马光同心辅政，推本先帝之志，凡欲革而未暇与革而未定者，一一举行之。民欢呼鼓舞，咸以为便。光薨，独当国，除吏皆一时之选。时科举罢词赋，专用王安石经义，且杂以释氏之说。凡士子自一语上，非新义不得用，学者至不诵正经，唯窃安石之书以干进，精熟者转上第，故科举益弊。公著始令禁主司不得出题老、庄书，举子不得以申、韩、佛书为学，经义参用古今诸儒说，毋得专取王氏。复贤良方正科。

右司谏贾易以言事讦直诋大臣，将峻责，公著以为言，止罢知怀州。退谓同列曰："谏官所论，得失未足言。顾主上春秋方盛，虑异时有进谀说惑乱者，正赖左右争臣耳，不可豫使人主轻厌言者也。"众莫不叹服。

吐蕃首领鬼章青宜结久为洮、河患，闻朝廷弭兵省戍，阴与夏人合谋复取熙、岷。公著白遣军器丞游师雄以便宜谕诸将，不逾月，生致于阙下。

帝宴近臣于资善堂，出所书唐人诗分赐。公著乃集所讲书要语明白、切于治道者，凡百篇进之，以备游意翰墨，为圣学之助。

三年四月，恳辞位，拜司空、同平章军国事。宋兴以来，宰相以三公平章重事者四人，而公著与父居其二，士艳其荣。诏建第于东府之南，启北扉，以便执政会议。凡三省、枢密院之职，皆得总理。间日一朝，因至都堂，其出不以时，盖异礼也。

明年二月薨，年七十二。太皇太后见辅臣泣曰："邦国不幸，司马相公既亡，吕司空复逝。"痛闵久之。帝亦悲感，即诣其家临奠，赐金帛万。赠太师、申国公，谥曰正献，御书碑首曰"纯诚厚德"。

公著自少讲学，即以治心养性为本，平居无疾言遽色，于声利纷华，泊然无所好。暑不挥扇，寒不亲火，简重清净，盖天禀然。其识虑深敏，量闳而学粹，遇事善决，苟便于国，不以私利害动其心。与人交，出于至诚，好德乐善，见士大夫以人物为意者，必问其所知与其所闻，参互考实，以达于上。每议政事，博取众善以为善，至所当守，则毅然不回夺。神宗尝言其于人材不欺，如权衡之称物。尤能避远声迹，不以知人自处。

始与王安石善，安石兄事之，安石博辩骋辞，人莫敢与亢，公著独以精识约言服之。安石尝曰："疵吝每不自胜，一诣长者，即废然而反，所谓使人之意消者，于晦叔见之。"又谓人曰："晦叔为相，吾辈可以言仕矣。"后安石得志，意其必助己，而数用公议，列其过失，以故交情不终。于讲说尤精，语约而理尽。司马光曰："每闻晦叔讲，便觉己语为烦。"其为名流所敬如此。

绍圣元年，章惇为相，以翟思、张商英、周秩居言路，论公著更熙、丰法度，削赠谥，毁所赐碑，再贬建武军节度副使、昌化军司户参军。徽宗立，追复太子太保。蔡京擅政，复降左光禄大夫，入党籍，寻复银青光禄大夫。绍兴初，悉还赠谥。子希哲、希纯。

希哲字原明，少从焦千之、孙复、石介、胡瑗学，复从程颢、程颐、张载游，闻见由是益广。以荫入官，父友王安石劝其勿事科举，以侥幸利禄，遂绝意进取。安石为政，将置其子雱于讲官，以希哲有贤名，欲先用之。希哲辞曰："辱公相知久，万一从仕，将不免异同，则畴昔相与之意尽矣。"安石乃止。

公著作相，二弟已官省寺，希哲独滞管库，久乃判登闻鼓院，力辞。公著叹曰："当世善士，吾收拾略尽，尔独于吾故置不试，命也夫！"希哲母贤明有法度，闻公著言，笑曰："是亦未知其子矣。"

终公著丧，始为兵部员外郎。范祖禹，其妹婿也，言于哲宗曰："希哲经术操行，宜备劝讲，其父常称为不欺暗室。臣以妇兄之故，不敢称荐，今方将引去，窃谓无嫌。"诏以为崇政殿说书。其劝导人主以修身为本，修身以正心诚意为主。其言曰："心正意诚，则身修而天下化。若身不能修，虽左右之人且不能谕，况天下乎？"

擢右司谏，辞，未听，私语祖禹曰："若不得请，当以杨畏、来之邵为首。"既而不拜。会绍圣党论起，御史刘拯论其进不由科第，以秘阁校理知怀州。中书舍人林希又言："吕大防由公著援引，故进希哲以酬私恩。凡大防辈欺君卖国，皆公著为之唱；而公著之恶，则希哲导成之，岂宜污华职。"于是但守本秩，俄分司南京，居和州。

徽宗初，召为秘书少监，或以为太峻，改光禄少卿。希哲力请外，以直秘阁知曹州。旋遭崇宁党祸，夺职知相州，徙邢州。罢为宫祠。羁寓淮、泗间，十余年卒。

希哲乐易简俭，有至行，晚年名益重，远近皆师尊之。子好问，有传。

希纯字子进，登第，为太常博士。元祐祀明堂，将用皇祐故事，并飨天地百神，皆以祖宗配。希纯言："皇祐之礼，事不经见，嘉祐既已厘正。至元丰中，但以英宗配上帝，悉罢从祀群神，得严父之义，请循其式。"从之。

历宗正、太常、秘书丞。哲宗议纳后，希纯请考三代昏礼，参祖宗之制，博访令族，参求德配。凡世俗所谓勘婚之书，浅陋不经，且一切屏绝，以防附会。迁著作郎，以父讳不拜。擢起居舍人，权太常少卿。

宣仁太后崩，希纯虑奸人乘间进说摇主听，即上疏曰："自元祐初年，太皇听断，所用之人皆宿有时望，所行之事皆人所愿行。唯是过恶得罪之徒，日伺变故，捭阖规利，今必以更改神宗法度为说。臣以为先帝之功烈，万世莫掩。间有数事，为小人所误，势虽颇有损益，在于圣德，固无所亏。且英宗、神宗何尝不改真宗、仁宗之政，亦岂尽用太祖、太宗之法乎？小人既误先帝，复欲误陛下，不可不察。"未几，拜中书舍人、同修国史。

内侍梁从政、刘惟简除内省押班，希纯以亲政之始，首录二人，无以示天下，持不行。由是阉寺侧目，或于庭中指以相示曰："此缴还二押班词头者也。"

章惇既相，出为宝文阁待制、知亳州。谏官张商英憾希纯，攻之力。又以外亲嫌，连徙睦、归州。自京东而之浙西，自浙西而上三峡，名为易地，实困之也。公著追贬，希纯亦以屯田员外郎分司南京，居金州。又责舒州团练副使，道州安置。建中靖国元年，还为待制、知瀛州。徽宗闻其名，数称之。曾布忌希纯，因其请觐，未及见，亟以边遽趣遣之。俄改颍州，入崇宁党籍。卒，年六十。

论曰：公著父子俱位至宰相，俱以司空平章军国事，虽汉之韦、平，唐之苏、李，荣盛孰加焉。夷简多智数，公著则一切持正，以应天下之务，呜呼贤哉。其论人才，如权衡之称物，故一时贤士，收拾略尽。司马光疾甚，谆谆焉以国事为托，当时廷臣，莫公著若也审矣。追考其平生事业，盖守成之良相也。然知子之贤而不能荐，殆犹未免于避嫌，而有愧于从祖云。希哲、希纯世济其美，然皆陷于崇宁党祸，何君子之不幸欤！

卷三百三十七　列传第九十六

范镇 从子百禄　从孙祖禹

范镇，字景仁，成都华阳人。薛奎守蜀，一见爱之，馆于府舍，俾与子弟讲学。镇益自谦退，每步行趋府门，逾年，人不知其为帅客也。及还朝，载以俱。有问奎入蜀何所得，曰："得一伟人，当以文学名世。"宋庠兄弟见其文，自谓弗及，与为布衣交。

举进士，礼部奏名第一。故事，殿廷唱第过三人，则首礼部选者，必越次抗声自陈，率得置上列。吴育、欧阳修号称耿介，亦从众。镇独不然，同列屡趣之，不为动。至第七十九人，乃从呼出应，退就列，无一言，廷中皆异之。自是旧风遂革。

调新安主簿，西京留守宋绶延置国子监，荐为东监直讲。召试学士院，当得馆阁校理，主司妄以为失韵，补校勘。人为忿郁，而镇处之晏如。经四年，当迁，宰相庞籍言："镇有异材，不汲汲于进取。"超授直秘阁，判吏部南曹、开封府推官。擢起居舍人、知谏院。上疏论："民力困敝，请约祖宗以来官吏兵数，酌取其中为定制，以今赋入之数什七为经费，储其三为水旱非常。"又言："周以冢宰制国用，唐以宰相判盐铁、度支。今中书主民，枢密主兵，三司主财，各不相知。财已匮，枢密益兵无穷；民已困，三司取财不已。请使二府通知兵民大计，与三司同制国用。"

契丹使至，虚声示强，大臣益募兵以塞责，岁费百千万。镇言："备契丹莫若宽三晋之民，备灵夏莫若宽秦民，备西南莫若宽越、蜀之民，备天下莫若宽天下之民。夫兵所以卫民而反残民，臣恐异日之忧不在四夷，而在冗兵与穷民也。"

商人输粟河北，取偿京师，而榷货不即予钞，久而鬻之，十才得其六。或建议出内帑钱，稍增价与市，岁可得羡息五十万。镇谓："外府内帑，均为有司。今使外府滞商人，而内帑乘急以牟利，至伤国体。"仁宗遽止之。

葬温成后，太常议礼，前谓之园，后谓之陵，宰相刘沆前为监护使，后为园陵使。镇曰："尝闻法吏舞法矣，未闻礼官舞礼也。请诘前后议礼异同状。"集贤校理刁约论圹中物侈丽，吴充、鞠真卿争论礼，并补外，皆上章留之。石全斌护葬，转观察使，他吏悉优迁两官。镇言："章献、章懿、章惠三后之葬，推恩皆无此比。乞追还全斌等告敕。"副都知任守忠、邓保吉同日除官，内臣无故改官者又五六人。时有敕，凡内降非准律令者，并许执奏。曾未一月，大臣辄废不行。镇乞正中书、枢密之罪，以示天下。

帝天性宽仁，言事者竞为激讦，至污人以帷箔不可明之事。镇独务引大体，非关朝廷安危，生民利疚，则阔略不言。陈执中为相，镇论其无学术，非宰相器。及嬖妾笞杀婢，御史劾奏，欲逐去之。镇言："今阴阳不和，财匮民困，盗贼滋炽，狱犴充斥，执中当任其咎。御史舍大责细，暴扬燕私，若用此为进退，是因一婢逐宰相，非所以明等级、辨堂陛。"识者韪之。

文彦博、富弼入相，诏百官郊迎。镇曰："隆之以虚礼，不若推之以至诚。陛下用两人为相，举朝皆谓得人。然近制，两制不得诣宰相居第，百官不得间见，是不推之以诚也。愿罢郊迎，除谒禁，则于御臣之术为两得矣。"议减任子及每岁取士，皆自镇发之。又乞令宗室疏属补外官，帝曰："卿言是也。顾恐天下谓朕不能睦族耳。"镇曰："陛下甄别其贤不肖而用之，不没其能，乃所以睦族也。"虽不行，至熙宁初，卒如其言。

帝在位三十五年，未有继嗣。嘉祐初，暴得疾，中外大小之臣，无不寒心，莫敢先言者。镇独奋曰："天下事尚有大于此者乎？"即拜疏曰："置谏官者，为宗庙社稷计。谏官而不以宗庙社稷计事陛下，是爱死嗜利之人，臣不为也。方陛下不豫，海内皇皇莫知所为，陛下独以祖宗后裔为念，是为宗庙之虑，至深且明也。昔太祖舍其子而立太宗，天下之大公也。真宗以周王薨，养宗子于宫中，天下之大虑也。愿以太祖之心，行真宗故事，拔近属之尤贤者，优其礼秩，置之左右，与图天下事，以系亿兆人心。"疏奏，文彦博使客问何所言，以实告，客曰："如是，何不与执政谋？"镇曰："自分必死，故敢言。若谋于执政，或以为不可，岂得中辍乎？"章累上，不报。执政谕之曰："奈何效希名干进之人。"镇贻以书曰："比天象见变，当有急兵，镇义当死职，不可死乱兵之下。此乃镇择死之时，尚何顾希名干进之嫌哉？"又言："陛下得臣疏，不以留中而付中书，是欲使大臣奉行也。臣两至中书，大臣皆设辞拒臣，是陛下欲为宗庙社稷计，而大臣不欲也。臣窃原大臣畏避之意，恐行之而陛下中变耳。中变之祸，不过一死。国本不立，万一有如天象所告急兵之变，死且有罪，其为计亦已疏矣。愿以臣章示大臣，使自择死所。"闻者股栗。

除兼侍御史知杂事，镇以言不从，固辞。执政谕镇曰："今间言已入，为之甚难。"镇复书执政曰："事当论其是非，不当问其难易。诸公谓今日难于前日，安知异日不难于今日乎？"凡见上面陈者三，言益恳切。镇泣，帝亦泣，曰："朕知卿忠，卿言是也，当更俟三二年。"章十九上，待命百余日，须发为白。朝廷知不能夺，乃罢知谏院，改集贤殿修撰，纠察在京刑狱，同修起居注，遂知制诰。镇虽解言职，无岁不申前议。见帝春秋益高，每因事及之，冀以感动帝意。至是，因入谢，首言："陛下许臣，今复三年矣，愿早定大计。"又因袷享，献赋以讽。其后韩琦遂定策立英宗。

迁翰林学士。中书议追尊濮王，两制、台谏与之异，诏礼官检详典礼。镇判太常寺，率其属言："汉宣帝于昭帝为孙，光武于平帝为祖，其父容可称皇考，议者犹非之，谓其以小宗合大宗之统也。今陛下既以仁宗为考，又加之濮王，则其失非特汉二帝比。凡称帝若考，若寝庙，皆非是。"执政怒，召镇责曰："方令检详，何遽列上！"镇曰：

"有司得诏，不敢稽留，即以闻，乃其职也。奈何更以为罪乎？"会草制，误迁宰相官，改侍读学士。

明年，还翰林，出知陈州。陈方饥，视事三日，擅发钱粟以贷。监司绳之急，即自劾，诏原之。是岁大熟，所贷悉还。神宗即位，复为翰林学士兼侍读、知通进银台司。故事，门下封驳制旨，省审章奏，纠摘违滞，皆著所授敕，后乃刊去。镇始请复之，使知所守。

王安石改常平为青苗，镇言："常平之法，起于汉盛时，视谷贵贱发敛，以便农末，最为近古，不可改。而青苗行于唐之衰世，不足法。且陛下疾富民之多取而少取之，此正百步、五十步之间耳。今有两人坐市贸易，一人故下其直以相倾，则人皆知恶之，可以朝廷而行市道之所恶乎？"吕惠卿在迩英言："今预买䌷绢，亦青苗之比。"镇曰："预买，亦敝法也。若府库有余，当并去之，岂应援以为比。"韩琦极论新法之害，送条例司疏驳，李常乞罢青苗钱，诏命分析，镇皆封还。诏五下，镇执如初。司马光辞枢密副使，诏许之，镇再封还。帝以诏直付光，不由门下。镇奏曰："由臣不才，使陛下废法，有司失职，乞解银台司。"

举苏轼谏官，御史谢景温奏罢之；举孔文仲制科，文仲对策，论新法不便，罢归故官。镇皆力争之，不报。即上疏曰："臣言不行，无颜复立于朝，请谢事。臣言青苗不见听，一宜去；荐苏轼、孔文仲不见用，二宜去。李定避持服，遂不认母，坏人伦，逆天理，而欲以为御史，御史台为之罢陈荐，舍人院为之罢宋敏求、吕大临、苏颂，谏院为之罢胡宗愈。王韶上书肆意欺罔，以兴造边事，事败，则置而不问，反为之罪帅臣李师中。及御史一言苏轼，则下七路掎摭其过；孔文仲则遣之归任。以此二人况彼二人，事理孰是孰非，孰得孰失，其能逃圣鉴乎？言青苗有见效者，不过岁得什百万缗钱，缗钱什百万，非出于天，非出于地，非出于建议者之家，盖一出于民耳。民犹鱼也，财犹水也，养民而尽其财，譬犹养鱼而竭其水也。"

疏五上，其后指安石用喜怒为赏罚，曰："陛下有纳谏之资，大臣进拒谏之计；陛下有爱民之性，大臣用残民之术。臣知言入触大臣之怒，罪且不测。然臣职献替而无一言，则负陛下矣。"疏入，安石大怒，持其疏至手颤，自草制极诋之。以户部侍郎致仕，凡所得恩典，悉不与。镇表谢，略曰："愿陛下集群议为耳目，以除壅蔽之奸，任老成为腹心，以养和平之福。"天下闻而壮之。安石虽诋之深切，人更以为荣。既退，苏轼往贺曰："公虽退，而名益重矣！"镇愀然曰："君子言听计从，消患于未萌，使天下阴受其赐，无智名，无勇功；吾独不得于此，使天下受其害而吾享其名，吾何心哉！"日与宾客赋诗饮酒，或劝使称疾杜门，镇曰："死生祸福，天也，吾其如天何！"同天节乞随班上寿，许之，遂以为令。轼得罪，下台狱，索与镇往来书文甚急，犹上书论救。久之，徙居许。

哲宗立，韩维言："镇在仁宗时，首启建储之议，未尝以语人，人亦莫为言者。"具十九疏上之。拜端明殿学士，起提举中太一宫兼侍读，且欲以为门下侍郎。镇雅不欲起，从孙祖禹亦劝止之，遂固辞，改提举崇福宫。祖禹谒告归省，诏赐以龙茶，存劳甚渥。复告老，以银青光禄大夫再致仕，累封蜀郡公。

镇于乐尤注意，自谓得古法，独主房庶以律生尺之说。司马光谓不然，往复论难，凡数万言。初，仁宗命李照改定大乐，下王朴乐三律。皇祐中，又诏胡瑗等考正。神宗时诏镇与刘几定之。镇曰："定乐当先正律。"神宗曰："然，虽有师旷之聪，不以六律不能正五音。"镇作律尺、龠合、升斗、豆区、鬴斛，欲图上之，又乞访求真黍，以定黄钟。而刘几即用李照乐，加用四清声而奏乐成。诏罢局，赐赍有加。镇曰："此刘几乐也，臣何与焉。"至是，乃请太府铜为之，逾年而成，比李照乐下一律有奇。帝及太皇太后御延和殿，召执政同阅视，赐诏嘉奖。下之太常，诏三省、侍从、台阁之臣，皆往观焉。镇时已属疾，乐奏三日而薨，年八十一。赠金紫光禄大夫，谥曰忠文。

镇平生与司马光相得甚欢，议论如出一口，且约生则互为传，死则作铭。光生为《镇传》，服其勇决；镇复铭光墓云："熙宁奸朋淫纵，险诐憸猾，赖神宗洞察于中。"其辞峭峻。光子康属苏轼书之，轼曰："轼不辞书，惧非三家福。"乃易他铭。

镇清白坦夷，遇人必以诚，恭俭慎默，口不言人过。临大节，决大议，色和而语壮，常欲继之以死，虽在万乘前，无所屈。笃于行义，奏补先族人而后子孙，乡人有不克婚葬者，辄为主之。兄锴，卒于陇城，无子，闻其有遗腹子在外，镇时未仕，徒步求之两蜀间，二年乃得之，曰："吾兄异于人，体有四乳，是儿亦必然。"已而果然，名曰百常。少受学于乡先生庞直温，直温子昉卒于京师，镇娶其女为孙妇，养其妻子终身。

其学本《六经》，口不道佛、老、申、韩之说。契丹、高丽皆传诵其文。少时赋《长啸》，却胡骑，晚使辽，人相目曰：此"长啸公"也。兄子百禄亦使辽，辽人首问镇安否。

百禄字子功，镇兄锴之子也。第进士，又举才识兼茂科。时治平水灾，大臣方议濮礼，百禄对策曰："简宗庙、废祭祀，则水不润下。昔汉哀尊共皇，河南、颍川大水；孝安尊德皇，京师、郡国二十九大水。盖大宗隆，小宗杀；宗庙重，私祀轻。今宜杀而隆，宜轻而重，是悖先王之礼。礼一悖，则人心失而天意睽，变异所由起也。"对入三等。

熙宁中，邓绾举为御史，辞不就。提点江东、利、梓路刑狱，加直集贤院。利州武守周永懿以贿败，百禄请复至道故事，用文吏领兵，以辖边界，从之。熊本治泸蛮事，有夷酋力屈请降，神将贾昌言欲杀以为功，百禄谕之不听，往谓本曰："杀降不祥，活千人者封子孙。奈何容骄将横境内乎？"本瞿然，即撤止之。

七年，召知谏院。属岁旱，请讲求急务，收还法令之未便者，以救将死之民。论手实法曰："造薄手实，许令告匿。户令虽有手实之文，而未尝行。盖谓使人自占，必不以实告，而明许告讦，人将为仇。然则礼、义、廉、耻之风衰矣。"五路置三十七将，专督所部兵，至许辟置布衣参军谋。百禄察其中，或以恩泽市，或以㯿败收，或未历边方，或起于群盗，疏列其亡状者十四人，请仍旧制，将佐颛教阅，余付之州县，事多施行。

与徐禧治李士宁狱，奏士宁荧惑童妇，致不轨生心，罪死不赦。禧右士宁，以为无罪。执政主禧，贬百禄监宿州酒。元丰末，入为司门吏部郎中、起居郎。

哲宗立，迁中书舍人。司马光复差役法，患吏受赇，欲加流配。百禄固争曰："民今日执事，受谢于人，明日罢役，则以财赂人。苟绳以重典，黥面赭衣必将充塞道路。"光悟曰："微君言，吾不悉也。"遂已。

元祐元年，为刑部侍郎。诸郡以故斗杀情可矜者请谳，法官曰："宜贷。"光曰："杀人不死，法废矣。"百禄曰："谓之杀人，则可；若制刑以为无足疑，原情以为无足悯，则不可。今概之死，则二杀之科，自是遂无足疑悯者矣。"时又诏天下狱不当谳而辄谳者抵罪。有司重于请，至枉情以求合法。百禄曰："熙宁之法，非可疑可悯而谳者免驳勘，元丰则刊之，近则有奏劾之诏，故官吏畏避，不惮论杀。"因条五年死贷之数以闻。门下省犹驳正当贷者，又例在有司者还中书，百禄又争之，后悉从其请。

改吏部侍郎。议者欲汰胥吏，吕大防趣废其半，百禄曰："不可。废半则失职者众，不若以渐消之，自今阙吏勿补，不数岁，减斯过半矣。"不听。

都水王孝先议回河故道，大防意向之，命百禄行视。百禄以东流高仰，而河势顺下，不可回，即驰奏所以然之状，且取神宗诏令勿塞故道者并上之。大防犹谓："大河东流，中国之险限。今塘泺既坏，界河淤浅，河且北注矣。"百禄言："塘泺有限寇之名，无御寇之实。借使河徙而北，敌始有下流之忧，乃吾之利也。先帝明诏具在，奈何妄动摇之。"乃止。

俄兼侍读，进翰林学士。为帝言分别邪正之目，凡导人主以某事者为公正，某事者为奸邪，以类相反，凡二十余条。愿概斯事以观其情，则邪正分矣。

以龙图阁学士知开封府。勤于民事，狱无系囚。僚吏欲以囹空闻，百禄曰："千里之畿，无一人之狱，此至尊之仁，非尹功也。"不许。经数月，复为翰林学士，拜中书侍郎。是岁郊祀，议合祭天地，礼官以"昊天有成命"为言。百禄曰："此三代之礼，奈何复欲合祭乎？'成命'之颂，祀天祭地，均歌此诗，亦如春夏祈谷而歌《噫嘻》，亦岂为一祭哉？"争久不决，质于帝前。宰相曰："百禄之言，礼经也；今日之用，权制也。陛下始郊见，宜以并事天地为恭。"于是合祭。

熙河范育言："阿里骨酷暴且病，温溪心八族皆思内附，可以计纳。"百禄曰："中国以信抚四夷，阿里骨未有过，溪心虚实未可知，无衅而动，非策也。"又请进筑纳迷等三城，百禄曰："是皆良田，为必争之地，我既城之，若贼骑时出，我何以耕？后虽欲弃之，为费已甚，亦不能矣。"帝皆从之。右仆射苏颂坐稽留除书免，百禄以同省罢为资政殿学士、知河中，徙河阳、河南。薨，年六十五，赠银青光禄大夫。

子祖述，监颍州酒税，摄狱掾，阅具狱，活两死囚，州人以为神。知巩县，凿南山导水入洛，县无水患，文彦博称其能。以父堕党籍，监中岳庙。久之，通判泾州。知

台州，奏罢黄甘、葛覃之贡。主管西京御史台。靖康多难，避地至汝州。汝守赵子栎邀与共守，于是旁郡尽陷，汝独全。累官朝议大夫，卒。从弟祖禹。

祖禹字淳甫，一字梦得。其生也，母梦一伟丈夫被金甲入寝室，曰："吾汉将军邓禹。"既寤，犹见之，遂以为名。幼孤，叔祖镇抚育如己子。祖禹自以既孤，每岁时亲宾庆集，惨怛若无所容，闭门读书，未尝预人事。既至京师，所与交游，皆一时闻人。镇器之曰："此儿，天下士也。"

进士甲科。从司马光编修《资治通鉴》，在洛十五年，不事进取。书成，光荐为秘书省正字。时王安石当国，尤爱重之。王安国与祖禹友善，尝谕安石意，竟不往谒。富弼致仕居洛，素严毅，杜门罕与人接，待祖禹独厚；疾笃，召授以密疏，大抵论安石误国及新法之害，言极愤切。弼薨，人皆以为不可奏，祖禹卒上之。

神宗崩，祖禹上疏论丧服之制曰："先王制礼，君服同于父，皆斩衰三年，盖恐为人臣者不以父事其君。自汉以来，不惟人臣无服，人君遂不为三年之丧。国朝自祖宗以来，外廷虽用易月之制，宫中实行三年服。君服如古典，而臣下犹依汉制，故十二日而小祥，期而又小祥，二十四日而大祥，再期而又大祥。既以日为之，又以月为之，此礼之无据者也。古者再期而大祥，中月而禫。禫，祭之名，非服之色。今乃为之惨服三日然后禫，此礼之不经者也。服既除，至葬又服之，衬庙后即吉，才八月而遽纯吉，无所不佩，此又礼之无渐者也。朔望，群臣朝服以造殡宫，是以吉服临丧；人主衰服在上，是以先帝之服为人主之私丧，此二者皆礼之所不安也。"

哲宗立，擢右正言。吕公著执政，祖禹以婿嫌辞，改祠部员外郎，又辞。除著作佐郎、修《神宗实录》检讨，迁著作郎兼侍讲。

神宗既祥，祖禹上疏宣仁后曰："今即吉方始，服御一新，奢俭之端，皆由此起。凡可以荡心悦目者，不宜有加于旧。皇帝圣性未定，睹俭则俭，睹奢则奢，所以训导成德者，动宜有法。今闻奉宸库取珠，户部用金，其数至多，恐增加无已，愿止于未然。崇俭敦朴，辅养圣性，使目不视靡曼之色，耳不听淫哇之声，非礼勿言，非礼勿动，则学问日益，圣德日隆，此宗社无疆之福。"故事，服除当开乐置宴，祖禹以为因除服而开乐设宴，则似除服而庆贺，非君子不得已而除之之意，不可。

夏暑权罢讲，祖禹言："陛下今日之学与不学，系他日治乱。如好学，则天下君子欣慕，愿立于朝，以直道事陛下，辅佐德业，而致太平，不学，则小人皆动其心，务为邪谄，以窃富贵。且凡人之进学，莫不于少时，今圣质日长，数年之后，恐不得如今日之专，窃为陛下惜也。"迁起居郎，又召试中书舍人，皆不拜。吕公著薨，召拜右谏议大夫。首上疏论人主正心修身之要，乞太皇太后日以天下之勤劳、万民之疾苦、群臣之邪正、政事之得失，开导上心，晓然存之于中，使异日众说不能惑，小人不能进。

蔡确既得罪，祖禹言："自乾兴以来，不窜逐大臣六十余年，一旦行之，流传四方，无不震耸。确去相已久，

朝廷多非其党，间有偏见异论者，若一切以为党确去之，惧刑罚失中，而人情不安也。"

蔡京镇蜀，祖禹言："京小有才，非端良之士。如使守成都，其还，当使执政，不宜崇长。"时大臣欲于新旧法中有所创立。祖禹以为："朝廷既察王安石之法为非，但当复祖宗之旧，若出于新旧之间，两用而兼存之，纪纲坏矣。"迁给事中。

吴中大水，诏出米百万斛、缗钱二十万振救。谏官谓诉灾者为妄，乞加验考。祖禹封还其章，云："国家根本，仰给东南。今一方赤子，呼天赴诉，开口仰哺，以脱朝夕之急。奏灾虽小过实，正当略而不问。若稍施惩谴，恐后无复敢言者矣。"

兼国史院修撰，为礼部侍郎。论择监司守令曰："祖宗分天下为十八路，置转运使、提点刑狱，收乡长、镇将之权悉归于县，收县之权归于州，州之权归于监司，监司之权归于朝廷。上下相维，轻重相制，建置之道，最为合宜。监司付以一路，守臣付以一州，令宰付以一县，皆与天子分土而治，其可不择乎？祖宗尝有考课之法，专察诸路监司，置簿于中书，以稽其要。今宜委吏部尚书，取当为州者，条别功状以上三省，三省召而察之，苟其人可任，则以次表用之。至官，则令监司考其课绩，终岁之后，可以校优劣而施黜陟焉。如此则得人必多，监司、郡守得人，县令不才，非所患也。"

闻禁中觅乳媪，祖禹以帝年十四，非近女色之时，上疏劝进德爱身，又乞宣仁后保护上躬，言甚切至。既而宣仁谕祖禹，以外议皆虚传，祖禹复上疏曰："臣言皇帝进德爱身，宜常以为戒。太皇太后保护上躬，亦愿因而勿忘。今外议虽虚，亦足为先事之戒。臣侍经左右，有闻于道路，实怀私忧，是以不敢避妄言之罪。凡事言于未然，则诚为过；及其已然，则又无所及，言之何益？陛下宁受未然之言，勿使臣等有无及之悔。"拜翰林学士，以叔百禄在中书，改侍讲学士。百禄去，复为之。范氏自镇至祖禹，比三世居禁林，士论荣慕。

宣仁太后崩，中外议论汹汹，人怀顾望，在位者畏惧，莫敢发言。祖禹虑小人乘间害政，乃奏曰："陛下方揽庶政，延见群臣，此国家隆替之本，社稷安危之机，生民休戚之端，君子小人进退消长之际，天命人心去就离合之时也，可不畏哉？先后有大功于宗社，有大德于生灵，九年之间，始终如一。然群小怨恨，亦为不少，必将以改先帝之政、逐先帝之臣为言，以事离间，不可不察也。先后因天下人心，变而更化。既改其法，则作法之人有罪当退，亦顺众言而逐之。是皆上负先帝，下负万民，天下之所仇疾而欲去之者也，岂有憎恶于其间哉？惟辨析是非，深拒邪说，有以奸言惑听者，付之典刑，痛惩一人，以警群慝，则帖然无事矣。此等既误先帝，又欲误陛下，天下之事，岂堪小人再破坏邪？"初，苏轼约俱上章论列，谏草已具，见祖禹疏，遂附名同奏，曰："公之文，经世之文也。"竟不复出其稿。

祖禹又言："陛下承六世之遗烈，当思天下者祖宗之天下，人民者祖宗之人民，百官者祖宗之百官，府库者祖宗之府库。一言一动，如临之在上，质之在傍，则可以长享天下之奉。先后以大公至正为心，罢安石、惠卿所造新法，而行祖宗旧政。故社稷危而复安，人心离而复合，乃至辽主亦戒其臣勿生事曰：'南朝专行仁宗之政矣。'外夷之情如此，中国之人心可知。先后日夜苦心劳力，为陛下立太平之基。愿守之以静，恭己以临之，虚心以处之，则群臣邪正，万事是非，皆了然于圣心矣。小人之情专为私，故不便于公；专为邪，故不便于正；专好动，故不便于静。惟陛下痛心疾首，以为刻骨之戒。"章累上，不报。

忽有旨召内臣十余人，祖禹言："陛下亲政以来，四海倾耳，未闻访一贤臣，而所召者乃先内侍，必谓陛下私于近习，望即赐追改。"因请对，曰："熙宁之初，王安石、吕惠卿造立新法，悉变祖宗之政，多引小人以误国，勋旧之臣屏弃不用，忠正之士相继远引。又用兵开边，结怨外夷，天下愁苦，百姓流徙。赖先帝觉悟，罢逐两人，而所引群小，已布满中外，不可复去。蔡确连起大狱，王韶创取熙河，章惇开五溪，沈起扰交管，沈括、徐禧、俞充、种谔兴造西事，兵民死伤皆不下二十万。先帝临朝悼悔，以谓朝廷不得不任其咎。以至吴居厚行铁冶之法于京东，王子京行茶法于福建，蹇周辅行盐法于江西，李稷、陆师闵行茶法、市易于西川，刘定教保甲于河北，民皆愁痛嗟怨，比屋思乱。赖陛下与先后起而救之，天下之民，如解倒悬。惟是向来所斥逐之人，窥伺事变，妄意陛下不以修改法度为是，如得至左右，必进奸言。万一过听而复用之，臣恐国家自此陵迟，不复振矣。"又论："汉、唐之亡，皆由宦官。自熙宁、元丰间，李宪、王中正、宋用臣辈用事总兵，权势震灼。中正兼干四路，口敕募兵，州郡不敢违，师徒冻馁，死亡最多；宪陈再举之策，致永乐摧陷；用臣兴土木之工，无时休息，罔市井之微利，为国敛怨。此三人者，虽加诛戮，未足以谢百姓。宪虽已亡，而中正、用臣尚在，今召内臣十人，而宪、中正之子皆在其中。二人既入，则中正、用臣必将复用，愿陛下念之。"

时绍述之论已兴，有相章惇意。祖禹力言惇不可用，不见从，遂请外。上且欲大用，而内外梗之者甚众，乃以龙图阁学士知陕州。言者论祖禹修《实录》诋诬，又摭其谏禁中雇乳媪事，连贬武安军节度副使、昭州别驾，安置永州、贺州，又徙宾、化而卒，年五十八。

祖禹平居恂恂，口不言人过。至遇事，则别白是非，不少借隐。在迩英守经据正，献纳尤多。尝讲《尚书》至"内作色荒，外作禽荒"六语，拱手再诵，却立云："愿陛下留听。"帝首肯再三，乃退。每当讲前夕，必正衣冠，俨如在侧上，命子弟侍，先按讲其说。开列古义，参之时事，言简而当，无一长语，义理明白，粲然成文。苏轼称为讲官第一。

祖禹尝进《唐鉴》十二卷，《帝学》八卷，《仁宗政典》六卷。而《唐鉴》深明唐三百年治乱，学者尊之，目为"唐鉴公"云。建炎二年，追复龙图阁学士。子冲，绍兴中仕至翰林侍读学士，《儒林》有传。

论曰：熙宁、元丰之际，天下贤士大夫望以为相者，镇与司马光二人，至称之曰君实、景仁，不敢有所轩轾。光济斯民，卒任天下之重；镇巍然如山，确乎其不可拔。君子之道，或出或处，易地则皆然，未易以功名优劣论也。百禄受学于镇，故其议论操修，粹然一出于正。祖禹长于劝讲，平生论谏，不啻数十万言。其开陈治道，区别邪正，辨释事宜，平易明白，洞见底蕴，虽贾谊、陆贽不是过云。

卷三百三十八　　列传第九十七

苏　轼 子过

苏轼，字子瞻，眉州眉山人。生十年，父洵游学四方，母程氏亲授以书，闻古今成败，辄能语其要。程氏读东汉《范滂传》，慨然太息，轼请曰："轼若为滂，母许之否乎？"程氏曰："汝能为滂，吾顾不能为滂母邪？"

比冠，博通经史，属文日数千言，好贾谊、陆贽书。既而读《庄子》，叹曰："吾昔有见，口未能言，今见是书，得吾心矣。"嘉祐二年，试礼部。方时文磔裂诡异之弊胜，主司欧阳修思有以救之，得轼《刑赏忠厚论》，惊喜，欲擢冠多士，犹疑其客曾巩所为，但置第二；复以《春秋》对义居第一，殿试中乙科。后以书见修，修语梅圣俞曰："吾当避此人出一头地。"闻者始哗不厌，久乃信服。

丁母忧。五年，调福昌主簿。欧阳修以才识兼茂，荐之秘阁。试六论，旧不起草，以故文多不工。轼始具草，文义粲然。复对制策，入三等。自宋初以来，制策入三等，惟吴育与轼而已。

除大理评事、签书凤翔府判官。关中自元昊叛，民贫役重，岐下岁输南山木筏，自渭入河，经砥柱之险，衙吏踵破家。轼访其利害，为修衙规，使自择水工以时进止，自是害减半。

治平二年，入判登闻鼓院。英宗自藩邸闻其名，欲以唐故事召入翰林，知制诰。宰相韩琦曰："轼之才，远大器也，他日自当为天下用。要在朝廷培养之，使天下之士莫不畏慕降伏，皆欲朝廷进用，然后取而用之，则人人无复异辞矣。今骤用之，则天下之士未必以为然，适足以累之也。"英宗曰："且与修注何如？"琦曰："记注与制诰为邻，未可遽授。不若于馆阁中近上帖职与之，且请召试。"英宗曰："试之未知其能否，如轼有不能邪？"琦犹不可，及试二论，复入三等，得直史馆。轼闻琦语，曰："公可谓爱人以德矣。"会洵卒，赙以金帛，辞之，求赠一官，于是赠光禄丞。洵将终，以兄太白早亡，子孙未立，妹嫁杜氏，卒未葬，属轼。轼既除丧，即葬姑。后官可荫，推与太白曾孙彭。

熙宁二年，还朝。王安石执政，素恶其议论异己，以判官告院。四年，安石欲变科举、兴学校，诏两制、三馆议。轼上议曰：

得人之道，在于知人；知人之法，在于责实。使君相有知人之明，朝廷有责实之政，则胥史皂隶未尝无人，而况于学校贡举乎？虽因今之法，臣以为有余。使君相不知人，朝廷不责实，则公卿侍从常患无人，而况学校贡举乎？虽复古之制，臣以为不足。夫时有可否，物有废兴，方其所安，虽暴君不能废，及其既厌，虽圣人不能复。故风俗之变，法制随之，譬如江河之徙移，强而复之，则难为力。

庆历固尝立学矣，至于今日，惟有空名仅存。今将变今之礼，易今之俗，又当发民力以治官室，敛民财以食游士。百里之内，置官立师，狱讼听于是，军旅谋于是，又简不率教者屏之远方，则无乃徒为纷乱，以患苦天下邪？若乃无大更革，而望有益于时，则与庆历之际何异？故臣谓今之学校，特可因仍旧制，使先王之旧物，不废于吾世足矣。至于贡举之法，行之百年，治乱盛衰，初不由此。陛下视祖宗之世，贡举之法，与今为孰精？言语文章，与今为孰优？所得人才，与今为孰多？天下之事，与今为孰办？较此四者之长短，其议决矣。

今所欲变改不过数端：或曰乡举德行而略文词，或曰专取策论而罢诗赋，或欲兼采誉望而罢封弥，或欲经生不帖墨而考大义，此皆知其一，不知其二者也。愿陛下留意于远者、大者，区区之法何预焉。臣又切有私忧过计者。夫性命之说，自子贡不得闻，而今之学者，耻不言性命，读其文，浩然无当而不可穷；观其貌，超然无著而不可挹，此岂真能然哉！盖中人之性，安于放而乐于诞耳。陛下亦安用之？

议上，神宗悟曰："吾固疑此，得轼议，意释然矣。"即日召见，问："方今政令得失安在？虽朕过失，指陈可也。"对曰："陛下生知之性，天纵文武，不患不明，不患不勤，不患不断，但患求治太急，听言太广，进人太锐。愿镇以安静，待物之来，然后应之。"神宗悚然曰："卿三言，朕当熟思之。凡在馆阁，皆当为朕深思治乱，无有所隐。"轼退，言于同列。安石不悦，命权开封府推官，将困之以事。轼决断精敏，声闻益远。会上元敕府市浙灯，且令损价。轼疏言："陛下岂以灯为悦？此不过以奉二宫之欢耳。然百姓不可户晓，皆谓以耳目不急之玩，夺其口体必用之资。此事至小，体则甚大，愿追还前命。"即诏罢之。

时安石创行新法，轼上书论其不便，曰：

臣之所欲言者，三言而已。愿陛下结人心，厚风俗，存纪纲。人主之所恃者人心而已，如木之有根，灯之有膏，鱼之有水，农夫之有田，商贾之有财。失之则亡，此理之必然也。自古及今，未有和易同众而不安，刚果自用而不危者。陛下亦知人心之不悦矣。

祖宗以来，治财用者不过三司。今陛下不以财用付三司，无故又创制置三司条例一司，使六七少年，日夜讲求于内，使者四十余辈，分行营干于外。夫制置三司条例司，求利之名也；六七少年与使者四十余辈，求利之器也。造端宏大，民实惊疑；创法新奇，吏皆惶惑。以万乘之主而言利，以天子之宰而治财，论说百端，喧传万口，然而莫之顾者，徒曰："我无其事，何恤于人言。"操网罟而入江湖，语人曰"我非渔也"，不如捐网罟而人自信。驱鹰犬而赴林薮，语人曰"我非猎也"，不如放鹰犬而兽自驯。故臣以为欲消谗慝而召和气，则莫若罢条例司。

今君臣宵旰，几一年矣，而富国之功，茫如捕风，徒闻内帑出数百万缗，祠部度五千余人耳。以此为术，其谁不能？而所行之事，道路皆知其难。汴水浊流，自生民以来，不以种稻。今欲陂而清之，万顷之稻，必用千顷之陂，一岁一淤，三岁而满矣。陛下遂信其说，即使相视地形，所在凿空，访寻水利，妄庸轻剽，率意争言。官司虽知其疏，不敢便行抑退，追集老少，相视可否。若非灼然难行，必须且为兴役。官吏苟且顺从，真谓陛下有意兴作，上糜帑廪，下夺农时。堤防一开，水失故道，虽食议者之肉，何补于民！臣不知朝廷何苦而为此哉？

自古役人，必用乡户。今者徒闻江、浙之间，数郡顾役，而欲措之天下。单丁、女户，盖天民之穷者也，而陛下首欲役之，富有四海，忍不加恤！自杨炎为两税，租调与庸既兼之矣，奈何复欲取庸？万一后世不幸有聚敛之臣，庸钱不除，差役仍旧，推所从来，则必有任其咎者矣。青苗放钱，自昔有禁。今陛下始立成法，每岁常行。虽云不许抑配，而数世之后，暴君污吏，陛下能保之与？计愿请之户，必皆孤贫不济之人，鞭挞已急，则继之逃亡，不还，则均及邻保，势有必至，异日天下恨之，国史记之，曰："青苗钱自陛下始"，岂不惜哉！且常平之法，可谓至矣。今欲变为青苗，坏彼成此，所丧逾多，亏官害民，虽悔何及！

昔汉武帝以财力匮竭，用贾人桑羊之说，买贱卖贵，谓之均输。于时商贾不行，盗贼滋炽，几至于乱。孝昭既立，霍光顺民所欲而予之，天下归心，遂以无事。不意今日此论复兴。立法之初，其费已厚，纵使薄有所获，而征商之额，所损必多。譬之有人为其主畜牧，以一牛易五羊。一牛之失，则隐而不言；五羊之获，则指为劳绩。今坏常平而言青苗之功，亏商税而取均输之利，何以异此？臣窃以为过矣。议者必谓："民可与乐成，难与虑始。"故陛下坚执不顾，期于必行。此乃战国贪功之人，行险侥幸之说，未及乐成，而怨已起矣。臣之所愿陛下结人心者，此也。

国家之所以存亡者，在道德之浅深，不在乎强与弱；历数之所以长短者，在风俗之薄厚，不在乎富与贫。人主知此，则知所轻重矣。故臣愿陛下务崇道德而厚风俗，不愿陛下急于有功而贪富强。爱惜风俗，如护元气。圣人非不知深刻之法可以齐众，勇悍之夫可以集事，忠厚近于迂阔，老成初若迟钝。然终不肯以彼易此者，知其所得小，而所丧大也。仁祖持法至宽，用人有叙，专务掩覆过失，未尝轻改旧章。考其成功，则曰未至。以言乎用兵，则十出而九败；以言乎府库，则仅足而无余。徒以德泽在人，风俗知义，

故升遐之日，天下归仁焉。议者见其末年吏多因循，事不振举，乃欲矫之以苛察，齐之以智能，招来新进勇锐之人，以图一切速成之效。未享其利，浇风已成。多开骤进之门，使有意外之得，公卿侍从跬步可图，俾常调之人举生非望，欲望风俗之厚，岂可得哉？近岁朴拙之人愈少，巧进之士益多。惟陛下哀之救之，以简易为法，以清净为心，而民德归厚。臣之所愿陛下厚风俗者，此也。

祖宗委任台谏，未尝罪一言者。纵有薄责，旋即超升，许以风闻，而无官长。言及乘舆，则天子改容；事关廊庙，则宰相待罪。台谏固未必皆贤，所言亦未必皆是。然须养其锐气，而借之重权者，岂徒然哉？将以折奸臣之萌也。今法令严密，朝廷清明，所谓奸臣，万无此理。然养猫以去鼠，不可以无鼠而养不捕之猫；畜狗以防盗，不可以无盗而畜不吠之狗。陛下得不上念祖宗设此官之意，下为子孙万世之防？臣闻长老之谈，皆谓台谏所言，常随天下公议。公议所与，台谏亦与之；公议所击，台谏亦击之。今者物论沸腾，怨谤交至，公议所在，亦知之矣。臣恐自兹以往，习惯成风，尽为执政私人，以致人主孤立，纪纲一废，何事不生！臣之所愿陛下存纪纲者，此也。

轼见安石赞神宗以独断专任，因试进士发策，以"晋武平吴以独断而克，苻坚伐晋以独断而亡，齐桓专任管仲而霸，燕哙专任子之而败，事同而功异"为问，安石滋怒，使御史谢景温论奏其过，穷治无所得，轼遂请外，通判杭州。高丽入贡，使者发币于官吏，书称甲子。轼却之曰："高丽于本朝称臣，而不禀正朔，吾安敢受！"使者易书称熙宁，然后受之。

时新政日下，轼于其间，每因法以便民，民赖以安。徙知密州。司农行手实法，不时施行者以违制论。轼谓提举官曰："违制之坐，若自朝廷，谁敢不从？今出于司农，是擅造律也。"提举官惊曰："公姑徐之。"未几，朝廷知法害民，罢之。

有盗窃发，安抚司遣三班使臣领悍卒来捕，卒凶暴恣行，至以禁物诬民，入其家争斗杀人，且畏罪惊溃，将为乱。民奔诉轼，轼投其书不视，曰："必不至此。"散卒闻之，少安，徐使人招出戮之。徙知徐州。河决曹村，泛于梁山泊，溢于南清河，汇于城下，涨不时泄，城将败，富民争出避水。轼曰："富民出，民皆动摇，吾谁与守？吾在是，水决不能败城。"驱使复入。轼诣武卫营，呼卒长曰："河将害城，事急矣，虽禁军且为我尽力。"卒长曰："太守犹不避涂潦，吾侪小人，当效命。"率其徒持畚锸以出，筑东南长堤，首起戏马台，尾属于城。雨日夜不止，城不沈者三版。轼庐于其上，过家不入，使官吏分堵以守，卒全其城。复请调来岁夫增筑故城，为木岸，以虞水之再至。朝廷从之。

徙知湖州，上表以谢。又以事不便民者不敢言，以诗托讽，庶有补于国。御史李定、舒亶、何正臣摭其表语，并媒蘖所为诗以为讪谤，逮赴台狱，欲置之死，锻炼久之不决。神宗独怜之，以黄州团练副使安置。轼与田父野老，

相从溪山间，筑室于东坡，自号"东坡居士。"

三年，神宗数有意复用，辄为当路者沮之。神宗尝语宰相王珪、蔡确曰："国史至重，可命苏轼成之。"珪有难色。神宗曰："轼不可，姑用曾巩。"巩进《太祖总论》，神宗意不允，遂手扎移轼汝州，有曰："苏轼黜居思咎，阅岁滋深，人材实难，不忍终弃。"轼未至汝，上书自言饥寒，有田在常，愿得居之。朝奏，夕报可。

道过金陵，见王安石，曰："大兵大狱，汉、唐灭亡之兆。祖宗以仁厚治天下，正欲革此。今西方用兵，连年不解，东南数起大狱，公独无一言以救之乎？"安石曰："二事皆惠卿启之，安石在外，安敢言？"轼曰："在朝则言，在外则不言，事君之常礼耳。上所以待公者，非常礼，公所以待上者，岂可以常礼乎？"安石厉声曰："安石须说。"又曰："出在安石口，入在子瞻耳。"又曰："人须是知行一不义，杀一不辜，得天下弗为，乃可。"轼戏曰："今之君子，争减半年磨勘，虽杀人亦为之。"安石笑而不言。

至常，神宗崩，哲宗立，复朝奉郎、知登州，召为礼部郎中。轼旧善司马光、章惇。时光为门下侍郎，惇知枢密院，二人不相合，惇每以谑侮困光，光苦之。轼谓惇曰："司马君实时望甚重。昔许靖以虚名无实，见鄙于蜀先主，法正曰：'靖之浮誉，播流四海，若不加礼，必以贱贤为累'。先主纳之，乃以靖为司徒。许靖且不可慢，况君实乎？"惇以为然，光赖以少安。

迁起居舍人。轼起于忧患，不欲骤履要地，辞于宰相蔡确。确曰："公徊翔久矣，朝中无出公右者。"轼曰："昔林希同在馆中，年且长。"确曰："希固当先公耶？"卒不许。元祐元年，轼以七品服入侍延和，即赐银绯，迁中书舍人。

初，祖宗时，差役行久生弊，编户充役者不习其役，又虐使之，多致破产，狭乡民至有终岁不得息者。王安石相神宗，改为免役，使户差高下出钱雇役，行法者过取，以为民病。司马光为相，知免役之害，不知其利，欲复差役，差官置局，轼与其选。轼曰："差役、免役，各有利害。免役之害，掊敛民财，十室九空，敛聚于上而下有钱荒之患。差役之害，民常在官，不得专力于农，而贪吏猾胥得缘为奸。此二害轻重，盖略等矣。"光曰："于君何如？"轼曰："法相因则事易成，事有渐则民不惊。三代之法，兵农为一，至秦始分为二，及唐中叶，尽变府兵为长征之卒。自尔以来，民不知兵，兵不知农，农出谷帛以养兵，兵出性命以卫农，天下便之。虽圣人复起，不能易也。今免役之法，实大类此。公欲骤罢免役而行差役，正如罢长征而复民兵，盖未易也。"光不以为然。轼又陈于政事堂，光忿然。轼曰："昔韩魏公刺陕西义勇，公为谏官，争之甚力，韩公不乐，公亦不顾。轼昔闻公道其详，岂今日作相，不许轼尽言耶？"光笑之。寻除翰林学士。

二年，兼侍读。每进读至治乱兴衰、邪正得失之际，未尝不反覆开导，觊有所启悟。哲宗虽恭默不言，辄首肯之。尝读祖宗《宝训》，因及时事，轼历言："今赏罚不明，善恶无所劝沮；又黄河势方北流，而强之使东；夏人入镇戎，杀掠数万人，帅臣不以闻。每事如此，恐寖成衰乱之渐。"

轼尝锁宿禁中，召入对便殿，宣仁后问曰："卿前年为何官？"曰："臣为常州团练副使。"曰："今为何官？"曰："臣今待罪翰林学士。"曰："何以遽至此？"曰："遭遇太皇太后、皇帝陛下。"曰："非也。"曰："岂大臣论荐乎？"曰："亦非也。"轼惊曰："臣虽无状，不敢自他途以进。"曰："此先帝意也。先帝每诵卿文章，必叹曰：'奇才，奇才！'但未及进用卿耳。"轼不觉哭失声，宣仁后与哲宗亦泣，左右皆感涕。已而命坐赐茶，彻御前金莲烛送归院。

三年，权知礼部贡举。会大雪苦寒，士坐庭中，噤未能言。轼宽其禁约，使得尽技。巡铺内侍每摧辱举子，且持暧昧单词，诬以为罪，轼尽奏逐之。

四年，积以论事，为当轴者所恨。轼恐不见容，请外，拜龙图阁学士、知杭州。未行，谏官言前相蔡确知安州，作诗借郝处俊事以讥太皇太后。大臣议迁之岭南。轼密疏："朝廷若薄确之罪，则于皇帝孝治为不足；若深罪确，则于太皇太后仁政为小累。谓宜皇帝敕置狱逮治，太皇太后出手诏赦之，则于仁孝两得矣。"宣仁后心善轼言而不能用。轼出郊，用前执政恩例，遣内侍赐龙茶、银合，慰劳甚厚。

既至杭，大旱，饥疫并作。轼请于朝，免本路上供米三之一，复得赐度僧牒，易米以救饥者。明年春，又减价粜常平米，多作饘粥药剂，遣使挟医分坊治病，活者甚众。轼曰："杭，水陆之会，疫死比他处常多。"乃裒羡缗得二千，复发橐中黄金五十两，以作病坊，稍畜钱粮待之。

杭本近海，地泉咸苦，居民稀少。唐刺史李泌始引西湖水作六井，民足于水。白居易又浚西湖水入漕河，自河入田，所溉至千顷，民以殷富。湖水多葑，自唐及钱氏，岁辄浚治，宋兴，废之，葑积为田，水无几矣。漕河失利，取给江潮，舟行市中，潮又多淤，三年一淘，为民大患，六井亦几于废。轼见茅山一河专受江潮，盐桥一河专受湖水，遂浚二河以通漕。复造堰闸，以为湖水畜泄之限，江潮不复入市。以余力复完六井，又取葑田积湖中，南北径三十里，为长堤以通行者。吴人种菱，春辄芟除，不遗寸草。且募人种菱湖中，葑不复生。收其利以备修湖，取救荒余钱万缗、粮万石，及请得百僧度牒以募役者。堤成，楂芙蓉、杨柳其上，望之如画图，杭人名为苏公堤。

杭僧净源，旧居海滨，与舶客交通，舶至高丽，交誉之。元丰末，其王子义天来朝，因往拜焉。至是，净源死，其徒窃持其像，附舶往告。义天亦使其徒来祭，因持其国母二金塔，云祝两宫寿。轼不纳，奏之曰："高丽久不入贡，失赐予厚利，意欲求朝，未测吾所以待之厚薄，故因祭亡僧而行祝寿之礼。若受而不答，将生怨心；受而厚赐之，正堕其计。今宜勿与知，从州郡自以理却之。彼庸僧猾商，为国生事，渐不可长，宜痛加惩创。"朝廷皆从之。未几，贡使果至，旧例，使所至吴越七州，费二万四千余缗。轼乃令诸州量事裁损，民获交易之利，无复侵挠之害矣。

浙江潮自海门东来，势如雷霆，而浮山峙于江中，与渔浦诸山犬牙相错，洄洑激射，岁败公私船不可胜计。轼议自浙江上流地名石门，并山而东，凿为漕河，引浙江及溪谷诸水二十余里以达于江。又并山为岸，不能十里以达龙山大慈浦，自浦北折抵小岭，凿岭六十五丈以达岭东古河，浚古河数里达于龙山漕河，以避浮山之险，人以为便。奏闻，有恶轼者，力沮之，功以故不成。

轼复言："三吴之水，潴为太湖，太湖之水，溢为松江以入海。海日两潮，潮浊而江清，潮水常欲淤塞江路，而江水清驶，随辄涤去，海口常通，则吴中少水患。昔苏州以东，公私船皆以篙行，无陆挽者。自庆历以来，松江大筑挽路，建长桥以扼塞江路，故今三吴多水，欲凿挽路、为十桥，以迅江势"。亦不果用，人皆以为恨。轼二十年间再莅杭，有德于民，家有画像，饮食必祝。又作生祠以报。

六年，召为吏部尚书，未至。以弟辙除右丞，改翰林承旨。辙辞右丞，欲与兄同备从官，不听。轼在翰林数月，复以谗请外，乃以龙图阁学士出知颍州。先是，开封诸县多水患，吏不究本末，决其陂泽，注之惠民河，河不能胜，致陈亦多水。又将凿邓艾沟与颍河并，且凿黄堆欲注之于淮。轼始至颍，遣吏以水平准之，淮之涨水高于新沟几一丈，若凿黄堆，淮水顾流颍地为患。轼言于朝，从之。

郡有宿贼尹遇等，数劫杀人，又杀捕盗吏兵。朝廷以名捕不获，被杀家复惧其害，匿不敢言。轼召汝阴尉李直方曰："君能禽此，当力言于朝，乞行优赏；不获，亦以不职奏免君矣。"直方有母且老，与母诀而后行。乃缉知盗所，分捕其党与，手戟刺遇，获之。朝廷以小不应格，推赏不及。轼请以己之年劳，当改朝散郎阶，为直方赏，不从。其后吏部为轼当迁，以符会其考，轼谓已许直方，又不报。

七年，徙扬州。旧发运司主东南漕法，听操舟者私载物货，征商不得留难。故操舟者辄富厚，以官舟为家，补其弊漏，且周船夫之乏，故所载率皆速达无虞。近岁一切禁而不许，故舟弊人困，多盗所载以济饥寒，公私皆病。轼请复旧，从之。未阅岁，以兵部尚书召兼侍读。

是岁，哲宗亲祀南郊，轼为卤簿使，导驾入太庙。有赭繖犊车并青盖犊车十余争道，不避仪仗。轼使御营巡检使问之，乃皇后及大长公主。时御史中丞李之纯为仪仗使，轼曰："中丞职当肃政，不可以不闻之。"纯不敢言，轼于车中奏之。哲宗遣使赍驳驰白太皇太后，明日，诏整肃仪卫，自皇后而下皆毋得迎谒。寻迁礼部兼端明殿、翰林侍读两学士，为礼部尚书。高丽遣使请书，朝廷以故事尽许之。轼曰："汉东平王请诸子及《太史公书》，犹不肯予。今高丽所请，有甚于此，其可予乎？"不听。

八年，宣仁后崩，哲宗亲政。轼乞补外，以两学士出知定州。时国事将变，轼不得入辞。既行，上书言："天下治乱，出于下情之通塞。至治之极，小民皆能自通；迨于大乱，虽近臣不能自达。陛下临御九年，除执政、台谏外，未尝与群臣接。今听政之初，当以通下情、除壅蔽为急务。臣日侍帷幄，方当戍边，顾不得一见而行，况疏远小臣欲求自通，难矣。然臣不敢以不得对之故，不效愚忠。古之圣人将有为也，必先处晦而观明，处静而观动，则万物之情，毕陈于前。陛下圣智绝人，春秋鼎盛。臣愿虚心循理，一切未有所为，默观庶事之利害，与群臣之邪正。以三年为期，俟得其实，然后应物而作。使既作之后，天下无恨，陛下亦无悔。由此观之，陛下之有为，惟忧太蚤，不患稍迟，亦已明矣。臣恐急进好利之臣，辄劝陛下轻有改变，故进此说，敢望陛下留神，社稷宗庙之福，天下幸甚。"

定州军政坏弛，诸卫卒骄惰不教，军校蚕食其廪赐，前守不敢谁何。轼取贪污者配隶远恶，缮修营房，禁止饮博，军中衣食稍足，乃部勒战法，众皆畏伏。然诸校业业不安，有卒史以赃诉其长，轼曰："此事吾自治则可，听汝告，军中乱矣。"立决配之，众乃定。会春大阅，将吏久废上下之分，轼命举旧典，帅常服出帐中，将吏戎服执事。副总管王光祖自谓老将，耻之，称疾不至。轼召书吏使为奏，光祖惧而出，讫事，无一慢者。定人言："自韩琦去后，不见此礼至今矣。"契丹久和，边兵不可用，惟沿边弓箭社与寇为邻，以战射自卫，犹号精锐。故相庞籍守边，因俗立法。岁久法弛，又为保甲所挠。轼奏免保甲及两税折变科配，不报。

绍圣初，御史论轼掌内外制日，所作词命，以为讥斥先朝。遂以本官知英州，寻降一官，未至，贬宁远军节度副使，惠州安置。居三年，泊然无所蒂芥，人无贤愚，皆得其欢心。又贬琼州别驾，居昌化。昌化，故儋耳地，非人所居，药饵皆无有。初僦官屋以居，有司犹谓不可，轼遂买地筑室，儋人运甓畚土以助之。独与幼子过处，著书以为乐，时时从其父老游，若将终身。

徽宗立，移廉州，改舒州团练副使，徙永州。更三大赦，遂提举玉局观，复朝奉郎。轼自元祐以来，未尝以岁课乞迁，故官止于此。建中靖国元年，卒于常州，年六十六。

轼与弟辙，师父洵为文，既而得之于天。尝自谓："作文如行云流水，初无定质，但常行于所当行，止于所不可不止。"虽嬉笑怒骂之辞，皆可书而诵之。其体浑涵光芒，雄视百代，有文章以来，盖亦鲜矣。洵晚读《易》，作《易传》未究，命轼述其志。轼成《易传》，复作《论语说》；后居海南，作《书传》；又有《东坡集》四十卷、《后集》二十卷、《奏议》十五卷、《内制》十卷、《外制》三卷、《和陶诗》四卷。一时文人如黄庭坚、晁补之、秦观、张耒、陈师道，举世未之识，轼待之如朋俦，未尝以师资自予也。

自为举子至出入侍从，必以爱君为本，忠规谠论，挺挺大节，群臣无出其右。但为小人忌恶挤排，不使安于朝廷之上。

高宗即位，赠资政殿学士，以其孙符为礼部尚书。又以其文置左右，读之终日忘倦，谓为文章之宗，亲制集赞，赐其曾孙峤。遂崇赠太师，谥文忠。轼三子：迈、迨、过，俱善为文。迈，驾部员外郎。迨，承务郎。

过字叔党。轼知杭州，过年十九，以诗赋解两浙路，礼部试下。及轼为兵部尚书，任右承务郎。轼帅定武，谪知英州，贬惠州，迁儋耳，渐徙廉、永，独过侍之。凡生理昼夜寒暑所须者，一身百为，不知其难。初至海上，为文曰《志隐》，轼览之曰："吾可以安于岛夷矣。"因命作《孔子弟子别传》，轼卒于常州，过葬轼汝州郏城小峨眉山，遂家颍昌，营湖阴水竹数亩，名曰小斜川，自号斜川居士。卒，年五十二。

初监太原府税，次知颍昌府郾城县，皆以法令罢。晚权通判中山府。有《斜川集》二十卷。其《思子台赋》、《飓风赋》早行于世。时称为"小坡"，盖以轼为"大坡"也。其叔辙每称过孝，以训宗族。且言："吾兄远居海上，惟成就此儿能文也。"七子：籥、籍、节、笈、筜、蓬、箭。

论曰：苏轼自为童子时，士有传石介《庆历圣德诗》至蜀中者，轼历举诗中所言韩、富、杜、范诸贤以问其师。师怪而语之，则曰："正欲识是诸人耳。"盖已有颉颃当世贤哲之意。弱冠，父子兄弟至京师，一日而声名赫然，动于四方。既而登上第，擢词科，入掌书命，出典方州。器识之闳伟，议论之卓荦，文章之雄隽，政事之精明，四者皆能以特立之志为之主，而以迈往之气辅之。故意之所向，言足以达其有猷，行足以遂其有为。至于祸患之来，节义足以固其有守，皆志与气所为也。仁宗初读轼、辙制策，退而喜曰："朕今日为子孙得两宰相矣。"神宗尤爱其文，宫中读之，膳进忘食，称为天下奇才。二君皆有以知轼，而轼卒不得大用。一欧阳修先识之，其名遂与之齐，岂非轼之所长不可掩抑者，天下之至公也，相不相有命焉，呜呼！轼不得相，又岂非幸欤？或谓："轼稍自韬戢，虽不获柄用，亦当免祸。"虽然，假令轼以是而易其所为，尚得为轼哉？

卷三百三十九　　列传第九十八

苏辙 族孙元老

苏辙，字子由，年十九，与兄轼同登进士科，又同策制举。仁宗春秋高，辙虑或倦于勤，因极言得失，而于禁廷之事，尤为切至。曰：

陛下即位三十余年矣，平居静虑，亦尝有忧于此乎，无忧于此乎？臣伏读制策，陛下既有忧惧之言矣。然臣愚不敏，窃意陛下有其言耳，未有其实也。往者宝元、庆历之间，西夏作难，陛下昼不安坐，夜不安席，天下皆谓陛下忧惧小心，如周文王。然自西方解兵，陛下弃置忧惧之心，二十年矣。古之圣人，无事则深忧，有事则不惧。夫无事而深忧者，所以为有事之不惧也。今陛下无事则不忧，有事则大惧，臣以为忧乐之节易矣。臣疏远小臣，闻之道路，不知信否？

近岁以来，宫中贵姬至以千数，歌舞饮酒，优笑无度，坐朝不闻咨谟，便殿无所顾问。三代之衰，汉、唐之季，女宠之害，陛下亦知之矣。久而不止，百蠹将由之而出。内则蛊惑之所污，以伤和伐性；外则私谒之所乱，以败政害事。陛下无谓好色于内，不害外事也。今海内穷困，生民愁苦，而宫中好赐不为限极，所欲则给，不问有无。司会不敢争，大臣不敢谏，执契持敕，迅若兵火。国家内有养士、养兵之费，外有契丹、西夏之奉，陛下又自为一阱以耗其遗余，臣恐陛下以此得谤，而民心不归也。

策入，辙自谓必见黜。考官司马光第以三等，范镇难之。蔡襄曰："吾三司使也，司会之言，吾愧之而不敢怨。"惟考官胡宿以为不逊，请黜之。仁宗曰："以直言召人，而以直言弃之，天下其谓我何？"宰相不得已，置之下等，授商州军事推官。时父洵被命修《礼书》，兄轼签书凤翔判官。辙乞养亲京师。三年，轼还，辙为大名推官。逾年，丁父忧。服除，神宗立二年，辙上书言事，召对延和殿。

时王安石以执政与陈升之领三司条例，命辙为之属。吕惠卿附安石，辙与论多牴牾。安石出《青苗书》使辙熟议，曰："有不便，以告勿疑。"辙曰："以钱贷民，使出息二分，本以救民，非为利也。然出纳之际，吏缘为奸，虽有法不能禁，钱入民手，虽良民不免妄用；及其纳钱，虽富民不免逾限。如此，则恐鞭箠必用，州县之事不胜烦矣。唐刘晏掌国计，未尝有所假贷。有尤之者，晏曰：'使民侥幸得钱，非国之福；使吏倚法督责，非民之便。吾虽未尝假贷，而四方丰凶贵贱，知之未尝逾时。有贱必籴，有贵必粜，以此四方无甚贵、甚贱之病，安用贷为？'晏之所言，则常平法耳。今此法见在而患不修，公诚能有意于民，举而行之，则晏之功可立俟也。"安石曰："君言诚有理，当徐思之。"自此逾月不言青苗。

会河北转运判官王广廉奏乞度僧牒数千为本钱，于陕西漕司私行青苗法，春散秋敛，与安石意合，于是青苗法遂行。安石因遣八使之四方，访求遗利。中外知其必迎合生事，皆莫敢言。辙往见陈升之曰："昔嘉祐末，遣使宽恤诸路，各务生事，还奏多不可行，为天下笑。今何以异此？"又以书抵安石，力陈其不可。安石怒，将加以罪，升之止之，以为河南推官。会张方平知陈州，辟为教授。三年，授齐州掌书记。又三年，改著作佐郎。复从方平签书南京判官。居二年，坐兄轼以诗得罪，谪监筠州盐酒税，五年不得调。移知绩溪县。

哲宗立，以秘书省校书郎召。元祐元年，为右司谏。宣仁后临朝，用司马光、吕公著，欲革弊事，而旧相蔡确、韩缜、枢密使章惇皆在位，窥伺得失，辙皆论去之。吕惠卿始谄事王安石，倡行虐政以害天下。及势钧力敌，则倾陷安石，甚于仇雠，世尤恶之，至是，自知不免，乞宫观以避贬窜。辙具疏其奸，以散官安置建州。

司马光以王安石雇役之害，欲复差役，不知其害相半于雇役。辙言："自罢差役仅二十年，吏民皆未习惯。况役法关涉众事，根芽盘错，行之徐缓，乃得审详。若不穷究首尾，忽遽便行，恐既行之后，别生诸弊。今州县役钱，例有积年宽剩，大约足支数年，且依旧雇役，尽今年而止。

催督有司审议差役,趁今冬成法,来年役使乡户。但使既行之后,无复人言,则进退皆便。"光又以安石私设《诗》、《书新义》考试天下士,欲改科举,别为新格。辙言:"进士来年秋试,日月无几,而议不时决。诗赋虽小技,比次声律,用功不浅。至于治经,诵读讲解,尤不轻易。要之,来年皆未可施行。乞来年科场,一切如旧,惟经义兼取注疏及诸家论议,或出己见,不专用王氏学。仍罢律义,令举人知有定论,一意于学,以待选试,然后徐议元祐五年以后科举格式,未为晚也。"光皆不能从。

初,神宗以夏国内乱,用兵攻讨,乃于熙河增兰州,于延安增安疆、米脂等五砦。二年,夏遣使贺登位,使还,未出境,又遣使入境。朝廷知其有请兰州、五砦地意,大臣议弃守未决。辙言曰:"顷者西人虽至,疆场之事,初不自言。度其狡心,盖知朝廷厌兵,确然不请,欲使此议发自朝廷,得以为重。朝廷深觉其意,忍而不予,情得势穷,始来请命,一失此机,必为后悔。彼若点集兵马,屯聚境上,许之则畏兵而予,不复为恩;不予则边衅一开,祸难无已。间不容发,正在此时,不可失也。况今日之事,主上妙年,母后听断,将帅吏士,恩情未接,兵交之日,谁使效命?若其羽书沓至,胜负纷然,临机决断,谁任其责?愿乞圣心以此反覆思虑,早赐裁断,无使西人别致猖狂。"于是朝廷许还五砦,夏人遂服。迁起居郎、中书舍人。

朝廷议回河故道,辙为公著言:"河决而北,自先帝不能回。今不因其旧而修其未至,乃欲取而回之,其为力也难,而为责也重,是谓智勇势力过先帝也。"公著悟,竟未能用。进户部侍郎。辙因转对,言曰:"财赋之原,出于四方,而委于中都。故善为国者,藏之于民,其次藏之州郡。州郡有余,则转运司常足;转运司既足,则户部不困。唐制,天下赋税,其一上供,其一送使,其一留州。比之于今,上供之数可谓少矣。然每有缓急,王命一出,舟车相衔,大事以济。祖宗以来,法制虽殊,而诸道蓄藏之计,犹极丰厚。是以敛散及时,纵舍由己,利柄所在,所为必成。自熙宁以来,言利之臣,不知其本末之术,欲求富国,而先困转运司。转运司既困,则上供不继;上供不继,而户部亦惫矣。两司既困,故内帑别藏,虽积如丘山,而委为朽壤,无益于算也。"寻又言:

臣以祖宗故事考之,今日本部所行,体例不同,利害相远,宜随事措置,以塞弊原。谨具三弊以闻:其一曰分河渠案以为都水监,其二曰分胄案以为军器监,其三曰分修造案以为将作监。三监皆隶工部,则本部所专,其余无几,出纳损益,制在他司。顷者,司马光秉政,知其为害,尝使本部收揽诸司利权。当时所收,不得其要,至今三案犹为他司所擅,深可惜也。

盖国之有财,犹人之有饮食。饮食之道,当使口司出纳,而腹制多寡。然后分布气血,以养百骸,耳目赖之以为聪明,手足赖之以为力。若不专任口腹,而使手足、耳目得分治之,则虽欲求一饱不可得矣,而况于安且寿乎!今户部之在朝廷,犹口腹也,而使

他司分治其事,何以异此?自数十年以来,群臣每因一事不举,辄入建他司。利权一分,用财无艺。他司以办事为效,则不恤财之有无;户部以给财为功,则不问事之当否。彼此各营一职,其势不复相知,虽使户部得材智之臣,终亦无益,能否同病,府库卒空。今不早救,后患必甚。

昔嘉祐中,京师频岁大水,大臣始取河渠案置都水监。置监以来,比之旧案,所补何事?而大不便者,河北有外监丞,侵夺转运司职事。转运司之领河事也,郡之诸埽,埽之吏兵、储蓄,无事则分,有事则合。水之所向,诸埽趋之,吏兵得以并功,储蓄得以并用。故事作之日,无暴敛伤财之患,事定之后,徐补其阙,两无所妨。自有监丞,据法责成,缓急之际,诸埽不相为用,而转运司不胜其弊矣。此工部都水监为户部之害,一也。

先帝一新官制,并建六曹,随曹付事,故三司故事多隶工曹,名虽近正而实非利。昔胄案所掌,今内为军器监而上隶工部,外为都作院而上隶提刑司,欲有兴作,户部不得与议。访闻河北道近岁为羊浑脱,动以千计。浑脱之用,必军行乏水,过渡无船,然后须之。而其为物,稍经岁月,必至蠹败。朝廷无出兵之计,而有司营戢,不顾利害,至使公私应副,亏财害物。若专在转运司,必不至此。此工部都作院为户部之害,二也。

昔修造案掌百工之事,事有缓急,物有利害,皆得专之。今工部以办事为事,则缓急利害,谁当议之?朝廷近以箔场竹箔,积久损烂,创令出卖,上下皆以为当。指挥未几,复以诸处营造,岁有科制,遂令般运堆积,以破出卖之计。臣不知将作见工几何,一岁所用几何?取此积彼,未用之间,有无损败,而遂为此计。本部虽知不便,而以工部之事,不敢复言。此工部将作监为户部之害,三也。

凡事之类此者多矣,臣不能遍举也。故愿明诏有司,罢外水监丞,举河北河事及诸路都作院皆归转运司,至于都水、军器、将作三监,皆兼隶户部,使定其事之可否,裁其费之多少,而工部任其功之良苦,程其作之迟速。苟可否、多少在户部,则伤财害民,户部无所逃其责矣。苟良苦、迟速在工部,则败事乏用,工部无所辞其谴矣。制出于一,而后天下贫富,可责之户部矣。

哲宗从之,惟都水仍旧。

朝廷以吏部元丰所定吏额,比旧额数倍,命辙量事裁减。吏有白中孚曰:"吏额不难定也。昔之流内铨,今侍郎左选也,事之烦剧,莫过此矣。昔铨吏止十数,而今左选吏至数十,事不加旧而用吏至数倍,何也?昔无重法、重禄,吏通赇赂,则不欲人多以分所得。今行重法,给重禄,赇赂比旧为少,则不忌人多而幸于少事。此吏额多少之大情也。旧法,日生事以难易分七等,重者至一分,轻者至一厘以下,积若干分而为一人。今若取逐司两月事定其分数,则吏额多少之限,无所逃矣。"辙曰:"此群吏身

计所系也。若以分数为人数，必大有所损，将大致纷诉，虽朝廷亦不能守。"乃具以白宰执，请据实立额，俟吏之年满转出，或事故死亡者勿补，及额而止。不过十年，羡额当尽。功虽稍缓，而见吏知非身患，不复怨矣。吕大防命诸司吏任永寿与省吏数人典之，遂背辙议以立额，日裁损吏员，复以好恶改易诸局次。永寿复以赃刺配，大防略依辙议行之。代轼为翰林学士，寻权吏部尚书。使契丹，馆客者侍读学士王师儒能诵洵、轼之文及辙《茯苓赋》，恨不得见全集。使还，为御史中丞。

自元祐初，一新庶政，至是五年矣。人心已定，惟元丰旧党分布中外，多起邪说以摇撼在位，吕大防、刘挚患之，欲稍引用，以平夙怨，谓之"调停"。宣仁后疑不决，辙面斥其非，复上疏曰：

臣近面论，君子小人不可并处，圣意似不以臣言为非者。然天威咫尺，言词迫遽，有所不尽，臣而不言，谁当救其失者！亲君子，远小人，则主尊国安；疏君子，任小人，则主忧国殆。此理之必然。未闻以小人在外，忧其不悦而引之于内，以自遗患也。故臣谓小人虽不可任以腹心，至于牧守四方，奔走庶务，无所偏废可也。若遂引之于内，是犹患盗贼之欲得财，而导之于寝室，知虎豹之欲食肉，而开之以坰牧，无是理也。且君子小人，势同冰炭，同处必争。一争之后，小人必胜，君子必败。何者？小人贪利忍耻，击之则难去，君子洁身重义，沮之则引退。古语曰："一薰一莸，十年尚犹有臭。"盖谓此矣。

先帝聪明圣智，疾颓靡之俗，将以纲纪四方，比隆三代。而臣下不能将顺，造作诸法，上逆天意，下失民心。二圣因民所愿，取而更之，上下忻慰。则前者用事之臣，今朝廷虽不加斥逐，其势亦不能复留矣。尚赖二圣慈仁，宥之于外，盖已厚矣。而议者惑于说，乃欲招而纳之，与之共事，谓之"调停"。此辈若返，岂惟但已哉？必将戕害正人，渐复旧事，以快私忿。人臣被祸，盖不足言，臣所惜者，祖宗朝廷也。惟陛下断自圣心，勿为流言所惑，勿使小人一进，后有噬脐之悔，则天下幸甚。

疏入，宣仁后命宰执读于帘前，曰："辙疑吾君臣兼用邪正，其言极中理。"诸臣从而和之，"调停"之说遂已。

辙又奏曰：

窃见方今天下虽未大治，而祖宗纲纪具在，州郡民物粗安。若大臣正已平心，无生事要功之意，因弊修法，为安民靖国之术，则人心自定，虽有异党，谁不归心？向者异同反覆之心，盖亦不足虑矣。但患朝廷举事，类不审详，曩者，黄河北流，正得水性，而水官穿凿，欲导之使东，移下就高，汩五行之理。及陛下遣使按视，知不可为，犹或固执不从。经今累岁，回河虽罢，减水尚存，遂使河朔生灵，财力俱困。今者西夏、青唐，外皆臣服，朝廷招来之厚，惟恐失之。而熙河将吏创筑二堡，以侵其膏腴，议纳醇忠，以夺其节钺，功未可觊，争已先形。朝廷虽知其非，终不明白处置，若遂养成边衅，关陕岂复安居？如此二事，

则臣所谓宜正己平心，无生事要功者也。

昔嘉祐以前，乡差衙前，民间常有破产之患。熙宁以后，出卖坊场以雇衙前，民间不复知有衙前之苦。及元祐之初，务为复旧，一例复差。官收坊场之钱，民出衙前之费，四方惊顾，众议沸腾。寻知不可，旋又复雇。去年之秋，又复差法。又熙宁雇役之法，三等人户，并出役钱，上户以家产高强，出钱无艺，下户昔不充役，亦遣出钱。故此二等人户，不免咨怨。至于中等，昔既已自差役，今又出钱不多，雇法之行，最为其便。罢行雇法，上下二等，欣跃可知，唯是中等则反为害。且如畿县中等之家，例出役钱三贯，若经十年，为钱三十贯而已。今差役既行，诸县手力，最为轻役；农民在官，日使百钱，最为轻费。然一岁之用，已为三十六贯，二年役满，为费七十余贯。罢役而归，宽乡得闲三年，狭乡不及一岁。以此较之，则差役五年之费，倍于雇役十年。赋役所出，多在中等。如此条目，不便非一，故天下皆思雇役而厌差役，今五年矣。如此二事，则臣所谓宜因弊修法，为安民靖国之术者也。

臣以闻见浅狭，不能尽知当今得失。然四事不去，如臣等辈犹知其非，而况于心怀异同，志在反覆，幸国之失，有以藉口者乎？臣恐如此四事，彼已默识于心，多造谤议，待时而发，以摇撼众听矣。伏乞宣谕宰执，事有失当，改之勿疑，法或未完，修之无倦。苟民心既得，则异议自消。陛下端拱以享承平，大臣逡巡以安富贵，海内蒙福，上下攸同，岂不休哉！

大臣耻过，终莫肯改。

六年，拜尚书右丞，进门下侍郎。初，夏人来贺登极，相继求和，且议地界。朝廷许约，地界已定，付以岁赐。久之，议不决。明年，夏人以兵袭泾原。杀掠弓箭手数千人，朝廷忍之不问，遣使往赐策命。夏人受礼倨慢，以地界为辞，不复入谢，再犯泾原。四年，来贺坤成节，且议地界。朝廷先以岁赐予之，地界又未决。夏人乃于疆事多方侵扰，熙河将佐范育、种谊等，遂背约侵筑买孤、胜如二堡，夏人即平荡之。育等又欲以兵纳赵醇忠，及擅招其部人千余，朝廷却而不受，西边骚然。辙乞罢育、谊，别择老将以守熙河。宣仁后以为然，大臣竟主育、谊，不从。辙又面奏："人君与人臣，事体不同。人臣虽明见是非，而力所不加，须至且止；人君于事，不知则已，知而不能行，则事权去矣。臣今言此，盖欲陛下收揽威柄，以正君臣之分而已。若专听所谓，不以渐制之，及其太甚，必加之罪，不免逐去。事至如此，岂朝廷美事？故臣欲保全大臣，非欲害之也。"

六年，熙河奏："夏人十万骑压通远军境，挑掘所争崖巉，杀人三日而退。乞因其退，急移近里堡砦于界，乘利而往，不须复守诚信。"下大臣会议。辙曰："当先定议欲用兵耶，不用耶？"吕大防曰："如合用兵，亦不得不用。"辙曰："凡用兵，先论理之曲直。我若不直，兵决不当用。朝廷须与夏人议地界，欲用庆历旧例，以彼此见今住处当中为直，此理最简直。夏人不从，朝廷遂不固执。盖朝廷

临事，常患先易后难，此所谓先易者也。既而许于非所赐城砦，依绥州例，以二十里为界，十里为堡铺，十里为草地。要约才定，朝廷又要两砦界首侵夏地，一抹取直，夏人见从。又要夏界更留草地十里，夏人亦许。凡此所谓后难者也。今欲于定西城与陇诺堡一抹取直，所侵夏地凡百数十里。陇诺祖宗旧疆，岂所谓非所赐城砦耶？此则不直，致寇之大者也。"刘挚曰："不用兵虽美，然事有须用兵者，亦不可不用也。"辙奏曰："夏兵十万压熙河境上，不于他处，专于所争处杀人，掘崖巇，此意可见，此非西人之罪，皆朝廷不直之故。熙河辄敢生事，不守诚信，臣欲诘责帅臣耳。"后屡因边兵深入夏地，宣仁后遂从辙议。

时三省除李清臣吏部尚书，给事中范祖禹封还诏书，且言姚勔亦言之。三省复除蒲宗孟兵部尚书。辙奏："前除清臣，给谏纷然，争之未定。今又用宗孟，恐不便。"宣仁后曰："奈阙官何？"辙曰："尚书阙官已数年，何尝阙事？今日用此二人，正与去年用邓温伯无异。此三人者，非有大恶，但昔与王珪、蔡确辈并进，意思与今日圣政不合。见今尚书共阙四人，若并用似此四人，使党类互进，恐朝廷自是不安静矣。"议遂止。

绍圣初，哲宗起李清臣为中书舍人，邓润甫为尚书左丞。二人久在外，不得志，稍复言熙、丰事以激怒哲宗意。会廷试进士，清臣撰策题，即为邪说。辙谏曰：

伏见御试策题，历诋近岁行事，有绍复熙宁、元丰之意。臣谓先帝以天纵之才，行大有为之志，其所设施，度越前古，盖有百世不可改者。在位近二十年，而终身不受尊号。裁损宗室，恩止祖免，减朝廷无穷之费。出卖坊场，顾募衙前，免民间破家之患。黜罢诸科诵数之学，训练诸将慵惰之兵。置寄禄之官，复六曹之旧，严重禄之法，禁交谒之私。行浅攻之策以制西夏，收六色之钱以宽杂役。凡如此类，皆先帝之睿算，有利无害，而元祐以来，上下奉行，未尝失坠也。至于其他，事有失当，何世无之。父作之于前，子救之于后，前后相济，此则圣人之孝也。

汉武帝外事四夷，内兴宫室，财用匮竭，于是修盐铁、榷酤、均输之政，民不堪命，几至大乱。昭帝委任霍光，罢去烦苛，汉室乃定。光武、显宗以察为明，以谶决事，上下恐惧，人怀不安。章帝即位，深鉴其失，代之以宽厚、恺悌之政，后世称焉。本朝真宗右文偃武，号称太平，而群臣因其极盛，为天书之说。章献临御，揽大臣之议，藏书梓宫，以泯其迹；及仁宗听政，绝口不言。英宗自藩邸入继，大臣创濮庙之议。及先帝嗣位，或请复举其事，寝而不答，遂以安静。夫以汉昭、章之贤，与吾仁宗、神宗之圣，岂其薄于孝敬而轻事变易也哉？臣不胜区区，愿陛下反覆臣言，慎勿轻事改易。若轻变九年已行之事，摧任累岁不用之人，人怀私忿，而以先帝为辞，大事去矣。

哲宗览奏，以为引汉武方先朝，不悦。落职知汝州。居数月，元丰诸臣皆会于朝，再责知袁州。未至，降朝议大夫、试少府监，分司南京，筠州居住。三年，又责化州

别驾，雷州安置，移循州。徽宗即位，徙永州、岳州，已而复太中大夫，提举凤翔上清太平宫。崇宁中，蔡京当国，又降朝请大夫，罢祠，居许州，再复太中大夫致仕。筑室于许，号颍滨遗老，自作传万余言，不复与人相见。终日默坐，如是者几十年。政和二年，卒，年七十四。追复端明殿学士。淳熙中，谥文定。

辙性沉静简洁，为文汪洋澹泊，似其为人，不愿人知之，而秀杰之气终不可掩，其高处殆与兄轼相迫。所著《诗传》、《春秋传》、《古史》、《老子解》、《栾城文集》并行于世。三子：迟、适、逊。族孙元老。

元老字子廷。幼孤力学，长于《春秋》，善属文。轼谪居海上，数以书往来。轼喜其为学有功，辙亦爱奖之。黄庭坚见而奇之，曰："此苏氏之秀也。"举进士，调广都簿，历汉州教授、西京国子博士、通判彭州。

政和间，宰相喜开边西南，帅臣多啖诱近界诸族使纳土，分置郡县以为功，致茂州蛮叛，帅司遽下令招降。元老叹曰："威不足以服，则恩不足以怀。"乃移书成都帅周焘曰："此蛮跳梁山谷间，伺间窃发。彼之所长，我之所短，惟施、黔两州兵可与为敌。若檄数千人，使倍道往赴，贤于官军十万也。其次以为夔、陕兵大集，先以夔兵诱其前，陕兵从其后，不十日，贼必破。彼降而我受焉，则威怀之道得。今不讨贼，既招而还，必复叛，不免重用兵矣。"焘得书，即召与计事。元老又策："茂有两道，正道自湿山趋长平，绝岭而上，其路险以高；间道自青崖关趋刁溪，循江而行，其路夷以径。当使正兵阵湿山，而阴出奇兵捣刁溪，与石泉并力合攻，贼腹背受敌，擒之必矣。"焘皆不能用，竟得罪。后帅至，如元老策，蛮势蹙，乃降。

除国子博士，历秘书正字、将作少监、比部考功员外郎，寻除成都路转运副使，为军器监，司农、卫尉、太常少卿。

元老外和内劲，不妄与人交。梁师成方用事，自言为轼外子，因缘欲见之，且求其文，拒不答。言者遂论元老苏轼从孙，且为元祐邪说，其学术议论，颇仿轼、辙，不宜在中朝。罢为提点明道宫。元老叹曰："昔颜子附骥尾而名显，吾今以家世坐累，荣矣。"未几卒，年四十七。有诗文行于时。

论曰：苏辙论事精确，修辞简严，未必劣于其兄。王安石初议青苗，辙数语柅之，安石自是不复及此，后非王广廉傅会，则此议息矣。辙寡言鲜欲，素有以得安石之敬心，故能尔也。若是者，轼宜若不及，然至论轼英迈之气，闳肆之文，辙为轼弟，可谓难矣。元祐秉政，力斥章、蔡，不主调停；及议回河、雇役，与文彦博、司马光异同；西边之谋，又与吕大防、刘挚不合。君子不党，于辙见之。辙与兄进退出处，无不相同，患难之中，友爱弥笃，无少怨尤，近古罕见。独其齿爵皆优于兄，意者造物之所赋与，亦有乘除于其间哉！

卷三百四十　　列传第九十九

吕大防 兄大忠 弟大钧 大临　刘挚　苏颂

吕大防，字微仲，其先汲郡人。祖通，太常博士。父贲，比部郎中。通葬京兆蓝田，遂家焉。大防进士及第，调冯翊主簿、永寿令。县无井，远汲于涧，大防行近境，得二泉，欲导而入县，地势高下，众疑无成理。大防用《考工》水地置泉之法以以准之，不旬日，果疏为渠，民赖之，号曰"吕公泉"。

迁著作佐郎、知青城县。故时，圭田粟入以大斗而出以公斗，获利三倍，民虽病不敢诉。大防始均出纳以平其直，事转闻，诏立法禁，命一路悉输租于官概给之。青城外控汶川，与敌相接。大防据要置逻，密为之防，禁山之樵采，以严障蔽。韩绛镇蜀，称其有王佐才。入权盐铁判官。

英宗即位，改太常博士。御史阙，内出大防与范纯仁姓名，命为监察御史里行。首言："纪纲赏罚，未厌四方之望者有五：进用大臣而权不归上；大臣疲老而不得时退；外国骄蹇而不择将帅；议论之臣裨益阙失，而大臣沮之；疆场左右之臣，有败事而被赏、举职而获罪者。"又言："富弼病足请解机务，章十余上而不纳；张昇年几八十，聪明已耗，哀乞骸骨而不从；吴奎有三年之丧，以其子召之者再，遣使召之者又再；程戡辞老不能守边，恐死塞上，免以尸柩还家为请，亦不许。陛下欲尽君臣之分，使病者得休，丧者得终，老者得尽其余年，则进退尽礼，亦何必过为虚饰，使四人之诚，不得自达邪？"

是岁，京师大水，大防曰："雨水之患，至入宫城庐舍，杀人害物，此阴阳之沴也。"即陈八事，曰：主威不立，臣权太盛，邪议干正，私恩害公，辽、夏连谋，盗贼恣行，群情失职，刑罚失平。会执政议濮王称考，大防上言："先帝起陛下为皇子，馆于宫中，凭几之命，绪言在耳，皇天后土，实知所扎。设使先帝万寿，陛下犹为皇子，则安懿之称伯，于理不疑。岂可生以为子，没而背之哉？夫人君临御之始，宜有至公大义厌服天下，以结其心。今大臣首欲加王以非正之号，使陛下顾私恩而违公义，非所以结天下之心也。"章累十数上，出知休宁县。

神宗立，通判淄州。熙宁元年，知泗州，为河北转运副使。召直舍人院。韩绛宣抚陕西，命为判官，又兼河东宣抚判官，除知制诰。四年，知延州。大防、庞欲城河外荒堆砦，众谓不可守，大防留戍兵修堡障，有不从者斩以徇。会环庆兵乱，绛坐黜，大防亦落知制诰，以太常博士知临江军。

数月，徙知华州。华岳摧，自山属渭河，被害者众。大防奏疏，援经质史，以验时事。其略曰："'畏天之威，于时保之。'先王所以兴也；'我生不有命在天'，后王所以坏也。《书》云：'惟先格王，正厥事。'愿仰承天威，俯酌时变，为社稷至计。"除龙图阁待制、知秦州。元丰初，徙永兴。神宗以彗星求言，大防陈三说九宜：曰治本，曰缓末，曰纳言。养民、教士、重谷，治本之宜三也；治边、治兵，缓末之宜二也；广受言之路，宽侵官之罚，恕诽谤之罪，容异同之论，此纳言之宜四也。累数千言。时用兵西夏，调度百出，有不便者辄上闻，务在宽民。及兵罢，民力比他路为饶，供亿军须亦无乏绝。进直学士。居数年，知成都府。

哲宗即位，召为翰林学士、权开封府。有僧诳民取财，因讼至廷下。验治得情，命抱具狱，即其所杖之，他挟奸者皆遁去。馆伴契丹使，其使黠，语颇及朝廷，大防密摘其隐事，诘之曰："北朝试进士《至心独运赋》，不知此题于书何出？"使错愕不能对，自是不敢复出嫚词。

迁吏部尚书。夏使来，诏访以待遇之计，且曰："向者所得边地，虽建立城堡，终虑孤绝难保。弃之则弱国，守之又有后悔，为当奈何？"大防言："夏本无能为，然屡遣使而不布诚款者，盖料我急于议和耳。今使者到阙，宜令押伴臣僚，扣其不贺登极，以观厥意，足以测情伪矣。新收疆土，议者多言可弃，此虑之不熟也。至于守御之策，惟择将帅为先。太祖用姚内斌、董遵海守环、庆，西人不敢入侵。昔以二州之力，御敌而有余；今以九州之大，奉边而不足。由是言之，在于得人而已。"元祐元年，拜尚书右丞，进中书侍郎，封汲郡公。西方息兵，青唐羌以为中国怯，使大将鬼章青宜结犯边。大防命洮州诸将乘间致讨，生擒之。

三年，吕公著告老，宣仁后欲留之京师。手札密访至于四五，超拜大防尚书左仆射兼门下侍郎，提举修《神宗实录》。大防见哲宗年益壮，日以进学为急，请敕讲读官取仁宗迩英御书释上之，置于坐右。又摭乾兴以来四十一事足以为劝戒者，分上下篇，标曰《仁祖圣学》，使人主有欣慕不足之意。

哲宗御迩英阁，召宰执、讲读官读《宝训》，至"汉武帝籍南山提封为上林苑，仁宗曰：'山泽之利当与众共之，何用此也。'丁度曰：'臣事陛下二十年，每奉德音，未始不及于忧勤，此盖祖宗家法尔。'"大防因推广祖宗家法以进，曰："自三代以后，唯本朝百二十年中外无事，盖由祖宗所立家法最善，臣请举其略。自古人主事母后，朝见有时，如汉武帝五日一朝长乐宫；祖宗以来事母后，皆朝夕见，此事亲之法也。前代大长公主用臣妾之礼；本朝必先致恭，仁宗以姪事姑之礼见献穆大长公主，此事长之法也。前代宫闱多不肃，宫人或与廷臣相见，唐入阁图有昭容位；本朝宫禁严密，内外整肃，此治内之法也。前代外戚多预政事，常致败乱；本朝母后之族皆不预，此待外戚之法也。前代宫室多尚华侈；本朝宫殿止用赤白，此尚俭之法也。前代人君虽在宫禁，出舆入辇；祖宗皆步自内庭，出御后殿，岂乏人力哉，亦欲涉历广庭，稍冒寒暑，此勤身之法也。前代人主，在禁中冠服苟简；祖宗以来，燕居必以礼，窃闻陛下昨郊礼毕，具礼谢太皇太后，此尚礼之法也。前代多深于用刑，大者诛戮，小者远窜；惟本朝用法最轻，臣下有罪，止于罢黜，此宽仁之法也。至于虚己纳谏，不好畋猎，不尚玩好，不用玉器，不贵异味，此皆祖宗家法，所以致太平者。陛下不须远法前代，但尽行家法，足以为天下。"哲宗甚然之。

大防朴厚壹直，不植党朋，与范纯仁并位，同心戮力，以相王室。立朝挺挺，进退百官，不可干以私，不市恩嫁怨以邀声誉，凡八年，始终如一。

恳乞避位，宣仁后曰："上方富于春秋，公未可即去，少须岁月，吾亦就东朝矣。"未果而后崩。为山陵使，复命以观文殿大学士、左光禄大夫知颍昌府。寻改永兴军，使便其乡社。入辞，哲宗劳慰甚渥，曰："卿暂归故乡，行即召矣。"未几，左正言上官均论其隳坏役法，右正言张商英、御史周秩、刘拯相继攻之，夺学士，知随州，贬秘书监，分司南京，居郢州。言者又以修《神宗实录》直书其事为诬诋，徙安州。

兄大忠自渭入对，哲宗询大防安否，且曰："执政欲迁诸岭南，朕独令之处安陆，为朕寄声问之。大防朴直，为人所卖，三二年可复相见也。"大忠泄其语于章惇，惇惧，绳之愈力。绍圣四年，遂贬舒州团练副使，安置循州。至虔州信丰而病，语其子景山曰："吾不复南矣！吾死汝归，吕氏尚有遗种。"遂薨，年七十一。大忠请归葬，许之。

大防身长七尺，眉目秀发，声音如钟。自少持重，无嗜好，过市不左右游目，燕居如对宾客。每朝会，威仪翼如，神宗常目送之。与大忠及弟大临同居，相切磋论道考礼，冠昏丧祭，一本于古，关中言《礼》学者推吕氏。尝为《乡约》曰："凡同约者，德业相劝，过失相规，礼俗相交，患难相恤，有善则书于籍，有过若违约者亦书之，三犯而行罚，不悛者绝之。"

徽宗即位，复其官。高宗绍兴初，又复大学士，赠太师、宣国公，谥曰正愍。

大忠字进伯。登第，为华阴尉、晋城令。韩绛宣抚陕西，以大忠提举永兴路义勇。改秘书丞，检详枢密院吏、兵房文字。令条义勇利害。大忠言："养兵猥众，国用日屈，汉之屯田，唐之府兵，善法也。弓箭手近于屯田，义勇近于府兵，择用一焉，兵屯可省矣。"为签书定国军判官。

熙宁中，王安石议遣使诸道，立缘边封沟，大忠与范育被命，俱辞行。大忠陈五不可，以为怀抚外国，恩信不洽，必致生患。罢不遣。令与刘忱使契丹，议代北地，会遭父丧。起复，知代州。契丹使萧素、梁颖至代，设次，据主席，大忠与之争，乃移次于长城北。换西上阁门使、知石州。大忠数与素、颖会，凡议，屡以理折，素、颖稍屈。已而复使萧禧来求代北地，神宗召执政与大忠、忱议，将从其请。大忠曰："彼遣一使来，即与地五百里，若使魏王英弼来求关南，则何如？"神宗曰："卿是何言也。"对曰："陛下既以臣言为不然，恐不可启其渐。"忱曰："大忠之言，社稷大计，愿陛下熟思之。"执政知不可夺，议卒不决，罢忱还三司，大忠亦终丧制。其后竟以分水岭为界焉。

元丰中，为河北转运判官，言："古者理财，视天下犹一家。朝廷者家，外计者兄弟，居虽异而财无不同。今有司惟知出纳之名，有余不足，未尝以实告上。故有余则取之，不足莫之与，其大患也。"乃上生财、养民十二事。徙提点淮西刑狱。时河决，飞蝗为灾，大忠入对，极论之，诏归故官。

元祐初，历工部郎中、陕西转运副使、知陕州，以直龙图阁知秦州，进宝文阁待制。夏人自犯麟府、环庆后，遂绝岁赐，欲遣使谢罪，神宗将许之。大忠言："夏人强则纵，困则服，今阳为恭顺，实惧讨伐。宜且命边臣诘其所以来之辞，若惟请是从，彼将有以窥我矣。"

时郡籴民粟，豪家因之制操纵之柄。大忠选僚寀自旦入仓，虽斗升亦受，不使有所壅阏。民喜，争运粟于仓，负钱而去，得百余万斛。

马涓以进士举首入幕府，自称状元。大忠谓曰："状元云者，及第未除官之称也，既为判官则不可。今科举之习既无用，修身为己之学，不可不勉。"又教以临政治民之要，涓自以为得师焉。谢良佐教授州学，大忠每过之，听讲《论语》，必正襟敛容曰："圣人言行在焉，吾不敢不肃。"

尝献曰："夏人戍守之外，战士不过十万，吾三路之众，足以当之矣。彼屡犯王略，一不与校，臣窃羞之。"绍圣二年，加宝文阁直学士、知渭州，付以秦、渭之事，奏言："关、陕民力未裕，士气沮丧，非假之岁月，未易枝梧。"因请以职事对。大抵欲以计徐取横山，自汝遮残井迤逦进筑，不求近功。

既而钟傅城安西，王文郁亦用事，章惇、曾布主之，大忠议不合；又乞以所迁职为大防量移，惇、布陈其所言与元祐时异，徙知同州，旋降待制致仕。卒，诏复学士官，佐其葬。

大钧字和叔。父蕡，六子，其五登科，大钧第三子也。中乙科，调秦州右司理参军，监延州折博务。改光禄寺丞、知三原县。请代蕡入蜀，移巴西县。蕡致仕，大钧亦移疾不行。

韩绛宣抚陕西、河东，辟书写机密文字。府罢，移知候官县，故相曾公亮镇京兆，荐知泾阳县，皆不赴。丁外艰，家居讲道。数年，起为诸王宫教授。求监凤翔船务，制改宣义郎。

会伐西夏，鄜延转运司檄为从事。既出塞，转运使李稷馈饷不继，欲还安定取粮，使大钧请于种谔。谔曰："吾受命将兵，安知粮道！万一不继，召稷来，与一剑耳。"大钧性刚直，即曰："朝廷出师，去塞未远，遂斩转运使，无君父乎？"谔意折，强谓大钧曰："君欲以此报稷，先稷受祸矣！"大钧怒曰："公将以此言见恐邪？吾委身事主，死无所辞，正恐公过耳。"谔见其直，乃好谓曰："子乃尔邪？今听汝矣！"始许稷还。是时，微大钧盛气诮谔，稷且不免。未几，道得疾，卒，年五十二。

大钧从张载学，能守其师说而践履之。居父丧，衰麻葬祭，一本于礼。后乃行于冠昏、膳饮、庆吊之间，节文粲然可观，关中化之。尤喜讲明井田兵制，谓治道必自此始，悉撰次为图籍，可见于用。虽皆本于载，而能自信力行,载每叹其勇为不可及。

大临字与叔。学于程颐,与谢良佐、游酢、杨时在程门,号"四先生"。通《六经》,尤邃于《礼》。每欲掇习三代遗文旧制,令可行,不为空言以拂世骇俗。

其论选举曰:"古之长育人才者,以士众多为乐;今之主选举者,以多为患。古以礼聘士,常恐士之不至;今以法待士,常恐士之竞进。古今岂有异哉,盖未之思尔。夫为国之要,不过得人以治其事,如为治必欲得人,惟恐人才之不足,而何患于多?如治事皆任其责,惟恐士之不至,不忧其竞进也。今取人而用,不问其可任何事;任人以事,不问其才之所堪。故入流之路不胜其多,然为官择士则常患乏才;待次之吏历岁不调,然考其职事则常患不治。是所谓名实不称,本末交戾。如此而欲得人而事治,未之有也。今欲立士规以养德厉行,更学制以量才进艺,定试法以区别能否,修辟法以兴能备用,严举法以核实得人,制考法以责任考功,庶几可以渐复古矣。"

富弼致政于家,为佛氏之学。大临与之书曰:"古者三公无职事,惟有德者居之,内则论道于朝,外则主教于乡。古之大人当是任者,必将以斯道觉斯民,成己以成物,岂以爵位进退、体力盛衰为之变哉?今大道未明,人趋异学,不入于庄,则入于释。疑圣人为未尽善,轻礼义为不足学,人伦不明,万物憔悴,此老成大人恻隐存心之时。以道自任,振起坏俗,在公之力,宜无难矣。若夫移精变气,务求长年,此山谷避世之士独善其身者之所好,岂世之所以望于公者哉?"弼谢之。

元祐中,为太学博士,迁秘书省正字。范祖禹荐其好学修身如古人,可备劝学,未及用而卒。

刘挚,字莘老,永静东光人。儿时,父居正课以书,朝夕不少间。或谓:"君止一子,独不可少宽邪?"居正曰:"正以一子,不可纵也。"十岁而孤,鞠于外氏,就学东平,因家焉。

嘉祐中,擢甲科,历冀州南宫令。县比不得人,俗化凋敝,其赋甚重,输绢匹折税钱五百,绵两折钱三十,民多破产。挚援例旁郡,条请裁以中价。转运使怒,将劾之。挚固请曰:"独一州六邑被此苦,决非法意,但朝廷不知耳。"遂告于朝。三司使包拯奏从其议,自是绢为钱千三百,绵七十有六。民欢呼至泣下,曰:"刘长官活我!"是时,挚与信都令李冲、清河令黄莘皆以治行闻,人称为"河朔三令"。

徙江陵观察推官,用韩琦荐,得馆阁校勘。王安石一见器异之,擢检正中书礼房,默默非所好也。才月余,为监察御史里行,欣然就职,归语家人曰:"趣装,毋为安居计。"未及陛对,即奏论:"亳州狱起不止,小人意在倾富弼以市进,今弼已得罪,愿少宽之。"又言:"程昉开漳河,调发猝迫,人不堪命。赵子几擅升畿县等,使纳役钱,县民日数千人遮诉宰相,京师喧然,何以示四方?张靓、王廷老擅增两浙役钱,督赋严急,人情嗟怨。此皆欲以羡余希赏,愿行显责,明朝廷本无聚敛之意。"

及入见,神宗面赐褒谕。因问:"卿从学王安石邪?安石极称卿器识。"对曰:"臣东北人,少孤独学,不识安石也。"退而上疏曰:"君子小人之分,在义利而已。小人才非不足用,特心之所向,不在乎义。故希赏之志,每在事先;奉公之心,每在私后。陛下有劝农之意,今变而为烦扰;陛下有均役之意,今倚以为聚敛。其有爱君之心,忧国之言者,皆无以容于其间。今天下有喜于敢为,有乐于无事。彼以此为流俗,此以彼为乱常。畏义者以进取为可耻,嗜利者以守道为无能。此风浸成,汉、唐党祸必起矣。惟君子为能通天下之志。臣愿陛下虚心平听,审察好恶,前日意以为是者,今更察其非;前日意以为短者,今更用其长。稍抑虚哗轻伪、志近忘远、幸于苟合之人,渐察忠厚慎重、难进易退、可与有为之士。收过与不及之俗,使会于大中之道,则施设变化,惟陛下号令之而已。"

又论率钱助役、官自雇人有十害,其略曰:"天下州县户役,虚实轻重不同。今等以为率,则非一法所能齐;随其所宜,各自立法,则纷扰散殊,何以统率?一也。新法谓版籍不实,故令别立等第。且旧籍既不可信,今何以得其无失?不独搔扰生事患,将使富输少,贫输多,二也。天下上户少,中户多。上户役数而重,故以助钱为幸。中户役简而轻,下户役所不及。今概使输钱,则为不幸,三也。有司欲多得雇钱,而患上户之寡,故不用旧籍,临时升降,使民何以堪命?四也。岁有丰凶,而役人有定数,助钱不可阙。非若税赋有倚阁、减放之期,五也。谷、麦、布、帛,岁有所出,而助法必输见钱,六也。二税科买,色目已多,又概率钱以竭其所有,斯民无有悦而愿为农者,户口当日耗失,七也。侥幸者又将缘法生奸,如近日两浙倍科钱数,自以为功,八也。差法近者十余年,远或二十年,乃一充役,民安习之久矣。今官自雇人,直重则民不堪,轻则人不愿,不免以力殴之就役,九也。且役人必用乡户,家有常产,则必知自爱;性既愚实,则罕有盗欺。今一切雇募,但得轻猾浮伪之人,巧诈相资,何所不至?十也。"

会御史中丞杨绘亦言其非,安石使张琥作十难以诘之,琥辞不为,司农曾布请为之。既作十难,且劾挚、绘欺诞怀向背。诏问状,绘惧谢罪。挚奋曰:"为人臣岂可压于权势,使天子不知利害之实!"即条对所难,以伸其说。且曰:"臣待罪言责,采士民之说以闻于上,职也。今有司遽令分析,是使乙较是非,争胜负,交口相直,无乃辱陛下耳目之仟哉!所谓向背,则臣所向者义,所背者利;所向者君父,所背者权臣。愿以臣章并司农奏宣示百官,考定当否。如臣言有取,幸早施行,若稍涉欺罔,甘就窜逐。"不报。

挚明日复上疏曰:"陛下起居言动,躬蹈德礼,夙夜厉精,以亲庶政。天下未至于安且治者,谁致之耶?陛下注意以望太平,而自以太平为己任,得君专政者是也。二三年间,开阖动摇,举天下无一物得安其所者。盖自青苗之议起,而天下始有聚敛之疑;青苗之议未允,而均输之法行;均输之法方扰,而边鄙之谋动;边鄙之祸未艾,而助役之事兴。至于求水利,行淤田,并州县,兴事起新,难以遍举。其议财,则市井屠贩之人,皆召至政事堂。其征利,则下至历日,而官自鬻之。推此而往,不可究言。轻用名器,淆混贤否:忠厚老成者,摈之为无能;狭少儇辩者,取之为可用;守道忧国者,谓之流俗;败常害民者,谓之通变。凡政府谋议经画,除用进退,独与一椽属决之,然后落笔。同列预闻,反在其后。故奔走乞丐之人,其门如市。今西夏之款未入,反侧之兵未安,三边疮痍,流溃未定。河北大旱,诸路大水,民劳财乏,县官减耗。圣上忧勤念治之时,而政事如此,皆大臣误陛下,而大臣所用者,误大臣也。"疏奏,安石欲窜之岭外,神宗不听,但谪监衡州盐仓。绘出知郑州,琥亦落职。挚乞诣郓迁葬,然后奔赴贬所,许之。

先是,仓吏与纲兵奸利相市,盐中杂以伪恶,远人未尝食善盐。挚悉意核视,且储其羡以为赏,弊减什七。父老目为"学士盐"。久之,签书南京判官。会司农新令,尽斥卖天下祠庙,依坊场河度法收净利。南京阏伯庙岁钱四十六贯,微子庙十三贯。挚叹曰:"一至于此!"往见留守张方平曰:"独不能为朝廷言之耶?"方平瞿然,托挚为奏曰:"阏伯迁商丘,主祀大火,火为国家盛德所乘,历世尊为大祀。微子,宋始封之君,开国此地,本朝受命,建号所因。又有双庙者,唐张巡、许远孤城死贼,能捍大患。今若令承买小人规利,冗亵渎慢,何所不为,岁收微细,实损大体。欲望留此三庙,以慰邦人崇奉之意。"从之。又见《方平传》。

入同知太常礼院。元丰初,改集贤校理、知大宗正寺丞,为开封府推官。神宗开天章阁,议新官制,除至礼部郎中,曰:"此南宫舍人,非他曹比,无出刘挚者。"即命之。俄迁右司郎中。

初,宰椽每于执政分厅时,请间白事,多持两端伺意指。挚始请以公礼聚见,共决可否。或不便挚所请,坐以开封不置历事罢归。明年,起知滑州。哲宗即位,宣仁后同听政,召为吏部郎中,改秘书少监,擢侍御史。上疏曰:"昔者周成王幼冲践祚,师保之臣,周公、太公其人也。仁宗皇帝盛年嗣服,用李维、晏殊为侍读,孙奭、冯元为侍讲,听断之暇,召使入侍。陛下春秋鼎盛,在所资养。愿选忠信孝悌、惇茂老成之人,以充劝讲进读之任,便殿燕坐,时赐延对,执经诵说,以广睿智,仰副善继求治之志。"

他日讲筵进读,至仁宗不避庚戌临奠张士逊,侍读曰:"国朝故事,多避国音。国朝角音,木也,故畏庚辛。"哲宗问:"果当避否?"挚进曰:"阴阳拘忌,圣人不取,如正月祈谷必用上辛,此岂可改也?汉章帝以反支日受章奏,唐太宗以辰日哭张公谨,仁宗不避庚戌日,皆陛下所宜取法。"哲宗然之。

挚又言:"谏官御史员缺未补,监察虽满六员,专以察治官司公事,而不预言责。臣请增补台谏,并许言事。"时蔡确、章惇在政地,与司马光不相能。挚因久旱上言:"《洪范》:'庶征肃,时雨若。'《五行传》:'政缓则冬旱。'今庙堂大臣,情志乖睽,议政之际,依违排狠,语播于外,可谓不肃。政令二三,舒缓不振。比日日青无光,风霾昏曀,上天警告,皆非小变。愿进忠良、通壅塞,以答天戒。"

蔡确为山陵使,神宗灵驾发引前夕不入宿,挚劾之,不报。及使回,既朝即视事,挚又奏确不引咎自劾。无何,确上表自陈,尝请收拔当世之耆艾,以陪辅王室,蠲省有司之烦碎,以慰安民心。挚谓:"使确诚有是请,不言于先朝,为不忠之罪;言于今日,为取容之计。诚无是请,则欺君莫大于此。"又疏确过恶大略有十,论章惇凶悍轻佻,无大臣体,皆罢去。

初,神宗更新学制,养士以千数,有司立为约束,过于烦密。挚上疏曰:"学校为育材首善之地,教化所从出,非行法之所。虽群居众聚,帅而齐之,不可无法,亦有礼义存焉。先帝体道制法,超汉轶唐,养士之盛,比隆三代。然而比以太学屡起狱讼,有司缘此造为法禁,烦苛愈于治狱,条目多于防盗,上下疑贰,以求苟免。甚可怪者,博士、诸生禁不相见,教谕无所施,质问无所从,月巡所隶之斋而已。斋舍既不一,随经分隶,则又《易》博士兼巡《礼》斋,《诗》博士兼巡《书》斋,所至备礼请问,相与揖诺,亦或不交一言而退,以防私请,以杜贿赂。学校如此,岂先帝所以造士之意哉?治天下者,遇人以君子、长者之道,则下必有君子、长者之行而应乎上。若以小人、犬彘遇之,彼将以小人、犬彘自为,而况以此行于学校之间乎?愿罢其制。"又请杂用经义、诗赋取士,复贤良方正科,罢常平、免役,引朱光庭、王岩叟为言官。执宪数月,正色弹劾,多所贬黜,百僚敬惮,时人以比包拯、吕晦。

元祐元年,擢御史中丞。挚上疏曰:"上之所好,下必有甚。朝廷意在总核,下必有刻薄之行;朝廷务在宽大,下必有苟简之事。习俗怀利,迎意趋和,所为近似,而非上之意本然也。今因革之政本殊,而观望之俗故在。昨差役初行,监司已有迎合争先,不校利害,一概定差,一路为之骚动者。朝廷察其如此,固已黜之矣。以是观之,大约类此。向来黜责数人者,皆以非法掊克,市进害民,然非欲使之漫不省事。昧者不达,矫枉过正,顾可不为之禁哉?请立监司考绩之制。"

拜尚书右丞,连进左丞、中书侍郎,迁门下侍郎。胡宗愈除右丞,谏议大夫王觌疏其非是,宣仁后怒,将加深谴。挚开救甚力,帝中厉声曰:"若有人以门下侍郎为奸邪,甘受之否?"挚曰:"陛下审察毁誉每如此,天下幸甚!然愿顾大体,宗愈进用,自有公议,必致贬谏官而后进,恐宗愈亦所未安。"宣仁后意解,觌得补郡去。

挚与同列奏事论人才,挚曰:"人才难得,能否不一。性忠实而才识有余,上也;才识不逮而忠实有余,次也;有才而难保,可藉以集事,又其次也。怀邪观望,随时势改变,此小人也,终不可用。"哲宗及宣仁后曰:"卿常能如此用人,国家何忧!"六年,拜尚书右仆射。

挚性峭直,有气节,通达明锐,触机辄发,不为利怵威诱。自初辅政至为相,修严宪法,辨白邪正,专以人物处心,孤立一意,不受谒请。子弟亲戚入官,皆令赴铨部以格调选,未尝以干朝廷。与吕大防同位,国家大事,多决于大防,惟进退士大夫,实执其柄。然持心少恕,勇于去恶,竟为朋谗奇中。先是,邢恕谪官永州,以书抵挚。

挚故与恕善，答其书，有"永州佳处，第往以俟休复"之语。排岸官茹东济，倾险人也，有求于挚，不得，见其书，阴录以示御史中丞郑雍、侍御史杨畏。二人方交章击挚，遂笺释其语上之，曰："'休复'者，语出《周易》，'以俟休复'者，俟他日太皇太后复子明辟也。"又章惇诸子故与挚之子游，挚亦间与之接。雍、畏谓延见接纳，为牢笼之计，以冀后福。宣仁后于是面谕挚曰："言者谓卿交通匪人，为异日地，卿当一心王室。若章惇者，虽以宰相处之，未必乐也。"挚皇惧退，上章自辨，执政亦为之言。宣仁后曰："垂帘之初，挚排斥奸邪，实为忠直。但此二事，非所当为也。"以观文殿学士罢知郓州。给事中朱光庭驳云："挚忠义自奋，朝廷擢之大位，一旦以疑而罢，天下不见其过。"光庭亦罢。七年，徙大名，又为雍等所遏，徙知青州。

绍圣初，来之邵、周秩论挚变法、弃地罪，夺职知黄州，再贬光禄卿，分司南京，蕲州居住。将行，语诸子曰："上用章惇，吾且得罪。若惇顾国事，不迁怒百姓，但责吾曹，死无所恨。正虑意在报复，法令益峻，奈天下何！"忧形于色，无一言及迁谪意。四年，陷邢恕之谤，贬鼎州团练副使，新州安置。惟一子从。家人涕泣愿侍，皆不听。至数月，以疾卒，年六十八。

初，挚与吕大防为相，文及甫居忧，在洛怨望，服除恐不得京官，抵书邢恕曰："改月遂除，入朝之计未可必。当涂猜怨于鹰扬者益深，其徒实繁。司马昭之心，路人所知也，济之以'粉昆'，必欲以眇躬为甘心快意之地，可为寒心。"其谓司马昭者，指吕大防独当国久；'粉昆'者，世以驸马都尉为'粉侯'，韩嘉彦尚主，以兄忠彦为'粉昆'也。恕以书示蔡硕、蔡渭，渭上书讼挚及大防等十余人陷其父确，谋危宗社，引及甫书为证。时章惇、蔡卞诬造元祐诸人事不已，因是欲杀挚及梁焘、王岩叟等。以为挚有废立之意，遂起同文馆狱，用蔡京、安惇杂治，逮问及甫。及甫元祐末德大防除权侍郎，又忠彦虽罢，哲宗眷之未衰，乃托其亡父尝说司马昭指刘挚，"粉"谓王岩叟面白如粉，"昆"谓梁焘字况之，"况"犹"兄"也。又问实状，但云："疑其事势如此。"会挚卒，京奏不及考验，遂免其子官，与家属徙英州，凡三年，死于瘴者十人。

徽宗立，诏反其家属，用子跂请，得归葬。跂又伏阙诉及甫之诬，遂贬及甫并渭于湖外，复挚中大夫。蔡京为相，降朝散大夫。后又复观文殿大学士、太中大夫。绍兴初，赠少师，谥曰忠肃。

挚嗜书，自幼至老，未尝释卷。家藏书多自雠校，得善本或手抄录，孜孜无倦。少好《礼》学，其究《三礼》，视诸经尤粹。晚好《春秋》，考诸儒异同，辨其得失，通圣人经意为多。其教子孙，先行实，后文艺。每曰："士当以器识为先，一号为文人，无足观矣。"

跂能为文章，遭党事，为官拓落，家居避祸，以寿终。

苏颂，字子容，泉州南安人。父绅，葬润州丹阳，因徙居之。第进士，历宿州观察推官、知江宁县。时建业承李氏后，税赋图籍，一皆无艺，每发敛，高下出吏手。颂因治讦他事，互问民邻里丁产，识其详。及定户籍，民或自占不悉，颂警之曰："汝有某丁某产，何不言？"民骇惧，皆不敢隐，遂划剔夙蠹，成赋一邑，简而易行，诸令视以为法，至领某民拜庭下以谢。凡民有忿争，颂喻以乡党宜相亲善，若以小忿而失欢心，一旦缓急，将何赖焉。民往往谢去，或半途思其言而止。时监司王鼎、王绰、杨纮于部吏少许可，及观颂施设，则曰："非吾所及也。"

调南京留守推官，留守欧阳修委以政，曰："子容处事精审，一经阅览，则修不复省矣。"时杜衍老居睢阳，见颂，深器之，曰："如君，真所谓不可得而亲疏者。"衍又自谓平生人罕见其用心处，遂自小官以至为侍从、宰相所以施设出处，悉以语颂，曰："以子相知，且知子异日必为此官，老夫非以自矜也。"故颂后历政，略似衍云。

皇祐五年，召试馆阁校勘，同知太常礼院。至和中，文彦博为相，请建家庙，事下太常。颂议以为："礼，大夫士有田则祭，无田则荐，是有土者乃为庙祭也。有田则有爵，无土无爵，则子孙无以继承宗祀，是有庙者止于其躬，子孙无爵，祭乃废也。若参合古今之制，依约封爵之令，为之等差，锡以土田，然后庙制可议。若犹未也，即请考案唐贤寝堂祠飨仪，止用燕器常食而已。"

嘉祐中，诏礼院议立故郭皇后神御殿于景灵宫，颂谓："敕书云：'向因忿郁，偶失谦恭'，此则无可废之事。又云：'朕念其自历长秋，仅周一纪，逮事先后，祗奉寝园'，此则有不当废之悔。又云：'可追复皇后，其祔庙谥册并停。'此则有合祔庙及谥册之义。请祔郭皇后于后庙，以成追复之道。"众论未定，宰相曾公亮曰："郭后，上元妃，若祔庙，则事体重矣。"颂曰："国朝三圣，贺、尹、潘皆元妃，事体正相类。今止祔后庙，则岂得有同异之言。"公亮曰："议者以谓阴逼母后，是恐万岁后配祔之意。"颂曰："若加一'怀'、'哀'、'愍'之谥，则不为逼矣。"公亮叹重。

迁集贤校理，编定书籍。颂在馆下九年，奉祖母及母，养姑姊妹与外族数十人，甘旨融怡，婚嫁以时。妻子衣食常不给，而处之晏如。富弼尝称颂为古君子，及与韩琦为相，同表其廉退，以知颍州。通判赵至忠本边徼降者，所至与守竞，颂待之以礼，具尽诚意。至忠感泣曰："身虽夷人，然见义则服，平生诚服者，唯公与韩魏公耳。"

仁宗崩，建山陵，有司以不时难得之物厉诸郡。颂曰："遗诏务从俭约，岂有土不产而可强赋乎？量其有无，事亦随集。"英宗即位，召提点开封府界诸县镇公事。颂言："周制六军出于六乡，在三畿四郊之地；唐设十二卫，亦散布畿内郡县，又以内诸府分隶之，皆所以临制四方，为国藩卫。国朝禁兵，多屯京师及畿内东南诸县，虽馈运为便，而西边武备殊阙。今中牟、长垣都门要冲，二鄜驿置皆由此，而旧不屯兵，阒无防守，请置营驻兵，以备非常。"明年，饥民果乘虚犯长垣，戕官吏，如颂虑。颂又请以获盗多寡为令殿最法，以谓："巡检、县尉，但能捕盗，而不能使人不为盗；能使其不为盗者，县令也。且民罹剽劫之害，而长官不任其责，可乎？"

迁度支判官。送契丹使，宿恩州，驿舍火，左右请出避,颂不动。州兵欲入救,闭门不纳,徐使防卒扑灭之。初火时,郡人汹汹,唱使者有变,救兵亦欲因而生事,赖颂安静而止。遂闻京师,神宗疑焉。颂使还,入奏,称善久之。命为淮南转运使。召修起居注,擢知制诰、知通进银台司、知审刑院。

时知金州张仲宣坐枉法赃罪至死,法官援李希辅例,杖脊黥配海岛。颂奏曰:"希辅、仲宣均为枉法,情有轻重。希辅知台,受赇数百千,额外度僧。仲宣所部金坑,发檄巡检体究,其利甚微,土人惮兴作,以金八两属仲宣,不差官比校,止系违令,可比恐喝条,视希辅有间矣。"神宗曰:"免杖而黥之,可乎?"颂曰:"古者刑不上大夫,仲宣官五品,今贷死而黥之,使与徒隶为伍,虽其人无可矜,所重者,污辱衣冠耳。"遂免杖黥,流海外,遂为定法。

又言:"提举青苗官不能体朝廷之意,邀功争利,务为烦扰。且与诸司不相临涖,文移同等,州县莫知适从。乞与常平、众役一切付之监司,改提举为之属,则事有统一,而于更张之政无所损也。"不从。

大臣荐秀州判官李定,召见,擢太子中允,除监察御史里行。宋敏求知制诰,封还词头。复下,颂当制,颂奏:"祖宗朝,天下初定,故不起孤远而登显要者。真宗以来,虽有幽人异行,亦不至超越资品。今定不由铨考,擢授朝列;不缘御史,荐置宪台。虽朝廷急于用才,度越常格,然隳紊法制,所益者小,所损者大,未敢具草。"次至李大临,亦封还。神宗曰:"去年诏,台官有阙,委御史台奏举,不拘官职高下。"颂与大临对曰:"从前台官,于太常博士以上、中行员外郎以下举充。后为难得资叙相当,故朝廷特开此制。止是不限博士、员郎,非谓选人亦许奏举。若不拘官职高下,并选人在其间,则是秀州判官亦可为里行,不必更改中允也。今定改京官,已是优恩,更处之宪台,先朝以来,未有此比。幸门一启,则士途奔竞之人,希望不次之擢,朝廷名器有限,焉得人人满其意哉!"执奏不已,于是并落知制诰,归工部郎中班,天下谓颂及敏求、大临为"三舍人"。

岁余,知婺州。方溯桐庐,江水暴迅,舟横欲覆,母在舟中几溺矣,颂哀号赴水救之,舟忽自正。母甫及岸,舟乃覆,人以为纯孝所感。徙亳州,有豪妇罪当杖而病,每旬检之,未愈,谯簿邓元孚谓颂子曰:"尊公高明以政称,岂可为一妇所给。但谕医如法检,自不诬矣。"颂曰:"万事付公议,何容心焉。若言语轻重,则人有观望,或致有悔。"既而妇死,元孚惭曰:"我辈狭小,岂可测公之用心也。"加集贤院学士、知应天府。吕惠卿尝语人曰:"子容,吾乡里先进,苟一诣我,执政可得也。"颂闻之,笑而不应。凡更三赦,大临还侍从,颂才授秘书监、知通进银台司。吴越饥,选知杭州。一日,出遇百余人,哀诉曰:"某以转运司责逋市易缗钱,夜囚昼系,虽死无以偿。"颂曰:"吾释汝,使汝营生,奉衣食之余,悉以偿官,期以岁月而足,可乎?"皆谢不敢负,果如期而足。

颂宴客有美堂,或告将兵欲乱,颂密使捕渠领十辈,荷校付狱中,追夕会散,坐客不知也。及修两朝正史,转右谏议大夫。使契丹,遇冬至,其国历后宋历一日。北人问孰为是,颂曰:"历家算术小异,迟速不同,如亥时节气交,犹是今夕;若逾数刻,则属子时,为明日矣。或先或后,各从其历可也。"北人以为然。使还以奏,神宗嘉曰:"朕尝思之,此最难处,卿所对殊善。"因问其山川、人情向背,对曰:"彼讲和日久,颇窃中国典章礼义,以维持其政,上下相安,未有离贰之意。昔汉武帝自谓:'高皇帝遗朕平城之忧,虽久勤征讨,而匈奴终不服。'至宣帝,呼韩单于稽首称藩。唐自中叶以后,河湟陷于吐蕃,宪宗每读《贞观政要》,慨然有收复意。至宣宗时,乃以三关、七州归于有司。由此观之,外国之叛服不常,不系中国之盛衰也。"颂意盖有所讽,神宗然之。

元丰初,权知开封府,颇严鞭朴。谓京师浩穰,须弹压,当以柱后惠文治之,非亳、颍卧治之比。有僧犯法,事连祥符令李纯,颂置不治。御史舒亶纠其故纵,贬秘书监、知濠州。

初,颂在开封,国子博士陈世儒妻李恶世儒庶母,欲其死,语群婢曰:"博士一日持丧,当厚饷汝辈。"既而母为婢所杀,开封治狱,法吏谓李不明言使杀姑,法不至死。或谮颂欲宽世儒夫妇,帝召颂曰:"此人伦大恶,当穷竟。"对曰:"事在有司,臣固不敢言宽,亦不敢谕之使重。"狱久不决。至是,移之大理。意颂前次请求,移御史台逮颂对。御史曰:"公速自言,毋重困辱。"颂曰:"诬人死,不可为已,若自诬以获罪,何伤乎?"即手书数百言伏其咎。帝览奏牍,以为疑,反覆究实,乃大理丞贾种民增减其文傅致也,由是事得白。同列犹议尝因人语及世儒帷薄事,颂应曰:"然。"以是为泄狱情,罢郡。

未几,知河阳,改知沧州。入辞,帝曰:"朕知卿久,然每欲用,辄为事夺,命也夫!卿直道,久可自明。"颂顿首谢。召判尚书吏部兼详定官制。唐制,吏部主文选,兵部主武选;神宗谓三代、两汉本无文武之别,议者不知所处。颂言:"唐制吏部有三铨之法,分品秩而掌选事。今欲文武一归吏部,则宜分左右曹掌之,每选更以品秩分治。"于是吏部始有四选法。

因陛对,神宗谓颂曰:"欲修一书,非卿不可。契丹通好八十余年,盟誓、聘使、礼币、仪式,皆无所考据,但患修书者迁延不早成耳。然以卿度,此书何时可就?"颂曰:"须一二年。"曰:"果然,非卿不能如是之敏也。"及书成,帝读《序引》,喜曰:"正类《序卦》之文。"赐名《鲁卫信录》。

帝尝问宗子主祭、承重之义,颂对曰:"古者贵贱不同礼,诸侯、大夫世有爵禄,故有大宗、小宗、主祭、承重之义,则丧服从而异制,匹士庶人亦何预焉。近代不世爵,宗庙因而不立,尊卑亦无所统,其长子孙与众子孙无以异也。今《五服敕》,嫡孙为祖,父为长子犹斩衰三年,生而情礼则一,死而丧服独异,恐非先王制礼之本意。世俗之论,乃以三年之丧为承重,不知为承大宗之重也。臣闻庆历中,朝廷议百僚应任子者,长子与长孙差优与官,余皆降杀,亦近古立宗之法。乞诏礼官、博士参议礼律,合承重者,酌古今收族主祭之礼,立为宗子继祖者,以异于众子孙之法。士庶人不当同用一律,使人知尊祖,不违礼教也。"除吏部侍郎，迁光禄大夫。遭母丧，帝遣中贵人唁劳，赐白金千两。

元祐初，拜刑部尚书，迁吏部兼侍读。奏："国朝典章，沿袭唐旧，乞诏史官采《新》、《旧唐书》中君臣所行，日进数事，以备圣览。"遂诏经筵官遇非讲读日，进汉、唐故事二条。颂每进可为规戒、有补时事者，必述己意，反复言之。又谓："人主聪明，不可有所向，有则偏，偏则为患大矣。今守成之际，应之以无心，则无不治。"每进读至弭兵息民，必援引古今，以动人主之意。

既又请别制浑仪，因命颂提举。颂既遂于律历，以吏部令史韩公廉晓算术，有巧思，奏用之。授以古法，为台三层，上设浑仪，中设浑象，下设司辰，贯以一机，激水转轮，不假人力。时至刻临，则司辰出告。星辰躔度所次，占候则验，不差晷刻，昼夜晦明，皆可推见，前此未有也。

颂前后掌四选五年，每选人改官，吏求垢瑕，故为稽滞。颂敕吏曰：某官缘某事当会某处，仍引合用条格，具委无漏落状同上。自是吏不得逞。每诉者至，必取按牍使自省阅，诉者服，乃退；其不服，颂必往复诘难，度可行行之，苟有疑，则为奏请，或建白都堂。故选官多感德，其不得所欲者，亦心服而去。

迁翰林学士承旨。五年，擢尚书左丞。尝行枢密事。边帅遣种朴入奏："得谍言，阿里骨已死，国人未知所立。契丹官赵纯忠者，谨信可任，愿乘其未定，以劲兵数千，拥纯忠入其国立之。"众议如其请。颂曰："事未可知，其越境立君，使彼拒而不纳，得无损威重乎？徐观其变，俟其定而抚辑之，未晚也。"已而阿里骨果无恙。

七年，拜右仆射兼中书门下侍郎。颂为相，务在奉行故事，使百官守法遵职。量能授任，杜绝侥幸之原，深戒疆场之臣邀功生事。论议有未安者，毅然力争之。贾易除知苏州，颂言："易在御史名敢言，既为监司矣，今因赦令，反下迁为州，不可。"争论未决。谏官杨畏、来之邵谓稽留诏命，颂遂上章辞位，罢为观文殿大学士、集禧观使，继出知扬州。徙河南，辞不行，告老，以中太一宫使居京口。绍圣四年，拜太子少师致仕。

方颂执政时，见哲宗年幼，诸臣太纷纭，常曰："君长，谁任其咎耶？"每大臣奏事，但取决于宣仁后，哲宗有言，或无对者。惟颂奏宣仁后，必再禀哲宗；有宣谕，必告诸臣以听圣语。及贬元祐故臣，御史周秋劾颂。哲宗曰："颂知君臣之义，无轻议此老。"徽宗立，进太子太保，爵累赵郡公。建中靖国元年夏至，自草遗表，明日卒，年八十二。诏辍视朝二日，赠司空。

颂器局闳远，不与人校短长，以礼法自持。虽贵，奉养如寒士。自书契以来，经史、九流、百家之说，至于图纬、律吕、星官、算法、山经、本草，无所不通。尤明典故，喜为人言，亹亹不绝。朝廷有所制作，必就而正焉。

尝议学校，欲博士分经；课试诸生，以行艺为升俊之路。议贡举，欲先行实而后文艺，去封弥、誊录之法，使有司参考其素，行之自州县始，庶几复乡贡里选之遗范。论者韪之。

论曰：大防重厚，挚骨鲠，颂有德量。三人者，皆相于母后垂帘听政之秋，而能使元祐之治，比隆嘉祐，其功岂易致哉！大防疏宋家法八事，言非溢美，是为万世矜式。挚正邪之辨甚严，终以直道忤于群小，遂与大防并死于贬，士论冤之。颂独岿然高年，未尝为奸邪所污，世称其明哲保身。然观其论知州张仲宣受金事，犯颜辨其情罪重轻，又陈刑不上大夫之义，卒免仲宣于黥。自是宋世命官犯赃抵死者，例不加刑，岂非所为多雅德君子之事，造物者自有以相之欤？

卷三百四十一　　列传第一百

王存　孙固　赵瞻　傅尧俞

王存，字正仲，润州丹阳人。幼善读书，年十二，辞亲从师于江西，五年始归。时学者方尚雕篆，独为古文数十篇，乡老先生见之，自以为不及。

庆历六年，登进士第，调嘉兴主簿，擢上虞令。豪姓杀人，久莫敢问，存至，按以州吏受赇，豪赂他官变其狱，存反为罢去。久之，除密州推官。修洁自重，为欧阳修、吕公著、赵概所知。治平中，入为国子监直讲，迁秘书省著作佐郎，历馆阁校勘、集贤校理、史馆检讨、知太常礼院。存故与王安石厚，安石执政，数引与论事，不合，即谢不往。存在三馆历年，不少贬以干进。尝召见便殿，累上书陈时政，因及大臣，无所附丽，皆时人难言者。

元丰元年，神宗察其忠实无党，以为国史编修官、修起居注。时起居注虽日侍，而奏事必禀中书俟旨。存乞复唐贞观左右史执笔随宰相入殿故事，神宗嘉其言，听直前奏事，自存始也。

明年，以右正言、知制诰、同修国史兼判太常寺。论圜丘合祭天地为非古，当亲祠北郊如《周礼》。官制行，神宗切于用人，存请自熙宁以来群臣缘论事得罪，或违误被斥而情实纳忠非大过者，随材召擢，以备官使。语合神宗意。收拔者甚众。又言："赦令出上恩，而比岁议法治狱者，多乞不以赦降原减。官司谒禁，本防请托，而吊死问疾，一切杜绝，皆非便也。"执政不悦。

五年，迁龙图阁直学士、知开封府。京师并河居人，盗凿汴堤以自广，或请令培筑复故，又按民庐侵官道者使撤之。二谋出自中人，既有诏矣。存曰："此吾职也。"入言之。即日弛其役，都人欢呼相庆。进枢密直学士，改兵部尚书，转户部。神宗崩，哲宗立，永裕陵财费，不逾时告备，宰相乘间复徙之兵部。太仆寺请内外马事得专达，毋隶驾部。存言："如此，官制坏矣。先帝正省、台、寺、监之职，使相临制，不可徇有司自便，而隳已成之法。"元祐初，还户部，固辞不受。二年，拜中大夫、尚书右丞。三年，迁左丞。

有建议罢教畿内保甲者,存言:"今京师兵籍益削,又废保甲不教,非国家根本久长之计。且先帝不惮艰难而为之,既已就绪,无故而废之,不可。"门下侍郎韩维罢,存言:"去一正人,天下失望,忠党沮气,谗邪之人争进矣。"又论杜纯不当罢侍御史,王觌不当罢谏官。

四方奏谳大辟,刑部援比请贷,都省屡以无可矜恕却之。存曰:"此祖宗制也。有司欲生之,而朝廷破例杀之,可乎?"又言:"比废进士专经一科,参以诗赋,失先帝黜词律、崇经术之意。"河决而北几十年,水官议还故道,存争之曰:"故道已高,水性趋下,徒费财力,恐无成功。"卒辍其役。蔡确以诗怨讪,存与范纯仁欲薄其罪,确再贬新州,存亦罢,以端明殿学士知蔡州。始,存之徙兵部,确力也。至是,为确罢,士大夫善其能损怨。岁余,加资政殿学士、知扬州。扬、润相去一水,用故相例,得岁时过家上冢,出赐钱给邻里,又具酒食召会父老,亲与酬酢,乡党传为美谈。

召为吏部尚书。时,在廷朋党之论寖炽,存为哲宗言:"人臣朋党,诚不可长,然或不察,则滥及善人。庆历中,或指韩琦、富弼、范仲淹、欧阳修为党,赖仁宗圣明,不为所惑。今日果有进此说者,愿陛下察之。"由是复与任事者戾,除知大名府,改知杭州。

绍圣初,请老,提举崇禧观,迁右正议大夫致仕。旧制,当得东宫保傅,议者指尝议还西夏侵地,故杀其恩典,既而降通议大夫。存尝悼近世学士贵为公卿,而祭祀其先,但循庶人之制。及归老筑居,首营家庙。建中靖国元年,卒,年七十九。赠左银青光禄大夫。

存性宽厚,平居恂恂,不为诡激之行,至其所守,确不可夺。司马光尝曰:"并驰万马中能驻足者,其王存乎!"

孙固,字和父,郑州管城人。幼有立志。九岁读《论语》,曰:"吾能行此。"徂徕石介一见,以公辅期之。擢进士第,调磁州司户参军。从平贝州,为文彦博言胁从罔治之义,与彦博意协,故但诛首恶,余无所及。转霍邑令,迁秘书丞,为审刑详议官。宰相韩琦知其贤,谕使来见,固不肯往。琦益器重之,引为编修中书诸房文字。

治平中,神宗为颍王,以固侍讲;及为皇太子,又为侍读。至即位,擢工部郎中、天章阁待制、知通进银台司。种谔取绥州,固知神宗志欲经略西夏,欲先事以戒,即上言:"待远人宜示之信,今无名举兵,非计之得。愿以汉韩安国、魏相、唐魏征论兵之略,参校同异,则是非炳然矣。兵,凶器也,动不可妄,妄动将有悔。"大臣恶其说,出知澶州。

还知审刑院,复领银台、封驳兼侍读,判少府监。神宗问:"王安石可相否?"对曰:"安石文行甚高,处侍从献纳之职,可矣。宰相自有其度,安石狷狭少容。必欲求贤相,吕公著、司马光、韩维其人也。"凡四问,皆以此对。及安石当国,更法度,固数言事不合;青苗法出,又极陈其不便。及韩琦疏至,神宗感动,谓固曰:"朕熟计之,诚不便。"固出语执政曰:"及上有意,宜亟图之,以福天下。"既而竟从安石。固复领银台司。

孔文仲对制策忤时政,报罢。固言:"陛下以名求士,而士以实应,今反过之,何哉?又谓文仲之言以惑天下,臣恐天下不惑文仲之言,以文仲之黜为惑也。"胡宗愈坐言事逐,苏颂、陈荐以论李定罢,固皆引谊争之。

时议尊僖祖为始祖,固议曰:"汉高以得天下与商、周异,故太上皇不得为始封;光武中兴,不敢祖舂陵而祖高帝。宋有天下,传之万世,太祖功也,不当替其祀;请以为始祖,而为僖祖别立庙。禘祫之日,奉其祧主东向以伸其尊,合所谓祖以孙尊、孙以祖屈之意。"韩琦见而叹曰:"孙公此议,足以不朽矣。"

加龙图阁直学士、知真定府。辽人盗耕解子平地,岁且久,吏争弗能还。固微得其要领,折愧之,正疆地二百里。熙宁末,以枢密直学士知开封府。元丰初,同知枢密院事。时征安南,建顺州,其地瘴疠不堪守,固请弃之,内徙者二万户。

谍者告夏人幽其主,神宗欲西讨,固数言举兵易,解祸难。神宗曰:"夏有衅不取,则为辽人所有,不可失也。"固曰:"必不得已,请声其罪薄伐之,分裂其地,使其酋长自守焉。"神宗笑曰:"此真郦生之说尔。"时执政有言便当直度河,不可留行。固曰:"然则孰为陛下任此者?"神宗曰:"朕已属李宪。"固曰:"伐国,大事也,岂可使宦官为之!今陛下任李宪,则士大夫孰肯为用乎?"神宗不悦。他日,固又曰:"今五路进师而无大帅,就使成功,兵必为乱。"神宗曰:"大帅诚难其人。"吕公著曰:"既无其人,曷若已之。"神宗曰:"公著言是也。"初议五路入讨,会于灵州,李宪由熙河入,辄不赴灵州,乃自开兰、会,欲以弭责。固曰:"兵法期而后至者斩。今诸路皆进,而宪独不行,虽得兰、会,罪不可赦。"神宗不听,其后师果无功。神宗曰:"朕始以孙固言为迂,今悔无及矣。"

改太中大夫、枢密副使,进知院事,以疾避位,拜观文殿学士、知河阳,寻提举嵩山崇福宫。哲宗即位,以正议大夫知河南府,徙郑州。元祐二年,召除侍读、提举中太一宫,遂拜门下侍郎。哲宗与太皇太后矜其年高,每朝会豫节拜仪,听休于幄次。固数乞骸骨,太皇太后曰:"卿,先帝在东宫时旧臣。今帝新听政,勉留辅导;或体中未安,取文书于家治之可也。"固感激,强起视事,复知枢密院事,累官右光禄大夫。五年,卒,年七十五。哲宗、太皇太后皆出声泣。时文彦博致仕归洛,将宴饯崇政殿,以固在殡,罢之。辍视朝二日,赠开府仪同三司,谥曰温靖。

固宅心诚粹,不喜矫亢,与人居久而益信,故更历夷险,而不为人所疾害。尝曰:"人当以圣贤为师,一节之士,不足学也。"又曰:"以爱亲之心爱其君,则无不尽矣。"司马光退处,固每劝神宗召归;及光为陈州,过郑,固与论天下大事至数十。"公行且相,宜视先后缓急审处之。"傅尧俞铭其墓曰:"司马公之清节,孙公之淳德,盖所谓不言而信者也。"世以为确论。绍圣时夺遗泽,元符二年,夺所赠官,列元祐党籍。政和中,徽宗以固尝为神宗宫僚,特出籍,悉还所夺。

赵瞻，字大观，其先亳州永城人。父刚，太子宾客，徙凤翔之盩厔。瞻举进士第，调孟州司户参军，移万泉令。捐圭田修学宫，士自远而至。改知夏县，作八监堂，书古贤令长治迹以自监。又以秘书丞知永昌县，筑六堰灌田，岁省科敛数十万，水讼咸息，民以比召、杜。升太常博士，知威州。瞻以威、茂杂群獠，险而难守，不若合之而建郡于汶川，条著其详，为《西山别录》。后熙宁中，朝廷经理西南，就瞻取其书考焉。

迁尚书屯田员外郎。英宗治平初，自都官员外郎除侍御史。上疏曰："英断独化，人主至权也。审至权者，当主以天下之大公，揆以天下之正论，如是而后权可一也。若夫积久之敝，陛下其思焉。刑赏施设之失，可革则革；号令言动之过，可止则止。辅相赖其用，宜责其效；台谏知其才，宜信其说。兵柄宜削诸宦官，边议宜付诸宿将。盖权不可矫而为也，以从天下之望耳。"英宗称善。

久之，诏遣内侍王昭明等四人为陕西诸路钤辖，招抚诸部。瞻以唐用宦者为观军容、宣慰等使，后世以为至戒，宜追还内侍，责成守臣，章三上，言甚激切。会文彦博、孙沔经略西夏，别遣冯京安抚诸路，瞻又请罢京使，专委宿将。夏人入侵王官，庆帅孙长卿不能御，加长卿集贤院学士，瞻言长卿当黜不宜赏，赏罚倒置。京东盗贼数起，瞻请易置曹、濮守臣之不才者，未报。乃求退，力言追还昭明等，英宗改容，纳其言。

二年秋，京师大水，诏百官言事，多留中，瞻请"悉出章疏，付两省详择以闻"，从之。时议追崇濮安懿王，瞻引汉师丹、董宏事，谓其属薛温其曰："事将类此，吾必以死争，固吾所也。"中书请安懿王称亲，瞻争曰："仁宗既下明诏于陛下，议者顾惑礼律所生所养之名，妄相訾难，彼明知礼无两父贰斩之义，敢裂一字之词，以乱厥真。且文有去妇出母者，去已非妇，出不为母，辞实直书，岂足援以断大议哉？臣请与之庭辨，以定邪正。"已而皇太后手书尊王为皇，瞻叹曰："向者太后切责大臣，议乃得罢。今邪臣与中官交缔，归过至尊而自为之地，吾与首议之臣，不并生矣！"因复力陈。会假太常少卿接契丹贺正使，入对，英宗问前事，对曰："陛下为仁宗子，而濮王又称皇考，则是二父，二父非礼。"英宗："御史尝见朕欲皇考濮王乎？"瞻曰："此乃大臣之议，陛下未尝自言。"英宗曰："是中书过耳，朕自数岁时，先帝养为子，岂敢称濮考？"瞻曰："臣请退谕中书，作诏以晓天下。"时连日晦冥，英宗指天示瞻曰："天道如此，安敢妄为褒尊。朕意已决，无庸宣告。"瞻曰："陛下祗畏天戒，不以私妨公，甚盛德也。"及使还，闻吕诲等谏濮议皆罢去，乞与同贬，不报。趣令对，英宗曰："卿欲就龙逢、比干之名，孰若效伊尹、傅说哉？"瞻皇惧，言："臣不敢奉诏，使朝廷有同罪异罚之讥。"遂通判汾州。

神宗即位，迁司封员外郎、知商州，又除提点陕西刑狱。熙宁三年，为开封府判官。神宗问："卿知青苗法便乎？"对曰："青苗法，唐行之于季世扰攘中，掊民财诚便。今欲为长久计，爱养百姓，诚不便。"初，王安石欲瞻助己，使其党饵以知杂御史。瞻不应，由是不得留京师，出为陕西转运副使，改永兴军转运使。以亲老，请知同州。七年，朝廷患钱重，议以交子权之，命瞻制置。瞻曰："有本钱足恃，法乃可行，如多出空券，是罔民也。"议不合，移京西转运使；又以亲老不行，徙陕州，请还乡里，除提举凤翔太平宫。丁外艰，服除，易期请大夫、知沧州。

哲宗立，转朝议大夫，召为太常少卿，迁户部侍郎。元祐三年，擢枢密直学士、签书枢密院事。明年，以中大夫同知院事。因进对言："机政所急，人才而已。今臣选武臣难遽尽知，请诏诸路安抚、转运使举使臣，科别其才，第为三等，籍之以备选注。"

初，元丰中，河决小吴，北注界河，东入于海。神宗诏，东流故道淤高，理不可回，其勿复塞。乃开大吴以护北都。至是，都水王令图请还河故道，下执政议。瞻曰："自河决已八年，未有定论。今遽兴大役，役夫三十万，用木二千万，臣窃忧焉。朝廷方遣使相视，若以东流未便，宜亟从之；若以为可回，宜为数岁之计，以缓民力"。议者又谓河入界河而北，则失中国之险，昔澶渊之役，非河为限，则北兵不止。瞻曰："王者恃德不恃险。昔尧、舜都蒲、冀，周、汉都咸、镐，皆历年数百，不闻以河障外国。澶渊之役，盖庙社之灵，章圣之德，将相之智勇，故敌帅授首，岂独河之力哉？"后使者以东流非便，水官复请塞北流，瞻固争之，卒诏罢役，如瞻所议。

洮、河诸族以青唐首领寖弱可制，欲倚中国兵威以废之，边臣亟请兴师。瞻曰："不可。御外国以大信为本，且既爵命之，彼虽失众心，无犯王略之罪，何辞可伐之？若其不克，则兵端自此复起矣。"乃止。瞻又奏废渠阳军，以纾荆湖之力；乞诏谕西夏使归永乐遗民，夏人听命。

五年，卒，年七十二。太皇太后语辅臣曰："惜哉，忠厚君子也。"车驾亲临，辍视朝二日。赠银青光禄大夫，谥曰懿简。绍圣中，言者以傅会元祐诸臣，追夺所赠官，列于党籍。

瞻著《春秋论》二十卷，《史记牴牾论》五卷，《唐春秋》五十卷，《奏议》十卷，《文集》二十卷，《西山别录》一卷。四子：孝谌，瀛州录事参军；献诚，唐城令；某，蚤卒；彦治，太康主簿。

傅尧俞，字钦之，本郓州须城人，徙孟州济源。十岁能为文，及登第，犹未冠。石介每过之，尧俞未尝不在，介曰："君少年决科，不以游戏为娱，何也？"尧俞曰："性不喜嚣杂，非有他尔。"介叹息奇之。尝监西京税院事，留守晏殊、夏竦皆谓曰："子有清识雅度，文约而理尽，卿相才也。"

知新息县，累迁太常博士。嘉祐末，为监察御史。兖国公主下嫁李玮，为家监梁怀吉、张承照所间，与夫不相中。仁宗斥二人于外，未几，复还主家，出玮知卫州。尧俞言："主恃爱薄其夫，陛下为逐玮而还隶臣，甚悖礼，为四方笑，后何以诲诸女乎？"

皇城逻卒吴清诬奏富民杀人，鞫治无状，有司须清辨，内侍主者不遣。尧俞言："陛下惜清，恐不复闻外事矣。臣以为不若使付外，暴其是非而行赏罚焉，则事之上闻者皆实，乃所以广视听也。纵而不问，则谗者肆行，民无所措手足，尚欲求治，得乎？"内侍李允恭、朱晦屈法任其子，赵继宠越次管当天章阁，蔡世宁掌内藏，而以珠私示内人。尧俞以为嬖宠恩幸过失，当防之于渐，悉劾之。

时乏国用，言利者争献富国计。尧俞奏曰："今度支岁用不足，诚不可忽，然欲救其弊，在陛下宜自俭刻，身先天下，无夺农时，勿害商旅，如是可矣。不然，徒欲纷更，为之无益，聚敛者用，则天下殆矣。"

仁宗春秋高，皇嗣未立，尧俞请建宗室之贤，以慰天下望。及英宗为皇子，有司阙供馈，仁宗未知。尧俞言："陛下既以宗社之重建皇嗣，宜以家人礼，使皇子朝夕侍膳左右，以通慈孝之诚。今礼遇有阙，非所以隆亲亲、重国本也。"于是诏有司供具甚厚。

英宗即位，转殿中侍御史，迁起居舍人。皇太后与英宗同听政，英宗有疾，既平，尧俞上书皇太后，请还政。久之，闻内侍任守忠有谗间语，尧俞谏皇太后曰："外间物论纷惑，两宫之情未通。臣谓天下之可信者，无大于以天下与人，亦无大于受天下以公，况皇帝以明睿之资，贯通古今，而受人之天下乎？如诛窜谗人，则慈孝之声并隆矣。"于是皇太后还政，逐守忠。尧俞言于英宗曰："皇太后给事左右之人，宜颇录其勤劳，少加恩惠，上慰母后，下安反侧。且守忠已去，其余不问可也。"

迁右司谏、同知谏院。英宗眷遇尧俞，尝雪中赐对，尧俞自东庑升，英宗倾身东向以待，每奏事退，多目送之。尝问曰："多士盈庭，孰忠孰邪？"尧俞曰："大忠大佞，固不可移；中人之性，系上所化。"英宗纳其言。

时英宗初躬庶政，犹谦让任大臣，尧俞言："大臣之言是，陛下偶以为然而行之可也；审其非矣，从而徇之，则人主之柄安在？愿君臣之际，是是非非，毋相面从。总览众议，无所适莫，则威柄归陛下矣。"尝因论事，英宗曰："卿何不言蔡襄？"对曰："若襄有罪，陛下何不自正典刑，安用臣言？"英宗曰："欲使台谏言，以公议出之。"对曰："若付之公议，臣但见襄办山陵事有功，不见其罪。臣身为谏官，使臣受旨言事，臣不敢。"

陕西言，近边熟户颇逃失。诏以内侍李若愚等为陕西四路钤辖，专使招纳，岁一入奏事。尧俞言："此安抚、经略使职也。且若愚等，陛下不信其言，则如不用；言必见从，则边帅之权，移于四人矣。"寻罢之。

大臣建言濮安懿王宜称皇考，尧俞曰："此于人情礼文，皆大谬戾。"与侍御史吕诲同上十余疏，其言极切。主议者知恂恂不可遏，遂易"考"称"亲"。尧俞又言："'亲'，非父母而何？亦不可也。夫恩义存亡一也，先帝既以陛下为子，当是时，设濮王尚无恙，陛下得以父名之乎？"又因水灾言："简宗庙，则水不润下。今以濮王为皇考，于仁宗之庙，简孰甚焉。"

俄命尧俞与赵瞻使契丹，比还，吕诲、吕大防、范纯仁皆以谏濮议罢，复除尧俞侍御史知杂事。尧俞拜疏必求罢去，英宗面留之。尧俞言："诲等已逐，臣义不当止。"因再拜辞，英宗愕然，曰："是果不可留也。"遂出知和州。通判杨洙乘间问曰："公以直言斥居此，何未尝言及御史时事？"尧俞曰："前日言职也，岂得已哉？今日为郡守，当宣朝廷美意，而反呫呫追言前日之阙政，与诽谤何异？"

神宗即位，徙知庐州。熙宁三年，至京师。王安石素与之善，方行新法，谓之曰："举朝纷纷，俟君来久矣，将以待制、谏院处君。"尧俞曰："新法世以为不便，诚如是，当极论之。平生未尝好欺，敢以为告。"安石愠之，但授直昭文馆、权盐铁副使，俄出为河北转运使，改知江宁府。陛辞，言："仁庙一室，与艺祖、太宗并为百代不迁之主。"

徙许州、河阳、徐州，再岁六移官，困于道路，知不为时所容，请提举崇福宫。先是，徐人告有谈天文休咎者，尧俞以事未白，不受辞。谈者后伏诛，尧俞坐不即捕，削官职。稍起，监黎阳县仓草场，郡掾行县，尧俞从众出迎尽礼。守为遣他吏代主出纳，尧俞不可，曰："居其官安得旷其职。"虽寒暑，必日至庾中治事，凡十年。

哲宗立，自知明州召为秘书少监兼侍讲，擢给事中、吏部侍郎、御史中丞。奏言："人才有能有不能，如使臣补阙拾遗以辅盛德；明善正失以平庶政，举直措枉以正大臣，臣虽不才，敢不尽力。若使窥人阴私，抉人细故，则非臣所能，亦非臣之志也。"御史张舜民以言事罢，诏尧俞更举御史，尧俞封还诏书，请留舜民。不听，即以尧俞为吏部侍郎，尧俞不可，遂以龙图阁待制知陈州。未几，复为吏部侍郎、御史中丞。

前宰相蔡确坐诗诽谤，贬新州，宰执、侍从以下，罢者七八人，御史府为之一空。尧俞曰："确之党，其尤者固宜逐，其余可以一切置之。"且言："以陛下盛德，而乃于此不能平？愿听之如蚊虻之过耳，无使有纤微之忤，以奸太和之气。事至，以无心应之，圣人所以养То诚而御遐福也。"

水官李伟议大河可从孙村导之还故道。尧俞言："河事虽不可臆度，然比遣使按之，皆言非便。而伟又缪悠不肯任责，岂可以遽兴大役。"朝廷遂置伟议。进吏部尚书兼侍读。元祐四年，拜中书侍郎。六年，卒，年六十八。哲宗与太皇太后哭临之，太皇太后语辅臣曰："傅侍郎清直一节，终始不变，金玉君子也。方倚以相，遽至是乎！"赠银青光禄大夫，谥曰献简。绍圣中，以元祐党人，夺赠谥，著名党籍。后尝锢解，下诏褒赠，录其后。

尧俞厚重寡言，遇人不设城府，人自不忍欺。论事君前，略无回隐，退与人言，不复有矜异色。初，自谏官补郡，众疑法令有未安者，必有所不从，尧俞一切遵之，曰："君子素其位而行，谏官有言责也，为郡知守法而已。"徐前守侵用公钱，尧俞至，为偿之，未足而去。后守移文尧俞使偿，久之，考实非尧俞所用，卒不辩。司马光尝谓河南邵雍曰："清、直、勇三德，人所难兼，吾于钦之畏焉。"雍曰："钦之清而不耀，直而不激，勇而能温，是为难尔。"从孙察，见《忠义传》。

论曰：存、固、瞻、尧俞，初皆善王安石；及其秉政，未尝受所诱饵，与论新法，终不诡随。及元祐区别正邪，其论蔡确诗谤之罪恐为已甚，将启朋党之祸，岂非先知之明乎？他有更张，随事谏止，不少循默。然无矫枉过中之失，故能不亟不徐，进退有道，在元祐诸臣中，身名俱全，亦难矣哉。

卷三百四十二　　列传第一百一

梁焘　王岩叟　郑雍　孙永

梁焘，字况之，郓州须城人。父蒨，兵部员外郎、直史馆。焘以蒨任，为太庙斋郎。举进士中第，编校秘阁书籍，迁集贤校理、通判明州，检详枢密五房文字。

元丰时久旱，上书论时政曰：

陛下日者闵雨，靖惟政事之阙，惕然自责。丁卯发诏，癸酉而雨，是上天顾听陛下之德言，而喜其有及民之意也。当四方仰雨十月之久，民刻于新法，嗷嗷如焦，而京师尤甚，阛阓细民，罔不失职，智愚相视，日有大变之忧。陛下既惠以诏音，又施之行事，讲除刻文，蠲损缗算，一日之间，欢声四起。距诞节三日而膏泽降，是天以雨寿陛下之万年，感圣心于大寤，有以还其仁政也。

然法令乖戾，为毒于民者，所变才能万一。人心之不解，故天意亦未释，而雨不再施。陛下亦以此为戒，而夙夜虑之乎？今陛下之所知者，市易事耳。法之为害，岂特此耶？曰青苗钱也，助役钱也，方田也，保甲也，淤田也。兼是数者，而天下之民被其害。青苗之钱未及偿，而责以免役；免役之钱人未暇入，而重以淤田；淤田方下，而复有方田；方田未息，而迫以保甲。是徒扰百姓，使不得少休于圣泽。其为害之实，虽一有言之者，必以下主吏，主吏妄报以无是，则从而信之，恬不复问，而反坐言者。虽间遣使循行，而苟且宠禄，巧为妄诞，成就其事，至请遍行其法，上下相隐，习以成风。

臣谓天下之患，不患祸乱之不可去，患朋党蔽蒙之俗成，使上不得闻所当闻，故政日以敝，而祸乱卒至也。陛下可不深思其故乎？

疏入，不省。

内侍王中正将兵出疆，干赏不以法，焘争之不得，请外，出知宣州。入辞，神宗曰：“枢臣云卿不肯安职，何也？”对曰：“臣居官五年，非敢不安职，恐不胜任使，故去耳。”神宗曰：“王中正功赏文书，何为独不可？”曰：“中正罔冒侥觊，臣不敢屈法以负陛下。”未几，提点京西刑狱，哲宗立，召为工部郎中，迁太常少卿、右谏议大夫。有请宣仁后御文德殿服衮冕受册者，焘率同列谏，引薛奎谏章献明肃皇后不当以王服见太庙事，宣仁后欣纳。又论市易已废，乞蠲中下户逋负；又乞欠青苗下户，不得令保人备偿。

文彦博议遣刘奉世使夏国，御史张舜民论其不当遣，降通判虢州。焘言：“御史持纪纲之官，得以犯颜正论，况臣下过失，安得畏忌不言哉？今御史敢言大臣者，天下之公议；大臣不快御史者，一夫之私心。罪天下敢言之公议，便一夫不快之私心，非公朝盛事也。”时同论者傅尧俞、王岩叟、朱光庭、王觌、孙升、韩川，凡七人，悉召至都堂，敕谕以“事当权其轻重，故不惜一新进御史，以慰老臣。”焘又言：“若论年龄爵禄，则老臣为重；若论法度纲纪，则老臣为轻。御史者，天子之法官也，不可以大臣鞅鞅而斥去。愿还舜民，以正国体。”章十上，不听。

焘又面责给事中张问不能驳还舜民制命，以为失职。坐诋同列，出为集贤殿修撰、知潞州，辞不拜，曰：“臣本论张舜民不当罢，如以为非，即应用此受斥。今乃得以微罪冒美职，守剧郡，如此则朝廷命令，不能明辨曲直，以好恶示天下矣。”不报。至潞，值岁饥，不待命发常平粟振民。流人闻之，来者不绝，焘处之有条，人不告病。

明年，以左谏议大夫召。甫就道，民攀辕不得行，逾太行，抵河内乃已。既对，上书言：“帝富于春秋，未专宸断；太皇保佑圣主，制政帘帷，奸人易为欺蔽。愿正纲纪，明法度，采用忠言，讲求仁术。”两宫嘉纳焉。

前宰相蔡确作诗怨谤，焘与刘安世交攻之。焘又言：“方今忠于确者，多于忠朝廷之士；敢为奸言者，多于敢正论之人。以此见确之气焰凶赫，根株牵连，贼化害政，为患滋大。”确卒窜新州。焘进御史中丞。邓润甫除吏部尚书，焘论润甫柔佞不立，巧为进取。不听。改权户部尚书，不拜，以龙图阁直学士知郑州。旬日，入权礼部尚书，为翰林学士。

元祐七年，拜尚书右丞，转左丞。蔡京帅蜀，焘曰：“元丰侍从，可用者多；惟京轻险贪愎，不可用。”又与同列议夏国地界，不能合，遂丐去。哲宗遣近臣问所以去意，且令密访人才。焘曰：“信任不笃，言不见听，而询问人才，非焘所敢当也。”使者再至，乃言：“人才可大任者，陛下自知之。但须识别邪正，公天下之善恶，图任旧人中坚正纯厚有人望者，不牵左右好恶之言以移圣意，天下幸甚。”

以疾，罢为资政殿学士、同醴泉观使。故事，非宰相不除使，遂置同使以宠之。力辞，改知颍昌府。既出京，哲宗遣中贵谕以复用之旨。绍圣元年，知郓州。朋党论起，哲宗曰：“梁焘每起中正之论，其开陈排击，尽出公议，朕皆记之。”以故最后责，竟以司马光党黜知鄂州。三年，再贬少府监。分司南京。明年，三贬雷州别驾，化州安置。三年卒，年六十四。徙其子于昭州。徽宗立，始得归。

焘自立朝，一以引援人物为意。在鄂作《荐士录》，具载姓名。客或见其书，曰：“公所植桃李，乘时而发，但不向人开耳。”焘笑曰：“焘出入侍从，至位执政，八年之间所荐，用之不尽，负愧多矣。”其好贤乐善如此。

王岩叟，字彦霖，大名清平人。幼时，语未正已知文字。仁宗患词赋致经术不明，初置明经科，岩叟年十八，乡举、省试、廷对皆第一。调栾城簿、泾州推官，甫两月，闻弟丧，弃官归养。

熙宁中，韩琦留守北京，以为贤，辟管勾国子监，又辟管勾安抚司机宜文字,监晋州折博、炼盐务。韩绛代琦,复欲留用。岩叟谢曰:"岩叟,魏公之客,不愿出他门也。"士君子称之。后知定州安喜县,有法吏罢居乡里,导人为讼,岩叟捕挞于市,众皆竦然。定守吕公著叹曰:"此古良吏也。"有诏近臣举御史,举者意属岩叟而未及识,或谓可一往见。岩叟笑曰:"是所谓呈身御史也。"卒不见。

哲宗即位,用刘挚荐,为监察御史。时六察尚未言事,岩叟入台之明日,即上书论社稷安危之计,在从谏用贤,不可以小利失民心。遂言役钱敛法太重,民力不胜,愿复差法如嘉祐时。又言河北榷盐法尚行,民受其弊,贫者不复食。录大名刻石《仁宗诏书》以进上,以河北天下根本,自祖宗以来,推此为惠。愿复其旧。

江西盐害民,诏遣使者往视。岩叟言:"一方病矣,必待使还而后改为,恐有不及被德泽而死者。愿亟罢之。"又极陈时事,以为"不绝害本,百姓无由乐生;不屏群邪,太平终是难致。"时下求民疾苦,四方争以其情赴诉,所司惮于省录,颇成壅滞。岩叟言:"不问则已,言则必行之。不然,天下之人必谓陛下以空言悦之,后有诏令,孰肯取信?"李定不持所生母仇氏服,岩叟论其不孝,定遂分司。

宰相蔡确为裕陵复土使,还朝,以定策自居。岩叟言:"陛下之立,以子继父,百王不易之道。且太皇太后先定于中,而确敢贪天自伐。章惇逸贼狼戾,罔上蔽明,不忠之罪,盖与确等。近帘前争役法,词气不逊,无事上之礼。今圣政不出房闼,岂宜容此大奸犹在廊庙!"于是二人相继退斥。

迁左司谏兼权给事中。时并命执政,其间有不协时望者,岩叟即缴录黄,上疏谏。既而命不由门下省以出,岩叟请对,言之益切。退就阁上疏曰:"臣为谏官既当言,承乏给事又当驳,非臣好为高论,喜忤大臣,恐命令斜出,尤损纪纲。"疏凡八上,命竟寝。又言:"三省胥吏,月廪厚奉,岁累优秩。而朝廷每举一事,辄计功论赏,不知平日禄赐,将焉用之?姑息相承,流弊已极。望饬厉大臣,事为之制。"即诏裁抑侥幸,定为十七条。

迁侍御史。两省正言久阙,岩叟上疏曰:"国朝仿近古之制,谏臣才至六员,方之先王,已为至少。今复虚而不除,臣所未谕。岂以为治道已清,而无事于言邪?人材难称,不若虚其位邪?二者皆非臣所望于今日也。愿趣补其阙,多进正人以壮本朝;正人进,则小人自消矣。"

诸路水灾,朝廷行振贷,户部限以灾伤过七分、民户降四等始许之。岩叟言:"中户以上,盖亦艰食。乞毋问分数、等级,皆得贷,庶几王泽无间,以召至和矣。"坐张舜民事,改起居舍人,不拜,以直集贤院知齐州。请河北所言盐法,行之京东。明年,复以起居舍人召。尝侍迩英讲,进读《宝训》,至节费,岩叟曰:"凡言节用,非偶节一事,便能有济。当每事以节俭为意,则积久累日,国用自饶。"读仁宗朝人事,岩叟曰:"人主常欲虚心平意,无所偏系,观事以理,则事之是非,人之邪正,自然可见。"

司马康讲《洪范》,至"乂用三德",哲宗曰:"止此三德,为更有德。"盖哲宗自临御,渊默不言,岩叟喜闻之,因欲风谏,退而上疏曰:"三德者,人君之大本,得之则治,失之则乱,不可须臾去者也。臣请别而言之。夫明是非于朝廷之上,判忠邪于多士之间,不以顺己而忘其恶,不以逆己而遗其善,人求不徇于所爱,公议不迁于所憎。竭诚尽节者,任之当勿贰;罔上盗宠者,弃之当勿疑。惜纪纲,谨法度,重典刑,戒姑息,此人主之正直也。远声色之好,绝盘游之乐,勇于救天下之弊,果于断天下之疑,邪说不能移,非道不能说,此人主之刚德也。居万乘之尊而不骄,享四海之富而不溢,聪明有余而处之若不足,俊杰并用而求之如不及,虚心以访道,屈己以从谏,惧若临渊,怯若履薄,此人主之柔德也。三者足以尽天下之要,在陛下力行何如耳。"岩叟因侍讲,奏曰:"陛下退朝无事,不知何以消日?"哲宗曰:"看文字。"对曰:"陛下以读书为乐,天下幸甚。圣贤之学,非造次可成,须在积累。积累之要,在专与勤。屏绝它好,始可谓之专;久而不倦,始可谓之勤。愿陛下特留圣意。"哲宗然之。

岩叟馆伴辽贺正旦使耶律宽,宽求观《元会仪》,岩叟曰:"此非外国所宜知。"止录《笏记》与之,宽不敢求。进权吏部侍郎、天章阁待制、枢密都承旨。湖北诸蛮互出扰边,无有宁岁,岩叟请专以疆事委荆南唐义问。遂自草檄文,喻义问以朝廷方敦尚恩信,勿为侥幸功赏之意,后遂安辑。

初,夏人遣使入贡,及为境上之议,故为此去彼来,牵致劳苦,每违期日。岩叟请预戒边臣,夏违期,一不至则勿复应,自后不复敢违。质孤、胜如二堡,汉赵充国留屯之所,自元祐讲和,在兰州界内,夏以为形胜膏腴之地,力争之。二堡若失,则兰州、熙河遂危。延帅欲以二堡与夏,苏辙主其议。及熙河、延安二捷同报,辙奏曰:"近边奏稍频,西人意在得二堡。今盛夏犹如此,入秋可虞,不若早定议。"意在与之也。岩叟曰:"形势之地,岂可轻弃,不知既与,还不更求否?"太皇太后曰:"然。"议遂止。

夏人数万侵定西之东、通远之北,坏七厓巉堡,掠居人,转侵泾原及河外郦、府州,众遂至十万。熙帅范育侦伺夏右厢种落大抵趣河外,三疏请乘此进堡砦,筑龛谷、胜如、相照、定西而东径陇诺城。朝议未一,或欲以七巉经毁之地,皆以与夏。岩叟力言不可与,彼计得行,后患未已。因请遣官谕熙帅,即以户部员外郎穆衍行视,筑定远以据要害。其调兵赍费,一从便宜,不必中覆。定远遂城,皆岩叟之力。

拜中书舍人。滕甫帅太原,为走马承受所撼,徙颍昌。岩叟封还词头,言:"进退帅臣,理宜重慎。今以小臣一言易之,使后人畏惮不自保,此风浸长,非委任安边之福。"乃止。

复为枢密都承旨、权知开封府。旧以推、判官二人分左右厅,共治一事,多为异同,或累日不竟,吏疲于咨禀。岩叟创立逐官分治之法,自是署为令。都城群偷所聚,谓之"大房",每区容数十百人,渊薮诡僻,不可胜究。岩叟令掩捕撤毁,随轻重决之,根株一空。供备库使曹续以产贸万缗,市侩逾年负其半,续尽力不可取。一日启户,则所负皆在焉。惊扣其故,佥曰:"王公今日知府矣。"初,曹氏之隶韩绚与同隶讼,事连其主,就逮之。曹氏者,慈圣后之族也。岩叟言:"部曲相讼,不当论其主。今不惟长告讦之风,且伤孝治。慈圣仙游未远,一旦因厮役之过,使其子孙对吏,殆圣情有所不忍。"诏宥绚而绝其狱。岩叟常谓:"天下积欠多名,催免不一,公私费扰,乞随等第立多寡为催法。"朝廷乃定五年十科之令。

元祐六年,拜枢密直学士、签书院事。入谢,太皇太后曰:"知卿才望,不次超用。"岩叟又再拜谢,进曰:"太后听政以来,纳谏从善,务合人心,所以朝廷清明,天下安静。愿信之勿疑,守之勿失。"复少进而西,奏哲宗曰:"陛下今日圣学,当深辨邪正。正人在朝,则朝廷安,邪人一进,便有不安之象。非谓一夫能然,盖其类应之者众,上下蔽蒙,不觉养成祸胎尔。"又进曰:"或闻有以君子小人参用之说告陛下者,不知果有之否?此乃深误陛下也。自古君子小人,无参用之理。圣人但云:'君子在内,小人在外则泰,小人在内、君子在外则否。'小人既进,君子必引类而去。若君子与小人竞进,则危亡之基也。此际不可不察。"两宫深然之。

上清储祥宫成,太皇太后谓辅臣曰:"此与皇帝皆出阁中物营之,以成先帝之志。"岩叟曰:"陛下不烦公,不劳民,真盛德事。然愿自今以土木为戒。"又以宫成将肆赦,岩叟曰:"昔天禧中,祥源成,治平中,醴泉成,皆未尝赦。古人有垂死谏君无赦者,此可见赦无益於圣治也。"

哲宗方选后,太皇太后曰:"今得狄谘女,年命似便,然为是庶出过房,事须评议。"岩叟进曰:"按《礼经·问名篇》,女家答曰:'臣女,夫妇所生。'及外氏官讳,不识今者狄氏将何辞以进?"议遂寝。哲宗选后既定,太皇太后曰:"帝得贤后,有内助功,不是小事。"岩叟对曰:"内助虽后事,其正家须在皇帝。圣人言:'正家而天下定。'当慎之于始。"太皇太后以是语哲宗者再。岩叟退取历代后事可为法者,类为《中宫懿范》上之。

宰相刘挚、右丞苏辙以人言求避位,岩叟曰:"元祐之初,排斥奸邪,缉熙圣治,挚与辙之功居多。原深察谗毁之意,重惜腹心之人,无轻其去就。"两宫然之。后挚竟为御史郑雍所击,岩叟连上疏论救。挚去位,御史遂指为党,罢为端明殿学士、知郑州。言者犹未厌,太皇太后曰:"岩叟有大功,今日之命,出不获已耳。"

明年,徙河阳,数月卒,年五十一。赠正议大夫。绍圣初,追贬雷州别驾。司马光以其进谏无隐,称之曰:"吾寒心栗齿,忧不可测,公处之自如,至于再三,或累十数章,必行其言而后已。"为文语理该,深得制诰体。有《易》、《诗》、《春秋传》行于世。

郑雍,字公肃,襄邑人。进士甲科,调兖州推官。韩琦上其文,召试秘阁校理、知太常礼院。英宗之丧,论宗室不当嫁娶,与时相忤,通判峡州,知池州,复还太常礼院,历开封府判官。

熙宁、元丰间,更制变令,士大夫多违己以求合,雍独静默自守。改嘉王、岐王府记室参军。神宗末年,二王既长,犹居禁中,雍献四箴规戒,且讽使求出外邸。凡在邸七年,用久次,以转运使秩留。宣仁后知其贤,及临政,擢为起居郎,进中书舍人。

邓润甫除翰林承旨,雍当制。制未出,言者五人交章攻之,换为侍读学士。雍言:"二职皆天下精选,以润甫之过薄,不当革前命;以为奸邪,不当在经幄。今中外咸谓朝廷姑以是塞言者,如此则邪正何由可辨,善恶何由可明?若每事必待人言,是赏罚之柄,不得已而行,非所以示信天下也。"润甫仍为承旨。周穜乞以王安石配享神宗庙,雍言:"安石持国政,不能上副属任,非先帝神明,远而弗用,则其所败坏,可胜言哉!今穜以小臣辄肆横议,愿正其罪。"从之。

使契丹还,徙左谏议大夫,言:"朝廷重内轻外,选用牧伯,罕辍从班,以阀阅轻浅者充员,不复为来日虑。愿自今稍积资望,以渐试之。"吴中大饥,方议振恤,以民习欺诞,敕本部料检,家至户到。雍言:"此令一布,吏专科民而不救灾,民皆死于饥。今富有四海,奈何谨圭撮之滥,而轻比屋之死乎?"哲宗悟,追止之。

侍御史贾易沽激喜事,中丞赵彦若懦不自立,雍并论之,遂罢易,左转彦若,以雍为中丞。雍辞曰:"中丞以臣言去而身承其乏,非所以厚风俗也。"不许。时二府禁谒加严,雍叹曰:"旁招俊乂,列于庶位,宅百揆职也。彼有足不及公卿之门者,犹当物色致之,奈何设禁若是!且二府皆天子所改容而体貌之者,乃复防闲其私如此乎?"於是援贾谊廉耻节行之说以谏,诏弛其禁。

刑部谳囚,宰执论杀之,有司以为可生,不奉诏,得罪。雍言:"是固可罪,然究其用心,在於广好生之德耳,若遽以为罪,臣恐邻於嗜杀。今使有司欲杀而朝廷生之,犹恐仁恩德意不白於天下,而况反是者哉!"哲宗嘉纳,囚遂得生。

初,邢恕以书抵宰相刘挚,挚答之,有'自爱以俟休复'之语,排岸司茹东济录书示雍与殿中侍御史杨畏,雍、畏释其语曰:"'俟休复'者,俟他日太后复辟也。"遂并以此事论挚威福自恣,乞罢之以收主柄。又论王岩叟、朱光庭、梁焘等三十人皆为挚党,以闭其援。及挚出知郓州,光庭方为给事中,缴还挚麻词,岩叟、焘力救之,哲宗以先入之言,不纳。雍之攻挚,人以为附左相吕大防也。又有请暴挚阴事者,雍曰:"吾为国击宰相,非仇挚也。彼之阴事,何有於国哉?"置不以闻。

拜尚书右丞,改左丞。雍在政地,哲宗称其事上有礼。绍圣初,治元祐众臣,雍顿首自列,哲宗明其亡他心,谕使力去。周秩乘隙抵之,谓雍初为侍从时,因徐王私於权臣以进。哲宗怒曰:"此是何言也!使徐王闻之,岂能自安?"黜秩知广德军,敕银台毋受雍辞去奏章,东府吏毋听雍妻子辄出,且令学士钱勰善为留诏。二年,始以资政殿学士知陈州,徙北京留守。

初,章惇以白帖贬谪元祐臣僚,安焘争论不已,哲宗疑之。雍欲为自安计,谓惇曰:"熙宁初,王安石作相,常用白帖行事。"惇大喜,取其案牍怀之,以白哲宗,遂其奸。雍虽以此结悖，然卒罢政，坐元祐党，夺职知郑州。数日，改成都府。元符元年，提举崇福宫，归，未至而卒，年六十八。政和中，复资政殿学士。

孙永，字曼叔，世为赵人，徙长社。年十岁而孤，祖给事中冲，列为子行，荫将作监主簿，肄业西学，群试常第一。冲戒之曰："洛阳英隽所萃，汝年少，不宜多上人。"自是不复试。冲卒，丧除，复列为孙，换试衔，擢进士第，调襄城尉、宜城令，至太常博士。御史中丞贾黯荐为御史，以母老不就。韩琦读其诗，叹誉之，引为诸王府侍读。神宗为颍王，出新录《韩非子》畀宫僚雠定，永曰："非险薄刻核，其书背《六经》之旨，愿毋留意。"王曰："广藏书之数耳，非所好也。"及为皇太子，进舍人；即位，擢天章阁待制，安抚陕西。民景询外叛，诏捕送其孥，勿以赦原。永言："陛下新御极，旷泽流行，恶逆者犹得亏除。今缘坐者弗宥，非所以示信也。"

历河北、陕西都转运使。时边用不足，以解盐、市马别为一司，外台不得与。永奏曰："盐、马，国之大计，使主者专其柄，既无以统隶，苟为非法，孰从而制之？"

加龙图阁直学士、知秦州。王韶以布衣入幕府，建取熙河策，永折之曰："边陲方安静，无故骚动，恐变生不测。"会新筑刘家堡失利，众议戮偏裨以塞责。永曰："居敌必争之地，军孤援绝，兵法所谓不得已而守者也。尤人以自免，於我安乎？"竟用是降天章阁待制、知和州，以详定编敕知审官东院召还，神宗问："青苗、助役之法，於民便否？"对曰："法诚善，然强民出息输钱代徭，不能无重敛之患。若用以资经费，非臣所知也。"时仓法峻密，庾吏受百钱，则黥为卒，府史亦如之。神宗又问："此法既下，吏尚为奸乎？"对曰："强盗罪死，犯者犹众，况配隶邪？使人畏法而不革心，虽在府史，臣不敢必其无犯也。"议复肉刑，事下永。永奏曰："刻人肌肤，深害仁政，汉文帝所不忍，陛下忍之乎？"神宗曰："事固未决，待卿始定耳。"不果行。

复学士，知瀛州。河决，于贝、瀛、冀尤甚，民租以灾免者，州县俱常平法，征催如故。永连章论止，神宗从之，仍命发廪粟以振。白沟巡检赵用以辽人渔界河，擅引兵北度，荡其族帐，辽持此兆衅，数暴边上，神宗遣使问故，永请正用罪以谢，未报，辽屯兵连营亘四十里，永好谕之曰："疆吏冒禁，已置之狱矣，今何为者？"敌意解，但求醪糒犒师而旋。

进枢密直学士、知开封府。吕嘉问言，吏欲使都人列肆输钱以免直。下府询究，曹楝以为便。永占书纸尾，不暇省。既乃行市易抵当法，贷民钱而为之期，有不能偿而死者。神宗颇知之，嘉问妄变其名以罔听。神宗虑立法未尽，诏永及韩维究实。永奏言："市算下逮锥刀，为人患苦。"御史张琥劾永弃ול同即异，罢为提举中太一宫。

元丰中，判军器监。有司病皮革不给，严隐匿之科，亡赖辈肆情为评，至妇人冠饰亦不免。永请听人以所藏之善者售于官，得货其余，评讼既息，国用亦济。出知太原，且行，神宗访以时务，永言："近者造戎器倍常，外间谓

将有事於征讨。兵非轻用之物，原轸不戢自焚之戒。"神宗曰："此备豫不虞，若四方安平，岂有轻动之理？卿言是也。"忻、代产盐，苦恶不堪食，转运使欲理之，以盗贩阑越之罪罪兵吏。永言："盐，民食也，不可禁；兵，武备也，不可阙。顾以恶盐累防兵，非计也。"诏弛其禁。

入判将作，进端明殿学士。病不能朝，神宗遣上医调视，六命近侍问安否，至虚枢密位以待。辞去益力，提举崇福宫。逾年，起知陈州，徙颍昌。永裕起陵，许、汝当运粟数十万斛於陵下，调民牛数万，永请而免。哲宗召拜工部尚书。太皇太后下求求言，永陈保马、保甲、免役三事最敝，愿一切罢去，复修监牧、保伍、差徭之法。太皇太后皆纳之。元祐元年，迁吏部，又属疾，改资政殿学士兼侍读，提举中太一宫，未拜而卒，年六十八。赠银青光禄大夫，赙金帛二千，谥曰康简。

永外和而内劲，论议常持平，不求诡异。事或悖于理，虽逼以势，亦不为屈。未尝以矫亢形于色辞，与人交，终身无怨仇。范纯仁、苏颂皆称之为国器。

论曰：宋之衰也，人才尚多。梁焘、王岩叟尽忠事上，凡有过举，知无不言，虽或从或违，而隐然有虎豹在山之势矣。第以新州之举，於是为过。故他日绍圣复以藉口，使元祐众贤皆罹其祸，由是再变而为宣、政之奸臣，国日危矣。郑雍易其所守，肆击刘挚，波及者三十人，欲结章惇以取容，然而终亦不免。小人反覆，专务自全，竟何益哉？孙永之为人，庶得其中焉。

卷三百四十三　　列传第一百二

元绛　许将　邓润甫　林希_{弟旦}
蒋之奇　陆佃　吴居厚　温益

元绛，字厚之，其先临川危氏。唐末，曾祖仔倡聚众保乡里，进据信州，为杨氏所败，奔杭州，易姓曰元。祖德昭，仕吴越至丞相，遂为钱塘人。绛生而敏悟，五岁能作诗，九岁谒荆南太守，试以三题，上诸朝，贫不能行。长，举进士，以廷试误赋韵，得学究出身。再举登第，调江宁推官，摄上元令。

民有号王豹子者，豪占人田，略男女为仆妾，有欲告者，则杀以灭口。绛捕置于法。甲与乙被酒相殴击，甲归卧，夜为盗断足。妻称乙，告里长，执乙诣县，而甲已死。绛敕其妻曰："归治而夫丧，乙已伏矣。"阴使信谨吏迹其后，望一僧迎笑，切切私语。绛命取僧絷庑下，诘妻奸状，即吐实。人问其故，绛曰："吾见妻哭不哀，且与伤者共席而襦无血污，是以知之。"

安抚使范仲淹表其材，知永新县。豪子龙聿诱少年周整饮博，以技胜之，计其赀折取上腴田，立券。久而整母始知之，讼于县，县索券为证，则母手印存，弗受。又讼

于州,于使者,击登闻鼓,皆不得直。绛至,母又来诉,绛视券,呼谓津曰:"券年月居印上,是必得周母他牒尾印,而撰伪券续之耳。"津骇谢,即日归整田。

知通州海门县。淮民多盗贩盐,制置使建言,满二十斤者皆坐徒。绛曰"海滨之人,恃盐以为命,非群贩比也。"笞而纵之。擢江西转运判官、知台州。州大水冒城,民庐荡析。绛出库钱,即其处作室数千区,命人自占,与期三岁偿费,流移者皆复业。又甃其城,因门为闸,以御湍涨,后人守其法。入为度支判官。

侬智高叛岭南,宿军邕州而岁漕不足。绛以直集贤院为广东转运使,建濒江水砦数十,以待通寇;缮治十五城,楼堞械器皆备,军食有余。以功迁工部郎中,历两浙、河北转运使,召拜盐铁副使,擢天章阁待制、知福州,进龙图阁直学士,徙广、越、荆南,为翰林学士、知开封府,拜三司使、参知政事。数请老,神宗命其子耆宁校书崇文院,慰留之。

会太学虞蕃讼博士受贿,事连耆宁,当下狱。绛请上还职禄,而容耆宁即讯于外,从之。於是御史至第薄责绛,绛一不自辨,罢知亳州。入辞,帝谓曰:"朕知卿,一岁即召矣。卿意欲陈诉乎?"绛谢罪,愿得颍,即以为颍州。明年,加资政殿学士、知青州,过都,留提举中太一宫,力疾入谒,曰:"臣疾急子弱,倘一旦不幸死,则遗骸不得近先人丘墓。"帝恻然曰:"朕为卿辨护,虽百子何以加。"诏毋多拜,乘舆行幸勿扈从。又明年,以太子少保致仕。

绛所至有威名,而无特操,少仪矩。仕已显,犹谓迟晚。在翰林,谄事王安石及其子弟,时论鄙之。然工于文辞,为流辈推许。景灵宫作神御十一殿,夜传诏草《上梁文》,迟明,上之。虽在中书,而蕃夷书诏,犹多出其手。既得谢,帝眷眷命之曰:"卿可营居京师,朕当资金币,且便耆宁仕进。"绛曰:"臣有田庐在吴,乞归鬻之,即筑室都城,得望属车之尘,幸矣。敢冀赐邪。"既行,追赉白金千两,敕以蚕还。绛至吴逾岁,以老病奏,恐不能奉诏。三年而薨,年七十六。赠太子少师,谥曰章简。

许将字冲元,福州闽人。举进士第一。欧阳修读其赋,谓曰:"君辞气似沂公,未可量也。"签书昭庆军判官,代还,当试馆职,辞曰:"起家为官,本代耕925,愿以守选余日,读所未见书。"宰相善其志,以通判明州。神宗召对,除集贤校理、同知礼院,编修中书条例。自太常丞当转博士,超改右正言;明日,直舍人院;又明日,判流内铨:皆神宗特命,举朝荣之。初,选人调拟,先南曹,次考功。综核无法,吏得缘文为奸,选者又不得诉长吏。将奏罢南曹,辟公舍以待来诉者,士无留难。进知制诰,特敕不试而命之。

契丹以兵二十万压代州境,遣使请代地,岁聘之使不敢行,以命将。将入对曰:"臣备位侍从,朝廷大议不容不知。万一北人言及代州事,不有以折之,则伤国体。"遂命将诣枢密院阅文书。及至北境,居人跨屋栋聚观,曰:"看南朝状元。"及肄射,将先破的。契丹使萧禧馆客,禧

果以代州为问,将随问随答。禧又曰:"界渠未定,顾和好体重,吾且往大国分画矣。"将曰:"此事,申饬边臣岂不可,何以使为?"禧惭不能对。归报,神宗善之,以将知审官西院、直学士院、判尚书兵部。

时河北保甲、陕西河东弓箭社、闽楚枪仗手虽有名籍,其多少与年月不均,以致阅按无法,将一切整摄之。进翰林学士、权知开封府,为同进所忌。会治太学虞蕃讼,释诸生无罪者,蔡确、舒亶因陷之,逮其父子入御史府,逾月得解,黜知蕲州。

明年,以龙图阁待制起知秦州,改扬州,又改郓州。上元张灯,吏籍为盗者系狱,将曰:"是绝其自新之路也。"悉纵遣之,自是民无一人犯法,三圄皆空。父老叹曰:"自王沂公后五十六年,始再见狱空耳。"郓俗士子喜聚肆以谤官政,将虽弗禁,其俗自息。

召为兵部侍郎。上疏言:"兵措于形势之内,最彰而易知;隐于权用之表,最微而难能。此天下之至机也。是以治兵有制,名虽不同,从而横之,方而圆之,使万众犹一人;车马有数,用虽不同,合而分之,散而敛之,取四方犹跬步;制器有度,工虽不同,左而右之,近而远之,运乎算犹掌握。非天下之至神,孰能与此?"又条奏八事,以为"兵之事有三:曰禁兵,曰厢兵,曰民兵。马之事有三:曰养马,曰市马,曰牧马。兵器之事有二:曰缮作,曰给用。"及西方用兵,神宗遣近侍问兵马之数,将立具上;明日,访枢臣,不能对也。

以龙图阁直学士知成都府。元祐三年,再为翰林学士。四年,拜尚书右丞。将自以在先朝为侍从,每讨熙、丰旧章以闻。中旨用王文郁、姚兕领军,执政复议用张利一、张守约。将始与执政同议,复密疏利一不可用。言者论其窥伺主意,炫直卖友。罢为资政殿学士、知定州,移扬州,又移大名府。

会黄河东、北二议未决,将曰:"度今之利,谓宜因梁村之口以行东,因内黄之口以行北,而尽闭诸口,以绝大名诸州之患。俟水大至,观故道足以受之,则内黄之口可塞;不足以受之,则梁村之口可止;两不能相夺,则各因其自流以待之。"

绍圣初,入为吏部尚书,上疏乞依元丰诏,定北郊夏至亲祀。拜尚书左丞、中书侍郎。章惇为相,与蔡卞同肆罗织,贬谪元祐诸臣,奏发司马光墓。哲宗以问将,对曰:"发人之墓,非盛德事。"方党祸作,或举汉、唐诛戮故事,帝复问将,对曰:"二代固有之,但祖宗以来未之有,本朝治道所以远过汉、唐者,以未尝辄戮大臣也。"哲宗皆纳之。

将尝议正夏人罪,以泾原近夏而地广,谋帅尤难,乞用章楶,楶果有功。崇宁元年,进门下侍郎,累官金紫光禄大夫,抚定鄯、廓州。边臣欲举师渡河,朝议难之。将独言:"外国不可以爽信,而兵机有不可失,既已戒期,愿遂从之。"未几,捷书至,将以复河、湟功转特进,凡居政地十年。

御史中丞朱谔取将旧谢章表,析文句以为谤,且谓:"将左顾右视,见利则回,幡然改图,初无定论。元祐间

尝为丞辖，则尽更元丰之所守。绍圣初复秉钧轴，则阴匿元祐之所为。逮至建中，尚此冒居，则绍圣之所为已皆非矣。强颜今日，亦复偷安，则建中之所为亦随改焉。"遂以资政殿大学士知河南府。言者不已，降资政殿学士、知颖昌府，移大名，加观文殿学士、奉国军节度使。在大名六年，数告老，召为佑神观使。政和初，卒，年七十五。赠开府仪同三司，谥曰文定。

子份，龙图阁学士。

邓润甫，字温伯，建昌人。尝避高鲁王讳，以字为名，别字圣求，后皆复之。第进士，为上饶尉、武昌令。举贤良方正，召试不应。熙宁中，王安石以润甫为编修中书条例、检正中书户房事。神宗览其文，除集贤校理、直舍人院，改知谏院、知制诰。同邓绾、张琥治郑侠狱，深致其文，入冯京、王安国、丁讽、王尧臣于罪。

擢御史中丞。上疏曰："向者陛下登用隽贤，更易百度，士狃于见闻，蔽于俗学，竞起而萃非之，故陛下排斥异论，以图治功。然言责之路，反为壅抑；非徒抑之，又或疑之。论恤民力，则疑其违道干誉；论补法度，则疑其同乎流俗；论斥人物，则疑其评以为直。故敢言之气日以折，而天下事变，有不得尽闻。曩变法之初，势自当尔。今法度已就绪，宜有以来天下论议。至于淫辞诐行，有挟而发，自当屏弃。如此，则善言不伏，而真大治也。"

李宪措置熙河边事，润甫率其属周尹、蔡承禧、彭汝砺上书切谏，其略云："自唐开元以来，用杨思勖、鱼朝恩、程元振、吐突承璀为将。有功，则负势骄恣，陵轹公卿；无功，则挫损国威，为四国笑。今陛下使宪将兵，功之成否，非臣等所能预料。然以往事监之，其有害必矣。陛下仁圣神武，驾御豪杰，虽宪百辈，顾何能为，独不长念却虑，为万世之计乎？岂可使国史所书，以中人将兵自陛下始？后世沿袭故迹，视以为常，进用其徒握兵柄，则天下之患，将有不可胜言者矣！"不听。

又言："兴利之臣，议前代帝王陵寝，许民请射耕垦，而司农可之。唐之诸陵，因此悉见芟刈，昭陵乔木，翦伐无遗。熙宁著令，本禁樵采，遇郊祀则敕吏致祭，德意可谓远矣。小人掊克，不顾大体。愿绌创议之人，而一切如令。"从之。

迁翰林学士。因论奏相州狱，为蔡确所陷，落职知抚州。移杭州，以龙图阁直学士知成都府。召复翰林学士兼掌皇子阁笺记，一时制作，独倚润甫焉。哲宗立，惟润甫在院，一夕草制二十有二。进承旨，修撰《神宗实录》。以母丧去，终制，为吏部尚书。梁焘论其草蔡确制，妄称有定策功，乃以龙图阁学士知亳州。阅岁，复以承旨召。数月，除端明殿学士、礼部尚书。请郡，得知蔡州，移永兴军。

元祐末，以兵部尚书召。绍圣初，哲宗亲政，润甫首陈武王能广文王之声，成王能嗣文、武之道，以开绍述。遂拜尚书左丞。章惇议重谪吕大防、刘挚，润甫不以为然，曰："俟见上，当力争。"无何，暴卒，年六十八。辍视朝二日。以尝掌均邸笺奏，优赠开府仪同三司，谥曰安惠。

林希，字子中，福州人。举进士，调泾县主簿，为馆阁校勘、集贤校理。神宗朝，同知太常礼院。皇后父丧，太常议服浅素，希奏："礼，后为父降服期。今服浅素，不经。"及遣使高丽，希闻命，惧形于色，辞行。神宗怒，责监杭州楼店务。岁余，通判秀州，复知太常礼院，迁著作佐郎、礼部郎中。元丰六年，诏修《两朝宝训》，上之。元祐初，历秘书少监、起居舍人、起居郎，进中书舍人。言者疏其行谊浮伪，士论羞薄，不足以玷从列。以集贤殿修撰知苏州，更宣、湖、润、杭、亳五州，加天章阁待制。

绍圣初，进宝文阁直学士、知成都府。道阙下，会哲宗亲政，章惇用事，尝曰："元祐初，司马光作相，用苏轼掌制，所以能鼓动四方，安得斯人而用之。"或曰："希可。"惇欲使希典书命，逞毒于元祐诸臣，且许以为执政。希亦以久不得志，将甘心焉，遂留行。复为中书舍人，修《神宗实录》兼侍读。

哲宗问："神宗殿曰宣光，前代有此名乎？"希对曰："此石勒殿名也。"乃更为显承。时方推明绍述，尽黜元祐群臣，希皆детемлений其议。自司马光、吕公著、大防、刘挚、苏轼、辙等数十人之制，皆希为之，词极其丑诋，至以"老奸擅国"之语阴斥宣仁，读者无不愤叹。一日，希草制罢，掷笔于地曰："坏了名节矣。"

迁礼部吏部尚书、翰林学士，擢同知枢密院。始，惇疑曾布在枢府忌己，使希为贰，以相伺察。希日为布所诱，且怨惇不引己为执政，遂叛惇。会邢恕论希罪，惇因并去之，罢知亳州，移杭州，布不能救也。旋以端明殿学士知太原府。

徽宗立，徙大名。上河东边计三策，朝廷以其词命丑正之罪，夺职知扬州，徙舒州。未几卒，年六十七。追赠资政殿学士，谥曰文节。弟旦。

旦，第进士，熙宁中，由著作佐郎主管淮南常平，擢太子中允、监察御史里行。居台五月，以论李定事罢守故官。久之，干当审院；陈绎封门下封驳，又摭其前论罢之。累年，乃签书淮南判官。入为太常博士，工部、考功员外郎。

元祐元年，拜殿中侍御史。甫莅职，即上疏曰："广言路然后知得失，达人情然后知利病。窃见去岁五月，诏求谠言，士民争欲自献。及详观诏语，名虽求谏，实欲拒言，约束丁宁，使不得观望迎合，犯令干誉，终之，必行黜罚以恐惧之。于是人人知戒，言将出而复止；至于冉申谕告，方达天聪。闻诏乃蔡确、章惇造端，其词尽出于惇。今二人既去，其余党常怀丑正恶直之心，愿深留宸虑，以折邪谋。"遂论吕惠卿、邓绾，谓："虽罢扬州，犹莅小郡，小郡之民奚罪焉？乞投之散地，以谢天下。"又言："近弹王中正、石得一等，虽已薄责，得一所任肘腋小人，如翟勍之徒，亦宜编削。"诏并降支郡营校。又论崔台符、贾种民舞文深酷之罪，皆逐之。出为淮南转运副使，历右司郎中、秘书少监、太仆卿，终河东转运使。

子肤，坐元符上书，陷于党籍。

蒋之奇，字颖叔，常州宜兴人。以伯父枢密直学士堂荫得官。擢进士第，中《春秋三传》科，至太常博士；又举贤良方正，试六论中选，及对策，失书问目，报罢。英宗览而善之，擢监察御史。

神宗立，转殿中侍御史，上谨始五事：一曰进忠贤，二曰退奸邪，三曰纳谏诤，四曰远近习，五曰闭女谒。神宗顾之曰："斜封、墨敕必无有，至于近习之戒，孟子所谓'观远臣以其所主'者也。"之奇对曰："陛下之言及此，天下何忧不治。"

初，之奇为欧阳修所厚，制科既黜，乃诣修盛言濮议之善，以得御史。复惧不为众所容，因修妻弟薛良孺得罪怨修，诬修及妇吴氏事，遂劾修。神宗批付中书，问状无实，贬监道州酒税，仍榜朝堂。至州，上表哀谢，神宗怜其有母，改监宣州税。

新法行，为福建转运判官。时诸道免役推行失平，之奇约僦庸费，随算钱高下均取之，民以为便。迁淮东转运副使。岁恶民流，之奇募使修水利以食流者。如扬之天长三十六陂，宿之临涣横斜三沟，尤其大也，用工至百万，溉田九千顷，活民八万四千。

历江西、河北、陕西副使。之奇在陕西，经赋入以给用度，公私用足。比其去，库缗八十余万，边粟皆支二年。移淮南，擢江、淮、荆、浙发运副使。元丰六年，漕粟至京，比常岁溢六百二十万石，锡服三品。请凿龟山左肘至洪泽为新河，以避险阻，自是无覆溺之患。诏增二秩，加直龙图阁，升发运使。凡六年，其所经度，皆为一司故事。

元祐初，进天章阁待制、知潭州。御史韩川、孙升、谏官朱光庭皆言之奇小人，不足当斯选。改集贤殿修撰、知广州。妖人岑探善幻，聚众二千人，谋取新兴，略番禺，包据岭表，群不逞借之为虐，其势张甚。之奇遣钤辖杨从先致讨，生擒之。加宝文阁待制。南海饶宝货，为吏者多贪声，之奇取前世牧守有清节者吴隐之、宋璟、卢奂、李勉等，绘其象，建十贤堂以祀，冀变其习。

徙河北都转运使、知瀛州。辽使耶律迪道死，所过郡守皆再拜致祭。之奇曰："天子方伯，奈何为之屈膝邪！"奠而不拜。入为户部侍郎。未几，复出知熙州。夏人论和，请画申境。之奇揣其非诚心，务修守备，谨斥候，常若敌至。终之奇去，夏人不敢犯塞。

绍圣中，召为中书舍人，改知开封府，进龙图阁直学士，拜翰林学士兼侍读。元符末，邹浩以言事得罪，之奇折简别之，责守汝州。阅月，徙庆州。

徽宗立，复为翰林学士，拜同知枢密院。明年，知院事。沅州蛮扰边，之奇请遣将讨之，以其地为徽、靖二州。崇宁元年，除观文殿学士、知杭州。以弃河、湟事夺职，由正议大夫降中大夫。以疾告归，提举灵仙观。三年，卒，年七十四。后录其尝陈绍述之言，尽复官职。

之奇为部使者十二任，六曲会府，以治办称。且孜孜以人物为己任，在闽荐处士陈烈，在淮南荐孝子徐积，每行部至，必造之。特以畔欧阳修之故，为清议所薄。

子玼至侍从，曾孙带别有传。

陆佃，字农师，越州山阴人。居贫苦学，夜无灯，映月光读书。蹑屩从师，不远千里。过金陵，受经于王安石。熙宁三年，应举入京。适安石当国，首问新政，佃曰："法非不善，但推行不能如初意，还为扰民，如青苗是也。"安石惊曰："何为乃尔？吾与吕惠卿议之，又访外议。"佃曰："公乐闻善，古所未有，然外间颇以为拒谏。"安石笑曰："吾岂拒谏者？但邪说营营，顾无足听。"佃曰："是乃所以致人言也。"明日，安石召谓之曰："惠卿云：'私家取债，亦须一鸡半豚。'已遣李承之使淮南质究矣。"既而承之还，诡言于民无不便，佃说不行。

礼部奏名为举首。方廷试赋，遂发策题，士皆愕然；佃从容条对，擢甲科。授蔡州推官。初置五路学，选为郓州教授，召补国子监直讲。安石以佃不附己，专付之经术，不复咨以政。安石子雱用事，好进者奎集其门，至崇以师礼，佃待之如常。

同王子韶修定《说文》。入见，神宗问大裘袭衮，佃考礼以对。神宗悦，用为详定郊庙礼文官。时同列皆侍从，佃独以光禄丞居其间。每有所议，神宗辄曰："自王、郑以来，言礼未有如佃者。"加集贤校理、崇政殿说书，进讲《周官》，神宗称善，始命先一夕进稿。同修起居注。元丰定官制，擢中书舍人、给事中。哲宗立，太常请复太庙牙盘食。博士吕希纯、少卿赵令铄皆以为当复。佃言："太庙，用先王之礼，于用俎豆为称；景灵宫、原庙，用时王之礼，于用牙盘为称，不可易也。"卒从佃议。

是时，更先朝法度，去安石之党，士多讳变所从。安石卒，佃率诸生供佛，哭而祭之，识者嘉其无向背。迁吏部侍郎，以修撰《神宗实录》徙礼部。数与史官范祖禹、黄庭坚不辨，大要多是安石，为之晦隐。庭坚曰："如公言，盖佞史也。"佃曰："尽用君意，岂非谤书乎！"

进权礼部尚书。郑雍论其穿凿附会，改龙图阁待制、知颍州。佃以欧阳修守颍有遗爱，为建祠宇。《实录》成，加直学士，又为韩川、朱光庭所议，诏止增秩，徙知邓州。未几，知江宁府。甫至，祭安石墓。句容人盗嫂害其兄，别诬三人同谋。既皆讯服，一囚父以冤诉，通判以下皆曰："彼怖死耳，狱已成，不可变。"佃为阅实，三人皆得生。绍圣初，治《实录》罪，坐落职，知泰州，改海州。朝论灼其情，复集贤殿修撰，移知蔡。

徽宗即位，召为礼部侍郎。上疏曰："人君践阼，要在正始，正始之道，本于朝廷。近时学士大夫相倾竞进，以善求事为精神，以能讦人为风采，以忠厚为重迟，以静退为卑弱。相师成风，莫之或止，正而救之，实在今日。神宗延登真儒，立法制治，而元祐之际，悉肆纷更。绍圣以来，又皆称颂。夫善续前人者，不必因所为，否者赓之，善者扬焉。元祐纷更，是知赓之而不知扬之之罪也；绍圣称颂，是知扬之而不知赓之过也。愿咨谋人贤，询考政事，惟其当之为贵，大中之期，亦在今日也。"徽宗遂命修《哲宗实录》。

迁吏部尚书，报聘于辽，归，半道闻辽主洪基丧，送伴者赴临而返，诮佃曰："国哀如是，汉使殊无吊唁之仪，何也?"佃徐应曰:"始意君匍匐哭踊而相见,即行吊礼;今偃然如常时,尚何所吊?"伴者不能答。

拜尚书右丞。将祀南郊,有司欲饰大裘匣,度用黄金多,佃请易以银。徽宗曰:"匣必用饰邪?"对曰:"大裘尚质,后世加饰焉,非礼也。"徽宗曰:"然则罢之可乎?数日来,丰稷屡言之矣。"佃因赞曰:"陛下及此,盛德之举也。"徽宗欲亲祀北郊,大臣以为盛暑不可,徽宗意甚确。朝退,皆曰:"上不以为劳,当遂行之。"李清臣不以为然。佃曰:"元丰非合祭而是北郊,公之议也。今反以为不可,何耶?"清臣乃止。

御史中丞赵挺之以论事不当,罚金。佃曰:"中丞不可罚,罚则不可为中丞。"谏官陈瓘上书,曾布怒其尊私史而压宗庙。佃曰:"瓘上书虽无取,不必深怒,若不能容,是成其名也。"佃执政与曾布比,而持论多近怨。每欲参用元祐人才,尤恶奔竞,尝曰:"天下多事,须不次用人;苟安宁时,人之才无大相远,当以资历序进。少缓之,则士知自重矣。"又曰:"今天下之势,如人大病向愈,当以药饵辅养之,须其安平,苟为轻事改作,是使之骑射也。"

转左丞。御史论吕希纯、刘安世复职太骤,请加镌抑,且欲更惩元祐余党。佃为徽宗言不宜穷治,乃下诏申谕,揭之朝堂。谗者用是诋佃,曰:"佃名在党籍,不欲穷治,正恐自及耳。"遂罢为中大夫、知亳州,数月卒,年六十一。追复资政殿学士。

佃著书二百四十二卷,于礼家、名数之说尤精,如《埤雅》、《礼象》、《春秋后传》皆传于世。

吴居厚,字敦老,洪州人。第嘉祐进士,熙宁初,为武安节度推官。奉行新法,尽力核闲田,以均给梅山徭,计劳,得大理丞,转补司农属。元丰间,提举河北常平,增损役法五十一条,赐银绯,为京东转运判官,升副使。

天子方兴盐、铁,居厚精心计,笼络钩稽,收羡息钱数百万。即莱芜、利国二冶官自铸钱,岁得十万缗。诏褒揭其能。擢天章阁待制、都转运使。前使者皆以不任职蒙谴,居厚与河北蹇周辅、李南公会境上,议盐法,搜剔无遗。居厚起州县凡流,无阀阅勋庸,徒以言利得幸,不数岁,至侍从,嗜进之士从风羡美。又请以盐息买绢,资河东马直;发大铁钱二十万贯,佐陕西军兴;且募民养保马。当时商功利之臣,所在成聚,居厚最为掊克。

剧盗王冲因民不忍,聚众数千,欲乘其部至徐,篡取投诸冶。居厚闻知,间道遁去。元祐治其罪,责成州团练副使,安置黄州。章惇用事,起为江、淮发运使。疏支家河通漕,楚、海之间赖其利。召拜户部侍郎、尚书,以龙图阁学士知开封府,为永泰陵桥道顿递使。坐积雨留滞,罢知和州。

崇宁初,复尹开封,拜尚书右丞,进中书门下侍郎。以老避位,为资政殿学士、东太一宫使,恩许仍服方团金毬文带。自是,前执政在京师者视此。出为亳州、洪州,徙太原,道都门,留使祐神观,复还政府,迁知枢密院。

政和三年,以武康军节度使知洪州,卒,年七十九。赠开府仪同三司。

居厚在政地久,以周谨自媚,无赫显恶,唯一时聚敛,推为称首。

温益,字禹弼,泉州人。第进士,历大宗正丞、利州路湖南转运判官、工部员外郎。绍圣中,由诸王府记室出知福州,徙潭州。邹浩南迁过潭,暮投宿村寺,益即遣州都监将数卒夜出城,逼使登舟,竟凌风绝江而去。他逐臣在其境内,若范纯仁、刘奉世、韩川、吕希纯、吕陶,率为所侵困,用事者悦之。未及用,而徽宗以藩邸恩,召为太常少卿,迁给事中兼侍读。陈瓘指言其过,谓不宜列侍从、处经帷,不报。改龙图阁待制、知开封府,犹兼侍读。时执政倡言,帝当为哲宗服兄弟之服。曾肇在迩英读《史记·舜纪》,因言:"昔尧、舜同出黄帝,世数已远,然舜为尧丧三年者,以尝臣尧故也。"益意附执政,进曰:"《史记》世次不足信,尧、舜非同出。"迁吏部尚书。

建中靖国元年,拜尚书右丞。邓洵武献《爱莫助之图》,帝初付曾布,布辞。改付益,益得藉手以为宜相蔡京,天下之善士,一切指为异论,时人恶之。布与京争事帝前,辞颇厉,益叱曰:"曾布安得无礼!"帝不乐,布由是得罪,而京遂为相。进益中书侍郎。

益仕宦从微至著,无片善可纪,至其狡谲傅合,盖天禀然。及是,乃时有立异。京一日除监司、郡守十人,益稍不谓然。京知中书舍人郑居中与益厚,使居中自从其所问之,居中以告。益曰:"君在西掖,每见所行事,舍人得举职,侍郎顾不许耶?今丞相所拟钱龢而下十人,皆其姻党耳,欲不逆其意得乎?"京闻而颇悼焉。逾年,卒,年六十六。

子万石至尚书。

论曰:王安石为政,一时士大夫之素知名者,变其所守而从之,比比皆然;元绛所莅,咸有异政,亦谄事之,陋矣。许将尝力止发司马光墓,此为可称;而言者谓其仕于元祐、绍圣以至建中,左右视利,幡然改图,初无定论。邓润甫初掌笺记,盛有文名,而首赞绍述之谋,又表章蔡确定策之功,虽有他长,无足观矣。林希草制,务丑诋正人,自知赜坏名节,掷笔而悔,又何晚也;弟且反其所为,纠劾巨奸,善恶岂相掩哉!蒋之奇始怂恿濮议,晚撼飞语,击举主以自文,小人之魁杰者也。吴居厚奉行新法,剥下媚上,温益阿附二蔡,物议不容。陆佃虽受经安石,而不主新法,元祐党人之罪,请一施薄罚而已,犹差贤于众人焉。

卷三百四十四　　列传第一百三

孙觉 弟览　**李常**　**孔文仲** 弟武仲 平仲　**李周**
鲜于侁　**顾临**　**李之纯** 从弟之仪　**王觌**
子俊义　**马默**

孙觉，字莘老，高邮人。甫冠，从胡瑗受学。瑗之弟子千数，别其老成者为经社，觉年最少，俨然居其间，众皆推服。登进士第，调合肥主簿。岁旱，州课民捕蝗输之官，觉言："民方艰食，难督以威。若以米易之，必尽力，是为除害而享利也。"守悦，推其说下之他县。嘉祐中，择名士编校昭文书籍，觉首预选，进馆阁校勘。神宗即位，直集贤院，为昌王记室，王问终身之戒，为陈诸侯之孝，作《富贵二箴》。擢右正言。

神宗将大革积弊，觉言："弊政固不可不革，革而当，其悔乃亡。"神宗称其知理。尝从容语及知人之难，觉曰："尧以知人为难，终享其易。盖知人之要，在于知言。人主用臣之道，任贤使能而已。贤能之分既殊，任使之方亦异。至于所知有限量，所能有彼此，是功用之士也，可以处外而不可以处内，可以责之事而不可责之言。陛下欲兴太平之治，而所擢数十人者，多有口才，而无实行。臣恐日浸月长，汇征墙进，充满朝廷之上，则贤人日远，其为患祸，尚可以一二言之哉。愿观《诗》、《书》之所任使，无速于小利近功，则王道可成矣。"

邵亢在枢府，无所建明，神宗语觉，欲出之，用陈升之以代。觉退，即奏疏如所言。神宗以为希旨，夺官两级。执政曰："谏官有出外，无降官之理。"神宗曰："但降官，自不能住。"觉连章丐去云："去岁有罚金御史，今兹有贬秩谏官，未闻罚金贬秩，而犹可居位者。"乃通判越州，复右正言，徙知通州。熙宁二年，诏知谏院，同修起居注，知审官院。

王安石早与觉善，骤引用之，将援以为助。时吕惠卿用事，神宗询于觉，对曰："惠卿即辩而有才，过于人数等，特以为利之故，屈身于安石，安石不悟，臣窃以为忧。"神宗曰："朕亦疑之。"其后王、吕果交恶。

青苗法行，首议者谓："《周官》泉府，民之贷者，至输息二十而五，国事之财用取具焉。"觉奏条其妄，曰："成周赊贷，特以备民之缓急，不可徒之也，故以国服为之息。然国服之息，说者不明。郑康成释经，乃引王莽计赢受息，无过岁什一为据，不应周公取息，重于莽时。况载师所任地，漆林之征特重，所以抑末作也。今以农民乏绝，将补耕助敛，顾比末作而征之，可乎？国事取具，盖谓泉府所领，若市之不售，货之滞于民用，有买有予，并赊贷之法而举之。倘专取具于泉府，则冢宰九赋，将安用邪？圣世宜讲求先王之法，不当取疑文虚说以图治。今老臣疏外而不见听，辅臣迁延而不就职，门下执正而不行，

谏官请罪而求去。臣诚恐奸邪之人，结党连伍，乘众情之汹汹，动摇朝廷，钓直干誉，非国家之福也。"安石览之，怒，觉适以事诣中书，安石以语动之曰："不意学士亦如此！"始有逐觉意。会曾公亮言畿县散常平钱，有追呼抑配之扰，安石因请遣觉行视虚实。觉既受命，复奏疏辞行，且言："如陈留一县，前后晓示，情愿请钱，卒无一人至者，故陈留不散一钱。以此见民实不愿与官中相交。所有体量，望赐寝罢。"遂以觉为反覆，出知广德军，徙湖州。

松江堤没，水为民患。觉易以石，高丈余，长百里，堤下化为良田。徙庐州，改右司谏。以祖母丧求解官，下太常议，不可。诏知润州，觉已持丧矣。服除，知苏州，徙福州。闽俗厚于婚丧，其费无艺。觉裁为中法，使资装无得过百千。令下，嫁娶以百数，葬埋之费亦率减什伍。连徙亳、扬、徐州。徐多盗，捕得杀人者五，其一仅胜衣，疑而讯之，曰："我耕于野，与甲遇，强以梃与我，半夜挟我东，使候诸门，不知其他也。"问吏："法何如？"曰："死。"觉止诛其首，后遂为例。

知应天府，入为太常少卿，易秘书少监。哲宗即位，兼侍讲，迁右谏议大夫。时谏官、御史论事有限，毋得越职。觉请申《唐六典》及天禧诏书，凡发令造事之未便，皆得奏陈。论宰相蔡确、韩缜进不以德，确自讼有功无罪，觉随所言折之，确竟去。缜白迁觉给事中，辞曰："间者，执政畏人议己，则迁官以饵之，愿与缜俱罢。"逾月，缜去。

进吏部侍郎，领右选，在选万五千员，阙才五之二，至有三年不得调者。觉请自军功、保甲进者补指使，宗室祖免从员外置，一日得阙数千。改主左选，请磨勘岁以百人为限。擢御史中丞，数月，以疾请罢，除龙图阁学士兼侍讲，提举醴泉观，求舒州灵仙观以归。哲宗遣使存劳，赐白金五百两。卒，年六十三。

觉有德量，为王安石所逐。安石退居钟山，觉枉驾道旧，为从容累夕；迨其死，又作文以诔，谈者称之。绍圣中，以觉为元祐党，夺职追两官。徽宗即位，复官职。有《文集》、《奏议》六十卷，《春秋传》十五卷。弟览。

览字傅师。擢第，知尉氏县。有屯将遇下虐，士卒谋因大阅杀之以叛。览闻之，驰往，士犹群语不顾，览呼谕之曰："将诚无状，然天子何负汝辈，乃欲致族灭邪？"皆感谢去就列。屯将徐至，览命吏趣具奏，众意遂安。神宗壮其材，以为司农主簿。舒亶判寺且兼谏院，欲引览自助，览拒不答。亶怒，用帐籍违事劾之。出提举利州、湖南常平，改京西转运判官，入为右司员外郎。荆湖开疆，命往相其便。览言："沅州所招溪洞百三十，宜从本郡随事要束，勿建官宜戍以为民困。自诚州至融江口，可通西广盐，以省北道馈饷。"悉从之。

使还，为河东、河北转运副使，加直龙图阁，历知河中应天府、江淮发运使。进宝文阁待制，由桂徙广，又改渭州。夏人入边，檄大将苗履御之，履称疾移告，立按正其罪，窜诸房陵，辕门肃然。召知开封府，至则拜户部侍郎。与蔡京论役法不合，以龙图阁直学士知太原。夏人据横山，并河为寨，秦、晋之路皆塞。览谋复取葭芦戍，阻

险不得前。夏人数万屯境上，览下令吾兵少，须满五万。及西夏人闻而济师，览不为动，相持益久，忽令具糗粮，严兵械，曰："敌至矣！"居数日，果大入，览奋击败之，遂城葭芦而还。策勋，加枢密直学士。

览虽立边功，议论多触执政，屡遭绌削，历知河南、永兴，徙成都。辞不行，降为宝文阁待制。卒，年五十九。

李常，字公择，南康建昌人。少读书庐山白石僧舍。既擢第，留所抄书九千卷，名舍曰李氏山房。调江州判官、宣州观察推官。发运使杨佐将荐改秩，常推其友刘琦，佐曰："世无此风久矣。"并荐之。

熙宁初，为秘阁校理。王安石与之善，以为三司条例检详官，改右正言、知谏院。安石立新法，常预议，不欲青苗收息。至是，疏言："条例司始建，已致中外之议。至于均输、青苗，敛散取息，傅会经义，人且大骇，何异王莽猥析《周官》片言，以流毒天下！"安石见之，遣所亲密谕意，常不为止。又言："州县散常平钱，实不出本，勒民出息。"神宗诘安石，安石请令常具官吏主名，常以非谏官体，落校理，通判滑州。岁余复职，知鄂州，徙湖、齐二州。齐多盗，论报无虚日。常得黠盗，刺为兵，使在麾下，尽知囊括处，悉发屋破柱，拔其根株，半岁间，诛七百人，奸无所匿。徙淮南西路提点刑狱。元丰六年，召为太常少卿，迁礼部侍郎。

哲宗立，改吏部，进户部尚书。或疑其少干局，虑不胜任，质于司马光。光曰："用常主邦计，则人知朝廷不急于征利，聚敛少息矣。"常转对，上七事，曰崇廉耻，存乡举，别守宰，废贪赃，审疑狱，择儒师，修役法。时役法差、免二科未定，常谓："法无新陈，便民者良；论无彼己，可久者确。今使民俱出货则贫者难办，俱出力则富者难堪，各从其愿，则可久尔。"乃折衷条上之。赦恩，蠲市易逋负不满二百缗者，常请息过其数亦勿取。

拜御史中丞，兼侍读，加龙图阁直学士。论取士，请分诗赋、经义为两科，以尽所长。初，河决小吴，议者欲自孙村口导还故处，及是，役兴，常言："京东、河北饥困，不宜导河。"诏罢之。谏官刘安世以吴处厚缴蔡确诗为谤讪，因力攻确。常上疏论以诗罪确，非所以厚风俗。安世并劾常，徙兵部尚书，辞不拜，出知邓州。徙成都，行次陕，暴卒，年六十四。有文集、奏议六十卷、《诗传》十卷，《元祐会计录》三十卷。

常长孙觉一岁，始与觉齐名，俱受知于吕公著。其论议趣舍，大略多同；所终官职又同；其死，先后一夕云。

孔文仲，字经父，临江新喻人。性狷直，寡言笑，少刻苦问学，号博洽。举进士，南省考官吕夏卿，称其词赋赡丽，策论深博，文势似荀卿、杨雄，白主司，擢第一。调余杭尉。恬介自守，不事请谒。转运使在杭，召与议事，事已，驰归，不诣府。人问之，曰："吾于府无事也。"再转台州推官。

熙宁初，翰林学士范镇以制举荐，对策九千余言，力论王安石所建理财、训兵之法为非是，宋敏求第为异等。

安石怒，启神宗，御批罢归故官。齐恢、孙固封还御批，韩维、陈荐、孙永皆力言文仲不当黜，五上章，不听。范镇又言："文仲草茅疏远，不识忌讳。且以直言求之，而又罪之，恐为圣明之累。"亦不听。苏颂叹曰："方朝廷求贤如饥渴，有如此人而不见录，岂其论太高而难合邪，言太激而取怨邪？"

吴充为相，欲置之馆阁，又有忌之者，仅得国子直讲。学者方用王氏经义进取，文仲不习其书，换为三班主簿，出通判保德军。时征西夏，众数十万皆道境上，久不解，边人厌苦。文仲陈三不便，曰："大兵未出，而丁夫预集；河东顾夫，劳民而损费；诸路出兵，首尾不相应。虞、夏、商、周之盛，未尝无外侮，然怀柔制御之要，不在彼而在此也。"

元祐初，哲宗召为秘书省校书郎，进礼部员外郎。有言："皇族唯杨、荆二王得称皇叔，余宜各系其祖，若唐人称诸王孙之比。"文仲曰："上新即位，宜广敦睦之义，不应疏间骨肉。"议遂寝。迁起居舍人，擢左谏议大夫。日食七月朔，上疏条五事，曰邪说乱正道，小人乘君子，远服侮中国，斜封夺公论，人臣轻国命，宜察此以消厌兆祥。论青苗、免役，首困天下，保甲、保马、茶盐之法，为遣螫留蠹。改中书舍人。

三年，同知贡举。文仲先有寒疾，及是，昼夜不废职。同院以其形瘵，劝之先出，或居别寝。谢曰："居官则任其责，敢以疾自便乎！"于是疾益甚，还家而卒，年五十一。士大夫哭之皆失声。苏轼拊其柩曰："世方嘉软熟而恶峥嵘，求劲直如吾经父者，今无有矣！"诏厚恤其家，命弟平仲为江东转运判官，视其葬。

初，文仲与弟武仲、平仲皆以文声起江西，时号"三孔"。后追贬梅州别驾。元符末，复其官。有文集五十卷。

武仲字常父。幼力学，举进士，中甲科。调谷城主簿，选教授齐州，为国子直讲。丧二亲，毁瘠特甚，右肱为不举。元祐初，历秘书省正字、校书，集贤校理，著作郎，国子司业。尝论科举之弊，诋王氏学，请复诗赋取士。又欲罢大义，而益以诸经策，御试仍用三题。进起居郎兼侍讲迩英殿，除起居舍人，数月，拜中书舍人，直学士院。

初，罢侍从转对，专责以论思。武仲言："苟不持之以法，则言与不言，将各从其意。愿轮二人次对。"时议祠北郊，久不决。武仲建用纯阴之月亲祠，如神州地祇。擢给事中，迁礼部侍郎，以宝文阁待制知洪州。请："从臣为州者，杖以下公坐止劾官属，俟狱成，听大理约法，庶几刑不逮贵近，又全朝廷体貌之意。"遂著为令。

徙宣州，坐元祐党夺职，居池州。卒，年五十七。元符末，追复之。所著《诗书论语说》、《金华讲义》、《内外制》、《杂文》共百余卷。

平仲字义甫。登进士第，又应制科。用吕公著荐，为秘书丞、集贤校理。文仲卒，归葬南康。诏以平仲为江东转运判官护葬事，提点江浙铸钱、京西刑狱。绍圣中，言者诋其元祐时附会当路，讥毁先烈，削校理，知衡州。提举董必劾其不推行常平法，陷失官米之直六十万，置狱潭州。平仲疏言："米贮仓五年半，陈不堪食，若非乘民阙食,随宜泄之,将成弃物矣。倘以为非,臣不敢逃罪。"乃徙韶州。又坐前上书之故,责惠州别驾,安置英州。徽宗立,复朝散大夫,召为户部、金部郎中,出提举永兴路刑狱,帅鄜延、环庆。党论再起,罢,主管兖州景灵宫,卒。平仲长史学,工文词,著《续世说》、《绎稗》、《诗戏》诸书传于世。

李周,字纯之,冯翊人。登进士第,调长安尉。岁饥,官为粥以食饿者,民坌集不可禁,县以属周,周设桎梏,间老少男女,无一乱者。都巡检赵瑜诘盗南山,诸尉皆属焉,瑜悍急,多行无礼,独于周不敢肆。

转洪洞令。民有世绝而官录其产者,其族晚得遗券,周取以还之。郡吏咎周,周曰:"利民,所以利国也。"县之南有涧,支流溢入,岁赋葺楗,调徒遏之。周始筑新堤,民不告病。改知云安县,蠲盐井之征且百万。通判施州。州介群獠,不习服牛之利,为辟田数千亩,选谪戍知田者,市牛使耕,军食赖以足。

司马光将荐为御史,欲使来见,周曰:"司马公之贤,吾固愿见,但闻荐而往,所谓'呈身御史'也。"卒不往。神宗诏近臣举士,孙固以周闻。神宗召对,谓曰:"知卿不游权门,识今执政乎?"对曰:"不识也。""识司马光乎?"曰:"不识也。"访御边之术,曰:"四边,手足尔。若疲中国以勤远略,致百姓穷困,聚为盗贼,惧成腹心之忧。"神宗颔之,翼日,语固曰:"李周,朴忠之士也。朕且以为御史。"执政意其异己,请试以事。除提点京西刑狱。

时方兴水利,或请釃滛河为六渠,以益钳庐陂水,度用工八十万。周曰:"滛河原高委下,捍以堤,犹患决溢,若又导之,必致为害。"乃疏言:"渠成未可必,而费已不赀。盍姑凿其一而试之,倘可以足用,行之。"渠卒无功。明年,河溢,邓城几没,始思其议。竟以直道罢,判西京国子监。慈圣后复土,庀职陵下,中贵人至者旁午,次舍帝幕,竞为华靡。周曰:"臣子执丧,不能寝苫枕块,奈何又从而侈乎?"讫役,山陵使第功载,人人自言,周独否。

哲宗立,召为职方郎中。朝廷议和西夏,畀以侵地,至欲弃兰州。周曰:"陇右故为唃氏所有,常为吾藩篱。今唃氏破灭,若弃之,必归夏人。彼以区区河南,百年为勍敌,苟益以河湟,是尽得吐蕃之地,非秦、蜀之利也。"遂不果弃。迁太常少卿、秘书少监,以直龙图阁为陕西转运使,复入为太常少卿,进权工部侍郎,旋以集贤院学士知邠州,恩礼如待制。徙凤翔府、河中府、陕州,提举崇福宫,改集贤殿修撰。卒年八十。绍圣中,追贬贺州别驾,后复旧职。

周自为小官,沉晦自匿,未尝私谒执政,有公事,公诣中书白之。薛向使三司,欲辟为属,及相见,卒不敢言,退而叹曰:"若人未易屈也。"以是不偶于世。

鲜于侁,字子骏,阆州人。唐剑南节度使叔明裔孙也。性庄重,力学。举进士,为江陵右司理参军。庆历中,天下旱,诏求言。侁推灾变所由兴,又条当世之失有四,其语剀切。唐介与同乡里,称其名于上官,交章论荐。侁盛言左参军李景阳、枝江令高汝士之美,乞移与之,介益以为贤。调黟令,摄治婺源。奸民汪氏富而狠,横里中,因事抵法,群吏罗拜曰:"汪族败前令不少,今不舍,后当诒患。"侁怒,立杖之,恶类屏迹。

通判绵州。绵处蜀左,吏狃贪污风,至课卒伍供薪炭、刍豆,鬻果蔬多取赢直。侁一切弗取,郡守以下效之。赵抃使蜀,荐于朝,未及用。从何郯辟,签书永兴军判官。万年令不任职,系囚累百,府使往治,数日,空其狱。神宗诏求直言,侁为蔡河拨发,应诏陈十六事,神宗爱其文。诏近臣举所知,范镇以侁应选,除利州路转运判官。

初,王安石居金陵,有重名,士大夫期以为相。侁恶其沽激要君,语人曰:"是人若用,必坏乱天下。"至是,乃上书论时政,曰:"可为忧患者一,可为太息者二,其他逆治体而召民怨者,不可概举。"其意专指安石。安石怒,毁短之。神宗曰:"侁有文学,可用。"安石曰:"陛下何以知之?"神宗曰:"有章奏在。"安石乃不敢言。初,助役法行,诏诸路各定所役缗钱。利州转运使李瑜定四十万,侁争之曰:"利州民贫地瘠,半此可矣。"瑜不从,各以其事闻。时诸路役书皆未就,神宗是侁议,谕司农曾布使颁以为式。因黜瑜,而升侁副使,仍兼提举常平。部民不请青苗钱,安石遣吏廉按,且诘侁不散之故。侁曰:"青苗之法,愿取则与,民自不愿,岂能强之哉!"

左藏库使周永懿守利州,贪虐不法,前使者畏其凶,莫敢问。侁捕械于狱,流之衡湘,因请更以文臣为守,并易班行领县事。凡居部九年,治所去阆中近,姻戚旁午,待之无所私,各得其欢心。苏轼称侁上不害法,中不废亲,下不伤民,以为"三难"。二税输绢绵,侁奏听民以畸零纳直。其后有李元辅者,辄变而多取之,父老流涕曰:"老运使之法,何可改?"盖侁之侄师中亦居是职,故称"老"以别之。

徙京东西路。河决澶渊,议欲勿塞,侁言:"东州汇泽惟两泺,夏秋雨淫,犹溢而害,若纵大河注其中,民为鱼矣。"作《议河书》上之,神宗嘉纳。后两路合为一,以侁为转运使。

时王安石、吕惠卿当路,正人多不容。侁曰:"吾有荐举之权,而所列非贤,耻也。"故凡所荐如刘挚、李常、苏轼、苏辙、刘攽、范祖禹,皆守道背时之士。元丰二年召对,命知扬州。神宗曰:"广陵重镇,久不得人,今朕自选卿往,宜善治之。"苏轼自湖州赴狱,亲朋皆绝交。道扬,侁往见,台吏不许通。或曰:"公与轼相知久,其所往来书文,宜焚之勿留,不然,且获罪。"侁曰:"欺君负友,吾不忍为,以忠义分谴,则所愿也。"为举吏所累,罢主管西京御史台。

哲宗立,念东国困于役,吴居厚掊敛虐害,窜之,复以侁使京东。司马光言于朝曰:"以侁之贤,不宜使居外。顾齐鲁之区,凋敝已甚,须侁往救之,安得如侁百辈,布列天下乎?"士民闻其重临,如见慈父母。召为太常少卿。侍从议神宗庙配享,有欲用王安石、吴充者,侁曰:"先朝宰相之贤,谁出富弼右?"乃用弼。拜左谏议大夫。

佖见哲宗幼冲，首言君子小人消长之理甚备。又言：
"制举，诚取士之要，国朝尤为得人。王安石用事，讳人
诋訾新政，遂废其科。今方搜罗俊贤，廓通言路，宜复六
科之旧。"又乞罢大理狱，许两省、谏官相往来，减特奏
名举人，严出官之法，京东盐得通商，复三路义勇以宽保
甲，罢戎、泸保甲以宽民力，事多施行。在职三月，以疾
求去。除集贤殿修撰、知陈州。诏满岁进待制。居无何，
卒，年六十九。

佖刻意经术，著《诗传》、《易断》，为范镇、孙甫推
许。孙复与论《春秋》，谓今学者不能如。作诗平澹渊
粹，尤长于《楚辞》，苏轼读《九诵》，谓近屈原、宋玉，
自以为不可及也。

顾临，字子敦，会稽人。通经学，长于训诂。皇祐中，
举说书科，为国子监直讲，迁馆阁校勘、同知礼院。熙宁
初，神宗以临喜论兵，诏编《武经要略》。初命都副承旨
提举，神宗谓临馆职，改提举曰馆干。且召临问兵，对曰：
"兵以仁义为本，动静之机，安危所系，不可轻也。"因条
十事以献。出权湖南转运判官，提举常平。议事忤执政意，
罢归。改同判武学，进集贤校理、开封府推官，请知颍州。
入为吏部郎中、秘书少监，以直龙图阁为河东转运使。

元祐二年，擢给事中。朝廷方事回河，拜临天章阁待
制、河北都转运使。于是，翰林学士苏轼与李常、王古、
邓温伯、孙觉、胡宗愈言："临资性方正，学有根本，慷
慨中立，无所回挠。自处东省，封驳论议，凛然有古人之
风。侥幸之流，侧目畏惮。忽去朝廷，众所嗟惜，宜留置
左右，以补阙遗，别选深知河事者往使河北。"谏议大夫
梁焘亦言："都漕之职，在外岂无其人，在朝求如临者，恐
不易得。"皆不报。临至部，请因河势回使东流。复以给
事中召还。历刑、兵、吏三部侍郎兼侍读，为翰林学士。

绍圣初，以龙图阁学士知定州，徙应天、河南府。中
人梁惟简坐言事宣仁太后得罪，过洛，转运使郭茂恂徇时
宰意，劾临与之宴集，夺职知歙州，又以附会党人，斥饶
州居住。卒，年七十二。徽宗立，追复之。

李之纯，字端伯，沧州无棣人。登进士第。熙宁中，
为度支判官、江西转运副使。御史周尹劾广西提点刑狱许
彦先受邕吏金，命之纯往究其端，乃起出婢之口。之纯
以为芜俚之言，不治，彦先得免。

徙成都路转运使。成都岁发官米六千石，损直与民，
言者谓惠民损上，诏下其议。之纯曰："蜀郡人恃此为生
百年，奈何一旦夺之。"事遂已。秩满复留，凡数岁，始
还朝。神宗劳之曰："遐方不欲数易大吏，使剑外安靖，年
谷屡丰，以彰朝廷绥远之意，汝知之乎？"以为右司郎中，
转太仆卿。

元祐初，加直龙图阁、知沧州，召为户部侍郎。未至，
改集贤殿修撰、河北都转运使，进宝文阁待制、知瀛州。
俄以直学士知成都府，还为户部，三迁御史中丞。建言：
"朝廷事下六部，但随省吏视其前后批，以制缓急之序，是
为胥吏颛命令也。若大臣不暇省，宜令列曹长贰随其所

承，当行即行，当止即止，必禀而后决，毋拘于文，则吏
不得舞权，而下情达矣。"又言："众贤和于朝，则万物和
于野。燮理阴阳，辅相之职。间者，国论稍亏雍睦，语言
播传，动系观望，不可以不谨。"

董敦逸、黄庆基论苏轼托词命以毁先帝，苏辙以名器
私所亲，皆以监司罢，之纯疏其诬罔，乃更黜之。以疾，
改工部尚书。绍圣中，刘拯劾其阿附辙，出知单州。卒，
年七十五。从弟之仪。

之仪字端叔。登第几三十年，乃从苏轼于定州幕府。
历枢密院编修官，通判原州。元符中，监内香药库。御史
石豫言其尝从苏轼辟，不可以任京官，诏勒停。徽宗初，
提举河东常平。坐为范纯仁遗表，作行状，编管太平，遂
居姑熟，久之，徙唐州，终朝请大夫。

之仪能为文，尤工尺牍，轼谓入刀笔三昧。

王觌，字明叟，泰州如皋人。第进士。熙宁中，为编
修三司令式删定官。不乐久居职，求润州推官。二浙旱，
郡遣吏视苗伤，承监司风旨，不敢多除税。觌受檄覆按，
叹曰："旱势如是，民食已绝，倒廪赡之，犹惧不克济，尚
可责以赋邪？"行数日，尽除之。监司怒，捃摭百出。会
朝廷遣使振贷，觌请见，为言民间利病。使者喜，归荐之，
除司农寺主簿，转为丞。司农时为要官，进用者多由此选。
觌拜命一日，即求外，韩绛高其节，留检详三司会计。绛
出颍昌，辟签书判官。坐在润公免，屏居累年，起为太
仆丞，徙太常。

哲宗立，吕公著、范纯仁荐其可大任，擢右正言，进
司谏。上疏言："国家安危治乱，系于大臣。今执政八人，
而奸邪居半，使一二元老，何以行其志哉？"因极论蔡确、
章惇、韩缜、张璪朋邪害正。章数十上，相继斥去。又劾
窜吕惠卿。朝论以大奸既黜，虑人情不安，将下诏慰释之，
且戒止言者。觌言："诚出于此，恐海内有识之士，得以
轻议朝廷。舜罪四凶而天下服，孔子诛少正卯而鲁国治。
当是时，不闻人情不安，亦不闻出命令以悦其党也。盖
人君之所以御下者，黜陟二柄而已。陟一善而天下之为善
者劝，黜一恶而天下之为恶者惧。岂以为恶者惧而朝廷亦
为之惧哉？诚为陛下惜之。"觌言虽切，然不能止也。

夏主新立，有轻中国心。觌曰："小羌窥我厌兵，故
桀骜若是。然所当忧者，不在今秋而在异日，所当谨者，
不在边备而在庙谟。翕张取予之权，必持重而后可。"洮
东擒鬼章，槛至阙下，觌曰："老羌虽就擒，其子统众如
故，疆土种落未减于前，安可遽戮以贾怨。宜处之洮、岷、
秦、雍间，以示含容好生之德，离其石交而坏其死党。"又
言："今民力凋瘵，边费亡艺，不可不深为之计。"于是疏
将帅非其人者请易之，茶盐之害民者请革之，至逋债、振
赡、赋敛、科须，皆指陈其故。

差役法复行，觌以为："朝廷意在便民，而议者遂谓
免役法无一事可用。夫法无新旧，惟善之从。"因采摭数
十事于差法有助可以通行者上之。遂论青苗之害，乞尽罢
新令，而复常平旧法，曰："聚敛之臣，惟知罔利自媒，不
顾后害。以国家之尊，而与民争锥刀之利，何以示天下？"

又言："刑罚世轻世重。熙宁大臣，谓刑罚不重，则人无所惮。今法令已行，可以适轻之时，愿择质厚通练之士，载加芟正。"于是置局编汇，俾觌预焉。大抵皆用中典，《元祐敕》是也。

神宗复唐制，谏官分列两省。至是，大臣议徙之外门，而以其直舍为制敕院，名防漏泄，实不欲使与给舍相通。觌争之曰："制敕院，吏舍也。夺谏省以广吏舍，信胥吏而疑诤臣，何示不广也。"乃不果徙。

觌在言路，欲深破朋党之说。朱光庭诋苏轼试馆职策问，吕陶辩其不然，遂起洛、蜀二党之说。觌言："轼之辞，不过失轻重之体尔。若悉考同异，深究嫌疑，则两歧遂分，党论滋炽。夫学士命词失指，其事尚小；使士大夫有朋党之名，大患也。"帝深然之，置不问。

寻改右司员外郎，未几，拜侍御史、右谏议大夫。坐论尚书右丞胡宗愈，出知润州，加直龙图阁、知苏州。州有狡吏，善刺守将意以挠权，前守用是得讥议。觌穷其奸状，置于法，一郡肃然。民歌咏其政，有"吏行水上，人在镜心"之语。徙江、淮发运使，入拜刑、户二部侍郎，与丰稷偕使辽，为辽人礼重。绍圣初，以宝文阁直学士知成都府。蜀地膏腴，亩千金，无闲田以葬，觌索侵耕官地，表为墓田。江水贯城中为渠，岁久湮塞，积苦霖潦而多水灾，觌疏治复故，民德之，号"王公渠"。徙河阳，贬少府少监，分司南京，又贬鼎州团练副使。

徽宗即位，还故职，知永兴军。过阙，留为工部侍郎，迁御史中丞。改元诏下，觌言："'建中'之名，虽取皇极。然重袭前代纪号，非是，宜以德宗为戒。"时任事者多乖异不同，觌言："尧、舜、禹相授一道，尧不去四凶而舜去，尧不举元凯而舜举之，事未必尽同；文王作邑于丰而武王治镐，文王关市不征，泽梁无禁，周公征而禁之，不害其为善继、善述。神宗作法于前，子孙当守于后。至于时异事殊，须损益者损益之，于理固未为有失也。"当国者忿其言，遂改为翰林学士。

日食四月朔，帝下诏责躬，觌当制，有"惟德弗类，未足以当天心"之语，宰相去之，乃力请外。以龙图阁学士知润州，徙海州，罢主管太平观，遂安置临江军。

觌清修简澹，人莫见其喜愠。持正论始终，再罹谴逐，不少变。无疾而卒，年六十八。绍兴初，追复龙图阁学士。从子俊义。

俊义字尧明。游学京师，资用乏，或荐之童贯，欲厚聘之，拒不答。林灵素设讲席宝箓宫，诏两学选士问道。车驾将临视推恩，司成以俊义及曹伟应诏，俊义辞焉。人曰："此显仕捷迳也，不可失。"俊义曰："使辞不获命，至彼亦不拜。倘见因辱，则以死继之。"逮至讲所，去御幄跬步，内侍呼姓名至再，俊义但望幄致敬，不肯出；次呼曹伟，伟回首，俊义目之，亦不出。既罢，皆为之惧，俊义处之恬然。

以太学上舍选，奏名列其下，徽宗亲程其文，擢为第一。及赐第，望见容貌甚伟，大说，顾侍臣曰："此朕所亲擢也，真所谓'俊义'矣。自古未有人主自为主司者，宜即超用。"蔡京邀使来见，曰："一见我，左右史可立得。"

俊义不往，仅拜国子博士。居二年，乃得改太学博士。

郓王谒先圣，有司议诸生门迎。俊义曰："此岂可施于人臣哉？礼如见宰相足矣。"乃序立敦化堂下，及王至，犹辞不敢当。进吏部员外郎。尝入对，帝问："卿知前所以亲擢乎？盖主司之意不一，是以天子自提文衡也。卫肤敏、吴安国今安在？"具以对，即召为馆职，而迁俊义右司员外郎。为王黼所恶，以直秘阁知岳州。卒，年四十七。

俊义与李祁友善，首建正论于宣和间。当是时，诸公卿稍知分别善恶邪正，两人力也。祁字肃远，亦知名士，官不显。

马默，字处厚，单州成武人。家贫，徒步诣徂徕从石介学。诸生时以百数，一旦出其上。既而将归，介语诸生曰："马君他日必为名臣，宜送之山下。"

登进士第，调临濮尉，知须城县。县为郓治所，郓吏犯法不可捕，默趋府，取而杖之客次，阖府皆惊。曹佾守郓，心不善也，默亦不为屈。后守张方平素贵，椽属来前，多闭目不与语。见默白事，忽开目熟视久之，尽行其言，自是逐以事。治平中，方平还翰林，荐为监察御史裹行，遇事辄言无顾。方平间遣所亲徹之曰："言太直，得无累举者乎？"默谢曰："辱知之深，不敢以身谋，所以报也。"

时议尊崇濮安懿王，台谏吕诲等力争以为不可，悉出补外。默请还之，不报。遂上言："濮王生育圣躬，人谁不知。若称之为亲，义无可据，名之不正，失莫大焉。愿蔽自宸心，明诏寝罢，以感召和气，安士庙之神灵，是一举而众善随之也。"又言："致治之要，求贤为本。仁宗以官人之权，尽委辅相，数十年间，贤而公者无几。官之进也，不由实绩，不自实声，但趋权门，必得显仕。今待制以上，数倍祖宗之时，至谋一帅臣，则协于公议者十无三四。庶僚之众，不知几人，一有难事，则曰无人可使。岂非不才者在上，而贤不肖混淆乎？愿陛下明目达聪，务核其实，历试而超升之，以幸天下。"

刑部郎中张师颜提举诸司库务，绳治不法，众吏俱摇，飞语谗去之。默力陈其故，以为："恶直丑正，实繁有徒。今将去积年之弊，以兴太平，必先官举其职。宜崇奖师颜，厉以忠勤，则尸素括囊之徒，知所劝矣。"

西京会圣宫将创仁宗神御殿，默言："事不师古，前典所戒。汉以诸帝所幸郡国立庙，知礼者非之。况先帝未尝幸洛，而创建庙祀，实乖典则。愿以礼为之节，义为之制，亟止此役，以章清静奉先之意。"会地震河东、陕西郡，默以为阴盛，虑为边患，宜备之。后数月，西夏果来侵。

神宗即位，以论欧阳修事，通判怀州。上疏陈十事：一曰揽威权，二曰察奸佞，三曰近正人，四曰明功罪，五曰息大费，六曰备凶年，七曰崇俭素，八曰久任使，九曰择守宰，十曰御边患。揽威权，则天子势重，而大臣安矣；察奸佞，则忠臣用，而小人不能幸进矣；近正人，则谏诤日闻，而圣性开明矣；明功罪，则朝廷无私，而天下服矣；息大费，则公私富，而军旅有积矣；备凶年，则大恩常施，而祸乱不起矣；崇俭素，则自上化下，而民朴素矣；久任使,则官不虚授,而职事举矣;择守宰,则庶绩有成,而民受赐矣;御边患,则四远畏服,而中国强矣。

除知登州。沙门岛囚众,官给粮者才三百人,每益数,则投诸海。砦主李庆以二年杀七百人,默责之曰:"人命至重,恩既贷其生,又从而杀之,不若即时死乡里也。汝胡不以乏粮告,而颛杀之如此?"欲按其罪,庆惧,自缢死。默为奏请,更定《配岛法》凡二十条,溢数而年深无过者移登州,自是多全活者。其后苏轼知登州,父老迎于路曰:"公为政爱民,得如马使君乎?"

徙知曹州,召为三司盐铁判官。以默与富弼善,且论新法不便,出知济、兖二州。还,提举三司帐司。为神宗言用兵形势,及指画河北山川道里,应对如流。神宗喜,将用之,大臣滋不悦,以提点京东刑狱。

默性刚严疾恶,部吏有望风投檄去者。金乡令以贿著,其父方执政,诒书曰:"马公素刚,汝有过,将不免。"令惧,悉取不义之物焚撤之。改广西转运使,会安化等蛮岁饥内寇,默上平蛮方略,以为"胜负不在兵而在将。富良宵遁,郭逵怯懦,邕城陷没,苏缄老谬;归仁铺覆军,陈曙先走;昆仑关丧师,张守节不战,侬智高破亡,因狄青之智勇;欧希范之诛灭,乃杜杞之方略,此足验矣。"

以疾求归,知徐州。属城利国监苦吴居厚之虐,默皆革之。召为司农少卿。司马光为相,欲尽修祖宗法,问默以复乡差衙前法如何?默曰:"不可。如常平,自汉为良法,岂宜尽废?去其害民者可也。"其后役人立为一州一县法,常平提举官省归提刑司,颇自默发之。除河东转运使。时议弃葭芦、吴堡二砦,默奏控扼险阻,敌不可攻,弃之不便。由是二砦得不弃。移兖州,请褒录石介后,诏官其孙。东州荐饥,流民大集,所振活数万计。入拜卫尉卿,权工部侍郎,转户部。告老,以宝文阁待制复知徐州,改河北都转运使。

初,元丰间,河决小吴,因不复塞,纵之北流。元祐议臣以为东流便,水官遂以之合。默与同时监司上议,以北流为便。御史郭知章复请从东流,于是作东西马头,约水复故道,为长堤壅河之北流者,劳费甚大。明年,复决而北,竟不能使之东。

久之,告老,提举鸿庆宫。绍圣时,坐附司马光,落待制致仕。元符三年,复之。卒,年八十。绍兴中,以其子纯请,赠开府仪同三司,加赠太保。

论曰:《诗》云:"时靡有争,王心载宁。"王安石之为相,可谓致天下之争,而君心不宁矣。孙觉、李常力诤新法,宁失故人之意,毅然去之而无悔,贤哉!孔文仲之策制科,以微官慷慨论事,言虽不听,而名彻上聪。安石既斥其人,又废其科,何迁怒之甚耶!鲜于侁早识安石败事,与吕诲同见几先。马默用张方平荐为御史,至于尽言而不讳,方平止之而不听,斯为不负知己矣。李周之耿介,顾临之用兵,李之纯、王觌再黜而不改其正,亦足以见一时之多贤焉。

卷三百四十五　　列传第一百四

刘安世　邹浩 田昼　**王回** 曾诞附
陈瓘　任伯雨

刘安世,字器之,魏人。父航,第进士,历知虞城、犀浦县。虞城多奸猾,喜寇盗;犀浦民弱而驯。航为政,宽猛急缓不同,两县皆治。知宿州。押伴夏使,使者多所要请,执礼不逊,且欲服球文金带入见,航皆折正之。以群牧判官为河南监牧使。持节册夏主秉常,凡例所遗宝带、名马,却弗受。还,上《御戎书》,大略云:"辨士好为可喜之说,武夫徼冀不赀之宠,或为所误,不可不戒。"为河北西路转运使。熙宁大旱求言,航论新政不便者五,又上书言:"人主不可轻失天下心,宜乘时有所改为,则人心悦而天意得矣。"不报。乃请提举崇福宫,起知泾、相二州。王师西征,徙知陕府。时仓卒军兴,馈饷切急,县令佐至荷校督民,民多弃田庐,或至自尽。航独期会如平日,事更以办。终太仆卿。

安世少时持论已有识。航使监牧时,文彦博在枢府,有所闻,每呼安世告之。安世从容言:"王介甫求去,外议谓公且代其任。"彦博曰:"安石坏天下至此,后之人何可为?"安世拱手曰:"安世虽晚进,窃以为未然。今日新政,果顺人所欲而为人利乎?若不然,公当去其所害,兴所利,反掌间耳。"彦博默不应,他日见航,叹奖其坚正。

登进士第,不就选。从学于司马光,咨尽心行己之要,光教之以诚,且令自不妄语始。调洺州司法参军,司户以贪闻,转运使吴守礼将按之,问于安世,安世云:"无之。"守礼为止。然安世心常不自安,曰:"司户实贪而吾不以诚对,吾其违司马公教乎!"后读扬雄《法言》"君子避碍则通诸理",意乃释。

光入相,荐为秘书省正字。光薨,宣仁太后问可为台谏于吕公著,公著以安世对。擢右正言。时执政颇与亲戚官,安世言:"祖宗以来,大臣子弟不敢受内外华要之职。自王安石秉政,务快私意,累圣之制,扫地不存。今庙堂之上,犹习故态。"因历疏文彦博以下七人,皆耆德魁旧,不少假借。

章惇以强市昆山民田罚金,安世言:"惇与蔡确、黄履、邢恕素相交结,自谓社稷之臣,贪天之功,侥幸异日,天下之人指为'四凶'。今惇父尚在,而别籍异财,绝灭义理,止从薄罚,何以示惩?"会吴处厚解释确《安州诗》以进,安世谓其指斥乘舆,犯大不敬,与梁焘等极论之,窜之新州。宰相范纯仁至于御史十人,皆缘是去。

迁起居舍人兼左司谏,进左谏议大夫。有旨暂罢讲筵,民间欢传宫中求乳婢,安世上疏谏曰:"陛下富于春秋,未纳后而亲女色。愿太皇太后保祐圣躬,为宗庙社稷大计,清闲之燕,频御经帷,仍引近臣与论前古治乱之要,以益圣学，无溺于所爱而忘其可戒。"哲宗俯首不语。后曰："无此事，卿误听尔。"明日，后留吕大防告之故。大防退，召给事中范祖禹使达旨。祖禹固尝以谏，于是两人合辞申言之甚切。

邓温伯为翰林承旨，安世言其"出入王、吕党中，始终反覆。今之进用，实系君子小人消长之机。乞行免黜。"不报。遂请外，改中书舍人，辞不就。以集贤殿修撰提举崇福宫，才六月，召为宝文阁待制、枢密都承旨。

范纯仁复相，吕大防白后欲令安世少避。后曰："今既不居言职，自无所嫌。"又语韩忠彦曰："如此正人，宜且留朝廷。"乃止。吕惠卿复光禄卿，分司，安世争以为不可，不听。出知成德军。章惇用事，尤忌恶之。初黜知南安军，再贬少府少监，三贬新州别驾，安置英州。同文馆狱起，蔡京乞诛灭安世等家，逸虽不行，犹徙梅州。惇与蔡卞将必置之死，因使者入海岛诛陈衍，讽使者过安世，胁使自裁。又擢一土豪为转运判官，使杀之。判官疾驰乘至梅，梅守遣客来劝安世自为计。安世色不动，对客饮酒谈笑，徐书数纸付其仆曰："我即死，依此行之。"顾客曰："死不难矣。"客密从仆所视，皆经纪同贬当死者之家事甚悉。判官未至二十里，呕血而毙，危得免。

昭怀后正位中宫，惇、卞发前谏乳婢事，以为为后设。时邹浩既贬，诏应天少尹孙暨以槛车收二人赴京师。行数驿而徽宗即位赦至，暨乃还。凡投荒七年，甲令所载远恶地无不历。移衡及鼎，然后以集贤殿修撰知郓州、真定府，曾布又忌之，不使入朝。蔡京既相，连七谪至峡州羁管。稍复承议郎，卜居宋都。宣和六年，复待制，中书舍人沈思封还之。明年卒，年七十八。

安世仪状魁硕，音吐如钟。初除谏官，未拜命，入白母曰："朝廷不以安世不肖，使在言路。倘居其官，须明目张胆，以身任责，脱有触忤，祸谴立至。主上方以孝治天下，若以老母辞，当可免。"母曰："不然，吾闻谏官为天子诤臣，汝父平生欲为之而弗得，汝幸居此地，当捐身以报国恩。正得罪流放，无问远近，吾当从汝所之。"于是受命。在职累岁，正色立朝，扶持公道。其面折廷争，或帝盛怒，则执简却立，伺怒稍解，复前抗辞。旁侍者远观，蓄缩悚汗，目之曰"殿上虎"，一时无不敬慑。

家居未尝有惰容，久坐身不倾倚，作字不草书，不好声色货利。其忠孝正直，皆则象司马光。年既老，群贤凋丧略尽，岿然独存，而名望益重。梁师成用事，能生死人，心服其贤，求得小吏吴默尝趋走前后者，使持书来，咳以即大用。默因劝为子孙计，安世笑谢曰："吾若为子孙计，不至是矣。吾欲为元祐全人，见司马光于地下。"还其书不答。死葬祥符县。后二年，金人发其冢，貌如生，相惊语曰："异人也！"为之盖棺乃去。

邹浩，字志完，常州晋陵人。第进士，调扬州、颍昌府教授。吕公著、范纯仁为守，皆礼遇之。纯仁属撰乐语，浩辞。纯仁曰："翰林学士亦为之。"浩曰："翰林学士则可，祭酒、司业则不可。"纯仁敬谢。

元祐中，上疏论事，其略曰："人材不振，无以成天下之务。陛下视今日人材，果有余邪，果不足邪？以为不足，则中外之百执事未尝不备。以为有余，则自任以天下之重者几人？正色昌言不承望风旨者几人？持刺举之权以肃清所部者几人？承流宣化而使民安田里者几人？民贫所当富也，则曰水旱如之何；官冗所当澄也，则曰民情不可扰；人物所当求也，则曰从古不乏材；风俗所当厚也，则曰不切于时变，是皆不明义理之过也。"

苏颂用为太常博士，来之邵论罢之。后累岁，哲宗亲擢为右正言。有请以王安石《三经义》发题试举人者，浩论其不可而止。陕西奏边功，中外皆贺，浩言："先帝之志而陛下成之，善矣。然兵家之事，未战则以决胜为难，既胜则以持胜为难，惟其时而已。苟不为然，将弃前功而招后患。愿申敕将帅，毋狃屡胜，图惟厥终。"

京东大水，浩言："频年水异继作，虽盈虚之数所不可逃，而消复之方尤宜致谨。《书》曰：'惟先格王正厥事。'不以为数之当然，此消复之实也。"

蹇序辰看详元祐章奏，公肆诋欺，轻重不平。浩言："初旨但分两等，谓语及先帝并语言过差而已；而今所施行，混然莫辨。以其近似难分之迹，而典刑轻重随以上下，是乃陛下之威福操柄下移于近臣。愿加省察，以为来事之监。"

章惇独相用事，威虐震赫，浩所言每触惇忌，仍上章露劾，数其不忠慢上之罪，未报。而贤妃刘氏立，浩言：

立后以配天子，安得不审。今为天下择母，而所立乃贤妃，一时公议，莫不疑惑，诚以国家自有仁祖故事，不可不遵用之尔。盖郭后与尚美人争宠，仁祖既废后，并斥美人，所以示公也。及立后，则不选于妃嫔而卜于贵族，所以远嫌，所以为天下万世法也。陛下之废孟氏，与郭后无以异。果与贤妃争宠而致罪乎，抑其不然也？二者必居一于此矣。孟氏罪废之初，天下孰不疑立贤妃为后。及读诏书，有"别选贤族"之语；又闻陛下临朝慨叹，以为国家不幸；至于宗景立妾，怒而罪之。于是天下始释然不疑。今竟立之，岂不上累圣德？

臣观白麻所言，不过称其有子，及引永平、祥符事以为证。臣请论其所以然，若曰有子可以为后，则永平贵人未尝有子也，所以立者，以德冠后宫故也。祥符德妃亦未尝有子也，所以立者，以钟英甲族故也。又况贵人实马援之女，德妃无废后之嫌，迥与今日事体不同。顷年冬，妃从享景灵宫，是日雷变甚异。今宣制之后，霖雨飞雹，自奏告天地宗庙以来，阴泆不止。上天之意，岂不昭昭！考之人事既如彼，求之天意又如此，望不以一时改命为难，而以万世公议为可畏，追停册礼，如初诏行之。

帝谓："此亦祖宗故事，岂独朕邪？"对曰："祖宗大德可法者多矣，陛下不之取，而效其小疵，臣恐后世之责人无已者纷纷也。"帝变色，犹不怒，持其章踌躇四顾，凝然若有所思，付外。明日，章惇诋其狂妄，乃削官，羁管新州。蔡卞、安惇、左肤继请治其祖送者王回等，语在他传。

徽宗立，亟召还，复为右正言，迁左司谏。上疏谓："孟子曰：'左右诸大夫皆曰贤，未可也；国人皆曰贤，然后察之，见贤焉，然后用之。左右诸大夫皆曰不可，勿听；国人皆曰不可，然后察之，见不可焉，然后去之。'于是知公议不可不恤，独断不可不谨。盖左右非不亲也，然不能无交结之私；诸大夫非不贵也，然不能无恩仇之异。至于国人皆曰贤，皆曰不可，则所谓公议也。公议之所在，概已察之，必待见贤然后用，见不可然后去，则所谓独断也。惟恤公议于独断未形之前，谨独断于公议已闻之后，则人君所以致治者，又安有不善乎？伏见朝廷之事，颇异于即位之初，相去半年，遽已如是，自今以往，将如之何？愿陛下深思之。"

改起居舍人，进中书舍人。又言："陛下善继神宗之志，善述神宗之事，孝德至矣。尚有五朝圣政盛德，愿稽考而继述之，以扬七庙之光，贻福万世。"迁兵、吏二部侍郎，以宝文阁待制知江宁府，徙杭、越州。

初，浩还朝，帝首及谏立后事，奖叹再三，询谏草安在。对曰："焚之矣。"退告陈瓘，瓘曰："祸其在此乎。异时奸人妄出一缄，则不可辨矣。"蔡京用事，素忌浩，乃使其党为伪疏，言刘后杀卓氏而夺其子。遂再责衡州别驾，语在《献愍太子传》。寻窜昭州，五年始得归。

初，浩除谏官，恐贻亲忧，欲固辞。母张氏曰："儿能报国，无愧于公论，吾顾何忧？"及浩两谪岭表，母不易初意。稍复直龙图阁。瘅疾作，危甚。杨时过常，往省之。荥然仅存余息，犹眷眷以国事为问，语不及私。卒，年五十二。高宗即位，诏曰："浩在元符间，任谏争，危言谠论，朝野推仰。"复其待制，又赠宝文阁直学士，赐谥忠。

浩所与游田昼、王回、曾诞，皆良士也。

昼字承君，阳翟人。枢密使况之从子，以任为校书郎。调磁州录事参军，知西河县，有善政，民甚德之。议论慷慨，有前辈风。

与邹浩以气节相激励。元符中，浩为谏官，昼监京城门，往见浩曰："平生与君相许者何如，今君为何官？"浩曰："上遇群臣，未尝假以辞色，独于浩差若相喜。天下事固不胜言，意欲待深相信而后发，贵有益也。"昼然之。既而以病归许，邸状报立后，昼谓人曰："志完不言，可以绝交矣。"浩得罪，昼迎诸途。浩出涕，昼正色责之："使志完隐默官京师，遇寒疾不汗，五日死矣。岂独岭海之外能死人哉！愿君毋以此举自满，士所当为者，未止此也。"浩茫然自失，叹谢曰："君之赠我厚矣。"

建中靖国初，入为大宗正丞。曾布数罗致之，不为屈，欲与提举常平官，亦辞。请知淮阳军，岁大疫，日挟医问病者药，遇疾卒。淮阳人祀以为土神云。

回字景深，仙游人。第进士，调松滋令。荆、沔俗用人祭鬼，回捕治甚严，其风遂革。知鹿邑县，入为宗正寺簿。元符中，叶祖洽荐为睦亲宅讲书。与邹浩友善，皇后刘氏立，浩将论之，密告回曰："事宁有大于此者乎？子虽有亲，然移孝为忠，亦太夫人素志也。"

浩南迁，人莫敢顾。回敛交游钱与治装，往来经理，且慰安其母。逻者以闻，逮诣诏狱，众为之惧，回居之晏然。御史诘之，对曰："实尝预议，不敢欺也。"因诵浩所上章，几二千言。狱上，除名停废。即徒步出都门，行数十里，其子追及，问以家事，不答。祖洽亦坐黜。

徽宗立，召还旧官，擢监察御史。数日卒，年五十三。岑象求、王觌、贾易上章，乞录其子，恤其家，以奖劝忠义。诏除子渙老郊社斋郎，蔡京为相，夺之，仍列名党籍。

诞，公亮从孙也。孟后之废，诞三与浩书，劝力请复后，浩不报。及浩以言南迁，诞著《玉山主人对客问》以讥之，其略："客问：邹浩可以为有道之士乎？主人曰：浩安得为知道。虽然，予于此时议浩，是天下无全人也。言之尚足为来世戒。《易》曰：'知几其神乎？'又曰：'知进退存亡而不失其正者，其惟圣人乎？'方孟后之废，人莫不知刘氏之将立，至四年之后而册命未行，是天子知清议之足畏也。使当其时，浩力言复后，能感悟天子，则无今日刘氏之事，贻朝廷于过举，再三言而不听，则义亦当矣。使是时得罪，必不若是酷以贻老母之忧矣。呜呼！若浩者，虽不得为知几之士，然百世之下，顽夫廉，懦夫有立志，尚不失为圣人之清也。"其书既出，识者或以比韩愈《诤臣论》。诞仕亦不显。

陈瓘，字莹中，南剑州沙县人。少好读书，不喜为进取学。父勉勉以门户事，乃应举，一出中甲科。调湖州掌书记，签书越州判官。守蔡卞察其贤，每事加礼，而瓘测知其心术，常欲远之，屡引疾求归，卞不得上。檄摄通判明州。卞家敬道人张怀素，谓非世间人，时且来越，卞留瓘小须之，瓘不肯止，曰："子不语怪力乱神，斯近怪矣。州牧既信重，民将从风而靡。不识之，未为不幸也。"后二十年而怀素诛。明州职田之入厚，瓘不取，尽弃于官以归。

章惇入相，瓘从众道谒。惇闻其名，独邀与同载，询当世之务，瓘曰："请以所乘舟为喻：偏重可行乎？移左置右，其偏一也。明此，则可行矣。天子待公为政，敢问将何先？"惇曰："司马光奸邪，所当先辨，势无急于此。"瓘曰："公误矣。此犹欲平舟势而移左以置右，果然，将失天下之望。"惇厉色曰："光不务缵述先烈，而大改成绪，误国如此，非奸邪而何？"瓘曰："不察其心而疑其迹，则不为无罪；若指为奸邪，又复改作，则误国益甚矣。为今之计，唯消朋党，持中道，庶可以救弊。"意虽忤惇，然亦惊异，颇有兼收之语。至都，用为太学博士。会卞与惇合志，正论遂绌。卞党薛昂、林自官学省，议毁《资治通鉴》，瓘因策士题引神宗所制序文以问，昂、自意沮。

迁秘书省校书郎。绍述之说盛，瓘奏哲宗言："尧、舜、禹皆以'若稽古'为训。'若'者，顺而行之；'稽'者，考其当否，必使合于民情，所以成帝王之治。天子之孝，与士大夫之孝不同。"帝反复究问，意感悦，约瓘再入见。执政闻而憾之，出通判沧州，知卫州。徽宗即位，召为右正言，迁左司谏。瓘论议持平，务存大体，不以细故藉口，未尝及人晻昧之过。尝云："人主托言者以耳目，诚不当以浅近见闻，惑其聪明。"惟极论蔡卞、章惇、安惇、邢恕之罪。

御史龚夬击蔡京，朝廷将逐夬，瓘言："绍圣以来，七年五逐言者，常安民、孙谔、董敦逸、陈次升、邹浩五人者，皆以京异议而去。今又罢夬，将若公道何。"遂草疏论京，未及上，时皇太后已归政，瓘言外戚向宗良兄弟与侍从希宠之士交通，使物议籍籍，谓皇太后今犹预政。由是罢监扬州粮料院。瓘出都门，缴四章奏之，并明宣仁诬谤事。帝密遣使赐以黄金百两，后亦命勿遽去，畀十僧牒为行装，改知无为军。

明年，还为著作郎，迁右司员外郎兼权给事中。宰相曾布使客告以将即真，瓘语子正汇曰："吾与丞相议事多不合，今若此，是欲以官爵相饵也。若受其荐进，复有异同，则公议私恩，两有愧矣。吾有一书论其过，将投之以决去就，汝其书之。但郊祀不远，彼不相容，则泽不及汝矣，能不介于心乎？"正汇愿书。且持入省，布使数人邀相见，甫就席，遽出书，布大怒。争辩移时，至箕踞詈语，瓘色不为动，徐起白曰："适所论者国事，是非有公议，公未可失待士礼。"布蹙然改容。信宿，出知泰州。崇宁中，除名窜袁州、廉州，移郴州，稍复宣德郎。

正汇在杭，告蔡京有动摇东宫迹。杭守蔡薿执送京师，先飞书告京俾为计。事下开封府制狱，并逮瓘。尹李孝称遣使证其妄，瓘曰："正汇闻京将不利社稷，传于道路，瓘岂得预知？以所不知，忘父子之恩而指其为妄，则情有所不忍；挟私情以符合其说，又义所不为。京之奸邪，必为国祸。瓘固尝论之于谏省，亦不待今日语言间也。"内侍黄经臣莅鞫，闻其辞，失声叹息，谓曰："主上正欲得实，但如言以对可也。"狱具，正汇犹以所告失实流海上，瓘亦安置通州。

瓘尝著《尊尧集》，谓绍圣史官专据王安石《日录》改修《神宗史》，变乱是非，不可传信；深明诬妄，以正君臣之义。张商英为相，取其书，既上，而商英罢，瓘又徙台州。宰相遍令所过州出兵甲护送；至台，每十日一徙告；且命凶人石悈知州事，执之至庭，大陈狱具，将胁以死。瓘揣知其意，大呼曰："今日之事，岂被制旨邪！"悈失措，始告之曰："朝廷令取《尊尧集》尔。"瓘曰："然则何用许。使君知'尊尧'所以立名乎？盖以神考为尧，主上为舜，助舜尊尧，何得为罪？时相学术浅短，为人所愚。君所得几何，乃亦不畏公议，干犯名分乎？"悈惭，揖使退。所以窘辱之百端，终不能害。宰相犹以悈为怯而罢之。

在台五年，乃得自便。才复承事郎，帝批进目，以为所拟未当，令再叙一官，仍与差遣，执政持不行。卜居江州，复有谮之者，至不许辄出城。旋令居南康，才至，又移楚。瓘平生论京、卞，皆披摘其处心，发露其情慝，最所忌恨，故得祸最酷，不使一日少安。宣和六年卒，年六十五。

瓘谦和不与物竞，闲居矜庄自持，语不苟发。通于《易》，数言国家大事，后多验。靖康初，诏赠谏议大夫，召官正汇。绍兴二十六年，高宗谓辅臣曰："陈瓘昔为谏官，甚有谠议。近览所著《尊尧集》，明君臣之大分，合于《易》天尊地卑及《春秋》尊王之法。王安石号通经术，而其言乃谓'道隆德骏者，天子当北面而问焉'，其背经悖理甚矣。瓘宜特赐谥以表之。"谥曰忠肃。

任伯雨，字德翁，眉州眉山人。父孜，字遵圣，以学问气节推重乡里，名与苏洵埒，仕至光禄寺丞。其弟伋，字师中，亦知名，尝通判黄州，后知沪州。当时称"大任"、"小任"。

伯雨自幼，已矫然不群，邃经术，文力雄健。中进士第，调施州清江主簿。郡守檄使莅公库，笑曰："里名胜母，曾子不入，此职何为至我哉？"拒不受。知雍丘县，御吏如束湿，抚民如伤。县枕汴流，漕运不绝，旧苦多盗，然未尝有获者，人莫知其故。伯雨下令纲舟无得宿境内，始犹不从，则命东下者斧断其缆，趣京师者护以出，自是外户不闭。

使者上其状，召为大宗正丞，甫至，擢左正言。时徽宗初政，纳用谠论，伯雨首击章惇，曰："惇久窃朝柄，迷国罔上，毒流搢绅，乘先帝变故仓卒，辄逞异意，睥睨万乘，不复有臣子之恭。向使其计得行，将置陛下与皇太后于何地！若贷而不诛，则天下大义不明，大法不立矣。臣闻北使言，去年辽主方食，闻中国黜惇，放箸而起，称甚善者再，谓南朝错用此人。北使又问，何为只若是行遣？以此观之，不独孟子所谓'国人皆曰可杀'，虽蛮貊之邦，莫不以为可杀也。"章八上，贬惇雷州。继论蔡卞六大罪，语在《卞传》。

建中靖国改元，当国者欲和调元祐、绍圣之人，故以"中"为名。伯雨言："人才固不当分党与，然自古未有君子小人杂然并进可以致治者。盖君子易退，小人难退，二者并用，终于君子尽去，小人独留。唐德宗坐此以致播迁之祸，建中乃其纪号，不可以不戒。"

时议者欲西北典郡专用武臣，伯雨谓："李林甫致禄山之乱者，此也。"又论钟傅、王赡生湟、鄯边事，失与国心，宜弃其地，以安边息民；张耒、黄庭坚、晁补之、欧阳棐、刘唐老等宜在朝廷。上书皇太后，乞暴蔡京之恶，召还陈瓘，以全定策之勋。

时以正月朔旦有赤气之异，诣火星观以禳之，伯雨上疏言："尝闻修德以弭灾，未有禳祈以消变。《洪范》以五事配五行，说者谓视之不明，则有赤眚、赤祥。乞揽权纲以信赏罚，专威福以殊功罪，使皇明赫赫，事至必断，则乖气异象，转为休祥矣。"又言："比日内降寖多，或恐矫传制命。汉之鸿都卖爵，唐之墨敕斜封，此近监也。"

王觌除御史中丞，仍兼史官，伯雨谓："史院宰相监修，今中丞为属，非所以重风宪，远嫌疑。"已而觌除翰林，伯雨复论曰："学士爵秩位序，皆在中丞上。今觌为之，是谏官论事，非特朝廷不行，适足以为人迁官尔。"

伯雨居谏省半岁，所上一百八疏，大臣畏其多言，俾权给事中，密谕以少默即为真。伯雨不听，抗论愈力，且将劾曾布。布觉之，徙为度支员外郎，寻知虢州。崇宁党事作，削籍编管通州。为蔡卞所陷，与陈瓘、龚夬、张庭坚等十三人皆南迁，独伯雨徙昌化。奸人犹未甘心，用匿名书复逮其仲子申先赴狱，妻适死于淮，报讣俱至。伯雨处之如平常，曰："死者已矣，生者有负于朝廷，亦当从此诀。如其不然，天岂杀无辜耶！"申先在狱，锻炼无所傅致，乃得释，居海上三年而归。宣和初，卒，年七十三。

长子象先，登世科，又中词学兼茂举，有司启封，见为党人子，不奏名，调秦州户曹掾。闻父谪，弃官归养。王安中辟燕山宣抚幕，勉应之，道引疾还，终身不复仕。申先以布衣特起至中书舍人。

绍兴初，高宗诏赠伯雨直龙图阁，又加谏议大夫，采其谏章，追贬章惇、蔡卞、邢恕、黄履，明著诬宣仁事以告天下。淳熙中，赐谥忠敏。

论曰：刘安世复文彦博之言，时年尚少，然其言即元祐之初政，而司马光之用心也。邹浩谏立刘后，反复曲折，极人所难言。二人除言官，俱入白其母，母俱勉以尽忠报国，无分毫顾虑后患意。呜呼，贤哉！陈瓘、任伯雨抗迹疏远，立朝寡援，而力发章惇、曾布、蔡京、蔡卞群奸之罪，无少畏忌，古所谓刚正不挠者欤！

卷三百四十六　　列传第一百五

陈次升　陈师锡　彭汝砺弟汝霖　汝方
**吕陶　张庭坚　龚夬　孙谔　陈轩
江公望　陈祐　常安民**

陈次升，字当时，兴化仙游人。入太学，时学官始得王安石《字说》，招诸生训之，次升作而曰："丞相岂秦学邪？美商鞅之能行仁政，而为李斯解事，非秦学而何？"坐屏斥。既而第进士，知安丘县。转运使吴居厚以聚敛进，檄尉罔征税于远郊，得农家败絮，捕送县，次升纵遣之。居厚怒，将被以文法，会御史中丞黄履荐，为监察御史。

哲宗立，使察访江、湖。先是，蹇周辅父子经画江右盐法，为民害，次升举劾之。还言："额外上供之数未除，异日必有非法之敛，愿从熙宁以来创行封桩名钱悉赐豁免。又役法未定，人情荧惑，乞速定差顾及均数之等，先为之节而审行之。"提点淮南、河东刑狱。

绍圣中，复为御史；转殿中。论章惇、蔡卞植党为奸，乞收还威福之柄。禁中火，彗出西方，次升请修德求言，以弭天变。掖庭鞫厌魅狱，次升言："事关中宫，宜付外参治。今属于阉寺之手，万一有冤滥，贻后世讥。"济阳郡王宗景请以妾为妻，论其以宗藩废礼，为圣朝累。

初，惇、卞以次升在元祐间外迁，意其不能无怨望，卞又与同乡里，故延置宪府，欲使出力为助，挤排众贤；而一无所附。时方编元祐章疏，毒流搢绅。次升言："陛下初即位，首下诏令，导人使谏；亲政以来，又揭敕榜，许自新。今若考一言之失，致于谴累，则前之诏令适所以误天下，后之敕榜适所以诳天下，非所以示大信也。"又论卞客周穜贪鄙，郑居中憸佞。由是惇、卞交恶之，使所善太府少卿林颜致己意，尝以美官。次升曰："吾知守

官而已，君为天子卿士，而为宰相传风旨邪？"惇、卞益不乐，乘间白为河北转运使，帝曰："漕臣易得耳，次升敢言，不当去。"更进左司谏。

宣仁有追废之议，次升密言："先太后保佑圣躬，始终无间，愿勿听小人销骨之谤。"帝曰："卿安所闻？"对曰："臣职许风闻，陛下毋诘其所从来可也。"吕升卿察访广南，次升言："陛下无杀流人之意，而遣升卿出使。升卿资性惨刻，喜求人过，今使逞志释憾，则亦何所不至哉？"乃止不遣。

次升累章劾章惇，皆留中。帝尝谓曰："章惇文字勿令绝。"次升退告王巩，巩曰："君胡不云：谏臣，耳目也；帝王，心也。心所不知，则耳目为之传达；既知之，何以耳目为？"居数日，复入见，帝申前旨，乃以巩语对。帝曰："然。顾未有代之者尔。"讫不克去。京师富家乳婢怨其主，坐儿于上而嵩呼者三。逻系狱。次升乞戒有司无得观望。帝问大臣何谓，蔡卞曰："正谓观望陛下尔。"诬其毁先烈，拟谪监全州酒税，帝以为远，改南安军。

徽宗立，召为侍御史。极论惇、卞、曾布、蔡京之恶，窜惇于雷，居卞于池，出京于江宁。迁右谏议大夫。献体道、稽古、修身、仁民、崇俭、节用六事，言多规切。崇宁初，以宝文阁待制知颍昌府，降集贤殿修撰，继又落修撰，除名徙建昌，编管循州，皆以论京、卞故。政和中，用赦恩复旧职。卒，年七十六。

次升三居言责，建议不苟合，刘安世称其有功于元祐人，谓能遏吕升卿之行也。它所言曾肇、王觌、张庭坚、贾易、李昭玘、吕希哲、范纯礼、苏轼等，公议或不谓然。

陈师锡字伯修，建州建阳人。熙宁中，游太学，有俊声。神宗知其材，及廷试，奏名在甲乙间，帝偶阅其文，屡读屡叹赏，顾侍臣曰："此必陈师锡也。"启封果然，擢为第三。调昭庆军掌书记，郡守苏轼器之，倚以为政。轼得罪，捕诣台狱，亲朋多畏避不相见，师锡独出饯之，又安辑其家。

知临安县，为监察御史。上言："宋兴，享国长久号称太平者，莫如仁宗，切考致治之本，不过延直言，御群下，进善退邪而已。明道中，亲览万几，见政事之多辟，辅佐之失职，自吕夷简、张耆、夏竦、陈尧佐、范雍、晏殊等，一日罢去。宝元初，冬雷地震，用谏官韩琦之言，王随、陈尧佐、韩亿、石中立同时见黜。其后，不次擢用杜衍、范仲淹、富弼、韩琦，以成庆历、嘉祐之治。愿稽皇祖纳谏、御臣之意，以兴治功。"帝善其言。

时诏进士习律，师锡言："陛下方大阐学校，用经术训迪士类，不应以刑名之学乱之。夫道德，本也；刑名，末也。教之以本，人犹趋末，况教之以末乎？望追寝其制，使得悉意本业。"用事者谓倡为诐说，出知宿迁县。

元祐初，苏轼三上章，荐其学术渊源，行己洁素，议论刚正，器识靖深，德行追踪于古人，文章冠绝于当世。乃入为秘书省校书郎，迁工部员外郎，加秘阁校理，提点开封县镇。建言："铨法，选人用举者迁升，而岁有定额，

今请托者溢数，而寒畯有不足之患，请为之限约。"畿内将官苛惨失士心，方大阅，群卒哗噪，将吏莫知所为。师锡驰至军，推首恶者致诸法，按阅如初，而劾斥其将，县人叹服。枢密院犹以事不先白为罪，罢知解州。历考功员外郎，知宣州、苏州。

徽宗立，召拜殿中侍御史。疏言："元丰之末，中外汹汹矣。宣仁圣后再安天下，委国而治者，司马光、吕公著尔。章惇诬其包藏祸心，至于追贬。天相陛下，发潜继统，而惇犹据高位，光等赠谥未还，墓碑未复。愿早揽宸略，以慰中外之望。"

蔡京为翰林学士，师锡言："京与弟卞同恶，迷国误朝。而京好大喜功，锐于改作，日夜交结内侍、戚里，以觊大用。若果用之，天下治乱自是而分，祖宗基业自是而隳矣。京援引死党至数百人，邓洵武内行污恶，搢绅不齿，岂可溱秽史笔？向宗回、宗良亦阴为京助。是皆国之深患，为陛下忧，为宗庙忧，为贤人君子忧。若出之于外，社稷之福也。"帝曰："此于东朝有碍，卿为我处之。"对曰："审尔，臣当具白太后。"遂上封事言："自昔母后临朝，危乱天下，载在史册，可考而知。至于手书还政，未有如圣母，退抑谦逊，真可为万世法。而蔡京阴通二向，妄言宫禁预政，以诬圣德，不可不察也。"

诏索秘阁图画，师锡言："《六经》载道，诸子言理，历代史籍，祖宗图画，天人之蕴，性命之妙，治乱安危之机，善恶邪正之迹在焉。望留意于此，以唐山水图代《无逸》为监。"

俄改考功郎中，师锡抗章言曰："臣在职数月，所言皆当今急务。若以为非，陛下方开纳褒奖；若以为是，则不应遽解言职。如蔡京典刑未正，愿受窜贬。"于是出知颍、庐、滑三州。坐党论，监衡州酒；又削官置郴州。卒，年六十九。师锡始与陈瓘同论京、卞，时号"二陈"。绍兴中，赠直龙图阁。

彭汝砺，字器资，饶州鄱阳人。治平二年，举进士第一。历保信军推官、武安军掌书记、潭州军事推官。王安石见其《诗义》，补国子直讲，改大理寺丞，擢太子中允，既而恶之。

御史中丞邓绾将举为御史，召之不往；既上章，复以失举自列。神宗怒，逐绾，用汝砺为监察御史里行。首陈十事：一正己，二任人，三守令，四理财，五养民，六振救，七兴事，八变法，九青苗，十盐事。指摘利害，多人所难言者。又论吕嘉问市易聚敛非法，当罢；俞充谄中人王中正，至使妻拜之，不当检正中书五房事。神宗为罢充，诘其语所从，汝砺曰："如此，非所以广聪明也。"卒不奉诏。及中正与李宪主西师，汝砺言不当以兵付中人，因及汉、唐祸乱之事。神宗不怿，语折之。汝砺拱立不动，伺间复言，神宗为改容，在廷者皆叹服。宗室以女卖婚民间，有司奏罢之。汝砺言："此虽疏属，皆天家子孙，不可使闾阎之贱得以货取，愿更著婚法。"

元丰初，以馆阁校勘为江西转运判官，陛辞，复言："今不患无将顺之臣，患无谏诤之臣；不患无敢为之臣，患无敢言之臣。"神宗嘉其忠荩。代还，提点京西刑狱。

元祐二年，召为起居舍人。时相问新旧之政，对曰："政无彼此，一于是而已。今所更大者，取士及差役法，行之而士民皆病，未见其可。"逾年，迁中书舍人，赐金紫。词命雅正，有古人风。其论诗体四韵事尤力，大臣有持平者，颇相左右，一时进取者疾之，欲排去其类，未有以发。

会知汉阳军吴处厚得蔡确安州诗上之，傅会解释，以为怨谤。谏官交章请治之，又造为危言，以激怒宣仁后，欲置之法。汝砺谓此罗织之渐也，数以白执政，不能救，遂上疏论列，不听。方居家待罪，得确谪命除目草词，曰："我不出，谁任其责者。"即入省，封还除目，辨论愈切。谏官指汝砺为朋党，宣仁后曰："汝砺岂党确者，亦为朝廷论事尔。"及确贬新州，又须汝砺草词，遂落职知徐州。初，汝砺在台时，论吕嘉问事，与确异趣，徙外十年，确为有力。后治嘉问它狱，以不阿执政，坐夺二官。至是，又为确得罪，人以此益贤之。

加集贤殿修撰，入权兵、刑二部侍郎。有狱当贷，执政以特旨杀之，汝砺持不下。执政怒，罚其属。汝砺言："制书有不便，许奏论。汝砺属又何罪？"遂自劾请去，章四上。诏免属罚，徙汝砺礼部，真拜吏部侍郎。

哲宗躬听断，修熙宁、元丰政事，人皆争献所闻，汝砺独无建白。或问之，答曰："在前日则无敢言，于今则人人能言之矣。"进权吏部尚书。言者谓尝附会刘挚，以宝文阁直学士知成都府。未行，章数上，又降待制、知江州。将行，哲宗问所欲言，对曰："陛下今所复者，其政不能无是非，其人不能无贤否。政惟其是，则无不善；人惟其贤，则无不得矣。"

至郡数月而病卒。其遗表略云："土地已有余，愿抚以仁；财用非不饶，愿节以礼。佞人初若可悦，而其患在后；忠言初若可恶，而其利甚博。"至于恤河北流移，察江南水旱，凡数百言。朝廷方以枢密都承旨命之而已卒，乃以告赐其家。年五十四。

汝砺读书为文，志于大者，言动取舍，必合于义，与人交，必尽诚敬。兄无子，为立后，官之。少时师事桐庐倪天隐，既死，并其母葬之，且衣食其女。同年生宋涣死，经理其后，不啻如子。所著《易义》、《诗义》、《诗文》凡五十卷。弟汝霖、汝方。

汝霖字岩老。第进士，以曾布荐，为秘书丞，擢殿中侍御史，由是附布。时绍述之论复兴，都水丞李夷行乞复诗赋，汝霖劾之。韩忠彦议权合祭，汝霖言其非礼。迁侍御史。门下侍郎李清臣与布异，布先讽江公望使击之，将处以谏议大夫，公望弗听。汝霖竟逐清臣，果得谏议。

鞠赵谂反狱，穷其党与。元祐祸再兴，吴材、王能甫排斥不已，汝霖言："诸人罪状，已经绍圣出削，案籍具在，但可据以行，不必候指名弹击。"于是司马光以下复贬。布失位，汝霖罢知泰州，又谪濮州团练副使。后以显谟阁待制卒。

汝方字宜老。以汝砺荫为荥阳尉、临城主簿。汝砺卒，弃官归葬。丰稷留守南京，辟司录。宣和初，通判衢州，使者疏其治状，擢知州事。

方腊起睦之青溪，与衢接境。寇至，无兵可御，众望风奔溃。汝方独与其僚段约介守孤城，三日而陷，骂贼以死，年六十六。徽宗褒叹之，超赠龙图阁直学士、通议大夫，谥曰忠毅，官其家七人。

吕陶，字元钧，成都人。蒋堂守蜀，延多士入学，亲程其文，尝得陶论，集诸生诵之，曰："此贾谊之文也。"陶时年十三，一坐皆惊。由是礼诸宾筵。一日，同游僧舍，共读寺碑，酒阑，堂索笔书碑十纸，行断句阙，以示陶曰："老夫不能尽忆，子为我足之。"陶书以献，不缪一字。

中进士第，调铜梁令。民庞氏姊妹三人冒隐幼弟田，弟壮，诉官不得直，贫至庸奴于人。及是又诉。陶一问，三人服罪，弟泣拜，愿以田半作佛事以报。陶晓之曰："三姊皆汝同气，方汝幼时，适为汝主之尔；不然，亦为他人所欺。与其捐半供佛，曷若遗姊，复为兄弟，顾不美乎？"弟又拜听命。

知太原寿阳县。府帅唐介辟签书判官，暇日促膝晤语，告以立朝事君大节，曰："君廊庙人也。"以介荐，应熙宁制科。时王安石从政，改新法，陶对策枚数其过，大略谓："贤良之旨，贵犯不贵隐。臣愚，敢忘斯义？陛下初即位，愿不惑理财之说，不间老成之谋，不兴疆场之事。陛下措意立法，自谓庶几尧、舜，然陛下之心如此，天下之论如彼，独不反而思之乎？"及奏第，神宗顾安石取卷读，读未半，神色颇沮。神宗觉之，使冯京竟读，谓其言有理。司马光、范镇见陶，皆曰："自安石用事，吾辈言不复效，不意君及此，平生闻望，在兹一举矣。"

安石既怒孔文仲，科亦随罢，陶虽入等，才通判蜀州。张商英为御史，请废永康军，下旁郡议，陶以为不可。及知彭州，威、茂夷入寇，陶召大姓潜具守备，城门启闭如平时，因以永康前议上于朝，军遂不废。

王中正为将，蜀道畏，事之甚谨，而其所施悉谬戾，陶奏召还之。李杞、蒲宗闵来榷茶，西州骚动。陶言："川蜀产茶，视东南十不及一，诸路既皆通商，两川独蒙禁榷。茶园本是税地，均出赋租，自来敷卖以供衣食，盖与解盐、晋矾不同。今立法太严，取息太重，遂使良民枉陷刑辟，非陛下仁民爱物之意也。"宗闵怒，劾言沮败新法，责监怀安商税。或往吊之，陶曰："吾欲假外郡之虚名，救蜀民百万之实祸。幸而言行，所济多矣。敢有荣辱进退之念哉。"起知广安军，召为司门郎中。

元祐初，擢殿中侍御史，首献邪正之辨曰："君子小人之分辨，则王道可成，杂处于朝，则政体不纯。今蔡确、韩缜、张璪、章惇，在先朝，则与小人表里，为贼民害物之政，使人主德泽不能下流；在今日，则观望反覆，为异时子孙之计。安焘、李清臣又依阿其间，以伺势之所在而归之。昔者负先帝，今日负陛下。愿亟加斥逐，以清朝廷。"于是数人相继罢去。

时议行差役，陶言："郡县风俗异制，民之贫富不均，当此更法之际，若不预设防禁，则民间虽无纳钱之劳，反有偏颇之害。莫若以新旧二法，裁量厥中。"会陶谒告归，诏于本道定议。陶考究精密，民以为便。还朝，遂正两路转运使李琮、蒲宗闵之罪；又奏十事，皆利害切于蜀者。

苏轼策馆职，为朱光庭所论，轼亦乞补郡，争辨不已。陶言："台谏当徇至公，不可假借事权以报私隙。议者皆谓轼尝戏薄程颐，光庭乃其门人，故为报怨。夫欲加轼罪，何所不可，必指其策问以为讥谤，恐朋党之敝，自此起矣。"由是两置之。

陶与同列论张舜民事不合，傅尧俞、王岩叟攻之，太皇太后不纳，迁陶左谏议，继出为梓州、淮西、成都路转运副使。入拜右司郎中、起居舍人。大臣上殿，有乞屏左右及史官者，陶曰："屏左右已不可，况史官乎？大臣奏事而史官不得闻，是所言私也。"诏定为令。迁中书舍人。奉使契丹归，乞修边备。哲宗喜曰："臣僚言边事，惟及陕西，不及河北。殊不知河北有警，则十倍陕西矣！卿言甚善。"进给事中。

哲宗始亲政，陶言："太皇保祐九年，陛下所深知，尊而报之，惟恐不尽。然臣犹以无可疑为疑，不必言而言，万一有奸邪不正之谋，上惑渊听，谓某人宜复用，某事宜复行，此乃治乱安危之机，不可不察也。"俄以集贤院学士知陈州，徙河阳、潞州，例夺职，再贬库部员外郎，分司。徽宗立，复集贤殿修撰、知梓州，致仕。卒年七十七。

张庭坚，字才叔，广安军人。进士高第，调成都观察推官，为太学《春秋》博士。绍圣经废，通判汉州。入为枢密院编修文字，坐折简诋邹浩免。徽宗召对，除著作佐郎，擢右正言。帝方锐意图治，进延忠鲠，庭坚与邹浩、龚夬、江公望、常安民、任伯雨皆在谏列，一时翕然称得人。

庭坚在职逾月，数上封事，其大要言："世之论孝，必曰绍复神考，然后谓孝。夫前后异宜，法亦随变，而欲纤悉必复，然则将敝于一偏，久必有不便于民而招怨者，如此而谓之孝，可乎？司马光因时变革，以便百姓，人心所归，不为无补于国家；陈瓘执义论诤，将以去小人，士论所推，不为无益于宫禁。乞尽复光赠典以悦人心，召还瓘言职以慰士论。又士大夫多以继志述事劝陛下者，臣恐必有营私之人，欲主其言以自售，谓复绍先烈非其徒不可，将假名继述，而实自肆焉。今远略之耗于内者，弃不以为守，则兵可息；特旨之重于法者，删不以为例，则刑可省。近以青唐反叛，弃鄯守湟。既以鄯为可弃，则区区之湟，亦安足守？臣谓并弃湟州便。"庭坚言论深切，退辄焚稿。

是时，议者往往指元祐旧臣在廷者太多。庭坚为帝言司马光、吕公著之贤，且曰："陛下践阼以来，合人心事甚众，惟夫邪正殊未差别。如光、公著甄叙，但用赦恩，初未尝别其无罪也。"又荐苏轼、苏辙可用，颇忤旨。曾布因称其所论不当，帝命徙为郎，俄出为京东转运判官。任伯雨言庭坚立身有本末，不应罢言职。庭坚亦辞新命，改知汝州，又送吏部。伯雨复争之，乞以庭坚章付外，考其所言，毋使言者为三省所胁。李清臣从而挤之，改通判陈州。

初，蔡京守蜀，庭坚在幕府与相好。及京还朝，欲引以为己用，先令乡人谕意，庭坚不肯往。京大恨，后遂列诸党籍。又坐尝谈瑶华非辜事,编管虢州,再徙鼎州、象州。久之,复故官。卒,年五十七。绍兴初,诏赠直徽猷阁。

龚夬,字彦和,瀛州人。清介自守,有重名。进士第三,签书河阳判官。从曾布于瀛。绍圣初,擢监察御史,以亲老,求通判相州,知洺州。

徽宗立,召拜殿中侍御史。始上殿,即抗疏请辨忠邪,曰:"好恶未明,则人迷所向;忠邪未判,则众必疑。今圣政日新,远近忻悦,进退人材,皆出睿断,此甚盛之举也。然奸党既破,必将早夜熟计,广为身谋。或邀革面以求自文,或申邪说以拒正论,或诡称祸福以动朝廷,或托言祖宗以胁人主。巧事贵戚,阴结左右,变乱是非,奸计百出,幸其既败复用,已去复留。君子直道而行,则必堕其术中。然则天下治忽,未可知也。故宜洞察忠邪,行之以决。若小不忍,则害大政。臣愿陛下明好恶以示之,使远近知进贤退奸之意,太平之治,不难致也。"又言:"朝廷累下赦令,洗涤元祐怨负被坐之人,至于官职资荫,多未给还。愿申诏有司,亟为施行,以伸先帝宽仁之意。"

时章惇、蔡卞用事,夬首论其恶,大略以为:"昔日丁谓当国,号为恣睢,然不过陷一寇准而已。及至于惇,而故老、元辅、侍从、台省之臣,凡天下之所谓贤者,一日之间,布满岭海,自有宋以来,未之闻也。当是时,惇之威势震于海内,此陛下所亲见。盖其立造不根之语,文致悖逆之罪,是以人人危惧,莫能自保,俾其朽骨衔冤于地下,子孙禁锢于炎荒,忠臣义士,愤闷而不敢言,海内之人,得以归怨先帝。其罪如此,尚何俟而不正典刑哉?下事上不忠,怀奸深阻,凡惇所为,皆卞发之,为力居多。望采之至公,昭示谴黜。"又论:"蔡京治文及甫狱,本以偿报私仇,始则上诬宣仁,终则归咎先帝,必将族灭无辜,以逞其欲。臣料当时必有案牍章疏,可以见其锻炼附会。如方天若之凶邪,而京收置门下,赖其倾险,以为腹心,立起奸狱,多斥善士,天下冤名,皆京与天若为之也。愿考证其实,以正奸臣之罪。"于是三人者皆去。

又上疏乞正元祐后册位号,及元符后不当并立,书报闻。已而元祐后册再废,言者论夬首尾建言,诏削籍,编管房州。继徙象,又徙化。徒步适贬所,持扇乞钱以自给。逢赦令得归,政和元年卒,年五十五。绍兴元年,赠直龙图阁。六年,再赠右谏议大夫,官其后二人。

弟大壮,少有重名,清介自立。从兄官河阳,曾布欲见之,不可得,乃往谒夬,邀之出,从容竟日,题诗壁间,有"得见两龚"之语。夬为御史,大壮劝使早去,夬以为畏友。不幸早卒。

孙谔,字元忠,睢阳人。父文用,以信厚称乡里,死谥慈静居士。谔少挺特不群,为张方平所器。登进士第,调哲信主簿,选为国子直讲。陷虞蕃狱,免。

元祐初,起为太常博士,迁丞。哲宗卜后,太史惑阴阳拘忌之说,谔上疏太皇太后言:"家人委巷之语,不足以定大计,愿断自圣虑。"出为利、梓路转运判官,召拜礼部员外郎、左正言。

绍圣治元祐党,谔言:"汉、唐朋党之祸,其监不远。"蹇序辰编类章疏,谔又言:"朝廷当示信,以静安天下,请如前诏书,一切勿问。"尝侍对,论星文变咎,愿修省消复,罢幸西池及寝内降除授。帝每患台谏乏人,谔曰:"士岂乏于世,顾陛下不知尔。"立疏可用者二十二人。章惇恶其拂己,出知广德军,徙唐州,提点湖南刑狱。

徽宗立,复为右司谏,首论大臣邪正、政事可废置因革者,帝称其鲠直。议者欲以群臣封事付外详定,谔言:"君不密则失臣,是将速忠臣之祸矣,不宜宣泄。"乃止。迁左司谏,俄以疾卒。

谔与彭汝砺以气节相尚,汝砺亡,谔语所知曰:"吾居言责,不愧器资于地下矣。"及再入谏省,不能旬月,时论惜之。

陈轩,字元舆,建州建阳人。进士第二,授平江军节度推官。元祐中,为礼部郎中、徐王翊善,再迁中书舍人。上疏言:"祖宗旧制,诸道帅守、使者辞见之日,并召对便殿,非特可以周知利害,亦可观阅人才。今视朝数刻而退,惟执政大臣得在帝所,或经旬阅月,台谏官乃得觐,余皆无因而前,殆非所谓广览兼听之道。愿诏有司,使如故事。"又言:"所在巡检,招悻游恶少以隶土军,习暴横,为田野患,请使以厢卒代。"皆从之。高丽入贡,轩馆客,其使求市历代史、《策府元龟》,抄郑、卫曲谱,皆为上闻。礼部尚书苏轼劾其失体,以龙图阁待制知庐州,徙杭州、江宁颍昌府。

徽宗立,为兵部侍郎兼侍读。论监司、守臣数易之弊,如江、淮发运使,十五年间至更三十二人,愿稍久其任。又言:"比更定役法,欲以宽民力,而有司生事,急切苟营赢羡。散青苗以抑兼并,拯难困,不当以散多予赏。"入侍经闱,每劝帝以治贵清净,愿法文、景之恭俭,帝颇听行之。加龙图阁直学士、知成都府,不行,改杭州、福州。卒,年八十四。

江公望,字民表,睦州人。举进士。建中靖国元年,由太常博士拜左司谏。时御史中丞赵挺之与户部尚书王古用赦恩理逋欠,古多所蠲释,挺之劾古倾天下之财以为私惠。公望以为天子登极大赦,将与天下更始,故一切与民,岂容古行私惠于其间,乃上疏曰:"人君所以知时政之利病、人臣之忠邪,无若谏官、御史之为可信。若挟情肆诬,快私忿以闻上听,不可不察也。臣闻挺之与古论事每不相合,屡见于辞气,怀不平之心,有待而发。俚语有之,'私事官仇',此小人之所不为,而挺之安为之,岂忠臣乎?"

又上疏曰:"自哲宗有绍述之意,辅政非其人,以媚于己为同,忠于君为异。一语不合时学,必目为流俗;一谈不俟时事,必指为横议。借威柄以快私隙,必以乱君臣父子之名分感动人主,使天下骚然,泰陵不得尽继述之美。元祐人才,皆出于熙宁、元丰培养之余,遭绍圣窜逐之后,存者无几矣。神考与元祐之臣,其先非有射钩斩袪之隙也,先帝信仇人而黜之。陛下若立元祐为名,必有元丰、绍圣为之对,有对则争兴,争兴,则党复立矣。陛下改元诏旨,亦称思建皇极,盖尝端好恶以示人,本中和而立政,皇天后土,实闻斯言。今若欲渝之,奈皇天后土何?"

内苑稍畜珍禽奇兽,公望力言非初政所宜。它日入对,帝曰:"已纵遣之矣,唯一白鹇畜之久,终不肯去。"先是,帝以柱杖逐鹇,鹇不去,乃刻公望姓名于杖头,以识其谏。蔡王似府史以语言疑似成狱,公望极言论救,出知淮阳军。未几,召为左司员外郎,以直龙图阁知寿州。蔡京为政,编管南安军。遇赦还家,卒。建炎中,与陈瓘同赠右谏议大夫。

陈祐,字纯益,仙井人。第进士。元符末,以吏部员外郎拜右正言。上疏徽宗曰:"有旨令臣与任伯雨论韩忠彦援引元祐臣僚事。按贾易、岑象求、丰稷、张耒、黄庭坚、龚原、晁补之、刘唐老、李昭玘人才均可用,特迹近嫌疑而已。今若分别党类,天下之人,必且妄意陛下逐去元祐之臣,复兴绍圣政事。今绍圣人才比肩于朝,一切不问;元祐之人数十,辄攻击不已,是朝廷之上,公然立党也。"

迁右司谏。言:"林希绍圣初掌书命,草吕大防、刘挚、苏辙、梁焘等制,皆务求合章惇之意。陛下顷用臣言褫其职,自大名移扬州,而希谢表具言皆出于先朝。大抵奸人诋毁善类,事成则擿己所愤,事败则归过于君。至如过失未形而训辞先具,安得为责人之实?历辨诋诬而上侵圣烈,安得为臣子之谊?不一二年,致位枢近,而希尚敢忿躁不平,谢章慢上不敬。此而可忍,孰可不忍!"希再降知舒州。又论章惇、蔡京、蔡卞、郝随、邓洵武,忤旨,通判滁州。卞乞贬伯雨等,祐在数中,编管澧州,徙归州。复承议郎,卒。

常安民,字希古,邛州人。年十四,入太学,有俊名。熙宁以经取士,学者翕然宗王氏,安民独不为变。春试,考第一,主司启封,见其年少,欲下之。判监常秩不可,曰:"糊名较艺,岂容辄易?"具以白王安石。安石称其文,命学者视以为准,由是名益盛。安石欲见之,不肯往。登六年进士举,神宗爱其策,将使魁多士。执政谓其不熟经学,列之第十。

授应天府军巡判官,选成都府教授。与王惇为同僚,惇深刻奸诈,尝借谒府帅,辄毁素所厚善者。安民退谓惇曰:"若人不厚于君乎?何诋之深也。"惇曰:"吾心实恶之,姑以为面交尔。"安民曰:"君所谓匿怨而友其人,乃李林甫也。"惇笑曰:"直道还君,富贵输我。"安民应之曰:"处厚贵,天下事可知,我当归山林,岂复与君校是非邪!第恐累阴德尔。"后惇贵,遂陷安民,而惇子坐法诛死。如安民言。秩满寓京师。妻孙氏与蔡确之妻,兄弟也。确时为相,安民恶其人,绝不相闻。确夫人使招其妻,亦不往。调知长洲县,以主信为治,人不忍欺。县故多盗,安民籍尝有犯者,书其衣,揭其门,约能得它盗乃

除,盗为之息。追科不下吏,使民自输,先它邑以办。转运使许懋、孙昌龄入境,邑民颂其政,皆称为古良吏。元祐初,李常、孙觉、范百禄、苏轼、鲜于侁连章论荐,擢大理、鸿胪丞。

是时,元丰用事之臣,虽去朝廷,然其党分布中外,起私说以摇时政。安民窃忧之,贻书吕公著曰:"善观天下之势,犹良医之视疾,方安宁无事之时,语人曰:'其后必将有大忧',则众必骇笑。惟识微见几之士,然后能逆知其渐。故不忧于可忧,而忧之于无足忧者,至忧也。今日天下之势,可为大忧。虽登进忠良,而不能搜致海内之英才,使皆萃于朝,以胜小人,恐端人正士,未得安枕而卧也。故去小人不为难,而胜小人为难。陈蕃、窦武协心同力,选用名贤,天下想望太平,然卒死曹节之手,遂成党锢之祸。张柬之五王中兴唐室,以谓庆流万世,及武三思一得志,至于窜移沦没。凡此者皆前世已然之祸也。今用贤如倚孤栋,拔士如转巨石,虽有奇特瑰卓之才,不得一行其志,甚可叹也。猛虎负嵎,莫之敢撄,而卒为人所胜者,人众而虎寡也。故以十人而制一虎则人胜,以一人而制十虎则虎胜,奈何以数十人而制千虎乎?今怨忿已积,一发其害必大,可不谓大忧乎。"及章惇作相,其言遂验。

历太常博士,转为丞。与少卿朱光庭论不合,出为江西转运判官,不行,改宗正丞。苏辙荐为御史,宰相不乐,除开封府推官。绍圣初,召对,为哲宗言:"今日之患,莫大于士不知耻。愿陛下奖进廉洁有守之士,以厉风俗。元祐进言者,以熙、丰为非,今之进言者反是,皆为偏论。愿公听并观,择其中而归于当。"拜监察御史。论章惇颛国植党,乞收主柄而抑其权,反复曲折,言之不置。惇遣所亲信语之曰:"君本以文学闻于时,奈何以言语自任,与人为怨?少安静,当以左右相处。"安民正色斥之曰:"尔乃为时相游说邪?"惇益怒。

中官裴彦臣建慈云院,户部尚书蔡京深结之,强毁人居室。诉于朝,诏御史劾治。安民言:"事有情重而法轻者,中官豪横。与侍从官相交结,同为欺罔,此之奸状,恐非法之所能尽。愿重为降责,以肃百官。"狱具,惇主之甚力,止罚金。安民因论京:"奸足以惑众,辨足以饰非,巧足以移夺人主之视听,力足以颠倒天下之是否。内结中官,外连朝士,一不附己,则诬以党于元祐;非先帝法,必挤之而后已。今在朝之臣,京党过半,陛下不可不早觉悟而逐去之。他日羽翼成就,悔无及矣。"是时,京之奸始萌芽,人多未测,独安民首发之。

又言:"今大臣为绍述之说,皆借此名以报复私怨,朋附之流,遂从而和之。张商英在元祐时上吕公著诗求进,谀佞无耻,近乞毁司马光及公著神道碑。周秩为博士,亲定光谥为文正,近乃乞斫棺鞭尸。陛下察此辈之言,果出于公论乎?"章疏前后至数十百上,度终不能回,遂丐外,帝慰勉而已。

大飨明堂,刘贤妃从侍斋宫。安民以为万众观瞻,亏损圣德,语颇切直,帝微怒。曾布始以安民数憾章惇,意其附已,屡称之于朝。其后并论,曾布亦恨,于是与惇

比而排之，乃取其所贻吕公著书白于帝。它日，帝谓安民曰：「卿所上宰相书，比朕为汉灵帝，何也？」安民曰：「奸臣指摘臣言，推其世以文致臣尔，虽辨之，何益？」

董敦逸再为御史，欲劾苏轼兄弟，安民谓二苏负天下文章重望，恐不当尔。至是，敦逸奏之，诏与知军，悖径拟监滁州酒税。至滁，日亲细务。郡守曾肇约为山林之游，曰：「谪官例不治事。」安民谢曰：「食焉而怠其事，不可。」满三岁，通判温州。

徽宗立，朝论欲起为谏官，曾布沮之，以提点永兴军路刑狱。蔡京用事，入党籍，流落二十年。政和末，卒，年七十。建炎四年，赠右谏议大夫。子同，为御史中丞，自有传。

论曰：次升从容一言，止吕升卿之使岭南，大有功于元祐诸臣。师锡谓蔡京若用，天下治乱自是而分，惜其言不行于当时，而徒有验于其后。汝砺辨救蔡确，以直报怨。陶言榷茶为西南害，毅然触蒲、李之锋。庭坚论绍复未足以尽孝道。谔言世非乂士，患上不知，乃荐可用者二十有二人，号称鲠直，裨益尤多。轩力陈青苗贻害，愿以清净为治。祐击林希，且论惇、京、卞辈，斥死弗悔。公望谓神宗于元祐诸臣非有射钩斩袪之隙，而终不能移奸邪先入之言。夬击逐章惇、蔡京、蔡卞于外，亦足少泄四海臣民之愤；然京、卞既仆即起，已去复来，至于贴危不悟也。庸暗之主，可与言哉！安民人虎多少之喻，惴惴焉惧不足以胜小人。不幸而群奸相继用事，在廷忠直之臣，动因事而斥去之，驯致靖康之祸，其所由来远矣。小人之得政，可畏夫！

卷三百四十七　　列传第一百六

孙鼛　吴时　李昭玘　吴师礼　王汉之
弟涣之　黄廉　朱服　张舜民　盛陶　章衡
颜复　孙升　韩川　龚鼎臣　郑穆
席旦　乔执中

孙鼛，字叔静，钱塘人。父盲言，徙扬之江都。鼛年十五，游太学，苏洵、滕甫称之。用父任，调武平尉，捕获名盗数十，谢赏不受。再调越州司法参军，守赵抃荐其材。知偃师县，蒲中优人诡僧腾隐民间，以不语惑众，相传有异法，奔凑其门。鼛收按奸状，立伏辜。韩缜镇长安，辟入府；缜去，后来者仍挽之使留，居五年，签书西川判官。或荐于朝，召对，擢提举广东常平。徽宗初，徙两浙。由福建转运判官召为屯田员外。

鼛微时与蔡京善，常曰：「蔡子，贵人也；然才不胜德，恐贻天下忧。」至是，京还朝，遇诸途。既见，京逆谓曰：「我若用于天子，愿助我。」鼛曰：「公诚能谨守祖宗之法，以正论辅人主，示节俭以先百吏，而绝口不言兵，

天下幸甚。鼛何为者？」京默然。既相，出提点江东刑狱。

未几，入为少府少监、户部郎中。县官用度无艺，鼛与尚书曾孝广、侍郎许几谋曰：「日增一日，岁增一岁，天下之财岂能给哉？」共疏论之。当国者不乐，孝广、几由是罢，徙鼛开封。迁太仆卿、殿中少监。

四辅建，以显谟阁待制知曹州。论经始规画之劳，转太中大夫，徙郓州。邑人子为「草祭」之谣，指切蔡京。鼛以闻，京怒，使言者诬以它谤，提举鸿庆宫。起知单州，遂致仕。靖康二年卒，年八十六。赠银青光禄大夫，谥曰通靖。

鼛笃于行义，在广东时，苏轼谪居惠州，极意与周旋。二子娶晁补之、黄庭坚女，党事起，家人危惧，鼛一无所顾。时人称之。

吴时，字伸道，邛州人。初举进士，得学究出身；再试，中甲科。知华州郑县，转运使檄州馈米五万输长安，郑独当三万。时贻书使者曰：「会三万斛之费，以车则千五百乘，以卒则五万夫，县民可役者才二百五十八户耳。古者用师则赢粮以养兵，无事则移兵以就食，诚能移兵于华，则前费可免。华、雍相去百六十里，一旦欲用，朝发而夕至矣。」使者从其言。

陆师闵干秦、蜀茶马，辟为属。章楶欲以御史荐，力辞之，徽宗求言，远臣上章，封识多不能如式，有司悉却之，时建言，乃得达。为睦亲宅教授，提举永兴军路学事。华州诸生有触忌讳者，教授欲上之，曰：「是间言语，皆臣子所不忍闻。」时即火其书，曰：「臣子不忍闻，而令君父闻乎？」

召为工部员外郎，改礼部，兼辟雍司业。大观兴算学，议以黄帝为先师。时言：「今祠祀圣祖，祝板书臣名，而释奠孔子，但列中祀。数学，六艺之一耳，当以何礼事之？」乃止。迁太仆少卿。

张商英罢相，言者指时为党，出知耀州，又降通判鼎州；未赴，提举河东常平。岁饥，发公粟以振民。童贯经略北方，每访以边事，辄不答。还为大晟典乐，擢中书舍人、给事中。内侍何诉谪监衡州酒，犹领节度使，时奏夺之。

又因进对及取燕事，曰：「祖宗盟血未干，渝之必速乱。」蔡攸闻之，以告士黼，黼怒，斥为腐儒。时求去，以徽猷阁待制兼侍读，俄提举上清太平宫。西归，遇其里人赵雍，为言：「取燕必召祸。吾老，得不遭其变，幸矣。」累岁而卒，年七十八。

时敏于为文，未尝属稿，落笔已就，两学目之曰：「立地书厨。」

李昭玘，字成季，济南人。少与晁补之齐名，为苏轼所知。擢进士第，徐州教授。守孙觉深礼之，每从容讲学及古人行已处世之要，相得欢甚。用李清臣荐，为秘书省正字、校书郎，加秘阁校理。

通判潞州，潞民死多不葬，昭玘斥官地，画兆窆，具棺衾，作文风晓之，俗为一变。入为秘书丞、开封推官，

俄提点永兴、京西、京东路刑狱，坐元府党夺官。

徽宗立，召为右司员外郎，迁太常少卿。韩忠彦欲用为起居舍人，曾布持之，布使山陵，命始下。为陈次升所论，出知沧州。崇宁初，诏以昭玘尝倾摇先烈，每改元丰敕条，倡从宽之邪说，罢主管鸿庆宫，遂入党籍中。居闲十五年，自号乐静先生。寓意法书、图画，贮于十囊，命曰：" 燕游十友"，为之序，以为："与今之人友，或趋附而陷于祸，吾宁与十者友，久益有味也。"

初，昭玘校试高密，得侯蒙。蒙执政，思顾旧恩，使人致己意，昭玘唯求秘阁法帖而已。使陕西时，延安小将车吉者被诬为盗，昭玘察知无它。吉后立战功，至皇城使，遇昭玘京师，拜于前曰："感公生存之恩，愿以名马为献。"笑却之。

晚知歙州，辞不行。靖康初，复以起居舍人召，而已卒。绍兴初，追复直徽猷阁。

吴师礼，字安仲，杭州钱塘人。太学上舍赐第，调泾县主簿，知天长县。召太学博士、秘书省正字，预饯邹浩，免。徽宗初，为开封府推官。蔡王似宫吏有不顺语，下之府，师礼主治。狱成，不使一词及王；吏虽有死者，亦不被以指斥罪。擢右司谏，改右司员外郎。

师礼工翰墨，帝尝访以字学，对曰："陛下御极之初，当志其大者，臣不敢以末伎对。"闻者奖其得体。以直秘阁知宿州，卒。

师礼游太学时，兄师仁为正，守《春秋》学。它学官有恶之者，条其疑问诸生，师礼悉以兄说对。学官怒，鸣鼓坐堂上，众质之，师礼引据《三传》，意气自如。江公望时在旁，心窃喜。后相遇于泌阳，公望谓曰："子异日得志，当如何？"曰："但为人作丰年耳。"遂定交。

师仁字坦求。笃学厉志，不事科举。丧亲，庐墓下，日倩旁寺僧造饭一钵以充饥，不复置庖爨及蓄僮仆。郡守陈襄、邓润甫、蒲宗孟皆以遗逸荐于朝。元祐初，召为太学正，迁博士，十年无它除。后为颍川、吴王宫教授，卒。

王汉之，字彦昭，衢州常山人。父介，举制科，以直闻，至秘阁校理。汉之进士甲科，调秀州司户参军，知金华、渑池二县，为鸿胪丞，知真州。时诏诸道经画财用上诸朝，汉之言："所在无都籍，是以不能周知而校其登耗以待用。愿令郡县先置籍，总之诸道，则天下如指诸掌矣。"从之。入为开封府推官，历工、吏、礼三部员外郎，太常少卿。

蔡京置讲议司。汉之，其客也，引为参详官。擢礼部侍郎，转户部，以显谟阁待制知瀛州。言："自何承矩规塘泺之地屯田，东达于海。其后又修保塞五州为堤道，备种所宜木至三百万本，此中国万世之利也。今寖失其道，愿讲行之。"雄州归信、容城灾，两输户请蠲税，吏不听。汉之言："雄州规小利，失大体，万一契丹衅之，为朝廷羞。"

徙江宁、河南府，不至，而为苏、潭、洪三州。召拜兵部侍郎，复以显谟阁直学士知成都，又不至，连徙五州，

入为工部侍郎。奉使契丹，还，言其主不恤民政，而掊克荒淫，亡可畏而待也。徽宗悦，以知定州。久之，徙江宁。

方腊之乱，录奏报御捕功，加龙图阁直学士，又进延康殿学士。卒，年七十。弟涣之。

涣之字彦舟。未冠，擢上第，有司疑年未及铨格，特补武胜军节度推官。方初置学官，以为杭州教授，知颍上县。元祐中，为太学博士，校对黄本秘书。通判卫州，入编修《两朝鲁卫信录》。

徽宗立，以日食求言。涣之用大臣交荐召对，因言："求言非难，听之难；听之非难，察而用之难。今国家每下求言之诏，而下之报上，乃或不然，以指陈阙失为讪上，以阿谀佞谄为尊君，以论议趋时为国是，以可否相济为邪说。志士仁人知言之无益也，不复有言，而小人肆为诡谲可骇之论，苟容偷合。愿陛下虚心公听，言无逆迕，唯是之从；事无今昔，唯当为贵；人无同异，唯正是用。则人心说，治道成，天意得矣。"帝欣然延纳，欲任以谏官、御史。辞曰："臣由大臣荐，不可以居是官。"乃拜吏部员外郎，迁左司员外郎、起居舍人，擢中书舍人。趋省之日，词头三十三，下笔即就。

崇宁初，进给事中、吏部侍郎，以宝文阁待制知广州。言者论涣之当元祐之末，与陈瓘、龚夬、张庭坚游，既弃于绍圣，而今复之，有害初政。解职知舒州，入党籍。寻知福州，未至，复徙广州。蕃客杀奴，市舶使据旧比，止送其长杖笞，涣之不可，论如法。

召诣阙，言者复拾故语以阻之，罢为洪州。改滁州，历潭、杭、扬三州。张商英相，为给事中、吏部侍郎。商英去，亦出守。越八年，知中山府，加宝文阁直学士。朝廷议北伐，涣之以疾提举明道宫。又四年卒，年四十五。

涣之性淡泊，恬于仕进，每云："乘车常以颠坠处之，乘舟常以覆溺处之，仕宦常以不遇处之，则无事矣。"其归趣如此。

黄廉，字夷仲，洪州分宁人。第进士，历州县。熙宁初，或荐之王安石。安石与之言，问免役事，廉据旧法以对，甚悉。安石曰："是必能办新法。"白神宗，召访时务，对曰："陛下意在便民，法非不良也，而吏非其人。朝廷立法之意则一，而四方推奉纷然不同，所以法行而民病，陛下不尽察也。河朔被水，河南、齐、晋旱，淮、浙飞蝗，江南疫疠，陛下不尽知也。"帝即命廉体量振济东道，除司农丞。还报合旨，擢利州路转运判官，复丞司农。

为监察御史里行，建言："成天下之务，莫急于人才，愿令两制近臣及转运使各得举士。"诏各荐一人。继言："寒远下僚，既得名闻于上，愿令中书审其能而表用，则急才之诏，不虚行于天下矣。"又言："比年水旱，民蒙支贷倚阁之恩，今幸岁丰，有司悉当举催。久饥初稔，累给并偿，是使民遇丰年而思歉岁也，请令诸道以渐督取之。"

论俞充结王中正致宰属，并言中正任使太重。帝曰："人才盖无类，顾驾御之何如耳。"对曰："虽然，臣虑渐不可长也。"

河决曹村，坏田三十万顷、民庐舍三十八万家。受诏

安抚京东，发廪振饥，远不能至者，分遣吏移给，择高地作舍以居民，流民过所毋征算，转行者赋粮，质私牛而与之钱，养男女弃于道者，丁壮则役其力，凡所活二十五万。

相州狱起，邓温伯、上官均论其冤，得谴去，诏廉诘之，竟不能正。未几狱成，始悔之。加集贤校理，提点河东刑狱。

辽人求代北地，廉言："分水画境，失中国险固，启豺狼心。"其后契丹果取两不耕地，下临雁门，父老以为恨。王中正发西兵，用一而调二，转运使又附益之，廉曰："民脧剥至骨，斟酌不乏兴，足矣！忍自竭根本邪？"即奏云："师必无功，盍有以善其后？"既，大军溃归，中正嫁罪于转饷。廉诣上党对理，坐贬秩。

元祐元年，召为户部郎中。陆师闵茶法为川、陕害，遣廉使蜀按察，至则奏罢其太甚者。且言："前所为诚病民，若悉予之，则边计不集，蜀货不通，园圃将受其敝。请榷熙、秦茶勿罢，而许东路通商；禁南茶毋入陕西，以利蜀货。定博马岁额为万八千匹。"朝廷可其议，使以直秘阁提举。

明年，还为左司郎中，迁起居郎、集贤殿修撰、枢密都承旨。上官均复论其往附蔡确为狱，改陕西都转运使。拜给事中，卒，年五十九。

朱服，字行中，湖州乌程人。熙宁进士甲科，以淮南节度推官充修撰、经义局检讨，历国子直讲、秘阁校理。元丰中，擢监察御史里行。参知政事章惇遣所善袁默、周之道见服，道荐引意以市恩，服举劾之。惇补郡，免默、之道官。

受诏治朱明之狱。故事，制狱许上殿，非本章所云者皆取旨。服论其非是，罢之。俄知谏院，迁国子司业、起居舍人，以直龙图阁知润州，徙泉、婺、宁、庐、寿五州。庐人饥，守便宜振护，全活十余万口。明年大疫，又课医持善药分拯之，赖以安者甚众。

当元祐时，未尝一日在朝廷，不能无少望。值绍圣初政，因表贺，乃力诋变乱法度之故。召为中书舍人。使辽，未反而母死，诏以其家贫，赐帛三百。丧除，拜礼部侍郎。湖州守马城言其居丧疏几筵而独处它室，谪知莱州。

徽宗即位，加集贤殿修撰，再为庐州；越两月，徙广州。哲宗既祥，服赋诗有"孤臣正泣龙髯草"之语，为部使者所上，黜知袁州。又坐与苏轼游，贬海州团练副使，蕲州安置。改兴国军，卒。

张舜民，字芸叟，邠州人。中进士第，为襄乐令。王安石倡新法，舜民上书言："便民所以穷民，强内所以弱内，辟国所以蹙国。以堂堂之天下，而与小民争利，可耻也。"时人壮之。元丰中，朝廷讨西夏，陈留县五路出兵，环庆帅高遵裕辟掌机密文字。王师无功，舜民在灵武诗有"白骨似沙沙似雪"，及官军"斫受降城柳为薪"之句，坐谪监邕州盐米仓；又追赴鄜延诏狱，改监郴州酒税。

会赦北还，司马光荐其才气秀异，刚直敢言，以馆阁校勘为监察御史。上疏论西夏强臣争权，不宜加以爵命，

当兴师问罪，因及文彦博，左迁监登闻鼓院。台谏交章乞还职，不听。通判虢州，提点秦凤刑狱。召拜殿中侍御史，固辞，改金部员外郎。进秘书少监，使辽，加直秘阁、陕西转运使，知陕、潭、青三州。元符中，罢职付东铨，以为坊州、凤翔，皆不赴。

徽宗立，擢右谏议大夫，居职才七日，所上事已六十章。陈陕西之弊曰："以庸将而御老师，役饥民而争旷土。"极论河朔之困，言多剀峭。徙吏部侍郎，旋以龙图阁待制知定州，改同州。坐元祐党，谪楚州团练副使，商州安置。复集贤殿修撰，卒。

舜民慷慨喜论事，善为文，自号浮休居士。其使辽也，见其太孙禧好音乐、美姝、名茶、古画，以为他日必有如唐张义潮挈十三州来归者，不四十年当见之。后如其言。绍兴中，追赠宝文阁直学士。

盛陶，字仲叔，郑州人。第进士。熙宁中，为监察御史。神宗问河北事，对曰："朝廷以便民省役，议废郡县，诚便。然沿边地相属，如北平至海不过五百里，其间列城十五，祖宗之意固有所在，愿仍旧贯。"庆州李复圭轻敌败国，程昉开河无功，籍水政以扰州县，皆疏其过。二人实王安石所主，陶不少屈，出签书随州判官。

久之，入为太常博士、考功员外郎、工部右司郎中，至侍御史。陈官冗之敝，谓恩泽举人，宜取嘉祐、治平之制；选人改官，宜准熙宁、元丰之法。谏官刘安世等攻蔡确为谤诗，陶曰："确以弟硕有罪，但坐罪职，不应怀恨。注释诗语，近于捃摭，不可以长告讦之风。"安世疏言："陶居风宪地，目睹无礼于君亲之人，而附会观望，纪纲何赖。"出知汝州，徙晋州，召为太常少卿。

议合祭天地，请从先帝北郊之旨；既而合祭，陶即奉行，亦不复辨执也。进权礼部侍郎、中书舍人，以龙图阁待制知应天府、顺昌府、瀛州。元符中，例夺职，卒，年六十七。

论曰：王氏、章、蔡之当国也，士大夫知拂之必斥，附之必进也，而孙鼛正言蔡京，不肯为之助；吴时却童贯，忤王黼，乃幸于罢归；昭玘辞侯蒙之延致；朱服发章惇之荐引，舜民诋新法；而盛陶不屈于安石，其大节皆可取。独汉之为京客，黄廉附蔡确狱，有愧鼛等多矣。《易》曰："介于石，不终日，贞吉。"故君子贵乎知几。

章衡，字子平，浦城人。嘉祐二年，进士第一。通判湖州，直集贤院，改盐铁判官，同修起居注。物有挂空籍者，奏请蠲之。又言："三司经费，取领而无多寡，率不预知。急则敛于民，仓卒among迫，故苦其难供。愿敕三部判官，簿正其数，即有所赋，先期下之，使公私皆济。"三司使忌其能，出知汝州、颍州。

熙宁初，还判太常寺。建言："自唐开元纂修礼书，以'国恤'一章为豫凶事，删而去之。故不幸遇事，则掊摭坠残，茫无所据。今宜为《厚陵集礼》，以贻万世。"从之。

出知郑州，奏罢原武监，弛牧地四千二百顷以予民。

复判太常，知审官西院。使辽，燕射连发破的，辽以为文武兼备，待之异于他使。归复命，言边境无备，因此时可复山后八州。不听。

衡患学者不知古今，纂历代帝系，名曰《编年通载》，神宗览而善之，谓可冠冕诸史；且念其尝先多士，进用独后，面赐三品服。判吏部流内铨，尝有员阙，既拟注，而三班院辄其之，反讼吏部。宰相主其说，衡连奏疏与之辨。或曰宰相之势，恐不可深校，衡不为止，至诉于御前。神宗命内侍偕至中书，宰相见之怒，衡曰："衡为朝廷法耳。"以状上请而视之，相悟曰："若尔，吏部是矣。"乃罪三班。

未几，知通进银台司、直舍人院，拜宝文阁待制、知澶州。神宗曰："卿为仁宗朝魁甲，宝文藏御集之处，未始除人，今以之处卿。"衡拜谢。至郡，会官立法禁民贩盐，衡言："民恃盐以生，生之所在，虽犯法不顾。空令奸狱日繁，请如故便。"徙知成德军，坐事免。

元祐中，历秀、襄、河阳、曹、苏州，加集贤院学士，复以待制知扬、庐、宣、颍州，卒，年七十五。

颜复，字长道，鲁人，颜子四十八世孙也。父太初，以名儒为国子监直讲，出为临晋簿。嘉祐中，诏郡国敦访遗逸，京东以复言。凡试于中书者二十有二人，考官欧阳修奏复第一。赐进士，为校书郎，知永宁县。熙宁中，为国子直讲。王安石更学法，取士率以己意，使常秩等校诸直讲所出题及所考卷，定其优劣，复等五人皆罢。

元祐初，召为太常博士。建言："士民礼制不立，下无矜式。请令礼官会萃古今典范为五礼书。又请考正祀典，凡干谶纬曲学、污条陋制、道流醮谢、术家厌胜之法，一切芟去。俾大小群祀尽合圣人之经，为后世法。"迁礼部员外郎。孔宗翰请尊奉孔子祠，复因上五议，欲专其祠禋，优其田禄，蠲其庙干，司其法则，训其子孙。朝廷多从之。

兼崇政殿说书，进起居舍人兼侍讲，转起居郎。请择经行之儒，补诸县教官；凡学者考其志业，不由教官荐，不得与贡举、升太学。拜中书舍人兼国子监祭酒。言："太学诸生，有诱进之法，独教官未尝旌别，似非严师劝士之道。"未逾年，以疾改天章阁待制，未拜而卒，年五十七。王岩叟等言复学行超特，宜加优赗，诏赐钱五十万。子岐，建炎中为门下侍郎。

孙升，字君孚，高邮人。第进士，签书泰州判官。哲宗立，为监察御史。朝廷更法度，逐奸邪；升多所建明。尝上疏曰："自二圣临御，登用正人，天下所谓忠信端良之士，豪杰俊伟之材，俱收并用，近世得贤之盛，未有如今日者。君子日进而小人日退，正道日长而邪慝日消，在廷济济有成周之风，此首开言路之效也。愿于耳目之臣，论议之际，置党附之疑，杜小人之隙，疑间一开，则言者不安其职矣。言者不安其职，则循默之风炽，而壅蔽之患生，非朝廷之福也。"迁殿中侍御史。

梁焘责张问，升从而击之，执政指为附焘，出知济州。逾年，提点京西刑狱，召为金部员外郎，复拜殿中侍御史，

进侍御史。时翰林承旨邓温伯为台臣所攻，升与贾易论之尤力。谓草蔡确制，称其定策功比汉周勃，欺天负国，岂宜亲承密命？不报。由起居郎擢中书舍人，直学士院，以天章阁待制知应天府。董敦逸、黄廷基摭升过，改集贤院学士。

绍圣初，翟思、张商英又劾之，削职，知房州、归州；贬水部员外郎，分司；又贬果州团练副使，汀州安置。卒，年六十二。

升在元祐初，尝言："王安石擅名世之学，为一代文宗。及进居大位，出其私智，以盖天下之聪明，遂为大害。今苏轼文章学问，中外所服，然德业器识，有所不足。为翰林学士，已极其任矣；若使辅佐经纶，愿以安石为戒。"世讥其失言。

韩川，字元伯，陕人。进士上第，历开封府推官。元祐初，用刘挚荐，为监察御史。极论市易之害，以为："虽曰平均物直，而其实不免贷交以取利，就使有获，尚不可为，况所获不如所亡，果何事也？愿量留官吏，与之期，使趣罢此法。"从之。

迁殿中侍御史。疏言："朝廷于人才，常欲推至公以博采，及其弊也，则几于利权势而抑孤寒；常欲收勤绩以赴用，要其终也，则莫不收虚名而废实效。近制太中大夫以上岁举守臣，遇大州阙，则选诸所表；他虽考课上等，皆莫得预。推原旨意，固欲得人。然所谓太中大夫以上，率在京师，诸驰骛请求者，得之为多；至于淹历郡县治状应法者，顾出其下，则是谨身修洁之人，不若营求一章之速化也。"于是诏吏部更立法。

张舜民论西夏事，乞停封册，朝廷以为开边隙，罢其御史。梁焘等为舜民争之。川与吕陶、上官均谓舜民之言，实不可行。焘等去，川亦改太常少卿，不拜，加集贤校理、知颍州。还为侍御史、枢密都承旨，进中书舍人、吏、礼二部侍郎，以龙图阁待制复守颍，徙虢州。与孙升同受责，由坊州、鄂州贬屯田员外郎，分司，岷州团练副使，道州安置。徽宗立，得故官，知青、襄二州，卒。

龚鼎臣，字辅之，郓之须城人。父诱衷，武陵令。鼎臣幼孤自立，景祐元年第进士，为平阴主簿，疏泄潴水，得良田数百千顷。调孟州司法参军，以荐，为泰宁军节度掌书记。

徂徕石介死，谗者谓介北走辽，诏兖州劾状。郡守杜衍会问，掾属莫对，鼎臣独言："介宁有是，愿以阖门证其死。"衍探怀出奏稿示之，曰："吾既保介矣，君年少见义如是，未可量也。"举为秘书省著作佐郎、知莱芜县。大臣荐试馆职，坐与石介善，不召。徙知濮阳县，转秘书丞。丁母忧，服除，知安丘县。以贤良方正召试秘阁，转太常博士，赐五品服，知渠州。渠故僻陋无学者，鼎臣请于朝，建庙学，选邑子为生，日讲说，立课肄法，人大劝，始有登科者。郡人绘像事之。

召入编校史馆书籍，转都官，擢起居舍人、同知谏院。岁冬旱，将锡春宴，鼎臣曰："旱菑太甚，非君臣同乐之

时，请罢宴以答天戒。"日当食，阴云不见，鼎臣曰："阳精既亏，四方必见，为异益大，愿精思力行，进贤远佞，以应皇极。"又论内侍都知邓保信罪状，不应出入禁中；苏安静年未五十，不应超押班；妃嫔赠三代，僭í礼；董淑妃赐谥，非是；凡大礼赦，请准太平兴国诏书，前期下禁约，后有犯不原，以杜前赦为奸者，宜著为令；开封三司于法外断狱，朝廷多曲徇其请，愿先付中书审画。仁宗悉从之。

寻兼管勾国子监，判登闻检院，详定宽恤民力奏议。淮南灾，以鼎臣体量安抚，蠲逋振贷，全活甚众。为辽正旦使，鼎臣奏："景德中，辽犯淄、青，臣祖母、兄、姊皆见略，义不忍往。"许之，仍诏后子孙并免行焉。

俄拜户部员外郎兼侍御史知杂事，赐三品服。转吏、礼二部郎中。论宗室宜岁试补外官，请汰滥官冗兵，蕃财用，禁奢靡。连劾薛向暴亏，鬻盐、市马皆罔上。英宗登位，屡乞延访臣下，亲决国事。上疏劝皇太后早还政；及卷帘而御玺未复，又极论，谓昭陵宜俭葬，景灵神御殿不宜增侈，以彰先帝恭德。鼎臣在言路累岁，阔疏细故，至大事，无所顾忌。然其言优游和平，不为峻激，使人主易听，退亦未尝语人，故其事多施行。

改集贤殿修撰、知应天府，徙江宁。召还，判太常寺兼礼仪事。神宗即位，判吏部流内铨、太常寺。选人得官，待班谢辞，率皆留滞。鼎臣奏易为门谢辞，甚便之。明堂议侑帝，或云以真宗，或云以仁宗。鼎臣曰："严父莫大于配天，未闻以祖也。"乃奉英宗配。王安石侍讲，欲赐坐。事下礼官，鼎臣言不可，安石不悦。求补外，知兖州。是时，诸道方田使者希功赏，概取税虚额及尝所蠲者，加旧籍以病民。鼎臣独按籍差次为十等，一无所增，兖人德之。改吏部，提举西京崇福宫。复判太常寺，留守南京。陛辞，神宗顾语移晷，喜曰："人言卿老不任事，精明乃尔，行且用卿矣。"

时河决曹村，流殍满野，鼎臣劳来振拊，归者不胜计。拜谏议大夫、京东东路安抚使、知青州，改太中大夫，请老，提举亳州太清宫。寻以正议大夫致仕，年七十七，元祐元年卒。

郑穆，字闳中，福州侯官人。性醇谨好学，读书至忘栉沐，进退容止必以礼。门人千数，与陈襄、陈烈、周希孟友，号"四先生"。举进士，四冠乡书，遂登第，为寿安主簿。召为国子监直讲，除编校集贤院书籍。岁满，为馆阁校勘，积官太常博士。乞纳一秩，先南郊追封考妣，从之。改集贤校理，求外补，通判汾州。

熙宁三年，召为岐王侍讲。嘉王出阁，改诸王侍讲。府僚阙员，御史陈襄请择人，神宗曰："如郑穆德行，乃宜左右王者。"凡居馆阁三十年，而在王邸一纪，非公事不及执政之门。讲说有法，可为劝戒者，必反复摘诵，岐、嘉二王咸敬礼焉。

元丰三年，出知越州，加朝散大夫。先是，鉴湖旱干，民因田其中，延袤百里，官籍而税之。既而连年水溢，民通官租积万缗，穆奏免之。未满告老，管勾杭州洞霄宫。

元祐初，召拜国子祭酒。每讲益，无问寒暑，虽童子必朝服廷接，以礼送迎。诸生皆尊其经术，服其教训。故人张景晟者死，遗白金五百两，托其孤，穆曰："恤孤，吾事也，金于何有？"反金而收其子，长之。三年，扬王、荆王请为侍讲，罢祭酒，除直集贤院，复入王府。荆王薨，为扬王翊善。太学生乞为师，复除祭酒，兼徐王翊善。四年，拜给事中兼祭酒；五年，除宝文阁待制，仍祭酒。

六年，请老，提举洞霄宫。敕过门下，给事中范祖禹言："穆虽年出七十，精力尚强。古者大夫七十而致仕，有不得谢，则赐之几杖。祭酒居师资之地，正宜处老成，愿毋轻听其去。"不报。太学之士数千人，以状诣司业，又诣宰相请留，亦不从。于是公卿大夫各为诗赠其行。空学出祖汴东门外，都人观者如堵，叹未尝见。明年卒，年七十五。子璆，军事推官。

席旦，字晋仲，河南人。七岁能诗，尝登沉黎岭，得句警拔，观者惊异。元丰中，举进士，礼部不奏名。时方求边功，旦诣阙上书言："战胜易，守胜难，知所以得之，必知所以守之。"神宗嘉纳，令廷试赐第。历齐州司法参军、郑州河阳教授、敕令所删定官。

徽宗召对，擢右正言，迁右司谏。御史中丞钱遹率同列请废元祐皇后而册刘氏为太后，旦面质为不可。遹劾旦阴佐元祐之政，左转吏部员外郎。改太常少卿，迁中书舍人，给事中。新建殿中省，命为监，俄拜御史中丞兼侍讲。

内侍郝随骄横，旦劾罢之，都人诵其直。帝以其章有"媚惑先帝"之语，嫌为指斥，旋改吏部侍郎，以显谟阁待制知宣州。召为户部侍郎，还吏部。郝随复入侍，乃以显谟阁直学士知成都府。

自赵谂以狂谋诛后，蜀数有妖言，议者遂言蜀土习乱。或导旦治以峻猛，旦政和平，徙郑州。入见，言："蜀人性善柔，自古称兵背叛，皆非其土俗，愿勿为虑。"遂言："蜀用铁钱，以其艰于转移，故权以楮券，而有司冀赢羡，为之益多，使民不敢信。"帝曰："朕为卿损数百万虚券，而别给缗钱与本业，可乎？"对曰："陛下幸加惠远民，不爱重费以救敝法，此古圣王用心也。"自是钱引稍仍故。

坐进对淹留，黜知滁州。久之，帝思其治蜀功，复知成都。朝廷开西南夷，黎州守诣幕府白事，言云南大理国求入朝献，旦引唐南诏为蜀患，拒却之。已而威州守焦才叔言，欲诱保、霸二州内附。旦上章劾才叔为奸利敛困诸蕃之状，宰相不悦，代以庞恭孙，而徙旦永兴。恭孙俄罪去，加旦述古殿直学士，复知成都。时郏永寿、汤延俊纳土，枢密院用以试旦，旦曰："吾以为朝廷悔开疆之祸，今犹自若邪？"力辞之。卒于长安，年六十二，赠太中大夫。

旦立朝无所附徇，第为中丞时，蔡王似方以疑就第，旦纠其私出府，请推治官吏，议者哂之。子益，字大光，绍兴初，参知政事。

乔执中，字希圣，高邮人。入太学，补《五经》讲书，五年不谒告。王安石为群牧判官，见而器之，命子弟与之游。擢进士，调须城主簿。时河役大兴，部役者不得人。一夕，噪而溃，因致大狱。执中往代，终帖然。富民赂吏，将创桥所居以罔市利，执中疏其害，使者入吏言使成之，执中曰："官可去，桥不可创也。"卒不能夺。

王安石为政，引执中编修《熙宁条例》，选提举湖南常平。章惇讨五溪，檄执中取大田、离子二峒。峒路险绝，期迫，执中但走一校谕其酋，即相率归命。录功当迁秩，辞以及父母。

就徙转运判官，召为司农丞、提点开封县镇。诸县牧地，民耕岁久，议者将取之，当夷丘墓，伐桑柘，万家相聚而泣。执中请于朝，神宗诏复予民。改提点京西北路刑狱。时河决广武，埽危甚，相属莫敢登。执中不顾，立其上，众随之如蚁附，不日埽成。

元祐初，为吏部郎中，请选人由县令、录事参军致仕者，升朝籍，得封其亲。兼徐王府侍讲、翊善，迁起居舍人、起居郎，权给事中。有司以天下谳狱失出入者同坐，执中驳之曰："先王重入而轻出，恤刑之至也。今一旦均之，恐自是法吏不复肯与生比，非好生洽民之意也。"进中书舍人。邢恕遇赦甄复，执中言："恕深结蔡确，鼓唱扇摇，今复其官，惧疑中外。"迁给事中、刑部侍郎。

绍圣初，上官均擿执中为吕大防所用，以宝文阁待制知郓州。执中宽厚有仁心，屡典刑狱，雪活以百数。明年，梦神人畀以骑都尉，诘旦为客言之，少焉，谈笑而逝，年六十三。

论曰：宋之人才，自祖宗涵养，至于中叶，盛矣。颜复、郑穆醇然儒者，宜居师表。龚鼎臣、乔执中始终不渝厥守，岂易得哉。章衡欲复山后八州，为国启衅；孙升以苏轼比王安石为人；韩川诋张舜民之言不可行；席旦以蔡王见疑，因而挤之。然瑕不掩瑜，它善盖亦有可称者。古称"才难不其然"者，其斯之谓欤？

卷三百四十八　　列传第一百七

傅楫　沈畸萧服附**　徐勣　张汝明　黄葆光
石公弼**张克公附**　毛注　洪彦昇
钟传　陶节夫　毛渐　王祖道　张庄　赵遹**

傅楫，字元通，兴化军仙游人。少自刻厉，从孙觉、陈襄学。第进士，调扬州司户参军，摄天长令，发摘隐伏，奸猾屏迹。转福清丞，知龙泉县。孙觉为御史中丞，语之曰："朝廷欲用君，盍少留？"楫曰："仕宦所以乐居中者，免外台督责耳，今俯首权门，与外台奚择？且外官，己所当得也。"遂去不顾。

道除太学博士，居四年，未尝一迹大臣门。既满，径赴铨曹。楫丞福清时，受知郡守曾巩，巩弟布方执政，由是荐为太常博士。徽宗以端王就资善堂学，择师傅为说书，升楫记室参军，进侍讲、翊善，中人莅事于府者，多与宫僚狎，楫独漠然不可亲，一府严惮之。五年不迁。邹浩得罪贬，楫以赆行免官。

徽宗即位，召为司封员外郎，历监察御史、国子司业、起居郎，拜中书舍人。时曾布当国，自以于楫有汲引恩，冀为之用。楫略无所倾下，凡命令有不当，用人有未厌，悉极论之，虽屡却不为之夺，布大失望。帝以旧学故，多所延访，楫每以遵祖宗法度、安静自然为言。他日，李清臣劝帝清心省事，帝曰："近臣中唯傅楫尝道此。"

楫在朝岁余，见时事寖异，窃叹曰："祸其始此乎！"闻者甚之，楫笑曰："后当信吾言。"遂上疏丐去，以龙图待制知亳州。卒，年六十一。帝念其藩邸旧臣，赐绢三百匹。

沈畸，字德侔，湖州德清人。第进士，历官州、县。崇宁中，为尚书议礼编修官，召对，擢监察御史。畸至台，欲有所论建，而六察无言事法，乃诣甄上十事，言花石扰民，土木弊国，冗费多，恩泽滥，议论异同，下情瞹隔。其论当十、夹锡钱最为剀当，略曰："小钱之便于民，久矣。古者军兴用乏，或以一当百，至于当千，此权时之术，非可行于无事之世。今当十之议，固足纾目前，然使游手鼓铸，无故有倍称之息，何惮而不为？虽日加断斩，势不可止。恐未能期岁，东南小钱轻，钱轻则物重，物重则民愈困，此盗贼所由起也。陕西旧无铜钱，故以夹锡为贵，一切改铸，则犹前日铁钱耳。今东南方私铸，又将使西北效之，是导民犯法也。"

进殿中侍御史。尝经国子监门，有小内侍从数骑绝道突过，驺卒追问不为止，台檄诸司捕之不获。畸曰："风宪之地，可但已乎？"入言之，徽宗下内省迹治，竟抵罪。

蔡京兴苏州钱狱，欲陷章绖兄弟，遣开封尹李孝寿、御史张茂直鞫之。株逮至千百，强抑使承盗铸罪，死者甚众，京犹以为缓。帝独意其非辜，遣畸及御史萧服往代。京将哄以是仕，白为左正言，又擢侍御史。畸至苏，即日决释无左证者七百人，叹曰："为天子耳目司，而可傅会权要，杀人以苟富贵乎？"遂阅实平反以闻。京大怒，削畸三秩，贬监信州酒税，未几，卒。既而狱事竟，复羁管明州。使者持敕至家，将发棺验实，畸子潜泣诉，乃止。建炎初，赠龙图阁直学士。潜官至右正言。

萧服，字昭甫，庐陵人。第进士，调望江令，治以教化为本。访古迹，得王祥卧冰池、孟宗泣笋台，皆为筑亭。又刻唐县令鞠信陵文于石，俾民知所向。已而邑人朱氏女刲股愈母疾，人颂传之，以为治化所致。知高安县，尉获凶盗，狱具矣，服审其辞，疑之，且视其刀室不与刃合，顷之而杀人者得，囚盖平民也。徙知康州，未行，改亲贤宅教授。提举淮西常平，召为将作少监。

以使事得入对，论人主听言之要，以谓唐、虞盛世，犹畏巧言而墅谀说。缅缅数百言，徽宗谓有争臣风，擢察御史。奉诏作《崇宁备官记》，帝称善，诏辅臣曰："服文辞劲丽，宜居翰苑。朕爱其鲠谔，顾台谏中何可阙此人?"俄偕沈畸使鞫狱,坐羁管处州,逾岁得归。张商英当国,引为吏部员外郎。送辽使,得疾于道,遂致仕。既愈,还旧职,以父老,得请知蕲州。卒,年五十六。

徐勣,字元功,宣州南陵人。举进士,调吴江尉,选桂州教授。王师讨交阯,转运使檄勣从军。饷路瘴险,民当役者多避匿,捕得千余人,使者使勣杖之,勣曰:"是固有罪,然皆饥羸病乏,不足胜杖,姑涅臂以戒,亦可已。"使者怒,欲并劾勣,勣力争不变,使者不能夺。郭逵宿留不进,勣谓副使赵禼曰:"师出淹时,而主帅无讨贼意,何由成功?"因具蛮人情状疏于朝,谓断者人主之利器,今诸将首鼠不进,惟断自上意而已。既而逵、禼果皆以无功贬。

舒亶闻其名,将以御史荐,勣恶亶为人,辞不答。求知建平县,入为诸王宫教授,通判通州。濒海有捍堤,废不治,岁苦漂溺。勣躬督防卒护筑之,堤成,民赖其利。复教授广陵、申王院,改诸王府记室参军。哲宗见其文,谕奖之,欲俟满岁以为左右史,未及用。

徽宗立,擢宝文阁待制兼侍讲,迁中书舍人,修《神宗史》。时绍圣党与尚在朝,人怀异意,以沮新政。帝谓勣曰:"朕每听臣僚进对,非诈则谀;惟卿鲠直,朕所倚赖。"因论择相之难,云已召范纯仁、韩忠彦。勣顿首贺曰:"得人矣!"诏与蔡京同校《五朝宝训》。勣不肯与京联职,固辞,奏京之恶,引卢杞为喻。迁给事中、翰林学士。上疏陈六事:曰时要,曰任贤,曰求谏,曰选用,曰破朋党,曰明功罪。

国史久不成,勣言:"《神宗正史》,今更五闰矣,未能成书。盖由元祐、绍圣史臣好恶不同,范祖禹等专主司马光家藏记事,蔡京兄弟纯用王安石《日录》,各为之说,故论议纷然。当时辅相之家,家藏记录,何得无之?臣谓宜尽取用,参订是非,勒成大典。"帝然之,命勣草诏戒史官,俾尽心去取,毋使失实。

帝之初政,锐欲损革新法之害民,曾布始以为然,已乃密陈绍述之说。帝不能决,以问勣,勣曰:"圣意得非欲两存乎?今是非未定,政事未一,若不考其实,姑务两存,臣未知其可也。"又因论弃湟州,请"自今勿妄兴边事,无边事则朝廷之福,有边事则臣下之利。自古失于轻举以贻后悔,皆此类也。"

勣与何执中偕事帝于王邸,蔡京以宫僚之旧,每曲意事二人,勣少不降节。谒归视亲病,或言翰林学士未有出外者,帝曰:"勣谒告归尔,非去朝廷也,奈何轻欲夺之!"俄而遭忧。京入辅,执中亦预政,摘勣行章惇词,以为诋先烈。服阕,以主管灵仙观,入党籍中。起知江宁府,言者复论为元祐奸朋,必不能推行学政,罢归。

大观三年,知太平州。召入觐,极论茶盐法为民病,帝曰:"以用度不足故也。"对曰:"生财有道,理财有义,用财有法。今国用不足,在陛下明诏有司,推讲而力行之耳。"帝曰:"不见卿久,今日乃闻嘉言。"加龙图阁直学士,留守南京。

蔡京自钱塘召还,过宋见勣,微言撼之曰:"元功遭遇在伯通右,伯通既相矣。"勣笑曰:"人各有志,吾岂以利禄易之哉?"京惭不能对,勣亦终不复用。以疾,除显谟阁学士致仕。卒,年七十九。赠资政殿学士、正奉大夫。勣挺挺持正,尤为帝所礼重,而不至大用,时议惜之。

张汝明,字舜文,世为庐陵人,徙居真州。兄侍御史汝贤,元丰中以论尚书左丞王安礼,与之俱罢。未几,卒。汝明少嗜学,刻意属文,下笔辄千百言。入太学,有声一时。国子司业黄隐将以子妻之,汝明约无饰华侈,协力承亲欢,然后受室。

登进士第,历卫真、江阴、宜黄、华阴四县主簿,杭州司理参军,亳州鹿邑丞。母病疽,更数医不效,汝明刺血调药,傅之而愈。江阴尉贫且病,市物不时予直,部使者欲绳以法,汝明为鬻橐中装,代偿之。华阴修岳庙,费钜财窘,令以属汝明。汝明严与为期,民德其不扰,相与出力佐役,如期而成。他庙非典祀、妖巫凭以惑众者,则毁而惩其人。滞州县二十年,未尝出一语干进,故无荐者。

大观中,或言其名,召置学制局,预考贡士,去取皆有题品。值不悦者诬以背王氏学,诏究其事,得所谓《去取录》,徽宗览之曰:"考校尽心,宁复有此?"特改宣教郎。

擢监察御史。尝摄殿中侍御史,即日具疏劾政府市恩招权,以蔡京为首。帝奖其介直。京颇惮之,徙司门员外郎,犹虞其复用,力排之,出通判宁化军。地界辽,文移数往来,汝明名触其讳,辽以檄暴于朝。安抚使问故,众欲委罪于吏,汝明曰:"诡辞欺君,吾不为也。"坐责监寿州麻步场。遇赦,签书汉阳判官。田法行,受牒按境内。时主者多不亲行,汝明使四隅日具官吏所至,而躬临以阅实,虽雨雪不渝,以故吏不得通贿谢,而税均于一路最。晚知岳州,属邑得古编钟,求上献。汝明曰:"天子命我以千里,惧不能仰承德意,敢越职以幸赏乎?"卒于官,年五十四。

汝明事亲孝,执丧,水浆不入口三日,日饭脱粟,饮水,无醢盐草木之滋。浸病羸,行辄蹎。梦父授以服天南星法,用之,验,人以为孝感。汝明学精微,研象数,贯穿经史百家,所著书不蹈袭前人语,有《易索书》、《张子卮言》、《太玄经》传于世。

黄葆光,字元晖,徽州黟人。应举不第,以从使高丽得官,试吏部铨第一,赐进士出身。由齐州司理参军为太学博士,迁秘书省校书郎,擢监察御史、左司谏。始莅职,即言:"三省吏猥多,如迁补、升转、奉入、赏劳之类,非元丰旧制者,其大弊有十,愿一切革去。"徽宗即命厘正之,一时士论翕然。而蔡京怒其异己,密白帝,请降御笔云:"当丰亨豫大之时,为衰乱减损之计。"徙葆光符宝郎。省吏醵钱入宝篆宫,作十道斋报上恩,帝思其忠,明年,复拜侍御史。

辽人李良嗣来归,上《平夷书》规进用,擢秘书丞。葆光论其五不可,大概言"良嗣凶黠忿鸷,犯不赦之罪于邻国，逃命道死，妄作《平夷》等书，万一露泄，为患不细。中秘图书之府，岂宜以罪人为之？宜厚其禄赐，置诸畿甸之外。"又言："君尊如天，臣卑如地。刚健者君之德，而其道不可屈；柔顺者臣之常，而其分不可亢。苟致屈以求合，则是伤仁，非所以驭下也；苟矫亢以求伸，则是犯分，非所以尊君也。"帝感悟，命近臣读其奏于殿中。

自崇宁后，增朝士，兼局多，葆光以为言。乃命蔡京裁定，京阳请一切废罢，以激怒士大夫。葆光言："如礼制局详议官至七员、检讨官至十六员、制造局至三十余员，岂不能省去一二，上副明天子之意？"时皆壮之。

政和末，岁旱，帝以为念。葆光上疏曰："陛下德足以动天，恩足以感人，检身治事，常若不及，而不能感召和气，臣所以不能无疑也。盖人君有屈己逮下之心，而人臣无归美报上之意者，能致阴阳之变；人君有慈惠恻怛之心，而人臣无将顺奉承之意者，能致阴阳之变。陛下恭俭敦朴以先天下，而太师蔡京侈大过制，非所以明君臣之分；陛下以绍述为心，而京所行乃背元丰之法，强悍自专，不肯上承德意。太宰郑居中、少宰余深依违畏避，不能任天下之责。此天气下而地不应，大臣不能尚德以应陛下之所求者如此。"疏入不报。且欲再上章，京权势震赫，举朝结舌，葆光独出力攻之。京惧，中以它事，贬知昭州立山县。又使言官论其附会交结，泄漏密语，诏以章揭示朝堂，安置昭州。京致仕，召为职方员外郎，改知处州。州当方腊残乱之后，尽心收养，民列上其状。加直秘阁，再任，卒，年五十八，州人祠之。

葆光善论事，会文切理，不为横议所移，时颇推重。本出郑居中门，故极论蔡京无所顾，然其他不能不迎时好，方作神霄万寿宫，温州郭敦实、泗州叶点皆坐是得罪。葆光遂疏建昌军陈并、秀州蔡密、岳州傅惟肖、祁门令葛长卿不即奉行制书，存留僧寺形胜、佛像，及决罚道流，乞第行窜黜，遂悉坐停废，议者尤之。

石公弼，字国佐，越州新昌人。登进士第，调卫州司法参军。淇水监牧马逸，食人稻，为田主所伤。圉者讼至密，郡守韩宗哲欲坐以重辟。公弼谓此人无罪，宗哲曰："人伤官马，奈何无罪？"公弼曰："禽兽食人食，主者安得不御，御之岂能无伤？使上林虎豹出而食人，可无杀乎？今但当惩圉者，民不可罪。"宗哲怒，以属吏。既而使者来虑囚，如公弼议。获嘉甲与乙斗，伤指；病小愈，复与丙斗，病指流血死。郡吏具狱，两人以他物伤人，当死。公弼以为疑，驳而鞫之，乃甲挫丙发，指脱瘢中风死，非由击伤也。两人皆得免。

章惇求太学官，或荐公弼，使往见。谢曰："丞相素侮人，见者阿意苟容，所不忍也。"再调涟水丞。供奉高公备纲舟行淮，以溺告。公弼曰："数日无风，安有是？"使尉核其所载，钱失百万。呼舟人物色之，乃公备与寓客妻通，杀其夫，畏事觉，所至窃官钱赂其下，故诡为此说。即收捕穷治，皆服辜。

知广德县，召为宗正寺主簿。入见，言："朝廷比日所为，直词罕闻，颂声交至，未有为陛下廷争可否者。愿

崇忠正以销谀佞，通谏争以除壅蔽。"徽宗善之。擢监察御史，进殿中侍御史。三舍法行，士子计等第，颇多告讦。公弼言："设学校者，将以仁义渐摩，欲人有士君子之行。顾使之相告讦，非所以建学本意也。"又言："删定敕令官、寺监丞簿等，皆以执政近臣子弟为之，未有资考，不习政事。请一切汰遣，以开寒畯之路。"从之。

由右正言改左司谏。论东南军政之敝，以为"有兵之籍，无兵之技。以太半之赋，养无用之兵，异日惧有未然之患。"其后睦盗起，如其言。太史保章正朱汝楫冒奉得罪，而内侍失察者皆不坐。公弼言："是皆矫称诏旨，安得勿论？请自今中旨虽不当覆者，亦令有司审奏。"

迁侍御史。苏杭造作局工盛，公弼陈扰民之害，请革技巧之靡丽者，稍罢进奉，帝纳之。蔡京始与公弼有连，故因得进用，至是，意浸异，京忌焉。徙太常少卿，迁起居郎，兼定王、嘉王记室。故事，初至官，例得金缯之赐二百万，公弼辞不受。

大观二年，拜御史中丞。执政言："国朝未有由左史为中执法者。"帝曰："公弼尝为侍御史矣。"时斥卖元丰库缣帛，贱估其直，许朝士分售，皆有定数，从官至二千匹。公弼得券，上还之。宰相有已取万匹者，即日反其故。

水官赵霆建开直河议，谓自此无水忧，已而决坏钜鹿，法当斩。霆善交结，但削一官，犹为太仆少卿。公弼论为失刑，霆坐贬。京西转运使张徽言欲因方田籍增立汝、襄、邓三州税，公弼以为"方田之制，奠天下之地征，正欲均其赋耳，而徽言掊挢重敛，民何以堪？"诏罢之。遂劾蔡京罪恶，章数十上，京始罢。又言吏员猥冗，庚元丰旧制。于是堂选归吏部者数千员，罢宫庙者千员、都水知堰六十员，县非大郡悉省丞，在京茶事归之户部，诸道市舶归之转运司，仕途之清。

京虽上相印，犹提举修《实录》。公弼复言："京盘旋京师无去志，其余威震于群臣。愿持必断之决，以消后悔。"又因星变言之，竟出京杭州。及刘逵主国柄，公弼复论其废绍述良法，启用元祐邪党学术，人以是知其非一意于正者。进兵部尚书兼侍读。上疏言："崇宁以来，臣下专务生事，开边兴利，营缮徭役，蹙民根本，因之饥馑。汴西挽运花石，农桑废业，徒弊所有，以事无用。宜使之休息，以承天意。"

张商英入相，欲引以为执政，何执中、吴居厚交沮之。以枢密直学士知扬州。群不逞为侠于闾里，自号"亡命社"。公弼取其魁桀痛治，社遂破散。江贼巢穴菰芦中，白昼出剽，吏畏不敢问。公弼严赏罚督捕，尽除之。改述古殿直学士、知襄州。蔡京再辅政，罗致其罪，责秀州团练副使，台州安置。逾年，遇赦归。卒，年五十五。后三岁，复其官。

公弼初名公辅，徽宗以与杨公辅同名，改为公弼云。

张克公，字介仲，颍昌阳翟人。起进士。大观中，为监察御史，迁殿中侍御史。蔡京再相，克公与中丞石公弼论其罪，京罢，克公徙起居舍人。逾月，进中书舍人，改右谏议大夫。京犹留京师，会星文变，克公复论之，中其

隐慝,语在《京传》。京致仕,张商英为相,与郑居中不合。克公由兵部侍郎拜御史中丞,治堂吏讼,归曲商英,且疏其罪十。商英罢,京复召,衔克公弗置。徽宗知之,为徙吏部尚书。京欲以铨综稽违中克公,既又擿其知贡举事,帝以为所取得人,不问也。居吏部六年,卒,赠资政殿学士。

毛注,字圣可,衢州西安人。举进士,知南陵、高苑、富阳三县,皆以治办称。大观中,御史中丞吴执中荐为御史,诏赐对,未及而执中罢,注辞焉。徽宗固命之,既见,谓曰:"今士大夫方寡廉鲜耻,而卿独知义命,故特召卿。"即以为主客员外郎,俄擢殿中侍御史。

蔡京免相留京师,注疏其擅持威福,动摇中外,以叶梦得为腹心,交植党与。帝为逐梦得,而迁注侍御史。遂极论京"受孟翊妖奸之书,与逆人张怀素游处,引凶朋林摅置政府,用所亲宋乔年尹京。其门人播传,咸谓陛下恩眷不衰,行且复用。"于是论者相继,京遂致仕。

四年,朞再见,注又言:"臣累论蔡京罪积恶大,天人交谴,虽罢相致政,犹怙恩恃宠,偃居赐第,以致上天威怒。推原其咎,实在于京。考京之罪,盖不可以缕数:陛下去《党碑》以开自新之路,京疾其异己而别为防禁;陛下颁明诏以来天下之言,京恶其议己而重致于法;以严刑峻罚胁持海内,以美官重禄交结人心,钱钞屡更而商贾不行,边事数兴而国力大匮。声焰所震,中外愤疾,宜早令去国,消弭灾咎。"奏上,京始出居钱塘。

注复采当世之急务,曰省边事,足财用,收士心,禁技巧。大概谓:"近年以来,边民侥幸苟得:昔所入贡者,今以城为郡县;昔所羁縻者,今尽纳其土疆。以内地金帛,而事穷荒不可计之费。今黔南已有处分,如夔、渝新边,宜在裁省。运盐昔主于漕计,今移于它司;常平昔积于外州,今输于都下。经费安得不匮,财货何以转移?愿诏有司,悉讲复元丰旧制。汤之遭旱,以士失职为辞。今学校养士,盖有常额,额外之人,不复可预教养,岁贡之余,略无可进之地。愿留贡籍三分,暂存科举,以待学外之士,使无失职。东南造作奇玩、花石纲舟,与后苑工徒、京城营缮,并宜暂罢,以抑末敦本。凡此,皆圣政之所当先,人心悦则天意解矣。"注所论切于世务类此。

迁左谏议大夫。张商英为相,言者攻之力,注亦言其无大臣节,然讫以与之交通,罢提举洞霄宫,居家数岁,卒。建炎末,追复谏议大夫。

洪彦昇,字仲达,饶州乐平人。登第,调常熟尉。奉母之官,既至,前尉欲申期三月以规荐,而中分奉入。彦昇处僧舍,却奉不纳,如约,始交印。历郴州判官,签书镇东军节度判官。

彦昇尝辟广西经略府,或称其才,擢提举常平。御史中丞石公弼荐新提举广西学事幸义可御史,及陛辞,适与同日,徽宗两留之,遂为监察御史,迁殿中侍御史。彦昇孤立,任言责阅五年,论:"蔡京再居元宰,假绍述之名,一切更张,败坏先朝法度,朋奸误国,公私困弊。既已上印,而偃蹇都城,上凭眷顾之恩,中怀跋扈之志。愿早赐英断,遣之出京。""何执中缘潜邸之旧,德薄位尊,当轴处中,殊不事事,见利忘义,唯货殖是图。愿解其机政,以全晚节。""吕惠卿与张怀素厚善,序其所注《般若心经》云'我遇公为黄石之师。'且张良师黄石之策,为汉祖定天下,惠卿安得辄以为比?"他如邓洵仁、蔡薿、刘拯、李孝称、许光凝、许几、盛章、李谌、任熙明之流,皆条摭其过,一不为回隐。

右仆射张商英与给事中刘嗣明争曲直,事下御史。彦昇蔽罪商英,商英去。又累疏抨郭天信以谈命进用,交结窜斥;因请禁士大夫毋语命术,毋习释教。

先是,诏诸道监司具法令未备,若未便于民者,久而弗上。彦昇言:"吏狃于势,随时俯仰,不能上承德音,因缘为奸者众。有因迫科而欲害熙宁保伍之法,因身丁而故摇崇宁学校之政,省事原情,当有劝沮。宜遣官编汇,辨其邪正,以行赏罚。"皆从之。迁给事中。尝谒告一日,而张商英复官之旨经几下,言者以为顾避封驳,出知滁州。寻加右文殿修撰,进徽猷阁待制,知吉州。久之,知潭州,未行,卒,年六十三。赠太中大夫。

论曰:蔡京用事,炎焰炽然,其势莫敢遏。此数子者,乃力数其罪而连攻之,似矣。然葆光、克公主郑居中,公弼、注朋张商英,皆非端直士也。若楙先见、畸、服不阿,汝明不欺,彦昇孤立,其贤乎!唯勋官邸旧学,人望攸属,而不使跻政地;至京则暂罢亟起,始终倚任焉。善善而不能用,恶恶而不能去,徽宗以之,此齐桓公所以嗤于郭亡也。

钟传,字弱翁,饶州乐平人。本书生,用李宪荐,为兰州推官。坐对狱不实,羁管郴州。绍圣中,章惇兴边事,奏还其官。得入对,为哲宗言:"兵贵智而不贵力,夏众夥而勇,难以一举灭。但当择城险要,以正不朝削地之法,坐待其毙。"帝然之,命干当熙河、泾原、秦凤三路公事。

夏人陷金明,渭帅毛渐出兵攻其没烟砦,传合击破之,又与熙州王文郁进筑安西城,论功加秘阁校理。章楶帅渭,命传所置将苗履统众会泾原之灵平,夏人悉力来拒,传步骑二万,出不意造河梁以济师,遂作金城关,又献白草原捷,连进集贤殿修撰、知熙州。传自始仕至此,仅再岁。遂擅帅熙、秦骑四万出塞,无功而还。惇方主其议,不加罪。

初,传请合三路兵从青南讷心或颠耳关筑天都城,以包浅井、乩啰、和市。工既集,复言水源不壮,不可兴役。朝论以所奏乖异,将罢传,曾布为言,但褫职。俄而白草原诈降首虏事觉,责监永州税,再贬连州别驾。崇宁中,复起知河中府,历郓、瀛、渭三州,擢显谟阁待制。建言:"河南要地,灵武为根本。其西十五州,六为王土。其东由清远距罗山走灵州不及百里,夏以五监军统焉。若选将简师先击之,以趋韦州,可断其右臂。徐当拊纳离畔,渐规进取,讫城萧关,可断其左臂。"乃条上十四事,未报。

诏诸道进讨，传遣将折可适领锐骑出萧关，至灵州川，有功。进龙图阁直学士。会别将高永年没于西，而可适遇雨失道，为虏所乘，乃班师。传以稽违逗挠，黜知汝州，夺士。未几，复为杭州、真定、永兴、太原、延安府，以故职卒。赠端明殿学士。传从布衣致通显，所行事大氐欺妄，故屡起屡偾云。

陶节夫字子礼，饶州鄱阳人，晋大司马侃之裔也。第进士，起家为广州录事参军。杨元寇暴山谷间，捕系狱，屡越以逸，且不承为盗，既累年。节夫诘以数语，元即吐服，将适市，与诸囚诀曰："陶公长者，虽死可无憾。"知新会县，广守章楶重其材。楶帅泾原，辟入府。

崇宁初，为讲议司检讨官，进虞部员外郎，迁陕西转运副使，徙知延安府。以招降羌有功，加集贤殿修撰。筑石堡等四城。石堡以天涧为隍，可趋者唯一路，夏人窖粟其间，以千数。既为宋有，其酋惊曰："汉家取我金窟堁！"亟发铁骑来争。节夫分部将士遮御之，斩获统军以下数十百人。夏人度不可得，敛兵退。连擢显谟阁待制、龙图阁直学士。

方议城银州，谍告夏人已东。节夫料必西趋泾原，官属不肯从，节夫曰："吾计之熟矣。"乃遣裨将耿端彦疾驱至银州，五日城成，夏人果从泾原至，则城备已固，遂遁去。进枢密直学士。

节夫在延安日久，蔡京、张康国从中助之，故唯京意是徇。夏人欲款塞，拒弗纳。放牧者执杀之，夏人怨怒，大入镇戎军，杀卤数万口。节夫寻领经制环庆、泾原、河东边事，言："今既得石堡，又城银州，西夏洪、宥皆在吾顾盼中。横山之地，十有七八，兴州巢穴浅露，直可以计取。"遂陈取兴、灵之策。加龙图阁学士。会朝廷罢经制司，且弃所城地，节夫乃求内郡。徙洪州，改江宁府，历青、秦二州、太原府。

群盗李勉起辽州、北平之间，河东、河北骚动，两路帅臣、宪臣皆罢去，至出台郎督捕之。节夫请悉罢所遣兵，卒以计获勉。坐上疏乞留本道兵勿移戍，降为待制、知永兴军，数月，卒。追复龙图阁学士。

毛渐，字正仲，衢州江山人。第进士，知宁乡县。熙宁经理五溪，渐条利害以上察访使，使者诿以区画，遂建新化、安化二县。渐用是得著作佐郎、知安化县，召为司农丞，提举京西南路常平。

元祐初，知高邮军，迁广东转运判官。渠阳蛮扰边，近臣言渐习知蛮事，徙荆湖北路转运判官。时朝廷议弃地，渐曰："蛮獠畔服不常，非稍威以兵，未易怀德。今一犯边即弃地，非计也。"不报。渠阳既弃，蛮复大入钞略，覆官军，荆土大扰。

渐历提点江西刑狱、江东、两浙转运副使。浙部水溢，诏赐缗钱二百万以振之。渐言："数州被害即捐二百万，傥仍岁如之，将何以继？"乃案钱氏有国时故事，起长安堰至盐官，彻清水浦入于海；开无锡莲蓉河，武进庙堂港、常熟疏泾、梅里入大江；又开崑山七耳、茜泾、下张诸浦，

东北道吴江，开大盈、顾汇、柘湖，下金山小官浦以入海。自是水不为患。

加集贤校理，入为吏部右司郎中。以秘阁校理为陕西转运使。摄渭、秦、熙三州。未几，复摄帅泾原。日夜治兵，乘夏人犯边，遣将捣其虚，遂破没烟砦。进直龙图阁、知渭州，命下，卒，年五十九。优赠龙图阁待制。

王祖道，字若愚，福州人。第进士，又举制科，会罢，调韩城尉，知松阳、白马二县。为司农丞、监察御史。数言事，以论枢密承旨张诚一试补吏挟私、延州吕惠卿遣禁卒馈徐禧公使物非是，改司封员外郎、知汀、泉、福三州。历使诸路，入为户部、吏部员外郎，左司谏。言陕西兵未可减，徽宗谓其论事无足ивр，依阿苟容，出知海州。拜秘书少监，再为福州。加直龙图阁、知桂州。

蔡京开边，祖道欲乘时徼富贵，诱王江酋杨晟免等使纳士，夸大其辞，言："向慕者百三十峒、五千九百家、十余万口，其旁通江洞之众，尚未论也。王江在诸江合流之地，山川形势，据诸峒要会，幅员二千里。宜开建城邑，控制百蛮，以武臣为守，置溪峒司主之。"诏以为怀远军，且颁诸司使至殿侍军将告命，使第补其首领。置二砦，为立学。

又言："黎人为患六十年，道路不通。今愿为王民，得地千五百里。"遂以安口隘为允州，中古州地为格州，增提举溪峒官三员。又言羁縻知地州罗文诚、文州罗更晏、兰州韦晏闹、那州罗更从皆内附，请于黎母山心立镇州，为下都督府，赐军额曰静海，知州领海南安抚都监，徙万安军于水口。南丹州莫公佞独拒命，发兵讨擒之，遂筑怀远军为平州，格州为从州，南丹为观州，并允、地、文、兰、那五州置黔南路。擢祖道显谟阁待制，进龙图阁直学士。

召为兵部尚书，未行，与融州张庄谋，使庄奏言海南一千二十峒皆已团结，所未得者百七十峒，今黎人款化，则未得者才十之一耳。于是徭、黎渠帅不胜忿，蜂起侵剽，围新万安军及观州，杀官吏。初，祖道徙城时，言黎人伐木助役。及是诏问，不能对。京芘之，犹除端明殿学士、知福州，复以刑部尚书召。大观二年，卒，赠宣奉大夫。

祖道在桂四年，厚以官爵金帛挑诸夷，建城邑，调兵镇戍，辇输内地钱布、盐粟，无复齐限。地瘴疠，戍者岁亡什五六，实无尺地一民益于县官。蔡京既自以为功，至谓："混中原风气之殊，当天下舆图之半"祖道用是超取显美。张商英为相，治其诞罔，追贬昭信军节度副使。京再辅政，复还之。然其所创名州县，不旋踵皆罢。是后庞恭孙、张庄、赵遹、程邻皆以拓地受上赏，大抵皆规模祖道。祖道起冗散，骤取美官，而朝廷受其敝云。

张庄，应天府人也。元丰三年，擢进士第。历提举司、讲议司检讨官，出提举荆湖、夔州等路香盐事。改提举荆湖北路常平、本路提点刑狱，进龙图阁直学士、广南西路转运副使。

王祖道既请立朱崖诸州县，徙万安军，诏庄按覆相

度,实与祖道相表里。祖道召为兵部尚书,授庄集贤殿修撰、知桂州。祖道既留,以庄知融州。已而祖道徙福州,庄复知桂州。奏:"安化上三州一镇地土,及恩广监洞蒙光明、落安知洞程大法、都丹团黄光明等纳土,共五万一千一百余户,二十六万二千余人,幅员九千余里。"寻又奏:"宽乐州、安沙州、谱州、四州、七源等州纳土,计二万人,一十六州、三十三县、五十余峒,幅员万里。"蔡京帅百官表贺,进庄兼黔南路经略安抚使、知靖州。

王子武者,惠恭皇后族子也。靖州界接平、允、从三州,子武欲通之,因请复元祐所弃渠阳军。渠阳既城,乃上言:"湖北至广西,䍃湖南则迂若弓背,自渠阳而往,犹弓弦耳。"因以利啖诸蛮使纳土,立里堠。庄忌之,且欲蛮之多属广西为己功,因诱复水蛮石盛唐毁其烽表、桥梁。渠阳蛮酋杨惟聪请讨之,子武以闻。朝议谓其生事,罢子武。

未几,安化蛮纳土,庄遣黄忱往筑州城。忱,蛮将也,知蛮情伪,力言不可。庄怒,遣忱护溪州,别遣胡超、侬昌等筑安化城,果为蛮所掩,超、没者几千人。中书舍人宇文粹中言:"祖道及庄擅兴师旅,启衅邀功,妄言诸蛮效顺,纳款得地。当时柄臣揽为绥抚四夷之功。奏贺行赏,张皇其事。自昔欺君,无大于此。"朝廷既追贬祖道,庄责舒州团练副使,永州安置,再贬连州,移和州。

起知荆南府,徙江宁。复进徽猷阁直学士,历知渭、亳、襄州、镇江东平府。宣和六年,坐缮治东平城不加功辄复摧圮,降两官,提举嵩山崇福宫。卒,赠宣奉大夫。

赵遹,开封人。大观初,以发运司勾当公事为梓州路转运司判官。沪、戎诸夷纳土,命遹相置,以建立纯州县、砦劳,加直秘阁。升转运副使,俄授龙图阁直学士,为正使。

政和五年,晏州夷酋卜漏反,陷梅岭堡,知砦高公老遁。公老之妻,宗女也,常出金玉器饮卜漏等酒,漏心艳之。会沪帅贾宗谅以敛竹木扰夷部,且诬致其酋斗箇旁等罪,夷人咸怨。漏遂相结,因上元张灯袭破砦,虏公老妻及其器物,四出剽掠。遹行部昌州,闻之。倍道趣泸州。贼分攻乐共城、长宁军、武宁县,宗谅皆遣将拒却之。已而乐共城监押潘虎诱杀罗始党族首领五十人,其族蛮愤怒,合漏等复攻乐共城。遹并劾之,诏斩虎,罢宗谅,代以康延鲁,而听遹节制。遹阴有专讨意,兵端益大矣。于是诏发陕西军、义军、土军、保甲三万人,以遹为泸南招讨使。遹与别将马觉、张思正分道出,期会于晏州。思峨州近而固,遹遣王育先破之,村峒诸落相继而克,因其积谷食士卒。

既抵晏州,觉、思正各以兵来会。漏据轮纩大囤,其山崛起数百仞,林箐深密,夷奔溃者悉赴之,乃垒石为城,外树木栅,当道穿阬阱,仆巨桥,布渠答,夹以守障,俯瞰官军。矢石所中皆靡碎,遹军不能进。间从巡检种友直、田祐恭按视,其旁山崖壁特峭绝,贼恃之无守备。遹欲袭取,命友直、祐恭其下,而身当贼冲,番军迭攻之。未旦,鼓而进,迨夕则止,贼并力拒战,不得息。友直所

部多思、黔土丁,习山险,而山多生猱,遹遣土丁捕之。伐去蒙密,缘崩石挽藤葛而上,得猱数十头,束麻作炬,灌以膏蜡,缚于猱背。暮夜,复遣土丁负绳梯登崖颠,乃缒梯引下,人人衔枚,挈猱蚁附而上。比鸡鸣,友直、祐恭与其众悉登,拥刀斧穿箐入。及贼栅,出火然炬,猱热狂跳,贼庐舍皆茅竹,猱窜其上,火辄发,贼号呼奔扑,猱益惊,火益炽。官军鼓噪破栅,遹望见火,麾军蹑云梯攻其前。两军相应,贼扰乱,不复能抗,赴火堕崖死者不可计,俘斩数千人。卜漏突围走,至轮多囤,追获之。晏州平,诸夷落皆降,拓地环二千里。遹为建城砦,画疆亩,募人耕种,且习战守,号曰"胜兵"。诏置沿边安抚司,以转运副使孙羲叟为安抚使。高公老妻不辱而死,诏赠节义族姬。

加通龙图阁直学士、熙河兰湟经略安抚使。遹以疾请祠,不许。既入对,赐上舍出身,拜兵部尚书。遹与童贯有隙,力请去,以提举醴泉观兼详定一司敕令。六年,出知成德军,拜延康殿学士,赐其子永裔上舍出身、秘书省校书郎。

涞水人董才得罪亡命,因聚众为贼,攻败城邑,辽人不能制。中山帅府阴与才通,诱使来归,才寻为辽所破,遂上书请取全燕以自效。王黼、童贯大喜,将许之,遹言不可。客或以沮朝廷密谋让遹,遹曰:"帅臣所部,封境虽异,事无异也。且论思献纳,侍从之职,遹今以侍从备帅臣,而真定、中山边接,隙苟一开,吾境得无事乎?"疏奏,上然之,乃斥还才书。才穷蹙,转入河东。诏以问遹,遹复具疏极论其害。洎遹徙熙州,黼等卒纳才,又虑遹过阙入见有所陈,趣使便道赴镇。诸蕃闻遹至,相贺曰:"吾父来,朝廷真欲无事矣!"争出锄耰,牛价为顿高。

时议更陕西大铁钱,价与铜钱轻重等。遹上言曰:"铜重铁轻,自然之理,今反其理,民谁信之?以人夺天,虽厉其禁,终不可行也。"居数月,以疾乞致仕,命提举嵩山崇福宫。起知中山、顺昌、应昌府。金人举兵,召遹赴阙,寻卒。

永裔历知眉州。言者论遹欺罔朝廷以军功,永裔遂放罢。

论曰:夏人时踏籍,逐之使出则已。章惇、蔡京故挠之用兵,涂边人肝脑于地,以幸己功,不亦颠乎?诸蛮溪峒,茅瘴非人域,鸩虺与居,况无敢闻吾圉。京乃使祖道、张庄之徒凿空为功,举中国重赏,弃诸不毛,而文饰奸慝,铺张表贺,徽宗亦偃然受其欺,好大黩武之心一侈,而燕朔之谋作矣。《诗》曰:"池之竭矣,不云自频;泉之竭矣,不云自中。"徽之耗内贪外,驯召祸败,迹所从来,此其本也。呜呼,可不戒哉!

卷三百四十九　　列传第一百八

郝质　贾逵　窦舜卿　刘昌祚　卢政　燕达
姚兕_{弟麟 子雄}　古杨燧　刘舜卿　宋守约_{子球}

郝质，字景纯，汾州介休人。少从军，挽强为第一。充殿前行门，换供奉官，为府州驻泊都监，主管麟府军马，与田朏将兵护军须馈麟州，道遇西夏数千骑寇钞，质先驱力战，斩首、获马数百。又与朏行边，至柏谷，敌堑道以阻官军，质御之于寒岭下，转斗逐北，遂修复宁远诸栅，以扼贼冲。宣抚使杜衍、安抚使明镐连荐之，且条上前后功状，超迁内殿承制、并代路都监。大名贾昌朝又荐为路钤辖。

使时贝州，文彦博至，命制城西。回河上有亭甚壮，彦博虑为贼焚，遣小校蔺千守，而质使千往他营度战具，千辞，质曰："亭焚，吾任其责。"千去而亭焚。彦博将斩千，质趋至帐下曰："千之去，质实使之，罪乃在质，愿代千死。"彦博壮其义，两释之。质自此益知名。

贼平，迁六宅使，历高阳关、定州、并代钤辖，驻泊副都部署，龙神卫、捧日天武都指挥使。马军殿前都虞候，加领贺州刺史、英州团练、眉州防御使。奉诏城丰州，进步军副都指挥使、宿州观察使。召还宿卫，改马军。英宗立，迁武昌军节度观察留后，加安德军节度使，为殿前副指挥使。神宗立，易节安武军，为都指挥使。元丰元年，卒，帝亲临其丧，赠侍中，谥曰武庄。

质御军有纪律，犯者不贷，而享犒丰渥，公钱不足，出己奉助之。平居自奉简俭，食不重肉，笃于信义。田朏不振而死，为表揭前功，官其一孙。在并州，与朝士董熙善，约为婚姻。熙死，家贫无依，质已为节度使，竟以女归董氏。自为官，不上伐阅，从微至贵，皆以功次迁云。

贾逵，真定藁城人。隶拱圣为卒，至殿前班副都知，换西染院副使。从狄青依智高，战于归仁驿。既陈，青誓众曰："不待令而举者斩！"时左将孙节战死，逵为右将军先锋将，私念所部兵数困易衄，兵法先据高者胜，苟复待命而贼乘胜先登，吾事去矣。即日引军趋山。既定，贼至，逵麾众驰下，仗剑大呼，断贼为二。贼首尾不相救，遂溃。逵诣青请罪，青拊其背劳谢之。邕州城空，青使逵入括公私遗坠，固辞。是时，将校多以搜城故匿窃金宝，独逵无所犯。迁西染院使、嘉州刺史、秦凤路钤辖。

初，逵少孤，厚赂继父，得其母奉以归。至是，以母老辞，不许，而赐母冠帔。秦山多巨木，与夏人错壤，逵引轻兵往采伐。羌酋驰至，画地立表约决胜负。逵引弓连三中，酋下马拜伏，从逵取盈而归。徙并代路，专主管麟府军马。熟户散处边关，苦于寇略，逵差度远近，聚为二十七堡，次第相望，自是害乃息。画铁为的，激种豪使射，久皆成劲兵。一夕，烽火屡发，左右白当起，逵卧不应。且而谓人曰："此必妄也。脱有警，可夜出乎？"徐问之，果边人烛遗物也。复徙秦凤，去之十日，而代者郭恩败。朝廷以逵为能，连擢捧日天武四厢都指挥使、马步殿前虞候，历泾原、高阳关、鄜延路副都总管，以利州观察使为步军副都指挥使。

都城西南水暴溢，注安上门，都水监以急变闻。英宗遣逵督护，亟囊土塞门，水乃止。议者欲穴堤以泄其势，逵徙观水所行，谕居民徙高避水，然后决之。军校营城外者，每常朝，即未晓启门钥，或辍朝失报，启钥如平时。逵言："禁城当谨启闭，不宜凭报者。"乃冶铁铸"常朝"字，俾持以示信。

迁马军副都指挥使，复总鄜延兵。延州旧有夹河两城，始，元吴入寇据险，城几不能守。逵相伏龙山、九州台之间可容窥觇，请于其地筑保障，与城相望，延人以为便。转昭信军节度观察留后。逵言："种谔处绥州降人于东偏，初云万三千户，今乃千一百户耳，逋逃之余，所存才八百。蕃汉两下杀伤，皆不胜其计。自延州运粟至怀宁，率以四百钱致一石。而缘边居人，壮者但日给一升，罔冒何至大半。谔徒欲妄兴边事以自为功，不可不察也。"元丰初，拜建武军节度使、殿前都指挥使。请不俟郊赦赠三世官，神宗曰："逵武人，能有念亲之志，其特听之。"数月而卒，年六十九。赠侍中，谥曰武恪。

窦舜卿，字希元，相州安阳人。以荫为三班奉职，监平乡县酒税。有僧欲授以化汞为白金之术，谢曰："吾禄足养亲，不愿学也。"辟府州兵马监押。夏人犯塞，舜卿欲袭击，举烽求援于大将王凯，凯弗应。舜卿度事急，提州兵出战，胜之。明日，经略使问状，凯惧，要以同出为报。舜卿欢然相许，不自以为功。为青淄路都监。海盗行劫，执博昌镇官吏，肆剽掠，舜卿募士三百，悉擒之。使契丹，主客马祐言："昔先公客省善射，君当传家法。"置酒请射，舜卿发辄中。祐使奴持二弓示之，一挽皆折。

湖北蛮猺彭仕羲叛，徙为钤辖，兼知辰州。建请筑州城，不扰而办。帅师取富州，蛮将万年州据石狗崖。舜卿选壮卒奋击，蛮矢石交下，卒蒙盾直前，发强弩射，万年州毙于崖下，遂拔之。左右欲尽剿其众，舜卿不许，曰："仕羲愿内附，特为此辈所胁，今死矣，何以多杀为？"引兵入北江，仕羲降。擢康州刺史，加龙神卫、捧日天武四厢指挥使、马军殿前都虞候，三迁邕州观察使，历邠宁环庆路副都总管。熙宁中，十上章求退，且丐易文阶。改刑部侍郎，提举嵩山崇福宫。以光禄大夫致仕，再转金紫光禄大夫，卒，年八十八。谥曰康敏。

刘昌祚，字子京，真定人。父贺，战没于定川。录为右班殿直，主秦州威远砦。青唐聚兵盐井，经年不散。昌祚奉帅命往诘之，诸酋曰："闻汉家欲取吾盐井。"昌祚曰："国家富有四海，何至与汝争此邪？"与酋俱来，犒赉之，欢然帅众去。迁西路都巡检。使辽还，神宗临试驰射，授通事舍人。夏人寇刘沟堡，昌祚领骑二千出援。虏伏万骑于黑山而伪遁，卒遇之，战不解。薄暮，大酋突而前，昌祚抽矢，一发殪之，余众悉遁。帅李师中上其功曰："西事以来，以寡抗众，未有如昌祚者。"知阶州，讨平毋家等族，又平叠州。转作坊使，为熙河路都监。

从王中正入蜀，破筚篥羌。加皇城使、荣州刺史、秦凤路钤辖，又加西上阁门使、果州团练使，知河州。元丰四年，为泾原副都总管。王师西征，诏与总管姚麟率蕃汉兵五万，受环庆高遵裕节制。令两路合军以出，既入境，而庆兵不至。昌祚出胡卢川，次磨齐隘，夏众十万扼险而不可前。昌祚挟两盾先登，夏人小却，师乘之，斩首千七百级。进次鸣沙川，取其窖粟，遂薄灵州。城未及阇，先锋夺门几入，遵裕驰遣使止之，昌祚曰："城不足下，脱朝廷谓我争功，奈何？"命按甲勿攻。是夕，庆兵始距城三十里而军，遇敌接战，昌祚遣数千骑赴之。迟明，贼已退，遂谒遵裕，遵裕讶应援之缓，有诛昌祚意。既见，问下城如何，昌祚曰："比欲攻城，以幕府在后未敢。前日磨齐之战，夏众退保东关，若乘锐破之，城必自下。"遵裕弗内，曰："吾夜以万人负土囊傅垒，至旦入矣。"怒未解，欲夺其兵付姚麟，麟不敢受，乃已。明日，遣昌祚巡营，凡所得马粮，悉为庆兵所取，泾师忿噪。遵裕围城十八日，不能下，夏人决七级渠以灌遵裕师，军遂溃。即南还，复命泾师为殿。昌祚手剑水上，待众济然后行，为虏所及，战退之。至渭州，粮尽，士争入，无复行伍，坐贬永兴军钤辖。

明年，复徙泾原，加龙、神卫四厢都指挥使，知延州。时永乐方陷，士气不振，昌祚先修马政，令军中校技击，优者乃给焉。自义合至德靖砦，绵亘七百里，堡垒疏密不齐，烽燧不相应。昌祚度屯戍险易、地望远近、事力强弱，立为定式，上诸朝。夏人寇塞门、安远砦，拒破之，杀其统军叶悖麻、咩叱埋二人，盖始谋攻永乐者。图其形以献。帝喜，遣近侍劳军。

哲宗立，进步军都虞候、雄州团练使、知渭州，历马军殿前都虞候。渭地宜牧养，故时弓箭手人授田二顷，有马者增给之，谓之"马口分地"。其后马死不补，而据地自若。昌祚按举其法，不二年，耗为复初。又括陇山间田得万顷，募士五千，别置将统之，劲悍出诸军右。朝廷归夏人四砦，昌祚以为不可。再迁殿前副都指挥使、冀州观察使、武康军节度使。卒，年六十八。赠开府仪同三司，谥曰毅肃。

昌祚气貌雄伟，最善骑射，箭出百步之外。夏人得箭以为神，持归事之。所著《射法》行于世。

卢政，太原文水人。以神卫都头从刘平与夏人战延州。虏薄西南隅，兵不得成列，政引数骑挑战，发伏弩二百射却之。日且暮，政说平曰："今处山间，又逼污泽，宜速退保后山，须明决战；不然，彼夜出，乘高蹙我，何以御之？"平不听，遂败。政脱身归，黄德和诬平降贼，仁宗引政问状，政言："平被执，非降也。"因自陈失主将当死。帝义其言，赦之，以为供奉官、德州兵马监押。预讨贝州，率勇敢数百人，飞缳缒堞而登，守者莫能亢，大军乘之以入。迁内殿承制。南征侬智高，亦有功。

历秦凤、高阳关都钤辖。治平、熙宁中，为捧日、天武四厢都指挥使，三卫都虞候、副都指挥使，泾原、定州、并代、真定四路副都总管，累转祁州团练、昌州防御、黔州观察使。拜武泰军节度使，致时年七十五，气貌不衰，侍立殿下，虽久无惰容，能上马踊跃，观者壮之。早朝暴卒，赠开府仪同三司。

燕达，字逢辰，开封人。为儿时，与侪辈戏，辄为军陈行列状，长老异之。既长，容体魁梧，善骑射。以材武隶禁籍，授内殿崇班，为延州巡检，戍怀宁砦。夏人三万骑薄城，战竟日不决，达所部止五百人，跃马奋击，所向披靡。擢鄜延都监，数帅兵深入敌境，九战皆以胜归。啰兀之弃也，遣达援取戍卒辎重，为贼所邀，且战且南，失亡颇多。神宗以达孤军遇敌，所全亦不为少，累迁西上阁门使、领英州刺史，为秦凤副总管。讨破河州羌，遂降木征。迁东上阁门使、副都总管，真拜忠州刺史、龙神卫四厢都指挥使。

郭逵招讨安南，为行营马步军副都总管。入辞，神宗谕之曰："卿名位已重，不必亲矢石，第激勉将土可也。"达顿首谢曰："臣得凭威灵灭贼，虽死何悍！"初度岭，闻前锋遇敌苦战，欲往援，偏校有言当先为家计然后进者，达曰："彼战已危，讵忍为自全计。"下令敢言安营者斩。乃卷甲趋之，士皆自奋，传呼太尉来，蛮惊溃，即定广源。师次富良江，蛮舻斗舸于南岸，欲战不得，达默计曰："兵法致人而不致于人，吾示之以虚，彼必来战。"已而蛮果来，击之，大败，乃请降。师还，拜荣州防御使。以主帅得罪而独蒙赏，乞同责，不听。

元丰中，迁金州观察使，加步军都虞候，改马军，超授副都指挥使。以训阅精整，除一子阁门祗候。数被诏奖，进殿前副都指挥使、武康军节度使。哲宗立，迁为使，徙节武信。卒，赠开府仪同三司，谥曰毅敏。

达起行伍，喜读书，神宗以其忠实可任，每燕见，未尝不从容。尝问："用兵当何先？"对曰："莫如爱。"帝曰："威克厥爱可乎？"达曰："威非不用，要以爱为先耳。"帝善之。

姚兕，字武之，五原人。父宝，战死定川，兕补右班殿直，为环庆巡检。与夏人战，一矢毙其酋，众溃，囚乘之，遂破兰浪。敌大举寇边，诸砦皆受围。兕时驻荔原堡，先羌未至，据险张疑兵，伺便辄出。有悍酋临阵甚武，兕前射中其目，斩首还，一军欢呼。明日，来攻益急，兕手射数百人，裂指流血。又遣子雄引壮骑驰掩其后，所向必克。敌度不可破，乃退攻大顺城。兕复往救，转斗三日，凡斩级数千，卒全二城。庆军叛，兕以亲兵守西关，盗众不得入而奔。兕追及，下马与语，皆感泣罗拜，誓无复为乱。

神宗闻其名，召入觐，试以骑射，屡中的，赐银枪、袍带。迁为路都监，徙鄜延、泾原。从攻河州，飞矢贯耳，战益力。河州既得，又为鬼章所围，兕曰："解围之法，当攻其所必救。"乃往击陇宗，围遂解。累迁皇城使，进钤辖。从攻交阯有功，领雅州刺史。破乞弟，领忠州团练使，进副总管，迁东上阁门使，徙熙河。与种谊合兵讨鬼章于洮州，破六逋宗城，夜断浮桥，援兵不得度，遂擒鬼章。真拜通州团练使。卒于鄜延总管，赠忠州防御使。

咒幼失父，事母孝，凡图画器用，皆刻"仇雠未报"字。力学兵法，老不废书，尤喜颜真卿翰墨，曰："吾慕其人耳。"弟麟，亦有威名，关中号"二姚"。子雄、古。

麟字君瑞，兄咒攻河州时，俱在兵间。中矢透骨，镞留不去，以强弩出之，笑语自若。积功至皇城使，为秦凤副总管。从李宪讨生羌，擒冷鸡朴。再转东上阁门使、英州刺史。元丰西讨，以泾原副总管从刘昌祚出战，胜于磨㘭。转战向鸣沙，趋灵州，而高遵裕败还，降为皇城使、永兴军路钤辖，复为泾原副总管。夏人修贡，且乞兰会壤土，麟言："夏人囚其主，王师是征。今秉常未废，即为顺命，可因以息兵矣。独兰会不可与。愿戒将帅饬边备，示进讨之形，以绝其望。"从之。督诸将讨堪哥平，经略使卢秉上其功状，赐金帛六百。

元祐初，擢成州团练使、龙神卫四厢都指挥使，历步军殿前都虞候、步军马军副都指挥使。绍圣三年，以建武军节度观察留后出知渭州。安焘请留之，曾布曰："臣尝访麟御边之策及熙河疆域，俱不能知。愿加敕谕，使之尽力。"韩忠彦曰："奏对语言，非所以责此辈。"哲宗乃留麟不遣。寻拜武康军节度使、殿前副都指挥使。王赡取青唐，麟以为朝廷讨伐方息肩，奈何复生此大患。已而赡果败。徽宗立，进都指挥使，节度建雄、定武军，检校司徒。卒，帝诣其第临奠，赠开府仪同三司。

麟为将沈毅持重，不少纵舍。宿卫士尝犯法，诏释之，麟杖之于庭而后请拒诏之罪，故所至肃然。

雄字毅夫，少勇鸷有谋，年十八即佐父征伐。从讨金汤，以百骑先登夺隘，又成荔原之功。韩绛荐其材，阅试延和殿。安南、泸川之役，皆在军行。历泾原、秦凤将，驻甘谷城，知通远镇戎军、岷州，官累左骐骥使。绍圣中，渭帅章楶城平夏，雄部熙河兵策援，夏人倾国来，与之鏖斗，流矢注肩，战采厉，贼引却，追蹑大破之，斩首三千级，俘虏数万。先五日，折可适败于没烟，士气方沮，雄贾勇得隽，诸道始得并力。城成，擢东上阁门使、秦州刺史。

明年，虏攻平夏，势锐甚，城几不守。雄与弟古合兵却之。徙知会州，领熙河钤辖。王赡略地青唐，羌人攻湟、鄯，诏雄与苗履援之。逸川方急，雄适至，羌望见尘起，惊而溃。围既解，遂趋鄯州，履后期乃至，赡言兰溪宗有遗寇，宜悉荡平之。履即往，雄谏不听，戒所部严备以待。俄而履师退，贼追及，雄整众迎击，破之，献馘二千。哲宗遣中使持诏劳问，徙河州。种朴战没，王赡军陷敌中，雄自鄯至湟，四战皆捷，拔出之。遂筑安乡关，夹河立堡，以护浮梁，通湟水漕运，商旅负贩入湟者，始络绎于道。加复州防御使。

建中靖国初，议弃湟州，诏访雄利害。雄以为可弃，遂以赐赵怀德，徙雄知熙州，进华州观察使。蔡京用王厚复河湟，治弃地罪，停雄官，光州居住。三年，得自便，

后论为责轻，复窜金州。明年，乃听归。高永年死，西宁诸戍阻绝，起雄权经略熙河、安辑复新边使。知沧州，加捧日、天武四厢都指挥使，复为熙州，迁安德军节度观察留后、步军副都指挥使，拜武康军节度使。召诣阙，为中太一宫使。引疾纳节钺，改左金吾卫上将军，又以武康节知熙州。熙河十八年间更十六帅，唯雄三至，凡六年。未几，以检校司空、奉宁军节度使致仕。卒，赠开府仪同三司，谥武宪。

古亦以边功，官累熙河经略。靖康元年，金兵逼京城，古与秦凤经略种师中及折彦质、折可求等俱勒兵勤王。时朝命种师道为京畿、河北路制置使，趣召之，师道与古子平仲先已率兵入卫。钦宗拜师道同知枢密院、宣抚京畿、河北、河东，平仲为都统制。上方倚师道等却敌，而种氏、姚氏素为山西巨室，两家子弟各不相下。平仲恐功独归种氏，忌之，乃以士不得速战为言，欲夜劫斡离不营。谋泄，反为所败。

既而议和，金兵退，诏古与种师中、折彦质、范琼等领兵十余万护送之。粘罕陷隆德府，以古为河东制置，种师中副之。古总兵援太原，师中援中山、河间诸郡。粘罕围太原，内外不相通。古进兵复隆德府、威胜军，厄南北关，与金人战，互有胜负。太原围不解，诏古与师中犄角，师中进次平定军，乘胜复寿阳、榆次等县。朝廷数遣使趣战，师中约古及张灏两军齐进，而二人失期不至。师中回趋榆次，兵败而死。金人进兵迎古，遇于盘陀，古兵溃，退保隆德。诏以解潜代之。古之屯威胜军也，帐下统制官焦安节妄传寇至以动军情，既人劝古遁去，故两郡皆溃。李纲召安节，斩于琼林苑。中丞陈过庭奏古罪不可恕，诏安置广州。

杨燧，开封人。善骑射，应募隶军籍，从征贝州，穴城以入。贼平，功第一，补神卫指挥使。又从征侬智高，接战，手杀数十人，众乘之而捷。擢万胜都指挥使，迁荣州团练使、京城左厢巡检。救濮宫火，英宗识其面，及即位，以为邓州防御使、步军都虞候。历环庆、泾原、鄜延三路副都总管，至马军副都指挥使，由容州观察使拜宁远军节度、殿前副都指挥使。卒，赠侍中，谥曰庄敏。

燧初穴贝州城时，为叛兵所伤，同行卒刘顺救之得免。及贵，顺已死，访恤其家甚至。故人妻子贫不能活者，一切收养之。人推其义。

刘舜卿，字希元，开封人。父钧，监镇戎兵马，庆历中，与子尧卿战死于好水。舜卿年十岁，录为供奉官，历昌州驻泊都监。谕降泸水蛮八百人，诛其桀鹜者。知水洛城。

神宗经略西边，近臣荐其能，召问状，对曰："自元昊称臣，秦中不复戒严。今宜先自治。"帝善之，命训京东将兵。一年，入阁于内殿，帝叹曰："坐作有度，其可用也。尔无忘世雠，勉思忠孝，期以尽敌。"舜卿泣谢，即日加通事舍人。

环庆有警，诏帅长安兵赴之，乃单骑驰往庆州，至则

难已解。知原州，改秦凤钤辖。袭击西市城，先登有功，迁皇城副使。久之，知代州，加客省副使。辽遣谍盗西关锁，舜卿密易旧锒而大之。数日，虏以锁来归，舜卿曰："吾未尝亡锁也。"引视，纳之不能受，遂惭去，诛谍者。

转西上阁门使、知雄州。始视事，或告契丹游骑大集，请甲以俟，舜卿不为动，乃妄也。契丹系州民，檄索之，不听。会有使者至，因捕取其一以相当，必得释乃遣。在雄六年，恩信周浃。

元祐初，进龙神卫四厢都指挥使、高州刺史、知熙州。夏人聚兵天都，连西羌鬼章青宜结，先城洮州，将大举入寇，舜卿欲乘其未集击之，会诸将议方略。使姚兕兵合河州熟羌捣讲珠城，遣人间道焚河桥以绝西援；种谊部洮东，由哥龙谷宵济邦金川，黎明，至临洮城下，一鼓克之，俘鬼章并首领九人，斩馘数千计。迁马军都虞候，再迁徐州观察使、步军副都指挥使、知渭州。召还宿卫，未上道，卒，赠奉国军节度使，谥曰毅敏。

舜卿知书，晓吏事，谨文法，善料敌，著名北州。

宋守约，开封酸枣人。以父任为左班殿直，至河北缘边安抚副使，选知恩州。仁宗谕以乱后抚御之意，对曰："恩与他郡等耳，而为守者犹以反侧待之，故人心不自安。臣愿尽力。"徙益州路钤辖，累迁文州刺史、康州团练使、知雄州，历龙神卫、捧日天武都指挥使，马步殿前都虞候。

入宿卫，迁洋州观察使。卫兵以给粟陈哗噪，执政将付有司治，守约曰："御军安用文法！"遣一牙校语之曰："天子太仓粟，不请何为？我不贷汝。"众惧而听命。进步军副都指挥使、威武军留后。神宗以禁旅骄惰，为简练之法，屯营可并者并之。守约率先推行，约束严峻，士始怨终服。或言其持军太急，帝密戒之，对曰："臣为陛下明纪律，不忍使恩出于臣，而怨归陛下。"帝善之，欲擢置枢府，宰相难之，乃止。故事，当郊之岁，先期籍士卒之凶悍者，配下军以警众，当受粮而倩人代负者罚，久而浸弛，守约悉举行之。所居肃然无人声，至蝉噪于庭亦击去，人以为过。莅职十年卒，年七十一。赠安武军节度使，谥曰勤毅。

子球，以荫干当礼宾院。条秦、川券马四弊，群牧使用其议，马商便之。再使高丽，密访山川形势、风俗好尚，使还，图纪上之，神宗称善，进通事舍人。帝崩，告哀契丹，至，则使易吉服，球曰："通和岁久，忧患是同，大国安则为之。"契丹不能夺。积迁西上阁门使、枢密副都承旨。为人谨密，朝日所闻上语，虽家人不以告。卒于官。

论曰：自郝质至宋守约，皆恂直忠笃，为一时名将。遭世承平，边疆少警，拥节旄，立殿陛，高爵重禄，以寿考终，宜也。姚氏世用武奋，兕与弟麟并有威名，关中号"二姚"。兕之子雄，亦以战功至节度使，而古竟以败贬，其才否可见已。

卷三百五十　　列传第一百九

苗授子履　**王君万**子赡　**张守约**　**王文郁**
周永清　**刘绍能**　**王光祖**　**李浩**　**和斌**子诜
刘仲武　**曲珍**　**刘阒**　**郭成**　**贾嵒**　**张整**
张蕴　**王恩**　**杨应询**　**赵隆**

苗授，字授之，潞州人。父京，庆历中，以死守麟州抗元昊者也。少从胡翼之学，补国子生，以荫至供备库副使。

王韶取镇洮，授为先锋，破香子城，拔河府。羌虽败，气尚锐，辄围香子以迎归师。韶遣将田琼救之，琼死，乃简骑五百属授，授奋击败之。休士二日，羌复要于架麻平，注矢如雨，众惧，授令曰："第进毋恐！毡牌数百且至。"行前者传呼，羌惊乱。力战数十，斩首四千级。又破之于牛精谷，取珂诺城，尽得河湟地。

知德顺军，三迁西上阁门使。鬼章寇河州，诏授往，一战克撒宗，论功第一，遂知州事。加四方馆使、荣州刺史。从燕达取银川，降木征，献之京师，加引进使、果州团练使、泾原都钤辖。

召使契丹，神宗劳之曰："曩香子之役，非汝以寡击众，几败吾事。"以为秦凤副总管，徙熙河，复知河州。副李宪讨生羌于露骨山，斩首万级，获其大酋冷鸡朴，羌族十万七千帐内附，威震洮西。拜昌州团练使、龙神卫四厢都指挥使，徙知雄州、熙州。

元丰西讨，授出古渭取定西，荡禹臧花麻诸族，降户五万。城兰州，遇贼数万于女遮谷，登山逆战，败退伏垒中，半夜遁去。授逾天都山，焚南牟，屯没烟，凡师行百日，转斗千里，始入塞。

授遇事持议不苟合。初在德顺，或议城钱南，授曰："地阻大河，粮道不济，非万全计也。"役即止。师征灵武，诏令援高遵裕，即条上进退利害甚切。历进步军副都指挥使、威武军节度观察留后。元祐三年，迁武泰军节度使、殿前副都指挥使。逾岁，以保康节度知潞州，提举上清太平宫，复使殿前，薨，年六十七，赠开府仪同三司，谥曰庄敏。子履。

履束发从戎。授之降木征也，履护送至京，得阁门祗候。历熙、延、渭、秦四路钤辖，知镇戎军。及其父时，已官四方馆使、吉州防御使矣，以事窜房州，起为西上阁门副使、熙河都监。又责右清道率府率，监峡州酒税。元符初，悉还其官，以熙河兰会都钤辖知兰州。

诏同王赡取青唐，与姚雄合兵讨峣羌饯罗结。赡将李忠战败，罗结大集众，宣言欲围青唐。履、雄将至，羌列阵以待，势甚盛。履叱军士纳弓于鞬，拔刀而入。羌怙巢穴殊死斗，枭将陈迪、王亨辈皆反走，履独驻马不动。有酋青袍白马突而前，手剑击履，帐下王拱以弓格之，仅免。复绕出履背，欲断军为二，别将高永年率所部力战数十合，羌退，乘胜围兰宗堡，弗能拔。日暮，收兵入营，羌宵溃。明日，纵兵四掠，焚其族帐而还。

既而阿章叛，诏履与种朴过河讨荡，辞以兵少，朴遂陷。录履前功，擢龙神卫四厢都指挥使、成州团练使，知庆州，徙渭州，进捧日、天武都指挥使。是后史失其传。子傅，在《叛臣传》。

王君万，秦州宁远人。以殿侍为秦凤指挥使。王韶开边，青唐大酋俞龙珂归国，独别羌新罗结不从。经略使韩缜期诸将一月取之。君万诈为猎者，逐禽至其居，稍相亲狎，与同猎，乘间挝之，坠马，斩首驰归以献。甫及一月，积功得阁门祗候。

王师定武胜，首领药厮通邀劫于阗贡物，帅师讨焉。君万出南山，履险略地。羌潜伏山谷间，忽一骑跃出，横矛将及，君万亟侧身避之，回首奋击，斩以徇。其众惊号，相率听命，所斩乃药厮通也。复破北关、南市，功最多，擢熙河路钤辖，进领英州刺史、达州团练使，赐绢五百。

洮西羌叛，围归川，君万请于王韶，以为南撤宗城小而坚，强勇所聚，若并兵破之，围当自解。韶用其计，围果解。累官客省使，为副总管。坐贷结籴钱数万缗，为转运使孙迥所纠，贬秩一等。讨西山、铁城有功，复故官职。君万怨孙迥，使番官木丹讼之，鞫于秦、陇，又贬为凤翔钤辖，籍家赀偿通，遂以愤卒。子赡。

赡始因李宪以进。立战功，积官至皇城使，领开州团练使。元符中，知河州。熙帅钟传以冒白草原赏，狱治于秦，诏转运使张询谕诸将得自首。赡具伏庀增首级，因说询云："青唐人有叛瞎征意，可取也。"询信之，即具奏言已令赡结约起兵。哲宗与辅臣罪其狂妄专辄，亟罢询，而命孙迥究实。狱上，夺赡十一官，犹令领州。

赡欲以功赎过，乃密画取青唐之策，遣客诣章惇言状。惇下其事于孙路，路以为可取。赡遂引兵趣邈川。路知赡狡狯难制，使总管王愍统军，而以赡副。赡为前锋渡河，先下陇朱黑城。忌愍分其功，绐之曰："晨食毕乃发。"愍信之。夜半，赡忽传发。平明，入邈川，据府库，径上捷书，不以白军府。愍过午始至，以事诉于路，路亦怒，颛以兵柄付愍，而留赡屯邈川。

宗哥酋舍钦脚求内附，赡遣神将王咏率五千骑赴之。既入，而诸羌变，咏驰书告急，王厚使高永年救之，乃免。赡与愍交讼，又诉路指画相违。惇主赡而不直路，曰："首谋者赡也，路欲掩其功，故抑赡。"乃徙路河南，罢愍统制，以胡宗回为帅。

时瞎征已来降，青唐戎将惟心牟钦毡父子百余人在。赡不即取，二羌遂迎溪巴温之子陇拶入守。始，孙路乞先全邈川及河南北诸城，然后进师。赡怨路，因言青唐不烦大兵可下，而路逡遛失机会。暨宗回至，乃云夏人谋攻邈川，当为守备，青唐未可取。宗回责其反覆，日夜督出师，遣使威以军法，且声言欲使王愍代将。赡惧，急进攻陇拶及心牟等，皆出降。赡入据其城。诏建为鄯州，进赡四方馆使、荣州防御使、知州事。黄履谓赏薄，乃拜维州团练使，为路钤辖。

赡纵所部剽敚，羌众携贰，心牟等结诸族帐谋复青唐，其在山南者先发。赡遣将李宾领二千骑掩袭心牟以下，自守西城与羌斗。宾逾南山入保敦谷讨荡，羌战败奔北，四山皆空。赡戮心牟等九人，悉捕斩城中羌，积级如山。

初，赡讽诸酋籍胜兵者涅其臂，无应者。篯罗结请归帅本路为唱，赡听之去，遂啸集外叛，以数千人围邈川，夏众十万助之，城中危甚。苗履、姚雄来援，围始解。已而王吉、魏钊、种朴相继败没，将士夺气。书闻，帝震骇，于是转运使李谌、秦希甫刻赡盗取二城财物，因此致变，又杀心牟钦毡以灭口。曾布言赡创造事端以生边害，万死不塞责。诏贬右千牛将军，房州安置。言者论之不已，熙河又奏青唐诸族怨赡入骨髓，日图报复，枢密院乞斩赡以谢一方。诏配昌化军，行至穰县而缢。

崇宁初，蔡京入相，钱遹讼赡功；及王厚平鄯、廓，于是追赠保平军节度观察留后，除其子珏通事舍人。

张守约，字希参，濮州人。以荫主原州截原砦，招羌酋水令通等十七族万一千帐。为广南走马承受公事，侬寇之后，二年二诣阙，陈南方利害，皆见纳用。欧阳修荐其有智略、知边事，擢知融州。峒将吴侬恃险为边患，捕诛之。修复荐守约可任将，为定州路驻泊都监，徙秦凤。居职六年，括生羌隐土千顷以募射手，筑硖石堡、甘谷城，第功最多。

夏人万骑来寇，守约适巡边，与之遇，不解鞍，简兵五百逆战，众寡不侔，势小却。夏人复两翼来，守约挺身立阵前，自节金鼓，发强弩殪其酋，敌遂退。

神宗开拓熙河，召问曰："王韶能办事否？"对曰："以天威临之，当无不济；但董毡忠勤效顺，恐不宜侵逼。"因请名古渭为军，以根本陇右。帝从之，建为通远军。加通事舍人、熙河钤辖，仍统秦凤羌众驻通远。

河州羌率众三万屯于敦波，欲复旧地，守约泛洮水击破之，取窖粟食军。羌老弱畜产走南山，左右欲邀，之，云可获万万。守约曰："彼非敢迎战，逃死耳，辄出者斩！"鬼章围岷州，守约提敢死士鸣鼓张帜高山上，贼惊顾而遁，遂知岷州，降其首领千七百人。迁西上阁门使、知镇戎军，徙环州。

慕家族颉颃难制，摇动种落，勒兵讨擒之，余遁入夏国。守约驻境上，檄取不置，居数日，械以来，斩于市。

从征灵武，至清远军，言于高遵裕曰："此去灵州不三百里，用以前军先出，直捣其城。今夏人以一方之力，应五路之师，横山无人，灵州城中惟僧盖数百。若裹十日粮，疾驰三日可至，军无事矣。"又劝高遵裕令士众护粮饷，以防抄掠，不听，果以败还。守约有捍海南咸平之功，亦不录。

进为环庆都钤辖、知邠州，徙泾原、鄜延、秦凤副总管，领康州刺史。夏人十万屯南牟，畏其名，引去。知泾州，泾水善暴城，每春必增治堤堰，费不赀。适岁饥，罢其役。或曰："如水害何？"守约曰："歉岁劳民，甚于河患，吾且徐图之。"河神祠故在南墉，祷而迁诸北，以杀河怒。一夕雷雨，明日，河徙而南，其北遂为沙碛。以龙、神卫四厢都指挥使召还，道卒，年七十五。

守约典七州，皆有惠爱可纪。神宗尝谓武臣可任者，以燕达、刘昌祚、姚麟、王崇极、刘舜卿等对，其后皆为名将，时称知人。

王文郁，字周卿，麟州新秦人。以供奉官为府州巡检。韩琦荐其材，加阁门祇候、麟府驻泊都监。

熙宁讨夏国，文郁败之吐浑河。其将香崖夜遣使以剑为信，欲举众降，许之。且其至，与偕行，众情忽变，噪以出。文郁击之，追奔二十里。据险大战，矢下如雨，文郁徐引度河，谓吏士曰："前追强敌，后背天险，韩信驱市人且破赵，况尔曹皆百战骁勇邪？"士感奋进击，夏人大溃，降其众二千。迁通事舍人。夏人逾屈野河，掠塞上，文郁追至长城坂，尽夺所掠而还。

神宗召见，问曰："向者招纳香崖，群议不一，其为朕言之。"对曰："此乃致敌上策，恨未能多尔。并边生羌善驰突，识乡导，傥能抚柔之，所谓以外夷而攻外夷也。"帝于是决意招纳，多获其用。知文郁善左射，并招其子弟阅肆殿庭，文郁九发八中，诏官其二子。

知镇戎、德顺军，预定洮、河，迁左骐骥副使、知麟州。夏众践稼，袭败之，部使者劾为生事，夺郡印。

未几，为熙河将。李宪讨灵武，文郁得羌户万余，迁路钤辖。夏人围兰州，已夺两关门，文郁募死士夜缒而下，持短兵突贼，即扫营去。擢东上阁门使、知兰州。谍知夏人将大入，清野以俟，果举国趋皋兰，文郁乘城御之，杀伤如积，围九日而解，收其尸为京观，加荣州团练使，以捧日、天武都指挥使为副都总管，以殿前都虞候知河州。筑安西城、金城关，进秦州防御、冀州观察使。卒，年六十六。

周永清字肃之。世家灵州，州陷，祖美归王师。永清以荫从仕，宰相庞籍言其忠勇，加阁门祇候。押时服赐夏国，至宥州，夏人受赐不跪，诘之，恐而跪。迁通事舍人、渭州钤辖。渭兵劲而陈伍不讲，永清训以李靖法。帅蔡挺嘉其整，图上之，诏推于诸道。

知德顺军，夏众入寇，击擒其酋吕效忠。又募勇士夜驰百里，捣贼巢穴，斩首三百级，俘数千人，获橐驼、甲马万计。城中无知者。并砦禁地三百里，盗耕不可禁，永清拓籍数千顷，置射士二千，声闻朝廷。降者引入帐下，待之不疑。多得其死力。

徙秦凤钤辖、河北沿边安抚副使、知代州。契丹无名求地，朝廷命韩缜分画，永清贰焉，入对言："疆境不可轻与人，臣职守土，不愿行。"固遣之，复上章陈利害，竟以母病辞。历高阳关、定州、泾原路钤辖，知泾州、保州，又为定州路副总管，终东上阁门使。

刘绍能字及之，保安军人。世为诸族巡检，父怀忠，官内殿崇班、阁门祇候。元昊叛，厚以金币及王爵招之，怀忠毁印斩使，洎入寇，力战以死。录绍能右班殿直，赐以名，为军北巡检。击破夏右枢密院党移赏粮数万众于顺宁。夏人围大顺城，绍能为军锋，毁其栅，至奈王川，邀击于长城岭，熙宁中，又败夏人于啰啰川，皆策功最。累迁洛苑使、英州刺史、鄜延兵马都监。旧制，内属者不与汉官齿，至是，悉如之，仍以其子袭故职。

元丰西讨，召诣阙，神宗访以计，对曰："师旅远征，储侍不继为大患。若俟西成后，因粮深入，乃可以得志。"帝以为然，命统两军进讨。绍能世边将，为敌所忌，每设疑以间之。帝独明其不然，手诏云："绍能成功最多，忠勇第一，此必夏人畏忌，为间害之计耳。"绍能捧诏感泣。尝坐谗逮对，按验卒无实。守边围四十七年，大小五十战，以皇城使、简州团练使卒。

王光祖，字君俞，开封人。父珪，为泾原勇将，号"王铁鞭"，战死好水川。录光祖为供奉官、阁门祇候。

熙宁中，同提点河北刑狱，改沿边安抚都监，进副使。界河巡检赵用扰北边，契丹以兵数万压境，造浮桥，如欲度者。光祖在舟中，对其众尽彻户牖。或谓："契丹方阵，而以单舟临之，如不测何？"光祖曰："彼所顾者，信誓也；其来，欲责赵用耳。避之则势张，吾死不足塞责。"已而契丹欲相与言，光祖即命子襄往。兵刃四合，私语唯在用，襄随机折塞之。其将萧禧遽挥兵去，且邀襄食，付所戴青罗泥金笠以为信，即上之。时已有诏罢光祖矣。吴充曰："向非光祖以身对垒，又使子冒白刃取从约，则事未可知。宜赏而黜，何以示惩劝？"乃除真定钤辖。

徙梓夔。渝獠叛，诏熊本安抚，而命内藏库使杨万、成都钤辖贾昌言、梓夔都监王宣与光祖同致讨，皆受本节度。本疑光祖不为用，分三道进师，使光祖将后军，出黄沙坎。比发，日已暮，士以杖索途，相挽而前，夜半，抵绝顶。质明，獠望见，大骇，一鼓而溃。万等困于松豁，又亟往援。出石门，效其险，促黔兵先登袭贼，贼舍去。光祖夜泊松岭上，且始遇万等，与俱还。本愧谢，上其功第一。

吐蕃围茂州，光祖领兵三千，会王中正破鸡宗关，贼据石鼓村，扼其半道。中正召诸将问计，光祖独请行。既抵石鼓，择锐兵分袭吐蕃背，出其不意，皆惊遁，遂会中正于茂。

泸夷乞弟杀王宣，诏从韩存宝讨之，军于梅岭。夷数万众出驻落箇栈，欲老我师。霖雨不止，光祖劝存宝早决战。不听。林广至，复从征，荡其巢窟。积功至四方馆使、知泸州。置泸南安抚使，俾兼领，边事听颛决。迁客省使、嘉州刺史。历泾原、河东、定州路副总管，卒。

李浩，字直夫，家本绥州，徙西河。浩务学，通兵法，以父定荫，从军破侬智高。韩绛城啰兀，领兵战黄堡岭川，杀大首领讹革多移，斩首三百余级。积官供备库副使、广西都监。

哀西北疆事著《安边策》，谒王安石。安石言之神宗，召对,改管干麟府兵马。未行,又从章惇于南江,引兵由三路屯镇江,入徐州,讨舒光贵,破盈口栅,下天府,会于洽州,入懿州。蛮酋田元猛、元哲合猡拒官军,浩分兵击之,杀猡羚,降元猛、元哲,遂城懿州。进讨黔江蛮,复城黔江。惇上其功,谓不当与他将比,擢引进副使、熙河钤辖。

李宪讨山后羌,浩将右军至合龙岭会战,遣降羌乞嗟轻骑突敌帐,俘其酋冷鸡朴、李密撒,馘三千。迁东上阁门使,为副总管、知河州、安抚洮西。五路大举,浩将前军,复兰州。迁引进使、陇州防御使、知兰州兼熙河、泾原安抚副使。坐西关失守及报上不实,再贬秩。旋以战吃啰、瓦井连立功,复之。

哲宗即位,拜忠州防御使、捧日天武都指挥使、马军都虞候,进贵州观察使,历鄜延、太原、永兴、环庆路副都总管,再知兰州。卒,赠安化军留后。

和斌,字胜之,濮州鄄城人。选隶散直,为德顺军指挥使,凡五年,数捍敌,被重创十余。知军事刘兼济以兄平败没,执送京师,并逮其家。斌慰安调护,为寓金帛他所,密告兼济勿以家为恤。平冤既伸,兼济获免,家赖以全。定川之役,将曹侁丧所乘马,斌辍骑与之,且战且行,与俱免。

狄青南征,使部骑兵为前锋。青驻宾州十日以怠寇,既乃倍道兼行。斌以兵疲于险,利在速战,即日度关。麈贼归仁驿,孙节死,斌引骑血战,绕出贼后,遂败之。师还,张破贼陈形于殿廷,仁宗拊劳,擢文思副使、权广西钤辖。改秦凤,广西以蛮事乞留,秦亦请之,诏留广西。

累岁,徙泾原。召对,议者谓交州可取,斌盛言有害无益,愿戒边臣无妄动。神宗叹曰:"卿质直如此,乃知两路争卿,为不诬矣。"进带御器械。渭部饥,帅王广渊命吏赈给,斌曰:"救之无术,是杀之耳。"广渊以委斌,斌择地营居,养视有法,所活以万数。

安南入寇,复徙广西。累迁皇城使、昭州刺史。抚水蛮罗世念犯宜州,守将战死。斌提步骑三千进讨,方暑,昼夜趣兵,至怀远寨,曰:"此要害之地,得之则生。"或曰:"奈何背龙江邪?"笑曰:"是所以生也。"因示弱ների之,蛮果大至,斌选将迎敌,戒以遇之则走,诱至平坂,列八阵以待之。张疑兵左右山上,蛮登岭望见,始惊。斌分骑翼其旁,自被甲步出,为众士先,殊死战。蛮大败,世念率酋党四千八百内附。遂以荣州团练使知宜州,迁西上阁门使、知邕州,以老请还,除高阳关副总管,历永兴军路。召拜龙、神卫四厢都指挥,至步军都虞候,卒,年八十。赠宁州防御使。

斌老于为将,以恩信得边人心,岭南珍货,一无所畜。边吏欲希功遣事,皆惮不敢发;或巧为谍报启衅,亦必折其奸谋。故所至无事,士大夫称之。

子诜,以荫为河北副将,累官至右武大夫、威州刺史、知雄州。上制胜强远弓式,能破坚于三百步外,边人号为"凤凰弓。"进相州观察使。在雄十年,颇能侦伺。童贯攻燕,召诜计事,悦之。分麾下兵俾以副统制,从种师道军于白沟,旬有二日而退。追兵至,北风,大雨雹,师不能视。契丹以背盟谯责,薄暮,始得还。于是贯以契丹尚盛未可图,劾诜觇候不实,贬濠州团练副使,筠州安置。

诜始兴取燕之谋,见事势浸异,则又以为不宜取,故平燕肆赦,独不得还。后复官,卒。

刘仲武,字子文,秦州成纪人。熙宁中,试射殿庭异等,补官。数从军,累转礼宾使,为泾原将。夏人谋犯天圣砦,渭帅檄诸将会兵,约曰:"过某日贼不至,即去。"仲武谍得的期,乞缓分屯。帅不乐,但留一将及仲武军,如期而敌至,力战却之。迁皇城使、熙河都监。复湟州,进东上阁门使、知河州。

吐蕃赵怀德、狼阿章众数万叛命,仲武相持数日,潜遣二将领千骑扣其营,戒曰:"彼出,勿与战,亟还,伏兵道左。"二将还,羌果追之,遇伏大败,斩首三千级,复西宁州。未几,怀德、阿章降。累进客省使、荣州防御使。

副高永年西征。仲武欲持重固垒,永年易贼轻战,遂大败。仲武引咎自劾,坐流岭南。命未下,与夏人战,伤足。朝廷闵之,贷其罚,以为西宁都护。

童贯招诱羌王子臧征僕哥,收积石军,邀仲武计事。仲武曰:"王师入,羌必降;或退伏巢穴,可乘其便。但河桥功力大,非仓卒可成,缓急要预办耳。若禀命待报,虑失事机。"贯许以便宜。僕哥果约降,而索一子为质。仲武即遣子锡往,河桥亦成。仲武帅师渡河,掣与归。贯掩其功,仲武亦不自言。徽宗遣使持玦至边,赐获王者。访得仲武,召对,帝劳之曰:"高永年以不用卿言失律,僕哥之降,河南绥定,卿力也。"问几子,曰:"九人。"悉命以官,锡阁门祗候。

仲武知西宁州,徙渭州,召为龙、神卫都指挥使,复出熙州、秦州,迁步军副都指挥使。熙帅刘法死,又以熙、渭都统制摄之。历拜徐州观察使、保静军承宣使、泸川军节度使。以老,提举明道宫,再起为熙州。卒于官,年七十三。赠检校少保,谥曰威肃。子锜,别有传。

曲珍,字君玉,陇干人,世为著姓。宝元、康定间,夏人数入寇,珍诸父纠集族党御之,敌不敢犯。于是曲氏以材武长雄边关。

珍好驰马试剑,尝与叔父出塞游猎,猝遇夏人,陷其围中。驰击大呼,众披靡,得出,顾叔不至,复持短兵还决斗,遂俱脱。秦凤都钤辖刘温润奇其材,一日,出宝剑令曰:"能射一钱于百步外者,与之。"诸少年百发不能中,珍后至,一矢破之。从温润城古渭,与羌战,先登陷陈。为绥德城监押,提孤军拒寇,斩其大酋,加阁门祗候。有功洮西,迁内殿崇班。

郭逵、赵卨南征,为第一将。进自右江,抚接广源三州十二县,降伪守已下百六十人,老稚三万六千口。是行也,功最诸将,迁西染院使。得疾,舆还京师,神宗遣使临问,少间,令入对。珍念二帅不和睦,上问必及之,言之必形曲直,将何以对,乃以余疾未平为解。帝复使奖劳,赐之弓剑、鞍勒,命有司蠲其乡徭斌,擢鄜延钤辖,进副总管。

从种谔攻金汤、永平川，斩二千级。累迁客省使，拜怀州防御使、龙神卫四厢都指挥使。徐禧城永乐，珍以兵从。版筑方兴，羌数十骑济无定河觇役，珍将追杀之，禧不许。谍言夏人聚兵甚急，珍请禧还米脂而自居守。明日果至，禧复来，珍曰："敌兵众甚，公宜退处内栅，檄诸将促战。"禧笑曰："曲侯老将，何怯邪？"夏兵且济，珍欲乘其未集击之，又不许。及攻城急，又劝禧曰："城中井深泉啬，士卒渴甚，恐不能支。宜乘兵气未衰，溃围而出，使人自求生。"禧曰："此城据要地，奈何弃之？且为将而奔，众心摇矣。"珍曰："非敢自爱，但敕使、谋臣同没于此，惧辱国耳。"数日城陷，珍缒而免，子弟死者六人。亦坐贬皇城使。帝察其无罪，谕使自安养，以图后效。

元祐初，为环庆副总管。夏人寇泾原，号四十万，珍捣虚驰三百里，破之曲律山，俘斩千八百人，解其围。进东上阁门使、忠州防御使。卒，年五十九。珍善抚士卒，得其死力。虽不知书，而忠朴好义，本于天性。

刘阒，字静叔，青州北海人。以拳力为军校，从延州军出塞遇敌，矢贯左耳，战不顾，众服其勇。从文彦博讨贝州，次城下，攀垒欲登，贼以曲戟钩其甲，阒裂之而坠。议者欲穿地道入，阒曰："穴地积土，贼且知之。城濒河，若昼囊土而夜投诸河，宜无知者。"彦博以为然。穴成，阒持短兵先入，众始从，遂登陴，引绳而上，迟明，师毕入。贝州平，功第一，擢虎翼指挥使。累迁宣武神卫都指挥使、昭州刺史、辰州团练使。

韩绛宣抚陕西，诏阒自河东为犄角。至铁冶沟，夏人大集。众惧，阒殿后，率锐骁搏战，飞矢蔽体不为却，敌解去。

为冀州驻泊总管。河水涨，堤防垫急，阒请郡守开青杨道口以杀水怒，莫敢任其责。阒躬往浚决，水退，冀人赖之。以左金吾大将军致仕。卒，年八十五。

郭成，字信之，德顺中安堡人也。从军，得供奉官。王师趋灵武，成将泾原兵击破夏人于漫咩隘。至城下，有羌乘白马驰突阵前，大将刘昌祚曰："谁能取此者？"成跃马枭其首以献，进秩四等。

朝廷筑平夏城，置将戍之，又环以五砦。渭帅章楶问可守者于诸将，皆曰："非郭成不可。"遂使往守。夏人患失地，空国入争，谋曰："平夏视诸垒最大，郭成最知兵。"遂自没烟峡连营百里，飞石激火，昼夜不息。成与折可适议乘胜深入，以万骑异道并进，遂俘阿埋、昧逋二大酋。捷闻，进雄州防御使、泾原钤辖。徽宗诏诸军并力筑绥戎、怀戎二堡，成独当合流之役，暴露雪中，感疾卒。帝悼之甚，赗以金帛，官其子婿。

成轻财好施，名震西鄙。既没，廉访使者王孝谒白于朝，帝手书报曰："郭成尽忠报国，有功于民，宜载祀典。"榜其庙曰"仁勇"云。子浩，绍兴中为西边大将，至节度使。

贾嵒，字民瞻，开封人。少时，善骑射，喟然叹曰："大丈夫生世，要当自奋，扬名显亲可也。"遂起家从戎。神宗选材武，以为内殿承制、庆州荔原堡都监。

林广讨泸夷，辟将前锋。又为河东将，败西夏兵于明堂川。累功转宅副使，迁路监。绍圣中，夏兵数万围麟州神堂砦甚急，嵒以数百骑往援，令其下曰："国家无事时，不惜厚禄养汝辈，正以待一旦之用耳。今力虽不敌，吾誓以死报！"众感厉，即循屈野河行，且五里，据北拦坡岭上，一矢殪其酋，众骇溃。哲宗嘉叹，赐以袍带。知皇城使、威州刺史，迁路钤辖。

嵒在兵间二十年，有智略，能拊御士卒，所乡辄胜。时以良将入对，留擢龙、神卫四厢都指挥使，迁步军都虞候、濠州团练使。卒，年五十二，赠雄州防御使。

张整，字成伯，亳州酂阳人。初隶皇城司御龙籍，补供奉官，为利、文州都巡检使。边夷岁钞省地，吏习不与校，至反遗之物，留之乃去。整恶其贪暴无已，密募死士，时其来，掩击几尽。有司劾生事，神宗壮之，不问。

调荆湖将领，拓溪蛮地，筑九城，董兵镇守。又破蛮于大田，岁中三迁。猎犷万众乘舟屯托口，迫黔江城，时守兵才五百，人情大恐。整伏其半于托口旁，戒曰："须吾且度金斗崖，举帜，则噪而前。"及旦，率其半，缚橹舳，建旗鼓，溯流急趋。贼望见大笑。帜举伏发，前后合击，人人殊死斗，蛮腾践投江中，杀获不可计。为广西钤辖，坐杀降徭，责监江州酒税。复为泾原、真定、京东、环庆钤辖。

整莅军严明，哲宗尝访于辅臣，召之对，擢为龙神卫四厢都指挥使、管干马军司。卒，官至威州刺史。

张蕴，字积之，开封将家子也。从军为小校，隶刘昌祚。至灵州，遇敌中矢，拔镞复战，以功赐金带。从征安南，次富良江，诸将犹豫未进，蕴褰裳先济，众随之。蛮遁走，使巫被发登崖为厌胜，蕴射之，应弦而毙，一军欢噪。

历京西、泾原将，知绥德、怀宁、顺宁军等六城，储粟至三十万斛。将兵取宥州，破夏人于大吴神流堆。宥州监军引铁骑数千趋松林堡，蕴谍知之，顿长长城岭以待，戒诸部曰："贼远来气盛，少休必困，因而击之，必捷。"果以胜归。夏人寇顺宁，蕴置伏狭中，约闻呼则起，俘斩数百十人，获马、械甚众。累迁皇城使、荣州刺史、成州团练使、通州防御使，开德、河阳马步军副总管。

显肃皇后母自郑氏再适蕴，徽宗屡欲以恩进其官，辄力辞不敢受，人以为贤。卒，年七十三，赠感德军节度使，谥曰荣毅。

王恩，字泽之，开封人。以善射入羽林，神宗阅卫士，挽强中的，且伟其貌，补供备库副使。为河州巡检，夏羌寇兰州，恩搏战城下，中两矢，拔去复斗，意气弥厉。迁泾原将。尝整军出万惠岭。士饥欲食，恩倍道兼行，众汹汹。已而遇敌数万，引兵先入壁，井灶皆具，诸将始服。

羌扣壁愿见，恩单骑径出，遥与语，一夕，羌引去。

哲宗召见，语左右曰："先帝时宿卫人，皆杰异如此。"留为龙、神卫都指挥使，迁马军都虞候。契丹使来，诏陪射，使者问："闻泾原有王骑将，得无是乎？"应曰："然。"射三发皆中，使以下相视皆叹息。

出为泾原副都总管，并护秦、渭、延、熙四路兵，城西安，筑临羌、天都十余垒。羌围平夏，诸校欲出战，恩曰："贼倾国远寇，难以争锋，宜以全制其敝。彼野无所掠，必携，携而遇伏，必败。"乃先行万人设伏，羌既退师，果大获。

徽宗立，以卫州防御使徙熙河，改知渭州。括隐地二万三千顷，分弓箭士耕屯，为三十一部，以省馈饷。边臣献车战议，帝以访恩，恩曰："古有之，偏箱、鹿角，今相去益远，人非所习，恐缓急难用。夫操不习之器，与敌周旋，先自败耳。"帝善其对。迁马步军都指挥使、殿前都指挥使、武信军节度使。

尝汰禁卒数十人，枢密请命都承旨覆视，恩言："朝廷选三帅，付之军政，今去数十冗卒而不足信，即其他无可为者。"帝立为罢之。眷顾甚宠，赐居宅，又赐城西地为园囿。属疾，以检校司徒致仕。薨，年六十二，赠开府仪同三司。

杨应询，字仲谋，章惠皇后族孙也。历知信安保定军、霸州。塘泺之间地沮洳，水潦易集，居人浮板以济。应询增堤防为长衢，浚其旁以泄流，民利赖之。为河北沿边安抚使。徽宗以归信、容城两县弓手为契丹所惮，欲增为千人，或恐生事，应询曰："吾欲备他盗，彼安能禁我？"卒增之。

知雄州，朝廷多取西夏地，契丹以姻娅为言，遣使乞还之，不得，拥兵并塞，中外恫疑。应询曰："是特为虚声吓我耳。愿治兵积粟示有备，彼将闻风自戢。"明年，果还兵。复遣其相臣萧保先、牛温舒来请，诏应询逆于境。既至，帝遣问所从来，应询对："愿固守前议。"寻兼高阳关路钤辖。

边人捕得北盗吕忤儿，契丹谓略执平民，有诏使纵释。应询言："吾知执盗耳，因其求而遂与之，是示以怯也。"不与。遂质我民，固索之。应询以违诏贬秩，再迁洋州观察使。入提举万寿观。馆契丹使，当赐柑而贡未至，有司代以他物，使不受，应询以言折之，乃下拜。复为定州、真定、大名副都总管。卒，年六十三，赠昭化军节度使，谥曰康理。

赵隆，字子渐，秦州成纪人。以勇敢应募，从王韶取熙河。大将姚麟出战，被重创，谓曰："吾渴欲死，得水尚可活。"时已暮，有泉近贼营，隆独身潜往，溃衣泉中。贼觉，隆且斗且行，得归，持衣裂水以饮麟，麟乃苏。又从李宪破西市。师讨鬼章，外河诸羌皆以兵应之。隆率众先至，斧其桥，鬼章失援，乃成擒。

为泾原将，战平夏川，功最多。崇宁中，钤辖熙河兵，将前军出逸川，预复鄯、廓。夏人寇泾原，诏熙河深入分其兵，无令专乡东方。师至铁山，隆先登，士皆殊死战，夏人解去。召诣阙，徽宗慰劳之曰："铁山之战，卿力也。"

童贯与论燕云事，隆极言不可。贯曰："君能共此，当有殊拜。"隆曰："隆武夫，岂敢干赏以败祖宗二百年之好？异时起衅，万死不足谢责。"贯知不可夺，白以知西宁州，充陇右都护。羌豪信服，十二种户三万六千，愿比内地。

帅刘法西讨，隆以奇兵袭羌，羌溃，城震武。迁温州防御使，龙神卫、捧日天武都指挥使，仍为本道马步副都总管。卒，赠镇潼军节度使，命词臣制碑，帝篆额曰"旌忠"。

论曰：有国家者不可忘武备，故高祖以马上得天下，而犹有"安得猛士守四方"之叹。然所贵为将领者，非取其武勇而已也，必忠以为主，智以为本，勇以为用，及其成功，虽有小大之殊，俱足以尊主庇民也。苗授策篯南之不可城，履不肯讨阿章，永清不以地与敌，文郁抚纳香崖，绍能之忠勇，珍之忠朴好义，光祖、应询明于料敌，守约及整御众严明，斌、浩之善战，岩、恩之善射，阆之出则先登，入则殿后，其材虽殊，其可以任奔走御侮之责于四境则一也。成以捍卫边陲，服勤致死，明诏褒恤，庙食一方，宜哉。君万挟诬报怨，赡狡谲喜功，国有常罚，父子谪死，亦宜也。诜首取燕，终变其说，既黜旋复，为失刑矣。至若仲武败则引咎责己，胜则不自言功，隆不敢启衅干赏，蕴甘分而辞荣，有士君子之行焉，尤武士之所难能也。

卷三百五十一

列传第一百一十

赵挺之　张商英兄唐英　**刘正夫
何执中　郑居中　张康国　朱谔　刘逵
林摅　管师仁　侯蒙**

赵挺之，字正夫，密州诸城人。进士上第。熙宁建学，选教授登、棣二州，通判德州。哲宗即位，赐士卒缗钱，郡守贪豪不时给，卒怒噪，持白梃突入府。守趋避，左右尽走。挺之坐堂上，呼问状，立发库钱，而治其为首者，众即定。魏境河屡决，议者欲徙宗城县。转运使檄挺之往视，挺之云："县距高原千岁矣，水未尝犯。今所迁不如旧，必为民害。"使者卒徙之，财二年，河果坏新城，漂居民略尽。

召试馆职，为秘阁校理，迁监察御史。初，挺之在德州，希意行市易法。黄庭坚监德安镇，谓镇小民贫，不堪诛求。及召试，苏轼曰："挺之聚敛小人，学行无取，岂堪此选。"至是，劾奏轼草麻有云"民亦劳止"，以为诽谤先帝。既而坐不论蔡确，通判徐州，俄知楚州。

入为国子司业，历太常少卿，权吏部侍郎，除中书舍人、给事中。使辽，辽主尝有疾，不亲宴，使近臣即馆享客。比岁享乃在客省，与诸国等，挺之始争正其礼。

徽宗立，为礼部侍郎。哲宗祔庙，议迁宣祖，挺之言："上于哲宗兄弟，同一世；宣祖未当迁。"从之。拜御史中丞，为钦圣后梓宫仪仗使。曾布以使事联职，知禁中密指，谕使建议绍述，于是挺之排击元祐诸人不遗力。由吏部尚书拜右丞，进左丞、中书门下侍郎。时蔡京独相，帝谋置右辅，京力荐挺之，遂拜尚书右仆射。

既相，与京争雄，屡陈其奸恶，且请去位避之。以观文殿大学士、中太一宫使留京师。乞归青州，将入辞，会彗星见，帝默思咎微，尽除京诸蠹法，罢京，召见挺之曰："京所为，一如卿言。"加挺之特进，仍为右仆射。京在崇宁初，首兴边事，用兵连年不息。帝临朝，语大臣曰："朝廷不可与四夷生隙，隙一开，祸拿不解，兵民肝脑涂地，岂人主爱民恤物意哉！"挺之退谓同列曰："上志在息兵，吾曹所宜将顺。"已而京复相，挺之仍以大学士使佑神观。未几卒，年六十八。赠司徒，谥曰清宪。

张商英，字天觉，蜀州新津人。长身伟然，姿采如峙玉。负气倜傥，豪视一世。调通川主簿。渝州蛮叛，说降其酋。辟知南川县。章惇经制夔夷，狎侮郡县吏，无敢与共语。部使者念独商英足抗之，檄至夔。惇询人才，使者以商英告，即呼入同食。商英著道士服，长揖就坐。惇肆意大言，商英随机折之，落落出其上。惇大喜，延为上客。归，荐诸王安石，因召对，以检正中书礼房摧监察御史。

台狱失出劫盗，枢密检详官刘奉世驳之，诏纠察司劾治。商英奏："此出大臣私忿，愿收还主柄，使耳目之官无为近臣所胁。"神宗为置不治。商英遂言奉世庇博州失入囚，因摭院吏询私十二事，语侵枢臣，于是文彦博等上印求去。诏责商英监荆南税，更十年，乃得馆阁校勘、检正刑房。商英尝荐舒亶可用，至是，亶知谏院，商英以婿王沩之所业示之，亶缴奏，以为事涉干请，责监赤岸盐税。

哲宗初，为开封府推官，屡诣执政求进。朝廷稍更新法之不便于民者，商英上书言："'三年无改于父之道，可谓孝矣。'今先帝陵土未干，即议变更，得为孝乎？"且移书苏轼求入台，其廋词有"老僧欲住乌寺，呵佛骂祖"之语。吕公著闻之，不悦。出提点河东刑狱，连使河北、江西、淮南。

哲宗亲政，召为右正言、左司谏。商英积憾元祐大臣不用己，极力攻之，上疏曰："先帝盛德大业，跨绝今古，而司马光、吕公著、刘挚、吕大防援引朋侪，敢行讥议。凡详定局之所建明，中书之所勘当，户部之所行遣，百官之所论列，词臣之所作命，无非指摘抉扬，鄙薄嗤笑，剪除陛下羽翼于内，击逐股肱于外，天下之势，岌岌殆矣。今天清日明，诛赏未正，愿下禁省检索前后章牍，付臣等看详，签揭以上，陛下与大臣斟酌而可否焉。"遂论内侍陈衍以摇宣仁，至比之吕、武；乞追夺光、公著赠谥，仆碑毁冢；言文彦博背负国恩，及苏轼、范祖禹、孙升、韩川诸人，皆相继受谴。又言："愿陛下无忘元祐时，章惇无忘汝州时，安焘无忘许昌时，李清臣、曾布无忘河阳时。"其观望揣阖，以险语激怒当世，概类此。

惇、焘交恶，商英欲助惇，求所以倾焘者。阳翟民盖氏养子渐，先为祖母所逐，以家资属其女，经元丰诉理不得直。商英论其冤，导渐使遮执政，及诣御史府讦焘姻家与盖女为道地。哲宗不直商英，徙左司员外郎。既，与渐交关事皆露，责监江宁酒。起知洪州，为江、淮发运副使，入权工部侍郎，迁中书舍人。谢表历诋元祐诸贤，众益畏其口。徽宗出为河北都转运使，降知随州。

崇宁初，为吏部、刑部侍郎，翰林学士。蔡京拜相，商英雅与之善，适当制，过为褒美。寻拜尚书右丞，转左丞。复与京议政不合，数诋京"身为辅相，志在逢君。"御史以为非所宜言，且取商英所作《元祐嘉禾颂》及《司马光祭文》，斥其反覆。罢知亳州，入元祐党籍。

京罢相，削籍知鄂州。京复相，以散官安置归、峡两州。大观四年，京再逐，起知杭州。过阙赐对，奏曰："神宗修建法度，务以去大害、兴大利，今诚一一举行，则尽绍述之美。法若有弊，不可不变，但不失其意足矣。"留为资政殿学士、中太一宫使。顷之，除中书侍郎，遂拜尚书右仆射。京久盗国柄，中外怨疾，见商英能立同异，更称为贤，徽宗因人望相之。时久旱，彗星中天，是夕，彗不见，明日，雨。徽宗喜，大书"商霖"二字赐之。

商英为政持平，谓京虽明绍述，但借以劫制人主，禁锢士大夫尔。于是大革弊事，改当十钱以平泉货，复转般仓以罢直达，行钞法以通商旅，蠲横敛以宽民力。劝徽宗节华侈，息土木，抑侥幸。帝颇严惮之，尝茸升平楼，戒主者遇张丞相导骑至，必匿匠楼下，过则如初。杨戬除节度使，商英曰："祖宗之法，内侍无至团练使。有勋劳当陟，则别立昭宣、宣政诸使以宠之，未闻建旄钺也。"迄持不下，论者益称之。

然意广才疏，凡所当为，先于公坐诵言，故不便者得预为计。何执中、郑居中日夜酝织其短，先使言者论其门下客唐庚，窜之惠州。有郭天信者，以方技隶太史，徽宗潜邸时，尝言当履天位，自是稍眷宠之。商英因僧德洪、客彭几与语言往来，事觉，鞫于开封府。御史中丞张克公疏击之，以观文殿大学士知河南府，旋贬崇信军节度副使，衡州安置。天信亦斥死。京遂复用。

未几，太学诸生诵商英之冤，京惧，乃乞令自便。继复还故官职。宣和三年卒，年七十九。赠少保。

商英作相，适承蔡京之后，小变其政，譬饥者易为食，故蒙忠直之名。靖康褒表司马光、范仲淹，而商英亦赠太保。绍兴中，又赐谥文忠，天下皆不谓然。兄唐英。

唐英字次功。少攻苦读书，至经岁不知肉味。及进士第，翰林学士孙抃得其《正议》五十篇，以为马周、魏元忠不足多。荐试贤良方正，不就。调谷城令。县圃岁畦姜，贷种与民，还其陈，复配卖取息，铨曹指为富县。唐英至，空其圃，植千株柳，作柳亭其中，闻者咨羡。

英宗继大统，唐英上《谨始书》云："为人后者为子，惧他日必有引汉定陶故事以惑宸听者，愿杜其渐。"既而濮议果起。帝不豫，皇太后垂帘，又上书请立颍王为皇太子。神宗即位，知其人，擢殿中侍御史。入对，帝问何尚衣绿，对曰："前者固得之，回授臣父。"帝嘉其孝，赐五品服。

帝方厉精图治，急于用人，唐英言："知江宁府王安石经术道德，宜在陛下左右。"又论宗室禄多费钜，宜以服为差杀；天下苦差役不均，盍思所以宽民力、代民劳者。其后略施行。帝方欲用之，以父忧去，未几卒。

唐英有史材，尝著《仁宗政要》、《宋名臣传》、《蜀梼杌》，行于世。

刘正夫，字德初，衢州西安人。未冠入太学，有声，与范致虚、吴材、江屿号"四俊"。元丰八年，南省奏名在优选，而犯高鲁王讳，凡五人皆当黜。宣仁后曰："外家私讳颁未久，不可以妨寒士。"命置末级。久之，为太学录、太常博士。母服阕，御史中丞石豫荐之，召赴阙，道除左司谏。

时方究蔡邸狱，正夫入对，徽宗语及之，徐引淮南"尺布、斗粟"之谣以对。帝感动，解散其狱，待蔡王如初。他日，谓正夫曰："兄弟之间，人所难言，卿独能及此，后必为公辅。"又言："元祐、绍圣所修《神宗史》，互有得失，当折中其说，传信万世。"遂诏刊定，而以起居舍人为编修官。不阅月，迁中书舍人，进给事中、礼部侍郎。

蔡京据相位，正夫欲附翼之，奏言："近命官纂录绍述先志及施行政事，愿得陈力于其间。"诏俾阅详焉。京罢，正夫又与郑居中阴援京。京憾刘逵次骨，而逵善正夫，京虽赖其助，亦恶之。因章縡铸钱狱辞及正夫，时使辽还，京讽有司追逮之。帝知其情，第贬两秩。京又出之成都，入辞，留为翰林学士。京愈不能平，谋中以事。作春宴乐语，有"紫宸朝罢衮衣闲"之句，京党张康国密白帝曰："衮衣岂可闲？"竟改龙图阁直学士、知河南府。

召为工部尚书，拜右丞，进中书侍郎。太学诸生习乐成，京欲官之。正夫曰："朝廷长育人材，规为时用，而使与伶官齿，策名以是，得无为士子羞乎？"东封仪物已具，正夫请间，力陈不可，帝皆为之止，益喜其不与京同。

政和六年，擢拜特进、少宰。才半岁，属疾，三上章告老，除安化军节度使、开府仪同三司致仕。病小愈，丐东归，诏肩舆至内殿，长子皂民掖入坐。从容及燕云事，曰："臣起书生，军旅之事未之学，然两朝信誓之久，四海生灵之众，愿深留圣思。"明日，徙节安静军，起充中太一宫使，封康国公。将行，赐之诗及砚笔、图画、药饵、香茶之属甚厚。正夫献诗谢，帝又属和以荣其归。至盱眙，病亟，命子弟作遗牍，自书"留神根本，深戒持盈"八字，遂卒，年五十六。赠太保，谥文宪，再赠太傅。

正夫由博士入都，驯致宰相，能迎时上下，持禄养权。性吝啬，惟恐不足于财。晚年，筑第杭州万松岭，以建阁奉御书为名，悉取其旁军营民舍，议者讥之。帝眷念不衰，以皂民为兵部侍郎；少子阜民，徽猷阁待制。

何执中，字伯通，处州龙泉人。进士高第，调台、亳二州判官。亳数易守，政不治。曾巩至，颇欲振起之，顾诸僚无可仗信者，执中一见合意，事无纤钜，悉委以判决。有妖狱久不竟，株连浸多。执中讯诸囚，听其相与语，谓牛羊之角皆曰"股"，扣其故，闭不肯言，而相视色变。执中曰："是必为师张角讳耳。"即扣头引伏。蒋之奇使淮甸，号强明，官吏望风震慑，见执中喜曰："一州六邑，赖有君尔。"知海盐县，为政识后先，邑人纪其十异。

入为太学博士，以母忧去，寓苏州。比邻夜半火，执中方索居，遑遑不能去，拊枢号恸，誓与俱焚。观者悲其孝而危其难，有顷火却，枢得存。绍圣中，五王就傅，选为记室，转侍讲。端王即位，是为徽宗，超拜宝文阁待制，迁中书舍人、兵部侍郎、工部、吏部尚书兼侍读。四选案籍，吏多藏于家，以舞文取贿。执中请置库架阁，命官莅之，是后六曹皆仿其法。

蔡京籍上书人为邪等，初无朝觐及入都之禁，执中申言之，且请任在京职秩者皆罢遣。辟雍成，执中请开下殿，使都人士女纵观，大为士论所贬。

崇宁四年，拜尚书右丞。大观初，进中书、门下侍郎，积官金紫光禄大夫。一意谨事京，三年，遂代为尚书左丞，加特进。制下，太学诸生陈朝老诣阙上书曰："陛下知蔡京奸，解其枢印，天下之人鼓舞，有若更生。及相执中，中外默然失望。执中虽不敢肆为非法若京之蠹国害民，然碌碌庸质，初无过人。天下败坏至此，如人一身，脏府受沴已深，岂庸庸之医所能起乎？执中贪缘攀附，致位二府，亦已大幸，遽俾之经体赞元，是犹以蚊负山，多见其不胜任也。"疏奏不省，而眷注益异。初，赐第信陵坊，以为浅隘，更徙金顺坊甲第。建嘉会成功阁，帝亲书钜额以示宠。

执中与蔡京并相，凡营立皆预议，略无所建明。及张商英任事，执中恶其出己上，与郑居中合挤之。陈瓘在台州，执中起迁人石悈知州事，使胁取《尊尧集》，谋必死瓘，瓘不死，执中怒罢悈。

政和二年，大长公主丧，罢上元端门观灯，执中言："不宜以长主故阙众情，愿特为徙日，以昭与民同乐之意。"帝重逆其请，为申五日期。用提举修《哲宗史纪》恩，加少保。入宴太清楼，锡白玉带。会正宰相官名，转少傅，为太宰；又迁少师，封荣国公。

执中辅政一纪，年益高。五年，卧疾甚，赐宽告。他日造朝，命止赴六参起居，退治省事。明年，乃以太傅就第，许朝朔望，仪物廪稍，一切如居位时。入见，帝曰："自相位致为臣，数十年无此矣。"对曰："昔张士逊亦以旧学际遇，用太傅致仕，与臣适同。"帝曰："当时恩礼，恐未必尔。"执中顿首谢。其在政府，尝戒边吏勿生事，重改作，惜人材，宽民力。虽居富贵，未尝忘贫贱时。斥缗钱万置义庄，以赡宗族。性复谨畏，至于迎顺主意，赞饰太平，则始终一致，不能自克。

卒，年七十四。帝即幸其家，以不及视其病为恨，辍视朝三日，赠太师，追封清源郡王，谥曰正献。

郑居中，字达夫，开封人。登进士第。崇宁中，为都官礼部员外郎，起居舍人，至中书舍人、直学士院。初，居中自言为贵妃从兄弟，妃从蕃邸进，家世微，亦倚居中为重，由是连进擢。会妃父绅客祝安中者，上书涉谤讪，言者并及居中，罢知和州，徙颍州。明年，归故官，迁给事中、翰林学士。大观元年，同知枢密院。时妃宠冠后宫，于居中无所赖，乃用宦官黄经臣策，以外戚秉政辞。改资政学士、中太一宫使兼侍读。

蔡京以星文变免，赵挺之相，与刘逵谋尽改京所为政。未几，徽宗颇悔更张之暴，外莫有知者。居中往来绅所，知之，即入见言："陛下建学校、兴礼乐，以藻饰太平；置居养、安济院，以周拯穷困，何所逆天而致威谴乎？"帝大悟。居中退语礼部侍郎刘正夫，正夫继请对，语同。帝意乃复向京。京再得政，两人之助为多。

居中厚责报，京为言枢密本兵之地，与三省殊，无嫌于用亲。经臣方恃权，力抗前说，京言不效。居中疑不已援，始怨之，乃与张康国比而间京。都水使者赵霖得龟两首于黄河，献以为瑞。京曰："此齐小白所谓'象罔'，见之而霸者也。"居中曰："首岂宜有二？人皆骇异，而京独主之，殆不可测。"帝命弃龟金明池，谓"居中爱我"，遂申前命，进知院事。四年，京又罢。居中自许必得相，而帝觉之，不用。妃正位中宫，复以嫌，罢为观文殿学士。

政和中，再知枢密院，官累特进。时京总治三省，益变乱法度。居中每为帝言，帝亦恶京专，寻拜居中少保、太宰，使伺察之。居中存纪纲，守格令，抑侥幸，振淹滞，士论翕然望治。丁母忧，旋诏起复。逾年，加少傅，得请终丧。服除，以威武军节度使使佑神观。还领枢密院，加少师。连封崇、宿、燕三国公。

朝廷遣使与金约夹攻契丹，复燕云，蔡京、童贯主之。居中力陈不可，谓京曰："公为大臣，国之元老，不能守两国盟约，辄造事端，诚非妙算。"京曰："上厌岁币五十万，故尔。"居中曰："公独不思汉世和戎用兵之费乎？使百万生灵肝脑涂地，公实为之。"由是议稍寝。其后金人数攻，契丹日蹙，王黼、童贯复议举兵，居中又言："不宜幸灾而动，待其自毙可也。"不听。燕山平，进位太保，自陈无功，不拜。

入朝，暴遇疾归舍，数日卒，年六十五。赠太师、华原郡王，谥文正。帝亲表其隧曰："政和寅亮醇儒宰臣文正郑居中之墓。"

居中始仕，蔡京即荐其有廊庙器。既不合，遂因蔡渭理其父确功状，追治王珪。居中，珪婿也，故借是撼之，然卒不能害。

子修年、亿年，皆至侍从。亿年遭靖康之难，没入于金。后遣刘豫，晚得南归，秦桧以妇氏亲擢为资政殿大学士，位视执政。桧死，亦窜死抚州。

时又有安尧臣者，亦尝上书论燕云之事，其言曰：

宦寺专命，倡为大谋，燕云之役兴，则边衅遂开；宦寺之权重，则皇纲不振。

昔秦始皇筑长城，汉武帝通西域，隋炀帝辽左之师，唐明皇幽蓟之寇，其失如彼。周宣王伐狁，汉文帝备北边，元帝纳贾捐之之议，光武斥臧宫、马武之谋，其得如此。艺祖拨乱反正，躬擐甲胄，当时将相大臣，皆所与取天下者，岂勇略智力，不能下幽燕哉？盖以区区之地，契丹所必争，忍使吾民重困锋镝！章圣澶渊之役，与之战而胜，乃听其和，亦欲固本而息民也。

今童贯深结蔡京，同纳赵良嗣以为谋主，故建平燕之议。臣恐异时唇亡齿寒，边境有可乘之衅，狼子蓄锐，伺隙以逞其欲，此臣所以日夜寒心。伏望思祖宗积累之艰难，鉴历代君臣之得失，杜塞边隙，务守旧好，无使外夷乘间窥中国，上以安宗庙，下以慰生灵。

徽宗然之，命尧臣以官；后竟为奸谋所夺。尧臣尝举进士不第，盖惇之族子也。

论曰：君子小人，犹冰炭不可一日而处者也。赵挺之为小官，薄有才具，熙宁新法之行，迎合用事，元祐更化，宜为诸贤鄙弃。至于绍圣，首倡绍述之谋，觝排正人，靡所不至。其论蔡京，不过为攘夺权宠之计而已，所谓"楚固为失，齐亦未为得"也。徽宗知京不可顾任，乃以张商英、郑居中辈敢与京为异者参而用之。殊不知二人者，向背离合，视利所在，亦何有于公议哉？商英以倾诐之行，窃忠直之名，没齿犹见褒称，其欺世如此！何执中贪缘旧学，致位两府，无所建明，惟务媚嫉，至用石㦤胁陈瓘取《尊尧集》，欲因以杀瓘，何为者耶？宣、政命相，得若而人，尚望治乎？刘正夫生平所为，睒眒出没正邪之间，商英之徒也。唐英有清才而寡失德，独荐王安石为可咎；然安石未相，正人端士孰不与之，又何责乎唐英！

张康国，字宾老，扬州人。第进士，知雍丘县。绍圣中，户部尚书蔡京整治役法，荐以参详利害，使提举两浙常平推行之，豪猾望风敛服。发仓救荒，江南就食者活数万口。徙福建转运判官。崇宁元年，入为吏部、左司员外郎，起居郎。二年，为中书舍人。徽宗知其能词章，不试而命。迁翰林学士。三年，进承旨，拜尚书左丞，而以其兄康伯代为学士。寻知枢密院事。康国自外官为郎，不三岁至此。

始因蔡京进，京定元祐党籍，看详讲议司，编汇章牍，皆预密议，故汲汲引援之，帝亦器重焉。及得志，寖为崖异。帝恶京专復，阴令沮其奸，尝许以相。是时，西北边帅多取部内安官自辟置，以力不以才。康国曰："并塞当择人以纾忧顾，奈何欲私所善乎？"乃随例选用，定为格。

京使御史中丞吴执中击康国，康国先知之。且奏事，留白帝曰："执中今日入对，必为京论臣，臣愿避位。"既而执中对，果陈其事，帝叱去之。他日，康国因朝退，趋殿庐，暴得疾，仰天吐舌，舁至待漏院卒，或疑中毒云。年五十四。赠开府仪同三司，谥曰文简。康伯，仕终吏部尚书。

朱谔，字圣与，秀州华亭人，初名绂。进士第二，调忠正军推官。崇宁初，由太常丞擢殿中侍御史，迁侍御史、给事中。以同党籍人姓名，故改名。进御史中丞，入谢，徽宗曰："今朝廷肃清，上下无事，宜审重以称朕意。"对曰:"前此中执法类不知职守,言事多妄,至过天津桥,见汴堤一角垫陷,乞修葺。如许细故,何足论哉?"帝曰:"然。比石豫、许敦仁妄发,皆如是。"谭遂奏:"愿如神宗故事,听政之余,开内阁,延群臣,从容论道。"

又言:"陛下手诏屡下,侧怛愿治。然吏奉行者多安于苟简,或怀二三,椹置不行,使德音善教,无由下达。愿分命使者刺举诸道,有受令而不行及行令而不尽者,论如古留令、亏令之罪,则令出而朝廷尊矣。元祐纷更,凡得罪于熙宁、元丰者,不问是否,辄陈冤诉,自归无过之地,彰先朝之失刑,希合奸臣,规求进用。门下侍郎许将顷下御史狱,抗章云:'丝毫自知其无事,父子相系而为囚,追属吏十有六人,系病者百有三日,终无可坐之罪,遂加不实之刑。'夫以追属吏如是之多,系病者如是之久,卒之于无可坐,则先帝所用之刑为何哉?将于哲庙表,泛为平词;至宣仁太后之前,则衔冤负痛。其辞如此,于陛下绍述成功,得无少损乎?"诏出将河南。

六察官弹治稽违,近岁察事多者辄推赏,有侥求之敝。谭乞罢赏,使各安职分,从之。俄兼侍读,徙兵、礼、吏三部尚书。大观元年,拜右丞。居三月卒,年四十。赠光禄大夫,谥忠靖。

谭出蔡京门,善附合,不能有所建白。既死,京为志其墓。

刘逵,字公路,随州随县人。进士高第,调越州观察判官。入为太学、太常博士,礼部、考功员外郎,国子司业。崇宁中,连擢秘书少监、太常少卿、中书舍人、给事中、户部侍郎,使高丽,迁尚书。繇兵部同知枢密院,拜中书侍郎。

逵无他才能,初以附蔡京故骤进。京以彗星见去相,而逵贰中书,首劝徽宗碎《元祐党碑》,宽上书邪籍之禁;凡京所行悖理虐民事,稍稍澄正。逵与赵挺之同心;然挺之多智,虑后患,每建白,浮开其端,而使逵终其说。逵欲自以为功,直情不顾。未满岁,帝疑逵擅政,而郑居中、刘正夫之策售矣。

帝意既移,于是御史余深、石公弼论逵专恣反覆,乘间抵巇,尽废绍述良法;愚视丞相,陵蔑同列;凡所启用,多取为邪党学术者及邪籍中子弟;庇其妇兄章缜,使之盗铸。罢知亳州。

京复相,再责镇江节度副使,安州居住。京再以星变去,稍起知杭州,加资政殿学士。以醴泉观使召,及都而卒,年五十。赠光禄大夫。

林摅,字彦振,福州人,徙苏。父邵,显谟阁直学士。摅用荫至敕令检讨官。蔡京讲明熙宁、元丰故事,引以为属,迁屯田、右司员外郎。

时遣朝士察诸道,摅使河北。入辞,言大府宜择帅,边州宜择守,西山木不宜采伐,保甲有艺者宜贡诸朝,骄兵宜使更戍,钱货、文书阑出疆外者宜遏绝。徽宗喜曰:"卿所陈,已尽河朔利害,毋庸行。"赐进士第,擢起居人,进中书舍人。俄直学士院,禁林官不乏,帝特命,遂为翰林学士。

初,朝廷数取西夏地,夏求援于辽,辽为请命。摅报聘,京密使激怒之以启衅。入境,盛气以待迓者,小不如仪,辄辨诘。及见辽主,始跪授书,即抗言数夏人之罪,谓北朝不能加责而反为之请。礼出不意,辽之君臣不知所答。及辞,辽使摅附奏,求还进筑夏人城栅。摅答语复不巽,辽人大怒,空客馆水浆,绝烟火,至舍外积潦亦污以矢溲,使饥渴无所得。如是三日,乃遣还,凡饔饩、祖犒皆废。归复命,议者以为怒邻生事,犹除礼部尚书。既而辽人以失礼言,出知颍州。

寻召为开封尹。大驵负贾钱久不偿,一日,尽辇当十钱来,贾疑不纳,驵讼之。摅驰诣蔡京,问曰:"钱法变乎?"京色动曰:"方议之,未决也。"摅曰:"令未布而贾人先知,必有与为表里者。"退鞫之,得省吏主名,置于法。

张怀素妖事觉,摅与御史中丞余深及内侍杂治,得民士交关书疏数百,摅请悉焚荡,以安反侧,众称为长者,而京与怀素游最密,摅实为京地也。京深德之,用鞫狱明允,加秩二等。改兵部尚书,进同知枢密院、尚书左丞、中书侍郎。自大观元年春至二年五月,繇朝散大夫九迁至右光禄大夫。

集英胪唱贡士,摅当传姓名。不识"甄盎"字,帝笑曰:"卿误邪?"摅不谢,而语诋同列。御史论其寡学,倨傲不恭,失人臣礼,黜知滁州。言者不厌,罢,提举洞霄宫。起为越州、永兴军,皆以亲年高辞。拜端明殿学士,久之,知扬州,政以察察闻,锄大侠,绳污吏,下不敢欺。有行商寓逆旅,晨出不反,馆人以告,摅曰:"此当不远,或利其货杀之耳。"指踪物色,得尸沟中,果城民张所为也。

徙大名府。道过阙,为帝言:"顷使辽,见其国中携贰,若兼而有之,势无不可。"摅盖以囊辱,故修怨焉。其后北伐,盖兆于此。加观文殿学士,拜庆远军节度使。言者复论罢之。还姑苏,疡生于首而卒,年五十九。帝念其奉使之勤,申赠开府仪同三司,录子伟直秘阁,数月伟死,嗣遂绝。靖康元年,以京死党,追贬节度副使。

管师仁,字元善,处州龙泉人。中进士第,为广亲、睦亲宅教授。通判澧州,知建昌军,有善政。擢右正言、左司谏。论苏轼、苏辙深毁熙宁之政,其门下士吏部员外郎晁补之辈不宜在朝廷,逐去之。河北滨、棣诸州岁被水患,民流未复,租赋故在,师仁请悉蠲减,以绥徕之,一方赖其赐。迁起居郎、中书舍人、给事中、工部侍郎。选曹吏多挠法为过,师仁暂摄领,发其奸,抵数人于罪,士论称之。改吏部,进刑部尚书,以枢密直学士知邓州,未行,改扬州,又徙定州。

时承平百余年,边备不整,而辽横使再至,为西人请侵疆。朝廷诏师仁设备,至则下令增陴浚湟,缮葺甲胄。僚吏惧,不知所裁。师仁预为计度,一日而举众十万,转盼讫成,外间无知者。于是日与宾客燕集,以示闲暇,使敌不疑。帝手书诏奖激。召为吏部尚书,俄同知枢密院。

才两月，病。拜资政殿学士、佑神观使。卒，年六十五。赠正奉大夫。

侯蒙，字元功，密州高密人。未冠，有俊声，急义好施，或一日挥千金。进士及第，调宝鸡尉，知柏乡县。民讼皆决于庭，受罚者不怨。转运使黄湜闻其名，将推毂之，召诣行台白事，蒙以越境不肯往。湜怒，他日行县，阅理文书，欲翻致其罪；既而无一疵可指，始以宾礼见，曰："君真能吏也。"率诸使者合荐之。徙知襄邑县，擢监察御史，进殿中侍御史。

崇宁星变求言，蒙疏十事，曰去冗官，容谏臣，明嫡庶，别贤否，绝幸冀，戒滥恩，宽疲民，节妄费，戚里毋预事，阉寺毋假权。徽宗听纳，有大用意。迁侍御史。

西将高永年死于羌，帝怒，亲书五路将帅刘仲武等十八人姓名，敕蒙往秦州逮治。既行，拜给事中。至秦，仲武等囚服听命，蒙晓之曰："君辈皆侯伯，无庸以狱吏辱君，第以实对。"案未上，又拜御史中丞。蒙奏言："汉武帝杀王恢，不如秦缪公赦孟明；子玉缢而晋侯喜，孔明亡而蜀国轻。今羌杀吾一都护，而使十八将縳之而死，是自艾其支体也。欲身不病，得乎？"帝悟，释不问。

迁刑部尚书，改户部。比岁郊祭先期告办，尚书辄执政。至是，帝密谕之。对曰："以财利要君而进，非臣所敢。"母丧，服除，归故官，遂同知枢密院。进尚书左丞、中书侍郎。先是，御史中丞蔡薿诋张商英私事甚力，有旨令廷辨。蒙曰："商英虽有罪，宰相也；蔡薿虽言官，从臣也。使之廷辨，岂不伤国体乎？"帝以为然。一日，帝从容问："蔡京何如人？"对曰："使京能正其心术，虽古贤相何以加。"帝领首，且使密伺京所为。京闻而衔之。

大钱法敝，朝廷议改十为三，主藏吏来告曰："诸府悉辇大钱市物于肆，皆疑法当变。"蒙曰："吾府之积若干？"曰："八千缗。"蒙叱曰："安有更革而吾不知！"明日，制下。又尝有几事蒙独受旨，京不知也；京侦得之，白于帝，帝曰："侯蒙亦如是邪？"罢知亳州。旋加资政殿学士。

宋江寇京东，蒙上书言："江以三十六人横行齐、魏，官军数万无敢抗者，其才必过人。今青溪盗起，不若赦江，使讨方腊以自赎。"帝曰："蒙居外不忘君，忠臣也。"命知东平府，未赴而卒，年六十八。赠开府仪同三司，谥文穆。

论曰：崇宁、宣和之间，政在蔡京，罢不旋踵辄起，奸党日蕃。一时贪得患失之小人，度徽宗终不能去之，莫不趋走其门。若张康国、朱谔、刘逵、林摅者，皆是也。康国、逵中虽异趋，然其材智皆非京敌，卒为京党所击。摅奉京奸谋，激怒邻国，渝约启衅，罪莫大焉。《易》曰："开国承家，小人勿用。"其谓是欤！管师仁执政仅两月，引疾求去，斯可尚已。侯蒙逮治五路将帅，力为申理，十八人者縳之而免，其仁人利溥之言乎？

卷三百五十二
列传第一百一十一

**唐恪　李邦彦　余深　薛昂　吴敏　王安中
王襄　赵野　曹辅　耿南仲** 王寓附

唐恪，字钦叟，杭州钱塘人。四岁而孤，闻人言其父，辄悲泣。以荫登第，调郴尉。县民有被害而尸不获，吏执其邻人，抑使自诬，令以为信。恪争之，令曰："否将为君累。"恪曰："吾为尉而盗不能捕，更俾亡辜死乎？"躬出访求，夕，若有告者，旦而得尸，遂获盗。知榆次，县豪子雄于乡，萃逋庇奸，不输公赋，前后莫敢诘。恪以理善晓之，悟而自悔，折节为长者。最闻，擢提举河东常平、江东转运判官。

大观中，犍柯内附，召为屯田员外郎，持节招纳夷人。夷始恫疑，衷甲以逆，恪尽去兵卫，从数十卒单行。夷望见欢呼，投兵听命。以奉使称职，迁右司员外郎、起居舍人。迎辽使还，言河北边备弛废，宜及今无事，以时治之。徽宗壮之，曰："非卿谁宜为者。"命为都转运使，加集贤殿修撰。中贵人称诏有所市，恪不答，愤而归，中以他事，降直龙图阁、知梓州。

历五年，徙沧州。河决，水犯城下，恪乘城救理。都水孟昌龄移檄索船与兵，恪报水势方恶，船当以备缓急；沧为极边，兵非有旨不敢遣。昌龄怒，劾之，恪不为动，益治水。水去，城得全，诏书嘉奖。乃上疏请暂免甲丁、保马呈阅及复诸县租，等第振贷，以宽被水之民。未报，悉便宜罢行之，民大悦。

进龙图阁待制、知扬州，召拜户部侍郎。京师暴水至，汴且溢，付恪治之。或请决南堤以纾宫城之患，恪曰："水涨堤坏，此亡可奈何，今决而浸之，是鱼鳖吾民也。"亟乘小舟，相水源委，求所以利导之，乃决金堤注之河。浃旬水平，入对，帝劳之曰："宗庙社稷获安，卿之力也。"恪再拜，因上疏言："水，阴类也，至犯京阙，天其或者以阴盛之沴谴告陛下乎？愿垂意时事，益谨天戒。"

宣和初，迁尚书，帝许以二府。为宰相王黼所陷，罢知滁州。言者论其治第历阳，扰民逾制，提举鸿庆宫。五年，起知青州；未行，召为吏部尚书，徙户部。复请外，以延康殿学士知潭州，请往钱塘扫墓，然后之官，遂改杭州，

靖康初，金兵入汴，李邦彦荐之，拜同知枢密院事，至则为中书侍郎。时进见者多论宣和间事，恪言于钦宗曰："革弊当以渐，宜择今日之所急者先之。而言者不顾大体，至毛举前事，以快一时之愤，岂不伤太上道君之心哉。京、攸、黼、贯之徒既从窜斥，姑可已矣，他日边事既定，然后白道君，请下一诏，与天下共弃之，谁曰不可。"帝曰："卿论甚善，为朕作诏书，以此意布告在位。"因赐东宫旧书万卷，且用近比除子璟直秘阁，力辞之。

八月，进拜少宰兼中书侍郎，帝注礼之甚渥。然恪为

相，无济时大略。金骑再来，邀割三镇，恪集廷臣议，以为当与者十九，恪从之。使者既行，于是诸道勤王兵大集，辄谕止令勿前，皆反旆而去。洎金兵薄城下，始悔之，密言于帝曰："唐自天宝而后屡失而复兴者，以天子在外可以号召四方也。今宜举景德故事，留太子居守而西幸洛，连据秦、雍，领天下亲征，以图兴复。"帝将从其议，而开封尹何㮚入见，引苏轼所论，谓周之失计，未有如东迁之甚者。帝幡然而改，以足顿地曰："今当以死守社稷。"擢㮚门下侍郎，恪计不用。

从帝巡城，为都人遮击，策马得脱，遂卧家求去。御史胡舜陟继劾其罪，谓"恪之智虑不能经画边事，但长于交结内侍，今国势日蹙，诚不可以备位。"乃以观文殿大学士、中太一宫使兼侍读罢，㮚代为相。

京城不守，车驾至金帅营，恪曰："计失矣。一入，将不得还。"既而还宫，恪迎拜道左，请入觐，㮚不可。二年正月，复幸，恪曰："一之谓甚，其可再乎？"及金人逼百官立张邦昌，令吴幵、莫俦入城取推戴状，恪既书名，仰药而死。

李邦彦，字士美，怀州人。父浦，银工也。邦彦喜从进士游，河东举人入京者，必道怀访邦彦。有所营置，浦亦罢工与为之，且复资给其行，由是邦彦声誉弈弈。入补太学生，大观二年，上舍及第，授秘书省校书郎，试符宝郎。

邦彦俊爽，美风姿，为文敏而工。然生长闾阎，习猥鄙事，应对便捷；善讴谑，能蹴鞠，每缀街市俚语为词曲，人争传之，自号李浪子。言者劾其游纵无检，罢符宝郎，复为校书郎。俄以吏部员外郎领议礼局，出知河阳，召为起居郎。邦彦善事中人，争荐誉之，累迁中书舍人、翰林学士承旨。

宣和三年，拜尚书右丞；五年，转左丞。浦死，赠龙图阁直学士，谥曰宣简。邦彦起复，与王黼不协，乃阴结蔡攸、梁师成等，谗黼罢之。明年，拜少宰，无所建明，惟阿顺趋谄充位而已，都人目为"浪子宰相"。

徽宗内禅，命为龙德宫使，升太宰。知众议不与，外患日逼，抗疏丐宫祠。金人既薄都城，李纲、种师道罢，邦彦坚主割地之议。太学生陈东数百人伏宣德门上书，言邦彦及白时中、张邦昌、赵野、王孝迪、蔡懋、李棁之徒为社稷之贼，请斥之。邦彦退朝，群指而大诟，且欲殴之，邦彦疾驱得免。乃以特进、观文殿大学士充太一宫使。不旬日，吴敏为请，复起为太宰。人皆骇愕，言者交论之。出知邓州，遂请持余服，提举亳州明道宫。建炎初，以主和误国，责建武军节度副使，浔州安置。

方蔡京、王黼用事，附丽者多援引入政府，若余深、薛昂、吴敏、王安中、赵野，史皆逸其事，因附著于此云。

余深，福州人。元丰五年，进士及第。崇宁元年，为太常博士、著作佐郎，改司封员外郎，拜监察御史、殿中侍御史，试辟雍司业。

累官御史中丞兼侍读。治张怀素狱，事连蔡京，与开封尹林摅曲为掩覆，狱辞有及京者辄焚之。京遂力引深与摅骤至执政。大观二年，以吏部尚书拜尚书左丞。三年，转中书侍郎；四年，转门下侍郎。京既致仕，深不自安，累疏请罢，乃以资政殿学士知青州。

政和二年，京复赴都堂治事，于是深复入为门下侍郎。七年，拜少宰。宣和元年，为太宰，进拜少保，封丰国公。再封卫国，加少傅。时福建以取花果扰民，深为言之，徽宗不悦。遂请罢，出为镇江军节度使、知福州。靖康初，加恩特进、观文殿大学士。故事，凡仆射、使相、宣徽使皆判州府，深以少傅、节度知福州，有司失之也。

深谄附蔡京，结为死党。京奸谋诡计得助多者，深为首，摅次之。言者累章劾深，深益惧，丐致仕。建炎二年，降中大夫，临江军居住。寻以渡江赦恩，还乡里，卒。子日章，亦以言者罢徽猷阁待制。

薛昂，杭州人，登元丰八年进士第。崇宁初，历太学博士、校书郎、著作佐郎，为殿中侍御史，试起居郎，改中书舍人兼侍讲，升给事中兼大司成。昂寡学术，士子有用《史记》、《西汉》语，辄黜之。在哲宗时，常请罢史学，哲宗斥为俗佞。拜翰林学士，以不称职改刑部尚书，转兵部。大观三年，拜尚书左丞。明年，请补外，出知江宁，徙河南。久之，提举嵩山崇福宫。

政和三年，蔡京复用事，昂复自尚书右丞为左丞，迁门下侍郎。寻请罢，授彰化军节度使、佑神观使，改特进，充资政殿大学士、知应天府。昂与余深、林摅始终附会蔡京，至举家为京讳。或误及之，辄加笞责，昂尝误及，即自批其口。靖康初，言者斥其罪，诏以金紫光禄大夫致仕。杭州军乱，昂不请命领州事，责徽州居住。昂主王氏学，尝在安石坐，围棋赌诗，局败，昂不能作，安石代之，时人以为笑云。

吴敏，字元中，真州人。大观二年，辟雍私试首选。蔡京喜其文，欲妻以女，敏辞。因擢浙东学事司干官，为秘书省校书郎，京荐之充馆职。中书侍郎刘正夫以敏未尝过省，不可，京乃请御笔特召上殿，除右司郎官。御笔自此始，违者以大不恭论，驯是权幸争请御笔，而缴驳之任废矣。升中书舍人、同修国史，改给事中。敏为蔡京所引，郑居中方秉政，敏数言其失，居中衔之。坐驳盗当死者，罢为右文殿修撰、提举南京鸿庆宫。久之，复为给事中、权直学士院兼侍讲。

徽宗将内禅，蔡攸探知上意，引敏入对。宰臣执政皆在，敏前奏事，且曰："金人渝盟，举兵犯顺，陛下何以待？"上蹙然曰："奈何！"时东幸计已定，命户部尚书李棁先出守金陵。敏退，诣都堂言曰："朝廷便为弃京师计，何理也？此命果行，须死不奉诏。"宰执以为言，棁遂罢行。皇太子除开封尹，上去意益决，敏因奏对得请，遂荐李纲。纲尝语敏以上宜传位，如唐天宝故事，故荐之，冀上或有所问也。明日，宰臣奏事，徽宗独留李邦彦，语敏所对。命除门下侍郎，辅太子。敏骇曰："臣既画计，当从陛下巡幸。陛下且传位，而臣受不次之擢，臣曷敢？"上曰："不意卿乃尔敢言。"于是命敏草传位诏。

钦宗既立,上皇出居龙德宫,敏与蔡攸同为龙德宫副使,迁知枢密院事,拜少宰。敏主和议,与太宰徐处仁议不合,纷争上前。御史中丞李回劾之,与处仁俱罢,为观文殿大学士、醴泉观使。顷之,言者论其苞苴蔡京父子,出知扬州,再贬崇信军节度副使,涪州安置。建炎初,移柳州。俄用范宗尹荐,起知潭州,敏辞免,丐宫祠,乃提举洞霄宫。绍兴元年,复观文殿大学士,为广西、湖南宣抚使,卒于官。

王安中,字履道,中山阳曲人。进士及第,调瀛州司理参军、大名县主簿,历秘书省著作郎。政和间,天下争言瑞应,廷臣辄笺表贺,徽宗观所作,称为奇才。他日,特出制诏三题使具草,立就,上即草后批:"可中书舍人。"未几,自秘书少监除中书舍人,擢御史中丞。开封逻卒夜迹盗,盗脱去,民有惊出与卒遇,缚以为盗;民讼诸府,不胜考掠之惨,遂诬服。安中廉知之,按得冤状,即出民,抵吏罪。

有徐禋者,以增广鼓铸之说媚于蔡京,京奏遣禋措置东南九路铜事,且令搜访宝货。禋图绘坑冶,增旧几十倍,且请开洪州严阳山坑,迫有司承岁额数十两。其所烹炼,实得铢两而已。禋术穷,乃妄请得希世珍异与古之宝器,乞归诸艺局,京主其言。安中独论禋欺罔扰下,宜令九路监司覆之,禋竟得罪。

时上方乡神仙之事,蔡京引方士王仔昔以妖术见,朝臣戚里寅缘关通。安中疏请自今招延山林道术之士,当责所属保任,宜召出入,必令察视其所经由,仍申严臣庶往还之禁;并言京欺君僭上、蠹国害民数事。上悚然纳之。已而再疏京罪,上曰:"本欲即行卿章,以近天宁节,俟过此,当为卿罢京。"京伺知之,大惧,其子攸日夕侍禁中,泣拜恳祈。上为迁安中翰林学士,又迁承旨。

宣和元年,拜尚书右丞;三年,为左丞。金人来归燕,谋帅臣,安中请行。王黼赞于上,授庆远军节度使、河北河东燕山府路宣抚使、知燕山府,辽降将郭药师同知府事。药师跋扈,府事皆专行,安中不能制,第曲意奉之,故药师愈骄。俄加检校少保,改少师。时山后诸州俱陷,唯平州为张觉所据。金人入燕,以觉为临海军节度使。其后叛金,金人攻之,觉败奔燕。金人来索急,安中不得已,缢杀之,函其首送金。郭药师宣言曰:"金人欲觉即与,若求药师,亦将与之乎?"安中惧,奏其言,因力求罢。药师自是解体,金人终以是启衅。安中以上清宝箓宫使兼侍读召还,除检校太保、建雄军节度使、大名府尹兼北京留守司公事。

靖康初,言者论其缔合王黼、童贯及不几察郭药师叛命,罢为观文殿大学士、提举嵩山崇福宫;又责授朝议大夫、秘书少监、分司南京,随州居住;又贬单州团练副使,象州安置。高宗即位,内徙道州,寻放自便。绍兴初,复左中大夫。子辟章知泉州,迎安中往,未几卒,年五十九。

安中为文丰润敏拔,尤工四六之制。徽宗尝宴睿谟殿,命安中赋诗百韵以纪其事。诗成,赏叹不已,令大书于殿屏,凡侍臣皆以副本赐之。其见重如此。有《初寮集》七十六卷传于世。

王襄,初名宁,邓州南阳人,擢进士第。崇宁二年,以军器监主簿言事称旨,擢库部员外郎,改光禄少卿,出察访陕西。还,为显谟阁待制、权知开封府。府事浩穰,讼者株蔓千余人,缧系满狱。襄昼夜决遣,四旬俱尽;又阅月,狱再空。迁龙图阁直学士、吏部侍郎,出知杭州;未至,改海州;又改应天府,徙郓州。召为礼部尚书,移兵部,出知颍州,改永兴军。蒲城妖贼王宁适同姓名,请更名宓。为左司谏石公弼所劾,徙汝州,俄夺学士,提举南京鸿庆宫。

大观三年,以集贤殿修撰知潭州,改兵部侍郎,使高丽。还对称旨,诏赐名襄。历工部、吏部尚书,拜同知枢密院事。坐荐引近侍,以延康殿学士罢知亳州;又坐交通郭天信落职,提举嵩山崇福宫。久之,起知郓州,复学士秩,寻加资政殿学士,徙知淮宁府。以言事忤王黼,复提举崇福宫。

宣和六年,起为河南尹。金人再入,出为西道都总管,张昪副之。高宗开大元帅府,襄以所部兵会于虞城县。即位,命襄知河南府。襄初与赵野分总西北道诸军,金人围京师,征兵入援,二人故迁道宿留。至是,降宁远军节度副使,永州安置,卒。

赵野,开封人。登政和二年进士第。历监察御史、殿中侍御史,试起居舍人兼太子舍人,俄迁中书舍人、给事中、大司成,拜刑部尚书、翰林学士。时蔡京、王黼更秉政,植党相挤,一进一退,莫有能两全者,野处之皆得其心,京、黼亦待之不疑。宣和七年,拜尚书右丞,升左丞。

靖康初,为门下侍郎。徽宗东幸,诏野为行宫奉迎使。以左司谏陈公辅言,罢野行,出为北道都总管,颜歧副之。已而落职,提举嵩山崇福宫。元帅府建,命与范讷为宣抚司,守东京,寻帅师屯宛亭,以待王师。王襄既责,野亦降授安远军节度副使,邵州安置。

建炎元年,复起知密州。时盗贼充斥山东,车驾如淮南,命令阻绝,野弃城去。军校杜彦乘间作乱,追野以归。彦坐堂上数之曰:"汝知州而携家先遁,此州之人,谁其为主?"野不能应,遂见杀。家属悉为贼所分,唯子学老得免。

曹辅,字载德,南剑州人。第进士。政和二年,以通仕郎中词学兼茂科,历秘书省正字。

自政和后,帝多微行,乘小轿子,数内臣导从。置行幸局,局中以帝出日谓之有排当,次日未还,则传旨称疮痍,不坐朝。始,民间犹未知。及蔡京谢表有"轻车小辇,七赐临幸",自是邸报闻四方,而臣僚阿顺,莫敢言。辅上疏略曰:

陛下厌居法宫,时乘小舆,出入廛陌之中、郊坰之外,极游乐而后反。道途之言始犹有忌,今乃谈以为常,某日由某路适某所,某时而归;又云舆饰可辨而辟。臣不意陛下当宗庙社稷付托之重,玩安忽危,一至于此。夫君之与民,本以人合,合则为腹心,离则为楚、越,畔服之际在于斯须,甚可畏也。昔者仁祖视民如子,悯然惟恐其或伤。一旦宫闱不禁,卫士辄逾禁城,几触宝瑟。荷天之休,帝躬保祐。俚语有之,'盗憎主人',主人何负于盗哉?况今革冗员,斥滥奉,去浮屠,诛胥吏,蛮愚之民,岂能一一引咎安分?万一当乘舆不戒之初,一夫不逞,包藏祸心,发蜂虿之毒,奋兽穷之计,虽神灵垂护,然亦损威伤重矣。又况有臣子不忍言者,可不戒哉!

　　臣愿陛下深居高拱,渊默雷声,临之以穹昊至高之势,行之以日月有常之度。及其出也,太史择日,有司除道,三卫百官,以前以后。若曰省烦约费,以便公私,则临时降旨,存所不可阙,损所未尝用。虽非祖宗旧制,比诸微服晦迹,下同臣庶,堂陛陵夷,民生奸望,不犹愈乎?

上得疏,出示宰臣,令赴都堂审问。太宰余深曰:"辅小官,何敢论大事?"辅对曰:"大官不言,故小官言之。官有大小,爱君之心,则一也。"少宰王黼顾左丞张邦昌、右丞李邦彦曰:"有是事乎?"皆应以不知。辅曰:"兹事虽里巷细民无不知,相公当国,独不知邪?曾此不知,焉用彼相!"黼怒其侵己,令吏从辅受辞。辅操笔曰:"区区之心,一无所求,爱君而已。"退,待罪于家。黼奏不重责辅,无以息浮言,遂编管郴州。辅将言,知必获罪,召子绅来,付以家事,乃闭户草疏。夕有恶鸟鸣屋极,声若纺轮,心知其不祥,弗恤也。处郴六年,黼当国不得移,辅亦怡然不介意。

靖康元年,召为监察御史,守殿中侍御史,除左谏议大夫、御史中丞。不旬日,拜延康殿学士、签书枢密院事。未几,免签书。金人围汴都,要亲王、大臣出盟,辅与尚书左丞冯澥出使粘罕军。康王开元帅府于相州,金人请钦宗诏召之,乃遣辅往迓。至曹州,不见而复,遂从二帝留金军中。张邦昌请归辅,辅归,乞奉祠,邦昌不从。康王次南京,邦昌遣辅来见。康王即位,辅仍旧职。未几卒,诏厚恤其家。

　　耿南仲,开封府人。与余深同年登第,历提举两浙常平,徙河北西路,改转运判官、提点广南东路及夔州路刑狱、荆湖江西两路转运副使,入为户部员外郎、辟雍司业,坐事罢知衢州。政和二年,以礼部员外郎为太子右庶子,改定王、嘉王侍读,俄试太子詹事,徽猷阁直学士,改宝文阁直学士。在东宫十年。

　　钦宗辞内禅,得疾,出卧福宁殿,宰相百官班侯,日暮不敢退。李邦彦曰:"皇太子素亲耿南仲,可召之入。"南仲与吴敏至殿中侍疾。明日,帝即位,拜资政殿大学士、签书枢密院事。未几,免签书。帝以南仲东宫旧臣,礼重之,赐宅一区,升尚书左丞、门下侍郎。

　　金人再举向京师,请割三镇以和,议者多主战守,唯南仲与吴幵坚欲割地。康王使军前,请南仲偕。帝以其老,命其子中书舍人延禧代行。金人次洛阳,不复立三镇,直请画河为界。于是议遣大臣往,南仲以老辞,聂昌以亲辞。上大怒,即令南仲出河东、昌出河北,议割地。

　　初,南仲自谓事帝东宫,首当柄用,而吴敏、李纲越次进,位居己上,不能平。因每事异议,摈斥不附己者。纲等谓不可和,而南仲力沮之,惟主和议,故退守之备皆罢。康王在相州,南仲偕金使王汭往卫州。乡兵欲杀汭,汭脱去,南仲独趣卫,卫人不纳。走相州,以上旨喻康王,起河北兵入卫京师,因连署募兵榜揭之,人情始安。二帝北行,南仲与文武官吏劝进。

　　高宗既即位,薄南仲为人,因其请老,罢为观文殿大学士、提举杭州洞霄宫。延禧以龙图阁直学士知宣州。已而言者论其主和误国罪,诏镌学士秩,延禧亦落职与祠。寻责南仲临江军居住。御史中丞张澂又言:"南仲趣李纲往救河东,以致师溃,盖不恤国事,用此报雠。"帝曰:"南仲误渊圣,天下共知,朕尝欲手剑击之。"命降授别驾,安置南雄,行至吉州卒。建炎四年,复观文殿大学士。

　　王寓字元忠,江州人。父昙简,资政殿大学士兼侍讲。寓历校书郎、著作佐郎、度支员外郎兼充编修官、国子司业,为起居舍人,改中书舍人兼蕃衍宅直讲。钦宗立,以给事中命兼迩英殿经筵侍讲,转吏部侍郎,升礼部尚书、翰林学士。

　　康王之使金也,以寓为尚书左丞副之。寓惮行,假梦兆丐免,易简亦上书以请。上震怒,追毁左丞命,降单州团练副使,新州安置,并易简宫祠黜之。建炎四年,贼马进破江州,易简等三百人俱被害。

　　论曰:三代之后,有天下而长久者,汉、唐、宋尔。汉、唐末世,朋党相倾,小人在位,然犹有君子扶持迁延,浸微浸灭;未有纯用小人,至于主辱国播,如宋中叶之烈也。蔡京以绍述为罗,张端官、修士而尽之,上箝下锢,其术巧矣。徽宗亦颇悟,间用郑居中、王黼、李邦彦辈,褫京柄权。以不肖易不肖,犹去野葛而代乌喙也,庸愈哉!当是时,王、蔡二党,阶京者庀京,缔黼者右黼,援丽省台,迭相指嗾,徼功挑患,汴、洛既震,则怅缩无策,苟生勾和。彼邦彦、安中、深、敏辈误国之罪,当正其僇,而钦、高二君徒从窜典,信失刑矣。恰既预推戴,署状乃死,无足赎者。辅以小臣鬻上,面谯大臣,坐斥不变,独终始无朋与,其贤矣乎!

卷三百五十三
列传第一百一十二

何栗　孙傅　陈过庭　张叔夜　聂昌
张阁　张近　郑仅　宇文昌龄 子常
许几　程之邵　龚原　崔公度　蒲卣

　　何栗,字文缜,仙井人。政和五年进士第一,擢秘书省校书郎。逾年,提举京畿学事,召为主客员外郎、起居舍人,迁中书舍人兼侍讲。

徽宗数从咨访，欲付以言责。或论栗与苏轼乡党，宗其曲学，出知遂宁府。已而留为御史中丞，论王黼奸邪专横十五罪，黼既抗章请去，而尤豫未决。栗继上七章，黼及其党胡松年、胡益等皆罢，栗亦以徽猷阁待制知泰州。

钦宗立，复以中丞召。阅月，为翰林学士，进尚书右丞、中书侍郎。会王云使金帅斡离不军还，言金人怒割三镇缓，却礼币弗纳曰：兼旬使不至，则再举兵。于是百官议从其请。栗曰："三镇，国之根本，奈何一旦弃之。况金人变诈罔测，安能保必信？割亦来，不割亦来。"宰相主割议，栗论辨不已，曰："河北之民，皆吾赤子。弃地则并其民弃之，岂为父母意哉？"帝颇悟。栗请建四道总管，使统兵入援，以胡直孺、王襄、赵野、张叔夜领之。兵既响应，而唐恪、耿南仲、聂昌信和议，相与谋曰："方继好息民而调发不已，使金人闻之，奈何？"亟檄止之。

栗解政事，俄以资政殿大学士领开封尹。金兵长驱傅城下，帝罢恪相，而拜栗为尚书右仆射兼中书侍郎，始复三省旧制。时康王在河北，信使不通，栗建议请以为元帅，密草诏稿上之。乃以康王充天下兵马大元帅，陈遘充兵马元帅，宗泽、汪伯彦充副元帅。京城失守，从幸金帅营，遂留不返。既而议立异姓，金人曰："唯何栗、李若水毋得预议。"既陷朔庭，栗仰天大恸，不食而死，年三十九。

建炎初，诏以为观文殿大学士、提举玉局观使，禄其家。讣闻，赠开府仪同三司，议者指其误国，不行。秦桧自北还，具道其死时状，乃改赠大学士，官其家七人。

孙傅，字伯野，海州人。登进士第，中词学兼茂科，为秘书省正字、校书郎、监察御史、礼部员外郎。时蔡翛为尚书，傅为言天下事，劝其亟有所更，不然必败。翛不能用。迁秘书少监，至中书舍人。

宣和末，高丽入贡，使者所过，调夫治舟，骚然烦费。傅言："索民力以妨农功，而于中国无丝毫之益。"宰相谓其所论同苏轼，奏贬蕲州安置。给事中许翰以为傅论议虽偶与轼合，意亦亡他，以职论事而责之过矣，翰亦罢去。靖康元年，召为给事中，进兵部尚书。上章乞复祖宗法度，钦宗问之，傅曰："祖宗法惠民，熙、丰法惠国，崇、观法惠奸。"时谓名言。十一月，拜尚书右丞，俄改同知枢密院。

金人围都城，傅日夜亲当矢石。读丘濬《感事诗》，有"郭京杨适刘无忌"之语，于市人中访得无忌，龙卫兵中得京。好事者言京能施六甲法，可以生擒二将而扫荡无余，其法用七七七百七十七人。朝廷深信不疑，命以官，赐金帛数万，使自募兵，无问技艺能否，但择其年命合六甲者。所得皆市井游惰，旬日而足。有武臣欲为偏裨，京不许，曰："君虽材勇，然明年正月当死，恐为吾累。"其诞妄类此。敌攻益急，京谈笑自如，云："择日出兵三百，可致太平，直袭击至阴山乃止。"傅与何栗尤尊信，倾心待之。或上书见傅曰："自古未闻以此成功者。正或听之，姑少信以兵，俟有尺寸功，乃稍进任。今委之太过，惧必为国家羞。"傅怒曰："京殆为时而生，敌中无琐微无不知者。幸君与傅言，若告他人，将坐沮师之罪。"揖使出。又有

称"六丁力士"、"天关大将"、"北斗神兵"者，大率皆效京所为，识者危之。京曰："非至危急，吾师不出。"栗数趣之，徙期再三，乃启宣化门出，戒守陴者悉下城，无得窃觇。京与张叔夜坐城楼上。金兵分四翼噪而前，京兵败退，堕于护龙河，填尸皆满，城门急闭。京遽白叔夜曰："须自下作法。"因下城，引余众南遁。是日，金人遂登城。

二年正月，钦宗诣金帅营，以傅辅太子留守，仍兼少傅。帝兼旬不返，傅屡贻书请之。及废立檄至，傅大恸曰："吾惟知吾君可帝中国尔，苟立异姓，吾当死之。"金人来索太上、帝后、诸王、妃主，傅留太子不遣。密谋匿之民间，别求状类宦者二人杀之，并斩十数死囚，持首送之，绐金人曰："宦者欲窃太子出，都人争斗杀之，误伤太子。因帅兵讨定，斩其为乱者以献。苟不已，则以死继之。"越五日，无肯承其事者。傅曰："吾为太子傅，当同生死。金人虽不吾索，吾当与之俱行，求见二酋面责之，庶或万一可济。"傅寓直皇城司，其子来省，叱之曰："使汝勿来，而竟来邪！吾已分死国，虽汝百辈来何益！"挥使速去。子亦泣曰："大人以身徇国，儿尚何言。"遂以留守事付王时雍而从太子出。至南薰门，范琼力止之，金守门者曰："所欲得太子，留守何预？"傅曰："我宋之大臣，且太子傅也，当死从。"是夕，宿门下，明日，金人召之去。明年二月，死于朔廷。绍兴中，赠开府仪同三司，谥曰忠定。

陈过庭，字宾王，越州山阴人。中进士第，为馆陶主簿、澶州教授、知中牟县，除国子博士。何执中、侯蒙器其才，荐之，擢祠部、吏部、右司员外郎。使契丹，过庭初名扬庭，辞日，徽宗改赐今名。时人或传契丹王苦风痹，又箭损一目，过庭归证其妄，且劝帝以边备为念。适太常少卿、起居舍人。宣和二年，进中书舍人；才七日，迁礼部侍郎；未尽一月，又迁御史中丞兼侍读。睦寇窃发，过庭言："致寇者蔡京，养寇者王黼，窜二人，则寇自平。又朱勔父子，本刑余小人，交结权近，窃取名器，罪恶盈积，宜昭正典刑，以谢天下。"由是大与权贵迕，翻陷以不举劾之罪，罢知蕲州。未半道，责海州团练副使，黄州安置。三年，得自便。

钦宗立，以集英殿修撰起知潭州；未行，以兵部侍郎召，在道除中丞。初入见，帝谕以国家多难，每事当悉意尽言。于是节度使范讷丐归环卫，过庭因言："自崇宁以来，建旐钺者多不由勋绩，请除宗室及将帅立功者，余并如讷例。"又乞辨宣仁后诬谤。姚古拥兵不援太原，陈其可斩之罪七；窜诸岭表。进礼部尚书，擢右丞、中书侍郎。议遣大臣割两河与金，耿南仲以老、聂昌以亲辞，过庭曰："主忧臣辱，愿效死。"帝为挥涕叹息，固遣南仲、昌。及城陷，过庭亦行，金人拘之军中，因留不得还。建炎四年，卒于燕山，年六十，赠开府仪同三司，谥曰忠肃。

张叔夜，字嵇仲，侍中耆孙也。少喜言兵，以荫为兰州录事参军。州本汉金城郡，地最极边，恃河为固，每岁河冰合，必严兵以备，士不释甲者累月。叔夜曰："此非计也。不求要地守之，而使敌迫河，则吾既殆矣。"有地

曰天都者，介五路间，羌人入寇，必先至彼点集，然后议所向，每一至则五路皆竦。叔夜按其形势，画攻取之策，讫得之，建为西安州，自是兰无羌患。

知襄城、陈留县，蒋之奇荐之，易礼宾副使、通事舍人、知安肃军，言者谓太优，还故官。献所为文，知舒、海、泰三州。大观中，为库部员外郎、开封少尹。复献文，召试制诰，赐进士出身，迁右司员外郎。

使辽，宴射，首中的。辽人叹诧，求观所引弓，以无故事，拒不与。还，图其山川、城郭、服器、仪范为五篇，上之。从弟公弹蔡京，京迁怒叔夜，摭司存微过，贬监西安草场。久之，召为秘书少监，擢中书舍人、给事中。时吏惰不虔，凡命令之出于门下者，预列衔，使书名而徐填其事，谓之"空黄"。叔夜极陈革其弊。进礼部侍郎，又为京所忌，以徽猷阁待制再知海州。

宋江起河朔，转略十郡，官军莫敢婴其锋。声言将至，叔夜使间者觇所向，贼径趋海濒，劫钜舟十余，载掳获。于是募死士得千人，设伏近城，而出轻兵距海，诱之战。先匿壮卒海旁，伺兵合，举火焚其舟。贼闻之，皆无斗志，伏兵乘之，擒其副贼，江乃降。加直学士，徙济南府。山东群盗猝起，叔夜力不敌，谓僚吏曰："若束手以俟援兵，民无噍类，当以计缓之。使延三日，吾事济矣。"乃取旧赦贼文，俾邮卒传至郡，盗闻，果小懈。叔夜会饮谯门，示以闲暇，遣吏谕以恩旨。盗狐疑相持，至暮未决。叔夜发卒五千人，乘其惰击之，盗奔溃，追斩数千级。以功进龙图阁直学士、知青州。

靖康改元，金人南下，叔夜再上章乞假骑兵，与诸将并力断其归路，不报。徙邓州。四道置帅，叔夜领南道都总管。金兵再至，钦宗手札趣入卫。即自将中军，子伯奋将前军，仲熊将后军，合三万人，翌日上道。至尉氏，与金游兵遇，转战而前。十一月晦，至都，帝御南薰门见之，军容甚整。入对，言贼锋方锐，愿如唐明皇之避禄山，暂诣襄阳以图幸雍。帝颔之。加延康殿学士。闰月，帝登城，叔夜陈兵玉津园，铠甲光明，拜舞城下。帝益喜，进资政殿学士，令以兵入城，俄签书枢密院。连四日，与金人大战，斩其金环贵将二人。帝遣使赍蜡书，以褒宠叔夜之事檄告诸道，然迄无赴者。城陷，叔夜被创，犹父子力战。车驾再出郊，叔夜因起居叩马而谏，帝曰："朕为生灵之故，不得不亲往。"叔夜号恸再拜，众皆哭。帝回首字之曰："嵇仲努力！"

金人议立异姓，叔夜谓孙傅曰："今日之事，有死而已。"移书二帅，请立太子以从民望。二帅怒，追赴军中，至则抗请如初，遂从以北。道中不食粟，唯时饮汤。既次白沟，驭者曰："过界河矣。"叔夜乃蹶然起，仰天大呼，遂不复语。明日，卒，年六十三。讣闻，赠开府仪同三司，谥曰忠文。

聂昌，字贲远，抚州临川人。始繇太学上舍释褐，为相州教授。用蔡攸荐，召除秘书郎，擢右司员外郎。时三省大吏阶官视卿监者，立都司上，昌以名分未正，极论之。诏自今至朝请大夫止。以直龙图阁为湖南转运使，还为太

府卿、户部侍郎，改开封尹，复为户部。昌本厚王黼，既而从蔡京，为黼所中，罢知德安府。又以乡人讼，谪崇信军节度副使，安置衡州。

钦宗立，吴敏用事，以昌猛厉径行为可助己，自散地授显谟阁直学士、知开德府，道拜兵部侍郎，进户部尚书，领开封府。昌遇事奋然不顾，敢诛杀。敏度不为用，始惮之，引唐恪、徐处仁共政，独遗昌。

李纲之罢，太学生陈东及士庶十余万人，挝鼓伏阙下，经日不退，遇内侍辄杀之，府尹王时雍麾之不去。帝顾昌俾出谕旨，即相率听命。王时雍欲置东等狱，昌力言不可，乃止。

昌再尹京，恶少年怙乱，昼为盗，入官民家攘金帛；且去，辄自缚党中三两辈，声言擒盗，持仗部走委巷，乃释缚，分所掠而去。人不奠居。昌悉弹治正法，而纵博弈不之问，或谓令多所禁，昌曰："姑从所嗜，以懈其谋，是正所以禁其为非尔。"昌旧名山，至是，帝谓其有周昌抗节之义，乃命之曰"昌"。

京师复戒严，拜同知枢密院。入谢，即陈捍敌之策，曰："三关四镇，国家藩篱也，闻欲以畀敌，一朝渝盟，何以制之？愿勿轻与，而檄天下兵集都畿，坚城守以遏其冲，简禁旅以备出击，壅河流以断归路。前有坚城，后有大河，劲兵四面而至，彼或南下，堕吾网中矣。臣愿激合勇义之士，设伏开关，出不意扫其营以报。"帝壮之，命提举守御，得以便宜行事。

会金人再议和，割两河，须大臣报聘。诏耿南仲及昌往，昌言："两河之人忠义勇劲，万一不从，必为所执，死不瞑目矣。倪和议不遂，臣当分遣官属，促勤王之师入卫。"许之。行次永安，与金将黏罕遇，其从者称阁门舍人，止昌彻伞，令用榜子赞名引见，昌不可，争辨移时，卒以客礼见。昌往河东，至绛，绛人闭壁拒之。昌持诏抵城下，缒而登。州钤辖赵子清麾众害昌，抉其目而脔之，年四十九。

建炎四年，始赠观文殿大学士，谥曰忠愍。父用之，年九十，以忧死。

昌为人疏隽，喜周人之急，然恩怨太明，睚眦必报。王黼之死，昌实遣客刺之，弃尸道旁。遂附耿南仲取显位，左右其说以误国，卒至祸变，而身亦不免焉。

论曰："何㮚、孙傅、聂昌皆疏俊之士，而器质窳薄，使当重任于艰难之秋，宋亡盖可知矣，钦宗之再诣金营，㮚实误之，一死不足偿也。傅匿太子之谋甚疏，昌河东之行尤谬，效死弗当，徒伤勇耳。过庭因方腊之乱，乞诛蔡京、王黼、朱勔以谢天下，庶几有敢谏之风焉。

张阁，字台卿，河阳人。第进士。崇宁初，由卫尉主簿迁祠部员外郎；资阅浅，为掌制者所议，蔡京主之，乃止。俄徙吏部，迁宗正少卿、起居舍人，属疾不能朝，改显谟阁待制、提举崇福宫。疾愈，拜给事中、殿中监，为翰林学士。

河北诸帅以缮城讫役，降奖诏，有中贵人为之地，将

继此策赏。阁言："此牧伯常职,若奖之,恐开邀功生事之路。"徽宗曰："卿言是也。"格不下。尝夜盛寒草制稿进,帝犹坐,赏其警敏,赐诗以为宠。京免相,阁当制,历数其过,词语遒拔,人士多传诵之。

京复相,以龙图阁学士知杭州。浙部和买绢,杭独居十三,户有至数百匹者,阁请均之他郡。杭久阙守,阁经理有叙,去恶少年之为人害者,州以理闻。召拜兵部尚书兼侍读,复为学士,上日特赐敕诏,且有意大用,未几,卒,年四十六。阁初出守杭,思所以固宠,辞日,乞自领花石纲事,应奉由是滋炽云。

张近,字几仲,开封人。第进士,累迁大理正、发运使。吕温卿以不法闻,近受诏鞫治,哲宗谕之曰："此出朕命,卿毋畏惠卿。"对曰："法之所在,虽陛下不能使臣轻重,何惠卿也?"温卿谩不肯置对,近言:"温卿所坐明白,倪听其蔓词,惧为株连者累。"诏以众证定其罪。提举河北东路常平、西路刑狱,入为刑部员外郎、大理少卿,以集贤殿修撰知瀛州。

辽使为夏人请命,而宿兵以临我,近请亦出秦甲戍北道,伐其谋。边人吕忔儿入瓦桥为盗,吏执之,辽人因略宋民为质。近言:"朝廷方继好息民,当使曲在彼。一偷之得失,不足为轻重,释之便。"沧民渔于海,辽卒利其饶,而私举网取鱼。守兵与之斗,斩级三十二,州将请赏之。或言所杀乃平人,宜论如律,议弗决。近言:"边人贪利喜功,遂赏之,则为国起怨;然彼挟兵涉吾地,谓之非盗可乎?如罪以擅兴,他日将谁使御敌?愿两置赏刑,略而不问。"从之。

出镇高阳八年,累加显谟阁待制、直学士,徙知太原府,以疾,提举洞霄宫。先,承诏买马三千给牧户,近悉敛诸民而不予直,为御史所劾,失学士。二年而复之。卒,年六十五。

郑仅,字彦能,徐州彭城人。第进士,为大名府司户参军。留守文彦博以为材,部使者檄往他郡,彦博曰:"如郑参军讵可令数出?"奏改司法,迁冠氏令。河决府西,檄夜下调夫急,仅方阅保甲,尽籍即行,先他邑至,决遂塞。使者怒劾之,留守王拱辰争于朝曰:"微冠氏,城民鱼矣。"犹坐罚金。时河朔饥,盗起,独冠氏无之,且不入境。他邑获盗,诘治之,盗因言:"郑冠氏仁,故相戒不犯尔。"知福昌县,复值岁饥,悉意振贷,民不流亡。当第赏,不肯自列。

提举京东常平,入为户部员外郎,至太府卿,加直龙图阁,为陕西都转运使。论馈饷河湟功,进集贤殿修撰、显谟阁待制。仅请籍闲田为官庄,是岁,镇戎、德顺收谷十余万。会西宁高永年战没熙河,帅臣归咎官庄夺属羌地,致其怨畔,诏罢之,议者以为惜。

改知庆州,诸军多杀老弱,持首要赏。仅下令非强壮而能生致者,赏半之。有内附羌追寇,得老人,不忍杀,擒之,乃其父也,相持哭,一军感动。时诸路争进讨奏捷,仅独保境不生事,寇亦不犯。

徙秦州,复为都转运使,召拜户部侍郎,改吏部侍郎、知徐州。以显谟阁直学士、通议大夫卒,年六十七,赠光禄大夫,谥曰修敏。子望之,自有传。

宇文昌龄,字伯修,成都双流人。进士甲科,调荣州推官。熊本经制梓夔,辟干当公事。凡攻讨招袭,建南平诸城砦,皆出其画。迁大理丞。本归阙,言其功,擢提举秦凤路常平,改两浙。

神宗患司农图籍不肃,选官厘整,昌龄以使夔路入辞,留为寺主簿,遂拜监察御史。鄜延帅奏所部刘绍能与西羌通,将为患。帝察其不然,命昌龄即鄜州鞫之,果妄也。昌龄因请深戒守臣,毋生事徼赏,以靖边人之心。使还,赐五品服。

尚书省建,以为比部员外郎。时官曹更新,统纪未立,昌龄悉力从事,虽抵暮亦程吏不止。具所立纲要,请于朝而行之。三司故吏狃玩弛,多不便,思有以中之。摘逻卒纠其宿直遣小吏取衾服事,大臣欲论以私役,帝以职事修饬,释不问。改吏部员外郎,出京西转运副使,召为左司员外郎。

送辽使至雄州,当宴,从者不待揖而坐,昌龄诮其使曰:"两朝聘好百年矣,入境置宴,非但今日,揖而后坐,礼渠可阙邪?"使者阳若不服,而心悟其非,卒成礼去。

迁太常少卿,诏议郊祀合祭,论者不一。昌龄曰:"天地之数,以高卑则异位,以礼制则异宜,以乐舞则异数,至于衣服之章,器用之具,日至之时,皆有辨而不乱。夫祀者自有感于无,自实以通于虚,必以类应类,以气合气,合然后可以得而亲,可以冀其格。今祭地于圜丘,以气则非所合,以类则非所应,而求高厚之来享,不亦难乎。"后竟用其议。改直秘阁、知梓州,历寿州、河中府、邓、郓、青三州。

徽宗立,召为刑部侍郎,徙户部侍郎。陕西馈刍粮于边,旧制令内郡支给,为民病。昌龄建言止输其州,而令量取道里费助边籴,从之。岁省籴价五百万,公私便之。以宝文阁待制知开封府,复为户部侍郎,知青、杭、越三州。卒,年六十五,诏为封传护送归,官给其葬费。子常。

常字权可。政和末,知黎州。有上书乞于大渡河外置城邑以便互市者,诏以访常。常言:"自孟氏入朝,艺祖取割舆地图观之,画大渡为境,历百五十年无西南夷患。今若于河外建城立邑,虏情携贰,边隙寖开,非中国之福也。"寻提举成都路茶马。自熙、丰以来,岁入马蕃多;至崇、观间,其法始坏。提举官岁以所入进羡余,吏缘为奸,市马裁十一二,且负其直,夷人皆怨。常尽革其弊,马遂溢额。加直秘阁,改知夔州,进秘阁修撰。官累中大夫,卒。

许几,字先之,信州贵溪人。少以诸生谒韩琦于魏,琦勉入太学。擢第,调高安、乐平主簿,知南陵县,还民之托僧尼为奸者数百人。

提举京西常平,为开封府推官,进至将作监。吏与匠比为奸欺,凡斫削、涂墍、丹臒之工当以次用,而始役即概给其禀，费亡艺而患不均。燨逆为之程，费省工倍。再迁太仆卿、户部侍郎，以显谟阁待制知郓州。

梁山泺多盗，皆渔者窟穴也。燨籍十人为保，使晨出夕归，否则以告，辄穷治，无脱者。

燨有吏干，善理财，由是四入户部至尚书。尝以摇泉布法罢，又以治染院事失实，知婺州。进枢密直学士、河北都转运使，徙知成德军、知太原府。张商英裁损吏禄，燨预其议，贬永州团练副使，安置袁州。遇恩，复中大夫，卒。

程之邵，字懿叔，眉州眉山人。曾祖仁霸，治狱有阴德。之邵以父荫为新繁主簿。熙宁更募役法，常平使者欲概州县民力，以羡乏相补。之邵曰："此法乃成周均力遗意，当各以一邑之力供一邑之役，岂宜以此邑助他邑哉？"使者愧服，辟之邵为属，听其所为。熊本察访蜀道归，语诸朝曰："役法初行，成都路为最详，之邵力也。"诏召见，成都守赵抃奏留之。入为三司磨勘官，得隐匿数十万缗。从副使塞周辅计度江、岭盐，还，除广东转运判官。元祐初，提举利、梓路常平，周辅得罪，亦罢知祥符县。俄知泗州，为夔路转运判官。夔守强狠不奉法，劾正其罪。大宁井盐为利博，前议者辄储其半供公上，余鬻于民，使先输钱，盐不足给，民以病告。之邵尽发所储与之，商贾既通，关征增数倍。除主管秦、蜀茶马公事，革黎州买马之弊，岁以仲秋为市，市四月止，以羡茶入熙、秦易战骑，得良马益多。

知凤翔府，民负债无以偿，自焚其居，而绐曰遗火；有主藏吏杀四婢，人无知者。之邵发擿，岐人传诵。徙郑州。

元符中复主管茶马，市马至万匹，得茶课四百万缗。童贯用师熙、岷，不俟报，运茶往博籴，发钱二十万亿佐用度。连加直龙图阁、集贤殿修撰，三进秩，为熙河都转运使。秦凤出师，命之经制，即言已备十万骑可食三百日矣。徽宗喜，擢显谟阁待制。敌犯熙河，之邵摄帅事，屯兵行边境，解去。俄得疾卒。方求功转太中大夫，不及拜，赠龙图阁直学士，官护丧归。子唐，至宝文阁学士。

龚原，字深之，处州遂昌人。少与陆佃同师王安石。进士高第，元丰中为国子直讲，与虞蕃讼失官。哲宗即位，诣诉理所得直，为国子丞、太常博士。方议祀北郊，原曰："合祭，非理也。天子父天母地，既不为寒而废祠，其可为暑而辍行？此汉儒陋说尔，愿亟正之。"加秘阁校理，充徐王府记室，出为两浙转运判官。

绍圣初，召拜国子司业，入对，帝问曰："卿历徐邸官，何为补外，得非大臣私意乎？"对曰："臣出使乡部，获知民间事宜，臣素知如是，不知其因也。"旋兼侍讲，迁秘书少监、起居舍人，权工部侍郎。为曾布所重，安惇论其直讲时事，以集贤殿修撰知润州。

徽宗初，入为秘书监，进给事中。时除郎官五人，皆执政姻戚，悉论驳之；又论郝随得罪，不得居京师，邓洵武不宜再入史院。朝论谓帝为哲宗服，当循开宝故事，为齐衰期。原曰："三年之丧，自天子达于庶人，一也。"主议者斥其妄，黜知南康军，改寿州。俄用三年之制，乃复修撰，知扬州。还朝，历兵、工部二侍郎，除宝文阁待制、知庐州。陈瓘击蔡京，原与瓘善，或谓原实使之，夺职居和州。起为亳州，命下而卒，年六十七。

初，王安石改学校法，引原自助，原亦为尽力。其后，司马光召与语，讥切王氏，原反覆辨救不少衰。光叹曰："王氏习气尚尔邪！"为司业时，请以安石所撰《字说》、《洪范传》及子雱《论语》、《孟子义》刊板传学者。故一时学校举子之文，靡然从之，其敝自原始。

崔公度，字伯易，高邮人。口吃不能剧谈，而内绝敏，书一阅即不忘。刘沆荐茂才异等，辞疾不应命。用父任，补三班差使，非其好也，益闭户读书。欧阳修得其所作《感山赋》，以示韩琦，琦上之英宗，即付史馆。授和州防御推官，为国子直讲，以母老辞。

王安石当国，献《熙宁稽古一法百利论》，安石解衣握手，延与语。召对延和殿，进光禄丞，知阳武县。京官谒尹，故事当拜庭下，公度疑尹厔已，径诣安石诉之，安石使邓绾荐为御史。未几，为崇文校书，删定三司令式，于是诵言京官庭谒尹非宜，安石为下编敕所更其制。加集贤校理，知太常礼院。

公度起布衣，无所持守，惟知媚附安石，昼夜造请，虽蹈厕见之，不屑也。尝从后执其带尾，安石反顾，公度笑曰："相公带有垢，敬以袍拭去之尔。"见者皆笑，亦恬不为耻。请知海州。元祐、绍圣之间，历兵礼部郎中、国子司业，除秘书少监、起居郎，皆辞不受。知颍、润、宣、通四州，以直龙图阁卒。

蒲卣，字君锡，阆州人。母任知书，里中号"任五经"，卣幼以开敏闻。中进士第，历利州司户参军、三泉主簿、知合江金水县。通判文州，有献议者欲开文州径路达陕西，卣言："洮、岷、积石至文为甚迩，自文出江油，邓艾取蜀故道也。异时鬼章欲从此窥蜀，为其阻隘而止。夏人志此久矣，可为之通道乎？"议遂塞。

为睦亲宅教授，提举湖北、京西常平。崇宁均田，转运使以用不足，将度费以定税，卣曰："诏旨所以嘉惠元元尔，初不在增赋也。"宛、穰地广沃，国初募民垦田，得为世业，令人毋辄诉，盖百年矣，好讼者稍以易佃法摇之，卣一切禁止。有持献于权贵而降中旨给赐者，卣言："地盈千顷，户且数百，传子至孙久，一旦改隶，众将不安。先朝明诏具在，不可易也。"朝廷是其议。

提点湖南刑狱，知鼎、辽、陇、宁四州，复提举潼川路刑狱。有议榷酤于泸、叙间，云岁可得钱二十万。卣言："先朝念此地夷汉杂居，故弛其权禁，以惠安边人。今之所行，未见其利。"乃止。累官中大夫，卒，年七十二。

论曰：《传》曰："尺有所不逮，寸有所不罩。"观二张之理郡，郑仅之守藩，宇文父子之便边枭、革马政，许燨、程之邵之经制财运，蒲卣之议税榷，皆有可称道。若阁之固宠于花石，而龚原、崔公度主王氏学以谄事安石，则搢绅所不齿也。

卷三百五十四
列传第一百一十三

沈铢 弟锡　**路昌衡　谢文瓘　陆蕴　黄寔
姚祐　楼异　沈积中　李伯宗　汪澥　何常
叶祖洽　时彦　霍端友　俞栗　蔡薿**

沈铢，字子平，真州扬子人。父季长，王安石妹婿也。铢少从安石学，进士高第，至国子直讲。季长领监事，改审官主簿，坐虞蕃事免归。元祐置诉理所，被罪者争自列，铢独不言。

绍圣初，起为太学博士、秘书省正字、崇政殿说书，受旨同编类元祐臣僚章疏。以进讲为解，拜右司谏，辞，改起居郎、权中书舍人。吴居厚除户部尚书，铢论其使京东时聚敛，诏具实状，不能对，罚金。讲《诗·南山有台》，至"万寿无期"，以为此太平之基，立而可久之应，哲宗屡首肯之。真拜中书舍人兼侍讲，俄引疾，以龙图阁待制知宣州卒。弟锡。

锡字子昭，以王安礼任，为鄂州司户参军。崇宁初，为讲议司检讨。蔡京方铨次元符上书人，欲定罪，锡曰："远方之士，未能知朝廷好恶，若概罪之，恐非敦世厉俗之道。"京不从。除卫尉丞，迁祠部员外郎，提点江东刑狱、知婺州。入为左司员外郎，兼定、嘉二王侍讲，进太常少卿，拜兵部侍郎，以徽猷阁待制知应天府，徙江宁。

张怀素诛，朝廷疑其党有脱者，江、淮间往往以诬告兴狱。锡至郡，有告者，按之，则妄也。具疏于朝，由是他郡系者皆得释。历知海、泰、汝、宣四州，以通议大夫致仕。卒，赠宣奉大夫。

路昌衡，字持正，开封祥符人。起进士，至太常博士。参鞫陈世儒狱，逮治苛峻，至士大夫及命妇，皆不免。迁右司员外郎，历江淮发运、陕西转运副使，知广州，徙荆南，又徙潭州，加直龙图阁、知庆州。

绍圣中，召为卫尉、大理卿，迁工部侍郎，俄以宝文阁待制知开封府。李清臣有狂妇人之诉，昌衡致之军辟。出知瀛州，徙永兴军，进直学士、知成都。

徽宗立，应诏上书曰："频年以来，西方用兵，致兴大役，利源害政，佞臣蔽主，四者皆阴之过盛。自陕以西，民力伤残，人不聊生。灾异之变，生于天地之不和，起于人心之怨望。故妖星出见，大河横决，秋雨霖淫，诸路饥馑，殍死道路，妻子弃捐，破析赀储，以应星火之令。勤劳憔悴，多不生还，人心如此，而欲其无怨，难矣。"

俄坐清臣狱事，责司农少卿，分司，居郓州。明年，起为滁州、定州，复直学士、知开封府。乞严告捕虚妄之法，以靖评诉。徙南京留守，又坐前上书事落职，入党籍，卒。宣和五年，赠龙图阁学士。

谢文瓘，字圣藻，陈州人。进士甲科，教授大名府。元丰中，上疏言："臣下推行新法，多失本意，而榜笞禁锢，民受其虐，掊克聚敛，不胜多门。其不急之征，非理之取，宜罢减之。"大臣以为讪朝廷，议置之罪。神宗曰："彼谓奉法者非其人尔，匪讪也。"

哲宗时，御史中丞黄履荐为主簿，三年不诣执政府。召对，除秘书省正字，考功、右司员外郎。绍圣末，都水使者议建广武四埽石岸，朝廷命先治岸数十步，以验其可否。黄流湍悍，役人多死，一方甚病，功不可成，而使者申前说愈力。文瓘条别利害，罢其役。

徽宗立，擢起居舍人、给事中。诏修《神宗宝训》，文瓘请择当时大政事、大黜陟，节其要旨，而为之说以进。然所论率是王安石，谓神宗能察众多之谤，任之而不贰，于是朋党消而威柄立，他皆放此。辽主洪基殂，使往吊之，令从者变服而入，贬秩二等。

崇宁元年，出知濮州。寻治党事，坐元丰上疏及尝诣吕公著书，再谪邵武军，移处州。帝披党籍曰："朕究知文瓘本末。"命出籍，乃以为集英殿修撰、知济州，卒。

子觊，宣和中，为驾部员外郎、知汝州。钦宗时，上封事十篇，论事切至。使于金，还，提点京西北路刑狱。金人犯汝州，觊自襄阳领兵往援之，战死。

陆蕴，字敦信，福州侯官人。少知名，登进士第，为太学《春秋》博士。经废员省，改国朝会要所检阅文字。

崇宁中，提举河北、两浙学事，召对，言："元祐异意俗学，既不为我用，近诏不以使一路，而犹得为守令，臣愚未知其可。"遂拜礼部员外郎，转吏部，迁辟雍司业、太常少卿。议原庙不合，黜知瑞金县。还为太常，进国子祭酒、中书舍人。请葺诸州天庆观，立学事司考课法。迁大司成，擢御史中丞。引门下侍郎余深亲嫌自列，徽宗曰："相避之法，防有司不能尽公尔，侍从吾所信任，岂得下同庶僚乎？"不许。

蕴颇论事，尝言：御笔一日数下，而前后相违，非所以重命令；辅相大臣，宦官戚里，赐第营筑，纵撤民居，县官市材于民，而不予直；贵游子弟以从官领闲局，奉朝请，为员猥多，无益于事；又赐予过制，中外用度多于赋入；数幸私室，乖尊卑之分，亦非臣下之福。其言皆中时病。

以龙图阁待制知福州，改建州。时弟藻由列曹侍郎出为泉州，过蕴，合乐燕欵，闽人以为盛事。加显谟阁直学士，引疾，提举鸿庆宫。方二浙用兵，旁郡皆缮治守备，蕴闻命就道，使者劾为避事，夺职。稍复集英殿修撰，卒。

黄寔，字师是，陈州人。登进士第，历司农主簿，积官提举京西、淮东常平。元丰末，议罢提举官，命未布，寔舅章惇属蔡确徙寔提点开封县镇。迁提点梓州路、两浙刑狱，京东、河北转运副使。

哲宗以寔为监司久，议召用，曾布阴沮之。林希曰："寔两女皆嫁苏轼子，所为不正，不宜用。"乃以知陕州，为江、淮发运副使。贺辽主登位,及境,辽者移牒来,称为贺登宝位使。寔报以受命无"宝"字,拒不受。还除太仆卿,再擢宝文阁待制、知瀛州,徙定州。朝旨籍民兵旁郡,因缘扰困,寔怀檄不下,而画利害请之,事得寝。卒于官,赠龙图阁直学士。

寔孝友敦睦,世称其内行。苏辙在陈与寔游,因结昏,其后又与轼友善。绍圣党祸起,寔以章惇甥故获免,然亦不得久于朝著焉。

姚祐,字伯受,湖州长兴人。元丰末,第进士。徽宗初,除夔州路转运判官。且行,会帝幸禁苑御弓矢,祐奏《圣武临射赋》。帝大悦,留为右正言。历陈绍述之说,迁左司谏。建议置辅郡以拱大畿,进殿中监。六尚局官制成,凡所以享上率属、察举稽违、殿最勤惰之法,皆祐裁定。以亲老请郡,授显谟阁待制、知江宁府。时召捕张怀素,祐追获之,复为殿中监。

逾岁,以直学士知郑州,改秦州。或请调熙河弓箭士徙边,以省更戍。祐谓人情怀土重迁,旸以二年为更发之期,满岁乐业而愿留者,乃听。且请择熙、秦富民分丁授地,蠲役借粮,以劝耕植。益广安之东、西川,建城壁,严保障,以控熙河、泾原。皆从之。复为殿中监,改吏部侍郎,命镇蜀,用母老辞。迁工部尚书,加龙图阁学士,为大名尹,进延康殿学士,复为工部尚书,徙礼部。母丧,除知太原府。

县有小胥造冢逼其先墓者,祐疑为厌己,请解官持服。先是,诏许祐悉买墓旁地,遂并徙他冢,小胥不从,故祐持以为说。言者论其挟仇害吏,乃止。以提举上清宝箓宫卒,赠特进,谥曰文禧。

楼异,字试可,明州奉化人。进士高第,调汾州司理参军,徙永兴虔策幕府,监在京文绣院,知大宗正丞,迁度支员外郎。以养亲求知泗州,复为吏部右司员外郎、左司郎中、太府鸿胪卿,除直秘阁、知秀州。

政和末,知随州,入辞,请于明州置高丽一司,创百舟,应使者之须,以遵元丰旧制。州有广德湖,垦而为田,收其租可以给用。徽宗纳其说。改知明州,赐金紫。出内帑缗钱六万为造舟费;治湖田七百二十顷,岁得谷三万六千。加直龙图阁、秘阁修撰,至徽猷阁待制。郡资湖水灌溉,为利甚广,往者为民包侵,异令尽泄之垦田。自是苦旱,乡人怨之。

在郡五年,既请温之船官自隶以便役,又请越、台之盐以佐费,诏责之曰:"郡自有盐策不能兴,而欲东取诸台,西取诸越,斯乃以邻国为壑也。"睦寇起,善理城戍有绩,进徽猷阁直学士、知平江府,卒。

沈积中,常州人。赐进士出身,为辟雍正、户部员外郎,至秘阁修撰、河北转运使,召拜户部侍郎,进尚书,知河间、真定府。积中本王黼所引拔,黼方图燕地,使觇边隙。中书舍人程振语之曰:"当思异时覆族之祸。"积中感其戒,至镇,以书谢振,盛言其不可,振宣告于朝。已而师败于白沟,童贯还,罢积中提举上清宝箓宫。既得燕山,又命以资政殿学士同知府,未行而卒,或曰为盗所杀,或曰婢杀之,终亦不能明也。贯恶其曩言,追削官职。建炎中,宰相上其书,乃悉复之。

李伯宗,字会之,河阳人。第进士,知内丘、咸阳、太康县。建言:"朝廷行方田均税之法,令以丰岁推行。今州县吏,苟简怀异者指熟为灾,而贪进幸赏者掩灾为熟,望深察其违戾,而置诸罚。"括县壮丁为兵,得千人,上其名数与按阅之法。知枢密院蔡卞喜而荐之,提举京畿保甲,使行其说,增籍二万。已而有诉者,陈牒至八百七十,左迁通判相州、提举白波辇运,提点江、淮坑冶铸钱,入为将作少监。

开封民有粥神祠故帽饰以龙者,吏以为乘舆服御,伯宗曰:"此无他,当坐不应为尔。"尹不从,具以请,如伯宗议。历大理卿,入对言:"今情重法轻者许奏请,而情轻法重者不得焉,恐非仁圣忠恕之意。"徽宗纳之。迁刑部侍郎。与王黼不相能,用胥吏微过罢,提举崇福宫。

明年,知同州,徙陕西都转运使。以通奉大夫、显谟阁待制卒,赠光禄大夫,谥曰荣。

汪澥字仲容,宣州旌德人。少从胡瑗学《易》。又学于王安石,著《三经义传》,澥与其议,又首传其说。熙宁太学成,分录学政。登进士第,调鼎州司理参军、知黟县,入为太学正,累迁国子祭酒,兼定、嘉二王翊善,擢中书舍人,为大司成。议学制不合,以显谟阁待制知婺州,改颍昌,又改陈、寿二州,徙应天府。上章辞行,提举崇福宫。卒,赠宣奉大夫。

澥自布衣录天子学,至为正,为司业、祭酒,迄于司成,官以儒名者三十年,一时人士推之。

何常,字德固,京兆人。中进士第,为开封府兵曹。绍圣初,或言苏轼主文柄,取士之非毁宗庙者,常预其间,出通判原州。历将作丞、陕西转运判官、熙河转运副使。议者欲贷民金帛,而使入粟塞下。常曰:"车牛转输,民力已病,然未至于死亡者,粟自官出,而民无害也。今强以金帛,使自入粟,惧非贫弱之利。"熙帅及监军劾之,贬秩,徙成都路。

中使持御札至,令织戏龙罗二千,绣旗五百。常奏:"旗者,军器之饰,敢不奉诏。戏龙罗唯供御服,日衣一匹,岁不过三百有奇;今乃数倍,无益也。"诏奖其言,为减四之三。

除直龙图阁,加集贤殿修撰,为使徙陕西,以显谟阁待制知秦州,转通议大夫。谍告夏人多筑堡栅,朝议出兵牵制,常言:"羌人生长射猎,今困于版筑,违所长,用所短,可以拱手待其弊,无烦有为也。"从之。

镇秦六岁,察访方邵劾其越法货酒,借米麹于官而毁其历。狱具,责昭化军节度副使。数月,复其官。终右文殿修撰,年七十三。

论曰：西汉之末，士大夫阿谀销偄，遂底于亡。东都诸贤以风节相尚，激成党祸。宋元祐类东都，崇、宣类西汉末世，盖忠鲠获罪，则相习容悦而已。君骄臣谄，此邦之所繇丧也。观沈铢诸人，徒徇时轩轾，不能为有亡，恶足以言士哉！

叶祖洽，字敦礼，邵武人。熙宁初，策试进士，祖洽所对，专取合用事者，考官宋敏求、苏轼欲黜之，吕惠卿擢为第一。签书奉国军判官、判登闻检院，由国子丞知湖州，留为校书郎。

元祐初，历职方、兵部员外郎，加集贤校理，进礼部郎中。给事中赵君锡论其对策讪及宗庙，祖洽自辨，事下从官定议。苏轼、刘攽言："祖洽谓祖宗纪纲法度，因循苟简，愿朝廷与大臣合谋而新之。可以为议论乖谬，若谓之讪则不可。"于是但出提点淮西刑狱。

绍圣中，入为左司郎中、起居郎、中书舍人、给事中。祖洽性狠愎，喜谀附，密言王珪于册立时有异论。哲宗曰："宣仁圣烈，妇人之尧、舜也。其于社稷大计，圣意素定，朕已令作告命，明述此旨。"祖洽复言："若以珪为无迹，则黄履、刘拯相继论之矣，愿稽合群情，决之独断。"珪遂追贬。又言："司马光、吕公著获终牖下，恩礼隆缛；蔡确受遗定策，而贬死岭外，乞恤其孤。"其论率类此。林希荐祖洽，谓其素向正，帝言不可大用，乃已。坐举王回出知济州，徙洪州，以牟利黩货闻。

祖洽与曾布厚，人目为"小训狐"。布用事，欲以吏部侍郎召，韩忠彦不可，白为宝文阁待制、知青州。未赴，布竟引为吏部。布罢，乃出知定州，且行，大言于上，至云："当时蔡确稍失事几，王珪果遂奸谋，则神宗遂失正统，不知今日神器孰归。臣为朝廷社稷明确之功，正珪之罪，劝沮忠邪于千万年，以此报神宗足矣。"徽宗怒其躁妄，降集贤殿修撰、提举冲佑观，自是不复用。久之，知洪州，改亳州，加徽猷阁直学士。政和末，卒。

时彦，字邦美，开封人。举进士第，签书颍昌判官，入为秘书省正字，累至集贤校理。绍圣中，迁右司员外郎。使辽失职，坐废，旋复校理，提点河东刑狱，塞序辰使辽还，又坐前受赐增拜，隐不言，复停官。徽宗立，召为吏部员外郎，擢起居舍人，改太常少卿，以直龙图阁为河东转运使，加集贤殿修撰、知广州。未行，拜吏部侍郎，徙户部，为开封尹。异时都城苦多盗，捕得，则皆亡，卒吏惮于移问，往往略之。彦始请一以公凭为验，否则拘系之以俟报，坊邑少安，狱屡空。数月，迁工部尚书，进吏部，卒。

霍端友，字仁仲，常州武进人。徽宗即位，策进士第一，授宣义郎。不阅月，擢秘书省校书郎，迁著作佐郎、起居郎、中书舍人，服金紫。故事唯服黑犀角带，帝顾见之，曰："给事、舍人等尔，而服饰相绝如是。"始命犀带佩鱼。进给事中、大司成、礼部侍郎。端友言："朝廷尊安，重内轻外。可令内外侍从更出迭入，以奉禁闼，殿大邦，俾

天下之势如持衡，庶无首重尾轻之患。"疏入，即请补郡，乃以显谟阁待制知平江。改陈州，为政以宽闻，不立声威。陈地污下，久雨则积潦，时疏新河八百里，而去淮尚远，水不时泄。端友请益开二百里，彻于淮，自是水患遂去。内侍石熹传诏索瑞香花数十本，端友不可，疏罢之。复以礼部召，转吏部。官至通议大夫。卒，赠宣奉大夫。

俞栗，字祗若，江宁人。崇宁四年，以上舍生赐进士第，签书镇南军判官。未赴，为辟雍博士、秘书省正字、吏部员外郎、起居舍人，兼定、嘉二王记室，擢中书舍人。居三月，进给事中、殿中侍御史。毛注建议罢增石炭场，栗驳其非。除显谟阁待制、知蔡州，明日复留。逾年，竟出为襄州。还，拜给事中，上言："学校，三代之学也。然崇宁四年以前，议者以为是，五年，则非之；大观三年以前，议者以为是，四年，则非之。岂学校固若是哉？观望者无定说尔。必使士有成才，人无异论，事之不美者不出于学校，然后为得。"言颇见行。

蔡京再相，憾向所用士多畔己，叶梦得言栗独否，遂拜御史中丞。陈士风六弊，又发户部尚书刘炳为举子时阴事。京方倚炳为腹心，戾其意，改栗翰林学士。迁兵部尚书，以枢密直学士知开德府。石公弼在襄州，以论衙前事谪言者，谓栗实倡之，罢，提举崇禧观。竟以毁绍圣法度，贬常州团练副使，安置太平州。行未至，复述古殿直学士、知江宁府，卒。

蔡薿，字文饶，开封人。崇宁五年，以诸生试策，揣蔡京且复用，即对曰："熙、丰之德业，足以配天，不幸继之以元祐；绍圣之缵述，足以永赖，不幸继之以靖国。陛下两下求言之诏，冀以闻至言、收实用也。而见于元符之末者，方且幸时变而肆奸言，乘间隙而投异意，诋诬先烈不以为疑，动摇国是不以为惮。愿逆处其未至而绝其原。"于是擢为第一，以所对颁天下，甫解褐，即除秘书省正字，迁起居舍人。未几，为中书舍人。自布衣至侍从，才九月，前所未有也。

旋进给事中。一意附蔡京，叙族属，尊为叔父。京命攸、修等出见，薿亟云："向者大误，公乃叔祖，此诸父行也。"遽列拜之。八宝赦恩，诏两省差择元祐党人，情轻者出籍。薿不肯书，言者论其不能推广上恩，使岁久获罪之人得以洗濯。出知和州。明年，加显谟阁待制、知杭州。

始，薿未第时，以书谒陈瓘，称其谏疏似陆贽，刚方似狄仁杰，明道似韩愈。及对策，所持论顿异，遂欲害瓘以绝口。因其子正汇告蔡京不轨，执送京师。薿复入为给事中，又与宰相何执中谋，使石悈治瓘，几不免，事具《瓘传》。御史毛注言："陛下修善政以应天，斥大奸以定国，而薿巧言惑众，造为衅端。"疏入不报。

范柔中者，顷以上书入邪等，至是进阶。薿言："柔中尝毁神考，哲宗有弗共戴天之雠。自今春党人复官，士论骇愕，有致疑于绍述者。乞削其叙迁，昭示好恶。"从之。张商英作相，常安民与之书，激使为善。薿弟莱剟其

稿示蘩，即论之以摇商英。蘩迁翰林学士，坐妄议政事罢，提举洞霄宫。起知建宁府。

方建神霄宫，蘩先一路奏办，下诏褒奖，召为学士承旨、礼部尚书。尝阴附权幸，事觉，徽宗令入对，将面诘之。逾月不奉诏，帝怒，命黜之。御史言："蘩游太学，则挟诡计以钳诸生；居侍从，则抉私事以胁宰辅；处门下，则借国法以快私忿；为郡守，则妄尊大而蔑监司。召自金陵，偃然以丞辖自处，既升宗伯，乃怀不满之心。宜重置诸罚。"遂贬单州团练副使，房州安置。

宣和中，复龙图阁直学士，再知杭州。为政喜怒徇情，任刑大惨。方腊乱后，西北戍卒代归，人得牺绢，蘩禁民与为市，乃下其直，强取之。卒怒，乘蘩夜饮客，纵火焚州治，须其出救，杀之。蘩知事势汹汹，逾垣走，仅得免。诏夺职罢归。明年，以徽猷阁待制卒。

论曰：自太宗岁设大科，致多士，居首选者蹑取华要，有不十年至宰相，亦多忠亮雅厚，为时名臣。治平更三岁之制，继以王安石改新法，士习始变。哲、徽绍述，尚王氏学，非是无以得高第。叶祖洽首迎合时相意，擢第一，自是靡然，士风大坏，得人亦衰，而上之恩秩亦寝矣。熙宁而后，讫于宣和，首选十八人，唯何栗、马涓与此五人有传，然时彦、端友龊龊，祖洽、俞栗、蔡蘩憸邪小人。繇王氏之学不正，害人心术，横溃烂漫，并邦家而覆之；如是其憯焉，此孟子所以必辩邪说、正人心也。

卷三百五十五
列传第一百一十四

贾易　董敦逸　上官均　来之邵　叶涛　杨畏　崔台符　杨汲　吕嘉问　李南公　董必　虞策　弟奕　郭知章

贾易，字明叔，无为人。七岁而孤。母彭，以纺绩自给，日与易十钱，使从学。易不忍使一钱，每浃旬，辄复归之。年逾冠，中进士甲科，调常州司法参军。自以儒者不闲法令，岁议狱，唯求合于人情，曰："人情所在，法亦在焉。"讫去，郡中称平。

元祐初，为太常丞、兵部员外郎，迁左司谏。论吕陶不争张舜民事，与陶交攻，遂劾吕党附苏轼兄弟，并及文彦博、范纯仁。宣仁后怒其讦，欲谪之，吕公著救之力，出知怀州。御史言其谢表文过，徙广德军。明年，提点江东刑狱，召拜殿中侍御史。遂疏彦博至和建储之议为不然，宣仁后命付史馆，彦博不自安，竟解平章重事而去。苏辙为中丞，易引前嫌求避，改度支员外郎，孙升以为左迁。又改国子司业，不拜，提点淮东刑狱。复入，为侍御史。上书言：

天下大势可畏者五：一曰上下相蒙，而毁誉不得其真。故人主聪明壅蔽，下情不得上达；邪正无别，而君子之道日消，小人之党日进。二曰政事苟且，而官人不任其责。故治道不成，万事隳废，恶吏市奸而自得，良民受弊而无告。愁叹不平之气，充溢宇宙，以干阴阳之和。三曰经费不充，而生财不得其道。故公私困弊，无及时预备之计，衣食之源日蹙；无事之时尚犹有患，不幸仓卒多事，则狼狈穷迫而祸败至矣。四曰人材废阙，而教养不以其方。故士君子无可用之实，而愚不肖充牣于朝；污合苟容之俗滋长，背上欺君之风益扇，士气浸弱，将谁与立太平之基。五曰刑赏失中，而人心不知所向。故以非为是，以黑为白，更相欺惑，以罔其上；爵之以高禄而不加劝，谬之以显罚而不加惧，徼利苟免之奸，冒货犯义之俗，将何所不有。

今二圣焦劳念治，而天下之势乃如此，任事者不可以不忧。是犹寝于积薪之上，火未及然，而自以为安，可不畏乎？

然则欲知毁誉真伪之情，则莫若明目达聪，使下无壅蔽之患。欲官人皆任其责，则莫若询事考言，循名责实。欲生财不逆其道，则莫若敦本业而抑末作，崇俭约而戒奢僭。欲教养必以其方，则莫若广详延之路，厉廉耻之节，使公卿大臣各举所知，召对延问，以观其能否，善者用之，不善者罢之。欲人心皆知所向，则莫若赏以劝善，刑以惩恶，不以亲疏贵贱为之轻重。则民志一定，而放僻邪侈不为矣。

其言虽颇切直，然皆老生常谈，志于抵厄时事，无他奇画。苏轼守杭，诉浙西灾潦甚苦。易率其僚杨畏、安鼎论轼姑息邀誉，眩惑朝听，乞加考实。诏下，给事中范祖禹封还之，以谓正宜阔略不问，以活百姓。易遂言："轼顷在扬州题诗，以奉先帝遗诏为'闻好语'；草《吕大防制》云'民亦劳止'，引周厉王诗以比熙宁、元丰之政。弟辙备应制科试，文缪不应格，幸而滥进，与轼昔皆诽怨先帝，无人臣礼。至指李林甫、杨国忠为喻。"议者由是薄易，出知宣州。除京西转运副使，徙苏州、徐州，加直秘阁。元符中，累谪保静军行军司马，邵州安置。

徽宗立，召为太常少卿，进右谏议大夫。陈次升论其为曾布客，改权刑部侍郎，历工部、吏部，未满岁为真。以宝文阁待制知邓州，寻入党籍。卒，年七十三。

董敦逸，字梦授，吉州永丰人。登进士第，调连州司理参军、知穰县。时方兴水利，提举官调民凿马渡港，云可灌田二百顷，敦逸言于朝，以为利不补害，核实如敦逸言。免役夫十六万，全旧田三千六百顷。徙知弋阳县，宝丰铜冶役卒多困于诱略，有致死者，敦逸推见本末，纵还乡者数百人。稍迁梓州路转运判官。

元祐六年，召为监察御史，同御史黄庆基言："苏轼昔为中书舍人，制诰中指斥先帝事，其弟辙相为表里，以紊朝政。"宰相吕大防奏曰："敦逸、庆基言轼所撰制词，以为谤毁先帝。臣窃观先帝圣意，本欲富国强兵，鞭挞不庭，一时群臣将顺太过，故事或失当。及太皇太后与皇帝临御，因民所欲，随事救改，盖事理当然尔。昔汉武帝好用兵，重敛伤民，昭帝嗣位，博采众议，多行寝罢，明帝尚察，屡兴惨狱，章帝改之以宽厚，天下悦服，未有以为谤毁先帝者也。至如本朝真宗即位，弛放逋欠以厚民财；仁宗即位，罢修宫观以息民力。凡此皆因时施宜，以补助先朝阙政，亦未闻当时士大夫有以为谤毁先帝者也。比惟元祐以来，言事官用此以中伤士人，兼欲动摇朝廷，意极不善。"辙复奏曰："臣昨日取兄轼所撰《吕惠卿告》观之，其言及先帝者，有曰：'始以帝尧之仁，姑试伯鲧；终然孔子之圣，不信宰予。'兄轼亦岂是谤毁先帝者邪？臣闻先帝末年，亦自深悔已行之事，但未暇改尔。元祐改更，盖追述先帝美意而已。"宣仁后曰："先帝追悔往事，至于泣下。"大防曰："先帝一时过举，非其本意。"宣仁后曰："皇帝宜深知。"于是敦逸、庆基并罢。敦逸出为湖北运判，改知临江军。

绍圣初，轼、辙失位，刘拯讼敦逸无罪。哲宗记其人，曰："非前日白须御史乎？"复除监察御史。论常安民为二苏之党，凡论议主元祐者，斥去之。改工部员外郎，迁殿中侍御史、左司谏、侍御史，入谢曰："臣再言言路，第恐挤逐，不能久奉弹纠之责。"哲宗曰："卿能言，无患朕之不能听；卿言而信，无患朕之不能行也。"

瑶华秘狱成，诏诣掖庭录问。敦逸察知冤状，握笔弗忍书，郝随从旁胁之，乃不敢异。狱既上，于心终不安。几两旬，竟上疏，其略云："瑶华之废，事有所因，情有可察。诏下之日，天为之阴翳，是天不欲废之也；人为之流涕，是人不欲废之也。臣尝阅录其狱，恐得罪天下。"哲宗读之怒，蔡卞欲加重贬，章惇、曾布以为不可，曰："陛下本以皇城狱出于近习，故使台端录问，冀以取信中外。今谪敦逸，何以解天下后世之谤。"哲宗意解而止。明年，用他事出知兴国军，徙江州。

徽宗即位，加直龙图阁、知荆南，召入，为左谏议大夫，敦逸极言蔡京、蔡卞过恶。迁户部侍郎。卒，年六十九。

上官均，字彦衡，邵武人。神宗熙宁亲策进士，擢第二，为北京留守推官、国子直讲。元丰中，蔡确荐为监察御史里行。时相州富人子杀人，诇狱为审刑、大理所疑，京师流言法官窦莘等受赇。蔡确引猜险吏数十人，穷治莘等惨酷，无敢明其冤。均上疏言之，乞以狱事诏臣参治，坐是，谪知光泽县。莘等卒无罪，天下服其持平。有巫托神能祸福人，致赀甚富，均焚像杖巫，出诸境。还，监都进奏院。

哲宗即位，擢开封府推官。元祐初，复为监察御史。议者请兼用诗赋取士，宰相遂欲废经义。均言："经术以理为主，而所根者本也；诗赋以文为工，而所逐者末也。今不计本末，而欲袭诗赋之敝，未见其不得也。"自熙宁以来，京师百司有谒禁。均言："以诚待人，则人思竭忠；以疑遇物，则人思苟免。愿除开封、大理外，余皆释禁，以明洞达不疑之意。"遂论青苗，以为有惠民之名而无惠民之实，有目前之利而为终岁之患，愿罢之而复为常平籴粜之法。又言官冗之弊，请罢粟补吏，减任子员，节特奏名之滥，增摄官之举数，抑胥史之幸进，以清入仕之源。

诏有司议，久之不能有所省。复疏言："今会议之臣，畏世俗之讥评，不计朝廷之利害，闵鄙毳之不进，不思才者之闲滞，非策之善也。"因请对，力陈之，宣仁后曰："当从我家始。"乃自后属而下至大夫，悉裁其数。

又言："治天下道二，宽与猛而已。宽过则缓而伤义，猛过则急而伤恩。术虽不同，其蠹政害民，一也。间者，监司务为惨核，郡县望风趣办，不暇以便民为意。陛下临御，务从宽大，为吏者又复苟简纵弛，猛宽二者胥失。愿明诏四方，使之宽不纵恶，猛不伤惠，以起中和之风。"诏下其章。

蔡确弟硕盗贷官钱以万计，狱既上，均论确为宰相，挟邪挠法，当显正其罪，以厉百官。张璪、李清臣执政，与正人异趣，相继击去之。监察御史张舜民论边事，因及宰相文彦博，舜民左迁。均言："风宪之任许风闻，所以广耳目也。舜民之言是，当行之；其言非，当容之。愿复舜民职。"不从。台谏约再论，均谓事小不当再论，王岩叟遂劾均反覆，岩叟移官。均迁殿中侍御史，内不自安，引义丐去，改礼部员外郎。居三年，复为殿中侍御史。

西夏自永乐之战，怙胜气骄，欲复故地。朝廷用赵离计，弃四砦，至是，又请兰州为砦地。均上疏曰："先王之御外国，知威之不可独立，故假惠以济威，知惠之不可独行，故须威以行惠，然后外国且怀且畏，无怨望轻侮之心。今西夏所争兰州砦地，皆控扼要路，若轻以予之，恐夏人捣虚，熙河数郡，孤立难守。若继请熙河故地，将何辞以拒之？是傅虎以翼，借寇以兵，不惟无益，祗足为患。不如治兵积谷，画地而守，使夏人晓然知朝廷意也。"

时傅尧俞为中书侍郎，许将为右丞，韩忠彦为同知枢密院。三人者，论事多同异，俱求罢。均言："大臣之任同国休戚，庙堂之上当务协谐，使中外之人，泯然不知有同异之迹。若悻悻然辨论，不顾事体，何以观视百僚。尧俞等虽有辨论之失，然事皆缘公，无显恶大过，望令就职。"诏从之。御史中丞苏辙等尚以为言，均上疏曰："进退大臣当，则天下服陛下之明，而大臣得以安其位。进退不当，则累陛下之哲，而言者自此得以朋党，合谋并力，以倾摇大臣。天下之事，以是非为主。所论若当，虽异，不害其为善；所论若非，虽同，未免为不善。今尧俞等但不能协和，实无大过。苏辙乃以许将当时已定议，既而背同列之议，独上论奏。臣以为善则顺之，恶则正之，岂在每事唯命，遂非不改，然后为忠邪？将舍同列之议，上奉圣旨，是能将顺其美，不当反以为过恶也。若使不忠，虽与同列协和，是乃奸臣尔，非朝廷之利也。"将罢，均又言："吕大防坚强自任，每有差除，同列不敢异，唯许将时有异同。辙素与大防善，尽力排将，期于必胜。臣恐纲纪法令，自此败坏矣。"因论："御史，耳目之任；中丞，风宪之长。辙当公是公非，别白善恶，而不当妄言也。"遂乞罢，出知广德军，改提点河北东路刑狱。

绍圣初，召拜左正言。时大防、辙已罢政，均论大防、辙六罪，并再黜大防，史祸由此起。又奏罢诗赋，专以经术取士。宰相章惇欲更政事，专黜陟之柄，阴去异己，出吏部尚书彭汝砺知成都府，召朱服为中书舍人。均言汝砺不可出，服不可用。惇怒，迁均为工部员外郎。寻提点京东、淮东刑狱，历梓州淮南转运副使、知越州。

徽宗立，入为秘书少监，迁起居郎，拜中书舍人、同修国史兼《哲宗实录》修撰，迁给事中。太学生张寅亮应诏论事，得罪屏斥，均言："寅亮虽不识忌讳，然志非怀邪。陛下既招其来，又罪其言，恐沮多士之气。"寅亮得免。时宰相欲尽循熙、丰法度为绍述以风均，均曰："法度惟是之从，无彼此之辨。"由是不协，以龙图阁待制知永兴军，徙襄州。崇宁初，与元祐党籍，夺职，主管崇禧观。政和中，复集贤院修撰、提举洞霄宫。久之，复龙图阁待制，致仕。卒，年七十八。

来之邵，字祖德，开封咸平人。登进士第，由潞州司理参军为刑部详断官。元丰中，改大理评事，御史中丞黄履荐为监察御史。未几，买倡家女为妾，履劾其污行，左迁将作丞。

哲宗即位，为太府丞、提举秦凤常平、利州成都路转运判官，入为开封府推官，复拜监察御史，迁殿中侍御史。之邵资性奸谲，与杨畏合攻苏颂，论颂稽留贾易知苏州之命。又论梁焘缘刘挚亲党，致位丞弼。又论范纯仁不可复相，乞进用章惇、安焘、吕惠卿。绍圣初，国事丕变，之邵逆探时指，先劾吕大防。惇既相，擢为侍御史。王安石配食神宗，之邵又请加美谥。疏："司马光等畔道逆理，典刑未正，鬼得而诛。独刘挚尚存，实天以遗陛下。"其阿恣无忌惮如此。

进刑部侍郎。阳翟民盖渐以讼至有司，之邵二子皆娶盖氏，诬渐非盖氏子，以规其赀。谏官张商英论之，以直龙图阁出知蔡州。卒，年四十八。蔡京为相，特赠太中大夫。

叶涛，字致远，处州龙泉人。进士乙科，为国子直讲。虞蕃讼起，涛坐受诸生茶纸免官。涛，王氏婿也，即往从安石于金陵，学为文词。哲宗立，上章自理，得太学正，迁博士。绍圣初，为秘书省正字，编修《神宗史》，进校书郎。曾布荐为起居舍人，擢中书舍人。司马光、吕公著、王岩叟追贬，吕大防、刘挚、苏辙、梁焘、范纯仁责官，皆涛为制词，文极丑诋。安焘降学士，涛封还命书，云："焘在元祐时，尝诋文彦博弃熙河，全先帝万世之功，不宜加罪。"蔡京劾为党，罢知光州。又以诉庳有过，为范镗所论，连三黜。曾布引为给事中，居数月而病，以龙阁阁待制提举崇禧观，卒。

杨畏，字子安，其先遂宁人，父徙洛阳。畏幼孤好学，事母孝，不事科举。党友交劝之，乃擢进士第。调成纪主簿，不之官，刻志经术，以所著书谒王安石、吕惠卿，为郓州教授。自是尊安石之学，以为得圣人之意。除西京国子监教授，舒亶荐为监察御史里行。时有御史中丞出为郡守，监司荐之，畏言："侍从贤否，上所素知，监司乃敢妄荐，盖为异日地尔，乞戒其观望。"舒亶有盗学士院厨钱罪，为王安礼所白，畏抗章辨论，以为可谓之失，未可谓之故。亶罢，畏坐左转宗正丞，出提点夔州路刑狱。

元祐初，请祠归洛。畏恐得罪于司马光，尝曰："畏官夔峡，虽深山群獠，闻用司马光，皆相贺，其盛德如此。"至光卒，畏复曰："司马光若知道，便是皋、夔、稷、契；以不知道，故于政事未尽也。"吕大防、刘挚为相，俱与畏善，用畏为工部员外郎，除监察御史，擢殿中侍御史。畏助大防攻挚十事，并言梁焘、王岩叟、刘安世、朱光庭皆其死党，必与为地。既而焘等果救挚，皆不纳。挚罢，苏颂为相，畏复颂颂，以留贾易除书为颂罪。颂罢，畏意欲苏辙为相。宣仁后外召范纯仁为右仆射，畏又攻纯仁，不报。畏本附辙，知辙不相，复上疏诋辙不可用。其倾危反覆如此，百僚莫不侧目。

迁侍御史，畏言事之未治有四：曰边疆，曰河事，曰役法，曰内外官政。时有旨令两省官举台官，畏言："御史与宰执，最为相关之地。宰执既不自差，使其属举之，可乎？"太常博士朱彦以议皇地示祭不同，自列乞罢。畏言："彦据经论理，若彦罢出，恐自是人务观望，不敢以守官为义。"

宣仁后崩，吕大防欲用畏谏议大夫，范纯仁以畏非端士，不可，大防乃迁畏礼部侍郎。及大防为宣仁后山陵使，畏首背大防，称述熙宁、元丰政事与王安石学术，哲宗信之，遂荐章惇、吕惠卿可大任。廷试进士，李清臣发策有绍述意，考官第主元祐者居上，畏复考，悉下之，拔毕渐以为第一。

惇入相，畏遣所亲阴结之，曰："畏前日度势力之轻重，遂因吕大防、苏辙以逐刘挚、梁焘。方欲逐吕、苏，二人觉，罢畏言职。畏迹在元祐，心在熙宁，首为相公开路者也。"惇至，徙畏吏部，引以自助。中书侍郎李清臣、知枢密院安焘与惇不合，畏复阴附安、李，惇觉其情；又曾布、蔡卞言畏平日所为于惇，遂以宝文阁待制出知真定府。天下于是目为"杨三变"，谓其进于元丰，显于元祐，迁于绍圣也。

寻落职知虢州，入元祐党。后知郢州，复集贤殿修撰、知襄州，移荆南，提举洞霄宫，居于洛。未几，知邓州，再丐祠，以言者论列落职，主管崇禧观。

蔡京为相，畏遣子侄见京，以元祐末论苏辙不可大用等章自明，又因京党河南尹薛昂致言于京，遂出党籍。寻复宝文阁待制。政和二年，洛人诣阙，请封禅嵩山，畏上疏累千余言，极其谀佞。方治行，得疾卒，年六十九。

畏颇为纵横学，有才辩而多捭阖，与邢恕缔交，其好功名富贵亦同。然恕疏而多失，畏谋必中，其究俱为搢绅祸云。

论曰：贾易初以刚直名，观其再劾文彦博、范纯仁，而斥苏轼、苏辙尤甚，何以刚直为哉？董敦逸于元祐末与黄庆基诬二苏，以开绍圣之祸，及绍圣则肆诋元祐诸臣，甚至瑶华之冤不能持正，虽终悔而谏，亦何及焉。及见蔡京、蔡卞稔恶，乃论其过恶以自文，杯水不足以救车薪之火也。上官均谏切中时事，及不从绍述之议，其为人若可观，然论吕大防、苏辙，以之再黜，是亦助绍述者也。杨畏倾危反覆，周流不穷，虽仪、秦纵横，无以尚之，岂徒有三变而已。至于倡绍述以取信哲宗，又谓王安石之学有圣人意，可谓小人无忌惮也哉。来之邵尽击时贤而进章惇、安焘、吕惠卿，又请加美谥于安石，其流恶不已，乃诬人非其子而欲掩其贤，亦何所不至焉。叶涛在太学，已著污迹，擢之后，诏安石而从之学，后得曾布之荐，凡元祐名贤贬责制辞，肆笔丑诋，虽有善犹不能自涤，况无可述者乎！

崔台符，字平叔，蒲阴人。中明法科，为大理详断官，校试殿帷，仁宗赐以"尽美"二字。熙宁中，文彦博荐为群牧判官，除河北监牧使，入判大理寺。初，王安石定按问欲举法，举朝以为非，台符独举手加额曰："数百年误用刑名，今乃得正。"安石喜其附己，故用之。历知审刑院，判少府监。复置大理狱，拜右谏议大夫，为大理卿。时中官石得一以皇城侦逻为狱，台符与少卿杨汲辄迎伺其意，所在以锻炼笞掠成之，都人慴栗，至不敢偶语。数年间，丽文法者且万人。官制行，迁刑部侍郎，官至光禄大夫。元祐初，御史林旦、上官均发其恶，出知潞州，又贬秩徙相州。后兼监牧使。卒，年六十四。

旧制，武臣至内殿崇班，始荫其族。台符言："文吏州判司犹许用荫，武臣五岁一迁，自借职四十年乃得通朝籍，轻重不相准。请自供奉官即用荫。"从之。尝使辽，至其朝，久立帐前，傧者不赞导。问其故，曰："太子未至。"台符诮之曰："安有君父临轩而臣子偃蹇不至，久立使者礼乎？"傧者惧，赞导如仪。

杨汲，字潜古，泉州晋江人。登进士第，调赵州司法参军。州民曹浔者，兄遇之不善，兄子亦加侮焉。浔持刀逐兄子，兄挟之以走，浔曰："兄勿避，自为侄尔。"既就吏，兄子云："叔欲给吾父，止而杀之。"吏当浔谋杀兄，汲曰："浔呼兄使勿避，何谓谋。若以意为狱，民无所措手足矣。"州用其言，谳上，浔得不死。

主管开封府界常平，权都水丞，与侯叔献行汴水淤田法，遂酾汴流涨潦以溉西部，瘠土皆为良田。神宗嘉之，赐以所淤田千亩。提点淮西刑狱，提举西路常平，修古芍陂，引汉泉灌田万顷。召判都水监，为大理卿，迁刑部、户部侍郎。元祐初，以宝文阁待制知庐州。崔台符被劾，汲亦落职知黄州，历徐、襄、越州。绍圣中，复为户部侍郎，卒。

吕嘉问，字望之，以荫入官。熙宁初，条例司引以为属，权户部判官，管诸司库务，行连灶法于酒坊，岁省薪钱十六万缗。王安石用魏继宗议，即京城置市易务，命嘉问提举。上建事十三，其一欲于律外禁兼并之家辄取利，神宗去之，安石执不可。居二年，连以羡课受赏。神宗闻其扰民，语安石。安石曰："嘉问奉法不公，以是媒怨。"神宗曰："免行钱所收细琐，市易驵及果实，大伤国体。"安石伪辨自解，至讥神宗为丛脞，不知帝王大略，且曰："非嘉问，孰敢不避左右近习？非臣，孰为嘉问辨？"

神宗曰："即如是，士大夫何故以为不便？"安石请言者姓名，令嘉问条析。

七年，旱，帝忧心恻怛，语韩维、孙永集市人问之，减坐贾钱千万。安石遂持嘉问条析奏曰："此皆百姓所愿，不如人言也。"嘉问言："朝廷所以许民输钱免行者，盖人情安于乐业，厌于追扰，若一切罢去，则无人祗承。又吏胥禄廪薄，势不得不求于民，非重法莫禁。以薄廪申重法，则法有时而不行。县官与给事，则三司经费有限，今取民于鲜，而吏知自重，此臣等推行之本意也。议者乃欲除去，是殆不然。民未尝不畏吏，方其以行役触罪，虽欲出钱，亦不可得。今吏禄可谓厚矣，然未及昔日取民所得之半，市易所收免行钱，亦未足以偿仓法所增之禄，以此推穷，则利害立见矣。"

初，市易隶三司，嘉问恃势陵使薛向，出其上。曾布代向，不能不平。会神宗出手札询布，布访于魏继宗，继宗愤嘉问掠其功，列其与初议异者。布得实，具上嘉问多收息干赏，挟官府而为兼并之事。神宗将委布考之，安石言二人有私怨，于是诏布与吕惠卿同治。惠卿故憾布，至三司，召继宗及市贾问状，其辞同，乃胁继宗使诬布语言增加，继宗不从。布言惠卿不可共事，神宗欲听之，安石不可。神宗遂诏中书："朝廷设市易，本为平准以便民，若《周官》泉府者。今顾使中人之家失业，宜厘定其制。"布见神宗曰："臣每闻德音，欲以王道治天下，今所为驵骏乎间架、除陌矣。嘉问又言贩盐鬻帛，岂不诒四方笑？"神宗额之。事未决，安石去位，嘉问持之以泣，安石劳之曰："吾已荐惠卿矣。"惠卿既执政，前狱遂成，布得罪，嘉问亦出知常州。

明年，安石复相，召检正中书户房。安石罢，以知江宁府。岁余，转运使何琬劾嘉问营缮越法，徙润州，复坐免。久之，入为吏部郎中、光禄卿。言者交论市易之患，被于天下。本钱无虑千二百万缗，率二分其息，十有五年之间，子本当数倍，今乃仅足本钱。盖买物入官，未转售而先计息取赏；至于物货苦恶，上下相蒙，亏折日多，空有虚名而已。于是削嘉问三秩，黜知淮阳军，悉罪前被赏者。

绍圣中，擢宝文阁待制、户部侍郎，加直学士、知开封府。专附章惇、蔡卞，多杀不辜，焚去案牍以灭口。尝荐邹浩，浩南迁，坐罢知怀州。徽宗时，屡暴其宿恶，至分司南京，光州居住，郢州安置。然为蔡氏所庇，其婿刘逵蹇序辰、其死友邓洵武羽翼之，故不久辄起。以龙图阁学士、太中大夫卒，年七十七，赠资政殿学士。

初，嘉问窃从祖公弼论新法奏稿，以示王安石，公弼以是斥于外，吕氏号为"家贼"，故不得与吕氏同传。

李南公，字楚老，郑州人。进士及第，调浦江令。郡猾吏恃守以陵县，不输负租，南公捕系之。守怒，通判为谢曰："能按郡吏，健令也。"卒置诸法。知长沙县，有釐妇携儿以嫁，七年，儿族取儿，妇谓非前子，讼于官。南公问儿年，族曰九岁，妇曰七岁。问其齿，曰："去年毁矣。"南公曰："男八岁而龀，尚何争？"命归儿族。熙宁中，提举京西常平、提点陕西河北刑狱、京西转运副使，入为屯田员外郎。南公有女皆适人，而同产女弟年三十不嫁，寄他妹家，为御史所论，罢主管崇福宫。

为河北转运副使。先是，知澶州王令图请开迎阳埽旧河，于孙村置约回水东注，南公与范子奇以为可行，且欲于大吴北进锯牙约河势归故道。朝廷命使者行视，两人复以前议为非，云："迎阳下瞰京师，孙村水势不便。"又为御史所论，诏罚金。

加直秘阁、知延安府。夏人犯泾原，南公出师捣其虚，夏人解去。进直龙图阁，擢宝文阁待制、知瀛州，拜户部吏部侍郎、户部尚书。历知永兴军、成都、真定、河南府、郑州，擢龙图阁直学士。

初，哲宗主入庙，南公修奉，希执政指，请祔东夹室，礼官争之不得。及更建庙室，坐前议弗当，夺学士，未几，复之，遂致仕。卒，年八十三。

南公为吏六十年，干局明锐，然反覆诡随，无特操，识者非之。子谠。

谠字智甫。第进士。绍圣间，知章丘县。陕西麦熟，朝廷议遣诣诸州，令民平偿逋负，谠与余景在选中。将赐对，曾布言于哲宗曰："丰凶未可知，谠、景皆刻薄，必因此暴敛，为民之忧。陛下临政以来，延见人士未多，如两人者，惧不足以辱大对。"乃喻使戒饬。使还，为河东转运判官，徙陕西。进筑京师，讫役，除秘阁校理。以母忧去。

方建永泰陵，起使京西。谏官任伯雨言："祖宗之世，朝廷有大事，边鄙有兵革，将相大臣召为侍从，乃不得已夺情。今山陵事人皆可办，何至以一谠襄事体哉？"命遂格。终制，以直龙图阁知熙州。蔡京使王厚复河湟，谠与之异，召为光禄卿。厚奏功，罢谠守虢。坐尝言招纳未便，停官。

后数年，为陕西转运使。京兆麦价踊贵，谠与府县议从民和市，民弗肯损价。谠移府勒上户闭籴，府帅徐处仁不听，且责之。谠怒，上章言处仁沮格诏令，陵毁使者。诏黜处仁，而擢谠显谟阁待制，代其任。鄜延帅钱昂奏："处仁本以官籴麦损价，与谠争，乃为民久长之论，不当黜。"诏以昂违道干誉，谪永兴。伪为蟾芝以献，徽宗疑曰："蟾，动物也，安得生芝？"命渍盆水，一夕而解。坐罔上，贬散官安置，三年复之。历数郡，卒。

董必，字子强，宣州南陵人。尝谒王安石于金陵，咨质诸经疑义，为安石称许。登进士第。绍圣中，提举湖南常平。时相章惇方置众君子于罪。孔平仲在衡州，以仓粟腐恶，乘饥岁，稍损价发。必即劾其戾常平法，置鞫长沙，以承惇意，无辜讯多死者。平仲坐徙韶州。

惇与蔡卞将大诛流人，遣吕升卿往广东，必往广西察访。哲宗既止不治，然必所至，犹以惨刻按胁立威，为五书归奏。除工部员外郎，中书舍人郭知章封还其命；诏以付赵挺之，权给事中陈次升复封驳不下。必于是讼知章、次升为元祐党人。坐不当讼言者，出知江州，改湖南转运判官、提点河北刑狱，召为左司员外郎。

初，舒亶守荆南，起边事，一切诈诞，云徭人款附，实亦不然，必盖与之谋。及是，亶暴卒，加必直龙图阁往代。乃城通道等六砦，置靖州折博市易，且移飞山营戍。公私烦费，荆人病之。进集贤殿修撰、显谟阁待制。卒，年五十六，赠龙图阁待制。

虞策，字经臣，杭州钱塘人。登进士第，调台州推官、知乌程县、通判蕲州。蒋之奇以江、淮发运上计，神宗访东南人才，以策对。王安礼、李常继荐之，擢提举利州路常平、湖南转运判官。

元祐五年，召为监察御史，进右正言。数上书论事，谓人主纳谏乃有福，治道以清静为本。西夏未顺命，策言："今边备解弛，戎备不修。古之人，善镇静者警备甚密，务持重者谋在其中，未有卤莽阔疏，而曰吾镇静、吾持重者。"又乞诏内而省曹、寺监，外而监司、守令，各得以其职陈朝政阙失、百姓疾苦。星文有变，乞顺天爱民，警戒万事，思治心修身之道，勿以宴安为乐。哲宗纳后，上《正始要言》。迁左司谏。

曾肇以议北郊事，与朝论不合，免礼部侍郎，为徐州。策时权给事中，还其命，以为肇礼官也，不当以议礼得罪。不从。帝亲政，条所当先者五十六事，后多施行。迁侍御史、起居郎、给事中，以龙图阁待制知青州，改杭州。过阙，留为户部侍郎。历刑部、户部尚书，拜枢密直学士，知永兴军、成都府。

入为吏部尚书，奏疏徽宗，请均节财用，曰："臣比在户部，见中都经费岁六百万，与天下上供之数略相当。尝以祖宗故实考之，皇祐所入总三千九百万，而费才三之一；治平四千四百万，而费五之一；熙宁五千六十万，而费尽之。今诸道随一月所须，旋为衰会，汲汲然不能终日。愿深裁浮冗，以宽用度。"属疾祈外，加龙图阁学士、知润州，卒于道，年六十六。赠左正议大夫。

策在元祐、绍圣时，皆居言职。虽不依人取进，亦颇持两端，故党议之兴，已独得免。弟奕。

奕字纯臣。第进士。崇宁，提举河北西路常平，洺、相饥，徙之东路。入对，徽宗问行期，对曰："臣退即行，流民不以时还，则来岁耕桑皆废矣。"帝悦。既而西部盗起，复徙提点刑狱。时朝廷将遣兵逐捕，奕条上方略，请罢勿用，而自计讨贼，不阅月可定。转运使张抟以为不可，宰相主抟策，数月不效，卒用奕议，悉降之。擢监察御史。亲祭北郊，燕人赵良嗣为秘书丞侍祠，奕白其长曰："今亲卫不用三路人，而良嗣以外国降子，顾得预祠事，可乎？"长用其言，具以请，不报。

阳武民佣于富家，其室美，富子欲私之，弗得，怒杀之，而赂其夫使勿言。事觉，府县及大理鬻狱，奕受诏鞫讯，皆伏辜。坐漏泄语言罢去。再逾年，还故职，提点河北刑狱。自何承矩创边地为塘泺，有定界。既中贵人典领，以屯田开拓为功，肆侵民田，民上诉，屡出使者按治，皆不敢与直。奕曲折上之，疏其五不可，诏罢屯田。加直秘阁、淮南转运副使。

入为开封少尹。故时大理、开封治狱，得请实蔽罪，其后率任情弃法，法益不用。奕言："廷尉持天下平，京师诸夏本，法且不行，何以示万国。请自今非情法实不相当，毋得辄请。"从之。迁光禄卿、户部侍郎。睦州乱，以龙图阁直学士知镇江府。寇平，论劳增两秩。还为户部。内侍总领内藏，予夺颛己，视户部如僚属。度支郎方讨理滞，奉中旨，令开封尹与总领者来。奕白宰相曰："计臣不才，当去之而易能者，不可使他人侵其官。"即自劾不称职。诏为罢内侍，而徙奕工部。

袭庆守张漎使郡人诣阙请登封，东平守王靓谏以京东岁凶多盗，不当请封。为政者不悦，将罪靓，奕言："靓忧民爱君，所当奖激，奈何用为罪乎？"靓获免。未几卒，年六十，赠龙图阁学士。

郭知章，字明叔，吉州龙泉人。第进士，从刘彝广西幕府，知浮梁、分宁县。黄履荐为御史，以忧不克拜，知海州、濮州，提点梓州路刑狱。复以郑雍、顾临荐，为监察御史。

哲宗亲政，上书请用淳化、天禧诏增谏官员，曰："馆职无所用，朝廷设之不疑；谏官最急，乃常不足。是急于所无用，缓其所当急也。"又比岁选授监司，多繇寺监丞，不过知县资序。外官莫重于部使者，岂宜轻用若是？宜稍限以节。如转运判官择实任通判者，提点刑狱择实任郡守者，然后考其治理，简拔用之。"又言："自大河东、北分流，生灵被害。今水之趋东者已不可遏，顺而导之，闭北而行东，其利百倍矣。"

迁殿中侍御史。言："先帝辟地进壤，建策四砦，据高临下，扼西戎咽喉。元祐用事者委而弃之，愿讨赜议奏，显行黜罚。"史院究《神宗实录》诬罔事，知章请贬治吕大防等。绍圣复制科，知章校试，言："先朝既策进士，即废此科，近年复置，诚无所补。"遂复罢。又请复元丰役法，大抵迎合时好。

进左司员外郎，改左司谏。尝言："爵禄庆赏，以劝天下之善，愿无以假借大臣，使行私恩；刑罚诛戮，以惩天下之恶，愿无以假借大臣，使快私忿。忠于陛下者，必见忌大臣；党于大臣者，必上负陛下。惟明主财察。"权工部侍郎，为中书舍人。

辽使萧德崇来为夏请还河西地，命知章报聘。德崇曰："两朝久通好，小国蕞尔疆土，还之可乎？"知章曰："夏人累犯边，法当致讨，以北朝劝和之故，务为优容。彼若恭顺如初，当自有恩旨，非使人所能预知也。"归未至，坐尝主导河东流议，以集贤殿修撰知和州。

徽宗立，曾布用为工部侍郎，加宝文阁直学士、知太原府。召拜刑部尚书、知开封府，为翰林学士。言者又论河事，罢知邓州，旋入党籍。数年，复显谟阁直学士。政和初，卒。

论曰：神宗好大喜功之资，王安石、吕惠卿出而与之遇合，流毒不能止也。哲、徽之世，一变而为蔡确、章惇、曾布，又变而为蔡京、蔡卞，日有甚之，而天下亡矣。乘时起而附之者甚众，若崔台符、杨汲以狱杀民；吕嘉问以均输困民；董必肆酷，欲害流人以取悦；李南公以反覆诡随；虞策以心持两端；郭知章迎合时好，且发实录之诬。观诸人所学与其从政，已多可尚，何乐而为此恶哉？不过视一时君相之好尚，将以取富贵而已。设使神宗如仁宗之治，哲、徽承之，必无绍述之祸，虽安石辈亦将有所薰陶，而未必肆其情以至是，况此诸人乎？世道污隆，士习升降，系于人主一念虑之趣向，可不戒哉！可不惧哉！

卷三百五十六
列传第一百一十五

刘拯　钱遹 石豫　左肤附　许敦仁　吴执中
吴材　刘昺　宋乔年 子昇　强渊明　蔡居厚
刘嗣明　蒋静　贾伟节　崔鶠　张根 弟模
任谅　周常

刘拯，字彦修，宣州南陵人。进士及第。知常熟县，有善政，县人称之。元丰中，为监察御史，历江东淮西转运判官、提点广西刑狱。

绍圣初，复为御史，言："元祐修先帝实录，以司马光、苏轼之门人范祖禹、黄庭坚、秦观为之，窜易增减，诬毁先烈，愿明正国典。"又言："苏轼贪鄙狂悖，无事君之义，尝议罪抵死，先帝赦之，敢以怨忿形于诏诰，丑诋厚诬。策试馆职，至及王莽、曹操之事，方异意之臣，分据要略，而轼问及此，传之四方，忠义之士，为之寒心扼腕。愿正其罪，以示天下。"时祖禹等已贬，轼谪英州，而拯犹鸷视不惬也。进右正言，累至给事中。

徽宗立，钦圣后临朝，而钦慈后葬，大臣欲用妃礼。拯曰："母以子贵，子为天子，则母乃后也，当改园陵为山陵。"又言："门下侍郎韩忠彦，虽以德选，然不可启贵戚预政之渐。"帝疑其阿私观望，黜知濠州。改广州，加宝文阁待制，以吏部侍郎召还。帝称其议钦慈事，褒进两秩，迁户部尚书。

蔡京编次元祐奸党，拯言："汉、唐失政，皆分朋党，今日指前人为党，安知后人不以今人为党乎？不若定为三等，某事为上，某事为中，某事为下，而不斥其名氏。"京不乐。又言户部月赋入不足偿所出。京益怒，徙之兵部。旋罢知蕲州，徙润州。

张商英入相，召为吏部尚书。拯已昏愦，吏乘为奸，又左转工部，以枢密直学士知同州。时商英去位，侍御史洪彦升并劾，削职，提举鸿庆宫，卒。

钱遹，字德循，婺州浦江人。以进士甲科调洪州推官，累通判越州。至校书郎。徽宗立，擢殿中侍御史。中丞丰稷论其回邪不可任风宪，不报。稷复言"必用遹则愿罢臣"，乃以提举湖北常平。崇宁初，召为都官员外郎、殿中侍御史。劾曾布援元祐奸党，挤绍圣忠贤，布去。迁侍御史，阅两月，进中丞。乞治元符末大臣尝乞复孟后而废刘后事，韩忠彦、曾布、李清臣、黄履及议者曾肇、丰稷、陈瓘、龚夬皆坐贬。遂与殿中侍御史石豫、左肤言："元祐皇后得罪先朝，昭告宗庙，天下莫不知。哲宗上宾，太母听政。当国大臣尽欲变乱绍圣之事，以逞私欲，因一布衣何大正狂言，复这废后位号。当时物议固已汹汹，乃至疏逖小臣，诣阙上书，忠义激切，则天下公议从可知矣。今朝廷既已贬削忠彦等，及追褫大正误恩，则元祐皇后义非所安。孔子曰：'必也正名乎，名不正则言不顺。'夫在先朝则曰后，今日则谓之元祐皇后，于名为不正；先朝废而陛下复，于事为不顺。考之典礼，则古昔所无；稽之本朝，则故实未有；询之师言，则大以为不然。况既为先朝所废，则宗庙祭告，岁时荐飨，人事有嫌疑之迹，神灵萌厌致之心，万世之后，配祔将安所施。宜蚤正厥事，断以大义，无牵于流俗非正之论，以累圣朝。"

明日，又言："典礼所在，实朝廷治乱之所系，虽人主之尊不得而擅，又况区区臣下，敢轻变易者哉？元祐皇后得罪先朝，废处瑶华，制诰一颁，天下无间然者。并后匹嫡，《春秋》讥之，岂宜明盛之朝，而循衰世非礼之事？"于是尚书右仆射京、门下侍郎将、中书侍郎尚书左丞挺之、右丞商英言："元祐皇后再复位号，考之典礼，将来宗庙不可从享，陵寝不可配祔。揆诸礼制，皆所未安，请如绍圣三年九月诏书旨。"后由是复废。通、豫遂言元符皇后名位未正，乃册为崇恩太后。

通章所言小臣上书者，昌州推官冯澥也。其书以谓："先帝既终，则后无单立之义；稽之逆顺，陛下无立嫂之礼；要之终始，皇太后亦不得伸慈妇之恩。虽已遂之事，难复之失，然感悟追正，何有不可？"澥用是得召对，除鸿胪主簿。

蔡京谋取青唐，通助成其议。会籍元祐党，通以为多漏略，给事中刘逵驳之，左转户部侍郎，俄迁工部尚书兼侍读。逾年，以枢密直学士知颍昌府。言者疏其罪，黜为滁州，稍复显谟阁待制、直学士，徙宣州。复为工部尚书，举冯澥自代，谓："澥趣操端劲，古人与稽，尝建明典礼，忠义凛凛，搢绅叹服。"言者又疏其罪，以待制知秀州；中书舍人侯绶封还之，又夺待制。久之，还故职，改述古殿直学士。屏居十五年，方腊陷婺，通逃奔兰溪，为贼所杀，年七十二。

石豫者，宁陵人。第进士。以安惇荐，为监察御史。与左肤鞫邹浩狱，文致重比，又使广东钟正甫逮治浩，欲致之死。豫论边事，谓中国与四夷，相交为君臣，相与为宾客。徽宗以其言无伦理，且辱国，出为淮南转运判官。陈瓘又追论罗织邹浩事，降通判亳州。崇宁元年，召拜殿中侍御史。遂同钱通造废元祐皇后议，亟迁侍御史，至中丞。请削去景灵宫绘像臣僚，自文彦博、司马光、吕公著、吕大防、范纯仁、刘挚、范百禄、梁焘、王岩叟以下。既，以论罢军器监蔡硕，硕讼豫平生交通状，黜知陈州，徙邓州。过阙，留为工部侍郎，进户部，兼侍读。以调度不继，降秩一等，徙刑部。祖母死，用嫡孙承重去官，服未阕而卒。

肤，庐州人，亦用安惇荐为御史，履历大略与石豫同。迁侍御史，累至刑、兵、户三尚书，以枢密直学士知河南府，改永兴军，卒。

许敦仁，兴化人。第进士。崇宁初，入为校书郎。蔡京以州里之旧，擢监察御史，亟迁右正言、起居郎，倚为腹心。敦仁凡所建请，悉受京旨，言："元符之末，奸臣用事，内外制诰，类多诬实。乞自今日以前，委中书舍人或著作局讨论删正。"起居郎、舍人，异时遇车驾行幸，惟当直者从，敦仁始请悉扈跸。迁殿中监，拜御史中丞。甫视事，即上章请五日一视朝。徽宗以其言失当，乖宵旰图治之意，命罚金，仍左迁兵部侍郎；他日，为朱谔言，且欲逐敦仁，而京庇之甚力，敦仁亦处之自如。后二年卒。靖康中，谏官吕好问论蔡京使敦仁请五日一视朝，欲颛窃国命，盖指此也。

吴执中，字子权，建州松溪人。登嘉祐进士第，历官州县。同门婿吕惠卿方贵盛，不肯附以取进。凡三十余年，始提举河南常平，连徙河东、淮南、江东转运判官，提点广东刑狱，入为库部、吏部、右司郎中。

大观初，擢兵部侍郎。二年，进御史中丞，论开封府、内侍省、京畿、秦凤违法干请，诏奖其得风宪体。又言："开封之治事，大理之决狱，将作之营缮，榷货之入中，皆职所当为，乃妄以为功，一岁迁官至五六，宜行抑损。"遂诏自今但赐束帛。郑居中知枢密院，执中言外戚不宜在政地，帝还其章，而谕所以用居中之意。

初，蔡京忌张康国，故引执中居言路。执中先劾刘炳兄弟、宋乔年父子，皆京客也。帝尝语执政，嘉其不阿。康国曰："是乃为逐臣地耳。"已而章果至。帝怒，黜知滁州。未几，徙越州。石公弼以为执中反覆得罪，未宜殿大府。改提举洞霄宫，以集贤殿修撰知扬州，加显谟阁待制、知河南府。道过都，复拜中丞。

帝以星变逐蔡京，言者未已，执中谓退大臣，当全体貌，于是为京下诏，京得不重贬。庞恭孙、赵通开梓、夔诸夷州，执中乞正其罪。又言："八行之举，所得皆乡曲常人，不足以为士，愿下太学，考其道艺而进退之。"所论多施行。迁礼部尚书。

张商英罢，御史张克公言，执中与商英皆由郭天信以进，除枢密直学士、知越州。寻降待制，又夺职。卒于家。

吴材，字圣取，处州龙泉人。中进士第，历青溪主簿、咸平尉、知江都县。入为太学博士，以赵挺之荐，擢右正言，迁左司谏。党论复起，材首论范纯礼为朋附党与，前日大臣变更神考法度，故引之执政，不宜复其职；程之元为苏轼心腹，不宜亚九卿；张舜民当初政时，猖狂无所顾忌，不宜以从官处乡郡。其后受曾布指，与王能甫疏言："元符之末，变神考之美政，逐神考之人材者，韩忠彦实为之首。"忠彦遂罢。

材鸷忍，疾视善类，所排逐最多。进起居郎，以忧去。蔡京用为给事中、吏部侍郎，陛见，有所陈，京不悦。以天章阁待制知光州。挺之作相，召拜工部侍郎，卒。

论曰：绍述说行，权臣颛假以攻元祐正士；网既尽矣，复假以攻异已。鹰犬外搏，鬼蜮内狙，宜小人得志而空朝廷也。故刘拯撼实录以肆诋，钱遹斥孟后以遍刺，石豫指绘像以削诸贤，吴材摘党论以揃善类；许敦仁五日一朝之请，吴执中体貌大臣之言，俱蔡京腹心计也。谗说殄行，虞帝攸堲；似是而非，孔圣恶佞。有国家者，可不监夫！

刘昺，字子蒙，开封东明人，初名炳，赐今名。元符末，进士甲科，起家太学博士，迁秘书省正字、校书郎。兄炜，通乐律。炜死，蔡京擢昺大司乐，付以乐正。遂引蜀人魏汉津铸九鼎，作《大晟乐》。昺撰《鼎书》、《新乐书》，皆汉津妄出己意，而昺为缘饰，语在《乐志》。累迁给事中。京置局议礼，昺又领之。为翰林学士，改工部尚书。提举《纪元历》，有所损益，为吴执中所论，以显谟阁直学士知陈州。

昺与弟焕皆侍从，而亲丧不葬，坐夺职罢郡，复以事免官。京再辅政，召为户部尚书。昺尝为京画策，排郑居中，故京力援昺，由废黜中还故班。御史中丞俞㮚发其奸利事，京徙㮚他官。

徽宗所储三代彝器，诏昺讨定，凡尊爵、俎豆、盘匜之属，悉改以从古，而载所制器于祀仪，令太学诸生习肆雅乐。阅试日，昺与大司成刘嗣明奏，有鹤翔宫架之上。再为翰林学士，东宫建，为太子宾客，又还户部。

大理议户绝法，若祖有子未娶而亡，不得养孙为嗣。昺曰：“计一岁诸路户绝，不过得钱万缗。使岁失万缗而天下无绝户，岂不可乎？”诏从其议。加宣和殿学士，知河南府，积官金紫光禄大夫。与王寀交通，事败，开封尹盛章议以死，刑部尚书范致虚为请，乃长流琼州。死，年五十七。

宋乔年，字仙民，宰相庠之孙也。父充国，刻意问学，以乡书试礼部；既，自谓宰相子，辄罢举。仁宗知之，召试学士院，赐进士出身，签书河南判官，判登闻鼓院，知太常礼院。英宗祔庙，议者欲祧僖祖藏夹室，充国请配感生帝为宋始祖，从之。东西府建，上二箴以戒大臣，大臣不怿。会庙飨宿斋，其妻遣两妾至寺，充国自劾，罢礼院，遂致仕。充国性刚介，孝于奉亲，平居得微物，必先荐家庙，乃敢尝。官至太中大夫，卒。

乔年用父荫监市易，坐与倡女私及私役吏失官，落拓二十年。女嫁蔡京子攸。京当国，始复起用。崇宁中，提举开封县镇、府界常平，改提点京西北路刑狱。赐进士第，加集贤殿修撰、京畿转运副使，进显谟阁待制，为都转运使，改开封尹，以龙图阁学士知河南府。京罢相，谏议大夫毛注、御史中丞吴执中交击之，贬保静军节度副使，蕲州安置。京复相，还旧官，知陈州。政和三年，卒，年六十七，谥曰忠文。子昪。

昪字景裕。崇宁初，由谯县尉为敕令删定官，数年，至殿中少监。时乔年尹京，父子依凭蔡氏，陵轹士大夫，阴交谏官蔡居厚，使为鹰犬。以徽猷阁待制知陈州。乔年贬，昪亦谪少府少监，分司南京，未几，知应天府。

乔年卒，起复为京西都转运使，茇葺西宫及修三山新河，擢至显谟阁学士，方是时，徽宗议谒诸陵，有司预为西幸之备。昪治宫城，广袤十六里，创廊屋四百四十间，费不可胜。会鬃漆，至灰人骨为胎，斤直钱数千。尽发洛城外二十里古冢，凡衣冠垄兆，大抵遭暴掘。用是迁正议大夫、殿中监，又奉命补治三陵泄水坑涧，计役四百九十万工。未几，卒，赠金紫光禄大夫、延康殿学士，谥曰恭敏。

强渊明，字隐季，杭州钱塘人。父至，以文学受知韩琦，终祠部郎中。渊明进士第，调海州司法参军，历济、杭二州教授，知蔡州确山县，通判保定军。入为太府丞、军器少监、国子司业。与兄浚明及叶梦得缔蔡京为死交，立元祐籍，分三等定罪，皆三人所建，遂济成党祸。渊明以故亟迁秘书少监、中书舍人、大司成、翰林学士。

大观三年，京罢相，以龙图阁直学士知永兴军，徙郑、越二州。召为礼部尚书，复拜学士，进承旨。翰林广直庐，帝书"摛文堂"榜赐之。兼太子宾客。以疾，改延康殿学士、提举醴泉观兼侍读、监修国史。卒，赠金紫光禄大夫、资政殿学士，谥曰文宪。浚明早死。

蔡居厚，字宽夫，熙宁御史延禧子也。延禧尝击吕惠卿兄弟，有直名。居厚第进士，累官吏部员外郎。大观初，拜右正言，奏疏曰："神宗造立法度，旷古绝疑，虽符、祐之党力起相轧，而终不能摇者，出于人心理义之所在也。陛下继志广声，政事具举，愿如明诏敕有司勒为成书，以明一代之制。"迁起居郎，进右谏议大夫。论东南兵政七弊，及言学官书局皆为要涂，宜公选实学多闻之士，无使庸常之徒。得以幸进。

河北、河东群盗起，太原、真定守皆以不能擒捕罪去。居厚言："将帅之才，不储养于平时，故缓急无所可用，宜令观察使以上，各举所知。"又言："比来从事于朝者，皆姑息胥吏，吏强官弱，浸以成风。盖辇毂之下，吏习狡狯，故怯懦者有所畏，至用为耳目，倚为乡导，假借色辞，过为卑辱，浸淫及于侍从。今庙堂之上，稍亦为之，愿重为之制。"改户部侍郎。言者论其在谏省时，为宋乔年父子用，以集贤殿修撰知秦州。降羌在州者逸入京师诉事，坐失察，削职罢。

蔡京再相，起知沧、陈、齐三州，加徽猷阁待制，为应天、河南尹。初建神霄宫，度地污下，为道士交诉，徙汝州。久之，知东平府。复以户部侍郎召，未至，又以知青州。病不能赴，未几卒。

刘嗣明，开封祥符人。入太学，积以试艺，名出诸生右。崇宁中，车驾幸学，解褐补承事郎，历校书郎至给事中。

张商英居相位，恶其不附已。时郑居中虽以嫌去枢密，然阴殖党与，窥伺益固。嗣明与之合，计倾商英。门下省吏张天悦贬秩，嗣明驳弗下，商英争之。诏御史台蔽曲直，商英以是罢。嗣明遂论商英引李士观、尹天民入政典局,矫为敕语,共造奸谋,三人俱坐责。

嗣明迁大司成。士子肄雅乐被恩,嗣明亦升班与学士等。已而言者论其取悦权贵,妄升国子生预舍法以抑寒士,黜知颍州。未几,入为工部侍郎、翰林学士、工部尚书。卒,赠资政殿学士、太中大夫。

蒋静,字叔明,常州宜兴人。第进士,调安仁令。俗好巫,疫疠流行,病者宁死不服药,静悉论巫罪,聚其所事淫像,得三百躯,毁而投诸江。知陈留县,与屯将不协,罢去。

徽宗初立,求言,静上言,多诋元祐间事,蔡京第为正等,擢职方员外郎;中书舍人吴伯举封还之,京怒,黜伯举。明年,迁国子司业。帝幸太学,命讲《书·无逸篇》,赐服金紫,进祭酒,为中书舍人。以显谟阁待制知寿州,徙江宁府。

茅山道士刘混康以技进,赐号"先生"。其徒倚为奸利,夺民苇场,强市庐舍,词讼至府,吏观望不敢治,静悉抵于法。徙睦州,移病,提举洞霄宫。越九年,召为大司成,出知洪州。复告归,加直学士。卒,年七十一,赠通议大夫。

贾伟节,开封人。第进士,累擢两浙转运判官。条上民间利病,加直秘阁,为江、淮发运副使。蔡京坏东南转般法为直达纲,伟节率先奉承,岁上供物径造都下,籍催诸道逋负,造巨船二千四百艘,非供奉物而辄运载者,请论以违制。花石、海错之急切,自此而兴。论功进秩,遂拜户部侍郎,改刑部。岁余,以显谟阁直学士提举醴泉观,卒。

论曰:善乎欧阳修之论朋党也,其言曰:"君子以同道为真朋,小人以同利为伪朋,同道则同心相益而共济,小人见利则争先,利尽则疏而相贼害矣。"苏轼续修说,谓:"君子不得志则奉身而退,乐道不仕;小人不得志则侥幸复用,唯怨之报,此所以不胜也。"秦观亦言:"君子小人,不免有党。人主不辨邪正,必至两废;或言两存,则小人卒得志,君子终受害。"其说明甚,徽宗弗之察也。唯蔽于绍述之说,崇奸贬正,党论滋起。于是绍圣指元祐为党,崇宁指元符为党,而郑居中、张商英、蔡京、王黼诸人互指为党,不复能辨。始以党败人,终以党败国,衣冠涂炭,垂三十年,其祸汋于东都、白马,盖至是而三子之言效焉。彼刘昺、强渊明、宋乔年、刘嗣明直斗筲耳,亦使攘臂恣睢,撼撞无忌,小人之为术蠧矣。呜呼!朋党之说,真能空人之国如此哉。

崔鶠字德符,雍丘人,父毗,徙居颍州,遂为阳翟人。登进士第,调凤州司户参军,筠州推官。徽宗初立,以日食求言,鶠上书曰:

臣闻谏争之道,不激切不足以起人主意,激切则近讪谤。夫为人臣而有讪谤之名,此逸邪之论所以易乘,而世主所以不悟,天下所以卷舌吞声,而以言为戒也。臣尝读史,见汉刘陶曹鸾、唐李少良之事,未尝不掩卷兴嗟,矫然有山林不反之意。比闻国家以日食之异,询求直言,伏读诏书,至所谓"言之失中,朕不加罪",盖陛下披至情,廓圣度,以来天下之言如此,而私秘所闻,不敢一吐,是臣子负陛下也。

方今政令烦苛,民不堪扰,风俗险薄,法不能胜,未暇一二陈之,而特以判左右之忠邪为本。臣生于草莱,不识朝廷之士,特怪左右之人,有指元祐之臣为奸党者,必邪人也。使汉之党锢,唐之牛、李之祸,将复见于今日,甚可骇也。

夫毁誉者,朝廷之公议。故责授朱崖军司户司马光,左右以为奸,而天下皆曰忠;今宰相章惇,左右以为忠,而天下皆曰奸。此何理也?臣请略言奸人之迹:夫乘时抵巇以盗富贵,探微揣端以固权宠,谓之奸可也;包苴满门,私谒踵路,阴交不逞,密结禁廷,谓之奸可也;以奇伎淫巧荡上心,以倡优女色败君德,独操赏刑,自报恩怨,谓之奸可也;蔽遮主听,排斥正人,微言者坐以刺讥,直谏者陷以指斥,以杜天下之言,掩滔天之罪,谓之奸可也。凡此数者,光有之乎?惇有之乎?

夫有其实者名随之,无其实而有其名,谁肯信之?《传》曰:"谓狐为狸,非特不知狐,又不知狸。"是故以佞为忠,必以忠为佞,于是乎有缪赏滥罚。赏缪罚滥,佞人徜徉,如此而国不乱,未之有也。

光忠信直谅,闻于华夷,虽古名臣,未能远过,而谓之奸,是欺天下也。至如惇狙诈凶险,天下士大夫呼曰"惇贼"。贵极宰相,人所具瞻,以名呼之,又指为贼,岂非以其孤负主恩,玩窃国柄,忠臣痛愤,义士不服,故贼而名之,指其实而号之以贼邪?京师语曰"大惇小惇,殃及子孙",谓惇与御史中丞安惇也。小人譬之蝮蝎,其凶忍害人,根乎天性,随遇必发。天下无事,不过戕陷忠良,破碎善类;至缓急危疑之际,必有反覆卖国、跋扈不臣之心。

比年以来,谏官不论得失,御史不劾奸邪,门下不驳诏令,共持暗默,以为得计。昔李林甫窃相位十有九年,海内怨痛,而人主不知。顷邹浩以言事得罪,大臣拱而观之,同列无一语者,又从而挤之。夫以股肱耳目,治乱安危所系,而一切若此,陛下虽有尧、舜之聪明,将谁使言之,谁使行之。

夫日者阳也,食之者阴也。四月正阳之月,阳极盛、阴极衰之时,而阴干阳,故其变为大。惟陛下畏天威、听明命,大运乾刚,大明邪正,毋违经义,毋郁民心,则天意解矣。若夫伐鼓用币,素服彻乐,而无修德善政之实,非所以应天也。

帝览而善之,以为相州教授。

后蔡京条籍上书人,以鶠为邪等,免所居官。久之,调绩溪令。移病归,始居郏城,治地数亩,为婆娑园。屏处十余年,人无贵贱长少,悉尊师之。

宣和六年,起通判宁化军,召为殿中侍御史。既至而钦宗即位,授右正言。上疏曰:

六月一日诏书,诏谏臣直论得失,以求实是,有以见陛下求治之切也。数十年来,王公卿相,皆自蔡京出。要使一门生死,则一门生用;一故吏逐,则一故吏来。更持政柄,无一人立异,无一人害已者,此京之本谋也。安得实是之言闻于陛下哉?

谏议大夫冯澥近上章曰:"上无异论,太学之盛也。"澥尚敢为此奸言乎!王安石除异己之人,著《三经》之说以取士,天下靡然雷同,陵夷至于大乱,此无异论之效也。京又以学校之法驭士人,如军法之驭卒伍,一有异论,累及学官。若苏轼、黄庭坚之文,范镇、沈括之杂说,悉以严刑重赏,禁其收藏,其荷锢多士,亦已密矣。而澥犹以为太学之盛,欺罔不已甚乎?原京与澥罪,乃天地否泰所系,国家治乱,由之以分,不可忽也。

仁宗、英宗选敦朴敢言之士以遗子孙,安石目为流俗,一切逐去。司马光复起而用之,元祐之治,天下安于泰山。及章惇、蔡京倡为绍述之论,以欺人主。绍述一道德,而天下一于谄佞;绍述同风俗,而天下同于欺罔;绍述理财而公私竭;绍述造士而人材衰;绍述开边而塞尘犯阙矣。元符应诏上书者数千人,京遣腹心考定之,同己为正,异己为邪,澥与京同者也,故列于正。京之术破坏天下,于兹极矣,尚忍使其余蠹再破坏邪?京奸邪之计大类王莽,而朋党之众则又过之,愿斩之以谢天下。

累章极论,时议归重。

忽得挛疾,不能行。三求去,帝惜之,不许。吕好问、徐秉哲为言,乃以龙图阁直学士主管嵩山崇福宫,命下而卒。鹗平生为文至多,辄为人取去,箧无留者。尤长于诗,清峭雄深,有法度。无子,婿卫昂集其遗文,为三十卷,传于世。

张根,字知常,饶州德兴人。少入太学,甫冠,第进士。调临江司理参军,遂昌令。当改京秩,以四亲在堂,冀以父母之恩封大父母,而媿妻封之母,遂致仕,得通直郎,如其志。时年三十一。乡人之贤者彭汝砺序其事,自以为不及。

屏处十年,曾布、曾肇、邹浩及本道使者上其行义,徽宗召诣阙。为帝言:"人主一日万几,所恃者是心耳。一累于物,则聪明智虑且耗,贤不肖混淆,纲纪不振矣。愿陛下清心省欲,以窒祸乱之原。"遂请罢钱塘制造局。帝改容嘉美,以为亲贤宅教授。

未几,通判杭州,提举江西常平。内侍走马承受举劾一路以钱半给军衣非是,自转运使、郡守以下皆罢。根言:"东南军法与西北殊,此事行之百五十年矣。帅守、监司,分朝廷忧,顾使有罪,犹当审处,岂宜以小奄尺纸空十郡吏哉?"诏令复还。又言:"本道去岁蠲租四十万,而户部责偿如初。祖宗立发运上供额,而给本钱数百万缗,使广籴以待用。比希恩者乃献为羡余,故岁计不足,至为无名之敛。"诏贷所蠲租,且以籴本钱还之六路。洪州失官锡,系治兵吏千计。根曰:"此有司失于几察之过也。今

罗取无罪之人,责以不可得之物,何以召和气?"乃罢其狱。

大观中,入对言:"陛下幸涤烦苛,破朋党,而士大夫以议论不一,观望苟且,莫肯自尽。陛下毁石刻,除党籍,与天下更始,而有司以大臣仇怨,废锢自如。为治之害,莫大于此,愿思所以励敕之。"即命为转运副使,改淮南转运使,加直龙图阁。上书请:"常平止听纳息,以塞兼并;下户均出役钱,以绝奸伪,市易惟取净利,以役商贾。虽名若非正,然与和买不雠其直什一,而使之倍输额外无名无数之敛,有间矣。"又请:"分举官为三科:一县令,二学官,三县丞曹。州郡亦分三等。明言其人某材堪充某州、某官、某县令,吏部据以注拟,则令选稍清,视乎配硬差远矣。"诏吏部、户部相度以闻。根又以水灾多,乞蠲租赋,散洛口米、常平青苗米,振贷流民。诏褒谕之。

徙两浙,辞不行,乃具疏付驿递奏。大略谓:"今州郡无兼月之储,太仓无终岁之积,军须匮乏,边备缺然。东南水旱、盗贼间作,西、北二国窥伺日久,安得不豫为之计?"因条列茶盐、常平等利病之数,遂言:"为今之计,当节其大者,而莫大于土木之功。今群臣赐第一,或费百万。臣所部二十州,一岁上供财三十万缗耳,曾不足给一第之用。以宠元勋盛德,犹虑不称,况出于闾阎干泽者哉?虽赵普、韩琦佐命定策所未有,愿陛下斩之。其次如田园、邸店,虽不若赐第之多,亦愿日削而月损之。如金帛好赐之类,亦不可不节也。又其次如锡带,其直虽数百缗,亦必敛于数百家而后足,今乃下被仆隶,使混淆公卿间,贤不肖无辨。如以其左右趋走,不欲墨绶,当别为制度,以示等威可也。"书奏,权幸侧目,谋所以中伤之者,言交上,帝察根诚,不之罪也。

寻以花石纲拘占漕舟,官买一竹至费五十缗,而多入诸臣之家。因力陈其弊,益忤权幸,乃摘根所书胥注切草略,为傲慢不恭,责监信州酒。既又言根非诋常平之法,以摇绍述之政,再贬濠州团练副使,安置郴州。寻以讨淮贼功,得自便。以朝散大夫终于家,年六十。

根性至孝,父病蛊戒盐,根为食淡。母嗜河豚及蟹,母终,根不复食。母方病,每至鸡鸣则少苏,后不忍闻鸡声。子焘,自有传。弟桹。

桹字见素。第进士。历耀、淄、宿三州教授、太学录、升博士,改礼部员外郎。高丽遣子弟入学肄业,又兼博士,迁光禄、太常少卿,擢侍御史。

郑居中去位,桹言:"朋党分攻,非朝廷福,若不揃其尤,久则难图。"于是宇文黄中、贾安宅等六人皆罢,凡蔡京所恶,亦指为居中党而逐。时郎员冗滥,至五十五人。徽宗喻桹使论列,乃摘其庸缪者十六人,疏斥诸外。

徐处仁议置裕民局,以京提举,京不乐,桹言:"国家法令明具,何尝不裕民乎?今置局非是",卒罢之。起复修制大乐局管勾官田为大晟府典乐,桹论为"贪滥不法,物论弗齿,且典乐在太常少卿之上,修制冗官不当超逾",乃罢为乐令。未几,复前命,桹争不已,改秘书少监。蔡攸引为道史检讨官,召试中书舍人,卒。

任谅，字子谅，眉山人，徙汝阳。九岁而孤，舅欲夺母志，谅挽衣泣曰："岂有为人子不能养其亲者乎！"母为感动而止。谅力学自奋，年十四，即冠乡老。登高第，调河南户曹。以兵书谒枢密曾布，布使人邀诣阙，既见，觉不能合，径去。布为相，犹欲用之。谅予书，规以李德裕事，布始怒。蒋之奇、章棨在枢府，荐为编修官，布持其奏不下，为怀州教授。徽宗见其所作《新学碑》，曰："文士也。"擢提举夔路学事，历京西、河北、京东，改转运判官。著《河北根本籍》，凡户口之升降，官吏之增损，与一岁出纳奇赢之数，披籍可见，上之朝。张商英见其书，谓为天下部使者之最。

提点京东刑狱。梁山泺渔者习为盗，荡无名籍，谅伍其家，刻其舟，非是不得辄入。他县地错其间者，镜石为表。盗发，则督吏名捕，莫敢不尽力，迹无所容。加直秘阁，徙陕西转运副使。降人李讹哆知边虏不继，阴阙地窖粟而叛，遗西夏统军书，称定边可唾手取。谅谍知其谋，亟输粟定边及诸城堡，且募人发其窖，得数十万石。讹哆果入寇，失藏粟，七日而退。他日，复围观化堡，而边储已足，讹哆遂解去。

加徽猷阁待制、江淮发运使。蔡京破东南转般漕运法为直达纲，应募者率游手亡赖，盗用干没，漫不可核，人莫敢言。谅入对，首论之，京怒。会汴、泗大水，泗州城不没者两板。谅亲部卒筑堤，徙民就高，振以米粟。水退，人获全，京诬以为漂溺千计，坐削籍归田里。执政或言："水灾守臣职，发运使何罪？"帝亦知其枉，复右文殿修撰、陕西都转运使。寻复徽猷阁待制，进直学士。童贯更钱法，必欲铁钱与铜钱等，物价率十减其九。诏谅与贯议，谅言为六路害，寝其策。加龙图阁直学士、知京兆府，徙渭州。以母忧去。

宣和七年，提举上清宝箓宫、修国史。初，朝廷将有事于燕，谅曰："中国其有忧乎。"乃作书贻宰相曰："今契丹之势，其亡昭然，取之当以渐，师出不可无名。宜别立耶律氏之宗，使散为君长，则我有存亡继绝之义，彼有瓜分ража裂之弱，与邻崛起之金国，势相万也。"至是，又言郭药师必反。帝不听，大臣以为病狂，出提举嵩山崇福宫。是冬，金人举兵犯燕山，药师叛降，皆如谅言。乃复起谅为京兆，未几，卒，年五十八。

周常，字仲修，建州人。中进士第。以所著《礼·檀弓义》见王安石、吕惠卿，二人称之，补国子直讲、太常博士。以养亲，求教授扬州。年未五十即致仕。

久之，御史中丞黄履荐其恬退，起为太常博士，辞。元符初，复申前命，兼崇政殿说书，迁著作佐郎。疏言："祖宗诸陵器物止用涂金，服饰又无珠玉，盖务在质素，昭示训戒。自裕陵至宣仁后寝宫，乃施金珠，愿收贮景灵殿，以遵遗训。"诏置之奉宸库。擢起居舍人。邹浩得罪，常于讲席论救，贬监郴州酒。徽宗立，召为国子祭酒、起居郎，从容言："自古求治之主，未尝不以尚志为先。然溺于富贵逸乐，蔽于谄谀顺适，则志随以丧，

不可不戒。元祐法度互有得失，人才各有所长，不可偏弃。"

时以天暑，令记注官卯刻漏正即勿奏事，仍具为令。常言："本朝记注类多兼谏员，故凡言动，得以所闻见论可否。神宗皇帝时，修注官虽不兼谏职，亦许以史事于崇政、延和殿直前陈述。陛下于炎暍可畏之候，暂停进对，亦人情之常。若著为定令，则必记于日录，传之史笔，使后人观之，将以为倦于听纳，而忘先帝之美意矣。"事遂寝。进中书舍人、礼部侍郎。蔡京用事，不能容，以宝文阁待制出知湖州。寻又夺职，居婺州。复集贤殿修撰。卒，年六十七。

论曰：徽宗荒于治，嬖幸塞朝，柄移权奸，不鸣者进，习为腴熟。鹗、根、谅、常气节俱俱，指切时敝，能尽言不讳。卒不胜謷舌，根、常死外，鹗、谅甫用而病夺之，可悲也已！金兵既举，郭药师已叛，朝廷犹弗知，孰能先见祸机哉，毋惑乎狂谅之言也。

卷三百五十七
列传第一百一十六

何灌 李熙靖 王云
谭世勣 梅执礼 程振 刘延庆

何灌，字仲源，开封祥符人。武选登第，为河东从事。经略使韩缜虽数试其材，而常沮抑之，不假借。久乃语之曰："君奇士也，他日当据吾坐。"为府州、火山军巡检。盗苏延福狡悍，为二边患，灌亲枭其首。贾胡疃有泉，辽人常越境而汲，灌亲申画界墪，遏其来，忿而举兵犯我。灌迎高射之，发辄中，或著崖石皆没镞，敌惊以为神，逡巡敛去。后三十年，契丹萧太师与灌会，道囊事，数何巡检神射，灌曰："即灌是也。"萧蹙然起拜。

为河东将，与夏人遇，铁骑来追，灌射皆彻甲，至洞胸出背，叠贯后骑，羌惧而引却。知宁化军、丰州，徙熙河都监，见童贯不拜，贯憾焉。张康国荐于徽宗，召对，问西北边事，以笏画御榻，指坐衣花纹为形势。帝曰："敌在吾目中矣。"

提点河东刑狱，迁西上阁门使、领威州刺史、知沧州。以治城郭功，转引进使。诏运粟三十万石于并塞三州，灌言："水浅不胜舟，陆当用车八千乘，沿边方收麦，愿以运费增价就籴之。"奏上，报可。安抚使忌之，劾云板筑未毕而冒赏，夺所迁官，仍再贬秩，罢去。

未几，知岷州，引逋川水溉闲田千顷，湟人号广利渠。徙河州，复守岷，提举熙河兰湟弓箭手。入言："汉金城、湟中谷斛八钱，今西宁、湟、廓即其地也，汉、唐故渠尚可考。若先葺渠引水，使田不病旱，则人乐应募，而射士之额足矣。"从之。甫半岁，得善田二万六千顷，募士七千四百人，为他路最。童贯用兵西边，灌取古骨龙马进武军，加吉州防御使，改知兰州。又攻仁多泉城，炮伤足不

顾，卒拔城，斩首五千级。止拜廓州防御使。

宣和初，刘法陷于敌，震武危甚，熙帅刘仲武使灌往救。灌以众寡不敌，但张虚声吓之，夏人宵遁。灌恐觇其实，遽反兵，仲武犹奏其逗遛，罢为淮西钤辖。从平方腊，获贼帅吕师囊，迁闰州观察使、浙东都钤辖，改浙西。

童贯北征，檄统制兵马，涿、易平，以知易州，迁宁武军承宣使、燕山路副都总管，又加龙、神卫都指挥使。燹离不取景州，围蓟州。贯诿以兵事，即复景城，释蓟围。郭药师统蕃、汉兵，灌曰："顷年折氏归朝，朝廷别置一司，专部汉兵，至于克行，乃许同营。今但宜令药师主常胜军，而以汉兵委灌辈。"贯不听。召还，管干步军司。

陪辽使射玉津园，一发破的，再发则否。客曰："太尉不能耶？"曰："非也，以礼让客耳。"整弓复中之，观者诵叹，帝亲赐酒劳之。迁步军都虞候。

金师南下，悉出禁旅付梁方平守黎阳。灌谓宰相白时中曰："金人倾国远至，其锋不可当。今方平积精锐以北，万有一不枝梧，何以善吾后，盍留为卫根本。"不从，明日，又命灌行，辞以军不堪战，强之，拜武泰军节度使、河东河北制置副使。未及行而帝内禅，灌领兵入卫。郓王楷至门欲入，灌曰："大事已定，王何所受命而来？"导者惧而退。灌竟行，援兵二万不能足，听募民充数。

靖康元年正月二日，次滑州，方平南奔，灌亦望风迎溃。黄河南岸无一人御敌，金师遂直叩京城。灌至，乞入见，不许，而令控守西隅。背城拒战凡三日，被创，没于阵，年六十二。帐下韩综、雷彦兴，奇士也，各手杀数人，从以死。钦宗哀悼，赐金帛，命官护葬。已而言者论其不守河津，追削官秩。

长子蓟，至阁门宣赞舍人。从父战，箭贯左臂，拔出之，病创死。绍兴四年，中子薛以灌事泣诉于朝，诏复履正大夫、忠正军承宣使。

李熙靖，字子安，常州晋陵人，唐卫公德裕九世孙也。祖均、父公弼皆进士第。公弼，崇宁初通判潞州，以议三舍法不便，使者劾其沮格诏令，坐削黜以死。熙靖擢第，又中词学兼茂，选为辟雍录、太学正，升博士。以父老丐外，除提举淮东学事便养，命下，乃得河东；而为淮东者，臧祐之也。盖省吏取祐之赂，辄易之。或教使自言，熙靖曰："事君不择地，吾其可发人之私，求自便也？"宰相闻而贤之，留为兵部员外郎。遭父忧去，还，为右司员外郎。

王黼以太宰领应奉司，又方事燕云，立经抚房于中书独专之，他执政皆不得预。熙靖与言曰："应奉之职，非宰相所当预。尚书、枢密皆有兵房，足以治疆事，经抚何为者哉？"黼不乐。同列五人皆蹑跻禁从，独滞留四年。都水丞失职，移过于熙靖，贬其两秩，又将左转为国子司业，执政交言不可，仅迁太常少卿。黼罢，乃拜中书舍人，蔡攸又恶之，出知拱州。

越两月，复以故官召，入对言："燕山虽定，宜益谨思患豫防之戒。"徽宗曰："《诗》所谓'迨天之未阴雨，彻彼桑土，绸缪牖户'者是也。"熙靖进曰："孔子云'为此诗者，其知道乎！能治其国家，谁敢侮之？'愿陛下为无疆之计。"帝嘉之。

靖康初，同谭世勣事龙德宫，改显谟阁待制、提举醴泉观。道君待之甚厚，常从容及内禅事，曰："外人以为吴敏功，殊不知此出吾意耳，吾苟不欲，人言且灭族，谁敢谁？或谓吾似唐睿宗上畏天戒，故为之，吾有此心久矣。"熙靖再拜贺。敏闻而忌之，以进对不时受罚。

既拒张邦昌之命，忧愤废食，家人进粥药宽譬之，终无生意。故人视其病，相持呕泣，索笔书唐王维所赋"百官何日再朝天"之句，明日遂卒，年五十三，与世勣同赠端明殿学士。

王云，字子飞，泽州人。父献可，仕至英州刺史、知泸州。黄庭坚谪于涪，献可遇之甚厚，时人称之。云举进士，从使高丽，撰《鸡林志》以进。擢秘书省校书郎，出知简州，迁陕西转运副使。宣和中，从童贯宣抚幕，入为兵部员外郎、起居中书舍人。

靖康元年，以给事中使斡离不军，议割三镇以和。使还，传道斡离不之意，以为黏罕得朝廷所与余睹蜡书，坚云中国不可信，欲败和约。执政以为不然，罢为徽猷阁待制、知唐州。

金人陷太原，召拜刑部尚书，再出使，许以三镇赋入之数。云至真定，遣从吏李裕还言："金人不复求地，但索五辂及上尊号，且须康王来，和好乃成。"钦宗悉从之，且命王及冯澥往。未行，而车辂至长垣，为所却，云亦还。澥奏言云诞妄误国，云言："事势中变，金人必欲得三镇，不然，则进兵取汴都。"中外震骇，诏集百官议，云固言："康王旧与斡离不结欢，宜将命。"帝虑为所留，云曰："和议既成，必不留王之理，臣敢以百口保之。"王遂受命，而云以资政殿学士为之副。

顷云奉使过磁、相，劝两郡彻近城民舍，运粟入保，为清野之计，民怨之。及是，次磁州，又与守臣宗泽有憾。于是王出谒嘉应神祠，云在后，民遮道谏曰："肃王已为金人所留，王不宜北去。"厉声指云曰："清野之人，真奸贼也。"王出庙行，或发云箧，得乌缏短巾，盖云夙有风眩疾，寝则以护首者。民益信其为奸，噪而杀之。王见事势汹汹，乃南走相州。是役也，云不死，王必北行，议者以是验天命云。建炎初，赠观文殿学士。

兄霁，崇宁时，为谋议司详议官，上书告蔡京罪，黥隶海岛。钦宗复其官，从种师中战死。

谭世勣字彦成，潭州长沙人。第进士，教授郴州。时王氏学盛行，世勣雅不喜。或问之，曰："说多而屡变，无不易之论也。"置其书不观。又中词学兼茂科，除秘书省正字。时相蔡京子攸领书局，同舍郎多翕附以取贵仕。世勣独坐直庐，缮书竟日。梁师成之客与为邻居，数致师成愿交意，谢不答。

在馆六年不迁，京罢，用久次为司门员外郎。又三年，迁吏部。京复相，嫌不附己，罢提点太平宫。久之，复还吏部。幸臣妄引恩泽任子，持不与。吏白有某例，世勣曰：

"岂当以暂例破成法!"已而取中旨行之。进少府监,擢中书舍人,以谨命令、惜名器、广言路、吝赐予、正上供、省浮费六事言于上,又为当路所嫉。以徽猷阁待制知婺州,未行,复留之。

徽宗禅位东幸,且还,使与李熙靖副执政奉迎,遂同主管龙德宫。请辨正宣仁国史之谤,述钦圣遗旨以复瑶华,大享神祖仍用富弼侑食,释奠先圣不当以王安石配,后皆施行。

秋七月,彗出东方,大臣或谓此四夷将衰之兆,世勣面奏:"垂象可畏,当修德以应天,不宜惑谀说。"进给事中兼侍读。内侍喧争殿门,诏以赎论,世勣驳其不恭,因言:"童贯辈初亦甚微,小恶不惩,将驯至大患。"疏入,同类侧目。何栗建议分外郡为四道,置都总管,事得颠决。世勣言:"裂天下以付四人,而王畿所治者才十六县,独无尾大不掉之虑乎?"桌不乐。改礼部侍郎。

金骑骎骎南下,世勣言:"守边为上策;今边不得守,守河则京畿自固,中策也;巡幸江、淮,会东南兵以捍敌,下策也。"金人既渡河,又请遣大将秦元以所部京畿保甲,分护国门,使兵势连属,首尾相援,即金人不敢逼。孙傅深然之,又格于桌议。再扈车驾至金帅帐,以十害说其用事者,言讲解之利,词意忠激,金人耸听。

张邦昌僭国,令与李熙靖同直学士院,皆称疾卧不起,以忧卒,年五十四。建炎初,褒其守节,赠端明殿学士。

梅执礼,字和胜,婺州浦江人。第进士,调常山尉未赴,以荐为敕令删定官、武学博士。大司成强渊明贤其人,为宰相言,相以未尝识面为慊。执礼闻之曰:"以人言而得,必以人言而失,吾求在我者而已。"卒不往谒。

历军器、鸿胪丞,比部员外郎,比部职勾稽财货,文牒山委,率不暇经目。苑吏有持茶券至为钱三百万者,以杨戬旨意迫取甚急。执礼一阅,知其妄,欲白之,长贰疑不敢,乃独列上,果诈也。改度支、吏部,进国子司业兼资善堂翊善,迁左司员外郎,擢中书舍人、给事中。

林摅以前执政赴阙宿留,冀复故职,执礼论去之。孟昌龄居郓质人屋,当赎不肯与,而请中旨夺之,外郡卒留役中都者万数,肆不逞为奸,诏悉令还,杨戬占不遣;内侍张佑董葺太庙,僭求赏:皆驳奏弗行。迁礼部侍郎。

素与王黼善,黼尝置酒其第,夸示园池妓妾之盛,有骄色。执礼曰:"公为宰相,当与天下同忧乐。今方腊流毒吴地,疮痍未息,是岂歌舞宴乐时乎?"退又戒之以诗。黼愧怒,会孟飨原庙后乏,以显谟阁待制知蕲州,又夺职。

明年,徙滁州,复集英殿修撰。时赋盐亏额,滁亦苦抑配。执礼言:"郡不能当苏、杭一邑,而食盐乃倍粟数,民何以堪?"请于朝,诏损二十万,滁人德之。

钦宗立,徙知镇江府,召为翰林学士,道除吏部尚书,旋改户部。方军兴,调度不足,执礼请以禁内钱隶有司,凡六宫廪给,皆由度支乃得下。尝有小黄门持中批诣部取钱,而封识不用玺,既悟其失,复取之。执礼奏审,诏责典宝夫人而杖黄门。

金人围京都,执礼劝帝亲征,而请太上帝后、皇后、太子皆出避,用事者沮之。洎失守,金人质天子,邀金帛以数百千万计,曰:"和议已定,但所需满数,则奉天子还阙。"执礼与同列陈知质、程振、安扶皆主根索,四人哀民力已困,相与谋曰:"金人所欲无艺极,虽铜铁亦不能给,盍以军法结罪,傥窒其求。"而宦者挟宿怨语金帅曰:"城中七百万户,所取未百一,但许民持金银换粟麦,当有出者。"已而果然。酋怒,呼四人责之,对曰:"天子蒙尘,臣民皆愿致死,虽肝脑不计,于金缯何有哉?顾比屋枵空,亡以塞命耳。"酋问官长何在,振恐执礼获罪,遂前曰:"皆官长也。"酋益怒,先取其副胡舜陟、胡唐老、姚舜明、王俣,各杖之百。执礼等犹为之请,俄遣还,将及门,呼下马挝杀之,而枭其首,时靖康二年二月也。是日,天宇昼冥,士庶皆陨涕愤叹。

初,车驾再出,执礼与宗室子昉、诸将吴革等谋集兵夺万胜门,夜捣金帅帐,迎二帝以归。而王时雍、徐秉哲使范琼泄其谋,故不克。死时,年四十九。高宗即位,诏赠通奉大夫、端明殿学士。议者以为薄,复加资政殿学士。

程振,字伯起,饶州乐平人。少有轶材,入太学,一时名辈多从之游。徽宗幸学,以诸生右职除官,为辟雍录,升博士,迁太常博士,提举京东、西路学事。请立庙于邹祀孟轲,以公孙丑、万章、乐正克等配食,从之。

提举京西常平,入为膳部员外郎、监察御史、辟雍国子司业、左司员外郎兼太子舍人。始至,即言:"古者大祭祀登馂受爵,必以上嗣,既《礼经》所载,且元丰彝典具存。昨天子展事明堂,而殿下不预,非所以尊宗庙、重社稷也。"太子矍然曰:"宫僚初无及此者。"由是特加奖异。

方腊起,振谓王黼宜乘此时建革天下弊事,以上当天意,下顺人心。黼不怿,曰:"上且疑黼挟寇,奈何?"振知黼忌其言,趋而出,然太子荐之甚力,遂擢给事中。黼白振资浅,且雅长书命,请以为中书舍人。侍郎冯熙载出知亳州,黼怨熙载,欲振诋以丑语,振不肯。黼使言者劾为党,罢提举冲佑观。居三年,复还故官。

靖康元年,进吏部侍郎,为钦宗言:"柄臣不和,论议多驳,诏令轻改,失于事几。金人交兵半岁,而至今不解者,以和战之说未一故也。裁抑滥赏,如白黑易分,而数月之间,三变其议,以私心不除,各蔽其党故也。今日一人言之,以为是而行;明日一人言之,以为非而止。或圣断隃度而不暇畴咨,或大臣偏见而遂形播告,所以劝未必善,处未必宜,乃辄为之反汗,其势不得不尔也。"

时金兵至河北,振请纠诸道兵掎角击之,曰:"彼狙獗如此,陛下尚欲守和议,而不使之少有惩艾乎?"上嗟味其言,而牵于外廷,不能用。拜开封尹。故时,大辟有情可矜,多奏取原贷;崇宁以来,议者谓辇毂先弹压,率便文杀之。振请复旧制。诏捕亡命卒,得数千人,振请以隶步军而除其罪。步军司欲论如法,振曰:"方多事之际,而一日杀数千人,必大骇观听。"乃尽释之。改刑部侍郎。

金骑在郊,邀车驾出城,振为何栗言:"宜思所以折之之策。"桌不从。未几，及于难，年五十七。金人去，从子庭访得其首归葬之。初，王黼使其客沈积中图燕，振戒以后祸，积中惧而言不可。既而振乃用是死，闻者痛之。

初，宣和崇道家之说，振侍坐东宫，从容言："孔子以《鸱鸮》之诗为知道，其词不过曰'迨天之未阴雨，绸缪牖户'而已。老子亦云：'为之于未有，治之于未乱。'今不固根本于无事之时，而事目前区区，非二圣人意。"他日，太子为徽宗道之。徽宗瘠，颇欲去健羡，疏左右近习，而宦寺杨戬辈方大兴宫室，惧不得肆，因逸家令杨冯，以为将辅太子幸非常。徽宗震怒，执冯诛之，而太子之言亦废。振尹京时，两宫方困于甚间，振弥意弥缝，治龙德梁忻狱，宽其罪，不使有纤介可指。

高宗即位，进秩七等，仍官其子及亲属三人，又赠端明殿学士。端平初，曾孙东请谥，赐谥刚愍。同时死者礼部侍郎陈知质，失其传；给事中安扶，附见父《安焘传》。

刘延庆，保安军人。世为将家，雄豪有勇，数从西伐，立战功，积官至相州观察使、龙神卫都指挥使、鄜延路总管。迁泰宁军节度观察留后，改承宣使。破夏人戍德军，擒其酋赏屈，降王子益麻党征。拜保信军节度使、马军副都指挥使。从童贯平方腊，节度河阳三城。又从北伐，以宣抚都统制督兵十万，渡白沟。

延庆行军无纪律，郭药师扣马谏曰："今大军跋队行而不设备，若敌人置伏邀击，首尾不相应，则望尘决溃矣。"不听。至良乡，辽将萧幹帅众来，延庆与战，败绩，遂闭垒不出。药师曰："幹兵不过万人，今悉力拒我，燕山必虚，愿得奇兵五千，倍道袭取，令公之子三将军简师为后继。"延庆许之，遣大将高世宣与药师先行，即入燕城，幹举精甲三千巷战。三将军者，光世也。

谕约不至，药师失援败走，世宣死之。延庆营于卢沟南，幹分兵断饷道，擒护粮将王渊，得汉军二人，蔽其目，留帐中，夜半伪相语曰："闻汉军十万压吾境，吾师三倍，敌之有余。当分左右翼，以精兵冲其中，左右翼为应，歼之无遗。"阴逸其一人归报。明旦，延庆见火起，以为敌至，烧营而奔，相蹂践死者百余里。自熙、丰以来，所储军实殆尽。退保雄州，燕人作赋及歌诮之。朝议延庆丧师，不可不行法，坐贬率府率，安置筠州。契丹知中国不能用兵，由是轻宋。

未几，复为镇海军节度使。靖康之难，延庆分部守京城，城陷，引秦兵万人夺开远门以出，至龟儿寺，为追骑所杀。光世自有传。

论曰：靖康之变，执礼、振不忍都人涂炭，拒强敌无厌之欲，亲逢其凶。熙靖、世勣不肯以一身事二姓，悲不食以终。灌、延庆战败而没。此数人者，其所遭不同，至于死国难则一而已。云之死，虽其有以取之，殆亦天未欲绝宋祀也；不然，是行也，康王其危哉！

卷三百五十八
列传第一百一十七

李 纲 上

李纲，字伯纪，邵武人也，自其祖始居无锡。父夔，终龙图阁待制。纲登政和二年进士第，积官至监察御史兼权殿中侍御史，以言事忤权贵，改比部员外郎，迁起居郎。

宣和元年，京师大水，纲上疏言阴气太盛，当以盗贼外患为忧。朝廷恶其言，谪监南剑州沙县税务。

七年，为太常少卿。时金人渝盟，边报狎至，朝廷议避敌之计，诏起师勤王，命皇太子为开封牧，令侍从各具所见以闻。纲上御戎五策，且语所善给事中吴敏曰："建牧之议，岂非欲委以留守之任乎？巨敌猖獗如此，非传以位号，不足以招徕天下豪杰。东宫恭俭之德闻于天下，以守宗社可也。公以献纳论思为职，曷不为上极言之。"敏曰："监国可乎？"纲曰："肃宗灵武之事，不建号不足以复邦，而建号之议不出于明皇，后世惜之。主上聪明仁恕，公言万一能行，将见金人悔祸，宗社底宁，天下受其赐。"翌日，敏请对，具道所以，因言李纲之论，盖与臣同。有旨召纲入议，纲刺臂血上疏云："皇太子监国，典礼之常也。今大敌入攻，安危存亡在呼吸间，犹守常礼可乎？名分不正而当大权，何以号召天下，期成功于万一哉？若假皇太子以位号，使为陛下守宗社，收将士心，以死捍敌，天下可保。"疏上，内禅之议乃决。

钦宗即位，纲上封事，谓："方今中国势弱，君子道消，法度纪纲，荡然无统。陛下履位之初，当上应天心，下顺人欲。攘除外患，使中国之势尊，诛锄内奸，使君子之道长，以副道君皇帝付托之意。"召对延和殿，上迎谓纲曰："朕顷在东宫，见卿论水灾疏，今尚能诵乎。"李邺使金议割地，纲奏："祖宗疆土，当以死守，不可以尺寸与人。"钦宗嘉纳，除兵部侍郎。

靖康元年，以吴敏为行营副使，纲为参谋官。金将斡离不兵渡河，徽宗东幸，宰执议请上暂避敌锋。纲曰："道君皇帝掣宗社以授陛下，委而去之可乎？"上默然。太宰白时中谓都城不可守，纲曰："天下城池，岂有如都城者，且宗庙社稷、百官万民所在，舍此欲何之？"上顾宰执曰："策将安出？"纲进曰："今日之计，当整饬军马，固结民心，相与坚守，以待勤王之师。"上问谁可将者，纲曰："朝廷以高爵厚禄崇养大臣，盖将用之于有事之日。白时中、李邦彦等虽未必知兵，然籍其位号，抚将士以抗敌锋，乃其职也。"时中忿曰："李纲莫能将兵出战否？"纲曰："陛下不以臣庸懦，傥使治兵，愿以死报。"乃以纲为尚书右丞。

宰执犹守避敌之议。有旨以纲为东京留守，纲为上力陈所以不可去之意，且言："明皇闻潼关失守，即时幸蜀，宗庙朝廷毁于贼手，范祖禹以为其失在于不能坚守以待援。今四方之兵不日云集，陛下奈何轻举以蹈明皇之覆辙乎？"上意颇悟。会内侍奏中宫已行，上色变，仓卒降御榻曰："朕不能留矣。"纲泣拜，以死邀之。上顾纲曰："朕今为卿留。治兵御敌之事，专责之卿，勿令有疏虞。"纲皇恐受命。未几，复决意南狩，纲趋朝，则禁卫擐甲，乘舆已驾矣。纲急呼禁卫曰："尔等愿守宗社乎，愿从幸乎？"皆曰："愿死守。"纲入见曰："陛下已许臣留，复戒行何也？今六军父母妻子皆在都城，愿以死守，万一中道散归，陛下孰与为卫？敌兵已逼，知乘舆未远，以健马疾追，何以御之？"上感悟，遂命辍行。纲传旨语左右曰："敢复有言去者斩！"禁卫皆拜伏呼万岁，六军闻之，无不感泣流涕。

命纲为亲征行营使，以便宜从事。纲治守战之具，不数日而毕。敌兵攻城，纲身督战，募壮士缒城而下，斩酋长十余人，杀其众数千人。金人知有备，又闻上已内禅，乃退。求遣大臣至军中议和，纲请行。上遣李棁，纲曰："安危在此一举，臣恐李棁怯懦而误国事也。"上不听，竟使棁往。金人须金币以千万计，求割太原、中山、河间地，以亲王、宰相为质。棁受事目，不措一辞，还报。纲谓："所需金币，竭天下且不足，况都城乎？三镇，国之屏蔽，割之何以立国？至于遣质，即宰相当往，亲王不当往。若遣辩士姑与之议所以可不可者，宿留数日，大兵四集，彼孤军深入，虽不得所欲，亦将速归。此时而与之盟，则不敢轻中国，而和可久也。"宰执议不合，纲不能夺，求去。上慰谕曰："卿第出治兵，此事当徐议之。"纲退，则誓书已行，所求皆与之，以皇弟康王、少宰张邦昌为质。

时朝廷日输金币，而金人需求不已，日肆剽掠。四方勤王之师渐有至者，种师道、姚平仲亦以泾原、秦凤兵至。纲奏言："金人贪婪无厌，凶悖已甚，其势非用师不可。且敌兵号六万，而吾勤王之师集城下者已二十余万；彼以孤军入重地，犹虎豹自投槛阱中，当以计取之，不必与角一旦之力。若扼河津，绝饷道，分兵复畿北诸邑，而以重兵临敌营，坚壁勿战，如周亚夫所以困七国者。俟其食尽力疲，然后以一檄取誓书，复三镇，纵其北归，半渡而击之，此必胜之计也。"上深以为然，约日举事。

姚平仲勇而寡谋，急于要功，先期率步骑万人，夜斫敌营，欲生擒斡离不及取康王以归。夜半，中使传旨谕纲曰："姚平仲已举事，卿速援之。"纲率诸将旦出封丘门，与金人战幕天坡，以神臂弓射金人，却之。平仲竟以袭敌营不克，惧诛亡去。金使来，宰相李邦彦语之曰："用兵乃李纲、姚平仲，非朝廷意。"遂罢纲，以蔡懋代之。太学生陈东等诣阙上书，明纲无罪。军民不期而集者数十万，呼声动地，恚不得报，至杀伤内侍。帝亟召纲，纲入见，泣拜请死。帝亦泣，命纲复为尚书右丞，充京城四壁守御使。

始，金人犯城者，蔡懋禁不得辄施矢石，将士积愤，至是，纲下令能杀敌者厚赏，众无不奋跃。金人惧，稍稍引却，且得割三镇诏及亲王为质，乃退师。除纲知枢密院事。纲奏请用澶渊故事，遣兵护送，且戒诸将，可击则击之。乃以兵十万分道并进，将士受命，踊跃以行。先是，

金帅粘罕围太原，守将折可求、刘光世军皆败；平阳府义兵亦叛，导金人入南北关，取隆德府，至是，遂攻高平。宰相咎纲尽遣城下兵追敌，恐仓卒无措，急征诸将还。诸将已追及金人于刑、赵间，遽得还师之命，无不扼腕。比纲力争，复遣，而将士解体矣。

诏议迎太上皇帝还京。初，徽宗南幸，童贯、高俅等以兵扈从。既行，闻都城受围，乃止东南邮传及勤王之师。道路籍籍，言贯等为变。陈东上书，乞诛蔡京、蔡攸、童贯、朱勔、高俅、卢宗原等。议遣聂山为发运使往图之，纲曰："使山所图果成，震惊太上，此忧在陛下。万一不果，是数人者，挟太上于东南，求剑南一道，陛下将何以处之？莫若罢山之行，请于太上去此数人，自可不劳而定。"上从其言。

徽宗还次南都，以书问改革政事之故，且召吴敏、李纲。或虑太上意有不测，纲请行，曰："此无他，不过欲知朝廷事尔。"纲至，具道皇帝圣孝思慕，欲以天下养之意，请陛下早还京师。徽宗泣数行下，问："卿顷以何故去？"纲对曰："臣昨任左史，以狂妄论列水灾，蒙恩宽斧钺之诛，然臣当时所言，以谓天地之变，各以类应，正为今日攻围之兆。夫灾异变故，譬犹一人之身，病在五脏，则发于气色，形于脉息，善医者能知之。所以圣人观变于天地，而修其在我者，故能制治保邦，而无危乱之忧。"徽宗称善。又询近日都城攻围守御次第，语渐浃洽。徽宗因及行宫止通角等事，曰："当时恐金人知行宫所在，非有他也。"纲奏："方艰危时，两宫隔绝，朝廷设副行宫，亦岂能无不至者，在圣度烛之耳。"且言："皇帝仁孝，惟恐有一不当太上皇帝意者，每得诘问之诏，辄忧惧不食。臣窃譬之，家长出而强寇至，子弟之任家事者，不得不从宜措置。长者但当以其能保田园大计而慰劳之，苟诛及细故，则为子弟者，何所逃其责哉？皇帝传位之初，陛下巡幸，适当大敌入攻，为宗社计，庶事不得不小有更革。陛上回銮，臣谓宜有以大慰安皇帝之心，勿问细故可也。"徽宗感悟，出玉带、金鱼、象简赐纲，曰："行宫人得卿来皆喜，以此示朕意，卿可便服之。"且曰："卿辅助皇帝、捍守宗社有大功，若能调和父子间，使无疑阻，当遂书青史，垂名万世。"纲感泣再拜。

纲还，具道太上意。宰执进迎奉太上仪注，耿南仲议欲屏太上左右，车驾乃进。纲言："如此，是示之以疑也。天下之理，诚与疑、明与暗而已。自诚明而推之，可至于尧、舜；自疑暗而推之，其患有不可胜言者。耿南仲不以尧、舜之道辅陛下，乃暗而多疑。"南仲怫然曰："臣适见左司谏陈公辅，乃为李纲结士民伏阙者，乞下御史置对。"上愕然。纲曰："臣与南仲所论，国事也。南仲乃为此言，臣何敢复有所辨？愿以公辅事下吏，臣得乞身待罪。"章十余上，不允。

太上皇帝还，纲迎拜国门。翌日，朝龙德宫，退，复上章恳辞。上手诏谕意曰："乃者敌在近郊，士庶伏阙，一朝仓猝，众数十万，忠愤所激，不谋同辞，此岂人力也哉？不悦者造言，致卿不自安，朕深谅卿，不足介怀。巨敌方退，正赖卿协济艰难，宜勉为朕留。"纲不得已就职。

上备边御敌八事。

时北兵已去，太上还宫，上下恬然，置边事于不问。纲独以为忧，与同知枢密院事许翰议调防秋之兵。吴敏乞置详议司检详法制，以革弊政，诏以纲为提举官，南仲沮止之。纲奏："边患方棘，调度不给，宜稍抑冒滥，以足国用。谓如节度使至遥郡刺史，本以待勋臣，今皆以戚里恩泽得之；堂吏转官止于正郎，崇、观间始转至中奉大夫，今宜皆复旧制。"执政揭其奏通衢，以纲得士民心，欲因此离之。会守御司奏补副尉二人，御批有"大臣专权，浸不可长"语。纲奏："顷得旨给空名告敕，以便宜行事。二人有劳当补官，故具奏闻，乃遵上旨，非专权也。"

时太原围未解，种师中战没，师道病归，南仲曰："欲援太原，非纲不可。"上以纲为河东、北宣抚使。纲言："臣书生，实不知兵。在围城中，不得已为陛下料理兵事，今使为大帅，恐误国事。"因拜辞，不许。退而移疾，乞致仕，章十余上，不允。台谏言纲不可去朝廷，上以其为大臣游说，斥之。或谓纲曰："公知所以遣行之意乎？此非为边事，欲缘此以去公，则都人无辞耳。公坚卧不起，谗者益肆，上怒且不测，奈何？"许翰书"杜邮"二字遗纲，纲皇恐受命。上手书《裴度传》以赐，纲言："吴元济以区区环蔡之地抗唐室，与金人强弱固不相侔，而臣曾不足以望裴度万分之一。然寇攘外患可以扫除，小人在朝，蛊害难去。使朝廷既正，君子道长，则所以捍御外患者，有不难也。"因书裴度论元稹、魏洪简章疏要语以进，上优诏答之。

宣抚司兵仅万二千人，庶事未集，纲乞展行期。御批以为迁延拒命，纲上疏明其所以未可行者，且曰："陛下前以臣为专权，今以臣为拒命，方遣大帅解重围，而以专权、拒命之人为之，无乃不可乎？愿乞骸骨，解枢筦之任。"上趣召数四，曰："卿为朕巡边，便可还朝。"纲曰："臣之行，无复还之理。昔范仲淹以参政出抚西边，过郑州，见吕夷简。夷简曰：'参政岂可复还！'其后果然。今臣以愚直不容于朝，使既行之后，进而死敌，臣之愿也。万一朝廷执议不坚，臣当求去，陛下宜察臣孤忠，以全君臣之义。"上为之感动。及陛辞，言唐恪、聂山之奸，任之不已，后必误国。

进至河阳，望拜诸陵，复上奏曰："臣总师出巩、洛，望拜陵寝，潸然出涕。恭惟祖宗创业守成，垂二百年，以至陛下。适丁艰难之秋，强敌内侵，中国势弱，此诚陛下尝胆思报，厉精求治之日，愿深考祖宗之法，一一推行之。进君子，退小人，益固邦本，以图中兴，上以慰安九庙之灵，下为亿兆苍生之所依赖，天下幸甚！"

行次怀州，有诏罢减所起兵，纲奏曰："太原之围未解，河东之势甚危，秋高马肥，敌必深入，宗社安危，殆未可知。使防秋之师果能足用，不可保无敌骑渡河之警。况臣出使未几，朝廷尽改前诏，所团结之兵，悉罢减之。今河北、河东日告危急，未有一人一骑以副其求，甫集之兵又皆散遣，臣诚不足以任此。且以军法勒诸路起兵，而以寸纸罢之，臣恐后时有所号召，无复应者矣。"疏上，不报。御批日促解太原之围，而诸将承受御画，事皆专达，宣抚司徒有节制之名。纲上疏，极谏节制不专之弊。

时方议和，诏止纲进兵。未几，徐处仁、吴敏罢相而相唐恪，许翰罢同知枢密院而进聂山、陈过庭、李回等，吴敏复讁置涪州。纲闻之，叹曰："事无可为者矣！"即上奏丐罢。乃命种师道以同知枢密院事领宣抚司事，召纲赴阙。寻除观文殿学士、知扬州，纲具奏辞免。未几，以纲专主战议，丧师费财，落职提举亳州明道宫，责授保静军节度副使，建昌军安置；再谪宁江。

金兵再至，上悟和议之非，除纲资政殿大学士，领开封府事。纲行次长沙，被命，即率湖南勤王之师入援，未至而都城失守。先是，康王至北军，为金人所惮，求遣肃王代之。至是，康王开大元帅府，承制复纲故官，且贻书曰："方今生民之命，急于倒垂，谅非不世之才，何以协济事功。阁下学穷天人，忠贯金石，当投袂而起，以副苍生之望。"

高宗即位，拜尚书右仆射兼中书侍郎，趣赴阙。中丞颜岐奏："张邦昌为金人所喜，虽已为三公、郡王，宜更加同平章事，增重其礼；李纲为金人所恶，虽已命相，宜及其未至罢之。"章五上，上曰："如朕之立，恐亦非金人所喜。"岐语塞而退。岐犹遣人封其章示纲，觊以沮其来。上闻纲且至，遣官迎劳，锡宴，趣见于内殿。纲见上，涕泗交集，上为动容。因奏曰："金人不道，专以诈谋取胜，中国不悟，一切堕其计中。赖天命未改，陛下总师于外，为天下臣民之所推戴，内修外攘，还二圣而抚万邦，责在陛下与宰相。臣自视阙然，不足以副陛下委任之意，乞追寝成命。且臣在道，颜岐尝封示论江章，谓臣为金人所恶，不当为相。如臣愚蠢，但知有赵氏，不知有金人，宜为所恶。然谓臣材不足以任宰相则可，谓为金人所恶不当为相则不可。"因力辞。帝为出范宗尹知舒州。颜岐与祠。纲犹力辞，上曰："朕知卿忠义智略久矣，欲使敌国畏服，四方安宁，非相卿不可，卿其勿辞。"纲顿首泣谢，云：

臣愚陋无取，荷陛下知遇，然今日扶颠持危，图中兴之功，在陛下而不在臣。臣无左右先容，陛下首加识擢，付以宰柄，顾区区何足以仰副图任责成之意？然"靡不有初，鲜克有终"。臣孤立寡与，望察管仲害霸之言，留神于君子小人之间，使得以尽志毕虑，虽死无憾。昔唐明皇欲相姚崇，崇以十事要说，皆中一时之病。今臣亦以十事仰干天听，陛下度其可行者，赐之施行，臣乃敢受命。

一曰议国是。谓中国之御四裔，能守而后可战，能战而后可和，而靖康之末皆失之。今欲战则不足，欲和则不可，莫若先自治，专以守为策，俟吾政事修，士气振，然后可议大举。

二曰议巡幸。谓车驾不可不一到京师，见宗庙，以慰都人之心，度未可居，则为巡幸之计。以天下形势而观，长安为上，襄阳次之，建康又次之，皆当诏有司预为之备。

三曰议赦令。谓祖宗登极赦令，皆有常式。前日赦书，乃以张邦昌伪赦为法，如赦恶逆及罪废官尽复官职,皆泛滥不可行,宜悉改正以法祖宗。

四曰议僭逆。谓张邦昌为国大臣,不能临难死节,而挟金人之势易姓改号,宜正典刑,垂戒万世。

五曰议伪命。谓国家更大变,鲜仗节死义之士,而受伪官以屈膝于其庭者,不可胜数。昔肃宗平贼,污为伪命者以六等定罪,宜仿之以励士风。

六曰议战。谓军政久废,士气怯惰,宜一新纪律,信赏必罚,以作其气。

七曰议守。谓敌情狡狯,势必复来,宜于沿河、江、淮措置控御,以扼其冲。

八曰议本政。谓政出多门,纪纲紊乱,宜一归之于中书,则朝廷尊。

九曰议久任。谓靖康间进退大臣太速,功效蔑著,宜慎择而久任之,以责成功。

十曰议修德。谓上始膺天命,宜益修孝悌恭俭,以副四海之望,而致中兴。

翌日,班纲议于朝,惟僭逆、伪命二事留中不出。纲言:

二事乃今日政刑之大者。邦昌当道君朝,在政府者十年,渊圣即位,首擢为相。方国家祸难,金人为易姓之谋,邦昌如能以死节争,推明天下戴宋之义,以感动其心,敌人未必不悔祸而存赵氏。而邦昌方自以为得计,偃然正位号,处宫禁,擅降伪诏,以止四方勤王之师。及知天下之不与,不得已而后请元祐太后垂帘听政,而议奉迎。邦昌僭逆始末如此,而议者不同,臣请备论而以《春秋》之法断之。

夫都城之人德邦昌,谓因其立而得生,且免重科金银之扰。元帅府恕邦昌,谓其不待征讨而遣使奉迎。若天下之愤嫉邦昌者,则谓其建号易姓,而奉迎特出于不得已。都城德之,元帅府恕之,私也,天下愤嫉之,公也。《春秋》之法,人臣无将,将而必诛;赵盾不讨贼,则书为弑君。今邦昌已僭位号,敌退而止勤王之师,非特将与不讨贼而已。

刘盆子以汉宗室为赤眉所立,其后以十万众降光武,但待之以不死。邦昌以臣易君,罪大于盆子,不得已而自归,朝廷既不正其罪,又尊崇之,此何理也?陛下欲建中兴之业,而尊崇僭逆之臣,以示四方,其谁不解体?又伪命臣僚,一切置而不问,何以厉天下士大夫之节?

时执政中有论不同者,上乃召黄潜善等语之。潜善主邦昌甚力,上顾吕好问曰:"卿昨在围城中知其故,以为何如?"好问附潜善,持两端,曰:"邦昌僭窃位号,人所共知,既已自归,惟陛下裁处。"纲言:"邦昌僭逆,岂可使之在朝廷,使道路指目曰'此亦一天子'哉!"因泣拜曰:"臣不可与邦昌同列,当以笏击之。陛下必欲用邦昌,第罢臣。"上颇感动。伯彦曰曰:"李纲气直,吕等所不及。"乃诏邦昌谪潭州,吴幵、莫俦以下皆迁谪有差。纲又言:"近世士大夫寡廉鲜耻,不知君臣之义。靖康之祸,能仗节死义者,在内惟李若水,在外惟霍安国,愿加赠恤。"上从其请,仍诏有死节者,诸路询访以闻。上谓纲曰:"卿昨争张邦昌事,内侍辈皆泣涕,卿今可以受命矣。"纲拜

谢。有旨兼充御营使。入对,奏曰:

今国势不逮靖康间远甚,然而可为者,陛下英断于上,群臣辑睦于下,庶几靖康之弊革,而中兴可图。然非有规模而知先后缓急之序,则不能以成功。

夫外御强敌,内销盗贼,修军政,变士风,裕邦财,宽民力,改弊法,省冗官,诚号令以感人心,信赏罚以作士气,择帅臣以任方面,选监司、郡守以奉行新政,俟吾所以自治者政事已修,然后可以问罪金人,迎还二圣,此所谓规模也。至于所当急而先者,则在于料理河北、河东。盖河北、河东者,国之屏蔽也。料理稍就,然后中原可保,而东南可安。今河东所失者忻、代、太原、泽、潞、汾、晋,余郡犹存也。河北所失者,不过真定、怀、卫、浚四州而已,其余二十余郡,皆为朝廷守。两路士民兵将,所以戴宋者,其心甚坚,皆推豪杰以为首领,多者数万,少者亦不下万人。朝廷不因此时置司、遣使以大慰抚之,分兵以援其危急,臣恐粮尽力疲,坐为金人之困。虽怀忠义之心,援兵不至,危迫无告,必且愤怨朝廷,金人因得抚而用之,皆精兵也。

莫若于河北置招抚司,河东置经制司,择有材略者为之使,宣谕天子恩德、所以不忍弃两河于敌国之意。有能全一州、复一郡者,以为节度、防御、团练使,如唐方镇之制,使自为守。非惟绝其从敌之心,又可资其御敌之力,使朝廷永无北顾之忧,最今日之先务也。

上善其言,问谁可任者,纲荐张所、傅亮。所尝为监察御史,在靖康围城中,以蜡书募河北兵,士民得书,喜曰:"朝廷弃我,犹有一张察院能拔而用之。"应募者凡十七万人,由是所之声震河北。故纲以为招抚河北,非所不可。傅亮者,先以边功得官,尝治兵河朔。都城受围时,亮率勤王之兵三万人,屡立战功。纲察其智略可以大用,欲因此试之。上乃以所为河北招抚使,亮为河东经制副使。

皇子生,故事当肆赦。纲奏:"陛下登极,旷荡之恩独遗河北、河东,而不及勤王之师,天下觖望。夫两路为朝廷坚守,而赦令不及,人皆谓已弃之,何以慰忠臣义士之心?勤王之师在道路半年,摄甲荷戈,冒犯霜露,虽未效用,亦已劳矣。加以疾病死亡,恩恤不及,后有急难,何以使人乎?愿因今赦广示德意。"上嘉纳。于是两路知天子德意,人情翕然,间有以破敌捷书至者。金人围守诸郡之兵,往往引去。而山砦之兵,应招抚、经制二司募者甚众。

有许高、许亢者,以防河而通,谪岭南,至南康谋变,守倅戮之。或议其擅杀,纲曰:"高、亢受任防河,寇未至而通,沿途劫掠,甚于盗贼。朝廷不能正军法,而一守倅能行之,真健吏也。使受命捍贼而欲退走者,知郡县之吏皆得以诛之,其亦少知所戒乎!"上以为然,命转一官。开封守阙,纲以留守非宗泽不可,力荐之。泽至,抚循军民,修治楼橹,屡出师以挫敌。

纲立军法,五人为伍,伍长以牌书同伍四人姓名。二十五人为甲,甲正以牌书伍长五人姓名。百人为队,队将

以牌书甲正四人姓名。五百人为部,部将以牌书队将正副十人姓名。二千五百人为军,统制官以牌书部将正副十人姓名。命招置新军及御营司兵,并依新法团结,有所呼召、使令,按牌以遣。三省、枢密院置赏功司,受赂乞取者行军法,遇敌逃溃者斩,因而为盗贼者,诛及其家属。凡军政申明改更者数十条。

又奏步不足以胜骑,骑不足以胜车,请以车制颁京东、西,制造而教阅之。又奏造战舰,募水军,及询访诸路武臣材略之可任者以备用。又进三疏:一曰募兵,二曰买马,三曰募民出财以助兵费。谏议大夫宋齐愈闻而笑之,谓虞部员外郎张浚曰:"李丞相三议,无一可行者。"浚问之,齐愈曰:"民财不可尽括;西北之马不可得,而东南之马不可用;至于兵数,若郡增二千,则岁用千万缗,费将安出?齐愈将极论之。"浚曰:"公受祸自此始矣。"

时朝廷议遣使于金,纲奏曰:"尧、舜之道,孝悌而已,孝悌之至,可以通神明。陛下以二圣远狩沙漠,食不甘味,寝不安席,思迎还两宫,致天下养,此孝悌之至,而尧、舜之用心也。今日之事,正当枕戈尝胆,内修外攘,使刑政修而中国强,则二帝不俟迎请而自归。不然,虽冠盖相望,卑辞厚礼,恐亦无益。今所遣使,但当奉表通问两宫,致思慕之意可也。"上乃命纲草表,以周望、傅雱为二圣通问使,奉表以往。且乞降哀痛之诏,以感动天下,使同心协力,相与扶持,以致中兴。又乞省冗员,节浮费。上皆从其言。是时,四方溃兵为盗者十余万人,攻劫山东、淮南、襄汉之间,纲命将悉讨平之。

一日,论靖康时事,上曰:"渊圣勤于政事,省览章奏,至终夜不寐,然卒致播迁,何耶?"纲曰:"人主之职在知人,进君子而退小人,则大功可成,否则衡石程书,无益也。"因论靖康初朝廷应敌得失之策,且极论金人两至都城,所以能守不能守之故,因勉上以明恕尽人言,以恭俭足国用,以英果断大事。上皆嘉纳。又奏:"臣尝言车驾巡幸之所,关中为上,襄阳次之,建康为下。陛下纵未能行上策,犹当且适襄、邓,示不忘故都,以系天下之心。不然,中原非复我有,车驾还阙无期,天下之势遂倾不复振矣。"上为诏谕两京以还都之意,读者皆感泣。

未几,有诏欲幸东南避敌,纲极论其不可,言:"自古中兴之主,起于西北,则足以据中原而有东南,起于东南,则不能以复中原而有西北。盖天下精兵健马皆在西北,一旦委中原而弃之,岂惟金人将乘间以扰内地;盗贼亦将蜂起为乱,跨州连邑,陛下虽欲还阙,不可得矣,况欲治兵胜敌以归二圣哉?夫南阳光武之所兴,有高山峻岭可以控扼,有宽城平野可以屯兵;西邻关、陕,可以召将士;东达江、淮,可以运谷粟;南通荆湖、巴蜀,可以取财货;北距三都,可以遣救援。暂议驻跸,乃还汴都,策无出于此者。今乘舟顺流而适东南,固甚安便,第恐一失中原,则东南不能必其无事,虽欲退保一隅,不易得也。况尝降诏许留中原,人心悦服,奈何诏墨未干,遽失大信于天下!"上乃许幸南阳,而黄潜善、汪伯彦实阴上巡幸东南之议。客或有谓纲曰:"外论汹汹,咸谓东幸已决。"纲曰:"国之存亡,于是焉分,吾当以去就争之。"初,纲每有所论谏,其言虽切直,无不容纳,至是,所言常留中不报。已而迁纲尚书左仆射兼门下侍郎,黄潜善除右仆射兼中书侍郎。张所乞且置司北京,俟措置有绪,乃渡河。北京留守张益谦,潜善党也,奏招抚司之扰,又言自置司河北,盗贼益炽。纲言:"所尚留京师,益谦何以知其扰?河北民无所归,聚而为盗,岂由置司乃有盗贼乎?"

有旨令留守宗泽节制傅亮,即日渡河。亮言:"措置未就而渡河,恐误国事。"纲言:"招抚、经制,臣所建明,而张所、傅亮,又臣所荐用。今潜善、伯彦沮所及亮,所以沮臣。臣每览靖康大臣不和之失,事未尝不与潜善、伯彦议而后行,而二人设心如此,愿陛下虚心观之。"既而诏罢经制司,召亮赴行在。纲言:"圣意必欲罢亮,乞以御笔付潜善施行,臣得乞身归田。"纲退,而亮竟罢,乃再疏求去。上曰:"卿所争细事,胡乃尔?"纲言:"方今人材以将帅为急,恐非小事。臣昨议迁幸,与潜善、伯彦异,宜为所嫉。然臣东南人,岂不愿陛下东下为安便哉?顾一去中原,后患有不可胜言者。愿陛下以宗社为心,以生灵为意,以二圣未还为念,勿以臣去而改其议。臣虽去左右,不敢一日忘陛下。"泣辞而退。或曰:"公决于进退,于义得矣,如谗者何?"纲曰:"吾知尽事君之道,不可,则全进退之节,患祸非所恤也。"

初,二帝北行,金人议立异姓。吏部尚书王时雍问于吴幵、莫俦,二人微言敌意在张邦昌,时雍未以为然。适宋齐愈自敌所来,时雍又问之,齐愈取片纸书"张邦昌"三字,时雍意乃决,遂以邦昌姓名入议状。至是,齐愈论纲三事之非,不报。拟章将再上,其乡人嫌齐愈者,窃其草示纲。时方论僭逆附伪之罪,于是逮齐愈,齐愈不承,狱吏曰:"王尚书辈所坐不轻,然但迁岭南,大谏承乎,终不过逾岭尔。"齐愈引伏,遂戮之东市。张浚为御史,劾纲以私意杀侍从,且论其买马招军之罪。诏罢纲为观文殿大学士、提举洞霄宫。尚书右丞许翰言纲忠义,舍之无以佐中兴。会上召见陈东,东言:"潜善、伯彦不可任,纲不可去。"东坐诛。翰曰:"吾与东皆争李纲者,东戮都市,吾在庙堂,可乎?"遂求去。后有旨,纲落职居鄂州。

自纲罢,张所以罪去,傅亮以母病辞归,招抚、经制二司皆废。车驾遂东幸,两河郡县相继沦陷,凡纲所规画军民之政,一切废罢。金人攻京东、西,残毁关辅,而中原盗贼蜂起矣。

卷三百五十九
列传第一百一十八

李　纲　下

绍兴二年,除观文殿学士、湖广宣抚使兼知潭州。是时,荆湖江、湘之间,流民溃卒群聚为盗贼,不可胜计,多者至数万人,纲悉荡平之。上言:"荆湖、国之上流,其地数千里,诸葛亮谓之用武之国。今朝廷保有东南,控驭西北。如鼎、澧、岳、鄂若荆南一带，皆当屯宿重兵，倚为形势，使四川之号令可通，而襄、汉之声援可接，乃有恢复中原之渐。"议未及行，而谏官徐俯、刘斐劾纲，罢为提举西京崇福宫。

四年冬，金人及伪齐来攻，纲具防御三策，谓："伪齐悉兵南下，境内必虚。倪出其不意，电发霆击，捣颍昌以临畿甸，彼必震惧还救，王师追蹑，必胜之理，此上策也。若驻跸江上，号召上流之兵，顺流而下，以助声势，金鼓旌旗，千里相望，则敌人虽众，不敢南渡。然后以重师进屯要害之地，设奇邀击，绝其粮道，俟彼遁归，徐议攻讨，此中策也。万一借亲征之名，为顺动之计，使卒伍溃散，控扼失守，敌得乘间深入，州县望风奔溃，则其患有不可测矣。往岁，金人利在侵掠，又方时暑，势必还师，朝廷因得以还定安集。今伪齐导之而来，势不徒还，必谋割据。奸民溃卒从而附之，声势鸱张，苟或退避，则无以为善后之策。昔苻坚以百万众侵晋，而谢安以偏师破之。使朝廷措置得宜，将士用命，安知北敌不授首于我？顾一时机会所以应之者如何耳。望降臣章与二三大臣熟议之。"诏：纲所陈，今日之急务，付三省、枢密院施行。时韩世忠屡败金人于淮、楚间，有旨督刘光世、张俊统兵渡河，车驾进发至江上劳军。

五年，诏问攻战、守备、措置、绥怀之方，纲奏：

愿陛下勿以敌退为可喜，而以仇敌未报为可愤；勿以东南为可安，而以中原未复、赤县神州陷于敌国为可耻；勿以诸将屡捷为可贺，而以军政未修、士气未振而强敌犹得以潜逃为可虞。则中兴之期，可指日而俟。

议者或谓戎马既退，当遂用兵为大举之计，臣窃以为不然。生理未固，而欲浪战以侥幸，非制胜之术也。高祖先保关中，故能东向与项籍争。光武先保河内，故能降赤眉、铜马之属。肃宗先保灵武，故能破安、史而复两京。今朝廷以东南为根本，将士暴露之久，财用调度之烦，民力科取之困，苟不大修守备，痛自料理，先为自固之计，何以能万全而制敌？

议者又谓敌人既退，当且保据一隅，以苟目前之安，臣又以为不然。秦师三伐晋，以报殽之师；诸葛亮佐蜀，连年出师以图中原，不如是，不足以立国。高祖在汉中，谓萧何曰：'吾亦欲东。'光武破隗嚣，既平陇，复望蜀。此皆以天下为度，不如是，不足以混一区宇，戡定祸乱。况祖宗境土，岂可坐视沦陷，不务恢复乎？今岁不征，明年不战，使敌势益张，而吾之所纠合精锐士马，日以损耗，何以图敌？谓宜于防守既固、军政既修之后，即议攻讨，乃为得计。此二者，守备、攻战之序也。

至于守备之宜，则当料理淮南、荆襄，以为东南屏蔽。夫六朝之所以能保有江左者，以强兵巨镇，尽在淮南、荆襄间。故以魏武之雄，苻坚、石勒之众，宇文、拓拔之盛，卒不能窥江表。后唐李氏有淮南，则可以都金陵，其后淮南为周世宗所取，遂以削弱。近年以来，大将拥重兵于江南，官吏守空城于江北，虽有天险而无战舰水军之制，故敌人得以侵扰窥伺。今当于淮之东西及荆襄置三大帅，屯重兵以临之，分遣偏师，进守支郡，加以战舰水军，上连下接，自为防守。敌虽多，不敢轻犯，则藩篱之势盛而无穷之利也。有守备矣，然后议攻战之利，分责诸路，因利乘便，收复京畿，以及故都。断必以为之志而勿失机会，则以弱为强，取威定乱于一胜之间，逆臣可诛，强敌可灭，攻战之利，莫大于是。

若夫万乘所居，必择形胜以为驻跸之所，然后能制服中外，以图事业。建康自昔号帝王之宅，江山雄壮，地势宽博，六朝更都之。臣昔举天下形势而言，谓关中为上，今以东南形势而言，则当以建康为便。今者，銮舆未复旧都，莫若且于建康权宜驻跸。愿诏守臣治城池，修宫阙，立官府，创营壁，使粗成规模，以待巡幸。盖有城池然后人心不恐，有官府然后政事可修，有营垒然后士卒可用，此措置之所当先也。

至于西北之民，皆陛下赤子，荷祖宗涵养之深，其心未尝一日忘宋。特制于强敌，陷于涂炭，而不能以自归。天威震惊，必有结纳来归、愿为内应者。宜给之土田，予以爵赏，优加抚循，许其自新，使陷溺之民知所依怙，莫不感悦，益坚戴宋之心，此绥怀之所当先也。

臣窃观陛下有聪明睿智之姿，有英武敢为之志，然自临御，迄今九年，国不辟而日蹙，事不立而日坏，将骄而难御，卒惰而未练，国用匮而无赢余之蓄，民力困而无休息之期。使陛下忧勤虽至，而中兴之效，邈乎无闻，则群臣误陛下之故也。

陛下观近年以来所用之臣，慨然敢以天下之重自任者几人？平居无事，小廉曲谨，似可无过，忽有扰攘，则错愕无所措手足，不过奉身而退，天下忧危之重，委之陛下而已。有臣如此，不知何补于国，而陛下亦安取此？夫用人如用医，必先知其术业可以已病，乃可使之进药而责成功。今不详究其术业而姑试之，则虽日易一医，无补于病，徒加疾而已。大概近年，闲暇则以和议为得计，而治兵以失策，仓卒则以退避为爱君，而以进御为误国。上下偷安，不为长久之计。天步艰难，国势益弱，职此之由。

今天启宸衷，悟前日和议退避之失，亲临大敌。天威所临，使北军数十万之众，震怖不敢南渡，潜师宵奔。则和议之与治兵，退避之与进御，其效概可睹矣。然敌兵虽退，未大惩创，安知其秋高马肥，不再来扰我疆场，使疲于奔命哉？

臣夙夜为陛下思所以为善后之策，惟自昔创业、中兴之主，必躬冒矢石，履行阵而不避。故高祖既得天下，击韩王信、陈豨、黥布，未尝不亲行。光武自即位至平公孙述，十三年间，无一岁不亲征。本朝太祖、太宗，定惟扬，平泽、潞，下河东，皆躬御戎辂；真宗亦有澶渊之行，措天下于大安。此所谓始忧勤而终逸乐也。

若夫退避之策，可暂而不可常，可一而不可再，退一步则失一步,退一尺则失一尺。往时自南都退而至惟扬,则关陕、河北、河东失矣;自惟扬退而至江、浙,则京东、西失矣。万有一敌骑南牧,复将退避。不知何所适而可乎?航海之策,万乘冒风涛不测之险,此又不可之尤者也。惟当于国家闲暇之时,明政刑,治军旅,选将帅,修车马,备器械,峙糗粮,积金帛。敌来则御,俟时而奋,以光复祖宗之大业,此最上策也。臣愿陛下自今以往,勿复为退避之计,可乎?

臣又观古者敌国善邻,则有和亲,仇雠之邦,鲜复遣使。岂不以衅隙既深,终无讲好修睦之理故耶?东晋渡江,石勒遣使于晋,元帝命焚其币而却其使。彼遣使来,且犹却之,此何可往?假道僭伪之国,其自取辱,无补于事,祇伤国体。金人造衅之深,知我必报,其措意为何如?而我方且卑辞厚币,屈体以求之,其不推诚以见信,决矣。器币礼物,所费不赀,使轺往来,坐索士气,而又邀我以必不可从之事,制我以必不敢为之谋,是和卒不成,而徒为此扰扰也。非特如此,于吾自治自强之计,动辄相妨,实有所害。金人二十余年,以此策破契丹、困中国,而终莫之悟。夫辨是非利害者,人心所同,岂真不悟哉?聊复用此以侥幸万一,曾不知为吾害者甚大,此古人所谓几何侥幸而不丧人之国者也。臣愿自今以往,勿复遣和议之使,可乎?

二说既定,择所当为者,一切以至诚为之。俟吾之政事修,仓廪实,府库充,器用备,士气振,力可有为,乃议大举,则兵虽未交,而胜负之势已决矣。

抑臣闻朝廷者根本也,藩方者枝叶也,根本固则枝叶蕃,朝廷者腹心也,将士者爪牙也,腹心壮则爪牙奋。今远而强敌,近而伪臣,国家所仰以为捍蔽者在藩方,所资以致攻讨者在将士,然根本腹心则在朝廷。惟陛下正心以正朝廷百官,使君子小人各得其分,则是非明,赏罚当,自然藩方协力,将士用命,虽强敌不足畏,逆臣不足忧,此特在陛下方寸之间耳。

臣昧死上条六事:一曰信任辅弼,二曰公选人材,三曰变革士风,四曰爱惜日力,五曰务尽人事,六曰寅畏天威。

何谓信任辅弼?夫兴衰拨乱之主,必有同心同德之臣相与有为,如元首股肱之于一身,父子兄弟之于一家,乃能协济。今陛下选于众以图任,遂能捍御大敌,可谓得人矣。然臣愿陛下待以至诚,无事形迹,久任以责成功,勿使小人得以间之,则君臣之美,垂于无穷矣。

何谓公选人才?夫治天下者,必资于人才,而创业、中兴之主,所资尤多。何则?继体守文,率由旧章,得中庸之才,亦足以共治;至于艰难之际,非得卓荦瑰伟之才,则未易有济。是以大有为之主,必有不世出之才,参赞翊佐,以成大业。然自昔抱不群之才者,多为小人之所忌嫉,或中之以黯暗,或指之为

党与,或诬之以大恶,或摘之以细故。而以道事君者,不可则止,难于自进,耻于自明,虽负深谤、遭深谴,安于义命,不复自辨。苟非至明之主,深察人之情伪,安能辨其非幸哉?陛下临御以来,用人多矣,世之所许以为端人正士者,往往闲废于无用之地;而陛下瘝瘝侧席,有乏材之叹,盍少留意而致察焉!

何谓变革士风?夫用兵之与士风,似不相及,而实相为表里。士风厚则议正而是非明,朝廷赏罚当功罪而人心服,考之本朝嘉祐、治平以前可知已。数十年来,奔竞日进,论议徇私,邪说利口,足以惑人主之听。元祐大臣,持正论如司马光之流,皆社稷之臣也,而群枉嫉之,指为奸党,颠倒是非,政事大坏,驯致靖康之变,非偶然也。窃观近年士风尤薄,随时好恶,以取世资,渝讹成风,岂朝廷之福哉?大抵朝廷设耳目及献纳论思之官,固许之以风闻,至于大故,必须核实而后言。使其无实,则诬人之罪,服谗搜慝,得以中害善良,皆非所以修政也。

何谓爱惜日力?夫创业、中兴,如建大厦,堂室奥序,其规模可一日而成,鸠工聚材,则积累非一日所致。陛下临御,九年于兹,境土未复,僭逆未诛,仇敌未报,尚稽中兴之业者,诚以始不为之规模,而后不为之积累故也。边事粗定之时,朝廷所推行者,不过簿书期会不切之细务,至于攻讨防守之策,国之大计,皆未尝留意。夫天下无不可为之事,亦无不可为之时。惟失其时,则事之小者日益大,事之易者日益难矣。

何谓尽人事?天人之道,其实一致,人之所为,即天之所为也。人事尽于前,则天理应于后,此自然之符也。故创业、中兴之主,尽其在我,而以其成功归之于天。今未尝尽人事,敌至而先自退屈,而欲责功于天,其可乎?臣愿陛下诏二三大臣,协心同力,尽人事以听天命,则恢复土宇,剪屠鲸鲵,迎还两宫,必有日矣。

何谓寅畏天威?夫天之于王者,犹父母之于子,爱之至,则所以为之戒者亦至。故人主之于天戒,必恐惧修省,以致其寅畏之诚。比年以来,荧惑失次,太白昼见,地震水溢,或久阴不雨,或久雨不霁,或当暑而寒,乃正月之朔,日有食之。此皆天意眷佑陛下,丁宁反覆,以致告戒。惟陛下推至诚之意,正厥事以应之,则变灾而为祥矣。

凡此六者,皆中兴之业所关,而陛下所当先务者。

今朝廷人才不乏,将士足用,财用有余,足为中兴之资。陛下春秋鼎盛,欲大有为,何施不可?要在改前日之辙,断而行之耳。昔唐太宗谓魏徵为敢言,徵谢曰:"陛下导臣使言,不然,其敢批逆鳞哉。"今臣无魏徵之敢言,然展尽底蕴,亦思虑之极也。惟陛下赦其愚直,而取其拳拳之忠。

疏奏,上为赐诏褒谕。除江西安抚制置大使兼知洪州。有旨,赴行在奏事毕之官。六年,纲至,引对内殿。朝廷方

锐意大举，纲陛辞，言今日用兵之失者四，措置未尽善者五，宜预备者三，当善后者二。

时宋师与金人、伪齐相持于淮、泗者半年，纲奏："两兵相持，非出奇不足以取胜。愿速遣骁将，自淮南约岳飞为掎角，夹击之，大功可成。"已而宋师屡捷，刘光世、张俊、杨沂中大破伪齐兵于淮、肥之上。

车驾进发幸建康。纲奏乞益饬战守之具，修筑沿淮城垒，且言："愿陛下勿以去冬骤胜而自息，勿以目前粗定而自安，凡可以致中兴之治者无不为，凡可以害中兴之业者无不去。要以修政事，信赏罚，明是非，别邪正，招徕人材，鼓作士气，爱惜民力，顺导众心为先。数者既备，则将帅辑睦，士卒乐战，用兵其有不胜者哉？"

淮西郦琼以全军叛归刘豫，纲指陈朝廷有措置失当者、深可痛惜者及当监前失以图方来者凡十有五事，奏之。张浚引咎去相位，言者引汉武诛王恢为比。纲奏曰："臣窃见张浚罢相，言者引武帝诛王恢事以为比。臣恐智谋之士卷舌而不谈兵，忠义之士扼腕而无所发愤，将士解体而不用命，州郡望风而无坚城，陛下将谁与立国哉？张浚措置失当，诚为有罪，然其区区徇国之心，有可矜者。愿少宽假，以责来效。"

时车驾将幸平江，纲以为平江去建康不远，徒有退避之名，不宜轻动。复具奏曰：

"臣闻自昔用兵以成大业者，必先固人心，作士气，据地利而不肯退，尽人事而不肯屈。是以楚、汉相距于荥阳、成皋间，高祖虽屡败，不退尺寸之地；既割鸿沟，羽引而东，遂有垓下之亡。曹操、袁绍战于官渡，操虽兵弱粮乏，苟或止其退避；既焚绍辎重，绍引而归，遂丧河北。由是观之，今日之事，岂可因一叛将之故，望风怯敌，遽自退屈？果出此谋，六飞回驭之后，人情动摇，莫有固志，士气销缩，莫有斗心。我退彼进，使敌马南渡，得一邑则守一邑，得一州则守一州，得一路则守一路；乱臣贼子，黠吏奸氓，从而附之，虎踞鸱张，虽欲如前日返驾还辕，复立朝廷于荆棘瓦砾之中，不可得也。

借使敌骑冲突，不得已而权宜避之，犹为有说。今疆场未有警急之报，兵将初无不利之失，朝廷正可惩往事，修军政，审号令，明赏刑，益务固守。而遽为此扰扰，弃前功，蹈后患，以自趋于祸败，岂不重可惜哉！

八年，王伦使北还，纲闻之，上疏曰：

臣窃见朝廷遣王伦使金国，奉迎梓宫。今伦之归，与金使偕来，乃以"诏谕江南"为名，不著国号而曰"江南"，不云"通问"而曰"诏谕"，此何礼也？臣请试为陛下言之。金人毁宗社，逼二圣，而陛下应天顺人，光复旧业。自我视彼，则仇雠也；自彼视我，则腹心之疾也，岂复有可和之理？然而朝廷遣使通问，冠盖相望于道，卑辞厚币，无所爱惜者，以二圣在其域中，为亲屈己，不得已而然，犹有说也。至去年春，两宫凶问既至，遣使以迎梓宫，亟往遄返，初不得其要领。今伦使事，初以奉迎梓宫为指，而金使之来，乃以诏谕江南为名。循名责实，已自乖戾，则其所以罔朝廷而生后患者，不待诘而可知。

臣在远方，虽不足以知其曲折，然以愚意料之，金以此名遣使，其邀求大略有五：必降诏书，欲陛下屈体降礼以听受，一也。必有赦文，欲朝廷宣布，班示郡县，二也。必立约束，欲陛下奉藩称臣，禀其号令，三也。必求岁赂，广其数目，使我坐困，四也。必求割地，以江为界，淮南、荆襄、四川，尽欲得之，五也。此五者，朝廷从其一，则大事去矣。

金人变诈不测，贪婪无厌，纵使听其诏令，奉藩称臣，其志犹未已也。必继有号令，或使亲迎梓宫，或使单车入觐，或使移易将相，或改革政事，或竭取租赋，或朘削土宇。从之则无有纪极，一不从则前功尽废，反为兵端。以为权时之宜，听其邀求，可以无后悔者，非愚则诬也。使国家之势单弱，果不足以自振，不得已而为此，固犹不可，况土宇之广犹半天下，臣民之心戴宋不忘，与有识者谋之，尚足以有为，岂可忘祖宗之大业，生灵之属望，弗虑弗图，遽自屈服，冀延旦暮之命哉？

臣愿陛下特留圣意，且勿轻许，深诏群臣，讲明利害、可以久长之策，择其善而从之。

疏奏，虽与众论不合，上不以为忤，曰："大臣当如此矣。"

九年，除知潭州、荆湖南路安抚大使，纲具奏力辞，曰："臣迂疏无周身之术，动致烦言。今者罢自江西，为日未久，又蒙渝被，畀以帅权。昔汉文帝闻季布贤，召之，既而罢归，布曰：'陛下以一人之誉召臣，一人之毁去臣，臣恐天下有以窥陛下之浅深。'顾臣区区进退，何足少多。然数年之间，亟奋亟踬，上累陛下知人任使之明，实有系于国体。"诏以纲累奏，不欲重违，遂允其请。次年薨，年五十八。讣闻，上为轸悼，遣使赙赠，抚问其家，给丧葬之费。赠少师，官其亲族十人。

纲负天下之望，以一身用舍为社稷生民安危。虽身或不用，用有不久，而其忠诚义气，凛然动乎远迩。每宋使至燕山，必问李纲、赵鼎安否，其为远人所畏服如此。纲有著《易传》内篇十卷、外篇十二卷，《论语详说》十卷，文章、歌诗、奏议百余卷，又有《靖康传信录》、《奉迎录》、《建炎时政记》、《建炎进退志》、《建炎制诏表札集》、《宣抚荆广记》、《制置江右录》。

论曰：以李纲之贤，使得毕力殚虑于靖康、建炎间，莫或挠之，二帝何至于北行，而宋岂至为南渡之偏安哉？夫用君子则安，用小人则危，不易之理也。人情莫不喜安而恶危。然纲居相位仅七十日，其谋数不见用，独于黄潜善、汪伯彦、秦桧之言，信而任之，恒若不及，何高宗之见，与人殊哉？纲虽屡斥，忠诚不少贬，不以用舍为语默，若赤子之慕其母，怒呵犹嗷嗷焉挽其裳裾而从之。呜呼，中兴功业之不振，君子固归之天，若纲之心，其可谓非诸葛孔明之用心欤？

卷三百六十
列传第一百一十九

宗泽　赵鼎

宗泽。字汝霖，婺州义乌人。母刘，梦天大雷电，光烛其身，翌日而泽生。泽自幼豪爽有大志，登元祐六年进士第。廷对极陈时弊，考官恶直，置末甲。

调大名馆陶尉。吕惠卿帅鄜延，檄泽与邑令视河埽，檄至，泽适丧长子，奉檄遽行。惠卿闻之，曰："可谓国尔忘家者。"适朝廷大开御河，方于隆冬，役夫僵仆于道，中使督之急。泽曰浚河细事，乃上书其帅曰："时方凝寒，徒苦民而功未易集，少需之，至初春可不扰以办。"卒用其言上闻，从之。惠卿辟为属，辞。

调衢州龙游令。民未知学，泽为建庠序，设师儒，讲论经术，风俗一变，自此擢科者相继。调晋州赵城令。下车，请升县为军，书闻，不尽如所请。泽曰："承平时固无虑，它日有警，当知吾言矣。"知莱州掖县。部使者得旨市牛黄，泽报曰："方时疫疠，牛饮其毒则结为黄。今和气横流，牛安得黄？"使者怒，欲劾邑官。泽曰："此泽意也。"独衔以闻。通判登州。境内官田数百顷，皆不毛之地，岁输万余缗，率横取于民，泽奏免之。

朝廷遣使由登州结女真，盟海上，谋夹攻契丹，泽语所亲曰："天下自是多事矣。"退居东阳，结庐山谷间。靖康元年，中丞陈过庭等列荐，假宗正少卿，充和议使。泽曰："是行不生还矣。"或问之，泽曰："敌能悔过遣师固善，否则安能屈节北庭以辱君命乎。"议者谓泽刚方不屈，恐害和议，上不遣，命知磁州。

时太原失守，官两河者率托故不行。泽曰："食禄而避难，不可也。"即日单骑就道，从赢卒十余人。磁经敌骑蹂躏之余，人民逃徙，帑廪枵然。泽至，缮城壁，浚隍池，治器械，募义勇，始为固守不移之计。上言："邢、洺、磁、赵、相五州各蓄精兵二万人，敌攻一郡则四郡皆应，是一郡之兵常有十万人。"上嘉之，除河北义兵都总管。金人破真定，引兵南取庆源，自李固渡渡河，恐泽兵蹑其后，遣数千骑直扣磁州城。泽擐甲登城，令壮士以神臂弓射走之，开门纵击，斩首数百级。所获羊马金帛，悉以赏军士。

康王再使金，行至磁，泽迎谒曰："肃王一去不反，今敌又诡辞以致大王，愿勿行。"王遂回相州。有诏以泽为副元帅，从王起兵入援。泽言宜急会兵李固渡，断敌归路，众不从，乃自将兵趋渡，道遇北兵，遣秦光弼、张德夹击，大破之。金人既败，乃留兵分屯。泽遣壮士夜捣其军，破三十余砦。

时康王开大元帅府，檄兵会大名。泽履冰渡河见王，谓京城受围日久，入援不可缓。会签书枢密院事曹辅赍蜡封钦宗手诏，至自京师，言和议可成。泽曰："金人狡谲，是欲款我师尔。君父之望入援，何啻饥渴，宜急引军直趋澶渊，次第进垒，以解京城之围。万一敌有异谋，则吾兵已在城下。"汪伯彦等难之，劝王遣泽先行，自是泽不得预府中谋议矣。

二年正月，泽至开德，十三战皆捷，以书劝王檄诸道兵会京城。又移书北道总管赵野、河东北路宣抚范讷、知兴仁府曾懋合兵入援。三人皆以泽为狂，不答。泽以孤军进，都统陈淬言敌方炽，未可轻举。泽怒，欲斩之，诸将乞贷淬，使得效死。泽命淬进兵，遇金人，败之。金人攻开德，泽遣孔彦威与战，又败之。泽度金人必犯濮，先遣三千骑往援，金人果至，败之。金人复向开德，权邦彦、孔彦威合兵夹击，又大败之。

泽兵进至卫南，度将孤兵寡，不深入不能成功。先驱云前有敌营，泽挥众直前与战，败之。转战而东，敌益生兵至，王孝忠战死，前后皆敌垒。泽下令曰："今日进退等死，不可不从死中求生。"士卒知必死，无不一当百，斩首数千级。金人大败，退却数十余里。泽计敌众十倍于我，今一战而却，势必复来，使悉其铁骑夜袭吾军，则危矣。乃暮徙其军。金人夜至，得空营，大惊，自是惮泽，不敢复出兵。泽出其不意，遣兵过大河袭击，败之。王承制以泽为徽猷阁待制。

时金人逼二帝北行，泽闻，即提军趋滑，走黎阳，至大名，欲径渡河，据金人归路邀还二帝，而勤王之兵卒无一至者。又闻张邦昌僭位，欲先行诛讨。会得大元帅府书，约移师近都，按甲观变。泽复书于王曰："人臣岂有服赭袍、张红盖、御正殿者乎？自古奸臣皆外为恭顺而中藏祸心，未有窃据宝位、改元肆赦、恶状昭著若邦昌者。今二圣、诸王悉渡河而北，惟大王在济，天意可知，宜亟行天讨，兴复社稷。"且言："邦昌伪赦，或启奸雄之意，望遣使分谕诸路，以定民心。"又上书言："今天下所属望者在于大王，大王行之得其道，则有以慰天下之心。所谓道者，近刚正而远柔邪，纳谏净而拒谀佞，尚恭俭而抑骄侈，体忧勤而忘逸乐，进公实而退私伪。"因累表劝进。王即帝位于南京，泽入见，涕泗交颐，陈兴复大计。时与李纲同入对，相见论国事，慷慨流涕，纲奇之。上欲留泽，潜善等沮之。除龙图阁学士、知襄阳府。

时金人有割地之议，泽上疏曰："天下者，太祖、太宗之天下，陛下当兢兢业业，思传之万世，奈何遽议割河之东、西，又议割陕之蒲、解乎。自金人再至，朝廷未尝命一将、出一师，但闻奸邪之臣，朝进一言以告和，暮入一说以乞盟，终致二圣北迁，宗社蒙耻。臣意陛下赫然震怒，大明黜陟，以再造王室。今即位四十日矣，未闻有大号令，但见刑部指挥云'不得腾播赦文于河之东、西，陕之蒲、解'者，是褫天下忠义之气，而自绝其民也。臣虽驽怯，当躬冒矢石为诸将先，得捐躯报国恩足矣。"上览其言壮之。改知青州，时年六十九矣。

开封尹阙，李纲言绥复旧都，非泽不可。寻徙知开封府。时敌骑留屯河上，金鼓之声，日夕相闻，而京城楼橹尽废，兵民杂居，盗贼纵横，人情恟恟。泽威望素著，既至，首捕诛舍贼者数人。下令曰："为盗者，赃无轻重，并从军法。"由是盗贼屏息，民赖以安。

王善者，河东巨寇也。拥众七十万、车万乘，欲据京城。泽单骑驰至善营，泣谓之曰："朝廷当危难之时，使有如公一二辈，岂复有敌患乎。今日乃汝立功之秋，不可失也。"善感泣曰："敢不效力。"遂解甲降。时杨进号没角牛，兵三十万，王再兴、李贵、王大郎等各拥众数万，往来京西、淮南、河南、北，侵掠为患。泽遣人谕以祸福，悉招降之。上疏请上还京。俄有诏：荆、襄、江、淮悉备巡幸。泽上疏言："开封物价市肆，渐同平时。将士、农民、商旅、士大夫之怀忠义者，莫不愿陛下亟归京师，以慰人心。其唱为异议者，非为陛下忠谋，不过如张邦昌辈，阴与金人为地尔。"除延康殿学士、京城留守、兼开封尹。

时金遣人以使伪楚为名，至开封府，泽曰："此名为使，而实觇我也。"拘其人，乞斩之。有诏所拘金使延置别馆，泽曰："国家承平二百年，不识兵革，以敌国诞谩为可凭信，恬不置疑。不惟不严攻讨之计，其有实欲贾勇思敌所忾之人，士大夫不以为狂，则以为妄，致有前日之祸。张邦昌、耿南仲辈所为，陛下所亲见也。今金人假使伪楚，来觇虚实，臣愚乞斩之，以破其奸。而陛下惑于人言，令迁置别馆，优加待遇，臣愚不敢奉诏，以彰国弱。"上乃亲札谕泽，竟纵遣之。言者附潜善意，皆以泽拘留金使为非。尚书左丞许景衡抗疏力辨，且谓："泽之为尹，威名政绩，卓然过人，今之缙绅，未见其比。乞厚加任使，以成御敌治民之功。"

真定、怀、卫间，敌兵甚盛，方密修战具为入攻之计，而将相恬不为虑，不修武备，泽以为忧。乃渡河约诸将共议事宜，以图收复，而于京城四壁，各置使以领招集之兵。又据形势立坚壁二十四所于城外，沿河鳞次为连珠砦，连结河东、河北山水砦忠义民兵，于是陕西、京东西诸路人马咸愿听泽节制。有诏如淮甸。泽上表谏，不报。

秉义郎岳飞犯法将刑，泽一见奇之，曰："此将材也。"会金人攻汜水，泽以五百骑授飞，使立功赎罪。飞大败金人而还，遂升飞为统制，飞由是知名。

泽视师河北还，上疏言："陛下尚留南都，道路籍籍，咸以为陛下舍宗庙朝廷，使社稷无依，生灵失所仰戴。陛下宜亟回汴京，以慰元元之心。"不报。复抗疏言："国家结好金人，欲以息民，卒之劫掠侵欺，靡所不至，是守和议果不足以息民也。当时固有阿意顺旨以叨富贵者，亦有不相诡随以获罪戾者。陛下观之，昔富贵者为是乎？获罪戾者为是乎？今之言迁幸者，犹前之言和议为可行者也；今之言不可迁者，犹前日之言和议不可行者也。惟陛下熟思而审用之。且京师二百年积累之基业，陛下奈何轻弃以遗敌国乎。"

诏遣官迎奉六宫往金陵，泽上疏曰："京师，天下腹心也。两河虽未敉宁，特一手臂之不信尔。今遽欲去之，非惟一臂之弗瘳，且并与腹心而弃之矣。昔景德间，契丹寇澶渊，王钦若江南人，即劝幸金陵，陈尧叟蜀人，即劝幸成都，惟寇准毅然请亲征，卒用成功。臣何敢望寇准，然不敢不以章圣望陛下。"又条上五事，其一言黄潜善、汪伯彦赞南幸之非。泽前后建议，经从三省、枢密院，辄为潜善等所抑，每见泽奏疏，皆笑以为狂。

金将兀术渡河，谋攻汴京。诸将请先断河梁，严兵自固，泽笑曰："去冬，金骑直来，正坐断河梁耳。"乃命部将刘衍趋滑、刘达趋郑，以分敌势，戒诸将极力保护河梁，以俟大兵之集。金人闻之，夜断河梁遁去。二年，金人自郑抵白沙，去汴京密迩，都人震恐。僚属入问计，泽方对客围棋，笑曰："何事张皇，刘衍等在外必能御敌。"乃选精锐数千，使绕出敌后，伏其归路。金人方与衍战，伏兵起，前后夹击之，金人果败。

金将黏罕据西京，与泽相持。泽遣部将李景良、阎中立、郭俊民领兵趋郑，遇敌大战，中立死之，俊民降，景良遁去。泽捕得景良，谓曰："不胜，罪可恕；私自逃，是无主将也。"斩其首以徇。既而俊民与金将史姓者及燕人何仲祖等持书来招泽，泽数俊民曰："汝失利死，尚为忠义鬼，今反为金人持书相诱，何面目见我乎。"斩之，谓史曰："我受此土，有死而已。汝为人将，不能以死敌我，乃欲以儿女子语诱我乎。"亦斩之。谓仲祖胁从，贷之。刘衍还，金人复入滑，部将张㧑请往救，泽选兵五千付之，戒毋轻战以需援。㧑至滑迎战，敌骑十倍，诸将请少避其锋，㧑曰："避而偷生，何面目见宗公。"力战死之。泽闻㧑急，遣王宣领骑五千救之。㧑死二日，宣始至，与金人大战，破走之。泽迎㧑丧归，恤其家，以宣权知滑州，金人自是不复犯东京。

山东盗起，执政谓其多以义师为名，请下令止勤王。泽疏曰："自敌围京城，忠义之士愤懑争奋，广之东西、湖之南北、福建、江、淮，越数千里，争先勤王。当时大臣无远识大略，不能抚而用之，使之饥饿困穷，弱者填沟壑，强者为盗贼。此非勤王者之罪，乃一时措置乖谬所致耳。今河东、西不从敌国而保山砦者，不知其几；诸处节义之夫，自黥其面而争先救驾者，复不知其几。此诏一出，臣恐草泽之士一旦解体，仓卒有急，谁复有愿忠效义之心哉。"

王策者，本辽酋，为金将，往来河上。泽擒之，解其缚坐堂上，为言："契丹本宋兄弟之国，今女真辱吾主，又灭而国，义当协谋雪耻。"策感泣，愿效死。泽因问敌国虚实，尽得其详，遂决大举之计，召诸将谓曰："汝等有忠义心，当协谋剿敌，期还二圣，以立大功。"言讫泣下，诸将皆泣听命。金人战不利，悉引兵去。

泽疏谏南幸，言："臣为陛下保护京城，自去年秋冬至于今春，又三月矣。陛下不早回京城，则天下之民何所依戴。"除资政殿学士。又遣子颖诣行阙上疏曰："天下之事，见几而为，待时而动，则事无不成。今收复伊、洛而金酋渡河，捍蔽滑台而敌国屡败，河东、河北山砦义民，引领举踵，日望官兵之至。以几以时而言之，中兴之兆可见，而金人灭亡之期可必，在陛下见几乘时而已。"又言："昔楚人城郢，史氏鄙之。今闻有旨于仪真教习水战，是规规为偏霸之谋，非可鄙之甚者乎？传闻四方，必谓中原不守，遂为江宁控扼之计耳。"

先是，泽去磁，以州事付兵马钤辖李侃，统制赵世隆杀之。至是，世隆及弟世兴以兵三万来归，众惧其变，泽曰："世隆本吾一校尔，何能为。"世隆至，责之曰："河北陷没，吾宋法令与上下之分亦陷没邪？"命斩之。时世兴佩刀侍侧，众兵露刃庭下，泽徐谓世兴曰："汝兄诛，汝能奋志立功，足以雪耻。"世兴感泣。金人攻滑州，泽遣世兴往救，世兴至，掩其不备，败之。

泽威声日著，北方闻其名，常尊惮之，对南人言，必曰宗爷爷。

泽疏言："丁进数十万众愿守护京城，李成愿扈从还阙，即渡河剿敌，杨进等兵百万，亦愿渡河，同致死力。臣闻'多助之至，天下顺之'。陛下及此时还京，则众心翕然，何敌国之足忧乎？"又奏言："圣人爱其亲以及人之亲，所以教人孝；敬其兄以及人之兄，所以教人弟。陛下当与忠臣义士合谋肆讨，迎复二圣。今上皇所御龙德宫俨然如旧，惟渊圣皇帝未有宫室。望改修宝箓宫以为迎奉之所，使天下知孝于父、弟于兄，是以身教也。"上乃降诏择日还京。

泽前后请上还京二十余奏，每为潜善等所抑，忧愤成疾，疽发于背。诸将入问疾，泽矍然曰："吾以二帝蒙尘，积愤至此。汝等能歼敌，则我死无恨。"众皆流涕曰："敢不尽力！"诸将出，泽叹曰："'出师未捷身先死，长使英雄泪满襟。'"翌日，风雨昼晦。泽无一语及家事，但连呼"过河"者三而薨。都人号恸。遗表犹赞上还京。赠观文殿学士、通议大夫，谥忠简。

泽质直好义，亲故贫者多依以为活，而自奉甚薄。常曰："君父侧身尝胆，臣子乃安居美食邪！"始，泽招集群盗，聚兵储粮，结诸路义兵，连燕、赵豪杰，自谓渡河克复可指日冀。有志弗就，识者恨之。

子颖，居戎幕，素得士心。泽薨数日，将士去者十五，都人请以颖继父任。会朝廷已命杜充留守，乃以颖为判官。充反泽所为，颇失人心，颖屡争之，不从，乃请持服归。自是豪杰不为用，群聚城下者复去为盗，而中原不守矣。颖官终兵部郎中。

赵鼎，字元镇，解州闻喜人。生四岁而孤，母樊教之，通经史百家之书。登崇宁五年进士第，对策斥章惇误国。累官为河南洛阳令，宰相吴敏和其能，擢为开封士曹。

金人陷太原，朝廷议割三镇地，鼎曰："祖宗之地不可以与人，何庸议？"已而京师失守，二帝北行。金人议立张邦昌，鼎与胡寅、张浚逃太学中，不书议状。

高宗即位，除权户部员外郎。知枢密院张浚荐之，除司勋郎官。上幸建康，诏条具防秋事宜，鼎言："宜以六宫所止为行宫，车驾所止为行在，择精兵以备仪卫，其余兵将分布江、淮，使敌莫测巡幸之定所。"上纳之。

久雨，诏求阙政。鼎言："自熙宁间王安石用事，变祖宗之法，而民始病。假辟国之谋，造生边患；兴理财之政，穷困民力；设虚无之学，败坏人才。至崇宁初，蔡京托绍述之名，尽祖安石之政。凡今日之患始于安石，成于蔡京。今安石犹配享庙廷，而京之党未除，时政之阙无大于此。"上为罢安石配享。擢右司谏，又迁殿中侍御史。

刘光世部将王德擅杀韩世忠之将，而世忠亦率部曲夺建康守府廨。鼎言："德总兵在外，专杀无忌，此而不治，孰不可为？"命鼎鞫德。鼎又请下诏切责世忠，而指取其将吏付有司治罪，诸将肃然。上曰："肃宗兴灵武得一李勉，朝廷始尊。今朕得卿，无愧昔人矣。"中丞范宗尹言，故事无自司谏迁殿中者，上曰："鼎在言路极举职，所言四十事，已施行三十有六。"遂迁侍御史。

北兵至江上，上幸会稽，召台谏议去留，鼎陈战、守、避三策，拜御史中丞。请督王𤫇进军宣州，周望分军出广德，刘光世渡江驻蕲、黄，为邀击之计。又言："经营中原当自关中始，经营关中当自蜀始，欲幸蜀当自荆、襄始。吴、越介在一隅，非进取中原之地。荆、襄左顾川、陕，右控湖湘，而下瞰京、洛，三国所必争，宜以公安为行阙，而屯重兵于襄阳，运江、浙之粟以资川、陕之兵，经营大业，计无出此。"

韩世忠败金人于黄天荡，宰相吕颐浩请上幸浙西，下诏亲征，鼎以为不可轻举。颐浩恶其异己，改鼎翰林学士，鼎不拜，改吏部尚书，又不拜，言："陛下有听纳之诚，而宰相陈拒谏之说；陛下有眷待台臣之意，而宰相挟挫沮言官之威。"坚卧不出，疏颐浩过失凡千言。上罢颐浩，诏鼎复为中丞，谓鼎曰："朕每闻前朝忠谏之臣，恨不识之，今于卿见之。"除端明殿学士、签书枢密院事。

金人攻楚州，鼎奏遣张俊往援之。俊不行，山阳遂陷，金人留淮上，范宗尹奏敌未必能再渡，鼎曰："勿恃其不来，恃吾有以待之。三省常以敌退为陛下援人才、修政事，密院常虞敌至为陛下申军律、治甲兵，即两得之。"上曰："卿等如此，朕复何忧。"鼎以楚州之失，上章丐去。会辛企宗除节度使，鼎言企宗非军功，忤旨，出奉祠，除知平江府，寻改知建康，又移知洪州。

京西招抚使李横欲用兵东京，鼎言："横乌合之众，不能当敌，恐遂失襄阳。"已而横战不利走，襄阳竟陷。召拜参知政事。宰相朱胜非言："襄阳国之上流，不可不急取。"上问："岳飞可使否？"鼎曰："知上流利害无如飞者。"签枢徐俯不以为然。飞出师竟复襄阳。

鼎乞令韩世忠屯泗上，刘光世出陈、蔡。光世请入奏，俯欲许之，鼎不可。伪齐宿迁令来归，俯欲斩送刘豫，鼎复争之。俯积不能平，乃求去。朱胜非兼知枢密院，言者谓当国者不知兵，乞令参政通知。由是为胜非所忌。除鼎知枢密院、川陕宣抚使，鼎辞以非才。上曰："四川全盛半天下之地，尽以付卿，黜陟专之可也。"时吴玠为宣抚副使，鼎奏言："臣与玠同事，或节制之耶？"上乃改鼎都督川、陕诸军事。

鼎所条奏，胜非多沮抑之。鼎上疏言："顷张浚出使川、陕，国势百倍于今。浚有补天浴日之功，陛下有砺山带河之誓，君臣相信，古今无二，而终致物议，以被窜逐。今臣无浚之功而当其任，远去朝廷，其能免于纷纷乎？"又言："臣所请兵不满数千，半皆老弱，所赍金帛至微，荐举之人除命甫下，弹墨已行。臣日侍宸衷，所陈已艰难，况在万里之外乎？"时人士皆惜其去，台谏有留行者。会边报沓至，鼎每陈用兵大计，及朝辞，上曰："卿岂可远去，当遂相卿。"九月，拜尚书右仆射、同中书门下平章事兼知枢密院事。制下，朝士相庆。

时刘豫子麟与金人合兵大入，举朝震恐。鼎论战御之计，诸将各异议，独张俊以为当进讨，鼎是其言。有劝上他幸者，鼎曰："战而不捷，去未晚也。"上亦曰："朕当亲总六师，临江决战。"鼎喜曰："累年退怯，敌志益骄，今圣断亲征，成功可必。"于是诏张俊以所部援韩世忠，而命刘光世等军建康，且促世忠进兵。世忠至扬州，大破金人于大仪镇。方警报交驰，刘光世遣人讽鼎曰："相公自入蜀，何事为他人任怨。"世忠亦谓人曰："赵丞相真敢为者。"鼎闻之，恐上意中变，乘间言："陛下养兵十年，用之正在今日。若少加退沮，即人心涣散，长江之险不可复恃矣。"及捷音日至，车驾至平江，下诏声逆豫之罪，欲自将渡江决战。鼎曰："敌之远来，利于速战，遽与争锋，非策也。且豫犹遣其子，岂可烦至尊耶？"帝为止不行。未几，签书枢密院事胡松年自江上还，云北兵大集，然后知鼎之有先见也。

张浚久废，鼎言浚可大任，乃召除知枢密院，命浚往江上视师。时敌兵久驻淮南，知南兵有备，渐谋北归。鼎曰："金人无能为矣。"命诸将邀诸淮，连败之，金人遁去。上谓鼎曰："近将士致勇争先，诸路守臣亦翕然自效，乃朕用卿之力也。"鼎谢曰："皆出圣断，臣何力之有焉。"或问鼎曰："金人倾国来攻，众皆恟惧，公独言不足畏，何耶？"鼎曰："敌众虽盛，然以豫邀而来，非其本心，战必不力，以是知其不足畏也。"上尝语张浚曰："赵鼎真宰相，天使佐朕中兴，可谓宗社之幸也。"鼎奏金人遁归，尤当博采群言，为善后之计。于是诏吕颐浩等议攻战备御、措置绥怀之方。

五年，上还临安，制以鼎守左仆射知枢密院事、张浚守右仆射兼知枢密院事，都督诸路军马。鼎以政事先后及人才所当召用者，条而置之座右，次第奉行之。制以贵州防御使瑗为保庆军节度使，封建国公，于行宫门外建资善堂。鼎荐范冲为翊善、朱震为赞读，朝论谓二人极天下之选。

建炎初，尝下诏以奸臣诬蔑宣仁保佑之功，命史院刊修，未及行，朱胜非为相，上谕之曰："神宗、哲宗两朝史事多失实，非所以传信后世，宜召范冲刊定。"胜非言："《神宗史》增多王安石《日录》，《哲宗史》经京、卞之手，议论多不正，命官删修，诚足以彰二帝盛美。"会胜非去位，鼎以宰相监修二史，是非各得其正。上亲书"忠正德文"四字赐鼎，又以御书《尚书》一帙赐之，曰："《书》所载君臣相戒饬之言，所以赐卿，欲共由斯道。"鼎上疏谢。

刘豫遣子麟、猊分路入寇，时张浚屯盱眙，杨沂中屯泗，韩世忠屯楚，岳飞驻鄂，刘光世驻庐，沿江上下无兵，上与鼎以为忧。鼎移书浚，欲令俊与沂中合兵剿敌。光世乞会庐还太平，又乞退保采石，鼎奏曰："豫逆贼也，官军与豫战而不能胜，或更退守，何以立国？今贼已渡淮，当亟遣张俊合光世之军尽扫淮南之寇，然后议去留。"上善其策，诏二将进兵。俊军至藕塘与猊战，大破之。鼎命沂中趋合肥以援光世，光世已弃庐回江北。浚以书告鼎，鼎白上诏浚：有不用命者，听以军法从事。光世大骇，复

进至泜河与麟战，破之。麟、猊拔栅遁去。

浚在江上，尝遣其属吕祉入奏事，所言夸大，鼎每抑之。上谓鼎曰："他日张浚与卿不和，必吕祉也。"后浚因论事，语意微侵鼎，鼎言："臣初与浚如兄弟，因吕祉离间，遂尔睽异。今浚成功，当使展尽底蕴，浚当留，臣当去。"上曰："俟浚归议之。"浚尝奏乞幸建康，而鼎与折彦质请回跸临安。暨浚还，乞乘胜攻河南，且罢刘光世军政。鼎言："擒豫固易耳，然得河南，能保金人不内侵乎？光世累世为将，无故而罢之，恐人心不安。"浚滋不悦。鼎以观文殿大学士知绍兴府。

七年，上幸建康，罢刘光世，以王德为都统制，郦琼副之，并听参谋、兵部尚书吕祉节制。琼与德有宿怨，诉于祉，不得直，执祉以全军降伪齐。浚引咎去位，乃以万寿观使兼侍读召鼎，入对，拜尚书左仆射、同中书门下平章事兼枢密使，进四官。上言："淮西之报初至，执政奏事皆失措，惟朕不为动。"鼎曰："今见诸将，尤须静以待之，不然益增其骄蹇之心。"台谏交论淮西无备，鼎曰："行朝拥兵十万，敌骑直来，自足抗之，设有他虞，鼎身任其责。"淮西迄无惊。

鼎尝乞降诏安抚淮西，上曰："俟行遣张浚，朕当下罪己之诏。"鼎言："浚已落职。"上曰："浚罪当远窜。"鼎奏："浚母老，且有勤王功。"上曰："功过自不相掩。"已而内批出，浚谪置岭南，鼎留不下。诘旦，经同列救解，上怒殊未释，鼎力恳曰："浚不过失策耳。凡人计虑，岂不欲万全，傥因一失，便置之死地，后有奇谋秘计，谁复敢言者。此事关朝廷，非独私浚也。"上意乃解，遂以散官分司，居永州。

鼎既再相，或议其无所施设，鼎闻之曰："今日之事如人患羸，当静以养之。若复加攻砭，必伤元气矣。"金人废刘豫，鼎遣间招河南守将，寿、亳、陈、蔡之间，往往举城或率部曲来归，得精兵万余，马数千。知庐州刘锜亦奏言："淮北归正者不绝，度今岁可得四五万。"上喜曰："朕常虑江、池数百里备御空虚，今得此军可无患矣。"

金人遣使议和，朝论以为不可信，上怒。鼎曰："陛下于金人有不共戴天之仇，今屈己请和，不惮为之者，以梓宫及母后耳。群臣愤懑之辞，出于爱君，不可以为罪。陛下宜谕之曰：'讲和非吾意，以亲故，不得已为之。但得梓宫及母后还，敌虽渝盟，吾无憾焉。'"上从其言，群议遂息。

潘良贵以向子諲奏事久，叱之退。上欲抵良贵罪，常同为之辨，欲并逐同。鼎奏："子諲虽无罪，而同与良贵不宜逐。"二人竟出。给事中张致远谓不应以一子諲出二佳士，不书黄，上怒，顾鼎曰："固知致远必缴驳。"鼎问："何也？"上曰："与诸人善。"盖已有先入之言，由是不乐于鼎矣。秦桧继留身奏事，既出，鼎问："帝何言？"桧曰："上无他，恐丞相不乐耳。"御笔和州防御使璩除节钺，封国公。鼎奏："建国虽未正名，天下皆知陛下有子，社谡大计也。在今礼数不得不异，所以系人心不使之二三而惑也。"上曰："姑徐之。"桧后留身，不知所云。

鼎尝辟和议，与桧意不合，及鼎以争璩封国事拂上

意,桧乘间挤鼎,又荐萧振为侍御史。振本鼎所引,及入台,劾参知政事刘大中罢之。鼎曰:"振意不在大中也。"振亦谓人曰:"赵丞相不待论,当自为去就。"会殿中侍御史张戒论给事中勾涛,涛言:"戒之击臣,乃赵鼎意。"因诋鼎结台谏及诸将。上闻益疑,鼎引疾求免,言:"大中持正论,为章惇、蔡京之党所嫉。臣议论出处与大中同,大中去,臣何可留?"乃以忠武节度使出知绍兴府,寻加检校少傅,改奉国军节度使。桧率执政往饯其行,鼎不为礼,一揖而去,桧益憾之。

鼎既去,王庶入对,上谓庶曰:"赵鼎两为相,于国有大功,再赞亲征皆能决胜,又镇抚建康,回銮无患,他人所不及也。"先是,王伦使金,从鼎受使指。问礼数,则答以君臣之分已定;问地界,则答以大河为界。二者使事之大者,或不从则已。伦受命而行。至是,伦与金使俱来,以抚谕江南为名,上叹息谓庶曰:"使五日前得此报,赵鼎岂可去耶?"

初,车驾还临安,内侍移竹栽入内,鼎见,责之曰:"艮岳花石之扰,皆出汝曹,今欲蹈前辙耶?"因奏其事,上改容谢之。有户部官进钱入宫者,鼎召至相府切责之。翌日,问上曰:"某人献钱耶?"上曰:"朕求之也。"鼎奏:"某人不当献,陛下不当求。"遂出其人与郡。

鼎尝荐胡寅、魏矼、晏敦复、潘良贵、吕本中、张致远等数十人分布朝列。暨再相,奏曰:"今清议所与,如刘大中、胡寅、吕本中、常同、林季仲之流,陛下能用之乎?妒贤长恶,如赵鼐、胡世将、周秘、陈公辅之徒,陛下能去之乎?"上为徙世将,而公辅等寻补外。上尝中批二人付庙堂升擢。鼎奏:"疏远小臣,陛下何由得其姓名?"上谓:"常同实称之。"鼎曰:"同知其贤,何不露章荐引?"

始,浚荐秦桧可与共大事,鼎再相亦以为言。然桧机阱深险,外和中异。浚初求去,有旨召鼎。鼎至越丐祠,桧恶其逼已,徙知泉州,又讽谢祖信论鼎尝受张邦昌伪命,遂夺节。御史中丞王次翁论鼎治郡废弛,命提举洞霄宫。鼎自泉州归,复上书言时政,桧忌其复用,讽次翁又论其尝受伪命,乾没都督府钱十七万缗,谪官居兴化军。论者犹不已,移漳州,又责清远军节度副使,潮州安置。

在潮五年,杜门谢客,时事不挂口,有问者,但引咎而已。中丞詹大方诬其受贿,属潮守放编置人移吉阳军,鼎谢表曰:"白首何归,怅余生之无几,丹心未泯,誓九死以不移。"桧见之曰:"此老倔强犹昔。"

在吉阳三年,潜居深处,门人故吏皆不敢通问,惟广西帅张宗元时馈醪米。桧知之,令本军月具存亡申。鼎遣人语其子汾曰:"桧必欲杀我。我死,汝曹无患;不尔,祸及一家矣。"先得疾,自书墓中石,记乡里及除拜岁月。至是,书铭旌云:"身骑箕尾归天上,气作山河壮本朝。"遗言属其子乞归葬,遂不食而死,时绍兴十七年也,天下闻而悲之。明年,得旨归葬。孝宗即位,谥忠简,赠太傅,追封丰国公。高宗祔庙,以鼎配享庙庭,擢用其孙十有二人。

鼎为文浑然天成,凡高宗处分军国机事,多其视草,有拟奏表疏、杂诗文二百余篇,号《得全集》,行于世。论中兴贤相,以鼎为称首云。

论曰:夫谋国用兵之道,有及时乘锐而可以立功者,有养威持重而后能有为者,二者之设施不同,其为忠一而已。方金人逼二帝北行,宗社失主,宗泽一呼,而河北义旅数十万众若响之赴声,实由泽之忠忱义气有以风动之,抑斯民目睹君父之陷于涂淖,孰无愤激之心哉!使当其时泽得勇往直前,无或龃龉牵制之,则反二帝,复旧都,特一指顾间耳。黄潜善、汪伯彦嫉能而惎功,使泽不得信其志,发愤而薨,岂不悲哉!

及赵鼎为相,则南北之势成矣。两敌之相持,非有灼然可乘之衅,则养吾力以俟时,否则,徒取危困之辱。故鼎之为国,专以固本为先,根本固而后敌可图、仇可复,此鼎之心也。惜乎一见忌于秦桧,斥逐远徙,卒赍其志而亡,君子所尤痛心也。

窃尝论泽、鼎之终而益有感焉。泽之易篑也,犹连呼"渡河"者三;而鼎自题其铭旌,有"气作山河壮本朝"之语。何二臣之爱君忧国,虽处死生祸变之际,而犹不渝若是!而高宗惑于憸邪之口,乍任乍黜,所谓"善善而不能用",千载而下,忠臣义士犹为之抚卷扼腕,国之不竞,有以哉!

卷三百六十一

列传第一百二十

张 浚 子杓

张浚,字德远,汉州绵竹人,唐宰相九龄弟九皋之后。父咸,举进士、贤良两科。浚四岁而孤,行直视端,无诳言,识者知为大器。入太学,中进士第。靖康初,为太常簿。张邦昌僭立,逃入太学中。闻高宗即位,驰赴南京,除枢密院编修官,改虞部郎,擢殿中侍御史。驾幸东南,后军统制韩世忠所部逼逐谏臣坠水死,浚奏夺世忠观察使,上下始知有国法。迁侍御史。

时乘舆在扬州,浚言:"中原天下之根本,愿下诏葺东京、关陕、襄邓以待巡幸。"弗宰相意,除集英殿修撰、知兴元府。未行,擢礼部侍郎,高宗召谕曰:"卿知无不言,言无不尽,朕将有为,正如欲一飞冲天而无羽翼,卿勉留辅朕。"除御营使司参赞军事。浚度金人必来攻,而庙堂晏然,殊不为备,力言之宰相,黄潜善、汪伯彦皆笑其过计。

建炎三年春,金人南侵,车驾幸钱塘,留朱胜非于吴门捍御,以浚同节制军马,已而胜非召,浚独留。时溃兵数万,所至剽掠,浚招集甫定。会苗傅、刘正彦作乱,改元赦书至平江,浚命守臣汤东野秘不宣。未几,傅等以檄来,浚恸哭,召东野及提点刑狱赵哲谋起兵讨贼。

时傅等以承宣使张俊为秦凤路总管,俊将万人还,将卸兵而西。浚知上遇俊厚,而俊纯实可谋大事,急邀俊,握手语故,相持而泣,因告以将起兵问罪。时吕颐浩节制建业,刘光世领兵镇江,浚遣人赍蜡书,约颐浩、光世以兵来会,而命俊分兵扼吴江。上疏请复辟。傅等谋除浚礼部尚书,命将所部诣行在,浚以大兵未集,未欲诵言讨贼,乃托云张俊骤回,人情震慑,不可不少留以抚其军。

会韩世忠舟师抵常熟,张俊曰:"世忠来,事济矣。"白浚以书招之。世忠至,对浚恸哭曰:"世忠与俊请以身任之。"浚因大犒俊、世忠将士,呼诸将校至前,抗声问曰:"今日之举,孰顺孰逆?"众皆曰:"贼逆我顺。"浚曰:"闻贼以重赏购吾首,若浚此举违天悖人,汝等可取浚头去;不然,一有退缩,悉以军法从事。"众咸感愤。于是,令世忠以兵赴阙,而戒其急趋秀州,据粮道之俟大军之至。世忠至秀,即大治战具。

会傅等以书招浚,浚报云:"自古言涉不顺,谓之指斥乘舆;事涉不逊,谓之震惊宫阙;废立之事,谓之大逆不道,大逆不道者族。今建炎皇帝不闻失德,一旦逊位,岂所宜闻。"傅等得书恐,乃遣重兵扼临平,亟除俊、世忠节度使,而诬浚欲危社稷,责柳州安置。俊、世忠拒不受。会吕颐浩、刘光世兵踵至,浚乃声傅、正彦罪,传檄中外,率诸军继进。

初,浚遣客冯轓以计策往说傅等,会大军且至,傅、正彦忧恐不知所出。轓知其可动,即大义白宰相朱胜非,使率百官请复辟。高宗御笔除浚知枢密院事。浚进次临平,贼兵拒不得前,世忠等搏战,大破之,傅、正彦脱遁。浚与颐浩等入见,伏地涕泣待罪,高宗劳再三,曰:"曩在睿圣,两宫隔绝。一日啜羹,小黄门忽传太母之命,不得已贬卿郴州。朕不觉羹覆于手,念卿被谪,此事谁任。"留浚,引入内殿,曰:"皇太后知卿忠义,欲识卿面,适垂帘,见卿过庭矣。"解所服玉带以赐。高宗欲相浚,浚以晚进,不敢当。傅、正彦走闽中,浚命世忠追缚之以献,与其党皆伏诛。

初,浚次秀州,尝夜坐,警备甚严,忽有客至前,出一纸怀中曰:"此苗傅、刘正彦募贼公赏格也。"浚问欲何如,客曰:"仆河北人,粗读书,知逆顺,岂以身为贼用?特见为备不严,恐有后来者耳。"浚下执其手,问姓名,不告而去。浚翌日斩死囚徇于众,曰:"此苗、刘刺客也。"私识其状貌物色之,终不遇。

巨盗薛庆啸聚淮甸,至数万人。浚恐其滋蔓,径至高邮,入庆垒,喻以朝廷恩意。庆感服下拜,浚留抚其众。或传浚为贼所执,吕颐浩等遽罢浚枢筦。浚归,高宗惊叹,即日趣就职。

浚谓中兴当自关陕始,虑金人或先入陕取蜀,则东南不可保,遂慷慨请行。诏以浚为川、陕宣抚处置使,得便宜黜陟。将行,御营平寇将军范琼,拥众自豫章至行在。先是,靖康城破,金人逼胁君、后、太子、宗室北行,多琼之谋;又乘势剽掠,左右张邦昌,为之从卫。至是入朝,悖傲无礼,且乞贷逆党傅、正彦等死罪。浚奏琼大逆不道,乞伸典宪。翌日,召琼至都堂,数其罪责之,送棘寺论死。分其军隶神武军,然后行。与沿江襄、汉守臣议储蓄,以待临幸。

高宗问浚大计,浚请身任陕、蜀之事,置幕府于秦川,别遣大臣与韩世忠镇淮东,令吕颐浩扈跸来武昌,复以张俊、刘光世与秦川相首尾。议既定,浚行,未及武昌,而颐浩变初议。浚既抵兴元,金人已取鄜延,骁将娄宿孛堇引大兵渡渭,攻永兴,诸将莫肯相援。浚至,即出行关陕,访问风俗,罢斥奸赃,以搜揽豪杰为先务,诸将慑息听命。

会谍报金人将攻东南,浚命诸将整军向敌。已而金人大攻江、淮,浚即治军入卫。至房州,知金人北归,复还关陕。时金帅兀术犹在淮西,浚惧其复扰东南,谋牵制之,遂决策治兵,合五路之师以复永兴。金人大恐,急调兀术等由京西入援,大战于富平。泾原帅刘锜身率将士薄敌陈,杀获颇众。会环庆帅赵哲擅离所部,哲军将校望见尘起,惊遁,诸军皆溃。浚斩哲以徇,退保兴州。命吴玠聚兵扼险于凤翔之和尚原、大散关,以断敌来路,关师古等聚熙河兵于岷州大潭,孙渥、贾世方等聚泾原、凤翔兵于阶、成、凤三州,以固蜀口。浚上书待罪,帝手诏慰勉。

绍兴元年,金将乌鲁攻和尚原,吴玠乘险击之,金人大败走。兀术复合兵至,玠及其弟璘复邀击,大破之,兀术仅以身免,亟剃其须髯遁归。始,粘罕病笃,语诸将曰:"自吾入中国,未尝有敢撄吾锋者,独张枢密与我抗。我在,犹不能取଼之;我死,尔曹宜绝意,但务自保而已。"兀术怒曰:"是谓我不能邪!"粘罕死,竟入攻,果败。拜浚检校少保、定国军节度使。

浚在关陕三年,训练新集之兵,当方张之敌,以刘子羽为上宾,任赵开为都转运使,擢吴玠为大将守凤翔。子羽慷慨有才略,开善理财,而玠每战辄胜。西北遗民,归附日众。故关陕虽失,而全蜀按堵,且以形势牵制东南,江、淮亦赖以安。

将军曲端者,建炎中,尝迫逐帅臣王庶而夺其印。吴玠败于彭原,诉端不整师。富平之役,端议不合,其腹心张忠彦等降敌。浚初超用端,中坐废,犹欲再用之,后卒下端狱论死。会有言浚杀赵哲、曲端无辜,而任子羽、开、玠非是,朝廷疑之。三年,遣王似副浚。会金将撒离曷及刘豫叛党聚兵入攻,破金州。子羽为兴元帅,约吴玠同守三泉。金人至金牛,宋师掩击之,斩馘及堕溪谷死者,以数千计。浚闻王似来,求解兵柄,且奏似不可任。宰相吕颐浩不悦,而朱胜非以宿憾日毁短浚,诏浚赴行在。

四年初,辛炳知潭州,浚在陕,以檄发兵,炳不遣,浚奏劾之。至是,炳为御史中丞,率同列劾浚,以本官提举洞霄宫,居福州。浚既去国,虑金人释川、陕之兵,必将并力窥东南,而朝廷已议讲解,乃上疏极言其状。未几,刘豫之子麟果引金人入攻。高宗思浚前言,策免朱胜非;而参知政事赵鼎请幸平江,乃召浚以资政殿学士提举万寿观兼侍读。入见,高宗手诏辨浚前诬,除知枢密院事。

浚既受命,即日赴江上视师。时兀术拥兵十万于扬州,约日渡江决战。浚长驱临江,召韩世忠、张俊、刘光世议事。将士见浚,勇气十倍。浚既部分诸将,身留镇江节度之。世忠遣麾下王愈诣兀术约战,且言张枢密已在镇江。兀术曰:"张枢密贬岭南,何得乃在此?"愈出浚所下文书示之。兀术色变,夕遁。

五年,除尚书右仆射、同中书门下平章事兼知枢密院事,都督诸路军马,赵鼎除左仆射。浚与鼎同志辅治,务在塞幸门,抑近习。时巨寇杨么据洞庭,屡攻不克,浚以建康东南都会,而洞庭据上流,恐滋蔓为害,请因盛夏乘其急讨之,具奏请行。至醴陵,释邑囚数百,皆杨么谍者,给以文书,俾招谕诸砦,囚欢呼而往。至潭,贼众二十余万相继来降,湖寇尽平。上赐浚书,谓:"上流既定,则川陕、荆襄形势接连,事力增倍,天其以中兴之功付卿乎。"浚遂奏遣岳飞屯荆、襄以图中原,乃自鄂、岳转淮东,大会诸将,议防秋之宜。高宗遣使赐诏趣归,劳问之曰:"卿暑行甚劳,湖湘群寇既就招抚,成朕不杀之仁,卿之功也。"召对便殿,进《中兴备览》四十一篇,高宗嘉叹,置之坐隅。

浚以敌势未衰,而叛臣刘豫复据中原,六年,会诸将议事江上,榜豫僭逆之罪。命韩世忠据承、楚以图淮阳;命刘光世屯合肥以招北军;命张俊练兵建康,进屯盱眙;命杨沂中领精兵为后翼以佐俊;命岳飞进屯襄阳以窥中原。浚渡江,遍抚淮上诸戍。时张俊军进屯盱眙,岳飞遣兵入至蔡州,浚入觐,力请幸建康。车驾进发,浚先往江上,谍报刘豫与侄猊挟金人入攻,浚奏:"金人不敢悉众而来,此必豫兵也。"边遽不一,俊、光世皆张大敌势,浚谓:"贼豫以逆犯顺,不剿除何以为国?今日之事,有进无退。"且命杨沂中往屯濠州。刘麟逼合肥,张俊请益兵,刘光世欲退师,赵鼎及签书折彦质欲召岳飞兵东下。御书付浚,令俊、光世、沂中等还保江。浚奏:"俊等渡江,则无淮南,而长江之险与敌共矣。且岳飞一动,襄、汉有警,复何所恃乎?"诏书从之。沂中兵抵濠州,光世舍庐州而南,淮西汹动。浚闻,疾驰至采石,令其众曰:"有一人渡江者斩!"光世复驻军,与沂中接。刘猊攻沂中,沂中大破之,猊、麟皆拔栅遁。高宗手书嘉奖,召浚还,劳之。

时赵鼎等议回跸临安,浚奏:"天下之事,不倡则不起,三岁之间,陛下一再临江,士气百倍。今六飞一还,人心解体。"高宗幡然从浚计。鼎出知绍兴府。浚以亲民之官,治道所急,条具郡守、监司、省郎、馆阁出入迭补之法;又以灾异奏复贤良方正科。

七年,以浚却敌功,制除特进。未几,加金紫光禄大夫。问安使何藓归报徽宗皇帝、宁德皇后相继崩殂,上号恸擗踊,哀不自胜。浚奏:"天子之孝,不与士庶同,必思所以奉宗庙社稷,今梓宫未返,天下涂炭,愿陛下挥涕而起,敛发而趋,一怒以安天下之民。"上乃命浚草诏告谕中外,辞甚哀切。浚又请命诸大将率三军发哀成服,中外感动。浚退上疏曰:"陛下思慕两宫,忧劳百姓。臣之至愚,获遭任用,臣每感慨自期,誓殄敌仇。十年之间,亲养阙然,爱及妻孥,莫之私顾,其意亦欲遂陛下孝养之心,拯生民于涂炭。昊天不吊,祸变忽生,使陛下抱无穷之痛,罪将谁执。念昔陕、蜀之行,陛下命臣曰:'我有大隙于北,刷此至耻,惟尔是属。'而臣终窾成功,使敌无悛,今日之祸,端自臣致,乞赐罢黜。"上诏浚起视事。浚再疏待罪,不许,乃请乘舆发平江,至建康。

浚总中外之政,几事丛委,以一身任之。每奏对,必言仇耻之大,反复再三,上未尝不改容流涕。时天子方厉精克己,戒饬宫庭内侍,无敢越度,事无巨细,必以咨浚,赐诸将诏,往往命浚草之。

刘光世在淮西,军无纪律,浚奏罢光世,以其兵属督府,命参谋兵部尚书吕祉往庐州节制。而枢密院以督府握兵为嫌,乞置武帅,乃以王德为都统制,即军中取郦琼副之。浚奏其不当,琼亦与德有宿怨,列状诉御史台,乃命张俊为宣抚使,杨沂中、刘锜为制置判官以抚之。未至,琼等举军叛,执吕祉以归刘豫。祉不行,詈琼等,碎齿折首而死。浚引咎求去位,高宗问可代者,且曰:"秦桧何如?"浚曰:"近与共事,方知其暗。"高宗曰:"然则用赵鼎。"桧由是憾浚。浚以观文殿大学士提举江州太平兴国宫。先是,浚遣人持手榜入伪地间刘豫,及郦琼叛去,复遣间持蜡书遗琼,金人果疑豫,寻废之。台谏交诋,浚落职,以秘书少监分司西京,居永州。九年,以赦复官。提举临安府洞霄宫。未几,除资政殿大学士、知福州兼福建安抚大使。

金遣使来,以诏谕为名,浚五上疏争之。十年,金败盟,复取河南。浚奏愿因权制变,则大勋可集,因大治海舟千艘,为直指山东之计。十一年,除检校少傅、崇信军节度使,充万寿观使,免奉朝请。十二年,封和国公。

十六年,彗星出西方,浚将极论时事,恐贻母忧。母讶其瘠,问故,浚以实对。母诵其父对策之语曰:"臣宁言而死于斧钺,不能忍不言以负陛下。"浚意乃决。上疏谓:"当今事势,譬如养成大疽于头目心腹之间,不决不止。惟陛下谋之于心,谨察情伪,使在我有不可犯之势,庶几社稷安全;不然,后将噬脐。"事下三省,秦桧大怒,令台谏论浚,以特进提举江州太平兴国宫,居连州。二十年,徙永州。浚去国几二十载,天下士无贤不肖,莫不倾心慕之。武夫健将,言浚者必咨嗟太息,至儿童妇女,亦知有张都督也。金人惮浚,每使至,必问浚安在,惟恐其复用。

当是时,秦桧怙宠固位,惧浚为正论以害己,令台臣有所弹劾,论必及浚,反谓浚为国贼,必欲杀之。以张柄知潭州,汪召锡使湖南,使图浚。张常先使江西,治张宗元狱,株连及浚,捕赵鼎子汾下大理,令自诬与浚谋大逆,会桧死乃免。

二十五年,复观文殿大学士、判洪州。浚时以母丧将归葬。念天下事二十年为桧所坏,边备荡弛;又闻金亮篡立,必将举兵,自以大臣,义同休戚,不敢以居丧为嫌,具奏论之。会星变求直言,浚谓金人数年间,势决求衅用兵,而国家溺于宴安,荡然无备,乃上疏极言。而大臣沈该、万俟卨、汤思退等见之,谓敌初无衅,笑浚为狂。台谏汤鹏举、凌哲论浚归蜀,恐摇动远方,诏复居永州。服除落职,以本官奉祠。

三十一年春,有旨自便。浚至潭,闻钦宗崩,号恸不食,上疏请早定守战之策。未几,亮兵大入,中外震动,复浚观文殿大学士、判潭州。

时金骑充斥,王权兵溃,刘锜退归镇江,遂改命浚判建康府兼行宫留守。浚至岳阳,买舟冒风雪而行,遇东来者云："敌兵方焚采石，烟炎涨天，慎无轻进。"浚曰："吾赴君父之急，知直前求乘舆所在而已。"时长江无一舟敢行北岸者。浚乘小舟径进，过池阳，闻亮死，余众犹二万屯和州。李显忠兵在沙上，浚往犒之，一军见浚，以为从天而下。浚至建康，即牒通判刘子昂办行宫仪物，请乘舆亟临幸。

三十二年，车驾幸建康，浚迎拜道左，卫士见浚，无不以手加额。时浚起废复用，风采隐然，军民皆倚以为重。车驾将还临安，劳浚曰："卿在此，朕无北顾忧矣。"兼节制建康、镇江府、江州、池州、江阴军军马。

金兵十万围海州，浚命镇江都统张子盖往救，大破之。浚招集忠义，及募淮楚壮勇，以陈敏为统制。且谓敌长于骑，我长于步，卫步莫如弩，卫弩莫如车，命敏专制弩治车。

孝宗即位，召浚入见，改容曰："久闻公名，今朝廷所恃唯公。"赐坐降问，浚从容言："人主之学，以心为本，一心合天，何事不济？所谓天者，天下之公理而已。必兢业自持，使清明在躬，则赏罚举措，无有不当，人心自归，敌仇自服。"孝宗悚然曰："当不忘公言。"除少傅、江淮东西路宣抚使，进封魏国公。翰林学士史浩议欲城瓜洲、采石。浚谓不守两淮而守江干，是示敌以削弱，息战守之气，不若先城泗州。及浩参知政事，浚所规画，浩必沮之。浚荐陈俊卿为宣抚判官，孝宗召俊卿及浚子栻赴行在。浚附奏请上临幸建康，以动中原之心，用师淮堰，进舟山东，以为吴璘声援。孝宗见俊卿等，问浚动静饮食颜貌，曰："朕倚魏公如长城，不容浮言摇夺。"金人以十万众屯河南，声言规两淮，移文索海、泗、唐、邓、商州及岁币。浚言北敌诡诈，不当为之动，以大兵屯盱眙、濠、庐备之，卒以无事。

隆兴元年，除枢密使，都督建康、镇江府、江州、池州、江阴军军马。时金将蒲察徒穆、知泗州大周仁屯虹县，都统萧琦，屯灵壁，积粮修城，将为南攻计。浚欲及其未发攻之。会主管殿前司李显忠、建康都统邵宏渊亦献捣二邑之策，浚具以闻。上报可，召浚赴行在，命先图两城。乃遣显忠出濠州，趋灵壁；宏渊出泗州，趋虹县，而浚自往临之。显忠至灵壁，败萧琦；宏渊围虹县，降徒穆、周仁，乘胜进克宿州，中原震动。孝宗手书劳之曰："近日边报，中外鼓舞，十年来无此克捷。"

浚以盛夏人疲，急召李显忠等还师。会金帅纥石烈志宁率兵至宿州，与显忠战。连日南军小不利，忽谍报敌兵大至，显忠夜引归。浚上疏待罪，有旨降授特进，更为江、淮宣抚使。

宿师之还，士大夫主和者皆议浚之非，孝宗复赐浚书曰："今日边事倚卿为重，卿不可畏人言而怀犹豫。前日举事之初，朕与卿任之，今日亦须与卿终之。"浚乃以魏胜守海州，陈敏守泗州，戚方守濠州，郭振守六合。治高邮、巢县两城为大势，修滁州关山以扼敌冲，聚水军淮阴、马军寿春，大饬两淮守备。

孝宗复召栻奏事，浚附奏云："自古有为之君，腹心之臣相与协谋同志，以成治功。今臣以孤踪，动辄掣肘，陛下将安用之。"因乞骸骨。孝宗览奏，谓栻曰："朕待魏公有加，不为浮议所惑。"帝眷遇浚犹至，对近臣言，必曰魏公，未尝斥其名。每遣使来，必令视浚饮食多寡，肥瘠何如。寻诏复浚都督之号。

金帅仆散忠义贻书三省、枢密院，索四郡及岁币，不然，以农隙治兵。浚言："金强则来，弱则止，不在和与不和。"时汤思退为右相。思退，秦桧党也，急于求和，遂遣卢仲贤持书报金。浚言仲贤小人多妄，不可委信。已而仲贤果以许四郡辱命。朝廷复以王之望为通问使，龙大渊副之，浚争不能得。未几，召浚入见，复力陈和议之失。孝宗为止誓书，留之望、大渊待命，而令通书官胡昉、杨由义往，谕金以四郡不可割；若金人必欲得四郡，当追还使人，罢和议。拜浚尚书右仆射、同中书门下平章事兼枢密使，都督如故；思退为左仆射。

胡昉等至宿，金人械系迫胁之，昉等不屈，更礼而归之。孝宗谕浚曰："和议之不成，天也，自此事当归一矣。"二年，议进幸建康，诏之望等还。思退闻之大骇，阳为乞祠状，而阴与其党谋以陷浚计。

俄诏浚行视江、淮。时浚所招徕山东、淮北忠义之士，以实建康、镇江两军，凡万二千余人，万弩营所招淮南壮士及江西群盗又万余人，陈敏统之，以守泗州。凡要害之地，皆筑城堡；其可因水为险者，皆积水为匮；增置江、淮战舰，诸军弓矢器械悉备。时金人屯重兵于河南，为虚声胁和，有刻日决战之语。及闻浚来，亟彻兵归。淮北之来归者日不绝，山东豪杰，悉愿受节度。浚以萧琦契丹望族，沈勇有谋，欲令尽领契丹降众，且以檄谕契丹，约为应援，金人益惧。思退乃令王之望盛毁守备，以为不可恃，令尹穑论罢督府参议官冯方；又论浚费国不赀，奏留张深守泗不受赵廓之代为拒命。浚亦请解督府，诏从其请。左司谏陈良翰、侍御史周操言浚忠勤，人望所属，不当使去国。浚留平江，凡八章乞致仕，除少师、保信军节度、判福州。浚辞，改醴泉观使。朝廷遂决弃地求和之议。

浚既去，犹上疏论尹穑奸邪，必误国事，且劝上务学亲贤。或勉浚勿复以时事为言，浚曰："君臣之义，无所逃于天地之间。吾荷两朝厚恩，久尸重任，今虽去国，犹日望上心感悟，苟有所见，安忍弗言。上如欲复用浚，浚当即日就道，不敢以老病为辞。如若等言，是诚何心哉！"闻者耸然。行次余干，得疾，手书付二子曰："吾尝相国，不能恢复中原，雪祖宗之耻，即死，不当葬我先人墓左，葬我衡山下足矣。"讣闻，孝宗震悼，辍视朝，赠太保，后加赠太师，谥忠献。

浚幼有大志，及为熙河幕官，遍历边垒，观山川形势，时时与旧戍守将握手饮酒，问祖宗以来守边旧法，及军陈方略之宜。故一旦起自疏远，当枢筦之任，悉能通知边事本末。在京城中，亲见二帝北行，皇族系虏，生民涂炭，誓不与敌俱存，故终身不主和议。每论定都大计，以为东南形势，莫如建康，人主居之，可以北望中原，常怀愤惕。至如钱塘，僻在一隅，易于安肆，不足以号召北方。与赵鼎共政，多所引擢，从臣朝列，皆一时之望，人号"小元祐"。所荐虞允文、汪应辰、王十朋、刘珙等为名臣；

拔吴玠、吴璘于行间，谓韩世忠忠勇，可倚以大事，一见刘锜奇之，付以事任，卒皆为名将，有成功，一时称浚为知人。浚事母以孝称，学邃于《易》，有《易解》及《杂说》十卷，《书》、《诗》、《礼》、《春秋》、《中庸》亦各有解，文集十卷，奏议二十卷。子二人，栻、构。栻自有传。

构字定叟，以父恩授承奉郎，历广西经略司机宜、通判严州。方年少，已有能称，浙西使者荐所部吏而不及构，孝宗特令再荐。召对，差知衮州，戢豪强，弭盗贼。尉获盗上之州，构察知其枉，纵去，莫不怪之，未几，果获真盗。改知衢州。

兄栻丧，无壮子，请祠以营葬事，主管玉局观，迁湖北提举常平。奏事，帝大喜，谕辅臣曰："张浚有子如此。"改浙西，督理荒政，苏、湖二州皆阙守，命兼摄焉。有执政姻党闭粜，构首治之，帝奖其不畏强御，迁两浙转运判官。

未几，以直徽猷阁升副使，改知临安府。奏除逋欠四万缗，米八百斛，进直龙图阁。都城浩穰，奸盗聚慝，构画分地以警捕，夜户不闭。张师尹纳女掖庭供给使，恃以恣横，构因事擿之，徙其家信州，其类慑伏。南郊礼成，赐五品服，权兵部侍郎，仍知临安，加赐三品服。修三闸，复六井。府治火，延及民居，上疏自劾，诏削二秩。构再疏乞罢，移知镇江。寻改明州，辞，仍知镇江。召为户部侍郎，面对言事，迕时相意。高宗崩，以集英殿修撰知绍兴府，董山陵事。召还，为吏部侍郎。

光宗即位，权刑部侍郎，复兼知临安府。绍熙元年，为刑部侍郎，仍为府尹。内侍毛伯益冒西湖茭地为亭，外戚有杀其仆者，狱具，贪缘宣谕求免，构皆执奏论如律。孝宗观湖，构以弹压伏谒辇左，孝宗止辇问劳，赐以酒炙。

京西谋帅，进焕章阁学士、知襄阳府，赐金二百两，别赐金百两，白金倍之。未几，进徽猷阁学士、知建康府，继复命还襄阳。宁宗嗣位，归正人陈应祥、忠义人党琪等谋袭均州，副都统冯湛间道疾驰以闻。构不为动，徐部分掩捕，狱成，斩其为首者二人，尽释党与，反侧以安。

升宝文阁学士、知平江府，未行，改知建康府。升龙图阁学士、知隆兴府兼江西安抚使。奉新县旧有营田，募民耕之，亩赋米斗五升，钱六十，其后议臣请之。始，征两税和买，且加折变，民重为困，构悉奏蠲之。进端明殿学士，复知建康府。以疾乞祠，卒。

构天分高爽，吏材敏给，遇事不凝滞，多随宜变通，所至以治辨称。南渡以来，论尹京者，以构为首。子忠纯、忠恕，自有传。

论曰：儒者之于国家，能养其正直之气，则足以正君心，一众志，攘凶逆，处忧患，盖无往而不自得焉。若张浚者，可谓善养其气者矣。观其初逃张邦昌之议，平苗、刘之乱，其才识固有非偷懦之所敢望。及其攘却勍敌，招降剧盗，能使将帅用命，所向如志。远人伺其用舍为进退，天下占其出处为安危，岂非卓然所谓人豪者欤！群言沸腾，屡奋屡踬，而辞气慨然。尝曰："上如欲复用浚，当即日就道，不敢以老病辞。"其言如是，则其爱君忧国之心，为何如哉！时论以浚之忠大类汉诸葛亮，然亮能使魏延、杨仪终其身不为异同，浚于吴玠故遂杀曲端，亮能容法孝直，浚不能容李纲、赵鼎而又诋之，兹所以为不及欤！至于富平之溃师，淮西之兵变，则成败利钝，虽亮不能逆睹也。

卷三百六十二
列传第一百二十一

朱胜非　吕颐浩　范宗尹　范致虚　吕好问

朱胜非，字藏一，蔡州人。崇宁二年，上舍登第。靖康元年，为东道副总管，权应天府，金人攻城，胜非逃去。会韩世忠部将杨进破敌，胜非复还视事。逾年，诣济州谓康王言，南京为艺祖兴王之地，请幸之以图大计。王即位南京。

建炎改元，试中书舍人兼权直学士院。时方草创，胜非凭败鼓草制，辞气严重如平时。上疏言："仁义者，天下之大柄，中国持之，则外夷服而诸夏尊；苟失其柄，则不免四夷交侵之患。国家与契丹结好，百有余年，一旦乘其乱弱，远交金人为夹攻计，是中国失其柄，而外侮所由招也。陛下即位，宜壹明正始之道，思其合于仁义者行之，不合者置之，则可以攘却四夷，绍复大业矣。"上嘉之。总制使钱盖进职，胜非言盖为陕西制置使弃师误国，封还贴黄，盖遂罢。谏官卫肤敏坐论元祐太后兄子徙官，胜非言以外戚故去谏臣，非所以示天下。

二年，除尚书右丞。时宰执荫补多滥，胜非奏："旧制，宰执子弟例不堂除，只就铨注，罢政不以罪，然后推恩。赵普弟皆作武臣，普再相，长子授庄宅使；范纯仁再相，子正平有文行，竟死选调；章惇子援及持皆高科，并为州县、幕职、监当。惟夏竦子安期累路边帅，授待制、直学士，王安石荐子雱为崇政殿说书，除待制。然安期犹有才干，雱犹有学问。至蔡京子六人、孙四人，郑居中、刘正夫子各二人，余深、王黼、白时中、蔡卞、邓洵仁洵武子各一人，并列从班。宣和末，谏官谓谓：'尚从竹马之游，已造荷囊之列。'今不可以不戒。"迁中书侍郎。

三年，上自镇江南幸，留胜非经理。未几，命为控扼使，已而拜宣奉大夫、尚书右仆射兼御营使。故事，命相进三官，胜非特迁五官。会王渊签书枢密院事兼御营司都统制，内侍复用事恣横，诸将不悦。于是苗傅、刘正彦与其徒王钧甫、马柔吉、王世修谋，诬渊结宦官谋反。正彦手斩渊，分捕中官，皆杀之，拥兵至行宫门外。胜非趋楼上，诘专杀之由。上亲御楼抚谕，傅、正彦语颇不逊，胜非乃从皇太后出谕旨。傅等请高宗避位，太后抱皇子听政，太后不可。傅顾胜非曰："今日正须大臣果决，相公何无一言耶？"胜非还告上曰："王钧甫乃傅等腹心，适语臣云：'二将忠有余，而学不足。'此语可为后图之绪。"于是太后垂帘，高宗退居显忠寺，号睿圣宫。胜非因请降赦以安傅等。又奏："母后垂帘，须二臣同对，此承平故事。今日事机有须密奏者，乞许臣僚独对，而日引傅徒二人上殿，以弭其疑。"太后语上曰："赖相此人，若汪、黄在位，事已狼籍矣。"

王钧甫见胜非，胜非问："前言二将学不足，如何？"钧甫曰："如刘将手杀王渊，军中亦ށ之。"胜非因以言撼之曰："上皇待燕士如骨肉，邦无一人效力者乎？人言燕、赵多奇士，徒虚语耳。"钧甫曰："不可谓燕无人。"胜非曰："君与马议皆燕中名人，尝献策灭契丹者。今金人所任，多契丹旧人，若渡江，祸首及君矣。盍早为朝廷协力乎！"钧甫唯唯。王世修来见，胜非谕之曰："国家艰难，若等立功之秋也。诚能奋身立事，从官岂难得乎。"世修喜，时往来道军中情实。擢世修为工部侍郎。

傅、正彦乞改年号及移跸建康，胜非以白太后，因议恐尽废其请，则仓卒变生，乃改元明受。以诏示世修曰："已从若请矣。"傅等欲挟上幸徽、越，胜非谕之以祸福而止。傅闻韩世忠起兵，取其妻子为质。胜非绐傅曰："今当启太后召二人慰抚，使报知平江，诸君益安。"傅许诺。胜非喜曰："二凶真无能为也。"诸将将至，傅等惧，胜非因谓之曰："勤王之师未进者，使是间自反正耳。不然，下诏率百官六军请上还宫，公等置身何地乎？"即召学士李邴、张守作百官章及太后手诏。

四月朔，胜非率百官诣睿圣宫，亲披上乘马还宫。苗傅请以王世修为参议，胜非曰："世修已为从官，岂可复从军？"上既复辟，胜非曰："臣昔遇变，义当即死，偷生至此，欲图今日之事耳。"乃乞罢政。上问谁可代者，胜非曰："吕颐浩、张浚。"问孰优，曰："颐浩练事而暴，浚喜事而疏。"上曰："浚太年少。"胜非曰："臣向被召，军旅钱谷悉付浚，此举浚实主之。"御史中丞张守论胜非不能预防，致贼猖獗，宜罢。不报。授观文殿大学士、知洪州，寻除江西安抚大使兼知江州。

绍兴元年，马进陷江州，侍御史沈与求论九江之陷，由胜非赴镇太缓。降授中大夫，分司南京，江州居住。二年，吕颐浩荐兼侍读，又荐都督江、淮、荆、浙诸军事，给事中胡安国、侍御史江跻交章论罢之。颐浩力引其入，再除兼侍读，寻拜尚书右仆射、同中书门下平章事。丁母忧去，起复右仆射兼知枢密院事，上《吏部七司敕令格式》一百八十卷。

时员外郎江端友请营宗庙，议者非之，以为国家期于恢复，不常厥居，胜非方主和议，遂白上营宗庙于临安。徐俯罢参政，胜非荐胡松年。侍御史常同劾松年乃王黼客，胜非徙同左史。莫俦谪曲江，其家苍头奴为胜非治疽而愈，奴为俦请，得复官。姻家刘式尝言为兵官获盗，胜非不以付部用，特旨改官。会久雨，胜非累章乞免，且自论当罢者十一事。魏矼亦劾其罪，遂罢。

五年，应诏言战守四事，起知湖州，引疾归。胜非与秦桧有隙，桧得政，胜非废居八年，卒，谥忠靖。

胜非，张邦昌友婿也。始，邦昌僭位，胜非尝械其使，及金人过江，胜非请尊礼邦昌，录其后以谢敌。苗、刘之变，保护圣躬，功居多。既去，力荐张浚。然李纲罢，胜

非受黄潜善风旨草制，极言其狂妄。再相，忌赵鼎，鼎宣抚川、陕，欲重使名以制吴玠，胜非曰："元枢出使，岂论此耶？"盖因事出鼎而轻其权。人以此少之。及著《闲居录》，亦多其私说云。

吕颐浩，字元直，其先乐陵人，徙齐州。中进士第。父丧家贫，躬耕以赡老幼。后为密州司户参军，以李清臣荐，为郴州教授。除宗子博士，累官入为太府少卿、直龙图阁、河北转运副使，升待制徽猷阁、都转运使。

伐燕之役，颐浩以转输随种师道至白沟。既得燕山，郭药师众二万，契丹军万余，皆仰给县官，诏以颐浩为燕山府路转运使。颐浩奏："开边极远，其势难守，虽穷力竭财，无以善后。"又奏燕山、河北危急五事，愿博议久长之策。徽宗怒，命视职贬官，而领职如故；寻复焉。进徽猷阁直学士。金人入燕，郭药师劫颐浩与蔡靖等以降。敌退得归，复以为河北都转运使，以病辞，提举崇福宫。

高宗即位，除知扬州。车驾南幸，颐浩入见，除户部侍郎兼知扬州，进户部尚书。剧贼张遇众数万屯金山，纵兵焚掠。颐浩单骑与韩世忠造其垒，说之以逆顺，遇党释甲降。进吏部尚书。

建炎二年，金人逼扬州，车驾南渡镇江，召从臣问去留。颐浩叩头愿且留此，为江北声援；不然，敌乘势渡江，事愈急矣。驾幸钱塘，拜同签书枢密院事、江淮两浙制置使，还屯京口。金人去扬州，改江东安抚、制置使兼知江宁府。

时苗傅、刘正彦为逆，逼高宗避位。颐浩至江宁，奉明受改元诏赦，会监司议，皆莫敢对。颐浩曰："是必有兵变。"其子抗曰："主上春秋鼎盛，二帝蒙尘沙漠，日望拯救，其肯逊位于幼冲乎？灼知兵变无疑也。"颐浩即遣人寓书张浚曰："时事如此，吾侪可但已乎？"浚亦谓颐浩有威望，能断大事，书来报起兵状。颐浩乃与浚及诸将约，会兵讨贼。时江宁士民汹惧，颐浩乃檄杨惟忠留屯，以安人心。且恐苗傅等计劳挟帝繇广德渡江，戒惟忠先为控扼备。俄有旨，召颐浩赴院供职。上言："今金人乘战胜之威，群盗有蜂起之势，兴衰拨乱，事属艰难，岂容皇帝退享安逸？请亟复明辟，以图恢复。"遂以兵发江宁，举鞭誓众，士皆感厉。

将至平江，张浚乘轻舟迓之，相持而泣，咨以大计。颐浩曰："颐浩囊谏开边，几死宦竖之手；承乏漕挽，几陷腥膻之域。今事不谐，不过赤族，为社稷死，岂不快乎？"浚壮其言。即舟中草檄，进韩世忠为前军，张俊翼之，刘光世为游击，颐浩、浚总中军，光世分军殿后。颐浩发江，傅党托旨请颐浩单骑入朝。颐浩奏：所统将士，忠义所激，可合不可离。傅等恐惧，乃请高宗复辟。师次秀州，颐浩勉励诸将曰："今虽反正，而贼犹握兵居内。事若不济，必反以恶名加我，翟义、徐敬业可监也。"次临平，苗傅等拒战。颐浩被甲立水次，出入行阵，督世忠等破贼，傅、正彦引兵遁。颐浩等以勤王兵入城，都人夹道耸观，以手加额。

朱胜非罢相，以颐浩守尚书右仆射、中书侍郎兼御营

使,改同中书门下平章事。车驾幸建康,闻金人复入,召诸将问移跸之地,颐浩曰:"金人谋以陛下所至为边面,今当且战且避,奉陛下于万全之地,臣愿留卿、润死守。"上曰:"朕左右不可以无相。"乃以韩世忠守镇江,刘光世守太平。驾至平江,闻杜充败绩,上曰:"事迫矣,若何?"颐浩遂进航海之策。

初,建炎御营使本以行幸总齐军政,而宰相兼领之,遂专兵柄,枢府几无所预。颐浩在位尤颛恣,赵鼎论其过。四年,移鼎为翰林学士、吏部尚书。鼎辞,且攻颐浩,章十数上,颐浩求去。除镇南军节度、开府仪同三司、醴泉观使,诏以颐浩倡义勤王,故从优礼焉。

奉化贼蒋璘乘乱为变,劫颐浩置军中,高宗以颐浩故,赦而招之。寻除江东安抚、制置大使兼知池州。颐浩请兵五万屯建康等处,又请王瓌、巨师古兵自隶。将之镇,而李成遣将马进围江州。乃驻军鄱阳,会杨惟忠兵,请与俱趋南康,遣师古救江州。贼众鏖战,颐浩、惟忠失利,师古败奔洪州。颐浩乞济师讨李成,高宗曰:"颐浩奋不顾身,为国讨贼,群臣所不及,但轻进,其失也。"诏王瓌以万人速往策应。颐浩复军左蠡,又得阁门舍人崔增之众万余,军势复振。命瓌、增击贼,败之,乘胜至江州,则马进已陷城矣。朝廷命张俊为招讨使,俊既至,遂败马进。进通、成以余众降刘豫。

诏以淮南民未复业,须威望大臣措置,以颐浩兼宣抚,领寿春府、滁庐和州、无为军。招降赵延寿于分宁,得其精锐五千,分隶诸将。张琪自徽犯饶州,有众五万。时颐浩自左蠡班师,帐下兵不满万人,郡人皇骇。颐浩命其将阎皋、姚端、崔邦弼列阵以待。琪犯皋军,皋力战,端、邦弼两军夹击,大破之。拜少保、尚书左仆射、同中书门下平章事兼知枢密院事。

二年,上自越州还临安。时桑仲在襄阳,欲进取京城,乞朝廷举兵为声援。颐浩乃大议出师,而身自督军北向。高宗谕颐浩、秦桧曰:"颐浩治军旅,桧理庶务,如种、蠡分职可也。"二人同秉政,桧知颐浩不为公论所与,多引知名士为助,欲倾之而擅朝权。高宗乃下诏以戒朋党,除颐浩都督江、淮、荆、浙诸军事,开府镇江。颐浩辟文武士七十余人,以神武后军及御前忠锐崔增、赵延寿二军从行,百官班送。颐浩次常州,延寿军叛,刘光世歼其众,又闻桑仲已死,遂不进,引疾求罢。诏还朝,以知绍兴府朱胜非同都督诸军事。

颐浩既还,欲倾秦桧,乃引胜非为助。给事中胡安国论胜非必误大计,胜非复知绍兴府,寻以醴泉观使兼侍读。安国持录黄不下,颐浩持命检正该房文字黄龟年书行。安国以失职求去,罢之。桧上章乞留安国,不报。侍御史江跻、左司谏吴表臣皆以论救安国罢,程瑀、胡世将、刘一止、张焘、林待聘、楼炤亦坐论桧党斥,台省一空,遂罢桧相。

颐浩独秉政,屡请兴师复中原,谓:"太祖取天下,兵不过十万,今有兵十六七万矣。然自金人南牧,莫敢婴其锋。比年韩世忠、张俊、陈思恭、张荣屡奏,人有战心,天将悔祸。又金人以中原付刘豫,三尺童子知其不能立

国。愿睿断早定,决策北向。今之精锐皆中原人,恐久而消磨,他日难以举事。"时盗贼稍息,颐浩请遣使循行郡国,平狱讼,宣德意。李纲宣抚湖南,颐浩言纲纵暴无善状,请罢诸路宣抚之名,纲止为安抚使。时李光在江东,与颐浩书,言纲有大节,四夷畏服。颐浩称光结党,言者因论光,罢之。时方审量滥赏,颐浩时有纵舍,右司郎官王冈持不可,曰:"公秉国钧,不平谓何。"

颐浩再秉政凡二年,高宗以水旱、地震,下诏罪己求言,颐浩连章待罪。高宗一日谓大臣曰:"国朝四方水旱,无不上闻。近苏、湖地震,泉州大水,辄不以奏,何也?"侍御史辛炳、殿中常同论其罪,遂罢颐浩为镇南军节度使、开府仪同三司、提举洞霄宫,改特进、观文殿大学士。五年,诏问宰执以战守方略,颐浩条十事以献,除湖南安抚、制置大使兼知潭州。时郴、衡、桂阳盗起,颐浩遣人悉平之。帝在建康,除颐浩少保、浙西安抚制置大使、知临安府、行宫留守。明堂礼成,进封成国公。

八年,上将还临安,除少傅、镇南定江军节度使、江东安抚制置大使兼知建康府、行宫留守。颐浩引疾求去,除醴泉观使。九年,金人归河南地,高宗欲以颐浩往陕西,命中使召赴行在。颐浩以老病辞,且条陕西利害,谓金人无故归地,其必有意。召趣起赴阙,既至,以疾不能见,乃听归。未几,卒,赠太师,封秦国公,谥忠穆。

颐浩有胆略,善鞍马弓剑,当国步艰难之际,人倚之为重。自江东再相,胡安国以书劝其法韩忠献,以至公无我为先,报复恩仇为戒,颐浩不能用。时军用不足,颐浩与朱胜非创立江、浙、湖南诸路大军月桩钱,于是郡邑多横赋,大为东南患云。

范宗尹,字觉民,襄阳邓城人。少笃学,工文辞。宣和三年,上舍登第。累迁侍御史、右谏议大夫。王云使北还,言金人必欲得三镇。宗尹请弃之以纾祸,言者非之,宗尹罢归。张邦昌僭位,复其职,遣同路允迪诣康王劝进。

建炎元年,李纲拜右仆射,宗尹论其名浮于实,有震主之威。不报,出知舒州。言者论宗尹尝污伪命,责置鄂州。既,召为中书舍人,迁御史中丞,拜参知政事。

吕颐浩罢相,宗尹摄其位。时诸盗据有州县,朝廷力不能制。宗尹言:"太祖收藩镇之权,天下无事百五十年,可谓良法。然国家多难,四方帅守单寡,束手环视,此法之弊。今当稍复藩镇之法,裂河南、江北数十州之地,付以兵权,俾蕃王室。较之弃地夷狄,岂不相远?"上从其言。授宗尹通议大夫、守尚书右仆射、同中书门下平章事兼御营使,时年三十。近世宰相年少,未有如宗尹者。

宗尹奏以京畿东西、淮南、湖北地并分为镇,授诸将,以镇抚使为名;军兴,听便宜从事。然李成、薛庆、孔彦舟、桑仲辈起于群盗,翟兴、刘位土豪,李彦光、郭仲威皆溃将,多不能守其地。宗尹请有司讨论崇、观以来滥赏,修书、营缮、应奉、开河、免夫、狱空之类,皆厘正之。宣靖执政、围城、明受伪命之人,反用赦申雪,徐秉哲、吴开、莫俦等并量移;吴敏、王孝迪、耿南仲、孙觌、蔡懋等并叙复。侍郎季陵希宗尹意,乞诏宰执于罪累中选真

材实能,量付以事。沈与求劾陵,因及宗尹,宗尹求去。上为罢与求,宗尹乃复视事。

初,宗尹廷对,详定官李邦彦特取旨置宗尹乙科,宗尹德之,赠邦彦观文殿大学士。枢密院副都承旨阙,宗尹拟刑焕、蓝公佐、辛道宗三人,焕戚里,公佐管多省,道宗不知兵,人以此咎宗尹。密院计议官王佾结公佐,宗尹请除佾为宗正丞,侍御史张延寿劾之,上罢佾。

绍兴元年二月辛巳,日有黑子,宗尹以辅政无状请免,上不许。魏滂为江东通判,谏官言其贪盗官钱,滂遂罢;李弥孺领营田,谏官言其媚事朱勔,弥孺亦罢。二人皆宗尹所荐。台州守臣晁公为储峙丰备,论者以为扰民,宗尹阴佑之。会公为妻受囚金事觉,上罢公为,宗尹不自安。时明堂覃恩,宗尹请举行讨论之事,上手札云:"朕不欲归过君父,敛怨士大夫。"始,宗尹建此议,秦桧力赞之,及见上意坚,反挤宗尹。上亦恶其与辛道宗兄弟往来,遂罢。沈与求奏其罪状,落职,未几,命知温州。退居天台,卒,年三十七。

宗尹有才智,当北敌肆行之冲,毅然自任,建议分镇,以是得相位。然其置帅多授剧盗,又无总率统属,且不遣援,不通饷,故诸镇守鲜能久存者。及为政多私,屡为议者所诋云。

范致虚,字谦叔,建州建阳人。举进士,为太学博士。邹浩以言事斥,致虚坐祖送获罪,停官。徽宗嗣位,召见,除左正言,出通判郢州。崇宁初,以右司谏召,道改起居舍人,进中书舍人。蔡京建置讲议司,引致虚为详定官,议不合,改兵部侍郎。自是入处华要,出典大郡者十五年。以附张商英,贬通州。政和七年,复官,入为侍读、修国史,寻除刑部尚书、提举南京鸿庆宫。

初,致虚在讲议司,延康殿学士刘昺尝乘蔡京怒挤之。后王寀坐妖言系狱,事连昺论死,致虚争之,昺得减窜,士论贤之。迁尚书右丞,进左丞。

母丧逾年,起知东平府,改大名府。入见,时朝廷欲用师契丹,致虚言边隙一开,必有意外之患。宰相谓其怀异。致虚乞终丧,从之。免丧,知邓州,改河南府。中人规景华苑,欲夺故相富弼园宅。致虚言:"弼和戎有大功,使朝廷享百年之安,乃不保数亩之居邪?"弼园宅得不取。复移邓州、提举亳州明道宫。帝方好老氏,致虚希时好,营饰道宇,赐名炼真宫。

靖康元年,召赴阙,道除知京兆府。时金人围太原,声震关中,致虚修战守备甚力。朝廷命钱盖节制陕西,除致虚陕西宣抚使。金人分道再犯京师,诏致虚会兵入援。钱盖兵十万至颖昌,闻京师破而遁,西道总管王襄南走。致虚独与西道副总管孙昭远合兵,环庆帅臣王似、熙河帅臣王倚以兵来会。致虚合步骑号二十万,以右武大夫马昌祐统之,命杜常将民兵万人趋京师,夏俶将万人守陵寝。

有僧赵宗印者,喜谈兵,席益荐之。致虚以便宜假官,俾充宣抚司参议官兼节制军马。致虚以大军陆行,宗印以舟师趋西京。金人破京师,遣人持登城不下之诏以止入援之师,致虚斩之。初,金人守潼关,致虚夺之,作长城,起潼关迄龙门,所筑仅及肩。宗印又以僧为一军,号"尊胜队",童子行为一军,号"净胜队"。致虚勇而无谋,委己以听宗印。宗印徒大言,实未尝知兵。至是,宗印舟师至三门津,致虚使整兵出潼关。金守臣高世由谓其帅粘罕曰:"致虚儒者,不知兵,遣斥候三千,自足杀之。"致虚军出武关,至邓州千秋镇,金将娄宿以精骑冲之,不战而溃,死者过半。杜常、夏俶先遁,致虚斩之。孙昭远、王似、王倚等留陕府,致虚收余兵入潼关。方致虚之鼓行出关也,裨将李彦仙曰:"行者利速,多为支军,则舍不至淹,败不至覆。若众群聚而出殽、渑,一蹶于险,则皆溃矣。"致虚不听,遂底于败。

高宗即位,言者论其逗挠不进,徙知邓州。寻加观文殿学士,复知京兆府;致虚力辞,而荐席益、李弥大、唐重自代。诏以重守京兆,致虚复知邓州。次年,宗印领兵出武关,与致虚合。会金将银朱兵压境,致虚遁,宗印兵不战走,转运使刘汲力战死焉。致虚坐落职,责授安远军节度副使,英州安置。高宗幸建康,召复资政殿学士、知鼎州。行至巴陵卒,赠银青光禄大夫。

吕好问,字舜徒,侍讲希哲子也。以荫补官。崇宁初,治党事,好问以元祐子弟坐废。两监东岳庙,司扬州仪曹。时蔡卞为帅,欲扳附善类,待好问特异。好问以礼自持,卞不得亲。及卞得政,当时据属拔擢略尽,独好问留滞,卞讽之曰:"子少亲我,即阶显列矣。"好问笑不答。

靖康元年,以荐召为左司谏、谏议大夫,擢御史中丞。钦宗谕之曰:"卿元祐子孙,朕特用卿,令天下知朕意所向。"先是,徽宗将内禅,诏解党禁,除新法,尽复祖宗之故。而蔡京党戚根据中外,害其事,莫肯行。好问言:"时之利害,政之阙失,太上皇诏旨备矣。虽使直言之士抗疏论列,无以过此,愿一一施行之而已。"又言:"陛下宵衣旰食,有求治之意;发号施令,有求治之言。逮今半载,治效逾邈,良由左右前后,不能推广德意,而陛下过于容养。臣恐淳厚之德,变为颓靡,且今不尽革京、贯等所为,太平无由可致。"钦宗乡纳。好问疏蔡京过恶,投海外,黜朋附之尤者以厉其余。又建白削王安石王爵,正神宗配飨,褒表江公望、张庭坚、任伯雨、龚夬等,除青苗之令,湔元符上书获谴者,章前后疏十上。每奏对,帝虽当食,辄使毕其说。

时金人既退,大臣不复顾虑,武备益弛。好问言:"金人得志,益轻中国,秋冬必倾国复来,御敌之备,当速讲求。今边事经画旬月,不见施设,臣僚奏请皆不行下,此臣所深惧也。"及边警急,大臣不知所出,遣使讲解。金人佯许而攻略自如,诸将以和议故,皆闭壁不出。好问言:"彼名和而实攻,朝廷不谋进兵遣将,何也?请亟集沧、滑、邢、相之戍,以遏奔冲,而列勤王之师于畿邑,以卫京城。"疏上不省。

金人陷真定,攻中山,上下震骇,廷臣狐疑相顾,犹以和议为辞。好问率台属劾大臣畏懦误国,出好问知袁州。钦宗悯其忠,下迁吏部侍郎。既而金人薄都城,钦宗思好问言,进兵部尚书。都城失守,召好问入禁中,军民数万斧左掖门求见天子,好问从帝御楼谕遣之。卫士长蒋宣帅其徒数百,欲邀乘舆犯围而出,左右奔窜,独好问与孙傅、梅执礼侍,宣抗声曰:"国事至此,皆宰相信任奸臣,不用直言所致。"傅呵之。宣以语侵傅,好问晓之曰:"若属忘家族,欲冒重围卫上以出,诚忠义。然乘舆将驾,必甲乘无阙而后动,讵可轻邪?"宣诎服曰:"尚书真知军情。"麾其徒退。

帝再幸金营,好问实从,帝既留,遣好问还,尉拊都城。已而金人立张邦昌,以好问为事务官。邦昌入居都省,好问曰:"相公真欲立邪?抑姑塞敌意而徐为之图尔?"邦昌曰:"是何言也?"好问曰:"相公知中国人情所向乎?特畏女真兵威耳。女真既去,能保如今日乎?大元帅在外,元祐皇太后在内,此殆天意,盍亟还政,可转祸为福。且省中非人臣所处,宜寓直殿庐,毋令卫士侠陛。故所遗袍带,非戎人在旁,弛勿服。车驾未还,所下文书,不当称圣旨。"以好问摄门下省。好问既系衔,仍行旧职。时邦昌虽不改元,而百司文移,必去年号,独好问所行文书,称"靖康二年"。吴幵、莫俦请邦昌见金使于紫宸、垂拱殿,好问曰:"宫省故吏骤见御正衙,必将愤骇,变且不测,奈何?"邦昌矍然止。王时雍议肆赦,好问曰:"四壁之外,皆非我有,将谁赦?"乃先赦城中。

始,金人谋以五千骑取康王,好问闻,即遣人以书白王,言:"大王之兵,度能击则邀击之,不然,即宜远避。"且言:"大王若不自立,恐有不当立而立者。"既,又语邦昌曰:"天命人心,皆归大元帅,相公先遣人推戴,则功无在相公右者。若抚机不发,他人声义致讨,悔可追邪?"于是邦昌谋遣谢克家奉传国宝往大元帅府,须金人退乃发。金将将还,议留兵以卫邦昌。好问曰:"南北异宜,恐北兵不习风土,必不相安。"金人曰:"留一勃堇统之可也。"好问曰:"勃堇贵人,有如触发致疾,则负罪益深。"乃不复留兵。金人既行,好问趣遣使诣大元帅府劝进,请元祐太后垂帘,邦昌易服归太宰位。太后自延福宫入听政。

高宗即位,太后遣好问奉手书诣行在所,高宗劳之曰:"宗庙获全,卿之力也。"除尚书右丞。丞相李纲以群臣在围城中不能执节,欲悉按其罪。好问曰:"王业艰难,政宜含垢,绳以峻法,惧者众矣。"侍御史王宾论好问尝污伪命,不可以立新朝。高宗曰:"邦昌僣号之初,好问募人赍白书,具道京师内外之事。金人甫退,又遣人劝进。考其心迹,非他人比。"好问自慚,力求去,且言:"邦昌僣号之时,臣若闭门洁身,实不为难。徒以世被国恩,所以受贤者之责,冒围赍书于陛下。"疏入,除资政殿学士、知宣州、提举洞霄宫,以恩封东莱郡侯。避地,卒于桂州。

子本中、揆中、朋中、用中、忱中。孙祖谦、祖俭。本中、祖谦、祖俭别有传。

论曰:朱胜非、吕颐浩处苗、刘之变,或異用其智,或震奋其威,其于复辟讨贼之功,固有可言矣。然李纲、赵鼎当世之所谓贤者,而胜非、颐浩视之若冰炭然,其中之所存,果何如哉。范宗尹忍于污张邦昌之伪命,而诬李

纲以震主之威,何其缪于是非也。范致虚佞附权臣,大谊已失,其总勤王之师,轻而寡谋,以底于败,宜哉。若吕好问处艰难之际,其迹与宗尹同,而屈已就事,以规兴复,亦若胜非之处苗、刘,其心有足亮云。

卷三百六十三
列传第一百二十二

李光 子孟传　许翰　许景衡
张悫　张所　陈禾　蒋猷

李光,字泰发,越州上虞人。童稚不戏弄。父高称曰:"吾儿云间鹤,其兴吾门乎!"亲丧,哀毁如成人,有致赙者,悉辞之。及葬,礼皆中节。服除,游太学,登崇宁五年进士第。调开化令,有政声,召赴都堂审察,时宰不悦,处以监当,改秩,知平江府常熟县。朱勔父冲倚势暴横,光械治其家僮。冲怒,风部使者移令吴江,光不为屈。改京东西学事司管勾文字。

刘安世居南京,光以师礼见之。安世告以所闻于温公者曰:"学当自无妄中入。"光欣然领会。除太常博士,迁司封。首论士大夫谀佞成风,至妄引荀卿"有听从,无谏诤"之说,以杜塞言路;又言怨嗟之气,结为妖诊。王黼恶之,令部注桂州阳朔县。安世闻光以论事贬,贻书伟之。李纲亦以论水灾去国,居义兴,伺光于水驿,自出呼曰:"非越州李司封船乎?"留数日,定交而别。除司勋员外郎,迁符宝郎。

郭药师叛,光知徽宗有内禅意,因纳符,谓知枢密院蔡攸曰:"公家所为,皆咈众心。今日之事,非皇太子则国家俱危。"攸矍然,不敢为异。钦宗受禅,擢右司谏。上皇东幸,俭人间两宫,光请集议奉迎典礼。又奏:"东南财用,尽于朱勔,西北财用,困于李彦,天下根本之财,竭于蔡京、王黼。名为应奉,实入私室,公家无半岁之储,百姓无旬日之积。乞依旧制,三省、枢密院通知兵民财计,与户部量一岁之出入,以制国用,选吏考核,使利源归一。"

金人围太原,援兵无功。光言:"三镇之地,祖宗百战得之,一旦举以与敌,何以为国?望诏大臣别议攻守之策,仍间道遣使檄河东、北两路,尽起强壮策应,首尾掩击。"迁侍御史。

时言者犹主王安石之学,诏榜庙堂。光又言:"祖宗规摹宏远,安石欲尽废法度,则谓人主制法而不当制于法;欲尽逐元老,则谓人主当化俗而不当化于俗。蔡京兄弟祖述其说,五十年间,毒流四海。今又风示中外,鼓惑民听,岂朝廷之福?"

蔡攸欲以扈卫上皇行宫因缘入都,光奏:"攸若果入,则百姓必致生变,万一惊犯銮车之尘,臣坐不预言之罪。望早黜责。"时已葺撷景园为宁德宫,而太上皇后乃欲入居禁中。光奏:"禁中者,天子之宫。正使陛下欲便温清,

奉迎入内，亦当躬禀上皇，下有司讨论典礼。"乃下光章，使两宫臣奏知，于是太上皇后居宁德宫。

金人逼京城，士大夫委职而去者五十二人，罪同罚异，士论纷然。光请付理寺公行之。太原围急，奏："乞就委折彦质尽起晋、绛、慈、隰、泽、潞、威胜、汾八州民兵及本路诸县弓手，俾守令各自部辖。其土豪、士人愿为首领者，假以初官、应副器甲，协力赴援。女真劫质亲王，以三镇为辞，势必深入，请大修京城守御之备，以伐敌人之谋。"

又言："朱勔托应奉胁制州县，田园第宅，富拟王室。乞择清强官置司，追摄勔父子及奉承监司、守令，如胡直孺、卢宗原、陆寘、王仲闳、赵霖、宋晦等，根勘驱磨，计赀没入，其强夺编户产业者还之。"

李会、李擢复以谏官召。光奏："蔡京复用，时会、擢迭为台官，噤不发一语；金人围城，与白时中、李邦彦专主避敌割地之谋。时中、邦彦坐是落职，而会、擢反被召用，复预谏诤之列。乞寝成命。"不报。光丐外，亦不报。

莒出寅、艮间，耿南仲辈皆谓应在外夷，不足忧。光奏："孔子作《春秋》，不书祥瑞者，盖欲使人君恐惧修省，未闻以灾异归之外夷也。"疏奏，监汀州酒税。

高宗即位，擢秘书少监，除知江州；未几，擢侍御史，皆以道梗不赴。建炎三年，车驾自临安移跸建康，除知宣州。时范琼将过军，光先入视事，琼至则开门延劳，留三日而去，无敢哗者。光以宣密迩行都，乃缮城池，聚兵粮，籍六邑之民，保伍相比，谓之义社。择其健武者，统以土豪，得保甲万余，号"精拣军"。又栅险要二十三所谨戍之，厘城止为十地分，分巡内外，昼则自便，夜则守城，有警则战。苗租岁输邑者，悉命输郡。初欢言不便，及守城之日，赡军养民，迄赖以济。事闻，授管内安抚，许便宜从事，进直龙图阁。

杜充以建康降，金人夺马家渡。御营统制王𤫊、王㟧素不相能，至是，拥溃兵砦城外索斗。光亲至营，谕以先国家后私仇之义，皆感悟解去。时奔将、散卒至者，光悉厚赏给遣。有水军叛于繁昌，逼宣境，即遣兵援击，出贼不意，遂宵遁。进右文殿修撰。光奏："金人虽深入江、浙，然违天时地利，臣已移文刘光世领大兵赴州，并力攻讨。乞速委宣抚使周望，约日水陆并进。"

溃将邵青自真州拥舟数百艘，剽当涂、芜湖两邑间，光招谕，遗米二千斛。青喜，谓使者曰："我官军也，所过皆以盗贼见遇，独李公不疑我。"于是秋毫无犯。他日，舟过繁昌，或绐之曰："宣境也。"乃掠北岸而去。

剧盗戚方破宁国县，抵城下，分兵四击。光募勇敢劫之，贼惊扰，自相屠蹂。朝廷遣统制官巨师古、刘晏兼程来援。贼急攻朝京门，缆竹木为浮梁以济。须臾，军傅城，列炮具，立石对楼。光命编竹者帘揭之，炮至即反坠，不能伤。取桱木为撞竿，倚女墙以御对楼，贼引却。刘晏率赤心队直捣其砦，贼阳退，晏追之，伏兵遇害。师古以中军大破贼，贼遁去。初，戚方围宣，与其副并马巡城，指画攻具。光以书傅矢射其副马前，言："戚方穷寇，天诛必加，汝为将家子，何至附贼。"二人相疑，攻稍缓，始

得为备，而援师至矣。尝置匕首枕匣中，与家人约曰："城不可必保，若使人取匕首，我必死。汝辈宜自杀，无落贼手。"除徽猷阁待制、知临安府。

绍兴元年正月，除知洪州，固辞，提举临安府洞霄宫。除知婺州，甫至郡，擢吏部侍郎。光奏疏极论朋党之害："议论之臣，各怀顾避，莫肯以持危扶颠为己任。驻跸会稽，首尾三载。自去秋迄今，敌人无复南渡之意，淮甸咫尺，了不经营，长江千里，不为限制，惴惴焉日为乘桴浮海之计。晋元帝区区草创，犹能立宗社，修宫阙，保江、浙。刘琨、祖逖与逆胡拒战于并、冀、兖、豫、司、雍州，未尝陷没也。石季龙重兵已至历阳，命王导都督中外诸军以御之，未闻专主避狄如今日也。陛下驻跸会稽，江、浙为根本之地，使进足以战、退足以守者，莫如建康。建康至姑熟一百八十里，其隘可守者有六：曰江宁镇，曰䂬砂夹，曰采石，曰大信，其上则有芜湖、繁昌，皆与淮南对境。其余皆芦苇之场，或碛岸水势湍悍，难施舟楫。莫若豫于诸隘屯兵积粟，命将士各管地分，调发旁近乡兵，协力守御。乞明诏大臣，参酌施行。"

时有诏，金人深入，诸郡守臣相度，或守或避，令得自便。光言："守臣任人民、社稷之重，固当存亡以之。若预开迁避之门，是诱之遁也，愿追寝前诏。"上欲移跸临安，被旨节制临安府见屯诸军，兼户部侍郎、督营缮事。光经营搏节，不扰而办。奏蠲减二浙积负及九邑科配，以示施德自近之意。戚方以管军属节制，甚惧，拜庭下。光握手起之，曰："公昔为盗，某为守，分当相直；今俱为臣子，当共勉力忠义，勿以前事为疑。"方谢且泣。兼侍读，因奏："金人内寇，百姓失业为盗贼，本非获已，尚可诚感。自李成北走，群盗离心，傥因斯时显用一二酋豪，以风厉其党，必更相效慕，以次就降。"擢吏部尚书。

大将韩世清本苗傅余党，久屯宣城，擅据仓库，调发不行。光请先事除之，乃授光淮西招抚使。光假道至郡，世清入谒，缚送阙下伏诛。初，光于上前面禀成算，宰相不与预闻，怒之。未至，道除端明殿学士、江东安抚大使、知建康府、寿春滁濠庐和无为宣抚使。时太平州卒陆德囚守臣据城叛，光多设方略，尽擒其党。

秦桧既罢，吕颐浩、朱胜非并相，光议论素与不合。言者指光为桧党，落职奉祠。寻复宝文阁待制、知湖州，除显谟阁直学士，移守平江，除礼部尚书。光言："自古创业中兴，必有所因而起。汉高因关中，光武因河内，驻跸东南，两浙非根本所因之地乎？自冬及春，雨雪不已，百姓失业，乞选台谏察实以闻。兼比岁福建、湖南盗作，范汝为、杨幺相挺而起，朝廷发大兵诛讨，杀戮过当。今诸路旱荒，流丐满路，盗贼出入。宜选良吏招怀抚纳，责诸路监司按贪贼，恤流殍。"

议臣欲推行四川交子法于江、浙，光言："有钱则交子可行。今已谓桩办若干钱，行若干交子，此议者欲朝廷欺陛下，使陛下异时不免欺百姓也。若已桩办见钱，则目今所行钱关子，已是通快，何至纷纷？其工部铸到交子务铜印，臣未敢给降。"除端明殿学士，守台州，俄改温州。

刘光世、张俊连以捷闻。光言："观金人布置，必有

主谋。今已据东南形势，敌人万里远来，利于速战，宜戒诸将持重以老之。不过数月，彼食尽，则胜算在我矣。"除江西安抚、知洪州兼制置大使，擢吏部尚书，逾月，除参知政事。

时秦桧初定和议，将揭榜，欲籍光名镇压。上意不欲用光，桧言："光有人望，若同押榜，浮议自息。"遂用之。同郡杨炜上光书，责以附时相取尊官，堕黠虏奸计，堕平时大节。光本意谓但可因和而为自治之计。既而桧议彻淮南守备，夺诸将兵权，光极言戎狄狼子野心，和不可恃，备不可彻。桧恶之。桧以亲党郑亿年为资政殿学士，光于榻前面折之，又与桧语难上前，因曰："观桧之意，是欲壅蔽陛下耳目，盗弄国权，怀奸误国，不可不察。"桧大怒，明日，光丐去。高宗曰："卿昨面叱秦桧，举措如古人。朕退而叹息，方寄卿以腹心，何乃引去？"光曰："臣与宰相争论，不可留。"章九上，乃除资政殿学士、知绍兴府，改提举临安府洞霄宫。

十一年冬，中丞万俟卨论光阴怀怨望，责授建宁军节度副使，藤州安置。越四年，移琼州。居琼州八年，仲子孟坚坐陆升之诬以私撰国史，狱成；吕愿中又告光与胡铨诗赋倡和，讥讪朝政，移昌化军。论文考史，怡然自适。年逾八十，笔力精健。又三年，始以郊恩，复左朝奉大夫，任便居住。至江州而卒。孝宗即位，复资政殿学士，赐谥庄简。

孟传字文授，光幼子也。光南迁之日，才六岁。以光遗表恩，累官至太府丞。韩侂胄愿见之，孟传曰："行年六十，去计已决，不敢闻也。"由是出知江州。以朝请大夫、直宝谟阁致仕。卒，年八十。有《磻溪诗》二十卷，《文稿》三十卷，《宏辞类稿》十卷，《左氏说》十卷，《读史》十卷，《杂志》十卷。博学多闻，持身甚严，时推能世其家。

许翰，字崧老，拱州襄邑人。中元祐三年进士第。宣和七年，召为给事中。为书抵时相，谓百姓困弊，起为盗贼，天下有危亡之忧。愿罢云中之师，修边保境，与民休息。高丽入贡，调民开运河，民间骚然。中书舍人孙傅论高丽于国无功，不宜兴大役，傅坐黜。翰谓傅不当黜，时相怒，落职，提举江州太平观。

靖康初，复以给事中召。时金人攻京师甫退，翰造朝，即日赐对，除翰林学士，寻改御史中丞。上疏言边事，因陈决胜之策。陈邦昌为太宰，翰上疏力争之。种师道罢为中太一宫使，翰言："师道名将，沉毅有谋，山西士卒，人人信服，不可使解兵柄。"钦宗谓其老难用，翰曰："秦始皇老王翦而用李信，兵辱于楚；汉宣帝老赵充国，而卒能成金城之功。自吕望以来，用老将收功者，难一二数。以古揆今，师道虽老，可用也。"且谓："金人此行，存亡所系，令一大创，使失利去，则中原可保，四夷可服。不然，将来再举，必有不救之忧。宜起师道邀击之。"上不能用。擢中大夫、同知枢密院，论议不合，以病去，除延康殿学士、知亳州。坐言者落职，提举南京鸿庆宫。

高宗即位，用李纲荐，召复延康殿学士。既至，拜尚书右丞兼权门下侍郎。时建炎大变之后，河北山东大盗李成、孔彦舟等，聚众各数十万，皆以勤王为名，愿得张所为帅。所为御史，尝论黄潜善奸邪不可用，由此得罪。李纲为相，乃以所为河北等路招抚使，率成等众渡河，号召诸路，为兴复计。潜善力沮之。宗泽论车驾不宜南幸，宜还京师，且诋潜善等。潜善者请罢泽，翰极论以为不可。李纲罢，翰言："纲忠义英发，舍之无以佐中兴，今罢纲，臣留无益。"力求去，高宗未许。时潜善奏诛陈东，翰谓所亲曰："吾与东，皆争李纲者。东戮东市，吾在庙堂可乎？"求去益力，章八上，以资政殿大学士提举洞霄宫。复以言者落职。

绍兴元年，召复端明殿学士、提举万寿观，辞不至。二月，复资政殿学士。三年五月，卒，赠光禄大夫。

翰通经术，正直不挠，历事三朝，位致政府，徒以黼、攸、潜善辈薰莸异味，横遭口语，志卒不展。纲虽力引之，不旋踵去，翰亦斥逐而死。所著书有《论语解》、《春秋传》。

许景衡，字少伊，温州瑞安人。登元祐九年进士第。宣和六年，召为监察御史，迁殿中侍御史。是时，王黼、蔡攸用事，景衡言："尚书省比阙长官，而同知枢密院亦久阙。虽三公通治三省，然文昌政事之本，枢密总兵之地，各有攸属，安可久虚其位？愿博采公议，遴选忠贤，以补政府之阙。"遂大忤黼意。朝廷用童贯为河东、北宣抚使，将北伐，景衡论其贪缪不可用者数十事，不报。

睦寇平，江、浙郡县残毁，而茶盐比较之法如故。景衡奏："茶盐之法，当以食之众寡为岁额之高下。今收复之后，户版半耗，民力萧然，而茶盐比较不减于昔。民欲无困得乎？"奏上，诏两浙、江东路权免茶盐比较，贼平日仍旧。

朝廷既兴燕云之师，调度不继，诛求益急。景衡奏："财力匮乏在节用，民力困弊在恤民。今不急之务。若营缮诸役，花石纲运，其名不一。吏员狠多，军额冗滥。又无名功赏，非常赐予，皆贪缘侥幸，干请无厌，宜节以祖宗之制而省去之。"且极论和买、和籴、盐法之害，不报。会知洋州吴岩夫以私书抵执政子，道景衡之贤。因从子婿符宝郎周离亨以达，离亨缪以其书误致王黼，黼用是中景衡，逐之。

钦宗即位，以左正言召，旋改太常少卿兼太子谕德，迁中书舍人。侍御史李光、正言程瑀以鲠亮忤执政斥，景衡为辨白，坐落职予祠。

高宗即位，以给事中召，既至，除御史中丞。宗泽为东京留守，言者附黄潜善等，多攻其短，欲逐去之。景衡奏曰："臣自浙渡淮，以至行在。闻泽之为尹，威名政事，卓然过人，虽不识其人，窃用叹慕。臣以为去冬京城内，有赤心为国如泽等数辈，其祸变未至如是之酷。今若较其小短，不顾尽忠徇国之节，则不恕已甚。且开封宗庙社稷所在，苟欲罢泽，别遣留守，不识搢绅中威名政事有加于泽者乎？"疏入，上大悟，封以示泽，泽乃安。

杭州叛卒陈通作乱，权浙西提刑赵叔近招降之，请授以官。景衡曰："官吏无罪而受诛。叛卒有罪而蒙赏，赏罚倒置，莫此为甚。"卒奏罢之。除尚书右丞。有大政事，必请间极论。潜善、伯彦以景衡异己，共排沮之。或言正、二月之交，乃太一正迁之日，宜于禁中设坛望拜。高宗以问景衡，曰："修德爱民，天自降福，何迎拜太一之有？"

初，李纲议建都，以关中为上，南阳次之，建康为下。纲既相，遂主南阳之议。景衡为中丞，奏："南阳无险阻，且密迩盗贼，漕运不继，不若建康天险可据，请定计巡幸。"潜善等倾纲使去，南阳之议遂格。至是，谍报金人攻河阳、汜水，景衡又奏请南幸建康。已而有诏还京，罢景衡为资政殿大学士、提举杭州洞霄宫。至瓜洲，得疾，及京口卒，年五十七，谥忠简。

景衡得程颐之学，志虑忠纯，议论不与时俯仰。建炎初，李纲议幸南阳，宗泽请还京，景衡乃请幸建康。黄潜善等素恶其异己，暨车驾驻扬州，怵于传闻，不得已下还京之诏，遂借渡江之议罪之，斥逐而死。既没，高宗思之曰："朕自即位以来，执政忠直，遇事敢言，惟许景衡。"诏赐景衡家温州官舍一区。

张悫，字诚伯，河间乐寿人。登元祐六年进士第。累迁龙图阁学士、计度都转运使。高宗为兵马大元帅，募诸道兵勤王，悫飞挽踵道，建议即元帅府印给盐钞，以便商旅。不阅旬，得缗钱五十万以佐军。高宗器重之，命以便宜权大名尹兼北京留守、马步军都总管。悫初闻二帝北行，率副总管颜岐等三上笺劝进。最后，悫上书，极论中原不可一日无君，高宗为之感悟。

建炎改元，为户部尚书，除同知枢密院事、措置户部财用兼御营副使。建言："三河之民，怨敌深入骨髓，恨不歼殄其类，以报国家之仇。请依唐人泽潞步兵、雄边子弟遗意，募民联以什伍，而寓兵于农，使合力抗敌，谓之巡社。"为法精详，前此论民兵者莫及也。诏集为书行之。迁尚书左丞，官至中书侍郎。

悫善理财，论钱谷利害，犹指诸掌。在朝谔谔有大臣节，然论议可否，不形辞色，未尝失同列之欢。卒，谥忠穆。上每念之，谓悫谋国尽忠，遇事敢谏，古之遗直也。

张所，青州人。登进士第，历官为监察御史。高宗即位，遣所按视陵寝，还，上疏言："河东、河北，天下之根本。昨者误用奸臣之谋，始割三镇，继割两河，其民怨入骨髓，至今无不扼腕。若因而用之，则可藉以守；不则两河兵民，无所系望，陛下之事去矣。"且论还京师有五利，谓国之安危，在乎兵之强弱、将相之贤不肖，不在乎都之迁不迁。又条上两河利害。上欲以其事付所，会所言黄潜善奸邪不可用，恐害新政。乃罢所御史，改兵部郎中。寻责所凤州团练副使，江州安置。

后李纲入相，欲荐所经略两河，以其尝言潜善故，难之。一日，与潜善从容曰："今河北未有人，独一张所可用，又以狂言抵罪。不得已拔用之，使为招抚，冒死立功以赎过，不亦善乎？"潜善许诺，乃借所直龙图阁，充河北招抚使。赐内府钱百万缗，给空名告千余道；以京西卒三千为卫，将佐官属，许自辟置，一切以便宜从事。所入见，条上利害。上赐五品服遣行，命直秘阁王圭为宣抚司参谋官佐之。

河北转运副使张益谦附黄潜善意，奏所置司北京非是；且言自置招抚，河北盗贼愈炽，不若罢之，专以其事付帅司。李纲言："张所今留京师，招集将佐，尚未及行，益谦何以知其扰？朝廷以河北民无所归，聚而为盗，故置司招抚，因其力而用之，岂由置司乃有盗贼乎？今京东、西群盗公行，攻掠郡县，亦岂招抚司过耶？时方艰危，朝廷欲有所经理，益谦小臣，乃以非理沮抑，此必有使之者。"上乃命益谦分析，命下枢密院，汪伯彦犹用其奏诘责招抚司。李纲与伯彦争于上前，伯彦语塞。

所方招来豪杰，以王彦为都统制，岳飞为准备将，而李纲已罢相。朝廷以王圭代之，所落直龙图阁，岭南安置。卒于贬所。子宗本，以岳飞奏补官。

陈禾，字秀实，明州鄞县人。举元符三年进士。累迁辟雍博士。时方以传注记问为学，禾始崇尚义理，黜抑浮华。入对契旨，擢监察御史、殿中侍御史。

蔡京遣酷使李孝寿穷治章绹铸钱狱，连及士大夫甚众，禾奏免孝寿。京子儵为太常少卿，何执中婿蔡芝为将作监，皆疏其罪，罢之。天下久平，武备宽弛，东南尤甚。禾请增戍、缮城壁，以戒不虞。或指为生事，格不下。其后盗起，人服其先见。迁左正言，俄除给事中。

时童贯权益张，与黄经臣胥用事，御史中丞卢航表里为奸，搢绅侧目。禾曰："此国家安危之本也。吾位言责，此而不言，一迁给舍，则非其职矣。"未拜命，首抗疏劾贯。复劾经臣："怙宠弄权，夸炫朝列。每云诏令皆出其手，言上将用某人，举某事，已而诏下，悉如其言。夫发号施令，国之重事，黜幽陟明，天子大权，奈何使宦寺得与？臣之所忧，不独经臣，此途一开，类进者众，国家之祸，有不可遏，愿亟窜之远方。"

论奏未终，上拂衣起。禾引上衣，请毕其说。衣裾落，上曰："正言碎朕衣矣。"禾言："陛下不惜碎衣，臣岂惜碎首以报陛下？此曹今日受富贵之利，陛下他日受危亡之祸。"言愈切，上变色曰："卿能如此，朕复何忧？"内侍请上易衣，上却之曰："留以旌直臣。"翌日，贯等相率前诉，谓国家极治，安得此不祥语。卢航奏禾狂妄，谪监信州酒。遇赦，得自便还里。

初，陈瓘归自岭外，居于郯，与禾相好，遣其子正汇从学。后正汇告京罪，执诣阙，瓘亦就逮。经臣莅其狱，檄禾取证，禾答以事有之，罪不敢逃。或谓其失对，禾曰："祸福死生，命也，岂可以死易不义乎？愿得分贤者罪。"遂坐瓘党停官。

遇赦，复起知广德军，移知和州。寻遭内艰，服除，知秀州。王黼新得政，禾曰："安能出黼门下？"力辞，改汝州。辞益坚，曰："宁饿死。"黼闻而衔之。禾兄秉时为寿春府教授，禾侍兄官居。适童贯领兵道府下，谒不得入，馈之不受。贯怒，归而谮之，上曰："此人素如此，汝不能容邪？"久之，知舒州，命下而卒，赠中大夫，谥文介。

禾性不苟合，立朝挺挺有风操。有《易传》九卷，《春秋传》十二卷，《论语》、《孟子解》各十卷。

蒋猷，字仲远，润州金坛县人。举进士。政和四年，拜御史中丞兼侍读，有直声。尝论士风浮薄，廷臣伺人主意，承宰执风旨向背，以特立不回者为愚，共嗤笑之，此风不可长；辅臣奏事殿上，雷同唱和，略无所可否，非论道献替之礼；内侍省不隶台察，紊元丰官制；杨戬不当除节度使；赵良嗣不宜出入禁中。上皆嘉纳，至揭其章内侍省，且诏自今无得规图节钺。又疏孟昌龄、徐铸等奸状。迁兵部尚书兼礼制局详议官。七年，知贡举，改工部、吏部尚书。

以徽猷阁直学士知婺州。明年，请祠归。宣和末，召为刑部尚书兼资善堂翊善。靖康初，奉上表起居太上皇帝于淮阴，且特诏贬童贯。猷奏贯得罪天下，愿黜远之。太上以为然，亟令宣诏，趣贯赴贬所。遂奉太上还京，移兵部尚书，累官正议大夫。引疾，授徽猷阁直学士、提举嵩山崇福宫。卒。赠特进。

论曰：夫拯溺救焚之际，必以任人为急。靖康、建炎之祸变，亦甚于焚溺矣。当时非乏人才也，然而国耻卒不能雪者，岂非任之之道有所未至欤？夫以李光之才识高明，所至有声，许翰、许景衡之论议剀切，张悫之善理财，张所之习知河北利害：皆一时之隽也。是数臣者，使其言听计从，不为逸邪所抑，得以直行其志，其效宜可待也。然或斥远以死，或用之不竟其才，世之治乱安危，虽非人力所为，君子于此，则不能无咎于时君之失政焉。蒋猷历仕五朝，当建炎初，避地而终，则无足称也。陈禾引裾尽言，有古谏臣之风，其行事在宣和之前，孝宗以后乃加褒谥云。

卷三百六十四
列传第一百二十三

韩世忠_{子彦直}

韩世忠，字良臣，延安人。风骨伟岸，目瞬如电。早年鸷勇绝人，能骑生马驹。家贫无产业，嗜酒尚气，不可绳检。日者言当作三公，世忠怒其侮己，殴之。年十八，以敢勇应募乡州，隶赤籍，挽强驰射，勇冠三军。

崇宁四年，西夏骚动，郡调兵捍御，世忠在遣中。至银州，夏人婴城自固，世忠斩关杀敌将，掷首陴外，诸军乘之，夏人大败。既而以重兵次蒿平岭，世忠率精锐鏖战，解去。俄复出间道，世忠独部敢死士殊死斗，敌少却，顾一骑士锐甚，问俘者，曰："监军驸马兀啰也。"跃马斩之，敌众大溃。经略司上其功，童贯董边事，疑有所增饰，止补一资，众弗平。从刘延庆筑天降山砦，为敌所据，世忠夜登城斩二级，割护城毡以献。继遇敌佛口砦，又斩数级，

始补进义副尉。至藏底河，斩三级，转进勇副尉。

宣和二年，方腊反，江、浙震动，调兵四方，世忠以偏将从王渊讨之。次杭州，贼奄至，势张甚，大将惶怖无策。世忠以兵二千伏北关堰，贼过，伏发，众蹂乱，世忠追击，贼败而遁。渊叹曰："真万人敌也。"尽以所随白金器赏之，且与定交。时有诏能得腊首者，授两镇节钺。世忠穷追至睦州清溪峒，贼深据岩屋为三窟，诸将继至，莫知所入。世忠潜行溪谷，问野妇得径，即挺身仗戈直前，渡险数里，捣其穴，格杀数十人，禽腊以出。辛兴宗领兵截峒口，掠其俘为己功，故赏不及世忠。别帅杨惟忠还阙，直其事，转承节郎。

三年，议复燕山，调诸军，至则皆溃。世忠往见刘延庆，与苏格等五十骑俱抵潭沱河。逢金兵二千余骑，格失措，世忠从容令格等列高冈，戒勿动。属燕山溃卒舟集，即命舣河岸，约鼓噪助声势。世忠跃马薄敌，回旋如飞。敌分二队据高阜，世忠出其不意，突二执旗者，因奋击，格等夹攻之，舟卒鼓噪，敌大乱，追斩甚众。时山东、河北盗贼蜂起，世忠从王渊、梁方平讨捕，禽戮殆尽，积功转武节郎。

钦宗即位，从梁方平屯濬州。金人压境，方平备不严，金人迫而遁，王师数万皆溃。世忠陷重围中，挥戈力战，突围出，焚桥而还。钦宗闻，召对便殿，询方平失律状，条奏甚悉。转武节大夫。诏诸路勤王兵领所部入卫，会金人退，河北总管司辟选锋军统制。

时胜捷军张师正败，宣抚副使李弥大斩之，大校李复鼓众以乱，淄、青之附者合数万人，山东复扰。弥大檄世忠将所部追击，至临淄河，兵不满千，分为四队，布铁蒺藜自塞归路，令曰："进则胜，退则死，走者命后队剿杀。"于是莫敢返顾，皆死战，大破之，斩复，余党奔溃。乘胜逐北，追至宿迁，贼尚万人，方拥子女椎牛纵酒。世忠单骑夜造其营，呼曰："大军至矣，亟束戈卷甲，吾能保全汝，共功名。"贼骇慄请命，因跪进牛酒。世忠下马解鞍，饮啖之尽，于是众悉就降。黎明，见世忠军未至，始大悔失色。以功迁左武大夫、果州团练使。

诏入朝，授正任单州团练使，屯潭沱河。时真定失守，世忠知王渊守赵，遂亟往。金人至，闻世忠在，攻益急，粮尽援绝。人多勉其溃围去，弗听。会大雪，夜半，以死士三百捣敌营。敌惊乱，自相击刺，及旦尽溃。后有自金国来者，始知大酋是日被创死，故众不能支。迁嘉州防御使。

还大名，赵野辟为前军统制。时康王如济州，世忠领所部劝进。金人纵兵逼城，人心恟惧，世忠据西王台力战，金人少却。翌日，酋帅率众数万至，时世忠戏下仅千人，单骑突入，斩其酋长，遂大溃。康王即皇帝位，授光州观察使、带御器械。世忠请移都长安，下兵收两河，时论不从。初建御营，为左军统制。是岁，命王渊、张俊讨陈州叛兵，刘光世讨黎驿叛兵，乔仲福讨京东贼李昱，世忠讨单州贼鱼台。世忠已破鱼台，又击黎驿叛兵，败之，皆斩以献。于是群盗悉平，入备宿卫。而河北贼丁顺、杨进等皆赴招抚司，宗泽收而用之。

建炎二年，升定国军承宣使。帝如扬州，世忠以所部从。时张遇自金山来降，抵城下，不解甲，人心危惧，世忠独入其垒，晓以逆顺，众悉听命。李民众十万亦降，比至，有反覆状。王渊遣世忠谕旨，世忠知其党刘彦异议，即先斩彦，殴李民出，缚小校二十九人，送渊斩之。事定，授京西等路捉杀内外盗贼。

金人再攻河南，翟进合世忠兵夜袭悟室营，不克，反为所败。会丁进失期，陈思恭先遁，世忠被矢如棘，力战得免。还汴，诘一军之先退者皆斩，左右惧。进由是与世忠有隙，寻以叛诛。召世忠还，授鄜延路副总管，加平寇左将军，屯淮阳，会山东兵拒敌。粘罕闻世忠扼淮阳，乃分兵万人趋扬州，自以大军迎世忠战。世忠不敌，夜引归，敌蹑之，军溃于沭阳，阁门宣赞舍人张遇死之。

三年，帝召诸将议移跸，张俊、辛企宗请往湖南，世忠曰："淮、浙富饶，今根本地，讵可舍而之他？人心怀疑，一有退避，则不逞者思乱，重湖、闽岭之遥，安保道路无变乎？淮、江当留兵为守，车驾当分兵为卫，约十万人，分半扈江、淮上下，止余五万，可保防守无患乎？"在阳城收合散亡，得数千人，闻帝如钱塘，即繇海道赴行在。

苗傅、刘正彦反，张浚等在平江议讨乱，知世忠至，更相庆慰，张俊喜跃不自持。世忠得俊书，大恸，举酒酹神曰："誓不与此贼共戴天！"士卒皆奋。见浚曰："今日大事，世忠愿与张俊身任之，公无忧。"欲即进兵。浚曰："投鼠忌器，事不可急，急则恐有不测，已遣冯轓甘言诱贼矣。"

三月戊戌，以所部发平江。张俊虑世忠兵少，以刘宝兵二千借之。舟行载甲士，绵亘三十里。至秀州，称病不行，造云梯，治器械，傅等始惧。初，傅、正彦闻世忠来，檄以其兵屯江阴。世忠以好语报之，且言所部残零，欲赴行在。傅等大喜，许之，至矫制除世忠及张俊为节度使，皆不受。时世忠妻梁氏及子亮为傅所质，防守严密。朱胜非绐傅曰："今白太后，遣二人慰抚世忠，则平江诸人益安矣。"于是召梁氏入，封安国夫人，俾迓世忠，速其勤王。梁氏疾驱出城，一日夜会世忠于秀州。未几，明受诏至，世忠曰："吾知有建炎，不知有明受。"斩其使，取诏焚之，进兵益急。傅等大惧。次临平，贼将苗翊、马柔吉负山胜河为阵，中流植鹿角，梗行舟。世忠舍舟力战，张俊继之，刘光世又继之。军少却，世忠复夺马操戈而前，令将士曰："今日当以死报国，面不被数矢者皆斩。"于是士皆用命。贼列神臂弩持满以待，世忠瞋目大呼，挺刃突前，贼辟易，矢不及发，遂败。傅、正彦拥精兵二千，开涌金门以遁。世忠驰入，帝步至宫门，握世忠手恸哭曰："中军吴湛佐逆为最，尚留朕肘腋，能先诛乎？"世忠即谒湛，握手与语，折其中指，戮于市，又执贼谋主王世修以属吏。诏授武胜军节度使、御营左军都统制。请于帝曰："贼拥精兵，距瓯、闽虽迩，傥成巢窟，卒未可灭，臣请讨之。"于是以为江、浙制置使，自衢、信追击，至渔梁驿，与贼遇。世忠步走挺戈而前，贼望见，咋曰："此韩将军也！"皆惊溃。擒正彦及傅弟翊送行在，傅亡建阳，追禽之，皆伏诛。世忠初陛辞，奏曰："臣誓生获贼，为社

稷刷耻，乞殿前二虎贲护俘来献。"至是，卒如其言。帝手书"忠勇"二字，揭旗以赐。授检校少保、武胜昭庆军节度使。

兀术将入侵，帝召诸将问移跸之地，张俊、辛企宗劝自鄂、岳幸长沙，世忠曰："国家已失河北，山东，若又弃江、淮，更有何地？"于是以世忠为浙西制置使，守镇江。既而兀术分道渡江，诸屯皆败，世忠亦自镇江退保江阴。杜充以建康降敌，兀术自广德破临安，帝如浙东。世忠以前军驻青龙镇，中军驻江湾，后军驻海口，俟敌归邀击之。帝召至行在，奏："方留江上截金人归师，尽死一战。"帝谓辅臣曰："比吕颐浩在会稽，尝建此策，世忠不谋而同。"赐亲札，听其留。会上元节，就秀州张灯高会，忽引兵趋镇江。及金兵至，则世忠军已先屯焦山寺。金将李选降，受之。兀术遣使通问，约日大战，许之。战将十合，梁夫人亲执枹鼓，金兵终不得渡。尽归所掠假道，不听；请以名马献，又不听。挞辣在潍州，遣孛堇太一趋淮东以援兀术，世忠与二酋相持黄天荡者四十八日。太一孛堇军江北，兀术军江南，世忠以海艦进泊金山下，预以铁縆贯大钩授骁健者。明旦，敌舟噪而前，世忠分海舟为两道出其背，每缒一缗，则曳一舟沉之。兀术穷蹙，求会语，祈请甚哀。世忠曰："还我两宫，复我疆土，则可以相全。"兀术语塞。又数日求再会，言不逊，世忠引弓欲射之，亟弛去，谓诸将曰："南军使船欲如使马，奈何？"募人献破海舟策。闽人王某者，教其舟中载土，平版铺之，穴船版以棹桨，风息则出江，有风则勿出。海舟无风，不可动也。又有献谋者："凿大渠接江口，则在世忠上流。"兀术一夕潜凿渠三十里，且用方士计，刑白马，剔妇人心，自割其额祭天。次日风止，我军帆弱不能运，金人以小舟纵火，矢下如雨。孙世询、严允皆战死，敌得绝江遁去。世忠收余军还镇江。初，世忠谓敌至必登金山庙，观我虚实。乃遣兵百人伏庙中，百人伏岸浒，约闻鼓声，岸兵先入，庙兵合击之。金人果五骑闯入，庙兵喜，先鼓而出，仅得二人。逸其三，中有绛袍玉带、既坠而复驰者，诘之，乃兀术也。是役也，兀术兵号十万，世忠仅八千余人。帝凡六赐札，褒奖甚密。拜检校少保、武成感德军节度使，神武左军都统制。

建安范汝为反，辛企宗等讨捕未克，贼势愈炽。以世忠为福建、江西、荆湖宣抚副使，世忠曰："建居闽岭上流，贼沿流而下，七郡皆血肉矣。"亟领步卒三万，水陆并进。次剑潭，贼焚桥，世忠策马先渡，师遂济。贼尽塞要路拒王师，世忠命诸军偃旗仆鼓，径抵凤凰山，瓶瞰城邑，设云梯火楼，连日夜并攻，贼震怖叵测。五日城破，汝为窜身自焚，斩其弟岳、吉以徇，禽其谋主谢向、施逵及裨将陆必强等五百余人。世忠初欲尽诛建民，李纲自福州驰见世忠曰："建民多无辜。"世忠令军士驰城上毋下，听民自相别，农给牛谷，商贾驰征禁，胁从者汰遣，独取附贼者诛之。民感更生，家为立祠。捷闻，帝曰："虽古名将何以加。"赐黄金器皿。

世忠因奏江西、湖南寇贼尚多，乞乘胜讨平。广西贼曹成拥余众在郴、邵。世忠既平闽寇，旋师永嘉，若将就

休息者。忽由处、信径至豫章，连营江滨数十里，群贼不虞其至，大惊。世忠遣人招之，成以其众降，得战士八万，遣诣行在。遂移师长沙。时刘忠有众数万，据白面山，营栅相望。世忠始至，欲急击，宣抚使孟庾不可，世忠曰："兵家利害，策之审矣，非参政所知，请期半月效捷。"遂与贼对垒，弈棋张饮，坚壁不动，众莫测。一夕，与苏格联骑穿贼营，候者呵问，世忠先得贼军号，随声应之，周览以出，喜曰："此天锡也。"夜伏精兵二千于白面山，与诸将拔营而进，贼兵方迎战，所遣兵已驰入中军，夺望楼，植旗盖，传呼如雷，贼回顾惊溃，麾将士夹击，大破之，斩忠首，湖南遂平。授太尉，赐带、笏，仍敕枢密以功颁示内外诸将。师还建康，置背嵬军，皆勇鸷绝伦者。九月，为江南东、西路宣抚使，置司建康。

三年三月，进开府仪同三司，充淮南东、西路宣抚使，置司泗州。时闻李横进师讨伪齐，议遣大将，以世忠忠勇，故遣之。仍赐广马七纲，甲千副，银二万两，帛二万匹，又出钱百万缗，米二十八万斛，为半岁之用。命户部侍郎姚舜明诣泗州，总领钱粮；仓部郎官孙逸如平江府、常秀饶州，督发军食。李横兵败还镇，世忠不果渡淮。

四年，以建康、镇江、淮东宣抚使驻镇江。是岁，金人与刘豫合兵，分道入侵。帝手札命世忠饬守备，图进取，辞旨恳切。世忠受诏，感泣曰："主忧如此，臣子何以为生为！"遂自镇江济师，俾统制解元守高邮，候金步卒；亲提骑兵驻大仪，当敌骑，伐木为栅，自断归路。会遣魏良臣使金，世忠撤炊爨，给良臣有诏移屯守江，良臣疾驰去。世忠度良臣已出境，即上马令军中曰："眂吾鞭所向。"于是引军次大仪，勒五阵，设伏二十余所，约闻鼓即起击。良臣至金军中，金人问王师动息，具以所见对。聂儿孛堇闻世忠退，喜甚，引兵至江口，距大仪五里，别将挞孛也，拥铁骑过五阵东。世忠传小麾鸣鼓，伏兵四起，旗色与金人旗杂出，金军乱，我军迭进。背嵬军各持长斧，上揕人胸，下斫马足。敌被甲陷泥淖，世忠麾劲骑四面蹂躏，人马俱毙，遂擒挞孛也等二百余人。所遣董旼亦击金人于天长县之鸦口，擒女真四十余人。解元至高邮，遇敌，设水军夹河阵，日合战十三，相拒未决。世忠遣成闵将骑士往援，复大战，俘生女真及千户等。世忠复亲追至淮，金人惊溃，相蹈藉，溺死甚众。捷闻，群臣入贺，帝曰："世忠忠勇，朕知其必能成功。"沈与求曰："自建炎以来，将士未尝与金人迎敌一战，今世忠连捷以挫其锋，厥功不细。"帝曰："第优赏之。"于是部将董旼、陈桷、解元、呼延通等皆峻擢有差。论者以此举为中兴武功第一。

时挞辣屯泗州，兀术屯竹墅镇，为世忠所扼，以书币约战，世忠许之，且使两伶人以橘、茗报聘。会雨雪，金馈道不通，野无所掠，杀马而食，蕃汉军皆怨。兀术夜引军还，刘麟、刘猊弃辎重遁。

五年，进少保。六年，授武宁安化军节度使、京东淮东路宣抚处置使，置司楚州。世忠披草莱，立军府，与士同力役。夫人梁亲织薄为屋。将士有怯战者，世忠遗以巾帼，设乐大宴，俾妇人妆以耻之，故人人奋厉。抚集流散，通商惠工，山阳遂为重镇。刘豫兵数入寇，辄为世忠所败。

时张浚以右相视师，命世忠自承、楚图淮阳。刘豫方聚兵淮阳，世忠即引军渡淮，旁符离而北，至其城下。为贼所围，奋戈一跃，溃围而出，不遗一镞。呼延通与金将牙合孛堇搏战，扼其吭而擒之，乘锐掩击，金人败去。既而围淮阳，贼坚守不下，约曰："受围一日，则举一烽。"至是，六烽具举，兀术与刘猊皆至。世忠求援于张俊，俊以世忠有见吞意，不从。世忠勒阵向敌，遣人语之曰："锦衣骢马立阵前者，韩相公也。"或危之，世忠曰："不如是，不足以致敌。"敌果至，杀其导战二人，遂引去。寻诏班师，复归楚州，淮阳之民，从而归者以万计。

三月，除京东、淮东宣抚处置使兼节制镇江府，仍楚州置司。四月，赐号"扬武翊运功臣"，加横海、武宁、安化三镇节度使。九月，帝在平江，世忠自楚州来朝。

十月，边报急，刘光世欲弃庐州还太平，张俊亦请益兵。都督张浚曰："今日之事，有进击，无退保。"于是世忠引兵渡淮，与金将讹里也力战。刘猊将寇淮东，为世忠兵扼，不得进。七年，筑高邮城，民益安之。

初，世忠移屯山阳，遣间结山东豪杰，约以缓急为应，宿州马秦及太行群盗，多愿奉约束者。金人废刘豫，中原震动，世忠谓机不可失，请全师北讨，招纳归附，为恢复计。会秦桧主和议，命世忠徙屯镇江。世忠言："金人诡诈，恐以计缓我师，乞留此军蔽遮江、淮。"又力陈和议之非，愿效死节，率先迎敌；若不胜，从之未晚。又言王伦、蓝公佐交河南地界，乞令明具无反覆文状为后证。章十数上，皆慷慨激切，且请单骑诣阙面奏，帝率优诏褒答。后金果渝盟，咸如其言。

金使萧哲之来，以诏谕为名，世忠闻之，凡四上疏言："不可许，愿举兵决战，兵势最重处，臣请当之。"又言："金人欲以刘豫相待，举国士大夫尽为陪臣，恐人心离散，士气凋沮。"且请驰驿面奏，不许。既而伏兵洪泽镇，将杀金使，不克。

九年，授少师。十年，金人败盟，兀术率撒离曷、李成等破三京，分道深入。八月，世忠围淮阳，金人来救，世忠迎击于泇口镇，败之。又遣解元击金人于潭城，刘宝击于千秋湖，皆捷。亲随将成闵从统制许世安夺淮阳门而入，大战门内。世安中四矢，闵被三十余创，复夺门出。世忠奏其功，擢武德大夫，闵由是知名。世忠进太保，封英国公，兼河南、北诸路招讨使。

十一年，兀术耻顺昌之败，复谋再入，诏大合兵于淮西以待。既而金败于柘皋，复围濠州。世忠受诏救濠，以舟师至招信县，夜以骑兵击金人于闻贤驿，败之。金人攻濠州，五日破。破三日，世忠至，杨沂中军已南奔。世忠与金人战于淮岸，夜遣刘宝溯流将劫之，金人伐木塞赤龙洲，扼其归路，世忠知之，全师而还。金人自涡口渡淮北去，自是不复入侵。世忠在楚州十余年，兵仅三万，而金人不敢犯。

秦桧收三大将权，四月，拜枢密使，遂以所积军储钱百万贯，米九十万石，酒库十五归于国。世忠既不以和议为然，为桧所抑。及魏良臣使金，世忠又力言："自此人情消弱，国势委靡，谁复振之？北使之来，乞与面议。"不许,遂抗疏言桧误国。桧讽言者论之,帝格其奏不下。世忠连疏乞解枢密柄,继上表乞骸。十月,罢为醴泉观使、奉朝请,进封福国公,节钺如故。自此杜门谢客,绝口不言兵,时跨驴携酒,从一二奚童,纵游西湖以自乐,平时将佐罕得见其面。

十二年,改潭国公。显仁皇后自金还,世忠诣临平朝谒。后在北方闻其名,慰问者良久。十三年,封咸安郡王。十七年,改镇南、武安、宁国节度使。二十一年八月薨,进拜太师,追封通义郡王。孝宗朝,追封蕲王,谥忠武,配飨高宗庙庭。

世忠初得疾,敕尚医视疗,将吏卧内问疾,世忠曰:"吾以布衣百战,致位王公,赖天之灵,保首领没于家,诸君尚哀其死邪?"及死,赐朝服、貂蝉冠、水银、龙脑以敛。

世忠尝戒家人曰:"吾名世忠,汝曹毋讳'忠'字,讳而不言,是忘忠也。"性戆直,勇敢忠义,事关庙社,必流涕极言。岳飞冤狱,举朝无敢出一语,世忠独撄桧怒,语在《桧传》。又抵排和议,触桧尤多,或劝止之,世忠曰:"今畏祸苟同,他日瞑目,岂可受铁杖于太祖殿下?"时二大将,多曲徇桧苟全,世忠与桧同在政地,一揖外未尝与谈。

嗜义轻财,锡赍悉分将士,所赐田输租与编户等。持军严重,与士卒同甘苦,器仗规画,精绝过人,今克敌弓、连锁甲、狻猊鍪,及跳涧以习骑,洞贯以习射,皆其遗法也。尝中毒矢入骨,以强弩扦取之,十指仅全四,不能动,刀痕箭瘢如刻画。然知人善奖用,成闵、解元、王胜、王权、刘宝、岳超起行伍,秉将旄,皆其部曲云。解兵罢政,卧家凡十年,澹然自如,若未尝有权位者。晚喜释、老,自号清凉居士。

子彦直、彦质、彦古,皆以才见用。彦古户部尚书。

彦直字子温。生期年,以父任补右承奉郎,寻直秘阁。六岁,从世忠入见高宗,命作大字,即拜命跪书"皇帝万岁"四字。帝喜之,拊其背曰:"他日,令器也。"亲解孝宗卯角之繻傅其首,赐金器、笔研、监书、鞍马。年十二,赐三品服。

绍兴十七年,中两浙转运司试。明年,登进士第,调太社令。二十一年,世忠薨,服除,秦桧素衔世忠不附和议,出彦直为浙东安抚司主管机宜文字。桧死,拜光禄寺丞。二十九年,迁屯田员外郎兼权右曹郎官、工部侍郎。张浚都督江、淮军马,檄权计议军事。督府罢,奉祠。

乾道二年,迁户部郎官、主管左曹,总领淮东军马钱粮。会大军仓给粮,径乘小舆往察之,给米不如数,捕吏置于理。初,代者以乏兴罢,交承,为缗钱仅二十万,明年奏计乃四倍,且以其赢献诸朝。帝嘉之。拜司农少卿,进直龙图阁、江西转运兼权知江州。

时朝廷还岳飞家赀产多在九江,岁久业数易主,吏缘为奸。彦直搜剔隐匿,尽还岳氏。复为司农少卿,总领湖北、京西军马钱粮,寻兼发运副使。会时相不乐,密启换武,授利州观察使、知襄阳府,充京西南路安抚使。

七年,授鄂州驻札御前诸军都统制。条奏军中六事,乞备器械、增战马、革滥赏、厉奇功、选勇略、充亲随等,朝廷多从之。先是,军中骑兵多不能步战,彦直命骑士被甲徒行,日六十里,虽统制官亦令以身帅之,人人习于劳苦,驰骋如飞。事闻,诏令三衙、江上诸军仿行之。

八年,丐归文班,乃授左中奉大夫,充敷文阁待制、知台州。丐祠养亲,提举佑神观、奉朝请。进对言:"顷自岳飞为帅,身居鄂渚,遥领荆襄,田师中继之,始分鄂渚为二军,乞复旧。"又乞并京西、湖北转运为一司,分官置司襄阳,可一事体,帝善之。迁刑部侍郎。

明年,兼工部侍郎,同列议:大辟三鞠之弗承,宜令以众证就刑,欲修立为令。彦直持不可,白丞相梁克家曰:"若是,则善类被诬,必多冤狱。且笞杖之刑,犹引伏方决,况人命至重乎?"议卒格。以议夺吴名世改正过名不当,降两官。

会当遣使于金,在廷相顾莫肯先,帝亲择以往,闻命慨然就道。方入境,金使蒲察问接国书事,论难往复数十,蒲察理屈,因笑曰:"尚书能力为主。"既至,几罹祸者数,守节不屈,金卒礼遣之,帝喜叹。迁吏部侍郎,寻权工部尚书,复中大夫,改工部尚书兼知临安府。方控辞,以言罢,提举太平兴国宫,寻提举佑神观、奉朝请。

寻知湿州,首捕巨猾王永年穷治之,杖徙他州。奏免民间积逋,以郡余财代输之,然以累欠内帑坊场钱不发,镌一官。海寇出没大洋劫掠,势甚张,彦直授将领土豪等方略,不旬日,生禽贼首,海道为清。枢密奏功,进敷文阁学士,以弟彦质为两浙转运判官,引嫌易泉府。丐祠奉亲,差提举佑神观,仍奉朝请,特令佩鱼,示异数也。

入对,乞搜访靖康以来死节之士,以劝忠义。又上荐举乞选人已经关升、实历六考、无赃私罪犯者,杂试以经术法律,限其员额,定其高下,俾孤寒者得以自达,定为改官之制。又乞令州郡守臣任满日,开具本州实在财赋数目,具公移与交代者,并达台省,庶可核实,以戢奸弊,帝悉嘉纳。

淳熙十年夏旱,应诏言,迩者滥刑,为致旱之由。明年,入对,论三衙皆所以拱扈宸居,而司马乃远在数百里外,乞令归司。久之,再为户部尚书。会岁旱,乞广籴为先备。又乞追贬部曲曾诬陷岳飞者,以慰忠魂。以言降充敷文阁学士。帝追感世忠元勋,遣使谕彦直,且谓彦直有才力,言者诬之。彦直感泣奏谢。寻提举万寿观,有疾,帝赐之药。进显谟阁学士、提举万寿观。

尝摭宋朝事,分为类目,名《水心镜》,为书百六十七卷。礼部尚书尤袤修国史,白于朝,下取是书以进,光宗览之,称善。进龙图阁学士、提举万寿观,转光禄大夫致仕。卒,特赠开府仪同三司,赐银绢九百,爵至蕲春郡公。

论曰:古人有言:"天下安,注意相;天下危,注意将。"宋靖康、建炎之际,天下安危之机也,勇略忠义如韩世忠而为将,是天以资宋之兴复也。方兀术渡江,惟世忠与之对阵,以闲暇示之。及刘豫废,中原人心动摇,世忠请乘时进兵,此机何可失也?高宗惟奸桧之言是听,使世忠不得尽展其才，和议成而宋事去矣。暮年退居行都，口不言兵，部曲旧将，不与相见，盖惩岳飞之事也。昔汉文帝思颇、牧于前代，宋有世忠而不善用，惜哉！

卷三百六十五
列传第一百二十四

岳　飞 子云

岳飞，字鹏举，相州汤阴人。世力农。父和，能节食以济饥者。有耕侵其地，割而与之；贳其财者不责偿。飞生时，有大禽若鹄，飞鸣室上，因以为名。未弥月，河决内黄，水暴至，母姚抱飞坐瓮中，冲涛及岸得免，人异之。

少负气节，沈厚寡言，家贫力学，尤好《左氏春秋》、孙吴兵法。生有神力，未冠，挽弓三百斤，弩八石，学射于周同，尽其术，能左右射。同死，朔望设祭于其家。父义之，曰："汝为时用，其徇国死义乎！"

宣和四年，真定宣抚刘韐募敢战士，飞应募。相有剧贼陶俊、贾进和，飞请百骑灭之。遣卒伪为商入贼境，贼掠以充部伍。飞遣百人伏山下，自领数十骑逼贼垒。贼出战，飞阳北，贼来追之，伏兵起，先所遣卒擒俊及进和以归。

康王至相，飞因刘浩见，命招贼吉倩，倩以众三百八十人降。补承信郎。以铁骑三百往李固渡尝敌，败之。从浩解东京围，与敌相持于滑南，领百骑习兵河上。敌猝至，飞麾其徒曰："敌虽众，未知吾虚实，当及其未定击之。"乃独驰迎敌。有枭将舞刀而前，飞斩之，敌大败。迁秉义郎，隶留守宗泽。战开德、曹州皆有功，泽大奇之，曰："尔勇智才艺，古良将不能过，然好野战，非万全计。"因授以阵图。飞曰："阵而后战，兵法之常，运用之妙，存乎一心。"泽是其言。

康王即位，飞上书数千言，大略谓："陛下已登大宝，社稷有主，已足伐敌之谋，而勤王之师日集，彼方谓吾素弱，宜乘其怠击之。黄潜善、汪伯彦辈不能承圣意恢复，奉车驾日益南，恐不足系中原之望。臣愿陛下乘敌穴未固，亲率六军北渡，则将士作气，中原可复。"书闻，以越职夺官归。

诣河北招讨使张所，所待以国士，借补修武郎，充中军统领。所问曰："汝能敌几何？"飞曰："勇不足恃，用兵在先定谋，栾枝曳柴以败荆，莫敖采樵以致绞，皆谋定也。"所矍然曰："君殆非行伍中人。"飞因说之曰："国家都汴，恃河北以为固。苟冯据要冲，峙列重镇，一城受围，则诸城或挠或救，金人不能窥河南，而京师根本之地固矣。招抚诚能提兵压境，飞唯命是从。"所大喜，借补武经郎。

命从王彦渡河，至新乡，金兵盛，彦不敢进。飞独引所部鏖战，夺其纛而舞，诸军争奋，遂拔新乡。翌日，战侯兆川，身被十余创，士皆死战，又败之。夜屯石门山下，

或传金兵复至，一军皆惊，飞坚卧不动，金兵卒不来。食尽，走彦壁乞粮，彦不许。飞引兵益北，战于太行山，擒金将拓跋耶乌。居数日，复遇敌，飞单骑持丈八铁枪，刺杀黑风大王，敌众败走。飞自知与彦有隙，复归宗泽，为留守司统制。泽卒，杜充代之，飞居故职。

二年，战胙城，又战黑龙潭，皆大捷。从间勍助保护陵寝，大战汜水关，射殪金将，大破其众。驻军竹芦渡，与敌相持，选精锐三百伏前山下，令各以薪刍交缚两束，夜半，爇四端而举之。金人疑援兵至，惊溃。

三年，贼王善、曹成、孔彦舟等合众五十万，薄南薰门。飞所部仅八百，众俱不敌，飞曰："吾为诸君破之。"左挟弓，右运矛，横冲其阵，贼乱，大败之。又擒贼杜叔五、孙海于东明。借补英州刺史。王善围陈州，飞战于清河，擒其将孙胜、孙清，授真刺史。

杜充将还建康，飞曰："中原地尺寸不可弃，今一举足，此地非我有，他日欲复取之，非数十万众不可。"充不听，遂与俱归。师次铁路步，遇贼张用，至六合遇李成，与战，皆败。成遣轻骑劫宪臣犒军银帛，飞进兵掩击之，成奔江西。时命充守建康，金人与成合寇乌江，充闭门不出。飞泣谏请视师，充竟不出。金人遂由马家渡渡江，充遣飞等迎战，王𤩰先遁，诸将皆溃，独飞力战。

会充已降金，诸将多行剽掠，惟飞军秋毫无所犯。兀术趋杭州，飞要击至广德境中，六战皆捷，擒其将王权，俘签军首领四十余。察其可用者，结以恩遣还，令夜斫营纵火，飞乘乱纵击，大败之。驻军钟村，军无见粮，将士忍饥，不敢扰民。金所籍宣相谓曰："此岳爷爷军。"争来降附。

四年，兀术攻常州，宜兴令迎飞移屯焉。盗郭吉闻飞来，遁入湖，飞遣王贵、傅庆追破之，又遣辩士马皋、林聚尽降其众。有张威武者不从，飞单骑入其营，斩之。避地者赖以免，图飞像祠之。

金人再攻常州，飞四战皆捷；尾袭于镇江东，又捷；战于清水亭，又大捷，横尸十五里。兀术趋建康，飞设伏牛头山待之。夜，令百人黑衣混金营中扰之，金兵惊，自相攻击。兀术次龙湾，飞以骑三百、步兵二千驰至新城，大破之。兀术奔淮西，遂复建康。飞奏："建康为要害之地，宜选兵固守，仍益兵守淮，拱护腹心。"帝嘉纳。兀术归，飞邀击于静安，败之。

诏讨戚方，飞以三千人营于苦岭。方遁，俄益兵来，飞自领兵千人，战数十合，皆捷。会张俊兵至，方遂降。范宗尹言张俊自浙西来，盛称飞可用，迁通、泰镇抚使兼知泰州。飞辞，乞淮南东路一重难任使，收复本路州郡，乘机渐进，使山东、河北、河东、京畿等路次第而复。

会金攻楚急，诏张俊援之。俊辞，乃遣飞行，而命刘光世出兵援飞。飞屯三墩为楚援，寻抵承州，三战三捷，杀高太保，俘酋长七十余人。光世等皆不敢前，飞师孤力寡，楚遂陷。诏飞还守通、泰，有旨可守即守，如不可，但以沙洲保护百姓，伺便掩击。飞以泰无险可恃，退保柴墟，战于南霸桥，金大败。渡百姓于沙上，飞以精骑二百殿，金兵不敢近。飞以泰州失守待罪。

绍兴元年，张俊请飞同讨李成。时成将马进犯洪州，连营西山。飞曰："贼贪而不虑后，若以骑兵自上流绝生米渡，出其不意，破之必矣。"飞请自为先锋，俊大喜。飞重铠跃马，潜出贼右，突其阵，所部从之。进大败，走筠州。飞抵城东，贼出城，布阵十五里，飞设伏，以红罗为帜，上刺"岳"字，选骑二百随帜而前。贼易其少，薄之，伏发，贼败走。飞使人呼曰："不从贼者坐，吾不汝杀。"坐而降者八万余人。进以余卒奔成于南康。飞夜引兵至朱家山，又斩其将赵万。成闻进败，自引兵十余万来。飞与遇于楼子庄，大破成军，追斩进。成走蕲州，降伪齐。

张用寇江西，用亦相人，飞以书谕之曰："吾与汝同里，南薰门、铁路步之战，皆汝所悉。今吾在此，欲战则出，不战则降。"用得书曰："果吾父也。"遂降。

江、淮平，俊奏飞功第一，加神武右军副统制，留洪州，弹压盗贼，授亲卫大夫、建州观察使。建寇范汝为陷邵武，江西安抚李回檄飞分兵保建昌军及抚州，飞遣人以"岳"字帜植城门，贼望见，相戒勿犯。贼党姚达、饶青逼建昌，飞遣王万、徐庆讨擒之。升神武副军都统制。

二年，贼曹成拥众十余万，由江西历湖湘，据道、贺二州。命飞权知潭州，兼权荆湖东路安抚都总管，付金字牌、黄旗招成。成闻飞将至，惊曰："岳家军来矣。"即分道而遁。飞至茶陵，奉诏招之，成不从。飞奏："比年多命招安，故盗力强则肆暴，力屈则就招，苟不略加剿除，蜂起之众未可遽弭。"许之。

飞入贺州境，得成谍者，缚之帐下。飞出帐调兵食，吏曰："粮尽矣，奈何？"飞阳曰："姑反茶陵。"已而顾谍若失意状，顿足而入，阴令逸之。谍归告成，成大喜，期翌日来追。飞命士蓐食，潜趋绕岭，未明，已至太平场，破其砦。成据险拒飞，飞麾兵掩击，贼大溃。成走据北藏岭、上梧关，遣将迎战，飞不阵而鼓，士争奋，夺二隘据之。成又自桂岭置砦至北藏岭，连控隘道，亲以众十余万守蓬头岭。飞部才八千，一鼓登岭，破其众，成奔连州。飞谓张宪等曰："成党散去，追而杀之，则胁从者可悯，纵之则复聚为盗。今遣若等诛其首而抚其众，慎勿妄杀，累主上保民之仁。"于是宪自贺、连，徐庆自邵、道，王贵自郴、桂，招降者二万，与飞会连州。进兵追成，成走宣抚司降。时以盛夏行师瘴种，抚循有方，士无一人死疠者，岭表平。授武安军承宣使，屯江州。甫入境，安抚李回檄飞捕剧贼马友、郝通、刘忠、李通、李宗亮、张式，皆平之。

三年春，召赴行在。江西宣谕刘大中奏："飞兵有纪律，人恃以安，今赴行在，恐盗复起。"不果行。时虔、吉盗连兵寇掠循、梅、广、惠、英、韶、南雄、南安、建昌、汀、邵武诸郡，帝乃专命飞平之。飞至虔州，固石洞贼彭友悉众至雩都迎战，跃马驰突，飞麾军即马上擒之，余酋退保固石洞。洞高峻环水，止一径可入。飞列骑山下，令皆持满，黎明，遣死士疾驰登山，贼众乱，弃山而下，骑兵围之。贼呼丐命，飞令勿杀，受其降。授徐庆等方略，捕诸郡余贼，皆破降之。初，以隆祐震惊之故，密旨令飞屠虔城。飞请诛首恶而赦胁从，不许，请至三四，帝乃曲赦。人感其德，绘像祠之。余寇高聚、张成犯袁州，飞遣王贵平之。

秋，入见，帝手书"精忠岳飞"字，制旗以赐之。授镇南军承宣使、江南西路沿江制置使，又改神武后军都统制，仍制置使，李山、吴全、吴锡、李横、牛皋皆隶焉。

伪齐遣李成挟金人入侵，破襄阳、唐、邓、随、郢诸州及信阳军，湖寇杨么亦与伪齐通，欲顺流而下，李成又欲自江西陆行，趋两浙与么会。帝命飞为之备。

四年，除兼荆南、鄂岳州制置使。飞奏："襄阳等六郡为恢复中原基本，今当先取六郡，以除心膂之病。李成远遁，然后加兵湖湘，以殄群盗。"帝以谕赵鼎，鼎曰："知上流利害，无如飞者。"遂授黄复州、汉阳军、德安府制置使。飞渡江中流，顾幕属曰："飞不擒贼，不涉此江。"抵郢州城下，伪将京超号"万人敌"，乘城拒飞。飞鼓众而登，超投崖死，复郢州，遣张宪、徐庆复随州。飞趣襄阳，李成迎战，左临襄江，飞笑曰："步兵利险阻，骑兵利平旷。成左列骑江岸，右列步平地，虽众十万何能为。"举鞭指王贵曰："尔以长枪步卒击其骑兵。"指牛皋曰："尔以骑兵击其步卒。"合战，马应枪而毙，后骑皆拥入江，步卒死者无数，成夜遁，复襄阳。刘豫益成兵屯新野，飞与王万夹击，连破其众。

飞奏："金贼所爱惟子女金帛，志已骄惰；刘豫僭伪，人心终不忘宋。如以精兵二十万，直捣中原，恢复故疆，诚易为力。襄阳、随、郢地皆膏腴，苟行营田，其利为厚。臣候粮足，即过江北剿戮敌兵。"时方重深入之举，而营田之议自是兴矣。

进兵邓州，成与金将刘合孛堇列砦拒飞。飞遣王贵、张宪掩击，贼众大溃，刘合孛堇仅以身免。贼党高仲退保邓城，飞引兵一鼓拔之，擒高仲，复邓州。帝闻之，喜曰："朕素闻岳飞行军有纪律，未知能破敌如此。"又复唐州、信阳军。

襄汉平，飞辞制置使，乞委重臣经画荆襄，不许。赵鼎奏："湖北鄂、岳最为上流要害，乞令飞屯鄂、岳，不惟江西藉其声势，湖、广、江、浙亦获安妥。"乃以随、郢、唐、邓、信阳并为襄阳府路隶飞，飞移屯鄂，授清远军节度使、湖北路、荆、襄、潭州制置使，封武昌县开国子。

兀术、刘豫合兵围庐州，帝手札命飞解围，提兵趋庐，伪齐已驱甲骑五千逼城。飞张"岳"字旗与"精忠"旗，金兵一战而溃，庐州平。飞奏："襄阳等六郡人户阙牛、粮，乞量给官钱，免官私逋负，州县官以招集流亡为殿最。"

五年，入观，封母国夫人；授飞镇宁、崇信军节度使，湖北路、荆襄潭州制置使，进封武昌郡开国侯；又除荆湖南北、襄阳路制置使，神武后军都统制，命招捕杨么。飞所部皆西北人，不习水战，飞曰："兵何常，顾用之何如耳。"先遣使招谕之。贼党黄佐曰："岳节使号令如山，若与之敌，万无生理，不如往降。节使诚信，必善遇我。"遂降。飞表授佐武义大夫，单骑按其部，拊佐背曰："子知逆顺者。果能立功，封侯岂足道？欲复遣子至湖中，视其可乘者擒之，可劝者招之，如何？"佐感泣，誓以死报。

时张浚以都督军事至潭，参政席益与浚语，疑飞玩寇,欲以闻。浚曰:"岳侯,忠孝人也,兵有深机,胡可易言?"益惭而止。黄佐袭周伦砦,杀伦,擒其统制陈贵等。飞上其功,迁武经大夫。统制任士安不禀王瓌令,军以此无功。飞鞭士安使饵贼,曰:"三日贼不平,斩汝。"士安宜言:"岳太尉兵二十万至矣。"贼见止士安军,并力攻之。飞设伏,士安战急,伏四起击贼,贼走。

会召浚还防秋,飞袖小图示浚,浚欲俟来年议之。飞曰:"已有定画,都督能少留,不八日可破贼。"浚曰:"何言之易?"飞曰:"王四厢以王师攻水寇则难,飞以水寇攻水寇则易。水战我短彼长,以所短攻所长,所以难。若因敌将用敌兵,夺其手足之助,离其腹心之托,使孤立,而后以王师乘之,八日之内,当俘诸酋。"浚许之。

飞遂如鼎州。黄佐招杨钦来降,飞喜曰:"杨钦骁悍,既降,贼腹心溃矣。"表授钦武义大夫,礼遇甚厚,乃复遣归湖中。两月,钦说余端、刘诜等降,飞诡骂钦曰:"贼不尽降,何来也?"杖之,复令入湖。是夜,掩贼营,降其众数万。么负固不服,方浮舟湖中,以轮激水,其行如飞,旁置撞竿,官舟迎之辄碎。飞伐君山木为巨筏,塞诸港汊,又以腐木乱草浮上流而下,择水浅处,遣善骂者挑之,且行且骂。贼怒来追,则草木壅积,舟轮碍不行。飞亟遣兵击之,贼奔港中,为筏所拒。官军乘筏,张牛革以蔽矢石,举巨木撞其舟,尽坏。么投水,牛皋擒斩之。飞入贼垒,余酋惊曰:"何神也!"俱降。飞亲行诸砦慰抚之,纵老弱归田,籍少壮之军,果八日而贼平。浚叹曰:"岳侯神算也。"初,贼恃其险曰:"欲如我者,除是飞来。"至是,人以其言为谶。获贼舟千余,鄂渚水军为沿江之冠。诏兼蕲、黄制置使,飞以目疾乞辞军事,不许,加检校少保,进封公。还军鄂州,除荆湖南北、襄阳路招讨使。

六年,太行山忠义社梁兴等百余人,慕飞义率众来归。飞入觐,面陈:"襄阳自收复后,未置监司,州县无以按察。"帝从之,以李若虚为京西南路提举兼转运、提刑,又令湖北、襄阳府路自知州、通判以下贤否,许飞得自黜陟。

张浚至江上会诸大帅,独称飞与韩世忠可倚大事,命飞屯襄阳,以窥中原,曰:"此君素志也。"飞移军京西,改武胜、定国军节度使,除宣抚副使,置司襄阳。命往武昌调军。居母忧,降制起复,飞扶榇还庐山,连表乞终丧,不许,累诏趣起,乃就军。又命宣抚河东,节制河北路。首遣王贵等攻虢州,下之,获粮十五万石,降其众数万。张浚曰:"飞措画甚大,令已至伊、洛,则太行一带山砦,必有应者。"飞遣杨再兴进兵至长水县,再战皆捷,中原响应。又遣人焚蔡州粮。

九月,刘豫遣子麟、侄猊分道寇淮西,刘光世欲舍庐州,张俊欲弃盱眙,同奏召飞以兵东下,欲使飞当其锋,而己得退保。张浚谓:"岳飞一动,则襄汉何所制?"力沮其议。帝虑俊、光世不足任,命飞东下。飞自破曹成、平杨么,凡六年,皆盛夏行师,致目疾,至是,甚;闻诏即日启行,未至,麟败。飞奏至,帝语赵鼎曰:"刘麟败北不足喜,诸将知尊朝廷为可喜。"遂赐札,言:"敌兵已去淮,卿不须进发,其或襄、邓、陈、蔡有机可乘,从长措

置。"飞乃还军。时伪齐屯兵窥唐州,飞遣王贵、董先等攻破之,焚其营。奏图蔡以中原,不许。飞召贵等还。

七年,入见,帝从容问曰:"卿得良马否?"飞曰:"臣有二马,日啖刍豆数斗,饮泉一斛,然非精洁则不受。介而驰,初不甚疾,比行百里始奋迅,自午至酉,犹可二百里。褫鞍甲而不息不汗,若无事然。此其受大而不苟取,力裕而不求逞,致远之材也。不幸相继以死。今所乘者,日不过数升,而秣不择粟,饮不择泉,揽辔未安,踊踊疾驱,甫百里,力竭汗喘,殆欲毙然。此其寡取易盈,好逞易穷,驽钝之材也。"帝称善,曰:"卿今议论极进。"拜太尉,继除宣抚使兼营田大使。从幸建康,以王德、郦琼兵隶飞,诏谕德等曰:"听飞号令,如朕亲行。"

飞数见帝,论恢复之略。又手疏言:"金人所以立刘豫于河南,盖欲荼毒中原,以中国攻中国,粘罕因得休兵观衅。臣欲陛下假臣月日,便则提兵趋京、洛,据河阳、陕府、潼关,以号召五路叛将。叛将既还,遣王师前进,彼必弃汴而走河北,京畿、陕右可以尽复。然后分兵浚、滑,经略两河,如此则刘豫成擒,金人可灭,社稷长久之计,实在此举。"帝答曰:"有臣如此,顾复何忧,进止之机,朕不中制。"又召至寝阁命之曰:"中兴之事,一以委卿。"命节制光州。

飞方图大举,会秦桧主和,遂不以德、琼兵隶飞。诏诣都督府与张浚议事,浚谓飞曰:"王德淮西所服,浚欲以为都统,而命吕祉以督府参谋领之,如何?"飞曰:"德与琼素不相下,一旦握之在上,则必争。吕尚书不习军旅,恐不足服众。"浚曰:"张宣抚如何?"飞曰:"暴而寡谋,尤琼所不服。"浚曰:"然则杨沂中尔?"飞曰:"沂中视德等尔,岂能驭此军?"浚艴然曰:"浚固知非太尉不可。"飞曰:"都督以正问飞,不敢不尽其愚,岂以得兵为念耶?"即日上章乞解兵柄,终丧服,以张宪摄军事,步归,庐母墓侧。浚怒,奏以张宗元为宣抚判官,监其军。

帝累诏趣飞还职,飞力辞,诏幕僚造庐以死请,凡六日,飞趋朝待罪,帝尉遣之。宗元还言:"将和士锐,人怀忠孝,皆飞训养所致。"帝大悦。飞奏:"比者寝阁之命,咸谓圣断已坚,何至今尚未决?臣愿提兵进讨,顺天道,因人心,以曲直为老壮,以逆顺为强弱,万全之效可必。"又奏:"钱塘僻在海隅,非用武地。愿陛下建都上游,用汉光武故事,亲率六军,往来督战。庶将士知圣意所向,人人用命。"未报而郦琼叛,浚始悔。飞复奏:"愿进屯淮甸,伺便击琼,期于破灭。"不许,诏驻师江州为淮、浙援。

飞知刘豫结粘罕,而兀术恶刘豫,可以间而动。会军中得兀术谍者,飞阳责之曰:"汝非吾军中人张斌耶?吾向遣汝至齐,约诱至四太子,汝往不复来。吾继遣人问,齐已许我,今冬以会合寇江为名,致四太子于清河。汝所持书竟不至,何背我耶?"谍冀缓死,即诡服。乃作蜡书,言与刘豫同谋诛兀术事,因谓谍曰:"吾今贷汝。"复遣至齐,问举兵期,刲股纳书,戒勿泄。谍归,以书示兀术,兀术大惊,驰白其主,遂废豫。飞奏:"宜乘废豫之际,捣其不备,长驱以取中原。"不报。

八年，还军鄂州。王庶视师江、淮，飞与庶书："今岁若不举兵，当纳节请闲。"庶甚壮之。秋，召赴行在，命诣资善堂见皇太子。飞退而喜曰："社稷得人矣，中兴基业，其在是乎？"会金遣使将归河南地，飞言："金人不可信，和好不可恃，相臣谋国不臧，恐贻后世讥。"桧衔之。

九年，以复河南，大赦。飞表谢，寓和议不便之意，有"唾手燕云，复仇报国"之语。授开府仪同三司，飞力辞，谓："今日之事，可危而不可安；可忧而不可贺；可训兵饬士，谨备不虞，而不可论功行赏，取笑敌人。"三诏不受，帝温言奖谕，乃受。会遣士儋谒诸陵，飞请以轻骑从洒埽，实欲观衅以伐谋。又奏："金人无事请和，此必有肘腋之虞，名以地归我，实寄之也。"桧白帝止其行。

十年，金人攻拱、亳，刘锜告急，命飞驰援，飞遣张宪、姚政赴之。帝赐札曰："设施之方，一以委卿，朕不遥度。"飞乃遣王贵、牛皋、董先、杨再兴、孟邦杰、李宝等，分布经略西京、汝、郑、颍昌、陈、曹、光、蔡诸郡；又命梁兴渡河，纠合忠义社，取河东、北州县。又遣兵东援刘锜，西援郭浩，自以其军长驱以阚中原。将发，密奏言："先正国本以安人心，然后不常厥居，以示无忘复仇之意。"帝得奏，大褒其忠，授少保，河南府路、陕西、河东北路招讨使，寻改河南、北诸路招讨使。未几，所遣诸将相继奏捷。大军在颍昌，诸将分道出战，飞自以轻骑驻郾城，兵势甚锐。

兀术大惧，会龙虎大王议，以为诸帅易与，独飞不可当，欲诱致其师，并力一战。中外闻之，大惧，诏飞审处自固。飞曰："金人伎穷矣。"乃日出挑战，且骂之。兀术怒，合龙虎大王、盖天大王与韩常之兵逼郾城。飞遣子云领轻兵直贯其阵，戒之曰："不胜，先斩汝！"鏖战数十合，贼尸布野。

初，兀术有劲军，皆重铠，贯以韦索，三人为联，号"拐子马"，官军不能当。是役也，以万五千骑来，飞戒步卒以麻扎刀入阵，勿仰视，斫马足。拐子马相连，一马仆，二马不能行，官军奋击，遂大败之。兀术大恸曰："自海上起兵，皆以此胜，今已矣！"兀术益兵来，部将王刚以五十骑觇敌，遇之，奋斩其将。飞时出视战地，望见黄尘蔽天，自以四十骑突战，败之。

方郾城再捷，飞谓云曰："贼屡败，必还攻颍昌，汝宜速援王贵。"既而兀术果至，贵将游奕、云将背嵬战于城西。云以骑兵八百挺前决战，步军张左右翼继之，杀兀术婿夏金吾、副统军粘罕索字堇，兀术遁去。

梁兴会太行忠义及两河豪杰等，累战皆捷，中原大震。飞奏："兴等过河，人心愿归朝廷。金兵累败，兀术等皆令老少北去，正中兴之机。"飞进至朱仙镇，距汴京四十五里，与兀术对垒而阵，遣骁将以背嵬骑五百奋击，大破之，兀术遁还汴京。飞檄陵台令行视诸陵，葺治之。

先是，绍兴五年，飞遣梁兴等布德意，招结两河豪杰，山砦韦铨、孙谋等欻兵固堡，以待王师，李通、胡清、李宝、李兴、张恩、孙琪等举众来归。金人动息，山川险要，一时皆得其实。尽磁、相、开德、泽、潞、晋、绛、汾、隰之境，皆期日兴兵，与官军会。其所揭旗以"岳"为号，父老百姓争挽车牵牛，载糗粮以馈义军，顶盆焚香迎候者，充满道路。自燕以南，金号令不行，兀术欲签军以抗飞，河北无一人从者。乃叹曰："自我起北方以来，未有如今日之挫衄。"金帅乌陵思谋素号桀黠，亦不能制其下，但谕之曰："毋轻动，俟岳家军来即降。"金统制王镇、统领崔庆、将官李觊崔虎华旺等皆率所部降，以至禁卫龙虎大王下忔查千户高勇之属，皆密受飞旗榜，自北方来降。金将军韩常欲以五万众内附。飞大喜，语其下曰："直抵黄龙府，与诸君痛饮尔！"

方指日渡河，而桧欲画淮以北弃之，风台臣请班师。飞奏："金人锐气沮丧，尽弃辎重，疾走渡河，豪杰向风，士卒用命，时不再来，机难轻失。"桧知飞志锐不可回，乃先请张俊、杨沂中等归，而后言飞孤军不可久留，乞令班师。一日奉十二金字牌，飞愤惋泣下，东向再拜曰："十年之力，废于一旦。"飞班师，民遮马恸哭，诉曰："我等戴香盆、运粮草以迎官军，金人悉知之。相公去，我辈无噍类矣。"飞亦悲泣，取诏示之曰："吾不得擅留。"哭声震野，飞留五日以待其徙，从而南者如市，亟奏以汉上六郡闲田处之。

方兀术弃汴去，有书生叩马曰："太子毋走，岳少保且退矣。"兀术曰："岳少保以五百骑破吾十万，京城日夜望其来，何谓可守？"生曰："自古未有权臣在内，而大将能立功于外者，岳少保且不免，况欲成功乎？"兀术悟，遂留。飞既归，所得州县，旋复失之。飞请解兵柄，不许，自庐入觐，帝问之，飞拜谢而已。

十一年，谍报金分道渡淮，飞请合诸帅之兵破敌。兀术、韩常与龙虎大王疾驱至庐，帝趣飞应援，凡十七札。飞策金人举国南来，巢穴必虚，若长驱京、洛以捣之，彼必奔命，可坐而敝。时飞方苦寒嗽，力疾而行。又恐帝急于退敌，乃奏："臣如捣虚，势必得利，若以为敌方在近，未暇远图，欲乞亲至蕲、黄，以议完却。"帝得奏大喜，赐札曰："卿苦寒疾，乃为朕行，国尔忘身，谁如卿者？"师至庐州，金兵望风而遁。飞还兵于舒以俟命，帝又赐札，以飞小心恭谨、不专进退为得体。兀术破濠州，张俊驻军黄连镇，不敢进；杨沂中遇伏而败，帝命飞救之。金人闻飞至，又遁。

时和议既决，桧患飞异己，乃密奏召三大将论功行赏。韩世忠、张俊已至，飞独后，桧又用参政王次翁计，俟之六七日。既至，授枢密副使，位参知政事上，飞固请还兵柄。五月，诏同俊往楚州措置边防，总韩世忠军还驻镇江。

初，飞在诸将中年最少，以列校拔起，累立显功，世忠、俊不能平，飞屈己下之，幕中轻锐教飞勿苦降意。金人攻淮西，俊分地也，俊始不敢行，师卒无功。飞闻命即行，遂解庐州围，帝授飞两镇节，俊益耻。杨幺平，飞献俊、世忠楼船各一，兵械毕备，世忠大悦，俊反忌之。淮西之役，俊以前途粮乏试飞，飞不为止，帝赐札褒谕，有曰："转饷艰阻，卿不复顾。"俊疑飞漏言，还朝，反倡言飞逗遛不进，以乏饷为辞。至视世忠军，俊知世忠忤桧，欲与飞分其背嵬军，飞义不肯，俊大不悦。及同行楚州城，俊欲修城为备，飞曰："当戮力以图恢复，岂可为退保计？"俊变色。

会世忠军吏景著与总领胡纺言："二枢密若分世忠军，恐至生事。"纺上之朝，桧捕著下大理寺，将以扇摇诬世忠。飞驰书告以桧意，世忠见帝自明。俊于是大憾飞，遂倡言飞议弃山阳，且密以飞报世忠事告桧，桧大怒。

初，桧逐赵鼎，飞每对客叹息，又以恢复为己任，不肯附和议。读桧奏，至"德无常师，主善为师"之语，恶其欺罔，恚曰："君臣大伦，根于天性，大臣而忍面谩其主耶！"兀术遗桧书曰："汝朝夕以和请，而岳飞方为河北图，必杀飞，始可和。"桧亦以飞不死，终梗和议，己必及祸，故力谋杀之。以谏议大夫万俟卨与飞有怨，风卨劾飞，又风中丞何铸、侍御史罗汝楫交章弹论，大率谓："今春金人攻淮西，飞略至舒、蕲而不进，比与俊按兵淮上，又欲弃山阳而不守。"飞累章请罢枢柄，寻还两镇节，充万寿观使、奉朝请。桧志未伸也，又谕张俊令劫王贵、诱王俊诬告张宪谋还飞兵。

桧遣使捕飞父子证张宪事，使者至，飞笑曰："皇天后土，可表此心。"初命何铸鞠之，飞裂裳以背示铸，有"尽忠报国"四大字，深入肤理。既而阅实无左验，铸明其无辜。改命万俟卨。卨诬飞与宪书，令虚申探报以动朝廷，云与宪书，令措置使飞还军；且言其书已焚。

飞坐系两月，无可证者。或教卨以台章所指淮西事为言，卨喜白桧，簿录飞家，取当时御札藏之以灭迹。又逼孙革等证飞受诏逗遛，命评事元龟年取行军时日杂定之，傅会其狱。岁暮，狱不成，桧手书小纸付狱，即报飞死，时年三十九。云弃市。籍家赀，徙家岭南。幕属于鹏等从坐者六人。

初，飞在狱，大理寺丞李若樸何彦猷、大理卿薛仁辅并言飞无罪，卨俱劾去。宗正卿士儤请以百口保飞，卨亦劾之，窜死建州。布衣刘允升上书讼飞冤，下棘寺以死。凡傅成其狱者，皆迁转有差。

狱之将上也，韩世忠不平，诣桧诘其实，桧曰："飞子云与张宪书虽不明，其事体莫须有。"世忠曰："'莫须有'三字，何以服天下？"时洪皓在金国中，蜡书驰奏，以为金人所畏服者惟飞，至以父呼之，诸酋闻其死，酌酒相贺。

飞至孝，母留河北，遣人求访，迎归。母有痼疾，药饵必亲。母卒，水浆不入口者三日。家无姬侍。吴玠素服飞，愿与交欢，饰名姝遗之。飞曰："主上宵旰，岂大将安乐时？"却不受，玠益敬服。少豪饮，帝戒之曰："卿异时到河朔，乃可饮。"遂绝不饮。帝初为飞营第，飞辞曰："敌未灭，何以家为？"或问天下何时太平，飞曰："文臣不爱钱，武臣不惜死，天下太平矣。"

师每休舍，课将士注坡跳壕，皆重铠习之。子云尝习注坡，马踬，怒而鞭之。卒有取民麻一缕以束刍者，立斩以徇。卒夜宿，民开门愿纳，无敢入者。军号"冻死不拆屋，饿死不卤掠。"卒有疾，躬为调药；诸将远戍，遣妻问劳其家；死事者哭之而育其孤，或以子婚其女。凡有颁犒，均给军吏，秋毫不私。

善以少击众。欲有所举，尽召诸统制与谋，谋定而后战，故有胜无败。猝遇敌不动，故敌为之语曰："撼山易，撼岳家军难。"张俊尝问用兵之术，曰："仁、智、信、勇、严，阙一不可。"调军食，必蹙额曰："东南民力，耗敝极矣。"荆湖平，募民营田，又为屯田，岁省漕运之半。帝手书曹操、诸葛亮、羊祜三事赐之。飞跋其后，独指操为奸贼而鄙之，尤桧所恶也。

张所死，飞感旧恩，鞠其子宗本，奏以官。李宝自楚来归，韩世忠留之，宝痛哭愿归飞，世忠以书来谂，飞复曰："均为国家，何分彼此？"世忠叹服。襄阳之役，诏光世为援，六郡既复，光世始至，飞奏先赏光世军。好贤礼士，览经史，雅歌投壶，恂恂如书生。每辞官，必曰："将士效力，飞何功之有？"然忠愤激烈，议论持正，不挫于人，卒以此得祸。

桧死，议复飞官。万俟卨谓金方愿和，一旦录故将，疑天下人心，不可。及绍兴末，金益猖獗，太学生程宏图上书讼飞冤，诏飞家自便。初，桧恶岳州同飞姓，改为纯州，至是仍旧。中丞汪澈宣抚荆、襄，故部曲合辞讼之，哭声雷震。孝宗诏复飞官，以礼改葬，赐钱百万，求其后悉官之。建庙于鄂，号忠烈。淳熙六年，谥武穆。嘉定四年，追封鄂王。

五子：云、雷、霖、震、霆。

云，飞养子。年十二，从张宪战，多得其力，军中呼曰"赢官人"。飞征伐，未尝不与，数立奇功，飞辄隐之。每战，以手握两铁椎，重八十斤，先诸军登城。攻下随州，又攻破邓州，襄汉平，功在第一，飞不言。逾年，铨曹辩之，始迁武翼郎。杨么平，功亦第一，又不上。张浚廉得其实，曰："岳侯避宠荣，廉则廉矣，未得为公也。"奏乞推异数，飞力辞不受。尝以特迁三资，飞辞曰："士卒冒矢石立奇功，始沾一级，男云遽蹑崇资，何以服众？"累表不受。颍昌大战，无虑十数，出入行阵，体被百余创，甲裳为赤。以功迁忠州防御使，飞又辞；命带御器械，飞又力辞。终左武大夫、提举醴泉观。死年二十三。孝宗初，与飞同复元官，以礼祔葬，赠安远军承宣使。

雷，忠训郎、阁门祗候，赠武略郎。霖，朝散大夫、敷文阁待制，赠太中大夫。初，飞下狱，桧令亲党王会搜其家，得御札数箧，束之左藏南库，霖请于孝宗，还之。霖子珂，以淮西四十五御札辩验汇次，凡出师应援之先后皆可考。嘉定间，为《吁天辩诬集》五卷、《天定录》二卷上之。震，朝奉大夫、提举江南东路茶盐公事。霆，修武郎、阁门祗候。

论曰：西汉而下，若韩、彭、绛、灌之为将，代不乏人，求其文武全器、仁智并施如宋岳飞者，一代岂多见哉。史称关云长通《春秋左氏》学，然未尝见其文章。飞北伐，军至汴梁之朱仙镇，有诏班师，飞自为表答诏，忠义之言，流出肺腑，真有诸葛孔明之风，而卒死于秦桧之手。盖飞与桧势不两立，使飞得志，则金仇可复，宋耻可雪；桧得志，则飞有死而已。昔刘宋杀檀道济，道济下狱，嗔目曰："自坏汝万里长城！"高宗忍自弃其中原，故忍杀飞，呜呼冤哉！呜呼冤哉！

卷三百六十六
列传第一百二十五

刘锜　吴玠　吴璘子挺

刘锜，字信叔，德顺军人，泸川军节度使仲武第九子也。美仪状，善射，声如洪钟。尝从仲武征讨，牙门水斛满，以箭射之，拔箭水注，随以一矢塞之，人服其精。宣和间，用高俅荐，特授阁门祗候。

高宗即位，录仲武后，锜得召见，奇之，特授阁门宣赞舍人，差知岷州，为陇右都护。与夏人战屡胜，夏人儿啼，辄怖之曰："刘都护来！"张浚宣抚陕西，一见奇其才，以为泾原经略使兼知渭州。浚会五路师溃于富平，慕洊以庆阳叛，攻环州。浚命锜救之，留别将守渭，自将救环。未几，金攻渭，锜留李彦琪捍内，亲率精锐还救渭，已无及，进退不可，乃走德顺军。彦琪遁归渭，降金。锜贬秩知绵州兼沿边安抚。

绍兴三年复官，为宣抚司司制。金人攻拔和尚原，乃分守陕、蜀之地。会使者自蜀归，以锜名闻。召还，除带御器械，寻为江东路副总管。六年，权提举宿卫亲军。帝驻平江，解潜、王彦两军交斗，俱罢，命锜兼将之。锜因请以前护副军及马军，通为前、后、左、右、中军与游奕，凡六军，每军千人，为十二将。前护副军，即彦八字军也。于是锜始能成军，扈从赴金陵。七年，帅合肥；八年，戍京口。九年，擢果州团练使、龙神卫四厢都指挥使，主管侍卫马军司。

十年，金人归三京，充东京副留守，节制军马。所部八字军才三万七千人，将发，益殿司三千人，皆携其孥，将驻于汴，家留顺昌。锜自临安溯江绝淮，凡二千二百里。至涡口，方食，暴风拔坐帐，锜曰："此贼兆也，主暴兵。"即下令兼程而进，未至，五月，抵顺昌三百里，金人果败盟来侵。

锜与将佐舍舟陆行，先趋城中。庚寅，谍报金人入东京。知府事陈规见锜问计，锜曰："城中有粮，则能与君共守。"规曰："有米数万斛。"锜曰："可矣。"时所部选锋、游奕两军及老稚辎重，相去尚远，遣骑趣之，四鼓乃至。及旦得报，金骑已入陈。

锜与规议敛兵入城，为守御计，人心乃安。召诸将计事，皆曰："金兵不可敌也，请以精锐为殿，步骑遮老小顺流还江南。"锜曰："吾本赴官留司，今东京虽失，幸全军至此，有城可守，奈何弃之？吾意已决，敢言去者斩！"惟部将许清号"夜叉"者奋曰："太尉奉命副守汴京，军士扶携老幼而来，今避而走，易耳。然欲弃父母妻子则不忍；欲与偕行，则敌翼而攻，何所逃之？不如相与努力一战，于死中求生也。"议与锜合。锜大喜，凿舟沉之，示无去意。置家寺中，积薪于门，戒守者曰："脱有不利，即焚吾家，毋辱敌手也。"分命诸将守诸门，明斥堠，募土人为间探。于是军士皆奋，男子备战守，妇人砺刀剑，争呼跃曰："平时人欺我八字军，今日当为国家破贼立功。"

时守备一无可恃，锜于城上躬自督厉，取伪齐所造痴车，以轮辕埋城上；又撤民户扉，周匝蔽之；城外有民居数千家，悉焚之。凡六日粗毕，而游骑已涉颍河至城下。壬寅，金人围顺昌，锜豫于城下设伏，擒千户阿黑等二人，诘之，云："韩将军营白沙涡，距城三十里。"锜夜遣千余人击之，连战，杀虏颇众。既而三路都统葛王褒以兵三万，与龙虎大王合兵薄城。锜令开诸门，金人疑不敢近。

初，锜傅城筑羊马垣，穴垣为门。至是，与清等蔽垣为阵，金人纵矢，皆自垣端铁著于城，或止中垣上。锜用破敌弓翼以神臂、强弩，自城上或垣门射敌，无不中，敌稍却。复以步兵邀击，溺河死者不可胜计，破其铁骑数千。特授鼎州观察使、枢密副都承旨、沿淮制置使。

时顺昌受围已四日，金兵益盛，乃移砦于东村，距城二十里。锜遣骁将阎充募壮士五百人，夜斫其营。是夕，天欲雨，电光四起，见辫发者辄歼之。金兵退十五里。锜复募百人以往，或请衔枚，锜笑曰："无以枚也。"命折竹为嘂，如市井儿以为戏者，人持一以为号，直犯金营。电所烛则皆奋击，电止则匿不动，敌众大乱。百人者闻吹声即聚，金人益不能测，终夜自战，积尸盈野，退军老婆湾。

兀术在汴闻之，即索靴上马，过淮宁留一宿，治战具，备糗粮，不七日至顺昌。锜闻兀术至，会诸将于城上问策，或谓今已屡捷，宜乘此势，具舟全军而归。锜曰："朝廷养兵十五年，正为缓急之用，况已挫贼锋，军声稍振，虽众寡不侔，然有进无退。且敌营甚迩，而兀术又来，吾军一动，彼蹑其后，则前功俱废。使敌侵轶两淮，震惊江、浙，则平生报国之志，反成误国之罪。"众皆感动思奋，曰："惟太尉命。"

锜募得曹成等二人，谕之曰："遣汝作间，事捷重赏，第如我言，敌必不汝杀。今置汝绰路骑中，汝遇敌则佯坠马，为敌所得。敌帅问我何如人，则曰：'太平边帅子，喜声伎，朝廷以两国讲好，使守东京图逸乐耳。'"已而二人果遇敌被执，兀术问之，对如前。兀术喜曰："此城易破耳。"即置鹅车炮具不用。翌日，锜登城，望见二人远来，缒而上之，乃敌械成等归，以文书一卷系于械，锜惧惑军心，立焚之。

兀术至城下，责诸将丧师，众皆曰："南朝用兵，非昔之比，元帅临城自见。"锜遣耿训以书约战，兀术怒曰："刘锜何敢与我战，以吾力破尔城，直用靴尖趯倒耳。"训曰："太尉非但请与太子战，且谓太子必不敢济河，愿献浮桥五所，济而大战。"兀术曰："诺。"乃下令明日府治会食。迟明，锜果为五浮桥于颍河上，敌由之以济。

锜遣人毒颍上流及草中，戒军士虽渴死，毋得饮于河者；饮，夷其族。敌用长胜军严阵以待，诸酋各居一部。众请先击韩将军，锜曰："击韩虽退，兀术精兵尚不可当，法当先击兀术。兀术一动，则余无能为矣。"

时天大暑，敌远来疲敝，锜士气闲暇，敌昼夜不解甲，锜军皆番休更食羊马垣下。敌人马饥渴，食水草者辄病，往往困乏。方晨气清凉，锜按兵不动，逮未、申间，敌力疲气索，忽遣数百人出西门接战。俄以数千人出南门，戒令勿喊，但以锐斧犯之。统制官赵撙、韩直身中数矢，战不肯已，士殊死斗，入其阵，刀斧乱下，敌大败。是夕大雨，平地水深尺余。乙卯，兀术拔营北去，锜遣兵追之，死者万数。

方大战时，兀术被白袍，乘甲马，以牙兵三千督战，兵皆重铠甲，号"铁浮图"；戴铁兜牟，周匝缀长檐。三人为伍，贯以韦索，每进一步，即用拒马拥之，人进一步，拒马亦进，退不可却。官军以枪标去其兜牟，大斧断其臂，碎其首。敌又以铁骑分左右翼，号"拐子马"，皆女真为之，号"长胜军"，专以攻坚，战酣然后用之。自用兵以来，所向无前；至是，亦为锜军所杀。战自辰至申，敌败，遽以拒马木障之，少休。城上鼓声不绝，乃出饭羹，坐饷战士如平时，敌披靡不敢近。食已，撤拒马木，深入斫敌，又大破之。弃尸毙马，血肉枕藉，车旗器甲，积如山阜。

初，有河北军告官军曰："我辈元是左护军，本无斗志，所可杀者两翼拐子马尔。"故锜兵力击之。兀术平日恃以为强者，什损七八，至陈州，数诸将之罪，韩常以下皆鞭之，乃自拥众还汴。捷闻，帝喜甚，授锜武泰军节度使、侍卫马军都虞候、知顺昌府、沿淮制置使。

是役也，锜兵不盈二万，出战仅五千人。金兵数十万营西北，亘十五里，每暮，鼓声震山谷，然营中喧哗，终夜有声。金遣人近城窃听，城中肃然，无鸡犬声。兀术帐前甲兵环列，持烛照夜，其众分番假寐马上。锜以逸待劳，以故辄胜。时洪皓在燕密奏："顺昌之捷，金人震恐丧魄，燕之重宝珍器，悉徙而北，意欲捐燕以南弃之。"故议者谓是时诸将协心，分路追讨，则兀术可擒，汴京可复；而王师亟还，自失机会，良可惜也。

七月，命为淮北宣抚判官，副杨沂中，破敌兵于太康县。未几，秦桧请令沂中还师镇江，锜还太平州，岳飞以兵赴行在，出师之谋寝矣。

十一年，兀术复签两河兵，谋再举。帝亦测知敌情，必不一挫遂已，乃诏大合兵于淮西以待之。金人攻庐、和二州，锜自太平渡江，抵庐州，与张俊、杨沂中会。而敌已大入，锜据东关之险以遏其冲，引兵出清溪，两战皆胜。行至柘皋，与金人夹石梁河而阵。河通巢湖，广二丈，锜命曳薪叠桥，须臾而成，遣甲士数队路桥卧枪不坐。会沂中、王德、田师中、张子盖之军俱至。

翌日，兀术以铁骑十万分为两隅，夹道而阵。德薄其右隅，引弓射一酋毙之，因大呼驰击，诸军鼓噪。金人以拐子马两翼而进。德率众鏖战，沂中以万兵各持长斧奋击之，敌大败；锜与德等追之，又败于东山。敌望见曰："此顺昌旗帜也。"即退走。

锜驻和州，得旨，乃引兵渡江归太平州。时并命三帅，不相节制。诸军进退多出于张俊，而锜以顺昌之捷骤贵，诸将多嫉之。俊与沂中为腹心，而与锜有隙，故柘皋之赏，锜军独不与。

居数日，议班师，而濠州告急。俊与沂中、锜趋黄连埠援之，距濠六十里，而南城已陷。沂中欲进战，锜谓俊曰："本救濠，今濠已失，不如退师据险，徐为后图。"诸将曰："善。"三帅鼎足而营，或言敌兵已去，锜又谓曰："敌得城而遽退，必有谋也，宜严备之。"俊不从，命沂中与德将神勇步骑六万人，直趋濠州，果遇伏败还。

迟明，锜军至藕塘，则沂中军已入滁州，俊军已入宣化。锜军方食，俊至，曰："敌兵已近，奈何？"锜曰："杨宣抚兵安在？"俊曰："已失利还矣。"锜语俊："无恐，锜请以步卒御敌，宣抚试观之。"锜麾下皆曰："两大帅军已渡，我军何苦独战？"锜曰："顺昌孤城，旁无赤子之助，吾提兵不满二万，犹足取胜；况今得地利，又有锐兵邪？"遂设三覆以待之。俄而俊至，曰："谍者妄也，乃戚方殿后之军尔。"锜与俊益不相下。

一夕，俊军士纵火劫锜军，锜擒十六人，枭首槊上，余皆逸。锜见俊，俊怒谓锜曰："我为宣抚，尔乃判官，何得斩吾军？"锜曰："不知宣抚军，但斩劫砦贼尔。"俊曰："有卒归，言未尝劫砦。"呼一人出对。锜正色曰："锜为国家将帅，有罪，宣抚当言于朝，岂得与卒伍对事？"长揖上马去。已，皆班师，俊、沂中还朝，每言岳飞不赴援，而锜战不力。秦桧主其说，遂罢宣抚判官，命知荆南府。岳飞奏留锜掌兵，不许，诏以武泰之节提举江州太平观。

锜镇荆南凡六年，军民安之。魏良臣言锜名将，不当久闲。乃命知潭州，加太尉，复帅荆南府。江陵县东有黄潭，建炎间，有司决水入江以御盗，由是夏秋涨溢，荆、衡间皆被水患。锜始命塞之，斥膏腴田数千亩，流民自占者几千户。诏锜遇大礼许奏文资，仍以其侄汜为江东路兵马副都监。

三十一年，金主亮调军六十万，自将南来，弥望数十里，不断如银壁，中外大震。时宿将无在者，乃以锜为江、淮、浙西制置使，节制逐路军马。八月，锜引兵屯扬州，建大将旗鼓，军容甚肃，观者叹息。以兵驻清河口，金人以毡裹船载粮而来，锜使善没者凿沉其舟。锜自楚州退军召伯镇，金人攻真州，锜引兵还扬州，帅刘泽以城不可守，请退军瓜洲。金万户高景山攻扬州，锜遣员琦拒于皂角林，陷围力战，林中伏发，大败之，斩景山，俘数百人。捷奏，赐金五百两、银七万两以犒师。

先是，金人议留精兵在淮东以御锜，而以重兵入淮西。大将王权不从锜节制，不战而溃，自清河口退师扬州，以舟渡真、扬之民于江之南，留兵屯瓜洲。锜病，求解兵柄，留其侄汜以千五百人塞瓜洲渡，又令李横以八千人固守。诏锜专防江，锜遂还镇江。

十一月，金人攻瓜洲，汜以克敌弓射却之。时知枢密院事叶义问督师江、淮，至镇江，见锜病剧，以李横权锜军。义问督镇江兵渡江，众皆以为不可，义问强之。汜固请出战，锜不从，汜拜家庙而行。金人以重兵逼瓜洲，分兵东出江皋，逆趋瓜洲。汜先退，横以孤军不能当，亦却，失其都统制印，左军统制魏友、后军统制王方死之，横、汜仅以身免。

方诸军渡江而北也，锜使人持黄、白帜登高山望之，戒之曰："贼至举白帜；合战举二帜，胜则举黄帜。"是日二帜举，逾时，锜曰："黄帜久不举，吾军殆矣。"锜愤懑，病益甚。都督府参赞军事虞允文自采石来，督舟师与金人战。允文过镇江，谒锜问疾。锜执允文手曰："疾何必问。朝廷养兵三十年，一技不施，而大功乃出一儒生，我辈愧死矣！"

召诣阙，提举万寿观。锜假都亭驿居之。金之聘使将至，留守汤思退除馆以待，遣黄衣谕锜徙居别试院，锜疑汜累己，常惧有后命。三十二年闰二月，锜发怒，呕血数升而卒。赠开府仪同三司，赐其家银三百两，帛三百匹。后谥武穆。

锜慷慨深毅，有儒将风。金主亮之南也，下令有敢言锜姓名者，罪不赦。枚举南朝诸将，问其下孰敢当者，皆随姓名其答如响，至锜，莫有应者。金主曰："吾自当之。"然锜卒以病不能成功。世传锜通阴阳家行师所避就，锜在扬州，命尽焚城外居屋，用石灰尽白城壁，书曰："完颜亮死于此。"金主多忌，见而恶之，遂居龟山，人众不可容，以致是变云。

吴玠，字晋卿，德顺军陇干人。父葬水洛城，因徙焉。少沉毅有志节，知兵善骑射，读书能通大义。未冠，以良家子隶泾原军。政和中，夏人犯边，以功补进义副尉，稍擢队将。从讨方腊，破之；及击河北群盗，累功权泾原第十将。靖康初，夏人攻怀德军，玠以百余骑追击，斩首百四十级，擢第二副将。

建炎二年春，金人渡河，出大庆关，略秦雍，谋趋泾原。都统制曲端守麻务镇，命玠为前锋，进据青溪岭，逆击大破之，追奔三十里，金人始有惮意。权泾原路兵马都监兼知怀德军。金人攻延安府，经略使王庶召曲端进兵，端驻邠州不赴，且曰："不如荡其巢穴，攻其必救。"端遂攻蒲城，命玠攻华州，拔之。

三年冬，剧贼史斌寇汉中，不克，引兵欲取长安，曲端命玠击斩之，迁忠州刺史。宣抚处置使张浚巡关陕，参议军事刘子羽诵玠兄弟才勇，浚与玠语，大悦，即授统制，弟璘掌帐前亲兵。

四年春，升泾原路马步军副总管。金帅娄宿与撒离喝长驱入关，端遣玠拒于彭原店，而拥兵邠州为援。金兵来攻，玠击败之，撒离喝惧而泣，金军中目为"啼哭郎君"。金人整军复战，玠军败绩。端退屯泾原，劾玠违节度，降武显大夫，罢总管，复知怀德军。张浚惜玠才，寻以为秦凤副总管兼知凤翔府。时兵火之余，玠劳来安集，民赖以生。转忠州防御使。

九月，浚合五路兵，欲与金人决战，玠言宜各守要害，须其弊而乘之。及次富平，都统制又会诸将议战，玠曰："兵以利动，今地势不利，未见其可。宜择高阜据之，使不可胜。"诸将皆曰："我众彼寡，又前阻苇泽，敌有骑不得施，何用他徙？"已而敌骤至，舆柴囊土，藉淖平行，进薄玠营。军遂大溃，五路皆陷，巴蜀大震。

玠收散卒保散关东和尚原，积粟缮兵，列栅为死守计。或谓玠宜退屯汉中，扼蜀口以安人心。玠曰："我保此，敌决不敢越我而进，坚壁临之，彼惧吾蹑其后，是所以保蜀也。"玠在原上，凤翔民感其遗惠，相与夜输刍粟助之。玠偿以银帛，民益喜，输者益多。金人怒，伏兵渭河邀杀之，且令保伍连坐；民冒禁如故，数年然后止。

绍兴元年，金将没立自凤翔，别将乌鲁折合自阶、成出散关，约日会和尚原。乌鲁折合先期至，阵北山索战，玠命诸将坚阵待之，更战迭休。山谷路狭多石，马不能行，金人舍马步战，大败，移砦黄牛，会大风雨雹，遂遁去。没立方攻箭筈关，玠复遣将击退之，两军终不得合。

始，金人之入也，玠与璘以散卒数千驻原上，朝问隔绝，人无固志。有谋劫玠兄弟北去者，玠知之，召诸将歃血盟，勉以忠义。将士皆感泣，愿为用。张浚录其功，承制拜明州观察使。居母丧，起复，兼陕西诸路都统制。

金人自起海角，狃常胜，及与玠战辄北，愤甚，谋必取玠。娄宿死，兀术会诸道兵十余万，造浮梁跨渭，自宝鸡结连珠营，垒石为城，夹涧与官军拒。十月，攻和尚原。玠命诸将选劲弓强弩，分番迭射，号"驻队矢"，连发不绝，繁如雨注。敌稍却，则以奇兵旁击，绝其粮道。度其困且走，设伏于神坌以待。金兵至，伏发，众大乱。纵兵夜击，大败之。兀术中流矢，仅以身免。张浚承制以玠为镇西军节度使，璘为泾原路马步军副总管。兀术既败，遂自河东归燕山；复以撒离喝为陕西经略使，屯凤翔，与玠相持。

二年，命玠兼宣抚处置使司都统制，节制兴、文、龙三州。金久窥蜀，以璘驻兵和尚原扼其冲，不得逞，将出奇取之。时玠在河池，金人用叛将李彦琪驻秦州，睨仙人关以缀玠；复令游骑出熙河以缀关师古，撒离喝自商于直捣上津。三年正月，取金州。二月，长驱趋洋、汉，兴元守臣刘子羽急命田晟守饶风关，以驿书招玠入援。

玠自河池日夜驰三百里，以黄柑遗敌曰："大军远来，聊用止渴。"撒离喝大惊，以杖击地曰："尔来何速耶！"遂大战饶风岭。金人被重铠，登山仰攻。一人先登则二人拥后；先者既死，后者代攻。玠军弓弩乱发，大石摧压，如是者六昼夜，死者山积而敌不退。募敢死士，人千银，得士五千，将夹攻。会玠小校有得罪奔金者，导以祖溪间路，出关背，乘高以阚饶风。诸军不支，遂溃，玠退保西县。敌入兴元，刘子羽退保三泉，筑潭毒山以自固，玠走三泉会之。

未几，金人北归，玠急遣兵邀于武休关，掩击其后军，堕涧死者以千计，尽弃辎重去。金人始谋，本谓玠在西边，故道险东来，不虞玠驰至。虽入三郡，而失不偿得。进玠检校少保，充利州路、阶成凤州制置使。

四年二月，敌复大入，攻仙人关。先是，璘在和尚原，饷馈不继；玠又谓其地去蜀远，命璘弃之，经营仙人关右杀金平，创筑一垒，移原兵守之。至是，兀术、撒离喝及刘夔率十万骑入侵，自铁山凿崖开道，循岭东下。玠以万人当其冲。璘率轻兵由七方关倍道而至，与金兵转战七昼夜，始得与玠合。

敌首攻玠营，玠击走之。又以云梯攻垒壁，杨政以擅竿碎其梯，以长矛刺之。璘拔刀画地，谓诸将曰："死则死此，退者斩！"金分军为二，兀术阵于东，韩常阵于西。璘率锐卒介其间，左萦右绕，随机而发。战久，璘军少怠，急屯第二隘。金生兵踵至，人被重铠，铁钩相连，鱼贯而上。璘以驻队矢迭射，矢下如雨，死者层积，敌践而登。撒离喝驻马四视曰："吾得之矣。"翌日，命攻西北楼，姚仲登楼酣战，楼倾，以帛为绳，挽之复正。金人用火攻楼，以酒缶扑灭之。玠急遣统领田晟以长刀大斧左右击，明炬四山，震鼓动地。明日，大出兵。统领王喜、王武率锐士，分紫、白旗入金营，金阵乱。奋击，射韩常，中左目，金人始宵遁。玠遣统制官张彦劫横山砦，王俊伏河池扼归路，又败之。以郭震战不力，斩之。是役也，金自元帅以下，皆携孥来。刘豫之腹心。本谓蜀可图，既不得逞，度玠终不可犯，则还据凤翔，授甲士田，为久留计，自是不妄动。

捷闻，授玠川、陕宣抚副使。四月，复凤、秦、陇三州。七月，录仙人关功，拜检校少师、奉宁保定军节度使，璘自防御使升定国军承宣使，杨政以下迁秩有差。六年，兼营田大使，易保平、静难节。七年，遣裨将马希仲攻熙州，败绩，又失巩州，玠斩之。

玠与敌对垒且十年，常苦远饷劳民，屡汰冗员，节浮费，益治屯田，岁收至十万斛。又调戍兵，命梁、洋守将治褒城废堰，民知灌溉可恃，愿归业者数万家。九年，金人请和。帝以玠功高，授特进、开府仪同三司，迁四川宣抚使，陕西阶、成等州皆听节制。遣内侍奉亲札以赐，至，则玠病已甚，扶掖听命。帝闻而忧之，命守臣就蜀求善医，且饬国工驰视，未至，玠卒于仙人关，年四十七。赠少师，赐钱三十万。

玠善读史，凡往事可师者，录置座右，积久，墙牖皆格言也。用兵本孙、吴，务远略，不求小近利，故能保必胜。御下严而有恩，虚心询受，虽身为大将，卒伍至下者得以情达，故士乐为之死。选用将佐，视劳能为高下先后，不以亲故、权贵挠之。

玠死，胡世将问玠所以制胜者，璘曰："璘从先兄有事西夏，每战，不过一进却之顷，胜负辄分。至金人，则更进迭退，忍耐坚久，令酷而下必死，每战非累日不决，胜不遽追，败不至乱。盖自昔用兵所未尝见，与之角逐滋久，乃得其情。盖金人弓矢，不若中国之劲利；中国士卒，不及金人之坚耐。吾常以长技洞重甲于数百步外，则其冲突固不能相及。于是选据形便，出锐卒更迭挠之，与之为无穷，使不得休暇，以沮其坚忍之势。至决机于两阵之间，则璘有不能言者。"

晚节颇多嗜欲，使人渔色于成都，喜饵丹石，故得咯血疾以死。方富平之败，秦凤皆陷，金人一意眈蜀，东南之势亦棘，微玠身当其冲，无蜀久矣。故西人至今思之。谥武安，作庙于仙人关，号思烈。淳熙中，追封涪王。子五人：拱、扶、扬、扩、揔。拱亦握兵云。

吴璘，字唐卿，玠弟也。少好骑射，从玠攻战，积功至阁门宣赞舍人。绍兴元年，箭笞关之战，断没立与乌鲁折合兵，使不得合，金人遁，璘功居多，超迁统制和尚原军马，于是玠驻师河池，璘守守原。及兀术大入，玠兄弟以死守之。敌阵分合三十余，璘随机而应，至神垜伏发，金兵大败，兀术中流矢遁。张浚承制以璘为泾原路马步军副都总管，升康州团练使。

三年，迁荣州防御使、知秦州，节制阶、文。是岁，玠败于祖溪岭，时璘犹在和尚原，玠命璘弃原别营仙人关，以防金人深入。四年，兀术、撒离喝果以大兵十万至关下，璘自武、阶路入援。先以书抵玠，谓杀金平地阔远，前阵散漫，须后阵阻隘，然后可以必胜。玠从之，急修第二隘。璘冒围转战，会于仙人关。敌果极力攻第二隘，诸将有请别择形胜以守者，璘奋曰："兵方交而退，是不战而走也，吾度此敌去不久矣，诸君第忍之。"震鼓易帜，血战连日。金兵大败，二酋自是不敢窥蜀者数年。

露布献捷，迁定国军承宣使、熙河兰廓路经略安抚使、知熙州。六年，新置行营两护军，璘为左护军统制。九年，升统制，寻除秦凤路经略安抚使、知秦州。玠卒，授璘龙、神卫四厢都指挥使。

时金人废刘豫，归河南、陕西地。楼炤使陕，以便宜欲命三帅分陕而守，以郭浩守鄜延，杨政守熙河，璘帅秦凤，欲尽移川口诸军于陕西。璘曰："金人反覆难信，惧有他变。今我移军陕右，蜀口空虚，敌若自南山要我陕右军，直捣蜀口，我不战自屈矣。当且依山为屯，控其要害，迟其情见力疲，渐图进据。"炤从之，命璘与杨政两军屯内地保蜀，郭浩一军屯延安以守陕。

既而胡世将以四川制置权宣抚司事，至河池，璘见之曰："金大兵屯河中府，止隔大庆一桥尔，骑兵疾驰，不五日至川口。吾军远在陕西，缓急不可追集，关隘不茸，粮运断绝，此存亡之秋也。璘家族固不足恤，如国事何！"时朝廷恃和忘战，欲废仙人关。于是世将抗奏谓："当外固欢和，内修守御。今日分兵，当使陕、蜀相接，近兵官贺仔谍知撒离喝密计曰：'要入蜀不难，弃陕西不顾，三五岁南兵必来主之，道路吾已熟知，一发取蜀必矣。'敌情如是，万一果然，则我当为伐谋之备，仙人关未宜遽废，鱼关仓亦宜积粮。"于是璘仅以牙校三队赴秦州，留大军守阶、成山砦，戒诸将毋得撤备。世将寻真除宣抚，置司河池。

十年，金人败盟，诏璘节制陕西诸路军马。撒离喝渡河入长安，趋凤翔，陕右诸军隔在敌后，远近震恐。时杨政在巩，郭浩在鄜延，惟璘随世将在河池。世将急召诸将议，惟泾原帅田晟与杨政同至，参谋官孙渥谓河池不可守，欲退保仙人原，璘厉声折之曰："懦语沮军，可斩也！璘请以百口保破敌。"世将壮之，指所居帐曰："世将誓死于此！"乃遣渥之泾原，命田晟以三千人迎敌。璘又遣姚仲拒于石壁砦，败之。诏同节制陕西诸路军马。

璘以书遗金将约战，金鹘眼郎君以三千骑冲璘军，璘使李师颜以骁骑击走之。鹘眼入扶风，复攻拔之，获三将及女真百十有七人。撒离喝怒甚，自战百通坊，列阵二十里。璘遣姚仲力战破之，授镇西军节度使，升侍卫步军都虞候。十一年，与金统军胡盏战剡家湾，败之，复秦州及陕右诸郡。

初，胡盏与习不祝合军五万屯刘家圈，璘请讨之。世将问策安出，璘曰："有新立叠阵法：每战，以长枪居前，坐不得起；次最强弓，次强弩，跪膝以俟；次神臂弓。约贼相搏至百步内，则神臂先发；七十步，强弓并发；次阵如之。凡阵，以拒马为限，铁钩相连，俟其伤则更代之。遇更代则以鼓为节。骑，两翼以蔽于前，阵成而骑退，谓之'叠阵'。"诸将始犹窃议曰："吾军其歼于此乎？"璘曰："此古束伍令也，军法有之，诸君不识尔。得车战余意，无出于此，战士心定则能持满，敌虽锐，不能当也。"及与二酋遇，遂用之。

二酋老于兵，据险自固，前临峻岭，后控腊家城，谓我必不敢轻犯。先一日，璘会诸将问所以攻，姚仲曰："战于山上则胜，山下则败。"璘以为然，乃告敌请战，敌笑之。璘夜半遣仲及王彦衔枚截坡，约二将上岭而后发火。二将至岭，寂无人声，军已毕列，万炬齐发。敌骇愕曰："吾事败矣。"习不祝善谋，胡盏善战，二酋异议。璘先以兵挑之，胡盏果出鏖战。璘以叠阵法更休迭战，轻裘驻马亟麾之，士殊死斗，金人大败。降者万人，胡盏走保腊家城，璘围而攻之。城垂破，朝廷以驿书诏璘班师，世将浩叹而已。明年，竟割和尚原以与敌。撤戍割地，皆秦桧主之也。

十二年，入觐，拜检校少师、阶成岷凤四州经略使，赐汉中田五十顷。十四年，朝议析利州路为东西路，以璘为西路安抚使，治兴州，阶、成、西和、凤、文、龙、兴七州隶焉。时和议方坚，而璘治军经武，常如敌至。十七年，徙奉国军节度使，改行营右护军为御前诸军都统制，安抚使如故。二十一年，以守边安静，拜少保。二十六年，领兴州驻札御前诸军统制职事，改判兴州。渡江以来未有使相为都统制者，时璘已为开府仪同三司，故改命之。

三十一年，金主亮叛盟，拜四川宣抚使。秋，亮渡淮，遣合喜为西元帅，以兵扼大散关，游骑攻黄牛堡。璘即肩舆上杀金平，驻军青野原，益调内郡兵分道而进，授以方略。制置使王刚中来会璘计事，璘寻移檄河朔、西夏及山东、河北，声金人罪以致讨。未几，兼陕西、河东招讨使。璘以病还兴州，总领王之望驰书告执政，谓璘多病，猝有缓急，蜀势必危。请移璘任京襄帅拱归蜀，以助西师。凡五书未报。璘已力疾，复上仙人关。

三十二年，璘遣姚仲取巩，王彦屯商、虢、陕、华，惠逢取熙河。或久攻不下，或既得复失，竟无成功。金人据大散关六十余日，相持不能破。仲舍巩攻德顺已逾四旬，璘以知夔州吴师颜代之，遣子挺节制军马。挺与敌战于瓦亭，败之。璘自将至城下，守陴者闻呼"相公来"，观望咨嗟，矢不忍发。璘按行诸屯，预治黄河战地，斩不用命者，先以数百骑尝敌。敌一鸣鼓，锐士空壁跃出突璘军。璘军得先治地，无一当十。至暮，璘忽传呼"某战不力"，人益奋搏，敌大败，遁入壁。黎明，师再出，敌坚壁不动。会天大风雷，金人拔营去，凡八日而克。璘入城，市不改肆，父老拥马迎拜不绝。璘寻还河池。

四月，原州受围，璘命姚仲以德顺之兵往援，璘自趋凤翔视师。诸将虽力战，敌攻益急，增兵至七万。五月，仲与敌战于原州之北岭，仲败绩。初，仲自德顺至原，由九龙泉上北岭，令诸军持满引行。以卢士敏兵为前阵，所统军六千为四阵，姚志兵为后拒。随地便利以列，与敌鏖战，开合数十。会辎重队随阵乱行，敌兵冲之，军遂大溃，失将三十余人。始，璘出师，王之望尝言："此行士卒锐气，不及前时，仲年来数奇，不可委以要地。"及仲至原，璘亦贻书，谓原围未即解，且还德顺。书未达而仲败，璘亦无功还。寻夺仲兵，欲斩之，或劝而止，械系河池狱。

孝宗受禅，赐璘札，命兼陕西、河东路宣抚招讨使。璘策金人必再争德顺，亟驰赴城下，而完颜悉烈等兵十余万果来攻。万户豁豁复领精兵自凤翔继至。璘筑堡东山以守，敌极力争之，杀伤太半，终不能克。时议者以为兵宿于外，去川口远，恐敌袭之，欲弃三路。遂诏璘退师。敌乘其后，璘军士死亡者甚众，三路复为敌有。拜少傅。隆兴二年冬，金人侵岷州，璘提兵至祁山，金人闻之，退师，遣使来告曰："两国已讲和矣。"会诏至，俱解去。

沈介为四川安抚、制置使，与璘议不协，兵部侍郎胡铨上书，语颇及璘。璘抗章请朝，上亲札报可。未半道，请罢宣抚使及致仕，皆不允。乾道元年诣阙，遣中使劳问，召对便殿，许朝德寿宫。高宗见璘，叹曰："朕与卿，老君臣也，可数入见。"璘顿首谢。两宫存劳之使相踵，又命皇子入谒。拜太傅，封新安郡王。越数日，诏仍领宣抚使，改判兴元府。及还镇，两宫宴饯甚宠。璘入辞德寿宫，泣下。高宗亦为之怅然，解所佩刀赐之，曰："异时思朕，视此可矣。"

璘至汉中，修复褒城古堰，溉田数千顷，民甚便之。三年，卒，年六十六。赠太师，追封信王。上震悼，辍视朝两日，赙赠加等。高宗复赐银千两。初，璘病笃，呼幕客草遗表，命直书其事曰："愿陛下毋弃四川，毋轻出兵。"不及家事，人称其忠。

璘刚勇，喜大节，略苛细，读史晓大义。代兄为将，守蜀余二十年，隐然为方面之重，威名亚于玠。高宗尝问胜敌之术，璘曰："弱者出战，强者继之。"高宗曰："此孙膑三驷之法，一败而二胜也。"

尝著《兵法》二篇，大略谓："金人有四长，我有四短，当反我之短，制彼之长。四长曰骑兵，曰坚忍，曰重甲，曰弓矢。吾集蕃汉所长，兼收而并用之，以分队制其骑兵；以番休迭战制其坚忍；制其重甲，则劲弓强弩；制其弓矢，则以远克近，以强制弱。布阵之法，则以步军为阵心、左右翼，以马军为左右肋，拒马布两肋之间；至帖拨增损之不同，则系乎临机。"知兵者取焉。

王刚中尝谈刘锜之美，璘曰："信叔有雅量、无英概，天下雷同誉之，恐不能当逆亮，璘窃忧之。"刚中不以为然，锜果无功，以忧愤卒。璘选诸将率以功。有荐才者，璘曰："兵官非尝试，难知其才。以小善进之，则侥幸者得志，而边人宿将之心息矣。"子挺。

挺字仲烈，以门功补官。从璘为中郎将，部西兵诣行在。高宗问西边形势、兵力与战守之宜，挺占对称旨，超授右武郎、浙西都监兼御前祗候,赐金带。寻差利路钤辖,改利州东路前军同统制,继改西路。

绍兴三十一年,金人渝盟,璘以宣抚使总三路兵御之,挺愿自力军前,璘以为中军统制。王师既复秦州,金将合喜孛董介叛将张中彦以兵来争,挺破其治平砦。已而南市城贼亦掎角为援,转战竟日。挺令前军统制梅彦麾众直据城门,众弗喻,彦亦惧力不敌。挺督之,彦出兵殊死战,挺率背嵬骑尽易黄旗绕出敌后,凭高突之。敌哗曰:"黄旗儿至矣!"遂惊败。挺不自为功,状彦第一,士颇多之。璘亦引嫌,并匿其功。擢荣州刺史,寻拜熙河经略、安抚使。

明年,挺被檄与都统制姚仲率东西路兵攻德顺。金左都监空平凉之众以援合喜,又遣精兵数万自凤翔来会。仲驻军六盘,挺独趋瓦亭,身冒矢石,众从之。金人舍骑操短兵奋斗,挺遣别将尽夺其马,金众遂溃。挺勒兵追之,禽千户耶律九斤、孛堇等百三十七人。

金人惩前衄,悉兵趋德顺。璘自秦州来督师,先壁于险,且治夹河战地。金人果大至,挺诱致之,至所治战地,盛兵蹙之,敌不能支,一夕遁去。巩州久不下,挺以选锋至城下,诸将咸曰:"西北坡陀地易攻,若分兵各当一面,宜得利。"挺曰:"西北虽卑而土坚,东南并河多沙砾善圮。且兵分则少,以少当坚城,可得而下乎?"乃命悉众击东南陬。不二日,楼橹俱尽。夜半,其将雷千户约降,黎明,城破。以功授团练使,又以瓦亭功授郢州防御使。

孝宗即位,加璘兼陕西、河东路招讨宣抚使。璘虑敌必再争德顺,至自河池,金人果合兵十余万列栅以拒。有大酋引骑数千睨东山,璘命挺领骑迎击,却之。遂据东山,筑堡以守。敌不能争,乃益修攻具,为大车匿战士其中,将填隍而进。挺命抢大木植中道,车至不得前。拜武昌军承宣使,寻加龙神卫四厢都指挥使、熙河路经略安抚使中军统制,时年二十五。会朝廷主议和,诏西师解严,父子遂旋军。

乾道元年,升中军都统制。三年,以父命入奏,拜侍卫亲步军指挥使,节制兴州军马。璘卒,起复金州都统、金房开达安抚使,改利州东路总管。挺力求终丧,服除,召为左卫上将军。朝廷方议置神武中军五千人以属御前,命挺为都统制。挺力陈不当轻变祖宗法,事遂寝。拜主管侍卫步军司公事。

挺每燕见从容,尝论两淮形势旷漫,备多力分,宜择胜地扼以重兵,敌仰攻则不克,越西南又不敢,我以全力乘其弊,蔑不济者。帝颇嘉纳。淳熙元年,改兴州都统,拜定江军节度使。初,军中自置互市于宕昌,以来羌马,西路骑兵遂雄天下。自张松典权牧,奏绝军中互市,自以马给之,所得多下驷。挺至,首陈利害以闻,乞岁市五百匹,诏许七百匹。

始,武兴所部就饷诸郡,漫不相属。挺奏立十军为名,自北边至武兴列五军,曰踏白、摧锋、选锋、策选锋、游奕;武兴以西至绵为左、右、后三军;而驻武兴者前军、中军。营部于是始井然。四年,入觐,除知兴州、利州西路安抚使。密修皂郊堡,增二堡,缮戎器,储之两库,敌终不觉。

十年冬,特加检校少保。成州、西和岁大侵,挺力为振恤,谕总赋者分军储以佐之,全活殆数千万。蜀自诸军宿师,凡廪赐,官率杂三之一,视价高下给之,名曰"折估",随所屯地相为乘除。岁久屯他徙,廪赐不易旧,至有同部伍而廪相倍蓰者,挺哀为中制上之。

光宗即位,御笔奖劳。而西和、阶、成、凤、文、龙六州器械弗缮,挺节冗费,屯工徒,悉创为之。御军虽严,而能时其缓急,士以不困。郡东北有二谷水,挺作二堤以捍之。绍熙二年,水暴发入城。挺既振除水者,复增筑长堤,民赖以安。诏问备边急务,即建增储之策,由是粮糗不乏。四年春,以疾乞致仕,诏加太尉。卒,年五十六。赠少师、开府仪同三司。

挺少起勋阀,弗居其贵,礼贤下士,虽遇小官贱吏,不敢急忽。拊循将士,人人有恩。璘故部曲拜于庭下,辄降答之,即失律,诛治无少贷。璘尝对孝宗言,诸子中惟挺可任。孝宗亦曰:"挺是朕千百人中选者。"岁时问劳不绝,被遇尤深厚。光宗赐内府珍奇,以示殊礼。子五人,曦,其次也。曦仕至太尉、昭信军节度使,以叛诛,见别传。

论曰:刘锜神机武略,出奇制胜,顺昌之捷,威震敌国,虽韩信泜上之军,无以过焉。或谓其英概不足,雅量有余,岂其然乎?吴玠与弟璘智勇忠实,戮力协心,据险抗敌,卒保全蜀,以功名终,盛哉!挺累从征讨,功效甚著,有父风矣。然玠晚颇荒淫,璘多丧败,岂狃于常胜,骄心侈欤?抑三世为将,酿成逆曦之变,覆其宗祀,盖有由焉。

卷三百六十七
列传第一百二十六

李显忠　杨存中　郭浩　杨政

李显忠,绥德军青涧人也。初名世辅,南归,赐名显忠。由唐以来,世袭苏尾九族巡检。初,其母当产,数日不能免,有僧讠门曰:"所孕乃奇男子,当以剑、矢置母旁,即生。"已而果生显忠,立于蓐,咸异之。

年十七,投效用,随父永奇出入行阵。金人犯鄜延,经略王庶命永奇募间者,得张琦;更求一人,显忠请行。永奇曰:"汝未涉历,行必累琦。"显忠曰:"显忠年小,胆气不小,必不累琦,当与琦俱。"有敌人夜宿陶穴,显忠縋穴中,得十七人,皆杀之,取首二级,马二匹,余马悉折其足。庶大奇之,补承信郎,充队将,由是始知名。转武翼郎,充副将。

金人陷延安,授显忠父子官。永奇聚泣曰:"我宋臣也,世袭国恩,乃为彼用邪!"会刘豫令显忠帅马军赴东京,永奇密戒之曰:"汝若得乘机,即归本朝,无以我故贰其志。事成，我亦不朽矣。"显忠至东京，刘麟喜之，授南路钤辖，乃密遣其客雷灿以蜡书赴行在。已而豫废，兀术以万骑驰猎淮上，与显忠独立马围场间。显忠戒吴俊往探淮水可度马处，欲执兀术归朝。俊还，显忠驰问之，为竹刺伤马而止。兀术授显忠承宣使、知同州。

显忠至鄜省侍，永奇教显忠曰："同州入南山，乃金人往来驿路，汝可于此擒其酋，渡洛、渭，由商、虢归朝。第报我知，我当以兵取延安而归。"显忠赴同州，即遣黄士成等持书由蜀至吴，报归朝事。元帅撒里曷来同州，显忠以计执之，驰出城。至洛河，舟船后期不得渡，与追骑屡战，皆胜。显忠憩高原，望追骑益多，乃与撒里曷折箭为誓，不得杀同州人，不得害我骨肉，皆许之，遂推之下山崖，追兵争救得免。显忠携老幼长驱而北，至鄜城县，急遣人告永奇。永奇即挈家出城，至马趐谷口，为金人所及，家属二百口皆遇害。是日，天昏大雪，延安人闻之皆泣下。

显忠仅以二十六人奔夏国。夏人问故。显忠泣，具言父母妻子之亡，切齿疾首，恨不即死，愿得二十万人生擒撒里曷，取陕西五路归于夏，显忠亦得报不共戴天之仇。夏主曰："尔能为立功，则不靳借兵。"时有酋豪号"青面夜叉"者，久为夏国患，乃令显忠图之。请三千骑，昼夜疾驰，奄至其帐，擒之以归。夏主大悦，即出二十万骑，以文臣王枢、武臣啰讹为陕西招抚使，显忠为延安招抚使，时绍兴九年二月十四日也。

显忠引兵至延安，总管赵惟清大呼曰："鄜延路今复归宋矣，已有赦书。"显忠与官吏观赦书列拜，显忠大哭，众皆哭，百姓哭声不绝。乃以旧部八百余骑往见王枢、啰讹，谕之曰："显忠已得延安府，见讲和赦书，招抚可以本部军归国。"啰讹不从，曰："初，经略乞兵来取陕西。今既到此，乃令我归耶？"显忠知势不可，乃出刀斫啰讹，不及，擒王枢缚之。夏人以铁鹞子军来。显忠以所部拒之，驰挥双刀，所向披靡，夏兵大溃，杀死踩践无虑万人，获马四万匹。显忠揭榜招兵，以"绍兴九年"为文书。每得一人，予马一匹，旬日间得万人，皆骁勇少壮。又擒害其父母弟侄者，皆斩于东城之内。行至鄜州，已有马步军四万余。撒里曷在耀州，闻显忠来，一夕遁去。

四川宣抚吴玠遣张振来抚谕云："两国见议和好，不可生事，可量引军赴行在。"遂至河池县见玠，玠抚之曰："忠义归朝，惟君第一。"从行使臣崔皋等六百余人列拜庭下，玠又抚之，犒以银绢，诣行府受告敕、金带，除指挥使、承宣使。至行在，高宗抚劳再三，赐名加贲，又赐田镇江，以崔皋辈充将佐。

兀术犯河南，命显忠为招抚司前军都统制，与李贵同破灵璧县。兀术犯合肥，手诏以军与张俊会。显忠至孔城镇，与敌战，败之。兀术谓韩常曰："李世辅归宋，不曾立功，此人敢勇，宜且避之。"乃焚庐江而走。显忠欲追之与死战，俊以奉旨监护，虑失显忠，遂各以军还。

太后至临安，显忠入觐，加保信军节度使、浙东副总管。显忠熟西边山川险易，因上恢复策，忤秦桧意。金使言显忠私遣人过界，遂降官奉祠，台州居住。复宁国军节度使，升都统制。

二十九年，金渝盟，诏显忠以本部捍御。遣统制官韦永寿等以二百骑至安丰军，与金将小韩将军兵五千人战于大人洲，败之。俄又增兵万余来，显忠率骑军出，自旦至午，气百倍，以大刀斫敌阵，敌不能支，杀获甚众，掩入淮者不可计。

金主亮犯淮西，朝廷命王权拒于合肥。权退保和州，又弃军渡江，和州失守。金主亲统细军驻和之鸡笼山，将济采石。朝廷诏以显忠代权，命虞允文趣显忠交军，军中大喜，于是有采石之捷，语见《允文传》。显忠退军沙上，得杨存中报："车驾至平江，可速进兵。"显忠选锐士万人渡江，尽复淮西州郡。军至横山涧，与金射雕军战，统制顿遇重伤，韦永寿死之，敌兵败走。金主亮切责诸将不用命，诸将弑之而还。

是役也，显忠所将一万九千八百六人行赏有差，张振功为最。诏赐显忠五子金带。授显忠淮西制置使、京畿等处招讨使，擢太尉、宁国军节度使、主管侍卫马军司公事，赴行在。

孝宗即位，赐田百顷，兼权池州驻札御前诸军都统制，节制军马。隆兴元年，兼淮西招抚使。时金主褎新立，山东、河北豪杰蜂起，耶律诸种兵数十万据数郡之地，太行山忠义耿京、王世隆辈皆欲挈地还于朝。金惧，亟请和。显忠阴结金统军萧琦为内应，请出师自宿、亳趋汴，由汴京以通关陕；关陕既通，则鄜、延一路熟知显忠威名，必皆响应，且欲起其旧部曲，可得数万人，以取河东。

时张浚开都督府，四月，命显忠渡江督战。乃自濠梁渡淮，至陡沟，琦背约，用拐子马来拒，与战，败之。琦复背城列阵，显忠躬率将士鏖战，琦败走，遂复灵璧，入城，宣布德意，不戮一人，中原归附者踵接。时邵宏渊围虹县未下，显忠遣灵璧降卒开谕祸福，金贵戚大周仁及蒲察徒穆皆出降。宏渊耻功不自己出；又有降千户诉宏渊之卒夺其佩刀，显忠立斩之，由是二将益不相能。

六月，兵傅宿州城，金人来拒，显忠败之，斩其左翼都统及首房数千人，追奔二十余里。宏渊至，谓显忠曰："招抚真关西将军也。"显忠闭营休士，为攻城计，宏渊等不从。显忠引麾下杨椿上城，开北门，不逾时拔其城。宏渊等殿后，趣之，乃始渡濠登城。城中巷战，又斩首房数千人，擒八十余人，遂复宿州。举寄居官刘时摄州事。捷闻，授显忠开府仪同三司、殿前都指挥使，妻周氏封国夫人。宏渊欲发仓库犒士卒，显忠不可，移军出城，止以见钱犒士，士皆不悦。

金帅孛撒自南京率步骑十万来，晨薄城，列大阵。显忠亲帅军遇于城南，战数十合，孛撒大败，遂退走。统制李福、统领李保各以所部退避，皆斩以徇。翼日，敌益兵至。显忠谓宏渊并力夹击，宏渊按兵不动，显忠独与所部力战百余合，杀左翼都统及千户、万户，斩首房五千余人。俄增兵复来逼城，显忠用克敌弓射却之。

宏渊顾众曰："当此盛夏，摇扇于清凉犹不堪，况烈日中被甲苦战乎？"人心遂摇，无斗志。至夜，中军统制周宏鸣鼓大噪，阳谓敌兵至，与邵世雍、刘侁各以所部兵遁;继而统制左士渊、统领李彦孚亦遁。显忠移军入城，殿司前军统制张训通、马司统制张师颜、池州统制荔泽、建康统制张渊各遁去。

金人乘虚复来攻城，显忠竭力捍御，斩首虏二千余人，积尸与羊马墙平。城东北角敌兵二十余人已上百余步，显忠取军所执斧斫之，敌始退却。显忠曰："若使诸军相与掎角，自城外掩击，则敌兵可尽，金帅可擒，河南之地指日可复矣。"宏渊又言："金添生兵二十万来，傥我军不返，恐不测生变。"显忠知宏渊无固志，势不可孤立，叹咤曰："天未欲平中原耶？何沮挠若此！"是举，所丧军资器械殆尽，幸而金不复南。显忠以军还，见浚，纳印待罪。责授果州团练副使，潭州安置。后朝廷知其故，移抚州。

乾道改元，乃还会稽，复防御使，观察使、浙东副总管，赐银三万两，绢三万匹，绵一万两。提举台州崇道观。召除威武军节度使、左金吾卫上将军，赐第京师。上奇其状貌魁杰，命绘像阁下。复太尉。乞祠，提举兴国宫，绍兴府居住，岁赐米二千石。

淳熙四年，召赴行在，提举万寿观，奉朝请。入见，给真奉，赐内库金，再葺前所赐第赐之，七月卒，年六十九。赠开府仪同三司，谥忠襄。

杨存中，本名沂中，字正甫，绍兴间赐名存中，代州崞县人。祖宗闵，永兴军路总管，与唐重同守永兴，金人陷城，迎战死之。父震，知麟州建宁砦，金人来攻，亦死于难。

存中魁梧沈鸷，少警敏，诵书数百言，力能绝人。慨然语人曰："大丈夫当以武功取富贵，焉用俯首为腐儒哉！"于是学孙、吴法，善射骑。宣和末，山东、河北群盗四起，存中应募击贼，积功至忠翊郎。

靖康元年，金人再围汴京，诸道兵勤王，存中与张俊、田师中从信德府守臣梁扬祖以万兵入援，后隶张俊部曲。上问将于俊，俊以存中对。召见，赐袍带。时元帅府草创，存中昼夜宿卫寝幄，不顷刻去侧。帝知其忠谨，亲信之。剧贼李昱据任城，久不克，存中以数骑入，击杀数百人。帝乘高望见，介胄尽赤，意其被重创。召视之，皆污贼血，壮之，饮以酒，曰："酌此血汉。"存中请复往，帝止之。存中曰："此贼胆碎，即成擒矣。"遂大破之，复任城，迁阁门祗候。

建炎二年，讨贼徐明于嘉兴，先登。主帅将屠城，存中力谏止之，戮其渠魁而已，郡赖以全。迁荣州刺史。高宗南渡，以胜捷军与张俊守吴门；苗、刘之变，又从俊赴难。迁贵州团练使，寻为御前右军统领。金人攻明州，又从俊与田师中、赵密殊死战，破之。以奇功迁文州防御使、御前中军统制。

绍兴元年，从俊讨李成。诸将议，多欲分道进，存中曰："贼势如此，兵分则力弱，又诸将位均势敌，非招讨督之，必不相为用。"俊然之。整军至豫章，存中率兵数千，首破贼于玉隆观，追至筠州。贼骁将以众十万来援，夹河而营。存中谓俊曰："彼众我寡，击之当用奇，愿以

骑见属，公以步兵居前。"俊从之。存中夜衔枚渡筼河，出西山，驰下击贼，俊以步兵夹攻，俘八千人。诸将复见存中曰："战未休，降卒多，忽有变，奈何？非尽歼之不可。"存中曰："杀降吾不忍。"诸将转告俊，竟夜坑之。乘胜追至九江，成遂遁去。迁宣州观察使。

二年春，进神武中军统制，宰相吕颐浩袖敕以授存中。俊奏留存中军中，上曰："宿卫乏帅，朕所选为不可易也。"存中亦固辞，且谓："神武诸帅如韩世忠、张俊，皆贵拥旄钺，名望至重，如臣么麽，一旦位与之抗，实不自安。"不许，遣中使宣押，乃视事。兼提举宿卫亲兵。时中军卒不满五千，疲癃者居半。存中请拘神武卒借出于外者归军中，由是军政寖修。

三年，严州妖贼缪罗据白马源，杀王官，存中讨平之。除带御器械，加保信军承宣使、权发遣鄜延路马步军副总管。

六年，为龙神卫四厢都指挥使、密州观察使。先是，张浚视师，谋渡淮以图刘豫，倚韩世忠为用。世忠围淮阳，从浚乞张俊将赵密为助，俊拒之。赵鼎语浚曰："世忠所欲者赵密尔，存中武勇，不减于密，盍令存中助之。"浚请于朝，故有是命。于是存中以八队万人，趋督府助世忠。

十月，存中与刘猊战于藕塘，大破之。猊之初入也，淮西宣抚使刘光世欲弃庐州，退保太平。贼众十万已次濠、寿间，浚命张俊拒之，使存中往泗州与俊合。及至泗，则光世已舍庐去。浚遣人谕之曰："一人渡江，即斩尔徇。"光世不得已还庐驻兵，与存中相应。贼先犯定远县，存中以兵二千袭败于越家坊。既而与猊兵遇藕塘，贼据山列阵，矢下如雨。存中急击之，且使统制吴锡以劲骑五千突其阵。阵乱，存中鼓大军乘之，自以精骑冲其胁，大呼曰："破贼矣！"贼错愕骇视。前军统制张宗颜自泗来，乘背击之，贼大败。猊以首抵谋主李愕曰："适见髯将军，锐不可当，果杨殿前也。"即以数骑遁去。余党万人僵立失措，存中跃马叱之，皆怖而降。麟在顺昌，孔彦舟方围光州，闻之皆拔砦遁去，北方大恐。所得贼舟数百艘，车数千两。

捷闻，帝遣中使劳赐，谓宰执曰："卿辈始知朕得人也。"除保成军节度使、殿前都虞候寻兼领马步帅。存中奏："祖宗置三衙，鼎列相制，今令臣独总，非故事也。"不允。七年，为淮南西路制置使，将以抚定郦琼诸军，不果行，语在《王德传》。九年，迁殿前副都指挥使。

十年，金人叛盟取河南，命存中为淮北宣抚副使，引兵至宿州，以步军退屯于泗。金人诡令来告敌骑数百屯柳子镇。存中欲即击之，或以为不可，存中不听。留王滋、萧保以千骑守宿，自将五百骑夜袭柳子镇，黎明，不见而还。金人以精兵伏归路，存中知之，遂横奔而溃。参议官曹勋不知存中存亡，以闻，朝廷震恐，于是有权宜退保之命。既而存中自寿春渡淮归泗，人心始安。冬，引兵还行在。

十一年，兀术耻顺昌之败，复谋来侵。诏大合兵于淮西以待之。于是存中以殿司兵三万卒戍淮，与金人战于柘皋，败之。时张俊为宣抚使，存中为副使，刘锜为判官，王德为都统制，田师中、张子盖为统制官。金人以拐子马

翼进，存中曰："敌恃弓矢，吾有以屈之。"使万人操长斧，如墙而进，诸军鼓噪奋击，金人大败，退屯紫金山。是役也，失将士九百人，金人死者以万计，而濠围犹未解。

俊与存中、锜先议班师。会有云濠路已通者，俊谓锜曰："吾欲与杨太尉耀兵淮上，安抚濠梁之民，取宣化归金陵，杨太尉则渡瓜洲还临安。"明日，命二帅行。谍报金攻濠甚急，仓皇复回，邀锜会于黄连埠，距濠六十里，闻城陷矣，召存中、锜谋之。锜谓存中："何以处此？"存中曰："战尔，相公与太尉在后，存中当居前。"锜曰："本来救濠，濠既已失，进无所依，人怀归心，胜气已索，此危道也。不若退师据险，俟其去，为后图。"诸将皆曰："善。"鼎足而营，遣人俟敌，曰："已去矣。"俊自以为功，谓锜毋往，命存中与德偕至濠。列阵未定，烟起城中，金人伏骑万余分两翼出。存中顾德曰："何如？"德曰："德小将，焉敢预事？"存中以策麾军曰："那回！"诸军以为令其走也，遂散乱南奔，无复纪律，金人追杀甚众。后一日，韩世忠大军至，已无及矣。存中乃自宣化渡江归行在。加检校少保、开府仪同三司兼领殿前都指挥使，盖录柘皋之功而掩濠梁之败也。

十二年，徽宗梓宫攒永固陵，命存中都护。竣事，拜少傅，以保傅为管军自存中始。十四年，存中请诣太学谒先圣，帝曰："学校既兴，武人亦知崇尚，如汉羽林士皆通《孝经》，况其他乎？"二十年，封恭国公。二十八年，拜少师，恩数视枢密使。存中以凡重地皆有统制官，独荆、襄无之，请于朝，于是荆南、襄阳初置诸统制。

存中在殿岩凡二十五载，权宠日盛，太常寺主簿李浩、敕令所删定官陆游、司封员外郎王十朋、殿中侍御史陈俊卿相继以为言。三十一年，罢为太傅、醴泉观使，进封同安郡王，赐玉带，朝朔望。

时金主亮有南侵意，存中上备敌十策。步帅赵密谋夺存中权，因指为喜功生事。存中闻之，上章乞免，密竟代之。未几，边声日急，九月，诏存中为御营宿卫使。刘汜战败于瓜洲，命存中往京口，为守江计。虞允文自采石来会，存中与之协力拒敌。敌不能济。金主亮死，与允文轻舟渡江以伺敌。及金人请和，存中奏俟彼得新主之命，无遽许之。

帝如建康，诏存中扈跸，因语宰相曰："杨存中唯命东西，忠无与二，朕之郭子仪也。"金使复请和，存中请拘之江口，移书审问，若能归我族属，还旧壤，损昴币，复白沟之界，以通兄弟之好，如是则和议可从；不然，请斩其使，亟图恢复。会驾还，以存中为江、淮、荆、襄路宣抚使，给、舍不书黄，命遂寝。未几，仍奉祠。

隆兴元年，王师溃于符离，复起存中为御营使。二年，金人再入关，议割蜀之和尚原以界之。存中入对，曰："和尚原，陇右之藩要也。敌得之，则可以睥睨汉川；我得之，则可以下兵秦雍。曩议于金人，吴璘力争不从。今璘在远，不及知。臣若不言，非特负陛下，亦有愧于璘、近者，王师尽锐而后得，愿毋弃。"

未几，金人复攻淮甸，诏存中同都督江、淮事。汤思退罢，升都督，陛辞，赐坐，赐玉鞍勒。时诸军各守分地，不相统一，存中集诸将调护之。于是始更相为援。帝亲札赐之曰："诸帅协和，互相策应，卿之力也。"会金兵已深入，朝议欲舍淮保江，存中持不可，乃已。金兵在扬州，或劝存中击之。存中不敢渡，独临江固垒以老之。

金人寻请盟。乾道元年班师，加昭庆军节度使，复奉祠。时兴屯田，存中献私田在楚州者三万九千亩。二年，卒，年六十五。以太师致仕，追封和王，谥武恭。高宗追念旧臣，为之出涕，赙钱十万。高宗假借诸将，眷存中尤深，尝曰："朕于存中，抚绥之过于子弟。"濠、庐之役，亲笔戒之曰："若不便进，当行军法。"赵密代领殿帅，则举唐崔祐甫夺王驾鹤兵权事，豫戒大臣。及竣事，又曰："杨存中之罢，朕不安寝者三夕。"

存中天资忠孝敢勇，大小二百余战，身被五十余创。宿卫出入四十年，最寡过。孝宗以为旧臣，尤礼异之，常呼郡王而不名。父、祖及母皆死难，存中既显，请于朝，宗闵谥忠介，震谥忠毅，赐庙曰显忠，曰报忠。又以家庙、祭器为请，遂许祭五世，前所无也。祖母刘流落蜀、陇，存中日夜祷祠访问，间关数千里，卒迎以归。御军宽而有纪，所用将士，专以才勇选，不私部曲之旧。李显忠以罪斥，存中奏为统制官，后为名将。尝以克敌弓虽劲而蹶张难，遂以意创马皇弩，思巧制工，发易中远，人服其精。尝营居凤山，十年而就，极山川之胜，后献于朝廷，更筑室焉。又葺园亭于湖山之间，高宗为书"水月"二字。所居建阁以藏御书，孝宗题曰"风云庆会之阁"。

子，偰工部侍郎，俣签书枢密院事、昭庆军节度使。

郭浩，字充道，德顺军陇干人。父任三班奉职。徽宗时，充环庆路第五将部将，尝率百骑抵灵州城下，夏人以千骑追之，浩手斩二骑，以首还。充渭州兵马都监。从种师道进筑葺平砦，敌据塞水源，以渴我师，浩率精骑数百夺之。敌攻石尖山，浩冒阵而前，流矢中左肋，怒不拔，奋力大呼，得贼乃已；诸军从之，敌遁去，由是知名。累迁中州刺史。

钦宗即位，进安州团练使。以种师道荐，召对，奏言："金人暴露，日久思归。乞给轻兵间道驰滑台，时其半度，可击也。"会和战异议，不能用。帝问西事，浩曰："臣在任已闻警，虑夏人必乘间盗边，愿选将设备。"已而果攻泾原路，取西安州、怀德军。绍圣所拓之地，复尽失之。种师中制置河东，辟以自随。

建炎元年，知原州。二年，金人取长安，泾州守臣夏大节弃城遁，郡人亦降。浩适夜半至郡，所将才二百人，得金人不杀，使之还，曰："为语汝将曰，我郭浩也，欲战即来决战。"金人遂引去。升本路兵马钤辖、知泾州、权主管鄜延路经略安抚。

时二敌交侵，鄜延之东皆金人，西北即夏境，其属朝廷者惟保安一军、德静一砦。浩间道之德静，置司招收散亡，与敌对垒，一年，敌不能犯。再除泾原路兵马钤辖、知泾州。浩去，夏人复来，权帅耿友谅仅以身免，一路尽陷。

张浚为宣抚处置使，以浩为秦凤路提点刑狱、权经略使、知秦州。时浚经略陕西,有言敌可讨者,浚意向之。诸帅耻于不武,莫敢出言。浚檄五路帅悉所部兵会于富平,浩独谓敌锋方锐,且当分守其地,掎角相援,俟衅而动。浚不听,师出果败,五路俱陷,帅府皆徙置他所。浚复以浩旧官移知凤翔府,寓治宝鸡县,又退保和尚原。金人抵原下,浩与吴玠随方捍御,蜀以安全。第功,迁正任防御使。

绍兴元年,金人破饶风岭,盗梁、洋,入凤州,攻和尚原。浩与吴璘往援,斩获万计。迁邠州观察使,徙知兴元府。饥民相聚米仓山为乱,浩讨平之。徙知利州。金人以步骑十余万破和尚原,进窥川口,抵杀金平,浩与吴玠大破之。迁彰武军承宣使。玠按本路提点刑狱宋万年阴与敌境通,利所鞫不同,由是与浩意不协,朝廷乃徙浩知金州兼永兴军路经略使。

金州残弊特甚,户口无几,浩招辑流亡,开营田,以其规置颁示诸路。他军以匮急仰给朝廷,浩独积赢钱十万缗以助户部,朝廷嘉之,凡有奏请,得以直达。九年,改金、洋、房州节制。

金人还河南地,以浩为龙、神卫四厢都指挥使,充陕西宣谕使、知金州。楼炤行关中,辟浩枢密院都统制、节制陕西军马。十年,拜奉国军节度使。五路陷,徙知夔州,未行,移知金州,仍永兴路经略安抚使、节制陕西河东兼措置河东路忠义军马。十一年,金人内侵,宣抚使胡世将召浩及吴璘、杨政会仙人原,授以攻取之策。浩遗裨将设伏破之。

十四年,召见,拜检校少保,还镇,赐以御府金器、绣鞍,仍官一子文资,赐田五十顷。浩辞曰:"臣父子起身行阵,不敢忘本,愿还文资。"帝嘉其意,别与一子阁职。是岁,分利州为东西两路,以浩为金房开达州经略安抚使兼知金州、枢密院都统制、屯金州,仍建帅府。十五年,卒,年五十九。赠检校少师,谥恭毅。淳熙元年,赐立庙金州。

杨政,字直夫,原州临泾人。崇宁三年,夏人举国大入,父忠战殁,政甫七岁,哀号如成人。其母奇之,曰:"孝于亲者必忠于君,此儿其大吾门乎?"宣和末,应募为弓箭手。靖康初,因拒夏人,稍知名。建炎间,从吴玠击金人,九战九捷。累功至武显郎。

绍兴元年春,金人趋和尚原,又攻箭笞关,政引兵大破之,斩千户一、酋长二。迁右武大夫。十月,金兵大集,号十万,自宝鸡列栅至原下。吴玠与相持累日,以政统领将兵迎敌,日数十合,士卒无不一当百。复出奇兵断其粮道,敌少却,邀击之,获万户及首领三百余人,甲士八百六十人。拜恭州刺史。时有嫉政者,以母妻尚留北境,不宜属以兵权,玠不听,政益感奋。

二年,金合步骑数千栅鱼龙川口,政帅精兵劫破之。升陇州团练使,移知方山原,军储皆谷在其中。三月,金大军来攻,城且下,政击败之。迁知凤州。三年,金攻饶风关,政从玠战关下,凡六日。改明州观察使。

四年,撒离喝衷精兵十万,欲道仙人关入蜀,至上奢田。玠筑垒于关外,政曰:"此地为蜀厄塞,当坚守,时出奇击之。"玠用其言。金人变态多端,政随机应之,连日百余战。敌帅督战益急,政命卒以神臂弓射之;又选甲士千余出山谷,断其兵,使不得进退;又出敌不意,夜斫其营。敌遂遁去,追至河池而还。授龙神卫四厢都指挥使、环庆路经略安抚使。

五年,金人攻淮,玠命政帅师乘机牵制,至秦州,一战而拔,抚定居民,秋毫无犯。改经略安抚泾原兼帅环庆、利路。三镇事丛集,剖决无滞。母留敌境,间遣人省视之,母惟勉以忠义。九年春,和议成,始得迎母及兄弟归。乞祠以便养,不许。诏封其母感义郡夫人,以政为熙河兰巩路经略安抚使、知熙州,进武康军承宣使。

十年,徙利州,又徙兴元。会金人渝盟,政建迎敌之策,兼川、陕宣抚副使司都统制。政偕统制杨从义劫金人于凤翔府城南砦,败之,获战马数百。母卒,起复,遂帅师趣宝鸡渭水上,以拒敌冲,凡大战七,斩获甚多。川、陕宣抚副使胡世将奏:"凤翔之捷,政奋不顾身,功效显著。"拜武当军节度使。

十一年秋,金将胡盏、习不祝合军五万来攻,政与吴璘、郭浩会于仙人原。世将授以攻取之策,政出和尚原,浩出商州以为援,璘驻秦州。政引兵夜入陇州界,遂趋吴山,与金人对垒,又败金万户通检于宝鸡。时通检居渭北,政欲攻拔其城,通检将精甲万众出,政帅勇士鏖战,遣裨将突出阵后,登山执帜。金军见之,大呼曰:"伏发矣!"乃惊溃。政乘胜掩杀,通检走至城门而桥已绝,遂擒之。

和议成,帝召政还,军民诣部使者借留。及入见,条奏详明,帝善之。十三年,还镇,加检校少保,赐田五十顷。十四年,分利州为东西两路,政屯兴元府。久之,拜太尉。二十七年,卒,年六十。赠开府仪同三司,谥襄毅。

政守汉中十八年,六堰久坏,失灌溉之利,政为修复。汉江水决为害,政筑长堤捍之。凡利于民者不敢以军旅废。休兵十余年,未尝升迁将士,上下安之。政故为吴璘裨将,及与璘分道建帅,执门下之礼益恭,世颇贤之。

论曰:李显忠生而神奇,立功异域,父子破家狥国,志复中原,中罹谗构,屡遭废黜,伤哉!杨存中出入淮甸,无大胜负,典兵最久,贵宠独隆,然颇能知几,不贻祸败,其亦有天幸者欤?郭浩、杨政克左右,玠、璘兄弟保全川蜀。数君子皆人所属倚以成功者,奈何挠于和议,频失事机,人心沮丧,不得如吉甫、方叔,受祉振旅以成中兴之业,惜哉!

卷三百六十八
列传第一百二十七

王德　王彦　魏胜　张宪
杨再兴　牛皋　胡闳休

王德,字子华,通远军熟羊砦人。以武勇应募,隶熙帅姚古。会金人入侵,古军怀、泽间,遣德谍之,斩一酋而还。补进武校尉。古曰:"能复往乎?"德从十六骑径入隆德府治,执伪守姚太师,左右惊扰,德手杀数十百人,众愕眙莫敢前。古械姚献于朝,钦宗问状,姚曰:"臣就缚时,止见一夜叉耳。"时遂呼德为"王夜叉"。

建炎元年,以勤王师倍道趋阙,改隶刘光世,平济南寇李昱、池阳寇张遇。光世将先锋讨李成,德以百骑觇贼,至蔡州上蔡驿口桥,贼疑为诱骑,拥众欲西。德麾骑大呼曰:"王师大至矣!"贼骇遁,追杀甚众。成奔新息,收散卒复战。贼见光世张盖行陈,不介胄,知为主帅,并兵围之。德突围拥光世还军,遂袭败李成。授武略大夫。

三年春,迁前军统领,屯天长。金人攻扬州,西军多溃,德趋宣化。会叛将张昱、张彦围和州,太守张绩求援于德,德兵傅城下,贼不意其至,大溃。迟明接战,斩昱,俘其兵骑万数,济自采石。

光世方谋讨苗、刘之逆,迎至建康,谓德曰:"江都之扰,诸军不窜则盗。公可仗义夜涉大江,徇国急变。"遂以军属光世。会苗、刘走闽中,诏德追击,隶韩世忠。德欲自致功名,而世忠必欲德为之使,遣亲将陈彦章邀德于信州。彦章拔佩刀击德,德杀彦章,尸诸市。德至浦城,斩苗瑀,擒马柔吉送行在。世忠讼其擅杀,下台狱,侍御史赵鼎按德当死,帝命特原之,编管郴州。

时光世屯九江,得杨惟忠所失空头黄敕,即以便宜复德前军统制,遣平信州妖贼王念经。行次饶州,会贼刘文舜围城,德引兵赴之,文舜请降。德纳而诛之,自余不戮一人。谓诸校曰:"念经闻吾宿留,必不为备。"倍道而趋,一鼓擒之,献俘于朝。诏还旧秩,加武显大夫、荣州刺史。

四年,光世镇京口,以德为都统制。金兵复南,光世将退保丹阳,德请以死捍江,诸将恃以自强。分军扼险,渡江袭金人,收真、扬数郡。既而又遇敌于扬州北,有被重铠突阵者,德驰叱之;重铠者直前刺德,德挥刀迎之,即堕马。众褫骇,因麾骑乘之,所杀万计。

绍兴元年,平秀州水贼邵青。初,德与战于崇明沙,亲执旗麾兵拔栅以入,青军大溃。他日,余党复索战,谍言将用火牛,德笑曰:"是古法也,可一不可再,今不知变,此成擒耳。"先命合军持满,陈始交,万矢齐发,牛皆返奔,贼众歼焉。青自缚请命,德献俘行在。帝召见便殿问劳,褒赏特异。迁中亮大夫、同州观察使。

三年,光世宣抚江、淮,当移屯建康,命韩世忠代之。德从数十骑自京口逆世忠,度将及麾下,徒步立道左,抗言曰:"擅杀陈彦章,王德迎马头请死。"世忠下马握其手曰:"知公好汉,乡来纤介不足置怀。"乃设酒尽欢而别。是冬,知巩州、熙河兰廓路兵马钤辖。

明年春,知兰州,徙屯池阳及当涂,为行营左护军前军统制。金兵掠江北,破滁州。德越江袭夺之,追至桑根,擒女真万户卢孛一人,千户十余人。五年,改环庆副总管。

六年冬,刘豫遣麟、猊驱乡兵三十万,分东西道入寇,中外甚恐,议欲为保江计。殿帅杨沂中、统制张宗颜、田师中及德等分兵御之,大败猊兵于藕塘,猊挺身走;麟在顺昌闻之,亦拔砦遁。德追至寿春,弗及,获其粮舟四百艘。第功,除武康军承宣使,真拜相州观察使。

七年,改熙河兰廓路副总管、行营左护军都统制,驻师合肥。会光世罢宣抚,诏德尽护其众,以郦琼副之。琼与德故等夷,耻屈其下,率众叛从刘豫。八年,命隶张俊,名其军曰"锐胜"。

十年,解颍昌围,俊檄德就取宿州。德倍道自寿春驰至蕲县,与敌游骑遇,遂入城,偃旗卧鼓,骑引去。因潜师宿州,夜半,薄贼营。敌将高统军诘朝压汴而陈,伪守马秦、同知耶律温以三千人阴水邀战。德策马先济,步骑从之。遥谓贼曰:"吾与金人大小百战,虽名王贵酋,莫不麋碎,尔何为者。"贼遂投兵降。马秦、耶律温驰入,闭门城守。德至,呼秦谕以逆顺,乃自缒而下。德叱其子顺先登,秦率温降,遣诣行在。德乘胜趋亳州,俊会于城父。时叛将郦琼屯亳,闻德至,谓三路都统制曰:"夜叉未易当也。"遂遁。德入亳州,白俊曰:"今兵威已振,请乘破竹之势,进取东都。"俊难之,乃班师。策功第一,拜兴宁军承宣使、龙神卫四厢都指挥使,再迁侍卫亲军马步军都虞候,封陇西郡侯。

十一年,金人自合肥入侵,游骑及江。俊议分军守南岸,德曰:"淮者,江之蔽也,弃淮不守,是谓唇亡齿寒也。敌数千里远来,饷道决不继,及其未济急击之,可以夺气;若迟之,使稍安,则淮非吾有矣。"俊犹豫未许。德请益坚,曰:"愿父子先越江,俟和州下,然后宣抚北渡。"俊乃许德即渡采石,俊督军继之。宿江中,德曰:"明旦,当会食历阳。"已而夜拔和州,晨迎俊入。敌退保昭关,又击走之,追至柘皋,与金人夹河而军。

诸将帅皆集,惟张俊后至,统制田师中欲待之,德怒曰:"事当机会,复何待!"径上马。兀术以铁骑十余万夹道而阵,德曰:"贼右阵坚,我当先击之。"麾军渡桥,首犯其锋。一酋被甲跃马始出,德引弓一发而毙;乘胜大呼,令万兵持长斧,如墙而进。敌大败,退屯紫金山,德复尾击之。刘锜谓德曰:"昔闻公威略如神,今果见之,请以兄礼事。"召拜清远军节度使、建康府驻札御前诸军都统制,历浙东福建总管、荆南副都统制。二十五年,卒,赠检校少保,再赠少傅。二子琪、顺,亦以骁勇闻。

王彦,字子才,上党人。性豪纵,喜读韬略。父奇之,使诣京师,隶弓马子弟所。徽宗临轩阅试,补下班祗应,为清河尉。从泾原路经略使种师道两入夏国,有战功。

金人攻汴京,彦慨然弃家赴阙,求自试讨贼。时张所为河北招抚使，异其才，擢为都统制。使率裨将张翼、白安民、岳飞等十一将，部七千人渡河，与金人战。败之，复卫州新乡县，传檄诸郡。

金人以为大军至，率数万众薄彦垒，围之数匝。彦以众寡不敌，溃围出。诸将散引，彦独保共城西山，遣腹心结两河豪杰，图再举。金人购求彦急，彦虑变，夜寝屡迁。其部曲觉之，相率刺面，作"赤心报国，誓杀金贼"八字，以示无他意。彦益感励，抚爱士卒，与同甘苦。未几，两河响应，忠义民兵首领傅选、孟德、刘泽、焦文通等皆附之，众十余万，绵亘数百里，皆受彦约束。金人患之，召其首领，俾以大兵破彦垒。首领跪而泣曰："王都统砦坚如铁石，未易图也。"金人乃间遣劲骑挠彦粮道，彦勒兵待之，斩获甚众。益治兵，刻日大举，告期于东京留守宗泽。

泽召彦会议，乃将兵万余渡河，金人以重兵袭其后而不敢击。既至汴京，泽大喜，令彦宿兵近甸，以卫根本。彦即以所部兵马付留守司，量带亲兵趋行在。时已遣宇文虚中为祈请使议和。彦见黄潜善、汪伯彦，力陈两河忠义延颈以望王师，愿因人心，大举北伐。言辞愤激，大忤时相意，遂降旨臭对，以彦为武翼郎、阁门宣赞舍人，差充御营平寇统领。时范琼为平寇前将军，彦知琼有逆节，称疾不就，乞致仕，许之。

知枢密院事张浚宣抚川、陕，奏彦为前军统制。浚与金酋娄宿相持于富平，欲大举，初至汉中，会诸将议，彦独以为不可，曰："陕西兵将上下之情，皆未相通，若少不利，则五路俱失。不若且屯利、阆、兴、洋，以固根本，敌入境，则檄五路兵来援，万一不捷，未大失也。"浚幕府不然其言。彦即请为利路钤辖，俄改金均房州安抚使、知金州。

时中原盗贼蜂起，加以饥馑，无所资食；惟蜀富饶，巨盗往往窥觊。桑仲既陷淮安、襄阳，乘势西向，均、房失守，直捣金州白土关，众号三十万。仲，彦旧部曲也，以申楪请于彦曰："仲于公无敢犯，愿假道入蜀就食耳。"彦乃遣统领官门立为先锋击之。贼锐甚，立战死。将士失色，或请避之。彦叱曰："枢相张公方有事关陕，若仲越金而至梁、洋，则腹背受敌，大事去矣。敢言避者斩！"即勒兵趋长沙平，阻水据山，设伏以待。贼见官军少，蚁附搏战。彦执帜一麾，士殊死斗，贼败走。彦休士进击，追奔至白碛，复房州。

绍兴元年九月，权京西南路副总管李忠反，扰京西，遂攻金州诸关。贼众皆河朔人，骁果善战，彦与战不利，关陷。彦退屯秦郊，令将士尽伏山谷间，焚秦郊积聚，伪若遁者。秦郊距郡城二十里，路坦夷，彦募敢死士易麾帜，设奇以待。阅再宿，贼至秦郊，官军逆战，大败之，追袭至秦岭，遂复乾祐县以归。忠走降刘豫。

初，桑仲既败还襄阳，乃鸠集散亡陷邓州，凶焰复炽。南攻德安，西据均阳，分众三道：一攻住口关，一出马郎岭，一捣洵阳，前军去金州不三十里。彦曰："仲以我寡彼众，故分三道以离吾势，法当先破其坚，则脆者自走。"遣副将焦文通御住口，自以亲兵营马郎。相持一月，大战

六日，贼大败，仲为其下所杀。又有王辟、董贵、祁守中阻兵窥蜀，势虽不及桑仲，然小者犹不减数万，彦悉讨平之。

是冬，伪齐秦凤经略使郭振以数千骑掠白石镇，彦与关师古并兵御之，贼大败，获振，复秦州。张浚承制以彦节制商、虢、陕、华州军马。

三年正月，兀术入侵，浚召彦与吴玠、刘子羽会于兴元。撒离喝自上津疾驰，不一日至洵阳。统制官郭进死之，彦退保石泉县。金人入金、均，彦趋西乡。二月，金人攻饶风关，彦与吴玠御之，不能却，关破，彦收余兵奔达州。五月，彦遣兵至汉阴县，与刘豫将周贵战，大败之，复金州。浚承制进彦保康军承宣使兼宣抚司参议，彦不受。

五年四月，差知荆南府，充归、峡、荆门公安军安抚使。彦因荆南旷土措置屯田，自蜀买牛千七百头，授官兵耕，营田八百五十顷，分给将士有差。六年二月，知襄阳府、京西南路安抚使，彦以岳飞嫌辞。浚奏彦为行营前护副军都统制、督府参谋军事。

六月，以八字军万人赴行在。至镇江，闻母丧，上疏乞解官，不许。诏免丧服，趣入对，遂以为浙西、淮东沿海制置副使，以所部屯通州之料角。七年正月，彦因遣将捕亡者于解潜军中，军士交斗于市，言者论其军政不肃，贬秩二等。彦不自安，乞终余服。二月，复洪州观察使、知邵州。彦入辞，帝抚劳甚厚，曰："以卿能牧民，故付卿便郡，行即召矣。"九年，卒于官，年五十。

彦称名将，当建炎初，屡破大敌，威声振河朔。时方挠于和议，遽召之还，又夺其兵柄而使之治郡，士议惜之。彦事亲孝，居官廉，子弟有战功，不与推赏。将死，召其弟侄，以家财均给之。

魏胜，字彦威，淮阳军宿迁县人。多智勇，善骑射，应募为弓箭手，徙居山阳。绍兴三十一年，金人南侵，聚刍粮，造器械，籍诸路民为兵。胜跃曰："此其时也。"聚义士三百，北渡淮，取涟水军，宣布朝廷德意，不杀一人，涟水民翕然以听。

遂取海州。郡守渤海高文富闻胜起，遣兵来捕胜。距海州南八十里大伊，与金兵遇，胜击走之，追至城下。众惊传水陆悉有兵，城中大恐，文富闭门守，驱民上城御之。胜令城外多张旗帜，举烟火为疑兵；又遣人向诸城门，谕以金人弃信背盟，无名兴师，本朝宽大爱民之意。城上民闻之，即开门，胜遣勇锐者登城楼，余自门入，莫有御者。独文富与其子安仁率牙兵拒守，胜整兵与安仁父子战譙门内，杀安仁及州兵千余，擒文富，民皆按堵。

胜权知州事，遣人谕朐山、怀仁、沭阳、东海诸县，皆定。乃蠲租锐，释罪囚，发仓库，犒战士；分忠义士为五军，纪律肃明，部分如宿将。胜自兼都统制，益募忠义以图收复，远近闻之响应，旬日，得兵数千。即具其事报境上帅守，冀给军装器甲。时帅守虽知金人将渝盟，未有发其端者，莫敢以闻。

左军统制董成谋出西北取沂州，胜先遣间还，知金兵

数万至沂，以我军器甲未备，戒成勿动。成不从胜，率所部千余人直入沂州巷战，杀其守及军士三千余，众悉降，得器甲数万。金人生擒复集，竞登屋掷瓦击之，成军几败。胜欲斩成，以其骁勇，释之。

金人遣同知海州事蒙恬镇国以兵万余取海州，抵州北二十里新桥。胜帅兵出迎之，设伏于隘，阵以待。众殊死战，伏发，贼大败，杀镇国，馘千人，降三百人，军声益振。山东之民咸欲来附，胜传檄招谕，结集以待王师之至。

沂民壁苍山者数十万，金人围之，久不下，砦首滕戬告急于胜。胜提兵往救之，阵于山下。金人多伏兵，胜兵遇伏，皆赴砦。金人袭之，胜单骑而殿，以大刀奋击。金人望见胜，知其为将也，以五百骑围之数重。胜驰突四击，金阵开复阖。战移时，身被数十枪，冒刃出围。金兵追之，马中矢踣，步而入砦，无敢当者。金人又急攻，绝其水，砦中食干糗，杀牛马饮血，胜默祷而雨骤作。

金人攻益急，周山为营，胜度其必复攻海州，因间出砦趋城中。金人果解苍山围，自新桥抵城下，胜出战皆捷。金分兵四面攻之，胜募士登城以御，矢石如雨者七日，金兵死伤多，遁去。胜尝出战，矢中鼻贯齿，不能食，犹亲御战。

胜起义久，朝廷尚未知。沿海制置使李宝遣其子公佐由海道觇敌，至州，始遣忠义将朱震、褚遇诣行在，白胜姓名于执政，始知胜之功焉。

金主亮举兵渡淮，虑胜蹑其后，分军数万来攻。会李宝帅舟师往胶西，破金人舟舰，胜遣人邀之，同击金人于新桥，大败之。金兵未退，宝知金舟将遁，复以兵登舟备海道。金主初命造海舰，欲分军入苏、杭，悉以中原民操舟楫。民家送衣袭者相告语，俟王师至即背之。及宝舟入岛中，适北风劲，舟不进。有顷反风，金人舣舟于岸，操舟者望见宝舟，谬云此金国兵也，俾皆入舟中。舟忽至，金人不知，宝纵火焚其舟。舟以赤油绢为帆，风顺火炽，操舟者皆登岸走。金兵在舟中者，坐以待缚，载之槛车，悉获其舟。

宝既捷，胜亦还州为捍御计。金兵至，营于城北砂巷，列阵将攻关门，先遣人说胜使降。胜开门出谕之曰："汝主叛盟失信，无故兴兵，我朝以仁义之师，来复旧疆，汝主渡淮必败。尔等宜早来归，必获爵赏。"时金兵已逼关，胜登关门张乐饮酒，犒军士，令固守勿出战。金兵攻之逾时，乃少遣士出，凭险隘击之。金人知不可攻，率军转而渡河，袭关后。胜敛兵入城，金兵追将及，胜独乘马逐之，叱曰："魏胜在此！"闻之皆辟易，士卒后入者不复敢追。

胜军已入城，金兵径趋城东，欲过砂堰环城为营。胜先已据堰备之，金军不得过，拒战竟日，终不能近。有新募士守河者，不知兵，金兵遽过河，胜恐绝河路，亟收军入城。金兵追至东门外黄土坂，胜单骑逐之，大叱之，金兵五百皆望风退。胜又追十数里，士得入城；有不得入者，由城南入西门。金兵复自西南来袭，胜从后叱之，金兵骇散，手杀数人。奏功授閤门祗候，差知海州兼山东路忠义军都统。遣其子昌同峒嵎山首领张荣，持旗榜往结山东忠义。

金兵自新桥、关子门、砂堰之败，杀伤者众。一日黎明，乘昏雾，四面薄城急攻。胜激厉士卒，竭力捍御，矢石交下。城上镕金液，投火牛。金兵不能前，多死伤，乃拔砦走。距海州为长垣，包州城于中，使不能出。及亮死，乃解去。

胜善用大刀，能左右射，旗揭曰"山东魏胜"，金人望见即退走。胜为旗十数，书其姓名，密付诸将，遇鏖战即揭之，金兵悉避走。初，胜起义时，无州郡粮饷之给，无府库仓廪之储。胜经画市易，课酒榷盐，劝粜豪右。环海州度视敌兵攻取处，筑城浚隍，塞关隘，在军，未尝一日懈弛，恒如寇至。方纠集远迩，犒劳士卒，期约有日，会金主亮被弑，金兵北归，王师亦南还矣。

初，亮闻胜在海州，知不可取，曰："少须，他时取之易耳。"亮既殒，胜益得自治军旅，人皆精锐。获金谍者，犒以酒食，厚赂遣还。有自北方来归者，与之同卧起，共饮食，示以不疑；周其婆贫，使之感激。自是山东、河北归附者众，得金人虚实，悉以上闻。又第其忠义士功能，假授官资，因李宝转达于朝，悉如所请。

金人遣山东路都统、总管以兵十万攻海州。时宝帅舟水陆并进，抵城北砂巷，胜率众合宝军大破之，斩首不可计，堰水为之不流，余悉奔溃。胜独率兵追北二十里，至新桥，又破之，尽获其鞍马器甲。宝亦驻海州，为进取计。

金人复遣五斤太师发诸路兵二十余万来攻海州，先遣一军自州西南断胜军饷道。胜择勇悍士三千余骑，拒于石闼堰，金军不能进。逮夜始还，留千人备险隘。金兵十万来夺，胜率众鏖战，杀数千人，余皆遁去，下令守险勿追。报宝，宝以防海道，登舟，不复发兵。金兵盛集，胜力拒之，自旦至暮，金兵不能夺。胜令步卒整队前行，自为殿。

时百姓以宝既登舟，惧金兵大至，皆欲入城，统制郭蔚闭城门不纳。人民牛马蔽野，呼号动地，城中亦惧。胜入城，谕以贼势退怯之状，固守可保无虞，乃开门尽纳之。居无何，金兵环城围数重，胜与郭蔚分备御，偃旗仆鼓，寂若无人。金军惊疑，数日不敢攻，已乃植云梯，置炮石，四面合围，负土填壕。胜俟其近城，鸣鼓张旗，矢石俱发，继以火牛、金液，凡三昼夜，金兵竟不能近。于是罢攻，修营垒，绝河道，谋为固守。胜俟其不备掩击，或独出扰之，使不得休息。又间夜发兵劫其营，或焚其攻具。

既而金人并力急攻，胜告急于李宝。宝以闻，还报城中，已命张子盖率兵来解围。金人亦知子盖军且至，已有退意。顷之，子盖先帅骑兵至，胜出与子盖议战事，且促其步卒。胜出军城北砂巷，与金军大战，斩首不可计，追数十里，余兵皆遁。胜与子盖议进讨，子盖曰："受诏解围，不知其他。"遂率军还。城中疑惧，欲随王师出，胜亲邀于道而谕之，至涟水军，与偕还。

时都督张浚在建康，招胜，询以军务。转閤门宣赞舍人，差充山东路忠义军都统制兼镇江府驻札御前前军统制，仍知海州。胜还。

隆兴元年，诏以镇江御前同统制魏全来守海州，督府亦遣贾仲充山东、河北路招抚使，节制本路军马，海州驻札。和仲忌胜，阴诱忠义军使不安。胜与辨是非，和仲又谮胜于都督，惑之。呼胜至镇江计事，罢其职，改京东路马步军副总管、都督府统制，建康府驻札。既而督府知和仲所诬，罢之，复胜旧职，仍遣镇江御前后军屯海州，代前军还镇江。

胜既还海州，镇抚一方，民安其政。改忠州刺史。海州城西南枕孤山，敌至，登山瞰城中，虚实立见，故西南受敌最剧。胜筑重城，围山在内，寇至则先据之，不能害。

胜尝自创如意战车数百两，炮车数十两，车上为兽面木牌，大枪数十，垂毡幕软牌，每车用二人推毂，可蔽五十人。行则载辎重器甲，止则为营，挂搭如城垒，人马不能近；遇敌又可以御箭簇。列阵则如意车在外，以旗蔽障，弩车当阵门，其上置床子弩，矢大如凿，一矢能射数人，发三矢可数百步。炮车在阵中，施火石炮，亦二百步。两阵相近，则阵间发弓弩箭炮，近阵门则刀斧枪手突出，交阵则出骑兵，两向掩之，得捷抄阵追袭，少却则入阵间稍憩。士卒不疲，进退俱利。伺便出击，虑有拒遏，预为解脱计，夜习不使人见。以其制上于朝，诏诸军遵其式造焉。

二年，以议和撤海州戍，命胜知楚州，以本州官吏及部兵赴新治。诏胜同淮东路安抚使刘宝、知高邮军刘敏措置盱眙军、楚州一带，胜专一措置清河口。时和议尚未决，金兵乘其懈，以舟载器甲糇粮自清河出，欲侵边。胜觇知之，身帅忠义士拒于清河口。金兵诈称欲运粮往泗州，由清河口入淮。胜知其谋，欲御之，都统制刘宝以方议和，不许。金骑轶境，胜率诸军拒于淮阳，自卯至申，胜负未决。金军增生兵来，胜与之力战，又遣人告急于宝。宝在楚州，相距四十里，坚谓方讲和，决无战事，迄不发一兵。胜矢尽，救不至，犹依土阜为阵，谓士卒曰："我当死此，得脱者归报天子。"乃令步卒居前，骑为殿，至淮阴东十八里，中矢，坠马死，年四十五。

事闻，赠保宁军节度使，谥忠壮。时淮南未平，诏于镇江府江口镇立庙，赐号褒忠，仍俟事定更祠于战没处。且令有司刻木以敛，葬于镇江。官其二子，郊武功大夫、忠州刺史，昌承信郎。赐银千两，绢千匹，宅一区，田百顷。其后使者过淮东，始得其详，还言于朝。以刘宝不出救兵，削两镇节钺，没入家赀，贬琼州死。胜所纠集忠义，有为贾和仲诱隶别屯及撤戍隔绝者，尚五千余人，入京口屯驻前军。

郊，添差扬州兵马钤辖。淳熙十五年，孝宗语枢臣曰："魏胜之子，当与优异。"又曰："人材须用而后见，使魏胜不因边衅，何以见其才？"诏郊添差两浙西路马步军副总管。

张宪，飞爱将也。飞破曹成，宪与徐庆、王贵招降其党二万。有郝政率众走沅州，首被白布，为成报仇，号"白巾贼"，宪一鼓擒之。

飞遣宪复随州，敌将王嵩不战而遁。进兵邓州，距城三十里，遇贼兵数万迎战。与王万、董先各出骑突击，贼众大溃，遂复邓州。

十年，金人渝盟入侵，宪战颍昌、战陈州皆大捷，复其城。兀术顿兵十二万于临颍县，杨再兴与战，死之。宪继至，破其溃兵八千，兀术夜遁。宪将徐庆、李山复捷于临颍东北，破其众六千，获马百匹，追奔十五里，中原大震。

会秦桧主和，命飞班师，宪亦还。未几，桧与张俊谋杀飞，密诱飞部曲，以能告飞事者，宪以优赏，卒无人应。闻飞尝欲斩王贵，又杖之，诱贵告飞。贵不肯，曰："为大将宁免以赏罚用人，苟以为怨，将不胜其怨。"桧、俊不能屈，俊劫贵以私事，贵惧而从。时又有王俊者，善告讦，号"雕儿"，以奸贪屡为宪所裁。桧使人谕之，俊辄从。

桧、俊谋以宪、贵、俊皆飞将，使其徒自相攻发，因及飞父子，庶主上不疑。俊自为状付王俊，妄言宪谋还飞兵，令告王贵，使贵执宪。宪未至，俊预为狱以待之。属吏王应求白张俊，以为密院无推勘法。俊不听，亲行鞫炼，使宪自诬，谓得云书，命宪营还兵计。宪被掠无全肤，竟不伏。俊手自具狱成，告桧械宪至行在，下大理寺。

桧奏召飞父子证宪事。帝曰："刑所以止乱，勿妄追证，动摇人心。"桧矫诏召飞父子至。万俟卨诬飞使于鹏、孙革致书宪、贵，令虚申警报以动朝廷，云与宪书规还飞军。其书皆无有，乃妄称宪、贵已焚之矣，但以众证具狱。语在飞《传》。宪坐死，籍家赀。绍兴三十二年，追复龙神卫四厢都指挥使、阆州观察使，赠宁远军承宣使，录其家。

杨再兴，贼曹成将也。绍兴二年，岳飞破成，入莫邪关。第五将韩顺夫解鞍脱甲，以所虏妇人佐酒。再兴率众直入其营，官军却，杀顺夫，又杀飞弟翻。成败，再兴走跃入涧，张宪欲杀之，再兴曰："愿执我见岳公。"遂受缚。飞见再兴，奇其貌，释之，曰："吾不汝杀，汝当以忠义报国。"再兴拜谢。

飞屯襄阳以图中原，遣再兴至西京长水县之业阳，杀孙都统及统制满在，斩五百余人，俘将吏百人，余党奔溃。明日，再战于孙洪涧，破其众二千，复长水，得粮二万石以给军民，尽复西京险要。又得伪齐所留马万匹，刍粟数十万。中原响应。复至蔡州，焚贼粮。

飞败金人于郾城，兀术怒，合龙虎大王、盖天大王及韩常夹逼之。飞遣子云当敌，鏖战数十合，敌不支。再兴以单骑入其军，擒兀术不获，手杀数百人而还。兀术愤甚，并力复来，顿兵十二万于临颍。再兴以三百骑遇敌于小商桥，骤与之战，杀二千余人，及万户撒八孛堇、千户百人。再兴战死，后获其尸，焚之，得箭镞二升。

牛皋，字伯远，汝州鲁山人。初为射士，金人入侵，皋聚众与战，屡胜，西道总管翟兴表补保义郎。杜充留守东京，皋讨剧贼杨进于鲁山，三战三捷，贼党奔溃。累迁荣州刺史、中军统领。金人再攻京西，皋十余战皆捷。加果州团练使。京城留守上官悟辟为同统制兼京西南路提点刑狱。金人攻江西者，自荆门北归，皋潜军于宝丰之宋村，击败之。转和州防御使，充五军都统制。又与宇董战鲁山邓家桥，败之。转西道招抚使。伪齐乞师于金入寇，皋设伏要地，自屯丹霞以待。敌兵悉众来，伏发，俘其酋豪郑务儿。迁安州观察使，寻除蔡唐州信阳军镇抚使、知蔡州。遇敌战辄胜，加亲卫大夫。

会岳飞制置江西、湖北，将由襄、汉规中原，命皋隶飞军。飞喜甚，即辟为唐邓襄郢州安抚使，寻改神武后军中部统领。伪齐使李成合金人入寇，破襄阳六郡。敌将王嵩在随州，飞遣皋行，裹三日粮。粮未尽，城已拔，执嵩斩之，得卒五千，遂复随州。李成在襄阳，飞遣皋以骑兵击破之，复襄阳。

金人攻淮西，飞遣皋渡江，自提兵与皋会。时伪齐驱甲骑五千薄庐州，皋遥谓金将曰："牛皋在此，尔辈胡为见犯？"众皆愕然，不战而溃。飞谓皋曰："必追之，去而复来，无益也。"皋追击三十余里，金人相践及杀死者相半，斩其副都统及千户五人，百户数十人，军声大振。

庐州平，进中侍大夫。从平杨幺，破之。幺技穷，举钟子仪投于水，继乃自仆。皋投水擒幺，飞斩首函送都督行府。除武泰军承宣使，改行营护圣中军统制，寻充湖北、京西宣抚司左军统制，加龙、神卫四厢都指挥使。

金人逾盟，飞命皋出师战汴、许间，以功最，除捧日天武四厢都指挥使、成德军承宣使，枢密行府以皋兼提举一行事务。宣抚司罢，改鄂州驻札御前左军统制，升真定府路马步军副总管，转宁国军承宣使、荆湖南路马步军副总管。

绍兴十七年上巳日，都统制田师中大会诸将，皋遇毒，亟归，语所亲曰："皋年六十一，官至侍从，幸不负足。所恨南北通和，不以马革裹尸，顾死牖下耳。"明日卒。或言秦桧使师中毒皋云。

初，桧主和，未几，金逾盟入侵，帝手札赐飞从便措置。飞乃命皋及王贵、董先、杨再兴、孟邦杰、李宝等经略东西京、汝、郑、颍、陈、曹、光、蔡诸郡；又遣梁兴渡河，纠合忠义社取河东北州县。未几，李宝捷于曹州，捷于宛亭，捷于渤海庙；董先、姚政捷于颍昌；刘政捷于中牟。张宪复颍昌、淮宁府；王贵之将杨成复郑州；张应、韩清复西京。皋及傅选捷于京西，捷于黄河上。孟邦杰复永安军，其将杨遇复南城军，又与刘政捷于西京。梁兴会太行忠义及两河豪杰赵云、李进、董荣、牛显、张峪等破金人于垣曲，又捷于沁水，追至孟州之邵原，金张太保、成太保等以所部降，又破金高太尉兵于济源，乔握坚等复赵州；李兴捷于河南府，捷于永安军；梁兴在河北取怀、卫二州，大破兀术军，断山东、河北金帛马纲之路，金人大扰。未几，岳飞还朝，下狱死，世以为恨云。

胡闳休，字良弼，开封人。宣和初，入太学。时方讳兵，闳休著《兵书》二卷。靖康初，创知兵科，闳休应试，中优等，补承信郎。

金人围城，闳休分地而守。二帝诣金营，闳休欲结义士劫之，何栗禁止之。二帝北迁，范琼散勤王师，闳休曰：

"勤王师可进不可退。"檄令随军而无靖康年号，闳休得之泣下，怀檄而走，从辛道宗勤王。南渡，以忠义进两官。湖湘盗起，或曰招之便，或曰讨之便，闳休作《致寇》、《御寇》二篇，言天地之气，先春后秋，招之不伏则讨之。于是以岳飞为招讨使，飞辟闳休为主管机宜文字。以诛钟子仪功，进成忠郎。

飞被诬死，闳休发愤杜门，佯疾十年，卒。有《勤王忠义集》藏于家。孙照，德安太守。

论曰：王德素有威略，蚤隶刘光世，审其不可恃；晚从张俊，竟以功名显，其知所择哉。王彦弃家赴国，累破坚敌，威振河朔；晚夺兵柄，使之治郡，用违其材，惜矣。魏胜崛起，无甲兵粮饷之资，提数千乌合之众，抗金人数十万之师，卒完一州，名震当时，壮哉！然见忌于诸将，无援而战死，亦可惜矣。张宪等五人皆岳飞部将，为敌所畏，亦一时之杰也；然或以战没，或以愤卒，而宪以不证飞狱冤死，悲夫！

卷三百六十九
列传第一百二十八

张俊从子子盖　**张宗颜**
刘光世　王渊　解元　曲端

张俊，字伯英，凤翔府成纪人。好骑射，负才气。起于诸盗，年十六，为三阳弓箭手。政和七年，从讨南蛮，转都指挥使。宣和初，从攻夏人仁多泉，始授承信郎。平郓州贼李太及河朔、山东武胡群寇，功最，进武德郎。

靖康元年，以守东明县功，转武功大夫。金人攻太原，城守，命制置副使种师中往援，屯榆次。金人以数万骑压之。俊时为队将，进击，杀伤甚众，获马千匹，请乘胜要战。师中以日不利，急令退保。金人谍俊计不行，悉兵合围，攻益急。榆次破，师中死之。俊与所部数百人突围而出，且行且战，至乌河川，再与敌遇，斩五百级。

金人围汴京，高宗时为兵马大元帅，俊勒兵从信德守臣梁扬祖勤王。高宗见俊英伟，擢元帅府后军统制，累功转荣州刺史。建炎元年正月，从高宗至东平府。时剧贼李昱据兖州，命俊为都统制讨之。与数骑突围挑战，诸军争奋，贼遂歼。进桂州团练使，寻加贵州防御使。

中书舍人张澂，自汴京赍蜡诏，命高宗以兵付副帅还京，高宗问大计，俊曰："此金人诈谋尔。今大王居外，此天授，岂可徒往？"因请进兵，高宗许之，遂如济州。

开启乾龙节，迫夜，有告高宗，欲俟元帅谒香劫以叛。群议集诸军屯备，俊曰："元帅不出，奸谋自破。"遂徙州治。贼术穷，黎明，引军北遁，俊勒兵追杀之。进徐州观察使。

高宗以俊忠劳日积，迁拱卫大夫。既而汴京破，二帝北迁，人心皇皇，俊恳辞劝进，高宗涕泣不许。俊曰：

"大王皇帝亲弟,人心所归,当天下汹汹,不早正大位,无以称人望。"且白耿南仲奏之,表三上。高宗发济州,俊便道扈行。至应天府,高宗始即位。初置御营司,以俊为御营前军统制,遣还京迎隆祐太后。权秦凤兵马钤辖。寻奉太后及六宫以归,除带御器械。

时江、淮群盗蜂起,俊讨杜用于淮宁,赵万、郭青于镇江,陈通于杭州,蒋和尚等于兰溪,皆平之。落阶官,除正任观察使。二年,升秦凤路马步军副总管,寻破秀州贼数万,缚徐明斩之。进武宁军承宣使。

帝如扬州,召诸将议恢复,俊曰:"今敌势方张,宜且南渡,据江为险;练兵政,安人心,俟国势定,大举未晚。"俊又请移左藏库于镇江。既而敌掩至,已逼近甸,俊亟奏饬甲乘,从帝如临安。

苗傅、刘正彦反,俊时屯兵吴江县。傅等矫诏加俊捧日、天武四厢都指挥使,以三百人赴秦凤,命他将领余兵。俊知其伪,拒不受。三军汹汹,俊谕之曰:"当诣张侍郎求决。"即引所部八千人至平江。张浚语俊以傅等欲危社稷,泣数行下,俊大恸。浚谕以决策起兵问罪,俊泣拜,且曰:"此须侍郎济以机术,毋惊动乘舆。"吕颐浩至,俊见之,亦涕泣曰:"今日惟以一死报国。"刘光世以所部至,俊释旧憾。韩世忠来自海上,俊借一军与之俱。世忠为前军,俊以精兵翼之,光世次之。战于临平,傅等兵败,开城以出。世忠、俊、光世入城,见于内殿,帝嘉劳久之,拜镇西军节度使、御前右军都统制,寻为浙东制置使。

金人分兵深入,渡江攻浙,杜充弃建康,韩世忠自镇江退保江阴。帝如明州,俊自越州引兵至。兀术攻临安,帝御楼船如温州,留俊于明州以拒敌。帝赐亲札曰:"朕非卿,则倡义谁先;卿舍朕,则前功俱废。宜戮力共扞敌兵,一战成功,当封王爵。"癸卯除夕,金兵至城下,俊使统制刘宝与战,兵少却,其将党用、丘横死之,于是统制杨沂中、田师中、统领赵密皆殊死战。沂中舍舟登岸力战,殿帅李质以班直来助,守臣刘洪道率州兵射其旁,大破之,杀数千人。金呼人至砦计事,俊令小校往。金人与语,欲如越州请降,俊拒之。戒将士毋骄惰,虑敌必再至,下令清野,多以轻舟伏弩,闭关自守。

四年正旦,忽西风起,金人乘之,果复攻明州。俊与刘洪道坐城楼上,遣兵掩击,杀伤大当。金人奔北,死于江者无数,夜拔砦去,屯余姚,且请济师于兀术。后七日,故再至,俊引兵趋入台州,明州居民立者十七八。

未几,江、浙群盗蜂起,授俊两浙西路、江南东路制置使,以所部招收群盗,命后军统制陈思恭隶之,且令两浙宣抚使周望以兵属俊,刘光世、韩世忠之外,诸将皆受节度。六月,改御前五军为神武军,俊即本军为神武右军都统制,除检校少保、定江昭庆军节度使。十月,浙西群盗悉平,改江南招讨使。

绍兴元年,帝至会稽。时金人残乱之余,孔彦舟据武陵,张用据襄汉;李成尤悍,强据江、淮、湖湘十余州,连兵数万,有席卷东南意,多造符谶盅惑中外,围江州久未解,时方患之。范宗尹请遣将致讨,俊慨然请行,遂改江、淮路招讨使。

成党马进在筠州。豫章介江、筠之间,俊闻命就道,急趋豫章,且曰:"我已得洪州,破贼决矣。"乃敛兵,若无人者,金鼓不动,令将士登城者斩。居月余,进以大书牒来索战,俊以细书状报,贼以俊为怯。俊谍知贼急,乃议战。岳飞为先锋,杨沂中由上流径绝生米渡,出贼不意,追奔七十里,至筠州。贼背筠河而阵,俊用杨沂中计,亲以步兵当其前,精骑数千授沂中及陈思恭,俾从山后夹击,以午为期。俊与贼鏖战至午,精骑自山驰下,贼骇乱退走,大败。

既复筠州、临江军,捷奏,帝赐御笔,谓:"宜乘贼势已衰,当官军已振,驱除剿戮,速收全功。"俊未拜亲诏,已追至北奉新楼子庄。贼党商元据草山,挟险设伏,俊遣步兵从间道直趋山椒,杀伏夺险,乘胜追至江州。成势迫,绝江而遁,号俊为"张铁山"。复江州。已而兴国军等处群盗闻俊兵至,皆遁去。俊引兵渡江至黄梅县,亲与成战。成惩奉新失险之败,据石幢坡,凭山以木石投人。俊先遣游卒进退,若争险状以诳贼,俊亲冒矢石,帅众攻险,贼众数万俱溃,马进为追兵所杀,成北走降刘豫,诸郡悉平。拜太尉。

四年十月,金人与刘豫分道入侵。先是谍至,举朝震恐,或请他幸。俊谓赵鼎曰:"避将何之?惟向前进一步,庶可脱。当聚天下兵守平江,徐为计。"鼎曰:"公言避非策,是也;以天下兵守一州,非也。公但坚前议足矣。"遂以俊为两浙西路、江南东路宣抚使,屯建康。既而改淮西宣抚使。濒江相距逾月,敌不得入。俊遣张宗颜潜渡至六合,出其背。敌将引去,俊继遣王进曰:"敌既无留心,必迳渡淮去,可速及其未济击之。"进往,敌果北渡,遂薄诸淮,大败之,获其酋程师回、张延寿以献。

五年,刘麟入寇,俊与杨沂中合兵拒于泗州。六年,改崇信、奉宁军节度使。刘麟兵十余万犯濠、寿,诏并以淮西属俊,杨存中亦听节制,与俊合兵拒敌。俊分遣存中与张宗颜、王玮、田师中等,自定远军次越家坊,遇刘猊左右军,击走之。俊率大军鼓行而前,至李家湾遇猊大兵,与战,杀获略尽,降者万余人,猊仅以身免。拜少保,加镇洮、崇信、奉宁军节度使。帝曰:"卿议论持重,深达敌情;兼闻挽强之士数万,报国如此,朕复何虑。"又曰:"群臣谓朕待卿独厚,其仰体眷怀,益思勉励。"

七年,改淮南西路宣抚使,置司盱眙。俊与韩世忠入见,议移屯。秦桧奏:"臣尝语世忠、俊,陛下倚此二大将,譬如两虎,固当各守藩篱,使寇不敢近。"帝曰:"正如左右手,岂可一手不尽力邪?"命俊自盱眙屯庐州。八年,金人请寝兵,许之。赐俊"安民靖难功臣",拜少傅。

九年冬,金复渝盟,再破河南,图顺昌府,命俊策应刘锜。俊督军渡江,金人引退。继而金人三路都统自东、南两京分道来侵,抵亳州北渡河,俊收宿、亳诸军击之,尽复卫真、鹿邑等地,师还。十年,郦琼在亳州,俊以大军至城父,都统制王德下符离,乘胜趋亳与俊合。俊引军入城,金人弃城遁,父老列香花迎俊,遂复亳州,留统制宋超守之。俊引军还寿春,进少师,封济国公。

十一年二月,兀术入合肥,渐攻历阳,江东制置大使叶梦得见俊，请速出军。俊遣兵渡江，谕诸将曰："先得和州者胜。"王德愿为诸军先，士鼓噪而行。敌已据之，德率众渡采石先登，俊宿中流。德抵城下，金人退屯昭关。后三日，复败金将韩常于含山。命关师古复巢县，遂复昭关。使左军统制赵密偃兵篁竹，出六丈河以分金势。张守忠以五百骑败金人于全椒。未几，敌断石梁以拒俊，俊疾作，力疾引众涉流登岸，追击之。王德与杨存中、刘锜会兵，败金人于柘皋。拜枢密使。俊知朝廷欲罢兵，首请纳所统兵。议赏宿、亳功，俊部将王德、田师中、刘宝、李横、马立、张濬六人同日首受上赏。

俊力赞和议，与秦桧意合，言无不从。荐士大夫监司、郡守者甚众，虽刘子羽自谪籍起家，亦俊力也。加太傅，封广国公，寻进益国公。十二年十一月，以殿中侍御史江邈论之，罢为镇洮、宁武、奉宁军节度使，充醴泉观使。初，桧以俊助和议，德之，故尽罢诸将，以兵权付俊。岁余，俊无去意，故桧使邈攻之。寻进封清河郡王，奉朝请。

十三年，敕修甲第，遣中使就第赐宴，侑以教坊乐部。十六年，改镇静江、宁武、静海军。二十一年冬，帝幸其第，拜太师，以其侄清海军承宣使子盖为安德军节度使，其他子弟迁秩者十三人。

南渡后，俊握兵最早，屡立战功，与韩世忠、刘锜、岳飞并为名将，世称张、韩、刘、岳。然濠、寿之役，俊与锜有隙，独以杨沂中为腹心，故有濠梁之劫。岳飞冤狱，韩世忠救之，俊独助桧成其事，心术之殊也，远哉！帝于诸将中眷俊特厚，然警敕之者不绝口。自淮西入见，则教其读《郭子仪传》；召入禁中，戒以毋与民争利，毋兴土木。

二十四年六月薨，年六十九。辍视朝三日，敛以一品服，帝临奠哭之恸。追封循王。子五人：子琦、子厚、子颜、子正、正子仁。

子盖字德高。父宏，应募从俊军河上。金人破开德府，宏战死。子盖初从韩世忠讨苗傅，补承信郎，累功迁武功郎。

绍兴六年，刘猊大举入寇，过定远县，将趋宣化窥江，诏遣俊会刘光世军剿之。子盖从俊击猊于藕塘，授阁门宣赞舍人。明年，改昌州刺史、江南东路马步军都总管。十年，金人再取河南，以兴复宿、亳功，迁登州防御使兼宣抚司衙兵副统制。

十一年二月，兀术入庐州，攻含山县，渐攻历阳。俊遣兵渡江，子盖从王德驰入和州，金人退屯昭关。会刘锜自东关引兵出清溪邀击金人，俊遣子盖与锜会，大战于柘皋，败之，军势赫张。兀术复濠州，子盖又败之于周梁桥，除兴宁军承宣使。和议成，改建康府驻札御前诸军都统制。十三年，授龙神卫四厢都指挥使、两浙西路马步军都总管。帝幸俊第，授子盖安德军节度使。

三十二年春，金人攻海州急，以子盖为镇江府都统往援之，即日渡江，驰至楚州。淮东漕臣龚涛谓之曰："敌众十倍，兵力不支，宜张虚声攻淮阳，使之必救，则海州可解。"子盖曰："彼若不救，将如之何？"乃亟趋涟水，取便道以进。次石湫堰，金人陈万骑于河东，子盖率精锐数千骑击之，谓麾下曰："彼众我寡，利在速战。"遣统制张珙略阵，珙中流矢，子盖曰："事急矣！"奋臂大呼，驰入阵，诸将继之殊死战。贼大败，拥溺石湫河死者半，围遂解。金人复整军来战，子盖再率精锐击之，获其车马、铠仗万计，退屯泗州。

孝宗即位，召对，赐鞍马、铠甲、束带，且令招集勇敢，相时而动。子盖受命还，招金大将萧鹧巴、耶律造哩将其众来降。寻以疾还镇江，授检校少保、淮东招抚使，未上，卒，年五十一。赠太尉，谥恭壮。

子盖从俊征讨藕塘、柘皋，虽多奏功，未能出诸将右，惟海州一捷可称云。

张宗颜，字希贤，延安人。父吉，为泾原将，解宣威城围，死之。宗颜以父恩补三班借职，监阌乡酒税，积官至泾原副将、权殿前司统辖。御营军统制张俊选为统领，从俊讨浙西寇。秀州军校徐明以城叛，宗颜夜袭其城，明遁。转忠州刺史，迁御前中军统制。

金人攻明州，宗颜破其前军。盗杨勍破松溪，命宗颜及李捧、陈思恭讨之。宗颜次浦城不进，勍又掠建州。宗颜趋南剑州，与勍遇，遂归。盗犹未平，谬言已击退。侍御史沈与求劾宗颜三将并出，不能平数千之溃卒，何以示敌。贬二秩。从俊讨李成，与成将马进战玉隆观，败之。迁环庆路马步军副总管、神武右军统制，改麟州观察使。

伪齐挟金人攻宣化镇，俊遣宗颜潜渡江，出其后袭之，不胜。俊庇之，以捷闻，遂加沂州防御使。继以兵袭击淮北，复迁崇信军承宣使、宣抚司前军统制。伪齐入寇，诏张俊解淮西急。督府张浚遣杨沂中与俊合，檄宗颜自泗州为后继。与猊遇于李家湾，大破之，横尸满野，猊仅以身遁。擢龙神卫四厢都指挥使、武信军承宣使。

八年，知庐州，总帅事。敌数百骑抵城下，宗颜以骑百余御之，敌退。有至自淮北者，传金人言曰："此张铁山弟也。"绍兴九年卒，年四十四。赠保静军节度使，谥壮敏。

刘光世，字平叔，保安军人，延庆次子。初以荫补三班奉职，累升鄜延路兵马都监、蕲州防御使。方腊反，延庆为宣抚司都统，遣光世自将一军趋衢、婺，出其不意破之。贼平，授耀州观察使，升鄜延路兵马钤辖。

时有事燕蓟，光世从延庆取易州，授奉国军承宣使。金将郭药师降，除威武、奉宁军承宣使。延庆遣诸将捣虚趋燕，以光世为后继。光世不至，诸将失援而溃，降三官。

河北张敌迪掠潞州境，诏光世讨之。光世曰："贼乌合，非有纪律，佯北以邀之，其乱可取也。"即麾骑退。贼竞进，光世引骑贯其中，贼大溃。复承宣使，充鄜延马步军副总管。

靖康元年，金兵攻汴京，夏人乘间寇杏子堡。堡有两山对峙，地险厄，光世据之，敌至败去。擢侍卫马军都虞候。金再攻汴京，光世入援，闻范致虚传檄诸路，议引兵会。会有诏止勤王兵，光世以为宜速进，不可以诏示众。既而溃兵至，具言京城事。众惧，光世矫以蕃官来自汴京，谓二帝决围南去，众稍安，进屯陕府。致虚欲合五路兵进与金战，光世难之，别道趋虢，遂至济州谒康王，命为五军都提举。

王即皇帝位，命为省视陵寝使，寻为提举御营使司一行事务、行在都巡检使。斩山东贼李昱，迁奉国军节度使。平镇江叛兵，改滁濠太平州、无为军、江宁府制置使。讨张遇于池州，遇望其阵曰："官军不整，可破也。"时湖水涸，贼越湖出官军后，官军乱，光世几被执，王德救之得免。遇循江而上，光世整兵追至江州，断其后军破之。遇复东下，又追击于江宁。

二年，以功加检校少保，命讨李成。光世以王德为先锋，与成遇于上蔡驿口桥，败之。成收散卒再战，光世以儒服临军，成遥见白袍青盖，并兵围之，德溃ури拔光世以出。下令得成者以其官爵与之。士手奋，再战ују捷，成遁，执其谋主陶子思。加检校少傅。

帝在扬州，金骑掩至天长，光世迎敌，未至而军溃。帝仓卒渡江，命光世为行在五军制置使，屯镇江府，控扼江口。寻加检校太保、殿前都指挥使。

苗、刘为乱，素惮光世，迁光世为太尉、淮南制置使。张浚在平江，驰书谕以勤王，光世不从；吕颐浩遣使至镇江说之，乃引兵会于丹阳。兵进，光世以选卒为游击，仍分军殿后，遇苗翊、马柔吉军于临平，与韩世忠等破之。至行在，迁太尉、御营副使。光世遣王德助乔仲福追傅至崇安县，尽降其众，傅仅以身免。逆将范琼被执，张浚使光世抚定其众，又招贼靳赛降之。命光世为江东宣抚使，守太平及池州，受杜充节制。光世言受充节制有不可者六，帝怒，诏毋入光世殿门，光世始受命。

隆祐太后在南昌，议者谓金人自蕲、黄渡江，陆行二百里可至，命光世移屯江州为屏蔽。光世既至，日置酒高会。金人自黄州渡江，凡三日，无知之者。比金人至，遂遁，太后退保虔州。冯檝贻书光世，言："贼深入，最兵家之忌。进则距山，退则背江，百无一利，而敢如此横行者，以前无抗拒，后无袭逐也。太尉傥选精兵自将来洪，而开一路令归，伏兵掩之，可使匹马不还。"光世不能用，自信州引兵至南康。郦琼围固始县，光世遣人招降之，又遣王德擒妖贼王念经于信州。

时光世部曲无所隶，号"太尉兵"，侍御史沈与求论其非宜。会御营司废，乃以"巡卫"名其军，命充御前巡卫军都统制。召赴行在，授浙西安抚大使、知镇江府。光世言："安抚控制一路，若但守镇江，则他郡有警，不可离任。望别除守臣，光世专充安抚使，从便置司。"时光世虑金人必过江，故预择便地，帝觉之，止许增辟通判。右谏议大夫黎确疏其择便求佚，中外所愤，帝释不问，加宁武军节度使、开府仪同三司以遣之。光世乞便宜行事，不许。时韩世忠、张俊兼领浙西制置使，光世复言本路兵火之余，不任三处需求，遂罢世忠、俊兼领。

时金兵留淮东，光世颇畏其锋，楚州被围已百日，帝手札趣光世援楚者五，竟不行；但遣王德、郦琼将轻兵以出，时奏杀获而已。楚州破，命光世节制诸镇，力守通、泰。完颜昌屯承、楚，光世知其众思归，欲携贰之。乃铸金银铜钱，文曰"招纳信宝"。获敌不杀，令持钱文示其徒，有欲归者，扣江执钱为信。归者不绝，因创"奇兵"、"赤心"两军，昌遂拔砦去。

绍兴元年，金人渡淮，真、扬州皆阙守，命光世兼淮南、京东路宣抚使，置司扬州，措置屯田，迄不行。张俊讨李成，又命光世分兵往舒、蕲捣其巢穴，光世以江北盗未平为辞。命兼淮南宣抚使，领真扬通承楚州、涟水军。郭仲威谋据淮南以通刘豫，光世遣王德擒之，并其众。范宗尹言："光世军多冗费，请汰其罢软者。"帝曰："俟作手书与之，如家人礼，庶几不疑。"

光世以枯稊生穗为瑞，闻于朝。帝曰："岁丰人不乏食，朝得贤辅佐，军有十万铁骑，乃可为瑞，此外不足信。"淮北人多归附者，命光世兼海、泗宣抚使以安辑之。五湖捕鱼人夏宁聚众千余，掠人为食，郭仲威余党出没淮南，邵青据通州，光世皆招降之。光世请铸淮东宣抚使印，给钱粮，增将吏，皆从其请。仍给镇江府、常州、江阴军苗米三十七万斛，为军中一岁费。

二年，复命移屯扬州，时至镇江视师。光世不奉诏，入朝言：邻寇有疑，或致生事，愿仍领浙西为根本计。右司谏方孟卿劾之，乞召宰执与议，使之必往，光世犹以乏粮为辞。光世之来，以缯帛、方物为献，帝命分赐六宫，中丞沈与求以为不可，命还之。

吕颐浩与光世有故怨，颐浩将出视师，首光世兵冗不练，乞移其军还阙。帝曰："光世军粮不足，若骤移，必溃，先犒军而后料简可也。"颐浩至镇江，光世军果告乏，颐浩奏光世军月费二千万缗，乞差官考核。诏御史江跻、度支胡蒙至军点校，终不得实。帝方倚其成功，寻诏两漕臣措置镇江酒税务，助其军费；又罢织御服罗，省七百万缗以助之。加宁武、宁国军节度使。光世奏部将乔仲福、靳赛防江有劳，诏进一官，许回授。

光世固乞转行，给事中程瑀持不可，又言光世兵未渡江，金人或渡淮，江、浙必震。光世方遣人按行宜兴湖洑之间，以备退保。诏以章示之，光世迁延如故。

三年，命光世与韩世忠易镇，同召赴阙，授检校太傅、江东宣抚使。世忠既至镇江城下，奸人入城焚府库，光世擒之，皆云世忠所遣。世忠屯登云门，光世引兵出，惧其扼己，改途趋白鹭店。世忠遣兵袭其后，光世以闻。帝遣使和解，仍书《贾复》、《寇恂传》赐之。命为江东、淮西宣抚使，置司池州，赐钱十万缗。

刘豫将王彦先扬兵淮上，有渡江意。光世扼马家渡，遣郦琼屯无为军，为濠、庐援，贼乃退。光世奏郦延李俏充阁门祗候，言者论其涉私，罢之。金人、刘豫入侵，时光世、张俊、韩世忠权相敌，且持私隙，帝遣侍御史魏矼至军中，谕以灭怨报国。光世乃移书二帅，二帅皆复书致情。光世始移军太平州以援世忠。金兵退，光世入觐，迁少保。帝曰："卿与世忠以少嫌不释，然烈士当以气义相许，先国家而后私仇。"复谕以光武分寇恂、贾复之事。光世泣谢，请以所置淮东田易淮西田，给事中晏敦复言其扰民而止；又请并封其三妾为孺人，南渡后，诸大将封妾自此始。会改神武军为行营护军，以光世所部称左护军。

刘豫筑刘龙城以窥淮西，光世遣王师晟破之，加保静军节度使，遂领三镇。

张浚抚淮上诸屯，刘豫挟金人分道入侵，命光世屯庐州以招北军，与韩世忠、张俊鼎立，杨沂中将精卒为后距。刘猊驱乡民伪为金兵，布淮境。光世奏庐难守，密干赵鼎，欲还太平州。浚命吕祉驰往军中督师，光世已舍庐州退，浚遣人厉其众曰："若有一人渡江，即斩以徇。"光世不得已，驻兵与沂中相应，遣王德、郦琼领兵自安丰出谢步，遇金将三战，皆败之。张浚入对，言光世骄惰不战，不可为大将，请罢之。帝命与赵鼎议，鼎曰："光世将家子孙，将卒多出其门，罢之恐拂人心。"遂迁护国、镇安、保静军节度使。

右司谏陈公辅劾其不守庐州，张浚言其沈酗酒色，不恤国事，语以恢复，意气怫然，乞赐罢斥。光世引疾请罢军政，又献所余金谷于朝。拜少师，充万寿观使，奉朝请，封荣国公，赐甲第一区，以兵归都督府。公辅又言光世虽罢，而迁少师，赏罚不明；中书舍人勾龙如渊又缴还赐第之命。帝曰："光世罢兵柄，若恩礼稍加，则诸将知有后福，皆效力矣。"卒赐之。初，光世麾下多降盗，素无纪律；至是，督府命吕祉节制其军。郦琼杀祉，驱诸军降刘豫。

九年，用讲和恩，赐号"和众辅国功臣"，进封雍国公、陕西宣抚使。弟光远疏其短于言路，如渊时为中丞，再论光世不可遣而止。十年，金人围顺昌，拜太保，为三京招抚处置使，以援刘锜。光世请李显忠为前军都统，又请王德自隶。德不愿受其节制；显忠行至宿、泗，军多溃。进至和州，秦桧主罢兵，召还。光世入见，为万寿观使，改封杨国公。疾革，乞免其家科役，中书舍人张广格不下。卒，年五十四。赠太师，官其子孙、甥侄十四人，谥武僖。乾道八年，追封安城郡王。开禧元年，追封鄜王。

光世在诸将中最先进。律身不严，驭军无法，不肯为国任事，遘寇自赍，见诋公论。尝入对，言："愿竭力报国，他日史官书臣功第一。"帝曰："卿不可徒为空言，当见之行事。"建炎初，结内侍康履以自固。又蚤解兵柄，与时浮沉，不为秦桧所忌，故能窃宠荣以终其身，方之韩、岳远矣。

王渊，字几道，熙州人，后徙环州。善骑射。应募击夏国，屡有功，累迁熙河兰湟路第三将部将，权知巩州宁远砦。诸羌入寇，经略司讨之，表渊总领岷山蕃兵将，兴师城泽州。羌悉众来争，渊奋击，大破之，追至邈川城。移同总领湟州蕃兵将兼知临宗砦，坐法免。

宣和三年，刘延庆讨方腊，以渊为先锋。贼将据钱塘，势张甚。渊谕小校韩世忠曰："贼谓我远来，必易我。明日尔逆战而伪遁，我以强弩伏兵数百步外，必可得志。"世忠如其言，贼果追之，伏弩卒发，应弦而倒。逐北至淳安，贼据帮源峒，遂围之平。授阁门宣赞舍人、权京畿提举保甲兼权提点刑狱公事。

继从延庆攻契丹。重兵壁卢沟南，遣渊等数千人护饷道，战败为敌所获。已而逃归，犹以出塞迁武功大夫、果

州团练使。又从杨惟忠、辛兴宗破群盗高托山等，迁拱卫大夫、宁州观察使。

靖康元年，为真定府总管，就迁都统制。吴湛据赵州叛，渊讨平之。金人攻汴京，河东、北宣抚使范讷统勤王兵屯雍丘，以渊为先锋。寻以所部归康王府。

明年，张邦昌僭立，康王如济州，命渊以三千人入卫宗庙。渊至汴都，以朝服见邦昌，纳谒曰："参冢宰相公。"邦昌始易紫袍延之政事堂，渊恸哭宣教。康王即皇帝位，渊与杨惟忠、韩世忠以河北兵，刘光世以陕西兵，张俊、苗傅等以帅府及降群盗兵，皆在行朝，不相统一。始置御营司，以渊为都统制，扈从累月不释甲。帝如扬州，授龙神卫四厢都指挥使，寻改捧日、天武四厢都指挥使，进保大军承宣使。

时群盗蜂起，以渊为制置使平杭贼，提兵四出，所向皆捷。平常贼赵万于镇江，诛杭贼陈通于杭州，降张遇于扬子桥；期年，群盗略尽。迁鄜德军节度使。惟赵万、陈通等已招其降，而复尽诛之。

建炎三年二月，金人攻扬州，帝仓卒渡江，渊与内侍康履从至镇江。奉国军节度使刘光世见帝泣告："渊专管江上海船，每言缓急决不误事。今臣所部数万，二千余骑，皆不能济。"渊忿其言，斩江北都巡检皇甫佐以自解。中书侍郎朱胜非驰见渊督之，乃始经画，已无所及，自是渊失诸将心。

帝欲如镇江以援江北，群臣亦固请。渊独言："镇江止可捍一面，若金人自通州渡，先据姑苏，将若之何？不如钱塘有重江之险。"议遂决。命渊守姑苏，言戎器全缺，兵匠甚少，乞括民匠营缮。寻自平江赴行在，拜签书枢密院事，仍兼都统制。命下，诸将籍籍。帝闻之，乃命免奏事签书，仍解都统制，以慰众心。

先是，统制官苗傅自负世将，以渊骤用，颇觖望；刘正彦尝招巨盗丁进，亦以赏薄怨渊。而内侍康履颇用事，及渊入枢府，傅、正彦以其由宦官荐，愈不平。俟渊入朝，伏兵杀之，并杀康履，遂成明受之变。渊时年五十三。

渊为将轻财好义，家无宿储，每言："朝廷官人以爵禄足代耕，若事锥刀，我何爱爵禄，曷若为富商大贾邪？"初，帝在南京，闻渊疾，遣中使曾泽问疾。泽还，言其帷幔茵褥皆不具，帝辍所御紫茸茵以赐。然其平群盗多杀降，与康履深交，故及于祸。赠开府仪同三司，累加少保，官其子孙八人。绍兴四年，又官二人。乾道六年，谥襄愍。子倚。

解元，字善长，保安军德清砦人。疏眉俊目，猿臂，善骑射。起行伍，为清涧都虞候。建炎三年，隶大将韩世忠麾下，擢偏将。世忠出下邳，闻金兵大至，士皆骇愕。元领二十骑擒其生口，知敌动息。俄逢骑数百，身自陷阵，横刺酋长坠马，余皆遁去。授阁门宣赞舍人。苗傅、刘正彦之变，从世忠追至临平与战，贼势既衰，擒于浦城。

四年三月，金人攻浙西，世忠治兵京口，邀其归路，以海舰横截大江。金人出小舟数十，以长钩扳舰。元在别舸跃入敌舟，以短兵击杀数十人，擒其千户。授忠州团练

使，统制前军。继从讨闽寇范汝为，转讨湖外诸盗。时刘忠据白面山，凭险筑垒。世忠讨之，距贼营三十里而阵。元独跨马涉水薄贼砦，四顾周览。贼因山设望楼，从高瞰下，以兵守之，屯壮锐于四山，视其指呼而出战。元既得其形势，归告世忠曰："易与尔，若夺据其望楼，则技穷矣。"世忠然之，遣元率兵五百，长戟居中，翼以弓矢，自下趋高，贼众莫支。乃据望楼，立赤帜，四面并进，贼遂平。改相州观察使。

绍兴四年，金人、伪齐合兵入侵。世忠自镇江趋扬州，命元屯承州。金人至近郊，元度翌日必至城下，遣百人伏要路，百人伏岳庙，自以四百人伏路隅。令曰："俟金人过，我当先出掩之。伏要路者，视我麾旗，则立帜以待，金人必自岳庙走，伏者背出。"又决河岸遏其归路。金人果走城下，伏发，金人进退无路，乃走岳庙，元追之，获百四十八人，止遗二人。时城中兵不满三千，金万户黑头虎直造城下叩降。元匿其兵，以微服出，伪若降者。金人稍懈，俄伏发，擒黑头虎。未几，金兵四集，元战却之，追北数十里，金人赴水死者甚众。改同州观察使。六年，从世忠出下邳，以数百骑破敌伏兵，授保顺军承宣使。

十年，略地淮阳，至刘冷庄，骑才三百，当敌骑数千。元挥戈大呼，众争奋，敌披靡。俄而救至，后部疑惧，元回顾曰："我在此，若等无虑。"众乃安。转战自辰至午，敌退，成列而还。加龙、神卫四厢都指挥使。

明年，世忠罢兵柄为枢密使，以元为镇江府驻札御前诸军都统制，以统其众。又明年，进侍卫亲军马步军都虞候，寻授保信军节度使。卒，年五十四。赠检校少保。

曲端字正甫，镇戎人。父涣，任左班殿直，战死。端三岁，授三班借职。警敏知书，善属文，长于兵略，历秦凤路队将、泾原路通安砦马军临押，权泾原路第三将。

夏人入寇泾原，帅司调统制李庠捍御，端在遣中。庠驻兵柏林堡，斥堠不谨，为夏人所薄，兵大溃，端力战败之，整军还。夏人再入寇，西安州、怀德军相继陷没。镇戎当敌要冲，无守将，经略使席贡疾柏林功，奏端知镇戎军兼经略司统制官。

建炎元年十二月，娄宿攻陕西。二年正月，入长安、凤翔，关、陇大震。二月，义兵起，金人自巩东还。端时治兵泾原，招流民溃卒，所过人供粮秸，道不拾遗。金游骑入境，端遣副将吴玠据清溪岭与战，大破之。端乘其退，遂下兵秦州，而义兵已复长安、凤翔。统领官刘希亮自凤翔归，端斩之。六月，以集英殿修撰知延安府。

王庶为龙图阁待制，节制陕西六路军马。遂授端吉州团练使，充节制司都统制，端雅不欲属庶。九月，金人攻陕西，庶召端会雍、耀间，端辞以未受命。庶以鄜延兵先至龙坊，端又称已奏乞回避，席贡别遣统制官庞世才将步骑万人来会。庶无如之何，则檄贡勒端还旧任，遣陕西节制司将官贺师范趋耀，别将王宗尹趋白水，且令原、庆出师为援，二帅各遣偏将刘仕忠、寇鲜来与师范会。庶欲往耀督战，已行，会庞世才兵至鄜，端中悔，以状白庶，言已赴军前，庶乃止。师范轻敌不戒，卒遇敌于八公原，战死，二将各引去，端遂得泾原兵柄。

十一月，金谍知端、庶不协，并兵攻鄜延。时端尽统泾原精兵，驻淳化。庶日移文趣其进，又遣使臣、进士十数辈往说端，端不听。庶知事急，又遣属官鱼涛督师，端阳许而实无行意。权转运判官张彬为端随军应副，问以师期。端笑谓彬曰："公视端所部，孰与李纲救太原兵乎？"彬曰："不及也。"端曰："纲起天下兵，不度而往，以取败。今端兵不满万，不幸而败，则金骑长驱，无陕西矣。端计全陕西与鄜延一路孰轻重，是以未敢即行，不如荡贼巢穴，攻其必救。"乃遣吴玠攻华州，拔之。端自分蒲城而不攻，引兵趋耀之同官，复迁路由邠之三水与玠会襄乐。

金攻延安急，庶收散亡往援。温州观察使、知凤翔府王𤫊将所部发兴元，比庶至甘泉，而延安已陷。庶无所归，以军付𤫊，自将百骑与官属驰赴襄乐劳军。庶犹以节制望端，欲倚以自副，端弥不平。端号令素严，入壁者，虽贵不敢驰。庶至，端令每门减其从骑之半，及帐下，仅数骑而已。端犹虚中军以居庶，庶坐帐中，端先以戎服趋于庭，即而与张彬及走马承受公事高中立同见帐中。良久，端声色俱厉，问庶延安失守状，曰："节制固知爱身，不知爱天子乎？"庶曰："吾数令不从，谁其爱身者？"端怒曰："在耀州屡陈军事，一不见听，何也？"因起归帐。庶留端军，终夕不自安。

端欲即军中杀庶，夺其兵。夜走宁州，见陕西抚谕使谢亮，说之曰："延安五路襟喉，今已失之，《春秋》大夫出疆得以专，请诛庶归报。"亮曰："使事有指，今以人臣擅诛于外是跋扈也，公为则自为。"端意阻，复归军。明日，庶见端，为言已自劾待罪。端拘縻其官属，夺其节制使印，庶乃去。

王𤫊将两军在庆阳，端召之，𤫊不应。会有告𤫊过邠军士劫掠者，端怒，命统制官张中孚率兵召𤫊，谓中孚曰："𤫊不听，则斩以来。"中孚至庆阳，𤫊已去，遂遣兵要之，不及而止。

初，叛贼史斌围兴元不克，引兵还关中。义兵统领张宗谔诱斌如长安而散其众，欲徐图之。端遣吴玠袭斌擒之，端自袭宗谔杀之。

三年九月，迁康州防御使、泾原路经略安抚使。时延安新破，端不欲去泾原，乃以知泾州郭浩权鄜延经略司公事。自谢亮归，朝廷闻端欲斩王庶，疑有叛意，以御营司提举召端，端疑不行。议者喧言端反，端无以自明。会张浚宣抚川、陕，入辞，以百口明端不反。浚自收揽英杰，以端在陕西屡与敌角，欲仗其威声。承制筑坛，拜端为威武大将军、宣州观察使、宣抚处置使司都统制、知渭州。端登坛受礼，军士欢声如雷。

浚虽欲用端，然未测端意，遣张彬以招填禁军为名，诣渭州察之。彬见端曰："公常患诸路兵不合，财不足；今兵已合，财已备，娄宿以孤军深入吾境，我合诸路攻之不难。万一粘罕并兵而来，何以待之？"端曰："不然，兵法先较彼己，今敌可胜，止娄宿孤军一事；然将士精锐，不减前日。我不可胜，亦止合五路兵一事；然将士无以大异于前。况金人因粮于我，我常为客，彼常为主。今当反之，按兵据险，时出偏师以扰其耕获。彼不得耕，必取粮河东，则我为主，彼为客，不一二年必自困毙，可一举而灭也。万一轻举，后忧方大。"彬以端言复命，浚不主端说。

四年春，金人攻环庆，端遣吴玠等拒于彭原店，端自将屯宜禄。玠先胜。既而金军复振，玠小却，端退屯泾州，金乘胜焚邠州而去。玠怨端不为援，端谓玠前军已败，不得不据险以防冲突，乃劾玠违节制。

是秋，兀术窥江、淮，浚议出师以挠其势。端曰："平原广野，贼便于冲突，而我军未尝习水战。金人新造之势，难与争锋，宜训兵秣马保疆而已，俟十年乃可。"端既与浚异，浚积前疑，竟以彭原事罢端兵柄，与祠，再责海州团练副使，万州安置。

是年，浚为富平之役，军败，诛赵哲，贬刘锡。浚欲慰人望，下令以富平之役，泾原军马出力最多，既却退之后，先自聚集，皆缘前帅曲端训练有方。叙端左武大夫，兴州居住。

绍兴元年正月，叙端任荣州刺史，提举江州太平观，徙阆州。于是浚自兴州移屯阆州，欲复用端。玠与端有憾，言曲端再起，必不利于张公；王庶又从而间之。浚入其说，亦畏端难制。端尝作诗题柱曰："不向关中兴事业，却来江上泛渔舟。"庶告浚，谓其指斥乘舆，于是送端恭州狱。

武臣康随者尝忤端，鞭其背，随恨端入骨。浚以随提点夔路刑狱，端闻之曰："吾其死矣！"呼"天"者数声；端有马名"铁象"，日驰四百里，至是连呼"铁象可惜"者又数声，乃赴逮。既至，随令狱吏縶维之，糊其口，爇之以火。端干渴求饮，予之酒，九窍流血而死，年四十一。陕西士大夫莫不惜之，军民亦皆怅怅，有叛去者。浚寻得罪，追复端宣州观察使，谥壮愍。

端有将略，使展尽其才，要未可量。然刚愎，恃才凌物，此其所以取祸云。

论曰：南渡诸将以张、韩、刘、岳并称，而俊为之冠。然夷考其行事，则有不然者。俊受心膂爪牙之寄，其平苗、刘，虽有勤王之绩，然既不能守越，又弃四明，负咎不少。剡其附桧主和，谋杀岳飞，保全富贵，取媚人主，其负戾又如何哉？光世自恃宿将，选沮却畏，不用上命，师律不严，卒致郦琼之叛。迎合桧意，首纳军权，虽得善终牖下，君子不贵也。二人方之韩、岳益远矣。然子盖、宗颜号俊子弟，著海之功，泗上之捷，亦足称焉。王渊以总率扈从有劳，遂至骄盈，失将士心，自取覆败。况结托康履与光世一辙，乌足道哉。解元始由韩世忠进，其攻城野战，未尝败衄，有可称者，不幸早世，惜哉！曲端刚愎自用，轻视其上，劳效未著，动违节制，张浚杀之虽冤，盖亦自取焉尔。

卷三百七十
列传第一百二十九

王友直　李宝　成闵　赵密
刘子羽　吕祉　胡世将　郑刚中

王友直，字圣益，博州高平人。父佐，以材武称。友直年十二，随父游，谙兵法。

绍兴三十一年，金人渝盟，友直结豪杰，志恢复。谓其众曰："权所以济事，权归于正，何害于理。"乃矫制自拟承宣使、河北等路安抚制置使，余拟官有差，遍谕州县勤王。未几，得众数万，制为十三军，军置都统制、提举、提点、提辖、训练统之。九月戊子，进攻大名，一鼓而克，抚定众庶，谕以绍兴年号。乃与王任、冯谷、张昇、牛汝霖列奏于朝，欲领众南归。时金人尚在扬州，久不报。

友直将由寿春涉淮而济，道拜敕书，勉以率众捣敌腹心，掎角应援。除友直检校少保、天雄军节度使，王任天平军节度使，冯谷左通议大夫、徽猷阁直学士，张昇右朝奉大夫、直秘阁，牛汝霖通直郎、直秘阁，职任各从旧，得便宜行事。时三十二年正月一日也。

旋与敌遇，相拒淮北；敌兵来益众，友直即率所部渡淮。既而审金主亮已毙，所遣乃归师，悔不袭击之。高宗视师江上，见于金陵，赐金带、章服，锡赉及二子。友直耻前功不遂，自陈，改复州防御使，以忠义军统制隶镇江都统司。

越四月，诏偕统制张子盖援海州。方接战，友直张一旗，大书"宋忠义将河北王九郎"以自表。潜由小径背敌阵，因其辎重，扼归道桥，左右枕水。张子盖知友直乘敌后，麾军进击，敌溃走，尽溺死，围遂解。转宜州观察使。

孝宗受禅，友直与统制宋宁数出奇转战。张浚都督江、淮，一见喜之，辟建康前军统制。隆兴二年九月，金人犯边，宣谕使王之望命以前军戍昭关，友直不逾时即行。他军同戍者，敌至，辄退保和州，友直孤军坚守。金兵驻黄山，鼓柝相闻，益整暇自持。

乾道元年，移镇江御前诸军统制，俄改步司左军统制兼左骁卫上将军。初，淮北之战，友直母子相失，至是，访得之，乃与其妻李携二女自淮而还，锡予加厚。又明年，除御前诸军统制，请祠，手诏慰劳。四年，縻京口入觐，进神、龙卫四厢都指挥使，主管步司公事，迁侍卫亲步军都指挥使。朝廷议遣马、步二司移屯重地，丞相虞允文欲先发步司，友直请以马司先。及马帅李显忠屯金陵，友直奏马军道途转徙，困毙已甚。有旨免移步司。八年，转承宣使，旋除殿前副都指挥使。

淳熙元年，授奉国军节度使。四年，总殿步司大阅于茅滩，铠仗精明，号令闲肃。明年，进殿前指挥使，赐第中都，赐田平江，燕射咸预。晚节宴安，军政稍失律，授宜州观察使。寻罢宫观，徙居信州。以郊祀恩内徙，三奉祠，复武宁军承宣使。卒，年六十一，追复节度使，赠检校少保。

李宝，河北人。尝陷金，拔身从海道来归。金主亮渝盟，淮、浙奸民倪询、梁简等教金造舟，且为乡导。金使苏保衡造舟于潞河。明年，以保衡为统军，将繇海道袭浙江。谍闻，高宗谓宰臣曰："李宝顷因召对，询以北事，历历如数。且以一介脱身还朝，陛对无一毫沮慑，是必能事者。"乃授浙西路马步军副总管，驻札平江，令与守臣督海舟捍御。高宗问："舟几何？"曰："坚全可涉风涛者，百二十艘。""兵几何？"曰："仅三千，皆闽、浙弓弩手，非正兵也。旗帜甲仗亦粗备。事急矣，臣愿亟发。"赐宝衣带、鞍马、尚方弓刀、戈甲及银绢万数。

八月，次江阴，先遣其子公佐，谓曰："汝为潜伺敌动静虚实，毋误。"公佐受命，即与将官边士宁偕往。宝将启行，军士争言西北风力尚劲，迎之非利。宝下令，敢沮大计者斩。遂发苏州，大洋行三日，风甚恶，舟散不可收。宝慷慨顾左右曰："天以是试李宝邪？宝心如铁石，不变矣。"酹酒自誓，风即止。明日，散舟复集。

士宁自密州回，得敌耗甚悉，且言公佐已挟魏胜得海州。宝喜曰："吾儿不负乃翁矣。"士气百倍，趣众乘机进。适大风复作，海涛如山，宝神色不为动；风少杀，始纵舟泊抵东海。敌已云合，围海州，旌麾数十里。宝麾兵登岸，以剑画地，令曰："此非复吾境，力战与否在汝等。"因握槊前行，遇敌奋击，将士贾勇，无不一当十。敌出不意，亟引去。胜出城迎，宝奖其忠义，勉以共立功名，胜感泣。乃维舟牺士，遣辩者四出招纳降附，声振山东。豪杰如王世修辈各署旗，集义勇，争应援，多者数万人。宝列名上诸朝，檄所部会密之胶西，命公佐以郡事畀胜，与俱发。

至胶西石臼岛，敌舟已出海口，泊唐岛，相距仅一山。时北风盛，宝祷于石臼神。俄有风自柁楼中来，如钟铎声，众咸奋，引舟握刃待战。敌操舟者皆中原遗民，遥见宝船，绐敌兵入舟中，使不知王师猝至。风驶舟疾，过山薄虏，鼓声震叠，海波腾跃。敌大惊，掣矴举帆，帆皆油缬，弥亘数里，风浪卷聚一隅，窘束无复行次。

宝亟命火箭环射，箭所中，烟焰旋起，延烧数百艘。火所不及者犹欲前拒，宝叱壮士跃登其舟，短兵击刺，殪之舟中。余所谓签军，尽中原旧民，皆登岛垠，脱甲归命，以故不杀。然仓卒，舟不获舣，溺死甚众。俘大汉军三千余人，斩其帅完颜郑家奴等六人，禽倪询等上于朝，获其统军符印与文书、器甲、粮斛以万计。余物众不能举者，悉焚之，火四昼夜不灭。

宝将乘势席卷，公佐切谏，以为金主亮方济淮，闻通、泰已陷，得远失近，且有腹背忧。乃还军驻东海，视缓急为表里援。遣曹洋轻舟报捷。上喜曰："朕独用李宝，果立功，为天下倡矣。"诏奖谕，书"忠勇李宝"四字，表其旗帜。除静海军节度使、沿海制置使，赐金器、玉带。

亮闻胶西之败，大怒，召诸酋约以三日渡江，于是内变杀亮。向微唐岛之捷，则亮之死未可期，钱唐之危可忧也。宝之功亦大矣。

宝战具精利，宰臣陈康伯取其长枪、克敌弓弩，俾所司为式制之。卒，赠检校少保。

成闵，字居仁，邢州人。靖康初，刘韐为真定帅，募勇士捍金兵，闵在麾下。高宗即位，闵领数百骑至扬州。会上南渡，韩世忠追苗傅及袭兀术、讨范汝为，闵皆在戎行，又以力战却敌，积功为武功大夫、忠州刺史。

从世忠入见，世忠指闵曰："臣在南京，自谓天下当先，使当时见此人，亦避一头矣。"上嘉叹劳勉。旋以取海州功，擢磁州团练使。召见，赐袍带、锦帛，加赠玉束带。时方与金盟，世忠罢兵，入为枢密使，诏进闵棣州防御使、殿前游奕军统制，历迁保宁军承宣使。

绍兴二十四年，拜庆远军节度使。寻丁母忧，诏起复，赠其母郑国夫人。金主亮将败盟，诏闵提禁旅三万镇武昌，命湖北守、漕创砦屋三万间以待之，发折帛米钱茶引共百四十余万缗、义仓和籴米六十三万石备军用，仍赐金器、剑甲临遣之。闵至鄂，未几，进屯应城县。

八月，除湖北、京西制置使，节制两路军马。九月，兼京西、河北招讨使。十一月，诏回援淮西。闵喜于得归，冒雨兼程趋建康，士卒多道死，朝廷所给犒师物奄归己，不及士卒。士卒有怨言，闵斩之。未几，除淮东制置使，驻镇江。既而言者论诸军皆聚镇江，恐敌出不意捣上流，于是诏闵发鄂州张成、华旺军回驻鄂。

亮死，闵引兵渡江趋扬州。及金人自盱眙渡淮北去，闵列兵南岸，军士喏声相闻。金人笑之曰："寄语成太尉，有勤护送。"时虏气已夺，日虞王师之至，委弃戈甲、粟米山积，诸军多仰以给。惟闵军多浙人，素不食粟，死者甚众。

闵至泗州，奏已克复淮东。寻入朝，凡侍从、卿监、阁门、内侍，皆有赂遗。左正言刘度劾之，犹超拜太尉，主管殿前司公事。寻复为御史论列，罢太尉，婺州居住，夺庆远节。乾道初，听自便，归湖州；寻诏复节，都统镇江诸军。九年，请祠，致仕，治园第于平江。

淳熙元年卒，年八十一。赠开府仪同三司。子十一人。

赵密字微叔，太原清源人。政和四年，用材武试崇政殿，授河北队将，戍燕。高宗以大元帅开府，檄统先锋援京师。

建炎元年，从张俊讨任城寇李昱，俊轻骑先行，遇伏，密奔射毙数人，乃脱。擢阁门祗候。俊置靖胜军，以密统之。平贼董青、赵万、徐明等，累功转武郎、左军统领。金兵陷扬州，士民随乘舆渡江，众数万，密立水滨，麾舟济之。苗傅之变，破赤心军于临平。金人犯明州，俊遣密及杨沂中与殊死战，败之，进武功大夫，升统制。

绍兴元年，李成、马进扰江、淮，俊复遣密大破之，成、进皆北遁。赐金带，转亲卫大夫、康州刺史，总管泾原马步军。平张莽荡，寻诏入卫。十年，金犯亳、宿，从俊营合肥，出西路。时水潦暴涨，涉六昼夜始达宿，与敌遇，败之。

明年，敌分兵犯滁、濠，密进击之，且命张守忠以五百骑出全椒县，伏篁竹间，敌疑，宵遁。密乃引兵出六丈河，断其归路，又败之。进中卫、协忠大夫，和州团练、防御使。寻拜宣州观察使，为龙、神卫四厢都指挥使，主管侍卫步军。

海寇朱明暴横，密授张守忠方略曰："海与陆异，穷之则日月相持，非策之善，要在拊定之耳。"守忠用其计，明降。进定江军承宣使、崇信军节度使，以年劳转太尉，拜开府仪同三司。明年，领殿前都指挥使，献本军酒方六十六所，积钱十万缗、银五万两助军用，诏奖之。上疏告老，以万寿观使奉朝请。

隆兴二年，进少保致仕。俄报金复犯淮，诏密再为殿前都指挥使。初，敌声言航海，朝论选从官视舟师，彻禁旅防守，密不为动，迄如所料。和议成，罢为醴泉使。

乾道元年九月，致仕。卒，年七十一。赠少傅。

刘子羽，字彦修，建之崇安人，资政殿学士韐之长子也。宣和末，韐帅浙东，子羽以主管机宜文字佐其父。破睦贼，入主太府、太仆簿，迁卫尉丞。韐守真定，子羽辟从。会金人入，父子相誓死守，金人不能拔而去，由是知名。除直秘阁，京城不守，韐死之，既免丧，除秘阁修撰、知池州。

以书抵宰相，论天下兵势，当以秦、陇为根本。改集英殿修撰、知秦州。未行，召赴行在，除枢密院检详文字。

建炎三年，大将范琼拥强兵江西，召之弗来，来又不肯释兵。知枢密院事张浚，与子羽密谋诛之。一日，命张俊以千兵渡江，若备他盗者，使皆甲而来。因召俊、琼及刘光世赴都堂议事，为设饮食，食已，诸公相顾未发。子羽坐庑下，恐琼觉，取黄纸趋前，举以麾琼曰："下，有敕，将军可诣大理置对。"琼愕不知所为，子羽顾左右拥置舆中，卫以俊兵，送狱。光世出抚其众，数琼在围城中附金人迫二帝出狩状。且曰："所诛止琼尔，汝等固天子自将之兵也。"众皆投刃曰："诺。"有旨分隶御营五军，顷刻而定。琼竟伏诛。浚以此奇其材。

浚宣抚川、陕，辟子羽参议军事。至秦州，立幕府，节度五路诸将，规以五年而后出师。明年，除徽猷阁待制。金人窥江、淮急，浚念禁卫寡弱，计所以分挠其兵势者，遂合五路之兵以进。子羽以非本计，争之。浚曰："吾宁不知乎？顾今东南之事方急，不得不为是耳。"遂北至富平，与金人遇，战不利。金人乘胜而前，宣抚司退保兴州，人情大震。

官属有建策徙治夔州者，子羽叱之曰："孺子可斩也！四川全盛，敌欲入寇久矣，直以川口有铁山、栈道之险，未敢遽窥耳。今不坚守，纵使深入，而吾僻处夔、峡，遂与关中声援不相闻，进退失计，悔将何及。今幸敌方肆掠，未逼近郡。宣司但当留驻兴州，外系关中之望，内安全蜀之心；急遣官属出关，呼召诸将，收集散亡，分布险隘，坚壁固垒，观衅而动。庶几犹或可以补前愆而赎后咎，奈何乃为此言乎？"浚然子羽言，而诸参佐无敢行者。子羽即自请奉命北出，复以单骑至秦州，召诸亡将。诸亡将闻命大喜，悉以其众来会。子羽命吴玠栅和尚原，守大散关，而分兵悉守诸险塞。金人知有备，引去。

明年，金人复聚兵来攻，再为玠所败。浚移治阆州，子羽请独留河池，调护诸将，以通内外声援，浚许之。明年，玠以秦凤经略使戍河池，王彦以金、均、房镇抚使戍金州。二镇皆饥，兴元帅臣闭籴，二镇病之。玠、彦皆愿得子羽守汉中，浚乃承制拜子羽利州路经略使兼知兴元府。子羽至汉中，通商输粟，二镇遂安。除宝文阁直学士。

是冬，金人犯金州。三年正月，王彦失守，退保石泉。子羽亟移兵守饶风岭，驰告玠。玠大惊，即越境而东，日夜驰三百里至饶风，列营拒守。金人悉力仰攻，死伤山积，更募死士，由间道自祖溪关入，绕出玠后。玠遽邀子羽去，子羽不可，而留玠同守定军山，玠难之，遂西。

子羽焚兴元，退守三泉县，从兵不满三百，与士卒取草牙、木甲食之，遗玠书诀别。玠时在仙人关，其爱将杨政大呼军门曰："节使不可负刘待制，不然，政辈亦舍节使去矣。"玠乃间道会子羽，子羽留玠共守三泉。玠曰："关外蜀之门户，不可轻弃。"复往守仙人关。子羽以潭毒山形斗拔，其上宽平有水，乃筑壁垒，十六日而成。金人已至，距营十数里。子羽据胡床，坐于垒口。诸将泣告曰："此非待制坐处。"子羽曰："子羽今日死于此。"敌寻亦引去。

自金人入梁、洋，四蜀复大震。张浚欲移潼川，子羽遗浚书，言己在此，金人必不南，浚乃止。撒离喝由斜谷北去，子羽谋邀之于武休，不及，既回凤翔，遣十人持书旗招子羽，子羽尽斩之，而留其一，纵之还，曰："为我语贼，欲来即来，吾有死尔，何可招也！"先是，子羽预徙梁、洋公私之积，至是，金人深入，馈不继，又腹背为子羽、玠所攻，死伤十五六，疫疠且作，亟遁去。子羽出师掩击，堕溪涧死者不可胜计，余兵不能自拔者，悉降。

始，金人攻蜀，所选士卒千取百，百取十；战被重铠，登山攻险，每一人前，辄二人推其后，前者死，后者被甲以进，又死，则又代之，其为必取计如此。浚虽衄师，卒全蜀，子羽之力居多。子羽还兴元。四年，坐富平之役，与浚俱罢。寻为言者所论，责授单州团练副使，白州安置。

新除川、陕宣抚副使吴玠，始为裨将，未知名。子羽独奇之，言于浚，浚与语大悦，使尽护诸将。至是，上疏论子羽之功，请纳节赎其罪。诏听子羽自便。明年，复元官，提举江州太平观。

张浚还朝，议合兵大举，乃请召子羽，令谕旨西帅，以集英殿修撰知鄂州。未几，权都督府参议军事，与主管机宜文字熊彦诗同抚谕川、陕。时吴玠屡言军前乏粮，故令子羽见玠谕指，且与都转运使赵开计事，并察边备虚实以闻，时五年冬也。明年秋，与彦诗同还朝。子羽言："金人未可图，宜益兵屯田，以俟机会。"时张浚以淮西安抚使刘光世骄惰不肃，密奏请罢之，而以其兵属子羽。子羽辞，乃以徽猷阁待制知泉州。

七年，淮西郦琼叛，张浚罢相。八年，御史常同论子羽十罪，上批出"白州安置"。赵鼎曰："章疏中论及结吴玠事，今方倚玠，恐不自安。"同疏再上，以散官安置漳州。十一年，枢密使张浚荐子羽复元官，知镇江府兼沿江安抚使。金人入寇，子羽建议清野，淮东之人，皆徙镇江，抚以恩信，虽兵民杂居，无敢相侵者。既而金人不至，浚问子羽，子羽曰："异时金人入寇，飘忽如风雨，今久迟回，必有他意。"盖金人以柘皋之败，欲急和也。未几，果遣使议和。复徽猷阁待制。秦桧风谏官论罢之，复提举太平观。

十六年，卒。子珙，自有传。吏部郎朱松以子熹托子羽，子羽与弟子翚笃教之，异时卒为大儒云。

吕祉，字安老，建州建阳人。宣和初，上舍释褐。建炎二年，为右正言，以论事忤执政，通判明州。

绍兴元年，盗起湖南、北，为荆湖提刑。祉既至，招捕有方，逾年盗平。进直秘阁，寻召赴行在。淮南宣抚使韩世忠将出师，辟祉议军事，除直徽猷阁，充参议官，辞不行。

三年，升直龙图阁、知建康府。祉到官，与通判府事吴若、安抚司准备差遣陈充共议，作《东南防守利便》三卷上之，大略谓："立国于东南者，当联络淮甸、荆、蜀之势，今临安僻在海隅，移跸江上，然后可以系南北离散之心。"

四年冬，金人攻淮，江左戒严，独韩世忠统锐卒在高邮。金既陷涟水，破山阳、盱眙，遂犯承州。祉上章言："宜遣兵为世忠援。"既而援兵不至，世忠退保镇江。祉再上言："置江北于度外，非命帅宣抚两淮之意，且恐失中原心。唯当急遣诸将，且乞亲御六师，庶几上下协心，可以不战而胜。"于是降诏亲征。车驾至平江，金人退师。

五年，召为中书门下省检正诸房文字，寻除兵部侍郎兼户部侍郎、给事中。六年，迁刑部侍郎、都督府参议军事，俄迁吏部侍郎。刘麟分道入寇，时车驾驻平江，或请回临安，且令守江防海。祉独抗言："士气当振，贼锋可挫，不可遽退以示弱。"刘麟众十万，已次濠、寿。刘光世在合肥，欲移屯太平州，军已行，乃命祉驰往军前，督其还。七年，迁兵部尚书，升督府参谋军事，往淮西抚谕诸军。

浚以刘光世持不战之论，罢之，乃命行营左护军前统制王德为都统制，又以统制官郦琼为之副。琼与德素不协，祉还朝，琼与德交讼于都督府及御史台，乃命德还建康，以其军隶督府。八月，复命祉往庐州节制之。祉至庐州，琼等复讼德。祉谕之曰："若以君等为是，则大相诳。然张丞相但喜人向前，傥能立功，虽有大过亦阔略，况此小嫌乎？当力为诸公辨之，保无他虑。"琼等感泣。

事小定，祉乃密奏乞罢琼及统制官靳赛兵权。其书吏漏语于琼，琼令人遮祉所遣邮置，尽得祉所言，大怨怒。会朝廷命张俊为淮西宣抚使，置司盱眙；杨存中为淮西制置使，刘锜为副，置司庐州；召琼赴行在。琼惧，遂叛。诸将晨谒祉，坐定，琼袖出文书，示中军统制官张璟曰："诸兵官有何罪，张统制乃以如许事闻之朝廷邪？"祉见之大惊，欲返走，不及，为琼所执。璟及兵马钤辖乔仲福、统制刘永、衡友死之。琼遂率全军四万人渡淮降刘豫，拥

祉次三塔，距淮三十里。祉下马曰："刘豫逆臣，我岂可见之？"众逼祉上马，祉骂曰："死则死于此！"又语其众曰："刘豫逆臣，尔军中岂无英雄，乃随郦琼去乎？"众颇感动，凡千余人环立不行。琼恐摇动众心，急策马先渡，祉遇害。

时有得祉括发之帛归吴中者，其妻吴氏持帛自缢以徇葬，闻者哀之。庆元间，诏立庙赐额，以旌其忠云。

胡世将，字承公，常州晋陵人，宿之曾孙。登崇宁五年进士第。范汝为寇闽，以世将为监察御史、福建路抚谕使。入境，韩世忠已平贼。迁尚书右司员外郎，又迁起居郎，迁中书舍人，赐三品服，兼修政局。坐言者落职奉祠。未几，除徽猷阁待制、知镇江府，入为礼部侍郎，改刑部，出知洪州，兼江西安抚、制置使。属建昌兵变，杀守倅，婴城以叛，世将以便宜发兵讨平之。除兵部侍郎，复知镇江。

未几，召为给事中兼侍讲，直学士院，复迁兵部侍郎。寻以枢密直学士出为四川安抚制置使，兼知成都府。宣抚吴玠以军无粮，奏请踵至。世将既被命入境，约玠会议。蜀之饷运，溯嘉陵江千余里，半年始达。于是奏用转般折运之法，军储稍充，公私便之。

绍兴九年，玠卒，以世将为宝文阁学士、宣抚川、陕。时关陕初复，朝廷分军移屯熙、秦、鄜、延诸道。明年夏，金人陷同州，入长安，诸路皆震。蜀兵既分，声援几绝，乃遣大将吴璘、田晟出凤翔，郭浩出奉天，杨政由赤谷归河池。不数日，璘捷于石壁及扶风，金人逡巡不敢度陇，分屯之军得全师而还。诏除端明殿学士。

十一年秋，朝廷复用兵。会母丧，命起复。遂复陇州，破岐下诸屯，又取华、虢，兵威稍振。未几，疡发于首。除资政殿学士致仕，恩数视签书枢密院事。卒，年五十八，命有司给葬事。

郑刚中，字亨仲，婺州金华人。登进士甲科，累官为监察御史，迁殿中侍御史。刚中由秦桧荐于朝，桧主和议，刚中不敢言。移宗正少卿，请去，不许，改秘书少监。

金归侵疆，桧遣刚中为宣谕司参谋官；及还，除礼部侍郎。复遣刚中为川、陕宣谕使，谕诸将罢兵，寻充陕西分画地界使。金使乌陵赞谟入境，欲尽取阶、成、岷、凤、秦、商六州，刚中力争不从；又欲姑取商、秦，于大散关立界，刚中又坚不从。继除川、陕宣抚副使。

兀术遣人力求和尚原，刚中恐败和好，以和尚原自绍兴四年后不系吴玠地分，于是割秦、商之半，弃和尚原以与金。朝廷命刚中去"陕"字，为四川宣抚副使。刚中治蜀，颇有方略。宣抚司旧在绵、阆间，及胡世将代吴玠，就居河池，馈饷不继。刚中奏：利州在潭毒关内，与兴、洋诸关声援相接，乞移司利州。自是省费百万。刚中始至，即欲移屯一军，大将杨政不从，呼政语之曰："刚中虽书生，不畏死！"声色俱厉，政即听命。

都统每入谒，必庭参然后就坐。吴璘升检校少师来谢，语阍吏，乞讲钧敌之礼。刚中曰："少师虽尊，犹都

统制耳,傥变常礼,是废军容。"行礼如故。

奏蠲四川杂征,又请减成都府路对籴及宣抚司激赏钱。时刚中于阶、成二州营田,抵秦州界,凡三千余顷,岁收十八万斛。先是,川口屯兵十万,分隶三大将:吴璘屯兴州,杨政屯兴元府,郭浩屯金州,皆建帅节;而统制官知成州王彦、知阶州姚仲、知西和州程俊、知凤州杨从仪亦领沿边安抚。刚中请分利州为东、西路,以兴元府、利阆洋巴剑州、大安军七郡为东路,治兴元,命政为安抚;以兴、阶、成、西和、文、陇、凤七州为西路,治兴州,命璘为安抚;而命浩为金、房、开、达州安抚;诸裨将领安抚者皆罢。从之。弛夔路酒禁,复利州钱监为绍兴监。时军已罢,移屯内郡,刚中言逐路各有漕司,都漕宜罢。从之。

秦桧怒刚中在蜀专擅,令侍御史汪勃奏置四川财赋总领官,以赵不弃为之,不隶宣抚司。不弃颇宣抚司,刚中怒,由是有隙。不弃颇求刚中阴事言于桧,桧阳召不弃归,因召刚中。刚中语人曰:"孤危之迹,独赖上知之耳。"桧闻愈怒,遂罢,责桂阳军居住;再责濠州团练副使,复州安置;再徙封州,卒。

论曰:自绍兴和议成,材武善谋之士,无所用其力。若王友直之矫制起兵,李宝之立功胶西,成闵、赵密皆足以斩将搴旗,刘子羽转战屡胜,吕祉不从刘豫,胡世将、郑刚中威震巴蜀。皆中道以殁,是以知宋不克兴复也。

卷三百七十一

列传第一百三十

白时中　徐处仁　冯澥
王伦　宇文虚中　汤思退

白时中,字蒙亨,寿春人。登进士第,累官为吏部侍郎。坐事,降秩知郓州,已而复召用。政和六年,拜尚书右丞、中书门下侍郎。宣和六年,除特进、太宰兼门下,封崇国公,进庆国。

始,时中尝为春官,诏令编类天下所奏祥瑞,其有非文字所能尽者,图绘以进。时中进《政和瑞应记》及《赞》。及为太宰,表贺翔鹤、霞光等事。圜丘礼成,上言休气充应,前所未有,乞宣付秘书省。时燕山日告危急,而时中恬不为虑。金人入攻,京城修守备,时中谓宇文粹中曰:"万事须是涉历,非公尝目击守城之事,吾辈岂知首尾邪?"

钦宗即位,召大臣决策守京师,问谁可将者。李纲言:"朝廷高爵厚禄蓄养大臣,盖将用之有事之日。时中辈虽书生,然抚将士以抗敌锋,乃其职也。"时中勃然曰:"李纲莫能将兵出战乎?"纲曰:"陛下傥使臣,当以死报。"于是以纲为右丞,充守御使。时中寻罢为观文殿学士、中太一宫使。御史劾时中屡懦不才,诏落职。未几,卒。

徐处仁,字择之,应天府谷熟县人。中进士甲科,为永州东安县令。蛮人叛,处仁入峒,开示恩信,蛮感泣,誓不复反。知济州金乡县。以荐者召见,徽宗问京东岁事,处仁以旱蝗对。问:"邑有盗贼乎?"曰:"有之。"上谓处仁不欺,除宗正寺丞、太常博士。

时初置算学,议所祖,或以孔子赞《易》知数。处仁言:"仲尼之道无所不备,非专门比。黄帝迎日推策,数之始也,祖黄帝为宜。"擢监察御史,迁殿中、右正言、给事中。摄开封府,裁决如流,囚系常空。进户部尚书,继拜中大夫、尚书右丞。丁母忧,免丧,以资政殿学士知青州,徙知永兴军。

童贯使陕西,欲平物价,处仁议不合,曰:"此令一传,则商贾弗行,而积藏者弗出,名为平价,适以增之。"转运使阿贯意,劾其格德音,倡异论,侵侮使者。诏处仁赴阙。寻改知河阳,落职知蕲州。久之,以显谟阁直学士知颍昌府。民有得罪宫掖者,虽赦不原,处仁为奏上。童贯乘是挤之,夺职,提举鸿庆宫。复延康殿学士、知汝州,再奉鸿庆祠、知徐州,召为醴泉观使。

徽宗访以天下事,处仁对曰:"天下大势在兵与民,今水旱之余,赋役繁重,公私凋弊,兵民皆困,不及今谋之,后将有不胜图者。"上曰:"非卿不闻此言。"明日,除侍读。进读罢,理前语,处仁言:"昔周以冢宰制国用,于岁之杪,宜会朝廷一岁财用之数,量入为出,节浮费,罢横敛,百姓既足,军储必丰。"上称善,诏置裕民局讨论振兵裕民之法。蔡京不悦,言者谓:"今设局曰'裕民',岂平日为不裕民哉?"乃罢局,出处仁知扬州。未几,以疾奉祠归南都。

方腊为乱,处仁亟见留守薛昂,为画守战之策。因语昂曰:"睢阳蔽遮江、淮,乃国家受命之地,脱有非常,吾助君死守。"语闻于朝,起为应天尹。河北盗起,徙大名尹。前尹王革惨而怯,盗无轻重悉抵死,小有警,辄闭城以兵自卫。处仁至,即大开城门,彻牙内甲兵,人情遂安。

徽宗赐手诏曰:"金人虽约和,然狼子野心,易扇以变,有当行事以闻。"处仁上《备边御戎》十策。进观文殿学士,召为宝箓宫使,特升大学士。旧制,大观文非宰相不除,前二府得除,自处仁始。

钦宗即位,金人犯京师,处仁储粮列备,合锐兵万人勤王;奏乞下诏亲征,以张国威。奏至,朝廷适下亲征诏书,以李纲为行营使。即移书纲,言备御方略。金人请和而归,处仁奏宜伏兵滑、浚,击其半济,必可成功。召为中书侍郎。入见,钦宗问割三镇,处仁言:"国不竞亦陵,且定武陛下之潜藩,不当弃。"与吴敏议合。敏荐处仁可相,拜太宰兼门下侍郎。

童贯部胜捷军卫徽宗东巡,贯既贬,军士有恶言。徽宗将还,都人汹惧,或请为备。处仁曰:"陛下仁孝,思奉晨昏,属车西还,天下大庆,宜郊迎称贺。军士妄言,臣请身任之。"乃以处仁为扈驾礼仪使,统禁旅从出郊,迄二圣还宫,部伍肃然。

初,处仁为右丞,言:"六曹长贰,皆异时执政之选,而部中事一无所可否，悉禀命朝廷。夫人才力不容顿异，岂有前不能决一职而后可共政者乎？乞诏自今尚书、侍郎不得辄以事诿上，有条以条决之，有例以例决之，无条例者酌情裁决；不能决，乃申尚书省。"会处仁以忧去，不果行，及当国，卒奏行之。

聂山为户部尚书兼开封尹，库有美珠，山密语宁德宫宦者，用特旨取之。处仁奏："陛下鉴近患，事必由三省。今以珠为道君太上皇后寿，诚细故，且美事；然此端一开，则前日应奉之徒复纵，臣为陛下惜之。"乃抵主藏吏罪。

处仁言论，初与吴敏、李纲合，寻亦有异议。尝与敏争事，掷笔中敏面，鼻额为黑。唐恪、耿南仲、聂山欲排去二人而代之位，讽言者论之，与敏俱罢，处仁以观文殿大学士为中太一宫使。寻知东平府，提举崇福宫。高宗即位，起为大名尹、北道都总管，卒于郡。

处仁在宣和间，数请宽民力以弭盗贼。尹大名，以刚廉称。及为首相，无大建明，方进言以金人出境，社稷再安，皆由圣德感勤，致有天人之助。仲师道请合诸道兵屯河阳诸州，为防秋计，处仁谓金人岂能复来，不宜先自扰以示弱。南都受围时，处仁在围城中，都人指为奸细，杀其长子庚。幼子度，吏部侍郎。

冯澥字长源，普州安岳人。父山，熙宁末，为秘书丞、通判梓州，邓绾荐为台官，不就，退居二十年，范祖禹荐于朝，官终祠部郎中。澥登进士第，历官入朝，以言事再谪。

靖康元年，澥为左谏议大夫。金人围太原，朝廷命李纲宣抚两河，澥奏罢之。金人要割三镇，高宗自康邸出使，除澥知枢密院事，充副使，不果行，寻除尚书左丞。金人犯阙，诏宗室郡王为报谢使，澥与曹辅以枢密为副，留金营三日归，诏暂权门下侍郎。钦宗诣金营，澥扈从。张邦昌僭位，与澥有旧，取之归，以澥康邸旧臣，命为奉迎使，为总领迎銮仪物使。建炎初，除资政殿学士、知潼川府。言者论澥尝污伪命，夺职，已而复官。绍兴三年，以资政殿学士致仕，卒。

澥为文师苏轼，论西事与蔡京忤。郡人张庭坚以言事斥象州死，妻子流离，澥力振其家，及入谏省，奏官其一子。然议论主熙、丰、绍圣，而排邹浩、李纲、杨时，君子少之。

王伦，字正道，莘县人，文正公旦弟勖玄孙也。家贫无行，为任侠，往来京、洛间，数犯法，幸免。汴京失守，钦宗御宣德门，都人喧呼不已，伦乘势乔造御前曰："臣能弹压之。"钦宗解所佩夏国宝剑以赐，伦曰："臣未有官，岂能弹压？"遂自荐其才。钦宗取片纸书曰："王伦可除兵部侍郎。"伦下楼，挟恶少数人，传旨抚定，都人乃息。宰相何㮚以伦小人无功，除命太峻，奏补修职郎，斥不用。

建炎元年，选能专对者使金，问两宫起居，迁朝奉郎，假刑部侍郎。充大金通问使，阁门舍人朱弁副之，见金左副元帅宗维议事，金留不遣。

有商人陈忠，密告伦二帝在黄龙府，伦遂与弁及洪皓以金遗忠往黄龙府潜通意，由是两宫始知高宗已即位矣。久之，粘罕使乌陵思谋即驿见伦，语及契丹时事。伦曰："海上之盟，两国约为兄弟，万世无变。云中之役，我实馈师，赞成厥功。上国之臣，尝欲称兵南来，先大圣惠顾盟好，不许。厥后举兵以祸吾国，果先大圣意乎？况亘古自分南北，主上恭勤，英俊并用，期必复古。盖思久远之谋，归我二帝、太母，复我土疆，使南北赤子无致涂炭，亦足以慰先大圣之灵，幸执事者赞之。"思谋沉思曰："君言是也，归当尽达之。"已而粘罕至，曰："比上国遣使来，问其意指，多不能对。思谋传侍郎语欲议和，决非江南情实，特侍郎自为此言耳。"伦曰："使事有指，不然来何为哉？人定者胜天，天定亦能胜人，惟元帅察之。"粘罕不答。是后，宇文虚中、魏行可、洪皓、崔纵、张邵相继入使，皆拘之。

绍兴二年，粘罕忽自至馆中与伦议和，纵之归报。是秋，伦至临安，入对，言金人情伪甚悉，帝优奖之。除右文殿修撰，主管万寿观，官其二弟一侄。时方用兵讨刘豫，和议中格。三年，韩肖胄使金还，金遣李永寿、王翊继至。二人骄倨，以伦充伴使，伦与道云中旧故，骄倨少损，遂拜诏。讫事，伦复请祠。刘光世求伦参议军事，辞。宰相赵鼎请召伦赴都堂禀议，伦陈进取之策，不合，复请祠。

七年春，徽宗及宁德后讣至，复以伦为徽猷阁待制，假直学士，充迎奉梓宫使，以朝请郎高公绘副之。入辞，帝使伦谓金左副元帅昌曰："河南地，上国既不有，与其付刘豫，曷若见归？"伦奉诏以行，因附进太后、钦宗黄金各二百两，仍以金帛赐宇文虚中、朱弁、孙傅、张叔夜家属之在金国者。

伦至睢阳，刘豫馆之，疑有他谋，移文取国书。伦报曰："国书须见金主面纳，若所衔命，则祈请梓宫也。"豫胁取不已。会迓者至，渡河见挞懒于涿州，具言豫邀索国书无状，且谓："豫忍背本朝，他日安保其不背大国。"

是年冬，豫废。伦及高公绘还，左副元帅昌送伦等曰："好报江南，自今道涂无壅，和议可以平达。"伦入对，言金人许还梓宫及太后，又许归河南地，且言废豫之谋由己发之。帝大喜，赐予特异。

初，伦既见昌，昌遣使偕伦入燕见金主亶，首谢废豫，次致使指。金主始密与群臣定议许和，遂遣伦还，且命太原少尹乌陵思谋、太常少卿石庆来议事。至行在，伦往来馆中计事。八年秋，以端明殿学士再使金国，知阁门事蓝公佐为之副，申问讳日，期还梓宫。伦辞，引至都堂授使指二十余事。既至金国，金主亶为设宴三日，遣签书宣徽院事萧哲、左司郎中张通古为江南诏谕使，偕伦来。

朝论以金使肆嫚，抗论甚喧，多归罪伦。十一月，伦至行在，引疾请祠，不许，趣赴内殿奏事。时哲等骄倨，受书之礼未定。御史中丞勾龙如渊诣都堂与秦桧议，召伦责曰："公为使通两国好，凡事当于彼中反覆论定，安有同使至而后议者？"伦泣曰："伦涉万死一生，往来虎口者数四，今日中丞乃责伦如此。"桧等共解之曰："中丞无他，亦欲激公了此事耳。"伦曰："此则不敢不勉。"伦见通古，以一二策动之。通古恐，遂议以桧见金使于其馆，受书以归。金许归梓宫、太母及河南地。

九年春，赐伦同进士出身、端明殿学士、签书枢密院事，充迎梓宫、奉还两宫、交割地界使，既又以伦为东京留守兼开封尹。伦至东京，见金右副元帅兀术，交割地界，兀术还燕。五月，伦自汴京赴金国议事。初，兀术还，密言于金主曰："河南地本挞懒、宗磐主谋割之与宋，二人必阴结彼国。今使已至汴，勿令逾境。"伦有云中故吏隶兀术者潜告伦，伦即遣介具言于朝，乞为备。兀术遂命中山府拘伦，杀宗磐及挞懒。

十月，伦始见金主于御子林，致使指。金主悉无所答，令其翰林待制耶律绍文为宣勘官，问伦："知挞懒罪否？"伦对："不知。"又问："无一言及岁币，反来割地，汝但知有元帅，岂知有上国邪？"伦曰："比萧哲以国书来，许归梓宫、太母及河南地，天下皆知上国寻海上之盟，与民休息，使人奉命通好两国耳。"既就馆，金主复遣绍文谕伦曰："卿留云中已无还期，及贷之还，曾无以报，反间贰我君臣耶？"乃遣蓝公佐先归，论岁贡、正朔、誓表、册命等事，拘伦以俟报；已而迁之河间，遂不复遣。

十年，金渝盟，兀术等复取河南。伦居河间六载，至十四年，金欲以伦为平滦三路都转运使，伦曰："奉命而来，非降也。"金益胁以威，遣使来趣，伦拒益力。金杖其使，俾缢杀之。伦厚赂使少缓，遂冠带南向，再拜恸哭曰："先臣文正公以直道辅相两朝，天下所知。臣今将命被留，欲污以伪职，臣敢爱一死以辱命！"遂就死，年六十一。于是河间地震，雨雹三日不止，人皆哀之。诏赠通议大夫，赐其家金千两、帛千匹。子述与从兄邈同入金境，至河间，得伦骨以归，官给葬事。后谥愍节。

宇文虚中，字叔通，成都华阳人。登大观三年进士第，历官州县，入为起居舍人、国史编修官、同知贡举，迁中书舍人。

宣和间，承平日久，兵将骄惰，蔡攸、童贯觊功开边，将兴燕云之役，引女真夹攻契丹，以虚中为参议官。虚中以庙谟失策，主帅非人，将有纳侮自焚之祸，上书言："用兵之策，必先计强弱，策虚实，知彼知己，当图万全。今边圉无应敌之具，府库无数月之储，安危存亡，系兹一举，岂可轻议？且中国与契丹讲和，今逾百年，自遭女真侵削以来，向慕本朝，一切恭顺。今舍恭顺之契丹，不羁縻封殖，为我蕃篱，而远过海外，引强悍之女真以为邻域。女真藉百胜之势，虚喝骄矜，不可以礼义服，不可以言说诱，持卞庄两斗之计，引兵逾境。以百年怠惰之兵，当新锐难抗之敌；以寡谋安逸之将，角逐于血肉之林。臣恐中国之祸未有宁息之期也。"王黼大怒，降集英殿修撰，督战益急。虚中建十一策，上二十议，皆不报。

斡离不、粘罕分道入侵，童贯闻之，忧悯不知所为，即与虚中及范讷等谋，以赴阙禀议为遁归之计，以九月至汴京。是日，报粘罕迫太原，帝顾虚中曰："王黼不用卿言，今金人两路并进，事势若此，奈何？"虚中奏："今日宜先降诏罪己，更革弊端，俾人心悦，天意回，则备御之事，将帅可以任之。"即命虚中草诏，略曰："言路壅蔽，面谀日闻，恩幸持权，贪饕得志，上天震怒而朕不悟，百姓怨怼而朕不知。"又言出宫人、罢应奉等事。帝览诏曰："今日不吝改过，可便施行。"虚中再拜泣下。

时守御难其人，欲召熙河帅姚古与秦凤帅种师道，令以本路兵会郑、洛，外援河阳，内卫京城。帝顾谓虚中曰："卿与姚古、师道如兄弟，宜以一使名护其军。"遂以虚中为资政殿大学士、军前宣谕使。虚中檄趣姚古、师道兵马，令直赴汴京应援。金骑至城下，放兵掠至郑州，为马忠所败，遂收敛为一。西路稍通，师道、姚古及其他西兵并得达汴京。虚中亦驰归，收合散卒，得东南兵二万余人。以便宜起致仕官李邈，令统领于汴河上从门外驻兵。

会姚平仲劫金营失利，西兵俱溃，金人复引兵逼城下，虚中缒而入。钦宗欲遣人奉使，辨劫营非朝廷意，乃姚平仲擅兴兵，大臣皆不肯行。虚中承命即往都亭驿，见金使王汭，因持书复议和。渡濠桥，道逢甲骑如水，云梯、鹅洞蔽地，冒锋刃而进。既至敌营，露坐风埃，自巳至申，金人注矢露刃，周匝围绕，久乃得见康王于军中。次日，侍王至金幕，见二太子者语不逊，礼节倨傲。抵暮，遣人随虚中入城，要越王、李邦彦、吴敏、李纲、曹晟及金银、骡马之类，又欲御笔书定三镇界至，方退军。

令虚中再往，必请康王归。虚中再出，明日，从康王还，除签书枢密院事。自是又三往，金人固要三镇，虚中泣下不言，金帅变色，虚中："太宗殿在太原，上皇祖陵在保州，讵忍割弃。"诸酋曰："枢密不稍空，我亦不稍空。"如中国人称"脱空"，遂解兵北去。言者劾以议和之罪，罢知青州，寻落职奉祠。建炎元年，窜韶州。

二年，诏求使绝域者，虚中应诏，复资政殿大学士，为祈请使，杨可辅副之。寻又以刘诲为通问使，王贶为副。明年春，金人并遣归，虚中曰："奉命北来祈请二帝，二帝未还，虚中不可归。"于是独留。虚中有才艺，金人加以官爵，即受之，与韩昉辈俱掌词命。明年，洪皓至上京，见而甚鄙之。累官翰林学士、知制诰兼太常卿，封河内郡开国公，书金太祖《睿德神功碑》，进阶金紫光禄大夫，金人号为"国师"。然因是而知东北之士皆愤恨陷北，遂密以信义结约，金人不觉也。

金人每欲南侵，虚中以费财劳人，远征江南荒僻，得之不足以富国。王伦归，言："虚中奉使日久，守节不屈。"遂诏福州存恤其家，仍命其子师瑗添差本路转运判官。桧忌虚中沮和议，悉遣其家往金国以牵制之。金皇统四年，转承旨，加特进，迁礼部尚书，承旨如故。

虚中恃才轻肆，好讥讪，凡见女真人，辄以"矿卤"目之，贵人达官，往往积不平。虚中尝撰宫殿榜署，本皆嘉美之名，恶之者摘其字以为谤讪，由是媒蘖成其罪，遂告虚中谋反。鞫治无状，乃罗织虚中家图书为反具。虚中曰："死自吾分。至于图籍，南来士大夫家家有之，高士谈图书尤多于我家，岂亦反邪？"有司承顺风旨，并杀士谈。虚中与老幼百口同日受焚死，天为之昼晦。淳熙间，赠开府仪同三司，谥肃愍，赐庙仁勇，且为置后，是为绍节，官至签书枢密院事。开禧初，加赠少保，赐姓赵氏。有文集行于世。

卷三百七十二
列传第一百三十一

朱倬　王纶　尹穑　王之望　徐俯
沈与求　翟汝文　王庶　辛炳

汤思退，字进之，处州人。绍兴十五年，以右从政郎授建州政和县令，试博学宏词科，除秘书省正字。自是登郎曹，贰中秘，秉史笔。

二十五年，繇礼部侍郎除端明殿学士、签书枢密院事，未几参大政。先是，秦桧当国，恶直丑正，必不异和议，不撄己过，始久于用。时思退名位日进，桧病笃，招参知政事董德元及思退至卧内，属以后事，各赠黄金千两。德元虑其以我为自外，不敢辞，思退虑其以我期其死，不敢受。高宗闻之，以思退不受金，非桧党，信用之。二十六年，除知枢密院事。明年，拜尚书右仆射；又二年，进左仆射。明年，侍御史陈俊卿论其"挟巧诈之心，济倾邪之术，观其所为，多效秦桧，盖思退致身，皆桧父子恩也。"遂罢，以观文殿大学士奉祠。

隆兴元年，符离师溃，召思退复相。谏议大夫王大宝上章论之，不报。金帅纥石烈志宁遗书三省、枢密院，索海、泗、唐、邓四郡。思退欲与和，遣淮西安抚司干办公事卢仲贤加枢密院计议、编修官，持报书以往。既行，上戒勿许四郡。仲贤至宿州，仆散忠义惧之以威，仲贤皇恐，言归当禀命，遂以忠义为三省、枢密院书来。上犹欲止割海、泗，思退遽奏以吏部侍郎王之望为通问使，知阁门事龙大渊副之，将割弃四州。张浚在扬州闻之，遣其子栻入奏仲贤辱国无状。上怒，会侍御周操论仲贤不应擅许四郡，下大理究问，召浚赴行在。十二月，拜思退左仆射，浚右仆射。

二年，浚以金未可与和，请上幸建康，图进兵。上手批王之望等并一行礼物回闭，诏荆、襄、川、陕严边备，窜仲贤郴州。思退恐，奏请以宗社大计，奏禀上皇而后从事。上批示三省曰："金无礼如此，卿犹欲言和。今日敌势，非秦桧时比，卿议论秦桧不若。"思退大骇，阴谋去浚，遂令之望、大渊驿疏兵少粮乏，楼橹、器械未备，人言委四万众以守泗州，非计。上颇惑之，乃命浚行边，还兵罢招纳。浚力乞罢政，许之。上命思退作书，许金四郡。

既而金专事杀戮，上意中悔，思退复密令孙造谕敌以重兵胁和。上闻有敌兵，命建康都统王彦等御之，仍命思退督江、淮军，辞不行。仆散忠义自清河口渡淮，言者极论思退退急和撤备之罪，遂罢相，寻责居永州。于是太学生张观等七十二人上书，论思退、王之望、尹穑等奸邪误国，招致敌人，请斩之。思退忧悸死。

思退始终与张浚不合，浚以雪耻复仇为志，思退每借保境息民为口实，更胜迭负，思退之计逐行，然终以不免。敌既得海、泗、唐、邓，又索商、秦，皆思退力也。

论曰：以白时中之孱佞，徐处仁之奸细，冯澥之邪枉，汤思退之巧诈，而排杨时，误李纲，异张浚，其识趣可见矣，虽有小善，何足算哉。王伦虽以无行应使，往来虎口，屡被拘留，及金人胁之以官，竟不受，见迫而死，悲夫！较之虚中即受其命，为之定官制、草赦文、享富贵者，大有间矣。卒以轻肆讥诬，覆其家族，真不知义命者哉。虽云冤死，亦自取焉。律以豫让之言，益可愧哉。

朱倬，字汉章，唐宰相敬则之后，七世祖避地闽中，为闽县人。世学《易》，入太学。宣和五年，登进士第，调常州宜兴簿。金将犯边，居民求避地，倬为具舟给食，众赖以济。未几，民告涝于郡，郡檄倬考实，乃除田租什九，守怒，不能夺。张浚荐倬，召对，除福建、广东西财用所属官。宣谕使明橐再荐于朝，时方以刘豫为忧，倬因赐对，策其必败。高宗大喜，诏改合入官。与丞相秦桧忤，出教授越州。用张守荐，除诸王府教授。桧恶言兵，倬论掩骼事，又忤之。

梁汝嘉制置浙东，表摄参谋。有群寇就擒，属倬鞫问，独窜二人，余释不问。曰："吾大父尉崇安日，获寇二百，坐死者七十余人。大父谓此饥民剽食尔，乌可尽绳以法？悉除其罪，不以徼赏。吾其可愧大父乎？"通判南剑。建寇阿魏众数千，剑邻于建，兵惏不可用，倬重赏募卒擒获，境内迄平。

除知惠州。陛辞，因言尝策刘豫必败，高宗记其言，问："卿久淹何所？"倬曰："厄于桧。"上愀然慰谕，目送之。旬日间，除国子监丞，寻除浙西提举，且命自今在内除提举官，今朝辞上殿，盖为倬设也。既对，上曰："卿以朕亲擢出为部使者，使咸知内外任均。"又曰："人不知卿，朕独知卿。"除右正言，累迁中丞。尝言："人主任以耳目，非报怨任气之地，必上合天心。"每上疏，辄夙兴露告，若上帝鉴临。奏疏凡数十，如发仓廪，蠲米价，减私盐，核军食，率焚稿不传。知贡举，迁参知政事。

绍兴三十一年，拜尚书右仆射。金兵犯江，倬陈战、备、应三策，且谓兵应者胜，上深然之。又策敌三事：上焉者为耕筑计，中焉者守备，下则妄意绝江，金必出下策。果如所料。史浩、虞允文、王淮、陈俊卿、刘珙之进用，皆倬所荐也。

高宗自建康回銮，有内禅意。倬密奏曰："靖康之事正以传位太遽，盍姑徐之。"心不自安，屡求去。诏以观文殿学士提举江州太平兴国宫。孝宗即位，谏臣以为言，降资政殿学士。明年致仕，卒。复元职，恤典如宰相，赠特进。孙著，淳熙十四年登第，仕至吏部尚书。

王纶，字德言，建康人。幼颖悟，十岁能属文。登绍兴五年进士第，授平江府崑山县主簿，历镇江府、婺州、临安府教授，权国子正。

时初建太学，亡旧规，凭吏省记，吏缘为奸。纶厘正之，其弊稍革。迁敕令所删定官、诸王宫大小学教授兼权兵部郎官。言："孔门弟子与后世诸儒有功斯文者，皆得从祀先圣，今辟庠序，修礼乐，宜以其式颁诸郡县。"

二十四年，以御史中丞魏师逊荐，为监察御史，与秦桧论事，忤其意，师逊遂劾纶，且言："智识浅昧，不能知纶。"由此罢去。逾年，知兴国军。桧死，召为起居舍人兼崇政殿说书，寻兼权礼部侍郎。

二十六年，试中书舍人。高宗躬亲政事，收揽威柄，召诸贤于散地，诏命填委，多纶所草。纶奏守臣裕民事，乞毋拘旧五条，从之。兼侍讲。上喜读《春秋左氏传》，纶进讲，与上意合。尝同讲读官荐兴化军郑樵学行，召对命官，且给笔札，录其所著史。兼直学士院，迁工部侍郎，仍兼直院。撰《吴玠神道碑》，称上旨，赐宸翰褒宠。

二十八年，除同知枢密院事。金将渝盟，边报沓至，宰相沈该未敢以闻。纶率参知政事陈康伯、同知枢密院事陈诚之共白其事，乞备御。已而纶病肺喝，告请祠，上遣御医诊视，且赐白金五百两。

二十九年六月，朝论欲遣大臣为泛使觇敌，且坚盟好。纶请行，乃以为称谢使，曹勋副之。至金，馆礼甚隆。一日，急召使人，金主御便殿，惟一执政在焉，连发数问，纶条对，金主不能屈。九月，还朝入见，言："邻国恭顺和好，皆陛下威德所致。"宰臣汤思退等皆贺。然当时金已谋犯江，特以善意给纶尔。

纶旧疾作，力丐外，除资政殿大学士知福州，上解所御犀带赐之。明年，知建康府兼行宫留守。敌犯江，纶每以守御利害驿闻，上多从之。三十一年八月，卒。赠左光禄大夫，谥章敏。无子，以兄绰之子为后。

尹穑，字少稷。建炎中兴，自北归南。绍兴三十二年，与陆游同为枢密院编修官。权知院史浩、同知王祖舜荐其博学有文，召对称旨，二人并赐进士出身。孝宗奖用西北之士，隆兴元年，除穑监察御史，寻除右正言。二年五月，除殿中侍御史。历迁谏议大夫，未几而罢。

初，符离师溃，汤思退复相，金帅移书索地，诏侍从台谏集议。穑时为监察御史，以为国家事力未备，宜与敌和，惟增岁币，勿弃四州，勿请陵寝，则和议可成。既而卢仲贤出使，为金所胁，又将遣王之望、张浚极言其不可。穑为右正言，惧和议弗就，因劾浚跋扈，未几罢政。后将割四郡，再易国书，岁币如所索之数，而敌分兵入寇。上意中悔。穑为侍御史，乞置狱，取不肯撤备及弃地者劾其罪，牵引凡二十余人。

时方以和为急，擢穑为谏议大夫。敌势浸张，远近震动，都督、同都督相继辞行。上书言攻和议之失，且言："穑专附大臣为鹰犬，如张浚忠诚为国，天下共知，穑不顾公议，妄肆诋诽；凡大臣不悦者皆逐之，相与表里，以成奸谋，皆可斩。"上虽怒言者，而一时主议之臣与穑，皆相继废黜。先是，胡铨力言主和非是，大臣不悦，命铨与穑分往浙东西措置海道。二人挈家以行，为言者所劾，遂皆罢，语在《陈康伯传》。

王之望，字瞻叔，襄阳谷城人，后寓居台州。父纲，登元符进士第，至通判徽州而卒。之望初以荫补，绍兴八年，登进士第。教授处州，入为太学录，迁博士。久之，

出知荆门军，提举湖南茶盐，改潼川府路转运判官，寻改成都府路计度转运副使、提举四川茶马。

朝臣荐其才，召赴行在，除太府少卿，总领四川财赋。金人渝盟，军书旁午，调度百出，之望区画无遗事。第括民质剂未税者，搜抉隐匿，得钱为缗四百六十八万，众咸怨之。后升太府卿。

孝宗即位，除户部侍郎，充川、陕宣谕使。先是，敌帅合喜寇凤州之黄牛堡，吴璘击走之，遂取秦州，连复商、陕、原、环等十七郡。敌以璘精兵皆在德顺，力攻之。时陈康伯秉政，方议罢德顺戍，虞允文为宣谕使，力争不从，上以手札命璘退师。之望既代允文宣谕使，赞璘命诸将弃德顺，仓卒引退。敌乘其后，正兵三万，还者仅七千人，将校所存无几，连营恸哭，声震原野。上闻而悔之。

隆兴初，右谏议大夫王大宝疏之望罪，除集英殿修撰、提举江州太平兴国宫。未几，权户部侍郎、江淮都督府参赞军事。之望雅不欲战，请朝，因奏："人主论兵与臣下不同，惟奉承天意而已。窃观天意，南北之形已成，未易相兼，我之不可绝淮而北，犹敌之不可越江而南也。移攻战之力以自守，自守既固，然后随机制变，择利而应之。"有旨留中。俄兼直学士院。

汤思退力主息兵，奏除之望吏部侍郎、通问使。寻议先遣小使觇敌，召之望还。之望首以守备不足恃为告，上亟罢都督府，以之望为淮西宣谕使，甫拜命，又擢右谏议大夫。之望因上章极言廷臣执偏见为身谋，乞明诏在庭，平其心于议论之际。时思退主和议，浚主恢复，之望言似善，实阴为思退地也。

既而视师江上。金复犯边，遂上和、战二策，且言措置守御之备，疏奏未达，拜参知政事。既入，俄兼同知枢密院事。敌兵交至，濠、楚守将或弃城遁，上命汤思退督江、淮师；未行，复令之望督视，改同都督。力辞不行。会太学诸生上书，上怒，欲加罪，之望救解之。遂以参知政事劳师江、淮。

之望先尝贻书敌帅。至是，王抃使敌军，并割商、秦地；许归被俘人，惟叛亡不预；世为叔侄之国。敌皆听命，讲解而罢。上闻敌师退，令督府择利击之，之望下令诸将不得妄进。朝廷趣行，之望言："王抃既还，不可冒小利，害大计。"言者论罢为端明殿学士、提举江州太平兴国宫，居天台。乾道元年，起知福州、福建路安抚使。捕海贼王大老，捷闻，加资政殿大学士，移知温州，寻复罢。六年冬，卒。

之望有文艺干略，当秦桧时，落落不合，或谓其有守。绍兴末年，力附和议，与思退相表里，专以割地啖敌为得计，地割而敌势益张，之望迄以此废焉。

徐俯，字师川，洪州分宁人。以父禧死国事，授通直郎，累官至司门郎。靖康中，张邦昌僭位，俯遂致仕。时工部侍郎何昌言与其弟昌辰避邦昌，皆改名。俯买婢名昌奴，遇客至，即呼前驱使。建炎初，落致仕，奉祠。

内侍郑谌识俯于江西，重其诗，荐于高宗。胡直孺在经筵，汪藻在翰苑，迭荐之，遂以俯为右谏议大夫。中书

舍人程俱言："俯以前任省郎遽除谏议,自元丰更制以来未之有。考之古今,非阳城、种放,则未尝不循序而进,愿姑以所应者命之。昔元稹在长庆间,擢知制诰,真不忝矣。缘其为荆南判司,命从中出,召为省郎,便知制诰,遂喧朝论,时谓荆南监军崔潭峻实引之。近亦传俯与宦寺倡酬,称其警策,恐或者不知陛下得俯之由。"不报,俱遂罢。

绍兴二年,赐进士出身,兼侍读。三年,迁翰林学士,俄擢端明殿学士、签书枢密院事。四年,兼权参知政事。宰相朱胜非言:"襄阳上流,所当先取。"帝曰:"盍就委岳飞?"参政赵鼎曰:"知上流利害,无如飞者。"俯独持不可,帝不听。会刘光世乞入奏,鼎言:"方议出师,大将不宜离军。"俯欲许之,鼎固争,俯乃求去,提举洞霄宫。

九年,知信州。中丞王次翁论其不理郡事,予祠。明年,卒。俯才俊,与曾几、吕本中游,有诗集六卷。

沈与求,字必先,湖州德清人。登政和五年进士第,累迁至明州通判。以御史张守荐,召对,除监察御史。上疏论执政,迁兵部员外郎,自劾以为言苟不当,不应得迁。上乃行其言,除殿中侍御史。

上在会稽,或劝幸饶、信,有急则入闽。与求以为今日根本正在江、浙,宜进都建康,以图恢复。论范宗尹年少为相,恐误国事。上不悦,以直龙图阁知台州。宗尹罢,召还,再除侍御史。

时军储窘乏,措置诸镇屯田,与求取古今屯田利害,为《集议》二卷上之,诏付户部看详。江西安抚、知江州朱胜非未至,而马进寇江州陷之,与求论九江之陷,由胜非赴镇太缓,胜非罢去。时方多事,百司稽违,与求援元丰旧制,请许台谏官弹奏,上从之。与求再居言路,或疑凡范宗尹所引用者,将悉论出之。与求曰:"近世朋党成风,人才不问贤否,皆视宰相出处为进退。今当别人才邪正而言之,岂可谓一时所用皆不贤哉?"人服其言。

吕颐浩再相,御营统制辛永宗、枢密富直柔、右司谏韩璜屡言其短。与求劾直柔附会永宗兄弟,为致身之资。上遂出永宗,而璜、直柔亦相继罢黜。

迁御史中丞。时禁卫寡弱,诸将各拥重兵,与求言:"汉有南北军,唐用府兵,彼此相维,使无偏重之势。今兵权不在朝廷,虽有枢密院及三省兵房、尚书兵部,但行文字而已。愿诏大臣益修兵政,助成中兴之势。"浙西安抚刘光世来朝,以缯帛、方物为献,上已分乞六宫,与求奏:"今为何时而有此。"时已暮,疏入,上命追取斥还。内侍冯益别置御马院,自领其事,又擅穿皇城便门。与求劾益专恣,请治其罪。

谍报刘豫在淮阳造舟,议者多欲于明州向头设备。与求言:"使贼舟至此,则入吾腹心之地。臣闻海舟自京东入浙,必由泰州石港、通州料角崇明镇等处,次至平江南北洋,次至秀州金山,次至向头。又闻料角水势湍险,必得沙上水手方能转运。宜于石港、料角等处拘收水手,优给钱粮而养之,以备缓急。"

两浙转运副使徐康国自温州进发宣和间所制间金、销金屏障什物,与求奏曰:"陛下俭侔大禹,今康国欲以微物累盛德,乞斥而焚之,仍显黜康国。"从之。与求历御史三院,知无不言,前后几四百奏,其言切直,自敌已已下有不能堪者。上时有所训敕,每曰:"汝不识沈中丞邪?"移吏部尚书兼权翰林学士兼侍读,遂出为荆湖南路安抚使、知潭州。引疾丐祠,许之。

四年,出知镇江府兼两浙西路安抚使。复以吏部尚书召,除参知政事。金人将入寇,上谕辅臣曰:"朕当亲总六军。"与求赞之曰:"今日亲征,皆由圣断。"上意决亲征,书《车攻诗》以赐。上曰:"朕以二圣在远,屈己通和。今豫逆乱如此,安可复忍?"与求曰:"和亲乃金人屡试之策,不足信也。"因奏:"诸将分屯江岸,而敌人往来淮甸,当遣岳飞自上流取间道乘虚击之,彼必有反顾之忧。"上曰:"当如此措置。"

五年,兼权知枢密院事。时张浚视师江上,以行府为名,言知泰州邵彪及具营田利害事,乞送尚书省。有旨从之。与求不能平,曰:"三省、枢密院乃奉行行府文书邪?"六年,张浚复欲出视师,不告之同列。及得旨,乃退而叹曰:"此大事也,吾不与闻,何以居位?"遂丐祠,罢,出知明州。

七年,上在平江,召见,除同知枢密院事;从至建康,迁知枢密院事。薨,赠左银青光禄大夫,谥忠敏。

翟汝文,字公巽,润州丹阳人。登进士第,以亲老不调者十年。擢试礼局编修官,召对,徽宗嘉之,除秘书郎。三馆士建议东封,汝文曰:"治道贵清净。今不启上述三代礼乐,而师秦、汉之侈心,非所愿也。"责监宿州税。久之,召除著作郎,迁起居郎。

皇太子就傅,命汝文劝讲,除中书舍人。言者谓汝文从苏轼、黄庭坚游,不可当赞书之任,出知襄州,移知济州,复知唐州,以谢章自辨罢。未几,起知陈州。召拜中书舍人,外制典雅,一时称之。命同修《哲宗国史》,迁给事中。高丽使入贡,诏班侍从之上,汝文言:"《春秋》之法,王人虽微,序诸侯上。不可卑近列而尊陪臣。"上遂命如旧制。内侍梁师成强市百姓墓田,广其园圃。汝文言于上,师成讽宰相黜汝文,出守宣州。

召为吏部侍郎,出知庐州,徙密州。密负海产盐,蔡京屡变盐法,盗贩者众,有司穷治党与。汝文曰:"祖宗法度,获私商不诘所由,欲靖盐民也。今系而虐之,将为厉矣。"悉纵之。密岁贡牛黄,汝文曰:"牛失黄辄死,非所以惠农,宜输财市之,则其害不私于密。"上从之。钦宗即位,召为翰林学士,改显谟阁学士、知越州兼浙东安抚使。

建炎改元,上疏言:"陛下即位赦书,上供常数,后为献利之臣所增者,当议裁损。如浙东和预买绢岁九十七万六千匹,而越州乃二十万五百匹,以一路计之,当十之三。如杭州岁起之额盖与越州等,杭州去年已减十二万匹,独越州尚如旧,今乞视户等减罢。"杨应诚请使高丽,图迎二帝,汝文奏:"应诚欺罔君父,若高丽辞以大国假道以至燕云，金人却请问津以窥吴越，将何辞以对？"后高丽果如汝文言。上将幸武昌，汝文疏请幸荆南，不从。

绍兴元年，召为翰林学士兼侍讲，除参知政事、同提举修政局。时秦桧相，四方奏请陧委未决，吏缘为奸。汝文语桧，宜责都司程考吏牍，稽违者惩之。汝文尝受辞牒，书字用印，直送省部；入对，乞治堂吏受赇者。桧怒，面劾汝文专擅。右司谏方孟卿因奏汝文与长官立异，岂能共济国事？罢去以卒。

先是，汝文在密，桧为郡文学，汝文荐其才，故桧引用之。然汝文性刚不为桧屈，对案相诟，至目桧为"浊气"。汝文风度翘楚，好古博雅，精于篆籀，有文集行于世。

王庶，字子尚，庆阳人。崇宁五年，举进士第，改秩，知泾州保定县。以种师道荐，通判怀德军。契丹为金人所破，举燕云地求援，诏师道受降。庶谓师道曰："国家与辽人百年之好，今坐视其败亡不能救，乃利其土地，无乃基女直之祸乎？"不听。宣和七年，金果入寇。太宰李邦彦夜召庶问计，庶曰："宿将无如种师道，且夷虏畏服，宜付以西兵，使之入援。"邦彦以语蔡攸，攸不然。以庶为陕西运判兼制置解盐事。疆事益棘，钦宗欲幸襄、邓，先命席益为京西安抚使，益求庶自副。高宗即位，除直龙图阁、鄜延经略使兼知延安府。累立战功，进集英殿修撰，升龙图阁待制，节制陕西六路军马。

先是，河东经制使王璨既遁归，东京留守宗泽承制以庶权陕西制置使。会宣谕使谢亮入关，庶移书曰："夏人之患小而缓，金人之患大而迫，秋高必大举，盍仗节率兵举义，驱逐渡河，徐图恢复。"亮不能从。金人大入，庶调兵自沿河至冯翊，据险以守。金人先乘冰渡河犯晋宁，侵丹州，又渡清水河，破潼关，秦、陇皆震。庶传檄诸路，会期讨贼。泾原统制曲端雅不欲属庶，以未受命辞；居数日，告身至，又辞。金人知端与庶不协，并兵寇鄜延。庶在坊州闻之，夜趋鄜延以遏其冲。金人诡道陷丹州，州界鄜、延之间，庶乃自当延安路。时端尽统泾原劲兵，庶屡督其进，端讫不行，遂陷延安。语在《端传》。

初，庶闻围急，自收散亡往援。观察使王璨亦将所部发兴元。庶至甘泉而延安已不守，既无所归，遂以军付璨，而自将百骑驰至襄乐劳军，尚倚端为助。庶至，端令每门减从骑之半，比至帐下，仅数骑。端厉声问庶延安失守状，且曰："节制固知爱身，不知为天子爱城乎？"庶曰："吾数令不从，谁其爱身者！"端怒，谋即军中诛庶而夺其兵，乃夜走宁州，见谢亮曰："延安，五路襟喉，今既失矣。《春秋》大夫出疆之义得以专之，请诛庶。"亮曰："使事有指，今以人臣而擅诛于外，是跋扈也，公则自为之。"端沮而归，乃夺庶节制使印，又拘縻其官属。会诏庶守京兆，庶先以失律自劾得罢。丁内艰。

时张浚自富平败归，始思庶及端之言可用，乃并召之。庶地近先至，力陈抚秦保蜀之策，劝浚收熙河、秦凤之兵，扼关、陇以为后图。浚不纳。求终制，不许，乃版授参议官。浚念端与庶必不相容，端未至，但复其官，移

恭州。庶因谓浚曰："端有反心。"浚亦畏端得士，始有杀端意矣。语在《端传》。

绍兴五年，起复知兴元府、利夔路制置使。庶以士卒单寡，籍兴、洋诸邑及三泉县强壮，两丁取一，三丁取二，号"义士"，日阅于县，月阅于州，厚犒之，不半年，有兵数万。浚言于朝，升徽猷阁直学士。有逸于浚者，徙庶知成都，改嘉州。明年，浚劾庶轻率倾险，落职奉祠。寻起知遂宁，固避得请。

六年，除湖北安抚使、知鄂州。趣阙，上因燕见，庶言："陛下欲保江南，无所事；如曰绍复大业，都荆为可。荆州左吴右蜀，利尽南海，前临江、汉，出三川，涉大河，以图中原，曹操所以畏关羽者也。"上大异之。复显谟阁待制、知荆南府、湖北经略安抚使，又复直学士。

七年十月，以兵部侍郎召。明年春，入对，上曰："召卿之日，张浚已去，赵鼎未来，此朕亲擢，非有左右之助。"庶顿首谢，因奏："恢复之功十年未立，其失在偏听，在欲速，在轻爵赏，是非邪正混淆。诚能赏功罚罪，其谁不服？昔汉光武以兵取天下，不以不急夺其费，不知兵者不可使言兵。"又口陈手画秦、蜀利害。上大喜，即日迁本部尚书。阅月，拜枢密副使。

议者乞遣重臣行边，遂命庶措置江、淮边防。京、湖宣抚使岳飞闻庶行边，遗书曰："今岁若不出师，当纳节请闲。"庶壮之。庶还朝，论金人变诈，自谕海上之盟，因及飞纳节之语。当是时，秦桧再相，以和戎为事。金使乌陵思谋至，诏趣庶还。庶力诋和议，乞诛金使，其言甚切。金又遣张通古来许割地，还梓宫，归太后。庶曰："和议之事，臣所不知。"凡七疏乞免官，乃以资政殿学士知潭州。

御史中丞勾龙如渊劾庶本赵鼎所荐，欺君罔上。庶罢归，至九江，被命夺职，徙家居焉。十三年，御史胡汝明论庶讥讪朝政，责豫德军节度副使，道州安置。至贬所卒。孝宗思庶言，追复其官，谥敏节。子六人，之奇，乾道中，知枢密院事。

辛炳，字如晦，福州侯官县人。登元符三年进士第，累官至监察御史兼权殿中侍御史。先是，蔡京废发运司转般仓为直达纲，舟入，率侵盗，沉舟而遁，户部受虚数，人畏京莫敢言。炳极疏其弊，且以变法后两岁所得之数，较常岁亏欠一百三十有二万，支益广而入浸微，乞下有司计度。徽宗以问京，京怒，以炳为沮挠，责监南剑州新丰场，寻提举洞霄宫，起知衷州，移无为军。靖康初，召为兵部员外郎。

高宗即位，除左司员外郎，辞；未几，起直龙图阁、知潭州。明年，张浚调兵潭州，以炳懦怯不能，罢之，寻以起居舍人召，辞。绍兴二年，复以侍御史召。首言今日公道壅塞，风俗颓薄，连疏三省所行乖失数十事，请谕大臣勿废都堂公见之礼。时福建八州添差至百八十余员，炳言："艰危多事之时，冗食之官无益，当罢。"从之。

苏、湖地震，下诏求言。炳言："大臣无畏天之心，何事不可为？"其言甚峻，由是宰执吕颐浩居家待罪，炳劾

罢颐浩。知枢密院事张浚召赴行在，炳论其败事误国，浚坐落职。

除御史中丞。时方遣使议和，炳方言：「金人无信，和议不可恃，宜讲求守御攻战之策。」以疾请外，除显谟阁直学士、知漳州，未赴而卒。诏：炳任中执法，操行清修，今其云亡，贫无以葬，赐银帛赙其家，赠通议大夫。

论曰：秦桧晚荐士以收人望，然一时知名之士，亦岂尽可笼络者哉！朱倬论事辄不合，王纶代言辞合体要，若尹穑、王之望人品虽不同，其附和议则一尔。徐俯末与赴鼎争辨，沮抑岳飞，异哉。沈与求止和亲之议，翟汝文善料事，而桧以为异己。王庶论都荆州，当时诸臣之虑皆不及此。考夫祈寰之事，庶盖忠义人也。辛炳雅志清修，又岂多见也欤。

卷三百七十三
列传第一百三十二

朱弁　郑望之　张邵　洪皓子适　遵　迈

朱弁，字少章，徽州婺源人。少颖悟，读书日数千言。既冠，入太学，晁说之见其诗，奇之，与归新郑，妻以兄女。新郑介汴、洛间，多故家遗俗，弁游其中，闻见日广。靖康之乱，家碎于贼，弁南归。

建炎初，议遣使问安两宫，弁奋身自献，诏补修武郎，借吉州团练使，为通问副使。至云中，见粘罕，邀说甚切。粘罕不听，使就馆，守之以兵。弁复与书，言用兵讲和利害甚悉。

绍兴二年，金人忽遣宇文虚中来，言和议可成，当遣一人诣元帅府受书还，虚中欲弁与正使王伦探策决去留，弁曰：「吾来，固自分必死，岂应今日觊幸先归。愿正使受书归报天子，成两国之好，盖申四海之养于两宫，则吾虽暴骨外国，犹生之年也。」伦将归，弁请曰：「古之使者有节以为信，今无节有印，印亦信也。愿留印，使弁得抱以死，死不腐矣。」伦解以授弁，弁受而怀之，卧起与俱。

金人迫弁仕刘豫，且诇之曰：「此南归之渐。」弁曰：「豫乃国贼，吾尝恨不食其肉，又忍北面臣之，吾有死耳。」金人怒，绝其饩遗以困之。弁固拒驿门，忍饥待尽，誓不为屈。金人亦感动，致礼如初。久之，复欲易其官，弁曰：「自古兵交，使在其间，言可从从之，不可从则囚之、杀之，何必易其官？吾官受之本朝，有死而已，誓不易以辱吾君也。」且移书耶律绍文等曰：「上国之威命朝以至，则使人夕以死，夕以至则朝以死。」又以书诀后使洪皓曰：「杀行人非细事，吾曹遭之，命也，要当舍生以全义尔。」乃具酒食，召被掠士夫饮，半酣，语之曰：「吾已得近郊某寺地，一旦毕命报国，诸公幸瘗我此处，题其上曰『有宋通问副使朱公之墓』，于我幸矣。」众皆泣下，莫能仰视。弁谈笑自若，曰：「此臣之常，诸君何悲也？」金人知其终不可屈，遂不复强。

王伦还朝，言弁守节不屈，帝为官其子林，赐其家银帛。会粘罕等相继死灭，弁密疏其事及金国虚实，曰：「此不可失之时也。」遣李发等间行归报。其后，伦复归，又以弁奉送徽宗大行之文为献，其辞有曰：「叹马角之未生，魂消雪窖；攀龙髯而莫逮，泪洒冰天。」帝读之感泣，官其亲属五人，赐吴兴田五顷。帝谓丞相张浚曰：「归日，当以禁林处之。」八年，金使乌陵思谋、石庆充至，称弁忠节，诏附黄金三十两以赐。

十三年，和议成，弁得归。入见便殿，弁谢且曰：「人之所难得者时，而时之运无已；事之不可失者几，而几之藏无形。惟无已也，故来迟而难遇；惟无形也，故动微而难见。陛下与金人讲和，上返梓宫，次迎太母，又其次则怜赤子之无辜，此皆知时知几之明验。然时运而往，或难固执；几动有变，宜鉴其兆。盟可守，而诡诈之心宜嘿以待之；兵可息，而销弭之术宜详以讲之。金人以黩武为至德，以苟安为太平，虐民而不恤民，广地而不广德，此皆天助中兴之势。若时与几，陛下既知于始，愿图厥终。」帝纳其言，赐金帛甚厚。弁又以金国所得六朝御容及宣和御书画为献。秦桧恶其言敌情，奏以初补官为宣教郎、直秘阁。有司校其考十七年，应迁数官。桧沮之，仅转奉议郎。十四年，卒。

弁为文慕陆宣公，援据精博，曲尽事理。诗学李义山，词气雍容，不蹈其险怪奇涩之弊。金国名王贵人多遣子弟就学，弁因文字往来说以和好之利。及归，述北方所见闻忠臣义士朱昭、史抗、张忠辅、高景平、孙益、孙谷、傅伟文、李舟、五台僧宝真、妇人丁氏、晏氏、小校阎进、朱勣等忠节事状，请加褒录以劝来者。有《聘游集》四十二卷、《书解》十卷、《曲洧旧闻》三卷、《续骩骳说》一卷、《杂书》一卷、《风月堂诗话》三卷、《新郑旧诗》一卷、《南归诗文》一卷。

郑望之，字顾道，彭城人，显谟阁直学士仅之子也。望之少有文名，山东皆推重。登崇宁五年进士第，自陈留簿累迁枢密院编修官，历开封府仪、工、户曹，以治办称。临事劲正，不受请托。宦寺有强占民田者，奏归之。蔡京子欲夺人妻，使人谕意，望之拒不受。除驾部员外郎兼金部。

靖康元年，金人攻汴京，假尚书工部侍郎，俾为军前计议使。既还，金人遣吴孝民与望之同入见。望之言金人意在金币，且要大臣同议，乃命同知枢密院事李梲与望之再使，斡离不以朝廷受归朝官及赐平州张觉手诏为辞，遣萧三宝奴偕梲等还，以书求割三镇，欲得宰相交地，亲王送大军过河。

时高宗在康邸，慷慨请行，遂与张邦昌乘筏渡濠，自午至夜分，始达金砦。又除望之户部侍郎，同梲再至金营，仍以珠玉遗金人。金人拘留望之逾旬。会姚平仲夜劫砦不克，斡离不以用兵诘责诸使者，邦昌恐惧涕泣，王不为动。金人遂不欲留王，更请肃王，乃以兵送望之诣国王砦诘问。会再遣宇文虚中持割地诏至，望之得还，因盛言敌势强大,我兵削弱,不可不和。既而金兵退,朝廷以议和非策,罢望之提举亳州明道宫。

建炎初,李纲以望之张皇敌势,沮损国威,以致祸败,责海州团练副使,连州居住。纲罢,诏望之为户部侍郎,寻转吏部侍郎。论王云之冤,帝为感动,复云元官,与七子恩泽。寻兼主管御营司参赞军事。论航海不便,忤旨,以集英殿修撰再领亳州明道宫。起知宣州,逾年,以言章罢。

绍兴二年,会赦,复徽猷阁待制致仕。七年,落致仕,召赴行在。望之以衰老辞,帝谓大臣曰:"望之,朕故人也。"于是升徽猷阁直学士,复致仕。三十一年,卒,年八十四。赠中大夫。

张邵,字才彦,乌江人。登宣和三年上舍第。建炎元年,为衢州司刑曹事。会诏求直言,邵上疏曰:"有中原之形势,有东南之形势。今纵未能遽争中原,宜进都金陵,因江、淮、蜀、汉、闽、广之资,以图恢复,不应退自削弱。"

三年,金人南侵,诏求可至军前者,邵慨然请行,转五官,直龙图阁,假礼部尚书,充通问使,武官杨宪副之,即日就道。至潍州,接伴使置酒张乐,邵曰:"二帝北迁,邵为臣子,所不忍听,请止乐。"至于三四,闻者泣下。翌日,见左监军挞揽,命邵拜,邵曰:"监军与邵为南北朝从臣,无相拜礼。"且以书抵之曰:"兵不在强弱,在曲直。宣和以来,我非无兵也,帅臣初开边衅,谋臣复启兵端,是以大国能胜之。厥后伪楚僭立,群盗蜂起,曾几何时,电扫无余,是天意人心未厌宋德也。今大国复裂地以封刘豫,穷兵不已,曲有在矣。"挞揽怒,取国书去,执邵送密州,囚于柞山砦。

明年,又送邵于刘豫,使用之。邵见刘豫,长揖而已,又呼为"殿院",责以君臣大义,词气俱厉,豫怒,械置于狱,杨宪遂降。豫知邵不屈,久之,复送于金,拘之燕山僧寺,从者皆莫知所之。后又作书,为金言"刘豫挟大国之势,日夜南侵,不胜则首鼠两端,胜则如养鹰,饱则飏去,终非大国之利",守者密以告,金取其书去,益北徙之会宁府,距燕三千里。金尝大赦,许宋使者自便还乡,人人多占籍淮北,冀幸稍南。惟邵与洪皓、朱弁言家在江南。

十三年,和议成,及皓、弁南归。八月,入见,奏前后使者如陈过庭、司马朴、滕茂实、崔纵、魏行可皆殁异域未褒赠者,乞早颁恤典。邵并携崔纵柩归其家。升秘阁修撰,主管佑神观。左司谏詹大方论其奉使无成,改台州崇道观。移书时相,劝其迎请钦宗与诸王后妃。十九年,以敷文阁待制提举江州太平兴国宫。知池州,再奉祠卒,年六十一。累赠少师。

邵负气,遇事慷慨,常以功名自许,使伐囚徒,屡濒于死。其在会宁,金人多从之学。喜诵佛书,虽异域不废。初,使金时,遇秦桧于潍州。及归,上书言桧忠节,议者以是少之。后弟祁下大理狱,将株连邵,会桧死得免。有文集十卷。

子孝览、孝曾、孝忠。孝曾后亦以出使殁于金,金人知为邵子,尚怜之。

洪皓,字光弼,番易人。少有奇节,慷慨有经略四方志。登政和五年进士第。王黼、朱勔皆欲婚之,力辞。宣和中,为秀州司录。大水,民多失业,皓白郡守以拯荒自任,发廪损直以粜。民垒集,皓恐其纷竞,乃别以青白帜,涅其手以识之,令严而惠遍。浙东纲米过城下,皓白守邀留之,守不可,皓曰:"愿以一身易十万人命。"人感之切骨,号"洪佛子"。其后秀军叛,纵掠郡民,无一得脱,惟过皓门曰:"此洪佛子家也。"不敢犯。

建炎三年五月,帝将如金陵,皓上书言:"内患甫平,外敌方炽,若轻至建康,恐金人乘虚侵轶。宜先遣近臣往经营,俟告办,回銮未晚。"时朝议已定,不从,既而悔之。他日,帝问宰辅近谏移跸者谓谁,张浚以皓对。时议遣使金国,浚又荐皓于吕颐浩,召与语,大悦。皓方居父丧,颐浩解衣巾,俾易墨衰绖入对。帝以国步艰难、两宫远播为忧。皓极言:"天道好还,金人安能久陵中夏!此正春秋郊、鄀之役,天其或者警晋训楚也。"帝悦,迁皓五官,擢徽猷阁待制,假礼部尚书,为大金通问使,龚璹副之。令与执政议国书,皓欲有所易,颐浩不乐,遂抑迁官之命。

时淮南盗贼踵起,李成甫就招,即命知泗州羁縻之。乃命皓兼淮南、京东等路抚谕使,俾成以所部卫皓至南京。比过淮南,成方与耿坚共围楚州,责权州事贾敦诗以降敌,实持叛心。皓先以书抵成,成以汴涸,虹有红巾贼,军食绝,不可往。皓闻坚起义兵,可撼以义,遣人密谕之曰:"君数千里赴国家急,山阳纵有罪,当禀命于朝;今擅攻围,名勤王,实作贼尔。"坚意动,遂强成敛兵。

皓至泗境,迎骑介而来,龚璹曰:"虎口不可入。"皓遂还,上疏言:"成以朝廷馈饷不继,有'引众建康'之语。今靳赛据扬州,薛庆据高邮,万一三叛连衡,何以待之?此含垢之时,宜使人谕意,优进官秩,畀之以京口纲运,如晋明帝待王敦可也。"疏奏,帝即遣使抚成,给米伍万石。颐浩恶其直达而不先白堂,奏皓托事稽留,贬二秩。皓遂请奏出滁阳路,自寿春由东京以行。至顺昌,闻群盗李阁罗、小张俊者梗颍上道。皓与其党遇,譬晓之曰:"自古无白头贼。"其党悔悟,皓使持书至贼巢,二渠魁听命,领兵入宿卫。

皓至太原,留几一年,金遇使人礼日薄。及至云中,粘罕迫二使仕刘豫,皓曰:"万里衔命,不得奉两宫南归,恨力不能磔逆豫,忍事之邪!留亦死,不即豫亦死,不愿偷生鼠狗间,愿就鼎镬无悔。"粘罕怒,将杀之。旁一酋嘀曰:"此真忠臣也。"目止剑士,为之跪请,得流递冷山。流递,犹编窜也。惟璹不汙受豫官。

云中至冷山行六十日,距金主所都仅百里,地苦寒,四月草生,八月已雪,穴居百家,陈王悟室聚落也。悟室敬皓,使教其八子。或二年不给食,盛夏衣粗布,尝大雪薪尽,以马矢然火煨面食之。或献取蜀策,悟室持问皓,皓力折之。悟室锐欲南侵,曰:"孰谓海大,我力可乾,但不能使天地相拍尔。"皓曰："兵犹火也，弗戢将自焚，自古无四十年用兵不止者。"又数为言所以来为两国事，既不受使，乃令深入教小儿，非古者待使之礼也。悟室或答或默，忽发怒曰："汝作和事官，而口硬如许，谓我不能杀汝耶？"皓曰："自分当死，顾大国无受杀行人之名，愿投之水，以坠渊为名可也。"悟室义之而止。

和议将成，悟室问所议十事，皓条析甚至。大略谓封册乃虚名，年号本朝自有；金三千两景德所无，东南不宜蚕，绢不可增也；至于取淮北人，景德载书犹可覆视。悟室曰："诛投附人何为不可？"皓曰："昔魏侯景归梁，梁武帝欲以易其侄萧明于魏，景遂叛，陷台城，中国决不蹈其覆辙。"悟室悟曰："汝性直不诳我，吾与汝如燕，遣汝归议。"遂行。会莫将北来，议不合，事复中止。留燕甫一月，兀术杀悟室，党类株连者数千人，独皓与异论几死，故得免。

方二帝迁居五国城，皓在云中密遣人奏书，以桃、梨、粟、面献，二帝始知帝即位。皓闻祐陵讣，北向泣血，且夕临，讳日操文以祭，其辞激烈，旧臣读之皆挥涕。绍兴十年，因谍者赵德，书机事数万言，藏故絮中，归达于帝。言："顺昌之役，金人震惧夺魄，燕山珍宝尽徙以北，意欲捐燕以南弃之。王师亟还，自失机会，今再举尚可。"十一年，又求得太后书，遣李微持归，帝大喜曰："朕不知太后宁否几二十年，虽遣使百辈，不如此一书。"是冬，又密奏书曰："金已厌兵，势不能久，异时以妇女随军，今不敢也。若和议未决，不若乘势进击，再造反掌尔。"又言："胡铨封事此或有之，金人知中国有人，益惧。张丞相名动异域，惜置之散地。"又问李纲、赵鼎安否，献六朝御容、徽宗御书。其后梓宫及太后归音，皓皆先报。

初，皓至燕，宇文虚中已受金官，因荐皓。金主闻其名，欲以为翰林直学士，力辞。皓有逃归意，乃请于参政韩昉，乞于真定或大名以自养。昉怒，始易皓官为中京副留守，再降为留司判官。趣行屡矣，皓乞不就职，昉竟不能屈。金法，虽未易官而曾经任使者，永不可归，昉遂令皓校云中进士试，盖欲以计堕皓也。皓复以疾辞。未几，金主以生子大赦，许使人还乡，皓与张邵、朱弁三人在遣中。金人惧为患，犹遣人追之，七骑及淮，而皓已登舟。

十二年七月，见于内殿，力求郡养母。帝曰："卿忠贯日月，志不忘君，虽苏武不能过，岂可舍朕去邪！"请见慈宁宫，帝入设帘，太后曰："吾故识尚书。"命撤之。皓自建炎已酉出使，至是还，留北中凡十五年。同时使者十三人，惟皓、邵、弁得生还，而忠义之声闻于天下者，独皓而已。皓既对，退见秦桧，语连日不止，曰："张和公金人所惮，乃不得用。钱塘暂居，而景灵宫、太庙皆极土木之华，岂非示无中原意乎？"桧不怿，谓皓子适曰："尊公信有忠节，得上眷。但官职如读书，速则易终而无味，须如黄钟、大吕方可。"八月，除徽猷阁直学士、提举万寿观兼权直学士院。

金人来取赵彬等三十人家属，诏归之。皓曰："昔韩起谒环于郑，郑，小国也，能引义不与。金既限淮，官属皆吴人，宜留不遣，盖虑知其虚实也。彼方困于蒙兀，姑示强以尝中国，若遽从之，谓秦无人，益轻我矣。"桧变色曰："公无谓秦无人。"既而复上疏曰："恐以不与之故，或致渝盟，宜告之曰：'俟渊圣及皇族归，乃遣。'"又言："王伦、郭元迈以身徇国，弃之不取，缓急何以使人？"桧大怒，又因言室撚寄声，桧怒益甚，语在《桧传》。翌日，侍御史李文会劾皓不省母，出知饶州。

明年，大水，中官白锷宣言："燮理乖盩，洪尚书名闻天下，胡不用？"桧闻之愈怒，系锷大理狱，寻流岭表。谏官詹大方遂论皓与锷为刎颈交，更相称誉，罢皓提举江州太平观。锷初不识皓，特以从太后北归，在金国素知皓名尔。

寻居母丧，他言者犹谓皓睥睨钧衡。终丧，除饶州通判。李勤又附桧论皓作欺世飞语，责濠州团练副使，安置英州。居九年，始复朝奉郎，徙袁州，至南雄州卒，年六十八。死后一日，桧亦死。帝闻皓卒，嗟惜之，复敷文阁直学士，赠四官。久之，复徽猷阁直学士，谥忠宣。

皓虽久在北廷，不堪其苦，然为金人所敬，所著诗文，争钞诵求锓梓。既归，后使者至，必问皓为何官、居何地。性急义，当艰危中不少变。懿节后之戚赵伯璘隶悟室戏下，贫甚，皓赒之。范镇之孙祖平为佣奴，皓言于金人而释之。刘光世庶女为人豢豕，赎而嫁之。他贵族流落贱微者，皆力拔以出。惟为桧所嫉，不死于敌国，乃死于逸慝。

皓博学强记，有文集五十卷及《帝王通要》、《姓氏指南》、《松漠纪闻》、《金国文具录》等书。子适、遵、迈。

适字景伯，皓长子也。幼敏悟，日诵三千言。皓使朔方，适年甫十三，能任家事。以皓出使恩，补修职郎。绍兴十二年，与弟遵同中博学宏词科。高宗曰："父在远方，子能自立，此忠义报也，宜升擢。"遂除敕令所删定官。后三年，弟迈亦中是选，由是三洪文名满天下。改秘书省正字。

甫数月，皓归，忤秦桧，出知饶州，适亦出为台州通判。垂满，皓谪英州，适复论罢，往来岭南省侍者九载。桧死皓还，道卒，服阕，起知荆门军。应召上宽恤四事：轻茶额钱，它州代贡礼物，辟试闱以复旧额，蠲官田令不种者输租。改知徽州，寻提举江东路常平茶盐，首言役法不均之弊。

会完颜亮来侵，上亲征，适觐金陵，言："本路旱，百姓逐食于淮，复遭金兵，今各怀归而田产为官鬻，请听其估赎之。"及亮毙，适上疏曰："大定僭号，诸国未必服从，宜多遣密诏传谕中原义士，各取州县，因以畀之。王师但留屯淮、泗，募兵积粟，以为声援。俟蜀、汉、山东之兵数道皆集，见可而进，庶几兵力不顿，可以万全。"升尚书户部郎中，总领淮东军马钱粮。孝宗即位，海州解围，符离用兵，馈饷繁多，适究心调度，供亿无阙。迁司农少卿。

隆兴二年二月，召贰太常兼权直学士院。上欲除诸将环卫官，诏讨论其制。适具唐及本朝沿革十一条上之，且言："太祖、太宗朝，常以处诸将及降王之君臣，自后多以皇族为之，故国史以为官存而事废。陛下修饬戎备，不必远取唐制，祖宗故事盖可法则。今径行换授，恐有减奉之患，乞如阁职兼带节度，至刺史带上将军，横行遥郡带大将军，正使带将军，副使带中郎将，又以下则带左右郎将，其官府人吏，令有司相度以闻。"除中书舍人。时金人再犯淮，羽檄沓至，书诏填委，咨访酬答率称上旨，自此有大用意。金既寻盟，首为贺生辰使。金遣同签书枢密院事高嗣先接伴，自言其父司空有德于皓，相与甚欢，得其要领以归。

乾道元年五月，迁翰林学士，仍兼中书舍人。秦埙久废，忽予祠，适奏曰："李林甫死后，诸子皆流配岭南。秦桧稔恶自毙，不肖之孙官职仍旧，可谓幸矣。宫观虽小，埙得之，则人以除用之渐，恐桧党牵连而进。"其命遂寝。时巫伋复召，莫汲擢枢密院编修官，余尧弼复龙图阁学士，适谓其皆桧党也，随命缴之。

六月，除端明殿学士、签书枢密院事。上谕参政钱端礼、虞允文曰："三省事与洪适商量。"东西府始同班奏事。八月，拜参知政事。谏议大夫林安宅以铜钱多入北境，请禁之，即蜀中取铁钱行之淮上。事既行，适言其不可。上问之，适曰："今每州不得千缗，一州以万户计之，每家才得数百，恐民间无以贸易。且客旅无回货，盐场有大利害。"上以为然，乃寝前命，但于蜀中取十五万缗，行之庐、和二州而已。

十二月，拜尚书右仆射、同中书门下平章事兼枢密使。未几，春霖，适引咎乞退，林安宅抗疏论适，既而台臣复合奏。三月，除观文殿学士、提举江州太平兴国官。寻起知绍兴府、浙东安抚使。再奉祠。淳熙十一年薨，年六十八，谥文惠。

适以文学闻望，遭时遇主，自两制一月入政府，又四阅月居相位，又三月罢政，然无大建明以究其学。家居十有六年，兄弟鼎立，子孙森然，以著述吟咏自乐，近世备福鲜有及之。或谓适党汤思退，又谓适来自淮东，言张浚妄费，浚以此罢相，子九人：槻、秘、榴、榍、槚、桴、楹、棵、柌。

遵字景严，皓仲子也。自儿时端重如成人，从师业文，不以岁时寒暑辍。父留沙漠，母亡，遵孺慕攀号。既葬，兄弟即僧舍肄词业，夜枕不解衣。以父荫补承务郎，与兄适同试博学宏词科，中魁选，赐进士出身。高宗以皓远使，擢为秘书省正字。中兴以来，词科中选即入馆，自遵始。宰相秦桧子熺为官长，謦欬为人轻重，遵恬然不附丽。二年弗迁。

皓南还，与朝论异，出守。遵遂乞外，通判常、婺、越三州。绍兴二十五年，汤思退荐之，复入为正字。八月，兼权直学士院。汤鹏举副台端，密荐为御史。方赐对而父讣闻。二十八年，免丧，召对，极陈父冤，曰："先臣与龚璹同出疆，璹仕于刘豫，以妄杀兵官为豫所诛，而秦桧赠以节旄，擢用其子。先臣拒金人之命，留十五岁乃得归，顾南窜岭外，臣兄弟屏迹在外。桧不分忠逆如此。"高宗悉以为道谤语所起，且曰："卿再登三馆，尝典书命，今以修注处卿。"遂拜起居舍人。

奏乞以经筵官除罢及封章进对、宴会锡予、讲读问答等事，萃为一书，名之曰《迩英记注》。其后乾道间又有《祥曦殿记注》，实自遵始。又因面对，论铸钱利害，帝嘉纳之。迁起居郎兼权枢密院都承旨。旧制，修注官、经筵官许留身奏事，而近例无有。遵奏请复旧制，且言起居注未修者十五年，请除见修月进外，每月带修，皆从之。

二十九年，拜中书舍人。殿前裨将辅逵转防御使，王纲转团练使，遵言："近制管军官十年始一迁，今两人不满岁，安得尔？"时勋臣子孙多躐居台省，遵极言乞明有所止。高宗曰："正立法，自今功臣子孙序迁至侍从，并令久任在京宫观。"遵曰："侍从，朝廷高选，非如磨勘阶官，安有迁序之制？"退而上奏言："今内外将家无虑二十人，若以序迁，不出十年，西清次对皆可坐致。太祖开国功臣子孙不过诸司，惟曹彬之子琮、玮以功名自奋，遂为节度，初不闻有递迁侍从之例。今旨一出，使穆清之地类皆将种，非所以示天下。望收还前诏。"又言："瑞昌、兴国之间茶商失业，聚为盗贼。望揭榜开谕，许其自新，愿充军者填刺，愿为农者放还。"上皆可其奏。

论者欲复鄂阳永平、永丰两监鼓铸，诏给、舍议，遵曰："唐有鼓铸使，国朝或以漕臣兼领，或分道置使，厘为三司。自中兴来，置都大提点，官属太多，动为州县之害。间者亟行废罢，又无一定之论，初委运使，又委提刑，又委郡守、贰，号令不一，鼓铸益少。窃以为复置便。"

三十年正月，试吏部侍郎。异时选人诣曹改秩，吏倚为市，毫毛不中节，必巧生沮阁，须赂饷满欲乃止。遵明与约，苟于大体无害，先行后审，荐员有定限，而举者周遮重复，或同时一章而巧为两牍，或当荐五员而辄逾十数，或当举职官而诡为京状，或身系常调而妄称职司，或东西分曹而交错搀补，或已予复夺而指云事故，件析枚数，请凡如是者得通劾之。旧制，致仕任子，随所在审敕牒即请行。是时，从议者请，必令于元州判奏。遵言："士大夫或游宦粤、蜀，数千里外，不幸以死。临终谢事，其家获归故里已为至难，今复因此龃龉，反复稽延，是明与恶吏为地也。"乃止仍旧贯。

平江、湖、秀三州水，无以输秋苗，有司抑令输麦。遵言："麦价殊不在米下，民困如是，奈何指夏以为秋，衍一以为二，使挤沟壑乎？愿量取其半，而被水害者悉免之。"金人来索绛阳郭小的、安化刘孝恭二百家，遵以蜀之李特可为至戒，愿以根集未足为解，淹引日月报之。迁翰林学士兼吏部尚书。汪澈论汤思退罢相，遵行制无贬词，澈以为言。遂乞去，以徽猷阁直学士提举太平兴国宫。

三十一年，金主完颜亮命其尚书苏保衡由海道窥二浙，朝廷以浙西副总管李宝御之。宝驻兵平江，守臣朱翌素与宝异，朝议以遵尝荐宝，乃命遵知平江。及宝以舟师捣胶西，凡资粮、器械、舟楫皆遵供亿，宝成功而归，遵之助为多。车驾幸金陵，禁卫士丐索无艺，它郡随与不厌。至吴，乃相告曰："内翰在此，汝毋复然。"先是，朝廷虑商舶为贼得，悉拘入官，既而不返，并海县团萃巨舰及募水手、民兵，皆縶留未得去。遵因对论之，以船还商，而听水手自便，吴人德之。

孝宗即位，拜翰林学士承旨兼侍读。诏问宰执、侍从、台谏曰："敌人来索旧礼，从之则不忍屈，不从则边患未已。中原归正人源源不绝，纳之则东南力不能给，否则绝向化之心。宜指陈定论以闻。"遵与给事中金安节、中书舍人唐文若、起居郎周必大共为一议，其略谓："不宜直情径行，亦未可遽与之屈，谓宜遗金缯如前日之数，或许稍归侵地如海、泗之类，则彼亦可藉口而来议矣。"

知隆兴元年贡举，拜同知枢密院事。寿康殿产金芝十二，同列议表贺，遵引李文靖奏灾异故事风止之。荐眉山李焘、永嘉郑伯熊及林光朝，未及用，会汤思退为左相，而次相张浚罢，御史周操策遵且超迁，上章致劾，上亟徙置他官。遵不能安位，连章乞免，讫与御史俱去。是年七月，以端明殿学士提举太平兴国宫。

乾道六年，起知信州。徙知太平州。前守周操以尝论遵，闻遵来，不俟合符驰去。遵追饯至十里，劳苦如平时，曰："君当官而行，我何怨？"闻者以为盛德。圩田坏，民失业，遵鸠民筑圩凡万数。方冬盛寒，遵躬履其间，载酒食亲饷馈，恩意倾尽，人忘其劳。运使张松忌功，妄奏圩未尝决，民未尝转徙，必责圩户自阏筑，且裁省募工钱米之半。遵连疏争，至乞遣朝臣覆按。于是将作少监马希言、监察御史陈举善狎至，黜松言，圩遂成，合四百五十有五。松无所泄其忿，则别治溧水永丰圩，来调丁、米、木，数甚广。遵曰："郡当岁俭，方振恤流移，劝分乞籴，如自刲其股以充喉，不暇食，况能饱他人腹哉。"执不从。

楚地旱，旁县584赡者虑不早，施置失后先，或得米而亡以炊，或阖户莘藉而廪不至。遵简宾佐，随远近壮老以差赋给，镯租至十九，又告籴于江西，得活者不啻万计。戍兵乘时盗利，曹伍剽于野，尽执拘以归其军。故当大札瘥而邑落晏然。徙知建康府、江东安抚使兼行宫留守。孝宗谕当制舍人范成大，褒其治绩，且许入觐。

时虞允文当国，有北征志。先调侍卫马军出屯，其在府者五军，悉送其孥，谋筑营砦，无虑万灶。张松用不能罢，特敕遵同宰执赴选德殿奏事。遵奏外臣不敢尾二府后，愿煞班退别引，上弗许。进资政殿学士以行。至则揭榜，民苗米唯输正不输耗，听民自持斛概，庚人不能重轻其手。遍行郊野卜砦地，求不妨民居、不夷冢墓者，逾年始得之。营卒醉，妄言摇众，斩之，磔于市，三军无敢哗。有昼入旗营挺刃椎炉者，械付狱，驿上奏未下，统帅惧得谴，请白治之。孝宗怒，罢统帅，遵亦坐贬两秩。未几，五营成，复元官，仍拜资政殿学士。淳熙元年，提举洞霄宫。十一月，薨，年五十有五。谥文安。

迈字景卢，皓季子也。幼读书日数千言，一过目辄不忘，博极载籍，虽稗官虞初，释老傍行，靡不涉猎。从二兄试博学宏词科，迈独被黜。绍兴十五年始中第，授两浙转运司干办公事，入为敕令所删定官。皓忤秦桧投闲，桧憾未已，御史汪勃论迈知其父不靖之谋，遂出添差教授福州。累迁吏部郎兼礼部。

上居显仁皇后丧，当孟飨，礼官未知所从，迈请遣宰相分祭，奏可。除枢密检详文字。建议令民入粟赎罪，以纾国用，又请严法驾出入之仪。

三十一年，议钦宗谥，迈曰："渊圣北狩不返，臣民悲痛，当如楚人立怀王之义，号怀宗，以系复仇之意。"不用。吴璘病笃，朝论欲徙吴拱代之。迈曰："吴氏以功握蜀兵三十年，宜有以新民观听，毋使尾大不掉。"知枢密院事叶义问出视师，奏以迈参议军事，至镇江，闻瓜洲官军与金人相持，遑遽失措。会建康走驿告急，义问遽欲还，迈力止之曰："今退师，无益京口胜败之数，而金陵闻返旆，人心动摇，不可。"迁左司员外郎。

三十二年春，金主褒遣左监军高忠建来告登位，且议和，迈为接伴使，知閤门张抡副之。上谓执政曰："向日讲和，本为梓宫、太后，虽屈己卑辞，有所不惮。今两国之盟已绝，名称以何为正，疆土以何为准，朝见之仪，岁币之数，所宜先定。"及迈、抡入辞，上又曰："朕料此事终归于和，欲首议名分，而土地次之。"迈于是奏更接伴礼数，凡十有四事。自渡江以来，屈己含忍多过礼，至是一切杀之，用敌国体，凡远迎及引接金银等皆罢。既而高忠建有责臣礼及取新复州郡之议，迈以闻，且奏言："土疆实利不可与，礼际虚名不足惜。"礼部侍郎黄中闻之，亟奏曰："名定实随，百世不易，不可谓虚。土疆得失，一彼一此，不可谓实。"兵部侍郎陈俊卿亦谓："先正名分，名分正则国威张，而岁币亦可损矣。"

进起居舍人。时议遣使报金国聘，三月丁巳，诏侍从、台谏各举可备使命者一人。初，迈之接伴也，既持旧礼折伏金使，至是，慨然请行。于是假翰林学士，充贺登位使，欲令金称兄敌国而归河南地。夏四月戊子，迈辞行，书用敌国礼，高宗亲札赐迈等曰："祖宗陵寝，隔阔三十年，不得以时洒扫祭祀，心实痛之。若彼能以河南地见归，必欲居尊如故，正复屈己，亦何所惜。"迈奏言："山东之兵未解，则两国之好不成。"至燕，金閤门见国书，呼曰："不如式。"抑令使人于表中改陪臣二字，朝见之仪必欲用旧礼。迈初执不可，既而金锁使馆，自旦及暮水浆不通，三日乃得见。金人语极不逊，大都督怀忠议欲质留，左丞相张浩持不可，乃遣还。七月，迈回朝，则孝宗已即位矣。殿中侍御史张震以迈使金辱命，论罢之。明年，起知泉州。

乾道二年，复知吉州。入对，遂除起居舍人，直前言："起居注皆据诸处关报，始加修纂，虽有日历、时政记，亦莫得书。景祐故事，有《迩英延义二阁注记》，凡经筵侍臣出处、封章进对、宴会赐予，皆用存记。十年间稍废不绩，陛下言动皆阁内知，恐非命侍本意。乞令讲读官自今各以日得圣语关送修注官，令讲筵所牒报，使谨录之，因今所御殿名曰《祥曦记注》。"制可。

三年，迁起居郎，拜中书舍人兼侍读、直学士院，仍参史事。父忠宣、兄适、遵皆历此三职，迈又踵之。迈奏："三省事无巨细，必先经中书书黄，宰执书押，当制舍人书行，然后过门下，给事中书读，如给、舍有所建明，则封黄具奏，以听上旨。惟枢密院既得旨，即书黄过门下，例不送中书，谓之'密白'，则封驳之职似有所偏，况今宰相兼枢密，因而厘正，不为有嫌。望诏枢密院。凡已被制敕，并关左右省依三省书黄，以示重出命之意。"报可。

六年，除知赣州，起学宫，造浮梁，士民安之。郡兵素骄，小不如欲则跋扈，郡岁遣千人戍九江，是岁，或恍以至则留不复返，众遂反戈。民讹言相惊，百姓惝惧。迈不为动，但遣一校婉说之，俾归营，众皆听，垂橐而入，徐诘什五长两人，械送浔阳，斩于市。辛卯岁饥，赣适中熟，迈移粟济邻郡。僚属有谏止者，迈笑曰："秦、越瘠肥，臣子义耶？"寻知建宁府。富民有睚眦杀人衷刃篡狱者，久拒捕，迈正其罪，黥流岭外。

十一年，知婺州，奏："金华田多沙，势不受水，五日不雨则旱，故境内陂湖最当缮治。命耕者出力，田主出谷，凡为公私塘堰及湖，总之为八百三十七所。"婺军素无律，春给衣，欲以缯易帛，吏不可，则群呼啸聚于郡将之治，郡将慴恐，姑息如其欲。迈至，众狃前事，至以飞语榜谯门。迈以计逮捕四十有八人，置之理，党众相哗，哄拥迈轿，迈曰："彼罪人也，汝等何预？"众遂巡散去。迈戮首恶二人，枭之市，余黥挞有差，莫敢哗者。事闻，上语辅臣曰："不谓书生能临事达权。"特迁敷文阁待制。

明年，召对，首论淮东边备六要地：曰海陵，曰喻迦，曰盐城，曰宝应，曰清口，曰盱眙。谓宜修城池，严屯兵，立游桩，益戍卒。又言："许浦宜开河三十六里，梅里镇宜筑二大堰，作斗门，遇行师，则决防送船。"又言："冯湛创多桨船，底平樯浮，虽尺水可运。今十五六年，修葺数少，不足用。"谓宜募濒海富商入船予爵，招善操舟者以补水军，上嘉之。以提举佑神观兼侍讲、同修国史。

迈初入史馆，预修《四朝帝纪》，进敷文阁直学士、直学士院。讲读官宿直，上时召入，谈论至夜分。十三年九月，拜翰林学士，遂上《四朝史》，一祖八宗百七十八年为一书。

绍熙改元，进焕章阁学士、知绍兴府。过阙奏事，言新政宜以十渐为戒。上曰："浙东民困于和市，卿往，为朕正之。"迈再拜曰："誓尽力。"迈至郡，核实诡户四万八千三百有奇，所减绢以匹计者，略如其数。提举玉隆万寿宫。明年，再上章告老，进龙图阁学士。寻以端明殿学士致仕，是岁卒，年八十。赠光禄大夫，谥文敏。

迈兄弟皆以文章取盛名，跻贵显，迈尤以博洽受知孝宗，谓其文备众体。迈考阅典故，渔猎经史，极鬼神事物之变，手书《资治通鉴》凡三。有《容斋五笔》、《夷坚志》行于世，其他著述尤多。所修《钦宗纪》多本之孙觌，附耿南仲，恶李纲，所纪多失实，故朱熹举王允之论，言佞臣不可使执笔，以为不当取觌所纪云。

论曰：孔子云："使于四方，不辱君命，可谓士矣。"当建炎、绍兴之际，凡使金者，如探虎口，能全节而归，若朱弁、张邵、洪皓其庶几乎，望之不足议也。皓留北十五年，忠节尤著，高宗谓苏武不能过，诚哉。然竟以忤秦桧谪死，悲夫！其子适、遵、迈相继登词科，文名满天下，适位极台辅，而迈文学尤高，立朝议论最多，所谓忠议之报，讵不信夫。

卷三百七十四
列传第一百三十三

张九成　胡铨　廖刚　李迨　赵开

张九成，字子韶，其先开封人，徙居钱塘。游京师，从杨时学。权贵托人致币曰："肯从吾游，当荐之馆阁。"九成笑曰："王良尚羞与嬖奚乘，吾可为贵游客耶？"

绍兴二年，上将策进士，诏考官，直言者置高等。九成对策略曰："祸乱之作，天所以开圣人也。愿陛下以刚大为心，无以忧惊自沮。臣观金人有必亡之势，中国有必兴之理。夫好战必亡，失其故俗必亡，人心不服必亡，金皆有焉。刘豫背叛君亲，委身夷狄，黠雏经营，有同儿戏，何足虑哉。前世中兴之主，大抵以刚德为尚。去谗节欲，远佞防奸，皆中兴之本也。今闻巷之人皆知有父兄妻子之乐，陛下贵为天子，冬不得温，夏不得清，昏无所定，晨无所省，感时遇物，凄怆于心，可不思所以还二圣之车乎？"又言："阉寺闻名，国之不祥也，今此曹名字稍稍有闻，臣之所忧也。当使之安扫除之役，凡结交往来者有禁，干预政事者必诛。"擢置首选。杨时遗九成书曰："廷对自中兴以来未之有，非刚大之气，不为得丧回屈，不能为也。"

授镇东军签判，吏不能欺。民冒鹾禁，提刑张宗臣欲逮捕数十人，九成争之。宗臣曰："此事左相封来。"九成曰："主上屡下恤刑之诏，公不体圣意而观望宰相耶？"宗臣怒，九成即投檄归。从学者日众，出其门者多为闻人。

赵鼎荐于朝，遂以太常博士召。既至，改著作佐郎，迁著作郎，言："我宋家法，曰仁而已。仁之发见，尤在于刑。陛下以省刑为急，而理官不以恤刑为念。欲诏理官，活几人者与减磨勘。"从之。除浙东提刑，力辞，乃祠以归。

未几，召除宗正少卿、权礼部侍郎兼侍讲，兼权刑部侍郎。法寺以大辟成案上，九成阅始末得其情，因请覆实，囚果诬服者。朝论欲以平反为赏，九成曰："职在详刑，可邀赏乎？"辞之。

金人议和，九成谓赵鼎曰："金实厌兵，而张虚声以撼中国。"因言十事，彼诚能从吾所言，则与之和，使权在朝廷。鼎既罢，秦桧诱之曰："且成桧此事。"九成曰："九成胡为异议，特不可轻易以苟安耳。"桧曰："立朝须优游委曲。"九成曰："未有枉己而能直人。"上问以和议，九成曰："敌情多诈，不可不察。"

因在经筵言西汉灾异事，桧甚恶之，谪守邵州。既至，仓库虚乏，僚属请督酒租宿负、苗绢未输者，九成曰："纵未能惠民，其敢困民耶？"是岁，赋入更先他时。中丞何铸言其矫伪欺俗，倾附赵鼎，落职。

丁父忧，既免丧，秦桧取旨，上曰："自古朋党畏人主知之，此人独无所畏，可与宫观。"先是，径山僧宗杲善谈禅理，从游者众，九成时往来其间。桧恐其议已，令司谏詹大方论其与宗杲谤讪朝政，谪居南安军。在南安十四年，每执书就明，倚立庭砖，岁久双趺隐然。广帅致籯金，九成曰："吾何敢苟取。"悉归之。桧死，起知温州。户部遣吏督军粮，民苦之，九成移书痛陈其弊，户部持之，九成即丐祠归。数月，病卒。

九成研思经学，多有训解，然早与学佛者游，故其议论多偏。宝庆初，特赠太师，封崇国公，谥文忠。

胡铨，字邦衡，庐陵人。建炎二年，高宗策士淮海，铨因御题问"治道本天，天道本民"，答云："汤、武听民而兴，桀、纣听天而亡。今陛下起干戈锋镝间，外乱内讧，而策臣数十条，皆质之天，不听于民。"又谓："今宰相非晏殊，枢密、参政非韩琦、杜衍、范仲淹。"策万余言，高宗见而异之，将冠之多士，有忌其直者，移置第五。授抚州军事判官，未上，会隆祐太后避兵赣州，金人蹑之，铨以漕檄摄本州幕，募乡丁助官军捍御，第赏转承直郎。丁父忧，从乡先生萧楚学《春秋》。

绍兴五年，张浚开督府，辟湖北仓属，不赴。有诏赴都堂审察，兵部尚书吕祉以贤良方正荐，赐对，除枢密院编修官。

八年，宰臣秦桧决策主和，金使以"诏谕江南"为名，中外汹汹。铨抗疏言曰：

臣谨案，王伦本一狎邪小人，市井无赖，顷缘宰相无识，遂举以使房。专务诈诞，欺罔天听，骤得美官，天下之人切齿唾骂。今者无故诱致房使，以"诏谕江南"为名，是欲臣妾我也，是欲刘豫我也。刘豫臣事丑虏，南面称王，自以为子孙帝王万世不拔之业，一旦豺狼改虑，捽而缚之，父子为房。商鉴不远，而伦又欲陛下效之。夫天下者，祖宗之天下也，陛下所居之位，祖宗之位也。奈何以祖宗之天下为金房之天下，以祖宗之位为金房藩臣之位！陛下一屈膝，则祖宗庙社之灵尽污夷狄，祖宗数百年之赤子尽为左衽，朝廷宰执尽为陪臣，天下士大夫皆当裂冠毁冕，变为胡服。异时豺狼无厌之求，安知不加我以无礼如刘豫也哉？

夫三尺童子至无识也，指犬豕而使之拜，则怫然怒。今丑房则犬豕也，堂堂大国，相率而拜犬豕，曾童孺之所羞，而陛下忍为之耶？伦之议乃曰："我一屈膝则梓宫可还，太后可复，渊圣可归，中原可得。"呜呼！自变故以来，主和议者谁不以此说欺陛下哉！然而卒无一验，则房之情伪已可知矣。而陛下尚不觉悟，竭民膏血而不恤，忘国大仇而不报，含垢忍耻，举天下而臣之甘心焉。就令房决可和，尽如伦议，天下后世谓陛下何如主？况丑房变诈百出，而伦又以奸邪济之，梓宫决不可还，太后决不可复，渊圣决不可归，中原决不可得，而此膝一屈不可复伸，国势陵夷不可复振，可为痛哭流涕长太息矣！

向者陛下间关海道，危如累卵，当时尚不忍北面臣房，况今国势稍张，诸将尽锐，士卒思奋。只如顷者丑房陆梁，伪豫入寇，固尝败之于襄阳，败之于淮上，败之于涡口，败之于淮阴，校之往时蹈海之危，固已万万，偿不得已而至于用兵，则我岂遽出房人下哉？今无故而反臣之，欲屈万乘之尊，下穹庐之拜，三军之士不战而气已索。此鲁仲连所以义不帝秦，非惜夫帝秦之虚名，惜天下大势有所不可也。今内而百官，外而军民，万口一谈，皆欲食伦之肉。谤议汹汹，陛下不闻，正恐一旦变作，祸且不测。臣窃谓不斩王伦，国之存亡未可知也。

虽然，伦不足道也，秦桧以腹心大臣而亦为之。陛下有尧、舜之资，桧不能致君如唐、虞，而欲导陛下为石晋，近者礼部侍郎曾开等引古谊以折之，桧乃厉声责曰："侍郎知故事，我独不知！"则桧之遂非愎谏，已自可见，而乃建白令台谏、侍臣佥议可否，是盖畏天下议己，而令台谏、侍臣共分谤耳。有识之士皆以为朝廷无人，吁，可惜哉！

孔子曰："微管仲，吾其被发左衽矣。"夫管仲，霸者之佐耳，尚能变左衽之区，而为衣裳之会。秦桧，大国之相也，反驱衣冠之俗，而为左衽之乡。则桧也不唯陛下之罪人，实管仲之罪人矣。孙近傅会桧议，遂得参知政事，天下望治有如饥渴，而近伴食中书，漫不敢可否焉。桧曰房可和，近亦曰可和；桧曰天子当拜，近亦曰当拜。臣尝至政事堂，三发问而近不答，但曰："已令台谏、侍从议矣。"呜呼！参赞大政，徒取充位如此。有如房骑长驱，尚能折冲御侮耶？臣窃谓秦桧、孙近亦可斩也。

臣备员枢属，义不与桧等共戴天，区区之心，愿断三人头，竿之藁街，然后羁留房使，责以无礼，徐兴问罪之师，则三军之士不战而气自倍。不然，臣有赴东海而死尔，宁能处小朝廷求活邪！

书既上，桧以铨狂妄凶悖，鼓众劫持，诏除名，编管昭州，仍降诏播告中外。给、舍、台谏及朝臣多救之者，桧迫于公论，乃以铨监广州盐仓。明年，改签书威武军判官。十二年，谏官罗汝楫劾铨饰非横议，诏除名，编管新州。十八年，新州守臣张棣讦铨与客唱酬，谤讪怨望，移谪吉阳军。

二十六年，桧死，铨量移衡州。铨之初上书也，宜兴进士吴师古锓木传之，金人募其书千金。其谪广州也，朝士陈刚中以启事为贺。其谪新州也，同郡王廷珪以诗赠行。皆为人所讦，师古流袁州，廷珪流辰州，刚中谪知虔州安远县，遂死焉。三十一年，铨得自便。

孝宗即位，复奉议郎、知饶州。召对，言修德、结民、练兵、观衅，上曰："久闻卿直谅。"除吏部郎官。隆兴元年，迁秘书少监，擢起居郎，论史官失职者四：一谓记注不必进呈，庶人有不观史之美；二谓唐制二史立螭头之下，今在殿东南隅，言动未尝得闻；三谓二史立后殿，而前殿不立，乞于前后殿皆分日侍立；四谓史官欲其直前，而阁门以未尝预牒，以今日无班次为辞。乞自今直前言事，不必预牒阁门，及以有无班次为拘。诏从之。兼侍讲、国史院编修官。因讲《礼记》，曰："君以礼为重，礼以分为重，分以名为重，愿陛下无以名器轻假人。"

又进言乞都建康，谓："汉高入关中，光武守信都。大抵与人斗，不扼其亢，拊其背，不能全胜。今日大势，自淮以北，天下之亢与背也，建康则扼之拊之地也。若进据建康，下临中原，此高、光兴王之计也。"

诏议行幸，言者请纾其期，遂以张浚视师图恢复，侍御史王十朋赞之。克复宿州，大将李显忠私其金帛，且与邵宏渊忿争，军大溃。十朋自劾。上怒甚，铨上疏愿毋以小衄自沮。

时旱蝗、星变，诏问政事阙失，铨应诏上书数千言，始终以《春秋》书灾异之法，言政令之阙有十，而上下之情不合亦有十，且言："尧、舜明四目，达四聪，虽有共、鲧，不能塞也。秦二世以赵高为腹心，刘、项横行而不得闻；汉成帝杀王章，王氏移鼎而不得闻；灵帝杀窦武、陈蕃，天下横溃而不得闻；梁武信朱异，侯景斩关而不得闻；隋炀帝信虞世基，李密称帝而不得闻；唐明皇逐张九龄，安、史胎祸而不得闻。陛下自即位以来，号召逐客，与臣同召者张焘、辛次膺、王大宝、王十朋，今焘去矣，次膺去矣，十朋去矣，大宝又将去，惟臣在尔。以言为讳，而欲塞灾异之源，臣知其必不能也。"

铨又言："昔周世宗为刘旻所败，斩败将何徽等七十人，军威大震，果败旻，取淮南，定三关。夫一日戮七十将，岂复有将可用？而世宗终能恢复，非庸懦者去，则勇敢者出耶！近宿州之败，士死于敌者满野，而败军之将以所得之金赂权贵以自解，上天见变昭然，陛下非信赏必罚以应天不可。"其论纳谏曰："今廷臣以箝默为贤，容悦为忠。驯至兴元之幸，所谓'一言丧邦'。"上曰："非卿不闻此。"

金人求成，铨曰："金人知陛下锐意恢复，故以甘言款我，愿绝口勿言'和'字。"上以边事全倚张浚，而王之望、尹穑专主和排浚，铨廷责之。兼权中书舍人、同修国史。张浚之子栻赐金紫，铨缴奏之，谓不当如此待勋臣子。浚雅与铨厚，不顾也。

十一月，诏以和戎遣使，大询于庭，侍从、台谏预议者凡十有四人。主和者半，可否者半，言不可和者铨一人而已，乃独上一议："京师失守自耿南仲主和，二圣播迁自何㮚主和，维扬失守自汪伯彦、黄潜善主和，完颜亮之变自秦桧主和。议者乃曰：'外虽和而内不忘战。'此向来权臣误国之言也。一溺于和，不能自振，尚能战乎？"除宗正少卿，乞补外，不许。

先是，金将蒲察徒穆、大周仁以泗州降，萧琦以军百人降，诏并为节度使。铨言："受降古所难，六朝七得河南之地，不旋踵而皆失；梁武时侯景以河南来奔，未几而陷台城；宣、政间郭药师自燕云来降，未几为中国患。今金之三大将内附，高其爵禄，优其部曲，以系中原之心，善矣。然处之近地，万一包藏祸心，或为内应，后将噬脐，愿勿任以兵柄，迁其众于湖、广以绝后患。"

二年，兼国子祭酒，寻除权兵部侍郎。八月，上以灾异避殿减膳，诏廷臣言阙政急务。铨以振灾为急务，议和为阙政，其议和之书曰：

自靖康迄今凡四十年，三遭大变，皆在和议，则丑虏之不可与和，彰彰然矣。肉食鄙夫，万口一谈，牢不可破。非不知和议之害，而争言为和者，是有三说焉：曰偷惰，曰苟安，曰附会。偷惰则不知立国，苟安则不戒鸩毒，附会则觊得美官，小人之情状具于此矣。

今日之议若成，则有可吊者十；若不成，则有可贺者亦十。请为陛下极言之。何谓可吊者十？

真宗皇帝时，宰相李沆谓王旦曰："我死，公必为相，切勿与虏讲和。吾闻出则无敌国外患，如是者国常亡，若与虏和，自此中国必多事矣。"旦殊不以为然。既而遂和，海内乾耗，旦始悔不用文靖之言。此可吊者一也。

中原呕吟思归之人，日夜引领望陛下拯溺救焚，不啻赤子之望慈父母，一与虏和，则中原绝望，后悔何及。此可吊者二也。

海、泗今日之藩篱咽喉也，彼得海、泗，且决吾藩篱以瞰吾室，扼吾咽喉以制吾命，则两淮决不可保。两淮不保，则大江决不可守，大江不守，则江、浙决不可安。此可吊者三也。

绍兴戊午，和议即成，桧建议遣二三大臣如路允迪等，分往南京等州交割归地。一旦叛盟，劫执允迪等，遂下亲征之诏，虏复请和。其反覆变诈如此，桧犹不悟，奉之如初，事之愈谨，赂之愈厚，卒有逆亮之变，惊动辇毂。太上谋欲入海，行朝居民一空，覆辙不远，忽而不戒，臣恐后车又将覆也。此可吊者四也。

绍兴之和，首议决不与归正人，口血未干，尽变前议。凡归正之人一切遣还，如程师回、赵良嗣等聚族数百，几为萧墙忧。今必尽索归正之人，与之则反侧生变，不与则虏决不肯但已。夫反侧则肘腋之变深，虏决不肯但已，则必别起衅端，猝有逆亮之谋，不知何以待之。此可吊者五也。

自桧当国二十年间，竭民膏血以饵犬羊，迄今府库无旬月之储，千村万落生理萧然，重以蝗虫水潦。自此复和，则蠹国害民，殆有甚焉者矣。此可吊者六也。

今日之患，兵费已广，养兵之外又增岁币，且少以十年计之，其费无虑数千亿。而岁币之外，又有私觌之费；私觌之外，又有贺正、生辰之使；贺正、生辰之外，又有泛使。一使未去，一使复来，生民疲于奔命，帑廪涸于将迎，瘠中国以肥虏，陛下何惮而为之。此其可吊者七也。

侧闻虏人嫚书，欲书御名，欲去国号"大"字，欲用再拜。议者以为繁文小节不必计较，臣切以为议者可斩也。夫四郊多垒，卿大夫之辱；楚子问鼎，义士之所深耻；"献纳"二字，富弼以死争之。今丑虏横行与多垒孰辱？国号大小与鼎轻重孰多？"献纳"二字与再拜孰重？臣子欲君父屈己以从之，则是多垒不足辱，问鼎不必耻，"献纳"不必争。此其可吊者八也。

　　臣恐再拜不已必至称臣,称臣不已必至请降,请降不已必至纳土,纳土不已必至衔璧,衔璧不已必至舆櫬,舆櫬不已必至如晋帝青衣行酒然后为快。此其可吊者九也。

　　事至于此,求为匹夫尚可得乎？此其可吊者十也。

　　窃观今日之势,和决不成,傥乾刚独断,追回使者魏杞、康湑等,绝请和之议以鼓战士,下哀痛之诏以收民心,天下庶其可为矣。如此则有可贺者亦十：省数千亿之岁币,一也；专意武备,足食足兵,二也；无书名之耻,三也；无去"大"之辱,四也；无再拜之屈,五也；无称臣之忿,六也；无请降之祸,七也；无纳土之悲,八也；无衔璧、舆櫬之酷,九也；无青衣行酒之冤,十也。

　　去十吊而就十贺,利害较然,虽三尺童稚亦知之,而陛下不悟。《春秋左氏》谓无勇者为妇人,今日举朝之士皆妇人也。如以臣言为不然,乞赐流放窜殛,以为臣子出位犯分之戒。

　　自符离之败,朝论急于和戎,弃唐、邓、海、泗四州与房矣。金又欲得商、秦地,邀岁币,留使者魏杞,分兵攻淮。以本职措置浙西、淮东海道。

　　时金使仆散忠义、纥石烈志宁之兵号八十万,刘宝弃楚州,王彦弃昭关,濠、滁皆陷。惟高邮守臣陈敏拒敌射阳湖,而大将李宝预求密诏为自安计,拥兵不救。铨劾奏之,曰：“臣受诏令范荣备淮,李宝备江,缓急相援。今宝视敏弗救,若射阳失守,大事去矣。”宝惧,始出师掎角。时大雪,河冰皆合,铨先持铁锤锤冰,士皆用命,金人遂退。久之,提举太平兴国宫。

　　乾道初,以集英殿修撰知漳州,改泉州。趣奏事,留为工部侍郎。入对,言：“少康以一旅复禹绩,今陛下富有四海,非特一旅,而即位九年,复禹之效尚未赫然。”又言：“四方多水旱,左右不以告,谋国者之过也,宜令有司速为先备。”乞致仕。

　　七年,除宝文阁待制,留经筵。求去,以敷文阁直学士与外祠。陛辞,犹以归陵寝、复故疆为言,上曰：“朕志不已。”且问今何归,铨曰：“归庐陵,臣向在岭海尝训传诸经,欲成此书。”特赐通天犀带以宠之。

　　铨归,上所著《易》、《春秋》、《周礼》、《礼记解》,诏藏秘书省。寻复元官,升龙图阁学士、提举太平兴国宫,转提举玉隆万寿宫,进端明殿学士。六年,召归经筵,铨引疾力辞。七年,以资政殿学士致仕。薨,谥忠简。有《澹庵集》一百卷行于世。孙槻、槩,皆至尚书。

　　廖刚,字用中,南剑州顺昌人。少从陈瓘、杨时学。登崇宁五年进士第。宣和初,自漳州司录除国子录,擢监察御史。时蔡京当国,刚论奏无所避。以亲老求补外,出知兴化军。钦宗即位,以右正言召。丁父忧,服阕,除工部员外郎,以母疾辞。

　　绍兴元年,盗起旁郡,官吏悉逃去,顺昌民以刚为命。

刚谕从盗者使反业,既而他盗入顺昌,部使者檄刚抚定。刚遣长子迟谕贼,贼知刚父子有信义,亦散去。除本路提点刑狱。

　　寻召为吏部员外郎,言：“古者天子必有亲兵自将,所以备不虞而强主威,汉北军、唐神策之类也。祖宗军制尤严。愿稽旧制,选精锐为亲兵,居则以为卫,动则以为中军,此强干弱枝之道。”又言：“国家艰难已极,今方图新,若会稽诚非久驻之地。请经营建康,亲拥六师往为固守计,以杜金人窥伺之意。”迁起居舍人、权吏部侍郎兼侍讲,除给事中。

　　丁母忧,服阕,复拜给事中。刚言：“国不可一日无兵,兵不可一日无食。今诸将之兵备江、淮,不知几万,初无储蓄,日待哺于东南之转饷,浙民已困,欲救此患莫若屯田。”因献三说,将校有能射耕,当加优赏,每耕田一顷,与转一资；百姓愿耕,假以粮种,复以租赋。上令都督府措置。

　　时朝廷推究章惇、蔡卞误国之罪,追贬其身,仍诏子孙毋得官中朝。至是章杰自崇道观知婺州,章仅自太府丞提举江东茶盐事。刚封还诏书,谓即如此,何以示惩,乃并与祠。权户部侍郎,寻迁刑部侍郎。求补外,除徽猷阁直学士、知漳州。

　　七年二月,日有食之,诏内外官言事。刚言：“陛下有建国之封,所以承天意、示大公于天下后世者也,然而未遂正名者,岂非有所待耶？有所待,则是应天之诚未至也。愿陛下昭告艺祖在天之灵,正建国储君之号,布告中外,不匿厥旨。异时虽百斯男,不复更易,天下孰敢不服。”上读之耸然,即召刚趣至阙,拜御史中丞。刚言：“臣职纠奸邪,当务大体,若捃摭细故,则非臣本心。”又奏经费不支,盗贼不息,事功不立,命令不孚,及兵骄官冗之弊。

　　时徽宗已崩,上遇朔望犹率群臣遥拜渊圣,刚言：“礼有隆杀,兄为君则君,己为君则兄之可也。望勉抑圣心,但岁时行家人礼于内庭。”从之。

　　殿前司强刺民为兵,及大将恃功希恩,所请多废法。刚知无不言,论列至于四五,骄横者肃然。

　　郑亿年与秦桧有连而得美官,刚显疏其恶,桧衔之。金人叛盟,刚乞起旧相之有德望者,处以近藩,桧闻之曰：“是欲置我何地耶？”改工部尚书,而以王次翁为中丞。初,边报至,从官会都堂,刚谓亿年曰：“公以百口保金人,今已背约,有何面目尚在朝廷乎？”亿年奉祠去。次翁与右谏议何铸劾刚荐刘昉、陈渊,相为朋比,以徽猷阁直学士提举亳州明道宫。明年致仕。以绍兴十三年卒。

　　子四人：迟、过、遂、迩,仕皆秉麾节,邦人号为“万石廖氏”。

　　李迨,东平人也。曾祖参,仕至尚书右丞。迨未冠入太学,因居开封。以荫补官,初调渤海县尉。

　　时州县团结民兵,民起田亩中,不闲坐作进退之节,或哗不受令,迨立赏罚以整齐之,累月皆精练,部伍如法。部刺史按阅,无一人乱行伍者,遂荐之朝,改合入官。累迁通判济州。

时高宗以大元帅过济，郡守自以才不及，逊迋行州事，迋应办军须无阙。会大元帅府劝进，乘舆仪物皆未备，迋谙熟典故，裁定其制，不日而办。上深叹赏，即除随军辇运。

上即位于南京，授山东辇运，改金部郎。从驾至维扬，敌犯行所，即取金部籍有关于国家经赋之大者载以行，及上于镇江。时建炎三年二月也。宰相吕颐浩言于上，即日召见。

未几，丁父丧，诏起复，以中散大夫直龙图阁，为御营使司参议官兼措置军前财用。苗傅、刘正彦叛，吕颐浩、张浚集勤王之师，迋流涕谓诸将曰："君第行，无虑军食。"师行所至，食皆先具。事平，同赵哲等入对，上慰劳之。诏转三官，辞不拜，除权户部侍郎。

四年，加显谟阁待制，为淮南、江、浙、荆湖等路制置发运使。寻以军旅甫定，乞持余服，诏许之。绍兴二年，知筠州。明年，移信州，寻提举江州太平观。

五年十月，以旧职除两浙路转运使，言："祖宗都大梁，岁漕东南六百余万斛，而六路之民无飞挽之扰，盖所运者官舟，所役者兵卒故也。今驻跸浙右，漕运地里不若中都之远，而公私苦之，何也？以所用之舟太半取于民间，往往凿井沉船以避其役。如温、明、虔、吉州等处所置造船场，乞委逐州守臣措置，募兵卒牵挽，使臣管押，庶几害不及民，可以渐复漕运旧制。"诏工部措置。寻加徽猷阁直学士，升龙图阁直学士，为四川都转运使兼提举成都等路茶事，并提举陕西等路买马。

自熙、丰以来，始即熙、秦、戎、黎等州置场买马，而川茶通于永兴四路，故成都府、秦州皆有榷茶司。至是关陕既失，迋请合为一司，名都大提举茶马司，以省冗费，从之。逾年，诏迋以每岁收支之数具旁通驿奏，迋乃考其本末，具奏曰：

绍兴四年，所收钱物三千三百四十二万余缗，比所支阙五十一万余缗。五年，收三千六十万缗，比所支阙一千万余缗。六年，未见。七年，所收三千六百六十万余缗，比所支阙一百六十一万余缗。自来遇岁计有阙，即添支钱引补助。绍兴四年，添印五百七十六万道。五年，添印二百万道。六年，添印六百万道。见今泛料太多，引价顿落，缘此未曾添印。兼岁收钱物内有上供、进奉等项窠名一千五百九十九万，系四川岁入旧额。其劝谕、激赏等项窠名钱物共二千六十八万，系军兴后来岁入所增，比旧额已过倍，其取于民可谓重矣。

臣尝考《刘晏传》，是时天下入为缗钱千二百万，而管榷居其半。今四川榷盐榷酒岁入一千九十一万，过于晏所榷多矣。诸窠名钱已三倍刘晏岁入之数，彼以一千二百万赡中原之军而有余，今以三千六百万贯赡川、陕一军而不足。又如折估及正色米一项，通计二百六十五万石。止以绍兴六年朝廷取会官兵数，计六万八千四百四十九人，决无一年用二百六十五万石米之理。数内官员一万一千七员，军兵五万七百四十九人，官员之数比军兵之数约计六分之一。军兵请给钱比官员请给不及十分之一，即是冗滥在官员，不在军兵也。计司虽知冗滥，力不能裁之，虽是宽剩，亦未敢除减，此朝廷不可不知也。

蜀人所苦甚者，籴买、般运也。盖籴买不科敷则不能集其事，苟科敷则无不扰；般运事稍缓则船户独受其弊，急则税户皆被其害。欲省漕运莫如屯田，汉中之地约收二十五万余石，若将一半充不系水运去处岁计米，以一半对减川路籴买、般发岁计米，亦可少宽民力。兼臣已委官于兴元、洋州就籴夏麦五十万石，岷州欲就籴二十万石，兼用营田所收一半之数十二万石，三项共计五十七万石。每年水运应付阆、利州以东计米五十八万石，若得此三项，可尽数免川路籴买、般运，此乃恤民之实惠，守边之良策也。

降诏奖谕，以与吴玠不合，与祠。

九年，金人归我三京，命迋为京畿都转运使。孟庾时为权东京留守，潜通北使。迋察其隐微，庾不能平，讼于朝，且使人告迋曰："北人以兵至矣。"迋曰："吾家食国家禄二百年，荷陛下重任，万死不足报。吾老矣，岂能下穹庐之拜乎？首可断而膝不可屈也。如果然，吾将极骂以死。"告者悚然而去。降圣节，庾失于行礼，为迋所持，庾自劾，迋因此求罢去，乃落职与祠归，而庾以京师降于金人。

迋寻复龙图阁待制、知洪州。十六年，以疾丐祠。十八年卒。

赵开，字应祥，普州安居人。登元符三年进士第。大观二年，权辟雍正。用举者改秩，即尽室如京师，买田尉氏，与四方贤俊游，因询知天下利病所当罢行者。如是七年，慨然有通变救弊志。

宣和初，除礼制局校正检阅官。数月局罢，出知鄢陵县。七年，除讲议司检详官。开善心计，自检详罢，除成都路转运判官，遂奏罢宣和六年所增上供认额纲布十万匹，减绵州下户支移利州水脚钱十分之三，又减蒲江六井元符至宣和所增盐额，列其次第，谓之"鼠尾帐"，揭示乡户岁时所当输折科等实数，俾人人具晓，乡胥不得隐匿窜寄。

尝言："财利之源当出于一，祖宗朝天下财计尽归三司，诸道利源各归漕计，故官省事理。并废以还，漕司则利害可以参究，而无牵掣窒碍之患矣。"因指陈榷茶、买马五害，大略谓："黎州买马，嘉祐岁额才二千一百余。自置司榷茶，岁额四千，且获马兵逾千人，犹不足用，多费衣粮，为一害。嘉祐以银绢博马，价皆有定。今长吏旁缘为奸，不时归货，以空券给夷人，使待资次，夷人怨恨，必生边患，为二害。初置司榷茶，借本钱于转运司五十二万缗，于常平司二十余万缗。自熙宁至今几六十年，旧所借不偿一文，而岁借乃准初数，为三害。榷茶之初，预俵茶户本钱，寻于数外更增和买，或遂抑预俵钱充和买，茶户坐是破产，而官买岁增。茶日滥杂，官茶既不堪食，则私贩公行，刑不能禁，为四害。承平时，蜀茶之入秦者十几八九，犹患积压难售。今关、陇悉遭焚荡，仍拘旧额，竟何所用？茶兵官吏坐縻衣粮，未免科配州县，为五害。请依嘉祐故事，尽罢榷茶，仍令转运司买马，即五害并去，而边患不生。如谓榷茶未可遽罢，亦宜并归转运司，痛减额以苏茶户，轻立价以惠茶商，如此则私贩必衰，盗贼消弭，本钱既常在，而息钱自足。"

朝廷是其言，即擢开都大提举川、陕茶马事，使推行之。时建炎二年也。于是大更茶马之法，官买官卖茶并罢，参酌政和二年东京都茶务所创条约，印给茶引，使茶商执引与茶户自相贸易。改成都旧买卖茶场为合同场买引所，仍于合同场置茶市，交易者必由市，引与茶必相随。茶户十或十五共为一保，并籍定茶铺姓名，互察影带贩鬻者。凡买茶引，每一斤春为钱七十，夏五十，旧所输市例头子钱并依旧。茶所过每一斤征一钱，住征一钱半。其合同场监官除验引、秤茶、封记、发放外，无得干预茶商、茶户交易事。

旧制买马及三千匹者转一官，比但以所买数推赏，往往有一任转数官者。开奏："请推赏必以马到京实收数为格，或死于道，黜降有差。"比及四年冬，茶引收息至一百七十余万缗，买马乃逾二万匹。

张浚以知枢密院宣抚川蜀，素知开善理财，即承制以开兼宣抚处置使司随军转运使，专一总领四川财赋。开见浚曰："蜀之民力尽矣，锱铢不可加，独榷货稍存赢余，而贪猾认为己有，互相隐匿。惟不恤怨詈，断而敢行，庶可救一时之急。"

浚锐意兴复，委任不疑，于是大变酒法，自成都始。先罢公使卖供给酒，即旧扑买坊场所置隔槽，设官主之，麹与酿具官悉自买，听酿户各以米赴官场自酿，凡一石米输三千，并头子杂用等二十二。其酿之多寡，惟钱是视，不限数也。明年，遂通四路行其法。又法成都府法，于秦州置钱引务，兴州鼓铸铜钱，官卖银绢，听民以钱引或铜钱买之。凡民钱当入官者，并听用引折纳，官支出亦如之。民私用引为市，于一千并五百上许从便增高其直，惟不得减削。法既流通，民以为便。

初，钱引两料通行才二百五十万有奇，至是添印至四千一百九十余万，人亦不厌其多，价亦不削。

宣司获伪引三十万，盗五十人，浚欲从有司议以死，开白浚曰："相君误矣。使引伪，加宣抚使印其上即为真。黥其徒使治币，是相君一日获三十万之钱，而起五十人之死也。"浚称善，悉如开言。

最后又变盐法，其法实视大观东南、东北盐钞条约，置合同场盐市，与茶法大抵相类。盐引每一斤纳钱二十五，土产税及增添等共纳九钱四分，所过每斤征钱七分，住征一钱五分，若以钱引折纳，别称㪷提勘合钱共六十。初变榷法，怨詈四起，至是开复议更盐法，言者遂奏其不便，乞罢之以安远民，且曰："如谓大臣建请，务全事体，必须更制，即乞札与张浚照会。"诏以其章示浚，浚不为变。

时浚荷重寄，治兵秦川，经营两河，旬犒月赏，期得士死力，费用不赀，尽取办于开，开悉知虑于食货，算无遗策，虽支费不可计，而赢赀若有余。

吴玠为四川宣抚副使，专治战守，于财计盈虚未尝问，惟一切以军期趣办，与开异趣。玠数以饷馈不继诉于朝，开亦自劾老惫，丐去。朝廷未许，乃特置四川安抚制置大使之名，命席益为之。益前执政，诏位宣抚司上，朝论恐未安，仍诏张浚视师荆、襄、川、陕。

六年，罢绵州宣抚司，玠仍以宣抚治兵事，军马听玠移拨，钱物则委开拘收。寻除开徽猷阁待制，加玠两镇节钺。复降旨，都转运使不当与四路漕臣同系衔，成都、潼川两路漕臣与都转运使坐应副军支钱物愆期，各贬二秩。朝廷故抑扬之，使之交解间隙、趣办饷馈也。而开复与席益不和，抗疏乞将旧来宣抚司年计应副军期，不许他司分擘支用。又指陈宣抚司截都漕运司钱，就果、阆籴米非是。又言应副吴玠军须，绍兴四年总为钱一千九百五十五万七千余缗，五年视四年又增四百二十万五千余缗。蜀今公私俱困，四向无所取给，事属危急，实甚可忧，乞许以茶马司奏计诣阙下，尽所欲言。

朝廷既知开与玠及席益有隙，乃诏开赴行在，以李迨代之。会疾作不行，提举江州太平观。七年，复右文殿修撰、都大主管川陕茶马。开已病，累疏丐去，诏从所乞，提举太平观。十一年卒。

论曰：秦桧执国柄，其误宋大计，固无以议为也。张九成之策，胡铨之疏，忠义凛然。廖刚请复用德望之人，岂苟阿时好者哉？李迨、赵开所谓可使治其赋也欤？

卷三百七十五
列传第一百三十四

邓肃　李邴　滕康　张守　富直柔　冯康国

邓肃，字志宏，南剑沙县人。少警敏能文，美风仪，善谈论。李纲见而奇之，相倡和，为忘年交。居父丧，哀毁逾礼，芝产其庐。入太学，所与游皆天下名士。时东南贡花石纲，肃作诗十一章，言守令搜求扰民，用事者见之，屏出学。

钦宗嗣位，召对便殿，补承务郎，授鸿胪寺簿。金人犯阙，肃被命诣敌营，留五十日而还。张邦昌僭位，肃义不屈，奔赴南京，擢左正言。

先是，朝廷赐金国帛一千万，肃在其营，密觇，均与将士之数，大约不过八万人，至是为上言之，且言："金人不足畏，但其信赏必罚，不假文字，故人各用命。朝廷则不然，有同时立功而功又相等者，或已转数官，或尚为布衣，轻重上下，只在吏手。赏既不明，谁肯自效？欲望专立功赏一司，使凡立功者得以自陈。若动状已明而赏不行，或功同而赏有轻重先后者，并置之法。"上从之。

朝臣受伪命者众，肃请分三等定罪。上以肃在围城中，知其姓名，令具奏。肃言："叛臣之上者，其恶有五：诸侍从而为执政者，王时雍、徐秉哲、吴幵、吕好问、莫俦、李回是也；诸庶官及宫观而起为侍从者，胡思、朱宗、周懿文、卢襄、李擢、范宗尹是也；撰劝进文与赦书者，颜博文、王绍是也；朝臣之为事务官者，私结十友讲册立邦昌之仪者是也；因张邦昌改名者，何昌言改为善言、其弟昌辰改为知辰是也。乞置之岭外。所谓叛臣之次者，其恶有三：诸执政、侍从、台谏称臣于伪庭，执政冯澥、曹辅是也，侍从者已行遣，独李会尚为中书舍人，台谏中有为金人根括而被杖，一以病得免者，其余无不在伪楚之庭；以庶官而升擢者，不可胜数，乞委留守司按籍考之，则无有遗者；愿为奉使者，黎确、李健、陈戬是也，乞于远小处编管。若夫庶官在位供职不废者，但苟禄而已，乞赦其罪而录其名，不复用为台谏、侍从。"上以为然。

耿南仲得祠禄归，其子延禧为郡守，肃劾："南仲父子同恶，沮渡河之战，遏勤王之兵，今日割三镇，明日截两河。及陛下欲进援京城，又为南仲父子所沮。误国如此，乞正典刑。"南仲尝荐肃于钦宗，肃言之不恤，上嘉其直，赐五品服。

范讷留守东京，肃言："讷出师两河，望风先遁，今语人曰：'留守之说有四，战、守、降、走而已。战无卒，守无粮，不降则走。'且汉得人杰，乃守关中，奔军之将，岂宜与此。"讷遂罢。内侍陈良弼肩舆至横门外，开封买入内女童，肃连章论之。时官吏多托故而去，肃建议削其仕版，而取其禄以给禁卫，若夫先假指挥径徙江湖者，乞追付有司以正其罪。

因入对，言："外夷之巧在文书简，简故速；中国之患在文书烦，烦故迟。"上曰："正此讨论，故并三省尽依祖宗法。"及建局讨论祖宗官制，两月不见施行，肃言："太祖、太宗之时，法严而令速，事简而官清，未尝旁搜曲引以稽赏罚，故能以十万精兵混一六合。自时厥后，群臣无可议者，今日献一策，明日献一言，烦冗琐碎，惟恐不备，此文书所以益烦，而政事所以益缓也。今兵戈未息，岂可揖逊进退，尚循无事之时？欲乞限以旬日，期于必至，庶几法严事简，赏罚之权不至濡滞。"肃在谏垣，遇事感激，不三月凡抗二十疏，言皆切至，上多采纳。

会李纲罢，肃奏曰："纲学虽正而术疏，谋虽深而机浅，固不足以副圣意。惟陛下尝顾臣曰：'李纲真以身徇国者。'今日罢之，而责词甚严，此臣所以有疑也。且两河百姓无所适从，纲措置不一月间，民兵稍集，今纲既去，两河之民将如何哉？伪楚之臣纷纷在朝，李纲先乞逐逆臣邦昌，然后叛党稍能正罪，今纲既去，叛臣将如何哉？叛臣在朝，政事乖矣，两河无兵，外夷骄矣，李纲于此，亦不可谓无一日之长。"执政怒，送肃吏部，罢归居家。绍兴二年，避寇福唐，以疾卒。

李邴，字汉老，济州任城人。中崇宁五年进士第，累官为起居舍人，试中书舍人。北方用兵，酬功第赏，日数十百，邴辞命无留难。除给事中、同修国史兼直学士院，迁翰林学士。尝与禁中曲宴，徽宗命赋诗，高丽使入贡，邴为馆伴，徽宗遣中使持示，使者请传录以归。未几，坐言者罢，提举南京鸿庆宫。

钦宗即位，除徽猷阁待制、知越州。久之，再落职，提举西京嵩山崇福宫。高宗即位，复徽猷阁待制。逾岁，召为兵部侍郎兼直学士院。

苗傅、刘正彦迫上逊位，上顾邴草诏，邴请得御札而后敢作。朱胜非请降诏赦，邴就都堂草之。除翰林学士。初，邴见苗傅，面谕以逆顺祸福之理，且密劝殿帅王元俾以禁旅击贼，元唯唯不能用，即诣政事堂白朱胜非，适正彦及其党王世修在焉，又以大义责之，人为之危，邴不顾也。时御史中丞郑瑴又抗疏言睿圣皇帝不当改号，于是邴、瑴为端明殿学士、同签书枢密院事。邴与张守分草百官章奏，三奏三答，及太后手诏与复辟赦文，一日而具。

四月，拜尚书右丞，未几，改参知政事。上巡江宁，太后六宫往豫章，命邴为资政殿学士、权知行台三省枢密院事。以与吕颐浩论不合，乞罢，遂以本职提举杭州洞霄宫。未阅月，起知平江府。会兄郴失守越州，坐累落职。明年，即引赦复之，又升资政殿学士。

绍兴五年，诏问宰执方略，邴条上战阵、守备、措画、绥怀各五事。

战阵之利五，曰出轻兵、务远略、储将帅、责成功、重赏格，大略谓："关陕为进取之地，淮南为保固之地。关陕虽利于进取，然不用师于京东以牵制其势，则彼得一力以拒我。今大将统兵者数人，皆所恃以为根本，万一失利，将不可复用。偏裨中如牛皋、王进、杨珪、史康民皆京东土人，知地险易，可各配以部曲三五千人，或出淮阳，或出徐、泗，彼将奔命之不暇，此不动之分陕西重兵之一端也。关陕今虽有二宣抚，其体尚轻，非遣大臣不可。吕颐浩气节高亮，李纲识量宏远，威名素著，愿择其一而用之，必有以报陛下。"又言："陛下即位之初，韩世忠、刘光世、张俊威名隐然为大将，今又有吴玠、岳飞者出矣。愿诏大将，于所部举智谋忠勇可以驭众统师各两三人，朝廷籍记。遇有事宜，使当一队，毋隶大将，则诸人竞奋才智，皆飞、玠之俦矣。大将爵位已崇，难相统一，自今用兵，第可授以成算，使自为战而已，慎勿遣重臣临之，以轻其权而分其功。今却敌退师之后，必论功行赏，愿因此诏有司预定赏格，谓如得城邑及近上首领之类，自一命至节度使，皆差次使足相当。"

所谓守备之宜有五，曰固根本、习舟师、防他道、讲遗策、列长戍，大略谓："江、浙为今日根本，欲保守则失进取之利，欲进取则虑根本之伤。古之名将，内必屯田以自足，外必因粮于敌。诚能得以功名自任如祖逊者，举淮南而付之，使自为进取，而不至虚内以事外。臣闻朝廷下福建造海船七百只，必如期而办，乞仿古制，建伏波、下濑、楼船之官，以教习水战，俾近上将佐领之，自成一军，而专隶于朝廷。无事则散之缘江州郡，缓急则聚而用之。臣度敌人他年入寇，惩创今日之败，必先以一军来自淮甸，为筑室反耕之计，以缓我师。然后由登、莱泛海窥吴、越，以出吾左，由武昌渡江窥江、池，以出吾右，一处不支则大事去矣。愿预讲左支右吾之策。夫兵之形无穷,愿诏临江守臣,凡可设奇以误敌者,如吴人疑城之类,皆预为措画。今长江之险,绵数千里,守备非一,苟制得其要,则用力少而见功多。愿差次其最紧处,屯军若干人,一将领之,听其郡守节制,次紧稍缓处差降焉,有事则以大将兼统之。既久则谙熟风土,缓急可用,与旋发之师不侔矣。"

所谓措画之方有五,曰亲大阅、补禁卫、讲军制、订使事、降敕榜,大略谓:"因秋冬之交,辟广场,会诸将,取士卒才艺绝特者而爵赏之。建炎以来,禁卫单寡,乃藉五军以为重,臣常寒心。愿择忠实严重之将以为殿帅,稍补禁卫之阙,使隐然自成一军,则其驭诸将也,若臂之使指矣。今诸郡厢禁冗占私役者,大郡二三千人,小郡亦数百人。臣愿讲求,除郡守兵将官自禁军给事外,余侪从衣粮使自僦人以役。大抵杀厢军三分之二,而以其衣粮之数尽募禁军。金人自用兵以来,未尝不以和好为言,此决不可恃。然二圣在彼,不可遂也,姑以余力行之耳。臣谓宜专命一官,如古所谓行人者,或止左右司领之,当遣使人,举成法而授之,庶免临时斟酌之劳,而朝廷得以专意治兵矣。刘豫僭叛,理必灭之,谓宜降敕榜,明著豫僭逆之罪,晓谕江北士民,此亦兵家所谓伐谋伐交者。"

所谓绥怀之略有五,曰宣德意、先振恤、通关津、选材能、务宽贷,大略谓:"山东大姓结为山砦以自保,今虽累年,势必有未下者。愿募有心力之人,密往诏谕。应淮北遗民来归者,令淮南州郡给以行由,差船津济,量差地分人护送,毋得邀阻。有官人先次注授差遣,无官而贫乏者,令沿江州郡以官舍居之,仍量给钱米三两月,其能自营为生乃止。内有才智可用之人,随宜任使,勿但縻以爵秩而已。凡诸将行师入境,敢抗拒者,固在剿戮。其有善良、老弱之人,皆从宽贷,使之有更生之望。"不报。

邵闲居十有七年,薨于泉州,年六十二,谥文敏。有《草堂集》一百卷。

滕康,字子济,应天府宋城人。登崇宁五年进士第,又中词学兼茂科,除秘书省正字,迁著作佐郎、尚书工部礼部员外郎、国子司业。

靖康二年,元帅府闻康习宪章,召至济州。康率群臣劝进,除太常少卿,使定登极礼仪。凡告天及肆赦之文,皆康为之,辞意激切,闻者感动。除起居舍人、权给事中,进起居郎兼讨论祖宗法度检讨官,试中书舍人。

会显谟阁学士孟忠厚乞用父任减年迁官,康言:"忠厚,隆祐太后之侄也,太宗以来,凡母后兄弟之子无为侍从者。"武功大夫康义用登极恩,迁遥郡刺史,康又封还词头,言:"恩例迁官一等,谓于阶官上进一阶。今康义得特旨转一官,自武义大夫躐为遥郡刺史,名为迁一官,实升五等,紊法之甚也。自古召乱之源,非外戚挠法,则内侍干政,汉、唐可鉴。"凡再降旨,竟不肯行。

后军统制韩世忠以不能戢所部,坐赎金。康言:"世忠无赫赫功,祇缘捕盗微劳,遂亚节钺。今其所部卒伍至夺御器,逼谏臣于死地,乃止罚金,何以惩后?"诏降世忠一官。

知江州陈彦文用刘光世奏,录其守城功,迁龙图阁待制。康以光世所上彦文功状前后牴牾,阁而未下。宰相力主彦文,趣康行祠,康论不已,宰相衔之。会布衣省试卷子不合式,康以其文取之,谏官李处遁论奏,遂以集英殿修撰提举杭州洞霄宫。

未几,移跸钱塘,再除中书舍人,奏曰:"去岁郊礼前日食,而日官不以闻,廷臣不以告,使陛下所以应天者未至,故逆臣敢萌不轨者,无先事之戒也。陛下即位,行再岁矣,恻怛爱民之政徒为空言,而百姓不被其恩;哀痛责躬之诏不著事实,四方不以为信。忠佞并驰,而多士解体;刑赏失当,而三军沮气。臣愿陛下取建炎初元以来所下诏书,所举政事,熟思审度,得无一二不类臣言者乎?望参稽得失而罢行之。"上再三褒谕,称其有谏臣风。除左谏议大夫。旬日间,封章屡上,遂擢翰林学士。翌日,除端明殿学士、同签书枢密院事。

建炎三年,宰相吕颐浩议幸武昌为趋陕之计,既移跸建康,又议欲尽弃中原,徙居民于东南。康力持不可,上悟而止。未几,上请太后奉神主如江西,以参知政事李邴权知三省枢密院事,康为资政殿学士,同从卫以行。邴辞疾,又命康权知,以刘珏为贰。赐康褒诏,许缀宰执班奏事。

康从卫至洪州,刘光世江不密,金人绝而渡,康等仓卒奉太后趋虔州。殿中侍御史张延寿论康与珏无忧国之心,至使太后涉险,为敌人追迫,责授康秘书少监,分司南京,永州居住。未几,许自便,复左朝请大夫,提举明道宫。绍兴二年九月卒,年四十八。八年,追复龙图阁学士。有文集二十卷。

张守,字子固,常州晋陵人。家贫无书,从人假借,过目辄不忘。登崇宁元年进士第,中词学兼茂科。除详定《九域图志》编修官。以省员罢,改宣德郎,擢为监察御史。丁内艰去。

建炎元年冬,召还,改官,赐五品服。上在维扬,粘罕将自东平历泗、淮以窥行在,宰臣汪伯彦、黄潜善以为李成余党不足畏,上召百官各言所见。叶梦得请上南巡,阻江为守,张俊亦奏敌势方张,宜且南渡。守独抗疏,上防淮渡江利害六事,又别疏言金人犯淮甸之路有四,宜择四路帅守缮兵储粟以捍御之。疏再上,又请诏大臣惟以选将治兵为急,凡不急之务,付之都司、六曹。二相滋不悦,遂建议遣守抚谕京城,守闻命即就道。

三年正月,还,奏金人必来,愿早为之图,上恻然。除起居郎兼直学士院。金人果渡淮,上幸临安。迁御史中丞。

苗、刘既平,诏赦百官,表奏皆守与李邴分为之。守论宰相朱胜非不能思患预防,致贼猖獗,乞罢政,疏留中不出,既而胜非竟罢政。

吕颐浩初相,举行司马光之言,欲并合三省,诏侍从、台谏集议。守言光之所奏,较然可行,若更集众,徒为纷纭。既而悉无异论,竟合三省为一。

上幸建康,吕颐浩、张浚叶议将奉上幸武昌为趋陕之计。时方拜浚为宣抚处置使,身任陕、蜀,守与谏议大夫滕康皆持不可,曰:"东南今日根本也,陛下远适,则奸雄生窥伺之心。况将士多陕西人,以蜀近关陕,可图西归,自为计耳,非为陛下与国家计也。"守又陈十害,至殿庐谓康曰:"幸蜀之事,吾曹当以死争之。"上曰:"朕固以为难行。"议遂寝。

六月,久雨恒阴,吕颐浩、张浚皆谢罪求去,诏郎官以上言阙政。初,守为副端时尝上疏曰:"陛下处宫室之安,则思二帝、母后穹庐毳幕之居;享膳羞之奉,则思二帝、母后膻肉酪浆之味;服细暖之衣,则思二帝、母后穷边绝塞之寒苦;操与夺之柄,则思二帝、母后语言动作受制于人;享嫔御之适,则思二帝、母后谁为之使令;对臣下之朝,则思二帝、母后谁为之尊礼。思之又思,兢兢栗栗,圣心不倦,而天不为之助顺者,万无是理也。"至是复申前说,曰:"今罪己之诏数下,而天未悔祸,实有所未至耳。"且曰:"天时人事至此极矣,陛下睹今日之势与去年孰愈?而朝廷之措置施设,与前日未始异也。俟其如维扬之变而后言之,则虽斥逐大臣,无救于祸。汉制灾异策免三公,今任宰相者,虽有勋劳,然其器识不足以斡旋机务。愿更择文武全材,海内所共推者,亲擢而并用之。上书论事,或有切直,宜加褒擢以来言路。"

先是,守尝论吕颐浩不可独任,张浚不可西去,与上意异,乞补外。除礼部侍郎,不拜,上命吕颐浩至政事堂,谕以正人端士不宜轻去,守始受命。殿中侍御史赵鼎入对,论守无故下迁,上曰:"以其资浅。"鼎曰:"言事官无他过,愿陛下毋沮其气。"于是迁翰林学士、知制诰。九月,拜端明殿学士、同签书枢密院事。扈从由海道至永嘉,回至会稽。

四年五月,除参知政事,守尝荐汪伯彦,沈与求劾其短,以资政殿学士提举洞霄宫。未几,知绍兴府。寻以内祠兼侍读,守力辞,改知福州。时右司员外郎张宗臣请令福建筑城,守奏:"福州城于晋太康三年,伪闽增广至六千七百余步,国初削平已久,公私困弊,请俟他年。"遂止。寻以变易度牒钱百万余缗输之行在,助国用。

时刘豫导金人寇淮,上次平江,诸将献俘者相踵,守闻之,上疏曰:"今以献俘诚皆金人,或借诸国,则戮之可也。至如两河、山东之民,皆陛下赤子,驱迫以来,岂得已哉?且谕以恩信,贷之使归,愿留者亦听,则贼兵可不战而溃。"金人既遁,诏诸将渡江追击,守复上疏,以敌情难测,愿留刘光世控御诸渡。

上既还临安,又诏问守以攻战之利、守备之宜、绥怀之略、措置之方,守言:

明诏四事,臣以为莫急于措置,措置苟当,则余不足为陛下道矣。臣请言措置之大略,其一措置军旅,其二措置粮食。

神武中军当专卫行在,而以余军分成三路,一军驻于淮东,一军驻于淮西,一军驻鄂、岳或荆南,择要害之处以处之。使北至关辅,西抵川、陕,血脉相通,号令相闻,有唇齿辅车之势,则自江而南可奠枕而卧也。然今之大将皆握重兵,贵极富溢,前无禄利之望,退无诛罚之忧,故朝廷之势日削,兵将之权日重。而又为大将者,万一有称病而赐罢,或卒然不讳,则所统之众将安属耶?臣谓宜拔擢麾下之将,使为统制,每将不过五千人,棋布四路,朝廷号令径达其军,分合使令悉由朝廷,可以有为也。

何谓措置军食?诸军既分屯诸路,则所患者财谷转输也。祖宗以来,每岁上供六百余万,出于东南转输,未尝以为病也。今宜举两浙之粟以饷淮东,江西之粟以饷淮西,荆湖之粟以饷鄂、岳、荆南。量所用之数,责漕臣将输,而归其余于行在,钱帛亦然,恐未至于不足也。钱粮无乏绝之患,然后戒饬诸将,不得侵扰州县,以复业之民户口多寡,为诸将殿最,岁核实而黜陟之。如是措置既定,俟至防秋,复遣大臣为之统督,使诸路之兵首尾相应,绥怀之略亦在是矣。究其本原,则在陛下内修德而外修政耳。

闽自范汝为之扰,公私赤立,守在镇四年,抚绥凋瘵,且请于朝,蠲除福州所贷常平籴钱十五万。累请去郡,以提举万寿观兼侍读召还,甫两月,复引病丐去,知平江府,力丐祠以归。

六年十二月,召见,即日除参知政事,明日兼权枢密院事。七年,张浚罢刘光世兵柄,而欲以吕祉往淮西抚谕诸军,守以为不可,浚不从,守曰:"必曰改图,亦须得闻望素高、能服诸将之心者乃可。"浚不听,遂有郦琼之变。及台谏交章论浚,御批安置岭表,赵鼎不即行,守力解上曰:"浚为陛下捍两淮,罢刘光世,正以其众乌合不为用,今更验矣,群臣从而媒蘖其短,臣恐后之继者,必以浚为鉴,谁肯为陛下任事乎?"浚谪永州,守亦引咎请去,弗许。

八年正月,上自建康将还临安,守言:"建康自六朝为帝王都,江流险阔,气象雄伟,且据都会以经理中原,依险阻以捍御强敌,可为别都以图恢复。"鼎持不可,守力求去,以资政殿大学士知婺州,寻改洪州,兼江南西路安抚使。入对,时江西盗贼未息,上问以弭盗之策,守曰:"莫先德政,伺其不悛,然后加之以兵。"因请出师屯要害。既至部,揭榜郡邑,开谕祸福,约以期限,许之自新,不数月盗平。

后徙知绍兴府。会朝廷遣三使者括诸路财赋,所至以鞭挞立威,韩球在会稽,所敛五十余万缗。守既视事,即求入觐,为上言之,诏追还三使。时秦桧当国,不悦,守亦不自安,复奉祠。

建康谋帅,上曰:"建康重地,用大臣有德望者,惟张守可。"至镇数月薨。

守尝荐秦桧于时宰张浚,及桧为枢密使,同朝。一日,守在省阁执浚手曰:"守前者误公矣。今同班列,与之朝夕相处,观其趋向,有患失之心,公宜力陈于上。"守在江右,以郡县供亿科扰,上疏请蠲和买,罢和籴。上欲行之,时秦桧方损度支为月进,且日忧四方财用之不至,见守疏,怒曰:"张帅何损国如是?"守闻之,叹曰:"彼谓损国,乃益国也。"卒谥文靖。孙抑,户部侍郎。

富直柔，字季申，宰相弼之孙也。以父任补官。少敏悟，有才名。靖康初，晁说之奇其文，荐于朝，召赐同进士出身，除秘书省正字。

建炎二年，召近臣举所知，礼部侍郎张浚以直柔应。诏授著作佐郎，寻除礼部员外郎、起居舍人，迁右谏议大夫。范致虚自谪籍中召入，直柔力言致虚不当复用，出知鼎州。

迁给事中。医官、团练使王继先以覃恩转防御使，法当回授，得旨特与换武功大夫。直柔论："继先以计换授，既授之后，转行官资，除授差遣，更无所碍。且武功大夫惟有战功、历边任、负材武者乃迁，不可以轻授。"上谓宰相范宗尹曰："此除出自朕意。今直柔抗论，朕屈意从之，以伸直言之气。"

四年，迁御史中丞。直柔请罢右司侯延庆，而以苏迟代之，上曰："台谏以拾遗补过为职，不当荐某人为某官。"于是延庆改礼部员外郎，而迟为太常少卿。

十月，除端明殿学士、签书枢密院事。故事，签书有以员外郎为之，而无三丞为之者。中书言非旧典，时直柔为奉议郎，乃特迁朝奉郎。自是寄禄官三丞除二府者，迁员外郎，自直柔始，遂为例。

绍兴元年，诏礼部太常寺讨论隆祐太后册礼，范宗尹曰："太母前后废斥，实出章惇、蔡京，人皆知非二圣之过。"直柔曰："陛下推崇隆祐，天下以为当，然人亦不以为非哲庙与上皇意，愿陛下勿复致疑。"乃命礼官讨论典礼。既而王居正言："太后隆名定位，已正于元符，宜用钦圣诏，奏告天地宗庙，其典礼不须讨论。"议遂定。

上虞县丞娄寅亮上书言宗社大计，欲选太祖诸孙"伯"字行下有贤德者视秩亲王，使牧九州，以待皇嗣之生，退处藩服。疏入，上大叹悟，直柔从而荐之，召赴行在，除监察御史。于是孝宗立为普安郡王，以寅亮之言也。

除同知枢密院事。侍御史沈与求论直柔附会辛道宗、永宗兄弟得进，并论其所荐右司谏韩璜。先是，直柔尝短吕颐浩于上前，颐浩与秦桧皆忌之，由是二人俱罢，璜责监浔州酒税，而直柔以本官提举洞霄宫。

六年，丁所生母忧。起复资政殿学士、知镇江府，辞不赴。起知衢州。以失入死罪，落职奉祠。寻复端明殿学士。倘徉山泽，放意吟咏，与苏迟、叶梦得诸人游，以寿终于家。

冯康国，字元通，本名楫，遂宁府人。为太学生，负气节。建炎中，高宗次杭州，礼部侍郎张浚以御营参赞军事留平江。苗、刘作乱，浚外倡诸将合兵致讨，念楫等居中，欲得辩士往说之。时楫客浚所，慷慨请行，浚遣之至杭，说傅、正彦曰："自古宦官乱政，根株相连，若诛锄必受祸。今二公一旦为国家去数十年之患，天下蒙福甚大。然主上春秋鼎盛，天下不闻其过，岂可遽传位于襁褓之子？且前日名为传位，其实废立，二公本心为国，奈何以此负谤天下？"傅按剑大怒，楫辞气不屈。正彦乃善谕之曰："张侍郎欲复辟固善，然须用面议。"乃遣楫还，约浚至杭。

浚复遣楫移书傅等，告以祸福使改。既又复傅书，诵言其罪。楫至，傅党马柔吉诘之曰："昨张侍郎书不委曲，二公大怒，已发兵出杭矣，君尚敢来耶？"楫曰："畏则不来，来则不畏。"王世修欲拘留楫，会浚谬为书遗楫云："适有客自杭来，方知二公于社稷初无不利之心，甚悔前书之轻易也。"傅等见之喜，楫得免。

俄勤王之兵大集，傅等始惧，楫知其可动，乃说宰相朱胜非，以今日之事，当以渊圣皇帝为主，睿圣皇帝宜复为大元帅，少主为皇太侄，太后垂帘。胜非令与傅、正彦议，皆许诺。楫又请褒傅、正彦如赵普故事，遂皆赐铁券。诏补楫奉议郎、守兵部员外郎，赐五品服，更名康国。

高宗反正，以张浚宣抚川、陕，浚辟康国主管机宜文字。浚至蜀，遣康国入奏事，诏进两官，为荆湖宣谕使。康国之行也，上幸浙东，不暇降诏旨，康国以意为之，言者劾以擅发制书，坐贬秩二等。绍兴三年，浚召还，与康国俱赴行在。浚既黜，御史常同因论康国，罢之。起知万州、湖北转运判官。

浚相，入为都官员外郎。康国言："四川税色，祖宗以来，正税重者科折轻，正税轻者科折重，科折权衡与税平准，故无偏重。近年监司总漕悉改旧法，取数务多，失业逃亡皆由于此。尽从旧法。"诏以其言下四川宪司察不如法者。又言："蜀苦陆运，当谕吴玠，非防秋月，分兵就粮；兼选守牧治梁、洋，招集流散，耕凿就绪，则漕运可省。此保蜀之良策也。"

浚去相位，康国乞补外。赵鼎言于高宗曰："自张浚罢，蜀士不自安，今留者十余人，臣恐台谏以浚故有论列，望陛下察之。"高宗曰："朝廷用人，止当论其才与否耳。项台谏好以朋党论士大夫，如罢一宰相，则凡所荐引，不问才否一时罢黜，乃朝廷使之为朋党，非所以爱人才、厚风俗也。"迁右司员外郎，除直显谟阁、知夔州。丁母忧，起复，抚谕吴玠军，除都大主管川陕茶马，卒。

论曰：邓肃、李邴、滕康当危急存亡之秋，皆侃侃正色，知无不言。张守论事明远，富直柔厄于秦桧、吕颐浩，冯康国说折二凶，皆有用之才也。

卷三百七十六

列传第一百三十五

**常同　张致远　薛徽言　陈渊
魏矼　潘良贵　吕本中**

常同，字子正，邛州临邛人，绍圣御史安民之子也。登政和八年进士第。靖康初，除大理司直，以敌难不赴，辟元帅府主管机宜文字，寻除太常博士。

高宗南渡，辟浙帅机幕。建炎四年，诏："故监察御史常安民、左司谏江公望，抗节刚直，触怒权臣，摈斥至死。今其子孙不能自振，朕甚悯之。"召同至行在，至则为大宗丞。

绍兴元年，乞郡，得柳州。三年，召还，首论朋党之祸："自元丰新法之行，始分党与，邪正相攻五十年。章惇唱于绍圣之初，蔡京和于崇宁之后，元祐臣僚，窜逐贬死，上下蔽蒙，纂成夷虏之祸。今国步艰难，而分朋缔交、背公死党者，固自若也。恩归私门，不知朝廷之尊；重报私怨，宁复公议之顾。臣以为欲破朋党，先明是非；欲明是非，先辨邪正，则公道开而奸邪息矣。"上曰："朋党亦难破。"同对："朋党之结，盖缘邪正不分，但观其言行之实，察其朋附之私，则邪正分而朋党破矣。"上曰："君子小人皆有党。"同又对曰："君子之党，协心济国；小人之党，挟私害公。为党则同，而所以为党则异。且如元祐臣僚，中遭谗谤，窜殛流死，而后祸乱成。今在朝之士，犹谓元祐之政不可行，元祐子孙不可用。"上曰："闻有此论。"同对以："祸乱未成，元祐臣僚固不能以自明。今可谓是非定矣，尚犹如此，盖今日士大夫犹宗京、黼等倾邪不正之论。朋党如此，公论何自而出？愿陛下始终主张善类，勿为小人所惑。"

又奏："自古禁旅所寄，必参错相制。汉有南北军，周勃用南军入北军以安刘氏，唐李晟亦用神策军以复京师，是其效也。今国家所仗，惟刘光世、韩世忠、张俊三将之兵耳。陛下且无心腹禁旅，可备缓急，顷者苗、刘之变，亦可鉴矣。"除殿中侍御史。

时韩世忠屯镇江，刘光世屯建康，以私忿欲交兵。同奏："光世等不思待遇之恩，而骄狠尚气，无所忌惮，一旦有急，其能相为唇齿乎？望分是非，正国典。昔汉诸侯王有过，犹责师傅，今两军幕属赞画无状，乞先黜责。"上以章示两军。

吕颐浩再相，同论其十事，且曰："陛下未欲遽罢颐浩者，岂非以其有复辟之功乎？臣谓功出众人，非一颐浩之力。纵使有功，宰相代天理物，张九龄所谓不以赏功者也。"颐浩罢相。论知枢密院宣抚川陕张浚丧师失地，遂诏浚福州居住。同与辛炳在台同好恶，上皆重之。

金使李永寿等入见，同言："先振国威，则和战常在我；若一意议和，则和战常在彼。"上因语及武备曰："今养兵已二十万。"同奏："未闻二十万兵而畏人者也。"

伪齐宿迁令张泽以二千人自拔来归，泗州守徐宗诚纳之，韩世忠以闻。朝论令世忠却泽等，而械宗诚赴行在。同奏："敌虽议和，而两界人往来未尝有禁，伪齐尚能置归受馆，立赏以招吾民，今乃却泽，人心自此离矣。况宗诚起土豪，不用县官财赋，募兵自养，为国障捍，今因受泽而械之，以沮士气，非策也。"诏处来归者于淮南，释宗诚罪。

四年，除起居郎、中书舍人、史馆修撰。先是，同尝上疏论神、哲二史曰："章惇、蔡京、蔡卞之徒积恶造谤，痛加诬诋，是非颠倒，循致乱危。在绍圣时，则章惇取王安石《日录》私书改修《神宗实录》；在崇宁后，则蔡京尽焚毁《时政记》、《日历》，以私意修定《哲宗实录》。其间所载，悉出一时奸人之论，不可信于后世。恭惟宣仁保佑之德，岂容异辞，而蔡确贪天之功，以为己力，厚诬圣后，收恩私门。陛下即位之初，尝下诏明宣仁安社稷大功，令国史院撰实刊修，又复悠悠。望精择史官，先修《哲宗实录》，候书成，取《神宗朱墨史》考证修定，庶毁誉是非皆得其实。"上深嘉纳。至是，命同修撰，且谕之曰："是除以卿家世传闻多得事实故也。"一日奏事，上愀然曰："向昭慈尝言，宣仁有保佑大功，哲宗自能言之，正为宫中有不得志于宣仁者，因生诬谤。欲辨白其事，须重修《实录》，具以保立劳效，昭示来世，此朕选卿意也。"同乞以所得圣语宣付史馆，仍记于《实录》卷末。

张俊乞复其田产税役，令一卒持书瑞昌，而凌悖其令郭彦参，彦参系之狱。俊诉于朝，命罢彦参，同并封还二命。俄除集英殿修撰、知衢州，以疾辞，除徽猷阁待制、提举江州太平观。

七年秋，以礼部侍郎召还。未数日，除御史中丞。车驾自建康回临安，同奏："旋跸之初，去淮益远，宜遣重臣出按两淮，询人情利病，察官吏侵扰，纵民耕垦，勿收租税。数年之后，田野加辟，百姓足而国亦足矣。"乃遣枢密使王庶视师，同乞以此奏付庶，询究罢止。又言："江浙困于月桩钱，民不聊生。"上为减数千缗。又言："吴玠屯师兴、利，而西川人力已困。玠顷年尝讲屯田，愿闻其积谷几何，减馈运几何，赵开、李迨相继为都漕，先后馈运各几何，令制、漕、帅司条具以闻，然后按实讲究，以纾民力。"又言："国家养兵，不为不多，患在于偏聚而不同力，自用而不同心。今韩世忠在楚，张俊在建康，岳飞在江州，吴玠在蜀，相去隔远，情不相通。今陛下遣枢臣王庶措置边防，宜令庶命集将帅，谕以国体，协心共议御敌，常令诸军相接以常山蛇势，一意国家，无分彼此，缓急应援，皆有素定之术。"诏付王庶出示诸将。

同乞郡，除显谟阁直学士、知湖州。复召，请祠，诏提举江州太平观。绍兴二十年卒。

张致远，字子猷，南剑州沙县人。宣和三年，中进士第。宰相范宗尹荐其才，召对，擢为枢密院计议官。建寇范汝为已降，犹怀反侧，而招安官谢向、陆棠受贼赂，阴与之通。致远谒告归，知其情，还白执政，请锄其根柢，于是捕向、棠及制置司属官施宜生付狱。诏参知政事孟庾为福州宣抚使讨贼，韩世忠副之，辟致远为随军机宜文字。贼平，除两浙转运判官，改广东转运判官。招抚剧盗曾衮等，贼众悉降。

绍兴四年，以监察御史召。未至，除殿中侍御史。时江西帅胡世将请增和买绢折纳钱，致远上疏言："折纳绢钱本欲少宽民力，而比旧增半，是欲乘民之急而厚其敛也。"从之。

金人与刘豫分道入寇，宰相赵鼎劝高宗亲征，朝士尚以为疑，白鼎审处。致远入对，独赞其决。迁侍御史。言："聚财养兵，皆出民力，善理财者，宜固邦本。请罢榷福建盐，精择三司使、副，以常平茶盐合为一官，令计经常，量入为出，先务省节，次及经理。"诏户部讲究。

五年，除户部侍郎，进吏部侍郎，寻复为户部侍郎。

言："陛下欲富国强兵，大有为于天下，愿诏大臣力务省节，明禁僭侈，自宫禁始，自朝廷始。额员可减者减之，司属可并者并之。使州县无妄用，归其余于监司；监司无妄用，归其余于朝廷；朝廷无横费，日积月聚，惟军须是虑，中兴之业可致也。"除给事中。

寻以老母丐外，以显谟阁待制知台州。朝廷以海寇郑广未平，改知福州。六年八月，广等降，致远选留四百人，置营城外，余遣还业。复遣广讨他郡诸盗，数月悉平。

八年正月，再召为给事中。出知广州。寻以显谟阁待制致仕。十七年卒，年五十八。

致远魁亮有学识，历台省、侍从，言论风旨皆卓然可观。赵鼎尝谓其客曰："自鼎再相，除政府外，从官如张致远、常同、胡寅、张九成、潘良贵、吕本忠、魏矼皆有士望，他日所守当不渝。"识者谓鼎为知人云。

薛徽言，字德老，温州人。登进士第，为枢密院计议官。绍兴二年，遣使分行诸路，徽言在选中，以权监察御史宣谕湖南。时郴、道、桂阳旱饥，徽言请于朝，不待报即谕漕臣发廪，永米以振，而以经制银市米偿之，所刺举二十人。使还，他使皆进擢，宰相吕颐浩以徽言擅易守臣，而移用经制银，出知兴国军。入为郎，迁右司，擢起居舍人。时秦桧与金人议和，徽言与吏部侍郎晏敦复等七人同拜疏争之。一日，桧于上前论和，徽言直前引义固争，反复数刻。中寒疾而卒。高宗念之，赙绢百匹，特与遗表恩。

陈渊，字知默，南剑州沙县人也。绍兴五年，给事中廖刚、中书舍人胡寅朱震、权户部侍郎张致远言："渊乃瓘之诸孙，有文有学，自瓘在时，器重特甚，垂老流落，负材未试。"充枢密院编修官。会李纲以前宰相为江南西路安抚制置大使，辟为制置司机宜文字。

七年，诏侍从举直言极谏之士，胡安国以渊应。召对，改官，赐进士出身。九年，除监察御史，寻迁右正言。入对，论："比年以来，恩惠太滥，赏给太厚，颁赉赐予之费太过。所用既众，而所入实寡，此臣所甚惧也。《周官》'唯王及后、世子不会'，说者谓不得以有司之法治之，非周公作法开后世人主侈用之端也。臣谓冢宰以九式均节财用，有司虽不会，冢宰得以越式而论之。若事事以式，虽不会犹会也。臣愿陛下凡有锡赉，法之所无而于例有疑者，三省得以共议，户部得以执奏，则前日之弊息矣。"

渊面对，因论程颐、王安石学术同异，上曰："杨时之学能宗孔、孟，其《三经义辨》甚当理。"渊曰："杨时始宗安石，后得程颢师之，乃悟其非。"上曰："以《三经义解》观之，具见安石穿凿。"渊曰："穿凿之过尚小，至于道之大原，安石无一不差。推行其学，遂为大害。"上曰："差者何谓？"渊曰："圣学所传止有《论》、《孟》、《中庸》，《论语》主仁，《中庸》主诚，《孟子》主性，安石皆暗其原。仁道至大，《论语》随问随答，惟樊迟问，始对曰：'爱人。'爱特仁之一端，而安石遂以爱为仁。其言《中庸》，则谓中庸所以接人，高明所以处己。《孟子》七篇，专发明性善，而安石取扬雄善恶混之言，至于无善无

恶，又溺于佛，其失性远矣。"

郑亿年复资政殿学士、奉朝请，召见于内殿。渊言："亿年故相居中之子，虽为从官，而有从贼之丑，乞浸其职名。"不报。亿年，右仆射秦桧之亲党也，由是桧怒之。除秘书少监兼崇政殿说书，以祖名辞。改宗正少卿，以何铸论罢。主管台州崇道观。十五年，卒。

魏矼，字邦达，和州历阳人，唐丞相知古后也。少颖悟。时方尚王氏新说，矼独守所学。宣和三年，上舍及第。建炎四年，召赴阙，诏改宣教郎，除详定一司敕令所删定官。

绍兴元年，迁枢密院计议官，迁考功郎。会星变，矼因转对，言："治平间，彗出东方，英宗问辅臣所以消弭之道，韩琦以明赏罚为对。比年以来，赏之所加，有未参选而官已升朝者，有未经任而辄为正郎者，罚之所加，有未到任而例被冲替者，有罪犯同而罚有轻重者。"力言大臣黜陟不公，所以致异。上识其忠，擢监察御史，迁殿中侍御史。

临安火，延烧数千家，献谀者谓非灾异。矼言："《春秋》定、哀间数言火灾，说者谓孔子有德而鲁不能用，季孙有恶而不能去，故天降之咎。今朝廷之上有奸慝邪佞之人未逐乎？百执事之间有朋附奔竞之徒未汰乎？搢绅有公忠宿望及抱道怀艺、有猷有守之士未用乎？在位之人，畏人轧己，方且蔽贤，未闻推诚尽公，旁招俊义。宜鉴定、哀之失，甄别邪正，亟加进用。"

内侍李虞饮韩世忠家，刃伤弓匠，事下廷尉。矼言："内侍出入宫禁，而狠戾发于杯酒，乃至如此，岂得不过为之虑？建炎诏令禁内侍不得交通主兵官及预朝政，违者处以军法。乞申严其禁，以谨履霜之戒。"于是虞杖脊配琼州。迁侍御史，赐矼五品服。

时朱胜非相，矼论："胜非无所建明，惟知今日进呈一二细故，明日启拟一二故人，而机务不决，军政不修，除授挟私，贤士解体。"又疏其五罪，诏令胜非持余服。又言："国家命令之出，必先录黄。其过两省，则给舍得以封驳；其下所属，则台谏得以论列。此万世良法也。窃闻近时三省、枢密院，间有不用录黄而直降指挥者，亦有虽画黄而不下六部者，望并依旧制。"

刘豫挟金人入寇，宰相赵鼎决亲征之议，矼请扈从，因命督江上诸军。时刘光世、韩世忠、张俊三大将权均势敌，又怀私隙，莫肯协心。矼首至光世军中，谕之曰："贼众我寡，合力犹惧不支，况军自为心，将何以战？为诸公计，当思为国雪耻，释去私隙，不独有利于国，亦将有利其身。"光世许之，遂劝其贻书二帅，示以无他，二帅复书交欢。光世以书闻，由此众战屡捷，军声大振。

上至平江，魏良臣、王绘使金回，约再遣使，且有恐迫语。矼请罢"讲和"二字，饬厉诸将，力图攻取。会金屡败遁去，使亦不遣。迁秘书少监。

矼在职七阅月，论事凡百二十余章。寻乞补外，除直龙图阁、知泉州，以亲老辞，知建州。寻召还，丐祠，不允，除权吏部侍郎。

八年，金使入境，命砥充馆伴使，砥言：“顷任御史，尝论和议之非，今难以专论。”秦桧召砥至都堂，问其所以不主和之意，砥具陈敌情难保，桧谕之曰："公以智料敌，桧以诚待敌。"砥曰："相公固以诚待敌，第恐敌人不以诚待相公耳。"桧不能屈，乃改命吴表臣。

诏金使入境，欲屈已就和，令侍从、台谏条奏来上。砥言："臣素不熟敌情，不知使人所需者何礼，陛下所以屈已者何事。贼豫为金人所立，为之北面，陛下承祖宗基业，天命所归，何藉于金国乎？传闻奉使之归，谓金人悉从我所欲，必无难行之礼，以重困我，陛下何过自取侮乎？如或不可从之事，傥轻许之，他时反为所制，号令废置将出其手，一有不从，便生兵隙。予夺在彼，失信在我，非计之得也。虽使还我空地，如之何而可保？虽欲寝兵，如之何而可寝？虽欲息民，如之何而可息？非计之得也。陛下既欲为亲少屈，更愿审思天下治乱之机，酌之群情，择其经久可行者行之，其不可从者，以国人之意拒之，庶无后悔。所谓国人者，不过万民、三军尔。搢绅与万民一体，大将与三军一体，今陛下询于搢绅，民情大可见矣。欲望速召大将，各带近上统制官数人同来，详加访问，以塞他日意外之忧。大将以为不可，则其气益坚，何忧此敌。"

未几，丁父忧。免丧，除集英殿修撰、知宣州，不就。改提举太平兴国宫，自是奉祠，凡四任。丁内艰以卒。

潘良贵，字子贱，婺州金华人。以上舍释褐为辟雍博士，迁秘书郎。时宰相蔡京与其子攸方以爵禄钩知名士，良贵屹然特立，亲故数为京致愿交意，良贵正色谢绝。除主客郎中，寻提举淮南东路常平。

靖康元年，召还。赐对，钦宗问孰可秉钧轴者，良贵极言："何栗、唐恪等四人不可用，他日必误社稷。陛下若欲扶危持颠之相，非博询于下僚，明扬于微陋，未见其可。"语彻于外，当国者指为狂率，黜监信州汭口排岸。

高宗即位，召为左司谏。既见，请诛伪党，使叛命者受刃国门，即敌人不敢轻议宋鼎。又乞封宗室贤者于山东、河北，以壮国体，巡幸维扬，养兵威以图恢复。黄潜善、汪伯彦恶其言，改除工部。良贵以不得其言，求去，主管明道宫。

越数年，除提点荆湖南路刑狱，主管江州太平观，除考功郎，迁左司。宰相吕颐浩从容谓良贵曰："且夕相引入两省。"良贵正色对曰："亲老方欲乞外，两省官非良贵可为也。"退语人曰："宰相进退一世人才，以为贤邪，自当擢用，何可握手密语，先示私恩。若士大夫受其牢笼，又何以立朝。"即日乞补外，以直龙图阁知严州。到官两月，请祠，主管亳州明道宫。起为中书舍人。

会户部侍郎向子諲入见，语言烦亵，良贵故善子諲，是日摄起居，立殿上，径至榻前厉声言："子諲以无益之谈久烦圣听！"子諲欲退，高宗顾良贵曰："是朕问之。"又谕子諲且款语。子諲复语，久不止，良贵叱之退者再。高宗色变，阁门并弹之，于是二人俱待罪。有旨良贵放罪，子諲无罪可待。

良贵求去，以集英殿修撰提举江州太平观。起知明州。期年，除徽猷阁待制、提举亳州明道宫。既归，不出者十年。李光得罪，良贵坐尝与通书，降三官。卒，年五十七。

良贵刚介清苦，壮老一节。为博士时，王黼、张邦昌俱欲妻以女，拒之。晚家居贫甚，秦桧讽令求郡，良贵曰："从臣除授合辞免，今求之于宰相，辞之于君父，良贵不敢为也。"其谏疏多焚藁，仅存杂著十五卷，新安朱熹为之序。

吕本中字居仁，元祐宰相公著之曾孙、好问之子。幼而敏悟，公著奇爱之。公著薨，宣仁太后及哲宗临奠，诸童稚立庭下，宣仁独进本中，摩其头曰："孝于亲，忠于君，儿勉焉。"

祖希哲师程颐，本中闻见习熟。少长，从杨时、游酢、尹焞游，三家或有疑异，未尝苟同。以公著遗表恩，授承务郎。绍圣间，党事起，公著追贬，本中坐焉。

元符中，主济阴簿、秦州士曹掾，辟大名府帅司干官。宣和六年，除枢密院编修官。靖康改元，迁职方员外郎，以父嫌奉祠。丁父忧，服除，召为祠部员外郎，以疾告去。再直秘阁，主管崇道观。

绍兴六年，召赴行在，特赐进士出身，擢起居舍人兼权中书舍人。内侍李琮失料历，上以潜邸旧人，不用保任特给之。本中言："若以异恩别给，非所谓'宫中府中当为一体'者。"上见缴还，甚悦，令宰臣谕之曰："自今有所见，第言之。"

监阶州草场苗亘以赃败，有诏从黥，本中奏："近岁官吏犯赃，多至黥籍，然四方之远，或有枉滥，何由尽知？异时察其非幸，虽欲抆拭，其可得乎？若祖宗以来此刑尝用，则绍圣权臣当国之时，士大夫无遗类久矣。愿酌处常罚，毋令奸臣得以藉口于后世。"从之。

七年，上幸建康，本中奏曰："当今之计，必先为恢复事业，求人才，恤民隐，讲ённых法度，详审刑政，开直言之路，俾人人得以尽情。然后练兵训帅，增师上流，固守淮甸，使江南先有不可动之势，伺彼有衅，一举可克。若徒有恢复之志，而无其策，邦本未强，恐生他患。今江南、两浙科须日繁，闾里告病，倘有水旱乏绝，奸宄窃发，未审朝廷何以待之？近者臣庶劝兴师问罪者，不可胜数，观其辞固甚顺，考其实不可行。大抵献言之人，与朝廷利害绝不相侔，言不酬、事不济，则脱身而去。朝廷施设失当，谁任其咎？鸷鸟将击，必匿其形，今朝廷于进取未有秋毫之实，所下诏命，已传贼境，使之得以为备，非策也。"又奏："江左形势如九江、鄂渚、荆南诸路，当宿重兵，临以重臣。吴时谓西陵、建平，国之藩表，愿精择守帅，以待缓急，则江南自守之计备矣。"

内侍郑谌落致仕，得兵官。本中言："陛下进临江浒，将有为也，今贤士大夫未能显用，岩穴幽隐未能招致，乃起谌以统兵之任，何邪？"命遂寝。引疾乞祠，直龙图阁、知台州，不就，主管太平观。召为太常少卿。

八年二月，迁中书舍人。三月，兼侍讲。六月，兼权直学士院。金使通和，有司议行人之供，本中言："使人之来，正当示以俭约，客馆刍粟若务充悦，适启戎心。且成败大计，初不在此，在吾治政得失，兵财强弱，愿诏有司令无乏可也。"

初，本中与秦桧同为郎，相得甚欢。桧既相，私有引用，本中封还除目，桧勉其书行，卒不从。赵鼎素主元祐之学，谓本中公著后，又范冲所荐，故深知之。会《哲宗实录》成，鼎迁仆射，本中草制，有曰："合晋、楚之成，不若尊王而贱霸；散牛、李之党，未如明是以去非。"桧大怒，言于上曰："本中受鼎风旨，伺和议不成，为脱身之计。"风御史萧振劾罢之。提举太平观，卒。学者称为东莱先生，赐谥文清。

有诗二十卷得黄庭坚陈师道句法，《春秋解》一十卷、《童蒙训》三卷、《师友渊源录》五卷，行于世。

论曰：《传》有之："不有君子，其何能国。"绍兴之世，吕颐浩、秦桧在相位，虽有君子，岂得尽其志，宋之不能图复中原，虽曰天命，岂非人事乎？若常同、张致远、薛徽言、陈渊、魏矼、潘良贵、吕本中，其才猷皆可以经邦，其风节皆可以厉世，然皆论议不合，奉祠去国，可为永慨矣。

卷三百七十七
列传第一百三十六

向子諲　陈规　季陵　卢知原弟法原
陈桷　李璆　李朴　王庠　王衣

向子諲，字伯恭，临江人，敏中玄孙，钦圣宪肃皇后再从侄也。元符三年，以后复辟恩，补假承奉郎，三迁知开封府咸平县。豪民席势犯法，狱具上，尹盛章方以狱空觊赏，却不受，子諲以闻，诏许自论决，章大怒，劾以他事勒停。

宣和初，复官，除江、淮发运司主管文字。淮南仍岁旱，漕不通，有欲浚河与江、淮平者，内侍主其议，无敢可否，发运司檄子諲行。子諲言："自江至淮数百里，河高江、淮数丈，而欲浚之使平，决不可。囊有司三日一启闸，复作澳储水，故水不乏。比年行直达之法，加以应奉往来，启闭无节，堰闸率不存。今复故制，严禁约，则无患。"使者用其言，漕复通，进秩一等。召对，除淮南转运判官。以户部奏诸路起发上供不及数，降一官。

七年，入为右司员外郎，不就，以直秘阁为京畿转运副使，寻兼发运副使。建炎元年，金人犯亳州，子諲自勤王所以书遗金人，言兵势逆顺，令退保河外。金人遽以亳、宋等州守御所牒报之，约日索战，语极不逊，诸道兵畏缩不进。时康王次济州，子諲遣进士李植献金帛及本司钱谷之在济州者，以助军费。张邦昌僭位，遣人持敕书往庐州问其家安否，子諲檄郡守冯询、提举范仲使拘之以俟王命。邦昌又使其甥刘达赍手书来，子諲不启封焚之，械系达于狱。遣子澹请康王率诸亲渡河，出其不意以救二帝；遣将王仪统勤王兵至城下。

迁直龙图阁、江淮发运副使。子諲言："去岁刘顺奉渊圣蜡诏，令监司帅守募兵勤王，臣即镂板遍檄所部，而六路之间漠无应者；间有团结发者，类如儿戏，姑以避责而已。惟淮东一路，臣亲率诸司，粗成纪律。然诸司犹有占吝钱物，莫肯供亿，殊不念君父幽围城之中，臣当时恨无利刃以加其颈。今京城失守，二帝播迁，傥赏罚不行，恐金人再为边患，陛下复欲起天下之兵，而诸路玩习故常，恬不知畏，将何恃以济艰难哉？愿明诏大臣按劾诸路监司向承蜡诏废格不勤王，及名为勤王而稽缓者，悉加显黜。"命诸路提刑司究实以闻。九月，子諲罢，以素为李纲所善，故黄潜善斥之。

明年，知袭庆府，道梗不能赴。初，邦昌为平章军国事，子諲乞致仕逆之，坐言者降三官，起复知潭州。禁卒为乱，纵火掠市，出浏阳县，子諲遣通判孟彦卿等追及攸县平之。

金人破江西，移兵湖南，子諲闻警报，率军民以死守。宗室成忠郎聿之弟东壁，子諲巡城，顾谓曰："君宗室，不可效此曹苟简。"聿之感激流涕。金人围八日，登城纵火，子諲率官吏夺南楚门遁，城陷。坐敌至失守落职罢。转运副使贾收言子諲督兵巷战，又收溃卒复入治事，帝亦以子諲与他守臣望风遁者殊科，诏复职。

绍兴元年，移鄂州，主管荆湖东路安抚司。剧盗曹成据攸县，子諲军于安仁，遣使招之，成听命。子諲又遣将西扼衡阳，南守宜章，成逡巡不敢南向者百余日，诸郡遂得割获。既而援兵不至，成忿子諲扼己，拥众而南，子諲率亲兵拒之。会官军溃，度不可遏，单骑入贼中，谕以国家威灵。成不服，执子諲归。会宣抚司都统制马扩遣人持吴敏檄谕成，成许受招，始释子諲。

诏提举江州太平观。胡安国方避地湖南，以书抵秦桧，言："子諲忠节，可以扶持三纲，愿怜其无救而陷于贼，复加收用。"起知广州。时恐贼度岭，故就用子諲守之。又以言者罢，遂致仕。寻起知江州，改江东转运使，进秘阁修撰。江东当饷刘光世军，适刘豫入寇，光世军合肥，以乏饷告，亟退师。子諲驰至合肥，具见粮以闻，光世由是得罪。进徽猷阁待制。徙两浙路为都转运使，除户部侍郎。

入见，论京都旧事，颇及珍玩。起居郎潘良贵故善子諲，闻其言甚怒。既而子諲奏金国报聘及莫朱震事，反复良久。良贵径至榻前厉声叱之曰："子諲不宜以无益之谈久烦圣听。"子諲欲退，上谓良贵曰："是朕问之也。"又谕子諲款语。子諲复语，久不止，良贵叱之退者再。上色变，欲抵良贵罪。中丞常同言："良贵无罪，愿许子諲补外。"上并怒同。张九成言："士大夫所以嘉子諲者，以其能眷眷于善类。今以子諲故逐柱史，又逐中司，非所以爱子諲也。"上意稍解，批谕同，同言不已，于是三人俱罢。子諲以徽猷阁直学士知平江府。金使议和将入境，子諲不肯拜金诏，乃上章言："自古人主屈己和戎，未闻甚于此时，宜却勿受。"忤秦桧意，乃致仕。

子谭相家子，能修饬自见于时。友爱诸弟，置义庄，赡宗族贫者。初，漕淮南时，张邦昌伪诏至，虹县令已下迎拜宣读如常式，独武尉徐端益不拜而走。事定，子谭言于朝，易端益文资。退闲十五年，号所居曰"㧽林"。卒，年六十八。

陈规，字元则，密州安丘人。中明法科。靖康末，金人入侵，杀镇海军节度使刘延庆，其徒成进、王在去为盗，犯随、郢、复等州。规为安陆令，以勤王兵赴汴，至蔡州，道梗而还。会祝进攻德安府，守弃城遁，父老请规摄守事。规遣射士张立率兵讨进，却之。既而在复与进合，以炮石鹅车攻城东，规连战败之，二人惧，引众去。

建炎元年，除直龙图阁、知德安府。李孝义、张世以步骑数万薄城，阳称受诏招，规登城视其营垒，曰："此诈也。"亟为备。夜半，孝义兵围城，遂大败之。与群盗杨进相持十八日，进技穷，以百人自卫，抵壕上求和。规出城与交臂语，进感之，折箭为誓而去。董平引众窥城，遣其党李居正、黄进入城求犒，规斩进，授居正兵为前锋，大破之。升秘阁修撰。寻除德安府、复州、汉阳军镇抚使，赐三品服，俄升徽猷阁待制。

时桑仲剽略襄、汉间，其副霍明屯兵郢上，规请于朝，就以明守郢。张浚都督行蜀道，仲引兵窥之，为王彦所败。仲怒，从数百骑来谯明，明杀之，奔刘豫，以书招规，规械其使以闻。李横围城，造天桥，填濠，鼓噪临城。规帅军民御之，炮伤足，神色不变，围急粮尽，出家财劳军，士气益振。横遣人来，愿得妓女罢军，规不许。诸将曰："围城七十日矣，以一妇活一城，不亦可乎？"规竟不予。会濠桥陷，规以六十人持火枪自西门出，焚天桥，以火牛助之，须臾皆尽，横拔砦去。

升徽猷阁直学士，诏赴行在，改显谟阁直学士，徙知池州、沿江安抚使。入对，首言："镇抚使当罢，诸将跋扈，请用偏裨以分其势。"上皆纳之。迁龙图阁直学士，改知庐州，寻又召赴行在，以疾辞，提举江州太平观。复起知德安府，坐失察吏职，镌两官。

金人归河南地，改知顺昌府，葺城壁，招流亡，立保伍。会刘锜领兵赴京留守过郡境，规出迎，坐未定，传金人已入京城，即告锜城中有粟数万斛，勉同为死守计。相与登城区画，分命诸将守四门，且明斥候，募土人乡导间谍。布设粗毕，金游骑已薄城矣。既至，金龙虎大王者提重兵踵至，规躬擐甲胄，与锜巡城督战，用神臂弓射之，稍引退，复以步兵邀击，溺于河者甚众。规曰："敌志屡挫，必思出奇困我，不若潜兵斫营，使彼昼夜不得休，可养吾锐也。"锜然之，果劫中其砦，歼其兵甚众。金人告急于兀术。规大犒将士，酒半问曰："兀术拥精兵且至，策将安出？"诸将或谓今已累捷，宜乘势全师而归。规曰："朝廷养兵十五年，正欲为缓急用，况屡挫其锋，军声稍振。规已分一死，进亦死，退亦死，不如进为忠也。"锜叱诸将曰："府公文人犹誓死守，况汝曹耶！兼金营近三十里，兀术来援，我军一动，金人追及，老幼先乱，必至狼狈，不独废前功，致两淮侵扰，江、浙震惊。平生报君，反成误国，不如背城一战，死中求生可也。"

已而兀术至，亲循城，责诸酋用兵之失，众跪曰："南兵非昔比。"兀术下令晨饭府庭，且折箭为誓，并兵十余万攻城，自将铁浮屠军三千游击。规与锜行城，勉激诸将，流矢及衣无惧色，军殊死斗。时方剧暑，规谓锜毋多出军，更置队易器，以逸制劳，蔑不胜矣。每清晨辄坚壁不出，伺金人暴烈日中，至未申，气力疲，则城中兵争奋，斩获无算，兀术宵遁。锜奏功，诏褒谕之，迁枢密直学士。规至顺昌，即广籴粟麦实仓廪。会计议司移粟赴河上，规请以金帛代输，至是得其用，成锜功者，食足故也。

移知庐州兼淮西安抚，既至，疾作。有旨修郡城，规在告，吏抱文书入卧内，规力疾起曰："帅事，机宜董之；郡城，通判董之。"语毕而卒，年七十。赠右正议大夫。有《攻守方略》传于世。

初，规守德安时，尝条上营屯田事宜，欲仿古屯田之制，合射士民兵，分地耕垦。军士所屯之田，皆相险隘立堡砦，寇至则堡聚捍御，无事则乘时田作，射士皆分半以耕屯田。民户所营之田，水田亩赋粳米一斗，陆田赋麦豆各五升。满三年无逋输，给为永业。流民自归者以田还之。凡屯田事，营田司兼行，营田事，府县官兼行，皆不更置官吏，条列以闻，诏嘉奖之，仍下其法于诸镇。自绍兴以来，文臣镇抚使有威声者，惟规而已。

规端毅寡言笑，然待人和易。以忠义自许，尤好振施，家无赢财。尝为女求从婢，得一妇甚闲雅，怪而询之，乃云梦张贡士女也，乱离夫死无所托，鬻身求活，规即辍女奁嫁之，闻者感泣。规功名与诸将等，而位不酬劳，时共惜之。乾道八年，诏刻规《德安守城录》颁天下为诸守将法。立庙德安，赐额"贤守"，追封忠利侯，后加封智敏。

季陵，字延仲，处之龙泉人。登政和二年上舍第，三迁太学博士。论学术邪正异同，长官怒，潜之执政，谪知舒城县。未几，除太常寺簿，迁比部员外郎。高宗即位，从至扬州。建炎二年，守尚书右司员外郎、太常少卿。金人南侵，帝幸杭州，朝廷仪物皆委弃之，陵奉九庙神主负之以行，拜起居郎，迁中书舍人。

三年六月，淫雨，诏求直言。陵言："金人累岁侵轶，生灵涂炭，怨气所积，灾异之来，固不足怪。惟先格王，正厥事，则在我者其可忽邪？臣观庙堂无擅命之臣，惟将帅之权太盛；宫闱无女谒之私，惟宦寺之习未革。今将帅拥兵自卫，浸成跋扈，苗、刘窃发。勤王之师一至，凌轹官吏，莫敢谁何？此将帅之权太盛有以干阳也。宦寺纵横，上下共愤，卒碎贼手，可为戒矣。比闻复召蓝珪，党与相贺，闻者切齿，此宦寺之习未革有以干阳也。《洪范》休征曰，肃时雨若，谋时寒若，咎征曰，狂恒雨若，急恒寒若。自古天子之出，必载庙主行，示有尊也。前日仓卒迎奉，不能如礼。既至钱塘，置太庙于道宫，荐享有阙；留神御于河浒，安奉后时。不肃之咎，臣意宗庙当之。比年盗贼例许招安，未几再叛，反堕其计。忠臣之愤不雪，赤子之冤莫报，不谋之咎，臣意盗贼当之。道路之言谓銮舆不久居此，自臣臆度，决无是事，假或有之，不几于狂乎？军兴以来，既结保甲，又改巡社，既招弓手，又募民兵，民力竭矣，而犹诛求焉，不几于急乎？此皆阴道太盛所致。"帝嘉纳之。

时除梁扬祖为发运使，给事中刘宁止言其不可，乃以起居郎綦崇礼权给事中，书读，陵封还录黄。又言："防秋已迫，愿陛下先定兵卫及扈从之臣，万一敌势猖獗，便当整驾亲按营垒，召诸道兵以为援，留将相大臣，相率死守，勿效前日百官跣足奔窜，以扈跸为名，弃城池以予敌，使生灵堕涂炭，财用填沟壑。"

时张浚为川、陕等路宣抚处置使，陵论其太专，忤旨，罢为徽猷阁待制、知太平州，未行，落职与祠。数月，复职，除知温州，又改中书舍人，皆力辞。

范宗尹荐其才，命知临安府，复为中书舍人。入对，言："事有可深虑者四，尚可恃者一：大驾未有驻跸之地，贤人皆无经世之心，兵柄分而将不和，政权去而主益弱；所恃以仅存者，人心未厌而已。前年议渡江，人以为可，朝廷以为不可，故讳言南渡而降诏回銮。去年议幸蜀，人以为不可，朝廷以为可，故弛备江、淮、经营关、陕。以今观之，孰得孰失？惟扬之变，朝廷不及知而功归宦寺；钱塘之变，朝廷不能救而功归将帅，是致此曹有轻朝士之心。黄潜善好自用不能用人，吕颐浩知使能不知任贤。自张悫、许景衡饮恨而死，凡知几自重者，往往卷怀退缩。今天下不可谓无兵，刘光世、韩世忠、张俊各招亡命以张军势，各效小劳以报主恩。然胜不相逊，败不相救，大敌一至，人自为谋耳。周望在浙西，人能言之；张浚在陕右，无敢言者。夫军事恐失机会，便宜可也，乃若自降诏书，得无窃命之嫌邪？官吏责以办事，便宜可也，乃若安置从臣，得无忌器之嫌邪？以至赐姓氏，改寺额，此皆伤于太专，臣恐自陕以西不知有陛下矣。惟祖宗德泽在人心未忘，所望以中兴者此耳，陛下宜有以结之。今欲薄敛以裕民财，而用度方阙；轻徭以纾民力，而师旅方兴。罪己之诏屡降，忧民之言屡闻，丁宁切至，终莫之信。臣谓动民以行不以言，陛下赏当贤，禄当功，刑当罪，施设注措无不当理，天下不心服者未之有也。"

朱胜非除江西帅，未行。陵言："金人往年休士马于燕山，次年移河北，又次年移京东，今寓淮甸，无复去意，患在朝夕，可谓急矣。若颐浩既去，胜非未至，金人南向，兵不素练，粮不素积，又不设险，何以御之？臣愿陛下更择贤副，预为经画以待。今日非论安危，实论存亡，朝谋夕行，当如拯溺，岂可不惜分阴。"诏刘洪道趣往池州，措置防江。除户部侍郎。

范宗尹尝仕伪楚，故凡受伪命者皆录用。陵因上疏曰："前日士大夫名节不立，论事者皆喜攻之，瑕疵既彰，不复可用，纵加拂拭，攻者踵来，虽君相制命，亦不能为之地。臣试举其罪大者言之，崇宁、大观以来，党助巨奸，由诡道以饕宠荣者不知几何人？邦昌乱朝，不能死节者不知几何人？苗、刘专杀，拱手受制不知几何人？以义责之固不容诛，以情恕之亦不幸耳。弄笔墨者，文致其罪，既得恶名，谁敢引荐。臣愿明诏宰执，于罪戾中选实能，量付以事，勿因一眚废其终身，仍诏台谏为国爱人，勿复言。"诏榜其疏于朝堂。侍御史沈与求劾陵承望宰执风旨，罢官，提举杭州洞霄宫。

绍兴元年，复右文殿修撰。二年，诏内外官言事。陵言："军兴以来，朝廷诰牒，非强以予民则莫售；师旅粮草，非强取于民则莫给。旧例和买，无本可支者久矣，新行和籴，能偿其直几何？一遇军兴，事事责办，有不足者，预借后年之赋。虽名曰'和'，实强取之；虽名曰'借'，其实夺之。兵将衣食不取其饱暖，取其丰美；器械不取其坚利，取其华好。务末胜本，初无斗心，贼至则伪言退保，贼去则盛言收复，遇败以千为一，遇胜以一为千。今乘舆服御之费十去七八，百官有司之费十去五六，犹无益于国者，军太冗也。张浚一军以川、陕赡之，刘光世一军以淮、浙赡之，李纲一军以湖广赡之，上供之物得至司农、太府者无几。夫强兵不在冗食，今统领家口随行，一闻贼至，择精锐者护送老小，其自随者祗办走耳，当议者一。虏掠妇女，军中多有，养既不足，宁免作过，当议者二。所至州军，邀求犒赏，守令惮生事，竭取民以奉之，当议者三。诡名虚券，随在批请，枉费官物，当议者四。或假关节，或行贿赂，寄名军籍，规冒功赏，当议者五。愿诏有司专意讲求，革因循以作士气，则军政立。"复徽猷阁待制，帅广。

先是，惠州有狂男子聚众数千，僭号作乱。陵入境，诱其徒曾衮，令以功赎罪，不旬日擒之。在官三年卒，年五十五，赠中大夫。有文集十卷。

陵善言事，奏疏可观。然附范宗尹，则谓凡受伪命者皆当进用，台谏不当复以为言；攻张浚，则谓在蜀失于太专，自陕以西将不知有陛下。君子皆不谓然也。幸医王继先授荣州防御使，陵草其制，时论亦以此少之。

卢知原，字行之，湖州德清人。以父任知歙县，因近臣荐，赴都堂审察，累迁梓州路转运副使。时承平既久，戎备皆弛，知原招补兵籍，筑城亘二十余里。王黼当国，费出无艺，知原因疏言之，黼怒，罢去。久之，起提点京东刑狱，改江西转运副使，过阙入奏，徽宗勉之曰："卿在蜀道，功效甚休。"遂赐三品服。

先是，纲运阻于重江，吏卒并缘为奸。知原悉意经理，故先诸道上京师，进一官，寻除直秘阁，为江、淮、荆、浙等路发运使。升秘阁修撰，提举河北。以言者劾，褫职归吏部。

高宗即位，复龙图阁、知温州。时叶浓陷建州，扬勍陷处州，知原缮甲兵，增城浚隍，声势隐然。帝东幸，知原繇海道转粟及金缯十余万至台州。召见，称奖，擢右文殿修撰、管内安抚使。在郡四年，民绘像祠之。

王师讨范汝为，召为添差两浙转运使。罢，提举太平观。都督孟庾辟为参谋，改徽猷阁待制、知临安府。谏官唐辉言："知原为政乖谬。"诏复为都督府参谋官。章再上，遂以旧职奉祠。绍兴十一年十月卒。弟法原。

法原字立之。自知雍丘县积官太府少卿，赐同上舍出身。使辽还，迁司农卿，赐三品服。为吏部尚书，以官秩次第履历总为一书，功过殿最，开卷瞭然，吏不能欺。坐王黼累，罢为显谟阁待制。

绍兴元年，提举临安洞霄宫。张浚承制起知夔州，寻为龙图阁学士、川陕等路宣抚处置副使，进端明殿学士、川陕宣抚副使。

金人攻关辅，叛将史斌陷兴州，诸郡多应者。法原命诸将坚壁，言战者斩，众以为怯。未几，河东经制使王璎以乏食班师，法原开关纳之，与璎同破斌，复兴州。方巨盗充斥，秦、陇叛兵欲窥蜀，法原极意拊循，严为备御，传檄诸路，人心稍安。视山川险阻分地置将：自洮、岷至阶、成，关师古主之，屯通川；文、龙至威、茂，刘锜主之，屯巴西。前后屡捷，上所倚重。

会兀术攻关为吴玠所败。法原素与玠不睦，玠因奏功讼法原不济师，不馈粮，不铨录立功将士。帝手诏诘问，法原自辩甚力，上颇不直之，忧悸，卒于军。

始，法原为川、陕宣抚使，上从容谓知原曰："朕方以川、陕付法原。"盖兄弟皆以材见称于世，故并用之也。

陈桷，字季任，温州平阳人。以上舍贡辟雍。政和二年，廷对第三，授文林郎、冀州兵曹参军，累迁尚书虞部员外郎。

宣和七年，提点福建路刑狱。福州调发防秋兵，资粮不满望，杀帅臣，变生仓卒，吏民奔溃，阖城震骇。桷入乱兵中，谕以祸福，贼气沮，邀桷奏帅臣自毙，桷诡从其请，间道驰奏，以前奏不实待罪，朝廷以桷知变，释之。叛兵既调行，乃道追杀首恶二十余人，一方以安。建炎四年五月，复除福建路提刑，寻以疾乞祠，主管江州太平观。

绍兴三年，召为金部员外郎，升郎中。时言事者率毛举细务，略大利害。桷抗言："今当专讲治道之本，修政事以攘敌国，不当以细故勤圣虑如平时也。"又言："刺史县令满天下，不能皆得人，乞选监司，重其权，久其任。"除太常少卿。又陈攻守二策，在于得人心，修军政。

五年，除直龙图阁、知泉州。明年，改两浙西路提刑。乞置乡县三老以厚风俗，凡宫室、车马、衣服、器械定为差等，重侈靡之禁。八年，迁福建路转运副使。

十年，复召为太常少卿。适编类徽宗御书成，诏藏敷文阁，桷以为："旧制自龙图至徽猷皆设学士、待制，杂压著令，龙图在朝请大夫之上，至徽猷在承议郎之上，每阁相去稍远，议者疑其不伦。直敷文阁者缀徽猷则与诸阁小异，降之则班列太卑，欲参酌取中，并为一列，不必相远，庶几名位有伦，仰称陛下严奉祖宗谟训之意。"又言："祫祭用太牢，此祀典之常。驻跸之初，未能备礼，止用一羊，乞检会绍兴六年诏旨，复用太牢。"

十一年，除权礼部侍郎，赐三品服。普安郡王出阁，奉诏与吏部、太常寺讨论典故。桷等以为国本未立，宜厚其礼以系天下望，乃以《皇子出阁礼例》上之，或以为太重。诏以不详典故，专任己意，怀奸附丽，与吏部尚书吴表臣、礼部尚书苏符、郎官方云翼丁仲宁、太常属王普苏籍并罢。寻以桷提举江州太平观。

十五年，知襄阳府，充京西南路安抚使。襄、汉兵火之余，民物凋瘵，桷请于朝，以今之户数视承平时才二十之一，而赋须尚多，乞重行蠲减。明年，金、房兵叛，桷遣将平之而后以闻。汉水决溢，漂荡庐舍，躬率兵民捍筑堤岸，赖以无虞。以疾乞祠，除秘阁修撰、提举江州太平兴国宫。二十四年，改知广州，充广南东路经略安抚使，未至而卒，年六十四。

桷宽洪酝籍，以诚接物，而恬于荣利。当秦桧用事，以永嘉为寓里，士之夤缘攀附者，无不躐登显要。桷以立螭之旧，为人主所知，出入顿挫，晚由奉常少卿擢权小宗伯，复以议礼不阿忤意，遂罢，其节有足称。自号"无相居士"。有文集十六卷。子汝楫、汝贤、汝谐。孙岘，以词学擢第，官中书舍人、直学士院。

李璆，字西美，汴人。登政和进士第，调陈州教授，入为国子博士，出知房州。时既榷官茶，复强民输旧额，贫无所出，被系者数百人，璆至，即日尽释之。

宣和三年，廷议将取燕，璆闻之，曰："百辟卿士，一倡共和，国家安危，其几在是。"上疏切谏，大略谓："太祖以圣武得天下，将士皆百战之余，以是而取燕云，宜易为力。然赵普辈无敢赞其决者，盖识天下大势，且重民命故也。今承太平之业，父老幸不识兵，虽不得燕云地，何阙于汉。"疏奏不省。及燕既平，责监英州清溪镇。

明年，赦还为郎，寻试中书舍人。建言元祐名臣子孙，久被废锢，宜少宽之。宦官谭稹出师河北，以无功废，将复进用，璆不肯书行。会山东盗起，州县不能制，至河北无见粮，军士汹汹。璆条奏十事，忤大臣意，罢。绍兴四年，以集英殿修撰知吉州。江西兵素剽悍，璆始视事，有相挺为乱者，亟捕诛首谋者，抚循其余，大布恩信，境内遂安。

累迁徽猷阁直学士、四川安抚制置使。成都旧城多毁圮，璆至，首命修筑。俄水大至，民赖以安。三江有堰，可以下灌眉田百万顷，久废弗修，田莱以荒。璆率部刺史合力修复，竟受其利，眉人感之，绘像祠于堰所。间遭岁饥，民徙，发仓振活，无虑百万家，治蜀之政多可纪。有《清溪集》二十卷。

李朴，字先之，虔之兴国人。登绍圣元年进士第，调临江军司法参军，移西京国子监教授，程颐独许之。移虔州教授。以尝言隆祐太后不当废处瑶华宫事，有诏推鞫。忌者欲挤之死，使人危言动之，朴泰然无惧色。旋追官勒停，会赦，注汀州司户。

徽宗即位，翰林承旨范纯礼自言待罪四十六日，不闻玉音，谓朴曰："某事岂便于国乎？某事岂便于民乎？"朴曰："承旨知而不言，无父风也。"纯礼泣下。

右司谏陈瓘荐朴，有旨召对，朴首言："熙宁、元丰以来，政体屡变，始出一二大臣所学不同，后乃更执圆方，互相排击，失今不治，必至不可胜救。"又言："今士大夫之学不求诸己，而惟王氏之听，败坏心术，莫大于此。愿诏勿以王氏为拘，则英材辈出矣。"蔡京恶朴鲠直，他执政三拟官,皆持之不下,复以为虔州教授。又嗾言者论朴为元祐学术,不当领师儒,罢为肇庆府四会令。

有奸民言邑东地产金宝,立额买扑,破田畴,发墟墓,厚赂乃已,朴至,请罢之。改承事郎,知临江军清江县、广东路安抚司主管机宜文字。钦宗在东宫闻其名,及即位,除著作郎,半岁凡五迁至国子祭酒,以疾不能至。高宗即位,除秘书监,趣召,未至而卒,年六十五。赠宝文阁待制,官其子孙二人。

朴自为小官,天下高其名。蔡京将强致之,俾所厚道意,许以禁从,朴力拒不见,京怒形于色,然终不害也。中书侍郎冯熙载欲邂逅见朴,朴笑曰:"不能见蔡京,焉能邂逅冯熙载邪?"居官所至有声。在广南,止其帅孙竢以文具勤王,不若发常赋助边。破漕使郑良引真腊取安南之计,以息边患,人称其智。朴尝自志其墓曰:"以天为心,以道为体,以时为用,其可矣。"盖叙其平生云。有《章贡集》二十卷行于世。

王庠,字周彦,荣州人。累世同居,号"义门王氏"。祖伯琪,以义声著于乡州。有盐井籍民煎输,多至破产,惟有禄之家得免。伯琪请于州,均之官户,而仕者诬诉之,赍恨以殁。父梦易,登皇祐第,力成父志,言于州县不听,言于刺史,言于三司,三司以闻,还籍没者三百五十五家,蠲岁额三十万斤。尝摄兴州,改川茶运,置茶铺免役民,岁课亦办。部刺史恨其议不出己,以他事中之,镌三秩,罢归而卒。母向氏,钦圣宪肃后之姑也。

庠幼颖悟,七岁能属文,俨如成人。年十三,居父丧,哀愤深切,谓弟序曰:"父以直道见挤,母抚柩誓言,期我兄弟成立赠复父官,乃许归葬,相与勉之。且制科先君之遗意也,吾有志焉。"遂闭户,穷经史百家书传注之学,寻师千里,究其旨归。蚤岁上范纯仁、苏辙、张商英书,皆持中立不倚之论,吕陶、苏辙皆器重之。尝以《经说》寄苏轼,谓:"二帝三王之臣皆志于道,惟其自得之难,故守之至坚。自孔、孟作《六经》,斯道有一定之论,士之所养,反不逮古,乃知后世见《六经》之易,忽之不行也。"轼复曰:"《经说》一篇,诚哉是言。"

元祐中,吕陶以贤良方正直言极谏科荐之,庠以宋邦杰学成未有荐者,推使先就,陶闻而益加敬。未几,当绍圣诸臣用事,遂罢制科,庠叹曰:"命也,无愧先训,以之行己足矣。"

崇宁壬午岁,应能书,为首选。京师蝗,庠上书论时政得失,谓:"中外壅蔽,将生寇戎之患。"张舜民见之,叹其危言。下第径归,奉亲养志,不应举者八年。

大观庚寅,行舍法于天下,州复以庠应诏。庠曰:"昔以母年五十二求侍养,不复愿仕,今母年六十,乃奉诏,岂本心乎?"时严元祐党禁,庠自陈:"苏轼、苏辙、范纯仁为知己,吕陶、王吉尝荐举,黄庭坚、张舜民、王巩、任伯雨为交游,不可入举求仕,愿屏居田里。"以弟序升朝,赠父官,始克葬,葬而母卒。

终丧复举八行,事下太学,大司成考定为天下第一,诏旌其门。朝廷知其不可屈,赐号"处士"。寻改潼川府教授,赐出身及章服,一日四命俱至,竟力辞不受。虽处山林,唱酬赋咏,皆爱君忧国之言。太后念其姑,尝欲官庠,庠以逊其弟、侄及甥,且以田均给庶兄及前母之姊。庠卒,孝宗谥曰贤节。

序,宣和间以恩幸至徽猷阁直学士。庠浮沉其间,各建大第,或者谓其晚节隐操少衰云。

王衣,字子裳,济南历城人。以门荫仕,中明法科,历深、冀二州法曹掾,入为大理评事,升寺正。林灵素得幸,将毁释氏以逞其私。襄州僧杜德宝毁体燃香,有司观望灵素意,捕以闻。衣阅之曰:"律自伤者杖而已。"灵素求内批,坐以害风教窜流之,停衣官,寻予祠。为陕西都转运司主管文字、详定一司敕令所删定官、通判襄庆府、知濠州,未行,召为刑部员外郎。

建炎初,为司勋郎中,迁大理少卿。三年,韩世忠执苗傅、刘正彦,献俘,槛车几百两,先付大理狱,将尽尸诸市。衣奏曰:"此曹在律当诛,顾其中妇女有顾买及卤掠以从者。"高宗矍然曰:"卿言极是,朕虑不及此也。"即诏自傅、正彦妻子外皆释之。范琼有罪下大理寺,衣奉诏鞫之。琼不伏,衣责以靖康围城中逼迁上皇、擅杀吴革,迎立张邦昌事,琼称死罪。衣顾吏曰:"囚词服矣。"遂赐死,释其亲属将佐。

四年,升大理卿。初,带御器械王球为龙德宫都监,尽盗本宫宝玉器玩,事觉,帝大怒,欲诛之。衣曰:"球固可杀,然非其所隐匿,则尽为敌有,何从复归国家乎?"乃宽之。

先是,百司怨戾,付寺劾之,至三问取伏状,被劾者惧对,莫敢辨。衣奏曰:"伏与辨二事也,若一切取伏,是以威迫之,不使自直,非法意也,乞三问未承者,听辨。"从之。同详定一司敕令,删杂犯死罪四十七条,书成,帝嘉其议法详明。

绍兴元年,权刑部侍郎。二年,除集英殿修撰,奉祠。既而赵令畤应诏荐之,复召为刑部侍郎,为言者所格。四年,卒于家。衣质直和易,持法不阿,议者贤之。

论曰:向子谭以相家之子克伤臣节,陈规以文儒之臣有声镇守,可谓拔乎流俗者焉。季陵言事不讳,二卢兄弟并用,以材见称,陈桷守礼知变,李璆为政有惠,咸足纪焉。李朴不诛权威,王庠志高而晚节颇衰,王衣明恕而用刑不刻,虽或器识不齐,亦皆不旷其职也钦!

卷三百七十八
列传第一百三十七

卫肤敏　刘珏　胡舜陟　沈晦
刘一止 弟宁止　胡交修　綦崇礼

卫肤敏，字商彦，华亭人。以上舍生登宣和元年进士第，授文林郎、南京宗子博士，寻改教授。六年，召对，改宣教郎、秘书省校书郎，命假给事中贺金主生辰。肤敏奏曰："彼生辰后天宁节五日，金人未闻入贺，而反先之以失国体，万一金使不来，为朝廷羞。请至燕山候之，彼若不来，则以币置境上而已。"帝可其奏。既至燕，金贺使果不至，遂置币而返。七年，复假给事中以行，及庆源府，逢许亢宗还，语金国事，曰："彼且大入，其势不可往。"肤敏至燕，报愈急，众惧不敢进，肤敏叱曰："吾将君命以行，其可止乎？"即至金国，知其兵已举，殊不为屈。及将还，金人所答国书，欲以押字代玺，肤敏力争曰："押字岂所以交邻国。"论难往复，卒易以玺。及受书，欲令双跪，肤敏曰："双跪乃北朝礼，安可令南朝人行之哉！"争辨逾时，卒单跪以受。金人积不说，中道羁留且半年。

至涿州新城，与斡离不遇，遣人约相见，拒之不可，遂语之曰："必欲相见，其礼当如何？"曰："有例。"肤敏笑曰："例谓趋伏罗拜，此礼焉可用？北朝止一君耳，皇子郎君虽贵，人臣也，一介之使虽贱，亦人臣也。两国之臣相见，而用君臣之礼，是北朝一国有二君也。"金人气折，始曰："唯所欲。"肤敏长揖而入。既坐，金人出誓书示之，肤敏却不视，曰："远使久不闻朝廷事，此书真伪不可知。"因论用兵事，又以语折之，几复为所留。

靖康初，始还，进三官，迁吏部员外郎。会高丽遣使来贺，命假太常少卿往接之。朝论欲改称宣问使，肤敏曰："国家厚遇高丽久矣，今边事方作，不可遽削其礼，失远人心，愿姑仍旧。"乃复称接伴使。既至明州，会京师多难，乃便宜称诏厚赐使者，遣还。

建炎元年，复命，自劾矫制之罪，高宗嘉赏。迁卫尉少卿。建议"两河诸郡宜降蜡书，许以世袭，使各坚守。陕西、山东、淮南诸路，并令增陴浚隍，徙民入城为清野计。命大臣留守汴京，车驾早幸江宁。"帝颇纳之。

迁起居舍人，言："前日金人凭陵，都邑失守，朝臣欲存赵氏者不过一二人而已，其他皆屈节受辱，不以为耻，甚者为敌人敛金帛，索妃嫔，无所不至，求其能诈楚如纪信者无有也。及金人伪立叛臣，僭窃位号，在廷之臣逃避不从及约寇退归位赵氏者，不过一二人而已。其他皆委质求荣，不以为愧，甚者为叛臣称功德，说符命，主推戴之议，草劝进之文，无所不为，求其击朱泚如段秀实者无有也。今陛下践祚之初，苟无典刑，何以立国？凡前日屈节敌人，委质伪命者，宜差第其罪，大则族，次则诛，又其次窜殛，下则斥之远方，终身不齿，岂可犹畀祠禄，使厕班列哉？"又言："今二帝北迁，寰宇痛心，愿陛下愈自贬损，不忘报雪，卑宫室，菲饮食，恶衣服，减嫔御，斥声乐，以至岁时上寿，春秋锡宴，一切罢之，虽飨郊庙亦不用乐。必俟两宫还阙，然后复常，庶几精诚昭格天地，感动人心。"拜右谏议大夫兼侍读，言："行在颇兴土木之役，非所以示四方，乞罢筑承руж院、升旸宫。"又奏："凡黜陟自中出者，皆由三省乃得奉行，或戾祖宗成宪者，皆许执奏。"时内侍李志道以赦恩复保庆军承宣使，添差入内都知，肤敏极论罢之。初，钦宗内侍保庆军承宣使容机，围城中时乞致仕，高宗即位，命起之。肤敏言："自古帝王未有求阉寺于闲退而用者。"遂寝。后父邢焕除徽猷阁待制，太后兄子孟忠厚显谟阁直学士。肤敏言："非祖宗法。"焕寻换武职，忠厚自若。

俄迁肤敏中书舍人，肤敏恳奏曰："昔司马光论张方平不当参知政事，自御史中丞迁翰林学士。光言：'以臣为是，则方平当罢；以臣为非，则臣当贬。今两无所问而迁臣，臣所未谕。'臣虽不肖，愿附于司马光。"又言："事母后莫若孝，待戚属莫若恩，劝陛下莫若赏，今陛下顺太母以非法非所谓孝，处忠厚以非分非所谓恩，不用臣言而迁其官非所谓赏，一举而三失矣。"帝命宰相谕肤敏曰："朝廷以次迁官，非因论事也。"肤敏犹不拜，居家逾月，及忠厚改承宣使，诏后族勿除从官，肤敏始拜命。又言："中书根本之地，舍人所掌，不特演纶而已。"凡命令不合公议者，率封还之。

会肤敏知贡举，有进士何烈对省试策，谬称"臣"，谏官李处遯乞正考官卤莽之罪，以集英殿修撰提举洞霄宫。或谓肤敏在后省论事，为黄潜善、汪伯彦所恶，故因事斥之。

三年春，召赴行在。时帝次平江。肤敏入见，言及时事泣下，帝亦泣曰："卿今宜知无不言，有请不以时对。"肤敏谢曰："臣顷尝三为陛下言，扬州非驻跸之地，乞早幸江宁。今钱塘亦非帝王之都，宜须事定亟还金陵。"因陈所以守长江之策，帝善其言。翌日，再对，归得疾，然犹力疾扈跸至临安。俄除刑部侍郎，未拜，谒告归华亭就医，许之，迁礼部侍郎。

初，肤敏久疾卧舟中，不能朝，时苗、刘之变，帝未反正，宰相朱胜非言于隆祐太后，以"肤敏称疾坐观成败，无人臣节"。及卒，始明其非伪云。年四十九，特赠大中大夫。子仲英、仲杰、仲循。

刘珏，字希范，湖州长兴人。登崇宁五年进士第。初游太学，以书遗中书舍人邹浩曰："公始为博士论取士之失，免所居官，在谏省斥言掖之非，远迁岭表，岂逆计祸福，邀后日报哉，固欲蹈古人行也。今庶政岂尽修明，百官岂尽忠实，从臣继去，岂尽非才，言官屡逐，岂尽有罪！信任逾曩昔而拱默不言，天下之士窃有疑焉，愿有以慰塞群望。"浩得书愧谢之。宣和四年，擢监察御史，坐言事知舒州，留为尚书主客员外郎。

靖康初，议皇帝朝谒上皇仪，欲以家人礼见于内庭，珏请皇帝设大小次，俟上皇御坐，宰臣导皇帝升自东阶，拜于殿上，则有君之尊，有父之敬。又谓："君于大臣或赐剑履上殿，或许子孙扶掖。皇帝朝谒，宜令环卫士卒侍立于殿西，宰执、三衙、侍从等官扶侍于殿上。如请帝坐，即宰执等退立西隅。"迁太常少卿。讨论皇帝受册宝故事，珏言："唐太宗、明皇皆亲受父命，未尝再行册礼，肃宗即位于灵武，故明皇遣韦见素就册之，宣政授传国玺，群臣上尊号，至德宗踵行之，后世以为非。"议遂寝。

除中书舍人。陈十开端之戒曰："陛下即位罢御笔，止营缮，登俊乂，诎虚诞，戢内侍之权，开言者之路，命令既当，未尝数改，任用既公，率皆称职，赏必视功，政必核实，此天下所以指日而俟太平也。比者内降数出，三省罕有可否，此御笔之开端也。教子弟既有其所，又彻而新之，长入祗候之班，势若可缓，亟而成之，此营缮之开端也。河阳付之庸才，泾原委之贪吏，此任用失当之开端也。花石等滥赏，既治复止，马忠统兵，累冒累召，此命令数易之开端也。三省、密院议论各有所见，启拟各举所知，持不同不比之说，忘同寅协恭之议，此大臣不和之开端也。内路之帅擅什圣旨指挥，行郡之守称为外任监当，此臣下诞谩之开端也。董局务者广辟官属，侍帷幄者分争殿庐，此内侍恣横之开端也。两省缴奏多命以次行下，或戒以不得再缴，台谏言事失当，率责为远小监当，此言路壅塞之开端也。恤民之诏累下，未可行者多，是为空文无实德，此政事失信之开端也。随龙第赏，冠带之工亦推恩，金兵扣阙，礼房之吏亦进秩，此爵赏僭滥之开端也。是十者虽未若前日之甚，其端已见，杜而止之，可以驯致治平，因而循之，虽有智者不能善其后矣。"

詹度都堂禀议，中书舍人安扶持不可，改命珏书行，珏言："伐燕之役，度以书赞童贯大举，去秋蔡靖屡以金人点集为言，度独谓不应有此，遂不设备，请窜度岭表。"诏予宫祠。李纲以观文殿学士知扬州，安扶又持不可，珏言："韩琦好水之败，韩绛西州之败，皆不免黜责。纲勇于报国，锐于用兵，听用不审，数有败衄，宜降黜以示惩戒。"纲改宫祠。吏部侍郎冯澥言珏持两端，为纲游说，提举亳州明道宫。

建炎元年，复召为中书舍人，至泗州，上书言："金人尚有屯河北者，万一猘猲而南，六飞岂能无警，乞早赐行幸。西兵骁勇，宜留以为卫。西京舟船，恐金人藉以为用，并令东下。"时李纲已议营南阳，珏未知也。既至，极言南阳兵弱财单，乘舆无所取给，乞驻跸金陵以待敌。汪伯彦、黄潜善皆主幸东南，帝遂如扬州。潜善兄潜厚除户部尚书，珏言兄弟不可同居一省，帝遣张悫谕旨，珏论如初。诏潜厚提举醴泉观。

迁给事中，论内降、营缮二事曰："陛下以前朝房院而建承庆院，议者以为营造寝广，以隆祐太后时有御笔，议者以为内降数出。盖除授不归中书，工役领之内侍，此人言所以籍籍也。营缮悉归有司，中旨皆许执奏，则众论息矣。"孟忠厚除显谟阁直学士，邢焕徽猷阁待制，珏封还，言旧制外戚未有为两禁官者，诏焕换武阶。帝曰："忠厚乃隆祐太后族，宜体朕优奉太后之意。"珏持益坚，忠厚寻亦换武阶。

迁吏部侍郎，同修国史，言："淮甸备敌，兵食为先，今以降卒为见兵，以籴本为见粮，无一可恃，维扬城池未修，军旅多阙，卒有不虞，何以待之？"已而金人果乘虚大入，帝亟如临安，以珏为龙图阁直学士、知宣州。俄复为吏部侍郎。

以久雨诏求言，珏疏论消天变、收人心数事，词极激切，并陈荆、陕、江、淮守御之略："愿申诏大臣，悉屏细务，唯谋守御。自京及荆、淮之郡，置大帅，屯劲兵。命沿江之守，各上措画之方，明斥堠，设险阻，节大府之出，广大农之入，检察战舰而习之，则守御详尽，人心安，天意回，大业昌矣。"迁吏部尚书。

隆祐太后奉神主如江西，诏珏为端明殿学士、权同知三省枢密院事从行。时诏元祐党籍及上书废锢人，追复故官，录用子孙，施行未尽者，珏悉奏行之。又言常安民、张克公尝论蔡京罪，乞厚加恩。至洪州，疏言修治巡幸道路之役，略曰："陛下遭时艰难，躬履俭约，前冬幸淮甸，供帐弊旧，道路险狭，未尝介意。今闻衢、信以来，除治道路，科率民丁，急如星火，广市羊豕，备造服用，使农夫不得获，齐民不得休，非陛下俭以避难之意也。乞降诏悉罢。"金人攻吉州，分兵追太后，舟至太和县，卫兵皆溃，珏奉太后退保虔州。监察御史张延寿论珏罪，珏亦上书自劾，逾岭俟命，落职，提举江州太平观。延寿论不已，责授秘书少监，贬衡州。绍兴元年，许自便。明年，以朝散大夫分司西京。卒于梧州，年五十五。官其二子。八年，追复龙图阁学士。有《吴兴集》二十卷、《集议》五卷、《两汉蒙求》十卷。

胡舜陟，字汝明，徽州绩溪人。登大观三年进士第，历州县官，为监察御史。奏："御史以言为职，故自唐至本朝皆论时事，击官邪，与殿中侍御史同。崇宁间，大臣欲便己，遂变祖宗成宪，南台御史始有不言事者。多事之时，以开言路为急。乞下本台，增入监察御史言事之文，以复祖宗之制。"以内艰去。

服阕，再为监察御史。奏："河北金兵已逼，备御尤不可不讲。"钦宗即位，又言："今结成边患，几倾社稷，自归明官赵良嗣始，请戮之以快天下。"遂诛良嗣。又奏："今边境备御之计，兵可练，粟可积，独将为难得，请诏内外之臣，并举文武官才堪将帅者。"又奏："上殿班先台后谏，祖宗法也，今台臣在谏臣下，乞今后台谏同日上殿，以台谏杂压为先后。"

迁侍御中。奏："向者晁说之乞皇太子讲《孝经》，读《论语》，间日读《尔雅》而废《孟子》。夫孔子之后深知圣人之道者，孟子而已。愿诏东宫官遵旧制，先读《论语》，次读《孟子》。"又奏："涪陵谯定受《易》于郭雍，究极象数，逆知人事，洞晓诸葛亮八阵法，宜厚礼招之。"

高宗即位，舜陟论宰相李纲之罪，帝不听。言者论其尝事伪廷，除集英殿修撰、知庐州。时淮西盗贼充斥，庐人震恐，日具舟楫为南渡计。舜陟至，修城治战具，人心始安。

冀州云骑卒孙琪聚兵为盗，号"一海虾"，至庐，舜陟乘城拒守。琪邀资粮，舜陟不与，其众请以粟遗之，舜陟曰："吾非有所爱，顾贼心无厌，与之则示弱，彼无能为也。"乃时出兵击其抄掠者，琪宵遁，舜陟伏兵邀击，得其辎重而归。

济南僧刘文舜聚党万余，保舒州投子山纵剽，舜陟遣介使招降之。时丁进、李胜合兵为盗蕲、寿间，舜陟遣文舜破之。

张遇自濠州奄至梁县，舜陟使毁竹里桥，伏兵河西，伺其半渡击败之。又请以身守江北，以护行宫。帝壮其言，擢徽猷阁待制，充淮西制置使。范琼自寿春渡淮，贻书责赡军钱帛，舜陟谕以逆顺，琼乃去。

自军兴后，淮西八郡，群盗攻蹂无全城，舜陟守庐二年，按堵如故，以徽猷阁待制知建康府，充沿江都制置使。逾年，改知临安府，复为徽猷阁待制，充京畿数路宣抚使。寻罢，迁庐、寿镇抚使，改淮西安抚使。至庐州，溃兵王全与其徒来降，舜陟散财发粟，流民渐归。改知静江府，诏措置市战马。御史中丞常同奏舜陟凶暴倾险，罢之。

后十八年，复为广西经略。以知邕州俞儋有脏，为运副吕源所按，事连舜陟，提举太平观。先是，舜陟与源有隙，舜陟因讨郴贼，劾源沮军事，源以书抵秦桧，讼舜陟受金盗马，非讪朝政。桧素恶舜陟，入其说，奏遣大理寺官袁柟、燕仰之往推劾，居两旬，辞不服，死狱中。

舜陟有惠爱，邦人闻其死，为之哭。妻江氏诉于朝，诏通判德庆府洪元英究实。元英言："舜陟受金盗马，事涉暧昧，其得人心，虽古循吏无以过。"帝谓桧曰："舜陟从官，又罪不至死，勘官不可不惩。"遂送柟、仰之吏部。

沈晦，字元用，钱塘人，翰林学士沈遘孙。宣和间进士廷对第一，除校书郎，迁著作佐郎。金人攻汴京，借给事中从肃王枢出质斡离不军。金人再攻也，与之俱南。京城陷，邦昌伪立，请金人归冯澥等，晦因得还，真为给事中。

高宗即位，言者论晦虽使金艰苦，而封驳之职不可以赏劳，除集英殿修撰、知信州。帝如扬州，将召为中书舍人，侍御史张守论晦为布衣时事，帝曰："顷在金营见其慷慨，士人细行，岂足为终身累邪？"不果召。知明州，移处州。

帝如会稽，移守婺州。贼成皋入寇，晦用教授孙邦策，率民兵数百出城与战，大败，晦欲斩邦，已而释之。时浙东防遏使傅崧卿在城中，单骑往说皋，皋遂降。进徽猷阁待制。以言者论晦妄用便宜指挥行事，降集英殿修撰、提举临安府洞霄宫。寻复徽猷阁待制、知宣州，移知建康府。甫逾月，以御史常同论罢。

绍兴四年，起知镇江府、两浙西路安抚使，过行在面对，言："藩帅之兵可用。今沿江千余里，若令镇江、建康、太平、池、鄂五郡各有兵一二万，以本郡财赋易官田给之，敌至，五郡以舟师守江，步兵守隘，彼难自渡。假使参渡，五郡合击，敌虽善战，不能一日破诸城也。若围五郡，则兵分势弱，或以偏师缀我大军南侵，则五郡尾而邀之，敌安敢远去。此制稍定，三年后移江北，粮饷、器械悉自随。"又自乞"分兵二千及召募敢战士三千，参用昭义步兵法，期年后，京口便成强藩"。时方以韩世忠屯军镇江，不果用。

刘麟入寇，世忠拒于扬州，晦乞促张俊兵为世忠援。赵鼎称晦议论激昂，帝曰："晦诚可嘉，然朕知其人言甚壮，胆志颇怯，更观临事，能副所言与否？"然晦不为世忠所乐，寻提举临安府洞霄宫，起为广西经略兼知静江府。

先是，南州蛮酋莫公晟归朝，岁久，用为本路钤辖羁縻之，后遁去，旁结诸峒蛮，岁出为边患。晦选老将罗统戍边，招诱诸酋，喻以威信，皆诣府请降，晦犒遗之，结誓而去。自是公晟孤立，不复犯边。晦在郡，岁买马三千匹，继者皆不能及。进徽猷阁直学士，召赴行在，除知衢州，改潭州，提举太平兴国宫，卒。

晦胆气过人，不能尽循法度，贪时尤甚，故累致人言。然其当官才具，亦不可掩云。

刘一止，字行简，湖州归安人。七岁能属文，试太学，有司欲举八行，一止曰："行者士之常。"不就。登进士第，为越州教授。参知政事李邴荐为详定一司敕令所删定官。

绍兴初，召试馆职，其略曰："事不克济者，患在不为，不患其难，圣人不畏多难，以因难而图事耳。如其不为，俟天命自回，人事自正，敌国自屈，盗贼自平，有是哉？"高宗称善，且谕近臣以所言剀切知治道，欲骤用，执政不乐，除秘书省校书郎。考两浙类试，以科举方变，欲得通时务者，同列皆患无其人，一止出一卷曰："是宜为首。"启乃张九成也，众皆厌服。

迁监察御史。上疏谓："天下之治，众君子成之而不足，一小人败之而有余，君子虽众道则孤，小人虽寡势易蔓，不加察，则小人伺隙而入以败政矣。"又言："陛下悯宿蠹未除，颓纲未振，民困财竭，故置司讲究，然未闻有所施行，得无有以疑似之说欺陛下，曰'如此将失人心'。夫所谓失人心者，必刑政之苛，赋役之多，好恶之不公，赏罚之不明；若皆无是，则所失者小人之心耳，何病焉。"

时庶事草创，有司以吏所省记为法，吏并缘为奸，一止曰："法令具在，吏犹得舞文，刬一切听其省记，所欲与则陈与例，欲夺则陈夺例，与夺在其牙颊，患可胜言哉！请以省记之文刊定颁行，庶几绝奸吏弄法受赇之弊。"从之。逾年而书成。

秦桧请置修政局，一止言："宣王内修政事，修其外攘之政而已。今之所修，特簿书狱讼，官吏迁降，土木营建之务，未见所当急也。"又谓："人才进用太遽，仕者或不由铨选，朝士入而不出，外官虽有异能，不见召用，非军事而起复，皆幸门不塞之故。请选近臣晓财利者，仿刘晏法，濒江置司以制国用，乡村置义仓以备水旱，增重监司之选。"后多采用其言。

迁起居郎。奏事，帝迎语曰："朕亲擢也，鯀六察迁二史，祖宗时有几？"一止谢："先朝惟张澂、李棁耳。"因极陈堂吏宦官之蠹，执政植私党，无忧国心。翌日罢，主管台州崇道观。

召为祠部郎、知袁州,改浙东路提点刑狱,为秘书少监,复除起居郎,擢中书舍人兼侍讲。莫将赐出身除起居郎,一止奏:"将以上书助和议,骤自太府丞缀从班,前此未有,臣乃与将同命,愿并臣罢之。"不报。

迁给事中。徐伟达者,尝事张邦昌为郎,得知池州,一止言:"伟达既仕伪廷,今付以郡,无以示天下。"孟忠厚乞试郡,一止言:"后族业文如忠厚虽可为郡,他日有援例者,何以却之?"汪伯彦除知宣州入觐,诏以元帅府旧人,特依任执政给奉,一止言:"伯彦误国之罪,天下共知,以郡守而例执政,殆与异时非待制而视待制,非两府而视两府者类矣。"帝皆为罢之,于凡贵近之请,虽小事亦论执不置。御史中丞廖刚谓其僚曰:"台当有言者,皆为刘君先矣。"

居琐闼百余日,缴奏不已,用事者始忌,奏:"一止同周葵荐吕广问,迎合李光。"罢,提举江州太平观。进敷文阁待制。御史中丞何若奏:"一止朋附光,偃蹇慢上。"落职,罢祠。后八年,请老,复职,致仕。秦桧死,召至国门,以病不能拜,力辞,进直学士,致仕。卒年八十三。

一止冲澹寡欲,尝诲其子曰:"吾平生通塞,听于自然,唯机械不生,故方寸自有乐地。"博学无不通,为文不事纤刻,制诰坦明有体,书诏一日数十辄办,尝言:"训诰者,赏善罚恶词也,岂过情溢美、怒邻骂坐之为哉。"其草颜鲁公孙特命官制甚伟,帝叹赏,为手书之。诗自成家,吕本中、陈与义读之曰:"语不自人间来也。"有类稿五十卷。子岘、嵍,从弟宁止。

宁止字无虞,登宣和进士甲科,除太学录、校书郎。建炎初,为浙西安抚大使司参议,改两浙转运判官。苗傅、刘正彦之变,宁止自毗陵驰诣京口、金陵,见吕颐浩、刘光世,勉以忠义,退而具军须以佐勤王。除左司郎官,辞。帝复位,除右司郎官、给事中。梁扬祖为发运使,宁止再疏论驳。

以添差江、淮、荆湖制置发运副使扈从隆祐太后幸江西,寻为两浙转运副使。录勤王功,直龙图阁,进秘阁修撰,主管崇道观,提点江、淮等路坑冶铸钱,知镇江府兼沿江安抚,进右文殿修撰。宁止言:"京口控扼大江,为浙西门户,请分常州、江阴军及崑山、常熟二县隶本司,庶防秋时沿江号令归一,可以固守。"权户部侍郎,总领三宣抚司钱粮。张浚都督诸军,以为行府属。除吏部侍郎,进徽猷阁直学士、知秀州,升显谟阁,提举太平观,卒。

宁止有文名,慷慨喜论事。当艰难时,上疏言阙失,指切隐微,多人所难言。乞禁王安石《日录》,复贤良方正科,用司马光十科荐士法,仿唐制宰执论事以谏官侍立,皆其显显者。勤王之举,吕颐浩纪其有输忠赞谋之劳。宁止与一止、岑皆群从昆弟,帝尝称宁止忠、一止清、岑敏云。有《教忠堂类稿》十卷。

胡交修,字已楙,常州晋陵人。登崇宁二年进士第,授泰州推官,试词学兼茂科。给事中翟汝文同知贡举,得其文曰:"非吾所能及也。"置之首选,除编类国朝会要所检阅文字。政和六年,迁太常博士、都官郎,徙祠部,迁左司官,拜起居舍人、起居郎。昭慈太后垂帘听政,除右文殿修撰、知湖州。

建炎初,以中书舍人召,辞不至,改徽猷阁待制、提举杭州洞霄宫。三年,复以舍人召,诏守臣津发,寻进给事中、直学士院兼侍讲。入对,首论天下大势曰:"淮南当吾膺,将士遇敌先奔,无藩篱之卫。湖、广带吾胁,群盗乘间窃发,有腹心之忧。江、浙肇吾基,根本久未立。秦、蜀张吾援,指臂不相救。宜诏二三大臣豫政事,选将帅,搜补卒乘,以张国势,抚绥疲瘵,以固国本。"

帝又出手诏,访以弭盗保民、丰财裕国、强兵御戎之要,交修疏言:"昔人谓甑有麦饭,床有故絮,虽仪、秦说之不能使为盗,惟其冻饿无聊,日与死迫,然后忍以其身弃之于盗贼。陛下下宽大之诏,开其自新之路,禁苛愿之暴,丰其衣食之源,则悔悟者更相告语欢呼而归。其不变者,党与携落,亦为吏士所系获,而盗可弭,盗弭则可以保民矣。沃野千里,残为盗区,皆吾秔稻之地。操弓矢,带刀剑,椎牛发冢,白昼为盗,皆吾南亩之民。陛下抚而纳之,反其田里,无急征暴敛,启其不肖之心,耕桑以时,各安其业,谷帛不可胜用,而财可丰,财丰则可以裕国矣。日者翟兴连西路,董平据南楚,什伍其人,为农为兵,不数年,积粟充牣,雄视一方。盗贼犹能尔,况以中兴二百郡地,欲强兵以御寇,不能为翟兴辈之所为乎?"世以为名言。

李成盗江、淮,廷议欲亲征,交修谓:群盗猖狂,天子自将,胜之则不武,不胜则贻天下笑。此将帅之责,何足以辱王师?"议遂格,盗寻遁。

周杞守常州,坐残虐免。会大旱,帝问交修致旱之由,对以殆杞佚罚之故,乃以杞属吏。杞疑为交修所谮,上书告其罪,遣大理寺丞胡蒙诣常按验。交修无所缀,然群从多抵罪。寻以徽猷阁待制提举太平观。

六年,召为给事中、刑部侍郎、翰林学士、知制诰兼侍读。久之,迁刑部尚书。汀州宁化县论大辟十人,狱已上,知州事郑强验问,无一人当死,交修乞治县令冒赏杀无辜罪。江东留狱追逮者尚六百人,交修言:"若待六百人俱至,则瘐死者众矣,请以罪状明白者论如律,疑则从轻。"诏皆如其言。

朝论欲以四川交子行之诸路,交修力陈其害,谓:"崇宁大钱覆辙可鉴,当时大臣建议,人皆附和,未几钱分两等,市有二价,奸民盗铸,死徙相属。以今交子校之大钱,无铜炭之费,无鼓铸之劳,一夫挟纸日作十数万,真赝莫辨,售之不疑,一触宪网,破家坏产,以赏告捕,祸及无辜。岁月之后,公私之钱尽归藏锚之家,商贾不行,市井萧条,比及悔悟,恐无及矣。"时议大举,交修曰:"今妄言无行之徒,为迎合可冒之论,吾无以考验其实,遽信之以举事,岂不误国哉?"帝览之矍然。翌日,出其奏示大臣曰:"交修真一士之谔谔也。"

蜀帅席益既去,帝问交修孰可守蜀者,对以臣从子世将可用,遂以世将为枢密直学士、四川安抚制置使。世将在蜀五年,号为名帅。

自重兵聚关外以守蜀,饷道险远,漕舟自嘉陵江而上,春夏涨而多覆,秋冬涸而多胶。绍兴初,宣抚副使吴玠始行陆运,调成都、潼川、利州三路夫十万,县官部送,徼赏争先,十毙三四。至是交修言:"养兵所以保蜀也,民不堪命则腹心先溃,何以保蜀?臣愚欲三月以后、九月以前,第存守关正兵,余悉就粮他州,如此则守关者水运可给,分戍者陆运可免。"帝命学士院述交修意,诏玠行之。

议徽宗配享功臣,交修奏:"韩忠彦建中靖国初为相,贤誉翕然,时号'小元祐'。"从之,人大允服。

八年夏,以亲老,除宝文阁学士、知信州。入辞,上欲留侍经筵,力言母老,愿奉祠里中以便养。帝曰:"卿去,行复召矣。"改提举江州太平兴国宫。九年六月召还,除兵部尚书、翰林学士兼侍讲。时河南新复,交修奏:"京西、陕右取士之法,乞如祖宗时设诸科之目,以待西北之士;别为号于南宫,以收五路之才。"诏令礼部讨论。逾年,复请补外,除端明殿学士、知台州。却私请,免上供以万计,领州数月卒。

交修简重寡言,进止有度,为文不事琢雕,坦然明白,在词苑号为称职。自其从祖宿、从父宗愈至交修、世将,皆在禁林。中兴以后,学士三入者自交修始。交修裒次为书,号《四世丝纶集》,以侈一门之遇。至于事继母以孝闻,抚二弟极其友爱,遇恩以次补官,若交修者,其文行之兼副者欤!

綦崇礼,字叔厚,高密人,后徙潍之北海。祖及父皆中明经进士科。崇礼幼颖迈,十岁能作邑人墓铭,父见大惊曰:"吾家积善之报,其在兹乎!"

初入太学,诸生溺于王氏新说,少能词艺者。徽宗幸太学,崇礼出二表,祭酒与同列大称其工。登和元年上舍第,调淄县主簿,为太学正,迁博士,改宣教郎、秘书省正字,除工部员外郎,寻为起居郎、摄给事中。召试政事堂,为制诰三篇,不淹晷而就,辞翰奇伟。拜中书舍人,赐三品服,进用之速,近世所未有,高宗犹以为得之晚。

车驾如平江,有旨邹浩追复龙图阁待制,崇礼当行词,推帝所以褒恤谠直之意,有曰:"处心不欺,养气至大。言期痛切,引裾尝犯于雷霆;计不顾身,去国再迁于岭徼。群臣动色,志士倾心。"又曰:"英爽不忘,想生气之犹在;奸谀已死,知朽骨之尚寒。"同列推重,除试尚书吏部侍郎,时从官惟崇礼与汪藻,寻兼直学士院。以徽猷阁直学士知漳州,其俗悍强,号难治,属有巨寇起建州,声撼邻境,人心动摇,崇礼牧民御众,一如常日,讫盗息,环城内外按堵如故。

徙知明州,召为吏部侍郎兼权直学士院。时有诏侍从官日轮一员,具前代及本朝事关治体者一二事进入,崇礼言:"祖宗以来选用儒臣,以奉讲读。若令从官一例献其所闻,既非旧典,且又越职,望令讲读官三五日一进。"乃命学士与两省官如前诏。又言:"驻跸临安,以浙西为根本,宜固江、淮之守,然后可以图兴复。蜀在万里外,当召用其士夫,慰安远人之心。"时兵革后,省曹簿书残毁几尽,崇礼再执铨法,熟于典故,讨论沿革,援据该审,吏不得容其私。后有诏重刊七司条敕,崇礼所建明,悉著为令。

移兵部侍郎,仍进直学士院。御笔处分召至都堂,令条具进讨固守利害。崇礼奏:"谍传金人并兵趣川、陕,盖以向来江左用兵非敌之便,故二三岁来悉力窥蜀。其意以谓蜀若不守,江、浙自摇,故必图之,非特报前日吴玠一败而已。今日利害,在蜀兵之胜负。"又奏:"君之有臣,所以济治。臣效实用,则君享其功;臣窃虚名,则君受其弊。实用之利在国,虚名之美在身。忠于国者,不计一己之毁誉,惟天下之治乱是忧;洁其身者,不顾天下之治乱,惟一己之毁誉是恤。然效力于国,其实甚难,世未必贵,窃名于己,其为则易,且以得誉。二者有关于风俗甚大,是不可不察也。"

九月,御笔除翰林学士,自靖康后,从官以御笔除拜自此始。杨惟忠、邢焕以节度使致仕,告由舍人院出,崇礼言:"祖宗时,凡节钺臣僚得谢,不以文武,并纳节别除一官致仕。熙宁间,富弼以元勋始令特带节钺致仕,其后继者曾公亮、文彦博,他人岂可援以为例。"诏自今如祖宗故典。

进兼侍读兼史馆修撰。时有旨重修神宗、哲宗《正史》。兵火之后,典籍散亡,崇礼奏:"《神宗实录》墨本,元祐所修已是成书,朱本出蔡卞手,多所附会,乞将朱墨本参照修定。《哲宗实录》,崇宁间蔡京举提编修,增饰语言,变乱是非,难以便据旧录修定,欲乞访求故臣之家文献事迹参照。"又奏:"知湖州汪藻编类元符庚辰至建炎己酉三十年事迹,乞下藻以已成文字赴本所。"并从之。先是,藻奉诏访求甚备,未及修纂,崇礼取而专之。

尝进唐太宗录刺史姓名于屏风故事,曰:"连千里之封得一良守,则千里之民安;环百里之境得一良令,则百里之民说。牧民之吏咸得其良,则治功成矣。苟能效当时之事,以守令姓名详列于屏,简在帝心,则人知尽心职业。"再入翰林凡五年,所撰诏命数百篇,文简意明,不私美,不寄怨,深得代言之体。

以宝文阁直学士知绍兴府。刘豫导金人入侵,扬、楚震扰,高宗躬御戎衣次吴会。崇礼以近臣承守方面,谓:"浙东一道为行都肘腋之地,备御不可不谨。"密疏于朝,得便宜从事。于是缮城郭,厉甲兵,输钱帛以犒王师,简舟舰以扼海道,疚心夙夜,殆废食寝。及春,帝还,七州晏然不知羽檄之遽。斯年,上印绶,退居台州。卒年六十,赠左朝议大夫。

崇礼妙龄秀发,聪敏绝人,不为崖岸斩绝之行。廉俭寡欲,独罩心辞章,洞晓音律,酒酣气振,长歌慷慨,议论风生,亦一时之英也。中年顿锉场屋,晚方登第,以主簿骤升华要,极润色论思之选。端明亮直,不惮强御,秦桧罢政,崇礼草词显著其恶无所隐,桧深憾之。及再相,矫诏下台州就崇礼家索其稿,自于帝前纳之,且将修怨。会崇礼已没,故身后所得恩泽,其家畏惧不敢陈,士大夫亦无敢为其任保。楼钥尝叙其文,以为气格浑然天成,一旦当书命之任,明白洞达,虽武夫远人晓然知上意所在云。

论曰：建炎、绍兴之际，网罗俊彦，布于庶职，如卫肤敏以下七人者，其论议时政，指陈阙失，虽或好恶多不同，亦皆一时之表表者，矧一止、宁止兄弟之忠清，交修、崇礼之词翰，又有助于治化者焉。

卷三百七十九
列传第一百三十八

章谊　韩肖胄　陈公辅　张焘
胡松年　曹勋　李稙　韩公裔

章谊，字宜叟，建州浦城人。登崇宁四年进士第，补怀州司法参军，历漳、台二州教授、杭州通判。建炎初，陈通寇钱塘，城闭，部使者檄谊聚杭州七县弓兵，以张声势。会王渊讨贼，谊随渊得入城，贼平，旋加抚定，人皆德之。

帝幸临安，苗、刘为变，帝御楼，宰臣百执事咸在，人心恟恟。帝问群臣曰："今日之事可如何？"浙西安抚司主管机宜文字时希孟辄曰："乞问三军。"谊越班斥之曰："问三军何义？若将鼓乱邪？"希孟却立屏息，帝嘉之。事定，窜希孟吉阳军，谊迁二秩，擢仓部员外郎。奉使二浙，贸易祠牒以济军用，以稽迟罢。未几，召为驾部员外郎，迁殿中侍御史。

张浚宣抚陕西，谊奏："自赵哲退败，事任已重，处断太专，当除副贰，使之自助。"何栗赠官，谊论其"折冲无谋，守御无策，乃中国招祸之首"。乞寝免。

邵青自太平乘舟抵平江，所至劫掠。谊请置水军于驻跸之地，且言："古舟师有三等，大为阵脚，次为战船，小为传令，皆可为战守之备。"诏淮南三宣抚措置。谊又献战守四策，谓："金人累岁南侵，我亦累岁奔走，盖谋国之臣误陛下也。比者驻跸扬州，有兵数十万，可以一战。斥候不明，金人奄至，逾江而东，此宰相黄潜善、汪伯彦过也。前年，移跸建康，兵练将勇，据长江之险，可守矣。舟师不设，二相异意，金人未至，遵海而南，此宰相吕颐浩过也。不知今年守战之策安所从出？执政大臣谁为陛下任此事者？臣愚谓有江海，必资舟楫战守之具；有险阻，必资郡县防守之力，有兵将，必驾驭抚循，不可为将帅自卫之资；有粮赋，必漕运转输，不可为盗贼侵据之用。四者各付能臣，分路以少，重赏严罚，谁敢不用命哉！"

诏问保民、弭盗、遏寇、生财之策，谊对曰："去奸贪残虐之吏，则民可保；用循良廉平之吏，则盗可弭。敌寇未遏，以未得折冲御侮之臣；财赋未裕，以未得掌财心计之臣。凡此四者，任人不任法，则政治可得而治矣。"

诏集议明堂配享，胡直儒等请合祭天地，而以太祖、太宗配。谊言："稽之经旨则未合，参之典故则未尽，施之事帝则未为简严。今国家既以太祖配天于郊，比周之后稷，则太宗宜配帝于明堂，以比周之文王。仁宗皇祐二年，始行明堂合祭天地，并配祖宗，乃一时变礼。至嘉祐七年，再行宗祀，已悟皇祐之非，乃罢配享，仍彻地示之位，故有去并侑烦文之诏。如嘉祐之诏，则太祖地示已不与祭；元丰正祀典之诏，则悉罢群祀。臣等谓将来明堂大飨，宜专祀昊天上帝，而以太宗配。"后不果行。

绍兴二年，除大理卿。宰相奏知平江府，帝曰："谊儒者，赖其奏谳平恕，使民不冤，勿令补外。"寻除权吏部侍郎，乞："诏有司编类四选通知之条，与一司专用之法，兼以前后续降指挥，自成一书。如此则铨曹有可守之法，奸吏无舞文之弊，书成而吏铨有所执守矣。"

改刑部侍郎兼详定一司敕令，谊奏："比修绍兴敕令格式，其忠厚之意，则本于祖宗；其纲条之举，则仍于旧贯。今在有司，为日既久，州县推行，渐见牴牾。欲承疑遵用，则众听惑而不孚，欲因事申明，则法屡变而难守。乞诏监司、郡守与承用官司，参考祖宗旧典，各摭新书之阙遗，条具以闻，然后命官审订删去，著为定法。"

迁徽猷阁直学士、枢密都承旨，谊奏："汉有南北两屯，唐有南北两卫，皆天子自将之兵。祖宗所置殿班亲军，处禁门之内，皆极天下之选。今日神武兵萃于五军，多逃亡之余，市井之人，殿班亲军，倚以侍卫者，曾无千百。愿陛下仿汉、唐南北禁卫之意，修本朝遴选班直之法，选五军及诸州各为一卫，合取万人，分为两卫，则禁卫增严，王室大竞矣。"

四年，金遣李永寿、王翊来，求还刘豫之俘，及西北人在东南者，又欲画江以益刘豫。时议难之，欲遣大臣为报使。参政席益以母老辞，荐谊为代，加谊龙图阁学士，充军前奉表通问使，给事中孙近副之。谊至云中，与粘罕、兀室论事，不少屈。金人谕遣还，谊曰："万里衔命，兼迎两宫，必俟得请。"金人乃令萧庆授书，并以风闻事责谊，谊诘其所自，金人以实告，乃还。至南京，刘豫留之，以计得归。帝嘉劳之，擢刑部尚书。

是冬，帝亲征，王师大捷于淮阴，谊扈从。还临安，迁户部尚书，谊言："祖宗设官理财，内则户部，外则诸路转运使、副，东南委输最盛，则又置发运，以督诸路供输之入，皆有移用补助之法，户部仰以不乏者也。今川、广、荆湖土贡岁输，不入王府者累年矣，皆发运使失职之罪也。顷因定都汴京，故发运使置司真、泗，今驻吴会，则发运当在荆湖南、北之间。望讨论发运置司之地，选能臣以充其任。"又言："户部左右曹之设，诸路运司则左曹之属也，提举则右曹之属也。若复发运司，於诸路各置转运使副二员，以一员检察常平，以应右曹之选，则户部财用无陷失矣。"

五年，以疾请郡，除龙图阁学士、知温州。适岁大旱，米斗千钱，谊用刘晏招商之法，置场增直以籴，米商辐辏，其价自平。部使者以状闻，诏迁官一等。六年，移守平江。时将临幸，供亿繁夥，谊处之皆当于理。召对，赐带笏，帝曰："此不足以偿卿之劳，其勿谢。"

明年，移跸建康，复为户部尚书。谊奏营田之策，谓："京西、湖北、淮南东西失业者最多，朝廷必欲分给牛种、人给钱粮以劝耕，则财力不足。今三大将各屯一路，如各捐数县地均给将士，收其余以省转输，非小补也。"

七年，帝还临安，以谊为端明殿学士、江南东路安抚大使、知建康府兼行宫留守。未几，提举亳州明道宫，代还。八年卒，年六十一，谥忠恪。

谊宽厚长者，故事台官言事，非挟怨以快己私，即用仇家言为人报复，谊独存大体，士论归之。立朝论事，奏疏无虑数十百篇，皆经国济时之策。初，席益荐谊使金，帝曰："谊亦母老，朕当自谕之。"谊闻命，略无难色，戒其家人勿使母知。将行，告母曰："是行不数月即归，大似往年太学谒告时尔。"及还，母竟不知其使金也。谊卒，母年九十二。子八人："骃、驹、驷、骤、骓、骊、驰、骃。"

韩肖胄，字似夫，相州安阳人。曾祖琦，祖忠彦，再世为相。父治。肖胄以荫补承务郎，历开封府司录。与府尹同对殿中，徽宗问其家世，赐同上舍出身，除卫尉少卿，赐三品服。

寻假给事中、充贺辽国生辰使。既还，时治守相州，请祠。肖胄因乞补外侍疾，诏除直秘阁、知相州，代其父任。陛辞，帝曰："先帝诏韩氏世官于相。卿父子相代，荣事也。"在相四年，王师傅燕，肖胄策幽蓟且有变，宜阴为守备。已而金骑入境，野无所掠而去。

建炎二年，知江州，入为祠部郎，迁左司。尝言："中原未复，所恃长江之险，淮南实为屏蔽。沃野千里，近多荒废，若广修农事，则转饷可省，兵食可足。"自是置局建康，行屯田于江淮。又应诏陈五事，曰：远斥堠，戢戍兵，防海道，援中原，修军政。擢工部侍郎。

时川、陕马纲路通塞不常，肖胄请于广西邕州置司，互市诸蕃马，诏行之。时召侍从问战守计，肖胄条奏千余言，帝称其所对事理简当。吏部尚书席益叹曰："援古证今，切于时用，非世官不能也。"

绍兴二年，诏百官各言省费裕国、强兵息民之策，肖胄言："天下财赋寘名，旧悉隶三司，今户部惟有上供之目而已。问诸路寘名于户部，户部不能悉，问诸州寘名于漕司，漕司不能悉，失一寘名，则此项遂亡。愿诏诸路漕司，括州县出纳，可罢罢之，可并并之，立为定籍。漕司总诸州，户部总诸路，则无失陷矣。经费之大，莫过养兵。今人亡而冒请者众，愿立诸军核实之法，重将帅冒请之罪，则兵数得实，饷给不虚，省费裕国，此其大者。生民常赋之外，迫以军期，吏缘为奸，敛取百端。复为寇所迫逐，田桑失时，寇去复业，未及息肩，催科之吏已呼其门矣。愿诏郡邑，招集流散，官贷之种，俟及三年，始责其赋，置籍书之，以课殿最，强兵息民，此其先者。"时多所采纳。又请复天地、日月、星辰、社稷之祀，于是下有司定一岁祭礼。

迁吏部侍郎，时条例散失，吏因为奸，肖胄立重赏，俾各省记，编为条目，以次行之，舞文之弊始革。阵亡补官，得占射差遣，而在部常调人，守待不能注授，且有短使重难。肖胄请阵亡惟许本家用恩例，异姓候经任收使，遂无不均，且严六部出入之禁，而请托不行。

三年，拜端明殿学士、同签书枢密院事，充通问使，以胡松年副之，肖胄慨然受命。时金酋粘罕专执政，方恃

兵强，持和战离合之策，行人皆危之。肖胄入奏曰："大臣各循己见，致和战未有定论。然和乃权时之宜，他日国家安强，军声大振，暂当雪此仇耻。今臣等行，或半年不返命，必复有谋，宜速进兵，不可因臣等在彼而缓之也。"将行，母文语之曰："汝家世受国恩，当受命即行，勿以我老为念。"帝称为贤母，封荣国夫人。

肖胄至金国，金人知其家世，甚重之，往返才半年。自帝即位，使者凡六七年未尝报聘，至是始遣人偕来。肖胄先北入使对，与朱胜非议不合，力求去，以旧职知温州，提举临安府洞霄宫。

五年，诏问前宰执战守方略，肖胄言："女真等军皆畏服西兵劲锐善战，今三帅所统多西人，吴玠继有捷奏，军声益振，敌意必摇，攻战之利，臣固知之。自荆、襄至江、淮，绵亘数千里，不若择文武臣僚按行计度，求险阻之地，屯兵积粮，则形势相接。今淮东、西虽命宣抚使，然将屯置司，乃在江上，所遣偏裨分守，不过资以轻兵，势孤力弱，难以责其固志。当移二将于江北，使藩篱可固。"又言："诸大将之兵自主庭户，更相仇疾。若欲并遣进攻，宜先命总帅，分以精锐，自成一军，号令既一，则诸将畴敢不听命。畿甸、山东、关河之民怨金人入骨，当以安集流亡，招怀归附为先，今淮南、江东西荒田至多，若招境上之人，授田给粮，捐其赋租，必将接迹而至。"又奏："江之南岸，旷土甚多，沿江大将各分地而屯，军士旧为农者十之五六，择其非甚精锐者，使之力耕，农隙则试所习之技艺，秋成则均以所种之禾麦，或募江北流徙及江南无业愿迁之人分给之，创为营屯。止则固守，出则攻讨。"起知常州，召赴行在，提举万寿观，寻除签书枢密院事。

和议已定，复命肖胄为报谢使。接伴者逆于境，谓当称谢恩使。肖胄论难三四反，遂语塞。既至，金遣人就馆议事，肖胄随问随答，众皆耸听。其还，给毡车及顿递宴设，自肖胄始。

除资政殿学士、知绍兴府。寻奉祠，与其弟膺胄寓居于越几十年。事母以孝闻，弟不至不食，所得恩泽，皆先给宗族。卒，年七十六，谥元穆。

琦守相，作昼锦堂，治作荣归堂，肖胄又作荣事堂，三世守乡郡，人以为荣。

陈公辅，字国佐，台州临海人。政和三年，上舍及第，调平江府教授。朱勔方嬖幸，当官者奴事之，公辅绝不与交。勔有兄丧，诸生欲往吊，公辅不予告。勔不悦，讽权要移公辅越州。累迁权应天府少尹，除秘书郎。

靖康初，二府多宣和旧人，公辅言："蔡京、王黼用事二十余年，台谏皆缘以进，唐重、师骥为太宰李邦彦引用，谢克家、孙觌为纂修蔡攸引用，及邦彦作相，又附丽以进。此四人者，处台谏之任，臣知其决不能言宰相大臣之过。愿择人臣中朴茂纯直，能安贫守节、不附权幸、慷慨论事者，列之台谏，则所任得人，礼义廉耻稍稍振起，敌国闻之，岂不畏服哉！"时吴敏、李纲不协，公辅奏："陛下初临万机，正赖其同心合谋，而二臣不和，已有其

徽宗渡江未还，人情疑惧，公辅力陈父子之义，宜遣大臣迎奉。钦宗嘉之，擢为右司谏。孟夏享景灵宫，遂幸阳德、佑神观。公辅谏不当如平时事宴游，论："蔡京父子怀奸误国，终未行遣。今朝廷公卿百执事半出其门，必有庇之者。"诏谪京崇信军节度副使，德安府安置。又奏："朱勔罪恶，都城之民皆谓已族灭其家，乞勿许其子姓随上皇入京。"

时有指公辅为李纲之党，鼓唱士庶伏阙者。公辅自列，因辞位，后陈三事：其一言李纲书生，不知军旅，遣援太原，乃为大臣所陷，必败事。其二言余应求不当以言远谪。其三方复祖宗法度，冯澥不宜更论熙宁、元丰之政。语触时宰，遂与应求、程瑀、李光俱得罪，斥监合州税。

高宗即位，召还，除尚书左司员外郎。明年，始达维扬。初，李纲得政，公辅自外除郎，未至而纲罢，改南剑州，寻予宫观。

绍兴六年，召为吏部员外郎。疏言："今日之祸，实由公卿大夫无气节忠义，不能维持天下国家，平时既无忠言直道，缓急讵肯伏节死义，岂非王安石学术坏之邪？议者尚谓安石政事虽不善，学术尚可。臣谓安石学术之不善，尤甚于政事，政事害人才，学术害人心，《三经》、《字说》诋诬圣人，破碎大道，非一端也。《春秋》正名分，定褒贬，俾乱臣贼子惧，安石使学者不治《春秋》；《史》、《汉》载成败安危、存亡理乱，为圣君贤相、忠臣义士之龟鉴，安石使学者不读《史》、《汉》。王莽之篡，扬雄不能死，又仕之，更为《剧秦美新》之文。安石乃曰：'雄之仕，合于孔子无可无不可之义。'五季之乱，冯道事四姓八君，安石乃曰：'道在五代时最善避难以存身。'使公卿大夫皆师安石之言，宜其无气节忠义也。"复授左司谏，言："中兴之治在得天得人，以孝感天，以诚得民。"帝善其深得谏臣体，赐三品服，令尚书省写图进入，以便观览。

公辅感帝知遇，益罄忠鲠，言："正心在务学，治国在用人，朝廷之祸在朋党。"仍乞增轮对官，令审计、官告、粮料、榷货、监仓及茶场等官，有己见，许面对。时有诏将驻跸建康，公辅上疏陈攻守之策，且乞选大臣镇淮西，增兵将守要害，使西连鄂、岳，东接楚、泗，皆有掎角之形。

徽宗讣至，公辅请宫中行三年之丧，视朝服淡黄，群臣未可纯吉服，明堂未当以徽宗配，宜罢临轩策士。又乞权罢讲筵，事不行。

迁尚书礼部侍郎。会赵鼎言进退人才乃其职分，疏稍侵公辅，因力请祠。除集英殿修撰、提举江州太平观，寻知处州。升徽猷阁待制，乃提举太平观。卒，年六十六，赠太中大夫。有《文集》二十卷、《奏议》十二卷，行于世。公辅论事剀切，疾恶如仇，惟不右程颐之学，士论惜之。

张愨，字柔直，福州人。举进士，为小官，不与世诡随。时蔡京当国，求善训子弟者，愨适到部，京族子应之以愨荐，愨再三辞，不获，遂即馆，京亦未暇与之接。愨严毅耸拔，意度凝然，异于他师，诸生已不能堪，忽谓之曰："汝曹曾学走乎？"诸生骇而问曰："尝闻先生教令读书徐行，未闻教以走也。"愨曰："天下被而翁破坏至此，且夕贼来，先至而家，汝曹惟有善走，庶可逃死耳。"诸子大惊，亟以所闻告京，曰："先生心恙。"京矍然曰："此非汝所知也。"即见愨语语，愨慷慨言曰："宗庙社稷，危在旦夕。"京敛容问计，愨曰："宜亟引耆德老成置诸左右，以开道上心。罗天下忠义之士，分布内外，为第一义尔。"京因扣其所知，遂以杨时荐，于是召时。

愨后守南剑州，迁福建路转运判官。未行，会范汝为陷建州，遣叶彻拥众寇南剑。时统制官任士安驻军城西，不肯力战，愨独率州兵与之战，分为数队，令城中杀羊牛豕作肉串，仍多具饭。将战，则食第一队人，既饱，遣之入阵，便食第二队人，度所遣兵力将困，即遣第三队人往代，第四至五六队亦如之。更迭交战，士卒饱而力不乏。彻中流矢死，众败走。愨知士安惧无功，即函彻首与之，州兵皆愤，愨曰："贼必再至，非与大军合力不能破也。"士安得之大喜，遂驰报诸司，谓已斩彻。未几，彻二子果引众声言复父仇，缟素以攻。于是士安与州兵夹攻，大败之，城赖以全。

再知处州，尝欲造大舟，幕僚不能计其直，愨教以造一小舟，量其尺寸，而十倍算之。又有欲筑绍兴园神庙垣，召匠计之，云费八万缗，愨教之自筑一丈长，约算之可直二万，即以二万与匠者。董役内官无所得，乃奏绍兴空乏难济，太后遂自出钱，费三十二万缗。以直龙图阁知虔州，荡平余寇，进秘阁修撰，卒。后庙食邵武。

胡松年字茂老，海州怀仁人。幼孤贫，母粥机织，资给使学，读书过目不忘，尤邃于《易》。政和二年，上舍释褐，补濰州教授。八年，赐对便殿，徽宗伟其状貌，改校书郎兼资善堂赞读。为殿试参详官，以沈晦第一，徽宗大悦曰："朕久闻晦名，今乃得之。"迁中书舍人。

时方有事燕云，松年累章谓边衅一开，有不胜言者。咈时相意，提举太平观。建炎间，密奏中原利害，召赴行在，出知平江府。未入境，贪吏解印敛迹，以兴利除害十七事揭于都市，百姓便之。加徽猷阁待制。奏防江利害：一曰立国无藩篱之固，二曰遣兵无首尾之援，三曰不攻敌技之所短。

召为中书舍人。言武昌、九江、建昌、京口、吴江、钱塘、明、越宜各屯水战士三千以为备。唐恪追复观文殿学士，松年缴奏曰："靖康之祸，何楘轻脱寡谋，宜为罪首。去年秦桧还朝，力称其抗义守正，遂被褒赠，已大咈士论。今恪子琢自陈其父不获伸迎请二帝之谋，饮药而死。此事凛然，追踪古人。宜诏有司详考实状，庶不为虚美，以示激劝。"

除给事中。会选将帅，松年奏："富贵者易为善，贫贱者难为功，在上之人识擢何如尔。愿陛下亲出劳军，即行伍搜简之，必有可为时用者。"又奏："恢复中原，必自山东始，山东归附，必自登、莱、密始，不特三郡民俗忠义，且有通、泰飞艘往来之便。"除兼侍讲。

王伦使金还，言金人欲再遣重臣来计议，以松年试工部尚书为韩肖胄副，充大金奉表通问使。时使命久不通，人皆疑惧，松年毅然而往。至汴京，刘豫令以臣礼见，肖胄未答，松年曰："圣主万寿。"豫曰："圣意何在？"松年曰："主上之意，必复故疆而后已。"使还，拜吏部尚书。

岳飞收复襄、汉，令松年筹度守御事。松年奏："乞飞班师，徐窥刘豫意向，若豫置不问，其情叵测，当饬将士谨疆场可也。"又条战舰四利：一曰张朝廷深入之军势，二曰固山东欲归之民心，三曰震叠强敌，使不敢窥江、浙，四曰牵制刘豫不暇营襄、汉。

除端明殿学士、签书枢密院事。首奏八事：立规摹以定中兴之基，振纪纲以尊朝廷之势，驭将帅使知畏，抚士卒使知劳，收予夺之柄，察毁誉之言，无以小疵弃人才，无以虚文废实效。又荐张敌万："向在淮南诱敌深入，步骑四集，悉陷于淖，无得解者，金人至今胆落。乞令统率军马别为任使，庶几外阃渐多名将，不独仗倚三四人而已。"

谍报刘豫于登、莱、海、密具舟楫，淮阳、顺昌积刍粟，欲凭藉金人侵我边郡。议者谓韩、刘、岳各当一面，可保无虞。松年奏："三人声势初不相属，缓急必不相救。况海道阔远，苏、秀、明、越最为要冲，宜选精兵万人，命一大臣往驻建康，亲督世忠、光世守采石、马家渡，以张两军之势，仍以兵五千屯明州、平江，控御江海。或无人可遣，臣愿疾驰以赴其急。"诏遣松年往江上，与诸将会议进讨，因觇贼情。帝决意亲征，遂次平江，命松年权参知政事，专治战舰，张浚专治军器。松年曰："议论既定，力行乃有效，若今日行，明日止，徒纷纷无益。"

俄以疾提举洞霄宫，卜居阳羡，虽居闲不忘朝廷事，屡言和籴科敛、防秋利害，帝皆嘉纳。十六年，病革，呼其子曰："大化推移，有所不免。"乃就枕，鼻息如雷，有顷卒，人谓不死也。年六十。

松年平生不喜蓄财，每除官例赐金帛，以军兴费广，一无所陈请，或劝其白于朝："弗言则已，白之是沽名也。"喜宾客，奉入不足以供费，或请节用为子孙计。松年曰："贤而多财，则损其志，况俸廪，主上所以养老臣也。"自持橐至执政，所举自代，皆一时闻人，所荐一以至公，权势莫能夺。

方秦桧秉政，天下识与不识，率以疑忌置之死地，故士大夫无不曲意阿附以自安计。松年独郦之，至死不通一书，世以此高之。

曹勋，字公显，阳翟人。父组，宣和中，以阁门宣赞舍人为睿思殿应制，以占对开敏得幸。勋用恩补承信郎，特命赴进士廷试，赐甲科，为武吏如故。

靖康初，为阁门宣赞舍人、勾当龙德宫，除武义大夫。从徽宗北迁，过河十余日，谓勋曰："不知中原之民推戴康王否？"翌日，出御衣书领中曰："可便即真，来救父母。"并持韦贤妃、邢夫人信，命勋间行诣王。又谕勋："见康王第言有清中原之策，悉举行之，毋以我为念。"又言"艺祖有誓约藏之太庙，不杀大臣及言事官，违者不祥"。

勋自燕山遁归。建炎元年七月，至南京，以御衣所书进入。高宗泣以示辅臣。勋建议募死士航海入金国东京，奉徽宗由海道归，执政难之，出勋于外，凡九年不得迁秩。绍兴五年，除江西兵马副都监，勋以远次为请，改浙东，言者论其不闲武艺，专事请求，竟夺新命。

十一年，兀术遣使议和，授勋成州团练使，副刘光远报之。及淮，遇兀术，遣还，言当遣尊官右职持节而来，盖欲亟和也。勋还，迁忠州防御使。金使萧毅等来，命勋为接伴使。未几，落阶官为容州观察使，充金国报谢副使，召入内殿，帝洒泣，谕以恳请亲族之意。及见金主，正使何铸伏地不能言，勋反覆开谕，金主首肯许还梓宫及太后。勋归，金遣高居安等卫送太后至临安，命勋充接伴使。迁保信军承宣使、枢密副都承旨。

二十九年，拜昭信军节度使，副王伦为称谢使。时金主亮已定侵淮计，勋与伦还，言邻国恭顺，和好无他，人讥其妄。孝宗朝加太尉、提举皇城司、开府仪同三司。淳熙元年卒，赠少保。

李稙，字元直，泗州临淮人。幼明敏笃学，两举于乡。从父中行客苏轼门，太史晁无咎见之曰："此国士也。"以女妻焉。

靖康初，高宗以康王开大元帅府。湖南向子諲转运京畿，时群盗四起，饷道阻绝，环视左右无足遣者。有以稙荐，遂借补迪功郎，使督四百艘，总押犒师银百万、粮百万石，招募忠义二万余众，自淮入徐趋济，凡十余战，卒以计达。时高宗驻师钜野，闻东南一布衣统众而至，士气十倍，首加劳问。稙占对详敏，高宗大悦，亲赐之食，曰："得一士如获拱璧，岂特军饷而已。"承制授承直郎，留之幕府。

稙三上表劝进："愿蚤正大宝，以定人心，以应天意。"三降手札奖谕。稙感激知遇，言无不尽，为汪伯彦、黄潜善所忌。高宗既即位，为东南发运司干办公事，寻以奉议郎知潭州湘阴。县经杨么荡析，稙披荆棘，立县治，发廪粟，振困乏，专以抚摩为急。

丞相张浚督师江上，知稙才，荐为朝奉郎、鄂州通判。大盗马友、孔彦舟未平，稙请修战舰，习水战，分军马为左右翼，大破彦舟伏兵，诛马友，二盗平。浚以破贼功上于朝，转朝奉大夫、通判荆南府。秩满，除尚书户部员外郎。

时秦桧当国，凡帅府旧僚皆屏黜，浚亦去国。稙即丐祠奉亲，寓居长沙之醴陵十有九年，杜门不仕。

桧死，子諲以户部尚书居迩列，语及龙飞旧事，识稙姓名，除户部郎中。稙始入见，帝曰："朕故人也。"方有意大用，以母老，每辞，愿便养，除知桂阳军。丁母忧，归葬，哀毁庐墓，有白鹭朱草之祥。刘锜遗之书曰："忠臣孝子，元直兼之矣。"

服阕，参政钱端礼荐差知琼州。陛辞，帝慨然曰："卿老矣，琼管远在海外。"改知徽州。徽俗崇尚淫祠，稙首以息邪说、正人心为事，民俗为变。转朝请大夫、直秘阁，改知镇江府，迁江、淮、荆湘都大提点坑冶铸钱公事。

逾年，金人败盟，朝廷将大举，以稙漕运有才略，授直敷文阁、京西河北路计度转运使。稙措画有方，廷议倚重。乾道元年，迁提刑江西。二年，直宝文阁、江南东路转运使兼知建康军府兼本路安抚使，主管行宫留守司事。

稙上书极言防江十策，其略曰："保荆、襄之障，以固本根；审中军所处，以俟大举；搜选强壮，以重军势；度地险阨，以保居民；避敌所长，击其所短；金人降者宜加赏劝。"皆直指事宜，不为浮泛。疏上，帝嘉其言，以太府卿召赴阙，有疾不克上道，遂以中奉大夫、宝文阁学士致仕，还湘。

时胡安国父子家南岳下，刘锜家湘潭，相与往还讲论，言及国事，必忧形于色，始终以和议为恨。年七十有六卒。有文集十卷，题曰《临淮集》，庐陵胡铨为之序。谥忠襄。

子五人，汝虞知桃源县，汝士朝奉大夫、知黄州，汝工知昌化军。

韩公裔，字子扆，开封人。初以三馆吏补官，掌韦贤妃阁笺奏，寻充康王府内知客。金兵犯京，王出使，公裔从行。渡河，将官刘浩、吴湛私斗，公裔谕之乃解。次磁州，军民戕奉使王云，随王车入州廨，公裔复谕退之。王之将南也，与公裔谋，间道潜师夜起，迟明至相，磁人无知者，自是亲爱愈笃。及兵退，张邦昌遣人同王舅韦渊来献传国玺。时渊自称伪官，议者又谓邦昌不可信，王怒将诛渊，公裔曰："神器自归，天命也。"王遂受玺，命公裔掌之。公裔力救渊，释其罪。

元祐后诏王入承大统，府僚谓金兵尚近，宜屯彭城。公裔言："国家肇基睢阳，王亦宜于睢阳受命。"时前军已发，将趋彭城，会天大雷电，不能前，王异之，夜半抗声语公裔曰："明日如睢阳，决矣。"既即帝位，公裔累迁武功大夫、贵州防御使。

后以事忤黄潜善，适帝幸维扬，公裔丐去，潜善以为避事，遂降三官，送吏部。帝幸越，念其旧劳，召复故官、干办皇城司，仍带御器械，累迁至广州观察使、提举佑神观。

公裔给事藩邸三十余年，恩宠优厚，每置酒慈宁宫，必召公裔。会修《玉牒》，元帅府事多放佚，秦桧以公裔帅府旧人，奏令修书官就质其事。俄除保康军承宣使，桧疑其舍己而求于帝，衔之。右谏议大夫汪勃希桧意，劾罢公裔，遂与外祠，在外居住，而帝眷之不衰。

桧死，即复提举佑神观，赐第和宁门西，帝曰："朕与东朝欲常见卿，故以自近耳。"升华容军节度使，寻致仕。后华容军复为岳阳军，公裔遂换岳阳军节度使。高宗既内禅，尝与孝宗语其忠劳，因诏所居郡善视之。乾道二年卒，年七十五，赠太尉，谥恭荣，官其亲族八人。高宗赐金帛甚厚。

公裔律身稍谨，不植势，不市恩，又敢与黄潜善、秦

桧异，斯亦足取云。

论曰：章谊有蹇谔之节，肖胄席父祖之荫，二人多所论建，奉使不辱，亦可取矣。陈公辅得谏臣之体，其劾蔡京、王黼之党，论吴敏、李纲之隙，是矣。然既辨安石学术之害，而不尚程颐之学，何邪？张焘斥蔡京之祸，荐杨时之贤，其趣操正矣，况平寇有术，而不自以为功乎？松年鄙秦桧而不交，知命通方，固不易得。而曹勋崎岖兵间，稍著劳效，然金人入侵之计已决，犹曰邻国恭顺无他，何其见几之不早邪？若李稙、韩公裔早著忠荩，为天子故人，能与黄潜善、秦桧为异，闭门不出，待时而动，斯亦知所向方者哉！

卷三百八十
列传第一百三十九

何铸　王次翁　范同　杨愿　楼炤　勾龙如渊
薛弼　罗汝楫子愿附　萧振

何铸，字伯寿，余杭人。登政和五年进士第，历官州县，入为诸王宫大小学教授、秘书郎。御史中丞廖刚荐铸操履劲正，可备拾遗补阙之选。即命对。铸首陈："动天之德莫大于孝，感物之道莫过于诚。诚孝既至，则归梓宫于陵寝，奉两宫于魏阙，绍大业，复境土，又何难焉。"帝嘉纳之。

拜监察御史，寻迁殿中侍御史。上疏论："士大夫心术不正，徇虚以掠名，托名以规利。言不由中而首尾向背，行险自售而设意相倾者，为事君之失。怀险巇之谋，行刻薄之政，轻儇不庄，慢易无礼者，为行己之失。乞大明好恶，申饬中外，各务正其心术，毋或欺诞。"盖有所指也。时迁温州诸宫殿神像于湖州，有司迎奉，所过骚然。铸言："孝莫大于宁神，宁神莫大于得四海之欢心。浙东旱荒，若加勤动，恐道路怨咨。务为从简约，不得过为骚扰。"疏奏，其事遂已。擢右谏议大夫。论："中兴之功，在于立志，天下之事济与否，在于思与不思。愿陛下事无大小，精思熟虑，求其至当而行。如是，则事无过举矣。"寻拜御史中丞。

先是，秦桧力主和议，大将岳飞有战功，金人所深忌，桧恶其异己，欲除之，胁飞故将王贵上变，逮飞系大理狱，先命铸鞫之。铸引飞至庭，诘其反状。飞祖而示之背，背有旧涅"尽忠报国"四大字，深入肤理。既而阅实俱无验，铸察其冤，白之桧。桧不悦曰："此上意也。"铸曰："铸岂区区为一岳飞者，强敌未灭，无故戮一大将，失士卒心，非社稷之长计。"桧语塞，改命万俟卨。飞死狱中，子云斩于市。

桧衔铸。时金遣萧毅、邢具瞻来议事，桧言："先帝梓宫未反，太后銮舆尚迁朔方，非大臣不可祈请。"乃以铸为端明殿学士、签书枢密院事为报谢使。铸曰："是行犹颜真卿使李希烈也，然君命不可辞。"既返命，桧讽万

俟卨使论铸私岳飞为不反，欲窜诸岭表，帝不从，止谪徽州。

时有使金者还，言金人问铸安在，曾用否。于是复使知温州。未几，以端明殿学士提举万寿观兼侍读，召赴行在，力辞。乃再遣使金，使事秘而不传。既归报，帝复许以大用，又力请祠，除资政殿学士、知徽州。居数月，提举江州太平兴国宫。卒，年六十五。

铸孝友廉俭。既贵，无屋可居，止寓佛寺。其辨岳飞之冤，亦人所难。然绍兴已未以后，遍历台谏，所论如赵鼎、李光、周葵、范冲、孙近诸人，未免迎望风旨，议者以此少之。至于慈宁归养，梓宫复还，虽铸祈请之力，而金谋盖素定矣。

先是，金诸将皆已厌兵欲和，难自己发，故使桧尽室航海而归，密有成约。绍兴以后，我师屡捷，金欲和益坚。至是，遣铸衔命，盖桧之阴谋，以铸尝争岳飞之狱，而飞竟死，使金知之而其议速谐也。

铸死四十余年，谥通惠，其家辞焉。嘉定初，改谥恭敏。

王次翁，字庆曾，济南人。聚徒授业，齐、鲁多从游者，入太学，贫甚，夜读书就旁舍借灯读之。礼部别头试第一，授恩州司理参军，历婺州教授、辟雍博士，出知道州。

燕云之役，取免夫钱不及期，辄以乏兴论。次翁檄取属邑丁籍，视民产高下以为所输多寡之数，约期受输，不扰而集。除广西转运判官。时剧盗马友、孔彦舟、曹成更据长沙，帅檄漕司预鸠粮三十万以备调发，次翁即以具报，吏愕眙，次翁曰："兵未必发，先扰民可乎？吾以一路常平上供计之，不啻三十万。"已而贼不犯境。召对，论事不合，出知处州，乞祠，归寓于婺。

吕颐浩帅长沙，辟为参谋官。顷之，力乞致仕。秦桧召还，道出婺，次翁见之。楼炤言："颐浩与次翁同郡，颐浩再相，次翁贫困至此。"桧笑曰："非其类也。"桧居朝，遂以为吏部员外郎，迁秘书少监，除起居舍人，迁中书舍人。刘光世除使相，奏以文资荫其子，次翁执奏缴还。

除工部侍郎兼侍讲。蜀阃帅，宰执拟次翁以闻。帝以次翁明经术，留兼资善堂翊善。改御史中丞。论赵鼎不法，罢知泉州。部差李泗为鄂州巡检，而湖北宣抚使不可，次翁言："法令沮于下，而不知朝廷之尊，渐不可长。"帝令诘宣抚司。宣赞舍人陈谭、孙崇节即阁门受旨升转，次翁言："阁门径自画旨，不由三省，非祖宗法。"寝弗命。呼延通因内教出不逊语，次翁乞斩通以肃军，且言："著令，寸铁入皇城者有常刑。"遂罢内教。

韩世忠与刘光世、张俊与刘锜皆不相能，次翁言："世忠于光世因言议有隙，俊于锜由措置有睽。窃恐锜保一孤垒，光世军处旁，独俊与世忠不肯急援。愿遣使切责，因用郭子仪、李光弼以忠义泣别相勉者感动之。"

金人败盟入侵，次翁为秦桧言于帝曰："前日国是，初无主议，事有小变则更用他人，后来者未必贤于前人，而排斥异党，收召亲故，纷纷累月不能定，于国事初无补。愿陛下以为至戒，无使小人异议乘间而入。"桧德之。先是，桧兄子与其内兄王晙皆以恩幸得官，桧初罢政，二人摈斥累年。至是，次翁希桧旨，言："吏部之有审量，皆暴扬君父过举，得无伤陛下孝治。乞悉罢建炎、绍兴前后累降指挥。"由是二人骤进。

初，次翁既论罢赵鼎，鼎归会稽，上书言时政。桧忌鼎复用，乃令次翁又言之，乞显置于法。且言："特进乃宰相阶官，鼎虽谪降，而阶官如故，是未尝罢相也。"遂降散官，谪居兴化军。右谏议大夫何铸又论鼎罪重罚轻，降朝奉大夫，移漳州。桧意犹未厌，次翁又论："鼎闻边警，喜见颜色。绳以汉法，当伏不道之诛；责以《春秋》，当坐诛意之罚。虽再行贬责，然朝奉大夫视中大夫品秩不相辽，漳州比兴化尤为善地，以此示罚，人将玩刑。"再移潮州安置。

次翁除参知政事。两浙转运司牒试，主司观望，桧与次翁子侄预选者数人，士论大骇。金人败于柘皋，帝曰："将帅成不战劫敌之功，乃辅弼奇谋指纵之力。"除一子职名。

桧召三大将论功行赏，岳飞未至。桧与次翁谋，以明日率世忠、俊置酒湖上，欲出，则语直省官曰："姑待岳少保来。"益令堂厨丰其燕具，如此展期以待者六七日。飞既至，皆除枢密使，罢兵柄。次翁归语其子伯庠曰："吾与秦相谋之久矣。"

太后回銮，次翁为奉迎扈从礼仪使。初，太后贷金于金使以犒从者，至境，金使责偿乃入。次翁以未得桧命，且惧桧疑其私相结纳，欲攘其位，坚不肯偿，相持境上凡三日，中外忧恐，副使王晙衷金与之。太后归，泣诉于帝曰："王次翁大臣，不顾国家利害，万一有变，则我子母不相见矣。"帝震怒，欲暴其罪诛之。次翁先白桧谓所以然者，以未尝禀命，故不敢专。桧大喜，力为营救，奏为报谢使以避帝怒。

使还，帝立中宫，奏为册宝副使，帝终恶之。桧谕次翁辞位，遂以资政殿学士奉祠，引年归，居明州。桧怜之，馈问不绝。十九年，卒，年七十一，赠宣奉大夫，诸子婿亲戚族人添差浙东者又数人，皆桧为开陈也。桧擅国十九年，凡居政府者，莫不以微忤出去，终始不二者，惟次翁尔。

范同，字择善，建康人。登政和五年第，再中宏词科，累官至吏部员外郎。与秦桧力主和议。绍兴八年，假太常少卿接伴金使萧哲、张通古入境，同北向再拜，问金主起居，军民见者多流涕。除中书门下省检正诸房公事，权吏部侍郎兼实录院修撰，迁给事中。

十一年，桧再主和议，患诸将难制，同献计于桧，请皆除枢府，罢其兵权。桧喜，乃密奏以柘皋之捷，召三大将赴行在，论功行赏。同入对，帝命与林待聘分草三制，世忠、俊枢密使，飞副使，并宣押赴枢府治事。张俊与桧意合，且觉朝廷欲罢兵权，即首纳所统兵。帝召同入对，复以同为翰林学士，俄拜参知政事兼修实录。

同始赞和议，为桧所引，及在政府，或自奏事，桧忌之。万俟卨因论："同贰政之初，首为迁葬之议，自建康至信州，调夫治道，怨嗟籍籍。近朝廷收天下兵柄，归之宥密，同辄于稠人中贪天功以为己有。"遂罢与祠。桧意未已，卨再论，责授左朝奉郎、秘书少监，谪居筠州。

十四年，复朝奉大夫，提举江州太平观，移池州。十八年，复太中大夫、知太平州。卒，年五十二。

杨愿，字原仲。宣和末，补太学录。二帝北迁，金人闻愿名，索之，愿匿民间。上书执政，请迎复元祐皇后。又奔济州元帅府劝进，辟为属。

高宗即位，以元帅府结局恩，授修职郎、御营司辟机宜文字。历新昌县丞、越州判官。秦桧荐之，召改枢密院编修官。登绍兴二年进士第，迁计议官。召试馆职，罢。主管崇道观，复除秘书郎。议者谓外任未终，故通判明州。

桧既专政，召为秘书丞。未几，拜监察御史。台长言愿资浅，当先历郎官，改司封员外郎，迁右司，起居舍人兼权中书舍人。初修玉牒，特以命愿，愿言："玉牒当载靖康推戴赵氏事，以秦桧建议本末书之。"

十三年，权直学士院，充金国贺正旦接伴使。金使完颜晔入境，犹欲据主席，中使传宣，晔不迎拜，愿以礼折之，皆听服。及还，就充送伴使。十四年，为御史中丞。逾月，升端明殿学士、签书枢密院事兼参知政事，仍兼修玉牒。

十五年罢，提举太平观。初，愿与张扩并居西掖，一时书命，藉扩润色。扩咏《二毫笔诗》，愿以为诮己，诉于桧，讽御史李文会劾之。高闶侍经筵，帝问张九成安否，翌日，又问桧，桧曰："九成以唱易惑众，为台臣所论，予郡，乃力乞祠。观其意，终不为陛下用。"帝曰："九成清贫，不可无禄。"桧疑闶荐之，以语愿，愿又嗾文会攻闶去。藤州守臣言迁客李光作诗讽刺时政，愿在中司，传会其说，谓："光纵横倾险，子弟宾客往来吴、越，诱人上书，动摇国是。"光再移谪琼海。文会既升西府，愿觇桧意稍厌，即数其害政，罢之。后二日，愿遂补其处。帝与桧论事，因曰："朕谓进用士大夫，一相之责也。一相既贤，则所荐皆贤。"愿曰："陛下任相如此，盖得治道之要。"又论史事，桧曰："靖康围城中，失节者相与作私史，公肆挤排。"帝曰："卿不推异姓，宜其不容。"愿曰："桧非独是时不肯雷同，宣和间耿延禧为学官，以其父在东宫，势倾一时，士皆靡然从之，以徼后福，独桧守正不易。"盖自桧再居相位，每荐执政，必选世无名誉、柔佞易制者。愿希桧意迎合，附下罔上，至是斥去，天下快之。

又三年，起知宣州。玉牒书成，加资政殿学士，移建康府。二十二年，卒，年五十二。

初，愿守宣城，表弟王炎调蕲水令，过之，醉中谓愿曰："尝于吕丞相处得公顷岁所通书，其间颇及秦丞相之短，尚记忆否？"愿闻之，色如死灰，遂留炎不听去。会愿移守金陵，宴监司，大合乐，守卒皆息，炎即青溪得客舟以行，愿忧挠而卒。

楼炤，字仲晖，婺州永康人。登政和五年进士第，调大名府户曹，改西京国子博士、辟雍录、淮宁府司仪曹事，改尚书考功员外郎。

帝在建康，炤谓："今日之计，当思古人量力之言，察兵家知己之计。力可以保淮南，则以淮南为屏蔽，权都建康，渐图恢复。力未可以保淮南，则因长江为险阻，权都吴会，以养国力。"于是移跸临安，擢右司郎中。时铨曹患员多阙少，自倅贰以下多添差。炤言："光武并省吏员，今纵未能损其所素有，安可置其所本无乎？"

绍兴二年，秦桧罢相，炤亦以言者论去。六年，召为左司员外郎，寻迁殿中侍御史。明年，迁起居郎。言："今暴师日久，财用匮乏。考唐故事，以宰相领盐铁转运使，或判户部，或兼度支。今宰相之事难行，若参仿唐制，使户部长贰兼领诸路漕权，何不可之有？内则可以总大计之出入，外则可以制诸道之盈虚，如刘晏自按租庸，以知州县钱谷利病。"诏三省相度措置，卒施行之。又言："监司、郡守，系民甚切。乞令侍从官各举通判资序或尝任监察御史以上可任监司、郡守者一二人。"诏从之，命中书、门下置籍。

七年，宰相张浚之兄滉赐出身与郡，中书舍人张焘封还，乃命炤行，炤又封还，而竟为权起居舍人何抡书黄行下，于是焘与炤皆请补外，以秘阁修撰知温州。未几，除中书舍人，与勾龙如渊并命。如渊入对，帝谓之曰："卿与楼炤皆朕所亲擢。"寻迁给事中兼直学士院。

九年，以金人来和肆敕，炤草其文，曰："乃上穹开悔祸之期，而大金报许和之约。割河南之境土，归我舆图，戢宇内之干戈，用全民命。"寻兼侍读，除端明殿学士、签书枢密院事。继命往陕西宣谕德意。炤奏："京城统制吴革、知环州田敢、成忠郎卢大受皆以节义，革为范琼所害，敢、大受为刘豫所杀，乞赐褒恤。"又奏："陕西诸路陷刘豫，郡县有不从伪之人，所籍赀产，并令勘验给还。"炤至东京，检视宫室，寻诣永安军谒陵寝，遂至长安。

会李世辅自夏国欲归朝，炤以书招之，世辅以二千人赴行在。寻至凤翔，以便宜命郭浩帅鄜延，杨政帅熙河兰巩，吴璘帅凤翔。炤欲尽移川口诸军于陕西，璘曰："金人反覆难信，今移军陕右，则蜀口空虚。金若自南山捣蜀，要我陕右军，则我不战自屈。当依山为屯，控守要害。"于是璘、政二军独屯内地。炤又会诸路监司于凤翔，皆言蜀边屯驻大军之久，坐困四川民力，乃下其议，语在《胡世将传》。

炤还朝，以亲老求归省于明州，许之，命给假迎侍，仍赐以金带。十四年，以资政殿学士知绍兴府，过阙入见，除签书枢密院事兼权参知政事。寻为李文会、詹大方所劾，与祠。久之，除知宣州，徙广州，未行而卒，年七十三。后谥襄靖。

炤早附蔡京改秩，为台谏所论。其后立朝至位二府，皆与秦桧同时。其宣谕陕西，妄自尊大，或者论其好货失将士心云。

勾龙如渊，字行父，永康军导江人。勾姓本出古勾芒，高宗即位，避御名，更勾龙氏。政和八年，登上舍第。沉浮州县二十年，以张浚荐，召试馆职。

绍兴六年，除秘书省校书郎。历著作佐郎、祠部员外兼礼部、起居舍人。尝进所为文三十篇，帝曰："卿文极高古，更令平易尽善。"后因进对，帝复言："文章平易者多浅近，渊深者多艰涩，惟用意渊深而造语平易，此最难者。"

八年，兼给事中、同知贡举，除中书舍人兼侍读，兼直学士院。面命草赵鼎罢相制，如渊言："陛下既罢鼎，则用人才须耸动四方，当速召君子，显黜小人。"帝曰："君子谓谁？"曰："孙近、李光。""小人谓谁？"曰："吕本中。"先是，祠臣曾开以老病辞不草国书，帝欲用如渊代之，而赵鼎荐本中，故如渊憾之。

又言："臣观朝廷事，非君臣情通，未易能济。大臣于事稍有过差，陛下训饬之可也。陛下所欲为，势有未可，大臣亦当明白辩论。然必陛下先与大臣言及此意，若不先言，即大臣论一事不从，尚未之觉，至再至三，遂以为陛下疏之，或疑他人有以间之。既以怀疑，即不能尽诚，陛下察其不诚，又从而疑之，安有君臣之间，动相疑间而能久于其位者？愿陛下明谕之。"帝曰："前此未常有以此告朕者，卿见秦桧亦宜语此。"时桧方得君，如渊犹恐委桧未专，故及之。除御史中丞。

先是，桧力主和，执政、侍从及内外诸臣皆以为非是。多上书谏止者，桧患之。如渊为桧谋曰："相公为天下大计，而邪说横起，盍不择人为台谏，使尽击去，则相公之事遂矣。"桧大喜，即擢如渊中司。

如渊言："凡事必有初，及其初而为之则易，无其端而发之则难。陛下即位，一初也，渡江，二初也，移跸建康，三初也；自建康复还临安，四初也。自赵鼎相，刘大中、王庶相继去，今复独任一相，召一二名士，凡事有当行而弊有当去者，又一初也，臣愿以正纪纲、辨邪正、明赏罚、谨名器、审用度、厚风俗、去文具七者为献。"

又言："孟庾召节在途，士论不与。"帝曰："朕欲遣令使金国，在廷莫更有小人乎？"对曰："如赵鼎为相，尽隳纪纲，乃窃贤相之名而去。王庶在枢府，尽用奸计，乃以和议不合，卖直而去。刘大中以不孝得罪，乃窃朝廷美职而去。"帝曰："卿胡不论？"对曰："目今士论见孟庾之召，王庶之去，已有'一解不如一解'之语。愿陛下不惜孟庾一人，以正今日公论，其他容臣一一为陛下别白之。"于是出庾知严州。又连论庶、大中，皆罢之。

金国遣二使来议和，许归河南地。使者踞甚，议受书之礼不决，外议汹汹。如渊建议取其书纳禁中。于是同谏长请对，又呼台吏问："朝廷有大议论，许台谏见宰执商议乎？"吏曰："有。"遂赴都堂与宰执议取书事，宰执皆以为然。帝亲笔召如渊、李谊入对，明日，诏宰执就馆见金使，受其书纳入，人情始安。

九年，奏召还曾开、范同，而罢施廷臣、莫将，以谓："开、同之出，虽曰语言之过，而其心实出于爱君；廷臣、将之迁，虽曰议论之合，而其迹终近于希进。今国论既定，好恶黜陟，所宜深谨。"又论张邦昌时伪臣因赦复职非是。帝曰："卿言是也，朕亦欲置此数匹夫不问。"对曰："将

恐无以示训。"其后卒不行。

忽一日，如渊言："和议之际，臣粗自效，如臣到都堂，若不遏朝廷再遣使之议，则和议必至于坏，而宣对之日，稍有将顺，则遂至于屈。臣于二者，粗有报国之忠。臣亲老，愿求归。"帝不许。如渊疑帝有疏之之意，又奏曰："臣向荐君臣腹心之论，陛下大以为然。其后秦桧在和议可否未决之间欲求去，陛下颇罪之，臣再三为桧辨析。今陛下与桧君臣如初，而臣反若有逸诉于其间者。"帝曰："朕素不喜谗，卿其勿疑。"如渊尝与施庭臣忿争，桧谓如渊有指斥语，帝谓秦桧曰："以朕观之，庭臣之罪小，如渊之罪大。"桧请斥庭臣而徙如渊，待其求去然后补外。帝不可，于是与庭臣皆罢。

初，如渊与莫将及庭臣皆力主和议，如渊缘此擢中司，而将及庭臣缘此皆峻用。张焘、晏敦复上疏专以三人为言。如渊入言路，即劾二人，至是与庭臣俱罢。其后桧拟如渊知遂宁府，帝曰："此人用心不端。"遂已。两奉祠，卒，年六十二。

如渊始以张浚荐召，而终乎翼秦桧挤赵鼎，仇吕本中，逐刘大中、王庶，心迹固可见矣。子伷、僎、似。

薛弼，字直老，温州永嘉人。登政和二年进士第，调怀州刑曹、杭州教授。初颁《五礼》、《新书》，定著释奠先圣误用下丁，弼据礼是正，州以闻，诏从其议。监左藏东库。内侍王道使奴从旁视绢美恶，多取之，弼白版曹治之，人严惮之。

靖康初，金兵攻汴京，李纲定议坚守，众不悦。弼意与纲同，围解，迁光禄寺丞。尝言："姚平仲不可恃。"未几而败。纲救太原，弼言："金必再至，纲不当去，宜先事河北。"金人果再入。始命刑部侍郎宋伯友提举河防，弼以点检粮草从之，为计画甚切，皆不能用，乃乞罢归，改三门、白波辇运，寻主管明道官，提举淮东盐事，改湖南运判。

杨么据洞庭，寇鼎州，王玺久不能平，更命岳飞讨之。么陆耕水战，楼船十余丈，官军徒仰视不得近。飞谋益造大舟，弼曰："若是，则未可以岁月胜矣。且彼之所长，可避而不可斗也。今大旱，湖水落洪，若重购舟首，勿与战，逐筏断江路，薙其上流，使彼之长坐废，而精骑直捣其垒，则破坏在目前矣。"飞曰："善。"兼旬，积寇尽平，进直秘阁。时道殣相望，弼以闻，帝恻然，命给钱六万缗、广西常平米六万斛、鄂州米二十万斛振之，且使讲求富弼青州荒政，民赖以甦。

王彦自荆移襄，迁延不即赴。彦所将八字军皆中原劲卒，朝廷患其恣横，以弼直徽猷阁代之。彦殊不意，弼径入府受将吏谒，大骇。弼曲折譬晓，彦感悟，即日出境。

除岳飞参谋官。飞母死，遁于庐山，张宗元摄飞事。飞将张宪移疾，部曲汹汹，生异语。弼谓诸将曰："太尉力乞张公，而诏使随至，岳军素整，今而哗哄，是汝曹累太尉也。"诸将以谂宪，宪佯悟曰："相公腹心，惟参谋知之。"众乃定。除户部郎官，再知荆南。

桃源剧盗伍俊既招安，复谋叛，提点刑狱万俟卨不能

制,乃以委弼,弼许俊以靖州。俊喜曰:"我得靖,则地过桃源远矣。"俊至,则斩以徇。迁秘阁修撰、陕西转运使,以左司郎官召知虔州,移黄州。

时福州大盗有号"管天下"、"伍黑龙"、"满山红"之属,其众甚盛,钤辖李贵为贼所获,民作山砦自保。守臣莫将议委漳、泉、汀、建,募强壮游手各千人为效用,与殿司统制张渊同措置。未及行,诏升弼集英殿修撰,与将两易。弼至郡,漕臣以游手易聚难散,恐为他日患,闻于朝。事下弼议,弼谓:"昔守章贡,有武夫周虎臣、陈敏者,丁壮各数百,皆能战,视官军可一当十。"乃奏虎臣为副将,敏为巡检,选了壮千人,号"奇兵",日给糗粮,责以灭贼。自是岁费钱三万六千余缗、米九千石,凡四年而贼平。弼知广州,擢敷文阁待制。卒,年六十三。

初,秦桧居永嘉,弼游其门。弼在湖北除盗,归功于万俟卨。桧诬岳飞下吏,卨以中司鞫狱,飞父子及宪皆死。朱芾、李若虚亦坐尝为飞谋议,夺职,惟弼得免,且为桧用,屡更事任,通籍从官,世以此少之。

罗汝楫,字彦济,徽州歙县人。登政和二年进士第,监登闻鼓院,迁大理丞、刑部员外郎。奏命官犯公罪,勿取特旨以终惠臣子,又户口凋耗,宜少宽养子之禁。

拜监察御史。未逾月,迁殿中侍御史。与中丞何铸交章论岳飞,罢其枢柄。朱芾、李若虚尝为飞议曹,主帅有异意而不能谏;又言,飞狱具,寺官聚断,咸谓死有余罪,寺丞何彦猷、李若朴独喧然以众议为非,欲从轻典。皆坐黜。王庶谪道州,郡丞孙行俭以官廪居之,汝楫劾其无忌惮当斥,且令庶徙居。刘子羽知镇江,上言:"和好非久远计,宜及闲暇为备。"桧怒,风汝楫论罢之。

时抚州有两陈四系狱,误论轻罪者死,汝楫诵其冤,且言:"独罪狱官而守倅不坐,非祖宗法。"于是诏天下断死刑,守以下引囚问姓名、乡里然后决。又言:"国家驻跸临安,淮南不可置度外,当重防海之寄,守长江之要,革窜名赏籍以劝有功。"

迁起居郎兼侍讲。帝问:"或谓《春秋》有贬无褒,此谊是否?"对曰:"《春秋》上法天道,春生秋杀,若贬而无褒,则天道不具矣。"帝称善,尝曰:"自王安石废《春秋》学,圣人之旨浸以不明。近世得其要者,惟胡安国与卿耳。"兼权中书舍人,除右谏议大夫。

有南雄守奏对:"太后之归,和议之力也,当尽按前言和不便者。"时相是之,骤用为台官,中外悚惧,多束装待遣。汝楫言:"皆不当罪,宜以崇宁事党为戒。"议遂寝。

迁御史中丞。旧例,中丞、侍御史不并置,乃更侍御史。汝楫求去益力,迁吏部尚书,充国信使。除龙图阁学士、知严州。秩满,请祠,居丧未终而卒,年七十。累赠开府仪同三司。子颢、颙、頵、颂、愿、颊,皆有文。

愿字端良,博学好古。法秦、汉为词章,高雅精炼,朱熹特称重之。有《小集》七卷,《尔雅翼》二十卷。知鄂州,有治绩,以父故不敢入岳飞庙。一日,自念吾政善,姑往祠之,甫拜,遽卒于像前。人疑飞之憾不释云。

萧振,字德起,温州平阳人。幼庄重,不好弄。稍长,能自谋学。尝奉父命董农役陇亩,手不释卷,其师谓其父曰:"此儿远大器也。"未冠,游郡庠,既冠,升太学。时有号"三贤"者,推振为首。登政和八年进士第,调信州仪曹。

时州郡奉神霄宫务侈靡,振不欲费财劳民,与守议不合。会方腊寇东南,距信尤近,守欲危振,檄振摄贵溪、弋阳二邑。既而王师至衢,又檄振督军饷,振治办无阙。大将刘光世见而喜之,欲以军中俘馘授振为赏,振辞曰:"岂可不冒矢石而贪人之功乎!"诸邑盗未息,守复檄振如初。振悉意区处,许其自新,贼多降者。守以赃去,振独为办行,守愧谢之。

调婺州兵曹兼功曹。时振妇翁许景衡以给事中召,振祝之曰:"公至朝幸勿见荐。"景衡询其故,振曰:"今执政多私其亲,愿为时革弊。"景衡然之。

时盗贼所在猖獗,婺卒扬言欲叛以应贼,官吏震恐。振选诸邑士兵强勇者几千人,日习武以备,蓄异谋者稍惧。有一兵官素得军士心,守疑而罢之,群卒数百人被甲挺刃,斩仪门入。振闻即往,群卒皆罗拜呼曰:"某等屈抑,愿兵曹理之。"振使之言,厉色叱曰:"细事耳。车驾南巡,大兵咫尺,汝速死耶!可急释械,当为汝言。"众拜谢而去。郡守由是益相信,事悉与谋。尝议城守,振请以钱数万缗庸工板筑,未数月,城垒屹然,一毫无扰。任满归,告其亲曰:"家世业农,幸有田可力以奉甘旨,振不愿仕。"或荐于朝,授婺州教授,改秩,乞祠。

以执政荐召对,敷奏数事,皆中时病,帝大喜,拜监察御史。明年冬,以亲老乞补外,章七上,不许。面奏曰:"臣事亲之日短,事陛下之日长。"指心自誓:"今日之事父母,乃他日之事陛下也。"遂除提点浙西刑狱,寻召为宗正少卿,俄擢侍御史。

振本赵鼎所荐,后因秦桧引入台,时刘大中与鼎不主和议,振遂劾大中以摇鼎。大中既出,振谓人曰:"如赵丞相不必论,盍自为去就。"鼎遂罢。

后振知绍兴府,改兵部,除徽猷阁待制、知湖州。陛辞,奏曰:"国家讲和,恐失诸将心,宜遣使抚谕,示以朝廷息兵宽民意。虽两国通好,战御之备宜勿弛。"帝曰:"卿欲奉亲求便,岂不知朕有亲哉?"振曰:"臣之亲所系者一夫也,陛下之亲所系者天下也。陛下以天下为心,圣孝愈光矣。"帝叹其忠。将行,白桧曰:"宰相如一元气,不可有私,私则万物为之不生。"桧不悦。

振至州,桧欲取羡余,振遗桧书,谓:"财用在天下,如血气之在一身,移左以实右,则病矣。"桧属以私事,又不克尽从。以亲老乞祠,提举太平观。后知台州。海寇势张,振至,克之。二十二年,以杨炜在狱供涉,镌徽猷待制,谪居池州。

初,炜将上书,责李光徇秦桧议和。时振为侍御史,炜见振道书意,振然其言。及振知台州,而炜治邑有声,每大言无顾忌,振击节称善,遂荐炜改秩,又移书于桧从子秦昌时,俾同荐之。属吏密语振曰:"炜尝以书责李参政及太师，昌时义不当举，待制亦不可举。"振曰："吾业已许之，岂可中辍。"遂因炜狱中供前事而贬。

明年，诏除敷文阁待制、知成都府、安抚制置使。军储适阙，仓吏以窘告，振奏留对籴米八万斛以足军食，以其直归计所。总计者利在掊克，即先告桧，谓振唱为阙乏之语，风御史劾振要誉，复谪池阳。而总计者以潛得蜀帅，既而专用罗织掊克其民，民益思振。

桧死，语得闻，帝大感悟。亟遣振还成都，父老欢呼蜀道。振至，一切以宽治。或问其故，振曰："承纵弛，革之当严，今继苛劾，非宽则民力瘁矣。"帝嘉振治行，谓宰臣沈该、汤思退曰："四川善政，前有胡世将，今有萧振。"进秩四等，加敷文阁学士。卒于成都府治，年七十二。振两为蜀守，威行惠孚，死之日，民无老稚，相与聚哭于道。遗爱至，帝悼惜之，赙银五百两、绢五百匹，赠四官。

振好奖善类，端人正士多所交识，其间有卓然拔出者，迄为名臣。振居瀨江，自父微时，见过客与掌渡者争，多溺死。振造大舟，佣工以济，人感其德，相与名其江为萧家渡云。有文集二十卷。子诚、忱。

论曰：何铸、王次翁以下数人者，附丽秦桧，斥逐忠良，以饕富贵，而次翁尤为柔媚，故桧独怜之，其在位最久。孔子所谓鄙夫患得患失无所不至者，此辈是已。铸能伸岳飞之枉，虽为可尚，然又为之使金而通问焉，盖堕其术而不悟者，桧之计深哉。

卷三百八十一

列传第一百四十

范如圭　吴表臣　王居正　晏敦复
黄龟年　程瑀　张阐　洪拟　赵逵

范如圭，字伯达，建州建阳人。少从舅氏胡安国受《春秋》。登进士第，授左从事郎、武安军节度推官。始至，帅将斩人，如圭白其误，帅为已署不易也。如圭正色曰："节下奈何重易一字而轻数人之命？"帅霁然从之。自是府中事无大小悉以咨焉。居数月，以忧去。辟江东安抚司书写机宜文字。近臣交荐，召试秘书省正字，迁校书郎兼史馆校勘。

秦桧力建和议，金使来，无所于馆，将虚秘书省以处之。如圭亟见宰相赵鼎曰："秘府，谟训所藏，可使仇敌居之乎？"鼎竦然为改馆。既而金使至悖傲，议多不可从，中外愤郁。如圭与同省十余人合议，并疏争之，既具草，骇遽引却者众。如圭独以书责桧以曲学倍师、忘仇辱国之罪，且曰："公不丧心病狂，奈何为此，必遗臭万世矣！"桧怒。草奏与史官六人上之。

金归河南地，桧方自以为功。如轮对，言："两京之版图既入，则九庙、八陵瞻望咫尺，今朝修之使未遣，何以慰神灵、萃民志乎？"帝泫然曰："非卿不闻此言。"即

日命宗室士俊及张焘以行。桧以不先白己，益怒。如圭谒告去，奉柩归葬故乡，既窆，差主管台州崇道观。杜门十余岁，起通判邵州，又通判荆南府。荆南旧户口数十万，寇乱后无复人迹，时阙口钱以安集之，百未还一二也。议者希桧意，遽谓流庸浸复而增之，积遁二十余万缗，他负亦数十万，版曹日下书责偿甚急。召圭白帅，悉奏蠲之。

桧死，被旨入对，言："为治以知人为先，知人以清心寡欲为本。"语甚切。又论："东南不举子之俗，伤绝人理，请举汉《胎养令》以全活之，抑亦勾践生聚报吴之意也。"帝善其言。又奏："今屯田之法，岁之所获，官尽征之。而田卒赐衣廪食如故，使力穑者绝赢余之望，惰农者无饥饿之忧，贪小利，失大计，谋近效，妨远图，故久无成功。宜籍荆、淮旷土，画为丘井，仿古助法，别为科条，令政役法，则农利修而武备饬矣。"

以直秘阁提举江西常平茶盐移利州路提点刑狱，以病请祠。时宗藩并建，储位未定，道路窃有异言。如圭在远外，独深忧之，掇至和、嘉佑间名臣奏章凡三十六篇，合为一书，囊封以献，请深考群言，仰师成宪，断以至公勿疑。或以越职危之，如圭曰："以此获罪，奚憾！"帝感悟，谓辅臣曰："如圭可谓忠矣。"即日下诏以普安郡王为皇子，进封建王。复起如圭知泉州。

南外宗官寄治郡中，挟势为暴，占役禁兵以百数，如圭以法义正之，宗官大沮恨，密为浸润以去如圭，遂以中旨罢，领祠如故。徙舍邵武以居，士大夫高之，学者多从之质疑。卒年五十九。

如圭忠孝诚实，得之于天。其学根于经术，不为无用之文。所草具屯田之目数千言，未及上，张浚视师日，奏下其家取之，浚罢，亦不果行。有集十卷，皆书疏议论之语，藏于家。子念祖、念德、念兹。

吴表臣，字正仲，永嘉人。登大观三年进士第，擢通州司理。陈瓘谪居郡中，一见而器之。盛章者，朱勔党也，尝市婢，有武臣强取之，章诬以罪，系狱。表臣方鞫之，郡将曰："知有盛待制乎？"表臣佯若不知者，卒直其事。累官监察御史，迁右正言。

高宗诏台谏条陈大利害，表臣请措置上流以张形势，安辑淮甸以立藩蔽，择民兵以守险阻，集海舶以备不虞。其策多见用。帝方乡儒术，表臣乞选讲官以裨圣德，且于古今成败、民物情伪、边防利害，详熟讲究。由是诏开经筵。迩臣有请用蔡京、王黼之党者，侍御史沈与求乞明指其人，显行黜责，执政不悦，夺其言职。表臣争曰："台谏为天子耳目，所以防壅蔽、杜奸邪，若咎其切直而黜之，后谁敢言，非国家福也。请还与求以开言路。"

时防秋，议选守边者，患乏才。表臣曰："唐萧复言于德宗，陈少游任兼将相，首败臣节，韦皋幕府下僚，独建忠义，以皋代少游镇淮南。善恶著明，则天下知逆顺之理，初不以皋名贱官卑为疑。今取忠义不屈有已试之验者，不次而用，岂特可以劝，捍御方略，亦堪倚仗。"于是陈敏等十数人浸以录用。久之，以病请补外，以直秘阁

知信州。

绍兴元年，召为司勋郎中，迁左司。诏百官陈裕国强兵之策，表臣条十事以献，曰：蠲税役以垦闲田，汰懦卒以省兵费，罢添差以澄冗员，停度牒以蕃生齿，拘佃租以防乾没，委计臣以制邦用，奖有功以厉将帅，招弓手以存旧籍，严和买以绝弊幸，简法令以息疮痍。

宰相拟表臣为检正，帝曰："朕将自用之。"遂除左司谏。给事中胡安国以论事不合罢，表臣上疏留之。前宰相朱胜非同都督江、淮军马，表臣力言都督不可罢。除侍读，又累疏争之，不听，遂罢。表臣送吏部。授台州黄岩丞，寻除提点浙西刑狱，召为秘书少监，同修《哲宗实录》。

帝如建康，诏表臣兼留司参议官，除中书舍人、给事中、兵部侍郎。建、崇二国公就外傅，兼翊善。帝曰："二国公诵习甚进，卿力也。"徙礼部侍郎，迁吏部尚书兼翰林学士。时秦桧欲使使金议地界，指政事堂曰："归来可坐此。"表臣不答。又以议大礼忤意，罢去。

俄起知婺州。会大水，发常平米振贷之，然后以闻，郡人德之。课最，除敷文阁待制。三岁请祠，进直学士，提举江州太平兴国宫。家居数年，卒，年六十七。

表臣晚号湛然居士，自奉无异布衣时，乡论推其清约。

王居正，字刚中，扬州人。少嗜学，工文辞。入太学，时习《新经》、《字说》者，主司辄置高选，居正语人曰："穷达自有时，心之是非，可改邪？"流落十余年，司业黄齐得其文，曰："王佐才也。"及同知贡举，欲擢为首，以风多士，他考官持之，置次选。调饶州安仁丞、荆州教授，皆不赴。大名、镇江两帅交辟教授府学，亦不就。

范宗尹荐于朝，召至，谓宗尹曰："时危如此，公不极所学，拔元元涂炭中，尚谁待？居正避寇阳羡山间，勉出见公，一道此意尔。"宗尹愧谢。入对，奏："昔人有云：'君以为难，易将至矣。'今日之事，朝廷皆以难，则当有易为之理。然国势日弱，敌气日骄，何邪？盖昔人于难者勉强为之，今以为难，不复有所为，以俟天意自回，强敌自毙也。宣和末，以为难者十五六，至靖康与宣和孰难？靖康末，以为难者十八九，至建炎与靖康孰难？由此而言，今日虽难于前日，安知他日不难于今日？盖宣和以为难，故有靖康之祸；靖康以为难，故有今日之忧。今而亦云，臣有所不忍闻。"高宗嘉之，谕宗尹曰："如王居正人才，岁月间得一人亦幸矣。"

除太常博士，迁礼部员外郎。建议合祭天地于明堂，请奉太祖、太宗配，宗尹是之，议遂定，天地复合祭。侍御史沈与求劾宗尹，因及居正，宗尹去，居正乞补外，不许。抚州守高卫言甘露降于州之祥符观，为图以献。居正论今日恐非天降祥瑞之时，却其图。

试太常少卿兼修政局参议，迁起居郎。帝方乡规谏，居正次前世听纳事为《集谏》十五卷，以广帝意。诏以时务访群臣，居正献疏数千言，论省费尤切，曰："宋兴百七十三年矣，所行多弥文之事。今陛下所至曰行在，于一日二日少驻跸之顷，欲尽为向者百七十三年之事，非所谓知变也。夫不知随时以省事，而乃随事以省费，故今日例有减半之说，究其实未始不重费。愿诏大臣计百事之实而论定之，苟非御寇备敌，任贤使能，振恤百姓，一切姑置，则费省而国裕。"

居正素与秦桧善，桧为执政，与居正论天下事甚锐，既相，所言皆不酬。居正疾其诡，见帝言曰："秦桧尝语臣：'中国人惟当着衣啖饭，共图中兴。'臣心服其言。又自谓'使桧为相数月，必耸动天下。'今为相施设止是，愿陛下以臣所闻问桧。"桧衔之，出居正知婺州。州贡罗，旧制岁万匹，崇宁后增五倍，建炎中减为二万。至是，主计者请复崇宁之数，居正力言于朝，户部督趣愈峻，居正置檄不行，语其属曰："吾愿身坐，不以累诸君。"呼吏为文书付之曰："即有谴，以此自解。"复手疏"五不可"以闻。诏如建炎中数。漕司市御炭，须胡桃文、鹁鸽色者，居正曰："民以炭自业者，率居山谷，安知所谓胡桃文、鹁鸽色耶？"入朝以闻，诏止之。

召为太常少卿，迁起居舍人兼权中书舍人、史馆修撰。帝欲迁赵令懬大中大夫，居正奏："官非侍从不可转，此祖宗法，若令懬以庶官得迁，则宗室为承宣者，不旋踵求为节度，何以却之？"遂寝其命。上书人陈东、欧阳澈已赠官，居正乞重贬黄潜善、汪伯彦，以彰二子杀身成仁之美。大将张俊遣卒至彭泽，卒故县吏，怙俊势侵辱令，令郭彦恭械之，俊诉于朝，帝为罢彦恭。居正言："彦恭不畏强御，无可罪。"俊又乞免徭役，居正言："兵兴以来，士大夫及勋戚家赋役与编户均，盖欲贵贱上下，共济国事，以宽民力，俊反不能体此乎？"和州请蠲进奉大礼绢，居正言："大礼进奉，乃臣子享上之诚，初非朝廷取于百姓之物，若察民力无所从出，不能预降旨蠲之，至使州县自陈，已为非是，乞速如所请。"除目有自中出者，居正奏："近岁请托，进拟不自朝廷，所系非轻。"因录皇佑诏书以进。帝皆嘉纳。

兼权直学士院，又除兵部侍郎。入对，以所论王安石父子之言不合于道者，衰得四十二篇，名曰《辨学》，上之。又曰："陛下恶安石之学，尝于圣心灼见，其弊安在？"帝曰："安石之学，杂以伯道，欲效商鞅富国强兵，今日之祸，人徒知蔡京、王黼之罪，而不知生于安石。"居正曰："安石得罪万世者不止此。"因陈安石释经无父无君者。帝作色曰："是岂不害名教邪？孟子所谓邪说，正谓是矣。"居正退，序帝语系于《辨学》首。

出知饶州，寻改吉州。侍御史谢祖信劾居正凶暴诡诈，倾陷大臣，罢官，屏居括苍三载。其弟驾部郎居修入对，帝曰："卿兄今安在？行大用矣。"中书舍人刘大中侍帝，论制诰，帝曰："王居正极得词臣体。"侍御史萧振论守令贤否，帝举居正守婺免贡罗、御炭事，曰："守臣爱百姓皆如此，朕复何忧。"

起知温州。是时桧专国，居正自知不为所容，以目疾请祠，杜门，言不及时事，客至谈论经、史而已。桧终忌之，风中丞何铸劾居正为赵鼎汲引，欺世盗名，夺职奉祠，凡十年。桧死，复故职。绍兴二十一年卒，年六十五。

居正仪观丰伟，声音洪畅。奉禄班兄弟宗族，无留者。

郊祀恩以任其弟居厚，及卒，季子犹布衣。其学根据《六经》，杨时器之，出所著《三经义辨》示居正曰："吾举其端，子成吾志。"居正感厉，首尾十载为《书辨学》十三卷，《诗辨学》二十卷，《周礼辨学》五卷，《辨学外集》一卷。居正既进其书七卷，而杨时《三经义辨》亦列秘府，二书既行，天下遂不复言王氏学。

晏敦复字景初，丞相殊之曾孙。少学于程颐，颐奇之。第进士，为御史台检法官。绍兴初，大臣荐，召试馆职，不就。特命祠部郎官，迁吏部，以守法忤吕颐浩，出知贵溪县。会有为敦复直其事者，改通判临江军，召为吏部郎官、左司谏、权给事中，为中书门下省检正诸房公事。

淮西宣抚使刘光世请以淮东私田易淮西田，帝许之。敦复言："光世帅一道，未闻为朝廷措置毫发，乃先易私亩。比者岳飞属官以私事干朝廷，飞请加罪，中外称美，谓有古贤者风。光世自处必不在飞下，乞以臣言示光世，且令经理淮南，收抚百姓，以为定都建康计，中兴有期，何患私计之未便。"权吏部侍郎兼详定一司敕令。

渡江后，庶事草创，凡四选格法多所裁定。敦复素刚严，居吏部，请谒不行，铨综平允，除给事中。冬至节，旨下礼部，取度牒四百充赐予。敦复奏："兵兴费广，凡可助用度者尤当惜，矧两宫在远，陛下当此令节，欲奉一觞为万岁寿不可得，有司乃欲举平时例行庆赐乎？"遂寝。有卒失宣帖，得中旨给据，太医吴球得旨免试，敦复奏："一卒之微，乃至上渎圣聪，医官免试，皆坏成法。自崇宁、大观以来，奸人欺罔，临事取旨，谓之'暗嬴指挥'，纪纲败坏，驯致危乱，正蹈前弊，不可长也。"汪伯彦子召嗣除江西监司，敦复论："伯彦奸庸误国，其子素无才望，难任澄清。"改知袁州。又奏："召嗣既不可为监司，亦不可为守臣。"居右省两月，论驳凡二十四事，议者惮之。复为吏部侍郎。

彗星见，诏求直言。敦复奏："昔康澄以'贤士藏匿，四民迁业，上下相徇，廉耻道消，毁誉乱真，直言不闻，为深可畏。'臣尝即其言考已然之事，多本于左右近习及奸邪以巧佞转移人主之意。其恶直丑正，则能使贤士藏匿；其造为事端，则能使四民迁业；其委曲弥缝，则能使上下相徇；其假宠窃权，簧鼓流俗，则能使廉耻道消；其诬人功罪，则能使毁誉乱真；其壅蔽聪明，则能使直言不闻。臣愿防微杜渐，以助应天之实。"又论："比来百司不肯任责，琐屑皆取决朝省，事有不当，上烦天听者，例多取旨。由是宰执所治烦杂，不减有司，天子听览，每及细务，非所以为政。愿详其大，略其细。"

八年，金遣使来要以难行之礼，诏侍从、台谏条奏所宜。敦复言："金两遣使，直许讲和，非我我而然，安知其非诱我也。且谓之屈己，则一事既屈，必以他事来屈我。今所遣使以诏谕为名，傥欲陛下易服拜受，又欲分庭抗礼，还可从乎？苟从其一二，则此后可以号令我，小有违异，即成衅端，社稷存亡，皆在其掌握矣。"时秦桧方力赞屈己之说，外议群起，计虽定而未敢行。勾龙如渊说桧，宜择人为台官，使击去异论，则事遂矣。于是如渊、施廷臣、莫将皆据要地，人皆骇愕。敦复同尚书张焘上疏言："前日如渊以附会和议得中丞，今施廷臣又以此跻横榻，众论沸腾，方且切齿，莫将又以此擢右史。夫如渊、廷臣庸人，但知观望，将则奸人也，陛下奈何与此辈断国论乎？乞加斥逐，杜群枉门，力为自治自强之策。"既又与焘等同班入对，争之。桧使所亲谕敦复曰："公能曲从，两地且夕可至。"敦复曰："吾终不为身计误国家，况吾姜桂之性，到老愈辣，请勿言。"桧卒不能屈。

胡铨谪昭州，临安遣人械送贬所。敦复往见守臣张澄曰："铨论宰相，天下共知，祖宗时以言事被谪，为开封者不如是。"澄愧谢，为追还。始桧拜相，制下，朝士相贺，敦复独有忧色曰："奸人相矣。"张致远、魏矸闻之，皆以其言为过。至是窜铨，敦复谓人曰："顷秦之奸，诸君不以为然，今方专国便敢尔，他日何所不至耶？"

权吏部尚书兼江、淮等路经制使。故事，侍从过宰相阁，既退，宰相必送数步。敦复见桧未尝送，每曰："人必自侮而后人侮之。"寻请外，以宝文阁直学士知衢州，提举亳州明道宫。闲居数年卒，年七十一。

敦复静默如不能言，立朝论事无所避。帝尝谓之曰："卿鲠峭敢言，可谓无忝尔祖矣。"

黄龟年，字德邵，福州永福人。登崇宁五年进士第，调洺州司理参军，累官河北西路提举学士。吕颐浩见而奇之，入为太常博士。

靖康元年，除吏部员外郎，拜监察御史，寻除尚书左司员外郎、中书门下检正房公事，充修政局检讨官。乞令检正官察通进司，帝从其请。时颐浩再相，植党倾秦桧，引朱胜非奉京祠兼侍读，恐中书舍人胡安国持录黄不下，特命龟年书行，议者讥其侵官。

迁殿中侍御史。会边报王伦来归，龟年劾桧专主和议，沮止恢复，植党专权，渐不可长。乃上书曰："臣闻一言而尽事君之道曰忠，罪莫大于欺君；一言而尽辅政之道曰公，罪莫大于私己。臣人者背公而徇私，则刑赏僭滥。虑人主之照其奸，则合党缔交，相与比周，荧惑主听。故附下罔上之党盛，而威福之柄下移，祸有不可胜言者。伏见秦桧还自金国，陛下骤任，不一年而超至宰辅，乃不顾国家，盗威福在己，欲永塞言路。"书上，桧罢，并劾桧党王晙、畹、王守道，皆罢之。桧乃授观文殿大学士、提举江州太平观，官如故。龟年又奏："比论桧徇私欺君，合正典刑，投诸裔土，以御魑魅。今乃任便居住，虽陛下曲全大臣之礼，秦桧奸状暴露，复宠以儒学最上职名，俾优游琳馆，听其自如。律断群盗，必分首从，为之者皆已伏诛，独置渠魁可乎？"又曰："臣闻恩莫隆于父子，义莫重于君臣。不义则后其君，不仁则遗其亲。君亲既然，则何忌惮而不为。桧厚貌深情，矫言伪行，迫进君臣之势，阳为面从，退恃朋比之奸，阴谋沮格。上不畏陛下，中不畏大臣，下不畏天下之议，无忌惮如此。欺君私己，有一即可黜，况桧之欺与私显著者多乎？"章凡三上，遂褫桧职。复上章曰："桧行诡而言谲，外缩而中邪，以巧诈取相位，奸回窃国柄，收召险佞，蟠结党与。陛下以智临而辨之早，以刚决而去之速，故端人正士，举手相庆，盖以公天下之同恶耳。臣愿陛下发明诏，以桧潜慝隐恶暴白于天下，使知陛下数易相位真不得已也，又所以破为臣奸胆，庶朋比之风不复作矣。"除太常少卿，累迁起居舍人、中书舍人兼给事中。

侍御史常同言龟年阴结大臣，致身要地，又交结诸将，趣操不正，罢归。司谏詹大方希桧意劾龟年附丽匪人，搢绅不齿，落职，本贯居住。卒，六十三。

龟年微时，永福簿李朝旌奇之，许妻以女。龟年既登第，而朝旌已死，家贫甚。或劝龟年别娶，龟年正色曰："吾许以诺，死而负之，何以自立。"遂娶之。任子恩，先奏其弟之子，人皆义之。子衡，仕至湖南提举。

程瑀，字伯寓，饶州浮梁人。其姑臧氏妇，养瑀为子，姑没，始复本姓。少有声太学，试为第一，累官至校书郎。为臧氏父母服，服阕，除兵部员外郎。适高丽使回，充送伴使。先是，使者往返江、浙间，调挽舟夫甚扰，有诏禁止。提举人舡王珣画别敕，遇风逆水涩许调夫。瑀渡淮，见民丁挽舟如故，遂劾珣，珣反奏瑀违御笔。诏命淮南提举潘良贵核实，良贵奏珣言非是。

金人入侵，求可使者，瑀请往。未行，会钦宗即位，议割三镇，命瑀往河东，秦桧往河中。瑀奏："臣愿奉使，不愿割地。"不报。至中山，诸将已得密谕，城守不下。瑀与金使王汭俱至燕山。还，除左正言，即言股肱大臣莫肯以身任天下事，且论："欲慕祖宗而通道无术，欲斥宦竖而宠任益坚，欲锄奸恶而薄示典刑，欲汰滥缪而苟容侥幸，兼听而不能行其言，委任而不能责其效，苟且之习复成，党与之私寝广，最时病之大者。"帝曰："朕非不知此，虑有未尽，决意行之有失耳。"瑀曰："事固当熟虑，然优柔不断，实瘝事功。"帝问："李纲宣抚两路，外议谓何？"瑀曰："金论固以为宜。然纲前与大臣议论不合，须赖圣明照察其心，任之无疑可也。"

金酋斡离不、粘罕争功，故斡离不欲和，粘罕欲战，朝廷遣人赍蜡书约余睹，皆为粘罕所得。瑀因言："金兵围我重镇，数月不能解，岂能出塞共谋人之国。莫若遣使议和，然谨饬边备，徐观其变。"使未行，瑀复言："徐处仁庸俗，吴敏昏懦，唐恪倾险，政事所不振。请尽黜免，别选英贤，共图大计。"帝嘉纳之。

时御史李光言星变，帝疑以问瑀，对言："陛下毋问有无，第正事修德，则变异可消。"瑀尝论蔡京罪，帝因言吴敏庇京，又疑光党京，谓瑀曰："须卿作文字来。"瑀辞。改屯田郎官，谪添监漳州监税。

高宗即位，召为司封员外郎，迁光禄少卿、国子司业。请祠，主管亳州明道宫。寻召赴行在，疏十事以献。除直秘阁、提点江东刑狱，召为太常少卿，迁给事中兼侍讲。建修政局，其目曰省费裕国、强兵息民。瑀条上十四事，皆切时务。时三衙单弱，五军多出于盗，瑀言："李捧、崔增辈各将其徒，张俊、王㻛本无兵机，今吕颐浩出征，即捧、增辈便可使隶戎行。"帝因言："颐浩熟于军事，在外总诸将，桧在朝廷，庶几内外相应，然桧诚实，

但太执耳。"瑀曰："如求机警能顺旨者，极不难得，但不诚实，则终不可倚。"帝然之。

权邦彦除签书枢密院，瑀言邦彦五罪，疏三上，不报。求罢，除兵部侍郎，不拜，以敷文阁待制知信州。待御史江公跻、左司谏方公孟卿言瑀不可去，复以为给事中。久之，复命知信州。胡安国、刘一止言："瑀忠信可以备献纳，正直可以司风宪，不宜去。"遂复留。颐浩荐席益，既得旨，以御批示后省官。瑀曰："益为人公岂不知，何必用？"颐浩曰："给事不见御批耶？"瑀曰："已见矣。公不能执奏，乃先示瑀辈，欲使不敢论驳耶？然益之来，非公福也。"颐浩赧然，即劾益。未几，以言者罢，提举亳州明道宫，寻复徽猷阁待制、知抚州，无何，提举江州太平兴国宫。

居父母丧，服除，知严州，徙宣州，复奉祠。俄召赴行在，除兵部侍郎兼侍读。因论："邓禹尝言'兴衰在德厚薄，初不论大小'。光武不数年定大业，禹言如合符契。今英俊满朝，岂不为陛下画至计者，愿厉志而已。"寻迁翊善。论："金人入侵，未尝一大衄，有轻我心，岂可保其不背盟。宜省费抑末，常赋外一毫不取于民，民日益厚，兵日益强，使金人不敢窥为长计。"帝曰："且作十年。"瑀再拜曰："十年之说，愿陛下早夜毋忘。"除兵部尚书。

桧既主和，瑀议论不专以和为是，桧忌之，改龙图阁学士、知信州。会大水，桧见瑀奏牍，谓同列曰："尧之洪水，不至如是。"瑀遂称疾，提举江州太平兴国宫。坐通书李光，降朝议大夫，卒，年六十六。

瑀在朝无诡随，尝为《论语说》，至"弋不射宿"，言孔子不欲阴中人。至"周公谓鲁公"，则曰可为流涕。洪兴祖序述其意，桧以为讥己，逐兴祖。魏安行锓板京西漕司，亦夺安行官，籍其家，毁版。桧死，瑀子孙乃免锢云。有奏议六卷。

张阐字大猷，永嘉人。幼力学，博涉经史，善属文。将命名，梦神人大书"阐"字曰："以是名尔。"父异之，力勉其为学。未冠，由舍选贡京师。

登宣和六年进士第，调严州兵曹掾兼治右狱。时方腊作乱，阐倡守御计。有义士请身督战，既战，稍却，州将怒，付阐治，将杀之，阐力争曰："是士以义请战，官军却，势不得独前，非首奔者，杀之何罪？"州将意解，士得免。

李回帅江西、席益帅湖南，皆辟置幕下。群盗据洞庭，官军多西北人，不闲水战。阐建策造战舰，以大舰为营，小舰出战，乘水涸直捣贼巢，贼势大衰。诸司交荐，改秩，吏部以微文沮之，阐弗辩，求岳祠归。历鄂、台二州教授。

绍兴十年，诏侍从各举所知，给事中林待聘以阐闻，召对。时金人议和，归关中地。阐首言："关中必争之地，古号天府，愿固守以蔽巴蜀，图中原。"次言监司、郡守荐举之弊。又乞严禁过籴，以济江、浙水患。召试馆职，除秘书省正字，迁校书郎兼吴、益王府教授。时诸将恃功邀爵赏，有过则姑息，又兵布于外，禁卫单寡，阐上疏极论之。后稍进退诸将必当其实，且召诸道兵以益禁旅，皆

如阐言。

十三年，迁秘书郎兼国史院检讨官。秦桧每荐台谏，必先谕以己意，尝谓阐曰："秘书久次，欲以台中相处何如？"阐谢曰："丞相见知，得老死秘书幸矣！"桧默然，竟罢，主管台州崇道观，历泉、衢二州通判。

二十五年冬，帝躬揽万机，起阐提举两浙路市舶，入为御史台检法官，升吏部员外郎。孝宗在王邸，帝妙选宫僚，谓"庄重老成无逾阐者"，改命祠部兼建王府赞读。

三十一年春，大雨，无麦苗，荆、浙盗起，诏侍从、台谏条陈弭灾、御盗之术。阐上疏曰："和议以来，岁有聘币，民不堪命，臣愿陛下毋以金人困中国可乎？归正人时有遣还之命，怨声闻道路，臣愿陛下毋使金人得以甘心可乎？州县吏职卑地远，渔夺之祸被于编籍，臣愿陛下严脏吏之诛可乎？蠲租之令，已敕复征，宽大之泽例为虚文，臣愿陛下申诏令之禁可乎？是数者能次第行之，则足以动天地，召和气，灾异、盗贼不足虑也。"又言："金主亮将入侵，宜守要害，防海道，三边不可无良将，督视不可无大帅。"疏奏，帝嘉纳，面谕曰："卿所言深中时病，但遣人北归，已载约书，朕不忍渝也。"迁将作监，进宗正少卿。

三十二年，孝宗即位，阐权工部侍郎兼侍讲，入谢，言："诸将以败为捷，冒受爵秩，州厢禁军因覃霈鼓噪，希厚赏，不可不正其罪。"时悉为施行。

金主亮死，葛王褒复求和，再议遣使。阐言："宜严遣使之命，正敌国之礼，彼或不从，则有战尔。如是，则中国之威可以复振。"帝曰："使者报聘，故事也，旧约不从，朕志定矣。"是冬，给札侍从、台谏条具时务，阐上十事皆剀切。当时应诏数十人，惟阐与国子司业王十朋指陈时事，斥权幸，无所回隐。明日，召两人对内殿，帝大加称赏，赐酒及御书。时进太上皇帝、太上皇后册宝，工部例进官，阐辞。或曰："公转一阶，则泽可以及子孙，奈何辞？"阐笑曰："宝册非吾功也，吾能为子孙冒无功赏乎？"

隆兴元年，真拜工部侍郎。阐奏："臣去冬乞守御两淮，陛下谓春首行之，夏秋当毕，今其时矣。"帝曰："江、淮事尽付张浚，朕倚浚为长城。"会督府请受萧琦降，诏问阐，阐请受其降。俄报王师收复灵壁县，阐虑大将李显忠、邵宏渊深入无援，奏请益兵殿后。已而王师果失利，众论归罪于战。阐曰："陛下出师受降是也。诸将违节度且无援而败，当矫前失，安可遽沮锐气。"帝壮其言，益出御前器甲付诸军，手诏劳浚，军声复振。

时数易台谏，阐力言之，请增广谏员。帝曰："台谏好名，如某人但欲得直声而去。"阐曰："唐德宗疑姜公辅为卖直，陆贽切谏，愿陛下深以为鉴。"帝再三嘉奖。

金人求和，帝与阐议，阐曰："彼欲和，畏我耶？爱我耶？直款我耳。"力陈六害不可许。帝曰："朕意亦然，姑随宜应之。"帝记"卖直"之语，谓："胡铨亦及此。朕非拒谏者，辨是非耳。"阐曰："圣度当如天，奈何与臣下争名。"帝曰："卿言是也。"顷之，除工部尚书兼侍读。

金副元帅纥石烈志宁以书谕通好，所言三事，国书、岁币之议已定，惟割唐、邓、海、泗未决，将遣王之望、龙大渊通问，而众言纷纷不已。阐谓："不与四州乃可通和，议论先定乃可遣使，今彼为客，我为主，我以仁义抚天下，彼以残酷虐吾民，观金势已衰，何必先示以弱。"朝论韪之。

帝用真宗故事，命经筵官二员递宿学士院，以备顾问，阐入对尤数。屡引疾乞骸骨，帝不忍其去。二年，阐请益力，乃除显谟直学士、提举太平兴国宫。陛辞，帝问所欲言，阐奏："许和则忘祖宗之仇，弃四州则失中原之心，遣归正人则伤忠义之气。惟陛下毋忘老臣平昔之言。"其指时事尤谆切，帝眷益笃。谕以秋凉复召，加赐金犀带，特许佩鱼。居家逾月卒，年七十四。特赠端明殿学士。

朱熹尝言："秦桧挟敌要君，力主和议，群言勃勃不平。桧既摧折忠臣义士之气，遂使士大夫怀安成习。至癸未和议，则知其非者鲜矣。朝论间有建白，率杂言利害，其言金人世仇不可和者，惟胡右史铨、张尚书阐耳。"子叔椿。

洪拟，字成季，一字逸叟，镇江丹阳人。本弘姓，其先有名璆者，尝为中书令，避南唐讳，改今姓。后复避宣祖庙讳，遂因之。

拟登进士甲科。崇宁中为国子博士，出提举利州路学事，寻改福建路。坐遗，通判郓州，复提举京西北路学事，历湖南、河北东路。宣和中，为监察御史，迁殿中，进侍御史。时王黼、蔡京更用事，拟中立无所付会。殿中侍御史许景衡罢，拟亦坐送吏部，知桂阳军，改海州。时山东盗起，屡攻城，拟率兵民坚守。

建炎间，居母忧，以秘书少监召，不起。终丧，为起居郎、中书舍人，言："兵兴累年，馈饷悉出于民，无屋而责屋税，无丁而责丁税，不时之须，无名之敛，殆无虚日，所以去而为盗。今关中之盗不可急，宜求所以弭之，江西之盗不可缓，宜求所以灭之。夫丰财者政事之本，而节用者又丰财之本也。"高宗如越，执政议移跸饶、信间，拟上疏力争，谓："舍四通五达而趋偏方下邑，不足以示形势、固守御。"

迁给事中、吏部尚书，言者以拟未尝历州县，以龙图阁待制知温州。宣抚使孟庾总师讨闽寇，过郡，拟趣使赴援。庾怒，命拟犒师。拟借封桩钱用之，已乃自劾。贼平，加秩一等，召为礼部尚书，迁吏部。

渡江后，法无见籍，吏随事立文，号为"省记"，出入自如。至是修《七司敕令》，命拟总之，以旧法及续降指挥详定成书，上之。

金人再攻淮，诏日轮侍从赴都堂，给札问以攻守之策。拟言："国势强则战，将士勇则战，财用足则战，我为主、彼为客则战。陛下移跸东南，前年幸会稽，今年幸临安，兴王之居，未有定议，非如高祖在关中、光武在河内也。以国势论之，可言守，未可言战。"拟谓时相姑议战以示武，实不能战也。

绍兴三年，以天旱地震诏群臣言事，拟奏曰："法行公，则人乐而气和；行之偏，则人怨而气乖。试以小事论之：比者监司、守臣献羡余则黜之，宣抚司献则受之，是行法止及疏远也。有自庶僚为侍从者，卧家视职，未尝入谢，遂得美职而去，若鼓院官移疾废朝谒，则斥罢之，是行法止及冗贱也。权酤立法甚严，犯者籍家财充赏，大官势臣连营列障，公行酤卖则不敢问，是行法止及孤弱也。小事如此，推而极之，则怨多而和气伤矣。"寻以言者罢为徽猷阁直学士、提举江州太平观。始，拟兄子驾部郎官兴祖与拟上封事侵在位者，故父子俱罢。起知温州，提举亳州明道宫。卒，年七十五，谥文宪。

初，拟自海州还居镇江。赵万叛兵逼郡，守臣赵子崧战败，遁去。拟挟母出避，遇贼至，欲兵之，拟曰："死无所避，愿勿惊老母。"贼舍之。他贼又至，临以刃，拟指其母曰："此吾母也，幸勿怖之。"贼又舍去。有《净智先生集》及《注杜甫诗》二十卷。

赵逵，字庄叔，其先秦人，八世祖处荣徙蜀，家于资州。逵读书数行俱下，尤好聚古书，考历代兴衰治乱之迹，与当代名人巨公出处大节，根穷底究，尚友其人。绍兴二十年，类省奏名，明年对策，论君臣父子之情甚切，擢第一。时秦桧意有所属，而逵对独当帝意，桧不悦。即罢知举王曮，授逵左承事郎、签书剑南东川。帝尝问桧，赵逵安在？桧以实对。久之，帝又问，除校书郎。逵单车赴阙，征税者希桧意，搜行橐皆书籍，才数金而已。既就职，未尝私谒，桧意愈恨。

逵赓御制《芝草诗》，有"皇心未敢宴安图"之句，桧见之怒曰："逵犹以为未太平耶？"又谓逵曰："馆中禄薄，能以家来乎？"逵曰："亲老不能涉险远。"桧徐曰："当以百金为助。"逵唯唯而已。又遣所亲申前言，讽逵往谢，逵不答，桧滋怒，欲挤之，未及而死。

帝临哭桧还，即迁逵著作佐郎兼权礼部员外郎。帝如景灵宫，秘省起居惟逵一人。帝屡目逵，即日命引见上殿，帝迎谓曰："卿知之乎？始终皆朕自擢。自卿登第后，为大臣沮格，久不见卿。秦桧日荐士，未尝一语及卿，以此知卿不附权贵，真天子门生也。"诏充普安郡王府教授。逵奏："言路久不通，乞广赐开纳，勿以微贱为间，庶几养成敢言之气。"帝嘉纳之。普安府劝讲至庚太子事，王曰："于斯时也，斩江充自归于武帝，何如？"逵曰："此非臣子所能。"王意盖有所在也。

二十六年，迁著作郎，寻除起居郎。入谢，帝又曰："秦桧炎炎，不附者惟卿一人。"逵曰："臣不能效古人抗折权奸，但不与之同尔，然所以事宰相礼亦不敢阙。"又曰："受陛下爵禄而奔走权门，臣不惟不敢，亦且不忍。"明年同知贡举，尽公考阅，以革旧弊，遂得王十朋、阎安中。

始，逵未出贡闱，蒋璨除户部侍郎，给事中辛次膺以璨交结希进，还之。帝怒，罢次膺，付逵书读，逵不可，璨以此出知苏州，次膺仍得次对，逵兼给事中。未几，除中书舍人，登第六年而当外制，南渡后所未有也。帝语王纶曰："赵逵纯正可用，朕于蜀士未见其比。朕所以甫二岁令至此，报其不附权贵耳。"

先是，逵尝荐杜莘老、唐文若、孙道夫皆蜀名士，至是奉诏举士，又以冯方、刘仪凤、李石、郑次云应诏，宰执以闻。帝曰："蜀人道远，其间文学行义有用者，不因论荐无由得知。前此蜀中宦游者多隔绝，不得一至朝廷，甚可惜也。"自桧颛权，深抑蜀士，故帝语及之。

逵以疾求外，帝命国医王继先视疾，不可为矣。卒年四十一。帝为之抆泪叹息。逵尝自谓："司马温公不近非色，不取非财，吾虽不肖，庶几慕之。"

方桧权盛时，忤桧者固非止逵一人，而帝亟称逵不附丽，又谓逵文章似苏轼，故称为"小东坡"，未及用而逵死，惜其论建不传于世。有《栖云集》三十卷。

论曰：如主师于安国，居正师于杨时，敦复师于程颐，表臣交于陈瓘，其师友渊源有自来矣。故其议论谠直，刚严鲠峭，不惑异说，不畏强御，大略相似。若夫居正辨王氏《三经》之缪，龟年首劾秦桧主和之非，程瑀力排蔡京之党，尤为有功于名教。张阐论事无避，洪拟朴实端亮，赵逵纯正善文，皆一时之良，为桧所忌而不挠者。语曰："岁寒然后知松柏之后凋。"信哉！

卷三百八十二
列传第一百四十一

张焘　黄中　孙道夫　曾几兄开**　勾涛**
李弥逊弟弥大

张焘，字子公，饶之德兴人，秘阁修撰根之子也。政和八年进士第三人，尝为辟雍录、秘书省正字。靖康元年，李纲为亲征行营使，辟焘入幕。纲贬，亲知坐累者十七人，焘亦贬。

建炎初，起通判湖州。明受之变，贼矫诏俾焘抚谕江、浙，焘不受。上既复辟，诏求言。焘上书略曰："人主戡定祸乱，未有不本于至诚而能有济者。陛下践祚以来，号令之发未足以感人心，政事之施未足以慰人望，岂非在我之诚有未修乎？天下治乱，在君子小人用舍而已。小人之党日胜，则君子之类日退，将何以弭乱而图治？"又言措置江防非计，徒费民财，搨官赋，不适于用。又言，"侍从、台谏观望意指，毛举细务，至国家大事，坐视不言。"又言："巡幸所至，营缮困民，越栖会稽，似不如是。"

绍兴二年，吕颐浩荐，除司勋员外郎，迁起居舍人。言："自古未有不知敌人之情而能胜者，愿诏大臣、诸将，厚爵赏，募可任用者往伺敌动静。既审知之，则或守或进退，在我皆备，彼尚安得出不意犯吾行阙。"诏以付都督府及沿边诸帅。迁中书舍人。

吕祉之抚谕淮西也，焘谓张浚曰："祉书生，不更军旅，何可轻付。"浚不从，遂致郦琼之变。七年，张滉特赐进士出身。滉，浚兄也，将母为行在，上引对而命之。焘言："宣和以来，奸臣子弟滥得儒科。陛下方与浚图回大业,当以公道革前弊。今首赐滉第,何以塞公议?"上念浚功,欲慰其母心,乃命起居郎楼炤行下,炤又封还。著作郎兼起居舍人何抡曰:"贤良之子,宰相之兄,赐科第不为过。"乃与书行。焘不自安,与炤皆求去,不许,言者论之,以集英殿修撰提举江州太平观。

明年,以兵部侍郎召,诏引对,上曰:"卿去止缘张浚。"焘曰:"臣苟有所见,不敢不言。如内侍王鉴,陛下所亲信,臣尚论列,岂有宰相亲兄自赐出身,公论不与。臣若不言,岂惟负陛下,亦负张浚。"上因问:"朕图治一纪,收效蔑然,其弊安在?"焘曰:"自昔有为之君,未有不先定规模而能收效者,臣绍兴初首以是为言,今七年。往者进临大江,退守吴会,未期月而或进或却,岂不为敌所窥乎?今陛下相与断国论者,二三大臣而已。一纪之间,十四命相,执政递迁无虑二十余。日月逝矣,大计不容复误,愿以先定规模为急。"

寻权吏部尚书。徽猷阁待制黎确卒,诏赠官推恩,焘言:"确素号正人,一旦临变,失臣节,北面邦昌之庭,且为将帅止勤王之师。今曲加赠恤,何以示天下?"诏追夺职名。

时金使至境,诏欲屈己就和,令侍从、台谏条上。焘言:"金使之来,欲议和好,将归我梓宫,归我渊圣,归我母后,归我宗社,归我土地人民,其意甚美,其言甚甘,庙堂以为信然,而群臣、国人未敢以为信然也。盖事关国体,臣请推原天意为陛下陈之。《传》曰:'天将兴之,谁能废之?'臣考人事以验天意,陛下飞龙济州,天所命也。敌骑屡犯行阙,不能为虞。甲寅一战败敌师,丙辰再战却刘豫,丁巳郦琼虽叛,实为伪齐废灭之资,皆天所赞也。是盖陛下躬履艰难,侧身修行,布德立正,上副天意,而天佑之之所致也。臣以是知上天悔祸有期,中兴不远矣。愿益自修自强,以享天心,以俟天时。时之既至,吉无不利,则何战不胜,何功不立。今此和议,姑为听之,而必无信之可恃也。彼使已及境,势难固拒。使其果愿和好,如前所陈,是天诱其衷,必不复强我以难行之礼。如其初无此心,二三其说,责我以必不可行之礼,要我以必不可从之事,其包藏何所不有,便当大义绝之。谨边防,厉将士,相时而动。愿断自渊衷,毋取必于彼而取必于天而已。乃若略国家之大耻,置宗社之深仇,躬率臣民,屈膝于金而臣事之,而觊和议之必成,非臣所敢知也。"上览奏,怵然变色曰:"卿言可谓忠,然朕必不至为彼所绐,方且熟议,必非伪伪而后可从,不然,当再使审虚实,拘其使人。"焘顿首谢。

金使张通古、萧哲至行在,朝议欲上奉金诏。焘曰:"陛下信王伦之虚诈,发自圣断,不复谋议,便欲行礼,群臣震惧罔措。必已得梓宫,已得母后,已得宗族,始可议通好经久之礼。今彼特以通好为说,意谓割地讲和而已,陛下之所愿欲而切于圣心者,无一言及之,其情可见,奈何遽欲屈而听之。一屈之后,不可复伸,廷臣莫能正救,曾鲁仲连之不如,岂不获罪于天下万世。"

既而监察御史施廷臣抗章力赞和议,擢为侍御史。司农寺丞莫将忽赐第,擢为起居郎。朝论大骇。焘率吏部侍郎晏敦复上疏曰:"仰惟陛下痛梓宫未还,两宫未复,不惮屈己与敌议和,特以众论未同,故未敢轻屈尔。幸小大之臣,无复异议,从容献纳,庶几天听为回,卒不敢屈,此宗社之福也。彼施廷臣乃务迎合,辄敢抗章,力赞此议,姑为一身进用之资,不恤君父屈辱之耻,罪不容诛,乃由察官超擢柱史。夫御史府朝廷纪纲之地,而陛下耳目之司,前日勾龙如渊以附会而得中丞,众论固已喧鄙之矣。今廷臣又以此而跻横榻,一台之中,长贰皆然,既同乡曲,又同心腹,惟相朋附,变乱是非,岂不紊纪纲而蔽陛下之耳目乎?众论沸腾,方且切齿,而莫将者又以此议由寺丞擢右史。如渊、廷臣庸人也,初无所长,但知观望,而将则奸人也,考其平昔无所不为,此辈乌可与之断国论乎?望加斥逐,庶几少杜群枉之门。至于和议,则王伦实为谋主,彼往来敌中至再四矣,陛下恃以为心腹,信之如蓍龟,今其为言自已二三,事之端倪,盖亦可见。更望仰念祖宗付托之重,俯念亿兆爱戴之诚,贵重此身,无轻于屈。但务雪耻以思复仇,加礼其使,厚资遣发,谕以必得事实之意,告以国人皆曰不可之状。使彼悔祸,果出诚心,惟我所欲,尽归于我,然后徐议报之之礼,亦未晚也。如其变诈,诱我以虚词,则包藏终不可测,便当厉将士,保疆场,自治自强,以俟天时,何为不成?伏愿陛下少忍而已。自朝廷有屈己之议,上下解体,傥遂成屈己之事,则上下必至离心,人心既离,何以立国?伏愿戒之重之。"于是将、廷臣皆不敢拜。焘又面折如渊曰:"达观其所举,君荐七人,皆北面张邦昌,今嗫嚅附会,堕敌计,他日必背君亲矣。"

焘既力诋拜诏之议,秦桧患之,焘亦自知得罪,托疾在告。桧使楼炤谕之曰:"北扉阙人,欲以公为直院。"焘大骇曰:"果有此言,愈不敢出矣。"桧不能夺,乃止。

和议成,范如圭请遣使朝八陵,遂命判大宗正士㒟与焘偕行,且命修奉,令荆湖帅臣岳飞济其役。焘与士㒟道武昌,出蔡、颍,河南百姓欢迎夹道,以喜以泣曰:"久隔王化,不图今日复为宋民。"九年五月,至永安诸陵,朝谒如礼。陵前石涧水久涸,二使垂至忽涌溢,父老惊叹,以为中兴之兆。

焘等入柏城,披钽荆棘,随所葺治,留二日而还,自郑州历汴、宋、宿、泗、淮南以归。即奏疏曰:"金人之祸,上及山陵,虽殄灭之,未足以雪此耻、复此仇也。陛下圣孝天至,岂胜痛愤,顾以梓宫、两宫之故,方且与和,未可遽言兵也。祖宗在天之灵,震怒既久,岂容但已,异时恭行天罚,得无望于陛下乎?自古戡定祸乱,非武不可,狼子野心不可保恃久矣;伏望修武备,俟衅隙起而应之,电扫风驱,尽俘丑类以告诸陵。夫如是然后尽天子之孝,而为人子孙之责塞矣。"上问诸陵寝如何?焘不对,唯言"万世不可忘此贼。"上黯然。

焘因请永固陵不用金玉,大略谓:"金玉珍宝,聚而藏之,固足以动人耳目,又其为物,自当流布于世,理必发露,无足怪者。"上览疏,谓秦桧曰:"前世厚葬之祸,如循一轨。朕断不用金玉,庶先帝神灵有万世之安。"焘又言:"顷刘豫初废,人情恟恟,我斥候不明,坐失机会。

今又闻敌于淮阳作筏、造绳索,不知安用?诸将朝廷戒勿得遣间探,遂不复遣,我之动息,敌无不知,敌之情状,我则不闻。又见黄河船尽拘北岸,悉为敌用,往来自若,无一人敢北渡者。愿饬边吏广耳目,先事而防。"又言:"郿琼部伍皆西陲劲兵,今在河南,尚可收用。新疆租赋已蠲,而使命络绎,推恩费用犹循兵兴时例,愿加裁损,非甚不得已勿遣使,以宽民力。"又论:"陕西诸帅不相下,动辄喧争,请置一大帅统之,庶首尾相应,缓急可恃"。焘所言皆切中时病,秦桧方主和,惟恐少忤敌意,悉置不问。

成都谋帅,上谕桧曰:"张焘可,第道远,恐其惮行。"桧以谕焘,焘曰:"君命也,焉敢辞。"十月,以宝文阁学士知成都府兼本路安抚使,付以便宜,虽安抚一路,而四川赋敛无艺者,悉得蠲减。陛辞,奏曰:"蜀民困矣,官吏从而诛剥之,去朝廷远,无所比诉。俟臣至所部,首宣德意,但一路咸沾惠泽。"上曰:"岂惟一路,四川恤民事悉委卿。"焘因言官吏害民者,请先罢后劾,上许之。又言:"军兴十余年,日不暇给。今和议甫定,愿汲汲以政刑为先务。"上曰:"当书之座右。"十年三月,至成都。

在蜀四年,戢贪吏,薄租赋;抚雅州蕃部,西边不惊;岁旱则发粟,民得不饥;暇则修学校,与诸生讲论。会有诏令宣抚司纳契丹降人,焘为宣抚使胡世将言:"蜀地狭不能容,前朝常胜军可为戒。"世将奏寝其事。

焘乞祠,以李璆代之。焘自蜀归,卧家凡十有三年。二十五年冬,桧死,旧人在者皆起,焘除知建康府兼行宫留守。金陵积岁负内库钱帛巨万,悉为奏免。池有义子与父争讼,守昏谬,系父,连年不决,焘移大理,出其守。居二年,进端明殿学士。二十九年,提举万寿观兼侍读,以衰疾力辞,不许。除吏部尚书。

初,上知普安郡王贤,欲建为嗣,显仁皇后意未欲。迟回久之。显仁崩,上问焘方今大计,焘曰:"储贰者,国之本也,天下大计,无逾于此。"上曰:"朕怀此久矣,卿言契朕心,开春当议典礼。"又劝上省赐予,罢土木,减冗吏,止北货。上嘉奖之。

金使施宜生来,焘奉诏馆客。宜生本闽人,素闻焘名,一见顾副使曰:"是南朝不拜诏者。"焘以"首丘桑梓"动之,宜生于是漏敌情,焘密奏早为备。

先是,御前置甲库,凡乘舆所需图画什物,有司不能供者悉聚焉,日费不赀。禁中既有内酒库,酿殊胜,酤卖其余,颇侵大农。焘因对,言甲库萃工巧以荡上心,酒库酤良酝以夺官课。且乞罢减教坊乐工人数。上曰:"卿言可谓责难于君。"明日悉诏罢之。

屡以衰疾乞骸。三十年,以资政殿学士致仕,寻迁太中大夫,给真奉。三十一年八月,落致仕,复知建康府。时金人窥江,建业民惊徙过半,闻焘至,人情稍安。寻诏沿江帅臣条上恢复事宜,焘首陈十事,大率欲预备不虞,持重养威,观衅而动,期于必胜。

孝宗受禅,除同知枢密院,遣子埏入辞。诏肩舆至宫,给扶上殿,首问为治之要,焘言内治乃可外攘。又乞命百执条弊事,诏从之,令侍从、台谏集都堂给札以闻。隆兴元年,迁参知政事,以老病不拜,台谏交章留之,除资政殿大学士、提举万寿观兼侍读。谒告将理,许之。及家,固求致仕。后二年卒,年七十五,谥忠定。

焘外和内刚,帅蜀有惠政,民祠之不忘。始论和议,归之于天,士论歉然。洎缴驳施廷臣之奏,朝野复一辞归重焉。

黄中,字通老,邵武人。幼受书,一再辄成诵。初以族祖荫补官。绍兴五年廷试,言孝弟动上心,擢进士第二人,授保宁军节度推官。二十余年,秦桧死,乃召为校书郎,历迁普安、恩平府教授。中在王府时,龙大渊已亲幸,中未尝与之狎,见则揖而退,后他教授多蒙其力,中独不徙官。

迁司封员外郎兼国子司业。芝草生武成庙,官吏请以闻,中不答,官吏阴画图以献。宰相谓祭酒周绾与中曰:"治世之瑞,抑而不奏,何耶?"绾未对,中曰:"治世何用此为?"绾退,谓人曰:"黄司业之言精切简当,惜不为谏官。"

充贺金生辰使,还,为秘书少监,寻除起居郎,累迁权礼部侍郎。中使金回,言其治汴宫,必徙居见迫,宜早为计。上矍然。宰相胡谓中曰:"沈介归,殊不闻此,何耶?"居数日,中白宰相,请以妄言待罪。汤思退怒,语侵中。已乃除介吏部侍郎,徙中以补其处。中犹以备边为言,又不听,遂请补外,上不许,曰:"黄中恬退有守。"除左史,且锡鞍马。

金使贺天申节,遽以钦宗讣闻,朝论俟使去发丧,中驰白宰相:"此国家大事,臣子至痛,一有失礼,谓天下后世何!"竟得如礼。中自使还,每进见辄言边事,又独陈御备方略,高宗称善。不数月,金亮已拥众渡淮。中因入谢,论淮西将士不用命,请择大臣督师。既而以殿帅杨存中为御营使,中率同列力论不可遣。敌既临江,朝臣争遣家逃匿,中独晏然。比敌退,唯中与陈康伯家属在城中,众惭服。

天申节上寿,议者以钦宗服除当乐。中言:"《春秋》君弒贼不讨,虽葬不书,以明臣子之罪,况钦宗实未葬而可遽作乐乎?"事竟寝。兼给事中。内侍迁官不应法,谏官刘度坐论近习龙大渊忤旨补郡,已复罢之,中皆不书读。群小相与媒糵,中罢去。尹穑希意诋中为张浚党。

乾道改元,中年适七十,即告老,以集英殿修撰致仕,进敷文阁待制。居六年,上御讲筵,顾侍臣曰:"黄中老儒,今居何许?年几许?筋力或未衰耶?"召引对内殿,问劳甚渥,以为兵部尚书兼侍读。

中前在礼部,尝谏止作乐事,中去,卒用之。至是又将锡宴,遂奏申前说。诏遣范成大使金以山陵为请。中言:"陛下圣孝及此,天下幸甚,然钦庙梓宫置不问,有所未尽。"上善其言,不能用。

未满岁,有归志,乃陈十要道:以为用人而不自用;以公议进退人才;察邪正;广言路;核事实;节用度;择监司;惩贪吏;陈方略;考兵籍。上亟称善。中力求去,除显谟阁、提举江州太平兴国宫,赐犀带、香茗。

除龙图阁学士,致仕。凡邑里后生上谒,必训以孝弟忠信。朱熹裁书以见，有曰："今日之来，将再拜堂下，惟公坐而受之，俾进于门弟子之列，则某之志也。"其为人敬慕如此。其后，上手书遣使访朝政阙失，进职端明殿学士。属疾，手草遗表，犹以山陵、钦宗梓宫为言，深以人主之职不可假之左右为戒。淳熙七年八月庚寅卒，年八十有五。九月，诏赠正议大夫。中有奏议十卷。谥简肃。

孙道夫，字太冲，眉州丹棱人。年十八贡辟雍。时禁元祐学，坐收苏氏文除籍。再贡，入优等。张浚荐于高宗，召对，道夫奏："愿修德以回天意，定都以系人心，任贤材、图兴复以雪国耻。"

上在越，浚遣道夫奏事，赐出身，改左承奉郎。再诏对，言："汉中前瞰三秦，后蔽巴蜀，孔明、蒋琬出图关辅，未有不屯汉中者。今欲进兵陕右，当先经营汉中。荆南东连吴会，北通汉沔，号用武之国，晋、宋以来，尝倚为重镇。武帝亦以荆南居上流，故以诸子居之。今守江当先措置荆南，时至则蜀汉师出秦关，荆楚师出宛洛，陛下亲御六军，由淮甸与诸将会咸阳，孰能御之？"上嘉纳，召试馆职。上谕宰相："自渡江以来，文气未有如道夫者，涵养一二年，当命为词臣。"

除秘书正字、权礼部郎官。徽宗凶问礼仪，多所草定。寻权左司员外郎。上问蜀中水运陆运孰便？道夫奏："水运迟而省费，陆运速而劳民。宣抚司初由水运，率石费钱十千，后以为缓，从陆起丁夫十数万，率石费五十余千。"上曰："水运便，行之。"

迁校书郎。出知怀安军，乞罢都司以宽民力，罢戍兵以弭乱阶，罢泛使以省浮费。知资州，宣抚郑刚中荐其治第一。移知蜀州，盗不敢入境。州产绫，先是，守以军匠置机买丝亏直，民病之，道夫断其机。遇事明了，人目为"水晶灯笼。"九年不迁，盖非秦桧所乐也。

以吏部郎中入对，言蜀民二税盐酒茶额之弊，上纳其言。除太常少卿，假礼部侍郎充贺金正旦使。金将败盟，诘秦桧存亡，及关、陕买马非约，道夫随事折之。使还，擢权礼部侍郎。上曰："卿自小官已为朕知，第赵鼎与张浚相失后，蜀士仕于朝者，皆为沮抑。继自今有所见，可数求对。"

兼侍讲，奏敌有窥江、淮意。上曰："朝廷待之甚厚，彼以何名为兵端？"道夫曰："彼金人身弑其父兄而夺其位，兴兵岂问有名，臣愿预为之图。"宰相沈该不以为虑，道夫每进对，辄言武事，该疑其引用张浚，忌之。道夫不自安，请出，除知绵州，致仕，卒，年六十六。

道夫居官，一意为民，不可干以私。仕宦三十年，奉给多置书籍。然性刚直，喜面折，不容人之短，或以此少之云。

曾几，字吉甫，其先赣州人，徙河南府。幼有识度，事亲孝，母死，蔬食十五年。入太学有声。兄弼，提举京西南路学事，按部溺死，无后，特命几将仕郎。试吏部，考官异其文，置优等，赐上舍出身，擢国子正兼钦慈皇后宅教授。迁辟雍博士，除校书郎。

林灵素得幸，作符书号《神霄录》，朝士争趋之，几与李纲、傅崧卿皆称疾不往视。久之，为应天少尹，庭无留讼。阉人得旨取金而无文书，府尹徐处仁与之，几力争不得。

靖康初，提举淮东茶盐。高宗即位，改提举湖北，徙广西运判、江西提刑，又改浙西。会兄开为礼部侍郎，与秦桧力争和议，桧怒，开去，几亦罢。逾月，除广西转运副使，徙荆南路。盗骆科起郴之宜章，郴、桂皆㖃洞，宣抚司调兵未至，漫以捷闻。几疏其实，朝廷遣他将平之。请间，得崇道观。复为广西运判，固辞，侨居上饶七年。

桧死，起为浙西提刑、知台州，治尚清净，民安之。黄岩令受贿为两吏所持，令械吏置狱，一夕皆死，几诘其罪。或曰："令，丞相沈该客也。"治之益急。

贺允中荐，召对，以疾辞，除直秘阁，归故治。未几，复召对，几言："士气久不振，陛下欲起之于一朝，矫枉者必过直，虽有折槛断鞅、牵裾还笏、若卖直干誉者，愿加优容。"时帝惩桧擅权之弊，方开言路，应诏者众，几惧有获戾者，先事陈之。帝大悦，授秘书少监。

几承平已为馆职，去三十八年而复至，须鬓皓白，衣冠伟然。每会同舍，多谈前辈言行、台阁典章，荐绅推重焉。诏修《神宗宝训》，书成，奏荐，帝称善。权礼部侍郎。兄㭴、开皆尝贰春官，几复为之，人以为荣。

吴、越大水、地震，几举唐贞元故事反覆论奏，帝韪其言。他日谓几曰："前所进陆贽事甚切，已遣漕臣振济矣。"引年请谢，上曰："卿气貌不类老人，姑为朕留。"谢曰："臣无补万一，惟进退有礼，尚不负陛下拔擢。"上闵劳以事，提举玉隆观，绍兴二十七年也。除集英殿修撰，又三年，升敷文阁待制。

金犯塞，中外大震，帝召杨存中偕宰执对便殿，谕以将散百官，浮海避之。左仆射陈康伯持不可。存中言："敌空国远来，已闻淮甸，此正贤智驰骛不足之时。臣愿率先将士，北首死敌。"帝喜，遂定议亲征，下诏进讨。有欲遣使诣敌求缓师者，几疏言："增币请和，无小益，有大害，为朝廷计，正当尝胆枕戈，专务节俭，经武外一切置之，如是虽北取中原可也。且前日诏诸将传檄数金君臣，如叱奴隶，何辞可与之和耶？"帝壮之。

孝宗受禅，几又上疏数千言。将召，屡请老，乃迁通奉大夫，致仕，擢其子逮为浙西提刑以便养。乾道二年卒，年八十二，谥文清。

几三仕岭表，家无南物，人称其廉。早从舅氏孔文仲、武仲讲学。初佐应天时，谏官刘安世亡恙，党禁方厉，无敢窥其门者，几独从之，谈经论事，与之合。避地衡岳，又从胡安国游，其学益粹。为文纯正雅健，诗尤工。有《经说》二十卷、文集三十卷。

二子：逢仕至司农卿，逮亦终敷文阁待制，而逢最以学称。

开字天游。少好学，善属文。崇宁间登进士第，调真州司户，累迁国子司业，擢起居舍人，权中书舍人。掖垣草制，多所论驳，忤时相意，左迁太常少卿，责监大宁监盐井，匹马之官，不以自卑。召还，时相复用事，监杭州市易务。除直秘阁,知和州,徙知恩州。请祠,得鸿庆宫,判南京国子监。复为中书舍人,罢。提举洞霄宫。

钦宗即位,除显谟阁待制、提举万寿观、知颍昌府,兼京西安抚使。夺职,奉祠。建炎初,复职,知潭州、湖南安抚使。逾年求去,复得鸿庆宫,起知平江府、广东经略安抚使。奉诏驻潮阳招捕处寇,讫事,乃之镇。居二年,尽平群盗。提举太平观。

复以中书舍人召,首论:"自古兴衰拨乱之主,必有一定之论,然后能成功。愿讲明大计,使议论一定,断而必行,则功烈可与周宣侔矣。"又论:"车驾抚巡东南,重兵所聚,限以大江,敌未易遽犯,其所窥伺者全蜀也。一失其防,陛下不得高枕而卧矣。愿择重臣与吴玠协力固护全蜀。"屡请去,进宝文阁待制,知镇江府兼沿江安抚使。

召为刑部侍郎。言:"太祖惩五季尾大不掉之患,畿甸屯营,倍于天下,周庐宿卫,领以三匝。今禁旅单弱,愿参旧制增补之。"帝悉嘉纳。

迁礼部侍郎兼直学士院。时秦桧专主和议,开当草国书,辨视体制非是,论之,不听,遂请罢,改兼侍读。桧尝招开慰以温言,且曰:"主上虚执政以待。"开曰:"儒者所争在义,苟为非义,高爵厚禄弗顾也。愿闻所以事敌之礼。"桧曰:"若高丽之于本朝耳。"开曰:"主上以圣德登大位,臣民之所推戴,列圣之所听闻,公当强兵富国,尊主庇民,奈可自卑辱至此,非开所敢闻也。"又引古谊以折之。桧大怒曰:"侍郎知故事,桧独不知耶?"他日,开又至政事堂,问"计果安出?"桧曰:"圣意已定,尚何言!公自取大名而去,如桧,第欲济国事耳。"然犹以梓宫未还,母后、钦宗未复,诏侍从、台谏集议以闻。开上疏略曰:"但当修德立政,严于为备,以我之仁敌彼之不仁,以我之义敌彼之不义,以我之戒惧敌彼之骄泰,真积力久,如元气固而病自消,大阳升而阴自散,不待屈己,陛下之志成矣。不然,恐非在天之灵与太后、渊圣所望于陛下者也。"桧曰:"此事大系安危。"开曰:"今日不当说安危,只当论存亡。"桧矍然。

会枢密编修胡铨上封事,痛诋桧,极称开,由是罢,以宝文阁待制知婺州。开言:"议论妄发,实缘国事。"力请归。桧议夺职,同列以为不可,提举太平观、知徽州。以病免,居闲十余年。黄达如请籍和议同异为士大夫升黜,即擢达如监察御史,首劾开,褫职。引年请还政,仅复秘阁修撰,卒,年七十一。桧死,始复待制,尽还致仕遗表恩数。

开孝友厚族,信于朋友。其守历阳也,从游酢学,日读《论语》,求诸言而不得,则反求诸心,每有会意,欣然忘食。其留南京,刘安世一见如旧,定交终身。故立朝遇事,临大节而不可夺,师友渊源,固有自云。

勾涛,字景山,成都新繁人。登崇宁二年进士第,调嘉州法掾、川陕铸钱司属官。建炎初,通判黔州。田祐恭兵道境上,涛白守,燕劳之,祐恭感恩厉下,郡得以无犯。湖湘贼王辟破秭归,桑仲、郭守忠攻茶务箭窠砦,将犯夔门。夔兵素单弱,宣司檄祐恭捍御,涛帅黔兵佐之,贼溃去。宣抚张浚奏涛知巴州,不赴。

翰林侍读学士范冲荐,召见,论五事,除兵部郎中。七年,迁右司郎官兼校正。日食,上言。八月,迁起居舍人,以足疾,命阁门赐墩侍班。九月,兼权中书舍人。

时沿边久宿兵,江、浙罢于馈饷,荆、襄、淮、楚多旷土,涛因进羊祜屯田故事,事下诸大将,于是边方议行屯田。淮西都统制刘光世乞罢,丞相张浚欲以吕祉代之,涛谓:"祉疏庸浅谋,必败事,莫若就择将士素所推服者用之,否则刘锜可。"浚不纳,祉至,果以轻易失士心,未几,郦琼叛,祉死于乱。浚闻之,夜半召涛愧谢。

时帝驻跸建康,欲亟还临安。涛入见曰:"今江、淮列戍十余万,苟付托得人,可无忧顾。适此危疑,讵宜轻退,以启敌心。"因荐刘锜。帝即命以其众镇合肥。川、陕宣抚使吴玠言都转运使李迨胘刻赏格,迨亦奏玠苛费,帝以问涛。涛曰:"玠忠在西蜀,纵费,宁可核?第移迨他路可尔。"帝然之。

会金人废刘豫,金、房镇抚使郭浩遣其弟沔奏事。涛察沔警敏可仗,乞诏谕陕右诸叛将乘机南归,帝命涛草诏,沔持以往,闻者流涕。十二月,除中书舍人。

八年,除史馆修撰。重修《哲宗实录》,帝谕之曰:"昭慈圣献皇后病革,朕流涕问所欲言,后怆然谓朕曰:'吾逮事宣仁圣烈皇后,见其任贤使能,约己便民,忧勤宗社,疏远外家,古今母后无与为比。不幸奸邪罔上,史官蔡卞等同恶相济,造谤史以损圣德,谁不切齿!在天之灵亦或介存。其以笔属正臣,亟从删削,以信来世。'朕痛念遗训,未尝一日辄忘,今以命卿。"涛奏:"数十年来,宰相不学无术,邪正贸乱,所以奸臣子孙得逞其私智,几乱裕陵成书。非赖陛下圣明,则任申必先有过岭之谪,臣亦恐复蹈媒蘖之祸。"帝慰勉之。六月,《实录》成,进一秩,就馆赐宴。复修《徽宗实录》,以中书舍人吕本中为荐,丞相赵鼎谕旨宜婉辞纪载。涛曰:"崇宁、大观大臣误国,以稔今祸,藉有隐讳,如天下野史何?"

七月,除给事中。求去,以徽猷阁待制知池州,改提举江州太平观。俄除荆湖北路安抚使、知潭州。秦桧尝令人谕意,欲与共政,涛以书谢之。桧讽言劾之,不报。

涛上书论时事之害政者:"大臣密谕王伦变易地界,一也;蔡攸之妻近居临平,咫尺行都,略不畏避,二也;小大之臣,凡在谪籍,皆已甄叙,恶如京、黼,尚蒙宽宥,今侍从之臣,初无大过,理宜牵复,三也;河南故地复归中国,新附之民,延颈德泽,承流之寄,当加精选,四也;台谏为耳目之司,今宰相引援,皆同舍之旧,倚为鹰犬,五也。"帝叹其忠直,赐以缯彩、茶药,且令事有大于此者,悉以闻。秩满,提举太平观。

十一年,帝谓秦桧曰:"勾涛久闲,性喜泉石,可进职与一山水近郡。"桧对:"永嘉有天台、雁荡之胜。"帝曰:"永嘉太远,其以湖州命之。"俄以疾卒,年五十九。遗表闻,帝震悼,顾近臣曰:"勾涛死矣,惜哉!"赠左太中大夫。

涛身长七尺,风貌伟然,颇以忠亮自许。国有大议,帝必委心延访,往复酬诘,率漏下数刻始罢。料边情如在目前，知名之士多所荐进。有文集十卷，《西掖制书》十卷，奏议十卷。

李弥逊，字似之，苏州吴县人。弱冠，以上舍登大观三年第，调单州司户，再调阳穀簿。政和四年，除国朝会要所检阅文字。引见，特迁校书郎，充编修六典校阅，累官起居郎。以封事剀切，贬知卢山县，改奉嵩山祠。废斥隐居者八载。

宣和末，知冀州。金人犯河朔，诸郡皆警备，弥逊捐金帛，致勇士，修城堞，决河护堑，邀击其游骑，斩首甚众。兀术北还，戒师毋犯其城。

靖康元年，召为卫尉少卿，出知瑞州。二年，建康府牙校周德叛，执帅宇文粹中，杀官吏，婴城自守，势猖獗。弥逊以江东判运领郡事，单骑扣贼闱，以蜡书射城中招降。贼通款，开关迎之，弥逊谕以祸福，勉使勤王。时李纲行次建康，共谋诛首恶五十人，抚其余党，一郡帖然。

改淮南运副。后奉兴国宫祠，知饶州，召对，首奏"当坚定规模，排斥奸言"。又谓："朝廷一日无事，幸一日之安，一月无事，幸一月之安，欲求终岁之安，已不可得，况能定天下大计乎？"帝嘉其说直。辅臣有不悦者，以直宝文阁知吉州。陛辞，帝曰："朕欲留卿，大臣欲重试卿民事，行召卿矣。"

七年秋，迁起居郎。弥逊自政和末以上封事得贬，垂二十年，及复居是职，直前论事，鲠切如初。冬，试中书舍人，奏六事曰："固藩维以御外侮，严禁卫以尊朝廷，练兵以壮国势，节用以备军食，收民心以固根本，择守帅以责实效。"时驻跸未定，有旨料舟给卒以济宫人。弥逊缴奏曰："六飞雷动，百司豫严，时方孔艰，宜以宗社为心，不宜于内幸细故，更勤圣虑，事虽至微，惧伤大体。"帝嘉纳之。试户部侍郎。

秦桧再相，惟弥逊与吏部侍郎晏敦复有忧色。八年，弥逊上疏乞外甚力，诏不允。赵鼎罢相，桧专国，赞帝决策通和。金国遣乌陵思谋等入界，索礼甚悖，军民皆不平，人言纷纷。桧于御榻前求去，欲要决意屈己从和。枢密院编修官胡铨上疏乞斩桧，校书郎范如圭以书责桧曲学背师，忘仇辱国，礼部侍郎曾开抗声引古谊以折桧，相继贬逐。

弥逊请对，言金使之请和，欲行君臣之礼，有大不可。帝以为然，诏廷臣大议，即日入奏。弥逊手疏力言："陛下受金人空言，未有一毫之得，乃欲轻祖宗之付托，屈身委命，自同下国而尊奉之，倒持太阿，授人以柄，危国之道，而谓之和可乎？借使金人姑从吾欲，假以目前之安，异时一有无厌之求，意外之欲，从之则害吾社稷之计，不从则衅端复开，是今日徒有屈身之辱，而后患未已。"又言："陛下率国人以事仇，将何以责天下忠臣义士之气？"力陈不可者三。

桧尝邀弥逊至私第，曰："政府方虚员，苟和好无异议，当以两地相浼。"答曰："弥逊受国恩深厚，何敢见利忘义。顾今日之事，国人皆不以为然，独有一去可报相公。"桧默然。次日，弥逊再上疏，言愈切直，又言："送伴使揣摩迎合，不恤社稷，乞别选忠信之人，协济国事。"桧大怒。弥逊引疾，帝谕大臣留之。时和议已决，附会其说者，至谓"向使明州时，主上虽百拜亦不问"，议论靡然。赖弥逊廷争，桧虽不从，亦惮公论。再与金使者计议和不受封册，如宰相就馆见金使，受其书纳入禁中，多所降杀，惟君臣之礼不得尽争。

九年春，再上疏乞归田，以徽猷阁直学士知端州，改知漳州。十年，归隐连江西山。是岁，兀术分四道入侵，明年，又侵淮西，取寿春，竟如弥逊言。

十二年，桧乘金兵既败，收诸路兵，复通和好，追仇向者尽言之臣，嗾言者论弥逊与赵鼎、王庶、曾开四人同沮和议。于是弥逊落职，十余年间不通时相书，不请磨勘，不乞任子，不序封爵，以终其身，常忧国，无怨怼意。二十三年，卒。朝廷思其忠节，诏复敷文阁待制。有奏议三卷，外制二卷，《议古》三卷，诗十卷。弟弥大。

弥大字似矩，登崇宁三年进士第。以大臣荐召对，除校书郎，迁监察御史。假太常少卿充祭丹贺正旦使。时传闻燕民欲归汉，徽宗遣弥大觇之。使还，奏所闻有二："或谓彼主淫刑灭亲，种类畔离，女真侵迫，国势危殆为可取；或谓下诏罪己，擢用耆旧，招赦盗贼，国尚有人未可取；莫若听其自相攻并。"迁起居郎，试中书舍人，同修国史。

童贯宣抚永兴，走马承受白锷恃贯不报师期，朝廷止从薄责。弥大缴奏，以为边报不至，非朝廷福。锷坐除名，弥大亦出知光州。移知鄂州。召为给事中兼校正御前文籍详定官，拜礼部侍郎。

金人大举入侵，李纲定城守之策，命弥大为参议，与纲不合，罢。未几，除刑部尚书。初，朝廷许割三镇畀金人，既而遣种师道、师中援河北，姚古援河东，弥大上疏乞起河东西境麟、府诸郡及陕西兵以济古之师，起河东路及京东近郡兵以济师道、师中之师，为腹背攻劫之图。遂除弥大河东宣抚副使。张师正领胜捷军败于河东，溃归，弥大诛之。复遣余卒援真定，余卒叛。

宣抚罢，命弥大知陕州。河东破，小将李彦先来谒，言军事，弥大壮之，留为将，戍崤、渑间以遏敌。诏遣使召援，弥大未敢进。会永兴帅范致虚纠兵勤王，檄弥大充诸道计议。行至方城，道阻，乃率众赴大元帅府。

建炎元年，除知淮宁府。到郡未几，杜用等夜叛，弥大缒城出，贼散乃还，坐贬秩。寻召为吏部侍郎。帝如杭州，命权绍兴府，试户部尚书兼侍读。吕颐浩视师，以弥大为参谋官。弥大奏："王导、谢安为都督，未尝离朝廷，今边圄幸无他，颐浩不宜轻动。"又言："已为天子从官，非宰相可辟。乞于诸军悉置军正，如汉朝故事，以察官、郎官为之。陛下必欲留臣，当别为一司，伺察颐浩过失。"忤旨，出知平江府。

中丞沈与求劾弥大谋间君臣，妄自尊大，夺职归。起知静江府，奏广西边防利害。入为工部尚书。未几，罢去。广西提刑韩璜劾其在静江日断强盗死罪，引绞入斩，贬两秩。绍兴十年卒，年六十一。

论曰：宋既南渡，日以徽宗梓官及韦后为念。秦桧主和，甘心屈己。张焘连章论列，谋深虑远，其言取必于天，岂忘宗社之仇哉，亦曰相时而动耳！惜其利泽专于蜀也。黄中不党不阿，明察料敌，立朝忠实，退不忘君。道夫受知张浚，忧国而不为身谋。曾幾积学洁行，风节凛凛，陈尝胆枕戈之言，以赞亲征，亦壮矣哉！勾涛直节正论，不受桧私，洁身归老。弥逊、曾开同沮和议，废绌以没，无怨怼心，所谓临大节而不可夺者欤！

卷三百八十三
列传第一百四十二

陈俊卿　虞允文　辛次膺

陈俊卿，字应求，兴化人。幼庄重，不妄言笑。父死，执丧如成人。绍兴八年，登进士第，授泉州观察推官。服勤职业，同僚宴集，恒谢不往。一日，郡中失火，守汪藻走视之，诸掾属方饮某所，俊卿與卒亦假之行，于是例以后至被诘，俊卿唯唯摧谢。已而知其实，问故，俊卿曰："某不能止同僚之行，又资其仆，安得为无过。时公方盛怒，其忍幸自解，重人之罪乎？"藻叹服，以为不可及。

秩满，秦桧当国，察其不附己，以为南外睦宗院教授。寻添通判南剑州，未上而桧死，乃以校书郎召。孝宗时为普安郡王，高宗命择端厚静重者辅导之，除著作佐郎兼王府教授。讲经辄寓规戒，正色特立。王好鞠戏，因诵韩愈谏张建封书以讽，王敬纳之。

累迁监察御史、殿中侍御史。首言："人主以兼听为美，必本至公；人臣以不欺为忠，必达大体。御下之道，恩威并施，抑骄将，作士气，则纪纲正而号令行矣。"遂劾韩仲通本以狱事附桧，冤陷无辜，桧党尽而仲通独全；刘宝总戎京口，恣掊克，且拒命不分戍；二人遂抵罪。汤思退专政，俊卿曰："冬日无云而雷，宰相上不当天心，下不厌人望。"诏罢思退。

时灾异数见，金人侵轶之势已形。俊卿乃疏言："张浚忠荩，白首不渝，窃闻逸言其阴有异志。夫浚之得人心、伏士论，为其忠义有素。反是，则人将去之，谁复与为变乎？"疏入，未报，因请对，力言之，上始悟。数月，以浚守建康。又言："内侍张去为阴沮用兵，且陈避敌计，摇成算，请按军法。"上曰："卿可谓仁者之勇。"除权兵部侍郎。

金主亮渡淮，俊卿受诏整浙西水军，李宝因之遂有胶西之捷。亮死，诏俊卿治淮东堡砦屯田，所过安辑流亡。金主褒新立，申旧好，廷臣多附和议。俊卿奏："和戎本非得已，若以得故疆为实利，得之未必能守，是亦虚文而已。今不若先正名，名正则国威强，岁币可损。"因陈选将练兵、屯田减租之策，择文臣有胆略者为参佐，俾察军政、习戎务以储将材。

孝宗受禅，言："为国之要有三：用人、赏功、罚罪，所以行之者至公而已，愿留圣意。"迁中书舍人。时孝宗志在兴复，方以阃外事属张浚。以俊卿忠义，沈靖有谋，以本职充江、淮宣抚判官兼权建康府事。奏曰："吴璘得孤军深入，敌悉众拒战，久不决，危道也。两淮事势已急，盍分遣舟师直捣山东，彼必还师自救，而璘得乘胜定关中。我及其未至，溃其腹心，此不世之功也。"会主和议方坚，诏璘班师，亦召俊卿。奏陈十事：定规模，振纪纲，励风俗，明赏罚，重名器，遵祖宗之法，蠲无名之赋。

隆兴初元，建都督府，俊卿除礼部侍郎参赞军事。张浚初谋大举北伐，俊卿以为未可。会谍报敌聚粮边地，诸将以为秋必至，宜先其未动举兵，浚乃请于朝出师。已而邵宏渊果以兵溃，俊卿退保扬州。主和议者幸其败，横议摇之。浚上疏待罪，俊卿亦乞从坐，诏贬两秩。谏臣尹穑附思退，议罢浚都督，改宣抚使治扬州。俊卿奏："浚果不可用，别属贤将；若欲责其后效，降官示罚，古法也。今削都督重权，置扬州死地，如有奏请，台谏沮之，人情解体，尚何后效之图？议者但知恶浚而欲杀之，不复为宗社计。愿下诏戒中外协济，使浚自效。"疏再上，上悟，即命浚都督，且召为相，卒为思退、穑所挤，遣视师江、淮。俊卿累章请罪，以宝文阁待制知泉州，请祠，提举太平兴国宫。

思退既窜，太学诸生伏阙下乞用俊卿。乾道元年，入对，上劳抚之，因极论朋党之弊。除吏部侍郎、同修国史。论人才当以气节为主，气节者，小有过当容之；邪佞者，甚有才当察之。钱端礼起戚里为参政，窥相位甚急，馆阁之士上疏斥之。端礼遣客密告俊卿，己即相，当引共政。深拒不听。翌日，进读《宝训》，适及外戚，因言："本朝家法，外戚不预政，有深意，陛下宜谨守。"上首肯，端礼憾之。知建康府。逾年，授吏部尚书。

时上未能屏鞠戏，将游猎白石。俊卿引汉桓灵、唐敬穆及司马相如之言力以为戒。上喜曰："备见忠悃，朕决意用卿矣。朕在藩邸，知卿为忠臣。"俊卿拜谢。

受诏馆金使，遂拜同知枢密院事。时曾觌、龙大渊怙旧恩，窃威福，士大夫颇出其门。及俊卿馆伴，大渊副之，公见外，不交一语，大渊纳谒，亦谢不接。洪适白俊卿："人言郑闻除右史，某当除某官，信乎？"诘所从，迈以渊、觌告。具以迈语质于上，上曰："朕曷尝谋及此辈，必窃听得之。"有旨出渊、觌，中外称快。

金移文边吏，取前所俘。俊卿请拟以"誓书云：俘虏叛亡是两事，俘虏发已多，叛亡不应遣。且本朝两淮民，上国俘虏亡虑数万，本朝未尝以为言，恐坏和议，使两境民不安。或至交兵，则屈直胜负有在矣。"

镇江军帅戚方刻削军士，俊卿奏："内臣中有主方者，当并惩之。"即诏罢方，以内侍陈瑶、李宗回付大理究赃状。十一月，当郊而雷，上内出手诏，戒饬大臣，叶颙、魏杞坐罢。俊卿参知政事。时四明献银矿，将召冶工即禁中锻之。俊卿奏："不务帝王之大，而屑屑有司之细，恐为有识所窥。"从官梁克家、莫济俱求补外，俊卿奏："二人皆贤，其去可惜。"于是劾奏洪迈奸险谀佞，不宜在左右，罢之。减福建钞盐，罢江西和籴、广西折米盐钱，蠲诸道宿通金谷钱帛以巨万计，于是政事稍归中书矣。

龙大渊死，上怜曾觌，欲召之。俊卿曰："自出此两人，中外莫不称颂。今复召，必大失天下望。臣请先罢。"遂不召。殿前指挥使王琪被旨按视两淮城壁还，荐和州教授刘甄夫，得召。俊卿言："琪荐兵将官乃其职，教官有才，何预琪事。"会扬州奏琪传旨增筑城已讫事，俊卿请于上，未尝有是命。俊卿曰："若诈传上旨，非小故。"奏言："人主万几，岂能尽防闲，所恃者纪纲、号令、赏罚耳。不诛琪，何所不为。"琪削秩罢官。

先是，禁中密旨直下诸军，宰相多不预闻，内官张方事觉，俊卿奏："自今百司承御笔处分事，须奏审方行。"从之。既而以内诸司不乐，收前命。俊卿言："张方、王琪事，圣断已明，忽谕臣曰：'禁中取一饮一食，必待申审，岂不留滞。'臣所虑者，命之大，如三衙发兵，户部取财，岂为宫禁细微事。臣等备数，出内陛下命令耳。凡奏审欲取决陛下，非臣欲专之，且非新条，申旧制耳。已行复收，中外惶惑，恐小人以疑以激圣怒。"上曰："朕岂以小人言疑卿等耶？"

同知枢密院事刘珙进对，争辩激切，忤旨，既退，手诏除珙端明殿学士，奉外祠。俊卿即藏去，密具奏："前日奏札，臣实草定，以为有罪，臣当先罢。珙之除命，未敢奉诏。陛下即位以来，纳谏诤，体大臣，皆盛德事。今珙以小事获罪，臣恐自此大臣皆阿顺持禄，非国家福。"上色悔久之，命珙帅江西。俊卿退自劾，上手札留之，且曰："卿虽百请，朕必不从。"

四年十月，制授尚书右仆射、同中书门下平章事兼枢密使。俊卿以用人为己任，所除吏皆一时选，奖廉退，抑奔竞。或才可用，资历浅，密荐于上，未尝语人。每接朝士及牧守自远至，必问以时政得失，人才贤否。

虞允文宣抚四川，俊卿荐其才堪用。五年正月，上召允文为枢密使，至则以为右相，俊卿为左相。允文建议遣使金以陵寝为请，俊卿面陈，复手疏以为未可。上御弧矢，弦激致目眚，六月始御便殿。俊卿疏曰："陛下经月不御外朝，口语籍籍，皆辅相无状，不能先事开陈，亏损圣德。陛下忧勤恭俭，清静寡欲，前代英主所不能免者皆屏绝，顾于骑射之末犹未能忘。臣知非乐此，志图恢复，故俯而从事，以阅武备，激士气耳。愿陛下任智谋，明赏罚，恢信义，则英声义烈，不越尊俎，固已震慑敌人于万里之远，岂待区区骑射于百步间哉。陛下一身，宗社生灵之休戚系焉，愿以今日之事，永为后戒。"

曾觌官满当代，俊卿预请处以浙东总管。上曰："觌意似不欲为此官。"俊卿曰："前此陛下去二人，公论甚惬。愿捐私恩，伸公议。"觌怏怏而去。枢密承旨张说为亲戚求官，惮俊卿不敢言，会在告，请于允文，得之。俊卿闻敕已出，语吏留之。说皇恐来谢，允文亦愧，犹为之请，俊卿竟不与，说深憾之。吏部尚书汪应辰与允文议事不合，求去，俊卿数奏应辰刚毅正直，可为执政。上初然之，后竟出应辰守平江。自是上意向允文，而俊卿亦数求去。

明年，允文复申陵寝之议，上手札谕俊卿，俊卿奏："陛下痛念祖宗，思复故疆，臣虽疲驽，岂不知激昂仰赞圣谟，然于大事欲计其万全，俟一二年间，吾之事力稍充乃可，不敢迎合意指误国事。"即杜门请去，以观文殿大学士帅福州。陛辞，犹劝上远佞亲贤，修政攘敌，泛使未可轻遣。既去，允文卒遣使，终不得要领。曾觌亦召还，建节钺，跻保傅，而士大夫莫敢言。

俊卿至福州，政尚宽厚，严于治盗，海道晏清，以功进秩。转运判官陈岘建议改行钞盐法，俊卿移书宰执，极言福建盐法与淮、浙异，遂不果行。明年，请祠，提举洞霄宫。归第，弊屋数椽，怡然不介意。

淳熙二年，再命知福州。累章告归，除特进，起判建康府兼江东安抚。召对垂拱殿，命坐赐茶，因从容言曰："将帅当由公选，臣闻诸将多以贿得。曾觌、王抃招权纳贿，进人皆以中批行之。脏吏已经结勘，而内批改正，将何所劝惩？"上曰："卿言甚当。"朝辞，奏曰："去国十年，见都城谷贱人安，惟士大夫风俗大变。"上曰："何也？"俊卿曰："向士大夫奔觌、抃之门，十才一二，尚畏人知，今则公然趋附已七八，不复顾忌矣。人材进退由私门，大非朝廷美事。"上曰："抃则不敢。觌虽时或有请，朕多抑之，自今不复从矣。"俊卿曰："此曹声势既长，侍从、台谏多出其门，毋敢为陛下言，臣恐坏朝廷纪纲，废有司法度，败天下风俗，累陛下圣德。"命二府饮饯浙江亭。

俊卿去建康十五年，父老喜其再来。为政宽简，罢无名之赋。时御前多行"白札"，用左右私人持送，俊卿奏非便，上手札奖谕。除少保，判建康府如故。八年上章告老，以少师、魏国公致仕。十三年十一月薨，年七十四。方属疾，手书示诸子云："遗表止谢圣恩，勿祈恩泽及功德，勿请谥树碑。"上闻嗟悼，辍视朝，赠太保，命本路转运司给葬事，赐谥正献。

俊卿孝友忠敬，得于天资，清严好礼，终日无惰容。平居恂恂若不能言，而在朝廷正色危论，分别邪正，斥权势无顾避。凡所奏请，关治乱安危之大者。雅善汪应辰、李焘，尤敬朱熹，屡尝论荐。其薨也，熹不远千里往哭之，又状其行。有集二十卷。

子五人，宓有志于学，终承奉郎，朱熹为铭其墓。宓自有传。

虞允文，字彬甫，隆州仁寿人。父祺，登政和进士第，仕至太常博士、潼川路转运判官。允文六岁诵《九经》，七岁能属文。以父任入官。丁母忧，哀毁骨立。既葬，朝夕哭墓侧，墓有枯桑，两乌来巢。念父之鳏且疾，七年不调，跬步不忍离左右。父死，绍兴二十三年始登进士第，通判彭州，权知黎州、渠州。

秦桧当国，蜀士多屏弃。桧死，高宗欲收用之，中书舍人赵达首荐允文，召对，谓人君必畏天，必安民，必法祖宗。又论士风之弊，以文章进必抑其轻浮，以言语进必黜其巧伪，以政事进必去其苛刻，庶可任重致远。且极论四川财赋科纳之弊。上嘉纳之。

除秘书丞，累迁礼部郎官。金主亮修汴，已有南侵意。王纶还，言敌恭顺和好。汤思退再拜贺，置边备不问。及金使施宜生颇泄敌情，张焘密奏之。亮又隐画工图临安湖山以归。亮赋诗，情益露。允文上疏言："金必败盟，兵出有五道，愿诏大臣豫思备御。"时三十年正月也。十月，借工部尚书充贺正使，与馆伴宾射，一发破的，众惊异之。允文见运粮造舟者多，辞归，亮曰："我将看花洛阳。"允文还，奏所见及亮语，申言淮、海之备。

除中书舍人、直学士院。三衙管军以宦寺充承受，允文言："自古人主大权，不移于奸臣，则落于近幸。秦桧盗权十有八年，桧死，权归陛下。迩来三衙交结中官，宣和、明受厥鉴未远。"上大悟，立罢之。

金使王全、高景山来贺生辰，口传亮悖慢语，欲得淮南地，索将相大臣议事。于是召三衙大将赵密等议举兵，侍从、台谏集议。宰臣陈康伯传上旨："今日更不问和与守，直问战当如何。"遣成闵为京、湖制置使，将禁卫五万御襄、汉上流。允文曰："兵来不除道，敌为虚声以分我兵，成其出淮奸谋尔。"不听，卒遣闵。七月，金主亮徙汴，允文复语康伯："闵军约程在江、池，宜令到池者驻池，到江者驻江。若敌兵出上流，则荆湖之军捍于前，江、池之军援于后；若出淮西，则池之军出巢县，江州军出无为，可为淮西援，是一军而两用之。"康伯然其说，而闵军竟屯武昌。

九月，金主命李通为大都督，造浮梁于淮水上。金主自将，兵号百万，毡帐相望，钲鼓之声不绝。十月，自涡口渡淮。先是，刘锜措置淮东，王权措置淮西。至是，权首弃庐州，锜亦回扬州，中外震恐。上欲航海，陈康伯力赞亲征。是月戊午，枢臣叶义问督江、淮军，允文参谋军事。权又自和州遁归，锜回镇江，尽失两淮矣。

十一月壬申，金主率大军临采石，而别以兵争瓜洲。朝命成闵代锜、李显忠代权，锜、权皆召。义问被旨，命允文往芜湖趣显忠交权军，且犒师采石，时权军犹在采石。丙子，允文至采石，权已去，显忠未来，敌骑充斥。我师三五星散，解鞍束甲坐道旁，皆权败兵也。允文谓坐待显忠则误国事，遂立招诸将，勉以忠义，曰："金帛、告命皆在此，待有功。"众曰："今既有主，请死战。"或曰："公受命犒师，不受命督战，他人坏之，公任其咎乎？"允文叱之曰："危及社稷，吾将安避？"

至江滨，见江北已筑高台，对植绛旗二、绣旗二，中建黄屋，亮踞坐其下。谍者言，前一日刑白黑马祭天，与众盟，以明日济江，晨炊玉麟堂，先济者予黄金一两。时敌兵实四十万，马倍之，宋军才一万八千。允文乃命诸将列大阵不动，分戈船为五，其二并东西岸而行，其一驻中流，藏精兵待战，其二藏小港，备不测。部分甫毕，敌已大呼，亮操小红旗麾ези百艘绝江而来，瞬息，抵南岸者七十艘，直薄宋军，军小却。允文入阵中，抚时俊之背曰："汝胆略闻四方，立阵后则儿女子尔。"俊即挥双刀出，士殊死战。中流官军亦以海鳅船冲敌，舟皆平沉，敌半死半战，日暮未退。会有溃军自光州至，允文授以旗鼓，从山后转出，敌疑援兵至，始遁。又命劲弓尾击追射，大败之，僵尸凡四千余，杀万户二人；俘千户五人及生女真五百余人。敌兵不死于江者，亮悉敲杀之，怒其不出江也。以捷闻，犒将士，谓之曰："敌今败，明必复来。"夜半，部分诸将，分海舟缒上流，别遣兵截杨林口。丁丑，敌果至，因夹击之，复大战，焚其舟三百，始遁去，再以捷闻。既而敌遣伪诏来谕王权，似有宿约。允文曰："此反间也。"仍复书言："权已置典宪，新将李世辅也，愿一战以决雌雄。"亮得书大怒，遂焚龙凤车，斩梁汉臣及造舟者二人，乃趋瓜洲。汉臣，教亮济江者也。

显忠至自芜湖，允文语之曰："敌入扬州，必与瓜洲兵合，京口无备，我当往，公能分兵相助乎？"显忠分李捧军万六千还京口，叶义问亦命枢存中将所部来会。允文还建康，即上疏言："敌败于采石，将徼幸于瓜洲。今我精兵聚京口，持重待之，可一战而胜。乞少缓六飞之发。"

甲申，至京口。敌屯重兵滁河，造三闸储水，深数尺，塞瓜洲口。时杨存中、成闵、邵宏渊诸军皆聚京口，不下二十万，惟海鳅船不满百，戈船半之。允文谓遇风则使战船，无风则使战舰，数少恐不足用。遂聚材治铁，改修马船为战舰，且借之平江，命张深守滁河口，扼大江之冲，以苗定驻下蜀为援。庚寅，亮至瓜洲，允文与存中临江按试，命战士踏车船中流上下，三周金山，回转如飞，敌持满以待，相顾骇愕。亮笑曰："纸船耳。"一将跪奏：南军有备，未可轻，愿驻扬州，徐图进取。亮怒，欲斩之，哀谢良久，杖之五十。乙未，亮为其下所杀。

初，亮在瓜洲，闻李宝由海道入胶西，成闵诸军方顺流而下，亮愈怒。还扬州，召诸将约三日济江，否则尽杀之。诸将谋曰："进有滃杀之祸，退有敲杀之忧，奈何？"有万戴者曰："杀郎主，与南宋通和归乡则生矣。"众曰："诺。"亮有紫茸细军，不临阵，恒以自卫，众患之，有萧遮巴者绐之曰："淮东子女月帛皆聚海陵。"且嗾使往，细军去而亮死。

丙申，敌人退屯三十里，遣使议和。己亥，奏闻。召入对，上慰藉嘉叹，谓陈俊卿曰："虞允文公忠出天性，朕之裴度也。"诏免扈从，往两淮措置。允文至镇江，奏收两淮三策，不报。

明年正月，上至建康。寻议回銮，诏以杨存中充江淮、荆襄路宣抚使，允文副之。给、舍缴存中除命，于是允文充川陕宣谕使。陛辞，言："金亮既诛，新主初立，彼国方乱，天相我恢复也。和则海内气沮，战则海内气伸。"上以为然。允文至蜀，与大将吴璘议经略中原，璘进取凤翔，复巩州。金治兵争陕西新复州郡，蜀士欲弃之，允文持不可。

孝宗受禅，朝臣有言西事者，谓官军进讨，东不可过宝鸡，北不可过德顺，且欲用忠义人守新复州郡，官军退守蜀口。允文争之不得，吴璘遂归河池，盖用参知政事史浩议，欲尽弃陕西，台谏袁季、任古附和其说。允文再上疏，大略言："恢复莫先于陕西，陕西五路新复州县又系于德顺之存亡，一旦弃之，则窥蜀之路愈多，西和、阶、成、利害至重。"前后凡十五疏，且移书陈康伯，康伯牵于同列，不能回也。上将召允文问陕西事，执政忌其来，以显谟阁直学士知夔州，寻又命奏事。

隆兴元年入对，史浩既素主弃地，及拜相，亟行之，且亲为诏，有曰："弃鸡肋之无多，免狼心之未已。"允文入对言："今日有八可战。"上问及弃地，允文以筹画地，陈其利害。上曰："此史浩误朕。"以敷文阁待制知太平州，寻除兵部尚书、湖北京西宣抚使，改制置使。

时朝廷遣卢仲贤使金议和，汤思退又欲弃唐、邓、海、泗，手诏谓唐、邓非险要，可置度外，允文五上疏力争。思退怒，即奏曰："此皆以利害不切于己，大言误国，以邀美名。宗社大事，岂同戏剧。"上意遂定。思退阳请召允文，实欲去之也。允文上印，犹以四州不可弃为请，乞致仕。诏以显谟阁学士知平江府。思退竟决和议，割唐、邓。

二年，金兵复至，思退贬，上悔不用允文言。陈俊卿亦荐允文堪大用，除端明殿学士、同签书枢密院事。

乾道元年，拜参知政事兼知枢密院事。是秋，金遣完颜仲有所议，偃蹇不敬，允文请斩之，廷有异论，不果。会钱端礼受李宏玉带，事连允文，为御史章服所论，罢政，奉祠西归。

三年二月，召至阙，除知枢密院事兼参知政事。吴璘卒，议择代，上谕允文曰："吴璘既卒，汪应辰恐不习军事，无以易卿。凡事不宜效张浚迂阔，军前事，卿一一亲临之。"即拜资政殿大学士、四川宣抚使，寻诏依旧知枢密院事。归蜀一月，召至阙，不数月复使蜀。太上赐御书《圣主得贤臣颂》，上又为之制跋，陛辞，复以所御双履及甲胄赐焉。

过郢，奏筑黄鹰山城。过襄阳，奏修府城。八月至汉中，又往洵阳。九月，至益昌。先被手诏戒九事，洎至蜀，悉奉而行，尤以军政为急。又奏阅实诸军，其第壮怯为三，上备战，中下备辎重，老者少者不预。汰兵凡万人，减缩钱四百万。汰去兵有劳绩者，置员阙处之。兴、洋义士，民兵也，绍兴初以七万计，大散之战，将不授甲，驱之先官军，死亡略尽。命利帅晁公武核实，得二万三千九百余人。又得陕西弓箭手法，参绍兴制为一书，俾将吏守之。以马政付张松，奏依旧制分茶马为川、秦司。

初在枢府，萧遮巴以刷军中人为言，允文尝奏谕三衙抚存之。至是，金、洋、兴元归正人二万，遮道诉系縲之苦，允文分给官田，俾咸振业。欲结敌将姜挺、白沂，遵御札募巩人王嗣祖结外蕃以图金人，又得蕃僧六彪者偕往，竟无成说。时邛、蜀十四郡告饥，荒政凡六十五事，剑倅献羡钱五万，却之。

五年八月，拜右仆射、同中书门下平章事兼枢密使。允文多荐知名士，如洪适、汪应辰。及为相，籍人才为三等，有所见闻即记之，号《材馆录》。凡所举，上皆收用，如胡铨、周必大、王十朋、赵汝愚、晁公武、李焘其尤章明者也。上以兵冗财匮为忧，允文与陈俊卿议革三衙杂役，汰冗籍，三军无怨言。

六年，陈俊卿以奏留龚茂良忤上意，上震怒甚，俊卿待命浙江亭，两日不报。允文请对，极论体貌之道，叠拜楊前，遂命判福州。

诏以范成大为祈请使，为陵寝故。金不从，且谍报欲以三十万骑奉迁陵寝来归，中外汹汹，荆、襄将帅皆请增戍。允文谓："金方惩亮，决不轻动，不过以虚声撼我耳。"遂奏止之。朝论纷然，允文屹不动，敌卒无他。

自庄文太子薨，储位未定。允文上疏，且屡恳陈。七年正月，上两宫尊号，议始定，下诏皇第三子恭王惇立为皇太子，皇子恺以雄武、保宁军节度使判宁国府。皇太子寻尹临安。侍卫马军司牧地旧在临安，允文谓地狭不利刍牧，请令就牧镇江，缓急用骑过江便。三军有怨语，其后言者以此为言。

胡铨以台评去，允文奏留之经筵。铨荐朱熹，上问允文识熹否？允文谓熹不在程颐下，遂召熹，熹不至。检鼓院以六条抑上书人，允文力言不可，从之。

会庆节，金使乌林答天锡入见，金主婿也，骄倨甚，固请上降榻问金主起居，上不许，天锡跪不起，侍臣错愕失措。允文请大驾还禁中，且谕之曰："大驾既兴，难再御殿，使人来且随班上寿。"金使惭而退。

上以仆射名不正，改为左、右丞相。八年二月，授允文特进、左丞相兼枢密使，梁克家为右丞相。允文尝举克家自代，上不许。是月，以病乞解机政，又荐克家靖重有宰相器，至是始同相，手诏付允文曰："朕方欲武臣为枢密，曹勋如何？"允文谓勋人品卑凡，不可用。既而以张说签书枢密院事，右正言王希吕与台官交劾之。上怒希吕甚，手诏"与远恶监当"。允文缴回，上益怒。梁克家："希吕论张说，台纲也，左相救希吕，国体也。"上怒稍解，卒薄希吕之罚。

四月，御史萧之敏劾允文，允文上章待罪。上过德寿宫，太上曰："采石之功，之敏在何许？毋听其去。"上为出之敏，且书扇制诗以留之。允文言之敏端方，请召归以辟言路。上谓其言宽厚，命曾怀书之《时政记》。

上命选谏官，允文以李彦颖、林光朝、王质对，三人皆鲠亮，又以文学推重于时，故荐之，久不报。曾觌荐一人，赐第，擢谏议大夫。允文、克家争之，不从。允文力求去，授少保、武安军节度使、四川宣抚使，进封雍国公。陛辞，上谕以进取之方，期以某日会河南。允文言："异时戒内外不相应。"上曰："若西师出而朕迟回，即朕负卿；若朕已动而卿迟回，即卿负朕。"上御正衙，酌酒赋诗以遣之，且赐家庙祭器。

九年至蜀。大军月给米一石五斗，不足赡其家，允文捐宣司钱三十万易米，计口增给。立户马七条，括民马，奏选良家子以储战用。初，北界有寇邻者，拥众数万在商、虢间，允文秉政已纳款，迨至蜀，复遣人致书允文，不报，羁縻之而已。既而邻谋觉，金密遣人捕之。叶衡奏闻，允文上疏自辨，因请纳禄，不报。

上尝谕允文曰："丙午之耻，当与丞相共雪之。"又曰："朕惟功业不如唐太宗，富庶不如汉文、景。"故允文许以恢复。使蜀一岁，无进兵期，上赐密诏趣之，允文言军需未备，上不乐。

淳熙元年薨。后四年，上幸白石大阅，见军皆少壮，谓辅臣曰："虞允文行沙汰之效也。"寻诏赠太傅，赐谥忠肃。

允文姿雄伟，长六尺四寸，慷慨磊落有大志，而言动有则度，人望而知为任重之器。早以文学致身台阁，晚际时艰，出入将相垂二十年，孜孜忠勤无二焉。尝注《唐书》、《五代史》，藏于家。有诗文十卷，《经筵春秋讲义》三卷，《奏议》二十二卷，《内外志》十五卷，行于世。

子三人：公亮、公著、杭孙。孙八人，皆好修，唯刚简最知名，嘉定中，召不至，终利路提点刑狱。

辛次膺，字起季，莱州人。幼孤，从母依外氏王圣美于丹徒。俊慧力学，日诵千言。甫冠，登政和二年进士第，历官为单父丞。

值山东乱，举室南渡。属闽寇范汝为陷建州，宰相吕颐浩以次膺宰浦城，遏贼冲。比至，寇党熊志宁已焚其邑。于是披荆棘，坐瓦砾中，安辑吏民，料丁壮，治器械，陁险阻，号令不烦，邑民便之。数月，韩世忠破贼，复建州，除审计司。余党范黑龙破邻邑，闽帅张守檄次膺，俟贼平而后行。乃募乡兵习强弩，贼至，与之夹水而阵，矢齐发，贼奔溃，生致首领五人，余悉宥之。

用参政孟庾荐，召对，奏用人贵于务实，施令在于必行。迁驾部。愿敕郡邑省耕薄征，务农抑末。又奏："中原之人，弃坟墓生业，从巡江左，饥寒殒仆。愿加存拊，可以坚中原徯后之心。"迁吏部郎、湖北运判，中途召还，见高宗于建康行宫，首言救世之弊，上称善，敕以所奏榜朝堂。

擢右正言。奏："愿阅兵将，亲简拔，揽恩威之柄，使人人知朝廷之尊。左右近习，久则干政，愿杜其渐。兵连不解，十年于兹。一岁用钱三十万、米四百万石，诸路常赋仅足支其半，余悉取诸民。乞罢不急之务，节姑息之泽，省冗官，汰懦兵。"

韩世忠男直秘阁，次膺奏曰："攻城野战，世忠功也，其子何与？石渠、东观，图书府也，武功何与？幸门一启，援例者众。"又奏："今主议者见小利忽大计，偏师偶胜，遽思进讨，便谓攻为有余；警奏稍闻，首陈退舍，便谓守为不足。愿严纪律，谨烽燧，间明探。"上皆信纳。闻韩世忠将自楚州移军镇江，复陈可虑者五。王伦使北请和，次膺言："宣和海上之约，靖康城下之盟，口血未干，兵随其后。今日之事当识其诈。"

时秦桧在政府，为其妻兄王仲薿叙两官。次膺劾仲薿奴事朱勔，投拜金酋，罪在不赦。又劾知抚州王晱违法佃官田，不输租。其父仲山，先知抚州，屈膝金人，晱继其后，何颜见吏民？晱，桧之妻兄也。章留中。次膺再论之曰："近臣奏二人，继闻追寝除命，是皆桧容私营救，陛下曲从其欲，国之纪纲，臣之责任，一切废格。借使贵连宫掖，亲如肺附，宠任非宜，臣亦得论之，而大臣之姻娅，乃不得绳之耶？望陛下奋乾刚之威，戒蒙蔽之渐。"

求去，除直秘阁、湖南提刑。先是，湖南贼龙渊、李朝拥众数万，据衡之茶陵，桧匿不奏，乃以见阙处次膺。陛辞，上曰："卿以将母为请，朕不得留。湖湘风物甚佳，且无盗贼，职名异恩，卒岁当归。"既抵长沙，贼势方张，戍将抽回，始悟桧陷欲之。即单车趋茶陵，擒贼骁将戮之，募贼党毛义、龙麟等，赍榜谕以朝廷抽回戍将，务欲招安，宜亟降，待以不死。龙渊、李朝相继降，仍请料精锐，可

得禁旅万余。次鹰笑曰："是皆吾民，正当弃兵甲，持锄耰，趣令复业。"奏茶陵为军。

金好成，敕书至衡阳，次膺极陈其诈，略曰："臣昨在谏列，尝数论金人变诈无常，愿陛下为宗社生灵深虑。近观邸报，枢密院编修官胡铨妄议和好，历诋大臣，除名远窜。已而得铨书藁，乃知朝廷遽欲屈己称藩，臣未知其可。大臣怀奸固位，不恤国计，媮婠趋和，谬以为便，臣不知天下之人以为便乎？'父之仇不与共戴天，兄弟之仇不反兵'。弃仇释怨，尽除前事，降万乘之尊，以求说于敌，天下之人，果能遂亡怨痛以从陛下之志乎？"书奏，不报。金陷三京。

次膺罢，奉祠。秦桧以其负重名，欲先移书，当稍收用，次膺笑而不答。阅十六年，贫益甚，亡毫发求于人。桧死，起知婺州，三日被召。至国门，以足疾求去。加秘阁修撰，还郡。再召见，历言仇怨当国，老母几委沟壑，因奏国本未立，上改容曰："谁可？"次膺曰："知子莫若父。"上称善。擢权给事中。蒋璨权户部侍郎，次膺驳璨不守正，事交结，出璨知平江。御史中丞汤鹏举劾次膺假权报怨，除待制、宫观。起知泉州，移福建帅。丁母忧，乞纳禄。

孝宗即位，手诏趣召。既至，奏："陛下用贤必考核事功，勿以一人誉用之，一人毁去之，出令要无反汗，纳善要知转圜。练兵恤民，经理两淮，使敌不能乘虚而入。"是日，除御史中丞。朝德寿宫，高宗一见，谓"惜间卿于强健时。"

上将以春飨迎高宗诣延祥观，幸玉津园。次膺奏："钦宗服未终，方停策士，且金人嫚书甫至，意在交兵，剗原野间禁卫稀少，当过为之虑，兼一出费十数万缗，曷若以资兵食。"时两淮尽为荒野，次膺奏："乞集遗氓归业，借种牛，或令在屯兵从便耕种，此足兵良法。"至若成闵之贪饕，汤思退之朋附，叶义问之奸罔，皆以次论劾。每章疏一出，天下耸之。上方厉精政事，次膺每以名实为言，多所裨益，呼其官不名。

隆兴改元三月，同知枢密院事。符离之师，捷奏日闻，次膺手疏千言，乞持重。未几，军果溃。及见，上颜色不乐，奏言："师溃而归，张浚弹压必无他，此上天大儆戒于陛下也。"上叹其先见。

拜参知政事，以疾力祈免。且奏曰："王十朋除侍史，虽上亲擢，天下皆知臣尝荐其贤。汤思退召将至，亦知臣尝疏其奸。臣不引避，人其谓何？"除资政殿学士、提举洞霄宫。陛辞，赐茶，甚惜其去。次膺奏："臣与思退，理难同列。"上曰："有谓汤思退可用者。"次膺曰："今日之事，恐非思退能辨。思退固不足论，窃恐误国家事。"乾道六年闰五月卒，年七十九。

次膺孝友清介，立朝謇谔。仕宦五十年，无丝毫挂吏议。为政贵清静，先德化，所至人称其不烦。善属文，尤工于诗。

论曰：孝宗志恢复，特任张浚，俊卿斥奸党，明公道，以为之佐。泪居中书，知无不为，言无不尽，盖其立志一

以先哲为法，非他相可拟也。允文许国之忠，炳如丹青。金庶人亮之南侵，其锋甚锐，中外倚刘锜为长城，锜以病不克进师。允文儒臣，奋勇督战，一举而挫之，亮乃自毙。昔赤壁一胜而三国势成，淮淝一胜而南北势定。允文采石之功，宋事转危为安，实系乎此。及其罢相镇蜀，受命兴复，克期而往，志虽未就，其能慷慨任重，岂易得哉？次膺力排邪朋，无负言责，莅政不烦，居约有守。晚再立朝，睿谔尤著，南渡直言之臣，宜为首称焉。

卷三百八十四
列传第一百四十三

陈康伯　梁克家　汪澈
叶义问　蒋芾　叶颙　叶衡

陈康伯，字长卿，信之弋阳人。父亨仲，提举江东常平。康伯幼有学行。宣和三年，中上舍丙科。累迁太学正。丁内艰。贵溪盗将及其乡，康伯起义丁逆击，俘其渠魁，邑得全。

建炎末，为敕令删定官，预修《绍兴敕令》。寻通判衢州，摄郡事。盗发白马原，康伯督州兵济王师进讨，克之。除太常博士，改提举江东常平茶盐。高宗进跸建康，康伯以职事过阙，得对，因请择将，上开纳。

绍兴八年，除枢密院大计议官。累迁户部司勋郎中。康伯与秦桧太学有旧，桧当国，康伯在郎省五年，泊然无求，不偶合。十三年，始迁军器监。借吏部尚书使金，至汴将晡，不供饷，闭户卧勿问；入夜，馆人扣户谢不敏，亦不对。后因金使至，诏康伯馆伴，端午赐扇帕，与论拜受礼，言者以生事论，罢知泉州。

海盗间作，朝廷遣刘宝、成闵逐捕，康伯以上意招怀，盗多出降，籍为兵。久之，不逞者阴倡乱，康伯讯得实，论杀之，州以无事。秩满，三奉祠，垂十年。

桧死，起知汉州，将出峡，召对，除吏部侍郎。康伯首请节用宽民，凡州县取民无艺，许监司互察，台谏弹劾。寻兼礼、户部。乞约岁用，会所入，储什之一二备水旱。奏上，议竟不决。兼刑部。前此有司希桧意兴大狱，康伯平谳直冤，士大夫存殁多赖之。除吏部尚书。宰臣拟用"权尚书"出命，高宗顾曰："朕且大用，何'权'为？"寻拜参知政事。

自孙道夫使北还，已闻金以买马非约为言，朝廷特惮和，康伯与同知枢密院事王纶白发其端。纶使还，乃言和好无他，康伯持初论不变。九月，以通奉大夫守尚书右仆射、同中书门下平章事，例赐银绢，康伯固辞，减半，又辞。兼史院。上尝谓其"静重明敏，一语不妄发，真宰相也。"又命与汤思退辅政，事勿惮商论，惟其当而已。康伯言："大臣事当尽公，若依阿植党，此鄙夫患失者，臣非惟不敢，亦素不能。"高宗叹其长者。普安郡王居潜藩，高宗一日谓康伯，当以使相封真王，今宜冠以属籍，于是诏以为皇子，封建王，实三十年二月也。

明年三月，拜光禄大夫、尚书左仆射。五月，金遣使贺天申节，出嫚言，求淮、汉地，指将相大臣，且以渊圣凶问至。康伯主礼部侍郎黄中之论，持斩衰三年。先是，叶义问、贺允中使还，言金必败盟，康伯请早为之备，建四策：一，增刘锜荆南军，以重上流；二，分画两淮地，命诸将结民社，各保其境；三，刘宝独当淮东，将骄卒少，不可倚；四，沿江诸郡修城积粮，以固内地。至是，召三衙帅及杨存中至都堂议举兵，又请侍从、台谏集议，康伯传上旨曰："今日更不问和与守，直问战当如何。"时上意雅欲视师，内侍省都知张去为阴沮用兵，且陈退避策，中外妄传幸闽、蜀，人情汹汹。右相朱倬无一语，同知枢密院事周麟之受命聘金，惮不欲行，康伯独以为己任，奏曰："金敌败盟，天人共愤，今日之事有进无退，圣意坚决，则将士之意自倍。愿分三衙禁旅助襄、汉，待其先发应之。"康伯勉周麟之以国事，麟之语侵康伯，康伯曰："使某不为宰相，当自行，大臣与国存亡，虽死安避。"麟之竟以辞行罢，寻贬责。殿中侍御史陈俊卿言当用张浚，且乞斩张去为以作士气。康伯以俊卿振职，奏权兵部侍郎。

九月，金犯庐州，王权败归，中外震骇，朝臣有遣家豫避者。康伯独具舟迎家入浙，且下令临安诸城门扃鐍率迟常时，人恃以安。敌迫江上，召杨存中至内殿议之，因命就康伯议。康伯延之入，解衣置酒，上闻之已自宽。翌日，入奏曰："闻有劝陛下幸越趋闽者，审尔，大事去矣，益静以待之。"

一日，忽降手诏："如敌未退，散百官。"康伯焚之而后奏曰："百官散，主势孤矣。"上意既坚，请下诏亲征，以叶义问督江、淮军，虞允文参谋军事。上初命朱倬为都督，倬辞，乃命义问。允文寻败敌于采石，金主亮为其臣下所毙而还。

方亮之犯江，国人即立葛王褒。三十二年，始遣高忠建来告登位，议授书礼，康伯以谊折之，于是报书始用敌国礼。

高宗倦勤，有与子意，康伯密赞大议，乞先正名，俾天下咸知圣意，遂草立太子诏以进。及行内禅礼，以康伯奉册。孝宗即位，命兼枢密使，进封信国公，礼遇殊渥，但呼丞相而不名。

康伯自建康扈从回，即以病祈去位，不允。明年，改元隆兴，请益坚，遂以太保、观文殿大学士、福国公判信州。上慰劳甚勤，且曰："有宣召，慎勿辞。"宰执即府饯别，百官班送都门外。已又辞郡，丐外祠，除醴泉观使。

二年八月，起判绍兴府，且令赴阙奏事，复辞。未几，召陪郊祀。时北兵再犯淮甸，人情惊骇，皆望康伯复相。上出手札，遣使即家居之。未出里门，拜尚书左仆射、同中书门下平章事兼枢密使，进封鲁国公。亲故谓康伯实病，宜辞，康伯曰："不然。吾大臣也，今国家危，当舆疾就道，幸上哀而归之尔。"道闻边遽，兼程以进，至阙下，诏子安节、婿文好谦掖以见，减拜赐坐。间日一会朝，许肩舆至殿门，仍给扶，非大事不署。敌师退，寻以目疾免朝谒，卧家，旬余一奏事。

乾道元年正月上辛，有事南郊，康伯起陪祠，已即乞归，章屡上，不许。一日出殿门，喘剧，舆至第薨，年六十有九。赠太师，谥文恭，择日临奠，子伟节固辞，乃止。命工部侍郎何俌护丧归。

二子：伟节，除直秘阁；安节，赐同进士出身，五辞不受，上手札批谕，寄留省中以成其美，康伯薨，给还之。庆元初，配享孝宗庙庭，改谥文正。

梁克家，字叔子，泉州晋江人。幼聪敏绝人，书过目成诵。绍兴三十年，廷试第一，授平江签判。时金主亮死，众皆言可乘机进取，克家移书陈俊卿，谓："敌虽遁，吾兵力未振，不量力而动，将有后悔。"俊卿归以白丞相陈康伯，叹其远虑。召为秘书省正字，迁著作佐郎。

时灾异数见，克家奏宜下诏求言，从之，令侍从、台谏、卿监、郎官、馆职疏阙失。克家条六事：一正心术，二立纪纲，三救风俗，四谨威柄，五定庙算，六结人心。其论定庙算，谓今边议不过三说，曰将、兵、财，语甚切直。累迁中书舍人。

使金，金以中朝进士第一，敬待之，即馆宴射，连数十发中的。金人来贺庆会节，克家请令金使入朝由南门，百官由北门，从者毋辄至殿门外，以肃朝仪，诏定为令。

郊祀有雷震之变，克家复条六事。迁给事中，凡三年，遇事不可，必执奏无隐。尝奏："陛下欲用实才，不喜空言，空言固无益，然以空言为惩，则谏争之路遂塞，愿有以开导之。"上欣纳，因命条具风俗之弊，克家列四条，曰欺罔、苟且、循默、奔竞，上手笔将谕。

乾道五年二月，拜端明殿学士、签书枢密院事。明年，参知政事。又明年，兼知院事。初修金好，金索所获俘，启衅未已。克家请筑楚州城，环舟师于外，边赖以安。在政府，与虞允文可否相济，不苟同。皇太子初立，克家请选置官属，增讲读员，遂以王十朋、陈良翰为詹事，中外称得人。允文主恢复，朝臣多迎合，克家密谏，数不合，力丐去。上曰："兵终不可用乎？"克家奏："用兵以财用为先，今用度不足，何以集事？"上改容曰："朕将思之。"诘朝，上面谕曰："朕终夜思卿言，至当，毋庸去。"

八年，诏更定仆射为左右丞相，拜克家为右丞相兼枢密使。一日，上谓宰执曰："近过德寿宫，太上颐养愈胜，天颜悦怿，朕退不胜喜。"克家奏："尧未得舜以为己忧，既得舜，固宜甚乐。"允文奏："尧独高五帝之寿以此。"上曰："然。"允文既罢相，克家独秉政，虽近戚权幸不少假借，而外济以和。张说入枢府，公议不与，寝命，俄复用。说怒士夫不附己，谋中伤之，克家悉力调护，善类赖之。

议金使朝见授书仪，时欲移文对境以正其礼，克家议不合，遂求去，以观文殿大学士知建宁府。陛辞，上以治效为问，克家劝上无求奇功。既而三省、密院卒移牒泗州，敌不从，遣泛使来，举朝震骇。后二年，汤邦彦坐使事贬，天下益服克家谋国之忠。

淳熙八年，起知福州，在镇有治绩。赵雄奏欲令再任，降旨仍知福州。召除醴泉观使。九年九月，拜右丞相，封仪国公。逾月而疾。十三年，命以内祠兼侍读，赐第，在所存问不绝。十四年六月，薨，年六十。手书遗奏，上为之垂涕，赠少师，谥文靖。

初，唱第时，孝宗由建邸入侍，爱其风度峻整，及登政府，眷宠尤渥。为文浑厚明白，自成一家，辞命尤温雅，多行于世。

汪澈，字明远，自新安徙居饶州浮梁。第进士，教授衡州、沅州。用万俟卨荐，为秘书正字、校书郎。轮对，乞令帅臣、监司、侍从、台谏各举将帅，高宗善之，行其言。除监察御史，进殿中侍御史，特赐鞍马。时和戎岁久，边防浸弛，澈陈养民养兵、自治豫备之说，累数千言。

显仁皇后攒宫讫役，议者欲广四隅，士庶坟在二十里内皆当迁，命澈按视。还奏："昭慈、徽宗、显肃、懿节四陵旧占百步，已数十年，今日何为是纷纷？汉长乐、未央宫夹樗里疾墓，未尝迁。国朝宫陵仪制，在封堠界内，不许开故合祔，愿迁出者听，其意深矣。"高宗大悟，悉如旧。

叶义问使金还，颇知犯边谋，澈言："不素备，事至仓卒，靖康之变可鉴。今将骄卒惰，宜加搜阅，使有斗心。文武职事务选实才，不限资格。"除侍御史。左相汤思退不协人望，澈同殿中侍御史陈俊卿劾罢，又论镇江大将刘宝十罪，诏夺节予祠。

三十一年，上元前一夕，风雷雨雪交作，澈言《春秋》鲁隐公时大雷震电，继以雨雪，孔子以八日之间再有大变，谨而书之。今一夕间二异交至，此阴盛之证，殆为金人。今荆、襄无统督，江海乏备御，因陈修攘十二事。殿帅杨存中久握兵权，内结阉寺，王十朋、陈俊卿等继论其高，高宗欲存护使去，澈与俊卿同具奏，存中始罢。

会金使高景山来求衅端，澈言："天下之势，强弱无定形，在吾所以用之。陛下屈己和戎，厚遗金缯，彼辄出恶言，以撼吾国。愿陛下赫然睿断，益兵严备，布告中外，将见上下一心，其气百倍矣。"除御史中丞。

寻遣马帅成闵以所部三万人屯荆、襄，以澈为湖北、京西宣谕使，诏凡吏能否、民利病悉以闻。过九江，王炎见澈论边事，辟为属，偕至襄阳抚诸军。鄂帅田师中老而怯，立奏易之。时欲置襄守荆南，澈奏："襄阳地重，为荆楚门户，不可弃。"敌将刘萼拥众十万，扬声欲取荆南，又欲分军自光、黄捣武昌。朝廷以敌昔由此入江南，令吴拱严护武昌津渡。拱将引兵回鄂，澈闻之，驰书止拱，而自发鄂之余兵戍黄州，俾拱留袁。敌骑奄至樊城，拱大战汉水上，敌众败走。时唐、邓、陈、蔡、汝、颍相次归职方。未几，金主亮死，澈乞出兵淮甸，与荆、襄军夹击其归师。未报，而金新主罢兵请和，召澈入为参知政事，与宰相陈康伯同赞内禅。

孝宗即位，锐意恢复，首用张浚使江、淮，澈以参豫督军荆、襄，将分道进讨。赵撙守唐，王宣守邓，招皇甫倜于蔡。襄、汉沃壤，荆棘弥望，澈请因古长渠筑堰，募闲民、汰冗卒杂耕，为度三十八屯，给种与牛，授庐舍，岁可登谷七十余万斛，民偿种，私其余，官以钱市之，功绪略就。

隆兴元年，入奏，还武昌，而张浚克期大举，诏澈出师应之。澈以议不合，乞令浚并领荆、襄。谏议大夫王大宝论澈"无制胜策，皇甫倜以忠义结山砦，扼敌要冲，澈不能节制，坐视孤军堕敌计。赵撙以千五百人救方城，败散五百余人，澈漫不加省。乞罢黜"。澈亦请祠，除资政殿学士、提举洞霄宫。大宝疏再上，落职，仍祠禄。

明年，知建康府，寻除枢密使。在位二年，以观文殿学士奉洞霄祠，寻知鄂州兼安抚使。孝宗访边事，澈奏："向者我有唐、邓为藩篱，又皇甫倜控扼陈、蔡，敌不敢窥襄。既失两郡，倜复内徙，敌屯新野，相距百里尔。臣令赵撙、王宣筑城储粮，分备要害，有以待敌。至于机会之来，难以豫料。"孝宗善之。时议废江州军，澈言不可。知宁国府，改福州、福建安抚使，复请祠。寻致仕。卒，年六十三。赠金紫光禄大夫，谥庄敏。

澈为殿中日，荐陈俊卿、王十朋、陈之茂为台官，高宗曰："名士也，次第用之矣。"在枢府，孝宗密访人材，荐百有十八人。尝奏言："臣起寒远，所以报国惟无私不欺尔。"其自奉清约，虽贵犹布衣时。有文集二十卷、奏议十二卷。

叶义问，字审言，严州寿昌人。建炎初，登进士第。调临安府司理参军。范宗尹为相，义问与沈长卿等疏其奸。为饶州教授，摄郡。岁旱，以便宜发常平米振民，提刑黄敦书劾之，诏勿问。前枢密徐俯门僧犯罪，义问绳以法，俯尝举义问，怒甚，乃袖荐书还之。

知江宁县。召秦桧所亲役，同僚不可，义问曰："释是则何以服他人。"卒役之。通判江州。豫章守张宗元忤桧，或中以飞语，事下漕臣张常先。宗元道九江，常先檄义问拘其舟，义问投檄曰："吾宁得罪，不为不祥。"常先白桧，罢去。

桧死，汤思退荐之，上记其尝言范宗尹，召至，言台谏废置在人主，桧亲党吉尽罢逐，以言得罪者宜叙复。擢殿中侍御史。枢密汤鹏举效桧所为，植其党周方崇、李庚，置籍台谏，钮异己者。义问累章劾鹏举，有"一桧死一桧生"之语，并方崇等皆罢之。又言："凡择将遇一阙，令枢密院具三名取上旨，则军政尽出掌握。"迁侍御史。朱朴、沈虚中奉祠里居，义问劾其附秦桧，皆移居。郊祀赦，义问言："顷岁附会告讦者，不应例移放。"从之。迁吏部侍郎兼史馆修撰，寻兼侍读，拜同知枢密院事。

上闻金有犯边意，遣义问奉使觇之，还奏："彼造舟船，备器械，其用心必有所在，宜屯驻沿海要害备之。"金主亮果南侵。命视师，义问素不习军旅，会刘锜捷书至，读之至"金贼又添生兵"，顾吏曰："'生兵'何物耶？"闻者掩口。至镇江，闻瓜洲官军与敌相持，大失措，乃役民掘沙沟，植木枝为鹿角御敌，一夕潮生，沙沟平，木枝尽去。会建康留守张焘遣人告急，义问乃遵陆，云往建康催发军，市人皆姗骂之。又闻敌据瓜洲，采石兵失众，复欲还镇江，诸军喧沸曰："不可回矣，回则有不测。"遂趋建康。已而金主亮被弑，师退，义问还朝，力请退，遂罢。

隆兴元年，中丞辛次膺论义问"顷护诸将几败事，且以官私其亲"。谪饶州。乾道元年，诏自便。六年卒，年七十三。

蒋芾字子礼，常州宜兴人，之奇曾孙。绍兴二十一年，进士第二人。孝宗即位，累迁起居郎兼直学士院。时宦者梁珂事上潜邸，挠权，尹穑论珂，与祠，芾缴奏罢之。

签书枢密院事，首奏加意边防，又奏："拔将才行伍间，识其姓名，一旦披籍可立取具。又料简归正人，仍以北人将之，或令深入山东，或令自荆、襄深入。"

除权参知政事、同知国用事。芾奏："方今财最费于养兵，艺祖取天下，不过十五万人。绍兴初，外有大敌，内有巨寇，然兵数亦不若今日之多。近见陈敏勇汰三千人，戚方汰四千人，然多是有官人，与以外任，请券钱、添借给如故，是减于内而添于外，何益？又招兵耗蠹愈甚，臣考核在内诸军，每月逃亡事故，常不下四百人。若权停招兵一年有半，俟财用稍足，招丁壮，不惟省费，又得兵精。"上悟。

一日，因进呈边报，上顾芾曰："将来都督非卿不可。"芾奏："臣未尝经历兵间。"又奏："方今钱谷不足，兵士不练，将帅与臣不相识，愿陛下更审思其人。"南郊礼毕，宰相叶颙、魏杞罢。芾采众论，参己见，为《筹边志》上之。

明年，拜右仆射、同中书门下平章事兼枢密使。会母疾卒，诏起复，拜左仆射，芾力辞。有密旨欲今岁大举，手诏廷臣议，或主和，或主恢复，使芾决之。芾奏："天时人事未至。"拂上意。服阕，除观文殿大学士、知绍兴府、提举洞霄宫。寻以言者论，落职，建昌军居住。期年，有旨自便。再提举洞霄宫，卒。

芾始以言边事结上知，不十年间致相位，终以不能任兵事受责，岂优于论议而劣于事功欤？

叶颙，字子昂，兴化军仙游人。登绍兴元年进士第，为广州南海县主簿，摄尉。盗发，州檄巡、尉同捕，巡检获盗十余人，归其劳于颙，颙曰："掠美、欺君、幸赏，三者皆罪，不忍为也。"帅曾开大喜。

知信州贵溪县。时诏行经界，郡议以上中下三等定田税，颙请分为九等，守从之，令信之六邑以贵溪为式。

知绍兴府上虞县。凡簒役，令民自推货力甲乙，不以付吏，民欣然皆以实应。擢租各书其数与民，约使自持户租至庭，亲视其入，咸便之。帅曹泳令今岁夏租先期送什之八，颙请少纾其期，泳怒。及麦大熟，民输租反为诸邑最，泳大喜，许荐于朝，颙固辞。

贺允中荐颙静退，遂召见，颙论国仇未复，中原之民日企銮舆之返，其语剀切，高宗嘉纳。除将作监簿。知处州，青田令陈光献羡余百万，颙以所献充所赋。汤思退之兄居处州，家奴屠酤犯禁，一绳以法，思退不悦。属常州遍缯钱四十万，守坐免，移颙知常州。

金犯边，高宗视师建康，道毗陵，颙赐对舟次，因言："恢复莫先于将相，故相张浚久谪无恙，是天留以相陛下也。"颙初至郡，无旬月储，未一年余缯钱二十万。或劝献羡，颐曰："名羡余，非重征则横敛，是民之膏血也，以利易赏，心实耻之。"

召为尚书郎，除右司。诏求直言，颐上疏谓："陛下以手足之至亲，付州郡之重寄，是利一人害一方也。"人称其直。除吏部侍郎，复权尚书。时七司弊事未去，上疏言选部所以为弊，乃与郎官编七司条例为一书，上嘉之，令刻板颁示。

除端明殿学士，拜参知政事兼同知枢密院事。武臣梁俊彦请税沙田、芦场，帝以问颐，对曰："沙田乃江滨地，田随沙涨而出没不常，芦场则臣未之详也。且辛巳军兴，芦场田租并复，今沙田不胜其扰。"上曰："诚如卿言。"颐至中书，召俊彦切责之曰："汝言利求进，万一为国生事，斩汝不足以塞责。"俊彦皇恐汗下。是日，诏沙田、芦场并罢。

御史林安宅请两淮行铁钱，颐力言不可，安宅不能平，既入枢府，乃上章攻颐云："颐之子受宣州富人周良臣钱百万，得监镇江大军仓。"御史王伯庠亦论之。颐乞下吏辩明，乃以资政殿学士提举洞霄宫。上下其事临安府，时王炎知临安，上令炎亲鞫置对，无秋毫迹。狱奏，上以安宅、伯庠风闻失实，并免所居官，仍贬安宅筠州，召颐赴阙。入见，上劳之曰："卿之清德自是愈光矣。"

除知枢密院事，未拜，进尚书左仆射兼枢密使。颐首荐汪应辰、王十朋、陈良翰、周操、陈之茂、芮晔、林光朝等，可备执政、侍从、台谏，上嘉纳。又言："自古明君用人，使贤使愚，使奸使盗，惟去泰甚。"上曰："固然。虞有禹、皋，亦有共、骥；周有旦、奭，亦有管、蔡，在用不用。"颐曰："诚如圣训，但今日在朝虽未见有共、骥、管、蔡，然有窃弄威福者，臣不敢隐。"上问为谁，颐以龙大渊对，语在《陈俊卿传》。

上以国用未裕，诏宰相兼国用使，参政同知国用事，颐乃言："今日费财养兵为甚，兵多则有冗卒虚籍，无事则费财，有事则不可用。虽已汰之，旋即招之，欲足国用，当严于汰、缓于招可也。孔子曰：'节用而爱人'。盖节用，则爱人之政自行于其间，若欲生财，祇费民财尔。"上曰："此至言也。"上曰："建康刘源尝赂近习，朕欲遣王抃廉其奸。"颐曰："臣恐廉者甚于奸者。"乃止。

乾道三年冬至，上亲郊而雷，颐引汉故事上印绶，提举太平兴国宫。归至家，不疾而薨，年六十八。以观文殿学士致仕，赠特进，谥正简。

颐为人简易清介，与物若无忤，至处大事毅然不可夺。友人高登尝上书讥切时相，名捕甚急。颐与同邸，摘令逸去，登曰："不为君累乎？"颐曰："以获罪，固所愿也。"即为具舟，舟移乃去。自初仕至宰相，服食、僮妾、田宅不改其旧。

叶衡，字梦锡，婺州金华人。绍兴十八年进士第，调福州宁德簿，摄尉。以获盐寇改秩，知临安府之潜县。户版积弊，富民多隐漏，贫弱困于陪输，衡定为九等，自五以下除其籍，而均其额于上之四等，贫者顿苏。征科为期限榜县门，俾里正谕民，不遣一吏而赋自足。岁灾，蝗不

入境。治为诸邑最。郡以政绩闻，即召对，上曰："闻卿作县有法。"遣还任。

擢知常州。时水潦为灾，衡发仓为糜以食饥者。或言常平不可轻发，衡曰："储蓄正备缓急，可视民饥而不救耶？"疫大作，衡单骑命医药自随，遍问疾苦，活者甚众。檄晋陵丞李孟坚摄无锡县，有政声，衡荐于上，即除知秀州。上之信其言如此。

除太府少卿。合肥濒湖有圩田四十里，衡奏："募民以耕，岁可得谷数十万，蠲租税，二三年后阡陌成，仿营田，官私各收其半。"从之。

除户部侍郎。时盐课大亏，衡奏："年来课入不增，私贩害之也，宜自煮盐之地为之制，司火之起伏，稽灶之多寡，亭户本钱以时给之，盐之委积以时收之，择廉能吏察之，私贩自绝矣。"仍命措置官三人：淮南于通州，浙东于明州，浙西于秀州。

丁母忧。起复，知卢州，未行，除枢密都承旨。奏马政之弊，宜命统制一员各领马若干匹，岁终计其数为殿最。李垕应贤良方正对策，近讦直，入第四等，衡奏："陛下赦其狂而取其忠，足以显容谏之盛。"乃赐垕制科出身。有言江、淮兵籍伪滥，诏衡按视，赐以袍带、鞍马、弓矢，且命衡措置民兵，咸称得治兵之要。讫事赴阙，上御便殿阅武士，召衡预观，赐酒，洒宸翰赐之。

知荆南、成都、建康府，除户部尚书，除签书枢密院事，拜参知政事。衡奏二事：一，牧守将帅必择材以称其职，必久任以尽其材；二，令户部取湖、广会子实数，尽以京会立限易之。从之。

拜右丞相兼枢密使。上锐意恢复，凡将帅、器械、山川、防守悉经思虑，奏对毕，从容赐坐，讲论机密，或不时召对。时会子浸患折阅，手诏赐衡曰："会子虽曰流通，终未惬人意，目即流使有二千二百余万。今用上下库黄金、白金、铜钱九百万，内藏库五百万，并蜀中钱物七百万，尽易会子之数，专命卿措置，日近而办，卿真宰相才也。"

一日，上曲宴宰执于凝碧，上曰："自三代而下，至于汉、唐，治日常少，乱日常多，何也？"衡奏："圣君不常有，周八百年，称极治成、康而已。"上曰："朕观《无逸篇》，见周公为成王历言商、周之君享国长远，真万世龟鉴。"衡奏："愿陛下常以《无逸》为龟鉴，社稷之福。"上又言："朝廷所用，正论其人如何，不可有党。如唐牛、李之党，相攻四十年，缘主听不明至此。文宗曰：'去河北贼易，去朝中朋党难'。朕尝笑之。"衡奏："文宗优游不断，故有此语。陛下英明圣武，诚非难事。"

御宝实封令与临安府窦思永改合入官，衡奏："选人改官，非奏对称旨，则用考举磨勘，一旦特旨与之，非陛下爱惜人才之意。"上亟收前命。

上谕执政，选使求河南，衡奏："司谏汤邦彦有口辨，宜使金。"邦彦请对，问所以遣，既知荐出于衡，恨衡挤己，闻衡对客有讪上语，奏之，上大怒。即日罢相，责授安德军节度副使，郴州安置。邦彦使还，果辱命，上震怒，窜之岭南，诏衡自便，复官与祠。年六十有二薨，赠资政

殿学士。

衡负才足智，理兵事甚悉，由小官不十年至宰相，进用之骤，人谓出于曾觌云。

论曰：陈康伯以经济自任，临事明断。梁克家才优识远，谋国尽忠。至若汪澈之论事忠悫，荐达人才，叶义问直言正色，扫除秦桧余党，然不长于兵，临敌失措，岂优议论而劣事功者欤？叶颙清俭正直，而衡才智有余，盖亦一时之选云。

卷三百八十五
列传第一百四十四

葛邲　钱端礼　魏杞
周葵　施师点　萧燧　龚茂良

葛邲，字楚辅，其先居丹阳，后徙吴兴。世以儒学名家，高祖密至邲五世登科第，大父胜仲至邲三世掌词命。邲少警敏，叶梦得、陈与义一见称为国器。

以荫授建康府上元丞。会金人犯江，上元当敌冲，调度百出，邲不扰而办，留守张浚、王纶皆器重之。登进士第。萧之敏为御史，荐其才，除国子博士。轮对，论州县受纳及鬻爵之弊，孝宗奖谕曰："观所奏，知卿材。"除著作郎兼学士院权直。

除正言，首疏言："盈虚之理，隐于未然；治乱之分，生于所忽。宜专以畏天爱民为先。"又论："征榷岁增之害，如辇下都税务，绍兴间所趁茶盐岁以一千三百万缗为额，乾道六年后增至二千四百万缗。成都府一务，初额四万八千缗，今至四十余万缗，通四川酒额遂至五百余万缗，民力重困。至若租税有定数，而暗耗日增，折帛益多，民安得不穷乎？愿明诏有司，茶盐酒税比原额已增至一倍者，毋更立新额，官吏不увеличивать赏，庶少苏疲瘵。"上特召，复令条陈，邲以六事对，皆切中时病。除侍御史，论救荒三事，累迁中书舍人。

岁旱，诏求初政得失，邲应诏，大略谓："虞允文制国用，南库之积日以厚，户部之入日以削，故近年以来，常有不足之忧。罢兵以来，诸将皆以赂得升，其势必至于掊刻取偿，益精其选。"迁给事中。张焘以说之子除知阁，裴良琮以显仁之侄女夫落阶官，邲皆缴奏。广西议更盐法，邲言："钞法之行，漕臣尝给群商，没入其赀。楮币行之二广，民必疑虑，且有后悔。"除刑部尚书。

邲为东宫僚属八年，孝宗书"安遇"字以赐，又出《梅花诗》命邲属和，眷遇甚渥。光宗受禅，除参知政事。邲劝上专法孝宗，正风俗，节财用，振士气，执中道，恤民力，选将帅，收人才，择监司，明法令，手疏历言之，上嘉纳。除知枢密院事。绍熙四年，拜左丞相，专守祖宗法度，荐进人物，博采公论，惟恐其不闻之。未期年，除观文殿大学士、知建康府。改隆兴，请祠。

宁宗即位，邲上疏言："今日之事莫先于修身齐家，结人心，定规模。"判绍兴府，简稽期会，钱谷刑狱必亲。或谓大臣均佚有体，邲曰："崇大体而简细务，吾不为也。"尝曰："十二时中，莫欺自己。"其实践如此。

改判福州，道行感疾，除少保，致仕。薨，年六十六。赠少师，谥文定，配飨光宗庙庭。有文集二百卷、《词业》五十卷。

钱端礼，字处和，临安府临安人。父忱，泸川军节度使。端礼以恩补官。绍兴间，通判明州，加直秘阁，累迁右文殿修撰，仕外服有声。高宗材之，知临安府。

御史中丞汪澈论版曹阙官，当遴选，权户部侍郎兼枢密都承旨。端礼尝建明用楮为币，于是专委经画，分为六务，出纳皆有法，几月易钱数百万。

孝宗锐意恢复，诏张浚出师。会符离稍失利，汤思退遂倡和议，端礼奏："有用兵之名，无用兵之实，贾怨生事，无益于国。"思退大喜，奏除户部侍郎。未几，兼吏部。端礼与户部尚书韩仲通同对，论经费，奏："所入有限，兵食日增，更有调发，不易支吾。"上云："须恢复中原，财赋自足。"仲通奏："恢复未可必，且经度目前所用。"端礼奏："仲通言是，乞采纳。"

思退与张浚议和战不决，浚方主战，上意甚向之。思退诡求去，端礼请对乞留，又奏："兵者凶器，愿以符离之溃为戒，早决国是，为社稷至计。"于是思退复留，命浚行边，还戍兵，罢招纳。以端礼充淮东宣谕使，王之望使淮西，端礼入奏："两淮名曰备守，守未必备；名曰治兵，兵未必精。有用兵不胜，侥幸行险，轻蹀出师，大丧师徒者，必胜之说果如此，皆误国明甚。"端礼既以是诋浚，右正言尹穑亦劾浚，罢都督，自此议论归一矣。

端礼至淮还，极言守备疏略，恐召金兵，宜早定和议。遂除吏部侍郎，再往淮上，驿疏言："遣使、发兵当并行，使以尽其礼，兵以防其变，不必待金书至而后遣使。"书中或有见胁之语，不若先遣以释其疑，于计为得。"上云："端礼所奏未是。"思退传旨撤海、泗二州戍兵，语在《思退传》。

金帅仆散忠义分兵入，上意中悔，令思退都督江、淮军马，端礼试兵部尚书，参赞军事。思退畏怯不行，端礼赴阙，上曰："前后廷臣议论，独卿不变。"兼户部尚书，俄拜端明殿学士、签书枢密院事兼权参知政事。上尝问："欲遣杨由义持金帅书，而辞行甚力，谁可遣？"端礼请以王抃行，俾与金帅议，许割商、秦地，归被俘人，惟叛亡者不与，余皆ণ্যী略同绍兴，世为叔侄之国，减银绢五万，易岁贡为岁币。及抃还，上见书，金皆听许。端礼赞上如其式报之："谋国当思远图，如与之和，则我得休息以修内治，若为忿兵，未见其可。"抃遂行。谍报北军已回，端礼以和议既定，乞降诏。除参知政事兼权知枢密院事。

时久不置相，端礼以首自窥相位甚急。皇长子邓王夫人，端礼女也，殿中侍御史唐尧封论端礼帝姻，不可执政，不报，迁太常少卿。馆阁士相与上疏排端礼，皆坐绌刑部侍郎王莆阴附端礼,建为"国是"之说以助其势。吏部侍郎陈俊卿抗疏,力诋其罪,且谓本朝无以戚属为相,此惧不可为子孙法。遽进读《宝训》,适及外戚,因言:"祖宗家法,外戚不与政,最有深意,陛下所宜守。"上纳其言。端礼憾之,出俊卿知建宁府。

邓王夫人生子,太上甚喜。先两月,恭王夫人李氏亦生子,于是恭王府直讲王淮白端礼云:"恭王夫人子是为皇长嫡孙。"端礼不怿,翌日奏:"嫡庶具载《礼经》,讲官当以正论辅导,不应为此邪说。"遂指淮倾邪不正,与外任。邓王立为太子,端礼引嫌,除资政殿大学士、提举德寿宫兼侍读,改提举洞霄宫。起知宁国府,移绍兴,进观文殿学士。

端礼籍人财产至六十万缗,有诣阙陈诉者,上闻之,与旧祠。侍御史范仲芑劾端礼贪暴不悛,降职一等。淳熙四年八月,复元职。薨,赠银青光禄大夫,后谥忠肃。孙象祖,嘉定元年为左丞相,自有传。

魏杞,字南夫,寿春人。祖荫入官。绍兴十二年,登进士第。知宣州泾县。从臣钱端礼荐其才,召对,擢太府寺主簿,进丞。端礼宣谕淮东,杞以考功员外郎为参议官,迁宗正少卿。

汤思退建和议,命杞为金通问使,孝宗面谕:"今遣使,一正名,二退师,三减岁币,四不发归附人。"杞条上十七事拟问对,上随事画可。陛辞,奏曰:"臣若将指出疆,其敢不勉。万一无厌,愿速加兵。"上善之。

行次盱眙,金所遣大将仆散忠义、纥石烈志宁等方拥兵闯淮,遣权泗州赵房长问所以来意,求观国书,杞曰:"书御封也,见主当廷授。"房长驰白仆散忠义,疑国书不如式,又求割商、秦地及归正人,且欲岁币二十万。杞以闻,上命尽依初式,再易国书,岁币亦如其数。忠义以未如所欲,遂与志宁分兵屯山阳。战不利,骁将魏胜死之。

上怒金反覆,诏以礼物犒督府师,杞奏:"金若从约,而金缯不具,岂不痻国体、格事机乎?"乃以礼物行。至燕,见金主褒,具言:"天子神圣,才杰奋起,人人有敌忾意,北朝用兵能保必胜乎?和则两国享其福,战则将士蒙其利,昔人论之甚悉。"金君更环听拱竦。馆伴张恭愈以国书称"大宋",胁去"大"字,杞拒之,卒正敌国体、损岁币五万,不发归正人北还。上慰藉甚渥。

守起居舍人,迁给事中、同知枢密院事,进参知政事、右仆射兼枢密使。时方借职出助边,降人萧鹧巴赐淮南田,意不慊,以职田请,杞言:"圭租食功养廉,借之尚可,夺之不可。"上是其言。杞以使金不辱命,朞岁官一岁至相位。上锐意恢复,杞左右其论。会郊祀冬雷,用汉制灾异策免,守左谏议大夫、提举江州太平兴国宫。

六年,授观文殿学士、知平江府。谏官王希吕论杞贪墨,夺职。后以端明殿学士奉祠,告老,复资政殿大学士。淳熙十一年十一月薨,赠特进。嘉泰中,谥文节。

周葵,字立义,常州宜兴人。少力学,自乡校移籍京师,两学传诵其文。宣和六年,擢进士甲科。调徽州推官。高宗移跸临安,诸军交驰境上,葵与判官摄郡事,应变敏速,千里帖然。教授临安府,未上,吏部侍郎陈与义密荐之,召试馆职。将试,复引对,高宗曰:"从班多说卿端正。"

除监察御史,徙殿中侍御史。在职仅两月,言事至三十章,且历条所行不当事凡二十条,指宰相不任责。高宗变色曰:"赵鼎、张浚肯任事,须假之权,奈何遽以小事形迹之?"葵曰:"陛下即位,已相十许人,其初皆极意委之,卒以公议不容而去,大臣亦无同志。假如陛下有过,尚望大臣尽忠,岂大臣有过,而言者一指,乃便为形迹,使彼过而不改,罪戾日深,非所以保全之也。"高宗改容曰:"此论甚奇。"

张浚议北伐,葵三章力言"此存亡之机,非独安危所系。"或言葵沮大计,罢为司农少卿,以直秘阁知信州。未上,鼎罢,陈与义执政,改湖南提刑,以亲老易江东,皆不就。

和议已定,被召,论:"为国有道,战则胜,守则固,和则久。不然,三者在人不在我矣。"除太常少卿。时秦桧独相,意葵前论事去,必憾赵鼎。再降殿中侍御史。葵语人曰:"元镇已贬,葵固不言,虽门下客亦不及之也。"内降差除四人,奏言:"愿陛下以仁祖为法,大臣以杜衍为法。"桧始不乐。又论国用、军政、士民三弊,高宗曰:"国用当藏之民,百姓足则国用非所患。"又言荐举改官之弊,宜听减举员,诏吏部措置。

桧所厚权户部尚书梁汝嘉将特赐出身,除两府,汝嘉闻葵欲劾之,谓中书舍人林待聘曰:"副端将论君矣。"待聘乘桧未趋朝,亟告之,桧即奏为起居郎。葵方待引,桧下殿谕阁门曰:"周葵已得旨除起居郎。"隔下。八月庚辰也。

参政李光拟除吕广问馆职,桧不许。时有诏从官荐士,葵以广问应,初不相知也。光既绌,葵以附会落职,主管玉隆观。复直秘阁,起知湖州,移平江府。时金使络绎于道,葵不为礼,转运李椿年希桧旨劾之,落职,主管崇道观。屏居乡间,忧患频仍,人不能堪,葵独安之。

桧死,复直秘阁、知绍兴府。过阙,权礼部侍郎,寻兼国子祭酒。奏:"科举所以取士。比年主司迎合大臣意,取经传语可讽者为问目,学者竞逐时好。望诏国学并择秋试考官,精选通经博古之士,置之前列,其穿凿乖谬者黜之。"

兼权给事中。侍御史汤鹏举言:"葵以魏良臣荐,璪处侍从;吕广问,葵之死党。乞并罢之。"太学生黄作、詹渊率诸生都堂投牒留葵。翌日,博士何俌等言于朝,乞惩戒,诏作、渊皆送五百里外州编管,葵出知信州,随罢。

起知抚州,引疾,改提举兴国宫,加直龙图阁、知太平州。水坏圩堤,悉缮完,凡百二十里。傍郡圩皆没,惟当涂岁熟。市河久堙,雨旸交病,葵下令城中,家出一夫,官给之食,并力浚导,公私便之。进集英殿修撰、敷文阁待制、知婺州。

孝宗即位,除兵部侍郎兼侍讲,改同知贡举兼权户部侍郎。孝宗数手诏问钱谷出入,葵奏:"陛下劳心庶政,日有咨询，若出人意表。今皆微文细故，此必有小人乘间欲售其私，不可不察。"盖指龙大渊、曾觌也。孝宗色为动。

金主亮为其下所毙，张浚自督府来朝，密言："敌失泗州，其惧罪者皆欲来归，愿遣军渡淮赴之，此恢复之机也。"葵请对，谓不可轻举，累数百言。及遣李显忠、邵宏渊取灵壁、虹二县，败绩。孝宗思其言，拜参知政事。葵始终守自治之说。

兼权知枢密院事。台谏交章言议和太速，葵与陈康伯、汤思退乞令侍从、台谏集议，众益汹汹，诸公待罪乞罢，不许。葵独留身固请，孝宗曰："卿何请之力也？"曰："自预政以来，每与宰相论事，有以为然而从者；有不得以强从者；有绝不肯从者，十常四五。洎至榻前，陛下又或不然，大率十事之中，不从者七八，安得不愧于心，此臣所以欲去也。"

尝乞召用侍从、台谏，孝宗曰："安得如卿直谅者。"遂荐李浩、龚茂良，孝宗皆以为佳士，次第用之。太常奏郊牛毙，葵言："《春秋》鼷鼠食牛角免郊，况边虞未靖，请展郊以符天意。"诏从之。

虞允文、陈康伯相，葵即求退，除资政殿学士、提举洞霄宫。起知泉州，告老，加大学士致仕。闲居累年，不以世故萦心。淳熙元年正月，薨，年七十有七。上闻震悼，赠正奉大夫。后以子升朝，累赠太傅。

葵孝于事亲，当任子，先孤侄。其薨也，幼子与孙尚未命。平生学问不泥传注，作《圣传诗》二十篇、文集三十卷、奏议五卷。晚号惟心居士。四年，有司请谥，赐谥曰惠简。

施师点，字圣与，上饶人。十岁通《六经》，十二能文。弱冠游太学，试每在前列，司业高宏称其文深醇有古风。寻授以学职，以舍选奉廷对，调复州教授。未上，丁内艰。服除，为临安府教授。

乾道元年，陈康伯荐，赐对，言："历年屡下诏恤民，而惠未加浃。陛下轸念，惟一夫失所；郡邑搜求，惟恐财赋不集。毋惑乎日降丝纶，恩不沾被。细民既困于倍输，又困于非泛，重以岁恶，室且垂罄，租不如期，积多逋负。今明堂肆赦，户自四等以下，逋自四年以前，愿悉除免。"上曰："非卿不闻此言。"诏从之。

八年，兼权礼部侍郎，除给事中。时太子詹事已除，上又特令增员为二，命兼之。赐对，言："比年人物耿骸，士气耗荼，当广储人材以待用。"上曰："观卿所奏，公辅器也。"

假翰林学士、知制诰兼侍读使金。致命金廷，立班既定，相仪者以亲王将至，命师点退位，师点屹立。相仪者请数四，师点正色曰："班立已定，尚欲何为。"不肯少动。在廷相顾骇愕，知其有守，不敢复以为请。九年，使还，有言其事于上者，上嘉叹不已。及后金使贺正旦至阙，问馆伴："师点今居何官？"馆伴宇文价于班列中指师点以示之，金使恍然曰："一见正人，令人眼明。"

十年，除端明殿学士、签书枢密院事。入奏，控免，上曰："卿靖重有守，识虑深远，朕欲用卿久矣。"复诏兼参知政事，除参知政事兼同知枢密院事。师点尝同宰相奏事退，复同枢密周必大进呈，上曰："适一二事卿等各陈所见，甚关大体。前此宰相奏事，执政不措辞，今卿等如此，深副所望。"必大奏："祖宗时，宰执奏事自相可否，或至面相切责，退不相衔。自秦桧用事，执政畏避不敢言。今陛下虚心兼听，若只宰相奏事，何用执政为？"师点复奏："臣敢不竭股肱之力。"上因谕之曰："朕欲天下事日往来胸中，未尝释也。"

先是，州郡上供或不以时进，立岁终稽考法，及是，主计臣有喜为督促者，乞不待岁终先期行之。画命已下，师点矍然曰："此策若行，上下逼迫，民不聊生。"或谓："令已出矣。"师点曰："事有为天下病，惟恨更之不速。"即追寝其议。枢密周必大举手贺师点："使天下赤子不被其毒者，公之赐也。"一日，入对后殿，上曰："朕前饮冰水过多，忽暴下，幸即平复。"师点曰："自古人君当无事时，快意所为，忽其所当戒，其后未有不悔者。"上深然之。

十三年，辞兼同知枢密院事。权提举国史院，权提举《国朝会要》。十四年，除知枢密院事。师点惓惓搜访人才，手书置夹袋中，谓蜀去朝廷远，人才自见，蜀士之贤者，俾各疏其所知，差次其才行、文学，每有除授，必列陈之。十五年春，以资政殿大学士知泉州，除提举临安府洞霄宫。

绍熙二年，除知隆兴府、江西安抚使。师点尝谓诸子曰："吾平生仕宦，皆任其升沉，初未尝容心其间，不枉道附丽，独人主知之，遂至显用。夫人穷达有命，不在巧图，惟忠孝乃吾事也。"三年，得疾薨，年六十九。赠金紫光禄大夫。有奏议七卷、制稿八卷、《东宫讲议》五卷、《易说》四卷、《史识》五卷、文集八卷。

萧燧，字照邻，临江军人。高祖固，皇祐初为广西转运使，知侬智高凶狡，条上羁縻之策于枢府，不果用，智高后果叛。父增，绍兴初尝应制举。

燧生而颖异，幼能属文。绍兴十八年，擢进士高第。授平江府观察推官。时秦桧当国，其亲党密告燧，秋试必主文漕台，燧诘其故，曰："丞相有子就举，欲以属公。"燧怒曰："初仕敢欺心耶！"桧怀之，既而被檄秀州，至则员溢，就院易一员往漕闱，秦熺果中前列。秩满，当为学官，避桧，调静江府察推而归。

燧未第时，梦神人示以文书，记其一联云："如火烈烈，玉石俱焚；在冬青青，松柏不改。"已而果符前事。未几，丁忧。三十二年，授靖州教授。孝宗初，除诸王宫大小学教授。轮对，论"官当择人，不当为人择官"。上喜，制《用人论》赐大臣。淳熙二年，累迁至国子司业兼权起居舍人，进起居郎。

先是，察官阙，朝论多属燧，以未历县，遂除左司谏。上谕执政："昨除萧燧若何？"龚茂良奏："燧纯实无华，可任言责，闻除目下，外议甚允。"燧首论辨邪正然后可以治，上以外台耳目多不称职，时宦官甘昇之客胡与可、都承旨王抃之族叔柜皆持节于外，有所依凭，无善状，燧时复议进取，上以问燧，对曰："今贤否杂糅，风俗浇浮，兵未强，财未裕，宜卧薪尝胆以图内治。若恃小康，萌骄心，非臣所知。"上曰："忠言也。"因劝上正纪纲；容直言；亲君子，远小人；近习有劳可赏以禄，不可假以权。上皆嘉纳。擢右谏议大夫，入谢，上曰："卿议论鲠切，不求名誉，纠正奸邪，不恤仇怨。"

五年，同知贡举。有旨下江东西、湖南北帅司招军，燧言："所募多市井年少，利犒赏，往往捕农民以应数，取细民以充军。乞严戒诸郡，庶得丁壮以为用。"从之。

夔帅李景孠贪虐，参政赵雄庇之，台臣谢廓然不敢论，燧独奏罢之。雄果营救，复命还任。燧再论，并及雄。雄密奏燧误听景孠仇人之言，遂下临安府捕恭州士人钟京等置之狱，坐以罪，景孠复依旧职。燧乃自劾，诏以风闻不许，竟力求去。徙刑部侍郎，不拜，固请补外。出知严州，吏部尚书郑丙、侍郎李椿上疏留之，上亦寻悔。

严地狭财匮，始至，官锱不满三千，燧俭以足用。二年之间，积至十五万，以其羡补积逋，诸邑皆宽。先是，宣和庚子方腊盗起，甲子一周，人人忧惧，会遂安令胅士兵廪给，群言恟恟。燧急易令，且呼卒长告戒，悉畏服。城中恶少群扰市，燧密籍姓名，涅补军额，人以按堵。上方靳职名，非功不予，诏燧治郡有劳，除敷文阁待制，移知婺州。父老遮道，几不得行，送出境者以千数。

婺与严邻，人熟知条教，不劳而治。岁旱，浙西常平司请移粟于严，燧谓："东西异路，不当与，然安忍于旧治坐视？"为请诸朝，发太仓米振之。

八年，召还，言："江、浙再岁水旱，愿下诏求言，仍令诸司通融郡县财赋，毋但督迫。"除吏部右选侍郎，旋兼国子祭酒。九年，为枢密都承旨。近例，承旨以知阁门官兼，或怙宠招权，上思复用儒臣，故命燧以龙图阁待制为之。燧言："债帅之风未殄，群臣多迎合献谀，强辩干誉，宜察其虚实。"上称善。除权刑部尚书，充金使馆伴。

十年，兼权吏部尚书。上言广西诸郡民身丁钱之弊。兼侍讲，升侍读。言："命令不可数易，宪章不可数改。初官不许恩例免试，今或竟令注授。既却羡余之数，今反以出剩为名。诸路录大辟，长吏当亲谳，若死囚数多，宜如汉制殿最以闻。"事多施行。庆典霈泽，丁钱减半，亦自燧发之。

高宗山陵，充按行使，除参知政事，寻充永思陵礼仪使，权监修国史日历。十六年，权知枢密院。以年及自陈，上留之，不可，除资政殿学士，与郡。复请闲，提举临安府洞霄宫。绍熙四年卒，年七十七。谥正肃。

孝宗每称其全护善类，诚实不欺，手书《二十八将传》以赐。子遘，登淳熙十四年进士第，唱名第四，孝宗曰："遘才气甚佳，父子高科，殊可喜。"遘累官至太常。

龚茂良，字实之，兴化军人。绍兴八年，进士第。为南安簿、邵武司法。父母丧，哀号擗踊，邻不忍闻。调泉州察推，以廉勤称。改宣教郎，以同知枢密院事黄祖舜荐，召试馆职，除秘书省正字。累迁吏部郎官。

张浚视师江、淮，茂良言："本朝御敌，景德之胜本于能断，靖康之祸在于致疑，愿仰法景德之断，勿为靖康之疑。"除监察御史。

江、浙大水，诏陈阙失，茂良疏曰："水至阴也，其占为女宠，为嬖佞，为小人专制。崇、观、政和，小人道长，内则俭腐窃弄，外则奸回充斥，于是京城大水，以至金人犯阙。今进退一人，施行一事，命由中出，人心哗然，指为此辈。臣愿先去腹心之疾，然后政事阙失可次第言矣。"内侍梁珂、曾觌、龙大渊皆用事，故茂良及之。

迁右正言。会内侍李珂没，赠节度，谥靖恭，茂良谏曰："中兴名相如赵鼎，勋臣如韩世忠，皆未有谥，如朝廷举行，亦足少慰忠义之心。今施于珂为可惜。"竟寝其谥。尝论大渊、觌奸回，至是又极言之，曰："今积阴弗解，淫雨益甚，荧惑入斗，正当吴分，天意若有所怒而未释。二人害政，甚珂百倍。"上谕以"皆潜邸旧，非他近习比，且俱有文学，敢谏争，未尝预外事。"

翌日，再疏言："唐德宗谓李泌：'人言卢杞奸邪，朕独不知，何耶？'泌曰：'此其所以为奸邪也'。今大渊、觌所为，行道之人能言之，而陛下更颂其贤，此臣所以深忧。"疏入，不报，即家居待罪。章再上，除太常少卿，五辞不拜，除直秘阁、知建宁府。自以不为群小所容，请祠，不允。

上后知二人之奸，既逐于外，起茂良广东提刑，就知信州。即番山之址建学，又置禹南海县学，既成，释奠，行乡饮酒以落之。城东旧有广惠庵，中原衣冠没于南者葬之，岁久废，茂良访故地，更建海会浮图，载寄暴露者皆掩藏无遗。召对崇政殿，左丞相陈俊卿欲留之，右相虞允文不乐。会俊卿亦罢，除直显谟阁、江西运判兼知隆兴府。

上以江西连岁大旱，知茂良精忱，以一路荒政付之。茂良戒郡县免积税，上户止索逋，发廪振赡。以右文殿修撰再任，疫疠大作，命医治疗，全活数百万。进待制敷文阁，赏其救荒之功。召对，奏："潢池弄兵之盗，即南亩负耒之民。今诸郡荒田极多，愿诏监司守臣条陈，募人从便请耕，民有余粟，虽驱之为寇，亦不从矣。"除礼部侍郎。

上亟用茂良，手诏问国朝典故有自从官径除执政例，明日即拜参知政事。奏事，赐坐，上顾叶衡及茂良曰："两参政皆公议所与。"衡等起谢，上从容曰："自今诸事毋循私，若乡曲亲戚，且未须援引。朕每存公道，设有误，卿等宜力争，君臣之间不可事形迹。"茂良曰："大臣以道事君，遇有不可，自当启沃，岂容迹见于外。"请诏有司刊定七司法。

淮南旱，茂良奏取封桩米十四万，委漕帅振济。或谓："救荒常平事，今遽取封桩米，毋乃不可？"茂良以为："淮南咫尺敌境，民久未复业，饥寒所逼，万一啸聚，患害立见，宁能计此米乎？"他日，上奖谕曰："淮南旱荒，民无饥色，卿之力也。"

潮州守奏通判不法，得旨，下帅臣体访。通判，茂良乡人也，同列密以省吏付棘寺推鞫，欲及茂良。奏事退，同列留身，出狱案进上，茂良不知也。上厉声曰："参政决无此!"茂良逊谢,不复辩。

叶衡罢,上命茂良以首参行相事。庆寿礼行,中外觊恩,茂良慨然叹曰:"此当以身任怨,不敢爱身以弊天下。若自一命以上覃转,不知月添给奉与来岁郊恩奏补几何,将何以给?"

宣谕奖用廉退,茂良奏:"朱熹操行耿介,屡召不起,宜蒙录用。"除秘书郎。群小乘间谗毁,未几,手诏付茂良,谓"虚名之士,恐坏朝廷。"熹迄不至。钱良臣侵盗大军钱粮,累数十万,茂良奏其事,手诏令具析。俄召良臣赴阙,骎骎柄用,其后茂良之贬,良臣与有力焉。

茂良之以首参行相事也,逾再岁,上亦不置相,因谕茂良:"史官近奏三台星不明,盖实艰其选耳。淳熙四年正月,召史浩于四明,茂良亦觉眷衰,因疾力求去。上曰:"朕以经筵召史浩,卿不须疑。"

时曾觌欲以文资禄其孙,茂良以文武官各随本色荫补格法缴进。觌因茂良入堂道间,俾直省官贾光祖等当道不避。街司叱之,曰:"参政能几时!"茂良奏:"臣固不足道,所惜者朝廷大体。"上谕觌往谢,茂良正色曰:"参知政事者,朝廷参知政事也。"觌惭退。上谕茂良先遣人于觌,冲替而后施行。茂良批旨,取贾光祖辈下临安府挞之。手诏宣问施行太遽,茂良待罪。上使人宣谕委曲,令缴进手诏,且谓:"卿去虽得美名,置朕何地?"茂良即奉诏。

谢廓然赐出身,除殿中侍御史,廓然附曾觌者也。中书舍人林光辅缴奏,不书黄,遂补外。茂良力求去,上谕曰:"朕极爱卿,不敢忘,欲保全卿去,俟议恢复,卿当再来。"是日,除职与郡,令内殿奏事,乃手疏恢复六事,上曰:"卿五年不说恢复,何故今日及此?"退朝甚怒,曰:"福建子不可信如此!"谢廓然因劾之,乃落职放罢;寻又论茂良擅权不公,矫传上旨,辄断贾光祖等罪,遂责降,安置英州。父子卒于贬所。

觌与廓然死后,茂良家投甀讼冤,遂复通奉大夫。周必大独相,进呈复职,上曰:"茂良本无罪。"遂复资政殿学士,谥庄敏。

茂良平生不喜言兵,去国之日乃言恢复事,或谓觌密令人诉之云:"若论恢复,必再留。"茂良信之。廓然论茂良,亦以此为罪。茂良没数年,朱熹从其子得副本读之,则事虽恢复,而其意乃极论不可轻举,犹平生素论也,深为之叹息云。

论曰:葛邲在相位虽不久,而能守法度,进人才,其处己也,则不以欺为本。钱端礼以戚属为相,周葵晚虽不附秦桧,而与龚茂良皆主和议。若乃魏杞奉使知尊国体,施师点之靖重有守,萧燧忠实敢言,仕于绍兴之间,可谓不幸矣。

卷三百八十六
列传第一百四十五

**刘珙　王蔺　黄祖舜　王大宝
金安节　王刚中　李彦颖　范成大**

刘珙,字共父,子羽长子也。生有奇质,从季父子翚学。以荫补承务郎,登进士乙科,监绍兴府都税务。请祠归,杜门力学,不急仕进。主管西外敦宗院,召除诸王宫大小学教授,迁礼部郎官。

秦桧欲追谥其父,召礼官会问,珙不至,桧怒,风言者逐之。桧死,召为大宗正丞,迁吏部员外郎。置令式庭中,使选集者得自翻阅,与吏辨,吏无得藏其巧。兼权秘书少监,兼权中书舍人。金犯边,王师北向,诏檄多出其手,词气激烈,闻者泣下。御史杜莘老劾宦者张去为,忤旨左迁,珙不草制,莘老得不去。从幸建康,兼直学士院。车驾将还,军务未有所付,时张浚留守建康,众望属之。及诏出,以杨存中为江、淮宣抚使,珙不书录黄,仍论不可。上怒,谓宰相曰:"刘珙父为浚所知,此特为浚地耳!"命再下,宰相召珙谕旨,且曰:"再缴则累张公。"珙曰:"某为国家计,岂暇为张公谋。"执奏如初,存中命寝。真除中书舍人、直学士院。田师中死,其家请以没入王继先第为赐,李珂关通近习,求为督府掾,诏从中下,珙皆论罢之。出知泉州,改衢州。

湖南旱,郴州宜章县李金为乱,朝廷忧之,以珙知潭州、湖南安抚使。入境,声言发郡县兵讨击,而移书制使沈介,请以便宜出师,曰:"擅兴之罪,吾自当之。"介即遣田宝、杨钦以兵至,珙知其暑行疲怠,发夫数程外迎之,代其负任,又则犒赐过望,军士感奋。珙知钦可用,檄诸军皆受节制,下令募贼徒相捕斩诣吏者,除罪受赏。钦与宝连战破贼,追至莽山,贼党曹彦、黄拱执李金以降。支党窜匿者尚众,珙谕钦等却兵,听其自降,贼相率纳兵,给据归田里。第上诸将功状有差,上赐玺书曰:"近世书生但务清谈,经纶实才盖未之见,朕以是每有东晋之忧。今卿既诛群盗,而功状详实,诸将优劣,破贼先后,历历可观,宜益勉副朕意。"

除翰林学士、知制诰兼侍读,言于上曰:"世儒多病汉高帝不悦学,轻儒生,臣以为高帝所不悦,特腐儒俗学耳。使当时有以二帝三王之学告之,知其必敬信,功烈不止此。"因陈"圣王之学所以明理正心,为万事之纲。"上亟称善。

拜中大夫、同知枢密院事,辞不获,因进言曰:"汪应辰、陈良翰、张栻学行才能,皆臣所不逮,而栻穷探圣微,晓畅军务,曩幸破贼,栻谋为多,愿亟召用。"上可其奏。兼参知政事。奏除福建钞盐岁额二万万,罢江西和籴及广西折米盐钱,及蠲诸路累年逋负金钱谷帛巨亿计。上尝以久旱斋居祷雨,一夕而应,珙进言曰:"陛下诚心感格,其应如响,天人相与之际,真不容发,隐微纤芥之失，其应岂不亦犹是乎？臣愿益谨其独。"上竦然称善。

龙大渊、曾觌既被逐，未几，大渊死，上怜觌欲还之。珙言："二人之去，天下方仰威断。此曹奴隶耳，厚赐之可也，若引以自近，使与闻机事，进退人才，非所以光德业、振纪纲。"命遂止。

殿前指挥使王琪被旨，按视两淮城壁，还，密荐和州教授刘甄夫。上谕执政召之，珙请曰："此人名位微，何自知之？"上以琪告。珙退坐堂上，追琪至，诘其故，授牍使对。琪恐，请后不敢，乃叱使责戒励状而去。会扬州奏琪檄郡增筑新城，珙遂奏罢琪，语在《陈俊卿传》。珙时争之尤力，殿中皆惊，以故独罢为端明殿学士，奉外祠。陈俊卿言："珙正直有才，肯任怨，臣所不及，愿留之。"诏改知隆兴府、江西安抚使。入辞，犹以六事为献，上曰："卿虽去国，不忘忠言，材美非他人所及，行召卿矣。"至镇，首蠲税务新额，及罢苗仓大斛。属邑奉新有复出租税，穷民不能输，相率逃去，反失正税，并奏除之。

除资政殿学士、知荆南府、湖北安抚使，以继母忧去。起复同知枢密院事、荆襄安抚使。珙六上奏恳辞，引经据礼，词甚切，最后言曰："三年通丧，三代未之有改，汉儒乃有'金革无避'之说，已为先王罪人。今边陲幸无犬吠之惊，臣乃欲冒金革之名，以私利禄之实，不亦又为汉儒之罪人乎？"

服阕，再除知潭州、湖南安抚使。过阙入见，极论时事，言甚切至，上再三加劳，进资政殿大学士以行。安南贡象，所过发夫除道，毁屋庐，数十州骚然。珙奏曰："象之用于郊祀，不见于经，驱而远之，则有若周公之典。且使吾中国之疲民，困于远夷之野兽，岂仁圣之所为哉！"湖北茶盗数千人入境，疆吏以告，珙曰："此非必死之寇，缓之则散而求生，急之则聚而致死。"揭榜谕以自新，声言兵且至，令属州县具数千人食，盗果散去，其存者无几。珙乃遣兵，戒曰："来毋亟战，去毋穷追，不去者击之耳。"盗意益缓，于是一战败之，尽擒以归，诛首恶数十，余隶军籍。

淳熙二年，移知建康府、江东安抚使、行宫留守。会水且旱，首奏蠲夏税钱六十万缗、秋苗米十六万六千斛。禁止上流税米遏籴，得商人米三百万斛。贷诸司钱合三万，遣官籴米上江，得十四万九千斛。籍主客户高下，给米有差。又运米村落，置场平价振粜，贷者不取偿。起是年九月，尽明年四月，阖境数十万人，无一人捐瘠流徙者。

进观文殿学士，属疾，请致仕。孝宗遣中使以医来，疾革，草遗奏言："恭、显、伾、文，近习用事之戒，今以腹心耳目寄之此曹，朝纲以紊，士气以索，民心以离，咎皆在此。陈俊卿忠良确实，可以任重致远，张栻学问醇正，可以拾遗补阙，愿亟召用之。"既又手书诀栻与朱熹，其言皆以未能为国报雪仇耻为恨。薨，年五十七。赠光禄大夫，谥忠肃。

珙精明果断，居家孝，丧继母卓氏，年已逾五十，尽哀致毁，内外功缌之戚，必素服以终月数。喜受尽言，事有小失，下吏言之立改。临数镇，民爱之若父母，闻讣，有罢市巷哭相与祠之者。

王蔺，字谦仲、庐江人。乾道五年，擢进士第。为信州上饶簿、鄂州教授、四川宣抚司干办公事，除武学谕。孝宗幸学，蔺迎法驾，立道周，上目而异之，命小黄门问知姓名，由是简记。

迁枢密院编修官，轮对，奏五事，读未竟，上喜见颜色。明日，谕辅臣曰："王蔺敢言，宜加奖擢。"除宗正丞，寻出守舒州。陛辞，奏疏数条，皆极言时事之未得其正者，上曰："卿议论峭直。"寻出手诏："王蔺鲠直敢言，除监察御史。"一日，上袖出幅纸赐之，曰："比览陆贽《奏议》，所陈深切，今日之政恐有如德宗之弊者，可思朕之阙失，条陈来上。"蔺即对曰："德宗之失，在于自用遂非，疑天下士。"退即上疏，陈德宗之弊，并及时政阙失，上嘉纳之。

迁起居舍人，言："朝廷除授失当，台谏不悉举职，给、舍始废缴驳，内官、医官、药官赐予之多，迁转之易，可不思警惧而正之乎？"上竦然曰："非卿言，朕皆不闻。磊磊落落，惟卿一人。"除礼部侍郎兼吏部。尝因手诏"谋选监司，欲得刚正如卿者，可举数人。"即奏举潘时、郑矫、林大中等八人，乞擢用。会以母忧去。服除，召还为礼部尚书，进参知政事。

光宗即位，迁知枢密院事兼参政，拜枢密使。光宗精厉初政，蔺亦不存形迹，除目或自中出，未惬人心者，辄留之，纳诸御坐。或议建皇后家庙，力争以为不可，因应诏上疏"愿陛下先定圣志"，条列八事，疏入，不报。中丞何澹论之，以罢去。起帅阃，易镇蜀，皆不就。后领祠，帅江陵。宁宗即位，改帅湖南。台臣论罢，归里奉祠。七年薨。

蔺尽言无隐，然嫉恶太甚，同列多忌之，竟以不合去。有《奏议》传于世。

黄祖舜，福州福清人。登进士第，累任至军器监丞。入对，言："县令付铨曹，专用资格，曷若委郡守，汰其尤无良者。"上然之。

权守尚书屯田员外郎，徙吏部员外郎，出通判泉州。将行，言："抱道怀德之士，不应书干禄，老于韦布。乞自科举外，有学行修明、孝友纯笃者，县荐之州，州延之庠序，以表率多士；其卓行尤异者，州以名闻，是亦乡举里选之意。"下其奏礼部，遂留为仓部郎中，迁右司郎中、权刑部侍郎兼详定敕令司兼侍讲。进《论语讲义》，上命金安节校勘，安节言其书词义明粹，乃令国子监板行。荐李宝勇足以冠军，智足以料敌，诏以宝为带御器械。

兼权给事中。张浚薨，其家奏留使臣五十余人理资任，祖舜言："武臣守阙者数年，今素食无代，坐进崇秩，曷以劝功？乞为之限制。"遂诏勋臣家兵校留五之一。户部奏以官田授汰去使臣，祖舜言："使臣汰者一千六百余人，临安官田仅为亩一千一百，计其请而给田，则不过数十人。"事不行。保义郎梁舜弼、汉弼，邦彦养孙也，并阁门祗候，祖舜言："阁门不可以恩泽补迁。"知池州刘尧仁升右文殿修撰，知新州韩彦直升秘阁修撰，祖舜言：

"修撰本以待文学,不可幸得。"故资政殿学士杨愿家乞遗表恩,祖舜言:"愿阴济秦桧,中伤善类。"皆寝其命。秦熺卒,赠太傅,祖舜言:"熺预其父桧谋议,今不宜赠帝傅之秩。"追夺之。

迁同知枢密院事。金主亮犯淮,刘汜败,王权走,上将诛权以厉其余,祖舜言:"权罪当诛,汜不容贷。刘锜有大功,闻其病已殆,权、汜诛,锜必愧怨以死,是国家一败兵而杀三将,得无快于敌乎?"上嘉纳。薨于官,谥庄定。

王大宝,字元龟,其先繇温陵徙潮州。政和间,贡辟雍。建炎初,廷试第二,授南雄州教授。以禄不逮养,移病而归。阅数年,差监登闻鼓院、主管台州崇道观,复累年。

赵鼎谪潮,大宝日从讲《论语》,鼎叹曰:"吾居此,平时所荐无一至者,君独肯从吾游,过人远矣。"知连州。张浚亦谪居,命其子栻与讲学。时赵、张客贬斥无虚日,人为累息,大宝独泰然。浚奉不时得,大宝以经制钱给之,浚曰:"如累君何?"大宝不为变。

代还,言连、英、循、惠、新、恩六州,居民才数百,非懋迁之地,月输免行钱宜蠲减。高宗谓大臣曰:"守臣上殿,令陈民事,遂得知田里疾苦,所陈五六,得一可行,其利亦不细矣。"乃命广西诸司具减数闻。

知袁州,进《诗》、《书》、《易解》,上谓执政曰:"大宝留意经术,其书甚可采,可与内除。"执政拟国子司业,上喜曰:"适合朕意。"时经筵阙官,遂除国子司业兼崇政殿说书。奏:"江南诸州有月桩钱,无定名数,吏缘为奸,刻剥民。又有折帛钱,方南渡兵兴,物价翔贵,令下户折纳,务以优之,今市帛匹四千,而令输六千。盍委监司核月桩为定制,减折帛惠小民。"诏户部详其奏。

直敷文阁、知温州、提点福建刑狱。道临漳,有峻岭曰蔡冈,蓁薄蔽翳,山石荦确,盗乘间剽劫。大宝以囊金三十万,募民抉薮甃道十余里,行者便之。提点广东刑狱。

孝宗即位,除礼部侍郎。大宝言:"古致治之君,先明国是,而行之以果断。自军兴以来,曰征曰和,浮议靡定。太上传丕基于陛下,四方日夜恢复,国论未定,众志未孚。愿陛下果断,则无不济。"擢右谏议大夫,首论朱倬、沈该之罪,皆行其言。汪澈督师荆、襄,大宝劾其不能节制,坐视方城之败,疏再上,澈落职谪台州。大宝尝论及移跸,上曰:"吾欲亟行。"大宝奏:"今日之势殆未可,愿少宽岁月。"

张浚复起为都督,大宝力赞其议,符离失律,群言汹汹。大宝言:"危疑之际,非果断持重,何以息横议。"未几,汤思退议罢督府,力请讲和,大宝奏谓:"今国事莫大于恢复,莫仇于金敌,莫难于攻守,莫审于用人。宰相以财计乏,军储虚,符离师溃,名额不除,意在核军籍,减月给。臣恐不惟边鄙之忧,而患起萧墙矣。"章三上,除兵部侍郎。

胡铨为起居郎,奏曰:"近日王十朋、王大宝相继引去,非国之福。"上曰:"十朋力自引去,朕留之不能得。"

大宝论汤思退太早,令为兵部侍郎,岂容复听其去。"未几,以敷文阁直学士提举太平兴国宫。他日,铨奏事,上复谕之曰:"大宝留之经筵,亦固求去,势不两立。"铨奏:"自古台谏论宰相多矣,若谓势不两立,则论宰相者皆当去。"大宝寻请致仕。督府既罢,撤边防,弃四州,金复犯边,诏思退都督军马,辞不行。上震怒,窜思退,中外以大宝前言不用为恨。

乾道元年,落致仕,召为礼部尚书。入对,言理财之道,当务本抑末。右正言程叔达奏大宝乞复免行钱非是,以旧职提举太平兴国宫。中书舍人阎安中欲留其行,叔达并劾之。诏大宝致仕。寻卒,年七十七。

金安节,字彦亨,歙州休宁人。资颖悟,日记千言,博洽经史,尤精于《易》。宣和六年,由太学擢进士第,调洪州新建县主簿。绍兴初,范宗尹引为删定官。入对,言:"司马光以财用乏,请用宰相领总计使,宜以为法。"

除司农丞,又迁殿中侍御史。韩世忠子彦直直秘阁,安节言:"崇、观以来,因父兄秉政而得贴职近制,皆在讨论。今彦直复因父任而授,是自废法也。"不报。任申先除待制致仕,安节劾其忿戾,乞追夺。秦桧兄梓知台州,安节劾其附丽梁师成,梓遂罢,桧衔之。未几,丁母忧去,遂不出。

桧死,起知严州,除浙西提刑。入为大理卿,首言:"治民之道,先德后刑,今守令虑不及远,簿书期会,赋税输纳,穷日力办之,而无卓然以教化为务者。愿申饬守令,俾无专事法律,苟可以赞教化,必力行之。"时获伪造盐引者,大臣欲置之死,安节力争,以为事已十余年,且自首无死法,因得减等。两浙漕属王悦道鞫仁和令杨绩狱不实,事下大理,安节并逮悦道。悦道,幸医王继先子也,屡因人求免,安节不从。

迁宗正少卿。为金使施宜生贺正,安节馆伴。属显仁皇后丧,服黑带,宜生曰:"使人以贺礼来,迓使安得服黑带?"安节辞难再四,宜生屈服。迁礼部侍郎。明年,再充送伴使。至楚州,副使耶律翼夺巡检王松马不得,鞭笞之。安节遣人责翼,词色俱厉,朝廷恐生事,坐削两秩。叶义问使金,金主因言:"前日夺马事,曲在翼,已笞二百,回日可详奏。"乃复元官。

迁礼部侍郎。将祠明堂,时已闻钦宗升遐,安节言:"宫庙行礼,皆当以大臣摄事。"从之。迁侍讲、给事中。殿院杜莘老论张去为补外,安节言:"不可因内侍而去言官。"上遂留莘老。

金主亮犯淮,从幸建康。亮死,安节陈进取、招纳、备守三策,而以备守为进取、招纳之本。上将还临安,命杨存中宣抚江、淮、荆、襄,安节言:"存中顷以权太盛,人言籍籍,方解军政,复授兹职,非所以全之。"又言:"方今正当大明赏罚,乃首用刘宝、王权刻剥庸懦之人,何以激劝将士。"上皆纳之。

杨存中议省江、淮州县,安节言:"庐之合肥,和之濡须,皆昔人控扼孔道。魏明帝云:'先帝东置合肥,南守襄阳,西固祁山,贼来辄破于三城之下'。孙权筑濡须坞，魏军累攻不克，守将如甘宁等，常以寡制众。盖形势之地，攻守百倍，岂有昔人得之成功，今日有之而反弃之耶？且濡须、巢湖之水，上接巢步，下接江口，可通漕舟，乞择将经理。"存中议遂格。

孝宗嗣位，给廷臣笔札陈当世事，安节请："严内降之科，凡内侍省、御药院、内东门司冗费，一切罢去。堂除省归吏部，长官听辟僚属，以清中书之务。文武荫补，各有定制，毋令易文资。臣僚致仕遗表恩泽，不宜奏异姓，使得高赀为市。"上尝对大臣称其诚实。一日，因奏事面劳之曰："近不见缴驳，有所见，但缴驳，朕无不听。"

龙大渊、曾觌以潜邸旧恩，大渊除枢密都承旨，觌带御器械，谏议大夫刘度仍累疏论之。隆兴改元，大渊、觌并除知阁门事，宰相知安节必以为言，使人讽之曰："若书行，即坐政府矣。"安节拒不纳，封还录黄。时台谏相继论列，奏入不出，上意未回，安节与给事中周必大奏："陛下即位，台谏有所弹劾，虽两府大将，欲罢则罢，欲贬则贬，独于二臣乃为迁就讳避。臣等若奉明诏，则臣等负中外之谤；大臣若不开陈，则大臣负中外之责；陛下若不俯从，则中外纷纷未止也。"上怒，安节即自劾乞窜，上意解，命遂寝。潜邸旧人李珂擢编修官，安节又奏罢之，上谕之曰："朕知卿孤立无党。"张浚闻之，语人曰："金给事真金石人也。"

拜兵部侍郎。金将仆散忠义遗三省、枢密院书，论和议，乃画定四事，诏群臣议。安节谓："世称偌国，国号不加'大'字及用'再拜'二字，皆不可从。海、泗、唐、邓为淮、襄屏蔽，不可与。必不得已，宁少增岁币。钦宗梓宫当迎奉。陵寝地必不肯归我，宜每因遣使恭谒。但讲好之后，当益选将厉兵，以为后图。"已而请祠，得请。中书舍人胡铨缴奏，谓："安节太上之旧人，而陛下之老成也。汉张苍、唐张柬之、国朝富弼文彦博皆年八旬尚不听其去，安节膂力未愆，有忧国心，岂宜从其引去。"上遂留之。

逾年，权吏部尚书兼侍读。自是力请谢事，诏以敷文阁学士致仕。陛辞，上曰："卿且暂归，旦夕召卿矣。"去之日，缙绅相与叹美，以为中兴以来全名高节，鲜有其比。乾道六年卒，年七十七。遗表闻，赠通奉大夫，累赠开府仪同三司、少保。

安节至孝，居丧有礼。与兄相友爱，田业悉推与之，又以恩奏其孤子与。初筮仕，未尝求荐于人，及贵，有举荐不令人知。其除司农丞，或语之曰："公是命，张侍郎致远为中司时所荐，盍往谢之？"安节曰："彼为朝廷荐人，岂私我耶！"竟不往。荐晁公武、龚茂良可台谏，皆称职，二人弗知也。与秦桧忤，不出者十八年，及再起，论事终不屈，人以此服之。有文集三十卷、《奏议表疏》、《周易解》。

王刚中，字时亨，饶州乐平人。刚中博览强记。绍兴十五年，进士第二人。任某州推官，改左宣义郎。故事当召试，秦桧怒其不诣己，授洪州教授。桧死，召见，擢秘书省校书郎，迁著作佐郎。

孝宗为普安郡王，刚中兼王府教授，每侍讲，极陈古今治乱之故，君子小人忠佞之辨。迁中书舍人，言："御敌今日先务，敌强则犯边，弱则请盟。今勿计敌人之强弱，必先自治，择将帅，搜战士，实边储，备器械，国势富强，将良士勇，请盟则为汉文帝，犯边则为唐太宗。"上韪其言。会西蜀谋帅，上曰："无以逾王刚中矣。"以龙图阁待制知成都府、制置四川。御便殿，临遗锡金带、象笏。进敷文阁直学士。

时吴璘累官阀至大帅，其下姚仲、王彦等亦建节雄一方。守帅以文治则玩于柔，而号令不行；以武竞则窒于暴，而下情不通。惟刚中检身以法，示人以礼，不立崖堑，驭吏恩威并行，羽檄纷沓，从容裁决，皆中机会。

敌骑度大散关，人情汹汹。刚中跨一马，夜驰二百里，起吴璘于帐中，责之曰："大将与国义同休戚，临敌安得高枕而卧？"璘大惊。又以蜡书抵张正彦济师。西师大集，金兵败走。方议奏捷，刚中倍道驰还，谓其属李焘曰："将帅之功，吾何有焉。"焘喑曰："身督战而功成不居，过人远矣。"已乃差择将士，众所推者上之朝，备统帅选。又疏蜀名胜士与幕府之贤，备部使者、州刺史之佐。目使颐指，内外响应。诸汰遣使臣困绝不能自存，刚中以为冒刃于少壮之年，不可斥弃于既老之后，悉召诣府，有善射者复其禄秩，以禁军阙额粮给之，其罢癃不堪事，则给以义仓米。

成都万岁池广袤十里，溉三乡田，岁久淤淀，刚中集三乡夫共疏之，累土为防，上植榆柳，表以石柱，州人指曰："王公之甘棠也。"府学礼殿，东汉兴平中建，后又建新学，遭时多故，日就倾圮，属九县缮完，悉复其旧。葺诸葛武侯祠、张文定公庙，夷黄巢墓，表贤瘅恶以示民。有女巫蓄蛇为妖，杀蛇，黥之。

孝宗受禅，以宫僚进左朝奉大夫，召赴阙，以足疾请祠，提举太平兴国宫。归次番阳，营圃植竹，号竹坞。

金犯淮，有旨趣刚中入见，陈战守之策。除礼部尚书、直学士院兼给事中，为卤簿使，除端明殿学士、签书枢密院事，进同知院事。刚中曰："战守者实事，和议者虚名，不可恃虚名害实事。"又奏四事：开屯田、省浮费、选将帅、汰冗兵。居政府，属疾卒，年六十三，赠资政殿大学士、光禄大夫，谥恭简。

建炎间，诏阶、成、岷、凤四州刺壮丁为兵，众以为忧。刚中建言五害罢之，免符下，民欢呼，声震山谷。比去，蜀父老遮道，有追送数百里者。繇布衣至公卿，无他嗜好，公退惟读书著文为乐。有《易说》、《春秋通义》、《仙源圣纪》、《经史辨》、《汉唐史要览》、《天人修应录》、《东溪集》、《应斋笔录》，凡百余卷。

李彦颖字秀叔，湖州德清人。少端重，强记览。金犯浙西，父挟家人逃避，彦颖方十岁，追不及，敌已迫其后，能趋支径，乱流获济。

绍兴十八年，擢进士第，主余杭簿。守曹泳豪敛酒家业为官监，利其赀具，彦颖争之。泳怒，戒吏煅炼，不得毫发罪。调建德丞，改秩。时宰知其才，将处之学官，或劝使一见，彦颖耻自献。调富阳丞。御史周操荐为御史台主簿。

金败盟，张浚督师进讨。上方向浚，执政坚主和，陈良翰、周操不以为然。右正言尹穑阴符执政，荐引同己者，转言和于上前。上感之，罢督府，良翰、操相继黜，而穑进殿中，迁谏议大夫。一日，穑以和、战、守叩彦颖，彦颖曰："人所见固不同。公既以和议为是，曷不明陈于上前，以身任之，事成功归于公，不成奉身而退。若欲享其利而不及其害，国事将谁倚？"穑大怒曰："自为谏官，前后百余奏，曷尝与一'和'字，而台簿有是言！"自是衔彦颖，阴排之。

改国子博士，权吏部郎中，以父丧去。免丧，复为吏部兼皇子恭王府直讲，权右史兼兵部侍郎。经筵，张栻讲《葛覃》，言先王正家之道，因及时事，语激切，上意不怿。彦颖曰："人臣事君，岂不能阿谀取容？栻所以敢直言，正为圣明在上，得尽爱君之诚耳。《书》曰：'有言逆于汝心，必求诸道。'"上意遽解，曰："使臣下皆若此，人主应无过。"

立皇太子，兼左谕德。首论建置宫僚，以为詹事于东宫内外无所不当省，事须白詹事而后行。司马光论皇太子讲读官有奏疏，录以进。上大喜，行之。皇太子尹临安，兼判官兼中书舍人。张说再登枢筦，彦颖论："说无寸长，去年骤跻宥府，物议沸腾。今此命复出，中外骇然。臣恐六军解体，人心不服。"未几，权礼部侍郎兼侍讲，因言："士习委靡，不然则矫激，宜择笃实鲠亮者用之。"升詹事，见上，言："皇太子尹临安已久，虽欲时尝民事，然非便，宜一意讲学。"他日以言于上者告太子，趣草奏辞尹事，三辞乃免。

兼吏部侍郎，权尚书兼侍读。月食淫雨，言："甲申岁以淫雨求言，今十年矣，中间非无水旱，而不闻求言之诏，岂以言多沽激厌之耶？比欺蔽成风，侍从、台谏犹慎嘿，况其他乎？阴沴之兴，未必由此。"时廷臣多以中批斥去，彦颖又言："臣下有过，宜显逐之，使中外知获罪之由以为戒。今潜毁潜行，斥命中出，在廷莫测其故，将恐阴邪得伸，善类丧气，非盛世事也。"除吏部尚书。接送金贺正使，言两淮兵备城筑及裁减接送浮费甚悉，上嘉纳焉。

十二月，除端明殿学士、签书枢密院事。二年闰九月，参知政事。金使至，上遣王抃谕金使稍变受书旧礼，议久不决。彦颖曰："须于国体无损而事可济，乃善，若如去年张子颜之行，不但无益。"时左司谏汤邦彦新进，冀侥幸集事，自许立节。彦颖言邦彦轻脱，必误国。他日，对便殿，上复语与之。颜欲进说，上色动，宰相亟引退。遂以邦彦为申议国信使，且命福建造海船，起两淮民兵赴合肥训练，并诏诸军饬戎备，中外骚然。彦颖复言："两淮州县去合肥，远者千余里，近亦二三百里。令民户三丁起其二，限三月而罢，事未集，民先失业矣。"上作色曰："卿欲尽撤边备耶？"彦颖曰："今不得已，令三百里内，家起一丁诣合肥，三百里外，就州县训习，日增给钱米，限一月罢，庶不大扰。"翌日，复执奏，从之。洎邦彦辱命

而还，彦颖论其罪，贬新州。

彦颖在东府三岁，实摄相事，内降缴回甚多。内侍白札籍名造器械并犒师，降旨发左藏、封桩诸库钱，动亿万计。彦颖疏岁中经费以进，因言："虞允文建此库以备边，故曰'封桩'，陛下方有意恢复，苟中之不节，徒启他日妄费，失封桩初意。"上瞿然曰："卿言是，朕失之矣。"自是绝不支。

坠马在告，力求去，以资政殿学士知绍兴府，勤约有惠政。提举洞霄宫，复参知政事，病羸，艰拜起，力辞，上曰："老者不以筋力为礼，孟享礼繁，特免卿。"谏官论其子殴人至死，奉祠镌秩。起知婺州，禁民屠牛，捐属县税十三万三千缗。复知绍兴府，进资政殿大学士，再奉祠，进观文殿学士。

绍熙元年，致仕。家居凡十载，自奉澹约，食才米数合。室无姬媵，萧然永日，与州县了不相闻。薨，年八十一，赠少保，谥忠文。

子沐，庆元中，与一时台谏排赵汝愚，善类一空，公论丑之。

范成大，字致能，吴郡人。绍兴二十四年，擢进士第。授户曹，监和剂局。隆兴元年，迁正字。累迁著作佐郎，除吏部郎官。言者论其超躐，罢，奉祠。

起知处州。陛对，论力之所及者三，曰日力，曰国力，曰人力，今尽以虚文耗之，上嘉纳。处民以争役嚣讼，成大为创义役，随家贫富输金买田，助当役者，甲乙轮第至二十年，民便之。其后入奏，言及此，诏颁其法于诸路。处多山田，梁天监中，詹、南二司马作通济堰在松阳、遂昌之间，激溪水四十里，溉田二十万亩。堰岁久坏，成大访故迹，叠石筑防，置堤闸四十九所，立水则，上中下溉灌有序，民食其利。

除礼部员外郎兼崇政殿说书。乾道《令》以绢计脏，估价轻而论罪重，成大奏："承平时绢匹不及千钱，而估价过倍。绍兴初年递增五分，为钱三千足。今绢实贵，当倍时直。"上惊曰："是陷民深文。"遂增为四千，而刑轻矣。

隆兴再讲和，失定受书之礼，上尝悔之。迁成大起居郎，假资政殿大学士，充金祈请国信使。国书专求陵寝，盖泛使也。上面谕受书事，成大乞并载书中，不从。金迎使者慕成大名，至求巾帻效之。至燕山，密草奏，具言受书式，怀之入。初进国书，词气慷慨，金君臣方倾听，成大忽奏曰："两朝既为叔侄，而受书礼未称，臣有疏。"搢笏出之。金主大骇，曰："此岂献书处耶？"左右以笏标起之，成大屹不动，必欲书达。既而归馆所，金主遣伴使宣旨取奏。成大之未起也，金庭纷然，太子欲杀成大，越王止之，竟得全节而归。

除中书舍人。初，上书崔寔《政论》赐辅臣，成大奏曰："御书《政论》，意在伤纲纪，振积敝。而近日大理议刑，递加一等，此非以严致平，乃酷也。"上称为知言。张说除签书枢密院事，成大当制，留词头七日不下，又上疏言之，说命竟寝。

知静江府。广西窘匮，专藉盐利，漕臣尽取之，于是属邑有增价抑配之敝，诏复行钞盐，漕司拘钞钱均给所部，而钱不时至。成大入境，曰："利害有大于此乎？"奏疏谓："能裁抑漕司强取之数，以宽郡县，则科抑可禁。"上从之。数年，广州盐商上书，乞复令客贩，宰相可其说，大出银钱助之。人多以为非，下有司议，卒不易成大说。旧法马以四尺三寸为限，诏加至四寸以上，成大谓互市四十年，不宜骤改。

除敷文阁待制、四川制置使，疏言："吐蕃、青羌两犯黎州，而奴儿结、蕃列等尤桀黠，轻视中国。臣当教阅将兵，外修堡砦，仍讲明教阅团结之法，使人自为战，三者非财不可。"上赐度牒钱四十万缗。成大谓西南诸边，黎为要地，增战兵五千，奏置路分都监。吐蕃入寇之路十有八，悉筑栅分戍。奴儿结扰安静砦，发飞山军千人赴之，料其三日必遁，已而果然。白水砦将王文才私娶蛮女，常导之寇边，成大重赏橄群蛮使相疑贰，俄禽文才以献，即斩之。蜀北边旧有义士三万，本民兵也，监司、郡守杂役之，都统司又俾与大军更戍，成大力言其不可，诏遵旧法。蜀知名士孙松寿年六十余，樊汉广甫五十九，皆挂冠不仕，表其节，诏召之，皆不起，蜀士由是归心。凡人才可用者，悉致幕下，用所长，不拘小节，其杰然者露章荐之，往往显于朝，位至二府。

召对，除权吏部尚书，拜参知政事。两月，为言者所论，奉祠。起知明州，奏罢海物之献。除端明殿学士，寻帅金陵。会岁旱，奏移军储米二十万振饥民，减租米五万。水贼徐五窃发，号"静江大将军"，捕而戮之。以病请闲，进资政殿学士，再领宫霄宫。绍熙三年，加大学士。四年薨。

成大素有文名，尤工于诗。上尝命陈俊卿择文士掌内制，俊卿以成大及张震对。自号石湖，有《石湖集》、《揽辔录》、《桂海虞衡集》行于世。

论曰：刘珙忠义世家，追属犷，以未雪仇耻为深恨。王蔺犯颜忠谏，刚肠嫉恶。方赵鼎、张浚非罪远谪，朋交绝踪，大宝独从之游，逮斥权奸，了无顾忌。安节拒秦桧，排渊、觌，坚如金石，孤立无党，死生祸福，曾不一动其心。当金兵犯大散关，刚中单骑星驰，夜起吴璘，一战却敌。成大致书北庭，几于见杀，卒不辱命。俱有古大臣风烈，孔子所谓"岁寒然后知松柏之后凋"者欤？若祖舜夺杨愿恩，褫秦熺秩，诛桧恶于既死，彦颖论事激烈，披露忠荩，直气亦可尚已。

卷三百八十七
列传第一百四十六

黄洽　汪应辰　王十朋
吴芾　陈良翰　杜莘老

黄洽，字德润，福州候官人。隆兴元年，以太学生试春官第二，诏循故事，未临轩，赐第二人及第。授绍兴府观察判官。秩满，就铨选，不用前名例谒庙堂。宰相陈俊卿白于上，改宣义郎，除国子博士。

适有旨职事官无待次，改差浙东安抚司主管机宜文字。继为太学国子博士，枢密院编修官，通判福州。奉祠，召为太常丞。请外，孝宗方厉精求治，曰："黄洽厚德，方任以事。"不许。当对，奏三事："备事莫若储才，士卒当练其心，军政必预为谋。"上矍然，洽徐奏："愿戒饬州郡，毋烦扰以致寇，毋轻易以玩寇。寇扰而后定，伤根本多矣。"繇秘书郎迁著作郎。上谕词臣："秘阁储英俊为异时公卿用，行黄洽词，可及之。"

除右正言，首奏："谏臣非具员，职在谏争，朝政有阙，所当尽言。"上亦以为端士，许其尽言无隐。除侍御史。会水旱频仍，因祠祭上言："此事全在一念，陛下夙兴默想，专精在民，身虽法宫，心则坛壝，洋洋左右，理非漠然。浮岁荒歉之由，必有未尽契神示之心者。"一日特诏："诸路奉行荒政不虔，差官按视安集。"洽亟奏："使者一出，官吏必须知畏。其常平一司，所职何事？淮、浙、江东见有使，以五使分五路，尚虑不周知。今遣一人兼二三路，不过阅图帐户口多寡，地里辽邈，安能遍历乎？若专责常平，名正而职举，事分而察精。"又奏："艺祖惩藩镇偏重之失，不欲兵民之权聚于一夫之手。今使主兵官兼郡寄，是合兵民权为一，且属边徼，偏重尤甚。"上皆嘉纳。洽所论列，未尝捃摭细故他隐以累其终身。

除右谏议大夫。上方锐志肆武，洽因风谏，言："《颐》之大象：'君子以慎言语，节饮食。'言语饮食犹谨节之，况其他乎？凡筋力喘息之间，一有过差，皆非所以养其身也。"上曰："卿言无非仁义忠孝，可为万世臣子之法，朕常念之。"洽在经筵，言："宰相代天理物，要在为国得人。人主之命相，任则勿疑。宰相重则朝廷尊，朝廷尊则庙社安。宰相抡才任职，当尽公心。君子进则庶职举，庶职举则天下治。"上首肯再三，乃曰："卿如良金美玉，浑厚无瑕，天其以卿为朕弼耶？"

除御史中丞，奏："荐举请托，必竞于宰执、台谏之门，若宰执、台谏不为人觅举，使士大夫咸自率厉，以公道得之，岂不甚善。或果知其人，露章以荐，亦何不可。"潭州奏强盗罪不至死应配者坐加役流，有旨具议。洽曰："强盗异他盗，以其故为也。若止黥役，三年之后，圈槛一弛，豨突四出，善良受害，可胜数耶？况役时必去防闲之具，走逸结合，患尤甚焉。"上深然之。

除参知政事。上曰："卿每告朕用人，今卿居用人之地，不可不勉。"上因商榷除目，洽馨竭无所顾避，上大喜曰："五十年无此差除。"除知枢密院事。洽累章求去，许之，除资政殿大学士、知隆兴府。

光宗受禅，特诏言事，洽奏："用人为万世不易之论，臣前以此纳忠寿皇，今复告于陛下。"屡乞归田，寻畀提举洞霄宫。方未得请也，人劝之治第，洽曰："吾书生，蒙拔擢至此，未有以报国，而先营私乎？使吾一旦罪去，犹有先人敝庐可庇风雨，夫复何忧。"庆元二年致仕。

洽常言："居家不欺亲，仕不欺君，仰不欺天，俯不欺人，幽不欺鬼神，何用求福报哉！"六年七月，薨，年七十九。赠金紫光禄大夫。洽质直端重，有大臣体，两朝推为名臣。有文集、奏议八十五卷。

汪应辰，字圣锡，信州玉山人。幼凝重异常童，五岁知读书，属对应声语惊人，多识奇字。家贫无膏油，每拾薪苏以继晷。从人借书，一经目不忘。十岁能诗，游乡校，郡博士戏之曰："韩愈十三而能文，今子奚若？"应辰答曰："仲尼三千而论道，惟公其然。"

未冠，首贡乡举，试礼部，居高选。时赵鼎为相，延之馆塾，奇之。绍兴五年，进士第一人，年甫十八。御策以吏道、民力、兵势为问，应辰答以为治之要，以至诚为本，在人主反求而已。上览其对，意其为老成之士，及唱第，乃年少子，引见者掖而前，上甚异之。鼎出班特谢。旧进士第一人赐以御诗，及是，特书《中庸篇》以赐。初名洋，与姓字若有语病，特改赐应辰。上欲即除馆职，赵鼎言："且令历外任，养成其材。"乃授镇东军签判。故事，殿试第一人无待次者，至是，取一年半阙以归。舍人胡寅行词曰："属者延见多士，问以治道，尔年未及冠，而能推明帝王躬行之本，无曲学阿世之态。"

应辰少受知于喻樗，既第，知张九成贤，问之于樗，往从之游，所学益进。初任，赵鼎为帅，幕府事悉谘焉。岁小旱，命应辰祷雨名山即应，越人语之曰："此相公雨。"鼎曰："不然，乃状元雨也。"

召为秘书省正字。时秦桧力主和议，王伦使还，金人欲以河南地归我。应辰上疏，谓："和议不谐非所患，和议谐矣，而因循无备之可畏。异议不息非所患，异议息矣，而上下相蒙之可畏。金虽通和，疆场之上宜各戒严，以备他盗。今方且肆赦中外，褒宠将帅，以为休兵息民自此而始。纵忘积年之耻，独不思异时意外之患乎？此因循无备之所以可畏也。方朝廷力排群议之初，大则窜逐，小则罢黜，至有一言迎合，则不次擢用。是以小人窥见间隙，轻躁者阿谀以希宠，畏懦者畏默以备位，而忠臣正士乃无以自立于群小之间，此上下相蒙之所以可畏也。臣愿勿以和好之可无虞，而思患预防，常若敌人之至。"疏奏，秦桧大不悦，出通判建州，遂请祠以归。寓居常山之永年院，蓬蒿满迳，一室萧然，馆粥不继，人不堪其忧，处之裕如也，益以修身讲学为事。自是凡三主管崇道观，在隐约时，胸中浩然之气凛然不可屈。

张九成谪邵州，交游皆绝，应辰时问问。及其丧父，

言者犹攻之，而应辰不远千里往吊，人皆危之。通判袁州，凡所予夺，人无异词。始至，或以其书生易之，已乃知吏师所不能及。丞相赵鼎死朱崖，扶丧过郡，应辰为文祭之曰："惟公两登上宰，皆直艰危之时；一斥南荒，遂为死生之别。事已定于盖棺，恩特容于归骨。"吏付之火。其子借三兵以归，道出衢州，章杰为守，希桧意，指应辰为阿附，为死党，符移讯鞫，遍搜行橐，求祭文不可得。时胡寅遗桧书，谓此事不足竟，事乃寝。

通判静江府，逾期不得代，乃沿檄归省其母。继差通判广州。时桧所深忌者赵鼎、张浚，鼎既死而浚独存，未快其意。江西运判张常先笺注前帅张宗元与浚诗，言于朝，其词连逮者数十家，将诬以不轨而尽去之。狱既具，桧死，应辰幸而免。

明年，召为吏部郎官，迁右司。母老乞外，丞相苦留之曰："方进用，未尔也。"应辰曰："亲老矣，不可缓。"乃出知婺州。郡积欠上供十三万缗，朝廷命宪漕究治，应辰谓急则扰民，乃与诸邑蠲宿逋，去苛敛，定期会，窒渗漏，悉为补发。寻丁内艰去，庐于墓侧。

服阕，除秘书少监，迁权吏部尚书。李显忠冒其军功赏五千余人，应辰奏驳之。权户部侍郎兼侍讲。应辰独员当剧务，节冗费，常奏："班直转官三日，而堂吏增给食钱万余缗；工匠洗泽器皿仅给百余千，而堂吏食钱六百千；塑显仁神御，半年功未及半，而堂吏食钱已支三万、银绢六百匹两。他皆类此。"上惊其费冗，命吏部裁之。

金渝盟，诏求足食足兵之策，应辰奏曰："陆贽有云：'将非其人，兵虽多不足恃；操失其柄，将虽才不为用'。臣之所忧，不在兵之不足，在乎军政之不修。自讲和以来，将士骄惰，兵不阅习，敌未至则望风逃遁，敌既退则漫列战功，不惟佚罚，且或受赏。方时无事，诏令有所不行，一旦有急，谁能听命以赴国家之难。望发英断，赏善罚恶，使人人洗心易虑，以听上命，然后号令必行矣。"

三十二年建储，以孝宗名与唐庐江王、晋楚王同，诏改为"晖"，应辰以为与唐昭宗同，白左相陈康伯，遂今名。集议秀王封爵，应辰定其称曰"太子本生之亲"。俞入，内降曰："皇太子所生父，可封秀王。"暨内禅，拟于传位日降赦，应辰言："唐太宗受禅于高祖，明年正月始改元。"乃从其说。又议改元"重熙"，应辰谓契丹尝以纪年，遂改隆兴。一朝大典礼，多应辰所定。

议太上尊号，李焘、陈康伯密以"光尧寿圣"为称。及集议，或谓："尊号始自开元，罢于元丰，今不当复，况太上视天下如弃敝屣，岂复顾此？"应辰主之尤力。或又言："主上奉亲，乌得援元丰自却为比？"于是议状书者半，不书者半。明日，应辰复与金安节等十二人各陈所见，大概谓"光尧"近乎"神尧"，"寿圣"乃英宗诞节，尝以名寺。御史周必大亦以为问，应辰答以"尧"岂可"光"。是语有闻之德寿者，高宗因上过宫，云："汪应辰素不乐吾。"于是有诏：尊号之议，已尝奏知，不容但已。安节等遂奉诏。

应辰连乞补外，遂知福州。未几，升敷文阁待制，举朱熹自代。在镇二年，会朝廷谋蜀帅，乃以敷文阁直学士

为四川制置使、知成都府。陛辞，特降诏抚谕。入境，以书与宣抚使吴璘，令以抚谕诏申严号令。既至，免利路民饷运，徙沿边戍兵就粮内郡，纵保胜义士复业，存左藏所解白契二百万以备不虞，悉奏行之。有谓蜀中纲马驿程由梁、洋、金、房，山路峻险，宜浮江而下，诏吴璘措置。执政、大将皆主其说，应辰与夔帅王十朋力言其不便，遂得中止。二税勘合，每贯取二十钱，乾道诏旨尝减三之一，有欲增之者，应辰与两漕臣列奏，言："勘合不以钞计，而以贯石匹两计，是阳为减而阴实增之也。以成都一路计之，岁入三十万，今以所增为六十万，计以四路，不知几倍。虽非兴利者所便，而民受其赐多矣。"

璘时驻蜀口武兴，精兵为天下冠，既老且病，应辰密奏以关陕大将系国安危，所当预图。于是执政传旨，若璘不起，令制司暂领其任。暨璘死，应辰遂摄宣抚之职，蜀道晏然。

虞允文寻以知枢密院事宣抚四川，应辰援张浚例，乞罢制司，不许。总所牒委盐官核四川匿契税，应辰奏："其不便者四，曰妨农废业，曰纵吏扰民，曰违法害教，曰长奸起讼。比户部已令人自首，州县收并已不少，其未尽者，有见行法令，不宜为此烦扰。"上曰："论极有理，速罢止之。"

蜀大旱，诏问救荒之策，应辰奏："利、阆、绵、梓军马粮料，随民力均敷，官虽支籴钱，民不得半价，若选官就岁熟处籴之，可以宽民力，第无钱束手，乞给度牒。"上曰："汪应辰治蜀甚有声，且留意民事如此。"给度牒四百，永为籴本振济，遂移书诸路漕臣，亟救荒，且以绵、剑和籴告之，而全蜀蒙惠。

刘珙拜同知枢密院事，进言曰："汪应辰、陈良翰、张栻学行才能，臣所不及。"已，得旨召还。邛之安仁年饥，挺起为盗，害及旁郡，即具奏，且檄茶马使招捕。旬月间，诛其渠魁，余悉抚定。或白之虞允文曰："汪帅得无掩盗事不上闻乎？"宣司乃密奏，使人绐应辰曰："邛寇事未敢奏，不审制司如何？"应辰以奏检报之，允文内愧。将行，代纳成都一府激赏绢估三万三千九百八十四匹。

冬，入觐，陛对，以畏天爱民为言。上曰："卿久在蜀，宽朕西顾忧，军政民事革弊殆尽，蜀中除虚额，民间当被实惠。"应辰奏："虚额去则州县宽，尚有两事，曰预借，曰对籴。预借乃州县累岁相仍，对籴则以补州县阙乏，民输米一石，即就籴一石，或半价，或不支，且多取赢。陛下近捐百万除预借之弊，对籴患止数州，愿并除之，则弊革无余矣。"

除吏部尚书，寻兼翰林学士并侍读。论爱民六事，庙堂议不合，不悦者众。一日，陈良佑登对，上告以"汪应辰言卿在蜀多诞谩。"良佑奏："臣与应辰昨同从班，应辰请外，得衢州，臣惜其去，同奏留之。时边奏方急，臣不知应辰将以便私计也。奏既上，应辰以此大憾，乃为是说以中臣耳。"上曰："乃尔邪！"

应辰在朝多革弊事，中贵人皆侧目。德寿宫方甃石池，以水银浮金凫鱼于上，上过之，高宗指示曰："水银正乏，此买之汪尚书家。"上怒曰："汪应辰力言朕置房廊与民争利，乃自贩水银邪？"应辰知之，力求去。会复出发运均输之旨，叹曰："吾不可留矣，但力辨群枉，则补外之请得逞。"乃力论其事有害无利，遂以端明殿学士知平江府。

韩玉被旨拣马，过郡，应辰简礼。玉归，谮之于上曰："臣所过州县，未有若平江之不治者。"上怪之。平江米纲至，有折阅，事上，连贬秩。力疾请祠，自是卧家不起矣，以淳熙三年二月卒于家。

应辰接物温逊，遇事特立不回，流落岭峤十有七年。桧死，始还朝，刚方正直，敢言不避。少从吕居仁、胡安国游，张栻、吕祖谦深器许之，告以造道之方。尝释克己之私如用兵克敌，《易》惩忿窒欲，《书》刚制于酒，惩窒、刚制皆克义，可不常省察乎？其义理之精如此。好贤乐善，出于天性，尤笃友爱，尝以先畴逊其兄衢，虽无屋可居不顾也。子达，继登进士第，仕至吏部尚书、端明殿学士。

王十朋，字龟龄，温州乐清人。资颖悟，日诵数千言。及长，有文行，聚徒梅溪，受业者以百数。入太学，主司异其文。

秦桧死，上亲政，策士，谕考官曰："对策中有陈朝政切直者，并置上列。"十朋以"权"为对，大略曰："揽权者，非欲衡石程书如秦皇，传餐听政如隋文，强明自任、不任宰相如唐德宗，精于吏事、以察为明如唐宣宗，盖欲陛下惩既往而戒未然，威福一出于上而已。尝有铺翠之禁，而以翠羽为首饰者自若，是岂法令不可禁乎？抑宫中服浣濯之化，衣不曳地之风未形于外乎？法之至公者莫如选士，名器之至重者莫如科第。往岁权臣子孙、门客类窃魏科，有司以国家名器为媚权臣之具，而欲得人可乎？愿陛下正身以为本，任贤以为助，博采兼听以收其效。"几万余言。上嘉其经学淹通，议论醇正，遂擢为第一。学者争传诵其策，以拟古晁、董。

上用其言，严销金铺翠之令，取交阯所贡翠物焚之。诏："十朋乃朕亲擢。"授绍兴府签判。既至，或以书生易之，十朋裁决如神，吏奸不行。时以四科求士，帅王师心谓十朋身兼四者，独以应诏。召为秘书郎兼建王府小学教授。先是，教授入讲堂居宾位，十朋不可，皇孙特加礼而位教授中坐。

金将渝盟，十朋轮对，言："自建炎至今，金未尝不内相残贼，然一主毙，一主生，曷尝为中国利？要在自备如何。御敌莫急于用人，今有天资忠义、材兼文武可为将相者，有长于用兵、士卒乐为之用可为大帅者，或投闲置散，或老于藩郡，愿起而用之，以寝敌谋，以图恢复。"盖指张浚、刘锜也。又言："今权虽归于陛下，政复出于多门，是一桧死百桧生也。杨存中以三衙而交结北司，以盗大权。汉之祸起于恭、显，王氏之相以终始；唐之祸起于北军，藩镇之相为表里。今以管军位三公，利源皆入其门，阴结诸将，相为党援。枢密本兵之地，立班甘居其后。子弟亲戚，布满清要。台谏论列，委曲庇护，风宪独不行于管军之门，何以为国！至若清资加于胥伍；高爵滥于医门；

诸军承受，威福自恣，甚于唐之监军；皇城逻卒，旁午察事，甚于周之监谤；将帅剥下赂上，结怨三军；道路捕人为卒，结怨百姓；皆非治世事。"上嘉纳，戢逻卒，罢诸军承受，更定枢密、管军班次，解杨存中兵权，其言大略施行。秦桧久塞言路，至是十朋与冯方、胡宪、查籥、李浩相继论事，太学生为《五贤诗》述其事。除著作郎。

三十一年正月，风雷雨雪交作，十朋以为阳不胜阴之验，遗陈康伯书，冀以《春秋》灾异之说力陈于上，崇阳抑阴，以弭天变。迁大宗正丞，亟请祠归。金犯边，起刘锜为江、淮、浙西制置，张浚帅金陵，悉如其言。

孝宗受禅，起知严州。召对，首言："太皇非倦勤时，而以大器付陛下，贤于尧、舜，陛下当思以副太上者。今社稷之安危，生民之休戚，人才之进退，朝廷之刑赏，宜若舜之协尧，断然行之，以尽继述之道。"拜司封郎中，累迁国子司业。言："今居位者往往职之不举，宜有以革之。人主有大职三，任贤、纳谏、赏罚是也。"上嘉之。除起居舍人，升侍讲。时左右史失职久，十朋除起居郎，胡铨奏四事，语在《胡铨传》。除侍御史，上谓胡铨曰："比除台官，外议如何？"铨曰："皆谓得人。"上曰："卿与十朋皆朕亲擢。"

十朋见上英锐，每见必陈恢复之计。及将北伐，上疏曰："天子之孝莫大于光祖宗、安社稷，因前王盈成而守者，周成康、汉文景是也；承前世衰微而兴者，商高宗、周宣王是也；先君有耻而雪之，汉宣帝臣单于、唐太宗俘颉利是也；先君有仇而复之，夏少康灭浇、汉光武诛莽是也。迹虽不同，其为孝一也。靖康之祸，亘古未有，陛下英武，慨然志在兴复。窃闻每对群臣奏事，则曰：'当如创业时。'又曰：'当以马上治之。'又曰：'某事当俟恢复后为之'。比因宣召，语及陵寝，圣容恻然，曰：'四十年矣。'陛下之心真少康、高宗、宣王、光武之心，奈何大臣不能仰副圣心？愿戒在位者，去附和之私心，赞国家之大计，则中兴日月可冀矣。"因论史浩八罪，曰怀奸、误国、植党、盗权、忌言、蔽贤、欺君、讪上，上为出浩知绍兴府。十朋再疏，谓："陛下虽能如舜之去邪，未能如舜之正名定罪。绍兴密迩行都，浩尝为属吏，奸脏彰闻，亦何颜复见其吏民。"遂改与祠。

史正志与浩族异，拜浩而父事之，十朋论正志倾险奸邪，观时求进，宜黜正志以正典刑。林安宅出入史浩、龙大渊门，盗弄威福，至是诈病求致仕，十朋并疏其罪。皆罢去。

张浚出师复灵壁、虹县，归附者万计，又复宿州。十朋奏："王师以吊民为主，先之以招纳，不获已而战伐随之，乞以此指戒浚。金将既降，宜速加爵赏，以劝来者。"上皆嘉纳。

会李显忠、邵宏渊不协，王师失律，张浚上表自劾，主和者乘此唱异议。十朋上疏言："臣素不识浚，闻其誓不与敌俱生，心实嘉之。前因轮对，言金必败盟，乞用浚。陛下嗣位，命督师江、淮，今浚遣将取二县，一月三捷，皆服陛下任浚之难。及王师一不利，横议蜂起。臣谓今日之师，为祖宗陵寝，为二帝复仇，为二百年境土，为中原吊民伐罪，非前代好大生事者比。益当内修，俟时而动。陛下恢复志立，固不以一衄为群议所摇，然异论纷纷，浚既待罪，岂其可尚居风宪之职！乞赐窜殛。"因言："臣闻近日欲遣龙大渊抚谕淮南，信否？"上曰："无之。"又言："闻欲以杨存中充御营使。"上嘿然。

改除吏部侍郎，力辞，出知饶州。饶并湖，盗出没其间，闻十朋至，一夕遁去。丞相洪适请故学基益其圃，十朋曰："先圣所居，十朋何敢予人。"移知夔州，饶民走诸司乞留不得，至断其桥，乃以车从间道去，众葺断桥，以"王公"名之。

移知湖州，召对，刘珙请留之，上曰："朕岂不知王十朋，顾湖州被水，非十朋莫能镇抚。"至郡，户部责虚逋三十四万，命吏持券往辨，不听，即请祠去。起知泉州，十朋前在湖割奉钱创贡闱，又为泉建之，尤宏壮。

凡历四郡，布上恩，恤民隐，士之贤者诣门，以礼致之。朔望会诸生学宫，讲经询政，僚属有不善，反复告戒，俾之自新。民输租倖自概量，闻者相告，宿逋亦愿偿。讼至庭，温词晓以理义，多退听者。所至人绘而祠之，去之日，老稚攀留涕泣，越境以送，思之如父母。饶久旱，入境雨至；湖积霖，入境即霁。凡祷必应，其至诚不独感人，而亦动天地鬼神。

东宫建，除太子詹事，力辞，诏州郡礼致，遂力疾造朝，以足疾不能趋，诏给扶减拜。谒东宫，太子以其旧学，待遇有加。又诏免朝参，遣中使以告及袭衣、金带就其家赐之。疾革，累章告老，以龙图阁学士致仕，命下而卒，年六十。绍熙三年，谥曰忠文。

十朋事亲孝，终丧不处内，友爱二弟，郊恩先奏其名，没而二子犹布衣。书室扁曰"不欺"，每以诸葛亮、颜真卿、寇凖、范仲淹、韩琦、唐介自比，朱熹、张栻雅敬之。

子闻诗、闻礼，皆笃学自立。闻诗知光州、提点江东刑狱；闻礼知常州、江东转运判官，为治能守家法，人亦思慕之。

吴芾，字明可，台州仙居人。举进士第，迁秘书正字。与秦桧旧故，至是桧已专政，芾退然如未尝识。公坐旅进，揖而退，桧疑之，风言者论罢。通判处、婺、越三郡。知处州。处旧苦丁绢重，芾损之，以新丁补其额。

何溥荐芾材中御史，除监察御史。时金将败盟，芾劝高宗："专务修德，痛自悔咎，延见群臣，俾陈阙失，求合乎天地，无愧乎祖宗，则人心悦服，天亦助顺矣。"上嘉其言。迁殿中侍御史。

两淮战不利，廷臣争陈退避计，芾言："今日之事，有进无退，进为上策，退为无策。"既而金主亮毙，上疏劝亲征。车驾至建康，芾请遂驻跸，以系中原之望，高宗纳其说。会有密启还东者，下侍从、台谏议，芾言："今欲控带襄、汉，引输湖、广，则临安不如建康便，经理淮甸，应接梁、宋，则临安不如建康近。议者徒悦一时扈从思归之人，非为国计。臣恐回銮之后，西师之声援不接，北土之讴吟绝望矣。"又言："去岁两淮诸城望风奔溃，无一城能拒守者，此秦桧壅塞言路、挫折士气之余毒也。能反其道，则士气日振，而见危授命者有人矣。"

知婺州。孝宗初即位，陛辞，陈裴垍对唐宪宗"为治先正其心"，以为临御之初，出治大原，无越于此。上嘉纳。至郡，劝民义役。金华长仙乡民十有一家，自以甲乙第其产，相次执役，几二十年。芾与致十一人者，与合宴，更其乡曰"循理"，里曰"信义"，以褒异之。

知绍兴府。会稽赋重而折色尤甚，芾以攒宫在，奏免支移折变。鉴湖久废，会岁大饥，出常平米募饥民浚治。芾去，大姓利于田，湖复废。

权刑部侍郎，迁给事中，改吏部侍郎。以敷文阁直学士知临安府。内侍家僮殴伤酒家保，芾捕治之，徇于市，权豪侧目。执政议以芾使金，复除吏部侍郎，且议以龙大渊为副，芾曰："是可与言行事者邪？"语闻，得罢不行。下迁礼部侍郎，力求去，提举太平兴国宫。

时芾与陈俊卿俱以刚直见忌，未几，俊卿亦引去。中书舍人阎安中为孝宗言二臣之去，非国之福。起知太平州。造舟以梁姑溪。历阳筑者久役溃归，声言欲趋郡境，芾呼至城下，厚犒遣之，而密捕倡乱者系狱以闻，诏褒谕。知隆兴府。

芾前后守六郡，各因其俗为宽猛，吏莫容奸，民怀惠利。再奉太平祠，屡告老，以龙图阁直学士致仕。后十年卒，年八十。尝曰："视官物当如已物，视公事当如私事。与其得罪于百姓，宁得罪于上官。"立朝不偶，晚退闲者十有四年，自号湖山居士。为文豪健俊整，有表奏五卷、诗文三十卷。

陈良翰，字邦彦，台州临海人。早孤，事母孝。资庄重，为文恢博有气。中绍兴五年进士第。知温州瑞安县。俗号强梗，吏治尚严，良翰独抚以宽，催租不下文符，但揭示名物，民竞乐输，听讼咸得其情。或问何术，良翰曰："无术，第公此心如虚堂悬镜耳。"殿中侍御史吴芾荐为检法官，迁监察御史。

孝宗初元，金主褎新立，求和，而中原旧人多求归，诏问何以处此，良翰言："议和，复纳降，皆非是。必定计自治，而和不和，任之乃可。"张浚军淮、泗以规进取，而议者争献防江策，良翰言："当固藩篱，专委任。今舍淮防江，却地夺便，朝廷过听，使督府不得专阃外事，误矣。"除右正言。

金再移书求故疆，良翰言："中原皆吾故土，况唐、邓、海、泗又金渝盟后以兵取之，安得以故疆为言而归之？"汤思退主遣小使卢仲贤、李杙，良翰言："仲贤轻儇无耻，杙自北来难信。"又言："庙堂督府论议不同，边奏上闻，皆阳唯诺而阴沮败之。万一失事机，督府安得独任其责？"上蹙然称善。

朝廷遣御史正志至建康，与张浚议事乖牾，良翰劾之，上曰："正志亦无罪。"良翰言："陛下使浚守淮，则任浚为重，一郎官为轻，且正志居中，浚必去就。"上悟，出正志为福建漕运。杨存中为御营使，总殿前军，良翰言："存中久擅兵柄，太上皇罢就第，奈何复假使名？宜慎履霜之戒。"疏三上，存中竟罢。

李杙不敢涉淮，良翰奏夺其官。仲贤至汴，辄许金人以疆土、岁币而还，上大怒，下仲贤吏，欲诛之，宰相叩头恳请得免。复遣王之望、龙大渊，良翰言："前遣使已辱命，大臣不悔前失，不谓秦桧复见今日！且金要我罢四郡屯兵以归之，是不折一兵，而坐收四千里要害之地，决不可许。若岁币，则俟得陵寝然后与，庶犹有名。今议未决而之望遂行，恐其辱国不止于仲贤，愿先驰一介往，俟议决，行未晚也。"诏侍从、台谏议，多是良翰，遂以胡昉、杨由义为审议官，与敌议四郡不合，困辱而归。

思退尚执前论，正言尹穑附思退以撼督府。良翰为左司谏，疏论："思退奸邪误国，宜早罢黜，张浚精忠老谋，不宜以小人言摇之。"孝宗曰："思退前议固失，然朕爱其警敏，冀可效，卿其置之。若魏公则今日孰出其右，朕岂容有此意？纵有之，亦岂不谋卿等？此殆言者有异意，卿为朕谕之。"良翰顿首谢曰："陛下言及此，天下幸甚。宰相纵无全才，宁取朴实，缓急犹可倚赖。思退庸狡，小黠大痴，将误国，且'警敏'二字，恐非明主卜相之法。"既退，以上语谕同列，穑勃然变色，明日亦请对，遂罢良翰言职。

两淮既撤备，金大入，孝宗始深悔。太学生数百人伏阙，乞召用良翰、胡铨、王十朋而斩思退等，思退由是始败。

良翰在谏省，成恭皇后受册，官内外亲属二十五人，良翰论其冗，诏减七人。知建宁府、福建转运副使，提点江东刑狱，移浙西，召为宗正少卿、兵部侍郎，除右谏议大夫。良翰言："以蜀汉之师下关陕，以荆、襄趋韩、魏，江、淮捣青、徐，此今日大计。四川既命大臣，而荆、淮未有任责者，亦当择重臣临之。"上称善。

进给事中。大将成闵冒请真奉，有司坐获谴，阁门王抃矫诏遣妄人谢显出境，显既抵罪，置闵与抃不问，良翰皆驳议，请正典刑。遂改礼部侍郎，不拜，以敷文阁待制提举江州太平兴国宫。

召为太子詹事，既见，上属以调护之责。一日，召对选德殿，出手书唐太宗与魏征论仁德功利之说，俾极陈今日所未至者。良翰退，上疏，略曰："仁德治之本，功利治之效，务本而效自至。今承天意，结民心，任贤能，退小人，择将帅，收军情，择监司，吏久任，皆行之有未至，诚能革此八弊，则仁德无累，功利自致矣。"上为之嘉叹，诏兼侍讲。

未几，以疾告老，除敷文阁直学士、提举太平宫。卒，年六十五。光宗立，特谥献肃。

杜莘老，字起莘，眉州青神人，唐工部甫十三世孙也。幼岁时，方禁苏氏文，独喜诵习。纪兴间，第进士，以亲老不赴廷对，赐同进士出身。授梁山军教授，从游者众。

秦桧死，魏良臣参大政，莘老疏天下利害以闻。良臣荐之，主管礼、兵部架阁文字。彗星见东方，高宗下诏求言，莘老上书，论："彗，擊气所生，多为兵兆。国家为民息兵，而将骄卒惰，军政不肃。今因天戒以修人事，思患预防，莫大于此。"因陈时弊十事。时应诏者众，上命择其议论切当推恩以劝之,后省以莘老为首,进一阶,迁敕令删定官、太常寺主簿,升博士。轮对,论:"金将败盟,宜饬边备,勿恃其不来,恃吾有以待之。"上称善再三。

南渡后,典秩散失,多有司所记省,至凶礼又讳不录。显仁皇后崩,议礼有疑,吏皆拱手,莘老以古义裁定。大敛前一日,宰相传旨问含玉之制,莘老曰:"礼院故实所不载,请以《周礼》典瑞郑玄《注》制之,其可。"因立具奏,上览之曰:"真礼官也。"及虞祭,或谓上哀劳,欲以宰相行事。莘老曰:"古今无是。"卒正之。

迁秘书丞,论江、淮守备,上曰:"卿言及此,忧国深矣。"擢监察御史。迁殿中侍御史,入对,上曰:"知卿不畏强御,故有此授,自是用卿矣。"陈俊卿既解言职,力求去,莘老因奏事,从容曰:"多事之际,令俊卿辈在论思之地,必有补益。"上以为然,俊卿乃复留。

金遣使致嫚书,传钦宗凶问,请淮、汉地,指索大臣。上决策亲征,莘老疏奏赞上,且谓:"敌欺天背盟,当待以不惧,勿以小利钝为异议所摇,谀言所惰,则人心有恃而士气振矣。宜不限早暮,延见大臣、侍从,谋议国事;申敕侍从、台谏、监司、守臣,亟举可用之才。"又言:"亲征有期,而禁卫才五千余,羸老居半,至不能介胄者,愿亟留圣虑"。事皆施行。

带御器械刘炎筦禁中市易,通北贾,大为奸利。一日,见莘老,辄及朝政,语狂悖,莘老以闻,斥监嘉州税。知枢密院事周麟之初请使金,及嫚书至,闻金将盛兵犯边,乃大恐,建言不必遣使。莘老劾麟之:"挟奸罔上,避事辞难,恐惧至于掩泣,众有'哭杀富郑公'之诮。"寻与宫观。疏再上,乃责瑞州。

幸医承宣使王继先怙宠干法,富浮公室,子弟直延阁,居第僭拟,别业、外帑遍畿甸,数十年无敢摇之者,闻边警,亟挈重宝归吴兴为避敌计。莘老疏其十罪,上曰:"初以太后饵其药,稍假恩宠,不谓小人骄横乃尔。"莘老曰:"继先罪暗发不足数,臣所奏,其大概耳。"上作而曰:"有恩无威,有赏无罚,虽尧舜不能治天下。"诏继先福州居住,子孙皆勒停。籍其赀以千万计,诏鹭钱入御前激赏库,专以赏将士,天下称快。

内侍张去为取御马院西兵二百髡其顶,都人异之,口语籍籍。莘老弹治,上疑其未审,不乐。莘老执奏不已,竟罢去为御马院,致仕,而莘老亦以直显谟阁知遂宁府。给事中金安节、中书舍人刘珙封还制书,改司农少卿,寻请外,仍与遂宁。

始莘老自蜀造朝,不以家行。高宗闻其清修独处,甚重之,一日因对,褒谕曰:"闻卿出蜀,即蒲团、纸帐如僧然,难及也。"未几,遂擢用。莘老官中都久,知公论所予夺,奸蠹者皆得其根本脉络,尝叹曰:"台谏当论天下第一事,若有所畏,姑言其次,是欺其心不敬其君者也。"及任言责,极言无隐,取众所指目者悉击去,声振一时,都人称骨鲠敢言者必曰杜殿院云。治郡,课绩为诸州最。

孝宗受禅,莘老进三议,曰定国是、修内政、养根本。

寻卒,年五十八。

论曰:黄洽浑厚有守,应辰学术精醇,尤称骨鲠。十朋、吴芾、良翰、莘老相继在台府,历诋奸幸,直言无隐,皆事上忠而自信笃,足以当大任者,惜不尽其用焉。

卷三百八十八
列传第一百四十七

周执羔　王希吕　陈良祐　李浩
陈橐　胡沂　唐文若　李焘

周执羔字表卿,信州弋阳人。宣和六年举进士,廷试,徽宗擢为第二。授湖州司士曹事,俄除太学博士。

建炎初,乘舆南渡,自京师奔诣扬州,不及,遂从隆祐太后于江西,还觐会稽。寻以继母刘疾,乞归就养,调抚州宜黄县丞。时四境俶扰,溃卒相挺为变,令大恐,不知所为,执羔谕以祸福,皆敛手听命。既又诇其党,执首谋者斩以徇。邑人德之,至绘像立祠。

绍兴五年,改秩,通判湖州。丁母忧,服阕,通判平江府。召为将作监丞。明年春,迁太常丞。会始议建明堂,大乐久废不修,诏奉常习肆之,访辑旧闻,庀阅工器,制作始备。累迁右司员外郎。

八月,擢权礼部侍郎,充贺金生辰使。往岁奉使官得自辟其属,赏典既厚,愿行者多纳金以请,执羔始拒绝之。使还,兼权吏部侍郎。请赐新进士闻喜宴于礼部,从之。军兴废此礼,至是乃复。同知贡举。旧例,进士试礼部下,历十八年得免举,又四试礼部下,始特奏名推恩。秦桧既以科第私其子,士论喧哗,为减三年以悦众。执羔言祖宗法不可乱,繇此忤桧,御史劾罢之。

又六年,起知眉州,徙阆州,又改夔州,兼夔路安抚使。夔部地接蛮獠,易以生事。或告湶、播夷叛,其豪帅请遣兵致讨,执羔谓曰:"朝廷用尔为长,今一方绎骚,责将焉往,能尽力则贯尔,一兵不可得也。"豪惧,斩叛者以献,夷人自是皆慑息。三十年,知饶州,寻除敷文阁待制。

乾道初,守婺州,召还,提举佑神观兼侍讲。首进二说,以为王道在正心诚意,立国在节用爱人。二年四月,复为礼部侍郎。孝宗患人才难知,执羔曰:"今一介干进,亦蒙赐召,口舌相高,殆成风俗,岂可使之得志哉!"上曰:"卿言是也。"一日侍经筵,自言"学《易》知数,臣事陛下之日短",已乃垂涕,上恻然。即拜本部尚书,升侍读,固辞,不许。

方士刘孝荣言《统元历》差,命执羔厘正之。执羔用刘羲叟法,推日月交食,考五纬赢缩,以纪气朔寒温之候,撰《历议》、《历书》、《五星测验》各一卷上之。

上尝问丰财之术,执羔以为:"蠹民之本,莫甚于兵。古者兴师十万,日费千金。今尺籍之数,十倍于此,罢癃老弱者几半，不汰之其弊益深。"论："和籴本以给军兴，豫凶灾。盖国家一切之政，不得已而为之。若边境无事，妨于民食而务为聚敛，可乎？旧籴有常数，比年每郡增至一二十万石。今诸路枯旱之余，中螟大起，无以供常税，况数外取之乎？宜视一路一郡一县丰凶之数，轻重行之，灾甚者蠲之可也。"上矍然曰："灾异如此，乃无一人为朕言者！"即诏从之。

充安恭皇后攒宫按行使，日与阉人接，卒事未尝交一谈，阉亦服其长者，不怨也。拜疏求去，上谓辅臣曰："朕惜其老成，宜以经筵留之。"除宝文阁学士，提举佑神观。上曰："遂除龙图可也。"经筵二年，每劝上以辨忠邪、纳谏争，上深知其忠。

明年三月，告老，上谕曰："祖宗时，近臣有年逾八十尚留者，卿之齿未也。"命却其章。闰月，复申前请。上度不可夺，诏提举江州太平兴国宫，赐茶、药、御书，恩礼尤渥，公卿祖帐都门外，搢绅荣之。时闻广、粤、江西岁饥盗起，执羔陛辞以为言，诏遣太府丞马希言使诸路振救之。乾道六年卒，年七十七。

执羔有雅度，立朝无朋比。治郡廉恕，有循吏风。手不释卷，尤通于《易》。

王希吕字仲行，宿州人。渡江后自北归南，既仕，寓居嘉兴府。乾道五年，登进士科。孝宗奖用西北之士，六年，召试，授秘书省正字。除右正言。时张说以攀援戚属擢用，再除签书枢密院事，希吕与侍御史李衡交章劾之。上疑其合党邀名，责远小监当，既而悔之，改授宫观。方说之见用，气势显赫，后省不书黄，学士院不草诏，皆相继斥逐，而希吕复以身任怨，去国之日，屏徒御，蹑履以行，恬不为悔。由是直声闻于远迩，虽以此黜，亦以此见知。出知庐州。

淳熙二年，除吏部员外郎，寻除起居郎兼中书舍人。淮右择帅，上以希吕已试有功，令知庐州兼安抚使。修葺城守，安集流散，兵民赖之。加直宝文阁、江西转运副使。

五年，召为起居郎，除中书舍人、给事中，转兵部尚书，改吏部尚书，求去，乃除端明殿学士、知绍兴府。寻以言者落职，处之晏如。

治郡百废俱兴，尤敬礼文学端方之士。天性刚劲，遇利害无回护意，惟是之从。尝论近习用事，语极切至，上变色欲起，希吕挽御衣曰："非但臣能言之，侍从、台谏皆有文字来矣。"佐漕江西，尝作《拳石记》以示僚属，一幕官举笔涂数字，举坐骇愕，希吕览之，喜其不阿，荐之。

居官廉洁，至无屋可庐，由绍兴归，有终焉之意，然犹寓僧寺。上闻之，赐钱造第。后以疾卒于家。

陈良祐，字天与，婺州金华人。年十九，预乡荐，间岁入太学。绍兴二十四年，擢进士第。调兴国军司户，未上，有荐于朝者，召除太学录、枢密院编修官。中丞汪澈荐除监察御史，累迁军器监兼邓王府直讲。隆兴元年，出为福建路转运副使。丁父忧，服阕，乾道三年，除起居舍人兼权中书舍人，迁起居郎。寻除左司谏。

首言会子之弊，愿捐内帑以纾细民之急。上曰："朕积财何用，能散可也。"慨然发内府白金数万收换会子，收铜版勿造，军民翕然。未几，户部得请，改造五百万。又奏："陛下号令在前，不能持半岁久，以此令民，谁能信之？岂有不印交子五百万，遂不可为国乎？"既而又欲造会子二千万，屡争之不得，遂请以五百万换旧会，俟通行渐收，常使不越千万之数。

上锐意图治，以唐太宗自比，良祐言："太宗《政要》愿赐省览，择善而从，知非而戒，使臣为良臣，勿为忠臣。"上曰："卿亦当以魏征自勉。"

又言："陛下躬行节俭，弗殖货利。或者托肺腑之亲，为市井之行，以公侯之贵，牟商贾之利。占田畴、擅山泽，甚者发舶舟，招蕃贾，贸易宝货，糜费金钱。或假德寿，或托椒房，犯法冒禁，专利无厌，非所以维持纪纲，保全戚畹。愿严戒敕，苟能改过，富贵可保，如其不悛，以义断恩。"

时左相丁外艰，诏起复，良祐言："起复非正礼，今无疆场之事，宜使之终丧。"遂寝。迁右谏议大夫兼侍讲，同知贡举，除给事中，兼直学士院，迁吏部侍郎。寻除尚书。

时议遣泛使请地，良祐奏："陛下恢复之志未尝忘怀，然词莫贵于金同，不可不察；博访归于独断，不可不审。固有以用众而兴，亦有以用众而亡；固有以独断而成，亦有以独断而败。今遣使乃启衅之端，万一敌骑犯边，则民力困于供输，州郡疲于调发，兵羞祸结，未有息期。将帅庸鄙，类乏远谋，对君父则言效死，临战阵则各求生。有如符离之役，不战之溃，瓜洲之遇，望敌惊奔，孰可仗者？此臣所以未敢保其万全。且今之求地，欲得河南，曩岁尝归版图，不旋踵而又失，如其不许，徒费往来，若其许我，必邀重币。经理未定，根本内虚，又将随而取之矣。向之四郡得之亦勤，尚不能有，今又无故而求侵地，陛下度可以虚声下之乎？况止求陵寝，地在其中，曩亦议此，观其答书，几于相戏。凡此二端，皆是求衅。必须遣使，则祈请钦宗梓宫，犹为有辞。内视不足，何暇事外？迩者未怀，岂能绥远？"

奏入，忤旨，贬瑞州居住，寻移信州。九年，许令自便。淳熙四年，起知徽州，寻除敷文阁待制、知建宁府，卒。

李浩，字德远，其先居建昌，迁临川。浩早有文称。绍兴十二年，擢进士第。时秦熺挟宰相子以魁多士，同年皆见之，或拉浩行，毅然不往。调饶州司户参军、襄阳府观察推官，连丁内外艰，继调金州教授，改太常寺主簿，寻兼光禄寺丞。

轮对，首陈《无逸》之戒，且言："宿卫大将杨存中恩宠特异，待之过，非其福。"上悟，旋令就第。自秦桧用事，塞言路，及上总揽权纲，激厉忠说，此习尚存，朝士多务慎默。至是命百官转对，浩与王十朋、冯方、查籥、胡宪始相继言事，闻者兴起。

浩不安于朝，请祠，主管台州崇道观以归。孝宗即位，以太常丞召。时张浚督师江、淮，宰相多抑之，浩引仁宗用韩琦、范仲淹诏章得象故事，乞戒谕令同心协济。兼权吏部郎官。浩雅为汤思退所厚，御史尹穑欲引之以共挤浚，因荐浩。及对，乃明示不同之意，二人皆不乐。逾年，始除员外郎兼皇子恭王府直讲。

在王府多所裨益，且因事以及时政，书之于册，幸上或见，王亦素所爱重。他日外补，累年以归，王喜曰："李直讲来矣。"未几，宰相召为郎者四人，将进用之，尤属意浩。浩嘿然无一辞，同舍皆迁，浩独如故。

逾年，浙河水灾，诏郎官、馆职以上条时政阙失，浩谓上忧劳如此，今何可不言，即奏疏指论近臣，并及宰执惟奉行，台谏多迎合，百执事顾忌畏缩。反覆数千言，倾倒罄竭，见者悚栗。上不以为忤，执事者深忌之。

乞外，得台州。州有拣中禁军五百人，训练官贪残失众心，不逞者因谋作乱，忽露刃于庭，浩谓之曰："汝等欲为乱乎？请先杀我。"众骇曰："不敢。"乃徐推其为首者四人黥徙之，迄无事。除直秘阁。并海有宿寇，久不获，浩募其徒，自缚赎罪，即得其魁。

里豪民郑宪以赀给事权贵人门，囊橐为奸，事觉，械系之，死狱中，尽籍其家，徙其妻孥。权贵人教其家讼冤，且诬浩以买妾事，言者用是挤之。疏方上，权参政刘珙越次奏曰："李浩为郡，获罪豪民，为其所诬，臣考其本末甚白。"上顾曰："守臣不畏强御，岂易得邪？"且门章安在，珙袖出之，遂留中不下。大理观望，犹欲还其所没赀，上批其后曰："台州所断至甚允当，郑宪家资，永不给还，流徙如故。"浩始得安。

明年，除司农少卿。时朝廷和籴米八万，董其事者贱籴湿恶，隐克官钱，户部不敢诘。浩白发其奸，下有司穷竟。户部欲就支稽见数，大理附会之，浩争曰："非但惠奸，且亏军食。"上是其言。会大理奏结他狱，上顾辅臣曰："棘寺官得刚正如李浩者为之。"已而卿缺，又曰："无以易浩。"遂除大理卿。

时上英明，有大有为之志，廷臣不能奉行，诞慢苟且，依违避事。浩前在司农，尝因面对，陈经理两淮之策，至是为金使接伴还，奏曰："臣亲见两淮可耕之田，尽为废地，心尝痛之。条画营屯，以为恢复根本。"又言："比日措置边事甚张皇，愿戒将吏严备御，无规微利近功。日与大臣修治具，结人心，持重安静，以俟敌衅。"上悉嘉纳。

宰相议遣泛使，浩与辨其不可，至以官职讽之，浩怒，以语触之，且力求外。以直宝文阁知静江府兼广西安抚。有尚书郎入对，论及择帅事，上曰："如广西，朕已得李浩矣。"又谕大臣曰："李浩营田议甚可行。"大臣莫有应者。

浩至郡，旧有灵渠通漕运及灌溉，岁久不治，命疏而通之，民赖其利。邕管所隶安平州，其酋恃险，谋聚兵为边患，浩遣单使谕以祸福，且许其引赦自新，即叩头谢过，焚彻水栅，听太府约束。

治广二年，召还，入对，论俗不美者八，其言曰："陛下所求者规谏，而臣下专务迎合；所贵者执守，而臣下专务顺从；所惜者名器，而侥幸之路未塞；所重者廉耻，

而趋附之门尚开；儒术可行，而有险诐之徒；下情当尽，而有壅蔽之患；期以气节，而偷惰者得以苟容；责以实效，而诞慢者得以自售。"上问诞慢谓谁，浩具以实对。翌日，谓宰相曰："李浩直谅。"遂除权吏部侍郎。时政府有枯宠窃权者，党与非一，自浩之入，已相侧目，且欲以甘言诱之，浩中立不倚，拒弗纳。于是相与谋嗾谏议大夫姚宪论浩以强狠之资，挟奸谀之志，置之近列，变乱黑白。未及正谢而罢。

乾道九年，提举太平兴国宫。明年夏，夔路阙帅，命浩以秘阁修撰宠其行。夔有羁縻州曰思州，世袭为守则田氏，与其犹子不协，将起兵相攻，浩草檄遣官为劝解，二人感悟，歃血盟，尽释前憾，边得以宁。逾年，以疾请祠，提举玉隆万寿宫，命未至，以淳熙三年九月卒，年六十一。诸司奏浩尽瘁其职以死，诏特赠集英殿修撰。

浩天资质直，涵养浑厚，不以利害动其心。少力学为文辞，及壮岩沈潜理义。立朝慨然以时事为己任，忠愤激烈，言切时弊，以此见忌于众。平居未尝假人以辞色，不知者以为傲，或谮于上前，上谓："斯人无他，在朕前亦如此，非为傲者。"小人惮之，诱以禄利，正色不回，谋害之者无所不至，独赖上察其衷，始终全之。为郡尤洁己，自海右归，不载南海一物。平生奉养如布衣时，风裁素高，人不敢干以私云。

陈槖，字德应，绍兴余姚人。入太学有声，登政和上舍第，教授宁州。以母老改台州士曹，治狱平允。更摄天台、临海、黄岩三邑，易越州新昌令，皆以恺悌称。

吕颐浩欲援为御史，约先一见，槖曰："宰相用人，乃使之呈身耶？"谢不往。赵鼎、李光交荐其才。绍兴二年五月，召对，改秩。六月，除监察御史，论事不合。八月，诏以宰邑有治行，除江西运判。瑞昌令倚势受赂，槖首劾罢之。期年，所按以十数，至有望风解印绶者。

以母年高，乞归养，诏槖善抚字，移知台州。台有五邑，尝摄其三，民怀惠爱，越境欢迎，不数月称治。母丧，邦人巷哭，相率走行在所者千余人，请起槖。诏案清谨不扰，治状著闻，其敕所在州赐钱三十万。槖力辞，上谓近臣曰："陈槖有古循吏风。"终丧，以司勋郎中召。

累迁权刑部侍郎。时秦桧力主和议，槖疏谓："金人多诈，和不可信。且二圣远狩沙漠，百姓肝脑涂地，天下痛心疾首。今天意既回，兵势渐集，宜乘时扫清，以雪国耻；否亦当按兵严备，审势而动。舍此不为，乃遽讲和，何以系中原之望。"

既而金厚有所邀，议久不决，将再遣使，槖复言："金每挟讲和以售其奸谋。论者因其废刘豫又还河南地，遂谓其有意于和，臣以为不然。且金之立豫，盖欲自为捍蔽，使之南窥。豫每犯顺，率皆败北，金知不足恃，从而废之，岂为我哉？河南之地欲付之他人，则必以豫为戒，故捐以归我。往岁金书尝谓岁帑多寡听我所裁，曾未淹岁，反覆如此。且割地通和，则彼此各守封疆可也，而同州之桥，至今存焉。盖金非可以义交而信结，恐其假和好之说，骋谬悠之辞，包藏祸心，变出不测。愿深鉴前辙，

亦严战守之备，使人人激厉，常若寇至。苟彼通和，则吾之振饬武备不害为立国之常。如其不然，决意恢复之图，勿循私曲之说，天意允协，人心响应，一举以成大勋，则梓宫、太后可还，祖宗疆土可复矣。"桧憾之。橐因力请去。未几，金果渝盟。

除徽猷阁待制、知颍昌府。时河南新疆初复，无敢往者，橐即日就道。次寿春则颍已不守。改处州，又改广州。兵兴后，广东盗贼无宁岁，十年九易牧守。橐尽革弊政，以恩先之。留镇三年，民夷悦服。

初，朝廷移韩京一军屯循州，会郴寇骆科犯广西，诏遣京讨之。橐奏："广东累年困于寇贼，自京移屯，敌稍知畏。今悉军赴广西，则广东危矣。"桧以橐为京地，坐稽留机事，降秩。屡上章告老，改婺州，请不已，遂致仕。又十二年，以疾卒于家，年六十六。

橐博学刚介，不事产业，先世田庐，悉推予兄弟。在广积年，四方聘币一不入私室。既谢事归剡中，侨寓僧寺，日籴以食，处之泰然。王十朋为《风土赋》，论近世会稽人物，曰："杜祁公之后有陈德应"云。

胡沂，字周伯，绍兴余姚人。父宗伋，号醇儒，能守所学，不逐时好。沂颖异，六岁诵《五经》皆毕，不忘一字。绍兴五年进士甲科，陆沉州县几三十载，至二十八年，始入为正字。迁校书郎兼实录院检讨官，吏部员外郎。转右司，以忧去，终丧还朝。孝宗受禅，除国子司业、邓王府直讲，寻擢殿中侍御史。

有旨侍从、台谏条具方今时务，沂言："守御之利，莫若令沿边屯田。前岁淮民逃移，未复旧业，中原归附，未知所处。俾之就耕，可赡给，省饷馈。东作方兴，且虑敌人乘时惊扰，宜聚兵险隘防守。"诏行其言。

御史中丞辛次膺论殿帅成闵黩货不恤士卒之罪，诏罢殿前司职事，与祠。沂再言其二十罪，遂落太尉，婺州居住。

沂又言："将臣定十等之目，令其举荐，施之择将之顷则可，施之养士有素则未也。夫设武举，立武学，试之以弓马，又试之以韬略之文、兵机之策，盖将有所用也。除高等一二名，余皆吏部授以榷酤、征商，所养非所用，所用非所养，愿诏大臣详议，中举者定品格，分差边将下准备差遣，则人人思奋，应上之求矣。"从之。

时龙大渊、曾觌以藩邸旧恩除知阁门事，张震、刘珙、周必大相继缴回词命。沂论其市权招士，请屏远之，未听，而谏官刘度坐抗论左迁。沂累章，益恳切，曰："大渊、觌不屏去，安知无柳宗元、刘禹锡辈挠节以从之者。"好进者嫉其言，共排之，沂亦以言不行请去，遂以直显谟阁主管台州崇道观。

乾道元年冬，召为宗正少卿兼皇子庆王府赞读，寻兼侍讲，进中书舍人、给事中。进对，论命令当谨之于造命之初，上曰："三代盛时如此。卿职在缴驳，事有当然，勿谓拂君相不言。"除吏部侍郎兼权尚书。

沂奏："七司法自绍兴十三年纂修成书，岁且一纪，历月阅时，不无抵牾。望令敕令所官讨论章旨，此法可行不可行，此条当革不当革，将见行之法与当革之条辑为一书，颁之中外，庶可戢吏胥之奸。"诏行之。寻以目疾丐祠。

六年，出为徽猷阁待制、知处州。复引疾奉祠，提举江州太平兴国宫。八年，以待制除太子詹事，寻复拜给事中，进礼部尚书并兼领詹事，又改侍读。上顾沂厚，有大用意，而沂资性恬退，无所依附，数请去。

虞允文当国，希旨建策复中原，沂极论金无衅，而我诸将未见可任此事者，数梗其议。遂以龙图阁学士仍提举兴国宫。

淳熙元年卒，年六十八。方疾革，整容素冠不少惰，盖其为学所得者如此。谥献肃。

唐文若，字立夫，眉山人。父庚在《文苑传》。文若少英迈不群，为文豪健。登进士第，分教潼川府。给事中勾涛荐自代，诏赴行在所，既至，而勾涛出，不得见。文若奏书阙下，略曰："昔汉高慢士，四皓去之，而西鄙少廉耻之人；光武礼贤，严光友之，而东都多节义之士。陛下屈万乘之尊，驻跸东南，两宫将归，五路初复，正宜市朽骨，式怒蛙，以来豪杰，与之共治，宁遽惜此数刻之对耶？"书奏，翌日召对便殿，高宗大悦，特旨合入官，通判洋州。洋西乡县产茶，亘陵谷八百余里，山穷险，赋不尽括。使者韩球将增赋以市宠，园户避苛敛转徙，饥馑相藉，文若力争之，赋迄不增。

再通判遂宁府。会大水，民多漂死，文若至城上，发库钱募游者，振活甚众。又力请于朝，除田租二万一千顷，免场务税二十余所，筑长堤以捍水势，自是无水患。

秦桧死，上访蜀士于魏良臣，以文若对。二十六年，以光禄丞召，改秘书郎，为《文思箴》以献，其略曰："于赫我皇，兵既休矣。兵休如何？莫若治兵。居安思危，邦乃攸宁。爰整其旅，文王以兴。载舞干羽，舜仁用成。向戌弭兵，《春秋》所惩。萧俯去兵，祸乱乃萌。师则多矣，军则强矣。纵弛不绳，犹曰无人。兵非以残，以兵休兵。"凡千五百余言。自桧主和，朝论讳言兵，故文若以此风焉。

迁起居郎。劝上收用西北人材以固根本，上深纳之。将命以掌制，时有为宣和执政请恩，为司谏凌哲所弹，文若喜其直，作《禾黍诗》以美之。侍御史周方崇以为讥己，劾文若狂诞，出知邵州。上屡为沂臣言唐文若无罪，可改近郡。

知饶州，兴学宫，减田租奇耗二万石，又请岁籴常平义仓之储什三与民平市，农末俱利，而粟不腐，遂以著令。余干尝有剧盗，巡尉不能制，文若遣牙兵捕而戮之。加直敷文阁，移知温州。三十一年，召为宗正少卿。

金人犯边，文若求对，首建大臣节制江上之议。上谕大臣以文若与虞允文、杜莘老、马骐才皆可用，复除起居郎。时诸将北出，捷音日闻，上下有狃志，独文若忧之，图上元嘉北伐故事。上谕文若以创业所历艰苦及敌情反覆甚悉，文若对曰："愿陛下深察大势，趋策之长而避其短，无循前代轨辙，则大善。"

未几，诸军退守，金主自将，围大将王权于历阳，权遁，淮南尽没。诏百官廷议，文若画三策，一请上亲征，二乞遣大臣劳军，三乞起张浚。工部侍郎许尹是其言，众遂列奏上之，不报。

文若寻面对，上问曰："今计安出，卿熟张浚否？"文若曰："浚守道笃学，天下属望，今四十年，天不死浚岭海，正为今日。"上矍然曰："援浚者多，非卿无以发此。"数日，遣杨存中护江上军，缓亲征之期，起浚知平江府，盖上以浚虽忠恳，喜功，将士多不附。文若复言浚本以孤忠得众，寻改浚镇建康府，将以为江、淮宣抚使，中沮之而止。

乘舆幸江表，以起居郎兼给事中，直学士院，同群司居守。驾还，迁中书舍人。上将内禅，前数日手诏追崇皇太子所生父，文若既书黄，因过周必大诵圣德，而疑名称未安，归白宰相，请更黄，堂吏不可，文若执不已，宰相以闻。诏改称本生亲，寻又改宗室子偁，其后诏称皇兄。

孝宗嗣位，张浚以右府都督江、淮军事，文若时以疾请外，除敷文阁待制，知汉州，寻改都督府参赞军事。浚使行边按守备，多所罢行者。未还，除知鼎州，改江州。

明年，浚入相，都督府罢。其冬，金复大入，官军悉戍淮。文若谓上流当严兵备，以定民志，奏籍丁五万，训练有法，人倚以固。解严，和籴大起，郡之数八万，文若以民劳，坚请得减什三。旋造祠，章三上未报。

乾道元年卒，年六十。赠左通奉大夫。

李焘，字仁甫，眉州丹棱人，唐宗室曹王之后也。父中登第，知仙井监。焘甫冠，愤金仇未报，著《反正议》十四篇，皆救时大务。绍兴八年，擢进士第。调华阳簿，再调雅州推官。改秩，知双流县。仕族张氏子居丧而争产，焘曰："若忍坠先训乎？盍归思之。"三日复来，迄悔艾无讼。又有不白其母而鬻产者，焘置之理，豪强敛迹。于是以余暇力学。

焘耻读王氏书，独博极载籍，搜罗百氏，慨然以史自任，本朝典故尤悉力研核。仿司马光《资治通鉴》例，断自建隆，迄于靖康，为编年一书，名曰《长编》，浩大未毕，仍效光体为《百官公卿表》。史官以闻，诏给札来上。制置王刚中辟干办公事。

知荣州。荣因溪为隍，夏秋率苦水潦，焘筑防捍之。除潼川府路转运判官，入境，劾守令不职者四人。县多聚敛，焘括一路财赋额，通有无，酌三年中数，定为科约，上之朝，颁之州县。

乾道三年，召对，首举艺祖治身、治家、治官、治吏典故，以为恢复之法，乞增置谏官，许六察言事，请练兵毋增兵，杜诸将私献，核军中虚籍。

除兵部员外郎兼礼部郎中。会庆节上寿，在郊礼散斋内，议权作乐，焘言："汉、唐祀天地，散斋四日，致斋三日，建隆初郊亦然。自崇宁、大观法《周礼》祭天地，故前十日受誓戒。今既合祭，宜复汉、唐及建隆旧制，庶几两得。"诏垂拱上寿止乐，正殿为北使权用。正除礼部郎中，言中兴祭礼未备，请以《开宝通礼》、《嘉祐因革礼》、《政和新仪》令太常寺参校同异，修成祭法。

四年，上《续通鉴长编》，自建隆至治平，凡一百八卷。时《乾道新历》成，焘言："历不差不改，不验不用。未差无以知其失，未验无以知其是。旧历多差，不容不改，而新历亦未有大验，乞申饬历官讨论。"五年，迁秘书少监兼权起居舍人，寻兼实录院检讨官。

子垕试贤良方正直言极谏科。焘素谓唐三百年不愧此科者惟刘贲，心慕之，尝以所著《通论》五十篇见蜀帅张焘，欲应诏，不偶而止。其友晁公遡以书勉之，焘答以当修此学，必不从此举。既不克躬试，于是命二子垕、塾习焉。至是，吏部尚书汪应辰荐垕文行可应诏，故有是命。

左相陈俊卿出知福州，右相虞允文任恢复事，更张旧典。宰相以焘数言事，不乐，焘遂请去。除直显谟阁、湖北转运副使，陛辞，以欲速变古为戒。

又奏："《禹贡》九州，荆田第八，赋乃在三，人功既修，遂超五等。今田多荒芜，赋亏十八。"上命之条画。既至，奏："京湖之民结茅而庐，筑土而坊，佣牛而犁，籴种而殖，谷苗未立，睥睨已多，有横加科敛者。今宜宽侵冒之禁，依乾德诏书止输旧税，广收募之术，如咸平、元丰故事，劝课有劳者推恩。"诏从之。总饷吕游问入奏焘摄其事。

岁饥，发鄂州大军仓振之，僚属争执不可，焘曰："吾自任，不以累诸君。"寻如数偿之。游问返，果劾焘专，上止令具析，不之罪也。

八年，直宝文阁，帅潼川兼知泸州，首葺石门堡以扼夷人，奏乞戒茶马司市叙州羁縻马毋溢额，戒官民毋于夷、汉禁山伐木造舟，奏移锁水于开边旧池，皆报可。

淳熙改元，被召，适城中火，上章自劾。提刑何熙志奏焚数不实，且言《长编》记魏王食肥彘，语涉诬谤，上曰："宪臣按奏火数失实，职也，何预国史？"命成都提刑李蘩究火事，诏熙志贬二秩罢，焘止贬一秩。

焘及都门，乞祠，除江西运副，且许临遣。或劝以方被谗，无及时事，焘曰："圣主全度如此，竭忠所以为报。"遂奏："日食、地震皆阴盛，主敌国小人，不可不虑。"且申"无变古、无欲速"两言，又上《快箴》，引太祖罢朝悔乘快决事以谏，上曰："朕当揭之座右。"进秘阁修撰、权同修国史、权实录院同修撰。

焘为左史时，尝乞复行明堂礼，谓"南郊、明堂初无隆杀，合视圜坛，特免出郊浮费。"至是申言之，诏集议，龚茂良沮止。其后周必大为礼部尚书，申其说，始克行。权礼部侍郎。

七月壬戌，雷震太祖庙柱，坏鸱尾，有司旋加修缮。焘奏非所以畏天变，当应以实。上谕大臣："焘爱朕，屡进谠言。"赐金紫。尝请正太祖东向之位。

四年，驾幸太学，以执经特转一官。焘论两学释奠：从祀孔子，当升范仲淹、欧阳修、司马光、苏轼，黜王安石父子；从祀武成王，当黜李勣。众议不叶，止黜王雱而已。真拜侍郎，仍兼工部。

《徽宗实录》置院已久，趣上奏篇，焘荐吕祖谦学识之明，召为秘书郎兼检讨官。夜直宣引，奏："近者蒙气蔽日，厥占不肖者禄，股肱耳目宜谨厥与。"赐坐，欲起，又留赐饮、赐茶。寻诏监视太史测验天文。

九月丁酉，日当夜食，焘为社坛祭告官，伐鼓礼废，特举行。垕既中制科，为秘书省正字，寻迁著作郎兼国史实录院编修检讨官。父子同主史事，搢绅荣之。

焘感上知遇，论事益切，每集议，众莫敢发言，独条陈可否无所避。近臣复举其次子塾应制科，以阁试不中程黜。垕偶考上舍试卷，发策问制科，为御史所劾，语连及焘，垕罢，焘亦知常德府。

初，政和末，澧、辰、沅、靖四州置营田刀弩手，募人开边，范世雄等附会扰民，建炎罢之。乾道间，有建请复置者，焘为转运使，尝奏不当复，已而提刑尹机迫郡县行之，田不能给。焘至是又申言之，请度田立额，且约帅臣张栻列奏，诏从之。境多茶园，异时禁切商贾，率至交兵，焘曰："官捕茶贼，岂禁茶商？"听其自如，讫无警。

累表乞闲，提举兴国宫。秋，明堂大礼成，以其首议，复除敷文阁待制。顷之，垕、塾继亡，上欲以吏事纾焘忧，起知遂宁府。

七年，《长编》全书成，上之，诏藏秘阁。焘自谓此书宁失之繁，无失之略，故一祖八宗之事凡九百七十八卷，卷第总目五卷。依熙宁修《三经》例，损益修换四千四百余事，上谓其书无愧司马迁。焘尝举汉石渠、白虎故事，请上称制临决，又请冠序，上许之，竟不克就。

又奏："陛下即位二十余年，志在富强，而兵弱财匮，与'教民七年可以即戎者'异矣。"一日，召对延和殿，讲臣方读《陆贽奏议》，焘因言："赞虽相德宗，其实不遇。今遇陛下，可谓千载一时。"遂举贽所言切于今可举而行者数十事，劝上力行之。上有功业不足之叹，焘曰："功业见乎变通，人事既修，天应乃至。"进敷文阁直学士，提举佑神观兼侍讲、同修国史。荐尤袤、刘清之十人为史官。

十年七月，久旱，进祖宗避殿减膳求言故事，上亟施行。丁丑雨。一日宣对，焘言："外议陛下多服药，罕御殿，宫嫔无时进见，浮费颇多。"上曰："卿可谓忠爱，顾朕老矣，安得此声。近惟葬李婕妤用三万缗，他无费也。"遂因转对，乞用祖宗故事召宰执赴经筵。

太史言十一月朔，日当食心八分。焘复条上古今日食是月者三十四事，因奏之曰："心，天王位，其分为宋。十一月于卦为复，方潜阳时，阴气乘之，故比他食为重，非小人害政，即敌人窥中国。"明日对延和殿，又及晋何曾讥武帝无经国远图。

十一年春，乞致仕，优诏不允。上数问其疾增损，给事中宇文价传上旨，焘曰："臣子恋阙，非老病，忍乞骸骨。"因叩价时事，勉以忠荩。又闻四川乞减酒课额，犹手札赞庙堂行之。

病革，除敷文阁学士，致仕。命下，喜曰："事了矣。"口占遗表云："臣年七十，死不为夭，所恨报国缺然。愿陛下经远以艺祖为师，用人以昭陵为则。"辞气舒徐，乃卒，年七十。

上闻嗟悼，赠光禄大夫。他日谓宇文价曰："朕尝许焘大书'续资治通鉴长编'七字，且用神宗赐司马光故事，为序冠篇，不谓其止此。"

焘性刚大，特立独行。早著书，桧尚当路，桧死始闻于朝。暨在从列，每正色以订国论。张栻尝曰："李仁甫如霜松雪柏。无嗜好，无姬侍，不殖产。平生生死文字间。"《长编》一书用力四十年，叶适以为《春秋》以后才有此书。

有《易学》五卷，《春秋学》十卷，《五经传授》、《尚书百篇图》、《大传杂说》、《七十二子名籍》各一卷，《文集》五十卷，《奏议》三十卷，《四朝史稿》五十卷，《通论》十一卷，《南北攻守录》三十卷，《七十二候图》、《陶潜新传》并《诗谱》各三卷，《历代宰相年表》、《唐宰相谱》、《江左方镇年表》、《晋司马氏本支》、《齐梁本支》、《王谢世表》、《五代将帅年表》合为四十一卷。

谥文简，累赠太师、温国公。子垕、垔、塾、壁、𡐤。垕著作郎，至夔州路安抚提点刑狱，壁、𡐤皆执政，别有传。

论曰：执羔宿德雅度，在经筵，忠忱启沃，以口舌相高为戒。希吕刚直恳切，有古引裾风。良祐力止泛使，惧开衅端，忤旨窜斥而甘心焉。李浩独不造秦熺，陈橐以呈身为耻，文若讥休兵，胡沂斥阉宦，其清风苦节，终始弗渝。高、孝之世，李焘耻读王氏书，掇拾礼文残缺之余，粲然有则，《长编》之作，咸称史才，然所掇拾，或出野史，《春秋》传疑传信之法然欤！

卷三百八十九
列传第一百四十八

尤袤　谢谔　颜师鲁　袁枢
李椿　刘仪凤　张孝祥

尤袤，字延之，常州无锡人。少颖异，蒋偕、施坰呼为奇童。入太学，以词赋冠多士，寻冠南宫。绍兴十八年，擢进士第。尝为泰兴令，问民疾苦，皆曰："邵伯镇置顿，为金使经行也，使率不受而空厉民。漕司输薰秸，致一束数十金。二弊久莫之去。"乃力请台阃奏免之。县旧有外城，屡残于寇，颓毁甚，袤即修筑。已而金渝盟，陷扬州，独泰兴以有城得全。后因事至旧治，吏民罗拜曰："此吾父母也。"为立生祠。

注江阴学官，需次七年，为读书计。从臣以靖退荐，召除将作监簿。大宗正阙丞，人争求之，陈俊卿曰："当予不求者。"遂除袤。虞允文以史事过三馆，问谁可为秘书丞者，佥以袤对，亟授之。张栻曰："真秘书也。"兼国史院编修官、实录院检讨官，迁著作郎兼太子侍读。

先是，张说自阁门入西府，士论鼎沸，从臣因执奏而去者数十人，袤率三馆上书谏，且不往见。后说留身密奏，于是梁克家罢相，袤与秘书少监陈骙各与郡。袤得台州，州五县，有丁无产者输二年丁税，凡万有三千家。

前守赵汝愚修郡城工才什三,属衮成之。衮按行前筑,殊卤莽,亟命更筑,加高厚,数月而毕。明年大水,更筑之,埔正直水冲,城赖以不没。

会有毁衮者,上疑之,使人密察,民诵其善政不绝口,乃录其《东湖》四诗归奏。上读而叹赏,遂以文字受知。除淮东提举常平,改江东。江东旱,单车行部,核一路常平米,通融有无,以之振贷。

朱熹知南康,讲荒政,下五等户租五斗以下悉蠲之,衮推行于诸郡,民无流殍。进直秘阁,迁江西漕兼知隆兴府。屡请祠,进直敷文阁,改江东提刑。

梁克家荐衮及郑侨以言事去国,久于外,当召,上可之。召对,言:"水旱之备惟常平、义仓,愿预饬有司随市价禁科抑,则人自乐输,必易集事。"除吏部郎官、太子侍讲,累迁枢密检正兼左谕德。输对,又申言民贫兵怨者甚切。

夏旱,诏求阙失,衮上封事,大略言:"天地之气,宣通则和,壅遏则乖;人心舒畅则悦,抑郁则愤。催科峻急而农民怨;关征苛察而商旅怨;差注留滞,而士大夫有失职之怨;廪给朘削,而士卒有不足之怨;奏讞不时报,而久系囚者怨;幽枉不获伸,而负累者怨;强暴杀人,多特贷命,使已死者怨;有司买纳,不即酬价,负贩者怨。人心抑郁所以感伤天和者,岂特一事而已。方今救荒之策,莫急于劝分,输纳既多,朝廷吝于推赏。乞诏有司检举行之。"

高宗崩前一日,除太常少卿。自南渡来,恤礼散失,事出仓卒,上下罔措,每有讨论,悉付之衮,斟酌损益,便于今而不戾于古。

当定庙号,衮与礼官定号"高宗",洪迈独请号"世祖"。衮率礼官颜师鲁、郑侨奏曰:"宗庙之制,祖有功,宗有德。艺祖规创大业,为宋太祖,太宗混一区夏,为宋太宗,自真宗至钦宗,圣圣相传,庙制一定,万世不易。在礼,子为父屈,示有尊也。太上亲为徽宗子,子为祖而父为宗,失昭穆之序。议者不过以汉光武为比,光武以长沙王后,布衣崛起,不与哀、平相继,其称无嫌。太上中兴,虽同光武,然实继徽宗正统,以子继父,非光武比。将来祔庙在徽宗下而称祖,恐在天之灵有所不安。"诏群臣集议,衮复上议如初,迈论遂屈。诏从礼官议。众论纷然。会礼部、太常寺亦同主"高宗",谓本朝创业中兴,皆在商丘,取"商高宗",实为有证。始诏从初议。建议事堂,令皇太子参决庶务。衮时兼侍读,乃献书,以为:"储副之位,止于侍膳问安,不交外事;抚军监国,自汉至今,多出权宜。乞便恳辞以彰殿下之令德。"

台臣乞定丧制,衮奏:"释老之教,矫诬亵渎,非所以严宫禁、崇几筵,宜一切禁止。"灵驾将发引,忽定配享之议,洪迈请用吕颐浩、韩世忠、赵鼎、张俊。衮言:"祖宗典故,既祔然后配享,今忽定于灵驾发引一日前,不集众论,惧无以厌伏勋臣子孙之心。宜反覆熟议,以俟论定。"奏入,诏未预议官详议以闻,继寝之,卒用四人者。时杨万里亦谓张浚当配食,争之不从,补外。进衮权礼部侍郎兼同修国史侍讲,又兼直学士院。力辞,上听免直院。

淳熙十四年,将有事于明堂,诏议升配,衮主绍兴孙近、陈公辅之说,谓:"方在几筵,不可配帝,且历举郊岁在丧服中者凡四,惟元祐明堂用吕大防请,升配神考,时去大祥止百余日,且祖宗悉用以日易月之制,故升侑无嫌。今陛下行三年之丧,高宗虽已祔庙,百官犹未吉服,讵可近违绍兴而远法元祐升侑之礼?请俟丧毕议之。"诏可。

孝宗尝论人才,衮奏曰:"近召赵汝愚,中外皆喜,如王蔺亦望收召。"上曰:"然。"一日论事久,上曰:"如卿才识,近世罕有。"次日语宰执曰:"尤衮甚好,前此无一人言之,何也?"兼权中书舍人,复诏兼直学士院,力辞,且荐陆游自代,上不许。时内禅议已定,犹未谕大臣也。是日谕衮曰:"且夕制册甚多,非卿孰能为者,故处卿以文字之职。"衮乃拜命,内禅一时制册,人服其雅正。

光宗即位,甫两旬,开讲筵,衮奏:"愿谨初戒始,孜孜兴念。"越数日,讲筵又奏:"天下万事失之于初,则后不可救。《书》曰:'慎厥终,惟其始。'"又历举唐太宗不私秦府旧人为戒。又五日讲筵,复论官制,谓:"武臣诸司使八阶为常调,横行十三阶为要官,遥郡五阶为美职,正任六阶为贵品,祖宗待边境立功者。近年旧法顿坏,使被坚执锐者积功累劳,仅得一阶;权要贵近之臣,优游而历华要,举行旧法。"姜特立以为议己,言者固以为周必大党,遂与祠。

绍熙元年,起知婺州,改太平州,除焕章阁待制,召除给事中。既就职,即昌言曰:"老矣,无所补报。凡贵近营求内除小碍法制者,虽特旨令书请,有去而已,必不奉诏。"甫数日,中贵四人希赏,欲自正使转横行,衮缴奏者三,竟格不下。

兼侍讲,入对,言:"愿上谨天戒,下畏物情,内正一心,外正五事,澄神寡欲,保毓太和,虚己任贤,酬酢庶务。不在于劳精神、耗思虑、屑屑事为之末也。"

陈源除在京宫观,耶律适嘿除承宣使,陆安转遥郡,王成特补官,谢渊、李孝友赏转官,吴元充、夏永寿迁秩,皆论驳之,上并听纳。

韩侂胄以武功大夫、和州防御使用应办赏直转横行,衮缴奏,谓:"正使有止法,可回授不可直转。侂胄勋贤之后,不宜首坏国法,开攀援之门。"奏入,手诏令书行,衮复奏:"侂胄四年间已转二十七年合转之官,今又欲超授四阶,复转二十年之官,是朝廷官爵专徇侂胄之求,非所以为磨厉之具也。"命遂格。

上以疾,一再不省重华宫,衮上封事曰:"寿皇事高宗历二十八年如一日,陛下所亲见,今不待倦勤以宗社付陛下,当思所以不负其托,望勿惮一日之勤,以解都人之惑。"后数日,驾即过重华宫。

侍御史林大中以论事左迁,衮率左史楼钥论奏,疏入,不报,皆封驳不书黄。耶律适嘿复以手除诏承宣使,一再缴奏,辄奉内批,特与书行。衮言:"天下者祖宗之天下,爵禄者祖宗之爵禄,寿皇以祖宗之天下传陛下,安可私用祖宗爵禄而加于公议不允之人哉?"疏入,上震怒,裂去后奏，付前二奏出。袤以后奏不报，使吏收阁，命遂不行。

中宫谒家庙，官吏推赏者百七十有二人，袤力言其滥，乞痛裁节，上从之。尝因登对，专论废法用例之弊，至是复申言之。除礼部尚书。驾当诣重华宫，复以疾不出，率同列奏言："寿皇有免到宫之命，勉力请而往，庶几可以慰释群疑，增光孝治。"后三日，驾随出，中外欢呼。

兼侍读，上封事曰："近年以来，给舍、台谏论事，往往不行，如黄裳、郑汝谐事迁延一月，如陈源者奉祠，人情固已惊愕，至姜特立召，尤为骇闻。向特立得志之时，昌言台谏皆其门人，窃弄威福，一旦斥去，莫不诵陛下英断。今遽召之，自古去小人甚难，譬除蔓草，犹且复生，况加封植乎？若以源、特立有劳，优以外任，或加锡赉，无所不可。彼其闲废已久，含愤蓄怨，待此而发，傥复呼之，必将潜引党类，力排异己，朝廷无由安静。"

时上已属疾，国事多舛，袤积忧成疾，请告，不报。疾笃乞致仕，又不报，遂卒，年七十。遗奏大略劝上以孝事两宫，以勤康庶政，察邪佞，护善类。又口占遗书别政府。明年，转正奉大夫致仕。赠金紫光禄大夫。

袤少从喻樗、汪应辰游。樗学于杨时，时，程颐高弟也。方乾道、淳熙间，程氏学稍振，忌之者目为道学，将攻之。袤在掖垣，首言："夫道学者，尧、舜所以帝，禹、汤、武所以王，周公、孔、孟所以设教。近立此名，诋訾士君子，故临财不苟得所谓廉介，安贫守分所谓恬退，择言顾行所谓践履，行己有耻所谓名节，皆目之为道学。此名一立，贤人君子欲自见于世，一举足且入其中，俱无得免，此岂盛世所宜有？愿徇名必责其实，听言必观其行，人才庶不坏于疑似。"孝宗曰："道学岂不美之名，正恐假托为奸，使真伪相乱尔。待付出戒敕之。"袤死数年，侂胄擅国，于是禁锢道学，贤士大夫皆受其祸，识者以袤为知言。

尝取孙绰《遂初赋》以自号，光宗书扁赐之。有《遂初小稿》六十卷、《内外制》三十卷。嘉定五年，谥文简。子棐、概。孙焴，礼部尚书。

谢谔，字昌国，临江军新喻人。幼敏惠，日记千言，为文立成。绍兴二十七年，中进士第，调峡州夷陵县主簿，未上，抚之乐安多盗，监司檄谔摄尉，条二十策，大要使其徒相纠而以信赏随之，群盗果解散。金渝盟，诸军往来境上，进行县事，有治办声。

改吉州录事参军。囚死者旧瘗以稯，往往暴骨。谔白郡，取船官弃材以棺敛之。郡民陈氏僮窃其箧以逃，有匿之者。陈于官，词过其实，反为匿僮者所诬。帅龚茂良怒，欲坐以罪，谔为书白茂良，陈氏获免，茂良亦以是知之。

岁大侵，饥民万余求粜，官吏罔措。谔植五色旗，分部给粜，顷刻而定。知袁州分宜县。县积负于郡数十万，岁常赋外，又征缗钱二万余，谔乃疏其弊于诸监司，请免之。以母忧去。寻丁父忧，服阕，除干办行在诸司粮料院。迁国子监簿，寻擢监察御史。奏减袁州分宜、秀州华亭月桩钱。

谔里居时，创义役法，编为一书，至是上之。诏行其法于诸路，民以为便。

迁侍御史，再迁右谏议大夫兼侍讲。讲《尚书》，言于上曰："《书》，治道之本，故观经者当以《书》为本。"上曰："朕最喜伊尹、傅说所学，得事君之道。"谔曰："伊、傅固然，非成汤、武丁信用之，亦安能致治！"因论及边事，上有乘机会之谕，谔曰："机会虽不可失，举事亦不可轻。"上尝问曰："闻卿与郭雍游，雍学问甚好，岂曾见程颐乎？"谔奏："雍父忠孝尝事颐，雍盖得其传于父。"上遂封雍为颐正先生。

光宗登极，献十箴，又论二节三近：所当节者曰宴饮，曰妄费；所当近者曰执政大臣，曰旧学名儒，曰经筵列职。除御史中丞，权工部尚书。请祠，以焕章阁直学士知泉州，又辞，提举太平兴国宫而归。绍熙五年，卒，年七十四，赠通议大夫。

谔为文仿欧阳修、曾巩。初居县南之竹坡，名其燕坐曰艮斋，人称艮斋先生。周必大荐士，及谔姓名，孝宗曰："是谓艮斋者耶？朕见其《性学渊源》五卷而得之"云。

颜师鲁，字几圣，漳州龙溪人。绍兴中，擢进士第，历知莆田、福清县。尝决水利滞讼，辟陂洫绵四十里。岁大侵，发廪劝分有方而不遏籴价，船粟毕凑，市籴更平。郑伯熊为常平使，荐于朝，帅陈俊卿尤器重之。召为官告院，迁国子丞，除江东提举。时天雨土，日青无光，都人相惊，师鲁陛辞，言："田里未安，犴狱未清，政令未当，忠邪未辨，天不示变，人主何繇省悟！愿诏中外，极陈得失，求所以答天戒，销患未形。"上嘉其言。

寻改使浙西。役法敝甚，细民至以鸡豚罂榻折产力，遇役辄破家。师鲁下教属邑，预正流水籍，稽其役之序，宽比限，免代输，咸便安之。盐课岁百巨万，本钱久不给，亭灶私鬻，禁不可止，刑辟日繁。师鲁搏笯缗，尽偿宿负，戒官吏毋侵移，比旁路课独最。上谓执政曰："儒生能办事如此。"予职直秘阁。农民有垦旷土成田未及受租者，奸豪多为己利，师鲁奏："但当正其租赋，不应绳以盗种法，失劝农重本意。"奏可，遂著为令。

入为监察御史，遇事尽言，无所阿挠。有自外府得内殿宣引，且将补御史阙员，师鲁亟奏："宋璟召自广州，道中不与杨思勖交一谈。李郱耻为吐突承璀所荐，坚辞相位不拜。士大夫未论其才，立身之节，当以璟、郱为法。今其人朋邪为迹，人所切齿，纵朝廷乏才，宁少此辈乎？臣虽不肖，羞与为伍。"命乃寝。继累章论除郡帅藩者："比年好进之徒，平时交结权幸，一纤郡绂，皆掊克以厚包苴，故昔以才称，后以贪败。"上出其疏袖中，行之。

十年，繇太府少卿为国子祭酒。初，上谕执政择老成端重者表率太学，故有是命。首奏："宜讲明理学，严禁穿凿，俾廉耻兴而风俗厚。"师鲁学行素乎规约，率以身先，与诸生言，孳孳以治己立诚为本，艺尤异者必加奖劝，由是人知饬励。上闻之喜曰："颜师鲁到学未久，规矩甚肃。"除礼部侍郎，寻兼吏部。

有旨改官班，特免引见。师鲁献规曰："祖宗法度不可轻弛，愿始终持久，自强不息。"因言："赐带多滥，应奉微劳，皆得横金预外朝廷会，如观瞻何？且臣下非时之赐，过于优隆，梵舍不急之役，亦加锡赉。虽南帑封桩不与大农经费，然无功劳而概与之，是弃之也。万一有为国制变御侮，建功立事者，将何以旌宠之？"高宗丧制，一时典礼多师鲁裁定，又与礼官尤袤、郑侨上议庙号，语在《袤传》。

诏充遗留礼信使。初，显仁遗留使至金，必令簪花听乐。师鲁陛辞，言："国势今非昔比，金人或强臣非礼，誓以死守。"沿途宴设，力请彻乐。至燕山，复辞簪花执射。时孝宗以孝闻，师据经陈谊，反复慷慨，故金终不能夺。

迁吏部侍郎，寻除吏部尚书兼侍讲，屡抗章请老，以龙图阁直学士知泉州。台谏、侍从相继拜疏，引唐孔戣事以留行。内引，奏言："愿亲贤积学，以崇圣德，节情制欲，以养清躬。"在泉因任，凡阅三年，专以恤民宽属邑为政，始至即蠲舶货，诸商贾胡尤服其清。再起知泉州，以绍熙四年卒于家，年七十五。

师鲁自幼庄重若成人，孝友天至。初为番禺簿，丧父以归，扶柩航海，水程数千里，甫三日登于岸，而飓风大作，人以为孝感。常曰："穷达自有定分，枉道希世，徒丧所守。"故其大节确如金石，虽动与俗情不合，而终翕然信服。嘉泰二年，诏特赐谥曰定肃。

袁枢，字机仲，建之建安人。幼力学，尝以《修身为弓赋》试国子监，周必大、刘珙皆期以远器。试礼部，词赋第一人，调温州判官，教授兴化军。

乾道七年，为礼部试官，就除太学录，轮对三疏，一论开言路以养忠孝之气，二论规恢复当图万全，三论士大夫多虚诞、侥荣利。张说自阁门以节钺签枢密，枢方与学省同僚共论之，上虽容纳而色不怡。枢退诣宰相，示以奏疏，且曰："公不耻与哙等伍邪？"虞允文愧甚。枢即求外补，出为严州教授。

枢常喜诵司马光《资治通鉴》，苦其浩博，乃区别其事而贯通之，号《通鉴纪事本末》。参知政事龚茂良得其书，奏于上，孝宗读而嘉叹，以赐东宫及分赐江上诸帅，且令熟读，曰："治道尽在是矣。"

他日，上问袁枢今何官，茂良以实对，上曰："可与寺监簿。"于是以大宗正簿召登对，即因史书以言曰："臣窃闻陛下尝读《通鉴》，屡有训词，见诸葛亮论两汉所以兴衰，有'小人不可不去'之戒，大哉王言，垂法万世。"遂历陈往事，自汉武而下至唐文宗偏听奸佞，致于祸乱。且曰："固有诈伪而似诚实，佥佞而似忠鲠者，苟陛下与图事于帷幄中，进退天下士，臣恐必为朝廷累。"上顾谓曰："朕不至与此曹图事帷幄中。"枢谢曰："陛下之言及此，天下之福也。"

迁太府丞。时士大夫颇有为党与者。枢奏曰："人主有偏党之心，则臣下有朋党之患。比年或谓陛下宠任武士，有厌薄儒生之心，猜疑大臣，亲信左右，内庭行庙堂之事，近侍参军国之谋。今虽总权纲，专听览，而或壅蔽聪明，潜移威福。愿可否惟听于国人，毁誉不私于左右。"

上方锐意北伐，示天下以所向。枢奏："古之谋人国者，必示之以弱，苟陛下志复金仇，臣愿蓄威养锐，勿示其形。"复陈用宰执、台谏之术。

时议者欲制宗室应举锁试之额，限添差岳祠，减臣僚荐举，定文武任子，严特奏之等，展郊禋之岁，缓科举之期，枢谓："此皆近来从窄之论，人君惟天是则，不可行也。"遂抗疏劝上推广大以存国体。

兼国史院编修官，分修国史传。章惇家以其同里，宛转请文饰其传，枢曰："子厚为相，负国欺君。吾为史官，书法不隐，宁负乡人，不可负天下后世公议。"时相赵雄总史事，见之叹曰："无愧古良史。"

权工部郎官，累迁兼吏部郎官。两淮旱，命廉视真、杨、庐、和四郡。归陈两淮形势，谓："两淮坚固则长江可守，今徒知备江，不知保淮，置重兵于江南，委空城于淮上，非所以戒不虞。瓜洲新城，专为退保，金使过而指议，淮人闻而叹嗟。谁为陛下建此策也？"

迁军器少监，除提举江东常平茶盐，改知处州，赴阙奏事。枢之使淮入对也，尝言："朋党相附则大臣之权重，言路壅塞则人主之势孤。"时宰不悦。至是又言："威权在下则主势弱，故大臣逐台谏以蔽人主之聪明；威权在上则主势强，故大臣结台谏以遏天下之公议。今朋党之旧尚在，台谏之官未正纪纲，言路将复荆榛矣。"

除吏部员外郎，迁大理少卿。通州民高氏以产业事下大理，殿中侍御史冷世光纳厚赂庇之，枢直其事以闻，人为危之。上怒，立罢世光，以朝臣劾御史，实自枢始。手诏权工部侍郎，仍兼国子祭酒。因论大理狱案请外，有予郡之命，既而贬两秩，寝前旨。光宗受禅，叙复元官，提举太平兴国宫、知常德府。

宁宗登位，擢右文殿修撰、知江陵府。江陵濒大江，岁坏为巨浸，民无所托。楚故城楚观在焉，为室庐，徙民居之，以备不虞。种木数万，以为捍蔽，民德之。寻为台臣劾罢，提举太平兴国宫。自是三奉祠，力上请制，比之疏傅、陶令。开禧元年，卒，年七十五。

自是闲居十载，作《易传解义》及《辩异》、《童子问》等书藏于家。

李椿，字寿翁，洺州永年人。父升，进士起家。靖康之难，升翼其父，以背受刃，与长子俱卒。椿年尚幼，藁殡佛寺，深窆而识之；奉继母南走，艰苦备尝，竭力以养。以父泽，补迪功郎，历官至宁国军节度推官。治豪民伪券，还陈氏田，吏才精强，人称之。

张浚辟为制司准备差遣，常以自随。椿奔走淮甸，绥流民，布屯戍，察庐、寿军情，相视山水砦险要，周密详审，所助为多。

隆兴元年春，诸将有以北讨之议上闻者，事下督府，椿方奉檄至巢，亟奏记浚曰："复仇伐敌，天下大义，不出督府而出诸将，况藩篱不固，储备不丰，将多而非才，兵弱而未练，议论不定，纵得其地，未易守也。"既而师出无功。

浚尝叹实才之难，椿曰："岂可厚诬天下无人，唯不恶逆耳而甘逊志，则庶其肯来耳。"浚复除右相，椿知事不可为，劝之去。明年春，浚出视师，椿曰："小人之党已胜，公无故去朝廷，踪迹必危。"复申前说甚苦。浚心是之，而自以宗臣任天下之重，不忍决去，未几果罢。

监登闻鼓院，有所不乐，请通判廉州以归。未上，召对，知鄂州。请行垦田，复户数千，旷土大辟。

移广西提点刑狱，狱未竟者，一以平决之，释所疑数十百人。奏罢昭州金坑，禁仕者毋市南物。移湖北漕，适岁大侵，官强民振粜，且下其价，米不至，益艰食。椿损所强粜数而不遏其直，未几米舟凑集，价减十三。每行部，必前期戒吏具州县所当问事列为籍，单车以行，所至取吏卒备使令。凡以例致馈，一不受，言事者请下诸道为式。

召为吏部郎官，论广西盐法，孝宗是其说，遂改法焉。除枢密院检详。小吏持南丹州莫酋表，求自宜州市马者，因签书张说以闻。椿谓："邕远宜近，故迁之，岂无意？今莫氏方横，奈何道之以中国地里之近？小吏妄作，将启边衅，请论如法。"说怒，椿因求去，上慰谕令安职。

迁左司，复请外，除直龙图阁、湖南运副。兼请十三事，同日报可，大者减桂阳军月桩钱万二千缗，损民税折银之直，民刻石纪之。

除司农卿。椿会大农岁用米百七十万斛，而省仓见米仅支一二月，叹曰："真所谓国非其国矣。"力请岁储二百万斛为一年之蓄。

择临安守，椿在议中，执政或谓其于人无委曲，上曰："正欲得如此人。"遂兼临安府，视事三月，竟以权倖不便解去。椿在朝，遇事辄言，执政故不悦。及是转对，又言："君以刚健为体而虚中为用，臣以柔顺为体而刚中为用。陛下得虚中之道，以行刚健之德矣。在廷之臣，未见其能以刚中守柔顺而事陛下者也。"执政滋不悦，出知婺州。

会诏市牛筋，凡五千斤。椿奏："一牛之筋才四两，是欲屠二万牛也。"上悟，为收前诏。

除吏部侍郎，又极言阉寺之盛，曰："自古宦官之盛衰，系国家兴亡。其盛也，始则人畏之，甚则人恶之，极则群起而攻之。汉、唐勿论，靖康、明受之祸未远，必有以裁制之，不使至极，则国家免于前日之患，宦官亦保其富贵。门禁宫戒之外，勿得预外事，严禁士大夫兵将官与之交通。"上闻靖康、明受语，蹙頞久之，曰："幼亦闻此。"因纳疏袖中以入。最后极言："当预边备，如欲保淮，则楚州、盱眙、昭信、濠梁、涡口、花靥、正阳、光州皆不可不守；如欲保江，则高邮、六合、瓦梁、濡须、巢湖、北峡亦要地也。"

以病请祠，不许，面请益力，乃除集英殿修撰、知宁国府，改太平州，赐尚方珍剂以遣。既至，力图上流之备，请选将练习，缓急列舰，上可以援东关、濡须，下可以应采石。

年六十九，上章请老，以敷文阁待制致仕。越再岁，上念湖南兵役之余，欲镇安之，谓椿重厚可倚，命待制显谟阁、知潭州、湖南安抚使。累辞不获，乃勉起，至则抚摩凋瘵，气象一如盛时。复酒税法，人以为便。岁旱，发廪劝分，蠲租十一万，粜常平米二万，活数万人。

潭新置飞虎军，或以为非便，椿曰："长沙一都会，控扼湖、岭，镇抚蛮徭，二十年间，大盗三起，何可无一军？且已费县官缗钱四十二万，何可废耶？亦在驭之而已。"未满岁，复告归，进敷文阁直学士致仕，朝拜命，夕登舟，归老野塘上。

椿年十五岁避地南来，贫无以为养，不得力于学。年三十始学《易》，其言于朝廷，措诸行事，皆《易》之用。凝然有守，存心每主于厚，尤恶佛老邪说。

淳熙十年，卒，年七十三。朱熹尝铭其墓，谓其"逆知得失，不假蓍龟"，"不阿主好，不诡时誉"云。

刘仪凤，字韶美，普州人。少以文谒左丞冯澥，澥甚推许，遂知名。绍兴二年，登进士第。抱负倜傥，不事生产，于仕进恬如也。擢第十年，始赴调，尉遂宁府之蓬溪，监资州资阳县酒税，为果州、荣州掾。

绍兴二十七年，有旨令侍从荐士，起居郎赵逵举仪凤，称其"富有词华，恬于进取。"宰执上其名，上曰："蜀人道远，文学行义有可用者，不由论荐，何缘知之？前此蜀仕宦者例多隔绝，不得一至朝廷，殊可惜也。"自秦桧专权，深抑蜀士，故上语及之。寻除诸王宫大小学教授。召试馆职，辞以久离场屋，改国子监丞。宰相以其名士，迁秘书丞、礼部员外郎。所草笺奏，以典雅称。

孝宗受禅，议上"光尧寿圣"尊号册宝，有欲俟钦宗服除者，太常博士林栗谓："唐宪宗上顺宗册宝在德宗服中，不必避，备乐而不作可也。"仪凤独上议曰："谨按上尊号事属嘉礼，累朝必俟郊祀庆成然后举行。太上皇帝为钦宗备礼终制，见于诏书。议者引宪宗故事，考之唐史，自武德以来，皆用易月之制，与本朝事体大相远也。乞候钦宗终制，检举以行，则国家盛美，主上事亲情实称矣。"议者虽是其言，然谓事亲当权宜而从厚，竟用栗议，仪凤复争辨不已。寻兼国史院编修官兼权秘书少监。乾道元年，迁兵部侍郎兼侍讲。

仪凤在朝十年，每归即匿其车骑，扃其门户，客至，无亲疏皆不得见，政府累月始一上谒，人尤其傲，奉入半以储书，凡万余卷，国史录无遗者。御史张之纲论仪凤录四库书本以传私室，遂斥归蜀。

三年十二月，辅臣进前侍从当复职者，上曰："刘仪凤无罪，可与复集英殿修撰。"起知邛州，未上，改汉州、果州，罢归。淳熙二年十二月丙申，卒，年六十六。

仪凤苦学，至老不倦，尤工于诗。然颇慕晋人简傲之风，不乐与庸辈接，故平生多蹭蹬，一跌遂不振云。

张孝祥，字安国，历阳乌江人。读书过目不忘，下笔顷刻数千言。年十六，领乡书，再举冠里选。绍兴二十四年，廷试第一。时策问师友渊源，秦埙与曹冠皆力攻程氏专门之学，孝祥独不攻。考官已定埙冠多士，孝祥次之，曹冠又次之。高宗读埙策皆秦桧语，于是擢孝祥第一，而埙第三，授承事郎、签书镇东军节度判官。谕宰相曰："张孝祥词翰俱美。"

先是，上之抑埙而擢孝祥也，秦桧已怒，既知孝祥乃祁之子，祁与胡寅厚，桧素憾寅，且唱第后，曹泳揖孝祥于殿庭，以请婚为言，孝祥不答，泳憾之。于是风言者诬祁有反谋，系诏狱。会桧死，上郊祀之二日，魏良臣密奏散狱释罪，遂以孝祥为秘书省正字。故事，殿试第一人，次举始召，孝祥第甫一年得召由此。

初对，首言乞总揽权纲以尽更化之美。又言："官吏忤故相意，并缘文致，有司观望锻炼而成罪，乞令有司即改正。"又言："王安石作《日录》，一时政事，美则归己。故相信任之专，非特安石。臣惧其作《时政记》，亦如安石专用己意，乞取已修《日历》详审是正，黜私说以垂无穷。"从之。

迁校书郎。芝生太庙，孝祥献文曰《原芝》，以大本未立为言，且言："芝在仁宗、英宗之室，天意可见，乞早定大计。"迁尚书礼部员外郎，寻为起居舍人、权中书舍人。

初，孝祥登第，出汤思退之门，思退为相，擢孝祥甚峻。而思退素不喜汪澈，孝祥与澈同为馆职，澈老成重厚，而孝祥年少气锐，往往陵拂之。至是澈为御史中丞，首劾孝祥奸不在庐杞下，孝祥遂罢，提举江州太平兴国宫，于是汤思退之客稍稍被逐。

寻除知抚州。年未三十，莅事精确，老于州县者所不及。孝宗即位，复集英殿修撰，知平江府。事繁剧，孝祥剖决，庭无滞讼。属邑大姓并海囊橐为奸利，孝祥捕治，籍其家得谷粟数万。明年，吴中大饥，迄赖以济。

张浚自蜀还朝，荐孝祥，召赴行在。孝祥既素为汤思退所知，及受浚荐，思退不悦。孝祥入对，乃陈"二相当同心戮力，以副陛下恢复之志。且靖康以来惟和战两言，遗无穷祸，要先立自治之策以应之。"复言："用才之路太狭，乞博采度外之士以备缓急之用。"上嘉之。

除中书舍人，寻除直学士院兼都督府参赞军事。俄兼领建康留守，以言者改除敷文阁待制，留守如旧。会金再犯边，孝祥陈金之势不过欲要盟。宣谕使劾孝祥落职，罢。

复集英殿修撰、知静江府、广南西路经略安抚使，治有声绩，复以言者罢。俄起知潭州，为政简易，时以威济之，湖南遂以无事。复待制，徙知荆南、荆湖北路安抚使。筑寸金堤，自是荆州无水患，置万盈仓以储诸漕之运。

请祠，以疾卒，孝宗惜之，有用才不尽之叹。进显谟阁直学士致仕，年三十八。

孝祥俊逸，文章过人，尤工翰墨，尝亲书奏札，高宗见之，曰："必将名世。"但渡江初，大议惟和战，张浚主复仇，汤思退祖秦桧之说力主和，孝祥出入二人之门而两持其说，议者惜之。

论曰：尤袤学本程颐，所谓老成典刑者，立朝抗论，与人主争是非，不允不已，而能令终完节，难矣。谢谔、颜师鲁、袁枢临民则以治辨闻，立朝则启沃忠谏，各举乃职，为世师表。李椿、刘仪凤言论节概，著于行事。张孝祥早负才畯，莅政扬声，追其两持和战，君子每叹息焉。

卷三百九十
列传第一百四十九

李衡　王自中　家愿　张纲　张大经　蔡洸　莫濛　周淙　刘章　沈作宾

李衡，字彦平，江都人。高祖昭素仕至侍御史。衡幼善博诵，为文操笔立就。登进士第，授吴江主簿。有部使者怙势作威，侵刻下民，衡不忍以敲扑迎合，投劾于府，拂衣而归。后知溧阳县，专以诚意化民，民莫不敬。夏秋二税，以期日榜县门，乡无吏迹，而输送先他邑办。因任历四年，狱户未尝系一重囚。

隆兴二年，金犯淮堰，人相惊曰："寇深矣！"官沿江者多送其孥，衡独自浙右移家入县，民心大安。盗猬起旁境，而溧阳靖晏自如。帅汪澈、转运使韩元吉等列上治状，诏进一秩，寻召入为监察御史。历司封郎中、枢密院检详，出知温、婺、台三州，惟婺尝莅其治。加直秘阁，而衡引年乞身，恳恳不休，上累却其奏，除秘阁修撰致仕。上思其朴忠，旋召落致仕，除侍御史，以老固辞，不获命。差同知贡举。会外戚张说以节度使掌兵柄，衡力疏其事，谓"不当以母后肺腑为人择官"，廷争移时。改除起居郎，衡曰："与其进而负于君，孰若退而合于道。"章五上，请老愈力，上知不可夺，仍以秘撰致仕。时给事中莫济不书敕，翰林周必大不草制，右正言王希吕亦与衡相继论奏，同时去国，士为《四贤诗》以纪之。衡后定居昆山，结茅别墅，杖屦徜徉，左右惟二苍头，聚书逾万卷，号曰"乐庵"，卒，年七十九。

衡自宣和间入辟雍，同舍有赵孝孙者，洛人也，其父实师程颐，家学有源，劝衡读《论语》曰："学非记诵辞章之谓，所以学圣贤也，不可有丝毫伪实处，方可以言学。"衡心佩其训，虽博通群书而以《论语》为根本。临没，沐浴冠栉，翛然而逝。周必大闻之曰："世谓潜心释氏，乃能达死生，衡非逃儒入释者，而临终超然如此，殆几孔门所谓闻道者欤。"

王自中，字道甫，温州平阳人。少负奇气，自立崖岸，翳是忤世。乾道四年，议遣归正人，自中伏丽正门争论，且言："今内空无贤，外空无兵，当搜罗豪俊，广募忠力，以图中原。"坐斥徽州，放还。淳熙中，登进士第，主舒州怀宁簿。严州分水令。

枢密使王蔺荐，召对，帝壮其言，将改秩为籍田令，又俾举所知，且向用矣，以谏疏罢。自中本韩彦古客，王蔺既荐之，上大喜。韩彦直、彦质辈恐其为彦古报仇，力请交结于自中；而密达意近习，谓"自中受彦古赂，伏阙上书荐彦古为相。"上遣人物色其事，中书舍人王信恒惧自中入台将不利于王淮，知彦直辈潜已行，亟请对，探上意；退即走白右正言蒋继周。继周方敢劾奏，读至"受赂伏阙"处，上曰："卿可谓中其膏肓。"继周奏："臣非不知孤踪忤王蔺，但不敢旷职。"盖欲并中蔺以媚淮，上但喜继周善论事，不知曲折如此。

通判鄂州，道除知光化军，改信州，丁内艰，服阕，还朝。光宗即位，迎谓曰："朕得卿名于寿皇，留为郎可乎？"言者不置。主管冲佑观，起知邵州、兴化军，命下而自中已病，庆元五年八月，卒，年六十。

家愿，字处厚，眉山人。父勤国，庆历、嘉祐间与从兄安国、定国同从刘巨游，与苏轼兄弟为同门友。王安石久废《春秋》学，勤国愤之，著《春秋新义》。熙宁、元丰诸人纷更，而元祐诸贤矫枉过正，勤国忧之，为筑室，作《室喻》，二苏读之敬叹。

愿弱冠游京师，以广文馆进士登第，时绍圣元年也。廷策进士，中书侍郎李清臣拟进策问，力诋元祐之政，愿答策惟以守九年之所已行者为言。时门下侍郎苏辙尝上疏辨策问，举汉武帝事，触上怒待罪，愿未及知也，因见辙，诵所对，惊喜曰："故人子道同志合，犹若是也。"杨畏覆考，专主熙宁、元丰，取毕渐为第一，愿遂居下第。辙寻出守汝，而国论大变矣。

元符三年，以日食求言，愿时为普州乐至令，应诏上言，极论时政凡万言，其大要有十：一曰谨始以正本，二曰敬德以格天，三曰谨好恶以防小人，四曰审信任以辨君子，五曰开言路以来直谏，六曰详听言以观事实，七曰破党议以存至公，八曰登硕德以服天下，九曰从宽厚以尽人才，十曰崇名节以厚士风。疏上不报。崇宁元年，诏籍元祐、元符上书人姓名，愿以选人籍入邪下等，谪监华州西岳庙。时当改京秩，迄不改，禁锢不调凡十年。大观四年，孛星出，降赦，党禁解，始改秩，调知双流县。通判文州。郡守郑行纯凭外侍势自恣，罢蕃夷互市，启边隙。愿争之，不从，径下令复其旧。守怒，交章互奏，俱报罢。而愿以曾入党籍，谪英州酒税，量移黄州，数年始与祠。兴元帅臣王庶荐自代，通判果州。靖康初，左丞冯澥荐备谏列，除开封府工曹，京城失守，不克赴。高宗南渡，擢知阆州。会张浚谋大举，愿谓浚厉兵足谷以俟机会，浚不悦，以便旨移彭州。有论边防书，名曰《罪言》。守彭之明年，乞骸骨以归，卒。

方苏辙之读愿策，谓愿少年能不为进取计，异时当以直道闻，恨不及见，辙之言至是而验。淳祐间，愿曾孙大酉侍讲经筵，因从容及之，上改容嘉叹，宣取所上书，又亲书"西社同门友，元符上书人"十大字以赐。

愿同郡杨恂，丹棱人也，字信仲。元丰五年，登进士第。元符初，知广都县，与愿同时上书，语甚切直。越三年，亦同入党籍邪下第五等。其书以火不存。

张纲，字彦正，润州丹阳人。入太学，以上舍及第。释褐，徽宗知纲三中首选，特除太学正，迁博士，除校书郎。入对，论："君子小人泯殽，询言试事则邪正自别。小人得志邀功生事，祸有不可胜言者。今用事者大言罔上，风俗侈靡，背本趋末，日甚一日。宜以祖考躬行之教为法，

天下有不难化矣。"上称善。论事与蔡京不相合，挤之去，主管玉局观。久之还故官，兼修《国朝会要》、校正御前文字。迁着作佐郎、屯田司勋郎。

初，朝议遣童贯、蔡攸使朔方，纲力论不可出师状，不报。及金渝盟犯京阙，命纲分守四壁，旋擢严，诏登陴足月者迁。纲曰："主忧臣辱，义当尔，顾因此受赏邪？"卒不自言。出为两浙提刑，移江东。池将王进剽悍恣睢，曹官以小过违忤，遂钉手于门。事闻，诏纲乘传穷竟。时国势未安，诸将往往易朝廷，进拥甲骑数百突至纲前，纲叱进阶下，即按问，罪立具，自是无越法者。以左司召，权监察御史。请令郡邑月具系囚存亡数，申提刑司，岁终校多寡行殿最。进起居舍人，改中书舍人。建言乞依祖宗法命大臣兼领史事，诏宰臣吕颐浩监修国史，著为令。

试给事中。大将有以军中田不均乞不收租，朝廷将从之，纲执不可。会推恩元祐党籍家，有司无限制，自陈者纷至。纲建议以崇宁所刻九十八人为正。自军兴后，小人多乘时召乱，历五年而怨家告讦者众。纲谓非所以广好生之德，乞自蔽囚，后有告勿受。宗室令廌特转太中大夫，纲言："庶官超转侍从非法，且自崇宁以来官职不循资任，致纲纪大坏，今方不变其俗，奈何以令廌故复违旧章。"诏以次官命词，舍人王居正复执不行，命遂寝。宣抚使张俊驻师九江，遣营卒以书至瑞昌，县令郭彦章揣知卒与狱囚通，乃械系之。俊诉于朝，彦章坐免。纲言："近时州县吏多献谀当路，彦章不随流俗，是能奉法守职，今不奖而黜，何以示劝？"

除给事中。侍御史魏石劾纲，提举太平观。进徽猷阁待制，引年致仕。秦桧用事久，纲卧家二十年绝不与通问。桧死，召为吏部侍郎兼侍读。初讲《诗·关雎》，因后妃淑女事，历陈文王用人，寓意规戒。上曰："久不闻博雅之言，今日所讲析理精详，深启朕心。"纲言："比年监司资浅望轻，请择七品以上清望官，或曾任郡守有治状者为之，庶位望既重，材能已试，可举其职。"从之。权吏部尚书。时以彗出东方，诏求言。纲奏："求言易，听察难。宜命有司详审章奏，必究极其情，无事苟简。"除参知政事。高宗频谕辅臣宽恤民力，盖惩秦桧苛政，期安黎庶。纲乃摘其切于利民八十事，标以大指，乞镂版宣布中外，于是人皆昭知上德意。告老，以资政殿学士知婺州，寻致仕。高宗幸建康，纲朝行宫。孝宗登极，召纲陪祀南郊，以老辞不至，诏嘉之，命所在州郡恒存问，仍赐羊酒，卒，年八十四。

纲尝书坐右曰："以直行己，以正立朝，以静退高天下。"其笃守如此。初谥文定，吏部尚书汪应辰论驳之，孙釜再请，特赐曰章简。釜，庆元间为谏官，力排道学诸贤，累官至签书枢密院事。

张大经，字彦文，建昌南城人。绍兴十五年，中进士第，宰吉之龙泉，有善政。诸司列荐，赐对便殿，出知仪真。时两淮监司、帅守多兴事邀功，大经独以平易近民，民咸德之。提举湖南常平，提点湖北刑狱，寻移江东。他路有巨豪犯法，狱久不竟，命移属大经。豪挟权势求脱，

大经卒正其罪。孝宗重风宪之选，命条上部使者十人，上独可大经，召见，上曰：“朕十人中得卿一人，以卿风力峻整。”遂除监察御史，命下，中外耸叹。

大经首陈士风掊克、偷惰、诞谩、浮虚四弊。时理官间多居外，大经奏非便，乃作舍寺庭。迁大理少卿，守殿中侍御史。言：“今日不治，由大臣不任责。”又言：“诸路荒政不实，飞蝗颇多。愿益加恐惧，申饬大臣，俾内而百官有司输忠说、修厥职，外而监司守臣察贪理冤、去苛敛、宽民力。”上皆嘉纳。因论近划韩俣荐士，上曰：“此亦无害。昔杨得意为狗监，亦尝荐司马相如。”大经奏：“彼何人斯，使得荐士，将恐无廉耻者望风希旨，伤毁士俗。”后数日，上谓大经曰：“卿前所论韩俣，朕思之诚是也。”又论宦者董琏暴横，将命淮甸，所至诛求，且自号“董阎罗”。上曰：“然，人皆言之。”即依奏镌罢，窜南康军。除侍御史。上宣谕曰：“卿论事得体，且详练。”大经遂言：“士风未厚，吏治未肃，民力未苏，和气未应，皆由人心未正。愿察公正，明义利，以彰好恶，抑浮薄，去贪刻，则莫不翕然洗濯，一归于正。”上称善再三。又言：“监司治民之本，不可限以资格。”上纳其言，即选四寺丞同时临遣。试右谏议大夫兼侍讲。请通漕臣之计，以补州郡之有无；拘户绝之租，以广常平之储偫；严脏罪改正法，以惩贪黩；收外路辟阙归吏部，以杜私谒而通孤寒。

秋旱，诏求言。大经极言：“人心不和有以致之。民力竭而愁叹多，军士贫而怨嗟众，二者当今大弊。州县之间，绢帛多折其估，米粟过收其赢，关市苛征，榷酤峻禁。中外兵帅多出贵幸之门，营利自丰，素召众怨，教阅灭裂，军容不整。且近习甲第名园，越法逾制，别墅列肆，在在有之，非赂遗何以济欲？愿陛下疏斥憸腐，抑绝幸门，垂意人主之职，责成宰辅，一提其纲，则天下事必有能办之者。”俄而池司郝政降充统制官，殿帅补外，盖用其言也。

除礼部尚书兼侍读。大经屡请祠，上曰：“卿公廉必能为朕牧民。”以徽猷阁学士知建宁府。未几，移镇绍兴，辞不拜，予祠。进龙图阁学士，告老，以通奉大夫致仕。方主眷未衰，抗疏引去，人方之孔戣。寿逾八帙，绍熙五年，宁宗即位，进正议大夫，降诏抚问，赐银食药茗。庆元四年七月，疾革，语诸子曰：“吾目可暝，吾爱君忧国之心不可泯。”无一语及私。卒，年八十九。讣闻，上甚悼之，赠银青光禄大夫，谥简肃。

蔡洸，字子平，其先兴化仙游人，端明殿学士襄之后，徙雷川。父伸，左中大夫。洸以荫补将仕郎，中法科，除大理评事，迁寺丞，出知吉州。召为刑部郎，徙度支，以户部郎总领淮东军马钱粮、知镇江府。会西溪卒移屯建康，舳舻相衔。时久旱，郡民筑陂潴水灌溉，漕司檄郡决之，父老泣诉。洸曰：“吾不忍获罪百姓也。”却之。已而大雨，漕运通，岁亦大熟。民歌之曰：“我潴我水，以灌以溉。俾我不夺，蔡公是赖。”就除司农少卿，言：“镇江三邑税户客户输丁各异，请为一体，不得为同异。所输丁绢，依和买之直，计尺折纳，人给一钞，官自买绢起发，公私皆便。”上嘉纳。以户部侍郎召，试吏部尚书，移

户部。上谓侍臣曰：“朕以版曹得人为喜。”洸常言：“财无渗漏则不可胜用。”未几求去，除徽猷阁学士、知宁国府。陛辞赐坐，上慰劳曰：“卿面有火色，风证也，朕有二方赐卿。”洸谢，即奉祠以归。卒，年五十七。

洸事亲孝，曾祖襄未易名，力请于朝，赐谥忠惠。所得奉，每以振亲戚之贫者，去朝之日，囊无余资，至售所赐银鞍鞯治行，人服其清洁云。

莫濛，字子蒙，湖州归安人。以祖荫补将仕郎，两魁法科，累官至大理评事、提举广南市舶。张子华以脏败，朝廷命濛往鞫之，濛正其罪。又言秦熺、郑时中受子华赂，计直数千缗。还朝，除大理寺正。吏部火，连坐者数百人，久不决，命濛治之。濛察其最可疑者留于狱，出余人为耳目以踪迹之，约三日复来，遂得其实，系者乃得释。黄州倅奏亲擒盗五十余人，上命濛穷竟，既至，咸以冤告。濛命囚去桎梏，引倅至庭，询窃发之由，斗敌之所，远近时日悉皆牴牾，折之，语塞。濛具正犯数人奏上，余释之。上谕辅臣曰：“莫濛非独晓刑狱，可俾理金谷。”除户部员外郎。

朝廷遣濛措置浙西、江淮沙田芦场，上语之曰：“得此可助经费，归日以版曹处卿。”濛多方括责，得二百五十三万七千余亩。言者论其丈量失实，征收及贫民，责监饶州景德镇。起知光化军。谍知金渝盟，郡乏舟，众以为虑，濛力为办集，及敌犯境，民赖以济。时饷馈急，除淮南转运判官，濛迁延不之任，右司谏梁仲敏劾其慢命，罢官勒停。宣谕使汪澈为言于上，复旧职，召见，上谕曰：“朕常记向措置沙田甚不易。”濛谢曰：“职尔，不敢避怨。”上曰：“使任责者人人如卿，天下何事不成。”

除湖北转运判官。未几，知鄂州，召除户部左曹郎中，出知扬州。陛辞，上以城圮，命濛增筑。濛至州，规度城闉，分授诸将各刻姓名甃堞间，县重赏激劝，阅数月告成。除直宝文阁学士、大理少卿兼详定司敕令官，兼权知临安府。未几，假工部尚书使金贺正旦。金庭锡宴，濛以本朝忌日不敢簪花听乐，金遣人趣赴，濛坚执不从，竟不能夺。使还，除刑部侍郎，改工部侍郎兼临安府少尹，以言者罢。起知鄂州。卒于官，年六十一，赠正奉大夫。

周淙，字彦广，湖州长兴人。父需，以进士起家，官至左中奉大夫。淙幼警敏，力学，宣和间以父任为郎，历官至通判建康府。绍兴三十年，金渝盟，边事方兴，帅守难其选，士夫亦惮行。首命淙守滁阳，未赴，移楚州，又徙濠梁。淮、楚旧有并山水置砦自卫者，淙为立约束，结保伍。金主亮倾国犯边，民赖以全活者不可胜计。除直秘阁，再任。孝宗受禅，王师进取虹县，中原之民翕然来归，扶老携幼相属于道。淙计口给食，行者犒以牛酒，至者处以室庐，人人感悦。张浚视师，驻于都梁，见淙谋，辄称叹，且曰：“有急，公当与我俱死。”淙亦感激，至谓“头可断，身不可去”。浚入朝，悉陈其状，上嘉叹不已，进直徽猷阁，帅维扬。

会钱端礼以尚书宣谕淮东，复以淙荐，进直显谟阁。

时两淮经践蹂，民多流亡，淙极力招辑，按堵如故。劝民植桑柘，开屯田，上亦专以属淙，屡赐亲札。淙奉行益力，进直龙图阁，除两浙转运副使。未几，知临安府，上言："自古风化必自近始。陛下躬履节俭，以示四方，而贵近奢靡，殊不知革。"乃条上禁止十五事，上嘉纳之，降诏奖谕，赐金带。临安驻跸岁久，居民日增，河流湫隘，舟楫病之，淙请疏浚。工毕，除秘阁修撰，进右文殿修撰，提举江州太平兴国宫以归。上念淙不忘，除敷文阁待制，起知宁国府，趣入奏，上慰抚愈渥。魏王出镇，移守婺州。明年春，复奉祠，亟告老。十月卒，年六十，积阶至右中奉大夫，封长兴县男。

刘章，字文孺，衢州龙游人。少警异，日诵数千言，通《小戴礼》，四冠乡举。绍兴十五年廷对，考官定其级在三，迨进御，上擢为第一，授镇江军签判。是冬，入省为正字。明年，迁秘书郎兼普安、恩平两王府教授，迁著作佐郎。事王邸四岁，尽忠诚，专以经谊文学启迪掖导，受知孝宗自此始。秦桧当国，嗛不附已，风言者媒蘖其罪，出倅筠州。桧死，召为司封员外郎、检详枢密院文字兼玉牒检讨官。擢秘书少监、起居郎。使金还，除权工部侍郎，俄兼吏部、兼侍讲。郊祀毕，侍从，上《庆成诗》。

初，章在秘省，尝议郊庙礼文，当置局讨论，诏行其说。正迁吏部，御史论章使胥长买绢，高宗愕然曰："刘章必无是事。"御史执不已，罢提举崇道观，举朝嗟郁。起居郎王佐讼其冤，亦坐绌。起知信州，未久，复请祠。孝宗受禅，念旧学，命知漳州，为谏议大夫王大宝所格。寻除秘阁修撰、敷文阁待制，召提举佑神观兼侍读，遂拜礼部侍郎。奏禁遏淫祀，仍于《三朝史》中删去《道释》、《符瑞志》，大略以为非《春秋》法。

朝廷议经略中原，调诸郡兵，民颇扰。少卿赵彦端指言非是。或谮彦端曰："陛下究心大举，凡所图回，但资赵彦端一笑尔。"颜端惧不测。上因夜对问章曰："闻卿监中有笑朕者。"章不知状，从容对曰："圣主所为，人焉敢笑，若议论不同或有之。"上意颇解。彦端获免，人称章长者。诏询唐太宗所问魏徵德仁功利优劣，章上疏谆复，且言："太宗问徵在贞观十六年，陛下宅天命十载于兹，愿益加意，将越商、周绍唐、虞矣，太宗非难到也。"进权礼部尚书兼给事中。对选德殿，问章："今年几而容貌未衰，颇尝学道否？"章拱对曰："臣书生无他长，惟菲俭自度。晏婴一狐裘三十年不易，人以为难，臣以为易。"上嘉叹久之。亲洒宸翰以赐，俾安职。章力告归，以显谟阁学士食祠禄。

淳熙元年，子之衡由御史、检法出守广德军，当陛辞，对便殿，问："卿父学士安否？"抚劳再三，临退复谓曰："卿归侍，为朕致此意。"旋阁门祗候苏曦之家宣问，拜端明殿学士，赐银绢四百匹。四年，上表告老，以资政殿学士致仕，卒，年八十，赠光禄大夫，谥曰靖文。章容状魁硕，以周密自守，出入两朝，被顾遇，未尝泄禁中一语。

沈作宾，字宾王，世为吴兴归安人。以父任入仕，监饶州永平监，冶铸坚致，又承诏造雁翎刀，称上意，连进两资。中刑法科，历江西提刑司检法官，入为大理评事。改秩，通判绍兴府。帅守丘崇遇僚吏刚严，每济以宽。秩满，知台州，首访民疾苦，弛盐禁，宽租期，均徭役，更酒政，决滞狱，五十日间尽除前政之不便民者，邦人胥悦；而前守嫉其胜已，巧媒蘖之，罢去。民请于朝，借留不遂，为立"留贤碑"。除大理正，亲嫌，改太府丞，迁刑部郎。

庆元初，历官至淮南转运判官，以治办闻。直华文阁，因其任。擢太府少卿，总领淮东军马钱粮，继升为卿。寻除直龙图阁，帅浙东，知绍兴府。入对，奏："徽州、南康军月桩不如期，朝廷科降额，比年曰'权免一次'，来年督促如初，适足启吏奸、重民害，乞明诏示。又楚州武锋一军已招三千五百余人，朝廷初欲减戍，数年未就纪律：一，主将望轻；二，郡守节制不为礼；三，训练不尽其能。愿令本州少假借，责之练习，期以岁月，考绩用成否，上于朝而黜陟之。"上嘉纳。韩侂胄方用事，族有居越者，私酿公行，作宾逮捕置于狱，而窜其奴。又论绍兴府和买事，语在《食货志》。

除两浙转运副使。入对，奏："欑宫一司，岁拨经、总制钱为缗率四万有奇，丹雘未弊，加之涂饰，墙壁具存，从而创易，妄费固不足计，亡谓惊骇，非所以妥神灵、彰圣孝。今后有合营缮，闻于朝，下守臣稽核，画旨而后兴役。"上首肯再三，而修奉者不乐也。

除权工部侍郎，继兼户部侍郎。奏请修绍兴三十一年以前故事，复敕令所删修官五员以待选人有才者，又乞申严保伍法。以言者罢归，起知镇江府，除集英殿修撰，改知宁国府，除宝谟阁待制，知潭州，除户部侍郎兼详定敕令官。奏湖北当储粟，湖南当增兵。未几，除龙图阁待制，知平江府，请得节制许浦水军，诏可。郡有使臣，故海盗也，作宾使招诱其党，既至，慰勉之，锡衣物，又得强勇者几千人，置将以统之，号曰"义士"；复募郡城内外恶少亦几千人，号曰"壮士"。衣粮器械皆视官军，而轻捷善斗过之，于是海道不警，市井无哗。寻命参赞督府，兼权镇江府。请留戍兵千人，又欲以江、闽新军二千人易旧军千人，备不虞。朝廷难之，遂请祠。言者继及之，复召为户部侍郎。军兴之余，国力殚耗，见存金谷，仅支旬日。作宾考遣负，梳吏奸，阅三月即有半年之储。充馆伴使，兼权工部尚书。

会临安阙知府事，时相欲奏用作宾，力辞。除权户部尚书，以母忧解，服阕，授显谟阁直学士、知建宁府。入觐，乞申严诡户之禁。除宝谟阁学士、江西安抚兼知隆兴府。奏部内南安、南康、龙泉三县，迫近溪峒，三县令尉及近峒之砦曰秀洲，曰北乡，曰莲塘，并永新县之胜乡砦，宜就委帅、宪两司择才辟置，量加赏格。又乞诏诸道监司分诣州郡，选禁军，精练阅，改刺其懦弱者为厢军。在郡措钱二十余万缗，僚属请献诸朝，作宾谓平生未尝献羡，以半归帅司犒师，半隶本府。除焕章阁学士、提举隆兴府玉隆万寿宫，进显谟阁学士致仕，卒于家，赠金紫光禄大夫。

论曰：李衡进退雍容，几于闻道。王自中、家愿奇迈危言，摧折弗悔，咸有可称。尝考宋之立国，元气在台谏。崇宁、大观而后，奸佞擅权，爵赏冒滥，驯至覆亡。高、孝重绳纠封驳之司，张纲抑令廙恩，大经劾韩侂、斥董璘，人人振扬风采，正气稍伸矣。时则有若洸、濛、淙、章、作宾，班班有善，同传亦宜。

卷三百九十一
列传第一百五十

周必大　留正　胡晋臣

周必大，字子充，一字洪道，其先郑州管城人。祖诜，宣和中卒庐陵，因家焉。父利建，太学博士。必大少英特，父死，鞠于母家，母亲督课之。

绍兴二十年，第进士，授徽州户曹。中博学宏词科，教授建康府。除太学录，召试馆职，高宗读其策，曰："掌制手也。"守秘书省正字。馆职复召试自此始。兼国史院编修官，除监察御史。

孝宗践祚，除起居郎。直前奏事，上曰："朕旧见卿文，其以近作进。"上初御经筵，必大奏："经筵非为分章析句，欲从容访问，裨圣德，究治体。"先是，左右史久不除，并记注壅积，必大请言动必书，兼修月进。乃命必大兼编类圣政所详定官，又兼权中书舍人。侍经筵，尝论边事，上以蜀为忧，对曰："蜀民久困，愿诏抚谕，事定宜宽其赋。"应诏上十事，皆切时弊。

权给事中，缴驳不辟权幸。翟婉容位官吏转行碍止法，争之力，上曰："意卿止能文，不谓刚正如此。"金索讲和时旧礼，必大条奏，请正敌国之名，金为之屈。

曾觌、龙大渊得幸，台谏交弹之，并迁知阁门事，必大与金安节不书黄，且奏："陛下于政府侍从，欲罢则罢，欲贬则贬，独于二人委曲迁就，恐人言纷纷未止也。"明日宣手诏，谓："给舍为人鼓扇，太上时小事，安敢尔！"必大入谢曰："审尔，则是臣不以事太上者事陛下。"退待罪，上曰："朕知卿举职，但欲破朋党、明纪纲耳。"旬日，申前命，必大格不行，遂请祠去。

久之，差知南剑州，改提点福建刑狱。入对，愿诏中外举文武之才，区别所长为一籍，藏禁中，备缓急之用。除秘书少监、兼直学士院，兼领史职。郑闻草必大制，上改窜其末，引汉宣帝事。必大因奏曰："陛下取汉宣帝之言，亲制赞书，明示好恶。臣观西汉所谓社稷臣，乃鄙朴之周勃，少文之汲黯，不学之霍光。至于公孙弘、蔡义、韦贤，号曰儒者，而持禄保位，故宣帝谓俗儒不达时宜。使宣帝知真儒，何至杂伯哉？愿平心察之，不可有轻儒名。"上喜其精洽，欲与之日夕论文。

德寿加尊号，必大曰："太上万寿，而绍兴末议文及近上表用嗣皇帝为未安。按建炎遥拜徽宗表，及唐宪宗上顺宗尊号册文，皆称皇帝。"议遂定。赵雄使金，赍国书，议受书礼。必大立具草，略谓："尊卑分定，或较等威；叔侄亲情，岂嫌坐起！"上褒之曰："未尝谕国书之意，而卿能道朕心中事，此大才也。"

兼权兵部侍郎。奏请重侍从以储将相，增台谏以广耳目，择监司、郡守以补郡官。寻权礼部侍郎、兼直学士院，同修国史、实录院同修撰。

一日，诏同王之奇、陈良翰对选德殿，袖出手诏，举唐太宗、魏征问对，以在位久，功未有成，治效优劣，苦不自觉，命必大等极陈当否。退而条陈："陛下练兵以图恢复而将数易，是用将之道未至；择人以守郡国而守数易，是责实之方未尽。诸州长吏，倏来忽去，婺州四年易守者五，平江四年易守者四，甚至秀州一年而四易守，吏奸何由可察，民瘼何由可苏！"上善其言，为革二弊。江、湖旱，请捐南库钱二十万代民输，上嘉之。

兼侍讲，兼中书舍人。未几，辞直学士院，从之。张说再除签书枢密院，给事中莫济封还录黄，必大奏曰："昨举朝以为不可，陛下亦自知其误而止之矣。曾未周岁，此命复出。贵戚预政，公私两失，臣不敢具草。"上批："王𣇺疾速撰入。济、必大予宫观，日下出国门。"说露章荐济、必大，于是济除温州，必大除建宁府。济被命即出，必大至丰城称疾而归，济闻之大悔。必大三请祠，以此名益重。

久之，除敷文阁待制兼侍读、兼权兵部侍郎、兼直学士院。上劳之曰："卿不迎合，无附丽，朕所倚重。"除兵部侍郎，寻除太子詹事。奏言："太宗储才为真宗、仁宗之用，仁宗储才为治平、元祐之用。自章、蔡沮士气，卒致裔夷之祸。秦桧忌刻，逐人才，流弊至今。愿陛下储才于闲暇之日。"

上日御毬场，必大曰："固知陛下不忘阅武，然太祖二百年天下，属在圣躬，愿自爱。"上改容曰："卿言甚忠，得非虞衔橛之变乎？正以仇耻未雪，不欲自逸尔。"升兼侍读，改吏部侍郎，除翰林学士。

久雨，奏请减后宫给使，宽浙郡积逋，命省部议优恤。内直宣引，论："金星近前星，武士击毬，太子亦与，臣甚危之。"上俾语太子，必大曰："太子人子也，陛下命以驱驰，臣安敢劝以违命，陛下勿命之可也。"

乞归，弗许。上欲召人与之分职，因问："吕祖谦能文否？"对曰："祖谦涵养久，知典故，不但文字之工。"除礼部尚书兼翰林学士，进吏部兼承旨。诏礼官议明堂典礼，必大定圜丘合宫互举之议。被旨撰《选德殿记》及《皇朝文鉴序》。必大在翰苑几六年，制命温雅，周尽事情，为一时词臣之冠。或言其再入也，实曾觌所荐，而必大不知。

除参知政事，上曰："执政于宰相，固当和而不同。前此宰相议事，执政更无语，何也？"必大曰："大臣自应互相可否。自秦桧当国，执政不敢措一辞，后遂以为当然。陛下虚心无我，大臣乃欲自是乎？惟小事不敢有隐，则大事何由蔽欺。"上深然之。久旱，手诏求言。宰相谓此诏一下，州郡皆乞振济，何以应之，约必大同奏。必大曰："上欲通下情，而吾侪阻隔之，何以塞公论？"

有介椒房之援求为郎者，上俾谕给舍缴驳，必大曰："台谏、给舍与三省相维持，岂可谕合？不从失体，从则坏法。命下之日，臣等自当执奏。"上喜曰："肯如此任怨耶？"必大曰："当予而不予则有怨，不当予而不予，何怨之有！"上曰："此任责，非任怨也。"除知枢密院。上曰："每见宰相不能处之事，卿以数语决之，三省本未可辍卿也。"

山阳旧屯军八千，雷世方乞止差镇江一军五千，必大曰："山阳控扼清河口，若今减而后增，必致敌疑。扬州武锋军本屯山阳者，不若岁拨三千，与镇江五千同戍。"郭杲请移荆南军万二千永屯襄阳，必大言："襄阳固要地，江陵亦江北喉襟。"于是留二千人。上谕以"金既还上京，且分诸子出镇，将若何？"必大言："敌恫疑虚喝，正恐我先动。当镇之以静，惟边将不可不精择。"

拜枢密使。上曰："若有边事，宣抚使惟卿可，他人不能也。"上诸军升差籍，时点召一二察能否，主帅悚激，无敢容私。创诸军点试法，其在外发而亲阅之。池州李忠孝自言正将二人不能开弓，乞罢军。上曰："此枢使措置之效也。"金州谋帅，必大曰："与其私举，不若明扬。"令侍从、管军荐举。或传大石林牙将加兵于金，忽鲁大王分据上京，边臣结约夏国。必大皆屏不省，劝上持重，勿轻动。既而所传果妄。上曰："卿真有先见之明。"

淳熙十四年二月，拜右丞相。首奏："今内外晏然，殆将二纪，此正可惧之时，当思经远之计，不可纷更欲速。秀州乞减大军总制钱二万，吏请勘当，必大曰："此岂勘当时耶？"立蠲之。封事多言大臣同异，必大曰："各尽所见，归于一是，岂可尚同？陛下复祖宗旧制，命三省覆奏而后行，正欲上下相维，非止奉行文书也。"

高宗升遐，议用显仁例，遣三使诣金。必大谓："今昔事殊，不当畏敌曲徇。"止之。贺正使至，或请权易淡黄袍御殿受书，必大执不可，遂为缟素服，就帷幄引见。十五年，思陵发引，援熙陵吕端故事，请行，乃摄太傅，为山陵使。明堂加恩，封济国公。

十一月，留身乞去，上奖劳再三。忽宣谕："比年病倦，欲传位太子，须卿且留。"必大言："圣体康宁，止因孝思稍过，何遽至倦勤？"上曰："礼莫大于事宗庙，而孟飨多以病分诣；孝莫重于执丧，而不得自至德寿宫。欲不退休，得乎？朕力以此委卿。"必大泣而退。十二月壬申，密赐绍兴传位亲札。辛卯，命留身议定。二月壬戌，又命预草诏，专以奉几筵、侍东朝为意。拜左丞相、许国公。参政留正拜右丞相。壬子，上始以内禅意谕二府。二月辛酉朔，降传位诏。翼日，上吉服御紫宸殿。必大奏："陛下巽位与子，盛典再见，度越千古。顾自今不得日侍天颜。"因哽噎不能言，上亦泫然曰："正赖卿等协赞新君。"

光宗问当世急务，奏用人、求言二事。三月，拜少保、益国公。李巘草二相制，抑扬不同，上召巘令帖麻改定，既而斥巘守郡。必大求去。

何澹为司业，久不迁，留正奏选之。澹憾必大而德正，至是为谏长，遂首劾必大。诏以观文殿大学士判潭州。澹论不已，遂以少保充醴泉观使。判隆兴府，不赴，复除观文殿学士、判潭州，复大观文。坐所举官以贿败，降荥阳郡公。复益国公，改判隆兴，辞，除醴泉观使。

宁宗即位，求直言，奏四事：曰圣孝，曰敬天，曰崇俭，曰久任。庆元元年，三上表引年，遂以少傅致仕。

先是，布衣吕祖泰上书请诛韩侂胄，逐陈自强，以必大代之。嘉泰元年，御史施康年劾必大首唱伪徒，私植党与，诏降为少保。自庆元以后，侂胄之党立伪学之名，以禁锢君子，而必大与赵汝愚、留正实指为罪首。

二年，复少傅。四年，薨，年七十有九。赠太师，谥文忠。宁宗题篆其墓碑曰"忠文耆德之碑。"

自号平园老叟，著书八十一种，有《平园集》二百卷。尝建三忠堂于乡，谓欧阳文忠修、杨忠襄邦乂、胡忠简铨皆庐陵人，必大平生所敬慕，为文记之，盖绝笔也。一子，纶。

留正，字仲至，泉州永春人。六世祖从效，事太祖，为清远军节度使，封鄂国公。绍兴十三年，第进士，授南恩州阳江尉、清海军节度判官。

龚茂良守番禺，正言："在法，劫盗赃满五贯死，海盗加等。小民饿利，率身陷重辟。请镂梓海上，使户知之。"民始知避。用茂良荐，赴都堂审察。宰相虞允文奇之，荐于上。得对，正言："国家右文而略武备，祖宗以天下全力用于西夏，承平日久，边不为备，至敌人长驱而不能支。今当改辙，使文武并用。"孝宗嘉叹，书札中要语下三省施行。

知循州，陛辞，言："士大夫名节不立，国家缓急无所倚仗。靖康金人犯阙，死义者少，因乱谋利者多。今欲恢复，当崇尚名节。"上益喜，明日谕辅臣："留正奏事，议论耿耿，可与职事官。"除军器监簿，历官考功郎官。太常谥叶义问"恭简"，正覆谥，言："义问将兵出疆，不知敌人情伪，及金犯边，督视寡谋，几至败事。"下太常更议，时论韪之。

擢起居舍人，寻权中书舍人。光宗自东宫朝，顾见正，谓左右曰："修整如此，其人可知。"乃请于上，兼太子左谕德。正言："记注进御，非设官本意。乞自今免奏御。"诏从之。

为中书舍人兼侍讲，兼权兵部侍郎，除给事中。张说子荐往视镇江战舰，挟势游观，沉舟溺卒，除知阁门事、枢密副承旨，正封还词头。洪邦直除御史，正言："邦直为邑人所讼，不宜任风宪。"

兼权吏部尚书，言："用人莫先论相。陛下志在恢复，而相位不能任辅赞。望精选人才，与图大计。"时相益不乐，以显谟阁直学士出知绍兴府。

侍御史范仲芑劾前帅赃六十万，有诏核责。正明其非辜，御史怒，并劾正，降显谟阁待制、提举玉隆万寿宫。寻复职。知赣州，奏减上供米，不报。及为相，蠲一万八千石。知隆兴府。

进龙图阁直学士、四川制置使，兼知成都府。平四蜀折租价，岁减酒课三十八万。乾道初，羌酋奴儿结越大渡河，据安静砦，侵汉地几百里。正密授诸将方略，擒奴儿结以归,尽俘其党,羌平。进敷文阁学士,寻诏赴行在。正在蜀以简素化民,归装仅书数箧,人服其清。

除端明殿学士、签书枢密院事,参知政事,同知枢密院事。孝宗密谕内禅意,拜右丞相。一日奏事,皇太子参决侍立,上顾谓太子曰:"留正纯诚可托。"

光宗受禅,主管左右春坊姜特立随龙恩擢知阁门事,声势浸盛。正列其招权预政状,乞斥逐,上意犹未决。会副参阙,特立谒正曰:"上以丞相在位久,欲迁左相,葛邲、张构当择一人执政,未知孰先?"正奏之,上大怒,诏特立提举兴国宫。孝宗闻之,曰:"真宰相也。"

绍熙元年,进左丞相。正谨法度,惜名器,豪发不可干以私。引赵汝愚首从班,卒与之共政。用黄裳为皇子嘉王翊善,世号得人。嘉王感疾,正言:"陛下只有一子,隔在宫墙外非便,乃令蚤正元良之位,入居东宫,则朝夕相见甚顺。"又奏:"太子,天下本。《传》曰:'豫建太子,所以重宗庙社稷'。汉文帝即位,即建太子。本朝皇子居冢嫡,有未出阁而正储位者。皇子嘉王既居冢嫡,出阁已久,宜早正储位,以定天下本。"再月不报。检《汉文帝纪》及本朝真宗立仁宗典故,并吕海、张方平两奏,节其要语缴奏。

上不豫,外议汹汹,正与同列间至福宁殿奏事,处分得宜,人情以安。进封申国公。上疾浸平,正乞归政,不许。

初,正帅蜀,虑吴氏世将,谋去之。至是,朝廷议更蜀帅,正言:"西边三将,惟吴氏世袭兵柄,号为'吴家军',不知有朝廷。"遂以户部侍郎丘崈行。及吴挺死,韩侂胄为吴氏地,使吴曦世袭。正力请留曦环卫,遣张诏代挺。后数岁,曦入蜀,卒稔变。

《寿皇圣政》成,进少保,封卫国公。李端友以椒房亲,手诏除郎,正缴还,上不纳,复执奏曰:"昔馆陶公主为子求郎,明帝不许。今端友依凭内援,恐累圣德。"姜特立除浙东副总管,寻召赴行在,正引唐宪宗召吐突承璀事,乞罢相。上批:"成命已行,朕无反汗,卿宜自处。"正待罪六和塔,奏言:"陛下近年,不知何人献把定之说,遂至每事坚执,断不可回。天下至大,机务至烦,事出于是,则人无异词,可以固执;事出于非,则众论纷起,必须惟是之从。臣恐自此以往,事无是非,陛下壹持把定之说,言路遂塞。"因缴进前后锡赉及告敕,待罪范村,乞归田里,不许。

寿圣太后将以冬至上尊号册宝,以正为礼仪使,摄太傅。于是上遣左司徐谊谕旨,正复入都堂视事。是行也,待罪凡一百四十日。册宝礼成,拜少傅,封鲁国公。正力辞。

五年正月,孝宗疾革,正数请车驾过宫。一日,上拂衣起,正引裾泣谏,随至福宁殿门。正退上疏,言极激切。六月戊戌,孝宗崩,光宗以疾未能执丧,正率同列屡奏,乞早正嘉王储位,又拟指挥付学士院降诏。寻有手诏:"朕历事岁久,念欲退闲。"正得之始惧,请对,复不报。即出国门,上表请老,末曰:"愿陛下速回渊鉴,追悟前非,渐收人心,庶保国祚。"

正始议以上疾未克主丧,宜立皇太子监国;若终丧未倦勤,当复辟。设议内禅,太子可即位。时从臣混奏与正同。既而赵汝愚以内禅请于宪圣,正谓:"建储诏未下,遽及此,他日必难处。"论既违,以肩舆逃去。及嘉王即位,尊皇帝为太上皇帝,以正为大行攒宫总护使。宁宗即位,入谢,复出。宪圣命速宣押,时汝愚亦以为请,上亲札,遣使召正还。

侍御史张叔椿请议正弃国之罚,乃徙叔椿吏部侍郎,而正复相。入贺,且请车驾一出,慰安都人心;及定寿康宫南向,撤去新增禁旅。诏悉从之。进少傅,屡辞不拜,奏言:"陛下勉徇群情,以登大宝,当遇事从简,示天下以不得已之意,实非颁爵之时。"

韩侂胄浸谋预政,数诣都堂,正使省吏谕之曰:"此非知阁日往来之地。"侂胄怒而退。会经筵晚讲赐坐,正执奏以为非,上不怿。侍御史黄度论马大同罪,正拟度补外,上知其情,除度右正言。正请推恩随龙人,上曰:"朕未见父母,可恩及下人耶?"积数事失上意,侂胄从而间之。八月,手诏正以少师、观文殿大学士判建康府。寻又以谏议大夫张叔椿言,落职。

庆元元年六月,诏正以上皇付正手诏八字进入,宣付史馆。复观文殿大学士。

初,刘德秀自重庆入朝,未为正所知,谒正客范仲黼请为言,正曰:"此人若留之班行,朝廷必不静。"乃除大理簿,德秀憾之。至是为谏议大夫,论正四大罪,褫职,自是弹劾无虚岁。以张釜言,责授中大夫、光禄卿,分司西京,邵州居住。明年,令自便。给事中谢源明封还录黄,量移南剑州,再许自便。

复光禄大夫、提举洞霄宫。上章乞纳禄,诏复元官职致仕。又以御史林采言,依旧官光禄大夫致仕。俄复观文殿学士、金紫光禄大夫。嘉泰元年,进封魏国公,复少师、观文殿大学士。开禧二年七月,薨,年七十八。赠太师。

正出处大致如绍熙去国,耻与姜特立并位而待罪近郊,五月复入,议者犹惜其去之不勇。首发大议,早正嘉王储位,遂致言者深文,指为弃国,岂弘毅有所不足耶?或问范仲黼:"留、赵二公处变不同如何?"仲黼曰:"赵,同姓之卿也;留则异姓之卿,反复之而不听,则去。"闻者以为名言。

有《诗文》、《奏议》、《外制》二十卷行于世。宝庆三年,谥忠宣。子恭、丙、端,皆为尚书郎。孙元英,工部侍郎;元刚,起居舍人。

胡晋臣,字子远,蜀州人。登绍兴二十七年进士第,为成都通判。制置使范成大以公辅荐诸朝,孝宗召赴行在。入对,疏当今士俗、民力、边备、军政四弊。试学士院,除秘书省校书郎,迁著作佐郎兼右曹郎官。

轮对,论三事:一、无忽讲读官,以仁宗为法;二、责谏官以纠官邪,责宰相以抑奔竞;三、广听纳、通下情,以销未形之患。又极论近幸,上览奏色动。晋臣口陈甚悉,至论及两税折变,天威稍霁,首肯久之。

赵雄时秉政,手诏下中书问近幸姓名。晋臣翼日至中书，执政诘其故，晋臣曰："近习招权，丞相岂不知之？"即条具大者以闻。上感悟，自是近习严惮。

晋臣以亲年高，求外补，知汉州，除潼川路提点刑狱，以忧去。服除再召，以五事见，曰："选将帅，广常平，治渠堰，更铨法，通楮币。上谓辅臣曰："胡晋臣言可行。"

除度支郎，累迁侍御史。朱熹除兵部郎官，以病足未供职。侍郎林栗与熹论《易》不合，因奏熹不即受印为傲慢。晋臣上疏留熹而排栗，物论归重。

光宗嗣位，迁工部侍郎，除给事中，每以裁滥恩、惜名器为重，内降持不下，上嘉其有守，拜端明殿学士、签书枢密院事。正谢日，上命条上军政利害。既而朝重华宫，孝宗谓曰："嗣君擢任二三大臣，深惬朕意，闻外庭亦无异词。"晋臣拜谢。

除参知政事兼同知枢密院事。上自南郊后久不御朝，晋臣与丞相留正同心辅政，中外帖然。其所奏陈，以温清定省为先，次及亲君子、远小人、抑侥幸、消朋党，启沃剀切，弥缝缜密，人无知者。未几，薨于位，赠资政殿学士，谥文靖。

论曰：谋大事，决大议，非凝定有立者不能也。周必大、留正一时俱以相业称，然必大纯笃忠厚，能以善道其君，光、宁禅受之际，惧祸而去，其可为有立乎哉？若胡晋臣争论朱熹，则侃侃有守者也。

卷三百九十二
列传第一百五十一

赵汝愚 子崇宪

赵汝愚，字子直，汉恭宪王元佐七世孙，居饶之余干县。父善应，字彦远，官终修武郎、江西兵马都监。性纯孝，亲病，尝刺血和药以进。母畏雷，每闻雷则披衣走其所。尝寒夜远归，从者将扣门，遽止之曰："无恐吾母。"露坐达明，门启而后入。家贫，诸弟未制衣不敢制，已制未服不敢服，一瓜果之微必相待共尝之。母丧，哭泣呕血，毁瘠骨立，终日俯首柩傍，闻雷犹起，侧立垂涕。既终丧，言及其亲，未尝不挥涕，生朝必哭于庙。父终肺疾，每膳不忍以诸肺为羞。母生岁值卯，谓卯兔神也，终其身不食兔。闻四方水旱，辄忧形于色。江、淮警报至，为之流涕，不食累日；同僚会宴，善应怃然曰："此宁诸君乐饮时耶！"众为失色而罢。故人之孤女，贫无所归，善应聘以为己子妇。有尝同僚者死不克葬，子佣食他所，善应驰往哭之，归其子而予之赀，使葬焉。道见病者必收恤之，躬为煮药。岁饥，旦夕率其家人辍食之半，以饲饥者。夏不去草，冬不破壤，惧百虫之游且蛰者失其所也。晋陵尤袤称之曰："古君子也。"既卒，丞相陈俊卿题其墓碣曰："宋笃行赵公彦远之墓。"

汝愚早有大志，每曰："丈夫得汗青一幅纸，始不负此生。"擢进士第一，签书宁国军节度判官，召试馆职，除秘书省正字。孝宗方锐意恢复，始见，即陈自治之策，孝宗称善，迁校书郎。知阁门张说擢签书枢密院事，汝愚不往见，率同列请祠，未报。会祖母讣至，即日归，因自劾，上不加罪。

迁著作郎、知信州，易台州，除江西转运判官，入为吏部郎兼太子侍讲。迁秘书少监兼权给事中。内侍陈源有宠于德寿宫，添差浙西副总管。汝愚言："祖宗以童贯典兵，卒开边衅，源不宜使居总戎之任。"孝宗喜，诏自今内侍不得兼兵职。旧制，密院文书皆经门下省，张说在西府，托言边机不宜泄。汝愚谓："东西二府朝廷治乱所关，中书庶政无一不由东省，何密院不然？"孝宗命如旧制。

权吏部侍郎兼太子右庶子，论知阁王抃权预政，出抃外祠。以集英殿修撰帅福建，陛辞，言国事之大者四，其一谓："吴氏四世专蜀兵，非国家之利，请及今以渐抑之。"进直学士、制置四川兼知成都府。诸羌蛮相挺为边患，汝愚至，悉以计分其势。孝宗谓其有文武威风，召还。光宗受禅，趣召未至，殿中侍御史范处义论其稽命，除知潭州，辞，改太平州。进敷文阁学士，知福州。

绍熙二年，召为吏部尚书。先是，高宗以宫人黄氏侍光宗于东宫，及即位为贵妃，后李氏意不能平。是年冬十一月郊，有司已戒而风雨暴至，光宗震惧，及斋宿青城，贵妃暴薨，驾还，闻之恚，是夕疾作。内侍驰白孝宗，孝宗仓卒至南内，问所以致疾之由，不免有所戒责。及光宗疾稍平，汝愚入对。上常以五日一朝孝宗于重华宫，至是往往以传旨免，至会庆节上寿，驾不出，冬至朝贺又不出，都人以为忧。汝愚往复规谏，上意乃悟。汝愚又属嗣秀王伯圭调护，于是两宫之情通。光宗及后俱诣北内，从容竟日。

四年，汝愚知贡举，与监察御史汪义端有违言。汝愚除同知枢密院事，义端言祖宗之法，宗室不为执政，诋汝愚植党沽名，疏上，不纳。又论台谏、给舍阴附汝愚，一切缄默，不报。论汝愚发策讥讪祖宗，又不报。汝愚力辞，上为徙义端军器监。给事中黄裳言："汝愚事亲孝，事君忠，居官廉，忧国爱民，出于天性。义端实忌贤，不可以不黜。"上乃黜义端补郡，汝愚不获已拜命。未几，迁知枢密院事，辞不拜，有旨趣受告。汝愚对曰："臣非敢久辞。臣尝论朝廷数事，其言未见用，今陛下过重华，留正复相，天下幸甚。惟武兴未除帅，臣心不敢安。"上遂以张诏代领武兴军，汝愚乃受命。

光宗之疾生于疑畏，其未过宫也，汝愚数从容进谏，光宗出闻其语辄悟，入辄复疑。五年春，孝宗不豫，夏五月，疾日臻。光宗御后殿，丞相率同列入，请上诣重华宫侍疾，从臣、台谏继入，阁门吏以故事止之，不退。光宗益疑，起入内。越二日，宰相又请对，光宗令知阁门事韩侂胄传旨云："宰执并出。"于是俱至浙江亭俟命。孝宗闻之忧甚，嗣秀王简丞相传孝宗意，令宰执复入。侂胄奏曰："昨传旨令宰执出殿门，今乃出都门。"请自往宣押，汝愚等乃还第。

六月丁酉，夜五鼓，重华大阉扣宰执私第，报孝宗崩，中书以闻，汝愚恐上疑，或不出视朝，持其札不上。次日，上视朝，汝愚以提举重华宫关礼状进，上乃许过北内，至日昃不出，宰相率百官诣重华宫发丧。壬寅，将成服，留正与汝愚议，介少傅吴琚请宪圣太后垂帘暂主丧事，宪圣不许。正等附奏曰："臣等连日造南内请对，不获。累上疏，不得报。今当率百官恭请，若皇帝不出，百官相与恸哭于宫门，恐人情骚动，为社稷忧。乞太皇太后降旨，以皇帝有疾，暂就宫中成服。然丧不可无主，祝文称'孝子嗣皇帝'，宰臣不敢代行。太皇太后，寿皇之母也，请摄行祭礼。"盖是时正、汝愚之请垂帘也，以国本系乎嘉王，欲因帘前奏陈宗社之计，使命出帘帏之间，事行廊堂之上，则体正言顺，可无后艰。而吴琚素畏慎，且以后戚不欲与闻大计，此议竟格。

丁未，宰臣已下，待对和宁门，不报，乃入奏云："皇子嘉王仁孝夙成，宜早正储位以安人心。"又不报。越六日再请，御批云："甚好。"明日，同拟旨以进，乞上亲批付学士院降诏。是夕，御批付丞相云："历事岁久，念欲退闲。"留正见之惧，因朝临佯仆于庭，密为去计。汝愚自度不得辞其责，念故事须坐甲以戒不虞，而殿帅郭杲莫有以腹心语者。

会工部尚书赵彦逾至私第，语及国事，汝愚泣，彦逾亦泣，汝愚因微及与子意，彦逾喜。汝愚知彦逾善杲，因缪曰："郭杲倪不同，奈何？"彦逾曰："某当任之。"约明乃复命。汝愚曰："此大事已出诸口，岂容有所俟乎？"汝愚不敢入私室，退坐屏后，以待彦逾之至。有顷，彦逾至，议遂定。明日，正以五更肩舆出城去，人心益摇，汝愚处之恬然。自吴琚之议不谐，汝愚与徐谊、叶适谋可以白意于慈福宫者，乃遣韩侂胄以内禅之意请于宪圣。侂胄因所善内侍张宗尹以奏，不获命，明日往，又不获命。侂胄逡巡将退，重华宫提举关礼见而问之，侂胄具述汝愚意。礼令少俟，入见宪圣而泣。宪圣问故，礼曰："圣人读书万卷，亦尝见有如此时而保无乱者乎？"宪圣曰："此非汝所知。"礼曰："此事人人知之，今丞相已去，所赖者赵知院，旦夕亦去矣。"言与泪俱。宪圣惊曰："知院同姓，事体与他人异，乃亦去乎？"礼曰："知院未去，非但以同姓故，以太皇太后为可恃耳。今定大计而不获命，势不得不去。去，将如天下何？愿圣人三思。"宪圣问侂胄安在，礼曰："臣已留其俟命。"宪圣曰："事顺则可，令谕好为之。"礼报侂胄，且云："来早太皇太后于寿皇梓宫前垂帘引执政。"侂胄复命，汝愚始以其事语陈骙、余端礼，使郭杲及步帅阎仲夜以兵卫南北内，使其姻党宣赞舍人傅昌朝密帖黄袍。

是日，嘉王谒告不入临，汝愚曰："禫祭重事，王不可不出。"翌日，禫祭，群臣入，王亦入。汝愚率百官诣大行前，宪圣垂帘，汝愚率同列再拜，奏："皇帝疾，未能执丧，臣等乞立皇子嘉王为太子，以系人心。皇帝批出有'甚好'二字，继有'念欲退闲'之语，取太皇太后处分。"宪圣曰："既有御笔，相公当奉行。"汝愚曰："兹事重大，播之天下，书之史册，须议一指挥。"宪圣允诺。汝愚袖出所拟太皇太后指挥以进，云："皇帝以疾至今未能执丧，曾有御笔，欲自退闲。皇子嘉王扩可即皇帝位，尊皇帝为太上皇帝，皇后为太上皇后。"宪圣览毕曰："甚善。"汝愚奏："自今臣等有合奏事，当取嗣君处分。然恐两宫父子间有难处者，须烦太皇太后主张。"又奏："上皇疾未平，骤闻此事，不无惊疑，乞令都知杨舜卿提举本宫，任其责。"遂召舜卿至帝前，面喻之。宪圣乃命皇子即位，皇子固辞曰："恐负不孝名。"汝愚奏："天子当以安社稷、定国家为孝。今中外人人忧乱，万一变生，置太上皇何地？"众扶入素幄，披黄袍，方却立未坐，汝愚率同列再拜。宁宗诣几筵殿，哭尽哀。须臾，立仗讫，催百官班。帝衰服出就重华殿东庑素幄立，内侍扶掖乃坐。百官起居讫，行禫祭礼。汝愚即丧次，召还留正长百僚，命朱熹待制经筵，悉收召士君子之在外者。侍御史张叔椿请议正弃国之罚，汝愚为迁叔椿官。

是月，上命汝愚兼权参知政事。留正至，汝愚乞免兼职，乃除特进、右丞相。汝愚辞不拜，曰："同姓之卿，不幸处君臣之变，敢言功乎？"乃命以特进为枢密使，汝愚又辞特进。孝宗将横，汝愚议横宫非永制，欲改卜山陵，与留正议不合。侂胄因而间之，出议判建康，命汝愚为光禄大夫、右丞相。汝愚力辞至再三，不许。汝愚本倚正共事，怒侂胄不以告，及来谒，故不见，侂胄惭忿。签书枢密罗点曰："公误矣。"汝愚亦悟，复见之。侂胄终不怿，自以有定策功，且依托肺腑，出入宫掖，居中用事。朱熹进对，以为言，又约吏部侍郎彭龟年同劾之，未果。熹白汝愚，当以厚赏酬劳，勿使预政，而汝愚谓其易制不为虑。

右正言黄度欲论侂胄，谋泄，以内批斥去。熹因讲毕，奏疏极言："陛下即位未能旬月，而进退宰执，移易台谏，皆出陛下之独断，大臣不与谋，给舍不及议。此弊不革，臣恐名为独断，而主威不免于下移。"疏入，遽出内批，除熹宫观。汝愚袖批还上，且谏且拜，侂胄必欲出之，汝愚退求去，不许。吏部侍郎彭龟年力陈侂胄窃弄威福，为中外所附，不去必贻患。又奏："近日逐朱熹太暴，故欲陛下亦亟去此小人。"既而内批龟年与郡，侂胄势益张。

侂胄恃功，为汝愚所抑，日夜谋引其党为台谏，以摈汝愚。汝愚为人疏，不虞其奸。赵彦逾以尝达意于郭杲，事定，冀汝愚引与同列，至是除四川制置，意不惬，与侂胄合谋。陛辞日，尽疏当时贤者姓名，指为汝愚之党，上意不能无疑。汝愚请令近臣举御史，侂胄密谕中司，令荐所厚大理寺簿刘德秀，内批擢德秀为察官，其党牵联以进，言路遂皆侂胄之人。会黄裳、罗点卒，侂胄又擢其党京镗代点，汝愚始孤，天子益无所倚信。于是中书舍人陈傅良、监察御史吴猎、起居郎刘光祖各先后斥去，群俭和附，疾正士如仇雠，而衣冠之祸始矣。

侂胄欲逐汝愚而难其名，或教之曰："彼宗姓，诬以谋危社稷，则一网无遗。"侂胄然之，擢其党将作监李沐为正言。沐，彦颖之子也，尝求节度使于汝愚不得，奏："汝愚以同姓居相位，将不利于社稷，乞罢其政。"汝愚出浙江亭待罪，遂罢右相，除观文殿学士、知福州。台臣合词乞寝出守之命，遂以大学士提举洞霄宫。

国子祭酒李祥言："去岁国遭大戚，中外汹汹，留正弃相位而去，官僚几欲解散，军民皆将为乱，两宫隔绝，国丧无主。汝愚以枢臣独不避殒身灭族之祸,奉太皇太后命,翊陛下以登九五,勋劳著于社稷,精忠贯于天地,乃卒受黯黜而去,天下后世其谓何?"博士杨简亦以为言。李沐劾祥、简,罢之。太府丞吕祖俭亦上书诉汝愚之忠,诏祖俭朋比罔上,送韶州安置。太学生杨宏中、周端朝、张衜、林仲麟、蒋傅、徐范等伏阙言:"去岁人情惊疑,变在朝夕。当时假非汝愚出死力,定大议,虽百李沐,罔知攸济。当国家多难,汝愚位枢府,本兵柄,指挥操纵,何向不可,不以此时为利,今上下安恬,乃独有异志乎?"书上,悉送五百里外羁管。

侂胄忌汝愚益深,谓不重贬,人言不已。以中丞何澹疏,落大观文。监察御史胡纮疏汝愚唱引伪徒,谋为不轨,乘龙授鼎,假梦为符。责宁远军节度副使,永州安置。初,汝愚尝梦孝宗授以汤鼎,背负白龙升天,后冀宁宗以素服登大宝,盖其验也,而逸者以为言。时汪义端行词,用汉诛刘屈氂、唐戮李林甫事,示欲杀之意。迪功郎赵师召亦上书乞斩汝愚。汝愚怡然就道,谓诸子曰:"观侂胄之意,必欲杀我,我死,汝曹尚可免也。"至衡州病作,为守臣钱鍪所窘,暴薨,天下闻而冤之,时庆元二年正月壬午也。

汝愚学务有用,常以司马光、富弼、韩琦、范仲淹自期。凡平昔所闻于师友,如张栻、朱熹、吕祖谦、汪应辰、王十朋、胡铨、李焘、林光朝之言,欲次第行之,未果。所著诗文十五卷、《太祖实录举要》若干卷、《类宋朝诸臣奏议》三百卷。汝愚聚族而居,门内三千指,所得廪给悉分与之,菜羹疏食,恩意均洽,人无间言。自奉养甚薄,为夕郎时,大冬衣布裘,至为相亦然。

汝愚既殁,党禁浸解,旋复资政殿学士、太中大夫,已而赠少保。侂胄诛,尽复元官,赐谥忠定,赠太师,追封沂国公。理宗诏配享宁宗庙庭,追封福王,其后进封周王。子九人,崇宪其长子也。

崇宪,字履常,淳熙八年以取应对策第一,时汝愚侍立殿上,降,再拜以谢。孝宗顾近臣曰:"汝愚年几何?已有子如此。"越三年,复以进士对策,擢甲科。上谓执政曰:"此汝愚子,岂即前科取应第一人者耶?"

崇宪初仕为保义郎、监饶州赡军酒库,换从事郎、抚州军事推官。汝愚帅蜀,辟书写机宜文字,改江西转运司干办公事,监西京中岳庙。汝愚既贬死,海内愤郁,崇宪阖门自处。居数年,复汝愚故官职,多劝之仕。

改奉议郎、知南昌县事,奉行荒政,所活甚众。升籍田令,制曰:"尔先人有功王室,中更谗毁,思其功而录其子,国之典也。"崇宪拜命感泣,陈疏力辞,以为"先臣之冤未悉昭白,而其孤先被宠光,非公朝所以劝忠孝、厉廉耻之意。"俄改监行在都进奏院,复引陈瓘论司马光、吕公著复官事申言之,乞以所陈下三省集议:"若先臣心迹有一如言者所论,即近日恩典皆为冒滥,先臣复官赐谥,与臣新命,俱合追寝。如公论果谓诬蔑,乞昭示中外,使先臣之谗谤既辨,忠节自明,而宪圣慈烈皇后拥佑之功德益显。然后申伤史官、改正诬史,垂万世之公。"

又请正赵师召妄贡封章之罪,究蔡琉与大臣为仇之奸,毁龚颐正《续稽古录》之妄。诏两省史官考订以闻。已而吏部尚书兼修国史楼钥等请施行如章,从之。及诬史未正,复进言,其略谓:"前日史官徒以权臣风旨,刊旧史、焚元稿,略无留难。今诏旨再三,莫有慨然奋直笔者,何小人敢于为恶,而谓之君子者顾不能勇于为善耶?"闻者愧之。其后玉牒、日历所卒以《重修龙飞事实》进呈,因崇宪请也。

未几,赠汝愚太师,封沂国公,擢崇宪军器监丞,改太府监丞,迁秘书郎,辞,弗许。寻为著作佐郎兼权考功郎官。尝因闵雨求言,乃上封事,谓:"今日有更化之名,无更化之实。人才,国之元气,而忠鲠摈废之士,死者未尽省录,存者未悉褒扬。言论,国之风采,其间输忠亡隐,有所规益者,岂惟奖激弗加,盖亦罕见施用;偷安取容,无所建明者,岂惟黜罚弗及,或乃遂阶通显。"至若勉圣学以广聪明,教储贰以固根本,戒宰辅大臣同寅尽瘁以济艰难,责侍从台谏思职尽规以宣壅蔽,防左右近习窃弄之渐,察奸憸余党窥伺之萌,皆恳恳为上言之。

请外,知江州。郡民岁苦和籴,崇宪疏于朝,永蠲之。且转籴旁郡谷别廪储之,以备岁俭。瑞昌民负茶引钱,新旧累积,为缗十七万有奇,皆困不能偿,死则责其子孙犹弗贷。会新券行,视旧价几倍蓰,崇宪叹曰:"负茶之民愈困矣。"亟请以新券一偿旧券二,诏从之。盖受赐者千余家,刻石以纪其事。修陂塘以广溉灌,凡数千所。提举江西常平兼权隆兴府及帅漕司事,迁转运判官仍兼帅事。

初,汝愚捐私钱百余万创养济院,俾四方宾旅之疾病者得药与食,岁久浸移为它用。崇宪至,寻复之,立规约数十条,以愈疾之多寡为赏罚。弃儿于道者,亦收鞠之。社仓久敝,访其利害而更张之。

以兵部郎中召,寻司封,皆固辞,遂直秘阁、知静江府、广西经略安抚。静江之属邑十,地肥硗略等,而阳朔、修仁、荔浦之赋独倍焉。自张栻奏减之余,人犹以为病。崇宪请再加蠲减,诏递损有差,三县民立祠刻石。琼守非才,激黎峒之变,乃劾去之,改辟能者代其任。萝蔓峒者仍岁寇钞为暴,实民何向父子阴诱导之。崇宪捐金缯付小校使系以来,置之法。因严民夷交通之禁,使边民相什伍,寇至则鸣鼓召众,先后掩击,俘获者赏,不至者有惩。先是,部内郡邑有警,辄移统府兵戍之,在宜州者百人,古县半之。崇宪谓根本单虚,非所以銷奸萌,乃于其地各置兵如戍兵之数,而敛戍者以归。邕为边要害地,自狄青平侬智高,所以设扞防者甚至,岁久浸弛,而溪峒日强。崇宪条上其议,朝廷颇采其言,然未及尽用也。

崇宪天性笃孝,居父丧,月余始食食,小祥始茹果实,终丧不饮酒食肉,比御犹弗入者久之。

论曰:自昔大臣处危疑之地,而能免于祸难者盖鲜矣。昔者周成王立而幼冲,周公以王室懿亲为宰辅,四国流言,而周公不免于居东之忧,非天降风雷之变,以彰周公之德而启成王之衷,则所谓《金縢》之书,固无因而关于王之耳目,公之心果能以自明乎?公之心能自明,则天意之所以属于周而绵八百载之丕祚者，实系于兹。不然，周其殆哉！

赵汝愚，宋之宗臣也，其贤固不及周公，其位与戚又非若周公之尊且昵也。方孝宗崩，光宗疾，大丧无主，中外汹汹，一时大臣有畏难而去者矣。汝愚独能奋不虑身，定大计于顷刻，收召明德之士，以辅宁宗之新政，天下翕然望治，其功可谓盛矣。然不几时，卒为韩侂胄所构，一斥而遂不复返，天下闻而冤之。于此见天之所以眷宋者不如周，而宋之陵夷驯至于不可为，信非人力之所能也。

汝愚父以纯孝闻，而子崇宪能守家法，所至有惠政，亦可谓世济其美者已。

卷三百九十三
列传第一百五十二

彭龟年　黄裳　罗点　黄度周南附
林大中　陈骙　黄黼　詹体仁

彭龟年，字子寿，临江军清江人。七岁而孤，事母尽孝。性颖异，读书能解大义。及长，得程氏《易》读之，至忘寝食，从朱熹、张栻质疑，而学益明。登乾道五年进士第，授袁州宜春尉、吉州安福丞。郑侨、张构同荐，除太学博士。

殿中侍御史刘光祖以论带御器械吴端，徙太府少卿，龟年上疏乞复其位，贻书宰相云："祖宗尝改易差除以伸台谏之气，不闻改易台谏以伸幸臣之私。"兼魏王府教授，迁国子监丞。以侍御史林大中荐，为御史台主簿。改司农寺丞，进秘书郎兼嘉王府直讲。

光宗尝亲郊，值暴风雨感疾，大臣希得进见。久之，疾平，犹疑畏不朝重华宫。龟年以书谯赵汝愚，且上疏言："寿皇之事高宗，备极子道，此陛下所亲睹也。况寿皇今日止有陛下一人，圣心拳拳，不言可知。特遇过宫日分，陛下或迟其行，则寿皇不容不降免到宫之旨，盖为陛下辞责于人，使人不得以窃议陛下，其心非不愿陛下之来。自古人君处骨肉之间，多不与外臣谋，而与小人谋之，所以交斗日深，疑隙日大。今日两宫万万无此。然臣所忧者，外无韩琦、富弼、吕海、司马光之臣，而小人之中，已有任守忠者在焉，惟陛下裁察。"

又言："使陛下亏过宫定省之礼，皆左右小人间谍之罪。宰执侍从但能推父子之爱，调停重华；台谏但能仗父子之义，责望人主。至于疑间之根，盘固不去，曾无一语及之。今内侍间谍两宫者固非一人，独陈源在寿皇朝得罪至重，近复进用，外人皆谓离间之机必自源始。宜亟发威断，首逐陈源，然后肃命銮舆，负罪引慝，以谢寿皇，使父子欢然，宗社有永，顾不幸欤？"居亡何，光宗朝重华，都人欢悦。寻除起居舍人，入谢，光宗曰："此官以待有学识人，念非卿无可者。"

龟年述祖宗之法为《内治圣鉴》以进。光宗曰："祖宗家法甚善。"龟年曰："臣是书大抵为宦官、女谒之防，此曹若见，恐不得数经御览。"光宗曰："不至是。"他日，龟年奏："臣所居之官，以记注人君言动为职，车驾不过宫问安，如此书者又数十矣，恐非所以示后。"有旨幸玉津园，龟年奏："不奉三宫，而独出宴游，非礼也。"又言："陛下误以臣充嘉王府讲读官，正欲臣等教以君臣父子之道。臣闻有身教，有言教，陛下以身教，臣以言教者也，言岂若身之切哉。"

绍熙五年五月，寿皇不豫，疾浸革，龟年连三疏请对，不获命。属上视朝，龟年不离班位，伏地扣额久不已，血渍鹭鹭。光宗曰："素知卿忠直，欲何言？"龟年奏："今日无大于不过宫。"光宗曰："须用去。"龟年言："陛下屡许臣，一入宫则又不然。内外不通，臣实痛心。"同知枢密院余端礼曰："扣额龙墀，曲致忠恳，臣子至此，为得已邪？"上云："知之。"

孝宗崩，宁宗受禅，是夕召对，宁宗蹙额云："前但闻建储之义，岂知遽践大位，泣辞不获，至今震悸。"龟年奏："此乃宗祏所系，陛下安得辞，今日但当尽人子事亲之诚而已。"因拟起居札子，乞日进一通。又与翊善黄裳同奏往朝南内，因定过宫之礼，乞先一日入奏，率百官恭谢。宁宗朝泰安宫，至则寝门已闭，拜表而退。

时议欲别建泰安宫，而光宗无徙宫之意。龟年言："古人披荆棘立朝廷，尚可布政出令，况重华一宫岂为不足哉？陛下居狭处，太上居宽处，天下之人必有谅陛下之心者。"于是宫不果建。迁中书舍人。刘庆祖已带遥郡承宣使，而以太上随龙人落阶官，龟年缴奏，宁宗批："可与书行。"龟年奏："臣非为庆祖惜此一官，为朝廷惜此一门耳。夫'可与书行'，近世弊令也，使其可行，臣即书矣，使不可行，岂敢因再令而遂书哉？"宁宗尝谓："退朝无事，恐自息惰，非多读书不可。"龟年奏："人君之学与书生异，惟能虚心受谏，迁善改过，乃圣学中第一事，岂在多哉！"

一日，御笔书朱熹、黄裳、陈傅良、彭龟年、黄由、沈有开、李巘、京镗、黄艾、邓驲十人姓名示龟年云："十人可充讲官否？"龟年对曰："陛下若招徕一世之杰如朱熹辈，方厌人望，不可专以潜邸学官为之。"寻除侍讲，迁吏部侍郎，升兼侍读。龟年知事势将变，会暴雨震雷，因极陈小人窃权、号令不时之弊。遣充金国吊祭接送伴使。

初，朱熹与龟年约共论韩侂胄之奸，会龟年护客，熹以上疏见绌，龟年闻之，附奏云："始臣约熹同论此事。今熹既罢，臣宜并斥。"不报。追归，见侂胄用事，权势重于宰相，于是条数其奸，谓："进退大臣，更易言官，皆初政最关大体者。大臣或不能知，而侂胄知之，假托声势，窃弄威福，不去必为后患。"上览奏甚骇，曰："侂胄朕之肺腑，信而不疑，不谓如此。"批下中书，予侂胄祠，已乃复入。

龟年上疏求去，诏侂胄与内祠，龟年与郡，以焕章阁待制知江陵府、湖北安抚使。龟年丐祠，庆元二年，以吕祖言落职；已而追三官，勒停。嘉泰元年，复元官。起知赣州，以疾辞，除集英殿修撰、提举冲佑观。开禧二年，以待制宝谟阁致仕,卒。

龟年学识正大,议论简直,善恶是非,辨析甚严,其爱君忧国之忱,先见之识,敢言之气,皆人所难。晚既投闲,悠然自得,几微不见于颜面。自伪学有禁,士大夫鲜不变者,龟年于关、洛书益加涵泳,扁所居曰止堂,著《止堂训蒙》,盖始终特立者也。闻苏师旦建节,曰:"此韩氏之阳虎,其祸韩氏必矣。"及闻用兵,曰:"祸其在此乎?"所著书有《经解》、《祭仪》、《五致录》、奏议、外制。

侂胄诛,林大中、楼钥皆白其忠,宁宗诏赠宝谟阁直学士。章颖等请易名,赐谥忠肃。上谓颖等曰:"彭龟年忠鲠可嘉,宜得谥。使人人如此,必能纳君于无过之地。"未几,加赠龙图阁学士,而擢用其子钦。

黄裳,字文叔,隆庆府普成人。少颖异,能属文。登乾道五年进士第,调巴州通江尉。益务进学,文词迥出流辈,人见之曰:"非复前日文叔矣。"

时蜀中饷师,名为和籴,实则取民。裳赋《汉中行》,讽总领李蘩,蘩为罢籴,民便之。改兴元府录事参军。以四川制置使留正荐,召对,论蜀兵民大计。迁国子博士,以母丧去。宰相拟拟他官,上问裳安在,赐钱七十万。除丧,复召。

时光宗登极,裳进对,谓:"中兴规模与守成不同,出攻入守,当据利便之势,不可不定行都。富国强兵,当求功利之实,不可不课吏治。捍内御外,当有缓急之备,不可不立重镇。"其论行都,以为就便利之势,莫若建康。其论吏治,谓立品式以课其功,计资考以久其任。其论重镇,谓自吴至蜀,绵亘万里,曰汉中,曰襄阳,曰江陵,曰鄂渚,曰京口,当为五镇,以将相大臣守之,五镇强则国体重矣。除太学博士,进秘书郎。

迁嘉王府翊善,讲《春秋》"王正月"曰:"周之王,即今之帝也。王不能号令诸侯,则王不足为王;帝不能统御郡镇,则帝不足为帝。今之郡县,即古诸侯也。周之王惟不能号令诸侯,故《春秋》必书'王正月',所以一诸侯之正朔。今天下境土,比祖宗时不能十之四,然犹跨吴、蜀、荆、广、闽、越二百州,任吾民者,二百州守也,任吾兵者,九都统也,苟不能统御,则何以服之?"王曰:"何谓九都统?"裳曰:"唐太宗年十八起义兵,平祸乱。今大王年过之,而国家九都统之说犹有未知,其可不汲汲于学乎?"

他日,王擢用东宫旧人吴端,端诣王谢,王接之中节。裳因讲《左氏》"礼有等衰",问王:"比待吴端得重轻之节,有之乎?"王曰:"有之。"裳曰:"王者之学,正当见诸行事。今王临事有区别,是得等衰之义矣。"王意益向学。于是作八图以献:曰太极,曰三才本性,曰皇帝王伯学术,曰九流学术,曰天文,曰地理,曰帝王绍运,以百官终焉,各述大旨陈之。每进言曰:"为学之道,当体以心。王宜以心为严师,于心有一毫不安者,不可为也。"且引前代危亡之事以为儆戒。王谓人曰:"黄翊善之言,人所难堪,惟我能受之。"他日,王过重华宫,寿皇问所读书,王举以对,寿皇曰:"数不太多乎?"王曰:"讲官训

说明白,忱心乐之,不知其多也。"寿皇曰:"黄翊善至诚,所讲须谛听之。"

裳久侍王邸,每岁诞节,则陈诗以寓讽。初尝制浑天仪、舆地图,侑以诗章,欲王观象则知进学,如天运之不息,披图则思祖宗境土半陷于异域而未归。其后又以王所讲三经为诗三章以进。王喜,为置酒,手书其诗以赐之。王尝侍宴宫中,从容为光宗诵《酒诰》,曰:"此黄翊善所教也。"光宗诏劳裳,裳曰:"臣不及朱熹,熹学问四十年,若召置府寮,宜有裨益。"光宗嘉纳。裳每劝讲,必援古证今,即事明理,凡可以开导王心者,无不言也。

绍熙二年,迁起居舍人。奏曰:"自古人君不能从谏者,其蔽有三:一曰私心,二曰胜心,三曰忿心。事苟不出于公,而以己见执之,谓之私心;私心生,则以谏者为病,而求以胜之;胜心生,则以谏者为仇,而求以逐之。因私而生胜,因胜而生忿,忿心生,则事有不得其理者焉。如潘景珪,常才也,陛下亦以常人遇之,特以台谏攻之不已,致陛下庇之愈力,事势相激,乃至于此。宜因事静察,使心无所系,则闻台谏之言无不悦,而无欲胜之心,待台谏之心无不诚,而无加忿之意矣。"

三年,试中书舍人。时武备寖弛,裳上疏曰:"寿皇在位三十年,拊循将士,士常恨不得效死以报。陛下诚能留意武事,三军之士孰不感激愿为陛下用乎?"又论:"荆、襄形势居吴、蜀之中,其地四平,若金人捣襄阳,据江陵,按兵以守,则吴、蜀中断,此今日边备之最可忧也。宜分鄂渚兵一二万人屯襄、汉之间,以张形势而壮重地。"时朝廷方宴安,裳所言多不省。

未几,除给事中。赵汝愚除同知枢密院,监察御史汪义端言祖宗之法,宗室不为执政,再疏丑诋汝愚,汝愚乞免官。裳奏:"汝愚事父孝,事君忠,居官廉。忧国爱民,出于天性,如青天白日,奴隶知其清明。义端所见,曾奴隶之不如,不可以居朝列。"于是义端与郡。

裳在琐闼甫一月,封驳无虑十数。韩侂胄落阶官,郑汝谐除吏部侍郎,裳皆缴其命。改兵部侍郎,不拜,遂以显谟阁待制充翊善。先是,光宗以忧疑成疾,不过重华宫,裳入疏请五日一朝,至是复苦言之。上曰:"内侍杨舜卿告朕勿过宫。"裳请斩舜卿,且以八事之目为奏,曰念恩,释怨、辨诬,去疑,责己,畏天,防乱,改过。不报。

裳尝病疽,及是忧愤,创复作,又奏:

陛下之于寿皇,未尽孝敬之道,意者必有所疑也。臣窃推致疑之因,陛下毋乃以焚廪、浚井之事为忧乎?夫焚廪、浚井,在当时或有之。寿皇之子惟陛下一人,寿皇之心,托陛下甚重,爱陛下甚至,故忧陛下甚切。违豫之际,焚香祝天,为陛下祈祷。爱子若此,则焚廪、浚井之心,臣有以知其必无也,陛下何疑焉?又无乃以肃宗之事为忧乎?肃宗即位灵武,非明皇意,故不能无疑。寿皇当未倦勤,亲擎神器授之陛下,揖逊之风,同符尧、舜,与明皇之事不可同日而语明矣,陛下何疑焉?又无乃以卫辄之事为忧乎?辄与蒯聩,父子争国。寿皇老且病,乃颐神北宫,以保康宁,而以天下事付之陛下,非有争心也,陛下

何疑焉？又无乃以孟子责善为疑乎？父子责善，本生于爱，为子者能知此理，则何至于相夷。寿皇愿陛下为圣帝，责善之心出于忠爱，非贼恩也，陛下何疑焉？

此四者，或者之所以为疑，臣以理推之，初无一之可疑者。自父子之间，小有猜疑，此心一萌，方寸遂乱。故天变则疑而不知畏，民困则疑而不知恤，疑宰执专权则不礼大臣，疑台谏生事则不受忠谏，疑嗜欲无害则近酒色，疑君子有党则庇小人。事有不须疑者，莫不以为疑。乃若贵为天子，不以孝闻，敌国闻之，将肆轻侮，此可疑也，而陛下则不疑；小人将起为乱，此可疑也，而陛下则不疑；中外官军，岂无他志，此可疑也，而陛下则不疑。事之可疑者，反不以为疑，颠倒错乱，莫甚于此，祸乱之萌，近在旦夕。宜及今幡然改过，整圣驾，谒两宫，以交父子之欢，则四夷向风，天下慕义矣。

会寿皇不豫，中外忧危，裳抗声谏。上起入宫，裳挽其裾随之至宫门，挥涕而出。乃连章请外，谓：“臣职有三：曰待制，曰侍讲，曰翊善。今使供待制之职乎？则当日夕求对以救主失，今不过宫，有亏子道，前后三谏而不加听，是待制之职可废也。将使供侍讲之职乎？则当引经援古，劝君以孝，今不问安，不视疾，大义已丧，复讲何书乎？是侍讲之职可废也。将使供翊善之职乎？当究义理，教皇子以孝，陛下不能以孝事寿皇，臣将何说以劝皇子乎？是翊善之职可废也。”因出关待命。及闻寿皇遗诏，乃亟入临。

宁宗即位，裳病不能朝。改礼部尚书，寻兼侍读。力疾入谢，奏曰：

孔子曰："有始有卒者，其惟圣人乎？"又《诗》曰："靡不有初，鲜克有终。"所谓"有始有卒"者，由其持心之一也；所谓"鲜克有终"者，由其持心之不一也。陛下今日初政固善矣，能保他日常如此乎？请略举已行之事论之。

陛下初理万机，委任大臣，此正得人君持要之道。使大臣得人，常如今日，则陛下虽终身守之可也。臣恐数年之后，亦欲出意作为，躬亲听断，左右迎合，因谓陛下事决外庭，权不归上，陛下能不怫然于心乎？臣恐是时委任大臣，不能如今日之专矣。夫以万机之众，非一人所能酬酢，苟不委任大臣，则必借助左右，小人得志，阴窃主权，引用邪党，其为祸患，何所不至，臣之所忧者一也。

陛下奖用台谏，言无不听，此正得祖宗设官之意。使台谏得人，常如今日，则陛下终身守之亦可也。然臣恐自今以往，台谏之言日关圣听，或斥小人之过，使陛下欲用之而不能，或暴近习之罪，使陛下欲亲之而不可。逆耳之言，不能无厌，左右迎合，因谓陛下奖用台谏，欲闻谠论，而其流弊，致使人主不能自由，陛下能不怫然于心乎？臣恐是时奖用台谏，不能如今日之重矣。夫朝廷所恃以分别善恶者，专在台谏，陛下苟厌其多言，则为台谏者，将咋舌闭口，无所论列。君子日退，小人日进，而天下乱矣，臣之所忧者二也。

二事，朝廷之大者。又以三事之切于陛下之身言之：曰笃于孝爱，勤于学问，薄于嗜好。陛下今皆行之矣，未知数年之后，能保常如今日乎？

又引魏征十渐以为戒，恳恳数千言。又奏言："陛下于近日所为颇异前日，除授之际，大臣多有不知，臣闻之忧甚而病剧。"盖是时韩侂胄已潜弄威柄，而宰相赵汝愚未之觉，故裳先事言之。及疾革，时时独语，曰："五年之功，无使一日坏之，度吾已不可为，后之君子必有能任其责者。"遂口占遗表而卒，年四十九。上闻之惊悼，赠资政殿学士。

裳为人简易端纯，每讲读，随事纳忠，上援古义，下揆人情，气平而辞切，事该而理尽。笃于孝友，与人言倾尽底蕴。耻一书不读，一物不知。推贤乐善，出乎天性。所为文，明白条达。有《王府春秋讲义》及《兼山集》，论天人之理，性命之源，皆足以发明伊、洛之旨。尝与其乡人陈平父兄弟讲学，平父，张栻之门人也，师友渊源，盖有自来云。嘉定中，谥忠文。子瑾，大宗正丞兼刑部郎官。孙子敏，刑部郎官。

罗点，字春伯，抚州崇仁人。六岁能文。登淳熙三年进士第，授定江节度推官。累迁校书郎兼国史院编修官。岁旱，诏求言，点上封事，谓："今时奸谀日甚，议论凡陋。无所可否，则曰得体；与世浮沈，则曰有量；众皆默，己独言，则曰沽名；众皆浊，己独清，则曰立异。此风不革，陛下虽欲大有为于天下，未见其可也。自旱暵为虐，陛下祷群祠，赦有罪，曾不足以感动。及朝求谠言，夕得甘雨，天心所示，昭然不诬。独不知陛下之求言，果欲用之否乎？如欲用之，则愿以所上封事，反覆详熟，当者审而后行，疑者咨而后决，如此则治象日著，而乱萌自消矣。"迁秘书郎兼皇太子宫小学教授。

宁宗时以皇孙封英国公，点兼教授，入讲至晡时不辍，左右请少憩，点曰："国公务学不休，奈何止之。"又摭古事劝戒，为《鉴古录》以进。高宗崩，孝宗在谅闇，皇太子参决庶务，点时以户部员外郎兼太子侍讲，出使浙右，迁起居舍人，改太常少卿兼侍立修注官，被命使金告登宝位。会金有国丧，迫点易金带，点曰："登位吉事也，必以吉服从事。有死而已，带不可易。"又诘点不当称"宝位"，点曰："圣人大宝曰位，不加'宝'字，何以别至尊。"金人不能夺。

上尝谓点："卿旧为宫僚，非他人比，有所欲言，毋惮启告。"点言："君子得志常少，小人得志常多。盖君子志在天下国家，而不在一己，行必直道，言必正论，往往不忤人主，则忤贵近，不忤当路，则忤时俗。小人志在一己，而不在天下国家，所行所言，皆取悦之道。用其所取忤者，其得志鲜矣；用其所取悦者，其不得志亦鲜矣。若昔明主，念君子之难进，则极所以主张而覆护之；念小人之难退，则尽所以烛察而堤防之。"

皇子嘉王年及弱冠，点言："此正亲师友、进德业之时，宜择端良忠直之士，参侍燕间。"遂除黄裳为翊善。又言："人主忧勤，则臣下协心；人主偷安，则臣下解体。今道途之言，皆谓陛下每旦视朝，勉强听断，意不在事。宰执奏陈，备礼应答，侍从庶僚，备礼登对，而宫中燕游之乐，锡赉奢侈之费，已腾于众口。强敌对境，此声岂可出哉！"

绍熙三年十一月长至，车驾将朝贺重华宫，既而中辍。点言："自天子达庶人，节序拜亲，无有阙者，三纲五常，所系甚大，不当以为常事而忽之。"上过宫意未决，点奏："陛下已涓日过宫，寿皇必引领以俟陛下。常人于朋友且不可以无信，况人主之事亲乎？今陛下久阙温清，寿皇欲见不可得，万一忧思感疾，陛下将何以自解于天下？"

尝召对便殿，点言："近者中外相传，或谓陛下内有所制，不能遽出，溺于酒色，不恤政事，果有之乎？"上曰："无是。"点曰："臣固知之。窃意宫禁间或有樱拂之事，姑以酒自遣耳。夫闾阎匹夫，处闺门逆境，容有纵酒自放者。人主宰制天下，此心如青天白日，当风雨雷电既霁之余，湛然虚明，岂容复有纤芥停留哉？"上犹未过宫。点又奏："窃闻嘉王生朝，称寿禁中，以报劬劳之德，父子欢洽，宁不动心，上念两宫延望之意。"十一月，点以言不见听，求去，不许。十二月，试兵部尚书。

五年四月，上将幸玉津园，点请先过重华，又奏曰："陛下为寿皇子，四十余年一无间言，比缘初郊违豫，寿皇尝至南内督过，左右之人自此谗间，遂生忧疑。以臣观之，寿皇与天下相忘久矣。今大臣同心辅政，百执事奉法循理，宗室、戚里、三军、万姓皆无贰志，设有离间，诛之不疑。乃若深居不出，久亏子道，众口谤讟，祸患将作，不可不虑。"上曰："卿等可为朕调护之。"黄裳对曰："父子之亲，何俟调护。"点曰："陛下一出，即当释然。"上犹未行。点乃率讲官言之，上曰："朕心未尝不思寿皇。"对曰："陛下久阙定省，虽有此心，何以自白乎？"及寿皇不豫，点又随宰执班进谏。阁门吏止之，点叱之而入。上拂衣起，宰执引上裾，点亟前泣奏曰："寿皇疾势已危，不及今一见，后悔何及。"群臣随上入至福宁殿，内侍阖门，众恸哭而退。越三日，点随宰执班起居，诏独引点入。点奏："前日迫切献忠，举措失礼，陛下赦而不诛，然引裾亦故事也。"上曰："引裾可也，何得辄入宫禁乎？"点引辛毗事以谢，且言："寿皇止有一子，既付神器，惟恐见之不速耳。"

寿皇崩，点请上奔丧，许而不出，拜遗诏于重华宫。前后与侍从列奏谏请帝过宫者凡三十五疏，自上奏者又十六章，而奏疏重华，上书嘉王及面对口奏不预焉。宁宗嗣位，人心始定。拜点端明殿学士、签书枢密院事。上有事明堂，点扈从斋宫，得疾卒，年四十五。赠太保，谥文恭。

点天性孝友，无矫激崖异之行，而端介有守，义利之辨皎如。或谓天下事非才不办，点曰："当先论其心，心苟不正，才虽过人，果何取哉！"宰相赵汝愚尝泣谓宁宗曰："黄裳、罗点相继沦谢，二臣不幸，天下之不幸也。"

黄度，字文叔，绍兴新昌人。好学读书，秘书郎张渊见其文，谓似曾巩。隆兴元年进士，知嘉兴县。入监登闻鼓院，行国子监簿。言："今日养兵为巨患，救患之策，宜使民屯田，阴复府卫以销募兵。"具《屯田》、《府卫》十六篇上之。

绍熙四年，守监察御史。蜀将吴挺死，度言："挺子曦必纳赂求袭位，若因而授之，恐为他日患，乞分其兵柄。"宰相难之。后曦割关外四州赂金人求王蜀，果如度言。

光宗以疾不过重华宫，度上书切谏，连疏极陈父子相亲之义，且言："太白昼见犯天关，荧惑、勾芒行入太微，其占为乱兵入宫。"以谏不听，乞罢去。又言："以孝事君则忠。臣父年垂八十，菽水不亲，动经岁月，事亲如此，何以为事君之忠。"盖托己为谕，冀因有以感悟上心。

又与台谏官劾内侍陈源、杨舜卿、林亿年三人为今日祸根，罪大于李辅国。又言："孔子称'天下有道，则庶人不议。'夫人主有过，公卿大夫谏而改，则过不彰，庶人奚议焉。惟谏而不改，失不可盖，使闾巷小人皆得妄议，纷然乱生，故胜、广、黄巢之流议于下，国皆随以亡。今天下无不议圣德者，臣窃危之。"上犹不听。遂出修门，上谕使安职。度奏："有言责者，不得其言则去，理难复入。"宁宗即位，诏复为御史，改右正言。

韩侂胄用事，丞相留正去国，侂胄知度尝与正论事不合，欲讽使挤之。度语同列："丞相已去，挤之易耳，然长小人声焰可乎？"侂胄骤窃政柄，以意所好恶为威福。度具疏将论其奸，为侂胄所觉，御笔遽除度直显谟阁、知平江府。度言："蔡京擅权，天下所由以乱。今侂胄假御笔逐谏臣，使俯首去，不得效一言，非为国之利也。"固辞。丞相赵汝愚袖其疏入白，诏以冲佑禄归养。俄知婺州，坐不发觉县令张元弼脏罪，降罢。自是纪纲一变，大权尽出侂胄，而党论起矣。然侂胄素严惮度，不敢加害。起知泉州，辞，乃进宝文阁，奉祠如故。

侂胄诛，天子思而召之，除太常少卿，寻兼国史院编修官、实录院检讨官。朝论欲函侂胄首以泗州五千人还金，度以为辱国非之。权吏部侍郎兼修玉牒、同修国史、实录院同修撰，屡移疾，以集英殿修撰知福州，迁宝谟阁待制。始至，讼牒日千余，度随事裁决，日未中而毕。

进龙图阁，知建康府兼江、淮制置使，赐金带以行。至金陵，罢科籴输送之扰，活饥民百万口，除见税二十余万，市降盗卜整，斩盗胡海首以献，招归业者九万家。侂胄尝募雄淮军，已收刺者十余万人，别屯数千人未有所属，度忧其为患，人给钱四万，复其役遣之。

迁宝谟阁直学士。度以人物为己任，推挽不休，每曰："无以报国，惟有此耳。"十上引年之请，不许，为礼部尚书兼侍读。趣入觐，论艺祖垂万世之统，一曰纯用儒生，二曰务惜民力。上纳其言。谢病乞去，遂以焕章阁学士知隆兴府。归越，提举万寿宫。嘉定六年十月卒，进龙图阁学士，赠通奉大夫。

度志在经世，而以学为本。作《《诗》、《书》、《周礼》说》。著《史通》，抑僭窃，存大分，别为编年，不用前史法。至于天文、地理、井田、兵法，即近验远，可以据依，无迂陋牵合之病。又有《艺祖宪监》、《仁皇从谏录》、《屯田便宜》、《历代边防》行于世。婿周南。

周南字南仲，平江人。年十六，游学吴下，视时人业科举，心陋之。从叶适讲学，顿悟捷得。为文词，雅丽精切，而皆达于时用，每以世道兴废为己任。登绍熙元年进士第，为池州教授。会度以言忤当路，御史劾度，并南罢之。度与南俱入伪学党。开禧三年，召试馆职。南对策诋权要，言者劾南，罢之，卒于家。

南端行拱立，尺寸有程准。自赐第授文林郎，终身不进官，两为馆职，数月止。既绝意当世，弊衣恶食，挟书忘昼夜，曰："此所以遗吾老，俟吾死也。"

林大中，字和叔，婺州永康人。入太学，登绍兴三十年进士第，知抚州金溪县。郡督输赋急，大中请宽其期，不听，纳告敕投劾而归。已而主太常寺簿。

光宗受禅，除监察御史。大中谓："国之大事在祀，沿袭不正，非所以严典礼，妥神明。"上疏言："臣昨簿正奉常，实陪庙祀，见其祝于神者，或舛于文；称于神者，或讹其字；所宜厚者，或简不虔；所宜先者，或废不用；更制器服，或岁月太疏；凤兴行事，或时刻太早：是皆礼意所未顺，人情所未安也。"一日，御札示大中，谓言事觉察，宜遵旧例。大中曰："台臣不当逾分守，固如圣训，然必抗直敢言，乃为称职。"

迁殿中侍御史。奏言："进退人才，当观其趣向之大体，不当责其行事之小节。趣向果正，虽小节可责，不失为君子；趣向不正，虽小节可喜，不失为小人。"又论："今日之事，莫大于仇耻未复。此事未就，则此念不可忘。此念存于心，于以来天下之才，作天下之气，倡天下之义。此义既明，则事之条目可得而言，治功可得而成矣。"陈贾以静江守臣入奏，大中极论其"庸回亡识，尝表里王淮，创为道学之目，阴废正人。倪许入奏，必再留中，善类闻之，纷然引去，非所以靖国。"命遂寝。

绍熙二年春，雷电交作，有旨访时政阙失。大中以事多中出，乃上疏曰："仲春雷电，大雪继作，以类求之，则阴胜阳之明验也。盖男为阳，而女为阴，君子为阳，而小人为阴。当辨邪正，毋使小人得以间君子；当思正始之道，毋使女谒之得行。"

司谏邓驲以言事移将作监，大中言："台谏以论事不合而迁，臣恐天下以陛下为不能容。"守侍御史兼侍讲。知潭州赵善俊得旨奏事，大中上疏劾善俊，而言宗室汝愚之贤当召。上用其言，召汝愚而出善俊与郡。

时江、淮、荆、襄为国巨屏，而权任颇轻。大中言："宜选行实材略之人，付以江、淮、荆、襄经理之任。旧制河北、陕西分为四路，以文臣为大帅，武臣副之。中兴初，沿江置制置使。自秦桧罢三大将兵权，专归武臣，而江东、荆、襄帅臣不复领制置之职。宜仍旧制置，而以诸将为副，久其任，重其权，则边防立而国势张矣。"

江、浙四路民苦折帛和买重输，大中曰："有产则有税，于税绢而科折帛，犹可言也，如和买折帛则重为民害。盖自咸平马元方建言于春预支本钱济其乏绝，至夏秋使之输纳，则是先支钱而后输绢。其后则钱盐分给，又其后则直取于民，今又令纳折帛钱，以两缣折一缣之直，大失立法初意。"朝廷以其言为减所输者三岁。

马大同为户部，大中劾其用法峻。上欲易置他部，大中曰："是尝为刑部，固以深刻称。"章三上不报。又论大理少卿宋之瑞，章四上，又不报。大中以言不行，求去，改吏部侍郎，辞不拜，乃除大中直宝谟阁，而大同、之瑞俱与郡。

初，占星者谓朱熹曰："某星示变，正人当之，其在林和叔耶？"至是，熹贻书朝士曰："闻林和叔入台，无一事不中的，去国一节，风义凛然，当于古人中求之。"给事中尤袤、中书舍人楼钥上疏云："大中言官，当与被论者有别。"寻命知宁国府，又移赣州。宁宗即位，召还，试中书舍人，迁给事中，寻兼侍讲。知阁门事韩侂胄来谒，大中接之，无他语，阴请内交，大中笑而却之，侂胄怨由此始。

会吏部侍郎彭龟年抗论侂胄，侂胄转一官与内祠，龟年除焕章阁待制与郡。大中同中书舍人楼钥缴奏曰："陛下眷礼僚旧，一旦龙飞，延问无虚日。不三数月间，或死或斥，赖龟年一人尚留，今又去之，四方谓其以尽言得罪，恐伤政体。且一去一留，恩意不侔。去者日远，不复侍左右。留者内祠，则召见无时。请留龟年经筵，而命侂胄以外任，则事体适平，人无可言者。"有旨："龟年已为优异，侂胄本无过尤，可并书行。"大中复同奏："龟年除职与郡以为优异，则侂胄之转承宣使非优异乎？若谓侂胄本无过尤，则龟年论事实出于爱君之忧，岂得为过？龟年既以决去，侂胄难于独留，宜畀外任或外祠，以慰公议。"不听。

太府寺丞吕祖俭以上书攻侂胄，谪置韶州，大中救之。汪义端顷为御史，以论赵汝愚去，至是侂胄引为右史，大中驳之。改吏部侍郎，不拜，以焕章阁待制知庆元府。城南民田，潮溢不可种，大中捐公帑治石筑之，民不知役而蒙其利。郡讹言夜有妖，大中谓此必黠贼所为，立捕黥之，人情遂安。丐祠，得请。给事中许及之缴驳，遂削职。后提举冲佑观。乞休致，复元职。监察御史林采论列，再落职，寻复之。

大中罢归，屏居十二年，未尝以得丧关其心，作园龟潭之上，客至，撷杞菊，取溪鱼，觞酒赋诗，时事一不以挂口。客或劝大中通侂胄书，大中曰："吾为夕郎时，一言承意，岂闲居至今日耶？"客曰："纵不求福，盍亦免祸。"大中曰："福不可求而得，祸可惧而免耶？"侂胄既召兵衅，大中谓："今日欲安民，非息兵不可；欲息兵，非去侂胄不可。"

及侂胄诛，即召见，落致仕，试吏部尚书，言："吕祖俭以言侂胄得罪，死于瘴乡，虽赠官畀职，而公议未厌。彭龟年面奏侂胄过尤，朱熹论侂胄窃弄威柄，皆为中伤，降官镌职，卒以老死，宜优加旌表。其他因讥切侂胄以得罪者，望量其轻重而旌别之，以伸被罪者之冤。"除端明殿学士、签书枢密院事。

嘉定改元，兼太子宾客。尝议讲和事，上曰："朕不惮屈己为民，讲和之后，亦欲与卿等革侂胄弊政作家活耳。"大中顿首曰："陛下言及此,宗社生灵之福也。"每语所亲云："吾年垂八十,岂堪劳勤,徒以和议未成,思体承圣训,以革弊幸为经久之计。傥初志略遂,即乞身而归矣。"是年六月卒,年七十有八,赠资政殿学士、正奉大夫,谥正惠。

大中清修寡欲,退然如不胜衣,及其遇事而发,凛乎不可犯。自少力学,趣向不凡。所著有奏议、外制、文集三十卷。

陈骙,字叔进,台州临海人。绍兴二十四年,试春官第一,秦桧当国,以秦埙居其上。累官迁将作少监、守秘书少监兼太子谕德。太子尹临安,骙谓："储宫下亲细务,不得专于学,非所以毓德也。"太子瞿然,亟辞。崔渊以外戚张说进,除秘书郎兼金部郎,骙封还词头。

未几,出知赣州,易秀州。召还,首言："陛下锐意图治,群下急于自媒,争献强兵理财之计,及畀以职,报效蔑闻。宜杜邪诡之路。"再归故官,迁秘书监兼崇政殿说书。淳熙五年,试中书舍人兼侍讲、同修国史。

上欲采晋、宋以下兴亡理乱之大端,约为一书,谓骙曰："惟卿与周必大可任此事。"言者忌而攻之,上留章不下,授提举太平兴国宫。起知宁国府,改太平州,加集英殿修撰。以言者罢。起知袁州。光宗受禅,召试吏部侍郎。绍熙元年,同知贡举兼侍讲。

二年春,雷雪,诏陈时政得失,骙疏三十条,如宫闱之分不严,则权柄移;内谒之渐不杜,则明断息;谋台谏于当路,则私党植;咨将帅于近习,则贿赂行;不求谠论,则过失彰;不谨旧章,则取舍错;宴饮不时,则精神昏;赐予无节,则财用竭。皆切于时病。

三年三月,权礼部尚书。六月,同知枢密院事。四年二月,参知政事。光宗以疾不朝垂华宫,会庆节称寿又不果往。骙三入奏,廷臣上疏者以百数,上感悟,以冬至日朝重华。五年正月朔旦,称寿于慈福宫。孝宗崩,光宗以疾未临丧,骙请正储位以安人心。七月,摄行三省事。

宁宗即位,知枢密院事兼参知政事。赵汝愚为右丞相,骙素所不快,未尝同堂语。汝愚拟除刘光祖侍御史,骙奏曰："刘光祖旧与臣有隙,光祖入台,臣请避之。"汝愚愕而止。

时韩侂胄恃传言之劳,潜窃国柄。吏部侍郎彭龟年论侂胄将为国患,不报。于是龟年、侂胄俱请祠,骙曰:"以阁门去经筵,何以示天下?"龟年竟外补。侂胄语人曰:"彭侍郎不贪好官,固也,元枢亦欲为好人耶?"遂以资政殿大学士与郡,辞,诏提举洞霄宫。

庆元二年,知婺州。告老,授观文殿学士、提举洞霄宫。嘉泰三年卒,年七十六。赠少傅,谥文简。

黄黼,字元章,临安余杭人也。少游太学,第进士,累迁太常博士。轮对,言:"周以辅翼之臣出任方伯,汉以牧守之最擢拜公卿,唐不历边任,不拜宰相,本朝不为三司等属,不除清望官。仁宗时,韩琦、范仲淹、庞籍皆尝经略西事,久历边任,始除执政。边奏复警,范仲淹至

再请行。贝州之变,文彦博亲自讨贼。乞于时望近臣中,择才略谋虑可以任重致远者,或畀上流,或委方面,习知边防利害,地形险阨,中外军民亦孚其恩信,熟其威名。天下无事则取风绩显著者不次除拜,以尊朝廷。边鄙有警,则任以重寄,俾制方面。出将入相,何所不可。"上嘉奖曰:"如卿言,可谓尽用人之道。"

行太常丞,进秘书郎、提举江东常平茶盐,召为户部员外郎。寻除直秘阁、两浙路转运判官,进直龙图阁,升副使,辞,改直显谟阁。浙东濒海之田,以旱涝告,常平储蓄不足,黼捐漕计贷之。毗陵饥民取糠秕杂草根以充食,郡县不以闻,黼取民食以进,乞捐僧牒、缗钱振济,所全活甚众。

除中书门下检正诸房公事,守殿中侍御史兼侍讲,迁侍御史,行起居郎兼权刑部侍郎。以刘德秀论劾,奉祠而卒。

詹体仁,字元善,建宁浦城人。父慥,与胡宏、刘子翚游,调赣州信丰尉。金人渝盟,慥见张浚论灭金秘计,浚辟为属。体仁登隆兴元年进士第,调饶州浮梁尉。郡上体仁获盗功状当赏,体仁曰:"以是受赏,非其愿也。"谢不就。为泉州晋江丞。宰相梁克家,泉人也,荐于朝。入为太学录,升太学博士、太常博士,迁太常丞,摄金部郎官。

光宗即位,提举浙西常平,除户部员外郎、湖广总领,就升司农少卿。奏蠲诸郡赋输积欠百余万。有逃卒千人入大冶,因铁铸钱,剽掠为变。体仁语戎帅:"此去京师千余里,若比上请得报,贼势张矣。宜速加诛讨。"帅用其言,群党悉散。

除太常少卿,陛对,首陈父子至恩之说,谓:"《易》于《家人》之后次之以《睽》,《睽》之上九曰:'见豕负涂,载鬼一车,先张之弧,后说之弧,匪寇婚媾,往,遇雨则吉。'夫疑极而惑,凡所见者皆以为寇,而不知实其亲也。孔子释之曰:'遇雨则吉,群疑亡也'。盖人伦天理,有间隔而无断绝,方其未通也,湮郁烦愦,若不可以终日;及其醒然而悟,泮然而释,如遇雨焉,何其和悦而条畅也。伏惟陛下神心昭融,圣度恢豁,凡厥疑情,一朝涣然若揭日月而开云雾,丕叙彝伦,以承两宫之欢,以塞兆民之望"。时上以积疑成疾,久不过重华宫,故体仁引《易》睽弧之义,以开广圣意。

孝宗崩,体仁率同列抗疏,请驾诣重华宫亲临祥祭,辞意恳切。时赵汝愚将定大策,外庭无预谋者,密令体仁及左司郎官徐谊达意少保吴琚,请宪圣太后垂帘为援立计。宁宗登极,天下晏然,体仁与诸贤密赞汝愚之力也。

时议大行皇帝谥,体仁言:"寿皇圣帝事德寿二十余年,极天下之养,谅阴三年,不御常服,汉、唐以来未之有,宜谥曰'孝'。"卒用其言。孝宗将复土,体仁言:"永阜陵地势卑下,非所以妥安神灵。"与宰相异议,除太府卿。寻直龙图阁、知福州,言者竟以前论山陵事罢之。退居霅川,日以经史自娱,人莫窥其际。

始,体仁使浙右,时苏师旦以胥吏执役,后倚侂胄

跻大官，至是遣介通殷勤。体仁曰："小人乘君子之器，祸至无日矣，乌得以污我！"未几，果败。

复直龙图阁、知静江府，阁十县税钱一万四千，蠲杂赋八千。移守鄂州，除司农卿，复总湖广饷事。时岁凶艰食，即以便宜发廪振救而后以闻。

侂胄建议开边，一时争谈兵以规进用。体仁移书庙堂，言兵不可轻动，宜遵养俟时。皇甫斌自以将家子，好言兵，体仁语僚属，谓斌必败，已而果然。开禧二年卒，年六十四。

体仁颖迈特立，博极群书。少从朱熹学，以存诚慎独为主。为文明畅，悉根诸理。周必大当国，体仁尝疏荐三十余人，皆当世知名士。郡人真德秀早从其游，尝问居官莅民之法，体仁曰："尽心、平心而已，尽心则无愧，平心则无偏。"世服其确论云。

论曰：彭龟年、黄裳、罗点以青宫师保之旧，尽言无隐。黄度、林大中亦能守正不阿，进退裕如。此数臣者，皆能推明所学，务引君以当道，可谓粹然君子矣。陈骙论事颇切时病，詹体仁深于理学，皆有足称者。然骙尝诋讪吕祖谦，至视赵汝愚、刘光祖为仇，而体仁乃能以朱熹、真德秀为师友，即其所好恶，而二人之邪正，于是可知焉。

卷三百九十四
列传第一百五十三

**胡纮　何澹　林栗　高文虎　陈自强
郑丙　京镗　谢深甫　许及之　梁汝嘉**

胡纮，字应期，处州遂昌人。淳熙中，举进士。绍熙五年，以京镗荐，监都进奏院，迁司农寺主簿、秘书郎。韩侂胄用事，逐朱熹、赵汝愚，意犹未快，遂擢纮监察御史。

纮未达时，尝谒朱熹于建安，熹待学子惟脱粟饭，遇纮不能异也。纮不悦，语人曰："此非人情。只鸡尊酒，山中未为乏也。"遂亡去。及是，劾赵汝愚，且诋其引用朱熹为伪学罪首。汝愚遂谪永州。

汝愚初抵罪去国，搢绅大夫与夫学校之士，皆愤悒不平，疏论甚众。侂胄患之，以汝愚之门及朱熹之徒多知名士，不便于己，欲尽去之，谓不可一一诬以罪，则设为伪学之目以摈之。用何澹、刘德秀为言官，专击伪学，然未有诵言攻熹者。独纮草疏将上，会改太常少卿，不果。沈继祖以追论程颐得为察官，纮遂以稿授之。继祖论熹，皆纮笔也。

宁宗以孝宗嫡孙行三年服，纮言止当服期。诏侍从、台谏、给舍集议释服，于是徙纮太常少卿，使草定其礼。既而亲飨太庙。

纮既解言责，复入疏云："比年以来，伪学猖獗，图为不轨，动摇上皇，诋诬圣德，几至大乱。赖二三大臣、台谏出死力而排之，故元恶殒命，群邪屏迹。自御笔有'救偏建中'之说，或者误认天意，急于奉承，倡为调停之议，取前日伪学之奸党次第用之，以冀幸其他日不相报复。往者建中靖国之事，可以为戒，陛下何未悟也。汉霍光废昌邑王贺，一日而诛群臣一百余人；唐五王不杀武三思，不旋踵而皆毙于三思之手。今纵未能尽用古法，亦宜且令退伏田里，循省愆咎。"俄迁纮起居舍人。诏伪学之党，宰执权住进拟，用纮言也。自是学禁益急。进起居郎，权工部侍郎，移礼部，又移吏部。坐同知贡举、考宏词不当而罢。未几，学禁渐弛，纮亦废弃，卒于家。

何澹，字自然，处州龙泉人。乾道二年进士，累官至国子司业，迁祭酒，除兵部侍郎。光宗内禅，拜右谏议大夫兼侍讲。

澹本周必大所厚，始为学官，二年不迁，留正奏迁之。澹憾必大，及长谏垣，即劾必大，必大遂策免。澹尝与所善刘光祖言之，光祖曰："周丞相岂无可论，第其门多佳士，不可并及其所荐者。"澹不听。

时姜特立、谯熙载以春坊旧恩颇用事。一日，光祖过澹，因语澹曰："曾、龙之事不可再。"澹曰："得非姜、谯之谓乎？"既而澹引光祖入便坐，则皆姜、谯之徒也，光祖始悟澹谩诺。明年，澹同知贡举，光祖除殿中侍御史，首上学术邪正之章。及奏名，光祖被旨入院拆号，与澹席甫逼。澹曰："近日风采一新。"光祖曰："非立异也，但尝为大谏言者，今日言之耳。"既出，同院谓光祖曰："何自然见君所上章，数夕恍惚，饵定志丸，他可知也。"进御史中丞。

澹有本生继母丧，乞有司定所服，礼寺言当解官，澹引不逮事之文，乞下给、谏议之。太学生乔喜、朱有成等移书于澹，谓："足下自长台谏，此纲常之所系也。四十余年以所生继母事之，及其终也，反以为生不逮而不持心丧可乎？奉常礼所由出，顾以台谏、给舍议之，识者有以窥之矣。"澹乃去。终制，除焕章阁学士、知泉州，移明州。

宁宗即位，朱熹、彭龟年以论韩侂胄俱绌，澹还为中丞，怨赵汝愚不援引。汝愚时已免相，复诋其废坏寿皇良法美意，汝愚落职罢祠。又言："专门之学，流而为伪。愿风厉学者，专师孔、孟，不得自相标榜。"除同知枢密院事、参知政事，迁知枢密院。

吴曦贿通时宰，规图帅蜀，未及贿澹，韩侂胄已许之，澹持不可。侂胄怒曰："始以君肯相就，黜伪学，汲引至此，今顾立异耶？"以资政殿大学士提举洞霄宫。起知福州。澹居外，常怏怏失意，以书祈侂胄，有曰："迹虽东冶，心在南园。"南园，侂胄家圃也。侂胄怜之。进观文殿学士，寻移知隆兴府。后除江、淮制置大使兼知建康府，移使湖北，兼知江陵。奉祠卒，赠少师。

澹美姿容，善谈论，少年取科名，急于荣进，阿附权奸，斥逐善类，主伪党之禁，贤士为之一空。其后更化，凶党俱逐，澹以早退幸免，优游散地几二十年。

林栗，字黄中，福州福清人。登绍兴十二年进士第，调崇仁尉,教授南安军。宰相陈康伯荐为太学正,守太常博士。孝宗即位,迁屯田员外郎、皇子恭王府直讲。

时金人请和,约为叔侄之国,且以归疆为请。栗上封事言:"前日之和,诚为非计。然徽宗梓宫、慈宁行殿在彼,为是而屈,犹有名焉。今日之和,臣不知其说也。宗庙之仇,而事之以弟侄,其忍使祖宗闻之乎!无唐、邓,则荆、襄有齿寒之忧;无泗、海,则淮东之备达于真、杨,海道之防遍于明、越矣。议者皆言和戎之币少,养兵之费多,不知讲和之后,朝廷能不养兵乎?今东南民力,陛下之所知也,朝廷安得而不较乎?且非徒无益而已。与之岁币,是畏之矣。三军之情,安得不懈弛;归正之心,安得不携贰。为今日计,宜停使勿遣,迁延其期。比至来春,别无动息,徐于境上移书,谕以两国誓言。败之自彼,信不由衷,虽盟无益。自今宜守分界,休息生灵,不烦聘使之往来,各保疆场之无事,焉用疲弊州县,以奉犬羊之使乎?"

孝宗惩创绍兴权臣之弊,躬揽权纲,不以责任臣下,栗言:"人主苞权,大臣审权,争臣议权,王侯、贵戚善挠权者也,左右近习善窃权者也。权在大臣,则大臣重;权在迩臣,则迩臣重;权在争臣,则争臣重。是故人主常患权在臣下,必欲收揽而独持之,然未有能独持之者也。不使大臣持之,则王侯、贵戚得而持之矣;不使迩臣审之、争臣议之,则左右近习得而议之矣。人主顾谓得其权而自执之,岂不误哉。是故明主使人持权而不以权与之,收揽其权而不肯独持之。"至有"以鹿为马、以鸡为鸾"之语。方奉对时,读至"人主常患权在臣下,必欲收揽而独持之",孝宗称善,栗徐曰:"臣意尚在下文。"执政有诉于孝宗曰:"林栗谓臣等指鹿为马,臣实不愿与之同朝。"乃出知江州。

有旨省并江州屯驻一军,栗奏:"辛巳、甲申,金再犯两淮,赖江州一军分布防扞,故舒、蕲、黄三州独不被寇。本州上至鄂渚七百里,下至池阳五百里;平时屯戍,诚若无益,万一有警,鄂渚之戍,上越荆、襄,池阳之师,下流增备,中间千里藩篱,诚为虚阙。无以一夫之议,而废长江千里之防。"由是军得无动。

以吏部员外郎召。冬至,有事南郊,前期十日,百执事听誓戒;会庆节,有旨上寿不用乐,追宴金使,乃有权用乐之命。栗以为不可,致书宰相,不听,乃乞免充举册官,以状申朝廷曰:"若听乐则废斋,废斋则不敢以祭。祖宗二百年事天之礼,今因一介行人而废之。天之可畏,过于外夷远矣。"不听。

兼皇子庆王府直讲,有旨令二王非时招延讲读官,相与议论时政,期尽规益。栗以为不可,疏言:"汉武帝为戾太子开博望苑,卒败太子;唐太宗为魏王泰立文学馆,卒败魏王。古者教世子与吾祖宗之所以辅导太子、诸王,惟以讲经读史为事,他无预焉。若使议论时政,则是对子议父,古人谓之无礼,不可不留圣意。"

除右司员外郎,迁太常少卿。太庙袷享之制,始祖东向,昭南向,穆北向,别庙神主祔于祖姑之下,随本室南北向而无西向之位。绍兴、乾道间,懿节、安穆二后升祔,有司设幄西向。逮安恭皇后新祔,有司承前失,其西向之位,几与僖祖相对。栗辨正之。

除直宝文阁、知湖州。栗朝辞,曰:"臣闻汉人贾谊号通达国体,其所上书至于痛哭流涕者,考其指归,大抵以一身谕天下之势。其言曰:'天下之势方病大瘇。非徒瘇也,又苦蹠盭。又类辟,且病痱。'臣每见士大夫好论时事,臣辄举以问之:今日国体,于四百四病之中名为何病?能言其病者犹未必能处其方,不能言其病而辄处其方,其误人之死,必矣。闻言之者不忿则默,间有反以诘臣,即对之曰:今日之病,名为风虚,其状半身不随是也。风者在外,虚者在内,真气内耗,故风邪自外而乘之,忽中于人,应时僵仆,则靖康之变是也。幸而元气犹存,故仆而复起,则建炎之兴是也。然元气虽存,邪气尚盛,自淮以北皆吾故壤,而号令不能及,正朔不能加,有异于半身不随者乎?非但半身不随而已,半身存者,凛凛乎畏风邪之乘而不能以自安也。今日论者,譬如痿人之不忘起,奚必贤智之士,然后与国同其愿哉?而市道庸流,口传耳受,苟欲尝试以售其方,则荡熨针石,杂然并进,非体虚之人所宜轻受也。闻之医曰:'中风偏废,年五十以下而气盛者易治。盖真气与邪气相敌,真气盛则邪气衰,真气行则邪气去。然真气不充满于半存之身,则无以及偏废之体。故欲起此疾者,必禁其嗜欲,节其思虑,爱其气血,养其精神,使半存之身,日以充实,则阳气周流,脉络宜畅,将不觉舍杖而行。若急于愈疾而不顾其本,百毒入口,五脏受风,风邪之盛未可卒去,而真气之存者日以耗亡,故中风再至者多不能救。'臣愚有感于斯言,窃谓贾谊复生,为陛下言,无以易此。"

知兴化军,又移南剑,除夔路提点刑狱,改知夔州,加直敷文阁。夔属郡曰施州,其羁縻郡曰思州。施民谭汝翼者,与知思州田汝弼交恶,会汝弼卒,汝翼帅兵二千人伐其丧。汝弼之子祖周深入报复,兵交于三州之境,施、黔大震。汝翼复缮甲兵,料丁壮,以重币借兵诸洞,而乞师于帅府。栗曰:"汝翼实召乱者。"移檄罢兵,乃选属吏往摄兵职,以渐收汝翼之权。命兵马钤辖按阅诸州,密檄至施,就摄州事。汝翼不之觉,已乃皇遽遁入成都。事闻,孝宗亲札赐栗及成都制置使陈岘曰:"田氏犹是羁縻州郡,谭氏乃夔路豪族,又首为衅端,帅阃不能弹压,纵其至此。如尚不悛,未免加兵,除其元恶。"时汝翼在成都,闻之逃归,调集家丁及役八砦义军,列陈于沱河桥与官军战,溃,汝翼遁去,俘其徒四十有三人,获甲铠器仗三万一千。栗取其巨恶者九人诛之。田祖周由是惧,与其母冉氏谋献黔江田业,计钱九十万缗以赎罪,蛮徼遂安。

既而汝翼入都诉栗受田氏金,诏以汝翼属吏,省札下夔州。栗亲书奏状缴还,并辨其事。上大怒。会近臣有救解者,寻坐栗身为帅臣,擅格上命,镌职罢归。既而理寺追究,事白,贷汝翼死,幽置绍兴府。

居顷之,诏栗累更事任,清介有闻,复直宝文阁、广南西路转运判官,就改提点刑狱,又改知潭州。除秘阁修撰,进集英殿修撰、知隆兴府。召对便殿,奏乞仿唐制置补阙、拾遗左右各一员,不以纠弹为责。从之。除兵部侍郎。朱熹以江西提刑召为兵部郎官,熹既入国门,未就职。栗与熹相见,论《易》与《西铭》不合。至是,栗遣吏部趣之,熹以脚疾请告。栗遂论:"熹本无学术,徒窃张载、程颐之绪余,为浮诞宗主,谓之道学,妄自推尊。所至辄携门生十数人,习为春秋、战国之态,妄希孔、孟历聘之风,绳以治世之法,则乱人之首也。今采其虚名,俾之入奏,将置朝列,以次收用。而熹闻命之初,迁延道途,邀索高价,门生迭为游说,政府许以风闻,然后入门。既经陛对,得旨除郎,而辄怀不满,傲睨累日,不肯供职,是岂张载、程颐之学教之然也?缘熹既除兵部郎官,在臣合有统摄,若不举劾,厥罪惟均。望将熹停罢,姑令循省,以为事君无礼者之戒。"

上谓其言过当,而大臣畏栗之强,莫敢深论。太常博士叶适独上封事辩之曰:"考栗之辞,始末参验,无一实者。其中'谓之道学'一语,无实最甚。盖自昔小人残害良善,率有指名,或以为好名,或以为立异,或以为植党。近忽创为'道学'之目,郑丙唱之,陈贾和之。居要路者密相付授,见士大夫有稍务洁修,粗能操守,辄以道学之名归之,殆如吃菜事魔、影迹犯败之类。往日王淮表里台谏,阴废正人,盖用此术。栗为侍从,无以达陛下之德意志虑,而更袭郑丙、陈贾密相传授之说,以道学为大罪。文致言语,逐去一熹,固未甚害,第恐自此游辞无实,逸言横生,善良受害,无所不有!愿陛下正纪纲之所在,绝欺罔于既形,摧抑暴横以扶善类,奋发刚断以慰公言。"于是侍御史胡晋臣劾栗,罢之,出知泉州,又改明州。奉祠以卒,谥简肃。

栗为人强介有才,而性狷急,欲快其私忿,遂以攻诋名儒,废绝师教,殆与郑丙、陈贾、何澹、刘德秀、刘三杰、胡纮辈党邪害正者同科。虽畴昔论事,雄辩可观,不足以盖晚节之谬也。

高文虎,字炳如,四明人,礼部侍郎阅之从子。登绍兴庚辰进士第,调平江府吴兴县主簿。

曾几守官在吴,文虎从之游,故闻见博洽,多识典故。除国子正,迁太学博士。孝宗幸两学,祭酒林光朝访文虎具仪注,文虎辑国朝以来临幸故事授之。兼国史院编修官,与修《四朝国史》。出知建昌军,擢将作丞兼实录院检讨官,修《高宗实录》;又兼玉牒所检讨官,修《神宗玉牒》。自熙宁以来,史氏淆杂,人无所取信。文虎尽取朱墨本刊正缪妄,一一研核。既奏御,又修《徽宗玉牒》,考订宣和、崇、观以来尤为详审。

宁宗即位,改军器少监兼特作监,迁国子司业兼学士院权直,迁祭酒、中书舍人,兼直学士院兼祭酒,升实录院同修撰、同修国史。

韩侂胄用事,既逐赵汝愚、朱熹,以其门多知名士,设伪学之目以摈之,遂命文虎草诏曰:"向者权臣擅朝,伪邪朋附,协肆奸宄,包藏祸心。赖天之灵,宗庙之福,朕获承慈训,膺受内禅,阴谋坏散,国势复安。嘉与士大夫厉精更始,凡曰淫朋比德,几其自新,而历载臻兹,弗迪厥化。缔交合盟,窥伺间隙,毁誉舛互,流言间发,将以倾国是而惑众心。甚至窃附于元祐之众贤,而不思实类乎绍圣之奸党。国家秉德康宁,弗汝瑕疹,今惟自作弗靖,意者渐于流俗之失不可复反欤?将狃于国之宽恩而罚有弗及欤?何其未能洗濯以称朕意也!朕既深诏二三大臣与夫侍从言议之官,益维持正论以明示天下矣,谕告所抵,宜各改视回听,毋复借疑似之说以惑乱世俗。若其遂非不悔,怙终不悛,邦有常刑,必罚毋赦!"

西掖词命,旧率以数人共一词,文虎以为非所以崇训戒、赞人才也,乃人人各为之。迁兵部侍郎兼中书舍人,又兼祭酒,拜翰林学士兼侍读、实录院修撰,修国史。除华文阁学士、知建宁府,力丐祠,提举太平兴国宫。以台臣言夺职,卒。

文虎以博洽自负,与胡纮合党,共攻道学,久司学校,专困遏天下士,凡言性命道德者皆绌焉。

陈自强者,福州闽县人,字勉之。登淳熙五年进士第。庆元二年,入都待铨。自以尝为韩侂胄童子师,欲见之,无以自通,适僦居主人出入侂胄家,为言于侂胄。一日,召自强,比至,则从官毕集,侂胄设褥于堂,向自强再拜,次召从官同坐。侂胄徐曰:"陈先生老儒,汨没可念。"明日,从官交荐其才。除太学录,迁博士,数月转国子博士,又迁秘书郎。入馆半载,擢右正言、谏议大夫、御史中丞。入台未逾月,遂登枢府,由选人至两地财四年。嘉泰三年,拜右丞相,历封祁、卫、秦国公。

韩侂胄颛朝权,包苴盛行,自强尤贪鄙。四方致书馈,必题其缄云:"某物并献";凡书题无"并"字,则不开。纵子弟亲戚关通货贿,仕进干请,必谐价而后予。日押空名刺札送侂胄家,须用乃填,三省不与也。都城火,自强所贮,一夕为煨烬。侂胄首遗之万缗,执政及列郡闻之,莫不有助。不数月,得六十万缗,遂倍所失之数。创国用司,自为国用使,以费士寅、张岩为同知国用事,掊克民财,州郡骚动。

方侂胄欲为平章,犹畏众议,自强首率同列援典故入奏。诏以侂胄为平章军国事。常语人曰:"自强惟一死以报师王。"每称侂胄为恩王、恩父,而呼堂吏史达祖为兄,苏师旦为叔。

侂胄将用兵,遣使北行审敌虚实,自强荐陈景俊以往。金人有"不宜败好"之语,景俊归,自强戒使勿言,侂胄乃决恢复之议。吴曦有逆谋,求归蜀,厚赂自强。自强语侂胄:"非曦不足以镇坤维。"乃纵之归,曦卒受金人命为蜀王。侂胄奸凶,久盗国柄,自强实为之表里。

既开边隙,朝野汹汹,三遣使请和。金人欲缚送首议用兵贼臣,侂胄恚愤,复欲用兵,中外大惧。史弥远建议诛侂胄,诏以自强阿附充位,不恤国事,罢右丞相。未几,诏追三官,永州居住,又责武泰军节度副使、韶州安置。中书舍人倪思缴奏,乞远窜,籍其家,诏从之。再责复州团练副使、雷州安置。后死于广州。

郑丙,字少融,福州长乐人。绍兴十五年进士。积官至吏部尚书、浙东提举。朱熹行部至台州,奏台守唐仲友不法事，宰相王淮庇之。熹章十上。丙雅厚仲友，且迎合宰相意，奏："近世士大夫有所谓'道学'者，欺世盗名，不宜信用。"盖指熹也。于是监察御史陈贾奏："道学之徒，假名以济其伪，乞摈斥勿用。"道学之目，丙倡贾和，其后为庆元学禁，善类被厄，丙罪为多。

尝知泉州，为政暴急，或劝之尚宽，丙曰："吾疾恶有素，岂以晚节易所守哉。"闻者哂之。丙官终端明殿学士，卒，谥简肃。

京镗字仲远，豫章人也。登绍兴二十七年进士第。龚茂良帅江西，见之曰："子庙廊器也。"及茂良参大政，遂荐镗入朝。

孝宗诏侍从举良县令为台官，给事中王希吕曰："京镗早登儒级，两试令，有声。陛下求执法官，镗其人也。"上引见镗，问政事得失。时上初ელ万机，锐志恢复，群臣进说，多迎合天子意，以为大功可旦暮致。镗独言："天下事未有骤如意者，宜舒徐以图之。"上善其言。镗于是极论今日民贫兵骄，士气颓靡，言甚切至。上说，擢为监察御史，累迁右司郎官。

金遣贺生辰使来，上居高宗丧，不欲引见，镗为傧佐，以旨拒之。使者请少留阙下，镗曰："信使之来，以诞节也。诞节礼毕，欲留何名乎？"使行，上嘉其称职。转中书门下省检正诸房公事。

金人遣使来吊，镗为报谢使。金人故事，南使至汴京则赐宴。镗请免宴，郊劳使康元弼等不从，镗谓必免宴，则请彻乐，遗之书曰："镗闻邻丧者舂不相，里殡者不巷歌。今镗衔命而来，繄北朝之惠吊，是荷是谢。北朝勤其远而悯其劳，遣郊劳之使，葳式宴之仪，德莫厚焉，外臣受赐，敢不重拜。若曰而必听乐，是于圣经为悖理，于臣节为悖义，岂惟贻本朝之羞，亦岂昭北朝之懿哉？"相持甚久，镗即馆，相礼者趣就席，镗曰："若不彻乐，不敢即席。"金人迫之，镗弗为动，徐曰："吾头可取，乐不可闻也。"乃帅其属出馆门，甲士露刃向镗，镗叱退之。金人知镗不可夺，驰白其主，主叹曰："南朝直臣也。"特命免乐。自是恒去乐而后宴镗。孝宗闻之喜，谓辅臣曰："士大夫平居孰不以节义自许，有能临危不变如镗者乎？"

使还，入见，上劳之曰："卿能执礼为国家增气，朕将何以赏卿？"镗顿首曰："北人畏陛下威德，非畏臣也。正使臣死于北庭，亦臣子之常分耳，敢言赏乎！"故事，使还当增秩。右相周必大言于上曰："增秩常典尔，京镗奇节，今之毛遂也，惟陛下念之。"乃命镗权工部侍郎。

四川阙帅，以镗为安抚制置使兼知成都府。镗到官，首罢征敛，弛利以予民。泸州卒杀太守，镗擒而斩之，蜀以大治。召为刑部尚书。

宁宗即位，甚见尊礼，由政府累迁为左丞相。当是时，韩侂胄权势震天下，其亲幸者由禁从不一二岁至宰辅，而不附侂胄者，往往沉滞不偶。镗既得位，一变其素守，于国事漫无所可否，但奉行侂胄风旨而已。又荐引刘德秀排击善类，于是有伪学之禁。

后宫者王德谦除节度使，镗乃请裂其麻，上曰："除德谦一人而止可乎？"镗曰："此门不可启。节钺不已，必及三孤；三孤不已，必及三公。愿陛下以真宗不予刘承规为法，以大观、宣、政间童贯等冒节钺为戒。"上于是谪德谦而黜词臣吴宗旦，或曰，亦忤侂胄意也。

居无何，以年老请免相，薨，赠太保，谥文忠。后以监察御史倪千里言，改谥庄定。

谢深甫，字子肃，台州临海人。少颖悟，刻志为学，积数年不寐，夕则置瓶水加足于上，以警困急。父景之识为远器，临终语其妻曰："是儿当大吾门，善训迪之。"母攻苦守志，督深甫力学。

中乾道二年进士第，调嵊县尉。岁饥，有死道旁者，一妪哭诉曰："吾儿也。佣于某家，遭掠而毙。"深甫疑焉，徐廉得妪子他所，召妪出示之，妪惊伏曰："某与某有隙，赂我使诬告耳。"

越帅方滋、钱端礼皆荐深甫有廊庙才，调昆山丞，为浙曹考官，一时士望皆在选中。司业郑伯熊曰："文士世不乏，求具眼如深甫者实鲜。"深甫曰："文章有气骨，如泰山乔岳，可望而知，以是得之。"

知处州青田县。侍御史葛邲、监察御史颜师鲁、礼部侍郎王蔺交荐之。孝宗召见，深甫言："今日人才，枵中侈外者多妄诞，矫讦沽激者多眩鹜。激昂者急于披露，然或邻于好夸；刚介者果于植立，而或邻于太锐；静退简默者寡有所合，或邻于立异。故言未及酬而已龃龉，事未及成而已挫抑。于是趋时徇利之人，专务身谋，习为软熟，畏避束手，因循苟且，年除岁迁，亦至通显，一有缓急，莫堪倚仗。臣愿任使之际，必察其实，既悉其实，则涵养之以蓄其才，振作之以厉其气，栽培封殖，勿使沮伤。"上嘉纳。问当世人才，对曰："荐士，大臣职也。小臣来自远方，不足以奉明诏。"上颔之，谕宰臣曰："谢深甫奏对雍容，有古人风。"除籍田令，迁大理丞。

江东大旱，擢为提举常平，讲行救荒条目，所全活一百六十余万人。光宗即位，以左曹郎官借礼部尚书为贺金国生辰使。绍熙改元，除右正言，迁起居郎兼给事中。知阁门事韩侂胄破格转遥郡刺史，深甫封还内降云："人主以爵禄磨厉天下之人才，固可重而不可轻；以法令堤防天下之侥幸，尤可守而不可易。今侂胄骤越五官而转遥郡，侥幸一启，攀援踵至，将何以拒之？请罢其命。"

进士俞古应诏言事，语涉诋讦，送瑞州听读。深甫谓："以天变求言，未闻旌赏而反罪之，则是名求而实拒也。俞古不足以道，所惜者朝廷事体耳。"右司谏邓驲论近习，左迁，深甫请还驲，谓："不可以近习故变易谏官，为清朝累。"

二年，知临安府。三年，除工部侍郎。入谢，光宗面谕曰："京尹宽则废法，猛则厉民，独卿为政得宽猛之中。"进兼吏部侍郎，兼详定敕令官。四年，兼给事中。陈源久以罪斥，忽予内祠，深甫固执不可。姜特立复诏用，深甫力争，特立竟不得入。张子仁除节度使，深甫疏十一上，命遂寝。每禁庭燕私，左右有希恩泽者，上必曰："恐谢给事有不可耳。"

宁宗即位，除焕章阁待制、知建康府，改御史中丞兼侍读。上言："比年以来，纪纲不立。台谏有所论击，不与被论同罢，则反除以外任；给、舍有所缴驳，不命次官书行，则反迁以他官；监司有所按察，不两置之勿问，则被按者反得美除。以奔竞得志者，不复知有廉耻；以请属获利者，不复知有彝宪。贪墨纵横，莫敢谁何；罪恶暴露，无所忌惮。隳坏纪纲，莫此为甚。请风厉在位，革心易虑，以肃朝著。"礼官议祧僖祖，侍讲朱熹以为不可。深甫言："宗庙重事，未宜遽革。朱熹考订有据，宜从熹议。"

庆元元年，除端明殿学士、签书枢密院事，迁参知政事，再迁知枢密院事兼参知政事。内侍王德谦建节，深甫三疏力陈不可蹈大观覆辙，德谦竟斥。进金紫光禄大夫，拜右丞相，封申国公，进岐国公。光宗山陵，为总护使。还，拜少保，力辞，改封鲁国公。

嘉泰元年，累疏乞避位，宁宗曰："卿能为朕守法度，惜名器，不可以言去。"召坐赐茶，御笔书《说命》中篇及金币以赐之。

有余嚞者，上书乞斩朱熹，绝伪学，且指蔡元定为伪党。深甫掷其书，语同列曰："朱元晦、蔡季通不过自相与讲明其学耳，果有何罪乎？余嚞蚍虱臣，乃敢狂妄如此，当相与奏知行遣，以厉其余。"

金使入见不如式，宁宗起入禁中，深甫端立不动，命金使俟于殿隅，帝再御殿，乃引使者进书，迄如旧仪。

拜少保。乞骸骨，授醴泉观使。明年，拜少傅，致仕。有星陨于居第，遂薨。后孙女为理宗后，追封信王，易封卫、鲁，谥惠正。

许及之，字深甫，温州永嘉人。隆兴元年第进士，知袁州分宜县。以部使者荐，除诸军审计，迁宗正簿。乾道元年，林栗请增置谏员，乃效唐制置拾遗、补阙，以及之为拾遗，班序在监察御史之上。

高宗崩，及之言："皇帝既躬三年之丧，群臣难从纯吉，当常服黑带。"王淮当国久，及之奏："陛下即位二十七年，而群臣未能如圣意者，以苟且为安荣，以姑息为仁恕，以不肯任事为简重，以不敢任怨为老成。敢言者指为轻儇，鲜耻者谓之朴实。陛下得若人而相之，何补于治哉！"淮竟罢职予祠。

光宗受禅，除军器监，迁太常少卿，以言者罢。绍熙元年，除淮南运判兼淮东提刑，以铁钱滥恶不职，贬秩，知庐州。召除大理少卿。宁宗即位，除吏部尚书兼给事中。及之早与薛叔似同摧遗、补，皆为当时所予。党事既起，善类一空，叔似屡斥逐，而及之谄事侂胄，无所不至。尝值侂胄生日，朝行上寿毕集，及之后至，阉人掩关拒之，及之俯偻以入。为尚书，二年不迁，见侂胄流涕，序其知遇之意及衰迟之状，不觉膝屈。侂胄恻然怜之曰："尚书才望，简在上心，行且进拜矣。"居亡何，同知枢密院事。当时有"由窦尚书、屈膝执政"之语，传以为笑。

嘉泰二年，拜参知政事，进知枢密院事兼参政。兵端开，侂胄欲令及之守金陵，及之辞，侂胄诛，中丞雷孝友奏及之实赞侂胄开边，及守金陵，始诡计免行。降两官，

泉州居住。嘉定二年，卒。

梁汝嘉，字仲谟，处州丽水人。以外祖太宰何执中任入官，调中山府司议曹事。建炎初，知常州武进县。守荐其治状，擢通判州事，加直秘阁，历官至转运副使。

临安阙守，火盗屡作，命汝嘉摄事。汝嘉修火政，严巡徼，盗发辄得，火灾亦息。遂命为真，加直龙图阁。以称职，擢徽猷阁待制，试户部侍郎兼知临安府。累迁户部侍郎，进权尚书兼江、淮、荆、广经制使。

汝嘉素善秦桧，殿中侍御史周葵将按之。汝嘉闻，给中书舍人林待聘曰："副端将论君。"待聘亟告桧，徙葵起居郎。葵入后省，出疏示待聘曰："梁仲谟何其幸也。"待聘始知为汝嘉所卖，士大夫以是薄汝嘉。汝嘉求去，以宝文阁直学士提举太平观。未几，升学士、知明州，兼浙西沿海制置使，更温、宣、鼎三郡，复奉祠以归。绍兴二十三年，卒。汝嘉长于吏治，在临安风绩尤著。

论曰：君子之论人，亦先观其大者而已矣。忠孝，人之大节也，胡纮导其君以短丧，不得谓之忠，何澹疑所生继母之服，士论纷纭而后去，不可以为孝。彼于其大者忍为之，则其协比权奸，诬构善类，亦何惮而不为乎？谢深甫出处，旧史泯其迹，若无可议为者。然庆元之初，韩侂胄设伪学之禁，网罗善类而一空之，深甫秉政，适与之同时，诿曰不知，不可也。况于一劾陈傅良，再劾赵汝愚，形于深甫之章，有不可拚者乎？陈自强、郑丙、许及之辈，狐媚苟合，以窃贵宠，斯亦不足论已。若林栗之有治才，善论事，高文虎之自负该洽，京镗之仗义秉礼，志信于敌国，抑岂无足称者。然栗以私忿诋名儒，不为清议所与，而文虎草伪学之诏，以是为非，以正为邪，变乱白黑，以欺当世，其人可知也。镗暮年得政，朋奸取容，既愧其初服矣，况伪学之目，识者以为镗实发之乎？士君子立身行事，一失其正，流而不知返，遂为千古之罪人，可不惧哉！可不惧哉！

卷三百九十五
列传第一百五十四

楼钥　李大性　任希夷　徐应龙　庄夏
王阮　王质　陆游　方信孺　王柟

楼钥，字大防，明州鄞县人。隆兴元年，试南宫，有司伟其辞艺，欲以冠多士，策偶犯旧讳，知贡举洪遵奏，得旨以冠末等。投贽谢诸公，考官胡铨称之曰："此翰林才也。"试教官，调温州教授，为敕令所删定官，修《淳熙法》。议者欲降太学释奠为中祀，钥曰："乘舆临幸，于先圣则拜，武成则肃揖，其礼异矣，可钧敌乎？"

改宗正寺主簿，历太府、宗正寺丞，出知温州。属县乐清倡言方腊之变且复起，邑令捕数人归于郡。钥曰："罪之则无可坐，纵之则惑民。"编隶其为首者，而驱其徒

出境，民言遂定。堂帖问故，钥曰："苏洵有言：'有乱之形，无乱之实，是谓将乱。不可以有乱急，不可以无乱弛。'"丞相周必大心善之。

光宗嗣位，召对，奏曰："人主初政，当先立其大者。至大莫如恢复，然当先强主志，进君德。"又曰："今之网密甚矣，望陛下轸念元元，以设禁为不得已，凡有创意增益者，寝而勿行，所以保养元气。"

除考功郎兼礼部。吏铨并缘为奸，多所壅底。钥曰："简要清通，尚书郎之选。"尽革去之。改国子司业，擢起居郎兼中书舍人。代言坦明，得制诰体，缴奏无所回避。禁中或私请，上曰："楼舍人朕亦惮，不如且已。"刑部言，天下狱案多所奏裁，中书之务不清，宜痛省之。钥曰："三宥制刑，古有明训。"力论不可。会庆节上寿，扈从班集，乘舆不出。已而玉牒、圣政、会要书成，将进重华，又屡更日。钥言："臣累岁随班，见陛下上寿重华宫，欢动宸极。嘉王日趋朝谒，恪勤不懈，窃料寿皇望陛下之来，亦犹此也。"又奏："圣政之书，全载寿皇一朝之事。玉牒、会要足成淳熙末年之书，幸速定其日，无复再展，以全圣孝。"于是上感悟，进书成礼。

试中书舍人，俄兼直学士院。光宗内禅诏书，钥所草也，有云："虽丧纪自行于宫中，而礼文难示于天下。"荐绅传诵之。迁给事中。乞正太祖东向之位，别立僖祖庙以代夹室，顺祖、翼祖、宣祖之主皆藏其中，祫祭即庙而飨。从之。

朱熹以论事忤韩侂胄，除职与郡。钥言："熹鸿儒硕学，陛下闵其耆老，当此隆寒，立讲不便，何似俾之内祠，仍令修史，少俟春和，复还讲筵。"不报。赵汝愚谓人曰："楼公当今人物也，直恐临事少刚决耳。"及见其持论坚正，叹曰："吾于是大过所望矣。"

宁宗受禅，侂胄以知阁门事与闻传命，颇有弄权之渐，彭龟年力攻之。侂胄转一官，与在京宫观，龟年除待制，与郡。钥与林大中奏，乞留龟年于讲筵，或命侂胄以外祠。龟年竟去，钥迁为吏部尚书，以显谟阁学士提举江州太平兴国宫。寻知婺州，移宁国府，罢，仍夺职。告老至再，许之。

侂胄尝副钥为馆伴，以钥不附己，深嗛之。侂胄诛，诏起钥为翰林学士，迁吏部尚书兼翰林侍讲。时钥年过七十，精敏绝人，词头下，立进草，院吏惊诧。入朝，陛楯旧班谛视钥曰："久不见此官矣。"时和好未定，金求韩侂胄函首，钥曰："和好待此而决，奸凶已毙之首，又何足恤。"诏从之。

赵汝愚之子崇宪奏雪父冤，钥乞正赵师召之罪，重蔡璘之诛，毁龚颐正《续稽古录》以白诬谤。除端明殿学士、签书枢密院事，升同知，进参知政事。位两府五年，累疏求去，除资政殿学士、知太平州，辞，进大学士，提举万寿观。嘉定六年薨，年七十七，赠少师，谥宣献。

钥文辞精博，自号攻愧主人，有集一百二十卷。

李大性，字伯和，端州四会人。其先积中，尝为御史，以直言入元祐党籍，始家豫章。大性少力学，尤习本朝典故。以父任入官，因参选，进《艺祖庙谟》百篇及公私利害百疏。又言："元丰制，六察许言事，章惇为相始禁之，乞复旧制，以广言路。"从臣力荐之，命赴都堂审察，仅迁一秩，为湖北提刑司干官。未几，入为主管吏部架阁文字。丁母艰，服阕，进《典故辨疑》百篇，皆本朝故实，盖网罗百氏野史，订以日历、实录，核其正舛，率有据依，孝宗读而褒嘉之。

擢大理司直，迁敕令所删定官，添差通判楚州。郡守吴曦与都统刘超合议，欲撤城移他所，大性谓："楚城实晋义乌间所筑，最坚，奈何以脆薄易坚厚乎？"持不可。台臣将劾其沮挠，不果。会从官送北客，朝廷因俾廉访，具以实闻，遂罢戎帅，召大性除太府寺丞，迁大宗正丞兼仓部郎，寻改工部。

陈傅良以言事去国，彭龟年、黄度、杨方相继皆去。大性抗疏言："朝廷清明，乃使言者无故而去，臣所甚惜也。数人之心，皆本爱君，知其爱君，任其去而不顾，恐端人正士之去者将不止此。孟子曰：'不信仁贤，则国空虚。'臣所以为之寒心也。"

孝宗崩，光宗疾，未能执丧。大性复上疏言："今日之事，颠倒舛逆，况金使祭奠当引见于北宫素帷，不知是时犹可以不出乎？《檀弓》曰：'成人有兄死而不丧者，闻子皋将为成宰，遂为衰。成人曰：兄则死而子皋为之衰。'盖言成人畏子皋之来方为制服，其服乃子皋为之，非为兄也。若陛下必待使来然后执丧，则恐贻讥中外，岂特如成人而已哉。"迁军器少监，权司封郎，提举浙东常平，改浙东提刑兼知庆元府。召为吏部郎中，四迁为司农卿。明年，兼户部侍郎。

出知绍兴府，甫一岁，召为户部侍郎，升尚书。朝论将用兵，大性条陈利害，主不宜轻举之说，忤韩侂胄意，出知平江，移知福州，又移知江陵，充荆湖制置使。江陵当用兵后，残毁饥馑，继以疾疫，大性首议振贷，凡三十八万缗有奇。前官虚羡，凡十有四万五千缗，率蠲放不督，民流移新复业者，皆奏免征榷。边郡武爵，本以励士，冒滥滋众，大性劾两路戎司冒受逃亡付身，凡三千四百九十有七道，率缴上毁抹，左选为之一清。江陵旧使铜镪，钱重楮轻，民持赀入市，有终日不得一钱者。大性奏乞依襄、郢例通用铁钱，于是泉货流通，民始复业。除刑部尚书兼详定敕令，寻迁兵部。

时金国分裂，不能自存，有举北伐之议者，大性上疏以和战之说未定，乞令朝臣集议，从之。寻以端明殿学士知平江府，引疾丐祠，卒于家，年七十七，赠开府仪同三司，谥文惠。

李氏自积中三世官于朝，父子兄弟相师友，而大性与弟大异、大东并跻从列，为名臣云。

任希夷，字伯起，其先眉州人。四世祖伯雨为谏议大夫，其后仕闽，因家邵武。希夷少刻意问学，为文精苦。登淳熙三年进士第，调建宁府浦城簿。从朱熹学，笃信力行，熹器之曰："伯起，开济士也。"

开禧初，主太常寺簿，奏："绍熙以来，礼书未经编次，岁月滋久，恐或散亡，乞下本寺修纂。"从之。迁礼部尚书兼给事中。谓："周惇颐、程颢、程颐为百代绝学之倡，乞定议赐谥。"其后惇颐谥元，颢谥纯，颐谥正，皆希夷发之。

进端明殿学士，签书枢密院事兼权参知政事。史弥远柄国久，执政皆具员，议者颇讥其拱默。寻提举临安洞霄宫，薨，赠少师，谥宣献。

徐应龙，字允叔。淳熙二年第进士，调衡州法曹、湖南检法官。潭获劫盗，首谋者已系狱，妄指逸者为首，吏信之，及获逸盗，治之急，遂诬服。吏以成宪谳于宪司，应龙阅实其辞，谓："首从不明，法当奏。"时周必大判潭州，提刑卢彦德不欲反其事，将置逸盗于死，应龙力与之辨。先是，彦德许应龙京削，至是怒曰："君不欲出我门邪？"应龙曰："以人命傅文字，所不忍也。"彦德不能夺，闻者多其有守，交荐之。

改秩，知瑞州高安县。吕祖俭言事忤韩侂胄，谪死高安，应龙为之经纪其丧，且为文诔之。有劝之避祸者，应龙曰："吕君吾所敬，虽缘此获谴，亦所愿也。"朱熹贻书应龙曰："高安之政，义风凛然。"主淮西机宜文字，知南恩州。

陈自强当国，乃旧同舍，应龙丐雷州而去。召监都进奏院，迁国子博士、守工部员外郎，进户部侍郎，迁国子司业兼实录院检讨官、崇政殿说书、守秘书少监兼权工部侍郎。

时金主徙汴，应龙言："金人穷而南奔，将溢出而蹈吾之境。金亡，更生新敌，尤为可虑。"兼侍讲，言："人主不能尽知天下人材，当责之宰相；宰相不能尽知天下人材，当采之公论。李吉甫为相，号称得人，而三人之荐，乃出于裴垍之疏。"

迁吏部侍郎，进刑部尚书兼侍读。应龙在讲筵，多指陈时政。一日读吴起为卒吮疽事，应龙奏："起恤士卒如此，故能得其死力。今军将得以贿迁，专事掊克，未免多怨。"上惊曰："债帅之风，今犹未除邪？"宰相史弥远闻而恶之，免侍读。未几，兼太子詹事。会景献太子薨，请老，上不许，徙吏部尚书，以焕章阁学士提举嵩山崇福宫。嘉定十七年卒，赠开府仪同三司，谥文肃。

子荣叟，官至参知政事，谥文靖；深叟，官终将作监丞；清叟，知枢密院事兼参知政事。各有传。

庄夏，字子礼，泉州人。淳熙八年进士。庆元六年，大旱，诏求言。夏时知赣州兴国县，上封事曰："君者阳也，臣者君之阴也。今威福下移，此阴胜也。积阴之极，阳气散乱而不收，其弊为火灾，为旱蝗。愿陛下体阳刚之德，使后宫戚里、内省黄门，思不出位，此抑阴助阳之术也。"

召为太学博士。言："比年分藩持节，诏墨未干而改除，坐席未温而易地，一人而岁三易节，一岁而郡四易守，民力何由裕？"迁国子博士，召除吏部员外郎，迁军器监，太府少卿。出知漳州，为宗正少卿兼国史院编修官，寻权直学士院兼太子侍读。时流民来归，夏言："荆襄、两淮多不耕之田，计口授地，贷以屋庐牛具。吾乘其始至，可以得其欲；彼幸其不死，可以忘其劳。兵民可合，屯田可成，此万世一时也。"

试中书舍人兼太子右庶子、左谕德，言："今战守不成，而规模不定，则和好之说，得以乘间而入。今日之患，莫大于兵冗。乞行下将帅，令老弱自陈，得以子若弟侄若婿强壮及等者收刺之，代其名粮。"上曰："兵卒子弟与召募百姓不同，卿言是也。"除兵部侍郎、焕章阁待制，与祠归。嘉定十年卒。

王阮，字南卿，江州人。曾祖韶，神宗时，开熙河，擒木征；祖厚，继辟湟、鄯；父彦傅，靖康勤王；皆有功。阮少好学，尚气节。常自称将种，辞辩奋发，四坐莫能屈。尝谒袁州太守张栻，栻谓曰："当今道在武夷，子盍往求之。"阮见朱熹于考亭，熹与语，大说之。登隆兴元年进士第。

时孝宗初即位，欲成高宗之志，首诏经理建业以图进取，而大臣巽懦幸安，计未决。阮试礼部，对策曰：

临安蟠幽宅阻，面湖背海，膏腴沃野，足以休养生聚，其地利于休息。建康东南重镇，控制长江呼吸之间，上下千里，足以虎视吴、楚，应接梁、宋，其地利于进取。建炎、绍兴间，敌人乘胜长驱直捣，而我师亦甚危也。上皇遵养时晦，不得与平，乃驻临安，所以为休息计也。已三十年来，阙者全，坏者修，弊者整，废者复，较以曩昔，倍万不侔也。主上独光远览，举而措诸事业，非固以临安为不足居也。战守之形既分，动静进退之理异也。

古者立国，必有所恃，谋国之要，必负其所恃之地。秦有函谷，蜀有剑阁，魏有成皋，赵有井陉，燕有飞狐，而吴有长江，皆其所恃以为国也。今东南王气，钟在建业，长江千里，控扼所会，辍而弗顾，退守幽深之地，若将终身焉，如是而曰谋国，果得为善谋乎？且夫战者以地为本，湖山回环，孰与乎龙盘虎踞之雄？胥潮奔猛，孰与乎长江之险？今议者徒习吴、越之僻固，而不知秣陵之通达，是犹富人之财，不布于通都大邑，而匣金以守之，愚恐半夜之或失也。傥六飞顺动，中原在跬步间，况一建康耶？古人有言："千里之行，起于足下。"人患不为尔。知贡举范成大得而读之，叹曰："是人杰也。"

调南康都昌主簿，以廉声闻，移永州教授。献书阙下，请罢吴、楚牧马之政，而积马于蜀茶马司，以省往来纲驿之费、岁时分牧之资，凡数千言。绍熙中，知濠州，请复曹玮方田，修种世衡射法，日讲守备，与边民亲访北境事宜。终阮在濠，金不敢南侵。改知抚州。

韩侂胄宿闻阮名，特命入奏，将诱以美官，夜遣密客诣阮，阮不答，私谓所亲曰："吾闻公卿择士，士亦择公卿。刘歆、柳宗元失身匪人，为万世笑。今政自韩氏出，吾肯出其门哉？"陛对毕，拂衣出关。侂胄之大怒，批旨予祠。阮于是归隐庐山，尽弃人间事，从容觞咏而已。

朱熹尝惜其才气术略过人，而留滞不偶云。嘉定元年卒。

王质，字景文，其先郓州人，后徙兴国。质博通经史，善属文。游太学，与九江王阮齐名。阮每云："听景文论古，如读郦道元《水经》，名川支川，贯穿周匝，无有间断，咳唾皆成珠玑。"

质与张孝祥父子游，深见器重。孝祥为中书舍人，将荐质举制科，会去国不果。著论五十篇，言历代君臣治乱，谓之《朴论》。中兴兴三十年进士第，用大臣言，召试馆职，不就。明年，金主完颜亮南侵，御史中丞汪澈宣谕荆、襄，又明年，枢密使张浚都督江、淮，皆辟为属。入为太学正。

时孝宗屡易相，国论未定，质乃上疏曰：

陛下即位以来，慨然起乘时有为之志，而陈康伯、叶义问、汪澈在廷，陛下皆不以为才，于是先逐义问，次逐澈，独徘徊康伯，难于进退，陛下意终鄙之，遂决意用史浩，而浩亦不称陛下意，于是决用张浚，而浚又无成，于是决用汤思退。今思退专任国政，又且数月，臣度其终无益于陛下。

夫宰相之任一不称，则陛下之志一沮。前日康伯持陛下以和，和不成，浚持陛下以战，战不验，浚又持陛下以守，守既困；思退又持陛下以和。陛下亦尝深察和、战、守之事乎？李牧在雁门，法主于守，守乃有战。祖逖在河南，法主于战，战乃有和。羊祜在襄阳，法主于和，和乃有守。何至分而不使相合？

今陛下之心志未定，规模未立。或告陛下，金弱且亡，而吾兵甚振，陛下则勃然有勒燕然之志；或告陛下，吾力不足恃，而金人且来，陛下即委然有盟平凉之心；或告陛下，吾不可进，金不可入，陛下又蹇然有指鸿沟之意。使臣为陛下谋，会三者为一，天下乌有不治哉？

天子心知质忠，而忌者共谗质年少好异论，遂罢去。会虞允文宣抚川、陕，辟质偕行。一日令草檄契丹文，援毫立就，辞气激壮。允文起执其手曰："景文天才也。"入为敕令所删定官，迁枢密院编修官。允文当国，孝宗命拟进谏官，允文以质鲠亮不回，且文学推重于时，可右正言。时中贵人用事，多畏惮质，阴沮之，出通判荆南府，改吉州，皆不行，奉祠山居，绝意禄仕。淳熙十五年卒。

陆游，字务观，越州山阴人。年十二能诗文，荫补登仕郎。锁厅荐送第一，秦桧孙埙适居其次，桧怒，至罪主司。明年，试礼部，主司复置游前列，桧显黜之，由是为所嫉。桧死，始赴福州宁德簿，以荐者除敕令所删定官。

时杨存中久掌禁旅，游力陈非便，上嘉其言，遂罢存中。中贵人有市北方珍玩以进者，游奏："陛下以'损'名斋，自经籍翰墨外，屏而不御。小臣不体圣意，辄私买珍玩，亏损圣德，乞严行禁绝。"

应诏言："非宗室外家，虽实有勋劳，毋得辄加王爵。顷者有以师傅而领殿前都指挥使，复有以太尉而领阁门事，渎乱名器，乞加订正。"迁大理寺司直兼宗正簿。

孝宗即位，迁枢密院编修官兼编类圣政所检讨官。史浩、黄祖舜荐游善词章，谙典故，召见，上曰："游力学有闻，言论剀切。"遂赐进士出身。入对，言："陛下初即位，乃信诏令以示人之时，而官吏将帅一切玩习，宜取其尤沮格者，与众弃之。"

和议将成，游又以书白二府曰："江左自吴以来，未有舍建康他都者。驻跸临安出于权宜，形势不固，馈饷不便，海道逼近，凛然意外之忧。一和之后，盟誓已立，动有拘碍。今当与之约，建康、临安皆系驻跸之地，北使朝聘，或就建康，或就临安，如此则我得以暇时建都立国，彼不我疑。"

时龙大渊、曾觌用事，游为枢臣张焘言："觌、大渊招权植党，荧惑圣听，公及今不言，异日将不可去。"焘遽以闻，上诘语所自来，焘以游对。上怒，出通判建康府，寻易隆兴府。言者论游交结台谏，鼓唱是非，力说张浚用兵，免归。久之，通判夔州。

王炎宣抚川、陕，辟为干办公事。游为炎陈进取之策，以为经略中原必自长安始，取长安必自陇右始。当积粟练兵，有衅则攻，无则守。吴璘子挺习掌兵，颇骄恣，倾财结士，屡以过误杀人，炎莫谁何。游请以玠子拱代挺。炎曰："拱怯而寡谋，遇敌必败。"游曰："使挺遇敌，安保其不败。就令有功，愈不可驾驭。"及挺子曦僭叛，游言始验。

范成大帅蜀，游为参议官，以文字交，不拘礼法，人讥其颓放，因自号放翁。后累迁江西常平提举。江西水灾。奏："拨义仓振济，檄诸郡发粟以予民。"召还，给事中赵汝愚驳之，遂与祠。起知严州，过阙，陛辞，上谕曰："严陵山水胜处，职事之暇，可以赋咏自适。"再召入见，上曰："卿笔力回斡甚善，非他人可及。"除军器少监。

绍熙元年，迁礼部郎中兼实录院检讨官。嘉泰二年，以孝宗、光宗《两朝实录》及《三朝史》未就，诏游权同修国史、实录院同修撰，免奉朝请，寻兼秘书监。三年，书成，遂升宝章阁待制，致仕。

游才气超逸，尤长于诗。晚年再出，为韩侂胄撰《南园阅古泉记》，见讥清议。朱熹尝言："其能太高，迹太近，恐为有力者所牵挽，不得全其晚节。"盖有先见之明焉。嘉定二年卒，年八十五。

方信孺，字孚若，兴化军人。有隽材，未冠能文，周必大、杨万里见而异之。以父崧卿荫，补番禺县尉。盗劫海贾，信孺捕之，盗方沙聚分卤获，惶骇欲趋舟，信孺已使人负盗舟去矣，乃悉缚盗，不失一人。

韩侂胄举恢复之谋，诸将偾军，边衅不已。朝廷寻悔，金人亦厌兵，乃遣韩元靓来使，而都督府亦再遣壮士遗敌书，然皆莫能得其要领。近臣荐信孺可使，自萧山丞召赴都，命以使事。信孺曰："开衅自我，金人设问首谋，当何以答之？"侂胄矍然。假朝奉郎、枢密院检详文字，充枢密院参谋官，持督帅张岩书通问于金国元帅府。

至濠州，金帅纥石烈子仁之止于狱中，露刃环守之，绝其薪水，要以五事。信孺曰："反俘、归币可也，缚送首谋,于古无之,称藩、割地,则非臣子所忍言。"子仁怒曰:"若不望生还耶?"信孺曰:"吾将命出国门时,已置生死度外矣。"

至汴,见金左丞相、都元帅完颜宗浩,出就传舍。宗浩使将命者来,坚持五说,且谓:"称藩、割地,自有故事。"信孺曰:"昔靖康仓卒割三镇,绍兴以太母故暂屈,今日顾可用为故事耶?此事不独小臣不敢言,行府亦不敢奏也。请面见丞相决之。"将命者引而前,宗浩方坐幄中,陈兵见之,云:"五事不从,兵南下矣。"信孺辩对不少诎。宗浩叱之曰:"前日兴兵,今日求和,何也?"信孺曰:"前日兴兵复仇,为社稷也。今日屈己求和,为生灵也。"宗浩不能诘,授以报书曰:"和与战,俟再至决之。"

信孺还,诏侍从、两省、台谏官议所以复命。众议还俘获,罪首谋,增岁币五万,遣信孺再往。时吴曦已诛,金人气颇索,然犹执初议。信孺曰:"本朝谓增币已为卑屈,况名分地界哉?且以曲直校之,本朝兴兵在去年四月,若贻书诱吴曦,则去年三月也,其曲固有在矣。如以强弱言之,若得滁、濠,我亦得泗、涟水。若夸胥浦桥之胜,我亦有凤凰山之捷。若谓我不能下宿、寿,若围庐、和、楚果能下乎?五事已从其三,而犹不我听,不过再交兵耳。"

金人见信孺忠恳,乃曰:"割地之议姑寝,但称藩不从,当以叔为伯,岁币外,别犒师可也。"信孺固执不许。宗浩计穷,遂密与定约。复命,再差充通谢国信所参谋官,奉国书誓草及许通谢百万缗抵汴。宗浩变前说,怒信孺不曲折建白,遽以誓书来,有"诛戮禁锢"语。信孺不为动,将命曰:"此事非犒军钱可了。"别出事目。信孺曰:"岁币不可再增,故代以通谢钱。今得此求彼,吾有陨首而已。"将命曰:"不尔,丞相欲留公。"信孺曰:"留于此死,辱命亦死,不若死于此。"会蜀取散关,金人益疑。

信孺还,言:"敌所欲者五事:割两淮一,增岁币二,犒军三,索归正等人四,其五不敢言。"侂胄再三问,至厉声诘之,信孺徐曰:"欲得太师头耳。"侂胄大怒,夺三秩,临江军居住。

信孺自春至秋,使金三往返,以口舌折强敌,金人计屈情见,然愤其不屈,议用弗就。已而王柟出使,定和议,增币、函首,皆前信孺所持不可者。柟白庙堂:"信孺辩折敌酋于强慑未易告语之时,信孺当其难,柟当其易。柟每见,金人必问信孺安在,公论所推,虽敌人不能掩也。"乃诏信孺自便。

寻知韶州,累迁淮东转运判官兼提刑。知真州,即北山匮水筑石堤,袤二十里,人莫知其所为。后金人薄仪真,守将决水匮以退敌,城乃获全。山东初内附,信孺言:"豪杰不可以虚名驾驭,武夫不可以弱势弹压,宜选威望重臣,将精兵数万,开幕山东,以主制客,以重驭轻,则可以包山东,固江北,而两河在吾目中矣。"坐责降三秩,再奉祠,稍复官。

信孺性豪爽,挥金如粪土,所至宾客满其后车。使北时,年财三十。既龃龉归,营居室岩窦,自放于诗酒。后赀用竭,宾客益落,信孺寻亦死矣。

王柟,字汝良,大名人。祖伦,同签书枢密院事。伦使北死,孝宗访求其孙之未禄者三人官之,柟其一也。调通州海门尉。乘轻舟入海涛,捕剧贼小吴郎,并其徒十七人获之,狱成,不受赏。

韩侂胄以恢复起兵端,天子思继好息民,凡七遣使无成。续遣方信孺往,将有成说矣,坐白事忤侂胄得罪。欲再遣使,顾在廷无可者,近臣以柟荐,擢监登闻鼓院,假右司郎中,使持书北行。柟归白其母,母曰:"而祖以忠死国,故恩及子孙。汝其勉旃,毋以吾老为念。"乃拜命,疾驱抵敌所。

金将乌骨论等四人列坐,问:"韩侂胄贵显几年矣?"柟对:"已十余年,平章国事财二年耳。"又问:"今欲去此人可乎?"柟曰:"主上英断,去之何难。"四人相顾而笑。有完颜天宠者,袖出文书,云:"王柟虽持韩侂胄书,乃朝廷有旨遣其来元帅府议和,宜详议以报。"于是金人知侂胄已诛,和议遂决。

柟持金人牒归,求函侂胄首,以起居郎许奕为通谢使,柟为通谢所参议官。柟自军前再还,议以侂胄首易淮、陕侵地,从之。柟奏:"和约之成,皆方信孺备尝险阻再三将命之功,臣因人成事,乞录信孺功而蠲其过。"朝论以柟不掩人扬己多之。守军器少监,知楚州,累官至太府卿。告归,以右文殿修撰知太平州,加集英殿修撰,致仕。卒,赠宝章阁待制。

论曰:楼钥浑厚正大,李大性直言不愧其先,任希夷请谥先儒,徐应龙在经筵多所裨益,庄夏、王阮、王质皆负其有为之才,卒衔祠去国。陆游学广而望隆,晚为韩侂胄著堂记,君子惜之,抑《春秋》责贤者备也。方信孺年少奉使,而以意气折金人。王柟北归,请录信孺之功,长者哉!

卷三百九十六
列传第一百五十五

史浩　王淮　赵雄　权邦彦
程松　陈谦　张岩

史浩,字直翁,明州鄞县人。绍兴十四年登进士第,调绍兴余姚县尉,历温州教授,郡守张九成器之。秩满,除太学正,升国子博士。因转对,言:"普安、恩平二王宜择其一以系天下望。"高宗颔之。翌日,语人臣曰:"浩有用才也。"除秘书省校书郎兼二王府教授。三十年,普安郡王为皇子,进封建王,除浩权建王府教授。诏建王府置直讲、赞读各一员,浩守司封郎官兼直讲。一日讲《周礼》,言:"膳夫掌膳羞之事,岁终则会,惟王及后、世子之膳羞不会。至酒正掌饮酒之事,岁终则会,惟主及后之饮酒不会,世子不与焉。以是知世子膳羞可以不会,世子饮酒不可以无节也。"王作而谢曰："敢不佩斯训。"

三十一年，迁宗正少卿。会金主亮犯边，下诏亲征。时两淮失守，廷臣争陈退避计，建王抗疏请率师为前驱。浩为王力言："太子不可将兵，以晋申生、唐肃宗灵武之事为戒。"王大感悟，立俾浩草奏，请扈跸以供子职，辞意恳到。高宗方怒，览奏意顿释，知奏出于浩，语大臣曰："真王府官也。"既而殿中侍御史吴芾乞以皇子为元帅，先视师。浩畀遗大臣书，言："建王生深宫中，未尝与诸将接，安能办此。"或谓使王居守，浩复以为不可。上亦欲令王遍识诸将，遂扈跸如建康。

三十二年，上还临安，立建王为皇太子，浩除起居郎兼太子右庶子。孝宗受禅，遂以中书舍人迁翰林学士、知制诰。张浚宣抚江、淮，将图恢复，浩与之异议，欲城瓜洲、采石。浚奏："不守两淮而守江，不若城泗州。"除参知政事。有诏议应敌定论，洪遵、金安节、唐文若等相继论列，宰执独无奏。上以问浩，浩奏："先为备御，是谓良规。傥听浅谋之士，兴不教之师，寇去则论赏以邀功，寇至则敛兵而遁迹，谓之恢复得乎？"荐枢密院编修官陆游、尹穑，召对，并赐出身。隆兴元年，拜尚书右仆射，首言赵鼎、李光之无罪，岳飞之久冤，宜复其官爵，禄其子孙。悉从之。

李显忠、邵宏渊奏乞引兵进取，浩奏："二将辄乞战，岂督府命令有不行耶？"浚请入觐，乞即日降诏幸建康，上以问浩，浩陈三说不可，退，以诘浚曰："帝王之兵，当出万全，岂可尝试以图侥幸。"复辨论于殿上，浚曰："中原久陷，今不取，豪杰必起而收之。"浩曰："中原决无豪杰，若有之，何不起而亡金？"浚曰："彼民间无寸铁，不能自起，待我兵至为内应。"浩曰："胜、广以锄棘矜亡秦，必待我兵，非豪杰矣。"浚因内引奏："浩意不可回，恐失几会，乞出英断。"省中忽得宏渊出兵状，始知不由三省，径檄诸将。浩语陈康伯曰："吾属俱兼右府，而出兵不与闻，焉用相哉！不去尚何待乎？"因又言："康伯欲纳归正人，臣恐他日必为陛下子孙忧。浚锐意用兵，若一失之后，恐陛下终不得复望中原。"御史王十朋论之，出知绍兴。

先是，浩因城瓜洲，白遣太府丞史正志往视之，正志与浚论辩。十朋亦疏史正志朋比，并及浩，遂以祠，自是不召者十三年。起知绍兴府、浙东安抚使。持母丧归，服阕，知福州。

淳熙初，上问执政："久不见史浩，尤他否？"遂除少保、观文殿大学士、醴泉观使兼侍读。五年，复为右丞相。上曰："自叶衡罢，虚席以待卿久矣。"浩奏："蒙恩再相，唯尽公道，庶无朋党之弊。"上曰："宰相岂当有党，人主亦不当以朋党名臣下。朕但取贤者用之，否则去之。"

枢密都承旨王抃建议以殿、步二司军多虚额，请各募三千人充之。已而殿前司辖捕市人，京城骚动，被掠者多断指，示不可用。军人怙众，因夺民财。浩奏："尽释所捕，而禽军民首谮吺者送狱。"狱成议罪，欲取兵民各一人枭首以徇。浩曰："诸军掠人夺货至于哄，则始衅者军人也，军法从事固当。若市人陆庆童特与抗斗尔，可同罚

乎？陛下恐军人有语，故一其罪以安之。夫民不得其平，言亦可畏，'等死，死国可乎？'是岂军人语。"上怒曰："是比朕为秦二世也。"浩徐进曰："自古民怨其上者多矣，'时日曷丧，予及汝偕亡'，岂二世事。"寻求去，拜少傅、保宁军节度使，充醴泉观使兼侍读。后有言庆童子冤者，上曰："史浩尝力争，坐此求去，至今悔之。"

赵雄尝荐刘光祖试馆职，光祖答策，论科场取士之道，进入，上亲批其后，略曰："用人之弊，人君乏知人之哲，宰相不能择人。国朝以来，过于忠厚，宰相而误国，大将而败军，未尝诛戮。要在人君必审择相，相必当为官择人，懋赏立乎前，诛戮设乎后，人才不出，吾不信也。"手诏既出，中外大耸。议者谓曾觌视草，为光祖甲科发也。上遣觌持示浩，浩奏："唐、虞之世，四凶极恶，止于流窜，三考之法，不过黜陟，未尝有诛戮之科。诛戮大臣，秦、汉法也。太祖制治以仁，待臣下以礼，列圣传心，追仁宗而德化隆洽，本朝之治，与三代同风，此祖宗家法也。圣训则曰'过于忠厚'。夫为国而底于忠厚，岂有所谓过哉？臣恐议者以陛下自欲行刻薄之政，归过祖宗，不可不审也。"

及自经筵将告归，乃于小官中荐江、浙之士十五人，有旨令升擢，皆一时选也。如薛叔似、杨简、陆九渊、石宗昭、陈谦、叶适、袁燮、赵静之、张子智，后皆擢用，不至通显者六人而已。

十年，请老，除太保致仕，封魏国公。晚治第鄞之西湖上，建阁奉两朝赐书，又作堂，上为书"明良庆会"名其阁，"旧学"名其堂。光宗御极，进太师。绍熙五年薨，年八十九，封会稽郡王。宁宗登极，赐谥文惠，御书"纯诚厚德元老之碑"赐焉。嘉定十四年，追封越王，改谥忠定，配享孝宗庙庭。

浩喜荐人才，尝拟陈之茂进职与郡，上知之茂尝毁浩，曰："卿岂以德报怨耶？"浩曰："臣不知有怨，若以为怨而以德报之，是有心也。"莫济状王十朋行事，诋浩尤甚，浩荐济掌内制，上曰："济非议卿者乎？"浩曰："臣不敢以私害公。"遂除中书舍人兼直学士院，待之如初。盖其宽厚类此。子弥大、弥正、弥远、弥坚。弥远嘉定初为右丞相，有传。

王淮，字季海，婺州金华人。幼颖悟，力学属文。登绍兴十五年进士第，为台州临海尉。郡守萧振一见奇之，许以公辅器。振帅蜀，辟置幕府。振出，众欲留，淮曰："万里将母，岂为利禄计。"皆服其器识，迁校书郎。

高宗命中丞举可为御史者，朱倬举淮，除监察御史，寻迁右正言。首论："大臣养尊，小臣持禄，以括囊为智，以引去为高。愿陛下正心以正朝廷，正朝廷以正百官。"宰相汤思退无物望，淮条其罪数十，于是策免。至于吏部侍郎沈介之欺世盗名，都司方师尹之狡险，大将刘宝掊克结权幸，皆劾罢之。又奏："自治之策，治内有三：正心术，宝慈俭，去壅蔽。治外有四：固封守，选将帅，明赏罚，储财用。"上深嘉叹。

除秘书少监兼恭王府直讲。时恭王生子挺，淮白于丞

相,曰:"恭王夫人李氏生皇嫡长孙,乞讨论典礼。"钱端礼怒其名称,奏:"淮有年钧以长之说。"上曰:"是何言也,岂不启邪心?"出淮知建宁府,改浙西提刑。入见,陈闽中利病甚悉。帝褒嘉之,且令一至东宫,皇太子待以师儒,特施拜礼。寻召,除太常少卿,除中书舍人兼直学士院。龙大渊赠太师,仍畀仪同三司恩数,张说除太尉、在京宫观,皆封还诏书。除翰林学士、知制诰,训词深厚,得王言体。上命择文学行谊之士,淮荐郑伯熊、李焘、程叔达,皆擢用。

淳熙二年,除端明殿学士、签书枢密院事。辛弃疾平茶寇,上功太滥。淮谓:"不核真伪,何以劝有功。"文州蕃部扰边,吴挺奏:"库彦威失利,靖州夷人扰边。"杨倓奏:"田淇失利。"淮谓:"二将战殁,若罪之,何以劝来者。"上尝谕曰:"枢密临事尽公,人无间言,差除能守法甚善。"荐军帅吴拱、郭田、张宣。除同知枢密院事、参知政事。

时宰相久虚,淮与李彦颖同行相事。淮谓:"授官当论贤否,不事形迹。诚贤,不敢以乡里故旧废之;非才,不敢以己私庇之。"上称善。擢知院事、枢密使。上言武臣岳祠之员宜省,淮曰:"有战功者,壮用其力,老而弃之,可乎?"赵雄言:"北人归附者,畀以员外置,宜令诣吏部。"上曰:"姑仍旧。"淮曰:"上意即天意也。"雄又奏言:"宗室岳祠八百员,宜罢。"淮曰:"尧亲睦九族,在平章百姓之先;骨肉之恩疏,可乎?"时辛弃疾平江西寇,王佐平湖南寇,刘焞平广西寇,淮皆处置得宜,论功惟允。上深嘉之,谓:"陈康伯虽有人望,处事则不及卿。"

八年,拜右丞相兼枢密事。先是,自夏不雨至秋,是日甘雨如注,士大夫相贺,上亦喜命相而雨,乃命口算诸郡绢钱尽蠲一年,为缗八十余万。

赵雄罢相,蜀士之在朝者皆有去色。淮谓:"此唐季党祸之胎也,岂圣世所宜有。"皆以次进迁,蜀士乃安。枢密都承旨王抃怙宠为奸,淮极陈其罪,谓:"人主受谤,鲜不由此。"上即斥之,且曰:"丞相直谅无隐,君臣之间正宜如此。"章颖论事狂直,上将黜之,淮曰:"陛下乐闻直言,士大夫以言相高,此风可贺也。黜之适成其名。"上说,颖复留。

时以荒政为急,淮言:"李椿老成练达,拟除长沙帅,朱熹学行笃实,拟除浙东提举,以倡郡国。"其后推赏,上曰:"朱熹职事留意。"淮曰:"修举荒政,是行其所学,民被实惠,欲与进职。"上曰:"与升直徽猷阁。"成都阙帅,上加访问,淮以留正对。上曰:"非闻人乎?"淮曰:"立贤无方,汤之执中也。必曰闽有章子厚、吕惠卿,不有曾公亮、苏颂、蔡襄乎?必曰江、浙多名臣,不有丁谓、王钦若乎?"上称善。拜左丞相。

天长水害七十余家,或谓不必以闻,淮曰:"昔人谓人主不可一日不闻水旱盗贼,《记》曰:'四方有败,必先知之。'岂可不以闻?"镇江饥民强借菽粟,执政请痛惩之,淮曰:"令甲,饥民罪不至死。"进士八人求以免举恩为升等,淮曰:"八人得之,则百人援之。"龚颐以执政之客补官,求诣铨曹,淮曰:"此门不可启,绝其请。尝言跅弛之士,

缓急能出死力,乃以周极知安丰军,辛弃疾与祠。

上章力求去,以观文殿大学士判衢州。淮力辞,改提举洞霄宫。光宗嗣位,诏询初政,淮以尽孝进德,奉天敬民,用人立政,罔不在初。母亡,居丧如礼。得疾,忽语家人曰:"《易》卦六十四,吾年亦然。"淳熙十六年薨。讣闻,上哀悼,辍视朝,赠少师,谥文定。

初,朱熹为浙东提举,劾知台州唐仲友。淮素善仲友,不喜熹,乃擢陈贾为监察御史,俾上疏言:"近日道学假名济伪之弊,请诏痛革之。"郑丙为吏部尚书,相与叶力攻道学,熹由此得祠。其后庆元伪学之禁始于此。

赵雄,字温叔,资州人。为隆兴元年类省试第一。虞允文宣抚四蜀,辟干办公事,入相,荐于朝。乾道五年,召见便殿,孝宗大奇之,即日手诏除正字。

范成大使金,将行,雄当登对,允文招与之语。既进见,雄极论恢复。孝宗大喜曰:"功名与卿共之。"即除右史,两月除舍人。金使耶律子敬贺会庆节,雄馆伴。子敬披露事情不敢隐,逻者以闻。上夜召雄,雄以子敬所言对,上喜。金使入辞,故事当用乐,雄奏:"卜郊有日,天子方斋,乐不可用。"上难之,遣中使谕雄,雄奏:"金使必不敢不顺,即有他,臣得引与就馆。"上大喜。雄请复置恢复局,日夜讲磨,条具合上意,除中书舍人。自选人入馆至此,未满岁也。

时金将起河南之役,议尽以诸陵梓宫归于我。上命雄出使贺生辰,仍止奉迁陵寝及正受书仪。雄既见金主,争辨数四。其臣屡喝起,雄辞益力,卒得请乃已,金人谓之"龙斗"。尝上疏论恢复计,大略谓:"莫若由蜀以取陕西,得陕西以临中原,是秦制六国之势也。"八年,以母忧去。

淳熙二年,召为礼部侍郎,除端明殿学士,签书枢密院事。一日奏事,上曰:"今夏蚕麦甚熟、丝米价平可喜。"雄奏:"孟子论王道始于不饥不寒。"上曰:"近世士大夫好高论,耻言农事,微有西晋风。岂知《周礼》与《易》言理财,周公、孔子曷尝不以理财为务?且不独此,士夫讳言恢复,不知其家有田百亩,内五十亩为人所据,亦投牒理索否?"雄曰:"陛下志在大有为,敢不布尧言,书《时政记》。"十一月,同知枢密院事。五年三月,参知政事。十一月,拜右丞相。每进见,必曰"二帝在沙漠",未尝离诸口也。

朱熹累召不出,雄请处以外郡,命知南康军。熹极论时事,上怒,谕雄令分析。雄奏:"熹狂生,词穷理短,罪之适成其名。若天涵地育,置而不问可也。"会周必大亦力言之,乃止。绍兴帅张津献羡余四十万缗,雄乞降旨下绍兴,以其钱为民代输和买身丁折帛钱之半,使取诸者,民复得之,足以见圣主之德。

自雄独相,蜀人在朝者仅十数。及眷衰,有言其私里党者,上疑之。已而陈岘为四川制置,王渥为茶马,命从中出。雄求去,诏勉留,曰:"丞相任事不避怨,选才不乡旧。"盖有所激也。祖宗时蜀人未尝除蜀帅,雄请外,除观文殿大学士、四川制置使。王蔺为御史,以故事不可,上疏论之。雄乞免,改知泸南安抚使。上思雄不忘,改知

江陵府。江陵无险可恃，雄请城江陵，城成，民不告扰。

张栻再被召，论恢复固当，第其计非是，即奏疏。孝宗大喜，翌日以疏宣示，且手诏云："恢复当如栻所陈方是。"即除侍讲，云："且得直宿时与卿论事。"虞允文与雄之徒不乐，遂沮抑之。广西横山买马，诸蛮感悦，争以善马至。上知栻治行，甚向栻，众皆忌嫉。洎栻复出荆南，雄事事沮之。时司天奏相星在楚地，上曰："张栻当之。"人愈忌之。

光宗将受禅，召雄，雄上万言书，陈修身齐家以正朝廷之道，言甚剀切。诏授宁武军节度使、开府仪同三司，进卫国公，改帅湖北。疾甚，改判资州，又除潼川府，改隆兴府。绍熙四年薨，年六十五，赠少师。嘉定二年，谥文定。

权邦彦，字朝美，河间人。登崇宁四年太学上舍第，调沧州教授，入为太学博士，改宣教郎，除国子司业。宣和二年，使辽。明年，抗表请帝临雍。为学官积十余年，改都官郎中、直秘阁、知易州，移相州，复召为都官郎中。与王黼议不合，镌职，知冀州。

金人再入，高宗开大元帅府，起两河兵卫汴京，邦彦提所部兵二千五百人，与宗泽自澶渊趋韦城，据刁马河，诸道兵莫有进者。会敌兵大至，移屯南华。二帝北迁，邦彦与泽五表劝进。

建炎元年五月，召还，命知荆南府，改东平府。时东州半已入金，至是围益急，邦彦誓以死守，居数月城破，犹力战不已。民义而从之，突围以出，遂奔行在。有司议失守罪，将重坐之，帝以其父母妻子皆没于敌，才贬二秩。俄除宝文阁直学士兼知江州、本路制置使。既抵镇，三年冬，闻父死，乃解官。

四年，起复，知建康府，辞，不许。剧盗张琪残徽州，邦彦遣裨将平之。改江、淮等路制置发运使，以治办称。言者论："三年天下之通丧，后世有从权夺服者，所以徇国家之急。比年如权邦彦、姜仲谦，至幕职亦起复，几习宣、政之风，望革其弊，以明人伦、厚风俗。"诏邦彦任军赋，宜如旧，余悉罢之。

绍兴元年，召为兵部尚书兼侍读。二年，除端明殿学士、签书枢密院事。初，邦彦献十议以图中兴，大略谓："宜以天下为度，进图洪业，恢复土字，勿苟安于东南。驾御诸将，当威之以法，而限之以爵。命读讲之臣，取累朝训典及三代、汉、唐中兴故事，日陈于前，以神圣学。又监观伤害妨贤之谗，偷安苟容之佞，市恩立威之奸，怀谖罔上之欺，听其言，察其事，则忠邪判。爱民先爱其力，宽民先节其用。朕已奉以佐国，当自执政始。分阃而属大事，类非偏裨之所为，必得贤臣大将然后可。制置一官可省，宜令沿江州县各备境内，总以漕帅，上自荆、鄂、江、池，下至采石、京口，委任得人，乃防秋上策。宗室中岂无杰然有人望，可以济艰难、赞密勿、留宿卫者，愿求其人置诸左右。人事尽则天悔祸，不可独归之数。"

吕颐浩素善邦彦，荐用之。给事中程瑀劾邦彦五罪，三疏不报。邦彦在枢密，又言："宜乘机者三，譬奕之争

先，安可随应随解，不制人而制于人哉？"寻兼权参知政事。帝尝对辅臣言湖南事，颐浩言："李纲纵暴，恐治潭无善状。"帝曰："纲在宣和间论水灾，以得时望。"邦彦曰："纲元无章疏，第略虚名耳。"盖助颐浩以排纲也。三年，卒。

邦彦与政几一年，碌碌无所建明，充位而已。无子，以侄嗣衍为后。有遗稿十卷，号《瀛海残编》，藏于家。

程松，字冬老，池州青阳人。登进士第，调湖州长兴尉。章森、吴曦使北，松为傔从。庆元中，韩侂胄用事，曦为殿帅。时松知钱塘县，谄事曦以结侂胄。侂胄以小故出爱姬，松闻，以百千市之，至则盛供帐，舍诸中堂，夫妇奉之谨。居无何，侂胄意解，复召姬，姬具言松谨待之意，侂胄大喜，除松干办行在诸军审计司、守太府寺丞。未阅旬，迁监察御史，擢右正言、谏议大夫。

吕祖泰上书，乞诛侂胄、苏师旦，松与陈谠劾祖泰当诛，祖泰坐真决，流岭南。松满岁未迁，意殊怏怏，乃献一妾于侂胄，曰"松寿"。侂胄讶其名，问之，答曰："欲使妣贱姓名常蒙记忆尔。"除同知枢密院事，自宰邑至执政财四年。

开禧元年，以资政殿大学士知成都府、四川制置使。侂胄决议开边，期以二年四月分道进兵，命松为宣抚使，兴元都统制吴曦副之，寻加曦为陕西招抚使，许便宜从事。松将东军三万驻兴元，曦将西军六万驻河池。松至益昌，欲以执政礼责曦庭参，曦闻之，及境而返。松用东西军一千八百人自卫，曦多抽摘以去，松殊不悟。曦遣其客纳款于金，献关外四州地，求为蜀王。有告曦叛者，松哂其狂。及金人取成州，守将弃关遁，吴曦焚河池还兴州。松以书从曦求援兵，曦答以"凤州非用骑之地，汉中平衍，可骑以驱驰，当发三千骑往。"盖绐之也。

未几，金人封曦为蜀王。曦遗松书讽使去，松不知所为。兴元帅刘甲、茶马范仲任见松，谋起兵诛曦，松恐事泄取祸，即挥二人起去。会报金人且至，百姓奔走相蹂躏，一城如沸。松亟望米仓山遁去，由阆州顺流至重庆，以书抵曦，丐贶礼买舟，称曦为蜀王。曦遣使以匣封致馈，松望见大恐，疑其剑也，亟逃奔。使者追及，松不得已启视之，则金宝也。松乃兼程出峡，西向掩泪曰："吾今获保头颅矣。"曦诛，诏落职，降三官，筠州居住，再降顺昌军节度副使，澧州安置。又责果州团练副使、宾州安置。死宾州。

陈谦，字益之，温州永嘉人。乾道八年进士，授福州户曹、主管刑工部架阁文字，迁国子录、敕令所删修官、枢密院编修官。陈中兴五事，至李纲议建镇事，上曰："纲何足道。"谦曰："陛下用大臣，审出纲上，宜如圣训。今顾出纲下远甚，奈何？"上蹙然，遂极论逾数刻。

孝宗内禅，通判江州，知常州，提举湖北常平。平辰州峒徭，加直焕章阁，除户部郎中，总领湖、广财赋。谦乃丞相赵汝愚客，会党论起坐斥。后数年，起为提点成都府路刑狱，移京西运判，复直焕章阁。

韩侂胄谋扰金人，令献马者补官，七州民相煽为盗。谦移书侂胄曰："今若倚群盗行剽掠之策，岂得以败亡为戏乎？"既而屡论襄帅皇甫斌、李奕罪，且求罢。上谕旨薛叔似协和之。迁司农少卿、湖广总领，除宣抚司参谋官。

金兵深入，陷应城，焚汉川，汉阳空城走，武昌震惧。谦以宝谟阁待制副宣抚，即日置司北岸，命土豪赵观覆之中流，士马溺死甚众，余兵皆返走。未几，夺职，罢。后复知江州。侂胄死，和议已决，谦复罢，奉祠。卒，年七十三。

谦有隽声，早为善类所予。晚坐伪禁中废，首称侂胄为"我王"，士论由是薄之。

张岩，字肖翁，大梁人，徙家扬州，绍兴末渡江，居湖州。为人机警，柔回善谐。登乾道五年进士第，历官为监察御史，与张釜、陈自强、刘三杰、程松等阿附时相韩侂胄，诬逐当时贤者，严道学之禁。

进殿中侍御史，累迁给事中，除参知政事。以言者罢为资政殿学士、知平江府，旋升大学士、知扬州。时边衅方开，诏岩与程松分帅两淮，已而召还，为参知政事兼同知国用事。开禧二年，迁知枢密院事。明年，除督视江、淮军马。

时方信孺使金议和，值吴曦以蜀叛，议未决，曦伏诛。金人寻前议，信孺再行。侂胄趣岩遣毕再遇、田琳合兵剿敌，且募生擒伪帅。未几，川、陕战屡衄，大散关陷，敌情复变。岩时督府九阅月，费耗县官钱三百七十余万缗，见和议反复，乃言不知兵，固求去。

侂胄诛，御史章燮论岩与苏师旦朋奸误国，夺两官。宁宗谓兵衅方开，岩尝言其不可，许自便，复元官，奉祠。以银青光禄大夫致仕，薨，赠特进。

论曰：史浩宅心平恕，而不能相其君恢复之谋。王淮为伪学之禁，毒痛善类。赵雄与虞允文协谋用兵，而旧史谓二人沮抑张栻，何哉？邦彦守城力战，惜乎助吕颐浩攻李纲，君子少之。程松、陈谦、张岩谄谀之徒，何足算哉！

卷三百九十七
列传第一百五十六

徐谊　吴猎　项安世　薛叔似
刘甲　杨辅　刘光祖

徐谊，字子宜，一字宏父，温州人。乾道八年进士，累官太常丞。孝宗临御久，事皆上决，执政惟奉旨而行，群下多恐惧顾望。谊谏曰："若是则人主日圣，人臣日愚，陛下谁与共功名乎？"及论乐制，谊对以"宫乱则荒，其君骄；商乱则陂，其官坏。"上遽改容曰："卿可谓不以官自惰矣。"

知徽州，陛辞，属光宗初受禅，谊奏："三代圣王，有至诚而无权术，至诚不息，则可以达天德矣。"至郡，歙县有妻杀夫系狱，以五岁女为证，谊疑曰："妇人能一掌致人死乎？"缓之未覆也。会郡究实税于庭，死者父母及弟在焉，乃言："我子欠租久系，饥而大叫，役者批之，堕水死矣。"然后冤者得释，吏皆坐罪，阖郡以为神。移提举浙西常平，守右司郎中，迁左司。

孝宗疾浸棘，上久稽定省，谊入谏，退告宰相曰："上慰纳从容，然目瞪不瞬，意思恍惚，真疾也。宜祷祠郊庙，进皇子嘉王参决。"丞相留正不克用。

孝宗崩，上不能丧，祭奠有祝，有司不敢摄，百官皆未成服。谊与少保吴琚议请太皇太后临朝，扶嘉王代祭。及将襢，正忧惧，仆于殿庭而去。谊以书谯赵汝愚曰："自古人臣为忠则忠，为奸则奸，忠奸杂而能济者，未之有也。公内虽心惕，外欲坐观，非杂之谓欤？国家安危，在此一举。"汝愚问策安出，谊曰："此大事，非宪圣太后命不可。而知阁门事韩侂胄，宪圣之戚也，同里蔡必胜与侂胄同在阁门，可因必胜招之。"侂胄至，汝愚以内禅议遣侂胄请于宪圣，侂胄因内侍张宗尹、关礼达汝愚意，宪圣许之。

宁宗即位，谊迁检正中书门下诸房公事兼权刑部侍郎，进权工部侍郎、知临安府。侂胄恃功，以赏薄浸觖望。谊告汝愚曰："异时必为国患，宜饱其欲而远之。"不听。

汝愚雅器谊，除授建明多咨访，谊随事裨助，不避形迹，怨者始众。尝劝汝愚早退，汝愚亦自请："名在属籍，不宜久司揆事，愿因阜陵讫事以去。"宁宗已许之。侂胄出入禁中无度，谊密启汝愚，无计防之，乃直面讽侂胄。侂胄疑将排己，首谒谊，退束装，冀谊还谒，留之通殷勤。谊不往。

吏部侍郎彭龟年论侂胄罪状，侂胄疑汝愚、谊知其情，益怨恨。以御史刘德秀、胡纮疏谊，责惠州团练副使、南安军安置，移袁州，又移婺州。久之，许自便。复官，提举崇道观，起守江州，加集英殿修撰，升宝谟阁待制，移知建康府，兼江、淮制置使。初，金攻庐、楚不下，留兵缀濠州以待和，时时钞掠，与宋师遇，杀伤相当，淮人大惊，复进流江南，在建康者以数十万计。谊昼夜捍循，益严备御，请专捍敌，勿从中御。朝廷惧生事，移知隆兴府以卒。

谊尝与绍兴老校接，于行阵之法，分数奇正，皆有指授，自为图式。后谥忠文。

吴猎，字德夫，潭州醴陵人。登进士第，初主浑州平南簿。时张栻经略广西，檄摄静江府教授。刘焞代栻，栻以猎荐，辟本司准备差遣。

盗李接起，陷容、雷、高、化、贵、郁林等州，猎请赏劳诛罪，焞于是录郁林功，诛南流县尉、郁林巡检，人人惊厉，争死斗，不逾时，盗悉就擒。尉，宰相王淮甥也，猎坐降官。久之，知常州无锡县。用陈傅良荐，召试，守正字。

光宗以疾久不觐重华宫，猎上疏曰："今慈福有八十之大母，重华有垂白之二亲，陛下宜于此时问安上寿，恪共子职。"辞甚切。又白宰相留正，乞召朱熹、杨万里。时陈傅良以言过宫事不行求去,猎责之曰:"今安危之机,判然可见,未闻有牵裾折槛之士。公不于此时有所奋发,为士大夫倡,第洁身而去,于国奚益!"傅良为改容谢之。

宁宗即位,迁校书郎,除监察御史。上趣修大内,将移御,猎言:"寿皇破汉、魏以来之薄俗,服高宗三年之丧,陛下万一轻去丧次,将无以慰在天之灵。"又言:"陛下即位,未见上皇,宜笃厉精诚,以俟上皇和豫而袛见焉。"会伪学禁兴,猎言:"陛下临御未数月,今日出一纸去宰相,明日出一纸去谏臣,昨又闻侍讲朱熹遽以御札畀祠,中外惶骇,谓事不出于中书,是谓乱政。"猎既驳史浩谥,又请以张浚配享阜陵曰:"艰难以来,首倡大义,不以成败利钝异其心,精忠茂烈,贯日月、动天地,未有过于张浚也。孝宗皇帝规恢之志,一饭不忘。历考相臣,终始此念,足以上配孝宗在天之意,亦惟浚一人耳。"议皆不合。出为江西转运判官,寻劾罢。

久之,党禁弛,起为广西转运判官,除户部员外郎、总领湖广江西京西财赋。韩侂胄议开边,猎贻书当路,请号召义士以保边场,刺子弟以补军实,增枣阳、信阳之戍以备冲突,分屯阳罗五关以捍武昌,杜越境诱窃以谨边隙,选试良家子以卫府库。且谓:"金人惩绍兴末年之败,今其来必出荆、襄逾湖。"乃输湖南米于襄阳,凡五十万石;又以湖北漕司和籴米三十万石分输荆、鄂、安、信四郡;蓄银帛百万计以备进讨;拔董逵、孟宗政、柴发等分列要郡,厥后皆为名将。

召除秘书少监,首陈边事,乞增光、鄂、江、黄四郡戍。属江陵告饥,除秘阁修撰、主管荆湖北路安抚司公事、知江陵府。陛辞,请出大农十万缗以振饥者。道武昌,遣人招商分籴;至郡,减价发粜,米价为平。

猎计金攻襄阳,则荆为重镇,乃修"高氏三海",筑金鸾、内湖、通济、保安四匮,达于上海而注之中海;拱辰、长林、药山、枣林四匮,达于下海;分高沙、东奖之流,由寸金堤外历南纪、楚望诸门,东汇沙市为南海。又于赤湖城西南遏走马湖、熨斗陂之水,西北置李公匮,水势四合,可限戎马。

金人围襄阳、德安,游骑迫竟陵,朝廷命猎节制本路兵马。猎遣张荣将兵援竟陵,又招神马陂溃卒得万人,分援襄阳、德安。加宝谟阁待制、京湖宣抚使。

时金人再犯竟陵,张荣死之,襄阳、德安俱急。吴曦俄反于蜀,警报至,猎请魏了翁摄参议官,访以西事,募死士入竟陵,命其将王宗廉死守,调大军及忠义、保捷分道夹击,金人遂去。又督董逵等援德安,董世雄、孟宗政等解襄阳之围。

西事方殷,猎为讨叛计,请于朝,以王大才、彭辂任西事,仍分兵抗均、房诸险,漕粟归、峡以待王师。及曦诛,除刑部侍郎,充四川宣谕使。朝廷命旌别淑慝。以敷文阁学士、四川安抚制置使兼知成都府。嘉定六年召还,卒,家无余资。蜀人思其政,画像祠之。

猎初从张栻学,乾道初,朱熹会栻于潭,猎又亲炙,湖湘之学一出于正,猎实表率之。有《畏斋文集》、奏议六十卷。谥文定。

项安世,字平父,其先括苍人,后家江陵。淳熙二年进士,召试,除秘书正字。光宗以疾不过重华宫,安世上书言:"陛下仁足以覆天下,而不能施爱于庭闱之间;量足以容群臣,而不能忍于父子之际。以一身寄于六军、万姓之上,有父子然后有君臣。愿陛下自入思虑,父子之情,终无可断之理;爱敬之念,必有油然之时。圣心一回,何用择日,早往则谓之省,暮往则谓之定。即日就驾,旋乾转坤,在返掌间尔。"疏入不报。安世遗宰相留正书求去,寻迁校书郎。

宁宗即位,诏求言,安世应诏言:

管夷吾治齐,诸葛亮治蜀,立国之本,不过曰量地以制赋,量赋以制用而已。陛下试披舆地图,今郡县之数,比祖宗时孰为多少?比秦、汉、隋、唐时孰为多少?陛下必自知其狭且少矣。试命版曹具一岁赋入之数,祖宗盛时,东南之赋入几何?建炎、绍兴以来至乾道、淳熙,其所增取几何?陛下试命内外群臣有司具一岁之用,人主供奉、好赐之费几何?御前工役、器械之费几何?嫔嫱、宫寺廪给之费几何?户部、四总领养兵之费几何?州县公使、迎送、请给之费几何?陛下必自知其为侈且滥矣!用不量赋而至于侈且滥,内外上下之积不得不空,天地山川之藏不得不竭,非忍痛耐谤,一举而更张之,未知其所以终也。

今天下之费最重而当省者,兵也。能用土兵则兵可省,能用屯田则兵可省。其次莫如宫掖。兵以待敌国,常畏而不敢省,故省兵难。宫掖以私一身,常爱而不忍省,故省宫掖难。不敢省者,事在他人;不忍省者,在陛下。宫中之嫔嫱、宫寺,陛下事也,宫中之器械、工役,陛下事也,陛下肯省则省之。宫中既省,则外廷之官吏,四方之州县,从风而省,奔走不暇,简朴成风,民志坚定,民生日厚,虽有水旱虫蝗之灾,可活也;国力日壮,虽有夷狄盗贼之变,可为也。复祖宗之业,雪人神之愤,惟吾所为,无不可者。

时朱熹召至阙,未几予祠,安世率馆职上书留之,言:"御笔除熹宫祠,不经宰执,不由给舍,径使快行,直送熹家。窃揣圣意,必明知熹贤不当使去,宰相见之必执奏,给舍见之必缴驳,是以为此骇异变常之举也。夫人主患不知贤尔,明知其贤而明去之,是示天下以不复用贤也。人主患不闻公议尔,明知公议之不可而明犯之,是示天下以不复顾公议也。且朱熹本一庶官,在二千里外,陛下即位未数日,即加号召,异以从官,俾侍经幄,天下皆以为初政之美。供职甫四十日,即以内批逐之,举朝惊愕,不知所措。臣愿陛下谨守纪纲,毋忽公议,复留朱熹,使辅圣学,则人主无失,公议尚存。"不报。俄为言者劾去,通判重庆府,未拜,以伪党罢。

安世素善吴猎,二人坐学禁久废。开禧用兵,猎起帅荆渚,安世方丁内艰。起复,知鄂州。俄淮、汉师溃,薛叔似以怯懦为侂胄所恶,安世因贻侂胄书,其末曰:"偶送客至江头,饮竹光酒,半醉,书不成字。"侂胄大喜曰:"项平父乃尔闲暇。"遂除户部员外郎、湖广总领。

会叔似罢，金围德安益急，诸将无所属。安世不俟朝命，径遣兵解围。高悦等与金人力战，马雄获万户，周胜获千户，安世第其功以闻。猎代叔似为宣抚使，寻以宣谕使入蜀。朝命安世权宣抚使，又升太府卿。

有宣抚幕官王度者，吴猎客也。猎与安世素相友，及安世招军，名项家军，多不逞，好房掠，猎斩其为首者，安世憾之，至是斩度于大别寺。猎闻于朝，安世坐免。后以直龙图阁为湖南转运判官，未上，用台章夺职而罢。嘉定元年，卒。所著《易玩辞》、他书，多行于世。

薛叔似，字象先，其先河东人，后徙永嘉。游太学，解褐国子录。初登对，论："祖宗立国之初，除二税外，取民甚轻。自熙宁以来，赋日增而民困滋甚。"孝宗嘉纳，因曰："朕在宫中如一僧。"叔似曰："此非所望于陛下，当论功业如何。正使海内富庶如文、景，不过江左之文、景；法度修明如明、章，不过江左之明、章。陛下即位二十余年，国势未张，未免牵于苟安无事之说。"上默然。

复数日，宰执进拟朝士，上出寸纸书叔似及应孟明姓名，嘉其奏对也。迁太常博士，寻除枢密院编修官。时仿唐制，置补阙、拾遗，宰臣启，拟令侍从、台谏荐人，上自除叔似左补阙。叔似论事，遂劾首相王淮去位。

属金主殂，太孙景立，叔似奏："规模果定，则乘五单于争立之机；规模不存，则恐成五胡迭起之势。"光宗受禅，时传金使入界使名未正，叔似奏："自寿皇一正匹敌之礼，金人常有南顾之虞，使名未正而遽受之，秖以重其玩侮。"翼日复奏："谋国者畏敌太过。"上奋然开纳。

除将作监，出为江东转运判官。俄以谏臣论罢，主管冲佑观，寻除湖北运判，加直秘阁，移福建，召为太常少卿兼实录院检讨官、守秘书监、权户部侍郎。初，丞相周必大请择侍从、台谏忠直者提举太史局，盖用神宗朝司马光与王安礼故事，曆度少差，豫图销弭，遂命叔似提举。寻兼枢密都承旨，以刘德秀疏罢，提举兴国宫。起知赣州，移隆兴府、庐州，召除在京宫观兼侍读，进权兵部侍郎兼同修国史兼国用司参议官。两浙民有身丁钱，叔似请于朝，遂蠲之。

试吏部侍郎兼侍读，充京、湖宣谕使。时韩侂胄开边，除兵部尚书、宣抚使。叔似方乞给降官会，分拨纲运，募兵鬻马，辟致僚佐，而皇甫斌唐州之师已败矣。遂劾斌，南安军安置。叔似料敌必侵光、黄，委总领陈谦按行五关，发鄂卒守三关。金果入寇，谦驻汉阳为江左节制。

寻除叔似端明殿学士兼侍读。时宣司兵戍襄阳，都统赵淳、副统制魏友谅与统制吕渭孙不相下，渭孙死之，叔似遂自劾委任失当。叔似夙以功业自期，逮临事，绝无可称。以御史王益祥论，夺职罢祠。侂胄诛，谏官叶时再论，降两官，谪福州，以兵端之开，叔似迎合故也。久之，许自便。嘉定十四年卒，赠银青光禄大夫，谥恭翼。

叔似雅慕朱熹，穷道德性命之旨，谈天文、地理、钟律、象数之学，有稿二十卷。

刘甲，字师文，其先永静军东光人，元祐宰相挚之后也。父著，为成都漕幕，葬龙游，因家焉。甲，淳熙二年进士，累官至度支郎中，迁枢密院检详兼国史院编修官、实录院检讨官。

使金，至燕山，伴宴完颜者，名犯仁庙嫌讳，甲力辞，完颜更名修。自绍兴后，凡出疆遇忌，俱辞设宴，皆不得免，秦桧所定也。九月三日，金宴甲，以宣仁圣烈后忌，辞。还除司农少卿，进太常，擢权工部侍郎，升同修撰，除宝谟阁待制，知江陵府，湖北安抚使。甲谓："荆州为吴、蜀脊，高保融分江流，潴之以为北海，太祖常令决去之，盖保江陵之要害也。"即因遗址浚筑，亘四十里。移知庐州。

程松为四川宣抚使，吴曦副之，以甲知兴元府、利东安抚使。时蜀口出师败衄，金陷西和、成州，曦焚河池县。先是，曦已遣姚淮源献四州于金，金铸印立曦为蜀王。甲时在汉嘉，未至镇也。金人破大散关，兴元都统制毋思以重兵守关，而曦阴彻蕞关之戍，金自板岔谷绕出关后，思挺身免。

甲告急于朝，乞下两宣抚司协力捍御。松谋遁，甲固留不可，遽以便宜檄甲兼沿边制置。曦遣后军统制王钺、准备将赵观以书致甲，甲援大义拒之，因卧疾。曦又遣其弟旼邀甲相见，甲叱而去之。乃援颜真卿河北故事，欲自拔归朝，先募二兵持帛书遣参知政事李壁告变，且曰："若遣吴总以右职入川，即日可瓦解矣。"

曦僭王位，甲遂去官。朝廷久乃微闻曦反状，韩侂胄犹不之信，甲奏至，举朝震骇。壁袖帛书进，上览之，称"忠臣"者再。召甲赴行在，命吴总以杂学士知鄂州，多赐告身、金钱，使招谕诸军为入覡计。复命以帛书赐甲曰："所乞致仕，实难允从，已降指挥，召赴行在。今朝廷已遣使与金通和，襄、汉近日大捷，北兵悉已渡江而去。恐蜀远未知，更在审度事宜，从长区处。"二兵皆补官。

甲舟行至重庆，闻安丙等诛曦，复还汉中，上奏待罪。诏趣还任。甲奏叛臣子孙族属及附伪罪状，公论快之。会宣抚副使安丙以杨巨源自负倡义之功，阴欲除之，语在《巨源传》。巨源既死，军情匈测，除甲宣抚使。杨辅亦以为请，当国者疑辅避事，李壁曰："昔吴璘属疾，孝宗尝密诏汪应辰权宣抚司事，既而璘果死，应辰即日领印，军情遂安，此其例也。"乃以密札命甲，甲镌藏之。未几，金自鹘岭关扎金崖，进屯八里山，甲分兵进守诸关，截潼川戍兵驻饶风以待之。金人知有备，引去。

侂胄诛，上念甲精忠，拜宝谟阁学士，赐衣带、鞍马。是岁，和议成，朝廷闻彭辂与丙不协，以书问甲，又俾谕丙减汰诸军勿过甚，及访蜀人才之可用者。盖自杨辅召归，西边诸事，朝论多于甲取决，人无知者。

绍兴中，蜀军无见粮，创为科籴。孝宗闻其病民，命总领李繁以本所钱招籴，惧不给，又命劝籴其半，"劝籴"之名自此始。久之，李昌图总计，复奏令金、梁守倅任责收籴，而劝籴遂罢。及是，宣、总司令金洋、兴元三郡劝籴小麦三十万石，甲乞下总所照李繁成法措置，从之。

明年，罢宣抚司，合利东、西为一帅，治兴元，移甲知潼川府。安丙既同知枢密院事，董居谊为制置使，甲进宝谟阁学士、知兴元府、利路安抚使，节制本路屯驻军马。朝廷计居谊犹在道，命甲权四川制置司事。

先是，大臣抚蜀者，诸将事之，有所谓互送礼，实贿赂也。甲下令首罢之，凡丙所立茶盐柴邸悉废之。又乞以皂郊博易铺场还隶沔戎司，复通吴氏庄，岁收租四万斛有奇，钱十三万，以裨总计。从之。丙增多田税，甲命属吏讨论，由一府言之，岁减凡百六十万缗、米麦万七千石，边民感泣。嘉定七年，卒于官，年七十三。

甲幼孤多难，母病，刲股以进。生平常谓："吾无他长，惟足履实地。"昼所为，夜必书之，名曰"自监"。为文平澹，有奏议十卷。理宗诏谥清惠。

杨辅，字嗣勋，遂宁人。乾道二年进士甲科，召试馆职，除秘书省正字，迁校书郎。出知眉州，累迁户部郎中、总领四川财赋，升太府少卿、利西安抚使。

吴挺病，辅以吴氏世帅武兴，久恐生变，密白二府，早择人望以镇方面。又贻书四川制置丘崈言："统制官李蘖乃吴氏腹心，缓急不可令权军。"崈然之。挺卒，崈檄辅权帅事，辅谓："职为王人，若轻往，第疑军心。"遂索印即益昌领事。复数月，奏以权兴州事杨虞仲兼权。

召守秘书监、礼部侍郎，以显谟阁待制知江陵府，移襄阳，又移潼川。召还，除显谟阁直学士，奉外祠，寻以敷文阁直学士知成都府、兼本路安抚使。韩侂胄决意用兵，以吴曦为四川宣抚副使，假以节制财利之权。辅觇曦有异志，贻书大臣言："自昔兵帅与计臣不相统摄，故总领有报发觉察之权。今所在皆受节制，内忧不轻。"因托言他事，遣人以矾书告于朝。朔日，率官属东望拜表如常仪。上意辅能诛曦，密诏授宝谟阁学士、四川制置使，许以便宜从事。时人望辅倡义，刘光祖、李道皆勉之。辅自以不习兵事，且内郡无兵可用，迁延两月，但为去计。曦移辅知遂宁府，辅遂以印授通判韩植而去。

安丙、杨巨源密谋诛曦，以辅有人望，谓密诏自辅所来，闻者皆信。曦既诛，丙趣辅还成都，除四川宣抚使。奏言："臣以衰病软懦，而居建元功者之上，徒恐牵制败事。安丙才力强济，赏罚明果，乞以事任付丙。"又论："蜀中三帅，惟武兴事权特重，故致今日之变。乞并置两帅，分其营屯、隶属。"

安丙奏乞两官抚分司，朝廷察丙与辅异，召辅赴阙。议者谓蜀乱初平，如辅未宜去，乃复以为制置使兼知成都府。再被召，逾年财抵建康，复引咎不进。上召辅益坚，乃之镇江俟命。著作佐郎杨简言辅尝弃成都，不当召，乃除兵部尚书兼侍读，以龙图阁学士知建康府兼江、淮制置使。卒于官，谥曰庄惠。

刘光祖，字德修，简州阳安人。幼出于外祖贾晖，后以晖遗泽补官。登进士第，廷对，言："陛下睿察太精，宸断太严，求治太速，喜功太甚。"又言："陛下躬擐甲胄，间驭毳马，一旦有警，岂能亲董六师以督战乎？夫人主自将，危道也。臣恐毳马之事，敌人闻之，适以贻笑，不足以示武。"除剑南东川节度推官，辟潼川提刑司检法。

淳熙五年，召对，论恢复事，请以太祖用人为法，且曰："人臣献言，不可不察：其一，不量可否，劝陛下轻出骤进，则是即日误国；其一，不思振立，苟且偷安，则是久远误国。"除太学正。召试，守正字，兼吴、益王府教授，迁校书郎，除右正言、知果州。以赵汝愚荐，召入。

光宗即位，除军器少监兼权侍左郎官，又兼礼部。时殿中侍御史阙，上方严其选，谓宰相留正曰："卿监、郎官中有其人。"正沈思久之，曰："得非刘光祖乎？"上曰："是久在朕心矣。"

光祖入谢，因论：

近世是非不明，则邪正互攻；公论不立，则私情交起。此固道之消长，时之否泰，而实为国家之祸福，社稷之存亡，甚可畏也。本朝士大夫学术议论，最为近古，初非有强国之术，而国势尊安，根本深厚。咸平、景德之间，道臻皇极，治保太和，至于庆历、嘉祐盛矣。不幸而坏于熙、丰之邪说，疏弃正士，招徕小人，幸而元祐君子起而救之，末流大分，事故反覆。绍圣、元符之际，群凶得志，绝灭纲常，其论既胜，其势既成，崇、观而下，尚复何言。

臣始至时，闻有讥贬道学之说，而实未睹朋党之分。中更外艰，去国六载，已忧两议之各甚，而恐一旦之交攻也。逮臣复来，其事果见。因恶道学，乃生朋党，因生朋党，乃罪忠谏。嗟乎，以忠谏为罪，其去绍圣几何！陛下履位之初，端拱而治，凡所进退，率用人言，初无好恶之私，岂以党偏为主。而一岁之内，逐者纷纷，中间好人固亦不少，反以人臣之私意，微累天日之清明。往往推忠之言，谓为沽名之举；至于洁身以退，亦曰愤怼而然。欲激怒于至尊，必加之以评訕。事势至此，循ீ乃宜，循默成风，国家安赖？

臣欲熄将来之祸，故不惮反复以陈。伏几圣心豁然，永为皇极之主，使是非由此而定，邪正由此而别，公论由此而明，私情由此而熄，道学之讥由此而消，朋党之迹由此而泯，和平之福由此而集，国家之事由此而理，则生灵之幸，社稷之福也。不然，相激相胜，展转反复，为祸无穷，臣实未知銮驾之所。

章既下，读之有流涕者。劾罢户部尚书叶翥、太府卿兼中书舍人沈揆结近习，图进用，言："比年以来，士大夫不慕廉靖而慕奔竞，不尊名节而尊爵位，不乐公正而乐软美，不敬君子而敬庸人，既安习以成风，谓苟得为至计。良由前辈老成，零落殆尽，后生晚进，议论无所据依，学术无所宗主，正论益衰，士风不竞。幸诏大臣，妙求人物，必朝野所共属、贤愚所同敬者一二十人，参错立朝，国势自壮。臣虽终岁无所奏纠，固亦未至旷官。今日之患，在于不封殖人才，台谏但有摧残，庙堂初无长养。臣处当言之地，岂以排击为能哉？"徙太府少卿。求去不已，除直秘阁、潼川运判。改江西提刑，又改夔州。

时孝宗不豫，上久不过宫，光祖致书留正、赵汝愚曰："宜与群贤并心一力，若上未过宫，宰执不可归安私第。林、陈二阁，自以获罪重华，日夜交谋其间。宜用韩魏公逐任守忠故事,以释两宫疑谤。大臣亦当收兵柄,密布腹心,俾缓急有可仗者。"闻孝宗崩,又贻书汝愚,勉以安国家、定社稷之事。

宁宗即位,除侍御史,改司农少卿。入对,献《谨始》五箴。又论:"人主有六易:天命易恃,天位易乐,无事易安,意欲易奢,政令易急,岁时易玩。又有六难:君子难进,小人难退,苦言难入,巧佞难远,是非难明,取舍难决。暗主之所易,明主之所难;暗主之所难,明主之所易。"又言:"陛下以隆慈之命,践祚于素幄,盖有甚不得已者,宜躬自贬损,尽礼于上皇,使圣意欢然知释位之乐,然后足以昭陛下之大孝。"上悚然嘉纳。

进起居舍人。论:"政令当出中书,陛下审而行之,人主操柄,无要于此。"知阁门事韩侂胄寖擅威福,故首及之。迁起居郎。集议卜孝宗山陵,与朱熹皆谓会稽山陵,土薄水浅,乞议改卜。既而熹与祠,光祖言:"汉武帝之于汲黯,唐太宗之于魏征,仁宗之于唐介,皆暂怒旋悔。熹明先圣之道,为今宿儒,又非三臣比。陛下初膺大宝,招徕耆儒,比初政之最善者。今一旦无故去之,可乎?"且曰:"臣非助熹,助陛下者也。"再疏,不听。

刘德秀劾光祖,出为湖南运判,不就,主管玉局观。赵汝愚既罢相,侂胄擅朝,遂目士大夫为伪学逆党,禁锢之。光祖撰《涪州学记》,谓:"学之大者,明圣人之道以修其身,而世方以道为伪;小者治文章以达其志,而时方以文为病。好恶出于一时,是非定于万世。"谏官张釜指为谤讪,比之杨恽,夺职,谪居房州。久之,许自便。起知眉州,复职,将漕利路,以不习边事辞。进直宝谟阁,主管冲佑观。

吴曦叛,光祖白郡守,焚其榜通衢,且驰告帅守、监司之所素知者,仗大义,连衡以抗贼。俄闻曦诛,则以书属宣抚使杨辅,讲行营田,前日利归吴氏者,悉收之公上,以省饷军费;奖名节,旌死事以激忠烈之心。除潼川路提刑、权知泸州。侂胄诛,召除右文殿修撰、知襄阳府,进宝谟阁待制、知遂宁府,改京、湖制置使,以宝谟阁直学士知潼川府。

诏以闵雨求言,光祖奏:"女直乃吾不共戴天之仇,天亡此仇,送死于汴。陛下为天之子,不知所以图之,天与不取,是谓弃天,未有弃天而天不我怒也。青、郓、蔺、会求通弗纳,陛下为中国衣冠之主,人归而我绝之,是谓弃人,未有弃人而人不我怨也。且金人舍其巢穴,污我汴京,尚可使吾使人拜之于祖宗昔日朝会之廷乎?"

又请改正宪圣慈烈皇后讳日。先是,后崩以庆元三年十一月二日,郊禋期迫,或谓侂胄曰:"上亲郊,不可不成礼。且有司所费既夥,奈何已之?"侂胄入其言,五日祀圜丘,六日始宣遗诰。于是光祖言:"宪圣,陛下之曾祖母,克相高宗,再造大业。侂胄敢视之如卑丧,迁就若此。贼臣就戮,盍告谢祖宗,改从本日?"从之。

升显谟阁直学士、提举玉隆万寿宫。引年不许,提举西京嵩山崇福宫。嘉定十五年卒,进华文阁学士,谥文节。

赵汝愚称光祖论谏激烈似苏轼,恳恻似范祖禹,世以为名言。所著《后溪集》十卷。子:端之、靖之、翊之、竑之。

论曰:徐谊窜逐于小人之手,身之否,道之亨也。吴猎之以学为政,项安世之通经博古,皆一时之英才,今更定旧史,公论其少伸欤!薛叔似通儒也,不幸以开边事累之。刘甲、杨辅蔚乎有用之才。刘光祖盛名与《涪州学记》并传穿壤,世之人何惮而不为君子也!

卷三百九十八
列传第一百五十七

余端礼　李壁　丘崈　倪思
宇文绍节　李蘩

余端礼,字处恭,衢州龙游人。第进士,知湖州乌程县。民间赋丁绢钱,率三氓出一缣,不输绢而折其估,一缣千钱,后增至五千,民不胜病。端礼以告于府,事得上闻,又自诣中书陈便宜,岁蠲缗钱六万。

召对,时孝宗志在恢复,端礼言:

谋敌决胜之道,有声有实。敌弱者先声后实,以慑其气;敌强者先实后声,以俟其机。汉武乘匈奴之困,亲行边陲,威震朔方,而漠南无王庭者,慑其气而服之,所谓先声而后实也。越谋吴则不然,外讲盟好,内修武备,阳行成以种、蠡,阴结援于齐、晋,教习之士益精,而献遗之礼益密,用能一战而霸者,伺其机而图之,所谓先实而后声也。今日之事异于汉而与越相若。愿阴设其备,而密为之谋,观变察时,则机可投矣。

古之投机者有四:有投隙之机,有捣虚之机,有乘乱之机,有承弊之机。因其内衅而击之,若匈奴困于三国之攻而宣帝出师,此投隙之机也。因其外患而伐之,若夫差牵于黄池之役而越兵入吴,此捣虚之机也。敌国不道,因其离而举之,若晋之降孙皓,此乘乱之机也。敌人势穷,蹑其后而蹙之,若高祖之追项羽,此乘弊之机也。机之未至,不可以先;机之已至,不可以后。以此备边,安若太山,以此应敌,动如破竹,惟所欲为,无不如志。

上喜曰:"卿可谓通事体矣。"后以荐为监察御史,迁大理少卿,转太常少卿。

诏以来岁祈谷上帝,仲春躬耕籍田,令礼官讨论明道故事。端礼言:"祈谷之制,合祭天地于圜丘,前期享于太庙,视冬至郊祀之仪,此国朝故事也。若乃明道之制,则以宫中火后寝室落成,故于太安殿恭谢天地,此特一时谢灾之事耳。今欲祈谷而耕籍,必合祭天地于圜丘,必前期朝享于景灵宫、太庙可也。欲如明道之制,行于殿庭不可。"诏太常、礼部集议。中书有可以义起者,端礼曰:"礼固有可义起,至于大体,则不可易。古者郊而后耕,以其于郊,故谓之郊,犹祀于明堂,故谓之明堂。如明道谢灾之制,则与祈谷异。今以郊而施之殿庭,亦将以明堂而施之坛壝乎？礼之失自端礼始，端礼死不敢奉诏。"上为之止。

权兵部侍郎兼太子詹事，进吏部侍郎，出知太平州，奉祠。光宗立，召见，言："天子之孝不与庶人同。今陛下之孝于寿皇，当如舜之于尧，行其道可也，武之于文，继其志、述其事可也。凡寿皇睿谋圣训，仁政善教，所尝施于天下者，愿与二三大臣朝夕讲求而力行之，则足以尽事亲之孝矣。"授集英殿修撰、知赣州，还为吏部侍郎、权刑部尚书兼侍讲，以焕章阁直学士知建康府。召拜吏部尚书，擢同知枢密院事。

兴州帅吴挺死，端礼谓枢密赵汝愚曰："吴氏世握蜀兵，今若复令承袭，将为后患。"汝愚是其言，合辞以奏，光宗意未决，端礼言："汝愚所请为蜀计，为东南计。夫置大将而非其人，是无蜀也，无蜀，是无东南也。今军中请帅而迟迟不报，人将生心。"不听。后挺子曦卒以蜀叛，如端礼言。

上以疾不朝重华宫，孝宗崩，又不能发丧，人情恟然。端礼谓宰相留正曰："公独不见唐肃宗朝群臣发哀太极殿故事乎？宜请太皇太后代行祭奠之礼。"于是宰执以请于太皇太后，留正惧，入临重华宫，仆地致仕而去。

太皇太后垂帘，策皇子嘉王即皇帝位，王流涕逊避。端礼奏："太上违豫，大丧乏主，安危之机在于呼吸，太皇太后非为陛下计，乃为太上皇帝计，为宗社计。今坚持退让，不思国家之大计，是守匹夫之小节而昧天子之大孝也。"宁宗懔然收泪，不得已，侧身就御坐之半。端礼与汝愚再拜固请，宁宗乃正御坐，退行禫祭礼。

进端礼知枢密院事兼参知政事。汝愚去右丞相位，端礼代之。始，端礼与汝愚同心共政，汝愚尝曰："士论未一，非余处恭不能任。"及韩侂胄以传道之劳，浸窃威柄，汝愚等欲疏斥，谋泄而汝愚逐。端礼不能遏，但长吁而已。

浙西常平黄灏以放民租窜，知婺州黄度以庇蜀吏褫职罢郡，二人皆侂胄所憾，端礼执奏，竟不免于罪。太府丞吕祖俭坐上书忤侂胄南迁，端礼救解不获，公议始归责焉。他日见上，言除从官中书不知，朝纲已紊，祸根已滋。即丐去，不许，进左丞相。

端礼在相位期年，颇知拥护善类，然为侂胄所制，壹郁不惬志，称疾求退，以观文殿大学士提举洞霄宫。居顷之，判潭州，移庆元，复帅潭。薨，授少保、郇国公致仕，赠太傅，谥忠肃。子嵘，工部尚书。

李壁字季章，眉之丹稜人。父焘，典国史。壁少英悟，日诵万余言，属辞精博，周必大见其文，异之曰："此谪仙才也。"孝宗尝问焘："卿诸子孰可用？"焘以壁对。以父任入官，后登进士第。召试，为正字。

宁宗即位，徙著作佐郎兼刑部郎、权礼部侍郎兼直学士院。时韩侂胄专国，建议恢复，宰相陈自强请以侂胄平章国事，遂召壁草制，同礼部尚书萧达讨论典礼，命侂胄三日一朝，序班丞相上。

壁受命使金，行次扬州，忠义人朱裕挟宋师袭涟水，金人愤甚，壁乞枭裕首境上，诏从其请。壁至燕，与金人言，披露肝胆，金人之疑顿释。壁归，侂胄用师意方锐，壁言："进取之机，当重发而必至，毋轻出而苟沮。"既而陈景俊使北还，赞举兵甚力，钱象祖以沮兵议忤侂胄得罪贬；壁论襄阳形势，深以腹心为忧，欲待敌先发，然后应之，侂胄意不怿，于是四川、荆、淮各建宣抚而师出矣。

壁度力不能回，乃入奏："自秦桧首倡和议，使父兄百世之仇不复开于臣子之口。今庙谋未定，士气积衰，苟非激昂，曷克丕应。臣愚以为宜亟贬秦桧，示天下以仇耻必复之志，则宏纲举而国论明，流俗变而人心一，君臣上下奋励振作，拯溃民于残虐，湔祖宗之宿愤。在今日举而措之，无难矣。"疏奏，秦桧坐追王爵。议者谓壁不论桧之无君而但指其主和，其言虽公，特以迎合侂胄用兵之私而已。

初，侂胄召叶适直学士院，草出师诏，适不从，乃以属壁，由是进权礼部尚书。侂胄既丧师，始觉为苏师旦所误，一夕招壁饮，酒酣，及师旦事，壁微摘其过，觇侂胄意向，乃极言："师旦怙势招权，使明公负谤，非窜谪此人，不足以谢天下。"师旦坐贬官。壁又言："郭倬、李汝翼偾军误国之罪，宜诛之以谢淮民。"拜参知政事。

金遣使来，微示欲和意，丘崈以闻，壁贻崈书，俾遣小使致书金帅求成，金帅报书以用兵首谋指侂胄，侂胄大恚，不复以和为意。壁言："张浚以讨贼复仇为己任，隆兴之初，事势未集，亦权宜就和。苟利社稷，固难执一。"侂胄不听，以张岩代崈，壁力争，言丘崈素有人望，侂胄变色曰："方今天下独有一丘崈邪！"

吴曦叛，据蜀称王，杨巨源、安丙诛之。事闻，壁议须重置宣抚，荐制置使杨辅为宣抚使，而使安丙辅之。丙杀杨巨源，辅恐召变，以书举刘甲自代，侂胄疑辅避事，壁曰："孝宗闻吴璘病，亟诏汪应辰权宣抚使职事，蜀赖以安，此故事也。"于是命甲权宣抚使。

方信孺使北归，言金人欲缚送侂胄，故侂胄忿甚，用兵之意益急。壁方与共政，或劝其速去，毋与侂胄分祸，壁曰："嘻，国病矣，我去谁适谋此？"会礼部侍郎史弥远谋诛侂胄，以密旨告壁及钱象祖，象祖欲奏审，壁言事留恐泄，侂胄迄诛，壁兼同知枢密院事。御史叶时论壁反复诡谲，削三秩，谪居抚州。后辅臣言诛侂胄事，壁实预闻，乃令自便。复官提举洞霄宫，久之，复以御史奏削三秩，罢祠。

越四年，复除端明殿学士、知遂宁府，未至，而溃兵张福入益昌，戕王人，略阆剽果，至遂宁，壁传檄谕之，福等读檄泣下，约解甲听命。会官军至挑贼，贼忿，尽燔其城，顾府治曰："李公旦夕来居，此其勿毁。"壁驰书大将张威，使调嘉定黎雅砦丁、牌手来会战，威夜遣人叩门，来言："贼垒坚不可破，将选死士，梯而登，以火攻之。"壁曰："审尔，必多杀士卒，盍先断贼汲路与粮道，使不得食，即自成擒矣。"以长围法授之，威用其谋，贼遂平。

壁寻引疾奉祠。嘉定十五年六月卒，进资政殿学士致仕，谥文懿。

壁嗜学如饥渴，群经百氏搜抉靡遗，于典章制度尤综练。为文隽逸，所著有《雁湖集》一百卷、《涓尘录》三卷、《中兴战功录》三卷、《中兴奏议》若干卷、内外制二十卷、《掖垣录》八十卷、《临汝闲书》百五十卷。璧父子与弟崟皆以文学知名，蜀人比之三苏云。

丘崈，字宗卿，江阴军人。隆兴元年进士，为建康府观察推官。丞相虞允文奇其才，奏除国子博士。孝宗谕允文举自代者，允文首荐崈。有旨赐对，遂言：“恢复之志不可忘，恢复之事未易举，宜甄拔实才，责以内治，遵养十年，乃可议北向。”

时方遣范成大使金，祈请陵寝。崈言："泛使亟遣，无益大计，徒以骄敌。"孝宗不乐，曰："卿家坟墓为人所据，亦须理索否？"崈对曰："臣但能诉之，不能请之。"孝宗怒，崈退待罪，孝宗察其忠，不谴也。

迁太常博士，出知秀州华亭县。捍海堰废且百年，咸潮岁大入，坏并海田，苏、湖皆被其害。崈至海口，访遗址已沦没，乃奏创筑，三月堰成，三州舃卤复为良田。除直秘阁、知平江府，入奏内殿，因论楮币折阅，请公私出内，并以钱会各半为定法。诏行其言，天下便之。

知吉州，召除户部郎中，迁枢密院检详文字。被命接伴金国贺生辰使。金历九月晦，与《统天历》不合，崈接使者以恩意，乃徐告以南北历法异同，合从会庆节正日随班上寿。金使初难之，卒屈服。孝宗喜谓崈曰："使人听命成礼而还，卿之力也。"

先是，王抃为枢密，崈不少下之。方迓客时，抃排定程顿奏，上降付接伴，令沿途遵执。崈具奏，谓"不可以此启敌疑心。"不奉诏。抃憾之，譖崈不礼金使，予祠。起知鄂州，移江西转运判官，提点浙东刑狱，进直徽猷阁、知平江府，升龙图阁，移师绍兴府，改两浙转运副使，以忧去。

光宗即位，召对，除太常少卿兼权工部侍郎，进户部侍郎，擢焕章阁直学士、四川安抚制置使兼知成都府。崈素以吴氏世掌兵为虑，陛辞，奏曰："臣入蜀后，吴挺脱至死亡，兵权不可复付其子。臣请得便宜抚定诸军，以俟朝命。"挺死，崈即奏："乞选他将代之，仍置副帅，别差兴州守臣，并利州西路帅司归吴元，以杀其权。挺长子曦勿令奔丧，起复知和州，属总领杨辅就近节制诸军，檄利路提刑杨虞仲往摄兴州。"朝廷命张诏代挺，以李仁广副之，遂革世将之患。其后郭杲继诏复兼利西路安抚。杲死，韩侂胄复以兵权付曦，曦叛，识者乃服崈先见。

进焕章阁直学士。宁宗即位，赴召，以中丞谢深甫论罢之。居数年，复职知庆元府。既入奏，韩侂胄招以见，出奏疏几二千言示崈，盖北伐议也，知崈平日主复仇，冀可与共功名。崈曰："中原沦陷且百年，在我固不可一日而忘也，然兵凶战危，若首倡非常之举，兵交胜负未可知，则首事之祸，其谁任？此必有夸诞贪进之人，攘臂以侥幸万一，宜亟斥绝，不然必误国矣。"

进敷文阁学士，改知建康府。将行，侂胄曰："此事姑为迟之。"崈因赞曰："翻然而改，诚社稷生灵之幸，惟无摇于异议，则善矣。"侂胄闻金人置平章，宣抚河南，奏以崈为签枢，宣抚江、淮以应之。崈手书力论"金人未必有意败盟，中国当示大体，宜申警军实，使吾常有胜势。若衅自彼作，我有辞矣。"宣抚议遂寝。侂胄移书欲除密内职，宣谕两淮。崈报曰："使名虽异，其为示敌人以嫌疑之迹则同，且伪平章宣抚既寝，尤不宜轻举。"侂胄滋不悦。

升宝文阁学士、刑部尚书、江淮宣抚使。时宋师克泗州，进图宿、寿，既而师溃，侂胄遣人来议招收溃卒，且求自解之计。崈谓："宜明苏师旦、周筠等偾师之奸，正李汝翼、郭倬等丧师之罪。"崈欲全淮东兵力，为两淮声援，奏"泗州孤立，淮北所屯精兵几二万，万一金人南出清河口及犯天长等城，则首尾中断，堕敌计矣。莫若弃之，还军盱眙。"从之。

金人拥众自涡口犯淮南，或劝崈弃庐、和州为守江计，崈曰："弃淮则与敌共长江之险矣。吾当与淮南俱存亡。"益增兵为防。

进端明殿学士、侍读，寻拜签书枢密院，督视江、淮军马。有自北来者韩元靖，自谓琦五世孙，崈诘所以来之故，元靖言："两国交兵，北朝皆谓出韩太师意，今相州宗族坟墓皆不可保，故来依太师尔。"崈使毕其说，始露讲解意。崈遣人护送北归，俾扣其实。其回也，得金行省幅纸，崈以闻于朝，遂遣王文采持书币以行。文采还，金帅答书辞顺，崈复以闻，遂遣陈璧充小使。璧回，具言："金人诘使介，既欲和矣，何为出兵真州以袭我？然仍露和意也。"崈白庙堂，请自朝廷移书续前议，又谓彼既指侂胄为元谋，若移书，宜暂免衔系。侂胄大怒，罢崈，以知枢密院事张岩代之。既以台论，提举洞霄宫，落职。

侂胄诛，以资政殿学士知建康府，寻改江、淮制置大使兼知建康府。淮南运司招辑边民二万，号"雄淮军"，月廪不继，公肆剽劫，崈乃随"雄淮"所屯，分隶守臣节制，其西路则同转运使张颖拣刺为御前武定军，以三万人为额，分为六军，余汰归农，自是月省钱二十八万缗，米三万四千石。武定既成军伍，淮西赖其力。以病丐归，拜同知枢密院事。卒，谥忠定。

崈仪状魁杰，机神英悟，尝慷慨谓人曰："生无以报国，死愿为猛将以灭敌。"其忠义性然也。

倪思，字正甫，湖州归安人。乾道二年进士，中博学宏词科。累迁秘书郎，除著作郎兼翰林权直。光宗即位，典册与尤袤对掌。故事，行三制并宣学士。上欲试思能否，一夕并草除公师四制，训词精敏，在廷诵叹。

权侍立修注官，直前奏："陛下方受禅，金主亦新立，欲制其命，必每事有以胜之，彼奢则以俭胜之，彼暴则以仁胜之，彼怠惰则以忧勤胜之。"又请增置谏官，专责以谏事。又乞召内外诸将访问，以知其才否。

迁将作少监兼权直学士院，兼权中书舍人，升中书舍人兼直学士院、同修国史，寻兼侍讲。

初，孝宗以户部经费之余，则于三省置封桩库以待军用，至绍熙移用始频。会有诏发缗钱十五万入内帑备犒军，思谓实给他费，请毋发，且曰："往岁所入，约四百六十四万缗，所出之钱不及二万，非痛加撙节，则封桩自此无储。"遂定议犒军岁以四十万缗为额，由是费用有节。又言："唐制使谏官随宰相入阁，今谏官月一对耳，乞许同宰执宣引，庶得从容论奏。"上称善，除礼部侍郎。

上久不过重华宫，思疏十上，言多痛切。会上召嘉王，思言："寿皇欲见陛下，亦犹陛下之于嘉王也。"上为动容。时李皇后浸预政，思进讲姜氏会齐侯于泺，因奏："人主治国必自齐家始，家之不能齐者，不能防其渐也。始于亵狎，终于恣横，卒至于阴阳易位，内外无别，甚则离间父子。汉之吕氏，唐之武、韦，几至乱亡，不但鲁庄公也。"上悚然。赵汝愚同侍经筵，退语人曰："说直如此，吾党不逮也。"

兼权吏部侍郎，出知绍兴府。宁宗即位，改婺州，未上，提举太平兴国宫，召除吏部侍郎兼直学士院。御史姚愈劾思，出知太平州，历知泉州，建宁府，皆以言者论去。久之，召还，试礼部侍郎兼直学士院。侂胄先以书致殷勤，曰："国事如此，一世人望，岂宜专以洁己为贤哉？"思报曰："但恐方拙，不能徇时好耳。"

时赴召者，未引对先谒侂胄，或劝用近例，思曰："私门不可登，矧未见君乎？"逮入见，首论言路不通："自吕祖俭谪徙而朝士不敢输忠，自吕祖泰编窜而布衣不敢极说。胶庠之士欲有吐露，恐之以去籍，谕之以呈稿，谁肯披肝沥胆，触冒威尊？近者北伐之举，仅有一二人言其不可，如使未举之前，相继力争之，更加详审，不致轻动。"又言："苏师旦赃以巨万计，胡不斃戮以谢三军？皇甫斌丧师襄汉，李爽败绩淮甸，秦世辅溃散蜀道，皆罪大罚轻。"又言："士大夫寡廉鲜耻，列拜于势要之门，其者匍匐门窦，称门生不足，称恩坐、恩主甚至于恩父者，谀文丰赂，又在所不论也。"侂胄闻之大怒。

思既退，谓侂胄曰："公明有余而聪不足：堂中剖决如流，此明有余；为苏师旦蒙蔽，此聪不足也。周筠与师旦并为奸利，师旦已败，筠尚在，人言平章骑虎不下之势，此李林甫、杨国忠晚节也。"侂胄悚然曰："闻所未闻！"

司谏毛宪劾思，予祠。侂胄殛，复召，首对，乞用淳熙例，令太子开议事堂，闲习机政。又言："侂胄擅命，凡事取内批特旨，当以为戒。"

除权兵部尚书兼侍读。求对，言："大权方归，所当防微，一有干预端倪，必且仍蹈覆辙。厥今有更化之名，无更化之实。今侂胄既诛，而国人之言犹有未靖者，盖以枢臣犹兼宫宾，不时宣召，宰执当同班同对，枢臣亦当远权，以息外议。"枢臣，谓史弥远也。金人求侂胄函首，命廷臣集议，思谓有伤国体。徙礼部尚书。

史弥远拟除两从官，参政钱象祖不与闻。思言："奏拟除目，宰执当同进，比今听侂胄，权有所偏，覆辙可鉴。"既而史弥远上章自辨，思求去，上留之。思乞对，言："前日论枢臣独班，恐蹈往辙，宗社堪再坏否？宜亲擢台谏，以革权臣之弊，并任宰辅，以鉴专擅之失。"弥远怀恚，思请去益力，以宝谟阁直学士知镇江府，移福州。

弥远拜右丞相，陈晦草制用"昆命元龟"语，思叹曰："董贤为大司马，册文有'允执厥中'一言，萧咸以为尧禅舜之文，长老见之，莫不心惧。今制词所引，此舜、禹揖逊也。天下有如萧咸者读之，得不大骇乎？"仍上省牍，请贴改麻制。诏下分析，弥远遂除晦殿中侍御史，即劾思藩臣僭论麻制，镌职而罢，自是不复起矣。

久之，除宝文阁学士，提举嵩山崇福宫。嘉定十三年卒，谥文节。

宇文绍节，字挺臣，成都广都人。祖虚中，签书枢密院事。父师瑗，显谟阁待制。父子皆以使北死，无子，孝宗愍之，命其族子绍节为之后，补官仕州县。九年，第进士。累迁宝谟阁待制、知庐州。

时侂胄方议用兵，绍节至郡，议修筑古城，创造砦栅，专为固圉计。淮西转运判官邓友龙潜于侂胄，谓绍节但为城守，徒耗财力，无益于事。侂胄以书让绍节，绍节复书谓："公有复仇之志，而无复仇之略；有开边之害，而无开边之利。不量国力，浪为进取计，非所敢知。"侂胄得书不乐，乃以李爽代绍节，召还，为兵部侍郎兼中书舍人兼直学士院，以宝文阁待制知镇江府。

吴曦据蜀，趣绍节赴阙，任以西讨之事。绍节至，谓大臣曰："今进攻，则瞿唐一关，彼必固守；若驻军荆南，徒损威望。闻随军转运安丙者素怀忠义，若授以密旨，必能讨贼成功。"大臣用其言，遣丙所亲以帛书达上意，丙卒诛曦。

权兵部尚书，未几，除华文阁学士、湖北京西宣抚使、知江陵府。统制官高悦在戍所，肆为杀掠，远近苦之。绍节召置帐前，收其部曲。俄有诉悦纵所部为寇者，绍节杖杀之，兵民皆欢。升宝文阁学士，试吏部尚书，寻除端明殿学士、签书枢密院事。

安丙宣抚四川，或言丙有异志，语闻，廷臣欲易丙。绍节曰："方诛曦初，安丙一摇足，全蜀非国家有，顾不以此时为利，今乃有他耶？绍节愿以百口保丙。"丙卒不易。朝廷于蜀事多所咨访，绍节审而后言，皆周悉事情。

嘉定六年正月甲午卒，讣闻，上嗟悼，为改日朝享。进资政殿学士致仕，又赠七官为少师，非常典也。谥曰忠惠。

李蘩，字清叔。崇庆晋原人。第进士，为隆州判官，摄绵州。岁侵，出义仓谷贱粜之，而以钱贷下户，又听民以茅秸易米，作粥及褚衣，亲衣食之，活十万人。明年又饥，邛蜀彭汉、成都盗贼蜂起，绵独按堵。知永康军，移利州，提点成都路刑狱兼提举常平。岁凶，先事发廪蠲租，所活百七十万人。知兴元府、安抚利州东路。

汉中久饥，剑外和籴在州者独多，蘩尝匹马行阡陌间访求民瘼，有老妪进曰："民所以饥者，和籴病之也。"泣数行下。蘩感其言，奏免之，民大悦。徙仓部员外郎，总领四川赋财、军马、钱粮，升郎中。

淳熙三年，廷臣上言："四川岁籴军粮，名为和籴，实科籴也。"诏制置使范成大同蘩相度以闻，蘩奏："诸州岁籴六十万石，若从官籴，岁约百万缗，如于经费之中斟酌损益，变科籴为官籴，贵贱既时，不使亏毫忽之价；出纳胝量，勿务取圭撮之赢，则军不乏兴，民不加赋。"乃书"利民十一事"上之。前后凡三年，繁上奏疏者十有三，而天子降诏难问者凡八，讫如其议。民既乐与官为市，远迩欢趋，军饷坐给，而田里免科籴，始知有生之乐。会岁大稔，米价顿贱，父老以为三十年所无。梁、洋间绘繁像祠之。

范成大驿疏言："关外麦熟，倍于常年，实由罢籴，民力稍纾，得以尽于农亩。"孝宗览之曰："免和籴一年，田间和气若此，乃知民力不可重困也。"擢繁守太府少卿。范成大召见，孝宗首问："籴事可久行否？"成大奏："李繁以身任此事；臣以身保李繁。"孝宗大悦，曰："是大不可得李繁也。"上意方向用，而繁亦欲奏蠲盐酒和买之弊，以尽涤民害。会有疾，卒。诏以繁能官，致仕恩外特与遗表，择一人庶官，前此所未有。

初，繁宰眉山，校成都漕试，念吴氏世袭兵柄必稔蜀乱，发策云："久假人以兵柄，未有不为患者。以武、宣之明，不能销大臣握兵之祸；以宪、武之烈，不能收藩镇握兵之权。危刘氏、歼唐室，鲜不由此。"吴挺以为怨。后繁总饷事，挺谬奏军食粗恶，孝宗以问繁，繁缄其样以进，挺之妄遂穷。逾三十年，吴曦竟以蜀叛，安丙既诛曦，每语人云："吾等焦头烂额耳，孰如李公先见者乎？"繁讲学临政皆有源委，所著书十八种，有《桃溪集》一百卷。

论曰：余端礼平时论议剀正，及为相，受制于韩侂胄，虽有志扶掖善类，而不得以直，遂颇不免君子之论。若李璧、丘崈皆谏侂胄以轻兵召衅之失，及其决意用师，命叶适草诏不从，而璧独当笔焉，何其所见后先舛迕哉！附会之罪，璧固无以逭于公论矣。倪思直辞剧主，又屡触权臣，三黜不变其风概，有可尚焉。李繁所至能举荒政，蠲苛赋，亦庶几古所谓惠人也。

卷三百九十九
列传第一百五十八

郑毂王庭秀附 **仇念**
高登 **娄寅亮** **宋汝为**

郑毂，字致刚，建州人。政和八年举进士，授安陆府教授，权信阳县尉，监南康酒税。遂召为御史台主簿。张邦昌之僭号也，挺身见高宗于济州。既即位，擢监察御史，迁右司谏，升为谏议大夫。

帝至杭州，毂奏曰："陛下南渡出于仓卒，省台寺监、百司之臣获济者鲜，当擢吴中之秀以为用。况天下贤俊多避地吴、越，宜令守臣体访境内寄居待阙，及见任宫观等京朝官以上，各具姓名以闻，简拔任使，庶几速得贤才以济艰厄。"诏从之。

苗傅、刘正彦等逆乱，毂庭立面折二凶，且谓逆momo凶焰炽甚，非请外援无可为者。乃上章待罪求去，退见吕颐浩，议兴复计，太后降诏不允。朱胜非言毂面折二凶事，拜御史中丞。

时二凶窃威福之柄，肆行杀戮，日至都堂侵紊机政。毂言："黄门宦者之设，本以给事内庭，供扫除而已。俾与政事，则贪暴无厌，待以兵权，则惨毒无已，皆前世已行之验也。故宦官用事于上，则生人受祸于下，匹夫力不能胜，则群起而攻之。是以靖康之初，群起而攻之者庶民也；睿圣皇帝南渡，驻跸未安，群起而攻之者众兵也。今当痛革前弊，并令选择其人，曾经事任招权纳宠者，屏之远方，俾无浸淫以激众怒，则赏罚之柄自朝廷出，国势尊矣。仍谕军法便宜，止行于所辖军伍，其余当闻之朝廷，付之有司，明正典刑，所以昭尊君之礼而全臣子忠义之节也。"疏留中不出。毂对，请付外行之。

又论："黄潜善、汪伯彦均为误国，而潜善之罪居多，今同以散官窜谪湖南；钱伯言与黄愿皆弃城，吕源与梁扬祖皆拥兵而逃，今愿罢官，扬祖落职，而源、伯言未正典刑，非所以劝惩。"诏窜削有差。

傅、正彦日至都堂议事，毂奏："将帅之臣不可预政。"及闻以签书枢密院召吕颐浩，以礼部尚书召张浚，分张俊兵以五百人归陕西，而浚不受尚书之命，俊不肯分所部兵，遂谪浚居郴州，擢俊以节度知凤翔。毂知出二凶奸谋，具章乞留颐浩知金陵，浚不当贬，不报。毂遂遣所亲谢向变姓名，微服为贾人，徒步如平江见浚等，具言城中事，以为严设兵备，大张声势，持重缓进，使贼自遁，无惊动三宫，此上策也。浚等闻之，皆感激奋厉为赴难计。

俄诏睿圣皇帝为皇太弟、天下兵马大元帅，幼主为皇太侄，即与大臣进议，以为："在昆公卿、百司、群吏皆昔之臣属也，今则与之比肩事主矣。稽之于古，则无所法；行之于今，则实逆天。或者谓大元帅可以任军旅之大事，臣窃以为不然。昔舜之禅禹也，犹命禹徂征有苗，则禹虽受禅，而征伐之事舜犹亲之也。唐睿宗传位皇太子，以听小事，自尊为太上皇，以听大事。如是无不可者，则稽之于古为有法，行之于今为得宜。"

太后垂帘同听政，以安人心。退与御史王庭秀上疏力争。太后召毂与宰执同对帘前，毂乞召庭秀，太后谕曰："今欲令睿圣皇帝总领兵马尔。"毂奏曰："臣不知其他，但人君位号岂容降改，闻之天下，孰不怀疑。虽前世衰乱分裂之时，固未有旬日之间易两君，一朝降两朝位号者也。"太后令毂至都堂，朱胜非出朱胜等所上书以示毂、庭秀，毂、庭秀力言昨日诏书不可宣布，必召变。胜非与执政颜歧、王孝迪、路允迪皆在坐，尚书左丞张澂独曰："事势若此，岂争此名位耶？"澂欲出，毂等共止之。

毂与李邴并为端明殿学士、同签书枢密院事。高宗复位，进签书，执政甫百日而卒。高宗甚悼之，谓大臣："朕丧元子，犹能自排遣；于毂殆不能释也。"

庭秀，字颖彦，慈溪人。与黄庭坚、杨时游，其为学旁搜远绍，不苟趣时好，造诣深远，操植坚正，发为文辞，俊迈宏远。登政和二年上舍第，历官州县。

侍御史李光荐为御史台检法官。宣和、靖康时，进言皆发于忠义。御史中丞言："伪楚时庶官中如虞谟、王庭秀者，初非疾病，毅然致为臣而归，愿褒擢之。"拜监察御史，奏："乞威断当出于人主，而所遣宣谕官，当令举廉吏。"又言："刑名有疑虑者，令州郡法官申宪司阅实具奏，以取裁决。"迁殿中侍御史，论黄潜善卖官售宠，罢之。

既与郑毅力争降封高宗事，未几出知瑞州，右正言吕祉奏："朝廷今日缘论大臣移一言官，明日罢一言官，则后日大臣行事有失，谁敢言者。"遂召为吏部郎，改左司，言："朝廷比来深疾贪吏，然州县之间岂无廉介自将、沈于下僚者，宜命五使，所至以廉洁清修、可以师表吏民者，以名来上，参之公议，不次升擢，以厉士风。"从之。

迁检正中书门下省诸房公事，与宰相议多不合，不自安，引疾求去。诏直秘阁、主管崇道观而归。

仇悆，字泰然，益都人。大观三年进士，授邠州司法，谳狱详恕，多所全活。为邓城令，满秩，耆幼遮泣不得去。徙武陟令，属朝廷方调兵数十万于燕山，悆馈饷毕给。时主将纵士卒过市掠物，不予直，他邑官逃避，悆先期趣备，申严约束，遂以不扰。已而悆送运饷于涿，值大军溃于卢沟河，橐橐往往委以资敌，悆间关营护，无一毫弃失。

调高密丞，俗尚嚣讼，悆摄县事，剖决如流，事无淹夕，民至怀饼饵以俟决遣。猾吏杨盖每阴疏令过，胁持为奸，悆暴其罪黥之，无不悦服。州阙司录，命悆摄事，既行，邑氓万余邀留，至拥归县廨，时天寒，皆炊火警守，布满后先，悆由它道得出，或追拜马首曰："公舍我去，我必使公复来。"它日，悆方白事郡牙，忽数千人径夺以归，守将弗能遏。剧寇起莱、密间，素闻悆名，戒其党毋犯高密境，民赖以安。密卒闭关叛掠，害官吏几尽，独呼曰："无惊仇公。"

南迁，丁母忧。服除，知建昌军，入为考功员外。时任者宛转兵间，亡失告牒十常七八，而铨部无案籍，诉丐者甚多，真伪错乱。悆亲为考核，其可据者悉责保识，因上闻行之。

迁右司及中书门下检正诸房公事，俄为沿海制置使。明守与宰相厚善，给言士卒将为变，致遣精兵密捕。统制官徐文觉之，初谋纵军剽略，顷之泛海去，呼曰："我以仇公故，不杀人，不焚屋庐。"一城晏然。犹坐削两官，主管太平观。

以淮西宣抚知庐州。刘豫子麟合金兵大入，民情汹惧。宣抚司统制张琦者，冀乘危为乱，驱居民越江南走。欲先胁悆出，拥甲士数千突入，露刃登楼，扬白麾，左右惊溃，迫悆上马。悆徐谓曰："若辈无守土责，吾当以死徇国，寇未至而逃，人何赖焉。"坚不为动，神色无少异。琦等错愕，遽散其徒，人心遂定。

时金人出入近境，悆求援于宣抚司，不报。又遣其子自间道赴朝廷告急，虽旌其子以官，而援卒不至。帝下方诏亲征，而诏亦不至淮甸，喧言将弃两淮为保江计。悆录诏语揭之郡县，读者至流涕，咸思自奋。监押官仅死于贼，余众来归，州帑匮竭，无以为赏，悆悉引班坐，牲以酒食慰劳之，众皆感励。募庐、寿兵得数百，益乡兵二千，出

奇直抵寿春城下，敌三战皆北，却走度淮。其后麟复增兵来寇，悆复寿春，俘馘甚众，获旗械数千，焚粮船百余艘，降渤海首领二人。

初，金人围濠州，旬日未下，属天寒，马多僵死，乃悉众向淮东。枢密使张浚方视师金陵，悆以策说之曰："金重兵在淮东，师老食匮，若以精兵二万，一自寿阳，一自汉上，径趋旧京，当不战而退，继以大军尾击，蔑有不济者。昔人谓'一日纵敌，数世之患。'愿无失时之悔。"浚不能用。

麟复以步骑数千至合肥，谍言兀术为之殿，人心怖骇，不知所为。会京西制置使遣牛皋统兵适至，悆顾左右曰："召牛观察来击贼。"皋既至，以忠义撼之，皋素勇甚，以二千余骑驰出，短兵相接，所向披靡，敌稍慑，散而复集者三。其副徐庆忽坠马，敌竞赴之，皋披以上，手刺数人，因免胄大呼曰："我牛皋也，尝四败兀术，可来决死。"寇畏其名，遂自溃。以悆克复守御功，加徽猷阁待制。

明年，宣抚司始遣大将王德来，时寇已去，德谓其伍曰："当事急时，吾属无一人渡江击贼，今事平方至，何面目见仇公耶？"德麾下多女真、渤海归附者，见悆像，不觉以手加额。

初，宣抚司既不以一卒援诸郡，但令贮积聚，弃城退保，文移不绝于道，又请浚督行之。浚檄悆度其宜处之，悆谓："残破之余，兵食不给，诚不能支敌。然帅臣任一路之责，誓当死守。今若委城，使金人有淮西，治兵舰于巢湖，必贻朝廷忧。"力陈不可，浚韪其言，而卒全活数州之众。寻诏诣阙，军民号送之。

改浙东宣抚使、知明州，以挫豪强、奖善良为理。吏受赇，虽一钱不贷，奸猾敛迹。州罹兵火既毁，悆斥厨钱助其费，买田行乡饮酒礼。岁饥，发官储损其直，民无死徙。朝廷闻之，进秩一等。

再召，进对，帝亲加褒谕，欲留置近密。言者以悆在郡多黥胥吏为惨酷，请授外藩。时峒獠未息，乃进直学士，为湖南安抚使，禁盗铸钱者，趣使为农，物价既平，商贾遂通。数月，召还，加宝文阁学士、陕西都转运使。时金人无故别侵疆，诡计叵测，悆力陈非策，固辞不行。秦桧方主和议，以为异己，落职，以左朝奉郎、少府少监分司西京，全州居住。

起知河南府，未行，金人果寇陷所归郡邑，如悆言。乃复待制，冉知明州，改知平江府，陛辞，言："我军已习战，非复前日，故刘锜能以少击众，敌大挫衄，若乘已振之势，鼓行而前，中原可传檄而定。"上嘉之。以言罢，提举太平观。积官至左朝议大夫，爵益都县伯。卒，赠左通议大夫。

悆性至孝，母没时，方崎岖转徙，居丧尽礼。沿海制置使陈彦文荐于朝，起复之，悆不就。悆端方挺特，自初官讫通显，无所附丽。令邓城时，丞相范宗尹方为邑子，以文谒悆。悆他日语其父："是子公辅器也。"宗尹既当国，未尝以私见。悆在明州，尝欲荐一幕官，问曰："君日费几何？"对以"十口之家，日用二千"。悆惊曰："吾为郡

守费不及此，属僚所费倍之，安得不贪。"遂止。

高登，字彦先，漳浦人。少孤，力学，持身以法度。宣和间，为太学生。金人犯京师，登与陈东等上书乞斩六贼。廷臣复建和议，夺种师道、李纲兵柄，登与东再抱书诣阙，军民不期而会者数万。王时雍纵兵欲尽歼之，登与十人屹立不动。

钦宗即位，擢吴敏、张邦昌为相，敏又雪前相李邦彦无辜，乞加恩礼起复之。登上书曰："陛下自东宫即位，意必能为民兴除大利害。践阼之始，兵革扰攘，朝廷政事一切未暇，人人翘足以待事息而睹惟新之政，奈何相吴敏、张邦昌？又纳敏党与之言，播告中外，将复用李邦彦，道路之人无不饮恨而去。是陛下大失天下之望，臣恐人心自此离矣。太上皇久处邦彦等于政府，纪纲紊乱，民庶愁怨，方且日以治安之言诱误上皇，以致大祸，仓皇南幸，不获宁居。主辱臣死，此曹当尽伏诛，今乃偃然自恣，朋比为奸，蒙蔽天日。陛下从敏所请，天下之人将以陛下为不明之君，人心自此离矣。"再上书曰："臣以布衣之微贱，臣言系宗社之存亡，未可忽也。"于是凡五上书，皆不报。因谋南归，忽闻邦昌各与远郡，一时小人相继罢斥，与所言偶合者十七八，登喜曰："是可以尽言矣。"复为书论敏未罢，不报。

初，金人至，六馆诸生将遁去，登曰："君在可乎？"与林迈等请随驾，隶聂山帐中，而帝不果出。金人退师，敏遂讽学官起罗织，屏斥还乡。

绍兴二年，廷对，极意尽言，无所顾避，有司恶其直，授富川主簿。宪董弅闻其名，檄谳六郡狱，复命兼贺州学事。学故有田舍，法罢归买马司，登请复其旧。守曰："买马、养士孰急？"登曰："买马固急矣，然学校礼义由出，一日废，衣冠之士与堂下卒何异？"守曰："抗长吏耶！"曰："天下所恃以治者，礼义与法度尔，既两弃之，尚何言！"守不能夺，卒从之。摄狱事，有囚杀人，守欲奏裁曰："阴德可为。"登曰："阴德岂可有心为之，杀人者死，而可幸免，则被死之冤何时而销？"

满秩，士民丐留不获，相率馈金五十万，不告姓名，白于守曰："高君贫无以养，愿太守劝其咸受。"登辞之，不可，复无所归，请置于学，买书以谢士民。归至广，会新兴大饥，帅连南夫檄发廪振济，复为糜于野以食之，愿贷者听，所全活万计。岁适大稔，而偿亦不及数。民投牒愿留者数百辈，因奏辟终其任。

召赴都堂审察，遂上疏万言及《时议》六篇，帝览而善之，下六议中书。秦桧恶其讦已，不复以闻。

授静江府古县令，道湖州，守汪藻馆之。藻留与修《徽宗实录》，固辞，或曰："是可以阶改秩。"登曰："但意未欲尔。"遂行。广西帅沈晦问何以治县，登条十余事告之。晦曰："此古人之政，今人诈，疑不可行。"对曰："忠信可行蛮貊，谓不能行，诚不至尔。"豪民秦琥武断乡曲，持吏短长，号"秦大虫"，邑大夫以下为其所屈。登至，颇革，而登喜其迁善，补处学职。它日，琥有请属，登谢却之，琥怒，谋中以危法。会有诉琥侵贷学钱者，登呼至，面数琥，声气俱厉，叱下，白郡及诸司置之法，愆而死，一郡快之。

帅胡舜陟谓登曰："古县，秦太师父旧治，实生太师于此，盍祠祀之？"登曰："桧为相亡状，祠不可立。"舜陟大怒，摭秦琥事，移蒲浦丞康宁以代登，登以母病去。舜陟遂创桧祠而自为记，且诬以专杀之罪，诏送静江府狱。舜陟遣健卒捕登，属登母死舟中，藁葬水次，航海诣阙上书，求纳官赎罪，帝闵之。故人有为右司者，谓曰："丞相云尝识君于太学，能一见，终身事且无忧，上书徒尔为也。"登曰："某知有君父，不知有权臣。"既而中书奏故事无纳官赎罪，仍送静江狱。登归葬其母，讫事诣狱，而舜陟先以事下狱死矣，事卒昭白。

广漕郑禹、赵不弃辟摄归善令，遂差考试，摘经史中要语命题，策闽、浙水灾所致之由。郡守李仲文即驰以达桧，桧闻震怒，坐以前事，取旨编管容州。漳州遣使臣谢大作持省符示登，登读毕，即投大作上马，大作曰："少入告家人，无害也。"登曰："君命不敢稽。"大作愕然。比夜，巡检领百卒复至，登曰："若朝廷赐我死，亦当拜敕而后就法。"大作感登忠义，为泣下，奋剑叱巡检曰："省符在我手中，无它语也。汝欲何为，吾当以死捍之。"禹、不弃亦坐镌一官。

登谪居，授徒以给，家事一不介意，惟闻朝廷所行事小失，则颦蹙不乐，大失则恸哭随之，临卒，所言皆天下大计。后二十年，丞相梁克家疏其事以闻。何万守漳，言诸朝，追复迪功郎。后五十年，朱熹为守，奏乞褒录，赠承务郎。

登事其母至孝，舟行至封、康间，阻风，方念无以奉晨膳，忽有白鱼跃于前。其学以慎独为本，所著《家论》、《忠辨》等篇，有《东溪集》行世。

娄寅亮，字陟明，永嘉人。政和二年进士，为上虞丞。建炎四年，高宗至越，寅亮上疏云："先正有言：'太祖舍其子而立弟，此天下之大公；周王薨，章圣取宗室育之宫中，此天下之大虑也。'仁宗感悟其说，诏英祖入继大统。文子文孙，宜君宜王，遭罹变故，不断如带。今有天下者，独陛下一人而已。属者椒寝未繁，前星不耀，孤立无助，有识寒心。天其或者深戒陛下，追念祖宗公心长虑之所及乎？崇宁以来，谀臣进说，独推濮王子孙以为近属，余皆谓之同姓，遂使昌陵之后，寂寥无闻，奔迸蓝缕，仅同民庶。恐祀丰于昵，仰违天监，太祖在天莫肯顾歆，是以二圣未有回銮之期，金人未有悔祸之意，中原未有息肩之日。臣愚不识忌讳，欲乞陛下于子行中遴选太祖诸孙有贤德者，视秩亲王，俾牧九州，以待皇嗣之生，退处藩服，并选宣祖、太宗之裔，材武可称之人，升为南班，以备环卫。庶几上慰在天之灵，下系人心之望。"帝读之感悟，枢密富直柔荐之。

绍兴元年，召赴行在，以其言宗社大计也。既入见，复上疏曰："陛下辙迹所环，六年于外，险阻艰难，备尝之矣。然而二圣未还，金人未灭，四方未靖者，何哉？天意若曰：天祚宋德，太祖不私其子而保之，不幸奸邪误国而坏之,将使嗣圣念祖,思危而后获之,乃所以申其永命也。臣诚狂妄,去岁上章,请陛下取太祖诸孙之贤者,视秩亲王,使牧九州,误蒙采听,赦而不诛。兹盖在天之灵发悟圣心,为社稷计,非愚臣之所及也。伏望宣告大臣行之,它日皇子之生,使之退处清暇,不过增一节度使尔。陛下以太祖之心,行章圣之虑,自然孝弟感通,两宫回跸,泽流万世。"

改合入官,擢监察御史。时相秦桧以其直柔所荐,恶之,讽言者论寅亮匿父丧不举,下大理鞫问,无实,犹坐为族父冒占官户罢职,送吏部,由是坐废。

宋汝为,字师禹,丰县人。靖康元年,金人犯京师,阖门遇害。汝为思报国家及父兄之仇,建炎三年,金人再至,谒部使者陈边事,遣对行在。高宗嘉纳,特补修武郎,假武功大夫、开州刺史,奉国书副京东运判杜时亮使金。

时刘豫节制东平,丞相吕颐浩因致书豫。汝为行次寿春,遇完颜宗弼军,不克与时亮会,独驰入其壁,将上国书。宗弼盛怒,劫而缚之,欲加僇辱。汝为一无惧色,曰:"死固不辞,然衔命出疆,愿达书吐一辞,死未晚。"宗弼顾汝为不屈,遂解缚延之曰:"此山东忠义之士也。"命往见豫,汝为曰:"愿伏剑为南朝鬼,岂忍背主不忠于所事。"力拒不行,乃至京师,濒死者数四。

豫僭号,汝为持颐浩书与之,开陈祸福,勉以忠义,使归朝廷。豫悚而立曰:"使人!使人!使豫自新南归,人谁直我,独不见张邦昌之事乎?业已至此,夫复何言。"即拘留汝为。然以汝为儒士,乃授通直郎、同知曹州以诱之,固辞。遂连结先陷于北者凌唐佐、李亘、李俦为腹心,以机密归报朝廷。唐佐等所遣僧及卒为逻者所获,汝为所遣王现、邵邦光善达,朝廷皆官之。

绍兴十三年,汝为亡归,作《恢复方略》献于朝,且曰:"今和好虽定,计必背盟,不可遽弛。"时秦桧当国,置不复问。独礼部尚书苏符怜之,为言于朝,换宣教郎,添差通判处州。高宗忆其忠,特转通直郎。

汝为遂上丞相书,言:"用兵之道,取胜在于得势,成功在乎投机。女真乘袭取契丹之锐,枭视狼顾,以窥中原,一旦长驱直捣京阙,升平既久,人不知兵,故彼得投其机而速发,由是猖獗两河,以成盗据之功。既而关右、河朔豪杰士民避地转斗,从归圣朝,将士戮力,削平群盗,破逐英雄,百战之余,勇气万倍。回思曩昔,痛自惭悔,人人扼腕切齿,愿当一战。加以金人兵老气衰,思归益切,是以去岁顺昌孤垒,力挫其锋。方其狼狈逃遁之际,此国家乘胜进战之时也。惜乎王师遽旋,抚其机而不发,遂未能殄灭丑类,以成复之功。今闻其图大举,转输淮北,其设意岂小哉!所虑秋冬复肆猖獗,兀术不死,兵革不休,虽欲各保封陲,安可得也。今当乘去岁淮上破贼之势,特降哀痛之诏,声言亲征,约诸军长驱直捣,某月日各到东京,协谋并力,以俘馘兀术为急。"

又言:"兀术好勇妄作,再起兵端,所共谋者,叛亡群盗而已。去夏诸帅各举,金人奔命败北之不暇,兀术深以为虑,故为先发制人之动,所恃者不过自能聚兵合势,料王师以诸帅分军尔。今计其步骑不过十万,王师云集,其众数倍,合势刻期,并进戮力,何忧乎不胜?若以诸帅难相属立,宜除川、陕一路,专当撒离喝,权合诸帅为两节制,公选大臣任观军容为宣慰之职,往来调和诸帅,使之上下同心,左右戮力,则势既合不为贼所料矣。不然,分军出陈、蔡,直捣东都,贼必首尾势分,复以重兵急击,然后以舟师自淮溯新河入钜野泽,以步兵自洛渡怀、卫入太行山,以袭其内。舟师入钜野,则齐鲁摇,步兵入太行,则三晋应,贼势虽欲合而不分,亦难乎为计矣。"

久之,有告汝为于金人以蜡书言其机事者,大索不获,寻知南归。桧将械送金人,汝为变姓名为赵复,徒步入蜀。汝为身长七尺,疏眉秀目,望之如神仙。杨企道者,遇之溪上,企道曰:"必奇士也。"款留之,见其议论英发,洞贯古今,靖康间离乱事历历言之,企道益惊,遂定交,假僧舍居之。

桧死,汝为曰:"朝廷除此巨蠹,中原恢复有日矣。"企道劝其理前事,汝为慨然太息曰:"吾结发读书,奋身一出,志在为国复仇,收还土宇,颇为诸公所知,命缪数奇,轧于权臣,今老矣,新进贵人,无知我者。"汝为能知死期,尝祭其先,终日大恸,将终,神气不乱。

汝为傲倪尚气节,博物洽闻,饮酒至斗余,未尝见其醉,或歌或哭,涕泪俱下。其客蜀也,史载之、邵博、宇文亮臣、李泰相得甚欢,赵沂、王京鲁、关民先、杨宷、惠畴经纪其丧事。

三十二年,其妻钱莫知汝为死,诣登闻鼓院以状进,诏索之不得。隆兴二年,其子南强以汝为之死哀诉于朝,参知政事虞允文,钱端礼以闻,特官一子。有《忠嘉集》行世。

论曰:高宗播迁,复有苗、刘之变,此何时也,郑毂、王庭秀正色立朝,以争君臣之义,顾不韪哉!仇愈恺悌君子,遗泽在民。《易》曰"王臣蹇蹇",高登有焉。娄寅亮请立太祖后为太子,能言人臣之所难言,而高宗亦慨然从之,君仁而臣直乎!宋汝为归自金国,论事切直,与寅亮俱迕秦桧,一则诬以罪遣,一则逃遁以死,於乎悕矣!

卷四百　　列传第一百五十九

王信　汪大猷　袁燮　吴柔胜　游仲鸿
李祥　王介　宋德之　杨大全

王信,字诚之,处州丽水人。既冠,入太学,登绍兴三十年进士第,试中教官,授建康府学教授。丁父忧,服除,进所著《唐太宗论赞》及《负薪论》,孝宗览之,嘉叹不已,特循两资,授太学博士。

时须次者例徙外,添差温州教授。郡饥疫,议遣官振救之,父老愿得信任其事,守不欲以烦信,请益力,信闻之,欣然为行,遍至病者家,全活不可胜记。

差敕令所删定官，法令有不合人情，自相牴牾，吏得以傅会出入者，悉厘正之。转对，言："敌情不可测，和议不可恃，今日要当先为自备之策，以待可乘之机。"上以为是。又论："太学正、录掌规矩之官而员多，博士掌训导之官而员少，请以正、录两员升为博士。"从之。论除官朘冗之敝，乞精选监司而择籍名，郡将代半岁乃注人。上亲以其章授宰臣问。

权考功郎官。蜀人张公迁，初八年免铨，至是改秩，吏妄引言，复令柅之，信钩考其故，吏怖服。有三蜀士实碍式，吏受赇为地，工部尚书赵雄，蜀人也，以属信，信持弗听，已而转吏部阅审成牍，抚掌愧叹，嗟激不已，以闻于上。

它日，上谓尚书蔡洸曰："考功得王信，铨曹遂清。"逻者私相语，指为神明。武臣告给不书年齿，磨转荫荐，肆为奸欺，不可控抑，为摘最者数事告宰相，付之大理狱。事连三衙，殿帅王友直锐争之，上审知其非，沮之曰："考功所言，公事也，汝将何为？"狱具，皆伏辜。因请置籍，以柅后患。

授军器少监，仍兼考功郎官。丁母忧，吏裒金杀牲祷神，愿信服阕无再为考功。既起，知永州。入奏事，留为将作少监，复考功郎官，转军器少监兼右司郎官，升员外郎。四方有以疑狱来上者，信反复披览，常至夜分。

升左司员外郎，转对，论士大夫趋向之敝："居官者逃一时之责，而后之祸患有所不恤；献言者求一时之合，而行之可否有所不计。集事者以趣办为能，而不为根本之虑；谋利者以羡余为事，而不究源流之实。持论尚刻薄，而浸失祖宗忠厚之意，革敝预烦碎，而不明国家宽大之体。因循玩习，恬不为怪。愿酌古之道，当时之宜，示好恶于取舍之间，使天下靡然知乡，而无复为目前苟且之徇。"又论："朝廷有恤民之政，而州县不能行恤民之实。近岁不登，陛下轸念元元，凡水旱州郡租赋，或蠲放，或倚阁住催。然倚阁住催之名可以并缘为扰，愿明与减放。"又论豫备三说：收逃亡之卒，选忠顺之官，严训练之职。又言屯田利害。上皆纳其说。

兼玉牒所检讨官、提领户部酒库。久之，上谕信曰："知朕意否？行用卿，虑书生不长于财赋，故以命卿，果能副朕所委。"

为中书门下检正诸房文字，迁太常少卿兼权中书舍人。假礼部尚书使于金，肄射都亭，连中其的，金人戚曰："尚书得非黑王相公子孙耶？"谓王德用也。信得米芾书法，金人宝之。归言金人必衰之兆有四，在我当备之策有二，上首肯之。

太史奏仲秋日月五星会于轸，信言："休咎之征，史策不同，然五星聚者有之，未闻七政共集也。分野在楚，愿思所以顺天而应之。"因条上七事。又言："陛下即位之初，经营中原之志甚锐，然功之所以未立者，正以所用之人不一。其人不一，故其论不一；其论不一，故其心不一。愿豫求至当之论，使归于一。锁闱封驳，而右府所下不关中书，或斜封捷出，左于公论。统领官奴事内侍，坐谪远州，幸蒙赦还而遽复故职。潜藩恩旧之隶徒，榷酤官而齿

朝士。老禁校侥冀节钺，诡计可得之，而奉秩恩典，与正不异。阁门多溢额祗候，妃嫔进封而冒指它姓为甥侄。既一一涂归，有虽书读而徐核其不当者，续争救之。"上曰："事有不可不问者，第言之，朕无有不为卿行者。"于是益抗志不回。

宦者甘昪既逐远之矣，属高宗崩，用治丧事，人莫敢言。昪俄提举德寿宫，信亟执奏，举朝皆悚。翰林学士洪迈适入，上语之曰："王给事论甘昪事甚当。朕特白太上皇后，圣训以为：'今一宫之事异于向时，非我老人所能任，小黄门空多，类不习事，独昪可任责，分吾忧。渠今已归，居室尚不能有，岂敢蹈故态。'以是驳疏不欲行。卿见王给事，可道此意。"信闻之乃止。

信遇事刚果，论奏不避权要，豭此人多嫉之，信亦力求去，提举崇福宫。诏求言，信条十事以献，其目曰：法戒轻变，令贵必行，宽州郡以养民力，修军政以待机会，郡当分其缓急，县当别其剧易，严铜钱之禁，广积聚之备，处归附之人，收逃亡之卒。

起知湖州，信未涉州县，据案剖析，敏如流泉。擢集英殿修撰、知绍兴府、浙东安抚使。奏免逋官钱十四万、绢七万匹、绵十万五千两、米二千万斛。山阴境有狭獠湖，四环皆田，岁苦潦，信创启斗门，导停潴注之海，筑十一坝，化汇浸为上腴。民绘象以祠，更其名曰王公湖。筑渔浦堤，禁民不举子，买学田，立义冢，众职修理。加焕章阁待制，徙知鄂州，改池州。

初，信扶其父丧归自金陵，草屦徒行，虽疾风甚雨，弗避也，由是得寒湿疾。及闻孝宗遗诏，悲伤过甚，疾复作，至是浸剧，上章请老，以通议大夫致仕。有星陨于其居，光如炬，不及地数尺而散。数日，信卒，遗训其子以忠孝公廉。所著有《是斋集》行世。

汪大猷，字仲嘉，庆元府鄞县人。绍兴七年，以父恩补官，授衢州江山县尉，晓畅吏事。登十五年进士第，授婺州金华县丞，争财者谕以长幼之礼，悦服而退。

李椿年行经界法，约束严甚，檄大猷覆视龙游县，大猷请不实者得自陈，毋遽加罪。改建德，迁知昆山县。丁父忧，免丧，差总领淮西、江东钱粮干官，改干办行在诸司粮料院。

参知政事钱端礼宣谕淮东，辟干办公事，充参议官，迁大宗丞兼吏部郎官，又兼户部右曹。入对，言："总核名实，责任臣下。因才而任，毋违所长，量能授官，毋拘流品。"孝宗顾谓左右曰："疏通详雅而善议论，有用之才也。"除礼部员外郎。丞相洪适荐兼吏部侍郎，仍迁主管左选。

庄文太子初建东宫，兼太子左谕德、侍讲，两日一讲《孟子》，多寓规戒。太子尝出龙大渊禁中所进侍燕乐章，谕宫僚同赋，大猷曰："郑、卫之音，近习为倡，非讲读官所当预。"白于太子而止。迁秘书少监，修《五朝会要》。金人来贺，假吏部尚书为接伴使。寻兼权刑部侍郎，又兼崇政殿说书，又兼给事中。

孝宗清燕，每访政事，尝曰："朕每厌宦官女子之言，

思与卿等款语，欲知朝政阙失，民情利病，苟有所闻，可极论之。"大猷遂陈耆长雇直隶经总制司，并缘法意使里正兼催科之役，厉民为甚。又论："亭户未尝煮盐，居近场监，贷钱射利，隐寄田产，害及编氓，宜取二等以上充役。"又论："赐田勋戚，豪夺相先，陵轹州县，惟当赐金，使自求之。"又论："没入赃产，止可行于强盗、赃吏，至于仓库纲运之负陷者，惟当即其业收租以偿，既足则给还，使复故业。"转对，言捕酒之害，及居官者不得铸铜为器。上嘉奖曰："卿前后所言，皆今日可行之事。"

权刑部侍郎，升侍讲，言："有司率用新制，弃旧法，轻重舛牾，无所遵承，使舞文之吏时出，以售其奸，请明诏编纂。"书成上进，上大悦。

尚书周执羔韩元吉、枢密刘珙以强盗率不处死，无所惩艾，右司林栗谓："太祖朝强盗赃满三贯死，无首从，不问杀伤。景祐增五贯，固从宽。今设六项法，非手刃人，例奏裁黥配，何所惩艾，请从旧法，赃满三贯者斩。"大猷曰："此吾职也。"遂具奏曰："强盗乌可恕，用旧法而痛惩之，固可也。天圣以来，益用中典，浸失禁奸之意。今所议六项法，犯者以法行之，非此而但取财，惟再犯者死，可谓宽严适中。若皆置之死地，未必能禁其为盗，盗知必死，将甘心于事主矣，望稍开其生路。"乃奏用六项法则死者十七人，用见行法则十四人，旧法百七十人俱死。遂从大猷议。

借吏部尚书为贺金国正旦使，至盱眙，得印榜云："强盗止用旧法，罢六项法。"还朝自劾求去，上闻之，复行六项法。

改权吏部侍郎兼权尚书。夜传旨学士院，出唐沈既济论选举事，曰："今日有此敝，可行与否，诘旦当面对。"即奏："事与今异，敝虽似之，言则难行。"上曰："卿言甚明。"既郊，差充卤簿使，以言去，授敷文阁待制、提举太平兴国宫。

起知泉州。毗舍邪尝掠海滨居民，岁遣戍防之，劳费不赀。大猷作屋二百区，遣将留屯。久之，戍兵以真腊大贾为毗舍邪犯境，大猷曰："毗舍邪面目黑如漆，语言不通，此岂毗舍邪耶？"遂遣之。故事蕃商与人争斗，非伤折罪，皆以牛赎，大猷曰："安有中国用岛夷俗者，苟在吾境，当用吾法。"三佛齐请铸铜瓦三万，诏泉、广二州守臣督造付之。大猷奏："法，铜不下海。中国方禁销铜，奈何为其所役？"卒不与。进敷文阁直学士，留知泉州。

逾年，提举太平兴国宫，改知隆兴府、江西安抚使。以大暑讨永新禾山洞寇，不利，自劾，降龙图阁待制，落职，南康军居住，提举太平兴国宫。复龙图阁待制，提举上清太平宫。复敷文阁待制，升学士。没，赠二官。

大猷与丞相史浩同里，又同年进士，未尝附丽以干进，浩深叹美之。好周施，叙宗族外族为《兴仁录》，率乡人为义庄二十余亩以为倡，众皆欣劝。所著有《适斋存稿》、《备忘》、《训鉴》等书。

袁燮，字和叔，庆元府鄞县人。生而端粹专静，乳媪置盘水其前，玩视终日，夜卧常醒然。少长，读东都《党锢传》，慨然以名节自期。入太学，登进士第，调江阴尉。

浙西大饥，常平使罗点属任振恤。燮命每保画一图，田畴、山水、道路悉载之，而以居民分布其间，凡名数、治业悉书之。合保为都，合都为乡，合乡为县，征发、争讼、追胥，披图可立决，以此为荒政首。除沿海制属。连丁家艰，宁宗即位，以太学正召。时朱熹诸儒相次去国，丞相赵汝愚罢，燮亦以论去，自是党禁兴矣。久之，为浙东帅幕、福建常平属、沿海参议。

嘉定初，召主宗正簿、枢密院编修官，权考功郎官、太常丞、知江州，改提举江西常平、权知隆兴。召为都官郎官，迁司封。因对，言："陛下即位之初，委任贤相，正士鳞集，而窃威权者从旁睨之。彭龟年逆知其必乱天下，显言其奸，龟年以罪去，而权臣遂根据，几危社稷。陛下追思龟年，盖尝临朝太息曰：'斯人犹在，必大用之。'固已深知龟年之忠矣。今正人端士不乏，愿陛下常存此心，急闻剀切，崇奖朴直，一龟年虽没，众龟年继进，天下何忧不治。""臣昨劝陛下勤于好问，而圣训有曰：'问则明'。臣退与朝士言之，莫不称善。而侧听十旬，陛下之端拱渊默犹昔也，臣窃惑焉。夫既知如是而明，则当知反是而暗。明则辉光旁烛，无所不通；暗则是非得失，懵然不辨矣。"

迁国子司业、秘书少监，进祭酒、秘书监。延见诸生，必迪以反躬切己，忠信笃实，是为道本。闻者悚然有得，士气益振。兼崇政殿说书，除礼部侍郎兼侍读。时史弥远主和，燮争益力，台论劾燮，罢之，以宝文阁待制提举鸿庆宫。起知温州，进直学士，奉祠以卒。

燮初入太学，陆九龄为学录，同里沈焕、杨简、舒璘亦皆在学，以道义相切磨。后见，九龄之弟九渊发明本心之指，乃师事焉。每言人心与天地一本，精思以得之，兢业以守之，则与天地相似。学者称之曰絜斋先生。后谥正献。子甫自有传。

吴柔胜，字胜之，宣州人。幼听其父讲伊、洛书，已知有持敬之学，不妄言笑。长游郡泮，人皆惮其方严。登淳熙八年进士第，调都昌簿。丞相赵汝愚知其贤，差嘉兴府学教授，将置之馆阁，会汝愚去，御史汤硕劾柔胜尝救荒浙右，擅放田租，为汝愚收人心，且主朱熹之学，不可为师儒官，自是闲居十余年。

嘉定初，主管刑、工部架阁文字，迁国子正。柔胜始以朱熹《四书》与诸生诵习，讲义策问，皆以是为先。又于生徒中得潘时举、吕乔年，白于长，擢为职事，使以文行表率，于是士知趋向，伊、洛之学，晦而复明。迁太学博士，又迁司农寺丞。

出知随州。时再议和好，尤戒开边隙，旁塞之民事与北界相涉，不问法轻重皆杀之。郡民梁皋有马为北人所盗，追之急，北人以矢拒皋，皋与其徒亦中二矢。北界以为言，郡下七人于狱，柔胜至，立破械纵之，具始末报北界而已。收土豪孟宗政、扈再兴隶帐下，后宗政、再兴皆为名将。筑随州及枣阳城，招四方亡命得千人，立军曰"忠勇"，廪以总所阙额，营栅器械悉备。除京西提刑，领州如故。改湖北运判兼知鄂州。甫至，值岁歉，即乞籴于湖南，大讲荒政，十五州被灾之民，全活者不可胜计。

改知太平州，除直秘阁，主管亳州明道宫。改直华文阁，除工部郎中，力辞，除秘阁修撰，依旧宫观以卒，谥正肃。二子渊、潜，俱登进士，各有传。

游仲鸿，字子正，果之南充人。淳熙二年进士第，初调犍为簿。李昌图总蜀赋，辟籴买官，奇其才，曰："吾董饷积年，惟得一士。"昌图召入，首荐之，擢四川制置司干办公事。制置使赵汝愚一见即知敬之。

叙州董蛮犯犍为境，宪将合兵讨之，仲鸿请行。诘其衅端，以州负马直也，乃使人谕蛮曰："归俘则还马直，不然大兵至矣。"蛮听命，仲鸿受其降而归。改秩，知中江县，总领杨辅檄置幕下。时关外营田凡万四千顷，亩仅输七升。仲鸿建议，请以兵之当汰者授之田，存赤籍，迟以数年，汰者众，耕者多，则横敛一切之赋可次第以减。辅然之，大将吴挺沮而止。赵汝愚移帅闽，举仲鸿自代，制置使京镗、转运刘光祖亦交荐于朝。

绍熙四年，赴召，赵汝愚在枢密，谓仲鸿直谅多闻，访以蜀中利病。汝愚欲亲出经略西事，仲鸿曰："宥密之地，斡旋者易，公独不闻吕申公'经略西事当在朝廷'之语乎？"汝愚悟而止。差干办诸司粮料院。

光宗以疾久不朝重华宫，仲鸿遗汝愚书，陈宗社大计，书有"伊、周、霍光"语，汝愚读之骇，立焚之，不答。又遗书曰："大臣事君之道，苟利社稷，死生以之。既不死，曷不去？"汝愚又不答。孝宗崩，仲鸿泣谓汝愚曰："今惟有率百官哭殿庭，以请亲临。"宰相留正以病去，仲鸿亟简汝愚曰："禫日不决，祸必起矣。"汝愚又不答。后三日，嘉王即位于重华宫。

汝愚既拜右丞相，以仲鸿久游其门，辟嫌不用。初，汝愚之定策也，知韩侂胄颇有劳，望节钺，汝愚不与。侂胄方居中用事，恚甚。汝愚迹已危，方益自严重，选人求见者例不许。仲鸿劝以降意容接，觊遏异论，而汝愚以淮东、西总赋积弊，奏遣仲鸿核实。仲鸿曰："丞相之势已孤，不忧此而顾忧彼耶？"改监登闻鼓院以行。

会侍讲朱熹以论事去国，仲鸿闻之，即上疏曰："陛下宅忧之时，御批数出，不由中书。前日宰相留正之去，去之不以礼；谏官黄度之去，去之不以正；近臣朱熹之去，复去之不以道。自古未有舍宰相、谏官、讲官而能自为聪明者也。愿亟还熹，毋使小人得志，以养成祸乱。"

监察御史胡纮希侂胄意，诬汝愚久蓄邪心，尝语人以乘龙授鼎之梦，又谓朝士中有推其宗派，以为裔出楚王元佐正统所者，指仲鸿也。初，欲直书仲鸿名，同台张孝伯见之曰："书其名则窜矣。凡阿附宰相，本冀官爵，此人沉埋六院且二年，心迹可察。"卒不书其名。

庆元元年，汝愚罢相，仲鸿迁军器监主簿，力丐外，除知洋州。朱熹闻其出，曰："信蜀士之多奇也。"越三年，起知嘉定府。擢利路转运判官，数忤宣抚副使吴曦，曦言仲鸿老病，朝命易他部。未几，曦叛，宣抚司幕官薛绂访仲鸿于果山，仲鸿对之泣，指案上一编书示绂曰："开禧丁卯正月游某死。"谓家人曰："曦逼吾死，即填其日。"

时宣抚使程松大弃其师遁，仲鸿以书劝成都帅杨辅讨贼，辅不能用。至是松至果，仲鸿谓绂曰："宣威肯留，则吾以积奉二万缗犒兵，护宣威之成都。"松不顾而去。总赋刘崇之继至，仲鸿遣其子侣往见，以告松者告之，崇之复不听。未几，曦诛，参政李壁奏除利路提点刑狱，寻乞休致，予祠而归，迁中奉大夫。

嘉定八年卒，年七十八。刘光祖表其隧道曰："於乎，庆元党人游公之墓。"绍定五年，谥曰忠。子侣，淳祐五年为右丞相，自有传。

李祥，字元德，常州无锡人。隆兴元年进士，为钱塘县主簿。时姚宪尹临安，俾摄录参。逻者以巧发为能，每事下有司，必监视锻炼，囚服乃已。尝诬告一武臣子谤朝政，鞫于狱，祥不使逻者入门。既而所告无实，具以白尹，尹惊曰："上命无实乎？"祥曰："即坐谴，自甘。"宪具论如祥意，上骇曰："朕几误矣，卿吾争臣也。"遂赐宪出身为谏大夫，祥调濠州录事参军。安丰守govern冒占民田，讼屡改而不决，监司委祥，卒归之民。未几，其人易守濠，以嫌换司理庐州；守出改官奏留之，不可。

主管户部架阁文字、太学博士、国子博士、司农寺丞、枢密院编修官兼刑部郎官、大宗正丞、军器少监。言："忝朝迹八年，在外贤才不胜众，愿更出迭入由臣始。"出提举淮东常平茶盐、淮西运判。两淮铁钱比不定，祥疏乞官赐钱米销滥恶者，废定城、兴国、汉阳监，更铸绍熙新钱，从之，淮人以安。

迁国子司业、宗正少卿、国子祭酒。丞相赵汝愚以言去国，祥上疏争之，曰："顷寿皇崩，两宫隔绝，中外汹汹，留正弃印亡去，国命如发。汝愚不畏灭族，决策立陛下，风尘不摇，天下复安，社稷之臣也。奈何无念功至意，忽体貌常典，使精忠巨节怫郁黯暗，何以示后世？"

除直龙图阁、湖南运副，言者劾罢之。于是太学诸生杨宏中、周端朝等六人上书留之，俱得罪。主冲佑观，再请老，以直龙图阁致仕。嘉泰元年八月卒，谥肃简。

王介，字元石，婺州金华人。从朱熹、吕祖谦游。登绍熙元年进士第，廷对陈时弊，大略言："近者罢拾遗、补阙，有远谏之意，小人唱为朋党，有厌薄道学之名。"上嘉其直，擢居第三人。

签书昭庆军节度判官厅公事，除为国子录，上疏言："寿皇亲挈神器授之陛下，孝敬岂可久阙乎？"又言："妇事舅姑如事父母，不可亏宫中之礼。"不报。孝宗崩，介又力请上过宫执丧，累疏言辞激切，人叹其忠。

宁宗即位，介上疏言："陛下即位未三月，策免宰相，迁易台谏，悉出内批，非治世事也。崇宁、大观间事出御批，遂成北狩之祸。杜衍为相，常积内降十数封还，今宰相不敢封纳，台谏不敢弹奏，此岂可久之道。"迁太学博士。

时韩侂胄居中潜弄威福之柄，犹未肆也，而文墨议论之士阴附之以希进，于是始无所惮矣。侂胄始疑介前封事诋已,且其弟仰胄尝以旧识求自通,介拒绝之,侂胄怨益深。

添差通判绍兴府,寻知邵武军。会学禁起,谏大夫姚愈劾介与袁燮皆伪学之党,且附会前相汝愚,主管台州崇道观。久之,差知广德军。侂胄之隶人苏师旦忿介不通谒,目为伪党,并及甲寅廷对之语,以告侂胄。有劝其自明者,介曰:"吾发已种种,岂为鼠辈所使邪!"侂胄亦畏公议不敢发。以外艰去。

免丧,知饶州,未赴,召为秘书郎,迁度支郎官。师旦已建节,介与同列谒政府,遇之于庭,客皆逾阶而揖,介不顾。于是殿中侍御史徐柟劾介资浅立异,奉祠,除都大坑冶。

侂胄诛,朝廷更化,介召还,除侍左郎官兼右司、太子舍人,改兵部郎官、国子司业、太子侍讲兼国史院编修官、实录院检讨官、除国子祭酒。会以不雨,诏百官指陈阙失,时宰相史弥远以母丧起复,介手疏历论时政,推本《洪范》僣恒旸若之证,谓:"罗日愿为变,是下人谋上也。修好增币,而金人犹觖望,是夷人乱华也。内批数出,是左右干政也。谏官无故出省,是小人间君子也。皆谓之僣。一僣足以致天变,而况兼有之哉。"又言:"汉法天地降灾,策免丞相,乞令弥远终丧,择公正无私者置左右,王、吕、蔡、秦之覆辙,可以为戒。"

接送伴金国贺生辰使还,奏:"故事两国通庙讳、御名,而本朝止通御名,高宗至光宗皆传名而不传讳,绍熙初,黄裳尝以为言,而未及厘正。愿正典礼,以尊宗庙。"

除秘书监,升太子右谕德。其在春宫,笃意辅导,每遇讲读,因事规谏。太子尝欲索馆中图画,却而弗与,及张灯设乐,则谏止之;且乞选配故家以正始,绝令旨以杜请谒,宫僚分日上直,以资见闻。

迁宗正少卿兼权中书舍人,缴驳不避权贵。张允济以阁职为州钤,介谓此小事而用权臣例,破祖宗制,不可不封还词头。丞相语介曰:"此中官意。"介曰:"宰相而逢宫禁意向,给舍而奉宰相风旨,朝廷纪纲扫地矣。"

居数日,除起居舍人。介奏:"宰相以私请不行,而托威福于宫禁,权且下移,谁敢以忠告陛下者?"乞归老,不许。言:"本朝循唐入阁之制,左右史不立前殿,若御后殿,则立朵殿下,何所闻见而修起居注乎?乞依欧阳修、王存、胡铨所请,分立殿上。"

吏部侍郎许奕以言事去国,介奏曰:"陛下更化三年,而言事官去者五人,倪思、傅伯成既去,其后蔡幼学、邹应龙相继而出,今许奕又复蹈前辙。此五臣,四为给事,一为谏大夫,两年之间,尽听其去。或谓此皆宰相意,自古未有大臣因给舍论事而去之者,是大臣误陛下也,将恐成孤立之势。"疏奏,乞补外,以右文殿修撰知嘉兴府。

岁余,升集英殿修撰、知襄阳府、京西安抚使。徙知庆元府兼沿海制置使,以疾奉祠。嘉定六年八月卒,年五十六。端平三年,郡守赵汝谈请于朝,特赠中大夫、宝章阁待制,谥忠简。子野,自有传。

宋德之,字正仲,其先京兆人。隋谏大夫远谪彭山,子孙散居于蜀,遂为蜀州人。德之以应举擢庆元二年外省第一,为山南道掌书记。召除国子正,迁太学博士。与诸生论八阵之象本乎八卦,皆动物也,奇正之变,往来相生而不穷,知此然后可以致胜。

迁编修枢密院。时兵衅有萌,会赤眚见太阴,犯权星,未浃日,内北门鸱尾灾,延及三省、六部,诏求言,德之奏:"离为火,为日,为甲胄;坎为水,为月,为盗,为隐伏。故火失其性,赤气见,忧在甲兵;水失其性,太阴失度,忧在隐伏。"因疏七事,皆当今至切之患,乃曰:"人火小变不足虑,天象之变,臣窃危之。"

他日,又对曰:"今敌未动,而轻变祖宗旧制,命武臣帅边以自遗患。晋叛将、唐藩镇之祸基于此矣。"时吴曦在西陲,皇甫斌在襄汉,郭倪、李爽在两淮,德之预以为虑。

除太常丞,出知阆州。会曦变,托跬足以避伪,事平,始赴阆。擢本路提点刑狱,制帅安丙奏:"德之傲视君命,不俟代之来,径用观察使印领事。"诏降一官,改潼川路转运判官、湖南路提刑,改湖北。

召为兵部郎官。朝论有疑安丙意,丞相史弥远首以问德之,德之对曰:"蜀无安丙,朝廷无蜀矣,人有大功,实不敢以私嫌废公议。"忤时相意,遂罢。安丙深感德之,尝谓人曰:"丙不知正仲,正仲知丙;丙负正仲,正仲不负丙。"请昏于德之,不许。论者益称德之贤。起知眉州,监特奏名试,得疾而卒。

德之大父耕,性刚介,一朝弃官去,莫知所终。从父廉语德之曰:"吾昔至临安府,有人言蜀有宋宣教者过浙江而去,吾适越求之,则入四明矣。"德之渡浙江寻访,至雪窦,有蜀僧言:"闻诸耆老云:山后有烂平山,有二居士焉,其一宋宣教也。"德之踬攀至烂平,见丹灶,置祠其上而归。

杨大全,字浑甫,眉之青神人。乾道八年进士,调温江尉,摄邑有政声。绍熙三年,召除监登闻鼓院。五年,光宗以疾久,不克省重华宫,廷臣多论谏者。太学生汪安仁等二百余人上书,而龚日章等百余人以投匦上书为缓,必欲伏阙。大全谓:"院以登闻名,实明目达聪之地也,今乃使人视为具文,吾何颜以尸此职。"乃为书以谏,力请过宫,书上不报。大全于是三上疏,其略曰:

臣之志于忧君者,不畏义死,不荣幸生,而以不言为耻,而以言不听从为耻。自古谏之不效,其大者身膏斧锧,其次亦流窜四裔,其小者犹罢免终身,未有若今日不勉于听从,亦不加于黜逐,徒饵之以无所谴呵之恩,使皆饕富贵,甘豢养,以消靡其风节。平居皆贪禄怀奸之士,则临难必无仗节死义之人。

陛下自夏秋以来,执政从官之死者皆不信,卒之果然乎?不然乎?建康赵济死,武兴吴挺死,今尚不以为然,则事有几微于朕兆者,可谏陛下乎?万一变起萧墙,祸生肘腋,陛下必将以为不信,坐受其危亡矣。

盗满山东而高、斯弄权，二世不知也。蛮寇成都而更奏捷，明皇不知也。此犹左右聋瞽尔。今在朝之士沥忠以告，而陛下不听，是陛下自壅蔽其聪明也。今外间传闻，以为寿皇将幸越，幸吴兴，此爱陛下之深，欲泯其迹也。陛下当亟图所以解寿皇之忧。疏入，又不报。

宁宗即位，迁宗正寺主簿。庆元元年，易太常寺主簿，迁司农寺丞。修《高宗实录》，充检讨官。先是，韩侂胄用事，私台谏之选为己羽翼，且欲得知名士，借其望以压群言，一时之好进者，恨不预此选也。会御史虚位，有力荐大全者，属大全一往见，且曰："公朝见，除日夕下矣。"大全笑谢，决不往，明日遂丐外。时《实录》将上矣，上必推恩，大全去不少待。于是除知金州，至姑苏，以病卒。

论曰：王信有文学，通政事。汪大猷敦厚老成。袁燮学有所本。吴柔胜、游仲鸿名在伪学。观李祥讼赵汝愚，公论藉是以立。王介、杨大全直道而行。宋德之其知兵者欤？

卷四百一　　列传第一百六十

辛弃疾　何异　刘宰　刘爚　柴中行　李孟传

辛弃疾，字幼安，齐之历城人。少师蔡伯坚，与党怀英同学，号"辛党"。始筮仕，决以蓍，怀英遇《坎》，因留事金，弃疾得《离》，遂决意南归。

金主亮死，中原豪杰并起。耿京聚兵山东，称天平节度使，节制山东、河北忠义军马，弃疾为掌书记，即劝京决策南向。僧义端者，喜谈兵，弃疾间与之游。及在京军中，义端亦聚众千余，说下之，使隶京。义端一夕窃印以逃，京大怒，欲杀弃疾。弃疾曰："丐我三日期，不获，就死未晚。"揣僧必以虚实奔告金帅，急追获之。义端曰："我识君真相，乃青兕也，力能杀人，幸勿杀我。"弃疾斩其首归报，京益壮之。

绍兴三十二年，京令弃疾奉表归宋，高宗劳师建康，召见，嘉纳之，授承务郎、天平节度掌书记，并以节使印告召京。会张安国、邵进已杀京降金，弃疾还至海州，与众谋曰："我缘主帅来归朝，不期事变，何以复命？"乃约统制王世隆及忠义人马全福等径趋金营，安国方与金将酣饮，即众中缚之以归，金将追之不及。献俘行在，斩安国于市。仍授前官，改差江阴佥判。弃疾时年二十三。

乾道四年，通判建康府。六年，孝宗召对延和殿。时虞允文当国，帝锐意恢复，弃疾因论南北形势及三国、晋、汉人才，持论劲直，不为迎合。作《九议》并《应问》三篇、《美芹十论》献于朝，言逆顺之理，消长之势，技之长短，地之要害，甚备。以讲和方定，议不行。迁司农寺主簿，出知滁州。州罹兵烬，井邑凋残，弃疾宽征薄赋，招流散，教民兵，议屯田，乃创奠枕楼、繁雄馆。辟江东安抚司参议官。留守叶衡雅重之，衡入相，力荐弃疾慷慨有大略。召见，迁仓部郎官、提点江西刑狱。平剧盗赖文政有功，加秘阁修撰。调京西转运判官，差知江陵府兼湖北安抚。

迁知隆兴府兼江西安抚，以大理少卿召，出为湖北转运副使，改湖南，寻知潭州兼湖南安抚。盗连起湖湘，弃疾悉讨平之。遂奏疏曰："今朝廷清明，比年李金、赖文政、陈子明、陈峒相继窃发，皆能一呼啸聚千百，杀掠吏民，死且不顾，至烦大兵翦灭。良由州以趣办财赋为急，吏有残民害物之政，而州不敢问，县以并缘科敛为急，吏有残民害物之状，而县不敢问。田野之民，郡以聚敛害之，县以科率害之，吏以乞取害之，豪民以兼并害之，盗贼以剽夺害之，民不为盗，去将安之？夫民为国本，而贪吏迫使为盗，今年剿除，明年划荡，譬之木焉，日刻月削，不损则折。欲望陛下深思致盗之由，讲求弭盗之术，无徒恃平盗之兵。申饬州县，以惠养元元为意，有违法贪冒者，使诸司各扬其职，无徒按举小吏以应故事，自为文过之地。"诏奖谕之。

又以湖南控带二广，与溪峒蛮獠接连，草窃间作，岂惟风俗顽悍，抑武备空虚所致。乃复奏疏曰："军政之敝，统率不一，差出占破，略无已时。军人则利于优闲窠坐，奔走公门，苟图衣食，以故教阅废弛，逃亡者不追，冒名者不举。平居则奸民无所忌惮，缓急则卒伍不堪征行。至调大军，千里讨捕，胜负未决，伤威损重，为害非细。乞依广东摧锋、荆南神劲、福建左翼例，别创一军，以湖南飞虎为名，止拨属三牙、密院，专听帅臣节制调度，庶使夷獠知有军威，望风慑服。"

诏委以规画，乃度马殷营垒故基，起盖砦栅，招步军二千人，马军五百人，傔人在外，战马铁甲皆备。先以缗钱五万于广西买马五百匹，诏广西安抚司岁带买三十匹。时枢府有不乐之者，数沮挠之，弃疾行愈力，卒不能夺。经度费巨万计，弃疾善斡旋，事皆立办。议者以聚敛闻，降御前金字牌，俾日下住罢。弃疾受而藏之，出责监办者，期一月飞虎营栅成，违坐军制。如期落成，开陈本末，绘图缴进，上遂释然，时秋霖几月，所司言造瓦不易，问："须瓦几何？"曰："二十万。"弃疾曰："勿忧。"令厢官自官舍、神祠外，应居民家取沟敝瓦二，不二日皆具，僚属叹伏。军成，雄镇一方，为江上诸军之冠。

加右文殿修撰，差知隆兴府兼江西安抚。时江右大饥，诏任责荒政。始至，榜通衢曰："闭粜者配，强籴者斩。"次令尽出公家官钱、银器，召官吏、儒生、商贾、市民各举有干实者，量借钱物，逮其责领运籴，不取子钱，期终月至城下发粜，于是连樯而至，其直自减，民赖以济。时信守谢源明乞米救助，幕属不从，弃疾曰："均为赤子，皆王民也。"即以米舟十之三予信。帝嘉之，进一秩，以言者落职，久之，主管冲佑观。

绍熙二年，起福建提点刑狱。召见，迁大理少卿，加集英殿修撰、知福州兼福建安抚使。弃疾为宪时，尝建帅，每叹曰："福州前枕大海，为贼之渊，上四郡民顽犷易乱，帅臣空竭，急缓奈何！"至是务为镇静，未期岁，积镪至五十万缗，榜曰："备安库"。谓闽中土狭民稠，岁俭则籴于广，今幸连稔，宗室及军人入仓请米，出即粜之，候秋贾贱，以备安钱籴二万石，则有备无患矣。又欲造万铠，招强壮补军额，严训练，则盗贼可以无虞。事未行，台臣王蔺劾其用钱如泥沙，杀人如草芥，且夕望端坐"闽王殿"。遂丐祠归。

庆元元年落职，四年，复主管冲佑观。久之，起知绍兴府兼浙东安抚使，四年，宁宗召见，言盐法，加宝谟阁待制、提举佑神观，奉朝请。寻差知镇江府，赐金带。坐缪举，降朝散大夫、提举冲佑观，差知绍兴府、两浙东路安抚使，辞免。进宝文阁待制，又进龙图阁、知江陵府。令赴行在奏事，试兵部侍郎，辞免。进枢密都承旨，未受命而卒。赐对衣、金带，守龙图阁待制致仕，特赠四官。

弃疾豪爽尚气节，识拔英俊，所交多海内知名士。尝跋绍兴间诏书曰："使此诏出于绍兴之前，可以无事仇之大耻；使此诏行于隆兴之后，可以卒不世之大功。今此诏与仇敌俱存也，悲夫！"人服其警切。帅长沙时，士人或诉考试官滥取第十七名《春秋》卷，弃疾察之信然，索亚榜《春秋》卷两易之，启名则赵鼎也。弃疾怒曰："佐国元勋，忠简一人，胡为又一赵鼎！"掷之地。次阅《礼记》卷，弃疾曰："观其议论，必豪杰士也，此不可失。"启之，乃赵方也。尝谓："人生在勤，当以力田为先。北方之人，养生之具不求于人，是以无甚富甚贫之家。南方多末作以病农，而兼并之患兴，贫富斯不侔矣。"故以"稼"名轩。为大理卿时，同僚吴交如死，无棺敛，弃疾叹曰："身为列卿而贫若此，是廉介之士也！"既厚赙之，复言于执政，诏赐银绢。

弃疾尝同朱熹游武夷山，赋《九曲棹歌》，熹书"克己复礼"、"夙兴夜寐"，题其二斋室。熹殁，伪学禁方严，门生故旧至无送葬者。弃疾为文往哭之曰："所不朽者，垂万世名。孰谓公死，凛凛犹生！"弃疾雅善长短句，悲壮激烈，有《稼轩集》行世。绍定六年，赠光禄大夫。咸淳间，史馆校勘谢枋得过弃疾墓旁僧舍，有疾声大呼于堂上，若鸣其不平，自昏暮至三鼓不绝声。枋得秉烛作文，旦且祭之，文成而声始息。德祐初，枋得请于朝，加赠少师，谥忠敏。

何异，字同叔，抚州崇仁人。绍兴二十四年进士，调石城主簿，历两任，知萍乡县。丞相周必大、参政留正以院辖拟异，孝宗问有无列荐，正等以萍乡政绩对，乃迁国子监主簿。迁丞，转对，所言帝喜之，曰："君臣一体，初不在事形迹，有所见闻，于银台司缴奏。"擢监察御史。异奏与丞相留正旧同官，不敢供职，御札不许引嫌，遂拜命。

迁右正言。时光宗怠于定省，异入疏谏，不报。约台官联名，言奸人离间父子，当明正典刑，语极峻，又不报。匀外，授湖南转运判官。偶摄帅事，辰蛮侵扰邵阳，异募山丁捕首乱者，蒲来矢以众来降。寻为浙西提点刑狱。以太常少卿召，改秘书监兼实录院检讨官，权礼部侍郎、太常寺。

太庙芝草生，韩侂胄率百官观焉，异谓其色白，虑生兵妖，侂胄不悦。又以刘光祖于异交密，言者遂以异在言路不弹丞相留正及受赵汝愚荐，劾罢之，久乃予祠。起知夔州兼本路安抚。异以夔民土狭食少，同转运司籴米桩积，立循环通济仓。七月丙戌，西北有星白芒坠地，其声如雷，异曰："戌日酉时，火土交会，而妖星自东南冲西北，化为天狗，蜀其将有兵乎？"匀祠，以宝谟阁待制提举太平兴国宫。后四年，吴曦果叛。起知潭州，乞闲予祠者再。

嘉定元年，召为刑部侍郎。五月不雨，异上封事言："近日号令或从中出，而执政不得与闻其事，台谏不得尽行其言。陛下闵念饥民，药病殡死，遐荒僻峤，安得实惠？多方称提，不如缩造楮币；阜通商米，不如稍宽关市之征。"明年，权工部尚书。告老，抗章言："近臣求去，类成虚文，中外相观，指为礼数，无以为风俗廉耻之劝。"以宝章阁直学士知泉州，从所乞予祠，进宝章阁学士，转一官致仕。卒，年八十有一。异高自标致，有诗名，所著《月湖诗集》行世。

刘宰，字平国，金坛人。既冠，入乡校，卓然不苟于去就取舍。绍熙元年举进士，调江宁尉。江宁巫风为盛，宰下令保伍互相纠察，往往改业为农。岁旱，帅守申振荒邑境，多所全活。有持妖术号"真武法"、"穿云子"、"宝华主"者，皆禁绝之。书其坐右曰："毋轻出文引，毋轻事棰楚。"缘事出郊，与吏卒同疏食水饮。去官，惟箧藏主簿赵师秀酬倡诗而已。调真州司法。诏仕者非伪学，不读周惇颐、程颐等书，才得考试，宰喟然曰："平生所学者何？首可断，此状不可得。"卒弗与。

授泰兴令，有杀人狱具，谓："祷于丛祠，以杀一人，刃忽三跃，乃杀三人，是神实教我也。"为请之州，毁其庙，斩首以徇。邻邑有租牛县境者，租户于主有连姻，因丧会，窃券而逃。它日主之子征其租，则曰牛鬻久矣。子累年讼于官，无券可质，官又以异县置不问。至是诉于宰，宰曰："牛失十载，安得一旦复之。"乃召二丐者劳而语之故，托以它事系狱，鞫之，丐者自诡盗牛以卖，遣诣其所验视。租户曰："吾牛因某氏所租"。丐者辞益力，因出券示之，相持以来，盗券者怃然，为归牛与租。富室亡金钗，惟二仆妇在，置之有司，咸以为冤。命各持一芦，曰："非盗钗者，诘朝芦当自若；果盗，则长于今二寸。"明旦视之，一自若，一去其芦二寸矣，即讯之，果伏其罪。有姑诉妇不养者二，召二妇并姑置一室，或饷其妇而不及姑，徐伺之，一妇每以己馔馈姑，姑犹呵之，其一反之。如是累日，遂得其情。

父丧，免，至京，韩侂胄方谋用兵，宰启邓友龙、薛叔似极言轻挑兵端，为国深害，迄如其言。为浙东仓司干官，职事修举，亟引去，默观时变，顿不乐仕。寻告归，监南岳庙。江、淮制置使黄度辟之入幕，宰辞曰："君命召不往，今岂可出耶？"嘉定四年，堂审召命且再下，不至。时相亦屡讽执政、从官贻书挽宰，宰峻辞以绝。俄题考功历，示决不复仕。

理宗初即位，以为籍田令，屡辞，改添差通判建康府，又辞,乞致仕,乃以直秘阁主管仙都观。拜改秩予祠之命,辞秘阁,不允。端平元年,升直宝谟阁,祠如故,且尽还磨勘岁月。未几,迁太常丞,郡守以朝命趣行,不得已勉就道,至吴门,拜疏径归。一时誉望,收召略尽,所不能致者,宰与崔与之耳。帝侧席以问侍御史王遂,且俾宣抚。迁将作少监,又以直敷文阁知宁国府,皆不拜。进直显谟阁、主管玉局观,帝犹冀宰一来也。召奏事,讫不为起。寻卒,乡人罢市走送,袂相属者五十里,人人如哭其私亲。

宰刚大正直,明敏仁恕,施惠乡邦,其烈实多。置义仓,创义役,三为粥以与饿者,自冬徂夏,日食凡万余人,薪粟、衣纩、药饵、棺衾之须,靡谒不获。某无田可耕,某无庐可居,某之子女长矣而未昏嫁,皆汲汲经理,如己实任其责。桥有病涉,路有险阻,虽巨役必捐赀先倡而程其事。宰生理素薄,见义必为,既竭其力,藉质贷以继之无倦。若定折麦钱额,更县斗斛如制,毁淫祠八十四所,凡可以白于有司、利于乡人者,无不为也。

宰隐居三十年,平生无嗜好,惟书靡所不读。既竭日力,犹坐以待,虽博考训注,而自得之为贵。有《漫塘文集》、《语录》行世。

刘爚,字晦伯,建阳人。与弟韬仲受学于朱熹、吕祖谦。乾道八年举进士,调山阴主簿。爚正版籍,吏不容奸。调饶州录事,通判黄奕将以事污爚,而己自以赃抵罪去。都大坑冶耿某闵遗骸暴露,议用浮屠法葬之水火,爚贻书曰:"使死者有知,祸亦惨矣。"请择高阜为丛冢以葬。

调莲城令,罢添给钱及纲运例钱,免上供银钱及纲本、二税甲叶、钞盐、军期米等钱,大修学校,乞行经界。改知闽县,治以清简,庭无滞讼,兴利去害,知无不为。差通判潭州,未上,丁父忧。伪学禁兴,爚从熹武夷山讲道读书,怡然自适。筑云庄山房,为终老隐居之计。调赣州坑冶司主管文字,差知德方府,大修学校,奏便民五事,又奏罢两县无名租钱,纠集武勇民兵。入奏言:"前者北伐之役,执事者不度事势,贻陛下忧。今虽从和议,愿益恐惧修省,必开言路以广忠益,必振公道以进人才,必饬边备以防敌患。"

提举广东常平。令守臣岁以一半易新,春末支,及冬复偿,存其半以备缓急。遝欠亭户钱十万,转运司五万,爚以公使、公用二库赢钱补之。奏义仓之敝、客丁钱之敝、小官奉给之敝、举留守令之敝、吏商之敝。召入奏事,首论:"公道明,则人心自一,朝廷自尊,虽危可安也;公道废,则人心自贰,朝廷自轻,虽安易危也。"帝嘉奖。迁尚左郎官,请节内外冗费以收楮币。转对言:"愿于经筵讲读、大臣奏对,反复问难,以求义理之当否,与政事之得失,则圣学进而治道隆矣。"乞收拾人才及修明军政。迁浙西提点刑狱,巡按不避寒暑,多所平反。有杀人而匿权家者,吏弗敢捕,爚竟获之。

迁国子司业,言于丞相史弥远,请以熹所著《论语》、《中庸》、《大学》、《孟子》之说以备劝讲,正君定国,慰天下学士大夫之心。奏言:"宋兴,《六经》微旨,孔、孟遗言,发明于千载之后,以事父则孝,以事君则忠,而世之所谓道学也。庆元以来,权佞当国,恶人议己,指道为伪,屏其人,禁其书,学者无所依乡,义利不明,趋向污下,人欲横流,廉耻日丧。追惟前日禁绝道学之事,不得不任其咎。望其既仕之后,职业修,名节立,不可得也。乞罢伪学之诏,息邪说,正人心,宗社之福。"又请以熹《白鹿洞规》颁示太学,取熹《四书集注》刊行之。又言:"浙西根本之地,宜诏长吏、监司禁戢强暴,抚柔善良,务储积以备凶荒,禁科敛以纾民力。"

兼国史院编修官、实录院检讨官。接伴金使于盱眙军。还,言:"两淮之地,藩蔽江南,干戈盗贼之后,宜加经理,必于招集流散之中,就为足食足兵之计。臣观淮东,其地平博膏腴,有陂泽水泉之利,而荒芜实多。其民劲悍勇敢,习边鄙战斗之事,而安集者少。诚能经画郊野,招集散亡,约顷亩以授田,使毋广占抛荒之患,列沟洫以储水,且备戎马驰突之虞。为之具田器,贷种粮,相其险易,聚为室庐,使相保护,联以什伍,教以击刺,使相纠率。或乡为一围,里为一队,建其长,立其副。平居则耕,有警则守,有余力则战。"帝嘉纳之。

进国子祭酒兼侍立修注官。论贡举五敝。兼权兵部侍郎,改兼权刑部侍郎,封建阳县开国男,赐食邑。权刑部侍郎兼国子祭酒,兼太子左谕德,升同修国史、实录院同修撰。时廷臣争务容默,有论事稍切者,众辄指以为异。爚奏:"愿明诏大臣,崇奖忠说以作士气,深戒谀佞以肃具僚。乞择州县狱官。"冬雷,上恐惧,爚奏:"遴选监司以考察贪吏为先,访求民瘼,有泽未下流、令未便民者,悉以实上,变而通之,则民心悦而天意解矣。"又请择沿边诸将。

兼工部侍郎。奏"乞使沿边之民,各自什伍,教阅于乡,有急则相救援,无事则耕稼自若,军政隐然寓于田里之间,此非止一时之利也。"请城沿边州郡、罢遣贺正使。试刑部侍郎,兼职依旧,赐对衣、金带,辞,不允。两请致仕,不允。奏绝金人岁币,建制置司于历阳以援两淮。夏旱,应诏上封事,曰:"言语方壅而导之使言,人心方郁而疏之使通,上既开不讳之门,下必有尽言之士,指陈政事之阙失,明言朝廷之是非。或者以为好名要誉,而陛下听之,则苦言之药,至言之实,陛下弃之而不恤矣,甘言之疾,华言之腴,陛下受之而不觉矣。"乞罢瑞庆圣节,谢绝金使。

进封子爵。权工部尚书,赐衣带、鞍马。兼太子右庶子,仍兼左谕德。每讲读至经史所陈声色嗜欲之戒,辄恳切再三敷陈之。进读《诗》之说,詹事戴溪读之为之吐舌。卒,赠光禄大夫,官其后,赐谥文简。所著有《奏议》、《史稿》、《经筵故事》、《东宫诗解》、《礼记解》、《讲堂故事》、《云庄外稿》。

柴中行,字与之,余干人。绍熙元年进士,授抚州军事推官。权臣韩侂胄禁道学,校文,转运司移檄,令自言非伪学,中行奋笔曰:"自幼读程颐书以收科第,如以为伪,不愿考校。"

调江州学教授，母丧，免，广西转运司辟为干官，帅将荐之，使其客尝中行，中行正色曰："身为大帅，而称人为恩王、恩相，心窃耻之。毋污我！"摄昭州郡事，蠲丁钱，减苗斛，赈饥羸。转运司委中行代行部，由桂林属邑历柳、象、宾入邕管，问民疾苦，先行而后闻，捐盐息以惠远民。嘉定初，差主管尚书吏部架阁文字，迁太学正，升博士。转对，首论主威夺而国势轻；次论士大夫寡廉隅、乏骨鲠，宜养天下刚毅果敢之气；末论权臣用事，包苴成风，今旧习犹在，宜举行先朝痛绳赃吏之法。谓太学风化首，童子科覆试胄子舍选，有挟势者，中行力言于长，守法无秋豪私。迁太常主簿，转军器监丞。

出知光州，严保伍，精阅习，增辟屯田，城壕营砦、器械糗粮，百尔具备，治行为淮最。又条画极边、次边缓急事宜上之朝廷，大概谓："边兵宜如蛇势，首尾相应。草寇合兵大入，则邻道援之；分兵轻袭，则邻郡援之。援兵既多，虽危不败。"又言："淮、襄土豪丁壮，往者用兵，倾赀效力者，朝廷各赏失信，宜亟加收拾，亦可激昂得其死力。"

迁西京转运使兼提点刑狱。中行谓襄阳乃自古必争之地，备御尤宜周密。时任边寄者政令烦苛，日夜与民争利，中行讽之，不听。天方旱，尽捐酒税，斥征官，黜务吏，甘澍随至。官取盐钞赢过重，课日增，入中日寡，钞日壅。中行揭示通衢，一钱不增，商贾大集。改直秘阁、知襄阳兼京西帅，仍领漕事。江陵戎司移屯襄州，兵政久弛。中行白于朝，考核军实，旧额二万二千人，存者才半，亟招补虚籍。自是朝廷以节制之权归帅司。重劾李琪不法以惩贪守，时麋再兴有功以厉宿将，上关朝廷，下关制阃。

迁江东转运司判官，旋改湖南提点刑狱。豪家习杀人，或收养亡命，横行江湖，一绳以法。华亭令贪虐，法从交疏荐之，中行笑曰："此欲断吾按章也。"卒发其奸。入为吏部郎官。以立志启迪君心，言好进、好同、好欺，士大夫风俗三敝。选曹法大坏，吏缘为奸，中行遇事持正，不为势屈，由是铨综平允。

擢宗正少卿。上疏谓："陛下初政则以刚德立治本，更化则以刚德除权奸，今者顾乃垂拱仰成，安于无为。夫刚德实人主之大权，不可久出而不收。覆辙在前，良可鉴也。"又曰："朝廷用人，外示涵洪而阴掩其迹，内用牢笼而微见其机，观听虽美，实无以大服天下之心。曩者更化，元气复挽回矣。比年欲求安静，颇厌人言，于是臣下纳说，非观望则希合，非回缓则畏避，而面折廷诤之风未之多见，此任事大臣之责也。"

兼国史编修、实录检讨。孟春，大雨震电，雷雹交作，边烽告急，至失地丧师，淮甸震汹。中行亟奏内外二失，朝廷十忧，大要言："今日之事，人主尽委天下以任一相，一相尽以天下谋之三数腹心，而举朝之士相视以目，噤不敢言。甚至边庭申请，久不即报，脱有阙误，咎当谁执？"

调秘书监、崇政殿说书。极论"往年以道学为伪学者，欲加远窜，杜绝言语，使忠义士箝口结舌，天下之气岂堪再沮坏如此耶？"又谓："欲结人心，莫若去贪吏；欲去贪吏，莫若清朝廷。大臣法则小臣廉，在高位者以身率下，则州县小吏何恃而敢为？"又论内治外患，辨君子小人，大略谓："执政、侍从、台谏、给舍之选，与三衙、京尹之除，皆朝廷大纲所在，故其人必出人主之亲擢，则权不下移。今或私谒，或请见，或数月之前先定，或举朝之人不识。附会者进，争为妾妇之道，则天下国家之利害安危，非惟己不敢言，亦且并绝人言矣。大臣为附会之说所误，边境之臣实者掩以为诬，真怯者誉以为勇，金帛满前，是非交乱，以欺庙堂，以欺陛下。愿明诏大臣，绝私意，布公道。"

进秘阁修撰、知赣州。治盗有方，境内清肃。丐祠得请，以言罢。理宗即位，以右文殿修撰主管南京鸿庆宫，赐金带。卒。所著有《易系集传》、《书集传》、《诗讲义》、《论语童蒙说》。

李孟传，字文授，资政殿学士光季子也。光谪岭海，孟传才六岁，奉母居乡，刻志于学。贺允中、徐度皆奇之，而曾几妻以其孙。龙大渊黜为浙东总管，知孟传为名门子，解后必就语，孟传正色辞之。干办江东提刑司，易浙东常平司。

母丧，免，调江山县丞，弃去，监南岳庙、行在编估局，未上，改楚州司户参军，单车赴官。公退，闭户读《易》。郡守、部使者不敢待以属吏。徐积墓在境内，芜没既久，加葺之。修复陈公塘，有灌溉之利。知象山县，守荐为邑最，从官多合荐之，主管官告院，与同列上封事，请诣北宫，又移书宰相。

迁将作监主簿。丞相赵汝愚初当国，适大侵，遣孟传按视江、池、鄂三大军所屯积粟，道除太府丞。既复命，汝愚去国，党论起，而孟传奉使无失指，面对言："比以使事往返四千里，所过民生困穷，衣食不赡。国之安危，以民为本，今根本既虚，形势俱见，保邦之虑，宜勤圣念。"时韩侂胄连逐留正及汝愚，太府簿吴琦与侂胄有连姻，因言台谏将论朱熹，孟传奋然曰："如此则士大夫争之，鼎镬且不避。"

兼考功郎。复因对言："国家长育人才，犹天地之于植物，滋液渗漉，待其既成而后足以供大厦之用。今士大夫皆有苟进之心，治功未优，功能尚薄，而意已驰骛于台阁，不稍有以扶持正饬之，其敝将甚。"又言："武举及军士比试，专取其力，临敌难以必胜。唐世取人由步射、弓弩以至马射，各以其中之多寡为等级，宜采取行之。"韩侂胄与孟传故，尝致侂胄意，孟传谢曰："行年六十，去意已决。"侂胄惭而退。请外，知江州，狱讼止息。侂胄不悦。丐归，复知处州。

迁广西提点刑狱，改江东提举常平，移福建。诏入对，首论用人宜先气节后才能，益招徕忠说以扶正论。故人有在政府者，折简问劳勤甚，孟传逆知其意，即谢曰："孤踪久不造朝，获一望清光而去，幸矣。"对毕即出关。至闽，大饥，发廪劝分，民无流莩。侂胄诛，就迁提点刑狱，移江东，又辞。丞相史弥远，其亲故也，人谓进用其时矣，卒归使节，角巾还第。再奉祠，以仓部郎召，又辞。

迁浙东提点刑狱，未数月，申前请，章再上，加直秘阁,移江东,不赴,主管明道宫。进直宝谟阁,致仕,卒,年八十四。尝诫其子孙曰:"安身莫若无竞,修己莫若自保。守道则福至,求禄则辱来。"有《磐溪集》、《宏词类稿》、《左氏说》、《读史》、《杂志》、《记善》、《记异》等书行世。

论曰:古之君子,出处不齐,同归于是而已。辛弃疾知大义而归宋。何异笃实君子,而切谏光宗朝重华宫。柴中行宁不校临川之试,终不肯自言非程颐伪学。刘爚表章朱熹《四书》以备劝讲,卫道之功莫大焉。李孟传所立不愧其父。至于刘宰飘然远引,屡征不起,所谓鸿飞冥冥者耶。

卷四百二　　列传第一百六十一

陈敏　张诏　毕再遇
安丙　杨巨源　李好义

陈敏,字元功,赣之石城人,父皓,有才武,建炎末,以破赣贼李仁功,补官至承信郎。敏身长六尺余,精骑射,积官至忠靖郎。以杨存中荐,擢阁门祗候。时闽地多寇,殿司兵往戍,率不习水土。至是,始募三千兵置左翼军,以敏为统制,漳州驻扎。敏按诸郡要害,凡十有三处,悉分兵扼之,盗发辄获。赣州齐述据城叛,啸聚数万,将弃城南寇。敏闻之曰:"赣兵精劲,善走崄,若朝廷发兵未至,万一奔冲,江、湖、闽、广骚动矣。"不俟命,领所部驰七日,径抵赣围其城。逾月,朝廷命李耕以诸路兵至,破之。累功授右武大夫,封武功县男,领兴州刺史。召赴阙,高宗见其状貌魁岸,除破敌军统制。寻丁母忧,诏起复,以所部驻太平州。

绍兴三十一年,金主亮来攻,成闵为京湖路招讨使,以敏军隶之,升马司统制,军于荆、汉间。敏说闵曰:"金人精骑悉在淮,汴都必无守备,若由陈、蔡径捣大梁,溃其腹心,此救江、淮之术也。"不听。从闵还驻广陵,时金兵尚未渡淮,敏又说闵邀其归师,复不听。敏遂移疾归姑孰。

孝宗即位,张浚宣抚江、淮,奏敏为神劲军统制。浚视师,改都督府武锋军都统制。朝廷遣李显忠北伐,浚欲以敏偕行,敏曰:"盛夏兴师非时,且金人重兵皆在大梁,我客彼主,胜负之势先形矣。愿少缓。"浚不听,令敏屯盱眙。显忠至符离,果失律,敏遂入泗州守之。金人议和,诏敏退守滁阳。敏请于朝,谓滁非受敌之所,改戍高邮,兼知军事。与金人战射阳湖,败之,焚其舟,追至沛城,复败之。

乾道元年,迁宣州观察使,召除主管侍卫步军司公事。居岁余,敏抗章曰:"久任周庐,无以效鹰犬,况敌情多诈,和不足恃。今两淮无备,臣乞以故部之兵,再成高邮。"仍请更筑其城。乃诏常阶,除光州观察使,分武

锋为四军,升敏为都统制兼知高邮军事,仍赐筑城屯田之费。敏至郡,板筑高厚皆循旧制。自宝应至高邮,按其旧作石砝十二所,自是运河通泄,无冲突患。

四年,北界人侍旺叛于涟水军,密款本朝,称结约山东十二州豪杰起义,以复中原。上以问敏,敏曰:"旺欲假吾国威以行劫尔,必不能成事,愿勿听。"适屯田统领官与旺交通,旺败,金有间言,上知非敏罪,乃召敏为左骁卫上将军。

言事者议欲成守清河口,敏言:"金兵每出清河,必遣人马先自上流潜渡,今欲必守其地,宜先修楚州城池,盖楚州为南北襟喉,彼此必争之地。长淮二千余里,河道通北方者五,清、汴、涡、颍、蔡是也;通南方以入江者,惟楚州运河耳。北人舟舰自五河而下,将谋渡江,非得楚州运河,无缘自达。昔周世宗自楚州北神堰凿老鹳河,通战舰以入大江,南唐遂失两淮之地。由此言之,楚州实为南朝司命,愿朝廷留意。"及是,再出守高邮,乃诏与楚州守臣左祐同城楚州,祐卒,遂移守楚州。北使过者观其雉堞坚新,号"银铸城"。

以归正人二百家逃归,降授忠州团练使,罢为福建路总管,改江西路总管,赣州驻札。月余,朝廷令往福州拣军,又命还豫章教阅江西团结诸郡人马。俄提举佑神观,仍奉朝请,继复蕲州防御使,再除武锋军都统制兼知楚州,复光州观察使,以疾卒。特赠庆远军承宣使。

张诏字君卿,成州人。少隶张俊帐下,积功守和州。尝被旨介聘,一日金人持所绘祐、献二陵像至馆中,皆北地服,诏向之再拜。馆者问之,答曰:"诏虽不识其人,但龙凤之姿,天日之表,疑非北朝祖宗也,敢不拜!"孝宗闻而喜之,由是骤用。

绍熙五年,除兴州都统制兼知兴州,代吴挺。庆元二年,赵彦逾帅蜀,以关外去兴元远,缓急恐失事机,复请分东西为二帅,诏遂兼西路安抚司公事。先是,赵汝愚为从官时,每奏吴氏世掌蜀兵,非国家之利,请以张诏代领武兴之军。盖汝愚之意欲以吴曦为文臣帅,以杜他日握兵之渐,而未及行也。汝愚既知枢密院,力辞不拜,白于光宗曰:"若武兴朝除帅,则臣夕拜命。"上许之,乃以诏为成州团练使、兴州诸军都统制。诏在兴州,甚得士心。六年卒,郭杲代之。

毕再遇,字德卿,兖州人也。父进,建炎间从岳飞护卫八陵,转战江、淮间,积阶至武义大夫。再遇以恩补官,隶侍卫马司,武艺绝人,挽弓至二石七斗,背挽一石八斗,步射二石,马射一石五斗。孝宗召见,大悦,赐战袍、金钱。

开禧二年,下诏北伐,以殿帅郭倪招抚山东、京东,遣再遇与统制陈孝庆取泗州。再遇请选新刺敢死军为前锋,倪以八十七人付之。招抚司克日进兵,金人闻之,闭榷场、塞城门为备。再遇曰:"敌已知吾济师之日矣,兵以奇胜,当先一日出其不意。"孝庆从之。再遇飨士卒,激以忠义,进兵薄泗州。泗有东西两城,再遇令陈戈旗舟楫

于石匮下，如欲攻西城者，乃自以麾下兵从陟山径趋东城南角，先登，杀敌数百，金人大溃，守城者开北门遁。西城犹坚守，再遇立大将旗，呼曰："大宋毕将军在此，尔等中原遗民也，可速降。"旋有淮平知县缒城而下乞降，于是两城皆定。郭倪来犒士，出御宝刺史牙牌授再遇，辞曰："国家河南八十有一州，今下泗两城即得一刺史，继此何以赏之？且招抚得朝廷几牙牌来？"固辞不受。寻除环卫官。

倪调李汝翼、郭倬取宿州，复遣孝庆等继之。命再遇以四百八十骑为先锋取徐州，至虹、遇郭、李兵裹创旋，问之，则曰："宿州城下大水，我师不利，统制田俊迈已为敌擒矣。"再遇督兵疾趋，次灵壁，遇孝庆驻兵于凤凰山，将引还，再遇曰："宿州虽不捷，然兵家胜负不常，岂宜遽自挫！吾奉招抚命取徐州，假道于此，宁死灵壁北门外，不死南门外也。"会倪以书抵孝庆，令班师，再遇曰："郭、李军溃，贼必追蹑，吾当御之。"金果以五千余骑分两道来，再遇令敢死二十人守灵壁北门，自领兵冲敌阵。金人见其旗，呼曰"毕将军来也"。遂遁。再遇手挥双刀，绝水追击，杀敌甚众，甲裳尽赤，逐北三十里。金将有持双铁简跃马而前，再遇以左刀格其简，右刀斫其肋，金将堕马死。诸军发灵壁，再遇独留未动，度军行二十余里，乃火灵壁。诸将问："夜不火，火今日，何也？"再遇曰："夜则照见虚实，昼则烟埃莫睹，彼已败不敢迫，诸军乃可安行无虞。汝辈安知兵易进而难退邪？"

还泗州，以功第一，自武节郎超授武功大夫，除左骁卫将军。于是丘崈代邓友龙为宣抚使，檄倪还惟扬，寻弃泗州。命再遇还盱眙，遂知盱眙军，寻改镇江中军统制，兼守如故。以凤凰山功，授达州刺史。其冬，金人以骑步数万、战船五百余艘渡淮，泊楚州、淮阴间，宣抚司檄再遇援楚，遣段政、张贵代之。再遇既去盱眙，政等惊溃，金人入盱眙；再遇复定盱眙，除镇江副都统制。

金兵七万在楚州城下，三千守淮阴粮，又载粮三千艘泊大清河。再遇谍知之，曰："敌众十倍，难以力胜，可计破也。"乃遂统领许俊间道趋淮阴，夜二鼓衔枚至敌营，各携火潜入，伏粮车间五十余所，闻哨声举火，敌惊扰奔窜，生擒乌古伦师勒、蒲察元奴等二十三人。

金人复自黄狗滩渡淮，涡口戍将望风遁，濠、滁相继失守，又破安丰。再遇谓诸将曰："楚城坚兵多，敌粮草已空，所虑独淮西耳。六合最要害，彼必并力攻之。"乃引兵赴六合。寻命节制淮东军马。金人至竹镇，距六合二十五里。再遇登城，偃旗鼓，伏兵南土门，列弩手土墙上，敌方临濠，众弩俱发，宋师出战，闻鼓声，城上旗帜并举，金人惊遁，追击大败之。金万户完颜蒲辣都、千户泥庞古等以十万骑驻成家桥、马鞍山，进兵围城数重，欲烧坝木决壕水，再遇令劲弩射退之。既而纥石烈都统合兵进攻益急，城中矢尽，再遇令人张青盖往来城上，金人意其主兵官也，争射之，须臾矢集楼墙如猬，获矢二十余万。纥石烈引兵退，已乃益增兵，环城四面营帐亘三十里。再遇令临门作乐以示闲暇，而间出奇兵击之。敌昼夜不得休，乃引退。再遇料其且复来，乃自提兵夺城东野新桥，出敌之

背，金人遂遁去，追至滁，大雨雪，乃旋。获骡马一千五百三十一、鞍六百，衣甲旗帜称是。授忠州团练使。

三年，除镇江都统制兼权山东、京东招抚司事。还至扬州，除骁卫大将军。金围楚州已三月，列屯六十余里。再遇遣将分道挠击，军声大振，楚围解。兼知扬州、淮东安抚使。扬州有北军二千五百人，再遇请分隶建康、镇江军，每队不过数人，使不得为变。更造轻甲，长不过膝，披不过肘，兜鍪亦杀重为轻，马甲易以皮，车牌易以木而设转轴其下，使一人之力可推可擎，务便捷不使重迟。敢死一军，本乌合亡命，再遇能驾驭得其用。陈世雄、许俊等皆再遇所荐。张健雄恃勇桀骜，再遇状其罪于朝，命以军法戮之，诸将慑服。

嘉定元年，除左骁卫上将军。和好成，累疏乞归田里，赐诏不允，除保康军承宣使，降诏奖谕，寻令带职奏事，提举佑神观。六年，提举太平兴国宫，十年，以武信军节度使致仕。卒，年七十。赠太尉，累赠太师，谥忠毅。

再遇姿貌雄杰，早以拳力闻，属时寝兵，无所自见。一旦边事起，诸将望风奔衄，再遇威声始著，遂以为名将云。

安丙，字子文，广安人。淳熙间进士，调大足县主簿。秩满诣阙，陈蜀利病十五事，言皆剀切。丁外艰，服除，辟利西安抚司干办公事，调曲水丞。吴挺为帅，知其才，邀致之。改秩，知新繁县。丁内艰，服除，知小溪县。通判隆庆府，嘉泰三年，郡大水，丙白守张鼎，发常平粟振之。寻又凿石徙溪，自是无水患。知大安军，岁旱，民艰食，丙以家财即下流籴米数万石以振。事闻，诏加一秩。

开禧二年，边事方兴，程松为四川宣抚使，吴曦副之，丙陈十可忧于松。继而松开府汉中，道三泉，夜延丙议。丙又以松言曦必误国，松不省。盖丙尝为其父客，素知曦。既而曦奏丙为随军转运判，居河池。时梁、洋义士方袭取和尚原，旋为金人所夺，守将弃甲而走。十一月戊子，金人攻湫池堡，破天水，䌰西和入成州，师溃，曦置不问。金人肆掠关外四州，如践虚邑，军民莫知死所。曦已潜遣其客姚淮源交金人，至是曦还兴州，留丙鱼关，已而撤还武兴。十二月丙寅，金人持其诏及金印至罝口，曦密受之，宣言使者得远四州以和，驰书讽松去。癸酉，曦受金诏称蜀王，榜谕四川。三年正月甲午，曦僭号建官，称臣于金，以其月为元年，改兴州为兴德府，以丙为大中大夫、丞相长史、权行都省事。

先是，从事郎钱巩之从曦在河池，尝梦曦祷神祠，以银杯为珓掷之，神起立谓曦曰："公何疑？公何疑？后政事已分付安子文矣。"曦未省，神又曰："安子文有才，足能办此。"巩之觉，心异其事，具以语曦。事既炽，丙不得脱，度徒死无益，阳与而阴图之。遂与杨巨源、李好义等谋诛曦，语见《巨源》、《好义传》。徐景望在利州，逐王人，擅财赋。丙遣弟焕往约诸将，相与拌定，及景望伏诛，军民无敢哗者。于是传檄诸道，按堵如故。曦僭位凡四十一日。三月戊寅，陈曦所以反及矫制平贼便宜赏功状，自劾待罪，函曦首级、违制法物与曦所受金人诏印及所匿庚牌附驿。

朝廷初闻变，莫知所为。韩侂胄与曦书，亦谓"嗣颁茅土之封"，亟召知镇江府宇文绍节问之，绍节曰："安丙非附逆者，必能讨贼。"于是密降帛书曰："安丙素推才具，有志事功，今闻曦谋不轨，尔为所胁，谅以凶焰方张，恐重为蜀祸，故权且从之尔，岂一日忘君父者？如能图曦报国，以明本心，即当不次推赏，虽二府之崇亦无所吝，更宜审度机便，务在成事，以副委属之意。"帛书未至，露布已闻，上下动色交庆。辛丑，加丙端明殿学士、中大夫、知兴州、安抚使兼四川宣抚副使，诏奖谕，恩数视执政，如帛书旨也。

时都统孙忠锐由凤州进攻大散关不克，统领杨德等出奇道由松林堡破金砦，四月癸丑，克之。忠锐贪功吝财，赏罚迷缪，大失军心，且速还凤州，以关钥付庸将陈显。癸酉，大散关复陷。巨源自请收复，丙遣朱邦宁佐之。丙深恶忠锐，檄赴司议事，欲废之。巨源至凤，斩忠锐及其子撰，丙遂以忠锐附伪进表之罪闻于朝。先是，以诛曦功，巨源补朝奉郎，与通判差遣。巨源遣其亲校傅桧诉功于朝，语见《巨源传》。于是丙拜疏丐闲。至是，金人揭示境上，得丙首者与银绢二万匹两，即授四川宣抚。

时方议和，丙独戒饬将士，恫疑虚喝，以攻为守，威声甚著。诏以蜀平，遣吴猎抚谕四川。时沿边关隘悉为金毁，丙遗时相书，谓："西和一面，已修仇池，聚粮积刍，使军民可守。若敌至，则坚壁不战，彼欲攻则不可，欲越则不敢。若西和可守，成州之境自不敢犯。成州黑谷、南谷亦皆颇重兵。天水虽不可守，距天水十里所，见创白环堡，与西和相为掎角，又增垒鸡头山，咸以民卒守之，及修黄牛堡，筑兴赵原，屯千余人。凤州秋防原尤为险绝，绍兴初，州治于此，宣抚吴玠尝作家计砦，前即马岭堡，正扼凤州之后。凡此数堡既坚，金人决不敢近。而河池、杀金平、鱼关皆大军屯聚，其他径路，虽关之里如大安，亦阴招民卒，授以器械，为掩击之备矣。"又云："见于关表广结义士，月给以粮，俾各保田庐坟墓，逮事定，则系之尺籍以劝之耕，庶可经久。以丙所见，直为守计，则精选五万人亦为有余。"

好义守西和，谓四州兵后，民不聊生，请蠲租以惠创痍。丙请于朝。又以河州都统司所统十年权太重，故自吴璘至挺、曦皆有尾大不掉之忧，乃请分置副都统制，各不相隶，以前右中左后五军隶都统司，踏白、摧锋、选锋、策锋、游奕五军隶副司。诏皆从之。

时方信孺使还，金人和意未决，且欲得首议兴师之人，侂胄大怒。上手书赐丙，谓："金人必再至，当激励将士，戮力赴功。"侂胄既诛，赐丙金器百二十两、细币二十匹，进资政殿学士。和议成，还大散、隔牙关。丙分遣僚吏，经量洋、沔、兴元、大安民田，别定租税。

右丞相史弥远起复，丙移书曰："昔仁宗起复富郑公、文潞公，孝宗起复蒋丞相，皆力辞，名教所系，人言可畏，望阁下速辞成命，以息议者之口。"论者韪之。升大学士、四川制置大使兼知兴元府。谍知金人迁汴，关辅豪杰款塞愿降者众。丙以为此正冉闵告晋之时，乃与宰臣书，谓当兴问罪之师。朝论忧丙轻举，乃诏丙益修守备。

七年春，丙使所爱吏安蕃、何九龄合官军夜袭秦州，败归。王大才执九龄等七人斩之，而讼丙于朝。三月，诏丙同知枢密院事兼太子宾客，赐手书召之。行次广德军，进观文殿学士、知潭州、湖南安抚使。至官，留意学校，请于太常创大成乐。而政尚严酷，转运判官章徕劾丙，不报。御史李安行并徕劾之，徕罢，丙授崇信军节度使、开府仪同三司、万寿观使。遣阁门舍人闻人玙锡命，赐旌节、金印、衣带、鞍马。三辞，还蜀。

董居谊帅蜀，大失士心。金人乘之，破赤丹、黄牛堡，入武休关，直捣梁、洋，至大安，宋师所至辄溃，散入巴山。十二年，聂子述代之。时丙之子癸仲知果州，子述即檄兼参议官。四月，红巾贼张福、莫简叛，入利州，子述遁去。总领财赋杨九鼎与贼遇，走匿民舍，贼追九鼎杀之。子述退保剑门，檄癸仲兼节制军马，任讨贼之责。癸仲召戎帅张威等军来会，贼自阆趋遂宁，所过无不残灭。丙欲自持十万缗偕子述往益昌募士，子述曰："大臣非得上旨，未可轻出。"丙遂如果州。

时四川大震，甚于曦之变。张方首奏，勋望如丙，今犹可用。魏了翁移书宰执，谓安丙不起，则贼未即平，蜀未可定，虽贼亦曰："须安相公作宣抚，事乃定耳。"李壁、李蘷时并镇潼、遂，亦皆以国事勉丙。五月乙未，丙至果州，是日贼焚蓬溪县。

己酉，诏起丙为四川宣抚使，于便宜，寻降制授保宁军节度使兼知兴元府、利东安抚使。丙奏："臣不辞老以报国，但事不任怨，难以图成，将恐腾谤交攻，使臣独抱赤心，无从上白。昔秦使甘茂攻宜阳，至质之以'息壤在彼'，魏使乐羊攻中山，至示之以谤书一箧。君臣之间，似不必尔。然自古及今，谤以疑间而成，祸以忌嫉而得；况臣已伤弓于既往，岂容不惩沸于方来。"诏曰："昔唐太宗以西寇未平，诏起李靖，靖慷慨请行，不以老疾为解。代宗有朔方之难，图任郭子仪，闻命引道，亦不以谗惎自疑。皆能乘时立功，煜燿竹帛，朕甚慕之。今蜀道傥扰，未宽顾忧，朕起卿燕间，付以方面，而卿忠于报国，谊不辞难，朕之用人庶几于唐宗，卿之事朕无愧于李、郭矣。勉图隽功，以济国事！"寻命丁焞改知兴元府。

甲申，发果州。丙戌，至遂宁，贼犹负固于普州之茗山。丙下令诸军合围，绝其樵汲之路以困之。未几，张威、李贵俘获张福等十七人以献，丙命裔王大才以祭九鼎。七月庚子，尽俘余党千余人，皆斩之。庚戌班师，乃移治利州，赐保宁军节度使印。癸仲亦加三秩，进直华文阁，起复，主管宣抚司机宜文字。明年，进丙少保，赐衣带鞍马。

丙以关表营田多遗利，命官括之。有文垓者方持母丧，以便宜起复，干办鱼关粮料院，俾之措置，且以宣抚副使印假之。而冯安世者，又即利州置根括局。于是了翁遗丙书，谓："幕府举辟，当用经术信厚之士，不可用冒丧之人。且公八年镇蜀，有恩则有怨，岂可人人而校，事事而理，自处甚狭，恐贻子孙宾客无穷之累。虽今日理财难拘故常，然告绝产、首白契、讦隐田、伺富民失、纠盐酒户亏额，报怨挟愤、招权纳贿者，必且纷然，而公任其怨。"丙复书曰："关外籴买当用四百万缗，而总所见缗止二十五万,多方措置,非得已而不已。倪皆清流,何由办事?蜀士中如令弟嘉父、李成之辈,清则清、高则高矣,其肯办钱谷俗务乎。刘德修尝雅责杨嗣勋不能举义诛叛,嗣勋云:'德修特未当局耳。'丙于华父亦云。"其后,安世不法滋甚,近臣有以书抵丙,而安世之徒亦发其事,丙械送大安穷治之。

先是,夏人来乞师并兵攻金人,丙且奏且行,分遣将士趋秦、巩、凤翔,委丁焴节制,师次于巩。夏人以枢密使甯子宁众二十余万,约与夏兵野战,宋师攻城。既而攻巩不克,乃已。

丙卒,讣闻,以少傅致仕,辍视朝二日,赠少师,赙银绢千计,赐沔州祠额为英惠庙。理宗亲札赐谥忠定。丙所著有《鼂然集》。

杨巨源字子渊,其先成都人。父信臣,客益昌,因家焉。巨源倜傥有大志,善骑射,涉猎诸子百家之书。应进士不中,武举又不中。刘光祖见而异之,荐之总领钱粮陈晔,以右职举为凤州堡子原仓官,驰骋射猎,倾财养士,沿边忠义,咸服其才。分差鱼关粮料院,移监兴州合江赡军仓。

吴曦叛,巨源阴有讨贼志,结义士三百人,给其钱粮。有游奕军统领张林者,力能挽两石弓,队将朱邦宁身长六尺,勇力过人,皆为曦所忌,虽屡战有功亦不加赏,林等憾之。时林在罝口,邦宁在合江,巨源因与深相缔结,并集忠义人朱福、陈安、傅桧之徒。

曦胁安丙为丞相长史,丙称疾,眉士程梦锡见丙,丙叹曰:"世事如此,世无豪杰!"梦锡因及巨源之谋。丙曰:"肯见我乎?"乃嘱梦锡以书致巨源,延之卧所。巨源曰:"先生而为逆贼丞相长史耶?"丙号哭曰:"目前兵将,我所知,不能奋起。必得豪杰,乃灭此贼,则丙无复忧。"巨源曰:"先生之意决乎?"丙指天誓曰:"若诛此贼,虽死为忠鬼,夫复何恨!"巨源大喜,曰:"非先生不足以主此事,非巨源不足以了此事。"

当是时,李好义、好问亦结李贵、杨君玉、李坤辰凡数十人,坤辰邀巨源与好义会。巨源大喜曰:"吾与安长史议以三月六日邀曦谒庙,合勇士刺之。"好义曰:"彼出则龊巷,从卫且千人,事必难济。闻熟食日祭东园,图之此其时也。"巨源然之。好义愿一见长史以为信。巨源曰:"吾今先为长史言之,来日伪宫,令长史问君先世是已。"巨源以告丙,明日,好义在伪宫见丙,揖之。丙曰:"乡与尊父同僚,杨省干盛谈才略,旦夕以职事相委。"其谋乃决。

君玉先属其乡人白子申拟诏,文不雅驯,巨源更为之,例用合江仓朱记。巨源、好义忧事浸泄,遂以二月乙亥禾明,好义率其徒入伪宫,巨源持诏乘马,自称奉使,入内户,曦启户欲逸,李贵执杀之。卫者始拒斗,闻有诏皆却。巨源、好义迎丙宣谕,以曦首徇。三军推丙权四川宣抚使,巨源权参赞军事。丙奏功于朝,以巨源第一,诏补承事郎。

巨源谓丙曰:"曦死,贼胆已破,关外四州为蜀要害,盍乘势复取。"好义亦以为言。丙虑军无见粮,巨源力言四州不取,必有后患,自请为随军措置粮运。于是分遣好义复西和州,张林、李简复成州,刘昌国复阶州,孙忠锐复散关。俄诏巨源转朝奉郎,与通判差遣,兼四川宣抚使司参议官。丙素恶忠锐,闻忠锐失守散关,檄其还,欲废之,先命巨源借邦宁以沔兵二千策应。巨源至凤州,因忠锐出迎,伏壮士于幕后,突出斩之,并其子揆。丙遂以忠锐附伪贺表闻于朝,且待罪。

先是,奖谕诛叛诏书至沔州,巨源谓人曰:"诏命一字不及巨源,疑有以蔽其功者。"俄报王喜授节度使,巨源弥不平。时赵彦呐以在夔诛禄禧得州通判,巨源曰:"杀禄禧与通判,杀吴曦亦与通判耶?"以启谢丙曰:"飞矢以下聊城,深慕鲁仲连之高谊;解印而去彭泽,庶几陶靖节之清风。"又遣诉功于朝,而从兴元都统制彭辂乞书遗韩侂胄,辂阳许而阴以白丙。或言巨源与其徒米福、车彦威谋为乱,丙命喜鞫之,福、彦威皆抵罪。正将陈安复告巨源结死士入关,欲焚沔州州治,俟丙出则杀之。丙积前事,因欲去巨源,然未有以发也。

会巨源在凤州以檄书遗金凤翔都统使,其辞若用间者,且自称宣抚副使以参议官印印之。金以檄至丙。巨源方与金战,败于长桥,丙乃移书召巨源,巨源疑焉。有梁泉主簿高岳成者,巨源荐为随军拨运,来见巨源,赞其归,巨源信之。

时辂已至沔,六月壬申,巨源还幕府,丙密命辂收巨源。巨源殊不知,以为谒己也,语毕,辂起,巨源送之宾次。武士就挽其裾,巨源犹叱之,则已为驱至庭下。巨源大呼曰:"我何罪?"丙隔屏遣人谓之曰:"若为诈称宣抚副使?"命械送阆州狱。巨源曰:"我一时用间,异时有为我明其事。"丙饷以肴酒,巨源曰:"一身无愧,死且无憾;惟有妹未嫁,宣抚念之。"癸酉,巨源舟抵大安龙尾滩,将校樊世显者呼于岸,巨源知将见杀,指其地而语之曰:"此好一片葬地。"世显曰:"安有是?"舟行数步,谓曰:"宜参久渴,莫进杯酒?"巨源辞以不饮。又曰:"宜参荷械已久,盍少苏?"巨源未及答,左右遽取利刀断其头,不绝者逾寸,遂以巨源自殪闻宣抚司。后数日,丙命瘗之。

巨源死,忠义之士为之扼腕,闻者流涕,剑外士人张伯威为文以吊,其辞尤悲切。巨源之属吏也,李壁在政府,闻之曰:"嘻,巨源其死矣!"丙以人情汹汹,封章求免。杨辅亦谓丙杀巨源必召变,请以刘甲代之。初,巨源与好义结官军,而丙密为反正之计,各未相知,合巨源于好义者李坤辰,而合好义于丙者巨源也。巨源遗光祖书,述丙酬答之语,锓梓竞传之,丙已弗乐,浸润不已,积成此祸。

成忠郎李珙投匦,献所作《巨源传》为之讼冤,朝廷亦念其功,赐庙褒忠,赠宝谟阁待制,官其二子。制置使崔与之请官给其葬,加赠宝谟阁直学士、太中大夫。嘉熙元年,理宗特赐谥忠愍。子履正终大理卿、四川制置副使。

李好义,下邽人。祖师中,建炎间以白丁守华州,积官忠州团练使。父定一,兴州中军统制。好义弱冠从军,善骑射,西边第一。初以准备将讨文州蕃部有功,开禧初,韩侂胄开边,吴曦主师,好义为兴州正将,数请出精兵袭金人,曦蓄异谋,不纳。未几,关外四州俱陷,金人长驱入散关,曦受金人说,以蜀叛。好义自青坊闻变亟归,与其兄对哭,谋诛之。

会曦遣李贵追杀宣抚程松,贵语其徒曰:"程宣抚朝廷重臣,不可杀。"好义知其赤心,可以所谋告之。贵遂约李彪、张渊、陈立、刘虎、张海等,好义又密结亲卫军黄术、赵亮、吴政等。女弟夫杨君玉亦与知,好义戒言曰:"此事誓死报国,救四蜀生灵,慎毋泄。"留其母以质。好义兄弟谋曰:"今日人皆可杀曦,皆可为曦,曦死后,若无威望者镇抚,恐一变未息,一变复生。"欲至期立长史安丙以主事,盖曦尝授丙伪丞相,而丙托疾不往,故兄弟有是谋也。

既而君玉与李坤辰者来,坤辰因言丙亦与合江仓杨巨源阴结忠义欲图曦。好义遂遣君玉偕坤辰约巨源以报丙。丙大喜曰:"非统制李定一之子乎?此人既来,断曦之臂矣。"遂与好义约二月晦举事,见《巨源传》。乃约彪、术、贵等七十有四人及士人路良弼、王苪。好义夜飨士,麾众急甲,与好古、好仁及子姓拜决于家庙,嘱妻马氏曰:"日出无耗,当自为计,死生从此决矣。"马氏叱之曰:"汝为朝廷诛贼,何以家为?我决不辱李家门户。"马氏之母亦曰:"行矣,勉之!汝兄弟生为壮夫,死为英鬼。"好义喜曰:"妇人女子尚念朝廷不爱性命,我辈当何如?"众皆踊跃。既行,小将禄祎引十卒来助,各以黄帛为号。好义誓于众曰:"入宫妄杀人、掠财物者死。"

时伪宫门洞开,好义大呼而入曰:"奉朝廷密诏,安长史为宣抚,令我诛反贼,敢抗者夷其族。"曦护卫千兵皆弃梃而走,遂至伪殿东角小门,入世美堂,近曦寝室。曦闻外哄,仓皇而起,露顶徒跣,开寝户欲遁,见贵复止,以手捍内户,贵前争户,户纽折。曦走,贵追及,手执其髻,举刃中曦颊,曦素勇有力,扑贵仆于地不能起。好义急呼王换斧其腰者二,曦负痛手纵,贵起遂斫其首。引众拥曦首出伪宫,亟驰告丙宣诏,军民拜舞,欢声动天地,持曦首抚定城中,市不改肆。

好义请乘时取关外四州,巨源赞之,丙大喜。巨源辅行,王喜忌其能,沮之。好义曰:"西和乃腹心之地,西和下,则三州可不战而复矣。今不图,后悔无及。愿得马步千人,死士二百,赍十日粮可济。"丙从其请,忠义响应,次独头岭,进士王荣仲兄弟率民兵会合夹击,金人死者蔽路。十战至山砦高堡,七日至西和。好义率众攻城,亲犯矢石,人人乐死,以少击众,前无留敌。金西和节使完颜钦奔遁,好义整众而入,军民欢呼迎拜,籍府库以归于官。

好义初欲乘胜径取秦、陇以牵制淮寇,而宣抚司令谨守故疆,不得侵越,士气皆沮。好义以中军统制知西和州,卒。丙以劳绩上于朝,特赠检校少保,仍给田以赡其家。后吴猎为请谥曰忠壮。好义喜诵《孟子》及《左传》,以为终身行此足矣。诛曦时,惟幼子植留家。迄事,人争冒功赏,君玉欲注植名,好义指心曰:"惟此物不可欺。"

曦既诛,好义集于丙家,王喜后至,心怀邪谋,欲刃好义,丙力救解,然日以杀好义为心。及好义守西和,喜遣其死党刘昌国听节制,好义与之酬酢,欢饮达旦,好义心腹暴痛洞泻,而昌国遁矣。既殓,口鼻爪指皆青黑,居民莫不冤之,号恸如私亲,摧锋一军几至于变。既而昌国白日见好义持刃刺之,惊怖仆地,疽发而殂。

喜,曦大将也,贪淫狠愎,诛曦之日不肯拜诏,遣其徒入伪宫房掠殆尽,又取曦姬妾数人。其后欲戕好义为曦复仇,丙不能止,便宜处以节度使知兴州,而恨犹未已。尝出兵于船栅岭,锋未及交,弃军不遁,金人遂由黑谷长驱入境。朝廷忠喜为变,授节度使移荆鄂都统制而死。

论曰:陈敏善守,毕再遇善战。张诏出使不辱国,为将得士心,赵汝愚荐为武兴帅,以其才足以制曦也。曦之畔,向非安丙、杨巨源、李好义之谋,西方之忧莫大焉。然丙卒以是杀巨源,何其媢疾而残贼也?李好义失于周防,竟为王喜所图。宋知喜为曦党,既不能罪,又以节镇赏之,几何而不为唐末之姑息以成藩镇之祸乎?

卷四百三　　列传第一百六十二

赵方　贾涉　扈再兴　孟宗政　张威

赵方,字彦直,衡山人。父棠,少从胡宏学,慷慨有大志。尝见张浚于督府,浚雅敬其才,欲以右选官之,棠不为屈。累以策言兵事,浚奇之,命子栻与棠交,方遂从栻学。

淳熙八年举进士,调蒲圻尉,疑狱多所委决。授大宁监教授,俗陋甚,方择可教者亲训诱之,人皆感励,自是始有进士。知青阳县,告其守史弥远曰:"催科不扰,是催科中抚字;刑罚无差,是刑罚中教化。"人以为名言。主管江西安抚司机宜文字,京湖帅李大性辟知随州。南北初讲和,旱蝗相仍,方亲走四郊以祷,一夕大雨,蝗尽死,岁大熟。适和议成,诸郡浸弛备,方独招兵择将,拔土豪孟宗政等补以官。提举京西常平兼转运判官、提点刑狱。时刘光祖以耆德为帅,方事以师礼,自言:"吾性太刚,每见刘公,使人更和缓。"尝请光祖书"勤谨和缓"四字,揭坐隅以为戒。以金部员外郎召,寻加直秘阁,改湖北转运判官兼知鄂州。升直焕章阁兼权江陵府,增置三海八匮,以壮形势。进秘阁修撰、知江陵府、主管湖北安抚司事兼权荆湖置司。

时金逼于兵,计其必南徙,日夜为备。荆门有东西两山险要,方筑堡其上,增戍兵以遏其冲。进右文殿修撰。金樊快明谋归宋,追兵至襄阳,方遣孟宗政、扈再兴以百骑邀之,杀千余人,金人遁去。权工部侍郎、宝谟阁待制、京湖制置使兼知襄阳府。谍知金人决意犯境,乃下防夏之令。金相高琪及其枢密乌古伦庆寿犯陈、光化、随、枣阳、信阳、均州。方夜半呼其子范、葵曰:"朝廷和战之说未定,观此益乱人意,吾策决矣,惟有提兵临边决战以报国耳。"遂抗疏主战,亲往襄阳。

金人围枣阳急,方遣宗政、再兴等援枣阳,仍增戍光化、信阳、均州,以联声势。已而枣阳守赵观败金人于城外,再兴、宗政至,与观夹击,又败之,枣阳围解。方申饬诸将,当遏于境上,不可使之入而后拒之于城下。时麦正熟,方遣兵护民刈之,令清野以俟。再疏力陈不可和者七,战议遂定。

金将完颜赛不入境,兵号十万。方部分诸将,金人犯枣阳者,宗政败之于尚家川;犯随州者,刘世兴败之于磨子平。相持逾年,方调世兴移师,与许国、再兴援枣阳;张兴、李雄韬援随州。随州围解,再兴等转战入枣阳。时宗政守城,伏兵城东,金人遇伏败走。未几再至,再兴又败之,自是无日不战。金人三面来攻,宗政出东门,再兴出南门,世兴出北门,大合战败之。金人朝进莫退,力不能捍;诸将表里合谋,国自南山进,张威自瀼河进,世兴、李琪出城与国会,再兴出城与威会,掎角追击,金人遂溃。光化守潘景伯亦设伏败金人于赵家桥,孟宗德又破之于随州鸭儿山,擒赛不妻弟王丑汉,金人遂诛赛不。方以功迁龙图阁待制,封长沙县男,赐食邑。

金人复大举,命讹可围枣阳,堑其外,绕以土城。方计其空巢穴而来,若捣其虚,则枣阳之围自解。乃命国东向唐州,再兴西向邓州,又命子范监军,葵后殿。时宗政在城中,日夜鏖战,焚其攻具,金人不敢近城。西师由光化境出,砦于三尖山,拔顺阳县,金人率众仰攻,大败。再兴与国两道并进,掠唐、邓境,焚其城栅粮储。枣阳城坚,金顿兵八十余日,方知其气已竭,乃召国、再兴还,并东师隶于再兴,克期合战。再兴败金人于瀼河,又败之城南,宗政自城中出夹击,杀其众三万,金人大溃,讹可单骑遁,获其赀粮、器甲不可胜计。进方焕章阁直学士。奏乞均官军民兵廪给,自备马者倍之。又奏:"使民兵夏归,以省月给,秋复诣屯守御。"从之。

方料金人数不得志于枣阳,必将同时并攻诸城,当先发以制之。命国、宗政出师向唐,再兴向邓,戒之曰:"毋深入,毋攻城,第溃其保甲,毁其城砦,空其赀粮而已。"宗政进破湖阳县,擒其千户赵兴儿;国遣部将耶律均与金人战于比阳,戮其将李展控;再兴破高头城,大败金兵,遂薄邓州。唐州兵来援,迎败之,降者踵至。已而金兵至樊城,方命再兴阵以待之,方视其师;金人三日不敢动,遂遁。

金将驸马阿海犯淮西,枢密完颜小驴屯唐州为后继。方先攻唐伐其谋,及使再兴发枣阳兵击其西,国发桐柏兵击其东。再兴败金人于唐城,斩小驴,围其城五匝,垂下。会蕲、黄继陷,诏趣方遣救,方亟命国保鄂,再兴援淮西。国还鄂州保江;再兴军至蕲之灵山,伺金人归而击之,土豪祝文蔚横突入阵,金人大败,国遣张宝将兵来会,李全等兵亦至,金人遂溃,再兴追逐六十里,擒其监军合答。进方显谟阁直学士、太中大夫、权刑部尚书。

俄得疾,进徽猷阁学士、京湖制置大使。归还,力疾犒师,第其功上之。病革,曰:"未死一日,当立一日纪纲。"引再兴卧内,勉以协心报国。贻书宰相,论疆场大计。寻卒。是夕有大星陨于襄阳。以端明殿学士、正议大夫致仕,赠银青光禄大夫,累赠太师,谥忠肃。

方起自儒生,帅边十年,以战为守,合官民兵为一体,通制总司为一家。持军严,每令诸将饮酒勿醉,当使日日可战。淮、蜀沿边屡遭金人之祸,而京西一境独全。尝问相业于刘清之,清之以留意人才对。故知名士如陈晐、游九功辈皆拔为大吏,诸名将多在其麾下。若扈再兴、孟宗政皆起自土豪,推诚擢任,致其死力,藩屏一方,使朝廷无北顾之忧。故其没也,人皆惜之。子董、藂、范、葵。范、葵有传。

贾涉,字济川,天台人。幼好读古书,慷慨有大志。以父任高邮尉,改万安丞。宝应择令,堂差涉至邑,请城之。役兴,以忧去。金人犯光州,起涉前役。通判真州,改大理司直、知盱眙军。

淮人季先、沈铎说楚州守应纯之以招山东人,纯之令铎遣周用和说杨友、刘全、李全等以其众至,先招石珪、葛平、杨德广,通号"忠义军"。珪等反,毙铎于涟水,纯之罢,通判梁丙行守事,欲省其粮使自溃。珪、德广等以涟水诸军度淮会南渡门,焚掠几尽。谓:"朝廷欲和残金,置我军何地?"丙遣李全、季先拒之,不止,事甚危。涉时在宝应,上书曰:"降附踵至,而金乃请和,此正用高澄间侯景遗策,恐山东之祸必移于两淮。况金人所乏惟财与粮,若举数年岁币还之,是以肉啖馁虎,啖尽将反噬。至若忠义之人源源而来,不立定额,自为一军,处之北岸,则安能以有限之财应无穷之须?饥则噬人,饱则用命,其势然也。"授淮东提点刑狱兼楚州节制本路京东忠义人兵。涉亟遣傅翼谕珪等逆顺祸福,自以轻车抵山阳,德广等郊迎,伏地请死,誓以自新。

金太子及仆散万忠、卢国瑞等数十万大入,且以计诱珪等。涉虑珪等为金用,亟遣陈孝忠向滁州,珪与夏全、时青向濠州,先、平、德广趋滁、濠,李全、李福要其归路,以傅翼监军。数日,孝忠捷至,珪屡破金人,遂与先及李全趋安丰。时金人环百余砦,攻具甫毕,珪等解其围,李全挟仆散万忠以归,见《李全传》。金人不敢窥淮东者六七年。

南渡门之变,平、德广参实预,涉既受降,置弗问。平等尚怀异志,涉密使先以计杀之,而先之势亦孤。忠义诸军在涟水、山阳者既众,涉虑其思乱,因滁、濠之役,分珪、孝忠、夏全为两屯,李全军为五砦,又用陕西义勇法涅其手,合诸军汰者三万有奇,涅者不满六万人,正军常屯七万余,使主胜客,朝廷岁省费十三四。

涉又遣李全以万人取海州,复取密、潍。王琳以宁海州归,遂收登、莱二州。青州守张林以滨、棣、淄州降,又取济、沂等州。自是恩、博、景、德至邢、洺十余州相继请降。涉传檄中原:"以地来归及反戈自效者,朝廷裂地封爵无所吝。"仍厉诸将,图未下州郡。擢太府少卿、制置副使兼京东、河北节制。

金十余万众犯黄州,淮西帅赵善湘请援于朝,涉遣李全等赴之，翟朝宗等为后继。丞相史弥远拟升全留后，涉曰：“始全贫婺无聊，能轻财与众同甘苦，故下乐为之用。逮为主帅，所为反是，积怨既多，众皆不平。近弃西城，免死为幸，若无故升迁以骄其志，非全之福，亦岂国家之福。曷若待事定，与诸将同升可也。”金人破黄陷蕲，安庆甚危，全驰至，遂定。全至久长镇，与京湖制置使赵方二子范、葵遇，掎角连战俱胜，遣彭义斌等进至下湾渡，尽掩金人于淮。迁权吏部侍郎。金人再犯淮西。先是，蕲州受围，徐晖往援，乃鼓众宵遁，金乘间登城，一郡为血，前帅不敢问。涉斩晖以徇，诸将畏惧，无不用命，淮西之势大振。

初，翟朝宗得玉玺献诸朝，至是赵拱还，又得玉印，文与玺同而加大。朝廷喜璧之归，行庆赏。涉遗书弥远谓：“天意隐而难明，人事切而易见，当思今日人事尚未有可答天意者。昔之患不过亡金，今之患又有山东忠义与北边，宜亟图之。”弥远不怿，李全卒以玺赏为节度使。涉又言：“盗贼血气正盛，官职过分，将有后忧。”弥远不以为然。涉曰：“朝廷但知官爵可以得其心，宁知骄则将至于不可劝邪？”

涉时已疾，力辞事任。值金人大入，强起视事。金将时全、合连、孛术鲁答哥率细军及众军三道渡淮，涉以合连善战，乃命张惠当之。惠，金骁将，所谓"赛张飞"者，既归宋，金人杀其妻，所部花帽军，有纪律，它军不及也。惠率诸军出战，自辰至酉，金人大败，答哥溺死，陷失太半，细军丧者几二千。涉既病，乃以所获京、河版籍及金银牌铜印之属上于朝。卒，超赠龙图阁学士、光禄大夫。

涉父伟尝守开江，贻书丞相赵雄，极论武兴守吴挺之横，它日陛对，又乞裁抑郭棣、郭昊兵权，孝宗嘉纳，后反为所挤以没。涉弱冠直父冤，不避寒暑，泣诉十年，至伏书阙下。子似道有传。

扈再兴，字叔起，淮人也。有膂力，善机变。每战，被发肉袒徒跣，挥双刃奋呼入阵，人马辟易。金人犯襄阳、枣阳，京西制置使赵方檄再兴等御之。金人来屯团山，势如风雨。再兴同孟宗政、陈祥分三陈，设伏以待。既至，再兴中出一陈，复却，金人逐之，宗政与祥合左右两翼掩击之，金人三面受敌，大败，血肉枕藉山谷间。授神劲统制。又犯枣阳，再兴率师赴援，金人闻风夜溃。既而益兵数万复围城，相持九十日。再兴夜以铁蒺藜密布地，黎明伴遁，金人驰中蒺藜者十踣七八。敌却走，追至十五里冈。已而金兵攻城东隅，薄南门北角，再兴与宗政、刘世兴各当一面，大战数十合，大败金兵。金帅完颜讹可拥步骑数万傅城，再兴与宗政纵之涉濠，半渡击之；又令守坝者佯走，金人争坝，急击之，多堕水中。金人创对楼、鹅车、革洞，决濠水，运土石填城下。再兴募死士著铁面具，披毡，列陈以待之。金人计无所施而去，弃旗甲辎重满野。大战于范家庄，金人败，追之至泊湖，禽其巡检亢师礼酒、都监纳兰福昌，降其壮丁，获牛马甚众。

自是与宗政、世兴无日不战。再兴又破顺昌县，夺甲马三千，破浙川镇，杀金人三百，追至马磴砦，焚其城栅。

又败其护驾骑军于瀼河。入邓州，破高头，败其步军五千、骑军五百，焚其积聚。遂营于高头，进攻唐州，至三家河，金骑军二千、步军七千出城迎战，又败之，死者十七八，追及城下。金将从义军收残骑三百奔城，再兴据门拒战，斩从义。遂围唐州，分兵焚荡州境，截其归路，砦于久长，严陈以待之。搜剿残兵，获其副统军广威将军衲挞达。金兵歼，乃敛髑髅立人头堠。

寻以病卒。子世达，亦以名将称，官至都统制。

孟宗政，字德夫，绛州人。父林，从岳飞至随州，因家焉。宗政自幼豪伟，有胆略，常出没疆场间。开禧二年，金将完颜董犯襄、郢，宗政率义士据险游击，夺其辎重。宣抚使吴猎奇之，补承节郎、枣阳令。京西路分赵方、吴柔胜皆荐其才，转秉义郎、京西钤辖，驻札襄阳。

嘉定十年，金人犯襄阳、枣阳，方檄宗政节制神劲、报捷、忠义三军。宗政与统制扈再兴、陈祥分为三军，设覆三所，蹀血以战，金兵败走。寻报枣阳围急，宗政午发岘首，迟明抵枣阳，驰突如神。金人大骇，宵遁。方时移帅京西，闻捷大喜，差权枣阳军。初视事，一爱仆犯新令，立斩之，军民股栗。于是筑堤堰水，修治城堞，简阅军士。

十一年，金帅完颜赛不拥步骑围城，宗政与再兴合兵角敌，历三月，大小七十余战，宗政身先士卒。金人战辄败，忿甚，周城开濠，四面控兵列濠外，飞锋镝，以绚铃自警，铃响则犬吠。宗政厚募壮士，乘间突击，金人不能支，盛兵薄城，宗政随方力拒。随守许国援师至白水，鼓声相闻。宗政率诸军出战，金人奔溃。赐金带，转武德郎。

十二年，金帅完颜讹可拥步骑傅城，宗政囊糠盛沙以覆楼棚，列瓮潴水以堤火，募炮手击之，一炮辄杀数人。金人选精骑二千，号弩子手，拥云梯、天桥先登，又募凿银矿石工昼夜堵城，运茅苇直抵圜楼下，欲焚楼。宗政先毁楼，掘深坑，防地道；创战棚，防城损；穿阱才透，即施毒烟烈火，鼓鞴以熏之。金人窒以湿毡，析路以刬土，城颓楼陷。宗政撤楼益薪，架火山以绝其路，列勇士，以长枪劲弩备其冲。距城陷所数丈筑偃月城，亥百余尺，翼傅正城，深坑倍仞，躬督役，五日成。金人摘强兵披厚铠、毡衫、铁面而前，又湿毡濡革蒙火山，覆以冰雪，拥云梯径抵西北圜楼登城。城中军以长戈舂其喉，杀之；敢勇军自下夹击金兵，兵坠死燎焰。金将于后截其军。拒马挥刀迫前，自昕至昃，死伤踵接，梯桥尽毁。金人连不得志，俄乘顺风渡濠，飞脂革烧战棚，宗政激将士血战，凡十五阵，矢石交，金兵死者千余，弩子手十七八，射其都统殪。天反风，金人愈忿，炮愈急。会王大任领锐卒一千冒重围转斗入城，内外合势，士气大振，贾勇入金营，自晡至三更，金人横尸遍地，夺其铜印十有六，讹可弃帐走，获辎重牛马万计。捷至，朝廷方录前战守功，升武功大夫兼阁门宣赞舍人，重赐金带。

制置司以湖阳县迫境金兵，檄宗政图之。宗政一鼓而拔，燔烧积聚，夷荡营砦，俘掠以归。金人自是不敢窥襄、汉、枣阳。许国移金陵，宗政代为荆鄂都统制，仍知枣阳。宗政以迫濠而陈，乃于西北濠外潴水为泞以限骑。中原遗民来归者以万数。宗政发廪赡之，为给田、创屋与居，籍其勇壮号"忠顺军"，俾出没唐、邓间，威振境外。金人呼为"孟爷爷"。俄病疽卒。转右武大夫、团练使、防御使。

宗政于有功者怨必赏，有罪者亲必罚。好贤乐善，出于天性。未尝学兵法，而暗与之合。死之日，边城为罢市恸哭。子珙，有传。

张威，字德远，成州人。策选锋军骑兵也。军中马料多，匹马给米五石，骑军利其余以自给。总领核实裁抑，威逃去。帅郭杲使其父招之归，送隆庆府后军效用。威贫甚，卖药自给。或言其才勇，乃令戍边。开禧用兵，威与金人战辄捷，屡以功补本军将领。

吴曦既诛，遣将收复。李贵复西和州，威率众先登，败金人，战于板桥，遂取西和，升统制。由是威名大振。天水县当金人西入路，乃升县为军，命威为守，屡立奇功，擢充利州副都统制。丁父忧，服除，带御器械。久之，调荆鄂都统制、襄阳府驻札，改沔州都统制。

嘉定十二年，金人分道入蜀，犯湫池堡，又犯白环堡。威部将石宣、董炤连却之。既而金人犯成州，威自西和退保仙人原。时兴元都统制吴政战死黄牛堡，李贵代政，亟走武休，金人已破武休，遂陷兴元，又陷大安军。

先是，利州路安抚使丁焴闻金人深入，亟遣书招威东入救蜀，又檄忠义总管李好古北上捍御。好古出鱼关与统领张彪遇，以彪弃迷竹关故，斩之。彪，威弟也。威闻彪死，按兵不进。焴闻之，谓僚佐曰："吴政身死，李贵复以兵败，金人所惮惟威。今好古擅杀其弟，失威心，奈何？且金人在东，非威地分，今可无好古，不可无威。"遂因好古入见，数其擅杀彪罪，斩之。遣书速威进救蜀，且使进士田遂往说之。威感激，夜半调发，鼓行而前，破金人于金斗镇。金人虽败未退，威顿兵不动，潜遣石宣等袭于大安军，大破之。金人之来达，择两齿马及精兵凡三千人，至是歼焉，俘其将巴土鲁，大将包长寿闻之宵遁。

兴元叛兵张福、莫简作乱，以红帕蒙首，号"红巾队"，焚利州，杀总领权九鼎，破阆、果，入遂宁，游骑在潼、汉界，将窥成都。制置司谓贼势欲西，非威不可御。乃遣威提精兵六千人，自剑、绵至广汉，盛夏暑剧，休士三日。俄安丙檄威东进，时贼自遂宁入普州茗山，威进兵重围，绝其粮道，昼夜迫之。未几擒福等十七人戮之，简自杀，贼遂平。

西夏来约夹攻金人，丙许之。遣王仕信会夏人于巩，又命威与利帅程信、兴帅陈立等分道并进。威向秦州。议初起，威谓："金人尚强，夏人反覆，未可轻动。"丙不听，卒遣威，威黾勉而行，令所部毋得轻发，诸将至城下，无功而还。丙怒，奏罢其兵柄。是岁，卒于利州，终扬州观察使。

威初在行伍，以勇见称，进充偏裨，每战辄克，金人闻其名畏惮之。临陈战酣，则精采愈奋，两眼皆赤，时号"张红眼"，又号"张鹘眼"，威立"净天鹘旗"以自表。每战不操它兵，有木棓号"紫大虫"，圜而不刃，长不六尺，

挥之掠阵，敌皆靡。荆、鄂多平川广野，威曰："是彼骑兵之利也，铁骑一冲，吾步技穷矣，蜀中战法不可用。"乃意创法，名"撒星陈"，分合不常，闻鼓则聚，闻金则散。骑兵至则声金，一军分为数十簇；金人随而分兵，则又鼓而聚之。倏忽之间，分合数变，金人失措，然后纵击之，以此辄胜。威御军纪律严整，兵行常若衔枚，罕闻其声。每与百姓避路，买食物则贾倍于市，迄无敢喧。晚以嗜欲多疾，故不寿云。

论曰：宋之南渡，边将之才何其鲜哉！或曰"江南非用武之地"，然古之善兵者，若孙武子，亦吴人也。抑先王之世，文武无二道，文武既分，宜其才之各有所偏胜也。赵方少从张栻学，许国之忠，应变之略，隐然有尊俎折冲之风。其部曲如扈再兴、孟宗政后皆为名将，亦方之能奖率也。方之子范、葵，宗政子珙，后皆以功名自见，不愧其父，有足称者。贾涉居方面，亦号有才，及其庶孽，竟至亡国，为可叹也。张威者善于御众，故所至立功云。

卷四百四　列传第一百六十三

汪若海　张运　柳约　李舜臣　孙逢吉
章颖　商飞卿　刘颖　徐邦宪

汪若海，字东叟，歙人。未弱冠，游京师，入太学。靖康元年，金人侵扰，朝廷下诏求知兵者，若海应诏，未三刻而文成，擢高等。时已割河北地。其年冬，再犯京师，若海谓："河北国家重地，当用河北以揽天下之权，不可怯懦以自守，闭关养敌，坐受其敝。"属康王起兵相州，乃上书枢密曹辅，请立王为大元帅，拥兵镇抚河北，以掎金人之后，则京城之围自解。辅大喜，即以其书进钦宗，用为参谋，遣如康王所。宰相何㮚执异议，以道梗为辞，不果遣。

京城失守，若海述麟为书以献。及二帝北行，袖书抗粘罕，请存赵氏。缒而出，谒康王于济州，谓神器久虚，异姓僭窃，宜早即位，以图中兴。一日间三被顾问，补修职郎，充帐前差使。高宗既即位，推恩改承奉郎，迁江南经制使，转承事郎，监登闻检院。五府交辟，改属右府。

朝廷以张浚宣抚川、陕，议未决。若海曰："天下者，常山蛇势也，秦、蜀为首，东南为尾，中原为脊。今以东南为首，安能起天下之脊哉？将图恢复，必在川、陕。"乃往见浚，极谈终日，浚大惊，辟以自随，以亲老辞。继论军食，连执政，通判沅州，以谗夺籍，谪英州。道出临川，时节制江夏军马李允文拥众数十万，跋扈不用朝命，朝廷命招讨使张俊屯江西，参谋官汤东野与若海故，得若海道中，喜甚。谓曰："李允文怀反侧，非君莫能开其自新。"若海即驰往，谕以成败逆顺，示以朝廷威德，复谈三策以动之，辞旨明畅。允文大感悟，即举军东下。

若海复为书招其徒张用、曹成、李宏、马友同归朝廷。

用一见，以其众二十万解甲效顺，惟成疑贰有他志，若海移书责之。成怒，将杀若海，若海夜宿王林军帐，以计得林军印，遂夺其众五千人。翼日，成遂遁。若海遗宏书，使刺成以自归；宏得书图成而力不胜，复走长沙刺友，群盗解散。若海遂以林五千人归招讨使张俊，俊乃班师凯旋，军容愈盛。

时朝廷方出师，若海以为国家者，当化盗贼为我用，不可失英雄为国患。因献平寇策，朝廷悉用之。其后李宏为刘忠所并，死长沙；刘忠为韩世忠所破，走刘豫；曹成走广而复降，湖湘遂安。寻复承务郎、监潭州南岳庙、通判辰州。

绍兴九年，复三京，祗谒陵寝，事还，以前功，旬月四迁至承议郎、通判顺昌府。金人奄至，太尉刘锜甫至，众不满三万，遣人丐援于朝，无敢往者。若海毅然请行，具述锜明方略，善用兵，以偏师济之，必有成功，朝廷从之，金兵果败去。辟淮北宣抚司主管机宜文字。拓皋之役，复以劳两转至朝散郎、通判洪州，未上，丁内艰。服除，添差通判信州。秩满，迁湖北帅司参议。知达州，陛辞得对，上曰："久不见卿，卿向安在？"授直秘阁、知江州，丁父忧。时方经略中原，朝廷议起若海，而若海死矣。

若海豁达高亮，深沈有度，耻为世俗章句学，为文操纸笔立就，蹈厉风发。高宗尝以片纸书若海名谕张浚曰："似此人材，卿宜收拾。"会浚去国，不果召。

张运，字南仲，信之贵溪人，唐宰相文瓘之后。父贯，右通直郎，累赠太中大夫。运年二十五，以太学生登宣和三年进士第，赐同上舍出身，调桂阳监蓝山县丞。县阙令，运摄县事。县与诸獠接壤，因俗为治，吏民安之。临武寇与诸獠合，大剽掠，运亲帅兵禽之。迁潭州攸县尉。高宗南渡，剧贼王在据岐山，潭帅征兵戍岳，运将二千人先至岳。贼平，改临江新淦丞。县新被兵，令不能支，沿江抚谕使张汇劾罢之，以运摄县事。运拨煨烬，考版籍，正租赋，数月之间，敝除而民定。

绍兴五年，通判鼎州。贼杨么、黄诚拥众数万，残破城邑，跳梁湖北。高宗遣张浚以都督莅师，岳飞为招讨举兵击之，贼率轻锐径趋武溪南兴，以临鼎州，城中大震。运与太守程昌宇勒兵登城，控扼上下，以张其势，贼宵溃。澧贼雷德进栅险称乱，帅檄运讨之。运将部统梁吉等率兵直捣其巢，破四二栅，降其众。

移贰濡须。金人犯庐、寿等州，大将驻兵淮壖以拒之，运给饷未尝乏绝。岁余，以亲老还江东，寓居鄱。既而丁母及父忧，服除，起知桂阳监。五月而境内称治，与部使者奏升监为军。大修庠序之教，祠汉以来守令有功德于桂阳者卫飒、唐羌等七人于学，刻《续颜氏家训》、《四时纂要》等书，散之民间，使之修德而务本。召入对，除知达州。方大旱，入境而雨。奏除病民五事。

召为度支郎中。临安楼店务钱岁三十余万缗，请以十万归省额。户部所储三佛齐国所贡乳香九万一千五百斤，直可百二十余万缗，请分送江、浙、荆湖漕司卖之，以籴军饷。及陈诸路纲运七弊，惩革十术，远近递输以均劳逸。

事皆施行。兼枢密院检详，迁军器监。寻改大理少卿，请正两浙盐法，以宽私鬻之禁。绍兴永裕、昭慈二陵官地与民犬牙相入，请县重价听民持券献纳，以免误犯之罪。尤明于治狱，狱为之空。

拜刑部侍郎，言：诸斥逐累赦未还者，宜从湔洗。诸申请条制，多重复牴牾，失于太烦。诸编置不以赦原、不以荫论之类，失于太重。外路刑狱三经翻异，移送大理，刀锯数施，非所以示远。及诸不便。皆从之。又请广储蓄，兴鼓铸，修屯田，作乡兵。亦皆听纳。兼权户部侍郎。时久雨伤蚕麦，及边报有警，诏侍从台谏陈弭灾御侮之策。运言："天灾人事，有甚可畏而不足畏者，视吾政之修不修；有甚可忧而不足忧者，视吾自治之善不善。"及"宜边淮建三大镇以守之"。

会金人渝盟，特迁户部侍郎，以专馈饷。丞相陈康伯议遣李宝自四明控制海道，众论纷纭，运直入赞决，以为上策，金人果败走。因上疏："乞降诏抚将士，蠲租赋，遣信使，结豪杰，坚城守，督汉中将士趋关陕以制其后。置四镇三帅于两淮、襄汉之间以为内固，以图进取。"以御营随军都转运使从上劳师江上。及驾还，因入对，固请补外。乃授集英殿修撰，出知太平州。当兵饥疾疠之余，殚劳徕安辑之方，严斥堠攻守之备。理财赋，造战舰，缮甲兵，申禁令，民赖以安。

孝宗既受禅，运亦请老，以敷文阁待制提举江州太平兴国官，寻授广东经略，不赴，乃复祠禄。乾道七年，鄱大饥，运首发粟二千石以振之，自是民争出粟以济。连上章致政，不许，以疾卒。赠少师、左光禄大夫，官其后三人。嘉定六年，赠开府仪同三司。

柳约，字元礼，秀州华亭人。大观三年上舍进士，试中学官，为霸州教授。徙睦州，入为辟雍正。迁博士，改宣议郎，充广亲宅宗子博士。约深于经学，属辞粹微，大为学者师慕。提举福建盐事，召对，论内外学政，次乞罢内外官到堂日投牒求官，以厚风俗。授秘书省校书郎，进作佐郎、徽州司录，改通判宿州，召拜监察御史。靖康初，兼权殿中侍御史，论三镇不可弃。改尚书工部员外郎，进左司员外郎。父忧去官，服除，以直显谟阁充御营司参谋官，迁太常少卿。

高宗将幸平江，约疏言"兵可进，毋退以示怯于敌。"乃以直龙图阁知台州，未赴，徙严州，兼浙西兵马都监、节制管内军马。当是时，金人大入，杜充拥众北去，列郡震恐，莫有奔问官守者。约于横溃中屹保孤城，悉力捍御。境内按堵，则慨然上书，请纠合诸郡克复吴会。上嘉其忠，进右文殿修撰，守郡如故。诏以军兴费出无艺，吏慢弗虔，柳约独谨赋输，率先程督，进秩一等。又诏："约郡当兵冲，而能不辞难、不避事，益严列册，保绥一方，朕甚嘉之。其以约充集英殿修撰。"召入对，奖劳再三，擢权户部侍郎。

约于是感激尽言，凡例外宣索，皆执奏不进。论"吴玠等罪未正，非所以厉臣节。诸大将提兵入觐，各名其家，将有尾大不掉之患"。皆人不敢言者。又言："军兴科需百出，望官户名田过制者，与编户均一科敷。请增诸路酒钱，其半令提刑司桩管，以备军费。"皆从之。会高丽请修贡，议遣使报聘，上顾廷臣无出约右，加试户部侍郎充其选，且将大用。当路忌之，讽言者诬以事，罢为提举太平观。居七年，复秘阁修撰。

金人归侵疆，起知蔡州，被命而往，一无顾避。既而金人渝平，传檄河南，守臣皆举城降，约独遣使数辈于武昌，得报而后返。未几，以敷文阁待制食祠禄。十有五年，卒。赠四官。

约天性至孝，母病甚，泣祷于天，愿损寿以益亲寿。母寻愈，约竟先母两月卒。

李舜臣，字子思，隆州井研人。生四年知读书，八岁能属文，少长通古今，推迹兴废，洞见根本，慨然有志于天下。

绍兴末，张浚视师江、淮，舜臣应诏上书，言："乘舆不出，无以定大计，宜徙幸武昌。"又谓："江东六朝皆尝取胜北方，不肯乘机争天下，宜为今日监。"著《江东胜后之鉴》十篇上之。中乾道二年进士第。时朝廷既罢兵，而为相者益不厌天下望。舜臣对策，论金人世仇，无可和之义，宰辅大臣不当以奉行文字为职业。考官恶焉，绌下第，调邛州安仁县主簿。岁大侵，饥民千百持锄棘大呼，响震邑市，令惧闭归。舜臣曰："此非盗也，何惧为？"亟出慰劳遣之。

教授成都府。时虞允文抚师关上，辟置幕府，用举者改宣教郎、知饶州德兴县，专尚风化。民有母子昆弟之讼连年不决，为陈慈孝友恭之道，遂为母子兄弟如初。间诣学讲说，邑士皆称"蜀先生"。罢百姓预贷，偿前官积逋逾三万缗。民病差役，舜臣劝纠诸乡，以税数低昂定役期久近为义役。期年役成，民大便利。银坑罢虽久，小户犹敷银本钱，官为偿之。天申大礼助赏及军器所需，皆不以烦民。

干办诸司审计司，迁宗正寺主簿，重修《裕陵玉牒》。当曾布、吕惠卿初用，必谨书，或谓非执政除免，格不应书。舜臣曰："治忽所关，何可拘常法。"他所笔削类此。尤邃于《易》，尝曰："《易》起于画，理事象数，皆因画以见，舍画而论，非《易》也。画从中起，乾坤中画为诚敬，坎离中画为诚明。"著《本传》三十三篇。朱熹晚岁，每为学者称之。所著书《群经义》八卷、《书小传》四卷、《文集》三十卷、《家塾编次论语》五卷、《镂玉余功录》二卷。子心传、道传、性传。以性传官二府，赠太师、追封崇国公。

孙逢吉，字从之，吉州龙泉人也。隆兴元年进士第，授郴州司户。乾道七年，太常黄钧荐于丞相虞允文、梁克家，将处以学官，逢吉竟就常德教授以归。李焘、刘玞、郑伯熊、刘焯相继荐之，知萍乡县，以治最闻。除诸军审计司、国子博士。迁司农寺丞兼实录院检讨官。绍熙元年，迁秘书郎兼皇子嘉王府直讲。

二年春二月，雷雪之沴交作，诏求直言，疏八事：去蔽谀，亲讲读，伸论驳，崇气节，省用度，惜名器，拔材武，饬戎备。擢为右正言，建言："都城之民，安居惮徙。宗戚营缮浸广，每建一第，撤民居数百，咨怨者多。"时亲王方更造楼观未已，闻之，亟令罢役。浙漕沈诜见逢吉，谢曰："非正言，漕计殆不可支。"初，工部侍郎兼知临安府潘景珪结贵幸以进，司谏邓驲屡疏其罪，景珪反以计倾之，除驲匠监。逢吉曰："优迁其官而罢言职，后来者且以言为戒。"两疏乞收驲新命，不报；并劾景珪胁持台谏，蔑视朝纲，景珪遂罢。在谏垣七十日，章二十上，词旨剀切，皆人所难言者。改国子司业，求去，为湖南提刑。以秘书监召，兼吏部侍郎。俄为孝宗攒宫按行事。

朱熹在经筵持论切直，小人共不便，潜激上怒，中批与祠。刘光祖与逢吉同在讲筵，吏请曰："今日某侍郎轮讲，以疾告，孙侍郎居次，请代之。"逢吉曰："常所讲《论语》，今安得即有讲义？"已而问某侍郎讲义安在，取观之，则讲《诗·权舆篇》刺康公与贤者有始而无终，与逐朱熹事相类，逢吉欣然代之讲。因于上前争论甚苦。上曰："朱熹言多不可用。"逢吉曰："熹议祧庙与臣不合，他所言皆正，未见其不可用。"浸浃上意。

会彭龟年论韩侂胄专擅，出补郡。逢吉入疏曰："道德崇重，陛下所敬礼者无若朱熹，志节端亮，陛下所委信者无若彭龟年。熹既以论侂胄去，龟年复以论侂胄绌，臣恐贤者皆无固志。陛下所用皆庸鄙恬薄之徒，何以立国？"侂胄见而恶之。丞相赵汝愚既罢，侂胄专国。一日从臣扈从重华宫，上行礼毕，驾兴，扈从者出宫门上马，忽传呼侂胄至，扈从者却入，敛板甚恭。逢吉曰："既出复入掮，臣子事君父之礼当如是耶？"不掮而去。

会部中会食，吏密报优人王喜除阁职。逢吉即言："于上前效朱侍讲进趋以儒为戏者，岂可令污阁职？"即抗疏力争之。同列密以告侂胄。时王喜之命实未出，遂以诬诋，出知太平州。丐祠，提举江州太平兴国宫。起知赣州，已属疾，卒，谥献简。弟逢年、逢辰，皆有文学行义，时称"孙氏三龙。"

章颖，字茂献，临江军人。以兼经中乡荐。孝宗嗣服，下诏求言，颖为万言书附驿以闻，礼部奏名第一，孝宗称其文似陆贽。调道州教授，作周敦颐祠。会宜章寇为乱，郡僚相继引去，颖独留。寇平，郡守以功为郎，奏颖有协赞之功，可大用。乃召对，除太学录。礼部正奏第一人，初任即召对者自颖始。时枢密都承旨王抃以言者奉外祠。颖复言其风金使求去，欲已任调护以为功。孝宗谓其言太讦，久之不迁。及奏考试官，孝宗曰："章颖可。"乃知上犹记其说论也。顷之，迁太学博士。丁内艰，服阕，添差通判赣州，除太常博士。

御史中丞何澹闻继母讣，引不逮事之文，颖定议解官，澹犹未决去，乞下侍从朝列集议。太学诸生攻之曰："朝廷专设奉常，议礼之所由出也。今不从议礼所由出之地，反以议礼不公，而欲侍从朝列集议，岂将启谗迎希合，而为苟留进身之计乎？"除左司谏，时左相留正去，右相葛邲当国，颖论邲不足任大事，凡二十余疏。从官议欲超除颖,俾去言职,庶可两留。光宗曰:"是好谏官,何以迁之?"邸始出。颖屡疏请上问安重华宫,悉焚其稿。

宁宗即位,除侍御史兼侍讲,寻权兵部侍郎。韩侂胄用事,颖侍经帷。上曰:"谏官有言及赵汝愚者,卿等谓何?"同列谩无可否,颖奏言:"天地变迁,人情危疑,加以敌人嫚侮,国势未安,未可容易进退大臣,愿降诏宣谕汝愚,无听其去。"不报。奏请待罪,与郡;御史劾颖阿党,罢。太学生周端朝等六人伏阙,辨汝愚被诬,且谓章颖言发于忠,首遭斥逐。端朝等皆被罪,自是党论遂起矣。

颖家居久之,起知衢州,侍御史林行可劾罢之。寻知赣州,御史王益祥复劾,寝其命,再祠,需次知建宁府。侂胄诛,除集英殿修撰。累迁刑部侍郎兼侍讲,对延和殿,上叹曰:"卿为权臣沮抑甚久。"颖乞修改《甲寅龙飞事迹》诬笔。除吏部侍郎,寻迁礼部尚书,升侍读。诏颖以绍熙、庆元谯令宪《玉牒辨诬》,余端礼、赵彦逾《甲寅龙飞记》及赵汝愚当时所记事,考订削诬,从实上之。丐去,奉祠。以嘉定十一年卒,年七十八。

颖操履端直,生平风节不为穷达所移。虽仕多偃蹇,而清议与之。方党论之兴,朱熹遗以书,略曰:"世道反覆,已足流涕;而握其事者怒犹未已,未知终安所至极耶?然宗社有灵,公论未泯,异日必有任是责者,非公吾谁望耶?"赠光禄大夫,谥文肃。

商飞卿,字羿仲,台州临海人。淳熙初,由太学登进士第,任无为军教授,累官至工部郎官。时韩侂胄柄国,气焰薰灼,飞卿既至,未尝辄一造请,逾月即丐去,提举福建路常平茶盐事。擢监察御史,以言事迕侂胄,罢为奉常。请外,以秘阁修撰为荆湖南路转运判官。后改司农卿,总领江东、淮西军马钱粮。金陵故有帅、漕治所,合戎骑二帅、留钥、内侍,号六司,宴饮馈遗,费动万计。飞卿以身率俭,节缩浮苛,粮饷时敛散,稍稍以裕闻。开禧中,就擢户部侍郎。侂胄将举师,尝问饷计丰约,飞卿以实告。比调遣浩繁,不克支,属有旨俾飞卿军前传宣抚劳,值金兵大至,几不免,以忧卒。

刘颖,字公实,衢州西安人。绍兴二十七年进士,调溧阳主簿。时张浚留守建康,金师初退,府索民租未入者,颖白浚言:"师旅之后,宜先抚摩,当尽蠲逋赋。"浚喜,即奏阁免,由是知之,遣其子栻与游。教授全州,改官知铅山县,以外艰去。再知常熟县,签判潭州。王佐为帅,负其能,盛气以临僚吏,颖约以中道,多屈而改为。及陈峒反,所擒贼多颖计策,帅上其功,曰:"签判宜居臣上。"召监进奏院,进太常寺主簿,迁丞,兼兵部郎官。

提举浙西常平茶盐,还淀山湖,以泄吴松江,二水禁民侵筑,毋使逼塞大流,民田赖之。就迁提刑,以洗冤泽物为任,间诣狱,察不应系者纵遣之。御史以介僻劾罢。除江西运判。江州德化县田逃徙太半,守乞蠲税,不报。颖以见种之税均于荒莱,民愿耕者捐减,上供自若,而逃田尽复。

除直秘阁、淮东转运副使。初,水败楚州城,修补未竟,刘超欲移筑,颖因接伴金国使,入对言:"国家何苦捐百万缗为军帅幸赏地邪?"光宗从之。除户部郎中、淮东总领。务场以额钞抵赏,阴耗饷计,二十年无知此弊者,颖究核得之,以所卖数论赏而总饷增羡,迁司农少卿、淮西总领。前主计者请自为都酿,抱净息而利赢余,其后稍亏,反以大军钱佐之,邀籴江、淮,回易如负贩状。颖以为失王人之体,遂罢之。内府宣限既迫,每移供军钱以应岁输。颖搜吏弊,汰冗员,分月纲解,自是不复那移。

寻除直宝谟阁、江东运副、知平江府,皆未行。除宗正少卿,转起居郎兼实录院检讨官,权户部侍郎,升同修撰。以疾丐祠,提举兴国宫。除集英殿修撰、知宁国府,改知绍兴府。未几,知平江府,径归,提举兴国宫。起知泉州,升华文阁待制,请兴国祠以归。兴国祠满,除敷文阁待制致仕。嘉定改元,召赴行在,落致仕,除刑部侍郎,辞,进龙图阁待制、知婺州。请老,以宝谟阁直学士致仕。六年,卒于家,年七十八。赠光禄大夫。

在孝宗朝,人臣争承意自献。颖奏:"今日之失在轻听人言,昔之施为,今复弃置,大损盛德。"孝宗嘉纳之。光宗时,论人主难克而易流者四:曰逸豫无节,赐予无度,儒臣易疏,近幸易昵。宁宗时,学禁初起,党论日兴。颖奏:"愿陛下御之以道,容之以德,不然,元祐、崇、观之事可鉴也。"其言皆切中于时。

自浙西请外,凡徙麾节十余年,有以淹速讯之,颖笑曰:"吾所欲也。"其在从班日,韩侂胄旧与周旋无间,方居中用事,而颖谢绝之。常言:"士以不辱身为重。"其为少宗正,而丞相赵汝愚适归,相遇于废寺,泥雨不能伸足,但僧床立语曰:"寄谢余参政,某虽去而人才犹在朝廷,幸善待之。"颖曰:"相公人才即参政人才也,使果贤,参政之责,非宰相之忧也。"余参政,端礼也。余继相,卒于善类多所全佑,颖之助云。

徐邦宪,字文子,婺州义乌人。幼颖悟,从陈傅良究名物义理,以通史传百家之书。绍熙四年,试礼部,第一人登进士第。三迁为秘书郎。

韩侂胄开兵端,同恶附和,无敢先发一语议其非者,邦宪独首言之。丐外,知处州,陛辞,力谏用兵不可太骤。再岁召还,言:"求名义以息兵,莫若因建储而肆赦,借殊常之恩,为弭兵之名,因行赦宥,大霈德泽。东委宣谕,西委宣抚,洗弄兵之咎,省戍边之师;发仓粟以赈饿殍,及农时而复民业。如此则建储之义,正与息兵相为表里也。"

又上侂胄书,侂胄恶其言,嗾御史徐柟击之,镌秩罢祠。未几复官,除江西宪,改江东漕,以户部郎为淮西总领。侂胄已诛,尚书倪思举邦宪自代。召对,上言:"今日更化,未可与绍兴乙亥同论。秦桧专权,天下犹可以缉理,今侂胄专权,天下败坏尽矣。"除尚右郎兼太子侍讲,除左司,为金贺正使接伴。除宗正少卿,回权工部侍郎、知临安府。丐祠,知江州,奏乞郡,得节制屯戍兵,至郡疾,以宝谟阁待制致仕,卒于官,年五十七,谥文肃。

论曰：汪若海、柳约仕于南渡播迁之时，其志将以尊君父，故读其《麟书》而悲之。张运、李舜臣职举事修，遗爱在民。孙逢吉、章颖辨正人之非邪，正学之非伪，君子哉！商飞卿、刘颖、徐邦宪皆有立于权臣柄国之日，卓乎不为势利所移，故能尔耶！

卷四百五　列传第一百六十四

李宗勉　袁甫　刘黻　王居安

李宗勉，字强父，富阳人。开禧元年进士。历黄州教授、浙西茶盐司、江西转运司干官。嘉定十四年，主管吏部架阁，寻改太学正。明年为博士，又明年迁国子博士。宝庆初，添差通判嘉兴府。三年，召为秘书郎。

绍定元年，迁著作郎。入对，言边事宜夙夜震惧，以消咎殃。明年，兼权兵部郎官。时李全叛谋已露，人莫敢言，宗勉独累疏及之。又言：'欲人谋之合，莫若通下情。人多好谄，揣所悦意则侈其言，度所恶闻则小其事。上既壅塞，下亦欺诬，则成败得失之机、理乱安危之故，将孰从而上闻哉？不闻则不戒，待其事至乃骇而图之，抑已晚矣。欲财计之丰，莫若节国用。善为国者常使财胜事，不使事胜财。今山东之旅，坐縻我金谷，湖南、江右、闽中之寇，蹂践我州县，苟浮费泛用，又从而侵耗之，则漏卮难盈，蠹木易坏。设有缓急，必将窘于调度，而事机失矣。欲邦本之固，莫若宽民力。州县之间，聚敛者多，椎剥之风，浸以成习。民生穷蹙，怨愤莫伸，啸聚山林，势所必至。救焚拯溺，可不亟为之谋哉？'寻改兼侍右郎官。明年入对，言天灾甚切。

四年，差知台州。明年，直秘阁、知婺州。六年冬，召赴行在，未行。端平元年，进直宝章阁，依旧任。越月，以宗正丞兼权右司召，改尚左郎官，兼职仍旧。寻兼左司。五月，面对，言四事：'守公道以悦人心，行实政以兴治功，谨命令以一观听，明赏罚以示劝惩。'次言楮币：'愿诏有司，始自乘舆宫掖，下至百司庶府，核其冗蠹者节之，岁省十万，则十万之楮可捐，岁省百万，则百万之楮可捐也。行之既久，捐之益多，钱楮相当，所至流转，则操吾赢缩之柄不在楮矣。'

拜监察御史。时方谋出师汴、洛，宗勉言：'今朝廷安恬，无异于常时。士卒未精锐，资粮未充衍，器械未犀利，城壁未缮修。于斯时也，守御犹不可，而欲进取可乎？借曰今日得蔡，明日得海，又明日得宿、亳，然得之者未必可守。万一含怒蓄忿，变生仓猝，将何以济？臣之所陈，岂曰外患之终不可平、土宇终不可复哉？亦欲量力以有为，相时而后动耳。愿诏大臣，爱日力以修内治，合人谋以严边防，节冗费以裕邦财，招强勇以壮国势。仍饬沿边将帅，毋好虚名而受实害，左控右扼，毋失机先。则以逸待劳，以主御客，庶可保其无虞。若使本根壮固，士马精强，观衅而动，用兵未晚。'已而洛师溃，又言：'昔之所虑者在当守而冒进，今之所虑者在欲守而不能。何地可控扼，何兵可调遣，何将可捍御，何粮可给饷，皆当预作措画。'又言内降之敝，大略谓：'王府后宅之宫僚，戚里奄寺之恩赏，纶綍直下，不经都省，竿牍陈请，时出禁廷，此皆大臣所当执奏。夫先事而言，见几而谏，不可谓之专。善则行之，否则止之，不可谓之专。命出君上，政归中书，不可谓之专。苟以专权为嫌，不以救过为急，每事希旨迎合，迨其命令已下，阙失已彰，然后言事之人从而论列之，其累圣德亦多矣。况言之未必听，听之未必行乎？'

进左司谏。明年春，兼侍讲。首言：'均、房、安、蕲、光、化等处兵祸甚烈，然江面可藉以无忧者，犹有襄州，今又告变矣。襄州失则江陵危，江陵危则长江之险不足恃。昔之所虑犹在秋，今之所虑者祇在旦夕。江陵或不守，则事迫势蹙，必有存亡之忧，悔将何及？'拜殿中侍御史。时淮西制置使兼沿江制置副使史嵩之兼知鄂州，就鄂建牙。宗勉言：'荆、襄残破，淮西正当南北之交，嵩之当置司淮西，则脉络相连，可以应援，邈在鄂渚，岂无鞭不及腹之虑。若云防江为急，欲藉嵩之于鄂渚经理，然齐安正与武昌对，如就彼措置防扼，则藩篱壮而江面安矣。所谓欲保江南先守江北也。当别择鄂守，径令嵩之移司齐安。'

诏侍从、两省、台谏条陈边事，宗勉率合台奏：'蜀之四路，已失其二，成都隔绝，莫知存亡。诸司退保夔门，未必能守。襄汉昨失九郡，今郢破，荆门又破，江陵孤城，何以能立？两淮之地，人民奔迸，井邑丘墟，呜呼危哉！陛下诚能亟下哀痛之诏，以身率先，深自贬损，服御饮宴，一从简俭，放后宫浮食之女，罢掖庭不急之费，止锡赉，绝工役，出内帑储蓄以风动四方。然后劝谕戚畹、世臣，随力输财，以佐公家之调度。分上流淮西、淮东为三帅，而以江淮大帅总之。或因今任，或择长才，分地而守，听令而行。以公私之财分给四处，俾之招溃卒，募流民之强壮者，以充游兵，以补军籍。仍选沿流诸郡将士为捍御之图，犹可支吾。不然将水陆俱下，大合荆楚之众，扰我上流，江以南震荡矣。或谓其势强盛，宜于讲和，欲出金缯以奉之，是抱薪救火，空国与敌矣。'

进工部侍郎兼给事中，仍侍讲。复上疏言：'陛下忧勤于路朝之顷，而入为宴安所移，切劘于广厦之间，而退为便嬖所惑。不闻减退宫女，而嫔嫱已溢于昔时；不闻褒录功臣，而节钺先加于外戚；不闻出内贮以犒战士，而金帛多靡于浮费。陛下之举动，人心所视以为卷舒者也。陛下既不以为忧，则谁复为陛下忧。'擢谏议大夫兼侍读。首言边事当增兵防扼上流。又言：'求谏非难而受谏为难，受谏非难而从谏为难。苟闻之不以为戒，玩之不以为信，卒使言者鲠论，无益于世用，无救于时危，其与拒谏者相去一间耳。'

进端明殿学士、同签书枢密院事。未几，进签书。时王檝复求岁币银绢各二十万，宗勉言：'轻诺者多后患，当守元约可也。然比之开禧时，物价腾踊奚啻倍蓰矣。'史嵩之开督府，力主和议，宗勉言：'使者可疑者三。嵩之职在督战，如收复襄、光，控扼施、澧，招集山砦，保固江流，皆今所当为。若所主在和，则凡有机会可乘，不无退缩之意，必至虚捐岁月，坐失事功。"

进知参政事。及拜左丞相兼枢密使，守法度，抑侥幸，不私亲党，召用老成，尤乐闻谠言。赵汝腾尝以宗勉为公清之相。以光禄大夫、观文殿大学士致仕，卒，赠少师，谥文清。

袁甫，字广微，宝文阁直学士燮之子。嘉定七年进士第一。签书建康军节度判官厅公事，授秘书省正字。入对，论"君天下不可一日无惧心。今之可惧者，大端有五：端良者斥，谄谀者用，杜忠臣敢谏之门，可惧也；兵戈既兴，馈饷不继，根本一虚，则有萧墙之忧，可惧也；陛下深居高拱，群臣奉行簿书，独运密谋之意胜，而虚心咨访之意微，天下迫切之情无由上闻，可惧也；外患未弭，内患方深，而熙熙然无异平时，自谓雅量足以镇浮，不知宴安实为鸩毒，可惧也；陛下恭俭有余，刚断不足，庸夫憸人，苟求富贵，而未闻大明黜陟，军帅交结，州郡贿赂，皆自贵近化之，可惧也。其它祸几乱萌，不可悉数，将何以答天谴、召和气哉？"次乞严守帅之选，并大军之权，兴屯田之利。

迁校书郎，转对，言"边事之病，不在外而在内。偷安之根不去，规摹终不立；壅蔽之根不去，血脉终不通；忌嫉之根不去，将帅终不可择；欺诞之根不去，兵财终不可治。祖宗之御天下，政事虽委中书，然必择风采著闻者为台谏，敢于论驳者为给、舍，所以戢官邪、肃朝纲也。今日诚体是意以行之，岂复有偷安壅蔽者哉？"出通判湖州，考常平敷原以增积贮，核隐产，增附婴儿局。

迁秘书郎，寻迁著作佐郎、知徽州。治先教化，崇学校，访便民事上之：请蠲减婺源绸绢万七千余匹，茶租折帛钱万五千余贯，月桩钱六千余贯；请照咸平、绍兴、乾道宽恤指挥，受纳徽绢定每匹十四钱；请下转运、常平两司，豫蓄常平义仓备荒，兴修陂塘，创筑百梁。丁父忧，服除，知衢州。立旬讲，务以理义淑士心，岁拨助养士钱千缗。西安、龙游、常山三邑积窘预借，为代输三万五千缗，蠲放四万七千缗。郡有义庄，买良田二百亩益之。

移提举江东常平。适岁旱，亟发库庾之积，凡州县案名隶仓司者，无新旧皆住催，为钱六万一千缗，米十有三万七千、麦五千八百石，遣官分行振济，饥者予粟，病者予药，尺籍之单弱者，市民之失业者，皆曲畛之。又告于朝曰："江东或水而旱，或旱而水，重以雨雪连月，道殣相望，至有举家枕藉而死者。此去麦熟尚赊，事势益急。"诏给度牒百道助费。时江、闽寇迫饶、信，虑民情易动，分榜谕安之。檄诸郡，关制司，闻于朝，为保境捍患之图，寇迄不犯。遂提点本路刑狱兼提举，移司番阳。霜杀桑，春夏雨久湖溢，诸郡被水，连请于朝，给度牒二百道赈恤之。盗起常山，调他州兵千人屯广信以为备。

都城大火，上封事言："上下不交，以言为讳，天意人心，实同一机，灾变之作，端由于此。愿下哀痛之诏，以回天意。"诏求直言，复上疏言："灾起都邑，天意盖欲陛下因其所可见，察其所不可见，行至公无私之心，全保护大臣之体，率属群工，大明黜陟，与天下更始。"行部问民疾苦，荐循良，劾奸贪，决滞狱。所至诣学宫讲说，创书院贵溪之南，祠先儒陆九渊。岁大旱，请于朝，得度牒、缗钱、绫纸以助赈恤。疫疠大作，创药院疗之。前后持节江东五年，所活殆不可数计。转将作监，领事如故。继力辞常平事。彗星见，诏求直言，上疏言："皇天所以震怒者，由愁苦之民众；人民所以愁苦者，由贪冒之风炽。愿一变上下交征之习，为大公至正之归。"

帝亲政，以直微猷阁知建宁府，明年，兼福建转运判官。闽盐隶漕司，例运两纲供费，后增至十有二，吏卒并缘为奸，且抑州县变卖，公私苦之，甫奏复旧例。丁米钱久为泉、漳、兴化民患，会知漳州赵以夫请以废寺租为民代输，甫并捐三郡岁解本司钱二万七千贯助之。郡屯左翼军，本备峒寇，招捕司移之江西，甫檄使还营。俄寇作唐石，即调之以行，而贼悉平。迁秘书少监。入见，帝曰："卿久劳于外，笃意爱民，每览所陈，备见恻隐。"甫奏《无逸》之义，言知农夫稼穑艰难，自然逸欲之念不起。乞力守更化以来求贤如不及之初意。

迁起居舍人兼崇政殿说书。于经筵奏："刚之一字，最切于陛下。陛下徒有慕汉宣厉精为治之名，而乃堕元帝、文宗柔弱不振之失。元帝、文宗果断，不用于斥邪佞，反用于逐贤人，此二君不识刚德之真。所谓真刚者，当为之事必行，不当为者则断在勿行。"又乞"专意经训，养育精神，务令充实，上与天一，下合人心。"帝意欲全功臣之世，诏自今中外臣僚奏事，毋得捃摭，以奏："是消天下谠言之气，其谓陛下何？"兼中书舍人，缴奏不摘苛小，谓："监司、郡守非其人，则一道一州之蠹也。"

时相郑清之以国用不足，履亩使输券。甫奏："避贵虐贱，有力者顽未应令，而追呼迫促，破家荡产，悲痛无聊者，大抵皆中下之户。"尝讲罢，帝问近事，甫奏："惟履亩事，人心最不悦。"又尝读《资治通鉴》，至汉高祖入关辞秦民牛酒，因奏："今日无以予人，反横科之，其心喜乎，怒乎？本朝立国以仁，陛下以为此举仁乎，否乎？"帝为恻然。

时朝廷以边事为忧，史嵩之帅江西，力主和议。甫奏曰："臣与嵩之居同里，未尝相知，而嵩之父弥忠，则与臣有故。嵩之易于主和，弥忠每戒其轻易。今朝廷甘心用父子异心之人，臣谓不特嵩之易于主和，抑朝廷亦未尝易于用人也。"疏入，不报。遂乞归，不允。授起居郎兼中书舍人。未几，擢嵩之刑部尚书，复奏疏云："臣于嵩之本无仇怨，但国事所系，谊难缄默。"嵩之诰命，终不与书行，乃出甫知江州。王遂抗疏力争，帝曰："本以授其兄袁肃，报行误耳。"令遂勉甫无它志。翼日，乃与肃江州。而殿中侍御史徐清叟复论甫守富沙月赆六十万，汤巾等又争之，清叟亦悔。未几，改知婺州，不拜。

嘉熙元年，迁中书舍人。入见，陈心源之说，帝问边事，甫奏："当以上流为急，议和恐误事。"时清叟与甫并召，而清叟未至。甫奏："台谏风闻言事，初亦何心。今人物眇然，有如清叟宜在朝廷，辞避实惟臣故，乞趣其赴阙。"又奏备边四事，曰：固江陵，堰瓦梁，与流民复业。嵩之移京湖沿江制置使、知鄂州，甫奏曰："嵩之轻脱难信。去年嵩之在淮西，王檝由淮西而来，北军蹑之。今又并湖南付之，臣恐其复以误淮西者误湖南。"疏留中不行。翼日，权吏部侍郎。引疾至八疏，赐告一月，遂归。从臣复合奏留之，寻命兼修玉牒官兼国子祭酒，皆辞不拜。改知嘉兴府，知婺州，皆辞不拜。

迁兵部侍郎，入见，奏："江潮暴涌，旱魃为虐，楮币蚀其心腹，大敌剥其四支，危亡之祸，近在旦夕，乞秉一德，塞邪径。"兼给事中。岳珂以知兵财召，甫奏珂总饷二十年，焚林竭泽，珂竟从外补。迁吏部侍郎兼国子祭酒，日召诸生叩其问学理义讲习之益。时边遽日至，甫条十事，至为详明。权兵部尚书，暂兼吏部尚书，卒，赠通奉大夫，谥正肃。有《孝说》、《孟子解》、《后省封驳》、《信安志》、《江东荒政录》、《防拓录》、《乐事录》及文集行世。

甫少服父训，谓学者当师圣人，以自得为贵。又从杨简问学，自谓"吾观草木之发生，听禽鸟之和鸣，与我心契，其乐无涯"云。

刘黻，字声伯，乐清人。早有令闻，读书雁荡山中僧寺。年三十四，以淳祐十年试入太学，侪辈已翕然称之。时丁大全方为台属，劾奏丞相董槐，迫逐去国，将夺其位。黻率同舍生伏阙上书，大概言朝廷进退大臣，须当以礼。书上，忤执政，送南安军安置，归别其母解氏。解氏曰："为臣死忠，以直被贬，分也。速行！"黻至南安，尽取濂、洛诸子之书，摘其精切之语，辑成书十卷，名曰《濂洛论语》。及大全贬，黻还太学。未几，侍御史陈垓诬劾程公许，右正言蔡荥诬劾黄之纯，二公罢出，六馆相顾失色，黻又率诸生上书言：

黻等蒙被教养，视国家休戚利害若己痛痒。朝廷进一君子，台谏发一公论，则弹冠相庆，喜溢肺膺。至若君子郁而不获用，公论沮而不克伸，则忧愤忡结，寝食俱废。臣闻扶植宗社在君子，扶植君子在公论。陛下在位几三十年，端平间公正萃朝，忠谠接武，天下翕然曰："此小元祐也。"淳祐初，大奸屏迹，善类在位，天下又翕然曰："此又一端平也。"奈何年来培养保护之初心，不能不为之转移。

祖宗建置台谏，本以伸君子而折小人，昌公论而杜私说。乃今老饕自肆，奸种相仍，以谄谀承风旨，以倾险设机阱，以澳沕盗官爵。陛下非不识拔群贤，彼则忍于空君子之党；陛下非不容受直言，彼则勇于倒公议之戈。不知陛下何负此辈，而彼乃负陛下至此耶？

当陛下诏起汇髦之秋，而公许起自家食，正君子觇之，以为进退之机。乃今坐席未温，弹章已上，一公许去，若未害也，臣恐草野诸贤，见几深遁，而君子之脉自此绝矣。比年朋邪扇焰，缄默成风，奏事者不过袭陈言、应故事而已。幸而之纯两疏，差强人意。乃今软媚者全身，鲠直者去国，一之纯去，若未害也，臣恐道路以目，欲言辄沮，而公论之脉自此绝矣。

况今天下可言之事不为少，可攻之恶不为不多。术穷桑、孔，浸有逼上之嫌；势挟金、张，滥处牧民之职。以乳臭骄子而躐登从橐，以光范私人而累典辅藩。钱神通灵于旁蹊，公器反类于互市。天下皆知之，岂陛下独不知之。正惟为陛下纪纲者知为身谋，不为陛下谋。陛下明烛事几，讵可堕此辈蒙蔽术中，何忍以祖宗三百年风宪之司，而坏于一二小人之手耶？臣汝腾，陛下之刘向也，则以忠鲠斥；臣子才、臣栋、臣伯玉，陛下之汲黯也，则以切直罢。遂使淳祐诸君子日消月磨，至今几为之一空。彼诚何心哉？

高宗绍兴二十年之诏，有谓"台谏风宪之地，年来用人非据，与大臣为友党，济其喜怒，甚非耳目之寄。"臣窃观近事，不独台谏为大臣友党，内简相传，风旨相谕，且甘为鹰犬而听其指嗾焉。宰相所不乐者，外若示以优容，而阴实颐指台谏以去之；台谏所弹击者，外若不相为谋，而阴实奉承宰相以行之。方公许之召也，天下皆知独断于宸衷，及公许之来也，天下亦知尝得罪于时宰，岂料陛下之恩终不足恃，宰相之嗔竟不可逃耶？

陛下万机之暇，试以公许、之纯与垓、荥等熟思而静评之，其言论孰正孰邪，孰忠孰佞，虽中智以下之主，犹知判别是非，况以陛下明圣而顾不察此？近见公许奏疏，尝告陛下揭公以示天下；垓则以秘密之说惑上听，公许尝告陛下以宠赂日章，官邪无警，欲塞幸门，绝曲径；垓则纵侠客以兜揽关节，持阃扁以胁取举状，开赂门以簸弄按章。至若之纯之告陛下，力伸邪正之辩，明斥媚相之非，謇謇谔谔，流出肺肝；荥身居言责，闻其风声，自当愧死，尚敢妄肆妻菲，略无人心乎？

且陛下擢用台谏，若臣磊卿、臣咨夔、臣应起、臣汉弼、臣凯、臣燧，光明俊伟，卓为天下称首，然甫入而遽迁，或一鸣而辄斥，独垓、荥辈贪饕顽忍，久污要津，根据而不拔，刘向所谓"用贤转石，去佞拔山"者，乃今见之，可不畏哉？矧今国嗣未正，事会方殷，民生膏血，朘削殆尽，所赖以祈天命，系人心，惟君子与公论一脉耳。小人以不恤之心，为无忌惮之事，其意不过欲爵位日穹，权势日盛，以富贵遗子孙耳，岂暇为国家计哉。

自昔天下之患，莫大于举朝无公论，空国无君子。我朝本无大失德于天下，而乃有宣、靖之祸，夫岂无其故哉？始则邪正交攻，更出迭入，中则朋邪翼伪，阴陷潜诋，终则倒置是非，变乱黑白，不至于党祸不止。向使刘安世、陈瓘诸贤尚无恙，杨畏、张商英、周秩辈不久据台纲，其祸岂至此烈。古语云："前车覆，后车戒。"今朝廷善类无几，心怀奸险者，则以文藻饰佞舌；志在依违者，则以首鼠持圆机。宗社大计，孰肯明目张胆为陛下伸一喙者，则其势必终于空国无君子，举朝无公论。无君子，无公论，脱有缓急，彼一二捡人者，陛下独可倚仗之乎？

若垓之罪，又浮于荥，虽两观之诛，四裔之投，犹为轻典，陛下留之一日，则长一日之祸，异时虽借尚方剑以砺其首，尚何救于国事之万一哉？

又曰："自昔大奸巨孽，投闲散地，惟觇朝廷意向，以图进用之机。元祐间，章惇、吕惠卿皆在贬所。自吕大防用杨畏为御史，初意不过信用私人，牢护局面，不知小人得志，摇唇鼓吻，一时正人旋被斥逐，继而章惇复柄用，虽大防亦不能安其身于朝廷之上。今右辖久虚，奸臣垂涎有日矣。闻之道路，馈遗不止于鞭靴，脉络潜通于禁近，正陛下明察事机之时。若公论不明，正人引去，则迟回展转，钧衡重寄，必归于章惇等乃止。今日之天下，乃祖宗艰难积累之天下，岂堪此辈再为坏耶？"

又谏游幸疏曰：

天下有道，人主以忧勤而忘逸乐；天下无道，人主以逸乐而忘忧勤。自昔国家乂安，四夷宾服，享国日久，侈心渐生，若汉武帝之单于震慑，而有千门万户之观，唐明皇之北边无事，而有骊山温泉之幸。至于隋之炀帝，陈之后主，危亡日迫，游观无度，不足效也。尧、舜、禹、汤、文、武之兢业祗惧，终始忧勤，《无逸》言：游畋则不敢，日昃则不暇食。曷尝借祈禳之说，以事游观之逸。比年以来，以幸为利，以玩为常，未免有轻视世故、眇忽天下之心。单于未尝震慑，而有武帝多欲之费耗；北边未尝无事，而有明皇宴安之鸩毒。

陛下春秋尚少，贻谋垂宪之机，悉在陛下，作而不法，后嗣何观？自十数年间，创龙翔，创景庆，创西太一，而又示之以游幸，导之以祷祠，蛊之以虚诞不经之说。孔子曰："少成若天性，习惯如自然。"积久惯熟，牢不可破，谁得而正之？且西太一之役，佞者进曰："太一所临分野则为福，近岁自吴移蜀。"信如祈禳之说，西北坤维按堵可也。今五六十州，安全者不能十数，败降者相继，福何在邪？武帝祠太一于长安，至晚年以虚耗受祸，而后悔方士之缪。虽其悔之弗早，犹愈于终不知悔者也。

大凡人主不能无过，脱有过言过行，宰执、侍从当言之，给舍、台谏当言之，缙绅士大夫当言之，皆所以纳君于当道者也。今陛下未为不知道，未为不受人言，宰执以下希宠而不言，与夫言之而不力，皆非所以爱陛下也。其心岂以此为当而不必言哉？直以陛下为不足以望尧、舜、禹、汤、文、武之主，而以汉武、明皇待陛下也。

以材署昭庆军节度掌书记，由学官试馆职。咸淳三年，拜监察御史，论内降恩泽曰：

治天下之要，莫先于谨命令，谨命令之要，莫先于塞内批。命令，帝王之枢机，必经中书参试，门下封驳，然后付尚书省施行，凡不由三省施行者，名曰"斜封墨敕"，不足效也。臣睹陛下自郊祀庆成以来，恩数绸缪，指挥烦数，今日内批，明日内批，邸报之间，以内批行者居其半，窃为陛下惜之。

出纳朕命载于《书》，出纳王命咏于《诗》，不专言出而必言纳者，盖以命令系朝廷之大，不能皆中乎理，于是有出而复有纳焉。祖宗时，禁中处分军国事付外者谓之内批，如取太原、下江南，韩琦袖以进呈，英宗悚然避坐，此岂非谨内批之原哉？臣日夜念此，以为官爵陛下之官爵，三省陛下之三省，所谓同奉圣旨，则是三省之出命，即出陛下之命也，岂必内批而后为恩？缘情起事，以义制欲，某事当行，某事当息，具有条贯，何不自三省行之，其有未穆于公论者，许令执奏，顾不韪欤。

元祐间，三省言李用和等改官移镇恩例，今高氏、朱氏，皆举故事，皇太后曰："外家恩泽，方欲除损，又可增长乎？"治平初，欲加曹佾使相，皇太后再三不许；又有圣旨，令皇后本家分析亲的骨肉闻奏，亦与推恩，司马光力谏，以为皇太后既损抑外亲，则后族亦恐未宜褒进。乃今前之恩数未竟，后之恩数已乘。宰执惧有所专而不敢奏，给舍、台谏惧有所忤而不敢言，更如此者数年，将何以为国？故政事由中书则治，不由中书则乱，天下事当与天下共之，非人主所可得私也。

四年，改正字，言："正学不明则义理日微，异端不息则鼓惑转炽。臣非不知犯颜逆耳，臣子所难，实以君德世道，重有关系，不容不恳恻开陈。疏上逾日，未蒙付外。孟轲有云：'有言责者，不得其言则去'。臣忝职谏省，义当尽言，今既不得其言，若更贪慕恩荣，不思引去，不惟有负朝廷设官之意，其于孟轲明训，实亦有慊。"

会丁父忧去位，服除，授集英殿修撰，沿海制置、知庆元府事。建济民庄，以济士民之急，资贡士春官之费，备郡庠耆老缓急之需。又请建慈湖书院。八年，召还，拜刑部侍郎。九年，改朝奉郎，试吏部尚书，兼工部尚书，兼中书舍人，兼修玉牒，兼侍读。上疏请给王十朋祠堂田土。十年，丁母忧。明年，江上溃师，丞相陈宜中起复黻为端明殿学士，不起，及贾似道、韩震死，宜中谋拥二王由温州入海，以兵逆黻共政，将逊相位，于是黻托宗祀于母弟成伯，遂起，及罗浮，以疾卒。

初，陈宜中梦人告之曰："今年天灾流行，人死且半，服大黄者生。"继而疫疠大作，服者果得不死，及黻病，宜中令服之，终莫能救。其配林氏举家蹈海。未几，海上事亦瓦解矣。黻有《蒙川集》十卷行于世。

王居安，字资道，黄岩人。始名居敬，字简卿，避桃庙嫌易之。始能言，读《孝经》，有从旁指曰："晓此乎？"即答曰："夫子教人孝耳。"刘孝韪七月八日过其家塾，见居安异凡儿，使赋八夕诗，援笔成之，有思致。孝韪惊拊其背曰："子异日名位必过我。"入太学，淳熙十四年举进士，授徽州推官，连遭内外艰，柄国者以居安十年不调，将径授职事官，居安自请试民事，乃授江东提刑司干官。使者王厚之厉锋气，人莫敢婴，居安遇事有不可，平面力争不少屈。

入为国子正、太学博士。入对，首言："人主当以知人安民为要，人未易知，必择宰辅侍从之贤，使引其类；

民未易安，必求恺悌循良之吏，以布其泽。"次言："火政不修，罪在京尹，军律不明，罪在殿、步两司，罪钧异罚固不可，安有薄罚一步帅而二人置弗问乎？"迁校书郎。居安乞召试，言："祖宗时惟进士第一不试，苏轼以高科负重名，英宗欲授馆职，韩琦犹执不从。"执政谓居安曰："朝廷于节度尚不较，况馆职乎？"居安因言："节钺之重，文非位极，武非勋高，胡可妄得。丞相言不较，过矣。"时苏师旦命且下，故居安言及之。改司农丞。御史迎意论劾，主管仙都观。

逾年，起知兴化军。既至，条奏便民事，乞行经界。且言："蕃舶多得香犀象翠，崇侈俗，泄铜镪，有损无益，宜遏绝禁止。"皆民务也。通商贾以损米价，诛剧盗以去民害。召为秘书丞。转对，言："置宣司，不闻进取之良规；遣小使，寂无确许之实报。但当严饬守备，益兵据险以待之，此庙算之上也。"李壁尝语人曰："比年论疆事无若王秘丞之明白者。"

迁著作郎兼国史实录院检讨编修官，兼权考功郎官。诛韩侂胄，居安实赞其决。翼日，擢右司谏。首论：

侂胄以预闻内禅之功，窃弄大权，童奴滥授以节钺，嬖妾窜籍于官庭。创造亭馆，震惊太庙之山；燕乐语笑，彻闻神御之所，忽慢宗庙，罪宜万死。托以大臣之荐，尽取军国之权。台谏、侍从，惟意是用，不恤公议；亲党姻娅，躐取美官，不问流品；名器僭滥，动违成法。窃弄威柄，妄开边隙。自兵端一启，南北生灵，壮者死锋刃，弱者填沟壑。荆襄、两淮之地，暴尸盈野，号哭震天。军需百费，科扰州县，海内骚然。迹其罪状，人怨神怒，众情汹汹，物议沸腾，而侂胄箝制中外，罔使陛下闻知，宦官宫妾，皆其私人，莫肯为陛下言者。西蜀吴氏，世掌重兵，顷缘吴挺之死，朝廷取其兵柄，改畀它将，其策为善。侂胄与曦结为死党，假之节钺，复授以全蜀兵权。曦之叛逆，罪将谁归？使曦不死，侂胄未可知也。

侂胄数年之间，位极三公，列爵为王，外则专制东西二府之权，内则窥伺宫禁之严，奸心逆节，具有显状。纵使侂胄身膏斧钺，犹有余罪，况兵衅未解，朝廷傥不明正典刑，何以昭国法，何以示敌人，何以谢天下？今诚取侂胄肆诸市朝，是戮一人而千万人获安其生也。侂胄既有非常之罪，当伏非常之诛，讵可以常典论哉？

右丞相陈自强素行污浊，老益贪鄙，徒以贫贱私交，自一县丞超迁，径至宰辅，奸慝附丽，斁乱国经。较其罪恶，与侂胄相去无几。乞追责远窜，以为为臣不忠、朋邪误国者之戒。

又劾曦外姻郭倪、郭僎，窜岭表，天下快之。

继兼侍讲。方侂胄用事，箝天下之口，使不得议己，太府寺丞吕祖俭以谪死，布衣吕祖泰上书直言，中以危法，流之远郡。居安奏请明其冤，以伸忠鲠之气。又疏言："古今之治本乱阶，更为倚伏。以治治乱则反掌而可治，以乱治乱则乱去而复生。人主公听则治，偏信则乱；政事归外朝则治，归内廷则乱；问百辟士大夫则治，问左右近习则乱；大臣公心无党则治，植党行私则乱；大臣正、小臣廉则治，大臣污、小臣贪则乱。如用人稍误，是一侂胄死，一侂胄生也。"

赵彦逾与楼钥、林大中、章燮并召，居安言："钥与大中用，宗庙社稷之灵，天下苍生之福，彦逾不可与之同日而语。彦逾始以赵汝愚不与同列政地，遂启侂胄专政之谋，汝愚之斥死，彦逾之力居多，而彦逾者，汝愚之罪人也。陛下乃使与二人者同升，不几于薰莸同器、邪正并用乎？非所以示趋向于天下也。"疏已具，有微闻者，除目夜下，迁起居郎兼崇政殿说书。于是为谏官才十有八日。既供职，即直前奏曰："陛下特迁臣柱下史者，岂非欲使臣不得言耶？二史得直前奏事，祖宗法也。"遂极论之，又言："臣为陛下耳目官，谏纸未乾，乃以近权要徙他职，不得其言则去，臣不复留矣。"帝为改容。御史中丞雷孝友论其越职，夺一官，罢。太学诸生有举幡乞留者。四明杨简邂逅山阴道中，谓"此举吾道增重"。江陵项安世致书曰："左史，人中龙也。"

逾年，复官，知太平州。当边遽甫定，岁俭，汰去军群聚寇攘，居安威惠流行，晏然若无事时。将副刘佑为怨家诣阙告密，置狱金陵，居安以书抵当路辨其冤，或谓"佑自诬服，得无嫌于党逆乎？"居安曰："郡有无辜死，奚以守为？"事果白。以直龙图阁提点浙西刑狱。葛怿者，用戚属恩补官，豪于赀，尝憾父之嬖，既去而诬以盗，株连瘐死者数人，怿乃未尝一造庭。居安一阅得实，立捕系论罪，械送他州。入对，帝曰："卿有用之才也。"权工部侍郎，以集英殿修撰知隆兴府。

初，盗起郴黑风峒，罗世传为之倡，势张甚。湖南所在发兵扼要冲，义丁表里应援，贼乏食，少懈，主兵者稍坚持之，则就禽矣。会江西帅欲以买降为功，遣人间道说贼，馈盐与粮，贼喜，谋益逞。帅以病卒，继者蹈其敝。贼阴治械，外送款，身受官峒中，不至公府。义丁皆恚曰："作贼者得官，我辈捐躯坏产业，何所得！"于是五合六聚，各以峒名其乡，李元励、陈延佐之徒，并起为贼矣。放兵四劫，掀永新，撤龙泉，江西列城皆震。朝廷调江、鄂之兵屯衡、赣，而他兵驻龙泉者命吉守节制焉。吉守率师往，几为贼困，池兵来援失利。朝廷忧之，遂以居安为帅。

居安以书晓都统制许俊曰："贼胜则民皆为贼，官军胜则贼皆为民，势之翕张，决于此举。将军素以勇名，挫于山贼可乎？"俊得书皇恐，不敢以他帅事居安，居安督战于黄山，胜之，贼始惧，走韶州，为摧锋军所败，势日蹙。吉守前以战不利，用招降之策，遣吏持受降图来，书贼衔"江湖两路大都统"。居安笑曰："贼玩侮如此，犹为国有人乎？"白诸朝，吉守以祠去。遂命居安节制江、池大军，驻庐陵督捕，领郡事。召土豪问便宜，皆言贼恃险陟降如猿猱，若钞吾粮，吾事危矣。居安曰："吾自有以破贼。"会元励执练木桥贼首李才全至，居安厚待才全而赏元励，众皆感。罗世传果疑元励之贰已，遂交恶。元励率众攻世传，居安语俊曰："两虎斗于穴，吾可成下庄子之功。"世传嗾练木桥贼党袭元励，俘其孥，擒元励以献。时青草峒贼亦就禽，并磔于吉之南门。元励既诛，世传以功负恃益骄蹇，名效顺而实自保。俊请班师，居安不许，俾因贼堡壁固守。居亡何，世传果与兄世禄俱叛。居安奏乞朝廷毋忧，今落其角距，可一战禽也。乃密为方略，遣官民兵合围之，世传自经死，斩其首以徇，群盗次第平。居安之在军中也，赏厚罚明，将吏尽力，始终用以贼击贼之策，故兵民无伤者。江西人祠而祝之，刻石纪功。徙镇襄阳，以言者罢，闲居十有一年。

嘉定十五年与魏了翁同召，迁工部侍郎。时方受宝，中朝皆动色相贺。入对，首言："人主畏无难而不畏多难，與地宝玉之归，盍思当时之所以失。"言极切至。甫两月，以集英殿修撰提举玉隆宫。未几，以宝谟阁待制知温州，郡政大举。

理宗即位，以敷文阁待制知福州，升龙图阁直学士，转大中大夫，提举崇福宫。将行，盐寇起宁化，居安以书谕汀守曰："土瘠民贫，业于盐可尽禁耶？且彼执三首恶以自赎，宜治此三人，他可勿治。"部使者遣左翼军将邓起提兵往，起贪夜冒险与寇角以死，军溃，民相惊逃去。事闻，命居安专任招捕。居安既留，募军校刘华、丘锐者授以计画，至汀而贼已至郡矣，州人大惧。贼知帅有抚纳意，即引退。华、锐出入贼中，指期约降。有以右班摄汀守者，倔强好大言，以知兵自任，欲出不意为己功。贼知其谋，败降约，而建、剑诸郡并江西啸聚蜂起矣。居安议不合，叹曰："吾可复求焦头烂额之功耶？"即拜疏归。

居安以书生，于兵事不学而能，必诛峒寇而降汀寇，皆非苟然者。卒，累赠少保。居安宅心公明，待物不贰。有《方岩集》行世。

论曰：李宗勉在庶僚，论事平直，及入相，负公清之称。袁甫学有本原，善达其用，持节所过，其民至今思之。刘黻分别邪正，侃侃敢言，亦难能者。王居安扫除群邪，以匡王国，其志壮哉！

卷四百六　　列传第一百六十五

崔与之　洪咨夔　许奕　陈居仁　刘汉弼

崔与之，字正子，广州人。父世明，试有司连黜，每曰"不为宰相则为良医"，遂究心岐、黄之书，贫者疗之不受直。与之少卓荦有奇节，不远数千里游太学。绍熙四年举进士，广之士繇太学取科第自与之始。

授浔州司法参军。常平仓久弗葺，虑雨坏米，撤居廨瓦覆之。郡守欲移兑常平之积，坚不可，守敬服，更荐之。调淮西提刑司检法官。民有窘于豪民逋负，殴死其子诬之者，其长欲流之，与之曰："小民计出仓猝，忍使一家转徙乎？况故杀子孙，罪止徒。"卒从之，知建昌之新城，岁适大歉，有强发民廪者，执其首，折手足以徇，盗为止，劝分有法，贫富安之。开禧用兵，军旅所需，天下骚然，与之独买以系省钱。吏告月解不登，曰："宁罢去。"和籴令下，与之独以时贾籴，令民自概。通判邕州，守武人，苛刻，衣赐不时给，诸卒大閧。漕司檄与之摄守，叛者帖然，乃密访其首事一人斩之，阖郡以宁。擢发遣宾州军事，郡政清简。

寻特授广西提点刑狱，遍历所部，至浮海巡朱崖，秋毫无扰州县，而停车裁决，奖廉劾贪，风采凛然。朱崖地产苦荬，民或取叶以代茗，州郡征之，岁五百缗。琼人以吉贝织为衣衾，工作皆妇人，役之有至期年者，弃稚违老，民尤苦之。与之皆为榜免。其他利病，罢行甚众。琼之人次其事为《海上澄清录》。岭海去天万里，用刑惨酷，贪吏厉民，乃疏为十事，申论而痛惩之。高惟肖尝刻之，号《岭海便民榜》。广右僻县多右选摄事者，类多贪黩，与之请援广东循、梅诸邑，减举员赏格，以劝选人。熙宁免役之法，独不及海外四州，民破家相望。与之议举行未果，以语颜戣，戣守琼，遂行之。

召为金部员外郎，时郎官多养资望，不省事，与之巨细必亲省决，吏为欺者必杖之，莫不震栗。金南迁于汴，朝议疑其进迫，特授直宝谟阁、权发遣扬州事、主管淮东安抚司公事。宁宗宣引入内，亲遣之，奏选守将、集民兵为边防第一事。既至，浚濠广十有二丈，深二丈。西城濠势低，因疏塘水以限戎马。开月河，置钓桥。州城与堡砦城不相属，旧筑夹土城往来，为易以甓。因滁有山林之阻，创五砦，结忠义民兵，金人犯淮西，沿边之民得附山自固，金人亦疑设伏，自是不敢深入。

扬州兵久不练，分强勇、镇淮两军，月以三、八日习马射，令所部兵皆仿行之。淮民多畜马善射，欲依万弩手法创万马社，募民为之，宰相不果行。浙东饥，流民渡江，与之开门抚纳，所活万余。楚州工役繁夥，士卒苦之，叛入射阳湖，亡命多从之者。与之给旗帖招之，众闻呼皆至，首谋者独迟疑不前，禽戮之，分其余隶诸军。

山东李全以众来归，与之移书宰相，谓："自昔召外兵以集事者，必有后忧。"宰相欲图边功，诸将皆怀侥幸，都统刘琸承密札取泗州，兵渡淮而后牒报。琸全军覆没，与之忧愤，驰书宰相，言："与之乘鄣五年，子养士卒，今以万人之命，坏于一夫之手，敌将乘胜袭我。"金人入境，宰相连遗与之三书，俾议和。与之答曰："彼方得势，而我与之和，必遭屈辱。今山砦相望，边民米麦已尽输藏，野无可掠，诸军与山砦并力剿逐，势必不能久驻。况东海、涟水已为我有，山东归顺之徒已为我用，一旦议和，则涟、海二邑若为区处？山东诸酋若为措置？望别选通才，以任和议。"与之自刘琸败，亟修守战备，遣精锐，布要害。金人深入无功，而和议亦寝。

时议将姑阙两淮制置，命两淮帅臣互相为援，与之启庙堂曰："两淮分任其责，而无制阃总其权，则东淮有警，西帅果能疾驰往救乎？东帅亦果能疾驰往救西淮乎？制阃俯瞰两淮，特一水之隔，文移往来，朝发夕至，无制阃则事事禀命朝廷，必稽缓误事矣。"议遂寝。

召为秘书少监，军民遮道垂涕。与之力辞召命，竟还。将度岭，趣召不已，行次池口，闻金人至边，乃造朝奏："今边声可虑者非一，惟山东忠义区处要不容缓。"前后累疏数千言，每叹养虎将自遗患。

升秘书监兼太子侍讲，权工部侍郎。未几，成都帅董居谊以黩货为叛卒所逐，总领杨九鼎遇害，蜀大扰。与之以选为焕章阁待制、知成都府、本路安抚使，至即帖然。时安丙握要重兵久，每忌蜀帅之自东南来者，至是独推诚相与。丙卒，诏尽护四蜀之师，开诚布公，兼用吴、蜀之士，拊循将士，人心悦服。先是，军政不立，戎帅多不协和，刘昌祖在西和，王大才在洮州，大才之兵屡衄，昌祖不救，遂弃皂郊。吴政屯凤州，张威屯西和，金人自白还堡突入黑谷，威不尾袭，而迂路由七方关上青野原，金人遂得入凤州。与之戒以同心体国之大义，于是戎帅协和，而军政始立。

先是，丙尝纳夏人合从之请，会师攻秦、巩，而夏人不至，遂有皂郊之败。与之至是饬边将不得轻纳。逾年，夏人复攻金人，遣百骑入凤州，邀守将求援兵。与之使都统李冲来言曰："通问当遣介持书，不当遣兵径入。若边民不相悉，或有相伤，则失两国之好，宜敛兵退屯。"夏人知不可动，不复有言。初，金人既弊，率众南归者所在而有，或疑不敢纳。与之优加爵赏以来之。未几，金万户呼延棫等扣洋州以归，与之察其诚，纳之，籍其兵千余人，皆精悍善战，金人自是不敢窥兴元。既复镂榜边关，开谕招纳，金人谍得之，自是上下相疑，多所屠戮，人无固志，以至于亡。

蜀盛时，四戎省马万五千有奇，开禧后，安丙裁去三之一，嘉定损耗过半，比与之至，马仅五千。与之移檄茶马司，许戎司自于关外收市如旧，严私商之禁，给细茶，增马价，使无为金人所邀。总司之给料不足者，亦移檄增给之。乞移大帅于兴元，虽不果行，而凡关外林木厚加封殖，以防金人突至。隔第关、盘车岭皆极边，号天险，因厚间探者赏，使觇之，动息悉知，边防益密。总计告匮，首拨成都府等钱百五十万缗助籴本。又虑关外岁余不多，运米三十万石积洮州仓，以备不测。初至，府库钱仅万余，其后至千余万，金帛称是。蜀知名士若家大酉、游似、李性传、李心传、度正之徒皆荐达之，其有名浮于实，用过其才者，亦历历以为言。洮帅赵彦呐方有时名，与之独察其大言亡实，它日误事者必此人，移书庙堂，欲因乞祠而从之，不可付以边藩之寄，后果如其言。与之以疾丐归，朝廷以郑损代，既受代，金谍知之，大入，与之再为临边，金人乃退。召为礼部尚书，不拜，便道还广。蜀人思之，肖其像于成都仙游阁，以配张咏、赵抃，名三贤祠。

理宗即位，授充显谟阁直学士、知潭州、湖南安抚使，辞，提举西京嵩山崇福宫。迁焕章阁学士、知隆兴府、江西安抚使，又辞，授徽猷阁学士、提举南京鸿庆宫。端平初，帝既亲政，召为吏部尚书，数以御笔起之，皆力辞。金亡，朝廷议取三京，闻之顿足浩叹。继而授端明殿学士、提举嵩山崇福宫，亦辞，俄授广东经略安抚使兼知广州。先是，广州摧锋军远戍建康，留四年，比撤戍归，未逾岭，就留戍江西，又四年，转战所向皆捷，而上功幕府，不报，求撤戍，又不报，遂相率倡乱，纵火惠阳郡，长驱至广州城，声言欲得连帅洎幕属甘心焉。与之家居，肩舆登城，叛兵望之，俯伏听命，晓以逆顺祸福，其徒皆释甲，而首谋数人，惧事定独受祸，遂率之遁去，入古端州以自固。至是，与之闻命亟拜，即家治事，属提刑彭铉讨捕，潜移密运，人无知者。俄而新调诸军毕集，贼战败请降，桀黠不悛者戮之，其余分隶诸州。

帝于是注想弥切，拜参知政事，拜右丞相，皆力辞。乃访以政事之孰当罢行，人才之孰当用舍？与之力疾奏："天生人才，自足以供一代之用，惟辨其君子小人而已。忠实而有才者，上也；才虽不高，而忠实有守者，次也。用人之道，无越于此。盖忠实之才，谓之有德而有才者也。若以君子为无才，必欲求有才者用之，意向或差，名实无别，君子、小人消长之势，基于此矣。陛下励精更始，擢用老成，然以正人为迂阔而疑其难以集事，以忠言为矫激而疑其近于好名，任之不专，信之不笃。或谓世数将衰，则人才先已凋谢，如真德秀、洪咨夔、魏了翁，方此柄用，相继而去，天意固不可晓。至于敢谏之臣，忠于为国，言未脱口，斥逐随之，一去而不可复留，人才岂易得，而轻弃如此。陛下悟已往而图方来，昨以直言去位者亟加峻擢，补外者蚤与召还，使天下明知陛下非疏远正人，非厌恶忠言，一转移力耳。陛下收揽大权，悉出独断。谓之独断者，必是非利害，胸中卓然有定见，而后独断以行之。比闻独断以来，朝廷之事体愈轻，宰相进拟多沮格不行，或除命中出，而宰相不与知，立政造命之原，失其要矣。大抵独断当以兼听为先，倪不兼听而断，其势必至于偏听，实为乱阶，威令虽行于上，而权柄潜移于下矣。"

又曰："边臣主和，朝廷虽知，而未尝明有施行。忧边之士，剀切而言，一鸣辄斥，得非朝廷亦阴主之乎？假使和而可保，亦当议而行之可也。"又曰："比年以变故层出，盗贼跳梁，雷雹震惊，星辰乖异，皆非细故。京城之灾，七年而两见，岂数万户生灵皆获罪于天者。百姓有过，在予一人，此陛下所当凛凛，惟有求直言可以裨助君德，感格天心。"又曰："戚畹、旧僚，凡有丝发夤缘者，孰不乘间伺隙以求其所大欲，近习之臣，朝夕在侧，易于亲昵，而难于防闲。司马光谓'内臣不可令其采访外事，及问以群臣能否'，盖干预之门自此始也。若谓其所言出于无心，岂知爱恶之私，因此而入，其于圣德，宁无玷乎？"帝览奏嘉叹，趣召愈力，控辞至十有三疏。

嘉熙三年，乃得致仕，以观文殿大学士提举洞霄宫。自领乡郡，不受廪禄之入，凡奉余皆以均亲党，薨时年八十有二，遗戒不得作佛事。累封至南海郡公，谥清献。

洪咨夔，字舜俞，於潜人。嘉定二年进士，授如皋主簿，寻试为饶州教授。作《大治赋》，楼钥赏识之。授南外宗学教授，以言去。丁母忧，服除，应博学宏词科，直院庄夏举自代。

崔与之帅淮东，辟置幕府，边事纤悉为尽力。丘寿隽代与之为帅，金人犯六合，扬州闭门设守，咨夔亟诣寿隽言曰："金人忌楚，必未至扬，乃先自示弱，不特淮左之人心动，而金人且骄必来矣。第当远斥堠、精间探，简士马，张外郡声援而大开城门，晏然如平时。若金人果来犯，某当身任之。"寿隽愧谢。已而金人果遁。山阳兼帅事青州张林请献铜钱二十万缗,咨夔谓宜以所献就犒其军,如唐魏博故事,使无轻量中国心。帅乃令输其半,林亦不复来。

与之帅成都,请于帝,授咨夔籍田令、通判成都府。与之为制置使,首檄咨夔自近,辞曰:"今当开诚心、布公道,合西南人物以济国事,乃一未有闻而先及门生、故吏,是示人私也。"卒不受,惟以通判职事往来效忠,蜀人高之。寻知龙州。州岁贡麸金,率科矿户,咨夔曰:"将奉上乃厉民乎?"出官钱市之。江油之民岁戍边,复苦馈饷,为请于制、漕司免之。毁邓艾祠,更祠诸葛亮,告其民曰:"毋事仇雠而忘父母。"

还朝,为秘书郎,迁金部员外郎。会诏求直言,慨然曰:"吾可以尽言寤主矣。"其父见其疏,曰:"吾能吃茄子饭,汝无忧。"史弥远谥至"济王之死,非陛下本心",大怒,掷于地。转考功员外郎。转对,复言李全必为国患。于是台谏李知孝、梁成大交论,镌二秩。读书故山,七年而弥远死,帝亲政五日,即以礼部员外郎召,入见,乞养英明之气,及论君子小人之分。帝问今日急务,对以"进君子而退小人,开诚心而布公道"。且言"在陛下一念坚凝"。又问在外人物,对以"崔与之护蜀而归,闲居十年,终始全德之老臣,若趣其来,可为朝廷重。真德秀、魏了翁陛下所简知,当聚之本朝。"

翼日,与王遂并拜监察御史。咨夔感激知遇,谓遂曰:"朝无亲擢台谏久矣,要当极本穷原而先论之。"乃上疏曰:"臣历考往古治乱之原,权归人主,政出中书,天下未有不治。权不归人主,则廉级一夷,纲常且不立,奚政之问?政不出中书,则腹心无寄,必转而他属,奚权之揽?此八政驭群臣,所以独归之王,而诏之者必天官冢宰也。陛下亲政以来,威福聚柄,收还掌握,扬廷出令,震撼海宇,天下始知有吾君。元首既明,股肱不容于自惰,撤副封,罢先行,坐政事堂以治事,天下始知有朝廷。此其大权、大政,亦略举矣。然中书之敝端,其大者有四:一曰自用,二曰自专,三曰自私,四曰自固。愿陛下于从容论道之顷,宣示臣言,俾大臣充初志而加定力,惩往辙而图方来,以仰称励精更始之意。"帝嘉纳之。又首乞罢枢密使薛极以厉大臣之节,章三上,卒出之。其他得罪清议者,相继劾去,朝纲大振。

明年,改元端平。咨夔预乞于正月朔下诏求直言,使人人得尽言无隐,又乞令内职任之寔者各举所知,皆从之。时登进诸儒,以广讲读、说书之选。咨夔言圣学之实,所当讲明而推行者有六:一,亲睦本支;二,正始闺门;三,警肃侍御;四,审正邪用舍;五,储养文武之才;六,忧根本无生事邀功。又言常平义仓、盐课及苗税多取之敝。京湖以《八陵图》来上,咨夔援绍兴留司奉表八陵及东晋大都督亲谒五陵故事,乞先诏制臣往省,俟还,别议朝祭。又复以完颜守绪骨来献,时相侈大其事,咨夔曰:"此朽骨耳,函之以葬大理寺可也。第当以金亡告九庙,归诸祖宗德泽,况与大敌为邻,抱虎枕蛟,事变叵测,顾可俟因人之获,使边臣论功,朝臣颂德。且陛下知慕崇政受

俘之元祐,独不鉴端门受降之崇宁乎?"然不果悉从。

擢殿中侍御史,会王定入台察,力诋蒋重珍,咨夔乃按定疾视善良,乞罢之。越三日,左迁定,而擢咨夔中书舍人,寻兼权吏部侍郎,与真德秀同知贡举,俄兼直学士院。时咨夔口疡已深,复上疏谓当引咎悔过,且乞祠,帝曰:"卿在朝多有裨益,何轻去?"咨夔奏:"臣数备台谏、给舍,皆不能过六月之师,何补于朝?臣病久当去,去犹足裨风俗。"帝勉留之,迁吏部侍郎兼给事中。奏:"比徇私成俗,化实未更,所恃以一公铄万私者,独陛下耳,而好乐营缮,亲厚近属,保护旧臣,若未能无所系累。"上在位逾一纪,国本未立,未有敢深言之者,咨夔乞择宗室子养之,并为济王立后。

擢给事中,史嵩之入相,召赴阙下,进刑部尚书,拜翰林学士、知制诰。求去愈力,加端明殿学士,卒。御笔:"洪咨夔鲠亮忠悫,有助新政,与执政恩例,特赠两官。"其遗文有《两汉诏令揽抄》、《春秋说》、外内制、奏议、诗文行于世。

许奕,字成子,简州人。以父任主长江簿。丁内艰,免丧调涪城尉。庆元五年,宁宗亲擢进士第一,授签书剑南东川节度判官。未期年,持所生父心丧,召为秘书省正字,迁校书郎兼吴兴郡王府教授。寻迁秘书郎、著作佐郎、著作郎,权考功郎官,非报谒间疾不出。

迁起居舍人,韩侂胄议开边,奕贻书曰:"今日之势,如元气仅属,不足以当寒暑之寇。"又因转对,论:"今日之急惟备边,而朝廷晏然,百官充位如平时。京西、淮上之师败同罚异。总领,王人也,而听宣抚司节制,或为参谋。庙堂之议,外廷莫得闻,护圣之军,半发于外,而禁卫单薄。"乞鞫勘赃吏,永废勿用。特与放行以启侥幸者,宜加遏绝。所言皆侂胄所不乐也。

蜀盗既平,以起居舍人宣抚四川。奕谓:"使从中遣,必淹时乃至,既又徒云犒师,而不以旌别淑慝为指,无以慰蜀父老之望。"执政是其言。又请:"遇朝会,起居郎、舍人分左右立如常仪。前后殿坐,侍立官御坐东南面西立,可以获闻圣训,传示无极。臣僚奏事,亦不敢易。"诏下其疏讨论之。

遣奕使金,奕与骨肉死诀,诣执政趣受指请行,执政曰:"金人要索,议未决者尚多,今将奈何?"奕曰:"往集议时,奕尝言增岁币、归俘虏或可耳,外此其可从乎?不可行者,当死守之。"寻迁起居郎兼权给事中,以国事未济力辞,不许。金人闻奕名久,礼迓甚恭,方清暑,离宫相距二十里,至是特为奕还内。方射,奕破的十有一,乃卒行成。还奏,帝优劳久之,奕复奏:"和不可恃,宜葺纪纲,练将卒,使屈信进退之权,复归于我。"客有以使事贺者,奕怃然曰:"是岂得已者,吾深为天下愧之。"

权礼部侍郎,条六事以献。俄兼侍讲。会谏官王居安、傅伯成以言事去职,奕上疏力争之。其后又因灾异申言曰:"比年上下以言为讳,谏官无故而去者再矣。以言名官,且不得尽,况疏远乎。"又论:"用兵以来,资赏泛滥,侥幸捷出,宜加裁制。"夏旱,诏求言,奕言:"当以实意

行实政,活民于死,不可责偿于祷祠之间而已也。蝗至都城,然后下礼寺讲酺祭,孰非王土,顾及境而惧,偶不至辇下,则终不以为灾乎。"又曰:"权臣之诛也,下至闾巷,欢声如雷。盖更化之初,人有厚望,久而无以相远也,此谤讟之所从生。"又曰:"内降非盛世事也,王璿进状不实而经营以求幸免,裴伸何人,骤为带御器械。"时应诏者甚众,奕言最为剀切。摄兼侍读,每进读至古今治乱,必参言时事:"愿陛下试思,设遇事若此,当何以处之。"必拱默移时,俟帝凝思,乃徐竟其说。帝曰:"如此则经筵不徒设矣。"

迁吏部侍郎兼修玉牒官,兼权给事中,论驳十有六事,皆贵族近习之挠政体者。而封还刘德秀赠典、高文虎之奉祠,士论尤韪之。加杨次山少保、永阳郡王,奕上疏曰:"自古外戚恩宠太甚,鲜不祸咎,天道恶盈,理所必至。次山果辞,则宜从之,如欲更示优恩,则超转少傅,在陛下既隆于恩,在次山知止于义,顾不休哉!"又言:"史弥远力辞恩命,宜从之以成其美。"疏入,不报。奕遂卧家求补外,以显谟阁待制知泸州。弥远问所欲言,奕曰:"比观时事,调护之功深,扶持之意少,非朝廷之利也。"

嘉、叙、泸俱接夷壤,董蛮米在大入,俘杀兵民,四路创安边司穷治其事。奕得夷人质之以致所掠,由是连安边司。夷酋王粲浮楗木万计入贾,奕虑其荡水陆之险,驱之。

安抚使安丙新立大功,逸忌日闻,宰相钱象祖出谤书问奕,奕喟而言:"士不爱一死而困于众多之口,亦可悲也。奕愿以百口保之。"象祖艴然曰:"公悉安子文若此乎?"适宇文绍节宣抚荆湖还,亦曰:"仆愿亦百口以信许公之言。"于是异论顿息,委寄益专。奕于丙深相知,而职事所必反复辩数以求直。其后士多畔丙,奕独以书疏候问愈数。

移知夔州,表辞不行,改知遂宁府。捐缗钱数十万以代民输,复盐策之利以养士,为浮梁作堤数百丈,民德之,画像祠于学。进龙图阁待制,加宝谟阁直学士,知潼川府。霖雨坏城,撤而筑之,不以烦民,亦捐缗钱十二万为十县民代输,于是其民亦相与祠于东山僧舍。

会金人败盟,蜀道震扰,奕请"速选威望大臣宣抚,信赏必罚,以奖忠义、收人心。"又言:"忠义之招,体势倒持,兵食顿增,未知攸济,且斩将之人未闻褒擢,败军之将未见施行,事势不决,将有后时之悔。"御史劾奕欺罔,降一官。诏提举冲佑观,未数月,特复元官,提举崇福宫。

还家,草遗表曰:"自念本非衰病,初染微疴。当汤熨可去之时,臣以疾而为讳;及针石已穷之后,医束手而莫图。靖言膏肓所致之由,大抵脉络不通之故。"皆寓讽谏之意。进显谟阁直学士致仕,赠通议大夫。初,奕之守泸,帝顾礼部尚书章颖曰:"许奕可去乎?"起居舍人真德秀侍帝前,论人才,上以骨鲠称之。

奕天性孝友,送死恤孤,恩意备至。通籀隶书,所著有《毛诗说》、《论语尚书周礼讲义》、奏议、杂文行世。

陈居仁,字安行,兴化军人。父太府少卿膏,娶明州汪氏女,因家焉。膏初为汾州教授,佐守臣张克戬捍金人。后知惠州,单马造曾衮垒,譬晓降之。鄞僧王法恩谋逆事觉,或请屠城,膏方为御史,力论多杀非圣世事,胁从者悉宽宥之。

居仁年十四而孤,以荫授铅山尉。绍兴二十一年举进士。秦桧与膏有故,有劝以一见可得美官,居仁曰:"是有命焉。"终不自通。移永丰令,入监行在点检赡军激赏酒库所籴场,诏修《高宗圣政》,妙选寮属,与范成大并充检讨官。

淮甸交兵,魏杞以宗正少卿使金,辟居仁幕下。时和战未决,金兵驻淮北,人情恟惧,突骑大至,弯弓夹道,居仁上马,犹从容举酒属杞:"天寒且酹此觞。"观者壮之。乃谕金人开道入,卒成礼,减岁币而还。因出疆赏,转承议郎,授诸王宫大小学教授。杞秉国柄,居仁忍贫需远次,未尝求进。虞允文欲引以为用,不就。允文欲与论兵,谢不能,退而贻书谓:"有定力乃可立事,若徒为大言,终必无成,幸成亦旋败。"允文为之色动。

徙主军器监簿、宗正修玉牒。转对,言:"立国须定规模,陛下非无可致之资,而规模未立。"孝宗初颇不怿,曰:"朕未尝不立规模。"居仁奏:"陛下锐意恢复,继乃通和、和、战、守三者迄今未定,孰为规模耶?"允文曰:"此正前日定力之论,某今益知此言之当也。"

迁将作监丞,转国子丞。九年,进秘书丞。入对,论文武并用长久之术:"陛下奖进武臣,深得持平救偏之道,然未必得智谋勇略之士,或多便佞轻躁之徒,将复有偏胜之患。"帝喜纳。权礼部郎官。尝言台阁宜多用明习典故之士,帝问其人,居仁以李焘、莫济对。甫数日,召焘。

居仁力请外,乃知徽州。帝令陛辞,慰谕遣之。至郡,告以天子节经费以惠俭瘠,不能推广圣德,吏则有罪。乃招三衙军,植二表于庭,有输纳中度而遭抑退者,抱所输立表下,亲视之,人无留滞,吏不能措手,输税者恒裹赢以归。邻州有讼,多诣台省乞决于居仁。秩满,邦人挽留,由间道始得去。

入对,帝举新安之政奖之。请编类隆兴以来宽恤诏令,有曰:"法久则易玩,事久则易怠。惟申加戒饬,有以儆其观听,则千万年犹一日。"帝曰:"名言也。"又言:"归正忠顺,过于优渥,而遇战士反轻。此曹出万死策勋,今老矣,添差已罢,廪稍半给,至丐于市,军士解体,亟加优恤,以终始念功之意,坚后生图报之心。"帝览之嘉叹。会驾大阅白石,即命再添差两任,衣粮全给,三军为之呼舞。

留为户部右曹郎官,命未下,朝方推《会要》赏,帝曰:"陈居仁治行为天下第一,可因是并赏之。"特转朝议大夫兼权度支,又兼权礼部。会枢属阙员,方拟,帝曰:"岂有人才如陈居仁而可久为郎乎?"即授枢密院检详文字,寻为右司,迁左司,又提检正中书门下省诸房公事,历兼左藏诸库。居仁亲视按牍,尝谓:"有罪幸免则冤者何告,诬枉者七人皆当叙复。"执政难之,居仁退,疏其冤状上之。帝曰:"居仁精审,尚复何疑。"诏以早求言,居仁乞命公卿务行宽大,御史京镗极论从窄之敝,此风未革。

假吏部尚书使金,还,迁起居郎,寻兼详定一司敕令兼权中书舍人,泛恩滥赏,封缴无所避。因言:"恩惠不及小民,名为宽逋负,实以惠顽民耳;名为赦有罪,实以惠奸民耳。愿尽放天下五等户身丁,四等户一半。"从之。安定王子彤乞封妾为夫人,居仁缴奏,帝喜迎,谓有补风教。又论:"君人之道,贵在执要,今陛下亲细故而忽远猷,事末节而忘大体,愿举纲要以御臣下,省思虑以颐精神。"诘旦,令清中书之务。权直学士院。帝曰:"内外制向委数人,今陈居仁一人当之,不见其难。"乞诏大臣博议"绝浮费,汰冗兵,计当省之数,定蠲除之目,此富民之要术也。"

以集英殿修撰知鄂州,筑长堤捍江,新安乐寨以养贫病之民,拨闲田归之。进焕章阁待制,移建宁府。岁饥,出储粟平其价,弛逋负以巨万计,代输畸零茧税。有因告籴杀人者,会赦免,居仁曰:"此乱民也,释之将覆出为恶。"遂诛之。观察推官柳某死,贫不克归,二子行丐于道,闻而怜之,予之衣食,买田以养之,择师以教之。镇江大旱,又移居仁守镇江。请以缗钱十四万给兵食,不报,为书以义撼丞相,然后许。发时密往觇之。间遣籴运于荆楚商人,商人曰:"是陈待制耶?"争以粟就籴。居仁区画有方,所存活数万计。因饥民治古海鲜界港,为石砬丹徒境上,蓄泄以时,以通漕运。治江阴奸僧。

加宝文阁待制、知福州。入境,有饥民啸聚,部分迓兵遮击之,首恶计穷,自经死。治宗室之暴横,申蛊毒之旧禁。有召命求间者,再进华文阁直学士,提举太平兴国宫,卒,赠金紫光禄大夫。

居仁风度凝远,处己应物,壹以诚信。临事毅然有守,所至号称循吏,皆立祠祀之。有奏议、制稿、诗文行世。子卓。

卓字立道,绍熙元年进士,其后知江州,移知国府。丞相以故欲见之,卓谢不往,丞相益器之。李全叛,襫其爵,诏书至淮,人益自励;太庙灾,降罪己诏,京师感动,皆卓所草也。为签书枢密院事。未几,丐祠还里。平生不营产业,以赞书所酬金筑世纶堂。闲居十有六年,卒年八十有六。将葬,事不能具,丞相吴潜闻之,贻书制置使以助。其孙定孙力请谥于朝,乃谥清敏。

刘汉弼,字正甫,上虞人。生二岁而孤,母谢氏抚而教之。嘉定九年举进士,授吉州教授。历江西安抚司干官,监南岳庙、浙西提举茶盐司干官。召试馆职,改秘书省正字,序迁秘书郎兼沂王府教授,改著作佐郎兼史馆校勘,权考功员外郎。升著作郎、知嘉兴府兼兵部员外郎,改兼考功。寻为考功员外郎兼崇政殿说书、编修国史、检讨实录,擢监察御史。出知温州。寻擢太常少卿,以左司谏召,擢侍御史兼侍讲,以户部侍郎致仕。

汉弼学明义利之辨,为正字时,应诏言事,极论致畜弭灾之道。为校书郎,转对,举苏轼所言结人心,厚风俗,存纪纲。又论制阃当复其旧,戎司当各还其所,边郡守当用武臣。又论决和战以定国论,合江、淮以壹帅权,公赏罚以励人心,广规抚以用人才。为著作佐郎,言兵财楮币权不可分。又言取士之法,词学不当去"宏博"字,混补不如复待补之便。为著作,为考功员外,所陈皆切于时务。及为言官,帝奖谕曰:"以卿纯实不欺,故此亲擢,宜悉心以告。"

汉弼以台纲久弛,疏三事,曰:定规抚,正体统,远谋虑。首论给事中钱相巧于迎合,睥睨政地,直学士院吴愈不称其职,罢去之。又劾中书舍人濮斗南、左正言叶贲,疏留中不出。贲,松阳人,为时相史嵩之腹心。有使贲互按者,明日贲有他命,而汉弼由是去国。嵩之久擅国柄,帝益患苦之,既复以左司谏召,首赞帝分别邪正以息众疑。奏疏论立圣心、正君道、谨事机、伸士气、收人才五事,帝嘉其言,并付外行之。

及为侍御史,密奏曰:"自古未有一日无宰相之朝,今虚相位已三月,尚可狐疑而不断乎?愿奋发英断,拔去朋邪,庶可转危为安;否则是非不可两立,邪正不并进,陛下虽欲收召善类,不可得矣。臣闻富弼之起复,止于五请,蒋芾之起复,止于三请,今嵩之既六请矣,愿听其终丧,亟选贤臣,早定相位。"帝览纳,遂决。乃命范钟、杜范并相,百官举笏相庆,汉弼之力为多。又累章言金渊、郑起潜、陈一荐、谢达、韩祥、濮斗南、王德明,皆畴昔托身私门,为之腹心,盘据要路,公论之所切齿者。至论马光祖夺情,总赋淮东,乃嵩之预为引例之地,乞勒令追服终丧,以补名教。

帝尝属汉弼以进人才,退而条具以奏,皆时望所归重。汉弼以受知特异,而奸邪未尽屏汰,论议未能坚定为虑,遂感末疾,居官旬,遂卒。特赠四官,未几,赐官田五百亩,楮五千缗给其家,谥曰忠。汉弼之没也,太学生蔡德润等百七十有三人伏阙上书以为暴卒,而程公许著《汉弼墓铭》,亦与徐元杰并言,其旨微矣。

论曰:唐张九龄、姜公辅,宋余靖皆出于岭峤之南,而为名世公卿,造物者曷尝择地而生贤哉?先王立贤无方,盖为是也。番禺崔与之晚出,屹然大臣之风,卒与三子者方驾齐驱。洪咨夔、许奕直道正言于理宗在位之日。陈居仁见称循吏,亲结主知。刘汉弼抱忠以死,哀哉!

卷四百七　　列传第一百六十六

杜范　杨简 钱时附　**张虙　吕午** 子沆

杜范,字成之,黄岩人。少从其从祖烨、知仁游,从祖受学朱熹,至范益著。嘉定元年举进士,调金坛尉,再调婺州司法。绍定三年,主管户部架阁文字。六年,迁大理司直。

端平元年,改授军器监丞。明年,入对,言:"陛下亲览大政,两年于兹。今不惟未睹更新之效,而或者乃有浸不如旧之忧。夫致弊必有原，救弊必有本，积三四十年之蠹习，浸溃薰染，日深日腐，有不可胜救者，其原不过私之一字耳。陛下固宜惩其弊原，使私意净尽。顾以天位之重而或藏其私憾，天命有德而或滥于私予，天讨有罪而或制于私情，左右近习之言或溺于私听，土木无益之工或侈于私费，隆礼貌以尊贤而用之未尽，温辞色以纳谏而行之惟艰，此陛下之私有未去也。和衷之美不著，同列之意不孚，纸尾押敕，事不预知，同堂决事，莫相可否，集议盈庭而施行决于私见，诸贤在列而密计定于私门，此大臣之私有未去也。君相之私容有未去，则教条之颁徒为虚文。近者召用名儒，发明格物致知、诚意正心之学，有好议论者，乃从而诋誉讪笑之，陛下一惑其言，即有厌弃儒学之意。此正贤不肖进退之机，天下安危所系，愿以其讲明见之施行。"

改秘书郎，寻拜监察御史。奏："曩者权臣所用台谏，必其私人，约言已坚，而后出命。其所弹击，悉承风旨，是以纪纲荡然，风俗大坏。陛下亲政，首用洪咨夔、王遂，痛矫宿弊，斥去奸邪。然庙堂之上，奉制尚多。言及贵近，或委曲回护，而先行丐祠之请；事有掣肘，或彼此调停，而卒收论罪之章。亦有弹墨尚新而已颁除目，沙汰未几而旋得美官。自是台谏风采，昔之振扬者日以铄；朝廷纪纲，昔之渐起者日以坏。"理宗深然之。

又奏九江守何炳年老不足备风寒，事寝不行。范再奏曰："一守臣之未罢其事小，台谏之言不行其事大。阻台谏之言犹可也，至于陛下之旨匿而不行，此岂励精亲政之时所宜有哉！"丞相郑清之见之大怒，五上章丐去，有"危机将发，朋比祸作"之语；且谓范顺承风旨，粉饰挤陷。范遂自劾，言："宰相之与台谏，官有尊卑而事关一体，但当同心为国，岂容以私而害公。行之者宰相，言之者台谏。行之者岂尽合于事宜，言之者或未免于攻诋，清明之朝，此特常事。古者大臣欲扶持纪纲，故必崇奖台谏，闻有因言而待罪者矣，未闻有讳言而含怒者也。曩者柄臣所用台谏，必其私人；陛下更新庶政，而台谏皆出于亲擢。若庙堂不欲臣言其亲故，钳其口，夺其气，则与曩者之用私人何以异？不知所谓'承顺风旨'者何人？'粉饰挤陷'者何事？乞检臣前奏，赐之罢黜，以从臣退安田里之欲。"

时清之妄邀边功，用师河、洛，兵民死者十数万，资粮器甲悉委于敌，边境骚然，中外大困。范率合台论其事，并言制阃之诈谋罔上。于是凡侍从、近臣之不合时望者，监司、郡守之贪暴害民者，皆以次论斥。清之愈忌之，改太常少卿。转对言："今日之病，莫大于贿赂交结之风。名誉已隆者贾左右之誉以固宠，宦游未达者惟梯级之求以进身。边方帅臣，黄金不行于反间，而以探刺朝论；厚赐不优于士卒，而以交通势要。以致赏罚颠倒，威令慢亵，罪贬者拒命而不行，弃城者巧计以求免，提握兵者召乱而肆掠，当重任者怙势而夺攘。下至禁旅，骄悍难制，监军群聚相剽劫。欲望陛下毋以小恩废大谊，毋以私情挠公法，严制宫掖，不使片言得以入于闻；禁约阉宦，不使逭谄得以售其奸。"范自入台，屡丐祠，至是复五上归田之请，皆不允。

迁秘书监兼崇政殿说书。大元兵徇江陵，范乞屯兵蕲、黄以防窥江，且令沿江帅臣兼江、淮制置大使以重其权，令淮西帅臣急调兵拨粮以援江陵。拜殿中侍御史，辞不获，乃因讲筵，奏："臣尝冒耳目之寄，辄忤宰相，至烦陛下委曲调护，今又使居向者负芒之地，岂以臣绝私比，而其言犹有可取耶？抑以臣巽懦之质，易于调护，而姑使之备数耶？昔人主之于诤臣，非乐而听之，即勉而从之，否则疏而远之，未闻有不用其言而复用其人者。陛下自端平亲政以来，召用正人以振纪纲，未几而有委曲调护之弊，其所弹击，或牵制而不行，其所斥逐，复因缘以求进。臣于入台之初，固已力言之，不惟不之革，而其弊滋甚，甚至节贴而文理不全，易写而台印无有，中书不敢执奏，见者为之致疑。不意圣明之时，其弊一至于此。陛下以其言之不可用，又从而超迁之，则是台谏之官，专为仕途之捷径，陛下但知崇奖台谏为盛德，而不知阻抑直言之为弊政，则陛下外有好谏之名，内有拒谏之实，天下岂有虚可以盖实哉。"范始以不得其言不去为恨，至是遂极言台谏失职之弊。

时襄、蜀俱坏，江陵孤危，两浙震恐，复言："清之横启边衅，几危宗祀，及其子招权纳贿，贪冒无厌，盗用朝廷钱帛以易货外国，且有实状。"并言："签书枢密院事李鸣复与史寅午、彭大雅以贿交结，曲为之地。鸣复既不恤父母之邦，亦何有陛下之社稷。"帝以清之潜邸旧臣，鸣复未见大罪，未即行，范亦不入台。帝促之，范奏："鸣复不去则臣去，安敢入经筵？"方再奏之，鸣复抗疏自辨，言："台臣论臣，不知所指何事，岂以臣尝主和议耶？幸未斥退，则安国家、利社稷，死生以之；否则无家可归，惟有扁舟五湖耳。"范又极言其寡廉鲜耻，既而合台劾之，太学诸生亦上书交攻。鸣复将出关，帝又遣使召回，范复与合台奏："鸣复为宰执，所交惟史寅午、彭大雅，此等相与阴谋，不过赂近习、蒙上听，以阴图相位。臣近见自辨之章，见其交斗边臣以启嫌隙，妄言和战以肆胁持，且以蜀既破荡而欲泛舟五湖，又以安国家、利社稷自任，不知鸣复久居政府，今又有何安利之策？欺君罔上，无所不至。如臣等言是，即乞行之；所言若非，早赐罢斥。"改起居郎，范奏："臣论鸣复，未见施行，忽拜左史之命，则是所言不当，姑示优迁。臣前者尝奏台谏但为仕途之捷径，初无益朝廷之纪纲，躬言之，躬蹈之，臣之罪大矣。"即渡江而归。授江东提点刑狱，寻改浙西提点刑狱，范力辞之，而鸣复亦出守越。

嘉熙二年，差知宁国府。明年至郡，适大旱，范即以便宜发常平粟，又劝寓公富人有积粟者发之，民赖以安。始至，仓库多空，未几，米余十万斛，钱亦数万，悉以代输下户粮。两淮饥民渡江者多剽掠，其首张世显尤勇悍，拥众三千余人至城外。范遣人犒之，俾勿扰以俟处分，世显乃阴有窥城之意。范以计擒斩之，给其众使归。

四年，还朝，首言：

旱暵荐臻，人无粒食。楮券猥轻，物价腾踊。行都之内，气象萧条，左浙近辅，殍死盈道。流民充斥，未闻安辑之政,剽掠成风,已开弄兵之萌,是内忧既迫矣。新兴北兵,乘胜而善斗,中原群盗,假名而崛起。搞我巴蜀,据我荆襄,扰我淮壖,近又由夔、峡以瞰鼎、澧。疆场之臣,肆为欺蔽,胜则张皇而言功,败则掩覆而不言。脱使乘上流之无备,为饮马长江之谋,其谁与捍之?是外患既深矣。

人主上所事者天,下所恃者民。近者天文示变,妖彗吐芒,方冬而雷,既春而雪,海潮冲突于都城,赤地几遍于畿甸,是不得乎天而天已怒矣。人死于干戈,死于饥馑,父子相弃,夫妇不相保,怨气盈腹,谤言载路,"等死"一萌,何所不至,是不得乎民而民已怨矣。内忧外患之交至,天心人心之俱失,陛下能与二三大臣安居于天下之上乎?陛下亦尝思所以致此否乎?

盖自曩者权相阳进妾妇之小忠,阴窃君人之大柄,以声色玩好内蛊陛下之心术,而废置生杀,一切惟其意之所欲为,以致纪纲陵夷,风俗颓靡,军政不修而边备废缺。凡今日之内忧外患,皆权相三十年酝成之,如养护痈疽,待时而决耳。端平号为更化,而居相位者非其人,无能改于其旧,败坏污秽,殆有甚焉。自是圣意惶惑,莫知所倚仗,方且不以彼为仇而以为德,不以彼为罪而以为功。于是天之望于陛下者孤,而变怪见矣,人之望于陛下者觖,而怨叛形矣。

陛下敬天有图,旨酒有箴,缉熙有记,使持此一念,振起倾颓,宜无难者。然闻之道路,谓警惧之意,祇见于外朝视政之顷;而好乐之私,多纵于内廷燕亵之际。名为任贤,而左右近习或得而潜间;政出于中书,而御笔特察或从而中出。左道之蛊惑,私亲之请托,蒙蔽陛下之聪明,转移陛下之心术。"

于是范去国四载矣,帝抚劳备至。

迁权吏部侍郎兼侍讲。以久旱,复言:"陛下嗣膺宝位余二十年,灾异谴告,无岁无之,至于今而益甚。陛下求所以应天者,将止于减膳彻乐、分祷群祀而已乎?抑当外此而反求诸躬乎?夫不务反躬悔过,而徒觊天怒之释,天下宁有是理?欲望陛下一洒旧习以新天下,出宫女以远声色,斥近习以防蔽欺,省浮费以给国用,薄征敛以宽民力。且储贰未立,国本尚虚,乞选宗姓之贤者育之宫中而教导之。"又言铨法之坏:"庙堂既有堂除,复时取部缺以徇人情;士大夫既陷赃滥,乃间以不经推勘而改正。凡此皆徇私忘公之害。"未几,复上疏曰:

天灾旱嘆,昔固有之。而仓廪匮竭,月支不继,升粟一千,其增未已,富户沦落,十室九空,此又昔之所无也。甚而阖门饥死,相率投江,里巷聚首之议执政,军伍讠华语所不忍闻,此何等气象,而见于京城众大之区。浙西稻米所聚,而赤地千里。淮民流离,襁负相属,欲归无所,奄奄待尽。使边尘不起,尚可相依苟活,万一敌骑冲突,彼必奔迸南来,或相携从敌,因为之乡导,巴蜀之覆辙可鉴也。

窃意陛下宵旰忧惧,宁处弗遑。然宫中宴赐未闻有所贬损,左右嫔嬖未闻有所放遣,貂珰近习未闻有所斥远,女冠请谒未闻有所屏绝,朝廷政事未闻有所修饬,庶府积蠹未闻有所搜革。秉国钧者惟私情之徇,主道揆者惟法守之侵,国家大政则相持而不决,司存细务则出意而辄行。命令朝更而夕变,纪纲荡废而不存,无一事之不弊,无一弊之不极。陛下盍亦震惧自省。

诏:"中外臣庶思当今急务,如河道未通,军饷若何而可运?浙右旱歉,荒政若何而可行?财计空匮,籴本若何而可足?流徙失所,遣使若何而可定?敌情叵测,边围若何而可固?各务悉力尽思,以陈持危制变之策。"

拜吏部侍郎兼中书舍人,复极言宴赐不节、修造不时、玩寇纵欲数事。兼权兵部尚书,改礼部尚书兼中书舍人。

淳祐二年,擢同签书枢密院事。范既入都堂,凡行事有得失,除授有是非,悉抗言无隐情。丞相史嵩之外示宽容,内实忌之。四年,迁同知枢密院事。以李鸣复参知政事,范不屑与鸣复共政,去之。帝遣中使召回,且敕诸城门不得出范。太学诸生亦上书留范而斥鸣复,并斥嵩之。嵩之令谏议大夫刘晋之等论范及鸣复,范遂行。会嵩之遭丧谋起复不果,于是拜范右丞相,范以逊游倡,不许,遂力疾入觐。帝亲书"开诚心,布公道。集众思,广忠益"赐之。

范上五事:"曰正治本,谓政事当常出于中书,毋使旁蹊得窃威福。曰肃宫闱,谓当严内外之限,使宫府一体。曰择人才,谓当随其所长用之而久于职,毋徒守迁转之常格。曰惜名器,谓如文臣贴职,武臣阁卫,不当为徇私市恩之地。曰节财用,谓当自人主一身始,自宫掖始,自贵近始,考封桩国用出入之数,而补塞其罅漏,求盐策楮币变更之目,而斟酌其利害。仍乞早定国本以系人心。"

时亲王近戚多求降恩泽,引前朝杜衍例,范皆封还。乞拨堂除阙归之吏部,以清中书之务,惟留书库、架阁、京教及要地干官。人皆以为不便。太学生亦上书言之,帝以示范,范奏曰:"三四十年权臣柄国,以公朝爵禄而市私恩,取吏部之阙以归堂除,太学诸生亦习于见闻,乃以近年之弊政为祖宗之成法。如以臣言为是,上下坚守,则谀者必多而谤者息矣。"未几,赴选调者无淹滞,合资格者得美阙,众始服。

帝命宰执各条当今利病与政事可行者,范上十二事:

曰公用舍,愿进退人才悉参以国人之论,则乘罅抵巇者无所投其间。曰储材能,内而朝列,则储宰执于侍从、台谏,储侍从、台谏于卿监、郎官;外而守帅,则以江面之通判为幕府、郡守之储,以江面之郡守为帅阃之储;他职皆然,如是则临时无乏才之忧。曰严荐举,宜诏中外之臣,凡荐举必明著职业、功状、事实,不许止为褒词,朝廷籍记不如所举,并罚举主,仍诏侍从、台谏不许与人觅举。曰惩赃贪,自今有以赃罪案上,即行下勘证,果有赃败,必绳以祖宗之法,无实迹而监司妄以赃罪诬人者,亦量行责罚,台谏风闻言及赃罪,亦行下勘证。曰专职任,吏部不可兼给、舍,京尹不可兼户、吏,经筵亦必专官。曰久任使,内而财赋、狱讼、铨选与其他烦剧之职,必三年而后迁,外而监司、郡守,亦必使之再任,其不能者则亟行罢斥。曰抑侥幸,布告中外,各务职业,朝廷不以弊例而过恩,宫庭不以私谒而废法;勋旧之家,邸第之戚,不以名器而轻假。曰重阃寄。曰选军实。曰招土豪。曰宜仿祖宗方田之制,疏为沟洫,纵横经纬,各相灌注,以凿沟之土,积而为径,使不得并辔而驰,结阵而前,如曹玮守陕西之制,则戎马之来,所至皆有阻限,而沟之内又可以耕屯,胜于陆地多矣。曰治边、理财,实为当今急务,有明于治边、善于理财者,搜访以闻。

时孟珙权重兵久居上流,朝廷素疑其难制,至是以书来贺。范复之曰:"古人谓将相调和则士豫附,自此但相与同心徇国。若以术相笼架,非范所屑为也。"珙大感服。未几,大元军大入五河,绝中流,置营栅,且以重兵缀合肥,令不得相援,为必取寿春之计。范命惟扬、鄂渚二帅各调兵东西来应,卒以捷闻。范计功行赏,莫不曲当,军士皆悦。

未几,卒,赠少傅,谥清献。其所著述,有古律诗歌词五卷,杂文六卷,奏稿十卷,外制三卷,《进故事》五卷,《经筵讲义》三卷。

杨简,字敬仲,慈溪人。乾道五年举进士,授富阳主簿。会陆九渊道至富阳,问答有所契,遂定师弟子之礼。富阳民多服贾而不知学,简兴学养士,文风益振。

为绍兴府司理,奸狱必亲临,端默以听,使自吐露。越陪都,台府鼎立,简中平无颇,惟理之从。一府史触怒帅,令鞫之,简白无罪,命鞫平日,简曰:"吏过诬能免,今日实无罪,必摘往事置之法,某不敢奉命。"帅大怒,简取告身纳之,争愈力。常平使者朱熹荐之。先是,丞相史浩亦以简荐,差浙西抚干,白尹张构,宜因凶岁戒不虞。乃令简督三将兵,接以恩信,出诸葛亮正兵法肄习之,军政大修,众大和悦。

改知嵊县。丁外艰,服除,知乐平县,兴学训士,诸生闻其言有泣下者。杨、石二少年为民害,简置狱中,谕以祸福,咸感悟,愿自赎。由是邑人以讼为耻,夜无盗警,路不拾遗。绍熙五年,召为国子博士。二少年大帅县民随出境外,呼曰"杨父"。会斥丞相赵汝愚,祭酒李祥抗章辨之,简上书言:"昨者危急,军民将溃乱,社稷将倾危,陛下所亲见。汝愚冒万死易危为安,人情妥定,汝愚之忠,陛下所心知,不必深辨。臣为祭酒属,日以义训诸生,若见利忘义,畏害忘义,臣耻之。"未几,亦遭斥,主管崇道观。再任,转朝奉郎。嘉泰四年,赐绯衣银鱼,朝散郎,权发遣全州,以言罢,主管仙都观。

嘉定元年,宁宗更化,授秘书郎,转朝请郎,迁秘书省著作佐郎兼权兵部郎官。转对,极言经国之要,弭灾厉、消祸变之道,北境传诵,为之涕泣。诏以旱蝗求直言,简上封事,言旱蝗根本,近在人心。兼考功郎官,兼礼部郎官,授著作郎、将作少监。入对,答问往复,漏过八刻,上目送久之。兼国史院编修官兼实录院检讨官,以面对所

陈未行,求外补,知温州。移文首罢妓籍,尊敬贤士。私醢五百为群过境内,分司干官檄永嘉尉及水砦兵捕之。巡尉不白郡,简惊曰:"是可轻动乎?万一召乱,贻朝廷忧。兵之节制在郡将,违节制是不严天子命,违节制应斩。"建旗立巡尉庭下,召剑军两行夹立,郡官盛服立西序,数其罪,命斩之,郡官交进为致悔罪意,良久得释,奏罢分司,其纪律如此。寓官置民田负其直,简追其隶责之而偿所负。势家第宅障官河,即日撤之,城中欢踊,名杨公河。

帝遣使至郡讥察,使于简为先世契,出郊迎,不敢当,从间道走州入客位。简闻之不敢入,往来传送数四,乃驱车反。将降车,使者趋出立戟门外,简亦趋出立使者外,顿首言曰:"天使也,某不敢不肃。"使者曰:"契家子,礼有常尊。"简曰:"某守臣,使者衔天子命,辱临敝邑,天使也,某不敢不肃。"遂从西翼偕进,礼北面东上,简行则常西,步则后,及阶,莫敢升,已乃同升自西阶,足踧踖莫敢就主席,使者曰:"邦君之庭也,礼有常尊。"简曰:"《春秋》,王人虽微,例书大国之上,尊天子也。况今天使乎?"持之益坚,使者辞益力,如是数刻,使者知不可变,乃曰:"某不敏,敢不敬承执事尊天子之义。"即揖而出。既就馆,简乃以宾礼见。仪典旷绝,邦人创见之,莫不瞿然竦观,屏息立。

简在郡廉俭自将,奉养菲薄,常曰:"吾敢以赤子膏血自肥乎!"闾巷雍睦无忿争声,民爱之如父母,咸画象事之。迁驾部员外郎,老稚扶拥缘道,倾城哭送。入对,言:"尽扫喜顺恶逆之私情,善政尽举,弊政尽除,民怨自销,祸乱不作。"改工部员外郎,转对,又以择贤久任为言。迁军器监兼工部郎官,转朝奉大夫,又迁将作监兼国史院编修官兼实录院检讨官,转朝散大夫。

金人大饥,来归者日以数千、万计。边吏临淮水射之。简戚然曰:"得土地易,得人心难。薄海内外,皆吾赤子,中土故民,出涂炭,投慈父母,顾靳斗升粟而迎杀之,蕲脱死乃速得死,岂相上帝绥四方之道哉?"即日上奏,哀痛言之,不报。会有疾,请去益力,乃以直宝谟阁主管玉局观。升直宝文阁主管明道宫、秘阁修撰主管千秋鸿禧观。特授朝请大夫、右文殿修撰主管鸿庆宫,赐紫衣金鱼。进宝谟阁待制、提举鸿庆宫,赐金带。

理宗即位,进宝谟阁直学士,赐金带。宝庆元年,转朝议大夫、慈溪县男,寻授华文阁直学士、提举佑神观,奉朝请。诏入见,简屡辞。授敷文阁直学士,累加中大夫,仍提举鸿庆宫,寻以宝谟阁学士、太中大夫致仕,卒,赠正奉大夫。

简所著有《甲稿》、《乙稿》、《冠记》、《昏记》、《丧礼家记》、《家祭记》、《释菜礼记》、《石鱼家记》,又有《己易》、《启蔽》等书,其论治务最急者五,其次八。一曰谨择左右大臣、近臣、小臣;二曰择贤以久任中外之官;三曰罢科举而行乡举里选;四曰罢设法道淫;五曰治伍法,修诸葛武侯之正兵,以备不虞。其次急者有八:一曰募兵屯田,以省养兵之费;二曰限民田,以渐复井田;三曰罢妓籍,从良;四曰渐罢和买、折帛暨诸无名之赋及榷酤、

而禁群饮；五曰择贤士教之大学，教成，使分掌诸州之学，又使各择井里之士聚而教之，教成，使各分掌其邑里之学；六曰取《周礼》及古书，会议熟讲其可行于今者行之；七曰禁淫乐；八曰修书以削邪说。此简之志也。后咸淳间，制置使刘黻即其居作慈湖书院。门人钱时。

时字子是，淳安人。幼奇伟不群，读书不为世儒之习。以《易》冠漕司，既而绝意科举，究明理学。江东提刑袁甫作象山书院，招主讲席，学者兴起，政事多所裨益。郡守及新安、绍兴守皆厚礼延请，开讲郡庠。其学大抵发明人心，论议宏伟，指摘痛决，闻者皆有得焉。丞相乔行简知其贤，特荐之朝，且曰："时夙负才识，尤通世务，田里之休戚利病，当世之是非得失，莫不详究而熟知之，不但通诗书、守陈言而已。"

授秘阁校勘。诏守臣以时所著书来上。未几，出佐浙东仓幕，太史李心传奏召史馆检阅。转对，敷陈剀切，皆圣贤之精微。旋以国史宏纲未毕求去，授江东帅属，归。其书有《周易释传》、《尚书演义》、《学诗管见》、《春秋大旨》、《四书管见》、《两汉笔记》、《蜀阜集》、《冠昏记》、《百行冠冕集》。宝祐间，守季镛祠于学。

张虑，字子宓，慈溪人。庆元二年进士。故事，潜邸进士升名，虑不以自陈。授州教授。为浙东帅属。帅督新昌旧逋，虑手书谏曰："越人之瘠，宜咻噢抚摩之。今夏税当宽为之期，使田里久饥之眊，少还已耗之气血，尚可理旧逋耶？"力辞不行。

主管户部架阁文字，改太学正。时新进者多逞小才、害大体，转对言："立国有大经，人主当以静制天下之动。今日之治，或有邻于锲薄，而咈人心、伤国体者，宜有以革之，使祖宗之意常如一日可也。"帝嘉纳焉。

迁太常博士，又迁国子博士。时金垂亡，因论自治之道，谓："天下之治，必有根本。城郭所以御敌也，使沟壑有转徙之民，则何敌之能御？储峙所以备患也，使枵腹盼盼不得食，则何患之能备？今日之吏，能知守边之务者多，而能明立国之意者少。缮城郭，聚米粟，恃此而不恤乎民，则其策下矣。"

时以旱求言，即上疏曰："上天之心即我祖宗之心，数年以来，盖有为祖宗所不敢为者。凡祖宗之时，几举而不遂，已行而复寝，始以人言而从，终以国体而回者，今皆处之以不疑矣。凡祖宗长虑却顾，所以销恶运、遏乱原、兢兢相与守者，皆变于目前利便快意之谋矣。议者惟知衰靡之俗不可不振起也，圮坏之风不可不整刷也，抑不知振起整刷之术，最难施于衰靡圮坏之后。何者？元气已伤而不可再扰，人心方苏而不可骇动也。且造楮初欲便民，朝廷既以一切之政畀其听，有一定之价迫之从，郡县之间，遂骚然矣。监司、郡守老成迟钝者悉屏而不用，而取夫新进喜功名者为之，见事则风生，临事则痛决，事未果集而根本已朘，国未有益而民生已困矣。凡此皆有累于祖宗仁厚之德，此旱势之所以弥甚也。"

迁国子监丞。转对，愿力主正论，勿使迎合之人得以投吾机。迁秘书郎，预编《宁宗会要》兼吴、益王府教授，改兼庄文府。讲《毛诗》终篇，乞以所读诸子改读《尚书》，帝曰："吾固以《诗》、《书》成麟趾之美也。"

迁著作佐郎兼权都官郎官。转对言："边事有二病，戒敕千条，犹患悖缪，指意明白，犹复背违，安有不示其所向而谓可责其成。且言战则当知彼，言和则当请于彼，惟守则自求诸己而已。傥以为可，则当力主其说，明告天下，日讲求其所以守之之策，盖议论贵合一，而今则病乎杂也。用人不可以尝试，任人不可以自疑。朝廷惟虑独任之难胜，彼此互分，不相扶持，人得抗衡，莫有禀属，制置但存虚器，便宜反出多门。盖体贵合一，而今则病乎分也。"

迁秘书丞，改著作郎。以疾乞外，出知南康。至郡，剖决滞讼，众皆悦服。前守陈宓以钱七千缗置济民库为筑城费，虑至，曰："不必取赢于民，吾捐万缗为倡，继是傥不已，何患事之难成。"转运使以钱万二千缗置平籴于郡，虑复出钱万二千缗以增益之，民赖其利。将增建禁旅，营地属民者，索质剂视元直偿之。徙知处州，移知温州，力辞，遂直秘阁、主管千秋鸿禧观。参议制置使富中，使者尚威力，僾谏自用，虑守正不阿，每济以宽大。又上书论海防利便。主管玉局观。

端平初，召为国子司业兼侍讲，以《礼记·月令》进读，至"狱讼必端平"之语，因敷畅厥旨。八陵来复，将议修奉，而论者未能协一，虑议曰："当乘此时遣官肃清威仪，申祇奉故事，如或为其所给，功未即就，亦足以感动天下忠臣义士之心。"力辞劝讲之职，升国子祭酒。以为《月令》之书虽出于吕不韦，然人主后天而奉天时，此书不为无助"。乃因已讲者为十二卷，乞按月而观之。兼权工部侍郎兼国子祭酒，命下而卒，诏赠四官。

吕午，字伯可，歙县人。嘉定四年进士，授乌程主簿，郡守致之幕下，事一决于午。守张忠恕，丞相浚之孙，荐午犹力，时忠恕之母就养，而时时躬至簿迎午二亲入郡，与午皆衣彩衣奉觞上寿，邦人荣之。

调当塗县丞。守吴柔胜谓午有操守，俾其子渊、潜定交焉。会司理摄芜湖县，庐州遣两兵会公事，司理遂以庐兵夺县民为言。柔胜怒，悉置狱，属午问之。午谓"庐州有公楱，不可谓夺民"。柔胜愈怒，再以属午。明日，午入谒，柔胜先令左右问若何，午执前说。柔胜益加怒，谓"我不忍庐兵夺吾百姓"。不出迎午，午坐客位不退，不食。柔胜勉为出，怒不息，欲黥二兵。午徐曰："庐州初无公楱则可，有则县不为处置而反罪庐兵，恐不可。"久之，卒从午请，由是柔胜益知午。

陈贵谊守太平，属午安集淮南流民。江东提举徐侨知午在郡，惊喜，辟为幕属。午欲尽决遣郡事而后行，帖趣行至十八而不以白贵谊，侨贻书贵谊，午始行。既而侨行部，以田事迕丞相史弥远，以言罢。午还当塗。监温州天富北监盐场，改知余杭县，亦以言罢，公论大不平，然午自此名益重。浙东提举章良朋留之幕，旋兼沿海制置司事。海寇未平，良朋问策安在。午廉知调军出海，粮尽而还，军获寇物，官尽拘收，乃与制置司干官施一飞议，粮尽再给，不许擅还，贼舟所有，悉以给军，海道遂清。

差知龙阳县。豪民陶守忠杀人，正其狱诛之。弥远虽非贤相，犹置人才簿，书贤士大夫以待用，而午治县之政亦书之。差两浙转运司主管文字，弥远病久不见客，午入谒，特出迎。运使罢，故不用人，以午护印半年。或问弥远，何以不注官？弥远曰："尔谓护印官不能耶？"午闻之力辞。

差监三省枢密院门兼监提辖封桩上库。丁父忧，免丧，迁大府寺簿。拜监察御史，帝亲擢也。郑清之丧师，至是丁韪死于成都，史嵩之、孟珙在京湖，嵩之寻升督府。陈韡、杜杲在淮西，王鉴在黄州，计用兵十七万人，围始解。独赵葵在淮东不受兵，而坐视不出兵应援。午疏论："边阃角立，当协心释嫌，而乃幸灾乐祸，无同舟共济之心。"葵以为午党京湖制司，而嵩之亦憾午，乃迁宗正少卿兼国史院编修官、实录院检讨官。出知泉州。初，左丞相李宗勉深以葵之言为疑，会来自淮东者，乃言台官皆以葵交书，独吕御史无之，宗勉始以午为贤，语人曰："吕伯可独立无党者。"嵩之得弥远人才簿，心知敬午而内怨所论边事。及午移浙东提刑，嵩之令邓咏嗾董复亨论罢，中外不直嵩之。

提举崇禧观，再移浙东提刑。复为监察御史，入见，帝曰："卿向来议论甚明切。"兼崇政殿说书。嵩之雅不欲午在经筵，时殿中侍御史项容孙子娶午从子，嵩之俾容孙上疏避午，欲撼之去，而于法无避。嵩之乃与言路密谋，以为午尝劾王瓒姻家史洽，遂以瓒为右正言，午即治装去。上手诏趣留之，午力辞，不允，由是再留，而议论愈不合。

迁起居郎兼史院官，官至中奉大夫，间居一纪卒，年七十有七，累赠至华文阁学士、通奉大夫。子沆。

沆字叔朝，以恩补将仕郎。端平三年，铨试第一，授黄岩县主簿，监京中岳庙者二，总领湖广、江西、京西财赋所准备差遣。改知於潜县，重囚逸，闻沆至，自归。淮西总领辟充主管文字。

通判婺州，朱君章讼争田四十有二年，吴王府争墓二十有九年，沆皆决之。特差充提领两浙转运盐事使司主管文字，又差充行在点检赡军激赏酒库，历四辖、六院之文思官告，书拟尚左右郎官事。

贾似道议行公田，彗星见，沆请罢公田还民。及理宗崩，似道矫诏废十七界会子，行关子，沆力言非便。似道大怒，调将作监簿，急令言者论寝。久之，与云台观，起知兴国军，未赴，论仍云台观。起知全州，未赴，与仙都观。德祐元年，三学伏阙上书讼沆屈，召赴行在，沆不复出，卒，年八十有一。

论曰：杜范在下僚，已有公辅之望，及入相未久而没。杨简之学，非世儒所能及，施诸有政，使人百世而不能忘。然虽享高年，不究于用，岂不重可惜哉。张虙子谅易直，吕午风采凛然，皆有裨于世道者矣。

卷四百八　列传第一百六十七

吴昌裔　汪纲　陈宓　王霆

吴昌裔，字季永，中江人。蚤孤，与兄泳痛自植立，不肯逐时好，得程颐、张载、朱熹诸书，辄研绎不倦。嘉定七年举进士，闻汉阳守黄榦得熹之学，往从之。

调闽中尉。利路转运使曹彦约闻其贤，俾司掌场。时岁饥，议籴上流，昌裔请发本仓所储数万而徐籴以偿，从之。调眉州教授。眉士故尚苏轼学，昌裔取诸经为之讲说，祠周惇颐及颢、颐、载、熹，揭《白鹿洞学规》，仿潭州释奠仪，簿正祭器，士习丕变。制置使崔与之荐之，改知华阳县。修学宫，来四方士，斥羡钱二十万缗，买良田备旱。通判眉州，著《苦言》十篇，虑蜀甚悉。摄郡事，御军有纪律。寻权汉州，故事上提官，奉馈皆如真，昌裔命削其半。核兵籍，兴社仓，郡政毕举。兴元帅赵彦呐议东纳武仙，西结秦、巩，人莫敢言，昌裔独奋笔力辨其非。未几，武仙败，二州之民果叛。

端平元年，入为军器监簿，改将作监簿。改太常少卿。徐侨于人少许可，独贤之。兼皇后宅教授，昌裔以祖宗旧典无以职事官充者，力辞，改吴、益王府教授。转对，首陈六事，其目曰："天理未纯，天德未健，天命未敕，天工未亮，天职未治，天讨未公。"凡君臣之纲，兄弟之伦，举世以为大戒而不敢言者，皆痛陈之。至于边臣玩令，陟罚无章，尤拳拳焉。拜监察御史，弹劾无所避，且曰："今之朝纲果无所挠乎？言及亲故则为之留中，言及私昵则为之讫了，事有窒碍则节帖付出，情有嫌疑则调停寝行。今日迁一人，曰存近臣之体，明日迁一人，曰为远臣之劝。屈风宪之精采，徇人情之去留，士气销鑠，下情壅滞，非所以纠正官邪，助国脉也。"

台臣故事，季诣狱点检。时有争常州田万四千亩，平江亦数百亩，株逮百余人，视其牍，乃赵善湘之子汝楑、汝梓也，州县不敢决，昌裔连疏劾罢之。冬淙雷，春大雨雪，昌裔居斋宫秉烛草疏，凡上躬缺失，宫庭嬖私，庙堂除授，皆以为言。又言："将帅方命，女宠私谒，旧党之用，边疆之祸，皆此阴类。"且曰："今大昕坐朝，间有时不视事之文；私第谒假，或有时不入堂之报。上有耽乐怙逸之渐，下无协恭而衷之风。内则嬖御怀私，为君心之蠹；外则子弟寡谨，为朝政之累。游言嘈沓，宠赂章闻，欲《箫》、《勺》大和，得乎？"

又念蜀事贴危，条四事以进：实规橅，审功赏，访军实，储帅才。时有果、阆州守臣逃遁而进职，有知遂宁李炜父子足迹不至边庭而受赏，偾军之赵楷、弃城之朱扬祖皆不加罚；又帅臣赵彦呐年老智衰，其子淫刑黩货，士卒不用命，安癸仲耻遭抨弹，经营复用，欲起谪籍以代帅垣，昌裔皆抗疏弹击。

又历言三边之事曰："今朝廷之上，百辟晏然，言论多于施行,浮文妨于实务。后族王宫之冗费,列曹坐局之常程,群工闲慢之差除,诸道非泛之申请,以至土木经营,时节宴游,神霄祈禳,大礼锡赉,藻饰治具,无异平时。至于治兵足食之方,脩车备马之事,乃缺略不讲。"且援靖康之敝,痛哭言之。

出为大理少卿,屡疏引去,不许。会杜范再入台,击参政李鸣复,谓昌裔与范善,必相为谋家,数逸之,以权工部侍郎出参赞四川宣抚司军事。人曰:"此李纲救太原也。太原不可救,特以纲主战,故出之耳。"昌裔曰:"君命也,不可不亟行。"慷慨襆被出关,忽得疾,中道病甚,帝闻之,授秘阁修撰,改嘉兴府。昌裔曰:"吾以疾不能归救父母,上负圣恩,下负此心,若舍远就近,舍危就安,人其谓我何?"辞至四五,而言者以避事论矣。

改赣州,辞,以右文殿修撰主管鸿庆宫。迁浙东提刑,辞,改知婺州。婺告旱,民日夜望之,乃不忍终辞,减驺从供帐,遣僚佐召邑令周行阡陌,蠲粟八万一千石、钱二十五万缗有奇。加集英殿修撰,卒,以宝章阁待制致仕。

昌裔刚正庄重,遇事敢言,典章多所闲习。尝辑至和、绍兴诸臣奏议本末。名《储鉴》。又会粹周、汉以至宋蜀道得失,兴师取财之所,名《蜀鉴》。有奏议、《四书讲义》、《乡约口义》、《诸老记闻》、《容台议礼》,文集行于世。

初,昌裔与徐清叟、杜范一日并入台,皆天下正士,四方想闻风采,人至和《三谏诗》以侈之。然才七阅月以迁,故莫不惋惜云。后谥忠肃。

汪纲,字仲举,黟县人,签书枢密院勃之曾孙也。以祖任入官,淳熙十四年中铨试,调镇江府司户参军。

马大同镇京口,强毅自任,纲言论独不诡随。议者欲以两淮铁钱交子行于沿江,廷议令大同倡率之,纲贻书曰:"边面行铁钱,虑铜宝泄于外耳。私铸盛行,故钱轻而物重。今若场务出纳不以铁钱取息,坚守四色请买旧制,冶铸定额不求余羡,重禁以戢私铸,支散边戍与在军中半之无异,不以铁钱准折,则淮民将自便之,何至以敝内郡邪?"大同始悟。试湖南转运司,又中,纲笑曰:"此岂足以用世泽物耶?"乃刻意问学,博通古今,精究义理,覃思本原。

调桂阳军平阳县令,县连溪峒,蛮蜒与居,纲一遇之以恩信。科罚之害既三十年,纲下车,首白诸台,罢之。桂阳岁贡银二万九千余两,而平阳当其三分之二。纲谓向者银矿坌发价轻,故可勉以应,今地宝已竭,市于他郡,其价倍蓰,愿力请裁蠲损之。岁饥,旁邑有曹伍者,群聚恶少入境,强贷发廪,众至千余,挟米头、牛桥二砦兵为援,地盘踞万山间,前后令未尝一涉其境,不虞纲之至也,相率出迎。纲已夙具酒食,令之曰:"汝何敢乱,顺者得食,乱者就诛。"夜宿砦中,呼砦官诘责不能防守状,皆皇恐伏地请死,杖其首恶者八人,发粟振恩,民赖以安。

改知金坛县,亲嫌,更弋阳县。父义和为侍御史主管佑神观。寻丁父丧,服除,知兰溪县,决摘如神。岁旱,郡倚办劝分,纲谓劝分所以助义仓,一切行之,非所谓安富恤贫也,愿假常平钱为粜本,使得循环迭济。又躬劝富

民浚筑塘堰,大兴水利,饿者得食其力,全活甚众。郡守张抑及部使者列纲为一道荒政之冠。以言去,邑人相率投匦直其事,纲力止之。

继知太平县,主管两浙转运司文字,未赴,罹内艰,擢监行在左藏西库。属金人杀其主允济自立,遣使来告袭位,议者即欲遣币,纲言:'使名不逊,当止之境上,姑命左帑视例计办,或且留京口总司,令盱眙谕之曰:'纪年名节,皆犯先朝避忌,岁币乃尔前主所增,今既易代,当复隆兴、大定之旧。'俟此议定,而后正旦、生辰之使可遣。迟以岁月,吾择边将葺城堡,简卒实,储峙糗粮,使沿边屹然有不可犯之势,听其自相攻击,然后以全力制其后。"庙堂韪之。

提辖东西库,又干办诸司审计司。以选知高邮军,陛辞,言:"扬、楚二州当各屯二万人,壮其声势,而以高邮为家计砦。高邮三面阻水,湖泽奥阻,戎马所不能骋,独西南一路直距天长,无险可守,乃去城六十里随地经画,或浚沟堑,或备设伏,以扼其冲。"又虑湖可以入淮,招水卒五千人造百艘列三砦以戒非常。兴化民田滨海,昔范仲淹筑堰以障舄卤,守毛泽民置石磙函管以疏运河水势,岁久皆坏,纲乃增修之。部使者闻于朝,增一秩,提举淮东常平。淮米越江有禁,纲念"淮民有警则室庐莫保,岁凶则转徙无归,丰年可以少苏,重以苛禁,自分畛域,岂为民父母意哉!请下金陵籴三十万以通淮西之运,京口籴五十万以通淮东之运。"又言:"两淮之积不可多,昇、润之积不可少。平江积米数百万,陈陈相因,久而红腐,宜视其收贮近久,取饷辇下百司、诸军。江上岁馈当至京者,贮之京口、金陵转漕。两淮、中都诸仓,亦当广籴以补其数。"

制置使访纲备御孰宜先,纲言:"淮地自昔号财赋渊薮,西有铁冶,东富鱼稻,足以自给。淮右多山,淮左多水,足以自固。诚能合两淮为一家,兵财通融,声势合一,虽不假江、浙之力可也。祖宗盛时,边郡所储足支十年;庆历间,中山一镇尚百八十万石。今宜上法先朝,令商旅入粟近塞,而算请钱货于京师。入粟拜爵,守之以信,则输者必多,边储不患不丰。州郡禁兵本非供役,乃就粮外郡耳,今不为战斗用,乃使之共力役,缓急戍守,专倚大军,指日待更,不安风土,岂若土兵生长边地,坟墓室家,人自为守邪?当精择优壮,广其尺籍,悉隶御前军额,分蘖券给以助州郡衣粮之供,大率如山阳武锋军制,则边面不必抽江上之戍,江上不必出禁闱之师。生券更番,劳费俱息。"

时有献言制司广买荒田开垦,以为营田,纲以为"荒瘠之地不难办,而工力、水利非久不可,弃产欺官,良田终不可得,耗费公帑,开垦难就。曷若劝民尽耕闲田,圳浍埋塞则官为之助,变瘠为沃,使民有余蓄。晁错入粟之议,本朝便籴之法,在其中矣。"制司知其无益,乃止。

淮东煮盐之利,本居天下半,岁久敝滋,盐本日侵,帑储空竭,负两总司五十余万,亭户二十八万,借拨于朝廷五十万,又会饷所复盐钞,旧制弗许商人预供贴钞钱,盐司坐是窘不能支。纲抉摘隐伏,凡虚额无实,诡为出内,飞

走移易，事制曲防，课乃更羡。既尽偿所负，又赢金三十万缗，为桩办库，以备盐本之阙。添置新灶五十所，诸场悉视乾道旧额三百九十万石，通一千三百万缗，课官吏之殿最。纲约已率下，辞台郡之互馈，独增场官奉以养其廉。

擢户部员外郎、总领淮东军马财赋。时边面多生券，山东归附月饷钱粮，以缗计增三十有三万，米以石计增六万，真、楚诸州又新招万弩手，皆仰给总所，而浙西盐利积负至七十余万缗，诸州漕运不以时至。纲核名实，警稽慢，区画处分，饷事赖以不乏。

移疾乞闲，得直秘阁、知婺州，改提点浙东刑狱，皆屡辞不得请。虑囚，至婺，有奴挟刃欲戕其主，不遇而杀其子，瞒谰妄牵连，径出斩之。释衢囚之冤者。台盗钟百一非共盗，尉觊赏，躏申制司，纲谓："治盗虽尚严，岂得锻炼傅会以成其罪邪？"于是得减死。祷雨龙瑞宫，有物蜿蜒朱色，盘旋坛上者三日。纲曰："吾欲雨而已，毋为异以惑众。"言未竟，雷雨大至，岁以大熟。

进直焕章阁、知绍兴府、主管浙东安抚司公事兼提点刑狱。访民瘼，罢行尤切。萧山有古运河，西通钱塘，东达台、明，沙涨三十余里，舟行则胶。乃开浚八千余丈，复创闸江口，使泥淤弗得入，河水不得泄，于涂则甃以达城闉。十里创一庐。名曰"施水"，主以道流。于是舟车水陆，不问昼夜暑寒，意行利涉，欢欣忘勚。属邑诸县濒海，而诸暨十六乡濒湖，荡泺灌溉之利甚博，势家巨室率私植埂岸，围以成田，湖流既束，水不得去，雨稍多则溢入邑居，田间浸荡。濒海藉塘为固，堤岸易圮，咸卤害稼，岁损动数十万亩，蠲租亦万计。以纲言，诏提举常平司发田园，奇援巧请，一切峻却，而湖田始复；郡备缗钱三万专备修筑，而海田始固。纲谓："是邦控临海道，密拱都畿，而军籍单弱。"乃招水军，刺叉手，教习甚专，不令他役。创营千余间，宽整坚密，增置甲兵，威声赫然。兼权司农卿，寻直龙图阁，因任。

理宗即位，诏为右文殿修撰，加集英殿修撰，复因任，又加宝谟阁待制。宝庆三年大水，纲发粟三万八千余，缗钱五万振之，蠲租六万余石，捐瘠顿苏，无异常岁。越有经总制窠名四十一万，其中二十五，则绍兴以来虚额也，前后帅惧负殿，以修奉攒宫之资伪增焉。纲谓："负殿之责小，罔上之罪大。"据其实以闻。诏免九万五千缗，而宿敝因是著明矣。

绍定元年，召赴行在，纲入见，言："臣下先利之心过于徇义，为身之计过于谋国，媮惰退缩，奔竞贪黩，相与为欺，宜有以转移之。"帝曰："闻卿治行甚美，越中民力如何？"对曰："去岁水潦，诸暨为甚，今岁幸中熟，十年之间，千里晏安，皆朝廷威德所及，臣何力之有。"权户部侍郎。越数月，上章致仕，特畀二秩，守户部侍郎，仍赐金带。卒，越人闻之多堕泪，有相率哭于寺观者。

纲学有本原，多闻博记，兵农、医卜、阴阳、律历诸书，靡不研究；机神明锐，遇事立决。在越佩四印，文书山积，而能操约御详，治事不过二十刻，公庭如水。卑官下吏，一言中理，慨然从之。为文尤长于论事，援据古今，辨博雄劲。服用不喜奢丽，供帐车乘，虽敝不更。所著有《恕斋集》、《左帑志》、《漫存录》。

陈宓，字师复，丞相俊卿之子。少尝及登朱熹之门，熹器异之。长从黄榦游。以父任历泉州南安盐税，主管南外睦宗院、再主管西外，知安溪县。

嘉定七年，入监进奏院。时无敢慷慨尽言者，宓上封事言："宫中宴饮或至无节，非时赐予为数浩穰，一人蔬食而嫔御不废于击鲜，边事方殷而桩积反资于妄用，此宫闱仪刑有未正也。大臣所用非亲即故，执政择易制之人，台谏用慎默之士，都司枢掾，无非亲昵，贪吏靡不得志，廉士动招怨尤，此朝廷权柄有所分也。钞盐变易，楮币秤提，安边所创立，固执己见，动失人心，败军之将躐跻殿岩，庸鄙之夫久尹京兆，宿将有守成之功，以小过而贬，三牙无汗马之劳，托公勤而擢，此政令刑赏多所舛逆也。若能交饬内外，一正纪纲，天且不雨，臣请伏面谩之罪。"奏入，丞相史弥远不乐，而中宫庆寿，三牙献遗，至是为之罢却。寻迁军器监簿。九年，转对言：

人主之德贵乎明，大臣之心贵乎公，台谏之言贵乎直。陛下临政虽勤而治功未举，奉身虽俭而财用未丰，爱民虽仁而实惠未遍。良由上下相蒙，务于欺蔽。匦奏囊封，有怀毕吐，陛下付近臣差择，是有意于行其言也。而有司惟取专攻上躬与移忤牧守之章，腾播中外，以答观听。今赤地千里，蝗飞蔽天，如此其可畏，犹或讳晦以旱不为灾，蝗不害稼，其他诬罔，抑又可知。臣故曰人主之德贵乎明。

大臣施设，浸异厥初。凡建议求言之人，则以他事逐，谏官言事稍直，则以他职徙。忠愤者指为不靖，切直者目曰沽名，众怨所萃则相继超升，物论所归则以次疏外。某人之迁，是尝重人罪以快同列之私忿者；某人之擢，是尝援古事以文迹日之天变者。直节重望以私嫌而久弃，老奸宿憝以巧请而牵复。使大臣果能杜幸门、塞邪径，则举错当而人心服。臣故曰大臣之心贵乎公。

台谏平居未尝立异，遇事不敢尽言。有如金人再通，最关国体，近而侍从，下至生徒，莫不力争，冀裨庙算，独于言责，不出一辞。辇毂之下，乾没巨万，莫之谁何；州县之间，罪仅毫发，摭以塞责。大臣所欲为之事则遂之，所不右之人则排之。仁宗时，有宰相奉行台谏风旨之讥，今乃有台谏不敢违中书之消，岂祖宗设官之初意哉？臣故曰台谏之言贵乎直。

三者机括所系，愿陛下幡然悔悟，昭明德以照临百官。大臣、台谏，亦宜公心直节，以副望治之意。指陈敝事，视前疏尤剀切焉。

宓遂请罢，归。在告日，擢太府丞，不拜，出知南康军。诣史弥远别，弥远曰："子言甚切当，第愚昧不能行，殊有愧耳。"至官，岁大侵，奏蠲其赋十之九。会流民群集，宓就役之，筑江堤，而给其食。时造白鹿洞，与诸生讨论。改知南剑州。时大旱疫，蠲通赋十数万，且弛新输三之一，躬率僚吏持钱粟药饵户给之。创延平书院，悉仿白鹿洞之规。

知漳州，未行，闻宁宗崩，呜咽累日。亡何，请致仕。宝庆二年，提点广东刑狱，章复三上，迄不就。直秘阁，主管崇禧观，宓拜祠命而辞职名。卒，进职一等致仕。三学诸生以起宓为请，而没已阅月矣。

　　初，宓之在朝也，寺丞丁焴往使金，宓叹曰："世仇未复，何以好为？"饯诗有"百年中国岂无人"之句。后数年，闻关外不靖，以书抵焴曰："蜀口去关外虽远，实如一身。近事可寒心，皆士大夫之罪，岂非贿道不绝之故耶？"焴服其言。

　　宓天性刚毅，信道尤笃，尝为《朱墨铭》，谓朱属阳，墨属阴，以验理欲分寸之多寡。自言居官必如颜真卿，居家必如陶潜，而深爱诸葛亮身死家无余财，库无余帛。庶乎能蹈其语者，端平初，殿中侍御史王遂首言："宓事先帝有论谏之直，而不及俟圣化之更，宜褒其身后，以劝天下之为臣者。"帝为感动，诏赠直龙图阁。所著书有《论语注义问答》、《春秋三传抄》、《读通鉴纲目》、《唐史赘疣》之稿数十卷，藏于家。

　　王霆，字定叟，东阳人。高大父豪，帅众诛方腊，以功补官。霆少有奇气，试有司不偶，去就武举，嘉定四年，中绝伦异等。乔行简考艺别头，喜曰："吾为朝廷得一帅才矣。"

　　授承节郎，从军于鄂，帅钟兴嗣戍边，请于枢密院，以霆为随军都钱粮官。总领綦奎委霆专一教阅总效军，寻委帅师守御黄州。沿江制置副使李墍辟置幕下，淮右兵叛，遣霆招谕之。霆于军事知无不言，谓："招募良家子，不可以夤缘关宇冒滥其间，防守江面，全藉正军，若义勇、民兵，特可为声援耳。而所谓大军，羸病者多，兵械损旧，岂不败事。调兵防江，当于江岸创屋居之，使之专心守御。诸军伍法既废，平居则无以稽其虚籍冒请之敝，无以纠其窜逸生事之人，缓急则无以稽其并力向敌之志，无以连其逃陈不进之心。此尉缭子所以著束部伍之令，太公谓伍法为要者谓此也。用兵不以人数多寡为胜负，惟教习之精否，则胜负之形可见矣。"

　　理宗即位，特差充浙西副都监、湖州驻札。时潘甫等起兵，事甫定，霆因绥抚之。镇江都统赵胜辟为计议官，时李全寇盐城，攻海陵，胜出戍扬州，属官多惮从行，霆慨然曰："此岂臣子辞难之日！"至扬子桥，人言贼兵昨日在南门，去将安之，霆竟至南门，以帅宪之命董三城事。胜次第出城接战，霆必身先士卒，大小十八战，无一不利。夺贼壕，筑土城，焚城门，贼气为慑。差知应州兼沿边都巡检使，枢密院命节制黄霄后营，弹压诸道军马。诸道兵二十万将往收复楚州，霆帅所部为掎角之助。

　　大帅荐之，召试为阁门舍人。入对言："恢复之说有二：曰规橅，曰机会。顾今日之规橅安在哉？守令所以牧民，而惠养之未加；将帅所以御军，而抚循之未至。邦财未裕，而楮券之敝浸深；军储未丰，而和籴之害徒惨。官有土地而荒芜，民因赋役以破荡，狱讼类成冤抑，铨曹率多淹留。荐举无反坐，贪徒得引类而通班；按刺不徇公，微官易以违谴而连谴。以言郡计，则纷耗于囊橐包苴；以

言战功，则多私于亲昵故旧。至如降卒中处，养虎遗患，轻敌开边，以肉喂虎。夫以规橅之切要者而不满人意如此，臣敢轻进恢复之说以误上听哉？凡臣之所陈者，诚播告中外之臣，悉惩其旧而图其新。规橅既立，然后义旗一麾，诸道并进，臣力尚壮，愿效前驱。惟陛下坚定而勉图之。"帝称其言可采。升武功大夫，出知濠州，赐金带。至州，节浮费，籴粟买马，以备不虞。寻差知安丰军，臣僚上言："王霆在濠，人甚安之，不宜轻易。"诏再任濠，职事修举，特转横班。诸使交荐之。

　　北兵至浮光，其民奔溃，相属于道，朝论以为霆可守之，乃知光州兼沿边都巡检使。冒雪夜行，倍道疾驰至州，分遣间探，整饬战守之具，大战于谢令桥，光人遂安。督府魏了翁以书来慰安之，以缗钱十万劳其军。霆以召，寻为吉州刺史，仍知光州。霆固辞，丞相郑清之、制置使史嵩之皆数以书留霆，霆不从，且曰："士大夫当以世从道，不可以道从世也。"

　　再授阁门舍人，寻为达州刺史、右屯卫大将军兼知蕲州，不赴。寻迁淮西马步军副总管兼淮西游击军副都统制。论游击军十事，不报。提举崇禧观。知高邮军，流民邦杰聚众三千人为盗，霆剿其渠魁，余党悉散。时议出师，和者甚多，霆以为："莫若遣间探觇敌情，如不得已然后行之；否则无故自荡其根本，是外兵未至而内兵先惨烈也。"诸军毕行，惟高邮迟之，境内赖以安全。由是与时迕，而谗者益众。

　　提举云台观。执政期论边事，且谓朝廷即有齐安之命。霆曰："秋防已急，边守不宜临时更易，盍少需之。"乃授带行左领军卫大将军，充沿江制置副使司计议官，霆乃撰《沿江等边志》一编上之。制置使董槐、邓泳交荐之，差知寿昌军，改蕲州，建学舍，祠忠臣。尝叹曰："两淮藩篱也，大江门户也，三辅堂奥也。藩篱不固则门户且危，门户既危则堂奥岂能久安乎？"于是贻书丞相杜范，乞瞰江审察形势，置三新城：蕲春置于龙眼矶，安庆置于孟城，滁阳置于宜化。不报。卒。

　　初，其父析业，霆独以让其兄。处宗族有恩意，尝训其子弟曰："穷理尽性，学之本也。"有《玉溪集》行于世。

　　论曰：吴昌裔访道东南，一何勤哉！故其造深醇，见诸事功者，足以知其学无杂也。汪纲之遗爱在越，先民所谓择贤久任者，固不我欺矣。陈宓以宰相子，论谏之直，于今有光。王霆通兵家言，而谓不可以道从世，此古人谋帅贵乎"说《礼》、《乐》而敦《诗》、《书》"也。

卷四百九　　列传第一百六十八

高定子　高斯得　张忠恕　唐璘

　　高定子，字瞻叔，利州路提点刑狱兼知沔州稼之弟也。嘉泰二年举进士，授郪县主簿。吴曦畔，乞解官养

母，曦诛，摄府事宇文公绍以忠孝两全荐之，调中江县丞。父就养得疾，定子衣不解带者六旬。居丧，哀毁骨立。服除，成都府路诸司辟丹棱令，寻以同产弟魏了翁守眉，改监资州酒务。丁母忧，服除，差知夹江县。

前是，酒酤贷籴于商人，定子给钱以籴，且宽榷酤，民以为便。麻麸旧有征，定子悉弛之。会水潦洊饥，贫民竞诉无所于籴，定子曰："女毋忧，女第持钱往常所籴家以俟。"乃发县廪给诸富家，俾以时价粜，至秋而偿，须臾米溢于市。邻邑有争田十余年不决，部使者以属定子，定子察知伪为质剂，其人不伏。定子曰："嘉定改元诏三月始至县，安得有嘉定元年正月文书邪？"两造遂决。四川总领所辟主管文字，同幕有以趣办为能迫促诸郡者，定子白使者斥去之。总领所治利州，倚酒权以佐军用，吏奸盘错，定子躬自究诘，酒政遂平。后来者复欲增课，定子曰："前以吏蠹，亦革之，今又求益，是再榷也。"乃止。

制置使郑损强愎自用，误谓总领所擅十一州小会子之利，奏请废之，令下，民疑而罢市。定子力争，谓："小会子实以代钱，百姓贸易，赖是以权川引，罢则关、陇之民交病，况又隆兴间得旨为之，非擅也。"乃得存其半。损又欲增总领所盐课，取旧贷军费，定子辨其颠末，损乃释然曰："二司相关处，公每明白洞达言之，使人爽然自失。"寻差知长宁军。长宁地接夷獠，公家百需皆仰溣井盐利，来者往往因以自封殖，制置司又榷入其半。定子至，争于制置使，得蠲重赋。

差知绵州。大元兵穿凤州塞，破武休，下兴元，小校张钺以其徒溃入文州，杀守臣杨必复，将自龙趋绵，以闻成都。安抚使黄伯固闻之，亟奏定子兼参议官，措置文、龙备御。定子乃部分诸军扼青塘岭，钺就擒。已而剑南大震，定子语僚吏曰："诸君去留不敢拘，若某则守城郭封疆之臣，有死而已。"戒群胥曰："溃军流民不过欲得钱粮尔，吾将尽发吾州之藏与截诸司之纲，为朝廷捍蔽全蜀。我去，听汝等杀我；汝等逃，吾斫汝头矣。"乃下令招溃卒，人给缗钱五十、米一石，命都监陈训专任接纳。训忽奔告曰："诸军虽受招，不肯释甲，奈何？"定子乃令帐下卒衷甲于两庑以俟，戒毋轻动。俄而诸军盛陈未以至，吏士皆股栗，定子坐堂上，传令劳苦之，诸军皆拜。定子开谕以理，使还本部，以俟给犒。诸将闻之，亦来上谒，定子复慰安之。因问："汝等何为至此？"皆曰："制置使未知存亡，诸军无主。"定子曰："大帅不过暂移治尔，已遣人访所在，苟终不获，我当为汝曹主张。且诸军至此以无粮故，吾州当任供亿。"又曰："敌将复会于此，盍避之？"定子曰："我文官也，不畏死，汝将军也，世世衣食县官，乃欲避敌乎？我是守臣，死则死于此尔。有欲杀太守者，一枪足矣，军器安用多为？今诸军大集，万一敌至，能戮力出战，是汝曹立功报国之机也，不犹愈于深入内郡为罪滋大乎？"众悦而去。乃遣吏给犒如令，辟寺观祠宇以舍之。

亡几何，败将和彦威、陈邦佐、曹钅鬼、张渭、姚承祖等皆集于彰明，剽掠尤甚。彦威遣邦佐入州，大言骇众，谓定子曰："知府何不去？和太尉兼两戎司，威权甚重，麾下兵且二万余，欲来驻此，今至矣。"定子谓曰："本州素非备御之地，大将以兵入，欲何为者？第来，吾固有以相待。"邦佐色沮，乃曰："已遣幕府来议。"至则一游士尔，缪为恭敬，要索甚大。定子答曰："军将入吾境，当受吾节制，惟各守纪律，则给以钱粮。若敌至，为国一死，作忠臣孝子，愈于病五日不汗死也。"幕府莫能对，出彦威符移，有云："大府招聚散军，人给钱米若干，今所部不下二万人，愿如数给之。"定子报曰："本州已下此令，何敢食言；但所给者乃溃军就招免罪之人，都统所部非溃也，若以此例相给，其肯受乎？"彦威得檄甚惭，乃乞别给钱粮以饷军，定子即捐四十万缗与之，仍趣其还成。盖定子身任两司之责，极其劳勤，以收捕张钺功，进三官，以防遏招收溃兵功，又进一官，进直宝章阁，再任。

顷之，召入奏事，吏民追送，无不流涕；邻郡闻定子至，焚香夹道，举手加额曰："徽公，吾属涂炭久矣。"定子之未去郡也，伯兄稼以权利路提刑上印而归，了翁亦至自靖州，过定子于绵，定子为筑棣鄂堂，饮酒赋诗为乐，一时以为美谈。入对，极言时敝。时史弥远执国柄久，故有曰："陛下优礼元勋，俾得以弛繁机而养静寿，朝廷得以新百度而革因循，不亦善乎？"既对，人为定子危之，定子曰："乖逢得丧，是有命焉，吾得尽言，乃报君职分也。"越两月，乃迁刑部郎中。弥远没，言之者纷然，识者谓定子先事有言，视诸人为难。

寻以直宝谟阁、江南东路转运判官。陛辞，帝曰："淮师巡边，卿知之乎？辅车之势，漕运为急，卿是行宜斟酌缓急，以相通融。"定子因上疏论边事甚周悉，帝嘉纳焉。逾年，召入奏事。会稼死事于沔州，上疏引疾，乞归田里，不许。寻迁军器监，又迁太府少卿，升计度转运副使。有事于明堂，天大雷雨，诏求言，定子反覆论敬惧灾异之意。复召入，迁司农卿兼玉牒所检讨官。

入对，言："内治不修，外惧不谨，近亲有预政之渐，近习有弄权之渐，小人有复用之渐，国柄有陵夷之渐，士气有委靡之渐，主势有孤立之渐，宗社有阽危之渐。天变日多，地形日蹙。昔有危脉，今有危形；昔有亡理，今有亡证。"又请明诏沿流帅守将吏，思出奇乘险，求为水陆可进之策。

升兼枢密都承旨，又迁太常少卿兼国史院编修官。累言边事，迁起居舍人，寻兼中书舍人，参赞京湖、江西督视府事，定子亲往周视新城，大犒诸军，激厉守将。迁礼部侍郎，仍兼中书舍人，即军中赐金带。诏以督府事入奏，既至，帝劳问甚渥，特进一官，寻兼崇政殿说书兼直学士院。未几，改侍讲、权礼部尚书，升兼侍读。入奏，言："国无仁贤，无礼义，无政事，有类叔世。"帝竦然。寻兼直学士，修《孝宗、宁宗日历》，书成上进，擢拜翰林学士、知制诰兼吏部尚书，升兼修国史、实录院修撰，赐衣带、鞍马。乞召收李心传卒成四朝志、传。

时礼部尚书杜范、吏部侍郎李韶皆以伉直称，或乞身求去，或卧家不出。定子言："人主寄耳目者，台谏也，补耳目之所不逮者，法从之论思，百官之轮对，则上必论君德之粹驳，次必言朝政之得失。舍是而使之但言常程，姑应故事，畏缩乎雷霆之威，阿徇乎宰执之好，逊避乎耳目之官，则凡论思等事，皆不必讲矣。宜速返李韶以开不讳之门，勉起杜范以伸敢言之气。"因乞归田甚力。

进端明殿学士、签书枢密院事，寻兼权参知政事。仍旧职，知福州、福建安抚，固辞，提举洞霄宫。因请致仕，不许，改知潭州、湖南安抚大使，力辞，退居吴中，深衣大带，日以著述自娱。以资政殿学士转一官致仕，卒，赠少保。

定子作同人书院于夹江，修长兴学，创六先生祠，盖以教化为先务。所著《存著斋文集》《北门类稿》《薇垣类稿》《经说》《绍熙讲义》《奏议》《历官表奏》行世。

高斯得，字不妄，利州路提点刑狱、知沔州稼之子也。少从李坤臣学，坤臣瞽，斯得左右扶持之。中成都路转运司试，补入太学。绍定二年举进士，授利州路观察推官。越二年，辟差四川茶马干办公事。李心传以著作佐郎领史事，即成都修《国朝会要》，辟为检阅文字。端平二年九月，稼死事于沔，时大元兵屯沔，斯得日夜西向号泣。会其僮至自沔，知稼战没处，与斯得潜行至其地，遂得稼遗体，奉以归，见者感泣。服除而哀伤不已，无意仕进。心传方修四朝史，辟为史馆检阅，秩同秘阁校勘，盖创员也。斯得分修光、宁二帝《纪》。寻迁史馆校勘，又迁军器监主簿兼史馆校勘。

时丞相史嵩之柄国，斯得遇对，空臆尽言。冬雷，斯得应诏上封事，乞择才并相，由是迕嵩之意。迁太常寺主簿，仍兼史馆校勘。时斯得叔父定子以礼部尚书领史事，时人以为美谈。会太学博士刘应起入对，挂嵩之，嵩之患，使其党斥叔父兄子不可同朝，以斯得添差通判绍兴府。淳祐二年，四朝《帝纪》书成，上之。嵩之妄加毁誉于理宗、济王，改斯得所草《宁宗纪》末卷，斯得与史官杜范、王遂辨之。范报书亦有"奸人剿入邪说"之语，然书已登进矣。心传藏斯得所草，题其末曰"前史官高某撰"而已。

逾年，添差通判台州。范既入相，召为太常博士，迁秘书郎。六年正月朔，日有食，斯得应诏上封事，言："大奸嗜权，巧营夺服，陛下奋独断而罢退之，是矣。谏宪之臣，交疏其恶，或请投之荒裔，或请勒之休致。陛下苟行其言，亦足昭示意向，涣释群疑。乃一切寝而不宜，历时既久，人言不置，然后黾勉传谕，委曲诲奸，俾于袭絰之时，妄致挂冠之请，因降祠命，苟塞人言，又有奸人阴为之地。是以讹言并兴，善类解体，谓圣意之难测，而大奸之必还，莽、卓、操、懿之祸，将有不忍言者。"时监察御史江万里及它台谏累疏论嵩之罪恶，竟不施行，第因嵩之致仕，予祠而已，故斯得封事首及之。

又言："大臣贵乎以道事君，今乃献替之义少而容悦之意多，知耻之念轻而患失之心重。内降当执奏，则不待下殿而已行；滥恩当裁抑，则不从中覆而遽命。嫉正而庇邪，喜同而恶异，任术而诡道，乐谀而惮劳。陛下虚心委寄，所责者何事，而其应乃尔。"时范钟独当国，过失日章，故斯得及之。又言："便嬖侧媚之人，尤足为清明之累，腐夫巧逸而使传几摇，妖媪外通而魁邪密主，阴奸伏蛊，互煽交攻，陛下之心至是其存者几希矣。陛下之心，大化之本也。洗濯磨淬，思所以更之，乃徒立为虚言无实之名，而谓之更化，此天心之所以未当，大异之所以示儆也。"言尤切直，帝嘉纳焉。

又言："群臣庞杂，宫禁奇邪，黩货外交，岂可坐视而不之问！顾乃并包兼容之意多，别邪辨正之虑浅，忧谗避谤之心重，直前迈往之志微，遂使众邪争衡，大权旁落，养成积轻之势，以开窥觎之渐。设有不幸，变故乘之，上心一移，凶渠立至，使宗社有沦亡之忧，衣冠遭鱼肉之祸，生灵罹涂炭之厄。当是时也，能洁身以去，其能逃万世之清议乎？"于是群憸悚惧，或泣诉上前，或上章求去，合力排摈，斯得遂求补外。在告几百余日，于是差知严州，斯得三请乞祠，不许。严环山为郡，虽丰岁犹仰它州。夏旱，斯得蠲租发廪，招籴劝分，请于朝，得米万石以振济。

迁浙东提点刑狱，遂劾知处州赵善瀚、知台州郑蘧等七人倚势厉民，疏上，不报。改江西转运判官，斯得具辞免，上奏曰："臣劾奏赵善瀚等七人，未闻报可，固疑必有党或营救，惑误圣听，今奉恩除，乃知中臣所料。善瀚者，侍御史周坦之妇翁也，赃吏之魁，锢于圣世，郑清之与之有旧，复与州符。沈堲者，同签书枢密院事史宅之妻党也。祖宗以来，未有监司按吏一不施行者，坏法乱纪，未有甚此。臣身为使者，劾吏不行，反叨易官，若贪荣冒拜，则与世之顽顿无耻者何异？乞并臣镌罢，以戒奉使无状者。"章既上，坦自谓已任台谏而反见攻，遍恳同列论斯得，同列难之，计急，自上章劾罢斯得新任，未几，坦亦罢，七人竟罢去。

移湖南提点刑狱，荐通判潭州徐经孙等六人。攸县富民陈衡老，以家丁粮食资强贼，劫杀平民。斯得至，有诉其事者，首吏受赇而左右之，衡老造庭，首吏拱立。斯得发其奸，械首吏下狱，群胥失色股栗。于是研鞫具得其状，乃黥配首吏，具白朝省，追毁衡老官资，簿录其家。会诸邑水灾，衡老愿出米五万石振济以赎罪。衡老婿吴自性，与衡老馆客太学生冯炜等谋中伤斯得盗拆官椟。斯得白于朝，复正其罪，出一箧书，具得自性等交通省部吏胥情状。斯得并言于朝，下其事天府，索出赇银六万余两，黥配自性及省寺高铸等二十余人。初，自性厚赂宦者言于理宗曰："斯得以缯绫百万进，愿易近地一节。"理宗曰："高某硬汉，安得有是。"而斯得力求去，清之以书留之。又荐李晞颜等五人。

加直秘阁、湖南转运判官，改尚右郎官，未至，改礼部郎中。上疏极论时事，改权左司，力辞，内批兼侍立修注官。言水灾曰："愿陛下立罢新寺土木，速反迕旨诸臣，遏绝邪说，主张善良，谨重刑辟，爱惜士类，抑远佞臣，绝其干挠，则天意可回，和气可召矣。"会斥左司徐霖，帝虑给事中赵汝腾争逐霖事，乃徙汝腾翰林学士，汝腾闻命即去国。斯得言："汝腾一世之望，宗老之重，飘然引去，陛下遂亦弃之有如弁髦，中外惊怪，将见贤者力争不胜而去，小人踊跃增气而来。陛下改纪仅数月，初意遽变，臣深惜之。"

时上封事言得失者众，或者恶其谨讦，遂谓"空言徒乱人听,无补国事。"斯得因转对,言:"诸臣之言,上则切劘圣主,下则砥砺大臣,内则摧压奸邪,外则销遏寇虐,顾以为无补于实政乎?空言之讥,好名之说,欲一网君子而尽去之,其言易入,其祸难言,此君子去留之机,国家安危之候,不可不深留圣虑者也。"监察御史萧泰来论罢。

逾年,以直宝文阁知泉州,力辞,迁福建路计度转运副使。朝廷行自实田,斯得言:"按《史记》,秦始皇三十一年,令民自实田。主上临御适三十一年,而异日书之史册,自实之名正与秦同。"丞相谢方叔大愧,即为之罢。董槐入相,召为司农卿。程元凤入相,改秘书监。丁大全入相,监察御史沈炎论斯得以闽漕交承钱物,下郡吏天府,榜死数人。先是,吴自性之狱,高铸为首恶黥配广州,捐资免行,至是为相府监奴,嗾炎发其端。京尹顾岩傅会其狱,安吉守何梦然奉行其事,陵铄甚至,斯得不少挫,竟无所得。大全既谪,朝廷罪其委任非人,遂斩铸。斯得既拜浙西提点刑狱之命,炎、浙西人,泣于上前,乞更之,移浙东提举常平。命下,给事中章鉴缴还。斯得杜门不出,著《孝宗系年要录》。

彗星见,应诏上封事,曰:"陛下专任一相,虚心委之,果得其人,宜天心克享,灾害不生。而庚申、己未之岁,大水为灾,浙西之民死者数百千万。连年旱暵,田野萧条,物价翔跃,民命如线。今妖星突出,其变不小。若非大失人心,何以致天怒如此之烈。"封事之上也,似道匿不以闻。

度宗即位,召为秘书监,又论罢。复迁秘书监,屡辞不许,擢起居舍人兼国史院编修官、实录院检讨官兼侍讲。进读之际,每于天命去留之际,人心得失之因,前代治乱之故,祖宗基业之难,必反复陈之。兼权工部侍郎,遂兼同修国史、实录院同修撰,仍兼侍讲。进《高宗系年要录纲目》,帝善之。大元军下襄阳,斯得疏论言事,最为切要,帝嘉纳,迁工部侍郎。屡求补外,以显文阁待制、知建宁府。

度宗崩,陈宜中入相,以权兵部尚书召。斯得痛国事之阽危,疏言诛奸臣以谢天下,开言路以回天心,聚人才以济国事,旌节义以厉懦夫,竭财力以收散亡。忠愤激烈,指陈当时之事无所遗。擢翰林学士、知制诰兼侍读,进端明殿学士、签书枢密院事兼参知政事,同提举编修《敕令》及《经武要略》。大元兵下饶州,江万里赴水死,事闻,赠太傅。斯得言赠恤之典,所当度越故常,以风厉天下,遂加赠太师。又言赏通判池州赵卯发死节太薄,乃加赠待制。

台谏徐直方等四人论似道误国之罪,乞安置岭表,簿录其家。丞相留梦炎庇护似道,止令散官居住,且谓簿录扰及无辜。斯得谓"散官则安置,追降官分司则居住,祖宗制也。"梦炎语塞。梦炎乘间直罢去平章事王爚、监察御史俞浙,并罢斯得,于是宋亡矣。所著有《诗肤说》、《仪礼合抄》、《增损刊正杜佑通典》、《徽宗长编》、《孝宗系年要录》、《耻堂文集》行世。

张忠恕,字行父,右仆射浚之孙。以祖任,监楼店务。入府幕,时韩侂胄权势熏灼,尝夺民间已许嫁女,夫家以告,忠恕白尹归其父母,尹不能难。再调广西转运司主管文字,改通判沅州,主管京湖宣抚司机宜文字,知澧州。开禧末,入为籍田令。属太庙鸱吻为雷雨坏,神主迁御,忠恕因轮对,请广言路,通下情,宁宗嘉纳。

嘉定五年,迁军器丞,进太府丞。出知湖州。迁司农丞、知宁国府。夏旱,请于朝,得赐僧牒五十,米十万七千余石。常平使者欲均济而勿劝粜,忠恕虑后无以济,遂核户口、计岁月,严戒诸邑谕大家发盖藏。所见浸异,以言去,主管冲佑观。起知鄂州,改湖北转运判官兼知鄂州。召为屯田郎官,丁内艰。免丧,入为户部郎官。入对,极言边事,其虑至远。

理宗即位,忠恕移书史弥远请取法孝宗,行三年丧,且曰:"孝宗始自践阼,服勤子职凡二十有七年,今上自外邸入继大统,未尝躬一日定省之劳,欲报之德,视孝宗宜有加。"既而宰辅率百僚请太母同听政,忠恕复贻书史弥远,谓:"英宗以疾,仁、哲以幼,母后垂帘,有不容已,惟钦圣出于勉强,务从抑损。今吾君长矣,若姑援以请,此亦中策尔。"诏群臣集议庙制,忠恕谓:"九庙非古。若升先帝,则十世之庙肟于今日,于礼无稽。"

宝庆初,诏求直言,忠恕上封事,陈八事:

一曰天人之应,捷于影响。自冬徂春,雷雪非时,西雹、东淮,狂悖洊兴。客星为妖,太白见昼,正统所系,不宜诿之分野。

二曰人道莫先乎孝,送死尤为大事。孝宗朝衣朝冠,皆以大布,迨宁考以适孙承重,光宗虽有疾,未尝不服丧宫中也。洎光宗上宾,权焰方张,莫有言者。去秋礼寺受成胥吏,未尝以义折衷。庆元间,再期而祥,百僚始纯服吉。今若甫经练祭,虽朝臣一带之微,不复有凶吉之别,则是三年之丧降而为期,害理滋甚。况人主执丧于内,而群工之服无异常日,是有父子而无君臣也。

三曰太母方却垂帘之请,而庆寿前期,陛下吉服称觞,播为诗什,此世俗之见,非所以表仪于天下也。

四曰陛下斩然在疚,大昏之期,固未暇问,然非豫讲夙定,恐俚说乘间而入。臣所望于今日者,亦曰严取舍而正法度,广询谋而协公议尔。

五曰陛下于济王之恩,自谓弥缝曲尽矣。然不留京师,徙之外郡,不择牧守,混之民居,一夫奋呼,阖城风靡,寻氛骈患,莫副初心。谓当此时,亟下哀诏,痛自引咎,优崇恤典,选立嗣子,则陛下所以身处者,庶几无憾,而造讹腾谤者,靡所致力。自始至今,率误于含糊,而犹不此之思,臣所不解也。

六曰近世憸佞之徒,凡直言正论,率指为好名归过。夫好名归过,其自为者非也,若首萌逆亿厌恶之心,则自今言者望风见疑,此危国之鸩毒。

七曰当今名流虽已褒显,而搜罗未广,遗才尚多。经明行修如柴中行、陈孔硕、杨简,识高气直如陈宓、徐侨、傅伯成,佥论所推;史笔如李心传,何惜一官，不俾与闻。况迩来取人，以名节为矫激，以忠说为迂疏，以介洁为不通，以宽厚为无用，以趣办为强敏，以拱默为靖共，以迎合为适时，以操切为任事。是以正士不遇，小人见亲。

八曰士习日异，民生益艰。第宅之丽，声伎之美，服用之侈，馈遗之珍，向来宗戚、阉官犹或间见，今缙绅士大夫殆过之。公家之财，视为己物。荐举、狱讼、军伍、吏役、僧道、富民，凡可以得赇者，无不为也。至其避讥媒进，往往分献厥余。欲基本之不摇，殆却行而求前也。

疏入，朝绅传诵。始魏了翁尝勉忠恕以"植立名节，无陨家声"。及是叹曰："忠献有后矣！"真德秀闻之，更纳交焉。

忠恕又因轮对，引以伯父栻告孝宗之语曰："当求晓事之臣，不求办事之臣；欲求伏节死义之臣，必求犯颜敢谏之臣。"语益剀切。忠恕自知不为时所容，力请外补，遂以直秘阁知赣州。抵郡才两月，言者指为朋比，落职，降两官，罢。绍定三年，复元官，进秩一等，提举冲佑观。卒，迁一官致仕。魏了翁尝许忠恕"拳拳体国似浚，拨繁剸剧似其父构，敛华就实则有志义理之学，尝有闻乎栻之教矣"。

唐璘，字伯玉，古田人。游太学。嘉定十年举进士，时台臣李安行奏次对官不许论边事，璘对策坡诋之，曰："吾始进，可坏于天子之庭乎？"调吴县尉，有杀人于货挟其舟亡者，有司求贼急，屠者自告吾儿实杀之，儿亦自诬伏。璘问："舟安在？钱何用？"其辞差，为缓之，果得贼太湖，与舟俱至，举县感服。县有势家治圃，将凿渠通舟，缪言古有渠，常平使者主之。璘视乾道故籍，则诚民田也，力争，迕使者意，移监县税。璘遂以直闻。调瑞州学教授，用白鹿洞教法，崇礼让，后文艺，士翕然知向。监行在榷货务门。

辟淮东运司催辖纲运官。属出师楚州，尽瘁焉。捷闻，以金人据淮阴，欲乘势取之。璘言："捷奏多夸，讵得信乎？须聚兵二十万，日费米斛余五千，缗钱余二万，调夫几万人，仅能使贼全师北去。今出没涟、海，谋结北边，政欲诱出挠我，忧方大尔。淮阴坚垒与楚城等，濠之广又过之，我士疲丁困，可一拔得乎？恢复，美名也，而贾实祸，仆窃危之。"不听，制司耻楚城之捷自赵范与葵出，议赎淮阴二城为功。洎闻金变，即转攻之，我师死伤者六万，璘在兵间愤之，著《谠论》，直书其事上之。知晋陵县，邻州田讼，至有泣诉诸使愿送晋陵可否者。制置使陈韡留守建康，辟为通判，举府事以听。

监六部门，擢监察御史，台吏且至，璘皇骇踧踖不敢诣阙。母曰："人言此官好，汝何得忧乎？"璘曰："此官须为朝廷争是非，一咈上意或迕权贵，恐重为大人累，何得不忧？"母曰："而尽言，吾有而兄在，忽忧。"璘拜谢，入就职。

故事，御史惟常服拜下，有论奏缴进，至是独召对缉熙殿，令服窄衫面读。首疏奏："天变而至于怒，民怨而

几于离，海宇将倾，天下有不可胜讳之虑。陛下谓此何时，纵欲累德，文过饰非，疏远正人，狎昵戚宦，浊乱朝政，自取覆亡。宰相用时文之才为经世之具，不顾民命，轻挑兵端，不度事宜，顿空国帑。委政厥子，内交商人，贿途大开，小雅尽废。琐琐姻娅，敢预邪谋，视国事如俳优，以神器为奇货，都人侧目，朝士痛心。盍正无将之诛，以著不忠之戒。崔与之操行类杨绾，虽修途莫景，力不逮心，而命下之日，闻者兴起。乔行简颇识大体，朝望稍乎，而除授偏私，事多遗忘。宜择家相，赞宗子，辅民物，以慰父母之望，毋使天变浸极，人心愈离也。"上为改容。又请号召土豪，经理荆、襄，亟择帅臣，安集淮西，帝嘉纳，至问边事甚悉。

璘感激知遇，自是弹击无所避，再疏："郑清之妄庸误国，乞褫职罢祠。其子士昌，招权纳贿，拔庸将为统帅，起赃吏为守臣，乞削籍废弃。郑性之懦而多私，党庇奸庸，臣受其改官举状，尝蒙荐之陛下，国事至此，不敢顾私。李鸣复甘心诡郑损，得荐入朝，适清之议张天纲之狱，迎合从轻，遂擢台端。会赵桧夫遣史寅午鸡清之父子，鸣复又结寅午得登政府。"会杜范亦论鸣复，不行，而范去，璘遂力丐外，疏七上，授广西运判，改知嘉兴府，寻改江东运判。

时边事急，置四察访使，就诏璘分建康、太平、池州、江西。璘揭榜马前，咨所部以利害，又戒土豪团结渔业水手、茶盐舟夫、芦丁，悉备燎舟之具，人人思奋。即选将总二州兵舟以耀敌，檄当涂宿设战具，防采石，拨和籴续生券，且奏损总领所钱二十万缗助江防，军声大振。

寻升直华文阁、知广州、广东经略安抚使。梅州寇作，璘示以威信，寇寻息。江淮旱，议下广右和籴，璘言："公家赤立，籴本无所办，终恐且取于民，非臣不敢拨本，召衅重朝廷多事之忧。"明年上章乞致仕，帝思见之，亟命入奏，擢太常少卿。寻丁内艰，璘居丧哀毁不食，久之疾革，卒。

璘立台仅百日，世谓再见唐介，至切劘上躬，尽言无隐，帝益严惮之。居官大节，则母教之助为多。

论曰：观高定子在西陲，政业著闻矣。斯得屡起而屡仆于权臣之手，及其再起，宋事已非。张忠恕论济邸事，有父祖风焉。唐璘者，亦可谓古之遗直。

卷四百一十

列传第一百六十九

娄机　沈焕舒璘附**
曹彦约　范应铃　徐经孙

娄机，字彦发，嘉兴人。乾道二年进士，授盐官尉。丁母忧，服除，调含山主簿。郡委治铜城圩八十有四，役夫三千有奇，设庐以处之，器用材植，一出于官，民乐劝趋，两旬告毕。七摄邻邑，率以治绩闻。调於潜县丞，轻

赋税，正版籍，简狱讼，兴学校。遭外艰，免丧，为江东提举司干办公事，易淮东，已而复旧，改知西安县。巨室买地为茔域，发地遇石，复索元价。机曰："设得金，将谁归？"通判饶州，平反冤狱。蜀帅袁说友辟参议幕中，不就，改干办诸司审计司。转对，请裁损经费，又论刑名疑虑之敝。迁宗正寺主簿，为太常博士、秘书郎，请续编《中兴馆阁书目》，又请宽恤淮、浙被旱州县。

时皇太子始就外傅，遴选学官，以机兼资善堂小学教授。机曰陈正言正道，又以累朝事亲、修身、治国、爱民四事，手书以献，太子置之坐右，朝夕观省。随事开明，多所裨益。迁太常丞，仍兼资善。旋迁右曹郎官、秘书省著作郎，改兼驾部。都城大火，机应诏上封事，力言朝臣务为奉承，不能出己见以裨国论；外臣不称职，至苛刻以困民财；将帅偏裨务为交结，而不知训阅以强军律。时年七十，丐闲，不许。太子得机所著《广干禄字》一编，尤喜，命戴溪跋之。擢监察御史，讲未退而除命颁，太子恋恋几不忍舍，机亦为之感涕。

论京官必两任、有举主、年三十以上，方许作县。又论郡守轻滥太甚，贻害千里。苏师旦怙势妄作，蒙蔽自肆，语及者皆罪去，而独惮机。韩侂胄议开边，机极口沮之，谓："恢复之名非不美，今士卒骄逸，遽驱于锋镝之下，人才难得，财力未裕，万一兵连祸结，久而不解，奈何？"侂胄闻之不说，其议愈密，外廷罔测。又上疏极论："虽密谋人莫得知，而羽书一驰，中外皇惑。"侍御史邓友龙初不知兵，腾书投合，妄荐大将，既召还，专主此议。机语友龙曰："今日孰可为大将？孰可为计臣？正使以殿岩当之，能保其可用乎？"

迁右正言兼侍讲，首论广蓄人才，乞诏侍从、台谏、学士、待制、三牙管军各举将帅边郡一二人，召问甄拔，优养以备缓急。进太常少卿兼权中书舍人，诏遣宣谕荆、襄，机昌言曰："使往慰安人情则可，必欲开边启衅，有死而已，不能从也。"泗州捷闻，愈增忧危，且曰："若自此成功，以摅列圣之宿愤，老臣虽死亦幸，谪官，但恐进锐退速，祸愈深耳。"友龙至不能堪曰："不逐此人，则异议无所回。"机遂以言去。

侂胄诛，召为吏部侍郎兼太子左庶子，还朝，言："至公始可以服天下，权臣以私意横生，败国殄民，今当行以至公。若曰私恩未报，首为汲引，私仇未复，且为沮抑，一涉于私，人心将无所观感矣。"又言："两淮招集敢勇，不难于招而难于处。若非绳以纪律，课其勤惰，必为后害。"仍请检校权臣、内侍等没入家赀，专为养兵之助。机里人有故宦吏部，丧未举而子赴调者，机谓彼既冒法禁，而部胥不之问，即挞数吏，使之治葬而后来。闻者慑之。

兼太子詹事，著《历代帝王总要》以裨考订。迁给事中。海巡八厢亲从、都军头、指挥使年劳转资，恩旨太滥，乞收寝未应年格之人，年已及者予之，帝称善良久。飞蝗为灾。机应诏言："和议甫成，务为安静，葺罅漏以成纪纲，节财用以固邦本，练士卒以壮国威。"

迁礼部尚书兼给事中，擢同知枢密院事兼太子宾客，进参知政事。当干戈甫定，信使往来之始，疮痍方深，敝蠹纷然，机弥缝裨赞甚多。尤惜名器，守法度；进退人物，直言可否，不市私恩，不避嫌怨。有举员及格，当改秩作邑而必欲朝阙，机曰："若是则有劳者何以劝？孤寒者何以伸？若至上前，自应执奏。"堂吏寄资未仕，而例以升朝官赏陈乞封赠，机曰："进士非通籍不能及亲，汝辈乃以白身得之耶？"嘉定二年八月，行皇太子册命，机摄中书令读册。九月祀明堂，为礼仪使。数上章告老，帝不许，皇太子遣官属勉留之。以资政殿学士知福州，力辞。提举洞霄宫以归，遂卒，赠金紫光禄大夫，加赠特进。

机初登第，其父寿戒之曰："得官诚可喜，然为官正自未易尔！"机抚其弟模、栋，卒为善士。居乡以诚接物，是非枉直判于语下，不为后言，人惮而服之。称奖人才，不遗寸长，访问贤能，疏列姓名及其可用之实，以备采取，其所荐进，亦不欲人之知也。所著复有《班马字类》。机深于书学，尺牍人多藏弃云。

沈焕，字叔晦，定海人。试入太学，始与临川陆九龄为友，从而学焉。乾道五年举进士，授余姚尉、扬州教授。召为太学录，以所躬行者淑诸人，蚤暮延见学者，孜孜诲诱，长贰同僚忌其立异。会充殿试考官，唱名日序立庭下，帝伟其仪观，遣内侍问姓名，众滋忌之。或劝其姑营职，道未可行也，焕曰："道与职有二乎？"适私试发策，引《孟子》："立乎人之本朝而道不行，耻也。"言路以为讪己，请黜之，在职才八旬，调高邮军教授而去。

后充干办浙东安抚司公事。高宗山陵，百司次舍供帐酒食之需，供给不暇，焕亟言于安抚使郑汝谐曰："国有大戚，而臣子宴乐自如，安乎？"汝谐属焕条奏。充修奉官，移书御史，请明示丧纪本意，使贵近哀戚之心重，则茇舍菲食自安，不烦弹劾而须索绝矣。于是治并缘为奸者，追偿率敛者，支费顿减。

岁旱，常平使分择官属赈恤，得上虞、余姚二县，无复流殍。改知婺源，三省类荐书以闻，遂通判舒州。闲居虽病，犹不废读书，拳拳然以母老为念、善类凋零为忧。卒，丞相周必大闻之曰："追思立朝不能推贤扬善，予愧叔晦，益者三友，叔晦不予愧也。"

焕人品高明，而其中未安，不苟自恕，常曰昼观诸妻子，夜卜诸梦寐，两者无愧，始可以言学。追赠直华文阁，特谥端宪。

焕之友舒璘字元质，一字元宾，奉化人。补入太学。张栻官中都，璘往从之，有所开警。又从陆九渊游，曰："吾惟朝于斯，夕于斯，刻苦磨厉，改过迁善，日有新功，亦可以弗畔矣乎。"朱熹、吕祖谦讲学于婺，璘徒步往谒之，以书告其家曰："敝床疏席，总是佳趣；栉风沐雨，反为美境。"

举乾道八年进士，两授郡教授，不赴。继为江西转运司干办公事。或忌璘所学，望风心议，及与璘处，了无疑间。为徽州教授，徽习顿异。《诗》、《礼》久不预贡士，学几无传，璘作《诗礼讲解》，家传人习，自是其学浸盛。丞相留正称璘为当今第一教官，司业汪逵首欲荐璘，或谓璘举员已足,遂曰:"吾职当举教官,舍斯人将谁先?"卒剡荐之。知平阳县,郡政颇苛,及璘以民病告,辞严义正,守为改容。秩满,通判宜州,卒。

璘乐于教人,尝曰:"师道尊严,璘不如叔晦,若启迪后进,则璘不敢多逊。"袁燮谓璘笃实不欺,无豪发矫伪。杨简谓璘孝友忠实,道心融明。楼钥谓璘之于人,如熙然之阳春。淳祐中,特谥文靖。

曹彦约字简甫,都昌人。淳熙八年进士。尝从朱熹讲学,历建平尉、桂阳司录、辰溪令,知乐平县,主管江西安抚司机宜文字。知澧州,未上,薛叔似宣抚京湖,辟主管机宜文字。汉阳阙守,檄摄军事。时金人大入,郡兵素寡弱,彦约搜访土豪,得许卨俾总民兵,赵观俾防水道,党仲升将宣抚司军屯郡城。金重兵围安陆,游骑闯汉川,彦约授观方略,结渔户拒守南河,观逆击,斩其先锋,且遣死士焚其战舰,昼夜殊死战,北渡追击,金人大败去。又遣仲升劫金人砦,杀千余人,仲升中流矢死。奏观补成忠郎、汉川簿尉,赠仲升修武郎,官其后二人。彦约以守御功进秩二等,就知汉阳。

嘉定元年,诏求言,彦约上封事,谓"敌岂不以岁币为利,惟其所向辄应,所求辄得,以我为易与而纵其欲。莫若迟留小使,督责边备,假以岁月,当知真伪。设复大举,则民固已怨矣,欲进而我已戒严,欲退而彼有叛兵,决胜可期矣。"寻提举湖北常平,权知鄂州兼湖广总领,改提点刑狱,迁湖南转运判官。

时盗罗世传、李元砺、李新等相继窃发,桂阳、茶陵、安仁三县皆破,环地千里,莽为盗区。彦约至攸ума运,人心始定。迁直秘阁、知潭州、湖南安抚。时江西言欲招安李元砺,朝命下湖南议招讨之宜,彦约言:"今不行讨捕,曲徇招安,失朝廷威重。若元砺设疑词以款重兵,则兵不可撤戍,民不得安业。"元砺果不可降,彦约乃督诸将逼贼巢而屯,击破李新于郾洣,新中创死,众推李如松为首,如松降,遂复桂阳。世传素与元砺有隙,至是密请图元砺以自效,彦约录赏格报之,且告于朝,予万缗钱犒其师。世传遂禽元砺。彦约还长沙,未几,复出督战,余党悉平。

世传既自以为功,迟留以邀重贿,彦约谕以不宜格外邀求。时池州副都统许俊驻兵吉之龙泉,厚赂以结世传,超格许转官资,世传遂以元砺解江西。胡榘为右司,欲以世传尽统诸峒而为之帅,悉彻江西、湖南戍兵,彦约固争之,榘不悦,然世传终桀骜不肯出峒。彦约密遣罗九迁为间,诱胡友睦,许以重赏,友睦遂杀世传。江西来争功,不与校。擢侍右郎官,以右正言郑昭先言,寝其命。

久之,以为利路转运判官兼知利州。关外乏食,彦约悉发本司所储减价遣粜,劝分免役,通商蠲税,民赖以济。时沔州都统制王大才骄横,制置使董居谊既不得其柄,反曲意奉之。彦约以蜀之边面诸司并列,兵权不一,微有小警,纷然奏议,理财者归怨于兵弱,握兵者归咎于财寡,乃作《病夫议》,献之庙堂,曰:

古之临边,求一贤者而尽付之兵权,兵权正则事体重,兵权专则号令一。今庙堂之上,患士大夫不奉行诏令,恶士大夫不恪守忠实。故虽信而用之,又以人参之;虽以事权付之,又从中御以系维之。致使知事者不敢任事,畏事者常至失事,卒有缓急,各持己见,兵权财计,互相归咎。

昔秦、陇之俗,以知兵善战闻天下。自吴氏世袭以来,握兵者志在于怙势,不在于尊上;用兵者志在于诛货,不在于息民。本原一坏,百病间出,至有世将已叛而宣威不觉,四郡已割而诸将不知。更化之后,逆党既诛,而土俗人心其实未改。任军官而领州事者,易成藩镇之权;起行伍而立微效者,渐无阶级之分。由皂郊以至宕昌,即陇西天水之地,其忠义民兵利在战斗,缓急之际固易鼓率,若其恃勇贪利,犯上作乱,则又不止于大军而已。苟不正其本原,磨之以岁月,渐之以礼义,未见其可也。

今日之领帅权者,必当近边境,必当拥亲兵;有兵权者,必当领经费,必当宽用度。至于忠义之兵,又须有德者以为统率,择知书者以为教导,如古人所谓教民而后用之也。今议不出此,乃欲幸胜以为功,苟安以求免,误天下者必此人也。

时朝论未以为然。

差知宁国府,又改知隆兴府、江西安抚。居亡何,蜀边被兵,内有张福、莫简之变,彦约之言无一不验。迁大理少卿,又权户部侍郎,以宝谟阁待制知成都。彦约乞赴阙奏事,不允,又申省乞入对,不报。改知福州,又改知潭州,彦约力辞,提举明道观,寻以焕章阁待制提举崇福宫。

理宗即位,擢兵部侍郎兼国史院同修撰。宝庆元年入对,劝帝讲学,防近习。次言:"当以庆历、元祐听言为法,以绍圣、崇、观讳言为戒。比年以来,有以卖直好名之说见于奏对者,愿陛下倚忠直如蓍龟,去邪佞若蟊贼,其有沮挠谠言者,必加斥逐。"

会下诏求言,彦约上封事曰:"陛下谨定省以事长亲,开王社以笃天伦,孝友之行,宜足以取信于天下。然兄弟至亲,犹误于狂妄小人之手,道路异说,犹袭于尺布不缝之谣。臣以为守法者,人臣之职也,施恩者,人主之柄也。汉淮南王欲危社稷,张苍、冯敬等请论如法,文帝既赦其罪废徙,王不幸而死,封其二子于故地。此往事之明验,本朝太宗皇帝之所已行也。今若徇文帝缘情之义,法太宗继绝之意,明示好恶,无隙可指,虽不止谤而谤息矣。"又言:"陛下求言之诏,惟恐不逮,然外议致疑,以为明言文武,似或止于搢绅,泛言小大,恐不及于韦布,引而伸之,特在一命令之间耳。"又荐隆州布衣李心传素精史学,乞官以初品,置之史馆,从之。

寻兼侍读,俄迁礼部侍郎。加宝谟阁直学士,提举佑神观兼侍读。授兵部尚书,力辞不拜。改宝章阁学士、知常德府,陛辞,言下情未通,横敛未革。帝曰:"其病安在?"对曰:"台谏专言人主,不及时政,下情安得通?包苴公行于都城,则州郡横敛,无可疑者。"提举崇福宫,卒,以华文阁学士转通议大夫致仕,赠宣奉大夫。嘉熙初,赐谥文简。

范应铃,字旃叟,丰城人。方娠,大父梦双日照庭,应铃生。稍长,厉志于学,丞相周必大见其文,嘉赏之。开禧元年,举进士,调永新尉。县当龙泉、茶陵溪峒之冲,寇甫平,喜乱者诈为惊扰,应铃廉得主名,捽而治之。县十三乡,寇扰者不时,安抚使移司兼郡,初奏弛八乡民租二年,诏下如章。既而复催以检核之数,应铃力争,不从。即诣郡自言,反覆数四,帅声色俱厉,应铃从容曰:"某非徒为八乡贫民,乃深为州家耳!民贫迫之急,将以不肖之心应之,租不可得而祸未易弭也。"帅色动,令免下户。既出令,复征之,应铃叹曰:"是使我重失信于民也。"又力争之,讫得请,民大感悦。有大姓与转运使有连,家僮恣横厉民,应铃笞而系之狱。郡吏庭辱令,应铃执吏囚之,以状闻。

调衡州录事,总领闻应铃名,辟为属。改知崇仁县,始至,明约束,信期会,正纪纲,晓谕吏民,使知所趋避。然后罢乡吏之供需,校版籍之欺敝,不数月省簿成,即以其簿及苗税则例上之总领所,自此赋役均矣。凡兴,冠裳听讼,发摘如神,故事无不依期结正,虽负者亦无不心服。真德秀扁其堂曰"对越"。将代,整治如始至。岁杪,与百姓休息,阁债负,蠲租税,释囚系,恤生瘗死,崇孝劝睦,仁民厚俗之事,悉举以行,形之榜揭,见者嗟叹。调提辖文思院,干办诸军审计,添差通判抚州,以言者罢,与祠。丁内艰,服除,通判蕲州。

时江右峒寇为乱,吉州八邑,七被残毁,差知吉州,应铃慨然曰:"此岂臣子辞难时耶?"即奉亲以行。下车,首以练兵、足食为先务,然后去冗吏,核军籍,汰老弱,以次罢行。应铃洞究财计本末,每鄙榷酤兴利,蕲五邑悉改为户。吉,舟车之会,且屯大军,六万户,人劝之榷,应铃曰:"理财正辞,吾纵不能禁百姓群饮,其可诱之利其赢耶?"永新禾山群盗啸聚,数日间应者以千数。应铃察出客赵希邵有才略,檄之摄邑,调郡兵,结隅保,分道捣其巢穴,禽之,诛其为首者七人,一乡以定。赣叛卒朱先贼杀主帅,应铃曰:"此非小变也。"密遣谍以厚赏捕之。部使者劾其轻发,镌一官。闲居六年,养亲读书,泊如也。起广西提点刑狱,力辞,逾年乃拜命。既至,多所平反,丁钱蠹民,力奏免之。

召为金部郎官,入见,首言:"今以朝行暮改之规橅,欲变累年上玩下慢之积习;以悠悠内治之敝政,欲图一旦赫赫外攘之大功。"又曰:"公论不出于君子,而参以逢君之小人;纪纲不正于朝廷,而牵于弄权之阉寺。"言皆谠直,识者韪之。迁尚左郎官,寻浙东提点刑狱,力甲便养,改直秘阁、江西提举常平,并诡挟三万户,风采凛然。

丁外艰,服除,迁军器监兼尚左郎官,召见,奏曰:"国事大且急者,储贰为先。陛下不断自宸衷,徒眩惑于左右近习之言,转移于宫庭嫔御之见,失今不图,奸臣乘夜半,片纸或从中出,忠义之士束手无策矣。"帝为之动容。属盐法屡变,商贾之赢,上夺于朝廷之自鬻,下夺于都郡之拘留;九江、豫章扼其襟喉,江右贫民终岁食淡,商与民俱困矣。应铃力陈四害,愿用祖宗入粟易盐之法。

授直宝谟阁,湖南转运判官兼安抚司。峒獠蒋、何三族聚千余人,执县令,杀王官,帅宪招捕,逾年不至,应铃曰:"招之适以长寇,亟捕之可也。"即调飞虎等军会隅总讨之,应铃亲临誓师,号令明壮,士卒鼓勇以前,禽蒋时选父子及兄渠五人诛之,胁从者使之安业,未一月全师而归。授直焕章阁,上疏谢事,不允,擢大理少卿,再请又不允。一旦籍府库,核簿书,处决官事已,遂及家务,纤悉不遗。僚属劝以清心省事,曰:"生死,数也,平生学力,正在今日。"帅别之杰问疾,应铃整冠肃入,言论如平常,之杰退,翛然而逝。

应铃开明磊落,守正不阿,别白是非,见义必为,不以得失利害动其心。书馈不交上官,荐举不徇权门,当官而行,无敢挠以非义。所至无留讼,无滞狱,绳吏不少贷,亦未尝没其赀,曰:"彼之货以悖入,官又从而悖入之,可乎?"进修洁,案奸赃,振树风声,闻者兴起。家居时,人有不平,不走官府,而走应铃之门;为不善者,辄戒曰:"无使范公闻之。"读书明大义,尤喜《左氏春秋》,所著有《西堂杂著》十卷,断讼语曰《对越集》四十九卷。徐鹿卿曰:"应铃经术似倪宽,决狱似隽不疑,治民似龚遂,风采似范滂,理财似刘晏,而正大过之。"人以为名言。

徐经孙,字中立,初名子柔。宝庆二年进士,授浏阳主簿,潭守俾部牙契钱至州,有告者曰:"朝廷方下令颁行十七界会,令若此钱皆用会,小须,则幸而获大利矣。"经孙曰:"此钱取诸保司,出诸公库,吾纳会而私取其钱,外欺其民,内欺其心,奚可哉!"诘旦,悉以所部钱上之,其人惊服有愧色。

辟永兴令,知临武县,通判潭州。帅陈韡雅相知,事必咨而后行。秩满,由丰储仓提管进权辖,国子博士兼资善堂直讲。为监察御史,劾京尹厉文翁言伪而辨,疏入,留中。宣谕至再,即日出关,上遣使追之,不及。进直宝章阁、福建提点刑狱,号称平允。岁余升安抚使,召为秘书监兼太子谕德。经孙为安抚时,韡家居,门人故吏有挠法者不得逞,相与摇撼。至是韡起家判本郡,怀私逞忿,无复交承之礼,即日劾奏通判,语侵经孙,谓席卷府库而去,于是罢通判,削其秩。经孙造朝,具白于政府。事上闻,帝大怒,谕宰执曰:"陈韡老缪至此,宜亟罢之。"于是经孙再诣政府,言:"某,韡门生也,前日之白,公事也,苟韡以是得罪,人谓我何?"请之不置,俾自乞闲,明通判无罪,识者韪之。

迁宗正少卿、起居舍人、起居郎,入奏:"君人者当守理欲之界限。"迁刑部侍郎兼给事中,升太子左庶子、太子詹事,辅导东宫者三年,敷陈经义,随事启迪。太子入侍,必以其所讲闻悉奏之,帝未尝不称善。景定三年春雷,诏求直言,经孙对曰:"三数年来,言论者以靖共为主,有怀者以哗讦为戒,忠悫之气,郁不得行,上帝降监,假雷以鸣。"切中时病。

公田法行,经孙条其利害,忤丞相贾似道,拜翰林学士、知制诰,未逾月,讽御史舒有开奏免,罢归。授湖南安抚使、知潭州，不拜。授端明殿大学士，闲居十年，卒，赠金紫光禄大夫。经孙所荐陈茂濂为公田官，分司嘉兴，闻经孙去国，曰："我不可以负徐公。"遂以亲老谢归，终身不起。

论曰：呜呼，宁宗之为君，韩侂胄之为相，岂用兵之时乎？故娄机力止之。小学之废久矣，而机独知致力于此。沈焕、舒璘学远识明。曹彦约可与建立事功。范应铃赫然政事如神明。徐经孙清慎有守，卒以争公田迕贾似道去国，君子称之。

卷四百一十一
列传第一百七十

**汤璹　蒋重珍　牟子才
朱貔孙　欧阳守道**

汤璹，字君宝，浏阳人。淳熙十四年进士，调德安府学教授，转三省枢密院架阁，迁国子博士。时召朱熹为侍讲，未几辞归，朝廷从其请，予祠。璹上疏言："熹以正学为讲官，四方颙望其有启沃之益。曾未逾时，辄听其去，必骇物论。宜追召熹还，仍授讲职。"疏上，不报。由是浸忤权相意，而璹之直声亦大闻于时。历礼部、驾部二郎官，出知常州，入为大理少卿，进直徽猷阁，卒。

璹负直概，与韩侂胄、陈自强不合，故屡嗾言者中伤。璹生平奉祠闲居之日，多于扬历，其在礼曹，例掌三省奏记。临安大火，宁宗遇灾避正殿，中书三表请复，不许。璹属辞务持大体，不为阿曲，言者摭其语涉讪上，而朝廷实知其无他，故起复制词有"清风峻节"之语。璹尝择婿得蒋重珍，后举进士第一。

蒋重珍，字良贵，无锡人。嘉定十六年进士第一，签判建康军，丁母忧，改昭庆军，寻以公事与部使者异议，请祠，易签判奉国军。绍定二年，召入对，首以"自天子至于庶人所当先知者本心外物二者之界限"为言："界限明，则知有天下治乱而已，何乐其尊；知有生民休戚而已，何乐其奉。"且论："苞苴有昔所未有之物，故吾民罹昔所未有之害；苞苴有不可胜穷之费，故吾民有不可胜穷之忧。"迁秘书省正字，屡乞祠，以伯父丧于告，迁校书郎，辞，不可。明年，待命雷川，移文阁门，请对，当路惮之，添差通判镇江府，辞。会行都火，应诏曰：

臣顷进本心外物界限之说，盖欲陛下亲揽大柄，不退托于人，尽破恩私，求无愧于己。傥以富贵之私视之，一言一动，不忘其私，则是以天下生灵、社稷宗庙之事为轻，而以一身富贵之所从来为重，不惟上负天命，以先帝圣母至于公卿百执事之所以望陛下者，亦不如此也。昔周勃今日握玺授文帝，是夜即以宋昌领南北军；霍光今年定策立宣帝，而明年稽首归政。今临御八年，未闻有所作为。进退人才，兴废政

事，天下皆曰此丞相意，一时恩怨，虽归庙堂，异日治乱，实在陛下。焉有为天之子，为人之主，而自朝廷达于天下，皆言相而不言君哉？天之所以火宗庙、火都城者殆以此。

臣所以痛心者，九庙至重，事如生存，而彻小涂大，不防于火之未至；宰相之居，华屋广袤，而焦头烂额，独全于火之未然，亦足以见人心陷溺，知有权势，不知有君父矣。他有变故，何所倚仗，陛下自视，不亦孤乎？昔史浩两入相，才五月或九月即罢，孝宗之报功，宁有穷已，顾如此其亟，何哉？保全功臣之道，可厚以富贵，不可久以权也。

上读之感动，授宝章阁，主管云台观，则告吏部，不受贴职禄，不愿贴职恩。

它日星变求言，复申前说。又虑柄臣或果去位，君心易纵，大权旁落，则进《为君难》六箴。召为秘书郎兼庄文府教授。端平初入对，上五事，且曰："隐蔽君德，昔咎故相，故臣得以专诋权臣；昭明君德，今在陛下，故臣以责难君父。"乞召真德秀、魏了翁用之，帝谓之曰："人主之职无它，惟辨君子小人。"重珍对曰："小人亦指君子为小人，此为难辨。人主当精择人望，处之要津，正论日闻，则必知君子姓名、小人情状矣。"兼崇政殿说书，戒家事勿以白，务积精诚以寤上意。每草奏，斋心盛服，有密启则手书削稿，帝称其平实。迁著作佐郎。

边帅以《八陵图》来上，诏百官集议，重珍言史嵩之既失相位，危于幕巢，犹欲邀功，自固其位，请择贤帅如汉用充国，使之亲至边境，审度事势，条上便宜。丞相主出师关、洛，重珍力争。会边帅议和战不一，复召集议，重珍奏："曩乞专意备守，不得已则用应兵，今不敢变前说。"不听，遂自劾以密勿清光，乃不能遏兵端，乞免说书职。迁著作郎兼权司封郎官、起居舍人，言："近者当侍讲席，旋命止之，或曰是日道流生朝。夫辍讲偶以它故，则当知圣躬举措之难；或所传果得其实，则当知圣心持守之难。"帝曰："非卿不闻此言。"关、洛师大衄，复进兵，重珍言："若耻败而欲胜之，则心不平而成忿，气不平而成怒，生灵之命，岂可以忿怒用哉！"又言："迩来用台谏，颇主不必矫激之说，似畏刚方大过之士。窃窥选用之意，正谓其平易而省事耳。然数月之间，一失于某，再失于某，借曰慎重台纲而忧其激，亦当以平正者居之。"又论禁旅贫弱，教习频严，辄不能堪，不稍变通，非消变之道。

兼国史院编修官、实录院检讨官，言："更化以来，旧敝未去者五：徇私、调停、覆护、姑息、依违是也。今又益之以轻易。"迁起居郎，以疾求去。以集英殿修撰知安吉州，权刑部侍郎，三辞不许，自劾其不能取信朝廷之罪，乞镌斥置闲散，促觐愈力而疾不可起。诏守刑部侍郎致仕，赠朝请大夫，谥忠文。

牟子才，字存叟，井研人。八世祖允良生期岁，淳化间盗起，举家歼焉，惟一姑未笄，以瓮覆之，得免。子才少从其父客陈咸，咸张乐大宴，子才闭户读书若不闻，见者咸异之。学于魏了翁、杨子谟、虞刚简，又从李方子

方子，朱熹门人也。嘉定十六年举进士，对策诋丞相史弥远，调嘉定府洪雅县尉，监成都府榷茶司卖引所，辟四川提举茶马司准备差遣，使者魏泌众人遇之，子才拂衣竟去，泌以书币谢，不受。改辟总领四川财赋所干办公事。

诏李心传即成都修《四朝会要》，辟兼检阅文字。制置司遣之文州，视王宣军饷，邓艾缒兵处也。道遇宣曰："敌且压境，宜已退矣，君毋庸往。"子才不可，遂至州视军庚而还。甫出境，文州陷。辟知成都府温江县事，未上，连丁内外艰。时成都已破，遂尽室东下。免丧，心传方修《中兴四朝国史》，请子才自助，擢史馆检阅。

入对，首言大臣不公不和六事，次陈备边三策。理宗顾问甚悉，将下殿，复召与语。翼日，帝谕宰相曰："人才如此，可峻擢之。"左丞相李宗勉拟秘书郎，右丞相史嵩之怨子才言己，遽曰："姑迁校勘。"俄宗勉卒，嵩之独相，亟请外，通判吉州，转通判衢州。日食，诏求言，上封事万言，极陈时政得失，且乞蚤定立太子。入为国子监主簿兼史馆校勘，逾年，迁太常博士。

郑清之再相，子才两上封事，言今日有徽、钦时十证，又请为济王立后，以回天怒。校书郎徐霖言谏议大夫郑寀、临安府尹赵与篆，不报，出关。子才言："陛下行霖言则霖留，不然则不留。二人之中，寀尤无耻，请先罢之。"寀去。至若嵩之谋复相，清之误引嵩之之党别之杰共政，皆历历为上言之。作书以孔光、张禹切责清之，清之复书愧谢。谒告还安吉州寓舍，迁秘书郎，屡辞，主管崇道观。逾年，迁著作佐郎，又辞。清之卒之明日，诏子才还朝，迁著作郎，左丞相谢方叔、右丞相吴潜交书道上意，趣行益急，乃至。兼崇政殿说书，子才随事奏陈，举朝诵子才奏疏，皆曰："有德之言也。"兼国史院编修官、实录院检讨官兼权礼部郎官。时修《四朝史》，乃复兼史馆检讨。

信州守徐谓礼奉行经界苛急，又以脊杖比校催科，饥民啸聚为乱。子才言于上，立罢经界，谪谓礼。浙东、福建九郡同日大水，子才言："今日纳私谒，溺近习，劳土木，庇小人，失人心，五者皆蹈宣和之失。苟不恐惧修省，臣恐宣和京城之水将至矣。燮理阴阳，大臣之事，宜谕大臣息乖争以召和气，除壅蔽以通下情。今遣使访问水灾，德至渥也，愿出内帑振之。"又言："君子难聚而易散，今聚者将散，其几有十。"又言："谥以劝惩，当出自朝廷，毋待其家自请。"

左司徐霖言谏议大夫叶大有，帝大怒，逐霖，给事中赵汝腾缴之，徙它官。汝腾即出关，子才上疏留之，大有遂劾汝腾。子才上疏讼汝腾诬及大有之欺，未几，罢大有言职。故事，早讲讲读官皆在，晚讲惟说书一员，宰相惧子才言己，并晚讲于早，自是不得独对矣。迁器器少监。御史萧泰来劾高斯得、徐霖，右司李伯玉言泰来所劾不当，上切责伯玉，降两官，罢。子才言："陛下更化，召用诸贤，今汝腾、斯得、霖相继劾去，伯玉又重获罪，善人尽矣。"除兼侍立修注官，力辞。

行都大火，子才应诏上封事，言甚切直，兼直舍人院。会泰来亦迁起居郎，耻与泰来同列，七疏力辞，上为出泰来，而子才亦请去不已，曰："泰来既去，臣岂得独留。"上不允。又言："蜀当以嘉、渝、夔三城为要，欲保夔则巴、蓬之间不可无屯以控扼之，欲保渝则利、阆之间不可无屯以遏截之，欲守嘉则潼、遂之间不可无屯以掎角之，屯必万人而后可。"升兼侍讲。御史徐经孙劾府尹厉文翁，不报，出关，子才奏留之。文翁改知绍兴府，又缴其命。伯玉降官已逾年，舍人院不敢行词，子才曰："故事，文书行不过百刻。"即为书行，以为叙复地。帝曰："谪词皆褒语，可更之。"子才不奉诏，丞相又道帝意，子才曰："腕可断，词不可改。丞相欲改则自改之。"乃已。

淮东制置使贾似道以海州之捷，子才草奖谕诏，第述军容之盛，不言其功，且语多戒敕，似道不乐。又言："全蜀盛时，官军七八万人，通忠义为十四万，今官军不过五万而已，宜招新军三万，并抚慰田、杨二家，使岁以兵来助。如此则蜀犹可保，不则不出三年，蜀必亡矣。"汤汉、黄蜕召试学士院，子才发策，蜕訾嵩之，罢蜕正字去。迁起居郎，言："外郡以进奉易富贵，左右以土木蛊上心，小人以哗竞朋比陷君子，此天灾所以数见也。"

明堂礼成，帝将幸西太乙宫款谢，实欲游西湖尔，子才力谏止。皇子冠，面谕作乐章，礼部言："古者适子一醮无乐，庶子三醮有乐，用乐非是。"子才言："嫡庶之分，特以所立之地不同，非适专用醴，庶专用醮也。乐章乃学士院故事，况面谕臣，不敢不作。"诏从之。又言："首蜀尾吴，几二万里。今两淮惟贾似道，荆蜀惟李曾伯二人而已，可为寒心。"谓："宜于合肥别立淮西制置司、江淮别立荆湖制置司，且于涟、楚、光、黄、均、房、巴、阆、绵、剑要害之郡，或筑城、或增戍以守之。"似道闻之，怒曰："是欲削吾地也。"正月望，召妓入禁中，子才言："此皆董宋臣辈坏陛下素履。"权兵部侍郎，屡辞，帝不允。升同修国史、实录院同修撰。

御史洪天锡劾宋臣、文翁及谢堂等，不报，出关。子才请行其言，文翁别与州郡，堂自请外补，宋臣自请解内辖职，而宋臣录黄竟不至院，盖子才复有言也。吴子聪之姑知古为女冠得幸，子聪因之以进，得知阁门事。子才缴之曰："子聪依凭城社，势焰熏灼，以官爵为市，搢绅之无耻者辐凑其门，公论素所切齿，不可用。"帝曰："子聪之除，将一月矣，乃始缴驳，何也？可即为书行。"子才曰："文书不过百刻，此旧制也。今子聪录黄二十余日乃至后省，盖欲俟其供职，使臣不得缴之耳。给、舍纪纲之地，岂容此辈得以行私于其间。"于是子聪改知澧州，待次。子才力辞去，帝遣检正姚希得挽留之，不可。

以集英殿修撰知太平州，前是例兼提领江、淮茶盐，子才以不谙财赋免。至郡，首教民孝弟，以前人《慈竹》、《义木》二诗刻而颂之，间诣学为诸生讲说经义。修采石战舰百余艘，造兵仗以千计。前政负上供绢及总所纲七十万缗，悉为补之。蠲黄、池酒息六十余万贯，三县秋苗畸零万五千余石，夏税畸零绸帛四千五百余匹、丝七百余两、绵一万三千余两、麦二千余石。郡有平籴仓，以米五千石益之，又以缗钱二十六万创抵库，岁收其息以助籴本。召入对，权工部侍郎。

时丁大全与宋臣表里浊乱朝政，子才累疏辞归。初，子才在太平建李白祠，自为记曰："白之斥，实由高力士激怒妃子，以报脱靴之憾也。力士方贵倖，岂甘以奴隶自处者。白非直以气陵亢而已，盖以为扫除之职固当尔，所以反其极重之势也。彼昏不知，顾为逐其所忌，力士声势益张，宦官之盛，遂自是始。其后分提禁旅，蹀血宫庭，虽天子且不得奴隶之矣。"又写力士脱靴之状，为之赞而刻诸石。属有拓本遗宋臣，宋臣大怒，持二碑泣诉于帝，乃与大全合谋，嗾御史交章诬劾子才在郡公燕及馈遗过客为入己，降两官，犹未已。帝疑之，密以絷问安吉守吴子明，子明奏曰："臣尝至子才家，四壁萧然，人咸知其清贫，陛下毋信谗言。"帝语经筵官曰："牟子才之事，吴子明乃谓无之，何也？"众莫敢对，戴庆炣曰："臣忆子才尝缴子明之兄子聪。"帝曰："然。"事遂解。盖公论所在，虽仇雠不可废也。未几，大全败，宋臣斥，诬劾子才者悉窜岭海外，乃复子才官职，提举玉隆万寿宫。

帝即欲召子才。会似道入相，素惮子才，又憾草诏事，仅进宝章阁待制、知温州；又嗾御史造飞语目子才为潜党，将中以危祸。上意不可夺，遂以礼部侍郎召，屡辞，不许。乃赐御笔曰："朕久思见卿，故有是命，卿其勿疑，为我强起。"故事，近臣自外召者，必先见帝乃供职；子才至北关，请内引奏事，宦者在旁沮之，帝特令见，大说，慰谕久之。

时似道自谓有再造功，四方无虞皆其力，故肆意逸乐，恶闻谠言。子才言："开庆之时，天下岌岌殆矣，今幸复安。不知天将去疾，遂无复忧耶？抑顺适吾意，而基异时不可测之祸也。奈何宴安以鸩毒，而不明闲暇之政刑乎！忠厚者，我朝之家法也。乃者小人枋国，始用一切以戕其脉，今当反其所为，奈何愈益甚乎！"谓"宜悉取祖宗所以待士爱民、祈天永命者循而行之"，言："议者国之元气也。今言及乘舆，尚见优假，事关廊庙，忿怒斯形，朝政之阙失，臣下之蔽蒙，何由上达乎？"帝曰："非卿不闻此言。"宣坐赐茶，问外事甚悉，子才具以田里疾苦对，帝颦蹙久之，即兼侍读，寻兼同修国史、实录院同修撰。

宋臣有内侍省押班之命，举朝争之不能得。子才入疏，诘朝，帝出其疏示辅臣，皆曰："子才有忧君爱国之真，无要誉沽名之巧。"擢权礼部尚书。祀明堂，子才为执绥官，帝问汉、唐文物，占对详赡。时士大夫小迕权臣，辄窜流，子才请重者量移，轻者放还。兼直学士院，前是傅直多以疾免，子才始复旧制，帝赐诗褒赏。每直，辄召对内殿，语至夜分，或就赐酒果。

兼给事中，彗星见，应诏上封事，请罢公田，更七司法。正为尚书，力辞，不许。升修国史、实录院修撰。徐敏子以星赦量移，似道恶其为潜所用，讽后省缴之，子才不可。叶李、吕宙之等上书攻似道，似道怒，欲杀之，以它事下天府狱。子才请宥之，又遗书似道，似道复书辞甚忿，径从天府断遣，不复以闻，盖惧子才再有所论驳也。

度宗在东宫，雅敬子才，言必称先生。即位，授翰林学士、知制诰，力辞不拜，请去不已。进端明殿学士，以资政殿学士致仕，卒，赠四官，官其后二人。

子才事亲甚孝。弟子方客死公安，挟其柩葬安吉。女弟在眉山，拔其家于兵火，致之安吉。在吉州，文天祥以童子见，即期以远大。所荐士若李芾、赵卯发、刘黻、家铉翁，后皆为忠义士。平江守吴渊籍富民田以千余亩遗子才，皆却之。身后家无余赀，卖金带乃克葬。有《存斋集》、内制外制、《四朝史稿》、奏议、经筵讲义口义、《故事四尚》、《易编》、《春秋轮辐》。子巘，大理少卿。

朱貔孙，字兴甫，浮梁人。淳祐四年进士，授临江军学教授。丞相史嵩之闻貔孙名，欲致之馆下，以禄未及亲辞。丧父，服除，授福州学教授，差充江东安抚司干办公事。制置使王野、丘岳、马光祖、赵与陌皆荐之。丁大全在台，势焰熏灼，天久阴雨，貔孙贻书政府，言回积阴之道，去奸邪，罢手实，蠲米税。奸邪，指大全也。丞相董槐得书嘉叹。主管尚书刑、工部架阁文字。

宦者董宋臣宠幸用事，貔孙发策试胄子，极论宦寺专权之患，宋臣讽言者论罢之。光祖辟添差江东安抚司机宜文字，擢史馆校勘。时大全执政，使其党许以骤用，貔孙力拒之，且诰告归省。迁太学博士，属帝亲擢监察御史兼崇政殿说书，首疏论大全权奸误国之罪，倡言学校六士之冤。又以翕聚人才，凝固人心，精择人言；增禁旅以壮帝畿，择良守为牧内郡，选全才以守江面，严舟师以防海道；因地募兵，以应突至之敌，并力合势，以援必守之地。时有建议迁都四明者，貔孙亟上疏言："銮舆若动，则三边之将士瓦解，而四方之盗贼蜂起，必不可。"遂止。貔孙在讲筵，言及宋臣挠政事忤旨。迁大理少卿，又迁司农少卿兼太子右谕德，诏许乘马赴讲。貔孙谕导得体，衍说经义，有关于君道者必委曲敷畅，阴寓警戒，太子每为之改容。兼国史院编修官、实录院检讨官兼权直舍人院。

时大礼成，封命丛委，吏持词头下，每夕无虑数十，貔孙运笔如飞，夜未中已就，皆温润典雅。迁宗正少卿。丁母忧，服除，授秘书监兼太子左谕德。改监察御史兼崇政殿说书，姓名已付外矣，寻复改命浙西行公田。吏并缘为奸，貔孙疏其敝。推《春秋》尊王绌霸之旨，劝帝崇仁政，用吉士，行正论，赐赉甚渥。擢殿中侍御史兼侍讲，请严京师淫声奇服之禁。他所论苗耗役害及经理川蜀，皆当世急务。

宋臣覆出，朝论纷然，貔孙因对，力斥其奸，卒夺祠。升侍御史兼侍讲。长星出东方，貔孙力诋外戚内臣及进奉羡余失人心者，且曰："回天心自回人心始。"辞旨恳切，帝为之感动，升侍读。貔孙之再入台，属疆场多事，屡陈备御之策。理宗春秋高，倚成贾似道，似道擅命，貔孙随事进谏，不肯阿附，至若行公田之政，屡于经筵密以告帝，似道自是深忌之。貔孙累疏求去。

理宗崩，度宗即位，擢右谏议大夫，赐紫金鱼袋兼赐章服犀带，以疾乞辞言职，迁吏部尚书，不拜。帝以旧学故雅欲留貔孙，使者旁午于道，而貔孙辞益力，以华文阁学士知宁国府，似道讽言者论罢之。久之，提举太平兴国宫，复华文阁学士、知袁州。至郡，宣布德意，以戢暴禁贪为先务。郡仓受租，旧倚斛面取赢，吏加渔取。貔孙知其敝，悉榜除之，许民自概量。宿敝顿革，田里欢声。兴学校以劝士。升敷文阁学士，知福州、福建安抚使。未几，卒于袁之郡治。赠四官，与恩泽二，令所在给丧事。有文集、奏议行世。

欧阳守道，字公权，一字迂父，吉州人。初名巽，自以更名应举非是，当祭必称巽。少孤贫，无师，自力于学。里人聘为子弟师，主人闻其每食舍肉，密归遗母，为设二器驰送，乃肯肉食，邻媪儿无不叹息感动。年未三十，翕然以德行为乡郡儒宗。江万里守吉州，守道适贡于乡，万里独异视之。

淳祐元年举进士，廷对，言："国事成败在宰相，人才消长在台谏。昔者当国恶箴规，言者疑触迕，及其去位，共谓非才。或有迎合时宰，自效殷勤，亦有疾恶乖方，苟求耻颣，以致忠邪不辨，黜陟无章。"唱名，徐俨夫为第一，俨夫握守道起曰："吾愧出君上矣，君文未尝不在我上也。"授雩都主簿。

丁母忧，服除，调赣州司户，其次在十年，后万里作白鹭洲书院，首致守道为诸生讲说。湖南转运副使吴子良聘守道为岳麓书院副山长。守道初升讲，发明孟氏正人心、承三圣之说，学者悦服。宗人新及子必泰先寓居长沙，闻守道至，往访之。初犹未识也，晤语相契，守道即请于子良，礼新为岳麓书院讲书。新讲《礼记》"天降时雨、山川出云"一章，守道起曰："长沙自有仲齐，吾何为至此。"仲齐，新之字也。逾年，新卒，守道哭之恸，自铭其墓，又荐其子必泰于当道。子良代，守道复还吉州。

里有张某丧其父，小祥，而舅氏讼以事，系之狱，使不得祭，邀其售己地以葬。守道闻之，叹曰："吾惟痛斯子之不得一哭其父也，且其痛奈何？"明日告之邑令曰："此非人心，滨祭而薄之，挠葬而夺之，舅如此，是自食其肉也。请任斯子出，祭而复狱。"令亟出之。其舅丑诬守道，守道亦不自辨。转运使包恢为请祠于朝。万里入为国子祭酒，荐为史馆检阅，召试馆职，授秘书省正字。

安南国王陈日照传位其子，求封太上国王，下省官议。守道谓："太上者，汉高帝以尊其父，累朝未之有改，若赐诏书称太上国王，非便。南越尉佗尝自称'蛮夷大长老'，正南夷事也。《礼》，方伯自称曰'天子之老'，大夫致仕曰'老'，自称亦曰'老'。自蛮夷言之则有尉佗之故事；自中国言之，亦方伯致仕者之常称。汉亦有老上单于之号，易'太'以'老'无损。或去'上'字存其'太'字，太王则有古公，三太、三少、太宰、少宰、'太'所以别于'少'也。谓父为太，则子为少矣。太以尊言，则太后、太妃、太子、太孙；以卑言，则太史、太卜、太祝、乐太、师太，固上下所通用也。"时病足，不及与议。

迁校书郎兼景宪府教授，迁秘书郎，转对，言："欲家给人足，必使中外臣庶无复前日言利之风而后可。风化惟反诸身。化之以俭，而彼不为俭，吾惟有卑宫室、菲饮食；化之以廉，而彼不兴廉，吾惟有不贵难得之货、不厚无益之藏。"以言罢。守道徒步出钱塘门，唯书两簏而已。理宗遗诏闻，守道与其徒相向哭踊，僮奴孺子各为悲哀。

咸淳三年，特旨与祠。诏大臣举贤才，少傅吕文德举九十六人，守道预焉。添差通判建昌军，以书谢庙堂曰："史赞大将军不荐士，今大将军荐士矣，而某何以得此于大将军哉。幸尝蒙召，擢备数三馆，异时或者谓其放废无聊，托身诸贵人，亏伤国体，则宁得而解，愿仍赋祠禄足矣。"迁著作佐郎兼崇政殿说书兼权都官郎官。经筵所进，皆切于当世务，上为动色。迁著作郎，卒，家无一钱。

守道之兄之妻早丧，其子演五岁余，且多病，浚生甫数月，守道三十未有室，顾无能乳哺者，日夜抱二子泣，里巷怜之。演既长，出莫知所之，守道哭而求诸野，终不能得，三年不食肉，憔悴不释者终身。吉有贤守而大家怨之厚诬以赃者，下其事常平使者。会旱甚，祷云腾，守道曰："无以祷也，云腾之神，唐郡守吴侯也。冤莫甚于前守，冤不直而吴侯于祷，侯有辞矣。匹妇藏冤，旱或三年，冤在民牧，害岂其小。"反覆千余言，或迂笑之，守道不改，告来者不倦，守卒以得直。所著有《易故》、文集。

论曰：汤璹立朝謇谔。蒋重珍自擢魏科，既居盛名之下，而能树立于当世，可谓难矣。牟子才、朱貔孙，直声著于中外。欧阳守道，庐陵之醇儒也。

卷四百一十二
列传第一百七十一

孟珙　杜杲_{子庶}　王登　杨掞
张惟孝　陈咸

孟珙，字璞玉，随州枣阳人。四世祖安，尝从岳飞军中有功。嘉定十年，金人犯襄阳，驻团山，父宗政时为赵方将，以兵御之。珙料其必窥樊城，献策宗政由罗家渡济河，宗政然之。越翼日，诸军临渡布阵，金人果至，半渡伏发，歼其半。宗政被檄援枣阳，临阵尝父子相失，珙望敌骑中有素袍白马者，曰："吾父也。"急麾骑军突阵，遂脱宗政。以功补进勇副尉。

十二年，完颜讹可步骑二十万分两路攻枣阳，环集城下，珙登城射之，将士惊服。宗政命珙取它道劫金人，破砦十有八，斩首千余级，大俘军器以归，金人遁，以功升下班祗应。

十四年，入谒制置使赵方，一见奇之，辟光化尉，转进武校尉。十六年，以功特授承信郎。丁父忧，制置使起复之，珙辞，讫葬趣就职，又辞，转成忠郎。理宗即位，特授忠翊郎，寻差峡州兵马监押兼在城巡检，京湖制置司差提督虎翼突骑军马，又辟京西第五副将，权管劲左右军统制。

初，宗政招唐、邓、蔡壮士二万余人，号"忠顺军"，命江海总之，众不安，制置司以珙代海，珙分其军为三，众乃帖然。绍定元年，珙白制置司创平堰于枣阳，自城至军西十八里，由八叠河经渐水侧，水跨九阜，建通天槽八十有三丈，溉田十万顷，立十庄三辖，使军民分屯，是年收十五万石。又命忠顺军家自畜马，官给刍粟，马益蕃息。二年，升京西第五正将、枣阳军总辖，本军屯驻忠顺三军。明年，差京西兵马都监。丁母忧。又明年，起复京西兵马钤辖、枣阳军驻札，仍总三军。

六年，大元将那颜倴盏追金主完颜守绪，逼蔡，檄珙戍鄂，讨金唐、邓行省武仙。仙时与金天锡及邓守移刺瑗相掎角，为金尽力，欲迎守绪入蜀，犯光化，锋剽甚。天锡者，邓之农夫，乘乱聚众二十万为边患。珙逼其垒，一鼓拔之，壮士张子良斩天锡首以献。是役获首五千级，俘其将士四百余人，户十二万二十有奇，乃授江陵府副都统制，赐金带。

制置司檄珙问边事，珙曰："金人若向吕堰，则八千人不为少，然须木查、腾云、吕堰等砦受节制乃可济。"已而刘全、雷去危两部与金人战于夏家桥，小捷。有顷，金人犯吕堰，珙喜曰："吾计得矣。"亟命诸军追击吕堰，进逼大河，退逼山险，砦军四合，金人弃辎重走，获甲士五十有二，斩首三千，马牛橐驼以万计，归其民三万二千有奇。瑗遣其部曲马天章奉书请降，得县五，镇二十二，官吏一百九十三，马军千五百，步军万四千，户三万五千三百，口十二万五千五百五十三。珙入城，瑗伏阶下请死，珙为之易衣冠，以宾礼见。

初，仙屯顺阳，为宋军所挠，退屯马蹬。金顺阳令李英以县降，申州安抚张林以州降，珙言："归附之人，宜因其乡土而使之耕，因其人民而立之长，少壮籍为军，俾自耕自守，才能者分以土地，任以职使，各招其徒以杀其势。"制置司是之。七月己酉，仙爱将刘仪领壮士二百降，珙问仙虚实，仪陈："仙所据九砦，其大砦石穴山，以马蹬、沙窝、岵山三砦蔽其前；三砦不破，石穴未易图也。若先破离金砦，则王子山砦亦破，岵山、沙窝孤立，三帅成禽矣。"珙翼日遣兵向离金，庐秀执黑旗帅众入砦，金人不疑为宋军，乃分据巷道，大呼纵火，掩杀几尽。是夜，壮士杨青等捣王子山砦，护帐军酣寝，王建入帐中，取金将首襄佩之，平明视之，金小元帅也。

丙辰，出师马蹬，遣樊文彬攻其前门，成明等邀截西路，一军围讫金烈，一军围小总帅砦，火烛天，杀僇山积，余逸去者复为成明伏军所得，壮士老少万二千三百来归。师还，至沙窝西，与金人遇，大捷。是日，三战三克。未几，丁顺等又破默候里砦。珙召仪曰："此砦既破，板桥、石穴必震，汝能为我招之乎？"仪曰："晋德与花腿王显、金镇抚安威故旧，招之必来。"乃遣德行，仪又请选妇人三百伪逃归，怀招军榜以向，珙从之。威见德，叙情好甚欢，介德往见显，显即日以书乞降。德复请珙遣刘仪候之。显军约五千，犹未解甲，珙令作栲栳阵；入阵，周视良久，乃去，如素所抚循，飨以牛酒，皆醉饱歌舞。珙料武仙将上岵山绝顶窥伺，令樊文彬诘旦夺岵山，驻军其下，前当设伏，后遮归路。已而仙众果登山，及半，文彬麾旗，伏兵四起，仙众失措，枕藉崖谷，山为之赭，杀其将兀沙惹，擒七百三十人，弃铠甲如山。薄暮，珙进军至小水河，仪还，具言仙不欲降，谋往商州依险以守，然老稚不愿北去，珙曰："进兵不可缓。"夜漏十刻，召文彬等受方略，

明日攻石穴九砦。丙辰，蓐食启行，晨至石穴。时积雨未霁，文彬患之，珙曰："此雪夜擒吴元济之时也。"策马直至石穴，分兵进攻，而以文彬往来给事。自寅至巳力战，九砦一时俱破，武仙走，追及于鲇鱼砦，仙望见，易服而遁。复战于银葫芦山，军又败，仙与五六骑奔。追之，隐不见，降其众七万人，获甲兵无算。还军襄阳，转修武郎、鄂州江陵府副都统制。

大元兵遣宣抚王檝约共攻蔡，制置使谋于珙，珙请以二万人行，因命珙尽护诸将。金兵二万骑繇真阳横山南来，珙鼓行而前，金人战败，却走，追至高黄陂，斩首千二百级。倴盏遣兔花忒、没荷过出、阿悉三人来迓，珙与射猎，割鲜而饮，驰入其帐。倴盏喜，约为兄弟，酌马湩饮之。金兵万人自东门出战，珙遮其归路，掩入汝河，擒其偏裨八十有七人。得蔡降人，言城中饥，珙曰："已窘矣，当尽死而守，以防突围。"珙与倴盏约，南北军毋相犯。决壕水，布虎落。倴盏遣万户张柔帅精兵五千人入城，金人钩二卒以往，柔中流矢如猬，珙麾先锋救之，挟柔以出。拨发官宋荣不肃，将斩之，众下马罗拜以请，犹杖之。黎明，珙进逼石桥，钩致生俘郭山，战少却。金人突至，珙跃马入阵，斩山以徇，军气复张，殊死战，进逼柴潭立栅，俘金人百有二，斩首三百余级。翼日，命诸将夺柴潭楼。金人争楼，诸军鱼贯而上。金人又饰美妇人以相盘，麾下张禧等杀之，遂拔柴潭楼，俘其将士五百三十有七人。蔡人恃潭为固，外即汝河，潭高于河五六丈，城上金字号楼伏巨弩，相传下有龙，人不敢近，将士疑畏。珙召麾下饮，再行，曰："柴潭非天造地设，楼伏弩能及远而不可射近，彼所恃此水耳，决而注之，涸可立待。"皆曰："堤坚未易凿。"珙曰："所谓坚者，止筑两堤首耳，凿其两翼可也。"潭果决，实以薪苇，遂济师攻城，擒其两将斩之，获其殿前右副点检温端，磔之城下，进逼土门。金人驱其老稚熬为油，号"人油炮"，人不堪其楚，珙遣道士说止之。

端平元年正月辛丑，黑气压城上，日无光，降者言："城中绝粮已三月，鞍靴败鼓皆糜煮，且听以老弱互食，诸军日以人畜骨和芹泥食之，又往往斩败军全队，拘其肉以食，故欲降者众。"珙下令诸军衔枚，分运云梯布城下。己酉，珙帅师向南门，至金字楼，列云梯，令诸将闻鼓则进，马义先登。赵荣继之，万众竞登，大战城上，降其丞相乌古论栲栳，杀其元帅兀林达及偏裨二百人。门西开，招倴盏入，江海执其参政张天纲以归。珙问守绪所在，天纲曰："城危时即取宝玉置小室，环以草，号泣自经，曰'死便火我'，烟焰未绝。"珙与倴盏分守绪骨，得蔡谥宝、玉带、金银印牌有差。还军襄阳，特授武功郎、主管侍卫马军行司公事。擢建康府都统制兼权侍卫马军行司职事。

太常寺簿朱杨祖、看班祗候林拓朝八陵，谍云大元兵传宋来争河南府，哨已及盟津，陕府、潼关、河南皆增屯设伏，又闻淮阃刻日进师，众畏不前。珙曰："淮东之师，由淮、泗遡汴，非旬余不达，吾选精骑疾驰，不十日可竣事；逮师至东京，吾已归矣。"于是昼夜兼行，与二使至陵下，奉宣御表，成礼而归。制置司奏留珙襄阳兼镇北军

都统制。镇北军者，珙所招中原精锐百战之士万五千余人，分屯汉北、樊城、新野、唐、邓间。俄令赴枢密院禀议，授带御器械。二年，授主管侍卫马军司公事，时暂黄州驻札，朝辞，上曰："卿名将之子，忠勤体国，破蔡灭金，功绩昭著。"珙对曰："此宗社威灵，陛下圣德，与三军将士之劳，臣何力之有？"帝问恢复，对曰："愿陛下宽民力，蓄人材，以俟机会。"帝问和议，对曰："臣介胄之士，当言战，不当言和。"赐赉甚厚。兼知光州，又兼知黄州。

三年，珙至黄，增埤浚隍，搜访军实，边民来归者日以千数，为屋三万间居之，厚加赈贷。又虑兵民杂处，因高阜为齐安、镇淮二砦，以居诸军。创章家山、母家山两堡为先锋、虎翼、飞虎营。兼主管军内安抚司公事，节制黄、蕲、光、信阳四郡军马。

大元兵攻蕲州，珙遣兵解其围；又攻襄阳，随守张龟寿、荆门守朱杨祖、郢守乔士安皆委砦去，复州施子仁死之，江陵危急。诏沿江、淮西遣援，众谓无逾珙者，乃先遣张顺渡江，珙以全师继之。大元兵分两路：一攻复州，一在枝江监利县编筏窥江。珙变易旌旗服色，循环往来，夜则列炬照江，数十里相接。又遣外弟赵武等共战，躬往节度，破砦二十有四，还民二万。嘉熙元年，封随县男，擢高州刺史，忠州团练使兼知江陵府、京西湖北安抚副使。未几，授鄂州诸军都统制。

大元大将武没辇入汉阳境，大将口温不花入淮甸，蕲守张可大、舒州李士达委砦去，光守董尧臣以城降。合三郡人马粮械攻黄守王鉴，江帅万文胜战不利。珙入城，军民喜曰："吾父来矣。"驻帐城楼，指画战守，卒全其城，斩逗留者四十有九人以徇。御笔以成功赏将士，特赐珙金碗，珙益以白金五十两赐之诸将。将士弥月苦战，病伤者相属，珙遣医视疗，士皆感泣。

二年春，授宁远军承宣使、带御器械、鄂州江陵府诸军都统制。珙以三军赏典未颁，表辞。诏曰："有功不赏，人谓朕何？三年勋劳，趣其来上。封爵之序，自将帅始，卿奚辞焉？"未几，授枢密副都承旨、京西湖北路安抚制置副使兼督视行府参谋官。未几，升制置使兼知岳州。乃檄江陵节制司擣襄、郢，于是张俊复郢州，贺顺复荆门军。十二月壬子，刘全战于冢头，战于樊城，战于郎神山，屡以捷闻。三年春正月，曹文镛复信阳军，刘全复樊城，遂复襄阳。授枢密都承旨、制置使兼知鄂州。全遣谭深复光化军，息、蔡降，珙命以兵逆之，得壮士百余，籍为忠卫军。

初，诏珙收复京、襄，珙谓必得郢然后可以通馈饷，得荆门然后可以出奇兵，由是指授方略，发兵深入，所至以捷闻。珙奏略曰："取襄不难而守为难，非将士不勇也，非车马器械不精也，实在乎事力之不给尔。襄、樊为朝廷根本，今百ός而得之，当加经理，如护元气，非甲兵十万，不足分守。与其抽兵于敌来之后，孰若保此全胜？上兵伐谋，此不争之争也。"乃置先锋军，以襄、郢归顺人隶焉。

庚寅，谍报大元兵欲大举临江，珙策必道施、黔以透湖湘，请粟十万石以给军饷，以二千人屯峡州，千人屯归

州。忠卫旧将晋德自光化来归，珙奖用之。珙弟瑛以精兵五千驻松滋为夔声援，遣于德兴增兵守归州隘口万户谷。大元兵自随窥江，珙遣刘全拒敌，遣伍思智以千人屯施州。大元大将塔海并禿雪帅师入蜀，号八十万，珙增置营砦，分布战舰，遣张举提兵间道抵均州防遏。大元兵度万州湖滩，施、夔震动，珙兄瑱时为湖北安抚副使、知峡州，急以书谋备御。珙请于督府，帅师西上。璟调金铎一军迎拒于归州大垭砦。刘义捷于巴东县之清平村。珙弟璋选精兵二千驻澧州防施、黔路。四年，进封子。

珙条上流备御宜为藩篱三层：乞创制副司及移关外都统一军于夔，任涪南以下江面之责，为第一层；备鼎、澧为第二层；备辰、沅、靖、桂为第三层。峡州、松滋须各屯万人，舟师隶焉，归州屯三千人，鼎、澧、辰、沅、靖各五千人，郴、桂各千人，如是则江西可保。又遣杨鼎、张谦往辰、沅、靖三州，同守倅晓谕熟蛮，讲求思、播、施、黔支径，以图来上。

会谍知大元兵于襄樊随、信阳招集军民布种，积船材于邓之顺阳，乃遣张汉英出随，任义出信阳，焦进出襄，分路挠其势。遣王坚潜兵烧所积船材，又度师必因粮于蔡，遣张德、刘整分兵入蔡，火其积聚。制拜宁武军节度使、四川宣抚使兼知夔州。招集麻城县、巴河、安乐矶、管公店淮民三百五十有九人，皆沿边经战之士，号"宁武军"，令璋领之。进封汉东郡侯兼京湖安抚制置使。

回鹘爱里八都鲁帅壮士百余、老稚百一十五人、马二百六十匹来降，创"飞鹘军"，改爱里名艾忠孝，充总辖，乞补以官。四川制置使陈隆之与副使彭大雅不协，交章于朝。珙曰："国事如此，合智并谋，犹惧弗克，而两司方勇于私斗，岂不愧廉、蔺之风乎。"驰书责之，隆之、大雅得书大惭。

厘蜀政之弊，为条班诸郡县，曰差除计蜀，曰功赏不明，曰减克军粮，曰官吏贪黩，曰上下欺罔。又曰："不择险要立砦册，则难责兵以卫民；不集流离安耕种，则难责民以养兵。"乃立赏罚以课殿最，俾诸司奉行之。黎守阎师古言大理国请道黎、雅入贡，珙报大理自通邕、广，不宜取道川蜀，却之。兼夔路制置大使兼屯田大使。军无宿储，珙大兴屯田，调夫筑堰，募农坐种，首秭归，尾汉口，为屯二十，为庄百七十，为顷十八万八千二百八十，上屯田始末与所减券食之数，降诏奖谕。靖州徭林赛良为乱，遣王磠平之。

淳祐二年，珙以京、襄死节死事之臣请于朝，建祠岳阳，岁时致祭，有旨赐名闵忠庙。淮东受兵，枢密俾珙应援，遣李得帅精兵四世赴之，珙子之经监军。谍知京兆府也可那延以骑兵三千经商州取鹘岭关，出房州竹山，遣王令屯江陵，寻进屯郢州，刘全屯沙市，焦进提千人自江陵、荆门出襄。檄刘全赍十日粮，取道南漳入襄，与诸军合。

大元兵至三川，珙下令应出戍主兵官，不许失弃寸土。权开州梁栋乏粮，请还司，珙曰："是弃城也。"栋至夔州，使高达斩其首以徇。由是诸将禀令惟谨。大元兵至泸，珙命重庆分司发兵应援，遣张祥屯涪州。拜检校少保，进封汉东郡公。珙言："沅之险不如辰，靖之险不如沅，三

州皆当措置而靖尤急。今三州粒米寸兵无所从出,出京湖之忧一。江防上自秭归,下至寿昌,亘二千里,自公安至峡州滩碛凡十余处,隆冬水涸,节节当防,兵讳备多,此京湖之忧二。今尺籍数亏,既守滩碛,又守关隘,此京湖之忧三。陆抗有言:'荆州国之藩表,如其有虞,非但失一郡,当倾国争之。若非增兵八万并力备御,虽韩、白复生,无所展巧。'今日事势大略相似,利害至重。"余玠宣谕四川,道过珙,珙以重庆积粟少,饷屯田米十万石,遣晋德帅师六千援蜀,之经为策应司都统制。四年,兼知江陵府。珙谓其佐曰:"政府未之思耳,彼若以兵缀我,上下流急,将若之何?珙往则彼捣吾虚,不往则谁实捍患。"识者是之。

诏京湖调兵五千戍安丰,援寿春。珙遣刘全将以往。继有命分兵三千备齐安,珙言:"黄州与寿昌三江口隔一水耳,须兵即遣,何必预遣?先一日则有一日之费,无益有损,万一上游有警,我军已疲,非计之得也。"不从。五年,御笔以职事修举,转行两官,许令回授。珙至江陵,登城叹曰:"江陵所恃三海,不知沮洳有变为桑田者,故一鸣鞭,即至城外。盖自城以东,古岭先锋直至三汊,无所限隔。"乃修复内隘十有一,别作十隘于外,有距城数十里者。沮、漳之水,旧自城西入江,因障而东之,俾绕城北入于汉,而三海遂通为一。随其高下,为匮蓄泄,三百里间,渺然巨浸。土木之工百七十万,民不知役,绘图上之。

珙以身镇江陵,而兄璟帅武昌,故事,无兄弟同处一路者,乞归田,不允。诏以兵五千援淮,珙使张汉英帅之。枢密调兵五千赴广西,珙移书执政曰:"大理至邕,数千里部落隔绝,今当择人分布数郡,使之分治生夷,险要形势,随宜措置,创关屯兵,积粮聚刍于何地,声势既张,国威自振。计不出此而闻风调遣,空费钱粮,无补于事。"不听。大元大将大纳至江陵,遣杨全伏兵荆门以战,珙先期谍知,达于枢密,檄两淮为备,两淮不知也,后果如所报。珙奏:"襄、蜀荡析,士无所归,蜀士聚于公安,襄士聚于郢渚。臣作公安、南阳两书院,以没入田庐隶之,使有所教养。"请帝题其榜赐焉。

初,珙招镇北军驻襄阳,李虎、王旻军乱,镇北亦溃,乃厚招之,降者不绝。行省范用吉密遣降款,以所受告为质,珙白于朝,不从。珙叹曰:"三十年收拾中原人,今志不克伸矣。"病遂革,乞休致,授检校少师、宁武军节度使致仕,终于江陵府治,时九月戊午也。是月朔,大星陨于境内,声如雷。薨之夕,大风发屋折木。讣至,帝震悼辍朝,赐银绢各千,特赠少师,三赠至太师,封吉国公,谥忠襄,庙曰威爱。

珙忠君体国之念,可贯金石。在军中与参佐部曲论事,言人人异,珙徐以片语折衷,众志皆愜。谒士游客,老校退卒,壹以恩意抚接。名位虽重,惟建鼓旗、临将吏而色凛然,无敢涕唾者。退则焚香扫地,隐几危坐,若萧然事外。远货色,绝滋味。其学邃于《易》,六十四卦各系四句,名《警心易赞》。亦通佛学,自号"无庵居士"。

杜杲,字子昕,邵武人。父颖,仕至江西提点刑狱,故杲以任授海门买纳盐场,未上,福建提点刑狱陈彭寿檄摄闽尉。民有甲之子死,诬乙杀之,验发中得沙,而甲舍旁有池沙类发中者,鞫问,子果溺死。

江、淮制置使李珏罗致幕下。滁州受兵,檄杲提偏师往援,甫至,民蔽野求入避,滁守固拒,杲启钥纳之。金人围城数重,杲登陴中矢,益自奋厉,卒全其城。

调江山丞,两浙转运使朱在辟监崇明镇,崇明改隶淮东总领,与总领岳珂议不合,慨然引去。珂出文书一卷,曰:"举状也。"杲曰:"比而得禽兽,虽若丘陵,弗为。"珂怒,杲曰:"可劾者文林,不可强者杜杲。"珂竟以负芦钱劾,朝廷察芦无亏,三劾皆寝。

淮西制置曾式中辟庐州节度推官。浮光兵变,杲单骑往诛其渠魁,守将争饷金币,悉封贮一室,将行,属通判郑准反之。安丰守告戍将扇摇军情,且为变,帅欲讨之,杲曰:"是激使叛也。"请与两卒往,呼将谕之曰:"而果无他,可持吾书诣制府。"将即日行,一军帖然。

知六安县,民有嬖其妾者,治命与二子均分。二子谓妾无分法,杲书其牍云:"《传》云'子从父令',律曰'违父教令',是父之言为令也,父令子违,不可以训。妾守志则可,或去或终,当归二子。"部使者季衍览之,击节曰:"九州三十三县令之最也。"

知定远县,会李全犯边,衍时为淮帅,辟通判濠州,朝廷以杲久习边事,擢知濠州。制置大使赵善湘谋复盱眙,密访杲,杲曰:"贼恃外援,当断盱眙桥梁以困之。"卒用其策成功。金众数万驻榆林阜请降,辎重甚富,或请诱而图之。杲曰:"杀降不仁,夺货不义,纳之则有后患。"谕而遣之。召奏事,差主管官告院,知安丰军。善湘与赵范、范弟葵出师,迁淮西转运判官。诏问守御策,杲上封曰:"沿淮旱蝗,不任征役;中原赤立,无粮可因。若虚内事外,移南实北,腹心之地,必有可虑。"时在外谏出师者惟杲一人。及兵败洛阳,人始服其先见。奉崇道祠,再知濠州,未行,改安丰。大元兵围城,与杲大战。明年,大兵复大至,又大战。擢将作监,御书慰谕之。丞相李宗勉、参知政事徐荣叟曰:"帅淮西无逾杜杲者。"诏以安抚兼庐州,进太府卿、淮西制置副使兼转运使。复与大元兵战。累疏请老,不许。权刑部尚书。

淳祐元年,乞去愈力,擢工部尚书,遂以直学士奉祠。帝欲起之帅广西,以言者罢。帝曰:"杜杲两有守功,若脱兵权,使有后祸,朕何以使人?"乃起知太平州。俄擢华文阁学士、沿江制置使、知建康府、行宫留守,节制安庆、和、无为三郡。

杲罢杨林堡,以其费备历阳,淮民寓沙上者护以师。首谒程颢祠。总领所田张栻宦游处,陈像设祀焉。置贡士庄,蠲民租二万八千石。复与大元兵战于真州。进敷文阁学士,迁刑部尚书,引见,帝加奖劳。乞归不许,兼吏部尚书。杲随资格通其碍,铨综为精。梁成大子赂当国者求铨试,杲曰:"昔沈继祖论朱文公,成大亦论真文忠公,皆得罪名教者,子孙宜废锢,安得仕?"进徽猷阁,奉祀。请老,升宝文阁致仕。帝思前功,进龙图阁而杲卒,遗表上,赠开府。

昊淹贯多能，为文丽密清严，善行草急就章。晚岁专意理学，尝言吾兵间无悖谋左画，得于《四书》。子庶。

庶字康侯，幼倜傥有大志，性刚劲，通宋典故，善为文。从父兵间，习边事，未入仕已立战功，明堂恩补官。大元兵围安丰，兵将不相下，庶调护咸得其欢心，卒协力捍御。昊帅淮西，辟书写机宜文字。庐州围解，庶白事庙堂，诸将馈金助上功费，皆受之，赏典行，归悉反所馈。迁籍田令兼制机督干。监吕文德、聂斌军，与大元兵战朱皋、白冢，迁将作监簿。

昊在建康，庶通判本州，权知真州。郡素缺备，庶大修守御，具积排杉木殆十万株。差知兴化军，奉祀鸿禧观。起知邕州，改潮州，以言者寝命。赴淮东制司议幕，过阙，迁将作监丞。迁司农丞、知和州，陛辞，言："今天时不可幸，地利不可恃，人和不可保，苟恃天幸，恃长江，恃清野，而付边事于素不谙历之人，未见其可。"帝嘉纳。

寻兼淮西提点刑狱，浚城濠，增守备，修学宫。知真州兼淮东提点刑狱，逾年，进直秘阁，移淮西兼庐州安抚副使，人欢迎如见慈父，治绩甚多。就任加刑部郎中，升宝文阁，与大元兵战于望仙、白沙城。升华文阁。开庆元年冬，进大理少卿、淮东转运副使、两淮制置司参谋官，特授两淮制置使、知扬州。射阳湖饥民啸聚，庶曰："吾赤子也。"遣将招刺，得丁壮万余，戮止首恶数人。明年四月，火，抗章自劾，召赴行在。寻直宝文阁、知隆兴府、江西转运副使，卒。

王登，字景宋，德安人。少读书，喜古兵法，慷慨有大志，不事生产。出制置使孟珙幕府，久之，权知巴东县。献俘制置司，登念奋自书生，不拜，吏曰："不拜则不敢上。"难之，竟弃功去。淳祐四年，举进士，调兴山主簿。总领贾似道檄修江陵城，条画有法。明年，制置使李曾伯经理襄阳，登在行，以积功升，寻以母忧去。

及吴渊为制置使，边事甚亟，因忆弟潜盛言王登才略，具书币招之。登方与客奕，发书，衣冠拜家庙，长揖出门，问牛几何，可尽发犒师。渊慨然曰："事亟矣，奈何?"登曰："亟呼诸将共议。"众至，欢跃曰："景宋在此。"渊曰："汝辈欲西门出，景宋欲从方城，如何?"众曰："惟命!"登曰："用兵患不一，登书生，不过冯轼观战，请五大帅中择一人为节制。"渊曰："请监丞出，正谓此也。"即书银牌曰："监丞代某亲行，将士用命不用命，赏罚毕具申。"登至沙市，椎牛醵酒，得七千人，誓曰："登与诸将义同骨肉，今日之事，登不用命，诸将杀登以献主帅；诸将有一不用命，登有制札在，不敢私也。"众股栗听命，竟立奇功于沮河。赵葵为制置使，见登握手曰："景宋一身胆，惜相见晚也。"俾参宣抚司兼京西两节。马光祖为制置使，辟充参谋官，迁军器少监、京西提点刑狱。

登威声日振。有余思忠及徐制几谮于光祖曰："京湖知有王景宋，不知有马制置，非久易位矣。"光祖疑焉，出登屯鄂州，后以干办钟蜚英调护，情好如初。侍御史戴庆炣劾思忠，其党过元龙、沈蓥在幕中，又倾之，以是议

论不合，才略不能施，识者惜焉。

开庆元年，登提兵援蜀，约日合战，夜分，登经理军事，忽绝倒，五藏出血。幕客唐舜申至，登尚瞠目视几上文书，俄而卒。它日，舜申舟经汉阳，有蜀声呼唐舜申者三，左右曰："景宋声也。"是夕，舜申暴卒。

杨掞，字纯父，抚州临川人。少能词赋，里陈氏馆之教子，数月拂衣去。游襄、汉，既而代陈中选，陈谢之万缗，挈以入倡楼，箧垂尽，夜忽自呼曰："纯父来此何为?"明日遂行。用故人荐，出淮阃杜杲幕，杲曰："风神如许，它日不在我下。"由是治法征谋多咨于掞。逾年，安丰被兵，掞慨然曰："事亟矣，掞请行。"乃出奇策解围，奏补七官。

掞念置身行伍间，骑射所当工，夜以青布籍地，乘生马以跃，初过三尺，次五尺至一丈，数闪跌不顾。制置使孟珙辟于幕，尝用其策为"小子房"，与之茶局，周其资用。掞以本领钱数万费之，总领贾似道稽数责偿，珙以白金六百令掞偿之，掞又散之宾客，酣歌不顾。似道欲杀之，掞曰："汉高祖以黄金四万斤付陈平，不问出入，公乃顾此区区，不以结豪杰之心邪?"似道始置之。珙尝燕客，有将校语不逊，命斩之，掞从容曰："斩之诚是，第方会客广谋议，非其时非其地也。"珙大服。未几，有大将立功，珙坐受其拜，掞为动色，因叹曰："大将立功，庭参纳拜，信兜鍪不如毛锥子也。"于是谢绝宾客，治进士业，遂登第，调麻城尉。

向士璧守黄州，檄入幕，寻以战功升三官。无何，得心疾，曰："我不可用矣。"遂调潭州节度推官。赵葵为京湖制置使，掞与偕行，王登迓于沙市，极谈至夜分，掞退曰："王景宋满身是胆，惜欠沉细者，如掞副之，何事不可为也，但恐终以勇败。"后登死，人以为知言。逾时，士璧守峡州，招之，病不果行而卒，赠架阁。

张惟孝，字仲友，襄阳人。长六尺，通《春秋》，下第，乃工骑射。城中乱，争出关，惟孝拔剑杀数人，趋白河，见一舟壮巨甚，急登之，舟人不可，惟孝曰："今日之事，非汝即我，能杀我者得此舟。"众披靡，遂以舟达鄂州。兵乱，奔沙洋，别之杰为帅，尽隘诸湖不泄水，惟孝令二人贾服前行，密窥隘兵，曰："易与耳。"乃与十骑，衣黑袍，假为敌兵，曰："后队亟至。"守隘四五百人悉溃，舟趋藕池。

开庆元年，卜居江陵，至沙市，众舟大集，不可涉。顷有峨冠张盖，从者数十，则宣抚姚希得之弟也，令曰："敢有争岸者投水中。"惟孝睥睨良久，提剑驱左右而出，举白旗大麾，令众船登岸，毋敢乱次。干官钟蜚英见而异之，以告唐舜申，舜申曰："吾故人也。"具言惟孝平生。蜚英谓曰："今日正我辈趋事赴功之秋。"惟孝不答，又叩之，则曰："朝廷负人。"明日，蜚英导希得罗致之，宴仲宣楼，蜚英酒酣曰："有国而后有家，天下如此，将安归乎?"惟孝跃然曰："从公所命。"乃请空名帖三十以还。逾旬，与三十骑俱拥甲士五千至，旗帜鲜明，部伍严肃，上

至公安，下及墨山，游踏相继。希得大喜，请所统姓名，惟孝曰："朝廷负人，福难祸易，聊为君侯纾一时之难耳，姓名不可得也。"时鼎、澧五州危甚，于是击鼓耀兵，不数日，众至万人，数战俱捷，江上平。制使吕文德招之，不就而遁，物色之不可得，或云已趋淮甸，后不知所终。

陈咸，字逢儒，监察御史升卿次子，为叔父巨卿后。登淳熙二年进士第，调内江县尉。县吏受贿，赋民不均，咸以闻于部使者，为下令听民自陈利病，而委咸均其赋。改知果州南充县，转运司辟主管文字。岁旱，税司免下户两税，转运使安节以为亏漕计，咸白安节曰："苟利于民，违之不可。"因言："今楮币行于四川者几亏三百万，苟增印百万，足以补放免之数。"安节从之。军多滥请，咸每裁损，帅属以为言，咸曰："咸首可断，滥请不可得。"蜀岁收激赏权输绢钱，民以为病，咸白安节，核入节出，奏岁减二十余万缗。擢知资州，时久旱，咸被命即请帅臣发粟二千余石以振。明年，东、西川皆旱，总制二司议蠲民赋而虑亏国课，咸请增印未补发引百有九万以偿所蠲，议遂决。大修学宫，政以最闻，改知普州。

开禧元年，边事兴，四川宣抚使程松奇其才，辟主管机宜文字。咸首贻书论兵不可轻动，劝松搜人才，练军实；考图籍以疏财用之源，视险要以决攻守之计；约大将面会，以免疑忌之嫌，捐金帛募死士，以明间探之远；出虚捣奇之策，审于当用；幸胜趋利之谋，寝而勿行。松复书深纳，然实不能用。副使吴曦蔑视松，易置将兵，不关白正使。松务为简贵，咸忧之，复说松收梁、洋以北义士为缓急用；据险阻，立关堡，杜支径以备不虞。松又不能用。迁利路转运判官。

曦叛臣于金，关外四州继没，人情大骇。咸留大安军督军粮，檄其守杨震仲振流民，备奸盗，众稍安。安丙密以曦反谋告咸，咸即遣人告松，松不之察。曦以咸蜀名士，欲首胁之以令其余，檄咸议事。咸不往，遂之利州。抵城外，伪都运使徐景望已挟兵以待台治。英宗讳日，景望大合乐以享，咸力拒之。

初，咸自大安东下，遇伪将褚青与语，青有悔意。至是，以主管文字王釜、福艾可与共事，欲结二人诛景望，烧栈阁，绝曦援兵。既而釜弃官归，咸以青不可保，谋遂沮。李道传问咸："计将安出？"咸曰："事极不过一死耳，必不为吾蜀累也。"语家子钦曰："咸受国厚恩，义当击贼，恨无兵权，独有下策，削发以全臣节。"会曦以书招之急，咸答书劝其禀命，既而欲亲谕之，遂行，遇당统领孟可道，知曦已僭乱，曰："吾书不可用矣。"还至后栈，入帐中以刀自断其结，披缁而出。景望遣兵拘咸于岸，曦闻怒甚。吴晛劝曦召咸主武兴寺，因杀之，安丙力为救解，乃得释归。曦既诛，咸语诸子曰："吾不能讨贼而弃官守，罪也。"上表自劾，安丙、杨辅等皆勉其出。丙寻奏以咸总蜀赋，从之。

时僭乱后，帑藏赤立。咸至武兴，与丙商榷利病，兵政财计，合为一家，请丙奏于朝。核诸司羡余，移支常平广惠米，铸当五钱，榜卖官，并权截四路上供，汰弱兵二

万余，规画备至，故军兴增支之数八千七百五十余万，皆不取于民。咸总赋之始，赡军帑廪缗不过一千四十五万余，粮不过九十一万余，料不过二万余。咸昼夜精勤，调度有方，不二岁，益昌大军库有楮引百八十万，成都免引场桩拨二百一十余万，城下三仓军粮四十余万石，预借米本一百一十余万，又别贮军粮百四十九万石，料七万余，而布帛丝绵、铜铁钱与祠牒不预焉。

剑外民久苦役调，或建议调东、西两路及夔路丁壮共其劳。令始下，民惮行，驰诉于安丙，乞计直输钱以免行，久而不克输者十五余万，咸蠲之。蜀钱引旧约两界五千余万，半藏于官，自军兴引散于民，宣、总二司增创三界通行八千余万，价日益落。咸捐一千二百余万缗以收十九界之半，又与丙议合茶马司之力，再收九十一界，续造九十三界以兑之，于是引价复昂，籴价顿减。

嘉陵江流忽浅，或云金人截上流，咸不动，疏而导之，自益昌至于鱼梁，馈运无阻。金州地险，咸增馈米以实之，人皆曰："金州之险，金人不可向，何益之为？"咸曰："敌至而虑，无及矣。"未几，金人犯上津，守赖以固。召为司农少卿，卒。丙列奏其功，赐谥勤节。初，宣谕使吴猎尝表其节，诏进二秩，咸乞回赠所生父母焉。

论曰：宋之辱于金久矣，值我国家兴师讨罪，声震河朔，乃遣孟珙帅师夹攻，遂灭其国，以雪百年之耻。而珙说礼乐、敦诗书，诚寡与二。杜杲、王登、杨掞、张惟孝，思以功名自见，虽所立有小大，皆奇才也。陈咸不从逆曦，虽不能死，然理财于丧乱之余，蜀赖以固守，岂不贤于匹夫之自经沟渎者哉！

卷四百一十三
列传第一百七十二

赵汝谈　赵汝谠　赵希馆　赵彦呐
赵善湘　赵与懽　赵必愿

赵汝谈，字履常，生而颖悟，年十五，以大父恩补将仕郎。登淳熙十一年进士第。丞相周必大得其文异之，语参知政事施师点曰："是子他日有大名于世。"调汀州教授，改广德军，添差江西安抚司干办公事。尝从朱熹订疑义十数条，熹嗟异之。

佐丞相赵汝愚定大策，汝愚欲骤以词掖处之，力辞去。持祖母服。汝愚去国，其弟汝谠力上疏乞留汝愚，斩侂胄，闻者吐舌。兄弟罹党祸斥去。寻调安庆府教授，添差浙东安抚司干办公事。丁母忧，免丧，召为太社令。

时侂胄用事炽甚，汝谈痛愤，登坛读祝，大呼侂胄及陈自强名。自强不能堪，它日指汝谈曰："末坐白皙者何人？"汝谈不为动。以参知政事李壁荐，召试馆职，擢正字。是时吴曦叛，上下束手，或请就以曦为王，其人造汝谈，汝谈诘之曰："孰欲王曦者，可斩！"其人面发赤不能对，遂以言去，主管崇道观。添差通判嘉兴府，与郡守王

介志合。改知无为军，与光州守柴中行、安丰守陆峻俱称循吏。

时金人内变，有旨令献料敌、备边二策。其料敌之策曰："祸乱犹在河北，未遽至河南，盖豪雄择形势，大盗窥货宝，金帛重器俱聚河北，河南无大川之为险，欲起安所凭？且金素以河南近我，置守多完颜氏亲党，其下亦令蕃汉错居，所以防虑备尽。纵彼丧乱，守将欲畔则自畔，何至相率尽反。然有天下者，自不容易一日废备，岂以金人存亡之候为吾缓急哉！"其备边之策曰："今边州大抵无城，缺兵少粮，铠仗不足。若使自办，何所取资？丐诸朝廷，安得力给？若仿古藩封，拔用英杰守郡，则并租税市权之利尽与之，免其共贡，上不置监临，下悉听选辟，民得自赋，兵得自募，凡百悉听所为。其有功者亦不遽徙，就峻爵秩，增异车服，给美田宅，官其子孙，凡可优宠，无不极至，使内为公卿，虽贵曾不如守边之乐。如此则有才者争自奋励，缓急必能出死力报上。"后河南二十余年犹为金守，宋沿边诸郡权大削，兵事无肯任责者，汝谈之言若蓍龟然。

改湖北提举常平，振饥尽力。知温州，改知外宗正，作诗勉其族属，皆望风而化。迁江西提举常平。宁宗崩，以哀痛得疾。贺理宗表，力寓劝戒。陈硕曰："此谏书也。"数丐祠，授江西转运判官，辞不获命，之官一月，以言者罢。

先是，汝谈因疾去官，言者谓其傲睨轩冕，不乐为世用。至是弥远不与祠，乃杜门著述。

端平初，以礼部郎官召，入对言："倚用老成，广集忠智，访求众敝之原，辟取可行之策，以祛积蠹之蛊，而成终泰之功者，愿加圣心焉。"又言："大佞似忠，大奸似圣，未免信向而擢任之。始未见甚失，久乃浸至差讹，则纲维之臣将不能不执，议论之士将不得不言。执之坚，宁不疑其侵权？言之数，宁不意其卖直？至是则不特是非邪正易位，而黜陟予夺失中多矣。"又言："外之得以窒吾听、杂吾目、扰吾天君者，以吾未得虚一而静之理也。苟得之，导我声色而不能入，投我宝货而不能中，扇我以功名而不能动，凝然湛然，孰得干之哉。"改秘书少监兼权直学士院。时集议出师，汝谈反覆言不可轻战，而和尤非计。既而三京收复，虽前言用兵不便者亦喜，汝谈独有忧色。未几，洛师败，朝论始服其先见。

迁宗正少卿，兼权言，兼编修国史、检讨实录，兼崇政殿说书。因讲《论语》而言汉元帝恭俭无过，惟以刚不克改，明不能烛，优柔不断，而汉业遂衰。权吏部侍郎，升侍读，兼直学士院，兼同修国史院同修撰，以所注《易》进讲。时朝议履亩称楮，汝谈言非便，连时宰意。京师军变，宰相乞贬秩，上已允，汝谈奏恐失体，持不可。草答诏，以为贬秩易，审举措难，宰相滋不悦。以言去国，提举崇禧观。起知婺州，四辞不允。至郡，力丐祠。召赴行在，四辞。

权礼部侍郎兼学士院，力辞兼直。时金兵新破，三闽增秩，称提官楮，四郡获赏。汝谈独蹙頞，登对，首疏言："边面无可倚仗，乞超越拘挛，简拔俊杰，如吴用周

瑜、鲁肃，晋任祖逖、陶侃故事，使之各分方面，连数十城，推毂授权，尽归赐履。巴蜀一人，荆襄一人，两淮各一人，一切便宜行事，不复更从中御，庶几伸缩由己，机用出心。"盖推广者备边之策。且曰："臣之此策，行于开禧未用兵之前，决不至罹今日之患。"其论楮法，尤中时敝，上称叹久之，且谓："卿文学高世，宜代予言，力辞何为？"卒以老祈免，章四上，免兼直，改侍讲。数日，仍兼直学士院，五辞。权给事中，权刑部尚书，及卒，转两官。遗表上，又转四官。

汝谈天资绝人，沈思高识，自少至老，无一日去书册。其论《易》，以为为占者作；书《尧》、《舜》二典宜合为一，禹功只施于河洛，《洪范》非箕子之作；《诗》不以《小序》为信；《礼记》杂出诸生之手；《周礼》宜傅会女主之书。要亦卓绝特立之见。为文章有天巧。笃于伦谊而忘仇怨，御史王益祥尝劾之，后汝谈官其乡，益祥愧不敢见，汝谈万数过之，相得欢甚。尝论议韩非、李斯皆有荀卿之才，惟其富贵利欲之心重，故世得而贱之，惟卿独能守其身，不苟希合，士何可不自重哉。所著有《易》、《书》、《诗》、《论语》、《孟子》、《周礼》、《礼记》、《荀子》、《庄子》、《通鉴》、《杜诗》注。

赵汝谠，字蹈中，少俶傥有轶材，智略出人上。龙泉叶适尝过其家，汝谠年少，衣短后衣，不得避。适劝之曰："名门子安可不学。"汝谠惭，自是终身不衣短后衣。折节读书，与兄汝谈齐名，天下称为"二赵"。以祖遗恩补承务郎，历泉州市舶务、利州大军仓属。从臣荐宗室之贤者，监行在右藏西库。

韩侂胄谋逐赵汝愚，汝谠兄弟昌言非是，且上言讼汝愚冤。侂胄惧其词直，使其党胡纮再攻汝愚，以汝谠兄弟受汝愚厚恩，私属为之画策，惑乱天听为言，斥使去国。坐废十年，调华亭浦东盐场，弃职去。辟浙西安抚司幕官，调签书昭庆军节度判官，皆不赴。以前官改镇东军。登嘉定元年进士第，为太社令，迁将作监簿、大理司农丞。与史弥远不合，请外，改湖南提举常平，易江西，寻提点刑狱。瑞州大姓幸氏贪徐氏田不可得，强取其禾，终不与，诬以杀婢，置徐狱。徐诉其冤，汝谠以反坐法黥窜幸氏，籍其家。幸氏走，告急于中宫，徙汝谠湖南。既至，则表直臣龚夬墓。浏阳有豪民罗氏夺民田，汝谠复惩以法。迁知温州，卒。

汝谠常言："宗子不忘君，孝子不辱身，临难则功当如朱虚，立身当如子政。"

赵希馆，字君锡，旧名希喆，登庆元二年进士第，改赐今名。少扶父丧归，道遇寇，左右骇散，希馆拊棺恸哭不慑，寇义而去。学于陈傅良、徐谊，既举进士，调汀州司户。峒寇李元砺方起，汀人震惧，郡会僚佐议守城，希馆下坐无一语，守异之曰："不言得无有所见乎？"希馆曰："守城非策也，距城三十里有关曰古城，若悉精锐以扼其冲，贼不足虑矣。"守以付希馆，人为危之。希馆至关，审形明间，申令谨候，分画粗定，贼已遣谍窥关。

希馆得谍诘之,纵其举火相示,而赢师以误之。夜半,贼数百衔枚突至,希馆列兵以待。贼且至,始命矢石俱下,贼无一免,余党闻风而遁。希馆引还,老稚罗拜相属,希馆繇他道以避之。事闻,诏升州推官,治疑狱,决滞讼,摄下邑,弭乱卒。去之日,军民遮道泣送者数十里。

调主管夔州路转运司帐司,疏大宁盐井利病,使者以诸朝,民便之。改知玉山县,未行。召对,希馆首言民力困于贪吏,军力困于偾帅,国家之力则外困于归附之卒,内困于浮冗之费;次论四蜀铨科举之弊;次论大宁盐井本末。宁宗嘉纳之。

授大理寺丞,迁大宗正丞,权工部郎官。宗姓多贫,而始生有训名,为人后有过礼,吏受赇亡艺,莫敢自陈,希馆白其长推行之。会朝议,燕邸近属赴朝参者少,命希馆易班,希馆力辞,弗克。特换授吉州刺史、提举佑神观。未几,廷臣言宗姓换班人尝举进士,请视朝士,听轮对。于是希馆次对时首论:"今日多事之际,而未有办事之人。朝绅,清选也,以缄默为清重,以刻薄为举职,以无所可否为识体。阃寄,重任也,以大言为有志,以使过为知恩。臣非敢厚诬天下以为无人,患在选择未得其道、器使未当其才尔。"授成州团练使,赐金带,令服系。以宝玺推恩,进和州防御使。

理宗即位,进潭州观察使,以公族近邸,恩特加厚。又进安德军承宣使。希馆引对,言:"初政急务,莫先于明道,总治统,收人心。"上为动容。越明年,论祠祭不蠲,禁卫不肃。慈明宫上寿,升节度,封信安郡公。卒,遗奏闻,上震悼辍视朝,赐含敛,赠以金币。

希馆风资凝重,胸抱魁垒,扬人之善,不记人之过,急人之难,不忘人之恩。居官,祁寒盛暑未尝谒告,衣食取裁足而已。追封信安郡王。

赵彦呐,字敏若,彭州人。登四川类试第。少以材称。吴曦叛,以禄禧伪守夔,彦呐结义士杀之,遂显名。

嘉定十二年,关外西和州新被兵,制使安丙檄使经理,金人再至,战却之。因请修州北水关,募民耕战以守;又劝丙尽捐关外四州租,结民兵使各自为守。皆不行。在州五年,得军民心,转提点刑狱,寻帅洮,时誉甚都。及崔与之代丙,始察其大言无实,谓他日误事省必此人,请庙堂毋付以边藩。寻夺其节制。

宝庆元年,乃移帅兴元。三年,会郑损弃四州,退保三关,彦呐力争不胜,罢归家者五年。绍定四年,桂如渊代损,起彦呐为副使,更李䕫、黄伯固,皆彦呐副之。端平元年,遂升正使,丞相郑清之趣其出兵,以应入洛之役,不从。秦、巩之豪汪世显久求内附。至是彦呐为力请数四,清之亦讫不从。三年,金人大入至三泉,彦呐大败,贬衡州,其子洸夫用事亦窜岭南,史嵩之留之江陵两年,卒。

赵善湘字清臣,濮安懿王五世孙。父武翼郎不陋,从高宗渡江,闻明州多名儒,徙居焉。善湘以恩补保义郎,转成忠郎、监潭州南岳庙,转忠翊郎,又转忠训郎。庆元二年举进士,以近属转秉义郎,换承事郎,调金坛县丞。

五年,知余姚县。

开禧元年,添差通判婺州。嘉定元年,以招茶寇功,赴都堂审察,提辖文思院。出判无为军兼淮南转运判官、淮西提点刑狱。四年,改知常州。八年,主管武夷山冲佑观。十年,知湖州。十一年,丁内艰,明年起复,知和州,三辞不获命。迁知大宗正丞兼权户部郎官,改知秘阁、淮南转运判官,兼淮西提举常平,兼知无为军。进直徽猷阁、主管淮南制置司公事,兼知庐州,兼本路安抚,仍兼转运判官、提举常平。

十三年,进直宝文阁。以平固始寇功,赐金带,许令服系。十四年,进直龙图阁、知镇江府。十七年,拜大理少卿,进右文殿修撰、知镇江府,封祥符县男,赐食邑。宝庆二年,进集英殿修撰,拜大理卿兼权刑部侍郎,进宝章阁待制、沿海制置使兼知建康府、江东安抚使兼主管行宫留守司公事。赐御仙花金带,进封子,加食邑。

绍定元年,以创防江军、宁淮军及平楚州畔寇刘庆福等功,皆升其官,进龙图阁待制,仍任,兼江东转运副使。三年,进焕章阁直学士,仍任,进封伯,加食邑。以李全犯淮东,进焕文阁学士、江淮制置使,乃命专讨,许便宜从事。四年,进封侯,加食邑。及戮全,善湘遣使以露布上,乃进兵部尚书,仍兼任。

时善湘见范、葵进取,慰藉殷勤,馈问接踵,有请必应。遣诸子屯宝应以从,范、葵亦让功督府,凡得捷,皆汝檽等握笔草报。善湘季子汝楳,丞相史弥远婿也,故奏报无不达。以平闽寇功,转江淮安抚制置使。五年,复泰州淮安州、盐城淮阴县四城,及策应京湖功,进端明殿学士,与执政恩例,仍任,升留守,加食邑。以受金枢密副使纳合买住降,复盱眙军、泗寿二州功,进资政殿学士,加食邑,遣使赐手诏、金器等物。九疏丐归,皆不许。请愈力,进大学士、提举洞霄宫,封天水郡公,加食邑。监察御史劾奏善湘,御笔以善湘有讨逆复城之功,寝其奏。

嘉熙二年,授四川宣抚使兼知成都府,未拜,改沿海制置使兼知庆元府。即丐祠,改知绍兴府兼浙东安抚使。三年,两请休致,四乞归田,复提举洞霄宫。淳祐二年,帝手诏求所解《春秋》,进观文殿学士,守本官致仕,卒。遗表闻,帝震悼辍视朝,赠少师,赙赠加等。所著有《周易约说》八卷,《周易或问》四卷,《周易续问》八卷,《周易指要》四卷,《学易补过》六卷,《洪范统论》一卷,《中庸约说》一卷,《大学解》十卷,《论语大意》十卷,《孟子解》十四卷,《老子解》十卷,《春秋三传谊议》三十卷,诗词杂著三十五卷。

赵与懽,字悦道,燕懿王八世孙。嘉定七年进士,调会稽尉,改建宁司户参军。中明法科,摄浦城县。丁父忧,作《善庆五规》示子孙。免丧,授大理评事。转对,言天变、民情、国威三事,又言:"死囚以取会驳勘,动涉岁时,类瘐死,而干证者多毙逆旅,宜精择宪臣,悉使详覆,果可疑则亲往鞠正,必情法轻重可闵,始许审奏。"

迁籍田令。久之,拜宗正寺簿,历军器监、司农寺丞,迁宗正丞兼权都官郎官,改仓部,权度支,以直宝章阁知安吉州。郡计仰榷醋，禁纲峻密，与懽首捐以予民。设铜钲县门，欲诉者击之，冤无不直。有富民诉幼子，察之非其本心，姑逮其子付狱，徐廉之，乃二兄强其父析业。与懽晓以法，开以天理，皆忻然感悟。又鏊媪仅一子，亦以不孝告，留之郡听，日给馔，俾亲馈，晨昏以礼，未周月，母子如初。二家皆画像事之。丧母，朝廷屡起之，不可，议使守边，授淮西提点刑狱，弗能夺。再期，以刑部郎官召，乞终禫，奉祠，复半载，乃趋朝。

自恢复退师，又议纳使，与懽言：“在朝迎合，政出多门，必得智识气节之士，布列中外可也。”兼权检正，迁宗正少卿兼权户部侍郎，寻兼知临安府、浙西安抚使，同详定，剖决明畅，罪者咸服。郊祀之夕，大风雷，与懽言国本未定，又陈弭盗固本之策。有以刑罚术数言于帝者，与懽言：“导民有本。如臣待罪天府，岂遽能及民，惟其真实相孚，待以不扰，数月而庭讼弥寡。人心本善，有感必从。或谓厉以威、待以术者，非知本之论。”且言：“朝令夕改，非以示作新；旁蹊曲径，非以肃纪纲。”帝为悚然。又建言：“秦刻颁有‘端平法度’语。”

明年改元嘉熙，襄、蜀残破，或望风弃地，召见便殿，言：“韩琦当仁宗朝，犹昼夜泣血。今主忧臣辱矣。”因具言防边之道，其后多见施行。与懽招刺三千人为忠毅军，又言：“禁卫虚籍及京口诸郡，悉宜募兵，统以郡将，财先赡军，余始上供，乞省不急之费。”荐文武士四十人。迁户部侍郎兼权兵部尚书，论边事至为深切。

星变，上章请罢。大火，力言灾变之烈，谓：“臣罪擢发莫数，犹欲以去国为言，少悟上听。愿祇畏天威，思以实德及民，始自上躬，痛加节约，广推振恤。”五请窜。于是中书方大琮言：“与懽素自洁修，疏财轻爵，人所共知，不幸遇此，观其待罪之章，恳切至到，未尝不叹其知义也。乞俞所请，使小大之臣，皆知引咎。”乃收一阶。寻复之。与懽请先叙复升降官属，又言：“艰难不可为之时，当慷慨厉志，深为人才兵力思。”迁户部尚书兼权吏部，累乞祠，不许。

论楮币自嘉定以一易二，失信天下，尝出内帑收换，屡称提而折阅益甚。尝请两界并展十年勿议造新，责州县毋以损污抑沮，至是遂请不立界限以绝其疑，所以区画者甚备。其后诏宰相遍询侍从，与懽又以前说陈之。有欲以端平钱当五行使，与懽谓：“开禧尝以二当三，何救于楮。”且曰：“士大夫不清白奉法，恪意扶持，虽日易一法，无救于楮，而国非其国矣。法削国弱，能独享富贵乎？”每言“端平以来，窜赃吏，禁苞苴，戒奔竞，戢横敛，而风俗沈痼自若。或口仁义而身市井，率以欺君为常，肥家为乐，遂临事乏使，而小人得从旁乘间窃取官爵矣”。疏乞：“别邪正，警偷惰，奖用恬退直之士，以绝躁竞浮靡之习。内廷有关于除授者必斥，暗室有涉于谤议者必思，清心寡欲，以革酤歌黩货之风，其机皆自陛下始。”又言：“军政弛而尺籍不明，总兵者或缘功赏开嫌隙，内则班行惟求速化，守牧类多贪庸，楮事日非，浮冗不节，指陈无虚日。”

大风震雷数见，因具陈边事，且言：“人才国用，民力兵威，愿乘此机，加意根本，勿徒困精神于除授，老岁月于行移，委公道于私情，付事功于无可奈何也。”迁吏部尚书。讲筵言：“膏雨不降，星变频仍。在京物价腾踊，民讹士噪；在外兵权涣散，流民充斥。登崇元老，并建宰辅，谓宜风采振扬，而事势犹若此，士大夫未必任天下之责，天下未必知陛下之志。”力求归田，会潮汐啮堤，执政道帝意留治之，手诏云：“忠正廉勤，无如卿者。”授端明殿学士、知临安府、浙西安抚使。江堤竣事，狱空，力丐罢。依旧端明殿学士，提举万寿观。提领户部财用兼侍读兼修国史、实录院修撰。奉朝请，出关，遣使趣还。

会饥民相携溺死，帝仍付临安府事，恩例视执政。与懽涕泣奉诏，亟榜谕曰：“今申奏振救，宜忍死须臾各全性命，伫沐圣恩。”郡人相谓毋死。与懽上则祈哀公朝，下则推诚劝分，甘雨随至，米商来集，流移至者有以济之。力求纳禄，授资政殿学士、提举万寿观兼侍读、监修国史、实录院修撰。奉朝请，与懽至浙江，上召还，即日绝江去，帝为怅然。与懽三为府尹，尽力民事，都人称“赵端明”，必以手加额曰“赵佛子”也。

久之，以旧职知温州，政事必亲，吏不敢欺，创水砦，修贡院。以侍读召，辞，不许。入对，言爵禄之滥，因及国本事。五丐归，又不许。进《春秋解》，升大学士，荐士六十人。史嵩之将复入相，而人言不已，帝以问与懽。言：“嵩之老师费财，私昵贪富，过立名誉，必不宜复用。”时嵩之犹子璟卿诵言其过忽毙，而杜范、刘汉弼、徐元杰三贤暴死，人皆疑嵩之致毒。与懽请优恤汉弼、元杰家，帝从之，而优恤手诏，则与懽所拟入也。

又请以兵财分任辅臣。在讲筵言：“以坏证付庸医，仅支残息，徒运巧心，天下事尚堪再误耶？”时相忌之。寻授安德军节度使、开府仪同三司、万寿观使。日食，应诏言事益切。月赐内帑，与懽辞不受。帝书“安贫乐道，植节秉忠”字赐之。建储未定，乃申言之，又言：“人才乏使，赇吏不俊，民昔流而南，今流而北，盗昔伏于远，今伏于近，体认不真，贤否无别，国将谁与立邪？愿富一代之储，使小人无间可投，以绝隐伏之祸。”帝为改容。

袁州宋斌少从黄榦、李燔登朱熹之门，学禁方严，羁旅困沮，年且八十，与懽延之，事以父行，奏乞用旌礼布衣故事，死葬西湖上，岁一祭焉。帝逐二谏臣，与懽力争之。五乞免朝请，三乞致仕，俱不允，赐《泰卦诗》、《忠邪辨》。自是，国事皆缕缕言之，有不胜书，盖其爱君忧国，本诸天性。拜少傅，卒，遗表犹不忘规正。帝震悼辍朝，赙赠有加，诏有司治葬，赠少师，追封奉化郡王，谥清敏，累赠太师。

手注《六经》及《仁皇训典详释》，又有《高宗宝训要释》、奏议、诗文百卷。与懽尝谓：“士大夫有贪声，则虽奇才奥学，徒以蠹国害民尔。”故敛之夕，而金带犹质钱民家云。

赵必愿，字立夫，广西经略安抚崇宪之子也。未弱冠，丁大母忧，哀毁骨立。服阕，以大父汝愚遗表，补承务郎。

开禧元年，铨监平江府粮料院，调常熟丞。嘉定七年举进士,知崇安县,剖判如流,吏不能困。修学政,立催科法,列户名为三等,以三期为约,足者旌之,未足者宽以趣之,逾期不纳者里胥程督之,民皆感怿愿输。革胥吏窜盐之敝。擅发光化社仓活饥民,帅怒,逮吏欲惩之,必愿曰:"刍牧职也,吏何罪。"束檎俟遣,帅无以诘而止。旧有均惠仓,无所储,必愿捐缗钱增籴,至二千石。力主义役之法,乡选善士,任以推排,入资买田助役,则勉有产之家,有感化者,出己田以倡,遂遍行一邑,上下便之。台府以闻,下其式八郡四十八县。秩满,民共立祠刻石。

授湖、广总所干办公事。丁父忧,居丧尽礼,贻书问学于黄榦。服除,差充两浙运司主管文字。再考,特差充提领安边所主管文字。差知全州,陛辞,奏乞下道、江二州访周惇颐之后。知常州,改知处州,陈折帛纳银之害,皆得请。移泉州,罢白土课及免差吏榷铁,讽诸邑行义役。秋旱,力讲行荒政,乞拨永储、广储二仓米振救。差主管官告院。越五日,诏依旧主管官告院兼知台州,一循大父之政,察民疾苦,抚摩凋瘵,修养济院,建陈瓘祠,政教兼举。

端平元年,以直秘阁知婺州。至郡,免催绍定六年分小户绫罗钱三万缗有奇。立淳良、顽慢二籍,劝惩人户。措置广惠仓及诸仓积谷。奏乞宽减内帑绫罗,申省免用旧例,预解诸色窠名钱,罢开化税场。迁太府寺丞,寻迁度支郎中。诏以汝愚配享宁宗,从必愿请也。兼右司郎中,引见,疏言:

陛下英明密运,断出于独,固欲一切转移之。然而大权若在我,或者犹有下移之疑;众正若已开,或者犹有旁径之疑。策免二相,销天变也,去者固难以复留,留者恐终于引去。虚鼎席以待故老,疑者或意其未必来,而况在数千里之外;责次补以任大政,疑者或意其不敢专,况于不安其位。中书,政之本也。今果何时,尚可含糊意向以启天下之疑乎?亲擢台谏,开言路也,用之未久者,何为轻于易去?去之未几,何为使之复来?召于外服者,不知果能用之而必坚;除目周行者,不知果能听之而无讳乎?

朝廷除授,军国赏罚,本至公也,今有姓名未达于庙堂,而迁擢忽由于中出,斥逐三衙,竟不指名罪状,而人始得以疑陛下矣。一除目之颁,一号令之出,虽未必由于阉宦,而人或疑于阉宦;虽未必由于私谒,而人或疑于私谒;虽未必由于戚畹宗邸,而人或疑于戚畹宗邸。夫天下者,祖宗之天下也,非陛下所私有也,陛下虽有去敝之心,而动涉可疑之迹,陛下亦何乐于此。

时论伟之。

三京兵败,边事甚亟,诏条上守御计,必愿言十事:下哀痛之诏,合江淮之兵,救江陵之急,节财用之宜,縻议和之使,抚无归之民,处北来之众,置镇抚之使,择帅阃之代,拔未用之将,皆切于边要。政府议楮币日轻,欲令诸州再用印及他为称提之法,必愿力争不可。嘉熙元年,贻书政府,论边防事宜,授右司郎中。

火灾,必愿应诏上封事,曰:"开边稔祸之刑,牵制而未行;激变弃城之戮,姑息而未举。京、襄沦没,祖宗之基业莫能保;淮、蜀蹂躏,赤子之冤魂无所依。履亩之令下而加以抑配,称提之法严而重以告讦。民无盖藏,每有转壑之忧;士不宿饱,常有思乱之志。"又曰:"台谏、给舍骨鲠之论莫容;左右便嬖浸润之言易入。春夏常享,阙略于原庙之尊;节钺隆恩,殷勤于邸第之贵。"又曰:"必也正故相专国之罪,严贪夫徇国之诛,思室鬼高明之瞰。先编氓,后亲贵,去木妖竞治之衅;尚坚固,革奢华,戒宴殿无度之宴酣,节内庭不急之营缮。"又论济王及国本事。

迁左司郎中,又迁司农少卿兼左司。转对,言:"正气日消月沮,驯至今日,非惟搢绅不肯论事,下至草茅之士,皆结舌矣。端平初年,沉疴方去,新病未作,陛下犹勤于咨访,如恐不及。今疾攻心腹,决裂将溃,乃不求瞑眩之剂以起其殆,甚可惑也。"又曰:"毋使人臣以指斥怀疑,毋致陛下以厌言得谤。"时直士相继去,故必愿及之。兼敕令所删修官,拜司农卿,兼职如故。翼日,改宗正少卿,仍兼删修敕令兼国史编修实录检讨,寻兼左司,迁太府卿,仍兼编修、检讨,迁宗正少卿。诏依旧太府卿,仍兼职,且兼中书门下检正诸房公事。转对,言:"中才庸主,惟其无所知觉,故言不可入,而败亡随之。陛下作敬天之图,朝夕对越,谓宜天意可回,而荧惑失度,郁攸煽灾,迫近禁门,几毁左藏。烟埃方息,白昼阴星,贯日之虹,胁阳之雹,叠见层出。陛下观时察变,何由致此?今日之事,动无良策,惟在侧身修行,祈天永命而已。"迁起居舍人,兼职仍旧。

大水,上封事曰:"海潮毁隘,侵迫禁城,灾异之来,理不虚发,必上畏天戒,下修人事,易沴召和,转移于陛下方寸间耳。"又曰:"《周官》国有大事,则举大询之理。今日之事迫矣,谓宜合众谋,屈群策,上而搢绅,下而刍荛,各陈所见,择其可用之策,以授任事之臣,庶几千虑一得,以成天下人不因之意。"暂兼权右郎官。言:"财非天雨鬼输,岂可轻施妄用。长此不已,必至颠覆,异时或得罪。今之大夫不能为国生财,程异、皇甫镈之徒乘间捷出,推敲克剥,以术相胜,凿空取办,以计巧取,事搂敛,献羡余,间架缗钱之令下,而唐祚愈促敛。愿陛下精思熟虑,约己爱民,必如勾践之卧薪尝胆,必如卫文公之帛衣布冠,可也。"权吏部右侍郎,乞免兼检正,从之。兼国史修撰。

时边事急,必愿应诏言:"宜敕彭大雅自重庆领王青之兵东下以复夔,责李安民及归、峡二守以自效,调一将督中流之师,以伐其顺流之谋,调一将自间道出鼎、澧之后,以折其捣虚之锋,调一将助芮兴之势,以备江陵之急。又宜下湖南遣飞军及团结民兵之类守沅江、益阳江,以防冲突长沙,尽收江上民船,毋资敌用。"区画皆中事机。暂兼权侍左侍郎。李宗勉每称其平允。暂兼权户部侍郎,兼同详定敕令。请立国本,请亲祷雨。迁户部侍郎,暂兼给事中。

先是,钱相尝缴陈洵益赠节使不行,必愿复缴奏曰:"李韶向为殿中侍御史,疏论洵益,乞予外祠,以绝窥伺,陛下不行其言，复夺其职，韶不能自安，径求外补。今召之不至，正以此故。若超赠洵益，又缴驳不行，韶愈无来期矣。陛下忍于去一贤从官，而不忍于沮一已死之内侍，则何以兴起治功，振扬国势？欲望寝洵益节钺，趣韶供职。"于是必愿三以疾乞祠，不许。

权户部尚书，疏言："端平元年，洛师轻出。明年，德安失，襄阳失。又明年，固始失，定远失，六安失，鄂、复、荆门失，蜀道蹂，成都破。又明年，夔、峡徙，浮光降。又明年，滁阳歼。越二年，寿春弃。明年，真阳扰，安丰危，成都遗烬，麾有孑遗。"又曰："去冬安丰危而复安，特天幸尔。君臣动色，太平自贺。雷作于雪宴之先期，蜀警于大宴之肸命，戒心一弛，赫鉴已随之矣。"又乞"谕太府丞，核户部收支数目，庶见多寡盈虚之实，有余则储之以待朝廷之取拨，阙则助之以示宫府之一体。"二疏诋丞相史嵩之，乞免官、乞祠，皆不许。以司谏郑起潜论列，以宝谟阁直学士奉祠；辞职名，不许。淳祐五年，以华文阁直学士知福州、福建安抚使，三辞，不许。闽人闻必愿至，欣然叹羡。

必愿平易以近民，忠信以厚俗，恻怛以勤政，行乡饮酒，旌退士，奖高年，裁僧寺实封之数。尤留意武事，甫入境，即以军礼见戎帅，申明左翼军节制事宜，措置海道修水，教士卒知劝。居官四年，累乞归，及命召，又三辞，皆不许。卒，遗表上，赠银青光禄大夫。

必愿才周器博，心平量广，而又禀闻家庭忠孝之训、师友正大之言，故所立卓然可称云。

论曰：宋之公族，往往亦由科第显用，各能以术业自见，汝谈、汝谠、希馆是已。彦呐帅边而堕功，亦由庙算之短。善湘父子克平大盗。与懽以长者称。必愿世济其美，可谓信厚之公子矣。

卷四百一十四
列传第一百七十三

**史弥远　郑清之　史嵩之
董槐　叶梦鼎　马廷鸾**

史弥远，字同叔，浩之子也。淳熙六年，补承事郎。八年，转宣义郎，铨试第一，调建康府粮料院，改沿海制置司干办公事。十四年，举进士。绍熙元年，授大理司直。二年，迁太社令。三年，迁太常寺主簿，以亲老请祠，主管冲佑观。丁父忧。庆元二年，复为大理司直，寻改诸王宫大小学教授。轮对，乞旌廉洁之士，推举荐之赏，浚沟洫，固堤防，实仓廪，均赋役，课农桑，禁末作，为水旱之备；茸城郭，修器械，选将帅，练士卒，储粟谷，明烽燧，为边鄙之防。丞相京镗屏左右曰："君他日功名事业过镗远甚，愿以子孙为托。"四年，授枢密院编修官，迁太常丞，寻兼工部郎官，改刑部。六年，改宗正丞。丐外，知池州。嘉泰四年，提举浙西常平。开禧元年，授司封郎官兼国史编修、实录检讨，迁秘书少监，迁起居郎。二年，兼资善堂直讲。

韩侂胄建开边之议，以坚宠固位，已而边兵大衄，诏在位者言事，弥远上疏曰："今之议者，以为先发者制人，后发者制于人，此为将之事，施于一胜一负之间，则可以争雄而捷出。若夫事关国体、宗庙社稷，所系甚重，讵可举数千万人之命轻于一掷乎？京师根本之地，今出戍既多，留卫者寡，万一盗贼窃发，谁其御之？若夫沿江屯驻之兵，各当一面，皆所以拱护行都，尤当整备，继今勿轻调发，则内外表里俱有足恃，而无可伺之隙矣。所遣抚谕之臣，止令按历边陲，招集遗寇，戒饬将士，固守封圻。毋惑浮言以挠吾之规，毋贪小利以滋敌之衅，使民力愈宽，国势愈壮，迟之岁月，以俟大举，实宗社无疆之福。"

奏方具，客曰："侂胄必以奏议占人情，大夫人年高，能无贻亲忧乎？"弥远曰："时事如此，言入而益于国，利于人，吾得罪甘心焉。"封鄞县男兼权刑部侍郎。三年，改礼部兼同修国史、实录院同修撰，仍兼刑部。

兵端既开，败衄相属，累使求和，金人不听。都城震摇，宫闱疑惧，常若祸在朝暮，然皆畏侂胄莫敢言。弥远力陈危迫之势，皇子询闻之，亟具奏，乃罢侂胄并陈自强右丞相。既而台谏、给舍交章论驳，侂胄乃诛诛。召弥远对延和殿，帝欲命为签书枢密院事，力辞，乃迁礼部尚书兼国史实录院修撰。

询立为太子，兼詹事，遣使诣金求和，金人以大散隔牙二关、濠州来归，疏奏："今两淮、襄、汉沿边之地，疮痍未瘳，军实未充。当勉厉将帅，尽吾委寄之诚；简阅士卒，核其尺籍之阙。缮城堡，茸器械，储糗粮。当聘使既通之后，常如干戈未定之日，推择帅守以壮藩屏之势，奖拔智勇以备缓急之求。"拜同知枢密院事兼太子宾客，进封伯。

嘉定元年，迁知枢密院事，进奉化郡侯兼参知政事，拜右丞相兼枢密使兼太子少傅，进封国公。丁母忧，归治葬，太子请赐第行在，令就第持服，以便咨访。二年，以使者趣行急，乃就道，起复右丞相兼枢密使兼太子少师。四年，落起复。雪赵汝愚之冤，乞褒赠赐谥，厘正诬史，一时伪学党人朱熹、彭龟年、杨万里、吕祖俭虽已殁，或褒赠易名，或录用其后，召还正人故老于外。十四年，赐家庙祭器。

宁宗崩，拥立理宗，于是拜太师，依前右丞相兼枢密使，进封魏国公，六辞不拜，因乞解机政，归田里，亟出关，帝从之。宝庆二年，拜少师，赐玉带。劝上倾心顺承以事太后，力学修德以答皇天眷祐，以副四海归戴。绍定元年，上太后尊号，拜太傅，八辞不拜。夏，得疾，累疏乞归，不许。都城灾，五疏乞罢斥，乃降封奉化郡公。五年春，复爵。六年，将拜太师，三具奏辞，乞免出命，不许。乃拜太师，依前右丞相兼枢密使、鲁国公，又三具奏辞。绍定五年，上疏乞谢事，拜太傅。未几，拜太师、左丞相兼枢密使。上疏乞解机政，依前太师特授保宁、昭信军节度使，充醴泉观使，进封会稽郡王。卒，遗表闻，帝震悼，辍朝三日，特赠中书令，追封卫王，谥忠献。户部支赙赠银绢以千计，内帑特颁五千匹两，遣使祭奠。及其丧还，遣礼官致路祭于都门外，赐襚、佩玉、黝缥。

初，诛李全，复淮安，克盱眙，第功行赏，诸将皆望不次拔擢。或言于弥远，弥远曰："御将之道，譬如养鹰，饥则依人，饱则扬去。曹彬下江南，太祖未肯以使相与之。况今边戍未撤，警报时闻，若诸将一一遂其所求，志得意满，猝有缓急，孰肯效死？"赵善湘以从官开阃，指授之功居多，日夜望执政。弥远曰："天族于国有嫌，高宗有诏止许任从官，不许为执政。绍熙末，庆元初，因汝愚、彦逾有定策功，是以权宜行之。某与善湘姻家，则又岂敢。"弥远亲密友周铸、兄弥茂、甥夏周篆皆寄以腹心，人皆谓三人者必显贵，然铸老于布衣，弥茂以执政恩入流，周篆以捧香恩补官，俱止训武郎而已。

初，弥远既诛韩侂胄，相宁宗十有七年。迨宁宗崩，废济王，非宁宗意。立理宗，又独相九年，擅权用事，专任憸壬。理宗德其立己之功，不思社稷大计，虽台谏言其奸恶，弗恤也。弥远死，宠渥犹优其子孙，厥后为制碑铭，以"公忠翊运，定策元勋"题其首。济王不得其死，识者群起而论之，而弥远反用李知孝、梁成大等以为鹰犬，于是一时之君子贬窜斥逐，不遗余力云。

郑清之，字德源，庆元之鄞人。初名燮，字文叔。少从楼昉学，能文，楼钥亟加称赏。嘉泰二年，入太学。十年，登进士第，调峡州教授。帅赵方严重，靳许可，清之往白事，为置酒，命其子范、葵出拜，方掖清之无答拜，且曰："他日愿以二子相累。"湖北茶商群聚暴横，清之白总领何炳曰："此辈精悍，宜籍为兵，缓急可用。"炳亟下召募之令，趋者云集，号曰"茶商军"，后多赖其用。调湖、广总所准备差遣、国子监书库官。十六年，迁国子学录。丞相史弥远与清之谋废济国公，事见《皇子竑传》。俄以清之兼魏惠宪王府教授，迁宗学谕，迁太学博士，皆仍兼教授。宁宗崩，丞相入定策，诏旨皆清之所定。

理宗即帝位，授诸王宫大小学教授，迁宗学博士、宗正寺丞兼权工部郎、兼崇政殿说书。帝问外人因阁子库进丝履有谤议，清之言："禁中服用颇事新洁者。"帝曰："故事，月进鞾数两，朕非敝不易，何由致谤？"清之奏："孝宗继高宗，故俭德易章，陛下继宁考，故俭德难著。宁考自奉如寒士，衣领重浣，革舄屦补，今欲俭德著闻，须过于宁考方可。"帝嘉纳。

宝庆元年，改兼兵部兼国史院编修官、实录院检讨官，迁起居郎，仍兼史官、说书、枢密院编修官。二年，权工部侍郎，暂权给事中，进给事中，升兼同修国史、实录院同修撰。绍定元年，迁翰林学士、知制诰兼侍读，升兼修国史实录院修撰、端明殿学士、签书枢密院事。三年，授参知政事兼签书枢密院事。四年，兼同知枢密院事。六年，弥远卒，命清之为右丞相兼枢密使。

端平元年，上既亲总庶政，赫然独断，而清之亦慨然以天下为己任，召还真德秀、魏了翁、崔与之、李壄、徐侨、赵汝谈、尤焴、游似、洪咨夔、王遂、李宗勉、杜范、徐清叟、袁甫、李韶，时号"小元祐。"大者相继为宰辅，惟与之终始辞不至，遗逸如刘宰、赵蕃皆见旌异。是时金虽亡而入洛之师大溃。二年，上疏乞罢，不可，拜特进、左丞相兼枢密使。三年八月，霖雨大风，四疏丐去。九月，禋祀雷变，请益力。乃改观文殿大学士、醴泉观使兼侍读，四疏控辞，依旧大学士、提举洞霄宫。及闻边警，密疏："恐陛下忧悔太过，以沮清明之躬，累刚大之志。"嘉熙三年，封申国公。四年，遣中使赐御书"辅德明谟之阁"，赐楮十万缗为筑室，乃日与宾客门生相羊山水间。

淳祐四年，依前观文殿大学士、醴泉观使兼侍读，屡辞不允，拜少保、观文殿大学士、醴泉观使兼侍读，进封卫国公。趣入见，有旨赐第。五年正月，上寿毕，亦疏丐归，不允。拜少傅，依前观文殿大学士、醴泉观使兼侍读，进封越国公。居无何，丧其子士昌，决意东还，又不许。拜少师、奉国军节度使，依前醴泉观使兼侍读、越国公，赐玉带，更赐第于西湖之渔庄。进读《仁皇训典》，谓："仁祖之仁厚，发为英明，故能修明纪纲，而无宽弛不振之患；孝宗之英明，本于仁厚，故能涵养士气，而无矫励峭刻之习。盖仁厚、英明二者相须，此仁祖、孝宗所以为盛也。"帝褒谕之。

六年，拜太保，力辞。故事，许回授子孙，清之请追封高祖洽，帝从之，盖异恩也。七年，拜太傅、右丞相兼枢密使、越国公。中使及门，清之方放浪湖山，寓僧刹，竟夕不归。诘旦内引，叩头辞免，帝勉谕有外间所不及知者。甫退，则中使接踵而至。或请更化改元，清之曰："改元，天子之始事，更化，朝廷之大端，汉事已非古，然不因易相而为之。"

帝以边事为忧，诏赵葵以枢使视师，陈韡以知枢密院事帅湖、广，二人方辞逊，会清之再相，力主之，科降辟置无所留难，葵、韡遂往。于是战于泗水、涡口、木库，皆以捷闻。九年，拜太师、左丞相兼枢密使，辞太师不拜，依前太傅。每谓天下之财困于养兵，兵费困于生券，思所以变通之，遇调戍边疆，命枢属量远近以便其道途，时缓急以次其遣发。又议移岁调兵屯以戍淮面，并军分头目以节廪稍，先移镇江策胜一军屯泗水，公私便之。

诸路亏盐，执其事者破家以偿，清之核其犯科者追理，挂误者悉蠲之，全活甚众。沿江算舟之赋素重，清之次第停罢，如池之雁汊有大法场之目，其钱分隶诸司，清之奏罢其并缘渔取者，盖数倍公家之入，合分隶者从朝廷偿之。报下，清之方与客饮，举杯曰："今日饮此酒殊快！"四上谢事之章。

十年，进《十龟元吉箴》，一持敬，二典学，三崇俭，四力行，五能定，六明善，七谨微，八察言，九惜时，十务实。疏奏："敬天之怒易，敬天之休难，天怒可忧而以为易，天休可喜而以为难，何哉？盖忧则惧心生，惧则怒可转而为休；喜则玩心生，玩则休或转而为怒。"帝大喜，命史官书之，赐诏奖谕。十一年，十疏乞罢政，皆不许。拜太师，力辞。有事于明堂，有旨阁门给扶掖二人，再赐玉带，令服以朝。十一月丁酉，退朝感寒疾，甚危，犹以未得雪为忧。俄大雪，起曰："百官贺雪，上必甚喜。"命掬雪床前观之。累奏乞罢政，不允，奏不已，拜太傅、保宁军节度使充醴泉观使，进封齐国公致仕。卒，遗表闻，帝震悼，辍朝三日，特赠尚书令，追封魏郡王，赐谥忠定。

清之不好立异，汤巾尝论事侵清之，及清之再相，巾求去，清之曰："己欲作君子，使谁为小人。"力挽留之。徐清叟尝论列清之，乃引之共政。赵葵视师年余，乞罢，上未有以处之，清之曰："非使作相不足以酬劳，陛下岂以臣故耶？臣必不因葵来遽引退，臣愿为左，使葵居右。"上讫从之，然葵竟不果来。

清之代言奏对，多不存稿，有《安晚集》六十卷。清之自与弥远议废济王竑，立理宗，骎骎至宰辅，然端平之间召用正人，清之之力也。至再相，则年齿衰暮，政归妻子，而闲废之人或因缘以贿进，为世所少云。

史嵩之，字子由，庆元府鄞人。嘉定十三年进士，调光化军司户参军。十六年，差充京西、湖北路制置司准备差遣。十七年，升干办公事。宝庆三年，主管机宜文字，通判襄阳府。绍定元年，以经理屯田，襄阳积谷六十八万，加其官，权知枣阳军。二年，迁军器监丞兼知枣阳军，寻兼制置司参议官。三年，枣阳屯田成，转两官。以明堂恩，封鄞县男，赐食邑。以直秘阁、京西转运判官兼提举常平兼安抚制置司参议官。四年，迁大理少卿兼京西、湖北制置副使。五年，加大理卿兼权刑部侍郎，升制置使兼知襄阳府，赐便宜指挥。六年，迁刑部侍郎，仍旧职。

端平元年，破蔡灭金，献俘上露布，降诏奖谕，进封子，加食邑。移书庙堂，乞经理三边，不合，丐祠归侍，手诏勉留之。会出师，与淮阃协谋掎角，嵩之力陈非计，疏为六条上之。诏令嵩之筹画粮饷，嵩之奏言：

臣熟虑根本，周思利害，甘受迟钝之讥，思出万全之计。荆襄连年水潦螟蝗之灾，饥馑流亡之患，极力振救，尚不聊生，征调既繁，夫岂堪命？其势必至于主户弃业以逃亡，役夫中道而窜逸，无归之民，聚而为盗，饥馑之卒，未战先溃。当此之际，正恐重贻宵旰之虑矣。兵民，陛下之兵民也，片纸调发，东西惟命。然事关根本，愿计其成，必计其败，既虑其始，必虑其终，谨而审之，与二三大臣深计而熟图之。

若夫和好之与进取，决不两立。臣受任守边，适当事会交至之冲，议论纷纭之际。雷同而附，以致误国，其罪当诛；确守不移之愚，上迕丁宁之旨，罪亦当诛。迕旨则止于一身，误国则天下。

丞相郑清之亦以书言勿为异同，嵩之力求去。

朝陵之使未还，而诸军数道并进，复上疏乞黜罢，权兵部尚书，不拜。乞祠，进宝章阁直学士，提举太平宫，归养田里。寻为华文阁直学士知隆兴府兼江西安抚使。帝自师溃，始悔不用嵩之言，召见，力辞，权刑部尚书。引见，疏言结人心、作士气、核实理财等事。且言："今日之事，当先自治，不可专恃和议。"乞祠，以前职知平江府，以母病乞侍医药，不俟报可而归。进宝章阁学士、淮西制置使兼沿江制置副使兼知鄂州。既内引，赐便宜指挥，兼湖、广总领兼淮西安抚使。嘉熙元年，进华文阁学士、京西荆湖安抚制置使，依旧沿江制置副使兼节制光、黄、蕲、舒。乞免兼总领，从之。

庐州围解，诏奖谕之。以明堂恩，进封伯，加食邑。条奏江、淮各三事，又陈十难，又言江陵非孟珙不可守，乞勉谕之。汉阳受攻，嵩之帅师发江陵，奏诛张可大、窜卢普、李士达，以其弃城也。二年，黄州围解，降诏奖谕，拜端明殿学士，职任依旧，恩数视执政，进封奉化郡侯，加食邑。诏入觐，拜参知政事，督视京西、荆湖南北、江西路军马，鄂州置司，兼督视淮南西路军马兼督视光、蕲、黄、夔、施州军马，加食邑。城黄州。十一月，复光州。十二月，复滁州。三年，授宣奉大夫、右丞相兼枢密、都督两淮四川京西湖北军马，进封公，加食邑，兼督江西、湖南军马，改都督江、淮、京、湖、四川军马。荐士三十有二人，其后董槐、吴潜皆号贤相。

复信阳，以督府米拯淮民之饥。六月，复襄阳，嵩之言："襄阳虽复，未易守。"自是边境多以捷闻，降诏奖谕。四年，乞祠，趣召奏事，转三官，依前右丞相兼枢密使，眷顾特隆，赐赉无虚日。久旱，乞解机政。地震，屡疏乞罢免，皆不许。淳祐元年，进《玉斧箴》。安南入贡，不用正朔，嵩之议用范仲淹却西夏书例，以不敢闻于朝还之。二年，进高、孝、光、宁《帝纪》，《孝宗经武要略》，《宁宗实录》、《日历》、《会要》、《玉牒》，进金紫光禄大夫，加食邑。是冬，封永国公，加食邑。四年，遭父丧，起复右丞相兼枢密使。累赐手诏，遣中使趣行。于是太学生黄恺伯、金九万、孙翼凤等百四十四人，武学生翁日善等六十七人，京学生刘时举、王元野、黄道等九十四人，宗学生与寰等三十四人，建昌军学教授卢钺，皆上书论嵩之不当起复，不报。将作监徐元杰奏对及刘镇上封事，帝意颇悟。

初，嵩之从子璟卿尝以书谏曰：

伯父秉天下之大政，必办天下之大事；膺天下之大任，必能成天下之大功。比所行浸不克终，用人之法，不待举削而改官者有之，谴责未几而旋蒙叙理者有之，丁难未几而遽被起复者有之。借曰有非常之才，有不次之除，酬恩异赏，所以收拾人才，而不知斯人者果能运筹帷幄、献六奇之策而得之乎？抑亦献略幕宾而得之乎？果能驰身鞍马，效一战之勇而得之乎？抑亦效犨奴仆而得之乎？徒闻包苴公行，政出多门，便嬖狎昵，狼狈万状，祖宗格法，坏于今日也。

自开督府，东南民力，困于供需，州县仓卒，匮于应办。辇金帛，辊刍粟，络绎道路，曰一则督府，二则督府，不知所干者何事，所成者何功！近闻蜀川不守，议者多归退师于鄂之失。何者？分戍列屯，备边御戎，首尾相援，如常山之蛇。维扬则有赵葵，庐江则有杜伯虎，金陵则有别之杰。为督府者，宜据鄂渚形势之地，西可以援蜀，东可以援淮，北可以镇荆湖。不此之图，尽损藩篱，深入堂奥，伯父谋身自固之计则安，其如天下苍生何！

是以饥民叛将，乘虚搞危，侵轶于沅、湘，摇荡于鼎、澧。为江陵之势苟孤，则武昌之势未易守；荆湖之路稍警，则江、浙之诸郡焉得高枕而卧？况杀降失信，则前日彻疆之计不可复用矣；内地失护，则前日清野之策不可复施矣。此隙一开，东南生灵特几上之肉耳。则宋室南渡之疆土，恶能保其金瓯之无阙也。盍早为之图，上以宽九重宵旰之忧，下以慰双亲朝夕之望。不然，师老财殚，绩用不成，主忧臣辱，公论不容。万一不畏强御之士，绳以《春秋》之法，声其讨罪不效之咎，当此之时，虽优游菽水之养，其可得乎？异日国史载之，不得齿于赵普开国勋臣之列，而乃厕于蔡京误国乱臣之后，遗臭万年，果何面目见我祖于地下乎？人谓祸起萧墙，危如朝露，此愚所痛心疾首为伯父苦口极言。

为今之计，莫若尽去在幕之群小，悉召在野之君子，相与改弦易辙，戮力王事，庶几失之东隅，收之桑榆矣。如其视失而不知救，视非而不知革，薰莸同器，驽骥同枥，天下大势，駸駸日趋于危亡之域矣。伯父与璟卿，亲犹父子也，伯父无以少年而忽之，则吾族幸甚！天下生灵幸甚！我祖宗社稷幸甚！居无何，璟卿暴卒，相传嵩之致毒云。嵩之为公论所不容，居闲十有三年。宝祐四年春，授观文殿大学士，加食邑。八月癸巳卒，遗表上，帝辍朝，赠少师、安德军节度使，进封鲁国公，谥忠简，以家讳改谥庄肃。德祐初，以右正言徐直方言夺谥。

董槐，字庭植，濠州定远人。少喜言兵，阴读孙武、曹操之书，而曰："使吾得用，将汛扫中土以还天子。"槐貌甚伟，广颡而丰颐，又美髯，论事慷慨，自方诸葛亮、周瑜。父永，遇槐严，闻其自方，怒而嘻曰："不力学，又自喜大言，此狂生耳，吾弗愿也。"槐心愧，乃益自摧折，学于永嘉叶师雍。闻辅广者，朱熹之门人，复往从广，广叹其善学。嘉定六年，登进士第，调靖安主簿。丁父忧去官。

十四年，起为广德军录事参军，民有诬富人李桷私铸兵结豪杰以应李全者，郡捕系之狱，槐察其枉，以白守，守曰："为反者解说，族矣。"槐曰："吏明知狱有枉，而挤诸死地以傅于法，顾法岂谓诸被告者无论枉不枉，皆可杀乎？"不听。顷之，守以忧去，槐摄通判州事，叹曰："桷诚枉，今不为出之，生无繇也。"乃为翻其辞，明其不反，书上，卒脱桷狱。绍定二年，迁镇江观察推官。明年春，入为主管刑部架阁文字。秋，兼权礼、兵部架阁，迁籍田令，特差权通判镇江府。至州，会全叛，涉淮临大江，大府急发州兵。槐即将兵济江而西，全遁去，乃还。五年，丁母忧。端平三年，差通判蕲州，辞。

嘉熙元年，召赴都堂，迁宗正寺簿、出知常州。后三日，提点湖北刑狱。常德军乱，夜纵火而噪，守闭门不出。槐骑从数人于火所，且问乱故。乱者曰："将军马彦直夺吾岁请，吾属将责之偿，不为乱也。"槐坐马上，召彦直斩马前，乱者还入伍中，明日，乃捕首乱者七人戮诸市，而赐彦直之家。差充归、峡、岳察访使。二年，兼权知常德府，寻兼军器少监，依旧提点刑狱。

三年，以直宝谟阁知江州兼都督府参谋。秋，流民渡江而来归者十余万，议者皆谓："方军兴，郡国急储粟，不暇食民也。"槐曰："民，吾民也，发吾粟赈之，胡不可？"至者如归焉。当是时，宋与金为邻国，而襄、汉、扬、楚之间，豪杰皆自相结以保其族，无赖者往往主为群盗。浮光人翟全寓黄陂，有众三千余，稍出卤掠。

槐令客说下全，徙之阳鸟洲，使杂耕蕲春间，又享赐之，用为神将。于是曹聪、刘清之属皆来自归。

四年，进直华文阁、知潭州、主管湖南安抚司公事。方三边急于守御，督府日夜征发，民且困，槐为画策应之，令民不伤而军须亦不匮。淳祐二年，迁左司郎官，进直龙图阁、沿江制置副使兼知江州、主管江西安抚司公事。视其赋则吏侵甚，下教曰："吾莅州而吏犹为盗不自悔，吾且诛之！"吏乃震恐，愿自新。槐因除民患害，凡利有宜，弛以利民，惟恐不尽弛。大计军实，常若敌且至。神将卢渊凶猾不受命，斩以徇师，军中肃然。

三年，进秘阁修撰。四年，召入奏事，迁户部侍郎，赐紫，进集英殿修撰、沿江制置使、江东安抚使兼知建康府兼行宫留守。军政弛弗治，乃为赏三等以教射，春秋教肄士卒坐作进退击刺之技，岁余尽为精兵。六年，召至阙，辞。出知静江府兼广西经略安抚使，又辞。权广西运判提点刑狱。宰相移书槐曰："国家方用兵，人臣不辞急难，公幸毋固辞。"槐即日就道，至邕州，上守御七策。邕州之地西通诸蛮夷，南引交阯及符奴、月乌、流鳞之属，数寇边，槐与约无相侵，推赤心遇之，皆伏不动。又与交阯约五事：一无犯边，二归我侵地，三还卤掠生口，四奉正朔，五通贸易。于是遣使来献方物、大象，南方悉定。

七年，进宝章阁待制。八年，迁工部侍郎，职事依旧，兼转运使。九年，召赴阙，封定远县男。迁兵部侍郎兼给事中兼侍读，升给事中，上疏请抑损戚里恩泽以慰天下士大夫。群臣奏事少与法违，惮槐不敢上。兼侍读，进宝章阁直学士、知福州福建安抚使，辞。进封子。是年冬，拜端明殿学士、签书枢密院事，进封侯。十二年，为同知枢密院事。宝祐元年，权参知政事。二年，进参知政事。四川制置使余晦以战败夺官，诏荆襄制置使李曾伯往师，曾伯辞，槐曰："事如此，尚可坐而睨乎？"上疏请行，顿重兵夔门以固荆、蜀辅车之势，诏报曰："腹心之臣，所与共理天下者也，宜在朝廷，不宜在四方。"复上疏曰："天下之事，不进则退，人臣无敢为岐意者，苟以臣为可任，宜少听臣自效，即臣不足与军旅之事，愿上官爵。"不许，进封濠梁郡公。

帝曰乡用槐，槐言事无所隐，意在于格君心之非而不为容悦。帝问籴民粟积边，则对曰："吴民困甚，有司急籴不复省。夫民惟邦本，愿先垂意根本。"帝问修太乙祠，则对曰："土工洊起，民罢于征发，非所以事天也。"帝问边事，对曰："外有敌国，则其计先自强。自强者人畏我，我不畏人。"又言："敌国在前，宜拔材能用之。士大夫有过失，为执法吏所刺劾，终身摈弃用，深为朝廷惜此。苟非奸邪，皆愿为昭洗，勿废其他善。又迁谪之臣，久堕遐方，稍稍内徙，今得生还，顾弗用可矣。"槐每奏，帝辄称善。

三年，拜右丞相兼枢密使。槐自以为人主所振拔，苟可以利安国家无不为，然务先大体，任人先取故旧之在疏远者，在官者率满岁而迁。嗜进者始不说矣。槐又言于帝曰："臣为政而有害政者三。"帝曰："胡为害政者三?"对曰："戚里不奉法，一矣；执法大吏久于其官而擅威福，二矣；皇城司不检士，三矣。将率不检下故士卒横，士卒横则变生于无时；执法威福擅故贤不肖混淆，贤不肖混淆则奸邪肆，贤人伏而不出；亲戚不奉法故法令轻，法令轻故朝廷卑。三者弗去，政且废，愿自上除之。"于是嫉之者滋甚。

帝年浸高，操柄独断，群臣无当意者，渐喜狎侫人。丁大全善为佞，帝躐贵之，窃弄威权而帝弗觉悟。大全已为侍御史，遣客私自结于槐，槐曰："吾闻人臣无私交，吾惟事上，不敢私结约，幸为谢丁君。"大全度槐弗善己，衔甚，乃日夜刻求槐短。槐入见，极言大全邪佞不可近。帝曰："大全未尝短卿，卿勿疑。"槐曰："臣与大全何怨？顾陛下拔臣至此，臣知大全邪而嘿不言，是负陛下也。且陛下谓大全忠而臣以为奸，不可与俱事陛下矣。"既罢出，即上书乞骸骨，不报。四年，策免丞相，以观文殿大学士提举洞霄宫。时大全亦论劾槐，书末下，自发省吴迫遣之。于是太学诸生陈宜中等上书争之，语见《大全传》。

五年及景定元年，俱用祀明堂恩加食邑。二年，特授判福州、福建路安抚大使，固辞。进封吉国，又进封许国公。三年五月二十八日既夕，天大雨，烈风雷电，槐起衣冠而坐，麾妇人出，为诸生说《兑》、《谦》二卦，问夜如何？诸生以夜中对，遂薨。遗表上，赠太子少师，谥文清。帝使使致金六十斤、帛千匹以赙。

叶梦鼎，字镇之，台之宁海人。本陈待聘之子，七岁后于母族。少从直龙图阁郑霖、宗正少卿赵逢龙学，以太学上舍试入优等，两优释褐出身，授信州军事推官，摄教事，讲荒政。迁太学录。

淳祐二年，雷变，上封事，言召人才，戒媟近。明年，轮对，言君子、直言、军制、楮币、任官、分阃六事。同番易汤巾召试馆职，授秘书省正字。四年，升校书郎兼庄文府教授。五年，迁秘书郎，转对，言定国本，求哲辅，专阃帅，奖用介直。雷变上言，援唐康澄"五可畏"之说，迁著作佐郎。六年，拜军器少监兼兵部郎官，转对，言国计、边事、国体三事。又言："外有窥边之大敌，内有伺隙之巨奸；奇邪蛊媚于宫闱，熏腐依凭于城社；强藩悍将，牙蘖易摇，草窃奸宄，肘腋阶变。"

权知袁州，转运司和籴米三万斛，梦鼎言："袁山多而田少，朝廷免和籴已百年，自今开之，百姓子孙受无穷之害，则无穷之怨从之。"民汤顾献田学官，妻子离散，梦鼎遂还之。毁万载旗箐村淫祠，塞其妖井。召赴行在。丁本生母忧。十一年，免丧，拜司封员外郎。轮对，言："陛下惑于左右之谗说，例视言者为好名，中伤既深，胶固莫解。近岁以来，言稍犯人主之所难者，不显罪则阴黜，不久外则设间，去者屡召而不还，来者一鸣而辄斥。"兼玉牒检讨官，以直秘阁、江西提举常平兼知吉州。节制悍将，置社仓、义仓，平反李义山受赃之冤，以国子司业召。

宝祐元年陛对，言国论主平江西义仓，不可待申省而后发。考试集英殿，授崇政殿说书，进讲《尚书》。兼国史编修、实录检讨，迁国子祭酒。二年，兼权礼部侍郎，谏幸西太乙宫。三年，权礼部侍郎，仍兼祭酒，升兼同修国史、实录院同修撰，寻兼侍讲。丁母忧。五年，以集英殿修撰差知赣州。丁大全柄国，欲挽梦鼎登朝，卒辞谢之。六年，改知建宁府，又改知隆兴府。开庆元年，复知建宁府，作桥梁，置驿舍，建大安关，决疑狱。

景定元年，召为太子詹事，上疏以"法天"为言。迁吏部侍郎，赐宁海县食邑。二年，权兵部尚书兼权吏部尚书。三年，迁兵部尚书兼修国史兼实录修撰。迁吏部尚书，五辞免，请祠，不允。拜端明殿学士、同签书枢密院事，屡辞不许。同提举编修《经武要略》兼太子宾客，进封宁海伯。四年，签书枢密院事，进封临海郡侯，以明堂恩进封临海郡公。丞相贾似道欲造关子，罢十七、十八两界会子，梦鼎以为厉民，乃止罢十七界。公田法行，梦鼎又以为厉民，故行之浙右而止。五年，三辞，不许，进同知枢密院事、权参知政事。以彗星出，梦鼎言政上下恐惧交修之日，乞解机政，又不许。奏免浙西经界。

理宗崩，议太子即位，太后垂帘听政，梦鼎曰："母后垂帘，岂是美事!"进参知政事，加食邑。梦鼎力辞，似道恳留之，不可。帝勉谕再三，诏阁门封还奏疏。似道奏："参政去则江万里、王爚必不来。"理宗复土，摄少傅，竣事，引疾归里，累诏，力辞，授资政殿学士、知庆元府、沿海制置使。肃清海寇，罪止首恶，羡余之费，悉却不受。建济民仓以备饥岁，造驿舍以待宾旅。

咸淳三年，再召为参知政事，加食邑，六辞，不许。诏著作佐郎卢钺与台州守项公采趣行，拜特进、右丞相兼枢密使，累辞，不许，乃与似道分任。利州转运使王价尝以言去官，非其罪也，四川制置司已辟参议，及死，其子诉求遗泽。至是，梦鼎明其无罪，似道以为恩不己出，罢省吏数人，榜其姓名于朝。梦鼎怒曰："我断不为陈自强。"即求去。似道之母让似道曰："叶丞相安于家食，未尝希进，汝强与以相印，今乃牵制至此，若不从吾言，吾不食矣。"似道曰："为官不得不如此。"会太学诸生亦上书言似道专权固位，乃悔悟，属府尹洪焘求解，而梦鼎屡上章乞闲。冬雷，引咎求去愈力。

四年，策杨妃，宰相无拜礼，吏赞拜，梦鼎以笏挥之，趋出。明日，乞还田里，诏勉留之。诏免诸州守臣上殿奏事，梦鼎言："祖宗谨重牧守之寄，将赴官，必令奏事，盖欲察其人品，及面谕以廉律己，爱育百姓。其至郡延见吏民，具宣上意，庶几求状无负临遣之意。今不远数千里而来，咫尺天颜而不得见，甚非立法之本意。"又乞容受直言。进少保。五年，引杜衍致仕单车宵遁故事累辞，乃授观文殿学士、判福州、福建安抚大使，进封信国公，不拜，充醴泉观使，又不拜。七年，再充醴泉使。

九年，授少傅、右丞相兼枢密使，引疾力辞，宰、掾、郎、曹沓至趣行，扶病至嵊县，请辞不获，乞还山林。疏奏："愿上厉精寡欲，规当国者收人心，固邦本，励将帅，饬州县，重振恤。"扁舟径归。使者以祸福告，梦鼎语之曰："廉耻事大，死生事小，万无可回之理。"似道大怒，台臣奏从归田之请，诏仍少保、观文殿大学士、醴泉观使，不请祠禄。

瀛国公初即位，咨访故老，梦鼎上封事，曰："敦教道，训廉德，厉臣节，拯民瘼，重士选，劝吏廉，惩吏奸，补军籍。授判庆元府、沿海制置大使，力辞，依前醴泉观使兼侍读，不拜。二年，益王即位于闽，召为少师、太乙宫使。航海遂行，道梗不能进，南向恸哭失声而还。后二年卒。子应及，太府寺丞、知建德府军器少监、驻戍军马；应有，朝请郎、太社令。

马廷鸾，字翔仲，饶州乐平人。本灼之子，继灼兄光后。甘贫力学，既冠，里人聘为童子师，遇有酒食馔，则念母藜藿不给，为之食不下咽。登淳祐七年进士第，调池州教授，需次六年。

宝祐元年，召赴都堂审察，辞。至池以礼帅诸生。二年，调主管户部架阁。三年，迁太学录，召试馆职。时外戚谢堂厉文翁、内侍卢允中董宋臣用事，廷鸾试策言强君德，重相权，收直臣，防近习。大与时迕，迁秘书省正字。四年，尤焴提举史事，辟为史馆校勘。

初，丁大全令浮梁，雅慕廷鸾，弥欲钩致之，廷鸾不为动。试策稍及大全，及廷鸾当轮对，大全私谓王持垕往饷焉。廷鸾素厚持垕且同馆，不虞其谍也，密露大意。持垕绐曰："君犹未改秩，姑托疾为后图乎？"廷鸾曰："此微臣千一之遭，其何敢不力。"持垕以告大全，及候对殿门，格不得见。翼日，以监察御史朱熠劾罢。宋臣遣八厢貌士索奏稿，稿虽焚，闻者浸广，忌者愈深，而廷鸾之名重天下。开庆元年，吴潜入相，召为校书郎。

景定元年，兼沂靖惠王府教授。时大全党多斥，宋臣尚居中，言路无肯言者，诸学官抗疏，疏上即行。会日食，与秘书省同守局，因相与草疏。潜以书告廷鸾曰："诸公言事纷纷，皆疑潜所嗾，闻馆中又将论列，校书宜无与，以重吾过。"廷鸾对曰："公论也，不敢避私嫌。"越数日，宋臣竟坐谪，徙安吉州。兼权枢密院编修官。时贾似道自江上还，位望赫奕，廷鸾未尝亲之。轮对，言："国于东南者，楚、越霸而有余，东晋王而不足。乞遏恶扬善以顺天，举直错枉以服民。"迁枢密院编修官兼权仓部郎官。

二年，进著作佐郎兼右司，迁将作少监。三年，一再乞外补，不许。廷鸾论贡举三事：严乡里之举，重台省之覆试，访山林之遗逸。又言荒政，宜蠲除被灾州县租赋之不可得者。擢军器监兼左司，兼太子右谕德，升左谕德，行国子司业，乞免兼左司。轮对，言："集和平之福者自陛下之身始，养和平之德者自陛下之心始。"兼翰林权直，擢秘书少监，升权直学士院。四年，擢起居舍人兼太子右庶子兼国史院编修官、实录院检讨官。入奏言："太史必当谨书灾异。愿陛下翕受敷施，以壮人才之精神；虚心容纳，以植人言之骨干。念邦本而以公灭私，严边备而思患豫防。"时再召用宋臣，廷鸾引何郯之说进，极言宋臣不可用，帝从之。荐士二十人，进中书舍人。程奎污秽诡秘，

不当补将仕郎；王之渊为大全党，不当通判江州；朱熠不当知庆元府及为制置使；林蒙、赵必𨔶、张称孙不当与郡：皆缴还词头。兼国史实录院。五年，彗出，上疏极言天人之际。迁礼部侍郎。理宗遗诏、度宗登极诏，皆廷鸾所草。兼侍读，辞，不许。疏列孝宗之政以告。升直学士院。

咸淳元年，进端明殿学士、签书枢密院事兼同提举编修《经武要略》。丁母忧。三年，同知枢密院事兼同提举编修《经武要略》。入奏言培命脉，植根本，崇宽大，行仁厚。又言："恢大度以优容，虚圣心而延行，推内恕以假借，忍难行而听纳，则情无不达，理无不尽，奸人破胆，直士吐气，天下事尚可为也。"兼权参知政事。五年，进参知政事兼同知枢密院事，进右丞相兼枢密使。八年，九疏乞罢政。九年，依旧观文殿大学士、知绍兴府、浙东安抚大使。上疏辞免，依旧职提举临安府洞霄宫。

度宗初年，诏询故老，专以修攘大计叩之赵葵。葵极意指陈曰："老臣出入兵间，备谙此事，愿朝廷谨之重之。"似道作色曰："此三京败事者，词臣失言。"廷鸾每见文法密，功赏稽迟，将校不出死力，于边阃升辟，稍越拘挛。似道颇疑异己，颤堂吏以泄其愤。及辞相位，帝恻怛久之曰："丞相勉为朕留。"廷鸾言："臣死亡无日，恐不得再见君父。然国事方殷，疆圉孔棘。天下安危，人主不知；国家利害，群臣不知；军前胜负，列阃不知。陛下与元老大臣惟怀永图，臣死且瞑目。"顿首涕泣而退。

瀛国公即位，召不至。自罢相归，又十七年而薨。所著《六经集传》、《语孟会编》、《楚辞补记》、《洙泗裔编》、《读庄笔记》、《张氏祝氏皇极观物外篇》诸书。

论曰：史弥远废亲立疏，讳闻直言。郑清之堕名于再相之日。弥远之罪既著，故当时不乐嵩之之继也，因丧起复，群起攻之，然固将才也。董槐毋得而议之矣。叶梦鼎、马廷鸾之所遭逢，其不幸也夫！

卷四百一十五
列传第一百七十四

**傅伯成　葛洪　曾三复　黄畴若　袁韶
危稹　程公许　罗必元　王遂**

傅伯成，字景初，吏部员外郎察之孙。少从朱熹学。登隆兴元年进士第，调连江尉。试中教官科，授明州教授。以年少，嫌以师自居，日与诸生论质往复，后多成才。改知闽清县。丁父艰，服除，知连江县。东湖溉田余二千顷，堤坏。即下流南港为石堤三百尺，民蒙其利。

庆元初，召为将作监，进太府寺丞。言吕祖俭不当上书贬。又言于御史，朱熹大儒，不可以伪学目之。又言朋党之敝，起于人主好恶之偏。坐是不合，出知漳州，以律己爱民为本。推熹遗意而遵行之，创惠民局，济民病，以革禨鬼之俗。由郡南门至漳浦，为桥三十五，治道千

二百丈。

两为部使者，迁工部侍郎。时权臣方开边，语尚秘。伯成言："天下之势，譬如乘舟，中兴且八十年矣，外而望之，舟若坚致，岁月既久，罅漏浸多，苟安且夕，犹惧覆败，乃欲徼幸图古人之所难，臣则未之知也。"相府灾，同列相率唁丞相，或以为偶然者，伯成正色谓："天意如此，官师相规时也，以为偶然乎？"丞相色动。遂陈三事：一曰失民心，二曰隳军政，三曰启边衅。进右司郎官，权幸有私谒者，皆峻拒之。出为湖、广总领。朝议欲纳金人之叛降者，伯成言不宜轻弃信誓，乞戒将帅毋生事。御史中丞邓友龙遂劾伯成，罢之。

嘉定元年，召对，面谕："前日失于战，今日失之和。小使虽返，要求尚多。陛下不获已，悉从之。使和议成，犹可以纾一时之急；否则虚帑藏以资敌人，驱降附以绝来者，非计也。今之策虽以和为主，宜惜日为战守之备。"权户部侍郎史弥远初拜相，麻词有"昆命元龟"之语，闽帅倪思以为不当用，御史劾罢思。伯成因对及其事，帝曰"过当"者再。对曰："思固过当，但恐摧抑太过，遂塞言路，乞明诏台谏侍从，竭尽底蕴，无以思为戒。"李壁谪居抚州，伯成言："侂胄之诛，壁与有功，不酬近功，乃追前罪，他日负罪之臣，不容以功赎过矣。"

伯成未为谏官也，尝言："弥远谋诛侂胄，事不遂则其家先破，侂胄诛而史代之，势也。诸公要相协和，共议国事；若立党相挤，必有胜负，非国之福。"又劝丞相钱象祖："安危大事，以死争之；差除小者，何必乖异？"拜左谏议大夫，抗疏十有三，皆军国大义。或致弥远意，欲使有所弹劾，谓将引以共政。谢之曰："吾岂倾人以为利哉。"疏乞诏大臣以公灭私。

左迁权吏部侍郎。以集英殿修撰知建宁府。蔡元定谪死道州，归葬建阳，乃雪其冤于朝。进宝谟阁待制、知镇江府。全活饥民，瘞藏野殍，不可胜数。制置司欲移焦山防江军于圌山石牌，伯成谓："虚此实彼，利害等耳。包港在焦、圌之中，不若两砦之兵迭戍焉。"圌山砦兵，素与海盗为地，伯成廉知姓名，会郡都试捕而鞫之，无一逸去。狱具，请贷其死，黥隶诸军。

嘉定八年，召赴阙，辞不获，行至莆，拜疏曰："臣病不能进矣。"除宝谟阁直学士、通奉大夫，致仕。理宗即位，升直学士，落致仕，予祠，锡金带。伯成辞免，乃进"昭明天常、扶持人极"之说，诏进一官。

宝庆元年，与杨简同召，寻加宝文阁学士，提举佑神观，奉朝请。虽力以老病辞，而爱君忧国之念不少衰。闻大理评事胡梦昱坐言事贬，慼然语所亲曰："向吕祖俭之谪，吾为小臣，犹尝抗论。今蒙国恩，叨窃至此而不言，谁当言者。"遂抗疏曰："臣恐陛下不复闻天下事矣。方今内无良吏，田里怨咨，外无名将，边陲危急，而廉耻道丧，风俗益偷，贿赂流行，公私俱困。谓宜君臣上下，忧边恤民，以弭祸乱。奈何今日某人言某事，未几而斥，明日某人言某事，未几而斥，则是上疏者以共工、驩兜之刑加之矣。昔韩愈论后世人主奉佛，运祚短促，唐宪宗大怒，将抵以死，自崔群、裴度暨诸贤皆为愈言，止贬潮州，寻复内徙。今上疏者非可愈比，然在列之臣，无一为言者，万一死于瘴疠，陛下与大臣有杀谏者之谤，史册书之，有累圣治。臣垂尽之年，与斯人相去，风马牛之不相及，独以受恩优异，效其謷言。"不报。明年，加龙图阁学士，转一官，提举鸿庆宫，复辞。

伯成纯实无妄，表里洞达，每称人善，不啻如己出，语及奸人误国，邪人害正，词色俱厉，不少假借，常慕尸谏，疏草毕，亟命缮写，朝服而逝，年八十有四。赠开府仪同三司。端平三年，赐谥忠简。

葛洪，字容父，婺州东阳人。从吕祖谦学，登淳熙十一年进士第。嘉定间，为枢密院编修官兼国史院编修官、实录院检讨官。迁守尚书工部员外郎兼权枢密院检详诸房文字。上疏言：

今之将帅，其才与否，臣不得而尽知。惟忠诚所在，凡为人臣者斯须所不可离，则不可以是责之耳。今安居无事，非必奋不顾死，冒水火，蹈白刃，而后谓之忠也。第职思其忧谓之忠，公尔忘私谓之忠，纯实不欺谓之忠。

且拊循士卒，帅之职也，朝廷每严掊克之禁，阏营运之途，其微者至矣。今乃有别为名色，益肆贪黩，视生理之稍丰者而诬以非辜，动辄估籍，择廪给之稍优者而强以库务，取办为粟，抑配军需，于拊循何有哉！训齐戎旅，亦帅之职也，朝廷每严点试之法，申阶级之令，其微之亦切矣。今顾有教阅视为具文，坐作仅同儿戏，技勇者不与旌赏，拙懦者未尝劝惩，士日横骄，类难役使，于训齐何有哉！

况乃有沉酣声色之奉，溺意田宅之图，而不恤国事者矣。又有营营终日，专务纳交，书币往来，道路旁午，而妄希升进者矣。自谓缮治器甲，修造战舰，究其实，则饰旧为新而已尔。自谓撙节财用，声称羡余，原其自，则剥下罔上而已尔。乞严饬将帅，上下振厉，申致军实，常若有寇至之忧。磨砺振刷，以求更新，亦庶乎其有用矣。

帝嘉纳之。

进直焕章阁，为国子祭酒，仍兼国史编修、实录检讨。迁工部侍郎，仍兼祭酒兼同修国史实录院同修撰，拜工部尚书，亦兼祭酒兼侍读。进端明殿学士、同签书枢密院事，拜参知政事，封东阳郡公。赞讨平李全，援王素谏仁宗却王德用进女事，以此备嫔御，世多称之。以资政殿学士、提举洞霄宫，进大学士。召赴行在，仍旧职充万寿观使兼侍读，寻提举万寿观兼侍读，守本官致仕，卒。帝辍视朝一日，谥端献。杜范称其侃侃守正，有大臣风。有奏议、杂著文二十四卷。

曾三复，字无玷，临江人。乾道六年进士。淳熙末，为主管官告院，迁太府寺簿，历将作、太府丞。登朝数年，安于平进，搢绅称之。绍熙初，出知池州，改常州。召为御史检法，拜监察御史，转太常少卿，进起居舍人，迁起居郎兼权刑部侍郎，以疾告老。诏守本官职致仕。三复性耿介，耻奔竞，故位不速进。在台余两年，持论正平，不随不激。其没也，士论惜之。

黄畴若，字伯庸，隆兴丰城人。一岁而孤，外大母杜教之。淳熙五年举进士，授祁阳县主簿。邑民有诉僧为盗且杀人，移鞫治，畴若疑其无证，以白提点刑狱马大同，且争之甚力，已而得真盗，大同荐之，调柳州教授，又调灵川令。会万安军黎蛮窃发，经略司选畴若条画招捕事宜。畴若谓须稽原始乱，为区处之方。再任岭外，用举考改知庐陵县。州常以六月督畸零税，畴若念民方艰食，取任内县用钱三十余缗为民代输两年。诸司举为邑最官，召赴都堂审察，差监行在都进奏院。

开禧元年，都城火。畴若应诏上言曰："当今之急务有三：一曰赋敛征求之无艺，二曰都鄙军民之无法，三曰守令牧养之无状。"迁太府寺主簿，又迁将作监丞兼皇弟吴兴郡王府教授。迁太府寺丞，又迁秘书丞兼权礼部郎官，兼资善堂说书。迁著作郎，拜监察御史。首章乞天子择宰相，宰相择监司。又言："善为国者必以恐惧修省之训陈于前，善为相者必以危亡灾异之事告于上。"

韩侂胄败，畴若上章乞去，帝批其奏曰："卿怀忠荩，朕固知之。"畴若遂疏邓友龙、陈景俊之恶。先是，江、淮督府既罔功，罢不更置。畴若奏，以为和战未决，不遣近臣置幕府，无以统诸将。乞检会前奏，亟诏大臣科条人才为宣抚使。帝即日以丘崈为江、淮制置使。寻迁畴若殿中侍御史兼侍讲。朝廷与金人约和，金人约函致侂胄首。诏令台谏、侍从、两省杂议。畴若与章燮等奏："乞枭首，然后函送敌国。"人讥其有失国体。

畴若奏："今帑藏无余，岁币若必睥睨于百姓，愿自官禁以及宰执百官共为撙节，逐年桩积。"遂置安边所。户部侍郎沈诜条具合节省拘催者，畴若复乞："依仁宗、孝宗两朝成训，凡内省事：在内诸司选内侍长一员，令自行搜访，条具来上；在外廷三省则委宰掾、枢属，六曹则委长贰，事干浮费者闻奏。"又乞："以官司房廊及激赏库四季所献并侂胄万亩庄等，一并拘桩。"既而内廷及酒所减省，议多格，独得估籍奸贼及房廊非泛供须五项，总缗钱九百一十三万有奇，外桩留产业，每岁又可得七十一万五千三百余缗，畴若乞："令后省类聚更化以来臣下章奏，察其可行者以闻，付之中书。"

都城谷踊贵，诏减价粜桩管米十万石，于是淮、浙流民交集。临安府按籍振济，仅不满五千人，以三月后麦熟罢振济，各给粮遣归。畴若谓："此实驱之使去耳。"遂奏："乞令核实，近甸之人，愿归就田者勿问，其有未能归者，更振济两月；淮民见在都城者，其家既破，又无羸赀，必难遽去，仍与振恤，俟早熟乃罢。"于是诏振济至六月乃止。

帝以蝗灾，令刺举监司不才者，畴若同台监考察上之。又言："湖、广盗贼，固迫于饥寒，然亦有激而成之者。黑风峒寇，实由官不为决讼所致。宜戒湖、广诸司，申明法禁为贼，关防以时，平心决讼，勿令岢官巡尉侵渔。"权户部侍郎，金使告主亡，差充馆伴。

自军兴费广，朝廷给会子数多，至是折阅日甚。朝论颇严称提，民愈不售，郡县米配，民皆闭门牢避。行旅持券，终日有不获一钱一物者。诏令侍从、台省，条上所见。畴若奏曰："物少则贵，多则贱，理之常也。曷若令郡县姑以渐称提，先收十一界者消毁，勿复支出。上下流通，则不待称提矣。"由是峻急之令少宽。又疏奏："乞崇忠厚，延质朴，屏绝浮薄之论。乞拨买官田充籴本，以广常平之储。乞令户察一员，专监安边所。"帝皆是之。

因面求补外，退上章，降诏不允，又连疏乞去。会旱蝗复炽，御笔令在朝百执事条上封事，畴若奏"官吏苛刻、科役频并、赋敛繁重、刑法淹延"四事。册皇太子，差充引见礼仪使。进华文阁待制、知成都府。蜀自吴曦畔后，制置使移司兴元，朝论有偏重之嫌。朝廷择人，故辍畴若以往，三辞不允。避讳，改宝谟阁待制。诏："凡属军民利病，吏治藏否，并许谘访以闻。"当征积欠十余万，畴若亟命榜九邑尽蠲之。考官吏冗员，非敕命差注者悉罢之。为民代输六年布估钱，计二十万二千四百缗；又别立库储二十五万三千缗，期于异日接续代输；又籴米十五万石有奇，足广惠仓之储；又减他赋之重者，民力遂宽。

初，沈黎蛮屡犯边，畴若至，则镂榜晓以祸福，青、弥两羌遂乞降。四年，董蛮合其部族入寇犨为利店。畴若亟调兵，且设方略捕之，皆遁去。先是，畴若廉知嘉定边备废弛，而平戎庄子弟可用，遂檄嘉定府权免平戎庄是年炭估、麻租，令庄子弟即日上边为守备。会嘉定阙守，蛮窥利店无备，遂入寇。畴若复选西军，欲且往防拓，滕转运司折支，不报。蛮再犯龙鸠堡，转运司始颇从所请。蛮复到龙门隘，知有备乃退。进龙图阁待制，依旧知成都府。

大使司之师出，东路提刑亦征兵，三垂告警，叙南之报复急，两路震动。畴若亟移书两军，俾速还师守险为后图，西师遂退守沐川。既而畴若兼制叙州兵甲公事，既得专行，益严守备，蛮首昔丑竟降，朝廷赏平蛮功，进畴若一秩。

畴若留蜀四年，弊根蠹穴，苗稂发栉。如乞拣移屯西兵义勇，以豫防发，以救偏重；更用东南贤士使蜀四路，而拔守之有治功者为东南监司，庶杜州县姻娅之私；轻取钱引贴用之费，以纾民力：皆抗疏请于朝，乞力行之。复念大玄城乃张仪所筑，高骈刑修筑，坏坏岁久，复修费重，乃以节缩余钱四十万贯为修城备。畴若以制置使留汉中，则护诸将为得宜。召赴行在，入对延和殿，迁权兵部尚书、太子右庶子。

八年，四月不雨，诏求直言。畴若条具三事，首言："比称提楮币，州县奉行切迫，故因坐减陌被估籍者众，乞与给还；乞蠲阁下户畸零税赋；乞振赡雄淮军之乏。"寻皆行之。落权，升左庶子，仍兼修史，擢太子詹事。畴若引范镇故事，乞归田里。

十年春，差知贡举，试礼部尚书，以足疾乞归。进焕章阁学士、知福州，力辞，乃改提举鸿庆宫。关外军溃，言者论及畴若，落职罢祠，后以焕章阁学士致仕。所著有《竹坡集》、奏议、讲议、《经筵故事》。

袁韶字彦淳，庆元府人。淳熙十四年进士。嘉泰中，为吴江丞。苏师旦恃韩侂胄威福，挠役法，提举常平黄荣檄韶核田以定役。师旦密谕意言："吴江多姻党，倪相容，当荐为京朝官。"韶不听。是岁更定户籍，承徭赋，皆师旦党，师旦讽言者将论去。荣亟以是事白于朝，且荐之。未几，师旦败。改知桐庐县。桐庐多宗室，持县事无有善去者。韶始至，绝私谒，莫敢挠。钱塘岸岁为潮啮，率取石桐庐，韶言："庙子山有石，不必旁取邻郡。"遂得求免。嘉定四年，召为太常寺主簿，父老旗鼓蔽江以饯，至于富阳，泣谢曰："吾曹不复输石矣。"

后为右司郎官、接伴金使。使者索岁币，语慢甚，韶曰："昔两国誓约，止令输燕，不闻在汴。"使者语塞。十三年，为临安府尹，几十年，理讼精简，道不拾遗，里巷争呼为"佛子"，平反冤狱甚多。

绍定元年，拜参知政事。胡梦昱论济王事，当远窜，韶独以梦昱无罪，不肯署文书。李全叛，扬州告急，飞檄载道，都城争有逃避者。乃拜韶浙西制置使，仍治临安镇遏之。丞相史弥远惩韩侂胄用兵事，不欲声讨。韶与范楷言于弥远曰："扬失守则京口不可保，淮将如卞整、崔福皆可用。"适楷至，韶夜与同见弥远，言福实可用。弥远从之，遂讨全。韶卒以言罢。端平初，奉祠，卒年七十有七，赠少傅。后о郊恩，累赠太师、越国公。

韶之父为郡小吏，给事通判厅，勤谨无失，岁满当代，不听去。后通判至，复留用之，因致丰饶。夫妻俱近五十，无子，其妻资遣之往临安置妾。既得妾，察之有忧色，且以麻发，外以彩饰之。问之，泣曰："妾故赵知府女也，家四川，父殁家贫，故鬻妾以为归葬耳。"即送还之。其母泣曰："计女聘财犹未足以给归费，且用破矣，将何以酬汝？"徐曰："贱吏不敢辱娘子，聘财尽以相奉。"且闻其家尚不给，尽以囊中赀与之，遂独归。妻迎问之曰："妾安在？"告以其故，且曰："吾思之，无子命也。我与汝周旋久，若有子，汝岂不育，必待他妇人乃育哉？"妻亦喜曰："君设心如此，行当有子矣。"明年生韶。

危稹，字逢吉，抚州临川人。旧名科，淳熙十四年举进士，孝宗更名稹。时洪迈爱稹文，为之赏激。调南康军教授。转运使杨万里按部，骤见叹奖，偕游庐山，相与酬倡。调广东帐司，未上，服父丧，免，调临安府教授。倪思荐之，且语人曰："吾得此一士，可以报国矣。"丁母忧，免，干办京西安抚司公事。入为武学谕，改太学录。

明年，迁武学博士，又迁诸王宫教授。稹谓以教名官，而实未尝教，请改创宗子学，立课试法如两学，从之。嘉定九年，新学成，改充博士，其教养之规，稹所论建。迁秘书郎、著作佐郎，兼吴益王府教授。升著作郎兼屯田郎官。

稹始进对，请叙复军功之赏以立大信，扶拭功臣之罪以厉忠节，置局以立武事，遣使以省边防，厚赏以精间谍。次论和、战、守利害，而请颛意于守。是岁春至夏不雨，稹应诏言："安边所征敛之害，与无罪而籍没之害，楮币之改，以一夺二，盐钞之更，以新废旧；至于沮格军赏，放散死士，皆足以召怨而致旱。"

明年又论："谋国者欲以安靖为安靖，忧国者欲以振厉为安靖，自二议不合，是以国无成谋，人无定志。愿诏大臣合二议共图之，且欲下两淮帅臣，讲明守御之备。"最后言："事无成规者，皆不可为。意向不明，无以一众听；信誓不立，无以结人心；报应不亟，无以趋事机；赏罚不果，无以作士气。"

番易柴中行去国，稹赋诗送之，连宰相，出知潮州。寻以通金华徐侨书论罢，提举千秋鸿禧观。久之，知漳州。漳俗视不葬亲为常，往往栖寄僧刹，稹命营高燥地为义冢三，约期责之葬，其无主名、若有主名而力弗给者，官为葬之，凡二千三百有奇，刻石以识。郡有临漳台，据溪山最胜处，作龙江书院其上。既成，横经自讲，人用歆动。邑令有贿闻者，劾去之，籍其财以还民。郡有经、总制无名钱岁五千缗，厉民为甚，前守赵汝谠奏蠲五之二，稹疏于朝，悉罢之。会常平使有言，稹不欲辩，即自请以归。久之，提举崇禧观，与乡里耆艾七人为真率会。卒，年七十四。

稹性至孝，父疾，愿损己算益亲年，疾寻愈。真德秀登从班，举稹自代，没，又为铭其墓。所著有《巽斋集》，诸经有讲义、集解，诸魏、晋、唐诗文皆有编，辑先贤奏议曰《玉府》、曰《药山》。

弟和，字祥仲。开禧元年进士，为上元主簿，大辟祠宇祀程颢，真德秀为记之。知德兴，振荒有惠政。有《蟾塘文集》。

程公许，字季与，一字希颖，叙州宣化人。少知孝敬，大母侯疾，公许不交睫者数月，病革，尝其痰沫，既卒，哀毁逾制。嘉定四年举进士，调温江尉，未上，丁母忧。服除，授华阳尉，再调绵州教授。制置使崔与之加器赏，改秩知崇宁县，蠲预借，免抑配，人甚德之。

差通判简州。改隆州，未上。会金人犯阆中，制置使桂如渊遁，三川震动，朝廷擢李𡌴代之，辟公许通判施州，行户房公事。当兵将奔溃之后，公许尽力佐之，节浮费，疏利原，民不增赋而用自足。时诸将乘乱抄劫，事定自危，以重赂结幕府。大将和彦威怀金宝以献，公许正色却之，彦威惭而退。吴彦者，缄僧牒于书尾以进，公许卷还之而责其使，闻者畏服。有献议招秦、巩大姓于𡌴者，众多从臾，独公许谓山东覆辙未远，反覆论难，𡌴从之。其后赵彦呐开阃，复行其策。未几，金人捣成都，大姓者实导之，始服公许先见。

端平初，授大理司直，迁太常博士。秋祀明堂，雷雨，应诏言事。嘉熙元年，御史杜范论执政李鸣复，不行，徙右史，竟拂衣东归，鸣复坐政府自若。公许轮对，言："志士仁人，婴逆鳞，贾众怒，不过为陛下通耳目，为朝廷立纲纪而已。今也假以职而弃其谏，幸其退而优其迁，则是自裂其纲纪，自蔽其耳目，遂使居是职者虽被亲擢，言不得行，始焉固辞而弗从，终焉强留而饮愧。臣恐自此同类沮丧，各起退心，来者相戒，以为容默，陛下愈孤立无助矣。"

夏，行都大火，殿中侍御史蒋岘逢君希宠，创为邪说，禁锢言者。公许应诏曰："群臣忠告者众，而圣意确不可回；圣意不可回，而言者不免于激。陛下宜以大舜无藏怒宿怨为心，而参酌于汉文帝之待淮南厉王、我太宗待秦邸之故事，以召和气，弭沴灾，特在一念转移之顷耳。"迁秘书丞兼考功郎官，竟为岘劾去，差主管云台观、和衢州，未上。改江东宣抚司参议官，不赴。

李宗勉入相，以著作佐郎召，兼权尚左郎官兼直舍人院，迁著作郎。时谏官郭磊卿以论事不报出关，徐荣叟亦抗章引去，公许奏："乞还言官，俾安厥位。"既而史嵩之自江入相，台谏谢方叔、王万及磊卿相继他徙，公许又奏："外难凭陵，国势岌若缀旒，朝廷上自为弗靖，阳为迁除，阴夺言职，此中外所以怏怏。"

迁将作少监。大旱，应诏疏时事四条。又言："储极虚位，天下寒心。"时朝廷令侍从、台谏条具易楮利害，寻降旨以新造十八界折五行使。公许缴申省，谓："庙堂决意更革，本欲重十八界，亦当令十六界、十七界稍有分别，若一时皆以五折一，安保将来十七界与十八界并行而不折阅乎？曷若将十七界且以三兑一，使民间尚知宝此一界，不至一旦贸易不行，令三界各有等第，庶几公私两便。"嵩之格不行，径揭黄榜。公许谓："不经凤阁鸾台，不得为敕。朝廷出令而宰相擅行如此，则掖垣可废。"累上奏牍，径欲引去，宗勉及参知政事游似面奏留之，兼国史编修、实录检讨。

淳祐元年，迁秘书少监，轮对，言蜀事十条。兼直学士院，拜太常少卿，力请外，为右正言濮斗南之所论罢。寻以直宝谟阁知袁州，请蠲和籴之半。改命郡吏部总所纲运，而厚其赀，免募平民，民甚便之。新周敦颐祠，葺张栻书院，聘宿儒胡安之为诸生讲说。杜范荐于上，召拜宗正少卿，再迁起居舍人。濮斗南缴还，疏有"臣等耻与为伍"之语，遂以旧职提举玉局观。范见疏曰："程季与肯与汝为伍耶？"

退处二年，召赴行在，属嵩之以父忧去位，经营起复，益惮公许，密柬韩祥嗾殿中侍御史王赘奏寝召命。帝虽曲从而意不悦。及逐不才谏，擢公许起居郎兼直学士院。公许入奏不可不坚凝者七。帝语之曰："卿一去三年，今用卿，出自朕意。"是日晚命下，嵩之罢起复，相范钟及范，三制皆公许为之。兼权中书舍人。

时二相尚逊，机务多壅。公许奏："辅臣崇执谦逊，避远形迹，相示以色而不明言，事几无穷，日月易失。今最急莫若疆场之事，帅才不蓄，一旦欲议易置，茫然莫知所付。九江择守，至以近所废斥朋附为欺之台察充其选。同时任言责者，虽心迹有显晦，过恶有轻重，而获罪于清议则同。一人拔拭之骤若是，三人者宁不引领以望玷缺之复。况近者言官方以刘晋之、郑起潜、濮斗南三人乞明正其罪，以示警戒，而忽闻龚基先之用，议者咸谓改纪之初，所为错缪，邪枉窥伺善类，何可高枕而卧。"帝见公许疏称善，且言基先之用太早。

右史徐元杰暴亡，司谏谢方叔、御史刘应起言，不报。公许亟奏曰："正月，侍御史刘汉弼死。四月，右丞相杜范死。六月，右史徐元杰死。汉弼之死固可疑，范之死人言已籍籍，然汉弼类风淫末疾，范亦尪弱多病，诿曰天命，犹可也。元杰气体魁硕，神采严毅，议论英发，甫闻谒告，奄至暴亡，口鼻四体变异之状，使人为之雪涕不已。六馆诸生叩阍呼告，陛下始命有司置狱鞫勘，谓当于朝绅中选公正明决无所顾忌者专莅其事，尽情研究，务使得实。集议朝堂，分列首从，必诛无赦。"疏入，不报。物论沸腾，临安尹赵与𥲅奏乞置狱天府，帝从之。公许缴奏："与𥲅乃嵩之死党，乞改送大理寺，命台臣董之。"诏殿中侍御史郑寀，寀回懦首鼠，事竟不白，然公论莫不伟公许。

权礼部侍郎，差充执绥官。郑起潜、刘晋之及陈一荐以台臣论劾迁谪，公许疏其附下罔上之罪，乞下各州军严行押发。郑清之以少保奉祠，侍讲幄中，批复其子士昌官职，与内祠，且许侍养行在所。盖士昌尝以诏狱追逮，或云诈以死闻，清之造阙，泣请于帝，故有是命。公许缴奏："士昌罪重，京都浩穰，奸宄杂糅，恐其积习沉痼，重为清之累；莫若且与甄复，少慰清之，内祠侍养之命宜与收寝。"帝密遣中贵人以公许疏示清之。项容孙以罪遣还家，道死，时叙官复职，公许驳奏，命遂格。

迁中书舍人，进礼部侍郎。嵩之免丧，以观文殿大学士提举洞霄宫，台谏、给舍交章论奏，公许疏："乞睿断亟下明诏，正邦典。"殿中侍御史章琰、正言李昂英以论执政及府尹，帝怒，出二人，公许力争之。公许自缴士昌之命，清之日夜于经筵短公许。周坦妻与清之妻善，因拜坦殿中侍御史。坦首疏劾公许，以宝章阁待制知建宁府；谏议大夫郑寀又劾之，命遂寝。

清之再相，公许屏居湖州者四年，再提举玉隆观、差知婺州，未上；帝欲召为文字官，清之奏已令守婺，帝曰："朕欲其来。"乃授权刑部尚书，屡辞弗获。入对，上疏货财、兴缮、逐谏臣、开边衅时弊七事，荐知名士二十九人。

时罢京学类申，散遣生徒，公许奏："京学养士，其法本与三学不侔。往者立类申之法，重轻得宜，人情便安，近一旦忽以乡庠教选而更张之，为士亦当自反，未可尽归咎朝廷也。令行之始，臣方还朝，未敢强聒以挠既出之令。今士子扰扰道途，经营朝夕，今既未能尽复旧数，莫若权宜以五百为额，仍用类申之法，使远方游学者，得以肄习其间。京邑四方之极，而庠序一空，弦诵寂寥，遂使逢掖皇皇，市廛敢怨而不敢议，非所以作成士气、尊崇教化也。"清之益不乐。授稿殿中侍御史陈垓以劾公许，参知政事吴潜奏留之，帝夜半遣小黄门取垓疏入。后二日，二府奏公许不宜去，同知枢密院徐清叟上疏论垓。太学生刘黻等百余人，布衣方和卿伏阙上书论垓。朝廷寻授宝章阁学士、知隆兴府，而公许已死矣。遗表上，帝嗟悼，进龙图阁学士致仕，赠宣奉大夫，官其后，赐赙如令式。

公许冲澹寡欲，晚年惟一僮侍，食无重味，一袭至十数年不易。家无羡储，敬爱亲戚备至。蜀有兵难，族姻奔东南者多依公许以居。所著有《尘缶文集》、内外制、奏议、《奏常拟谥》、《掖垣缴奏》、《金革讲义》、《进故事》行世。

罗必元，字亨父，隆兴进贤人。嘉定十年进士。调咸宁尉，抚州司法参军，崇仁丞，复摄司法。郡士曾极题金陵行宫龙屏，忤丞相史弥远，谪道州，解吏窘极甚。必元释其缚，使之善达。真德秀入参大政，必元移书曰："老医尝云，伤寒坏证，惟独参汤可救之，然其活者十无二三。先生其今之独参汤乎？"调福州观察推官。有势家李遇夺民荔支园，必元直之；遇为言官，以私憾罢之。知余干县。赵福王府骄横，前后宰贰多为挤陷，至是以汝愚墓占四周民山，亦为直之，言于州曰："区区小官，罢去何害？"人益壮其风力。

淳祐中，通判赣州。贾似道总领京湖，克剥至甚。必元上疏，以为蠹国脉、伤民命，似道衔之。改知汀州，为御史丁大全按去，后起干行在粮料院。钱塘有海鳅为患，漂民居，诏方士治之，都人鼓扇成风。必元上疏力止之。帝召见曰："见卿《梅花诗》，足知卿志。"度宗即位，以直宝章阁兼宗学博士致仕。卒，年九十一。必元尝从危稹、包逊学，最为有渊源，见理甚明，风节甚高，至今乡人犹尊慕之云。

王遂，字去非，一字颖叔，枢密副使韶之玄孙，后为镇江府金坛人。嘉泰二年进士，调富阳主簿，历官差干办诸司审计司。绍定三年，福建寇犹甫定，朝廷选贤能吏，劳来安集，以遂知邵武军兼福建招捕司参议官。遂过江山、浦城道中，遇邵武避地之人，即遗金为归资，从者如市。至郡，抚摩创痍，剪平凶孽，民恃以安。未几，言者以遂妄自标致，邀誉沽名，罢。

改知安丰军，迁国子监主簿，又迁太常寺主簿，拜监察御史。疏奏极论进君子，退小人。又言正风俗，息奔竞。又言："朝廷谓史嵩之小黠为大智，近功为远略。忽臣之言，必欲侥幸嵩之于不败，非为国至计也。欺君误国，天下知之，而朝廷犹且惑焉，势甚凛凛也。"入对，言帝知、仁、勇，学有未至。

迁右正言，寻拜殿中侍御史。疏言："三十年来凶德参会，未有如李知孝、梁成大、莫泽肆无忌惮者。三凶之罪，上通于天，乞重其刑。"又取刘光祖为殿中侍御史时奏格，择其关于风化切于时宜者，请颁示中外。皆从之。又请于并淮置屯田，且条上边事曰："当今之急务：在朝廷者五，定规摹，明意向，一心力，谨事权，审号令；在边阃者六，恤归附，精间谍，节财用，练士兵，择将才，计军实。"又言："君德必纯乎刚。"帝皆善之。

迁户部侍郎兼同修国史实录院同修撰，时暂兼权侍左侍郎。以宝阁待制差知遂宁府。进焕章阁待制、四川安抚制置副使兼知成都府。差知平江府。进敷文阁待制、知庆元府，改知太平州，以论罢。进显谟阁待制、知泉州。改温州、宁国府。以宝章阁直学士知建宁府。以华文阁直学士差知隆兴府兼江西转运副使。改知太平州，复知隆兴兼江西安抚使。召赴阙，授权工部尚书。

遂与同里刘宰素同志，宰尝称遂为文雅健，无世俗浮靡之气，足以名世。遂守平江，宰赠之言曰："士友当亲，而贤否不可不辨；财利当远，而会计不可不明。折狱以情，毋为私意所牵；荐士以才，毋为权要所夺。当言则言，不视时而退缩；可去则去，不计利而迟回。庶几名节之全，不愧简册所载。"盖格言也。

论曰：傅伯成晚与杨简为时蓍龟。葛洪守正不阿。曾三复湛然无躁竞之心。黄畴若优于政治。袁韶力请讨李全，盖丞相史弥远腹心也。危稹以通问徐侨获罪，其人可知，刓治州之政，有循吏之风焉。罗必元受学于稹者也。程公许、王遂说论叠见，岂不伟哉。

卷四百一十六
列传第一百七十五

吴渊　余玠　汪立信　向士璧　胡颖
冷应澂　曹叔远从子豳　王万　马光祖

吴渊，字道父，秘阁修撰柔胜之第三子也。幼端重寡言，苦志力学。五岁丧母，哭泣哀慕如成人。嘉定七年举进士，调建德县主簿，丞相史弥远馆留之，语竟日，大悦，谓渊曰："君，国器也，今开化新置尉，即日可上，欲以此处君。"渊对曰："甫得一官，何敢躁进，况家有严君，所当禀命。"弥远为之改容，不复强。至官，就辟令。江东九郡之冤，讼于诸使者，皆乞送渊。改差浙东制置使司干办公事。

丁父忧，诏以前职起复，力辞，弗许，再辞，且贻书政府曰："人道莫大于事亲，事亲莫大于送死，苟冒哀求荣，则平生大节已扫地矣，他日何以事君？"时丞相史嵩之方起复，或曰："得无碍时宰乎？"渊弗顾，诏从之。服除，差浙东提举茶盐司干办公事，寻改镇江府节制司、沿江制置使司干办公事。皆不就。知武陵县，改扬子县兼淮东转运司干办公事，添差通判真州。入为将作监丞，迁枢密院编修官兼刑部郎官，再迁秘书丞仍兼刑部郎官。以直焕章阁知平江府兼节制许浦水军，提点浙西刑狱。

会衢、严盗起，警报至，调遣将士招捕之，歼其渠魁，散其支党，以功为枢密院检详诸房文字兼国史院编修官、实录院检讨官兼左司。进右文殿修撰、枢密副都承旨兼右司兼检正。适政府欲用兵中原、以据关守河为说，渊力陈其不可，大要谓"国家力决不能取，纵取之决不能守"，丞相郑清之不乐而罢。出知江州，改江、淮、荆、浙、福建、广南都大提点坑冶，都司黄商令御史王定劾渊，罢。侍御史洪咨夔不直之，劾定左迁。未几，边事果如渊言，清之致书引咎巽谢。差知镇江府，定防江军之扰，兼淮东总领，以功迁太府少卿，复以总领兼知镇江，加集英殿修撰、知镇江兼总领。进权工部侍郎，职任如旧。权兵部侍郎，权户部侍郎，再为总领兼知镇江。

时渊造朝下入对，历陈九事，甫下殿，御史唐璘击之，璘盖渊所荐者也。遂仍前职，提举太平兴国宫。久之，加宝章阁待制，再起知镇江兼总领。未几，以户部侍郎兼知镇江府，召赴行在。以宝章阁直学士知太平州，寻兼江东转运使。

时两淮民流徙入境者四十余万，渊亟加慰抚而赒济之，使之什伍，令土著人无相犯。旁郡流民焚劫无虚日，独太平境内肃然无敢哗者。以功加华文阁直学士、沿海制置使、知庆元府，不赴；以工部尚书、沿海制置副使知江州，亦不赴。升华文阁学士、知隆兴府、江西安抚使兼转运副使。会岁大侵，讲行荒政，全活者七十八万九千余人。徙知潭州、湖南安抚使，不赴，加敷文阁学士，仍知隆兴府，安抚、转运副使如故。改知镇江府兼都大提举浙西沿海诸郡军、许浦、澉浦等处兵船，岁亦大侵，因渊全活者六十五万八千余人。右正言二疏劾渊，夺职。寻复职，提举太平兴国宫。未几，改鸿庆宫。

丁母忧，服除，进龙图阁学士、江西安抚使兼知江州，寻为沿江制置副使兼提举南康军兵甲公事、节制蕲黄州、安庆府屯田使。湖南峒寇蔓入江右之境，破数县，袁、洪大震，渊命将调兵，生擒其渠魁，乱遂平。迁兵部尚书、知平江府兼浙西两淮发运使。寻兼知平江府，岁亦大侵，因渊全活者四十二万三千五百余人。兼浙西提点刑狱、知太平州兼提领两淮茶盐所，以功进端明殿学士、沿江制置使、江东安抚使兼知建康府、兼行宫留守、节制和州无为军安庆府兼三郡屯田使。

朝廷付渊以光、丰、蕲、黄之事，凡创司空山、燕家山、金刚台三大砦，嵯峨山、鹰山、什子山等二十二小砦，团丁壮置军，分立队伍，星联棋布，脉络贯通，无事则耕，有警则御。诏以渊兴利除害所列二十有五事，究心军民，拜资政殿大学士，职任如旧，与执政恩例，封金陵侯，复赐"锦绣堂"、"忠勤楼"大字。进爵为公，徙知福州、福建安抚使。改知平江府兼发运使。

御史刘元龙劾渊，帝寝其奏，改知宁国府。累具辞免，且丐祠，以本官提举洞霄宫。起知潭州、湖南安抚使，不赴。改知太平兼提领江、淮茶盐所，转荆湖制置大使、知江陵府兼夔路策应大使，兼京湖屯田大使，带行京湖安抚制置大使。拜观文殿学士，职任如旧，兼总领湖广江西京西财赋、湖北京西军马钱粮。渊调兵二万往援川蜀，其后力战于白河、沮河、玉泉。宝祐五年正月朔，以功拜参知政事。越七日，卒，赠少师，赙银绢以五百计。

渊有材略，迄济事功，所至兴学养士，然政尚严酷，好兴罗织之狱，籍入豪横，故时有"蜈蚣"之谣。其弟潜亦数谏止之。所著《易解》及《退庵文集》、奏议。

余玠，字义夫，蕲州人。家贫落魄无行，喜功名，好大言。少为白鹿洞诸生，尝携客入茶肆，殴卖茶翁死，脱身走襄淮。时赵葵为淮东制置使，玠作长短句上谒，葵壮之，留之幕中。未几，以功补进义副尉，擢将作监主簿、权发遣招进军，充制置司参议官，进工部郎官。

嘉熙三年，与大元兵战于汴城、河阴有功，授直华文阁、淮东提点刑狱兼知淮安州兼淮东制置司参谋官。淳祐元年，玠提兵应援安丰，拜大理少卿，升制置副使。进对："必使国人上下事无不确实，然后华夏率孚，天人感格。"又言："今世胄之彦，场屋之士，田里之豪，一或即戎，即指之为粗人，斥之为哙伍。愿陛下视文武之士为一，勿令偏有所重，偏必至于激，文武交激，非国之福。"帝曰："卿人物议论皆不常，可独当一面，卿宜少留，当有擢用。"乃授权兵部侍郎、四川宣谕使，帝从容慰遣之。玠亦自许当手挈全蜀还本朝，其功日月可冀。

寻授兵部侍郎、四川安抚制置使兼知重庆府兼四川总领兼夔路转运使。自宝庆三年至淳祐二年，十六年间，凡授宣抚三人，制置使九人，副四人，或老或暂，或庸或贪，或惨或缪，或遥领而不至，或开隙而各谋，终无成绩。于是东、西川无复统律，遗民咸不聊生，监司、戎帅各专号令，擅辟守宰，荡无纪纲，蜀日益坏。及闻玠入蜀，人心粗定，始有安土之志。

玠大更敝政，遴选守宰，筑招贤之馆于府之左，供张一如帅所居，下令曰："集众思，广忠益，诸葛孔明所以用蜀也。欲有谋以告我者，近则径诣公府，远则自言于郡，所在以礼遣之，高爵重赏，朝廷不吝以报功，豪杰之士趋期立事，今其时矣。"士之至者，玠不厌礼接，咸得其欢心，言有可用，随其才而任之；苟不可用，亦厚遗遣之。播州冉氏兄弟琎、璞，有文武才，隐居蛮中，前后阃帅辟召，坚不肯起，闻玠贤，相谓曰："是可与语矣。"遂诣府上谒，玠素闻冉氏兄弟，刺入即出见之，与分廷抗礼，宾馆之奉，冉安之若素有，居数月，无所言。玠将谢之，乃为设宴，玠亲主之。酒酣，坐客方纷纷竞言所长，琎兄弟饮食而已。玠以微言挑之，卒默然。玠曰："是观我待士之礼何如耳。"明日更辟别馆以处之，且日使人窥其所为。兄弟终日不言，惟对踞，以垩画地为山川城池之形，起则漫去，如是又旬日，请见玠，屏人曰："某兄弟辱明公礼遇，思有以少裨益，非敢同众人也。为今日西蜀之计，其在徙合州城乎？"玠不觉跃起，执其手曰："此玠志也，但未得其所耳。"曰："蜀口形胜之地莫若钓鱼山，请徙诸此，若任得其人，积粟以守之，贤于十万师远矣，巴蜀不足守也。"玠大喜曰："玠固疑先生非浅士，先生之谋，玠不敢掠以归己。"遂不谋于众，密以其谋闻于朝，请不次官之。诏以琎为承事郎、权发遣合州，璞为承务郎、权通判州事。徙城之事，悉以任之。命下，一府皆喧然同辞以为不可。玠怒曰："城成则蜀赖以安，不成，玠独坐之，诸君无预也。"卒筑青居、大获、钓鱼、云顶、天生凡十余城，皆因山为垒，棋布星分，为诸郡治所，屯兵聚粮为必守计。且诛溃将以肃军令。又移金戎于大获，以护蜀口。移沔戎于青居，兴戎先驻合州旧城，移守钓鱼，共备内水。移利戎于云顶，以备外水。于是如臂指，气势联络。又属嘉定俞兴开屯田于成都，蜀以富实。

十年冬，玠率诸将巡边，直捣兴元，大元兵与之大战。十二年，又大战于嘉定。初，利司都统王夔素残悍，号"王夜叉"，恃功骄恣，桀骜不受节度，所至劫掠，每得富家，穴箕加颈，四面然箕，谓之"蟆蚀月"，以弓弦系鼻下，高悬于格，谓之"错系喉"，缚人两股，以木交压，谓之"干榨油"，以至用醋灌鼻、恶水灌耳口等，毒虐非一，以胁取金帛，稍不遂意，即死其手，蜀人患苦之。且悉敛部将倅马以自入，将战，乃高其估卖与之。朝廷虽知其不法，在远不能诘也。大帅处分，少不□嗛其意，则百计挠之，使不得有所为。玠至嘉定，夔帅所部兵迎谒，才羸弱二百人。玠曰："久闻都统兵精，今疲敝若此，殊不称所望。"夔对曰："夔兵非不精，所以不敢即见者，恐惊从人耳。"顷之，班声如雷，江水如沸，声止，圆阵即合，旗帜精明，器械森然，沙上之人弥望若林立，无一人敢乱行者。舟中皆战掉失色，而玠自若也。徐命吏班赏有差。夔退谓人曰："儒者中乃有此人！"

玠久欲诛夔，独患其握重兵居外，恐轻动危蜀，谋于亲将杨成，成曰："夔在蜀久，所部兵精，前时大帅，夔皆势出其右，意不止此也。视侍郎为文臣，必不肯甘心从令，今纵弗诛，养成其势。后一举足，西蜀危矣。"玠曰："我欲诛之久矣，独患其党与众，未发耳。"成曰："侍郎以夔在蜀久，有威名，孰与吴氏？夔固弗若也。夫吴氏当中兴危难之时，能百战以保蜀，传之四世，恩威益张，根本益固，蜀人知有吴氏而不知有朝廷。一旦曦为叛逆，诸将诛之如取孤豚。况夔无吴氏之功，而有曦之逆心，恃稀突之勇，敢慢法度，纵兵残民，奴视同列，非有吴氏得人之固也。今诛之，一夫力耳，待其发而取之，难矣。"玠意遂决，夜召夔计事，潜以成代领其众，夔才离营，而新将已单骑入矣，将士皆愕眙相顾，不知所为。成以帅指臂晓，遂相率拜贺，夔至，斩之。成因察其所与为恶者数人，稍稍以法诛之。乃荐成为文州刺史。

戎帅欲举统制姚世安为代，玠素欲革军中举代之敝，以三千骑至云顶山下，遣都统金某往代世安，世安闭关不纳。且有危言，然常疑玠己。属丞相谢方叔家子侄自永康避地云顶，世安厚结之，求方叔为援。方叔因倡言玠失利戎之心，非我调停，且旦夕有变，又阴嗾世安密求玠之短，陈于帝前。于是世安与玠抗，玠郁郁不乐。宝祐元年，闻有召命，愈不自安，一夕暴下卒，或谓仰药死。蜀之人莫不悲慕如失父母。

玠自入蜀，进华文阁待制，赐金带，权兵部尚书，进徽猷阁学士，升大使，又进龙图阁学士、端明殿学士，及召，拜资政殿学士，恩例视执政。其卒也，帝辍朝，特赠五官。以监察御史陈大方言夺职。六年，复之。

玠之治蜀也，任都统张实治军旅，安抚王惟忠治财赋，监簿朱文炳接宾客，皆有常度。至于修学养士，轻徭以宽民力，薄征以通商贾。蜀既富实，乃罢京湖之饷；边关无警，又撤东南之戍。自宝庆以来，蜀阃未有能及之者。惜其遽以太平自诧，进幕锦蜀笺，过于文饰。久假便宜之权，不顾嫌疑，昧于勇退，遂来谗贼之口；而又置机捕官，虽足以廉得事情，然寄耳目于群小，虚实相半，故人多怀疑惧。至于世安拒命，玠威名顿挫，赍志以没。有子曰如孙，取"当如孙仲谋"之义，遭论改师忠，历大理寺丞，为贾似道所杀。

汪立信，澈从孙也。立信曾大父智从澈宣谕湖北，道六安，爱其山水，因居焉。

淳祐元年，立信献策招安庆剧贼胡兴、刘文亮等，借补承信郎。六年，登进士第，理宗见立信状貌雄伟，顾侍臣曰："此阃帅才也。"授乌江主簿，辟沿江制幕。知桐城县，未上，辟荆湖制司干办、通判建康府。荆湖制置赵葵辟充策应使司及本司参议官。葵去而马光祖代之，立信是时犹在府也。

鄂州围解，贾似道既阃上要功，恶阃外之臣与己分功，乃行打算法于诸路，欲以军兴时支散官物为罪，击去之。光祖与葵素有隙，且欲迎合似道，被旨即召吏稽勾簿书，卒不能得其疵。乃以开庆二年正月望夕，张灯宴设钱三万缗为葵放散官物闻于朝。立信力争之，谓不可，且曰："方艰难时，赵公苾事勤劳，而公以非词捃拾之。公一旦去此，后来者复效公所为，可乎？"光祖怒曰："吾不才不能为度外事，知奉朝命而已。君他日处此，勉为之。"立信曰："使某不为则已，果为之，必不效公所为也。"光祖益怒，议不行，立信遂投劾去。初，立信通判江陵府，葵制置荆湖，尝以公事劾立信，及在沿江府，亦谋议寡谐，立信于葵盖未尝有一日之欢也。

擢京西提举常平，改知昭信军、权淮东提刑。景定元年，差知池州、提举江东常平、权知常州、浙西提点刑狱。明年冬，即嘉兴治所讲行荒政。寻改知江州，充沿江制置副使、节制蕲黄兴国军马、提举饶州南康兵甲，升江西安抚使。乞祠禄，差知镇江，寻充湖南安抚使、知潭州。至官，供帐之物悉置官库，所积钱连岁代纳潭民夏税，贫无告者予钱粟，病者加药饵，雨雪旱潦军民皆有给。兴学校，士习为变。以潭为湖湘重镇，创成敌军，所募精锐数千人，后来者果赖其用。权兵部尚书、荆湖安抚制置、知江陵府。

时襄阳被围危急，立信上疏："请益安陆府屯兵，凡边戍皆不宜抽减，黄州守臣陈奕素蓄异志，朝廷宜防之。"乃移书似道，谓："今天下之势十去八九，而君臣宴安不以为虞。夫天之不假易也，从古以然，此诚上下交修以迓续天命之几，重惜分阴以趋事赴工之日也。而乃酣歌深宫，啸傲湖山，玩岁愒日，缓急倒施，卿士师师非度，百姓郁怨非上，以求当天心，俯遂民物，拱揖指挥而折冲万里者，不亦难乎！为今日之计者，其策有三。夫内郡何事乎多兵，宜尽出之江干，以实外御。算兵帐见兵可七十余万人，老弱柔脆，十分汰二，为选兵五十余万人。而沿江之守，则不过七千里，若距百里而屯，屯有守将，十屯为府，府有总督，其尤要害处，辄参倍其兵。无事则泛舟长淮，往来游徼，有事则东西齐奋，战守并用。刁斗相闻，馈饷不绝，互相应援，以为联络之固。选宗室亲王、忠良有干用大臣，立为统制，分东西二府，以莅任得其人，率然之势，此上策也。久拘聘使，无益于我，徒使敌得以为辞，请礼而归之，许输岁币以缓师期，不二三年，边遽稍休，藩垣稍固，生兵日增，可战可守，此中策也。二策果不得行，则天败我也，若衔璧舆榇之礼，则请备以俟。"似道得书大怒，抵之地，诟曰："瞎贼狂言敢尔。"盖以立信目微眇云。寻中以危法废斥之。

咸淳十年，大元兵大举伐宋，似道督诸军出次江上，以立信为端明殿学士、沿江置使、江淮招讨使，俾就建康府库募兵以援江上诸郡。立信受诏不辞，即日上道，以妻子托爱将金明，执其手曰："我不负国家，尔亦必不负我。"

遂行。与似道遇芜湖，似道拊立信背哭曰："不用公言，以至于此。"立信曰："平章、平章，瞎贼今日更说一句不得。"似道问立信何为？曰："今江南无一寸干净地，某去寻一片赵家地上死，第要死得分明尔。"既至，则建康守兵悉溃，而四面皆北军。立信知事不可成，叹曰："吾生为宋臣，死为宋鬼，终为国一死，但徒死无益耳，以此负国。"率所部数千人至高邮，欲控引淮汉以为后图。

已而闻似道溃芜湖，江汉守臣皆望风降遁。立信叹曰："吾今日犹得死于宋土也。"乃置酒召宾佐与决，手为表起居三宫，与从子书，属以家事。夜分起步庭中，慷慨悲歌，握拳抚案者三，已是失声，三日扼吭而卒。以光禄大夫致仕，遗表闻，赠太傅。

大元丞相伯颜入建康，金明以其家人免，或恶立信于伯颜，以其二策及其死告，且请戮其孥，伯颜叹息久之，曰："宋有是人，有是言哉！使果用，我安得至此。"命求其家厚恤之，曰："忠臣之家也。"金明以立信之丧归葬丹阳。

立信子麟，内书写机宜文字，在建康不肯从众降，崎岖走闽以死。

初，立信之未仕也，家婆甚。会岁大侵，吴渊守镇江，命为粥以食流民，使其客黄应炎主之。应炎一见立信，与语，心知其非常人，言于渊，渊大奇之，礼以上客，凡共张服御视应炎为有加，应炎甚怏怏。渊解之曰："此君，吾地位人也，但遭时不同耳。君之识度志业，皆非其伦也，盍少下之。"是年，试江东转运司，明年登第，后其践历略如渊而卒死于难，人谓渊能知人云。

向士璧，字君玉，常州人。负才气，精悍甚自好，绍定五年进士，累通判平江府，以臣僚言罢。起为淮西制置司参议官，又以监察御史胡泓言罢。起知高邮军，制置使丘崇又论罢。起知安庆府、知黄州，迁淮西提点刑狱兼知黄州，加直宝章阁，仍旧职，奉鸿禧祠。特授将作监、京湖制置参议官，进直焕章阁、湖北安抚副使兼知峡州，兼归峡施黔、南平军、绍庆府镇抚使，迁太府少卿、大理卿，进直龙图阁。合州告急，制置使马光祖命士璧赴援，数立奇功。帝亦语群臣曰："士璧不待朝命，进师归州，且捐家赀百万以供军费，其志足嘉。"进秘阁修撰、枢密副都承旨，仍旧职。

开庆元年，涪州危，又命士璧往援，北兵夹江为营，长数十里，阻舟师不能进至浮桥。时朝廷自扬州移贾似道以枢密使宣抚六路，驻节峡州，檄士璧以军事付吕文德，士璧不从，以计断桥奏捷，具言方略。未几，文德亦以捷闻。士璧还峡州，方怀倾夺之疑，寻辟为宣抚司参议官，迁湖南安抚副使兼知潭州，兼京西、湖南北路宣抚司参议官，加右文殿修撰，寻授权兵部侍郎、湖南安抚使兼知潭州。顷之，升湖南制置副使。大元将兀良哈䚟兵自交阯北还，前锋至城下，攻围急，士璧极力守御，闻后队且至，遣王辅佑率五百人往觇之，以易正大监其军，遇于南岳市，一战有功，潭州围遂解。事闻，赐金带，令服系，进兵部侍郎兼转运使，余依旧职。

似道入相，疾其功，非独不加赏，反讽监察御史陈寅、侍御史孙附凤一再劾罢之，送漳州居住。又稽守城时所用金谷，逮至行部责偿。幕属方元善者，极意逢迎似道意，士璧坐是死，复拘其妻妾而征之。其后元善改知吉水县，俄归得狂疾，常呼士璧。时辅佑亦远谪，及文天祥起兵召辅佑于谪所，则死矣。

德祐元年三月，诏追复元官，仍还从官恩数，立庙潭州。明年正月，太府卿柳岳乞录用其子孙，诏从之。

胡颖，字叔献，潭州湘潭人。父瑰，娶赵方弟雍之女，二子，长曰显，有拳勇，以材武入官，数有战功，事见《赵范传》。颖自幼风神秀异，机警不常，赵氏诸舅以其类己，每加赏鉴。成童即能倍诵诸经，中童子科，复从兄学弓马，母不许，曰："汝家世儒业，不可复尔也"。遂感励苦学，尤长于《春秋》。

绍定三年，范讨李全，檄颖入幕，颖常微服行诸营，察众志向，归必三鼓。后全败，遣颖献俘于朝，以赏补官。五年，登进士第，即授京秩。历官知平江府兼浙西提点刑狱，移湖南兼提举常平，即家置司。性不喜邪佞，尤恶言神异，所至毁淫祠数千区，以正风俗。衡州有灵祠，吏民夙所畏事，颖撤之，作来谂堂奉母居之，尝语道州教授杨允恭曰："吾夜必瞑坐此室，察影响，咸无有。"允恭对曰："以为无则无矣，从而察之，则是又疑其有也。"颖甚善其言。

以枢密都承旨为广东经略安抚使。潮州僧寺有大蛇能惊动人，前后仕于潮者皆信奉之。前守去，州人心疑焉，以为未尝诣也；已而旱，咸咎守不敬蛇神故致此，后守不得已诣焉，已而蛇蜿蜒而出，守大惊得疾，旋卒。颖至广州，闻其事，檄潮令僧舁蛇至，至则其大如柱而黑色，载以阑槛，颖令之曰："尔有神灵当三日见变怪，过三日则汝无神矣。"既及期，蠢然犹众蛇耳，遂杀之，毁其寺，并罪僧。移节广西，寻迁京湖总领财赋。咸淳间卒，赠四官。

颖为人正直刚果，博学强记，吐辞成文，书判下笔千言，援据经史，切当事情，仓卒之际，对偶皆精，读者惊叹。临政善断，不畏强御。在浙西，荣王府十二人行劫，颖悉斩之。一日轮对，理宗曰："闻卿好杀。"意在浙狱，颖曰："臣不敢屈太祖之法以负陛下，非嗜杀也。"帝为之默然。

冷应澂，字公定，隆兴分宁人。宝庆元年进士，调庐陵主簿，即以廉能著。有愬事台府者，必曰："愿下庐陵清主簿。"尤为杨长孺所识拔。调静江府司录参军，治狱平恕，转运使范应铃列荐于朝。

知万载县，大修学舍，招俊秀治其业，旌其通经饬行者以劝。岁歉，弃孩满道，乃下令恣民收养，所弃父母不得复问，全活甚众。叶梦得列其行事，风厉余邑。通判道州。入监行在榷货务，迁登闻鼓检院。

景定元年，奉使督饷江上，还，知德庆府。前守政不立，纵豪吏渔猎，峒獠遂大为变，逼城六十里而营。应澂未入境，驰檄谕之曰："汝等不获已至此，新太守且上，转祸为福，一机也。胁从影附，亦宜早计去就，不然不免矣。"獠感悟欲自归，惑谋主不果，众稍引去，应澻知其势解，即厉士马，出不意一鼓擒之，纵遣归农，犹千余人，乃请诸监司，归郡之避难留幕府者，诛豪吏之激祸者。初经略雷宜中意应澻必以济师来请，及是叹服，亟上其事，荐应澻可大用。

属县租赋，逵道阻久不至郡，应澻为之期曰："首输者与减分，末至则偿所减。"民惟恐后，不一月讫事。凡诸纲官廪稍军券，前政积不得者悉补还之，上下欣附。应澻亦极力摩抚，与为简便。期年报政，奏罢抑配盐法及乞用楮券折银纲等五事，以纾民力，诏就升本道提举常平兼转运使，俾行其说。首劾守令贪横不法十余人，列郡肃然。最闻，加直秘阁。时经略使陈宗礼入为参知政事，帝问谁可代卿者，宗礼以应澻对，旋召为都官郎官，未行，就升直宝章阁、知广州，主管广南东路经略安抚司公事、马步军都总管，领漕、庾如故。

五司丛剧，应澻即分时理务，不扰不倦，常曰："治官事当如家事，惜官物当如己物。方今国计内虚，边声外震，吾等受上厚恩，安得清谈自高以误世。陶士行、卞望之吾师也。"自闻襄、樊受围，日缮器械，裕财粟，以备仓卒，后卒赖其用。屡平大寇，未尝轻杀，笞杖以降，亦加审慎，至其临事辄断，虽势要不为挠夺。后卒于家。

曹叔远，字器远，温州瑞安人。少学于陈傅良。登绍熙元年进士第。久之，李壁荐为国子学录，迕韩侂胄，罢。通判涪州，后守遂宁，营卒莫简苦忽领所侵刻，相率称乱，势张甚，入遂宁境，辄戢其徒无肆暴，曰："此江南好官员也。"入朝，为工部郎，出知袁州。以太常少卿召，权礼部侍郎，遇事献替，多所裨益。终徽猷阁待制，谥文肃。尝编《永嘉谱》，识者谓其有史才。子霂，孙邰，皆登进士第。族子豳。

豳字西士，少从钱文子学，登嘉泰二年进士第，授安吉州教授。调重庆府司法参军，郡守度正欲荐之，豳辞曰："章司录母老，请先之。"正敬叹。改知建昌县，复故尚书李常山房，建斋舍以处诸生。擢秘书丞兼仓部郎官。出为浙西提举常平，面陈和籴之敝，建虎丘书院以祀尹焞。移浙东提点刑狱，寒食放囚归祀其先，囚感泣如期至。召为左司谏，与王万、郭磊卿、徐清叟俱负直声，当时号"嘉熙四谏"。上疏言："立太子、厚伦纪，以弭火灾。"又论余天锡、李鸣复之过，迕旨，迁起居郎。进礼部侍郎，不拜，疏七上，进古诗以寓规正。久之，起知福州，再以侍郎召，为台臣所沮而止。遂守宝章阁待制致仕，卒谥文恭。子愉老，亦登进士第。

王万，字处一，家世婺州，父游淮间，万因生长濠州。少忠侃有大志，究心当世急务，尤精于边防要害。登嘉定十六年进士第，调和州教授。端平元年，主管尚书吏部架阁文字，迁国子学录。明年，添差通判镇江府。

时金初灭，当路多知其人豪也，咨问者旁午。郑清之初谋乘虚取河洛，万谓当急为自治之规。已而大元兵压境。三边震动，理宗下罪己诏，吴泳起草，又以咨万，万谓："兵固失矣，言之甚，恐亦不可。今边民生意如发，宜以振厉奋发，兴感人心。"为条具沿边事宜，遍告大臣要官，谓："长淮千里，中间无大山泽为限，击首尾应，正如常山蛇势，首当并两淮为一制阃之命是听。两淮惟濠州居中。濠之东为盱眙，为楚，以达盐城，淮流深广，敌所难度。濠之西为安丰，为光，以达信阳，淮流浅涩，敌每揭厉以涉之。法当调扬州北军三千人，自淮东捣虚，常往来宿、亳间，使敌无意于东，而我并力淮西。淮西则又惟合肥居江、淮南北之中，法当建制置司合肥，而以濠梁、安丰、光州为臂，以黄冈为肘后缓急之助。又必令荆、襄每候西兵东来，辄尾之，使淮、襄之势亦合，而后大规模可立。"

论用兵，则谓："当以五千人为屯，每屯一将、二长，一大将一路，又合一大将而并合于制置为总统。淮东可精兵三万，光、黄可二万，东西夹击，而沿江制司会合肥兵共二万，以牵制其中。行则给营阵，止则依城垒；行则赍干粮，止则就食州县。"论屯田，则谓："当于新复州军，东则海、邳，所依者水之险，西则唐、邓，所依者山之险，画此无地无田不耕，则归附新军流落余民亦有固志。"

又谓："戎司旧分地戍守，殿步兵戍真、扬、六合，镇江兵戍扬、楚、盱眙，建康马司兵戍滁、濠、定远，都统司兵戍庐、和、安丰，以至池司兵戍舒、蕲、巢县，江司兵戍蕲、黄、浮光，地势皆顺，皆以统制部之外，而皆常有帅臣居内，以本军财赋葺营栅，抚士卒，备器械，以故军事常整办。遇警急则帅臣亲统重兵以行。比乃有以建康马帅而知黄州者，都统而知光州者，以池司都统而在楚州，以镇江都统而在应天者，将不知兵，兵不属将，往往以本军之财，资他处之用，以致营栅坏而莫修，士卒贫而莫给，器械钝而莫缮，宜与尽还旧制。"及请宽边民，请团民兵，请援浮光，请边民之能捍边者，常厚其赏而小其官，使常得其力。其后兵兴用窘，履亩之令行，则又言之庙堂曰："今名更化，可反为故相之所不为乎？"其他敷陈，往往累数万言，其自任之笃，切于当世如此。三年。授枢密院编修官。

嘉熙六年，兼权屯田郎中，因转对，言："天命去留原于君心，陛下一一而思之，凡恻然有触于心而未能安者，皆心之未能同乎天者也。天不在天，而在陛下之心，苟能天人合一，永永勿替，天命在我矣。"差知台州，至郡日，惟蔬饭，终日坐厅事，事至立断，吏无所售，往往改业散去，民亦化之不复讼，上下肃然，郡以大治。才五月，乞祠去。三年，迁屯田员外郎兼编修，转对，言："君臣上下尽克私心，以服人心，以回天心。"迁尚右郎官，寻兼崇政殿说书。

四年，擢监察御史。首论史宅之，故相之子，曩者弄权，不当复玷从班。上命丞相再三谕旨，迄不奉诏。上不得已，出宅之知平江府。又论之，疏凡五上，史嵩之自江上董师入相，万又首论之，谓其"事体迫遽，气象倾摇，太学生欲趣其归，则贿赂之迹已形。近或谓有族人发其私事，肆为丑诋者，以相国大臣而若此，非书之所谓大臣矣"。然当时论相之事已决，疏入，迁大理少卿。万即日还常熟寓舍。迁太常少卿，辞。差知宁国府，辞。召赴行在奏事，出为福建提点刑狱，加直焕章阁、四川宣谕司参议官，皆力辞，乞休致。诏特转朝奉郎，守太常少卿致仕，卒。嵩之罢相，众方交论其非，上思万先见，亲赐御札，谓万"立朝謇谔，古之遗直，为郡廉平，古之遗爱。闻其母老家贫，朕甚念之，赐新会五千贯，田五百亩，以赡给其家。"

初，万之学专有得于"时习"之语，谓学莫先于言顾行，言然而行，未然者非言之伪也，习未熟也，熟则言行一矣。故终其身，行无不顾其言。发于设施论谏，皆根于中心。遗文有《时习编》及其他奏札及论天下事者凡十卷。

马光祖，字华父，婺州金华人。宝庆二年进士，调新喻主簿，已有能名。从真德秀学。改知余干县，差知高邮军，迁军器监主簿，差充督视行府参议官。奉云台祠。差知处州，监登闻鼓院，进太府寺丞兼庄文府教授、右曹郎官。出知处州，乞降僧道牒振济，诏从之。加直秘阁，浙东提举常平。移浙西提点刑狱，时暂兼权浙西提举常平。起复军器监、总领淮东军马钱粮兼知镇江。进直徽猷阁、江西转运副使兼知隆兴府。以右正言刘汉弼言罢。后九年，起直徽猷阁、知太平州、提领江西茶盐所。进直宝文阁，迁太府少卿，仍知太平州、提领江、淮茶盐所。迁司农卿、淮西总领兼权江东转运使。

拜户部尚书兼知临安府、浙西安抚使。帝谕丞相谢方叔趣入觐，乞严下海米禁，历陈京师艰食、和籴增价、海道致寇三害。加宝章阁直学士、沿江制置使、江东安抚使、知建康府兼行宫留守兼节制和州无为军安庆府三郡屯田使，加焕章阁，寻加宝章阁学士。始至官，即以常例公用器皿钱二十万缗支犒军民，减租税，养鳏寡孤疾无告之人，招兵置砦，给钱助诸军昏嫁。属县税折收丝绵绢帛，倚阁除免以数万计。兴学校，礼贤才，辟召僚属，皆一时之选。

拜端明殿学士、荆湖制置、知江陵府，去而建康之民思之不已。帝闻，命以资政殿学士、沿江制置大使、江东安抚使再知建康，士女相庆。光祖益思宽养民力，兴废起坏，知无不为，蠲除前政逋负钱百余万缗，鱼利税课悉罢减于民，修建明道、南轩书院及上元县学。撙节费用，建平籴仓，贮米十五万石，又为库贮籴本二百余万缗，补其折阅，发籴常减于市价，以利小民。修饬武备，防拓要害，边赖以安。其为政宽猛适宜，事存大体。

公田法行，光祖移书贾似道言公田法非便，乞不以及江东，必欲行之，罢光祖乃可。进大学士兼淮西总领。召赴行在，迁提领户部财用兼知临安府、浙西安抚使。会岁饥，荣王府积粟不发廪，光祖谒王，辞以故，明日往，亦如之，又明日又往，卧客次，王不得已见焉。光祖厉声曰："天下孰不知大王子为储君，大王不于此时收人心乎？"王以无粟辞；光祖探怀中文书曰："某庄某仓若干。"王无以辞，得粟活民甚多。进同知枢密院事，寻差知福州、福建安抚使，以侍御史陈尧道言罢，以前职提举洞霄宫。再

以沿江制置、江东安抚使知建康，郡民为建祠六所。乞致仕，不许。咸淳三年，拜参知政事。五年，拜知枢密院事兼参知政事，以监察御史曾渊子言罢。给事中卢钺复缴奏新命，以金紫光禄大夫致仕，卒，谥庄敏。

光祖之在外，练兵丰财；朝廷以之为京尹，则刬治浩穰，风绩凛然。三至建康，终始一纪，威惠并行，百废无不修举云。

论曰：吴渊才具优长，而严酷累之。余玠意气豪雄，而志不克信。贾似道不用汪立信之策，殆天夺其魄矣。向士璧卒厄于似道，宋之不足图存，盖可知也。胡颖好毁淫祠，非其中之无慊，不能尔也。冷应澂边之才。曹叔远、王万皆正人端士。马光祖治建康，逮今遗爱犹在民心，可谓能臣已。

卷四百一十七
列传第一百七十六

乔行简　范钟　游似　赵葵兄范　**谢方叔**

乔行简，字寿朋，婺州东阳人。学于吕祖谦之门。登绍熙四年进士第。历官知通州，条上便民事。主管户部架阁，召试馆职，为秘书省正字兼枢密院编修官。升秘书郎，为淮西转运判官，知嘉兴府。改淮南转运判官兼淮西提点刑狱、提举常平。言金有必亡之形，中国宜静以观变。因列上备边四事。会近臣有主战者，师遂出，金人因破蕲、黄。移浙西提点刑狱兼知镇江府。迁起居郎兼国子司业、兼国史编修、实录检讨，兼侍讲。寻迁宗正少卿、秘书监，权工部侍郎，皆任兼职。

理宗即位，行简贻书丞相史弥远，请帝法孝宗行三年丧。应诏上疏曰：

求贤、求言二诏之颁，果能确守初意，深求实益，则人才振而治本立，国威张而奸宄销。臣窃观近事，似或不然。夫自侍从至郎官凡几人，自监司至郡守凡几人，今其所举贤能才识之士又不知其几人也，陛下盖尝擢其一二欲召用之矣。凡内外小大之臣囊封来上，或直或巽，或切或泛，无所不有，陛下亦尝擢其一二见之施行且褒赏之矣。而天下终疑陛下之为具文。

盖以所召者，非久无宦情决不肯来之人，则年已衰暮决不可来之人耳。彼风节素著、持正不阿、廉介有守、临事不挠者，论荐虽多，固未尝收拾而召之也。其所施行褒赏者，往往皆末节细故，无关于理乱，粗述古今，不至于抵触，然后取之以示吾有听受之意。其间亦岂无深忧远识高出众见之表、忠言至计有补圣听之聪者，固未闻采纳而用之也。

自陛下临御至今，班行之彦，麾节之臣，有因论列而去，有因自请而归。其人或以职业有闻，或以言语自见，天下未知其得罪之由，徒见其置散投闲，倏

来骤去，甚至废罢而镌褫，削夺而流窜，皆以为陛下黜远善士，厌恶直言。去者遂以此而得名，朝廷乃因是而致谤，其亦何便于此。夫贤路当广而不当狭，言路当开而不当塞，治乱安危，莫不由此。

又言："敬天命，伸士气。"时帝移御清燕殿，行简奏"愿加畏谨"，且言："群贤方集，愿勿因济王议异同，致有涣散。"升兼侍读，兼国子祭酒、吏部侍郎，权礼部尚书。权刑部尚书，拜端明殿学士、同签书枢密院事，进签书枢密院事。

太后崩，疏言：

向者，陛下内廷举动，皆有禀承。小人纵有蛊惑干求之心，犹有所忌惮而不敢发，今者，安能保小人之不萌是心？陛下又安能保圣心之不无少肆？陛下为天下君，当懋建皇极，一循大公，不应私徇小人为其所误。

凡为此者，皆戚畹肺肝之亲，近习贵幸之臣，奔走使令之辈。外取货财，内坏纲纪。上以罔人君之聪明，来天下之怨谤；下以挠官府之公道，乱民间之曲直。纵而不已，其势必至于假采听之言而伤动善类，设众人之誉而进拔憸人，借纳忠效勤之意而售其阴险巧佞之奸。日积月累，气势益张，人主之威权，将为所窃弄而不自知矣。

陛下衰绖在身，愈当警戒，宫庭之间既无所严惮，嫔御之人又视昔众多，以春秋方富之年，居声色易纵之地，万一于此不能自制，必于盛德大有亏损。愿陛下常加省察。

又论火灾求言，乞取其切者付外行之。又论许国不当换文资，其可虑者有五；郑损不当帅蜀。

又言："时青者，以官则国家之节度，以人则边陲之大将，一旦遽为李全所戕，是必疑其终为我用，虑变生肘腋，故先其未发驱除之。窃意军中必有愤激思奋之人，莫若乘势就淮阴一军拔其尤者以护其师，然后明指杀青者之姓名，俾之诛戮，加赠恤之典于青，则其势自分，而吾得籍此以制之，则可折其奸心而存吾之大体。不然，跋扈者专杀而不敢诛，有功者见杀而不敢诉，彼知朝廷一用柔道而威断不施，乌保其不递相视效？则其所当虑者，不独李全一人而已。"

又言："山阳民散财殚，非凶贼久安之地，当日夜为鸱张之计。扬州城坚势壮，足以坐制全淮，此曹未必无窥伺之心，或为所入，则淮东俱非我有，不可不先为之虑也。"又请屯驻重兵海道，内为吴、越之捍蔽，外为南北之限制。

又论："李全攻围泰州，剿除之兵今不可已。此贼气貌无以逾人，未必有长算深谋，直剽悍勇决，能长雄于其党耳，况其守涟之西城则失西城，守下邳则失下邳，守青社则失青社，既又降北，此特败军之将。十年之内，自白丁至三孤，功薄报丰，反背义忘恩，此天理人情之所共愤，惟决意行之。"后皆如行简所料。拜参知政事兼知枢密院事。时议收复三京，行简在告，上疏曰：

八陵有可朝之路，中原有可复之机，以大有为之

资，当有可为之会，则事之有成，固可坐而策也。臣不忧出师之无功，而忧事力之不可继。有功而至于不可继，则其忧始深矣。夫自古英君，必先治内而后治外。陛下视今日之内治，其举乎，其未举乎？向未揽权之前，其敝凡几？今既亲政之后，其已更新者凡几？欲用君子，则其志未尽伸；欲去小人，则其心未尽革。上有厉精更始之意，而士大夫之苟且不务任责者自若。朝廷有禁包苴、戒贪墨之令，而州县之黩货不知盈厌者自如。欲行楮令，则外郡之新券虽低价而莫售；欲平物价，则京师之百货视旧直而不殊。纪纲法度，多颓弛而未张；赏刑号令，皆玩视而不肃。此皆陛下国内之臣子，犹令之而未从，作之而不应，乃欲圊辟乾坤，混一区宇，制奸雄而折戎狄，其能尽如吾意乎？此臣之所忧者一也。

自古帝王，欲用其民者，必先得其心以为根本。数十年来，上下皆怀利以相接，而不知有所谓义。民方憾于守令，缓急岂有效死勿去之人；卒不爱其将校，临陈岂有奋勇直前之士。蓄怨含愤，积于平日，见难则避，遇敌则奔，惟利是顾，皇恤其他。人心如此，陛下曾未有以转移固结之，遽欲驱之北乡，从事于锋镝，忠义之心何由而发？况乎境内之民，困于州县之贪刻，厄于势家之兼并，饥寒之氓常欲乘时而报怨，茶盐之寇常欲伺间而窃发，萧墙之忧凛未可保。万一兵兴于外，缀于强敌而不得休，渍池赤子，复有如江、闽、东浙之事，其将奈何？夫民至愚而不可忽，内郡武备单弱，民之所素易也。往时江、闽、东浙之寇，皆藉边兵以制之。今此曹犹多窜伏山谷，窥伺田里，彼知朝廷方有事于北方，其势不能以相及，宁不又动其奸心？此臣之所忧者二也。

自古英君，规恢进取，必须选将练兵，丰财足食，然后举事。今边面辽阔，出师非止一途，陛下之将，足当一面者几人？勇而能斗者几人？智而善谋者几人？非屈指得二三十辈，恐不足以备驱驰。陛下之兵，能战者几万？分道而趣京、洛者几万？留屯而守淮、襄者几万？非按籍得二三十万众，恐不足以事进取。借曰帅臣威望素著，以意气招徕，以功赏激劝，推择行伍即可为将，接纳降附即可为兵，臣实未知钱粮之所从出也。兴师十万，日费千金，千里馈粮，士有饥色。今之馈饷，累日不已，至于累月，累月不已，至于累岁，不知累几千金而后可以供其费也。今百姓多垂罄之室，州县多赤立之帑，大军一动，厥费多端，其将何以给之？今陛下不爱金币以应边臣之求，可一而不可再，可再而不可三。再三之后，兵事未已，欲中辍则废前功，欲勉强则无事力。国既不足，民亦不堪。臣恐北方未可图，而南方已先骚动矣。中原蹂践之余，所在空旷，纵使东南有米可运，然道里辽远，宁免乏绝，由淮而进，纵有河渠可通，宁无盗贼邀取之患？由襄而进，必须负载二十钟而致一石，亦恐未必能达。若顿师千里之外，粮道不继，当此之时，孙、吴为谋主，韩、彭为兵帅，亦恐无以为策。他日运粮

不继，进退不能，必劳圣虑，此臣之所忧者三也。愿陛下坚持圣意，定为国论，以绝纷纷之说。"不果从。进知枢密院事。

时议御阅不果，反骤汰之，殿司军閧，为之黜主帅，罢都司官，给黄榜抚存，军愈呼噪。行简以闻，戮为首者二十余人，众乃帖息。寻拜右丞相，言"三京挠败之余，事与前异，但当益修战守之备。襄阳失守，请急收复。"或又陈进取之计，行简奏："今内外事势可忧而不可恃者七。"言甚恳切，师得不出。

端平三年九月，有事于明堂，大雷雨。行简与郑清之并策免。既去，而独趣召行简还京，留之，拜左丞相。援韩琦故事，乞以边防、财用分委三执政，请修中兴五朝国事。十上章请谢事。嘉熙三年，拜平章军国重事，封肃国公。每以上游重地为念，请建节度宣抚使，提兵戍夔。边事稍宁，复告老，章十八上。四年，加少师、保宁军节度使、醴泉观使，封鲁国公。淳祐元年二月，薨于家，年八十六。赠太师，谥文惠。

行简历练老成，识量弘远，居官无所不言。好荐士，多至显达，至于举钱时、吴如愚，又皆当时隐逸之贤者。所著有《周礼总说》、《孔山文集》。

范钟，字仲和，婺州兰溪人。嘉定二年，举进士。历官调武学博士，添差通判太平州，知徽州。召赴阙，迁刑部郎官，又迁尚右郎官兼崇政殿说书。进对，帝曰："仁宗时甚多事。"钟对曰："仁宗始虽多事，乃以忧勤致治。徽宗始虽无事，余患至于今日。"帝悦。寻迁吏部郎中兼说书，又迁秘书少监、国子司业兼国史编修、实禄检讨。拜起居郎兼祭酒，权兵部侍郎兼同修国史、实禄同修撰。迁兵部侍郎兼给事中，权兵部尚书兼侍讲，寻兼侍读。嘉熙三年，拜端明殿学士、签书枢密院事。四年，授参知政事。淳祐元年，乞归田里，不许。四年，知枢密院事，乞归田里。五年，特拜左丞相兼枢密使，封东阳郡公，再乞归田里，不许。六年，复请，许之。加观文殿大学士、醴泉观使兼侍读，辞不拜，以保晚节，乃提举洞霄宫。九年正月，薨。

钟为相，直清守法，重惜名器，虽无赫赫可称，而清德雅量，与杜范、李宗勉齐名。赠少师，谥文肃。所著书有《礼记解》。

游似，字景仁，利路提点刑狱仲鸿之子。嘉定十四年进士，历官为大理司直，升大理寺丞，迁太常丞兼权兵部郎官。迁秘书丞兼权考功郎中、直秘阁、夔路转运判官，移潼川提点刑狱兼提举常平。请封谥田锡，从之。迁军器监、宗正少卿兼枢密都承旨。

时暂兼权礼部侍郎兼侍讲、权礼部侍郎。有事于明堂，似上疏言："欲尽事天之礼，当尽敬天之心。心存则政事必适其宜，言动必当其理，雨旸必循其序，夷夏必安其生。"兼同修国史、实录院同修撰，权礼部尚书兼侍读。言："军赏冒滥，请给告之制，奏功书填真命付之，候从军十年，别能立功，升至统领已上，方许从所属保明申朝廷，立名给告，则冒滥者革，功劳者劝。"

迁礼部尚书兼给事中兼修国史、实录院修撰，权工部侍郎，充四川宣抚司参赞军事兼给事中。迁吏部尚书，入侍经幄。帝问："唐太宗贞观治效何速如是？"似对曰："人主一念之烈，足以旋乾转坤。或谓霸图速而王道迟，不知一日归仁，期月可而，王道曷尝不速。一念有时间断，则无以挽回天下之大势。至于忧勤，既切宸念，而佐理非人，亦何以布宣九重之实。"乃摭太宗事以陈，且谓："太宗矜心易启，渐弗克终，仅止贞观之治。陛下嗣服十有五年，艰危之势滋甚，回视太宗治效敏速、相越乃尔。意者亲儒而从谏，敬畏以检身，未若贞观之超卓乎？节用以致爱，选廉以共理，未若贞观之切至乎？愿陛下益加圣心。"

嘉熙三年正月，拜端明殿学士、同签书枢密院事，封南充县伯。八月，拜参知政事。四年闰月，知枢密院事兼参知政事。淳祐四年，提举万寿观兼侍读，仍奉朝请，授知枢密院事兼参知政事，进爵郡公。五年，拜右丞相兼枢密使。十上章，乞归田里，帝不许。七年，特授观文殿大学士、醴泉观使兼侍读，进爵国公。十一年，转两官致仕，薨。特赠少师。

赵葵，字南仲，京湖制置使方之子。初生时，或梦南岳神降其家。方在襄阳，命葵专督饮食共养之事。与兄范俱有志事功，方器之，聘郑清之、全子才为之师。又遣从南康李燔为有用之学。每闻警报，与诸将偕出，遇敌则深入死战，诸将惟恐失制置子，尽死救之，屡以此获捷。一日，方赏将士，恩不偿劳，军欲为变。葵时十二三，觉之，亟呼曰："此朝廷赐也，本司别有赏资。"军心赖一言而定，人服其机警。

嘉定十年，金将高琪、乌古论庆寿犯襄阳，围枣阳。时边烽久熄，金兵猝至，人情震惧。方帅范、葵往战，败走之。十三年，方遣葵及都统扈再兴攻金人至高头。高头，金人必守之处也，出劲兵拒战，葵率先锋奋击，再兴继进歼之。翼日，进次邓州，金人阻湍河以拒。葵麾军进击，杨义诸将继至，金兵亦大出合战，大破之，俘斩及降者几二万，获万户两下十数人，夺马八百，逐北直傅城下而还。

十四年，金人犯蕲州，葵与范攻唐、邓。方命之曰："不克敌，毋相见也。"三月丁亥，至唐州，薄城而陈。金大将阿海引兵出战，葵帅精骑赴敌，再兴从之，大捷，斩馘万余。金人闭门不出。时金人陷蕲州者至久长，数十骑出山椒，葵帅杨大成以十四骑逐之。金骑渐益至数百，葵力战连破之，而金步骑大集。会范、再兴军合战，至夜分始解。庚寅，官军分二阵，范将左，再兴将右，葵帅突左右策应。金人背山亦分为二以相当，而不先动。范曰："金人必复谋夜战以幸胜，乃预备大鼓，令军中闻叠鼓声始动，若彼未至五十步内而辄动者斩。未几，金兵稍下山，再兴遽冲之，果为敌所乘，遂逼范军。范叠鼓麾军突斗，葵继进，歼金兵数千。敌并力向再兴，葵率士卒祝文蔚等以精骑横冲之，金人僵尸相属。复相持至夜分，金人虽敛，而阵如故。范、葵急会将校，选死士数千，黎明四面奋击，唤声撼山谷。金人走，乘胜逐北，斩首数千级，副统军投戈降，拔所掠子女万余，得辎重器械山积。补葵承务郎、知枣阳军，范授安抚司内机。

方卒，十五年，起复直秘阁、通判庐州，进大理司直、淮西安抚参议官。十七年，李全往青州，淮东制置使许国檄葵议兵。葵至曰："君侯欲图贼，而坐贼阱中，悔无及，惟有重帐前兵，犹足制之尔。"国曰："兵不能集，集不能精，奈何？"曰："葵请视两路之兵，别其精锐，君侯留三万帐前，贼不敢动矣。"国曰："不若集淮兵来阅，而君董之，既足示众，亦可选锐。"葵曰："有兵之郡，必当冲要，守将岂可空壁以从制使命耶？必将力争于朝，分留自卫。一得朝命，必匿其强壮，遣老弱以备数。本欲选锐，适得其钝，本欲示众，适示单弱，徒启戎心。"国不听，卒败。

宝庆元年，范知扬州，乞调葵以强勇、雄边军五千屯宝应备贼。葵在庐州，数费私钱会诸将毬射，与制置使曾式中不合，葵去之。言者以为擅，遂奉祠。三年，起为将作监丞。

绍定元年，出知滁州。二年，全将入浙西告籴，实欲觇畿甸也。初，全之献俘也，朝廷授以节钺，葵策其必叛，乃上书丞相史弥远曰："此贼若止于得粟，尚不宜使轻至内地，况包藏祸心，不止告籴。若不痛抑其萌，则自此肆行无惮，所谓延盗入室，恐畿内有不可胜讳之忧。"至滁，以其地当贼冲，又与金人对境，实两淮门户，修城浚隍，经武不少暇。命秦喜守青平，赵必胜守万山，以壮形势。葵母疾，谒告省侍不得，刲股杂药以寄之。母卒，葵求解官，不许，不得已，卒哭复视事。

全造舟益急，葵复致书史弥远曰："李全既破盐城，反称陈知县自弃城，盖欲欺朝廷以款过罪之师，彼得一意修舟楫，造器械，窥伺城邑，或直浮海以捣腹心，此其奸谋，明若观火。葵自闻盐城失守，日夕延颈以俟制帅之设施，今乃闻遣王节入盐城祈哀于逆。葵又闻遣二吏入山阳，请命于贼妇。堂堂制阃，如此举措，岂不堕贼计，贻笑天下、贻笑外夷乎？又闻张国明前此出山阳，已知贼将举盐城之兵，今若听国明言，更从阔略，则自此人心解体，万事涣散，社稷之忧有不可胜讳者。葵非欲张皇生事启衅，李全决非忠臣，非孝子。丞相苟听葵之言，翻然改图，发兵讨叛，则岂独可以强国势安社稷，葵父子世受国恩，亦庶几万一之报。使丞相不听葵言，不发兵讨贼，则岂特不可以强国势安社稷，而葵亦不知死所，不复可报君相之恩矣。一安一危，一治一乱，系朝廷之讨叛与不讨叛尔。淮东安则江南安，江南安则社稷安，社稷安则丞相安，丞相安则凡为国之臣子、为丞相之门人弟子莫不安矣。"

又言于朝曰："葵父子兄弟，世受国恩，每见外夷、盗贼侵侮国家，未尝不为忠愤所激。今大逆不道，邈视朝廷，负君相卵翼之恩，无如李全。前此畔逆未彰，犹可言也，今已破荡城邑，略无忌惮，若朝廷更从隐忍，则将何以为国？欲望特发刚断，名其为贼，即日命将遣师，水陆并进，诛锄此逆，以安社稷，以保生灵。葵虽不才，愿身许朝廷；如或不然，乞将葵早赐处分，以安边鄙，以便国事。"

弥远犹未欲兴讨，参知政事郑清之赞决之。乃加葵直

宝章阁、淮东提点刑狱兼知滁州。范刻日约葵，葵帅雄胜、宁淮、武定、强勇步骑万四千，命王鉴、扈斌、胡显等将之，以葵兼参议官。显，颖之兄也，拳力绝人，方在襄阳，每出师必使显及葵各领精锐分道赴战，摧坚陷阵，聚散离合，前无劲敌，以功至检校太尉。

已而，全攻扬州东门，葵亲出搏战。贼将张友呼城门请葵出，及出，全在隔壕立马相劳苦。左右欲射全，葵止之，问全来何为？全曰："朝廷动见猜疑，今复绝我粮饷，我非背叛，索钱粮耳。"葵曰："朝廷资汝钱粮，宠汝官职，盖不赀矣。待汝以忠臣孝子，而乃反戈攻陷城邑，朝廷安得不绝汝钱粮。汝云非叛，欺人乎？欺天乎？"切责之言甚多，全无以对，弯弓抽矢向葵而去。于是数战皆捷。四年正月壬寅，遂杀全。事见《全传》。进葵福州观察使、左骁卫上将军，葵辞不受。八月，召封枢密院禀议，受宝章阁待制、枢密副都承旨，依旧职仍落起复，寻进兵部侍郎。

六年十一月，诏授淮东制置使兼知扬州，入对，帝曰："卿父子兄弟，宣力甚多，卿在行阵又能率先士卒，捐身报国，此尤儒臣之所难，朕甚嘉之。"葵顿首谢曰："臣不佞，忠孝之义，尝奉教于君子，世受国恩，当捐躯以报陛下。"

端平元年，朝议收复三京，葵上疏请出战，乃授权兵部尚书、京河制置使，知应天府、南京留守兼淮东制置使。时盛暑行师，汴堤破决，水潦泛溢，粮运不继，所复州郡，皆空城，无兵食可因。未几，北兵南下，渡河，发水闸，兵多溺死，遂溃而归。范上表劾葵，诏与全子才各降一秩，授兵部侍郎、淮东制置使，移司泗州。

嘉熙元年，以宝章阁学士知扬州，依旧制置使。二年，以应援安丰捷，奏拜刑部尚书，进端明殿学士，特予执政恩例，复兼本路屯田使。葵前后留扬八年，垦田治兵，边备益饬。淳祐二年，进大学士、知潭州、湖南安抚使，改福州。

三年，葬其母，乞追服终制，不允。葵上疏曰："移忠为孝，臣子之通谊；教孝求忠，君父之至仁。忠孝一原，并行不悖。故曰忠臣以事其君，孝子以事其亲，其本一也。臣不佞，戒谨持循，惟恐先坠。往岁叨当军任，服在戎行，偕同气以率先，冒万死而不顾，捐躯戡难，效命守封，是以孝事君之充也。陛下昭示显扬，优崇宠数，使为人子者感恩，为人亲者知劝矣。臣昨于草土，被命起家，勉从权制，先国家之急而后亲丧也。今释位去官，已追服居庐，乞从彝制。"又不许。再上疏曰："臣昔者奉诏讨逆，适丁家难，闵然哀疚之中，命以驱驰之事，移孝为忠，所不敢辞。是臣尝先国家之急，而效臣子之义矣。亲恩未报，浸逾一纪，食稻衣锦，俯仰增愧。且臣业已追竣麻之制，伸苦块之哀，负土成坟，倚庐待尽，丧事有进而无退，固不应数月而除也。"乃命提举洞霄宫，不拜。

淳祐四年，授同知枢密院事。疏奏："今天下之事，其大者有几？天下之才，其可用者有几？吾从其大者而讲明之，疏其可用者而任使之。有勇略者治兵，有心计者治财，宽厚者任牧养，刚正者持风宪。为官择人，不为人而择官。用之既当，任之既久，然后可以责其成效。"又乞"亟与

宰臣讲求规画，凡有关于宗社安危治乱之大计者条具以闻，审其所先后缓急以图筹策，则治功可成，外患不足畏"。又乞"创游击军三万人以防江"。诏从之。十二月，拜知枢密院事兼参知政事。又特授枢密使兼参知政事、督视江、淮、京西、湖北军马，封长沙郡公。寻知建康府、行宫留守、江东安抚使。

九年，特授光禄大夫、右丞相兼枢密使，封信国公。四上表力辞，言者以宰相须用读书人，罢为观文殿学士，充醴泉观使兼侍读，仍奉朝请。寻判潭州、湖南安抚使，加特进。宝祐二年，宣抚广西。三年，改镇荆湖，城荆门及郢州。改授湖南路安抚使、判潭州，再辞，依旧职醴泉观使。五年，进少保、宁远军节度使，进封魏国公、醴泉观使兼侍读。四辞，免。开庆元年，判庆元府、沿海制置使，寻授沿江、江东宣抚使，置司建康府，任责隆兴府、饶州江州徽州两界防拓调遣，时暂兼判建康府、行宫留守，寻授江东西宣抚使，节制调遣饶、信、袁、临江、抚、吉、隆兴官军民兵。访问百姓疾苦，罢行黜陟，并许便宜从事。

景定元年，授两淮宣抚使、判扬州，进封鲁国公，寻奉祠。咸淳元年，加少傅。二年，乞致仕，特授少师、武安军节度使，进封冀国公。舟次小孤山，薨，年八十一。是夕，五洲星陨如箕。赠太傅，谥忠靖。

范字武仲，少从父军中。嘉定十三年，尝与弟葵歼金人于高头。十四年，出师唐、邓，范与葵监军。孟宗政时知枣阳，惮于供亿，使人问曰："金人在蕲、黄，而君攻唐、邓，何也？"范曰："不然，彻襄阳之备以救蕲、黄，则唐、邓必将蹑吾后。且蕲、黄之寇正锐，曷若先捣唐、邓以示有余，唐、邓应我之不暇，则吾围不守而自固，寇在蕲、黄师日以老，然后回师蹙之，可胜敌而无后患。"又败金人于久长，与弟葵俱授制置安抚司内机，事具《葵传》。

十五年，丁父忧，起复直秘阁、通判扬州。十六年，为军器监丞，以直秘阁知光州。十七年，入为知大宗正丞、刑部侍郎、试将作监兼权知镇江府。进直徽猷阁、知扬州、淮东安抚副使。刘全、王文信二军老幼留扬州，范欲修军政，惧其徒漏泄兵机，乃时馈劳。二家既大喜，范即遗徐晞稷书，令教二人挈家归楚，二人从之，范厚赍以遣。有孙海者，其众亦八百。范并请抽还楚州，又请创马军三千，招游手之强壮者及籍牢城重役人充之。别籍民为半年兵，春夏在田，秋冬教阅。官复建砦而私不废农。

彭义斌使统领张士显见范，请合谋讨李全。范告于制置使赵善湘曰："以义斌蹙全，如山压卵；然必请而后讨者，知有朝廷也。失此不右，而右凶徒，则权纲解纽矣。万一义斌无朝命而成大勋，是又唐藩镇之事，非计之得也。莫若移扬州增戍之兵往盱眙，而四总管兵各留半以备金人，余皆起发，择一能将统之，命葵摘淮西精锐万人与会于楚州，出许浦海道，五十艘入淮，以断贼归路，密约义斌自北攻之，事无不济。四总管权位相侔，刘琸虽能得其欢心，而不能制其死命。如用琸，须令亲履行阵，指踪四人，不可止坐筹帷幄也。"不报。

范又曰："国家讨贼则自此中兴，否则自此不振。若朝廷不欲张皇，则范乃荆制，职在捕盗，但令范以本路兵措置楚州盐贼，范当调许青、张惠两军之半，及其船数百，径薄楚城，以遏贼路，调夏全、范成进之半，据涟、海而守之，又移扬州之戍以戍盱眙。然得亲提精锐雄胜、强勇等就时青于城外，示贼以形势，谕贼以祸福，贼必自降。若犹拒守，则南北军民杂处，必有内应者矣。别约义斌攻之于北，山阳下则进驻涟、海以应之，抚归附家属以离其党，不出半月，此贼必亡。若是，则不调许浦水军，但得赵葵三千人亦足矣。若朝廷惮费，则全有豫买军需钱二十万在真州，且涟、楚积聚，多自足用。"

丞相史弥远报范书，令谕四总管各享安靖之福。范所遣计议官闻之，曰："但恐祸根转深，不得安靖尔。"各挥涕而归。会全且至，范又献计曰："抚机不发，事已无及。侯景困丧河南，致毒萧氏；今逆全不得志于义斌，而复虑四总管应之，归据旧巢，其谋必急。然蹙之于丧败之余者易，图之于休息之后者难；矧四总管合谋章露，必难遂已。但事机既变，局面不同。若庙算果定，不欲出教令，但得密赐指授，范一切伏藏不动，只约义斌，使自彼攻其所必救，则机会在我，而前日之策可用矣。"还报，戒范无出位专兵。

范乃为书谢庙堂，且决之曰："今上自一人，下至公卿百执事，又下至士民军吏，无不知祸贼之必反。虽先生之心，亦自知其必反也。众人知之则言之，先生知而独不言，不言诚是也。内无卧薪尝胆之志，外无战胜攻取之备，先生隐忍不言而徐思所以制之，此庙谟所以为高也。然以抚定责之晞稷，而以镇守责之范。责晞稷者函人之事也，责范者矢人之事也。既责范以惟恐不伤人之事，又禁其为伤人之痛，恶其为伤人之言，何哉？其祸贼见范为备，则必忌而不得以肆其奸，他日必将指范为首祸激变之人，劫朝廷以去贼。先生始未之信也，左右曰可，卿大夫曰可，先生必将曰：'是何惜一赵范而不以纾祸哉？'必将缚范以授贼，而范遂为宋晁错。虽然，使以范授贼而果足以纾国祸，范死何害哉？谚曰：'护家之狗，盗贼所恶。'故盗贼见有护家之狗，必将指斥于主人，使先去之，然后肆穿窬之奸而无所忌。然则杀犬固无益于弭盗也。欲望矜怜，别与闲慢差遣。"弥远得书，为之动心。

二年春，奉祠。三年，知安庆府，未行，改知池州，继兼江东提举常平。弥远访将材于葵，葵以范对。进范直敷文阁、淮东提点刑狱兼知滁州。范曰："弟而荐兄，不顺。"以母老辞。乃上书弥远曰："淮东之事，日异月新。然有淮则有江，无淮则长江以北，港汊芦苇之处，敌人皆可潜师以济，江面数千里，何从而防哉？今或谓巽辞厚惠可以啖贼，而不知陷彼款兵之计。或谓敛兵退屯可以缓贼，而不知成彼深入之谋。或欲行清野以婴城，或欲聚乌合而浪战，或以贼词之乍顺乍逆而为喜惧，或以贼兵之乍进乍退而为宽紧，皆失策也。失策则失淮，失淮则失江，而其失有不可胜讳者矣。夫有遏寇之兵，有游击之兵，有讨贼之兵。今宝应之逼山阳，天长之逼盱眙，须各增戍兵万人，遣良将统之，贼来则坚壁以挫其锋，不来则耀武以压其境；而又观衅伺隙，时遣偏师掩其不备，以示敢战，使虽欲深入而畏吾之捣其虚，此遏寇之兵也。盱眙之寇，素无储蓄，金人亦无以养之，不过分兵掳掠而食；当量出精兵，授以勇校，募土豪，出奇设伏以剿杀之，此游击之兵也。惟扬、金陵、合肥，各聚二三万人，人物必精，将校必勇，器械必利，教阅必熟，纪律必严，赏罚必公，其心术念虑必人人思亲其上而死其长；信能行此，半年而可以强国，一年而可讨贼矣。贼既不能深入，掳掠复无所获，而又怀见讨之恐，则必反中求赡于金；金无余力及此，则必怨之怨，吾于是可以嫁祸于金人矣。或谓扬州不可屯重兵，恐连贼祸，是不然。扬州者，国之北门，一以统淮，一以蔽江，一以守运河，岂可无备哉。善守者，敌不知所攻。今若设宝应、天长二屯以扼其冲，复重二三帅阃以张吾势，贼将不知所攻，而敢犯我扬州哉？设使贼不知兵势而犯扬州，是送死矣。"朝廷乃召范禀议，复令知池州。

绍定元年，试将作监、知镇江府。三年，丁母忧，求解官，不许。起复直徽猷阁、淮东安抚副使。寻转右文殿修撰，赐章服金带。不得已，卒哭复视事。又为书告庙堂："请罢调停之议，一请檄沿江制置司，调王明本军驻泰兴港以扼泰州下江之捷径；一请檄射阳湖人为兵，屯其半高邮以制贼后，屯其半瓜州以扼贼前；一请速调淮西兵合滁阳、六合诸军图救江面。不然，范虽死江皋无益也。"朝旨乃许范刺射阳湖兵毋过二万人，就听节制。

范又遗善湘书，曰："今日与宗社同休戚者，在内惟丞相，在外惟制使与范及范弟葵耳。贼若得志，此四家必无存理。"于是讨贼之谋遂决，遂戮全。进范兵部侍郎、淮东安抚使兼知扬州兼江淮制置司参谋官，以次复淮东。加吏部侍郎，进工部尚书、沿江制置副使，权移司兼知黄州，寻兼淮西制置副使。未几，为两淮制置使、节制巡边军马，仍兼沿江制置副使。

又进端明殿学士，京河关陕宣抚使、知开封府、东京留守兼江、淮制置使。入洛之师大溃，乃授京湖安抚制置使兼知襄阳府。范至，则倚王旻、樊文彬、李伯渊、黄国弼数人为腹心，朝夕酣狎，了无上下之序。民讼边防，一切废弛。属南北军将交争，范失于抚御。于是北军王旻内叛，李伯渊继之，焚襄阳北去；南军大将李虎不救焚，不定变，乃因之劫掠。城中官民尚四万七千有奇，钱粮在仓库者无虑三十万，弓矢器械二十有四库，皆为敌有，盖自岳飞收复百三十年，生聚繁庶，城高池深，甲于西陲，一旦灰烬，祸至惨也。言者劾范，降三官落职，依旧制置使。寻奉祠，以言罢；论者未已，再降两官，送建宁府居住。嘉熙三年，叙复官职，与宫观。四年，知静江府，后卒于家。

谢方叔，字德方，威州人。嘉定十六年进士，历官监察御史。疏奏："秉刚德以回上帝之心，奋威断以回天下之势，或者犹恐前习便嬖之人，有以私陛下之听而悦陛下之心，则前日之畏者怠，忧者喜，虑者玩矣。左右前后之人，进忧危恐惧之言者，是纳忠于上也；进燕安逸乐之言者，是不忠于上也。凡有水旱盗贼之奏者，必忠臣也；有谄谀蒙蔽之言者，必佞臣也。陛下享玉食珍羞之奉，当思两淮流莩转壑之可矜；闻管弦钟鼓之声，当思西蜀白骨如山之可念。"又言："崇俭德以契天理，储人才以供天职，恢远略以需天讨，行仁政以答天意。"帝悦。差知衡州，除宗正少卿，又除太常少卿兼国史编修、实录检讨。

时刘汉弼、杜范、徐元杰相继死，方叔言："元杰之死，陛下既为命官鞫狱，立赏捕奸，罪人未得，忠冤未伸。陛下苟不始终主持，将恐纪纲扫地，而国无以为国矣。"迁殿中侍御史，进对，言："操存本于方寸，治乱系于天下。人主宅心如法宫蠖濩之邃，朝夕亲近者左右近习承意伺旨之徒，往往觇上之所好，不过保恩宠、希货利而已。而冥冥之中，或有游扬之说，潜伏而莫之觉。防微杜渐，实以是心主之。"又言："今日为两淮谋者有五：一曰明间谍，二曰修马政，三曰营山水砦，四曰经理近城之方田，五曰加重遏绝游骑及救夺掳掠之赏罚。"请行限田，请录朱熹门人胡安定、吕焘、蔡模，诏皆从之。

权刑部侍郎兼权给事中，升兼侍讲，正授刑部侍郎，权国史编修、实录检讨。拜端明殿学士、签书枢密院事、参知政事。淳祐九年，拜参知政事，封永康郡侯。十一年，特授知枢密院事兼参知政事，寻拜左丞相兼枢密使，进封惠国公。劝帝以爱身育德。

属监察御史洪天锡论宦者卢允升、董宋臣，疏留中不下，大宗正寺丞赵崇瑶移书方叔云："阉寺骄恣特甚，宰执不闻正救，台谏不敢谁何，一新入孤立之察官，乃锐意出身攻之，此岂易得哉？侧耳数日，寂无所闻，公议不责备他人，而责备于宰相。不然，仓卒出御笔，某人授少卿，亦必无可遏之理矣，丞相不可谓非我责也。丞相得君最深，名位已极。傥言之胜，宗社赖之；言之不胜，则去。去则诸君必不容不争，是胜亦胜，负亦胜，况未必去耶。"方叔得书，有赧色。

翼日，果得御笔授天锡大理少卿，而天锡去国。于是太学生池元坚、太常寺丞赵崇洁、左史李昂英皆论击允升、宋臣。而谗者又曰："天锡之论，方叔意也。"及天锡之去，亦曰："方叔意也。"方叔上疏自解，于是监察御史朱应元论方叔，罢相。既罢，允升、宋臣犹以为未快，厚赂太学生林自养，上书力诋天锡、方叔，且曰："乞诛方叔，使天下明知宰相台谏之去，出自独断，于内侍初无预焉。"书既上，学舍恶自养党奸，相与鸣鼓攻之，上书以声其罪。乃授方叔观文殿大学士、提举洞霄宫。复以监察御史李衢两劾，褫职罢祠。后依旧职，与祠，起居郎召泽、中书舍人林乔劾罢；监察御史章士元请更与降削，窜广南。景定二年，请致仕，乃叙复官职。

度宗即位，方叔以一琴、一鹤、金丹一粒来进。丞相贾似道恐其希望，讽权右司郎官卢越、左司谏赵顺孙、给事中冯梦得、右正言黄镛相继请夺方叔官职封爵，制置使吕文德愿以己官赎其罪。咸淳七年，诏叙复致仕。八年卒。特赠少师，方叔在相位，子弟干政，若逸余玠之类是也。

论曰：乔行简弘深好贤，论事通谏。范钟、游似同在相位,皆谨饬自将,而意见不侔。赵方豫计二子后当若何,而葵、范所立,皆如所言,所谓知子莫若父也。然宋自端平以来,捍御淮、蜀两边者,非葵材馆之士,即其偏裨之将。朝廷倚之,如长城之势。及其筋力既老,而卫国之志不衰,亦曰壮哉! 谢方叔相业无过人者,晚困于权臣,至以玩好丹剂为人主寿,坐是贬削,有愧金镜多矣。

卷四百一十八
列传第一百七十七

吴潜　程元凤　江万里　王爚
章鉴　陈宜中　文天祥

吴潜,字毅夫,宣州宁国人。秘阁修撰柔胜之季子。嘉定十年进士第一,授承事郎、签镇东军节度判官。改签广德军判官。丁父忧,服除,授秘书省正字,迁校书郎,添差通判嘉兴府,权发遣嘉兴府事。转朝散郎、尚书金部员外郎。

绍定四年,迁尚右郎官。都城大火,潜上疏论致灾之由:"愿陛下斋戒修省,恐惧对越,菲衣恶食,必使国人信之,毋徒减膳而已。疏损声色,必使天下孚之,毋徒彻乐而已。阉官之窃弄威福者勿亲,女宠之根萌祸患者勿昵。以暗室屋漏为尊严之区,而必敬必戒,以恒舞酣歌为乱亡之宅,而不淫不泆。使皇天后土知陛下有畏之心,使三军百姓知陛下有忧之心。然后,明诏二三大臣,和衷竭虑,力改弦辙,收召贤哲,选用忠良。贪残者屏,回邪者斥,怀奸党贼者诛,贾怨误国者黜。毋并进君子、小人以为包荒,毋兼容邪说、正论以为皇极,以培国家一线之脉,以救生民一旦之命。庶几天意可回,天灾可息,弭灾为祥,易乱为治。"

又言:"重地要区,当豫畜人才以备患。论大顺之理,贯通天人,当以此为致治之本。"又贻书丞相史弥远论事:一曰格君心,二曰节奉给,三曰振恤都民,四曰用老成廉洁之人,五曰用良将以御外患,六曰革吏弊以新治道。授直宝章阁、浙东提举常平,辞不赴。改吏部员外郎兼国史编修、实录检讨,迁太府少卿、淮西总领。

又告执政,论用兵复河南不可轻易,以为:"金人既灭,与北为邻,法当以和为形,以守为实,以战为应。自荆襄首纳空城,合兵攻蔡,兵事一开,调度浸广,百姓狼狈,死者枕藉,使生灵肝脑涂地,得城不过荆榛之区,获俘不过暖昧之骨,而吾之内地荼毒如此,边臣误国之罪,不待言矣。闻有进恢复之画者,其算可谓俊杰,然取之若易,守之实难。征行之具,何所取资,民穷不堪,激而为变,内郡率为盗贼矣。今日之事,岂容轻议。"自后,兴师入洛,溃败失亡不赀,潜之言率验。迁太府卿兼权沿江制置、知建康府、江东安抚留守。上疏论保蜀之方,护襄之策,防江之算,备海之宜,进取有甚难者三事。

端平元年,诏求直言,潜所陈九事:一曰顾天命以立国之意,二曰植国本以广传家之庆,三曰笃人伦以为纲常之宗主,四曰正学术以还斯文之气脉,五曰广畜人才以待乏绝,六曰实恤民力以致宽舒,七曰边事当鉴前辙以图新功,八曰楮币当权新制以解后忧,九曰盗贼当探祸端而图长策。以直论忤时相,罢奉千秋鸿禧祠。改秘阁修撰、权江西转运副使兼知隆兴府,主管江西安抚司。擢太常少卿,奏造斛斗输诸郡租,宽恤人户,培植根本,凡十五事。

进右文殿修撰、集英殿修撰、枢密都承旨、督府参谋官兼知太平州,五辞不允。又言和战成败大计,宜急救襄阳等事。贻书执政,论京西既失,当招收京淮丁壮为精兵,以保江西。权工部侍郎、知江州,辞不赴。请养宗子以系国本,以镇人心。改权兵部侍郎兼检正。论士大夫私意之敝,以为:"襄、汉溃决,兴、沔破亡,两淮俶扰,三川陷没。欲望陛下念大业将倾,士习已坏,以静专察群情,以刚明消众愚,警于有位,各励至公。毋以术数相高,而以事功相勉;毋以阴谋相讦,而以识见相先。协谋并智,戮力一心,则危者尚可安,而衰证尚可起也。"又请分路取士,以收淮、襄之人物。

试工部侍郎、知庆元府兼沿海制置使,改知平江府,条具财计凋敝本末,以宽郡民,与转运使王埜争论利害。授宝谟阁待制,提举太平兴国宫,改玉隆万寿宫。试户部侍郎、淮东总领兼知镇江府。言边储防御等十有五事。改宝谟阁直学士,兼浙西都大提点坑冶,权兵部尚书、浙西制置使。申论防拓江海,团结措置等事。

进工部尚书,改吏部尚书兼知临安府,乃论艰屯蹇困之时,非反身修德,无以求亨通之理。乞遴选近族以系人望,而俟太子之生。帝嘉纳。兼侍读经筵,以台臣徐荣叟论列,授宝谟阁学士、知绍兴府、浙东安抚使,辞,提举南京鸿庆宫。遂请致仕,授华文阁学士知建宁府,辞。

丁母忧,服除,转中大夫、试兵部尚书兼侍读,转翰林学士、知制诰兼侍读,改端明殿学士、签书枢密院事,进封金陵郡侯。以亢旱乞罢,免,改资政殿学士、提举洞霄宫,改知福州兼本路安抚使。徙知绍兴府、浙东安抚使。

召同知枢密院兼参知政事。入对,言:"国家之不能无敝,犹人之不能无病。今日之病,不但仓、扁望之而惊,庸医亦望而惊矣。愿陛下笃任元老,以为医师,博采众益,以为医工。使臣辈得以效牛溲马勃之助,以不辱陛下知人之明。"

淳祐十一年,入为参知政事,拜右丞相兼枢密使。明年,以水灾乞解机政。以观文殿大学士、提举洞霄宫。又四年,授沿海制置大使,判庆元府。至官,条具军民久远之计,告于政府,奏皆行之。又积钱百四十七万三千八百有奇,代民输帛,前后所蠲五百四十九万一千七百有奇。以久任乞祠,且累章乞归田里,进封崇国公,判宁国府。还家,以醴泉观使兼侍读,召入对,论畏天命,结民心,进贤才,通下情。帝嘉纳。拜特进、左丞相,进封庆国公。奏:"乞令在朝之臣各陈所见,以决处置之宜。"改封许国公。

大元兵渡江攻鄂州,别将由大理下交阯,破广西、湖南诸郡。潜奏:"今鄂渚被兵,湖南扰动,推原祸根,良由近年奸臣佥士设为虚议，迷国误军，其祸一二年而愈酷。附和逢迎，媕阿谄媚，积至于大不靖。臣年将七十，捐躯致命，所不敢辞。所深痛者，臣交任之日，上流之兵已逾黄、汉，广右之兵已蹈宾、柳，谓臣坏天下之事，亦可哀已。"

又论国家安危治乱之原："盖自近年公道晦蚀，私意横流，仁贤空虚，名节丧败，忠嘉绝响，谀佞成风，天怒而陛下不知，人怨而陛下不察，酝成兵戈之祸，积为宗社之忧。章鉴、高铸尝与丁大全同官，倾心附丽，蹭蹬要途。萧泰来等群小嘻嗻，国事日非，浸淫至于今日。陛下稍垂日月之明，毋使小人禽聚，以贻善类之祸。沈炎实赵与篡之腹心爪牙，而任台臣，甘为之搏击。奸党盘据，血脉贯穿，以欺陛下。致危乱者，皆此等小人为之。"又乞令大全致仕，炎等与祠，高铸罢管州军。不报。

属将立度宗为太子，潜密奏云："臣无弥远之材，忠王无陛下之福。"帝怒潜，卒以炎言劾落职。命下，中书舍人洪芹缴还词头，不报，谪建昌军，寻徙潮州，责授化州团练使、循州安置。潜预知死日，语人曰："吾将逝矣，夜必雷风大作。"已而果然，四鼓开霁，撰遗表，作诗颂，端坐而逝。时景定三年五月也。循人闻之，咨嗟悲恸。德祐元年，追复元官，仍还执政恩数。明年，以太府卿柳岳请赠谥，特赠少师。

程元凤，字申甫，徽州人。绍定元年进士，调江陵府教授。端平元年，差江东转运司干办公事。丁母忧。淳祐元年，迁礼、兵二部架阁，以父老不忍舍侧，迁太学正，以祖讳辞，改国子录。父忧，服阕，迁太学博士，改宗学博士。以《诗》、《礼》讲荣王府。旁讽曲谕，随事规正，多所裨益，王亦倾心敬听。轮对，极论世运剥复之机及人主所当法天者。理宗览之曰："有古遗直风。"

六年，进秘书丞兼权刑部郎官。七年，兼权右司郎官，迁著作郎，仍权右司郎官。轮对，指陈时病尤激切，当国者以为厉己。丐外，知饶州。郡初罹水灾，元凤访民疾苦，夙夜究心，修城堞，置义阡，宽诛求，察诬证。进江、淮、荆、浙、福建、广南都大提点坑冶，仍兼知饶州冶司，岁有冬夏帐银，悉举以补郡积年诸税敛之不足者。芝生治所，众以治行之致，元凤曰："五谷熟则民蒙惠，此不足异也。"

召奏事，辞，不允，迁右曹郎官。疏言实学、实政、国本、人才、吏治、生民、财计、兵威八事。寻兼右司郎官，拜监察御史兼崇政殿说书。丞相郑清之久专国柄，老不任事，台官潘凯、吴燧合章论列，清之不悦，改迁之，二人不拜命去。元凤上疏斥清之罪，其言明白正大，凯、燧得召还。有事于明堂，元凤疏言"祈天以实不以文"。又言边备，谓"当申儆军实，以起积玩之势。"及言滥刑之敝。十二年，拜右正言兼侍讲，以祖讳辞。诏权以右补阙系衔。上疏论格心之学，谓"革士大夫之风俗，当革士大夫之心术。"至于文敝、边储、人才、民心、储将帅、救灾异，莫不尽言。

余晦以从父天锡恃恩妄作，三学诸生伏阙上书白其罪状，司业蔡抗又力言之，元凤数其罪劾之。奏上，以晦为大理少卿，抗为宗正少卿。元凤又上疏留抗而黜晦，以安士心。乃命抗仍兼司业，晦予郡。

升殿中侍御史，仍兼侍讲。京城灾，疏言："辍土木无益之役，以济暴露之民；移缩流泛滥之恩，以给颠沛之众。务行宽大之政，固结亿兆之心。旁招俊乂，而私昵无滥之恩；屏去奸私，而贪黩无覆出之患。谨便嬖之防，而不使之弄权；抑恩泽之请，而不至于无节。"言多剀切。

宝祐元年，兼侍读，迁侍御史，言法孝宗八事。荐名士二十余人，进尚书吏部侍郎兼中书舍人，兼同修国史、实录院同修撰，仍兼侍读。亟辞，出关，不允。有事于南郊，元凤为执绥官，咨问多所开陈。帝因欲幸西太乙宫，力谏止之。三年，迁权工部尚书，力求补外，特授端明殿学士、同签书枢密院事。

蜀境与沅、靖交急，朝廷欲择重臣出镇上流，用徐敏子易蜀帅及用向士璧为镇抚。元凤请下荆南，调兵援蜀，移吕文德上沅、靖。进依前职，签书枢密院事兼权参知政事，进参知政事，寻进拜右丞相兼枢密使，进封新安郡公。力辞，御笔勉谕，犹周回累日而后治事。疏奏正心、待臣、进贤、爱民、备边、守法、谨微、审令八事。高、孝、光、宁四朝国史未就，奏转任尤焴领其事，纂修成之。会丁大全谋夺相位，元凤力辞，授观文殿大学士判福州、福建安抚使。又力辞，依前职，提举洞霄宫。

开庆兵兴，上手疏收人心、重赏罚、团结民兵数事。俄起判平江府兼淮、浙发运使。四上章乞免。三年，御笔趣行，奏免修明局米五万石。拜特进，依前职。充醴泉观兼侍读。度宗即位，进少保。三年，拜少傅、右丞相兼枢密使，进封吉国公，以言罢，依旧少保、观文殿大学士、醴泉观使。乞致仕，不许。四年，罢观使，以守少保、观文殿大学士致仕。卒，遗表闻，帝震悼辍朝，特赠少师。

元凤之在政府也，一契家子求贰令，元凤谢之曰："除授须白资。"其人累请不许，乃以先世为言。元凤曰："先公畴昔相荐者，以某粗知恬退故也。今子所求躐次，岂先大夫意哉？矧以国家官爵报私恩，某所不敢。"有尝遭元凤论列者，其后见其可用，更荐拔之，每曰："前日之弹劾，成其才也；今日之擢用，尽其才也。"所著《讷斋文集》若干卷。

江万里，字子远，都昌人。自其父烨始业儒。大父璘，乡称善人，其邻史知县者夸其能杖哗健士，璘俯首不答，归语烨曰："史祖父衰寒士，今居官以杖士人自熹，于我心有不释然。审尔，史氏且不昌，汝戒之也。"是夕烨妻陈梦一贵人入其家，曰："以汝家长有善言，故来。"已而有娠，生万里。少神隽，有锋颖，连举于乡。入太学，有文声。理宗在潜邸，尝书其姓名几研间。以舍选出身，历池州教授、沿江制置司准备差遣、两浙安抚司干办公事。召试馆职，累迁著作佐郎、权尚左郎官兼枢密院检详文字。知吉州，创白鹭洲书院，兼提举江西常平茶盐。召为屯田郎官，未行，迁直秘阁、江西转运判官兼权知隆兴府。创宗濂书院。迁考功郎官，命旋寝。久之，以驾部郎官召，迁尚右兼侍讲。

史嵩之罢相，拜监察御史，仍兼侍讲。未几，迁右正言、殿中侍御史，又迁侍御史，未及拜。万里器望清峻，论议风采倾动一时，帝眷注尤厚。尝丐祠、省母疾，不许。属弟万顷奉母归南康，旋以母病闻，万里不俟报驰归，至祁门得讣。而议者谓万里母死，秘不奔丧，反挟妾媵自随，于是侧目万里者，相与腾谤。万里无以自解，坐是闲废者十有二年。后陆德舆尝辨其非辜于帝前。

贾似道宣抚两浙，辟参谋官。及似道同知枢密院，为京湖宣抚大使，以万里带行宝章阁待制，为参谋官。大元兵围鄂，似道以右丞兼枢密使移军汉阳，万里迁刑部侍郎。似道入相，万里兼国子祭酒、侍读。入对，迁权吏部尚书，又拜端明殿学士、同签书枢密院事兼太子宾客。随以言者去官。后以原职知建宁府兼权福建转运使。已而，加资政殿学士，依旧职，知福州兼福建安抚使。

度宗即位，召同知枢密院事，又兼权参知政事，迁参知政事。万里始虽俯仰容默，为似道用，然性峭直，临事不能无言。似道常恶其轻发，故每入不能久在位。似道以去要君，帝初即位，呼为师相，至涕泣挽留之。万里以身掖帝云：“自古无此君臣礼，陛下不可拜，似道不可复言去 。”似道不知所为，下殿举笏谢万里曰：“微公，似道几为千古罪人。”然以此益忌之。

帝在讲筵，每问经史疑义及古人姓名，似道不能对，万里常从旁代对。时王夫人颇知书，帝语夫人以为笑。似道闻之，积惭怒，谋逐之。万里四丐祠，不候报出关。加资政殿大学士、知庆元府兼沿海制置使，不拜，予祠。后二年，知太平州兼提领江淮茶盐兼江东转运使，召拜参知政事，进封南康郡公，既至，拜左丞相兼枢密使。丐祠，加观文殿大学士知福州，辞，依旧职，提举洞霄宫。又授知潭州、湖南安抚大使，加特进，寻予祠。时咸淳九年，万里年七十有六矣。

明年，大元兵渡江，万里隐草野间，为游骑所执，大诟，欲自戕，既而脱归。先是，万里闻襄樊失守，凿池芝山后圃，扁其亭曰"止水"，人莫谕其意，及闻警，执门人陈伟器手，曰：“大势不可支，余虽不在位，当与国为存亡。”及饶州城破，军士执万顷，索金银不得，支解之。万里竟赴止水死。左右及子镐相继投沼中，积尸如叠。翼日，万里尸独浮出水上，从者草敛之。万里无子，以蜀人王栐子为后，即镐也。事闻，赠太傅、益国公，后加赠太师，谥文忠。万顷历守大郡，为提举江西常平茶盐，官至正郎。城破时，郴州守赵崇榞寓居城中，亦死之。

王爚，字仲潜，一字伯晦，绍兴新昌人。登嘉定十三年进士第，知常熟县。绍定四年，江淮制置司辟通判泰州。五年，差知滁州。端平元年，知瑞州。嘉熙元年，提辖左藏东西库兼提辖封桩下库。二年，迁籍田令兼督视干办公事。淳祐二年，改监三省枢密院门，乞免所居官，诏从之。四年，再任。五年，迁太府寺丞、秘书丞，户部郎官、淮西总领，主管左曹。六年，为尚书左司员外郎。赐对，乞祠，不许。七年，迁秘书少监，以侍御史周坦言，

罢为福建提点刑狱，差知温州。十年，差知宁国府，迁太府卿。

宝祐元年，兼国史编修、实录检讨兼权兵部侍郎，试司农卿兼中书门下省检正诸房公事。疏奏："愿诏大臣相与忧乱而思治，惧危而图安，哀悼警省，修德行政，摧抑群阴之气焰，保护微阳之根本。批札毕杜于私蹊，官赏宏辟于正路。使内治明如天日，外治劲如风霆。则精神运动，阳汇昭苏，世道昌明，物情熙洽。上以迓续天命于谴告之余，下以固结人心于解纽之际。其孰能御之。"以右文殿修撰提举太平兴国宫。五年，京湖宣抚大使赵葵辟为判官。

开庆元年，召赴行在，授集英殿修撰、枢密都承旨、权吏部侍郎。景定元年，兼同修国史、实录院同修撰兼侍读，为真侍郎兼太子左庶子。极言正论，太子听而说之，帝闻之甚喜。二年，迁礼部尚书，权吏部尚书，加龙图阁学士、知平江府、淮浙发运使。五年，召赴行在，进端明殿学士、提举佑神观兼侍读。召赴行在。

咸淳元年二月，拜签书枢密院事，闰月，同知枢密院事兼权参知政事。二年，以疾乞祠，不许。乞放归田里。帝遣尚医视之，且赐食，复两乞归，皆不许。二年，拜参知政事。三年，知枢密院事兼参知政事。立皇太子，加食邑，三辞免官，不许。乞奉祠、休假，皆不许。最后乞祠禄，乃授资政殿学士知庆元府兼沿海制置使。四辞免，不许。七年，台州言："乞差爚充上蔡书院山主，"诏从之。八年，加观文殿学士提举万寿宫兼侍读，诏遣刑部郎官董朴起之，四上疏辞免，始从之。十年，乞致仕，不许。十一月，以爚为左丞相，章鉴为右丞相，并兼枢密使。寻授爚特进，加食邑。乞致仕，两乞辞免，皆不许。

德祐元年，两乞改命经筵庶可优闲，再乞以旧职奉京祠侍读，皆不许。右丞相章鉴、参知政事陈宜中奏"谕留爚以镇人心，以康世道"。从之。爚两请毋署省院公楸，不许；又奏："乞将臣先赐罢斥，臣本志誓死报国，愿假臣以宣抚招讨等职，臣当招募忠义，共图兴复。"鉴、宜中又奏"爚单车绝江，已至萧山，乞遣中使趣还治事"。乃授观文殿大学士、浙西江东路宣抚招讨大使，置司在京，以备咨访。乞解大使职名，不许。进少保、左丞相兼枢密使，寻加都督诸路军马。累辞，皆不许。

奏言："今天下所以大坏至此者，正以一私蟠塞，赏罚无章故也。救之之策，在反其所以坏之由。大明赏罚，动合乎天，庶几人心兴起，天下事尚可为也。"因言贾似道误国丧师之罪，于是始降诏切责似道不忠不孝。六月庚子朔，日食，爚奏："日食不尽仅一分，白昼晦冥者数刻。阴盛阳微，灾异未有大于此者。臣待罪首相，上佐天子理阴阳，下遂万物，外镇诸侯，皆其职也。氛祲充塞而未能消，生民涂炭而未能拯，反复思之，咎实在臣，乞罢黜以答天谴。"答诏不许，第降授金紫光禄大夫而已。辞降官，乞罢斥，又不许。

寻进平章军国重事，辞，不许。或请："出宜中或梦炎出督吴门，否则臣虽老无能为，若效死封疆，亦不敢辞。"诏三省集议。乞罢平章事，不许。京学生上书诋宜

中，宜中亦上疏乞骸骨。初，宜中在相位，政事多不关白熽，或谓京学之论，实熽嗾之。

七月壬辰，诏："给、舍之奏三入，熽与宜中必难共处，兼熽近奏乞免平章侍经筵，辞气不平，诚有如人言者矣。"遂罢熽平章，依前少保、特授观文殿大学士充醴泉观使。熽为人清修刚劲，似道归天台葬母，过新昌，熽独不见之。后以元老入相位，值国势危亡之际，天下所属望也，而卒与宜中不协而去云。

章鉴，字公秉，分宁人。以别院省试及第，累官中书舍人、侍左郎官、崇政殿说书，进签书枢密院事兼权参知政事，迁同知枢密院事。咸淳十年，王熽拜左丞相，鉴拜右丞相，并兼枢密使。明年，大元兵逼临安，鉴托故径去。遣使亟召还朝，既至，罢相予祠。殿帅韩震之死，鉴与曾渊子明震无他。至是，御史王应麟缴其录黄，谓震有逆谋，鉴与渊子曲庇之。坐是削一官，放归田里。

后有告鉴家匿宝玺者，霜晨，鉴方拥衾卧，兵士至，大索其室，惟敝箧贮一玉杯，余无一物，人颇叹其清约。鉴在朝日，号宽厚，然与人多许可，士大夫目为"满朝欢"云。

陈宜中，字与权，永嘉人也。少甚贫，而性特俊拔。有贾人推其生时，以为当大贵，以女妻之。既入太学，有文誉。宝祐中，丁大全以戚里婢媵事权幸卢允升、董宋臣，因得宠于理宗，擢为殿中侍御史，在台横甚。宜中与黄镛、刘黻、林测祖、陈宗、曾唯六人上书攻之。大全怒，使监察御史吴衍劾宜中，削其籍，拘管他州。司业率十二斋生，冠带送之桥门之外，大全益怒，立碑学中，戒诸生亡妄议国政，且令自后有上书者，前廊生看详以牒报检院。由是，士论翕然称之，号为"六君子"。宜中谪建昌军。

大全既窜，丞相吴潜奏还之。贾似道入相，复为之请，有诏六人皆免省试令赴。景定三年，廷试，而宜中第二人。六人之中，宜中尤达时务。由绍兴府推官、户部架阁、秘书省正字、校书郎，数年迁监察御史。

程元凤再相，似道恐其侵权，欲去之。宜中首劾元凤纵丁大全肆恶，基宗社之祸。命格，除太府卿。宜中亦自请外，为江东提举茶盐常平公事。四年，改浙西提刑。五年，召为崇政殿说书，累迁礼部侍郎兼中书舍人。七年，闽阙帅，以显文阁待制、知福州。在官得民心，岁余入为刑部尚书。十年，拜签书枢密院事兼权参知政事。

德祐元年，升同知枢密院事。二月，似道丧师芜湖，乃以宜中知枢密院兼参知政事。已而翁应龙自军中归，宜中问似道所在，应龙以不知对。宜中以为似道已死，即上疏乞正似道误国之罪。似道行时，以所亲信韩震总禁兵，人有言震欲以兵劫迁者，宜中召震计事，伏壮士袖铁椎击杀之，以示不党于似道。

时右丞相章鉴宵遁，曾渊子等请命宜中摄丞相事。诏以王熽为左丞相，拜宜中特进、右丞相。四月，熽还朝论事，即与宜中不合。台臣孙嵘叟请窜籍潜说友、吴益、李珏，宜中以为"簿录非盛世事，祖宗忠厚，未尝轻用之。

珏方召入朝，遽加重刑，恐后无以示信"。熽力争，以为当如嵘叟议。会留梦炎自湖南入朝，熽与宜中俱乞罢政，请以梦炎为相。太皇太后乃以宜中为左丞相，梦炎为右丞相，熽进平章军国重事。熽拜命，即日徙民居，以丞相府让宜中，宜中上疏，以为"一辞一受，何以解天下之讥"，亦去。遣使数辈遮留之，始至。

时命张世杰等四道进师，二丞相都督军马而不出督。熽请以一丞相建阃吴门，以护诸将；不然，则已请行。宜中愧，始与梦炎上疏乞行边。事下公卿议不决。七月，世杰等兵果败于焦山。熽奏言："事无重于兵，今二相并建都督，庙算指授，臣不得而知。比者，六月出师，诸将无统。臣岂不知吴门距京不远，而必为此请者，盖大敌在境，非陛下自将则大臣开督。今世杰以诸将心力不一而败，不知国家尚堪几败邪？臣既不得其职，又不得其言，乞罢免。"不允。

熽子□乃嗾京学生伏阙上书，数宜中过失数十事，其略以为："赵溍、赵与鉴皆弃城遁，宜中乃借使过之说，以报私恩。令狐概、潜说友皆以城降，乃受其包苴而为之羽翼。文天祥率兵勤王，信谗而沮挠之。似道丧师误国，阳请致罚而阴佑之。大兵薄国门，勤王之师乃留之京城而不遣。宰相当出督，而畏缩犹豫，第令集议而不行。吕师夔狼子野心，而使之通好乞盟。张世杰步兵而用之于水，刘师勇水兵而用之于步，指授失宜，因以败事。臣恐误国将不止于一似道也。"

书上，宜中竟去，遣使召之，不至。其后，罢熽，命临安府捕速京学生。召之亦不至。太皇太后自为书遗其母杨，使勉谕之，宜中始乞以祠官入侍，乃拜醴泉观使。十月壬寅，始造朝，寻为右丞相，然事已去矣。宜中仓皇发京城民为兵，民年十五以上者皆籍之，人皆以为笑。十一月，遣张全会尹玉、麻士龙兵援常州，玉与士龙皆战死，全不发一矢，奔还。文天祥请诛全，宜中释不问。已而，常州破，兵薄独松关，邻邑望风皆遁。

宜中遣使如军中请和不得，即率群臣入宫请迁都，太皇太后不可。宜中痛哭请之，太皇太后乃命装俟升车，给百官路费银。及暮，宜中不入，太皇太后怒曰："吾初不欲迁，而大臣数以为请，顾欺我邪？"脱簪珥掷之地，遂闭阁，群臣求内引，皆不纳。盖宜中实以明日迁，仓卒奏陈失审耳。

宜中初与大元丞相伯颜期会军中，既而悔之，不果往。伯颜将兵至皋亭山，宜中宵遁，陆秀夫奉二王入温州，遣人召宜中。宜中至温州，而其母死。张世杰昇其棺舟中，遂与俱入闽中。益王立，复以为左丞相。井澳之败，宜中欲奉王走占城，乃先如占城谕意，度事不可为，遂不反。二王累使召之，终不至。至元十九年，大军伐占城，宜中走暹，后没于暹。

宜中为人多术数，少为县学生，其父为吏受赃当黥，宜中上书温守魏克愚请贷之。克愚以为黠吏，卒置之法。其后宜中为浙西提刑，克愚郊迎，宜中报礼不书衔，亦云"部下民陈某"，克愚皇恐不敢受，袖而谢之。宜中阳礼之，而阴摭其过，无所得。其后，克愚发贾德生冒借官木事，忤似道，废罢家居。宜中入，乃极言克愚居乡不法事，似道令章鉴劾之，贬严州。克愚之死，宜中挤之为多。

论曰："孔子曰：'才难，不其然乎？'理宗在位长久，命相实多其人，若吴潜之忠亮刚直，财数人焉。潜论事虽近于讦，度宗之立，谋议及之，潜以正对，人臣怀顾望为子孙地者能为斯言哉？程元凤谨饬而有余而乏风节，尚为贾似道所蓄。江万里问学德望优于诸臣，不免为似道笼络，晚年微露锋颖，辄见摈斥。士大夫不幸与权奸同朝，自处难矣。似道督视江上之师，以国事付王爚、章鉴、陈宜中，盖取其平时素与己者。爚、宜中于其既出，稍欲自异，及闻其败，乘势蹙之。既而，二人自为矛盾，宋事至此，危急存亡之秋也。当国者交欢戮力，犹惧不逮，所为若是，何望其能匡济乎。似道诛，爚死，鉴遁，宜中走海岛，宋亡。

文天祥，字宋瑞，又字履善，吉之吉水人也。体貌丰伟，美皙如玉，秀眉而长目，顾盼烨然。自为童子时，见学宫所祠乡先生欧阳修、杨邦乂、胡铨像，皆谥"忠"，即欣然慕之。曰："没不俎豆其间，非夫也。"年二十举进士，对策集英殿。时理宗在位久，政理浸怠，天祥以法天不息为对，其言万余，不为稿，一挥而成。帝亲拔为第一。考官王应麟奏曰："是卷古谊若龟鉴，忠肝如铁石，臣敢为得人贺。"寻丁父忧，归。

开庆初，大元兵伐宋，宦官董宋臣说上迁都，人莫敢议其非者。天祥时入为宁海军节度判官，上书"乞斩宋臣，以一人心"。不报，即自免归。后稍迁至刑部郎官。宋臣复入为都知，天祥又上书极言其罪，亦不报。出守瑞州，改江西提刑，迁尚书左司郎官，累为台臣论罢。除军器监兼权直学士院。贾似道称病，乞致仕，以要君，有诏不允。天祥当制，语皆讽似道。时内制相皆呈稿，天祥不呈稿，似道不乐，使台臣张志立劾罢之。天祥既数斥，援钱若水例致仕，时年三十七。

咸淳九年，起为湖南提刑，因见故相江万里。万里素奇天祥志节，语及国事，愀然曰："吾老矣，观天时人事当有变，吾阅人多矣，世道之责，其在君乎？君其勉之。"十年，改知赣州。

德祐初，江上报急，诏天下勤王。天祥捧诏涕泣，使陈继周发郡中豪杰，并结溪峒蛮，使方兴召吉州兵，诸豪杰皆应，有众万人。事闻，以江西提刑安抚使召入卫。其友止之，曰："今大兵三道鼓行，破郊畿，薄内地，君以乌合万余赴之，是何异驱群羊而搏猛虎。"天祥曰："吾亦知其然也。第国家养育臣庶三百余年，一旦有急，征天下兵，无一人一骑入关者，吾深恨于此，故不自量力，而以身徇之，庶天下忠臣义士将有闻风而起者。义胜者谋立，人众者功济，如此则社稷犹可保也。"

天祥性豪华，平生自奉甚厚，声伎满前。至是，痛自贬损，尽以家赀为军费。每与宾佐语及时事，辄流涕，抚几言曰："乐人之乐者忧人之忧，食人之食者死人之事。"八月，天祥提兵至临安，除知平江府。时以丞相宜中未还朝，不遣。十月，宜中至，始遣之。朝议方擢吕师孟为兵部尚书，封吕文德和义郡王，欲赖以求好。师孟益偃蹇自肆。

天祥陛辞，上疏言："朝廷姑息牵制之意多，奋发刚断之义少，乞斩师孟衅鼓，以作将士之气。"且言："宋惩五季之乱，削藩镇，建郡邑，一时虽足以矫尾大之弊，然国亦以浸弱。故敌至一州则破一州，至一县则破一县，中原陆沈，痛悔何及。今宜分天下为四镇，建都督统御于其中。以广西益湖南而建阃于长沙；以广东益江西而建阃于隆兴；以福建益江东而建阃于番阳；以淮西益淮东而建阃于扬州。责长沙取鄂，隆兴取蕲、黄，番阳取江东，扬州取两淮，使其地大力众，足以抗敌。约日齐奋，有进无退，日夜以图之，彼备多力分，疲于奔命，而吾民之豪杰者又伺间出于其中，如此则敌不难却也。"时议以天祥论阔远，书奏不报。

十月，天祥入平江，大元兵已发金陵入常州矣。天祥遣其将朱华、尹玉、麻士龙与张全援常，至虞桥，士龙战死，朱华以广军战五牧，败绩，玉军亦败，争渡水，挽全军舟，全军断其指，皆溺死，玉以残兵五百人夜战，比旦皆没。全不发一矢，走归。大元兵破常州，入独松关。宜中、梦炎召天祥，弃平江，守余杭。

明年正月，除知临安府。未几，宋降，宜中、世杰皆去。仍除天祥枢密使。寻除右丞相兼枢密使，使如军中请和，与大元丞相伯颜抗论皋亭山。丞相怒拘之，偕左丞相吴坚、右丞相贾余庆、知枢密院事谢堂、签书枢密院事家铉翁、同签书枢密院事刘岊，北至镇江。天祥与其客杜浒十二人，夜亡入真州。苗再成出迎，喜且泣曰："两淮兵足以兴复，特二阃小隙，不能合从耳。"天祥问："计将安出？"再成曰："今先约淮西兵趋建康，彼必悉力以捍吾西兵。指挥东诸将，以通、泰兵攻湾头，以高邮、宝应、淮安兵攻扬子桥，以扬兵攻瓜步，吾以舟师直捣镇江，同日大举。湾头、扬子桥皆沿江脆兵，日日夜望我师之至，攻之即下。合攻瓜步之三面，吾自江中一面薄之，虽有智者不能为之谋矣。瓜步既举，以东兵入京口，西兵入金陵，要浙归路，其大帅可坐致也。"天祥大称善，即以书遗二制置，遣使四出约结。

天祥未至时，扬有脱归兵言："密遣一丞相入真州说降矣。"庭芝信之，以为天祥来说降也。使再成亟杀之。再成不忍，绐天祥出相城垒，以制司文示之，闭之门外。久之，复遣二路分觇天祥，果说降者即杀之。二路分与天祥语，见其忠义，亦不忍杀，以兵二十人道之扬，四鼓抵城下，闻候门者谈，制置司下令备文丞相甚急，众相顾吐舌，乃东入海道，遇兵，伏坏堵中得免。然亦饥莫能起，从樵者乞得余糁羹。行入板桥，兵又至，众走伏丛筱中，兵入索之，执杜浒、金应而去。虞候张庆矢中目，身被二创，天祥偶不见获。浒、应解所怀金与卒，获免，募二樵者以篮荷天祥至高邮，泛海至温州。

闻益王未立，乃上表劝进，以观文殿学士、侍读召至福，拜右丞相。寻与宜中等议不合。七月，乃以同都督出江西，遂行，收兵入汀州。十月，遣参谋赵时赏、谘议赵孟溁将一军取宁都，参赞吴浚将一军取雩都，刘洙、萧明哲、陈子敬皆自江西起兵来会。邹㵯以招谕副使聚兵宁都，大元兵攻之，㵯兵败，同起事者刘钦、鞠华叔、颜斯立、颜起岩皆死。武冈教授罗开礼，起兵复永丰县，已而兵败被执，死于狱。天祥闻开礼死，制服哭之哀。

至元十四年正月，大元兵入汀州，天祥遂移漳州，乞入卫。时赏、孟溁亦提兵归，独浚兵不至。未几，浚降，来说天祥。天祥缚浚，缢杀之。四月，入梅州，都统王福、钱汉英跋扈，斩以徇。五月，出江西，入会昌。六月，入兴国县。七月，遣参谋张汴、监军赵时赏、赵孟溁等盛兵薄赣城，邹㵯以赣诸县兵捣永丰，其副黎贵达以吉诸县兵攻泰和。吉八县复其半，惟赣不下。临洪诸郡，皆送款。潭赵璠、张虎、张唐、熊桂、刘斗元、吴希奭、陈子全、王梦应起兵邵、永间，复数县，抚州何时等皆起兵应天祥。分宁、武宁、建昌三县豪杰，皆遣人如军中受约束。

江西宣慰使李恒遣兵援赣州，而自将兵攻天祥于兴国。天祥不意恒兵猝至，乃引兵走，即邹㵯于永丰。㵯兵先溃，恒敌追天祥方石岭。巩信拒战，箭被体，死之。至空坑，军士皆溃，天祥妻妾子女皆见执。时赏坐肩舆，后兵问谓谁，时赏曰"我姓文"，众以为天祥，禽之而归，天祥以此得逸去。

孙栗、彭震龙、张汴死于兵，缪朝宗自缢死。吴文炳、林栋、刘洙皆被执归隆兴。时赏奋骂不屈，有系累至者，辄麾去，云："小小签厅官耳，执此何为？"由是得脱者甚众。临刑，洙颇自辩，时赏叱曰："死耳，何必ович？"于是栋、文炳、萧敬夫、萧焘夫皆不免。

天祥收残兵奔循州，驻南岭。黎贵达潜谋降，执而杀之。至元十五年三月，进屯丽江浦。六月，入船澳。益王殂，卫王继立。天祥上表自劾，乞入朝，不许。八月，加天祥少保、信国公。军中疫且起，兵士死者数百人。天祥惟一子，与其母皆死。十一月，进屯潮阳县。潮州盗陈懿、刘兴数叛附，为潮人害。天祥攻走懿，执兴诛之。十二月，趋南岭，邹㵯、刘子俊又自江西起兵来，再攻懿党，懿乃潜道元帅张弘范兵济潮阳。天祥方饭五坡岭，张弘范兵突至，众不及战，皆顿首伏草莽。天祥仓皇出走，千户王惟义前执之。天祥吞脑子，不死。邹㵯自颈，众扶入南岭死。官属士卒得脱空坑者，至是刘子俊、陈龙复、萧明哲、萧资皆死，杜浒被执，以忧死。惟赵孟溁遁，张唐、熊桂、吴希奭、陈子全兵败被获，俱死焉。唐，广汉张栻后也。

天祥至潮阳，见弘范，左右命之拜，不拜，弘范遂以客礼见之，与俱入厓山，使为书招张世杰。天祥曰："吾不能捍父母，乃教人叛父母，可乎？"索之固，乃书所过《零丁洋诗》与之。其末有云："人生自古谁无死，留取丹心照汗青。"弘范笑而置之。厓山破，军中置酒大会，弘范曰："国亡，丞相忠孝尽矣，能改心以事宋者事皇上，将不失为宰相也。"天祥泫然出涕，曰："国亡不能救，为人臣者死有余罪，况敢逃其死而贰其心乎？"弘范义之，遣使护送天祥至京师。

天祥在道，不食八日，不死，即复食。至燕，馆人供张甚盛，天祥不寝处，坐达旦。遂移兵马司，设卒以守之。时世祖皇帝多求才南官，王积翁言："南人无如天祥者。"遂遣积翁谕旨，天祥曰："国亡，吾分一死矣。傥缘宽假，得以黄冠归故乡，他日以方外备顾问，可也。若遽官之，非直亡国之大夫不可与图存，举其平生而尽弃之，将焉用我？"积翁欲合宋官谢昌元等十人请释天祥为道士，留梦炎不可，曰："天祥出，复号召江南，置吾十人于何地！"事遂已。天祥在燕凡三年，上知天祥终不屈也，与宰相议释之，有以天祥起兵江西事为言者，不果释。

至元十九年，有闽僧言土星犯帝坐，疑有变。未几，中山有狂人自称"宋主"，有兵千人，欲取文丞相。京城亦有匿名书，言某日烧蓑城苇，率两翼兵为乱，丞相可无忧者。时盗新杀左丞相阿合马，命撤城苇，迁瀛国公及宋宗室开平，疑丞相者天祥也。召入谕之曰："汝何愿？"天祥对曰："天祥受宋恩，为宰相，安事二姓？愿赐之一死足矣。"然犹不忍，遽麾之退。言者力赞从天祥之请，从之。俄有诏使止之，天祥死矣。天祥临刑殊从容，谓吏卒曰："吾事毕矣。"南乡拜而死。数日，其妻欧阳氏收其尸，面如生，年四十七。其衣带中有赞曰："孔曰成仁，孟曰取义，惟其义尽，所以仁至。读圣贤书，所学何事，而今而后，庶几无愧。"

论曰：自古志士，欲信大义于天下者，不以成败利钝动其心，君子命之曰"仁"，以其合天理之正，即人心之安尔。商之衰，周有代德，盟津之师不期而会者八百国。伯夷、叔齐以两男子叩马而止之，三尺童知其不可。他日，孔子贤之，则曰："求仁而得仁。"宋至德祐亡矣，文天祥往来兵间，初欲以口舌存之，事既无成，奉两孱王崎岖岭海，以图兴复，兵败身执。我世祖皇帝以天地有容之量，既壮其节，又惜其才，留之数年，无虎兕在柙，百计驯之，终不可得。观其从容伏质，就死如归，是其所欲有甚于生者，可不谓之"仁"哉。宋三百余年，取士之科，莫盛于进士，进士莫盛于伦魁。自天祥死，世之好为高论者，谓科目不足以得伟人，岂其然乎！

卷四百一十九
列传第一百七十八

宣繒　薛极　陈贵谊　曾从龙　郑性之
李鸣复　邹应龙　余天锡　许应龙　林略
徐荣叟　别之杰　刘伯正　金渊　李性传
陈㷆　崔福附

宣繒，庆元府人。嘉泰三年，太学两优释褐。历官以太学博士召试，为秘书省校书郎。升著作佐郎兼权考功郎官、知吉州、福建提点刑狱。迁考功员外郎，又迁秘书少监。时暂兼权侍立修注官、守起居舍人，为起居郎兼权侍左侍郎，编《孝宗宝训》。试吏部侍郎，权兵部尚书。嘉定十四年，同知枢密院事兼参知政事。明年，拜参知政事。以资政殿学士奉祠。端平三年召赴阙，升大学士、提举洞霄宫，以观文殿大学士致仕。卒，赠少师。诏缙尝预定策，以王尧臣故事赠太师，谥忠靖。

薛极，字会之，常州武进人。以父任调上元主簿。中词科，为大理评事、通判温州，知广德军。以参知政事楼钥荐，迁大理正、刑部郎官，司封郎中、权右司郎中，右司郎中兼提领杂卖场、寄桩库，兼敕令所删修官，中书门下省检正诸房公事，兼删修敕令官。拜司农卿兼权兵部侍郎，寻为真。

嘉定八年，疏奏："愿陛下深思顾諟之难，益怀兢业之念。勿谓帝德罔愆而息于进修，勿以天灾代有而应不以实。政纲虽举，必求益其所未至；德泽虽布，必思及其所未周。誓以今日遇灾警惧之心，永为异时暇逸之戒。将见天心昭格，沛然之泽响应于不崇朝之间。"迁权刑部尚书，寻试户部尚书兼权吏部尚书，遂为真，时暂兼权户部尚书。十五年，特赐同进士出身，拜端明殿学士、签书枢密院事。

绍定元年，拜参知政事兼同知枢密院事。寻枢密院事兼参知政事，封毗陵郡公。以观文殿大学士知绍兴府兼浙东安抚使。端平元年，加少保、和国公，致仕，卒。

陈贵谊，字正甫，福州福清人。庆元五年进士，授瑞州观察推官。丁内外艰，服除，调安远军节度掌书记，辟差四川制置司书写机宜文字。中博学宏词科，授江南东路安抚司机宜文字。迁太社令。改武学谕、国子录，迁太学博士。

时议更楮币法，贵谊转对言："人主令行禁止者，以同民之所好恶。楮券之令，乃使奸恶获逞，道路咨怨，非所以祈天永命、固结人心。"因援熙宁新法为辞。又言："明锐果敢之才，足以集事而失于剽轻；老成宽博之士，足以厚俗而失于循理。孰若举之以众，取之以公。"主更币之法者，乃摘新法等语激怒时相，且谓"贵谊引类植党"，人为危之。

迁太常博士。以兄贵谦兼礼部郎官，引嫌，迁将作监丞兼魏惠宪王府小学教授。转对，谓："言路虽开，触犯忌讳者指为好名，切劘时政者指为玩令。利害关于天下，是非公于人心。一人言之未已，或至累十数人言之，则又指为朋党。是非易位，忠佞不分。"史弥远益不乐，迁秘书郎，出知江阴军，提举江西常平。召赴行在，未至，授礼部郎官。

属金人大扰淮、蜀，贵谊言："人才所以立国，今旁蹊曲径，幸门四辟。言路所以通下情，今婾阿循默，囊括不言。民力已竭，而科敛之外，馈遗之谋进者未已。军中耻言败北，则阵亡者不恤；耻言弃溃，则逃窜者复招。"又言："婉顺巽从者，是灾疢也，非爱我也，宜屏之外之；矫拂救正者，是药石也，爱我也，宜用之听之。"弥远滋不乐，讽言者论罢，主管崇禧观。

起知徽州，召授司封郎官兼翰林权直，兼玉牒所检讨。会有事明堂，首引包拯皇祐中乞因肆赦除聚敛掊克之敝，当察州县府库致羡之由。仿成周邦飨必及死王事者之子与汉置羽林孤儿，专取从军死事之后，教以五兵。

理宗即位，以为宗正少卿兼侍讲，兼权直学士院。寻迁起居舍人。宝庆初，诏举贤能才识之士。贵谊乃言曰："世以容嘿滞固为贤，以苛刻生事为能，以褊狭趣办为才，以轻疏尝试为识。及兹初政，当求忠实正直、奉公爱民、知礼义廉耻而不越防范者，以充中外之选。"又言："成王之初，元臣故老警以《无逸》者，欲其克寿；勉以敬德者，欲其永命；期以岂弟者，欲其受命之长。则可谓爱君切而虑患深矣。"

迁中书舍人，升兼直学士院。内侍滥受恩赏，辄封还诏书。将郊，贵谊以："民生实艰，吏员尚众，征敛几于夺取，公费掩为私藏。宜大明黜陟，庶有以见帝于郊。"迁礼部侍郎，仍兼中书舍人、权刑部尚书。升修玉牒官兼侍读。为礼部尚书兼给事中、端明殿学士、签书枢密院事。

绍定六年冬，上始亲政，进参知政事。上面谕之曰："顷闻忧国之言，朕所不忘。"兼同知枢密院事。出师汴、洛时，贵谊已移疾，犹上疏力争。五上章乞归，转四官，加邑封，致仕。卒，赠少保、资政殿大学士。

曾从龙，字君锡，左仆射公亮四世从孙。初名一龙，庆元五年，擢进士第一，始赐今名。授签书奉国军节度判官厅公事。迁兵部员外郎、左司郎中、起居舍人兼太子右谕德。

使金还，转官。疏言："州郡累月阙守，而以次官权摄者，彼惟其摄事也，自知非久，何暇尽心于民事？狱讼淹延，政令玩弛，举一郡之事付之胥吏。幸而除授一人，民望其至如渴望饮，足未及境而复以他故罢去矣。且每易一守，供帐借请少不下万缗。郡帑所入，岁有常数，而频年将迎，所费不可胜计。然则轻于易置，公私俱受其病。欲望明诏二三大臣，郡守有阙，即时拟拔。其有求避惮行者，悉杜绝其请；其缴劾弹抉者，疾速行之。盖郡计宽则民力裕，利害常相关故也。"又请已振济者免其后。

开禧间丐外，知信州。戍卒行掠境内，从龙置于法，索得妇人衣，命枭于市。召权礼部侍郎兼中书舍人兼太子左谕德。缴还张镃复官词头，以镃抑令侄女竭资财结姻苏师旦之子故也。寻兼太子谕德，兼同修国史、实录院同修撰，兼国子祭酒。为吏部侍郎，仍兼职兼太子右庶子，兼给事中，兼直学士院，权刑部尚书。

嘉定六年秋，阴雨，乞放系囚。进对，言"修德政，蓄人材，饬边备"。帝善其言。七年，知贡举。疏奏："国家以科目网罗天下之英隽，义以观其通经，赋以观其博古，论以观其识，策以观其才。异时谋王断国，皆繇此其选。比来循习成风，文气不振，学不务根柢，辞不尚体要，涉猎未精，议论疏陋，缀缉虽繁，气象菱茹。愿下臣此章，风厉中外，澄源正本，莫甚于斯。"诏从之。

进端明殿学士、签书枢密院、太子宾客，改参知政事。疾胡榘恬壬，排沮正论，陈其罪。榘嗾言者劾罢，以前职提举洞霄宫。起知建宁府。丁内艰，服除，为湖南安抚使。抚安峒獠，威惠并行，兴学养士，湘人纪之石。改知隆兴府，复提举洞霄宫，改万寿观兼侍读，奉朝请。

端平元年，授资政殿大学士、沿江制置使兼知建康府兼行宫留守。拜参知政事兼同知枢密院事。时有三京之役，极论南兵轻进易退。未几言验。进知枢密院事兼参知政事，以枢密院使督视江淮、荆襄军马。疏言："边面辽远，声援不接，请并建二阃。"诏许之，专界江淮，以荆襄属魏了翁。朝论边用不给，诏从龙、了翁并领督府。及从龙卒，赠少师。弟用虎、天麟、治凤，皆历显任。

郑性之，字信之，初名自诚，后改今名，福州人。嘉定元年，进士第一，历官知赣州，改知隆兴府。后以宝章阁待制提举玉隆万寿宫，进华文阁待制、提举上清太平宫。进敷文阁待制、知建宁府。

端平元年，召为吏部侍郎。入对，言："陛下大开言路，以通壅蔽，心苟爱君，谁不欲言，言不切直，何能感动？譬如积水，久雍一决，其势必盛，其声必激。故言者多则易于取厌，言之激则难于乐受。若少有厌倦，动于词色，则谗谄乘间，或不自知矣。"又言："愿陛下明诏百辟，涤去旧污，一以清白相师。权之所在，势所必趋，恐惧戒谨，尤防其微，以保终誉。毋招谤议。则朝纲肃而国体尊矣。"又曰："为君者不以尧、舜自期，则无善治；告君者不陈尧、舜之道，则无远猷。"

擢左谏议大夫，言："台臣交章互诋，愿陛下监古今天下安危之变，君子小人消长之机，公以处之，乃得其当。况夫听言之道，宜以事观，若言果有关国体，有补治道，有益主德，则言之过激，夫亦何伤。彼虽采名，我实有益。惟虚心纳善，若决江河，则激者自平矣。"

拜端明殿学士、签书枢密院事，进同知枢密院事兼权参知政事。寻拜参知政事兼同知枢密院事。寻枢密院事兼参知政事，加观文殿学士，致仕。宝祐二年卒。

李鸣复，字成叔，泸州人。嘉定二年进士。历官权发遣金州兼干办安抚司公事。制置使郑损荐于朝，乞召审察。授司农寺丞，迁驾部员外郎，迁兵部郎中。面对，迁军器少监、大理少卿，拜侍御史兼侍讲。进对，言："荆襄制臣有当戒者三：曰去私、禁暴、惩怒。"权工部尚书兼权吏部尚书。又权刑部尚书兼给事中、签书枢密院事。端平三年，拜参知政事。以资政殿学士知绍兴府。嘉熙元年，复为参知政事。明年，知枢密院事兼参知政事，加资政殿大学士，赐衣带、鞍马。淳祐四年，复为参知政事。未几，出知福州、福建安抚使，寻予祠。监察御史蔡次传按劾落职，罢宫观，后卒于嘉兴。

邹应龙，字景初。庆元二年进士。历官为起居舍人，以直龙图阁权知赣州，迁江西提点刑狱。寻迁中书舍人兼太子右谕德，复兼太子左庶子、试户部尚书。使金还，为太子詹事兼中书舍人。迁给事中兼太子詹事。权礼部侍郎兼侍讲。权工部尚书兼同修国史、实录院同修撰。迁刑部尚书。乞祠，以敷文阁学士提举安庆府真原万寿宫。以徽猷阁学士起知太平州。以臣僚论罢。以敷文阁学士提举玉隆万寿宫，拜礼部尚书兼侍读。嘉熙元年，拜端明殿学士、签书枢密院事。进资政殿学士、知庆元府兼沿海制置使，依旧职提举洞霄宫。淳祐四年卒，赠少保。

余天锡，字纯父，庆元府昌国人。丞相史弥远延为弟子师，性谨愿，绝不预外事，弥远器重之。是时弥远在相位久，皇子竑深恶之，念欲有废置。会沂王宫无后，丞相欲借是阴立为后备。天锡秋告归试于乡，弥远曰："今沂王无后，宗子贤厚者幸具以来。"

天锡绝江与越僧同舟，舟抵西门，天大雨，僧言门左有全保长者，可避雨，如其言过之。保长知为丞相馆客，具鸡黍甚肃。须臾有二子侍立，全曰："此吾外孙也。日者尝言二儿后极贵。"问其姓，长曰赵与莒，次曰与芮。天锡忆弥远所属，其行亦良是，告于弥远，命二子来。保长大喜，鬻田治衣冠，心以为沂邸后可冀也，集姻党且诧其遇以行。

天锡引见，弥远善相，大奇之。计事泄不便，遽复使归。保长大惭，其乡人亦窃笑之。逾年，弥远忽谓天锡曰："二子可复来乎？"保长谢不遣。弥远密谕曰："二子长最贵，宜抚于父家。"遂载与归。天锡母朱为沐浴、教字，礼度益闲习。未几，召入嗣沂王，迄即帝位，是为理宗。

天锡，嘉定十六年举进士，历监慈利县税、籍田令，超授起居舍人。迁权吏部侍郎兼玉牒所检讨官，兼崇政殿说书。迁户部侍郎兼知临安府、浙西安抚使。试户部侍郎，权户部尚书，皆兼知临安府。升兼详定敕令官，以宝文阁学士知婺州，仍旧职奉祠。起知宁国府，进华文阁学士、知福州。

召为吏部尚书兼给事中兼侍读。疏奏："臣荷国恩，起家分阃，旋蒙趣觐，躐跻迩联。时权礼部侍郎曹豳实在谏省，盖尝抗疏谓用臣太骤。臣与豳交最久，相知最深，今观其所论，于君父有陈善之敬，友朋有责善之道。而豳遂迁官，臣竟污要路。豳以不得其言，累疏丐去。夫亟用旧人而遂退二庄士，则将谓之何哉！豳老成之望，直谅多益，置之近班，可以正乃辟，可以仪有位。欲望委曲留行，使之释然无疑，安于就职，则陛下既昭好贤之美，而微臣亦免妨贤之愧。"帝从之。

嘉熙二年，拜端明殿学士、同签书枢密院事。寻拜参知政事兼同知枢密院事，封奉化郡公。授资政殿学士、知绍兴府、浙东安抚使。以观文殿学士致仕。朱氏亦封周、楚国夫人，寿过九十。将以生日拜天锡为相，而天锡卒。赠少师，寻加太师，谥忠惠。

弟天任为兵部尚书。兄弟友爱，方贫时，率更衣以出，终岁同衾。从子晦，历官尚书，出帅全蜀，尝置义庄，以赡宗族；然在蜀以违言论闽州王惟忠死，士论少之。

许应龙，字恭甫，福州闽县人。五岁通经旨，坐客曰"小儿气食牛"，应龙应声"丈夫才吐凤"为对，四坐嘉叹。入太学，嘉定元年举进士。调汀州教授，差浙东宣抚司掾，差户部架阁。迁籍田令、太学博士。时李全、时青辈归附，应龙入对，有"茾蜂是惩，养虎遗患"之说，后皆如所言。迁国子博士、国子丞、宗学博士。

理宗即位，应龙首陈："正心为治国平天下之纲领。"迁秘书郎兼权尚右郎官，迁著作郎。丐外，知潮州。盗陈三枪起赣州，出没江、闽、广间，势炽甚。而盗钟全相挺为乱，枢密陈韡帅江西任招捕，三路调军，分道追剿。盗逼境上，应龙亟调水军、禁卒、士兵、弓级，分扼要害。明间谍，守关隘，断桥开堑，斩木塞途。点集民兵，激劝隅总，谕以保乡井、守室庐、全妻子，搜补亲兵，日加训阅。既而横冈、桂屿相继以捷闻。

招捕司遣统领官齐敏率师由漳趋潮，截赣寇余党。应龙谕敏曰："兵法攻瑕，今钟寇将穷，陈寇猖獗，若先破钟，则陈不战禽矣。"敏惟命，于是诸寇皆平。方未解严时，有行旅数人，隅总搜其橐中金银，指为贼党。应龙辨其非盗，释之，皆罗拜感泣。始，人疑应龙儒者不闲戎事，及见其区画事宜，分别齐民，静练雍容，莫不叹服。僚属请上功，应龙曰："守职捍城保民，何功之云？"距州六七十里曰山斜，峒獠所聚，丐耕土田不输赋。禁兵与阆，应龙平决之，其首感悦，率父老鸣缶击筒，踊跃诣郡谢。去之日，阖郡遮道攀送。

端平初，召为礼部郎官。入对，帝谓应龙曰："卿治潮有声，与李宗勉治台齐名。"应龙顿首曰："民无不可化，顾牧民者如何耳。臣治州幸免旷瘝，皆陛下德化所暨，臣非曰能之。"兼荣文恭王府教授，力辞，迁国子司业。祭酒徐侨议学校差职，欲先誉望。应龙以为不若差以资格，资格一定，则侥幸之门杜而造请之风息。侨以为然。时有凭势干职者，力却之。

兼权直舍人院，迁国子祭酒。摄侍右侍郎兼学士院权直。是日，罢郑清之、乔行简制，应龙所草也。翼日文德殿宣布毕，帝遣中使召应龙谕之曰："草制甚善。"应龙复谢曰："臣闻昔人有言，进人若将加诸膝，退人若将坠诸渊。今二相乞罢机政，与陛下体貌大臣之意，两尽其美可也。"帝善之，就令草敕书戒谕诸阃。权吏部侍郎兼侍讲，兼权直学士院。试吏部侍郎，升侍读，权兵部尚书。

时楮币亏甚，行简主行称提之说，州县希旨奉承，贫富猜惧。应龙奏从民便、节用二说，行简然之。兼吏部尚书，迁兵部兼中书舍人。三上章丐外，不允。兼给事中，兼吏部尚书。请外，诏免兼中书，拜端明殿学士、签书枢密院事。累辞，会正言郭磊卿有论疏，以端明殿学士提举洞霄宫。卒年八十一。赠资政殿学士、银青光禄大夫。应龙不躁不竞，不激不随，不妄荐士，而亦无伤人害物之事。潮州之治，最可纪也。

林略，字孔英，温州永嘉人。庆元五年，举进士。历饶州大宁监教授，辟干办四川茶马司公事。崔与之帅蜀，目之曰"此台阁之瑞也"，荐之。迁武学博士、国子监丞、太常寺丞。奉祠，拜宗正少卿兼崇政殿说书。迁右司谏，寻迁左司谏兼侍讲，告于帝曰："虚心以为从谏之本，从谏以为求治之本。"拜殿中侍御史，升侍御史，试右谏议大夫。嘉熙三年，以端明殿学士同签书枢密院事，以言罢，提举洞霄宫。以资政殿学士致仕。淳祐三年八月卒，特赠宣奉大夫。

徐荣叟，字茂翁，焕章阁学士应龙之子。嘉定七年，举进士。历官通判临安府，迁太学博士兼崇政殿说书，迁秘书郎，升著作佐郎兼侍左郎官。出为江东提点刑狱，直秘阁、知婺州。迁著作郎兼礼部郎官，以集英殿修撰知静江府兼广西经略安抚使。召为行在司谏，复兼说书兼侍讲。

嘉熙四年，拜右谏议大夫。入对，言："自楮币不通，物价倍长，而民始怨；自米运多阻，粒食孔艰，而民益怨。此见之京师者然也。外而郡邑，苛征横敛，无所不有，严刑峻罚，靡所不施。和籴则科抑以取赢，军需则并缘而规利，逃亡强令代纳，躅放忍而重催。犯私贩者不问多寡，概遭黥徒；通官课者不恤有无，动辄监系。图圄充斥，率是干连；词讼追呼，莫非枝蔓。如此则民安得而不怨？甚者富家巨室，武断乡闾，贵族豪宗，侵牟民庶。茹冤者不敢告，负抑者不得伸，怨气薰蒸，天示之应。此亢阳之所以为诊也。"

迁权礼部尚书兼权吏部尚书，拜端明殿学士、签书枢密院事。淳祐二年乞归田里，以资政殿大学士提举洞霄宫。六年，转一官致仕。卒。

别之杰，字宋才，郢州人。嘉定二年进士。历官差充京西安抚司参议官，迁太府寺主簿，又迁将作监丞，差知澧州、知德安府。亲丧，起复，知德安府。加直宝谟阁、知江陵府、湖北安抚副使。进直焕章阁，言亲年八十，乞祠归养，庶几君亲之义两全。从之。以京湖安抚制置使陈晐论罢，以前职主管崇禧观。进直敷文阁、知江陵府、湖北安抚使。起复，知真州，改知江宁府、湖北安抚副使，加兵部郎官，差充督视行府参谋官。迁军器监，加直宝文阁、京西转运判官兼提点刑狱。加秘阁修撰、知江陵兼京湖制置副使。进宝章阁待制、知太平州。又进宝谟阁学士，依旧沿江制置使兼知建康府、江东安抚使。加兵部尚书兼淮西制置使，边事听便行之。加端明殿学士。淳祐二年，授同知枢密院事兼权参知政事，进资政殿学士、湖南安抚使兼知潭州。监察御史蔡次传论罢。七年，拜参知政事。乞归田里，依前职知绍兴府，复以两浙转运判官翁甫论罢。宝祐元年卒，特赠少师。

刘伯正，字直卿，饶州余干人。父简，为丞相赵汝愚客，尝书庆历四谏奏议授伯正，而伯正以开禧元年举进士。调太平主簿，通判枣阳军，辟荆湖制置司机宜、两浙转运司主管公事。历军器、将作、太府三监主簿，枢密院编修官，兵部郎官，监察御史。有事于明堂，雷电忽至，执事者鲜不离次，伯正立殿下，绅笏俨然，声色不动。帝遂以大任期之。

迁左司谏，疏言："兵籍浸广，粮饷益艰，请豫备军食。"又言铨选、财计、刑狱之积敝，"乞以愿治之心而急董正治官之图，以勤政之思而严察计吏之法"。又言："所忧非一,而急务之当虑者有三:曰申饬边备,区处流民,堤防奸盗。"帝皆善其言。升右正言。以华文阁待制知广州兼广东经略安抚使。召见,赐金带鞍马。改转运使,以宝章阁直学士知太平州。召为礼部侍郎兼中书舍人,迁吏部侍郎兼侍讲、同修国史、实录院同修撰。兼给事中,权刑部尚书兼侍读。

淳祐四年,拜端明殿学士、签书枢密院事兼权参知政事。真拜参知政事。以监察御史孙起予言罢,授资政殿学士、提举洞霄宫。监察御史蔡次传言之,降一官,寻复旧官致仕。卒,赠正奉大夫,加少保。时论谓伯正立朝,以静重镇浮,不求名誉,善藏其用云。

金渊,字渊叔,临安府人。嘉定七年进士。历官为太学博士,迁太府寺丞、秘书郎。升著作佐郎兼权司封员外郎。迁秘书丞,拜右正言兼工部侍郎。迁将作少监兼侍右郎官,兼国子司业、兼国史编修、实录检讨,兼崇政殿说书。拜监察御史,论曹豳、项寅孙。兼侍讲,迁礼部侍郎,寻兼国子祭酒。迁吏部侍郎,拜谏议大夫,改左谏议大夫。迁礼部尚书兼给事中。淳祐四年,知贡举,拜端明殿学士、同签书枢密院事。侍御史刘汉弼论渊尸位妨贤,罢政予祠。监察御史刘应起言,落职罢祠。十一年,妻盛氏诉于朝,乞曲加贷宥,少叙官职。诏止量移平江府居住。卒。

李性传,字成之,崇正寺主簿舜臣之子也。嘉定四年举进士。历干办行在诸军审计司。进对:"有崇尚道学之名,未遇其实。"帝曰:"实者何在?"性传对曰:"在陛下格物致知,以为出治之本"。迁武学博士。寻为太常博士兼诸王宫大小学教授。升太常寺丞兼权工部郎中,兼权都官郎官,迁起居舍人兼侍讲。

疏言:"东周以后,诸侯卿大夫皆以既葬而除服。秦、汉之际,尤为浅促,孝文定为三十六日之制,则视孝惠以前已有加矣。东汉以后又损之为二十七日,谓之以日易月,则薄之至也。千数百年,惟晋武帝、魏孝文为能复古之制,而群臣沮格,未克尽行。惟孝宗通丧三年,近古所独。陛下继之,至性克尽,前烈有光。乞以此疏付之史官,庶几四海闻风,民德归厚。"

迁起居郎,兼国史编修、实录检讨。权刑部侍郎,进礼部侍郎。以臣僚言罢。寻以宝章阁待制知饶州,改知宁国府,再知饶州,复以言罢。召为兵部侍郎兼侍讲,兼同修国史、兼实录院同修撰。升兼侍读,权兵部尚书。进读《仁皇训典》,乞读《帝学》,从之。权吏部尚书。臣僚论舜臣立庙封爵事,落职,提举太平兴国宫。

淳祐四年,权礼部尚书兼给事中,兼同修国史、实录院同修撰,兼侍读。五年,拜端明殿学士、签书枢密院事兼权参知政事。寻同知枢密院事。未几,落职与郡。十二年,以资政殿大学士提举洞霄宫。宝祐二年,依旧职提举万寿观兼侍读。以观文殿学士致仕。卒,特赠少保。

陈韡,字子华,福州候官人。父孔硕,为朱熹、吕祖谦门人。韡让父郊恩与弟𫓯。登开禧元年进士第,从叶适学。嘉定十四年,贾涉开淮阃,辟京东、河北干官。韡谓:"山东、河北遗民,宜使归耕其土,给耕牛农具,分配以内郡之贷死者。然后三分齐地,张林、李全各处其一,其一以待有功者。河南首领以三两州来归者,与节度使,一州令守其土,忠义人尽还北。然后括淮甸闲田,仿韩琦河北义勇法,募民为兵,给田而薄征之,择土豪统率;盐丁又别廪为一军,此第二重藩篱也。"

十五年,淮西告捷,韡策金人必专向安丰而分兵缀诸郡,使卞整、张惠、李汝舟、范成进各以其兵屯庐州以待之。金将卢鼓摧新胜于潼关,乘锐急战,当持久困之,不过十日必遁,设伏邀击,必可胜。又使时青、夏全候金人深入,以轻兵捣其巢穴,第一策也。其后金人果犯安丰,韡如盱眙犒师。改淮东制置司干办公事。再如盱眙见刘琸,调卞整、张惠、范成进、夏全诸军应援捣虚,皆行韡之策,遂有堂门之捷,俘其四驸马者。

迁将作监丞,又迁太府寺丞,差知真州、淮东提点刑狱。加直宝章阁,依旧提点刑狱兼知宝应州。迁宗正寺丞、权工部郎中,改仓部员外郎。入对,言:"臣所陈夏、周、汉、唐数君之事,如布德兆谋、任贤使能、信赏必罚、区处藩镇、不事姑息,规摹莫大于此。"又言:"人主所以御天下者,赏罚而已。"

绍定二年冬,盗起闽中,帅王居安属韡提举四隅保甲,韡有亲丧,辞之。转运使陈汶、提举常平史弥忠告急于朝,谓非韡莫可平。明年,以宝章阁直学士起复,知南剑州,提举汀州、邵武军兵甲公事,福建路兵马钤辖,同共措置招捕盗贼兼福建路招捕使。未几,加提点刑狱。韡籍土民丁壮为一军。沙县紫云台告急。沙县破,贼由间道趋城,忠勇军破之于高桥,贼乃趋邵武,势益炽。时有议当招不当捕者,韡言:"始者贼仅百计,招而不捕,养之至千,又养之至万,今复养之,将至于无算。求淮西兵五千人可图万全。"诏韡兼福建路招捕使。

贼急攻汀州,淮西帅曾式中调精兵三千五百人由泉、漳间道入汀,击贼于顺昌胜之。六月,兵大合,加福建提点刑狱。七月,韡亲提兵至沙县、顺昌、将乐、清流、宁化督捕,所至克捷。九月,分兵进讨。十月,进攻五贼营砦,平之。十一月,破潭瓦磜贼起之地,夷其巢穴。十二月,诛汀州叛卒,谕降连城七十有二砦,汀境皆平。四年正月,遣将破下瞿张原砦。二月,躬往邵武督捕余寇,贼首晏彪迎降,韡以其力屈乃降,卒诛之。进右文殿修撰,依旧提点刑狱、招捕使兼知建宁府。衢州寇汪徐、来二破常山、开化,势张甚。韡命准将李大声提兵七百,出贼不意,夜薄其砦,贼出迎战,见算子旗,惊曰:"此陈招捕军也!"皆大哭,急击之,衢寇悉平。

六年,进宝章阁待制、知隆兴府。赣寇陈三枪据松梓山砦,出没江西、广东,所至屠残。韡遣官吏谕降,贼辄杀之。乃谓盗贼起于贪吏,劾其尤者二人。又谓:"寇盗稽诛,以臣下欺诞、事权涣散所致,若决计荡除,数月可毕。"十一月,诏节制江西、广东、福建三路捕寇军马。韡奏遣将刘师直扼梅州、齐敏扼循州,自提淮西兵及亲兵捣贼巢穴。十二月,兼知赣州。

端平元年正月,进华文阁待制、江西安抚使。二月至赣,斩将士张皇贼势及掠子女货财者。齐敏、李大声所至克捷。三月,分兵守大石堡,截贼粮道,遂破松梓山。三枪与余党绹厓而遁。𬘡亲督诸将,乘春瘴未生,薄松梓山。贼悉精锐下山迎敌,旗帜服色甚盛。𬘡军步骑夹击,又纵火焚之,士皆攀厓上,贼巢荡为烟埃,贼首张魔王自焚。斩千五百级,禽贼将十二,得所掠妇女、牛马及僭伪服物各数百计。三枪中箭,与敏军遇,击败之,贼遁。翼日,追及下黄,又败之。余众尚千余,歼弥略尽。三枪仅以数十人遁至兴宁就禽,槛车载三枪等六人,斩隆兴市。

初,贼跨三路数州六十砦,至是悉平。诏曰:"𬘡忠勤体国,计虑精审,身任讨捕之责,江、闽、东广,讫底宁辑。"乃进权工部侍郎,仍知隆兴兼江西安抚使。未几,为工部侍郎,改江东安抚使、知建康府,兼行宫留守。二年,入奏事,帝称其平寇功,𬘡顿首言曰:"臣不佞,徒有孤忠,仗陛下威灵,苟逃旷败耳,何功之有。"迁权工部尚书,又权刑部尚书、沿江制置大使,依旧江东安抚使、知建康府。往来巡视鄂州江面,措置捍御。三年,加宝谟阁学士。十月,诏选猛将精兵,相视缓急,据地利,遏要冲,以伐奸谋。嘉熙元年,进焕章阁学士。四年,拜刑部尚书,辞免。加徽猷阁学士、知潭州、荆湖南路安抚使。

淳祐四年,召为兵部尚书,迁礼部尚书兼侍读,兼同修国史、实录院同修撰。拜端明殿学士、同签书枢密院事兼参知政事。寻拜参知政事兼同知枢密院事。七年,知枢密院事、湖南安抚大使兼知潭州。九年,以观文殿学士、福建安抚大使知福州,五上章辞,以旧职提举洞霄宫。开庆元年,召赴阙,落致仕,充醴泉观使兼侍读。景定元年,授福建安抚大使兼知福州。久之,提举佑神观,力请致仕。明年卒,年八十有三。赠少师,谥忠肃。

崔福者,故群盗,尝为官军所捕,会夜大雪,方与婴儿同榻,儿寒啼不止,福不得寐,觉捕者至,因以故衣拥儿口,遂逸去。因隶军籍。初从赵葵,收李全有功,名重江、淮,又累从𬘡捕贼,积功至刺史、大将军。

后从𬘡留隆兴。既而𬘡移金陵,而福犹在隆兴。属通判与郡僚燕滕王阁,福恚其不见招,道遇民诉冤者,福携其人直至饮所,责以郡官不理民事,麾诸卒尽碎饮具,官吏皆惴恐窜去,莫敢婴其锋。𬘡知之,遂檄建康,署为钤辖。福又夺统制官王明鞍马,及迫逐总领所监酒官亲属。𬘡戒谕之,不听。

会淮兵有警,步帅王鉴出师,鉴请福行,𬘡因厚遣之。福不乐为鉴用,遇敌不击,托以葬女擅归,亦不闻于制置司。鉴怒,遂白其前后过恶,请必正其慢令之罪。会𬘡亦厌忌之,遂坐以军法,然后声其罪于朝,且自劾专杀之罪。下诏奖谕,免其罪。

福勇悍善战,颇著威声;其死也,军中惜之。时论以为良将难得,而𬘡以私忿杀之。然福跋扈之迹已不可掩,杀身之祸,亦有以自取之也。

论曰:宋自嘉定以来,居相位者贤否不同,故执政者各以其气类而用之,因其所就而后世得以考其人焉。宣缯、薛极者,史弥远之腹心也。陈贵谊、曾从龙、郑性之、李性传、刘伯正,皆无所附丽。李鸣复、金渊者,史嵩之之羽翼也。邹应龙无所考见,许应龙治郡见称循良,林略所谓虚心从谏者,有益于人主矣。徐荣叟父子兄弟皆为名臣,陈𬘡将帅才也,优于别之杰多矣。

卷四百二十
列传第一百七十九

王伯大　郑寀　应㒡　徐清叟　李曾伯
王野　蔡抗　张磻　马天骥　朱熠　饶虎臣
戴庆炣　皮龙荣　沈炎

王伯大,字幼学,福州人。嘉定七年进士。历官主管户部架阁,迁国子正、知临江军,岁饥,振荒有法。迁国子监丞、知信阳军,改知池州兼权江东提举常平。久之,依旧直秘阁、江东提举常平,仍兼知池州。端平三年,召至阙下,迁尚右郎官,寻兼权左司郎官,迁右司郎官、试将作监兼右司郎中,兼提领镇江、建宁府转般仓,兼提领平江府百万仓,兼提领措置官田。进直宝谟阁、枢密副都承旨兼左司郎中。进对,言:

今天下大势如江河之决,日趋日下而不可挽。其始也,搢绅之论,莫不交口诵咏,谓太平之期可矫足而待也;未几,则以治乱安危之制为言矣;又未几,则置治安不言而直以危乱言矣;又未几,则置危乱不言而直以亡言矣。呜呼,以亡为言,犹知有亡矣,今也置亡而不言矣。人主之患,莫大乎处危亡而不知;人臣之罪,莫大乎知危亡而不言。

陛下亲政,五年于兹,盛德大业未能著见于天下,而招天下之谤议者何其籍籍而未已也?议逸欲之害德,则天下将以陛下为商纣、周幽之人主;议戚宦近习之挠政,则天下将以朝廷为恭、显、许、史、武、韦、仇、鱼之朝廷;议奸倿佞朋之误国,则天下又将为汉党锢、元祐党籍之君子。数者皆犯前古危亡之辙迹,忠臣恳恻而言之,志士愤激而和之。陛下虽日御治朝,日亲儒者,日修辞饰色,而终莫能弭天下之议。言者执之而不肯置,听者厌之而不惮烦,于是厌转而为疑,疑增而为忿,忿极而为慼,则罪言黜谏之意遂伏于陛下之胸中,而凡迕己者皆可逐之人矣。彼中人之性,利害不出于一身,莫不破厓绝角以阿陛下之所好。其稍畏名义者,则包羞闵默而有跋前疐后之忧;若其无所顾恋者,则皆攘袂远引,不愿立于王之朝矣。

陛下试反于身而自省曰:吾之制行,得无有屋漏在上、知之在下者乎?徒见嬖昵之多,选择未已,排当之声,时有流闻,则谓精神之内守,血气之顺轨,未可也。陛下又试于宫闱之内而加省曰：凡吾之左右近属，得无有因微而入，缘形而出，意所狎信不复猜觉者乎？徒见内降干请，数至有司，里言除臣，每实人口，则谓浸润之不行，邪径之已塞，未可也。陛下又试于朝廷政事之间而三省曰：凡吾之诸臣，得无有逸说殄行，震惊朕师，恶直丑正，侧言改度者乎？徒见刚方峭直之士，昔者所进，今不知其亡，柔佞阘茸之徒，适从何来，而遽集于斯也，则谓举国皆忠臣，圣朝无阙事，未可也。

夫以陛下之好恶用舍，无非有招致人言之道；及人言之来，又复推而不受。不知平日之际遇信任者，肯为陛下分此谤乎？无也。陛下诚能布所失于天下，而不必曲为之回护，凡人言之所不贷者，一朝赫然而尽去之，务使蠹根悉拔，孽种不留，如日月之更，如风雷之迅，则天下之谤，不改而自息矣。陛下何惮何疑而不为此哉！

又极言边事，曲尽事情。

以直宝谟阁知婺州。迁秘书少监，拜司农卿，复为秘书少监，进太常少卿兼中书门下检正诸房公事。迁起居舍人，升起居郎兼权刑部侍郎。臣僚论罢，以集英殿修撰提举太平兴国宫。起，再知婺州，辞免，复旧祠。

淳祐四年，召至阙，授权吏部侍郎兼权中书舍人。寻为吏部侍郎仍兼权中书舍人、兼侍读。时暂兼权侍右侍郎，兼同修国史、实录院同修撰。权刑部尚书，寻为真。七年，拜端明殿学士、签书枢密院事兼权参知政事。八年，拜参知政事。以监察御史陈垓论罢，以资政殿学士知建宁府。宝祐元年，卒。

郑寀，不详何郡人。初历官为秘书省校书郎兼国史编修、实录检讨。迁著作佐郎兼权侍右郎官，升著作郎兼侍讲。拜右正言，言："丞相史嵩之以父忧去，遽欲起之，意甚厚也。奈何谤议未息，事关名教，有尼其行。"帝答曰："卿言虽切事理，进退大臣岂易事也！"

擢殿中侍御史。疏言："台谏以纠察官邪为职，国之纪纲系焉。比刘汉弼劾奏司农卿谢逵，陛下已行其言矣，未及两月，忽复叙用，何其速也！汉弼虽亡，官不可废。臣非为汉弼惜，为朝廷惜也。"又奏劾王瓉、龚基先、胡清献，镌秩罢祠，皆从之。三人者，不才台谏也。

迁侍御史。疏言："比年以来，旧章寝废。外而诸阃，不问勋劳之有无，而爵秩皆以例迁；内而侍从，不问才业之优劣，而职位皆可以例进。执政之归休田里者，与之贴职可也，而凡补外者，皆授之矣。故自公侯以至节度，有同序补，自书殿以至秘阁，错立周行。名器之轻，莫此为甚。无功者受赏，则何以旌有功之士；有罪者假宠，则何以服无罪之人。矧事变无穷，而名器有限，使名器常重于上，则人心不敢轻视于下，非才而冒功者不得觊幸于其间，则负慷慨之气、怀功名之愿者，陛下始可得而鼓舞之矣。"迁左谏议大夫。

淳祐七年，拜端明殿学士、同签书枢密院。以监察御史陈求鲁论罢。淳祐九年五月，卒。寀之居言路，尝按工部侍郎曹豳、主管吏部架阁文字洪芹，则大伤公论云。

应䌽，字之道，庆元府昌国人。刻志于学。嘉定十六年，试南省第一，遂举进士，为临江军教授。入为国子学录兼庄文府教授。迁太学博士，又迁秘书郎，请蚤建太子。入对，帝问星变，䌽请"修实德以答天戒"。帝问州县贪风，䌽曰："贪黩由殉色而起。成汤制官刑，儆有位，首及于巫风淫风者，有以也。"帝问藏书，䌽请"访先儒解经注史"，因及程迥、张根所著书皆有益世教。帝善之。迁秘书省著作佐郎兼权尚左郎官、兼翰林权直。又迁著作郎，仍兼职，以言罢。

淳祐二年，叙复奉祠。迁宗正寺丞兼权礼部郎官，兼国史编修、实录检讨，以言罢。差知台州，召兼礼部郎官、崇政殿说书。迁秘书少监，仍兼职，兼权直学士院。又迁起居舍人、权兵部侍郎，时暂兼权吏部侍郎兼直学士院，帝一夕召䌽草麻，夜四鼓，五制皆就，帝奇其才。迁吏部侍郎仍兼职。进翰林学士兼中书舍人。

八年，授同知枢密院事兼参知政事。九年拜参知政事，封临海郡侯，乞归田里。以资政殿学士知平江府，提举洞霄宫。宝祐三年，殿中侍御史丁大全论罢，寻卒。德祐元年，诏复元职致仕。

徐清叟，字直翁，焕章阁学士应龙之子。嘉定七年进士。历主管户部架阁，迁籍田令。疏言："迩者江右、闽峤，盗贼窃发，监司帅守，未免少立威名，专行诛戮，此特以权济事而已。而偏州僻垒，习熟见闻，转相仿效，亦皆不俟论报，辄行专杀。欲望明行禁止，一变臣下嗜杀希进之心，以无坠祖宗立国仁厚之意。"迁军器监主簿。入对，言："太后举哀之日，陛下以后服下同嫔妾，令别置大袖一袭。文思院观望，欲如后饰，再造其一以进，诏却之。此真知嫡庶之辨者。请宣付史馆，以垂法后世。"

迁太常博士。入对，疏言："陛下亲政以来，精神少振而气脉未复，条目毕举而纲纪未张，公道若伸而私意之未尽克者，则亦风化之先务，劝戒之大权，与夫选用之要术，犹有阙略而未之讲明者尔。何谓风化之先务？曰原人伦以释群惑者是已。何谓劝戒之大权？曰惜名器以示正义者是已。何谓选用之要术？曰因物望而进人才者是已。"盖欲请复皇子竑王爵，裁抑史弥远恩典，召用真德秀、魏了翁也。

兼崇政殿说书。迁秘书郎，升著作佐郎兼权司封郎官，迁军器少监，皆兼职依旧。迁将作监，拜殿中侍御史兼侍讲。迁太常少卿兼权户部侍郎兼侍讲。三疏丐外，给事中洪咨夔、起居舍人吴泳皆抗疏留之。寻权工部侍郎。以右文殿修撰知泉州，集英殿修撰知静江府、广西经略安抚使。迁侍右侍郎、主管云台观。召赴阙，迁户部侍郎，再为侍右侍郎。以宝章阁直学士知温州，改知福建安抚使，改知婺州。以焕章阁直学士差知泉州，辞免。改知袁州，又改知绍兴府、两浙东路安抚使，辞免。改知潭州，寻知广州兼广东经略安抚使。

召赴阙，权兵部尚书兼侍读。淳祐九年，兼同修国史、实录院同修撰,权吏部尚书,迁礼部尚书。拜端明殿学士、签书枢密院事,进同知枢密院事,封晋宁郡公。奏修《四朝国史》志传,五上章乞改机政,帝不许。十二年,拜参知政事。寻知枢密院事兼参知政事,监察御史朱应元论罢,以资政殿大学士提举玉隆万寿宫,改洞霄宫,复以监察御史朱熠论罢。久之,以旧职提举洞霄宫。

开庆元年,召赴阙,以旧职提举佑神观兼侍读。出知泉州,复提举佑神观。景定三年,转两官致仕,卒,赠少师,谥忠简。清叟父子兄弟皆以风节相尚,而清叟劾罢袁甫,于公论少贬云。

李曾伯,字长孺,覃怀人,后居嘉兴。历官通判濠州,迁军器监主簿,添差通判鄂州兼沿江制置副使司主管机宜文字。迁度支郎官,授左司郎官、淮西总领。寻迁右司郎官,太府少卿兼左司郎官,兼敕令所删修官。迁太府卿、淮东制置使兼淮西制置使,诏军事便宜行之。曾伯疏奏三事:答天心,重地势,协人谋。又言:"边饷贵于广积,将材贵于素储,赏与不可以不精,战士不可以不恤。"又条上:"淮面舟师之所当戒,湖面险阻之所当治。"加华文阁待制,又加宝章阁直学士,进权兵部尚书。

淳祐六年正月朔,日食。曾伯应诏,历陈先朝因天象以谨边备、图帅材,乞早易阃寄,放归田里。又请修浚泗州西城。加焕章阁学士,言者相继论罢。

九年,以旧职知静江府、广西经略安抚使,兼广西转运使。陈守边之宜五事。进徽猷阁学士、京湖安抚制置使、知江陵府,兼湖广总领,兼京湖屯田使,进龙图阁学士。疏言:"襄阳新复之地,城池虽修浚,田野未加辟;室庐虽草创,市井未阜通。请蠲租三年。"诏从之。加端明殿学士兼夔路策应大使。进资政殿学士,制置四川边面,与执政恩例。寻授四川宣抚使,特赐同进士出身。召赴阙,加大学士,知福州兼福建安抚使。辞免,以大学士提举洞霄宫。

起为湖南安抚大使兼知潭州,兼节制广南,移治静江。开庆元年,进观文殿学士,以谏议大夫沈炎等论罢。景定五年,起知庆元府兼沿海制置使。咸淳元年,殿中侍御史陈宗礼论劾,褫职。德祐元年,追复元官。

曾伯初与贾似道俱为阃帅,边境之事,知无不言。似道卒嫉之,使不竟其用云。

王野,字子文,宝章阁待制介之子也。以父荫补官,登嘉定十二年进士第。仕潭时,帅真德秀一见异之,延致幕下,遂执弟子礼。德秀欲授以词学,野曰:"所以求学者,义理之奥也。词科惟强记者能之。"德秀益器重之。

绍定初,汀、邵盗作,辟议幕参赞,摄郡武县,后复摄军事。盗起唐石,亲勒兵讨之。后为枢密院编修兼检讨。襄、蜀事急,议遣使讲和,时相依违不决。史嵩之帅武昌,首进和议。野言:"今日之事宜先定规模,并力攻守。"上疏言八事。继为副都承旨,奏请"出师,绝和使,命淮东、西夹攻。不然,利害将深。"理宗深然之,令枢密院下三阃谕旨。嘉熙元年,轮对,采事系安危者四端,而专以司马光仁、明、武推说。复推广前所言八事,以孝宗讲军实激发帝意。

淳祐初,自江西赴阙,奏祈天永命十事。嵩之起复,倾国争之,野上疏乞听终丧,后又言嵩之当显绝而终斥,益严君子小人之限。拜礼部尚书,奏十事,终之曰:"陛下一心,十事之纲领也。"前后奏陈,皆明正剀切,凿凿可行。其为两浙转运判官,以察访使出视江防,首嘉兴至京口增修官民兵船守险备具。为江西转运副使、知隆兴府,继有它命,时以米纲不便,就湖口造转般仓,请事毕受代。

知镇江府,兼都大提举浙西兵船。江面几千里,调兵捍御,以守江尤重于淮,瓜洲一渡甚狭,请免镇江水军调发,专一守江,置游兵如吕蒙所言"蒋钦将万人巡江上",增创水舰,就扬子江习水战,登金山指麾之。是冬,扬子桥有警,急调汤孝信所领游兵救之而退。

淳祐末,迁沿江制置使、江东安抚使、节制和州无为军安庆府兼三郡屯田、行宫留守。巡江,引水军大阅,舳舻相衔几三十里。凭高望远,考求山川险厄,谓要务莫如屯田。讲行事宜,修饬行宫诸殿室,推京口法,创游击军万二千,蒙冲万艘,江上晏然。宝祐二年,拜端明殿学士、签书枢密院事,封吴郡侯。与宰相不合,言者攻之,以前职主管洞霄宫。卒,赠七官,位特进。

野因德秀知朱熹之学,凡熹门人高弟,必加敬礼。知建宁府,创建安书院,祠熹,以德秀配。有奏议、文集若干卷。野工于诗,书法祖唐欧阳询,署书尤清劲。

蔡抗,字仲节,处士元定之孙。绍定二年进士。其后差主管尚书刑、工部架阁文字。召试馆职,迁秘书省正字。升校书郎兼枢密院编修官,迁诸王宫大小学教授。疏奏:"权奸不可复用,国本不可不早定。"帝善其言。迁枢密院编修官兼权屯田郎官。迁著作佐郎兼侍右郎官,兼枢密院编修官。寻兼国史院编修官、实录检讨官。江东提点刑狱,加直秘阁,特授尚书司封员外郎,进直宝章阁,寻加宝谟阁,移浙东。召为国子司业兼资善堂赞读,兼玉牒所检讨官,时暂兼侍立修注官。拜宗正少卿兼国子司业。进直龙图阁、知隆兴府。试国子祭酒兼侍立修注官。拜太常少卿,仍兼资善堂翊善。权工部侍郎兼国史院编修官、实录院检讨官。

迁工部侍郎,时暂兼礼部侍郎,兼权吏部尚书。加端明殿学士、同签书枢密院事,差兼同提举编修《经武要略》。同知枢密院事,拜参知政事。落职于祠,起居郎林存请加窜削,从之。未逾年,复端明殿学士、提举洞霄宫。乞致仕。转一官,守本官职致仕。卒,谥文简,以犯祖讳,更谥文肃。

张磻,字渭老,福州人。嘉定四年进士。历官辟点检赡军激赏酒库所主管文字,差主管尚书吏部架阁。迁太常博士、宗正丞兼权兵部郎官。迁国子祭酒,时暂兼权礼部侍郎,寻为真,兼国史编修、实录检讨。加集英殿修撰,差知婺州。复为礼部侍郎、权兵部尚书,时暂兼权吏部尚书。以右补阙程元凤论罢。宝祐三年，复权刑部尚书兼侍读，拜端明殿学士、签书枢密院事，升同知枢密院事兼参知政事。五年，拜参知政事。进封长乐郡公，转三官，守参知政事致仕。九月，卒。遗表上，赠少师。

马天骥，字德夫，衢州人。绍定二年进士，补签书领南判官厅公事。迁秘书省正字兼沂靖惠王府教授。迁秘书省校书郎，升著作佐郎。轮对，假司马光五规之名，条上时敝，词旨切直。迁考功郎官，入对，言："周世宗当天下四分五裂之余，一念振刷，犹能转弱为强，陛下有能致之资，乘可为之势，一转移间耳。"

迁秘书监、直秘阁、知吉州。迁宗正少卿，以秘阁修撰知绍兴府，主管浙东安抚司公事兼提举常平。权兵部侍郎，授沿海制置使，差知庆元府。改知池州兼江东提举常平。改知广州兼广东经略安抚使。宝祐四年，迁礼部侍郎，兼直学士院，兼侍读，兼国子祭酒。拜端明殿学士、同签书枢密院事，封信安郡侯。五年，以殿中侍御史朱熠、右正言戴庆𬬻、监察御史吴衍翁应弼等论罢，依旧职提举洞霄宫。景定元年，知衢州，以兵部侍郎章鉴论罢。有旨，依旧职予祠。起知福州、福建安抚使，以职事修举，升大学士。改知平江府。又改知庆元府兼沿海制置使，提举洞霄宫。褫职罢祠。咸淳三年，追夺执政恩数，送信州居住。四年，放令自便，后卒于家。

朱熠，温州平阳人。端平二年，武举第一。迁阁门舍人，差知沅州，改横州，复为阁门舍人、知雷州。入对，为监察御史陈垓论罢；臣僚复论，降一官。久之，授带御器械兼干办皇城司，差知兴国军。迁度支郎官，拜监察御史兼崇政殿说书。擢右正言，殿中侍御史兼侍讲，迁御史。宝祐六年，迁左谏议大夫。拜端明殿学士、签书枢密院事，同知枢密院事。开庆元年，拜参知政事兼权知枢密院事。景定元年，知枢密院事兼参知政事，兼太子宾客。以旧职知庆元府、沿海制置使。奉祠。为监察御史胡用虎论罢。久之，监察御史张桂、常楙相继纠劾，送处州居住。咸淳四年，诏令自便。五年，侍御史章鉴复以为言，驱之还乡，寻卒。熠居言路弹劾最多，一时名士若徐清叟、吕中、尤焴、马廷鸾，亦皆不免云。

饶虎臣，字宗召，宁国人。嘉定七年进士。历官迁将作监主簿，差知徽州。迁秘书郎，升著作郎兼权右司郎官。迁兵部郎官兼权左司郎官，特授左司郎中。迁司农少卿兼左司，兼国史编修、实录检讨。迁司农卿、直龙图阁、福建转运判官，浙东提点刑狱。拜太府卿兼中书门下检正诸房公事。以秘阁修撰、两浙转运使权礼部侍郎，寻为真。时暂兼权右侍郎。宝祐六年，兼同修国史、实录院同修撰，暂通摄吏部尚书。拜端明殿学士、同签书枢密院事。开庆元年，同知枢密院事，兼权参知政事。景定元年，拜参知政事。殿中侍御史何梦然论罢，以资政殿学士提举洞霄宫。梦然再劾之，褫职罢祠。四年，叙复元官，提举太平兴国宫。卒。德祐元年，礼部侍郎王应麟、右史徐宗仁乞追复元官，守资政殿学士致仕。

戴庆𬬻，字彦可，温州永嘉人。淳祐十年进士。历官差主管户部架阁文字。召试馆职，迁秘书省正字兼史馆校勘。升校书郎，迁右正言、左司谏、殿中侍御史。升侍御史。开庆元年，拜右谏议大夫。寻加端明殿学士、签书枢密院事兼权参知政事，同知枢密院事兼参知政事。未几，守本官致仕。卒，赠特进、资政殿大学士。

皮龙荣，字起霖，一字季远，潭州醴陵人。淳祐四年进士。历官主管吏部架阁文字，迁宗学谕，授诸王宫大小学教授兼资善堂直讲。入对，请"以改过之实，易运化之名，一过改而一善著，百过改而百善融。"迁秘书郎，升著作郎。入对，因及真德秀、崔与之廉，龙荣曰："今天下岂无廉者，愿陛下崇奖之以风天下，执赏罚之公以示劝惩。"帝以为然。兼兵部郎官、差知嘉兴府。

召赴阙，迁侍右郎官兼资善堂赞读。又迁吏部员外郎兼直讲。入对，言："忠王之学，愿陛下身教之于内。"帝嘉纳。迁将作监兼尚右郎官，秘书少监兼吏部郎中，宗正少卿、起居郎兼权侍左侍郎，兼给事中，吏部侍郎兼赞读，封醴陵县男。迁集贤殿修撰、提举太平兴国宫。召见，进刑部侍郎，加宝章阁待制、荆湖南路转运使，权刑部尚书兼翊善。景定元年四月，拜端明殿学士、签书枢密院，进封伯。权参知政事兼太子宾客。二年，拜参知政事，仍兼太子宾客，封寿沙郡公。三年，罢为湖南安抚使，判潭州。四年，以资政殿大学士提举洞霄宫。以右正言曹孝庆论罢。

咸淳元年，以旧职奉祠。殿中侍御史陈宗礼、监察御史林拾先后论劾，削一官。它日，帝偶问龙荣安在，贾似道恐其召用，阴讽湖南提点刑狱李雷应劾之。雷应至官，谒龙荣，龙荣托故不出；既退，又斥骂之。或以语雷应，不能平，遂疏其罪，又谓"每对人言，有'吾拥至尊于膝上'之语。"诏徙衡州居住。湖南提刑治衡州，龙荣恐不为雷应所容，未至而殁。

龙荣少有志略，精于《春秋》学，有文集三十卷。性忧直，似道当国，不肯降志。又以度宗旧学，卒为似道所挤。德祐元年，复其官致仕。二年，太府卿柳岳乞加赠谥，未及行而宋亡。

沈炎，字若晦，嘉兴人。宝庆二年进士。调嵊县主簿，广西经略司准备差遣，湖南安抚司干办公事。讨郴寇有功，改知金华县，沿江制置司干官。通判和州，沿江制置司主管机宜文字。监三省、枢密院门，枢密院编修官。为监察御史、右正言、左司谏、殿中侍御史、侍御史。景定元年，拜右谏议大夫。加端明殿学士、同签书枢密院事兼太子宾客。二年，拜同知枢密院事，兼权参知政事，以资政殿学士提举洞霄宫。三年，进大学士，致仕。卒，赠少保。炎居言路，尝按劾福建转运使高斯得、观文殿学士李曾伯、沿江制置司参谋官刘子澄、左丞相吴潜。然论罢右丞相丁大全及其党与，则为公论也。

论曰：王伯大立朝直谅。郑寀、沈炎居言路，不辨君子小人，皆弹拄之，吾不知其何说也。应䟽清慎没世。徐清叟风采凛乎班行之间。李曾伯之治边，短于才者也。王野得名父师，而其学问益光。蔡抗号为君子，史阙其事。若张磻、马天骥、饶虎臣未见卓然有可称道者。戴庆炣、皮龙荣登第皆未久而位至执政，龙荣不附权臣，为所摈斥而死，犹为可取，庆炣无所称述焉。朱熠在台察如狂獧，遇人辄噬之云。

卷四百二十一
列传第一百八十

杨栋　姚希得　包恢　常挺　陈宗礼
常楙　家铉翁　李庭芝

杨栋，字元极，眉州青城人。绍定二年进士第二。授签书剑南西川节度判官厅公事。未上，丁母忧。服除，迁荆南制置司，改辟西川，入为太学正。丁父忧，服除，召试授秘书省正字兼吴益王府教授，迁校书郎、枢密院编修官。入对，言："飞蝗蔽天，愿陛下始终一德，庶几感格天心，消弭灾咎。"又言："迹来中外之臣，如主兵理财，听其言无非可用，迹其实类皆欺诬，上下相蒙，无一可信。陛下先之以至诚，而后天下之事可为也。"又言："祖宗立国，不恃兵财法，惟恃民心固结而已。愿陛下常存忠厚之意，勿用峻急之人。"理宗悦，以臣僚言奉祠。

起知兴化军。孔子之裔有居涇头镇者，栋为建庙辟田，训其子弟。迁福建提点刑狱，寻加直秘阁兼权知福州，兼本路安抚使，迁都官郎官，又迁左司郎官，寻为右司郎官兼玉牒所检讨官，除宗正少卿。进言，帝曰："止是正心修身之说乎？"栋对曰："臣所学三十年，止此一说。用之事亲取友，用之治涠郡、察冤狱，至为简易。"时有女冠出入宫禁，颇通请谒，外廷多有以为言者。栋上疏曰："陛下何惜一女冠，天下所侧目而不亟去之乎？"帝不谓然。栋曰："此人密交小人，甚可虑也。"又言："京、襄、两淮、四川残破郡县之吏，多是兵将权摄，科取无艺，其民可矜，非陛下哀之，谁实哀之？"帝从之。

迁太常少卿、起居郎，差知滁州，以殿中侍御史周坦论罢。起直龙图阁、知建宁府，不拜。提举千秋鸿禧观，迁起居郎兼权侍左侍郎、崇政殿说书，继迁吏部侍郎兼同修国史、实录院同修撰兼侍读，以集英殿修撰兼中书舍人兼侍讲，出知太平州，以右补阙萧泰来论罢，依旧职提举太平兴国宫。起知婺州。召奏事，以旧职奉祠。度宗立为太子，帝亲擢栋太子詹事。迁工部侍郎，仍为詹事兼同修国史、实录院同修撰兼中书舍人，兼直学士院，权刑部尚书兼国子祭酒，迁礼部尚书，加端明殿学士、同签书枢密院事兼太子宾客，进同知枢密院事兼权参知政事，拜参知政事。

台州守王华甫建上蔡书院，言于朝，乞栋为山主，诏从之。因卜居于台。寻授资政殿学士、知建宁府，不拜。以旧职提举洞霄宫，复依旧职知庆元府、沿海制置使。以监察御史胡甲虎言罢，仍奉祠。加观文殿学士知庆元府、沿海制置使，又不拜，仍奉祠。乃以资政殿大学士充万寿观使。卒，遗表上，帝辍朝，特赠少保。

栋之学本诸周、程氏，负海内重望。方贾似道入相，登用故老，列之从官，栋亦预焉。及彗星见，栋乃言蚩尤旗，非彗也，故为世所少云。或谓栋姑为是言，阴告于帝，谋逐似道，似道觉之，遂蒙疑而去。所著有《崇道集》、《平舟文集》。

姚希得，字逢原，一字叔刚，潼川人。嘉定十六年进士。授小溪主簿，待次三年，朝夕讨论《六经》、诸子百家之言。调盘石令。会蜀有兵难，军需调度不扰而集，更调嘉定府司理参军。改知蒲江县。巨室挟势，邑号难治。希得绥强扶弱，声闻著闻。同知枢密院事游似以希得名闻，召审察，迁行在都进奏院，通判太平州，改福州，徒步至候官，吏不知为通判也。

召为国子监丞，迁太府寺丞，时暂书拟金部文字兼沂靖王府教授。时帝斥逐奸妒，收召名德，举朝相庆。希得以为外观形状，似若清明之朝；内察脉息，有类危亡之证。乃上疏言："尧、舜、三代之时，无危亡之事，而常喜危亡之言；秦、汉以来，多危亡之事，而常讳危亡之言。夫危亡之事不可有，而危亡之言不可亡。后世人主乃履危如履坦，讳言如讳病。"又言："君子非不收召，而意向犹未调一；小人非不斥逐，而根株犹未痛断。大权若操握，而不能无旁蹊曲径之疑；大势若更张，而未见有长治久安之道。廷臣之所讽谏，封囊之所奏陈，非不激切，而陛下固不之罪，亦不之行。自古甘蹈危亡之机，非独暗主，而明君亦有焉，此臣之所甚惧。朝廷者，万化之所自出也，实根于人君之一心。夫何大明当天，犹有可议者？内小学之建，人皆知陛下有意建储也。然岁月逾迈，未睹施行，人心危疑，无所系属。秦、汉而下，嗣不蚤定，事出仓卒，或宫闱出令，或宦寺主谋，或奸臣首议，此皆足以危人之国也。陛下何惮而不蚤定大计？邸第之盛，人皆知笃于亲爱也。然依冯者众，轻视王法，请托之行，捷于影响。杨干，晋侯弟也，乱行于曲梁，而魏绛戮其仆，晋侯始怒而终悔，晋卒以霸。平原君，赵王弟也，不出租税，而赵奢刑其用事者，赵王贤而用之，赵卒以强。皆足以兴人之国也。陛下何为而不少伸国法？今女冠者流，众所指目；近珰小臣，时窃威福。此皆陛下之心乍明乍晦之所致，岂不谓之危乎？国有善类，犹人有元气，善类一败一消，元气一病一衰。善类能几，岂堪数消，消极则国随之矣。陛下明于知人，公于用人，固无奸妒再用之意。然道路之人往往窃议，此元祐、绍圣将分之机也。祸根犹伏而未去，不几于安其危乎？"帝改容曰："朕决不用史嵩之。"

迁知大宗正丞兼权金部郎官。李韶以病告，十上疏欲去。希得言："韶有德望，虽以病告，曷若留奉内祠，侍经幄，亦足为朝廷重。"又言："财用困竭，民生憔悴，移此不急之费，以实军储，以厚民生，敬天莫大于此，岂在崇大宫宇，庄严设像哉！"又条救钱楮三策，请置惠民局，帝皆以为可行。

进秘书丞，寻迁著作郎，授江西提举常平。役法久坏，临川富室有赂吏求免者，希得竟罪之。遂提点刑狱，加直秘阁。未几，加度支员外郎，寻直宝章阁，移治赣州。盗有伪号"崔太尉"者，据石壁，连结数郡，刘老龙等聚众焚掠，一方绎骚。希得指授方略，不五旬平之。以直宝谟阁、广西转运判官兼权静江府。寻授直徽猷阁、知静江府、主管广西经略安抚司公事兼转运判官。母丧，免。召为秘书少监兼中书门下省检正诸房公事。入对，言君子小人邪正之辩，且曰："君子犯颜敢谏，拂陛下之意，退甘家食，此乃为国计，非为身计也。小人自植朋党，挤排正人，甘言佞语，一切顺陛下之意，遂取陛下官爵，此乃为身计，非为国计也。"迁宗正少卿兼国史编修、实录检讨兼权给事中，兼权刑部侍郎、同修国史、实录院同修撰。时西方用兵，有为嵩之复出计者，谓非此人不能办。帝有意再用，知希得必执之，出旨谕意，希得毅然具疏密奏，不报。又缴邓泳予祠之命。右正言邵泽、监察御史吴衍、殿中侍御史朱熠相继论罢。

久之，以集英殿修撰提点千秋鸿禧观。未几，依旧职两淮宣抚使司判官，俄加宝谟阁待制，移京西、湖南北、四川。诏叙复元官。护江陵有功，召为户部侍郎。帝曰："姚希得才望可为阃帅。"乃进焕章阁待制、知庆元府、沿海制置使，继升敷文阁待制。诏增沿海舟师，希得为之广募水军，造战舰，蓄粮食，蠲米一万二千石，旧遗一百万。去官，库余羡悉以代民输。召为工部尚书兼侍读。入侍经筵，帝问庆元之政甚悉。以华文阁直学士、沿江制置使知建康府、江东安抚使、行宫留守。希得按行江上，慰劳士卒，众皆悦说。溧阳饥，发廪劝分，全活者众。创宁江军，自建康、太平至池州列砦置屋二万余间，屯戍七千余人。帝闻之，一再降诏奖谕。加宝章阁学士，寻加刑部尚书，依旧任兼淮西总领。

景定五年，召为兵部尚书兼侍读。乃言用人才、修政事、治兵甲、惜财用四事。拜端明殿学士、签书枢密院事兼太子宾客。会星变，上疏引咎，乞解机务。兼权参知政事。度宗即位，授同知枢密院事兼权参知政事，寻授参知政事。以言罢，授资政学士、提举洞霄宫。起知潭州、湖南安抚使，以疾甚，辞，乃仍旧职奉祠。请致仕，诏不许，力请，以资政殿大学士、金紫光禄大夫、依旧潼川郡公致仕。咸淳五年，卒。遗表闻，帝辍朝，赠少保。

希得忠亮平实，清俭自将，好引善类，不要虚誉，盖有诵荐于上而其人莫之知者。广西官署以锦为帝幕，希得曰："吾起身书生，安用此！"命以缯缁易之。蜀之亲族姻旧相依者数十家，希得廪之终身，昏老悉损己力，晚年计口授田，各有差。所著有《续言行录》、《奏稿》、《橘州文集》。

包恢，字宏父，建昌人。自其父扬、世父约、叔父逊从朱熹、陆九渊学。恢少为诸父门人讲《大学》，其言高明，诸父惊焉。嘉定十三年，举进士。调金溪主簿。邵武守王遂辟光泽主簿，平寇乱。建宁守袁甫荐为府学教授，监虎翼军，募土豪讨曾石之寇。授掌故，改沿海制置司干官。会岁饥，盗起金坛、溧阳之间，恢部诸将为十诛夷之。沿江制置使陈韡辟为机宜，复有平寇功，改知吉州永丰县，未行，差发运干官。福建安抚使陈垲檄平寇，迁武学谕、宗正寺主簿，添差通判台州。徐鹿卿讨温寇，辟兼提点刑狱司主管文字，议收捕。改通判临安府，迁宗正寺主簿、知台州。有妖僧居山中，号"活佛"，男女争事之，因为奸利，豪贵风靡，恢诛其僧。

进左司郎官，未行，改湖北提点刑狱，未行，移福建兼知建宁。闽俗以九月祠"五王"生日，靡金帛，倾市奉之。恢曰："彼非犬豕，安得一日而五子同生，非不祥者乎？而尊畏之若是。"众感悟，为之衰止。兼转运判官，以侍御史周坦论罢。光州布衣陈景夏上书云："包恢刚正不屈之臣，言者污蔑之耳。"又四年，起为广东转运判官，权经略使，迁侍右郎官，寻为大理少卿，即日除直显文阁、浙西提点刑狱。是时海寇方乱，恢单车就道，调许、澉浦分屯建砦，一旦集诸军讨平之。嘉兴吏因和籴受赇百万，恢被旨虑囚，曰："吾用此消沴气。"乃减死，断其手。

进直龙图阁、权发运，升秘阁修撰，知隆兴府兼江西转运。沈妖妓于水，化为狐，人皆神之。有母诉子者，年月后状作"疏"字，恢疑之，呼其子至，泣不言。及得其情，母孀居，与僧通，恶其子谏，以不孝坐之，状则僧为之也。因责子侍养跬步不离，僧无由至。母乃托夫讳日，入寺作佛事，以笼盛衣晨，因纳僧于内以归。恢知之，使人要之，置笼公库，逾旬，吏报笼中臭达于外，恢命沉于江，语其子曰："为汝除此害矣。"又姑死者假子妇棺以敛，家贫不能偿，妇诉于恢，恢怒，买一棺，给其妇卧棺中以试，就掩而葬之。改湖南转运使，罢。

景定初，拜大理卿、枢密都承旨兼侍讲，权礼部侍郎，寻为中书舍人。林希逸奏恢守法奉公，其心如水。权刑部侍郎，进华文阁直学士、知平江府兼发运。豪有夺民包举田寄公租诬上者，恢上疏，指以小民祈天永命之一事，帝览奏恻然，罪任事者，即归民田。召赴阙，辞，改知绍兴，又辞。度宗即位，召为刑部尚书，进端明殿学士，签书枢密院事，封南城县侯。郊祀礼成，还，以资政殿学士致仕。

恢历仕所至，破豪猾，去奸吏，治蛊狱，课盆盐，理银欠，政声赫然。尝因轮对曰："此臣心恻隐所以深切为陛下告者，陛下恻隐之心如天地日月，其闭而食之者曰近习、曰外戚耳。"参知政事董槐见而叹曰："吾等有惭色矣。"他日讲官因称恢疏剀切，愿容纳。理宗欣然曰："其言甚直，朕何尝怒直言！"经筵奏对，诚实恳恻，至身心之要，未尝不从容谆至。度宗至比恢为程颢、程颐。恢侍其父疾，涤濯拚除之役不命僮仆。年八十有七，临终，举卢怀慎卧簟穷约事戒诸子敛以深衣，作书别亲戚而后卒，有光陨其地。遗表闻，帝辍朝，赠少保，谥文肃，赙银绢五百。

常挺字方叔，福州人。嘉熙二年进士。历官为太学录，召试馆职,迁秘书省正字兼庄文府教授,升校书郎。轮对,乞以李若水配享高宗。改秘书郎兼考功郎官,出知衢州,拜监察御史兼崇政殿说书。疏言边阃三事:曰辟实才,曰奏实功,曰招实兵。朝廷二事:曰选良吏,曰擢正人。又言:"愿陛下深思宏远之规模,奋发清明之志气,立纲陈纪必为万世之法程,昭德塞违以示百官之宪度。"迁太常少卿兼国子司业,兼国史编修、实录检讨兼直舍人院。迁起居郎,权工部侍郎兼直学士院。迁工部侍郎、给事中。右谏议大夫陈尧道论罢。以宝章阁直学士知漳州,改知泉州,权兵部尚书兼侍读,权礼部尚书兼同修国史、实录院同修撰。进《帝学发题》,迁吏部尚书。咸淳三年,授同知枢密院事兼权参知政事,封合沙郡公,拜参知政事。四年,致仕,寻卒,赠少保。

陈宗礼,字立之。少贫力学,袁甫为江东提点刑狱,宗礼往问学焉。淳祐四年,举进士。调邵武军判官,入为国子正,迁太学博士、国子监丞,转秘书省著作佐郎。入对,言火不循轨。帝以星变为忧,宗礼言:"上天示戒,在陛下修德布政以回天意。"又曰:"天下方事于利欲之中,士大夫奔竞趋利,惟至公可以遏之。"兼考功郎官,兼国史实录院校勘,兼景献府教授,升著作郎,迁尚左郎官兼右司。时丁大全擅国柄,以言为讳。宗礼叹曰:"此可一日居乎!"陛对,言:"愿为宗社大计,毋但为仓廪府库之小计;愿得天下四海之心,毋但得左右便嬖戚畹之心;愿寄腹心于忠良,毋但寄耳目于卑近;愿四通八达以来正人,毋但旁蹊曲迳类引贪浊。"拜太常少卿,以直宝谟阁、广东提点刑狱进直焕章阁,迁秘书监。以监察御史虞虑言追两官,送永州居住。

景定四年,拜侍御史,直龙图阁、淮西转运判官,迁刑部尚书。以起居舍人曹孝庆言罢。度宗即位,兼侍讲,拜殿中侍御史。疏言:"恭俭之德自上躬始,清白之规自宫禁始,左右之言利者必斥,蹊隧之私献者必诛。"以《诗》进讲,因奏:"帝王举动,无微不显,古人所以贵于慎独也。"权礼部侍郎兼给事中。进读《孝宗圣训》,因奏:"安危治乱,常起于一念虑之间,念虑少差,祸乱随见。天下之乱未有不起于微而成于著。"又言:"不以私意害公法,乃国家之福。"帝曰:"孝宗家法,惟赏善罚恶为尤谨。"宗礼言:"有功不赏,有罪不罚,虽尧舜不能治天下,信不可不谨也。"

迁礼部侍郎,寻权礼部尚书,乞奉祠,帝曰:"岂朕不足与有为耶?"以华文阁直学士知隆兴府,再辞,依旧职与侍次差遣。逾年,依旧职广东经略安抚使兼知广州,加端明殿学士、签书枢密院事,寻兼权参知政事。疏奏:"国所以立,曰天命人心。因其警而加敬畏,天命未有不可回也;因其未坠而加绥定,人心未尝不可回也。"卒官,遗表上,赠开府仪同三司、盱江郡侯,谥文定。所著有《寄怀斐稿》、《曲辕散木集》、《两朝奏议》、《经筵讲义》、《经史明辨》、《经史管见》、《人物论》。

常楙,字长儒,显谟阁直学士同之曾孙。入太学。淳祐七年举进士。调常熟尉。公廉自持,不畏强御,部使者交荐之。调婺州推官。疏决滞讼,以刊繁裁剧称。临安府尹马光祖又荐于朝,辟差平江府百万仓检察,不受和籴例,戢吏卒苛取。发运使赵与𥲅兼提点刑狱,属楙检覆,雪无锡翟氏冤狱。监江淮茶盐所芜湖局,不受商税赢,光祖益敬之。改知嘉定县。岁大水,劝分和籴,按籍均敷。发运使王㷉、提点刑狱孙子秀俱特荐于朝,签书临安府判官,不为权势挠。有为淮东提举常平,辟楙提管,楙知其不可与共事,笑而却之。未几,政府强楙行,遂拂衣去,朝野高之。主管城南厢,听讼严明,豪右益惮之。都城火后,瓦砾充斥,差民船徙运,在籍者百五十家,惟二十有五家应役,余率为势要宦官所庇。楙悉追之,不服者杖其人,械于他所,无不听命。又力拒户部科买。叶梦鼎、陈昉深期奖焉。添差临安通判。朝命鞫封桩库吏范成狱,不肯承庙堂风旨,无辜者悉出之。

知广德军。郡有水灾,发社仓粟以活饥民,官吏难之,楙先发而后请专命之罪,置慈幼局,立先贤祠。故事,郡守秋苗例可得米千石,乃以代属县偿大农绌欠。拜监察御史,知无不言。尝论天变及贾似道家争田事,论继皇子竑嗣,触度宗怒,迁司农卿,寻为两浙转运使。禁戢吏奸,不以急符督常赋。海盐岁为咸潮害稼,楙请于朝,捐金发粟,复辍f已毕,大加修筑新塘三千六百二十五丈,名曰海晏塘。是秋,风涛大作,塘不浸者尺许,民得奠居,岁复告稔,邑人德之。

迁户部侍郎。受四方民词,务通下情。兼中书门下省检正诸房公事,兼刑部侍郎。极论检覆之敝。上进故事,首论雷雪非时之变,帝意不悦。丐祠,不许,以集英殿修撰知平江。值旱。故事,郡守合得缗钱十五万,悉以为民食、军饷助。蠲苗九万、税十三万、版帐十六万,又蠲新苗二万八千,大宽公私之力。飞蝗几及境,疾风飘入太湖。节浮费,修府库。既代,有送还事例,自给吏卒外,余金万楮,楙悉不受。吏惊曰:"人言常侍郎不爱钱,果然。"改浙东安抚使。值水灾,捐万楮以振之,复请籴于朝,得米万石,蠲新苗三万八千。又以诸暨被水尤甚,给二万楮付县折运,民食不至乏绝。民各祀于家。两浙及会稽、山阴死者暴露与贫而无以为殓者,乃以十万楮置普惠库,取息造棺以给之。寻以刑部侍郎召。申明期赦叙改法,与庙堂争可否,辨伪关狱,救八仓亏欠免死罪,平反天井巷杀人狱,全活者甚众。兼给事中,封还隆国夫人从子黄进观察使录黄。帝怒,似道以御史令委曲书行,楙迄不奉命。以宝章阁待制提举太平兴国宫。

德祐元年,拜吏部尚书,以老病辞,累诏不许,专官趣行甚峻。楙入见,首言"雪川之变,非其本心,置之死过矣,不与立后,又过矣。巴陵帝王之胄,生不得正命,死不得血食,沉冤幽愤,郁结四五十年之久,不为妖为札于冥冥中者几希。愿陛下勿摇浮议,特发神断,宗社幸甚"。于是诏国史院讨论典故以闻。明堂礼成,进端明殿学士、提领户部财用,特与执政恩数。楙以国步方艰,非臣子贪荣之时,力辞恩数。与庙堂议事不合,以疾谒告。二年春,拜参知政事,为夏士林缴驳,拜疏出关,后六年卒。

家铉翁，眉州人。以荫补官。累官知常州，政誉翕然。迁浙东提点刑狱，入为大理少卿，直华文阁，以秘阁修撰充绍兴府长史，迁枢密都丞旨，知建宁府兼福建转运副使，权户部侍郎兼知临安府、浙西安抚使，迁户部侍郎，权侍右侍郎，仍兼枢密都丞旨。赐进士出身，拜端明殿学士、签书枢密院事。

大元兵次近郊，丞相吴坚、贾余庆檄告天下守令以城降，铉翁独不署。元帅遣使至，欲加缚，铉翁曰："中书省无缚执政之理。"坚奉表祈请于大元，以铉翁介之，礼成不得命，留馆中。闻宋亡，且夕哭泣不食饮者数月。大元以其节高欲尊官之，以示南服。铉翁义不二君，辞无诡对。宋三宫北还，铉翁再率故臣迎谒，伏地流涕，顿首谢奉使无状，不能感动上衷，无以保存其国。见者莫不叹息。文天祥女弟坐兄故，系奚官，铉翁倾橐中装赎出之，以归其壁。

铉翁状貌奇伟，身长七尺，被服俨雅。其学邃于《春秋》，自号则堂，改馆河间，乃以《春秋》教授弟子，数为诸生谈宋故事及宋兴亡之故，或流涕太息。大元成宗皇帝即位，放还，赐号"处士"，锡赍金币，皆辞不受。又数年以寿终。

李庭芝，字祥甫。其先汴人，十二世同居，号"义门李氏"，后徙随之应山县。金亡，襄、汉被兵，又徙随。然特以武显。

庭芝生时，有芝产屋栋，乡人聚观，以为生男祥也，遂以名之。少颖异，日能诵数千言，而智识恒出长老之上。王旻守随，庭芝年十八，告诸父曰："王公贪而不恤下，下多怨，随必乱，请徙家德安以避。"诸父勉强从之，未浃旬，旻果为部曲挟之以叛，随民死者甚众。嘉熙末，江防甚急，庭芝得乡举不行，以策干荆帅孟珙请自效。珙善相人，且夜梦车骑称李尚书谒己，明日庭芝至。珙见其魁伟，顾诸子曰："吾相人多，无如李生者，其名位当过我。"时四川有警，即以庭芝挈施之建始县。庭芝至，训农治兵，选壮士杂官军教之。期年，民皆知战守，善驰逐，无事则植戈而耕，兵至则悉出而战。夔帅下其法于所部行之。淳祐初去，举进士，中第。辟珙幕中，主管机宜文字。珙卒，遗表举贾似道自代，而荐庭芝于似道，庭芝感珙知己，扶其柩葬之兴国，即弃官归，为珙行三年丧。

似道镇京湖，起为制置司参议，移镇两淮，与似道议栅清河五河口，增淮军烽百二十。继知濠州，复城荆山以备淮南。皆切中机会。开庆元年，似道宣抚京湖，留庭芝权扬州。寻以大兵在蜀，奏知峡州，以防蜀江口。朝廷以赵与䯄为淮南制置，李应庚为参议官。应庚发两路兵城南城，大暑中暍死者数万。李璮窥其无谋，夺涟水三城，渡淮夺南城。鄂兵解，庭芝丁母忧去。朝议择守扬者，帝曰："无如李庭芝。"乃夺情主管两淮制置司事。庭芝再破璮兵，杀璮将厉元帅，夷南城而归。明年，复败璮于乔村，破东海、石圃等城。又明年，璮降，徙三城民于通、泰之间。又破蕲县，杀守将。

庭芝初至扬时，扬新遭火，庐舍尽毁。州赖盐为利，而亭户多亡去，公私萧然。庭芝悉贷民逋，假钱使为屋，屋成又免其假钱，凡一岁，官民居皆具。凿河四十里入金沙余庆场，以省车运。兼浚他运河，放亭户负盐二百余万。亭民无车运之劳，又得免所负，逃者皆来归，盐利大兴。始，平山堂瞰扬城，大元兵至，则构望楼其上，张车弩以射城中。庭芝乃筑大城包之，城中募汴南流民二万人以实之，有诏命为武锐军。又大修学，为诗书、俎豆，与士行习射礼。郡中有水旱，即命发廪，不足则以私财振之。扬民德之如父母。刘槃自淮南入朝，帝问淮事，槃对曰："李庭芝老成谨重，军民安之。今边尘不惊，百度具举，皆陛下委任得人之效也。"

咸淳五年，北兵围襄阳急，夏贵入援，大败虎尾州；范文虎总省兵再入，又败，文虎以轻舠遁，兵乱，士卒溺汉水死者甚众。冬，命庭芝以京湖制置大使督师援襄阳。文虎闻庭芝至，贻书似道曰："吾将兵数万入襄阳，一战可平，但无使听命于京阃，事成则功归恩相矣。"似道喜，即除文虎福州观察使，其兵从中制之。文虎日携美妾，走马击毬军中为乐。庭芝屡欲进兵，曰："吾取旨未至也。"明年六月，汉水溢，文虎不得已始一出师，未至鹿门，中道遁去。庭芝数自劾请代，不允，竟失襄阳。陈宜中请诛文虎，似道庇之，止降一官知安庆府，而贬庭芝及部将苏刘义、范友信广南。庭芝罢居京口。

未几，大元兵围扬州，制置印应雷暴死，即起庭芝制置两淮。庭芝请分淮西夏贵，而己得专力淮东，从之。十年，筑清河口，诏以为清河军。十二月，大元兵破鄂，诏天下勤王，庭芝首遣兵为诸道倡。德祐元年春，似道兵溃芜湖，沿江诸郡或降或遁，无一人能守者。庭芝率所部郡县城守。有李虎者持招降榜入扬州，庭芝诛虎，焚其榜。总制张俊出战，持孟之缙书来招降，庭芝焚书，枭俊五人于市。而日调苗再成战其南，许文德战其北，姜才、施忠战其中。时出金帛牛酒燕犒将士，人人为之死斗。朝廷亦以督府金劳之，加庭芝参知政事。七月，以知枢密院事征入朝，徙夏贵知扬州，贵不至，事遂已。

十月，大元丞相阿颜入临安，留元帅阿术军镇江以遏淮兵。阿术攻扬久不拔，乃筑长围困之。冬，城中食尽，死者满道。明年二月，饥益甚，赴濠水死者日数百，道有死者，众争割啖之立尽。宋亡，谢太后及瀛国公为诏谕之降，庭芝登城曰："奉诏守城，未闻有诏谕降也。"已而两宫入朝，至瓜州，复诏庭芝曰："比诏卿纳款，日久未报，岂未悉吾意，尚欲固围邪？今吾与嗣君既已臣伏，卿尚为谁守之？"庭芝不答，命发弩射使者，毙一人，余皆退去。姜才出兵夺两宫，不克，复闭城守。三月，夏贵以淮西降，阿术驱降兵至城下以示之，旌旗蔽野，幕客有以言觇庭芝者，庭芝曰："吾惟一死而已。"阿术使者持诏来招降，庭芝开壁纳使者，斩之，焚诏陴上。已而知淮安州许文德、知盱眙军张思聪、知泗州刘兴祖皆以粮尽降。庭芝犹括民间粟以给兵，粟尽，令官人出粟，粟又尽，令将校出粟，杂牛皮、麹蘖以给之。兵有烹子而食者，犹日出苦战。七月，阿术请赦庭芝焚诏之罪，使之降，有诏从之。庭芝亦不纳。是月，益王遣使以少保、左丞相召庭芝，庭芝以朱焕守扬，与姜才将兵七千人东入海，至泰州，阿术将兵追围之。朱焕既以城降，驱庭芝将士妻子至泰州城下，牌将孙贵、胡惟孝等开门降。庭芝闻变，赴莲池，水浅不得死。被执至扬州，朱焕请曰："扬自用兵以来，积骸满野，皆庭芝与才所为，不杀之何俟？"于是斩之。死之日，扬之民皆泣下。

有宋应龙者为泰州咨议官，泰守孙良臣之弟舜臣自军中来说降，良臣召应龙与计，应龙极陈国家恩泽，君臣大义，请杀舜臣以戒持二心者，良臣不得已杀之。及泰州降，应龙夫妇自经死。提刑司谘议褚一正置司高邮，督战被创，没水死。知兴化县胡拱辰，城破亦死。

论曰：杨栋学本伊、洛，而尼于权臣，速谤召尤，谁之过欤？姚希得蔼然君子。包恢以严为治，抑以衰世之民非可以纵弛待之耶？常挺、陈宗礼咸通济，著声望。常楙晚讼皇子竑事，光明正大，公义炳然。家铉翁义不二君，足为臣轨。李庭芝死于国难，其可悯哉！

卷四百二十二
列传第一百八十一

林勋　刘才邵　许忻　应孟明　曾三聘　徐侨　度正　程珌　牛大年　陈仲微　梁成大　李知孝

林勋，贺州人。政和五年进士，为广州教授。建炎三年八月，献《本政书》十三篇，言："国家兵农之政，率因唐末之故。今农贫而多失职，兵骄而不可用，是以饥民窜卒，类为盗贼。宜仿古井田之制，使民一夫占田五十亩，其有羡田之家，毋得市田，其无田与游惰末作者，皆驱之使为隶农，以耕田之羡者，而杂纽钱谷，以为十一之税。宋二税之数，视唐增至七倍。今本政之制，每十六夫为一井，提封百里，为三千四百井，率税米五万一千斛、钱万二千缗；每井赋二兵、马一匹，率为兵六千八百人、马三千四百匹，岁取五之一以为上番之额，以给征役。无事则又分为四番，以直官府，以给守卫。是民凡三十五年而役使一遍也。悉上则岁食米万九千余斛，钱三千六百余缗，无事则减四分之三，皆以一同之租税供之。匹妇之贡，绢三尺，绵一两。百里之县，岁收绢四千余匹，绵三千四百斤。非蚕乡则布六尺、麻二两，所收视绢绵率倍之。行之十年，则民之口算，官之酒酤，与凡茶、盐、香、矾之权，皆可弛以予民。"其说甚备。书奏，以勋为桂州节度掌书记。

其后，勋又献《比较书》二篇，大略谓："桂州地东西六百里，南北五百里，以古尺计之，为方百里之国四十，当垦田二百二十五万二千八百顷，有田夫二百四万八千，出米二十四万八千斛，禄卿大夫以下四千人，禄兵三十万人。今桂州垦田约万四十二顷，丁二十一万六千六百一十五，税钱万五千余缗，苗米五万二百斛有奇，州县官不满百员，官兵五千一百人。盖土地荒芜而游手末作之人众，是以地利多遗，财用不足，皆本政不修之故。"朱熹甚爱其书。东阳陈亮曰："勋为此书，考古验今，思虑周密，可谓勤矣。世之为井地之学者，孰有加于勋者乎？要必有英雄特起之君，用于一变之后，成顺致利，则民不骇而可以善其后矣。"

刘才邵，字美中，吉州庐陵人。其上世鹗，太宗召见，未及用而卒。尝愤五季文辞卑弱，仿杨雄《法言》，著《法语》八十一篇行于世。才邵以大观二年上舍释褐，为赣、汝二州教授，复为湖北提举学事管干文字。宣和二年，中宏词科，迁司农寺丞。靖康元年，迁校书郎。

高宗即位，以亲老归侍，居闲十年。御史中丞廖刚荐之，召见，迁秘书丞，历驾部员外郎，迁吏部员外郎，典侍右选事。先是，宗室注宫观、岳庙，例须赴部，远者或难于行。才邵言许经所属上闻于部，依条注拟，行之而便。迁军器监，既而迁起居舍人，未几，为中书舍人兼权直学士院。帝称其能文，时宰忌之，出知漳州。即顾城东开渠十有四，为闸与斗门以潴汇决，溉田数千亩。民甚德之。两奉祠。绍兴二十五年，召拜工部侍郎兼直学士院，寻权吏部尚书。以疾请祠，加显谟阁直学士。卒，赠通奉大夫。才邵气和貌恭，方权臣用事之时，雍容退避，以保名节。所著《檆溪居士集》行世。

许忻，拱州人。宣和三年进士，高宗时，为吏部员外郎，有旨引见。是时，金国使人张通古在馆，忻上疏极论和议不便，曰：

臣两蒙召见，擢置文馆，今兹复降睿旨引对。今见陛下于多故之时，欲采千虑一得之说以广聪明，是臣图报万分之秋也，故敢竭愚而效忠。臣闻金使之来，陛下以祖宗陵寝废祀，徽宗皇帝、显肃皇后梓宫在远，母后春秋已高，久阙晨昏之奉，渊圣皇帝与天族还归无期，欲屈己以就和，遣使报聘。兹事体大，固已诏侍从、台谏各具所见闻矣，不知侍从、台谏皆以为可乎？抑亦可否杂进，而陛下未有所择乎？抑亦金已恭顺，不复邀我以难行之礼乎？是数者，臣所不得而闻也。请试别白利害，为陛下详陈之。

夫金人始入寇也，固尝云讲和矣。靖康之初，约肃王至大河而返，已而挟之北行，迄无音耗。河朔千里，焚掠无遗，老稚系累而死者亿万计，复破威胜、隆德等州。渊圣皇帝尝降诏书，谓金人渝盟，必不可守。是岁又复深入，朝廷制置失宜，都城遂陷。敌情狡甚，惧我百万之众必以死争也，止我诸道勤王之师，则又曰讲和矣。乃邀渊圣出郊，次邀徽宗继之，追取宗族，殆无虚日，倾竭府库，靡有孑遗，公卿大臣类皆拘执，然后伪立张邦昌而去。则是金人所谓"讲和"者，果可信乎？

此已然之祸,陛下所亲见。今徒以王伦缪悠之说,遂诱致金人责我以必不可行之礼,而陛下遂已屈己从之,臣是以不觉涕泗之横流也。而彼以"诏谕江南"为名而来,则是飞尺书而下本朝,岂讲和之谓哉?我躬受之,真为臣妾矣。陛下方寝苫枕块,其忍下穹庐之拜乎?臣窃料陛下必不忍为也。万一奉其诏令,则将变置吾之大臣,分部吾之诸将,邀求无厌,靡有穷极。当此之时,陛下欲从之则无以立国,不从之则复责我以违令,其何以自处乎?况犬羊之群,惊动我陵寝,戕毁我宗庙,劫迁我二帝,据守我祖宗之地,涂炭我祖宗之民,而又徽宗皇帝、显肃皇后銮舆不返,遂致万国痛心,是谓不共戴天之仇。彼意我之必复此仇也,未尝顷刻而忘图我,岂一王伦能平哉?方王伦之为此行也,虽闾巷之人,亦知其取笑外夷,为国生事。今无故诱狂敌悖慢如此,若犹倚信其说而不寤,诚可恸哭,使贾谊复生,谓国有人乎哉,无人乎哉?

古之外夷,固有不得已而事之以皮币、事之以珠玉、事之以犬马者,曷尝有受其诏,惟外夷之欲是从,如今日事哉!脱或包羞忍耻,受其诏谕,而彼所以许我者不复如约,则徒受莫大之辱,贻万世之讥;纵使如约,则是我今日所有土地,先拱手而奉外夷矣,祖宗在天之灵,以谓如何?徽宗皇帝、显肃皇后不共戴天之仇,遂不可复也,岂不能痛哉!陛下其审思之,断非圣心所能安也。自金使入境以来,内外惶惑,傥或陛下终以王伦之说为不妄,金人之诏为可从,臣恐不惟堕外夷之奸计,而意外之虞,将有不可胜言者矣。此众所共晓,陛下亦尝虑及于此乎?

国家两尝败外夷于淮甸,虽未能克复中原之地,而大江之南亦足支吾。军声粗震,国势粗定,故金人因王伦之往复,遣使来尝试朝廷。我若从其所请,正堕计中;不从其欲,且厚携我之金币而去,亦何适而非彼之利哉!为今之计,独有陛下幡然改虑,布告中外,以收人心,谓祖宗陵寝废祀,徽宗皇帝、显肃皇后梓宫在远,母后、渊圣、宗枝族属未还,故遣使迎请,冀遂南归。今敌之来,邀朝廷以必不可从之礼,实王伦卖国之罪,当行诛责,以释天下之疑。然后激厉诸将,谨捍边陲,无堕敌计,进用忠正,黜远奸邪,以振纪纲,以修政事,务为实效,不事虚名,夕虑朝谋,以图兴复,庶乎可矣。

今金使虽已就馆,谓当别议区处之宜。臣闻万人所聚,必有公言。今在廷百执事之臣,与中外一心,皆以金人之诏为不可从,公言如此,陛下独不察乎?若夫谓粘罕之已死,外夷内乱,契丹林牙复立,故今金主复与我平等语,是皆行诈我师之计,非臣所敢知也。或者又谓金使在馆,今稍恭顺。如臣之所闻,又何其悖慢于前,而遽设恭顺于后?敌情变诈百出,岂宜惟听其甘言,遂忘备豫之深计,待其祸乱之已至,又无所及?此诚切于事情。今日之举,存亡所系,愚衷感发,不能自已,望鉴其惓惓之忠,特垂采纳,更与三二大臣熟议其便,无贻异时之悔,社稷天下幸甚。

疏入,不省。后忻托故乞从外补,乃授荆湖南路转运判官。谪居抚州,起知邵阳,卒。

应孟明,字仲实,婺州永康人。少入太学,登隆兴元年进士第。试中教官,调临安府教授,继为浙东安抚司干官、乐平县丞。侍御史葛邲、监察御史王蔺荐为详定一司敕令所删定官。

轮对,首论:"南北通好,疆场无虞,当选将练兵,常如大敌之在境,而可以一日忽乎?贪残苛酷之吏未去,吾民得无不安其生者乎?贤士匿于下僚,忠言壅于上闻,无乃众正之门未尽开,而兼听之意未尽乎?君臣之间,戒惧而不自持,勤劳而不自宁,进君子,退小人,以民隐为忧,以边陲为警,则政治自修,纪纲自张矣。"孝宗曰:"朕早夜戒惧,无顷刻忘,退朝之暇,亦无它好,正恐临朝或稍晏,则万几之旷自此始矣。"次乞申严监司庇贪吏之禁,荐举徇私情之禁,帝嘉奖久之。它日,宰相进拟,帝出片纸于掌中,书二人姓名,曰:"卿何故不及此?"其一则孟明也。乃拜大理寺丞。

故大将李显忠之子家僮溺死,有司诬以杀人,逮系几三百家。孟明察其冤,白于长官,释之。出为福建提举常平,陛辞,帝曰:"朕知卿爱百姓,恶赃吏,事有不便于民,宜悉意以闻。"因问当世人才,孟明对曰:"有才而不学,则流为刻薄,惟上之教化明,取舍正,使回心向道,则成就必倍于人。"帝曰:"诚为人上者之责。"孟明至部,具以临遣之意咨访之。帝一日御经筵,因论监司按察,顾谓讲读官曰:"朕近日得数人,应孟明,其最也。"寻除浙东提点刑狱,以乡部引嫌,改使江东。

会广西谋帅,帝谓辅臣曰:"朕熟思之,无易应孟明者。"即以手笔赐孟明曰:"朕闻广西盐法利害相半,卿到任,自可详究事实。"进直秘阁、知静江府兼广西经略安抚。初,广西盐易官般为客钞,客户无多,折阅逃避,遂抑配于民。行之六年,公私交病,追逮禁锢,民不聊生。孟明条具犁奏除其弊,诏从之。禁卒朱兴结集党侣,弄兵雷、化间,声势渐长,孟明遣将缚致辕门斩之。

光宗即位,迁浙西提点刑狱,寻召为吏部员外郎,改左司,迁右司,再迁中书门下省检正诸房公事。宁宗即位,拜太府卿兼吏部侍郎。庆元初,权吏部侍郎,卒。

孟明以儒学奋身受知人主,官职未尝幸迁。韩侂胄尝遣其密客诱以谏官,俾诬赵汝愚,孟明不答,士论以此重之。

曾三聘,字无逸,临江新淦人。乾道二年进士。调赣州司户参军,累迁军器监主簿。有旨造划车弩,三聘谓:"划车弩六人挽之,而箭之所及止二百六十步。今所用克敌弓较之,工费不及十之三,一人挽之而射可及三百六十步,利害晓然。"乃不果造。

光宗不朝重华宫,中外疑惧,三聘以书抵丞相留正。正未及言,会以它事不合求去。三聘谓:"丞相今泯默而退耶,亦将取今日所难言者别白言之而后退?凡今阙庭之内,闺门衽席之间,父子夫妇之际,群臣莫敢深言者,避嫌远罪耳。丞相身退计决,言之何嫌乎?"迁秘书郎。帝欲幸玉津园,三聘上疏言:"今人心既离,大乱将作,小大之臣震怖请命,而陛下安意肆志而弗闻知,万一敌人谍知,驰一介之使,问安北宫,不知何以答之?奸究窥间,传一纸之檄,指斥乘舆,不知何以御之?望亟备法驾朝谒,不然,臣实未知死所也。"

孝宗病革,复上疏言:"道路流言,汹汹日甚,臣恐不幸而有狂夫奸人,托忠愤以行诈,假曲直以动众,至此而后悔之,则恐无及矣。"帝意为动。及孝宗崩,帝疾不能执丧,朝论益震汹,三聘谓今日事势,莫若建储。或戒之曰:"前日台谏诸公谓汝夺其职,今复有疏耶?"三聘曰:"此何时而可避烦言也。"

宁宗立,兼考功郎,后知鄂州。会韩侂胄为相,指三聘为故相赵汝愚腹心,坐追两官。久之,复元官与祠。差知郴州,改提点广西、湖北刑狱,皆辞不赴。侂胄诛,诸贤遭窜斥者相继召用,三聘禄不及,终不自言。嘉熙间,三聘已卒,有旨特赠三官,直龙图阁,赐谥忠节。

徐侨,字崇甫,婺州义乌人。蚤从学于吕祖谦门人叶邽。淳熙十四年,举进士。调上饶主簿,始登朱熹之门,熹称其明白刚直,命以"毅"名斋。入为秘书省正字、校书郎兼吴、益王府教授。直宝谟阁、江东提点刑狱,以迕丞相史弥远劾罢。宝庆初,葛洪、乔行简代为请祠,迄不受禄。绍定中,告老,得请。

端平初,与诸贤俱被召,迁秘书少监、太常少卿。趣入觐,手疏数千言,皆感愤剀切,上剺主阙,下逮群臣,分别黑白,无所回隐。帝数慰谕之,顾见其衣履垢敝,愀然谓曰:"卿可谓清贫。"侨对曰:"臣不贫,陛下乃贫耳。"帝曰:"朕何为贫?"侨曰:"陛下国本未建,疆宇日蹙;权幸用事,将帅非材;旱蝗相仍,盗贼并起;经用无艺,帑藏空虚;民困于横敛,军怨于掊克;群臣养交而天子孤立,国势岌危而陛下不悟:臣不贫,陛下乃贫耳。"又言:"今女谒、阉宦相为囊橐,诞为二竖,以处国膏肓,而执政大臣又无和、缓之术,陛下此之不虑而耽乐是从,世有扁鹊,将望见而却走矣。"时贵妃阎氏方有宠,而内侍董宋臣表里用事,故侨论及之。帝为之感动改容,咨嗟太息。明日,手诏罢边帅之尤无状者,申儆群臣以朋党之戒,命有司裁节中外浮费,而赐侨金帛甚厚。侨固辞不受。

侍讲,开陈友爱大义,用是复皇子竑爵,请从祀周敦颐、程颢、程颐、张载、朱熹,以赵汝愚侑食宁宗,帝皆如其请。金使至,侨以无国书宜馆之于外,如叔向辞郑故事,迕丞相意,力丐休致,帝谕留其勤。迁工部侍郎,辞益坚,遂命以内祠侍读,不得已就职。遇事尽言。以疾申前请,乃以宝谟阁待制奉祠。卒,谥文清。

侨尝言:"比年熹之书满天下,不过割裂掇拾,以为进取之资,求其专精笃实,能得其所言者盖鲜。"故其学一以真践实履为尚。奏对之言,剖析理欲,因致劝惩。弘益为多。若其守官居家,清苦刻厉之操,人所难能也。

度正,字周卿,合州人。绍熙元年进士。历官为国子监丞。时士大夫无贤愚,皆策李全必反而不敢言,正独上疏极言之,且献弭全之策有三,其言鲠亮激切。

迁军器少监。轮对,言:"陛下推行圣学,当自正家始。"进太常少卿。适太庙灾,为二说以献,其一则用朱熹之议,其一则因宋朝庙制而参以熹之议:"自西徂东为一列,每室之后为一室,以藏祧庙之主。如傅祖庙以次祧主则藏之,昭居左,穆居右,后世穆之祧主藏太祖庙,昭之祧主藏太宗庙。仁宗为百世不迁之宗,后世昭之祧主则藏之。高宗为百世不迁之宗,后世穆之祧主则藏之。室之前为两室;三年祫享,则帷帐幕之通为一室,尽出诸庙主及祧庙主并为一列,合食其上。往者此庙为一室,凡遇祫享合祭于室,名为合享,而实未尝合享。合增此三室,后有藏祧主之所,前有祖宗合食之地,于本朝之制初无更革,而颇已得三年大祫之义。"

迁权礼部侍郎兼侍右郎官,兼同修国史、实录院同修撰。迁礼部侍郎,转一官,守礼部侍郎致仕。卒,赠四官,赙银绢三百。所著有《性善堂文集》。

程珌,字怀古,徽州休宁人。绍熙四年进士。授昌化主簿,调建康府教授,改知富阳县,迁主管官告院。历宗正寺主簿、枢密院编修官,权右司郎官、秘书监丞,江东转运判官。陛辞,宁宗谓宰臣曰:"程珌岂可容其补外?"遂复旧职。

迁浙西提举常平,又迁秘书丞,升秘书省著作郎,寻为军器少监兼权左司郎官。迁国子司业兼国史编修、实录检讨,兼权直舍人院,迁起居舍人,兼职依旧。权吏部侍郎,直学士院兼同修国史、实录院同修撰,兼权中书舍人。迁礼部侍郎仍兼侍读,权刑部尚书,封休宁县男。授礼部尚书兼同修国史、实录院同修撰,兼权吏部尚书,拜翰林学士、知制诰,兼修玉牒官,进封子。五上疏丐祠,以焕章阁学士、知建宁府,授福建路招捕使。以旧职提举玉隆万寿宫,进封伯。进敷文阁学士、知宁国府,改知赣州,皆不赴。进封新安郡侯,加宝文阁学士、知福州兼福建安抚使。再奉祠,又加龙图阁学士。以端明殿学士致仕,卒,年七十有九,赠特进、少师。

珌十岁咏冰,语出惊人。直学士院时,宁宗崩,丞相史弥远夜召珌,举家大惊。珌妻丞相王淮女也,泣涕,疑有不测,使人瞯之,知弥远出迎,而后收涕。弥远与珌同入禁中草矫诏,一夕为制诰二十有五。初许珌政府,杨皇后缄金一囊赐珌,珌受之不辞,归视之,其直不赀。弥远以是衔之,卒不与共政云。

牛大年,字隆叟,扬州人。庆元二年进士。历官将作监主簿。入对,言:"人主所当先者,要以天命人心之所系致念焉。夫以人主居富贵崇高之位,重而承宗社之托,尊而为臣辟之戴,一指意而众莫敢违,一动作而人孰敢议,然而天心靡常,则可畏也。"又言:"今日士气亦久靡矣,宜体立国之意以振起之。夫有扶持作兴之意,而后缙绅无贪名嗜利之习;无贪名嗜利之习,而后有持正秉义之操。国家之休戚,在士大夫之风俗,而风俗之善恶在朝廷。惟陛下为之振起,机括一运,天下转移,而风俗易矣。"

迁军器监主簿、大宗正丞、四川提举茶马兼权总领、知黎州兼管内安抚司公事、节制黎雅州屯戍军马,加直宝章阁,为工部郎官。入对,请惩贪吏。迁侍左郎中,进直华文阁、浙东提点刑狱,迁守秘书少监、宗正少卿,升秘书监,迁起居舍人,升起居郎兼崇政殿说书。以宝章阁待制提举太平兴国宫,卒,特赠四官。大年清操凛然,所至以廉洁自将。

陈仲微,字致广,瑞州高安人。其先居江州,旌表义门。嘉泰二年,举进士。调莆田尉,会守令阙,通判又罢软不任,台阃委以县事。时岁凶,部卒并饥民作乱,仲微立召首乱者戮之。籍闲窠,抑强籴,一境以肃。襄山浮屠与郡学争水利,久不决,仲微按法曰:"曲在浮屠。"它日沿檄过寺,其徒久揭其事钟上以为冤,且暮祝诅,然莫省为仲微也。仲微见之曰:"吾何心哉?吾何心哉?"质明,首僧无疾而死。寓公有诵仲微于当路而密授以荐牍者,仲微受而藏之。逾年,其家负县租,竟逮其奴。寓公有怨言,仲微还其牍,缄封如故,其人惭谢,终其任不敢挠以私。

迁海盐丞。邻邑有疑狱十年,郡命仲微按之,一问立决。改知崇阳县,寝食公署旁,日与父老樵竖相尔汝,下情毕达,吏无所措手。通判黄州,职兼饷馈,以身律下,随事检柅,军兴赖以不乏。制置使上其最,辞曰:"职分也,何最之有?"复通判江州,迁干办诸司审计事,知赣州、江西提点刑狱,迕丞相贾似道,监察御史舒有开言罢。久之,起知惠州,迁太府寺丞兼权侍右郎官。轮对,言:"禄饵可以钓天下之中才,而不可啖尝天下之豪杰;名航可以载天下之狠士,而不可以陆沉天下之英雄。"似道怒,又讽言者罢夺其官。久之,叙复。

时国势危甚,仲微上封事,其略曰:"误襄者,老将也。夫襄之罪不专在于庸阃、疲将、孱兵也,君相当分受其责,以谢先皇帝在天之灵。天子若曰罪在朕躬,大臣宜言咎在臣等,宣布十年养安之往缪,深惩六年玩寇之昨非,救过未形,固已无极,追悔既往,尚愈于迷。或谓覆护之意多,克责之辞少;或谓陛下乏哭师之誓,师相饰过之言,甚非所以慰恤死义,祈天悔祸之道也。往往代言乏知体之士,翘馆鲜有识之人,吮旨茹柔,积习成痼,君道相业,两有所亏。方今何时,而在廷无谋国之臣,在边无折冲之帅。监之先朝宣和未乱之前、靖康既败之后,凡前日之日近冕旒,朱轮华毂,俯首吐心,奴颜婢膝,即今日奉贼称臣之人也;强力敏事,捷疾快意,即今日畔君卖国之人也。为国者亦何便于若人哉!迷国者进慆忧之欺以逢其君,托国者护耻败之局而莫敢议,当国者昧安危之机而莫之悔。臣尝思之,今之所少不止于兵。阃外之事,将军制之,而一级半阶,率从中出,斗粟尺布,退有后忧,平素无权,缓急有责,或请建督,或请行边,或请京城,创闻骇听。因诸阃有辞于缓急之时,故庙堂不得不掩恶于败阙之后,有谋莫展,有败无诛,上下包羞,噤无敢议。

是以下至器仗甲马,衰飒厖凉,不足以肃军容;壁垒堡栅,折樊驾漏,不足以当冲突之骑。号为帅阃,名存实亡也。城而无兵,以城与敌;兵不知战,以将与敌;将不知兵,以国与敌。光景蹙近目睫矣!惟君相幡然改悟,天下事尚可为也。转败为成,在君相一念间耳。"乃出仲微江东提点刑狱。

德祐元年,迁秘书监,寻拜右正言、左司谏、殿中侍御史。益王即位海上,拜吏部尚书、给事中。厓山兵败,走安南。越四年卒,年七十有二。

其子文孙与安南王族人益稷出降,乡导我师南征。安南王愤,伐仲微墓,斧其棺。

仲微天禀笃实,虽生长富贵,而恶衣菲食,自同褛人。故能涵饫《六经》,精研理致,于诸子百家、天文、地理、医药、卜筮、释老之学,靡不搜猎云。

梁成大,字谦之,福州人。开禧元年进士。素苟贱亡耻,作县满秩,谄事史弥远家干万昕,昕言真德秀当击,成大曰:"某若入台,必能辨此事。"昕为达其语。通判扬州,寻迁宗正寺簿。

宝庆元年冬,转对,首言:"大佞似忠,大辨若讷,或好名以自鬻,或立异以自诡,或假高尚之节以要君,或饰矫伪之学以欺世。言若忠鲠,心实回邪,一不察焉,薰莸同器,泾、渭杂流矣。言不达变,谋不中机,或巧辨以为能,或诡评以市直,或设奇险之说以骇众听,或肆妄诞之论以惑士心。所行非所言,所守非所学,一不辨焉,枘凿不侔,矛盾相激矣。"

越六日,拜监察御史。寻奏:"魏了翁已从追窜,人犹以为罪大罚轻。真德秀狂僭悖缪,不减了翁,相羊家食,宜削秩贬窜,一等施行。"章既上,不下者两月,或传德秀有衡阳之命,时宰于帝前及之。帝曰:"仲尼不为已甚。"遂止镌三秩。明年三月,又奏杨长孺寝新命,徐瑄追三秩移象州居住,胡梦昱移钦州编管。是冬,拜右正言。绍定元年,进左司谏。四年正月,迁宗正卿。五年二月,权刑部侍郎,明年十月,帝夜降旨黜之,提举千秋鸿禧观。莫泽时兼给事中,急于别异,上疏驳之,遂寝祠命。端平初,洪咨夔、吴泳交章论驳,镌两秩。泳复上疏,送泉州居住。会王遂论亦上,再镌秩,徙潮州。

成大天资暴狠,心术险巇,凡可贼忠害良者,率多攘臂为之。四方赂遗,列置堂庑,宾至则导之使观,欲其效尤也。尤嗜豪夺,冒占宇文氏赐第。既摈归,讼之者不下百数。窜之日,朝命毁其庐,虽小人如李知孝亦曰:"所不堪者,他日与成大同传耳。"

李知孝,字孝章,参知政事光之孙。嘉定四年进士。尝为右丞相府主管文字,不以为耻。差充干办诸司审计司,拜监察御史。

宝庆元年八月,上疏:"士大夫汲汲好名,正救之力少而附和沽激之意多,扶持之意微而诋訾扇摇之意胜。既虑君上之或不能用,又恐朝廷之或不能容,姑为激怒之辞,退俟斥逐之命。始则慷慨而激烈,终则恳切而求去,将以树奇节而求令名,此臣之所未解。"盖阴诋真德秀等。又奏洪咨夔镌三秩、放罢,胡梦昱追毁、除名、勒停,羁管象州。知孝犹语魏了翁曰:"此所论咨夔等,乃府第付出全文。"其情状变诈如此。

越月,复言:"近年以来,诸老凋零,后学晚出,不见前辈,不闻义理,不讲纲常,识见卑陋,议论偏波,更唱迭和,蛊惑人心,此风披扇,为害实深。乞下臣章,风厉内外,各务靖共,以杜乱萌。"拜右正言。又言:"德秀节改圣语,缪誊牒示,导信邪说,簧鼓同流,其或再有妄言,当追削流窜,以正典刑。"疏既上,遂镂榜播告天下。又言:"趣召之人,率皆迟回,久而不至,以要君为高致,以共命为常流,可行而固不行,不疾而称有疾,比比皆是,相扇成风,欲求难进易退之名,殊失尊君亲上之义。愿将趣召之人计其程途,限以时日,使之造朝;其有衰病者,早与改命。"时召傅伯成、杨简、刘宰等皆不至,故知孝诋之。又奏张忠恕落职、镌秩、罢郡。

知孝拜殿中侍御史,升侍御史。绍定元年,迁为司谏,进右谏议大夫。五年,迁工部尚书兼侍读。越月,进兵部。明年,理宗亲政,以宝谟阁直学士出知宁国,后省驳之,令提举嵩山崇福宫。端平初,监察御史洪咨夔、权直舍人院吴泳交章论驳,镌秩罢祠。泳复封驳,继送婺州居住。殿中侍御史王遂且论之,再镌秩,徙瑞州。

知孝起自名家,苟于仕进,领袖庶顽,怀谖迷国,排斥诸贤殆尽。时乘小舆,谒醉从官之家,侵欲敛积,不知纪极。绍定末,犹自乞为中丞,世指知孝及梁成大、莫泽为三凶。卒以贬死,天下快之。

论曰:读《本政书》,然后知林勋之于井地,可谓密矣。刘才邵能全名节于权奸之时。许忻之论和议,最为忠恳,卒以是去国,尤足悲夫。应孟明、曾三聘之不污韩侂胄,孔子所谓"岁寒然后知松柏之后凋也"。徐侨之清节,度正之淳敏,牛大年之廉正,陈仲微之忠实,然皆不至于大用,非可惜哉!若乃程珌之窃取富贵,梁成大、李知孝甘为史弥远鹰犬,遗臭万年者也。

卷四百二十三
列传第一百八十二

吴泳　徐范　李韶　王迈　史弥巩　陈埙
子蒙　赵与𥲤　李大同　黄𧰼　杨大异

吴泳,字叔永,潼川人。嘉定二年进士,历官为军器少监,行太府寺丞,行校书郎,升秘书丞兼权司封郎官,兼枢密院编修官,升著作郎,时暂兼权直舍人院。

轮对,言:"愿陛下养心,以清明约己,以恭俭进德,以刚毅发强,毋以旨酒违善言,毋以嬖御嫉壮士,毋以靡曼之色伐天性。杜渐防微,澄源正本,使君身之所自立者先有其地。夫然后移所留之聪明以经世务,移所舍之精神以强国政,移所用之心力以恤罢民,移所省之浮费以犒边上久戍之士,则不惟可以消弭灾变,攘除奸凶,殄灭寇贼,虽以是建久安长治之策可也。"

他日入对,又言:"诵往哲之遗言,进谋国之上策,实不过曰内修政事而已。然所谓内修者,非但车马器械之谓也。衮职之阙,所当修也;官师之旷,所当修也;出令之所弗清,所当修也;本兵之地弗严,所当修也;直言敢谏之未得其职,所当修也;折冲御侮之弗堪其任,所当修也。陛下退修于其上,百官有司交修于其下,朝廷既正,人心既附,然后申警国人,精讨军实,合内修外攘为一事,神州赤县,皆在吾指顾中矣。"

火灾,应诏上封曰:"京城之灾,京城之所见也。四方有败,陛下亦得而见之乎?夫惨莫惨于兵也,而连年不戢,则甚于火矣。酷莫酷于吏也,而频岁横征,则猛于火矣。闽之民困于盗,浙之民困于水,蜀之民困于兵。横敛之原既不澄于上,包苴之根又不绝于下。譬彼坏木,疾用无枝,而内涵之形见矣。"

迁秘书少监,兼权中书舍人,寻迁起居舍人兼权吏部侍郎,兼直学士院。疏言:"世之识治体而忧时几者,以为天运将变矣,世道将降矣,国论将更矣,正人将引去而旧人将登用矣。执持初意,封植正论,兹非砥柱倾颓之时乎?若使廉通敏慧者专治财赋,淑慎晓畅者专御军旅,明清敬谨者专典刑狱,经术通明使道训典,文雅丽则使作训辞,秉节坚厉使备风宪,奉法循理使居牧守,刚直有守者不听其引去,恬退无竞者不听其里居,功名慷慨者不佚之以祠庭,言论闲爽者不置之于外服,随才器使,各尽其分,则短长小大,安有不适用者哉!"又言谨政体、正道揆、厉臣节、综军务四事。

权刑部尚书兼修玉牒,以宝章阁直学士知宁国府,提举太平兴国宫,进宝章阁学士,差知温州。赴官,道间闻温州饥,至处州,乞蠲租科降,救饿者四万八千有奇,放夏税一十二万有奇,秋苗二万八千有奇,病者复与之药。事闻,赐衣带鞍马。改知泉州,以言罢。所著有《鹤林集》。

徐范,字彝父,福州候官人。少孤,刻苦授徒以养母。与兄同举于乡,入太学,未尝以疾言遽色先人。

丞相赵汝愚去位,祭酒李祥、博士杨简论救之,俱被斥逐。同舍生议叩阍上书,书已具,有闽士亦署名,忽夜传韩侂胄将置言者重辟,闽士怖,请削名,范之友亦劝止之。范慨然曰:"业已书名矣,尚何变?"书奏,侂胄果大怒,谓其扇摇国是,各送五百里编管。范谪临海,与兄归同往,禁锢十余年。

登嘉定元年进士第。授清江县尉,辟江、淮制置司准备差遣。属边事纷纠,营砦子弟募隶军籍者未及涅,汹汹相惊。一夕,秉烛招刺千余人,踊跃争奋。差主管户部架阁,改太学录,迁国子监主簿。入对,言:"时平,不急之务、无用之官,犹当痛加裁节,矧多事之秋,所贵全万民之命,纾一时之急,独奈何坐视其无救而以虚文自蔽哉!愿惩既往之失,废无用之文,一意养民,以培国本。"

丐外,添差通判泽州。湖湘大旱,振救多所裨益。知邵武军,寻召赴行在,言:"功利不若道德,刑罚不若恩厚,杂伯不若纯王,异端不若儒术,谀佞不若直谏,便嬖不若正人,奢侈不若诗书,盘游不若节俭,玩好不若宵衣旰食,穷黩不若偃兵息民。是非两立,明白易见。几微之际,大体所关。积习不移,治道舛矣。"迁国子监丞,徙太常丞,权都官郎官,改秘书丞、著作郎、起居郎、兼国史编修、实录检讨。以朝奉大夫致仕。卒,赠朝请大夫、集英殿修撰。

李韶,字元善,弥逊之曾孙也。父文饶,为台州司理参军,每谓人曰:"吾司臬多阴德,后有兴者。"韶五岁,能赋梅花。嘉定四年,与其兄宁同举进士。调南雄州教授。校文广州,时有当国之亲učе私报所业,韶却之。调庆元。丞相史弥远荐士充学职,韶不与。袁燮求学宫射圃益其居,亦不与,燮以此更敬韶。

以廉勤荐,迁主管三省架阁文字,迁太学正,改太学博士。上封事谏济王竑狱,且以书晓弥远,言甚恳到。又救太学生蒯式,迁学官。丐外,添差通判泉州。郡守游九功素清严,独异顾韶。改知道州。葺周惇颐故居,录其子孙于学宫,且周其家。绍定四年,行都灾,韶应诏言事。提举福建市舶。会星变,又应诏言事。入为国子监丞,改知泉州兼市舶。

端平元年,召。明年,转太府寺丞,迁都官郎官,迁尚左郎官。未几,拜右正言。奏乞以国事、边防二事专委丞相郑清之、乔行简各任责。论汰兵、节财及襄、蜀边防。又论史嵩之、王遂和战异议,迄无成功,请出遂于要藩,易嵩之于边面,使各尽其才。史宅之将守袁州,韶率同列一再劾之。俱不报。乞解言职,拜殿中侍御史,辞,不允。奏曰:"顷同臣居言职者四人,未逾月徐清叟去,未三月杜范、吴昌裔免,独臣尚就列。清叟昨言'三渐',臣继其说,李宗勉又继之,陛下初不加怒,而清叟竟去,犹曰清叟倡之也。今臣与范、昌裔言,未尝不相表里,二臣出台,臣独留,岂臣言不加切于二臣邪?抑先言二臣以警臣,使知择而后言邪?清叟所言'三渐',臣犹以为未甚切。今国柄有陵夷之渐,士气有委靡之渐,主势有孤立之渐,宗社有贴危之渐,上下偷安,以人言为讳,此意不改,其祸岂直三渐而已。"

时魏了翁罢督予祠,韶讼曰:"了翁刻志问学,几四十年,忠言谠论,载在国史,去就出处,具有本末。端平收召,论事益切。去岁督府之遣,体统不一,识者逆知其无功。了翁迫于君命,黾勉驱驰,未有大阙,襄州变出肘腋,未可以为了翁罪。枢庭之召,未几改镇,改镇未久,有旨予祠。不知国家四十年来收拾人才,烨然有称如了翁者几人?愿亟召还,处以台辅。"又劾奏陈洵益刑余腐夫,粗通文墨,扫除贱隶,窃弄威权,乞予洵益外祠。劾女冠吴知古在宫掖招权纳贿,宜出之禁庭。帝怒,韶还笏殿陛乞归。会祀明堂,雷电,免二相,韶权工部侍郎、正言,迁起居舍人。复疏洵益、知古,不报。辞新命,不许。应

诏上封事,几数千言。帝谕左右曰:"李韶真有爱朕忧国之心。"凡三辞不获,以生死祈哀乞去。帝蹙额谓韶曰:"曲为朕留。"退,复累疏乞补外,以集英殿修撰知漳州,号称廉平。朝廷分遣部使者诸路称提官楮,韶疏极言其敝。

嘉熙二年,召。明年,上疏乞寝召命云:

端平以来,天下之患,莫大于敌兵岁至,和不可,战不能,楮券日轻,民生流离,物价踊贵,遂至事无可为。臣窃论以为必自上始,九重菲衣恶食,卧薪尝胆,使上下改虑易听,然后可图。今二患益深,虽欲效忠,他莫有以为说。此其不敢进者一。

史宅之,故相子,予郡,外议皆谓扳援之徒将自是复用,故尝论列至再。今圣断赫然,用舍由己,人才一变矣。环视前日在廷之臣,流落摈弃,臣虽欲贪进,未知所以处其身。此其不敢进者二。

始臣为郎,蜀受兵方亟,庙堂已遣小使至,特起嵩之于家,而言者攻击不已。臣妄论以为讲和固非策,而首兵亦岂能无罪。故居言路,首乞出高论者付以兵事,使稍知敌情者尝试其说于阃外。不知事势推移,遂竟罢废,而款敌无功者,白麻扬廷矣。或者将议臣前日有所附会。此臣重不敢进者三。

又臣昨弹内侍女冠,不行,退惟圣主高明,必不容其干政。然未几首相左位,臣亦出台,传闻其人谓臣受庙堂风旨,故决意丐外。今臣言迄不行,苟贪君命,窃恐或者讥臣向何所闻而去,今何所见而来。此臣重不敢进者四。

四年,诏趣赴阙,辞,迁户部侍郎,再辞,不许。五年,改礼部侍郎,辞,诏不允,令所在州军护送至阙。嵩之遣人谓诏曰:"毋言济邸、宫媛、国本。"韶不答。上疏曰:"臣生长淳熙初,犹及见度江盛时民生富庶,吏治修举。事变少异,政归私门,绍定之末,元气索灰。端平更化,陛下初意岂不甚美。国事日坏,其人或罢或死,莫有为陛下任其责者。考论至是,天下事岂非陛下所当自任而力为乎?《左氏》载史墨言:'鲁公世从其失,季氏世修其勤。'盖言所由来者渐矣。陛下临御日久,宜深思熟念,威福自己,谁得而盗之哉?舍此不为,悠悠玩愒,乃几于《左氏》所谓'世从其失者。'盖以世卿风嵩之也。"疏出,嵩之不悦,曰:"治《春秋》人下语毒。"当是时,杜范亦在列,二人廉直,中外称为"李、杜"。

兼侍讲,累辞,兼国史编修、实录检讨,辞,迁吏部侍郎兼中书舍人,三辞,不许。淳祐二年,疏言:"道揆之地,爱善类不胜于爱爵禄,畏公议不胜于畏权势。陛下以腹心寄之大臣,大臣以腹心寄之一二都司,恐不能周天下之虑。故以之用人,则能用其所知,岂能用其所不知;以之守法,则能守其所不与,必不能守于其所欲与。"又及济王、国本、宫媛。三上疏乞归,以宝章阁直学士知泉州,辞,乞畀祠,不许。既归,三辞,仍旧职提举鸿庆宫。

淳祐五年,韶被召,再辞,诏本州通判劝勉赴阙。迁礼部侍郎,三辞,迁权礼部尚书,复三辞,不许。入见,疏曰:"陛下改畀正权,并进时望,天下孰不延颈以觊大

治。臣窃窥之，恐犹前日也。君子小人，伦类不同。惟不计近功，不急小利，然后君子有以自见；不恶闻过，不讳尽言，然后小人无以自托。不然，治乱安危，反覆手尔。"

又曰："陛下所谋者嫔妃近习，所信者贵戚近亲。按《政和令》：'诸国戚、命妇若女冠、尼，不因大礼等辄求入内者，许台谏觉察弹奏。'乞申严禁廷之籍，以绝天下之谤。世臣贵戚，牵联并进，何示人以不广也。借曰以才选，他时万一有非才援是以求进，将何以抑之耶！"

又曰："今土地日蹙者未反，人民丧败者未复，兵财止有此数，且且而理之，不过椎剥州县，朘削里闾。就使韩、白复生，桑、孔继出，能为陛下强兵理财，何补治乱安危之数，徒使国家负不韪之名。况议论纷然，贤者不过苟容而去，不肖者反因是以媒其身，忠言至计之不行，浅功末利之是计，此君子小人进退机括所系，何不思之甚也！"

又曰："闻之道路，德音每下，昆虫草木咸被润泽，恩独不及于一枯胔。威断出，自公卿大夫莫敢后先，令独不行于一老媪。小大之臣积劳受爵，皆可以延于世，而国储君副，社稷所赖以灵长，独不蚤计而豫定。"又疏乞还，不许。兼侍读，三辞，不许。又三疏乞归。

时游似以人望用，然有牵制之者，韶略云："人主职论一相而已，非其人不以轻授。始而授之，如不得已，既乃疑之，反使不得有所为，是岂专任责成之体哉！所言之事不必听，所用之人不必从，疑畏忧沮，而权去之矣。"擢翰林学士兼知制诰、兼侍读，不拜，诏不许，又三辞，不许。

嵩之服除，有乡用之意，殿中侍御史章琰、正言李昂英、监察御史黄师雍论列嵩之甚峻，诏落职予祠。韶同从官抗疏曰："臣等谨按《春秋》桓公五年书：'蔡人、卫人、陈人从王伐郑。'春秋之初，无君无亲者莫甚于郑庄。二百四十二年之经，未有云'王伐国'者，而书'王'书'伐'，以见郑之无王，而天王所当声罪以致讨。未有书诸侯从王以伐者，而书三国从王伐郑，又见诸侯莫从王以伐罪，而三国之微者独至，不足伸天王之义，初不闻以其尝为王卿士而薄其伐。今陛下不能正奸臣之罪，其过不专在上，盖大臣百执事不能辅天子以讨有罪，皆《春秋》所不赦。乞断以《春秋》之义，亟赐裁处。"诏嵩之勒令致仕。既而嵩之进观文殿大学士，韶上疏争之甚力。未几，琰、昂英他有所论列，并罢言职。韶复上疏留之。

七年，韶十上疏乞去，以端明殿学士提举玉隆宫。时直学士院应㒞、中书舍人赵汝腾拜疏留junction内祠，未报。韶陛辞，疏甚剀切，其略曰："彼此相视，莫行其志，而划裁庶政，品量人物，相与运于冥冥之中者，不得不他有人焉。是中书之手可束，而台谏之口可钳，朝廷之事所当力为，不可枚举，皆莫有任其责者，甚非所以示四方、一体统。"改提举万寿观兼侍读，即出国门，力辞，道次三衢，诏趣受命，再辞，仍奉祠玉隆。

八年，被召，辞，不许。再辞，仍旧职奉祠万寿兼侍读，令守臣以礼趣行。又辞，不许。九年，仍奉祠玉隆。十一年，祠满再任。卒，年七十五。诏忠厚纯实，平粹简

澹，不溺于声色货利，默坐一室，门无杂宾云。

王迈，字贯之，兴化军仙游人。嘉定十年进士，为潭州观察推官。丁内艰，调浙西安抚司干官。考廷试，详定官王元春欲私所亲置高第，迈显擿其缪，元春怒，嗾谏官李知孝诬迈在殿庐语声高，免官。

调南外睦宗院教授。真德秀方守福州，迈竭忠以裨郡政。赴都堂审察，丞相郑清之曰："学官掌故，不足浼吾贯之。"俄召试学士院，策以楮币，迈援据古今，考究本末，谓："国贫楮多，弊始于兵。乾、淳初行楮币，止二千万，时南北方休息也。开禧兵兴，增至一亿四千万矣。绍定有事山东，增至二亿九千万矣。议者徒患楮穷，而弗惩兵祸，姑以今之尺籍校之，嘉定增至二十八万八千有奇。用寡谋之人，试寅突之说，能发而不能收，能取而不能守。今无他策，核军实，窒边衅，救楮币第一义也。"又言："修内司营缮广，内帑宣索多，厚施缁黄，滥予嫔御，若此未尝裁撙，徒闻有括田、榷盐之议者，向使二事可行，故相行之久矣。更化伊始，奈何取前日所不屑行者而行之乎？"又因楮以及时事，言："君子之类虽进，而其道未行；小人之迹虽屏，而其心未服。"真德秀病危，闻迈所对，善之。

帝再相乔行简，或传史嵩之复用，迈上封事曰："天下之相，不与天下共谋之，是必冥冥之中有为之地者。且旧相奸检刻薄，天下所知，复用，则君子空于一网矣。"又言吴知古、陈洵益挠政。轮对，言："君不可欺天，臣不可欺君，厚权臣而薄同气，为欺天之著。"迈由疏远见帝，空臆无隐，帝为改容。言者劾迈论边事过实，魏了翁侍经筵，为帝言惜其去，改通判漳州。禋祀雷雨，迈应诏言："天与宁考之怒久矣。曲蘖致疾，妖治伐性，初秋逾旬，旷不视事，道路忧疑，此天与宁考之所以怒也。隐、刺覆绝，攸、僖尊宠，纲沦法致，上行下效，京卒外兵，狂悖迭起，此天与宁考之所以怒也。陛下不是之思，方用汉灾异免三公故事，环顾在廷，莫知所付。遥相崔与之，臣恐与之不至，政柄他有所属，此世道否泰，君子小人进退之机也。"于是台官李大同言迈交结德秀、了翁及洪咨夔以收虚誉，削一秩免。蒋岘劾迈前疏妄论伦纪，请坐以非所宜言之罪，削二秩。久之，复通判赣州，改福州、建康府、信州，皆不行。淳祐改元，通判吉州。右正言江万里袖疏榻前曰："迈之才可惜，不即召，将有老不及之叹。"帝以为然。有尼之者，遂止。

知邵武军。在郡，诏以亢旱求言，迈驿奏七事，而彻龙翔宫、立济王后为先。时郑清之再相，以左司郎官召，力辞。以直秘阁提点广东刑狱，亦辞，改侍右郎官，谏官焦炳炎论罢。予祠，卒，赠司农少卿。

迈以学问词章发身，尤练世务。易祓戒潭人曰："此君不可犯。"夺势家冒占田数百亩以还民。李宗勉尝论迈，然迈评近世宰辅，至宗勉，必曰"贤相"。徐清叟与迈有违言，迈晚应诏，谓清叟有人望可用。世服其公云。

史弥巩，字南叔，弥远从弟也。好学强记。绍熙四年，

入太学，升上舍。时弥远柄国，寄理不获试，淹抑十载。嘉定十年，始登进士第。

时李直开鄂阃，知弥巩持论不阿，辟谘幕府事。寿昌戌卒失律，欲尽诛其乱者，乃请诛倡者一人，军心感服。改知溧水县，首严庠序之教。端平初，入监都进奏院。转对，有君子小人才不才之奏，护蜀保江之奏。嘉熙元年，都城火，弥巩应诏上书，谓修省之未至者五。又曰："天伦之变，世孰无之。陛下友爱之心亦每见发。洪咨夔所以蒙陛下殊知者，谓霅川之变非济邸之本心，济邸之死非陛下之本心，其言深有以契圣心耳，矧以先帝之子，陛下之兄，乃使不能安其体魄于地下，岂不干和气，召灾异乎？蒙蔽把握，良有以也。"

出提点江东刑狱。岁大旱，饶、信、南康三郡大侵，谓振荒在得人，俾厘户为五，甲乙以等第振粜，丙为自给，丁粜而戊济，全活为口一百一十四万有奇。徽之休宁有淮民三十余辈，操戈劫人财，逮捕，法曹以不伤人论罪。弥巩曰："持兵为盗，贷之，是滋盗也。"推情重者僇数人，一道以宁。饶州兵籍溢数，供亿不继，请汰冗兵。令下，营门大噪。乃呼诸校谓曰："汝不当，许自陈，敢哗者斩。"咸叩头请罪，诸营帖然，廪给亦大省。召为司封郎中，以兄子嵩之入相，引嫌丐祠，遂以直华文阁知婺州。时年已七十，丐祠，提举崇禧观。里居绝口不道时事。卒，年八十。真德秀尝曰：史南叔不登宗衮之门者三十年，未仕则为其寄理，已仕则为其排摈，皭然不污有如此。

五子，长甯之，终刑部郎官，能之、有之、胄之俱进士。甯之子蒙卿，咸淳元年进士，调江阴军教授，尝受业色川阳恪，为学淹博，著书立言，一以朱熹为法。

陈埙，字和仲，庆元府鄞人。大父叔平与同郡楼钥友善，死，钥哭之。埙才四岁，出揖如成人。钥指盘中银杏使属对，埙应声曰："金桃。"问何所据？对以杜诗"鹦鹉啄金桃。"钥竦然曰："亡友不死矣。"长受《周官》于刘著，顷刻数千百言辄就。试江东转运司第一，试礼部复为第一。

嘉定十年，登进士第。调黄州教授。丧父毁瘠，考古礼制时祭、仪制、祭器行之。忽叹曰："俗学不足学。"乃师事杨简，攻苦食淡，昼夜不息。免丧，史弥远当国，谓之曰："省元魁数千人，状元魁百人，而恩数逾等，盍令省元初授堂除教授，当自君始。"埙谢曰："庙堂之议其盛，举自埙始，得无嫌乎？"径部注处州教授以去，士论高之。

理宗即位，诏求言，埙上封事曰："上有忧危之心，下有安泰之象，世道之所由隆。上有安泰之心，下有忧危之象，世道之所由污。故为天下而忧，则乐随之。以天下为乐，则忧随之。有天下者，在乎善审忧乐之机而已。今日之敝，莫大于人心之不合，纪纲之不振，风俗之不淳，国敝人偷而不可救。愿陛下养之以正，励之以实，莅之以明，断之以武。"而埙直声始著于天下。与郡守高似孙不合，去，归奉其母。召为太学录，逾年始至。转对，言："天道无亲，民心难保。日月逾迈，事会莫留。始之锐，久则急。始之明，久则昏。垂拱仰成，盛心也，不可因以负有

为之志。遵养时晦，至德也，不可因以失乘时之机。"上嘉纳之。迁太学博士，主宗正寺簿。都城火，埙步往玉牒所，尽藏玉牒于石室。诏迁官，不受。应诏言应上天非常之怒者，当有非常之举动，历陈致灾之由。又有吴潜、汪泰亨上弥远书，乞正冯桐、王虎不尽力救火之罪，及行知临安府林介、两浙转运使赵汝懔之罚。人皆壮之。

迁太常博士，独为袁燮议谥，余皆阁笔，因叹曰："幽、厉虽百世不改，谥有美恶，岂谀墓比哉？"会朱端常子乞谥，埙曰："端常居台谏则逐善类，为藩牧则务刻剥，宜得恶谥，以戒后来。"乃谥曰荣愿。议出，宰相而下皆肃然改容。考功郎陈耆覆议，合宜者陈洎益欲改，埙终不答。

李全在楚州有异志，埙以书告弥远："痛加警悔，以回群心。蚤正典刑，以肃权纲。大明黜陟，以饬政体。"不纳。未几，贾贵妃入内，埙又言："乞去君侧之蛊媚，以正主德；从天下之公论，以新庶政。"弥远召埙问之曰："吾甥殆好名邪？"埙曰："好名，孟子所不取也。夫求士于三代之上，惟恐其好名；求士于三代之下，惟恐其不好名耳。"力丐去，添差通判嘉兴府。弥远卒，召为枢密院编修官。入对，首言："天下之安危在宰相。南渡以来，屡失机会。秦桧死，所任不过万俟卨、沈该耳。侂胄死，所任史弥远耳。此今日所当谨也。"次言："内廷当严宦官之禁，外廷当严台谏之选。"于是洎益阴中之，监察御史王定劾埙，出知常州，改衢州。

寇卜日发漈坑，遵江山县而东。埙获谍者，即遣人致牛酒谕之曰："汝不为良民而为劫盗，不事耒耜而弄甲兵，今享汝牛酒，冀汝改业，否则杀无赦。"于是自首者日以百数，献器械者重酬之，遂以溃散。改提点都大坑冶，徙福建转运判官。侍御史蒋岘常与论《中庸》，不合，又劾之。主管崇道观。逾年，迁浙西提点刑狱。岁旱，盗起，捕斩之，盗惧徙去。安吉州俞垓与丞相李宗勉连姻，恃势黩货。埙亲按临之。弓手戴福以获潘丙功为副尉，宗勉倚之为腹心，盗横贪肆，埙至，福闻风而去。贻书宗勉曰："埙治福，所以报丞相也。传间实丞丞相，贤辅弼不宜有此。"宗勉答书曰："福罪恶贯盈，非君不能治。宗勉虽不才，不敢庇奸凶。惟君留意。"及获福豫章，众皆欲杀之，埙曰："若是则刑滥矣。"乃加墨徇于市，囚之圜土。以吏部侍郎召，及为国子司业，诸生咸相庆，以为得师。

未几，兼玉牒检讨、国史编修、实录修撰，乃辞兼史馆。历陈境土之蹙，民生之艰，国计之匮，"既无经理图回之素，惟有感动转移之策，必有为之本者，本者何？复此心之妙耳。"又言："履泰安而逸乐者，有习安致危之理。因艰危而克惧者，有虑危图安之机。明用舍以振纪纲，躬节俭以汰冗滥，屏奸妄以厉将士，抑贵近以宽枲桒，结乡社以防窃发，黜增创以培根本。今任用混殽，薰莸同器，遂使贤者耻与同群。"谏议大夫金渊见之，怒。埙乞补外，不许，又辞免和籴转官赏，亦不许。知温州，未上，以言罢。

埙家居，时自娱于泉石，四方学者踵至。轻财急义，明白洞达，一言之出，终身可复。忽卧疾，戒其子抽架上

书占之,得《吕祖谦文集》,其《墓志》曰:"祖谦生于丁巳岁,没于辛丑岁。"塤曰:"异哉!我生于庆元丁巳,今岁在辛丑,于是一甲矣。吾死矣夫!"

子蒙,年十八,上书万言论国事。吴子良奇之,妻以女。为太府寺主簿。入对,极言贾似道为相时国政阙失,文多不录。为淮东总领,似道诬以贪污,贬建昌军簿,录其家,惟青毡耳。德祐初,礼部侍郎李珏乞放便,以刑部侍郎召,不赴,卒。

赵与𥲅,字德渊,太祖十世孙。居湖州。嘉定十三年进士。历官差主管官告院,迁将作监主簿,差知嘉兴府,迁知大宗正兼枢密院检详诸房文字,寻为都官郎官,加直宝章阁、两浙转运判官。进焕章阁、知庆元府,主管沿海制置司公事,拜司农少卿,仍兼知庆元府兼沿海制置副使。迁浙西提点刑狱,授中书门下省检正诸房公事,拜司农卿兼知临安府,主管浙西安抚司公事,权刑部侍郎兼详定敕令官,权兵部侍郎,迁户部侍郎,权户部尚书,时暂兼吏部尚书,寻为真,兼户部尚书,时暂兼浙西提举常平,加端明殿学士、提领户部财用,皆依旧兼知临安府。与执政恩泽,加资政殿大学士。以观文殿学士知绍兴府、浙东安抚使;知平江府兼淮、浙发运使,时暂兼权浙西提点刑狱;授沿江制置使,知建康府、江东安抚使,马步军都总管兼行宫留守,节制和州、无为军、安庆府三郡屯田使;时暂兼权扬州、两淮安抚制置使,改兼知扬州,寻兼知镇江府,兼淮东总领,提举洞霄宫;复为淮、浙发运使,差知平江府,特转两官致仕。景定元年八月,卒,特赠少师。与𥲅所至急于财利,几于聚敛之臣矣。

李大同,字从仲,婺州东阳人。嘉定十六年进士。历官为秘书丞兼崇政殿说书,拜右正言兼侍讲。疏言:"赵、冀分野,乃有荧惑犯填星之变,则我师之出,岂无当长虑而却顾者。故臣愿陛下勿以星文为小异而或加忽。一话一语,一政一事,必求有以格天心而弭灾变。至于进兵攻讨,尤切谨重。"迁太常少卿兼国史编修、实录检讨,兼侍讲、兼权侍立修注官,迁起居郎,拜殿中侍御史,权刑部侍郎兼同修国史、实录院同修撰,选吏部侍郎,进工部尚书,以宝谟阁直学士知平江府,提举江州太平兴国宫。乞致仕,不许,后卒于家。

黄𥴊,字子耕,隆兴分宁人。尝从郭雍、朱熹学,熹深期之,而𥴊亦以道自任,反复论辨,必无所疑然后止。举太学进士,为瑞昌主簿,监文思院,知卢阳县,五溪獠犷悍,𥴊为诗谕之,獠感悦,有公事莫敢违。

通判处州,经、总制有额无钱,俗号殿最纲,𥴊会十年中成赋酌取之,阁免逋负,钱额钧等,独以最闻。主管官告院、大理寺簿、军器监丞,岁余三迁,𥴊乃不乐。间行西湖,慨然曰:"我昔在南、北山,一水一石,无不自题品,今无复情味,何邪?"

丐外,知台州。谢良佐子孙居台者既播越流落,𥴊求之民间,收而教之。勤苦夙夜,先劝后禁,讼牒销缩,郡称平治。为济粜仓,为抵当库,葬民之栖寄暴露者为棺千五百,置养济院,又创安济坊以居病囚,皆自有子本钱,使不废。故叶适谓𥴊条目建置,忧民如家。迁袁州,哭从弟哀甚,得疾卒。所著有《复斋集》。

杨大异,字同伯,唐天平节度使汉公之后,十世祖祥避地醴陵,因家焉。祥事亲孝,亲亡哀毁,泣尽继以血,庐墓终身,有白芝、白乌、白兔之瑞。事闻于朝,褒封至孝公,赐名木植墓道,以旌其孝。大异从胡宏受《春秋》大义。登嘉定十三年进士第。授衡阳主簿,有惠政。调龙泉尉,摄邑令。适岁饥,提刑司遣吏和籴米二万石于邑,米价顿增,民乏食,大异即以提刑司所籴者如价发粜,民甚德之。提刑赵与𥲅大怒,捃其罪弗得,坐以方命,移安远尉。

邑有峒寇扰民,官兵致讨,积年弗获,檄大异往治之。大异以一仆负告身自随,肩舆入贼峒,传呼尉至,贼露刃成列以待,徐谕以祸福,皆伏地叩头,愿改过自新。留告身为质,偕其渠魁数辈以降。以赏迁吉州户曹,改广西经干,复以弭盗赏,除四川制置司参议官。北兵入成都,大异从制置使丁黼巷战,兵败,身被数创死,阖门皆遇难。诘旦,其部曲窃往瘗之,大异复苏,负以逃,获免。进朝奉郎,宰石门县,就除通判溧阳,摄州事,皆有惠政。去官之日,老弱攀号留之,大异易服潜去。擢知登闻鼓院,迁大理寺丞,平反冤狱者七。召对,极言时政得失,迕宰相意,出知澧州。理宗曰:"是四川死节更生者杨大异耶?论事剀切,有用之材也。何遽出之?"对曰:"是人尤长于治民。"命予节兼庾事,进直秘阁、提点广东刑狱兼庾事。

时常平司逋负山积,械系追索,奸蠹百出。大异与之约,悉纵遣之,负者如期毕输,吏无所容其奸。访张九龄曲江故宅,建相江书院,以祀九龄。改提点广西刑狱兼漕、庾二司,所至奸吏屏息,寇盗绝迹。凡可以为民兴利除害者,必奏行之。复建宣成书院祀张栻、吕祖谦。广海幅员数千里,道不拾遗,报政为最。未六十即丐致仕,不允,章四上,除秘阁修撰、太中大夫,提举崇禧观、醴陵县开国男,食邑三百户,赐紫金鱼袋。归里第,与居民无异,学者从之,讲肄谆谆,相与发明经旨,条析理学。食祠禄者二十四年,卒,年八十二。子霆、霖。霆在《忠义传》。

论曰:正论之在天下,未尝亡也。徐范之于韩侂胄,吴泳、李韶、王迈之于史氏,皆能无所回挠,正色直言。至于史弥巩则弥远之弟,陈塤其甥也,不以私亲而废天下之公论。抑孟子所谓"寡助之至"者欤?赵与𥲅扬历最久,甘为聚敛之臣。李大同以乡人乔行简为相,荐起之。黄𥴊出仕,以恤民尊贤为急,可谓知本。大异节义如此,宜其善政之著称于世也。

卷四百二十四
列传第一百八十三

陆持之　徐鹿卿　赵逢龙　赵汝腾　孙梦观　洪天锡　黄师雍　徐元杰　孙子秀　李伯玉

陆持之，字伯微，知荆门军九渊之子也。七岁能为文。九渊授徒象山之上，学者数百人，有未达，持之为敷绎之。荆门郡治火，持之仓卒指授中程，九渊器之。

韩侂冑将用兵，持之忧时不怿，乃历聘时贤，将有以告，见徐谊于九江，时议防江，持之请择僚吏察地形，孰险而守，孰易而战，孰隘而伏，毋专以江守。具言："自古兴事造业，非有学以辅之，往往皆以血气盛衰为锐惰。故三国、两晋诸贤，多以盛年成功名。公변天下事变多矣，未举一事，而朝思夕惟，利害先入于中，愚恐其为之难也。"谊忾然。又之鄂谒薛叔似、项安世，之荆谒吴猎，争欲留之，寻皆谢归。著书十篇，名《戆说》。

嘉定三年，试江西转运司预选，常平使袁燮荐于朝，谓持之议论不为空言，缓急有可倚仗。不报。豫章建东湖书院，连帅以书币强起持之长之。嘉定十六年，宁宗特诏持之秘书省读书，固辞，不获。既至，又诏以迪功郎入省，乞归，不许。理宗即位，转修职郎，差干办浙西安抚司，以疾请致仕，特命改通直郎。所著有《易提纲》、《诸经杂说》。

徐鹿卿，字德夫，隆兴丰城人。博通经史，以文学名于乡，后进争师宗之。嘉定十六年，廷试进士，有司第其对居二，详定官以其直抑之，犹置第十。

调南安军学教授。张九成尝以直道谪居，鹿卿摭其言行，刻诸学以训。先是周惇颐、程颢与其弟颐皆讲学是邦，鹿卿申其教，由是理义之学复明。立养士纲条，学田多在溪峒，异时征之无艺，农病之，鹿卿抚恤，无逋租者。其后盗作，环城屋皆毁，惟学宫免，曰："是无挠我者。"

辟福建安抚司干办公事。会汀、邵寇作，鹿卿赞画备御，动中机会。避寇者入城，多方振济，全活甚众。郡多火灾，救护有方。会都城火，鹿卿应诏上封事，言积阴之极，其征为火，指言惑嬖宠、溺燕私、用小人三事尤切。真德秀称其气平论正，有忧爱之诚心。改知尤溪县。德秀守泉，辟宰南安，鹿卿以不便养辞。德秀曰："道同志合，可以拯民，何惮不来？"鹿卿入白其母，欣然许之。既至，首罢科敛之无名者，明版籍，革预借，决壅滞，达冤抑，邑以大治。德秀寻帅闽，疏其政以劝列邑。岁饥，处之有法，富者乐分，民无死徙。最闻，令赴都堂审察。以母丧去。

诏服阕赴枢密禀议，首言边事、楮币。主管官告院，干办诸司审计司。故相子以集英殿修撰食祠禄，又帮司农少卿米麦，鹿卿曰："奈何为一人坏成法。"持不可。迁国子监主簿。入对，陈六事，曰："洗凡陋以起事功，昭劝惩以收主柄，清班著以储实才，重藩辅以蔽都邑，用闽、越舟师以防海，合东南全力以守江。"上皆嘉纳。改枢密院编修官，权右司，赞画二府，通而守法。会右史方大琮、编修刘克庄、正字王迈以言事黜，鹿卿赠以诗，言者并劾之，太学诸生作《四贤诗》。知建昌军，未上，而崇教、龙会两保与建黎原、铁城之民修怨交兵，鹿卿驰书谕之，敛手听命。既至，则宽赋敛，禁掊克。汰赃滥，抑强御，恤寡弱，黜贪墨，训戍兵，创百丈寨，择兵官，城属县，治行大孚，田里歌诵。

督府横取秋苗斛面，建昌为米五千斛。鹿卿争之曰："守可去，米不可得。"民恐失鹿卿，请输之以从命。鹿卿曰："民为守计则善矣。守独不为民计乎？"卒争以免。召赴行在，将行，盗发南丰，捕斩渠首二十人，不问。擢度支郎官兼右司。入对，极陈时敝。改侍右郎官兼敕令删修官，兼右司。鹿卿又言当时并相之敝。宰相以甘言诱鹿卿，退语人曰："是牢笼也，吾不能为宰相私人。"言者以他事诋鹿卿，主管云台观。越月，起为江东转运判官。岁大饥，人相食，留守别之杰讳不诘，鹿卿命掩捕食人者，尸诸市。又奏援真德秀为漕时拨钱以助振给，不报。遂出本司积米三千余石减半贾以粜，及减抵当库息，出缗钱万有七千以予贫民，劝居民收字遗孩，日给钱米，所活数百人。宴集不用乐。

会岳珂守当涂，制置茶盐，自诡兴利，横敛百出，商旅不行，国计反屈于初。命鹿卿核之，吏争窜匿。鹿卿宽其期限，躬自钩考，尽得其实。珂辟置贪刻吏，开告讦以罔民，没其财，民李士贤有稻二千石，囚之半岁。鹿卿悉纵舍而劝以其余分，皆感泣奉命。珂罢，以鹿卿兼领太平，仍暂提举茶盐事。弛苛征，蠲米石、芜湖两务芦税。江东诸郡飞蝗蔽天，入当涂境，鹿卿露香默祷，忽飘风大起，蝗悉度淮。之杰密请移鹿卿浙东提点刑狱，加直秘阁兼提举常平。鹿卿言罢浮盐经界虚地，先撤相家所筑，就捕者自言："我相府人。"鹿卿曰："行法必自贵近始。"卒论如法。丞相史弥远之弟通判温州。利韩世忠家宝玩，籍之，鹿卿奏削其官。

初，鹿卿檄衢州推官冯惟说决婺狱，惟说素廉平，至则辨曲直，出淹禁。大家不快其为，会乡人居言路，乃属劾惟说。州索印纸，惟说笑曰："是犹可以仕乎？"自题诗印纸而去。衢州郑逢辰以缪举，鹿卿以委使不当，相继自劾，且共其诗。御史兼二人劾罢之。及知泉州，改赣州，皆辞。迁浙西提点刑狱、江淮都大坑冶，皆以病固辞，遂主管玉局观。及召还，又辞，改直宝章阁知宁国府，提举江东常平，又辞。

淳祐三年，以右司召，犹辞。丞相杜范遗书曰："直道不容，使人击节。君不出，岂以冯惟说故耶？惟说行将有命矣。"鹿卿乃出。擢太府少卿兼右司。入对，请定国本、正纪纲、立规模，"时事多艰，人心易摇，无独力任重之臣，无守节伏义之士，愿早决大计"。上嘉纳之。兼中书门下省检正诸房公事，兼崇政殿说书。逾年，兼权吏部侍郎。时议使执政分治兵财，鹿卿执议不可。以疾丐祠，迁右文殿修撰、知平江府兼发运副使。力丐祠，上谕丞相挽留之。召权兵部侍郎，固辞，上令丞相以书招之，鹿卿至，又极言君子小人，切于当世之务。兼国子祭酒，权礼部侍郎，兼同修国史，兼实录院同修撰，兼侍讲，兼权给事中。鹿卿言"琐闼之职无所不当问，比年命下而给舍不得知，请复旧制"。从之。

上眷遇来笃而忌者寖多，有撰伪疏托鹿卿以传播，历诋宰相至百执事，鹿卿初不知也，遂力辨上前，因乞去，上曰："去，则中奸人之计矣。"令临安府根捕，事连势要，狱不及竟。迁礼部侍郎。累疏告老，授宝章阁待制、知宁国府，而引年之疏五上，不允，提举鸿禧观，遂致仕，进华文阁待制。卒，遗表闻，赠四官。

鹿卿居家孝友，喜怒不形，恩怨俱泯，宗族乡党，各得欢心。居官廉约清峻，豪发不妄取，一庐仅庇风雨。所著有《泉谷文集》、奏议、讲义、《盐楮议政稿》、《历官对越集》，手编《汉唐文类》、《文苑菁华》，谥清正。

赵逢龙，字应甫，庆元之鄞人。刻苦自修，为学淹博纯实。登嘉定十六年进士第。授国子正、太学博士，历知兴国、信、衢、衡、袁五州，提举广东、湖南、福建常平。每至官，有司例设供张，悉命撤去，日具蔬饭，坐公署，事至即面问决遣。为政务宽恕，抚谕恻怛，一以天理民彝为言，民是以不忍欺。居官自常奉外，一介不取。民赋有逋负，悉为代输。尤究心荒政，以羡余为平籴本。迁将作监，拜宗正少卿兼侍讲。凡道德性命之蕴，礼乐刑政之事，缕缕为上开陈。疏奏甚众，稿悉焚弃。年八十有八终于家。

逢龙家居讲道，四方从游者皆为巨公名士。丞相葉梦鼎出判庆元，修弟子礼，常谓师门庳陋，欲市其邻居充拓之。逢龙曰："邻里粗安，一旦惊扰，彼虽勉从，我能无愧于心！"逢龙寡嗜欲，不好名，扬历日久，泊然不知富贵之味。或问何以裕后，逢龙笑曰："吾忧子孙学行不进，不患其饥寒也。"

赵汝腾，字茂实，宗室子也。居福州。宝庆二年进士。历官差主管礼、兵部架阁，迁籍田令，召试馆职，授秘书省正字，升校书郎，寻升秘书郎兼史馆校勘。轮对，言节用先自乘舆官掖始。兼玉牒所检讨官，以直焕章阁知温州，进直徽猷阁、江东提点刑狱，又进直宝文阁，差知婺州。召赴阙，迁起居舍人，兼权中书舍人，升起居郎，时暂兼权吏部侍郎，兼国史编修、实录检讨，兼同修国史、实录院同修撰，兼侍讲，迁吏部侍郎兼侍讲，权工部尚书兼权中书舍人，皆兼同修撰，以司谏陈垓论罢。召为礼部尚书兼给事中，兼修国史、实录院修撰。入奏，言："前后奸谀之臣，伤善害贤，自取穹官要职，何益于陛下，而深损于圣德。兴利之臣，移东就西，顺适宫禁，自遂溪壑无厌之欲，何益于陛下，而深戕于国脉。则陛下私惠群小之心，可以息矣。"又言："陛下有用君子之名，无用君子之实。"

兼直学士院，拜翰林学士兼知制诰，兼侍读。辞归故里，累召，力辞，以龙图阁学士知绍兴府、浙东安抚使。召至阙，以端明殿学士提举佑神观，兼翰林学士承旨，知泉州、知州南外宗正事，复提举佑神观兼侍读。兼翰林学士承旨。景定二年，卒，遗表上，特赠四官。

孙梦观，字守叔，庆元府慈溪人。宝庆二年进士。调桂阳军教授、浙西提举司干办公事，差主管吏部架阁文字，为武学谕。轮对，言："人主不容有所惮，尤不容有所玩，惮则有言而不能容，玩则虽容其言而不能用。"力请外，添差通判严州，主管崇道观，召为武学博士、太常寺丞兼诸王宫大小学教授，大宗正丞兼屯田郎官、将作少监。知嘉兴府，仍旧班兼右司郎官、将作监。转对，极言："风宪之地，未闻有十八疏攻一竦者。封驳之司，未闻有三舍人不肯草制者。道揆不明，法守滋乱，天下之权将有所寄，而倒持之患作。"当路者滋不悦。出知泉州兼提举市舶，改知宁国府。蠲逋减赋，无算泛入者尽籍于公帑。户部遣官督赋，急若星火，阖郡皇骇，莫知为计。梦观曰："吾宁委官以去，毋宁病民以留。"力丐祠，且将以府印牒所遣官，所遣官闻之夜遁。他日梦观去宁国，人言之为之流涕。

丞相董槐召还，帝问江东廉吏，槐首以梦观对，帝说，乃迁司农少卿兼资善堂赞读。轮对，谓："今内外之臣，恃陛下以各遂其私，而陛下独一无可恃，可为寒心！"次论："郡国当为斯民计，朝廷当为郡国计。乞命大臣应自前主计之臣夺州县之利而归版曹者，复归所属，庶几郡国蒙一分之宽，则斯民亦受一分之赐。"帝善其言。迁太府卿、宗正少卿，兼给事中、起居舍人、起居郎。八上章辞免，以监察御史吴燧论罢，直龙图阁与祠，授秘阁修撰、江淮等路提点铸钱司公事。甫至官，即复召为起居郎兼侍右侍郎、给事中兼赞读，兼国子祭酒，权吏部侍郎。奏事抗论益切，以宠赂彰、仁贤逝、货财偏聚为言，且谓"未易相之前，敝政固不少；既易相之后，敝政亦自若。"在廷之士皆危之。梦观曰："吾以一布衣蒙上恩至此，虽捐躯无以报，利钝非所计也。"

力求补外，以集英殿修撰知建宁府。蠲租税，省刑罚，郡人徐清叟、蔡抗以为有古循吏风。民有梦从者甚都，迎祠山神，出视之则梦观也。俄而梦观得疾，口授遗表，不忘规谏，遂卒。帝悼惜久之，赙银帛三百。梦观退然若不胜衣，然义所当为，奋往直前；其居败屋数间，布衣蔬食，而重名节云。

洪天锡，字君畴，泉州晋江人。宝庆二年进士。授广州司法。长吏盛气待僚属，天锡纠正为多。丁内艰，免丧，调潮州司理。势家夺民田，天赐言于守，还之。

帅方大琮辟真州判官，留置幕府。改秩知古田县。行乡饮酒礼。邑剧，牒诉猥多，天锡剖决无留难。有倚王邸势杀人者，诛之不少贷。调通判建宁府。大水，擅发常平仓振之。擢诸司粮料院，拜监察御史兼说书。累疏言："天下之患三：宦官也，外戚也，小人也。"劾董宋臣、谢堂、厉文翁，理宗力护文翁，天锡又言："不斥文翁，必为王府累。"上令吴燧宣谕再三，天锡力争，谓："贵幸作奸犯科，根柢蟠固，乃迟回护惜，不欲绳以法，势焰愈张，纪纲愈坏，异时祸成，虽欲治之不可得矣。"上又御札，俾天锡易疏，欲自戒饬。天锡又言："自古奸人虽凭怙，其心未尝不畏人主之知，苟知之而止于戒饬，则凭怙愈张，反不若未知之为愈也。"章五上，出关待罪。诏二人已改命，宋臣续处之。天锡言："臣留则宋臣去，宋臣留则臣当斥，愿早赐裁断。"越月，天雨土，天锡以其异为蒙，力言阴阳君子小人之所以辨，又言修内司之为民害者。

蜀中地震，浙、闽大水，又言："上下穷空，远近怨疾，独贵戚巨阉享富贵耳。举天下穷且怨，陛下能独与数十人者共天下乎？"会吴民仲大论等列诉宋臣夺其田，天锡下其事有司，而御前提举所移文谓田属御庄，不当白台，仪鸾司亦牒常平。天锡谓："御史所以雪冤，常平所以均役，若中贵人得以控之，则内外台可废，犹为国有纪纲乎？"乃申劾宋臣并卢允升而枚数其恶，上犹力护之。天锡又言："修内司供缮修而已，比年动曰'御前'，奸赃之老吏，迹捕之凶渠，一窜名其间，则有司不得举手，狡者献谋，暴者助虐，其展转受害者皆良民也。愿毋使史臣书之曰：'内司之横自今始。'"疏上至六七，最后请还御史印，谓："明君当为后人除害，不当留患以遗后人。今朝廷轻给舍台谏，轻百司庶府，而北司独重，仓卒之际，臣实惧焉。"言虽不果行，然终宋世阉人不能窃弄主威者，皆天锡之力，而天锡亦自是去朝廷矣。改大理少卿，再迁太常，皆不拜。

改广东提点刑狱，五辞。明年，起知潭州，久之始至官。戢盗贼，尊先贤，逾年大治。直宝谟阁，迁广东转运判官，决疑狱，劾贪吏，治财赋，皆有法。召为秘书监兼侍讲，以瞆辞，升秘阁修撰、福建转运副使，又辞。度宗即位，以侍御史兼侍读召，累辞，不许，在道间，监察御史张桂劾罢之。乃疏所欲对病民五事：曰公田，曰关子，曰银纲，曰盐钞，曰赋役。又言："在廷无严惮之士，何以寝奸谋？遇事无敢诤之臣，何以临大节？人物稀疏，精采销耎，隐惰惜己者多，忘身徇国者少。"进工部侍郎兼直学士院，加显文阁待制、湖南安抚使、知潭州，改漳州，皆力辞。

又明年，改福建安抚使，力辞，不许。亭户买盐至破家陨身者，天锡首罢之，民作佛事以报。罢荔枝贡。召为刑部尚书，诏宪守之臣趣行无虚日，不起。久之，进显文阁直学士，提举太平兴国宫，三降御札趣之，又力辞。逾年，进华文阁直学士，仍旧宫观，寻致仕，加端明殿学士，转一官。疾革，草遗表以规君相。上震悼，特赠正议大夫，谥文毅。

天锡言动有准绳，居官清介，临事是非不可回折。所著奏议、《经筵讲义》、《进故事》、《通祀辑略》、《味言发墨》、《阳岩文集》。

黄师雍，字子敬，福州人。少从黄榦学。入太学。宝庆二年，举进士。诏为楚州官属。出盗贼白刃之冲，不畏不慑。李全反状已露，师雍密结忠义军别部都统时青图之，谋泄，全杀青，师雍不为动，全亦不加害。秩满，朝议褒异，师雍耻出史弥远门，不往见之。调婺州教授，学政一以吕祖谦为法。李完勉、赵必愿、赵汝谈皆荐之。

师雍慕徐侨有清望，欲谒之，会其有召命，师雍曰："今不可往也。"侨闻而贤之，至阙，以其学最闻，宗勉在政府，力言于丞相乔行简，行简已许以朝除。师雍以书见行简，劝其归老，行简不悦，宗勉之请遂格。

知遂之龙溪，转运使王伯大上其邑最。行简罢，宗勉与史嵩之入相，召师雍审察，将至而宗勉卒。嵩之延师雍，密示相亲意，师雍不领；迁粮料院，又曰："料院与相府密迩，所以相处。"师雍亦不领。嵩之独相，权势浸盛，上下惧祸，未有发其奸者。博士刘应起首疏论嵩之，帝感悟，思逐嵩之。师雍与应起相善，故嵩之疑师雍左右之，讽御史梅杞击师雍，差知兴化军，旋夺之，改知邵武军。及应起为监察御史，师雍迁宗正寺簿，寻亦拜监察御史。首疏削金渊秩，送外居住。再疏斥赵纶、项容孙、史宥之。嵩之终丧，正言李昴英、殿中侍御史章琰共疏乞窜斥之，师雍亦上疏论列，帝感悟，即其日诏勒令致仕。权直舍人院刘克庄封还词头，乞畀嵩之以贴职如宰臣去国故事，遂得守金紫光禄大夫、观文殿学士致仕。议者曰："大夫，官也。观文，职也。元降御笔但云'守官'，无'本官职'之辞。观文之命，自克庄启之。朋邪顾望，不可赦。"师雍遂劾克庄临事失身犯义，免所居官，琰亦继劾克庄，师雍又乞籍嵩之家隶张叔仪，皆从之。

未几，昴英劾临安尹赵与𥲅及执政，琰亦劾执政，帝怒昴英并及琰。郑寀乘间劾琰、昴英，又嗾同列再疏，以昴英属某人，琰属师雍。师雍毅然不从，独击叶闾乃与腹心。琰、昴英去国，寀于是荐周坦、叶大有入台，首劾程公许、江万里，善类日危矣。未逾月，坦攻参政吴潜去，陈垓为监察御史，时寀、与𥲅、坦、垓，大有合为一，师雍独立。寀恶之尤甚，思所以去师雍，未得，招四人共谋之。会大旱求言，应招者多指寀、坦等为起灾之由，牟子才、李伯玉、卢钺语尤峻。坦等伪撰匿名书，诬三士，师雍榻前辨，谓："匿名书条令所禁，非公论也，不知何为至前。"因发其伪撰之迹。适钱寀誉师雍，寀乃以钺附师雍，帝不听，擢师雍左司谏。

未几，寀入政府，谢方叔、赵汝腾疏其奸，寀遂罢去。师雍与丞相郑清之故同舍，然以劾刘用行、魏岘皆清之亲故，清之不乐。坦喜曰："吾得所以去之矣。"遣其妇日造清之妻，潜曰："彼去用行、岘，乃去丞相之渐也。"帝将以师雍为侍御史，清之曰："如此，则臣不可留。"迁起居舍人兼侍讲，即力丐去。清之犹冀师雍少贬，师雍曰："吾欲为全人。"终不屈。数月，坦卒劾师雍及高斯得俱罢。久之，以直宝文阁奉祠，陈垓又嗾同列寝之。清之卒，起师雍为左史，既而改江西转运使，迁礼部侍郎，命下而卒于江西官舍。

师雍简淡寡欲，靖厚有守，言若不出口，而于邪正之辨甚明，视外物轻甚，故博采公论，当官而行，爱护名节，无愧师友云。

徐元杰，字仁伯，信州上饶人。幼颖悟，诵书日数千言，每冥思精索。闻陈文蔚讲书铅山，实朱熹门人，往师之。后师事真德秀。绍定五年，进士及第。签书镇东军节判官厅公事。

嘉熙二年，召为秘书省正字，迁校书郎。奏否泰、剥复之理，因及右辖久虚，非骨鲠耆艾，身足负荷斯世者，不可轻畀。又言皇子竑当置后及早立太子，乞早定大计。时谏官蒋岘方力排竑置后之说，遂力请外，不许，即谒告归，丐祠，章十二上。三年，迁著作佐郎兼兵部郎官，以疾辞。差知安吉州，辞。召赴行在奏事，辞益坚。

淳祐元年，差知南剑州。会峡阳寇作，擒渠魁八人斩之。余释不问。父老或相语曰：「侯不来，我辈鱼肉矣。」郡有延平书院，率郡博士会诸生亲为讲说。民讼，率呼至以理化诲，多感悦而去。输苗听其自概，阖郡德之。丁母忧去官，众遮道跪留。既免丧，授侍左郎官。言敌国外患，乞以宗社为心。言钱塘驻跸，骄奢莫尚，宜抑文尚质。兼崇政殿说书，每入讲，必先期斋戒。尝进仁宗诏内降指挥许执奏及台谏察举故事为戒，语多切宫壸。拜将作监，进杨雄《大匠箴》，陈古节俭。时天久不雨，转对，极论《洪范》天人感应之理及古今遇灾修省之实，辞益忠恳。

丞相史嵩之丁父忧，有诏起复，中外莫敢言，惟学校叩阍力争。元杰时适轮对，言：「臣前日晋侍经筵，亲承圣问以大臣史嵩之起复，臣奏陛下出命太轻，人言不可沮抑。陛下自尽陛下之礼，大臣自尽大臣之礼，玉音赐俞，臣又何所容喙。今观学校之书，使人感叹。且大臣读圣贤之书，畏天命，畏人言。家庭之变，哀戚终事，礼制有常。臣窃料其何至于忽送死之大事，轻出以犯清议哉！前日昕庭出命之易，士论所以凛凛者，实以陛下为四海纲常之主，大臣身任道揆，扶翊纲常者也。自闻大臣有起复之命，虽未知其避就若何，凡有父母之心者莫不失声涕零，是果何为而然？人心天理，谁实无之，兴言及此，非可使闻于邻国也。陛下乌得而不悔悟，大臣乌得而不坚忍？臣恳恳纳忠，何敢诋讦，特为陛下爱惜民彝，为大臣爱惜名节而已。」疏出，朝野传诵，帝亦察其忠亮，每从容访天下事，经筵益申前议。未几，夜降御笔黜四不才台谏，起复之命遂寝。

元老旧德次第收召，元杰亦兼右司郎官，拜太常少卿，兼给事中、国子祭酒，权中书舍人。杜范入相，复延议军国事。为书无虑数十，所言皆朝廷大政，边鄙远虑。每裁书至宗社隐忧处，辄阁笔挥涕，书就随削稿，虽子弟无有知者。六月朔，轮当侍立，以暴疾谒告。特拜工部侍郎，随乞纳禄，诏转一官致仕。夜四鼓，遂卒。

先，元杰未死之一日，方谒左丞相范钟归，又折简察院刘应起，将以翼日奏事。是夕，俄热大作，诘朝不能造朝，夜烦愈甚，指爪忽裂，以死。朝绅及三学诸生往吊，相顾骇泣。讣闻，帝震悼曰：「徐元杰前日方侍立，不闻有疾，何死之遽耶？」亟遣中使问状，賻赠银绢二百计。已而太学诸生伏阙诉其为中毒，且曰：「昔小人有倾君子者，不过使之自死于蛮烟瘴雨之乡，今蛮烟瘴雨不在领海，而在陛下之朝廷。望奋发睿断，大明典刑。」于是三学诸生相继叩阍讼冤，台谏交疏论奏，监学官亦合辞闻于朝。二子直谅、直方乞以恤典充赏格。有旨付临安府逮医者孙志宁及常所给使鞫治。既又改理寺，诏殿中侍御史郑寀董之，且募告者赏缗钱十万、官初品。大理寺正黄涛谓伏暑证，二子乞斩涛谢先臣。然狱迄无成，海内人士伤之，帝悼念不已，赐官田五百亩、缗钱五千给其家。赐谥忠愍。

孙子秀，字元实，越州余姚人。绍定五年进士。调吴县主簿。有妖人称「水仙太保」，郡守王遂将使治之，莫敢行，子秀奋然请往，焚其庐，碎其像，沈其人于太湖，曰：「实汝水仙之名矣。」妖遂绝。日诣学宫与诸生讨论义理。辟淮东总领所中酒库，檄督宜兴县围田租。既还，白水灾，总领恚曰：「军饷所关，而敢若此，独不为身计乎？」子秀曰：「何敢为身计，宁罪去尔。」力争之，遂免。

调滁州教授，至官，改知金坛县。严保伍，厘经界，结义役，一切与民休息。讼者使赍牒自诣里正，并邻证来然后行，不实者往往自匿其牒，惟豪黠者有犯，则痛绳不少贷。淮民流入以万计，振给抚恤，树庐舍，括田使耕，拔其能者分治之。崇学校，明教化，行乡饮酒礼。访国初茅山书院故址，新之，以待远方游学之士。

通判庆元府，主管浙东盐事。先是，诸场盐百袋附五袋，名「五厘盐」，未几，提举官以为正数，民困甚，子秀奏蠲之。辟干办行在诸司粮料院。衢州冠作，水冒城郭，朝廷择守，属子秀行。子秀谓捕贼之责，虽在有司，亦必习土俗之人，乃能覈其凭依，裁其奔突。乃立保伍，选用土豪，首旌常山县令陈谦亨、寓士周还淳等捍御之劳，且表于朝，乞加优赏，人心由是竞劝。未几，盗复起江山、玉山间，甫七日，而众禽四十八人以来。终子秀之任，贼不复动，水潦所及，则为治桥梁，修堰闸，补城壁，浚水原，助葺民庐，振以钱米，招通邻籴。奏蠲秋苗万五千石有奇，尽代纳其夏税，并除公私一切之负；坍溪沙壅之田，请于朝，永蠲其税，民用复苏。

南渡后，孔子裔孙寓衢州，诏权以衢学奉祀，因循逾年，无专飨之庙。子秀撤废佛寺，奏立家庙如阙里。既成，行释菜礼。以政最迁太常丞，以言罢。未几，迁大宗正丞，迁金部郎官。金部旧责州郡以必不可辨之泛数，吏颠倒为奸欺。子秀日夜讨论，给册转递以均其输，人人如债切身，不遣一字而输足。迁将作监、淮东总领，辞。改知宁国府，辞。为左司兼右司，再兼金部。与丞相丁大全议不合，去国。差知吉州，寻镌罢。

时嬖幸朱熠凡三劾子秀。开庆元年，为浙西提举常平。先是，大全以私人为之，尽夺亭民盐本钱，充献羡之数；不足，则估籍虚摊。一路骚动，亭民多流亡。子秀还前政盐本钱五十余万贯，奏省华亭茶盐分司官，定衡量之非法多取者，于是流徒复业。徙浙西提点刑狱兼知常州。淮兵数百人浮寓贡院，给饷不时，死者相继，子秀请于朝，创名忠卫军，置砦以居，截拨上供赡之。盗劫吴大椿，前使者讳其事，诬大椿与兄烠争财，自劫其家，追毁大椿官，编置千里外，徙黥其赃获。子秀廉得实，乃悉平反之。寻以兼郡则行部非便，得请专臬事。击贪举廉，风采凛然，犴狱为清。

进大理少卿，直华文阁、浙东提点刑狱兼知婺州。婺多势家，有田连阡陌而无赋税者，子秀悉核其田，书诸牍，势家以为厉己，嗾言者罢之。寻迁湖南转运副使，以迎养非便辞，移浙西提点刑狱。子秀冒暑周行八郡三十九县，狱为之清。安吉州有妇人诉人杀其夫与二仆，郡守捐赏万缗，逮系考掠十余人，终莫闻其实。子秀密访之，乃妇人赂宗室子杀其夫，仆救之，并杀以灭口。一问即伏诛，又释伪会之连逮者，远近称为神明。

初，狱讼之滞，皆由期限之不应。使者下车，或亲书戒州县勿违，而违如故，则怒之。怒之，改匦，又违则又重怒之，至再三。而专卒四出，巡尉等司缴限抱匦费不赀，则其势必违。子秀与州县约，到限者径诣庭下，吏不得要索，亦无违者。其后创循环总匦属各州主管官，凡管内诸司报应皆并入匦，一日一遣，公移则又总实于匦以往。于是事无小大，纤悉毕具，而风闻者反谓专卒凌州县，劾罢之，子秀笑而已。移江东提点刑狱。度宗即位，进太常少卿兼右司，寻兼知临安府，以言罢。起知婺州，卒。

子秀少从上虞刘汉弼游，磊落英发，抵掌极谈，神采飞动。与人交久而益亲，死生患难，营救不遗力。闻一善则手录之。

李伯玉，字纯甫，饶州馀干人。端平二年，进士第二。初名诚，以犯理宗潜讳更今名。授观察推官、太学正兼庄文府教授、太学博士。召试馆职，历诋贵戚大臣，直声暴起。改校书郎，奏言："台评迎合上意，论罢尤煟、杨栋、卢钺三人，忠邪不辨，乞同罢。"帝不允。监察御史陈垓连劾罢之。

奉云台祠，差知南康军，迁著作佐郎兼沂靖惠王府教授，兼考功郎官，兼尚书右司员外郎。引故事弹台臣萧泰来，迁著作郎。帝怒，降两官罢叙。复知邵武军，改湖北提点刑狱，移福建，迁尚右郎官。侍御史何梦然论伯玉乃吴潜之死党，奉祠，迁福建提举常平、淮西转运判官。召赴经筵，迁考功郎兼太子侍读，拜太府少卿、秘书少监、起居郎、工部侍郎。

度宗即位，兼侍讲，权礼部侍郎，升兼同修国史、实录院同修撰。贾似道尝集百官议事，忽厉声曰："诸君非似道拔擢，安得至此！"众默然莫敢应者，伯玉答曰："伯玉殿试第二名，平章不拔擢，伯玉地步亦可以至此。"似道虽改容而有怒色。既退，即治归。以显文阁待制知隆兴府，右正言黄万石论罢。召入觐，擢权礼部尚书兼侍读。似道益专国柄，帝以伯玉旧学，进之卧内，相对泣下，欲用以参大政，似道益忌之，而伯玉寻病卒。

伯玉尝请罢童子科，以为非所以成人材，厚风俗。赵汝腾尝荐八士，各有品目，于伯玉曰"铜山铁壁"。立朝风节，大较似之。所著有《斛峰集》。

论曰：陆持之学足以承其家，而不幸早丧。徐鹿卿论议明达，克施有政，赵逢龙之清操，汝腾之不挠，孙梦观之平直，洪天锡、黄师雍、徐元杰、李伯玉皆悉心直言，不避权势，孙子秀政绩著见，皆当时之杰出云。

卷四百二十五
列传第一百八十四

刘应龙　潘牥　洪芹　赵景纬　冯去非
徐霖　徐宗仁　危昭德　陈垲　杨文仲　谢枋得

刘应龙，字汉臣，瑞州高安人。嘉熙二年进士。授零陵主簿，饶州录事参军。有毛隆者，务剽掠杀人，州民被盗，遥呼盗曰："汝毛隆也？"盗亦曰："我毛隆也。"既，讼于官，捕隆置狱，应龙曰："盗诚毛隆，其肯自谓？"因言于州，州不可，乃委它官，隆诬伏抵死，未几盗败，应龙繇是著名。改知崇仁县。淮西失守，江西诸州有残破者，县佐贰闻变先遁，应龙固守不去。

先是，理宗久未有子，以弟福王与芮之子为皇子，丞相吴潜有异论，帝已不乐。大元兵度江，朝野震动，逐丞相丁大全，复起潜为相，帝问潜策安出，潜对曰："当迁幸。"又问卿如何，潜曰："臣当死守于此。"帝泣下曰："卿欲为张邦昌乎？"潜不敢复言。未几北兵退，帝语群臣曰："吴潜几误朕。"遂罢潜相。帝怒潜不已，应龙朝受命，帝夜出象简书疏稿授应龙，使劾潜，应龙谓："潜本有贤誉，独论事失当，临变寡断。祖宗以来，大臣有罪未尝轻肆诛戮。欲望姑从宽典，以全体貌。"帝大怒。乃按劾丁大全，请加窜斥，疏言："内莫急于苏民瘝以固国本，外莫急于讨军实以振国威。"又言时政四事，广发廪以振民饥，通商贩以助民食，劝分富室以助官籴，严等第以核民数，稽检放以苏民穷，严戢盗以除民害。贾似道素忌潜，会京师米贵，应龙为《劝籴歌》，宦者取以上闻，帝问知应龙所作，问似道米价高，当亟处之，似道访其由，亦怒应龙。迁司农少卿，寻以右谏议大夫孙附凤言，遂去国。

景定三年，湖南饥，起提举常平。以救荒功，迁直宝章阁、广南东路转运判官。迁秘书监兼国史编修、实录检讨。知隆兴府兼江西转运副使，奏免和籴二十万石。擢权户部侍郎兼侍讲。时似道当国，百官奏对稍切直者辄黜，应龙言："臣观今日之事，可言者多矣。迩日以来，靖恭自守者以论事为忌，指陈稍切者联翩引去，岂两省缴驳过甚，重其疑欤？抑廷臣奏对咈意，速其畏欤？朝廷清明之时，而言者已怀疑畏，臣恐正臣夺气，鲠臣吞舌，宜非盛世所有。"遂迕当路，自侍从、两省以下无不切齿。未几，以集英殿修撰知建宁府，亟辞，中书舍人卢钺希指封还录黄。久之，起为江东转运使，辞。

南海寇作，朝廷患之，乃以显谟阁待制知广州、广东经略安抚使。寇闻应龙至，遁去。应龙剿逐之，南海大治。特旨屡召，拜户部侍郎仍兼侍读，七上奏辞免。德祐元年，迁兵部尚书、宝章阁直学士、知赣州，兼江西兵马钤辖、青海军节度使，力辞，隐九峰。

子元高亦举进士，知候官县。没，洪天锡叹曰："朝廷失一御史矣。"

潘牥字庭坚，福州闽人。端平二年策进士，牥对曰："陛下承休上帝，饫德匹夫，何异为人子孙，身荷父母劬劳之赐，乃指豪奴悍婢为恩私之地。欲父母无怒，不可得也。"又曰："陛下手足之爱，生荣死哀，反不得视士庶人。此如一门之内，骨肉之间未能亲睦，是以僮仆疾视，邻里生侮。宜厚东海之恩，裂淮南之土，以致人和。"时对者数百人，庭坚语最直。

会殿中侍御史蒋岘劾方大琮、刘克庄、王迈前倡异论，并诬牥姓同逆贼，策语不顺，请皆论以汉法。牥调镇南军节度推官、衢州推官，历浙西提举常平司。迁太学正，旬日，出通判潭州。日食，应诏上封事曰："熙宁初元日食，诏郡县掩骼，著为令。故王一抔浅土，其为暴骸亦大矣。请以王礼改葬。"又移书丞相游侣申言之，侣心善其言，方将收用之，而牥卒。

洪芹，尚书右仆射适之曾孙，以大父泽入官，甫更调，登进士第。自南平法改钦州教授。部使者爱其才，先后并荐之，有旨召审察。丁内外艰。入主省架阁，迁太学博士。轮对，发明絜矩之道。擢国子博士，出通判南剑，入为太常博士，累迁将作少监。属词臣无当上意，概然思得天下士，丞相程元凤言当今地望无逾洪芹者，进兼翰林，权直秘书少监。

开庆元年，升直学士院，继权礼部侍郎、中书舍人。属兵兴，帝悟874任非人，自贻国祸，诏书所至，闻者奋激，盖芹所草也。丁大全罢相，出典乡郡。芹迁礼部侍郎，缴奏："大全鬼蜮之资，穿窬之行，暴戾淫黩，引用凶恶，陷害忠良，遏塞言路，浊乱朝纲。乞尽从谏臣所请，追官远窜，以伸国法，以谢天下。"沈炎乘上怒，攻丞相吴潜，芹独缴奏曰："方国本多虞，潜星驰赴阙，理纷镇浮，陈力为多。一旦视为弁髦，得无如《诗》所谓'将安将乐，女转弃予'乎？"慷慨敢言，天下义之。

迁礼部侍郎，帝锐意乡用而以论去，退寓永嘉，怡然自适。咸淳初，起知宁国府。卒。有文集。

赵景纬字德父，临安府於潜人。少勤学，弱冠得周惇颐、程颢兄弟诸书读之，恨不及登朱熹之门。熹门人叶味道谓之曰："度正，吾党中第一人。"遂往见，首诲以求放心为本。由是往来味道、正之间，研索益精。入太学，登淳祐元年进士第。授江阴军教授，诸生守其矩度。丁母忧，以禄不逮养，服阕不调。作读易庵悬雷山。江东提点刑狱吴势卿辟为干办公事，不就。召为史馆检阅，辞，不许；乞换待次教授，不许；乞岳祠，又不许；乞致仕，不报。有旨特与改合入官，主管崇道观，三辞，不许。景定元年，特授秘书郎，两辞，不许。迁著作郎，辞，不许。以疾丐祠，差主管佑神观兼史馆校勘。史成，两乞外祠，

进直秘阁，与在外宫观，辞职名，不许。差主管崇禧观。

台州守王华甫建上蔡书院，礼景纬为堂长，以疾辞。依旧职差知台州，两辞，不许，趣命益严。至郡，以化民成俗为先务，首取陈述古《谕俗文》书示诸邑，且自为之说，使其民更相告谕、讽诵、服行，期无失坠。约束官吏扰民五事。取《孝经庶人章》为四言咏赞其义，使朝夕歌之，至有为之感涕者。举遗逸车若水、林正心于朝。旌孝行，作《训孝文》以励其俗。平重刑，惩哗讦，治豪横。建黄岩县社仓六十有六。浚河道九十里，筑堤路三十里。节浮费，为下户代输秋苗。奏蠲五邑坊河渡钱。

斯年之内，乞归田里者再。进考功郎官，再辞，不许。兼沂靖惠王府教授，辞，不许。是冬，四辞新命，且乞祠，皆不许。乃乞于赤城、桐柏之间采药著书，庶几有补后学，使病废之身不为无用于圣世，不许。御笔兼崇政殿说书，三辞，不许。乃造朝，侍缉熙殿，以《易》进讲，论"圣人体元之妙在惟几，人君учё此，则天下有治而无乱，人事有吉而无凶矣"。又曰："惕厉祗惧，乃天心之所存。圣人先处于忧，故能无忧，先处于危，故能无危；若乃先自处于安乐，则忧危乘之矣。"又论监司守令，其说曰："知人之难，自古已然。人才乏使，莫今为甚。或观望而挠于势，或阿私而徇于情，或是非不公而以枉为直，或毁誉失实而以污为廉。遂使举刺不当，不足以服天下之心。与其纠劾于有罪之后，而未必尽得其情；孰若精择于未用之先，而使之各称其职。"

彗出于柳，景纬应诏上封事曰：

今日求所以解天意者，不过悦人心而已。百姓之心即天心也。锢私藏而专天下之同欲，则人不悦。保私人而违天下之公议，则人不悦。闾阎之糟糠不厌，而燕私之供奉自如，则人不悦。百姓之膏血日脧，而符移之星火愈急，则人不悦。不公于己而欲绝天下之私，则人不悦。不澄其源而欲止天下之贪，则人不悦。夫必有是数者，斯足以召怨而致灾。

愿陛下捐内帑以绝榷利之谤；出嫔嫱以节用度之奢。弄权之貂寺素为天下之所共恶者，屏之绝之；毒民之恩泽侯尝为百姓之所愤者，黜之弃之。择忠鲠敢言之士置之台谏，以通关寓之壅；选慈惠忠信之人使为守宰，以保元气之残。又必稽乾、淳以来，凡利源橐名之在百司庶府者，悉隶其旧，以济经用之急；公田派买不均之敝，听民自陈，随宜通变，以安田里之生。则人心悦、天意解矣。人之常情，惧心每发于灾异初见之时，不能不潜移于诌谀交至之后。万一过听左右宽譬之言，曲为它说以自解，毛举细故以塞责，而恐惧之初心弛，则下拂人心，上违天意，国之安危或未可知。

又曰："损玉食，不若损内帑、却贡奉之为实。避正朝，不若塞幸门、广忠谏之为实。肆大眚固所以广仁恩，又不若择循良、黜贪暴之为实。盖天意方回而未豫，人心乍悦而旋疑，此正阴阳胜复之会，眷命隆替之机也。"兼国史院编修官、实录院检讨官，辞，不许。转对，言："愿明辨义利之限，力破系吝之私，以天自处而绝内外之

分,以道制欲而黜耳目之累。毋以闺阃之贱干公议,毋以戚畹之私紊国常。"乞归田里,不许。拜太府少卿,兼职仍旧,再辞,不许。复上疏乞归,不许。

以直敷文阁知嘉兴府,辞,仍乞奉祠,皆不许。咸淳元年至郡,首以护根本、正风俗为先务。三乞辞,不许。拜宗正少卿,御笔兼侍讲,辞,不许。乃还家,三乞祠,御笔趣行,犹乞宽告,不许。至国门,御笔兼权工部侍郎,时暂兼权中书舍人,三辞,不许。以《礼记》进讲,开陈敬恕之义。封还滥恩词头,帝从之。又言:"损德害身之大莫过于嗜欲,而窒嗜欲之要莫切于思。居处则思敬,动作则思礼,祭祀则思诚,事亲则思孝。每御一食,则思天下之饥者。每服一衣,则思天下之寒者。嫱嫔在列,必思夏桀以嬖色亡其国。饮燕方欢,必思商纣以沈湎丧其身。念起而思随之,则念必息。欲萌而思制之,则欲必消。志气日以刚健,德性日以充实,岂不盛哉。"

又曰:"雷发非时,窃迹今日之事而有疑焉。内批叠降而名器轻,宫闱不严而主威亵,横恩之滥已收而复出,戢贪之诏方严而随弛。宫正什伍之令所以防奇邪,而或纵于乞怜之卑词。缁黄出入之禁所以严宸居,而间惑于裓襈之小数。以至弹墨未干,而拂拭之旨已下;驳奏未几,而捷出之径已开。命令不疑,则阳纵而不收。主意不坚,则阴闭而不密。陛下可不思致灾之由,而亟求所以正之哉?愿清其天君,以端出治之源;谨其号令,以肃纪纲之本。毋牵于私恩而挠公法,毋迁于迩言而乱旧章,去逸而远色,贱货而贵德,则人心悦而天意得,可以开太平而兆中兴也。"

进权礼部侍郎兼修玉牒,再辞,不许。升兼侍读,辞,不许。进《圣学四箴》:一曰惜日力以致其勤,二曰精体认以充其知,三曰屏嗜好以专其业,四曰谨于事以验其用。五乞归田里,帝勉留之,请益力。特授集英殿修撰、知建宁府,辞,不许,乃还家。召为中书舍人,三辞,不许,请益力。进显文阁待制,依所乞予祠,辞职名,不许,遂差提举玉隆万寿宫。有疾,谢医却药,曰:"使我清心以顺天命,毋重恼我怀。"拱手三揖乃卒。诏特赠四官至中奉大夫,谥文安。景纬天性孝友,雅志冲澹,亲没无意仕进,故其立朝之日不久云。

冯去非字可迁,南康都昌人。父椅字仪之,家居授徒,所注《易》、《书》、《诗》、《语》、《孟》、《太极图》、《西铭辑说》、《孝经章句》、《丧礼小学》、《孔子弟子传》、《读史记》及诗文、志录,合二百余卷。

去非,淳祐元年进士。尝干办淮东转运司,治仪真,欧阳修东园在焉,使者黄渤欲以为佛寺,时已许荐,去非力争不得,宁不受使者荐,谒告而去。宝祐四年,召为宗学谕。丁大全为左谏议大夫,三学诸生叩阍言不可。帝为下诏禁戒,诏立石三学,去非独不肯书名碑之下方。监察御史吴衍、翁应弼劾诸生下狱,去非复调护宗学生之就逮者。未几,大全签书枢密院事、参知政事,蔡抗去国,去非亦以言罢。归舟泊金、焦山,有僧上谒,去非不虞其为大全之人也,周旋甚款。僧乘间致大全意,愿毋遽归,少

俟收召,诚得尺书以往,成命即下。去非奋然正色曰:"程丞相、蔡参政牵率老夫至此,今归吾庐山,不复仕矣,斯言何为至我!"绝之,不复与言。

徐霖,字景说,衢州西安人。年十三,有志圣人之道,取所作文焚之,研精《六经》之奥,探赜先儒心传之要。淳祐四年,试礼部第一。知贡举官入见,理宗曰:"第一名得人。"嘉奖再三。登第,授沅州教授。

时宰相史嵩之挟边功要君,植党颛国。霖上疏历言其奸深之状,以为:"其先也夺陛下之心,其次夺士大夫之心,而其甚也夺豪杰之心。今日之士大夫,嵩之皆变化其心而收摄之矣。且其变化之术甚深,非章章然号于人使之为小人也。常于善类择其质柔气弱易以夺之者,亲任一二,其或稍有异已,则潜弃而摈远之,以风其余。彼以名节之尊不足以易富贵之愿,义利之辨亦终暗于妻妾宫室之私,则亦从之而已。"疏奏,见者吐舌,为霖危之。未几,嵩之匿父丧求起复,君子并起而攻之,上大感悟。

丞相范钟进所召试馆职二人,上思霖之忠,亲去其一,易霖名。及试,则曰:"人主无自强之志,大臣有患失之心,故元良未建,凶奸未窜。"是时,丞相杜范已薨,而钟虽得位,畏奸人覆出为己祸故也。擢秘书省正字,霖辞不获命,遂就职。会日食,霖应诏上封事曰:"日,阳类也,天理也,君子也。吾心之天理不能胜乎人欲,朝廷之君子不能胜乎小人。宫闱之私匿未屏,琐闼之奸邪未辨,台臣之讨贼不决,精祲感沴,日为之食。"又数言建立太子。迁校书郎。七年夏,大旱,霖应诏言:"谏议大夫不易则不雨,京兆尹不易则不雨。"不报,去国。上遣著作郎姚希得留之,不还。御笔改合入官,乃改宣教郎。霖屡辞,曰:"向为身死而不敢欺其君父,今以官高而自眩于平生,失其本心,何以暴其忠志?"又曰:"志贵乎洁,忠尚乎精,即有取,则自蹈于垢污矣。"

八年夏,添差通判信州,霖皆力辞,竟未拜,改秩之命故也。寻令守臣勉谕之,特改宣教郎、主管云台观,霖乃拜受。十二年,迁秘书省著作郎,累辞,不许。兼国史编修、实录检讨,上曰:"今日所当言者,当备陈之。"霖复以正太子名为言,又奏:"万化之本在心,存心之法在敬。"兼权尚左郎官,兼崇政殿说书。乃上疏言:"叶大有阴柔奸黠,为群憸冠,不宜久长台谏,乞斥去。"不报。兼权左司。霖知无不言,于是谗嫉者思以中伤,而上亦不悦。乞补外,知抚州。祠先贤,宽租赋,振饥穷,诛悍将,建营砦,几一月而政举化行。以言去,士民遮道,不得行,及暝,始由径以出。

宝祐元年,差知衡州。三年,当之官,遂辞,差知袁州。五年,丁外艰,哀毁号绝,水浆不入口七日。明年开庆元年,差主管崇禧观。景定二年,知汀州。明年,卒。将终,语其长子心亨曰:"有生必有死,自古圣贤皆然,吾复何憾。"尚书省请加优昇,诏与一子恩泽。度宗赐祭田百亩,以旌直臣。霖间居衢,守游钧筑精舍,聘霖为学者讲道,是日听者三千余人。

徐宗仁字求心，信之永丰人。淳祐十年进士。历官为国子监主簿。开庆元年，伏阙上书曰：

赏罚者，军国之纲纪。赏罚不明，则纲纪不立。今天下如器之欹而未坠于地，存亡之机，固不容发。兵虚将惰，而力匮财殚，环视四境，类不足恃；而所恃以维持人心、奔走豪杰者，惟陛下赏罚之微权在耳。权在陛下，而陛下不知所以用之，则未坠者安保其终不坠乎？臣为此惧久矣。

陛下当危急之时，出金币，赐土田，授节钺，分爵秩，尺寸之功，在所必赏。故当悉心效力，图报万分可也。而自干腹之兵越江逾广以来，凡阅数月，尚未闻有死战阵、死封疆、死城郭者，岂赏罚不足以劝惩之耶？今通国之所谓佚罚者，不过丁大全、袁玠、沈翥、张镇、吴衍、翁应弼、石正则、王立爱、高铸之徒，而首恶则董宋臣也。是以廷绅抗疏，学校叩阍，至有欲借尚方剑为陛下除恶。而陛下乃释而不问，岂真欲爱护此数人而重咈千万人之心？天下之事势急矣，朝廷之纪纲坏矣。若误国之罪不诛，则用兵之士不勇。今东南一隅天下，已半坏于此数人之手，而罚不损其豪毛。彼方拥厚赀，挟声色，高卧华屋，而使陛下与二三大臣焦心劳思，可乎？三军之在行者，岂不愤然不平曰："稔祸者谁欤，而使我捐躯兵革之间？"百姓之罹难者，岂不群然胥怨曰："召乱者谁欤，而使我流血锋镝之下？"陛下亦尝一念及此乎？

又极论边事，谓惠袭而威不振。论董宋臣盘固日久，蒙蔽日久。又请"使有言责者皆得以尽其言，则国论伸而国威振，臣虽屏处山林，亦有生气"。迁国子监丞、秘书省著作佐郎，主管崇禧观。迁考功郎官兼崇政殿说书，进读《敬天图》。迁太府少卿兼侍讲、兼侍立修注官，迁太常少卿兼国史编修、实录检讨。知宁国府。监察御史郭阊论罢。

德祐元年，起授吏部侍郎兼中书门下检正诸房公事，兼提领丰储仓所，兼同修国史、实录院同修撰，侍左侍郎。乞假督府名称往本州同守臣防拓，不允。权礼部尚书兼益王府赞读。卫益王走海上，厓山兵败，死焉。

危昭德，邵武人。宝祐元年进士。历官为史馆检阅校勘、武学谕、宗正寺簿兼崇政殿说书，迁秘书郎。疏言："国之命在民，民之命在士大夫。士大夫不廉，朘民膏血，为己甘腴，民不堪命矣。"又言："愿陛下与二三大臣察利害之实，究安危之本，明诏郡国，申严号令，俾急其所急，凡荒政之当举者，不可一日而置念；缓其可缓，凡苛赋之肆扰者，易为此时之宽征。固结人心，乃所以延天命也。"又言："愿陛下举考课之事，内以责诸弹纠之职，外以责诸监司、郡守之计。贪浊昏庸，固在必惩。廉能正直，尤当示劝。察之精则黜陟之咸服，行之力则观听之具乎，而课吏之实得矣。"

进兼侍讲。又言："民者，邦之命脉，欲寿国脉，必厚民生，欲厚民生，必宽民力。"且条上厉民四敝。又言："愿陛下为万世根本之虑，为一时仓卒之防，必求安节之亨，毋招不节之咎，节之又节，则宫闱之费差省，帑藏之积自充，上用足而下不匮矣。"又乞"察欣瘁休戚之故，酌利害损益之宜，孰为当因，孰为当革，孰为可罢，孰为可行，则折衷泉货而远近便，开通关梁而商贾行。下修身奉法之诏，而吏得自新；出输仓助贷之令，而民免贵籴；窒墨敕之门，而无官府黷陟之异；止轮台之议，而无疆界彼此之分，则气脉苏醒、意向翕合矣"。

迁起居舍人兼国史编修、实录检讨，寻迁殿中侍御史、侍御史。谏作宗阳宫。权工部侍郎兼同修国史实录院，乞致仕，特转一官。昭德在经筵，以《易》、《春秋》、《大学衍义》进讲，反覆规正者甚多。所著《春山文集》。

子彻孙，咸淳元年进士。

陈垲，字子爽，嘉兴人。历京湖制置使司主管机宜文字，差知德安府，加直宝谟阁、江西提点刑狱，改直敷文阁、提举千秋鸿禧观，转司农寺丞、主管崇道观、知安庆府。召赴阙，加直显谟阁、湖南提点刑狱。再召为右司郎官，加直宝文阁知隆兴府、江西安抚使，改知江州，主管江西安抚司事。召为右司郎官，进直龙图阁、浙西提点刑狱，迁司农少卿，以秘阁修撰知庆元府兼沿海制置副使，迁大理卿，进右文殿修撰、知平江府兼淮、浙发运使。

户部侍郎赵必愿举垲最，诏特转一官，迁太府卿、司农卿，权工部侍郎兼同详定敕令官，兼中书门下省检正诸房公事。入奏，言："愿陛下转移世道之枢机，砥砺士大夫之廉耻，使知名义为重，利禄为轻。久去国以恬退闻者召之，久立朝以更迭请者从之，甘言容悦者必斥，真情丐闲者勿留。如此，则君臣上下皆以真实相与，四维既张，士大夫难进易退之风，当见于圣世，人才幸甚！"又言："请以从官仿古昔入从出藩之意，其从臣为诸路宪漕，则以提点刑狱使、转运使系衔，假之'使'名，示与庶官别，仍乞除授自臣始。"自是屡言于帝前，不许。以言罢。

未几，进集英殿修撰、知婺州，改知太平州兼江东转运副使。请蠲放诸郡灾伤。加户部侍郎、淮东总领，寻提领江、淮茶盐所兼知太平州。发公帑代三县输折丝帛钱五十万九千三百六十余贯。又作浮------------书堂以处两淮之民而教之。进显谟阁待制、知广州，权兵部尚书，又进宝章阁直学士、知婺州，迁权户部尚书，寻为真，时暂兼吏部尚书，以宝文阁学士知潭州兼湖南安抚使。召赴阙，以旧职提举太平兴国宫，加龙图阁学士，依旧宫观。久之，加端明殿学士。咸淳四年，卒，谥清毅。

垲屡历麾节，军民爱戴，幕客盛多，而垲又乐荐士。所著《可斋瓿稿》二十卷。

杨文仲，字时发，眉州彭山人。七岁而孤。母胡，年二十有八，守节自誓，教养诸子。文仲既冠，以《春秋》贡，其母喜曰："汝家至汝，三世以是经收效矣。"

淳祐七年，文仲以胄试第一入太学。九年，又以公试第一升内舍。时言路颇壅，因季冬雷震，首帅同舍叩阍极言时事，有曰："天本不怒，人激之使怒。人本无言，雷激之使言。"一时争传诵之。升上舍，为西廊学录。丞相谢方叔尝问文仲曰："今日何事最急？"对曰："国本未建，莫大于此。上意未喻，当以死请可也。"宝祐元年，登进士第。丁母忧，释服，属从叔父栋守婺州罢归，寓余杭，文仲往问伊、洛之学。

调复州学教授。转运使印应飞辟入幕。明蘷妇冤狱，应飞悉从文仲议，且荐之。荆湖宣抚使赵葵署文仲佐分司幕。姚希得、江万里合荐文仲学为有用。辟四川宣抚司准备差遣，添差沿海制置司干办公事。召为户部架阁，迁太学正，升博士。时栋为祭酒，讲学益诣精邃。迁国子博士。丐外，添差通判台州。故事，守贰尚华侈，正月望，取灯民间，吏以白，文仲曰："为吾然一灯足矣。"劝农东郊，守因欲泛湖，文仲即先驰归。添差通判扬州。牙契旧额岁为钱四万缗，累政增至十六万，开告讦以求羡。文仲曰："希赏以扰民，吾不为也。"卒增十八界一而已。制置使李庭芝檄主管机宜文字。时有沙田，使者欲举行之，文仲力争，以为："事不可妄兴，盖与民之惠有限，不扰之惠无穷。江北风寒之地，民力竭矣，为利几何，安忍重扰吾民乎！"事遂不行。

召为宗学博士。郊祀，摄圜坛子阶监察御史。近辅兵变水患，轮对，言："皇天眷命，垂四百年，天命久熟之余，国脉癃老之候，此岂非一大喜惧之交乎？陛下一初清明，自作主宰。"又曰："春多沈阴，岂但麦秋之忧。于时为《夬》，尤轸宽陆之虑。天目则洪水发焉，苏、湖则弄兵兴焉。峨冠于于，而每见大夫之乏使；佩印累累，而常虑贪渎之无厌。将习黄金横带之娱，兵疲赤籍挂虚之穴。茧茧编氓，得以轻统府；琐琐警遽，辄以忧朝廷。设不幸事有大于此者，国何赖焉？"帝竦听，顾问甚至。迁太常丞，寻兼权仓部郎官，兼崇政殿说书，迁将作少监，又迁将作监。

文仲在讲筵，每以积诚感动，尝读《春秋》，帝问五霸何以为三王罪人，文仲奏云："齐桓公当王霸升降之会，而不能以向上事业，独能开世变厉阶。臣考诸《春秋》，桓公初年多书'人'，越二十年，伐楚定世子之功既成，然后书'侯'之辞送见，此所以为尊王抑伯之大法。然王岂徒尊？盖欲周王子孙率修文、武、成、康之法度，以扶持文、武、成、康之德泽，则王迹不熄，西周之美可寻，如此方副《春秋》尊王之意。"帝曰："先帝圣训有曰：'丝竹之乱耳，红紫之眩目，良心善性，皆本有之。'又曰：'得圣贤心学之指要，本领端正，家传世守，以是而君国子民，以是而祈天永命，以是而贻谋燕翼。'大哉先训，朕朝夕服膺。"时帝以疾连不视朝，文仲奏："声色之事，若识得破，元无可好。"帝敛容端拱久之。

盛夏，建宗阳宫，坏徙民居，畿甸骚然。文仲疏谏："移闾阎之聚，为香火之庭，不得为善计矣。陛下绍祖宗之位，岂以黄、老之居为轻重哉。"翼日面奏，益恳至，丞相贾似道怒曰："杨文仲多言！"绍兴监以上荐人才，文仲荐陈存、吕折、钟季玉等十有八人，名士二人，金华王柏、天台车若水也。兼国子司业，兼侍立修注官。又以救太学教谕彭成大迕似道，主管崇禧观，出知衢州。运饷有法而民不扰，以所当得米八千石立思济仓。召为秘书少监，寻兼崇政殿说书。以疾乞致仕，不许。兼国史院编修官、实录院检讨官，迁太常少卿兼国子司业，迁起居舍人。

瀛国公即位，授权工部侍郎兼权侍右郎官，寻兼给事中。有事明堂，议以上公摄行，文仲议曰："今祗见天地之始，虽在幼冲，比即丧次，已胜拜跪，执礼无违，所当亲飨。"时丞相王熵、陈宜中不协，文仲上疏言："事危且急矣。祖宗所深赖，亿兆所寄命，在乎二相，苟以不协之故，今日不战，明日不征，时不再来，后悔何及！"寻兼国子祭酒。请谥金华何基及柏。时大元兵度江，畿甸震动，朝士多弃去者，侍从班惟文仲一人，诏旌在列不去者二阶。文仲疾益甚，丐祠，以集英殿修撰知漳州，三上章乞致仕，改知泉州。因将家逾岭南待次，卒，而宋亡矣。有《见山文集》焉。

谢枋得，字君直，信州弋阳人也。为人豪爽。每观书，五行俱下，一览终身不忘。性好直言，一与人论古今治乱国家事，必掀髯抵几，跳跃自奋，以忠义自任。徐霖称其"如惊鹤摩霄，不可笼絷。"

宝祐中，举进士，对策极攻丞相董槐与宦官董宋臣，意擢高第矣，及奏名，中乙科。除抚州司户参军，即弃去。明年复出，试教官，中兼经科，除教授建宁府。未上，吴潜宣抚江东、西，辟差干办公事。团结民兵，以捍饶、信、抚，科降钱米以给之。枋得说邓、傅二社诸大家，得民兵万余人，守信州，暨兵退，朝廷核诸军费，几至不免。

五年，彗星出东方，枋得考试建康，摘似道政事为问目，言："兵必至，国必亡。"漕使陆景思衔之，上其稿于似道，坐居乡不法，起兵时冒破科降钱，且讪谤，追两官，谪居兴国军。咸淳三年，赦，放归。德祐元年，吕文焕导大元兵东下鄂、黄、蕲、安庆、九江，凡其亲友部曲皆诱下之，遂屯建康。枋得与吕师夔善，乃应诏上书，以一族保师夔可信，乞分沿江诸屯兵，以之为镇抚使，使之行成，且愿身至江州见文焕与议。从之，使以沿江察访使行，会文焕北归，不及而反。

以江东提刑、江西招谕使知信州。明年正月，师夔与武万户分定江东地，枋得以兵逆之，使前锋呼曰："谢提刑来。"吕军驰至，射之，矢及马前。枋得走入安仁，调淮士张孝忠逆战团湖坪，矢尽，孝忠挥双刀击杀百余人。前军稍却，后军绕出孝忠后，众惊溃，孝忠中流矢死。马奔归，枋得坐敌楼见之，曰："马归，孝忠败矣。"遂奔信州。师夔下安仁，进攻信州，不守。枋得乃变姓名，入建宁唐石山，转茶坂，寓逆旅中，日麻衣蹑履，东乡而哭，人不识之，以为被病也。已而去，卖卜建阳市中，有来卜者，惟取米屦而已，委以钱，率谢不取。其后人稍稍识之，多延至其家，使为弟子论学。天下既定，遂居闽中。

至元二十三年，集贤学士程文海荐宋臣二十二人，以枋得为首，辞不起。又明年，行省丞相忙兀台将旨诏之，执手相勉劳。枋得曰："上有尧、舜，下有巢、由，枋得名姓不祥，不敢赴诏。"丞相义之，不强也。二十五年，福建行省参政管如德将旨如江南求人材，尚书留梦炎以枋得荐，枋得遗书梦炎曰："江南无人材，求一瑕吕饴甥、程婴、杵臼厮养卒,不可得也。纣之亡也,以八百国之精兵,而不敢抗二子之正论,武王、太公凛凛无所容,急以兴灭继绝谢天下。殷之后遂与周并立。使三监、淮夷不叛,武庚必不死,殷命必不黜。夫女真之待二帝亦惨矣。而我宋今年遣使祈请,明年遣使问安。王伦一市井无赖、狎邪小人,谓梓宫可还,太后可归。终则二事皆符其言。今一王伦且无之,则江南无人材可见也。今吾年六十余矣,所欠一死耳,岂复有它志哉!"终不行。郭少师从瀛国公入朝,既而南归,与枋得道时事,曰:"大元本无意江南,屡遣使使顿兵,令毋深入,待还岁币即议和,无枉害生灵也。张宴然上书乞敛兵从和,上即可之。兵交二年,无一介行李之事,乃挈数百年宗社而降。"因相与痛哭。

福建行省参政魏天祐见时方以求材为急,欲荐枋得为功,使其友赵孟迎来言,枋得骂曰:"天祐仕闽,无毫发推广德意,反起银冶病民,顾以我辈饰好邪?"及见天祐,又傲岸不为礼,与之言,坐而不对。天祐怒,强之而北。枋得即日食菜果。

二十六年四月,至京师,问谢太后欑所及瀛国所在,再拜恸哭。已而病,迁悯忠寺,见壁间《曹娥碑》,泣曰:"小女子犹尔,吾岂不汝若哉!"留梦炎使医持药杂米饮进之,枋得怒曰:"吾欲死,汝乃欲生我邪?"弃之于地,终不食而死。伯父徽明以特奏恩为当阳尉,摄县事,时天基节上寿,大元兵奄至,徽明出兵战死,二子趋进抱父尸,亦死。

论曰:刘应龙不附贾似道,冯去非不附丁大全,潘枋论皇子竑事,坎壈以终。洪芹讼吴潜,伟哉。赵景纬。醇儒也,而无躁竞之心。徐霖进则直言于朝,退则讲道于里。徐宗仁国亡与亡,异乎怀二心以事其君者也。危昭德经筵进对之言,悉载诸故史。陈垲能以意气感人,杨文仲当抢攘之时,犹能荐士,谢枋得嶔崎以全臣节,皆宋末之卓然者也。

卷四百二十六
列传第一百八十五

循吏

陈靖　张纶　邵晔　崔立　鲁有开
张逸　吴遵路　赵尚宽　高赋　程师孟
韩晋卿　叶康直

宋法有可以得循吏者三:太祖之世,牧守令录,躬自召见,问以政事,然后遣行,简择之道精矣;监司察郡守,郡守察县令,各以时上其殿最,又命朝臣专督治之,考课之方密矣;吏犯赃遇赦不原,防闲之令严矣。

承平之世,州县吏谨守法度以修其职业者,实多其人。其间必有绝异之绩,然后别于赏令,或自州县善最,他日遂为名臣,则抚字之长又不足以尽其平生,故始终三百余年,循吏载诸简策者十二人。作《循吏传》。

陈靖,字道卿,兴化军莆田人。好学,颇通古今。父仁璧,仕陈洪进为泉州别驾。洪进称臣,豪猾有负险为乱者,靖徒步谒转运使杨克巽,陈讨贼策。召还,授阳翟县主簿。契丹犯边,王师数不利,靖遣从子上书,求入奏机略。诏就问之,上五策,曰:明赏罚;抚士众;持重示弱,待利而举;帅府许自辟士;而将帅得专制境外。太宗异之,改将作监丞,未几,为御史台推勘官。

时御试进士,多擢文先就者为高等,士皆习浮华,尚敏速。靖请以文付考官第甲乙,俟唱名,或果知名士,即置上科。丧父,起复秘书丞,直史馆,判三司开拆司。淳化四年,使高丽还,提点在京百司,迁太常博士。

太宗务兴农事,诏有司议均田法,靖议曰:"法未易遽行也。宜先命大臣或三司使为租庸使,或兼屯田制置,仍择三司判官选通知民事者二人为之贰。两京东西千里,检责荒地及逃民产籍之,募耕作,赐耕者室庐、牛犁、种食,不足则给以库钱。别其课为十分,责州县劝课,给印纸书之。分殿最为三等:凡县管垦田,一岁得课三分,二岁六分,三岁九分,为下最;一岁四分,二岁七分,三岁至十分,为中最;一岁五分,未及三岁盈十分者,为上最。其最者,令佐免选或超资;殿者,即增选降资。每州通以诸县田为十分,视殿最行赏罚。候数岁,尽罢官屯田,悉用赋民,然后量人授田,度地均税,约井田之制,为定以法,颁行四方,不过如此矣。"太宗谓吕端曰:"朕欲复井田,顾未能也,靖此策合朕意。"乃召见,赐食遣之。

他日,帝又语端。曰:"靖说虽是,第田未必垦,课未必入,请下三司杂议。"于是诏盐铁使陈恕等各选判官二人与靖议,以靖为京西劝农使,命大理寺丞皇甫选、光禄寺丞何亮副之。选等言其功难成,帝犹谓不然。既而靖欲假缗钱二万试行之,陈恕等言:"钱一出,后不能偿,则民受害矣。"帝以群议终不同,始罢之,出靖知婺州,再迁尚书刑部员外郎。

真宗即位,复列前所论劝农事,又言:"国家御戎西北,而仰食东南,东南食不足,则误国大计。请自京东、西及河北诸州大行劝农之法,以殿最州县官吏,岁可省江、淮漕百余万。"复诏靖条上之,靖请刺史行春,县令劝耕,孝悌力田者赐爵,置五保以检察奸盗,籍游惰之民以供役作。又下三司议,皆不果行。

历度支判官,为京畿均田使,出为淮南转运副使兼发运司公事,徙江南转运使。极论前李氏横赋于民凡十七事,诏为罢其尤甚者。徙知潭州,历度支、盐铁判官。祀汾阴,为行在三司判官。又历京西、京东转运使,知泉、苏、越三州,累迁太常少卿,进太仆卿、集贤院学士,知建州,徙泉州,拜左谏议大夫。初,靖与丁谓善,谓贬,党人皆逐去,提点刑狱、侍御史王耿乃言靖老疾,不宜久为乡里官,于是以秘书监致仕,卒。

靖平生多建画,而于农事尤详,尝取淳化、咸平以来所陈表章，目曰《劝农奏议》，录上之，然其说泥古，多不可行。

张纶，字公信，颍州汝阴人。少倜傥任气。举进士不中，补三班奉职，迁右班殿直。从雷有终讨王均于蜀，有降寇数百据险叛，使纶击之，纶驰报曰："此穷寇，急之则生患，不如谕以向背。"有终用其说，贼果弃兵来降。以功迁右侍禁、庆州兵马监押，擢阁门祗候，益、彭、简等州都巡检使。所部卒纵酒掠居民，纶斩首恶数人，众乃定。徙荆湖提点刑狱，迁东头供奉官、提点开封府界县镇公事。

奉使灵夏还，会辰州溪峒彭氏蛮内寇，以知辰州。纶至，筑蓬山驿路，贼不得通，乃遁去。徙知渭州。改内殿崇班、知镇戎军。奉使契丹，安抚使曹玮表留之，不可。蛮复入寇，为辰州、澧、鼎等州缘边五溪十峒巡检安抚使，谕蛮酋祸福，购还所掠民，遣官与盟，刻石于境上。

久之，除江、淮制置发运副使。时盐课大亏，乃奏除通、泰、楚三州盐户宿负，官助其器用，盐入优与之直，由是岁增课数十万石。复置盐场于杭、秀、海三州，岁入课又百五十万。居二岁，增上供米八十万。疏五渠，导太湖入于海，复租米六十万。开长芦西河以避覆舟之患，又筑漕河堤二百里于高邮北，旁锢钜石为十砭，以泄横流。泰州有捍海堰，延袤百五十里，久废不治，岁患海涛冒民田。纶方议修复，论者难之，以为涛患息而畜潦之患兴矣。纶曰："涛之患十九，而潦之患十一，获多而亡少，岂不可邪？"表三请，愿身自临役。命兼权知泰州，卒成堰，复通户二千六百，州民利之，为立生祠。

居淮南六年，累迁文思使、昭州刺史。契丹隆绪死，为吊慰副使。历知秦、瀛二州，两知沧州，再迁东上阁门使，真拜乾州刺史，徙知颍州，卒。纶有材略，所至兴利除害。为人恕，喜施予，在江、淮，见漕卒冻馁道死者众，叹曰："此有司之过，非所以体上仁也。"推奉钱市絮襦千数，衣其不能自存者。

邵晔，字日华，其先京兆人。唐末丧乱，曾祖岳挈族之荆南谒高季兴，不见礼，遂之湖南。彭玕刺全州，辟为判官。会贼鲁仁恭寇连州，即署岳国子司业、知州事，遂家桂阳。祖崇德，道州录事参军。父简，连山令。

晔幼嗜学，耻从辟署。太平兴国八年，擢进士第，解褐，授邵阳主簿，改大理评事、知蓬州录事参军。时太子中舍杨全知州，性悍率蒙昧，部民张道丰等三人被诬为劫盗，悉置于死，狱已具，晔察其枉，不署牒，白全当核其实。全不听，引道丰等抵法，号呼不服，再系狱按验。既而捕获正盗，盗丰等遂得释，全坐削籍为民。晔代还引对，太宗谓曰："尔能活吾平民，深可嘉也。"赐钱五万，下诏以全事戒谕天下。授晔光禄寺丞，使广南采访刑狱。俄通判荆南，赐绯鱼。迁著作佐郎、知忠州。历太常丞、江南转运副使，改监察御史。以母老乞就养，得知朗州。入判三司磨勘司，迁工部员外郎、淮南转运使。

景德中，假光禄卿，充交阯安抚国信使。会黎桓死，其子龙铖嗣立，兄龙全率兵劫库财而去，其弟龙廷杀铖自立，龙廷兄明护率扶兰寨兵攻战。晔驻岭表，以事上闻，改命为缘海安抚使，许以便宜设方略。晔贻书安南，谕朝廷威德，俾速定位。明护等即时听命，奉龙廷主军事。初，诏晔俟其事定，即以黎桓礼物改赐新帅。晔上言："怀抚外夷，当示诚信，不若俟龙廷贡奉，别加封爵而宠赐之。"真宗甚嘉纳。使还，改兵部员外郎，赐金紫。初受使，假官钱八十万，市私觌物，及为安抚，已偿其半，余皆诏除之。尝上《邕州至交州水陆路》及《宜州山川》等四图，颇详控制之要。

俄判三司三勾院，坐所举季随犯赃，晔当削一官，上以其远使之勤，止令停任。大中祥符初，起知兖州，表请东封，优诏答之。及遣王钦若、赵安仁经度封禅，仍判州事，就命晔为京东转运使。封禅礼毕，超拜刑部郎中，复判三勾院，出为淮南、江、浙、荆湖制置发运使。四年，改右谏议大夫、知广州。州城濒海，每蕃舶至岸，常苦飓风，晔凿内濠通舟，飓不能害。俄遘疾卒，年六十三。

崔立，字本之，开封鄢陵人。祖周度，仕周为泰宁军节度判官。慕容彦超叛，周度以大义责之，遂见杀。立中进士第。为果州团练推官，役兵辇官物，道险，乃率众钱，傭舟载归。知州姜从革论如率效法，当斩三人，立曰："此非私己，罪杖尔。"从革初不听，卒论奏，诏如立议。真宗记之，特改大理寺丞，知安丰县。大水坏期斯塘，立躬督缮治，逾月而成。进殿中丞，历通判广州、许州。

会滑州塞决河，调民出刍楗，命立提举受纳。立计其用有余，而下户未输者尚二百万，悉奏弛之。知江阴军，属县有利港久废，立教民浚治，既成，溉田数千顷，及开横河六十里，通运漕。累迁太常少卿，历知棣、汉、相、潞、兖、郓、泾七州。兖州岁大饥，募富人出谷十万余石振饿者，所全活者甚众。

立性淳谨，尤喜论事。大中祥符间，帝既封禅，士大夫争奏上符瑞，献赞颂，立独言："水发徐州，旱连江、淮，无为烈风，金陵火，天所以警骄惰、戒淫泆也，区区符瑞，尚何足为治道言哉？"前后上四十余事。以右谏议大夫知耀州，改知濠州，迁给事中。告老，进尚书工部侍郎致仕，卒。识韩琦于布衣，以女妻之，人尝服其鉴云。

鲁有开，字元翰，参知政事宗道从子也。好《礼》学，通《左氏春秋》。用宗道荫，知韦城县。曹、濮剧盗横行旁县间，闻其名不敢入境。知确山县，大姓把持官政，有开治其最甚者，遂以无事。兴废陂，溉民田数千顷。富弼守蔡，荐之，以为有古循吏风。

知金州，有蛊狱，当死者数十人，有开曰："欲杀人，衷谋足矣，安得若是众邪？"讯之则诬。天方旱，狱白而雨。知南康军，代还。熙宁行新法，王安石问江南如何，曰："法新行，未见其患，当在异日也。"以所对乖异，出通判杭州。

知卫州，水灾，人乏食，擅贷常平钱粟与之，且奏乞蠲其息。徙冀州，增堤，或谓："郡无水患，何以役为？"

有开曰："豫备不虞，古之善计也。"卒成之。明年河决，水果至，不能冒堤而止。朝廷遣使河北，民遮诵有开功状，召为膳部郎中，元祐中，历知信阳军、洺、滑州，复守冀，官至中大夫，卒。

张逸，字大隐，郑州荥阳人。进士及第，为试秘书省校书郎。知襄州邓城县，有能名。知州谢泌将荐逸，先设几案，置章其上，望阙再拜曰："老臣为朝廷得一良吏。"乃奏之。他日引对，真宗问所欲何官，逸对曰："母老在家，愿得近乡一幕职官，归奉甘旨足矣。"授澶州观察推官，数日，以母丧去。服除，引对，帝又固问之，对曰："愿得京官。"特改大理寺丞。帝雅贤泌，再召问逸者，用泌荐也。

知长水县，时王嗣宗留守西京，厚遇之。及徙青神县，贫不自给，嗣宗假奉半年使办装。既至县，兴学校，教生徒。后邑人陈希亮、杨异相继登科，逸改其居曰桂枝里。县东南有松柏滩，夏秋暴涨多覆舟，逸祷江神，不逾月，滩为徙五里，时人异之。再迁太常博士、知尉氏县。擢监察御史，提点益州路刑狱，开封府判官。使契丹，为两浙转运使。徙陕西，未赴，又徙河东，居数月，复徙陕西。以龙图阁待制知梓州。

累迁尚书兵部郎中，知开封府。有僧求内降免田税，而逸固执不许。仁宗曰："有司能守法，朕何忧也。"又言："顷禁命妇干禁中恩，比来稍通女谒，愿令官司纠劾。"从之。

以枢密直学士知益州。逸凡四至蜀，谙其民风。华阳驹长杀人，诬道旁行者，县吏受财，狱既具，乃使杀人者守囚。逸曰："囚色冤，守者气不直，岂守者杀人乎？"因始敢言，而守者果服，立诛之，蜀人以为神。会岁旱，逸使作堰壅江水，溉民田，自出公租减价以振民。初，民饥多杀耕牛食之，犯者皆配关中。逸奏："民杀牛以活将死之命，与盗杀者异，若不禁之，又将废稼事。今岁少稔，请一切放还，复其业。"报可。未几，卒于官。

吴遵路，字安道。父淑，见《文苑传》。第进士，累官至殿中丞，为秘阁校理。章献太后称制，政事得失，下莫敢言。遵路条奏十余事，语皆切直，忤太后意，出知常州。尝预市米吴中，以备岁俭，已而果大乏食，民赖以济，自他州流至者亦全十八九。累迁尚书司封员外郎，权开封府推官，改三司盐铁判官，加直史馆，为淮南转运副使。会罢江、淮发运使，遂兼发运可事。尝于真、楚、泰州、高邮军置斗门十九，以畜泄水利。又广属郡常平仓储畜至二百万，以待凶岁。凡所规画，后皆便之。

迁工部郎中，坐失按蕲州王蒙正故入部吏死罪，降知洪州。徙广州，辞不行。是时发运司既复置使，乃以为发运使，未至，召修起居注。元昊反，建请复民兵。除天章阁待制、河东路计置粮草。受诏料拣河东乡民可为兵者，诸路视以为法。进兵部郎中，权知开封府，驭吏严肃，属县无追逮。

时宋庠、郑戬、叶清臣皆宰相吕夷简所不悦，遵路与三人雅相厚善，夷简忌之，出知宣州。上《御戎要略》、《边防杂事》二十篇。徙陕西都转运使，迁龙图阁直学士、知永兴军，被病犹决事不辍，手自作奏。及卒，仁宗闻而悼之，诏遣官护丧还京师。

遵路幼聪敏，既长，博学知大体。母丧，庐墓蔬食终制。性夷雅慎重，寡言笑，善笔札。其为政简易不为声威，立朝敢言，无所阿倚。平居廉俭无他好，既没，室无长物，其友范仲淹分奉赒其家。

子瑛，为尚书比部员外郎，不待老而归。

赵尚宽，字济之，河南人，参知政事安仁子也。知平阳县。邻邑有大囚十数，破械夜逸，杀居民，将犯境，尚宽趣尉出捕，曰："盗谓我不能来，方怠惰，易取也。宜亟往，毋使得散漫，且为害。"尉既出，又遣徼巡兵蹑其后，悉获之。

知忠州，俗畜蛊杀人，尚宽揭方书市中，教人服药，募索为蛊者穷治，置于理，大化其俗。转运使持盐数十万斤，课民易白金，期会促，尚宽发官帑所储副其须，徐与民为市，不扰而集。

嘉祐中，以考课第一知唐州。唐素沃壤，经五代乱，田不耕，土旷民稀，赋不足以充役，议者欲废为邑。尚宽曰："土旷可益垦辟，民稀可益招徕，何废郡之有？"乃按视图记，得汉召信臣陂渠故迹，益发卒复疏三陂一渠，溉田万余顷。又教民自为支渠数十，转相浸灌。而四方之来者云布，尚宽复请以荒田计口授之，及贷民官钱买耕牛。比三年，榛莽复为膏腴，增户积万余。尚宽勤于农政，治有异等之效，三司使包拯与部使者交上其事，仁宗闻而嘉之，下诏褒焉，仍进秩赐金。留于唐凡五年，民像以祠，而王安石、苏轼作《新田》、《新渠》诗以美之。

徙同、宿二州，河中府神勇卒苦大校贪虐，刊匿名书告变，尚宽命焚之，曰："妄言耳。"众乃安。已而奏黜校，分士卒隶他营。又徙梓州。尚宽去唐数岁，田日加辟，户日益众，朝廷推功，自少府监以直龙图阁知梓州。积官至司农卿，卒，诏赐钱五十万。

高赋子正臣，中山人。以父任为右班殿直。复举进士，改奉礼郎，四迁太常博士。历知真定县，通判剑邢石州、成德军。知衢州，俗尚巫鬼，民毛氏、柴氏二十余家世蓄蛊毒，值闰岁，害人尤多，与人忿争辄毒之。赋悉擒治伏辜，蛊患遂绝。

徙唐州，州田经百年旷不耕，前守赵尚宽菑畬不遗力，而榛莽者尚多。赋继其后，益募两河流民，计口给田使耕，作陂堰四十四。再满再留，比其去，田增辟三万一千三百余顷，户增万一千三百八十，岁益税二万二千二百五十七。玺书褒谕，宣布治状以劝天下，两州为生立祠。擢提点河东刑狱，又加直龙图阁、知沧州。程昉欲于境内开西流河，绕州城而北注三塘泊。赋曰："沧城近河，岁增堤防，犹惧奔溢，刬妄有开凿乎？"昉执不从，后功竟不成。

历蔡、潞二州，入同判太常寺，进集贤院学士。在朝多所建明，尝言："二府大臣或僦舍委巷，散处京城，公私非便。宜仿前代丞相府，于端门前列置大第，俾居之。"又言："仁宗朝为兖国公主治第，用钱数十万缗。今有五大长公主，若悉如前比，其费无艺。愿讲求中制，裁为定式。"请诸道提点刑狱司置检法官，庶专平谳，使民不冤。乞于禁中建阁，绘功臣像，如汉云台、唐凌烟之制。言多施行。以通议大夫致仕，退居襄阳，卒年八十四。

程师孟，字公辟，吴人。进士甲科。累知南康军、楚州，提点夔路刑狱。泸戎数犯渝州边，使者治所在万州，相去远，有警，率浃日乃至。师孟奏徙于渝。夔部无常平粟，建请置仓，适凶岁，振民不足，即矫发他储，不俟报。吏惧，白不可，师孟曰："必俟报，饿者尽死矣。"竟发之。

徙河东路。晋地多土山，旁接川谷，春夏大雨，水浊如黄河，俗谓之"天河"，可溉灌。师孟劝民出钱开渠筑堰，淤良田万八千顷，亲其事为《水利图经》，颁之州县。为度支判官。知洪州，积石为江堤，浚章沟，揭水闸，以节水升降，后无水患。

判三司都磨勘司，接伴契丹使，萧惟辅曰："白沟之地当两属，今南朝植柳数里，而以北人渔界河为罪，岂理也哉？"师孟曰："两朝当守誓约，涿郡有案牍可覆视，君舍文书，腾口说，讵欲生事耶？"惟辅愧谢。

出为江西转运使。盗发袁州，州吏为耳目，久不获，师孟械吏数辈送狱，盗即成擒。加直昭文馆，知福州，筑子城，建学舍，治行最东南。徙广州，州城为侬寇所毁，他日有警，民骇窜，方伯相蹑至，皆言土疏恶不可筑。师孟在广六年，作西城，及交阯陷邕管，闻广守备固，不敢东。时师孟已召还，朝廷念前功，以为给事中、集贤殿修撰，判都水监。

贺契丹主生辰，至涿州，契丹命席，迎者正南向，涿州官西向，宋使价东向。师孟曰："是卑我也。"不就列，自日昃争至暮，从者失色，师孟辞气益厉，叱候者易之，于是更与迎者东西向。明日，涿人饯于郊，疾驰过不顾，涿人移雄州以为言，坐罢归班。复起知越州、青州，遂致仕，以光禄大夫卒，年七十八。

师孟累领剧镇，为政简而严，罪非死者不以属吏。发隐擿伏如神，得豪恶不逞跌宕者必痛惩艾之，至剿绝乃已，所部肃然。洪、福、广、越为立生祠。

韩晋卿，字伯修，密州安丘人。为童子时，日诵书数千言。长以《五经》中第，历肥乡嘉兴主簿、安肃军司法参军、平城令、大理详断、审刑详议官，通判应天府，知同州、寿州，奏课第一，擢刑部郎中。

元祐初，知明州，两浙转运使差役法复行，诸道处画多仓卒失叙，独晋卿视民所宜而不戾法指。入为大理少卿，迁卿。

晋卿自仁宗朝已典谳案，时朝廷有疑议，辄下公卿杂议。开封民争鹑杀人，王安石以为盗拒捕斗而死，杀之无罪，晋卿曰："是斗杀也。"登州妇人谋杀夫，郡守许遵执为按问，安石复主之，晋卿曰："当死。"事久不决，争论盈庭，终持之不肯变，用是知名。

元丰置大理狱，多内庭所付，晋卿持平考核，无所上下。神宗称其才，每谳狱虽明，若事连贵要、屡鞫弗成者，必以委之，尝被诏按治宁州狱，循故事当入对，晋卿曰："奉使有指，三尺法具在，岂应刺候主意，轻重其心乎？"受命即行。

诸州请谳大辟，执政恶其多，将劾不应谳者。晋卿曰："听断求所以生之，仁恩之至也。苟谳而获谴，后不来矣。"议者又欲引唐日覆奏，令天下庶戮悉奏决。晋卿言："可疑可矜者许上请，祖宗之制也。四海万里，必须系以听朝命，恐自今庾死者多于伏辜者矣。"朝廷皆行其说，故士大夫间推其忠厚，不以法家名之。卒于官。

叶康直，字景温，建州人。擢进士第，知光化县。县多竹，民皆编为屋，康直教用陶瓦，以宁火患。凡政皆务以利民。时丰稷为穀城令，亦以治绩显，人歌之曰："叶光化，丰穀城，清如水，平如衡。"

曾布行新法，以为司农属。历永兴、秦凤转运判官，徙陕西，进提点刑狱、转运副使。五路兵西征，康直领泾原粮道，承受内侍梁同以饷恶妄奏，神宗怒，械康直，将诛之，王安礼力救，得归故官。

元祐初，加直龙图阁，知秦州。中书舍人曾肇、苏辙劾康直谄事李宪，免官，究实无状，改知河中府，复为秦州。夏人侵甘谷，康直戒诸将设伏以待，殪其二酋，自是不敢犯境。进宝文阁待制、陕西都运使。以疾请知亳州，通浚积潦，民获田数十万亩。召为兵部侍郎，卒，年六十四。

卷四百二十七
列传第一百八十六

道学一

周敦颐　程颢　程颐　张载弟戬**　邵雍**

"道学"之名，古无是也。三代盛时，天子以是道为政教，大臣百官有司以是道为职业，党、庠、术、序师弟子以是道为讲习，四方百姓日用是道而不知。是故盈覆载之间，无一民一物不被是道之泽，以遂其性。于斯时也，道学之名，何自而立哉。

文王、周公既没，孔子有德无位，既不能使是道之用渐被斯世，退而与其徒定礼乐，明宪章，删《诗》，修《春秋》，赞《易象》，讨论《坟》、《典》，期使五三圣人之道昭明于无穷。故曰："夫子贤于尧、舜远矣。"孔子没，曾子独得其传，传之子思，以及孟子，孟子没而无传。两汉而下，儒者之论大道，察焉而弗精，语焉而弗详，异端邪说起而乘之，几至大坏。

千有余载，至宋中叶，周敦颐出于舂陵，乃得圣贤不传之学，作《太极图说》、《通书》，推明阴阳五行之理，命于天而性于人者，了若指掌。张载作《西铭》，又极言理一分殊之旨，然后道之大原出于天者，灼然而无疑焉。仁宗明道初年，程颢及弟颐寔生，及长，受业周氏，已乃扩大其所闻，表章《大学》、《中庸》二篇，与《语》、《孟》并行，于是上自帝王传心之奥，下至初学入德之门。融会贯通，无复余蕴。

迄宋南渡，新安朱熹得氏正传，其学加亲切焉。大抵以格物致知为先，明善诚身为要，凡《诗》、《书》，六艺之文，与夫孔、孟之遗言，颠错于秦火，支离于汉儒，幽沉于魏、晋六朝者，至是皆焕然而大明，秩然而各得其所。此宋儒之学所以度越诸子，而上接孟氏者欤。其于世代之污隆，气化之荣悴，有所关系也甚大。道学盛于宋，宋弗究于用，甚至有厉禁焉。后之时君世主，欲复天德王道之治，必来此取法矣。

邵雍高明英悟，程氏实推重之，旧史列之隐逸，未当，今置张载后。张栻之学，亦出程氏，既见朱熹，相与博约又大进焉。其他程、朱门人，考其源委，各以类从，作《道学传》。

周敦颐，字茂叔，道州营道人。元名敦实，避英宗旧讳改焉。以舅龙图阁学士郑向任，为分宁主簿。有狱久不决，敦颐至，一讯立辨。邑人惊曰："老吏不如也。"部使者荐之，调南安军司理参军。有囚法不当死，转运使王逵欲深治之。逵，酷悍吏也，众莫敢争，敦颐独与之辨，不听，乃委手版归，将弃官去，曰："如此尚可仕乎！杀人以媚人，吾不为也。"逵悟，囚得免。

移郴之桂阳令，治绩尤著。郡守李初平贤之，语之曰："吾欲读书，何如？"敦颐曰："公老无及矣，请为公言之。"二年果有得。徙知南昌，南昌人皆曰："是能辨分宁狱者，吾属得所诉矣。"富家大姓、黠吏恶少，惴惴焉不独以得罪于令为忧，而又以污秽善政为耻。历合州判官，事不经手，吏不敢决。虽下之，民不肯从。部使者赵抃惑于谮口，临之甚威，敦颐处之超然。通判虔州，抃守虔，熟视其所为，乃大悟，执其手曰："吾几失君矣，今而后乃知周茂叔也。"

熙宁初，知郴州。用抃及吕公著荐，为广东转运判官，提点刑狱，以洗冤泽物为己任。行部不惮劳苦，虽瘴疠险远，亦缓视徐按。以疾求知南康军。因家庐山莲花峰下。前有溪，合于湓江，取营道所居濂溪以名之。抃再镇蜀，将奏用之，未及而卒，年五十七。

黄庭坚称其"人品甚高，胸怀洒落，如光风霁月。廉于取名而锐于求志，薄于徼福而厚于得民，菲于奉身而燕及茕嫠，陋于希世而尚友千古。"

博学力行，著《太极图》，明天理之根源，究万物之终始。其说曰：

无极而太极。太极动而生阳，动极而静，静而生阴，静极复动，一动一静，互为其根，分阴分阳，两仪立焉。阳变阴合，而生水、火、木、金、土，五气顺布，四时行焉。五行一阴阳也，阴阳一太极也。太极本无极也。五行之生也，各一其性。无极之真，二五之精，妙合而凝，乾道成男，坤道成女。二气交感，化生万物，万物生生，而变化无穷焉。

惟人也得其秀而最灵，形既生矣，神发知矣，五性感动而善恶分，万事出矣。圣人定之以中正仁义而主静，立人极焉。故圣人与天地合其德，日月合其明，四时合其序，鬼神合其吉凶。君子修之吉，小人悖之凶。故曰："立天之道，曰阴与阳。立地之道，曰柔与刚。立人之道，曰仁与义。"又曰："原始反终，故知死生之说。"大哉《易》也，斯其至矣。

又著《通书》四十篇，发明太极之蕴。序者谓"其言约而道大，文质而义精，得孔、孟之本源，大有功于学者也。"

掾南安时，程珦通判军事，视其气貌非常人，与语，知其为学知道，因与为友，使二子颢、颐往受业焉。敦颐每令寻孔、颜乐处，所乐何事，二程之学源流乎此矣。故颢之言曰："自再见周茂叔后，吟风弄月以归，有'吾与点也'之意。"侯师圣学于程颐，未悟，访敦颐，敦颐曰："吾老矣，说不可不详。"留对榻夜谈，越三日乃还。颐惊异之，曰："非从周茂叔来耶？"其善开发人类此。

嘉定十三年，赐谥曰元公，淳祐元年，封汝南伯，从祀孔子庙庭。

二子寿、焘，焘官至宝文阁待制。

程颢，字伯淳，世居中山，后从开封徙河南。高祖羽，太宗朝三司使。父珦，仁宗录旧臣后，以为黄陂尉。久之，知龚州。时宜獠区希范既诛，乡人忽传其神降，言"当为我南海立祠"，于是迎其神以往，至龚，珦使诘之，曰："比过浔，浔守以为妖，投祠具江中，逆流而上，守惧，乃更致礼。"珦使复投之，顺流去，其妄乃息。徙知磁州，又徙汉州。尝宴客开元僧舍，酒方行，人欢言佛光见，观者相腾践，不可禁，珦安坐不动，顷之遂定。熙宁法行，为守令者奉命唯恐后，珦独抗议，指其未便。使者李元瑜怒，即移病归，旋致仕，累转太中大夫。元祐五年，卒，年八十五。

珦慈恕而刚断，平居与幼贱处，唯恐有伤其意，至于犯义理，则不假也。左右使令之人，无日不察其饥饱寒燠。前后五得任子，以均诸父之子孙。嫁遣孤女，必尽其力。所得奉禄，分赡亲戚之贫者。伯母寡居，奉养甚至。从女兄既适人而丧其夫，珦迎以归，教养其子，均于子侄。时官小禄薄，克己为义，人以为难。文彦博、苏颂等九人表其清节，诏赐帛二百，官给其葬。

颢举进士，调鄠、上元主簿。鄠民有借兄宅居者，发地得瘗钱，兄之子诉："父所藏。"颢问："几何年？"曰："四十年。""彼借居几时？"曰："二十年矣。"遣吏取十视之，谓诉者曰："今官所铸钱，不五六年即遍天下，此皆未藏前数十年所铸，何也？"其人不能答。茅山有池，产龙如蜥蜴而五色。祥符中尝取二龙入都，半途失其一，中使云飞空而逝。民俗严奉不懈，颢捕而脯之。

为晋城令，富人张氏父死，旦有老叟踵门曰："我，汝父也。"子惊疑莫测，相与诣县。叟曰："身为医，远出治疾，而妻生子，贫不能养，以与张。"颢质其验。取怀中一书进，其所记曰："某年月日，抱儿与张三翁家。"颢问："张是时才四十，安得有翁称？"叟骇谢。

民税粟多移近边，载往则道远，就籴则价高。颢择富而可任者，预使贮粟以待，费大省。民以事至县者，必告以孝弟忠信，入所以事其父兄，出所以事其长上。度乡村远近为伍保，使之力役相助，患难相恤，而奸伪无所容。凡孤茕残废者，责之亲戚乡党，使无失所。行旅出于其途者，疾病皆有所养。乡必有校，暇时亲至，召父老与之语。儿童所读书，亲为正句读，教者不善，则为易置。择子弟之秀者，聚而教之。乡民为社会，为立科条，旌别善恶，使有劝有耻。在县三岁，民爱之如父母。

熙宁初，用吕公著荐，为太子中允、监察御史里行。神宗素知其名，数召见，每退，必曰："频求对，欲常常见卿。"一日，从容咨访，报正午，始趋出，庭中人曰："御史不知上未食乎？"前后进说甚多，大要以正心窒欲、求贤育材为言，务以诚意感悟主上。尝劝帝防未萌之欲，及勿轻天下士，帝俯躬曰："当为卿戒之。"

王安石执政，议更法令，中外皆不以为便，言者攻之甚力。颢被旨赴中堂议事，安石方怒言者，厉色待之。颢徐曰："天下事非一家私议，愿平气以听。"安石为之愧屈。自安石用事，颢未尝一语及于功利。居职八九月，数论时政，最后言曰："智者若禹之行水，行其所无事也；舍而之险阻，不足以言智。自古兴治立事，未有中外人情交谓不可而能有成者，况于排斥忠良，沮废公议，用贱陵贵，以邪干正者乎？正使徼幸有小成，而兴利之臣日进，尚德之风浸衰，尤非朝廷之福。"遂乞去言职。安石本与之善，及是虽不合，犹敬其忠信，不深怒，但出提点京西刑狱。颢固辞，改签书镇宁军判官。司马光在长安，上疏求退，称颢公直，以为己所不如。

程昉治河，取澶卒八百而虐用之，众逃归。群僚畏昉，欲勿纳。颢曰："彼逃死自归，弗纳必乱。若昉怒，吾自任之。"即亲往启门拊劳，约少休三日复役，众欢踊而入。具以事上，得不遣。昉后过州，扬言曰："澶卒之溃，盖程中允诱之，吾且诉于上。"颢闻之，曰："彼方惮我，何能为。"果不敢言。

曹村埽决，颢谓郡守刘涣曰："曹村决，京师可虞。臣子之分，身可塞亦所当为，盍尽遣厢卒见付。"涣以镇印付颢，立走决所，激谕士卒。议者以为势不可塞，徒劳人尔。颢命善泅者度决口，引巨索济众，两岸并进，数日而合。

求监洛河竹木务，历年不叙伐阅，特迁太常丞。帝又欲使修《三经义》，执政不可，命知扶沟县。广济、蔡河在县境，濒河恶子无生理，专胁取行舟财货，岁必焚舟十数以立威。颢捕得一人，使引其类，贳宿恶，分地处之，令以挽绁为业，且察为奸者，自是境无焚剽患。内侍王中正按阅保甲，权焰章震，诸邑竞侈供张悦之，主吏来请，颢曰："吾邑贫，安能效他邑。取于民，法所禁也，独令故青帐可用尔。"除判武学，李定劾其新法之初首为异论，罢归故官。又坐狱逸囚，责监汝州盐税。哲宗立，召为宗正丞，未行而卒，年五十四。

颢资性过人，充养有道，和粹之气，盎于面背，门人交友从之数十年，亦未尝见其忿厉之容。遇事优为，虽当仓卒，不动声色。自十五六时，与弟颐闻汝南周敦颐论学，遂厌科举之习，慨然有求道之志。泛滥于诸家，出入于老、释者几十年，返求诸《六经》而后得之。秦、汉以来，未有臻斯理者。

教人自致知至于知止，诚意至于平天下，洒扫应对至于穷理尽性，循循有序。病学者厌卑近而骛高远，卒无成焉，故其言曰："道之不明，异端害之也。昔之害近而易知，今之害深而难辨。昔之惑人也乘其迷暗，今之惑人也因其高明。自谓之穷神知化，而不足以开物成务，言为无不周遍，实则外于伦理，穷深极微，而不可以入尧、舜之道。天下之学，非浅陋固滞，则必入于此。自道之不明也，邪诞妖妄之说竞起，涂生民之耳目，溺天下于污浊，虽高才明智，胶于见闻，醉生梦死，不自觉也。是皆正路之蓁芜，圣门之蔽塞，辟之而后可以入道。"

颢之死，士大夫识与不识，莫不哀伤焉。文彦博采众论，题其墓曰明道先生。其弟颐序之曰："周公没，圣人之道不行；孟轲死，圣人之学不传。道不行，百世无善治；学不传，千载无真儒。无善治，士犹得以明夫善治之道，以淑诸人，以传诸后；无真儒，则贸贸焉莫知所之，人欲肆而天理灭矣。先生生于千四百年之后，得不传之学于遗经，以兴起斯文为己任，辨异喘，辟邪说，使圣人之道焕然复明于世，盖自孟子之后，一人而已。然学者于道不知所向，则孰知斯人之为功；不知所至，则孰知斯名之称情也哉。"

嘉定十三年，赐谥曰纯公。淳祐元年封河南伯，从祀孔子庙庭。

程颐，字正叔。年十八，上书阙下，欲天子黜世俗之论，以王道为心。游太学，见胡瑗问诸生以颜子所好何学，颐因答曰：

学以至圣人之道也。圣人可学而至欤？曰：然。学之道如何？曰：天地储精，得五行之秀者为人，其本也真而静，其未发也。五性具焉，曰仁、义、礼、智、信。形既生矣，外物触其形而动其中矣，其中动而七情出焉，曰喜、怒、哀、乐、爱、恶、欲。情既炽而益荡，其性凿矣。是故觉者约其情使合于中，正其心，养其性；愚者则不知制之，纵其情而至于邪僻，梏其性而亡之。

然学之道，必先明诸心，知所养，然后力行以求至，所谓"自明而诚"也。诚之道，在乎信道笃，信道笃则行之果，行之果则守之固，仁义忠信不离乎心，造次必于是，颠沛必于是，出处语默必于是，久而弗失，则居之安，动容周旋中礼，而邪僻之心无自生矣。

故颜子所事，则曰："非礼勿视，非礼勿听，非礼勿言，非礼勿动。"仲尼称之，则曰："得一善则拳拳服膺而弗失之矣。"又曰："不迁怒，不贰过。""有不善未尝不知，知之未尝复行。"此其好之笃，学之得其道也。然圣人则不思而得，不勉而中；颜子则必思而后得，必勉而后中。其与圣人相去一息，所未至者守之也，非化之也。以其好学之心，假之以年，则不日而化矣。

后人不达，以谓圣本生知，非学可至，而为学之道遂失。不求诸己，而求诸外，以博闻强记、巧文丽辞为工，荣华其言，鲜有至于道者。则今之学，与颜子所好异矣。

瑗得其文，大惊异之，即延见，处以学职。吕希哲首以师礼事颐。

治平、元丰间，大臣屡荐，皆不起。哲宗初，司马光、吕公著共疏其行义曰："伏见河南府处士程颐，力学好古，安贫守节，言必忠信，动遵礼法。年逾五十，不求仕进，真儒者之高蹈，圣世之逸民。望擢以不次，使士类有所矜式。"诏以为西京国子监教授，力辞。

寻召为秘书省校书郎，既入见，擢崇政殿说书。即上疏言："习与智长，化与心成。今夫人民善教其子弟者，亦必延名德之士，使与之处，以薰陶成性。况陛下春秋之富，虽睿圣得于天资，而辅养之道不可不至。大率一日之中，接贤士大夫之时多，亲寺人宫女之时少，则气质变化，自然而成。愿选名儒入侍劝讲，讲罢留之分直，以备访问，或有小失，随事献规，岁月积久，必能养成圣德。"颐每进讲，色甚庄，继以讽谏。闻帝在宫中盥而避蚁，问："有是乎？"曰："然，诚恐伤之尔。"颐曰："推此心以及四海，帝王之要道也。"

神宗丧未除，冬至，百官表贺，颐言："节序变迁，时思方切，乞改贺为慰。"既除丧，有司请开乐置宴，颐又言："除丧而用吉礼，尚当因事张乐，今特设宴，是喜之也。"皆从之。帝尝以疮疹不御迩英累日，颐诣宰相问安否，且曰："上不御殿，太后不当独坐。且人主有疾，大臣可不知乎？"翌日，宰相以下始奏请问疾。

苏轼不悦于颐，颐门人贾易、朱光庭不能平，合攻轼。胡宗愈、顾临诋颐不宜用，孔文仲极论之，遂出管勾西京国子监。久之，加直秘阁，再上表辞。董敦逸复摭其有怨望语，去官。绍圣中，削籍窜涪州。李清臣尹洛，即日迫遣之，欲入别叔母亦不许，明日赆以银百两，颐不受。徽宗即位，徙峡州，俄复其官，又夺之崇宁。卒年七十五。

颐于书无所不读。其学本于诚，以《大学》、《语》、《孟》、《中庸》为标指，而达于《六经》。动止语默，一以圣人为师，其不至乎圣人不止也。张载称其兄弟从十四五时，便脱然欲学圣人，故卒得孔、孟不传之学，以为诸儒倡。其言之旨，若布帛菽粟然，知德者尤尊崇之。尝言："今农夫祁寒暑雨，深耕易耨，播种五谷，吾得而食之；百工技艺，作为器物，吾得而用之；介胄之士，被坚执锐，以守土宇，吾得而安之。无功泽及人，而浪度岁月，晏然为天地间一蠹，唯缀缉圣人遗书，庶几有补尔。"于是著《易》、《春秋传》以传于世。《易传序》曰：

《易》，变易也，随时变易以从道也。其为书也，广大悉备，将以顺性命之理，通幽明之故，尽事物之情，而示开物成务之道也。圣人之忧患后世，可谓至矣。去古虽远，遗经尚存，然而前儒失意以传言，后学诵言而忘味，自秦而下，盖无传矣。予生千载之后，悼斯文之湮晦，将俾后人沿流而求源，此《传》所以作也。

"《易》有圣人之道四焉：以言者尚其辞，以动者尚其变，以制器者尚其象，以卜筮者尚其占"。吉凶消长之理、进退存亡之道备于辞，推辞考卦可以知变，象与占在其中矣。"君子居则观其象而玩其辞，动则观其变而玩其占"，得于辞不达其意者有矣，未有不得于辞而能通其意者也。至微者理也，至著者象也。体用一源，显微无间，观会通以行其典礼，则辞无所不备。故善学者，求言必自近，易于近者，非知言者也。予所传者辞也，由辞以得意，则在乎人焉。

《春秋传序》曰：

天之生民，必有出类之才起而君长之，治之而争夺息，导之而生养遂，教之而伦理明，然后人道立，天道成，地道平。二帝而上，圣贤世出，随时有作，顺乎风气之宜，不先天以开人，各因时而立政。暨乎三王迭兴，三重既备，子、丑、寅之建正，忠、质、文之更尚，人道备矣，天运周矣。圣王既不复作，有天下者虽欲仿古之迹，亦私意妄为而已。事之缪，秦至以建亥为正；道之悖，汉专以智力持世，岂复知先王之道也。

夫子当周之末，以圣人不复作也，顺天应时之治不复有也，于是作《春秋》，为百王不易之大法。所谓"考诸三王而不缪，建诸天地而不悖，质诸鬼神而无疑，百世以俟圣人而不惑"者也。先儒之传，游、夏不能赞一辞，辞不待赞者也，言不能与于斯尔。斯道也，唯颜子尝闻之矣。"行夏之时，乘殷之辂，服周之冕，乐则《韶舞》"，此其准的也。后世以史视《春秋》，谓褒善贬恶而已，至于经世之大法，则不知也。

《春秋》大义数十，其义虽大，炳如日星，乃易见也。惟其微辞隐义、时措从宜者，为难知也。或抑或纵，或予或夺，或进或退，或微或显，而得乎义理之安，文质之中，宽猛之宜，是非之公，乃制事之权衡，揆道之模范也。夫观百物然后识化工之神，聚众材然后知作室之用，于一事一义而欲窥圣人之用心，非上智不能也。故学《春秋》者，必优游涵泳，默识心通，然后能造其微也。后王知《春秋》之义，则虽德非禹、汤，尚可以法三代之治。

自秦而下，其学不传，予悼夫圣人之志不明于后世也，故作《传》以明之，俾后之人通其文而求其义，得其意而法其用，则三代可复也。是《传》也，虽未能极圣人之蕴奥，庶几学者得其门而入矣。

平生诲人不倦，故学者出其门最多，渊源所渐，皆为名士。涪人祠颐于北岩，世称为伊川先生。嘉定十三年，赐谥曰正公。淳祐元年，封伊阳伯，从祀孔子庙庭。门人刘绚、李籲、谢良佐、游酢、张绎、苏昞皆班班可书，附于左。吕大钧、大临见《大防传》。

张载，字子厚，长安人。少喜谈兵。至欲结客取洮西之地。年二十一，以书谒范仲淹，一见知其远器，乃警之曰："儒者自有名教可乐，何事于兵。"因劝读《中庸》。载读其书，犹以为未足，又访诸释、老，累年究极其说，知无所得，反而求之《六经》。尝坐虎皮讲《易》京师，听从者甚众。一夕，二程至，与论《易》，次日语人曰："比见二程，深明《易》道，吾所弗及，汝辈可师之。"撤坐辍讲。与二程语道学之要，涣然自信曰："吾道自足，何事旁求。"于是尽弃异学，淳如也。

举进士，为祈州司法参军，云岩令。政事以敦本善俗为先，每月吉，具酒食，召乡人高年会县庭，亲为劝酬。使人知养老事长之义，因问民疾苦，及告所以训戒子弟之意。

熙宁初，御史中丞吕公著言其有古学，神宗方一新百度，思得才哲士谋之，召见问治道，对曰："为政不法三代者，终苟道也。"帝悦，以为崇文院校书。他日见王安石，安石问以新政，载曰："公与人为善，则人以善归公；如教玉人琢玉，则宜有不受命者矣。"明州苗振狱起，往治之，末杀其罪。

还朝，即移疾屏居南山下，终日危坐一室，左右简编，俯而读，仰而思，有得则识之，或中夜起坐，取烛以书。其志道精思，未始须臾息，亦未尝须臾忘也。敝衣蔬食，与诸生讲学，每告以知礼成性、变化气质之道，学必如圣人而后已。以为知人而不知天，求为贤人而不求为圣人，此秦、汉以来学者大蔽也。故其学尊礼贵德、乐天安命，以《易》为宗，以《中庸》为体，以《孔》、《孟》为法，黜怪妄，辨鬼神。其家昏丧葬祭，率用先王之意，而傅以今礼。又论定井田、宅里、发敛、学校之法，皆欲条理成书，使可举而措诸事业。

吕大防荐之曰："载之始终，善发明圣人之遗旨，其论政治略可复古。宜还其旧职，以备谘访。"乃诏知太常礼院。与有司议礼不合，复以疾归，中道疾甚，沐浴更衣而寝，旦而卒。贫无以敛，门人共买棺奉其丧还。翰林学士许将等言其恬于进取，乞加赠恤，诏赐馆职半赙。

载学古力行，为关中士人宗师，世称为横渠先生。著书号《正蒙》，又作《西铭》曰：

乾称父而坤母，予兹藐焉，乃混然中处。故天地之塞吾其体，天地之帅吾其性，民吾同胞，物吾与也。

大君者，吾父母宗子；其大臣，宗子之家相也。尊高年所以长其长，慈孤幼所以幼其幼，圣其合德，贤其秀也。凡天下疲癃残疾、惸独鳏寡，皆吾兄弟之颠连而无告者也。"于时保之"，子之翼也。"乐且不忧"，纯乎孝者也。违曰悖德，害仁曰贼，济恶者不才，其践形惟肖者也。

知化则善述其事，穷神则善继其志，不愧屋漏为无忝，存心养性为匪懈。恶旨酒，崇伯子之顾养；育英材，颍封人之锡类。不弛劳而底豫，舜其功也；无所逃而待烹，申生其恭也。体其受而归全者，参乎；勇于从而顺令者，伯奇也。富贵福泽，将厚吾之生也；贫贱忧戚，庸玉女于成也。存，吾顺事；殁，吾宁也。

程颐尝言："《西铭》明理一而分殊，扩前圣所未发，与孟子性善养气之论同功，自孟子后盖未之见。"学者至今尊其书。

嘉定十三年，赐谥曰明公。淳祐元年封郿伯，从祀孔子庙庭。弟戬。

戬，字天祺。起进士，调阌乡主簿，知金堂县。诚心爱人，养老恤穷，间召父老使教督子弟。民有小善，皆籍记之。以奉钱为酒食，月吉，召老者饮劳，使其子孙侍，劝以孝弟。民化其德，所至狱讼比少。

熙宁初，为监察御史里行。累章论王安石乱法，乞罢条例司及追还常平使者。劾曾公亮、陈升之、赵抃依违不能救正，韩绛左右徇从，与为死党，李定以邪谄窃台谏。且安石擅国，辅以绛之诡随，台臣又用定辈，继续而来，芽蘖渐盛。吕惠卿劲薄辩给，假经术以文奸言，岂宜劝讲君侧。书数十上，又诣中书争之，安石举扇掩面而笑，戬曰："戬之狂直宜为公笑，然天下之笑公者不少矣。"赵抃从旁解之，戬曰："公亦不得为无罪。"抃有愧色。遂称病待罪。

出知公安县，徙监司竹监，至举家不食笋。常爱用一卒，及将代，自见其人盗笋箬，治之无少贷；罪已正，待之复如初，略不介意，其德量如此。卒于官，年四十七。

邵雍，字尧夫。其先范阳人，父古徙衡漳，又徙共城。雍年三十，游河南，葬其亲伊水上，遂为河南人。

雍少时，自雄其才，慷慨欲树功名。于书无所不读，始为学，即坚苦刻厉，寒不炉，暑不扇，夜不就席者数年。已而叹曰："昔人尚友于古，而吾独未及四方。"于是逾河、汾、涉淮、汉，周流齐、鲁、宋、郑之墟，久之，幡然来归，曰："道在是矣。"遂不复出。

北海李之才摄共城令，闻雍好学，尝造其庐，谓曰："子亦闻物理性命之学乎？"雍对曰："幸受教。"乃事之才，受《河图》、《洛书》、宓羲八卦六十四卦图像。之才之传，远有端绪，而雍探赜索隐，妙悟神契，洞彻蕴奥，汪洋浩博，多其所自得者。及其学益老，德益邵，玩心高明，以观夫天地之运化，阴阳之消长，远而古今世变，微而走飞草木之性情，深造曲畅，庶几所谓不惑，而非依仿象类、亿则屡中者。遂衍宓羲先天之旨，著书十余万言行于世，然世之知其道者鲜矣。

初至洛，蓬荜环堵，不芘风雨，躬樵爨以事父母，虽平居屡空，而怡然有所甚乐，人莫能窥也。及执亲丧，哀毁尽礼。富弼、司马光、吕公著诸贤退居洛中，雅敬雍，恒相从游，为市园宅。雍岁时耕稼，仅给衣食。名其居曰"安乐窝"，因自号安乐先生。旦则焚香燕坐，晡时酌酒三四瓯，微醺即止，常不及醉也，兴至辄哦诗自咏。春秋时出游城中，风雨常不出，出则乘小车，一人挽之，惟意所适。士大夫家识其车音，争相迎候，童孺厮隶皆欢相谓曰："吾家先生至也。"不复称其姓字。或留信宿乃去。好事者别作屋如雍所居，以候其至，名曰"行窝"。

司马光兄事雍，而二人纯德尤乡里所慕向，父子昆弟每相饬曰："毋为不善,恐司马端明、邵先生知。"士之道洛者,有不之公府,必之雍。雍德气粹然,望之知其贤,然不事表襮,不设防畛,群居燕笑终日,不为甚异。与人言,乐道其善而隐其恶。有就问学则答之,未尝强以语人。人无贵贱少长,一接以诚,故贤者悦其德,不贤者服其化。一时洛中人才特盛,而忠厚之风闻天下。

熙宁行新法,吏牵迫不可为,或投劾去。雍门生故友居州县者,皆贻书访雍,雍曰:"此贤者所当尽力之时,新法固严,能宽一分,则民受一分赐矣。投劾何益邪?"

嘉祐诏求遗逸,留守王拱辰以雍应诏,授将作监主簿,复举逸士,补颍州团练推官,皆固辞乃受命,竟称疾不之官。熙宁十年,卒,年六十七,赠秘书省著作郎。元祐中赐谥康节。

雍高明英迈,迥出千古,而坦夷浑厚,不见圭角,是以清而不激,和而不流,人与交久,益尊信之。河南程颢初侍其父识雍,议论终日,退而叹曰:"尧夫,内圣外王之学也。"

雍知虑绝人,遇事能前知。程颐尝曰:"其心虚明,自能知之。"当时学者因雍超诣之识,务高雍所为,至谓雍有玩世之意;又因雍之前知,谓雍于凡物声气之所感触,辄以其动而推其变焉。于是摭世事之已然者,皆以雍言先之,雍盖未必然也。

雍疾病,司马光、张载、程颢、程颐晨夕候之,将终,共议丧葬事外庭,雍皆能闻众人所言,召子伯温谓曰:"诸君欲葬我近城地,当从先茔尔。"既葬,颢为铭墓,称雍之道纯一不杂,就其所至,可谓安且成矣。所著书曰《皇极经世》、《观物内外篇》、《渔樵问对》,诗曰《伊川击壤集》。

子伯温,别有传。

卷四百二十八
列传第一百八十七

道学二 程氏门人

**刘绚　李籲　谢良佐　游酢　张绎
苏昞　尹焞　杨时　罗从彦　李侗**

刘绚,字质夫,常山人。以荫为寿安主簿、长子令,督公家逋赋,不假鞭扑而集。岁大旱,府遣吏视伤所,蠲财什二,绚力争不得,封还其檄,请易之。富弼叹曰:"真其令也。"元祐初,韩维荐其经明行修,为京兆府教授。王岩叟、朱光庭又荐为太学博士,卒于官。绚力学不倦,最明于《春秋》。程颢每与人言:"他人之学,敏则有矣,未易保也,若绚者,吾无疑焉。"

李籲,字端伯,洛阳人。登进士第。元祐中为秘书省校书郎,卒。程颐谓其才器可以大受,及亡也,祭之以文曰:"自予兄弟倡明道学,能使学者视仿而信从者,顾与刘绚有焉。"

谢良佐,字显道,寿春上蔡人。与游酢、吕大临、杨时在程门,号"四先生"。登进士第。建中靖国初,官京师,召对,忤旨去。监西京竹木场,坐口语系诏狱,废为民。良佐记问该赡,对人称引前史,至不差一字。事有未彻,则颢有沘。与程颐别一年,复来见,问其所进,曰:"但去得一'矜'字尔。"颐喜,谓朱光庭曰:"是子力学,切问而近思者也。"所著《论语说》行于世。

游酢,字定夫,建州建阳人。与兄醇以文行知名,所交皆天下士。程颐见之京师,谓其资可以进道。程颢兴扶沟学,招使肄业,尽弃其学而学焉。第进士,调萧山尉。近臣荐其贤,召为太学录。迁博士,以奉亲不便,求知河清县。范纯仁守颍昌府,辟府教授。纯仁入相,复为博士。签书齐州、泉州判官。晚得监察御史,历知汉阳军、和、舒、濠三州而卒。

张绎,字思叔,河南寿安人。家甚微,年长未知学,佣力于市,出闻邑官传呼声,心慕之,问人曰:"何以得此?"人曰:"此读书所致尔。"即发愤力学,遂以文名。预乡里计偕,谓科举之习不足为,尝游僧舍,见僧道楷,将祝发从之。时周行己官河南,警之曰:"何为舍圣人之学而学佛?异日程先生归,可师也。"会程颐还自涪,乃往受业,颐赏其颖悟。读《孟子》"志士不忘在沟壑,勇士不忘丧其元",慨然若有得。未及仕而卒。颐尝言"吾晚得二士",谓绎与尹焞也。

苏昞,字季明,武功人。始学于张载,而事二程卒业。元祐末,吕大中荐之,起布衣为太常博士。坐元符上书入邪籍,编管饶州,卒。

尹焞,字彦明,一字德充,世为洛人。曾祖仲宣七子,而二子有名:长子源字子渐,是谓河内先生;次子洙字师鲁,是谓河南先生。源生林,官至虞部员外郎。林生焞。

少师事程颐,尝应举,发策有诛元祐诸臣议,焞曰:"嘻,尚可以干禄乎哉!"不对而出,告颐曰:"焞不复应进士举矣。"颐曰:"子有母在。"焞归告其母陈,母曰:"吾知汝以善养,不知汝以禄养。"颐闻之曰:"贤哉母也!"于是终身不就举。焞之从师,与河南张绎同时,绎以高识,焞以笃行。颐既没,焞聚徒洛中,非吊丧问疾不出户,士大夫宗仰之。

靖康初,种师道荐焞德行可备劝讲,召至京师,不欲留,赐号和靖处士。户部尚书梅执礼、御史中丞吕好问、户部侍郎邵溥、中书舍人胡安国合奏:"河南布衣尹焞学穷根本,德备中和,言动可以师法,器识可以任大,近世招延之士无出其右者。朝廷特召,而命处士以归,使焞韬藏国器,不为时用,未副陛下侧席求贤之意。望特加识擢,以慰士大夫之望。"不报。

次年，金人陷洛，焞阖门被害，焞死复甦，门人舁置山谷中而免。刘豫命伪帅赵斌以礼聘焞，不从则以兵恐之。焞自商州奔蜀，至阆，得程颐《易传》十卦于其门人吕稽中，又得全本于其婿邢纯，拜而受之。绍兴四年，止于涪。涪，颐读《易》地也，辟三畏斋以居，邦人不识其面。侍读范冲举焞自代，授左宣教郎，充崇政殿说书，以疾辞。范冲奏给五百金为行资，遣漕臣奉诏至涪亲遣。六年，始就道，作文祭颐而后行。

先是，崇宁以来，禁锢元祐学术，高宗渡江，始召杨时置从班，召胡安国居给舍，范冲、朱震俱在讲席，荐焞甚力。既召，而左司谏陈公辅上疏攻程氏之学，乞加屏绝。焞至九江，上奏曰："臣僚上言，程颐之学惑乱天下。焞实师颐垂二十年，学之既专，自信甚笃。使焞滥列经筵，其所敷绎，不过闻于师者。舍其所学，是欺君父，加以疾病衰耗，不能支持。"遂留不进。胡安国奉祠居衡阳，上书言："欲使学者蹈中庸，师孔、孟，而禁不从程颐之学，是入室而不由户。"

朱震引疾告去，时赵鼎去位，张浚独相，于是召安国，俾以内祠兼侍读，而上章荐焞，言其拒刘豫之节，且谓其所学所养有大过人者，乞令江州守臣疾速津送至国门。复以疾辞，上曰："焞可谓恬退矣。"诏以秘书郎兼说书，趣起之，焞始入见就职。八年，除秘书少监，未几，力辞求去。上语参知政事刘大中曰："焞未论所学渊源，足为后进矜式，班列得老成人，亦是朝廷气象。"乃以焞直徽猷阁，主管万寿观，留侍经筵。资善堂翊善朱震疾亟，荐焞自代。辅臣入奏，上惨然曰："杨时物故，胡安国与震又亡，朕痛惜之。"赵鼎曰："尹焞学问渊源，可以继震。"上指奏牍曰："震亦荐焞代资善之职，但焞微聩，恐教儿费力尔。"除太常少卿，仍兼说书。未几，称疾在告，除权礼部侍郎兼侍讲。

时金人遣张通古、萧哲来议和，焞上疏曰：

臣伏见本朝有辽、金之祸，亘古未闻，中国无人，致其猾乱。昨者城下之战，诡诈百出，二帝北狩，皇族播迁，宗社之危，已绝而续。陛下即位以来十有二年，虽中原未复，仇敌未殄，然而赖祖宗德泽之厚，陛下勤抚之至，亿兆之心无有离异。前年徽宗皇帝、宁德皇后崩问遽来，莫究不豫之状，天下之人痛心疾首，而陛下方且屈意降志，以迎奉梓宫、请问讳日为事。今又为此议，则人心日去，祖宗积累之业，陛下十二年勤抚之功，当决于此矣。不识陛下亦尝深谋而熟虑乎，抑在廷之臣不以告也？

《礼》曰："父母之仇不共戴天，兄弟之仇不反兵。"今陛下信仇敌之谲诈，而觊其肯和以纾目前之急，岂不失不共戴天、不反兵之义乎？又况使人之来，以诏谕为名，以割地为要，今以不戴天之仇与之和，臣切为陛下痛惜之。或以金国内乱，惧我袭已，故为甘言以缓王师。倘或果然，尤当鼓士卒之心，雪社稷之耻，尚何和之为务？

又移书秦桧言：

今北使在廷，天下忧愤，若和议一成，彼日益强，我日益怠，侵寻脧削，天下有被发左衽之忧。比者，窃闻主上以父兄未返，降志辱身于九重之中有年矣，然亦自是未闻金人悔过，还二帝于沙漠。继之梓宫崩问不详，天下之人痛恨切骨，金人狼虎贪噬之性，不言可见。天下方将以此望于相公，觊有以革其已然，岂意为之已甚乎？

今之上策，莫如自治。自治之要，内则进君子而远小人，外则赏当功而罚当罪，使主上孝弟通于神明，道德成于安强，勿以小智子义而图大功，不胜幸甚。

疏及书皆不报，于是焞固辞新命。

九年，以徽猷阁待制提举万寿观兼侍讲，又辞，且奏言：

臣职在劝讲，蔑有发明，期月之间，病告相继，坐窃厚禄，无补圣聪。先圣有言："陈力就列，不能者止。"此当去者一也。臣起自草茅，误膺召用，守道之语，形于训词，而臣贪恋宠荣，遂绝素守，使朝廷非常不次之举，获怀利苟得之人。此当去者二也。比尝不量分守，言及国事，识见迂陋，已验于今，迹其庸愚，岂堪时用。此当去者三也。臣自擢春官，未尝供职，以疾乞去，更获超迁，有何功劳，得以祗受。此当去者四也。国朝典法，揆之礼经，年至七十，皆当致仕。今臣年齿已及，加以疾病，血气既衰，戒之在得。此当去者五也。臣闻圣君有从欲之仁，匹夫有莫夺之志，今臣有五当去之义，无一可留之理，乞检会累奏，放归田里。

疏上，以焞提举江州太平观。引年告老，转一官致仕。

焞自入经筵，即乞休致，朝廷以礼留之；浚、鼎既去，秦桧当国，见焞议和疏及与桧书已不乐，至是，得求去之疏，遂不复留。十二年，卒。

当是时，学于程颐之门者固多君子，然求质直弘毅、实体力行若焞者盖鲜。颐尝以"鲁"许之，且曰："我死，而不失其正者尹氏子也。"其言行见于《涪陵记善录》为详，有《论语解》及《门人问答》传于世。

杨时，字中立，南剑将乐人。幼颖异，能属文，稍长，潜心经史。熙宁九年，中进士第。时河南程颢与弟颐讲孔、孟绝学于熙、丰之际，河、洛之士翕然师之。时调官不赴，以师礼见颢于颍昌，相得甚欢。其归也，颢目送之曰："吾道南矣。"四年而颢死，时闻之，设位哭寝门，而以书赴告同学者。至是，又见程颐于洛，时盖年四十矣。一日见颐，颐偶瞑坐，时与游酢侍立不去，颐既觉，则门外雪深一尺矣。关西张载尝著《西铭》，二程深推服之，时疑其近于兼爱，与其师颐辨论往复，闻理一分殊之说，始豁然无疑。

杜门不仕者十年，久之，历知浏阳、余杭、萧山三县，皆有惠政，民思之不忘。张舜民在谏垣，荐之，得荆州教授。时安于州县，未尝求闻达，而德望日重，四方之士不远千里从之游，号曰龟山先生。

时天下多故，有言于蔡京者，以为事至此必败，宜引旧德老成置诸左右，庶几犹可及，时宰是之。会有使高丽者，国主问龟山安在，使回以闻。召为秘书郎，迁著作郎。及面对，奏曰：

尧、舜曰"允执厥中"，孟子曰"汤执中"，《洪范》曰"皇建其有极"，历世圣人由斯道也。熙宁之初，大臣文六艺之言以行其私，祖宗之法益更殆尽。元祐继之，尽复祖宗之旧，熙宁之法一切废革。至绍圣、崇宁抑又甚焉，凡元祐之政事著在令甲，皆焚之以灭其迹。自是分为二党，缙绅之祸至今未殄。臣愿明诏有司，条具祖宗之法，著为纲目，有宜于今者举而行之，当损益者损益之，元祐、熙、丰姑置勿问，一趋于中而已。

朝廷方图燕云，虚内事外，时遂陈时政之弊，且谓："燕云之师宜退守内地，以省转输之劳，募边民为弓弩手，以杀常胜军之势。"又言："都城居四达之衢，无高山巨浸以为阻卫，士人怀异心，缓急不可倚仗。"执政不能用。登对，力陈君臣警戒，正在无虞之时，乞为《宣和会计录》，以周知天下财物出入之数。徽宗首肯之。

除迩英殿说书。闻金人入攻，谓执政曰："今日事势如积薪已然，当自奋励，以竦动观听。若示以怯懦之形，委靡不振，则事去矣。昔汲黯在朝，淮南寝谋。论黯之才，未必能过公孙弘辈也，特其直气可以镇压奸雄之心尔。朝廷威望弗振，使奸雄一以弘辈视之，则无复可为也。要害之地，当严为守备，比至都城，尚何为哉？近边州军宜坚壁清野，勿与之战，使之自困。若攻战略地，当遣援兵追袭，使之腹背受敌，则可以制胜矣。"且谓："今日之事，当以收人心为先。人心不附，虽有高城深池、坚甲利兵，不足恃也。免夫之役，毒被海内，西城聚敛，东南花石，其害尤甚。前此盖尝罢之，诏墨未干，而花石供奉之舟已衔尾矣。今虽复申前令，而祸根不除，人谁信之？欲致人和，去此三者，正今日之先务也。"

金人围京城，勤王之兵四集，而莫相统一。时言："唐九节度之师不立统帅，虽李、郭之善用兵，犹不免败衄。今诸路乌合之众，臣谓当立统帅，一号令，示纪律，而后士卒始用命。"又言："童贯为三路大帅，敌人侵疆，弃军而归，孥戮之有余罪，朝廷置之不问，故梁方平、何灌皆相继而遁。当正典刑，以为臣子不忠之戒。童贯握兵二十余年，覆军杀将，驯至今日，比闻防城仍用阉人，覆车之辙，不可复蹈。"疏上，除右谏议大夫兼侍讲。

敌兵初退，议者欲割三镇以讲和，时极言其不可，曰："河朔为朝廷重地，而三镇又河朔之要藩也。自周世宗迄太祖、太宗，百战而后得之，一旦弃之北庭，使敌骑疾驱，贯吾腹心，不数日可至京城。今闻三镇之民以死拒之，三镇拒其前，吾以重兵蹑其后，尚可为也。若种师道、刘光世皆一时名将，始至而未用，乞召问方略。"疏上，钦宗诏出师，而议者多持两端，时抗疏曰："闻金人驻磁、相，破大名，劫虏驱掠，无有纪极，墨墨未干，而背不旋踵，吾虽欲专守和议，不可得也。夫越数千里之远，犯人国都，危道也。彼见勤王之师四面而集，亦惧而归，非爱我而不攻。朝廷割三镇二十州之地与之，是欲助寇而自攻也。闻

肃王初与之约，及河而返，今挟之以往，此败盟之大者。臣窃谓朝廷宜以肃王为问，责其败盟，必得肃王而后已。"时太原围闭数月，而姚古拥兵逗留不进，时上疏乞诛古以肃军政，拔偏裨之可将者代之。不报。

李纲之罢，太学生伏阙上书，乞留纲与种师道，军民集者数十万，朝廷欲究防禁之。吴敏乞用时以靖学士，时得召对，言："诸生伏阙纷纷，忠于朝廷，非有他意，但择老成有行谊者，为之长贰，则将自定。"钦宗曰："无逾于卿。"遂以时兼国子祭酒。首言："三省政事所出，六曹分治，各有攸司。今乃别辟官属，新进少年，未必贤于六曹长贰。"又言：

蔡京用事二十余年，蠹国害民，几危宗社，人所切齿，而论其罪者，莫知其所本也。盖京以继述神宗为名，实挟王安石以图身利，故推尊安石，加以王爵，配飨孔子庙庭。今日之祸，实安石有以启之。

谨按安石挟管、商之术，饰六艺以文奸言，变乱祖宗法度。当时司马光已言其为害当见于数十年之后，今日之事，若合符契。其著为邪说以涂学者耳目，而败坏其心术者，不可缕数，姑即一二事明之。

昔神宗尝称美汉文帝惜百金以罢露台，安石乃言："陛下若能以尧、舜之道治天下，虽竭天下以自奉不为过，守财之言非正理。"曾不知尧、舜茅茨土阶。禹曰："克俭于家"，则竭天下以自奉者，必非尧、舜之道。其后王黼以应奉花石之事，竭天下之力，号为享上，实安石有以倡之也。其释《鸱鸮》守成之诗，于末章则谓："以道守成者，役使群众，泰而不为骄，宰制万物，费而不为侈，孰弊弊然以爱为事。"《诗》之所言，正谓能持盈则神祇祖考安乐之，而无后艰尔。自古释之者，未有泰而不为骄、费而不为侈之说也。安石独倡为此说，以启人主之侈心。后蔡京辈轻费妄用，以侈靡为事。安石邪说之害如此。

伏望追夺王爵，明诏中外，毁去配享之像，使邪说淫辞不为学者之惑。疏上，安石遂降从祀之列。士之习王氏学取科第者，已数十年，不复知其非，忽闻以为邪说，议论纷然。谏官冯澥力主王氏，上疏诋时。会学官中有纷争者，有旨学官并罢，时亦罢祭酒。

时又言："元祐党籍中，惟司马光一人独褒显，而未及吕公著、韩维、范纯仁、吕大防、安焘辈。建中初言官陈瓘已褒赠，而未及邹浩。"于是元祐诸臣皆次第牵复。

寻四上章乞罢谏省，除给事中，辞，乞致仕，除徽猷阁直学士、提举嵩山崇福宫。时力辞直学士之命，改除徽猷阁待制、提举崇福宫。陛辞，犹上书乞选将练兵，为战守之备。

高宗即位，除工部侍郎。陛对言："自古圣贤之君，未有不以典学为务。"除兼侍读。乞修《建炎会计录》，乞恤勤王之兵，乞宽赦言者。连章丐外，以龙图阁直学士提举杭州洞霄宫。已而告老，以本官致仕，优游林泉，以著书讲学为事。卒年八十三，谥文靖。

时在东郡，所交皆天下士，先达陈瓘、邹浩皆以师礼事时。暨渡江，东南学者推时为程氏正宗。与胡安国往来

讲论尤多。时浮沉州县四十有七年，晚居谏省，仅九十日，凡所论列皆切于世道，而其大者，则辟王氏经学，排靖康和议，使邪说不作。凡绍兴初崇尚元祐学术，而朱熹、张栻之学得程氏之正，其源委脉络皆出于时。

子迪，力学通经，亦尝师程颐云。

罗从彦，字仲素，南剑人。以累举恩为惠州博罗县主簿。闻同郡杨时得河南程氏学，慨然慕之，及时为萧山令，遂徒步往学焉。时熟察之，乃喜曰："惟从彦可与言道。"于是日益以亲，时弟子千余人，无及从彦者。从彦初见时三日，即惊汗浃背，曰："不至是，几虚过一生矣。"尝与时讲《易》，至《乾》九四爻，云："伊川说甚善。"从彦即鬻田走洛，见颐问之，颐反覆以告，从彦谢曰："闻之龟山具是矣。"乃归卒业。

沙县陈渊，杨时之婿也，尝诣从彦，必竟日乃返，谓人曰："自吾交仲素，日闻所不闻，奥学清节，真南州之冠冕也。"既而筑室山中，绝意仕进，终日端坐，间谒时将溪上，吟咏而归，恒充然自得焉。

尝采祖宗故事为《遵尧录》，靖康中，拟献阙下，会国难不果。尝与学者论治曰："祖宗法度不可废，德泽不可恃。废法度则变乱之事起，恃德泽则骄佚之心生。自古德泽最厚莫若尧、舜，向使子孙可恃，则尧、舜必传其子。法度之明莫如周，向使子孙世守文、武、成、康之遗绪，虽至今存可也。"又曰："君子在朝则天下必治，盖君子进则常有乱世之言，使人主多忧而善心生，故治。小人在朝则天下乱，盖小人进则常有治世之言，使人主多乐而怠心生，故乱。"又曰："天下之变不起于四方，而起于朝廷。譬如人之伤气，则寒暑易侵；木之伤心，则风雨易折。故内有林甫之奸，则外必有禄山之乱，内有卢杞之奸，则外必有朱泚之叛。"

其论士行曰："周、孔之心使人明道，学者果能明道，则周、孔之心，深自得之。三代人才得周、孔之心，而明道者多，故视死生去就如寒暑昼夜之移，而忠义行之者易。至汉、唐以经术古文相尚，而失周、孔之心，故经术自董生、公孙弘倡之，古文自韩愈、柳宗元启之，于是明道者寡，故视死生去就如万钧九鼎之重，而忠义行之者难。呜呼，学者所见，自汉、唐丧矣。"又曰："士之立朝，要以正直忠厚为本。正直则朝廷无过失，忠厚则天下无嗟怨。一于正直而不忠厚，则渐入于刻。一于忠厚而不正直，则流入于懦。"其议论醇正类此。

朱熹谓："龟山倡道东南，士之游其门者甚众，然潜思力行、任重诣极如仲素，一人而已。"绍兴中卒，学者称之曰豫章先生，淳祐间谥文质。

李侗，字愿中，南剑州剑浦人。年二十四，闻郡人罗从彦得河、洛之学，遂以书谒之，其略曰：

侗闻之，天下有三本焉，父生之，师教之，君治之，阙其一则本不立。古之圣贤莫不有师，其肆业之勤惰，涉道之浅深，求益之先后，若存若亡，其详不可得而考。惟洙、泗之间，七十二弟子之徒，议论问答，具在方册，有足稽焉，是得夫子而益明矣。孟氏之后，道失其传，枝分派别，自立门户，天下真儒不复见于世。其聚徒成群，所以相传授者，句读文义而已尔，谓之熄焉可也。

其惟先生服膺龟山先生之讲席有年矣，况尝及伊川先生之门，得不传之道于千五百年之后，性明而修，行完而洁，扩之以广大，体之以仁恕，精深微妙，各极其至，汉、唐诸儒无近似者。至于不言而饮人以和，与人并立而使人化，如春风发物，盖亦莫知其所以然也。凡读圣贤之书，粗有识见者，孰不愿得授经门下，以质所疑，至于异论之人，固当置而勿论也。

侗之愚鄙，徒以习举子业，不得服役于门下，而今日拳拳欲求教者，以谓所求有大于利禄也。抑侗闻之，道可以治心，犹食之充饱，衣之御寒也。人有迫于饥寒之患者，皇皇焉为衣食之谋，造次颠沛，未始忘也。至于心之不治，有没世不知虑，岂爱心不若口体哉，弗思甚矣。

侗不量资质之陋，徒以祖父以儒学起家，不忍坠箕裘之业，孜孜矻矻为利禄之学，虽知真儒有作，闻风而起，固不若先生亲炙之得于动静语默之间，目击而意全也。今生二十有四岁，茫乎未有所止，烛理未明而是非无以辨，宅心不广而喜怒易以摇，操履不完而悔吝多，精神不充而智巧袭，拣焉而不净，守焉而不敷，朝夕恐惧，不啻如饥寒切身者求充饥御寒之具也。不然，安敢以不肖之身为先生之累哉。

从之累年，授《春秋》、《中庸》、《语》、《孟》之说。从彦好静坐，侗退入室中，亦静坐。从彦令静中看喜怒哀乐未发前气象，而求所谓"中"者，久之，而于天下之理该摄洞贯，以次融释，各有条序，从彦亟称许焉。

既而退居山田，谢绝世故余四十年，食饮或不充，而怡然自适。事亲孝谨，仲兄性刚多忤，侗事之得其欢心。闺门内外，夷愉肃穆，若无人声，而众事自理。亲戚有贫不能婚嫁者，则为经理振助之。与乡人处，饮食言笑，终日油油如也。

其接后学，答问不倦，虽随人浅深施教，而必自反身自得始。故其言曰："学问之道不在多言，但默坐澄心，体认天理。若是，虽一毫私欲之发，亦退听矣。"又曰："学者之病，在于未有洒然冰解冻释处。如孔门诸子，群居终日，交相切磨，又得夫子为之依归，日用之间观感而化者多矣。恐于融释而不脱落处，非言说所及也。"又曰："读书者知其所言莫非吾事，而即吾身以求之，则凡圣贤所至而吾所未至者，皆可勉而进矣。若直求之文字，以资诵说，其不为玩物丧志者几希。"又曰："讲学切在深潜缜密，然后气味深长，蹊径不差。若概以理一，而不察其分之殊，此学者所以流于疑似乱真之说而不自知也。"尝以黄庭坚之称濂溪周茂叔"胸中洒落，如光风霁月"，为善形容有道者气象，尝讽诵之，而顾谓学者存此于胸中，庶几遇事廓然，而义理少进矣。

其语《中庸》曰："圣门之传是书，其所以开悟后学无遗策矣。然所谓'喜怒哀乐未发谓之中'者，又一篇之指要也。若徒记诵而已,则亦奚以为哉?必也体之于身,实见是理,若颜子之叹,卓然若有所见,而不违乎心目之间,然后扩充而往,无所不通,则庶乎其可以言《中庸》矣。"其语《春秋》曰:"《春秋》一事各是发明一例,如观山水,徙步而形势不同,不可拘以一法。然所以难言者,盖以常人之心推测圣人,未到圣人洒然处,岂能无失耶?"

侗既闲居,若无意当世,而伤时忧国,论事感激动人。尝曰:"今日三纲不振,义利不分。三纲不振,故人心邪僻,不堪任用,是致上下之气间隔,而中国日衰。义利不分,故自王安石用事,陷溺人心,至今不自知觉。人趋利而不知义,则主势日孤,人主当于此留意,不然,则是所谓'虽有粟,吾得而食诸'也。"

是时吏部员外郎朱松与侗为同门友,雅重侗,遣子熹从学,熹卒得其传。沙县邓迪尝谓松曰:"愿中如冰壶秋月,莹彻无瑕,非吾曹所及。"松以谓知言。而熹亦称侗:"姿禀劲特,气节豪迈,而充养纯粹,无复圭角,精纯之气达于面目,色温言厉,神定气和,语默动静,端详闲泰,自然之中若有成法。平日恂恂,于事若无甚可否,及其酬酢事变,断以义理,则有截然不可犯者。"又谓自从侗学,辞去复来,则所闻益超绝。其上达不已如此。

侗子友直、信甫皆举进士,试吏旁郡,更请迎养。归道武夷,会闽帅汪应辰以书币来迎,侗往见之,至之日疾作,遂卒,年七十有一。

信甫仕至监察御史,出知衢州,擢广东、江东宪,以特立不容于朝云。

卷四百二十九
列传第一百八十八

道学三

朱熹　张栻

朱熹,字元晦,一字仲晦,徽州婺源人。父松字乔年,中进士第。胡世将、谢克家荐之,除秘书省正字。赵鼎都督川陕、荆、襄军马,招松为属,辞。鼎再相,除校书郎,迁著作郎。以御史中丞常同荐,除度支员外郎,兼史馆校勘,历司勋、吏部郎。秦桧决策议和,松与同列上章,极言其不可。桧怒,风御史论松怀异自贤,出知饶州,未上,卒。

熹幼颖悟,甫能言,父指日示之曰:"天也。"熹问曰:"天之上何物?"松异之。就傅,授以《孝经》,一阅,题其上曰:"不若是,非人也。"尝从群儿戏沙上,独端坐以指画沙,视之,八卦也。年十八贡于乡,中绍兴十八年进士第。主泉州同安簿,选邑秀民充弟子员,日与讲说圣贤修己治人之道,禁女妇之为僧道者。罢归请祠,监潭州南岳庙。明年,以辅臣荐,与徐度、吕广问、韩元吉同召,以疾辞。

孝宗即位,诏求直言,熹上封事言:"圣躬虽未有过失,而帝王之学不可以不熟讲。朝政虽未有阙遗,而修攘之计不可以不早定。利害休戚虽不可遍举,而本原之地不可不加意。陛下毓德之初,亲御简策,不过风诵文辞,吟咏情性,又颇留意于老子、释氏之书。夫记诵词藻,非所以探渊源而出治道;虚无寂灭,非所以贯本末而立大中。帝王之学,必先格物致知,以极夫事物之变,使义理所存,纤悉毕照,则自然意诚心正,而可以应天下之务。"次言:"修攘之计不时定者,讲和之说误之也。夫金人于我有不共戴天之仇,则不可和也明矣。愿断以义理之公,闭关绝约,任贤使能,立纪纲,厉风俗。数年之后,国富兵强,视吾力之强弱,观彼衅之浅深,徐起而图之。"次言:"四海利病,系斯民之休戚,斯民休戚,系守令之贤否。监司者守令之纲,朝廷者监司之本也。欲斯民之得其所,本原之地亦在朝廷而已。今之监司,奸赃狼籍,肆虐以病民者,莫非宰执、台谏之亲旧宾客。其已失势者,既按见其交私之状而斥去之;尚在势者,岂无其人,顾陛下无自而知之耳。"

隆兴元年,复召。入对,其一言:"大学之道在乎格物以致其知。陛下虽有生知之性,高世之行,而未尝随事以观理,即理以应事。是以举措之间动涉疑贰,听纳之际未免蔽欺,平治之效所以未著。"其二言:"君父之仇不与共戴天。今日所当为者,非战无以复仇,非守无以制胜。"且陈古先圣王所以强本折冲、威制远人之道。时相汤思退方倡和议,除熹武学博士,待次。乾道元年,促就职,既至而洪适为相,复主和,论不合,归。

三年,陈俊卿、刘珙荐为枢密院编修官,待次。五年,丁内艰。六年,工部侍郎胡铨以诗人荐,与王庭珪同召,以未终丧辞。七年,既免丧,复召,以禄不及养辞。九年,梁克家相,申前命,又辞。克家奏熹屡召不起,宜蒙褒录,执政俱称之,上曰:"熹安贫守道,廉退可嘉。"特改合入官,主管台州崇道观。熹以求退得进,于义未安,再辞。淳熙元年,始拜命。二年,上欲奖用廉退,以励风俗,龚茂良行丞相事,以熹名进,除秘书郎,力辞,且以手书遗茂良,言一时权幸。群小乘间谗毁,乃因熹再辞,即从其请,主管武夷山冲佑观。

五年,史浩再相,除知南康军,降旨便道之官,熹再辞,不许。至郡,兴利除害,值岁不雨,讲求荒政,多所全活。讫事,奏乞依格推赏纳粟人。间诣郡学,引进士子与之讲论。访白鹿洞书院遗址,奏复其旧,为《学规》俾守之。明年夏,大旱,诏监司、郡守条其民间利病,遂上疏言:

天下之务莫大于恤民,而恤民之本,在人君正心术以立纪纲。盖天下之纪纲不能以自立,必人主之心术公平正大,无偏党反侧之私,然后有所系而立。君心不能以自正,必亲贤臣,远小人,讲明义理之归,闭塞私邪之路,然后乃可得而正。

今宰相、台省、师傅、宾友、谏诤之臣皆失其职,而陛下所与亲密谋议者,不过一二近习之臣。上以盎惑陛下之心志，使陛下不信先王之大道，而说于功利之卑说，不乐庄士之谠言，而安于私暬之鄙态。下则招集天下士大夫之嗜利无耻者，文武汇分，各入其门。所喜则阴为引援，擢置清显。所恶则密行訾毁，公肆挤排，交通货赂，所盗者皆陛下之财。命卿置将，所窃者皆陛下之柄。陛下所谓宰相、师傅、宾友、谏诤之臣，或反出入其门墙，承望其风旨；其幸能自立者，亦不过龊龊自守，而未尝敢一言以斥之；其甚畏公论者，乃能略警逐其徒党之一二，既不能深有所伤，而终亦不敢正言以捣其囊橐窟穴之所在。势成威立，中外靡然向之，使陛下之号令黜陟不复出于朝廷，而出于一二人之门，名为陛下独断，而实此一二人者阴执其柄。

且云："莫大之祸，必至之忧，近在朝夕，而陛下独未之知。"上读之，大怒曰："是以我为亡也。"熹以疾请祠，不报。

陈俊卿以旧相守金陵，过阙入见，荐熹甚力。宰相赵雄言于上曰："士之好名，陛下疾之愈甚，则人之誉之愈众，无乃适所以高之。不若因其长而用之，彼渐ово当事任，能否自见矣。"上以为然，乃除熹提举江西常平茶盐公事。旋录救荒之劳，除直秘阁，以前所奏纳粟人未推赏，辞。

会浙东大饥，宰相王淮奏改熹提举浙东常平茶盐公事，即日单车就道，复以纳粟人未推赏，辞职名。纳粟赏行，遂受职名。入对，首陈灾异之由与修德任人之说，次言："陛下即政之初，盖尝选建英豪，任以政事，不幸其间不能尽得其人，是以不复广求贤哲，而姑取软熟易制之人以充其位。于是左右私亵使令之贱，始得以奉燕闲，备驱使，而宰相之权日轻。又虑其势有所偏，而因重以壅己也，则时听外廷之论，将以阴窥此辈之负犯而操切之。陛下既未能循天理、公圣心，以正朝廷之大体，则固已失其本矣，而又欲兼听士大夫之言，以为驾驭之术，则士大夫之进见有时，而近习之从容无间。士大夫之礼貌既庄而难亲，其议论又苦而难入，近习便辟侧媚之态既足以蛊心志，其觇伺狡狯之术又足以眩聪明。是以虽欲微抑此辈，而此辈之势日重，虽欲兼听公论，而士大夫之势日轻。重者既挟其重，以窃陛下之权，轻者又借力于所重，以为窃位固宠之计。日往月来，浸淫耗蚀，使陛下之德业日隳，纲纪日坏，邪佞充塞，货赂公行，兵愁民怨，盗贼间作，灾异数见，饥馑荐臻，群小相挺，人人皆得满其所欲，惟有陛下无所得，而顾乃独受其弊。"上为动容。所奏凡七事，其一二事手书以防宣泄。

熹始拜命，即移书他郡，募米商，蠲其征，及至，则客舟之米已辐凑。熹日钩访民隐，按行境内，单车屏徒从，所至人不及知。郡县官吏惮其风采，至自引去，所部肃然。凡丁钱、和买、役法、榷酤之政，有不便于民者，悉厘而革之。于救荒之余，随事处画，必为经久之计。有短熹者，谓其疏于为政，上谓王淮曰："朱熹政事却有可观。"

熹以前后奏请多所见抑，幸而从者，率稽缓后时，蝗旱相仍，不胜忧愤，复奏言："为今之计，独有断自圣心，沛然发号，责躬求言，然后君臣相戒，痛自省改。其次惟

有尽出内库之钱，以供大礼之费为收籴之本，诏户部免征旧负，诏漕臣依条检放租税，诏宰臣沙汰被灾路分州军监司、守臣之无状者，遴选贤能，责以荒政，庶几犹足下结人心，消其乘时作乱之意。不然，臣恐所忧者不止于饥殍，而将在于盗贼；蒙其害者不止于官吏，而上及于国家也。"

知台州唐仲友与王淮同里为姻家，吏部尚书郑丙、侍御史张大经交荐之，迁江西提刑，未行。熹行部至台；讼仲友者纷然，按得其实，章三上，淮匿不以闻。熹论愈力，仲友亦自辩，淮乃以熹章进呈，上令宰属看详，都司陈庸等乞令浙西提刑委清强官究实，仍令熹速往旱伤州郡相视。熹时留台未行，既奉诏，益上章论，前后六上，淮不得已，夺仲友江西新命以授熹，辞不拜，遂归，且乞奉祠。

时郑丙上疏诋程氏之学以沮熹，淮又擢太府寺丞陈贾为监察御史。贾面对，首论近日搢绅有所谓"道学"者，大率假名以济伪，愿考察其人，摈弃勿用。盖指熹也。十年，诏以熹累乞奉祠，可差主管台州崇道观，既而连奉云台、鸿庆之祠者五年。十四年，周必大相，除熹提点江西刑狱公事，以疾辞，不许，遂行。

十五年，淮罢相，遂入奏，首言近年刑狱失当，狱官当择其人。次言经总制钱之病民，及江西诸州科贡之弊。而其末言："陛下即位二十七年，因循苟荏，无尺寸之效可以仰酬圣志。尝反覆思之，无乃燕闲蠖濩之中，虚明应物之地，天理有所未纯，人欲有所未尽，是以为善不能充其量，除恶不能去其根，一念之顷，公私邪正、是非得失之机，交战于其中。故体貌大臣非不厚，而便嬖侧媚得以深被腹心之寄；疏瘵英豪非不切，而柔邪庸缪得以久窃廊庙之权。非不乐闻公议正论，而有时不容；非不坚逸说珍行，而未免误听；非不欲报复陵庙仇耻，而未免畏怯苟安；非不爱养生灵财力，而未免叹息愁怨。愿陛下自今以往，一念之顷必谨而察之：此为天理耶，人欲耶？果天理也，则敬以充之，而不使其少有壅阏；果人欲也，则敬以克之，而不使其少有凝滞。推而至于言语动作之间，用人处事之际，无不以是裁之，则圣心洞然，中外融澈，无一毫之私欲得以介乎其间，而天下之事将惟陛下所欲为，无不如志矣。"是行也，有要之于路，以为"正心诚意"之论上所厌闻，戒勿以为言。熹曰："吾平生所学，惟此四字，岂可隐默以欺吾君乎？"及奏，上曰："久不见卿，浙东之事，朕自知之，今当处卿清要，不复以州县为烦也。"

时曾觌已死，王抃亦逐，独内侍甘昇尚在，熹力以为言。上曰："昇乃德寿所荐，谓其有才耳。"熹曰："小人无才，安能动人主。"翌日，除兵部郎官，以足疾丐祠。本部侍郎林栗尝与熹论《易》、《西铭》不合，劾熹："本无学术，徒窃张载、程颐绪余，谓之'道学'。所至辄携门生数十人，妄希孔、孟历聘之风，邀索高价，不肯供职，其伪不可掩。"上曰："林栗言似过。"周必大言熹上殿之日，足疾未瘳，勉强登对。上曰："朕亦见其跛曳。"左补阙薛叔似亦奏援熹，乃令依旧职江西提刑。太常博士叶适上疏与栗辨，谓其言无一实者，"谓之道学"一语，无实尤甚，往日王淮表里台谏，阴废正人，盖用此术。诏："熹昨入对，所论皆新任职事，朕谅其诚，复从所请，可

疾速之任。"会胡晋臣除侍御史，首论栗执拗不通，喜同恶异，无事而指学者为党，乃黜栗知泉州。熹再辞免，除直宝文阁，主管西京嵩山崇福宫。未逾月再召，熹又辞。

始，熹尝以为口陈之说有所未尽，乞具封事以闻，至是投匦进封事曰：

今天下大势，如人有重病，内自心腹，外达四支，无一毛一发不受病者。且以天下之大本与今日之急务，为陛下言之：大本者，陛下之心；急务则辅翼太子，选任大臣，振举纲纪，变化风俗，爱养民力，修明军政，六者是也。

古先圣王兢兢业业，持守此心，是以建师保之官，列谏诤之职，凡饮食、酒浆、衣服、次舍、器用、财贿与夫宦官、宫妾之政，无一不领于冢宰。使其左右前后，一动一静，无不制以有司之法，而无纤芥之隙、瞬息之顷，得以隐其毫发之私。陛下所以精一克复而持守其心，果有如此之功乎？所以修身齐家而正其左右，果有如此之效乎？宫省事禁，臣固不得而知，然爵赏之滥，货赂之流，间巷窃言，久已不胜其籍籍，则陛下所以修之家者，恐其未有以及古之圣王也。

至于左右便嬖之私，恩遇过当，往者渊、觌、说、扞之徒势焰熏灼，倾动一时，今已无可言矣。独有前日臣所面陈者，虽蒙圣慈委曲开譬，然臣之愚，窃以为此辈但当使之守门传命，供扫除之役，不当假借崇长，使得逞邪媚、作淫巧于内，以荡上心，立门庭、招权势于外，以累圣政。臣闻之道路，自王抃既逐之后，诸将差除，多出此人之手。陛下竭生灵膏血以奉军旅，顾乃未尝得一温饱，皆是帅臣巧为名色，夺取其粮，肆行货赂于近习，以图进用，出入禁闼腹心之臣，外交将帅，共为欺蔽，以至于此。而陛下不悟，反宠眤之，以是为我之私人，至使宰相不得议其制置之得失，给谏不得论其除授之是非，则陛下所以正其左右者，未能及古之圣王又明矣。

至于辅翼太子，则自王十朋、陈良翰之后，宫僚之选号为得人，而能称其职者，盖已鲜矣。而又时使邪佞儇薄、阘冗庸妄之辈，或得参错于其间，所谓讲读，亦姑以应文备数，而未闻有箴规之效。至于从容朝夕、陪侍游燕者，又不过使臣宦者数辈而已。师傅、宾客既不复置，而詹事、庶子有名无实，其左右春坊遂直以使臣掌之，既无以发其隆师亲友、尊德乐义之心，又无以防其戏慢媟狎、奇邪杂进之害。宜讨论前典，置师傅、宾客之官，罢去春坊使臣，而使詹事、庶子各复其职。

至于选任大臣，则以陛下之聪明，岂不知天下之事，必得刚明公正之人而后可任哉？其所以常不得如此之人，而反容鄙夫之窃位者，直一念之间，未能彻其私邪之蔽，而燕私之好，便嬖之流，不能尽由于法度，若用刚明公正之人以为辅相，则恐其有以妨吾之事，害吾之人，而不得肆。是以选择之际，常先排摈此等，而后取凡疲懦软熟、平日不敢直言正色之人而揣摩之，又于其中得其至庸极陋、决可保其不至于

有所妨者，然后举而加之于位。是以除书未出，而物色先定，姓名未显，而中外已逆知其决非天下第一流矣。

至于振肃纪纲，变化风俗，则今日宫省之间，禁密之地，而天下不公之道，不正之人，顾乃得以窟穴盘据于其间。而陛下目见耳闻，无非不公不正之事，则其所以熏烝销铄，使陛下好善之心不著，疾恶之意不深，其害已有不可胜言者矣。及其作奸犯法，则陛下又未能深割私爱，而付诸外廷之议，论以有司之法，是以纪纲不正于上，风俗颓弊于下，其为患之日久矣。而浙中为尤甚。大率习为软美之态、依阿之言，以不分是非、不辨曲直为得计，甚者以金珠为脯醢，以契券为诗文，宰相可咳则咳宰相，近习可通则通近习，惟得之求，无复廉耻。一有刚毅正直、守道循理之士出乎其间，则群讥众排，指为"道学"，而加以矫激之罪。十数年来，以此二字禁锢天下之贤人君子，复如昔时所谓元祐学术者，排摈诋辱，必使无所容其身而后已，此岂治世之事哉？

至于爱养民力，修明军政，则自虞允文之为相也，尽取版曹岁入窠名之必可指拟者，号为岁终羡余之数，而输之内帑。顾以其有名无实、积累挂欠、空载簿籍、不可催理者，拨还版曹，以为内帑之积，将以备他日用兵进取不时之须。然自是以来二十余年，内帑岁入不知几何，而认为私贮，典以私人，宰相不得以式贡均节其出入，版曹不得以簿书勾考其在亡，日销月耗，以奉燕私之费者，盖不知其几何矣，而曷尝闻其能用此钱以易敌人之首，如太祖之言哉。徒使版曹经费阙乏日甚，督促日峻，以至废去祖宗以来破分良法，而必以十分登足为限；以为未足，则又造为比较监司、郡守殿最之法，以诱胁之。于是中外承风，竞为苛急，此民力之所以重困也。

诸将之求进也，必先掊克士卒，以殖私利，然后以此自结于陛下之私人，而蕲以姓名达于陛下之贵将。贵将得其姓名，即以付之军中，使自什伍以上节次保明，称其材武堪任将帅，然后具奏牍而言之陛下之前。陛下但见等级推先，案牍具备，则诚以为公荐而可以得人矣，而岂知其谐价输钱，已若晚唐之债帅哉？夫将者，三军之司命，而其选置之方乖剌如此，则彼智勇材略之人，孰肯抑心下首于宦官、宫妾之门，而陛下之所得以为将帅者，皆鄙夫走卒，而犹望其修明军政，激劝士卒，以强国势，岂不误哉！

凡此六事，皆不可缓，而本在于陛下之一心。一心正则六事无不正，一有人心私欲以介乎其间，则虽欲惫精劳力，以求正夫六事者，亦将徒为文具，而天下之事愈至于不可为矣。

疏入，夜漏下七刻，上已就寝，亟起秉烛，读之终篇。明日，除主管太一宫，兼崇政殿说书。熹力辞，除秘阁修撰，奉外祠。

光宗即位，再辞职名，仍旧直宝文阁，降诏奖谕。居数月，除江东转运副使，以疾辞，改知漳州。奏除属县无

名之赋七百万,减经总制钱四百万。以习俗未知礼,采古丧葬嫁娶之仪,揭以示之,命父老解说,以教子弟。土俗崇信释氏,男女聚僧庐为传经会,女不嫁者为庵舍以居,熹悉禁之。常病经界不行之害,会朝论欲行泉、汀、漳三州经界,熹乃访事宜,择人物及方量之法上之。而土居豪右侵渔贫弱者以为不便,沮之。宰相留正,泉人也,其里党亦多以为不可行。布衣吴禹圭上书讼其扰人,诏且需后,有旨先行漳州经界。明年,以子丧请祠。

时史浩入见,请收天下人望,乃除熹秘阁修撰,主管南京鸿庆宫。熹再辞,诏:"论撰之职,以宠名儒。"乃拜命。除荆湖南路转运副使,辞。漳州经界竟报罢,以言不用自劾。除知静江府,辞,主管南京鸿庆宫。未几,差知潭州,力辞。黄裳为嘉王府诩善,自以学不及熹,乞召为宫僚,王府直讲彭龟年亦为大臣言之。留正曰:"正非不知熹,但其性刚,恐到此不合,反为累耳。"熹乃再辞,有旨:"长沙巨屏,得贤为重。"遂拜命。会洞獠扰属郡,熹遣人谕以祸福,皆降之。申敕令,严武备,戢奸吏,抑豪民。所至兴学校,明教化,四方学者毕至。

宁宗即位,赵汝愚首荐熹及陈傅良,有旨赴行在奏事。熹行且辞,除焕章阁待制、侍讲,辞,不许。入对,首言:"乃者,太皇太后躬定大策,陛下寅绍丕图,可谓处之以权,而庶几不失其正。自顷至今三月矣,或反不能无疑于逆顺名实之际,窃为陛下忧之。犹有可诿者,亦曰陛下之心,前日未尝有求位之计,今日未尝忘思亲之怀,此则所以行权而不失其正之根本也。充未尝求位之心,以尽负罪引慝之诚,充未尝忘亲之心,以致温清定省之礼,而大伦正,大本立矣。"覆面辞待制、侍讲,上手札:"卿经术渊源,正资劝讲,次对之职,勿复劳辞,以副朕崇儒重道之意。"遂拜命。

会赵彦逾按视孝宗山陵,以为土肉浅薄,下有水石。孙逢吉覆按,乞别求吉兆。有旨集议,台史惮之,议中辍。熹竟上议状言:"寿皇圣德,衣冠之藏,当博访名山,不宜偏信台史,委之水泉沙砾之中。"不报。时论者以为上未还大内,则名体不正而疑议生;金使且来,或有窥伺。有旨修葺旧东宫,为屋三数百间,欲徙居之。熹奏疏言:

此必左右近习倡为此说以误陛下,而欲因以遂其奸心。臣恐不惟上帝震怒,灾异数出,正当恐惧修省之时,不当兴此大役,以咈遣告警动之意;亦恐畿甸百姓饥饿流离,阽于死亡之际,或能怨詈愁叹,以生他变。不惟无以感格太上皇帝之心,以致未有进见之期,亦恐寿皇在殡,因山未卜,几筵之奉不容少弛,太皇太后、皇太后皆以尊老之年,茕然在忧苦之中,晨昏之养尤不可阙。而四方之人,但见陛下亟欲大治宫室,速得成就,一旦翻然委去之,以就安便,六军万民之心将有扼腕不平者矣。前鉴未远,甚可惧也。

又闻太上皇后惧怵太上皇帝圣意,不欲其闻太上之称,又不欲其闻内禅之说,此又虑之过者。殊不知若但如此,而不为宛转方便,则父子之间,上怨怒而下忧恐,将何时而已。父子大伦,三纲所系,久而

不图,亦将有借其名以造谤生事者,此又臣之所大惧也。愿陛下明诏大臣,首罢修葺东宫之役,而以其工料回就慈福、重华之间,草创寝殿一二十间,使粗可居。若夫过宫之计,则臣又愿陛下下诏自责,减省舆卫,入宫之后,暂变服色,如唐肃宗之改服紫袍、执控马前者,以伸负罪引慝之诚,则太上皇帝虽有忿怒之情,亦且霍然消散,而欢意浃洽矣。

至若朝廷之纪纲,则臣又愿陛下深诏左右,勿预朝政。其实有勋庸而所得褒赏未惬众论者,亦诏大臣公议其事,稽考令典,厚报其劳。而凡号令之弛张,人才之进退,则一委之二三大臣,使之反覆较量,勿循己见,酌取公论,奏而行之。有不当者,缴驳论难,择其善者称制临决,则不惟近习不得干预朝权,大臣不得专任己私,而陛下亦得以益明习天下之事,而无所疑于得失之算矣。

若夫山陵之卜,则愿黜台史之说,别求草泽,以营新宫,使寿皇之遗体得安于内,而宗社生灵皆蒙福于外矣。

疏入不报,然上亦未有怒熹意也。每以所讲编次成帙以进,上亦开怀容纳。

熹又奏勉上进德云:"愿陛下日用之间,以求放心为之本,而于玩经观史,亲近儒学,益用力焉。数召大臣,切劘治道,群臣进对,亦赐温颜,反覆询访,以求政事之得失,民情之休戚,而又因以察其人才之邪正短长,庶于天下之事各得其理。"熹奏:"礼经敕令,子为父,嫡孙承重为祖父,皆斩衰三年;嫡子当为其父后,不能袭位执丧,则嫡孙继统而代之执丧。自汉文短丧,历代因之,天子遂无三年之丧。为父且然,则嫡孙承重可知。人纪废坏,三纲不明,千有余年,莫能厘正。寿皇圣帝至性自天,易月之外,犹执通丧,朝衣朝冠皆用大布,所宜著在方册,为万世法程。间者,遗诰初颁,太上皇帝偶违康豫,不能躬就丧次。陛下以世嫡承大统,则承重之服著在礼律,所宜遵寿皇已行之法。一时仓卒,不及详议,遂用漆纱浅黄之服,不惟上违礼律,且使寿皇已行之礼举而复坠,臣窃痛之。然既往之失不及追改,唯有将来启殡发引,礼当复用初丧之服。"

会孝宗祔庙,议宗庙迭毁之制,孙逢吉、曾三复首请并祧僖、宣二祖,奉太祖居第一室,祫祭则正东向之位。有旨集议:僖、顺、翼、宣四祖祧主,宜有所归。自太祖皇帝首尊四祖之庙,治平间,议者以世数浸远,请迁僖祖于夹室。后王安石等奏,僖祖有庙,与稷、契无异,请复其旧。时相赵汝愚雅不以复祀僖祖为然,侍从多从其说。吏部尚书郑侨欲且祧宣祖而祔孝宗。熹以为藏之夹室,则是以祖宗之主下藏于子孙之夹室,神宗复奉以为始祖,已为得礼之正,而合于人心,所谓有举之而莫敢废者乎。又拟为《庙制》以辨,以为物岂有无本而生者。庙堂不以闻,即毁撤僖、宣庙室,更创别庙以奉四祖。

始,宁宗之立,韩侂胄自谓有定策功,居中用事。熹忧其害政,数以为言,且约吏部侍郎彭龟年共论之。会龟年出护使客,熹乃上疏斥言左右窃柄之失,在讲筵复申言

之。御批云："悯卿耆艾，恐难立讲，已除卿宫观。"汝愚袖御笔还上，且谏且拜。内侍王德谦径以御笔付熹，台谏争留，不可。楼钥、陈傅良旋封还录黄，修注官刘光祖、邓驲封章交上。熹行，被命除宝文阁待制，与州郡差遣，辞。寻除知江陵府，辞，仍乞追还新旧职名，诏依旧焕章阁待制，提举南京鸿庆宫。庆元元年初，赵汝愚既相，收召四方知名之士，中外引领望治，熹独惕然以侂胄用事为忧。既屡上为言，又数以手书启汝愚，当用厚赏酬其劳，勿使得预朝政，有"防微杜渐，谨不可忽"之语。汝愚方谓其易制，不以为意。及是，汝愚亦以诬逐，而朝廷大权悉归侂胄矣。

熹始以庙议自劾，不许，以疾再乞休致，诏："辞职谢事，非朕优贤之意，依旧秘阁修撰。"二年，沈继祖为监察御史，诬熹十罪，诏落职罢祠，门人蔡元定亦送道州编管。四年，熹以年近七十，申乞致仕，五年，依所请。明年卒，年七十一。疾且革，手书属其子在及门人范念德、黄干，拳拳以勉学及修正遗书为言。翌日，正坐整衣冠，就枕而逝。

熹登第五十年，仕于外者仅九考，立朝才四十日。家故贫，少依父友刘子羽，寓建之崇安，后徙建阳之考亭，箪瓢屡空，晏如也。诸生之自远而至者，豆饭藜羹，率与之共。往往称贷于人以给用，而非其道义则一介不取也。

自熹去国，侂胄势益张。何澹为中司，首论专门之学，文诈沽名，乞辨真伪。刘德秀仕长沙，不为张栻之徒所礼，及为谏官，首论留正引伪学之罪。"伪学"之称，盖自此始。太常少卿胡纮言："比年伪学猖獗，图为不轨，望宣谕大臣，权住进拟。"遂召陈贾为兵部侍郎。未几，熹有夺职之命。刘三杰以前御史论熹、汝愚、刘光祖、徐谊之徒，前日之伪党，至此又变而为逆党。即日除三杰右正言。右谏议大夫姚愈论道学权臣结为死党，窥伺神器。乃命直学士院高文虎草诏谕天下，于是攻伪日急，选人余嚞至上书乞斩熹。

方是时，士之绳趋尺步，稍以儒名者，无所容其身。从游之士，特立不顾者，屏伏丘壑；依阿巽懦者，更名他师，过门不入，甚至变易衣冠，狎游市肆，以自别其非党。而熹日与诸生讲学不休，或劝以谢遣生徒者，笑而不答。有籍田令陈景思者，故相康伯之孙也，与侂胄有姻连，劝侂胄勿以已甚，侂胄意亦渐悔。熹既没，将葬，言者谓：四方伪徒期会，送伪师之葬，会聚之间，非妄谈时人短长，则缪议时政得失，望令守臣约束。从之。

嘉泰初，学禁稍弛。二年，诏："朱熹已致仕，除华文阁待制，与致仕恩泽。"后侂胄死，诏赐熹遗表恩泽，谥曰文。寻赠中大夫，特赠宝谟阁直学士。理宗宝庆三年，赠太师，追封信国公，改徽国。

始，熹少时，慨然有求道之志。父松病亟，尝属熹曰："籍溪胡原仲、白水刘致中、屏山刘彦冲三人，学有渊源，吾所敬畏，吾即死，汝往事之，而惟其言之听。"三人，谓胡宪、刘勉之、刘子翚也。故熹之学既求之经传，复遍交当世有识之士。延平李侗老矣，尝学于罗从彦，熹归自同安，不远数百里，徒步往从之。

其为学，大抵穷理以致其知，反躬以践其实，而以居敬为主。尝谓圣贤道统之传散在方册，圣经之旨不明，而道统之传始晦。于是竭其精力，以研究圣贤之经训。所著书有：《易本义》、《启蒙》、《蓍卦考误》、《诗集传》、《大学、中庸章句》、《或问》、《论语、孟子集注》、《太极图》、《通书》、《西铭解》、《楚辞集注》、《辨证》、《韩文考异》；所编次有：《论孟集议》、《孟子指要》、《中庸辑略》、《孝经刊误》、《小学书》、《通鉴纲目》、《宋名臣言行录》、《家礼》、《近思录》、《河南程氏遗书》、《伊洛渊源录》，皆行于世。熹没，朝廷以其《大学》、《语》、《孟》、《中庸》训说立于学官。又有《仪礼经传通解》未脱稿，亦在学官。平生为文凡一百卷，生徒问答凡八十卷，别录十卷。

理宗绍定末，秘书郎李心传乞以司马光、周敦颐、邵雍、张载、程颢、程颐、朱熹七人列于从祀，不报。淳祐元年正月，上视学，手诏以周、张、二程及熹从祀孔子庙。

黄榦曰："道之正统待人而后传，自周以来，任传道之责者不过数人，而能使斯道章章较著者，一二人而止耳。由孔子而后，曾子、子思继其微，至孟子而始著。由孟子而后，周、程、张子继其绝，至熹而始著。"识者以为知言。

熹子在，绍定中为吏部侍郎。

张栻字敬夫，丞相浚子也。颖悟夙成，浚爱之，自幼学，所教莫非仁义忠孝之实。长师胡宏，宏一见，即以孔门论仁亲切之旨告之。栻退而思，若有得焉，宏称之曰："圣门有人矣。"栻益自奋厉，以古圣贤自期，作《希颜录》。

以荫补官，辟宣抚司都督府书写机宜文字，除直秘阁，时孝宗新即位，浚起谪籍，开府治戎，参佐皆极一时之选。栻时以少年，内赞密谋，外参庶务，其所综画，幕府诸人皆自以为不及也。间以军事入奏，因进言曰："陛下上念宗社之仇耻，下闵中原之涂炭，惕然于中，而思有以振之。臣谓此心之发，即天理之所存。愿益加省察，而稽古亲贤以自辅，无使其或少息，则今日之功可以必成，而因循之弊可革矣。"孝宗异其言，于是遂定君臣之契。

浚去位，汤思退用事，遂罢兵讲和。金人乘间纵兵入淮甸，中外大震，庙堂犹主和议，至敕诸将无得辄称兵。时浚已没，栻营葬甫毕，即拜疏言："吾与金人有不共戴天之仇，异时朝廷虽尝兴缟素之师，然旋遣玉帛之使，是以讲和之念未忘于胸中，而至忧恻怛之心无以感格于天人之际，此所以事屡败而功不成也。今虽重为群邪所误，以蹙国而召寇，然亦安知非天欲以是开圣心哉。谓宜深察此理，使吾胸中了然无纤芥之惑，然后明诏中外，公行赏罚，以快军民之愤，则人心悦，士气充，而敌不难却矣。继今以往，益坚此志，誓不言和，专务自强，虽折不挠，使此心纯一，贯彻上下，则迟以岁月，亦何功之不济哉？"疏入，不报。

久之，刘珙荐于上，除知抚州，未上，改严州。时宰相虞允文以恢复自任,然所以求者类非其道,意栻素论当与己合,数遣人致殷勤,栻不答。入奏,首言:"先王所以建事立功无不如志者,以其胸中之诚有以感格天人之心,而与之无间也。今规画虽劳,而事功不立,陛下诚深察之日用之间,念虑云为之际,亦有私意之发以害吾之诚者乎?有则克而去之,使吾中扃洞然无所间杂,则见义必精,守义必固,而天人之应将不待求而得矣。夫欲复中原之地,先有以得中原之心,欲得中原之心,先有以得吾民之心。求所以得吾民之心者,岂有他哉?不尽其力,不伤其财而已矣。今日之事,固当以明大义、正人心为本。然其所施有先后,则其缓急不可以不详;所务有名实,则其取舍不可以不审,此又明主所宜深察也。"

明年,召为吏部侍郎,兼权起居郎侍立官。时宰方谓敌势衰弱可图,建议遣泛使往责陵寝之故,士大夫有忧其无备而召兵者,辄斥去之。栻见上,上曰:"卿知敌国事乎?"栻对曰:"不知也。"上曰:"金国饥馑连年,盗贼四起。"栻曰:"金人之事,臣虽不知,境中之事,则知之矣。"上曰:"何也?"栻曰:"臣切见比年诸道多水旱,民贫日甚,而国家兵弱财匮,官吏诞谩,不足倚赖。正使彼实可图,臣惧我之未足以图彼也。"上为默然久之。栻因出所奏疏读之曰:"臣窃谓陵寝隔绝,诚臣子不忍言之至痛,然今未能奉辞以讨之,又不能正名以绝之,乃欲卑词厚礼以求于彼,则大义已为未尽。而异论者犹以为忧,则其浅陋畏怯,固益甚矣。然臣窃揆其心意,或者亦有以见我未有必胜之形,而不能不忧也欤。盖必胜之形,当在于早正素定之时,而不在于两阵决机之日。"上为竦听改容。栻复读曰:"今日但当下哀痛之诏,明复仇之义,显绝金人,不与通使。然后修德立政,用贤养民,选将帅,练甲兵,通内修外攘、进战退守以为一事,且必治其实而不为虚文,则必胜之形隐然可见,虽有浅陋畏怯之人,亦且奋跃而争先矣。"上为叹息褒谕,以为前始未闻此论也。其后因幕对反复前说,上益嘉叹,面谕:"当以卿为讲官,冀时得晤语也。"

会史正志为发运使,名为均输,实尽夺州县财赋,远近骚然,士大夫争言其害,栻亦以为言。上曰:"正志谓但取之诸郡,非取之于民也。"栻曰:"今日州郡财赋大抵无余,若取之不已,而经用有阙,不过巧为名色以取之于民耳。"上矍然曰:"如卿之言,是朕假手于发运使以病吾民也。"旋阅其实,果如栻言,即诏罢之。

兼侍讲,除左司员外郎。讲《诗葛覃》,进说:"治生于敬畏,乱起于骄淫。使为国者每念稼穑之劳,而其后妃不忘织纴之事,则心不存者寡矣。"因上陈祖宗自家刑国之懿,下斥今日兴利扰民之害。上叹曰:"此王安石所谓'人言不足恤'者,所以为误国也。"

知阁门事张说除签书枢密院事,栻夜草疏极谏其不可,且诣朝堂,质责宰相虞允文曰:"宦官执政,自京、黼始,近习执政,自相公始。"允文惭愤不堪。栻复奏:"文武诚不可偏,然今欲右武以均二柄,而所用乃如此之人,非惟不足以服文吏之心,正恐反激武臣之怒。"孝宗感悟,命得中寝。然宰相实阴附说,明年出栻知袁州,申说前命,中外喧哗,说竟以谪死。

栻在朝未期岁,而召对至六七,所言大抵皆修身务学,畏天恤民,抑侥幸,屏逸谀,于是宰相益惮之,而近习尤不悦。退而家居累年,孝宗念之,诏除旧职,知静江府,经略安抚广南西路。所部荒残多盗,栻至,简州兵,汰冗补阙,籍诸州黥卒伉健者为效用,日习月按,申严保伍法。谕溪峒酋豪弭怨睦邻,毋相杀掠,于是群蛮帖服。朝廷买马横山,岁久弊滋,边氓告病,而马不时至。栻究其利病六十余条,奏革之,诸蛮感悦,争以善马至。

孝宗闻栻治行,诏特进秩,直宝文阁,因任。寻除秘阁修撰、荆湖北路转运副使。改知江陵府,安抚本路。一日去贪吏十四人。湖北多盗,府县往往纵释以病良民,栻首劾大吏之纵贼者,捕斩奸民之舍贼者,令其党得相捕告以除罪,群盗皆遁去。郡濒边屯,主将与帅守每不相下,栻以礼遇诸将,得其欢心,又加恤士伍,勉以忠义,队长有功辄补官,士咸感奋。中淮奸民出塞为盗者,捕得数人,有北方亡奴亦在盗中。栻曰:"朝廷未能正名讨敌,无使疆场之事其曲在我。"命斩之以徇于境,而缚其亡奴归之。北人叹曰:"南朝有人。"

信阳守刘大辨怙势希赏,广招流民,而夺见户熟田以与之。栻劾大辨诈谩,所招流民不满百,而虚增其数十倍,请论其罪,不报。章累上,大辨易他郡,栻自以不得其职求去,诏以右文殿修撰提举武夷山冲佑观。病且死,犹手疏劝上亲君子远小人,信任防一己之偏,好恶公天下之理。天下传诵之。栻有公辅之望,卒时年四十有八。孝宗闻之,深为嗟悼,四方贤士大夫往往出涕相吊,而江陵、静江之民尤哭之哀。嘉定间,赐谥曰宣。淳祐初,诏从祀孔子庙。

栻为人表里洞然,勇于从义,无毫发滞吝。每进对,必自盟于心,不可以人主意悦辄有所随顺。孝宗尝言伏节死义之臣难得,栻对:"当于犯颜敢谏中求之。若平时不能犯颜敢谏,他日何望其伏节死义?"孝宗又言难得办事之臣,栻对:"陛下当求晓事之臣,不当求办事之臣。若但求办事之臣,则他日败陛下事者,未必非此人也。"栻自言:前后奏对忤上旨虽多,而上每念之,未尝加怒者,所谓可以理夺云尔。

其远小人尤严。为都司日,肩舆出,遇曾觌,觌举手欲揖,栻急掩其窗棂,觌惭,手不得下。所至郡,暇日召诸生告语。民以事至庭,必随事开晓。具为条教,大抵以正礼俗、明伦纪为先。斥异端,毁淫祠,而崇社稷山川古先圣贤之祀,旧典所遗,亦以义起也。

栻闻道甚早,朱熹尝言:"己之学乃铢积寸累而成,如敬夫,则于大本卓然先有见者也。"所著《论语孟子说》、《太极图说》、《洙泗言仁》、《诸葛忠武侯传》、《经世纪年》,皆行于世。栻之言曰:"学莫先于义利之辨。义者,本心之当为,非有为而为也。有为而为,则皆人欲,非天理。"此栻讲学之要也。子焯。

卷四百三十
列传第一百八十九

道学四 朱氏门人

黄榦　李燔　张洽　陈淳　李方子　黄灏

黄榦字直卿，福州闽县人。父瑀，在高宗时为监察御史，以笃行直道著闻。瑀没，榦往见清江刘清之。清之奇之，曰："子乃远器，时学非所以处子也。"因命受业朱熹。榦家法严重，乃以白母，即日行。时大雪，既至而熹它出，榦因留客邸，卧起一榻，不解衣者二月，而熹始归。榦自见熹，夜不设榻，不解带，少倦则微坐，一倚或至达曙。熹语人曰："直卿志坚思苦，与之处甚有益。"尝诣东莱吕祖谦，以所闻于熹者相质正。及广汉张栻亡，熹与榦书曰："吾道益孤矣，所望于贤者不轻。"后遂以其子妻榦。

宁宗即位，熹命榦奉表，补将仕郎，铨中，授迪功郎，监台州酒务。丁母忧，学者从之讲学于墓庐甚众。熹作竹林精舍成，遗榦书，有"它时便可请直卿代即讲席"之语。及编《礼书》，独以《丧》、《祭》二编属榦，稿成，熹见而喜曰："所立规模次第，缜密有条理，它日当取所编家乡、邦国、王朝礼，悉仿此更定之。"病革，以深衣及所著书授榦，手书与诀曰："吾道之托在此，吾无憾矣。"讣闻，榦持心丧三年毕，调监嘉兴府石门酒库。

时韩侂胄方谋用兵，吴猎帅湖北，将赴镇，访以兵事。榦曰："闻议者谓今天下欲为大举深入之谋，果尔，必败。此何时而可进取哉？"猎雅敬榦名德，辟为荆湖北路安抚司激赏酒库兼准备差遣，事有未当，必输忠款力争。

江西提举常平赵希怿、知抚州高商老辟为临川令，岁旱，劝粜捕蝗极其力。改知新淦县，吏民习知临川之政，皆喜，不令而政行。以提举常平、郡太守荐，擢监尚书六部门，未上，改差通判安丰军。淮西帅司檄榦鞫和州狱，狱故以疑未决，榦释囚桎梏饮食之，委曲审问无所得。一夜，梦井中有人，明日呼囚诘之曰："汝杀人，投之于井，我悉知之矣，胡得欺我。"囚遂惊服，果于废井得尸。

寻知汉阳军。值岁饥，籴客米、发常平以振。制置司下令，欲移本军之粟而禁其籴，榦报以乞候榦罢然后施行，及援鄂州例，十之一告籴于制司。荒政具举。旁郡饥民辐凑，惠抚均一，春暖愿归者给之粮，不愿者结庐居之，民大感悦。所至以重庠序，先教养。其在汉阳，即郡治后凤栖山为屋，馆四方士，立周、程、游、朱四先生祠。以病乞祠，主管武夷冲祐观。

寻起知安庆府，至则金人破光山，而沿边多警。安庆去光山不远，民情震恐。乃请于朝，城安庆以备战守，不俟报，即日兴工。城分十二料，先自筑一料，计其工费若干，然后委官吏、寓公、士人分料主之。役民兵五千人，人役九十日，而计人户产钱起丁夫，通役二万夫，人十日而罢。役者更番，暑月月休六日，日午休一时，至秋渐杀其半。榦日以五鼓坐于堂，濠砦官入听命，以一日成算授之：役某乡民兵若干，某乡人夫若干；分布于某人料分，或搬运某处土木，应副某料使用；某料民兵人夫合当更代，合散几日钱米。俱受命毕，乃治府事，理民讼，接宾客，阅士卒，会僚佐讲究边防利病，次则巡城视役，晚入书院讲论经史。筑城之杵，用钱监未铸之铁，事毕还之。城成，会上元日张灯，士民扶老携幼，往来不绝。有老妪百岁，二子舆之，诸孙从之，至府致谢。榦礼之，命具酒炙，且劳以金帛。妪曰："老妇之来，为一郡生灵谢耳，太守之赐非所冀也。"不受而去。是岁大旱，榦祈辄雨，或未出，晨兴登郡阁，望灊山再拜，雨即至。后二年，金人破黄州沙窝诸关，淮东、西皆震，独安庆按堵如故。继而霖潦余月，巨浸暴至，城屹然无虞。舒人德之，相谓曰："不残于寇，不滔于水，生汝者黄父也。"

制置李珏辟为参议官，再辞不受。既而朝命与徐侨两易和州，且令先赴制府禀议，榦即日解印趋制府。和州人日望其来，曰："是尝檄至吾郡鞫死囚、感梦于井中者，庶能直吾屈乎。"

先是，榦移书珏曰："丞相诛韩之后，惩意外之变，专用左右亲信之人，往往得罪于天下公议。世之君子遂从而归咎于丞相，丞相不堪其咎，断然逐去之，而左右亲信者其用愈专矣。平居无事，纪纲紊乱，不过州县之间，百姓受祸。至于军政不修，边备废弛，皆此曹为之，若今大敌在境，更不改图，大事去矣。今日之急，莫大于此。"又曰："今日之计，莫若用两淮之人，食两淮之粟，守两淮之地。然其策当先明保伍，保伍既明，则为之立堡砦，蓄马、制军器以资其用，不过累月，军政可成。且淮民遭丙寅之厄，今闻金人迁汴，莫不狼顾胁息，有弃田庐、挈妻子渡江之意，其间勇悍者。且将伺变窃发。向日胡海、张军之变，为害甚于金，今若不早为之图，则两淮日见荒墟，卒有警急，攘臂而起矣。"珏皆不能用。

及至制府，珏往惟扬视师，与偕行，榦言："敌既退，当思所以赏功罚罪者。崔惟扬能于清平山豫立义砦，断金人右臂，方仪真能措置捍御，不使军民仓皇奔轶，此二人者当荐之。泗上之败，刘倬可斩也。某州官吏三人携家奔窜，追而治之，然后具奏可也。"其时幕府书馆皆轻儇浮靡之士，僚吏士民有献谋画，多为毁抹疏驳。将帅偏裨，人心不附，所向无功。流移满道，而诸司长吏张宴无虚日。榦知不足与共事，归自惟扬，再辞和州之命，仍乞祠，闭阁谢客，宴乐不与。乃复告珏曰：

浮光敌退已两月，安丰已一月，盱眙亦将两旬，不知吾所措置者何事，所施行者何策。边备之弛，又甚于前，日复一日，恬不知惧，恐其祸又不止今春矣。

向者轻信人言，为泗上之役，丧师万人。良将劲卒、精兵利器，不战而沦于泗水，黄团老幼，俘虏杀戮五六千人，盱眙东西数百里，莽为丘墟。安丰、浮光之事大率类此。切意千乘言旋，必痛自咎责，出宿于外，大戒于国，曰："此吾之罪也，有能箴吾失者，疾入谏。"日与僚属及四方贤士讨论条画,以为后图。今归已五日矣,但闻请总领、运使至玉麟堂赏牡丹,用妓乐,又闻总领、运使请宴赏亦然,又闻宴僚属亦然。邦人诸军闻之,岂不痛愤。且视牡丹之红艳,岂不思边庭之流血;视管弦之啁啾,岂不思老幼之哀号;视栋宇之宏丽,岂不思士卒之暴露;视饮馔之丰美,岂不思流民之冻馁。敌国深侵,宇内骚动,主上食不甘味,听朝不怡;大臣忧烦,不知所出。尚书岂得不朝夕忧惧,而乃如是之迂缓暇逸耶!

今浮光之报又至矣,金欲以十六县之众,四月攻浮光,侵五关,且以一县五千人为率,则当有八万人攻浮光,以万人刈吾麦,以五万人攻吾关。吾之守关不过五六百人,岂能当万人之众哉?则关之不可守决矣。五关失守,则蕲、黄决不可保;蕲、黄不保,则江南危。尚书闻此亦已数日,乃不闻有所施行,何耶?其它言皆激切,同幕忌之尤甚,共诋排之。厥后光、黄、蕲继失,果如其言。遂力辞去,请祠不已。

俄再命知安庆,不就,入庐山访其友李燔、陈宓,相与盘旋玉渊、三峡间,俯仰其师旧迹,讲《乾》、《坤》二卦于白鹿书院,山南北之士皆来集。未几,召赴行在所奏事,除大理丞,不拜,为御史李楠所劾。

初,榦入荆湖幕府,奔走诸关,与江、淮豪杰游,而豪杰往往愿依于。及倅安丰、武定,诸将皆归心焉。后倅建康,守汉阳,声闻益著。诸豪又深知榦倜傥有谋,及来安庆,且兼制幕,长淮军民之心,翕然相向。此声既出,在位者益忌,且虑榦入见必直言边事,以悟上意,至是群起挤之。

榦遂归里,弟子日盛,巴蜀、江、湖之士皆来,编礼著书,日不暇给,夜与之讲论经理,亹亹不倦,借邻寺以处之,朝夕往来,质疑请益如熹时。俄命知潮州,辞不行,差主管亳州明道宫,逾月遂乞致仕,诏许之,特授承议郎。既没后数年,以门人请谥,又特赠朝奉郎,与一子下州文学,谥文肃。有《经解》、文集行于世。

李燔,字敬子,南康建昌人。少孤,依舅氏。中绍熙元年进士第,授岳州教授,未上,往建阳从朱熹学。熹告以曾子弘毅之语,且曰:"致远固以毅,而任重贵乎弘也。"燔退,以"弘"名其斋而自儆焉。至岳州,教士以古文六艺,不因时好,且曰:"古之人皆通材,用则文武兼焉。"即武学诸生义振而识高者拔之,辟射圃,令其习射;禀老将之长于艺者,以率偷惰。以祖母卒,解官承重而归。

改襄阳府教授。复往见熹,熹嘉之,凡诸生未达者先令访燔,俟有所发,乃从熹折衷,诸生畏服。熹谓人曰:"燔交友有益,而进学可畏,且直谅朴实,处事不苟,它日任斯道者必燔也。"熹没,学禁严,燔率同门往会葬,视封窆,不少恤。及诏访遗逸,九江守以燔荐,召赴都堂审察,辞,再召,再辞。郡守请为白鹿书院堂长,学者云集,讲学之盛,它郡无与比。

除大理司直,辞,寻添差江西运司干办公事,江西帅李珏、漕使王补之交荐之。会洞寇作乱,帅、漕议平之,而各持其说。燔徐曰:"寇非吾民耶?岂必皆恶。然其如是,诚以吾有司贪刻者激之,及将校之邀功者逼成之耳。反是而行之,则皆民矣。"帅、漕曰:"干办议是。谁可行者?"燔请自往,乃驻兵万安,会近洞诸巡尉,察隅保之尤无良者易置之,分兵守险,驰辩士谕贼逆顺祸福,寇皆帖服。

洪州地下,异时赣江涨而堤坏,久雨辄涝,燔白于帅、漕修之,自是田皆沃壤。漕司以十四界会子新行,价日损,乃视民税产物力,各藏会子若干,官为封识,不时点阅,人爱重之则价可增,慢令者颙籍,而民诤张,持空券益不售。燔与国子录李诚之力争不能止。燔又入札争之曰:"钱荒楮涌,子母不足以相权,不能行楮者,由钱不能权之也。楮不行而抑民藏之,是弃物也。诚能节用,先谷粟之实务,而不取必于楮币,则楮币为实用矣。"札入,漕司即弛禁,诣燔谢。燔又念社仓之置,仅贷有田之家,而力田之农不得沾惠,遂倡议裒谷创社仓,以贷佃人。

有旨改官,通判潭州,辞,不许。真德秀为长沙帅,一府之事咸咨燔。不数月,辞归。当是时,史弥远当国,废皇子竑,燔以三纲所关,自是不复出矣。真德秀及右史魏了翁荐之,差权通判隆兴府,江西帅魏大有辟充参议官,皆辞,乃以直秘阁主管庆元至道宫。燔自惟居闲无以报国,乃荐崔与之、魏了翁、真德秀、陈宓、郑寅、杨长孺、丁黼、叶宰、龚维藩、徐侨、刘宰、洪咨夔于朝。

绍定五年,帝论及当时高士累召不起者,史臣李心传以燔对,且曰:"燔乃朱熹高弟,经术行义亚黄榦,当今海内一人而已。"帝问今安在,心传对曰:"燔,南康人,先帝以大理司直召,不起,比乞致仕。陛下诚能强起之,以置讲筵,其神圣学岂浅浅哉。"帝然其言,终不召也。九江蔡念成称燔心事有如秋月。燔卒,年七十,赠直华文阁,谥文定,补其子举下州文学。

燔尝曰:"凡人不必待仕宦有位为职事,方为功业,但随力到处有以及物,即功业矣。"又尝曰:"仕宦至卿相,不可失寒素体。夫子无入不自得者,正以磨挫骄奢,不至居移气、养移体。"因诵古语曰:"分之所在,一毫跻攀不上,善处者退一步耳。"故燔处贫贱患难若平素,不为动,被服布素,虽贵不易。入仕凡四十二年,而历官不过七考。居家讲道,学者宗之,与黄榦并称曰"黄、李。"孙镶,登进士第。

张洽,字元德,临江之清江人。父纻,第进士。洽少颖异,从朱熹学,自《六经》传注而下,皆究其指归,至于诸子百家、山经地志、老子浮屠之说,无所不读。尝取管子所谓"思之思之,又重思之,思之不通,鬼神将通之"之语,以为穷理之要。熹嘉其笃志,谓黄榦曰:"所望以永斯道之传,如二三君者不数人也。"

时行社仓法,洽请于县,贷常平米三百石,建仓里中,六年而归其本于官,乡人利之。嘉定元年中第,授松滋尉。湖右经界不正,弊日甚,洽请行推排法,令以委洽。洽于是令民自实其土地疆界产业之数投于匮,乃筹核而次第之,吏奸无所匿。其后十余年,讼者犹援以为证云。

改袁州司理参军。有大囚，讯之则服，寻复变异，且力能动摇官吏，累年不决，而逮系者甚众。洽以白提点刑狱，杀之。有盗黠甚，辞不能折。会狱有兄弟争财者，洽谕之曰："讼于官，祗为胥吏之地，且冒法以求胜，孰与各守分以全手足之爱乎？"辞气恳切，讼者感悟。盗闻之，自伏。民有杀人，贿其子焚之，居数年，事败，洽治其狱无状，忧之，且白郡委官体访。俄梦有人拜于庭，示以伤痕在胁。翌日，委官上其事，果然。

郡守以仓廪虚，籍仓吏二十余家，命洽鞫之，洽廉知为都吏所卖。都吏者，州之巨蠹也，尝干于仓不获，故以此中之。洽度守意锐未可婴，姑系之，而密令计仓庾所入以白守曰："君之籍二十余家者，以胥吏也。今校数岁之中所入，已丰于昔，由是观之，胥吏妄矣。君必不忍受胥吏之妄，而籍无罪之家也。若以罪胥吏，过乃可免。"守悟，为罢都吏，而免所籍之家。

知永新县。一日谒告，闻狱中榜笞声，盖狱吏受赇，乘间讯囚使诬服也。洽大怒，亟执付狱，明日以上于郡，黥之。湖南郴寇作乱，与县接壤，民大恐。洽单车以往，邑佐、寓士交谏，弗听。至则寇未尝至，乃延见隅官，访利害而犒之，因行安福境上，结约土豪，得其欢心。未几，南安舒寇将犯境，闻有备，乃去。

以江东提举常平荐，通判池州。狱有张德修者，误踢人以死，狱吏诬以故杀，洽讯而疑之，请再鞫，守不听。会提点常平袁甫至，时方大旱，祷不应，洽言于甫曰："汉、晋以来，滥刑而致旱，伸冤而得雨，载于方册可考也。今天大旱，焉知非由德修事乎？"甫为阅款状于狱，德修遂从徒罪。复白郡请蠲征税，宽催科，以召和气，守为宽税。三日果大雨，民甚悦。洽数以病请祠，至是主管建昌仙都观，以庆寿恩赐绯衣、银鱼。

时袁甫提点江东刑狱，甫以白鹿书院废弛，招洽为长。洽曰："嘻，是先师之迹也，其可辞！"至则选好学之士日与讲说，而汰其不率教者。凡养士之田干没于豪右者复之。学兴，即谢病去。

端平初，大臣多荐洽，召赴都堂审察，洽以疾不赴，乃除秘书郎，寻迁著作佐郎。度正、叶味道在经幄，帝数问张洽何时可到，将以说书待洽，洽固辞，遂除直秘阁，主管建康崇禧观。嘉熙元年，以疾乞致仕，十月卒，年七十七。

洽自少用力于敬，故以"主一"名斋。平居不异常人，至义所当为，则勇不可夺。居闲不言朝廷事，或因灾异变故，辄颦蹙不乐，及闻一君子进用，士大夫直言朝廷得失，则喜见颜色。所交皆名士，如吕祖俭、黄榦、赵崇宪、蔡渊、吴必大、辅广、李道传、李燔、叶味道、李闳祖、李方子、柴中行、真德秀、魏了翁、李壄、赵汝谈、陈贵谊、杜孝严、度正、张嗣古，皆敬慕之。卒后一日，有旨除直宝章阁。所著书有《春秋集注》、《春秋集传》、《左氏蒙求》、《续通鉴长编事略》、《历代郡县地理沿革表》、文集。

子栝、柽，赐同进士出身。

陈淳，字安卿，漳州龙溪人。少习举子业，林宗臣见而奇之，且曰："此非圣贤事业也。"因授以《近思录》，淳退而读之，遂尽弃其业焉。

及朱熹来守其乡，淳请受教，熹曰："凡阅义理，必穷其原，如为人父何故止于慈，为人子何故止于孝，其他可类推也。"淳闻而为学益力，日求其所未至。熹数语人以"南来，吾道喜得陈淳"，门人有疑问不合者，则称淳善问。后十年，淳复往见熹，陈其所得，时熹已寝疾，语之曰："如公所学，已见本原，所阙者下学之功尔。"自是所闻皆要切语，凡三月而熹卒。

淳追思师训，痛自裁抑，无书不读，无物不格，日积月累，义理贯通，洞见条绪。故其言太极曰：太极只是理，理本圆，故太极之体浑沦。以理言，则自末而本，自本而末，一聚一散，而太极无所不极其至。自万古之前与万古之后，无端无始，此浑沦太极之全体也。自其冲漠无朕，而天地万物皆由是出，及天地万物既由是出，又复冲漠无朕，此浑沦无极之妙用也。圣人一心浑沦太极之全体，而酬酢万变，无非太极流行之用。学问工夫，须从万事万物中贯过，凑成一浑沦大本，又于浑沦大本中散为万事万物，使无少窒碍，然后实体得浑沦至极在我，而大用不差矣。"

其言仁曰："仁只是天理生生之全体，无表里、动静、隐显、精粗之间，惟此心纯是天理之公，而绝无一毫人欲之私，乃可以当其名。若一处有病痛，一事有欠阙，一念有间断，则私意行而生理息，即顽痹不仁矣。"

其语学者曰："道理初无玄妙，只在日用人事间，但循序用功，便自有见。所谓'下学上达'者，须下学工夫到，乃可从事上达，然不可以此而安于小成也。夫盈天地间千条万绪，是多少人事；圣人大成之地，千姿万目，是多少功夫。惟当开拓心胸，大作基址。须万理明彻于胸中，将此心放在天地间一例看，然后可以语孔、孟之乐。须明三代法度，通之于当今而无不宜，然后为全儒，而可以语王佐事业。须运用酬酢，如探诸囊中而不匮，然后为资之深，取之左右逢其原，而真为已物矣。至于以天理人欲分数而验宾主进退之几，如好好色，恶恶臭，而为天理人欲强弱之证，必使之于是是非非如辨黑白，如遇镆铘，不容有骑墙不决之疑，则虽艰难险阻之中，无不从容自适，夫然后为知之至而行之尽。"此语又中学者膏肓，而示以标的也。

淳性孝，母疾亟，号泣于天，乞以身代。弟妹未有室家者，皆婚嫁之。葬宗族之丧无归者。居乡不沽名徇俗，恬然退守，若无闻焉。然名播天下，世虽不用，而忧时论事，感慨动人，郡守以下皆礼重之，时造其庐而请焉。

嘉定九年，待试中都，归遇严陵郡守郑之悌，率僚属延讲郡庠。淳叹陆、张、王学问无源，全用禅家宗旨，认形气之虚灵知觉为天理之妙，不由穷理格物，而欲径造上达之境，反托圣门以自标榜。遂发明吾道之体统，师友之渊源，用功之节目，读书之次序，为四章以示学者。明年，以特奏恩授迪功郎、泉州安溪主簿，未上而没，年六十五。其所著有《语孟大学中庸口义、字义详讲》、《礼》、《诗》、《女学》等书，门人录其语，号《筠谷瀬口李方子，字公晦，昭武人。少博学能文，为人端谨纯笃。初见朱熹，谓曰："观公为人，自是寡过，但宽大中要规矩，和缓中要果决。"遂以"果"名斋。长游太学，学官李道传折官位辈行具刺就谒。

嘉定七年，廷对擢第三，调泉州观察推官。适真德秀来为守，以师友礼之，郡政大小咸咨焉。暇则辨论经训，至夜分不倦。故事，秩满必先通书庙堂乃除，方子曰："以书通，是求也。"时丞相弥远闻之怒，逾年始除国子录。无何，将选入宫僚，而方子不少贬以求合。或告弥远曰："此真德秀党也。"使台臣劾罢之。

方子既归，学者毕集，危坐竟日，未始倾侧，对宾客一语不妄发，虽奴隶亦不加诟詈，然常严惮之。尝语人曰："吾于问学虽未能周尽，然幸于大本有见处，此心常觉泰然，不为物欲所溃尔。"其亡也，天子闵之，与一子恩泽。

黄灏，字商伯，南康都昌人。幼敏悟强记，肄业荆山僧舍三年，入太学，擢进士第。教授隆兴府，知德化县，以兴学校、崇政化为本。岁馑，行振给有方。王蔺、刘颖荐于朝，除登闻鼓院。光宗即位，迁太常寺簿，论今礼教废阙，请敕有司取政和冠昏丧葬仪，及司马光、高闶等书参订行之。

除太府寺丞，出知常州，提举本路常平。秀州海盐民伐桑柘，毁屋庐，莩殣盈野，或食其子持一臂行乞，而州县方督促逋欠，颢见之蹙然。时有旨倚阁夏税，遂奏乞并阁秋苗，不俟报行之。言者罪其专，移居筠州，已而寝谪命，止削两秩，而从其蠲阁之请。

灏既归里，幅巾深衣，骑驴匡山间，若索隐者。起知信州，改广西转运判官，移广东提点刑狱，告老不赴。卒。

灏性行端饬，以孝友称。朱熹守南康，灏执弟子礼，质疑问难。熹之没，党禁方厉，灏单车往赴，徘徊不忍去者久之。

卷四百三十一

列传第一百九十

儒 林 一

聂崇义　邢昺　孙奭　王昭素　孔维
孔宜　崔颂子晓　尹拙　田敏　辛文悦
李觉　崔颐正弟偓佺　李之才

聂崇义，河南洛阳人。少举《三礼》，善《礼》学，通经旨。汉乾祐中，累官至国子《礼记》博士，校定《公羊春秋》，刊板于国学。周显德中，累迁国子司业兼太常博士。先是，世宗以郊庙祭器止由有司相承制造，年代浸久，无所规式，乃命崇义检讨摹画以闻。四年，崇义上之，乃命有司别造焉。

五年，将禘于太庙，言事者以宗庙无祧室，不当行禘祫之礼。崇义援引故事上言，其略曰："魏明帝以景初三年正月上仙，至五年二月祫祭，明年又禘，自兹后以五年为禘。且魏以武帝为太祖，至明帝始三帝，未有毁主而行禘祫。其证一也。宋文帝元嘉六年，祠部定十月三日大祠，其太学博士议云：案禘祫之礼，三年一，五年再。宋高祖至文帝裁亦三帝，未有毁主而行禘祫。其证二也。梁武帝用谢广议，三年一禘，五年一祫，谓之大祭，禘祭以夏，祫祭以冬。且梁武乃受命之君，裁追尊四朝而行禘祫，则知祭者是追养之道，以时移节变，孝子感而思亲，故荐以首时，祭以仲月，间以禘祫，序以昭穆，乃礼之经也。非关宗庙备与未备。其证三也。"终从崇义之议。

未几，世宗诏崇义参定郊庙祭玉，又诏翰林学士窦俨统领之。崇义因取《三礼图》再加考正，建隆三年四月表上，俨为序。太祖览而嘉之，诏曰："礼器礼图，相承传用，浸历年祀，宁免差违。聂崇义典事国庠，服膺儒业，讨寻故实，刊正疑725，奉职效官，有足嘉者。崇义宜量与酬奖。所进《三礼图》，宜令太子詹事尹拙集儒学三五人更同参议，所冀精详。苟有异同，善为商确。"五月，赐崇义紫袍、犀带、银器、缯帛以奖之。拙多所驳正，崇义复引经以释之，悉以下工部尚书窦仪，俾之裁定。仪上奏曰："伏以圣人制礼，垂之无穷，儒者据经，所传或异，年祀浸远，图绘缺然。踏驳弥深，丹青靡据。聂崇义研求师说，耽味礼经，较于旧图，良有新意。尹拙爰承制旨，能罄所闻。尹拙驳议及聂崇义答义各四卷，臣再加详阅，随而裁置，率用增损，列于注释，共分为十五卷以闻。"诏颁行之。

拙、崇义复陈祭玉鼎釜异同之说，诏下中书省集议。吏部尚书张昭等奏议曰：

按聂崇义称：祭天苍璧九寸圆好，祭地黄琮八寸无好，圭、璋、琥并长九寸。自言周显德三年与田敏等按《周官》玉人之职及阮谌、郑玄旧图，载其制度。

臣等按：《周礼》玉人之职，只有"璧琮九寸"、"琮琮八寸"及"璧羡度尺，好三寸以为度"之文，即无苍璧、黄琮之制。兼引注有《尔雅》"肉倍好"之说，此即是注"璧羡度"之文，又非苍璧之制。又详郑玄自注《周礼》，不载尺寸，岂复别作画图，违经立异？

《四部书目》内有《三礼图》十二卷，是隋开皇中敕礼官修撰。其图第一、第二题云"梁氏"，第十后题云"郑氏"，又称不知梁氏、郑氏名位所出。今书府有《三礼图》，亦题"梁氏"、"郑氏"，不言名位。厥后有梁正者，集前代图记更加详议，题《三礼图》曰："陈留阮士信受《礼》学于颍川綦册君，取其说，为图三卷，多不按《礼》文而引汉事，与郑君之文违错。"正删为二卷，其阮士信即谌也。如梁正之言，可知谌之纰谬。兼三卷《礼图》删为二卷，应在今《礼图》之内，亦无改祭玉之说。

臣等参详自周公制礼之后,叔孙通重定以来,礼有纬书,汉代诸儒颇多著述,讨寻祭玉,并无尺寸之说。魏、晋之后,郑玄、王肃之学各有生徒,《三礼》、《六经》无不论说,检其书,亦不言祭玉尺寸。臣等参验画图本书,周公所说正经不言尺寸,设使后人谬为之说,安得便入周图?知崇义等以诸侯入朝献天子夫人之琮璧以为祭玉,又配合"羡度"、"肉好"之言,强为尺寸,古今大礼,顺非改非,于理未通。

又据尹拙所述礼神之六玉,称取梁桂州刺史崔灵恩所撰《三礼义宗》内"昊天及五精帝圭、璧、琮、璜皆长尺二寸,以法十二时;祭地之琮长十寸,以效地之数。"又引《白虎通》云:"方中圆外曰璧,圆中方外曰琮。"崇义非之,以为灵恩非周公之才,无周公之位,一朝撰述,便补六玉阙文,尤不合礼。

臣等窃以刘向之论《洪范》,王通之作《元经》,非必挺圣人之姿,而居上公之位,有益于教,不为斐然。臣等以灵恩所撰之书,聿稽古训,祭玉以十二为数者,盖天有十二次,地有十二辰,日有十二时,封山之玉牒十二寸,园丘之笾豆十二列,天子以镇圭外守,宗后以大琮内守,皆长尺有二寸。又祼圭尺二寸,王者以祀宗庙。若人君亲行之郊祭,登坛酌献,服大裘,搢大圭,行稽奠,而手秉尺二之圭,神献九寸之璧,不及礼宗庙祼圭之数,父天母地,情亦奚安?则灵恩议论,理未为失,所以自《义宗》之出,历梁、陈、隋、唐垂四百年,言礼者引为师法,今《五礼精义》、《开元礼》、《郊祀录》皆引《义宗》为标准。近代晋、汉两朝,仍依旧制。周显德中,田敏等妄作穿凿,辄有更改。自唐贞观之后,凡三次大修五礼,并因隋朝典故,或节奏繁简之间稍有厘革,亦无改祭玉之说。伏望依《白虎通》、《义宗》、唐礼之制,以为定式。

又尹拙依旧图画釜,聂崇义去釜画镬。臣等参详旧图,皆有釜无镬。按《易·说卦》云"坤为釜",《诗》云"惟锜及釜",又云"溉之釜鬵",《春秋传》云"锜釜之器",《礼记》云"燔黍捭豚",解云"古未有甑釜,所以燔捭而祭。"即釜之为用,其来尚矣,故入于《礼图》。今崇义以《周官》祭祀有省鼎镬,供鼎镬,又以《仪礼》有羊镬、豕镬之文,乃云画釜不如画镬。今诸经皆载釜之用,诚不可去。又《周》、《仪礼》皆有镬之文,请两图之。又若观诸家祭祀之画,今代见行之礼,于大祀前一日,光禄卿省视鼎镬。伏请图镬于鼎下。

诏从之。未几,崇义卒,《三礼图》遂行于世,并画于国子监讲堂之壁。

崇义为学官,兼掌礼,仅二十年,世推其该博。郭忠恕尝以其姓嘲之曰:"近贵全为聝,攀龙即作聋。虽然三个耳,其奈不成聪。"崇义对曰:"仆不能为诗,聊以一联奉答。"即云:"勿笑有三耳,全胜畜二心。"盖因其名以嘲之。忠恕大惭,人许其机捷而不失正,真儒者之戏云。

邢昺,字叔明,曹州济阴人。太平兴国初举《五经》,廷试日,召升殿讲《师》、《比》二卦,又问以群经发题。太宗嘉其精博,擢《九经》及第,授大理评事、知泰州盐城监,赐钱二十万。昺以是监处楚、泰间,泰僻左而楚会要,盐食为急,请改隶楚州,从之。明年,召为国子监丞,专讲学之任。迁尚书博士,出知仪州,就转国子博士。代还,赐绯,选为诸王府侍讲。雍熙中,迁水部员外郎,改司勋。端拱初,赐金紫,累迁金部郎中。

真宗即位,改司勋郎中,俄知审刑院,以昺儒者不达刑章,命刘元吉同领其事。是冬,昺上表自陈凤侍讲讽,迁右谏议大夫。咸平初,改国子祭酒。二年,始置翰林侍讲学士,以昺为之。受诏与杜镐、舒雅、孙奭、李慕清、崔偓佺等校定《周礼》、《仪礼》、《公羊》、《谷梁春秋传》、《孝经》、《论语》、《尔雅义疏》,及成,并加阶勋。俄为淮南、两浙巡抚使。初置讲读之职,即于便坐令昺讲《左氏春秋》,侍读预焉。五年讲毕,宴近臣于崇政殿,赐昺袭衣、金带,加器币,仍迁工部侍郎,兼国子祭酒、学士如故。知审官院陈恕丁内艰,以昺权知院事。

景德二年,上言:"亡兄素尝举进士,愿沾赠典。"特赠大理评事。是夏,上幸国子监阅库书,问昺经版几何,昺曰:"国初不及四千,今十余万,经、传、正义皆具。臣少从师业儒时,经具有疏者百无一二,盖力不能传写。今板本大备,士庶家皆有之,斯乃儒者逢辰之幸也。"上喜曰:"国家虽尚儒术,非四方无事,何以及此!"上又访以学馆故事,有未振举者,昺不能有所建明。先是,印书所裁余纸,鬻以供监中杂用,昺请归之三司,以裨国用。自是监学公费不给,讲官亦厌其寥落。上方兴起道术,又令昺与张雍、杜镐、孙奭举经术该博、德行端良者,以广学员。三年,加刑部侍郎。

昺居近职,常多召对,一日从容与上语及宫邸旧僚,叹其沦丧殆尽,唯昺独存。翌日,赐白金千两,且诏其妻至宫庭,赐以冠帔。四年,昺以羸老艰于趋步上前,自陈曹州故乡,愿给假一年归视田里,俟明年郊祀还朝。上命坐,慰劳之,因谓曰:"便可权本州,何须假耶?"昺又言杨砺、夏侯峤同为府僚,二臣没皆赠尚书。上悯之,翌日,谓宰相曰:"此可见其志矣。"即超拜工部尚书、知曹州、职如故。

入辞日,赐袭衣、金带。是日,特开龙图阁,召近臣宴崇和殿,上作五、七言诗二首赐之,预宴者皆赋。昺视壁间《尚书》、《礼记图》,指《中庸》篇曰:凡为天下国家有九经。因陈其大义,上嘉纳之。及行,又令近臣祖送,设会于宜春苑。大中祥符初,上东封泰山,昺表曹州民请车驾经由本州,仍令济阴令王范部送父老诣阙,优诏答之。俄召还。车驾进发,命判留司御史台。礼毕,进位礼部尚书。

上勤政悯农,每雨雪不时,忧形于色,以昺素习田事,多委曲访之。初,田家察阴晴丰凶,皆有状候,老农之相传者率有验,昺多采其说为对。又言:"民之灾患,大者有四:一曰疫,二曰旱,三曰水,四曰畜。灾岁必有其一,但或轻或重耳。四事之害,旱暵为甚,盖田无畎浍,悉不可救，所损必尽。《传》曰：'天灾流行，国家代有。'此之谓也。"

三年，被病请告，诏太医诊视。六月，上亲临问疾，赐名药一奁、白金器千两、缯彩千匹。国朝故事，非宗戚将相，无省疾临丧之礼，特有加于昺与郭贽者，以恩旧故也。未几，有旨命中书召其子太常博士知东明县仲宝、国子博士知信阳军若思还侍疾。逾月卒，年七十九，赠左仆射，三子并进秩。

初，雍熙中，昺撰《礼选》二十卷献之，太宗探其帙，得《文王世子篇》，观之甚悦，因问卫绍钦曰："昺为诸王讲说，曾及此乎？"绍钦曰："诸王常时访昺经义，昺每至发明君臣父子之道，必重复陈之。"太宗益喜。上尝因内阁暴书，览而称善，召昺同观，作《礼选赞》赐之。昺言："家无遗稿，愿得副本。"上许之。缮录未毕而昺卒，亟诏写二本，一本赐其家，一本俾置冢中。

昺在东宫及内庭，侍上讲《孝经》、《礼记》、《论语》、《书》、《易》、《诗》、《左氏传》。据传疏敷引之外，多引时事为喻，深被嘉奖。上尝问："管仲、召忽皆事公子纠，小白之入，召忽死之，管仲乃归齐相桓公。岂非召忽以忠死，而管仲不能固其节，为臣之道当若是乎？"又郑注《礼记·世子篇》云：'文王以勤忧损寿，武王以安乐延年。'朕以为本经旨意必不然也。且夏禹焦劳，有玄圭之赐，而享国永年。若文王能忧人之心，不自暇逸，纵无感应，岂至亏损寿命耶？"各随其事理以对。

先是，咸平中，王钦若知贡举，有告其受举人贿赂者，下御史台鞫得状，钦若自诉，诏昺与边肃、毋宾古、阎承翰就太常寺覆推。昺力辨钦若，而洪湛抵罪，钦若以是德之。昺之厚被宠顾，钦若与有功焉。

仲宝贪猥不才，举止率易，士大夫多鄙笑之。钦若在中书，用为三司判官，后至祠部郎中，坐赃黜官，卒。若思终于驾部郎中。

孙奭，字宗古，博州博平人。幼与诸生师里中王彻，彻死，有从奭问经者，奭为解析微指，人人惊服，于是门人数百皆从奭。后徙居须城。

《九经》及第，为莒县主簿，上书愿试讲说，迁大理评事，为国子监直讲。太宗幸国子监，召奭讲《书》，至"事不师古，以克永世，匪说攸闻"，帝曰："此至言也。商宗乃得贤相如此耶！"因容嗟久之，赐五品服。真宗以为诸王府侍读。会诏百官转对，奭上十事。判太常礼院、国子监、司农寺，累迁工部郎中，擢龙图阁待制。

奭以经术进，守道自处，即有所言，未尝阿附取悦。大中祥符初，得天书于左承天门，帝将奉迎，召宰相对崇政殿西庑。王旦等曰："天贶符命，实盛德之应。"皆再拜称万岁。又召问奭，奭对曰："臣愚，所闻'天何言哉'，岂有书也？"帝既奉迎天书，大赦改元，布告其事于天下，筑玉清昭应宫。是岁，天书复降泰山，帝欲亲受符命，遂议封禅，作礼乐。王钦若、陈尧叟、丁谓、杜镐、陈彭年皆以经义左右附和，由是天下争言符瑞矣。

四年，又将祀汾阴，是时大旱，京师近郡谷踊贵，奭上疏谏曰："先王卜征，五年岁习其祥，祥习则行，不习则增修德而改卜。陛下始毕东封，更议西幸，殆非先王卜征五年慎重之意，其不可一也。夫汾阴后土，事不经见。昔汉武帝将封禅，故先封中岳，祠汾阴，始巡幸郡县，遂有事于泰山。今陛下既已登封，复欲幸汾阴，其不可二也。古者圜丘方泽，所以郊祀天地，今南北郊是也。汉初承秦，唯立五畤以祀天，而后土无祀，故武帝立祠于汾阴。自元、成以来，从公卿之议，遂徙汾阴后土于北郊，后之王者多不祀汾阴。今陛下已建北郊，乃舍之而远祀汾阴，其不可三也。西汉都雍，去汾阴至近。今陛下经重关，越险阻，轻弃京师根本，而慕西汉之虚名，其不可四也。河东，唐王业之所起也。唐又都雍，故明皇幸河东，因祠后土。圣朝之兴，事与唐异，而陛下无故欲祀汾阴，其不可五也。昔者周宣王遇灾而惧，故诗人美其中兴，以为贤主。比年以来，水旱相继，陛下宜侧身修德，以答天谴，岂宜下徇奸回，远劳民庶，盘游不已，忘社稷之大计？其不可六也。夫雷以二月启蛰，八月收声，育养万物，失时则为异。今震雷在冬，为异尤甚。此天意丁宁以戒陛下，而反未悟，殆失天意，其不可七也。夫民，神之主也，是以圣王先成民而后致力于神。今国家土木之功累年未息，水旱洊溱，饥馑居多，乃欲劳民事神，神其享之乎？此其不可八也。陛下必欲为此者，不过效汉武帝、唐明皇，巡幸所至，刻石颂功，以崇虚名，夸示后世尔。陛下天资圣明，当慕二帝、三王，何为下袭汉、唐之虚名，其不可九也。唐明皇以嬖宠奸邪，内外交害，身播国屯，兵交关下，亡乱之迹如此，由狃于承平，肆行非义，稔致祸败。今议者引开元故事以为盛烈，乃欲倡导陛下而为之，臣切为陛下不取，此其不可十也。臣言不逮意，陛下以臣言为可取，愿少赐清问，以毕臣说。"

帝遣内侍皇甫继明就问，又上疏曰：

陛下将幸汾阴，而京师民心弗宁，江、淮之众困于调发，理须镇安而矜存之。且土木之功未息，而夺攘之盗公行，外国治兵，不远边境，使者虽至，宁可保其心乎？昔陈胜起于徭戍，黄巢出于凶饥，隋炀帝勤远略而唐高祖兴于晋阳，晋少主惑小人而耶律德光长驱中国。陛下俯从奸佞，远弃京师，涉仍岁荐饥之墟，修违经久废之祠，不念民疲，不恤边患。安知今日戍卒无陈胜，饥民无黄巢，英雄将无窥伺于肘腋，外敌将无观衅于边陲乎？

先帝尝议封禅，寅畏天灾，寻诏停寝。今奸臣乃赞陛下力行东封，以为继成先志。先帝尝欲北平幽朔，西取继迁，大勋未集，用付陛下，则群臣未尝献一谋、画一策，以佐陛下继先帝之志者，反务卑辞重币，求和于契丹，蹙国縻爵，姑息于继迁，曾不思主辱臣死为之戒，诬下罔上为可羞。撰造祥瑞，假托鬼神，才毕东封，便议西幸，轻劳车驾，虐害饥民，冀其无事往还，便谓成大勋绩。是陛下以祖宗艰难之业，为奸邪侥幸之资，臣所以长叹而痛哭也。夫天地神祇，聪明正直，作善降之百祥，作不善降之百殃，未闻专事笾豆簠簋，可邀福祥。《春秋传》曰："国之将兴，听于民；将亡，听于神。"愚臣非敢妄议，惟陛下终赐裁择。

后天下数有灾变，又言："古者五载巡守，有国之事尔，非必有紫气黄云，然后登封，嘉禾异草，然后省方也。今野雕山鹿，郡国交奏，秋旱冬雷，群臣率贺，退而腹非窃笑者比比皆是。孰谓上天为可罔，下民为可愚，后世为可欺乎？人情如此，所损不细，惟陛下深鉴其妄。"

六年，又上疏曰："陛下封泰山，祀汾阴，躬谒陵寝，今又将祠于太清宫，外议籍籍，以谓陛下事事慕效唐明皇，岂以明皇为令德之主耶？甚不然也。明皇祸败之迹有足为深戒者，非独臣能知之，近臣不言者，此怀奸以事陛下也。明皇之无道，亦无敢言者，及奔至马嵬，军士已诛杨国忠，请矫诏之罪，乃始谕以识理不明，寄任失所。当时虽有罪己之言，觉寤已晚，何所及也。臣愿陛下早自觉寤，抑损虚华，斥远邪佞，罢兴土木，不袭危乱之迹，无为明皇不及之悔，此天下之幸，社稷之福也。"帝以为"封泰山，祠汾阴，上陵，祀老子，非始于明皇。《开元礼》今世所循用，不可以天宝之乱，举谓为非也。秦为无道甚矣，今官名、诏令、郡县犹袭秦旧，岂以人而废言乎？"作《解疑论》以示群臣。然知奭朴忠，虽其言切直，容之而弗斥。

久之，以父老请归田里，不许，以知密州。居二年，迁左谏议大夫，罢待制。还，纠察在京刑狱。是时初置天庆、天祺、天贶、先天、降圣节，天下设斋醮张燕，费甚广。奭又请裁省浮用，不报。复出知河阳，又求解官就养，迁给事中，徙兖州。

天禧中，朱能献《乾祐天书》。复上疏曰：

朱能者，奸憸小人，妄言祥瑞，而陛下崇信之，屈至尊以迎拜，归秘殿以奉安，上自朝廷，下及闾巷，靡不痛心疾首，反唇腹非，而无敢言者。

昔汉文成将军以帛书饭牛，既而言牛腹中有奇书，杀视得书，天子识其手迹。又有五利将军妄言，方多不仇，二人皆坐诛。先帝时有侯莫陈利用者，以方术暴得宠用，一旦发其奸，诛于郑州。汉武可谓雄材，先帝可谓英断。唐明皇得《灵宝符》、《上清护国经》、《宝券》等，皆王钦、田同秀等所为，明皇不能显戮，怵于邪说，自谓德实动天，神必福我。夫老君，圣人也。傥实降语，固宜不妄，而唐自安、史乱离，乘舆播越，两都荡覆，四海沸腾，岂天下太平乎？明皇虽仅得归阙，复为李辅国劫迁，卒以忧终，岂圣寿无疆、长生久视乎？以明皇之英睿，而祸患猥至曾不知者，良由在位既久，骄亢成性，谓人莫己若，谓谏不足听。心玩居常之安，耳熟导谀之说，内惑宠嬖，外任奸回，曲奉鬼神，过崇妖妄。今日见老君于阁上，明日见老君于山中。大臣尸禄以将迎，端士畏威而缄默。既惑左道，既紊政经，民心用离，变起仓卒。当是之时，老君宁肯御兵，宝符安能排难邪？今朱能所为，或类于此，愿陛下思汉武之雄材，法先帝之英断，鉴明皇之召祸，庶几灾害不生，祸乱不作。

未几，能果败。奭又尝请减修寺度僧，帝虽未用其言，

尝令向敏中谕令陈时政得失，奭以纳谏、恕直、轻徭、薄敛四事为言，颇施行焉。

仁宗即位，宰相请择名儒以经术侍讲读，乃召为翰林侍讲学士、知审官院，判国子监，修《真宗实录》。丁父忧，起复，兼判太常寺及礼院，三迁兵部侍郎、龙图阁学士。每讲论至前世乱君亡国，必反覆规讽。仁宗意或不在书，奭则拱默以俟，帝为竦然改听。尝画《无逸图》上之，帝施于讲读阁。时章宪明肃皇后每五日一御殿，与帝同听政，奭言："古帝王朝朝暮夕，未有旷日不朝。陛下宜每日御殿，以览万机。"奏留中不报。然帝与皇太后尤爱重之，每进见，未尝不加礼。

三请致仕。召对承明殿，敦谕之，以年逾七十固请，泣下，帝亦恻然，诏与冯元讲《老子》三章，各赐帛二百匹。以不得请，求近郡，优拜工部尚书，复知兖州。诏须宴而后行，又留数月，特宴太清楼，近臣皆预，帝作飞白大字以赐二府，而小字赐诸学生，独奭与晁迥兼赐大小字。诏群臣即席赋诗，太后又别出禁中珍膳劝酒。翌日，奭入谢，又命讲《老子》，赐袭衣、金带、银鞍勒马。及行，赐宴瑞圣园，又赐诗，诏近臣皆赋。以恭谢恩改礼部尚书，既而累表乞归，以太子少傅致仕。疾甚，徙正寝，屏婢妾，谓子瑜曰："无令我死妇人之手。"卒。奏至，帝谓张士逊曰："朕方欲召奭还，而奭遂死矣。"嗟惜者久之，罢朝一日，赠左仆射，谥曰宣。

奭性方重，事亲笃孝。父亡，舐其面以代颒。常撮《五经》切于治道者，为《经典徽言》五十卷。又撰《崇祀录》、《乐记图》、《五经节解》、《五服制度》。尝奉诏与邢昺、杜镐校定诸经正义，《庄子》、《尔雅》释文，考正《尚书》、《论语》、《孝经》、《尔雅》谬误及律音义。

初，圜丘无外壝，五郊从祀不设席，尊不施幂；七祠时飨饮福用一尊，不设三登，升歌不以《雍》彻；冬至摄祀昊天上帝，外级止十七位，而不以星辰从；飨先农在祈谷之前；上丁释奠无三献；宗庙不备二舞；诸臣当谥者，或既葬乃请。奭皆援古奏正，遂著于礼。又请冬至罢祀五帝，大雩设五帝而罢祠昊天上帝。事下有司议，不合而止。

瑜，官至工部侍郎致仕。

王昭素，开封酸枣人。少笃学不仕，有至行，为乡里所称。常聚徒教授以自给，李穆与弟肃及李恽皆常师事焉。乡人争讼，不诣官府，多就昭素决之。

昭素博通《九经》，兼究《庄》、《老》，尤精《诗》、《易》，以为王、韩注《易》及孔、马疏义或未尽是，乃著《易论》二十三篇。

开宝中，穆荐之朝，诏召赴阙，见于便殿，时年七十七，精神不衰。太祖问曰："何以不求仕进，致相见之晚？"对曰："臣草野蠢愚，无以裨圣化。"赐坐，令讲《易·乾卦》，召宰相薛居正等观之，至"飞龙在天"，上曰："此书岂可令常人见？"昭素对曰："此书非圣人出不能合其象。"因访以民间事，昭素所言诚实无隐，上嘉之。以衰老求归乡里，拜国子博士致仕，赐茶药及钱二十万，留月余，遣之。年八十九，卒于家。

昭素颇有人伦鉴。初，李穆兄弟从昭素学《易》，常谓穆曰："子所谓精理，往往出吾意表。"又语人曰："穆兄弟皆令器，穆尤沈厚，他日必至廊庙。"后果参知政事。

昭素每市物，随所言而还直，未尝论高下。县人相告曰："王先生市物，无得高取其价也。"治所居室，有橡木积门中，夜有盗者抉门将入，昭素觉之，即自门中潜掷橡于外，盗者惭而去，由是里中无盗。家有一驴，人多来假，将出，先问僮奴曰："外无假驴者乎？"对云"无"，然后出。其为纯质若此。

子仁著，亦有隐德。

孔维，字为则，开封雍丘人。乾德四年《九经》及第，解褐东明、鄢陵二主簿。开宝中，礼部再奏为考试官，调滁州军事推官。太宗即位，擢授太子左赞善大夫、知河南县，通判滑、梓二州。太平兴国中，就拜国子《周易》博士，代还，迁《礼记》博士。七年，使高丽，王治问礼于维，维对以君父臣子之道，升降等威之序，治悦，称之曰："今日复见中国之夫子也。"九年，判国学事。雍熙初，迁主客员外郎。三年，擢为国子司业，赐金紫。

会将有事于籍田，维起《周礼》至于《唐书》，凡沿革制度并录之以献，观者称其博。又上书请禁原蚕以利国马。直史馆乐史驳之曰：

《管子》云："仓廪实，知礼节；衣食足，知荣辱。"是以古先哲王厚农桑之业，以其为衣食之原耳。一夫不耕，天下有受其饥者；一妇不蚕，天下有受其寒者。故天子亲耕，后妃亲蚕，屈身以化下者，邦国之重务也。《吴都赋》曰："国赋再熟之稻，乡贡八蚕之绵。"则蚕之有原，其来旧矣。今孔维请禁原蚕以利国马，徒引前经物类同气之文，不究时事确实之理。夫所市国马来自外方，涉远驰驱，亏其秣饲，失于善视，遂至玄黄，致毙之由，鲜不以此。今乃欲禁其蚕事，甚无谓也。唐朝畜马，具有监牧之制，详观本书，亦无禁蚕之文。况近降明诏，来年春有事于籍田，是则劝农之典方行，而禁蚕之制又下，事相违戾，恐非所长。

臣尝历职州县，粗知利病，编民之内，贫窭者多，春蚕所成，止充赋调之备，晚蚕薄利，始及卒岁之资。今若禁其后图，必有因缘为弊，滋彰挠乱，民岂皇宁。涣汗丝纶，所宜重慎。

上览之，遂寝晚蚕之禁。维复抗疏曰：

按《周礼·夏官·司马》职禁原蚕者，为伤马也。原，再也。天文，辰为马。《蚕书》，蚕为龙精，月直大火，则浴其种。是蚕与马同气，物莫能两大，故禁再蚕以益马也。又郭璞云："重蚕为原，今晚蚕也。"臣少亲耕桑之务，长历州县之职，物之利害，尽知之矣。蚩蚩之氓知其利而不知其害，故有早蚕之后，重养晚蚕之茧，出丝甚少，再采之叶来岁不茂，岂止伤及于马，而桑亦损矣。臣自县历官，路见圳野之地官马多死，若非明援典据，助其畜牧，安敢妄有举陈哉。

按《本草》注："以僵蚕涂马齿，则不能食草。"

物类相感如此。《月令》仲春祭马祖，季春享先蚕，皆谓天驷房星也，为马祈福，谓之马祖，为蚕祈福，谓之先蚕，是蚕与马同其类尔。蚕重则马损，气感之而然也。臣谓依《周礼》禁原蚕为当。

上虽不用维言，而嘉其援引经据，以章付史馆。籍田毕，拜国子祭酒。淳化初，兼工部侍郎。二年，卒，年六十四。

维通经术。准旧制，举《九经》，一上不中第即改科。开宝中，维论其事非便，诏礼部自今《九经》同诸科许再赴举。

太宗尹京日，维为属邑吏，颇以经术受知。即位后，维始升郎署。自以通经，求为司业，即以授之。使外国者皆假服紫，维自高丽还，会东使至，维自耻衣绯，因求见上，诡言："高丽使问臣获何罪降服，臣无以对。"因泣下。上怜之，即赐以金紫。及为祭酒，又奏言："朝廷久不置此官，少有知者，臣之亲戚故旧有书信来者，多云祭酒郎中。田敏晋朝任祭酒，仍兼侍郎。愿循前例，兼领是官，庶获美称。"上从之。然缙绅恶其儒者躁求，无退让之风。

尝建议乞广太学，上以侵坏民舍不许。受诏与学官校定《五经疏义》，刻板行用，功未及毕，被病，上遣太医诊视，使者抚问。初，维私用印书钱三十余万，为掌事黄门所发，维忧惧，遽以家财偿之，疾遂亟，上赦而不问。维将终，召其婿郑革口授遗表，以《五经疏》未毕为恨。

景德四年，录其孙禹圭同学究出身。

孔宜，字不疑，兖州曲阜人，孔子四十四世孙。孔子生鲤，字伯鱼。鲤生伋，字子思。伋生白，字子上。白生求，字子家。求生箕，字子京。箕生穿，字子高。穿生谦，字子慎。谦生鲋，字子鱼，以弟子腾为嗣。腾字子襄，值秦难，藏其家书于屋壁。腾生忠，字季忠。忠生武。武生延年及安国。延年生霸，字次孺，汉昭帝时为博士，宣帝时为太中大夫，授皇太子经。元帝即位，赐爵关内侯，号褒成君。霸生福。福生房。房生均，字长平，好学有才，为尚书郎，平帝元始元年，封均为褒成侯，食邑二千户，追谥夫子为褒成宣尼公。王莽以均为太尉，三以疾辞，得还，莽败，失国。后汉世祖建武十四年，复封均子志为褒成侯，谥元成。志生损，袭爵，和帝永元四年，徙封损为褒亭侯。损卒，子曜嗣侯、邑千户。子完嗣，邑百户。完早卒无子，以弟子羡袭爵。

羡仕魏为议郎，黄初二年，封宗圣侯、邑百户。羡生震，晋武帝泰始三年，徙封奉圣亭侯，邑二百户，历太常、黄门侍郎。震生嶷。嶷生抚，举孝廉，辟太尉掾，历豫章太守。抚生懿。懿生鲜，有度量，好学，宋文帝元嘉十九年，袭封奉圣侯。鲜生乘，博学有艺立，后魏孝文延兴初举孝廉，三年，封乘为崇圣大夫，复十户，以供洒扫。乘生灵珍，袭爵，历秘书郎，太和十九年，改封崇圣侯，邑百户。灵珍生文泰。文泰生渠，北齐文宣帝天保元年，改封恭圣侯。后周宣帝大象二年，追封孔子为邹国公，以渠袭爵，邑百户。

渠生长孙，隋文帝复封长孙为邹国公。长孙生嗣哲，应制举，历泾州司兵参军、太子通事舍人，大业四年，改封绍圣侯，邑百户。嗣哲生德伦，唐太宗贞观十一年，封褒圣侯，邑百户，朝会位同三品，复其子孙。则天天授二年，赐德伦玺书、衣服。德伦生崇基，袭侯，中宗神龙元年，授朝散大夫。崇基生璲之，玄宗开元中，历国子四门博士、郯王府文学、蔡州长史。二十七年，诏追谥孔子为文宣王，改封褒圣侯璲之为袭文宣公，兼兖州长史。璲之生萱，袭封，历兖州泗水令。萱生齐卿，德宗建中三年，诏以齐卿为兖州司马，陷于东平，卒。至宪宗元和十三年，平李师道，其子惟晊归鲁，诏以惟晊为兖州参军，奉夫子祀，复五十户，以供洒扫。惟晊生策，会昌元年，历国子监丞、尚书博士。大中元年，宰相白敏中奏岁给封户绢百匹，充春秋奉祀。自璲之至策，五世并袭封文宣公。策生振，懿宗咸通四年，举进士甲科，历兖州观察判官，至刑部员外郎。振生昭俭，历衮州司马、曲阜令。自策至昭俭，三世岁给封绢，以供享祀。昭俭生光嗣，哀帝天祐中，为泗水主簿，奉孔子祀。

光嗣生仁玉，九岁通《春秋》，姿貌雄伟。后唐明宗长兴元年，以为曲阜主簿，三年，迁龚丘令，袭文宣公，晋高祖天福五年，改曲阜令。周高祖广顺二年，平慕容彦超，幸曲阜，拜孔子庙及墓，召仁玉，赐五品服，复以为本县令。

仁玉四子，长曰宜，举进士不第，乾德中诣阙上书，述其家世，诏以为曲阜主簿，历黄州军事推官，迁司农寺丞，掌星子镇市征。宜上言："星子当江湖之会，商贾所集，请建为军。"诏以为县，就命宜知县事，后以为南康军。

宜代还，献文赋数十篇，太宗览而嘉之，召见，问以孔子世嗣，因下诏曰："素王之道，百代所崇，传祚袭封，抑存典制。文宣王四十四代孙、司农寺丞宜服勤素业，砥砺廉隅，亟历官联，洽闻政绩，圣人之后，世德不衰，俾登朝伦，以光儒胄。可太子右赞善大夫，袭封文宣公，复其家。"未几，通判密州。太平兴国八年，诏修曲阜孔子庙，宜贡方物以谢，诏褒之，迁殿中丞。雍熙三年，王师北征，受诏督军粮，涉拒马河溺死，年四十六。

子延世字茂先，以父死事，赐学究出身，为曲阜主簿，历闽、长葛二令。真宗至道三年十一月，召赴阙，以为曲阜令，袭封文宣公，赐白金、束帛及太宗御书印《九经》。咸平三年，诏本道转运使、本州长吏待以宾礼，仍留三年，卒官，年三十八。次曰宪，太平兴国二年进士及第，至工部员外郎、知浚仪县。次曰冕，应城主簿。次曰勖，雍熙中进士及第。

延世子圣祐，景德初，始九岁，特赐同学究出身。大中祥符元年，东封泰山，特听圣祐衣绿陪位，缀京官班后。及还至兖州，十一月朔，幸曲阜，谒孔子庙，行酌献之礼，孔氏宗属并令陪位。又幸孔林，观其墓久之。又御北亭，召从臣观古碑，加谥孔子为玄圣文宣王，追封孔子父叔梁纥齐国公，母颜氏鲁国太夫人。擢圣祐为太常寺奉礼郎，又录其近属进士谓同《三传》出身，习进士延祐、习学究延渥、延鲁、延龄并同学究出身，共赐银二百两、绢三百

匹，以充奉祠庙。时勖为殿中丞、通判广州，王钦若言其有声于乡曲，召赴阙，改太常博士，赐绯，令知曲阜县，专主祠庙。二年三月，又遣使赐太宗御书及《九经》书疏、《三史》藏于庙，令本州选儒生讲说。圣祐后改大理评事。天禧五年，授光禄寺丞，袭封文宣公、知仙源县事。后改名佑，迁太子中舍，卒，年三十。

勖为司封郎中。延鲁，大中祥符五年复举进士及第，后改名道辅，为左司谏、龙图阁待制，自有传。

崔颂，字敦美，河南偃师人。父协，后唐门下侍郎、平章事。颂幼丧母，为外祖母所鞠养。以荫补河南府巡官，历开封主簿、邓州录事参军，以疾去官。未几，诣阙上书言事，宰相桑维翰览而奇之，擢为左拾遗，选右补阙。

汉初，加朝散阶，副右散骑常侍张煦册钱俶为吴越王。梁末，协尝使两浙，至是，越人美之，赠赂甚厚。及还，值周祖入京师，为军士剽夺悉尽。世宗镇澶渊，择僚佐，颂与王朴、王敏中皆中其选，以颂为观察判官，赠金紫。世宗尹京，拜司封员外郎、充判官，以断狱误失罢职，守本官。即位，拜驾部郎中，迁吏部，复副尹日就使两浙。世宗读唐元稹《均田疏》，命写为图赐近臣，遣使均诸道租赋，颂使兖州，颇增旧额。恭帝嗣位，改左谏议大夫。

宋初，判国子监。会重修国学及武成王庙，命颂总领其事。建隆三年夏，始会生徒讲说，太祖遣中使以酒果赐之。每临幸国学，召颂与语。因及经义，颂应答无滞。及郊祀，以颂摄太仆，升车执绥，上问以一时典礼，颂占对闲雅，上甚重之。未几，坐请托有司为所亲求便官，出为保大军行军司马。乾德六年，暴得疾卒，年五十。

颂好诙谐，善笔札，受命书世宗谥册文，当时称其遒丽。笃信释氏，睹佛像必拜。性多疑，在鄜州官舍，尝召圬墁者治堂室，以帛蒙其目，人皆笑之。

子晓，至太子右赞善大夫。

卢字文炳，雍熙二年进士，淹雅有士行，累为屯田员外郎、开封三司户部判官。景德中，雍王元份薨，府官皆坐黜。时戚维为曹国公元俨府翊善，上谓宰相曰："元俨年少，尤资赞导，维迂懦循默，不能规戒，闻崔卢性纯谨，以之代维，庶有裨益。"因召对，迁都官员外郎，充记室参军，赐金紫。迁兵部郎中，出知河中府，转太常少卿、将作监，卒。

尹拙，颍州汝阴人。梁贞明五年举《三史》，调补下邑主簿，摄本镇馆驿巡官。后唐长兴中，召为著作佐郎、直史馆，迁左拾遗，依前直史馆，加朝散大夫。应顺初，出为宣武军掌书记、检校虞部员外郎兼殿中侍御史。清泰初，加检校驾部员外郎兼御史大夫。二年，改检校虞部郎中、忠武军掌书记。

晋天福四年，入为右补阙。明年，转侍御史。会诏拙与张昭、吕琦等同修《唐史》，改仓部员外郎，赐金紫。八年，迁左司员外郎。契丹入寇，赵延寿镇常山，以拙为掌书记。汉初，召为司马郎中、弘文馆直学士。

周广顺初，迁库部郎中兼太常博士，仍充直学士。奉

使荆南还，改兵部郎中。显德初，拜检校右散骑常侍、国子祭酒、通判太常礼院事，与张昭同修唐《应顺》、《清泰》及《周祖实录》，又与昭及田敏同详定《经典释文》。丁忧，免。宋初，改检校工部尚书、太子詹事、判太府寺，迁秘书监，判大理寺。乾德六年告老，以本官致事。

拙性纯谨，博通经史。周世宗北征，命翰林学士为文祭白马祠，学士不知所出，遂访于拙，拙历举郡国祠白马者以十数，当时伏其该博。开宝四年卒，年八十一。

子季通，至国子博士。

田敏，淄州邹平人。少通《春秋》之学。梁贞明中登科，调补淄州主簿，不令之任，留为国子四门博士。后唐天成初，改《尚书》博士，赐绯。满岁，为国子博士。上言请四郊置斋宫，不报。秩满，转屯田员外郎，以详明典礼兼太常博士。建议请依《春秋》每岁藏冰荐宗庙，颁公卿，如古礼。奉诏与太常卿刘岳、博士段颙、路航、李居浣、陈观等删定唐郑余庆《书仪》，又诏与马镐等同校《九经》。改户部员外郎，赐金紫。清泰初，迁国子司业。

晋天福四年授祭酒，仍检校工部尚书，俄兼户部侍郎。开运初，迁兵部侍郎，充弘文馆学士、判馆事。议者以敏止可任学官，宰相桑维翰闻之，即改授检校右仆射，复为祭酒。汉乾祐中，拜尚书右丞，判国子监。

周广顺初，改左丞，遣使契丹，将岁赂钱十万贯，止其侵剽，契丹不许。周祖将亲郊，命权判太常卿事，世宗即位，真拜太常卿、检校左仆射，加司空。显德五年，上章请老，赐诏曰："卿详明礼乐，博涉典坟，为儒学之宗师，乃搢绅之仪表。朕方资旧德，以访话言，遽览封章，愿致官政。引年之制虽著旧文，尊贤之心方深虚伫，所请宜不允。"迁工部尚书。俄再上表愿归故乡，以遂首丘之志，改太子少保致仕，归淄州别墅。恭帝即位，加少傅。开宝四年，卒，年九十二。

敏解官归乡，有良田数十顷，多酿美酒待宾客。体强少疾，徒步往来闾巷间，不以杖。每日亲授诸子经。自作父墓碑，辞甚质。敏尝使湖南，路出荆渚，以印本经书遗高从诲，从诲谢曰："祭酒所遗经书，仆但能识《孝经》耳。"敏曰："读书不必多，十八章足矣。如《诸侯章》云'在上不骄，高而不危，制节谨度，满而不溢'，皆至要之言也。"时从诲兵败于郢，故敏以此讽之，从诲大惭。

敏虽笃于经学，亦好为穿凿，所校《九经》，颇以独见自任，如改《尚书·盘庚》"若网在纲"为"若纲在纲"，重言"纲"字。又《尔雅》"椴，木槿"注曰："日及"，改为"白及"。如此之类甚众，世颇非之。

子章，至殿中丞。

辛文悦者，不知何许人。以《五经》教授，太祖幼时从其肄业。周显德中，太祖历禁卫为殿前都点检，节制方面。文悦久不获接见，一日，梦邀车驾请见，既拜，乃太祖也。太祖亦梦其来谒，因令左右寻访，文悦果自至，太祖异之。及登位，召见，授太子中允，判太府事。开宝三年，出知房州。时周郑王出居是州，上以文悦长者，故命焉。文悦后累迁至员外郎。

又有张邈、张文旦者，尝与太宗同学校，太平兴国中，诣阙自言，各起家为主簿。

李觉，字仲明，本京兆长安人。曾祖鼎，唐国子祭酒、苏州刺史，唐末避乱，徙家青州益都。鼎生瑜，本州推官。瑜生成，字咸熙，性旷荡，嗜酒，喜吟诗，善琴奕，画山水尤工，人多传秘其迹。周枢密使王朴将荐其能，会朴卒，郁郁不得志。乾德中，司农卿卫融知陈州，闻其名，召之，成因挈族而往，日以酣饮为事，醉死于客舍。

子觉，太平兴国五年举《九经》，起家将作监丞、通判建州，秩将满，州人借留，有诏褒之，就迁左赞善大夫、知泗州，转秘书丞。太宗以孔颖达《五经正义》刊板诏孔维与觉等校定。王师征燕、蓟，命觉部京东诸州刍粮赴幽州。维荐觉有学，迁《礼记》博士，赐绯鱼。

雍熙三年，与右补阙李若拙同使交州，黎桓谓曰："此土山川之险，中朝人乍历之，岂不倦乎？"觉曰："国家提封万里，列郡四百，地有平易，亦有险固，此一方何足云哉！"桓默然色沮。使还，久之，迁国子博士。

端拱元年春，初令学官讲说，觉首预焉。太宗幸国子监谒文宣王毕，升辇将出西门，顾见讲坐，左右言觉方聚徒讲书，上即召觉，令对御讲。觉曰："陛下六龙在御，臣何敢辄升高坐。"上因降辇，令有司张帟幕，设别坐，诏觉讲《周易》之《泰卦》，从臣皆列坐。觉因述天地感通、君臣相应之旨，上甚悦，特赐帛百匹。

俄献时务策，上颇嘉奖。是冬，以本官直史馆。右正言王禹偁上言："觉但能通经，不当辄居史职。"觉仿韩愈《毛颖传》作《竹颖传》以献，太宗嘉之，故寝禹偁之奏。淳化初，上以经书板本有田敏辄删去者数字，命觉与孔维详定。二年，详校《春秋正义》成，改水部员外郎、判国子监。四年，迁司门员外郎，被病。假满，诏不绝奉，卒。

觉累上书言时务，述养马、漕运、屯田三事，太宗嘉其详备，令送史馆，语见本志。觉性强毅而聪敏，尝与秘阁校理吴淑等同考试开封府秋赋举人，语及算雉兔首足法，觉曰："此颇繁，吾能易之。"及成，果精简。淑意其宿制，即试以别法，皆能立就，坐中皆叹伏。

子宥，大中祥符五年进士，为祠部员外郎、集贤校理。

崔颐正，开封封丘人。与弟偓佺并举进士，明经术。颐正雍熙中为高密尉，秩满，国子祭酒孔维荐之，以为国学直讲，迁殿中丞。太宗召见，令说《庄子》一篇，赐钱五万。判监李至上言："本监先校定诸经音疏，其间文字讹谬尚多，深虑未副仁君好古诲人之意也。盖前所遣官多专经之士，或通《春秋》者未习《礼记》，或习《周易》者不通《尚书》，至于旁引经史，皆非素所传习，以是之故，未得周详。伏见国子博士杜镐、直讲崔颐正、孙奭皆苦心强学，博贯《九经》，问义质疑，有所依据。望令重加刊正，冀除舛谬。"从之。

咸平初，又有学究刘可名言诸经版本多舛误，真宗命择官详正，因访达经义者，至方参知政事，以颐正对。曰：

"朕宫中无事,乐闻讲诵。"翌日,召颐正于苑中,说《尚书·大禹谟》,赐以牙绯。自是日令赴御书院待对,说《尚书》至十卷。颐正年老步趋艰蹇,表求致仕,上命坐,问恤甚至,赐器币,听以本官致仕,仍充直讲,改国子博士。三年,卒,年七十九。

偓佺,淳化中历福州连江尉,判国子监李至奏为直讲,引对便坐,太宗顾谓曰:"李觉尝奏朕云,'四皓'中一先生,或言姓'用'字加撇,或云加点。尔知否?"偓佺曰:"昔秦时程邈撰隶书,训如仆隶之易使也。今字与古或异。臣闻刀用为甪(音榷),两点为角。(音鹿),用上一撇一点俱不成字。"

咸平二年,真宗幸国学,召偓佺说《尚书》,即特赐绯。景德后,令讲《道德经》,日于崇文院候对。终篇,赐以白金缯彩。三年,卒,年七十九。尝撰《帝王手鉴》十卷,并注曹唐《大游仙诗》十五卷。其子世安上之,特赐出身。

李之才字挺之,青社人也。天圣八年同进士出身,为人朴且率,自信,无少矫厉。师河南穆修,修性卞严寡合,虽之才亦频在诃怒中,之才事之益谨,卒能受《易》。时苏舜钦辈亦从修学《易》,其专受者惟之才尔。脩之《易》受之种放,放受之陈抟,源流最远,其图书象数变通之妙,秦、汉以来鲜有知者。

之才初为卫州获嘉主簿、权共城令。时邵雍居母忧于苏门山百源之上,布裘蔬食,躬爨以养父。之才叩门来谒,劳苦之曰:"好学笃志果何似?"雍曰:"简策之外,未有迹也。"之才曰:"君非迹简策者,其如物理之学何?"他日,则又曰:"物理之学学矣,不有性命之学乎?"雍再拜,愿受业,于是先示之以陆淳《春秋》,意欲以《春秋》表仪《五经》,既可语《五经》大旨,则授《易》而终焉。其后雍卒以《易》名世。

之才器大,难乎识者,栖迟久不调。或惜之,则曰:"宜少贬以图荣进。"石延年独曰:"时不足以容君,盍不弃之隐去。"再调孟州司法参军。时范雍守孟,亦莫之知也。雍初自洛建节守延安,送者皆出境外,之才独别近郊。或病之,谢曰:"故事也。"顷之,雍谪安陆,之才沿檄见之洛阳,前日远送之人无一来者,雍始恨知之之晚。

友人尹洙以书荐于中书舍人叶道卿,因石延年致之,曰:"孟州司法参军李之才,年三十九,能为古文章,语直意遂,不肆不窘,固足以蹈及前辈,非洙所敢品目,而安于卑位,无仕进意,人罕知之。其才又达世务,使少用于世,必过人远甚,恨其贫不能决其归心,知之者当共成之。"延年复书曰:"业文好古之士与鲜且不张,苟遗若人,其学益衰矣。"延年素不喜谒贵仕,凡四五至道卿门,通其书乃已。道卿荐之,遂得应铨新格,有保任五人,改大理寺丞,为缑氏令。未行,会延年与龙图阁直学士吴遵路调兵河东,辟之才泽州签署判官。泽人刘羲叟从受历法,世称"羲叟历法",远出古今上,有杨雄、张衡所未喻者,实之才授之。

在泽转殿中丞,丁母忧,甫除丧,暴卒于怀州官舍,

庆历五年二月也。时尹洙兄渐守怀,哭之才过哀,感疾,不逾月亦卒。之才归葬青社,邵雍表其墓,有曰:"求于天下,得闻道之君子李公以师焉。"

卷四百三十二
列传第一百九十一

儒 林 二

胡旦　贾同　刘颜　高弁　孙复　石介
胡瑗　刘羲叟　林概　李觏　何涉
王回弟向　周尧卿　王当　陈旸

胡旦,字周父,滨州渤海人。少有隽才,博学能文辞。举进士第一,为将作监丞、通判昇州。时江南初平,汰李氏时所度僧,十减六七。旦曰:"彼无田庐可归,将聚而为盗。"悉黥为兵。迁左拾遗、直史馆,数上书言时政利病。出为淮南东路转运副使、知海州。逾年,召归。

先是,卢多逊贬,赵普罢相。其夏,河决韩村,寻复塞。旦献《河平颂》曰:"天祚我宋,以君兆民。配天成休,惟尧与邻。粤有大水,昏垫下人。非曰圣作,孰究孰度。蔽贤者退,壅泽者罪。我防大患,河岂云败。逆逊远投,奸普屏外。圣道如堤,崇崇海内。帝曰守文,是塞是亲。调尔卫兵,程是烝民。民以尽力,臣以勤职。役云其终,河以之塞。唐尧怀山,实警神德。汉武宣防,实彰令式。我塞长河,融流惠泽。明明圣功,万代成则。"太宗览颂有"逆逊、奸普"之语,召宰相谓曰:"胡旦献颂,词意悖戾。朕自擢于甲科,历试外任,所至无善状。知海州日为部下所讼,狱已具,适会大赦,朕录其材而舍其过,尚令在近列,又领史职,乃敢恣胸臆狂躁如此,其亟逐之!"即贬殿中丞、商州团练副使。

上《平燕议》曰:

今幽州在北门之外,东封非国家所急,愿移其资以事北伐。且天时、地利、人事皆有可伐之意。岁之所临,其地受福。今年春末至来年,岁在宋分,今年初秋至六年,镇在燕分。从今年为备,至来春兴师。北兵之遇春夏,则毡裘、皮履、羊弓、塞马不为用,而中原士卒素不能寒,往北逢暄,筋力勇健。以勇健之士驱不用之敌,承福庆之时讨灾殃之城,成功立事,在于此矣。

长淮以北,太行以东,河水罢灾,土地甚沃。因其丰实,取其谷帛,减价以折纳,见钱以贵籴,官府多积,兵役无虞,用兵丰财,可济大事。

太原克复以来,于今七载,兵甲甚利,士卒甚雄,夜寝晨兴,寒裘饥粟。若以促装之赐,发军而用之,恩赏之赀,成功而费之,可以齐心平敌,恢拓旧境。

幽州平土而负敌,为势必择四人,分之方面,以

刚断勇毅者主之，选和平恭慎者一人部之。幽州之北，皆是山谷，通人马者不过十处，领将士者亦择十人，同行则共议兵机，分出则各司军事，寇来则同战以驱逐，寇归则画疆以捍蔽。苟塞断山路，余寇在燕与大军相持，则迁延其时以度春夏，寇不能热，有退无前。使士之刚勇与才力者各为一将，多则分部捍敌攻城，两尽其力。定其军名，实其军数。我寡彼多则力不胜，我实彼虚则胜有余。力均则较其地形，地均则争其谋略，分明勇怯，各致其用。

以茶盐香药之价十分减二，从新者先卖于边城要路、军马屯所。以刍粟钱帛之价十分增二，纳货以出券者诣本场以交货，得货者缘逐路以纳税。出往来四方之饶，为两地费用之耗，自然商得其利，则买之于人，人得其资，则勤之于稼。故必民效兼倍之力，国贮九年之积，科拨不假于度支，转般何劳于漕挽。刍粟之给，攻具之用，委输发运，以为后继。

今将用二十万之众，役三十州之民，愿陛下明降日月之信，先示雨露之泽。民知信赏则悦而忘死，士得仰给则死而力战。如此则逆垒不足下，猾寇不足殄也。

起为左补阙，复直史馆。迁修撰，预修国史，以尚书户部员外郎知制诰，迁司封员外郎。

有佣书人翟颖者，旦尝与之善，因为改姓名马周，以为唐马周复出，上书诋时政，且自荐可为大臣。又举材任公辅者十人，其辞颇壮。当时皆谓旦所为。马周坐流海岛，旦亦贬坊州团练副使。坐擅离所部谒宋白于鄜州，既被劾，特释之。徙绛州。稍复工部员外郎、直集贤院，迁本曹郎中、知制诰、史馆修撰。

素善中官王继恩，为继恩草制辞过美。继恩败，真宗闻而恶之，贬安远军行军司马，又削籍流浔州。咸平初，移通州团练副使，徙徐州，以祠部员外郎分司西京，又为保信军节度副使。久之，以司封员外郎通判襄州。封泰山，改祠部郎中，服母丧，既除，乃言父卒时尝诏夺哀从事，请追行服三年。已而失明，以秘书省少监致仕，居襄州。再迁秘书监，卒。

旦喜读书，既丧明，犹令人诵经史，隐几听之不少辍。著《汉春秋》、《五代史略》、《将帅要略》、《演圣通论》、《唐乘》、《家传》三百余卷。斫大砚，方五六尺，刻而瘗之，曰"胡旦修《汉春秋》砚。"晚尤黩货，干扰州县，持吏短长，为时论所薄。既死，子孙贫甚，寓柩民间。皇祐末，知襄州田况以言于朝，得钱二十万以葬。

贾同，字希得，青州临淄人。五代时，杨光远反，同祖崇率乡里四百余家保愚谷山，全活者二千人。同初名罔，字公疏，笃学好古，有时名，著《山东野录》七篇。年四十余，同进士出身，真宗命改今名。王钦若方贵盛，闻同名，欲致之，固谢不往。居八九年，始补历城主簿。张知白荐为大理评事，通判兖州。

天圣初，上书言："自祥符以来，谏诤路塞，丁谓乘间造符瑞以欺先帝。今谓奸既白，宜明告天下，正符瑞之谬，罢宫观崇奉，归不急之卫兵，收无名之实费，使先帝免后世之议，国家无因循之失。"又言："寇准忠规亮节，疾恶摈邪。自其贬黜，天下之人弗见其罪，宜还之内地，以明忠邪善恶之分。"时章献太后临朝，而同言如此，人以为难。

再迁殿中丞、知棣州，卒。刘颜、李冠、王无忌及其门人谥同曰存道先生。

刘颜，字子望，彭城人。少孤，好古，学不专章句。师事高弁。举进士第，以试秘书省校书郎知龙兴县，坐法免。久之，授徐州文学。居乡里，教授数十百人。采汉、唐奏议为《辅弼名对》。冯元、刘筠、钱易、滕涉、蔡齐上其书，除任城主簿。岁饥，发大姓所积粟，活数千人。李迪知兖州、青州，皆辟为从事，卒。著《儒术通要》、《经济枢言》复数十篇。石介见其书，叹曰："恨不在弟子之列。"子庠，自有传。

高弁，字公仪，濮州雷泽人。弱冠，徒步从种放学于终南山，又学古文于柳开，与张景齐名。至道中，以文谒王禹偁，禹偁奇之。举进士，累官侍御史。谏修玉清昭应宫，降知广济军。寻以户部判官试开封府进士，私发糊名，夺二官。稍复知单州、邢州、盐铁判官。河决澶州，请弛堤防，纵水所之，可省民力，且以扼契丹南向。议寝。知陕州，卒。

弁性孝友。所为文章多祖《六经》及《孟子》，喜言仁义。有《帝则》三篇，为世所传。与李迪、贾同、陆参、朱颢、伊淳相友善。石延年、刘潜皆其门人也。

孙复，字明复，晋州平阳人。举进士不第，退居泰山。学《春秋》，著《尊王发微》十二篇，大约本于陆淳，而增新意。

石介有名山东，自介而下皆以先生事复。年四十不娶。李迪知其贤，以其弟之子妻之。复初犹豫，石介与诸弟子请曰："公卿不下士久矣，今丞相不以先生贫贱，欲托以子，宜因以成丞相之贤名。"复乃听。孔道辅闻复之贤，就见之，介执杖屦立侍复左右，升降拜则扶之，其往谢亦然。介既为学官，语人曰："孙先生非隐者也。"于是范仲淹、富弼皆言复有经术，宜在朝廷。除秘书省校书郎、国子监直讲。车驾幸太学，赐绯衣银鱼，召为迩英阁祗候说书。杨安国言其讲说多异先儒，罢之。

孔直温败，得所遗复诗，坐贬虔州监税，徙泗州，又知长水县，签书应天府判官事。通判陵州，未行，翰林学士赵概等十余人言复经为人师，不宜使佐州县。留为直讲，稍迁殿中丞，卒，赐钱十万。

复与胡瑗不合，在太学常相避。瑗治经不如复，而教养诸生过之。复既病，韩琦言于仁宗，选书吏，给纸笔，命其门人祖无择就复家得书十五万言，录藏秘阁。特官其一子。

石介，字守道，兖州奉符人。进士及第，历郓州、南京推官。笃学有志尚，乐善疾恶，喜声名，遇事奋然敢为。

御史台辟为主簿，未至，以论赦书不当求五代及诸伪国后，罢为镇南掌书记。代父丙远官，为嘉州军事判官。丁父母忧，耕徂徕山下，葬五世之未葬者七十丧。以《易》教授于家，鲁人号介徂徕先生。入为国子监直讲，学者从之甚众，太学鯀此益盛。

介为文有气，尝患文章之弊，佛、老为蠹，著《怪说》、《中国论》，言去此三者，乃可以有为。又著《唐鉴》以戒奸臣、宦官、宫女，指切当时，无所讳忌。杜衍、韩琦荐，擢太子中允、直集贤院。会吕夷简罢相，夏竦既除枢密使，复夺之，以衍代。章得象、晏殊、贾昌朝、范仲淹、富弼及琦同时执政，欧阳修、余靖、王素、蔡襄并为谏官，介喜曰："此盛事也，歌颂吾职，其可已乎！"作《庆历圣德诗》，曰：

于惟庆历三年三月，皇帝龙兴，徐出闱闼。晨坐太极，昼оп阎闾。躬览英贤，手锄奸桦。大声沨沨，震摇六合。如乾之动，如雷之发。昆虫踯躅，怪妖藏灭。同明道初，天地嘉吉。

初闻皇帝，蹙然言曰："予祖予父，付予大业，予恐失坠，实赖辅弼。汝得象、殊、重慎微密。君相予久，予嘉君伐。君仍相予，笙镛斯协。昌朝儒者，学问该洽。与予论政，傅以经术。汝贰二相，庶绩咸秩。

惟汝仲淹，汝诚予察。太后乘势，汤沸火热。汝时小臣，危言鲠业。为予司谏，正予门阑。为予京兆，坚予逸说。贼叛予夏，往予式遏。六月酷日，大冬积雪。汝寒汝暑，同予士卒。予闻辛酸，汝不告乏。予晚得弼，予心弼悦。弼每见予，无有私谒。以道辅予，弼言深切。予不尧、舜，弼自笞罚。谏官一年，疏奏满箧。侍从周岁，忠力殚竭。契丹忘义，槁杌饕餮。敢侮大国，其辞慢悖。弼将予命，不畏不怯。卒复旧好，民得食褐。沙碛万里，死生一节。视弼之肤，霜剥风裂。观弼之心，炼金锻铁。宠名大官，以酬劳渴。弼辞不受，其志莫夺。惟仲淹、弼，一夔一契。天实赍予，予其敢忽。并来弼予，民无瘥札。

曰衍汝来，汝予黄发。事予二纪，毛秃齿豁。心如一今，率履弗越。遂长枢府，兵政无蹶。予早识琦，琦有奇骨。其器魁落，岂视庭楔。其人浑朴，不施刻剶。可属大事，敦厚如勃。琦汝告衍，知人予哲。

惟修惟靖，立朝辄辄。言论碨砢，忠诚特达。禄微身贱，其志不怯。尝诋大官，亟遭贬黜。万里归来，刚气不折。屡进直言，以补予阙。素相之后，含忠履洁。昔为御史，几叩予榻。襄虽小官，名闻于彻。亦尝献言，箴予之失。刚守梓悫，与修侔匹。并为谏官，正色在列。予过汝言，毋钳汝舌。"

皇帝圣明，忠邪辨别。举擢俊良，扫除妖魃。众贤之进，如茅斯拔。大奸之去，如距斯脱。上倚辅弼，司予调燮。下赖谏诤，维于纪法。左右正人，无有邪孽。予望太平，日不逾浃。

皇帝嗣位，二十二年。神武不杀，其默如渊。圣人不测，其动如天。赏罚在予，不失其权。恭己南面，退奸进贤。知贤不易，非明弗得。去邪惟艰，惟断乃克。明则不贰，断则不惑。既明且断，惟皇帝之德。

群臣蹴踏，重足屏息，交相教语：曰惟正直，毋作侧僻，皇帝汝殛。诸侯危栗，坠玉失舃，交相告语：皇帝神明，四时朝觐，谨修臣职。四夷走马，坠镫遗策，交相告语：皇帝英武，解兵修贡，永为属国。皇帝一举，群臣慑焉，诸侯畏焉，四夷服焉。

臣愿皇帝，寿万千年。

诗所称多一时名臣，其言大奸，盖斥竦也。诗且出，孙复曰："子祸始于此矣。"

介不畜马，借马而乘，出入大臣之门，颇招宾客，预政事，人多指目。不自安，求出，通判濮州，未赴，卒。

会徐狂人孔直温谋反，搜其家，得介书。夏竦衔介甚，且欲中伤杜衍等，因言介诈死，北走契丹，请发棺以验。诏下京东访其存亡。衍时在兖州，以验介事语官属，众不敢答，掌书记龚鼎臣愿以阖族保介必死，衍探怀出奏稿示之，曰："老夫已保介矣。君年少，见义必为，岂可量哉。"提点刑狱吕居简亦曰："发棺空，介果走北，孥戮非酷。不然，是国家无故剖人冢墓，何以示后世？且介死必有亲族门生会葬及棺敛之人，苟召问无异，即令具军令状保之，亦足应诏。"于是众数百保介已死，乃免斫棺。子弟羁管他州，久之得还。

介家故贫，妻子几冻馁，富弼、韩琦共分奉买田以赡养之。有《徂徕集》行于世。

胡瑗，字翼之，泰州海陵人。以经术教授吴中，年四十余。景祐初，更定雅乐，诏求知音者。范仲淹荐瑗，白衣对崇政殿。与镇东军节度推官阮逸同较钟律，分造钟磬各一虡。以一黍之广为分，以制尺，律径三分四厘六毫四丝，围十分三厘九毫三丝。又以大黍累尺，小黍实龠。丁度等以为非古制，罢之，授瑗试秘书省校书郎。范仲淹经略陕西，辟丹州推官。以保宁节度推官教授湖州。瑗教人有法，科条纤悉具备，以身先之。虽盛暑，必公服坐堂上，严师弟子之礼。视诸生如其子弟，诸生亦信爱如其父兄，从之游者常数百人。庆历中，兴太学，下湖州取其法，著为令。召为诸王宫教授，辞疾不行。为太子中舍，以殿中丞致仕。

皇祐中，更铸太常钟磬，驿召瑗、逸，与近臣、太常官议于秘阁，遂典作乐事。复以大理评事兼太常寺主簿，辞不就。岁余，授光禄寺丞、国子监直讲。乐成，迁大理寺丞，赐绯衣银鱼。瑗既居太学，其徒益众，太学至不能容，取旁舍处之。礼部所得士，瑗弟子十常居四五，随材高下，喜自修饬，衣服容止，往往相类，人遇之虽不识，皆知其瑗弟子也。嘉祐初，擢太子中允、天章阁侍讲，仍治太学。既而疾不能朝，以太常博士致仕，归老于家。诸生与朝士祖饯东门外，时以为荣。既卒，诏赗其家。

刘羲叟，字仲更，泽州晋城人。欧阳修使河东，荐其学术。试大理评事，权赵州军事判官。精算术，兼通《大衍》诸历。及修唐史，令专修《律历》、《天文》、《五行志》。寻为编修官，改秘书省著作佐郎。以母丧去，诏令家居编修。书成，擢崇文院检讨，未入谢，疽发背卒。

羲叟强记多识，尤长于星历、术数。皇祐五年，日食心，时胡瑗铸钟弇而直，声郁不发。又陕西铸大钱，羲叟曰："此所谓害金再兴，与周景王同占，上将感心腹之疾。"其后仁宗果不豫。又月入太微，曰："后宫当有丧。"已而张贵妃薨。至和元年，日食正阳，客星出于昴，曰："契丹宗真其死乎？"事皆验。羲叟未病，尝曰："吾及秋必死。"自择地于父冢旁，占庚穴，以语其妻，如其言葬之。著《十三代史志》、《刘氏辑历》、《春秋灾异》诸书。

林概，字端父，福州福清人。父高，太常博士，有治行。概幼警悟，举进士，以秘书省校书郎知长兴县。岁大饥，富人闭粜以邀价，概出奉粟庭下，诱士豪输数千石以饲饥者。

知连州。康定初，上封事曰："古者民为兵，而今兵食民。古马寓于民，而今不习马。此兵与马之大患也。请附唐府兵之法，四敛一民，部以为军，闲耕田里，被甲皆兵。因命其家咸奉畜马，私乘休暇，官为调习。则人便干戈，马识行列。又行阵无法，而出于临时；将无素备，而取于仓卒；军不予权，而监以宦侍：若是者，虽得古之材，使循之法，亦必屡战而屡败。"又请备蛮，籍土民为兵，栅要冲，购徭人使守御。徙淮安军。

程琳尝禁蜀人不得自为渠堰，概奏罢之。又言蜀饥，愿罢川峡漕，发常平粟贷民租，募富人轻粟价，除商旅之禁，使通货相资。官至太常博士、集贤校理，卒。著《史论》、《辨国语》。子希，自有传。

李觏，字泰伯，建昌军南城人。俊辩能文，举茂才异等不中。亲老，以教授自资，学者常数十百人。皇祐初，范仲淹荐为试太学助教，上《明堂定制图序》曰：

《考工记》"周人明堂，度九尺之筵"，是言堂基修广，非谓立室之数。"东西九筵，南北七筵，堂崇一筵"，是言堂上，非谓室中。东西之堂各深四筵半，南北之堂各深三筵半。"五室，凡室二筵"，是言四堂中央有方十筵之地，自东至西可营五室，自南至北可营五室。十筵中央方二筵之地，既为太室，连作余室，则不能令十二位各直其辰，当于东南西北四面及四角缺处，各虚方二筵之地，周而通之，以为太庙。太室正居中，《月令》所谓"中央土"、"居太庙太室"者，言此太庙之中有太室也。太庙之外，当子、午、卯、酉四位上各画方二筵地，以与太庙相通，为青阳、明堂、总章、元堂四太庙；当寅、申、巳、亥、辰、戌、丑、未八位上各画方二筵地，以为左个、右个也。

《大戴礼·盛德记》："明堂凡九室，室四户八牖，共三十六户、七十二牖。"八个之室，并太室而九，室四面各有户，户旁夹两牖也。

《白虎通》："明堂上圆下方，八窗、四闼、九室、十二坐。"四太庙前各为一门，出于堂上，门旁夹两窗也。左右之个其实皆室，但以分处左右，形如夹房，故有个名。太庙之内以及太室，其实祀文王配上帝之

位，谓之庙者，义当然矣。土者分王四时，于五行最尊，故天子当其时居太室，用祭天地之位以尊严之也。四仲之月，各得一时之中，与余月有异。故复于子、午、卯、酉之方，取二筵地，假太庙之名以听朔也。

《周礼》言基而不及室，《大戴》言室而不及庙，稽之《月令》则备矣，然非《白虎通》，亦无以知窗闼之制也。聂崇义所谓秦人《明堂图》者，其制有十二阶，古之遗法，当亦取之。

《礼记外传》曰："明堂四面各五门。"今按《明堂位》：四夷之国，四门之外。九采之国，应门之外。时天子负斧扆南向而立。南门之外者北面东上，应门之外者亦北面东上，是南门之外有应门也。既有应门，则不得不有皋、库、雉门。明堂者，四时所居，四面如一，南面既有五门，则余三面皆各有五门。郑注《明堂位》则云"正门谓之应门"，其意当谓变南门之文以为应门。又见王宫有路门，其次乃有应门。今明堂无路门之名，而但有应门，便谓更无重门，而南门即是应门。且路寝之前则名路门，其次有应门。明堂非路寝，乃变其内门之名为东门南门，而次有应门，何害于义？四夷之君，既在四门之外，而外无重门，则是列于郊野道路之间，岂朝会之仪乎？王宫常居，犹设五门，以限中外。明堂者，效天法地，尊祖配帝，而止一门以表之，岂为称哉！

若其建置之所，则淳于登云"在国之阳，三里之外，七里之内，丙巳之地"。《玉藻》"听朔于南门之外"，康成之注亦与是合。夫称明也，宜在国之阳。事天神也，宜在城门之外。

今图以九分当九尺之筵，东西之堂共九筵，南北之堂共七筵。中央之地自东至西凡五室，自南至北凡五室，每室二筵，取于《考工记》也。一太室、八左右个，共九室，室有四户、八牖，共三十六户、七十二牖，协于戴德《记》也。九室四庙，共十三位，本于《月令》也。四庙之面，各为一门，门夹两窗，是为八窗四闼，稽于《白虎通》也。十二阶，采于《三礼图》也。四面各五门，酌于《明堂位》、《礼记外传》也。

嘉祐中，用国子监奏，召为海门主簿，太学说书而卒。觏尝著《周礼致太平论》、《平土书》、《礼论》。门人邓润甫，熙宁中，上其《退居类稿》、《皇祐续稿》并《后集》，请官其子参鲁，诏以为郊社斋郎。

何涉，字济川，南充人。父祖皆业农，涉始读书，昼夜刻苦，泛览博古。上自《六经》、诸子百家，旁及山经、地志、医卜之术，无所不学，一过目不复再读，而终身不忘。人问书传中事，必指卷第册叶所在，验之果然。

登进士第，调洛交主簿，改中部令。范仲淹一见奇之，辟彰武军节度推官。用庞籍奏，迁著作佐郎、管勾鄜延等路经略安抚招讨司机宜文字。时元昊扰边，军中经画，涉预有力。元昊纳款，籍召为枢密使，欲与之俱，涉曰：

"亲老矣,非人子自便之时。"拜章愿得归养,特改秘书丞、通判眉州,徙嘉州。用文彦博、庞籍荐,召还,除集贤校理。既又求归蜀,遂得知汉州。岁满,移合州。累官尚书司封员外郎。父丧,罢归,卒。诏恤其家,并官其一子。

涉长厚有操行,事亲至孝,平居未尝谈人过恶。所至多建学馆,劝诲诸生,从之游者甚众。虽在军中,亦尝为诸将讲《左氏春秋》,狄青之徒皆横经以听。有《治道中术》、《春秋本旨》、《庐江集》七十卷。

王回,字深父,福州候官人。父平言,试御史。回敦行孝友,质直平恕,造次必稽古人所为,而不为小廉曲谨以求名誉。尝举进士中第,为卫真簿,有所不合,称病自免。

作《告友》曰:

古之言天下达道者,曰君臣也,父子也。夫妇也,兄弟也,朋友也。五者各以其义行而人伦立,其义废则人伦亦从而亡矣。

然而父子兄弟之亲,天性之自然者也;夫妇之合,以人情而然者也;君臣之从,以众心而然者也。是虽欲自废,而理势持之,何能斩也。惟朋友者,举天下之人莫不可同,亦举天下之人莫不可异,同异在我,则义安所卒归乎?是其渐废之所繇也。

君之于臣也,父之于子也,夫之于妇也,兄之于弟也,过且恶,必乱败其国家,国家败而皆受其难,被其名,而终身不可辞也。故其为上者不敢不诲,为下者不敢不谏。世治道行,则人能循义而自得;世衰道微,则人犹顾义而自全。间有不若,则亦无害于众焉耳。此所谓理势持之,虽百代可知也。

亲非天性,合非人情也,从非众心也,群而同,别而异,有善不足与荣,有恶不足与辱。大道之行,公与义者可至焉,下斯而言,其能及者鲜矣。是以圣人崇之,以列于君臣、父子、夫妇、兄弟而壹为达道也。圣人既没,而其义益废,于今则亡矣。

夫人有四肢,所以成身;一体不备,则谓之废疾。而人伦缺焉,何以为世?呜呼,处今之时而望古之道,难矣。然求其肯告吾过也,而乐闻其过者,与之友乎!退居颍州,久之不肯仕,在廷多荐者。治平中,以为忠武军节度推官、知南顿县,命下而卒。回在颍川,与处士常秩友善。熙宁中,秩上其文集,补回子汾为郊社斋郎。弟向。

向字子直,为文长于序事,戏作《公默先生传》曰:

公议先生刚直任气,好议论,取当世是非辨明。游梁、宋间,不得意。去居颍,其徒从者百人。居二年,与其徒谋,又去颍。弟子任意对曰:"先生无复念去也,弟子从先生久矣,亦尝厌行役。先生舍颍为居庐,少有生计。主人公贤,遇先生不浅薄,今又去之,弟子未先生止处也。先生岂薄颍邪?"

公议先生曰:"来,吾语尔!君子贵行道信于世,不信贵容,不容贵去,古之辟世、辟地、辟色、辟言是也。吾行年三十,立节循名,被服先王,究穷《六经》。顽钝晚成,所得无几。张罗大纲,漏略零细。校其所见,未为完人。岂敢自忘,冀用于世?予所厌苦,正谓不容。予行世间,波混流同。予誉不至,予毁日隆。小人凿空,造事形迹;侵排万端,地陷天侧。《诗》不云乎,'谗人罔极'。主人明恕,故未见疑。不幸去我,来者谓谁?逸一日效,我终颠危。智者利身,远害全德,不如亟行,以适异国。"

语已,任意对曰:"先生无言也。意辈弟子尝窃论先生乐取怨憎,为人所难,不知不乐也。今定不乐,先生知所以取之乎?先生聪明才能,过人远甚,而刺口论世事,立是立非,其间不容毫发。又以公议名,此人之怨府也。《传》曰:'议人者不得其死',先生忧之是也,其去未是。意有三事为先生计,先生幸听意,不必行;不听,先生虽去绝海,未见先生安也。"

公议先生强舌不语,下视任意,目不转。移时,卒问任意,对曰:"人之肺肝,安得可视,高出重泉,险不足比。闻善于彼,阳誉阴非,反背复憎,诋笑纵横。得其细过,声张口播,缘饰百端,俾得行破。自然是人,贱彼善我。意策之三,此为最上者也。先生能用之乎?"公议先生曰:"不能,尔试言其次者。"对曰:"捐弃骨肉,佯狂而去,令世人不复顾忌。此策之次者,先生能用之乎?"公议先生曰:"不能,尔试言其又次者。"对曰:"先生之行己,视世人所不逮何等也!曾未得称高世,而诋诃锋起,几不得与妄庸人伍者,良以口祸也。先生能不好议而好默,是非不及口而心存焉,何疾于不容?此策之最下者也,先生能用之乎?"公议先生喟然叹曰:"吁,吾为尔用下策也。"

任意乃大笑,顾其徒曰:"宜吾先生之病于世也。吾三策之,卒取其下者矣。"弟子阳思曰:"今日非任意,先生不可得留。"与其徒谢意,更因意请,去公议为公默先生。

弟同,字容季。性纯笃,亦善序事。皆早卒。仕止于县主簿。

周尧卿,字子俞,道州永明人。警悟强记,以学行知名。天圣二年举进士,历连、衡二州司理参军,桂州司录。知高安、宁化二县,提点刑狱杨纮入境,有被刑而耘苗者,纮就询其故,对曰:"贫以利故,为人直其枉,令不我欺而我欺之,我又何怨?"纮至县,以所闻荐之。后通判饶州,积官至太常博士。范仲淹荐经行可为师表,未及用,以庆历五年卒,年五十一。

始,尧卿年十二丧父,忧戚如成人,见母则抑情忍哀,不欲伤其意。母知而异之,谓族人曰:"是儿爱我如此,多知孝养矣。"卒能如母之言。及母丧,倚庐三年,席薪枕块,虽疾病,不饮酒食肉。既葬,慈乌百数衔土集陇上,人以为孝感所致。其于昆弟尤笃友爱。又为人简重不校,有慢己者,必厚为礼以愧之。居官禄虽薄,必以周宗族朋友,罄而后已。

为学不专于传注,问辨思索,以通为期。长于《毛、

卷四百三十三
列传第一百九十二

儒 林 三

**邵伯温　喻樗　洪兴祖　高闶　程大昌
林之奇　林光朝　杨万里**

郑诗》及《左氏春秋》。其学《诗》，以孔子所谓"《诗》三百，一言以蔽之曰：'思无邪'"，孟子所谓"说《诗》者以意逆志，是为得之"，考经指归，而见毛、郑之得失。曰："毛之传欲简，或寡于义理，非一言以蔽之也。郑之笺欲详，或远于性情，非以意逆志也。是可以无去取乎？"其学《春秋》，由左氏记之详，得经之所以书者，至《三传》之异同，均有所不取。曰："圣人之意岂二致耶？"读庄周、孟子之书，曰："周善言理，未至于穷理。穷理，则好恶不缪于圣人，孟轲是已。孟善言性，未至于尽己之性。能尽己之性，则能尽物之性，而可与天地参，其唯圣人乎。天何言哉？性与天道，子贡所以不可得而闻也。昔宰我、子贡善为说辞，冉牛、闵子、颜渊善言德行，孔子曰：'我于辞命，则不能也。'惟不言，故曰不能而已，盖言生于不足者也。"其讲解议论皆若是。

有《诗》、《春秋说》各三十卷，文集二十卷。七子：谕，鼎州司理参军；诜，湖州归安主簿；谧、讽、诨、说、谊。

王当，字子思，眉州眉山人。幼好学，博览古今，所取惟王佐大略。尝谓三公论道经邦，燮理阴阳，填抚四方，亲附百姓，皆出于一道，其言之虽大，其行之甚易。尝举进士不中，退居田野，叹曰："士之居世，苟不见其用，必见其言。"遂著《春秋列国名臣传》五十卷，人竞传之。

元祐中，苏辙以贤良方正荐。廷对慷慨，不避权贵，策入四等。调龙游县尉。蔡京知成都，举为学官，当不就。其后京相，当遂不复仕，卒，年七十二。当于经学尤邃《易》与《春秋》，皆为之传，得圣人之旨居多。又有《经旨》二卷，《史论》十二卷，《兵书》十二篇。

陈旸字晋之，福州人。中绍圣制科，授顺昌军节度推官。徽宗初，进《迓衡集》以劝导绍述，得太学博士、秘书省正字。礼部侍郎赵挺之言，旸所著《乐书》二十卷贯穿明备，乞援其兄祥道进《礼书》故事给札。既上，迁太常丞，进驾部员外郎，为讲议司参详礼乐官。

魏汉津议乐，用京房二变四清。旸曰："五声十二律，乐之正也。二变四清，乐之蠹也。二变以变宫为君，四清以黄钟清为君。事以时作，固可变也，而君不可变。太簇、大吕、夹钟，或可分也，而黄钟不可分。岂古人所谓尊无二上之旨哉？"时论方右汉津，绌旸议。

进鸿胪太常少卿、礼部侍郎，以显谟阁待制提举醴泉观。尝坐事夺，已而复之。卒，年六十八。

祥道字用之。元祐中，为太常博士，终秘书省正字。所著《礼书》一百五十卷，与旸《乐书》并行于世。

邵伯温，字子文，洛阳人，康节处士雍之子也。雍名重一时，如司马光、韩维、吕公著、程颐兄弟皆交其门。伯温入闻父教，出则事司马光等，而光等亦屈名位辈行，与伯温为再世交，故所闻日博，而尤熟当世之务。光入相，尝欲荐伯温，未果而薨。后以河南尹与部使者荐，特授大名府助教，调潞州长子县尉。

初，蔡确之相也，神宗崩，哲宗立，邢恕自襄州移河阳，诣确谋造定策事。及司马光子康诣阙，恕召康诣河阳，伯温谓康曰："公休除丧未见君，不宜枉道先见朋友。"康曰："已诺之。"伯温曰："恕倾巧，或以事受公休，若从之，必为异日之悔。"康竟往。恕果劝康作书称确，以为他日全身保家计。康、恕同年登科，恕又出光门下，康遂作书如恕言。恕盖以康为光子，言确有定策功，世必见信。既而梁焘以谏议召，恕欲要焘至河阳，连日夜论确功不休，且以康书为证，焘不悦。会吴处厚奏确诗谤朝政，焘与刘安世共请诛确，且论恕罪，亦命康分析，康始悔之。康卒，子植幼。宣仁后悯之，吕大防谓康素以伯温可托，请以伯温为西京教授以教植。伯温既至官，则诲植曰："温公之孙，大谏之子，贤愚在天下，可畏也。"植闻之，力学不懈，卒有立。

绍圣初，章惇为相。惇尝事康节，欲用伯温，伯温不往。会法当赴吏部铨，程颐为伯温曰："吾危子之行也。"伯温曰："岂不欲先公于地下耶？"至则先就部拟官，而后见宰相。惇论及康节之学，曰："嗟乎，吾于先生不能卒业也。"伯温曰："先君先天之学，论天地万物未有不尽者。其信也，则人之仇怨反覆者可忘矣。"时惇方兴党狱，故以是动之。惇悚然。犹荐之于朝，而伯温愿补郡县吏，惇不悦，遂得监永兴军铸钱监。时元祐诸贤方南迁，士鲜访之者。伯温见范祖禹于咸平，见范纯仁于颍昌，或为之恐，不顾也。会西边用兵，复夏人故地，从军得累数阶，伯温当行，辄推同列。秩满，惇犹在相位。伯温义不至京师，从外台辟环庆路帅幕，实避惇也。

徽宗即位，以日食求言。伯温上书累数千言，大要欲复祖宗制度，辨宣仁诬谤，解元祐党锢，分君子小人，戒劳民用兵，语极恳至。宣仁太后之谤，伯温既辨之，又著书名《辨诬》。后崇宁、大观间，以元符上书人分邪正等，伯温在邪等中，以此书也。

出监华州西岳庙，久之，知陕州灵宝县，徙芮城县。丁母忧，服除，主管永兴军耀州三白渠公事。童贯为宣抚使，士大夫争出其门，伯温闻其来，出他州避之。除知果州，请罢岁输泸南诸州绫绢、丝绵数十万以宽民力。除知兴元府、遂宁府、邠州，皆不赴。擢提点成都路刑狱，贼史斌破武休，入汉、利，窥剑门，伯温与成都帅臣卢法原合谋守剑门，贼竟不能入，蜀人德之。除利路转运副使，提举太平观。绍兴四年，卒，年七十八。初，邵雍尝曰："世行乱，蜀安，可避居。"及宣和末，伯温载家使蜀，故免于难。

伯温尝论元祐、绍圣之政曰："公卿大夫，当知国体，以蔡确奸邪，投之死地，何足惜！然尝为宰相，当以宰相待之。范忠宣有文正余风，知国体者也，故欲薄确之罪，言既不用，退而行确词命，然后求去，君子长者仁人用心也。确死南荒，岂独有伤国体哉！刘挚、梁焘、王岩叟、刘安世忠直有余，然疾恶已甚，不知国体，以贻后日缙绅之祸，不能无过也。"

赵鼎少从伯温游，及当相，乞行追录，始赠秘阁修撰。尝表伯温之墓曰："以学行起元祐，以名节居绍圣，以言废于崇宁。"世以此三语尽伯温出处云。

著书有《河南集》、《闻见录》、《皇极系述》、《辨诬》、《辨惑》、《皇极经世序》、《观物内外篇解》近百卷。三子：溥、博、傅。

喻樗，字子才，其先南昌人。初，俞药仕梁，位至安州刺史，武帝赐姓喻，后徙严，樗其十六世孙也。少慕伊、洛之学，中建炎三年进士第，为人质直好议论。赵鼎去枢筦，居常山，樗往谒，因讽之曰："公之事上，当使启沃多而施行少。启沃之际，当使诚意多而语言少。"鼎奇之，引为上客。鼎都督川陕、荆襄，辟樗为属。

绍兴初，高宗亲征，樗见鼎曰："六龙临江，兵气百倍，然公自度此举，果出万全乎？或姑试一掷也？"鼎曰："中国累年退避不振，敌情益骄，义不可更屈，故赞上行耳。若事之济否，则非鼎所知也。"樗曰："然则当思归路，毋以贼遗君父忧。"鼎曰："策安出？"樗曰："张德远有重望，居闽。今莫若使其为江、淮、荆、浙、福建等路宣抚使，俾以诸道兵赴阙，命下之日，府库军旅钱谷皆得专之。宣抚来路，即朝廷归路也。"鼎曰："诺。"于是入奏曰："今沿江经画大计略定，非得大臣相应援不可。如张浚人才，陛下终弃之乎？"帝曰："朕用之。"遂起浚知枢密院事。浚至，执鼎手曰："此行举措皆合人心。"鼎笑曰："子才之功也。"樗于是往来鼎、浚间，多所裨益。顷之，以鼎荐，授秘书省正字兼史馆校勘。

初，金既退师，鼎、浚相得欢甚。人知其将并相，樗独言："二人宜且同在枢府，他日赵退则张继之。立事任人，未甚相远，则气脉长。若同处相位，万有一不合，或当去位，则必更张，是贤者自相背戾矣。"后稍如其言。又尝曰："推车者遇艰险则相诟病，及车之止也，则欣然如初。士之于国家亦若是而已。"

先是，樗与张九成皆言和议非便。秦桧既主和，言者希旨，劾樗与九成谤讪。樗出知舒州怀宁县，通判衢州，已而致仕。桧死，复起为大宗正丞，转工部员外郎、出知

蕲州。孝宗即位，用为提举浙东常平，以治绩闻。淳熙七年，卒。

初，樗善鉴识，宣和间，谓其友人沈晦试进士当第一。建炎初，又谓今岁进士张九成当第一，凌景夏次之。会风折大槐，樗以作二简遗之，后果然。赵鼎尝以樊光远免举事访樗，樗曰："今年省试不可无此人。"于是光远亦第一。初，樗二女方择配，富人交请婚，不许。及见汪洋、张孝祥，乃曰："佳婿也。"遂以妻之。

洪兴祖，字庆善，镇江丹阳人。少读《礼》至《中庸》，顿悟性命之理，绩文日进。登政和上舍第，为湖州士曹，改宣教郎。高宗时在扬州，庶事草创，选人改秩军头司引见，自兴祖始。召试，授秘书省正字，后为太常博士。

上疏乞收人心，纳谋策，安民情，壮国威。又论国家再造，一宜以艺祖为法。绍兴四年，苏、湖地震。兴祖时为驾部郎官，应诏上疏，具言朝廷纪纲之失，为时宰所恶，主管太平观。

起知广德军，视水原为陂塘六百余所，民无旱忧。一新学舍，固定从祀：自十哲曾子而下七十有一人，又列先儒左丘明而下二十有六人。擢提点江东刑狱。知真州。州当兵冲，疮痍未瘳。兴祖始至，请复一年租，从之。明年再请，又从之。自是流民复业，垦辟荒田至七万余亩。

徙知饶州，先梦持六刀，觉曰："三刀为益，今倍之，其饶乎？"已而果然。是时秦桧当国，谏官多桧门下，争弹劾以媚桧。兴祖坐尝作故龙图阁学士程瑀《论语解序》，语涉怨望，编管昭州，卒，年六十有六。明年，诏复其官，直敷文阁。

兴祖好古博学，自少至老，未尝一日去书。著《老庄本旨》、《周易通义》、《系辞要旨》、《古文孝经序赞》、《离骚楚词考异》行于世。

高闶，字抑崇，明州鄞县人。绍兴元年，以上舍选赐进士第。执政荐之，召为秘书省正字。时将赐新进士《儒行》、《中庸》篇，闶奏《儒行》词说不醇，请止赐《中庸》，庶几学者得知圣学渊源，而不惑于他说，从之。

权礼部员外郎兼史馆校勘。面对，言："《春秋》之法，莫大于正名。今枢密院号本兵柄，而诸路军马尽属都督，是朝廷兵柄自分为二。又周六卿，其大事则从其长，小事官属犹得专达。今一切拘以文法，虽利害灼然可见，官长且不敢自决，必请于朝，故庙堂之事益繁，而省曹官属乃与胥吏无异。又政事之行，给、舍得缴驳，台谏得论列，若给、舍以为然，台谏以为不然，则不容不改。祖宗时有缴驳台谏章疏不以为嫌者，恐其得于风闻，致朝廷之有过举。然此风不见久矣，臣恐朝廷之权反在台谏。且祖宗时，监察御史许言事，靖康中尝行之。今则名为台官，实无言责，此皆名之未正也。"

寻迁著作佐郎，以言者论罢，主管崇道观。召为国子司业。时兴太学，闶奏宜先经术，帝曰："士习诗赋已久，遽能使之通经乎？"闶曰："先王设太学，惟讲经术而已。

国初犹循唐制用诗赋，神宗始以经术造士，遂罢诗赋，又虑不足以尽人才，乃设词学一科。今宜以经义为主，而加诗赋。"帝然之。闳于是条具以闻。其法以《六经》、《语》、《孟》义为一场，诗赋次之，子史论又次之，时务策又次之。太学课试及郡国科举，尽以此为法，且立郡国士补国学监生之制。中兴已后学制，多闳所建明。

闳又言建学之始，宜择老成以诱掖后进。乃荐全州文学师维藩，诏除国子录。维藩，眉山人，精《春秋》学，林栗其高第也，故首荐之。新学成，闳奏补试者六千人，且乞临雍，继率诸生上表以请。于是帝幸太学，秦熺执经，闳讲《易·泰卦》，赐三品服。胡寅闻之，以书责闳曰："阁下为师儒之首，不能建大论，明天人之理，乃阿谀柄臣，希合风旨，求举太平之典，欺天罔人孰甚焉！平生志行扫地矣。"

闳少宗程颐学。宣和末，杨时为祭酒，闳为诸生。胡安国至京师，访士于时，以闳为首称，由是知名。闳除礼部侍郎，帝因问闳张九成安否，明日，复以问秦桧，桧疑闳荐，中丞李文会承桧旨劾闳，出知筠州，不赴，卒。初，秦棣尝使姚孚请婚，闳辞之。其著述有《春秋集传》行于世。

程大昌，字泰之，徽州休宁人。十岁能属文，登绍兴二十一年进士第。主吴县簿，未上，丁父忧。服除，著十论言当世事，献于朝，宰相汤思退奇之，擢太平州教授。明年，召为太学正，试馆职，为秘书省正字。

孝宗即位，迁著作佐郎。当是时，帝初政，锐意事功，命令四出，贵近或预密议。会诏百官言事，大昌奏曰："汉石显知元帝信己，先请夜开宫门之诏。他日，故夜还，称诏启关，或言矫制，帝笑以前诏示之。自是显真矫制，人不复言。国朝命令必由三省，防此弊也。请自今被御前直降文书，皆申省审奏乃得行，以合祖宗之规，以防石显之奸。"又言："去岁完颜亮入寇，无一士死守，而兵将至今策勋未已。惟李宝捷胶西，虞允文战采石，实屠亮之阶。今宝罢兵，允文守夔，此公论所谓不平也。"帝称善，选为恭王府赞读。迁国子司业兼权礼部侍郎、直学士院。帝问大昌曰："朕治道不进，奈何？"大昌对曰："陛下勤俭过古帝王，自女真通和，知尊中国，不可谓无效。但当求贤纳谏，修政事，则大有为之业在其中，不必他求奇策，以幸速成。"又言："淮上筑城太多，缓急何人可守？设险莫如练卒，练卒莫如择将。"帝称善。

除浙东提点刑狱。会岁丰，酒税逾额，有挟朝命请增额者，大昌力拒之，曰："大昌宁罪去，不可增也。"徙江西转运副使，大昌曰："可以兴利去害，行吾志矣。"会岁歉，出钱十余万缗，代输吉、赣、临江、南安夏税折帛。清江县旧有破坑、桐塘二堰，以捍江护田及民居，地几二千顷。后堰坏，岁罹水患且四十年，大昌力复其旧。

进秘阁修撰，召为秘书少监，帝劳之曰："卿，朕所简记。监司若人人如卿，朕何忧？"兼中书舍人。六和塔寺僧以镇潮为功，求内降给赐所置田产仍免科徭，大昌奏："僧寺既违法置田，又移科徭于民，奈何许之！况自修塔之后，潮果不啮岸乎？"寝其命。权刑部侍郎，升侍讲兼国子祭酒。大昌言："辟以止辟，未闻纵有罪为仁也。今四方谳狱例拟贷死，臣谓有司当守法，人主察其可贷则贷之。如此，则法伸乎下，仁归乎上矣。"帝以为然。兼给事中。江陵都统制率逢原纵部曲殴百姓，守帅辛弃疾以言状徙帅江西。大昌因极论"自此屯戍州郡，不可为矣"！逢原由是坐削两官，降本军副将。累迁权吏部尚书。言："今日诸军，西北旧人日少，其子孙优健者，当教之战阵。不宜轻听离军。且禁卫之士，祖宗非独以备宿卫而已，南征北伐，是尝为先锋。今率三年辄补外，用违其长，既有征行，无人在选。奈何始以材武择之，而终以庸常弃之乎？愿留三衙勿遣。"

会行中外更迭之制，力请郡，遂出知泉州。汀州贼沈师作乱，戍将萧统领与战死，闽部大震。漕檄统制裴师武讨之。师武以未得帅符不行，大昌手书趣之曰："事急矣，有如帅责君，可持吾书自解。"当是时，贼谋攻城，而先使谍者衷甲纵火为内应。会师武军至，复得谍者，贼遂散去。迁知建宁府。光宗嗣位，徙知明州，寻奉祠。绍熙五年，请老，以龙图阁学士致仕。庆元元年卒，年七十三，谥文简。

大昌笃学，于古今事靡不究。有《禹贡论》、《易原》、《雍录》、《易老通言》、《考古编》、《演繁露》、《北边备对》行于世。

林之奇，字少颖，福州候官人。紫微舍人吕本中入闽，之奇甫冠，从本中学。时将试礼部，行次衢州，以不得事亲而反。学益力，本中奇之，由是学者踵至。中绍兴二十一年进士第，调莆田簿，改尉长汀，召为秘书省正字，转校书郎。

会朝廷欲令学者参用王安石《三经义》之说，之奇上言："王氏三经，率为新法地。晋人以王、何清谈之罪，深于桀、纣。本朝靖康祸乱，考其端倪，王氏实负王、何之责。在孔、孟书，正所谓邪说、诐行、淫辞之不可训者。"或传金人欲南侵，之奇作书抵当路，以为"久和畏战，人情之常。金知吾重于和，故常以虚声喝我，而示我以欲战之意，非果欲战，所以坚吾和。欲与之和，宜无惮于战，则其权在我"。又言："战之所须不一，而人才为先。必求可与共患难者，非得如庞士元所谓俊杰者不可也。"

以痹疾乞外，由宗正丞提举闽舶，参帅议，遂以祠禄家居，自称拙斋。东莱吕祖谦尝受学焉。淳熙三年卒，年六十有五。

有《书》、《春秋》、《周礼说》、《论》、《孟》、《扬子讲义》、《道山记闻》等书行于世。

林光朝，字谦之，兴化军莆田人。再试礼部不第，闻吴中陆子正尝从尹焞学，因往从之游。自是专心圣贤践履之学，通《六经》，贯百氏，言动必以礼，四方来学者亡虑数百人。南渡后，以伊、洛之学倡东南者，自光朝始。然未尝著书，惟口授学者，使之心通理解。尝曰："道之全体，全乎太虚。《六经》既发明之，后世注解固已支离，若复增加,道愈远矣。"

孝宗隆兴元年,光朝年五十,以进士及第。调袁州司户参军。乾道三年,龙大渊、曾觌以潜邸恩幸进,台谏、给舍论驳不行。张阐自外召为执政,锐欲去之,觉其不可拙,遂以老疾力辞不拜。而光朝及刘朔方以名儒荐对,颇及二人罪,由是光朝改左承奉郎、知永福县。而大臣论荐不已,召试馆职,为秘书省正字兼国史编修、实录检讨官,历著作佐郎兼礼部郎官。八年,进国子司业兼太子侍读,史职如故。是时,张说再除签书枢密院事,光朝不往贺,遂出为广西提点刑狱,移广东。

茶寇自荆、湘剽江西,薄岭南,其锋锐甚。光朝自将郡兵,檄摧锋统制路海、本路钤辖黄进各以军分控要害。会有诏徙光朝转运副使,光朝谓贼势方张,留屯不去,督二将遮击,连败之,贼惊惧宵遁。帝闻之,喜曰:"林光朝儒生,乃知兵耶。"加直宝谟阁,召拜国子祭酒兼太子左谕德。四年,帝幸国子监,命讲《中庸》,帝大称善,面赐金紫。不数日,除中书舍人。是时,吏部郎谢廓然由曾觌荐,赐出身,除殿中侍御史,命从中出。光朝愕曰:"是轻台谏、羞科目也。"立封还词头。天子度光朝决不奉诏,改授工部侍郎,不拜,遂以集英殿修撰出知婺州。光朝老儒,素有士望。在后省未有建明,或疑之,及闻缴驳廓然,士论始服。光朝因引疾提举兴国宫,卒,年六十五。

杨万里,字廷秀,吉州吉水人。中绍兴二十四年进士第,为赣州司户,调永州零陵丞。时张浚谪永,杜门谢客,万里三往不得见,以书力请,始见之。浚勉以正心诚意之学,万里服其教终身,乃名读书之室曰诚斋。

浚入相,荐之朝。除临安府教授,未赴,丁父忧。改知隆兴府奉新县,戢追胥不入乡,民通赋者揭其名市中,民谨趋之,赋不扰而足,县以大治,会陈俊卿、虞允文为相,交荐之,召为国子博士。侍讲张栻以论张说出守袁,万里抗疏留栻,又遗允文书,以和同之说规之,栻虽不果留,而公论伟之。迁太常博士,寻升丞兼吏部侍右郎官,转将作少监、出知漳州,改常州,寻提举广东常平茶盐。盗沈师犯南粤,帅师往平之。孝宗称之曰"仁者之勇",遂有大用意,就除提点刑狱。请于潮、惠二州筑外砦,潮以镇贼之巢,惠以扼贼之路。俄以忧去。免丧,召为尚左郎官。

淳熙十二年五月,以地震,应诏上书曰:

臣闻:言有事于无事之时,不害其为忠;言无事于有事之时,其为奸也大矣。南北和好逾二十年,一旦绝使,敌情不测。而或者曰:彼有五单于争立之祸。又曰:彼有匈奴困于东胡之祸,既而皆不验。道途相传,缮汴京城池,开海州漕渠,又于河南、北签民兵,增驿骑,制马枥,籍井泉,而吾之间谍不得以入,此何为者耶?臣所谓言有事于无事之时者一也。

或谓金主北归,可为中国之贺。臣以中国之忧,正在乎此。此人北归,盖惩创于逆亮之空国而南侵也。将欲南之,必固北之。或者以身填抚其北,而以其子与婿经营其南也。臣所谓言有事于无事之时者二也。

臣窃闻论者或谓缓急,淮不可守,则弃淮而守江,是大不然。昔者吴与魏力争而得合肥,然后吴始安。李煜失滁、扬二州,自此南唐始蹙。今曰弃淮而保江,既无淮矣,江可得而保乎?臣所谓言有事于无事之时者三也。

今淮东、西凡十五郡,所谓守帅,不知陛下使宰相择之乎,使枢廷择之乎?使宰相择之,宰相未必为枢廷虑也;使枢廷择之,则除授不自己出也。一则不为之虑,一则不自己出,缓急败事,则皆曰:非我也。陛下将责之谁乎?臣所谓言有事于无事之时者四也。

且南北各有长技,若骑若射,北之长技也;若舟若步,南之长技也。今为北之计者,日缮治其海舟,而南之海舟则不闻缮治焉。或曰:吾舟素具也,或曰:舟虽未具而惮于扰也。绍兴辛巳之战,山东、采石之功,不以骑也,不以射也,不以步也,舟焉而已。当时之舟,今可复用乎?且夫斯民一日之扰,与社稷百世之安危,孰轻孰重?事固有大于扰者也。臣所谓言有事于无事之时者五也。

陛下以今日为何等时耶?金人日逼,疆场日扰,而未闻防金人者何策,保疆场者何道?但闻某日修某礼文也,某日进某书史也,是以乡饮理军,以干羽解围也。臣所谓言有事于无事之时者六也。

臣闻古者人君,人不能悟之,则天地能悟之。今也国家之事,敌情不测如此,而君臣上下处之如太平无事之时,是人不能悟之矣。故上天见灾异,异时荧惑犯南斗,迩日镇星犯端门,荧惑守羽林。臣书生,不晓天文,未敢以为必然也。至于春正月日青无光,若有两日相摩者,兹不曰大异乎?然天犹恐陛下不信也,至于春日载阳,复有雨雪杀物,兹不曰大异乎?然天犹恐陛下又不信也,乃五月庚寅,又有地震,兹又不曰大异乎?且夫天变在远,臣子不敢奏也,不信可也;地震在外,州郡不敢闻也,不信可也。今也天变频仍,地震辇毂,而君臣不闻警惧,朝廷不闻咨访,人不能悟之,则天地能悟之。臣不知陛下于此悟乎,否乎?臣所谓言有事于无事之时者七也。

自频年以来,两浙最近则先旱,江淮则又旱,湖广则又旱,流徙者相续,道殣相枕。而常平之积,名存而实亡;入粟之令,上行而下慢。静而无事,未知所以振救之;动而有事,将何以仰以为资耶?臣所谓言有事于无事之时者八也。

古者足国裕民,惟食与货。今之所谓钱者,富商、巨贾、阉宦、权贵皆盈室以藏之,至于百姓三军之用,惟破楮券尔。万一如唐泾原之师,因怒粝食,蹴而覆之,出不逊语,遂起朱泚之乱,可不为寒心哉!臣所谓言有事于无事之时者九也。

古者立国必有可畏,非畏其国也,畏其人也。故苻坚欲图晋,而王猛以为不可,谓谢安、桓冲江左之望,是存晋者,二人而已。异时名相如赵鼎、张浚,名将如岳飞、韩世忠,此金人所惮也。近时刘珙可用则早死，张栻可用则沮死，万一有缓急，不知可以督诸军者何人，可以当一面者何人，而金人之所素惮者又何人？而或者谓人之有才，用而后见。臣闻之《记》曰："苟有车必见其式，苟有言必闻其声。"今曰有其人而未闻其可将可相，是有车而无式，有言而无声也。且夫用而后见，非临之以大安危，试之以大胜负，则莫见其用也。平居无以知其人，必待大安危、大胜负而后见焉。成事幸矣，万一败事，悔何及耶？昔者谢玄之北御苻坚，而郗超知其必胜；桓温之西伐李势，而刘惔知其必取。盖玄于履屐之间无不当其任，温于蒲博不必得则不为，二子于平居无事之日，盖必有以察其小而后信其大也，岂必大用而后见哉？臣所谓言有事于无事之时者十也。

愿陛下超然远览，昭然远寤。勿矜圣德之崇高，而增其所未能；勿恃中国之生聚，而严其所未备。勿以天地之变异为适然，而法宣王之惧灾；勿以臣下之苦言为逆耳，而体太宗之导谏。勿以女谒近习之害政为细故，而监汉、唐季世致乱之由；勿以仇雠之包藏为无他，而惩宣、政晚年受祸之酷。责大臣以通知边事军务如富弼之请，勿以东西二府异其心；委大臣以荐进谋臣良将如萧何所奇，勿以文武两途而殊其辙，勿使赂宦者而得旄节如唐大历之弊，勿使货近幸而得招讨如梁段凝之败。以重蜀之心而重荆、襄，使东西形势之相接；以保江之心而保两淮，使表里唇齿之相依。勿以海道为无虞，勿以大江为可恃。增屯聚粮，治舰扼险。君臣之所咨访，朝夕之所讲求，姑置不急之务，精备敌之策。庶几上可消于天变，下不堕于敌奸。

然天下之事，有本根，有枝叶。臣前所陈，枝叶而已。所谓本根，则人主不可以自用。人主自用，则人臣不任责，然犹未害也。至于军事，而犹曰"谁当忧此，吾当自忧"。今日之事，将无类此？《传》曰："木水有本原。"圣学高明，愿益思其所以本原者。

东宫讲官阙，帝亲擢万里为侍读。宫僚以得端人相贺。他日读《陆宣公奏议》等书，皆随事规警，太子深敬之。王淮为相，一日问曰："宰相先务者何事？"曰："人才。"又问："孰为才？"即疏朱熹、袁枢以下六十人以献，淮次第擢用。历枢密院检详，守右司郎中，迁左司郎中。

十四年夏旱，万里复应诏，言："旱及两月，然后求言，不曰迟乎？上自侍从，下止馆职，不曰隘乎？今之所以旱者，以上泽不下流，下情不上达，故天地之气隔绝而不通。"因疏四事以献，言皆恳切。迁秘书少监。会高宗崩，孝宗欲行三年丧，创议事堂，命皇太子参决庶务。万里上疏力谏，且上太子书，言："天无二日，民无二王。一履危机，悔之何及？与其悔之而无及，孰若辞之而不居。愿殿下三辞五辞，而必不居也。"太子悚然。高宗未葬，翰林学士洪迈不俟集议，配飨独以吕颐浩等姓名上。万里上疏诋之，力言张浚当预，且谓迈无异指鹿为马。孝宗览疏不悦，曰："万里以朕为何如主！"由是以直秘阁出知筠州。

光宗即位，召为秘书监。入对，言："天下有无形之祸，憯非权臣而憯于权臣，扰非盗贼而扰于盗贼，其惟朋党之论乎！盖欲激人主之怒莫如朋党，空天下人才莫如朋党。党论一兴，其端发于士大夫，其祸及于天下。前事已然，愿陛下建皇极于圣心，公听并观，坏植散群，曰君子从而用之，曰小人从而废之，皆勿问其某党某党也。"又论："古之帝王，固有以知一己揽其权，不知臣下窃其权。大臣窃之则权在大臣，大将窃之则权在大将，外戚窃之则权在外戚，近习窃之则权在近习。窃权之最难防者，其惟近习乎！非敢公窃也，私窃之也。始于私窃，其终必至于公窃而后已。可不惧哉！"

绍熙元年，借焕章阁学士为接伴金国贺正旦使兼实录院检讨官。会《孝宗日历》成，参知政事王蔺以故事俾万里序之，而宰臣属之礼部郎官傅伯寿。万里以失职力丐去，帝宣谕勉留。会进《孝宗圣政》，万里当奉进，孝宗犹不悦，遂出为江东转运副使，权总领淮西、江东军马钱粮。朝议欲行铁钱于江南诸郡，万里疏其不便，不奉诏，忤宰相意，改知赣州，不赴，乞祠，除秘阁修撰，提举万寿宫，自是不复出矣。

宁宗嗣位，召赴行在，辞。升焕章阁待制、提举兴国宫。引年乞休致，进宝文阁待制，致仕。嘉泰三年，诏进宝谟阁直学士，给赐衣带。开禧元年召，复辞。明年，升宝谟阁学士，卒，年八十三，赠光禄大夫。

万里为人刚而褊。孝宗始爱其才，以问周必大，必大无善语，由此不见用。韩侂胄用事，欲网罗四方知名士相羽翼，尝筑南园，属万里为之记，许以掖垣。万里曰："官可弃，记不可作也。"侂胄恚，改命他人。卧家十五年，皆其柄国之日也。侂胄专僭日益甚，万里忧愤，怏怏成疾。家人知其忧国也，凡邸吏之报时政者皆不以告。忽族子自外至，遽言侂胄用兵事。万里恸哭失声，亟呼纸书曰："韩侂胄奸臣，专权无上，动兵残民，谋危社稷，吾头颅如许，报国无路，惟有孤愤！"又书十四言别妻子，笔落而逝。

万里精于诗，尝著《易传》行于世。光宗尝为书"诚斋"二字，学者称诚斋先生，赐谥文节。子长孺。

卷四百三十四
列传第一百九十三

儒 林 四

刘子翚　吕祖谦　蔡元定子沉　陆九龄兄九韶
陆九渊　薛季宣　陈傅良　叶適
戴溪　蔡幼学　杨泰之

刘子翚，字彦冲，赠太师韐之仲子。以父任授承务郎，辟真定府幕属。韐死靖康之难，子翚痛愤，几无以为生，庐墓三年。服除，通判兴化军。寇杨勍犯闽境，子翚与郡将张当世画计备御,如素服戎事者,贼不敢犯。事闻,诏因任。

子翚始执丧致羸疾,至是以不堪吏责,辞归武夷山,不出者凡十七年。间走其父墓下,瞻望徘徊,涕泗呜咽,或累日而返。妻死不再娶,事继母吕氏及兄子羽尽孝友。子羽之子珙,幼英敏嗜学,子翚教之不懈,珙卒有立。

与籍溪胡宪、白水刘勉之交相得,每见,讲学外无杂言。它所与游,皆海内知名士,而期以任重致远者,惟新安朱熹而已。初,熹父松且死,以熹托子翚。及熹请益,子翚告以《易》之"不远复"三言,俾佩之终身,熹后卒为儒宗。子翚少喜佛氏说,归而读《易》,即涣然有得。其说以为学《易》当先《复》,故以是告熹焉。

一日,感微疾,即谒家庙,泣别母,与亲朋诀,付珙家事,指葬处,处亲戚孤弱之无业者,训学者修身求道数百言。后二日卒,年四十七。学者称屏山先生。珙,别有传。

吕祖谦,字伯恭,尚书右丞好问之孙也。自其祖始居婺州。祖谦之学本之家庭,有中原文献之传。长从林之奇、汪应辰、胡宪游,既又友张栻、朱熹,讲索益精。

初,荫补入官,后举进士,复中博学宏词科,调南外宗教。丁内艰,居明招山,四方之士争趋之。除太学博士,时中都官待次者例补外,添差教授严州,寻复召为博士兼国史院编修官、实录院检讨官。轮对,勉孝宗留意圣学。且言:"恢复大事也,规模当定,方略当审。陛下方广揽豪杰,共集事功,臣愿精加考察,使之确指经画之实,孰为先后,使尝试侥幸之说不敢陈于前,然后与一二大臣定成算而次第行之,则大义可伸,大业可复矣。"

召试馆职。先是,召试者率前期从学士院求问目,独祖谦不然,而其文特典美。尝读陆九渊文,喜之,而未识其人。考试礼部,得一卷,曰:"此必江西小陆之文也。"揭示,果九渊,人服其精鉴。父忧,免丧,主管台州崇道观。

越三年,除秘书郎、国史院编修官、实录院检讨官。以修撰李焘荐,重修《徽宗实录》。书成,进秩。面对,言曰:"夫治道体统,上下内外不相侵夺而后安。乡者,陛下以大臣不胜任而兼行其事,大臣亦皆亲细务而行有司之事,外至监司、守令职任,率为其上所侵而不能令其下。故豪猾玩官府,郡县忽省部,掾属凌长吏,贱人轻柄臣。平居未见其患,一旦有急,谁与指麾而伸缩之邪?如曰臣下权任太重,惧其不能无私,则有给、舍以出纳焉,有台谏以救正焉,有侍从以询访焉。觉得端方不倚之人分处之,自无专恣之虑,何必屈至尊以代其劳哉?人之关鬲脉络少有壅滞,久则生疾。陛下于左右虽不劳操制,苟玩而弗虑,则声势浸长,趋附浸多,过咎浸积,内则惧于陛下所遗而益思壅蔽,外则惧于公议所疾而益肆诋排。愿陛下虚心以求天下之士,执要以总万事之机。勿以图任或误而谓人多可疑,勿以聪明独高而谓智足遍察,勿详于小而忘远大之计,勿忽于近而忘壅蔽之萌。"

又言:"国朝治体,有远过前代者,有视前代为未备者。夫以宽大忠厚建立规模,以礼逊节义成就风俗,此所谓远过前代者也。故于俶扰艰危之后,驻跸东南逾五十年,无纤毫之虞,则根本之深可知矣。然文治可观而武绩未振,名胜相望而干略未优,故虽昌炽盛大之时,此病已见。是以元昊之难,范、韩皆极一时之选,而莫能平殄,则事功之不竞从可知矣。臣谓今日治体视前代未备者,固当激厉而振起。远过前代者,尤当爱护而扶持。"

迁著作郎,以末疾,请祠归。先是,书肆有书曰《圣宋文海》,孝宗命临安府校正刊行。学士周必大言:《文海》去取差谬,恐难传后,盍委馆职铨择,以成一代之书?孝宗以命祖谦。遂断自中兴以前,崇雅黜浮,类为百五十卷,上之,赐名《皇朝文鉴》。

诏除直秘阁。时方重职名,非有功不除,中书舍人陈骙驳之。孝宗批旨云:"馆阁之职,文史为先。祖谦所进,采取精详,有益治道,故以宠之,可即命词。"骙不得已草制。寻主管冲祐观。明年,除著作郎兼国史院编修官。卒,年四十五。谥曰成。

祖谦学以关、洛为宗,而旁稽载籍,不见涯涘。心平气和,不立崖异,一时英伟卓荦之士皆归心焉。少卞急,一日,诵孔子言:"躬自厚而薄责于人",忽觉平时忿懥涣然冰释。朱熹尝言:"学如伯恭,方是能变化气质。"其所讲画,将以开物成务,既卧病,而任重道远之意不衰。居家之政,皆可为后世法。修《读诗记》、《大事记》,皆未成书。考定《古周易》、《书说》、《阃范》、《官箴》、《辨志录》、《欧阳公本末》,皆行于世。晚年会友之地曰丽泽书院,在金华城中,既殁,郡人即而祠之。子延年。

蔡元定,字季通,建州建阳人。生而颖悟,八岁能诗,日记数千言。父发,博览群书,号牧堂老人,以程氏《语录》、邵氏《经世》、张氏《正蒙》授元定,曰:"此孔、孟正脉也。"元定深涵其义。既长,辨析益精。登西山绝顶,忍饥啖荠读书。

闻朱熹名,往师之。熹扣其学,大惊曰:"此吾老友也,不当在弟子列。"遂与对榻讲诸经奥义,每至夜分。四方来学者,熹必俾先从元定质正焉。太常少卿尤袤、秘书少监杨万里联疏荐于朝,召之,坚以疾辞。筑室西山,将以终焉之计。

时韩侂胄擅政,设伪学之禁,以空善类。台谏承风,专肆排击,然犹未敢诵言攻朱熹。至沈继祖、刘三杰为言官,始连疏诋熹,并及元定。元定简学者刘砺曰:"化性起伪,乌得无罪!"未几,果谪道州。州县捕元定甚急,元定闻命,不辞家即就道。熹与从游者数百人饯别萧寺中,坐客兴叹,有泣下者。熹微视元定,不异平时,因喟然曰:"友朋相爱之情,季通不挫之志,可谓两得矣。"元定赋诗曰:"执手笑相别,无为儿女悲。"众谓宜缓行,元定曰:"获罪于天,天可逃乎?"杖屦同其子沉行三千里,脚为流血,无几微见言面。

至春陵,远近来学者日众,州士子莫不趋席下以听讲说。有名士挟才简傲、非笑前修者,亦心服谒拜,执弟子礼甚恭。人为之语曰:"初不敬,今纳命。"爱元定者谓宜谢生徒，元定曰："彼以学来，何忍拒之？若有祸患，亦非闭门塞窦所能避也。"贻书训诸子曰："独行不愧影，独寝不愧衾，勿以吾得罪故遂懈。"一日，谓沉曰："可谢客，吾欲安静，以还造化旧物。"阅三日卒。侂胄既诛，赠迪功郎，赐谥文节。

元定于书无所不读，于事无所不究。义理洞见大原，下至图书、礼乐、制度，无不精妙。古书奇辞奥义，人所不能晓者，一过目辄解。熹尝曰："人读易书难，季通读难书易。"熹疏释《四书》及为《易》、《诗传》、《通鉴纲目》，皆与元定往复参订。《启蒙》一书，则属元定起稿。尝曰："造化微妙，惟深于理者能识之，吾与季通言而不厌也。"及葬，以文诔之曰："精诣之识，卓绝之才，不可屈之志，不可穷之辩，不复可得而见矣。"学者尊之曰西山先生。

其平生问学，多寓于熹书集中。所著书有《大衍详说》、《律吕新书》、《燕乐》、《原辩》、《皇极经世》、《太玄潜虚指要》、《洪范解》、《八阵图说》，熹为之序。

子渊、沉，皆躬耕不仕。渊有《周易训解》。

沉字仲默，少从朱熹游。熹晚欲著《书传》，未及为，遂以属沉。《洪范》之数，学者久失其传，元定独心得之，然未及论著，曰："成吾书者沉也。"沉受父师之托，沈潜反复者数十年，然后成书，发明先儒之所未及。其于《洪范》数，谓："体天地之撰者《易》之象，纪天地之撰者《范》之数。数始于一奇，象成于二偶。奇者数之所以立，偶者数之所以行。故二四而八，八卦之象也；三三而九，九畴之数也。由是八八而又八八之为四千九十六，而象备矣；九九而又九九之为六千五百六十一，而数周矣。《易》更四圣而象已著，《范》锡神禹而数不传。后之作者，昧象数之原，窒变通之妙，或即象而为数，或反数而拟象，牵合傅会，自然之数益晦焉。"

始，从元定谪道州，跋涉数千里，道楚、粤穷僻处，父子相对，常以理义自怡悦。元定没，徒步护丧以还。有遗之金而义不可受者，辄谢却之曰："吾不忍累先人也。"年仅三十，屏去举子业，一以圣贤为师。隐居九峰，当世名卿物色将荐用之，沉不屑就。次子抗，别有传。

陆九龄，字子寿。八世祖希声，相唐昭宗。孙德迁，五代末，避乱居抚州之金溪。父贺，以学行为里人所宗，尝采司马氏冠昏丧祭仪行于家，生六子，九龄其第五子也。幼颖悟端重，十岁丧母，哀毁如成人。稍长，补郡学弟子员。

时秦桧当国，无道程氏学者，九龄独尊其说。久之，闻新博士学黄、老，不事礼法，慨然叹曰："此非吾所愿学也。"遂归家，从父兄讲学益力。是时，吏部员外郎许忻有名中朝，退居临川，少所宾接，一见九龄，与语大说，尽以当代文献告之。自是九龄益大肆力于学，翻阅百家，昼夜不倦，悉通阴阳、星历、五行、卜筮之说。

性周谨，不肯苟简涉猎。入太学，司业汪应辰举为学录。登乾道五年进士第。调桂阳军教授，以亲老道远，改兴国军，未上，会湖南茶寇剽庐陵，声摇旁郡，人心震摄。

旧有义社以备寇，郡从众请，以九龄主之，门人多不悦。九龄曰："文事武备，一也。古者有征讨，公卿即为将帅，比间之长，则五两之率也。士而耻此，则豪侠武断者专之矣。"遂领其事，调度屯御皆有法。寇虽不至，而郡县倚以为重。暇则与乡之子弟习射，曰："是固男子之事也。"岁恶，有剽劫者过其门，必相戒曰："是家射多命中，无自取死。"

及至兴国，地滨大江，俗俭啬而鲜知学。九龄不以职闲自佚，益严规矩，肃衣冠，如临大众，劝绥引翼，士类兴起。不满岁，以继母忧去。服除，调全州教授。未上，得疾。一日晨兴，坐床上与客语，犹以天下学术人才为念。至夕，整襟正卧而卒。年四十九。宝庆二年，特赠朝奉郎、直秘阁，赐谥文达。

九龄尝继其父志，益修礼学，治家有法。阖门百口，男女以班各供其职，闺门之内严若朝廷。而忠敬乐易，乡人化之，皆逊弟焉。与弟九渊相为师友，和而不同，学者号"二陆"。有来问学者，九龄从容启告，人人自得。或未可与语，则不发。尝曰："人之惑有难以口舌争者，言之激，适固其意；少需，未必不自悟也。"

广汉张栻与九龄不相识，晚岁以书জ学，期以世道之重。吕祖谦常称之曰："所志者大，所据者实。有肯綮之阻，虽积九仞之功不敢遂；有毫厘之偏，虽立万夫之表不敢安。公听并观，却立四顾，弗造于至平至粹之地，弗措也。"兄九韶。

九韶字子美。其学渊粹。隐居山中，昼之言行，夜必书之。其家累世义居，一人最长者为家长，一家之事听命焉。岁迁子弟分任家事，凡田畴、租税、出内、庖爨、宾客之事，各有主者。九韶以训戒之辞为韵语，晨兴，家长率众子弟谒先祠毕，击鼓诵其辞，使列听之。子弟有过，家长会众子弟责而训之，不改，则挞之，终不改，度不可容，则言之官府，屏之远方焉。九韶所著有《梭山文集》、《家制》、《州郡图》。

陆九渊，字子静。生三四岁，问其父天地何所穷际，父笑而不答。遂深思，至忘寝食。及总角，举止异凡儿，见者敬之。谓人曰："闻人诵伊川语，自觉若伤我者。"又曰："伊川之言，奚为与孔子、孟子之言不类？近见其间多有不是处。"初读《论语》，即疑有子之言支离。他日读古书，至"宇宙"二字，解者曰"四方上下曰宇，往古来今曰宙"，忽大省曰："宇宙内事乃己分内事，已分内事乃宇宙内事。"又尝曰："东海有圣人出焉，此心同也，此理同也。至西海、南海、北海有圣人出，亦莫不然。千百世之上有圣人出焉，此心同也，此理同也。至于千百世之下有圣人出，此心此理，亦无不同也。"

后登乾道八年进士第。至行在，士争从之游。言论感发，闻而兴起者甚众。教人不用学规，有小过，言中其情，或至流汗。有怀于中而不能自晓者，为之条析其故，悉如其心。亦有相去千里，闻其大概而得其为人。尝曰："念虑之不正者，顷刻而知之，即可以正。念虑之正者，顷刻而失之，即为不正。有可以形迹观者，有不可。以形迹观人，则不足以知人。必以形迹绳人，则不足以救之。"初调隆兴靖安县主簿。丁母忧，服阕，改建宁崇安县。以少师史浩荐，召审察，不赴。侍从复荐，除国子正，教诸生无异在家时。除敕令所删定官。

九渊少闻靖康间事，慨然有感于复仇之义。至是，访知勇士，与议恢复大略。因轮对，遂陈五论：一论仇耻未复，愿博求天下之俊杰，相与举论道经邦之职；二论愿致尊德乐道之诚；三论知人之难；四论事当驯致而不可骤；五论人主不当亲细事。帝称善。未几，除将作监丞，为给事中王信所驳，诏主管台州道崇观。还乡，学者辐凑，每开讲席，户外屦满，耆老扶杖观听。自号象山翁，学者称象山先生。尝谓学者曰："汝耳自聪，目自明，事父自能孝，事兄自能弟，本无欠阙，不必它求，在乎自立而已。"又曰："此道与溺于利欲之人言犹易，与溺于意见之人言却难。"或劝九渊著书，曰："《六经》注我，我注《六经》。"又曰："学苟知道，《六经》皆我注脚。"

光宗即位，差知荆门军。民有诉者，无早暮，皆得造于庭，复令其自持状以追，为立期，皆如约而至，即为酌情决之，而多所화释。其有涉人伦者，使自毁其状，以厚风俗。唯不可训者，始置之法。其境内官吏之贪廉，民俗之习尚善恶，皆素知。有诉人杀其子者，九渊曰："不至是。"及追究，其子果无恙。有诉窃取而不知其人，九渊出二人姓名，使捕至，讯之伏辜，尽得所窃物还诉者，且宥其罪使自新。因语吏以某所某人为暴，翌日有诉遇夺掠者，即其人也，乃加追治。吏大惊，郡人以为神。申严保伍之法，盗贼或发，擒之不逸一人，群盗屏息。

荆门为次边而无城。九渊以为："郡居江、汉之间，为四集之地，南捍江陵，北援襄阳，东护随、郢之肋，西当光化、夷陵之冲，荆门固则四邻有所恃，否则有背肋腹心之虞，由唐之湖阳以趋山，则其涉汉之处已在荆门之肋，由邓之邓城以涉汉，则其趋山之处已在荆门之腹。自此之外，间道之可驰，汉津之可涉，坡陀不能以限马，滩濑不能以濡轨者，所在尚多。自我出奇制胜，徼敌兵之腹肋者，亦正在此。虽四山环合，易于备御，而城池阙然，将谁与守？"乃请于朝而城之，自是民无边忧。罢关市吏讥察而减民税，商贾毕集，税入日增。旧用铜钱，以其近边，以铁钱易之，而铜有禁，复令贴纳。九渊曰："既禁之矣，又使之输邪？"尽蠲之。故事，平时教军伍射，郡民得与，中者均赏，荐其属不限流品。尝曰："古者无流品之分，而贤不肖之辨严；后世有流品之分，而贤不肖之辨略。"每旱，祷即雨，郡人异之。逾年，政行令修，民俗为变，诸司交荐。丞相周必大尝称荆门之政，以为躬行之效。

一日，语所亲曰："先教授兄有志天下，竟不得施以没。"又谓家人曰："吾将死矣。"又告僚属曰："某将告终。"会祷雪，明日，雪。乃沐浴更衣端坐，后二日日中而卒。会葬者以千数，谥文安。

初，九渊尝与朱熹会鹅湖，论辨所学多不合。及熹守南康，九渊访之，熹与至白鹿洞，九渊为讲君子小人喻义利一章，听者至有泣下。熹以为切中学者隐微深痼之病。至于无极而太极之辨，则贻书往来，论难不置焉。门人杨简、袁燮、舒璘、沈焕能传其学云。

薛季宣，字士龙，永嘉人。起居舍人徽言之子也。徽言卒时，季宣始六岁，伯父敷文阁待制弼收鞠之。从弼宦游，及见渡江诸老，闻中兴经理大略。喜从老校、退卒语，得岳、韩诸949兵间事甚悉。年十七，起从荆南帅辟书写机宜文字，获事袁溉。溉尝从程颐学，尽以其学授之。季宣既得溉学，于古封建、井田、乡遂、司马法之制，靡不研究讲画，皆可行于时。

金兵之未至也，武昌令刘锜镇鄂渚。季宣白锜，以武昌形势直淮、蔡，而兵寡势弱，宜早为备，锜不听。及兵交，稍稍资季宣计画。未几，汪澈宣谕荆襄，而金兵趋江上，诏成闵还师入援。季宣又说澈以闵既得蔡，有破竹之势，宜守便宜勿遣，而令其乘胜下颍昌，道陈、汝，趋汴都，金内顾且惊溃，可不战而屈其兵矣。澈不听。

时江、淮仕者闻金兵且至，皆预遣其奴而系马于庭以待。季宣独留家，与民期曰："吾家即汝家，即有急，吾与汝偕死。"民亦自奋。县多盗，季宣患之，会有伍民之令，乃行保伍法，五家为保，二保为甲，六甲为队，因地形便合为总，不以乡为限，总首、副总首领之。官族、士族、富族皆附保，蠲其身，俾输财供总之小用。诸总必有圃以习射，禁蒲博杂戏，而许以武事角胜负，五日更至庭阅之，而赏其尤者；不幸死者予棺，复其家三年。乡置楼，盗发，伐鼓举烽，瞬息遍百里。县治、白鹿矶、安乐口皆置戍。复请于宣谕司，得战舰十，甲三百，罗落之。守计定，讫兵退，人心不摇。

枢密使王炎荐于朝，召为大理寺主簿，未至，为书谢炎曰："主上天资英特，群臣无将顺缉熙之具，幸得遭时，不能格心正始，以建中兴之业，徒徼幸功利，夸言以眩俗，虽复中夏，犹无益也。为今之计，莫若以仁义纪纲为本。至于用兵，请俟十年之后可也。"

时江、湖大旱，流民北渡江，边吏复奏淮北民多款塞者，宰相虞允文白遣季宣行淮西，收以实边。季宣为表废田，相原隰，复合肥三十六圩，立二十二庄于黄州故治东北，以户授屋，以丁授田，颁牛及田器谷种各有差，廪其家，至秋乃止。凡为户六百八十有五，分处合肥、黄州间，并边归正者振业之。季宣谓人曰："吾非为今日利也。合肥之圩，边有警，因以断栅江，保巢湖。黄州地直蔡冲，诸庄辑则西道有屏蔽矣。"光州守宋端友招集北归者止五户，而杂旧户为一百七十，奏以幸赏，季宣按得其实而劾之。时端友为环列附托难撼，季宣奏上，孝宗怒，属大理治，端友以忧死。

季宣还，言于孝宗曰："左右之人进言者，其情不可不察也。托正以行邪，伪直以售佞，荐退人物，曾非诵言，游扬中伤，乃出不自意。一旦号令虽自中出，而其权已归私门矣。故齐威之霸，不在阿、即墨之诛赏，而在毁誉者之刑。臣观近政，非无阿、即墨之诛赏，奈何毁誉之人自若乎？"帝曰："朕方图之。"

季宣又进言曰："日城淮郡，以臣所见，合肥板干方立，中使督视，卒卒成之。臣行过郡，一夕风雨，堕楼五堵。历阳南壁阙,而居巢库陋如故,乃闻有靡钱钜万而成城四十余丈者。陛下安取此!然外事不足道,咎根未除,臣所深忧。左右近侍,阴挤正士而阳称道之,陛下傥因貌言而听之,臣恐石显、王凤、郑注之智中也。"又言:"近或以好名弃士大夫,夫好名特为臣子学问之累。人主为社稷计,唯恐士不好名,诚人人好名畏义,何乡不立?"帝称善,恨得季宣晚,遂进两官,除大理正。

自是,凡奏请论荐皆报可。以虞允文讳阙失,不乐之。居七日,出知湖州,会户部以历付场务,锱铢皆分隶经总制,诸郡束手无策,季宣言于朝曰:"自经总制立额,州县凿空以取赢,虽有奉法吏思宽弛而不得骋。若复额外征其强半,郡调度顾安所出?殆复巧取之民,民何以胜!"户部谯责愈急,季宣争之愈强,台谏交疏助之,乃收前令。

改知常州,未上,卒,年四十。季宣于《诗》、《书》、《春秋》、《中庸》、《大学》、《论语》皆有训义,藏于家。其杂著曰《浪语集》。

陈傅良,字君举,温州瑞安人。初患科举程文之弊,思出其说为文章,自成一家,人争传诵,从者云合,由是其文擅当世。当是时,永嘉郑伯熊、薛季宣皆以学行闻,而伯熊于古人经制治法,讨论尤精,傅良皆师事之,而得季宣之学为多。及入太学,与广汉张栻、东莱吕祖谦友善。祖谦为言本朝文献相承条序,而主敬集义之功得于栻为多。自是四方受业者愈众。

登进士甲科,教授泰州。参知政事龚茂良才之,荐于朝,改太学录。出通判福州。丞相梁克家领帅事,委成于傅良,傅良平一府曲直,壹以义。强御者不得售其私,阴结言官论罢之。

后五年,起知桂阳军。光宗立,稍迁提举常平茶盐、转运判官。湖湘民无后,以异姓以嗣之,官利其赀,辄没入之。傅良曰:"绝人嗣,非政也。"复之几二千家。转浙西提点刑狱。除吏部员外郎,去朝十四年,至是而归,须鬓无黑者,都人聚观嗟叹,号"老陈郎中"。

傅良为学,自三代、秦、汉以下靡不研究,一事一物,必稽于极而后已。而于太祖开创本原,尤为潜心。及是,因轮对,言曰:"太祖皇帝垂裕后人,以爱惜民力为本。熙宁以来,用事者始取太祖约束,一切纷更之。诸路上供岁额,增于祥符一倍。崇宁重修上供格,颁之天下,率增至十数倍。其它杂敛,则熙宁以常平宽剩、禁军阙额之类别项封桩,而无额上供起于元丰,经制起于宣和,总制、月桩起于绍兴,皆迄今为额,折帛、和贾之类又不与焉。茶引尽归于都茶场,盐钞尽归于榷货务,秋苗斗斛十八九归于纲运,皆不在州县。州县无以供,则豪夺于民,于是取之斛面、折变、科敷、抑配、赃罚,而民困极矣。方今之患,何但四夷?盖天命之永不永,在民力之宽不宽耳,岂不甚可畏哉!陛下宜以救民穷为己任,推行太祖未泯之泽,以为万世无疆之休。"

且言:"今天下之力竭于养兵,而莫甚于江上之军。都统司谓之御前军马,虽朝廷不得知;总领所谓之大军钱粮,虽版曹不得与。于是中外之势分,而事权不一,施行不专,虽欲宽民,其道无由。诚使都统司之兵与向者在制置司时无异,总领所之财与向者在转运司时无异,则内外为一体。内外一体,则宽民力可得而议矣。"帝从容嘉纳,且劳之曰:"卿昔安在?朕不见久矣。其以所著书示朕。"退,以《周礼说》十三篇上之,迁秘书少监兼实录院检讨官、嘉王府赞读。

绍熙三年,除起居舍人。明年,兼权中书舍人。初,光宗之妃黄氏有宠,李皇后妒而杀之。光宗既闻之,而复因郊祀大风雨,遂震惧得心疾,自是视章疏不时。于是傅良奏曰:"一国之势犹身也,壅底则致疾。今日迁延某事,明日阻节某人,即有奸险乘时为利,则内外之情不接,威福之柄下移,其极至于天变不告,边警不闻,祸且不测矣!"帝悟,会疾亦稍平,过重华宫。而明年重明节,复以疾不往,丞相以下至于太学诸生皆力谏,不听,而方召内侍陈源为内侍省押班,傅良不草词,且上疏曰:"陛下之不过宫者,特误有所疑而积忧成疾,以至此尔。臣尝即陛下之心反覆论之,窃自谓深切,陛下亦既许之矣。未几中变,以误为实,而开无端之衅;以疑为真,而成不疗之疾。是陛下自贻祸也。"书奏,帝将从之。百官班立,以俟帝出。至御屏,皇后挽帝回,傅良遂趋上引裾,后叱之。傅良哭于庭,后益怒,傅良下殿径行。诏改秘阁修撰仍兼赞读,不受。

宁宗即位,召为中书舍人兼侍读、直学士院、同实录院修撰。会诏朱熹与在外宫观,傅良言:"熹进易退,内批之下,举朝惊愕,臣不敢书行。"熹于是进宝文阁待制,与郡。御史中丞谢深甫论傅良言不顾行,出提举兴国宫。明年,察官交疏,削秩罢。嘉泰二年复官,起知泉州,辞。授集英殿修撰,进宝谟阁待制,终于家,年六十七。谥文节。

傅良著述有《诗解诂》、《周礼说》、《春秋后传》、《左氏章指》行于世。

叶适,字正则,温州永嘉人。为文藻思英发。擢淳熙五年进士第二人,授平江节度推官。丁母忧。改武昌军节度判官。少保史浩荐于朝,召之不至,改浙西提刑司干办公事,士多从之游。参知政事龚茂良复荐之,召为太学正。

迁博士,因轮对,奏曰:"人臣之义,当为陛下建明者,一大事而已。二陵之仇未报,故疆之半未复,而言者以为当乘其机,当待其时。然机自我发,何彼之乘?时自我为,何彼之待?非真难真不可也,正以我自为难,自不可耳。于是力屈气索,甘为退伏者,于此二十六年。积今之所谓难者阴沮之,所谓不可者默制之也。盖其难有四,其不可有五。置不共戴天之仇而广兼爱之义,自为虚弱,此国之难一也。国之所是既然,士大夫之论亦然。为奇谋秘画者止于乘机待时,忠义决策者止于亲征迁都,深沉虑远者止于固本自治,此议论之难二也。环视诸臣,迭进迭退,其知此事本可以反覆论议者谁乎?抱此志意而可以策励期望者谁乎?此人才之难三也。论者徒鉴五代之致乱,而不思靖康之得祸。今循守旧模,而欲驱一世之人以报君仇,则形势乖阻,诚无展足之地。若顺时增损,则其所更张动摇,关系至重,此法度之难四也。又有甚不可者,兵以多而至于弱,财以多而至于乏,不信官而信吏,不任人而任法,不用贤能而用资格:此五者,举天下以为不可动,岂非今之实患欤!沿习牵制,非一时矣。讲利害,明虚实,断是非,决废置,在陛下所为耳。"读未竟,帝蹙额曰:"朕比苦目疾,此志已泯,谁克任此,惟与卿言之耳。"及再读,帝惨然久之。

除太常博士兼实录院检讨官。尝荐陈傅良等三十四人于丞相,后皆召用,时称得人。会朱熹除兵部郎官,未就职,为侍郎林栗所劾。适上疏争曰:"栗劾熹罪无一实者,特发其私意而遂忘其欺矣!至于其中'谓之道学'一语,利害所系不独熹。盖自昔小人残害忠良,率有指名,或以为好名,或以为立异,或以为植党。近创为'道学'之目,郑丙倡之、陈贾和之,居要津者密相付授,见士大夫有稍慕洁修者,辄以道学之名归之,以为善于玷嚸,以好学为已愿,相与指目,使不得进。于是贤士慑栗,中材解体,销声灭影,秽德垢行,以避此名。栗为侍从,无以达陛下之德意志虑,而更袭用郑丙、陈贾密相付授之说,以道学为大罪,文致语言,遂去一熹,自此善良受祸,何所不有!伏望摧折暴横,以扶善类。"疏入,不报。

光宗嗣位,由秘书郎出知蕲州。入为尚书左选郎官。是时,帝以疾不朝重华宫者七月,事无钜细,皆废不行。适见上力言:"父子亲爱出于自然。浮疑私畏,似是而非,岂有事实?若因是而定省废于上,号令怠于下,人情离阻,其能久乎!"既而帝两诣重华宫,都人欢悦。适复奏:"自今宜于过宫之日,令宰执、侍从先诣起居。异时两宫圣意有难言者,自可因此传说,则责任有归。不可复使近习小人增损语言,以生疑惑。"不报。而事复浸异,中外汹汹。

及孝宗不豫,群臣至号泣攀裾以请,帝竟不往。适责宰相留正曰:"上有疾明甚。父子相见,当俟疾瘳。公不播告,使臣下轻议君父,可乎?"未几,孝宗崩,光宗不能执丧。军士籍籍有语,变且不测。适又告正曰:"上疾而不执丧,将何辞以谢天下?今嘉王长,若预建参决,则疑谤释矣。"宰执用其言,同入奏立嘉王为皇太子,帝许之。俄得御批,有"历事岁久,念欲退闲"之语,正惧而去,人心愈摇。知枢密院赵汝愚忧危不知所出,适告知阁门事蔡必胜曰:"国事至此,子为近臣,庸坐视乎?"蔡许诺,与宣赞舍人傅昌朝、知内侍省关礼、知阁门事韩侂胄三人定计。侂胄,太皇太后甥也。会慈福宫提点张宗尹过侂胄,侂胄觇其意以告必胜。适得之,即亟白汝愚。汝愚请必胜议事,遂遣侂胄因张宗尹、关礼以内禅议奏太皇太后,且请垂帝,许之,计遂定。翌日禫祭,太皇太后临朝,嘉王即皇帝位,亲行祭礼,百官班贺,中外晏然。凡表奏皆汝愚与适裁定,临期,取以授仪曹郎,人始知其预议焉。迁国子司业。

汝愚既相,赏功将及适,适曰:"国危效忠,职也。适何功之有?"而侂胄恃功,以迁秩不满望怨汝愚。适以告汝愚曰:"侂胄所望不过节钺,宜与之。"汝愚不从。适叹曰:"祸自此始矣!"遂力求补外。除太府卿、总领淮东军马钱粮。及汝愚贬衡阳,而适亦为御史胡纮所劾,降两官

罢,主管冲佑观,差知衢州,辞。

起为湖南转运判官,迁知泉州。召入对,言于宁宗曰:"陛下初嗣大宝,臣尝申绎《卷阿》之义为献。天启圣明,销磨党偏,人才庶几复合。然治国以和为体,处事以平为极。臣欲人臣忘己体国,息心既往,图报方来可也。"帝嘉纳之。初,韩侂胄用事,患人不附,一时小人在言路者,创为"伪学"之名,举海内知名士贬窜殆尽。其后侂胄亦悔,故适奏及之,且荐楼钥、丘崈、黄度三人,悉与郡。自是禁网渐解矣。

除权兵部侍郎,以父忧去。服除,召至。时有劝侂胄立盖世功以固位者,侂胄然之,将启兵端。适因奏曰:"甘弱而幸安者衰,改弱而就强者兴。陛下申命大臣,先虑预算,思报积耻,规恢祖业,盖欲改弱以就强矣。窃谓必先审知强弱之势而后定其论,论定然后修实政,行实德,弱可变而为强,非有难也。今欲改弱以就强,为问罪骤兴之举,此至大至重事也。故必备成而后动,守定而后战。今或谓金已衰弱,姑开先衅,不惧后艰,求宣和之所不能,为绍兴之所不敢,此至险至危事也。且所谓实政者,当经营濒淮沿汉诸郡,各为处所,牢实自守。敌兵至则阻于坚城,彼此策应,而后进取之计可言。至于四处御前大军,练之使足以制敌,小大之臣,试之使足以立事,皆实政也。所谓实德者,当今赋税虽重而国愈贫,如和买、折帛之类,民间至有用田租一半以上输纳者。况欲规恢,宜有恩泽。乞诏有司审度何名之赋害民最甚,何等横费裁节宜先。减所入之额,定所出之费。既修实政于上,又行实德于下。此其所以能屡战而不屈,必胜而无败也。"

除权工部侍郎。侂胄欲藉其草诏以动中外,改权吏部侍郎兼直学士院,以疾力辞兼职。会诏诸将四路出师,适又告侂胄宜先防江,不听。未几,诸军皆败,侂胄惧,以丘崈为江、淮宣抚使,除适宝谟阁待制、知建康府兼沿江制置使。适谓三国孙氏尝以江北守江,自南唐以来始失之,建炎、绍兴未暇寻绎。乃请于朝,乞节制江北诸州。

及金兵大入,一日,有二骑举旗若将渡者,淮民仓皇争斫舟缆,覆溺者众,建康震动。适谓人心一摇,不可制,惟劫砦南人所长,乃募市井悍少并帐下愿行者,得二百人,使采石将徐纬统以往。夜过半,遇金人,蔽茅苇中射之,应弦而倒。矢尽,挥刀以前,金人皆错愕不进。黎明,知我军寡来追,则已在舟中矣。复命石跋、定山之人劫敌营,得其俘馘以归。金解和州围,退屯瓜步,城中始安。又遣石斌贤渡宣化,夏侯成等分道而往,所向皆捷。金自滁州遁去。时羽檄旁午,而适治事如平时,军须皆从官给,民不以扰。淮民渡江有舟,次止有寺,给钱饷米,其来如归。兵退,进宝文阁待制、兼江、淮制置使,措置屯田,遂上堡坞之议。

初,淮民被兵惊散,日不自保。适遂于墟落数十里内,依山水险要为堡坞,使复业以守,春夏散耕,秋冬入堡,凡四十七处。又度沿江地创三大堡:石跋则屏蔽采石,定山则屏蔽靖安,瓜步则屏蔽东阳、下蜀。西护历阳,东连仪真,缓急应援,首尾联络,东西三百里,南北三四十里。每堡以二千家为率,教之习射。无事则戍,以五百人一将。

有警则增募新兵及抽摘诸州禁军二千人,并堡坞内居民,通为四千五百人,共相守戍。而制司于每岁防秋,别募死士千人,以为劫砦焚粮之用。因言堡坞之成有四利,大要谓:"敌在北岸,共长江之险,而我有堡坞以为声援,则敌不敢窥江,而士气自倍,战舰亦可以策勋。和、滁、真、六合等城或有退遁,我以堡坞全力助其袭逐,或邀其前,或尾其后,制胜必矣。此所谓用力寡而收功博也。"三堡就,流民渐归。而侂胄适诛,中丞雷孝友劾适附侂胄用兵,遂夺职。自后奉祠者凡十三年,至宝文阁学士、通议大夫。嘉定十六年,卒,年七十四。赠光禄大夫,谥文定。

适志意慷慨,雅以经济自负。方侂胄之欲开兵端也,以适每有大仇未复之言重之。而适自召还,每奏疏必言当审而后发,且力辞草诏。第出师之时,适能极力谏止,晓以利害祸福,则侂胄必不妄为,可免南北生灵之祸。议者不能不为之叹息焉。

戴溪,字肖望,永嘉人也。少有文名。淳熙五年,为别头省试第一。监潭州南岳庙。绍熙初,主管吏部架阁文字,除太学录兼实录院检讨官。正字兼史职自溪始。升博士,奏两淮当立农官,若汉稻田使者,括闲田,谕民主出财,客出力,主客均利,以为救农之策。除庆元府通判,未行,改宗正簿。累官兵部郎官。

开禧时,师溃于符离,溪因奏沿边忠义人、湖南北盐商皆当区画,以销后患。会和议成,知枢密院事张岩督师京口,除授参议军事。数月,召为资善堂说书。

由礼部郎中凡六转为太子詹事兼秘书监。景献太子命溪讲《中庸》、《大学》,溪辞以讲读非詹事职,惧侵官。太子曰:"讲退便服说书,非公礼,毋嫌也。"复命类《易》、《诗》、《书》、《春秋》、《论语》、《孟子》、《资治通鉴》,各为说以进。权工部尚书,除华文阁学士。嘉定八年,以宣奉大夫、龙图阁学士致仕。卒,赠特进、端明殿学士。理宗绍定间,赐谥文端。

溪久于宫僚,以微婉受知春宫,然立朝建明,多务秘密,或议其殊乏骨鲠云。

蔡幼学,字行之,温州瑞安人。年十八,试礼部第一。是时,陈傅良有文名于太学,幼学从之游。月书上祭酒芮𬀩及吕祖谦,连选拔,辄出傅良右,皆谓幼学之文过其师。孝宗闻之,因策士将置首列。而是时外戚张说用事,宰相虞允文、梁克家皆阴附之。幼学对策,其略曰:"陛下资虽聪明而所存未大,志虽高远而所趋未正,治虽精勤而大原不立。即位之始,冀太平旦暮至。奈何今十年,风俗日坏,将难扶持;纪纲日乱,将难整齐;人心益摇,将难收拾;吏慢兵骄,财匮民困,将难止救。"又曰:"陛下耻名相之不正,更制近古,二相并进,以为美谈。然或以虚誉惑听,自许立功;或以缄默容身,不能持正。"盖指虞允文、梁克家也。又曰:"汉武帝用兵以来,大司马、大将军之权重而丞相轻。公孙弘为相,卫青用事,弘苟合取容,相业无有。宣、元用许、史,成帝用王氏,哀帝用丁、傅,率为元始之祸。今陛下使姨子预兵柄,其人无一才可取,

宰相忍与同列,曾不羞耻。按其罪名,宜在公孙弘上。"盖指张说也。帝览之不怿,虞允文尤恶之。遂得下第,教授广德军。

丁父忧,再调潭州。执政荐于朝,帝许之,且问:"年几何矣?何以名幼学?"参政施师点举《孟子》"幼学壮行"之语以对。上伫思,慨然曰:"今壮矣,可行也。"遂除敕令所删定官。首言:"大耻未雪,境土未复,陛下睿知神武,可以有为。而苟且之议,委靡之习,顾得以缓陛下欲为之心。"孝宗喜曰:"解卿意,欲令朕立规摹尔。"寻以母忧去。

光宗立,以太学录召,改武学博士。逾年,迁太学,擢秘书省正字兼实录院检讨官,迁校书郎。时光宗以疾不朝重华宫,幼学上封事曰:"陛下自春以来,北宫之朝不讲。比者寿皇怨豫,侍从、台谏叩陛请对,陛下拂衣而起,相臣引裾,群臣随以号泣。陛下退朝,宫门尽闭,大臣累日不获一对清光。望日之朝,都人延颈,迁延至午,禁卫饮恨。市廛军伍,谤诽籍籍,旁郡列屯,传闻疑怪,变起仓卒,陛下实受其祸。诚思身体发肤寿皇所与,宗社人民寿皇所命,则畴昔慈爱有感孚心,可不独出圣断,复父子之欢,弭宗社之祸!"疏入,不报。

宁宗即位,诏求直言。幼学又奏:"陛下欲尽为君之道,其要有三:事亲、任贤、宽民,而其本莫先于讲学。比年小人谋倾君子,为安靖和平之说以排之。故大臣当兴治而以生事自疑,近臣当效忠而以忤旨揆弃,其极至于九重深拱而群臣尽废,多士盈庭而一筹不吐。自非圣学日新,求贤如不及,何以作天下之才!自熙宁、元丰而始有免役钱,有常平积剩钱,有无额上供钱;自大观、宣和而始有大礼进奉银绢,有赡学籴本钱,有经制钱;自绍兴而始有和买折帛钱,有总制钱,有月桩大军钱;至于茶盐酒榷、税契、头子之属,积累增多,较之祖宗无虑数十倍,民困极矣。"

幼学既论列时政,其极归之圣学。帝称善,将进用之。时韩侂胄方用事,指正人为"伪学",异论者立仆。幼学遂力求外补,特除提举福建常平。陛辞,言:"今除授命令径从中出,而大臣之责始轻;谏省、经筵无故罢黜,而多士之心始惑。或者有以误陛下至此耶!"侂胄闻之不悦。既至官,日讲荒政。时朱熹居建阳,幼学每事咨访,遂为御史刘德秀劾罢,奉祠者凡八年。

起知黄州,改提点福建路刑狱,未行。有劝侂胄以收召海内名士者,乃召幼学为吏部员外郎。入见,言:"高宗建炎间减婺州和买绢折罗事,因谕辅臣曰:'一日行得如此一事,一年不过三百六十事而已。'陛下除两浙丁钱,视高宗无间,然而兵事既开,诸路罹锋镝转饷之艰,江、湖以南有调募科需之扰,惟陛下以爱惜邦本为念。"迁国子司业、宗正少卿,皆兼权中书舍人。

侂胄既诛,余党尚塞正路,幼学次第弹缴,窜黜尤众,号称职。迁中书舍人兼侍讲。故事,阁门、宣赞而下,供职十年,始得路都监若钤辖。侂胄坏成法,率五六年七八年即越等除授,有已授外职犹通籍禁闼者,幼学一切厘正。

嘉定初，同楼钥知贡举。时正学久锢，士专于声律度数，其学支离。幼学始取义理之文，士习渐复于正。兼直学士院，内外制皆温醇雅厚得体，人多称之。除刑部侍郎，改吏部，仍兼职。赵师𥲅除知临安府，𥲅辞。故事，当有不允诏。幼学言："师𥲅以媚权臣进官，三尹京兆，狼籍无善状，诏必出褒语，臣何辞以草？"命遂寝。改兼侍读，师𥲅罢命乃下。

除龙图阁待制、知泉州，徙建康府、福州，进福建路安抚使。政主宽大，惟恐伤民。福建下州，例抑民买盐，以户产高下均卖者曰产盐，以交易契纸钱科敷者曰浮盐，皆出常赋外，久之遂为定赋。幼学力请蠲之，不报。提举司令民以田高下藏新会子，不如令者籍其赀。幼学曰："罔民而可，吾忍之乎！惟有去而已。"因言钱币未均，秤提无术，力求罢去。遂升宝谟阁直学士、提举万寿宫。召权兵部尚书兼修玉牒官，寻兼太子詹事。

先是，朝廷既遣岁币入金境，适值其有难，不果纳，则遽以兵叩边索之。中外汹汹，皆言当亟与。幼学请对，言："玉帛之使未还，而侵轶之师奄至，且肆其侮慢，形之文辞。天怒人愤，可不伸大义以破其谋乎！"于是朝论奋然，始诏与金绝。幼学因请"固本根以弭外虞，示意向以定众志，公汲引以合材谋，审怀附以一南北。"帝称善。一夕感异梦，星陨于屋西南隅，遂卒，年六十四。

幼学早以文鸣于时，而中年著作，务穷根本，非关教化之大、由情性之正者不道也。器质凝重，莫窥其际，终日危坐，一语不妄发。及辨论义理，纵横阖辟，沛然如决江河，虽辩士不及也。尝续司马光《公卿百官表》、《年历》、《大事记》、《备忘》、《辨疑》、《编年政要》、《列传举要》，凡百余篇，传于世。

杨泰之，字叔正，眉州青神人。少刻志于学，卧不设榻几十岁。庆元元年类试，调泸川尉，易什邡，再调绵州学教授、罗江丞，制置司檄置幕府。吴猎谕蜀，泰之贻书曰："使吴曦为乱，而士大夫不从，必有不敢为；既乱，而士大夫能抗，曦犹有所惮。夫乱，曦之为也；乱所以成，士大夫之为也。"

改知严道县，摄通判嘉定。白厓砦将王壎引蛮寇利店，刑狱使者置壎于法，又冒缢杀人当坐死。泰之访知夷都实迩利店，夷都蛮称乱，不需引导，固请释之，不听。乃去官。宣抚使安丙荐之曰："蜀中名儒杨虞仲之子，当逆臣之变，勉有位者毋动。言不用，拂衣而去。使得尺寸之柄，必能见危致命。"召泰之赴都堂审察，以亲老辞。差知广安军，未上，丁父忧。免丧，知富顺监。去官，以禄禀数千缗予邻里，以千缗为义庄。知普州，以安居、安岳二县受祸尤惨，泰之力白丙尽蠲其赋。丙复荐于朝，召赴行在，固辞。知果州。骑零钱病民，泰之以一年经费储其赢为诸邑对减，上尚书省，按为定式。民歌之曰："前张后杨，惠我无疆。"张谓张义，实自发其端，而泰之踵行之。

理宗即位，趣入对，言："法天行健，奋发英断，总揽威权，无牵于私意，无夺于邪说，以救蛊敝，以新治功。

本朝德泽，迩来斲丧无余，民无恒心，何以为国？陛下以直言求人，而以直言罪之，使天下以言为戒。臣恐言路既梗，士气益消，循循默默，浸成衰世之风，为国者何便于此？"上奇其对，以为工部郎中。其后言事者相继，无所避忌，自泰之发之。迁军器少监、大理少卿。

绍定元年入对，谓："风雨为暴，水潦溃溢，此阴盛阳微之证。而台臣诿曰霅川水患之惨，桀之余烈也。"后又言："巴陵追降之命，重于违群臣，轻于绝友爱。陛下居天位之至逸，则当思天伦之大痛。秦邸殁于房陵，既行封谥，又录用其子。今乃曰'不当为之后，以贻它日忧'，何示人之不广乎？"又曰："今日不言，后必有言之者。与其追怛于后，固不若举行于今也。"是日，诏直宝谟阁、知重庆府。为书以别丞相曰："宰相职事，无大于用人有道，去自私之心，恢容人之度，审取舍之择而已。"至官，俗用大变。主管千秋鸿禧观，卒。

所著《克斋文集》、《论语解》、《老子解》、《春秋列国事目》、《公羊、穀梁类》、《诗类》、《诗名物编》、《论、孟类》、《东汉、三国志、南北史、唐、五代史类》、《历代通鉴、本朝长编类》、《东汉名物编》、《诗事类》、《大易要言》、《杂著》，凡二百九十七卷。

卷四百三十五
列传第一百九十四

儒 林 五

范冲　朱震　胡安国 子寅　宏　宁

范冲，字元长，登绍圣进士第。高宗即位，召为虞部员外郎，俄出为两淮转运副使。

绍兴中，隆祐皇后诞日，上置酒宫中，从容语及前朝事，后曰："吾老矣，有所怀为官家言之。吾逮事宣仁圣烈皇后，聪明母仪，古今未见其比。曩因奸臣诬谤，有玷圣德，建炎初虽下诏辨明，而史录未经刊定，无以传信后世，而慰在天之灵也。"上悚然，亟诏重修神、哲两朝《实录》，召冲为宗正少卿兼直史馆。冲父禹，元祐中尝修《神宗实录》，尽书王安石之过，以明神宗之圣。其后安石婿蔡卞恶之，祖禹坐谪死岭表。至是复以命冲，上谓之曰："两朝大典，皆为奸臣所坏，故以属卿。"冲因论熙宁创置，元祐复古，绍圣以降弛张不一，本末先后，各有所因。又极言王安石变法度之非，蔡京误国之罪。上嘉纳之，迁起居郎。

俄开讲筵，升兼侍读。上雅好《左氏春秋》，命冲与朱震专讲。冲敷衍经旨，因以规讽，上未尝不称善。会皇子建国公瑗出就傅，首命冲以徽猷阁待制提举建隆观，为资善堂翊善，而朱震兼赞读。诏曰："朕为宗庙社稷大计，不敢私于一身，选于属籍，得艺祖七世孙鞠之宫中。兹择刚辰，出就外傅，宜有端良之士以充辅导之官，博观在廷，无以易汝冲,德行文学,为时正人。乃祖发议嘉祐之初,乃父纳忠元祐之际,敷求是似,尚有典刑。顾资善之开,史馆经筵,姑仍厥旧。朕方求多闻之益,尔实兼数器之长,施及童蒙,绰有余裕。蔽自朕志,宜即安之。"时张浚在长沙,亦荐冲、震可备训导。冲、震皆一时名德老成,极天下之选,上命建国公见翊善、赞读,皆纳拜。俄迁翰林学士兼侍读,冲力辞,改翰林侍读学士,用其父故事也。寻以龙图阁直学士奉祠。卒,年七十五。

冲之修《神宗实录》也,为《考异》一书,明示去取,旧文以墨书,删去者以黄书,新修者以朱书,世号"朱墨史"。及修《哲宗实录》,别为一书,名《辨诬录》。冲性好义乐善,司马光家属皆依冲所,冲抚育之。为光编类《记闻》十卷奏御,请以光之族曾孙宗召主光祀。又尝荐尹焞自代云。

朱震,字子发,荆门军人。登政和进士第,仕州县以廉称。胡安国一见大器之,荐于高宗,召为司勋员外郎,震称疾不至。会江西制置使赵鼎入为参知政事,上谘以当世人才,鼎曰:"臣所知朱震,学术深博,廉正守道,士之冠冕,使位讲读,必有益于陛下。"上乃召之。既至,上问以《易》、《春秋》之旨,震具以所学对。上说,擢为祠部员外郎,兼川、陕、荆、襄都督府详议官。震因言:"荆、襄之间,沿汉上下,膏腴之田七百余里,若选良将领部曲镇之,招集流亡,务农种谷,寇来则御,寇去则耕,不过三年,兵食自足。又给茶盐钞于军中,募人中籴,可以下江西之舟,通湘中之粟。观衅而动,席卷河南,此以逸待劳,万全计也。"

迁秘书少监兼侍经筵,转起居郎。建国公出就傅,以震为赞读,仍赐五品服。迁中书舍人兼翊善。时郭千里除将作监丞,震言:"千里侵夺民田,曾经按治,愿寝新命。"从之。转给事中兼直学士院,迁翰林学士。是时,虔州民为盗,天子以为忧,选良太守往慰抚之。将行,震曰:"使居官者廉而不扰,则百姓自安,虽诱之为盗,亦不为矣。愿诏新太守到官之日,条具本郡及属县官吏有贪墨无状者,一切罢去,听其自择慈祥仁惠之人,有治效者优加奖劝。"上从其言。故事,当丧无享庙之礼。时徽宗未祔庙,太常少卿吴表臣奏行明堂之祭。震因言:"《王制》:'丧三年不祭,惟天地社稷为越绋而行事。'《春秋》书:'夏五月乙酉,吉,禘于庄公',《公羊传》曰:'讥始不三年也。'国朝景德二年,真宗居明德皇后丧,既易月而除服,明年遂享太庙,合祀天地于圜丘。当时未行三年之丧,专行以日易月之制可也,在今日行之则非也。"诏侍从、台谏、礼官参议,卒用御史赵涣、礼部侍郎陈公辅言,大飨明堂。七年,震谢病丐祠,旋知礼部贡举,会疾卒。

震经学深醇,有《汉上易解》云:"陈抟以《先天图》传种放,放传穆修,穆修传李之才,之才传邵雍。放以《河图》、《洛书》传李溉,溉传许坚,许坚传范谔昌,谔昌传刘牧。穆修以《太极图》传周惇颐,惇颐传程颢、程颐。是时,张载讲学于二程、邵雍之间。故雍著《皇极经世书》,牧陈天地五十有五之数,惇颐作《通书》,程颐著《易传》,载造《太和》、《参两篇》。臣今以《易传》为宗,和会雍、载之论,上采汉、魏、吴、晋,下逮有唐及今,包括异同,庶几道离而复合。"盖其学以王弼尽去旧说,杂以庄、老,专尚文辞为非是,故其于象数加详焉。其论《图》、《书》授受源委如此,盖莫知其所自云。

胡安国,字康侯,建宁崇安人。入太学,以程颐之友朱长文及颍川靳裁之为师。裁之与论经史大义,深奇重之。三试于礼部,中绍圣四年进士第。初,廷试考官定其策第一,宰职以无诋元祐语,遂以何昌言冠,方天若次之,又欲以宰相章惇子次天若。时发策大要崇复熙宁、元丰之制,安国推明《大学》,以渐复三代为对。哲宗命再读之,注听称善者数四,亲擢为第三。为太学博士,足不蹑权门。

提举湖南学事,有诏举遗逸,安国以永州布衣王绘、邓璋应诏。二人老不行,安国请命之官,以劝为学者。零陵簿称二人党人范纯仁客,而流人邹浩所请托也。蔡京素恶安国与己异,得簿言,大喜,命湖南提刑置狱推治,又移湖北再鞠,卒无验,安国竟除名。未几,簿以他罪抵法,台臣直前事,复安国元官。

政和元年,张商英相,除提举成都学事。二年,丁内艰,移江东。父没终丧,谓子弟曰:"吾昔为亲而仕,今虽有禄万钟,将何所施?"遂称疾不仕,筑室墓傍,耕种取给,盖将终身焉。宣和末,李弥大、吴敏、谭世勣合荐,除屯田郎,辞。

靖康元年,除太常少卿,辞;除起居郎,又辞。朝旨屡趣行,至京师,以疾在告。一日方午,钦宗亟召见,安国奏曰:"明君以务学为急,圣学以正心为要。心者万事之宗,正心者揆事宰物之权。愿擢名儒明于治国平天下之本者,虚怀访问,深发独智。"又言:"为天下国家必有一定不可易之计,谋议既定,君臣固守,故有志必成,治功可立。今南向视朝半年矣,而纪纲尚紊,风俗益衰,施置乖方,举动烦扰。大臣争竞,而朋党之患萌;百执窥觎,而浸润之奸作。用人失当,而名器愈轻;出令更数,而士民不信。若不扫除旧迹,乘势更张,窃恐大势一倾,不可复正。乞访大臣,各令展尽底蕴,画一具进。先宣示台谏,使随事疏驳。若大臣议绌,则参用台谏之言;若疏驳不当,则专守大臣之策。仍集议于朝,断自宸衷,按为国论,以次施行。敢有动摇,必罚无赦。庶几新政有经,可冀中兴。"钦宗曰:"比留词掖相待,已命召卿试矣。"语未竟,日昃暑甚,汗洽上衣,遂退。

时门下侍郎耿南仲倚攀附恩,凡与己不合者,即指为朋党。见安国论奏,愠曰:"中兴如此,而日绩效未见,是谤圣德也。"乃言安国意窥经筵,不宜廷试。钦宗不答。安国屡辞,南仲又言安国不臣。钦宗问其状,南仲曰:"往不事上皇,今又不事陛下。"钦宗曰:"渠自以病辞,初非有向背也。"每臣僚登对,钦宗即问识胡安国否,中丞许翰曰:"自蔡京得政,士大夫无不受其笼络,超然远迹不为所污如安国者实鲜。"钦宗叹息,遣中书舍人晁说之宣旨,令勉受命,且曰:"他日欲去,即不强留。"既试,除中书舍人,赐三品服。南仲讽台谏论其稽命不恭,宜从黜削。疏奏不下，安国乃就职。

南仲既倾宰相吴敏、枢密使李纲，又谓许景衡、晁说之视大臣升黜为去就，怀奸徇私，并黜之。安国言："二人为去就，必有陈论。怀奸徇私，必有实迹。乞降付本省，载诸词命。"不报。

叶梦得知应天府，坐为蔡京所知，落职奉祠。安国言："京罪已正，子孙编置，家财没入，已无蔡氏矣。则向为京所引者，今皆朝廷之人，若更指为京党，则人才见弃者众，党论何时而弭！"乃除梦得小郡。

中书侍郎何㮚建议分天下为四道，置四都总管，各付一面，以卫王室、捍强敌。安国言："内外之势，适平则安，偏重则危。今州郡太轻，理宜通变。一旦以二十三路之广，分为四道，事得专决，财得专用，官得辟置，兵得诛赏，权恐太重。万一抗衡跋扈，何以待之？乞据见今二十三路帅府，选择重臣，付以都总管之权，专治军旅。或有警急，即各率所属守将应援，则一举两得矣。"寻以赵野总北道，安国言魏都地重，野必误委寄。是冬，金人大入，野遁，为群盗所杀，西道王襄拥众不复北顾，如安国言。

李纲罢，中书舍人刘珏行词，谓纲勇于报国，数至败衄。吏部侍郎冯澥言珏为纲游说，珏坐贬。安国封还词头，以为"侍从虽当献纳，至于弹击官邪必归风宪。今台谏未有缄默不言之咎，而澥越职，此路若开，臣恐立于朝者各以好恶胁持倾陷，非所以靖朝著。"南仲大怒，何㮚从而挤之，诏与郡。㮚以安国素苦足疾，而海门地卑湿，乃除安国右文殿修撰、知通州。

安国在省一月，多在告之日，及出必有所论列。或曰："事之小者，盍姑置之？"安国曰："事之大者无不起于细微，今以小事为不必言，至于大事又不敢言，是无时可言也！"

安国既去逾旬，金人薄都城。子寅为郎，在城中，客或忧之，安国愀然曰："主上在重围中，号令不出，卿大夫恨效忠无路，敢念子乎！"敌围益急，钦宗亟召安国及许景衡，诏竟不达。

高宗即位，以给事中召。安国言："昨因缴奏，遍触权贵，今陛下将建中兴，而政事弛张，人才升黜，尚未合宜，臣若一一行其职守，必以妄发，干犯典刑。"黄潜善讽给事中康执权论其托疾，罢之。三年，枢密张浚荐安国可大用，再除给事中。赐其子起居郎寅手札，令以上意催促。既次池州，闻驾幸吴、越，引疾还。

绍兴元年，除中书舍人兼侍讲，遣使趣召，安国以《时政论》二十一篇先献之。论入，复除给事中。二年七月入对，高宗曰："闻卿大名，渴于相见，何为累诏不至？"安国辞谢，乞以所进二十一篇者施行。其论之目，曰《定计》、《建都》、《设险》、《制国》、《恤民》、《立政》、《核实》、《尚志》、《正心》、《养气》、《宏度》、《宽隐》。论《定计》略曰："陛下履极六年，以建都，则未有必守不移之居；以讨贼，则未有必操不变之术；以立政，则未有必行不反之令；以任官，则未有必信不疑之臣。舍今不图，后悔何及！"论《建都》谓："宜定都建康以比关中、河内

为兴复之基。"论《设险》谓："欲固上流，必保汉、沔；欲固下流，必守淮、泗；欲固中流，必以重兵镇安陆。"论《尚志》谓："当必志于恢复中原，祗奉陵寝；必志于扫平仇敌，迎复两宫。"论《正心》谓："戡定祸乱，虽急于戎务，而裁决戎务，必本于方寸。愿选正臣多闻识、有志虑、敢直言者置诸左右，日夕讨论，以宅厥心。"论《养气》谓："用兵之胜负，军旅之强弱，将帅之勇怯，系人君所养之气曲直何如。愿强于为善，益新厥德，使信于诸夏，闻于夷狄者，无曲可议，则至刚可以塞两间，一怒可以安天下矣。"安国尝谓："虽诸葛复生，为今日计，不能易此论也。"

居旬日，再见，以疾恳求去。高宗曰："闻卿深于《春秋》，方欲讲论。"遂以《左氏传》付安国点句正音。安国奏："《春秋》经世大典，见诸行事，非空言比。今方思济艰难，《左氏》繁碎，不宜虚费光阴，耽玩文采，莫若潜心圣经。"高宗称善。寻除安国兼侍读，专讲《春秋》。时讲官四人，援例乞各专一经。高宗曰："他人通经，岂胡安国比。"不许。

会除故相朱胜非同都督江、淮、荆、浙诸军事，安国奏："胜非与黄潜善、汪伯彦同在政府，缄默附会，循致渡江。尊用张邦昌结好金国，沦灭三纲，天下愤郁。及正位冢司，苗、刘肆逆，贪生苟容，辱逮君父。今强敌凭陵，叛臣不忌，用人得失，系国安危，深恐胜非上误大计。"胜非改除侍读，安国持录黄不下，左相吕颐浩特命检正黄龟年书行。安国言："'有官守者，不得其职则去'。臣今待罪无补，既失其职，当去甚明。况胜非系臣论列之人，今朝廷乃称胜非处苗、刘之变，能调护圣躬。昔公羊氏言祭仲废君为行权，先儒力排其说。盖权宜废置非所施于君父，《春秋》大法，尤谨于此。建炎之失节者，今虽特释而不问，又加选擢，习俗既成，大非君父之利。臣以《春秋》入侍，而与胜非为列，有违经训。"遂卧家不出。

初，颐浩都督江上还朝，欲去异己者，未得其策。或教之指为朋党，且曰："党魁在琐闼，当先去之。"颐浩大喜，即引胜非为助，而降旨曰："胡安国屡召，偃蹇不至，今始造朝，又数有请。初言胜非不可同都督，及改命经筵，又以为非，岂不以时艰不肯尽瘁，乃欲求微罪而去，其自为谋则善，如国计何？"落职，提举仙都观。是夕，彗出东南。右相秦桧三上章乞留之，不报，即解相印去。侍御史江跻上疏，极言胜非不可用，安国不当责。右司谏吴表臣亦言安国扶病见君，欲行所学，今无故斥去，恐非所以示天下。不报。颐浩即黜给事中程瑀、起居舍人张焘及跻等二十余人，云应天变除旧布新之象。台省一空，胜非遂相，安国竟归。

五年，除徽猷阁待制、知永州，安国辞。诏以经筵旧臣，重闵劳之，特从其请，提举江州太平观，令纂修所著《春秋传》。书成，高宗谓深得圣人之旨，除提举万寿观兼侍读。未行，谏官陈公辅上疏诋假托程颐之学者。安国奏曰："孔、孟之道不传久矣，自颐兄弟始发明之，然后其可学而至。今使学者师孔、孟，而禁不得从颐学，是入室而不由户。本朝自嘉祐以来，西都有邵雍、程颢及其弟颐，关中有张载，皆以道德名世，公卿大夫所钦慕而师尊

之。会王安石、蔡京等曲加排抑，故其道不行。望下礼官讨论故事，加之封爵，载在祀典，比于荀、杨、韩氏，仍诏馆阁裒其遗书，校正颁行；使邪说者不得作。"奏入，公辅与中丞周秘、侍御史石公揆承望宰相风旨，交章论安国学术颇僻。除知永州，辞，复提举太平观，进宝文阁直学士，卒，年六十五。诏赠四官，又降诏加赙，赐田十顷恤其孤，谥曰文定，盖非常格也。

安国强学力行，以圣人为标的，志于康济时艰，见中原沦没，遗黎涂炭，常若痛切于其身。虽数以罪去，其爱君忧国之心远而弥笃，每有君命，即置家事不问。然风度凝远，萧然尘表，视天下万物无一足以婴其心。自登第迄谢事，四十年在官，实历不及六载。

朱震被召，问出处之宜，安国曰："子发学《易》二十年，此事当素定矣。世间惟讲学论政，不可不切切询究，至于行己大致，去就语默之几，如人饮食，其饥饱寒温，必自斟酌，不可决诸人，亦非人所能决也。吾平生出处皆内断于心，浮世利名如蠛蠓过前，何足道哉！"故渡江以来，儒者进退合义，以安国、尹焞为称首。侯仲良言必称二程先生，他无所许可。后见安国，叹曰："吾以为志在天下，视不义富贵真如浮云者，二程先生而已，不意复有斯人也。"

安国所与游者，游酢、谢良佐、杨时皆程门高弟。良佐尝语人曰："胡康侯如大冬严雪，百草萎死，而松柏挺然独秀者也。"安国之使湖北也，时方为府教授，良佐为应城宰，安国质疑访道，礼之甚恭，每来谒而去，必端笏正立目送之。

自王安石废《春秋》不列于学官，安国谓："先圣手所笔削之书，乃使人主不得闻讲说，学士不得相传习，乱伦灭理，用夏变夷，殆由乎此。"故潜心是书二十余年，以为天下事物无不备于此。每叹曰："此传心要典也。"

安国少欲以文章名世，既学道，乃不复措意。有文集十五卷、《资治通鉴举要补遗》一百卷。三子，寅、宏、宁。

寅字明仲，安国弟之子也。寅将生，弟妇以多男欲不举，安国妻梦大鱼跃盆水中，急往取而子之。少桀黠难制，父闭之空阁，其上有杂木，寅尽刻为人形。安国曰："当有以移其心。"别置书数千卷于其上，年余，寅悉成诵，不遗一卷。游辟雍，中宣和进士甲科。

靖康初，以御史中丞何粟荐，召除秘书省校书郎。杨时为祭酒，寅从之受学。迁司门员外郎。金人陷京师，议立异姓，寅与张浚、赵鼎逃太学中，不书议状。张邦昌伪立，寅弃官归，言者劾其离次，降一官。

建炎三年，高宗幸金陵，枢密使张浚荐为驾部郎官，寻擢起居郎。金人南侵，诏议移跸之所，寅上书曰：

昨陛下以亲王、介弟出师河北，二圣既迁，则当纠合义师，北向迎请。而遽膺翊戴，亟居尊位，斩戮直臣，以杜言路。南巡淮海，偷安岁月，敌入关陕，漫不捍御。盗贼横溃，莫敢谁何，元元无辜，百万涂地。方且制造文物，讲行郊报，自谓中兴。金人乘虚直捣行在，匹马南渡，淮甸流血。追及返正宝位，移跸建康，不为久图，一向畏缩远避。此皆失人心之大者也。

自古中兴之主所以能克复旧物者，莫不本于愤耻恨怒，不能报怨，终不苟已。未有乘衰微阙绝之后，固陋以为荣，苟且以为安，而能久长无祸者也。黄潜善与汪伯彦以乳妪护赤子之术待陛下，曰："上皇之子三十人，今所存惟圣体，不可不自重爱。"曾不思宗庙则草莽湮之，陵阙则畲锸惊之，堂堂中华戎马生之，潜善、伯彦所以误陛下、陷陵庙、蹙土宇、丧生灵者，可胜罪乎！本初嗣服，既不为迎二圣之策，因循远狩，又不为守中国之谋。以致于今德义不孚，号令不行，刑罚不威，爵赏不劝。若不更辙以救垂亡，则陛下永负孝悌之怨，常有父兄之责。人心一去，天命难恃，虽欲羁栖山海，恐非为自全之计。

愿下诏曰："继绍大统，出于臣庶之诒，而不悟其非；巡狩东南，出于侥幸之心，而不虞其祸。金人逆天乱伦，朕义不共天，志思雪耻。父兄旅泊，陵寝荒残，罪乃在予，无所逃责。"以此号召四海，耸动人心，决意讲武，戎衣临阵。按行淮、襄，收其豪英，誓以战伐。天下忠义武勇，必云合响应。陛下凡所欲为，孰不如志？其与退保吴、越，岂可同年而语哉！

自古中国强盛如汉武帝、唐太宗，其征志四夷，必并吞扫灭，极其兵力而后已。中国礼义所自出也，恃强凌弱且如此。今乃以仁慈之道、君子长者之事，望于凶顽之粘罕，岂有是理哉！今日图复中兴之策，莫大于罢绝和议，以使命之币，为养兵之资。不然，则僻处东南，万事不竞。纳赂则孰富于京室？纳质则孰重于二圣？反复计之，所谓乞和，决无可成之理。

夫大乱之后，风俗靡然，欲丕变之，在于务实效，去虚文。治兵择将，誓戡大憝者，孝弟之实也；遣使乞和，冀幸万一者，虚文也。屈己求贤，信用群策，求贤之实也；外示礼貌，不用其言者，虚文也。不惟面从，必将心改，苟利于国，即日行之者，纳谏之实也；和颜泛受，内恶切直者，虚文也。擢智勇忠直之人，待御以恩威，结约以诚信者，任将之实也；亲厚庸奴，等威不立者，虚文也。汰疲弱，择壮勇，足其衣食，申明阶级，以变其骄悍之习者，治军之实也；教习儿戏，纪律荡然者，虚文也。遴选守刺，久于其官，痛刈奸赃，广行宽恤者，爱民之实也；军须戎具，征求取办，蠲租赦令，苟以欺之者，虚文也。若夫保宗庙、陵寝、土地、人民，以此六实者行乎其间，则为中兴之实政也。陵庙荒圮，土宇日蹙，衣冠黔首，为血为肉，以此六虚者行乎其间，则为今日虚文。陛下戴黄屋，建幄殿，质明辇出房，雄扇金炉夹侍两陛，仗马卫兵俨为仪式，赞者引百官入奉起居，以此度日。彼粘罕者，昼夜厉兵，跨河越岱，电扫中土，遂有吞吸江湖，蹂践衡霍之意。吾方拥虚器，茫然未知所之。

君子小人，势不两立。仁宗皇帝在位，得君子最多。小人亦时见用，然罪著则斥；君子亦或见废，然忠显则收。故其成当世之功，贻后人之辅者，皆君子也。至王安石则不然，斥绝君子，一去而不还；崇信小人，一任则不改。故其败当时之政，为后世之害者，皆小人也。仁宗皇帝所养之君子，既日远而销亡矣。安石所致之小人，方蓄息而未艾也。所以误国破家，至毒至烈，以致二圣屈辱，羿、莽擅朝，伏节死难者不过一二人。此浮华轻薄之害，明主之所畏而深戒者也。

古之称中兴者曰："拨乱世，反之正。"今之乱亦云甚矣，其反正而兴之，在陛下；其遂陵迟不振，亦在陛下。昔宗泽一老从官耳，犹能推诚感动群贼，北连怀、卫，同迎二圣，克期密应者，无虑数十万人。何况陛下身为子弟，欲北向而有为，将见举四海为陛下用，期以十年，必能扫除妖沴，远迓父兄，称宋中兴。其与惕息遁藏，蹈危负耻如今日，岂不天地相绝哉！

疏入，宰相吕颐浩恶其切直，除直龙图阁、主管江州太平观。

二年五月，诏内外官各言省费、裕国、强兵、息民之策，寅以十事应诏，曰修政事、备边陲、治军旅、用人才、除盗贼、信赏罚、理财用、核名实、屏谀佞、去奸慝。疏上不报，寻命知永州。

绍兴四年十二月，复召为起居郎，迁中书舍人，赐三品服。时议遣使入云中，寅上疏言：

女真惊动陵寝，残毁宗庙，劫质二圣，乃吾国之大仇也。顷者，误国之臣遣使求和，以苟岁月，九年于兹，其效如何？幸陛下灼见邪言，渐图恢复，忠臣义士闻风兴起，各思自效。今无故蹈庸臣之辙，忘复仇之义，陈自辱之辞，臣切为陛下不取也。

若谓不少贬屈，如二圣何？则自丁未以至甲寅，所为卑辞厚礼以问安迎请为名而遣使者，不知几人矣，知二圣之所在者谁欤？闻二圣之声音者谁欤？得女真之要领而息兵者谁欤？臣但见丙午而后，通和之使归未息肩，而黄河、长淮、大江相继失险矣。夫女真知中国所重在二圣，所惧在劫质，所畏在用兵，而中国坐受此饵，既久而不悟也。天下谓自是必改图矣，何为复出此谬计邪？

当今之事，莫大于金人之怨。欲报此怨，必殄此仇。用复仇之议，而不用讲和之政，使天下皆知女真为不共戴天之仇，人人有致死之心，然后二圣之怨可平，陛下人子之职举矣。苟为不然，彼或愿与陛下歃盟泗水之上，不知何以待之？望圣意直以世仇无可通之义，寝罢使命。

高宗嘉纳，云："胡寅论使事，词旨剀切，深得献纳论思之体。"召至都堂谕旨，仍降诏奖谕。既而右仆射张浚自江上还，奏遣使为兵家机权，竟反前旨。寅复奏疏言："今日大计，只合明复仇之义，用贤修德，息兵训民，以图北向。傥或未可，则坚守待时。若夫二三其德，无一定之论，必不能有所立。"寅既与浚异，遂乞便郡就养。

始，寅上言："近年书命多出词臣好恶之私，使人主命德讨罪之词，未免玩人丧德之失，乞命词臣以饰情相悦、含怒相訾为戒。"故寅所撰词多诰诫，于是忌嫉者众。朝廷辨宣仁圣烈之诬，行遣章惇、蔡卞，皆宰臣面授上旨，令寅撰进。除徽猷阁待制、知邵州，辞。改集英殿修撰，复以待制改知严州，又改知永州。

徽宗皇帝、宁德皇后讣至，朝廷用故事以日易月，寅上疏言："礼：仇不复则服不除。愿降诏旨，服丧三年，衣墨临戎，以化天下。"寻除礼部侍郎、兼侍讲兼直学士院。丁父忧，免丧，时秦桧当国，除徽猷阁直学士、提举江州太平观。俄乞致仕，遂归衡州。

桧既忌寅，虽告老，犹愤之，坐与李光书讥讪朝政落职。右正言章复劾寅不持本生母服不孝，谏通邻好不忠，责授果州团练副使、新州安置。桧死，诏自便，寻复其官。绍兴二十一年卒，年五十九。

寅志节豪迈，初擢第，中书侍郎张邦昌欲以女妻之，不许。始，安国颇重秦桧之大节，及桧擅国，寅遂与之绝。新州谪命下，即日就道。在谪所著《读史管见》数十万言，及《论语详说》，皆行于世。其为文根著义理，有《斐然集》三十卷。

宏字仁仲，幼事杨时、侯仲良，而卒传其父之学。优游衡山下余二十年，玩心神明，不舍昼夜。张栻师事之。

绍兴间上书，其略曰：

治天下有本，仁也。何谓仁？心也。心官茫茫，莫知其乡，若为知其体乎？有所不察则不知矣。有所顾虑，有所畏惧，则虽有能知能察之良心，亦浸消亡而不自知，此臣之所大忧也。夫敌国据形胜之地，逆臣僭位于中原，牧马骎骎，欲争天下。臣不是惧，而以良心为大忧者，盖良心充于一身，通于天地，宰制万事，统摄亿兆之本也。察天理莫如屏欲，存良心莫如立志。陛下亦有朝政政事不干于虑，便嬖智巧不陈于前，妃嫔佳丽不幸于左右时矣。陛下试于此时沉思静虑，方今之世，当陛下之身，事孰为大乎？孰为急乎？必有欿然而馁，恻然而痛，坐起彷徨不能自安者，则良心可察，而臣言可信矣。

昔舜以匹夫为天子，瞽瞍以匹夫为天子父，受天下之养，岂不足于穷约哉？而瞽瞍犹不悦。自常情观之，舜可以免矣，而舜蹙然有忧之，举天下之大无足以解忧者。徽宗皇帝身享天下之奉几三十年。钦宗皇帝生于深宫，享乘舆之次，以至为帝。一旦劫于仇敌，远适穷荒，衣裳失司服之制，饮食失膳夫之味，居处失宫殿之安，妃嫔之好，动无威严，辛苦垫隘。其愿陛下加兵敌国，心目睽睽，犹饥渴之于饮食。庶几一得生还，父子兄弟相持而泣，欢若平生。引领东望，九年于此矣。夫以疏贱，念此痛心，当食则噎，未尝不投箸而起，思欲有为，况陛下当其任乎？而在廷之臣，不能对扬天心，充陛下仁孝之志，反以天子之尊，北面仇敌。陛下自念，以此事亲，于舜何如也？

且群臣智谋浅短，自度不足以任大事，故欲偷安江左，贪图宠荣，皆为身谋尔。陛下乃信之，以为必持是可以进抚中原，展省陵庙，来归两宫，亦何误耶！

万世不磨之辱，臣子必报之仇，子孙之所以寝苦枕戈，弗与共天下者也；而陛下顾虑畏惧，忘之不敢以为仇。臣下僭逆，有明目张胆显为负叛者，有协赞乱贼为之羽翰者，有依随两端欲以中立自免者，而陛下顾虑畏惧，宽之不敢以为讨。守此不改，是祖宗之灵，终天暴露，无与复存也；父兄之身，终天困辱，而求归之望绝也；中原士民，没身涂炭，无所赴诉也。陛下念亦及此乎？

五安石轻用己私，纷更法令，弃诚而怀诈，兴利而忘义，尚功而悖道，人皆知安石废祖宗法令，不知其并与祖宗之道废之也。邪说既行，正论屏弃，故奸谀敢挟绍述之义以逞其私，下诬君父，上欺祖宗，诬谤宣仁，废迁隆祐。使我国家君臣父子之间，顿生疵疠，三纲废坏，神化之道泯然将灭。遂使敌国外横，盗贼内讧，王师伤败，中原陷没，二圣远栖于沙漠，皇舆僻寄于东吴，器器万姓，未知攸底，祸至酷也。

若犹习于因循，惮于更变，亡三纲之本性，昧神化之良能，上以利势诱下，下以智术干上。是非由此不公，名实由此不核，赏罚由此失当，乱臣贼子由此得志，人纪由此不修，天下万事倒行逆施，人欲肆而天理灭矣。将何以异于先朝，求救祸乱而致升平乎？

末言：

陛下即位以来，中正邪佞，更进更退，无坚定不易之诚。然陈东以直谏死于前，马伸以正论死于后，而未闻诛一奸邪，黜一谀佞，何摧中正之力，而去奸邪之难也？此虽当时辅相之罪，然中正之士乃陛下腹心耳目，奈何以天子之威，握亿兆之命，乃不能保全二三腹心耳目之臣以自辅助，而令奸邪得而杀之，于谁责而可乎？臣窃痛心，伤陛下威权之不在己也。

高闶为国子司业，请幸太学，宏见其表，作书责之曰：

太学，明人伦之所在也。昔楚怀王不返，楚人怜之，如悲亲戚。盖忿秦之以强力诈其君，使不得其死，其惨胜于加之以刃也。太上皇帝劫制于强敌，生往死归，此臣子痛心切骨，卧薪尝胆，宜思所以必报也。而柄臣乃敢欺天罔人，以大仇为大恩乎？

昔宋公为楚所执，及楚子释之，孔子笔削《春秋》，乃曰："许侯盟于薄，释宋公。"不许楚人制中国之命也。太母，天下之母，其纵释乃在金人，此中华之大辱，臣子所不忍言也。而柄臣乃敢欺天罔人，以大辱为大恩乎？

晋朝废太后，董养游太学，升堂叹曰："天下之理既灭，大乱将作矣。"则引远而去。今阁下目睹忘仇灭理，北面敌国，以苟宴安之事，犹偃然为天下师儒之首。既不能建大论，明天人之理以正君心；乃阿谀柄臣，希合风旨，求举太平之典，又为之词云云，欺天罔人孰甚焉！

宏初以荫补右承务郎，不调。秦桧当国，贻书其兄寅，问二弟何不通书，意欲用之。宁作书止叙契好而已。宏书辞甚厉，人问之，宏曰："政恐其召，故示之以不可召之端。"桧死，宏被召，竟以疾辞，卒于家。

著书曰《知言》。张栻谓其言约义精，道学之枢要，制治之蓍龟也。有诗文五卷、《皇王大纪》八十卷。

宁字和仲，以荫补官。秦桧当国，召试馆职，除敕令所删定官。秦熺知枢密院事，桧问宁曰："熺近除，外议云何？"宁曰："外议以为相公必不为蔡京之所为也。"迁太常丞、祠部郎官。

初，以宁父兄故召用，及寅与桧忤，乃出宁为夔路安抚司参议官。除知澧州，不赴。主管台州崇道观，卒。

安国之传《春秋》也，修纂检讨尽出宁手。宁又著《春秋通旨》，以羽翼其书云。

卷四百三十六
列传第一百九十五

儒 林 六

陈亮　郑樵林霆附　**李道传**

陈亮，字同父，婺州永康人。生而目光有芒，为人才气超迈，喜谈兵，论议风生，下笔数千言立就。尝考古人用兵成败之迹，著《酌古论》。郡守周葵得之，相与论难，奇之，曰："他日国士也。"请为上客。及葵为执政，朝士白事，必指令揖亮，因得交一时豪俊，尽其议论。因授以《中庸》、《大学》，曰："读此可精性命之说。"遂受而尽心焉。

隆兴初，与金人约和，天下忻然幸得苏息，独亮持不可。婺州方以解头荐，因上《中兴五论》，奏入，不报。已而退修于家，学者多归之，益力学著书者十年。

先是，亮尝圜视钱塘，喟然叹曰："城可灌尔！"盖以地下于西湖也。至是，当淳熙五年，孝宗即位盖十七年矣。亮更名同，诣阙上书曰：

臣惟中国天地之正气也，天命所钟也，人心所会也，衣冠礼乐所萃也，百代帝王之所相承也。挈中国衣冠礼乐而寓之偏方，虽天命人心犹有所系，然岂以是为可久安而无事也！天地之正气郁遏而久不得骋，必将有所发泄，而天命人心，固非偏方所可久系也。

国家二百年太平之基，三代之所无也；二圣北狩之痛，汉、唐之所未有也。方南渡之初，君臣上下痛心疾首，誓不与之俱生，卒能以奔败之余，而胜百战之敌。及秦桧倡邪议以沮之，忠臣义士斥死南方，而天下之气惰矣。三十年之余，虽西北流寓皆抱孙长息于东南，而君父之大仇一切不复关念，自非海陵送死淮南，亦不知兵戈为何事也。况望其愤故国之耻，而相率以发一矢哉！

丙午、丁未之变，距今尚以为远，而海陵之祸，盖陛下即位之前一年也。独陛下奋不自顾，志于殄灭，而天下之人安然如无事。时方口议腹非，以陛下为喜功名而不恤后患，虽陛下亦不能以崇高之势而独胜之，隐忍以至于今，又十有七年矣。

昔春秋时，君臣父子相戕杀之祸，举一世皆安之。而孔子独以为三纲既绝，则人道遂为禽兽，皇皇奔走，义不能以一朝安。然卒于无所遇，而发其志于《春秋》之书，犹能以惧乱臣贼子。今举一世而忘君父之大仇，此岂人道所可安乎？使学者知学孔子之道，当道陛下以有为，决不沮陛下以苟安也。南师之不出，于今几年矣，岂无一豪杰之能自奋哉？其势必有时而发泄矣。苟国家不能起而承之，必将有承之者矣。不可恃衣冠礼乐之旧，祖宗积累之深，以为天命人心可以安坐而久系也。"皇天无亲，惟德是辅。民心无常，惟惠之怀"。自三代圣人皆知其为甚可畏也。

春秋之末，齐、晋、秦、楚皆衰，吴、越起于小邦，遂伯诸侯。黄池之会，孔子所甚痛也，可以明中国之无人矣。此今世儒者之所未讲也。今金源之植根既久，不可以一举而遂灭；国家之大势未张，不可以一朝而大举。而人情皆便于通和者，劝陛下积财养兵，以待时也。臣以为通和者，所以成上下之苟安，而为妄庸两售之地，宜其为人情之所甚便也。自和好之成十有余年，凡今日之指画方略者，他日将用之以坐筹也；今日之击毬射雕者，他日将用之以决胜也。府库充满，无非财也；介胄鲜明，无非兵也。使兵端一开，则其迹败矣。何者？人才以用而见其能否，安坐而能者不足恃也。兵食以用而见其盈虚，安坐而盈者不足恃也。而朝廷方幸一旦之无事，庸愚龌龊之人皆得以守格令、行文书，以奉陛下之使令，而陛下亦幸其易制而无他也。徒使度外之士摈弃而不得骋，日月蹉跎而老将至矣。臣故曰：通和者，所以成上下之苟安，而为妄庸两售之地也。

东晋百年之间，南北未尝通和也，故其臣东西驰骋，多可用之才。今和好一不通，朝野之论常如敌兵之在境，惟恐其不得和也，虽陛下亦不得而不和矣。昔者金人草居野处，往来无常，能使人不知所备，而兵无日不可出也。今也城郭宫室、政教号令，一切不异于中国，点兵聚粮，文移往反，动涉岁月。一方有警，三边骚动，此岂能岁出师以扰我乎？然使朝野常如敌兵之在境，乃国家之福，而英雄所用以争天下之机也，执事者胡为速和以惰其心乎？

晋、楚之战于邲也，栾书以为："楚自克庸以来，其君无日不讨国人而训之：'于！民生之不易，祸至之无日，戒惧之不可以息。' 在军，无日不讨军实而申儆之：'于！胜之不可保，纣之百克而卒无后。'"晋、楚之弭兵于宋也，子罕以为："兵所以威不轨而昭文德也，圣人以兴，乱人以废，废兴存亡昏明之术，皆兵之由也。而求去之，是以诬道蔽诸侯也。" 夫人心之不可惰，兵威之不可废，故虽成、康太平，犹有所谓四征不庭、张皇六师者，此李沆所以深不愿真宗皇帝之与辽和亲也。况南北角立之时，而废兵以惰人心，使之安于忘君父之大仇，而置中国于度外，徒以便妄庸之人，则执事者之失策亦甚矣。陛下何不明大义而慨然与金绝也？

贬损乘舆，却御正殿，痛自克责，誓必复仇，以励群臣，以振天下之气，以动中原之心，虽未出兵，而人心不敢惰矣。东西驰骋，而人才出矣。盈虚相补，而兵食见矣。狂妄之辞不攻而自息，懦庸之夫不却而自退缩矣。当有度外之士起，而惟陛下之所欲用矣。是云合响应之势，而非可安坐而致也。臣请为陛下陈国家立国之本末，而开今日大有为之略；论天下形势之消长，而决今日大有为之机，惟陛下幸听之。

唐自肃、代以后，上失其柄，藩镇自相雄长，擅其土地人民，用其甲兵财赋，官爵惟其所命，而人才亦各尽心于其所事，卒以成君弱臣强、正统数易之祸。艺祖皇帝一兴，而四方次第平定，藩镇拱手以趋约束，使列郡各得自达于京师。以京官权知，三年一易，财归之漕司，而兵各归于郡。朝廷以一纸下郡国，如臂之使指，无有留难。自笾库微职，必命于朝廷，而天下之势一矣。故京师尝宿重兵以为固，而郡国亦各有禁军，无非天子所以自守其地也。兵皆天子之兵，财皆天子之财，官皆天子之官，民皆天子之民，纪纲总摄，法令明备，郡县不得以一事自专也。士以尺度而取，官以资格而进，不求度外之奇才，不慕绝世之隽功。天子蚤夜忧勤于其上，以义理廉耻婴士大夫之心，以仁义公恕厚斯民之生，举天下皆由于规矩准绳之中，而二百年太平之基从此而立。

然契丹遂得以猖狂恣睢，与中国抗衡，俨然为南北两朝，而头目手足浑然无别。微澶渊一战，则中国之势浸微，根本虽厚而不可立矣。故庆历增币之事，富弼以为朝廷之大耻，而终身不敢自论其劳。盖契丹征令，是主上之操也；天子供贡，是臣下之礼也。契丹之所以卒胜中国者，其积有渐也。立国之初，其势固必至此。故我祖宗常严庙堂以尊大臣，宽郡县而重守令。于文法之内，未尝折困天下之富商巨室；于格律之外，有以容奖天下之英伟奇杰，皆所以助立国之势，而为不虞之备也。

庆历诸臣亦尝愤中国之势不振矣，而其大要，则使群臣争进其说，更法易令，而庙堂轻矣；严按察之权，邀功生事，而郡县又轻矣。岂惟于立国之势无所助，又从而胗削之，虽微章得象、陈执中以排沮其事，亦安得而不自沮哉！独其破去旧例，以不次用人，而劝农桑，务宽大，为有合于因革之宜，而其大要已非矣。此所以不能洗契丹平视中国之耻，而卒发神宗皇帝之大愤也。

王安石以正法度之说，首合圣意，而其实则欲籍天下之兵尽归于朝廷，别行教阅以为强也；括郡县之利尽入于朝廷，别行封桩以为富也。青苗之政，惟恐富民之不困也；均输之法，惟恐商贾之不折也。罪无大小，动辄兴狱，而士大夫缄口畏罪矣。西、北两边致使内臣经画，而豪杰耻于为役矣。徒使神宗皇帝兵财之数既多，锐然南北征伐，卒乖圣意，而天下之势实未尝振也。彼盖不知朝廷立国之势，正患文为之太密,事权之太分,郡县太轻于下而委琐不足恃,兵财太关于上而重迟不易举。祖宗惟用前四者以助其势,而安石竭之不遗余力,不知立国之本末者,真不足以谋国也。元祐、绍圣一反一复,而卒为金人侵侮之资,尚何望其振中国以威四裔哉?

南渡以来,大抵遵祖宗之旧,虽微有因革增损,不足为轻重有无。如赵鼎诸臣,固已不究变通之理,况秦桧尽取而沮毁之,忍耻事仇,饰太平于一隅以为欺,其罪可胜诛哉!陛下愤王业之屈于一隅,励志复仇,不免籍天下之兵以为强,括郡县之利以为富。加惠百姓,而富人无五年之积;不重征税,而大商无巨万之藏,国势日以困竭。臣恐尺籍之兵,府库之财,不足以支一旦之用也。陛下蚤朝晏罢,冀中兴日月之功,而以绳墨取人,以文法苛事;圣断裁制中外,而大臣充位,胥吏坐行条令,而百司逃责,人才日以阘茸。臣恐程文之士,资格之官,不足当度外之用也。艺祖经画天下之大略,太宗已不能尽用,今其遗意,岂无望于陛下也!陛下苟推原其意而行之,可以开社稷数百年之基,而况于复故物乎!不然,维持之具既穷,臣恐祖宗之积累亦不足恃也。陛下试令臣毕陈于前,则今日大有为之略必知所处矣。

夫吴、蜀天地之偏气,钱塘又吴之一隅。当唐之衰,钱镠以闾巷之雄,起王其地,自以不能独立,常朝事中国以为重。及我宋受命,俶以其家入京师,而自献其土。故钱塘终始五代,被兵最少,而二百年之间,人物日以繁盛,遂甲于东南。及建炎、绍兴之间,为六飞所驻之地,当时论者,固已疑其不足以张形势而事恢复矣。秦桧又从而备百司庶府,以讲礼乐于其中,其风俗固已华靡,士大夫又从而治园囿台榭,以乐其生于干戈之余,上下晏安,而钱塘为乐国矣。一隙之地,本不足以容万乘,而镇压且五十年,山川之气盖亦发泄而无余矣。故谷粟、桑麻、丝枲之利,岁耗于一岁,禽兽、鱼鳖、草木之生,日微于一日,而上下不以为异也。公卿将相,大抵多江、浙、闽、蜀之人,而人才亦日以凡下,场屋之士以十万数,而文墨小异,已足以称雄于其间矣。陛下据钱塘已耗之气,用闽、浙日衰之士,而欲鼓东南习安脆弱之众,北向以争中原,臣是以知其难也。

荆、襄之地,在春秋时,楚用以虎视齐、晋,而齐、晋不能屈也。及战国之际,独擅与秦争帝。其后三百余年,而光武起于南阳,同时共事,往往多南阳故人。又二百余年,遂为三国交据之地,诸葛亮由此起辅先主,荆楚之士从之如云,而汉氏赖以复存于蜀;周瑜、鲁肃、吕蒙、陆逊、陆抗、邓艾、羊祜皆以其地显名。又百余年,而晋氏南渡,荆、雍常雄于东南,而东南往往倚以为强,梁竟以此代齐。及其气发泄无余,而隋、唐以来,遂为偏方下州。五代之际,高氏独常臣事诸国。本朝二百年之间,降为荒落之邦,北连许、汝,民居稀少,土产卑薄,人才之能通姓名于上国者,如晨星之相望。况至于建炎、绍兴之

际,群盗出没于其间,而被祸尤极,以迄于今,虽南北分画交据,往往又置为不足用,民食无所从出,而兵不可由此而进。议者或以为忧,而不知其势之足用也。其地虽要为偏方,然未有偏方之气五六百年而不发泄者,况其东通吴会,西连巴蜀,南极湖湘,北控关洛,左右伸缩,皆足以为进取之机。今诚能开壃其地,洗濯其人,以发泄其气而用之,使足以接关洛之气,则可以争衡于中国矣,是亦形势消长之常数也。

陛下慨然移都建业,百司庶府皆从草创,军国之仪皆从简略,又作行宫于武昌,以示不敢宁居之意。常以江、淮之师为金人侵轶之备,而精择一人之沈鸷有谋、开豁无他者,委以荆、襄之任,宽其文法,听其废置,抚摩振厉于三数年之间,则国家之势成矣。

石晋失卢龙一道,以成开运之祸,盖丙午、丁未岁也。明年,艺祖皇帝始从郭太祖征伐,卒以平定天下。其后契丹以甲辰败于澶渊,而丁未、戊申之间,真宗皇帝东封西祀,以告太平,盖本朝极盛之时也。又六十年,而神宗皇帝实以丁未岁即位,国家之事于此一变矣。又六十年丙午、丁未,遂为靖康之祸。天独启陛下于是年,而又启陛下以北向复仇之志。今者去丙午、丁未,近在十年间矣。天道六十年一变,陛下可不有以应其变乎?此诚今日大有为之机,不可苟安以玩岁月也。

臣不佞,自少有驱驰四方之志,尝数至行都,人物如林,其论皆不足以起人意,臣是以知陛下大有为之志孤矣。辛卯、壬辰之间,始退而穷天地造化之初,考古今沿革之变,以推极皇帝王伯之道,而得汉、魏、晋、唐长短之由,天人之际昭昭然可考而知也。始悟今世之儒士自以为得正心诚意之学者,皆风痹不知痛痒之人也。举一世安于君父之仇,而方低头拱手以谈性命,不知何者谓之性命乎?陛下接之而不任以事,臣于是服陛下之仁。又悟今世之才臣自以为得富国强兵之术者,皆狂惑以肆叫呼之人也。不以暇时讲究立国之本末,而方扬眉伸气以论富强,不知何者谓之富强乎?陛下察之而不敢尽用,臣于是服陛下之明。陛下厉志复仇足以对天命,笃于仁爱足以结民心,而又仁明足以照临群臣一偏之论,此百代之英主也。今乃委任庸人,笼络小儒,以迁延大有为之岁月,臣不胜愤悱,是以忘其贱而献其愚。陛下诚令臣毕陈于前,岂惟臣区区之愿,将天地之神、祖宗之灵,实与闻之。

书奏,孝宗赫然震动,欲榜朝堂以励群臣,用种放故事,召令上殿,将擢用之。左右大臣莫知所为,惟曾觌知之,将见亮,亮耻之,逾垣而逃。觌以其不诣己,不悦。大臣尤恶其直言无讳,交沮之,乃有都堂审察之命。宰相临以上旨,问所欲言,皆落落不少贬,又不合。

待命十日,再诣阙上书曰:

恭惟皇帝陛下厉志复仇,不肯即安于一隅,是有大功于社稷也。然坐钱塘浮侈之隅以图中原,则非其地;用东南习安之众以行进取,则非其人。财止于府

库,则不足以通天下之有无;兵止于尺籍,则不足以兼天下之勇怯。是以迁延之计遂行,而陛下大有为之志乖矣。此臣所以不胜忠愤,斋沐裁书,献之阙下,愿得望见颜色,陈国家立国之本末,开大有为之略;论天下形势之消长,而决大有为之机,务合于艺祖经画天下之本旨。然命命八日,未有闻焉。臣恐天下豪杰有以测陛下之意向,而云合响应之势不得而成矣。

又上书曰:

臣妄意国家维持之具,至今日而穷,而艺祖皇帝经画天下之大指,犹可恃以长久,苟推原其意而变通之,则恢复不足为矣。然而变通之道有三:有可以迁延数十年之策,有可以为百五六十年之计,有可以复开数百年之基。事势昭然而效见殊绝,非陛下聪明度越百代,决不能一二以听之。臣不敢泄之大臣之前,而大臣拱手称旨以问,臣亦姑取其大体之可言者三事以答之。

其一曰:二圣北狩之痛,盖国家之大耻,而天下之公愤也。五十年之余,虽天下之气销铄颓堕,不复知仇耻之当念,正在主上与二三大臣振作其气,以泄其愤,使人人如报私仇,此《春秋》书卫人杀州吁之意也。

其二曰:国家之规模,使天下奉规矩准绳以从事,群臣救过不给,而何暇展布四体以求济度外之功哉!

其三曰:艺祖皇帝用天下之士人,以易武臣之任事者,故本朝以儒立国。而儒道之振,独优于前代。今天下之士熟烂委靡,诚可厌恶,正在主上与二三大臣反其道以教之,作其气而养之,使临事不至乏才,随才皆足有用,则立国之规模不至戾艺祖之本旨,而东西驰骋以定祸乱,不必专在武臣也。

臣所以为大臣论者,其略如此。

书既上,帝欲官之,亮笑曰:"吾欲为社稷开数百年之基,宁用以博一官乎!"亟渡江而归。日落魄醉酒,与邑之狂士饮,醉中戏为大言,言涉犯上。一士欲中亮,以其事首刑部。侍郎何澹尝为考试官,黜亮,亮不平,语数侵澹,澹闻而嗛之,即缴状以闻。事下大理,笞掠亮无完肤,诬服为不轨。事闻,孝宗知为亮,尝阴遣左右廉知其事,及奏入取旨,帝曰:"秀才醉后妄言,何罪之有!"划其牍于地,亮遂得免。

居无何,亮家僮杀人于境,适被杀者尝辱亮父次尹,其家疑事由亮。闻于官,笞榜僮,死而复苏者数,不服。又囚亮父于州狱。而属台官论亮情重,下大理。时丞相淮知帝欲生亮,而辛弃疾、罗点素高亮才,援之尤力,复得不死。

亮自以豪侠屡遭大狱,归家益厉志读书,所学益博。其学自孟子后惟推王通,尝曰:"研究义理之精微,辨析古今之同异,原心于秒忽,较礼于分寸,以积累为工,以涵养为正,睟面盎背,则于诸儒诚有愧焉。至于堂堂之陈,正正之旗,风雨云雷交发而并至,龙蛇虎豹变现而出没,推倒一世之智勇,开拓万古之心胸,自谓差有一日之长。"亮意盖指朱熹、吕祖谦等云。

高宗崩,金遣使来吊,简慢。而光宗由潜邸判临安府,亮感孝宗之知,至金陵视形势,复上疏曰:

有非常之人,然后可以建非常之功。求非常之功,而用常才、出常计、举常事以应之者,不待知者而后知其不济也。秦桧以和误国二十余年,而天下之气索然无余矣。陛下慨然有削平宇内之志,又二十余年,天下之士始知所向,其有功于宗庙社稷者,非臣区区所能诵说其万一也。高宗皇帝春秋既高,陛下不欲大举,惊动慈颜,抑心俯首,以致色养,圣之之盛,书册之所未有也。今者高宗既已祔庙,天下之英雄豪杰皆仰首以观陛下之举动,陛下其忍使二十年间所以作天下之气者,一旦而复索然乎?

天下不可以坐取也,兵不可以常胜也,驱驰运动又非年高德尊者之所宜也。东宫居曰监国,行曰抚军,陛下何以不于此时而命东宫为抚军大将军,岁巡建业,使之兼统诸司,尽护诸将,置长史、司马以专其劳,而陛下于宅忧之余,运用人才,均调天下,以应无穷之变?此肃宗所以命广平王之故事也。

高宗与金有父兄之仇,生不能以报之,则死必有望于子孙,何忍以升遐之哀告诸仇哉!遗留、报谢,三使继遣,金帛宝货,千两连发。而金人仅以一使,如临小邦,哀祭之辞寂寥简慢,义士仁人痛切心骨,岂以陛下之圣明智勇而能忍之乎!

陛下倘以大义为当正,抚军之言为可行,则当先经理建业而后使临之。纵今岁未为北举之谋,而为经理建康之计,以振动天下而与金绝,陛下之初志亦庶几于少伸矣!陛下试一听臣,用其喜怒哀乐之权鼓动天下。

大略欲激孝宗恢复,而是时孝宗将内禅,不报。由是在廷交怒,以为狂怪。

先是,乡人会宴,末胡椒特置亮羹胾中,盖村俚敬待异礼也。同坐者归而暴死,疑食异味有毒,已入大理。会吕兴、何念四殴吕天济且死,恨曰:"陈上舍使杀我。"县令王恬实其事,台官谕监司选酷吏讯问,无所得,取入大理,众意必死。少卿郑汝谐阅其单辞,大异曰:"此天下奇材也。国家若无罪而杀士,上干天和,下伤国脉矣。"力言于光宗,遂得免。

未几,光宗策进士,问以礼乐刑政之要,亮以君道、师道对,且曰:"臣窃叹陛下之于寿皇莅政二十有八年之间,宁有一政一事之不在圣怀?而问安视寝之余,所以察辞而观色,因此而得彼者其端甚众,亦既得其机要而见诸施行矣。岂徒一月四朝而以为京邑之美观也哉!"时光宗不朝重华宫,群臣更进迭谏,皆不听,得亮策,乃大喜,以为善处父子之间。奏名第三,御笔擢第一。既知为亮,则大喜曰:"朕擢果不谬。"孝宗在南内,宁宗在东宫,闻知皆喜,故赐第告词曰:"尔蚤以艺文首贤能之书,旋以论奏动慈宸之听。亲阅大对,嘉其渊源,擢置举首,殆天留以遗朕也。"授金书建康府判官厅公事。未至官,一夕,卒。

亮之既第而归也，弟充迎拜于境，相对感泣。亮曰："使吾他日而贵，泽首逮汝，死之日，各以命服见先人于地下足矣。"闻者悲伤其意。然志存经济，重许可，人人见其肺肝。与人言，必本于君臣父子之义，虽为布衣，荐士恐弗及。家仅中产，畸人寒士衣食之，久不衰。卒之后，吏部侍郎叶适请于朝，命补一子官，非故典也。端平初，谥文毅，更与一子官。

郑樵，字渔仲，兴化军莆田人。好著书，不为文章，自负不下刘向、杨雄。居夹漈山，谢绝人事。久之，乃游名山大川，搜奇访古，遇藏书家，必借留读尽乃去。赵鼎、张浚而下皆器之。初为经旨、礼乐、文字、天文、地理、虫鱼、草木、方书之学，皆有论辨，绍兴十九年上之，诏藏秘府。樵归，益厉所学，从者二百余人。

以侍讲王纶、贺允中荐，得召对，因言班固以来历代为史之非。帝曰："闻卿名久矣，敷陈古学，自成一家，何相见之晚耶？"授右迪功郎、礼、兵部架阁，以御史叶义问劾之，改监潭州南岳庙，给札归抄所著《通志》。书成，入为枢密院编修官，寻兼摄检详诸房文字。请修金正隆官制，比附中国秩序，因求入秘书省翻阅书籍。未几，又坐言者寝其事。金人之犯边也，樵言岁星分在宋，金主将自毙，后果然。高宗幸建康，命以《通志》进，会病卒，年五十九，学者称夹漈先生。

樵好为考证伦类之学，成书虽多，大抵博学而寡要。平生甘枯淡，乐施与，独切切于仕进，识者以是少之。

同郡林霆，字时隐，擢政和进士第，博学深象数，与樵为金石交。林光朝尝师事之。聚书数千卷，皆自校雠，谓子孙曰："吾为汝曹获良产矣。"绍兴中，为敕令所删定官，力诋秦桧和议之非，即挂冠去，当世高之。

李道传字贯之，隆州井研人。父舜臣，尝为宗正寺主簿。道传少庄重，稍长，读河南程氏书，玩索义理，至忘寝食，虽处暗室，整襟危坐，肃如也。擢庆元二年进士第，调利州司户参军，徙蓬州教授。

开禧用兵，金人窥散关急，道传以诸司檄计事，道闻吴曦反，痛愤见于形色。遣其客间道持书遗安抚使杨辅，论曦必败，曰："彼素非雄才，犯顺首乱，人心离怨，因人心而用之，可坐以缚也。诚决此举，不惟内变可定，抑使金知中国有人，稍息窥觊。正使不捷，亦无愧千古矣。"曦党以曦意胁道传，道传以义折之，竟弃官归。曦平，诏以道传抗节不挠，进官二等。

嘉定初，召为太学博士，迁太常博士兼沂王府小学教授。会沂府有母丧，遗表官吏例进秩，道传曰："有襄事之劳者，推恩可也，吾属何与？"于是皆辞不受。迁秘书郎、著作佐郎，见帝，首言："忧危之言不闻于朝廷，非治世之象。今民力未裕，民心未固，财用未阜，储畤未丰、边备未修，将帅未择，风俗未知义而不偷，人才未能汇进而不乏。而八者之中，复以人才为要。至于人才盛衰，系学术之明晦，今学禁虽除，未能明示天下以除之

意。愿下明诏，崇尚正学，取朱熹《论语》、《孟子集注》、《中庸、大学章句》、《或问》四书，颁之太学，仍请以周惇颐、邵雍、程颢、程颐、张载五人从祀孔子庙。"时执政有不乐道学者，以语侵道传，道传不为动。兼权考功郎官，迁著作郎。

时薛拯、胡榘等皆以新进用事，贿赂成风，道传言："今名优儒臣，实取材吏，刻剥残忍，诞谩倾危之人进矣。"遂求补郡，于是出知真州。城圮弗治，道传甓之，筑两石坝以护并江居民，益浚二壕，又堤陈公塘，有警，则决之以为阻，人心始固。除提举江东路常平茶盐公事。初至，即按部劾吏之贪纵者十余人，胥吏为民害者，大黠小逐百余人，释狱之滥系者二百余人，弛负钱一十余万缗。夏大旱，道传应诏言楮币之换，官民如仇，钞法之行，商贾疑怨；赋敛增加，军将推剥，皆切中时病。遂条上荒政，朝廷多从之。与漕臣真德秀振饥，道传分池、宣、徽三州，穷冬行风雪中，虽深村穷谷必至，赖以全活者甚众。摄宣州守，行朱熹社仓法，上饶、新安、南康诸郡翕然应命，人蒙其利。

广德守魏岘劾教官林庠委堂试而任荒政，挟漕臣以凌郡守，且言真德秀轻视朝廷，自专掠美，乞远之。道传上疏力辨，岘坐免。会胡榘为吏部侍郎，荐道传自代。引疾乞去，不许。召令奏事，再辞，又不许，遂入对。上自宫掖，次及朝廷，以至侍从、台谏阙失，尽言无所讳，帝不以为忤。除兵部郎官，辞未就。监察御史李楠觇当路指意，乞授以节镇蜀，遂出知果州。至九江，得疾卒，年四十八，诏特转一官致仕，谥文节。

道传自蜀来东南，虽不及登朱熹之门，而访求所尝从学者与讲习，尽得遗书读之。笃于践履，气节卓然。于经史未有论著，曰："学未至，不敢。"于诗文未尝苟作，曰："学未至，不暇。"一日以疾谒告，真德秀造焉，卧榻屏间，大书"唤起截断"四字，知其用功慎独如此。居官以惠利为本，振荒遗爱江东，人久而思焉。

三子：达可、当可、献可。献可为心传后。

卷四百三十七

列传第一百九十六

儒林七

程迥　刘清之　真德秀　魏了翁　廖德明

程迥，字可久，应天府宁陵人。家于沙随，靖康之乱，徙绍兴之余姚。年十五，丁内外艰，孤贫飘泊，无以自振。二十余，始知读书，时乱甫定，西北士大夫多在钱塘，迥得以考德问业焉。

登隆兴元年进士第，历扬州泰兴尉。训武郎杨大烈有田十顷，死而妻女存。俄有讼其妻非正室者，官没其赀，且追十年所入租。部使者以谥迥，迥曰："大烈死，赀产

当归其女。女死，当归所生母可也。"

调饶州德兴丞。盗入县民齐絅家，平素所不快者，皆冒絓建狱。州属囤决禁囚，辨其冤者纵遣之。絅讼不已。会获盗宁国，絅犹讼还所纵之人，迥曰："盗既获矣，再令追捕，或死于道路，使其骨肉何依，岂审冤之道哉！"唐肃宗时，县有程氏女，其父兄为盗所杀，因掠女去，隐忍十余年，手刃尽诛其党，剖其肝心以祭其父兄。迥取《春秋》复仇之义，颂之曰："大而得其正者也。"表之曰："英孝程烈女"。

改知隆兴府进贤县。省符下，知平江府王佐决陈长年辄私卖田，其从子诉有司十有八年，母鱼氏年七十坐狱。廷辨按法追正，令候母死服阕日，理为已分，令天下郡县视此为法。迥为议曰："天下之人孰无母慈？子若孙宜定省温清，不宜有私财也。在律，别籍者有禁，异财者有禁。当报牒之初，县令杖而遣之，使听命于其母可矣，何稽滞遍诉有司，而达于登闻院乎？《春秋榖梁传》注曰：'臣无讼君之道'，为卫侯郑与元咺发论也。夫诸侯之于命大夫犹若此，子孙之于母乃使坐狱以对吏，爱其亲者闻之，不觉泣涕之横集也。按令文：分财产，谓祖父母、父母服阕已前所有者。然则母在，子孙不得有私财。借使其母一朝尽费，其子孙亦不得违教令也。既使归于其母，其日前所费，乃卑幼辄用尊长物，法须五年尊长告乃为理。何至豫期母死，又开他日争讼之端也？抑亦安知不令之子孙不死于母之前乎？守令者，民之师帅，政教之所由出。诚宜正守令不职之愆与子孙不孝之罪，以敬天下之为人母者。"

民饥，府檄有诉闭籴及粜与商贾者，迥即论报之曰："力田之人，细米每斗才九十五文，逼于税赋，是以出粜，非上户也。县境不出货宝，苟不与外人交易，输官之钱何由而得？今强者群聚，胁持取钱，殴伤人者甚众，民不敢入市，坐致缺食。"申论再三，见从乃已。

县大水，亡稻麦，郡蠲租税至薄，迥白于府曰："是驱民流徙耳！赋不可得，徒存欠籍。"乃悉蠲之。严僚犹曰："度江后来，未尝全放，恐户部不从。"迥力论之曰："唐人损七，则租、庸、调俱免。今损十矣。夏税、役钱不免，是犹用其二也，不可谓宽。"议乃息。

境内有妇人佣身纺绩舂簸，以养其姑。姑感妇孝，每受食，即以手加额仰天而祝之。其子为人牧牛，亦干饭以饷祖母。迥廉得之，为纪其事，白于郡，郡给以钱粟。

调信州上饶县。岁纳租数万石，旧法加倍，又取斛面米。迥力止绝之，尝曰："令与吏服食者，皆此邦之民膏血也。曾不是思，而横敛虐民，鬼神其无知乎！"州郡督索经总钱甚急，迥曰："斯钱古之除陌之类，今其类乃三倍正赋，民何以堪？"反复言之当路。

奉祠，寓居番阳之萧寺。程祥者，从伯父待制昌禹来居番阳，昌禹死，遂失所依。祥继亡，祥妻度氏犹质卖奁具以抚育孤子，久之罄竭，濒死，邻家皆莫识其面。有欲醮之者，度曰："吾儿幼，若事他人，使母不得抚其子，岂不负良人乎？"终辞焉。或为迥言其事，迥走告于郡守，月给之钱粟。

迥居官临之以庄，政宽而明，令简而信，绥强抚弱，导以恩义。积年仇讼，一语解去。猾吏奸民，皆以感激，久而悛悔，欺诈以革。暇则宾礼贤士，从容尽欢，进其子弟之秀者与之均礼，为之陈说《诗》、《书》。质疑问难者，不问蚤暮。势位不得以交私，祠庙非典祀不谒。隐德潜善，无问幽明，皆表而出之，以励风俗。或周其穷厄，俾全节行。听决狱讼，期于明允。凡上官所未悉者，必再三抗辨，不为苟止。贵溪民伪作吴渐名，诬诉其令石邦彦，迥言匿名书不当受，转运使不谓然，遂兴大狱，瘐死者十有四人。及闻省寺，讫报如迥言。

迥尝授经学于昆山王葆、嘉禾闻人茂德、严陵喻樗。所著有《古易考》、《古易章句》、《古占法》、《易传外编》、《春秋传显微例目》、《论语传》、《孟子章句》、《文史评》、《经史说诸论辨》、《太玄补赞》、《户口田制贡赋书》、《乾道振济录》、《医经正本书》、《条具乾道新书》、《度量权三器图义》、《四声韵》、《淳熙杂志》、《南斋小集》。卒官。

朝奉郎朱熹以书告迥子绚曰："敬惟先德，博闻至行，追配古人，释经订史，开悟后学，当世之务又所通该，非独章句之儒而已。曾不得一试，而奄弃盛时，此有志之士所为悼叹咨嗟而不能已者。然著书满家，足以传世，是亦足以不朽。"绚以致仕恩调巴陵尉，摄邑事，能理冤狱。孙仲熊，亦有名。

刘清之，字子澄，临江人，受业于兄靖之，甘贫力学，博极书传。登绍兴二十七年进士第。调袁州宜春县主簿，未上，丁父忧，服除，改建德县主簿。请于州，俾民自实其户。由是赋役平，争讼息。

调万安县丞。时江右大侵，郡檄视旱，徒步阡陌，亲与民接，凡所蠲除，具得其实。州议减常平米直，清之曰："此惠不过三十里内耳，外乡远民势岂能来？老幼疾患之人必有馁死者。今有粟之家闭不肯粜，实窥伺攘夺者众也。在我有政，则大家得钱，细民得米，两适其便。"乃请均境内之地为八，俾有粟者分振其乡，官为主之。规画防闲，民甚赖之。帅龚茂良以救荒实迹闻于朝，又借诸公荐之。

发运使史正志按部至筠，俾清之拘集州县畸零之赋，清之不可。清之有同年生在幕中，谓曰："侍郎因子言，谓子爱民特立，将荐子矣，其以阀阅来。"清之贻之以书曰："所谓赢资者，皆州县侵刻于民，法所当禁。纵有赢资，是所谓羡余也，献之自下而诏止之，今则止而求之，乃自上焉。不夺不餍，其弊有不可胜言者。愿侍郎自请于朝，姑归贰卿之班，主大农经费，以佐国家。如此，则士孰不愿出侍郎之门？不然，某诚不敢玷侍郎知人之鉴。"以荐者两有审察之命，清之竟不见丞相，诣吏部铨，得知宜黄县。

茂良入为参知政事，与丞相周必大荐清之于孝宗。召入对，首论："民困兵骄，大臣退托，小臣苟偷。愿陛下广览兼听，并谋合智，清明安定，提要挈纲而力行之。古今未有俗不可变、弊不可革者，变而通之，亦在陛下方寸之间耳。"又言用人四事："一曰辨贤否。谓道义之臣，大者可当经纶，小者可为仪刑。功名之士，大者可使临政，小者可使立事。至于专谋富贵利达而已者下也。二曰正名实。今百有司职守不明，非旷其官，则失之侵逼。愿诏史官考究设官之本意，各指其合任何事，制旨亲定，载之命书，依开宝中差诸州通判故事，使人人晓然知之而行赏罚焉。三曰使材能。谓军旅必武臣，钱谷必能吏，必临之以忠信不欺之士，使两人者皆得以效其所长。四曰听换授。谓文武之官不可用违其才，然不当许之自列，宜令文武臣四品以上，各以性行材略及文武艺，每岁互举堪充左右选者一人，于合入资格外，稍与优奖。"

改太常寺主簿。丁内艰，服除，通判鄂州。鄂大军所驻，兵籍多伪，清之白郡及诸司，请自通判厅始，俾伪者以实自言而正之。州有民妻张以节死，嘉祐中，诏旌旌德县君，表其墓曰"烈女"，中更兵火，至是无知其墓者，清之与郡守罗愿访而祠之。鄂俗计利而尚鬼，家贫子壮则出赘，习为当然，而尤谨奉大洪山之祠，病者不药而听于巫，死则不葬而畀诸火，清之皆谕止之。

差权发遣常州，改衡州。衡自建炎军兴，有所谓大军月桩过湖钱者，岁送漕司，无虑七八万缗，以四邑所人麹引钱及郡计畸零苗米折纳充之。旧法，民有吉凶聚会，许买引为酒麹，谓之麹引钱，其后直以等第敷纳。衡有五邑，独敷其四。取民之辞不正，良民遍受其害，而黠民往往侮易其上，乃并与常赋不输。虽得麹引钱四五万缗，而常赋之失，不啻数万缗矣。清之请于朝，愿与总领所酌损补移，渐图蠲减。不报。遂戒诸邑：董常赋，缓杂征，阁旧逋，戒预折，新簿籍，谨推收，督勾销，明遣负，防带钞，治顽梗，枷吏奸，扰户长，费用有节，渗漏有防，稽考有政，补置有渐。

先是，郡饰厨传以事常平、刑狱二使者，月一会集，互致折馈。清之叹曰："此何时也？与其取诸民，孰若裁诸公。吾之所以事上官者，惟究心于所职，无负于吾民足矣。岂以酒食货财为勤哉？"清之自常禄外，悉归之公帑，以佐经用。至之日，兵无粮，官无奉，上供送使无可备。已而郡计渐裕。民力稍苏。或有报白，手自书之，吏不与焉。

尝作《谕民书》一编，首言畏天积善，勤力务本，农工商贾莫不有劝，教以事亲睦族，教子祀先，谨身节用，利物济人，婚姻以时，丧葬以礼。词意质直，简而易从。邦人家有其书，非理之讼日为衰息。

念士风未振，每因月讲，复具酒肴以燕诸生，相与输情论学，设为疑问，以观其所向，然后从容示以先后本末之序。来者日众，则增筑油蒸精舍居之。其所讲，先正经，次训诂音释，次疏先儒议论，次述今所绅绎之说，然后各指其所宜用，人君治天下，诸侯治一国，学者治心治身治家治人，确然皆有可举而措之之实。

为阅武场。凡禁军役于他所，隐于百工者，悉按军籍俾诣训阅。作朱陵道院，祠九龄、韩愈、寇準、周敦颐、胡安国于左，祠晋死节太守刘翼、宋死节内史王应之于右。雅儒吉士日相周旋其间，而参佐谋论多在焉。刘孝昌者，挚之孙也，贫不自立，清之买田以给之。部使者以清之不能媚己，恶之，贻书所厚台臣，诬以劳民用财，论罢，主管云台观。

归，筑槐阴精舍以处来学者。胡晋臣、郑侨、尤袤、罗点皆力荐清之于上。光宗即位，起知袁州，而清之疾作，犹贻书执政论国事。诸生往候疾，不废讲论，语及天下，孜孜叹息，若任其责者。病且革，为书以别向浯、彭龟年，赋二诗以别朱熹、杨万里。取高氏《送终礼》以授二子曰："自敛至葬，视此从事。"周必大来视疾，谓曰："子澄其澄虑。"清之气息已微，云："无虑可澄。"遂卒。

初，清之既举进士，欲应博学宏词科。及见朱熹，尽取所习焚之，慨然志于义理之学。吕伯恭、张栻皆神交心契，汪应辰、李焘亦敬慕之。母不逮养，每展阅手泽，涕泗交颐。从兄肃流落新吴，族父晔寓丹阳、艾寓临川，皆迎养之。从祖子侨为邵州录事参军，死吴锡之乱，清之遣其孙晋之致书邵守，得其遗骨归葬焉。族人自远来，馆留之，不忍使之遽去。尝序范仲淹《义庄规矩》，劝大家族众者随力行之。本之家法，参取先儒礼书，定为祭礼行之。高安、李好古以族人有以财为讼，见清之豫章，清之为说《讼》、《家人》二卦，好古惕然，遽舍所讼，市程氏《易》以归，卒为善士。

所著有《曾子内外杂篇》、《训蒙新书外书》、《戒子通录》、《墨庄总录》、《祭仪》、《时令书》、《续说苑》、文集、《农书》。

真德秀，字景元，后更为希元，建之浦城人。四岁受书，过目成诵。十五而孤，母吴氏力贫教之。同郡杨圭见而异之，使归共诸子学，卒妻以女。

登庆元五年进士第，授南剑州判官。继试，中博学宏词科，入闽帅幕，召为太学正，嘉定元年迁博士。时韩侂胄已诛，入对，首言："权臣开边，南北涂炭，今兹继好，岂非天下之福？然日者以行人之遣，金人欲多岁币之数，而吾亦曰可增；金人欲得奸臣之首，而吾亦曰可与。往来之称谓，犒军之金帛，根括归明流徙之民，皆承之唯谨，得无滋慢我乎？抑善谋国者不观敌情，观吾政事。今号为更化，而无以使敌情之畏服，正恐彼资吾复略以厚其力，乘吾不备以长其谋，一旦挑争端而吾无以应，此有识所为寒心。"又言："侂胄自知不为清议所贷，至诚忧国之士则名以好异，于是忠良之士斥，而正论不闻，正心诚意之学则诬以好名，于是伪学之论兴，而正道不行。今日改弦更张，正当褒崇名节，明示好尚。"

召试学士院，改秘书省正字兼检讨玉牒。二年，迁校书郎。又对，言暴风、雨雹、荧惑、蝻蝗之变，皆赃吏所致。寻兼沂王府教授、学士院权直。三年，迁秘书郎。入对，乞开公道，窒旁蹊，以抑小人道长之渐；选良牧，励战士，以挫群盗方张之锐。四年，选著作佐郎。同列相基谗之，德秀恬不与较。宰相将用德秀，会言官觚之，德秀力辞。兼礼部郎官，上疏言："金有必亡之势，亦可为中国忧。盖金亡则上悒下嬉，忧不在敌而在我，多事之端恐自此始。"五年，迁军器少监，升权直。

六年，迁起居舍人，奏："权奸擅政十有四年，朱熹、彭龟年以抗论逐，吕祖俭、周端朝以上书斥，当时近臣犹有争之者。其后吕祖泰之贬，非惟近臣莫敢言，而台谏且出力以挤之,则嘉泰之失已深于庆元矣。更化之初,群贤皆得自奋。未几,傅伯成以谏官论事去,蔡幼学以词臣论事去,邹应龙、许奕又继以封驳论事去。是数人者,非能大有所矫拂,已皆不容于朝。故人务自全,一辞不措。设有大安危、大利害,群臣喑嘿如此,岂不殆哉!今欲与陛下言,勤访问、广谋议、明黜陟三者而已。"时钞法楮令行,告讦繁兴,抵罪者众,莫敢以上闻。德秀奏:"或一夫坐罪,而并籍昆弟之财;或亏陌四钱,而没入百万之赀。至于科富室之钱,拘盐商之舟,视产高下,配民藏楮,鬻田宅以收券者,虽大家不能免,尚得名便民之策?"自此籍没之产以渐给还。

兼太常少卿。又言金人必亡,君臣上下皆当以祈天永命为心。充金国贺登位使,及盱眙,闻金人内变而返。言于上曰:"臣自扬之楚,自楚之盱眙,沃壤无际,陂湖相连,民皆坚悍强忍,此天赐吾国以屏障大江,使强兵足食为进取资。顾田畴不辟,沟洫不治,险要不扼,丁壮不练,豪杰武勇不收拾,一旦有警,则徒以长江为恃。岂如及今大修垦田之政,专为一司以领之,数年之后,积储充实,边民父子争欲自保,因其什伍,勒以兵法,不待粮饷,皆为精兵。"又言边防要事。

时史弥远方以爵禄縻天下士,德秀慨然谓刘㬨曰:"吾徒须急引去,使庙堂知世亦有不肯为从官之人。"遂力请去,出为秘阁修撰、江东转运副使。山东盗起,朝廷犹与金通聘,德秀朝辞,奏:"国耻不可忘,邻盗不可轻,幸安之谋不可恃,导谀之言不可听,至公之论不可忽。"宁宗曰:"卿力有余,到江东日为朕搏节财计,以助边用。"

江东旱蝗,广德、太平为甚,德秀遂与留守、宪司分所部九郡大讲荒政,而自领广德、太平。亲至广德,与太守魏岘同以便宜发廪,使教授林庠振给,竣事而还。百姓数千人送之郊外,指道傍丛冢泣曰:"此皆往岁饿死者。微公,我辈已相随入此矣。"索毁太平州私创之大斛。新徽州守林琰无廉声,宁国守张忠恕规匿振济米,皆劾之,而以李道传摄徽。先是,都司胡槻、薛拯每诮德秀迂儒,试以事必败,至是政誉日闻,因倡言旱伤本轻,监司好名,振赡太过,使岘劾岸以撼德秀。德秀上章自明,朝廷悟,与岘祠,授庠干官,而道传寻亦召还。

德秀以右文殿修撰知泉州。番舶畏苛征,至者岁不三四,德秀首宽之,至者骤增至三十六艘。输租令民自概,听讼惟揭示姓名,人自诣州。泉多大家,为闾里患,痛绳之。有讼田者,至焚其券不敢争。海贼作乱,将逼城,官军败衄,德秀祭兵死者,乃亲授方略,禽之。复遍行海滨,审视形势,增屯要害处,以备不虞。

十二年,以集英殿修撰知隆兴府。承宽弛之后,乃稍济以严。尤留意军政,欲分鄂州军屯武昌,及通广盐于赣与南安,以弭汀、赣盐寇。未及行,以母丧归。明年,蕲、黄失守,盗起南安,讨之数载始平,人服德秀先见。

十五年,以宝谟阁待制、湖南安抚使知潭州。以"廉仁公勤"四字励僚属,以周惇颐、胡安国、朱熹、张栻学术源流勉其士。罢榷酤,除斛面米,申免和籴以甦其民。民艰食,既极力振赡之,复立惠民仓五万石,使岁出粜。又易谷九万五千石,分十二县置社仓,以遍及乡落。别立慈幼仓,立义阡。惠政毕举。月试诸军射,捐其回易之利及官田租。凡营中病者、死未葬者、孕者、嫁娶者,赡给有差。朝廷从寿昌朱槔请,以飞虎军戍寿昌,并致其家口,力争止之。江华县贼苏师入境杀劫,檄广西共讨平之。司马遵守武冈,激军变,劾遵而诛其乱者。

理宗即位,召为中书舍人,寻擢礼部侍郎、直学士院。入见,奏:"三纲五常,扶持宇宙之栋干,奠安生民之柱石。晋废三纲而刘、石之变兴,唐废三纲而安禄山之难作。我朝立国,先正名分。陛下不幸处人伦之变,流闻四方,所损非浅。霅川之变,非济王本志,前有避匿之迹,后闻讨捕之谋,情状本末,灼然可考。愿讨论雍熙追封秦王舍罪恤孤故事,济王未有子息,亦惟陛下兴灭继绝。"上曰:"朝廷待济王亦至矣。"德秀曰:"若谓此事处置尽善,臣未敢以为然。观舜所以处象,则陛下不及舜明甚。人主但当以二帝、三王为师。"上曰:"一时仓猝耳。"德秀曰:"此已往之咎,惟愿陛下知有此失而益讲学进德。"次言:"霅川之狱,未闻参听于公朝,淮、蜀二阃乃出于金论所期之外。天下之事非一家之私,何惜不与众共之?"且言:"乾道、淳熙间,有位于朝者以馈及门为耻,受任于外者以包苴入都为羞。今馈赂公行,薰染成风,恬不知怪。"又疏言:"朝廷之上,敏锐之士多于老成,虽尝以耆艾褒傅伯成、杨简,以儒学褒柴中行,以恬退用赵蕃、刘宰,至忠亮敢言如陈宓、徐侨,皆未蒙录用。"上问谦吏,德秀以知袁州赵篨夫对,亲擢篨夫直秘阁为监司。具手札入谢,因言崔与之帅蜀,杨长儒帅闽,皆有廉声,乞广加咨访。

上初御清暑殿,德秀因经筵侍上,进曰:"此高、孝二祖储神燕闲之地,仰瞻楹桷,当如二祖实临其上。陛下所居密迩东朝,未敢遽当人主之奉。今宫阁之义浸备,以一心而受众攻,未有不浸淫而蠹蚀者,惟学可以明此心,惟敬可以存此心,惟亲君子可以维持此心。"因极陈古者居丧之法与先帝视朝之勤。

宁宗小祥,诏群臣服纯吉,德秀争之曰:"自汉文帝率情变古,惟我孝宗方衰服三年,朝衣朝冠皆以大布,惜当时不并定臣下执丧之礼,此千载无穷之憾。孝宗崩,从臣罗点等议,令群臣易月之后,未释衰服,惟朝会治事权用黑带公服,时序仍临慰,至大祥始除。佗虑枋政,始以小祥从吉。且带不以金,鞯不以红,佩不以鱼,鞍轿不以文绣。此于群臣何损?朝仪何伤?"议遂格。

德秀屡进鲠言,上皆虚心开纳,而弥远益严惮之,乃谋所以相撼,畏公议,未敢发。给事中王塈、盛章始驳德秀所主济王赠典,继而殿中侍御史莫泽劾之,遂以焕章阁待制提举玉隆宫。谏议大夫朱端常又劾之,落职罢祠。监察御史梁成大又劾之,请加窜殛。上曰:"仲尼不为已甚。"乃止。

既归,修《读书记》,语门人曰:"此人君为治之门,如有用我者,执此以往。"汀寇起,德秀荐陈??有文武才于常平使者史弥忠,言于朝,遂起??讨平之。绍定四年,改职与祠。

五年，进徽猷阁、知泉州。迎者塞路，深村百岁老人亦扶杖而出，城中欢声动地。诸邑二税尝预借至六七年，德秀入境，首禁预借。诸邑有累月不解一钱者，郡计赤立不可为。或咎宽恤太骤，德秀谓民困如此，宁身代其苦。决讼自卯至申未已。或劝啬养精神，德秀谓郡弊无力惠民，仅有政平、讼理事当勉。建炎初置南外宗政司于泉，公族仅三百人，漕司与本州给之，而朝廷岁助度牒。已而不复给，而增至二千三百余人，郡坐是愈不可为。德秀请于朝，诏给度牒百道。
　　弥远薨，上亲政，以显谟阁待制知福州。戒所部无滥刑横敛，无徇私黩货，罢市令司，曰："物同则价同，宁有公私之异？"闽县里正苦督赋，革之。属县苦贵籴，便宜发常平赈之。海寇纵横，次第禽殄。未几，闻金灭，京湖帅奉露布图上八陵，而江、淮有进取潼关、黄河之议。德秀以为忧，上封事曰："移江、淮甲兵以守无用之空城，运江、淮金谷以治不耕之废壤，富庶之效未期，根本之弊立见。惟陛下审之重之。"
　　召为户部尚书，入见，上迎谓曰："卿去国十年，每切思贤。"乃以《大学衍义》进，复陈祈天永命之说，谓"敬者德之聚。仪狄之酒，南威之色，盘游弋射之娱，禽兽狗马之玩，有一于兹，皆足害敬"。上欣然嘉纳，改翰林学士、知制诰，时政多所论建。逾年，知贡举，已得疾，拜参知政事，同编修敕令、《经武要略》。三乞祠禄，上不得已，进资政殿学士、提举万寿观兼侍读，辞。疾亟，冠带起坐，迄谢事，犹神爽不乱。遗表闻，上震悼，辍视朝，赠银青光禄大夫。
　　德秀长身广额，容貌如玉，望之者无以公辅期之。立朝不满十年，奏疏无虑数十万言，皆切当世要务，直声震朝廷。四方人士诵其文，想见其风采。及宦游所至，惠政深洽，不愧其言，由是中外交颂。都城人时惊传倾洞，奔拥出关曰："真直院至矣！"果至，则又填塞聚观不置。时相益以此忌之，辄摈不用，而声愈彰。及归朝，适郑清之挑敌，兵民死者数十万，中外大耗，尤великое升降治乱之机，而德秀则既衰矣。杜范方攻清之误国，且谓其贪黩更甚于前，而德秀乃奏言："此皆前权臣玩愒之罪，今日措置之失，譬如和、扁继庸医之后，一药之误，代为庸医受责。"其议论与范不同如此。然自侂胄立伪学之名以锢善类，凡近世大儒之书，皆显禁以绝之。德秀晚出，独慨然以斯文自任，讲习而服行之。党禁既开，而正学遂明于天下后世，多其力也。
　　所著《西山甲乙稿》、《对越甲乙集》、《经筵讲义》、《端平庙议》、《翰林词草四六》、《献忠集》、《江东救荒录》、《清源杂志》、《星沙集志》。既薨，上思之不置，谥曰文忠。

　　魏了翁，字华父，邛州蒲江人。年数岁，从诸兄入学，俨如成人。少长，英悟绝出，日诵千余言，过目不再览，乡里称为神童。年十五，著《韩愈论》，抑扬顿挫，有作者风。
　　庆元五年，登进士第。时方讳言道学，了翁策及之。

　　授佥书剑南西川节度判官厅公事，尽心职业。嘉泰二年，召为国子正。明年，改武学博士。开禧元年，召试学士院。韩侂胄用事，谋开边以自固，遍国中忧骇而不敢言。了翁乃言："国家纪纲不立，国是不定，风俗苟偷，边备废弛，财用凋耗，人才衰弱，而道路籍籍，皆谓将有北伐之举，人情恟恟，忧疑错出。金地广势强，未可卒图，求其在我，未见可以胜人之实。盖亦急于内修，姑迟外攘。不然，举天下而试于一掷，宗社存亡系焉，不可忽也。"策出，众大惊。改秘书省正字。御史徐柟即劾了翁对策狂妄，独侂胄持不可而止。
　　明年，迁校书郎，以亲老乞补外，乃知嘉定府。行次江陵，蜀大将吴曦以四川叛，了翁策其必败。又明年，曦诛，蜀平，了翁奉亲还里。侂胄亦以误国诛。朝廷收召诸贤，了翁预焉。会史弥远入相专国事，了翁察其所为，力辞召命。丁生父忧，解官心丧，筑室白鹤山下，以所闻于辅广、李燔者开门授徒，士争负笈从之。由是蜀人尽知义理之学。
　　差知汉州。汉号为繁剧，了翁以化善俗为治。首蠲积逋二十余万，除科抑卖酒之弊，严户婚交讦之禁，复为文谕以厚伦止讼，其民敬奉条教不敢犯。会境内桥坏，民有压死者，部使者以闻，诏降官一秩、主管建宁府武夷山冲佑观。未数月，复元官、知眉州。眉虽为文物之邦，然其俗习法令，持吏短长，故号难治。闻了翁至，争试以事。乃尊礼耆考，简拔俊秀，朔望诣学官，亲为讲说，诱掖指授，行乡饮酒礼以示教化，增贡士员以振文风。复蟆颐堰，筑江乡馆，利民之事，知无不为。士论大服，俗为之变，治行彰闻。
　　嘉定四年，擢潼川路提点刑狱公事。八年，兼提举常平等事，迁转运判官。戢吏奸，询民瘼，举刺不避权右，风采肃然。上疏乞与周惇颐、张载、程颢、程颐锡爵定谥，示学者趣向，朝论韪之，如其请。遂宁阙守，了翁行郡事。即具奏乞修城郭备不虞，廷议靳其费，了翁增埤浚隍，如待敌至者。后一年，溃卒攻掠郡县，知其有备不敢逼，人始服豫防之意。十年，迁直秘阁、知泸州、主管潼川路安抚司公事。丁母忧，免丧，差知潼川府。约己裕民，厥绩大著。若游似、吴泳、牟子才，皆蜀名士，造门受业。
　　十五年，被召入对，疏二千余言。首论人与天地一本，必与天地相似而后可以无旷天位，并及人才、风俗五事，明白切畅。又论郡邑强干弱枝之弊，所宜变通。盖自了翁去国十有七年矣，至是上迎劳优渥，嘉纳其言。进兵部郎中，俄改司封郎中兼国史院编修官。转对，论江、淮、襄、蜀当分为四重镇，择人以任，虚心以听，假以事权，资以才用，为联络守御之计。次论蜀边垦田及实录阙文等事，皆下其章中书。十六年，为省试参详官，迁太常少卿兼侍立修注官。
　　十七年，迁秘书监，寻以起居舍人，再辞而后就列。入奏，极言事变倚伏、人心向背、疆场安危、邻寇动静，其几有五，谓："宜察时几而共天命，尊道揆而严法守，集思广益，汲汲图之，不犹愈于坐观事会，而听其势之所趋乎？"又论士大夫风俗之弊，谓："君臣上下同心一德，而后平居有所补益，缓急有所倚仗。如人自为谋，则天下之患有不可终穷者。今则面从而腹诽，习谀而踵陋，臣实惧焉。盍亦察人心之邪正，推世变之倚伏，开拓规模，收拾人物，庶几临事无乏人之叹。"其言剀切，无所忌避，而时相始不乐矣。

宁宗崩，理宗自宗室入即位，时事忽异，了翁积忧成疾，三疏求闲不得请，迁起居郎。明年，改元宝庆，雷发非时，上有"朕心终夕不安"之语，了翁入对，即论："人主之心，义理所安，是之谓天，非此心之外，别有所谓天地神明也。陛下盍即不安而求之，对天地，事太母，见群臣，亲讲读，皆随事反求，则大本立而无事不可为矣。"又论："讲学不明，风俗浮浅，立朝无犯颜敢谏之忠，临难无仗节死义之勇。愿敷求硕儒，丕阐正学，图为久安长治之计。"又请申命大臣，于除授之际，公听并观，然后实意所孚，善类皆出矣。

属济王黜削以死，有司顾望，治葬弗虔。了翁每见上，请厚伦纪，以弭人言。应诏言事者十余人，朝士惟了翁与洪咨夔、胡梦昱、张忠恕所言能引义剀上，最为切至，而了翁亦以疾求去。右正言李知孝劾梦昱窜岭南，了翁出关饯别，遂指了翁首倡异论，将击之，弥远犹外示优容。俄权尚书工部侍郎，了翁力以疾辞，乃以集英殿修撰知常德府。越二日，谏议大夫朱端常遂劾了翁欺世盗名，朋邪谤国，诏降三官，靖州居住。初，了翁再入朝，弥远欲引以自助，了翁正色不挠，未尝私谒。故三年之间，循倅序迁，未尝处以要地。了翁至靖，湖、湘、江、浙之士，不远千里负书从学。乃著《九经要义》百卷，订定精密，先儒所未有。

绍定四年复职，主管建宁府武夷山冲佑观。五年，改差提举江州太平兴国宫，寻知遂宁府，辞不拜。进宝章阁待制、潼川路安抚使、知泸州。泸大藩，控制边面二千里，而武备不修，城郭不治。了翁乃奏葺其城楼橹雉堞，增置器械，教习牌手，申严军律，兴学校，蠲宿负，复社仓，创义冢，建养济院。居数月，百废具举。弥远薨，上亲庶政，进华文阁待制，赐金带，因其任。

了翁念国家权臣相继，内擅国柄，外变风俗，纲常沦致，法度堕弛，贪浊在位，举事弊蠹，不可涤濯。遂应诏上章论十弊，乞复旧典以彰新化："一曰复三省之典以重六卿，二曰复二府之典以集众议，三曰复都堂之典以重省府，四曰复侍从之典以来忠告，五曰复经筵之典以熙圣学，六曰复台谏之典以公黜陟，七曰复制诰之典以谨命令，八曰复听言之典以通下情，九曰复三衙之典以强主威，十曰复制阃之典以黜私意。"疏列万言，先引故实，次陈时弊，分别利害，粲若白黑。上读之感动，即于经筵举之成诵。其后，旧典皆复其初。

臣庶封章多乞召还了翁与真德秀，上因民望而并招之，用了翁权礼部尚书兼直学士院。入对，首乞明君子小人之辨，以为进退人物之本，以杜奸邪窥伺之端。次论故相十失犹存，又及修身、齐家、选宗贤、建内小学等，皆切于上躬者。他如和议不可信，北军不可保，军实财用不可恃，凡十余端。复口奏利害，昼漏下四十刻而退。兼同

修国史兼侍读，俄兼吏部尚书。经帏进读，上必改容以听，询察政事，访问人才。复条十事以献，皆苦心空臆，直述事情，言人所难。上悉欣纳，且手诏奖谕。又奏乞收还保全弥远家御笔，乞定赵汝愚配享宁庙，乞趣崔与之参预政事，乞定履亩之令以宽民力，乞诏从臣集议以救楮弊，乞储阃才以备缓急。又因进故事：如储人才、凝国论，如力图自治之策，如下罪己之诏，如分别襄、黄二帅是非，如究见黄陂叛卒利害，如分任诸帅区处降附。

还朝六阅月，前后二十余奏，皆当时急务。上将引以共政，而忌者相与合谋排摈，而不能安于朝矣。执政遂谓近臣惟了翁知兵体国，乃以端明殿学士、同金书枢密院事督视京湖军马。会江、淮督府曾从龙以忧畏卒，并以江、淮付了翁。朝论大骇，以为不可，三学亦上书争之。适边警沓至，上心焦劳，了翁嫌于避事，既五辞弗获，遂受命开府，宣押同二府奏事，上勉劳尤至。寻兼提举编修《武经要略》，恩数同执政，进封临邛郡开国侯，又赐便宜诏书如张浚故事。朝辞，面赐御书唐人严武诗及"鹤山书院"四大字，仍赐金带鞍马，诏宰臣饮饯于关外。乃酌上下流之中，开幕府江州，申儆将帅，调遣援师，褒死事之臣，黜退懦之将，奏边防十事。甫二旬，召为金书枢密院事。赴阙奏事，时以疾力辞不拜。盖在朝诸人始谋假此命以出了翁，既出，则复以建督为非，虽恩礼赫奕，而督府奏陈动相牵制，故遽召还，前后皆非上意也。

寻复资政殿学士、湖南安抚使、知潭州，复力辞，诏提举临安府洞霄宫。未几，改知绍兴府、浙东安抚使。嘉熙元年，改知福州、福建安抚使。累章乞骸骨，诏不允。疾革，复上疏。门人问疾者，犹衣冠相与酬答，且曰："吾平生处己，澹然无营。"复语蜀兵乱事，蹙额久之，口授遗奏，少焉拱手而逝。后十日，诏以资政殿大学士、通奉大夫致仕。

遗表闻，上震悼，辍视朝，叹惜有用才不尽之恨。诏赠太师，谥文靖，赐第宅苏州，累赠秦国公。

所著有《鹤山集》、《九经要义》、《周易集义》、《易举隅》、《周礼井田图说》、《古今考》、《经史杂抄》、《师友雅言》。

廖德明，字子晦，南剑人。少学释氏，及得龟山杨时书，读之大悟，遂受业朱熹。登乾道中进士第。知莆田县。民有奉淫祠者，罪之，沉像于江。会有显者欲取邑地广其居，德明不可，守会僚属谕之，德明曰："太守，天子守土之臣，未闻以土地与人者。"守乃惭服。

累官知浔州，有声。诸司且交荐之，德明曰："今老矣，况以道徇人乎？"固辞不受。选广东提举刑狱，弹劾不避权要。岁当荐士，朝贵多以书托之，德明曰："此国家公器也。"悉不启封还之。有乡人为主簿，德明闻其能，荐之。会德明行县，簿感其知己，置酒延之，悉假富人觞豆甚盛。德明怒曰："一主簿乃若是侈耶？必贪也。"于是追还荐章，其公严类此。

时盗陷桂阳，迫韶，韶人惧，德明燕笑自如，遣将驰击，而亲持小麾督战，大败之。乃分戍守，远斥堠，明审

赏罚，宣布威信，韶晏然如平时。徙知广州，迁吏部左选郎官，奉祠，卒。

德明初为浔州教授，为学者讲明圣贤心学之要，手植三柏于学，浔士爱敬之如甘棠。在南粤时，立师悟堂，刻朱熹《家礼》及程氏诸书。公余，延僚属及诸生亲为讲说，远近化之。尝语人以仕学之要曰："德明自始仕，以至为郡，惟用三代直道而行一句而已。"有《槎溪集》行于世。

卷四百三十八
列传第一百九十七

儒林八

汤汉　何基　王柏　徐梦莘 弟得之 从子天麟附
李心传　葉味道　王应麟　黃震

汤汉，字伯纪，饶州安仁人。与其兄干、巾、中皆知名当时，柴中行见而奇之。真德秀在潭，致汉为宾客。尝造赵汝谈，汝谈曰："第一流也。"江东提刑赵汝腾荐汉于朝，诏免解差，充象山书院堂长。赴礼部别院试，正奏名，授上饶县主簿。江东转运使赵希罂言："汉，今海内知名士也，岂得吏之州县哉！"诏循两资，差信州教授兼象山书院长。

淳祐十二年，差充史馆校勘，改国史实录院校勘。会大水，上封事曰："君心敬肆之分，实上天喜怒之由。一念之敬，上帝临汝，祥风庆云所从出也。一念之肆，上帝震怒，妖浸阴沴所从生也。"火灾，应诏上封事曰：

臣闻任天下之大，立心不可不公；守天下之重，持心不可不敬。陛下膺皇天之眷命，受祖宗之宝图，则不当怀私恩；为天下共主，为亿兆寄命，则不当隆私亲。大臣迩臣，服休服采，皆陛下所倚仗也，则不当信私人。三省、密院者，陛下之朝廷，发号布政所从出也，则不当有私令。四海九州，土宇贩章，皆陛下之仓廪府库也，则不当殖私财。陛下于皇天祖宗之德弗永念，而报答私恩；于群黎百姓之疾苦弗深恤，而富贵私亲；公卿在廷，其信任不若近习之笃；中书造命，其除行不若内批之专，则陛下之立心，既未能尽合乎天下之公矣。

往者陛下上畏天戒，下恤人言，内则拘制于权臣，外则恐怯于强敌，敬心既不敢尽弛，则私意亦未得尽行。比年以来，天戒人言既以玩熟，而贪浊柄国，黩货无厌，彼既将恣行其私，则不得不纵陛下之所欲为。于是前日之敬畏尽忘，而一念之私始四出而不可御矣。姑以近事迹之：定策之碑，忽从中出，乡未欲亲其文也；贵戚子弟，参错中外，乡不如是之放也；土木之祸，展转流毒，讼牒细故，胥吏贱人皆得藉群珰之势，彻清都之邃，乡不如是之炽也；御笔之出，上则废朝令，下则侵有司，乡不如是之多也；贿赂之

通，书致之操，乡不如是其章也。

故凡陛下之所以未能任大守重，而至于召怨宿祸者，始于立心之未公，成于持心之不敬，私以为主，而肆以行之。此所以感动天地，而水火之灾捷出于数月之内也。陛下得不亟为治乱持危之计，而可复以常日玩易之心处之乎！

授太学博士，转对，言："太祖之天下坏其半者，蔡京、王黼也。高宗之天下坏其半者，郑清之也。"又曰："苟有志焉，则其纪纲必先正，其根本必先强，其藩篱必先固。夫然后心广体胖，泮涣而优游，其乐无极矣。舍此不务，而徒以九重之深、一笑之适以为乐。乐极而思之，吾有朝廷而不能治也，吾有黎民而无与保之也，起视四境，而外侮又至矣。虽有郑、卫之音，燕、赵之色，建章之丽，琼林之积，亦独何乐哉！"

召试馆职，迁秘书省校书郎。皇太子冠，差充太常博士，引宾赞，受命进《冠箴》，诏令太子拜谢。升秘书郎，转对，极言边事，以为："今日扶危救乱无复他策，在乎人主清心无欲，尽用天下之财力以治兵。大臣公心无我，尽用天下之人才以强本，庶几尚有以亡为存之理耳。"

提举福建常平，劾福州守史岩之、泉州守谢埴。召为礼部郎官兼太子侍读。寻以直华文阁、福建运判，改知宁国府。迁提举江西常平兼知吉州。移江东运判、知隆兴府。召为尚左郎官兼太子侍读、兼玉牒所检讨官，入奏："愿陛下端本澄源，虚己尽下，恢大公之道，开不讳之门，使朝廷之上，光明洞达，而无邪孽之根以挠其正。四海之内，欢欣交通，而无怨怼之气以奸其和。臣之忠爱，莫切于此。"

迁太府少卿，升兼太子谕德，改秘书少监。疏论："比年董宋臣声焰熏灼，其力能去台谏，排大臣，结连凶渠，恶德参会，以致兵戈相寻之祸。陛下灼见其故，斥而远之，臣意其影灭而迹绝矣。岂料夫阴消而再凝，冰解而骤合，既得自便，即图复用，以其罪戾之余，一旦复使之出入壶奥之中，给事宗庙之内，此其重干神人之怒，再基祸乱之源，上下皇惑，大小切齿。而陛下方为之辨明，大臣方与之和解，臣窃重伤此过计也。自古小人复出，其害必惨，将遏其愤怨，啸其俦伍，颠倒宇宙，陛下之威神有时而不得以自行，甚可畏也。"

乞休致，擢太常少卿，太子以书勉留。求补外，以秘阁修撰知福州、福建安抚，改知隆兴府。

度宗即位，召奏事，授太常少卿兼国史院编修官、实录院检讨官。迁起居郎兼侍读，入奏，言："愿陛下持一敬心以正百度，则追养继孝，所以报先帝者，必益致其隆，先意承志，所以事太母者，必益致其谨。其爱身也，必不以物欲挠其和平；其正家也，必不以私昵贰其法度。政事必出于朝廷，而预防于多门，人才必由于明扬，而深杜于邪径。"

兼权中书舍人，权兵部侍郎，升兼同修国史、实录院同修撰兼直学士。累请致仕，授华文阁待制、知宁国府，赐金带。久之，又召为刑部侍郎兼侍读，以龙图阁待制知福州、福建安抚使。改知太平州、权工部尚书兼侍读。以

显文阁直学士提举玉隆宫。进华文阁学士,以端明殿学士致仕。卒,年七十一。特赠正奉大夫,谥文清。

汉介洁有守,恬于进取,有文集六十卷。

何基,字子恭,婺州金华人。父伯熭为临川县丞,而黄榦适知其县事,伯熭见二子而师事焉。榦告以必有真实心地、刻苦工夫而后可,基悚惕受命。于是随事诱掖,得闻渊源之懿。微辞奥义,研精覃思,平心易气,以俟其通,未尝参以己意,立异以为高,徇人而少变也。凡所读无不加标点,义显意明,有不待论说而自见者。

朱熹门人杨与立一见推服。来学者众,尝谓:"为学立志贵坚,规模贵大,充践服行,死而后已。读《诗》之法,须扫荡胸次净尽,然后吟哦上下,讽咏从容,使人感发,方为有功。"谓:"以《洪范》参之《大学》、《中庸》,有不约而符者。"谓:"读《易》者,当尽去其胶固支离之见,以洁净其心,玩精微之理,沉潜涵泳,得其根源,乃可渐观爻象。"盖其确守师训,故能精义造约。

王柏既执贽为弟子,基谦抑不以师道自尊。柏高明绝识,序正诸经,弘论英辨,质问难疑,或一事至十往返,基终不变以待其定。尝曰:"治经当谨守精玩,不必多起疑论。有欲为后学言者,谨之又谨可也。"基淳固笃实,绝类汉儒。虽一本于熹,然就其言发明,则精义新意愈出不穷。基文集三十卷,而与柏问辨者十八卷。

郡守赵汝腾守婺,延聘请讲,辞不就。复首荐于朝,又率名从官列荐。通判郑士懿、守蔡抗、杨栋相继以请,皆辞。景定五年,诏举贤,特荐基与建人徐几,同被命添差婺州学教授,兼丽泽书院山长,力辞未竟,理宗崩。咸淳初,授史馆校勘兼崇政殿说书,屡辞,改承务郎,主管西岳庙,终亦不受也。卒,年八十一。国子祭酒杨文仲请于朝,谥文定。

所著《大学发挥》、《中庸发挥》、《大传发挥》、《易启蒙发挥》、《通书发挥》、《近思录发挥》。

王柏,字会之,婺州金华人。大父崇政殿说书师愈,从杨时受《易》、《论语》,既又从朱熹、张栻、吕祖谦游。父瀚,朝奉郎、主管建昌军仙都观,兄弟皆及熹、祖谦之门。

柏少慕诸葛亮为人,自号长啸。年逾三十,始知家学之原,捐去俗学,勇于求道。与其友汪开之著《论语通旨》,至"居处恭,执事敬",惕然叹曰:"长啸非圣门持敬之道。"亟更以鲁斋。

从熹门人游,或语以何基尝从黄榦得熹之传,即往从之,授以立志居敬之旨,且作《鲁斋箴》勉之。质实坚苦,有疑必从基质之。于《论语》、《大学》、《中庸》、《孟子》、《通鉴纲目》标注点校,尤为精密。作《敬斋箴图》。夙兴见庙,治家严饬。当暑闭阁静坐,子弟白事,非衣冠不见也。

少孤,事其伯兄甚恭。季弟早丧,抚其孤,又割田予之。收合宗族,周恤扶持之。开之没,家贫,为之敛且葬焉。

来学者众,其教必先之以《大学》。蔡抗、杨栋相继守婺,赵景纬守台,聘为丽泽、上蔡两书院师,乡之耆德皆执弟子礼。理宗崩,率诸生制服临于郡。

柏之言曰:"伏羲则《河图》以画八卦,文王推八卦以合《河图》者,先天后天之宗祖也。《河图》是逐位奇偶之交,后天是统体奇偶之交,惟四生数不动。以四成数而下上之,上偶下奇,莫匪自然。"又曰:"大禹得《洛书》而列九畴,箕子得九畴而传《洪范》,范围之数,不期而暗合。《洪范》者,经传之宗祖乎!'初一曰五行'以下六十五字为《洪范》,'五皇极'以下六十四字为皇极经,此帝王相传之大训,非箕子之言也。"又曰:"今《诗》三百五篇,岂尽定于夫子之手?所删之诗,容或有存于闾巷浮薄之口,汉儒取于补亡。"乃定《二南》各十有一篇,两两相配。退《何彼秾矣》、《甘棠》归之《王风》,削去《野有死麕》,黜郑、卫淫奔之诗。又作《春秋发挥》。又曰:"《大学致知格物章》未尝亡。"还《知止》章于《听讼》之上。谓"《中庸》古有二篇,诚明可为纲,不可为目。"定《中庸》诚明各十一章,其卓识独见多此类也。

其卒,整衣冠端坐,挥妇人勿近。国子祭酒杨文仲请于朝,谥曰文宪。

所著有《读易记》、《涵古易说》、《大象衍义》、《涵古图书》、《读书记》、《书疑》、《诗辨说》、《读春秋记》、《论语衍义》、《太极衍义》、《伊洛精义》、《研几图》、《鲁经章句》、《论语通旨》、《孟子通旨》、《书附传》、《左氏正传》、《续国语》、《闽学之书》、《文章复古》、《文章续古》、《濂洛文统》、《拟道学志》、《朱子指要》、《诗可言》、《天文考》、《地理考》、《墨林考》、《大尔雅》、《六义字原》、《正始之音》、《帝王历数》、《江左渊源》、《伊洛精义杂志》、《周子》、《发遣三昧》、《文章指南》、《朝华集》、《紫阳诗类》、《家乘》、文集。

徐梦莘,字商老,临江人。幼慧,耽嗜经史,下至稗官小说,寓目成诵。绍兴二十四年举进士。历官为南安军教授。改知湘阴县。会湖南帅括田,号增耕税,他邑奉令惟谨。梦莘独谓邑无新田,租税无从出。帅患其私于民,欲从簿书间擿摭其过,终莫能得,由是反器重之。

寻主管广西转运司文字。时朝廷议易二广盐法,遣广西安抚司干官胡廷直与东西漕臣集议于境。梦莘从行,谓:"广西阻山,止当仍官般法,则害不及民。广东诸郡并江,或可容客贩,未宜遽以二广概行。"议与廷直不合。廷直竟遂其说,以客ழ变法得为转运使。梦莘既知宾州,犹以前议为梗法,罢去。不三年,二广商贾毁业,民苦无盐,复从官般法矣。

梦莘恬于荣进,每念生于靖康之乱,四岁而江西阻江,母襁负亡去,得免。思究见颠末,乃网罗旧闻,会粹同异,为《三朝北盟会编》二百五十卷,自政和七年海上之盟,讫绍兴三十一年完颜亮之毙,上下四十五年,凡敕、曰制、诰、诏、国书、书疏、奏议、记序、碑志,登载靡遗。帝闻而嘉之,擢直秘阁。

梦莘平生多所著,有《集补》,有《会录》,有《读书记志》，有《集医录》，有《集仙录》，皆以"儒荣"冠之。其嗜学博文，盖孜孜焉死而后已者。开禧元年秋八月卒，年八十二。梦莘弟得之，从子天麟。

得之字思叔，淳熙十年举进士。部使者以廉吏荐，以通直郎致仕。安贫乐分，不贪不躁，著《左氏国纪》、《史记年纪》，作《具敝箧笔略》、《鼓吹词》、《郴江志》。

天麟字仲祥，开禧元年进士。调抚州教授，历湖广总领所干办公事、临安府教授、浙西提举常平司干官、主管礼兵部架阁、宗学谕、武学博士。轮对，言人主当持心以敬。奉祠仙都观，通判惠、潭二州，权英德府，权发遣广西转运判官。所至兴学明教，有惠政。

著《西汉会要》七十卷、《东汉会要》四十卷、《汉兵本末》一卷、《西汉地理疏》六卷、《山经》三十卷。既谢官，作亭萧滩之上，画严子陵像而事之。

李心传，字微之，宗正寺簿舜臣之子也。庆元元年荐于乡，既下第，绝意不复应举，闭户著书。晚因崔与之、许奕、魏了翁等合前后二十三人之荐，自制置司敦遣至阙下。为史馆校勘，赐进士出身，专修《中兴四朝帝纪》。甫成其三，因言者罢，添差通判成都府。寻迁著作佐郎，兼四川制置司参议官。诏无入议幕，许辟官置局，踵修《十三朝会要》。端平三年成书。召赴阙，为工部侍郎，言：

臣闻"大兵之后，必有凶年"。盖其杀戮之多，赋敛之重，使斯民怨怒之气，上下干阴阳之和，至于此极也。陛下所宜与诸大臣扫除乱政，与民更始，以为消恶恶、迎善祥之计。而法弊未尝更张，民劳不加振德，既已无能改于其旧，而殆有甚焉。故帝德未至于罔愆，朝纲或苦于多紊，廉平之吏，所存鲜见，而贪利无耻，敢于为恶之人，挟故兴兵，四面而起，以求逞其所欲。如此而望五福来备，百谷用成，是缘木而求鱼也。

臣考致旱之由，曰和籴增多而民怨，曰流散无所归而民怨，曰检税不尽实而民怨，曰籍赀不以罪而民怨。凡此皆起于大兵之后，而势未有以消之，故愈积而愈极也。成汤圣主也，而桑林之祷，犹以六事自责。陛下愿治，七年于此，灾祥饥馑，史不绝书，其故何哉？朝令夕改，靡有常规，则政不节矣；行赍居送，略无罢日，则使民疾矣；陪都园庙，工作甚殷，则土木营矣；潜邸女冠，声焰兹炽，则女谒盛矣；珍玩之献，罕闻却绝，则包苴行矣；鲠切之言，荣多厌弃，则谗夫昌矣。此六事者一或有焉，犹足以致旱。愿亟降罪己之诏，修六事以回天心。群臣之中有献聚敛剽窃之论以求进者，必重黜之，俾不得以上诬圣德，则旱虽烈，犹可弭也。然民怨于内，敌逼于外，事穷势迫，何所不至！陛下虽谋臣如云，猛将如雨，亦不知所以为策矣。

帝从之。未几，复以言去，奉祠居潮州。淳祐元年罢祠，复予，又罢。三年，致仕，卒，年七十有八。

心传有史才，通故实，然其作《吴猎》、《项安世传》，褒贬有愧秉笔之旨。盖其志常重川蜀，而薄东南之士云。

所著成书，有《高宗系年录》二百卷、《学易编》五卷、《诵诗训》五卷、《春秋考》十三卷、《礼辨》二十三卷、《读史考》十二卷、《旧闻证误》十五卷、《朝野杂记》四十卷、《道命录》五卷、《西陲泰定录》九十卷、《辨南迁录》一卷、诗文一百卷。

叶味道，初讳贺孙，以字行，更字知道，温州人。少刻志好古学，师事朱熹。试礼部第一。时伪学禁行，味道对学制策，率本程颐无所避。知举胡纮见而黜之，曰："此必伪徒也。"既下第，复从熹于武夷山中。学禁开，登嘉定十三年进士第，调鄂州教授。

理宗访问熹之徒及所著书，部使者遂以味道行谊闻，差主管三省架阁文字。迁宗学谕，轮对，言："人主之务学，天下之福也。必坚志气以守所学，谨几微以验所学，正纲常以励所学，用忠言以充所学。"至若口奏，则又述帝王传心之要，与四代作歌作铭之旨，其终有曰："言宣则力减，文胜则意虚。"从臣有荐味道可为讲官，乃授太学博士，兼崇政殿说书。

故事，说书之职止于《通鉴》，而不及经。味道请先说《论语》，诏从之。帝忽问鬼神之理，疑伯有之事涉于诞。味道对曰："阴阳二气之散聚，虽天地不能易。有死而犹不散者，其常也。有不得其死而郁结不散者，其变也。故圣人设为宗祧，以别亲疏远迩，正所以教民亲爱，参赞化育。今伯有得罪而死，其气不散，为妖为厉，使国人上下为之不宁，于是为之立子泄以奉其后，则庶乎鬼有所知，而神莫不宁矣。"盖讽皇子竑事也。

三京用师，廷臣边阃交进机会之说。味道进议状，以为："开边浸阔，应援倍难，科配日繁，馈饷日迫，民一不堪命，庞勋、黄巢之祸立见，是先摇其本，无益于外也。"经筵奏事，无日不申言之，而洛师寻以败闻。于是人谓味道见微虑远。

味道所奏陈，无一言不开导引翼，求切于君身；旁引折旋，推致于治道。迁秘书著作佐郎而卒。讣闻，帝震悼，出内帑银帛赙其丧，升一官以任其后，故事所未有也。

所著《四书说》、《大学讲义》、《祭法宗庙庙享郊社外传》、《经筵口奏》、《故事讲义》。

王应麟，字伯厚，庆元府人。九岁通《六经》，淳祐元年举进士，从王野受学。调西安主簿，民以年少易视之，输赋后时。应麟白郡守，绳以法，遂立办。诸校欲为乱，知县事翁甫仓皇计不知所出，应麟以礼谕服之。差监平江百万东仓。调浙西提举常平茶盐主管帐司，部使者郑霖异待之。丁父忧，服除，调扬州教授。

初，应麟登第，言曰："今之事举子业者，沽名誉，得则一切委弃，制度典故漫不省，非国家所望于通儒。"于是闭门发愤，誓以博学宏辞科自见，假馆阁书读之。宝祐四年中是科。应麟与弟应凤同日生，开庆元年亦中是科，诏褒谕之，添差浙西安抚司干办公事。

帝御集英殿策士，召应麟覆考。考第既上，帝欲易第七卷置其首。应麟读之，乃顿首曰："是卷古谊若龟镜，忠肝如铁石，臣敢为得士贺。"遂以第七卷为首选。及唱名，乃文天祥也。迁主管三省、枢密院架阁文字。

迁国子录，进武学博士。疏言："陛下阅理多，愿治久。当事势之艰，舆图蹙于外患，人才乏而民力殚，宜强为善，增修德，无自沮急；恢弘士气，下情毕达，操纲纪而明委任，谨左右而防壅蔽，求哲人以辅后嗣。"既对，帝问其父名，曰："尔父以陈善为忠，可谓继美。"

丁大全欲致应麟，不可得。迁太常寺主簿，面对，言："淮城方警，蜀道孔艰，海表上流皆有藩篱唇齿之忧。军功未集而吝赏，民力既困而重敛，非保攘计也。陛下勿以宴安自逸，勿以容悦之言自宽。"帝愀然曰："边事甚可忧。"应麟言："无事深忧，临事不惧。愿汲汲预防，毋为壅蔽所欺。"时大全讳言边事，于是应麟罢。

未几，大全败，起应麟通判台州。召为太常博士，擢秘书郎，俄兼沂靖惠王府教授。彗星见，应诏极论执政、侍从、台谏之罪，积私财、行公田之害。又言："应天变莫先回人心，回人心莫先受直言。箝天下之口，沮直臣之气，如应天何？"时直言者多迕权臣意，故应麟之。迁著作佐郎。

度宗即位，摄礼部郎官，草百官表。旧制，请听政，四表已上。一夕入临，宰臣谕旨增撰三表，应麟操笔立就。丞相总护还，辞位表三道，使者立以俟，应麟从容授之。丞相惊服，即擢兼礼部郎官、兼直学士院。

马廷鸾知贡举，诏应麟兼权直，俄兼崇政殿说书。迁著作郎，守军器少监。经筵值人日雪，帝问有何故事，应麟以唐李峤、李乂等应制诗对。因奏："春雪过多，民生饥寒，方寸仁爱，宜谨感召。"迁将作监。

帝视朝，谓应麟曰："为学要灼见古人之心。"应麟对曰："严恭寅畏，不敢怠皇，克勤克俭，无自纵逸，强以驭下，制事以断，此古人之心。然操舍易忽于眇绵，兢业每忘于游衍。"帝嘉纳之。既而转对，言："人君防未萌之欲，存不已之诚。"擢兼侍立修注官，升权直学士院，迁秘书少监兼侍讲。上疏论市舶，不报。

会贾似道拜平章事，叶梦鼎、江万里各求去，似道亦求去。应麟奏，孝宗朝阙相者亦逾年，帝亟取以谕之。似道闻应麟言，大恶之，语包恢曰："我去朝士若王伯厚者多矣，但此人素著文学名，不欲使天下谓我弃士。彼盍思少自贬！"恢以告，应麟笑曰："迕相之患小，负君之罪大。"迁起居舍人，兼权中书舍人。冬雷，应麟言："十月之雷，惟东汉数见。命令不专，奸邪并进，卑逾尊，外陵内之象。当清天君，谨天命，体天德，以回天心。守成必法祖宗，御治必总威福。"似道闻之，斥逐之意决矣。

应麟牌阁门直前奏对，谓用人莫先察君子小人。方袖疏待班，台臣亟疏驳之，由是二史直前之制遂废。以秘阁修撰主管崇禧观。

久之，起知徽州。其父撝尝守是郡，父老皆曰："此清白太守子也。"摧豪右，省租赋，民大悦。

召为秘书监，权中书舍人，力辞，不许。兼国史编修、实录检讨兼侍讲。迁起居郎兼权吏部侍郎，指陈成败逆顺之说，且曰："国家所恃者大江，襄、樊乃喉舌，议不容缓。朝廷方从容如常时，事几一失，岂能自安？"朝臣无以边事言者，帝不怿。似道复谋斥逐，适应麟以母忧去。

及似道溃师江上，授中书舍人兼直学士院，即引疏陈十事，急征讨、明政刑、厉廉耻、通下情、求将材、练军实、备粮饷、举实材、择牧守、防海道，其目也。且言："图大患者必略细故，求实效者必去虚文。"因请集诸路勤王之师，有能率先而至者，宜厚赏以作勇敢之气，并力进战，惟能战，斯可守。进兼同修国史、实录院同修撰兼侍读，迁礼部侍郎兼中书舍人。日食，应诏论答天戒五事，陈备御十策，皆不及用。

寻转尚书兼给事中。左丞相留梦炎用徐囊为御史，擢江西制置使黄万石等，应麟缴奏曰："囊与梦炎同乡，有私人之嫌，万石粗戾无学，南昌失守，误国罪大。今方欲引以自助，善类为所搏噬者，必携持而去。吴浚贪墨轻躁，岂宜用之？况梦炎舛令慢谏，谠言弗敢告，今之卖降者，多其任用之士。"疏再上，不报。出关俟命，再奏曰："因危急而紊纪纲，以偏见而咈公议，臣封驳不行，与大臣异论，势不当留。"疏入，又不报，遂东归。

诏中使谭纯德以翰林学士召，识者以为夺其要路，宠以清秩，非所以待贤者。应麟亦力辞，后二十年卒。

所著有《深宁集》一百卷、《玉堂类稿》二十三卷、《掖垣类稿》二十二卷、《诗考》五卷、《诗地理考》五卷、《汉艺文志考证》十卷、《通鉴地理考》一百卷、《通鉴地理通释》十六卷、《通鉴答问》四卷、《困学纪闻》二十卷、《蒙训》七十卷、《集解践阼篇》、《补注急就篇》六卷、《补注王会篇》四十卷、《小学绀珠》十卷、《玉海》二百卷、《词学指南》四卷、《词学题苑》四十卷、《笔海》四十卷、《姓氏急就篇》六卷、《汉制考》四卷、《六经天文编》六卷、《小学讽咏》四卷。

黄震，字东发，庆元府慈溪人。宝祐四年登进士第，调吴县尉。吴多豪势家，告私债则以属尉，民多饥冻窘苦，死尉卒手。震至，不受贵家告。府檄摄其县。及摄长洲、华亭，皆有声。

浙东提举常平王华甫辟主管帐司文字。时钱庚孙守常，朱熠守平江，吴君擢守嘉兴，皆倚嬖幸厉民。华甫病革，强起劾罢三人，震赞之也。沿海制置司辟干办、提领浙西盐事，不就。改辟提领镇江转般仓分司。公田法行，改提领官田所，言不便，不听，复转般仓职。

入为点校赡军激赏酒库所检察官。擢史馆检阅，与修宁宗、理宗两朝《国史》、《实录》。轮对，言当时之大弊：曰民穷，曰兵弱，曰财匮，曰士大夫无耻。乞罢给度僧人道士牒，使其徒老死即消弭之，收其田入，可以富军国，纾民力。时宫中建内道场，故首及此。帝怒，批降三秩，即出国门。用谏官言，得寝。

出通判广德军。初，孝宗颁朱熹社仓法于天下，而广德则官置此仓。民困于纳息，至以息为本，而息皆横取，民穷至自经。人以为熹之法，不敢议。震曰："不然。法出于尧、舜、三代圣人，犹有变通，安有先儒为法，不思救其弊耶？况熹法，社仓归之于民，而官不得与。官虽不与，而终有纳息之患。"震为别买田六百亩，以其租代社仓息，约非凶年不贷，而贷者不取息。

郡有祠山庙，岁合江、淮之民祷祈者数十万，其牲皆用牛。郡恶少挟兵刃舞牲迎神为常，斗争致犯法；其俗又有自婴桎梏、自拷掠以徼福者。震见，问之，乃兵卒。责自状其罪，卒曰："本无罪。"震曰："尔罪多，不敢对人言，特告神以免罪耳。"杖之示众。又其俗有所谓埋藏会者，为坎于庭，深、广皆五尺，以所祭牛及器皿数百纳其中，覆以牛革，封锸一夕，明发视之，失所在。震以为妖，而杀牛淫祀非法，言之诸司，禁绝之。郡守贾蕃世以权相从子骄纵不法，震数与争论是非，蕃世积不堪，疏震挠政，坐解官。

寻通判绍兴府，获海寇，僇之。抚州饥起，震知其州，单车疾驰，中道约富人耆老集城中，毋过某日。至则大书"闭粜者藉，强籴者斩"揭于市，坐驿舍署文书，不入州治，不抑米价，价日损。亲煮粥食饿者。请于朝，给爵赏旌劳者，而后入视州事。转运司下州籴米七万石，震曰："民生蹙矣，岂宜重困之！"以没官田三庄所入应之。若补刻《六经》《仪礼》，修复朱熹祠，树晏殊里门曰"旧学坊"，制祭社稷器，复风雷祀，劝民种麦，禁竞渡船，焚千三百余艘，用其丁铁创军营五百间，皆善政也。

诏增秩，遂升提举常平仓司。旧有结关拒逮捕事系郡狱二十有八年，存者十无三四，以事关尚书省，无敢决其狱者，以结关为作乱也。震谓结关犹他郡之结甲也，非作乱比，况已经数赦，于是皆释之。新城与光泽地犬牙相入，民夹溪而处，岁常忿斗争渔。会知县事蹇雄为政扰民，因相结拒，起焚掠。震乃劾罢雄，谕其民散去。初，常平有慈幼局，为贫而弃子者设，久而名存实亡。震谓收哺于既弃之后，不若先其未弃保全之。乃损益旧法，凡当免而贫者，许里胥请于官赡之，弃者许人收养，官出粟给所收家，成活者众。震论役法，先令县核民产业，不使下户为上户所抑于上户。大兴水利，废陂、坏堰及为豪右所占者，复之。

改提点刑狱，决滞狱，清民讼，赫然如神明。有贵家害民，震按之，贵家怨。又强发富人粟与民，富人亦怨。御史中丞陈坚以谗者言，劾震去，谗者，乃怨震者也。遂奉云台祠。贾似道罢相，以宗正寺簿召，将与俞浙并为监察御史，有内戚畏震直，止之，而浙亦以直言去。

移浙东提举常平，镇安饥民，折盗贼萌芽。时皇叔大父福王与芮判绍兴府，遂兼王府长史。震奏曰："朝廷之制，尊卑不同，而纪纲不可紊。外虽藩王，监司得言之。今为其属，岂敢察其非，奈何自臣复坏其法？"固不拜长史。命进侍左郎官及宗正少卿，皆不拜。

震尝告人曰："非圣人之书不可观，无益之诗文不作可也。"居官恒未明视事，事至立决。自奉俭薄，人有急难，则周之，不少吝。所著《日抄》一百卷。卒，门人私谥曰文洁先生。

卷四百三十九
列传第一百九十八

文 苑 一

宋白　梁周翰　朱昂　赵邻几 何承裕附
郑起　郭贽　马应　和岘 弟㠓附　冯吉

自古创业垂统之君，即其一时之好尚，而一代之规橅，可以豫知矣。艺祖革命，首用文吏而夺武臣之权，宋之尚文，端本乎此。太宗、真宗其在藩邸，已有好学之名，作其即位，弥文日增。自时厥后，子孙相承，上之为人君者，无不典学；下之为人臣者，自宰相以至令录，无不擢科，海内文士，彬彬辈出焉。国初，杨亿、刘筠犹袭唐人声律之体，柳开、穆修志欲变古而力弗逮。庐陵欧阳修出，以古文倡，临川王安石、眉山苏轼、南丰曾巩起而和之，宋文日趋于古矣。南渡文气不及东都，岂不足以观世变欤！作《文苑传》。

宋白，字太素，大名人。年十三，善属文。多游鄴、杜间，尝馆于张琼家，琼武人，赏白有才，遇之甚厚。白豪俊，尚气节，重交友，在词场名称甚著。

建隆二年，窦仪典贡部，擢进士甲科。乾德初，献文百轴，试拔萃高等，解褐授著作佐郎，廷赐袭衣、犀带。蜀平，授玉津县令。开宝中，阎丕、王洞交荐其才，宜预朝列。白以亲老祈外任，连知蒲城、卫南二县。

太宗潜藩时，白尝贽文，有袭衣之赐。及即位，擢为左拾遗，权知兖州，岁余召还。泰山有唐玄宗刻铭，白摹本以献，且述承平东人望幸之意。预修《太祖实录》，俄直史馆，判吏部南曹。从征太原，判行在御史台。刘继元降，翌日，奏《平晋颂》，太宗夜召至行宫褒慰，且曰："俟还京师，当以玺书授职。"白谢于幄中。寻拜中书舍人，赐金紫。

太平兴国五年，与程羽同知贡举，俄充史馆修撰、判馆事。八年，复典贡部，改集贤殿直学士、判院事。未几，召入翰林为学士。雍熙中，召白与李昉集诸文士纂《文苑英华》一千卷。端拱初，加礼部侍郎，又知贡举。白凡三掌贡士，颇致讥议，然所得士如苏易简、王禹偁、胡宿、李宗谔辈，皆其人也。是时，命复旧制，专委有司，白所取二十八人，罢退既众，群议嚣然。太宗遽召已黜者临轩覆试，连放马国祥、叶齐等八百余人焉。

白尝过何承矩家，方陈倡优饮宴。有进士赵庆者，素无行检，游承矩之门，因潜出拜白，求为荐名，及掌贡部，庆遂获荐，人多指以为辞。又女弟适王沔，淳化二年，沔罢参知政事。时寇准方诋讦求进，故沔被出，复言白家用黄金器盖举人所赂，其实白尝奉诏撰钱惟濬碑，得涂金器尔。

张去华者,白同年生也,坐尼道安事贬。白素与去华厚善,遂出为保大军节度行军司马。逾年,抗疏自陈,有"来日苦少,去日苦多"之语,太宗览而悯之,召还,为卫尉卿,俄复拜为礼部侍郎,修国史。至道初,为翰林学士承旨。二年,迁户部侍郎,俄兼秘书监。真宗即位,改吏部侍郎、判昭文馆。

先是,白献拟陆贽《榜子集》,上察其意,欲求任用,遂命知开封府以试之,既而白倦于听断,求罢任。咸平四年,擢王钦若、冯拯、陈尧叟入掌机要,以白宿旧,拜礼部尚书。

白学问宏博,属文敏赡,然辞意放荡,少法度。在内署久,颇厌番直,草辞疏略,多不惬旨。景德二年,与梁周翰俱罢,拜刑部尚书、集贤院学士、判院事。旧三馆学士止五日内殿起居,会钱易上言,悉令赴外朝。白羸老步梗,就班足跌。未几,抗表引年。上以旧臣,眷顾未允。再上表辞,乃以兵部尚书致仕,因就宰臣访问其资产,虞其匮乏,时白继母尚无恙,上东封,白肩舆辞于北苑,召对久之,进吏部尚书,赐帛五十匹。

大中祥符三年,丁内艰。五年正月,卒,年七十七。赠左仆射,录其孙懿孙为将作监主簿,孝孙试秘书省校书郎,从子唐臣试正字。

白善谈谑,不拘小节,赡济亲族,抚恤孤嫠,世称其雍睦。聚书数万卷,图画亦多奇古者。尝类故事千余门,号《建章集》。唐贤编集遗落者,白多缵缀之。后进之有文艺者,必极意称奖,时彦多宗之,如胡旦、田锡,皆出其门下。陈彭年举进士,轻俊喜嘲谤,白恶其为人,黜落之,彭年憾焉,后居近侍,为贡举条制,多所关防,盖为白设也。会有司谥白为文宪,内出密奏言白素无检操,遂改文安。有集百卷。

子宪臣,国子博士;得臣,赐进士及第,至太常丞;良臣,为太子中舍;忠臣,殿中丞。

梁周翰,字元褒,郑州管城人。父彦温,廷州马步军都校。周翰幼好学,十岁能属词。周广顺二年举进士,授虞城主簿,辞疾不赴。宰相范质、王溥以其闻人,不当佐外邑,改开封府户曹参军。宋初,质、溥仍为相,引为秘书郎、直史馆。

时左拾遗、知制诰高锡上封,议武成王庙配享七十二贤,内王僧辩以不令终,恐非全德。寻诏吏部尚书张昭、工部尚书窦仪与锡重铨定,功业终始无瑕者方得预焉。周翰上言曰:

臣闻天地以来,覆载之内,圣贤交骛,古今同流,校其颠末,鲜克具美。周公,圣人也,佐武王定天下,辅成王致治平,盛德大勋,蟠天极地。外则淮夷构难,内则管、蔡流言,鸱尾跋胡,垂至颠顿,偃禾仆木,仅得辨明。此可谓之尽美哉?臣以为非也。孔子,圣人也,删《诗》、《书》,定《礼》、《乐》,祖述尧、舜,宪章文、武。卒栖栖去鲁,奔走厄陈,虽试用于定、哀,曾不容于季、孟。又尝履盗跖之虎尾,闻南子之佩声,远辱慎名,未见其可。此又可谓其尽善者哉?臣以为非也。自余区区后贤,琐琐立事,比于二圣,曾何足云?而欲责其磨涅不渝、始卒如一者,臣窃以为难其人矣。

昉自唐室,崇祀太公。原其用意,盖以天下虽大,不可去兵;域中有争,未能无战。资其佑民之道,立乎为武之宗,觊张国威,遂进王号。贞元之际,祀典益修,因以历代武臣陪飨庙貌,如文宣释奠之制,有弟子列侍之仪,事虽不经,义足垂劝。况于曩日,不乏通贤,疑难讨论,亦云折中。今若求其考类,别立否臧,以羔袖之小疵,忘狐裘之大善,恐其所选,仅有可存。

只如乐毅、廉颇,皆奔亡而为虏;韩信、彭越,悉菹醢而受诛。白起则锡剑杜邮,伍员则浮尸江澨。左车亦偾军之将,孙膑实刑余之人。穰苴则偾卒齐庭,吴起则非命楚国。周勃称重,有置甲尚方之疑;陈平善谋,蒙受金诸将之谗。亚夫则死于狱吏,邓艾则追于槛车。李广后期而自刭,窦婴树党而丧身。邓禹败于回溪,终身无董戎之寄;马援死于蛮徼,还尸阙遭莫之仪。其余诸葛亮之俦,事偏方之主;王景略之辈,佐闰位之君。关羽则为仇国所禽,张飞则遭帐下所害。凡此名将,悉皆人雄,苟欲指瑕,谁当无累?或从澄汰,尽可弃捐。况其功业穹隆,名称烜赫。樵夫牧稚,咸所闻知;列将通侯,窃所思慕。若一旦除去神位,摈出祠庭,吹毛求异代之疵,投袂忿古人之恶,必使时情顿惑,窃议交兴。景行高山,更奚瞻于往躅;英魂烈魄,将有恨于明时。

况伏陛下方厉军威,将遏乱略,讲求兵法,缔构武祠,盖所以劝激戎臣,资假阴助。忽使长廊虚邈,仅有可图之形;中殿前空,不见配食之坐。似非允当,臣窃惑焉。深惟事贵得中,用资体要,若今之可以议古,恐来者亦能非今。愿纳臣微忠,特追明敕,乞下此疏,廷议其长。

不报。

乾德中,献《拟制》二十编,擢为右拾遗。会修大内,上《五凤楼赋》,人多传诵之。五代以来,文体卑弱,周翰与高锡、柳开、范杲习尚淳古,齐名友善,当时有"高、梁、柳、范"之称。初,太祖尝识彦温于军中,石守信亦与彦温旧故。一日,太祖语守信,将用周翰掌诰,守信微露其言,周翰遽上表谢。太祖怒,遂寝其命。

历通判绵、眉二州,在眉州坐杖人至死,夺二官。起授太子左赞善大夫。开宝三年,迁右拾遗,监绫锦院,改左补阙兼知大理正事。会将郊祀,因上疏曰:"陛下再郊上帝,必覃赦宥。臣以天下至大,其中有庆泽所未及、节文所未该者,所宜推而广之。方今赋税所入至多,加以科变之物,名品非一,调发供输,不无重困。且西蜀、淮南、荆、潭、广、桂之地,皆以为王土。陛下诚能以三方所得之利,减诸道租赋之入,则庶乎均德泽而宽民力矣。"俄坐杖锦工过差,为其所诉。太祖甚怒,责之曰:"尔岂不知人之肤血与己无异,何乃遽为酷罚!"将杖之,周翰自言:"臣负天下才名,不当如是。"太祖乃解,止左授司农寺丞。逾年，为太子中允。

太平兴国中，知苏州。周有伶官钱氏，家数百人，日令百人供妓，每出，必以毂具自随。郡务不治，以本官分司西京。逾月，授左赞善大夫，仍分司。俄除楚州团练副使。雍熙中，宰相李昉以其名闻，召为右补阙，赐绯鱼，使江、淮提点茶盐。

周翰以辞学为流辈所许，频历外任，不乐吏事。会翰林学士宋白等列奏其有史才，遽回下位，遂命兼史馆修撰。会太宗亲试贡士，周翰为考官，面赐金紫，因语宰相，称其有文，寻迁起居舍人。淳化五年，张佖建议复置左右史之职，乃命周翰与李宗谔分领之。周翰兼起居郎，因上言："自今崇政、长春殿皇帝宣谕之言，侍臣论列之事，望依旧中书修为时政记。其枢密院事涉机密，亦令本院编纂，每至月终送史馆。自余百司凡于对拜、除改、沿革、制置之事，悉条报本院，以备编录。仍令郎与舍人分直崇政殿，以记言动，别为起居注，每月先进御，后降付史馆。"从之。起居注进御，自周翰等始也。周翰虽有时誉，久摈废，及被除擢，尤洽时论。

会考课京朝官，有敢隐前犯者，皆除名为民。周翰被谴尤多，所上有司偶遗一事，当免。判馆杨徽之率三馆学士诣相府，以为周翰非故有规避，其实所犯频繁，不能悉记，于是止罚金百斤。

先是，赵安易建议于西川铸大铁钱，以一当十，周翰上言："古者货、币、钱三者兼用，若钱少于货、币，即铸大钱，或当百，或当五十，盖欲广其钱而足用尔。今不若使蜀民贸易者，凡铁钱一止作一钱用，官中市物即以两钱当一。又西川患在少盐，请于益州置榷院，入物交易，则公私通济矣。"至道中，迁工部郎中。

真宗在储宫，知其名，征之，时为左庶子，因令取其所为文章，周翰悉纂以献，上答以书。及即位，未行庆，首擢为驾部郎中、知制诰，俄判史馆、昭文馆。咸平三年，召入翰林为学士，受诏与赵安易同修属籍。唐末丧乱，籍谱罕存，无所取则，周翰创意为之，颇有伦贯。车驾幸澶渊，命判留司御史台，周翰恳求扈从，从之。明年，授给事中，与宋白俱罢学士。大中祥符元年，迁工部侍郎。逾年，被疾卒，年八十一。真宗悯之，录其子忠宝为大理评事，给奉终丧。

周翰性疏隽卞急，临事过于严暴，故多旷败。晚年才思稍减，书诏多不称旨。有集五十卷及《续因话录》。

朱昂，字举之，其先京兆人，世家漤陂。唐天复末，徙家南阳。梁祖篡唐，父葆光与唐旧臣颜荛、李涛数辈挈家南渡，寓潭州。每正旦及至，必序立南岳祠前，北望号恸，殆二十年。后涛北归，葆光乐衡山之胜，遂往家焉。

昂少与熊若谷、邓洵美同学。朱遵度好读书，人号之为"朱万卷"，目昂为"小万卷"。昂尝间行经庐陵，道遇异人，谓之曰："中原不久当有真主平一天下，子仕至四品，安用南为？"遂北游江、淮。时周世宗南征，韩令坤统兵至扬州，昂谒见，陈治乱方略，令坤奇之，署权知扬州扬子县。适兵革之际，逃亡过半，昂便宜绥辑，复逋亡者七千余家，令坤即表授本县令。

宋初，为衡州录事参军，尝读陶潜《闲情赋》而慕之，因广其辞曰：

维禀气兮清浊，独得意兮虚徐。耳何聪兮无瑱，衣何散兮无裾。务冥怀于得丧，宁勤体乎菑畲。将使同方姬、孔，抗迹孙、蓬。精骛广漠，心游太虚。傲朝曦兮南荣，溯夕飙兮北疏。非道之病，惟情之舒。

繇是含颖怀粹，凝和习懿。器滃沦兮幽忧，德芬馨兮周比。井无溁兮泉融，珠潜辉兮川媚。又何必陋雄之尚《玄》，笑奕之心醉，悲墨之素丝，叹展之下位？苟因时之明扬，乃斯文之不坠。

睇烟景兮飘飘，心悬旌兮摇摇。感朝荣而夕落，嗟响蛰而鸣蜩。姑藏器以有待，因寄物而长谣。愿在首而为弁，束玄发而未衰。会名器之有得，与缨珥兮相宜。愿在足而为舄，何坎险之罹忧。欲效勤于竖亥，思追踵于浮丘。愿在服而为袂，传缋素而饰躬。异化缁之色涅，宁拭面而道穷。愿在目而为鉴，分妍丑于崇朝。惊青阳之难久，庶白首以见招。愿在地而为簟，当暑溽而冰寒。伊肤革之尚疚，胡瘠瘵以求安？愿在觞而为醴，不乱德而溺真。体虚受之器，革谲性以归淳。愿在握而为剑，每辅衽而保楫。殊铅铦之效用，比硎刃而有余。愿在橐而为矢，美笴羽之斯全。畴懋勋而锡晋，射穷垒而殂燕。愿在体而为裘，托针缕以成功。非珍华而取饰，将被服而有容。愿在轩而为篁，贯岁寒而不改。挺介节以自持，廓虚心而有待。

人之愿兮实繁，我之心兮若此。蓄为志兮璞藏，发为文兮雾委。既持瑾兮掌瑜，复撷兰兮艺芷。始无言兮植杖，终俯首兮嗟睥。振襟兮自适，觌物兮解颐。云无心兮退举，萝倚干兮丛滋。想陵谷之变地，况玄黄之易丝。人可汰而可锻，已不磷而不缁。苟一鸣而惊人，何五鼎而勿饴？

已而拥膝清啸，倾怀自宽。枢桑户荜兮差乐，鸠飞梭跃兮胡难。指夜蟾兮为伍，仰疏籁兮邀欢。何孙牧而伊耕？何巢箕而吕磻？涤我虑兮绿绮。清我眠兮琅玕。周旋兮有则，徙倚兮可观。终卷舒兮自得，契休哉于《考槃》。

李昉知州事，暇日多召语，且以文为赞，昉深所嗟赏。历宜城令。开宝中，拜太子洗马、知蓬州，徙广安军。会渠州妖贼李仙众万人劫掠军界，昂设策禽之。自余果、合、渝、涪四州民连结为妖者，置不问，蜀民遂安。宰相薛居正称其能，迁殿中丞、知泗州。

尝作《隋河辞》，谓浚决之病民，游观之伤财，乃天意之所以亡隋也。使隋不兴役费财以害其民，则安得有今日之利哉！

尝聚淮水流尸三千，为冢瘗之。有戍卒谋乱，昂诛其首恶，凡支党之诖误者悉贷之。就迁监察御史、江南转运副使。太平兴国二年，知鄂州，加殿中侍御史，为峡路转运副使，就改库部员外郎，迁转运使。端拱二年，以本官直秘阁，赐金紫。久之，出知复州，表求谢事，不许。迁水部郎中,复请老,召还,再直秘阁,寻兼越王府记室参军。

直宗即位,迁秩司封郎中,俄知制诰,判史馆,受诏编次三馆秘阁书籍,既毕,加吏部。咸平二年,召入翰林为学士。逾年,拜章乞骸骨,召对,敦谕,请弥确,乃拜工部侍郎致仕。翌日,遣使就第赐器币,给全奉,诏本府岁时存问,章奏听附驿以闻。命其子正辞知公安县,以便侍养,许归江陵。旧制,致仕官止谢殿门外,昂特延见命坐,恩礼甚厚。令俟秋凉上道,遣中使赐宴于玉津园,两制三馆皆预,仍诏赋诗饯行,缙绅荣之。

昂前后所得奉赐,以三之一购奇书,以讽诵为乐。及是闲居,自称退叟,著《资理论》三卷上之,诏以其书付史馆。弟协以纯谨著称,仕至主客郎中、雍王府翊善。昂以书招之,协亦告老归。兄弟皆眉寿,时人比汉之二疏。知府陈尧咨署其居曰东、西致政坊。昂于所居建二亭:曰知止,曰幽栖。颇好释氏书。晚岁自为墓志。景德四年卒,年八十三,门人谥曰正裕先生。诏加赗赠,录其孙适出身。

昂好学,纯厚有清节,澹于荣利,为洗马十五年,不以屑意。居内署,非公事不至两府。在王邸时,真宗居储宫,知其素守,故每加褒进,然昂未尝有所私请,进退存礼,士类多之。有集三十卷。子正彝、正辞并登进士第,正基虞部员外郎。

赵邻幾,字亚之,郓州须城人,家世为农。邻幾少好学,能属文,尝作《禹别九州赋》,凡万余言,人多传诵。

周显德二年举进士,解褐秘书省校书郎,历许州、宋州从事。太平兴国初,召为左赞善大夫、直史馆,改宗正丞。四年,郭贽、宋白授中书舍人,告谢日交荐之,俄而邻幾献颂,上览而嘉之,迁左补阙、知制诰,数月卒,年五十九。中使护葬。

邻幾体貌尪弱,如不胜衣。为文浩博,慕徐、庾及王、杨、卢、骆之体,每构思,必敛衽危坐,成千言始下笔。属对精切,致意缜密,时辈咸推服之。及掌诰命,颇繁富冗长,不达体要,无称职之誉。

常欲追补唐武宗以来实录,孜孜访求遗事,殆废寝食,会疾革,唯以书未成为恨。至淳化中,参知政事苏易简因言及邻幾追补《唐实录》事,邻幾一子东之,以荫补郎山主簿,部送军粮诣北边,没焉,其家属寄居睢阳。太宗遣直史馆钱熙往取其书,得邻幾所补《会昌以来日历》二十六卷及文集三十四卷,所著《鲰子》一卷、《六帝年略》一卷、《史氏懋官志》五卷,并他书五十余卷来上,皆涂窜之笔也。诏赐其家钱十万。

时又有何承裕者,晋天福末擢进士第,有清才,好为歌诗,而嗜酒狂逸。初为中都主簿,桑维翰镇兖州,知其直率,不责以吏事。累官至著作佐郎、直史馆,出为鄠屋、咸阳二县令,醉则露首跨牛趋府,府尹王彦超以其名士而容之,然为治清而不烦,民颇安焉。每览民诉,必戏判以喻曲直,诉者多心伏引去。往往召豪吏接坐,引满,吏因醉挟私白事,承裕悟之,笑曰:"此见罔也,当受杖。"杖讫,复召与饮。其无检多类此。

开宝三年,自泾阳令入为监察御史,后历侍御史,累知忠、万、商三州,太平兴国中卒。

郑起,字孟隆,不知何许人。少游京、洛间,佻薄无检操。闻襄州双泉寺僧能为黄金,往依焉,遂削发为侍者。久之,知其诳耀,乃反初服。举进士,时举子多尚诗赋,惟起有文七轴,歌诗尤清丽。周广顺初,调补尉氏主簿,秩满,以书干宰相范质,荐为右拾遗、直史馆。恭帝初,迁殿中侍御史。

乾德初,出掌泗州市征。刺史张延范检校司徒,官吏呼以"太保"。起贫,常乘骡。一日,从延范出近郊送客,延范揖起曰:"请策马令进。"起曰:"此骡也,不当过呼耳。"以讥延范,延范深衔之,密奏起嗜酒废职。

初,显德末,起见太祖握禁兵,有人望,乃上书范质,极言其事。又尝遇太祖于路,横绝前导而过,太祖亦弗之怒。及延范奏至,出为河阴令。会蜀平,当徙远官,起不欲往,乃炙烙其足,因是成疾而卒。

起负才倨傲,多所诋讦,数为群小窘辱,终亦不改。

时有郭昱者,好为古文,狭中诡僻。周显德中登进士第,耻赴常选,献书于宰相赵普,自比巢、由,朝议恶其矫激,故久不调。后复伺普,望尘自陈,普笑谓人曰:"今日甚荣,得巢、由拜于马首。"开宝末,普出镇河阳,昱诣薛居正上书,极言谤普,居正奏之,诏署襄州观察推官。潘美镇襄阳,讨金陵,以昱随军。昱中夜被酒号叫,军中皆惊,翌日,美遣还。岁余,坐盗用官钱,除名,因居襄阳,游索樊、邓间,雍熙中卒。

又有马应者,薄有文艺,多服道士衣,自称"先生"。开宝初效元结《中兴颂》作《勃兴颂》,以述太祖下荆、湖之功,欲刊石于永州结《颂》之侧,县令恶其夸诞,不以闻。太平兴国初,登第,授大理评事,坐事除名,羁旅积年。淳化中,以诗干同年殿中丞牛景,景因奏上,太宗览而嘉之,复授大理评事,未几卒。

又有颖贽、董淳、刘从义善为文章,张翼、谭用之善为诗,张之翰善笺启。贽拔萃登科,至太子中允。淳为工部员外郎、直史馆,奉诏撰《孟昶纪事》。从义多藏书,尝缵长安碑文为《遗风集》二十卷。余皆官不达。

和岘,字晦仁,开封浚仪人。父凝,晋宰相、太子太傅、鲁国公。岘生之年,适会凝入翰林、加金紫、知贡举,凝喜曰:"我平生美事,三者并集,此子宜于我也。"因名之曰三美。七岁,以门荫为左千牛备身,迁著作佐郎。汉乾祐初,加朝散阶。十六,登朝为著作郎。丁父忧,服阕,拜太常丞。

建隆初,授太常博士,从祀南郊,赞导乘舆,进退闲雅。太祖谓近侍曰:"此谁氏之子,熟于赞相?"左右即以岘门阀对。俄拜刑部员外郎兼博士,仍判太常寺。

乾德元年十一月甲子,有事于南郊。丁丑冬至,有司复请祀昊天上帝,诏岘议其礼,岘以祭义戒于烦数,请罢之。二年,议孝明、孝惠二后神主祔于别庙,岘以旧礼有二后同庙之文,无各殿异室之说,今二后同祔别庙,亦宜共殿别室。孝明皇后尝母仪天下，宜居上室。孝惠皇后止以追尊，当居次室。从之。三年春，初克夔州，以内衣库使李光睿权知州，岘通判州事。代还，是岁十二月十四日戊戌腊，有司以七日辛卯蜡百神，岘献议正之。四年，南郊，岘建议望燎位置爟火。

又尝言："依旧典，宗庙殿庭设宫县三十六架，加鼓吹熊罴十二案，朝会登歌用五瑞，郊庙奠献用四瑞，回仗至楼前奏《采茨》之曲，御楼奏《隆安》之曲，各用乐章。"复举唐故事，宗庙祭科外别设珍膳，用申孝享之意。又谓"《八佾》之舞以象文德武功，请用《玄德升闻》、《天下大定》二舞"。并从其议。事具《礼》、《乐志》。

先是，王朴、窦俨洞晓音乐，前代不协律吕者多所考正。朴、俨既没，未有继其职者。会太祖以雅乐声高，诏岘讲求其理，以均节之，自是八音和畅，上甚嘉之。语具《律志》。乐器中有叉手笛者，上意欲增入雅乐，岘即令乐工调品，以谐律吕，其执持之状如拱揖然，请目曰"拱辰管"，诏备于乐府。

开宝初，迁司勋员外郎、权知泗州，判吏部南曹，历夔、晋二州通判。九年，江南平，受诏采访。太宗即位，迁主客郎中。太平兴国二年，知兖州，改京东转运使。

岘性苛刻鄙吝，好殖财，复轻侮人，尝以官船载私货贩易规利。初为判官郑同度论奏，既而彰信军节度刘遇亦上言，按得实，坐削籍，配隶汝州。

六年，起为太常丞，分司西京，复阶勋章服。端拱初，上躬耕籍田，岘奉留司贺表至阙下，因以其所著《奉常集》五卷、《秘阁集》二十卷、《注释武成王庙赞》五卷奏御，上甚嘉之，复授主客郎中，判太常寺兼礼仪院事。

是秋得暴疾，卒，年五十六。弟嵘。

嵘字显仁，凝第四子也。生五六岁，凝教之诵古诗赋，一历辄不忘。试令咏物为四句诗，颇有思致，凝叹赏而奇之，语岘曰："此儿他日必以文章显，吾老矣，不见，汝曹善保护之。"

太平兴国八年擢进士第，释褐霍丘主簿。雍熙初，知崇仁县，就拜大理评事。江南转运杨缄以其材干奏，移知南昌县。代还，刑部取为详覆官，迁光禄寺丞。

先是，凝尝取古今史传听讼断狱、辨雪冤枉等事著为《疑狱集》，嵘因增益事类，分为三卷，表上之。俄献所著文赋五十轴，召试中书，擢为太子中允。先是，冯起撰《御前登第三榜碑》以献，上甚称奖，命寘史馆。淳化初，嵘又撰《七榜题名记》，并补注凝所撰《古今孝悌集成》十卷以献，遂以本官直集贤院，中谢日，赐绯鱼。三年春，献《观灯赋》，诏付史馆，迁右正言。

是岁，太宗亲试贡士，嵘预考校，作歌以献，上对宰相称赏之，召问年几何。时搴印《儒行篇》，以赐新及第人及三馆、台省官，皆上表称谢。上时御便坐，出表以示宰相，而嵘与张洎尤称上旨，因谓李昉曰："嵘，宰相子，勤学自立，有文章，能荷堂构，如嵘者不可多得也。"遂以本官知制诰。不逾年，加水部员外郎、知理检院。至道元年，赐金紫，与王旦同判吏部铨。是秋，晨起将朝，风眩暴作而卒，年四十五。上闻之惊叹，遣中使就家问疾状，

并恤其孤，赠赙加等。长子玭才十岁，即授大理评事。次子璬，补太庙斋郎。

嵘好修饰容仪，自五鼓张灯烛至辨色，冠带方毕。虽幼能属文，殊少警策。每草制，必精思讨索而后成，拘于引类偶对，颇失典诰之体。上以其贵家子，能业文，甚宠待之，欲召入翰林，谓近臣曰："嵘睟子眊眊然，胸中必不正，不可以居近侍也。"其命遂寝。

嵘弟嵪始为三班奉职，淳化中，献文求试，上以故相之后，改授大理评事。

冯吉，字惟一，河南洛阳人。父道，周太师、中书令，追封瀛王。吉，晋天福初以父任秘书省校书郎，迁膳部、金部、职方员外郎，屯田、户部、司勋郎中，累阶金紫。周显德中，迁太常少卿。

吉嗜学，善属文，工草隶，议者以掌诰许之。然性滑稽无操行，每中书舍人缺，宰相即欲用吉，终以佻薄而止。

雅好琵琶，尤臻其妙，教坊供奉号名手者亦莫能及。父常戒令勿习，吉性所好，亦不能改。道欲辱之，因家宴，令吉奏琵琶为寿，赐以束帛，吉置于肩，左抱琵琶，按膝再拜如伶官状，了无怍色，家人皆大笑。

及为少卿，颇不得意，以杯酒自娱。每朝士宴集，虽不召，亦常自至，酒酣即弹琵琶，弹罢赋诗，诗成起舞。时人爱其俊逸，谓之"三绝"。

宋初，受诏撰述《明宪皇太后谥议》，见称于时。建隆四年卒，年四十五。

卷四百四十

列传第一百九十九

文 苑 二

高颐 李度 韩溥 鞫常 宋准 柳开
夏侯嘉正 罗处约 安德裕 钱熙

高颐，字子奇，开封雍丘人。后唐清泰中举进士，同辈诒之曰："何不从裴仆射求知乎？"时裴皞以左仆射致仕，后进无至其门者。颐性纯朴，信其言，以文贽于皞。明年，礼部侍郎马裔孙知贡举，乃皞门下生也。皞以颐语之，遂擢乙科，四迁魏博观察支使。

周显德中，符彦卿奏署掌书记。时太宗亲迎懿德皇后于大名，彦卿遣颐伺候，日夕陪接，尤伸款好。后随彦卿镇凤翔，会诏留彦卿洛阳，颐复为大雄军掌书记。后以病免，居于魏。

雍熙二年，太宗亲试贡士，颐子南金举学究，自陈曰："臣父年八十四，尝佐使幕，久已罢职，家贫无以存养。愿赐一第，庶获寸禄，以及老父。"上问左右，其父何人，宰相宋琪以颐对，且言其素行廉介，老而弥厉，甚为搢绅推重。上曰："此高颐子耶！颐在大名幕中，尝与

朕游处，追逾旬月。晨暮对案饮食，常拱手危坐，未曾少懈，其恭谨盖天性也。惜其老矣，不欲烦以官政。"即擢南金第，拜颋左补阙致仕，赐钱十万。后卒于家。

颋有清节，力学强记，手写书千余卷。彦卿待之甚厚，或过致优给，颋计口受费，余皆不纳。彦卿左右多肆贪虐，民不能堪，及彦卿罢镇，其故时将吏、宾客皆心愧，无敢复游魏者。惟颋清苦守法，魏人爱之。在魏三十年，无一人言其非者。所乘马老，以糜饲之。仆夫年七十，待之如初，时称其长者。

次子鼎，举进士，至殿中丞。

李度，河南洛阳人。周显德中举进士。度工于诗，有"醉轻浮世事，老重故乡人"之句。时翰林学士申文炳知贡举，枢密使王朴移书录其句以荐之，文炳即擢度为第三人。释褐永宁县主簿。

累迁殿中丞、知歙州。坐事左迁绛州团练使，十年不调。度在歙州，尝以所著诗刻于石，有中黄门得其石本，传入禁中，太宗见之，谓宰相曰："度令安在？"即令召至，对于便殿，与语甚悦，擢为虞部员外郎、直史馆，赐绯。端拱初，籍田毕，交州黎桓加恩，命度借太常少卿充官告国信副使，上赐诗以宠行。未至交州，卒于太平军传舍，年五十七。

度之南使，每至州府，即借图经观其胜迹，皆形篇诗，以上所赐诗有"奉使南游多好景"之句，遂题为《奉使南游集》，未成编而亡。

弟康亦善诗，太平兴国二年，登进士第，官至太子右赞善大夫。

韩溥，京兆长安人，唐相休之裔孙。少俊敏，善属文。周显德初举进士，累迁历使府。开宝三年，自静难军掌书记召为监察御史，三迁至库部员外郎、知华州，同判灵州，再转司门郎中。淳化二年被病，表请辞职寻医，许之。溥博学，善持论，详练台阁故事，多知唐朝氏族，与人谈亹亹然可听，号为"近世肉谱"，搢绅颇推重之。尤善笔札，人多藏其尺牍。

弟洎，亦进士及第。

鞠常，字可久，密州高密人。祖真，黄县令。父庆孙，申州团练判官，有诗名。常少好学，善属文。汉乾祐二年擢进士第，裁二十一，释褐秘书省校书郎。周广顺中，宰相范质奏充集贤校理，出为郓州观察支使，历永兴军节度掌书记、伊阳令。显德四年，诣阙进策，召试，复授猗氏令，迁蔡州防御判官，复宰介休、魏县。开宝中，赵普为相，擢为著作佐郎。时任此官，惟常与杨徽之、李若拙、赵邻几四人，皆有名于时。常应举时，著《四时成岁赋》万余言，又为《春兰赋》，颇存兴托。后为清河令。七年，卒，年四十七。

子仲谋，字有开，雍熙中进士，有材干，历御史、东京留守推官、陕西转运，至兵部员外郎。仲谋集其父所为文成二十卷。

弟愉，周广顺中进士，与常齐名。

宋准，字子平，开封雍丘人。祖彦升，库部员外郎。父鹏，秘书郎。准开宝中举进士，翰林学士李昉知贡举，擢准甲科。会贡士徐士廉击登闻鼓，诉昉用情取舍非当。太祖怒，召准覆试于便殿，见准形神伟茂，程试敏速，甚嘉之，以为宜首冠俊造，由是复擢准甲科，即授秘书省校书郎、直史馆。

八年，受诏修定诸道图经。俄奉使契丹，复命称旨。明年，出知南平军，会改军为太平州，依前知州事，就加著作佐郎。太平兴国四年，迁著作郎、通判梓州，转左拾遗。归朝，预修诸书。八年，同知贡举，出为河北转运使，岁余，以本官知制诰。雍熙中，加主客员外郎，复预知贡举，俄判大理寺。四年，被病，迁金部郎中，罢知制诰。端拱二年卒，年五十二，赐钱百万。

准美风仪，善谈论，辞采清丽，莅官所至，皆有治声。卢多逊之南流也，李穆坐同门生黜免，左右无敢言者。准因奏事，盛言穆长者，有检操，常恶多逊专恣，固非其党也。上寤，未几，尽复穆旧官。时论以此称之。天禧三年，录其子大年试秘书省校书郎。

准从弟可观，金部郎中。族子郊、祁，并天圣二年进士甲科，别有传。

柳开，字仲涂，大名人。父承翰，乾德初监察御史。开幼颖异，有胆勇。周显德末，侍父任南乐，夜与家人立庭中，有盗入室，众恐不敢动，开裁十三，亟取剑逐之，盗逾垣出，开挥刃断二足指。

既就学，喜讨论经义。五代文格浅弱，慕韩愈、柳宗元为文，因名肩愈，字绍先。既而改名字，以为能开圣道之涂也。著书自号东郊野夫，又号补亡先生，作二传以见意。尚气自任，不顾小节，所交皆一时豪俊。范杲好古学，尤重开文，世称为"柳、范"。王祐知大名，开以文贽大蒙赏激。杨昭俭、卢多逊并加延奖。开宝六年举进士，补宋州司寇参军，以治狱称职，迁本州录事参军。太平兴国中，擢右赞善大夫。会征太原，督楚、泗八州运粮。选知常州，迁殿中丞，徙润州，拜监察御史。召还，知贝州，转殿中侍御史。雍熙二年，坐与监军忿争，贬上蔡令。

会大举北征，开部送军粮，将至涿州，有契丹酋长领万骑与米信战，相持不解，俄遣使绐言求降，开谓信曰："兵法云：'无约而请和，谋也。'彼将有谋，急攻之必胜。"信迟疑不决。逾二日，贼复引兵挑战，后侦知果以矢尽，俟取于幽州也。师还，诣阙上书，愿从边军效死，太宗怜之，复授殿中侍御史。

雍熙中，使河北，因抗疏曰："臣受非常恩，未有以报，年裁四十，胆力方壮。今契丹未灭，愿陛下赐臣步骑数千，任以河北用兵之地，必能出生入死，为陛下复幽、蓟，虽身没战场，臣之愿也。"上以五代战争以来，自节镇至刺史皆用武臣，多不晓政事，人受其弊。欲兼用文士，乃以侍御史郑宣、户部员外郎赵载、司门员外郎刘墀并为如京使，左拾遗刘庆为西京作坊使，开为崇仪使、知宁边军。

徙全州。全西溪洞有粟氏,聚族五百余人,常钞劫民口粮畜,开为作衣带巾帽,选牙吏勇辩者得三辈,使入,谕之曰:"尔能归我,即有厚赏,给田为屋处之;不然,发兵深入,灭尔类矣。"粟氏惧,留二吏为质,率其酋四人与一吏偕来。开厚其犒赐,吏民争以鼓吹饮之。居数日遣还,如期携老幼悉至。开即赋其居业,作《时鉴》一篇,刻石戒之。遣其酋入朝,授本州上佐。赐开钱三十万。

淳化初,移知桂州。初,开在全州,有卒讼开,开即杖背黥面送阙下。有司言卒罪不及徒,召开下御史狱劾系,削二官,黜为复州团练副使,移滁州。复旧官,知环州。三年,移邠州。时调民辇送趋环、庆,已再运,民皆荡析产业,转运使复督后运,民数千人入州署号诉。开贻书转运使曰:"开近离环州,知刍粮之数不增,大兵可支四年,今蚕农方作,再运半发,老幼疲弊,畜乘困竭,奈何又苦之?不罢,开即驰诣阙下,白于上前矣。"卒罢之。又知曹、邢二州。

真宗即位,加如京使,归朝,命知代州。上言曰:

国家创业将四十年,陛下绍二圣之祚,精求至治。若守旧规,斯未尽善。能立新法,乃显machine。

臣以益州稍静,望陛下选贤能以镇之,必须望重有威,即群小畏服。又西鄙今虽归明,他日未必可保,苟有翻覆,须得人制御,若以契丹比议,为患更深。何者?契丹则君臣久定,蕃、汉久分,纵萌南顾之心,亦须自有思虑。西鄙积恨未泯,贪心不悛,其下猖狂,竞谋凶恶,侵渔未必知之,姑息未能感恩,望常预备之。以良将守其要害,以厚赐足其贪婪,以抚慰来其情,以宽假息其念。多命人使西入甘、凉,厚结其心,为我声援,如有动静,使其掩袭,令彼有后顾之忧,乃可制其轻动。今甲兵虽众,不及太祖之时人人练习,谋臣猛将则又县殊,是以比年西北屡遭侵扰,养育则月费甚广,征战则军捷未闻。诚愿训练禁戢,使如往日,行伍必求于勇敢,指顾无纵于后先,失律者悉诛,获功者必赏。偏裨主将,不威严者去之。听断之暇,亲临殿庭,更召貔虎,使其击刺驰骤,以彰神武之盛。

臣又以宰相、枢密,朝廷大臣,委之必无疑,用之必至当。铨总僚属,评品职官,内则主管百司,外则分治四海。今京朝官则别置审官,供奉、殿直则别立三班,刑部不令详断,别立审刑,宣徽一司全同散地。大臣不获亲信,小臣乃谓至公。至如银台一司,旧属枢密,近年改制,职掌甚多,加倍置人,事则依旧,别无利害,虚有变更。臣欲望停审官、三班,复委中书、枢密、宣徽院,银台司复归枢密,审刑院复归刑部,去其繁细,省其头目。

又京府大都,万方轨则,望仍旧贯,选委亲贤。今皇族宗子悉多成长,但令优逸,无以试材,宜委之外藩,择文武忠直之士,为左右赞弼之任。

又天下州县官吏不均,或冗长至多,或岁年久阙。欲望县四千户已上选朝官知,三千户已上选京官知。省去主簿,令县尉兼领其事。自余通判、监军、巡检、监临使臣并酌量省减,免虚费于利禄,仍均济于职官。

又人情贪竞,时态轻浮,虽骨肉之至亲,临势利而多变。同僚之内,多或不和,伺隙则致于倾危,患难则全无相救,仁义之风荡然不复。欲望明颁告谕,各使改更,庶厚化原,永敦政本。

恭惟太祖神武,太宗圣文,光掩百王,威加万国,无贤不用,无事不知。望陛下开豁圣怀,如天如海,可断即断,合行即行,爱惜忠直之臣,体察奸谀之党。臣久尘著位,寖荷恩宠,辞狂理拙,唯圣明恕之!

开至州,葺城垒战具,诸将多沮议不协。开谓其从子曰:"吾观昂宿有光,云多从北来犯境上,寇将至矣。吾闻师克在和,今诸将怨我,一旦寇至,必危我矣。"即求换郡,徙忻州刺史。及契丹犯边,开上书,又请车驾观兵河朔。四年,徙沧州,道病首疡卒,年五十四。录其子涉为三班奉职。

开善射,喜弈棋。有集十五卷。作《家戒》千余言,刻石以训诸子。性倜傥重义。在大名,尝过酒肆饮,有士人在旁,辞貌稍异,开询其名,则至自京师,以贫不克葬其亲,闻王祐笃义,将丐之。问所费,曰:"二十万足矣。"开即罄所有,得白金百余两,益钱数万遗之。

开兄肩吾,至御史。肩吾三子,混、灏、沆并进士第,灏秘书丞。

夏侯嘉正,字会之,江陵人,少有俊才。太平兴国中举进士,历官至著作佐郎。使于巴陵,为《洞庭赋》曰:

楚之南有水曰洞庭,环带五郡,淼不知其几百里。臣乙酉夏使岳阳,抵湖上,思构赋。明日披襟而观之,则翼然动,促然跂,慄然骇,愕然眙。怳若驾春云而轼霓,浩若浮汗漫而朝跻。退若据泰山之安,进若履千仞之危。懵若无识,智若通微。跂若不倚,跄若将驰。耳不及掩,目不暇逃,情悸心嬉。二三日而后,神始宅,气始正,若此不敢以赋为事者二年,然眷眷不已。

一日登崇丘,望大泽,有云峰兮兴,欻兮止。兴止未霁,急若有遇。由是溃阳辉,沐芳泽,睹一异人于岩之际,霞为裾,云为袂,冰肤雪肌,金玦玉珮,浮丘、羡门,斯实其对。

因言曰:"若非好辞者耶?"臣曰:"然。""然则若智有所不通,识有所不穷,用不通不穷而循乎无端之纪,若得无殆乎?"臣又曰:"然。""然志极则物应,思精则道来,嘉若之勤无哗谈,吾为若称云:'太极之生,曰地曰天。中含五精,五精之用而水居一焉。水之疏,迩则为江兮,远则为河,积则为潴兮,总则为湖。若今所谓洞庭者,杰立而孤,廓然如无区,其大无徒。含阳字阴,玄神之都。暧暧昧昧,百川不敢逾。有若臣者,有若宾者,有若仆者,有若子者,有若附庸者,有若姊姒者。若禹会涂山,武巡牧野,千出百会，咸处麾下。每六合澄静，中流迴眄。莽莽苍苍，纤霭不翳。太阳望舒，出没其间。万顷咸沸，强而名之为巨泽，为长川，为水府，为大渊。纵之不逾，踢之不卑。乍若贤人，以重自持。诱之不前，犯之愈坚。又若良将，以谋守边。澎澎濞濞，浩尔一致。又若太始，未有仁义。冲冲漠漠，二气交错。又若混沌，凝然未凿。此乃方舆之心胸，溟海之邦郭也。三代之前，其气漫落。浩浩滔天，与物迴薄。灭木襄陵，无际无廓。上帝降鉴，巨人斯作。乃命玄夷，授禹之机。隧山堙谷，涤源畅微。然后若金在熔，若木在工，流精成器，夫何不通。是泽之设，允执厥中。既巽其性，遂得其正。有升有降，有动有静。'"

臣应之曰："升降动静，可得闻乎？"神曰："水之性非圆非方，非柔非刚，非直非曲，非玄非黄。划象为《坎》，本乎羲皇。外婉而固，内健而彰。降以《姤》始，升以《复》张。其静处阴，其动随阳。六府之甲，万化之纲。式观是泽，乃知天常。若四序之变，九夏攸处。烘然而炎，沸然而煮。群物鸿洞，烁为隆暑。泽之作，顾然其容，若去若住，若茹若吐。灵趋怪觌，杳不可睹。蒸之为云，散之为雨。倏急万象，如还太古。真可嘉也。若乃秋之为神，素气清潚。肃肃翛翛，群籁四起。泽之动，黝然其姿，若挺若倚，若行若止，《巽》宫离离，为之腾风。苍梧崇崇，为之供云。四顾一色，黯然氤氲。其声泙泙，若商非商，若徵非徵。东凑海门，一浪千里。又足畏也。言其状，则石然而骨，岸然而革。气然而荣，洛然而脉。有山而心，有洞而腹。有玉而体，有珠而目。穿鼻孤岛，呀口万谷。臂带三吴，足跖荆、巫。或跂然而望，或翼然而趋。彭蠡、震泽，讵可云乎？"

臣又问曰："泽之态已闻命矣。水之族将如何居？"神曰："大道变易，或文或质。沉潜自遂，其类非一。或被甲而邅，或曳裾而圆。或秃而跂，或角而蜿。或吞而呀，或呋而牙。或心以之蟹，或目以之虾。或修臂而立，或横鳌而疾。或发于首，或髦于肘。或俨而庄，或毅而黝。彪彪纷纷，若大虚之含万汇，各循其生而合乎群者也。"

臣又问曰："若神之资，其品何如也？"神曰："清矣静矣，丽矣至矣，邈难知矣。肇于古，古有所未达；形于今，今有所未察。非希夷合其心于自然，然后上天入地，把三根六。况水居陆处，夫何不烛。彼鞍鲤之贤，髻龙之仙，乃吾之肩也。其余海若、天吴、阳侯、神胥，觑觑而游，曾不我俦。"

臣又问曰："《易》称'王公设险'，是泽之险可以为固。而历代兴衰，其义安取？"神曰："天道以顺不以逆，地道以谦不以盈。故治理之世，建仁为旌，聚心为城。而弧不暇弦，矛不暇锋，四海之以而大同。何必恃险阻，何必据要冲？若秦得百二为帝，齐得十二而王。其山为金，其水为汤。守之不义，欻然而亡。水不在大，恃之者败。水不在微，怙之者危。若汉疲于昆明，桀困于酒池，亦其类也。故黄帝张乐而兴，三苗弃义而倾。则知洞庭之波以仁不以乱，以道不以贼，惟贤者观其知而后得也。"

于是盘桓徙倚，凝精流视。罄以辞对，倏然而晦。徐铉见之，曰："是玄虚之流也。"人多传写。

端拱初，太宗知其名，召试辞赋，擢为右正言、直史馆兼直秘阁，赐绯鱼。元夕，上御乾元门观灯，嘉正献五言十韵诗，其末句云："两制诚堪羡，青云侍玉舆。"上依韵和以赐之，有"狭劣终虽举，通才列上居"之句，议者以为诚嘉正之好进也。未几被病，诏以为益王生辰使。所获金币，鬻得钱辇归家，忽一缟自地起立，良久而仆，闻者异之。嘉正疾遂笃，月余卒，年三十七。

子纾，太子中舍。

罗处约，字思纯，益州华阳人，唐酷吏希奭之裔孙。伯祖衮，唐末为谏官。父济，仕蜀为升朝官。归朝，至太常丞。处约尝作《黄老先六经论》，曰：

先儒以太史公论道德，先黄、老而后《六经》，此其所以病也。某曰："不然，道者何？无之称也，无不由也。混成而仙，两仪至虚而应万物，不可致诘。况名之曰'道'，道既名矣，降而为圣人者，为能来藏往，与天地准，故黄、老、姬、孔通称焉。其体曰道，其用曰神，无适也，无莫也，一以贯之，胡先而尊，孰后而愧。"

"《六经》者，《易》以明人之权而本之于道；《礼》以节民之情，趣于性也；《乐》以和民之心，全天真也；《书》以叙九畴之秘，焕二帝之美；《春秋》以正君臣而敦名教；《诗》以正风雅而存规戒。是道与《六经》一也。"

"矧仲尼祖述尧、舜，而况于帝鸿氏乎？华胥之治，太上之德，史传详矣。老聃世谓方外之教，然而与《六经》皆足以治国治身，清净则得之矣。汉文之时，未遑学校，窦后以之而治，曹参得之而相，几至措刑。且仲尼尝问礼焉，俗儒或否其说。"

余曰："《春秋》昭十七年，郯子来朝，仲尼从而学焉，俾后之人敦好问之旨。矧老子有道之士，周之史氏乎？余谓《六经》之教，化而不已则臻于大同，大道之行则蜡宾息叹。黄、老之与《六经》，孰为先而孰为后乎？又何必缫藉玉帛然后为礼，笋虡镛鼓然后为乐乎？余谓太史公之志，斯见之矣。恶可以道之迹、儒之末相戾而疾其说？病之者可以观徼，未可以观妙。"

人多重之。

登第，为临涣主簿，再迁大理评事、知吴县。王禹偁知长洲县，日以诗什唱酬，苏、杭间多传诵。后并召赴阙，上自定题以试之，以禹偁为右拾遗，处约著作郎，皆直史馆，赐绯鱼。会下诏求谠言，处约上奏曰：

伏睹今年春诏旨，责以谏官备员未尝言事，虽九寺、三监之官，亦得尽其说议。陛下虔恭劳神，厉精求理，力行王道，坐致太平。心先天而不违，德生民而未有，所以散玄黄之协气，为动植之休祥，而犹不伐功成，屡求献替，此真唐尧、虞舜之用心也。

臣累日以来，趋朝之暇，或于卿士之内预闻时政之言，皆曰圣上以三司之中，邦计所属，簿书既广，纲条实繁，将求尽善之规，冀协酌中之道。窃闻省上言，欲置十二员判官兼领其职，贵各司其局，允执厥中。臣以三司之制非古也。盖唐朝中叶之后，兵寇相仍，河朔不王，军旅未弭，以赋调筦榷之所出，故自尚书省分三司以董之。然国用所须，朝廷急务，故僚吏之属倚注尤深。或重其位以处之，优其禄以宠之，黾勉从事者姑务其因循，尽瘁事国者或生于睚眦，因循则无补于国，睚眦则不协于时。或浅近之人用指瑕于心计，深识之士以多可为身谋。蠹弊相沿，为日已久。今若如十二员判官之说，亦从权救敝之一端也。

然而圣朝之政臻乎治平，当求稽古之规，以为垂世之法。臣尝读《说命》之书，以为"事不师古，匪说攸闻"。又《二典》曰："若稽古帝尧。""若稽古帝舜。"皆谓顺考古道而致治平。以臣所见，莫若复尚书都省故事，其尚书丞郎、正郎、员外郎、主事、令史之属，请依六典旧仪。以今三司钱刀粟帛筦榷支度之事，均在二十四司，如此则各有司存，可以责其集事。今则金部、仓部安能知储廪帑藏之盈虚，司田、司川孰能知屯役河渠之远近？有名无实，积久生常。况此却复都省之事，下臣犹能佥知其可，况陛下聪明濬哲乎！

然议者以为不行已久，难于改更，若断自宸心，下于相府，都省之制，故典存焉。上令下从，孰为不可，盖人者可与习常，难与适变；可与乐成，难与虑始。在《周易》有之："天地革而四时成。"此言能改命而创制，及小人乐成则革面以顺上矣。况三司之名兴于近代，堆案盈几之籍，何尝能省览之乎？复就三司之中，更分置僚属，则愈失其本原矣。今三司勾院即尚书省，比部元为勾覆之司，周知内外经费，陛下若欲复之，则制度尽在。迨及九寺、三监多为冗长之司，虽有其官，不举其职。

伏望陛下当治平之日，建垂久之规，不烦更差使臣，别置公署。如此则名正而言顺，言顺而事成，省其冗员则息其经费，故《书》曰："唐虞稽古，建官惟百。夏、商官倍，亦克用乂。"伏望法天地简易之化，建《洪范》大中之道，可以亿万斯年，垂衣裳而端拱矣。

受诏荆湖路巡抚，欲以苛察立名，所奏劾甚众，官吏多被黜责。淳化三年卒，年三十三。

初，济为开封府司录，太宗尹京，颇嘉其强干。太平兴国中，处约与兄贲同举进士，上临试，知贡、济之子，遂置之高等。八年，处约复登第。贲后至员外郎。

处约形神丰硕，见者加重，虽有词采而急于进用，时论亦以此薄之。卒后，苏易简、王禹偁集其文凡十卷，题曰《东观集》。禹偁为序，易简表上之，诏付史馆。

蜀又有严储者，太平兴国中进士，后直史馆，使河北督军粮，陷于契丹。

安德裕，字益之，一字师皋，河南人。父重荣，晋成德军节度，《五代史》有传。德裕生于真定，未期，重荣举兵败，乳母抱逃水窦中。将出，为守兵所得，执以见军校秦习，习与重荣有旧，因匿之。习先养石守琼为子，及年壮无嗣，以德裕付琼养之，因姓秦氏。习世兵家，以弓矢、狗马为事。德裕孩提即喜笔砚，遇文字辄为诵读声，诸子不之齿，习独异之。既成童，俾就学，遂博贯文史，精于《礼》、《传》，嗜《西汉书》。习卒，德裕行三年服，然后还本姓。习家尽以橐装与之，凡白金万余两。德裕却之，曰："斯秦氏之著，于我何有？丈夫当自树功名，以取富贵，岂屑于他人所有耶！"闻者高之。

开宝二年，擢进士甲科、归州军事推官，历大理寺丞、著作佐郎。太平兴国中，累迁秘书丞、知广济军。时军城新建，德裕作《军记》及《图经》三卷，优诏嘉奖。俄改太常博士。八年，通判秦州，就知州事。雍熙初，迁主客员外郎、通判广州，未行，宰相李昉言其有史才，即以本官直史馆。端拱初，改金部员外郎。

淳化初，知开封县，会备三馆职，改直昭文馆。三年春，廷试贡士，德裕与史馆修撰梁周翰并为考官，上顾宰相曰："此皆有闻之士而老于郎署，周翰狭中，德裕嗜酒，朕闻其能改矣。"遂并赐金紫。俄迁司勋员外郎。至道初，德裕常作《九弦琴五弦阮颂》以献，上称其词采古雅。至道三年，转金部郎中、出知睦州，还判太府寺。咸平五年卒，年六十三。

德裕性介洁，以风鉴自负。王禹偁、孙何皆初游词场，德裕力为延誉。及领考试，何又其首选。然酣饮太过，故不被奖擢。有集四十卷。

钱熙，字太雅，泉州南安人。父居让，陈洪进署清溪令。熙幼颖悟，及长，博贯群籍，善属文，洪进嘉其才，以弟之子妻之。将署熙府职，辞不就，著《楚雁赋》以见志。寻复辟为巡官，专掌笺奏。

洪进归朝，熙不叙旧职，举进士。雍熙初，携文谒宰相李昉，昉深加赏重，为延誉于朝，令子宗谔与之游。明年，登甲科，补庐州观察推官。代还，寇准掌吏部选，上封荐钱若水、陈充、王扶洎熙皆有文，得试中书，迁殿中丞，赐绯鱼。著《四夷来王赋》以献，凡万余言，太宗嘉之，即以本官直史馆。

淳化中，参知政事。苏易简对太宗言赵邻几追补《唐实录》，邻几卒，家睢阳，即命熙乘传而往，尽取其书来上。熙尝与杨徽之言及张洎、钱若水将被进用，熙与刘昌言同乡里，相亲善，又语及其事。昌言因以语洎，洎疑熙交构，诉之，熙坐削职、通判朗州，俄徙衡州，就改太常博士。真宗即位，迁右司谏。李宗谔、杨亿素厚善熙，乃与梁颢、赵况、赵安仁同表请复熙旧职，不报。寻通判杭州，政多专达，为转运使所奏，徙通判越州。

熙负气好学，善谈笑，精笔札，狷躁务进。自罢职，因愤恚成疾，咸平三年卒，年四十八。尝拟古乐府，著《杂言》十数篇及《措刑论》，为识者所许。有集十卷。

子蒙吉，亦进士及第。

卷四百四十一　　列传第二百

文　苑　三

陈充　吴淑_{舒雅}　黄夷简_{卢稹 谢炎}
_{许洞附}　徐铉　句中正　曾致尧　刁衎
姚铉　李建中　洪湛　路振　崔遵度
陈越

陈充，字若虚，益州成都人。家素豪盛，少以声酒自娱，不乐从宦。邑人敦迫赴举，至京师，有名场屋间。雍熙中，天府、礼部奏名皆为进士之冠，廷试擢甲科，释褐孟州观察推官，就改掌书记。会寇准荐其文学，得召试，授殿中丞，出知明州。入为太常博士、直昭文馆，迁工部、刑部员外郎。久病告满，除籍，真宗怜其贫病，令致仕，给半奉。未几病间，守本官，仍充职。以久次，迁兵部员外郎。景德中，与赵安仁同知贡举，改工部、刑部郎中。

大中祥符六年，以足疾不任朝谒，出权西京留守御史台，旋以本官分司，卒，年七十。

充词学典赡，唐牛僧孺著《善恶无余论》，言尧舜之善、伯鲧之恶，俱不能庆殃及其子，充因作论以反之，文多不载。

性旷达，善谈谑，澹于荣利，自号"中庸子"。上颇熟其名，以疾故不登词职。临终自为墓志。有集二十卷。

吴淑，字正仪，润州丹阳人。父文正，事吴，至太子中允。好学，多自缮写书。淑幼俊爽，属文敏速。韩熙载、潘佑以文章著名江左，一见淑，深加器重。自是每有滞义，难于措词者，必命淑赋述。以校书郎直内史。

江南平，归朝，久不得调，甚穷窭。俄以近臣延荐，试学士院，授大理评事，预修《太平御览》、《太平广记》、《文苑英华》。一日，召对便殿，出古碑一编，令淑与吕文仲、杜镐读之。历太府寺丞、著作佐郎。始置秘阁，以本官充校理。尝献《九弦琴五弦阮颂》，太宗赏其学问优博。又作《事类赋》百篇以献，诏令注释，淑分注成三十卷上之，迁水部员外郎。至道二年，兼掌起居舍人事，预修《太宗实录》，再迁职方员外郎。

时诸路所上《闰年图》，皆仪鸾司掌之，淑上言曰："天下山川险要，皆王室之秘奥，国家之急务，故《周礼》职方氏掌天下图籍。汉祖入关，萧何收秦籍，由是周知险要，请以今闰年所纳图上职方。又州郡地里，犬牙相入，向者独画一州地形，则何以傅合他郡？望令诸路转运使，每十年各画本路图一上职方。所冀天下险要，不窥牖而可知；九州轮广，如指掌而斯在。"从之。会诏询御戎之策，淑抗疏请用古车战法，上览之，颇嘉其博学。咸平五年卒，年五十六。

淑性纯静好古，词学典雅。初，王师围建业，城中乏食。里闬有与淑同宗者，举家皆死，惟存二女孩，淑即收养如所生，及长，嫁之。时论多其义。有集十卷。善笔札，好篆籀，取《说文》有字义者千八百余条，撰《说文五义》三卷。又著《江淮异人录》三卷、《秘阁闲谈》五卷。

子安节、让夷、遵路皆进士及第。遵路官至祠部员外郎、秘阁校理。

舒雅字子正，久仕李氏。江左平，为将作监丞，后充秘阁校理。好学。善属文，与吴淑齐名。累迁职方员外郎，求出，得知舒州，仍赐金紫。恬于荣宦，州之潜山灵仙观有神仙胜迹，郡秩满，即请掌观事。东封，就加主客郎中，改直昭文馆，转刑部。在观累年，优游山水，吟咏自乐，时人美之。卒年七十余。弟雄，端拱二年进士。

黄夷简，字明举，福州人。父廷枢，为王审知从事，甚被亲遇。嗣王延钧以女妻之。钱氏取福州，署光禄卿。夷简少孤，好学，有名于江东。为钱惟治明州判官。太平兴国初，随钱俶来朝，授检校秘书少监、元帅府掌书记，赐以袭衣、器币、鞍勒、马。八年，俶让元帅，改授夷简淮海国王府判官。雍熙四年，俶改封许王，出镇南阳，加夷简仓部员外郎，充许王府判官。

俶薨，归朝，为考功员外郎。累迁都官郎中，掌名表，人颇称其得体。至道二年，上言浙右人无预馆阁之职者，因自陈尝劝钱俶入朝，词甚恳激，太宗怜之，命直秘阁，俄判吏部南曹。咸平中，召试翰林，迁光禄少卿。

初，宰相张齐贤欲引夷简与曾致尧并知制诰，有急制，值舍人入院，即封除目命夷简草之，物议以为不可，故但进秩而已。景德中，夷简被病，告满二百日，御史台言当除籍，真宗以其吴越旧僚，有词学，且年老母在，特命续其月廪。大中祥符初，迁秘书少监。三年，丁内艰，上遣中使存问，赙赠有加，因请护母丧归浙右，许之。且欲不绝其奉给，特授检校秘书监、平江军节度副使。逾年卒，年七十七。

夷简喜谈论，善属文，尤工诗咏，老而不辍。尝摄鸿胪卿，护许国长公主葬，在道，驸马都尉魏咸信礼接甚薄。夷简衔之，言于上云："发引之日，以钱三十千遗臣治装，不重王人，若有轻国命之意，臣拒不纳。"上遣中使诘咸信，咸信言："夷简始受命，屡有求丐，又献挽词以希赂遗，臣皆不敢受，以是为憾。"既而夷简又贡歌诗一编，大率讥咸信贪啬，且形于怨诅。复言所未受三十千钱，意欲索取。真宗甚鄙之，且不欲其歌诗流布于外，命中书召夷简对焚之。士大夫以是薄其为人。

浙右士之秀者，又有卢稹、谢炎、许洞。

卢稹字淑微，杭州人。幼颖悟，七岁能诗，十二学属文。及长，晓《五经》大义，酷嗜《周易》、《孟子》。端拱初，游京师，时徐铉以宿儒为士子所宗，览稹文，甚奇之，为延誉于朝。是年登进士第，调补真定束鹿主簿。至府，值契丹围城，未及赴官，卒，年二十七。尝著《五帝皇极志》、《孺子问》、《翼圣书》数十篇。

谢炎字化南，苏州嘉兴人。父崇礼，泰宁军掌书记。炎慕韩、柳为文，与卢稹齐名，时谓之"卢、谢"。稹选懦，炎劲急，反相厚善。端拱初，举进士，调补昭应主簿，徙伊阙，连知华容、公安二县，卒，年三十四。有集二十卷。

许洞，字洞天，苏州吴县人。父仲容，太子洗马致仕。洞性疏隽，幼时习弓矢击刺之伎，及长，折节励学，尤精《左氏传》。咸平三年进士，解褐雄武军推官。尝诣府白事，有卒踞坐不起，即杖之。时马知节知州，洞又移书责知节，知节怒其狂狷不逊，会洞辄用公钱，奏除名。

归吴中数年，日以酣饮为事。尝从民坊贳酒，一日，大署壁作《酒歌》数百言，乡人争往观，其酤数倍，乃尽捐洞所负。景德二年，献所撰《虎钤经》二十卷。应洞识韬略、运筹决胜科，以负谴报罢，就除均州参军。大中祥符四年，祀汾阴，献《三盛礼赋》，召试中书，改乌江县主簿，卒，年四十二。有集一百卷。又著《春秋释幽》五卷、《演玄》十卷。

徐铉，字鼎臣，扬州广陵人。十岁能属文，不妄游处，与韩熙载齐名，江东谓之"韩、徐"。仕吴为校书郎，又仕南唐李昇父子，试知制诰，与宰相宋齐丘不协。时有得军中书檄者，铉与弟锴评其援引不当。檄乃汤悦所作，悦与齐丘诬铉、锴泄机事，铉坐贬泰州司户掾，锴贬为乌江尉，俄复旧官。

时景命内臣车延规、傅宏营屯田于常、楚州，处事苛细，人不堪命，致盗贼群起。命铉乘传巡抚。铉至楚州，奏罢屯田，延规等惧，逃罪，铉捕之急，权近侧目。及捕得贼首，即斩之不俟报，坐专杀流舒州。周世宗南征，景徙铉饶州，俄召为太子右谕德，复知制诰，迁中书舍人。景死，事其子煜为礼部侍郎，通署中书省事，历尚书左丞、兵部侍郎、翰林学士、御史大夫、吏部尚书。

宋师围金陵，煜遣铉求缓兵。时煜将朱令赟将兵十余万自上江来援，煜以铉既行，欲止令赟勿令东下。铉曰："此行未保必能济难，江南所恃者援兵尔，奈何止之！"煜曰："方求和解而复决战，岂利于汝乎？"铉曰："要以社稷为计，岂顾一介之使，置之度外可也。"煜泣而遣之。及至，虽不能缓兵，而入见辞归，礼遇皆与常时同。及随煜入觐，太祖责之，声甚厉。铉对曰："臣为江南大臣，国亡罪当死，不当问其他。"太祖叹曰："忠臣也！事我当如李氏。"命为太子率更令。

太平兴国初，李昉独直翰林，铉直学士院。从征太原，军中书诏填委，铉援笔无滞，辞理精当，时论能之。师还，加给事中。八年，出为右散骑常侍，迁左常侍。淳化二年，庐州女僧道安诬铉奸私事，道安坐不实抵罪，铉亦贬静难行军司马。

初，铉至京师，见被毛褐者辄哂之，邠州苦寒，终不御毛褐，致冷疾。一日晨起方冠带，遽索笔手疏，约束后事，又别署曰："道者，天地之母。"书讫而卒，年七十六。铉无子，门人郑文宝护其丧至汴，胡仲容归其葬于南昌之西山。

铉性简淡寡欲，质直无矫饰，不喜释氏而好神怪，有以此献者，所求必如其请。铉精小学，好李斯小篆，臻其妙，隶书亦工。尝受诏与句中正、葛湍、王惟恭等同校《说文》，《序》曰：

许慎《说文》十四篇，并《序目》一篇，凡万六百余字，圣人之旨盖云备矣。夫八卦既画，万象既分，则文字为之大辂，载籍为之六辔，先王教化所以行于百代，及物之功与造化均不可忽也。虽五帝之后改易殊体，六国之世文字异形，然犹存篆籀之迹，不失形类之本。及暴秦苛政，散隶聿兴，便于末俗，人竞师法。古文既变，巧伪日滋。至汉宣帝时，始命诸儒修仓颉之法，亦不能复。至光武时，马援上疏论文字之讹谬，其言详矣。及和帝时，申命贾逵修理旧文，于是许慎采史籀、李斯、扬雄之书，博访通人，考之于逵，作《说文解字》，至安帝十五年始奏上之。而隶书之行已久，加以行、草、八分纷然间出，反以篆籀为奇怪之迹，不复经心。

至于六籍旧文，相承传写，多求便俗，渐失本原。《尔雅》所载草、木、鱼、鸟之名，肆志增益，不可观矣。诸儒传释，亦非精究小学之徒，莫能矫正。

唐大历中，李阳冰篆迹殊绝，独冠古今，于是刊定《说文》，修正笔法，学者师慕，篆籀中兴。然颇排斥许氏，自为臆说。夫以师心之独见，破先儒之祖述，岂圣人之意乎？今之为字学者，亦多阳冰之新义，所谓贵耳而贱目也。

自唐末丧乱，经籍道息。有宋膺运，人文国典，粲然复兴，以为文字者六艺之本，当由古法，乃诏取许慎《说文解字》，精加详校，垂宪百代。臣等敢竭愚陋，备加详考。

有许慎注义、序例中所载而诸部不见者，审知漏落，悉从补录。复有经典相承传写及时俗要用而《说文》不载者，皆附益之，以广篆籀之路。亦皆形声相从、不违六书之义者。

其间《说文》具有正体而时俗讹变者，则具于注中。其有义理乖舛、违戾六书者，并列序于后，俾夫学者无或致疑。大抵此书务援古以正今，不徇今而违古。若乃高文大册，则宜以篆籀著之金石，至于常行简牍，则草隶足矣。

又许慎注解，词简义奥，不可周知。阳冰之后，诸儒笺述有可取者，亦从附益；犹有未尽，则臣等粗为训释，以成一家之书。

《说文》之时，未有反切，后人附益，互有异同。孙愐《唐韵》行之已久，今并以孙愐音切为定，庶几学者有所适从焉。

锴亦善小学，尝以许慎《说文》依四声谱次为十卷，目曰《说文解字韵谱》。铉序之曰：

昔伏羲画八卦而文字之端见矣，苍颉模鸟迹而文字之形立矣。史籀作大篆以润色之，李斯变小篆以简易之，其美至矣。及程邈作隶而人竞趣省，古法一变,字义浸讹。先儒许慎患其若此,故集《仓》、《雅》之学,研六书之旨,博访通识,考于贾逵,作《说文解字》十五篇,凡万六百字。字书精博,莫过于是。篆籀之体,极于斯焉。

其后贾鲂以《三苍》之书皆为隶字,隶字始广而篆籀转微。后汉及今千有余岁,凡善书者皆草隶焉。又隶书之法有册繁补阙之论,则其讹伪断可知矣。故今字书之数累倍于前。

夫圣人创制皆有依据,不知而作,君子慎之,及史阙文,格言斯在。若草、木、鱼、鸟,形声相从,触类长之,良无穷极,苟不折之以古义,何足以观?故叔重之后,《玉篇》、《切韵》所载,习俗虽久,要不可施之于篆文。往者,李阳冰天纵其能,中兴斯学。赞明许氏,免焉英发。然古法背俗,易为埋微。

方今许、李之书仅存于世,学者殊寡,旧章罕存。秉笔操觚,要资检阅,而偏傍奥密,不可意知,寻求一字,往往终卷,力省功倍,思得其宜。舍弟锴特善小学,因命取叔重所记,以《切韵》次之,声韵区分,开卷可睹。锴又集《通释》四十篇,考先贤之微言,畅许氏之玄旨,正阳冰之新义,折流俗之异端,文字之学,善矣尽矣。今此书止欲便于检讨,无恤其他,故聊存诂训,以为别识。其余敷演,有《通释五音》凡十卷,贻诸同志云。

铉亲为之篆,镂板以行于世。

锴字楚金,四岁而孤,母方教铉,未暇及锴,能自知书。李景见其文,以为秘书省正字,累官内史舍人,因铉奉使入宋,忧惧而卒,年五十五。李穆使江南,见其兄弟文章,叹曰:"二陆不能及也!"

铉有文集三十卷,《质疑论》若干卷。所著《稽神录》,多出于其客蒯亮。锴所著则有文集、家传、《方舆记》、《古今国典》、《赋苑》、《岁时广记》云。

句中正,字坦然,益州华阳人。孟昶时,馆于其相毋昭裔之第,昭裔奏授崇文馆校书郎,复举进士及第,累为昭裔从事。归朝,补曹州录事参军,汜水令,又为潞州录事参军。

中正精于字学,古文、篆、隶、行、草无不工。太平兴国二年,献八体书。太宗素闻其名,召入,授著作佐郎、直史馆,被诏详定《篇》、《韵》。

四年,命副张泊为高丽加恩使,还,迁左赞善大夫,改著作郎,与徐铉重校定《说文》,模印颁行。太宗览之嘉赏,因问中正,凡有声无字者几何?中正退,条为一卷以献。上曰:"朕亦得二十一字,可入录之也。"时又命中正与著作佐郎吴铉、大理寺丞杨文举同撰定《雍熙广韵》。中正先以门类上进,面赐绯鱼,俄加太常博士。《广韵》成,凡一百卷,特拜虞部员外郎。

淳化元年,改直昭文馆,三迁屯田郎中,杜门守道,以文翰为乐。太宗神主及谥宝篆文,皆诏中正书之。尝以大小篆、八分三体书《孝经》摹石,咸平三年表上之。真宗召见便殿,赐坐,问所书几许时,中正曰:"臣写此书,十五年方成。"上嘉叹良久,赐金紫,命藏于秘阁。时乾州献古铜鼎,状方而四足,上有古文二十一字,人莫能晓,命中正与杜镐详验以闻,援据甚悉。五年,卒,年七十四。

中正喜藏书,家无余财。子希古、希仲并进士及第,希仲太常博士。

蜀人又有孙逢吉、林罕。逢吉尝为蜀国子《毛诗》博士、检校刻石经。罕亦善文字之学,尝著《说文》二十篇,目曰《林氏小说》,刻石蜀中。

曾致尧字正臣,抚州南丰人。太平兴国八年进士,解褐符离主簿、梁州录事参军,三迁著作佐郎、直史馆,改秘书丞,出为两浙转运使。尝上言:"去岁所部秋租,惟湖州一郡督纳及期,而苏、常、润三州悉有逋负,请各按赏罚。"太宗以江、淮频年水灾,苏、常特甚,所言刻薄不可行,诏戒致尧毋扰。俄徙知寿州,转太常博士。

致尧性刚率,好言事,前后屡上章奏,辞多激讦。真宗即位,迁主客员外郎、判盐铁勾院。张齐贤荐其材,任词职,命翰林试制诰,既而以舆议未允而罢。

李继迁扰西鄙,灵武危急,命张齐贤为泾、原、邠、宁、环、庆等州经略使,选致尧为判官,仍迁户部员外郎。既受命,因抗疏自陈,愿不受章绂之赐,词旨狂躁。诏御史府鞫其罪,黜为黄州副使,夺金紫。未几,复旧官,改吏部员外郎,历知泰、泉、苏、扬、鄂五州。大中祥符初,迁礼部郎中,坐知扬州日冒请一月奉,降掌昇州权酤,转户部郎中。五年,卒,年六十六。

致尧颇好纂录,所著有《仙凫羽翼》三十卷、《广中台志》八十卷、《清边前要》三十卷、《西陲要纪》十卷、《为臣要纪》一十五篇。子易从、易占皆登进士第。

刁衎,字元宾,昇州人。父彦能,仕南唐为昭武军节度。衎用荫为秘书郎、集贤校理,衣五品服,以文翰入侍,甚被亲昵。李煜尝令直清辉殿,阅中外章奏。

金陵平,从煜归宋,太祖赐绯鱼,授太常寺太祝。称疾,假满,屏居辇下者数岁。太平兴国初,李昉、扈蒙在翰林,勉其出仕,因撰《圣德颂》献之。诏复本官,出知睦州桐庐县。

会诏群臣言事,衎上《谏刑书》,谓:

淫刑酷法非律文所载者,望诏天下悉禁止之。巡检使臣捕得盗贼、亡卒,并送本部法官讯鞫,无得擅加酷虐。古者投奸凶于四裔,今远方囚人尽归京阙,以配务役,最非其宜。且神皋胜地,天子所居,岂使流囚于此聚役。自今外处罪人,望勿许解送上京,亦不留于诸务充役。

又《礼》曰:"刑人于市,与众弃之。"则知黄屋紫宸之中,非用刑行法之处。望自今御前不行决罚之刑,殿前引见司钳髡法具,并赴御史台、廷尉之狱,敕杖不以大小,皆引赴御史、廷尉。京府或出中使,或命法官,具礼监科,以重圣皇明刑慎法之意。

或有犯劫盗亡命,罪重者刖足钉身,国门布令。此乃小民昧于刑宪,逼于衣食,偶然为恶,义不及他,被其惨毒，实伤风化，亦望减除其法。如此则人情不骇，各固其生；和气无伤，必臻上瑞。

再迁大理寺丞，献文四十篇。召试，授殿中丞、通判湖州，上疏请定天下酒税额、修郡县城隍、条约牧宰、除两浙丁身钱、禁汴水流尸，凡五事。俄知婺州，迁国子博士。会考校百官殿最，衍被召，以无过，得知光州，就改虞部员外郎。转运使状其政绩，优诏加奖，徙知庐州。

真宗即位，迁比部员外郎。尝上疏曰：

臣闻天下，大器也；群生，众畜也。治大器者执一以正其度，保众畜者齐化以臻其原。故至人谓莫神于天，莫富于地，莫大于帝王。又曰：帝王乘地而总万物，以用人也。则知万乘之尊，一人之位，等天地之覆焘，若日月之照临，可不慎思虑以安民，系惨舒而被物！所以尧、舜笃善道以垂化，而民谓之所天；桀、纣怀凶德以害世，而民谓之独夫。则君之于民，善恶有如是之验；民之于君，毁誉有如是之异。

陛下纂图兹始，布政惟新，所宜上顺天心，下从人欲，进善以去恶，避毁而来誉。遵唐、虞之治，斥辛、癸之乱，私赏无及于小人，私罚无施于君子，任贤勿贰，去邪勿疑。开谏诤之门，塞谗佞之口，爱而知其恶，憎而知其善，无以春秋鼎盛而耽于逸游，无以血气方刚而惑于声色。若太祖之勤俭，若太宗之惠慈，答天地敷锡之意，保祖宗艰难之业，则周成、汉文二宗之美，不可同年而议拟也。

代还，献所著《本说》十卷，得以本官充秘阁校理，出知颍州。入为驾部员外郎，改直秘阁，充崇文院检讨。时杜镐、陈彭年并预检讨，衍言此二人可专其任，诏许解职，判三司开拆司，预修《册府元龟》，加主客郎中。求领外任，得知湖州，转刑部郎中。岁满，复预编修。大中祥符六年，书成，授兵部郎中。入朝，暴中风眩，真宗遣使驰赐金丹，已不救，年六十九。

衍始仕李氏，权势甚盛。父为藩帅，家富于财，被服饮膳，极于侈靡。归宋，以纯澹夷雅知名于时，恬于禄位，善谈笑，喜棋弈，交道敦笃，士大夫多推重之。

子湛、渥、渭，皆登进士第。湛，刑部郎中；渥，屯田员外郎；渭，太常博士。湛子绎、约，天圣中并进士及第。

姚铉，字宝之，庐州合肥人。太平兴国八年进士甲科，解褐大理评事，知潭州湘乡县，三迁殿中丞，通判简、宣、昇三州。淳化五年，直史馆，侍宴内苑，应制赋《赏花钓鱼诗》，特被嘉赏，翌日，命中使就第赐白金以奖之。

至道初，迁太常丞，充京西转运使，历右正言、右司谏、河东转运使。俄上言曰："伏见诸路官吏，或强明苛事、惠爱及民者，则必立教条，除其烦扰。然狡胥之辈，非其所便，俟其罢官，悉藏记籍，害公蠹政，莫甚于此。《礼》云：'其人存则其政举，其人亡则其政息。'又《语》曰：'旧令尹之政必告新令尹。'斯实圣人之格言，国家之急务也。欲望所在官吏，有经画利济事可长久者，岁终书历，受代日录付新官，俾之遵守。若事有灼然匪便，听上闻，俟报改正。"诏从之。

咸平三年，河决郓州王陵埽，东南注钜野，入淮、泗，城中积水坏庐舍，以铉知州事，徙州于汶阳乡之高原，委以营度，许便宜从事。工毕，加起居舍人、京东转运使，徙两浙路。

铉隽爽，颇尚气。薛映知杭州，与之不协，事多矛盾。映擿铉罪状数条，密以闻，诏使劾之，当夺一官，特除名，贬连州文学。吉州之万安抵虔，江有赣石，舟行其中，湍险万状，铉过，感而赋之以自况。大中祥符五年，会赦，移岳州，又移舒州，俄授本州团练副使。天禧四年卒，年五十三。

铉文辞敏丽，善笔札，藏书至多，颇有异本，两浙课吏写书，亦薛映所擿之一事。虽被窜斥，犹佣夫荷担以自随。有集二十卷。又采唐人文章纂为百卷，目曰《文粹》。卒后，子嗣复以其书上献，诏藏内府，授嗣复永城主簿。幼子称，俊颖美秀，颇善属辞，裁十岁卒。铉纪其事为《聪悟录》，人多传之。

李建中，字得中，其先京兆人。曾祖逢，唐左卫兵曹参军。祖稠，梁商州刺史，避地入蜀。会王建僭据，稠预佐命功臣，左卫将军。建中幼好学，十四丁外艰。会蜀平，侍母居洛阳，聚学以自给。携文游京师，为王祐所延誉，馆于石熙载之第，熙载厚待之。

太平兴国八年进士甲科，解褐大理评事，知岳州录事参军。转运使李惟清荐其能，再迁著作佐郎、监潭州茶场，改殿中丞，历通判道、郢二州。柴成务领漕运，再表称荐，转太常博士。时言事者多以权利进，建中表陈时政利害，序王霸之略，太宗嘉赏，因引对便殿，赐以绯鱼。会考课京朝官，建中旧坐公累罚金，漏其事，坐降授殿中丞，监在京榷易院。苏易简方被恩顾，多得对，尝言蜀中文士，因及建中，太宗亦素知之，命直昭文馆。建中父名昭文，恳辞，改集贤院。数月，出为两浙转运副使，再迁主客员外郎，历通判河南府，知曹、解、颍、蔡四州。景德中，以久次，进金部员外郎。

建中性简静，风神雅秀，恬于荣利，前后三求掌西京留司御史台，尤爱洛中风土，就构园池，号曰"静居"。好吟咏，每游山水，多留题，自称岩夫民伯。加司封员外郎、工部郎中。建中善修养之术，会命官校定《道藏》，建中预焉。又判大府寺。大中祥符五年冬，命使泗州，奉御制《汴水发愿文》，就致设醮。使还得疾，明年卒，年六十九。

建中善书札，行笔尤工，多构新体，草、隶、篆、籀、八分亦妙，人多摹习，争取以为楷法。尝手写郭忠恕《汗简集》以献，皆科斗文字，有诏嘉奖。好古勤学，多藏古器名画。有集三十卷。

子周道、周士并进士及第。周士历侍御史、江东、陕西转运、三司盐铁判官，赐金紫，终工部郎中。周民，太子中舍。

洪湛，字惟清，昇州上元人。曾祖勋，南唐崇文馆直学士。祖寿，桐城令。父庆元，献书李煜，授奉礼郎，补新喻令。归宋，至冤句令。湛幼好学，五岁能为诗，未冠，录所著十卷为《韶年集》。举进士,有声。雍熙二年,廷试已落,复试,擢置高等,解褐归德军节度推官。召还,授右拾遗、直史馆。

端拱初,通判寿、许二州。归宋,与左正言尹黄裳、冯拯、右正言王世则、宋沆伏阁请立许王元僖为储贰,词意狂率,太宗怒。时沆坐吕蒙正亲党,已出为宜州团练副使。上因语近臣曰:"储副,邦国之本,朕岂不知。但近世浅薄,若立太子,即东宫僚属皆须称臣,官职联次与上台无异,人情深所不安。此事朕自有时尔。"湛坐削职,出知容州,黄裳知邕州,拯知端州,沆知靖州,世则知蒙州。容之戍卒谋窃发者,湛侦知,亟斩之。再迁比部员外郎,知郴、舒二州。

咸平二年召还,命试舍人院,复直史馆。是秋,命与阁门祗候韩绍辉使荆湖按视民事,条奏利病甚众。还,判三司都磨勘司。又与王钦若同知贡举,未几,同修起居注。时议城绥州,边臣互言利害,遣湛与阁门祗候程顺奇同往按视,湛言城之利有七而害有二,遂诏营葺,终以劳人罢之。

湛美风仪,俊辩有才干,凡五使西北议边要。真宗有意擢任,顾遇甚厚。曲宴苑中,赋赏花诗,不移晷以献,深被褒赏。

五年春,有河阴民常德方讼临津尉任懿纳贿登第,事下御史台,鞫得懿款云:"咸平二年,补太学生,寓僧仁雅舍,因仁雅求院之主僧惠秦为道地,署纸许银七铤,仁雅、惠秦隐其二,易为五铤。惠秦素识王钦若已在贡院,乃因馆客宁文德、仆夫徐兴纳署纸于钦若妻李,李密召家仆祁睿书懿名于左臂,并口传许赂之数,入省告钦若。及懿过五场,睿复持汤饮至省,钦若遣睿语李,令取其银,懿未即与。既而懿预奏名授官,未行,丁内艰,还乡里。仁雅驰书索银,形于诅骂。"德方者,卖卜县市,获其书,以告中丞赵昌言,具其事奏白,请速钦若属吏。

先是,钦若为亳州判官,睿其厅干,及代归,以睿从行而未除州之役籍。及贡举事毕,会州人张续还乡行服,托为睿去籍名。至是,钦若诉云:"睿休役之后,始佣于家,而惠秦未尝及门。"钦若方被宠顾,乃诏翰林侍读学士邢昺、内侍副都知阎承翰并驿召知曹州边肃、知许州毋宾古就太常寺别鞫,懿易款云:"有妻兄张驾举进士,识湛,懿亦与驾同造湛门,尝以石榴二百枚、木炭百秤馈之。懿之输银也,但凭二僧达一主司,实不知谁何?"乃以为湛纳其银。湛适使陕西,中途召还,时张驾已死,宁文德、徐兴悉遁去,钦若近参机务,门下仆使多新募至,不识惠秦,故无与左证。又固执知举时未有祁睿,遂以湛受银,法当死,特诏削籍、流儋州。懿杖脊、配隶忠靖军。惠秦坐受简札及隐银未入已,以年七十余,当赎铜八斤,特杖一百,黥面配商州坑冶。仁雅杖脊,配隶郢州牢城,而不穷用银之端。

初,王旦与钦若知举,出拜枢密副使,以湛代领其事。湛之入贡院,懿已试第三场毕,及官收湛赃,家实无物。湛素与梁颢善,或假颢白金器,乃取以输官。六年,会赦移惠州,至化州调马驿卒,年四十一。

湛时一子偕行,甚幼,州以闻,特诏赐钱二万,官为护丧还扬州。因诏命官配流岭外而没者,悉给缗钱,听其归葬,如亲属幼稚者,所在遣牙校部送之。湛有集十卷。

子鼎,大中祥符四年进士,至度支员外郎、直史馆、盐铁判官。

路振,字子发,永州祁阳人,唐相岩之四世孙。岩贬死岭外,其子琛避地湖湘间,遂居焉。振父洵美事马希杲,署连州从事,谢病终于家。振幼颖悟,五岁诵《孝经》、《论语》。十岁听讲《阴符》,裁百言而止,洵美责之,俾终其业。振曰:"百言演道足矣,余何必学?"洵美大奇之。十二丁外艰,母氏虑其废业,日加诲激,虽隆冬盛署,未始有懈。

淳化中举进士,太宗以词场之弊,多事轻浅,不能该贯古道,因试《厄言日出赋》,观其学术。时就试者凡数百人,咸睥睨忘其所出,虽当时驰声场屋者亦有难色。振寒素,游京师人罕知者,所作赋尤为典赡,太宗甚嘉之。擢置甲科,释褐大理评事,通判邠州,徙徐州。召还,直史馆,复遣之任,迁太子中允、知滨州。一日,契丹至城下,兵少,民相恐,众谓振文吏,无战御方略,环聚而泣。振乃亲加抚谕,且以敌盛不可与争锋,宜坚壁自守。数日,契丹引去。转运使刘综称其能,诏书褒美。

常作《祭战马文》曰:

咸平中,契丹犯高阳关,执大将康保裔,略河朔而去。天子幸魏,特遣将王荣以五千骑追之。荣无将材,但能走马,以驰射为事,受命悝怯,数日不敢行,伺贼渡河而后发。有剽淄、齐者数千骑尚屯泥沽,荣不欲见敌,遂以其骑略河南岸而还。昼夜急骑,马不秣而道毙者十有四五,天子悯之,遣使收瘗焉。因作祭文曰:

房驷之精,降为骊骍。饮泉呀风,流沙激霆。虎脊孤耸,龙媒鸷狞。丹髦晓霞,的颡秋星。弗方著干,宜乘旋膺。巉胪角起,方背珠明。

尔其绝塞草荒,八月陨霜。毛缩蹄坚,筋舒脉张。兽恶恐噬,虮狞欲骧。喷沙散沫,千里飞雪。围人负绁,武士索铁。前遮后突,雷动地裂。急挽一而制百,终伏拽而受继。牧官劬劬,岁入券书。蹄蹾累累,通乎鬼区。名驹大驸,衔尾入塞。劳其酋长,节以驵侩。蜀锦吴缯,积如丘陵。马归于我也重,币入于彼也轻。

于是络黄金之羁,浴天池之波。鼓鼗云衢,弄影星河。或蹴而啮,或嗅而叱。原蚕申禁,驵骏何多。帝念神物,来经远道。阅之于内殿,养之于外皂,饮以玉池,秣之瑶草。

穷冬边尘,入我河湄。羽书宵飞,龙驭北巡。选仗下之名马,属阃外之武臣。琱戈电烛,禁旅星陈。授以长策,帅以全军。壮士怒兮山可攀,猛马哮兮虎可咋。何嚆嘈之无勇,反迁延而避敌。

冰霜凄凄,介甲而驰。不饮不秣,载渴载饥。骏马馁死,行人嗟咨。委天骨于衢路,反星精于云雾。

报主恩之无及,齐戎力而何误。生刍致祭,弊帷成礼。瘗于崇冈,全尔具体。马如有神,知帝之仁。呜呼!

又以西兵未弭,入判大理寺,改太常丞、知河中府,徙知邓州。代还,判吏部南曹三司催欠凭由司。景德中使福建巡抚,俄判鼓司登闻院。会修《两朝国史》,以振为编修官。大中祥符初,使契丹,撰《乘轺录》以献。改太常博士、左司谏,擢知制诰。

振文词温丽,屡奏赋颂,为名辈所称,尤长诗咏,多警句。及居文翰之职,深慊物议,自是弥加精厉。从祀谯、亳,时同职分局掌事,振独直行在,专典纶翰,笺奏填委,应用无滞,时推其敏赡。七年,同修起居注,张复、崔遵度以书事误失降秩,择振与夏竦代之。嗜酒得疾,其冬卒,年五十八。录其子纶为太常寺奉礼郎。

振纯厚无城府,恂恂如也,时人惜其登用之晚。有集二十卷。又尝采五代末九国君臣行事作世家、列传,书未成而卒。

崔遵度,字坚白,本江陵人,后徙淄州之淄川。纯介好学,始七岁,授经于叔父宪,尝以《春秋》编年、《史》、《汉》纪传之例问于宪,宪曰:"此儿他日成令名矣。"太平兴国八年举进士,解褐和川主簿,换临汾。馈刍粮,三抵绥州,涉无定河,河沙与水混流无定迹,陷溺相继,遵度悯之,著铭以纪焉。端拱初,转运副使夏侯涛上其勤状,召归,对便坐,因献文自荐。时新建秘阁,命中书试作颂一首,擢著作佐郎。

淳化中,吏部侍郎李至荐之,迁殿中丞,出知忠州。李顺之乱,贼遣其党张余来攻,遵度领甲士百余背城而战,贼逾堞以入,遵度投江中,赖州兵援之,得免。坐失城池,贬崇阳令,移鹿邑。咸平初,复为太子中允。景德初,内出遵度名,引对崇政殿,诏索所著文,召试舍人院,改太常丞、直史馆。会修《两朝国史》,与路振并为编修官。大中祥符元年,命同修起居注。东封,进博士,祀汾阴,是岁,真宗以两省官绝少,故因覃庆选补之,命为左司谏。

遵度与物无竞,口不言是非,淳澹清素,于势利泊如也。掌右史十余岁,立殿墀上,常退匿楹间,虑上之见。善鼓琴,得其深趣。所僦舍甚湫隘,有小阁,手植竹数本,朝退,默坐其上,弹琴独酌,翛然自适。尝著《琴笺》云:

世之言琴者,必曰长三尺六寸象期之日,十三徽象期之月,居中者象闰,前世未有辨者。至唐协律郎刘贶以乐器配诸气候,而谓琴为夏至之音。至于泛声,卒无述者,愚尝病之。因张弓附案,泛其弦而十三徽声具焉,况琴瑟之弦乎!是知非所谓象者,盖天地自然之节耳,又岂止夏至之音而已。

夫《易》有太极,是生两仪。两仪者,太极之节也;四时者,两仪之节也;律吕者,四时之节也;昼夜者,律吕之节也;刻漏者,昼夜之节也。节节相受,自细至大而岁成焉。既不可使之节,亦不可使之不节,气之自然者也。气既节矣,声同则应,既不可使之应,亦不可使之不应,数之自然者也。既节且应,则天地之文成矣。文之义也,或任形而著,或假物而彰。日星文乎上,山川理乎下,动物植物,花者节者,五色具矣。斯任形者也。至于人常有五性而不著,以事观之然后著;日常有五色而不见,以水观之然后见;气常有五音而不闻,以弦考之然后闻。斯假物者也。

是故圣人不能作《易》而能知自然之数,不能作琴而能知自然之节。何则?数本于一而成于三,因而重之,故《易》六画而成卦。及其应也,一必于四,二必于五,三必于六焉。气气相召,其应也必矣。卦既画矣,故画琴焉。始以一弦泛桐,当其节则清然而号,不当其节则泯然无声,岂人力也哉!且徽有十三,而居中者为一。自中而左泛有三焉,又右泛有三焉,其声杀而已,弦尽则声减。及其应也,一必于四,二必于五,三必于六焉,节节相召,其应也必矣。

《易》之书也,偶三为六,三才之配具焉,万物由之而出。虽曰六画,及其数也,止三而已矣。琴之画也,偶六而根于一,一钟者,道之所生也。在数为一,在律为黄,在音为宫,在木为根,在四体为心,众徽由之而生。虽曰十三,及其节也,止三而已矣。卦之德方,经也;蓍之德圆,纬也;故万物不能逃其象。徽三其节,经也;弦五其音,纬也;故众音不能胜其文。先儒谓八音以丝为君,丝以琴为君。愚谓琴以中徽为君,尽矣。夫徽十三者,盖尽昭昭可闻者也。苟尽弦而考之,乃总有二十三徽焉,是一气也。丈弦具之,尺弦亦具之,岂有长短大小之限哉!

是则万物本于天地,天地本于太极,太极之外以至于万物,圣人本于道,道本于自然,自然之外以至于无为,乐本于琴,琴本于中徽,中徽之外以至于无声。是知作《易》者,考天地之象也;作琴者,考天地之声也。往者藏音而未谈,来者专术而忘理。《琴笺》之作也,庶乎近之。苟其阙也,请俟君子。

世称其知言。

七年,东郊,建坛恭谢。坛上设正坐奉天地,配坐奉二圣。遵度时与张复同典记注,书昊天为天皇,又增圣祖配位,坐谬误,降为右正言,复亦责为工部郎中。逾岁,并复其秩。

九年,仁宗以寿春郡王开府,诏宰相择耆德方正有学术之十,咸曰遵度力学,有士行,时称长者,遂命与张士逊并为王友。改户部员外郎,赐服金紫,又赉袭衣、犀带、缗钱。上作七言诗宠之。因谓左右曰:"翊善、记室,皆府属也,故王皆受拜,今宾友之礼,当令答拜。"府中文翰皆遵度所作。王读《孝经》彻章,复以御诗赐之。国史成,拜吏部员外郎,昇邸进封,改礼部郎中,充谘议参军。储宫建,又加吏部兼左谕德。未几,命使契丹,判司农寺。

遵度性寡合,喜读《易》,尝云:"意有疑,则弹琴辨其数,筮《易》观其象,无不究也。"

天禧四年八月卒,年六十七。其子拜官者二人。仁宗即位,特诏赠工部侍郎,又授其二孙官,有集二十卷。

陈越,字损之,开封尉氏人。祖守危,兴道令。父夏,虞部员外郎。越少好学,尤精历代史。善属文,辞气俊拔。咸平中,诏举贤良,刑部侍郎郭贽荐之,策入第四等,解褐将作监丞、通判舒州,徙知端州,又徙袁州。未几召还,迁著作佐郎、直史馆,掌鼓司登闻院。预修《册府元龟》,与陈从易、刘筠尤为勤职。真宗以其奉薄,并命月增钱五千。车驾朝陵,掌留司名表,时称为工。自是两府笺奏多命草之,勋贵家以铭志为请者甚众。迁太常丞、群牧判官。祀汾阴,擢为左正言。

越耿概任气,喜箴切朋友,放旷杯酒间,家徒壁立,不以屑意。然嗜酒过差,每食必先引数升,罕有醒日,亦用是遘疾。大中祥符五年卒,年四十。无子,母老,人皆伤之。

越兄咸,尝举进士未第,杨亿、杜镐、陈彭年列奏为言,真宗悯之。及《册府元龟》奏御,特赐咸同《三传》出身。

故事,中书章表皆舍人为之,东封后,朝廷多庆礼,舍人或以他务所婴,乃择馆阁官,得盛度、路振、刘筠、夏竦、宋绶洎越分撰表奏,宰相尝以名闻,其后皆相次掌外制,唯越不及登擢,时论惜之。

卷四百四十二　　列传第二百一

文　苑　四

穆修　石延年 刘潜附　萧贯　苏舜钦
尹源　黄亢　黄鉴　杨蟠　颜太初　郭忠恕

穆修,字伯长,郓州人。幼嗜学,不事章句。真宗东封,诏举齐、鲁经行之士,修预选,赐进士出身,调泰州司理参军。负才,与众龃龉,通判忌之,使人诬告其罪,贬池州。中道亡至京师,叩登闻鼓诉冤,不报。居贬所岁余,遇赦得释,迎母居京师,间出游丐以给养。久之,补颍州文学参军,徙蔡州。明道中,卒。

修性刚介,好论斥时病,诋诮权贵,人欲与交结,往往拒之。张知白守亳,亳有豪士作佛庙成,知白使人召修作记,记成,不书士名。士以白金五百遗修为寿,且求载名于记,修投金庭下,傲装去郡。士谢之,终不受,且曰:"吾宁糊口为旅人,终不以匪人污吾文也。"宰相欲识修,且将用为学官,修终不往见。母死,自负榇以葬,日诵《孝经》、《丧记》,不饭浮屠为佛事。

自五代文敝,国初,柳开始为古文。其后,杨亿、刘筠尚声偶之辞,天下学者靡然从之。修于是时独以古文称,苏舜钦兄弟多从之游。修虽穷死,然一时士大夫称能文者必曰穆参军。

庆历中,祖无择访得所著诗、书、序、记、志等数十首,集为三卷。

石延年,字曼卿,先世幽州人。晋以幽州遗契丹,其祖举族南走,家于宋城。延年为人跌宕任气节,读书通大略,为文劲健,于诗最工而善书。

累举进士不中,真宗录三举进士,以为三班奉职,延年耻不就。张知白素奇之,谓曰:"母老乃择禄耶?"延年不得已就命。后以右班殿直改太常寺太祝,知金乡县,有治名。用荐者通判乾宁军,徙永静军,为大理评事、馆阁校勘,历光禄、大理寺丞,上书章献太后,请还政天子。太后崩,范讽欲引延年,延年力止之。后讽败,延年坐与讽善,落职通判海州。久之,为秘阁校理,迁太子中允,同判登闻鼓院。

尝上言天下不识战三十余年,请为二边之备。不报。及元昊反,始思其言,召见,稍用其说。命往河东籍乡兵,凡得十数万,时边将遂欲以捍贼,延年笑曰:"此得吾粗也。夫不教之兵勇怯相杂,若怯者见敌而动,则勇者亦牵而溃矣。今既不暇教,宜募其敢行者,则人人皆胜兵也。"又尝请募人使唃厮啰及回鹘举兵攻元昊,帝嘉纳之。

延年喜剧饮,尝与刘潜造王氏酒楼对饮,终日不交一言。王氏怪其饮多,以为非常人,益奉美酒肴果,二人饮啖自若,至夕无酒色,相揖而去。明日,都下传王氏酒楼有二仙来饮,已乃知刘、石也。延年虽酣放,若不可撄以世务,然与人论天下事,是非无不当。

初,与天章阁待制吴遵路同使河东,及卒,遵路言于朝廷,特官其一子。

刘潜字仲方,曹州定陶人。少卓逸有大志,好为古文,以进士起家,为淄州军事推官。尝知蓬莱县,代还,过郓州,方与曼卿饮,闻母暴疾,亟归。母死,潜一恸遂绝,其妻复抚潜大号而死。时人伤之,曰:"子死于孝,妻死于义。"

同时以文学称京东者,齐州历城有李冠,举进士不第,得同《三礼》出身,调乾宁主簿,卒。有《东皋集》二十卷。

萧贯,字贯之,临江军新喻人。俊迈能文,尚气概。举进士甲科,为大理评事,通判安、宿二州,迁太子中允、直史馆。仁宗即位,进太常丞、同判礼院。历吏部南曹、开封府推官、三司盐铁判官,为京东转运使。

时提举捉贼刘舜卿善捕盗,号"刘铁弹",恃功为不法,前后畏其凶悍,莫敢治。贯至,发之,废为民。徙江东,改知洪州,累迁尚书刑部员外郎。坐前使江东不察所部吏受赇,降知饶州。

有抚州司法参军孙齐者,初以明法得官,以其妻杜氏留里中,而绐娶周氏入蜀。后周欲诉于官,齐断发誓出杜氏。久之,又纳倡陈氏,挈周所生子之抚州。未逾月,周氏至,齐捽置庭下,出伪券曰:"若佣婢也,敢尔邪!"乃杀其所生子。周诉于州及转运使,皆不受。人或告之曰:"得知饶州萧史君者诉之,事当白矣。"周氏以布衣书姓名,乞食道上,驰告贯。抚非所部,而贯特为治之。更赦,犹编管齐、濠州。迁兵部员外郎,召还,将试知制诰,会营建献、懿二皇太后陵，未及试而卒。

贯临事敢为，不苟合于时。初，感疾，梦绿衣中人召至帝所，赋《禁中晓寒歌》，词语清丽，人以比唐李贺。

苏舜钦，字子美，参知政事易简之孙。父耆，有才名，尝为工部郎中、直集贤院。舜钦少慷慨有大志，状貌怪伟。当天圣中，学者为文多病偶对，独舜钦与河南穆修好为古文、歌诗，一时豪俊多从之游。

初以父任补太庙斋郎，调荥阳县尉。玉清昭应宫灾，舜钦年二十一，诣登闻鼓院上疏曰：

烈士不避铁钺而进谏，明君不讳过失而纳忠，是以怀策者必吐上前，蓄冤者无至腹诽。然言之难不如容之难，容之难不如行之难，有言之必容之行之，则三代之主也，幸陛下留听焉。

臣观今岁自春徂夏，霖雨阴晦，未尝少止，农田被灾者几于十九。臣以谓任用失人、政令多过、赏罚弗中之所召也。天之降灾，欲悟陛下，而大臣归咎于刑狱之滥，陛下听之，故肆赦天下以为禳救。如此则是杀人者不死，伤人者不抵罪，而欲以合天意也。古者断决滞讼以平水旱，不闻用赦，故赦下之后，阴霾及今。

前志曰："积阴生阳，阳生则火灾见焉。"乘夏之气发泄于玉清宫，震雨杂下，烈焰四起，楼观万叠，数刻而尽，非慢于火备，乃天之垂戒也。陛下当降服、减膳、避正寝，责躬罪己，下哀痛之诏，罢非业之作，拯失职之民，察辅弼及左右无裨国体者罢之，窃弄权威者去之；念政刑之失，收刍荛之论，庶几所以变灾为祐。

浃日之间，未闻为此，而将计工役以图修复，都下之人闻者骇惑，聚首横议，咸谓非宜。皆曰章圣皇帝勤俭十余年，天上富庶，帑府流衍，乃作斯宫，及其毕功，海内虚竭。陛下即位未及十年，数遭水旱，虽征赋咸入，而百姓困乏。若大兴土木，则费用不知纪极，财力耗于内，百姓劳于下，内耗下劳，何以为国！况天灾之，已违之，是欲竞天，无省己之意。逆天不祥，安己难任，欲祈厚贶，其可得乎！今为陛下计，莫若来吉士，去佞人，修德以勤至治，使百姓足给而征税宽减，则可以谢天意而安民情矣。

大贤君见变，修道除凶，乱世无象，天不遣告。今幸天见之变，是陛下修己之日，岂可忽哉！昔汉元帝三年，茂陵白鹤馆灾，诏曰："乃者火灾降于孝武园馆，朕战栗恐惧，不烛变异，罪在朕躬。群有司又不肯极言朕过，以至于斯，将何寤焉！"夫茂陵不及上都，白鹤馆大不及此宫，彼尚降诏四方，以求己过，是知帝王忧危念治，汲汲如此。

臣又按《五行志》：贤佞分别，官人有叙，率由旧章，礼重功助，则火得其性。若信道不笃，或耀虚伪，逸夫昌，邪胜正，则火失其性，自上而降。及滥炎妄起，燔宗庙，烧宫室，虽兴师徒而不能救。鲁成公三年，新宫灾，刘向谓成公信三桓子孙之谗、逐父臣之应。襄公九年春，宋火，刘向谓宋公听谗、逐其大夫华弱奔鲁之应。今宫灾岂亦有是乎？愿陛下拱默内省而追革之，罢再造之劳，述前世之法，天下之幸也。

又上书曰：

历观前代圣神之君，好闻说议，盖以四海至远，民有隐慝，不可以遍照，故无间愚贱之言而择用之。然后朝无遗政，物无遁情，虽有佞臣，邪谋莫得而进也。

臣睹乙亥诏书，戒越职言事，播告四方，无不惊惑，往往窃议，恐非出陛下之意。盖陛下即位以来，屡诏群下勤求直言，使百僚转对，置匦函，设直言极谏科。今诏书顿异前事，岂非大臣雍蔽陛下聪明，杜塞忠良之口，不惟亏损朝政，实亦自取覆亡之道。夫纳善进贤，宰相之事，蔽君自任，未或不亡。今谏官、御史悉出其门，但希旨意，即获美官，多士盈庭。嚓不得语。陛下拱默，何由尽闻天下之事乎？

前孔道辅、范仲淹刚直不挠，致位台谏，后虽改他官，不忘献纳。二臣者非不知缄口数年，坐得卿辅，盖不敢负陛下委注之意。而皆罹中伤，窜谪而去，使正臣夺气，鲠士咋舌，目睹时弊，口不敢论。

昔晋侯问叔向曰："国家之患孰为大？"对曰："大臣持禄而不极谏，小臣畏罪而不敢言，下情不得上通，此患之大者。"故汉文感女子之说而肉刑是除，武帝听三老之议而江充以族。肉刑古法，江充近臣，女子三老，愚氓疏隔之至也。盖以义之所在，贱不可忽，二君从之，后世称圣。况国家班设爵位，列陈豪英，故当责其公忠，安可教之循默？赏之使谏，尚恐不言；罪其敢言，孰肯献纳？物情闭塞，上位孤危，轸念于兹，可为惊悸！觊望陛下发德音，寝前诏，勤于采纳，下及刍荛，可以常守隆平，保全近辅。

寻举进士，改光禄寺主簿，知长垣县，迁大理评事，监在京店宅务。康定中，河东地震，舜钦诣匦通疏曰：

臣闻河东地大震裂，涌水坏屋庐城堞，杀民畜几十万，历旬不止。始闻惶骇疑惑。窃思自编策所纪前代衰微丧乱之世，亦未尝有此大变。今四圣接统，内外平宁，戎夷交欢，兵革偃息，固与夫衰微丧乱之世异，何灾变之作反过之耶？且妖祥之兴，神实尸之，各以类告，未尝妄也。天人之应，古今之鉴，大可恐惧。岂王者安于逸豫、信任近臣而不省政事乎？庙堂之上，有非才冒禄、窃弄威福而侵上事者乎？又岂施设之政有不便民者乎？深宫之中，有阴教不谨以媚道进者乎？西北羌夷有背盟犯顺之心乎？臣从远方来，不知近事，心疑而口不敢道也。所怪者，朝廷见此大异，不修阙政，以厌天戒、安民心，默然不恤，如无事之时。谏官、御史不闻进牍铺白灾害之端，以开上心。然民情汹汹，聚首横议，咸有忧悸之色。

臣以世受君禄，身齿国命，涵濡惠泽，以长此躯，目睹心思，惊悸流汗，欲尽吐肝胆，以拜封奏。又见范仲淹以刚直忤奸臣，言不用而身窜谪，降诏天下，不许越职言事。臣不避权右，必恐横罹中伤，无补于国，因自悲嗟，不知所措。

既而孟春之初，雷震暴作，臣以谓国家阙失，众臣莫敢为陛下言者，唯天丁宁以告陛下。陛下果能沛发明诏，许群臣皆得献言，臣初闻之踊跃欣抃。旬日间颇有言事者，其间岂无切中时病，而未闻朝廷举而行之，是亦收虚言而不根实效也。臣闻唯诚可以应天，唯实可以安民，今应天不以诚，安民不以实，徒布空文，增人太息耳，将何以谢神灵而救弊乱也！岂大臣蒙塞天听，不为陛下行之？岂言事迂阔无所取，不足行也？臣窃见纲纪隳败，政化阙失，其事甚众，不可概举，谨条大者二事以闻：

一曰正心。夫治国如治家，治家者先修已，修已者先正心，心正则神明集而万务理。今民间传陛下比年稍近俳优贱人，燕乐逾节，赐予过度。燕乐逾节则荡，赐予过度则侈。荡则政事不亲，侈则用度不足。臣窃观国史，见祖宗日视朝，旰昃方罢，犹坐于后苑，门有白事者，立得召对，委曲询访，小善必纳。真宗末年不豫，始间日视事。今陛下春秋鼎盛，实宵衣旰食求治之秋，而乃隔日御殿，此政事不亲又。又府库匮竭，民鲜盖藏，诛敛科率，殆无虚日。计度经费，二十倍于祖宗时，此用度不足也。政事不亲，用度不足，诚国大忧。臣望陛下修已以御人，洗心以鉴物，勤听断，舍燕安，放弃优谐近习之纤人，亲近刚明鲠直之良士。因此灾变，以思永图，则天下幸甚。

其二曰择贤。夫明主劳于求贤而逸于任使，今盈庭之士不须尽择，在择一二辅臣及御史、谏官而已。陛下用人尚未慎择。昨王随自吏部侍郎迁门下侍郎平章事，超越十资，复为上相。此乃非常之恩，必待非常之才，而随虚庸邪谄，非辅相之器，降麻之后，物论沸腾。故疾缠其身，灾仍于国，此亦天意爱惜我朝，陛下鉴之哉！且石中立顷在朝行，以诙谐自任，士人或有宴集，必置席间，听其语言，以资笑噱。今处之近辅，不闻嘉谋，物望甚轻，人情所忽，使灾害屡降而朝廷不尊，盖近臣多非才者。陛下左右尚如此，天下官吏可知也。实恐远人轻笑中国，宜即行罢免，别选贤才。又张观为御史中丞，高若讷为司谏，二人者皆登高第，颇以文词进，而温和软懦，无刚鲠敢言之气。斯皆执政引拔建置，欲其慎默，不敢举扬其私，时有所言，则必暗相关说，旁人窥之，甚可笑也。故御史、谏官之任，臣欲陛下亲择之，不令出执政门下。台谏官既得其人，则近臣不敢为过，乃驭下之策也。

臣以谓陛下身既勤俭，辅弼、台谏又皆得人，则天下何忧不治，灾异何由而生？惟陛下少留意焉。

范仲淹荐其才，召试，为集贤校理，监进奏院。舜钦娶宰相杜衍女，衍时与仲淹、富弼在政府，多引用一时闻人，欲更张庶事。御史中丞王拱辰等不便其所为。会进奏院祠神，舜钦与右班殿直刘巽辄用鬻故纸公钱召妓乐，间夕会宾客。拱辰廉得之，讽其属鱼周询等劾奏，因欲摇动衍。事下开封府劾治，于是舜钦与巽俱坐自盗除名，同时会者皆知名士，因缘得罪逐出四方者十余人。世以为过薄，而拱辰等方自喜曰："吾一举网尽矣。"

舜钦既放废，寓于吴中，其友人韩维责以世居京师而去离都下，隔绝亲交。舜钦报书曰：

蒙闻责以兄弟在京师，不以义相就，独羁外数千里，自取愁苦。予岂无亲戚之情，岂不知会合之乐也？安肯舍安逸而甘愁苦哉！

昨在京师，不敢犯人颜色，不敢议论时事，随众上下，心志蟠屈不开，固亦极矣。不幸适在疑嫌之地，不能决然早自引去，致不测之祸，捽去下吏，人无敢言，友仇一波，共起谤议。被废之后，喧然未已，更欲置之死地然后为快。来者往往钩赜言语，欲以传播，好意相恤者几希矣。故闭户不敢与相见，如避兵寇。偷俗如此，安可久居其间！遂超然远举，羁泊于江湖之上，不唯衣食之累，实亦少避机阱也。

况血属之多，资入之薄，持国见之矣。常相团聚，可乏衣食乎？不可也。可闭关常不与人接乎？不可也。与人接必与之言，与之言必与之还往，使人人皆如持国则可，不迨持国者必加酿恶言，喧布上下，使仆不能自明，则前日之事未为重也。

都无此事，亦终日劳苦，应接之不暇，寒暑奔走尘土泥淖中，不能了人事，羸马饿仆，日栖栖取辱于都城，使人指背讥笑哀闵，亦何颜面，安得不谓之愁苦哉！

此虽与兄弟亲戚相远，而伏腊稍足，居室稍宽，无终日应接奔走之劳，耳目清旷，不设机关以待人，心安闲而体舒放。三商而眠，高舂而起，静院明窗之下，罗列图史琴樽以自愉悦，有兴则泛小舟出盘、阊二门，吟啸览古于江山之间。渚茶、野酿足以销忧，莼鲈、稻蟹足以适口。又多高僧隐君子，佛庙胜绝，家有园林，珍花奇石，曲池高台，鱼鸟留连，不觉日暮。

昔孔子作《春秋》而夷吴，又曰："吾欲居九夷。"观今之风俗，乐善好事，知予守道好学，皆欣然愿来过从，不以罪人相遇，虽孔子复生，是亦必欲居此也。以彼此较之，孰为然哉！人生内有自得，外有所适，固亦乐矣，何必高位厚禄，役人以自奉养，然后为乐？今虽侨此，亦如仕宦南北，安可与亲戚常相守耶！予窘迫，势不得如持国意，必使我尸转沟洫，肉倭豺虎，而后以为安所义，何其忍耶！《诗》曰："凡今之人，莫如兄弟。"谓兄弟以恩，急难必相拯救。后章曰："丧乱既平，既安且宁，虽有兄弟，不如友生。"谓友朋尚义，安宁之时，以礼义相琢磨。予于持国，外兄弟也。急难不相救，又于未安宁之际，欲以义相琢刻，虽古人所不能受，予欲不报，虑浅吾持国也。

二年，得湖州长史，卒。舜钦数上书论朝廷事，在苏州买水石作沧浪亭，益读书，时发愤懑于歌诗，其体豪放，往往惊人。善草书，每酣酒落笔，争为人所传。及谪死，世尤惜之。妻杜氏，有贤行。

兄舜元，字才翁，为人精悍任气节，为歌诗亦豪健，尤善草书，舜钦不能及。官至尚书度支员外郎、三司度支判官。

尹源，字子渐，少博学强记，与弟洙皆以文学知名，洙议论明辨，果于有为。源自晦，不矜饰，有所发即过人。初以祖荫补三班借职，稍迁殿直。举进士，为奉礼郎，累迁太常博士，历知芮城、河阳、新郑三县，通判泾州。时知沧州刘涣坐专斩部卒，降知密州。源上书言："涣为主将，部卒有罪不伏，笞辄呼万岁，涣斩之不为过。以此谪涣，臣恐边兵愈骄，轻视主将，所系非轻也。"涣遂获免。

尝作《唐说》及《叙兵》十篇上之。其《唐说》曰：

世言唐所以亡，由诸侯之强，此未极于理。夫弱唐者，诸侯也。唐既弱矣，而久不亡者，诸侯维之也。燕、赵、魏首乱唐制，专地而治，若古之建国，此诸侯之雄者，然皆恃唐为轻重。何则？假王命以相制则易而顺，唐虽病之，亦不得而外焉。故河北顺而听命，则天下为乱者不能遂其乱；河北不顺而变，则奸雄必附而起。德宗世，朱泚、李希烈始遂其僭而终败亡者，田悦叛于前，武俊顺于后也。宪宗讨蜀、平夏、诛蔡、夷郓，兵连四方而乱不生，卒成中兴之功者，田氏禀命、王承宗归国也。武宗将讨刘稹之叛，先正三镇，绝其连衡之计，而王诛以成。如是二百年，奸臣逆子专国命者有之，夷将相者有之，而不敢窥神器，非力不足，畏诸侯之势也。

及广明之后，关东无复唐有，方镇相侵伐者，犹以王室为名。及梁祖举河南，刘仁恭轻战而败，罗氏内附，王镕请盟，于时河北之事去矣。梁人一举而代唐有国，诸侯莫能与之争，其势然也。向使以僖、昭之弱，乘巢、蔡之乱，而田承嗣守魏，王武俊、朱滔据燕、赵，强相均，地相属，其势宜莫敢先动，况非义举乎？如此虽梁祖之暴，不过取霸于一方耳，安能强禅天下？故唐之弱者，以河北之强也；唐之亡者，以河北之弱也。

或曰："诸侯强则分天子之势，子何议之过乎？"曰："秦、隋之势无分于诸侯，而亡速于唐，何如哉？"或曰："唐之亡其由君失道乎？"曰："君非失道，而才不至焉尔，其亡也，臣实主之。请极其说：唐太宗起艰难有天下，其用臣也，听其言而尽其才，故君臣相亲而至治安。以及后世，视太宗由兹而兴，虽其圣不及，而任臣纳谏之心一也。君有太宗之心，臣非太宗之臣，上听其下，或不能辨其奸，下惑其上，无所不至，所以败也。何哉？夫臣一而臣众，大圣之君不相继而出，大奸之臣则世有之。大圣在上，则奸无所容，其臣莫不贤。苟君之才不能胜臣之奸，则虽有贤者不能进矣。如是，然未至于失道，犹失道也。明皇非不欲天下如贞观之治，而驭臣之才不能胜林甫之奸，于是有禄山之祸。德宗非不欲平暴乱、安四方，而君人之术不能胜卢杞之邪，于是有朱泚之变。以至于僖、昭，其心皆欲去乱而即治也，而才不逮于明皇、德宗，辅臣之奸邪或过于林甫、卢杞，求国不亡，安可得已！然迹其事，君岂有失道乎？于时天下非无贤，由君不能主听也。故至贤之主与夫失道之主，其兴其亡，皆自取之，此系乎君者也。中才之主，其臣正胜邪则治而安，邪胜正则乱而亡，此系乎臣者也。然则唐之亡非君之为，臣之为也。"

其《叙兵》曰：

唐杜牧当会昌中河朔用兵，尝为文数篇，上论历代军事利害，继以本朝制兵、用将之得失，下参以当时事机。牧，儒者，位不显，其术未尝试，然识者谓牧知兵，虽古名将不能过也。今观牧所著，大要究极当世之务，不专狃古法，使时君可行而易为功，此其善也。

今兵之利钝所以与唐世异者，唐自中世以来，诸侯皆自募兵训练，出攻入守，上下一志，故讨淮西、青、冀、沧德、泽潞之叛，以至四征夷狄，大率假外兵以集事，朝廷所出神策禁军，不过为声援而已，故所至多有功。

今则不然，国家患前世藩镇之强，凡天下所募骁勇，一萃于京师。虽滨塞诸郡，大者籍兵不逾数千，每岁防秋，则戍以禁兵，将帅任轻而势分，军事往往中御。愚谓此可以施于无事时，镇中国，服豪杰心，苟戎夷侵轶，未必能取胜也。何则？兵主于外则勇，主于内则骄，勇生于劳，骄生于逸。夫外兵所习尚皆疆场战斗劳苦之事，死生之命制于将，故勇，勇而使之战则多利；内兵居京都，日享安逸，加之以赏赉，未尝服甲胄、荷戈戟，不知将帅号令之严，故骄，骄而劳之则怨，以之战则多钝。

若唐之失，失于诸侯之不制，非失于外兵之强，故有骄将，罕闻有骄兵。今之失，失于将太轻，而外兵不足以应敌，内兵鲜得其用，故有骄兵，不闻有骄将。且唐之所失者势也，今之所失者制也。势也者，不得已也，制也者，可为而不为也。

然则为今之计当如何？曰："稍革旧制，大募豪勇，益外兵之籍，俾足以战敌。以内兵为声势，重边将之任，使专一军之事，而不得连州郡之势，斯可以获近利而亡后害也。"

余文多不录。

赵元昊寇定川堡，葛怀敏发泾原兵救之，源是时通判庆州，遗怀敏书曰："贼举国而来，其利不在城堡，而兵法有不得而救者，宜驻兵瓦亭，择利而后动。"怀敏不听，以败。范仲淹、韩琦荐其才，召试学士院。源素不喜赋，请以论易赋，主试者方以赋进，不悦其言，第其文下，除知怀州，卒。

黄亢，字清臣，建州浦城人也。母梦星殒于怀，掬而吞之，遂有娠。少奇颖过人，年十五，以文谒翰林学士章得象，得象奇之。游钱塘，以诗赠处士林逋，逋尤激赏。时王随知杭州，奏禁西湖为放生池，亢作诗数百言以讽，士人争传之。亢为人侏儒，不饰小节，对人野率，如不能言。然嗜学强记，为文词奇伟。卒，乡人类其文为十二卷，号《东溪集》。

黄鉴，字唐卿，与亢同乡里，少敏慧过人。举进士，补桂阳监判官，为国子监直讲。同郡杨亿尤善其文词，延置门下，由是知名。累迁太常博士，为国史院编修官。尝诏馆阁官后苑赏花，而鉴特预召。国史成，擢直集贤院。以母老，出通判苏州，卒。

杨蟠，字公济，章安人也。举进士，为密、和二州推官。欧阳修称其诗。苏轼知杭州，蟠通判州事，与轼倡酬居多。平生为诗数千篇，后知寿州，卒。

颜太初，字醇之，徐州彭城人，颜子四十七世孙。少博学，有隽才，慷慨好义。喜为诗，多讥切时事。天圣中，亳州卫真令黎德润为吏诬构，死狱中，太初以诗发其冤，览者壮之。文宣公孔圣祐卒，无子，除袭封且十年。是时有医许希以针愈仁宗疾，拜赐矣，西向拜扁鹊曰："不敢忘师也!"帝为封扁鹊神应侯，立祠城西。太初作《许希诗》，指圣祐以讽在位，又致书参知政事蔡齐，齐为言于上，遂以圣祐弟袭封。山东人范讽、石延年、刘潜之徒喜豪放剧饮，不循礼法，后生多慕之，太初作《东州逸党诗》，孔道辅深嘉之。太初中进士后，为莒县尉，因事忤转运使，投劾去。久之，补阆中主簿。时范讽以罪贬，同党皆坐斥，齐与道辅荐太初，上其尝所为诗，召试中书，言者以为此嘲讥之辞，遂报改临晋主簿。

前此有太常博士宋武通判同州，与守争事，恚死，守憾之，捃构其子以罪，发狂亦死，父子寓骨僧舍。时守方贵显，无敢为直冤，太初因事至同州，葬武父子，苏舜钦表其事于墓左。后移应天府户曹参军、南京国子监说书，卒。著书号《洙南子》，所居在凫、绎两山之间，号凫绎处士。有集十卷，《淳曜联英》二十卷。

子复，嘉祐中，本郡敦遣至京师，召试舍人院，为奉议郎。

郭忠恕，字恕先，河南洛阳人。七岁能诵书属文，举童子及第，尤工篆籀。弱冠，汉湘阴公召之，忠恕拂衣遽辞去。周广顺中，召为宗正丞兼国子书学博士，改《周易》博士。

建隆初，被酒与监察御史符昭文竞于朝堂，御史弹奏，忠恕叱台吏夺其奏，毁之，坐贬为乾州司户参军。乘醉殴从事范涤，擅离贬所，削籍配隶灵武。其后，流落不复求仕进，多岐岐、雍、京、洛间，纵酒跌弛，逢人无贵贱辄呼"苗"。有佳山水即淹留，浃旬不能去。或逾月不食。盛暑暴露日中，体不沾汗，穷冬凿河冰而浴，其傍凌澌消释，人皆异之。

尤善画，所图屋室重复之状，颇极精妙。多游王侯公卿家，或待以美酝，豫张纨素倚于壁，乘兴即画之，苟意不欲而固请之，必怒而去，得者藏以为宝。太宗即位，闻其名，召赴阙，授国子监主簿，赐袭衣、银带、钱五万，馆于太学，令刊定历代字书。

忠恕性无检局，放纵败度，上怜其才，每优容之。益使酒，肆言谤讟，时擅鬻官物取其直，诏减死，决杖流登州。时太平兴国二年。已行至齐州临邑，谓部送吏曰："我今逝矣!"因掊地为穴，度可容其面，俯窥焉而卒，槁葬于道侧。后累月，故人取其尸将改葬之，其体甚轻，空空然若蝉蜕焉。所定《古今尚书》并《释文》并行于世。

卷四百四十三　　列传第二百二

文　苑　五

梅尧臣　江休复　苏洵　章望之　王逢
孙唐卿 黄庠 杨寘附　唐庚 兄伯虎附
文同　杨杰 贺铸　刘泾　鲍由　黄伯思

梅尧臣，字圣俞，宣州宣城人，侍读学士询从子也。工为诗，以深远古淡为意，间出奇巧，初未为人所知。用询荫为河南主簿，钱惟演留守西京，特嗟赏之，为忘年交，引与酬倡，一府尽倾。欧阳修与为诗友，自以为不及。尧臣益刻厉，精思苦学，繇是知名于时。宋兴，以诗名家为世所传如尧臣者，盖少也。尝语人曰："凡诗，意新语工，得前人所未道者，斯为善矣。必能状难写之景如在目前，含不尽之意见于言外，然后为至也。"世以为知言。历德兴县令，知建德、襄城县，监湖州税，签书忠武、镇安判官，监永丰仓。大臣屡荐宜在馆阁，召试，赐进士出身，为国子监直讲，累迁尚书都官员外郎。预修《唐书》，成，未奏而卒，录其子一人。

宝元、嘉祐中，仁宗有事郊庙，尧臣预祭，辄献歌诗，又尝上书言兵。注《孙子》十三篇，撰《唐载记》二十六卷、《毛诗小传》二十卷、《宛陵集》四十卷。

尧臣家贫，喜饮酒，贤士大夫多从之游，时载酒过门。善谈笑，与物无忤，诙嘲刺讥托于诗，晚益工。有人得西南夷布弓衣，其织文乃尧臣诗也，名重于时如此。

江休复，字邻几，开封陈留人。少强学博览，为文淳雅，尤善于诗。喜琴、弈、饮酒，不以声利为意。进士起家，为桂阳监蓝山尉，骑驴之官，每据鞍读书至迷失道，家人求得之。举书判拔萃，改大理寺丞，迁殿中丞。献其所著书，召试，为集贤校理，判尚书刑部。与苏舜钦游，坐预进奏院祠神会落职，监蔡州商税。久之，知奉符县，通判睦州，徙庐州，复集贤校理，判吏部南曹、登闻鼓院，为群牧判官，出知同州，提点陕西路刑狱，入判三司盐铁勾院，修起居注，累迁尚书刑部郎中，卒。

休复外简旷而内行甚饬，事孀姑如母，所与游皆一时豪俊。为政简易。尝著《神告》一篇，言皇嗣未立，假神告祖宗之意，冀以感悟。又尝言昭宪太后子孙多流落民间，宜甄录之。著《唐宜鉴》十五卷、《春秋世论》三十卷、文集二十卷。

苏洵，字明允，眉州眉山人。年二十七始发愤为学，岁余举进士，又举茂才异等，皆不中。悉焚常所为文，闭户益读书，遂通《六经》、百家之说，下笔顷刻数千言。至和、嘉祐间，与其二子轼、辙皆至京师，翰林学士欧阳修上其所著书二十二篇，既出，士大夫争传之，一时学者竞效苏氏为文章。所著《权书》、《衡论》、《机策》，文多不可悉录，录其《心术》、《远虑》二篇。

《心术》曰：

为将之道，当先治心，太山覆于前而色不变，麋鹿兴于左而目不瞬，然后可以待敌。凡兵上义，不义虽利勿动。夫惟义可以怒士，士以义怒，可与百战。

凡战之道，未战养其财，将战养其力，既战养其气，既胜养其心。谨烽燧，严斥堠，使耕者无所顾忌，所以养其财，丰犒而优游之，所以养其力。小胜益急，小挫益厉，所以养其气。用人不尽其所为，所以养其心。故士常蓄其怒、怀其欲而不尽。怒不尽则有余勇，欲不尽则有余贪，故虽并天下而士不厌兵，此黄帝所以七十战而兵不殆也。

凡将欲智而严，凡士欲愚。智则不可测，严则不可犯，故士皆委己而听命，夫安得不愚？夫惟士愚而后可与之皆死。凡兵之动，知敌之主，知敌之将，而后可以动于崄。邓艾缒兵于穴中，非刘禅之庸，则百万之师可以坐缚，彼固有所侮而动也。故古之贤将，能以兵尝敌，而又以敌自尝，故去就可以决。

凡主将之道，知理而后可以举兵，知势而后可以加兵，知节而后可以用兵。知理则不屈，知势则不沮，知节则不穷。见小利不动，见小患不迁，小利小患不足以辱吾技也，夫然后有以支大利大患。夫惟养技而自爱者无敌于天下，故一忍可以支百勇，一静可以制百动。

兵有长短，敌我一也。敢问："吾之所长，吾出而用之，彼将不与吾校；吾之所短，吾敛而置之，彼将强与吾角。奈何？"曰："吾之所短，吾抗而暴之，使之疑而却；吾之所长，吾阴而养之，使之狎而堕其中。此用长短之术也。"

善用兵者使之无所顾，有所恃。无所顾则知死之不足惜，有所恃则知不至于必败。尺箠当猛虎，奋呼而操击，徒手遇蜥蜴，变色而却步，人之情也，知此者可以将矣。袒裼而按剑，则乌获不敢逼；冠胄衣甲据兵而寝，则童子弯弓杀之矣。故善用兵者以形固，夫能以形固，则力有余矣。

《远虑》曰：

圣人之道，有经、有权、有机，是以有民、有群臣而又有腹心之臣。曰经者，天下之民举知之可也；曰权者，民不可得而知矣，群臣知之可也；曰机者，

虽群臣亦不得而知之矣，腹心之臣知之可也。夫使圣人无权，则无以成天下之务，无机，则无以济万世之功，然皆非天下之民所宜知；而机者又群臣所不得闻，群臣不得闻，则谁与议？不议不济，然则所谓腹心之臣者，不可一日无也。后世见三代取天下以仁义，而守之以礼乐也，则曰"圣人无机"。夫取天下与守天下，无机不能。顾三代圣人之机，不若后世之诈，故后世不得见耳。

有机也，是以有腹心之臣。禹有益，汤有伊尹，武王有太公望，是三臣者，闻天下之所不闻，知群臣之所不知。禹与汤、武倡其机于上，而三臣者和之于下，以成万世之功。下而至于桓、文，有管仲、狐偃为之谋主，阖庐有伍员，勾践有范蠡、大夫种。高祖之起也，大将任韩信、黥布、彭越，裨将有曹参、樊哙、滕公、灌婴，游说诸侯任郦生、陆贾、枞公，至于奇机密谋，群臣所不与者，唯留侯、酂侯二人。唐太宗之臣多奇才，而委之深、任之密者，亦不过曰房、杜。夫君子为善之心与小人为恶之心一也，君子有机以成其善，小人有机以成其恶。有机也，虽恶亦或济，无机也，虽善亦不克，是故腹心之臣不可以一日无也。司马氏，魏之贼也，有贾充之徒为之腹心之臣以济，陈胜、吴广，秦民之汤、武也，无腹心之臣以不克。何则？无腹心之臣，无机也，有机而泄也。夫无机与有机而泄者，譬如虎豹食人而不知设陷阱，设陷阱而不知以物覆其上者也。

或曰："机者，创业之君所假以济耳，守成之世，其奚事机而安用夫腹心之臣？"呜呼！守成之世，能遂熙然如太古之世矣乎？未也，吾未见机之可去也。且夫天下之变，常伏于安，田文所谓"子少国危，大臣未附"，当是之时，而无腹心之臣，可为寒心哉！昔者高祖之末，天下既定矣，而又以周勃遗孝惠、孝文；武帝之末，天下既治矣，而又以霍光遗孝昭、孝宣。盖天下虽有泰山之势，而圣人常以累卵为心，故虽守成之世，而腹心之臣不可去也。

《传》曰："百官总己以听于冢宰。"彼冢宰者，非腹心之臣，天子安能举天下之事委之，三年不置疑于其间邪？又曰："五载一巡狩。"彼无腹心之臣，五载一出，捐千里之畿，而谁与守邪？今夫一家之中必有宗老，一介之士必有密友，以开心胸，以济缓急，奈何天子而无腹心之臣乎？近世之君抗然于上，而使宰相眇然于下，上下不接，而其志不通矣。臣视君如天之辽然而不可亲，而君亦如天之视人，泊然无爱之之心也。是以社稷之忧，彼不以为忧，君忧不辱，君辱不死。一人誉之则用之，一人毁之则舍之。宰相避嫌畏讥且不暇，何暇尽心以忧社稷？数迁数易，视相府如传舍。百官泛泛于下，而天子惸惸于上，一旦有卒然之忧，吾未见其不颠沛而殒越也。圣人之任腹心之臣也，尊之如父师，爱之如兄弟，执手入卧内，同起居寝食，知无不言，言无不尽。百人誉之不加密，百人毁之不加疏，尊其爵，厚其禄，重其权，而后可与

议天下之机，虑天下之变。

宰相韩琦见其书，善之，奏于朝，召试舍人院，辞疾不至，遂除秘书省校书郎。会太常修纂建隆以来礼书，乃以为霸州文安县主簿，与陈州项城令姚辟同修礼书，为《太常因革礼》一百卷。书成，方奏未报，卒。赐其家缣、银二百，子轼辞所赐，求赠官，特赠光禄寺丞，敕有司具舟载其丧归蜀。有文集二十卷、《谥法》三卷。

章望之，字表民，建州浦城人。少孤，喜问学，志气宏放。为文辩博，长于议论。初由伯父得象荫为秘书省校书郎，监杭州茶库。逾年辞疾去，求举贤良方正，得象在相位，以嫌扼之，乃上书论时政凡万余言，不报。丁母忧，毁瘠过制。服除，浮游江、淮间，犯艰苦，汲汲以营衣食，不自悔，人劝之仕，不应也。其兄拱之知晋江县，忤其守蔡襄，襄怒，诬以赃，贬。望之号泣，历诉于朝。时襄方贵显，事久不得直。望之诉不已，章十余上，起狱数年，朝廷为再劾，卒脱拱之冤，复官如初，望之遂不复仕。覃恩迁太常寺太祝、大理评事。翰林学士欧阳修、韩绛、知制诰吴奎、刘敞、范镇同荐其才，宰相欲起用之，除签书建康军节度判官，不赴。又除知乌程县，趣令受命，固辞，遂以光禄寺丞致仕，卒。

望之喜议论，宗孟轲言性善，排荀卿、扬雄、韩愈、李翱之说，著《救性》七篇。欧阳修论魏、梁为正统，望之以为非，著《明统》三篇。江南人李觏著《礼论》，谓仁、义、智、信、乐、刑、政皆出于礼，望之订其说，著《礼论》一篇。其议论多有过人者。尝北游齐、赵，南泛湖、湘，西至汧、陇，东极吴会，山水胜处，无所不历。有歌诗、杂文数百篇，集为三十卷。

王逢，字会之，太平州当涂人。其四世祖居岩，仕唐为骁卫长史，遭乱弃官，归于青山。杨行密据淮南，使人以兵迫起之。居岩散遣其家人，而以一身归行密，授以湖州别驾，不遣。一日，行密大会，失居岩，亟使人掩其家，无一人在者。其后有人于嵩山见空石室，询其旁，或云有道人王居岩居此，去而莫知其所终。子孙仕无显者，至逢，博学能属文，尤长于讲说。

少举进士不中，去，教授苏州，学者尝数百人。晚始登第，补南雄州军事判官，归为国子监直讲兼陇西郡王宅教授，李玮从学，事之甚谨。岐国公主既降，玮为逢求迁官，且有命，逢辞不受。久之，以太常博士通判徐州，未至，卒。逢为人乐易，笃于朋友，与胡瑗最善。喜著书，有《易传》十卷、《乾德指说》一卷、《复书》七卷。妻陈氏亦有贤行，无子。

孙唐卿，字希元，青州人。少有学行，年十七，以书谒韩琦，琦甚器之。与黄庠、杨寘自景祐以来俱以进士为举首，有名一时。唐卿初中第，通判陕州，于吏事若素习。民有母再适人而死，及葬其父，恨母之不得祔，乃盗母之丧而同葬之。有司论以法，唐卿时权府事，乃曰："是知有孝而不知有法尔。"乃释之以闻。未几，丁父忧，毁

瘠呕血而卒。诏赙其家。

黄庠字长善，洪州分宁人。博学强记，超敏过人。初至京师，就举国子监、开封府、礼部，皆为第一。比引试崇政殿，以疾不得入，天子遣内侍即邸舍抚问，赐以药剂。是时庠名声动京师，所作程文，传诵天下，闻于外夷，近世布衣罕比也。归江南五年，以病卒。

杨寘字审贤，察之弟。少有隽才，庆历二年举进士京师，试国子监、礼部皆第一。既试崇政殿，帝临轩启封，见名，喜动于色，谓辅臣曰："杨寘也。"遂擢第一，公卿相贺为得人。授将作监丞、通判颍州。未至官，持母丧，病羸卒，特诏赙恤其家。先是，其友梦寘作龙首山人，寘自谓："龙首，我四冠多士；山人，无禄位之称。我其终是乎！"已而果然。

唐庚，字子西，眉州丹棱人也。善属文，举进士，稍为宗子博士，张商英荐其才，除提举京畿常平。商英罢相，庚亦坐贬，安置惠州。会赦，复官承议郎，提举上清太平宫。归蜀，道病卒。年五十一。庚为文精密，通于世务，作《名治》、《察言》、《闵俗》、《存旧》、《内前行》诸篇，时人称之。有文集二十卷。子文若，自有传。

庚兄弟五人，长兄瞻，字望之，后改名伯虎，字长孺。治《易》、《春秋》，皆有家法。元祐三年，其父游泸南，伯虎兄弟居母丧于丹山，伯虎夜半蹶庚曰："吾梦收父书，发之，得'亟来'二字，吾父得无他乎？吾心动矣。汝奉母奠朝夕，吾趋泸南。"庚未及应，伯虎奋曰："吾决矣！"起裹粮，黎明走洪川僦舟，遇江涨，声摇数十里，客舟皆舣岸不敢动，伯虎彷徨堤上，有渔者持小艇系港中，啖以厚利，不许。伯虎超入艇中，叱仆夫解维，渔者不得已，从之。二日半至泸南，父果病甚，见伯虎，大惊，问其故，具告之。父叹曰："天告汝也！"是日，疾少间，伯虎具舟侍父以归。居数日，疾复作，遂卒。

元符二年，庚以贡举事系狱临邛，语连伯虎，临邛并械之。凡对吏逾年，掠治无完肤，其词确然，一不及庚，以故狱久不具，卒会赦，除之。伯虎性真率，无威仪，人多易之，至是皆大服，以为不可及。伯虎仕于四方，每数年一归，不过旬日复去。后卒于家，有子二人。

文同，字与可，梓州梓潼人，汉文翁之后，蜀人犹以"石室"名其家。同方口秀眉，以学名世，操韵高洁，自号笑笑先生。善诗、文、篆、隶、行、草、飞白。文彦博守成都，奇之，致书同曰："与可襟韵洒落，如晴云秋月，尘埃不到。"司马光、苏轼尤敬重之。轼，同之从表弟也。同又善画竹，初不自贵重，四方之人持缣素请者，足相蹑于门。同厌之，投缣于地，骂曰："吾将以为袜。"好事者传以为口实。初举进士，稍迁太常博士、集贤校理，知陵州，又知洋州。元丰初，知湖州，明年，至陈州宛丘驿，忽留不行，沐浴衣冠，正坐而卒。

崔公度尝与同同为馆职，见同京南，殊无言，及将别，但云："明日复来乎？与子话。"公度意以"话"为"画"，明日再往，同曰："与公话。"则左右顾，恐有听者。公度

方知同将有言，非画也。同曰："吾闻人不妄语者，舌可过鼻。"即吐其舌，三叠之如饼状，引之至眉间，公度大惊。及京中传同死，公度乃悟所见非生者。有《丹渊集》四十卷行于世。

杨杰，字次公，无为人。少有名于时，举进士。元丰中，官太常者数任，一时礼乐之事，皆预讨论。尝议玉牒帝系自僖祖而上，世次莫知，则僖祖为始祖无疑，宜以僖祖配感生帝。又请孝惠贺后、淑德尹后、章怀潘后皆祖宗首纳之后，孝章宋后尝母仪天下，升祔之礼，久而未讲，宜因慈圣光献崇配之日，升四后神主祔于祖宗石室，断天下之大疑，正宗庙之大法。由是四后始得升祔。

神宗诏秘书监刘几、礼部侍郎范镇议乐，几请命杰同议。杰言大乐七失，并图上之。神宗下几、镇参定，镇不用杰议，自制。乐成，诏褒之。元丰末，晋州教授陆长愈言："近封孟轲邹国公，宜春秋释奠，与颜子并配。"下太常议，杰与少卿叶均、博士盛陶、王古、辛公佐以谓凡配享从祀，皆孔子同时之人，今以孟轲并配非是。礼部复言："自唐至今，以伏胜、高堂生等二十一贤从祀，岂必同时人？"诏从礼部议。

哲宗即位，议乐，又用范镇说。杰复破镇乐章曲名、宫架加磬、十六钟磬之非。又论镇以黑黍用秠制律、铜量，叩之不合黄钟，以世无真黍，用太府尺为乐尺，下旧乐三律。详具《乐志》。杰在神宗时与镇异议，至是复攻之，镇之乐律卒不用。元祐中，为礼部员外郎，出知润州，除两浙提点刑狱，卒，年七十。自号无为子，有文集二十余卷，《乐记》五卷。

贺铸，字方回，卫州人，孝惠皇后之族孙。长七尺，面铁色，眉目耸拔。喜谈当世事，可否不少假借，虽贵要权倾一时，小不中意，极口诋之无遗辞，人以为近侠。博学强记，工语言，深婉丽密，如次组绣。尤长于度曲，掇拾人所弃遗，少加隐括，皆为新奇。尝言："吾笔端驱使李商隐、温庭筠常奔命不暇。"诸公贵人多客致之，铸或从或不从，其所不欲见，终不贬也。

初，娶宗女，隶籍右选，监太原工作，有贵人子同事，骄倨不相下。铸廉得盗工作物，屏侍吏，闭之密室，以杖数曰："来，若某时盗某物为某用，某时盗某物入于家，然乎？"贵人子惶骇谢"有之"。铸曰："能从吾治，免白发。"即起自挞其肤，杖之数下，贵人子叩头祈哀，即大笑释去。自是诸挟气力颉颃者，皆侧目不敢仰视。是时，江、淮间有米芾以魁岸奇谲知名，铸以气侠雄爽适相先后，二人每相遇，瞋目抵掌，论辩锋起，终日各不能屈，谈者争传为口实。

元祐中，李清臣执政，奏换通直郎、通判泗州，又倅太平州。竟以尚气使酒，不得美官，悒悒不得志，食宫祠禄，退居吴下，稍务引远世故，亦无复轩轾如平日。家藏书万余卷，手自校雠，无一字误，以是杜门将遂其老。家贫，贷子钱自给，有负者，辄折券与之，秋毫不以丐人。

铸所为词章，往往传播在人口。建中靖国时，黄庭坚自黔中还，得其"江南梅子"之句，以为似谢玄晖。其所与交，终始厚者，惟信安程俱。铸自裒歌词，名《东山乐府》，俱为序之。尝自言唐谏议大夫知章之后，且推本其初，出王子庆忌，以庆为姓，居越之湖泽所谓镜湖者，本庆湖也，避汉安帝父清河王讳，改为贺氏，庆湖亦转为镜。当时不知何所据。故铸自号庆湖遗老，有《庆湖遗老集》二十卷。

刘泾，字巨济，简州阳安人。举进士，王安石荐其才，召见，除经义所检讨。久之，为太学博士，罢，知咸阳县，常州教授，通判莫州、成都府，除国子监丞，知处、虢、真、坊四州。元符末上书，召对，除职方郎中。卒，年五十八。泾为文务奇怪语，好进取，多为人排斥，屡踬不伸。

同时有郑少微者，字明举，成都人也，与泾俱以文知名，而仕不偶。

鲍由，字钦止，处州龙泉人。举进士。尝从王安石学，又亲炙苏轼，故其文汪洋闳肆，诗尤高妙。徽宗召对，除工部员外郎，居无何，以不合去，责监泗州转般仓。历河东、福建路常平、广西、淮南转运判官，复召为郎。以言者罢，提点元封观。起知明州，又知海州，复奉祠。卒，年五十六。尝注杜甫诗，有文集五十卷。

黄伯思，字长睿，其远祖自光州固始徙闽，为邵武人。祖履，资政殿大学士。父应求，饶州司录。伯思体弱，如不胜衣，风韵洒落，飘飘有凌云意。自幼警敏，不好弄，日诵书千余言。每听履讲经史，退与他儿言，无遗误者。尝梦孔雀集于庭，觉而赋之，词采甚丽。以履任为假承务郎。甫冠，入太学，校艺屡占上游。履欲以恩例奏增秩，伯思固辞，履益奇之。元符三年，进士高等，调磁州司法参军，久不任，改通州司户。丁内艰，服除，除河南府户曹参军，治剧不劳而办。秩满，留守邓洵武辟知右军巡院。

伯思好古文奇字，洛下公卿家商、周、秦、汉彝器款识，研究字画体制，悉能辨正是非，道其本末，遂以古文名家，凡字书讨论备尽。初，淳化中博求古法书，命待诏王著续正法帖，伯思病其乖伪庞杂，考引载籍，咸有依据，作《刊误》二卷。由是篆、隶、正、行、草、章草、飞白皆至妙绝，得其尺牍者，多藏弆。

又二年，除详定《九域图志》所编修官兼《六典》检阅文字，改京秩。寻监护崇恩太后园陵使司，掌管笺奏。以修书恩，升朝列，擢秘书省校书郎。未几，迁秘书郎。纵观册府藏书，至忘寝食，自《六经》及历代史书、诸子百家、天官地理、律历卜筮之说无不精诣。凡诏讲明前世典章文物、集古器定真赝，以素学与闻，议论发明居多，馆阁诸公自以为不及也。逾再考，丁外艰，宿抱羸瘵，因丧尤甚。服除，复旧职。

伯思颇好道家，自号云林子，别字霄宾。及至京，梦人告曰："子非久人间，上帝有命典司文翰。"觉而书之。不逾月，以政和八年卒，年四十。伯思学问慕扬雄，诗慕李白，文慕柳宗元。有文集五十卷、《翼骚》一卷。

二子：诏，右宣教郎、荆湖南路安抚司书写机宜文字；讻，右从事郎、福州怀安尉，裒伯思平日议论题跋为《东观餘论》三卷。

卷四百四十四　　列传第二百三

文　苑　六

黄庭坚　晁补之弟咏之　**秦观　张耒
陈师道　李廌　刘恕　王无咎　蔡肇
李格非　吕南公　郭祥正　米芾　刘诜
倪涛　李公麟　周邦彦　朱长文　刘弇**

黄庭坚，字鲁直，洪州分宁人。幼警悟，读书数过辄成诵。舅李常过其家，取架上书问之，无不通，常惊，以为一日千里。举进士，调叶县尉。熙宁初，举四京学官，第文为优，教授北京国子监，留守文彦博才之，留再任。苏轼尝见其诗文，以为超轶绝尘，独立万物之表，世久无此作，由是声名始震。知太和县，以平易为治。时课颁盐筴，诸县争占多数，太和独否，吏不悦，而民安之。

哲宗立，召为校书郎、《神宗实录》检讨官。逾年，迁著作佐郎，加集贤校理。《实录》成，擢起居舍人。丁母艰。庭坚性笃孝，母病弥年，昼夜视颜色，衣不解带。及亡，庐墓下，哀毁得疾几殆。服除，为秘书丞，提点明道宫兼国史编修官。绍圣初，出知宣州，改鄂州。章惇、蔡卞与其党论《实录》多诬，俾前史官分居畿邑以待问，摘千余条示之，谓为无验证。既而院吏考阅，悉有据依，所余才三十二事。庭坚书"用铁龙爪治河，有同儿戏"，至是首问焉。对曰："庭坚时官北都，尝亲见之，真儿戏耳。"凡有问，皆直辞以对，闻者壮之。贬涪州别驾、黔州安置，言者犹以处善地为骫法。以亲嫌，遂移戎州。庭坚泊然，不以迁谪介意。蜀士慕从之游，讲学不倦，凡经指授，下笔皆可观。

徽宗即位，起监鄂州税，签书宁国军判官，知舒州，以吏部员外郎召，皆辞不行。丐郡，得知太平州，至之九日，罢主管玉隆观。庭坚在河北与赵挺之有微隙，挺之执政，转运判官陈举承风旨，上其所作《荆南承天院记》，指为幸灾，复除名、羁管宜州。三年，徙永州，未闻命而卒，年六十一。

庭坚学问文章，天成性得，陈师道谓其诗得法杜甫，学甫而不为者。善行、草书，楷法亦自成一家。与张耒、晁补之、秦观俱游苏轼门，天下称为四学士，而庭坚于文章尤长于诗，蜀、江西君子以庭坚配轼，故称"苏、黄"。轼为侍从时，举以自代，其词有"瑰伟之文，妙绝当世，孝友之行，追配古人"之语，其重之也如此。初，游潜皖山谷寺、石牛洞，乐其林泉之胜，因自号山谷道人云。

晁补之，字无咎，济州钜野人，太子少傅迥五世孙，宗悫之曾孙也。父端友，工于诗。补之聪敏强记，才解事即善属文，王安国一见奇之。十七岁从父宦杭州，稡钱塘山川风物之丽，著《七述》以谒州通判苏轼。轼先欲有所赋，读之叹曰："吾可以阁笔矣！"又称其文博辩隽伟，绝人远甚，必显于世。由是知名。

举进士，试开封及礼部别院，皆第一。神宗阅其文曰："是深于经术者，可革浮薄。"调澶州司户参军，北京国子监教授。元祐初，为太学正，李清臣荐堪馆阁，召试，除秘书省正字，迁校书郎，以秘阁校理通判扬州，召还，为著作佐郎。章惇当国，出知齐州，群盗昼掠涂巷，补之默得其姓名，囊橐皆具，一日宴客，召贼曹以方略授之，酒行未竟，悉擒以来，一府为彻警。坐修《神宗实录》失实，降通判应天府、亳州，又贬监处、信二州酒税。徽宗立，复以著作召。既至，拜吏部员外郎、礼部郎中，兼国史编修、实录检讨官。党论起，为谏官管师仁所论，出知河中府，修河桥以便民，民画祠其像。徙湖州、密州、果州，遂主管鸿庆宫。还家，葺归来园，自号归来子，忘情仕进，慕陶潜为人。大观末，出党籍，起知达州，改泗州，卒，年五十八。

补之才气飘逸，嗜学不知倦，文章温润典缛，其凌丽奇卓出于天成。尤精《楚词》，论集屈、宋以来赋咏为《变离骚》等三书。安南用兵，著《罪言》一篇，大意欲择仁厚勇略更为五管郡守，及修海上诸郡武备，议者以为通达世务。从弟咏之。

咏之字之道，少有异材，以荫入官。调扬州司法参军，未上。时苏轼守扬州，补之倅州事，以其诗文献轼，轼曰："有才如此，独不令我一识面邪？"乃具参军礼入谒，轼下堂挽而上，顾坐客曰："奇才也！"复举进士，又举宏词，一时传诵其文。为河中教授，元符末，应诏上书论事，罢官。久之，为京兆府司录事，秩满，提点崇福宫，卒，年五十二，有文集五十卷。

秦观，字少游，一字太虚，扬州高邮人。少豪隽，慷慨溢于文词，举进士不中。强志盛气，好大而见奇，读兵家书与己意合。见苏轼于徐，为赋黄楼，轼以为有屈、宋才。又介其诗于王安石，安石亦谓清新似鲍、谢。轼勉以应举为亲养，始登第，调定海主簿、蔡州教授。元祐初，轼以贤良方正荐于朝，除太学博士，校正秘书省书籍。迁正字，而复为兼国史院编修官，上日有砚墨器币之赐。

绍圣初，坐党籍，出通判杭州。以御史刘拯论其增损实录，贬监处州酒税。使者承风望指，候伺过失，既而无所得，则以谒告写佛书为罪，削秩徙郴州，继编管横州，又徙雷州。徽宗立，复宣德郎，放还。至藤州，出游华光亭，为客道梦中长短句，索水欲饮，水至，笑视之而卒。先自作挽词，其语哀甚，读者悲伤之。年五十三，有文集四十卷。

观长于议论，文丽而思深。及死，轼闻之叹曰："少游不幸死道路，哀哉！世岂复有斯人乎！"弟觏字少章，靓字少仪，皆能文。

张耒，字文潜，楚州淮阴人。幼颖异，十三岁能为文，十七时作《函关赋》，已传人口。游学于陈，学官苏辙爱之，因得从轼游，轼亦深知之，称其文汪洋冲澹，有一倡三叹之声。

弱冠第进士，历临淮主簿、寿安尉、咸平县丞。入为太学录，范纯仁以馆阁荐试，迁秘书省正字、著作佐郎、秘书丞、著作郎、史馆检讨。居三馆八年，顾义自守，泊如也。擢起居舍人。绍圣初，请郡，以直龙图阁知润州。坐党籍，徙宣州，谪监黄州酒税，徙复州。徽宗立，起为通判黄州，知兖州，召为太常少卿，甫数月，复出知颍、汝二州。崇宁初，复坐党籍落职，主管明道宫。初，耒在颍，闻苏轼讣，为举哀行服，言者以为言，遂贬房州别驾，安置于黄。五年，得自便，居陈州。

耒仪观甚伟，有雄才，笔力绝健，于骚词尤长。时二苏及黄庭坚、晁补之辈相继没，耒独存，士人就学者众，分日载酒肴饮食之。海人作文以理为主，尝著论云："自《六经》以下，至于诸子百氏骚人辩士论述，大抵皆将以为寓理之具也。故学文之端，急于明理，如知文而不务理，求文之工，世未尝有也。夫决水于江、河、淮、海也，顺道而行，滔滔汩汩，日夜不止，冲砥柱，绝吕梁，放于江湖而纳之海，其舒为沦涟，鼓为波涛，激之为风飙，怒之为雷霆，蛟龙鱼鳖，喷薄出没，是水之奇变也。水之初，岂若是哉！顺道而决之，因其所遇而变生焉。沟渎东决而西竭，下满而上虚，日夜激之，欲见其奇，彼其所至者，蛙蛭之玩耳。江、河、淮、海之水，理达之文也，不求奇而奇至矣。激沟渎而求水之奇，此无见于理，而欲以言语句读为奇，反覆咀嚼，卒亦无有，文之陋也。"学者以为至言。作诗晚岁益务平淡，效白居易体，而乐府效张籍。

久于投闲，家益贫，郡守翟汝文欲为买公田，谢不取。晚监南岳庙，主管崇福宫，卒，年六十一。建炎初，赠集英殿修撰。

陈师道，字履常，一字无己，彭城人。少而好学苦志，年十六，蚤以文谒曾巩，巩一见奇之，许其以文著，时人未之知也，留受业。熙宁中，王氏经学盛行，师道心非其说，遂绝意进取。巩典五朝史事，得自择其属，朝廷以白衣难之。元祐初，苏轼、傅尧俞、孙觉荐其文行，起为徐州教授，又用梁焘荐，为太学博士。言者谓在官尝越境出南京见轼，改教授颍州。又论其进非科第，罢归。调彭泽令，不赴。家素贫，或经日不炊，妻子愠见，弗恤也。久之，召为秘书省正字，卒，年四十九，友人邹浩买棺敛之。

师道高介有节，安贫乐道。于诸经尤邃《诗》、《礼》，为文精深雅奥。喜作诗，自云学黄庭坚，至其高处，或谓过之，然小不中意，辄焚去，今存者才十一。世徒喜诵其诗文，至若奥学至行，或莫之闻也。尝铭黄楼，曾子固谓如秦石。

初，游京师逾年，未尝一至贵人之门，傅尧俞欲识之，先以问秦观，观曰："是人非持刺字、俯颜色、伺候公卿之门者，殆难至也。"尧俞曰："非所望也，吾将见之，惧其不吾见也，子能介于陈君乎？"知其贫，怀金欲为馈，比至，听其论议，益敬畏，不敢出。章惇在枢府，将荐于朝，亦属观延致。师道答曰："辱书，谕以章公降屈年德，以礼见招，不佞何以得此，岂侯尝欺之耶？公卿不下士，尚矣，乃特见于今而亲于其身，幸孰大焉。愚虽不足以齿士，犹当从侯之后，顺下风以成公之名。然先王之制，士不传贽为臣，则不见于王公，所以成礼而其敝必至自鬻，故先王谨其始以为之防，而为士者世守焉。师道于公，前有贵贱之嫌，后无平生之旧，公虽可见，礼可去乎？且公之见招，盖以能守区区之礼也，若昧冒法义，闻命走门，则失其所以见招，公又何取焉。虽然，有一于此，幸公之他日成功谢事，幅巾东归，师道当御款段，乘下泽，候公于东门外，尚未晚也。"及惇为相，又致意焉，终不往。官颍时，苏轼知州事，待之绝席，欲参诸门弟子间，而师道赋诗有"向来一瓣香，敬为曾南丰"之语，其自守如是。

与赵挺之友婿，素恶其人，适预郊祀行礼，寒甚，衣无绵，妻就假于挺之家，问所从得，却去，不肯服，遂以寒疾死。

李廌，字方叔，其先自郓徙华。廌六岁而孤，能自立，少长，以学问称乡里。谒苏轼于黄州，贽文求知。轼谓其笔墨澜翻，有飞沙走石之势，拊其背曰："子之才，万人敌也，抗之以高节，莫之能御矣。"廌再拜受教。而家素贫，三世未葬，一夕，抚枕流涕曰："吾忠孝焉是学，而亲未葬，何以学为！"旦而别轼，将客游四方，以成其事。轼解衣为助，又作诗以劝风义者。于是不数年，尽致累世之丧三十余柩，归窆华山下，范镇为表墓以美之。益闭门读书，又数年，再见轼，轼阅其所著，叹曰："张耒、秦观之流也。"

乡举试礼部，轼典贡举，遗之，赋诗以自责。吕大防叹曰："有司试艺，乃失此奇才耶！"轼与范祖禹谋曰："廌虽在山林，其文有锦衣玉食气，弃奇宝于路隅，昔人所叹，我曹得无意哉！"将同荐诸朝，未几，相继去国，不果。轼亡，廌哭之恸，曰："吾愧不能死知己，至于事师之勤，渠敢以生死为间！"即走许、汝间，相地卜兆授其子，作文祭之曰："皇天后土，鉴一生忠义之心；名山大川，还万古英灵之气。"词语奇壮，读者为悚。中年绝进取意，谓颍为人物渊薮，始定居长社，买田以处之。卒，年五十一。

廌喜论古今治乱，条畅曲折，辩而中理。当喧溷仓卒间如不经意，睥睨而起，落笔如飞驰。元祐求言，上《忠谏书》、《忠厚论》并献《兵鉴》二万言论西事。朝廷擒羌酋鬼章，将致法，廌深论利害，以为杀之无益，愿加宽贷，当时题其言。

刘恕，字道原，筠州人。父涣字凝之，为颍上令，以刚直不能事上官，弃去。家于庐山之阳，时年五十。欧阳修与涣，同年进士也，高其节，作《庐山高》诗以美之。涣居庐山三十余年，环堵萧然，饘粥以为食，而游心尘垢之外，超然无戚戚意，以寿终。

恕少颖悟，书过目即成诵。八岁时，坐客有言孔子无兄弟者，恕应声曰："以其兄之子妻之。"一坐惊异。年十三，欲应制科，从人假《汉》、《唐书》，阅月皆归之。谒丞相晏殊，问以事，反覆诘难，殊不能对。恕在钜鹿时，召至府，重礼之，使讲《春秋》，殊亲帅官属往听。未冠，举进士，时有诏，能讲经义者别奏名，应诏者才数十人，恕以《春秋》、《礼记》对，先列注疏，次引先儒异说，末乃断以己意，凡二十问，所对皆然，主司异之，擢为第一。他文亦入高等，而廷试不中格，更下国子试讲经，复第一，遂赐第。调钜鹿主簿、和川令，发强擿伏，一时能吏自以为不及。恕为人重意义，急然诺。郡守得罪被劾，属吏皆连坐下狱，恕独恤其妻子，如己骨肉，又面数转运使深文峻诋。

笃好史学，自太史公所记，下至周显德末，纪传之外至私记杂说，无所不览，上下数千载间，钜微之事，如指诸掌。司马光编次《资治通鉴》，英宗命自择馆阁英才共修之。光对曰："馆阁文学之士诚多，至于专精史学，臣得而知者，唯刘恕耳。"即召为局僚，遇史事纷错难治者，辄以诿恕。恕于魏、晋以后事，考证差缪，最为精详。

王安石与之有旧，欲置三司条例。恕以不习金谷为辞，因言天子方属公大政，宜恢张尧、舜之道以佐明主，不应以利为先。又条陈所更法令不合众心者，劝使复旧，至面刺其过，安石怒，变色如铁，恕不少屈。或稠人广坐，抗言其失无所避，遂与之绝。方安石用事，呼吸成祸福，高论之士，始异而终附之，面誉而背毁之，口顺而心非之者，皆是也。恕奋厉不顾，直指其事，得失无所隐。

光出知永兴军，恕亦以亲老，求监南康军酒以就养，许即官修书。光判西京御史台，恕请诣光，留数月而归。道得风挛疾，右手足废，然苦学如故，少间，辄修书，病亟乃止。官至秘书丞，卒，年四十七。

恕为学，自历数、地里、官职、族姓至前代公府案牍，皆取以审证。求书不远数百里，身就之读且抄，殆忘寝食。偕司马光游万安山，道旁有碑，读之，乃五代列将，人所不知名者，恕能言其行事始终，归验旧史，信然。宋次道知亳州，家多书，恕枉道借览。次道日具馔为主人礼，恕曰："此非吾所为来也，殊废吾事。"悉去之。独闭阁，昼夜口诵手抄，留旬日，尽其书而去，目为之臀。著《五代十国纪年》以拟《十六国春秋》，又采太古以来至周威烈王时事，《史记》、《左氏传》所不载者，为《通鉴外纪》。

家素贫，无以给旨甘，一毫不妄取于人。自洛南归，时方冬，无寒具。司马光遗以衣袜及故茵褥，辞不获，强受而别，行及颍，悉封还之。尤不信浮屠说，以为必无是事，曰："人如居逆旅，一物不可乏，去则尽弃之矣，岂得赍以自随哉？"好攻人之恶，每自讼平生有二十失、十八蔽，作文以自警，亦终不能改也。

死后七年，《通鉴》成，追录其劳，官其子羲仲为郊社斋郎。次子和仲有超轶材，作诗清奥，刻厉欲自成家，为文慕石介，有侠气，亦蚤死。

王无咎，字补之，建昌南城人。第进士，为江都尉、卫真主簿、天台令，弃而从王安石学，久之，无以衣食其妻子，复调南康主簿，已又弃去。好书力学，寒暑行役不暂释，所在学者归之，去来常数百人。王安石为政，无咎至京师，士大夫多从之游，有卜邻以考经质疑者。然与人寡合，常闭门治书，惟安石言论莫逆也。安石上章荐其文行该备，守道安贫，而久弃不用，诏以为国子直讲，命未下而卒，年四十六。

蔡肇，字天启，润州丹阳人。能为文，最长歌诗。初事王安石，见器重。又从苏轼游，声誉益显。第进士，历明州司户参军、江陵推官。元祐中，为太学正，通判常州，召为卫尉寺丞，提举永兴路常平。徽宗初，入为户部、吏部员外郎，兼编修国史，言者论其学术反覆，出提举两浙刑狱。张商英当国，引为礼部员外，进起居郎，拜中书舍人。前此，试三题，率以宰相上马为之候，肇援笔立就，不加润饰，商英读之击节。才逾月，以草御史幸义责词不称，罢为显谟阁待制、知明州，言者又论其包藏异意，非议辟雍以为不当立，夺职，提举洞霄宫。会赦，复之，卒。

李格非，字文叔，济南人。其幼时，俊警异甚。有司方以诗赋取士，格非独用意经学，著《礼记说》至数十万言，遂登进士第。调冀州司户参军，试学官，为郓州教授，郡守以其贫，欲使兼他官，谢不可。入补太学录，再转博士，以文章受知于苏轼。常著《洛阳名园记》，谓"洛阳之盛衰，天下治乱之候也。"其后洛阳陷于金，人以为知言。绍圣立局编元祐章奏，以为检讨，不就，戾执政意，通判广信军。有道士说人祸福或中，出必乘车，眊俗信惑，格非遇之途，叱左右取车中道士来，穷治其奸，杖而出诸境。召为校书郎，迁著作佐郎、礼部员外郎，提点京东刑狱，以党籍罢，卒，年六十一。

格非苦心工于词章，陵轹直前，无难易可否，笔力不少滞。尝言："文不可以苟作，诚不著焉，则不能工。且晋人能文者多矣，至刘伯伦《酒德颂》、陶渊明《归去来辞》，字字如肺肝出，遂高步晋人之上，其诚著也。"

妻王氏，拱辰孙女，亦善文。女清照，诗文尤有称于时，嫁赵挺之之子明诚，自号易安居士。

吕南公，字次儒，建昌南城人。于书无所不读，于文不肯缀缉陈言。熙宁中，士方推崇马融、王肃、许慎之业，剽掠补拆临摹之艺大行，南公度不能逐时好，一试礼闱不偶，退筑室灌园，不复以进取为意。益著书，且借史笔以褒善贬恶，遂以"衮斧"名所居斋。尝谓士必不得已于言，则文不可以不工，盖意有余而文不足，则如吃人之辨讼，心未始不虚，理未始不直，然而或屈者，无助于辞而已。观书契以来，特立之士，未有不善于文者。士无志于立则已，必有志焉，则文何可以卑贱而为之？故毅然尽心，思欲与古人并。

元祐初，立十科荐士，中书舍人曾肇上疏，称其读书为文，不事俗学，安贫守道，志希古人，堪充师表科，一时廷臣亦多称之。议欲命以官，未及而卒。遗文曰《灌园先生集》，传于世。

郭祥正，字功父，太平州当塗人，母梦李白而生。少有诗声，梅尧臣方擅名一时，见而叹曰："天才如此，真太白后身也！"举进士，熙宁中，知武冈县，签书保信军节度判官。时王安石用事，祥正奏乞天下大计专听安石处画，有异议者，虽大臣亦当屏黜。神宗览而异之，一日问安石曰："卿识郭祥正乎？其才似可用。"出其章以示安石，安石耻之小臣所荐，因极口陈其无行。时祥正从章惇察访辟，闻之，遂以殿中丞致仕。后复出，通判汀州、知端州，又弃去，隐于县青山，卒。

米芾，字元章，吴人也。以母侍宣仁后藩邸旧恩，补浛光尉。历知雍丘县、涟水军，太常博士，知无为军，召为书画学博士，赐对便殿，上其子友仁所作《楚山清晓图》，擢礼部员外郎，出知淮阳军。卒，年四十九。

芾为文奇险，不蹈袭前人轨辙。特妙于翰墨，沈著飞翥，得王献之笔意。画山水人物，自名一家，尤工临移，至乱真不可辨。精于鉴裁，遇古器物书画则极力求取，必得乃已。王安石尝摘其诗句书扇上，苏轼亦喜誉之。冠服效唐人，风神萧散，音吐清畅，所至人聚观之。而好洁成癖，至不与人同巾器。所为谲异，时有可传笑者。无为州治有巨石，状奇丑，芾见大喜曰："此足以当吾拜！"具衣冠拜之，呼之为兄。又不能与世俯仰，故从仕数困。尝奉诏仿《黄庭》小楷作周兴嗣《千字韵语》。又入宣和殿观禁内所藏，人以为宠。

子友仁字元晖，力学嗜古，亦善书画，世号小米，仕至兵部侍郎、敷文阁直学士。

刘诜，字应伯，福州福清人。中进士第，历莆田主簿、知庐江县。崇宁中，为讲议司检讨官，进军器、大理丞、大晟府典乐。诜通音律，尝上历代雅乐因革及宋制作之旨，故委以乐事。又言："《周官》大司乐禁淫声、慢声，盖孔子所谓放郑声者。今燕乐之音，失于高急，曲调之辞，至于鄙俚，恐不足以召和气。宋，火德也，音尚微，微调不可阙。臣按古制，旋十二宫以七声，得正徵一调，惟陛下才取。"徽宗曰："卿言是也，五声阙一不可，《徵招》、《角招》为君臣相说之乐，此朕所欲闻而无言者，卿宜为朕典司之。"他日，禁中出古钟二，诏执政召诜按于都堂，诜曰："此与今太簇、大吕声协。"命取大晟钟扣之，果应。又曰："钟击之无余韵，不如石声，《诗》所云'依我磬声'者，言其清而定也。"复取以合之，声益谐。历宗正、鸿胪、卫尉、太常四少卿，纂《绩因革礼》，卒。

诜居母丧尽礼，有双芝生墓侧，人以为孝感。

倪涛，字巨济，广德军人。卯角能属文，博学强记。年十五，试太学第一，遂擢进士，调庐陵尉、信阳军教授。入为太学正，秘书省校书郎、著作佐郎，司勋、左司员外郎。朝廷议有事燕云，大臣争先决策，为固位计，皆心知不可，无敢一出口，涛独言其非。且曰："景德以来，辽守约不犯边，盟誓固在，不可渝也。天下久平，士不习战，军储又屈，毋轻议以诒后患。"王黼怒曰："君敢沮军事邪！"于是言者论其鼓唱撰造，贬监朝城县酒税，再徙茶陵船场，卒，年三十九。死之明年，金人犯阙，朝廷忆涛言，官其子一。有《云阳集》传于世。

李公麟，字伯时，舒州人。第进士，历南康、长垣尉、泗州录事参军，用陆佃荐为中书门下后省册定官、御史检法。好古博学，长于诗，多识奇字，自夏、商以来钟、鼎、尊、彝，皆能考定世次，辨测款识，闻一妙品，虽捐千金不惜。绍圣末，朝廷得玉玺，下礼官诸儒议，言人人殊。公麟曰："秦玺用蓝田玉，今玉色正青，以龙蚓鸟鱼为文，著'帝王受命之符'，玉质坚甚，非昆吾刀、蟾肪不可治，雕法中绝，此真秦李斯所为不疑。"议由是定。

元符三年，病痹，遂致仕。既归老，肆意于龙眠山岩壑间。雅善画，自作《山庄图》，为世宝。传写人物尤精，识者以为顾恺之、张僧繇之亚。襟度超轶，名士交誉之，黄庭坚谓其风流不减古人，然因画为累，故世但以艺传云。

周邦彦，字美成，钱塘人。疏隽少检，不为州里推重，而博涉百家之书。元丰初，游京师，献《汴都赋》余万言，神宗异之，命侍臣读于迩英阁，召赴政事堂，自太学诸生一命为正，居五岁不迁，益尽力于辞章。出教授庐州，知溧水县，还为国子主簿。哲宗召对，使诵前赋，除秘书省正字。历校书郎、考功员外郎，卫尉、宗正少卿，兼议礼局检讨，以直龙图阁知河中府。徽宗欲使毕礼书，复留之。逾年，乃知隆德府，徙明州，入拜秘书监，进徽猷阁待制、提举大晟府。未几，知顺昌府，徙处州，卒，年六十六，赠宣奉大夫。

邦彦好音乐，能自度曲，制乐府长短句，词韵清蔚，传于世。

朱长文，字伯原，苏州吴人。年未冠，举进士乙科，以病足不肯试吏，筑室乐圃坊，著书阅古，吴人化其贤。长吏至，莫不先造请，谋政所急，士大夫过者以不到乐圃为耻，名动京师，公卿荐以自代者众。元祐中，起教授于乡，召为太学博士，迁秘书省正字。元符初，卒。哲宗知其清，赠绢百。

有文三百卷，《六经》皆为辨说。又著《琴史》而序其略曰："方朝廷成太平之功，制礼作乐，比隆商、周，则是书也，岂虚文哉！"盖立志如此。

刘弇，字伟明，吉州安福人。儿时警颖，日诵万余言。登元丰二年进士第，继中博学宏词科。历官知嘉州峨眉县，改太学博士。元符中，有事于南郊，弇进《南郊大礼赋》，哲守览之动容，以为相如、子云复出，除秘书省正字。徽宗即位，改著作佐郎、实录院检讨官，以疾卒于官。

弇少嗜酒，不事拘检。为文辞剗剔瑕颣，卓诡不凡。有《龙云集》三十卷，周必大序其文，谓"庐陵自欧阳文忠公以文章续韩文公正传，遂为一代儒宗，继之者弇也"。其相推重如此云。

卷四百四十五　　列传第二百四

文　苑　七

陈与义　汪藻　叶梦得　程俱　张嵲　韩驹
朱敦儒　葛胜仲　熊克　张即之赵蕃附

陈与义，字去非，其先居京兆，自曾祖希亮始迁洛。故为洛人。与义天资卓伟，为儿时已能作文，致名誉，流辈敛衽，莫敢与抗。登政和三年上舍甲科，授开德府教授。累迁太学博士，擢符宝郎，寻谪监陈留酒税。

及金人入汴，高宗南迁，遂避乱襄汉，转湖湘，逾岭峤。久之，召为兵部员外郎。绍兴元年夏，至行在。迁中书舍人，兼掌内制。拜吏部侍郎，寻以徽猷阁直学士知湖州。召为给事中。驳议详雅。又以显谟阁直学士提举江州太平观。被召，会宰相有不乐与义者，复用为中书舍人、直学士院。六年九月，高宗如平江，十一月，拜翰林学士、知制诰。

七年正月，参知政事，唯师用道德以辅朝廷，务尊主威而振纲纪。时丞相赵鼎言："人多谓中原有可图之势，宜便进兵，恐他时咎今日之失机。"上曰："今梓宫与太后、渊圣皆未还，若不与金议和，则无可还之理。"与义曰："若和议成，岂不贤于用兵，万一无成，则用兵必不免。"上曰："然。"三月，从帝如建康。明年，扈跸还临安。以疾请，复以资政殿学士知湖州，陛辞，帝劳问甚渥，遂请闲，提举临安洞霄宫。十一月，卒，年四十九。

与义容状俨恪，不妄笑言，平居虽谦以接物，然内刚不可犯。其荐士于朝，退未尝以语人，士以是多之。尤长于诗，体物寓兴，清邃纡余，高举横厉，上下陶、谢、韦、柳之间。尝赋《墨梅》，徽宗嘉赏之，以是受知于上云。

汪藻，字彦章，饶州德兴人。幼颖异，入太学，中进士第。调婺州观察推官，改宣州教授，稍迁江西提举学事司干当公事。

徽宗亲制《君臣庆会阁诗》，群臣皆赓进，惟藻和篇，众莫能及。时胡伸亦以文名，人为之语曰："江左二宝，胡伸、汪藻。"寻除《九域图志》所编修官，再迁著作佐郎。时相王黼与藻同舍，素不咸，出通判宣州，提点江州太平观，投闲凡八年，终黼之世不得用。

钦宗即位，召为屯田员外郎，再迁太常少卿、起居舍人。高宗践阼，召试中书舍人。时次扬州，藻多论奏，宰相黄潜善恶之，遂假他事，免为集英殿修撰、提举太平观。

明年，复召为中书舍人兼直学士院，擢给事中，迁兵部侍郎兼侍讲，拜翰林学士。帝以所御白团扇，亲书"紫诰仍兼绾，黄麻似《六经》"十字以赐，缙绅艳之。

属时多事，诏令类出其手。尝论诸大将拥重兵，浸成外重之势，且陈所以待将帅者三事，后十年，卒如其策。又言："崇、观以来，赀结权幸，奴事阉宦，与开边误国，得职名自观文殿大学士而下直秘阁，官至银青光禄大夫者，近稍镌褫，而建炎恩宥，又当甄复，盍依国初法，止中大夫。"

绍兴元年，除龙图阁直学士、知湖州，以颜真卿尽忠唐室，尝守是邦，乞表章之，诏赐庙忠烈。又言："古者有国必有史，故书榻前议论之辞，则有时政记，录柱下见闻之实，则有起居注，类而次之，谓之日历，修而成之，谓之实录。今逾三十年，无复日历，何以示来世？乞即臣所领州，许臣访寻故家文书，纂集自元符庚辰以来诏旨，为日历之备。"制可。史馆既开，修撰綦崇礼言不必别设外局，乃已。郡人颜经投匦诉其敷籴军食，遂贬秩停官。起知抚州，御史张致远又论之，予祠。六年，修撰范冲言："日历，国之大典，比诏藻纂修，事复中止，恐遂散逸，宜令就闲复卒前业。"诏赐史馆修撰餐钱，听辟属编类。八年，上所修书，自元符庚辰至宣和乙巳诏旨，凡六百六十有五卷。藻再迁官，其属鲍延祖、孟处义咸增秩有差。藻升显谟阁学士，遣使赐茶药。寻知徽州，逾年，徙宣州。言者论其尝为蔡京、王黼之客，夺职居永州，累赦不宥。二十四年，卒。

秦桧死，复职，官其二子。二十八年，《徽宗实录》成书，右仆射汤思退言藻尝纂集诏旨，比修实录，所取十盖七八，深有力于斯文。诏赠端明殿学士。

藻通显三十年，无屋庐以居。博极群书，老不释卷，尤喜读《春秋左氏传》及《西汉书》。工俪语，多著述，所为制词，人多传诵。子六人，恬、恪、憺、怲，懔、憘。

叶梦得，字少蕴，苏州吴县人。嗜学蚤成，多识前言往行，谈论亹亹不穷。绍圣四年登进士第，调丹徒尉。徽宗朝，自婺州教授召为议礼武选编修官。用蔡京荐，召对，言："自古帝王为治，广狭大小，规模各不同，然必自先治其心者始。今国势有安危，法度有利害，人材有邪正，民情有休戚，四者，治之大也。若不先治其心，或诱之以货利，或陷之以声色，则所谓安危、利害、邪正、休戚者，未尝不颠倒易位，而况求其功乎？"上异其言，特迁祠部郎官。

大观初，京再相，向所立法度已罢者复行，梦得言："《周官》太宰以八柄诏王驭群臣，所谓废置赏罚者，王之事也，太宰得以诏王而不得自专。夫事不过可不可二者而已，以为可而出于陛下，则前日不应废，以为不可而不出于陛下，则今不可复，今徒以大臣进退为可否，无乃陛下有未了然于中者乎？"上喜曰："迩来士多朋比媒进，卿言独无观望。"遂除起居郎。时用事者喜小有才，梦得言："自古用人必先辨贤能。贤者，有德之称，能者，有才之称，故先王常使德胜才，不使才胜德。崇宁以来，在内惟取议论与朝廷同者为纯正，在外惟取推行法令速成者为干敏，未闻器业任重、识度经远者，特有表异。恐用才太胜，愿继今用人以有德为先。"

二年，累迁翰林学士，极论士大夫朋党之弊，专于重内轻外，且乞身先众人补郡。蔡京初欲以童贯宣抚陕西，取青唐。梦得见京问曰："祖宗时，宣抚使皆是见任执政，文彦博，韩绛因此即军中拜相，未有以中人为之。元丰末，神宗欲命李宪，虽王珪亦能力争，此相公所见也。昨八宝恩遽除贯节度使，天下皆知非祖宗法，此已不可救。今又付以执政之任，使得青唐，何以处之？"京有惭色，然卒用贯取青唐。

三年，以龙图阁直学士知汝州，寻落职，提举洞霄宫。政和五年，起知蔡州，复龙图阁直学士。移帅颍昌府，发常平粟振民，常平使者刘寄恶之。宦官杨戬用事，寄括部内，得常平钱五十万缗，请籴粳米输后苑以媚戬。戬委其属持御笔来，责以米样如苏州。梦得上疏极论颍昌地力与东南异，愿随品色，不报。时旁郡纠民输锒就籴京师，怨声载道，独颍昌赖梦得得免。李彦括公田，以黠吏告讦，籍郏城、舞阳隐田数千顷，民诣府诉者八百户。梦得上其事，捕吏按治之，郡人大悦。戬、彦交怒，寻提举南京鸿庆宫，自是或废或起。

逮高宗驻跸扬州，迁翰林学士兼侍读，除户部尚书。陈"待敌之计有三，曰形、曰势、曰气而已。形以地理山川为本，势以城池、刍粟、器械为重，气以将帅士卒为急。形固则可恃以守，势强则可资以立，气振则可作以用，如是则敌皆在吾度内矣"。因请上南巡，阻江为险，以备不虞。又请命重臣为宣总使，一居泗上，总两淮及东方之师以待敌；一居金陵，总江、浙之路以备退保。疏入，不报。

既而帝驻跸杭州，迁尚书左丞，奏监司、州县擅立军期司掊敛民财者，宜罢。上谕以兵、食二事最大，当择大臣分掌。门下侍郎颜岐、知杭州康允之皆嫉梦得，又与宰相朱胜非议论不协，会州民有上书讼梦得过失者，上以梦得深晓财赋，乃除资政殿学士、提举中太一官，专一提领户部财用，充车驾巡幸顿递使，辞不拜，归湖州。

绍兴初，起为江东安抚大使兼知建康府，兼寿春等六州宣抚使。时建康荒残，兵不满三千。梦得奏移统制官韩世清军屯建康，崔增屯采石，阁皋分守要害。会王才降刘豫，引兵入寇，梦得遣使臣张伟谕才降之，以其众分隶诸军。濠、寿贼寇宏、陈卞虽阳受朝命，阴与刘豫通，梦得谕以福祸，皆听命。及豫入寇，卞击败之，齐兵宵遁。

八年，除江东安抚制置大使兼知建康府、行宫留守。又奏防江措画八事：一、申饬边备，二、分布地分，三、把截要害，四、约束舟船，五、团结乡社，六、明审斥堠，七、措置积聚，八、责官吏死守。又言建康、太平、池州紧要隘口、江北可济渡去处共一十九处，愿聚集民兵，把截要害，命诸将审度敌形，并力进讨。

金都元帅宗弼犯含山县，进逼历阳，张俊诸军迁延未发，梦得见俊，请速出军，曰："敌已过含山县，万一金人得和州，长江不可保矣。"俊趣诸军进发，声势大振，金兵退屯昭关。明年，金复入寇，遂至柘皋，梦得团结沿江民兵数万，分据江津，遣子模将千人守马家渡，金兵不得渡而去。

初，建康屯兵岁费钱八百万缗，米八十万斛，榷货务所入不足以支。至是，禁旅与诸道兵咸集，梦得兼总四路漕计以给馈饷，军用不乏，故诸将得悉力以战。诏加观文殿学士，移知福州，兼福建安抚使。

海寇朱明猖獗，诏梦得挟御前将士便道之镇，或招或捕，或诱之相戕，遂平寇五十余群。然颇与监司异议，上章请老，特迁一官，提举临安府洞霄宫。寻拜崇信军节度使致仕。十八年，卒湖州，赠检校少保。

程俱，字致道，衢州开化人。以外祖尚书左丞邓润甫恩，补苏州吴江主簿，监舒州太湖茶场，坐上书论事罢归。起知泗州临淮县，累迁将作监丞。近臣以撰述荐，迁著作佐郎。宣和二年，进颂，赐上舍出身，除礼部郎，以病告老，不俟报而归。

建炎中，为太常少卿、知秀州。会车驾临幸，赐对。俱言："陛下德日新，政日举，赏罚施置，仰当天意，俯合人心，则赵氏安而社稷固；不然，则宗社危而天下乱，其间盖不容发。"高宗嘉纳之。金兵南渡，据临安，遣兵破崇德、海盐，驰檄谕降。俱率官属弃城保华亭，留兵马都监守城。朝廷命俱部金帛赴行在，既至，以病乞归。

绍兴初，始置秘书省，召俱为少监。奏修日历，秘书长贰得预修纂，自俱始。时庶事草创，百司文书例从省记，俱摭三馆旧闻，比次为书，名曰《麟台故事》上之。擢中书舍人兼侍讲。俱论："国家之患，在于论事者不敢尽情，当事者不敢任责，言有用否，事有成败，理固不齐。今言不合则见排于当时，事不谐则追咎于始议。故虽有智如陈平，不敢请金以行间；勇如相如，不敢全璧以抗秦；通财如刘晏，不敢言理财以赡军食。使人人不敢当事，不敢尽谋，则艰危之时，谁与图回而恢复乎？"

武功大夫苏易转横行，俱论："祖宗之法，文臣自将作监主簿至尚书左仆射，武臣自三班奉职至节度使，此以次迁转之官也。武臣自阁门副使至内客省使为横行，不系磨勘迁转之列，其除授皆颁特旨。故元丰之制，以承务郎至特进为寄禄官，易监主簿至仆射之名，武臣独不以寄禄官易之者，盖有深意也。政和间，改武官称为郎、大夫，遂并横行易之为转官等级，盖当时有司不习典故，以开侥幸之门。自改使为大夫以来，常调之官，下至皂隶，转为横行者，不可胜数。且文臣所谓庶官者，转不得过中大夫，而武臣乃得过皇城使，此何理也！夫官职轻重在朝廷，朝廷爱重官职，不妄与人，则官职重；反是则轻，轻则得者不以为恩，未得者常怀觖望，此安危治乱所关也。"

徐俯为谏议大夫，俱缴还，以为："俯虽才俊气豪，所历尚浅，以前任省郎，遽除谏议，自元丰更制以来，未之有也。昔唐元稹为荆南判司，忽命从中出，召为省郎，便知制诰，遂喧朝听，时谓监军崔潭峻之所引也。近闻外传，俯与中官唱和，有'鱼须'之句，号为警策。臣恐外人以此为疑，仰累圣德。陛下诚知俯，姑以所应得者命之。"不报。后二日，言者论俱前弃秀州城，罢为提举江州太平观。

久之，除徽猷阁待制。

俱晚病风痹，秦桧荐俱领史事，除提举万寿观、实录院修撰，使免朝参，俱力辞不至。卒，年六十七。俱在掖垣，命令下有不安于心者，必反覆言之，不少畏避。其为文典雅闳奥，为世所称。

张嵲，字巨山，襄阳人。宣和三年，上舍选中第。调唐州方城尉，改房州司刑曹。刘子羽荐于川、陕宣抚使张浚，辟利州路安抚司干办公事，以母病去官。

绍兴五年，召对，嵲上疏曰："金人去冬深涉吾地，王师屡捷，一朝宵遁，金有自败之道，非我幸胜之也。今士气稍振，乘其锐而用之，固无不可。然兵疲民劳，若便图进取，似未可遽。臣窃谓为今日计，当筑坞堡以守淮南之地，兴屯田以为久戍之资，备舟楫以阻长江之险，以我之常，待彼之变。又荆、襄、寿春皆古重镇，敌之侵轶，多出此途。愿速择良将劲兵，戍守其地，以重上流之势。"召试，除秘书省正字。

六年，地震。嵲奏："比年以来，赋敛繁重，征求百出，流移者挤沟壑，土著者失常业，地震之异，殆或为此。愿深思变异之由，修政之阙，致民之安。"

七年，迁校书郎兼史官校勘，再迁著作郎。嵲因对言："吴、蜀，唇齿之势也。蜀去朝廷远，今无元帅一年矣。蜀之利害，臣粗知之。忠勇之人，使之捍外侮则可，至于抚循斯民，则非所能办也。宜于前宰执中，择其可以任川事者委任之。然川蜀系国利害，非腹心之臣不可，今早得一贤宣抚使为要。"又言："自驻跸吴会以来，似未尝以襄阳、荆南为意，今宜亟选儒臣有牧御之才者为二路帅，使之招集流散，兴农桑，治城壁，以为保固之资，益重上流之势。"

即而何抡以刊改《神宗实录》得罪，语连嵲，出为福建路转运判官。上疏略曰："古之人君，其患有二，不在于拒谏，在纳谏而不能用；不在于不知天下利害，在知而不以为意。陛下渡江十年矣，外有勍敌之国，内有骄悍之兵，下有穷困无聊之民。进言者多矣，今皆以为陈腐而别取新奇之说；任事者众矣，今皆习是以为当然而更为迂阔之事。此近于纳谏而不知用，知利害而不知恤也。为今之计，朝斯夕斯，非是二者不务，数年之后，庶其有济！有国之所恶者，莫大于朋党，今一宰相用，凡其所与者，不择贤否而尽用之，一宰相去，凡其所与者，不择贤否而尽逐之，宜其朋党之浸成也。"

九年，除司勋员外郎兼实录院检讨官。金人叛盟，上命两省、卿、监、郎、曹各草檄以进，独取嵲所撰者，播之四方。十年，擢中书舍人，升实录院同修撰。论王德收复宿、亳两郡，乃擅退军，使岳飞势孤，金人猖獗，授承宣防御使，何应罚而反赏？封还词头，乞罢已降转官指挥。未几，右正言万俟卨论嵲为侍从日，荐引非才，以酬私恩，边报始至，托疾家居，由是罢去。顷之，起知衢州，除敷文阁待制。为政颇尚严酷，岁满，得请提举江州太平兴国官。时方修好息兵，朝廷讲稽古礼文之事，嵲作《中兴复古诗》以进。上将召用，会疽发背卒，年五十三。子昌时。

韩驹，字子苍，仙井监人。少有文称。政和初，以献颂补假将仕郎，召试舍人院，赐进士出身，除秘书省正字。寻坐为苏氏学，谪监华州蒲城县市易务。知洪州分宁县。召为著作郎，校正御前文籍。驹言国家祠事，岁一百十有八，用乐者六十有二，旧撰乐章，辞多牴牾。于是诏三馆士分撰亲祠明堂、圆坛、方泽等乐曲五十余章，多驹所作。

宣和五年，除秘书少监。六年，迁中书舍人兼修国史，入谢。上曰："近年为制诰者，所褒必溢美，所贬必溢恶，岂王言之体。且《盘》、《诰》具在，宁若是乎？"驹对："若止作制诰，则粗知文墨者皆可为，先帝置两省，岂止使行文书而已。"上曰："给事实掌封驳。"驹奏："舍人亦许缴还词头。"上曰："自今朝廷事有可论者，一切缴来。"寻兼权直学士院，制词简重，为时所推。未几，复坐乡党曲学，以集英殿修撰提举江州太平观。

高宗即位，知江州。绍兴五年，卒于抚州。进一官致仕，赠中奉大夫，与遗泽三人。驹尝在许下从苏辙学，评其诗似储光羲。其后由宦者以进用，颇为识者所薄云。子逊、游。

朱敦儒，字希真，河南人。父勃，绍圣谏官。敦儒志行高洁，虽为布衣，而有朝野之望。靖康中，召至京师，将处以学官，敦儒辞曰："麋鹿之性，自乐闲旷，爵禄非所愿也。"固辞还山。高宗即位，诏举草泽才德之士，预选者命中书策试，授以官，于是淮西部使者言敦儒有文武才，召之。敦儒又辞。避乱客南雄州，张浚奏赴军前计议，弗起。

绍兴二年，宣谕使明橐言敦儒深达治体，有经世才，廷臣亦多称其靖退。诏以为右迪功郎，下肇庆府敦遣诣行在，敦儒不肯受诏。其故人劝之曰："今天子侧席幽士，翼宣中兴，谯定召于蜀，苏庠召于浙，张自牧召于长芦，莫不声流天京，风动郡国，君何为栖茅茹藿，白首岩谷乎！"敦儒始幡然而起。既至，命对便殿，论议明畅。上悦，赐进士出身，为秘书省正字。俄兼兵部郎官，迁两浙东路提点刑狱。会右谏议大夫汪勃劾敦儒专立异论，与李光交通。高宗曰："爵禄所以厉世，如其可与，则文臣便至侍从，武臣便至节钺。如其不可，虽一命亦不容轻授。"敦儒遂罢。十九年，上疏请归，许之。

敦儒素工诗及乐府，婉丽清畅。时秦桧当国，喜奖用骚人墨客以文太平，桧子熺亦好诗，于是先用敦儒子为删定官，复除敦儒鸿胪少卿。桧死，敦儒亦废。谈者谓敦儒老怀舐犊之爱，而畏避窜逐，故其节不终云。

葛胜仲，字鲁卿，丹阳人。登绍圣四年进士第，调杭州司理参军。林希荐试学官及词科，俱第一，除兖州教授，入为太学正。上幸学，多献颂者，胜仲独献赋，上命中书第其优劣，胜仲为首，差提举议历所检讨官兼宗正丞。始，朝廷以从臣提举议历所，至是，代以郭天信，胜仲力请罢之。稍迁礼部员外郎。会御史中丞石公弼言："僖祖原庙增置殿室，违元丰之旧。"诏礼官议。胜仲建言："予而复夺，在常人犹难之，况在天之灵乎！"议者非之，责知歙州休宁县，复召为礼部员外郎，权国子司业。时朝廷命诸生习雅乐，乐成，进一官，迁太常少卿。

宋自建隆至治平所行典礼，欧阳修尝裒集为书，凡百篇，号《太常因革礼》，诏胜仲续之，增为三百卷，诏藏太常。及建春宫，以胜仲兼谕德，胜仲为《仁》、《孝》、《学》三论献之太子，复采春秋、战国以来历代太子善恶成败之迹，日进数事。诏嘉之，徙太府少卿，除国子祭酒，寻知汝州。李彦括田，破产者众，胜仲请蠲不当括者，彦怒，劾胜仲，上寝其奏，改湖州，寻徙邓州。朱勔先求白雀之属，胜仲不与，至是媒蘖其短，罢归。

建炎中，范宗尹为相，凡前日以朋附被罪远贬者，咸赦还，复知湖州，时群盗纵横，声摇诸郡，胜仲修城郭，作战舰，阅士卒，贼知有备，引去。岁大饥，发官廪振之，民赖以济。绍兴元年，丐祠归。十四年，卒，年七十三，谥文康。子立方，官至侍从。孙郊，为右相，自有传。

熊克，字子复，建宁建阳人，御史大夫博之后。将生，有雀翠羽翔卧内。克幼而翘秀，既长，好学善属文，郡博士胡宪器之，曰："子学老于年，他日当以文章显。"绍兴中进士第，知绍兴府诸暨县，越帅课赋颇急，诸邑率督趣以应，克曰："宁吾获罪，不忍困吾民。"他日，府遣幕僚阅视有亡，时方不雨，克对之泣曰："此催租时耶！"部使者芮辉行县至其境，谓克曰："曩知子文墨而已，今乃见古循吏。"为表荐之，入为提辖文思院。

尝以文献曾觌，亲持白于孝宗，孝宗喜之，内出御笔，除直学士院。宰相赵雄甚异之，因奏曰："翰院清选，熊克小臣，不由论荐而得，无以服众论，请自朝廷召试，然后用之。"上曰："善。"乃以为校书郎，累迁学士院权直，上御选德殿，召谕曰："卿制诰甚工，且有体，自此燕闲可论治道。"

克自见知于上，数有论奏。尝言："金人虽讲和，而不能保于他日，今宜以和为守，以守为攻。当和好之时，为备守之计，彼不能禁吾不为也。边备既实，金人万一猖獗，必不得志于我，退而乘我，曲不在我矣。且今日之守，莫重淮东。金犯淮西，负粮自随，其势必难。若犯淮东，清河粮船直下，易耳。然则守淮之策，以垦田、修堰、教民兵为先。援淮东之策，莫若即江阴建水军，缓急可相应。然骤立军，虑敌生疑，当托以海道商贾之冲，多夺攘，置一巡检警督之，自此岁增兵，不出十年，隐然一军矣。中兴之际，不患兵不可用，而患将权难收。今日之弊，不患将不可驭，而患军情易动。往时诸大将拊士卒如家人，自罢诸将兵权，御前主帅，更徙不常，凡军中笼榷之利，所以养士卒者，今皆转而为包苴矣，又朘其余以佐之，得无怨乎！宜严戒将帅，毋纵掊削。"帝嘉其有志，召草明堂赦书。克言："二浙荐饥，蝗且起，赦文不宜饰词。"帝嘉其识体。除起居郎兼直学士院，以言者出知台州，奉祠。

克博闻强记，自少至老，著述外无他嗜。尤淹习宋朝典故，有问者酬对如响。家素俭约，虽贵不改，旧所居卑陋，门不容辙，虽部使者、郡守至，必降车乃入。尝爱临川童子王克勤之才，将妻以女而乏资遣，会草制获赐金，遂以归之，人称其清介。卒，年七十三。

张即之，字温夫，参知政事孝伯之子。以父恩授承务郎，铨中两浙转运司进士举，历监平江府粮料院。丁父忧，服除，监临安府楼店务。丁母忧，服除，监临安府龙山税、宁国府城下酒麹务，签书荆门军判官厅公事，乌程丞，特差签书江阴军判官厅公事，提领户部犒赏酒库所干办公事，添差两浙转运司主管文字，行在检点赡军激赏酒库所主管文字，监尚书六部门，淮南东路提举常平司主管文字，添差通判扬州，改镇江，又改嘉兴，将作监簿，军器监丞，司农寺丞，知嘉兴，未赴，以言者罢，丐祠，主管云台观，引年告老，特授直秘阁致仕。

宝祐四年，制置使余晦入蜀，以谗劾阆州守王惟忠。于是削惟忠五官，没入其资，下诏狱锻炼诬伏，坐弃市。惟忠临刑，谓其友陈大方曰："吾死当上诉于天。"七挥刃不殊，血逆流。即之虽闲居，移书言于淮东制置使贾似道恤其遗孤。又使从孙士倩娶惟忠孤女。未几，似道入相，中书舍人常挺亦以为言。景定元年，给还首领，以礼改葬，复金坛田，多即之倡义云。即之以能书闻天下，金人尤宝其翰墨。

惟忠字肖尊，庆元之鄞人，嘉定十三年进士。

赵蕃字昌父，其先郑州人。建炎初，大父旸以秘书少监出提点坑冶，寓信州之玉山。蕃以旸致仕恩，补州文学。调浮梁尉、连江主簿，皆不赴。为太和主簿，受知于杨万里。调辰州司理参军，与郡守争狱，罢，人以蕃为直。

始，蕃受学于刘清之，清之守衡州，乃求监安仁赡军酒库，因以卒业。至衡而清之罢，蕃即丐祠，从清之归。其后真德秀书之《国史》曰："蕃于师友之际盖如此，肯负国乎！"家居，连书祠官之考者三十有一，理宗即位，以太社令与刘宰同召，不拜，特改奉议郎、直秘阁，又辞。奉祠，得致仕，转承议郎，依前直秘阁。卒，年八十七。

蕃年五十，犹问学于朱熹。既耄，犹虞末路之难，命所居曰难斋。蕃赋性宽平，与人乐易而刚介不可夺。丞相周必大与蕃契，屡加引荐，蕃竟不受。宰之言曰："文献之家，典刑之彦，岿然独存，犹有以系学者之望者，蕃一人而已。"信州守吴旂乞录其后，诏其子遂补上州文学，遂亦力辞。又诏以承务郎致仕，与一子恩泽。景定三年，秘阁修撰郑协等请谥，乃谥文节。

卷四百四十六　　列传第二百五

忠　义　一

康保裔　马遂　董元亨　曹觐 孔宗旦
赵师旦　苏缄　秦传序　詹良臣 江仲明
李若水　刘韐　傅察　杨震 父宗闵
张克戬　张确　朱昭　史抗　孙益

　　士大夫忠义之气，至于五季，变化殆尽。宋之初兴，范质、王溥，犹有余憾，况其他哉！艺祖首褒韩通，次表卫融，足示意向。厥后西北疆场之臣，勇于死敌，往往无惧。真、仁之世，田锡、王禹偁、范仲淹、欧阳修、唐介诸贤，以直言谠论倡于朝，于是中外搢绅知以名节相高，廉耻相尚，尽去五季之陋矣。故靖康之变，志士投袂，起而勤王，临难不屈，所在有之。及宋之亡，忠节相望，班班可书，匡直辅翼之功，盖非一日之积也。

　　奉诏修三史，集儒臣议凡例，前代忠义之士，咸得直书而无讳焉。然死节、死事，宜有别矣：若敌王所忾，勇往无前，或衔命出疆，或授职守土，或寓官闲居，感激赴义，虽所处不同，论其捐躯徇节，之死靡二，则皆为忠义之上者也；若胜负不常，陷身俘获，或慷慨就死，或审义自裁，斯为次矣；若苍黄遇难，賷命乱兵，虽疑伤勇，终异苟免，况于国破家亡，主辱臣死，功虽无成，志有足尚者乎！若夫世变沦胥，毁迹冥遁，能以贞厉保厥初心，抑又其次欤！至于布衣危言，婴鳞触讳，志在卫国，遑恤厥躬，及夫乡曲之英，方外之杰，贾勇蹈义，厥死惟钧。以类附从，定为等差，作《忠义传》。

　　康保裔，河南洛阳人。祖志忠，后唐长兴中，讨王都战没。父再遇，为龙捷指挥使，从太祖征李筠，又死于兵。保裔在周屡立战功，为东班押班，及再遇阵没，诏以保裔代父职，从石守信破泽州。明年，攻河东之广阳，获千余人。开宝中，又从诸将破契丹于石岭关，累迁日骑都虞候，转龙卫指挥使，领登州刺史。端拱初，授淄州团练使，徙定州、天雄军驻泊部署。寻知代州，移深州，又徙高阳关副都部署，就加侍卫马军都虞候，领凉州观察使。真宗即位，召还，以其母老勤养，赐以上尊酒茶米。俄领彰国军节度，出为并代都部署，徙知天雄军，并代列状请留，诏褒之，复为高阳关都部署。

　　契丹兵大入，诸将与战于河间，保裔选精锐赴之，会暮，约诘朝合战。迟明，契丹围之数重，左右劝易甲驰突以出，保裔曰："临难无苟免。"遂决战。二日，杀伤甚众，蹴践尘深二尺，兵尽矢绝，援不至，遂没焉。

　　时车驾驻大名，闻之震悼，废朝二日，赠侍中。以其子继英为六宅使、顺州刺史，继彬为洛苑使，继明为内园副使，幼子继宗为西头供奉官，孙惟一为将作监主簿。继英等奉告命，谢曰："臣父不能决胜而死，陛下不以罪其孥幸矣，臣等顾蒙非常之恩！"因悲涕伏地不能起。上恻然曰："尔父死王事，赠赏之典，所宜加厚。"顾谓左右曰："保裔父、祖死疆场，身复战没，世有忠节，深可嘉也。"保裔有母年八十四，遣使劳问，赐白金五十两，封为陈国太夫人，其妻已亡，亦追封河东郡夫人。

　　保裔谨厚好礼，喜宾客，善骑射，弋飞走无不中。尝握矢三十，引满以射，筈镝相连而坠，人服其妙。屡经战阵，身被七十创。贷公钱数十万劳军，没后，亲吏鬻器玩以偿，上知之，乃复厚赐焉。

　　继英仕至左卫大将军、贵州团练使，严于驭军，厚于抚宗族，其卒也，家无余财。

　　方保裔及契丹血战，而援兵不至，惟张凝以高阳关路钤辖领先锋，李重贵以高阳关行营副都部署率众策应，遇契丹兵交战，保裔为敌所覆，重贵与凝赴援，腹背受敌，自申至寅力战，敌乃退。当时诸将多失部分，独重贵、凝全军还屯，凝议上将士功状，重贵喟然曰："大将陷没，而吾曹计功，何面目也。"上闻而嘉之。重贵仕至知郑州，领播州防御使，改左羽林军大将军致仕。凝加殿前都虞候，卒，赠彰德军节度使。

　　马遂，开封人。初隶龙卫军，补散直，改三班奉职，为北京指使。闻王则叛，中夜叱咤，晨起诣留守贾昌朝请击贼。昌朝因使持榜入贝州招降，则盛服见之，遂谕以祸福，辄不答。遂将杀则，而无兵仗自随。时张得一在侧，欲其助己，目得一，得一不动。遂奋起，投杯抵则，扼其喉，驱之流血，而左右卒无助之者。贼党攒刃聚噪至，断一臂，犹骂则曰："妖贼，恨不斩汝万段！"贼缚遂厅事前，支解之。则仓猝被驱骇，伤病数日乃起。

　　事闻，仁宗叹息久之，赠宫苑使，封其妻为旌忠县君，赐冠帔，官其子五人。后得杀遂者骁捷卒石庆，使其子剖心而祭之。

　　董元亨，深州束鹿人。累官至国子博士，通判贝州。王则据城叛，是日冬至，元亨方与州将张得一朝谒天庆观，夜漏未尽，变起仓猝，众莫知所为。元亨促马驰还，坐厅事，贼党十余人攘甲露刃，排闼而入，左右皆奔溃。贼胁元亨曰："大王遣我来索军资库钥。"元亨据案叱之曰："大王谁也，妖贼乃敢弄兵乎！我有死耳，钥不可得也。"贼将郝用继来，索愈急，曰："库帑，今日大王所有也，可不上钥乎！"元亨厉声张目骂贼，用遂杀之，贼争入，携钥而去。事闻，仁宗曰："守法之臣也。"赠太常少卿，录其子孙三人。贼平，获郝用，斩以祭元亨。

　　曹觐，字仲宾，曹修礼子也。叔修古卒，无子，天章阁待制杜杞为言于朝，授觐建州司户参军，为修古后。皇祐中，以太子中舍知封州。侬智高叛，攻陷邕管，趋广州。行至封州，州人未尝知兵，士卒才百人，不任战斗，又无城隍以守，或劝觊遁去，觊正色叱之曰："吾守臣也，有死而已，敢言避贼者斩。"麾都监陈晔引兵迎击贼，封川令率乡丁、弓手继进。贼众数百倍，晔兵败走，乡丁亦溃。觊率从卒决战不胜，被执。贼戒勿杀，捽使拜，且诱之曰："从我，得美官，付汝兵柄，以女妻汝。"觊不肯拜，且詈曰："人臣惟北面拜天子，我岂从尔苟生邪！速杀我，幸矣。"贼犹惜不杀，徙置舟中，觊不食者两日，探怀中印章授其从卒曰："我且死，若求间道以此上官。"贼知其无降意，害之。至死诟贼声不绝，投尸江中，时年三十五。事闻，赠太常少卿，录其子四人，妻刘避贼死于林峒，追封彭城郡君，加赐冠帔。又赠修古尚书工部侍郎，封修古妻陈颍川郡君。

当智高之反，乘岭南无备，州县吏往往望风窜匿，故贼所向辄下，独觊与孔宗旦、赵师旦能以死守。后田瑜安抚广南，为觊立庙封州。

孔宗旦，鲁人，为邕州司户参军。侬智高未反时，州有白气出庭中，江水溢，宗旦以为兵象，度智高必反，以书告知州陈珙，珙不听。后智高破横州，即载其亲出桂州，曰："吾有官守，不得去，无为俱死也。"既而州破被执，贼欲任以事，宗旦叱贼，且大骂，遂被害。始，宗旦官京东，与李师道、徐程、尚同等四人为监司耳目，号为"四瞠"，人多恶之，其后立节如此。知袁州祖无择以其事闻，赠太子中允。

赵师旦字潜叔，枢密副使稹之从子。美容仪，身长六尺。少年颇涉书史，尤刻意刑名之学。用稹荫，试将作监主簿，累迁宁海军节度推官。知江山县，断治出己，吏不能得民一钱，弃物道上，人无敢取。以荐者改大理寺丞、知彭城县，迁太子右赞善大夫，移知康州。

侬智高破邕州，顺流东下，师旦使人觇贼，还报曰："诸州守皆弃城走矣！"师旦叱曰："汝亦欲吾走矣。"乃大索，得谍者三人，斩以徇。而贼已薄城下，师旦止有兵三百，开门迎战，杀数十人。会暮，贼稍却，师旦语其妻，取州印佩之，使负其子以匿，曰："明日贼必大至，吾知不敌，然不可以去，尔留，死无益也。"遂与监押马贵部士卒固守州城。召贵食，贵不能食，师旦独饱如平时；至夜，贵卧不安席，师旦即卧内大鼾。迟明，贼攻城愈急，左右请少避，师旦曰："战死与戮死何如？"众皆曰："愿为国家死。"至城破无一人逃者。矢尽，与贵俱还，据堂而坐。智高麾兵鼓噪争入，胁师旦，师旦大骂曰："饿獠，朝廷负若何事，乃敢反邪！天子发一校兵，汝无遗类矣。"智高怒，并贵害之。贼既去，州人为立庙。事平，赠光禄少卿，赐其母王长安县太君冠帔，录其子弟并从子三人。师旦遇害时，年四十二。柩过江山，江山之人迎师旦丧，哭祭于路，络绎数百里不绝。

同时有王从政者，以东头供奉官、阁门祇候，与侬智高战于太平场，被执，骂贼不已，至以沸汤沃之，终不屈而死。赠信州刺史，录其孙二人。

苏缄，字宣甫，泉州晋江人。举进士，调广州南海主簿。州领蕃舶，每商至，则择官阅实其赀，商皆豪家大姓，习以客礼见主者，缄以选往，商樊氏辄升阶就席，缄诘而杖之。樊诉于州，州召责缄，缄曰："主簿虽卑，邑官也，商虽富，部民也，邑官杖部民，有何不可？"州不能诘。再调阳武尉，剧盗李襃橐于民，贼曹莫能捕。缄访得其处，萃众大索，火旁舍以迫之。李从中逸出，缄驰马逐，斩其首送府。府尹贾昌朝惊曰："儒者乃尔轻生邪！"累迁秘书丞，知英州。

侬智高围广，缄曰："广，吾都府也，且去州近，今城危在旦暮而不往救，非义也。"即募士数千人，委印于提点刑狱鲍轲，夜行赴难，去广二十里止营。广人黄师宓陷贼中，为之谋主，缄擒斩其父。群不逞并缘为盗，复捕杀六十余人，招其诖误者六千八百人，使复业。贼势沮，将解去，缄分兵先扼其归路，布桋木亘四十里。贼至不得前，乃绕出数舍渡江，由连、贺而西。缄与贼战，摧伤甚众，尽得其所掠物。时诸将皆罢，独缄有功，仁宗喜，换为供备库副使、广东都监，管押两路兵甲，遣中使赐朝衣、金带。袭贼至邕，大将陈曙以失律诛，缄亦贬象州司马。复著作佐郎，监越州税十余年，始还副使。知廉州，屋多茅竹，戍卒杨禧醉焚营，延烧民庐，因乘以为窃，缄戮之于市，又坐谪潭州都监。未几，知鼎州。

熙宁初，进如京使、广东铃辖。四年，交阯谋入寇，以缄为皇城使知邕州。缄伺得实，以书抵知桂州沈起，起不以为意。及刘彝代起，缄致书于彝，请罢所行事。彝不听，反移文责缄沮议，令勿复辄言。八年，蛮遂入寇，众号八万，陷钦、廉，破邕四寨。缄闻其至，阅州兵得二千八百，召僚吏与郡人之材者，授以方略，勒部队，使分地自守。民惊震四出，缄悉出官帑及私藏示之曰："吾兵械既具，蓄聚不乏，今贼已薄城，宜固守以迟外援。若一人举足，则群心摇矣，幸听吾言，敢越伍则孥戮汝。"有大校翟绩潜出，斩以徇，由是上下胁息。缄子子元为桂州司户，因公事携妻子来省，欲还而寇至。缄念人不可户晓，必以郡守家出城，乃独遣子元，留其妻子。选勇士挐舟逆战，斩蛮酋二。

邕既被围，缄昼夜行劳士卒，发神臂弓射贼，所殪甚众。缄初求救于刘彝，彝遣将张守节救之，逗遛不进。缄又以蜡书告急于提点刑狱宋球，球得书惊泣，督守节。守节皇恐，遂移屯大来岭，回保昆仑关，猝遇贼，不及阵，举军皆覆。蛮获北军，知其善攻城，啖以利，使为云梯，又为攻濠洞子，蒙以华布，缄悉焚之。蛮计已穷，将引去，而知外援不至，或教贼囊土傅城者，顷刻高数丈，蚁附而登，城遂陷。缄犹领伤卒驰骑战愈厉，而力不敌，乃曰："吾义不死贼手。"亟还州治，杀其家三十六人，藏于坎，纵火自焚。蛮至，求尸皆不得，屠郡民五万余人，率百人为一积，凡五百八十余积，隳三州城以填江。邕被围四十二日，粮尽泉涸，人吸泅麻水以济渴，多病下痢，相枕藉以死，然讫无一叛者。

缄愤沈起、刘彝致寇，又不救患，欲上疏论之。属道梗不通，乃榜其罪于市，冀朝廷得闻焉。神宗闻缄死，嗟悼，赠奉国军节度使，谥曰忠勇，赐都城甲第五、乡里上田十顷，听其家自择。以子子元为西头供奉官、阁门祇候，召对,谓曰:"邕管赖卿父守御,傥如钦、廉即破,则贼乘胜奔突,桂、象皆不得保矣。昔张巡、许远以睢阳蔽遮江、淮,较之卿父,不能过也。"改授殿中丞,通判邕州。次子子明、子正,孙广渊、直温,与缄同死,皆褒赠焉。起与彝皆坐谪官。缄没后,交人谋寇桂州,行数舍,其众见大兵从北来,呼曰:"苏皇城领兵来报怨。"惧而引归。邕人为缄立祠,元祐中赐额怀忠。

秦传序,江宁人。淳化五年,充夔峡巡检使。李顺之乱,贼众奄至,傅夔州城下,传序督士卒昼夜拒战,婴城既久,危蹙日甚,长吏皆奔窜投贼。传序谓士卒曰:"吾为监军,尽死节以守城,吾之职也,安可苟免乎!"城中乏食,传序出囊橐服玩,尽市酒肉以犒士卒,慰勉之,众皆感泣力战。传序度力不能拒,乃为蜡书遣人间道上言:"臣尽死力,誓不降贼。"城坏,传序赴火死。
传序家寄荆湖间,子蒗溯峡求父尸,溺死。人以为父死于忠,子死于孝。奏至,太宗嗟恻久之,录传序次子煦为殿直,以钱十万赐其家。煦卒,复以煦弟昉为三班奉职。

詹良臣,字元公,睦州分水人。举进士不第,以恩得官,调缙云县尉。方腊起,其党洪再犯处州,守贰俱弃城遁。又有他盗霍成富者,用腊年号,剽掠缙云。良臣曰:"捕盗,尉职也,纵不胜,敢爱死乎?"率弓兵数十人出御之,为所执。成富诱使降,良臣曰:"汝辈不知求生,顾欲降我邪!昔年李顺反于蜀,王伦反于淮南,王则反于贝州,身首横分,妻子同恶,无少长皆诛死,且暮官军至,汝肉饲狗鼠矣。"贼怒,脔其肉,使自啖之。良臣吐且骂,至死不绝声,见者掩面流涕,时年七十二。徽宗闻而伤之,赠通直郎,官其子孙二人。

江仲明,台州人。宣和寇乱,载老母逃山涧中,猝遇寇于东城之冈,逼使就降,仲明义不屈,奋起骂贼,卒死之,丞相吕颐浩诔以文。
有蒋煜者,州之仙居人,有文学。寇欲妻以女,煜拒之,胁以拜,亦不从,寇曰:"吾戮汝矣!"煜伸颈就刃,詈声不绝而死。

李若水,字清卿,洺州曲周人,元名若冰。上舍登第,调元城尉、平阳府司录。试学官第一,济南教授,除太学博士。蔡京晚复相,子绦用事,李邦彦不平,欲谢病去。若水为言:"大臣以道事君,不可则止,胡不取决上前,使去就之义,暴于天下。顾可默默托疾而退,使天下有伴食之讥邪?"又言:"积蠹已久,致理惟难。建裁损而邦用未丰,省科徭而民力犹困,权贵抑而益横,仕流滥而莫澄。正宜置驿求贤,解榻待士,采其寸长远见,以兴治功。"凡十数端,皆深中时病,邦彦不悦。
靖康元年,为太学博士。开府仪同三司高俅死,故事,天子当挂服举哀,若水言:"俅以幸臣躐跻显位,败坏军政,金人长驱,其罪当与童贯等。得全首领以没,尚当追削官秩,示与众弃;而有司循常习故,欲加缛礼,非所以靖公议也。"章再上,乃止。

钦宗将遣使至金国,议以赋入赎三镇,诏举可使者,若水在选中。召对,赐今名,迁著作佐郎。为使,见粘罕于云中。才归,兵已南下,复假徽猷阁学士,副冯澥以往。甫次中牟,守河兵相惊以金兵至,左右谋取间道去,澥问"何如"?若水曰:"成军畏敌而溃,奈何效之,今正有死耳。"令敢言退者斩,众乃定。
既行,叠具奏,言和议必不可谐,宜申饬守备。至怀州,遇馆伴萧庆,挟与俱还。及都门,拘之于冲虚观,独令庆、澥入。既所议多不从,粘罕急攻城,若水入见帝,道其语,帝命何栗行。栗还,言二人欲与上皇相见,帝曰:"朕当往。"明日幸金营,过信而归。擢若水礼部尚书,固辞。帝曰:"学士与尚书同班,何必辞。"请不已,改吏部侍郎。
二年,金人再邀帝出郊,帝殊有难色,若水以为无他虑,扈从以行。金人计中变,逼帝易服,若水抱持而哭,诋金人为狗辈。金人曳出,击之败面,气结仆地,众皆散,留铁骑数十守视。粘罕令曰:"必使李侍郎无恙。"若水绝不食,或勉之曰:"事无可为者,公昨虽言,国相无怒心,今日顺从,明日富贵矣。"若水叹曰:"天无二日,若水宁有二主哉!"其仆亦来慰解曰:"公父母春秋高,若少屈,冀得一归觐。"若水叱之曰:"吾不复顾家矣!忠臣事君,有死无二。然吾亲老,汝归勿遽言,令兄弟徐言之可也。"
后旬日,粘罕召计事,且问不肯立异姓状。若水曰:"上皇为生灵计,罪己内禅,主上仁孝慈俭,未有过行,岂宜轻议废立?"粘罕指宋朝失信,若水:"若以失信为过,公其尤也。"历数其五事曰:"汝为封豕长蛇,真一剧贼,灭亡无日矣。"粘罕令拥之去,反顾骂益甚。至郊坛下,谓其仆谢宁曰:"我为国死,职耳,奈并累若属何!"又骂不绝口,监军者挝破其唇,噀血骂愈切,至以刃裂颈断舌而死,年三十五。
宁得归,具言其状。高宗即位,下诏曰:"若水忠义之节,无与比伦,达于朕闻,为之涕泣。"特赠观文殿学士,谥曰忠愍。死后有自北方逃归者云:"金人相与言,'辽国之亡,死义者十数,南朝惟李侍郎一人'。临死无怖色,为歌诗卒,曰:'矫首问天兮,天卒无言,忠臣效死兮,死亦何憾?'闻者悲之。"

刘韐,字仲偃,建州崇安人。第进士,调丰城尉、陇城令。王厚镇熙州,辟狄道令,提举陕西平货司。河、湟兵屯多,食不继,韐延致酋长,出金帛从易粟,就以饷军,公私便之。遂为转运使,擢中大夫、集英殿修撰。
刘法死,夏人攻震武。韐摄帅鄜延,出奇兵捣之,解其围。夏人来言,愿纳款谢罪,皆以为诈。韐曰:"兵兴累年,中国尚不支,况小邦乎?彼虽新胜,其众亦疲,惧吾再举,故款附以图自安,此情实也。"密疏以闻,诏许之。夏使愆期不至,诸将言夏果诈,请会兵乘之。韐曰:"越境约会,容有他故。"会再请者至,韐戒曰:"朝廷方事讨伐,吾为汝请,毋若异时邀岁币,轶疆场,以取威怒。"夏人听命,西边自是遂安。
韐求东归,拜徽猷阁待制,提举崇福宫。起知越州,鉴湖为民侵耕,官因收其租,岁二万斛。政和间,涸以为田,衍至六倍,隶中宫应奉,租太重而督索严,多逃去。前勒邻伍取偿,民告病,翊请而蠲之。方腊陷衢、婺,越大震,官吏悉遁,或具舟请行。翊曰:"吾为郡守,当与城存亡。"不为动,益厉守备。寇至城下,击败之,拜述古殿直学士,召为河北、河东宣抚参谋官。

时边臣言,燕民思内附,童贯、蔡攸方出师,而种师道之军溃。翊意警报不实,见师道计事。师道曰:"契丹兵势尚盛,而燕人未有应者,恐边臣诞谩误国事。"翊即驰白贯、攸,请班师。又论燕蓟不可得,正使得之,屯兵遣饷,经费无艺,必重困中国。还次莫州,会郭药师以涿州降,戎车再驾,以翊议异,徙知真定府。药师入朝,翊密奏乞留之,不报。徙知建州,改福州,加延康殿学士。或言其过阙时,见御史中丞有所请,遂罢。起知荆南、河北盗起,复以守真定。首贼柴宏本富室,不堪征敛,聚众剽夺,杀巡尉,统制官亦战死。翊单骑赴镇,遣招之,宏至服罪。翊饮之酒,奏以官,纵其党还田里,一路遂平。药师请马,诏尽以河北战马与之,不足,又赋诸民。翊曰:"空内郡驵骏,付一降将,非计也。"奏止之。金人已谋南牧,朝廷方从之求云中地。翊谍得实,急以闻,且阴治城守以待变。是冬,金兵抵城下,知有备,留兵其旁,长驱内向。及还,治梯冲设围,示欲攻击,翊发强弩射之,金人知不可胁,乃退。自金兵之来,诸郡皆塞门,民坐困,翊独纵樵牧如平日,以时启闭。钦宗善之,拜资政殿学士。

时已割地赂金人,而议者乘士民之愤,复议追蹑,翊以亟战为非。是时,诸将救太原,种师中、姚古败。以翊为宣抚副使,至辽州,招集纠募,得兵四万人,与解潜、折可求约期俱进,两人又继败。初,翊遣别将贾琼自代州出敌背,且许义军以爵禄,得首领数十。既复五台,而潜、可求败闻,遂不果进。太原陷,召入觐,为京城四壁守御使,宰相沮罢之。

京城不守,始遣使金营,金人命仆射韩正馆之僧舍。正曰:"国相知君,今用君矣。"翊曰:"偷生以事二姓,有死,不为也。"正曰:"军中议立异姓,欲以君为正代,得以家属行,与其徒死,不若北去取富贵。"翊仰天大呼曰:"有是乎!"归书片纸曰:"金人不以予为有罪,而予以为可用。夫贞女不事二夫,忠臣不事两君;况主忧臣辱,主辱臣死,以顺为正者,妾妇之道,此予所以必死也。"使亲信持归报诸子。即沐浴更衣,酌卮酒以缢。燕人叹其忠,瘗之寺西冈上,遍题窗壁,识其处。凡八十日乃就殓,颜色如生。建炎元年,赠资政殿大学士,后谥曰忠显。

翊庄重宽厚,与人交,若有畏者;至临大事则毅然不可回夺。初在西州为童贯所知,故首尾预其军事,及以忠死,论者不复短其前失云。子子羽、孙玿,自有传。

傅察,字公晦,孟州济源人,中书侍郎尧俞从孙也。年十八,登进士第。蔡京在相位,闻其名,遣子儵往见,将妻以女,拒弗答。调青州司法参军,历永平、淄川丞,入为太常博士,迁兵部、吏部员外郎。

宣和七年十月,接伴金国贺正旦使。是时,金将渝盟,而朝廷未之知也。察至燕,闻金人入寇,或劝毋遽行。察曰:"受使以出,闻难而止,若君命何。"遂至韩城镇。使人不来,居数日,金数十骑驰入馆,强之上马,行次境上,察觉有变,不肯进,曰:"迓使人,故例止此。"金人辄易其驭者,拥之东北去,行百里许,遇所谓二太子斡离不者领兵至驿道,使拜。察曰:"吾奉使大国,见国主当致敬,今来迎客而胁我至此!又止令见太子,太子虽贵人,臣也,当以宾礼见,何拜为?"斡离不怒曰:"吾兴师南向,何使之称?凡汝国得失,为我道之,否则死。"察曰:"主上仁圣,与大国讲好,信使往来,项背相望,未有失德。太子干盟而动,意欲何为?还朝当具奏。"斡离不曰:"尔尚欲还朝邪!"左右促使拜,白刃如林,或捽之伏地,衣袂颠倒,愈植立不顾,反覆论辨。斡离不曰:"尔今不拜,后日虽欲拜,可得邪!"麾令去。

察知不免,谓官属侯彦等曰:"我死必矣,我父母素爱我,闻之必大戚。若万一脱,幸记吾言,告吾亲,使知我死国,少纾其亡穷之悲也。"众皆泣。是夕隔绝,不复见。金兵至燕,彦等密访存亡,曰:"使臣不拜太子,昨郭药师战胜有喜色,太子虑其劫取,且衔往忿,杀之矣。"将官武汉英识其尸,焚之,裹其骨,命虎翼卒沙立负以归。立至涿州,金人得而系诸土室,凡两月。伺守者怠,毁垣出,归以骨付其家。副使蒋噩及彦辈归,皆能道察不屈状,赠徽猷阁待制。

察自幼嗜学,同辈或邀与娱嬉,不肯就。为文温丽有典裁。平居恂恂然,无喜愠色,遇事若无所可否,非其意,举然不可犯。恬于势利,在京师,故人鼎贵,罕至其门,间一见,寒温谈笑而已。及仓卒徇义,荦荦如此,闻者哀而壮之,时年三十七。乾道中,赐谥曰忠肃。

杨震,字子发,代州崞人。以弓马绝伦为安边巡检。河东军征臧底河,敌据山为城,下瞰官军,诸将合兵城下,震率壮士拔剑先登,斩数百级,众乘胜平之,上功第一。

从折可存讨方腊,自浙东转击至三界镇,斩首八千级。追袭至黄岩,贼帅吕师囊扼断头之险拒守,下石肆击,累日不得进。可存问计,震请以轻兵缘山背上,凭高鼓噪发矢石,贼惊走,已复纵火自卫。震身被重铠,与麾下履火突入,生得师囊,及杀首领三十人,进秩五等。还知麟州建宁寨。

初,契丹之亡,其将小鞠辇西奔,招合杂羌十余万,破丰州,攻麟府诸城郭。震父宗闵领本道兵马屡摧败之,俘其父母妻子。靖康元年十月,太原陷,鞠辇驱幽蓟叛卒与夏人奚人围建宁,扣壁语震曰:"汝父夺我居,破我兵,掩我骨肉,我忍死到今,急举城降,当全汝驱命。"时城中守兵不满百,震与战力约,斩一级赏若干,官帑竭,继以家人服珥,吏士感激自奋。越旬,矢尽力乏,城不守,与子居中、执中力战没,阖门俱丧,唯长子存中从征河北独免。明年,宗闵亦死事于长安。

震时年四十四。建炎二年,诏赠武经郎。存中贵,请于朝,谥曰恭毅。

张克戬，字德祥，侍中耆曾孙也。第进士，历河间令，知吴县。吴为浙剧邑，民喜争，大姓怙势持官府。为令者踵故抑首，务为不生事，幸得去而已。克戬一裁以法，奸猾屏气，使吏以状闻，召拜卫尉丞。初，克戬从弟克公为御史，劾蔡京。京再辅政，修怨于张氏，以微事黜克戬。逾年，起知祥符县，司开封户曹，提举京东常平，入辞，留为库部员外郎。

宣和七年八月，知汾州。十二月，金兵犯河东，围太原。太原距汾二百里，遣将银朱孛堇来攻，纵兵四掠，克戬毕力捍御。燕人先内附在城下者数十，阴结党欲为内应，悉收斩之。数选劲卒挠敌营，出不意焚其栅，敌惧引去，论功加直秘阁。

靖康元年六月，金兵复逼城。朝廷命经略使张孝纯之子灏、都统制张思正、转运使李宗来援，思正诛求无艺，民不堪命。克戬引谊开晓，皆愿自奋。宣抚使李纲表其守城之劳，连进直龙图阁、右文殿修撰。太原不守，思正绐云出战，遂率灏、宗奔慈、隰，于是人无固志。戍将麻世坚中夜斩关出，通判韩琚相继亡，克戬召令兵民曰："太原既陷，吾固知亡矣。然义不忍负国家、辱父祖，愿与此城终始以明吾节，诸君其自为谋。"皆泣不能仰视，同辞而对曰："公父母也，愿尽死听命。"乃益厉兵儆守。贼至，身帅将士擐甲登陴，虽屡却敌而援师讫不至。

金兵破平遥，平遥为汾大邑，久与贼抗，既先陷，又胁降介休、孝义诸县，据州南二十村，作攻城器具，两遣使持书谕克戬，焚不启。具述危苦之状，募士间道言之朝，不报。十月朔，金益万骑来攻愈急，有十人唱为降语，斩以徇。诸酋列城下，克戬临骂极口，炮中一酋，立毙。度不得免，手草遗表及与妻子遗书，缒州兵得抵京师。明日，金兵从西北隅入，杀都监贾亶，克戬犹帅众巷战，金人募生致之。克戬归索朝服，焚香南向拜舞，自引决，一家死者八人。金将奉其尸礼葬于后园，罗拜设祭，为立庙。事闻，诏赠延康殿学士，赠银三百两、绢五百匹，表揭门闾。绍兴中，谥忠确。

张确，字子固，邠州宜禄人。元祐中，擢进士第。徽宗即位，应诏上书言十事，乞诛大奸，退小人，进贤能，开禁锢，起老成，擢忠鲠，息边事，修文德，广言路，容直谏，遂列于上籍。

宣和二年，召至京师。青溪盗起，确言："此皆王民，但庸人扰之耳。愿下哀痛之诏，省不急之务，租赋之外，一切寝罢，敢以花石淫巧供上者死。抚绥胁附，毋以多杀为功，旬浃之间，可以殄灭。"忤王黼意，通判杭州，摄睦州事。有自贼中逃归者，悉宥之，访得虚实以告，诸将用其言。盗平，知坊、汾二州。

宣和七年，徙解州，又徙隆德府。金兵围太原，忻、代降，平阳兵叛。确表言："河东天下根本，安危所系，无河东，岂特秦不可守，汴亦不可都矣。敌既得叛卒，势必南下，潞城百年不修筑，将兵又皆戍边。臣生长西州，颇谙武事，若得秦兵十万人，犹足以抗敌，不然，唯有一死报陛下耳。"书累上不报。明年二月，金兵至，知城中无备，谕使降。确乘城拒守，或献谋欲自东城溃围出，且探确意。确怒叱曰："确守土臣，当以死报国，头可断，腰不可屈。"乃战而死。

钦宗闻之悲悼，优赠述古殿直学士，召见其子崇，慰抚之曰："卿父今之巡、远也，得其死所矣，复何恨。使为将为守者皆如卿父，朕顾有今日邪！"欷歔叹息者久之。

朱昭，字彦明，府谷人。以效用进，累官秉义郎，浮湛班行，不自表异。宣和末，为震威城兵马监押，摄知城事。金兵内侵，夏人乘虚尽取河外诸城镇。震威距府州三百里，最为孤绝。昭率老幼婴城，敌攻之力，昭募骁锐兵卒千余人，与约曰："贼知城中虚实，有轻我心，若出不意攻之，可一鼓而溃。"于是夜缒兵出，薄其营，果惊乱，城上鼓噪乘之，杀获甚众。

夏人设木鹅梯冲以临城，飞矢雨激，卒不能施，然昼夜进攻不止。其酋悟儿思齐介胄来，以毡盾自蔽，邀昭计事。昭常服登陴，披襟问曰："彼何人，乃尔不武！欲见我，我在此，将有何事？"思齐却盾而前，数宋朝失信，曰："大金约我夹攻京师，为城下之盟，画河为界；太原旦暮且下，麟府诸垒悉已归我，公何恃而不降？"昭曰："上皇知奸邪误国，改过不吝，已行内禅，今天子圣政一新矣，汝独未知邪？"乃取传禅诏赦宣读之，众愕胎，服其勇辩。是时，诸城降者多，昭故人从旁语曰："天下事已矣，忠安所施？"昭叱曰："汝辈背义偷生，不异犬彘，尚敢以言诱我乎？我唯有死耳！"因大骂引弓射之，众走。凡被围四日，城多圮坏，昭以智补御，皆合法，然不可复支。昭退坐厅事，召诸校谓曰："城且破，妻子不可为贼污，幸先戕我家而背城死战，胜则东向图大功，不胜则暴骨境内，大丈夫一生之事毕矣。"众未应。昭幼子戏阶下，遽起手刃之，长子惊视，又杀之，径领数卒屠其家人，舁尸纳井中。部将贾宗望适过前，昭起呼曰："媪，乡人也，吾不欲刃，请自入井。"媪从之，遂并覆以土。将士将妻孥者，又皆尽杀之。昭谓众曰："我与汝曹俱无累矣！"部落子有阴与贼通者，告之曰："朱昭与其徒各杀其家人，将出战，人虽少，皆死士也。"贼大惧，以利啖守兵，得登城。昭勒众于通衢接战，自暮达旦，尸填街不可行。昭跃马从缺城出，马蹶坠堑，贼欢曰："得朱将军矣！"欲生致之。昭瞋目仗剑，无一敢前，旋中矢而死，年四十六。

史抗，济源人。宣和末，为代州沿边安抚副使。金人围代急，抗夜呼其二子稽古、稽哲谓曰："吾昔语用事者，'雁门控制一道，宜择帅增垒以谋未形之患，若使横流，则无所措矣。'言虽切，皆不吾省。今重围既固，外援不至，吾用六壬术占之，明日城必陷，吾将死事，汝辈亦勿以妻子为念而负国也。能听吾言，当令家属自裁，然后同赴义。"二子泣曰："唯吾父命。"明日，城果破，父子三人突围力战，死于城隅。

孙益，不知其所以进。宣和末，以福州观察使知朔宁府，被命救太原。时敌势张甚，或言不若引兵北捣云中，彼之将士室家在焉，所谓攻其所必救也。益曰："此策固善，奈违君命。"因跃马冒围至城下，张孝纯不肯启门，遂死之。

益天资忠勇，每倾赀以赏战士，能得人死力。小鞠鞨为边患，遣将致讨，益子在行间，师无功，益谓子必死。朝廷闻之，恤录其孤甚厚。其子遣信至益所报平安，益怒其子不能死，以状自列，尽上还官所赐，而斩其持书来者。

初，益在朔宁，察郡人孙谷可用，奏为掾属，待之异于常僚。益出师，属以后事。益死，敌骑来攻，且别命郡守。众议欲开关迎之，谷争弗得，叹曰："吾身已许国，又不忍负孙公之托，诸人不见容，是吾死所也。"或举刃胁之，无愠容，遂见杀。

卷四百四十七　　列传第二百六

忠义二

霍安国　李涓　李邈 刘翊　徐揆
陈遘　赵不试　赵令崦　唐重 郭忠孝 　程迪
徐徽言　向子韶　杨邦乂

霍安国，不知何许人。燕山之复，以直秘阁为转运判官。宣和末，知怀州。靖康元年，路允迪奉使至怀，表其治状，加直龙图阁。岁中，进右文、集英殿修撰，徙知隆德府，未行复留。金骑再至，遂被围，安国捍御不遗力，鼎、澧兵亦至，相与共守。拜徽猷阁待制，然竟以闰十一月城陷。将官王美投壕死。粘罕引安国以下分为四行，使夷官问不降者为谁，安国曰："守臣安国也。"问余人，通判州事直徽猷阁林渊，兵马钤辖、济州防御使张彭年，都监赵士祚、张谌、于潜，鼎、澧将沈敦、张行中及队将五人，同辞对曰："渊等与知州一体，皆不肯降。"首令引于东北乡，望其拜降，皆不屈，乃解衣面缚，杀十三人而释其余。安国一门无噍类，明年，赠延康殿学士。

李涓，字浩然，驸马都尉遵勖曾孙也。以荫为殿直，召试中书，易文阶，至通直郎，知鄂州崇阳县。靖康元年，京城被围，羽檄召天下兵。鄂部县七，当发二千九百人，皆未集，涓独以所募六百锐然请行。或谓："盍徐之，以须他邑。"涓曰："事急矣，当持一信报天子，为东南倡。"而募士多市人，不能军，涓出家钱买牛酒激犒之。令曰："吾固知无益，然世受国恩，唯直死耳。若曹知法乎，'失将者死'，钧之一死，死国留名，男儿不朽事也。"众皆泣。即日，引而东，北过淮，蒲圻、嘉鱼二县之兵始至，合而前。至蔡，天大雪，蔡人忽噪而奔，曰："敌至矣。"即结阵以待。少焉，游骑果集。涓驰马先犯其锋，下皆步卒，蒙卤盾径进，颇杀其骑，且走。涓乘胜追北十余里，大与敌遇，飞矢猬集，二县兵亟舍去。涓创甚，犹血战，大呼叱左右负己，遂死焉，年五十三。士卒死者六七。上官有忌涓者，胁亡卒诬已逋。明年，金兵去，蔡人以其尸归。朝廷录其忠，赠朝奉郎，官其三子。

李邈，字彦思，临江军清江人。唐宗室宰相适之之后。少有才略，精悍敏决，见事风生。以父任为太庙斋郎。初调安州司理，监润州酒务。用荐改京官，监在京竹木务，擢提辖环庆路粮草，通判河间府。

以忤蔡京、童贯，换右列，由承议郎换庄宅副使，知信安军，迁知霸州，为辽国贺正副使。还，贯将连金人夹攻契丹，呼邈至私第，以语动之，使附己。邈言契丹人未厌其主，贯惧邈有异议，即奏不俟对，令复任。邈上书言："契丹不可灭，苟误机事，愿诛臣以谢边吏。"都转运使沈积中捃邈罪五十有三条，鞠治一无所得，乃以建神霄宫不如诏，免官。

久之，监在京染院，进都大提举京西汴河堤岸。盗起浙东，改江、淮、两浙制置司管当公事，改知严州，代还。贯欲以西师入燕，邈复语贯曰："方腊小丑，一呼屠七州四十余县，竭数路之力而后能平之，殆天以此警公也，何可迁怒之北乎？"因密教贯阴佐契丹以图金人，贯不能用，乃乞致仕。贯收复燕山，奏邈知涿州，改易州，皆辞不赴。叹曰："国家祸乱自兹始矣！"

金人犯京师，诏趣入见，邈慨然复起就道。既至，会姚平仲战不利，京师震动，上不以时赐对，问御敌奈何？邈言："胜负兵家之常势，陛下无过忧，第古未有和战不定而能成功者。"因言："种师道宿将，有重名，二敌所畏。朝廷自主和议，而尽以诸道兵畀师道，视敌为进退。将在军中，君命有所不受，使见可击而进，胜固社稷之福；不胜，亦足使敌知吾将帅有以国为任者。"上称善，而耿南仲方主和议，不合，乃换右文殿修撰、京畿转运使，辞不拜。

金人犹驻毛驼岗，乃以邈为京城西壁守御使。邈言："姚平仲败绩，而敌犹不敢留，是畏我也。不以师道再战，已失机会；尚可尾其行，及河半渡击之，犹足为后戒。"议复格。三上章致仕，不允。改主管马军公事、权枢密副都承旨，出为河北西路制置使。以措置山西塘湾、屯田、弓箭手事。邈论塘湾不可为，夺制置使，下迁提举保甲，仍领措置司。又论不已，再夺观察使，则金兵将及境矣。遂复旧官，守真定。后二日，落阶，拜青州观察使，仍知府事。

邈始视事，兵不满二千，钱不满二百万，自度无以拒敌，乃谕民出财，共为死守。民恃邈为固，不数日，得钱十三万贯，粟十一万石，募民为勇敢亦数千人。而新集之兵皆无斗志，金人至，邈乞师于宣抚副使刘韐，且间道走蜡书上闻，皆不报。城被围，且战且守，相持四旬。城破，邈巷战不克，将赴井，左右持之不得入。斡离不胁邈拜，不拜，以火燎其须眉及两髀，亦不顾，乃拘于燕山府。

金人问曰："集民兵击我，谓我为贼，何也？"逸曰："汝负盟，所至掠吾金帛子女，何讳言敌？"不能屈。久之，欲以逸知沧州，笑而不答。且说之曰："天下强弱之势安有常，特吾中国适逢其隙耳。汝不以此时归二帝及两河地，岁取重币如契丹，以为长利，强尚可恃乎？"金人讳其言，命逸被发左衽，逸愤，诋毁甚力，金人挝其口，犹吮血噀之。翼日，自去发为浮屠，金人大怒，遂遇害。将死，颜色不变，南向再拜，端坐就戮，燕人为之流涕。高宗赠昭化军节度使，谥曰忠壮。

刘翊，靖康元年，以吉州防御使为真定府路都钤辖。金人攻广信、保州不克，遂越中山而攻真定。翊率众昼夜搏战城上。金兵初攻北壁，翊拒之，乃伪徙攻东城，宣抚使李逸复趣翊往应；越再宿，潜移攻具还薄北城，众攀堞而上，城遂陷。逸就执，翊犹集左右巷战，已而稍亡去，翊顾其弟曰："我大将也，其可受贼戮乎！"挺身溃围欲出，诸门已为敌所守，乃之孙氏山亭中，解绦自缢死。

徐揆，衢州人。游京师，入太学。靖康元年，试开封府进士，为举首，未及大比而遭国难。钦宗诣金营不归，揆帅诸生扣南薰门，以书抵二酋，请车驾还阙。其略曰："昔楚庄王入陈，欲以为县，申叔时谏，复封之。后世君子，莫不多叔时之善谏，楚子之从谏，千百岁之下，犹想其风采。本朝失信大国，背盟致讨，元帅之职也；郡城失守，社稷几亡而存，元帅之德也；兵不血刃，市不易肆，生灵几死而活，元帅之仁也；虽楚子存陈之功，未能有过。我皇帝亲屈万乘，两造辕门，越在草莽，国中喁喁，跂望属车之尘者屡矣。道路之言，乃谓以金银未足，故天子未返，揆窃惑之。今国家帑藏既空，编民一妻妇之饰，一器用之微，无不输之公上。商贾绝迹，不来京邑，区区岂足以偿需索之数。有存社稷之德，活生灵之仁，而以金帛之故，留质君父。是犹爱人之子弟，而辱其父祖，与不爱不择，元帅必不为也。愿推恻隐之心，存始终之惠，反其君父，班师振旅，缓以时日，使求之四方，然后遣使人奉献，则楚封陈之功不足道也。"二酋见书，使以马载揆至军诘难，揆厉声抗论，为所杀。建炎二年，追录死节，诏赠宣教郎，而官其后。

陈遘，字亨伯，其先自江宁徙永州。登进士第。知莘县，为治有绩，魏尹蒋之奇、冯京、许将交荐之。知雍丘县，徽宗将以为御史，而遭幺祐甫忧。毕丧，为广西转运判官。蔡京启蛮徭地，建平、从、允三州，遘言："蛮人幸安静，轻扰以兆衅，不可。"京恶之，以他事罢归。

旋知商州、兴元府，入为驾部、金部员外郎。张商英得政，用为左司员外郎。俄擢给事中，会商英免相。蔡懋摄封驳，力沮止之，遘惧，请外。以直秘阁为河北转运使，加直龙图阁，徙陕西。召还京师，而蔡京复相，再使河北，徙淮南。帝将易置发运使，命选诸道计臣有阀阅者，执政以遘言，京曰："职卑不可用，愿更选。"帝曰："可除集英殿修撰使往。"京乃不敢言。遂为副使，未几，升为使。朝廷方督纲饷，运渠壅涩，遘使决吕城、陈公两塘达于渠，

漕路甫通，而朱勔花石纲塞道，官舟不得行。遘捕系其人，而上章自劾。帝为黜勔人，进遘徽猷阁待制。

宣和二年冬，方腊乱，诏以属遘。遘言："腊始起青溪，众不及千，今胁从已过万，又有苏州石生、归安陆行儿，皆聚党应之。东南兵弱势单，士不习战，必未能灭贼。愿发京畿兵、鼎澧枪盾手，兼程以来，庶几蜂起愚民，不至滋蔓。"帝悉行其言。

加龙图阁直学士，经制七路，治于杭。时县官用度百出，遘创议度公私出纳，量增其赢，号"经制钱"。其后总制使翁彦国仿其式，号"总制钱"。于是天下至今有"经总制钱"名，自两人始也。

又言："妖贼陵暴州县，唯搜求官吏，恣行杀戮。往往断截支体，探取肺肝，或熬以鼎油，或射以劲矢，备极惨毒，不偿怨心。盖贪污嗜利之人，倚法侵牟骚动，不知艺极。积有不平之气，结于民心，一旦乘势如此，可为悲痛！此风不除，必更生事。臣愿采摭官吏奸赃尚仍旧习者，按治以闻，乞重置于理。"许之。

又进学士，凡所施置，以御笔先下。于是劾越州王仲薿纠市民造金茶器，减直买军粮券，而以私钱取之，仲薿坐黜。杭经巨寇后，河渠堙窒，邦人水潦为病。前守数请于朝，皆以劳费辍役。遘以冬月檄真、扬、润、楚诸郡，凡守闸纲卒，悉集治所。先是，当闭闸，群卒无以食，率冻饿不自聊。闻命，相率呼舞以来者二千人，用其力治河，不两月毕，杭人利焉。

徙河北都转运使，进延康殿学士，历知中山、真定、河间府。钦宗立，加资政殿学士，积官至光禄大夫。复为真定，又徙中山。金人再至，遘冒围入城，坚壁拒守。诏康王领天下大元帅，命遘为兵马元帅。受围半年，外无援师。京都既陷，割两河求和。遘弟光禄卿适至中山，临城谕旨，遘遥语之曰："主辱臣死。吾兄弟平居以名义自处，宁当卖国家为囚孥乎？"适泣曰："兄但尽力，勿以弟为念。"

遘呼总管使尽括城中兵击贼，总管辞，遂斩以徇。又呼步沙振往。振素有勇名，亦固辞，遘固遣之。振怒且惧，潜衷刃入府。遘妻定奴责其辄入，振立杀之，遂害遘于堂，及其子锡并仆妾十七人。长子钜以官淮南获免。振出，帐下卒噪而前曰："大敌临城，汝安得杀吾父？"执而捽裂之，身首无余。城中无主，乃开门出降。金人入见其尸曰："南朝忠臣也。"敛而葬诸铁柱寺。建炎初，赠特进。

遘性孝友，为人宽厚长者。任部刺史二十年，每出行郡邑，必焚香祈天，愿不逢贪浊吏。尝荐王安中、吕颐浩、张悫、谢克家、何铸，后皆至公辅，世以为知人。

适由开封少尹、卫尉少卿至光禄卿。是役也，金人执之以北。后十年，死于云中。

赵不试，太宗六世孙。宣和末，通判相州，寻权州事兼主管真定府路经略安抚公事。建炎元年，知相州。初，汪伯彦既去相，金人执其子似，遣来割地，似至相，不试固守不下。明年，金人大入。州久被围，军民无固志，不试谓之曰："今城中食乏，外援不至。不试，宗子也，义

不降，计将安出？"众不应。不试知事不可为，遂登城与金人约勿杀，许之。既启门，乃纳其家井中，然后以身赴井，命提辖官实以土。州人皆免于死。

赵令崶，燕懿王玄孙，安定郡王令衿兄也。初名令禅。建炎初，仕至鄂州通判，领兵戍武昌。贼阎瑾犯黄州，纵掠而去。令崶渡江存抚之，黄人乃安。李纲言于上，擢直龙图阁、知黄州，赐今名。奉诏修城，凡六月而毕。贼张遇过城下，招令崶。度不能拒，出城见之，遇饮以酒，一举而尽，曰："固知饮此必死，愿勿杀军民。"遇惊曰："先以此试公耳。"更取毒酒沃地，地裂有声，乃引军去。未几，丁进、李成兵迭至，俱击却之。叛将孔彦舟又引兵围城，率民兵固守，凡六日乃解。

三年，以内艰去，诏起复。时金人闻孟太后在南昌，欲邀之，径犯黄州。令崶已还在道，郡卒得金人木笴凿头箭，浮江告急。令崶疾趋，夜半入城。金人力攻，翼日城陷。金人欲降之，大骂不屈，酌以酒，挥之不肯饮，又衣以战袍，曰："我岂当服！"金人曰："赵使君何坚执膝？"曰："但当拜祖宗，岂能拜犬彘！"金人怒鞭之，流血被面，骂不绝口而死。事闻，赠徽猷阁待制，谥曰愍。州人乞立庙，从之。初，城破，都监王达、判官吴源、巡检刘卓，皆以不屈死焉。

唐重，字圣任，眉州彭山人。少有大志。大观三年进士。徽宗亲策士，问以制礼作乐，重对曰："事亲从兄，为仁义礼乐之实。陛下以神考为父，哲宗为兄，盍亦推原仁义之实而已，何以制作为？"授蜀州司理参军，改成都府府学教授，知怀安军金堂县，授辟雍录。

先是，朝廷以拓土为功，边帅争兴利以徼赏，凡蜀东西、夔峡路及荆湖、广南，皆诱近边蕃夷献其地之不可耕者，谓之纳土，因置州县，所至骚然。重以其利害白之宰相，因是荐之，召对。迁吏部员外郎、左司郎官、起居舍人。

金人入京师，重言："开边之祸，起于童贯，故金人以贯为祸首。若斩贯首，遣人传送于金，尚可缓兵。"或献议远避，重闻卫士语，以告于朝，始定守城之计。擢右谏议大夫。时宰执各主和战二议，重上疏乞命其廷辨得失。金人要求金帛，中书侍郎王孝迪下令，有匿金银者死，许人告。重曰："如此，则子得以告父，弟得以告兄，奴婢得以告主矣，岂初政所宜？"即与御史抗论，乃止。又累疏乞斩蔡京父子以谢天下。寻迁中书舍人，词命多所缴奏。又言："近世不次用人，其间致身宰辅，有未尝一日出国门者。乞先补外，以为之倡。"上开纳，而宰相执奏以为不可。明日，台谏皆得罪，重落职知同州。

金人已陷晋、绛，将及同。重度不能守，乃开门纵州人使出，自以残兵数百守城，以示必死。金人疑有备，不复渡河而返。降诏奖谕，擢天章阁待制。先是，陕西宣抚使范致虚五路兵勤王，至陕州。重遗致虚书，言："中都倚秦兵为爪牙，诸夏倚京师为根本。今京城围久，人无斗志，若五路之师逡巡未进，则所以为爪牙者不足恃，而根本摇矣。然溃卒为梗，关中公私之积已尽；又闻西夏侵掠鄜延，为腹背忧。今莫若移檄蜀帅及川峡四路，共资关中守御之备，合秦、蜀以卫王室。"致虚锐于出师，由渑池屯千秋镇，为金将所败，军皆溃，退保潼关，而五路之力益耗矣。重募人间道走京城归报。二帝既北行，重即移檄川、秦十路帅臣，各备礼物往军前迎奉。

未几，高宗即位，重上疏论今急务有四，大患有五。所谓急者，以车驾西幸为先，次则建藩镇、封宗子，通夏国之好，继青唐之后，使相掎角，以缓敌势。所谓大患者，法令滋彰，朝纲委靡，军政败坏，国用竭，民心离矣。欲救此者，宜守祖宗成宪，登用忠直，大正赏刑，诚今日之急务。

长安谋帅，刘岑自河东使还，上亦询可守关中者，岑以重对，乃以天章阁直学士知京兆府，寻兼京兆府路经略制置使。

重前在同州，凡三疏上大元帅府，乞早临关中以符众望。且画三策：一谓镇抚关中以固根本，然后营屯于汉中，开国于西蜀，此为策之上；若驻节南阳，控楚、吴、越、齐、赵、魏之师，以临秦、晋之墟，视敌强弱为进退，选宗亲贤明者开府于关中，此为策之次；倘因都城，再治城池汴、洛之境，据成皋、崤函之险，悉严防守，此策之下；若引兵南度，则国势微弱，人心离散，此最无策。暨至永兴，又六上疏，皆以车驾幸关中为请。并条奏关中防河事宜，大意谓：虢、陕残破，解州、河中已陷，同、华州沿河与金人对垒，边面亘六百余里。本路无可战之兵，乞增以五路兵马十万以上，委漕臣储偫以守关中。

章凡七八上，朝廷未有所处。重复上疏曰："关中百二之势，控制陕西六路，捍蔽川峡四路。今蒲、解失守，与敌为邻，关中固，则可保秦、蜀十路无虞。缘逐路帅守、监司各有占护，不相通融。昨范致虚会合勤王之师，非不竭力，而将帅各自为谋，不听节制。乞选宗亲贤明者充京兆牧，或置元帅府，令总管秦、蜀十道兵马以便宜从事，应帅守、监司并听节制。缓急则合诸道之兵以卫社稷，不惟可以御敌，亦可以救郡县瓦解之失。"又乞节制五路兵，俱不报。

金将娄宿渡河陷韩城县，时京兆余兵皆为经制使钱盖调赴行在。重度势不可支，以书别其父克臣曰："忠孝不两立，义不苟生以辱吾父。"克臣报之曰："汝能以身徇国，吾含笑入地矣。"及金人入境，重遗书转运使李唐孺曰："重平生忠义，不敢辞难。始意迎车驾入关，居建瓴之势，庶可以临东方。今车驾南幸矣，关陕又无重兵，虽竭智力何所施，一死报上不足惜。"

及金兵围城，城中兵不满千，固守逾旬，外援不至。而经制副使傅亮以精锐数百夺门出降，城陷，重以亲兵百人血战。诸将扶重去，重曰："死吾职也。"战不已，众溃，重中流矢死。初，唐孺以其书闻，俄以死节报。上哀悼之，赠资政殿学士，后谥恭愍。

郭忠孝，字立之，河南人，签书枢密院事逵之子。受《易》、《中庸》于程颐。少以父任补右班殿直，迁右侍禁。

登进士第，换文资，授将作监主簿。年逾三十，不忍去亲侧，多仕于河南筦库间。宣和间，为河东路提举。解梁、猗氏与河东接壤，盗贩盐者数百为群，岁起大狱，转相告引，抵罪者众。忠孝止治其首，余悉宽贷。宰相王黼怒之，坐废格盐法免。

靖康初，召为军器少监。入对，以和议为非是，力陈追击之策，谓："兵家忌深入，金人自燕蓟兴兵，逾河朔，犯都城，其锋不可当，今锐气且衰，又顾子女玉帛之获，故议和以款我师。今诸道之师集矣，宜乘其惰击之，若不能击其归，他日安能御其来。"上命与宰相吴敏、枢密李纲议，忠孝复条上战守利害、士马分合之策十余事。主和者众，卒不用其策。改永兴军路提点刑狱，措置保甲。初，议者请择保甲十万刺为义勇，分隶河朔诸郡。忠孝曰："保甲岁久，死亡者众，择三万人守都城可也，河朔骑兵之地，非保甲所宜。"上从之。忠孝亟走关陕，得胜兵三万，分隶十将，择一将统之。继遣兵趋泽、潞，听宣抚司节制。

金人再犯京师，永兴帅范致虚率诸军繇渑、渑入援，忠孝曰："金人深入，而河东无守会，愿分兵走太行，扼其归路，彼必来战，城下之围可缓。"致虚以为然。檄河中守席益、冯翊守唐重与忠孝同出河东，为牵制之举，大军尽出函谷。忠孝独以蒲、解军三千至猗氏，遇金人，破之。逾绛州，破太平寨，斩首数百级。攻平阳，入其郛。会大军失利渑、渑间，乃引还。

及金人犯永兴，兵寡，或劝忠孝以监司出巡，可以避祸。忠孝不答，与经略唐重分城而守。忠孝主西壁，唐重主东壁。金人陈城下，忠孝募人以神臂弓射之，敌不得前。已而攻陷城东南隅，忠孝与重及副总管杨宗闵、转运副使桑景询、判官曾谓、经略主管机宜文字王尚、提举军马武功大夫程迪俱死之。朝廷赠忠孝大中大夫。子雍，别有传。

程迪，字惠老，开封人。父博古，部鄜延兵战死永乐。迪以门荫得官。宣和中，从杨惟中征方腊有功，加武功大夫、荣州团练使、泸南潼川府路走马承受公事。

诸使合荐迪忠义谋略，可任将帅，召赴行在。经略制置使唐重以敌迫近，留迪提举军马，措置民兵以为备。金人已自同州渡河，或劝迪还蜀，迪思有以报国，不从。乃诣种氏诸豪，谋率众保险，俟其势稍衰，出奇击之。转运使桑景询知其谋，以告唐重，揭榜许民择险自固。会前河东经制使傅亮建议当守不当避，重上之，以亮为制置副使，去者悉还。

既而金兵益迫，重乃以迪提举永兴路军马，措置民兵，令迪行视南山诸谷，将运金帛徙治其中。因召土豪，集民兵以补军籍。会应募者上，亮语重曰："人心如此，假以旬日，守备且具，奈何望风弃去。"重大然之，即檄诸司听亮节制。金人近城，迪又欲选兵迎战，使老稚得趣险，尚可以活十万人。亮执议城守，金人四面急攻，外无援兵，迪率诸司及统制偏裨以下东乡会盟："危急必以死相应，誓不与敌俱生。"慷慨呜咽，同盟皆感泣。城破，乃自亮所分地始。亮先出降，众溃。迪率其徒徇于众曰："敌仇我矣，降亦死，战亦死！"努力与斗，愤怒大呼，口流血，士皆感奋，多所斩杀。迪冒飞矢，持短兵接战数十合，身被创几遍，绝而复苏，犹厉声叱战不已，遂死之。麾下士舁置空室中，比屋皆烬，室独不火，及敛，容色如生。诏赠明州观察使，谥恭愍。子昌谔。

徐徽言，字彦猷，衢之西安人。少为诸生，泛涉书传。负气豪举，有奇志，喜谈功名事。大观二年，诏求材武士，韩忠彦、范纯粹、刘仲武以徽言应诏，召见崇德殿，赐武举绝伦及第。

历保德军监押，以边功加阁门祗候、平阳府军马钤辖，权知保德军。改总领河西军马，以讨西夏功，累迁秉义郎。宣和四年，将伐燕，命太原帅张孝纯招河西帐族，遣徽言入其地。帐族拒而射之，徽言迎战破之，遂定天德、云内两城。宣抚使童贯嫉其功，檄太原不得违节度。复弃去。孝纯先定朔、武二州，亦不能守。改知火山军兼统制河西军马，徙赴石州。

靖康初，迁武翼郎、阁门宣赞舍人。金人围太原，分兵绝馈道，自隰、石以北，命令不通者累月。徽言以三十人渡河，一战破之。迁武经郎、知晋宁军兼岚石路沿边安抚使。

金人再犯京师，陕西制置使范致虚纠合五路兵赴难，檄徽言守河西。钦宗割两河以纾祸，同知枢密院事聂昌出河东，为金人所劫，以便宜割河西三州隶西夏。晋宁军民大恐，曰："弃麟、府、丰，晋宁岂能独存！"徽言曰："此使人矫诏耳。三郡在河西，设有诏，犹当执奏，况无之耶！"遂率兵复取三州，夏人所置守长皆出降，徽言慰遣之。又并取岚、石等州，教戈舡乘羊皮浑脱乱流以掩敌。金人益备克胡砦、吴堡津，遣守领为九州都统，与晋宁对垒。徽言出奇兵袭逐之。时河东郡县沦没，遗民日徯王师之至。徽言阴结汾、晋土豪数十万，约复故地则奏官为守长，听世袭。条其事以闻，俟报可，即身率精甲捣太原，径取雁门，留兵戍守；且曰："定全晋则形胜为我有，中原当指期克复，投机一时，会不可失。"奏上，诏徽言听王庶节制，议遂格。

金人忌徽言，欲速拔晋宁以除患。建炎二年冬，自蒲津涉河围之。先是徽言移府州，约折可求夹攻金人。可求降，金将娄宿挟至城下以招徽言。徽言故与可求为姻，乃登陴以大义谯数之。可求仰曰："君于我胡大无情？"徽言摄弓厉言曰："尔于国家不有情，我尚于尔何情？宁惟我无情，此矢尤无情。"一发中之，可求走，因出兵纵击，遂斩娄宿孛堇之子。当是时，环河东皆已陷，独晋宁屹然孤埔，横当强敌，势相百不抗。徽言坚壁持久，抚摩疲伤，遣没人泅河，召民之逃伏山谷者几万众，浮筏西渡，与金人鏖河上，大小数十战，所俘杀过当。晋宁号天下险，徽言广外城，东压河，下堑不测，谯堞雄固，备械甚整。命诸将画隅分守，敌至则自致死力，以劲兵往来为游援。

金进攻数败，不得志，围之益急。晋宁俗不井饮，寄汲于河。金人载茭石湮甕支流，城中水乏绝，储偫浸罄，铠仗空虚，人人惴忧，知殒亡无日。徽言能得众心，奋枵饿伤夷之余，裹折槊断刃，以死固守。既自度不支，取炮机、笓格，凡守具悉火之，曰："无以遗敌。"遣人间道驰书其兄昌言曰："徽言孤国恩死矣，兄其勉事君。"一夕，裨校李位、石贇系帛书飞矢上，阴约娄宿启外郭纳金兵。徽言与太原路兵马都监孙昂决战门中，所格杀甚众，退婴牙城以守。金人攻之不已，徽言置妻子室中，积薪自焚。仗剑坐堂上，慷慨语将士："我天子守土臣，义不见蔑敌手。"因拔佩刀自拟，左右号救持之急，金兵猥至，挟徽言以去，然犹惮其威名。

娄宿得徽言所亲说徽言："盍具冠袚见金帅。"徽言斥曰："朝章，觐君父礼，以入穹庐可乎？汝污伪官，不即愧死，顾以为荣，且为敌人摇吻作说客耶？不急去，吾力犹能搏杀汝。"娄宿就见徽言，语曰："二帝北去，尔其为谁守此？"徽言曰："吾为建炎天子守。"娄宿曰："我兵已南矣，中原事未可知，何自苦为？"徽言怒曰："吾恨不尽汝辈归见天子，将以死报太祖、太宗地下，庸知其他！"娄宿又出金制曰："能小屈，当使汝世伊延安，举陕地并有之。"徽言益怒，骂曰："吾荷国厚恩，死正吾所，此膝讵为汝辈屈耶？汝当亟刃我，不可使余人见加。"娄宿举戟向之，觊其惧状。徽言披衽迎刃，意象自若。饮以酒，持杯掷娄宿曰："我尚饮汝酒乎？"慢骂不已。金人知不可屈，遂射杀之。粘罕闻其死，怒娄宿曰："尔粗狠，何专杀义人以逞尔私？"治其罪甚惨。

初，徽言与刘光世束发雅故。光世被命援太原，次吴堡津，辄顿不进。徽言移书趣行，未听；又谕以太原危不守，旦暮望救，总管承诏赴急，不宜稽固取方命罪，光世犹前却。徽言即露章劾其逗挠，封副与之，光世惶遽引道。

宣抚使张浚与诸使者相继以死节事闻，高宗抚几震悼，顾谓宰相曰："徐徽言报国死封疆，临难不屈，忠贯日月，过于颜真卿、段秀实远矣。不有以宠之，何以劝忠，昭示来世。"乃赠晋州观察使，谥威壮。再赠彰化军节度。

孙昂，亦引刀欲自刺，金人拥至军前，不屈而死，至是赠成忠郎、团练使。徽言子冈既同死事，而从孙适亦以守安丰死。昂父翊，宣和末知朔宁府，救太原，死于阵。各世著忠义云。

向子韶，字和卿，开封人，神宗后再从侄也。年十五入太学，登元符三年进士第。特恩改承事郎，授荆南府节度判官，累官至京东转运副使。属郡郭奉世进万缗羡余，户部聂昌请赏之以劝天下，子韶劾奉世，且言近臣首开聚敛之端，寖不可长，士论韪之。以父忧免，起复，知淮宁府。

建炎二年，金人犯淮宁，子韶率诸弟城守，谕士民曰："汝等坟墓之国，去此何之，吾与汝当死守。"时有东兵四千人，第三将岳景绥欲弃城率军民走行在，子韶不从，景绥引兵迎敌而死。金人昼夜攻城，子韶亲擐甲胄，冒矢石，遣其弟子率赴宗泽乞援兵，未至，城陷。子韶率军民巷战，力屈为所执。金人坐城上，欲降之，酌酒于前，左右抑令屈膝，子韶直立不动，戟手责骂，金人杀之。其弟新知唐州子褒、朝请郎子家等与阖门皆遇害，惟一子鸿六岁得存。事闻，再赠通议大夫，官其家六人，后谥忠毅。初，

金人至淮宁府，杨时闻之曰："子韶必死矣。"盖知其素守者云。

杨邦乂，字晞稷，吉州吉水人。博通古今，以舍选登进士第，遭时多艰，每以节义自许。历婺源尉、蕲、庐、建康三郡教授，改秩知溧阳县。会叛卒周德据府城，杀官吏。邦乂立县狱囚赵明于庭，欲诛之，因谕之曰："尔悉里中豪杰，诚能集尔徒为邑人诛贼，不惟宥尔罪，当上功畀爵。"明即请行，邦乂饮之卮酒，使去。越翼日，讨平之。

建炎三年，金人至江上。高宗如浙西，留右仆射杜充为御营使，驻扎建康，命刘光世、韩世忠、王燮诸将悉听充节制。充性酷而无谋，士心不附。渡砺沙，充遣陈淬、岳飞等及金人战于马家渡。自辰至未，战数合，胜负未决。燮拥兵弗救，淬被擒，燮兵遁，充率麾下数千人降。金人济江，鼓行逼城。时李梲以户部尚书董军饷，陈邦光以显谟阁直学士守建康，皆具降状，逆之十里亭。金帅完颜宗弼既入城，梲、邦光率官属迎拜，惟邦乂不屈膝，以血大书衣裾曰："宁作赵氏鬼，不为他邦臣。"宗弼不能屈。翼曰，遣人说邦乂，许以旧官。邦乂以首触柱础流血，曰："世岂有不畏死而可以利动者？速杀我。"翼日，宗弼等与梲、邦光宴堂上，立邦乂于庭，邦乂叱梲、邦光曰："天子以若捍城，敌至不能抗，更与共宴乐，尚有面目见我乎？"有刘团练者，以幅纸书"死活"二字示邦乂曰："若无多云，欲死趣书'死'字。"邦乂奋笔书"死"字，金人相顾动色，然未敢害也。已而宗弼再见邦乂，邦乂不胜愤，遥望大骂曰："若女真图中原，天宁久假汝，行磔汝万段，安得污我！"宗弼大怒，杀之，剖取其心，年四十四。事闻，赠直秘阁，赐田三顷，官为敛葬，即其地赐庙褒忠，谥忠襄，官其四子。

邦乂少处郡学，目不视非礼，同舍欲隳其守，拉之出，托言故旧家，实娼馆也。邦乂初不疑，酒数行，娼女出，邦乂愕然，疾趋还舍，解其衣冠焚之，流涕自责。绍兴七年，枢密院言邦乂忠节显著，上曰："颜真卿异代忠臣，朕昨已官其子孙，邦乂为朕死节，不可不厚褒录，以为忠义之劝。"加赠徽猷阁待制，增赐田三顷。

卷四百四十八　　列传第二百七

忠　义　三

曾忄造弟悟　**刘汲**　**郑骧**　**吕由诚**　**郭永**
韩浩朱庭杰　王允功　王荐　周中　周辛附
欧阳珣　**张忠辅**　**李彦仙**邵云　吕圆登
宋炎附　**赵立**王复　郑襄附　**王忠植**
唐琦　**李震**　**陈求道**

曾忄造，字仲常，中书舍人巩之孙。补太学内舍生，以父任郊社斋郎，累官司农丞、通判温州，须次于越。

建炎三年，金人陷越，以琶八为帅，约诘旦城中文武官并诣府，有不至及藏匿、不觉察者，皆死。忄造独不往，为邻人纠察逮捕，见琶八，辞气不屈。且言："国家何负汝，乃叛盟欺天，恣为不道。我宋世臣也，恨无尺寸柄以死国，安能贪生事尔狗奴邪？"时金人帐中执兵者皆愕眙相视，琶八曰："且令出。"左右尽驱其家属四十口同日杀之越南门外，越人作窀穸葬其尸。金人去，忄造弟朝散郎悬时知杭州余杭县事，制大棺敛其骨，葬之天柱山。事闻，予三资恩泽，官其弟忞、子惫、兄子宿，皆将仕郎。

方遇难时，惫甫四岁，与乳母张皆死。夜值小雨，张得苏，顾见惫亦苏，尚吮其乳，郡卒陈海匿惫以归。后仕至知南安军。忄造从弟悟。

悟字蒙伯，翰林学士肇之孙也。宣和二年进士，靖康间为亳州士曹。金人破亳州，悟被执，抗辞慢骂，众刃劓之，尸体无存者，妻孥同日被害。年三十三。

刘汲，字直夫，眉州丹棱人。绍圣四年进士。为合州司理、武信军推官，改宣德郎、知开封府鄢陵县。奉行神霄宫不如令，以京畿转运使赵霆奏，徙通判蓬德府。时方士林灵素用事，郡人班自改《易系辞》为妖言，以应灵素。汲摄守，下自狱。灵素荐自有道。命转运使陈知存按验，掾史惧，欲变狱。汲责数掾史，知存惮之，卒以实闻。

通判河中府，辟开封府推官。自盛章等尹京，果于诛杀，率取特旨以快意，汲白府奏罢之。宰相王黼初领应奉司，汲对客辄诋之，黼闻，奏谪监蓬州税。钦宗召赴阙，汲奏愿得驱驰外服，治兵食以卫京师。时置京西转运司于邓州，以汲添差副使。建炎元年，范致虚师至陕，汲贻书劝以一军自蒲中越河阳，焚金人积粟，绝河桥；一军自陕路直抵郑、许，与诸道连衡，敌必解散。致虚以书谢汲而行。

金人再犯京师，诸道不知朝廷动息者三月。冯延绪传诏抚谕，谓车驾出郊定和议，令诸道罢兵。汲谓副总管高公纯曰："诏书未可遽信。"公纯问故，汲曰："诏下以去年十二月，邓去京七百里，今始至州何也？安有议和以三月，而敌犹未退乎？此必金人胁朝廷以款勤王之师尔，可速进兵。"公纯难之，汲请自行，公纯不得已俱至南阳，不进，汲独驰数十骑赴都城，二帝已北行，汲素服恸哭。寻代公纯摄帅事，捐金帛飨士，为战守计。诏邓州备巡幸，汲广城池，饰行阙，所以待乘舆之具甚备。就加直龙图阁、知邓州兼京西路安抚使。

汲奏："欲复两河，当先河东，欲复河东，当用陕兵，请先从事河东，以定西河之根本。"于是金人复渡河，谍知邓州为行在所，命其将银朱急攻京西。汲遣副总管侯成林守南阳，金人奄至，杀成林。汲集将吏谓曰："吾受国恩，恨未得死所，金人来必死，汝有能与吾俱死者乎？"皆流涕曰："惟命。"民有请涉山作寨以避敌者，汲曰："是弃城矣。然若属俱死无益。"乃下令曰："城中有材武愿从军者听留，余从便。"得敢死士四百人。又令曰："凡仕于此，其听送其家，寅出午反，违者从军法。"众皆感服，无一人失期。

及南阳陷，命将戚鼎将兵三千逆战，及命靳仪与赵宗印分西、南门捍之。汲自以牙兵四百登陴望，见宗印从间道遁，即自至鼎军中，麾其众寨以待，敌至皆死斗，敌却。俄而仪败，金人攻之益急，矢下如雨，军中请汲去，汲不许，曰："使敌知安抚使在此为国家致死。"敌大至，汲死之。事闻，赠太中大夫，谥忠介。

郑骧，字潜翁，信之玉山人。登元符三年进士第。知溧阳县，岁饥，民多逃亡。漕司按籍督逋赋不少贷，骧患之，尽去其籍。使者欲绳以法，骧曰："著令约二税为定数，今不除，则逋愈多，民愈贫，赋愈不办。"使者不能屈。时议自建康凿漕渠导太湖以通大江，将破数州民田，调江、浙二十五州丁夫，所费百万计。朝廷遣官视可否，骧条析利病，力止之。

通判岢岚军，改庆阳府。姚古奏为熙河兰廊路经略司属官。钱盖自渭帅熙，奏辟幕下。地震，秦陇金城六城坏，骧为盖言六城熙河重地，宜趣缮治，因自请董兵护筑益机滩新堡六百步，以控西夏。堡成，以功迁官，赐绯衣银鱼。

唃厮罗氏旧据青唐，置西宁州，董毡入朝，其弟益麻党征走西夏。大观中，羌人假其名归附，童贯奏赐姓名赵怀恭，官团练使。至是党征自西宁求归，贯惧事露，议者希贯意欲绝之。骧谓贯欺君，请辨其伪。贯怒，将厚诬以罪，会败而止。擢京兆府等路提举常平。骧按格为《常平总目》十卷，颂之所部。时陕右大稔，骧奏乞以所部本息乘时广籴，得米六十万斛。

高宗初，以直秘阁知同州兼沿河安抚使。时谋巡近司金陵、南阳、长安为驻跸计，骧言："南阳、金陵偏方，非兴王地；长安四塞，天府之国，可以驻跸。"会帝东幸扬州，复请自楚、泗、汴、洛以讫陕、华，各募精兵，首尾相应，庶敌势不得冲决。不报。金将娄宿犯同州及韩城，骧遣兵拒险击之，师失利，金人乘胜径至城下，通判以下皆遁去。骧曰："所谓太守者，守死而已。"翼日城陷，骧赴井死,赠通议大夫、枢密直学士,谥威愍,诏赐庙愍节。

骧在熙河,尝摭熙宁迄政和攻取建置之迹为《拓边录》十卷,兵将蕃汉杂事为《别录》八十卷,图画西蕃、西夏、回鹘、卢甘诸国人物图书为《河陇人物志》十卷,序赞普迄溪巴温、董毡世族为《蕃谱系》十卷。

吕由诚,字子明,御史中丞海之季子。幼明爽有智略,范镇、司马光,父友也,皆器重之。以父恩补官,调邓州酒税,临事精敏,老吏不能欺。会营兵窃发,聚众闭城,守贰逃匿,由诚亲往招谕,贼敛兵听命。以功迁秩,寻擢提举三门、白波辇运,言者谓其资浅,罢之。知合水县。王中立、种谔征灵州,由诚部运随军,天寒食尽,他邑役夫多溃去,唯由诚所部分无失者。改知乘氏县。丞相吕大防为山陵使,辟为属。通判成都府,知雅、嘉、温、绵四州,复知嘉州,皆有治绩。

靖康元年,宰相唐恪荐由诚刚正有家法,宜任台臣。召至京师,与恪议不合,且忧其蓄缩不足以济时艰,力辞求退。差知袭庆府,未及出关,金人再入,陷京师,立张邦昌,以兵胁士大夫臣之,由诚微服得免。时群盗所在蜂起,由诚崎岖至郡。城圮粮竭,于是昼夜为备,版筑甫就,剧贼李昱拥十万众奔至城中,知其有备,阳受元帅府招安而去。康王移军济阳,由诚竭力馈饷,军无不乏。遣官属王允恭奉表劝进。

时京东诸郡,兵骄多内讧,独由诚拊循有方,士乐为用。前后数被攻围,屹然自立群盗中,救援皆绝。孔彦舟以郓兵叛,首犯郡境,攻之累旬不能下,始引去。胡选者众尤残暴,攻由诚示必取,由诚夜焚其攻具,直入帐下,贼骇散,不知所为,忽解围去。

一日金兵四集,由诚严立赏罚,厉以忠义,守兵争奋,昼夜警备。金人百道攻城,矢石如雨,人无叛志。郡官有迎降者,执而械之。判官赵令佳同心誓守,城陷俱被执。金人欲生降之,由诚不屈,乃杀其子仍于前,由诚不顾,与令佳同遇害。子僙与其家四十口皆被执,无生还者。南北隔绝,其孙绍清留蜀,后自蜀走江、浙访由诚生死,遇令佳之子子彝于江阴,知令佳与由诚同死被褒典,乃诉于朝,诏赠由诚三官,为通奉大夫,与二子恩泽。

郭永,大名府元城人。少刚明勇决,身长七尺,须髯若神。以祖任为丹州司法参军,守武人,为奸利无所忌,永数引法裁之。守大怒,盛威临永,永不为动,则缪为好言荐之朝。后守欲变具狱,永力争不能得,袖举牒还之,拂衣去。

调清河丞,寻知大谷县。太原帅率用重臣,每宴飨费千金,取诸县以给,敛诸大谷者尤亟。永以书抵幕府曰:"非什一而取,皆民膏血也,以资觞豆之费可乎?脱不获命,令有投劾而归耳。"府不敢迫。县有潭出云雨,岁旱,巫乘此哗民,永杖巫,暴日中,雨立至,县人刻石纪其异。府遣卒数辈号"警盗",刺诸县短长,游蠹不归,莫敢迕,永械致之府,府为并它县追还。于是部使者及郡文移有不便于民者,必条利病反复,或遂寝而不行。或谓永:"世

方雷同,毋以此贾祸。"永曰:"吾知行吾志而已,遑恤其它。"大谷人安其政,以为自有令无永比者。既去数年,复过之,则老稚遮留如永始去。

调东平府司录参军,府事无大小,永咸决之。吏有不能办者,私晰靳曰:"尔非郭司录耶!"通判郑州,燕山兵起,以永为其路转运判官。郭药师屯边,怙恩暴甚,与民市不偿其直,复驱之,至坏目折支乃已。安抚使王安中莫敢问。永白安中,不治且难制,请见而显责之;不从,则取其尤者磔之市。乃见药师曰:"朝廷负将军乎?"药师惊曰:"何谓也?"永曰:"前日将军杖策归朝廷,上推赤心置将军腹中,客遇之礼无所不至,而将军未有尺寸功报上也。今乃倚将军为重,乃纵部曲戕民不禁,平居尚尔,如缓急何!"药师虽谢无愧容,永谓安中曰:"它日乱边者必此人也。"已而安中罢,永亦辞去,移河北西路提举常平。

会金人趋京师,所过城邑欲立取之。是时天寒,城池皆冻,金率藉冰梯城,不攻而入。永适在大名,闻之,先弛壕渔之禁,人争出渔,冰不能合。金人至城下,睥睨久之而去。迁河东提点刑狱。

时高宗在扬州,命宗泽守京师,泽厉兵积粟,将复两河,以大名当冲要,檄永与帅杜充、漕张益谦相掎角。永即朝夕谋战守具,团结东平权邦彦为援,不数日声振河朔,已没州县皆复应官军,金人亦畏之不敢动。

居亡何,泽卒,充守京师,以张益谦代之,而裴亿为转运使。益谦、亿龌龊小人。会范琼胁邦彦南去,刘豫举济南来寇,大名孤城无援,永率士昼夜乘城,伺间则出兵狙击。或劝益谦委城遁,永曰:"北门所以蔽遮梁、宋,彼得志则席卷而南,朝廷危矣。借力不敌,犹当死守,徐锉其锋,待外援之至,奈何弃之?"因募士赍帛书夜缒城出,告急朝廷,乞先为备。攻围益急,俘东平、济南人,大呼城下曰:"二郡已降。降者富贵,不降者无噍类。"益谦辈相顾色动,永大言曰:"今日正吾侪报国之时。"又行城抚将士曰:"王师至矣,吾城坚完可守,汝曹努力,敌不足畏也。"众感泣。质明,大雾四塞,豫以车发断碑残础攻城,楼橹皆坏,左右蒙盾而立,多碎首者。良久城陷,永坐城楼上,或掖之以归,诸子环泣请去,永曰:"吾世受国恩,当以死报,然巢倾卵覆,汝辈亦何之?兹命也,奚惧。"

益谦、亿率众迎降,金人曰:"城破始降,何也?"众以永不从为辞。金人遣骑召永,永正衣冠南向再拜讫,易幅巾而入,黏罕曰:"沮降者谁?"永熟视曰:"不降者我。"金人奇永状貌,且素闻其贤,乃自相语,欲以富贵啖永,永瞋目唾曰:"无知犬豕,恨不醢尔以报国家,何说降乎?"怒骂不绝。金人讳其言,麾之使去,永复厉声曰:"胡不速我死?当率义鬼灭尔曹。"大名人在系者无不以手加额,为之出涕,金人怒断所举手。乃杀之,一家皆遇害。虽素不与永合者皆面恸,金人去,相与负其尸瘗之。

永博通古今,得钱即买书,家藏书万卷,为文不求人知。见古人立名节者,未尝不慨然掩卷终日,而尤慕颜真卿为人。充之守大名,名称甚盛,永尝画数策见之,它日问其目。曰:"未暇读也。"永数之曰:"人有志而无才,好

名而遗实,骄蹇自用而得名声,以此当大任,鲜不颠沛者,公等足与为治乎?"充大惭。靖康元年冬,金人再犯京师,中外阻绝,或以两宫北狩告永者,永号绝仆地,家人异归,不食者数日,闻大元帅府檄书至,始勉强一餐。其忠义盖天性然。

绍兴初,赠中大夫、资政殿学士,谥勇节,官其族数人。

韩浩,丞相琦孙。以奉直大夫守潍州。建炎二年,金人攻城,浩率众死守,城陷力战死。通判朱庭杰身被数箭,亦死。权北海县丞王允功、司理参军王荐皆全家陷没。浩特赠三官,官其家三人。庭杰、允功、荐各官其家一人。

朝议大夫周中世居潍州,率家人乘城拒守,中弟辛家最富,尽散其财以享战士。城陷,中阖门百口皆死。绍兴六年,以周聿请,赠官。

欧阳珣字全美,吉州庐陵人。崇宁五年进士。调忠州学教授、南安军司录,知盐官县。以荐上京师,遇国难,及出使,加将作监丞。金人犯京师,朝议割河北绛、磁、深三镇地讲和。珣率其友九人上书,极言祖宗之地尺寸不可以与人。及事急,会群臣议,珣复抗论当与力战,战败而失其地,它日取之直;不战而割其地,它日取之曲。时宰怒,欲杀珣,乃遣珣奉使割深州,珣至深州城下,恸哭谓城上人曰:"朝廷为奸臣所误至此,吾已办一死来矣,汝等宜勉为忠义报国。"金人怒,执送燕,焚死之。

张忠辅,宣和末为将,同崔中、折可与守崞县。金人来攻,婴城固守,率士卒以死拒敌。中度不可支,有二心。忠辅宣言于众曰:"必欲降,请先杀我。"中设伏约约议事,斩忠辅首掷阵外以示金人。既开城门,可与不屈见杀。可与兄可求建炎中言于朝,官可与之子五人,而忠辅不与,士论惜之。

李彦仙,字少严,初名孝忠,宁州彭原人,徙巩州。有大志,所交皆豪侠士。闲骑射。家极边,每出必阴察山川形势,或饵敌人纵牧,取其善马以归。尝为种师中部曲,入云中,获首级,补校尉。靖康元年,金人犯境,郡县募兵勤王,遂率士应募,补承节郎。李纲宣抚两河,上书言纲不知兵,恐误国。书闻,下有司追捕,乃亡去,易名彦仙。以效用从河东军,谍金人还,复补校尉。

河东陷,彦仙拔归,道出陕,以兵事见守臣李弥大,弥大与语,壮之,留为神将,戍殽、渑间。金人再犯汴,永兴帅范致虚会西兵入援,彦仙遮说曰:"殽、渑道险难以众进,不若分兵而前,留其半于陕,可为后图。"致虚怒其沮众,罢遣之。师至千秋镇,果败,官吏皆遁。

时彦仙为石壕尉,坚守三觜,民争依之。下令曰:"尉异县人,非如汝室墓于是。今尉为汝守,若不悉力,金人将尸汝于市。"众皆奋。金人攻三觜,彦仙战佯北,金人追之,伏发,掩杀千计,分兵四出,下五十余壁。

初,金人得陕,用降者守之,使招集散亡,彦仙阴遣士厕其间,金人不觉。乃引兵攻其南郭,夜潜师薄东北隅,所纳士内应,噪而入,复陕州。乘胜渡河,列栅中条诸山,旁郡邑皆响附,分遣邵云等下绛、解诸邑。吏行文书,请州印章,彦仙曰:"吾以尉守此,第用吾印。"事闻,上谓辅臣曰:"近知彦仙与金人战,再三获捷,朕喜而不寐。"即命知陕州兼安抚使,迁武节郎、阁门宣赞舍人。彦仙搜军实,增陴浚湟,益为战守备,尽取家属以来,曰:"吾以家徇国,与城俱存亡。"闻者感服。邵兴在神稷山,以其众来,愿受节制。彦仙辟兴统领河北忠义军马,屯三门,后赖其力复虢州。

金将乌鲁撒拔再攻陕,彦仙极力御之,金人技穷而去。三年,娄宿悉兵自蒲、解大入,彦仙伏兵中条山击之,金兵大溃,娄宿仅以身免。授右武大夫、宁州观察使兼同、虢州制置。彦仙度金人必并力来攻,即遣人诣宣抚使张浚求三千骑,俟金人攻陕,即空城度河北趋晋、绛、并、汾,捣其心腹,金人必自救,乃繇岚、石西渡河,道鄜、延以归。浚贻书劝彦仙空城清野,据险保聚,俟隙而动。彦仙不从。

娄宿率叛将折可求众号十万来攻,分其军为十,以正月旦为始,日轮一军攻城,聚十军并攻,期以三旬必拔。彦仙意气如平常,登谯门,大作技乐,潜使人缒而出,焚其攻具,金人愕而却。食尽,煮豆以啖其下,而取汁自饮。至是亦尽,告急于浚,浚间道以金币使犒其军,檄都统制曲端泾原兵来援。端素疾彦仙出己上,无出兵意。浚幕官谢昇言于浚曰:"金旦暮下陕,则全据大河,且窥蜀矣。"浚乃出师至长安。道阻不得进,裨将邵隆、吕圆登、杨伯孙自外来援,间关伤仆,仅有至者。

彦仙日与金人战,将士未尝解甲。娄宿雅奇彦仙才,尝啖以河南兵马元帅,彦仙斩其使。至是使人呼曰:"即降,畀前秩。"彦仙曰:"吾宁为宋鬼,安用汝富贵为!"命强弩一发毙之。设钩索,日钩取金人,脔斫城上。杀伤相当,守陴者伤夷日尽,金益兵急攻,城陷,彦仙率众巷战,矢集身如猬,左臂中刃不断,战愈力。金人惜其才,以重赏募人生致之,彦仙易敝衣走渡河,曰:"吾不甘以身受敌人之刃。"既而闻金人纵兵剽掠,曰:"金人所以甘心此城,以我坚守不下故也,我何面目复生乎?"遂投河死,年三十六。金人害其家,惟弟欒、子毅得免。浚承制赠彦仙彰武军节度使,建庙商州,号忠烈。官其子,给宅一区,田五顷。绍兴九年,宣抚使周聿请即陕州立庙,名义烈。后以商、陕与金人,徙其庙阆州。乾道八年,易谥忠威。

彦仙顾而长面,严厉不可犯,以信义治陕,犯令者虽贵不贷。与其下同甘苦,故士乐为用。有筹略,善应变。尝略地至青涧,猝遇金人,众愕眙,彦仙依山植疑帜,据柳林,解甲自如。金人疑有伏,引去,彦仙追袭于隘,躏死相枕。关以东皆下,陕独存,金人必欲下陕,然后并力西向。彦仙以孤城扼其冲再逾年,大小二百战,金人不得西。至城陷,民无贰心,虽妇女亦升屋以瓦掷金人,哭李观察不绝。金人怒,屠其城,全陕遂没。裨将邵云、吕圆登、宋炎、贾何、阎平、赵成皆死,并赠官录其家。

邵云,龙门人。金人陷蒲城,云聚少年数百,壁山谷,时出挠之。会邵隆起兵,云往从之,约为兄弟。闻胡夜义者众强，乃举所部听命。李彦仙尝假夜义官，夜义意不满，掠南原而去，彦仙诱杀之。云欲攻陕，彦仙遣客说以义，遂来归。累有功，官至武翼郎、阁门宣赞舍人。城破被执，娄宿欲命以千户长，云大骂不屈，娄宿怒，钉云五日而磔之。金人有就视者，犹咀血喷其面，至抉眼擿肝，骂不绝。

吕圆登，夏县人。尝为僧，后以良家子应募，捍金人淆、渑间。彦仙保三觜，圆登归之，功最多，为爱将。城垂破，以兵来援，身重创，持彦仙泣曰："围久，不知公安否，今得见公，且死无恨。"创身方卧，闻城陷，遽起战死。

宋炎，陕县人。蹶张命中，补秉义郎。先，金人围城，炎射死数百人。比再围，炎以劲弩数百，发毒矢杀千余人。城陷，金人声言求善射者贵之，炎不应，力战死。

赵立，徐州张益村人。以敢勇隶兵籍。靖康初，金人大入，盗贼群起，立数有战功，为武卫都虞候。建炎三年，金人攻徐，王复拒守，命立督战，中六矢，战益厉。复壮其勇，酌卮酒挥涕劳之。城陷，复与其家皆死，独子佾先去。州教授郑褒亦骂敌而死。城始破，立巷战，夺门以出，金人击之死，夜半得微雨而苏，乃杀守者，入城求复尸，恸哭手瘗之。阴结乡民为收复计。金人北还，立率残兵邀击，断其归路，夺舟船金帛以千计，军声复振。乃尽结乡民为兵，遂复徐州。诏授忠翊郎、权知州事。立奏为复立庙，每遇岁时及出师，必帅众泣祷曰："公为朝廷死，必能阴祐其遗民也。"齐人闻之心慑。

时山东诸郡莽为盗区，立介居其间，威名流闻。累迁右武大夫、忠州刺史。会金左将军昌围楚州急，通守贾敦诗欲以城降，宣抚使杜充命立将所部兵赴之。且战且行，连七战胜而后能达楚。两颊中流矢，不能言，以手指麾，既入城休士，而后拔镞。诏以立守楚州。明年正月，金人攻城，立命撤废屋，城下然火池，壮士持长矛以待。金人登城，钩取投火中。金人选死士突入，又搏杀之，乃稍引退。五月，兀术北归，筑高台六合，以辎重假道于楚，立斩其使。兀术怒，乃设南北两屯，绝楚饷道，立引兵出战，大破之。

会朝廷分镇，以立为徐州观察使、泗州涟水军镇抚使兼知楚州。立一日拥六骑出城，呼曰："我镇抚也，可来接战。"有两骑将袭其背，立奋二矛刺之，俱堕地，夺两马而还。众数十追其后，立瞋目大呼，人马皆辟易。明日，金人列三队邀战，立为三阵应之，金人以铁骑数百横分其阵而围之，立奋身突围，持梃左右大呼，金人落马者不知数。承、楚间有樊梁、新开、白马三湖，贼张敌万窟穴其间，立绝不与通，故楚粮道愈梗。始受围，菽麦野生，泽有凫茨可采，后皆尽，至屑榆皮食之。

承州既陷，楚势益孤，立遣人诣朝廷告急。签书枢密院事赵鼎欲遣张俊救之，俊不肯行。鼎曰："江东新造，全藉两淮，失楚则大事去矣。若俊惮行，臣愿与之偕往。"俊复力辞，乃命刘光世督淮南诸镇救楚。东海李彦先首以兵至淮河，扼不得进；高邮薛庆至扬州，转战被执死；光世将王德至承州，下不用命；扬州郭仲威按兵天长，阴怀顾望；独海陵岳飞仅能为援，而众寡不敌。高宗览立奏，叹曰："立坚守孤城，虽古名将无以逾之。"以书趣光世会兵者五，光世讫不行。金知外救绝，围益急。九月，攻东城，立募壮士焚其梯，火辄反向，立叹曰："岂天未助顺乎。"一旦风转，焚一梯，立喜，登磴道以观，飞炮中其首，左右驰救之，立曰："我终不能为国殄贼矣。"言讫而绝，年三十有七。众巷哭。以参谋官程括摄镇抚使以守。金人疑立诈死，不敢动。越旬余，城始陷。初，朝廷闻楚乏食，与粟万斛，命两浙转运李承造自海道先致三千斛，未发而楚失守矣。

立家先残于徐，以单骑入楚。为人木强，不知书，忠义出天性。善骑射，不喜声色财利，与士卒均廪给。每战擐甲胄先登，有退却者，大呼驰至，掉而斩之。初入城，合徐、楚兵不满万，二州众不相能，立善抚驭，无敢私隙。仇视金人，言之必嚼齿而怒，所俘获磔以示众，未尝献馘行在也。刘豫遣立故人赍书约降，立不发书，束以油布焚市中，且曰："吾了此贼，必灭豫乃止。"由是忠义之声远近皆倾下之，金人不敢斥其名。围既久，众益困，立夜焚香望东南拜，且泣曰："誓死守，不敢负国家。"命其众击鼓，曰："援兵至，闻吾鼓声则应矣。"如是累月，终无至者。立尝戒士卒：不幸城破，必巷战决死。及陷，众如其言。

自金人犯中国，所下城率以虚声胁降，惟太原坚守逾二年，濮州城破，杀伤大相当，皆为金人所惮。而立威名战多，咸出其上。讣闻，辍朝，赠奉国节度使、开府仪同三司，官其子孙十人，谥忠烈。明年，金人退，得立尸谯楼下，颊骨箭穴存焉。命官给葬事，后为立祠，名曰显忠。

王复，以龙图阁待制知徐州。建炎三年，金人自袭庆府引兵围徐州，复与男倚同守城，率军民力战。外援不至，城陷，复坚坐听事不去，谓粘罕曰："死守者我也，监郡而次无预焉，愿杀我而舍僚吏百姓。"粘罕欲降之，复慢骂求死，阖门百口皆被杀。巡检杨彭年亦死焉。事闻，赠复资政殿学士，谥壮节，立庙楚州，号忠烈，官其家五人。

王忠植，太行义士也。绍兴九年，取石州等十一郡，授武功大夫、华州观察、统制河东忠义军马，遂知代州。寻落阶官，为建宁军承宣使、龙神卫四厢都指挥使、河东经略安抚使。

明年，金人围庆阳急，帅臣宋万年乘城拒守。会川、陕宣抚副使胡世将檄忠植以所部赴陕西会合，行次延安，叛将赵惟清执忠植使拜诏，忠植曰："本朝诏则拜，金国诏则不拜。"惟清械诣其右副元帅撒离曷，不能屈。使甲士引诣庆阳城下，谕使降，忠植大呼曰："我河东步佛山忠义人也，为金人所执，使来招降，愿将士勿负朝廷，坚守城壁。忠植即死城下。"撒离曷怒诘之，忠植披襟大呼曰："当速杀我。"遂遇害。世将上其事，赠奉国军节度使、开府仪同三司，官其家十人。

唐琦，本卫士。建炎间，高宗航海，琦病留越州。李邺以城降，金人豁八守之，琦袖石伏道旁，伺其出，击之，不中被执。琶八诘之，琦曰："欲碎尔首，死为赵氏鬼耳。"琶八曰："使人人如此，赵氏岂至是哉。"又问曰："李邺为帅尚以城降，汝何人，敢尔？"琦曰："邺为臣不忠，吾恨不得手刃之，尚何言斯人为！"乃顾邺曰："我月给才石五斗米，不肯背其主，尔享国厚恩乃若此，岂复齿人类哉？"诟骂不少屈，琶八趣杀之，至死不绝口。事闻，诏为立庙，赐名旌忠。

李震，汴人也。靖康初，金人迫京师，震时为小校，率所部三百人出战，杀人马七百余，已而被执。金人曰："南朝皇帝安在？"震曰："我官家非尔所当问。"金人怒，绑诸庭柱，脔割之，肤肉垂尽，腹有余气，犹骂不绝口。

陈求道，字得之，咸宁人。登进士第。靖康间判都水监。及朝议二帝出郊请和，求道力争之，不听。钦宗知康王兵众，求道请以元帅加之，赍蜡书者八人皆遇害，惟求道所荐刘定致书而还。金人立张邦昌，下令在京官不朝者死，求道称疾不往，呕血累日。开封尹亲以邦昌命召之，竟不能屈。求道以二帝蒙尘，屡欲自杀，因救得免。

先是，陈留河决，四十余日漕输不通，京城大恐，开封尹宗泽命求道治之，七日河尽复故道。建炎四年，命为襄、邓、随、郢镇抚，以奏兵食不给，待命未行。自咸宁挈家就食嘉鱼，值乱兵起，乃之蒲圻，寓龙堂僧寺。未久，招抚刘忠叛，一夕数千人麇至，驱求道家还嘉鱼。至茗山逆旅，具酒食奉求道为主，将南走湖湘。求道正色厉辞，贼怒，杀求道妻蔡及二子符、佺，必欲从己。求道骂愈厉，贼斫其口拔出舌断之。独符子凯窜山谷得免。贼退，始得求道尸，瘗于兴陂。

卷四百四十九　　列传第二百八

忠义 四

崔纵 吴安国附　林冲之 子郁 从子震 霆附
滕茂实　魏行可 郭元迈附　阎进 朱勋附
赵师䄖　易青　胡斌　范旺　马俊
杨震仲 史次秦 郭靖附　高稼　曹友闻　陈寅
贯子坤　刘锐　褒颖　何充附　许彪孙 张桂
金文德　曹贲　胡世全　庞彦海　江彦清附
陈隆之　史季俭附　王翊　李诚之 秦钜附

崔纵，字元矩，抚州临川人。登政和五年进士第。历确山主簿、仙居丞，累迁承议郎、干办审计司。二帝北行，高宗将遣使通问，廷臣以前使者相继受系，莫肯往。纵毅然请行，乃授朝请大夫、右文殿修撰、试工部尚书以行。比至，首以大义责金人，请还二帝，又三遗之书。金人怒，徙之穷荒，纵不少屈。久之，金人许南使自陈而听其还，纵以王事未毕不忍言。又以官爵诱之，纵以愤恨成疾，竟握节以死。洪皓、张邵还，遂归纵之骨。诏以兄子延年为后。

吴安国字镇卿，处州人。太学进士，累官迁考功郎官。以太常少卿使金，值金人渝盟，拘留胁服之，安国毅然正色曰："我首可得，我节不可夺，惟知竭诚死王事，王命乌敢辱？"金人不敢犯，遣还。后知袁州，卒。

林冲之，字和叔，兴化军莆田人。元符三年进士，历御史台检法官、大宗正丞，都官、金部郎，滞省寺者十年。出守临江、南康。

靖康初，召为主客郎中。金人再来侵，诏副中书侍郎陈过庭使金，同被拘执。初犹给乳酪，迨宇文虚中受其命，金人亦以是邀之，冲之奋厉见词色，金人怒，徙之奉圣州。既二年，过庭卒，金人逼冲之仕伪齐，不屈，徙上京，又不屈；置显州极北沍寒之地，幽佛寺十余年。渐便饮茹，以义命自安，髭发还黑。病亟，语同难者曰："某年七十二，持忠入地无恨，所恨者国仇未复耳。"南向一恸而绝。僧窆之寺隅。洪皓还朝以闻，诏与二子官。子郁，从子震、霆。

郁字袭休，宣和三年进士，再调福建茶司干官。建州勤王卒自京师还，求卸甲钱，郡守逃匿，卒鼓噪取库兵为乱，杀转运使毛奎、转运判官曾仔、主管文字沈昇。郁闻变急入谕卒，遇害。事闻，诏各与一子官。

震字时夷，崇宁元年进士，仕至秘书少监。以不附二蔡有声崇宁、大观间。

霆字时隐，政和五年进士，敕令所删定官。诋绍兴和议，谓不宜置二帝万里外不通问，即挂冠出都门，权臣大恚怒，亦废放以死，莆人称为"忠义林氏"。宝庆三年，即其所居立祠。宝祐中，又给田百亩，使备祭享以劝忠义云。

滕茂实，字秀颖，杭州临安人。政和八年进士。靖康元年，以工部员外郎假工部侍郎，副路允迪出使，为金人所留。时茂实兄绚通判代州，已先降金。粘罕素闻茂实名，乃迁之代州，又自京师取其弟华实同居，以慰其意。

钦宗自离都城，旧臣无敢候问起居者。茂实闻钦宗将至，即自为哀词，且篆"宋工部侍郎滕茂实墓"九字，取奉使黄幡裹之，以授其友人朔宁府司理董诜。钦宗及郊，茂实具冠帻迎谒，拜伏号泣。金人谕之曰："国破主迁，所以留公，盖将大用。"迫令易服，茂实力拒不从，见者堕泪。茂实请从旧主俱行，金人不许，忧愤成疾，卒云中。诜拔归，录所为哀词言于张浚，浚以诜为陕西转运判官，上其事。绍兴二年，赠龙图阁直学士，官其家三人。

魏行可，建州建安人。建炎二年，以太学生应募奉使，补右奉议郎，假朝奉大夫、尚书礼部侍郎，充河北金人军前通问使，仍命兼河北、京畿抚谕使。时河北红巾贼甚众，行可始惧为所攻，既而见使旌，皆引去。行可渡河见金人于澶渊，金人知其布衣借官，待之甚薄，因留不遣。行可尝贻书金人，警以"不戢自焚"之祸："大国举中原与刘豫，刘氏何德？赵氏何罪？若亟以还赵氏，贤于奉刘氏万万也。"

绍兴六年，卒。十三年，张邵来归，言行可执节没于王事，行可父通直郎伯能亦诉于朝，遂赠朝奉郎、秘阁修撰，先已官其二子一弟，至是，复官其一孙。

行可之使也，吴人郭元迈以上舍应募，补右武大夫、和州团练使为之副，不肯觅发换官，亦卒于北焉。

阎进，隶宣武。建炎初，遣使通问，进从行。既至云中府，金人拘留使者散处之，进亡去。追还，留守高庆裔问："何为亡？"进曰："思大宋尔。"又问："郎主待汝有恩，汝亡何故？"进曰："锦衣玉食亦不恋也。"庆裔义而释之。凡三亡乃见杀。临刑，进谓行刑者："吾南向受刃，南则我皇帝行在也。"行刑者曳其臂令面北，进踊身直起，盘旋数四，卒南乡就死。

进武校尉朱勍亦从之，分在粘罕所。勍见粘罕数日，遽求妻室。粘罕喜，令择所房内人妻之，勍取最丑者，人莫谕其意。不半月亡去，追之还，粘罕大怒，勍含笑死梃下。盖勍求妻者，所以固粘罕也。

赵师桧以罪拘管西外宗正司，福建提刑王梦龙以智勇可用，属制军器。会寇逼尤溪，令师桧统卒数百往戍。既行，大书于旗曰："不与贼俱生。"人皆壮之。贼兵至，师桧迎敌于林岭，身为先锋。战十余合，贼至益众，师桧所乘马适陷田中，贼断其左臂，师桧以右手拔背刀斩七级。力尽，部曲欲引遁，师桧仰天大呼曰："师桧报国死于此矣。"遂没焉。尤溪之民为之立庙战处。枢密王野请加褒赠，乃赠武节郎，与一子恩泽。

易青者，为都督行府摧锋军效用。初，广东贼曾衮本军士也，已受招复叛。绍兴六年十月，经略使连南夫与摧锋军统制韩京会于惠州，督诸兵讨之。京募敢死士七十三人夜劫衮营，青在行中，为所执。贼驱至后军赵绂寨外，谓绂曰："汝大军为我所擒者甚众。"青大呼曰："勿信，所擒者我尔。"贼又言："吾不汝杀，第令经略持黄榜来招安。"青又呼曰："勿听，任贼杀我，我惟以一死报国。"贼怒焚之，青死，骂不绝口。青无妻子。事闻，特赠保义郎、阁门祗候，官为荐祭焉。

胡斌，为殿前司将官。童德兴提禁旅戍邵武，江、闽寇作，知邵武有备，未敢犯。会招捕司檄德兴贰议，独留斌将弱卒数百留城中。绍定三年闰月己卯，盗众大至，他将士皆遁，独斌奋身迎战，所格杀贼众。贼益生兵，官军所存仅数十人，或告以众寡不敌，盍避之！斌曰："郡民死者以万计，赖生者数千人由东门而出，我不缀其势，使得脱走，则贼蹑其后，无噍类矣。"遂巷战，大呼曰："我死救百姓。"兵尽矢穷，卒遇害，其尸僵立，移时始仆。事闻，赠武节大夫，录其后一人。枢密院编修官王野言邵武

民即斌战地立庙，请就以"武节"为庙额，从之。

范旺，南剑州顺昌县巡检司军校也。初，顺昌盗俞胜等作乱，官吏皆散，土军陈望素乐祸，与射士张衮谋举砦应之，旺叱之曰："吾等父母妻子皆受国家廪食以活，今力不能讨，反更助为虐，是无天地也。"凶党忿，剔其目而杀之。

一子曰佛胜，年二十，以勇闻，贼诈以父命召之，至则俱死。其妻马氏闻之，行且哭，贼胁污之，不从，节解之。

贼既平，旺死迹在地，隐隐不没，邑人惊异，为设像城隍庙，岁时祭享。绍兴六年，转运使以状闻，诏赠承信郎，更立祠，号忠节。二十八年，复诏立愍节庙以祠之。

马俊或曰进，太平州慈湖寨兵也。绍兴二年，砦军陆德、周青、张顺等据州叛，青为谋主，约翌日尽歼城中少壮，而屠其老弱，然后拥众渡江。俊隶青左右，得其谋，阴结其徒十人杀贼，然后谕众开门，其徒许之。俊归语其妻孙氏，与之诀，至南门，伺青出上马，斫中颊，九人俱不敢前。俊与妻子皆遇害。青被伤卧旬日，贼党散，官军至，德、青遂伏诛。三年，赠俊修武郎，为立祠，号登勇。

杨震仲字革父，成都府人。蚤负气节，雅有志当世。登淳熙二年进士第。知闻州新井县，以惠政闻。

辟兴元府通判，权大安军。吴曦叛，素闻震仲名，驰檄招之，震仲辞疾不行。时军教授史次秦亦被檄，谋于震仲，震仲曰："大安自武兴而来，为西蜀第一州，若首从其招，则诸郡风靡矣。顾力不能拒，义死之。教授非城郭臣，且有母在，未可死，脱去为宜。"因属次秦曰："吾死，以匹绢缠身，敛以小棺足矣。"曦遣兴州都统司机宜郭鹏飞代震仲，趣其行益急。鹏飞宴震仲，终饮不见颜色。归舍，然烛独坐，夜漏至三鼓，呼左右索汤，比至，震仲饮毒死矣。次秦如其言，敛而置于萧寺，阖郡为之流涕。

震仲之未死，先遗家人书曰："武兴之事，从之则失节，何面目在世间？不从祸立见。我死，祸止一身，不及妻子矣。人孰无死，死而有子能自立，即不死。"自震仲死，蜀之义士感慨奋发，始有协谋诛逆者。明年，曦伏诛，蜀帅安丙、杨辅以闻，赠朝奉大夫、直宝谟阁，官二子，表其里曰义荣。吴猎宣谕西蜀，为之请庙与谥，名其庙旌忠，谥曰节毅。

史次秦，眉山人。及进士第。吴曦叛，招次秦甚遽，次秦迁延固避，伪知大安军郭鹏飞迫之行，乃以石灰桐油涂两目，末生附子傅之，比至目益肿。次秦母年高而贤，闻次秦于曦所招，即命家人以疾笃驰报，且曰："恐病不足取信，以讣闻可也。"曦乃听还。曦诛，蜀帅上其事，改秩为利路主管文字，仕至合州太守。

有郭靖者，高桥土豪巡检也。吴曦叛，四州之民不愿臣金，弃田宅，推老稚，顺嘉陵而下。过大安军，杨震仲计口给粟，境内无馁死者。曦尽驱惊移之民使还，皆不肯行。靖时亦在遣中，至白崖关，告其弟端曰："吾家世为

王民,自金人犯边,吾兄弟不能以死报国,避难入关,今为曦所逐,吾不忍弃汉衣冠,愿死于此,为赵氏鬼。"遂赴江而死。

高稼,字南叔,邛州蒲江人。真德秀一见以国士期之。嘉定七年进士。调成都尉,转九陇丞。丁内艰,免丧,辟潼川府路都铃辖司干办公事。制置使崔与之闻其名,改辟本司干办公事。

稼持论不阿,忧世甚切,及郑损为制置使,即求去。朝廷以稼赞阃有劳,未几,改知绵谷县。制置司以总领所擅十一州会子之利,请尽废之,此盖绍兴、隆兴之间得旨为之者。令下,民疑,为之罢市。稼亟出私钱以给中下户。稼弟定子时为总领所主管文字,相与征其误而力救之,得存其半,公私仅济。岁大饥,有司置弗闻,稼捐橐中装,市粟以食之,全活甚众。损之入蜀也,稼同产弟子翁诵言于朝,谓必败事。损衔之,遂劾稼罢。

宝庆三年,元兵至武阶,损弃沔而遁。桂如渊镇蜀,辟通判沔州,寻檄兼幕职。稼首言:"蜀以三关为门户,五州为藩篱,自前帅弃五州,民无固志,一旦敌至,又有因粮之利,或遂留不去。今亟当申理,俾缓急有所保聚。"如渊然之,乃创山寨八十有四,且募义兵五千人,与民约曰:"敌至则官军守原堡,民丁保山砦,义兵为游击,庶其前靡所掠,后弗容久。"

北兵由东道以入,如渊忧之,辟稼知洋州。稼日夜为守御计,以洋居平地,无一卒以守,议移金州帅司军千人驻洋州,而自任其饷给。李心传为言诸朝,不报。及凤州破,制置司始从稼请,调金州兵赴之,而兵不时至。汉中陷,梁、洋之民数十万尽趋安康。稼乃移屯黄金渡,收散卒,招忠义,以制置司之命,致故将陈昱于安康,委以复之任。昱部分诸军,召青座、华阳诸丞守将,皆以兵来会,凡得三千人,稼竭洋之帑廪赡之。以州事付通判,而自假节制军马,督诸将继进。沔州破,北兵迫大安,益昌大震,稼亟命趋沔,自至西县援之。

如渊以便宜命稼利路提刑司兼权兴元府,制置司檄其守米仓,稼移书曰:"今日之事如弈棋,所校者先后尔。苟以分水、三泉、米仓为可保,敌兵若自宕昌、清川以入,将孰御之?盍以兴、沔、利三戎司分驻凤州,俾制司已招之忠义、关表复仇之豪杰,联司以进,兵气夺矣。"如渊迟疑不决。逮天水、同庆被屠,西和围益急,始会军民之众万人援之,道梗不得前,而城已破矣。俄报砦窠、七方之师皆溃,稼率遗民驻廉水县,召保甲,分布间道,以保巴山。当是时,文臣之在军中者惟稼一人。

如渊既罢,李𡏇代之,以稼久劳,请改畀内郡,差知荣州。殿中侍御史汪刚中,如渊党也,欲使稼分其罪,乃谓蜀之败实由稼,遽罢之,又削二官。李心传见上,讼稼无罪,不当罢。

宣抚使黄伯固辟稼知阆州。未几,伯固去官,制置使赵彦呐以参议官辟之。制置司近汉中,稼言汉中荡无藩篱,宜经度仙人原以为缓急视师之地。彦呐以委稼,至

原,缮营垒,峙刍粮,比器甲,开泉源,守御之规,罔不备具。会召还,彦呐密奏留稼,以直秘阁知沔州、利州提点刑狱兼参议官。始至,告于神曰:"郡当兵难之后,生聚抚摩,所当尽力,去之日,誓垂橐以入剑门。"乃葺理创残,招集流散,民皆襁负来归。

北兵入西和,薄阶州,稼赞彦呐登原督战。知天水军曹友闻等兵大战。进稼三官,为朝请大夫兼关外四州安抚司公事,措置西路屯田。稼尝代彦呐论蜀事利害,上嘉览之。

北兵自凤州入,东军不能御,遂擣河池,至西池谷,距沔九十里。吏民率逃,议欲退保大安。稼白彦呐曰:"今日之事,有进无退,能进据险地,以身捍蜀,故有后顾,必不深入;若仓皇召兵,退守内地,敌长驱而前,蜀事去矣。"彦呐曰:"吾志也。"已而竟行,留稼守沔。

北兵自白水关入六股株,距沔六十里。沔无城,依山为阻,稼升高鼓噪,盛旗鼓为疑兵。彦呐至罝口,辍帐前总管和彦威,以军还沔,召小将杨俊、何璘悉以兵会,又调总管王宣精兵千人益之。璘军无纪律,稼捕其纵火者三人,诛之。未几,北兵大至,璘遁。其众皆溃,遂下沔州。

先是,友信戍七方,知沔不可守,劝稼移保山砦,而自将所部助之。稼曰:"七方要地,不可弃,吾郡将也,城亦不可弃。即事不济,有死而已。"先二日,子斯复侍,以时危任重为忧,稼举田承君"五日不汗"之言语之,且曰:"吾得死所,何憾!"又以书告李心传曰:"稼必坚守沔,无沔则无蜀矣。自谓此举可以无负知己。"及事迫,参议杨约劝稼姑保大安,稼厉声曰:"我以监司守城郭,尔以幕客往来应援,各行其志。"常平司属官冯元章率吏士力请稼少避,稼不为动。城既陷,众拥稼出户,稼叱之不能止,兵骑四集围之,遂死焉。诏进稼七官,为正议大夫、龙图阁直学士,谥曰忠。后以子斯得执政,累赠太师。

稼为人慷慨有大志,闻人有善,称之不容口;不善,面折无所避。推毂人士,常恐不及,视财如粪土。死之日,闻者莫不于邑流涕。所著有《缩斋类稿》三十卷。斯得自有传。

曹友闻,字允叔,同庆栗亭人。武惠王彬十二世孙也。少有大志,与仲弟友谅不远千里寻师取友。登宝庆二年进士。授绵竹尉,改辟天水军教授。

城已被围,友闻单骑夜入,与守臣张维纠民厉战。兵退,制置使制大旗,书"满身胆"以旌之。已而兵复至,友闻罄家财招集忠义,得健士五千人。制置使李𡏇檄管忠义,领所部守仙人关,且行且战,至峡口据险。前军统制屈信率所部突阵,还所掠四州人畜。至秦填,遣左军统制杜午迎击,力不能敌。友闻令诸军乘高据险,身冒矢石,为士卒先。信与统制张安国领兵出战。兵退,制置使檄捍七方关。

北兵东破武休关,已而破七方,遂入沔州金牛,至大安,又分兵自嘉陵江木皮口突出何进军后,进战败死之,遂长驱入剑门。友闻与弟万各率所部,取间道过毡帽山,至青崖坪,战于白水江中流。兵退,制置司檄援阆州。叛

将鲁珍为陈隆之所斩，珍部曲肆焚劫，友闻讨斩其将郭虎、蔺广、杨仲等，余党散去。檄知天水军。

北兵入凤州，略河池，抵同庆。友闻密遣统制王汉臣、统领张祥，授以方略出战。兵至城下，友闻部分诸将各守一门，偃旗伏鼓，戒士卒，俟渐近，鸣鼓张旗，矢石并发。又命汉臣等取间道出战，自提重兵尾敌后，大战有功。端平初，友闻遣万与忠义总管时当可分兵碎石头、青蒿谷，前后大战数合。制置使上其功，特授承务郎，权发遣天水军。

北兵又自西和至阶州，友闻曰："阶虽非吾境，岂可坐视而不救。"遂引兵与诸军会。命前军统制全贵领所部为先锋，统制夏用出其左，张成出其右，总管陈庚及万、友谅往来督战。有功，制置使赵彦呐俾节制利帅司军马，任责措置边面，换武翼大夫、阁门宣赞舍人，差权利州驻扎御前诸军都统制，驻扎石门，控扼七方关。

明年，北兵破武休关，入沔阳，利路提刑高稼死之。制置使进屯青野原，被围，友闻曰："青野为蜀咽喉，不可缓。"遣万领兵自冷水口度嘉陵江至六股株，屡战有功。夜衔枚由间道直趋青野原，制置使奇万之勇，令督诸军战守。兵退，友闻引精兵亦趋至原下，夜半截战，围遂得解。特授武德大夫、左骁骑大将军，依旧利州驻扎御前诸军统制。

北兵破沔州，捣大安，友闻遣摧锋军统制王资、踏白军统制白再兴速趋鸡冠隘，左军统制王进据阳平关。友闻登溪岭，手执五方旗，指麾甫毕，兵数万突至阳平关，遂遣进及游奕部将王刚出战，又亲帅帐兵及背嵬军突出阵前，左右驰射。兵退，友闻谓忠义总管陈庚及当可曰："敌必旋队攻鸡冠隘，宜急援之。"既而果以步骑万余攻隘，庚以骑兵五百直前决战，当可将步兵左右翼并进，王资、白再兴又自隘出战，蹀血十余里，兵乃解去。特授友闻眉州防御使，依旧左骁卫大将军、利州驻扎御前诸军统制，兼沔州驻扎，兼管关外四州安抚，权知沔州，节制本府ा戍军马。弟万差知同庆府、四川制置司帐前总管，仍旧总管忠义军马，节制屯戍军马，董仙驻扎，专与沔、利两司同共任责措置边面。

明年，友闻引兵扼仙人关。谍闻北兵合西夏、女真、回回、吐蕃、渤海军五十余万大至，友闻语万曰："国家安危，在此一举，众寡不敌，岂容浪战。惟当乘高据险，出奇匿伏以待之。"北兵先攻武休关，败都统李显忠军，遂入兴元，欲冲大安。制置使赵彦呐檄友闻控制大安以保蜀口。友闻驰书彦呐曰："沔阳，蜀之险要，吾重兵在此，敌有后顾之忧，必不能越沔阳而入蜀。又有曹万、王宣首尾应援，可保必捷。大安地势乎旷，无险可守，正敌骑所长，步兵所短，况众寡不敌，岂可于平地控御。"彦呐不以为然，一日持小红牌来速者七。友闻议为以寡击众，非乘夜出奇内外夹击不可。乃遣万、友谅引兵上鸡冠隘，多张旗帜，示敌坚守。友闻选精锐万人夜渡江，密往流溪设伏。约曰："敌至，内以鸣鼓举火为应，外呼杀声。"北兵果至，万出逆战，敌将八都鲁拥万余众，达海帅千人往来搏战，矢石如雨。万身被数创，令诸军举烽。友闻遣选锋军统制

杨大全、游奕军统制冯大用引本部出东菜园，击敌后队；敢勇军总管夏用、知西和州神劲军总管赵兴帅所部出水岭，击敌中队；知天水军安边军总管吕嗣德、陈庚率所部出龙泉头，击敌前队。友闻亲帅精兵三千人，疾驰至隘下，先遣保捷军统领刘虎帅敢死士五百人冲前军，前军不动，大兵伏三百骑道旁，虎众衔枚突战。会大风雨，诸将请曰："雨不止，淖泞深没足，宜俟少霁。"友闻斥曰："敌知我伏兵在此，缓必失机。"遂拥兵齐进。友闻入龙尾头，万闻之，五鼓出隘口，与友闻会。内外两军皆殊死战，血流二十里。西军素以绵袭代铁甲，经雨濡湿，不利步斗。黎明，大兵益增，乃以铁骑四面围绕，友闻叹曰："此殆天乎！吾有死而已。"于是极口诟骂，杀所乘马以示必死。血战愈厉，与弟万俱死，军尽没，北兵遂长驱入蜀。

秦巩人汪世显素服友闻威望，尝以名马遗友闻，还师过战地，叹曰："蜀将军真男儿汉也。"盛礼祭之。事闻，特赠龙图阁学士、大中大夫，赐庙褒忠，谥曰毅节，官其二子承务郎，婿迪功郎。万特赠武翼大夫，二子成忠郎。

陈寅，宝谟阁待制咸之子。漕司两贡进士，以父恩补官，历官州县。绍定初，知西和州。西和极边重地，寅以书生义不辞难。北兵入境，属都统何进出守大安，独统制官王锐与忠义千人城守而已。寅誓与其民共守此土。居民始以迁留家城中，恃以为固，已而迁徙它郡，遂无固志。寅独留其二子并阁门二十八口，曰："人各顾其家，将谁共守。"乃散资财以结忠义，为必守之计。

北兵十万攻城东南门，以降者为先驱。寅草檄文喻之，自执旗鼓，激厉将士，迎敌力战，矢石如雨。师退，诘旦，增兵复来，寅帅忠义民兵与敢死士力战，昼夜数十合，兵退。制置司以寅功遍告列郡。北兵伐木为攻具，增兵至数十万，围州城。进素与寅不协，寅有功，尤为诸将所忌。至是求援甚急，久之，制置司才遣刘锐及忠义人陈珚等往救，率皆观望不进，锐甫进七方关，珚未及仇池，皆以路梗告。寅率民兵昼夜苦战，援兵不至，城遂陷。

寅顾其妻杜氏曰："若速自为计。"杜厉声曰："安有生同君禄，死不共王事者？"即登高堡自饮药。二子及妇俱死幕傍。寅敛而焚之，乃朝服登战楼，望阙焚香，号泣曰："臣尝谋守此城，为蜀藩篱，城之不存，臣死分也。臣不负国！臣不负国！"再拜伏剑而死。宾客同死者二十有八人。一子后至，亦欲自裁，军士抱持之曰："不可使忠臣无后。"与俱缒城，亦折足死。制置司以闻，诏特赠朝议大夫、右文殿修撰，赐钱三千缗，即其所居乡、所守州立庙。久之，加赠华文阁待制，谥襄节。

贾子坤字伯厚，潼川怀安军人。嘉定十三年进士。为西和推官，摄通判。关外被兵，子坤与郡守陈寅誓死城守。城陷，子坤朝服与其家十二口死之。追赠承议郎，封其父崧承务郎。官其子仲武宣教郎、隆州签判，改奉议郎、果州通判，卒。

仲武子昌忠、纯孝，同登咸淳七年进士第。纯孝扬州教授，受知帅李庭芝，调江、淮总幕。北兵下江南，二王在福州，以史馆检阅召，辞。会丞相文天祥辟佐其幕，寻

授秘书丞,擢吏部郎中。丁母忧,起复为右司,转朝散郎。崖山师败,纯孝抱二女偕妻牟同蹈海死。

刘锐,知文州。嘉熙元年,北兵来攻,锐与通判赵汝崱乘城固守,率军民七千余人昼夜搏战,杀伤甚多。拒守两月余,援兵不至,城中无水,取汲于江。会陈昱以去岁失守沔,编置此州,夜逾城出降,献女大将,告以虚实,敌遂增兵攻城甚急,一夕移江流于数里外。锐度不免,集其家人,尽饮以药,皆死,乃聚其尸及公私金帛,告命焚之。家素有礼法,幼子同哥才六岁,饮以药,犹下拜受之,左右为之感恸。

汝崱宣城人,善射。城破被执,先断其两臂,而后脔杀之。锐及其二子自刎死,军民死者数万人。

蹇彝,潼川通泉人。嘉定二年进士。累官通判金州。端平三年,北兵攻蜀,彝坚守,战不能敌,被擒,不屈而死。其子永叔复力战,城破,举家死焉。弟维之,绍定五年进士。利州都统王宣辟行参军事,亦迎敌力战而死,特官其子。

何充,汉州德阳人。秘书监耕之孙。通判黎州,摄州事,预为备御计。及宋能之至,建议急于邛峡创大小两关仓及寨屋百间,亲督程役。俄关破,充自刺不死,大军帅呼之语,许以不杀。充曰:"吾三世食赵氏禄,为赵氏死不憾。"帅设帝幄环坐诸将,而虚其宾席,呼充曰:"汝能降,即坐此。"充踞坐地求死,遂罢。它日又呼之,欲鬈其发而髡其顶。曰:"可杀不可髡。"又使署招民榜,充曰:"吾监州也,可聚吾民使杀之耶?即一家有死而已,榜必不可署。"大将遗以酒茗羊牛肉,皆却之。自是水饮绝不入口。敌知其不可强,将剐之,大将曰:"此南家好汉也,使之即死。"于是斩其首。

充妻陈骂不绝口。初,充之见呼也,陈必以一家往。帅曰:"不呼汝,何以来?"陈曰:"吾求死尔。"及充死,东望再拜曰:"臣夫妇虽死,可以对赵氏无愧矣。"众以石击杀之。

方充夫妇之婴祸也,亲戚劝其苟免,充正色曰:"我夫妇与儿妇义同死,汝等自求生可也。"于是上下感泣,愿同死者四十余人。男士麟、孙驹行、从子仲桂先充而死,惟长子士龙得免。

许彪孙,显谟阁学士奕之子也。为四川制置司参谋官。景定二年,刘整叛,召彪孙草降文,以潼川一道为献。彪孙辞使者曰:"此腕可断,此笔不可书也。"即闭门与家人俱仰药死。

整既降,遂引兵袭都统张桂营,桂及统制金文德战死。纳溪曹赣阖门死之。景定四年,沔州都统胡世全护粮运至虎头山,遇敌force战败死。咸淳二年,北兵取开州,守将庞彦海死之。德祐元年,泸守梅应春杀判官李丁孙、推官唐奎瑞以城降,珍州守将江彦清巷战死之。

陈隆之,不知所仕履。为四川制置使。淳祐元年十一月,成都被围,守弥旬,弗下。部将田世显乘夜开门,北兵突入,隆之举家数百口皆死。槛送隆之至汉州,命谕汉州守臣王夔降,隆之呼夔语之曰:"大丈夫死尔,毋降也。"遂见杀。后五年,提刑袁简之上其事,特赠徽猷阁待制,合得恩泽外,特与两子恩泽,赐谥立庙。

又有史季俭者,威州棋城主簿也。成都之陷,子良震与婿杨城夫争相为死,各特赠两官,与一子下州文学。

王翊,字公辅,郫县人。宝庆元年进士。吴曦尝招之入幕,及曦以蜀叛,抗节不拜,为陈大义。曦怒,囚翊,欲烹之,曦诛而免。

嘉熙元年,制置使丁黼辟为参议官,先遣其家归乡里,为文诀先墓,誓以身死报国。及北兵至,帐前提举官成驹先走,黼仓卒迎敌,败死。翊与司理王璨、运司干官李日宣等募兵拒守。兵入公署,见翊朝服危坐,问为何人,曰:"小官食天子之禄,临难不能救,死有余罪,可速杀我。"又问何以不走,曰:"愿与此城俱亡。"北兵相谓曰:"忠臣也。"戒勿杀。敌纵火大掠,翊以朝服赴井死。兵后,其家出其尸井中,衣冠俨如也。转运副使蒲东卯死之。

兵屠汉州,权州事刘当可、判官郧复、录事参军罗由、司户参军赵崇启、知雒县罗君文皆不屈而死。复,雍六世孙也。入眉州,知丹棱县冯仲烨死之。取简州,简守李大全死之。邛守赵晨亲率雅州牌手出战,力尽而死。

文州守刘锐、通判赵汝崱相誓死守,更迭出战,被围旬有五日,汲道绝,兵民水不入口者半月,至吮妻子之血,卒无叛志。城垂陷,汝崱犹提双刃入阵,中十六矢,被执以死。锐先杀其妻,父子三人登文王台自刎死。师至遂宁,民兵赵朋拒战,左臂已断,而战不休。

至重庆,进士胡天启负母而逃,兵欲杀其母,天启妻张哀号愿以身代,不听,卒杀之。天启与其妻呼天大骂,大将奇天启貌,欲活之,谓之曰:"汝从我,当共富贵。"天启愈奋骂,于是夫妇同死。事闻,翊、汝崱皆立庙赐谥,余褒恤有差。

宝祐六年,北兵拔吉平隘,守将杨礼、周德荣死之。拔长宁,守将王佐父子俱死。至阆州,推官赵广死之。至蓬州,转运使施择善死之。至顺庆,帅守段元鉴城守,麾下刘渊杀之以降。

李诚之,字茂钦,婺州东阳人。受学吕祖谦。乡举第一,后入太学,舍选亦第一。庆元初,释褐为饶州教授。丁父母忧,庐墓终丧。干办福建安抚司公事,迁刑、工部架阁,擢国子学录,以言罢。

起为江西转运司干办。使称提会子,第其物力高下输钱以敛之,诚之以为扰。使者不悦曰:"商君之令,犹能必行,今乃龃龉如此。"诚之愀然曰:"使君儒者,而欲效商君之所为乎?"遂辞去。使者逊谢,罢令而后止。

改通判常州,知郢州。知金人必败盟,大修边防战攻守御之具。移知蕲州。蕲自南渡以来,未尝被兵,诚之曰:"备御无素,长驱而来,将若之何?"相视城壁而增益之,备楼橹,筑羊马墙,教阅厢禁民兵,激之以赏,积粟四万。先是,酒库月解钱四百五十千以献守,诚之一无所受,寄诸公帑,以助兵食。

嘉定十四年二月，金人犯淮南。时诚之已逾满，代者不至，欲先遣其孥归，闻难作而止。喟然谓其僚曰："吾以书生再任边垒，行年七十，抑又何求，独欠一死尔。当与同僚戮力以守，不济则以死继之。"乃选丁壮分布城守，募死士迎击，遇于横槎桥，大破之。居数日，金人拥众临沙河，欲渡，又破之。明日，金兵大至，决湟水，焚战楼，又拒退之。明日，金移兵要冲，为必渡计，蕲兵直前奋击，杀其酋帅。金人虽屡挫，然谋益巧，攻益力。未几，傅城下，围之数重，遂燔木栅。诚之出兵御之，又杀其将卒数十人，夺所佩印。三月朔，金人攻西门，射却之。俄造望楼以窥城，诚之为疑兵以示之。又使持书来胁降，诚之戮之，而还其书。越二日，金人以攻具进，诚之设械御之，夜出捣其营。料敌应变若熟知兵者，金人卒不得志。

会黄州失守，并兵为一，凡十余万。池阳、合肥援兵败走，朝命冯榯援二郡，榯至境，迁延不进。诚之激厉将士，勉以忠义。城陷，率兵巷战，杀伤相当。子士允力战死，诚之引剑将自刭，呼其孥曰："城已破，汝等宜速死，无辱！"妻许及妇若孙皆赴水死。事闻，赠朝散大夫、秘阁修撰，封正节侯，立庙于蕲，赐名褒忠，赙银绢二百，仍赐爵迪功郎者三，赠其妻令人，士允通直郎，子妇及孙女之没于难者皆赠安人。从诚之死者，通判州事秦钜。

秦钜字子野，丞相桧曾孙。通判蕲州。金人犯境，与郡守李诚之协力捍御。求援于武昌、安庆，月余，兵不至。策应兵徐挥、常用等弃城遁。城破，钜与诚之各以自随之兵巷战，死伤略尽。钜归署，疾呼吏人刘迪，令火诸仓库，乃赴一室自焚。有老卒见烟焰中著白战袍者，识其钜也，冒火挽出之。钜叱曰："我为国死，汝辈可自求生。"掣衣就焚而死。次子浚先往四祖山，兵至亟还，与弟澤从父俱死。特赠钜五官、秘阁修撰，封义烈侯，与诚之皆立庙蕲州，赐额褒忠，赠浚、澤通直郎，赙以银绢各二百。

州学教授阮希甫赠通直郎，防御判官赵汝标、蕲春主簿宁时凤、录事参军兼司户杜谔俱赠承务郎，监蕲州都大监辖蕲口镇仓库严刚中赠承事郎。

时统制官孙中，小将江士旺、陈兴、曹全、丘卞，军士李斌等皆斗死。司理参军赵与裕先率民兵百余人夺关出外求援，仅以身免，而全家十六人皆没。淳祐十二年，特封钜义烈显节侯。黄州之陷，守臣何大节亦投江死焉。

卷四百五十　　列传第二百九

忠义五

陈元桂　张顺张贵　**范天顺　牛富
边居谊　陈炤**王安节　**尹玉　李芾　尹穀**
杨霆　**赵卯发　唐震　赵与𣓌**赵孟锦　方洪
赵淮

陈元桂，抚州人。淳祐四年进士。累官知临江军。时闻警报，筑城备御，以焦心劳思致疾。开庆元年春，北兵至临江，时制置使徐敏子在隆兴，顿兵不进。元桂力疾登城，坐北门亭上督战，矢石如雨，力不能敌。吏卒劝之避去，不从。有以门廊鼓翼蔽之者，麾之使去。有欲抱而走者，元桂曰："死不可去此。"左右走遁。师至，元桂瞋目叱骂，遂死之。县其首于敌楼，越四日方敛，体色如生。

初，亲戚有劝其移治者，元桂曰："子亦为浮议所摇耶？时事如此，与其死于饥馑，死于疾病，死于盗贼，孰若死于守土之为光明俊伟哉？"家人或请登舟，不许，且戒之曰："守臣家属岂可先动，以摇民心。"敏子以闻，赠宝章阁待制，赐缗钱十万，与一子京官、一子选人恩泽，立庙北门，谥曰正节。

张顺，民兵部将也。襄阳受围五年，宋闻知其西北一水曰清泥河，源于均、房，即其地造轻舟百艘，以三舟联为一舫，中一舟装载，左右舟则虚其底而掩覆之。出重赏募死士，得三千。求将，得顺与张贵，俗呼曰"矮张"，贵曰"竹园张"，俱智勇，素为诸将所服，俾为都统。出令曰："此行有死而已，汝辈或非本心，宜亟去，毋败吾事。"人人感奋。

汉水方生，发舟百艘，稍进团山下。越二日，进高头港口，结方陈，各船置火枪、火炮、炽炭、巨斧、劲弩。夜漏下三刻，起矴出江，以红灯为识。贵先登，顺殿之，乘风破浪，径犯重围。至磨洪滩以上，北军舟师布满江面，无隙可入。众乘锐凡断铁絙攒杙数百，转战百二十里，黎明抵襄城下。城中久绝援，闻救至，踊跃气百倍。及收军，独失顺。越数日，有浮尸溯流而上，被介胄，执弓矢，直抵浮梁，视之顺也，身中四枪六箭，怒气勃勃如生。诸军惊以为神，结冢敛葬，立庙祀之。

张贵既抵襄，襄帅吕文焕力留共守。贵恃其骁勇，欲还郢，乃募二士能伏水中数日不食，使持蜡书赴郢求援。北兵增守益密，水路连锁数十里，列撒星桩，虽鱼虾不得度。二人遇椿即锯断之，竟达郢，还报，许发兵五千驻龙尾洲以助夹击。

刻日既定，乃别文焕东下，点视所部军，泊登舟，帐前一人亡去，乃有过被挞者。贵惊曰："吾事泄矣，亟行，彼或未及知。"复不能衔枚隐迹，乃举炮鼓噪发舟，乘夜顺流断絙破围冒进，众皆辟易。既出险地，夜半天黑，至小新城，大兵邀击，以死拒战。沿岸束获列炬，火光烛天如白昼。至勾林滩，渐近龙尾洲，遥望军船旗帜纷披，贵军喜跃，举流星火示之。军船见火即前迎，及势近欲合，则来舟皆北兵也。盖郢兵前二日以风水惊疑，退屯三十里，而大兵得逃卒之报，据龙尾洲以逸待劳。贵战已困，出于不意，杀伤殆尽，身被数十枪，力不支见执，卒不屈，死。乃命降卒四人舁尸至襄，令城下曰："识矮张乎？此是也。"守陴者皆哭，城中丧气。文焕斩四卒，以贵衬葬顺冢，立双庙祀之。

范天顺，荆湖都统也。襄阳受围，天顺日夕守战尤力。及吕文焕出降，天顺仰天叹曰："生为宋臣，死当为宋鬼。"即所守处缢死。赠定江军承宣使，制曰："贺兰拥兵，坐视睢阳之失；李陵失节，重为陇士之羞。今有人焉，得其死所，可无襃恤，以示宠绥？范天顺功烈虽卑，忠义莫夺，自均、房泛舟之役克济于艰，而襄、樊坐甲之师益坚所守。俄州刺史为降将军，尔乃不屈自经，可谓见危致命。"封其妻宜人，官其二子，仍赐白金五百两，田五百亩。

牛富，霍丘人。制置司游击寨兵籍。勇而知义。为侍卫马军司统制。戍襄阳五年，移守樊城，累战不为衄，且数射书襄阳城中遗吕文焕，相与固守为唇齿。两城凡六年不拔，富力居多。城破，富率死士百人巷战，死伤不可计，渴饮血水。转战前，遇民居烧绝街道，身被重伤，以头触柱赴火死。赠静江军节度使，谥忠烈，赐庙建康。

裨将王福见富死，叹曰："将军死国事，吾岂宜独生！"亦赴火死。

边居谊，随人也。初事李庭芝，积战功至都统制。咸淳十年，以京湖制置帐前都统守新城。居谊善御下，得士心，凡战守之具，治之皆有法。

大兵至沙阳，守将王大用不降，麾兵攻城，破之，执大用。吕文焕至新城，意其小垒可攻而破，居谊率舟师拒之，文焕列沙阳所斩首招降，不从。明日，缚大用至壁下，使呼曰："边都统急降，不然祸即至矣。"居谊不答。又射榜檄入壁中，居谊曰："吾欲与吕参政语耳。"文焕闻之，以为居谊降已也，驰马至，伏弩乱发，中文焕者三，并中其马，马仆，几钩得之，众挟文焕以他马奔走。越二日，总制黄顺挟一人开东门走出降。明日，使顺来招之，居谊曰："若欲得新城邪？吾誓以死守此，何可得也。"顺又呼其部曲，部曲欲缒城出，居谊悉驱以入，当门斩之。文焕乃麾兵攻城，以火具却之，旋蚁附而上。居谊乃取其家金尽散将士，往来督战。会暮，破侵汉楼，楼火延毁民居，居谊度力不支，走还第，拔剑自杀，不殊，赴火死。丞相伯颜壮其勇，购得其尸烬中，观之。事闻，赠利州观察使，立庙死所。

陈炤，字光伯，常州人。少工词赋，登第，为丹徒县尉，历两淮制置司参议官、大军仓曹、寿春府教授，复入帅幕，改知朐山县，仍兼主管机宜文字。寻丁母忧归。

北兵至常，常守赵与鉴走匿，郡人钱訔以城降。淮民王通居常州，阴以书约刘师勇，许为内应。朝议乃以姚希得子訔知常州。师勇复常州，走钱訔，执安抚戴之泰等，遂迎訔以入。訔以炤久任边知县，辟为通判。或谓炤曰："今辟难有辞矣。"炤曰："乡邦沦没，何可坐视，与其偷生而苟全，不若死之愈也。"遂墨衰而出。凡可以备御者，无不为之。

訔入常甫十余日，大军攻常，炤等率义兵战御，自夏徂冬不能下。以功加带行提辖文思院。常将张彦攻吕城，兵败而降，因尽言常城中虚实，遂急攻之。炤等昼夜城守，招之不下。丞相伯颜自将围其城，炤与訔持以忠义，协力固守。再加訔太府寺丞，炤干办诸军粮料院，常将士皆转五官。城益急，常兵阻壕水为陈，矢尽亦不降。城破，訔死之，炤犹敛兵巷战，家人请出："城东北门围未合，可走常熟入临安也。"炤曰："去此一步，非死所矣。"日中兵至，死焉。事上，追赠訔龙图阁待制，希得赠太师，炤直宝章阁，并官其子。

王安节，节度使坚之子也。少从其父守合州有功，安节等兄弟五人皆受官。坚为贾似道所忌，出知和州，郁郁而死。

安节至咸淳末为东南第七副将。德祐初，似道溃师芜湖，列城皆降，不降者亦弃城遁。时安节驻兵江陵，即走临安，上疏乞募兵为捍御，授阁门祗候、浙西添差兵马副都监。收兵入平江，合张世杰战凤皇港，有功，转三官。

刘师勇复常州，攻走王良臣，师勇还平江，以安节与张詹守常。已而良臣导大兵攻常，常城素恶，安节等筑栅以守，相拒两月不下。大元丞相伯颜自将攻之，屡遣使招降，亦不下。丞相怒，麾兵破其南门，安节挥双刀率死士巷战，臂伤被执。有求其姓名者，安节呼曰："我王坚子安节也。"降之不得，乃杀之。

尹玉，宁都人。以捕盗功为赣州三寨巡检。秩满城居，从文天祥勤王。及天祥至平江，调两淮将张全、广将朱华拒大兵，战于伍牧，全等军败，以淮、广军先遁，曾全、胡遇、谢荣、曾玉以赣州四指挥军亦遁，唯玉残军五百殊死战。玉手杀数十人，箭集于胄如猬毛，援绝力屈，遂被执。大军横四枪于其项，以梃击之死。余兵犹夜战，杀人马蔽田间，无一降者。质明，生还者四人。赠玉濠州团练使，官其二子，赐田二顷，以恤其家。

李芾，字叔章，其先广平人，中徙汴。高祖升起进士，为吏有廉名。靖康中，金人破汴，以刃迫其父，升前捍之，与父俱死。曾祖椿徙家衡州，遂为衡人。

芾生而聪警，少自树立，名其斋曰无暴弃。魏了翁一见礼之，谓有祖风，易其名曰肯斋。初以荫补南安司户，辟祁阳尉，出振荒，即有声。摄祁阳县，县大治，辟湖南安抚司幕官。时盗起永州，招之，岁余不下。芾与参议邓峒提千三百人破其巢，禽贼魁蒋时选父子以归，余党遂平。摄湘潭县，县多大家，前令束手不敢犯。芾稽籍出赋，不避贵势，赋役大均。

入朝，差知德清县。属浙西饥，芾置保伍振民，活数万计。迁主管酒库所。德清有妖人扇民为乱，民蜂起附之，至数万人。遣芾讨之，盗闻其来，众立散归。除司农寺丞，历知永州，有惠政，永人祠之。以浙东提刑知温州。州濒海多盗，芾至盗息，遂以前官移浙西。时浙西亦多盗，群穴太湖中，芾迹得其出没按捕之，盗亦辍散。作虎丘书院以祠尹焞，置学官，亲为学规以教之，学者甚盛。

咸淳元年，入知临安府。时贾似道当国，前尹事无巨细先关白始行，芾独无所问。福王府有迫人死者，似道力为营救，芾以书往复辨论，竟置诸法。尝出阅火具，民有不为具者，问之，曰："似道家人也。"立杖之。似道大怒，使台臣黄万石诬以赃罪，罢之。

大军取鄂州，始起为湖南提刑。时郡县盗扰，民多奔窜，芾令所部发民兵自卫，县予一皂帜，令曰："作乱者斩帜下。"民始帖然。乃号召发兵，择壮士三千人，使土豪尹奋忠将之勤王，别召民兵集衡为守备。未几，似道兵溃芜湖，乃复芾官，知潭州兼湖南安抚使。时湖北州郡皆已归附，其友劝芾勿行，曰："无已，即以身行可也。"芾泣曰："吾岂昧于谋身哉？第以世受国恩，虽废弃中犹思所以报者，今幸用我，我以家许国矣。"时其所爱女死，一恸而行。

德祐元年七月，至潭，潭兵调且尽，游骑已入湘阴、益阳诸县。仓卒召募不满三千人，乃结溪峒蛮为声援，缮器械，峙刍粮，栅江修壁，命刘孝忠统诸军。吴继明自湖北至，陈义、陈元自戍蜀归，芾奏请留之戍潭，推诚任之，皆得其死力。

大元右丞阿里海牙既下江陵，分军戍常德遏诸蛮，而以大兵入潭。芾遣其将于兴帅兵御之于湘阴，兴战死。九月，再遣继明出御，兵不及出，而大军已围城。芾慷慨登陴，与诸将分地而守，民老弱亦皆出，结保伍助之，不令而集。十月，兵攻西壁，孝忠辈奋战，芾亲冒矢石之督之。城中矢尽，有故矢皆羽败，芾命括民间羽扇，羽立具。又苦食无盐，芾取库中积盐席，焚取盐之。有中伤者，躬自抚劳，日以忠义勉其将士。死伤相藉，人犹饮血乘城殊死战。有来招降者，芾杀之以徇。

十二月，城围益急，孝忠中炮，风不能起，诸将泣请曰："事急矣，吾属为国死可也，如民何？"芾骂曰："国家平时所以厚养汝者，为今日也。汝第死守，有后言者吾先戮汝。"除夕，大兵登城，战少却，旋蚁附而登，衡守尹谷及其家人自焚，芾命酒酹之。因留宾佐会饮，夜传令，犹手书"尽忠"字为号。饮达旦，诸宾佐出，参议杨震赴园池死。芾坐熊湘阁召帐下沈忠遗之金曰："吾力竭，分当死，吾家人亦不可辱于俘，汝尽杀之，而后杀我。"忠伏地扣头，辞以不能，芾固命之，忠泣而诺，取酒饮其家人尽醉，乃遍刃之。芾亦引颈受刃。忠纵火焚其居，还家杀其妻子，复至火所，大恸，举身投地，乃自刎。幕属茶陵顾应焱、安仁陈亿孙皆死。潭民闻之，多举家自尽，城无虚井，缢林木者累累相比。继明等以城降，陈毅溃围，将奔闽，中道战死。事闻，赠端明殿大学士，谥忠节。芾初至潭，遣其子裕孙出，曰："存汝以奉祀也。"其孙辅叔时亦亲迎于温，皆得不死。二王悉诏入闽官之。

芾为人刚介，不畏强御，临事精敏，奸猾不能欺。且强力过人，自旦治事至暮无倦色，夜率三鼓始休，五鼓复起视事。望之凛然犹神明，而好贤礼士，即之温然，虽一艺小善亦惓惓奖荐之。平生居官廉，及摈斥，家无余赀。

尹穀，字耕叟，潭州长沙人。性刚直庄厉，初处郡学，士友皆严惮之。

宋以词赋取士，季年，惟闽、浙赋擅四方。穀与同郡邢天荣、董景舒、欧阳逢泰诸人为赋，体裁务为典雅，每一篇出，士争学之，由是湘赋与闽、浙颉颃。中年登进士第。调常德推官，知崇阳县，所至廉正有声。

丁内艰，居家教授，不改儒素。日未出，授诸生经及朱氏《四书》，士虽有才思而不谨伤者摈不齿。诸生隆暑必盛服，端居终日，夜灭烛始免巾帻，早作必冠而后出帷。行市中，市人见其举动有礼，相谓曰："是必尹先生门人也。"诘人果然。

晚入李庭芝制幕，用荐擢知衡州，需次于家。潭城受兵，帅臣李芾礼以为参谋，共画备御策。时城中壮士皆入卫临安，所余军仅四百五十人，老弱太半。芾纠率民丁，奖励以义，人殊死战，三月城不下。大军断绝险要，援兵不至，穀知城危，与妻子诀曰："吾以寒儒受国恩，典方州，谊不可屈，若辈必当从吾已耳。"召弟岳秀使出，以存尹氏祀，岳秀泣而许之死。乃积薪扃户，朝服望阙拜已，先取历官告身焚之，即纵火自焚。邻家救之，火炽不可前，但于烈焰中遥见穀正冠端笏危坐，阖门无少长皆死焉。芾闻之，命酒酹穀曰："尹务实，男子也，先我就义矣。"务实，穀号也。

初，潭士以居学肄业为重，州学生月试积分高等，升湘西岳麓书院生，又积分高等，升岳麓精舍生，潭人号为"三学生"。兵兴时，三学生聚居州学，犹不废业。穀死，诸生数百人往哭之，城破，多感激死义者。

杨霆，字震仲。少有志节。以世泽奏补将仕郎，铨试第一，授修职郎、桂岭主簿，有能声。又五中漕举，改鄂州教授，迁复州司理参军，转常、澧观察推官，擢知监利县。具有疑狱，历年不决，霆未上，微服廉得其实，立决之，人称神明。

辟荆湖制置司干官。吕文德为帅，素慢侮士，常试以难事，霆仓卒立办，皆合其意。一日谓曰："朝廷有密旨，出师策应淮东，谁可往者？"即对曰某将可。又曰："兵器粮草若何？"即对曰某营兵马、某库器甲、某处矢石、某处刍粮，口占授吏，顷刻案成。文德大惊曰："吾平生轻文人，以其不事事也。公材干如此，何官不可为，吾何敢不敬。"密荐诸朝，除通判江陵府。

江陵大府，雄据上流，表里襄、汉，西控巴蜀，南扼湖、广。兵民杂处，庶务丛集，霆随事裁决，处之泰然。暇日诣郡庠，与诸生讲学，又取隶官闲田，增益廪稍。选民之强壮,当农隙训练之,时付以器械,杂兵行肄习,亲阅试行赏以激劝之。未几,有能擐甲骑射者,遂皆获其用,而兵不复扰民。

丁内艰,德祐初,起复奉议郎、湖南安抚司参议,与安抚使李芾协力战守。霆有心计,善出奇应变,帅府机务,芾一以委之。城初被围,日夜守御,数日西北隅破,霆麾兵巷战,抵暮增筑月城,比旦城复完,策厉将士,以死守之。城既破,霆赴水死,妻妾奔救无及,遂皆死。

赵卯发,字汉卿,昌州人。淳祐十年,以上舍登第,为遂宁府司户、潼川签判、宣城宰。素以节行称。中被论罢。咸淳七年,起为彭泽令。十年,权通判池州。

大兵渡江,池守王起宗弃官去,卯发摄州事,缮壁聚粮,为守御计。夏贵兵败归,所统纵掠,卯发捕斩十余人,兵乃戢。明年正月,大兵至李王河,都统张林屡讽之降,卯发忿气填膺,瞠目视林不能言。有问以挺身之道者,卯发曰:"忠义所以挺身也,此外非臣子所得言。"林以兵出巡江,阴降,归而阳助卯发为守,守兵五百余,柄皆归林。卯发知不可守,乃置酒会亲友,与饮诀,谓其妻雍氏曰:"城将破,吾守臣不当去,汝先出走。"雍氏曰:"君为命官,我为命妇,君为忠臣,我独不能为忠臣妇乎?"卯发笑曰:"此岂妇人女子之所能也。"雍氏曰:"吾请先君死。"卯发笑止之。明日乃散其家资与其弟侄,仆婢悉遣之。

二月,兵薄池,卯发晨起书几上曰:"君不可叛,城不可降,夫妻同死,节义成双。"又为诗别其兄弟,与雍盛服同缢从容堂死。卯发始为此堂,名"可以从容",及兵逼,领客堂中,指所题扁曰:"吾必死于是。"客问其故,曰:"古人谓'慷慨杀身易,从容就义难',此殆其兆也。"卯发死,林开门降。大元丞相伯颜入,问太守何在,左右以死对。即如堂中观之,皆叹息。为具棺衾合葬于池上,祭其墓而去。事闻,赠华文阁待制,谥文节,雍氏赠顺义夫人,录二子为京官。

唐震,字景实,会稽人。少居乡,介然不苟交,有言其过辄喜。既登第为小官,有权贵以牒荐之者,震内牒箧中,已而干政,震取牒还之,封题未启,其人大愧。后为他官,所至以公廉称。杨栋、叶梦鼎居政府,交荐其贤。

咸淳中,由大理司直通判临安府。时潜说友尹京,恃贾似道势,甚骄蹇,政事一切无所顾让。会府有具狱将置辟,震力辨其非,说友争之不得,上其事刑部,卒是震议。

六年,江东大旱,擢知信州。震奏减纲运米,蠲其租赋,令坊置一吏,籍其户,劝富人分粟,使坊吏主给之。吏有劳者,辄为具奏复其身,吏感其诚,事为尽力,所活无算。州有民庸童牧牛,童逸而牧舍火,其父讼庸者杀其子投火中,民不胜掠,自诬服。震视牍疑之,密物色之,得童傍郡,以诘其父,对如初,震出其子示之,狱遂直。擢浙西提刑。过阙陛辞,似道以类田属震,震谢不能行,

至部,又以疏力争之。赵氏有守阡僧甚暴横,震遣吏捕治,似道以书营救,震不省,卒按以法。似道怒,使侍御史陈坚劾去之。

咸淳十年,起震知饶州。时兴国、南康、江州诸郡皆已归附,大兵略饶。饶兵止千八百人,震发州民城守,昧爽出治兵,至夜中始寐,上书求援,不报。大兵使人入饶取降款,通判万道同阴使于所部敛白金、牛酒备降礼,饶寓士皆从之。道同风震降,震叱之曰:"我忍偷生负国邪?"城中少年感震言,杀使者。民有李希圣者谋出降,械置狱中。明年二月,兵大至,都大提举邓益通去,震尽出府中金钱,书官资揭于城,募有能出战者赏之。众惧不能战,北兵登陴,众遂溃。震入府中玉芝堂,其仆前请曰:"事急矣,番江门兵未合,亟出犹可免。"震骂曰:"城中民命皆系于我,我若从尔言得不死,城中民死,我何面目生邪?"左右不复敢言,皆出。有顷,兵入,执牍铺案上,使震署降,震掷笔于地,不屈,遂死之。兄椿与家人俱死。张世杰寻复饶州,判官邬宗节求震尸葬之。赠华文阁待制,谥忠介,庙号褒忠,官其二子。

震客冯骥、何新之,骥后守独松关,新之守闽之新垒,皆战死。

赵与檡,为嗣秀王。德祐二年,为浙、闽、广察访使。益王之立,舅杨亮节居中秉权,与檡自以国家亲贤,多所谏止,遂犯忌嫉,诸将俱惮之。未几,北兵逼浙东,乃命与檡出瑞安,与守臣方洪共任备御。朝臣言与檡有刘更生之忠,曹王皋之孝,宜留辅以隆国本。潜者益急,卒遣之。瑞安受围,城中危急,与洪誓以死守。小校李雄夜开门纳外兵,与檡、洪率众巷战,兵败被縶,董文炳问之曰:"汝为秀王耶?今能降乎?"与檡厉声曰:"我国家近亲,今力屈而死,分也,尚何问为?"遂杀之。洪亦伏节而死。

又有赵孟锦者,少不羁,游淮以军功为将佐。北兵攻真州,每战辄为士卒先,守苗再成倚之为重。北兵重舰驻江上,孟锦乘大雾来袭,俄雾解,日已高,北兵见其兵少,逐之,登舟失足堕水,身荷重甲,溺焉。

赵淮,丞相葵之从子也。李全之叛,屡立战功,累官至淮东转运使。德祐中,戍银树埧,兵败,与其妾俱被执至瓜州,元帅阿术使淮招李庭芝,许以大官。淮阳许诺,至扬城下,乃大呼曰:"李庭芝!男子死耳,毋降也!"元帅怒,杀之,弃尸江滨。

卷四百五十一
列传第二百一十

忠　义　六

赵良淳 徐道隆　姜才　马塈　密佑　张世杰
陆秀夫　徐应镳　陈文龙　邓得遇　张珏

赵良淳，字景程，居饶之余干，太宗子恭宪王之后，丞相汝愚曾孙也。累世以学行名，号贤宗子。良淳少学于其乡先生饶鲁，知立身大节。及仕，所至以干治称，而未尝干人荐举。初以荫为泰宁主簿，三迁至淮西运辖，浮湛冗官二十余年。马光祖、李伯玉、范丁孙交荐辟之，卒不振拔。考举及格，改知分宁县。分宁，江西剧邑，俗尚哗讦，良淳治之，不用刑戮，不任吏胥，取民之敦孝者，身亲尊礼之，至甚桀骜者，乃绳以法，俗为少革。秩满，特差权江西安抚司机宜文字，诏除诸司审计院，督饷江西，升大理司直。

咸淳末，廷臣议欲建宗室于内郡，以为屏翰，遂除良淳知安吉州。先是，知州李庚遁，百事隳废。良淳至，日与僚吏论所以守御之备，悉举行之。时岁饥，民相聚为盗，所在蜂起。或请以兵击之，良淳曰："民岂乐为盗哉？时艰岁旱，故相率剽掠苟活耳。"命僚属以义谕之，众皆投兵散归，其不归者众缚以献。有掠人货财诣其主谢过而还之者。良淳劝富人出粟振之，尝语人曰："使太守身可以济民，亦所不惜也。"其言恳恳，足以动人，人皆倒困以应之。朝议寻以徐道隆为浙西提刑，以辅良淳，加良淳直秘阁。

文天祥去平江，溃兵四出剽掠，良淳捕斩数人，枭首市中，兵稍戢。已而范文虎遣使持书招降，良淳焚书斩其使。大兵迫独松关，有旨趣道隆入卫。道隆既去，大兵至，军其东西门。良淳率众城守，夜就茇舍阵上，不归。

先是，朝廷遣将吴国定发宜兴，宜兴已危，不敢往，乃如安吉见良淳，愿留以为辅。良淳见国定慷慨大言，意其可用也，请于朝，留戍安吉。已而国定开南门纳外兵，兵入城呼曰："众散，元帅不杀汝。"于是众号泣散去。良淳命车归府，兵士止之曰："事至此，侍郎当为自全计。"良淳叱去之。命家人出避，乃闭阁自经。有兵士解救之，复苏，众罗拜泣曰："侍郎何自苦？逃之犹可求生。"良淳叱曰："我岂逃生者邪？"众犹环守不去，良淳大呼曰："尔辈欲为乱邪？"众涕泣出，复投缳而死。

徐道隆，字伯谦，婺州武义人。父焕，知南雄。道隆以任入官，累官潭州判官、权知全州。荆湖制置使汪立信奏辟道隆为参议官。立信迁兵部尚书，道隆与宾客十许人俱去江陵。赵孟传为制置使，以道隆参其军事，遂为提点刑狱。

时文天祥既去平江，溃卒四出，为浙西患苦，安吉尤甚。有旨令道隆措置，乃枭其首乱者于市。牛监军道、范文虎、程鹏飞、管景模俱遗书诱降，道隆焚书斩使。

大兵至临平皋亭山，令间道入援。时水陆皆有屯军，道绝不通，议由太湖经武康、临安县境勤王。即日乘舟出临湖门，泊宋村。郡守赵良淳既缢死。德祐二年正月朔旦，追兵及道隆，江陵亲从军三百人殊死战，矢尽枪槊折，一军尽没。道隆见执舰内，间守者少怠，赴水死，长子载孙亦赴水死。余兵有脱归者言于朝，命赠官赐谥，厚恤其家，立庙安吉，官其子孙。越三日宋亡。

姜才，濠州人。貌短悍。少被掠入河朔，稍长亡归，隶淮南兵中，以善战名，然以来归人不得大官，为通州副都统。时淮多健将，然骁雄无逾才。才知兵，善骑射，抚士卒有恩，至临阵，军律凛凛。其子当战，回白事，才望见以为败也，拔剑驰逐，几杀之。

贾似道出师，才以兵属孙虎臣为先锋，相拒于丁家洲。大军设炮架毂车弩江滨，中流数千艘，旌旗俱联，鼓行而下。才奋兵前接战，锋已交，虎臣遽过其妾所乘舟，众见之，欢曰："步帅遁矣。"于是诸军皆溃，才亦收兵入扬州。大兵乘胜攻扬州，才为三叠阵逆之三里沟，战有功。又与元帅战扬子桥，日暮兵乱，流矢贯才肩，才拔矢挥刀而前，所向辟易。已而大军筑长围，自扬子桥竟瓜洲，东北跨湾头至黄塘，西北至丁村，务欲以久困之，时德祐元年也。

明年正月，宋亡。二月，五奉使及一阁门宣赞舍人持谢太后诏来谕降，才发弩射却之，复以兵击五奉使于召伯堡，大战而退。未几，瀛国公至瓜洲，才与庭芝泣涕誓将士夺之。将士皆感泣。乃尽散金帛犒兵，以四万人夜捣瓜洲，战三时，众拥瀛国公避去。才追战至浦子市，夜犹不退。阿术使人招之，才曰："吾宁死，岂作降将军邪！"四月，才以兵攻湾头栅。五月，复攻之，骑旋泞而止，乃舍骑步战，至四鼓，全师以归。扬食尽，才时出运米真州、高邮以给兵。六月，护饷至马家渡，万户史弼将兵击之，才与战达旦，弼几殆，阿术驰兵来援，乃得免去。

庭芝以在围久。召才计事，屏左右，语久之，第闻才厉声云："相公不过忍片时痛耳。"左右闻之俱汗下。才自是以兵护庭芝第，期与俱死。

七月，益王在福州，以龙神四厢都指挥使、保康军承宣使召才，才与庭芝东至泰州，将入海。阿术以兵追及，围泰州，使使者招之降，才不听。阿术驱扬兵士妻子至城下，会才疽发胁不能战，诸将遂开门降。都统曹安国入才卧内，执之以献。阿术爱其忠勇，欲降而用之，才肆为慢言；阿术责庭芝不降，才曰："不降者才也。"复愤愤不已，阿术怒，剐之扬州。才临刑，夏贵出其傍，才切齿曰："若见我宁不愧死邪？"

有洪福者，夏贵家僮也，从贵积劳为镇巢雄江左军统制，镇江北。贵降，福与子大渊、大源、下班祗候彭元亮结贵军复之，加右武大夫、知镇巢。贵既臣附，招福，不听，使其从子往，福斩之。大兵攻城，久不拔，遣贵至城下，好语语福，请单骑入城。福信之，门发而伏兵起，执福父子，屠城中。贵苾杀，大源、大渊谏曰："法止诛首谋，何至举家为戮？"福叱曰："以一命报宋朝，何至告人求活邪？"次及福，福大骂数贵不忠，请身南向死，以明不背国也。闻者流涕。

马塈，宕昌人也。一家父叔兄弟皆以忠勇为名将，而塈与其兄堃特显。咸淳中，塈知钦州，徙知邕。邕地接六诏、安南，傍通诸溪峒，抚御少失宜，往往召乱。塈镇抚诸蛮及治关隘，皆有条理，大理不敢越善阐，安南不敢入永平，诸峒皆上帐册，边陲晏然。广西经略李兴上其功，加阁门宣赞舍人。未几，以左武卫将军征入朝。已而宋亡，塈因留静江，总屯戍诸军，护经略司印守城。

至元十四年，平章阿里海牙攻广西。塈发所部及诸峒兵守静江，而自将三千人守严关，凿马坑，断岭道。大兵攻严关不克，乃以偏师入平乐，过临桂，夹攻塈。塈兵败，退保静江。平章使人招降，塈发弩射之。攻三月，塈夜不解甲，前后百余战，城中死伤相籍，讫无降意。城东隅稍卑，大军阳攻西门，以精兵夜决水闸，攻东门，破其外城；塈闭内城城守，又破之。塈率死士巷战，刀伤臂被执，杀之断其首，犹握拳奋起，立逾时始仆。静江破，邕守马成旺及其子都统应麒以城降，独塈将卒娄钤辖犹以二百五十人守月城下不下。阿里海牙笑曰："是何足攻。"围之十余日，娄从壁上呼曰："吾属饥，不能出降，苟赐之食，当听命。"乃遗之牛数头，米数斛。一部将开门取归，复闭壁。大军乘高视之，兵皆分米，炊未熟，生啗牛，啖立尽。鸣角伐鼓，诸将以为出战也，甲以待。娄乃令所部入拥一火炮然之，声如雷霆，震城土皆崩，烟气涨天外，兵多惊死者。火熄入视之，灰烬无遗矣。

密佑，其先密州人，后渡淮居庐州。佑为人刚鸷质直，累官至庐州驻札、御前游击中军统领，改权江西路副总管。

咸淳十年，以阁门宣赞舍人为江西都统。是冬，大元丞相伯颜下鄂州，留右丞阿里海牙守之，而将大兵东下。明年二月，朱祀孙遣高世杰取鄂州，阿里海牙以兵逆击，执世杰荆江口，兵尽溃，半入江西。江西制置黄万石招集之，且募宁都、广昌、南剑义兵千余人，尽以属佑。十一月，大兵至隆兴，刘槃兵败，乃婴城自守。万石时移治抚州，将遁，惧佑不从，乃调佑兵援槃，且戒以勿战。未至隆兴，槃已降，都统夏骥率所部兵溃围出。

已而元帅张荣实、吕师夔提兵逼抚州，佑率众逆之进贤坪，兵来呼曰："降者乎？斗者乎？"佑曰："斗者也。"麾其兵突战，进至龙马坪，大兵围之数重，矢下如雨。佑告其部曰："今日死日也，若力战，或有生理。"众咸愤厉。自辰战至日昃，佑面中矢，拔之复战，又身被四矢三枪，众皆死，仅余数十人。佑乃挥双刀斫围南走，前渡桥，马踏板断，遂被执。众见其勇，戒勿杀，舆归隆兴。元帅宋都鼥曰："壮士也。"欲降之，系之月余，终不屈。尝骂万石为卖国小人，使我志不得伸。宋都鼥命刘槃、吕师夔坐城楼，引佑楼下，以金符遗之，许以官，佑不受，语侵槃、师夔，益不逊。又令佑子说之曰："父死，子安之？"佑斥曰："汝行乞于市，第云密都统子，谁不怜汝也。"怡然自解其衣请刑，遂死。观者皆泣下。

张世杰，范阳人。少从张柔戍杞，有罪，遂奔宋，隶淮兵中，无所知名。阮思聪见而奇之，言之吕文德，文德召为小校。累功至黄州武定诸军都统制。攻安东州，战疾力，与高达援鄂州有功，转十官。寻从贾似道入黄州，战薮草坪，夺还所俘，加环卫官，历知高邮军、安东州。

咸淳四年，大军筑鹿门堡，吕文德请益兵于朝，调世杰与夏贵赴之。及吕文焕以襄阳降，命世杰将五千人守鄂州。世杰以铁絙锁两城，夹以炮弩，其要津皆施木，设攻具。大军破新城，长驱而下，世杰力战，不得前，遣人招之，不听。丞相伯颜阳攻严山隘，潜自唐港荡舟入汉，东攻鄂，鄂降。

世杰提所部兵入卫，道复饶州，乃入朝。时方危急，征诸将勤王多不至，独世杰来，上下叹异。自和州防御使不数月累加至保康军承宣使，总都督府兵。遣将四出，取浙西诸郡，复平江、安吉、广德、溧阳诸城，兵势颇振。七月，与刘师勇诸将大出师焦山，令以十舟为方，碇江中，非有号令毋发碇，示以必死。元帅阿术载戮士以火矢攻之，世杰兵乱，无敢发碇，赴江死者万余人。大败，奔圌山。上疏请济师，不报。寻擢龙、神卫四厢都指挥使。十月，进沿江招讨使，改制置副使、兼知江阴军。已而大军至独松关，召文天祥入卫，以世杰为保康军节度使、知平江。寻亦召入卫，加检校少保。

二年正月，大军迫临安，世杰请移三宫入海，而与天祥合兵背城一战。丞相陈宜中方遣人请和，不可，白太皇太后止之。未几，和议亦沮。兵至皋亭山，世杰乃提兵入定海。石国英遣都统卞彪说之使降，世杰以为彪来从己俱南也，椎牛享之，酒半，彪从容为言，世杰大怒，断其舌，磔之巾子山。

四月，从二王入福州。五月，与宜中奉昰为主，拜签书枢密院事。王世强导大军攻之，世杰乃奉益王入海，而自将陈吊眼、许夫人诸畲兵攻蒲寿庚，不下。十月，元帅唆都将兵来援泉，遂解去。既而唆都遣人招益王，又遣经历孙安甫说世杰，世杰拘安甫军中不遣。招讨刘深攻浅湾，世杰兵败，移王居井澳，深复来攻井澳，世杰战却之，因徙䂖洲。

至元十五年正月，遣将王用攻雷州，用败绩。四月，益王殂，卫王昺立，拜世杰少傅、枢密副使。五月，遣琼州安抚张应科攻雷州，三战皆不利。六月，再决战雷城下，应科死之。世杰以䂖洲不可居，徙王新会之崖山。八月，封越国公。发琼州粟以给军。十月，遣凌震、王道夫袭广州，震败绩。

明年，元帅张弘范等兵至崖山，或谓世杰曰："北兵以舟师塞海口，则我不能进退，盍先据海口。幸而胜，国之福也；不胜，犹可西走。"世杰恐久在海上有离心，动则必散,乃曰:"频年航海,何时已乎?今须与决胜负。"悉焚行朝草市,结大舶千余作水寨,为死守计,人皆危之。已而弘范兵至,据海口,樵汲道绝,兵茹干粮十余日,渴甚,下掬海水饮之,海咸,饮即呕泄,兵大困。世杰率苏刘义、方兴日大战。弘范得世杰甥韩,命以官,使三至招之,世杰历数古忠臣曰:"吾知降,生且富贵,但为主死不移耳。"二月癸未,弘范等攻崖山,世杰败,走卫王舟。大军薄中军,世杰乃断维,以十余舰夺港去。后还收兵崖山,刘自立击败之,降其将方遇龙、叶秀荣、章文秀等四十余人。世杰复欲奉杨太妃求赵氏后而立之,俄飓风坏舟,溺死平章山下。

刘师勇者,庐州人。以战功历环卫官。鲁港师溃,贾似道欲东入海,师勇赞之入扬州图再举,似道然之。时姚訔复常州,似道命师勇以淮兵取吕城,朝廷加师勇和州防御使,助訔守常,而以张彦守吕城,合兵拒大军。战失利,彦马弱,陷淖中见执,吕城失守,常州势益孤。大军置彦城下招降,师勇以大义斥彦,彦惭而退。又遣范文虎来谕,师勇伏弩射走。常受围数月,援兵绝,有群鸱飞鸣绕城,众恶为不祥,俄而城陷。师勇拔栅,战且行,其弟马堕堑,跃不能出,师勇举手与诀而去。淮军数千人皆斗死。有妇人伏积尸下,窥淮兵六人反背相拄,杀敌十百人乃殪。师勇从二王至海上,见时事不可为,忧愤纵酒卒,葬于鼓山。

陆秀夫,字君实,楚州盐城人。生三岁,其父徙家镇江。稍长,从其乡二孟先生学,孟之徒恒百余,独指秀夫曰:"此非凡儿也。"景定元年,登进士第。李庭芝镇淮南,闻其名,辟置幕中。时天下称得士多者,以淮南为第一,号"小朝廷"。

秀夫才思清丽,一时文人少能及之。性沉静,不苟求人知,每僚吏至阁,宾主交欢,秀夫独敛焉无一语。或时宴集府中,坐尊俎间,矜庄终日,未尝少有希合。至察其事,皆治,庭芝益器之,虽改官不使去已,就幕三迁至主管机宜文字。咸淳十年,庭芝制置淮东,擢参议官。德祐元年,边事急,诸僚属多亡者,惟秀夫数人不去。庭芝上其名,除司农寺丞,累擢至宗正少卿兼权起居舍人。

二年正月,以礼部侍郎使军前请和,不就而反。二王走温州,秀夫与苏刘义追从之,使人召陈宜中、张世杰等皆至,遂相与立益王于福州。进端明殿学士、签书枢密院事。宜中以秀夫久在兵间,知军务,每事咨访始行,秀夫亦悉心赞之,无不自尽。旋与议宜中不合,宜中使言者劾罢之。张世杰让宜中曰:"此何时也,动以台谏论人?"宜中皇恐,亟召秀夫还。

时君臣播越海滨,庶事疏略,杨太妃垂帘,与群臣语犹自称奴。每时节朝会,秀夫俨然正笏立,如治朝,或时在行中,凄然泣下,以朝衣拭泪,衣尽浥,左右无不悲动者。属井澳风,王以惊疾殂,群臣皆欲散去。秀夫曰:"度宗皇帝一子尚在,将焉置之?古人有以一旅一成中兴者,今百官有司具皆,士卒数万,天若未欲绝宋,此岂不可为国邪?"乃与众共立卫王。时陈宜中往占城,以与世杰不协,屡召不至。乃以秀夫为左丞相,与世杰共秉政。

时世杰驻兵崖山,秀夫外筹军旅,内调工役,凡有所述作,又尽出其手。虽匆遽流离中,犹日书《大学章句》以劝讲。

至元十六年二月,崖山破,秀夫走卫王舟,而世杰、刘义各断维去,秀夫度不可脱,乃杖剑驱妻子入海,即负王赴海死,年四十四。

翰林学士刘鼎孙亦驱家属并辎重沉海,不死被执,捶掠无完肤,一夕得脱,卒蹈海。鼎孙字伯镇,江陵人,进士也。

方秀夫海上时,记二王事为一书甚悉,以授礼部侍郎邓光荐曰:"君后死,幸传之。"其后崖山平,光荐以其书还庐陵。大德初,光荐卒,其书存亡无从知,故海上之事,世莫得其详云。

徐应镳,字巨翁,衢之江山人,世为衢望族。咸淳末,试补太学生。德祐二年,宋亡,瀛国公入燕,三学生百余人皆从行。应镳不欲从,乃与其子琦、崧、女元娘誓共焚,子女皆喜从之。

太学故岳飞第,有飞祠,应镳具酒肉祀飞曰:"天不祚宋,社稷为墟,应镳死以报国,誓不与诸生俱北。死已,将魂魄累王,作配神主,与王英灵,永永无致。"琦亦赋诗以自誓。祭毕,以酒肉饷诸仆,诸仆醉卧,应镳乃与其子女入梯云楼,积诸房书籍箱笥四周,纵火自焚。一小仆未寐,闻火声,起至楼下穴牖视之,应镳父子俨然坐立,如庙塑像。走报诸仆,坏壁入,扑灭火。应镳不得死,与其子女怏怏出户去,仓卒莫知所之,翌日得其尸祠前井中,皆僵立瞠目,面如生。诸仆为具棺敛,殡之西湖金牛僧舍。益王立福州,褒其节,赠朝奉郎、秘阁修撰。后十年,其同舍生刘汝钧率儒者五十余人收而葬之方家峪,私谥曰正节先生。

陈文龙字君贲,福州兴化人。丞相俊卿之后也。能文章,负气节。初名子龙,咸淳五年廷对第一,度宗易其名文龙。

丞相贾似道爱其文,雅礼重之。由镇东军节度判官、历崇政殿说书、秘书省校书郎。数年,拜监察御史,皆出似道力。然自十数年,似道所置台谏皆龌龊,台中相承,凡有所建白,皆先稿似道始行。至文龙为之,独不呈稿,已忤似道。知临安府洪起畏请行类田,似道主其说,文龙上疏以为不可,似道怒,寝其疏。襄阳久被围,似道日恣淫乐,不少加意,时阳请督师,而阴使其党留之,竟失襄阳。文龙上疏极言其失。范文虎总制无功,似道庇之,以知安庆,又除赵溍知建康,黄万石知临安。文龙言:"文虎失襄阳,今反见擢用,是当罚而赏也。溍乳臭小子,何以任大阃之寄?万石政事息荒,以为京尹,何以能治?请皆罢之。"似道大怒,黜文龙知抚州,旋又使台臣季可劾罢之。未几,吕文焕导大军东下,范文虎首迎降,与文焕俱东。似道兵溃鲁港,溍最先遁,以故列城从之皆遁,始悔不用文龙之言。起为左司谏,寻迁侍御史。

时边事甚急,王㸅与陈宜中不能画一策,而日坐朝堂争私意。潜说友以平江降,台臣请籍其家,㸅以为可,宜中以为不可。张世杰诸将分四道出师，而大臣不监护，台谏论之，煸请行边，下公卿杂议，宜中请出督师，又下公卿杂议。文龙上疏曰："《书》言'三后协心，同底于道。'北兵今日取某城，明日筑某堡，而我以文相逊，以迹相疑，譬犹拯溺救焚，而为安步徐行之仪也。请诏大臣同心图治，无滋虚议。"其后宜中与煸终不相能而去，至十月始来，事已不可为矣。

是冬，累迁文龙至参知政事。未几议降，文龙乃上章乞归养，既出国门而悔之，复上疏求还，不报，乃归。五月，益王称制于福州，复以文龙参知政事。漳州叛，以文龙为闽、广宣抚使讨之。文龙以黄恮前守漳有恩信，辟为参谋官。按兵泉州，使恮入招抚之，恮至，民皆顿首谢罪。兴化有石手军者，能掷石中人，议者以其不足用罢之，石手军亦叛，复命文龙为知军，平之。

已而降将王世强复导大军入广，建宁、泉、福皆降。知福州王刚中遣使徇兴化，文龙斩之而纵其副以还，使持书责世强、刚中负国。遂发民兵自守，城中兵不满千，大兵来攻不克，使其姻家持书招降之，文龙焚书斩其使。有风其纳款者，文龙曰："诸君特畏死耳，未知此生能不死乎？"乃使其将林华侦伺境上。华即降，且导兵至城下，通判曹澄孙开门降，执文龙与其家人至军中，欲降之，不屈，左右凌挫之，文龙指其腹曰："此皆节义文章也，可相逼邪？"强之，卒不屈，乃械系送杭州。文龙去兴化即不食，至杭饿死。其母系福州尼寺中，病甚，无医药，左右视之泣下。母曰："吾与吾儿同死，又何恨哉？"亦死。众叹曰："有斯母，宜有是儿。"为收葬之。

蒲寿庚以泉州降，告其民曰："陈文龙非不忠义，如民何？"闻者笑之。大兵既归，文龙之侄瓒复举兵杀林华，据兴化，未几复破，瓒死之。

邓得遇，字达夫，邛州人。淳祐十年进士。调宁远主簿，改知南昌县，通判隆兴府，监行在左藏库，出知昭州，迁广西提点刑狱，逾年摄经略事兼知静江府。

德祐元年，长沙被兵，得遇遣都统马骥、马应麒赴援。骥潜叛而还，得遇斩之，军事悉委之应麒。未几，马塈代阃，议事不合。二年，移治苍梧。

静江破，得遇朝服南望拜辞，书幅纸云："宋室忠臣，邓氏孝子。不忍偷生，宁甘溺死。彭咸故居，乃吾潭府。屈公子平，乃吾伴侣。优哉悠哉，吾得其所！"遂投南流江而死。

张珏，字君玉，陇西凤州人。年十八，从军钓鱼山，以战功累官中军都统制，人号为"四川虓将"。

宝祐末，大兵攻蜀，破吉平隘，拔长宁，杀守将王佐父子。至阆州，降安抚杨大渊，推官赵广死之。至蓬州，降守将张大悦，运使施择善死之。顺庆、广安诸郡，破竹而下。明年，合诸道兵围合州，凡攻城之具无不精备。珏与王坚协力战守，攻之九月不能下。景定初，合守王坚征入朝，以马千代守合。四年，千子馈饷至虎相山，为东川兵所得，屡以书劝千降，朝廷乃以珏代千。珏魁雄有谋，善用兵，出奇设伏，算无遗策。其治合州，士卒必练，器械必精，御部曲有法，虽奴隶有功必优赏之，有过虽至亲必罚不贷，故人人用命。

自全汝楫失大良平，大兵筑虎相山，驻兵两城，时出攻梁山、忠、万、开、达，民不得耕，兵不得解甲而卧，每饷渠，竭数郡兵护送，死战两城之下始克入。咸淳二年十二月，珏遣其将史炤、王立以死士五十斧西门入，大战城中，复其城。三年四月，平章赛典赤提兵入，坏重庆麦，道出合城下，珏碇舟断江中为水城，大兵数万攻之不克，遂引去。

合州自余玠用二冉生策，徙军钓鱼山，城壁甚固。然开、庆受兵，民凋弊甚，珏外以兵护耕，内教民垦田积粟，未再期，公私兼足。九年，叛将刘整复献计，欲自青居进筑马鬃、虎顶山，扼三江口以图合，匣剌统军率诸翼兵以筑之。左右欲出兵与之争，珏不可，曰："芜菁平母德、彰城，汪帅劲兵之所聚也，吾出不意而攻之，马鬃必顾其后，不暇城矣。"乃张疑兵嘉渠口，潜师渡平阳滩攻二城，火其资粮器械，越砦七十里，焚船场，统制周虎战死，马鬃城卒不就。

十年，加宁江军承宣使。德祐元年，升四川制置副使、知重庆府。五月，加检校少保。征其兵入卫，蜀道断，不得达。六月，昝万寿以嘉定及三龟、九顶降，守将侯都统战死。已而泸、叙、长宁、富顺、开、达、巴、渠诸郡不一月皆下，合兵围重庆，作浮梁三江中，断援兵。自秋徂冬，援绝粮尽，珏屡以死士间入城，许以赴援，且为之画守御计。二年正月，遣其将赵安袭青居，执安抚刘才、参议马嵩归。二月，遣张万以巨舰载精兵，断内水桥，入重庆。四月，合重庆兵出攻凤顶诸砦。珏结泸士刘霖、先坤朋为内应。六月，遣赵安破神臂门，执梅应春杀之，复泸州。重庆兵渐解去，围泸州。十二月，赵定应迎珏入重庆为制置。

时阳立以涪州降，珏遣张万攻走立，俘其僚属冯巽午等。立复合兵来决战，史进、张世杰战死，万不支，俘立妻子及安抚李端以归。珏以都统程聪守涪。重庆兵尽退。珏闻二王立广中，遣兵数百人求王所。调史训忠、赵安等援泸州。张万入夔，连忠、涪兵拔石门及巴巫寨，获将士百余人，解大宁围，攻破十八砦。明年六月，张德润复破涪州，执守将程聪。先是，聪在重庆力主守城之议，珏入，不知也，使出守涪。聪至郡怏怏，不设备，至是被执。德润以肩舆载聪归，语之曰："若子鹏飞为参政矣，旦晚可会聚也。"聪曰："我执彼降，非吾子也。"

是月，梁山军袁世安降。十月，万州破，杀守将上官夔。十一月，泸州食尽，人相食，遂破之，安抚王世昌自经死。

大兵会重庆，驻佛图关，以一军驻南城，一军驻朱村坪，一军驻江上。遣泸州降将李从招降，珏不从。十二月，达州降将鲜汝忠破咸淳皇华城，执守将马堃，军使包申巷战死。至元十五年春，珏遣总管李义将兵由广阳，一军皆没。二月，大兵破绍庆府，执守将鲜龙，湖北提刑赵立与制司幕官赵酉泰皆自杀。珏率兵出薰风门，与大将也速解儿战扶桑屿，诸将从其后合击之，珏兵大溃。城中粮尽，赵安以书说珏降，不听。安乃与帐下韩忠显夜开镇西门降。珏率兵巷战不支，归索鸩饮，左右匿鸩，乃以小舟载妻子东走涪。中道大恸，斧其舟欲自沉，舟人夺斧掷江中，珏踊跃欲赴水，家人挽持不得死。明日，万户铁木儿追及于涪，执之送京师。重庆降，制机曹琦自经死，张万、张起岩降。进攻合州，破外城。三月，王立亦降。

珏至安西赵老庵，其友谓之曰："公尽忠一世，以报所事，今至此，纵得不死，亦何以哉？"珏乃解弓弦自经厕中，从者焚其骨，以瓦缶葬之死所。

赵立者，字德脩，重庆人。第进士，以上书迕贾似道被谪。德祐初，起为太社令、湖北提刑。使蜀趣诸将入卫，至重庆则昝万寿已降，珏方城守为后图。立无以复命，还至涪，沉水死。

卷四百五十二
列传第二百一十一

忠 义 七

高敏 张吉　景思忠 弟思立　王奇　蒋兴祖
郭浒 朱友恭附　吴革　李翼 阮骏　赵士崈
士医　士真　士道　士跂　陈自仁　叔皎　叔凭
训之　聿之　垒之　刘玠　陈㴛　黄友　郝仲连
刘惟辅 高子孺　韩青附　牛皓　魏彦明
刘士英　翟兴 弟进　朱跸 朱良　方允武
龚楫　李亘　凌唐佐　杨粹中　彊霓 康杰
李仲　郭僎 郭赟　王逈　吴从龙　司马梦求
林空斋　黄介　孙益　王仙　吴楚材
李成大　陶居仁

高敏，登州人。为泾原指使，数与西夏战，遭重伤。范仲淹、韩琦皆荐之，为阁门祗候，历利州路、邠宁环庆都监，主蕃部事。

羌围大顺城，偏将赵怀德力战，其下以银买级，主帅李复圭以所部不整欲治之。敏言怀德善用人，战必胜，当略其小过，且蕃官难强以汉法，复圭止之。羌人声言将出鄜延，敏屡白复圭曰："兵家之事，声东击西，环庆尝破白豹、金汤，结衅已深，不可不备。"已而果以兵三十万来寇。

总管杨遂驻兵大义，以敏为先锋将。夏人攻夺大顺水砦，敏出通路，自寅及午，且战且前，多所斩获。次榆林，援兵不至，中流矢死，年五十七。官止东头供奉官。诏赠嘉州刺史，录其三子为侍禁、殿直。

张吉者，庆州卒也，为淮安镇守烽。夏人寇东谷，掠得之，胁以兵，使呼城中曰："淮安诸砦已破，宜速降。"吉反其辞曰："努力！诸砦无虞，贼粮尽且去矣，毋庸降。"贼怒，害之。诏赠内殿崇班，又录其子。

景思忠，字进之，普州安岳人。以父西上阁门使泰荫，累官西京左藏库使，为遂州驻泊都监。夷人寇渭井，钤辖张承祐出兵救之，思忠部卒五百为前锋。夷乘险薄官军，官军战不利，死者十之六。左右劝思忠引避，不听，奋剑疾战而死。走马使张宗望为言，诏察访熊本考实，得其事，神宗悯之，官思忠及同死者之子七人，余皆赐其家钱帛。

弟思立，以荫主渭州治平砦。咩兀用兵，韩绛使摄保安军。夏人寇顺宁，思立擅领兵赴援，诸将败，一军独全。以功知德顺军，策应王韶取熙州，过洮，筑当川堡，克羌香子、珂诺城，遂定河州。尝与羌力战，斩不用命者数人，军声大振。韶言其临事忠勇，进如京副使、通事舍人，再擢东上阁门使、河州刺史，赐绣旗、朱甲。又迁四方馆使、河州团练使，知其州。神宗知思立母老而未有官舍，命其弟思谊为秦州判官以便养。

青宜结鬼章举兵袭杀伐木卒，害小校七人，以书抵思立，词不逊。思立不能忍，帅兵六千攻之于踏白城。钤辖韩存宝、蕃将瞎药交止之，不听。自将中军，使存宝及魏奇为先锋，王存将左，贾翊将右。鬼章众二万，分三砦以抗官军。战数十合，羌从山下围中军，他将王宁、李元凯没于阵，思立、存宝溃围出，诸将多伤，议曰："日暮兵疲，宜移屯东冈以自固。"思立以魏奇创重，独徙其军，方遣之而殿后兵乱，前人望见，亦皆溃。思立且斗且退，曰："我适以百骑走羌数千人，无助我者，今败矣，当自到以谢朝廷。"众止之。少顷再战，遂死。时已除忠州防御使，会其死，不及拜。帝以其轻敌致败，不复赠官。

王奇，汾州人，武举中第。章惇经营湖北溪洞，以为将领，降其酋舒光贵，缚石猛，平懿、洽等州。累迁如京副使，为湖南都监，徙广西。宜州蛮寇边，奇将兵至天河县，期旦日会战。裨将费万夜以众窃出河泥隘，战没。经略使移书追奇，奇不能堪。后数日，蛮万人骤集，奇轻出，遂败。麾下犹数百人，劝策马逃去，奇骂曰："大丈夫当尽节以报国，何走为！"战而死。诏赠皇城使、忠州防御使，官其家六人，仍赐金帛。

蒋兴祖，常州宜兴人，之奇之孙也。以荫累调饶州司录。睦州盗起，旁郡皆震，兴祖白州将纠吏卒，缉其具，盗不敢谋。以功迁官，知开封府阳武县。阳武，古博浪沙地，土脉脆恶，大河薄其南。尝积雨泛溢，埽且溃，兴祖躬救护，露宿其上，弥四旬，堤以不坏。治为畿邑最，使者交荐之。靖康初，金兵犯京师，道过县，或劝使走避，兴祖曰："吾世受国恩，当死于是。"与妻子留不去。监兵与贼通，斩以徇。金数百骑来攻，不胜，去。明日师益至，力不敌，死焉，年四十二。妻及长子相继以悖死。诏赠朝散大夫。

郭浒，德顺中安堡人。从军，积官至武经郎，为泾原第八副将。金人犯陕西，渭帅以下叛降，独浒义不许，称病去。帅恶忌之，傅致以罪，下之狱，胁使俱降。许奋而呼曰："大丈夫今得死所矣！终不能受污。叛逆大恶，天地所不容，吾虽死，誓不尔贷，当诉于地下耳。"众丑其语，即杀之。建炎三年，赠武翼大夫、忠州刺史。

同死者朱友恭，西安人。以忠翊郎为泾原第一副将。部兵扞金人于华亭，数有功。会金兵大集，友恭赴敌力战，为所得。渭帅既降，诱以甘言，许优进官秩，不肯从，更诋辱之。帅不胜忿，断其胫以徇，经日乃斩之。后赠敦武郎。

吴革，字义夫，华州华阳人，国初勋臣廷祚七世孙也。少好学，喜谈兵。再试礼部不中，乃从泾原军，以秉义郎干办经略司公事。

金人南牧，帅兵解辽州之围。使粘罕军，见之庭，揖不拜，责其贪利败约，词直气劲。粘罕少屈，为追回威胜诸屯兵，授书便归。钦宗问割地与不割地利害，对曰："金人有吞噬之意，愿悉起关中士马赴都为备。"诏以为武功大夫、阁门宣赞舍人，持节谕陕西。行至朱迁，闻金人犯京师，复还。与张叔夜同入城，请于帝，乞幸秦川；又乞出城劫之，使不敢近；又乞诸门同出兵牵制、冲突、尾袭、应援，可一战而胜。时众言已入，皆不果。后金兵攻安上门，填道度壕，革言之守将，使泄蔡河水以灌之，不听。及填道将合，欲用前议，则水已涸矣。

车驾幸金营，革以为堕其诈，往请叔夜，欲身见其大酋计事。叔夜问其故，曰："兹行有三说：一则天子还内，二则金骑归国，三则革死。"叔夜为言之，不报。上皇、妃、后、太子出郊，革白孙傅乞留之，不得。乃为傅谋，于启圣僧院置振济局，募士民就食。一日之间至者万计，阴以军法部勒，将攻金营。久之，迁于同文馆，所合已至数万，多两河骁悍之士。

既而有立张邦昌之议，革谋先诛范琼辈，以三月八日起兵。谋既定，前期二日，有班直甲士数百人排闼入言："邦昌以七日受册，请亟起事。"革乃被甲上马，至咸丰门，四面皆琼党，绐革入帐，即执之，胁以从逆。革骂之极口，引颈受刃，颜色不变。其麾下百人皆同死。

李翼，麟州新秦人。宣和末，为代州西路都巡检使，屯崞县。金人取代，执守将嗣本，遣来谕降，翼射却之，帅士卒坚守。义胜军统领崔忠杀都监张洪辅，夜引金兵入城，翼挺身搏战达旦，力不敌被执。酋粘罕欲臣之，怒骂不屈，与县令李耸、丞王唐臣、尉刘子英、监酒阎诚、将官折可与同死之。

阮骏者，兴化军人。绍圣元年进士，为河南府少尹。金人犯京师，率所隶兵拥护神御殿，抱神御，骂声不绝口，卒被害。特赠朝议大夫。

赵士隆，字景瞻，太宗之后。生五岁，补右班殿直。既长，游庠序，月试数居前列。一日，投笔叹曰："昔贤有不愿为章句儒，出玉门关、佩侯印者，彼何人哉！"遂不复事科举。去为郡县吏，累迁至淮南西路兵马钤辖，驻寿春。

剧贼丁一箭众号十万，来攻城。郡守不知兵，凡备御之策悉委士隆。贼三旬不退，士隆募军中敢死士与之谋。有张宣者应募，独持槊缒城下，击杀数十人，贼众披靡。乃选壮士数百，夜开城门，出其不意击走之，追奔数十里。以功迁三官，秩满，授江东路钤辖。

李成叛，据江、淮六七郡，连兵数万，遣其党马进围九江，守臣姚舜明与士隆及副钤辖刘绍先御之。进攻城益急，士隆竭力捍守。江东帅吕颐浩屯鄱阳，既复南康，与建武节度使杨惟忠兵会，遣统制巨师古援江州，未至，遇伏败。绍兴元年正月，诏张俊为江、淮招讨使，入辞，颇言成兵众。高宗责以立功，俊悚惧受命。未至，城已陷。

时守城羸卒仅数千，捍贼百余日，城中食尽。舜明、绍先议纵火，因弃城去，士隆毅然独纠合部曲余民守城。城破，众号呼曰："无杀我赵钤辖。"贼入城大掠。成素服士隆之义，欲以为伪安抚使，士隆怒骂曰："贼欲屈我耶！"阴裂帛以书使示诸子曰："贼不杀我，义不苟活，汝辈得出，为我雪耻。"遂仰药而卒，年五十二。贼怒，并害其家数十口。事闻，上嘉悼，赠武功大夫，官其孙二人。

士隆六子，皆有文行：不忒、不忞、不怼、不恶、不憼、不隐。是役也，不忞、不憼、不隐死焉。

又宗子有士医、士真、士道，皆以死事闻。

士医，任秀州兵马都监。建炎四年，兀术入州，士医乘城拒战，城陷死之。后赠武翼大夫，官其二子。

士真，权知信阳军。寇刘满至，士真拒之。兵溃，满执之去荆门，遇害。后赠右朝奉大夫。官其一子。

士道，以武翼大夫守官江州。绍兴五年，马进寇江州，士道遇害。赠武德大夫，官其家二人。

士跂，濮王曾孙也。靖康末，为右监门卫大将军、吉州团练使。金人驱宗室北行，士跂得间道遁去。居邢州，结土豪将举事。有告者，金人执而杀之。事闻，赠保宁军节度使，谥忠果。

叔皎，秦悼王四世孙。元丰中，为右班殿直，累迁至德州兵马都监。自靖康以来，刘顺、吕拱、刘亨相继谋叛，叔皎皆设方略捕擒之。建炎二年，金人围城，郡檄叔皎率兵御之，前后六战。围急，有江苗者，与郡守宗谅谋以城降，叔皎斩喆以徇。金人登城，叔皎犹力战，势穷被执，怒骂不屈，遂遇害。

叔凭，建炎间，任陕州都监，累官武翼大夫，就迁通守。金人围陕州既久，援兵不至，城危。时叔凭子官卢氏，遗以蜡丸书曰："人臣当死国难，况吾以近属，其可辱命耶？死固其所也。"遂死之。时通判王浒，职官刘效、陈思道、冯经、李岳、杜开，县令张玘，将佐卢亨等五十一人俱死，无降者。

训之字诲道，秦悼王五世孙。父叔侯，官至惠州防御使。训之登政和二年进士，调东平仪曹，知平江府吴县。朱勔怙势役州县，训之不为屈。勔尝执数辈诣县请治，训之悉纵之。忤勔，遂移疾去。

宣和末，盗起河北，训之屡与人言："契丹旧盟未可渝，金人新好未可恃。"未几，金人犯京师，训之居扬州，率大姓募士勤王，闻都城失守，乃止。

建炎三年，知吉州永丰县。孟太后避地虔州，护卫统制杜彦与其麾下叛，后军杨世雄应之，将犯永丰。训之与尉陈自仁简兵分为二，一取间道绕贼后，一据地利匿其精兵以诱贼。贼至伏发，歼其众。会贼别校继至，官兵未成列，训之率数十辈拒战，厉声骂贼，与自仁俱被害。事闻，诏赠训之朝散郎、直秘阁，谥忠果，自仁通直郎，官其子，邑人为立祠。

太后之发吉州也，至太和，众皆溃。从事郎、三省枢密院干办官刘德老为金人追骑所杀。官其家一人。

是年，金人过江，陈淬战死，岳飞等兵皆引去。上元丞赵垒之帅乡兵迎敌，死之。赠奉议郎，官其家一人。

聿之，安定郡王叔东子也。建炎中，为成忠郎。金人围潭州，帅臣向子諲率众守城，聿之隶东壁。子諲循城，顾聿之曰："君宗室，不可效他人苟简。"聿之感慨流涕。金兵登城纵火，子諲率官吏突门遁去，城遂陷，聿之巷战，大骂而死。将官武经郎刘玠亦死之。事闻，赠聿之左监门卫大将军，玠武经大夫，皆官其家。其后朱熹为请立庙，赐号忠节。

陈淬，字君锐，兴化军莆田人。绍圣初，下第，挟策西游。时吕惠卿帅鄜延，淬戎服往见，惠卿问相见何事，淬曰："大丈夫求见大丈夫，又何事？"惠卿器之，补三班奉职。与西人接战于乌原，手杀十余人，擒其砦主。奏为左班殿直、鄜延路兵马都监，累迁武经郎。丁外艰。

宣和四年，召赴阙，授真定路分都监兼知北寨、河北第一将，寻拜忠州团练使、真定府路马步副总管。七年，金人入真定，淬以孤军御之，妻孥八人皆遇害。

建炎元年，辟诸军统制，宗泽命击金人于南华，败之。兼大名府路都总管兵马钤辖，擢知恩州。王善者，金之种落也。拥众十万，长驱两河，遂袭恩。淬与长子仲刚拒战，贼飞刃及淬，仲刚以身蔽刃，死之。明年，善复围陈州，淬大败善兵，拜宿州安抚使。李成叛，诏以淬为御营使、六军都统、淮南招抚使讨之，三战三捷。未几，金人犯采石，又檄淬回援建康。淬将中军，戚方将前，王璒将后。淬曰："彼众虽多，然止有二十艘，一艘不越五十人，每至不过千人。吾伏兵葭芦翳荟间，俟其旋济旋获，前后不相知，迄济，当尽获矣。"杜充不从，金人遂犯板桥，诸军皆溃，淬独与战，势穷力尽，据胡床大骂，刃交于胸而色不动，与其从子仲敏俱死。诏赠拱卫大夫、明州观察使，官其一子一婿。

黄友，字龙友，温州平阳人。少不羁，十五入太学，语同辈曰："大丈夫不能为国立功，亦造化中赘物耳。"因投笔西游。边帅刘法一见奇之，延致门下。会西鄙兵哄，都护高永年战没，友作七诗哀其忠。其后幕府奏功，没永年之实，恤典不及。其子以友诗进，徽宗览之恻然，遂加赠谥。友亦免省试，登进士第，调永嘉、瑞安二县主簿，摄华阴令，有政声。

方腊窃发，友同诸将收复，所至披靡。婺寇复作，守留友摄兵曹，为殄灭计。友请往谕之，既次浦江，贼望风解去。复单骑次武义，贼众持钉一楻置其前，友正色叱之曰："汝等何速死耶？"贼首李德壮，亟麾退，一境贴然，婺人图像祀之。

通判檀州。会金人败盟，郭药师以常胜军叛，燕土响应，友独领数千人与之战，躬冒矢石，破裂唇齿。钦宗即位，制置使詹度奏友久服武事，筹略过人。丞相何栗从而荐之，召对，问友唇齿破裂状，为之称叹，赍予甚渥。

进直徽猷阁、制置司参谋官，同种师中解太原围。友遣兵三千夺榆次，得粮万余斛。明日，大军进榆次十里而止，友亟白师中："地非利，将三面受敌。"论不合，友仰天叹曰："事去矣！"迨晓，兵果四合，矢石如雨，敌益以铁骑，士卒奔溃。敌执友谓曰："降则赦汝。"友厉声曰："男儿死耳！"遂遇害。帝书"忠节传家"四字旌其间，官其后八人。

友体貌英伟，胆雄万夫，谋画机密，出人意表。尝语子弟曰："天下承平日久，武事玩弛，万一边书告警，马革裹尸，乃吾素志。他日收吾骸，足心黑子为识也。"其忠诚许国根于天性如此。

郝仲连，昌元人。建炎元年，金人犯河中，守臣席益遁去。仲连时为贵州防御使，宣抚范致虚遣节制河东军马，屯河中，就权府事。金将娄宿以重兵压城，仲连率众力战，外援不至，度不能守，先自杀其家人，城陷不屈，及其子皆遇害。后赠中侍大夫、明州观察使。

刘惟辅，泾州人。以同州观察使为熙河马步军副总管。金人既得秦州，经略使张深遣惟辅将三千骑御之。金前军逾巩州，距熙才百里，惟辅留军熟羊城，以千八百骑夜趋新店。黎明军进，短兵相接，杀伤大当。惟辅舞梢刺其先锋将字董黑锋，洞胸堕马死，敌为夺气退。深檄陇右都护张严往追之，至凤翔境上，惟辅不欲听严节制，乃自别道由吴山出宝鸡，获金游骑。严拥大兵及金人于五里坡，金人知之，伏兵坡下，严与曲端期而不至，径前，遇伏死之。惟辅自白石鼻砦遁归。

金人略熙河，惟辅率去，顾熙河尚有积粟，恐金人因之以守，急出悉焚之。金人追及，所部皆走，惟辅与亲信数百匿山寺中，遣人诣夏国求附，夏国不受。其亲信军诣金人降，金人执惟辅，诱之百方，终不言。金人怒，捽以出，惟辅奋首曰："死犬！斩即斩，吾头岂汝捽也。"顾坐上客曰："国家不负汝，一旦遽降敌耶？"即闭口不复言而死。张浚闻之，承制赠昭化军节度使，赙金帛布以二百计，官子孙十二人，立庙成州，号忠烈。

有高子孺，狄道人。知兰州龛谷砦，闻惟辅尚存，固守以待。及城陷，先刃其家而后死。韩青为熙河马步军第六将，间行从惟辅，为金人所擒，亦骂不绝口而死。

牛皓，福津人。为武功大夫、川陕宣抚后军中部将。绍兴五年，金右都监撒离曷与其熙河经略使慕洧欲犯秦川，宣抚副使吴玠遣诸校分道伺之。皓至瓦吾谷，与金将虎山遇，皓所部步卒不满二百，乃下与战，谓其徒曰："吾所以舍马者，欲与若等同死也。"金人见皓异于他人，欲招之，皓力战死。

有承信郎高万，且骂且战，与熙河路部将任安、宣抚司队官秦元、薛琪、张亨皆死于阵。金人相谓："真健儿也。"后皓、安皆赠翊卫大夫，官其家五人，赠万等三官，录其子。

魏彦明，开封人。通判延安府。建炎二年，金人陷府东城，而西城犹坚守。金人并兵入鄜延，王庶自当鄜州来路，遣统制官庞世才当延安来路。天大雪，世才战败，自是金兵专围西城。初受围时，彦明与权府事刘选分地而守，彦明当东壁，空家赀以赏战士，金人不敢犯。王庶子之道未弱冠，率老弱乘城。金人昼夜攻城，阅十有三日城陷，彦明坐于城楼上，金人并其家执之，谕使速降。彦明曰："吾家食宋禄，犬辈使背吾君乎？"娄宿怒杀之。诏赠中大夫，官一子。

刘士英，宣和间为温州教授。方腊陷处州，州人争具舟欲遁，士英奋谓不当避。自郡将而下皆沮之，士英独身任责，推郡茂才石砺为谋主，治兵峙粮，籍保伍，分其地为八隅，委官统率，以钟为约，令民闻钟声则趋所守堞。未几，贼来攻，拒守凡四十余日，官军继至，贼溃去。

靖康初，通判太原府。金人入境，帅臣张孝纯欲避之，士英率通判方笈、将官王禀力止孝纯。及城陷，禀赴火死，士英持短兵接战，死之。笈在金，因讲和使附书言二人死节，后刻石于衢、温二州。

翟兴，字公祥，河南伊阳人。少以勇闻。剧贼王伸起，兴与弟进应募击贼，号大翟、小翟。金人犯京师，西道总管王襄檄兴统领在城军马。以保护陵寝功补承信郎，辟京西北路兵马副钤辖，为陕西宣抚司前军统制。高世由以泽州降金，金以为西京留守。兴与进提步卒数百，卷甲夜趋洛阳，擒世由等斩之。

群盗冀德、韩清出没汝、洛间，兴以轻骑追袭，德就擒，清仅以身免。会进为叛将杨进所害，贼乘势击败官军，兴帅余众拒贼，保伊川。明年，诉进死事于朝，以兴代进为京西北路安抚制置使兼京西北路招讨使，兼知河南府。杨进屯鸣皋山北，兴与子琮帅乡兵时出扰之，进惧，弃辎重南走，兴邀击于鲁山县，进中流矢死，余众溃去，西京平。

贼王俊据汝州，兴引兵攻之，俊弃城去，退保缴盖山。兴进攻，免胄大呼曰："贼识我乎？我翟总管也。"众皆披靡，遂破之。

金人犯河阳、巩县、永安军，兴遣子琮与搏战，屡捷，追至渑池。诏授河南孟、汝、唐州镇抚使兼知河南府，转武略大夫兼阁门宣赞舍人，寓治伊阳。时河东、北虽陷，土豪聚众保险，兴遣蜡书结约之，向密、王简、王英辈皆愿受节制。奏上，高宗嘉之，授河东、北路军马使，遍檄山寨，由是汾、泽、潞、怀、卫间山寨首领皆应命。

金人入陕右，兴遣将邀击，俘五十余人，又遣子琮生擒金河东都统保骨，遂复阳城县，乘胜取绛之垣曲，进至米粮川。绍兴元年春，金重兵犯河南，时兴军乏粮，就食诸道，仅存亲兵自卫，人情震恐。兴授将彭玘方略，设伏于井首，俟敌至阳遁，金众果追玘，伏发，金帅就擒。邓州人杨某拥众河北，伪称"信王"，兴遣将董先追获于商州杀之。进武功大夫、忠州团练使。

刘豫将迁汴，以兴屯伊阳，惮之，遣蒋颐持书诱兴以王爵。兴斩颐焚其书，豫计不行，乃阴遣人咙裨将杨伟以利，伟杀兴，携其首奔豫。或云：赂伟为内应，以兵径犯中军，兴奋击坠马死。事闻，赠保信军节度使。

兴貌魁伟，每怒，须辄张。军食不继，士以菽粟杂藜藿食之，激以忠义，无不奋厉。在河南累年，金人不敢犯诸陵。诏赐军名"忠护"。

子琮，沈勇有父风，继兴为镇抚使；琳，阁门祗候。

进字先之。以捕盗劳补下班殿侍，累功充京西第一将。坐熙河帅刘法泾原战失利，降官任使，寻叙复。女真归故地，改河北第四将。往至遂城，会契丹兵奄至，都统制刘延庆以进为先锋，与契丹战于幽州石料冈、卢沟河皆捷。又与契丹大将遇于峰山，力战弥日，契丹溃去。

金人犯京师，朝廷密诏西道总管王襄会兵三万赴京城，至叶县，襄欲引兵而南，进谏止之，因分军遣进持书而西。时经略使范致虚已合五路军马次潼关，以进统河南民兵，收复西京。进至福昌，遣兵袭金营。时金游骑往来外邑，进设伏擒之。金人逼灵山砦，进父子兄弟与之战，溃围至高都，集乡兵七百人，夜行昼伏，五日至洛城，夜半破关入，擒高世由。再捷于伊田白草坞。都总管孙昭远至洛阳，以进戍渑池界，授武义大夫、阁门宣赞舍人。

金人犯白浪隘，将渡河，进破之。未几，洛阳再陷，进在伊阳，哀散亡才千人。金人犯薛封，进选精锐三百人，夜纵火斫其营，焚死者甚众。又战于驴道堰，生擒金将翟海，追至梅花谷。贼冀德、韩清啸聚南阳，进间道击之，德降，继斩清于艾嵩平。勒兵抵龙门，屡与金人夹河战，乘胜入洛阳。或曰："彼砦尚固，城未可守。"不听。金人聚怀、卫、蒲、孟数万之众薄城下，斧诸门入，进率士卒巷战，次子亮死之。迁武功大夫、阁门宣赞舍人，充京西北路兵马都钤辖，寻授马步军副总管，升本路制置使，兼知河南府。

会东京留守杜充所招巨寇杨进号"没角牛"者，拥兵数万，残害汝、洛间。进谓其兄兴欲力除之。会杨进遣数百骑绝水犯进营，进乘半渡击之，追贼数十里，破贼四砦，马惊坠堑，为贼所害。赠左武大夫、忠州刺史，官其后五人。

朱跸，湖州安吉人，知钱塘县。建炎三年，金人陷杭州，初犯余杭，守臣康允之退保赭山。跸白允之率弓手、士军前路拒敌，使杭民为逃死计。行二十里，遇金兵，跸两中流矢，左右掖至天竺山，犹能率乡兵御敌。后数日遇害。时兀术自安吉进兵，过独松关，曰："南朝若以羸兵数百守此，吾岂能遽度哉！"

朱良者，字良伯，吴郡人。世儒科。建炎中，为海盐县尉。金兵入境，良谓僚友曰："今日乃忠臣义士死国之时也。"被甲执戈，集所部百余人奋而前，击金兵数人死，众为披靡，势力不敌，竟死。事闻，官其子思，后守汉阳。

方允武者，衢州人。武学上舍，补官为常州宜兴巡检。建炎三年，金人入县之金泉乡，允武率土军、乡民迎敌，杀获数级，夺弓箭与旗。后遇金兵梅岭村，力战而没。诏赠两官，官其家二人。

龚楫字济道，兵部侍郎原之孙，世以儒学显。楫儒如不胜衣。建炎初，闻金人陷郡县，辄忿恚不食，念有以自见而不可得。兀术据和州，以偏师万人筑堡新塘，遏绝濡须之路。楫率家僮百余人袭之，乡里从者二千余人，获千户二，系累者数百人，辎重称是。纵遣所掠州民父母妻子，将归于滁、和镇抚司。遇金兵大至，乃取道圩上，金骑兵据其冲，不得前，众多赴水死。楫麾其众曰："今日斗死亦足为义士，自弃沟浍无益也。"战败，为金人所获，犹挺剑刺其一人，骂不绝口，金人脔割之。年二十二。

金人初至新塘，有蒋子春者，教授里中。金人见其挟书，又人物秀整，喜之，欲命以官，子春怒骂，乃杀之。

李亘者，字可大，兖州乾封人。少好学，有知虑。大观二年进士。徐处仁当国，擢尚书郎官。建炎末，金人犯淮南，亘不及避，刘豫使守大名。与凌唐佐谋，密陈豫可取状告于朝。募卒刘全、宋万、僧惠钦辈十余，往返事泄，全、万、惠钦为逻者所得，亘坐死。后赠官，立祠曰愍忠。

又有武显大夫孙安道，为应天府兵马钤辖。城陷不得归，谋挺身还朝，为人所告而死。后赠忠州刺史。

凌唐佐字公弼，徽州休宁人。元符三年进士。建炎初，提点京畿刑狱，加直秘阁，知南京。南京陷，刘豫因使为守。唐佐与宋汝为密疏其虚实，遣人持蜡书告于朝。江、淮都督吕颐浩过常州，得唐佐从孙宪，授保义郎、阁门祗候，俾持帛书遗之。宪至睢阳，事泄，豫捕唐佐并其家，宪脱以归。唐佐见豫，责以大义，豫怒，斩唐佐境上。李横复颍昌，言于朝，诏赠徽猷阁待制。

杨粹中，真定府人。建炎二年，金人大入，时粹中知濮州，固守不下。粘罕以濮小郡，易之，将官姚端乘其不意，夜捣其营，直犯中军，粘罕跣足走，仅以身免。遂急攻城，凡三十三日而陷，端率死士突出。粘罕入其城，粹中登浮图不下，粘罕嘉其忠义，许以不死，乃以粹中归。粹中竟不屈而死，守御官杜缋亦死之。赠粹中徽猷阁待制。

彊霓，自金归宋，为武功大夫、阁门宣赞舍人、知环州、环庆路统制军马兼沿边安抚使。隆兴间，金兵围环州，与其弟武经大夫、环庆路统领沿边忠义军马震坚守孤城，招诱使降，不屈，城陷死焉。兴州驻扎御前诸军统制吴挺言于朝，并赠观察使，立庙西和州，赐额旌忠。

康杰者，权知扶风县，与金将冯宣战，宣爱而欲招之，杰奋曰："吾今也当死于阵，不能降敌。"宣杀之。

李伸者，知天兴县，坚守不下，城陷，曰："吾岂使敌杀我。"遂自杀。

郭僎，字同升，开封祥符县人。以父任调海州东海县尉，权祥符县尉。时童贯子师闵死，敕葬邑境，僎任道途之役。贯命彻民屋之当道者，僎先籍童氏屋数十间欲毁之，贯遽令勿毁，由是民屋得免。

再调滨州招安丞，又为亳州蒙城丞。令以盐科邑民，僎争之不可。郡守以僎丞鹿邑，中贵人杨逢周率军士二百人，以捕寇为名入邑境，所至骚动。僎檄逢周取所受文书，逢周不与，僎令尉讥察之。逢同归，诉于徽宗，诏逮僎赴开封府狱，狱以状闻，乃使还任。

辟权咸平县丞。靖康初，勤王兵有剽掠邑界者，僎率民兵击之，得犯者斩以徇。会金人大至，力不敌，其僚欲降之，僎走南京从赵野乞师，不从，恸哭而归。寻知宣城县。苗傅、刘正彦之变，吕颐浩传檄诸郡，僎说郡守刘珏，请募勇士倍道赴难，揭榜复用建炎年号，人皆韪之。

通判全州，权饶州浮梁宰，未行，时有贼张顶花者已逼县境，众止之，僎曰："安逸则就，艰危则辞，非我所学。"径就道。至县，约束吏士，誓以死战。贼闻之，伪降，入邑为变，邑官窜伏，僎曰："吾为宰，义不可去。"端坐公署，贼徒责僎，僎大骂不绝口，遂遇害。诏赠承议郎，录其后二人。

郭赞者，汝阳县丞也。建炎二年，金人陷蔡州，守臣阎孝忠闻之，先遣其家，独聚军民守城。金人陷城，孝忠为所执，见其貌陋且侏儒，乃令荷担，因乘间而逃。独赞朝服诟叱不肯降，遂见杀。

王进字纯父，饶州乐平人。乡举恩免，为固始簿，摄邑。绍定中，金兵犯淮，守令望风遁，进度力不能御，怀印自投于井而死。

吴从龙字子云，官至武功郎、建康府统制。绍定兵难，为先锋，援不至，被擒，使至泰州城下诱降，终不屈，死之。庙祀扬、泰二州，赐额褒忠。官其弟从虎，至武经大夫。

司马梦求，叙州人，温国公光之后也。母程，归及门，夫死，誓不它适，旌其门曰"节妇"。梦求，其族子，取以为后。景定三年，举进士。咸淳末，调江陵沙市监镇。沙市距城才十五里，南阻蜀江，北倚江陵，地势险固，为舟车之会，恃水为防。德祐元年，湖水忽涸，北兵横遏中道，乘南风纵火，都统程文亮逆战于马头岸，制置使高达束手不援，文亮降。梦求朝服望阙再拜，自经死。

林空斋，永福人，失其名。父同，官至监丞。空斋举进士，历知县，解官家居。益王立，张世杰围泉州，乃率乡人黄必大、刘仝祖即其家开忠义局，起义兵，复永福县。时王积翁以福安送款世杰，然实密约北兵。兵至，屠永福，必大、仝祖等走它邑。空斋盛服坐堂上，啮指血书壁云：

"生为忠义臣,死为忠义鬼。草间虽可活,吾不忍为尔。诸君何为者,自古皆有死。"俄见执,不屈而死。

黄介,字刚中,隆兴分宁人。意气卓越,喜兵法。制置使朱祀孙帅蜀,介上攻守策,祀孙爱之,以自随。夏贵辟充广济簿尉,平反死囚,尹不能抗。钱真孙复辟入幕,及与真孙别,诵"南八,男儿死尔"语以勉之。后家居,帅乡民登龙安山为保聚计。德祐元年,北兵至砦,众奔溃,介坚守不去,且射且诟,面中六矢不为动,顾谓家僮陈力曰:"尔尽力勿走。"力曰:"主在,死生同之。"介身被镞如猬,面颈复中十三矢,倚栅而死,力亦死。

妻刘被掠,子用中逃,得不死。乃壮,求母四方,逾十年,得于京师以归,州里称为黄孝子云。

孙益,扬州泰兴人。少豪侠。绍定中,李全犯扬州,游骑薄泰兴城下,县令王燏募人守御,益起从之。俄贼兵大至,益率众拒之。众见贼势盛,且前且却,益厉声呼曰:"王令君寄我来,将以守护城邑也。今贼至城下,我辈不为一死,复何面目见令君乎?"遂身先赴敌,死之。

同时顾绪、顾珣俱战死。事闻,赠益保义郎,绪、珣承节郎,各官其子一人。

王仙,蜀都统也。守涪州,北兵攻围无虚日,势孤援绝。宋亡之二年,城始破,仙自刎,断其亢不殊,以两手自摘其首坠死。

曹琦,蜀进士也。知南平军,亦被执,脱身南归,制置辟主管机宜文字。闻都统赵安以城降,就守御地自经死。

吴楚材名炎,以字行,建昌南城人。德祐元年,建昌降。明年春,楚材还走乡领村,纠集民兵。时江西制置使黄万石走邵武,遂縣邵武守黎靖德请于万石,乞济师,万石不许,而授楚材迪功郎、权制置司计议官以安之,且戒勿兴兵。楚材不听,二月己亥,自领村众,晨炊蓐食,将攻城。钲鼓震动,甫至近郊之龟湖,北兵三道蹑之,夺其长梯铁钩,因进攻领村,拒以木栅,不得入。事闻,益王元帅府承制迁楚材宣义郎、带行太社令、知建昌军,俾聚兵图再举。万石匿其命。

楚材既失利,且乏援,大元兵诱降,其众多解去。楚材走光泽,为人所执,及其子应乞以献。郡遣录事娄南良讯之曰:"汝何为错举?"楚材抗声曰:"不错,不错。如府录所为,乃大错尔。府录受宋官爵,今乃为敌用事,还思身上绿袍自何而得?吾一鄙儒,特为忠义所激,为国出力,事虽不成,正不错也。"南良愧而语塞。及吴浚为江西制置、招讨使,斩楚材父子,传首诸邑。益王立于福州,闻而哀之,赠官朝奉郎,即邵武境上立庙,赐名忠勇。

李成大,字实夫,南康军建昌人,文定公李迪之从子也。宝祐四年进士。德祐初,知金坛县。北兵至,与寄居官潘大同、大本率民兵巷战,不胜,大同兄弟死之。吏民挟成大降,乃潜与胡用存谋复金坛,事泄系狱,榜掠不屈,遂杀其二子以惧之,终不屈,笑曰:"子为父死,臣为君死。"卒杀之。

事闻,赠朝散大夫、直秘阁,谥忠节。制曰:"外难方炽,拥名城数十而降者,相望也。守封疆之臣,父忠于前,子继于后,如晋卞氏,可无褒乎?通直郎、知镇江府金坛县兼弓手弩兵正李成大劲气排胃,精忠贯日,壮志弗就,以没其身。褴以大夫之阶,官其二孤,用慰英爽。"

陶居仁,太平之芜湖人。以行义闻州里。仕为镇江录事参军。北兵攻镇江,守臣洪起畏遁,统制官石祖忠举城降,居仁见执,抑使降。居仁曰:"吾固知历数穷而世运更也,讵可失忠义求苟生邪?得以死报朝廷,夫何憾。"竟不屈,遂见杀。大帅至,闻居仁死时语,叹啧之,为棺敛,使人护以还其家。逆流数百里,不时顷至,人皆异之。乡人为立祠。

卷四百五十三
列传第二百一十二

忠义八

高永年　鞠嗣复_{宋旅 丁仲修 项德附}
孙昭远　曾孝序　赵伯振　王士言_{祝公明附}
薛庆　孙晖_{李靓 杨照 丁元附}
宋昌祚　李政　姜绶　刘宣　屈坚_{王琦}
_{韦永寿附}郑覃　姚兴　张玘　陈亨祖
王拱　刘泰　孙逢_{李熙靖}　_{赵俊附}姚邦基
刘化源　胡唐老　王俦_{朱嗣孟附}　刘晏
郑振　孟彦卿　高谈　连万夫_{谢皋附}
王大寿　薛良显　唐敏求　王师道

高永年,河东蕃官也。为麟州都巡检。王赡取青唐,永年总蕃兵为先锋。赡入邈川,而宗哥叛,永年以千骑直抵其城,开省章峡路,击走羌兵,结阵还青唐。羌攻甚急,复击之去。会苗履、姚雄以援师至,战溪兰宗堡,履少却,永年领劲骑断羌为二,乃退。复与李克保敦谷,又战于乾沟,单马援矛,刺羌酋彪鸡斯万众之中,斩其首,余众宵遁。已而陇拶自乾沟逼鄯州,永年佐赡拒守,及雄弃湟、鄯,皆以永年殿归师。

崇宁初,知岷州。蔡京议复两州,王厚使永年帅兵二万出京玉关,克安川堡,遂至湟,即知州事。自皇城副使进四方馆使、利州刺史,为熙、秦两路兵都统制,将前军驻宗哥北。溪赊罗撒萃精勇据高阜,欲冲官军,永年挥选锋突阵,师乘之,羌大败,遂平鄯州。迁贺州团练使,知其州。

溪赊罗撒合夏国四监军之众,逼宣威城,永年出御之。行三十里，逢羌帐下亲兵，皆永年昔所推纳熟户也。永年不之备，羌遽执永年以叛，遂为多罗巴所杀，探其心肝食之，谓其下曰："此人夺我国，使吾宗族漂落无处所，不可不杀也。"是役也，王厚实主其事，而谋策皆出永年，乃劾永年信任降羌，坐受执缚，故赠恤不及云。

永年略知文义，范纯仁尝令赞所著书诣阙，作《元符陇右录》，不以弃湟、鄯为是，故蔡京用之，虽成功，然竟以此死云。

鞠嗣复，不知何许人。宣和初，知歙州休宁县。方腊党破县，欲逼使降，面斩二士以怖之，嗣复骂曰："自古妖贼岂有长久者，尔当去逆从顺，因我而归朝，官爵尚可得，何为胁我使降？"嗣复知必死，不少慑，屡言何不速杀我，贼曰："我，县人也。明府宰邑有善政，我不忍杀。"乃委之而去。初，嗣复闻难，率吏民修城立门，众赴功，守备略就。朝廷知之，进其官二等，加直秘阁，擢知睦州。尝为贼所伤，自力度江乞师于宣抚使，未及行而卒。

宋旅字庭实，莆田人。第进士，累官奉议郎、知剡县。方腊既陷歙、睦、杭、衢、婺五州，且犯越，越盗亦起应之。县吏多遁，旅遣妻子浮海归闽，独与县民守，以忠义激劝，部勒队伍，为豫备计。俄而盗众大至，躬率壮锐，冒矢石，虽颇杀获，终以力不敌，遂死之。越帅刘韐上其事，诏赠朝散郎，录其四子。

丁仲修字敏之，温州人。方腊党俞道安陷乐清，将渡江。巡检陈华往捕，死之。先锋将张理同、李振出南门迎敌，渡八接桥，桥断马蹶，溺死。贼至帆游，夏祥遵辅褒迎战数十合，褒死之。仲修帅乡兵御诸乐湾，乡兵失据而散，仲修以余兵与贼战，力屈乃死。

项德，婺州武义人，郡之禁卒也。宣和间，盗发帮源，明年陷婺，而邑随没。德率败亡百人破贼，因据邑之城隍祠。自二月讫五月，东抗江蔡，西拒董举，北捍王国，大小百余战，出则居选锋之先，入则殿后，前后俘馘不可胜计。贼目为"项鹞子"，闻其钲则相率遁去。方谋复永康诸县，而官兵至，德引其众欲会合，贼尽锐邀之黄姑岭下，德战死。邑人哭声震山谷，图其像，岁时祭之。

孙昭远，字显叔，其先眉州眉山人。元祐间进士，调长沙尉，辟河东经略司干当公事。历凤翔府天兴县、河北山东抚谕盗贼干当公事，寻擢河北、燕山府路转运使。

靖康元年，召为水部员外郎。金人围太原，宋师多溃，钦宗遣折彦质乘传同昭远招集。会洛阳陷，西京留守、西道总管王襄徙治襄、汉，授昭远西道总管。道收溃卒至京兆，遇永兴路安抚范致虚会诸军入援，昭远督其进，且檄诸道使出师。环庆帅王似、熙河帅王倚各以师会，泾原帅席贡、秦凤帅赵点、鄜坊使张深皆后师期，昭远二十有八疏劾之。合诸道兵得十万，命马祐昌统之。昭远与致虚同出关，祐昌与金人战败。京师陷，遣使至大元帅府。

建炎元年，迁河南尹、西京留守、西道都总管。至洛收集散亡，得义兵万余人，栅伊阳，使民入保。其冬，金人来攻，昭远遣将姚庆拒战，军败，庆死。昭远命将官王仔奉启运诸殿神御，间道走行在。金兵益炽，昭远战不利，其下欲拥昭远南还，昭远骂曰："若等平日衣食县官，不以此时报国，南去何为！"叛兵怒，反击昭远，遂遇害。官属无免者。四年，追赠徽猷阁待制。

曾孝序，字逢原，泉州晋江人。以荫补将作监主簿，监泰州海安盐仓，因家泰州。累官至环庆路经略、安抚使。过阙，与蔡京论讲议司事，曰："天下之财贵于流通，取民膏血以聚京师，恐非太平法。"京衔之。时京方行结籴、俵籴之法，尽括民财充数，孝序上疏曰："民力殚矣。民为邦本，一有逃移，谁与守邦？"京益怒，遣御史宋圣宠劾其私事，追逮其家人，锻炼无所得，但言约日出师，几误军期，削籍窜岭表。遇赦，量移永州。京罢相，授显谟阁待制、知潭州。复以论徭事与吴居厚不合，落职知衰州，寻复职，再知潭州。

道州徭人叛，乘高恃险，机毒矢下射，官军不得前，于两山间仆巨木，横累以守。孝序夜遣骁锐攀援而上，以大兵继进，破平之。进显谟阁直学士，迁龙图阁直学士、知青州。缮修城池，训练士卒，储峙金谷，有数年之备，金人不敢犯。高宗即位，迁徽猷阁学士，升延康殿学士，召赴行在。既而青州民诣南都借留，许之。

先是，临朐土兵赵晟聚众为乱，孝序付将官王定兵千人捕之，失利而归。孝序责以力战自赎，定乃以言撼败卒，夺门斩关入，孝序出据厅事，瞋目骂之，遂与其子宣教郎讦皆遇害，年七十九。城无主，遂陷。

知临淄县陆有常率民兵拒守，死于阵。知益都县张侃、千乘县丞丁兴宗亦死之。后赠孝序五官，为光禄大夫，谥威愍；子讦承议郎。有常朝散郎，录其家一人。赠侃、兴宗二官，官二子。

赵伯振，太祖八世孙。宣和六年进士。靖康末，为郑州司录，捍御有功。上闻之，就迁直秘阁、通判州事。建炎元年，金人犯郑州，守臣董庠弃城走。越八日城陷，伯振率兵巷战，中流矢坠马，遂遇害。事闻，赠朝请大夫，官其一子。

王士言，武举进士。累立战功，西北服其威名。宣和初，擢河东廉访使者。方腊为寇，诏择材略之士，冯熙载荐为东南第三将，首解嘉兴之围。靖康元年，诏以浙西兵往河东防秋。金人攻泽州，毕力守御，金兵日增，士言分必死。他将力屈，城西南遂陷，乃使亲卒持剑归报，巷战而死。康允之上其事，赠拱卫大夫、忠州团练使，官其后五人。

祝公明，处州丽水人。太原府盂县主簿。靖康间，金人犯河东，令弃官去，公明摄县事，率保甲入援，围守逾年，城陷不屈。子陶，为唐州司户，中原失守，陶亦死官所。建炎中，赠公明承事郎。

薛庆，起群盗，据高邮，兵数万人，多骁隽敢斗，能以少击众，附者日多。张浚闻庆无所系属，欲归麾下，亲往招之。庆感服，因使守高邮，寻迁拱卫大夫、福州观察使、承州天长军镇抚使。金人还自浙，屯天长、六合间，庆率众劫之，得牛数百，悉贱估分界民之worked田者。

金人欲自运河引舟北归，而赵立在楚，庆在承，扼其冲不得进。金左监军昌来见兀术，欲会兵攻楚州，真、扬镇抚郭仲威闻之，约庆俱往迎敌。庆至扬州，仲威殊无行意，置酒高会。庆怒曰："此岂纵酒时耶？我为先锋，汝当继后。"上马疾驰去，平旦出扬州西门，从骑不满百，转战十余里，亡骑三人，仲威迄不至。庆与其下奔扬州，仲威闭门拒之，庆仓皇坠马，为金追骑所获。马识旧路还，军中见之曰："马还，太尉其死乎。"金人杀庆，承州陷。讣闻，赠保宁军承宣使，官其家十人，封其妻硕人。

孙晖，为泗州招信县尉。建炎三年正月，金人陷泗州，州守吕元、阎瑾焚淮桥遁。金人由招信将渡淮，晖将射士民兵御之，沈其数舟。会大雾蔽日，金人莫测其多寡，相持逾半日，以疑兵縻晖，自上流渡兵。晖又战且却，城破，竟死于敕书楼。

李靓字彦和，吉州龙泉人。幼孤，母督之学，不肯卒业，母诘之，辞曰："国家遭女真之变，寓县云扰，士当捐躯为国戮大憨，安能咕嗫章句间，效浅丈夫哉？"岳飞督师平虔寇，挺身从之，未行，奔母丧。服除，走淮南，以策干都督张浚，浚奇之，使隶淮西总管孙晖麾下。累功授承信郎。绍兴十年，金遣其将翟将军犯境，靓与部曲当其锋，转战至西京天津桥南，俘翟将军，乘胜逐北。会金兵大至，遂死之，年三十一。

杨照者，濠州将官也。金人围城急，照跃上角楼，刺贼之执黑旗者，洞腹抽肠而死。照俄中流矢，卒。有统领丁元者，遇金人十八里洲，被围，元大呼其徒，勉以毋得负国。一舟二百人皆斗死。诏并赠承信郎，录其后。

宋昌祚，和州钤辖也。建炎三年，兀术犯和州，州人推昌祚权领军事，率众坚守，金人围之数匝。禁军左指挥使郑立亦拳勇忠愤，共激士卒，昼夜备御不少息。阅数日，军士胡广发弩中兀术左臂，兀术大怒，飞炮雨集，径登弩发之地，城立破，金人入屠其城。昌祚与权倅唐璟、历阳令蹇誉、司户徐纵、县尉邵元通及立、广皆死谯楼上，磔裂以徇。军士多不降，溃围西出，保麻湖水砦，推乡豪为统领。闻于朝，遂以赵霖为和州镇抚使，昌祚、璟、誉、纵、元通各赠官，录其子弟。

李政，为云骑第六指挥，在京东立战功，补官授河北将官，冀州驻扎。靖康二年，知州权邦彦以兵赴元帅府勤王，金兵来攻，政守御有法，纪律严明，军民皆不敢犯。金屡攻城，政皆却之。夜捣其砦，所得财物尽散士卒，无纤毫入私家。号令明，赏罚信，由是人皆用命。俄攻城甚急，有登城者，火其门楼，与官兵相隔，政呼曰："事急矣。有能跃火而过者，有重赏。"于是有十数人皆以湿毡裹身，持仗跃火而过，大呼力战，金人惊骇，有失仗者，遂败走。政大喜，皆厚赏之。未几政死，城遂陷。权知州事单某者不降，自经死。

姜绶，处州丽水人。金人再犯京师，内外不相闻。朝廷募忠勇士赍蜡书往南京总管司调兵赴援，绶以忠翊郎应募，乃刲股藏书，缒下南壁，为逻骑所获，厉声叱骂，遂被害。建炎中，州上其事，官其子特立承信郎。

刘宣，为秦凤路兵马都监。金人入关、陕，宣遣蜡书密与吴玠相结，且率金将任拱等以所部归朝。约日已定，有告之者，金人取宣缕擘之，其家属配曹州。

屈坚，为右武大夫、忠州防御使。建炎二年，金人围陕府，坚引所部救之。围解，金人执坚，坚曰："始吾所以来，为解围也。城苟全，吾死何憾。"叱金人使速杀之。后赠三官，录其家五人。

王琦，为弓门寨巡检。建炎四年，金人还自熙河，琦御之。金人立招降旗榜，改年号阜昌，众皆拜，琦独不屈。金人执而杀之。

韦永寿者，绍兴三十二年，以统制官与金人战和州，子承节郎世坚救之，同死。张浚以言，赠中卫大夫、融州观察使，世坚赠三官。

郑覃，字季厚，明州人。靖康二年贡于乡。建炎四年春，金人陷明州，纵兵大掠，覃挈族辟难山谷间。金人追及，与兄章俱被执，胁以刃，曰："予吾金，即贳死。"覃号泣指所瘗黄金钗遗之，遂见释。而金兵相属，覃挈小舟与其妻董同载去，顾谓章曰："万一不得脱，覃岂北面事异国者，兄勉主祭祀。"复为兵所劫去，迫使之降，覃厉辞骂不屈，跃入水中。董哭曰："夫亡矣，与其受辱以生，不如死。"亦自沈。

覃死后，孙、曾多举进士，而清之最显。覃累赠太师、秦国公，董秦国夫人。

姚兴，相州人。靖康中，以州校用。劫杀金人有功，借补承信郎。建炎初，张琪聚兵归东京留守宗泽，兴往从之，又从琪依刘洪道至池州。绍兴元年，琪叛，掠饶州，吕颐浩招降之。琪既听命而中变，执总管巨师古将杀之，兴密谕所部，挟师古同其妻游骑而驰，夜归颐浩。颐浩义之，请于朝，授武义郎，隶张俊军中。复从刘锜守顺昌，复宿、亳，下城父、永城、临涣、蕲县朱家村，迁武略大夫。战淮壖有功，授右武大夫，累迁建康府驻扎御前破敌军统制，充荆湖南路兵马副都监。

绍兴三十一年，金人渝盟，兴隶都统王权麾下，遇金兵五百骑于庐州之定林，与战却之，生得女直、鹘杀虎。初，金主亮在寿春，江、淮制置使刘锜命权将兵迎敌，权怯懦不进，锜督战益急，权不得已守庐州。及金兵渡淮，权遣兴拒之，而退保和州。兴与金人遇于尉子桥，金人以铁骑进，兴麾兵力战，手杀数百人。权奔仙宗山，严兵自卫，兴告急不应，统领戴皋帅马军引避。初，李二者，尝有私恩于权，因得出入军中，往来两界贸易，间窃权旗帜遗金人。至是，金人立权旗帜以误兴，兴往奔之，父子俱死焉。

事闻，诏赠容州观察使，又特官其后三人，即其砦立庙。既复淮西，又立庙战所，赐额旌忠。开禧元年，户部侍郎赵善坚言："近守边藩，询访故老，姚兴以四百骑当金人十数万，自辰至午，战数十合，援兵不至，竟死于敌。金人相谓曰：'有如姚兴者十辈，吾属敢前乎？'兴忠勇如此，宜超加爵谥。"于是赐谥忠毅。

张玘字伯玉。世居河南渑池。建炎中，以家财募兵讨金人，从者数千人。时翟兴制置京西，玘以众属焉。金兵长驱渡河，玘御之白浪口，金人不得渡。积功补武翼大夫、成州刺史。董先为制置司前军统制，玘佐之，每战，冒矢石为诸军先。

绍兴元年，金将高琼率众取商州。董先御之，玘乘锐奔击，从骑不能属，单马至四皓庙，金兵数百骑至，玘瞋目大呼，挺刃突击，金兵披靡莫敢向。是日，九战九捷，追至试剑关，争门，蹂践死者百人。明年春，偕先繇蓝田渡渭，规取长安。时伪齐经略使李谔屯渭北，与金将折合孛堇相为声势。玘陈兵华严川，俄出气贯日，吏士欢奋，战于兴平、咸阳、渭河、石鳖谷。

时刘豫据京师，先军乏食，伪降豫，不挈家，玘事其夫人如旧。豫使人迎其妻，先密书报玘勿遣，且述必还意。王倚摄虢州，从伪意坚，玘患之。会别将董震自商州来，倚喜曰："震与我善，今以兵来，天赞我也。"乃与震谋害玘。震阳许而阴以告。翼日，倚诣玘议事，玘叱下，责以大谊，并推官祁宗儒斩之。先是，豫遣人持诏抚谕，以玘为商虢顺州路兵马都监、同统制军马，玘囚其使，至是并戮之。

于是伪齐河南安抚孟邦雄、总管樊彦直据洛阳，兵直抵长水。玘遣将陈俊守白马山，谢皋守船板山，梁进守锦屏山，尽匿精锐。金兵深入，玘战东关，三寨响应，金兵溃。玘率精骑三千，一日夜驰三百里，黎明抵河南，邦雄就擒，彦直遁去。便宜升霸州防御使。三年春，先自伪齐归，玘还兵柄，退就位，时人义之。

初，翟兴既死，朝廷命其子琮袭，至是琮言于朝，真授玘武翼大夫、果州团练使、河南府孟、汝、唐州马步军副总管。击金将阎锐于唐、邓间，先登杀获千余人。未几，诏先一行并听神武后军统制。玘从岳飞复京西六州，平湖贼钟子义等，累功进拱卫大夫。入侍卫，始以诛王倚事闻，敕付史馆，赐褒诏，进亲卫大夫。

三十二年，领御营宿卫前军都统，屯泗州。时金人攻海州急，诏玘会镇江都统制张子盖赴之。贼环城数十匝，矢石如雨，玘战于州北三里，麾精骑冲其阵，手杀数十人，歼其长，杀获万计，海州围解。玘中流矢卒，子盖上其功，特赠正任观察使，官其后九人，庙号忠勇。孝宗即位，又命祠于战所，赠清远军承宣使。

子世雄，殁于符离之战，赠武节大夫。

陈亨祖者，淮宁大豪也。绍兴末，官军已复蔡州，亨祖遂领民兵据淮宁，执金知州完颜耶鲁，以其城来归。命为武翼大夫、忠州刺史、知淮宁府。金兵攻城，亨祖力战死之，举家五十余人皆死。赠容州观察使，立庙光州，赐额闵忠。

王拱，建康府前军统制。从都统邵宏渊收复虹县，进取宿州，屡立奇功。隆兴元年五月，与金人接战，深入营中，自辰至申，力战死。诏赠正任观察使，官其家八人。许奏异姓，赐银三百两，即其寨立庙，赐额忠节。

是役也，中亮大夫朱赟亦死之，赠承宣使。

刘泰，枢密院忠义前军正将也。慷慨好义，以私财募兵三百，粮储器械一切不资于官。金人犯寿春，泰率所部赴援，转战累日，金人引去，泰身被数十创，一夕死。诏赠武翼郎，官其家三人。

孙逢，眉山人。大观四年进士，累官至太学博士。张邦昌僭立，有司趣百僚入贺，逢独坚卧不起。夜既半，同僚强起之，不从，至垂泣与之诀。时祠部员外郎喻汝砺闻变，扪其膝曰："不能为贼臣屈。"遂挂冠去。事毕，有司举不至者，欲以逢与汝砺复于金人，邦昌以毕至告，乃免。逢闻之曰："是必将肆赦迁官以重污我，我其可俟！"遂发疾而卒。

李熙靖，晋陵人。提举醴泉观。邦昌使直学士院，熙靖固拒，因忧愤不食，疾且笃，谓友人曰："百官何日再朝天乎？"泣数行下。邦昌又命礼部侍郎谭世勣权直学士院，世勣亦称疾坚卧不起。熙靖寻卒。后并赠延康殿学士。

赵俊字德进，南京宋城人。绍圣四年进士，官至朝奉郎。隐居杜门，虽乡里不妄交。刘安世无恙时居河南，暇则独一过之。徐处仁与俊厚善，及为丞相，乡人多见用，俊未尝有求，处仁亦忘之，独不得官。

建炎末，士大夫皆避地，俊独不肯，曰："但固吾所守尔，死生命也，避将安之？"衣冠奔踏于道者相继，俊晏然不动。刘豫以俊为虞部员外郎，辞疾不受，以告其家，卒却之，如是再三，豫亦不复强。凡家书文字，一不用豫僭号，但书甲子。后三年卒。

承直郎姚邦基者，蜀人也。知尉氏县，秩满不复仕，屏居村落间，授徒自给。

时宗室南渡不及者，尚散居民间，豫募人索之，承务郎阎琦匿不以闻，为人所告，豫杖之死。

刘化源，耀州人。绍圣元年进士。建炎初，金人陷关陕，守令以城降者，金人因而命之。化源时知陇州，不肯降，城陷被执。金人使人守之，不得死，遂驱入河北，鬻蔬果、隐民间者十年，终不屈辱。

有米璞者，与化源同乡里，西人皆敬之。璞登政和二年进士第，时通判原州，刘豫欲官之，杜门谢病，卒不污伪命。

有刘长孺者，亦耀州人。时签书博州判官厅公事，与豫书，备陈祖宗德泽，劝以转祸为福。豫怒，追其官，囚之百日，长孺终不屈。豫后复官之，不从。绍兴九年，宣谕使周聿上之朝，诏赴行在，而签书枢密院事楼炤言璞苦风痹，化源、长孺老病，遂命各转两官奉祠。又言新凤翔教授阴崄守节不仕，诏特改令入官。其后金复渝盟，长孺知华阴县，不屈而死。

有李嚞者，开封人。宣和六年进士。建炎中，知彭阳县，亦不降，与民移治境上。令执之以献，金人欲官之，凡三辞。其后金人以为归附，命为儒林郎，嚞言于所司曰："昔为俘获，不敢受归附之赏。"还其牒。刘麟闻其贤，命张中孚以礼招致，嚞力拒之。绍兴九年死原州。事闻，赠奉议郎，官其家一人。

胡唐老，字俊明，枢密副使宿之曾孙也。崇宁间，与弟世将同登进士第。历南京国子博士，知江陵县，召为秘书省校书郎。靖康元年，擢殿中侍御史。金人再犯京师，攻围日急，唐老请对曰："城危矣。康王北使，为河朔士民留不得进，殆天意也。请就拜大元帅，俾召天下兵入援。"宰相何㮚是之，遂遣秦仔持蜡书诣相州，拜王河北兵马大元帅。

时朝廷趣西兵入卫，而不立帅。唐老疏："乞命范致虚为宣抚使，节制诸路以进，不然必无功。"不听。后致虚以孤军与金人战崤、渑间，它路兵不至，遂败。

京城破，金人根括金银，分命朝臣董之，以台臣纠察，唐老预焉。出知无为军。朝廷窜逐伪命之臣，坐降二官。先是，金人怒民间多匿金银，杖唐老几死，以疾得免称臣于伪楚。至是，唐老不自言故，例从贬秩。

三年，知衢州。苗傅败走，以乱兵犯城，唐老拒之。会大雨雹，城上矢石俱发，贼不支，遂解去。以功擢秘阁修撰，未几，进徽猷阁待制，充两浙宣抚司参谋官，知镇江府兼浙西安抚使。

杜充降于金，建康失守，溃卒戚方等趣镇江，城壁颓圮，兵不满千，独倚浙西制置韩世忠为重。世忠复去，唐老度力不敌，因抚之。无何，方欲犯临安，妄言赴行在，请唐老部众以行。唐老不从，谕以逆顺祸福，方众环胁之，唐老怒骂方，遂遇害。诏赠徽猷阁直学士，谥定愍。

时安抚司机宜郑凝之亦以兵死，诏官其家一人。凝之，戬孙也。

王俦，以通判真州权通判广德军。建炎末，盗戚方既为刘晏所破，引兵欲趋宣城，道过广德，入其郛。俦不屈，与权判官李唐俊、权司法潘侁、权知广德县韦绩、权丞蒋夔皆死。后赠俦二官，唐俊等皆京秩，录其家一人。

朱嗣孟，饶州乐平人。宣和间进士，为广德司户兼司理。叛卒戚方破镇江，犯广德，守仓皇遣招安，无敢往者，嗣孟状貌有胆略，遂以命焉。嗣孟雅自负，不复逊，直诣贼垒，问所以涉吾地何故，为陈逆顺祸福，使自择所处。方以迕己杀之。事闻，赠宣教郎，官其子。

刘晏，字平甫，严州人。入辽，举进士，为尚书郎。宣和四年，帅众数百来归，授通直郎。金人犯京师，以晏总辽东兵，号"赤心队"。

建炎初，从刘正彦击淮西贼丁进。进党颇众，晏所提赤心骑才八百，乃为五色旗，使骑兵持之，循山而出，一色尽则以一色易之。贼见官军累日不绝，颜色各异，遂不战而降。迁朝散郎。正彦反，晏谓其部曲曰："吾岂从逆党者耶？"以众归韩世忠。世忠追正彦及苗傅于浦城，以晏骑六百为疑兵于浦山之阳，贼大骇，晏以所部力战。正彦既擒，世忠上其功，迁一官。

金人犯建康，杜充兵溃，世忠退保江阴，晏领赤心百五十骑屯青龙。群寇犯常州，郡守请晏为援，晏以精锐七千人出奇破之。进直龙图阁。保马迹山以捍寇，寇再至，晏选舟师迎战，降其众千五百人，郡人为晏立生祠。

戚方围宣城，急命晏往援，晏至城下，未立营垒，出不意直捣方帐下，方大惊却走。晏欲生致方，单骑追之，方率其众迎战，晏不能敌，犹手杀数十人，为贼所害。事闻，赠龙图阁待制，官其子四人，于死所立庙曰义烈，岁时祀之。

郑振，字亨叔，兴化军仙游人。建炎中，盗杨勍起，邑令檄振纠集民兵以御之。振力战，贼众披靡，一夕遁去。绍兴十三年，群盗曾少龙、周老龙、何白旗、陈大刀众至数万，帅司檄振行，盗素闻振名，不战自屈。十六年，盗詹铁义者，入振井里，振帅众拒之，杀数十人，遂遇害。庙食里中。

有孙知微者，以朝请大夫通判舒州。绍兴元年，贼刘忠入其境，执知微以去，知微不屈，忠怒，脔而食之。

孟彦卿，忠厚从父也，颇知兵。通判潭州。建炎三年，潭城中叛卒焚掠，自东门出，帅臣向子諲命彦卿领兵追之。已而招安其众。未几，溃兵杜彦自袁州入浏阳，遂犯善化、长沙二县。彦卿率民兵拒之，手杀数人，贼势挫，退还浏阳。彦卿追与之战。俄而民兵有自溃者，贼遂乘之，斩彦卿，持其首以告所掠民兵曰："此善战孟通判首也。"因支解以徇。

添差通判赵民彦以民兵赴之，鏖战浏阳城南南流桥，依山为阵，杀伤甚众。偶为间者折其阵中认旗，众惊谓民彦已败，遂溃，民彦为贼所得。邑士谢淳以才勇，众推之帅民兵为前锋，助民彦战。淳手杀数十人，力屈亦被执。贼并杀之。事闻，彦卿、民彦并赠直龙图阁，官其家各三人。淳字景祥，赠成忠郎，官其子晞古。朱熹帅湖南，请为彦卿、民彦立庙，以淳侑之。

高谈字景遂，邵武光泽人。绍定二年，旁郡盗作，诸子请避之，谈曰："昔杨子训问避寇于胡文定公，语之曰：'往岁盗起燕山，则河北、关中可避；入关，则淮南、汉南可避；今惟二广，宁保其无寇乎？吾惟存心以听命尔。'小子识之，此格言也。今南去则汀、剑，西去则盱、赣，皆为盗区；东去富、沙，虽有城避，吾闻官吏例弗我纳；北去广信，防夫、守隶利人囊箧，指民为谍，数剽杀之。

舍胡公之言未有他策也。"盗入，诸子又请，谈曰："有庙祏在，将焉之？"

盗至，谈出曰："时和岁丰，何忍为此？"盗曰："吏贪暴，民无所诉，我为直之。"谈曰："独不能桴鼓上闻乎？民何辜而杀之。"盗怒，执诸庭。遗之牛酒，不释；遗之金帛，不释。谈曰："然则将何为？"盗曰："我欲东破武阳，若得耆老如尔者，率是乡子弟，吾其济乎。"谈曰："斯言奚为至我。"唾贼大骂，遂遇害，而里人赖以免。

谈平居言动，必由礼法，故乡人敬而附之。

连万夫，德安人，或曰南夫弟也。补将仕郎。建炎四年，群贼犯应山，万夫率邑人数千保山砦，贼不能犯。寇浪子者以兵至，围之三日，卒破之。贼知万夫勇敢有谋，欲留为用，万夫怒，厉声骂贼，为所害。赠右承务郎，官其家一人。

谢皋者，开封人，为镇抚司统制官。李成陷虔州，欲降之，皋指腹示贼曰："此吾赤心也。"自剖其心以死。

王大寿，泉州人，为左翼队将。绍定五年，海寇王子清犯围头，守真德秀遣大寿领卒百人防遏。猝与贼遇，奋前控弦，毙贼十余，后无援者，遂没。从死者五人。贼就俘，剖心祭之。事闻，赠官，恤其家。

薛良显，字贵勤，温之瑞安人。登崇宁二年进士第，累官为大宗正丞，出为江东转运使。江宁军校周德作乱，良显闻变，率众与战，斩十余级，力不胜，死之。事闻，赠恤良渥。

唐敏求，字好古，太平当涂人。宣和六年进士，调德化主簿。盗起，敏求挺身率众捍贼，度力不能支，谕以祸福，贼愤诋触，噪而前，遂遇害。事闻，加赠升朝官，仍补其子楠将仕郎。

王师道，字居中，兖州人。为人沈勇。任吉州栗传砦巡检。绍兴中，与盗战于吴村，每射辄毙，追击数里，遇贼有伏于民居者，挺身力战，遂死。立庙其地。部使者以闻，官其二子。

王辉者，青州人。亦尝为栗传寨巡检。靖康初，诏起义兵，辉应募，立奇功，官至正使，寓吉州。淳熙二年，茶寇犯邑，郡以辉骁勇，檄之使行。至胜乡，地险，辉勇于进，士卒不继，为贼所得，以刃加颈欲全之，辉含血大骂，遂死。帅司以闻，赠忠州刺史，与恩泽二人，立庙罗陂。

陈霖者，字傅叟，泉州人。嘉定十三年进士，为瑞金尉。盗起江、闽，霖迎敌力战，盗系之去，不屈遇害。

卷四百五十四
列传第二百一十三

忠 义 九

赵时赏 **赵希洎** **刘子荐**黄文政 **吕文信**
钟季玉潘方 **耿世安** **丁黼** **米立**赵文义
杨寿孙 **侯富** **王孝忠** **高应松**张山翁
黄申 **陈㮣** **萧雷龙** **宋应龙**褚一正
邹㵁刘子俊 刘沐 孙栗 彭震龙 萧焘夫
陈继周 陈龙复 张镗 张云 张汴 吕武
巩信 萧明哲 杜浒 林琦 萧资 徐臻
金应 **何时**陈子敬 **刘士昭**王士敏
赵孟垒 赵孟松

赵时赏字宗白，和州宗室也，居太平州。咸淳元年擢进士第，累官知宣州旌德县。德祐元年，北军至境，时赏拥民兵捍战有功，升直宝章阁、军器太监。从二王入闽中。益王即位，擢知邵武军。未几，言者以弃城论罢之。

文天祥开都督府于南剑，奏辟参议军事、江西招讨副使。与宗室孟溁提兵趣赣州，取道石城，复于都县。数以偏师当一面，战比有胜。时赏风神明俊，议论慷慨，有策谋，尤为天祥所知。及空坑之役，兵败走吴溪，为追兵所执，不屈死之。

时赏在军中时，见同列盛辎重，饰姬侍，叹曰："军行如春游，其能济乎？"及被执，见系累它僚属至者，时赏辄麾去，云："小小签厅官尔，执此何为？"由是得脱者众。

赵希洎，宗室子，居宜春。历官至户部尚书。咸淳中，迕丞相贾似道，出领广东转运使。德祐元年，制置使黄万石檄其勤王，得溃卒数百，道经庐陵，郡守邀其军，遂与从子必向避地赣州。乱定归里，时袁守聂嵩孙，希洎内姻也，勉之内款，不能屈。文天祥兵败，以失言与必向俱被囚，辞节愈厉，家人馈食，则碎器覆诸地，俱不食，据榻而死。

刘子荐，字贡伯，吉州安福人。父梦骥，以进士历官知澧州，没于王事。子荐以父任为湘乡尉，以获盗功调抚州司录。有诉王应亨殴死荷檐黄九者，狱成矣，子荐阅爰书，疑而驳之。俄烈风迅雷辟狱户，裂吏橐，杀人者实孔目冯汝能，非应亨也。狱遂白，得免死者八人。事闻，颁谕天下之为理官者。改知赣县，监行在左藏库，通判常德府，知融州。陛辞，度宗慰之曰："广郡凋瘵，赖卿抚摩。"子荐对曰："臣当推行德化，以安其民。"至官，以廉静著闻。

主管仙都观，广西经略司檄为参议官。德祐二年十一月，北兵至静江，权经略使马塈遣子荐提徭兵药弩手守城东门，势不支。时瀛国公已入燕，子荐取笏书其上云："我头可断，膝不可屈。"登城北望再拜，取所衣袍瘗之，语左右曰："事急不可为，吾有以死守。"或讽子荐遁去，子荐曰："死事，义也，何以遁为？"竟死之。

有黄文政者，淮人。戍蜀，军溃，间道走静江。马塈邀与同守，城破，文政被执，大诟不屈。大军断其舌，以次剸刖之，文政含胡叱咄，比死不绝声。

吕文信，文德之弟也。仕至武功大夫、沿江副司谘议官。德祐初，帅舟师次南康斛林，夹白鹿矶与北兵遇，战死。特赠宁远军承宣使。子师宪，特与带行阁职，与两子承信郎恩泽。仍立庙赐额。

河湖寨巡检张兴宗亦死之。赠武翼郎，赐缗钱三万，仍与一子承信郎恩泽。

钟季玉，饶州乐平人。淳祐七年举进士，调为都大坑冶属，改知万载县。淮东制置使李庭芝荐之，迁审计院，改宗正寺簿，又迁枢密院编修，出知建昌军。会有旨江西和籴，季玉至郡才半年，属岁旱，度其经赋不能办，请于朝，和籴得减三之一。迁提举常平，未几，改转运判官，皆不赴。后以江西转运判官强起之。郡大胥以贿败，前使百计护之，季玉卒穷治，投岭表。俄以秘书丞召还，遭前使构谮而封驳之，改都大提点坑冶。北兵渡江，季玉徙寓建阳，兵至，不屈死之。

有潘方者，温州平阳人。宝祐四年进士，调监庆元府市舶。庆元降附，方不屈赴水死。

耿世安，为武翼大夫、淮东副总管、两淮都拨发官。初，谍报大兵至，制置使贾似道调世安提兵往涟水军增戍。众方犹豫，世安径迎至渔沟，以三百骑入陈麾击，自午至酉，身被七创，犹能追杀溃兵。收兵还，至数里没。事闻，赠五官，立庙淮安，赐额忠武。

丁黼，成都制置使也。嘉熙三年，北兵自新井入，诈竖宋将李显忠之旗，直趋成都。黼以为溃卒，以旗榜招之，既审知其非，领兵夜出城南迎战，至石笋街，兵散，黼力战死之。方大兵未至，黼先遣妻子南归，自誓死守。至是，从黼者惟幕客杨大异及所信任数人，大异死而复苏。黼帅蜀，为政宽大，蜀人思之。事平，赐额立庙。

米立，淮人，三世为将。从陈奕守黄州，奕降，立溃围出。江西制置使黄万石署为帐前都统制。大兵略江西，立迎战于江坊，被执不降，系狱。行省遣万石谕之曰："吾官阶一个先牌写不尽，今亦降矣。"立曰："侍郎国家大臣，立一小卒尔，何足道。但三世食赵氏禄，赵亡，何以生为？立乃生擒之人，与投拜者不同。"万石再三说之，不屈，遂遇害。

赵文义者，郢州都统制。更戍归，与北兵遇，力战死之。初，开州之役，文义兄武义亦死焉。

有杨寿孙者，为云安军主簿兼教参佐忠胜军。端平中，北兵至中江县，与将官何庚、安惟臣、田广泽、歹坤等连战二日，俱死之。寿孙赠通直郎，官一子下州文学。庚等各赠承节，一子进勇副尉。

侯畐，字道子，温州乐清人。三贡于乡，两试转运司，皆第一。以武举授合浦尉，柳城令，侍卫步军司干办公事，侍卫马军行司计议官。宝祐五年，制置使贾似道辟通判海州兼河南府计议官。李松寿据山东，突出涟、泗，畐麾城下，死之，阖室遇害。太学生三十一人言于朝，即海州赐庙旌忠，谥曰节毅，仍立庙其乡。畐所著有《霜崖集》。

王孝忠，为镇江前军统制兼淮东路分，戍淮阴。杨贵叛，孝忠率众迎战，胜气百倍。俄水军统制朱信降贼，孝忠孤军力不敌，死焉。

高应松，开庆元年进士。繇衢州教授通判广德军，召为国子监丞，权礼部员外郎、翰林权直。北兵自涌金门入，举朝奔窜，从官留者九人，应松其一也。迁中书舍人、直学士院，寻迁权工部侍郎，进端明殿学士、签书枢密院事。从瀛国公至燕，绝粒不语，越七日卒。

张山翁字君寿，普州人。景定三年进士。德祐元年，为荆湖宣抚司干官。鄂守张晏然议纳款，山翁以书谯让之。晏然既降，山翁被执军前，谕曰："若降，不失作显官。"山翁酬对不屈。行省官贾思贞义之，贷不杀。后居黄鹄山，聚徒教授而终。有《南纪》、《缁林藏》、《云山》、《相锄》等集。

黄申，字酉乡，井研人。开庆元年进士，授德安尉，摄主簿兼提点江西刑狱司签厅，狱事多所辨明。丞相江万里、提刑黄震交荐之，调乐安丞。

申为政廉谨，有治声。以恩升从事郎。大兵拔抚州，下诸县索降状，乐安令率其僚联署以上。申初闻变，悉遣家人远避，至是独抗不往。令遣吏促之，申不动。吏白见，令怒。俄而吏数百人集于庭，强舆致之，申颠踣于地，若中风然。众捽蹴诟叱曰："为尔不顺，将累我辈。"申阳死为不闻，令无如之何。申有惠爱在民，至暮，众舁入置中堂，翼日或食以粥，得免。遂去，隐巴山中以终。

陈奎，字肇芳，一字伟节，饶州安仁人。父诗川，以武功补沭阳令。咸淳元年，父子同举进士。调滁州司户参军。父丧免，改荆闽粮料院，又以母忧去。调朐山主簿。制置使印应雷辟入幕。德祐元年秋，奎繇海道归杭，授南安军教授，不就，还家。

奎少与谢枋得游，会枋得起兵安仁，首拔入幕。执安仁令李景，景，奎里人也。景请以家赀二万赎罪，奎曰："普天之下，莫非王土。家财独非朝廷钱耶？"声其罪斩之。景子率乡民五千报怨，奎度势不敌，引兵趋信州。会守吏遁去，奎闻于朝，就摄郡事。

益王即位，牵入觐，迁宗正寺簿、太府寺丞、领江东安抚使。出上饶，接应郡县，所部才千余人，屯火烧山。越数月，战溃，被执至豫章，元帅怜其才，羁縻馆留之，遁去。后三年复起兵，寻败入积烟山中，自刭死。所著有《鹤心集》，其诗多讥刺当时之士大夫。弟年同时被执，死焉。

萧雷龙，字显辰，建昌新城人。景定三年进士，调临安府学教授，通判衢州。及州守弃城遁，朝命雷龙权知府事。

北兵薄城下，不降，脱去还建昌。建昌已降，雷龙与同里人黄巡检起兵。时大兵四合，雷龙度不可支，与黄巡检及麾下数人奔入闽，未出境，为同安武人徐浚冲获送县。权县尹刘圣仲素与雷龙有怨，杀之。后圣仲北来，泊舟小孤山，有巨舰冲前，建大旗书曰"萧知府兵"，继见雷龙坐船上，圣仲大呼，有顷不见，以惊死。

宋应龙者，儒生。通兵，出入行陈三十余年，为谘议官，寓泰州。德祐二年六月甲寅，大兵至泰州，裨校孙贵、胡惟孝、尹端甫、李遇春开门迎降，应龙与其妻自缢于囹中。

是时，提刑谘议褚一正字粹翁，庐州人，武举进士。督战高沙被创，竟没于水。知兴化县胡拱辰，县破，亦死之。

邹㵩，字凤叔，吉水人，后徙永丰。少慷慨有大志，以豪侠鸣。从文天祥勤王，补武资至将军。益王立，改寺丞，领江西招谕副使。聚兵宁都，得数万，改授江西安抚副使。复兴国、永丰二县，进兵部侍郎兼江东、西处置副使。及永丰败，继从天祥间关岭道，未几，复出开督府，分司永丰、兴国境上。北兵骤至，大战，㵩脱身走至潮州。及天祥被执，㵩自杀。

当是时，从天祥勤王死事者，㵩与刘子俊等凡十有九人，因次第其名，附见左方。

刘子俊字民章，庐陵人。尝中漕试。少与文天祥同里闬，相友善。天祥开督府兴国，子俊诣府计事，补宣教郎、带行军器监簿兼督府机宜。空坑兵败，子俊收兵保洞源，接应郡县。寻入广，与大兵遇，战溃，复招集散亡，与邹㵩同趋潮州。天祥兵败，子俊被执，自诡为天祥，意使大兵不穷追，天祥可间走也。未几，别队执天祥至，相遇于途，各争真赝，至大将前，始得其实，乃烹子俊。

刘沐字渊伯，庐陵人。文天祥邻曲也，少相狎昵，天祥好奕，与沐对奕，穷形忘日夜以为常。及起兵，辟补宣教郎、督府机宜。暨天祥出使，沐领兵还。天祥归，开府南剑，沐收部曲来会，改授太府寺簿，专将一军，为督府亲卫。会空坑兵败，被执至豫章，父子同日死焉。仲子死乱兵，季子又从天祥死岭南。当时江西忠义皆沐所号召。沐性沈实而圆机，昼夜应酬，亹亹不倦云。

孙栗字实甫，吉州龙泉人，献简公抃之后，天祥长妹婿也。天祥起兵，檄栗招忠义士，补宣教郎、带行监官告院、知吉州龙泉县。天祥拥兵出赣，里人奉粟复龙泉，拒守不下，寻为叛者所陷，执至隆兴杀之。

彭震龙字雷可，永新人，天祥次妹婿也。性跌荡喜事，尝以罪黜。天祥起兵，补宣教郎、带行太社令、知永新县。会天祥出使被执，震龙遁归，吉州已失，乃结峒獠起兵。天祥兵出岭，震龙接应，复永新。大兵至，震龙为亲党所执，至帅府，腰斩之，屠永新。

萧焘夫，永新人，与兄敬夫俱天祥客。焘夫为诗有豪俊气。天祥起兵，补从仕郎。及彭震龙谋复其县，焘夫赞之。县受屠，兄弟俱死之。

陈继周字硕卿，宁都人。淳祐三年贡于乡。以捕盗功行，未奏名，授廉州司法，南丰县知录，淮东总领干官，藤州观察推官，知吉州永丰县，改知高安县、广东经略司准备差遣、知衡阳县，辟淮东转般仓、江东提点刑狱干办公事。

未上，会咸淳十年，诏征勤王，文天祥方守赣州，即日举兵，造继周问计。继周慨然为具言闾里豪杰子弟与凡起兵之处，其为方略甚详。于是留继周幕中，昼夜调度，授继周江西安抚司准备差遣，率赣士以从。继周虽弱不胜衣，而年德有以服人，士视为父兄，进止疾徐惟指呼，无敢先后。诏改继周合入官，带行监文思院，差充江、浙制置司主管机宜。所部夜袭大兵于南栅门，杀伤相当，质明犹战，渴赴水死。

张汴字朝宗，一字次山，蜀人。少客丞相吴潜兄弟门，出入荆阃历年，明习韬略。潜兄弟既罢，废斥者十余年。继文天祥起兵，辟为秘阁修撰，领广东提举、督府参谋，左右幕府，知无不为。空坑兵败，为乱兵所杀。处置使邹㵩得其尸葬之。

吕武，太平州步卒也。文天祥出使，武应募从行，偕脱镇江之难，沿淮东走海道，赖武力为多。天祥开府南剑，武以武功补官，遣之结约州县起兵相应。道阻，复崎岖数千里即天祥于汀、梅，挺身患难，化贼为兵。以环卫官将数千人出江西，以遇士大夫无礼，死于横逆，一军挥涕而葬之。武忠梗出天性，不避强御，而好面折人过，多触忌讳，故及于祸云。

巩信，安丰军人。为荆湖都统，沈勇有谋。本隶苏刘义部曲，文天祥开督府，刘义以信与王福、张必胜诣天祥。信官至团练使、同督府都统制、江西招讨使。初至都府，天祥以义士千人付之，信曰："此辈徒累人尔。"乃招淮士数千自随，然常怏怏曰："有将无兵，其如彼何！"天祥自兴国趋永丰，大兵追其后，信战于方石岭，中数矢，伤重不能战，自投崖石而死。土人葬之，颜色如生。赠清远军承宣使，立庙旌之。

萧明哲字元甫，太和人。性刚毅有胆气，明大节。少举进士，天祥开府汀州，辟充督干架阁监军。师出岭，明哲以赣县民义复万安，连结诸寨拒守。兵败，被执不屈，死于隆兴。临刑大骂不绝口，闻者壮之。

杜浒字贵卿，丞相范从子也，少负气游侠。德祐元年，有诏勤王，浒时宰县，纠集民兵得四千人。文天祥开阃平江，往附焉。时陈志道等赞天祥出使，浒力争不可，志道逐之去。已而天祥果见留，志道窃藏逃归。天祥北行，诸客无敢从者，浒独慨然请行。特改兵部架阁。从京口，以计赂守夜刘千户者，得官镫，脱天祥，偕走淮甸，由海道以达永嘉。

益王即位，授司农卿、广东提举、招讨副使、督府参谋。寻往温、台招集兵财。福安陷，与天祥相失，遂趋行朝。苏刘义疑浒自来，欲杀之，陈宜中、张世杰不可，使人监护之，乃免。久之，奉命复入天祥幕。及空坑兵败，又与跋涉患难以出。天祥移屯潮州，浒议趋海道，天祥不听，使护海舟至官富场。浒惧力单，径趋崖山，兵溃被执，以忧愤感疾卒。

林琦，闽人也。德祐二年，大兵既迫临安，琦于赭山结集忠义数千人，捍御海道。以功补宣教郎、督府主管机宜文字，充检院。文天祥开府南剑，琦佐其幕。琦外文采，内忠实，数涉患难，无怨怼辞。及潮州移屯，琦俱被执，至惠州遁，复执之北行，赴水，为吏所拔，至建康，以忧愤死。

萧资，天祥幕下书史也。天祥起兵，资于患难中扶持甚至。空坑兵败，以全督府印功，升阁门、路钤辖。资性和厚，临机应变，辑穆将士，总摄细务，任腹心之寄。潮阳移屯，与大兵遇，死之。

徐臻，温州人。父官河南，德祐元年春，臻往省，以道阻。会天祥勤王，臻往依之，以笔札典枢密，小心精练。天祥被执，臻脱难复来，愿从天祥北行，扶持患难，备殚忠款，至隆兴病死。

金应者，性少刚知义。为天祥职书司，入京补承信郎，官路分。天祥奉使被执，左右皆散，应独无叛志。及脱走镇江，至淮东，以忧愤死焉。

何时，字了翁，抚州乐安人，天祥同年进士也。调庐陵尉，寻入江西转运司幕府，还临江军司理参军。郡狱相传，旧斩一寇，尸能行一里许。众神之，塑为肉身皋陶。时至，取故牍阅，此寇尝掠杀数人，曰："如此可为神乎？"命鞭之，湛于水，人服其明。改知兴国县。

天祥起兵，辟署帅府机宜、带行监文思院。天祥入卫，时任留司，分司吉州。饷运平江，天祥奏时知抚州。吉州下，时脱身归乡里。益王立，天祥开府南剑，时起兵趋兴国接引，以时带行卿监、江西提刑。时聚兵复崇仁县，未几，大军奄至，兵败，削发为僧，窜迹岭南，卖卜自给，变姓名，自号坚白道人。

又有陈子敬者，赣州人。以贤雄乡里，尝从天祥游。天祥开阃汀州，子敬募集民兵屯皂口，据赣下流。及天祥攻赣，子敬与合谋，忠效甚著。空坑兵败，复聚兵屯黄塘寨，连结山寨不降。大军以重兵袭其寨，寨溃，子敬不知所终。

刘士昭，太和人，尝为针工。与乡人同谋复太和县，败，血指书帛云："生为宋民，死为宋鬼，赤心报国，一死而已。"因以其帛自缢死。

其党入狱，多乞怜苟免。有王士敏者，独慷慨不挠，

题其裾："此生无复望生还，一死都归谈笑间，大地尽为腥血污，好收吾骨首阳山。"临刑叹曰："恨吾病失声，不能大骂耳。"

同时有赵孟坚者，合州人。登开庆元年第，为金华尉。临安降，与从子由鉴怀太皇太后帛书诣益王，擢宗正寺簿、监军。复明州，战败见获，不屈磔死。

方大军驻绍兴，福王与芮从子曰孟松，谋举兵，事泄，被执至临安。范文虎诘其谋逆，孟松诟曰："贼臣负国厚恩，共危社稷，我帝室之胄，欲一刷宗庙之耻，乃更以为逆乎？"文虎怒，驱出斩之，过宋庙，呼曰："太祖、太宗列圣之灵在天，何以使孟松至此？"都人莫不陨泪。既死，雷电昼晦者久之。

卷四百五十五
列传第二百一十四

忠 义 十

陈东　欧阳澈　马伸　吕祖俭　吕祖泰
杨宏中　华岳　邓若水　僧真宝　莫谦之
徐道明

陈东，字少阳，镇江丹阳人。早有隽声，倜傥负气，不戚戚于贫贱。蔡京、王黼方用事，人莫敢指言，独东无所隐讳。所至宴集，坐客俱为己累，稍引去。以贡入太学。钦宗即位，率其徒伏阙上书，论："今日之事，蔡京坏乱于前，梁师成阴谋于后。李彦结怨于西北，朱勔结怨于东南，王黼、童贯又结怨于辽、金，创开边衅。宜诛六贼，传首四方，以谢天下。"言极愤切。明年春，贯等挟徽宗东行，东独上书请追贯还正典刑，别选忠信之人往侍左右。金人迫京师，又请诛六贼。时师成尚留禁中，东发其前后奸谋，乃谪死。

李邦彦议与金和，李纲及种师道主战，邦彦因小失利罢纲而割三镇，东复率诸生伏宣德门下上书曰：

在廷之臣，奋勇不顾、以身任天下之重者，李纲是也，所谓社稷之臣也。其庸缪不才、忌疾贤能、动为身谋、不恤国计者，李邦彦、白时中、张邦昌、赵野、王孝迪、蔡懋、李梲之徒是也，所谓社稷之贼也。

陛下拔纲列卿之中，不一二日为执政，中外相庆，知陛下之能任贤矣。斥时中而不用，知陛下之能去邪矣。然纲任而未专，时中斥而未去，复相邦彦，又相邦昌，自余又皆擢用，何陛下任贤犹未能勿贰，去邪犹未能勿疑乎？今又闻罢纲职事，臣等惊疑，莫知所以。

纲起自庶官，独任大事。邦彦等疾如仇雠，恐其成功，因用兵小不利，遂得乘间投隙，归罪于纲。夫一胜一负，兵家常势，岂可遽以此倾动任事之臣。窃

闻邦彦、时中等尽劝陛下他幸，京城骚动，若非纲为陛下建言，则乘舆播迁，宗庙社稷已为丘墟，生灵已遭鱼肉。赖聪明不惑，特从其请，宜邦彦等逸嫉无所不至。陛下若听其言，斥纲不用，宗社存亡，未可知也。邦彦等执议割地，盖河北实朝廷根本，无三关四镇，是弃河北，朝廷能复都大梁乎？则不知割太原、中山、河间以北之后，邦彦等能使金人不复败盟乎？一进一退，在纲为甚轻，朝廷为甚重。幸陛下即反前命，复纲旧职，以安中外之心，付种师道以阃外之事。陛下不信臣言，请遍问诸国人，必皆曰纲可用，邦彦等可斥也。用舍之际，可不审诸！

军民从者数万。书闻，传旨慰谕者旁午，众莫肯去，方异登闻鼓挝坏之，喧呼震地。有中人出，众脔而磔之。于是亟诏纲入，复领行营，遣抚谕，乃稍引去。

金人既解去，学官观望，时宰议屏伏阙之士，先自东始。京尹王时雍欲尽致诸生于狱，人人惴恐。朝廷用杨时为祭酒，复东职，遣聂山谕学抚谕，然后定。吴敏欲弭谤，议奏补东官，赐第，除太学录。东又请诛蔡氏，且力辞官以归，前后书五上。既归，复预乡荐。

高宗即位五日，相李纲，又五日召东至。未得对，会纲去，乃上书乞留纲而罢黄潜善、汪伯彦。不报。请亲征以还二圣，治诸将不进兵之罪，以作士气；车驾归京师，勿幸金陵。又不报。潜善辈方揭纲幸金陵旧奏，东言纲在中途，不知事体，宜以后说为正，必速罢潜善辈。

会布衣欧阳澈亦上书言事，潜善遂以语激怒高宗，言不亟诛，将复鼓众伏阙。书独下潜善所。府尹孟庾召东议事，东索食而行，手书区处家事，字画如平时，已乃授其从者曰："我死，尔归致此于吾亲。"食已如厕，吏有难色，东笑曰："我陈东也，畏死即不敢言，已言肯逃死乎？"吏曰："吾亦知公，安敢相迫。"顷之，东具冠带出，别同邸，乃与澈同斩于市。四明李猷赎其尸瘗之。东初未识纲，特以国故，至为之死，识与不识皆为流涕。时年四十有二。

潜善既杀二人，明日府尹白事，独诘其何以不先关白，微示愠色，以明非己意。越三年，高宗感悟，追赠东、澈承事郎。东无子，官有服亲一人，澈一子，令州县抚其家。及驾过镇江，遣守臣祭东墓，赐缗钱五百。绍兴四年，并加朝奉郎、秘阁修撰，官其后二人，赐田十顷。

欧阳澈，字德明，抚州崇仁人。年少美须眉，善谈世事，尚气大言，慷慨不屈，而忧国闵时，出于天性。靖康初，应制条敝政，陈安边御敌十策，州未许发。退而复采朝廷之阙失，政令之乖违，可以为保邦御俗之方、去蠹国残民之贼者十事，复为书，并上闻。已而复论列十事，言："臣所进三书实为切要，然而触权臣者有之，迕天听者有之，或结怨富贵之门，或遗怒台谏之官，臣非不知，而敢抗言者，愿以身而安天下也。"所上书为三巨轴，厩置卒辞不能举，州将为选力士荷之以行。

会金人大入，要盟城下而去，澈闻，辄语人曰："我能口伐金人，强于百万之师，愿杀身以安社稷。有如上不见信，请质子女于朝，身使穹庐，御亲王以归。"乡人每笑其狂，止之不可，乃徒步走行在。高宗即位南京，伏阙上封事，极诋用事大臣，遂见杀，见《陈东传》。死时年三十七。

许翰在政府，罢朝，问潜善处分何人，曰："斩陈东、欧阳澈耳。"翰惊失色，因究其书何以不下政府，曰："独下潜善，故不得以相视。"遂力求罢。为东、澈著哀词。澈所著《飘然集》六卷，会稽胡衍既刻之，丰城范应钤为之祠学中。

马伸，字时中，东平人。绍圣四年进士。不乐驰骛，每调官，未尝择便利。为成都郫县丞，守委受成都租。前受输者率以食色玩好蛊衅而败，伸请绝宿弊。民争先输，至沿途假寐以达旦。常平使者孙俟早行，怪问之，皆应曰："今年马县丞受纳，不病我也。"俟荐于朝。

崇宁初，范致虚攻程颐为邪说，下河南府尽逐学徒。伸注西京法曹，欲依颐门以学，因张绎求见，十反愈恭，颐固辞之。伸欲休官而来，颐曰："时论方异，恐贻子累，子能弃官，则官不必弃也。"曰："使伸得闻道，死何憾，况未必死乎？"颐叹其有志，进之。自是公暇虽风雨必日一造，忌媚者飞语中伤之，弗顾，卒受《中庸》以归。

靖康初，孙傅以卓行荐召，御史中丞秦桧迎察之，擢监察御史。及汴京陷，金人立张邦昌，集百官，环以兵胁之，伸推戴。众唯唯，伸独奋曰："吾职谏争，忍坐视乎！"乃与御史吴给约秦桧共为议状，乞存赵氏，复嗣君位。会统制官吴革起义，募兵图复二帝，伸预其谋。

邦昌既僭立，贼臣多从臾之，伸首其书请邦昌速迎奉元帅康王。同院无肯连名者，伸独持以往，而银台司视书不称臣，辞不受。伸投袂叱之曰："吾今日不爱一死，正为此耳，尔欲吾称臣邪？"即缴申尚书省，以示邦昌。其书略曰：

相公服事累朝，为宋辅臣。比不幸迫于强敌，使当伪号，变出非常，相公此时岂以义为可犯，君为可忘，宗社神灵为可昧邪？所以忍须臾死而诡听之者，其心若曰：与其虚逊于人而实亡赵氏之宗，孰若虚受于己而实存以归之耳。忠臣义士未即就死，阖城民庶未即生变者，亦以相公必能立赵孤也。

今金人北还，相公义当忧惧，自列于朝。康王在外，国统有属，狱讼讴歌，人皆归往。宜即发使通问，扫清宫室，率群臣共迎而立之。相公易服退处，省中庶事皆禀命太后，其赦书施恩患、收人心等事，日下拘收，俟康王御极施行。然后相公北面引咎，以明身为人臣，昧于防患，遭寇仇胁污，当时不能即死，以待陛下，今复何面目事君，请归死司寇，为人臣失节之戒，伏阙下俟命。如此，则明主必能察相公忠实存国，义非苟生，且弃过而录功矣。

今乃谋不出此，时日已多，肆然尚当非据，偃寝禁闼，若固有之。群心狐疑，道路混淆，谓相公方挟强金，使人游说康王，姑令南遁，为久假不归之计。上天难欺，下民可畏。相公若以愚言粗知觉悟，及此改图，犹可转祸为福于匪朝伊夕之间。过此以往，则相公包藏已深，志虑转异，外饰事端，竭日待期，而阴结寇仇，合从为乱，九庙在天，万无成理，伸必不能辅相公为宋朝叛臣也。请先伏死斧市，以明此心。"邦昌得书，气沮谋丧。明日，议迎哲宗后孟氏垂帘，追还伪赦，乃遣冯澥、李回等迎康王。

时王及之等犹请发龙德宫宝货，斥卖灵沼鱼藕，以资官用。伸复慨然引义檄之曰："古者人臣去国，三年不反，然后收其田里。君之礼臣如此，臣之报君宜如何？今二圣远狩，犹未出境，天下之人方且北首，欲追挽而还之。君之府藏燕游，忍一朝而毁乎？尔等逆节甚矣！"力争乃止。

高宗即位，伸拜章以城陷不能救，主迁不能死，请就窜削。上知其有忠力于国，擢殿中侍御史，抚谕荆湖、广南，以诛邦昌及其党王时雍等。所过州县，谘察吏之贤否与民利疚，以次列上于朝。

伸自湖、广将入奏黄潜善、汪伯彦不法凡十有七事，草疏已具，朝廷方召孙觌、谢克家，乃先奏："觌、克家趋操不正，在靖康间与王时雍、王及之等七人结为死党，附耿南仲倡为和议，助成贼谋。有不主和议者，则欲执送金人。觌受金人女乐，草表媚之，极其笔力，乃负国之贼，宜加远窜。"不报。伸又进疏曰：

陛下得黄潜善、汪伯彦以为辅相，委任不复疑。然自入相以来，处事未尝惬当物情，遂使女真日强，盗贼日炽，国本日蹙，威权日削。且三镇未服，汴都方危，前日遽下还都之诏，至今銮舆未能顺动。其不谨诏命如此。草茅对策不如式，考官罚金可矣，一日黜三舍人，乃取沈晦、孙觌、黄哲辈诸群小以掌诰命。其黜陟不公如此。吴给、张阐以言事被逐，邵成章缘上言远窜。其壅塞言路如此。祖宗旧制，谏官御史有阙，御史中丞、翰林学士具名以进，三省不敢预，厥有深旨。近拟用台谏，多取亲旧，不过欲以为己助。其毁法自恣如此。张悫、宗泽、许景衡公忠有才，皆可任重，潜善、伯彦忌之，沮抑至死。其妨功害能如此。或责以救焚拯溺之事，则曰难言，盖谓陛下制之不得施设也。或问陈东之死，则曰不知，盖谓其事繇于陛下也。其过则称君、善则称己如此。吕源狂横，陛下逐去，不数月由郡守升发运。其强狠自专如此。御营使虽主兵权，凡行在诸军皆其所统，潜善、伯彦别置亲兵一千人，请给居处，优于众兵。其务收军情如此。广市私恩，则多复祠官之阙；同恶相济，则力庇王安中之罪。摭其所为，岂不辜陛下倚任之重哉？

陛下隐忍不肯斥逐，涂炭遗民固已绝望，二圣还期在何时邪？臣每念此，不如无生。岁月如流，时几易失，望速罢潜善、伯彦政柄，别选贤者，共图大事。疏入，留中。明日，改卫尉少卿。伸以论事不行，辞不拜，录其疏申御史台，且叠上章言："臣言可采，即乞施行，若臣言非是，合坐诬罔之罪。"移疾待命。旬日，诏伸言事不实，送吏部责濮州监酒税。时用事者患甚，必欲杀之，以濮迫寇境，故有是命。趣使上道，伸怡然袯被而行，死道中。或曰王渊在濮，潜善密嗾其不利于伸。天下识与不识皆冤痛之。

明年，金人陷广陵，伸言始验，潜善、伯彦始以误国窜殛。于是台臣奏伸尝论潜善等罪，乃复以卫尉少卿召，实未知其存亡也。寻加直龙图阁。

绍兴初，胡安国上《时政论》，有曰："伸言潜善、伯彦措置乖方，条其罪状，凡举一事，必立一证，皆众所共知共见，不敢以无为有，以是后非。而当时曾不见用，反以为言事不实而重责之，是罚沮忠说，邪说何由而息，公道何由而明乎？伸既远贬，虽有诏命，邈无来期，君子闵焉。费以龙图，犹未尽褒劝之典。乞重加追奖，及其子孙，以承天意。"诏赠谏议大夫。

伸天资纯确，学问有原委，勇于为义，而所韫深厚，耻以自名。建炎初，右正言邓肃尝论朝士臣邦昌者，例贬二秩，伸不辨也。凡有建明，辄削其稿，人罕知之。居官，晨兴必整衣端坐，读《中庸》一遍，然后出莅事。每曰："吾志在行道。以富贵为心，则为富贵所累；以妻子为念，则为妻子所夺，道不可行也。"故在广陵，行箧一担，图书半之。山东北扰，家尚留于郓。常称："孔子言：'志士不忘在沟壑，勇士不忘丧其元。'今日何日，沟壑乃吾死所也。"

有何兑者，昭武人，受学于伸。伸没，兑尝辑其事状。绍兴中，为辰州通判，睹郡报，秦桧自陈其存赵之功，谓它人莫预。兑径取所辑事状达尚书省，桧大怒，下兑荆南诏狱，狱辞皆出吏手，兑坐削官窜真阳。桧死始放还，复其官。寻卒。

吕祖俭字子约，祖谦之弟也，受业祖谦如诸生。监明州仓，将上，会祖谦卒。部法半年不上者为违年，祖俭必欲终期丧，朝廷从之，诏违年者以一年为限，自祖俭始。

终更赴铨，丞相周必大语尚书尤袤招之，祖俭已调衢州法曹而后往见。潘畤经略广东，欲辟为属，祖俭辞。寻以侍从郑侨、张枃、罗点、诸葛庭瑞荐，召除籍田令。

中丞何澹所生父继室周氏死，澹欲服伯母服，下太常百官杂议。祖俭贻书宰相曰："《礼》曰：'为伋也妻者，是为白也母。'今周氏非中丞父之妻乎？将不谓之母而谓之何？中丞为风宪首，而以不孝令，百僚何观焉。"除司农簿，已而乞补外，通判台州。宁宗即位，除太府丞。

时韩侂胄寖用事，正言李沐论右相赵汝愚罢之。祖俭奏："汝愚亦不得无过，然未至如言者所云。"侂胄怒曰："吕寺丞乃预我事邪？"会祭酒李祥、博士杨简皆上书讼汝愚，沐皆劾罢之。祖俭乃上封事曰："陛下初政清明，登用忠良，然曾未逾时，朱熹老儒也，有所论列，则亟使之去；彭龟年旧学也，有所论列，亦亟许之去；至于李祥老成笃实，非有偏比，盖众听所共孚者，今又终于斥逐。臣恐自是天下有当言之事，必将相视以为戒，钳口结舌之风一成而未易反，是岂国家之利邪？"

又曰："今之能言之士，其所难非在于得罪君父，而在于忤意权势。姑以臣所知者言之，难莫难于论灾异，然言之而不讳者，以其事不关于权势也。若乃御笔之降，庙堂不敢重违，台谏不敢深论，给、舍不敢固执，盖以其事关贵幸，深虑乘间激发而重得罪者也。故凡劝导人主事从中出者，盖欲假人主之声势，以渐窃威权耳。比者闻之道路，左右胥御，于黜陟废置之际，间得闻者，车马辐凑，其门如市，恃权怙宠，摇撼外庭。臣恐事势浸淫，政归幸门，不在公室。凡所荐进皆其所私，凡所倾陷皆其所恶，岂但侧目惮畏，莫敢指言，而阿比顺从，内外表里之患，必将形见。臣因李祥获罪而深及此者，是岂矫激自取罪戾哉？实以士气颓靡之中，稍忤权臣，则去不旋踵。私忧过计，深虑陛下之势孤，而相与维持宗社者寖寡也。"

疏既上，束檐待罪。有旨：吕祖俭朋比罔上，安置韶州。中书舍人邓驿缴奏，祖俭罪不至贬。御笔："祖俭意在无君，罪当诛。窜逐已为宽恩。"会楼钥进读吕公著元祐初所上十事，因进曰："如公著社稷臣，犹将十世宥之，前日太府寺丞吕祖俭以言事得罪者，其孙也。今投之岭外，万一即死，圣朝有杀言者之名，臣窃为陛下惜之。"上问："祖俭所言何事？"然后知前日之行不出上意。侂胄谓人曰："复有救祖俭者，当处以新州矣。"众莫敢出口。有谓侂胄者："自赵丞相去，天下已切齿，今又投祖俭瘴乡，不幸或死，则怨益重，曷若少徙内地。"侂胄亦悟。祖俭至庐陵，将趋岭，得旨改送吉州。遇赦，量移高安。二年卒，诏令归葬。

祖俭之谪也，朱熹与书曰："熹以官则高于子约，以上之顾遇恩礼则深于子约，然坐视群小之为，不能一言以报效，乃令子约独舒愤懑，触群小而蹈祸机，其愧叹深矣。"祖俭报书曰："在朝行闻时事，如在水火中，不可一朝居。使处乡间，理乱不知，又何以多言为哉？"在谪所，读书穷理，卖药以自给。每出，必草履徒步，为逾岭之备。尝言："因世变有所摧折，失其素履者，固不足言矣；因世变而意气有所加者，亦私心也。"所为文有《大愚集》。祖俭从弟祖泰。

祖泰。字泰然，夷简六世孙，寓常之宜兴。性疏达，尚气谊，学问该洽。遍游江、淮，交当世知名士，得钱或分挈以去，无吝色。饮酒至数斗不醉，论世事无所忌讳，闻者或掩耳而走。

庆元初，祖俭以言事安置韶州。既移瑞州，祖泰徒步往省之，留月余，语其友王深厚曰："自吾兄之贬，诸人箝口。我虽无位，义必以言报国，今未敢以累吾兄也。"及祖俭没贬所，嘉泰元年，周必大降少保致仕，祖泰愤之，乃诣登闻鼓院上书，论侂胄有无君之心，请诛之以防祸乱。其略曰："道学，自古所恃以为国也。丞相汝愚，今之有大勋劳者也。立伪学之禁，逐汝愚之党，是将空陛下之国，而陛下不知悟邪？陈自强，侂胄童孺之师，躐致宰辅。陛下旧学之臣，若彭龟年等，今安在邪？苏师旦，平江之吏胥，以潜邸而得节钺；周筠，韩氏之厮役，以皇后亲属得大官。不识陛下在潜邸时果识师旦乎？椒房之亲果有筠乎？凡侂胄之徒，自尊大而卑朝廷，一至于此也！愿亟诛侂胄及师旦、周筠，而罢逐自强之徒。独周必大可用，宜以代之，不然，事将不测。"书出，中外大骇。

有旨："吕祖泰挟私上书，语言狂妄，拘管连州。"右谏议大夫程松与祖泰狎友，惧曰："人知我素与游，其谓预闻乎？"乃独奏言："祖泰有当诛之罪，且其上书必有教之者，今纵不杀，犹当杖黥窜远方。"殿中侍御史陈说亦以为言。乃杖之百，配钦州牢城收管。

初，监察御史林采言伪习之成，造端自必大，故有少保之命。祖泰知必死，冀以身悟朝廷，无惧色。既至府廷，尹为好语诱之曰："谁教汝共为章？汝试言之，吾且宽汝。"祖泰笑曰："公何问之愚也。吾固知必死，而可受教于人，且与人议之乎？"尹曰："汝病风丧心邪？"祖泰曰："以吾观之，若今之附韩氏得美官者，乃病风丧心耳。"

祖泰既贬，道出潭州，钱文子为醴陵令，私贶其行。侂胄使人迹其所在，祖泰乃匿襄、郢间。侂胄诛，朝廷访得祖泰所在，诏雪其冤，特补上州文学，改授迪功郎、监南岳庙。丧母无以葬，至都谋于诸公，得寒疾，索纸书曰："吾与吾兄共攻权臣，今权臣诛，吾死不憾。独吾生还无以报国，且未能葬吾母，为可憾耳。"乃卒。尹王枏为具棺敛归葬焉。

杨宏中字充甫，福州人。弱冠补国子生。孝宗崩，光宗以疾不能执丧。时赵汝愚知枢密院，奏请太皇太后迎立宁宗于嘉邸，以成丧礼，朝野晏然。遂命汝愚为右丞相，登进耆宿及一时知名之士，有意庆历、元祐之治。韩侂胄窃弄国柄，引将作监李沐为右正言，首论罢汝愚，中丞何澹、御史胡纮章继上，窜汝愚永州。国子祭酒李祥、博士杨简连疏救争，俱被斥。宏中曰："师儒能辨大臣之冤，而诸生不能留师儒之去，于谊安乎？"众莫应，独林仲麟、徐范、张衟、蒋傅、周端朝五人愿预其议。遂上书曰：

自古国家祸乱之由，初非一道，惟小人中伤君子，其祸尤惨。君子登庸，杜绝邪枉，要其处心实在于爱君忧国。小人得志，仇视正人，必欲空其朋类，然后可以肆行而无忌。于是人主孤立，而社稷危矣。党锢敝汉，朋党乱唐，大率由此。元祐以来，邪正交攻，卒成靖康之变，臣子所不忍言，而陛下所不忍闻也。

臣窃见近者谏臣李沐论前宰相赵汝愚数谈梦兆，擅权植党，将不利于陛下。以此加诬，实不其然。汝愚乞去，中外咨愤，而言者以为父老欢呼，蒙蔽天听，一至于此。章颖力辨其非，首遭斥逐，闻者已骇；既而祭酒李祥、博士杨简相继抗论，毅然求去，告假几月，善类皇皇。一旦有外补之命，言者恶其扶植正论，极力觗排，同日报罢，六馆之士为之愤惋涕泣。今李沐自知邪正之不两立，而公议之不直己也，乃欲尽去正人以便其私，于是托朋党以罔陛下之听。臣谓二人之去若未足惜，殆恐君子小人消长之机于此一判，则靖康已然之监，岂堪复见于今日邪？陛下厉精图政，方将正三纲以维人心，采群议以定国是，遽听奸回，概疑善类，此臣等之所未谕也。

臣愿陛下鉴汉、唐之祸，惩靖康之变，精加宸虑，特奋睿断。念汝愚之忠勤，察祥、简之非党，灼李沐之回邪，明示好恶，旌别淑慝，窜李沐以谢天下，还祥、简以收士心，臣虽身膏鼎镬，实所不辞。

书奏不报，则缴副封于台谏、侍从。侂胄大怒，坐以不合上书之罪，六人皆编置，以宏中为首，将窜之岭南。中书舍人邓驲上书救之，不听。右丞相余端礼拜于榻前至数十，丐免远徙。上恻然许之，乃送太平州编管。天下号为"六君子"。

明年，移福州听读。嘉泰三年，宁宗幸学，持旨放参。开禧元年，宏中登进士第，教授南剑州。太守余嵘，故相端礼子，与之相得甚欢。侂胄诛，先以言得罪者悉加褒录。嘉定元年，特迁宏中一秩，亦不拜。六年，以嵘与汪逵、赵彦橚荐，授户部架阁，俄迁太学正。八年夏旱，上封事，指切无隐。迁武学博士，改宣教郎。

时谏官应武论一学官，宏中季试策士及其故，武闻而衔之。秋戊祀武成王，祭酒行事。故事，博士摄亚献，至是不命宏中，宏中白于祭酒。于是武劾宏中与同列竞，且谓其激矫不自爱，遂通判潭州。以亲老请祠，差知武冈军，未受卒，年五十三。

端朝字子静，嘉定三年试礼部第一，终刑部侍郎兼侍讲。衢字用叟，以父任补官，有二子，与端朝同登进士第。仲麟字景仲，傅字象夫，久居学校，忠鲠有闻，咸以不偶死。范自有传。

华岳，字子西，为武学生，轻财好侠。韩侂胄当国，岳上书曰：

旬月以来，都城士民彷徨四顾，若将丧其室家；诸军妻子隐哭含悲，若将驱之水火。阛阓籍籍，欲语复噤，骇于传闻，莫晓所谓。臣徐考之，则侍卫之兵日夜潜发，枢机之递星火交驰，戎作之役倍于平时，邮传之程兼于畴昔，乃知陛下将有事于北征也。

侂胄以后族之亲，位居极品，专执权柄，公取贿赂，畜养无籍吏仆，委以腹心，卖名器，私爵赏，睥睨神器，窥觎宗社，日益炎炎，不敢向尔。此外患之居吾腹心者也。

朝臣有以庸琐之资，请姻师旦，骤入政府者；有以谀佞之资，附阿侂胄，致身显贵者。陈自强老不知耻，贪不知止，私植党与，阴结门第，凡见诸行事，惟知侂胄，不知君父。此外患之居吾股肱者也。

爽、奕、汝翼诸李之贪惏无谋，倪、僎、倬、杲诸郭之膏粱无用，诸吴之恃宠专擅，诸彭之庸屠不肖；皇甫斌、魏友谅、毛致通、秦世辅之凋瘵军心、疮痍士气，以致陈孝庆、夏兴祖、商荣、田俊迈之徒，皆以一卒之材，各得把麾专制，平日剜膏刻血，包苴侂胄，以致通显，饥寒之士咸愿食其肉而不可得。万一陛下付以大事，彼之首领自不可保，奚暇为陛下计哉？此外患之居吾爪牙者也。

程松之纳妾求知，或以售妹入府，或以献妻入阁，鲁詟之贡子为郎，富宫之庸驽充位。此外患之居吾耳目者也。

苏师旦以秽吏冒节钺，牙侩名爵；周筠以隶卒冒戎钤，市易将相。此外患之扼吾咽喉者也。彼之所谓外患者实未足忧，而此之外患盖已周吾一身之间矣。

"礼乐征伐，自天子出"。所贵乎中国者，皆听命于陛下也。今也与夺之命、黜陟之权，又不出于陛下，而出于侂胄。是吾有二中国也。命又不出于侂胄，而出于苏师旦、周筠。是吾有三中国也。女真以区区之地，犹能逼我淮、汉，曾谓外患之居吾腹心、股肱、耳目、爪牙及吾咽喉，而不冯陵吾之宗庙社稷乎？曾谓一家之中自为秦、越，一舟之中自为敌国，而能制远人乎？比年军皆搭克，而士卒自仇其将佐；民皆侵渔，而百姓自畔其守令，家为自战。此又启吾中国亿万之仇敌也。今不务去吾腹心、股肱、爪牙、耳目、咽喉与夫亿万之仇敌，而欲空国之师，竭国之财，与远人相从于血刃相涂之地，顾不外用其心欤？

臣尝推演兵书，自去岁上元甲子，五福太一初度吴分，四神直符对临荆、楚，始击蚩符旁临瓯、粤，青门直使交次于幽、冀，黑杀黄道正按于燕、赵。考之成法，主算最长，客算最短。兵以先发为客，后发为主。自太岁乙丑至庚午六年之间，皆不利于先举。倪其畔盟犯义，挠我疆场，至于事不获已，然后应之，则反主为客，犹曰庶几。万一国家首事倡谋，则将帅内睽，士卒外畔，肝脑万民，血刃千里。此天数之不利于先举也。矧将帅庸愚，军民怨怼，马政不讲，骑士不熟，豪杰不出，英雄不收，馈粮不丰，形便不固，山寨不修，堡垒不设，吾虽带甲百万，辉饷千里，而师出无功，不战自败。此人事之不利于先举也。

臣愿陛下除吾一身之外患。吾国中之外患既已除，然后公道开明，正人登用，法令自行，纪纲自正，豪杰自归，英雄自附，侵疆自还，中原自复；天下自底于和平，四海自跻于仁寿，何俟乎兵革哉？不然，则乱臣贼子毁冕裂冠，哦九锡隆恩之诗，恃贵不可侔之相，私妾内姬，阴臣将相，鱼肉军士，涂炭生灵，坠百世之远图，亏十庙之遗业。陛下此时虽欲不与之偕亡，则祸迫于身，权出于人，俯首待终，何脐可噬也。

事之未然，难以取信，臣愿以身属之廷尉，待吾军行用师，劳还奏凯，则枭臣之首风递四方，以为天下欺君罔上者之戒。倪或干戈相寻，败亡相继，强敌外攻，奸臣内畔，与臣所言尽相符契，然后令臣归老田里，永为不齿之民。

书奏，侂胄大怒，下大理，贬建宁圜土中。郡守傅伯成怜之，命狱卒使出入毋系。伯成去，又近守李大昪，复置狱。侂胄诛，放还，复入学登第，为殿前司官属，郁不得志。谋去丞相史弥远，事觉，下临安狱。狱具，坐议大臣当死。宁宗知岳名，欲生之，弥远曰："是欲杀臣者。"竟杖死东市。

邓若水，字平仲，隆州井研人。博通经史，为文章有气骨。吴曦叛，州县莫敢抗，若水方为布衣，愤甚，将杀县令，起兵讨之。夜封鸡盟其仆曰："我明日谒知县，汝密怀刃以从，我顾汝，即杀之。"仆佯许诺，至期三顾不发。归责其仆以背盟，仆曰："平人尚不可杀，况知县乎？此何等事，而使我为之。"若水乃仗剑徒步如武兴，欲手刃曦,中道闻曦死,乃还。人皆笑其狂,而壮其志。

登嘉定十三年进士第。时史弥远柄国久,若水对策极论其奸,请罢之,更命贤相,否则必为宗社忧。考官置之末甲。策语播行,都士争诵之。弥远怒,谕府尹使逆旅主人几其出入,将置之罪,或为之解,乃已。

理宗即位,应诏上封事曰:

行大义然后可以弭大谤,收大权然后可以固大位,除大奸然后可以息大难。

宁宗皇帝晏驾,济王当继大位者也,废黜不闻于先帝,过失不闻于天下。史弥远不利济王之立,夜矫先帝之命,弃逐济王,并杀皇孙,而奉迎陛下。曾未半年,济王竟不幸于湖州。揆以《春秋》之法,非弑乎?非篡乎?非攘夺乎?当悖逆之初,天下皆归罪弥远而不敢归过于陛下者,何也?天下皆知仓卒之间,非陛下所得知,亦谅陛下必无是心也,亦料陛下必能扫清妖氛,以雪先帝、济王父子终天之愤。今逾年矣,而乾刚不决,威断不行,无以大慰天下之望。昔之信陛下之必无者,今或疑其有。昔之信陛下不知者,今或疑其知。陛下何以忍清明天日,而以此身受此污辱也?盖亦求明是心于天下,而俾有辞于千古乎?为陛下之计,莫若遵泰伯之至德,伯夷之清名,季子之高节,而后陛下之本心明于天下。此臣所谓行大义以弭大谤,策之上也。

自古人君之失大权,鲜有不自废立之际而尽失之。当其废立之间,威动天下。既立则眇视人主,是故强臣挟恩以陵上,小人怙势以无上,久则内外相为一体,为上者暗默以听其所为,日朘月削,殆有人臣之所不忍言者。威权一去,人主虽欲固其位,保其身,有不可得。宣缯、薛极,弥远之肺腑也;王愈,其耳目也;盛章、李知孝,其鹰犬也;冯榯,其爪牙也。弥远之欲行某事,害某人,则此数人者相与谋之,曷尝有陛下之意行乎其间哉?臣以为不除此数凶,陛下非惟不足以弭谤,亦未可以必安其位,然则陛下何惮久而不为哉?此臣所以谓收大权以定大位,策之次也。

次而不行,又有一焉,曰:除大奸然后可以弭大难。李全,一流民耳,寓食于我,兵非加多,土地非加广,势力非特盛也。贾涉为帅,庸人耳,全不敢妄动,何也?名正而言顺也。自陛下即位,乃敢倔强,何也?彼有辞以用其众也。其意必曰:"济王,先皇帝之子也,而弥远放弑之。皇孙,先皇帝之孙也,而弥远戕害之。"其辞直,其势壮,是以沿淮数十万之师而不敢睥睨其锋。虽曰今暂无事,未也,安知其不一日羽檄飞驰,以济王为辞,以讨君侧之恶为名?弥远之徒,死有余罪,不可复惜,宗社生灵何辜焉?陛下今日而诛弥远之徒,则全无辞以用其众矣。上而不得,则思其次,次而不得,则思其下,悲夫!

制置司不敢为附驿,却还之。以格当改官,奏上,弥远取笔横抹之而罢。

嘉熙间,召为太学博士,当对,草奏数千言,略曰:

"宁宗不豫,弥远急欲成其诈,此其心岂复愿先帝之生哉?先帝不得正其终,陛下不得正其始,臣请发冢斫棺,取其尸斩之,以谢在天之灵。往年臣尝上封事,请禅位近属,以洗不义之污,无路自达,今其书尚在,谨昧死以闻。"

将对前一日,假笔吏于所亲潘允恭,允恭素知若水好危言,谕笔吏使窃录之。允恭见之,惧并及祸,走告丞相乔行简,亦大骇。翼日早朝,奏出若水通判宁国府。退朝,召阁门舍人问曰:"今日有轮对官乎?"舍人以若水对,行简曰:"已得旨补外矣,可格班。"若水袖其书待虎下,舍人谕使去,若水怏怏而退。自知不为时所容,到官数月,以言罢,遂不复仕,隐太湖之洞庭山。

贾似道在京湖,闻其名,辟参军事。若水雅思其乡,乃起从其招,因西归蜀。居山中,有盗夜劫之,若水危坐不动,盗击其首,流血被面,亦不动,乃舍去。若水为学务躬行,耻为空言。削木为主,大书曰"自古以来忠臣孝子义夫节妇之位",岁时祀之。有一子,膂力绝人,筑山寨,以兵捍卫乡井。寨破,举家遇害。

僧真宝,代州人,为五台山僧正。学佛,能外死生。靖康之扰,与其徒习武事于山中。钦宗召对便殿,眷赉隆缛。真宝还山,益聚兵助讨。州不守,敌众大至,昼夜拒之,力不敌,寺舍尽焚。酋下令生致真宝,至则抗词无挠,酋异之,不忍杀也。使郡守刘鞠诱劝百方,终不顾,且曰:"吾法中有口四之罪,吾既许宋皇帝以死,岂当妄言也?"怡然受戮。北人闻见者叹异焉。

莫谦之,常州宜兴僧人也。德祐元年,纠合义士捍御乡闾,诏为溧阳尉。是冬,没于战陈,赠武功大夫。

时万安僧亦起兵,举旗曰"降魔",又曰:"时危聊作将,事定复为僧。"旋亦败死。

徐道明,常州天庆观道士也。为管辖,赐紫。德祐元年,北兵围城,道明谒郡守姚訔请曰:"事急矣,君侯计将安出?"訔曰:"内无食,外无援,死守而已。"道明亟还,慨然告其徒曰:"姚公誓与城俱亡,吾属亦不失为义士。"乃取观之文籍置石函,藏坎中。兵屠城,道明危坐焫香,读《老子》书。兵使之拜,不顾,诵声琅然;以刃胁之,不为动,遂死焉。

卷四百五十六
列传第二百一十五

孝 义

李璘 甄婆儿 徐承珪 刘孝忠 吕昇 王翰
罗居通 黄德舆 齐得一 李罕澄 邢神留
沈正 许祚 李琳等 胡仲尧 仲容 陈兢
洪文抚 易延庆 董道明 郭琮 毕赞
顾忻 李琼 朱泰 成象 陈思道 方纲
庞天祐 刘斌 樊景温 荣恕旻 祁晖 何保之
李玭 侯义 王光济 李祚等 江白 裴承询
孙浦等 常真 子晏 王洤等 杜谊
姚宗明 邓中和 毛安舆 李访 朱寿昌
侯可 申积中 郝戴 支渐 邓宗古
沈宣 苏庆文 台亨 仰忻 赵伯深 彭瑜
毛洵 李筹 杨芾 杨庆 陈宗 郭义
申世宁 苟与龄 王珠 颜诩 张伯威
蔡定 郑绮 鲍宗岩附

冠冕百行莫大于孝，范防百为莫大于义。先王兴孝以教民厚，民用不薄；兴义以教民睦，民用不争。率天下而由孝义，非履信思顺之世乎。太祖、太宗以来，子有复父仇而杀人者，壮而释之；刲股割肝，咸见褒赏；至于数世同居，辄复其家。一百余年，孝义所感，醴泉、甘露、芝草、异木之瑞，史不绝书，宋之教化有足观者矣。作《孝义传》。

李璘，瀛州河间人。晋开运末，契丹犯边，有陈友者乘乱杀璘父及家属三人。乾德初，璘隶殿前散祗候，友为军小校，相遇于京师宝积坊北，璘手刃杀友而不遁去，自言复父仇，案鞫得实，太祖壮而释之。

雍熙中，又有京兆鄠县民甄婆儿，母刘与同里人董知政忿竞，知政击杀刘氏。婆儿始十岁，妹方襁褓，托邻人张氏乳养。婆儿避仇，徙居赦村，后数年稍长大，念母为知政所杀，又念其妹寄张氏，与兄课儿同诣张氏求见妹，张氏拒之，不得见。婆儿愤怒悲泣，谓兄曰："我母为人所杀，妹流寄他姓，大仇不报，何用生为！"时方寒食，具酒肴诣母坟恸哭，归取条桑斧置袖中，往见知政。知政方与小儿戏，婆儿出其后，以斧斫其脑杀之。有司以其事上请，太宗嘉其能复母仇，特贷焉。

徐承珪，莱州掖人。幼失父母，与兄弟三人及其族三十口同甘藜藿，衣服相让，历四十年不改其操。所居崇善乡缉俗里，木连理，瓜瓠异蔓同实，州以闻。乾德元年，诏改乡名义感，里名和顺。承珪尝为赞皇令。

刘孝忠，并州太原人。母病经三年，孝忠割股肉、断左乳以食母；母病心痛剧，孝忠然火掌中，代母受痛。母寻愈。后数岁母死，孝忠佣为富家奴，得钱以葬。富家知其孝行，养为己子。后养父两目失明，孝忠为舐之，经七日复能视。以亲故，事佛谨，尝于像前割双股肉，注油创中，然灯一昼夜。刘钧闻而召见，给以衣服、钱帛、银鞍勒马，署宣陵副使。开宝二年，太祖亲征太原，召见慰谕。

吕昇，莱州人。父权失明，剖腹探肝以救父疾，父复能视而昇不死。冀州南宫人王翰，母丧明，翰自抉右目睛补之，母目明如故。淳化中，并下诏赐粟帛。

罗居通，益州成都人。母死，庐墓三年，有甘露降坟树，芝草生其旁。开宝四年，长吏以闻，诏以居通为延长主簿。

大中祥符初，资州人黄德舆葬父母，负土成坟，甘泉涌其侧，降诏旌表。

齐得一，密州诸城人。幼嗜学，及长，能读《五经》，善于教授乡里。士大夫子弟不远百里，皆就之肄业焉。晋末，皇甫晖为密州防御使，得一父为客将。及晖叛归淮南，屡率众剽劫于故郡，民之牛羊犬豕悉取以犒士卒，得一之家被略殆尽。后王万敢为防御使，性贪暴，执乡民十八家，责其尝以牛酒馈贼，尽杀之而取其资产，得一亲属死者十余人，唯得一与兄脱身获免。明年诣阙上诉，朝廷遣使按鞫之得实，万敢削官，判官胡辙坐死。得一乃归乡里，布衣蔬食，不乐仕进。开宝中，诏郡国举廉退孝悌之士，本郡即以得一应诏。至阙，策试中选，授章丘主簿。

李罕澄，冀州阜城人也，七世同居。汉乾祐三年，诏改乡里名及旌其门闾。太平兴国六年，长吏以汉所赐诏书来上，复旌表之。

邢神留，深州陆泽人。父超，通官租，里胥督租，与超斗，超殴里胥死。神留年十六，诣吏求代父死。州以闻，特诏减死，赐里胥家万钱为棺敛具。

端拱初，泰州海陵人沈正父为屯田院衙官，凶暴无赖，使酒殴平人死，正中途见，父恐慑，述其故，正即号呼襭衣，就殴其尸。巡警者捕送官，狱具，怡然就死，闻者悲之。

许祚，江州德化人。八世同居，长幼七百八十一口。太平兴国七年，旌其门闾。淳化二年，本州言祚家春夏常乏食，诏岁贷米千斛。

又有信州李琳十五世同居，贝州田祚、京兆惠从顺七世同居，庐州赵广、顺安军郑彦圭、信州俞隽八世同居，陕州张文裕六世同居，襄州张巨源、刘芳、潭州瞿景鸿、温州陈佩、江陵褚彦逢五世同居,徐州彭程四世同居,皆赐诏旌表门闾。巨源素习法律,太平兴国五年,赐明法及第。芳淳化四年来贺寿宁节,赐进士出身。佩事母至孝,赐其母粟帛。彦逢兄弟五人皆年七十余,至道元年,转运使表其事,诏补彦逢教练使。

胡仲尧,洪州奉新人。累世聚居,至数百口。构学舍于华林山别墅,聚书万卷,大设厨廪,以延四方游学之士。南唐李煜时尝授寺丞。雍熙二年,诏旌其门闾。仲尧诣阙谢恩,赐白金器二百两。淳化中,州境旱歉,仲尧发廪减市直以振饥民,又以私财造南津桥。太宗嘉之,除本州助教,许每岁以香稻时果贡于内东门。五年,遣弟仲容来贺寿宁节。召见仲容,特授试校书郎,赐袍笏犀带,又以御书赐之。公卿多赋诗称美。仲尧稍迁国子监主簿,致仕,卒。

仲容字咸和,咸平三年,复至阙贡土物,改大理评事,屡被赐赉。仲容建本县孔子庙,颇为宏敞。后迁光禄丞致仕,天禧中,特赐绯鱼。卒,年七十九。以弟之子用讷为后,试校书郎。仲容弟克顺,端拱二年进士,至都官员外郎、三司户部判官。仲容子用之洎从子用庄、用舟,并进士及第。

陈兢,江州德安人,陈宜都王叔明之后。叔明五世孙兼,唐右补阙。兼生京,秘书少监、集贤院学士,无子,以从子褒为嗣,褒为盐官令。褒生灌,高安丞。灌孙伯宣,避难泉州,与马总善注司马迁《史记》行于世;后游庐山,因居德安,尝以著作佐郎召,不起,大顺初卒。伯宣子崇为江州长史,益置田园,为家法戒子孙,择群从掌其事,建书堂教诲之。僖宗时尝诏旌其门,南唐又为立义门,免其徭役。崇子衮,江州司户。衮子昉,试奉礼郎。

昉家十三世同居,长幼七百口,不畜仆妾,上下姻睦,人无间言。每食,必群坐广堂,未成人者别为一席。有犬百余,亦置一槽共食,一犬不至,群犬亦皆不食。建书楼于别墅,延四方之士,肄业者多依焉。乡里率化,争讼稀少。开宝初,平江南,知州张齐上请仍旧免其徭役,从之。昉弟之子鸿。太平兴国七年,江南转运使张齐贤又奏免杂科。兢即鸿之弟。淳化元年,知州康戬又上言兢家常苦食不足,诏本州每岁贷粟二千石。

后兢死,其从父弟旭每岁止受贷粟之半,云省啬而食,可以及秋成。属岁俭谷贵,或劝其全受而粜之,可邀善价,旭曰:“朝廷以旭家群从千口,轸其乏食,贷以公粟,岂可见利忘义,为罔上之事乎?”至道初,遣内侍裴愈就赐御书,还,言旭家孝友俭让,近于淳古。太宗尝对近臣言之,参知政事张洎对曰:“旭宗族千余口,世守家法,孝谨不衰,闺门之内,肃于公府。”且言及旭受贷事。上以远民义聚,复能固廉节,为之叹息。大中祥符四年,以旭为江州助教。旭卒,弟蕴主家事。天圣元年,又以蕴继为助教。蕴卒,弟泰主之。泰弟度,太子中舍致仕。从子延赏、可,并举进士。延赏职方员外郎。

洪文抚,南康建昌人,本姓犯宣祖偏讳,改焉。曾祖谔,唐虔州司仓参军,子孙众多,以孝悌著称。六世义居,室无异爨。就所居雷湖北创书舍,招来学者。至道中,本军以闻,遣内侍裴愈赍御书百轴赐其家。文抚遣弟文举诣阙贡土物为谢,太宗飞白一轴曰“义居人”以赐之,命文举为江州助教。三年八月,又诏表其门闾。自是每岁遣子弟入贡,必厚赐答之。文抚兄子待用,登咸平三年进士第,至都官员外郎。

易延庆字余庆,筠州上高人。父赟,以勇力仕南唐至雄州刺史。延庆幼聪慧,涉猎经史,尤长声律,以父荫为奉礼郎。显德四年,周师克淮南,赟归朝,授道州刺史;延庆亦授大名府兵曹参军,后为大理评事,知临淮县。乾德末,赟卒,葬临淮。延庆居丧摧毁,庐于墓侧,手植松柏数百本,旦出守墓,夕归侍母。紫芝生于墓之西北,数年又生玉芝十八茎。本州将表其事,延庆恳辞。或画其芝来京师,朝士多为诗赋,称其孝感。

服阕,延庆以母老称疾不就官。母卒后,藁殡数年,延庆出为大理寺丞。尝司建安市征,及母葬有期,私归营葬,掩圹而返。知军扈继昇言其擅去职,坐免所居官,复庐墓侧数年。母平生嗜栗,延庆树二栗树墓侧,二树连理。苏易简、朱台符为赞美之。后知端州,卒。子纶,大中祥符元年,进士及第。

董道明,蔡州褒信人。母死出葬,道明潜匿墓中,人瘗之,经三日,家人发冢取之,道明无恙,终身庐于墓侧。

郭琮,台州黄岩人。幼丧父,事母极恭顺。娶妻有子,移居母室。凡母之所欲,必亲奉之。居常不过中食,绝饮酒茹荤者三十年,以祈母寿。母年百岁,耳目不衰,饮食不减,乡里异之。至道三年,诏书存恤孝悌,乡老陈赞率同里四十人状琮事于转运使以闻,有诏旌表门闾,除其徭役。明年,母无疾而终。琮哀号几乎灭性,乡间率金帛以助葬。

又有越州应天寺僧者,幼贫无以养母,剃发乞食以给晨夕。母年一百五岁而终。

潭州长沙人毕赞,仕郡为引赞吏,性至孝,父母皆年八十余。转运使表其事,诏赞解职终养。

顾忻,泰州泰兴人。十岁丧父,以母病,荤辛不入口者十载。鸡初鸣,具冠带率妻子诣母之室,问其所欲,如此五十年,未尝离母左右。母老,目不能睹物,忻日夜号泣祈天,刺血写佛经数卷。母目忽明,烛下能缝衽,九十余无疾而终。

又有杭州仁和人李琼,以鬻缯为业,事母孝,夜常十余起省母。母喜食时新,琼百方求市,得必十倍酬其直。

朱泰,湖州武康人。家贫,鬻薪养母,常适数十里外易甘旨以奉母。泰服食粗粝,戒妻子常候母色。一日,鸡初鸣入山,及明,憩于山足,遇虎搏攫负之而去。泰已瞑眩，行百余步，忽稍醒，厉声曰："虎为暴食我，所恨母无托尔！"虎忽舍泰于地，走不顾，如人疾驱状。泰匍匐而归。母扶持以泣，泰亦强举动，不逾月如故。乡里闻其孝感，率金帛遗之，里人目为朱虎残。

成象，渠州流江人。以诗书训授里中，事父母以孝闻。母病，割股肉食之，诏赐束帛醪酒。淳化中，李顺盗据郡县，象父母惊悸而死，烬骨寄浮图舍，象号泣营葬。贼平，乡里率钱三百万赠之。象庐于墓侧，以衰服襟袂筛土于坟上，日三斛。每恸，闻者戚怆。未尝食肉衣帛，或赠之亦不受。虎豹环庐而卧，象无畏色。燕百余集庐中，禾生墓侧吐九穗。服终犹未还家，知礼者为书以谕之，遂归教授，远近目为成孝子。

陈思道，江阴人。丧父，事母兄以孝悌闻。鬻醯市侧，以给晨夕，买物不酬价，如所索与之。母病，思道衣不解带者数月，双目疮烂，饮食随母多少。洎母丧，水浆不入口七日。既葬，哀鬻醯之利，得钱十万，奉其兄。结庐墓侧，日夜悲恸，其妻时携儿女诣之，拒不与见。夏日种瓜，以待过客。昼则白兔驯狎，夜则虎豹环其庐而卧。咸平元年，知军上其事，诏赐束帛，旌其门。

方纲，池州青阳人。八世同爨，家属七百口，居室六百区，每旦鸣鼓会食。尝出稻五千箩振贷贫民。景德二年，转运使冯亮以闻，诏旌其门。天禧中，侍御史韩亿安抚江南，使还，言纲家税籍钱四百余千，米二千五百斛，同居四百年，而本县科率一无宽假，望蠲其户杂科，诏从之。

庞天祐，江陵人。以经籍教授里中。父疾，天祐割股肉食之；疾愈，又复病目丧明，天祐号泣祈天舐之。父年八十余，大中祥符四年卒，天祐负土封坟，结庐其侧，昼夜号不绝声。知府陈尧咨亲往致奠，上其事，诏旌表门闾。天祐家无儋石储，居委巷中，尧咨为徙里门之右，筑阙表之。

刘斌，定州人。父加友，端拱中为从弟志元所杀。斌兄弟皆幼，随母改适人，母尝戒之曰："尔等长，必复父仇。"景德中，斌兄弟挟刀伺志元于道，刺之不殊，即诣吏自陈。州具狱上请，诏志元黥面配隶汝州，释斌等罪。

樊景温，陕州芮城人；荣恕旻，雄州归信人。兄弟异居积年。大中祥符中，景温檽树五枝并为一，恕旻家榆树两本自合，两家感其异，复义聚，乡人称雍睦。

祁晖字坦之，莱州胶水人。淳化三年进士，历度支员外郎、直集贤院。天禧中，出知潍州，母卒。葬于州城之南。晖既解官，就坟侧构小室，号泣守护，蔬食，经六冬，堕足二指。有白乌白兔驯扰坟侧，州人异之，以状闻。有诏旌美，赐帛三十匹、粟三十石，令长吏每月存问。

何保之，梓州通泉人。业进士，有至行。母卒，负土成坟，庐于其侧。日有群乌飞集坟上，哀鸣不去，又尝有兔驯于坐隅，人称异焉。大中祥符降诏旌恤。

李玭，大名宗城人。性笃孝，力耕以事母。母卒，让田与其弟坚，遂庐于葬所，昼夜号泣，负土筑坟高丈余。又以二代及诸族父母薨葬者尽礼筑之，凡三年成六坟，皆丈余。不食肉衣帛，不预人事，遑遑然唯恐筑之不及，坟成，复留守坟三年。常令兄之子卖药以自给。年六十余，足未尝入县门。乡人目为李孝子。天禧中，知府张知白以状闻，诏赐粟帛，令府县安存之。里中有母在而析产者闻玭被旌，兄弟惭惧，复相率同居。

侯义，应天府楚丘人。贫无产，佣田以事母。里人有葬其亲而遽返者，义母过其冢，泣谓义曰："我死，其若是乎！"义乃感激自誓而不欲言，但慰其母曰："勿悲，义必不尔。"咸平中，母卒，义力自办葬，不掩坟圹，昼则负土筑坟，夜则恸哭柩侧。妻子困匮不给，田主曹氏哀怜之，资以馈粮。逾年，坟间瓜异蒂、木连理，又有巨蛇绕其侧不暴物，野鸽飞而不去。尝遇盗劫其衣服，既而知是义物，悉还之。

王光济，庐州人。丧母，因刻像日夕奉事如平生，孝道纯笃。咸平二年，本州以孝闻，有诏旌之。

时又有徐州丰人李祚，亲丧，庐墓侧凡二十七年，家人百计勉谕，不听。益州双流人周善敏，丧父，庐于墓侧。母病，又割股肉以啖之，遂愈。大中祥符九年，特诏旌表祚，赐善敏粟帛存慰之。

江白，建昌人。景德二年进士。父禹锡，有节义，高年不仕，躬自教授，大中祥符初，献《东封诗》十五篇，有诏嘉美，赐以粟帛，岁时遣使存问。五年，卒。白自鄞尉罢还，负土营葬，庐于墓侧，藜羹芒屩，昼夜号泣，将终制犹然。转运使以其状闻，诏赐帛二十匹，粟麦二十石，醪酒十缸。

裘承询，越州会稽人。居云门山前，十九世无异爨。子弟习弦诵，乡里称其敦睦。州以闻，诏旌其门闾。

咸平后，又有保定军孙浦、襄州常元绍、蔡州王美、解州董孝章并十世同居；莫州高珪、永定军朱仁贵、潞州邢湾、相州赵祚八世同居；麟州杨荣、隰州赵友、开封李居正、颍州张可象、卫州张珪、沧州崔谅七世同居；邢州王觉、赵州曹遵六世同居；兖州童升、陈州樊可行、京兆元守全、平定军段德五世同居；开封张仁遇、亳州王子上、建昌军瞿肃四世同居。肃家百五十口，长幼孝悌，乡人化之。又河阴王世及、大名李宗祐、陈州刘国、宣州汪政、潭州李耕，或聚居至七百口，累数十年。并所在请加旌表，诏从之，仍蠲其课调。

大中祥符初，东封泰山，判兖州王钦若言曲阜东野宜、乾封窦益合居五六世，有节行。四年，祀汾阴，考制度使马起言陕州张化基、阎用和、杨忠义聚族累世，孝悌可称。并即行在所降诏褒美，各优赐粟帛。

常真，陈州项城人。父母死，庐墓终丧，负土成坟，不茹荤血。周广顺中，诏旌其门闾。开宝七年，本州以闻，诏再加旌表。真妻病，子晏割股肉以养母，及死，次子守规徒跣，日一食，庐墓三年。太平兴国八年，诏旌表之。

又有齐州王洤、河南李继成、沧州胡元兴，并母死负土成坟，昼夜哭不绝声。州郡继以闻，皆降诏旌其门闾，赐以粟帛。

杜谊字汉臣，台州黄岩人。事父母至孝。父刚严，谊独失爱，惴惴不自容，伺颜色而后进。继丧父母，号恸昼夜不绝，勺水不入口者累日。卜葬，徒跣负土为坟，往来十余里，日渡塘涧，泥水没骭，虽大雨雪未尝少止。手足皲裂血流，以漆涂之。每覆一畚，必三绕坟号而后去。既葬，遂芟舍墓旁，负土终丧，人往视之，辄遣去。日一饭，不荤。虽虎狼交于墓侧，谊泰然无所畏。明年，吴越大水，山皆发洑，推巨石走十数里。台州山最高而水又夜至，旁山之民，居庐、墓田、畜牧漂坏者甚众，而独不及谊。邑人状其事以闻，诏书嘉奖。

事族父衍甚谨，衍爱之均诸子。以祖垂象荫入官，至赞善大夫。尝知永城县，岁捐奉钱三十万，以收瘗汴渠之溺死者凡四十余。又出奉钱率其下新文宣王庙，两旁为学舍数十区，且夕讲学于其堂。永城父老称谊之政为不可及。

谊生平敦厚，尚信义，有大志，家贫，不恤有无，常推以济亲友。后通判梓州，卒。子揆才十六岁，哭谊墓旁卒。

姚宗明，河中永乐人也。其十世祖栖云。当唐贞元中，调卒戍边，栖云之父语其兄曰："兄嗣未立，可无往。某幸有子，请代兄行。"遂战没塞上。时栖云方三岁，其母再嫁，栖云养于伯母。既长，事伯母如其母，伯母亡，栖云葬之。又招魂葬其父，痛其父死于边，乃庐于墓次，终身哀慕不衰。县令苏辙以俸钱买地，开阡刻石表之。河中尹浑瑊上其事，诏加优赐，表其门，名其乡曰孝悌，社曰节义，里曰敬爱。

栖云生岳，岳生君儒，君儒生师正。自岳至师正，四世庐墓。五世孙曰厚，六世曰雅，七世曰文，八世曰敬真，九世曰直，十世曰宗明。当庆历初，有司以姚氏十世同居闻于朝，仁宗诏复其家。十一世孙用和，十二世孙士明，十三世孙德。自宗明至德又三世，自庆历以后又五十余年，而其家孝睦不替。

姚氏世为农，无为学者。家不甚富，有田数十顷，聚族百余人。子孙躬事农桑，仅给衣食，历三百余年无异辞者。经唐末、五代，兵戈乱离，而子孙保守坟墓，骨肉不相离散，求之天下，未或有焉。

邓中和，字祖德，开封长垣人。举《三礼》。景祐、庆历间丧亲，庐墓终其丧，定省往来如事生者二十年，负土累坟高三丈。

毛安舆，嘉州洪雅人。年九岁父死，负土为坟，庐于其侧三年。知益州张方平闻之，遗以酒饩，状其事以闻。

李访，韶州人，业进士。庐父母墓，有虎暴伤旁人而不近访，又有白乌集墓上。

朱寿昌，字康叔，扬州天长人。以父巽荫守将作监主簿，累调岳县，通判陕州、荆南，权知岳州。州滨重湖，多水盗。寿昌籍民船，刻著名氏，使相伺察，出入必以告。盗发，验船所向穷讨之，盗为少弭，旁郡取以为法。

富弼、韩琦为相，遣使四出宽恤民力，择寿昌使湖南。或言邵州可置冶采金者，有诏兴作。寿昌言州近蛮，金冶若大发，蛮必争，自此边境恐多事，且废良田数百顷，非敦本抑末之道也。诏亟罢之。

知阆州，大姓雍子良屡杀人，挟财与势得不死。至是，又杀人而赂其里民出就吏。狱具，寿昌觉其奸，引囚诘之曰："吾闻子良与汝钱十万，许纳汝女为妇，且婿汝子，故汝代其命，有之乎？"囚色动，则又擿之曰："汝且死，书券抑汝女为婢，指钱为顾直，又不婿汝子，将奈何？"囚悟，泣涕覆面，曰："囚几误死。"以实对。立取子良正诸法。郡称为神，蜀人至今传之。

知广德军。寿昌母刘氏，巽妾也。巽守京兆，刘氏方娠而出。寿昌生数岁始归父家，母子不相闻五十年。行四方求之不置，饮食罕御酒肉，言辄流涕。用浮屠法灼背烧顶，刺血书佛经，力所可致，无不为者。熙宁初，与家人辞诀，弃官入秦，曰："不见母，吾不反矣。"遂得之于同州。刘时年七十余矣，嫁党氏有数子，悉迎以归。京兆钱明逸以其事闻，诏还就官，由是以孝闻天下。自王安石、苏颂、苏轼以下，士大夫争为诗美之。寿昌以养母故，求通判河中府。数岁母卒，寿昌居丧几丧明。既葬，有白乌集墓上。拊同母弟妹益笃。

又知鄂州，提举崇禧观，累官司农少卿，易朝议大夫，迁中散大夫，卒，年七十。寿昌勇于义，周人之急无所爱，嫁兄弟两孤女，葬其不能葬者十余丧，天性如此。

侯可，字无可，华州华阴人。少倜傥不羁，以气节自许。既壮，尽易前好，笃志为学。随计入京，里中醵金赆行。比还，悉散其余与同举者，曰："此金，乡里所以资应诏者也，不可以为他利。"且行，闻乡人病，念曰："吾归，则彼死矣！"遂留不去。病者愈，辍己马载之，徒步而归。

孙沔征侬傕，请参军事，奏功得官，知巴州化城县。巴俗尚鬼而废医，唯巫言是用。娶妇必责财，贫人女至老不得嫁。可为约束，立制度，违者有罪，几变其习。再调华原主簿。富人有不占田籍而质人田券至万亩，岁责其租。可晨驰至富家，发椟出券归其主。郡吏赵至诚贪狡凶横，持守以下短长，前后莫能去。可暴其罪，荷校置狱，言于大府诛之，闻者快服。

签书仪州判官。西夏寇边，使者使可按视，即以数十骑涉夏境，猝与之遇，亟分其骑为三四，令之曰："建尔旗帜，旋山徐行。"夏人循环间见，疑以为诱骑不敢击。韩琦镇长安，荐知泾阳县。说渭源羌酋输地八千顷，因城熟羊以抚之。琦上其功。又议复郑白渠，得召对，旋以微罪罢。官至殿中丞，卒于家，年七十二。

可轻财乐义，急人之急，忧人之忧。与田颜为友。颜病重，千里求医，未归而颜死，目不瞑。人曰："其待侯君乎？"且敛而可至，拊之乃瞑。颜无子，不克葬，可辛勤百营，鬻衣相役，卒葬之。方天寒，单衣以居，有馈白金者，顾颜之妹处室，举以佐其奁具。一日自远归，家以婆告，适友人郭行扣门曰："吾父病，医邀钱百千，卖吾庐而不售。"可恻然，计橐中装略当其数，尽与之。关中称其贤。

申积中，成都人。襁褓中，杨绘从其父起求之为子。及长，知非杨氏而绝口不言。年十九，登进士第。事所养父母，尽孝终身。有二弟一妹，为毕婚娶，始归本族，复为申氏，蜀人以纯孝归之。政和六年，以奉议郎通判德顺军。翰林学士许光凝尝守成都，得其事荐诸朝，召赴京师，擢提举永兴军学事，道卒。光凝复与宣和殿学士薛嗣昌、中书舍人宇文黄中表其操行，诏予一子官。

初，光凝所同荐者三人：其一河阳故大理丞陈芳，一门十四世，同居三百年；一邓州王襄，经术登科，年未六十，请老，事孀嫂如母，养孤甥如子，教诲后进，赒恤乡里贫民，以学行称。乞加奖异。诏表芳门闾，赐襄号"处士"。

郝戬，字伯牙，石州定胡人。家贫，竭力营养。或怜伤之，贷以钱数百万，使取息自赡，戬重谢，留钱五六年不用，复返之。举进士，调宛丘尉、舞阳主簿、通山令。时年未五十，以父樵老不第，上书请致仕，为父求官。执政谕使赴官而后请，曰："如是，则可升朝籍，遇恩及亲矣。"于是留妻子于家，独奉父行，逾岁竟谢事。上官以其治县有绩，惜其去，固留之；耆老拜庭遮道，皆不能止。得太子中允以归，未至乡里而樵卒。自舁土造冢，人有助之者，使置土冢上，去则随撤之。服除，州以状闻，诏赐粟帛。

治平末，以翰林学士吕公著荐，起为奉宁军推官，泾原经略使亦奏辟幕府。戬曰："向所以未老致仕，欲官及亲也。既不能，尚庶几以恩得赠，今则无及矣！"姻族语其妻聂氏，使劝戬仕，曰："吾不德，无以助君子，矧敢强其所不欲以累其高哉。"聂事舅姑亦以孝义著。戬忠信自将，笃行苦节，不仕而卒。司马光为铭其墓。

支渐，资州资阳人。年七十，持母丧，既葬，庐墓侧，负土成坟，蓬首垢面，三时号泣，哀毁瘠甚。白蛇狸兔抚其旁，白雀白乌日集于垅木，五色雀至万余，回翔悲鸣若助哀者。乡人句文鼎自娶妇即与父母离居，睹渐之行，深自悔责，号恸而归，孝养尽志。乡闾观感而化者甚众。

邓宗古，简州阳安人。父死，自培土为坟，庐其侧，晨夕号恸，甘露降于墓木。里中号为邓孝子。

沈宣，汝州梁人。母亡，既葬，不塞墓门三十有六月，昼负土，夜拊棺而卧，为坟广百尺。妻高氏亦有孝行。

渐以下三人，元丰中，皆褒赐粟帛。

苏庆文、台亨，皆夏县人。庆文事父母以孝闻。母少寡，庆文惧其妻不能敬事，每戒之曰："汝事吾母，少不谨必逐汝。"妻奉教，母得安其室终身。

亨工画，元丰中，朝廷修景灵宫，调天下画工诣京师，选试其优者待诏翰林，畀以官禄，亨名第一。以父老固辞归养，闾里贤之。

仰忻，字天贶，温州永嘉人。力学，以笃行称。年五十余，执母丧尽孝礼。躬自负土，庐于墓侧，有慈乌白竹之瑞。绍圣中，郡守杨蟠表其里"孝廉坊"。大观二年，以行取士，郡以忻应诏。未几卒，特赠将仕郎。

赵伯深，字逢原。父子侁，宣和间为棣州兵官属。会兵动燕云，子侁被檄往塞上。伯深时尚幼，与其母张留居棣州。既而金人渡河，伯深母子相失。子侁亦隔绝，建炎二年，始得南归。子侁卒，伯深访寻其母二十余年。一旦闻在沪南，伯深徒步入蜀，间关累年。绍兴二十一年，乃得其母，相持号泣，哀感行路。曾慥在夔州，赋诗以美其孝。

彭瑜，字君玉，吉之安福人。熙宁间失其母，瑜朝夕焚香祈天，愿知母所在，如是十余年。俄有人言母为泰和倪氏妇，瑜竟迎以归。

毛洵字子仁，吉州吉水人。天圣二年进士，又中拔萃科。性至孝，凡守四官，再以亲疾解任，执药调膳，尝而后进，三月不之寝室。父应佺通判太平州，卒官，母高继卒于池阳舟次。持锸荷土以为坟，手胝面黔，亲友不能识，庐于墓凡二十一月，朝夕哭踊，食裁脱粟。诸生请问经义，对之流涕，未尝言文。抱疾归，数日而卒。郡以孝闻，赐其家帛五十匹、米五十斛。兄溥，字文祖，亦以哀毁卒于舟中。

李筹者，洵同县人，字彦良。与弟衡字平国生同乳，二岁丧母，十岁丧父，兄弟每以不逮事亲为恨。政和中，改葬其母于杨山，负土成坟，庐于墓左。未几，庐所产木一本两干，高丈许复合于一，至其末乃分两干五枝，乡人以为瑞。

有杨荐者，亦同县人，字文卿，性至孝，归必市酒肉以奉二亲，未尝与妻子。绍兴五年大饥，为亲负米百里外，遇盗夺之不与，盗欲兵之，荐恸哭曰："吾为亲负米，不食三日矣。幸哀我。"盗义而释之。

杨庆，鄞人。父病，贫不能召医，乃刲股肉啖之，良已。其后母病不能食，庆取右乳焚之，以灰和药进焉，入口遂差，久之乳复生。宣和三年，守楼异名其坊曰"崇孝"。绍兴七年，守仇愈为之请。十二年，诏表其门，复之。愈曰："韩退之作《鄠人对》，以毁伤支体为害义。而匹夫单人，身膏草莽，轨训之理未宏，汲引之徒多阙，而乃行成于内，情发自天。使稍知诗书礼义之说，推其所存，出身事主，临难伏节死义，岂减介之推、安金藏哉！"

陈宗，永嘉人。年十六，母蔡病笃，刲股为饵，病愈。已而复病不救，宗一恸而绝。郡守陆德舆云："陈宗自毁其体，哀恸伤生，虽非孝道之正，而能为人所难为之事，亦天性之至。"官为合葬，榜曰"陈孝子墓"。

郭义，兴化军人。早游太学，以操尚称。年四十余，客钱塘，闻母丧，徒跣奔丧，每一恸辄呕血。家贫甚，故人有所馈，不受。聚土为坟，手莳松竹，而庐于其旁。甘露降于墓上，乌鹊驯集。郡上其事，诏旌表其闾，于所居前安绰楔，左右建土台，高一丈二尺，方正，下广上狭，饰白，间以赤，仍植所宜木。

申世宁，信州铅山人。绍兴六年，潘达兵袭铅山，父愈年七十，未及出户遇贼，贼意其有藏金，欲杀之。世宁年未冠，亟引颈愿代父死，贼感其孝，两全之。

苟与龄字寿隆，滁州来安人。志尚高洁，事其亲，生养死葬，力竭而礼尽，乡党称之。母殁，庐墓侧，有芝十九茎生于墓亭。郡县以事闻，旌其门。

王珠，字仲渊，吉州龙泉人，以孝谨闻。建炎间，居父忧，芝数本生墓侧，倒植竹以为杙，复生柯叶。绍兴间，再罹母丧，复有双竹灵芝之祥。

颜诩，唐太师真卿之后。真卿尝谪庐陵，故诩为吉州永新人。诩少孤，兄弟数人，事继母以孝闻。一门千指，家法严肃，男女异序，少长辑睦，匪架无主，厨馔不异。义居数十年，终日怡愉，家人不见其喜愠。年七十余卒。

张伯威，大安军人。武翼大夫、御前前军正将祥之子。绍熙元年，武举进士。调神泉尉。大母黄，年九十八，不忍之官。黄得血痢疾濒殆，伯威剔左臂肉食之，遂愈。继母杨因姑病笃，惊而成疾，伯威复剔臂肉作粥以进，其疾亦愈。伯威妹嫁崔均，其姑王疾，妹亦剔左臂肉作粥以进，达旦即愈。知大安军罗植即伯威所居立纯孝坊，崔均所居立孝妇坊。事闻，诏伯威与升擢，倍赐其妹束帛。

蔡定，字元应，越州会稽人。家世微且贫。父革，依郡狱吏佣书以生，资定使学，游乡校，稍稍有称。郡狱吏一日坐舞文法被系，革以讹误，年七十余矣，法当免系。鞫胥任泽削其籍年而入之，罪且与狱吏等。案具，府奏上之。方待命于朝，故俱久囚，而革不得独决。定切痛念父当耆年，以非辜堕囹圄，誓将身赎。数诣府号诉，请代坐狱，弗许；请效命于戎行，弗许；请隶五符为兵，又弗许。定知父终不可赎也，仰而呼曰："天乎！将使定坐视父缠徽缧乎！父老耄，不应连系；佣书，罪不应与狱吏等。理明矣，而无所云诉。父老而刑，定之生其何益乎？定图死矣，庶有司哀怜而释父，则虽死无憾矣！"于是预为志铭其墓，又为状若诣府者结置袵间，皆叙陈致死之由，冀其父之必免也。以建炎元年十二月甲申，自赴河死。府帅闻之，惊曰"真孝"，立命出革，厚为定具棺敛事，而抚周其家。

郑绮，婺州浦江人。善读书，通《春秋穀梁》学。以肃睦治家，九世不异爨。四世孙德珪、德璋，孝友天至，昼则联几案，夜则同衾寝。德璋素刚直，与物多迕，宋亡，仇家遂陷以死罪，当会逮扬州。德珪弟之见诬，乃阳谓曰："彼欲害吾也，何预尔事？我往则奸状白，尔去得不死乎！"即治行。德璋追至诸暨道中，兄弟相持顿足哭，争欲就死。德珪默计沮其行，遂绐以无往，夜将半，从间道逸去。德璋复追至广陵，德珪已毙于狱。德璋闻之，恸绝者数四，负骨归葬。庐墓再期，每一悲号，乌乌皆翔集不食。德珪之子文嗣，幼病偻，德璋鞠之如己子。

有鲍宗岩者，字傅叔，徽州歙人。子寿孙字子寿。宋末，盗起里中。宗岩避地山谷间，为贼所得，缚宗岩树上，将杀之。寿孙拜前愿代父死，宗岩曰："吾老矣，仅一子奉先祀，岂可杀之？吾愿自死。"盗两释之。

卷四百五十七
列传第二百一十六

隐 逸 上

戚同文　陈抟　种放　万適　李渎　魏野
邢敦　林逋　高怿　徐复　孔旼　何群

中古圣人之作《易》也，于《遁》之上九曰"肥遁，无不利"，《蛊》之上九曰"不事王侯，高尚其事"。二爻以阳德处高地，而皆以隐逸当之。然则隐德之高于当世，其来也远矣。巢、由虽不见于经，其可诬哉。五季之乱，避世宜多。宋兴，岩穴弓旌之招，叠见于史，然而高蹈远引若陈抟者，终莫得而致之，岂非二卦之上九者乎？种放之徒，召对大廷，壹壹献替，使其人出处，果有合于《艮》之君子时止时行，人何讥焉。作《隐逸传》。

戚同文，字同文，宋之楚丘人。世为儒。幼孤，祖母携育于外氏，奉养以孝闻。祖母卒，昼夜哀号，不食数日，乡里为之感动。

始，闻邑人杨悫教授生徒，日过其学舍，因授《礼记》，随即成诵，日讽一卷，悫异而留之。不终岁毕诵

《五经》,懿即妻以女弟。自是弥益勤励读书,累年不解带。时晋末丧乱,绝望禄仕,且思见混一,遂以"同文"为名字。懿尝勉之仕,同文曰:"长者不仕,同文亦不仕。"懿依将军赵直家,遇疾不起,以家事托同文,即为葬三世数丧。直复厚加礼待,为筑室聚徒,请益之人不远千里而至。登第者五六十人,宗度、许骧、陈象舆、高象先、郭成范、王砺、滕涉皆践台阁。

同文纯质尚信义,人有丧者力拯济之,宗族间里贫乏者周给之。冬月,多解衣裘与寒者。不积财,不营居室,或勉之,辄曰:"人生以行义为贵,焉用此为!"由是深为乡里推服。有不循孝悌者,同文必谕以善道。颇有知人鉴,所与游皆一时名士。乐闻人善,未尝言人短。与宗翼、张昉、滕知白为友。生平不至京师。长子维任随州书记,迎同文就养,卒于汉东,年七十三。好为诗,有《孟诸集》二十卷。杨徽之尝因使至郡,一见相善,多与酬唱。徽之尝云陶隐居号坚白先生,先生纯粹质直,以道义自富,遂与其门人追号坚素先生。

二子维、纶。维,建隆二年,以屯田员外郎为曹王府翊善,累官职方郎中,致仕,卒,年八十一。纶自有传。

大中祥符二年,府民曹城即同文旧居旁造舍百余区,聚书数千卷,延生徒讲习甚盛。诏赐额为本府书院,命纶子奉礼郎舜宾主之,署诚府助教,委本府幕官提举之。

杨懿者,虞城人。力学勤志,不求闻达。

宗翼者,蔡州上蔡人。父为虞城主簿,因家焉。笃孝恭谨,负米养母。好学强记,经籍一见即能默写。欧阳、虞、柳书皆得其楷法。能属文。隐而不仕,家无米粟,怡怡如也,未尝以贫窭干人。市物不评价,市人知而不欺。尝言"昼夜者,昏晓之辨也",故既暝未曙,皆不出户。见邻里小儿,待之如成人,未尝欺绐。同文尝谓翼曰:"子劳谦有古人风,真吾友也。"卒,年八十余。子度,举进士,至侍御史,历京西转运使,预修《太祖实录》。

张昉有史材,历知杂御史、省郎,至殿中少监致仕。子信,自有传。

滕知白善为诗,至刑部员外郎、河北转运使。子涉,为给事中。

高象先父凝祐,刑部郎中,以强干称。象先,淳化中三司户部副使,卒于光禄少卿。

郭成范最有文,为仓部员外郎,掌安定公书记。辞疾,以司封员外郎致仕,卒。

王砺事母甚谨,太平兴国五年进士,至屯田郎中。子涣、浚、渊、冲、泳。涣子稷臣,浚子尧臣,并进士及第。涣子梦臣,进士出身。

陈抟,字图南,亳州真源人。始四五岁,戏涡水岸侧,有青衣媪乳之,自是聪悟日益。及长,读经史百家之言,一见成诵,悉无遗忘,颇以诗名。后唐长兴中,举进士不第,遂不求禄仕,以山水为乐。自言尝遇孙君仿、獐皮处士二人者,高尚之人也,语抟曰:"武当山九室岩可以隐居。"抟往栖焉。因服气辟谷历二十余年,但日饮酒数杯。移居华山云台观,又止少华石室。每寝处,多百余日不起。

周世宗好黄白术,有以抟名闻者,显德三年,命华州送至阙下。留止禁中月余,从容问其术,抟对曰:"陛下为四海之主,当以致治为念,奈何留意黄白之事乎?"世宗不之责,命为谏议大夫,固辞不受。既知其无他术,故还所止,诏本州长吏岁时存问。五年,成州刺史朱宪陛辞赴任,世宗令赍帛五十匹、茶三十斤赐抟。

太平兴国中来朝,太宗待之甚厚。九年复来朝,上益加礼重,谓宰相宋琪等曰:"抟独善其身,不干势利,所谓方外之士也。抟居华山已四十余年,度其年近百岁。自言经承五代离乱,幸天下太平,故来朝觐。与之语,甚可听。"因遣中使送至中书,琪等从容问曰:"先生得玄默修养之道,可以教人乎?"对曰:"抟山野之人,于时无用,亦不知神仙黄白之事,吐纳养生之理,非有方术可传。假令白日冲天,亦何益于世?今圣上龙颜秀异,有天人之表,博达古今,深究治乱,真有道仁圣之主也。正君臣协心同德、兴化致治之秋,勤行修炼,无出于此。"琪等称善,以其语白上。上益重之,下诏赐号希夷先生,仍赐紫衣一袭,留抟阙下,令有司增葺所止云台观。上屡与之属和诗赋,数月放还山。

端拱初,忽谓弟子贾德昇曰:"汝可于张超谷凿石为室,吾将憩焉。"二年秋七月,石室成,抟手书数百言为表,其略曰:"臣抟大数有终,圣朝难恋,已于今月二十二日化形于莲花峰下张超谷中。"如期而卒,经七日支体犹温。有五色云蔽塞洞口,弥月不散。

抟好读《易》,手不释卷。常自号扶摇子,著《指玄篇》八十一章,言导养及还丹之事。宰相王溥亦著八十一章以笺其指。抟又有《三峰寓言》及《高阳集》、《钓潭集》,诗六百余首。

能逆知人意,斋中有大瓢挂壁上,道士贾休复心欲之,抟已知其意,谓休复曰:"子来非有他,盖欲吾瓢尔。"呼侍者取以与之,休复大惊,以为神。有郭沆者,少居华阴,夜宿云台观。抟中夜呼令趣归,沆未决;有顷,复曰:"可勿归矣。"明日,沆还家,果中夜母暴得心痛几死,食顷而愈。

华阴隐士李琪,自言唐开元中郎官,已数百岁,人罕见者;关西逸人吕洞宾有剑术,百余岁而童颜,步履轻疾,顷刻数百里,世以为神仙。皆数来抟斋中,人咸异之。大中祥符四年,真宗幸华阴,至云台观,阅画像,除其观田租。

又有许琼者,开封鄢陵人。开宝五年,子永罢卢县尉,诣匦上言:"臣年七十五,父琼年九十九,长兄年八十一,次兄年七十九,欲乞近地一官,以就荣养。"上览奏,召永讯之,即命迎其父赴阙。琼得对于讲武殿,上顾问久之,悉能奏对,而词气不衰,言唐末以来事,历历可听。上悦其父子俱享遐寿,赐袭衣、犀带、银鞍勒马、帛三十匹、茶二十斤,授永鄢城令。是时,澶、密、齐、沂、莱、江、吉、万州,江阴梁山军,各奏八十已上吕继美等二十九人,并赐爵公士。真宗时,凡老人年百岁已上者,州县以名闻,皆诏赐衣帛、米麦,长吏存抚之。

种放，字明逸，河南洛阳人也。父诩，吏部令史，调补长安主簿。放沉默好学，七岁能属文，不与群儿戏。父尝令举进士，放辞以业未成，不可妄动。每往来嵩、华间，慨然有山林意。未几父卒，数兄皆干进，独放与母俱隐终南豹林谷之东明峰，结草为庐，仅庇风雨。以请习为业，从学者众，得束脩以养母，母亦乐道，薄滋味。

放得辟谷术，别为堂于峰顶，尽日望云危坐。每山水暴涨，道路阻隔，粮糗乏绝，止食芋栗。性嗜酒，尝种秫自酿，每曰空山清寂，聊以养和，因号云溪醉侯。幅巾短褐，负琴携壶，溯长溪，坐磐石，采山药以助饮，往往终日。值月夕或至宵分，自豹林抵州郭七十里，徒步与樵人往返。性不喜浮图氏，尝裂佛经以制帷帐。所著《蒙书》十卷及《嗣禹说》、《表孟子上下篇》、《太一祠录》，人颇称之。多为歌诗，自称"退士"，尝作传以述其志。

淳化三年，陕西转运宋惟干言其才行，诏使召之。其母恚曰："常劝汝勿聚徒讲学。身既隐矣，何用文为？果为人知而不得安处，我将弃汝深入穷山矣。"放称疾不起。其母尽取其笔砚焚之，与放转居穷僻，人迹罕至。太宗嘉其节，诏京兆赐以缗钱使养母，不夺其志，有司岁时存问。咸平元年母卒，水浆不入口三日，庐于墓侧。翰林学士宋湜、集贤院学士钱若水、知制诰王禹偁言其不克葬，诏赐钱三万、帛三十匹、米三十斛以助其丧。

四年，兵部尚书张齐贤言放隐居三十年，不游城市十五载，孝行纯至，可励风俗，简朴退静，无谢古人。复诏本府遣官诣山，以礼发遣赴阙，赍装钱五万，放辞不起。明年，齐贤出守京兆，复条陈放操行，请加旌贲。即赐诏曰："汝隐居丘园，博通今古，孝悌之行，乡里所推，慕古人之遗荣，挹君子之常道。屡览守藩之奏，弥彰遁世之风，载渴来仪，副予延伫。今遣供奉官周旺赍诏，召汝赴阙，赐帛百匹、钱十万。"九月，放至，对崇政殿，以幅巾见，命坐与语，询以民政边事。放曰："明王之治，爱民而已，惟徐而化之。"余皆谦让不对。即日授左司谏、直昭文馆，赐巾服简带，馆于都亭驿，大官供膳。翌日，表辞恩命。上知放旧与陈尧叟游，令尧叟谕意；又谓宰相曰："朕求茂异，以广视听，资治道。如放欲未乐仕，亦可遂其请也。"中书传诏，放曰："病居山林，天恩累加礼聘，岩猿溪鸟之性，固不敢以禄仕为意。然主上虚怀待士，旰食忧人之心，亦不敢以羁束为念。"遂诏不听其让。数日，复召见，赐绯衣、象简、犀带、银鱼、御制五言诗宠之，赐昭庆坊第一区，加帷帐什物，银器五百两，钱三十万。中谢日，赐食学士院，自是屡得召对。六年春，再表谢暂归故山，诏许其请。将行，又迁起居舍人，命馆阁官宴饯于琼林苑，上赐七言诗三章，在席皆赋。十月，遣使就山抚问，图其林泉居处以献，优诏趣其入觐，放以疾未平为请。

景德元年十月，来朝，言归山之久，请计月不受奉，诏特给之。尝因观书赋诗，上曰："放体格高古。闻其归，私居终日，默坐一室。山水之乐，亦天性也。每所询问，皆据经以对，颇多裨益。朕优待之，盖以激浮竞也。"放每至京师，秦雍生徒多就而受业。二年，擢为右谏议大夫。

表乞嵩少养疾，许之，令河南府检校。召对资政殿，曲宴学士院，王钦若洎当直学士、舍人、待制悉预。既罢，又赐宴于钦若直庐。表乞免都门置饯之礼。屡遣中使劳问，赐以茶药。是冬，复来朝。三年，以兄丧请告归终南营葬，复召宴赐诗。

放山居草舍五六区，啖野蔬荞麦。表求太宗御书及经史音疏，悉给焉。十月，复至，上谓宰相曰："放比来高尚其事，每所询问，颇有可采。朝廷虽加爵秩，而未能大用，即物议未厌，所虑放卷而怀之。"即遣内侍任文庆赍诏谕之曰："朕临御寰区，忧勤旰昃，详延茂异，物色隐沦，思访话言，用熙庶绩。以卿栖心岩窦，屏迹嚣尘，蹑绮皓之遐踪，有曾、颜之至行，特举贲园之典，果符前席之心。每所咨询，备详理道，载观敷纳，蔚有材谋，深简朕怀，颇思大用。然以群情未悉，成命是稽。今四隩来同，万区思乂，方崇政本，庶厚时风。卿必能酌斟化源，丹青王度，恢富国强兵之术，陈制礼作乐之规。返朴还淳，措刑息讼，辅不于速，驯至太平，登用机衡，弼成寡昧。卿宜体兹眷遇，罄乃诚明，叙经国之大猷，述致君之远略，尽形奏牍，以沃朕心。副凉德之倚毗，塞外朝之观听，乃司枢务，式洽至公。"

放上言曰："臣读书业文，实自父师之诲，学古嗜退，本求山水之乐。思率天性以奉至道，岂有意于麋鹿，盖无心于绂冕。其所幸者，邦家化成，疆场兵偃，群黎鼓舞，庶汇胥悦。蒲帛之聘，宠涣岩谷，君命荐及，肃听祗受。既朝象魏之下，但愧岩林之贱。奉圣颜于咫尺，聆德音之教论。列迹侍从，峨冠谏净。虽愚者之虑，竭忠规而屡陈，而大君之明，惧嚚言之无补。今又访以礼乐之制，询其刑政之方，且小器微材，欲加大用。盖念沿革之攸宜，历三五而既异，弛张之体，岂一二而可述。国家谋建皇极，跻纳富寿，惟二圣之光宅，总百王之阙漏，岂伊薄菲，敢预论述。方今德义宣明，鸾骥庶止，如臣之才，俨尔骈列。伏望洞知臣之鉴，怜守节之志，俾泛驾无覆压之害，使为器免溢荡之咎，寝此过听，遂其夙心。况臣首献纳之行，不为无位；预清闲之对，不为疏隔。又安敢碌碌而依违，嘿嘿而旷素？愿且齿于谏署，庶少观于朝制，斯亦否能有适，名器无假。唯兹保全之惠，仰繄仁圣之赐。"

时先俾陈尧叟谕旨，尧叟手笔审其意，放云："自被聘召，及迁谏垣，无所补报，为幸多矣。今主上圣明，朝无阙政，处之显位，则是重增其过。"及览表，上曰："放能守分恳让，益可嘉也。"大中祥符元年，命判集贤院，从封泰山，拜给事中。二年四月，求归山，宴饯于龙图阁，命学士即席赋诗，制序。上作诗，卒章云："我心虚伫日，无复醉山中。"初，放作诗尝有"溪上醉眠都不知"之句，故及之。三年正月，复召赴阙，表乞赐告，手诏优答之。作歌赐之，乃赉衣服、器币，令京兆府每季遣幕职就山存问。四年正月，复来朝，从祠汾阴，拜工部侍郎。

放屡至阙下，俄复还山，人有诣书嘲其出处之迹，且劝以弃位居岩谷，放不答。放终身不娶，尤恶嚣杂，故京城赐第为择僻处。然禄赐既优，晚节颇饰舆服。于长安广置良田，岁利甚博，亦有强市者，遂致争讼，门人族属依倚恣横。王嗣宗守京兆,放尝乘醉慢骂之。嗣宗屡遣人责放不法,仍条上其事。诏工部郎中施护推究,会赦恩而止。四月,求归山,又赐宴遣之。所居山林,细民多纵樵采,特诏禁止。放遂表徙居嵩山天封观侧,遣内侍就兴唐观基起第赐之。假逾百日,续给其奉。然犹往来终南,按视田亩。每行必给驿乘,在道或亲诟驿吏,规算粮具之直。时议浸薄之。

尝曲宴令群臣赋诗,杜镐以素不属辞,诵《北山移文》以讥之。上尝语近臣曰:"放为朕言事甚众,但外廷无知者。"因出所上《时议》十三篇,其目曰:《议道》、《议德》、《议刑》、《议器》、《议文武》、《议制度》、《议教化》、《议赏罚》、《议官司》、《议军政》、《议狱讼》、《议征赋》、《议邪正》。

八年十一月乙丑,晨兴,忽取前后章疏稿悉焚之,服道士衣,召诸生会饮于次,酒数行而卒。讣闻,上甚嗟悼,亲制文遣内侍朱允中致祭。归葬终南,赠工部尚书,录其侄世雍同学究出身。

万适,字纵之,陈州宛丘人,自号遗玄子。六七岁即为诗。及长,喜学问,精于《道德经》。与高锡族子冕及韩伾交游,酬唱多有警句。不求仕进,专以著述为务,有《狂简集》百卷、《雅书》三卷、《志苑》三卷、《雍熙诗》二百首,《经籍摘科讨论》计四十卷。

淳化中,伾任翰林学士,因召对,上问曰:"卿早在嵩阳,当时辈流颇有遗逸否?"伾以适及杨璞、田诰为对,上悉令召至阙下。诏书下而诰卒。璞既至,对于便殿,不愿仕进,上赐以束帛,与一子出身,遣还郓都。适最后至,特授慎县主簿。适素康强无疾,诏下旦已病,犹勉强赴朝谢,举止山野,人皆笑之,后数日卒。

田诰者,历城人。好著述,聚学徒数百人,举进士至显达者接踵,以故闻名于朝,宋惟翰、许衮皆其弟子也。诰著作百余篇传于世,大率迂阔。每构思必匿深草中,绝不闻人声,俄自草中跃出,即一篇成矣。

杨璞字契玄,郑州新郑人。善歌诗,士大夫多传诵。与毕士安尤相善,每乘牛往来郭店,自称东里遗民。尝杖策入嵩山穷绝处,构思为歌诗,凡数年得百余篇。璞既被召,还,作《归耕赋》以见志。真宗朝诸陵,道出郑州,遣使以茶帛赐之。卒,年七十八。

李渎,河南洛阳人也。六世祖坦,冯翊令。坦生仲芳,大理司直。仲芳生玄初,福建观察推官。玄初生郾,即渎之曾祖也,字尧封,仕梁,历滑、魏、宋三镇留后,拜崇政使、礼部尚书。后唐天成中,以太子少傅致仕,卒,赠太保。祖延昭,殿中丞。父莹字正白,善词赋,广顺进士,蒲帅张铎辟为记室,因家河中。乾德初,右补阙苏德祥荐为殿中侍御史、度支判官。使江南,坐受李从善遗赂,责授右赞善大夫,卒。

初,莹祷河祠而生渎,故名渎字河神,后改字长源。淳澹好古,博览经史。十六丁外艰,服阕,杜门不复仕进。家世多聚书画,颇有奇妙。王祐典河中,深加礼待,自是多闻于时。往来中条山中,不亲产业,所居木石幽胜。谈唐室已来衣冠人物,历历可听。罕著文。前后州将皆厚遇之。王旦、李宗谔与之世旧,每劝其仕,渎皆不答。所乘马,尝为宗人借,憩于廛间。人有见者以语渎,渎即鬻之,其恶嚣如此。州间化其俭德。

真宗祀汾阴,直史馆孙冕言其隐操,请加搜采,陈尧叟复荐之。命使召见,辞足疾不起。遣内侍劳问,令长吏岁时存抚。明年,又遣使存问,渎自陈世本儒墨习静避世之意。素嗜酒,人或勉之,答曰:"扶羸养疾,舍此莫可。从吾所好,以尽余年,不亦乐乎!"尝语诸子曰:"山水足以娱情,苟遇醉而卒,吾之愿也。吾将与尔永诀,尔辈当常在左右。"即设外寝,与诸子同处。一日,忽曰:"适有人至床下,诵诗云:'行到水穷处,未知天尽时。'言讫不见,吾当逝矣。"亟取莹集七十编泊书画付诸子,促家人置酒。顷之,卒。时天禧三年十二月三日也,年六十三。

四年春,诏曰:"故河中府处士李渎,簪缨传绪,儒雅践方,旷逸自居,恬智交养。迨兹晚节,弥邵清猷,奄及沦亡,良深轸恻。特行贲典,式慰营魂。惟蓬阁之司文,乃儒林之美秩。仍示归生之赗,兼推给复之恩。申饬守臣,优恤其后。岂独旌于泉壤,亦足厚于民风。可特赠秘书省著作佐郎,赐其家帛二十匹,米三十斛,州县常加存恤,二税外蠲其差役。"

魏野,字仲先,陕州陕人也。世为农。母尝梦引袂于月中承兔得之,因有娠,遂生野。及长,嗜吟咏,不求闻达。居州之东郊,手植竹树,清泉环绕,旁对云山,景趣幽绝。凿土袤丈,曰乐天洞,前为草堂,弹琴其中,好事者多载酒肴从之游,啸咏终日。前后郡守,虽武臣旧相,皆所礼遇,或亲造谒。赵昌言性尤倨傲,特署宾次,戒阍吏野至即报。野不喜巾帻,无贵贱,皆纱帽白衣以见,出则跨白驴。过客居士往来留题会话,累宿而去。野为诗精苦,有唐人风格,多警策句。所有《草堂集》十卷,大中祥符初契丹使至,尝言本国得其上帙,愿求全部,诏与之。

祀汾阴岁,与李渎并被荐,遣陕令王希招之。野上言曰:"陛下告成天地,延聘岩薮,臣实愚戆,资性惷拙,幸逢圣世,获安故里,早乐吟咏,实匪风骚,岂意天慈,曲垂搜引。但以尝婴心疾,尤疏礼节,麇鹿之性,顿缨则狂,岂可瞻对殿墀,仰奉清燕。望回过听,许令愚守,则畎亩之间,永荷帝力。"诏州县长吏常加存抚,又遣使图其所居观之。五年四月,复遣内侍存问。天禧三年十二月,无疾而卒,年六十。州上其状。

四年正月,诏曰:"国家举旌赏之命,以辉丘园,申恤赠之恩,用慰泉壤,所以褒逸民而厚风俗也。故陕州处士魏野,服膺儒素,刻意篇章,顾词格之清新,为士流之推许,而能笃淳古之行,慕肥遁之风。顷属时巡,尝加聘召,恳陈诚志,愿遂《考槃》。及此沦亡,载深嗟悼!兰台清秩,追饰幽扃,厚其赗助之资,宽以复除之命。谅惟优礼,式显令名。魂而有知,歆此殊渥。可特赠秘书省著作郎,赐其家帛二十匹,米三十斛,州县常加存恤,二税外免其差徭。"

溱即野中表兄也。溱卒讣至，野哭之恸，谓其子曰："吾不可去，去必不至。"第遣其子赴之，裁六日而野亦卒，时甚异焉。

邢敦，字君雅，不知何许人。家于雍丘，与宋湜、赵昌言交游甚厚。太平兴国初，尝举进士不第，慨然有隐遁意。性介僻，不妄交友。耽玩经史，精于术数，工绘画，颇嗜酒。或游市廛，过客询以休咎者，多不之语。里中号邢夫子。大中祥符七年，真宗幸亳回，邑人列上其事，王曾为考制度使，以名闻。诏曰："敦早预词场，勤修天爵，超然处退，亦既累年。属览公车之言，俾参郡学之职，用精儒业，以宠耆年。可许州助教。"敦让而不受。乾兴元年，无疾而卒，年七十四。

林逋，字君复，杭州钱塘人。少孤，力学，不为章句。性恬淡好古，弗趋荣利，家贫衣食不足，晏如也。初放游江、淮间，久之归杭州，结庐西湖之孤山，二十年足不及城市。真宗闻其名，赐粟帛，诏长吏岁时劳问。薛映、李及在杭州，每造其庐，清谈终日而去。尝自为墓于其庐侧。临终为诗，有"茂陵他日求遗稿，犹喜曾无《封禅书》"之句。既卒，州为上闻，仁宗嗟悼，赐谥和靖先生，赙粟帛。

逋善行书，喜为诗，其词澄浃峭特，多奇句。既就稿，随辄弃之。或谓："何不录以示后世？"逋曰："吾方晦迹林壑，且不欲以诗名一时，况后世乎！"然好事者往往窃记之，今所传尚三百余篇。

逋尝客临江，时李谘方举进士，未有知者，逋谓人曰："此公辅器也。"及逋卒，谘适罢三司使为州守，为素服，与其门人临七日，葬之，刻遗句内圹中。

逋不娶，无子，教兄子宥，登进士甲科。宥子大年，颇介洁自喜，英宗时，为侍御史，连被台移出治狱，拒不肯行，为中丞唐介所奏，降知蕲州，卒于官。

高怿，字文悦，荆南高季兴四世孙。幼孤，养于外家。十三岁能属文，通经史百家之书。闻种放隐终南山，乃筑室豹林谷，从放受业。放奇之，不敢处以弟子行。与同时张荛、许勃号"南山三友"。

会诏举沈沦草泽，知长安寇准闻其名荐之，辞不起。景祐中，录国初侯王后，怪推其折得官。及范雍建京兆府学，召怿讲授诸生，席间常数十百人。杜衍尝请赐处士号，乃命为大理评事，怿固辞。仁宗嘉其守，号安素处士。诏州县岁时礼遇之，给良田五百亩。文彦博表其经术该通，有高世之行，可以励风俗，诏赐第一区。嘉祐中，就除光禄寺丞，复固辞。梦道士持素书聘为白鹿洞主，卒。

有韩退者，稷山人。亦师事种放。母死，负土成坟，徒跣终丧，去隐嵩山。吴遵路、石延年论其高节。诏赐粟帛，号安逸处士，以寿终。

徐复，字复之，建州人。初游京师，举进士不中。退而学《易》，通流衍卦气法，自筮知无禄，遂亡进取意。游学淮、浙间数年，益通阴阳、天文、地理、遁甲、占射诸家之说。他日听其乡人林鸿范说《诗》，且言《诗》之所以用于乐者，忽若有得。因以声器求之，遂悟大乐，于七音、十二律清浊次序及钟磬侈弇、匏竹高下制度皆洞达。方仁宗留意于乐，诏天下求知乐者，大臣荐胡瑗，瑗作钟磬，大变古法。复笑曰："圣人寓器以声，今不先求其声而更其器，其可用乎！"后瑗制作皆不效。

范仲淹过润州，见复问曰："今以衍卦占之，四夷无变异乎？"复克西方当用兵，推其月日，后无少差。庆历初，与布衣郭京俱召见，帝问天时人事，复对曰："以京房《易》卦推之，今年所配年月日时，当小过也。刚失位而不中，其在强君德乎？"帝又问："明年主何卦？"复曰："《乾》卦用事。"说至九五尽而止。帝又问："前年京师黑风，何所应？"复曰："其兆在内，豫王丧其应也。"明日，命为大理评事，固以疾辞，乃赐号冲晦处士，补其子发试秘书省校书郎。复性高洁，而处世未尝自异，后居杭州十数年卒。

郭京者，少任侠，不事家产，平居好言兵。范仲淹、滕宗谅数荐之。

孔旼，字宁极，孔子四十六代孙。隐居汝州龙兴县龙山之蛊阳城。性孤洁，喜读书。有田数百亩，赋税常为乡里先。遇岁饥，分所余赒不足者，未尝计有无。闻人之善若出于己，动止必依礼法。环所居百余里，人皆爱慕之，见旼于路，辄敛衽以避。葬其父，庐墓三年，卧破棺中，日食米一溢。壁间生紫芝数十本。州以行义闻，赐粟帛，又给复其家。近臣列荐，授秘书省校书郎致仕。居数年，召为国子监直讲，辞不赴，即迁光禄寺丞。顷之，起知龙兴县，复辞。卒，赠太常丞。

盗尝入旼家，发其廪粟，旼避之，纵其所取。尝逢赢弱者为盗掠夺其赀，旼追盗与语，责之以义，解金畀之，使归所掠。居山未尝逢毒蛇虎豹，或谓之曰："子毋夜行，此亦可畏。"旼曰："无心则无所畏。"晚年惟玩《周易》、《老子》，他书亦不复读。为《太玄图》张壁上，外列方州部家，而规其中心，空之无所书。曰："《易》所谓寂然不动者，与此无异也。"

何群，字通夫，果州西充人。嗜古学，喜激扬论议，虽业进士，非其好也。庆历中，石介在太学，四方诸生来学者数千人，群亦自蜀至。方讲官会诸生讲，介曰："生等知何群乎？群日思为仁义而已，不知饥寒之切己也。"众皆注仰之。介因馆群于其家，使弟子推以为学长。群愈自克厉，著书数十篇，与人言未尝下意曲从，同舍目群为"白衣御史"。

群尝言："今之士，语言说易，举止惰肆者，其衣冠不如古之严也。"因请复古衣冠。又上书言："三代取士，皆举于乡里而先行义。后世专以文辞就，文辞中害道者莫甚于赋，请罢去。"介赞美其说。会谏官御史亦言以赋取士无益治道，下两制议，皆以为进士科始隋历唐数百年，将相多出此，不为不得人，且祖宗行之已久，不可废也。群闻其说不行，乃恸哭，取平生所为赋八百余篇焚之。讲官视群赋既多且工,以为不情,绌出太学。群径归,遂不复举进士。

嘉祐中,龙图阁直学士何剡表其行义,赐号安逸处士。群既死,赵抃守益州,奏群遗稿有益时政,愿诏果州录上之,云:"非若茂陵书起天子侈心也。"寝不下。

卷四百五十八
列传第二百一十七

隐 逸 中

王樵　张愈　黄晞　周启明　代渊
陈烈　孙侔　刘易　姜潜　连庠
章詧　俞汝尚　阳孝本　邓考甫
宇文之邵　吴瑛　松江渔翁　杜生
顺昌山人　南安翁　张愈

王樵,字肩望,淄州淄川人。居县北梓桐山。博通群书,不治章句,尤善考《易》。与贾同、李冠齐名,学者多从之。咸平中,契丹游骑度河,举家被掠。樵即弃妻,挺身入契丹访父母,累年不获,还东山。刻木招魂以葬,立祠画像,事之如生,服丧六年,哀动行路。又为属之尊者次第成服,北望叹曰:"身世如此,自比于人可乎!"遂与俗绝,自称赘世翁,唯以论兵击剑为事。一驴负装,徒步千里,晚年屡游塞下。画策干何承矩、耿望,求灭辽复仇,不用。乃于城东南隅累砖自环,谓之"茧室"。铭其门曰:"天生王樵,薄命寡智,材不济时,道号'赘世'。生而为室,以备不虞,死则藏形,不虞乃备。"病革,入室自掩户卒。治平末,职方郎中向宗道知淄州,访茧室,已构屋为民居。得樵甥牟氏子,乃知改葬。因而即其地复作茧室及祠堂,刻石以记之。

张愈,字少愚,益州郫人,其先自河东徙。愈隽伟有大志,游学四方,屡举不第。宝元初,上书言边事,请使契丹,令外夷相攻,以完中国之势,其论甚壮。用使者荐,除试秘书省校书郎,愿以授父显忠而隐于家。文彦博治蜀,为置青城山白云溪杜光庭故居以处之。丁内艰,盐酪不入口。再期,植所持柳杖于墓,忽生枝叶,后合抱。六召不应。喜奕棋。乐山水,遇有兴,虽数千里辄尽室往。遂浮湘、沅,观浙江,升罗浮,入九疑,买石载鹤以归。杜门著书,未就,卒。

妻蒲氏名芝,贤而有文,为之诔曰:"高视往古,哲士实殷,施及秦、汉,余烈氤氲。挺生英杰,卓尔逸群,孰谓今世,亦有其人。其人伊何?白云隐君。尝曰丈夫,趋世不偶,仕非其志,禄不可苟,营营末途,非吾所守。吾生有涯,少实多艰,穷亦自固,困亦不颠。不贵人爵,知命乐天,脱簪散发,眠云听泉。有峰千仞,有溪数曲,广成遗趾,吴兴高躅。疏石通迳,依林架屋,麋鹿同群,昼游夜息。岭月破云,秋霖洒竹,清意何穷,真心自得,放言遗虑,何荣何辱?孟春感疾,闭户不出,岂期遂往,英标永隔。抒词哽噎,挥涕汍澜,人谁无死,惜乎材贤。已矣吾人,呜呼哀哉!"

黄晞,字景微,建安人。少通经,聚书数千卷,学者多从之游,自号聱隅子。著《歔欷琐微论》十卷,以谓聱隅者栖物之名,歔欷者叹声,琐微者述辞也。石介在太学,遣诸生以礼聘召,晞走匿邻家不出。枢密使韩琦表荐之,以为太学助教致仕。受命一夕卒。

周启明,字昭回,其先金陵人,后占籍处州。初以书谒翰林学士杨亿,亿携以示同列,大见叹赏,自是知名。四举进士皆第一。景德中,举贤良方正科,既召,会东封泰山,言者谓此科本因灾异访直言,非太平事,遂诏罢。于是归,教弟子百余人,不复有仕进意,里人称为处士。转运使陈尧佐表其行义于朝,赐粟帛。仁宗即位,除试助教,就加廪给。久之,特迁秘书省秘书郎。改太常丞,卒。启明笃学,藏书数千卷,多手自传写,而能口诵之。有古律诗、赋、笺、启、杂文千六百余篇。

代渊,字蕴之,本州人。唐末,避地导江,家世为吏,有阴德。渊性简洁,事亲以孝闻。受学于李畋、张达。年四十,乡人更劝,举进士甲科,得清水主簿。叹曰:"禄不及亲,何所为耶?"还家教授,坐席常满。安抚使举凤州团练推官,不就。知益州杨日严又荐之,遂以太子中允致仕。谢绝诸生,著《周易旨要》、《老佛杂说》数十篇。田况上其书,自太常丞改祠部员外郎。晚年日菜食,巾褐山水间,自号虚一子。长吏岁时致问,澹然与对,略不及私。嘉祐二年九月,有疾,召术士择日,云"丙申吉",领之,是日沐浴而绝。

陈烈,字季慈,福州候官人。性介僻,笃于孝友。居亲丧,勺饮不入于口五日,自壮及老,奉事如生。学行端饬,动遵古礼,平居终日不言,御童仆如对宾客。里中人敬之,冠昏丧祭,请而后行。从学者常数百。贤父兄训子弟,必举烈言行以示之。

尝以乡荐试京师不利,即罢举。或勉之求仕,则曰:"伊尹守道,成汤三聘以币;吕望既老,文王载之俱归。今天子仁圣好贤,有汤、文之心,岂无先觉如伊、吕者乎?"仁宗屡诏之,不起。人问其故,应曰:"吾学未成也。"公卿大夫、郡守、乡老交章称其贤。嘉祐中,以为本州教授,欧阳修又言之,召为国子直讲,皆不拜。

已而福建提刑王陶言其为妻林氏所讼,因诋烈贪诈,乞夺所受恩。司马光为谏官,率同列争曰:"臣等每患士无名检,故举烈以厉风俗。烈平生守义,出于诚实,虽有迂阔不合中道,犹为守节之士,当保而全之。若夫妇不相谐,则听之离绝,毋使节行之士为横辱所挫。"陶说遂不行。

元祐初，部使者申荐之，诏从其尚，以宣德郎致仕。明年，复教授本州，在职不受廪奉，乡里问遗丝毫无所受；家租有余，则推以济贫乏。卒，年七十六。

孙侔，字少述，与王安石、曾巩游，名倾一时。早孤，事母尽孝。志于禄养，故屡举进士。及母病革，自誓终身不求仕。客居江、淮间，士大夫敬畏之。

刘敞知扬州，言其孝弟忠信，足以扶世矫俗，求之朝廷，吕公著、王安石之流也。诏以为扬州教授，辞。敞守永兴，辟入幕府，亦辞。英宗时，沈遘及王陶、韩维连荐之，授忠武军推官、常州推官，皆不赴。

少与安石友善，安石为相，过真州与相见，侔待之如布衣交。卒，年六十六。

初，王回、王令、常秩与侔皆有盛名，回、令不寿，秩为隐不竟，唯侔以不仕始终。

刘易，忻州人。性介烈，博学好古，喜谈兵。韩琦知定州，上其所著《春秋论》，授太学助教、并州州学说书。不能屈志仕进，寓居于虢之卢氏，习辟谷术。赵抃复荐其行谊，赐号退安处士。易作诗，琦每为书之石，或不可其意辄涤去，琦亦再书之。尹洙帅渭，延致尊礼，狄青代洙，遇之亦厚。治平末，卒，琦作文祭之云：“刚介之性，天下能合者有几？渊源之学，古人不到者甚多。”其敬之如此。熙宁察访定户役，诏易家用处士如七品恩，得减半，示优礼云。

姜潜，字至之，兖州奉符人。从孙复学《春秋》。用田况举召试学士院，为明州录事参军。以母思乡求致仕，敕过门下，知封驳司吴奎封还之，而与韩绛共上章以荐，徙兖州录事参军。从奎辟郓州教授，奎升堂拜其母，又荐为国子直讲、韩王宫伴读。谒宗正允弼，吏引趋庭，潜不答，呼马欲去，遂以客礼见。

熙宁初，诏举选人淹滞者与京官凡三十七人，潜在选中。神宗闻其贤，召对延和殿，访以治道何以致之，对曰：“有《尧》、《舜》二《典》在，顾陛下致之之道何如。”知陈留县，至数月，青苗令下，潜出钱，榜其令于县门，已，徙之乡落，各三日无应者。遂撤榜付吏曰：“民不愿矣！”钱以是独得不散。司农、开封疑潜沮格，各使其属来验，皆如令。而条例司劾祥符住散青苗钱，潜知且不免，移疾去，县人诣府请留之，不得。家居卒，年六十六。

连庶，字居锡，安州应山人。举进士，调商水尉、寿春令。兴学，尊礼秀民，以劝其俗；开溾淮田千顷，县大治。淮南王旧垒在山间，会大水，州守议取其甓为城，庶曰：“弓矢舞衣传百世，藏于王府，非为必可用，盖以古之物传于今，尚有典刑也。”垒因是得存。以母老乞监陈州税。尝送客出北门，见日西风尘，而冠盖憧憧不已，慨然有感，即日求分司归。久之，翰林学士欧阳修、龙图阁直学士祖无择言庶文学行义，宜在台阁。以知昆山县，辞不行。累迁职方员外郎，卒。

庶始与弟庠在乡里，时宋郊兄弟、欧阳修皆依之。及二宋贵达，不可其志，退居二十年。守道好修，非其人不交，非其义秋毫不可污也。庶既死，宋郊之孙义年为应山令，缘邑人之意，作堂于法兴僧舍，绘二宋及庶、庠之像祠事之。庠亦登科，敏于政事，号良吏，终都官郎中。

章詧，字隐之，成都双流人。少孤，鞠于兄嫂，以所事父母事之。博通经学，尤长《易》、《太玄》，著《发隐》三篇，明用蓍索道之法，知以数寓道之用、三摹九据始终之变。蜀守蒋堂、杨察、张方平、何郯、赵抃咸以逸民荐，一赐粟帛，再命州助教，不就。嘉祐中，赐号冲退处士。王素时为州，因更其所居之乡曰处士，里曰通儒，坊曰冲退。詧由是益以道自裕，尊生养气，忧喜、是非亦不以挠其心形。

尝访里人范百禄，谓曰：“子辟谷二十余年，今强力尚足，子亦尝知以气治疾之说乎？”百禄因从扣《太玄》，詧为解述大旨，再复《摛》词曰：“‘人之所好而不足者，善也；所丑而有余者，恶也。君子能强其所不足，而拂其所有余，《太玄》之道几矣。’此子云仁义之心，予之于《太玄》也，述斯而已。若苦其思，艰其言，迂溺其所以为数而忘其仁义之大，是恶足以语夫道哉？”熙宁元年，卒，年七十六。子祀，亦好古学，尝应行义敦遣诏。仍世有隐德，其所居犹存。

俞汝尚，字退翁，湖州乌程人。少时读书于鄢南之昆山。为人温温有礼，议论不苟。不可于意，有所不言，言之未尝妄也。不肯料理生事，不以贫乏挠其怀，澹于势利。闻人善言善行，记之不忘，时时为人道。擢进士第，涉历州县，无少营进取之心。尝知导江县，新繁令卒，使者使承其乏，将资以公田，辞，不许，至则悉以周旧令之家。熙宁初，签书剑南西川判官。赵抃守蜀，以简静为治，每旦退坐便斋，诸吏莫敢至，唯汝尚来辄排闼径入，相对清谈竟暮。

王安石当国，患一时故老不同己，或言汝尚清望，可置之御史，使以次弹击。驿召诣京师，既知所以荐用意，力辞，章再上得免。亲故有责以不能与子孙为地者，汝尚笑曰：“是乃所以为其地也。”还家苦贫，未能忘禄养。又从赵抃于青州，遂以屯田郎中致仕。苏轼、苏辙、孙觉、李常皆赋诗文叹美之。

优游数年，当六月徂暑，寝室不可居，山舍于门，妻黄就视之，汝尚曰：“人生七十者希，吾与夫人皆过之，可以行矣。”妻应曰：“然则我先去。”后三日卒。汝尚庀其丧，为作铭，召诸子告曰：“吾亦从此逝矣。”隐几而终，相去十日。孙侔，绍兴中敷文阁直学士。

阳孝本，字行先，虔州赣人。学博行高，隐于城西通天岩。苏颂、蒲宗孟皆以山林特起荐之。苏轼自海外归，过而爱焉，号之曰玉岩居士。尝直造其室，知其不娶，戏以为元德秀之流。孝本自言为阳城之裔，故轼诗有云：“众谓元德秀，自称阳道州。”嘉之也。隐遁二十年，一时名士多从之游。崇宁中，举八行，解褐为国子录，再转博士。以直秘阁归，卒，年八十四。

邓考甫，字成之，临川人。第进士，历陈留尉、万载永明令、知上饶县，积官奉议郎，提点开封府界河渠，坐事去官，遂闭户著书，不复言仕。

元符末，诏求直言。考甫年八十一，上书云："乱天下者，新法也，末流之祸，将不可胜言。今宜以时更化，纯法祖宗。"因论熙宁而下，权臣迭起，欺世误国，历指其事而枚数其人。蔡京嫉之，谓为诋讪宗庙，削籍羁筠州。崇宁去党碑，释逐臣，同类者五十三人，其五十人得归，惟考甫与范柔中、封觉民独否，遂卒于筠。且死，命幼孙名世执笔，口占百余言，其略曰："予自谓山中宰相，虚有其才也；自谓文昌先生，虚有其词也。不得大用于盛世，亦无憾焉，盖有天命尔。"所论述有《卜世大宝龟》、《伊周素蕴》、《义命杂著》、《太平策要》等，凡二百五十余篇。

宇文之邵，字公南，汉州绵竹人。举进士，为文州曲水令。转运以轻缣高其价，使县鬻于民。之邵言："县下江上山，地狭人贫，耕者亡几，方岁俭饥，羌夷数入寇，不可复困之以求利。"运使怒。

会神宗即位求言，乃上疏曰："天下一家也。祖宗创业、守成之法具在。陛下方居谅阴，谄谀奸佞之人屏伏未动，正可念五圣之功德，常若左右前后。京师者，诸夏之视效，俗宜敦厚，而检纷浮侈是尚。公卿大夫，民之表也，宜以名节自励，而势利合杂是先。愿以节义廉耻风导之，使人知自重。千里之郡，有利未必兴，有害未必除者，转运使、提点刑狱制之也。百里之邑，有利未必兴，有害未必除者，郡制之也。前日赦令，应在公逋负一切蠲除，而有司操之益急，督之愈甚，使上泽不下流，而细民益困。如择贤才以为三司之官，稍假郡县以权，则民瘳然矣。然后监番、榷、蹶、楒之盛以保安外戚，考《棠棣》、《角弓》之义以亲睦九族，兴坠典，拔滞淹，远夸毗，来忠谠。凡所建置，必与大臣共议以广其善，号令威福则专制之。如此，则天下之人思见太平可拱而俟也。"

疏奏不报。喟然曰："吾不可仕矣。"遂致仕，以太子中允归，时年未四十。自强于学，不易其志，日与交友为经史琴酒之乐，退居十五年而终。司马光曰："吾闻志不行，顾禄位如锱铢；道不同，视富贵如土芥。今于之邵见之矣。"范镇亦曰："之邵位下而言高，学富而行笃，少我二十一岁而先我挂冠，使吾慊然。"其为两贤所推尚如此。

吴瑛，字德仁，蕲州蕲春人。以父龙图阁学士遵路任补太庙斋郎，监西京竹木务，签书淮南判官，通判池州、黄州，知郴州，至虞部员外郎。治平三年，官满如京师，年四十六，即上书请致仕。公卿大夫知之者相与出力挽留之，不听，皆叹服以为不可及，相率赋诗饮饯于都门，遂归。

蕲有田，仅足自给。临溪筑室，种花酿酒，家事一付子弟。宾客至必饮，饮必醉，或困卧花间，客去亦不问。有臧否人物者，不酬一语，但促奴益行酒，人莫不爱其乐易而敬其高。尝有贵客过之，瑛酒酣而歌，以乐器扣其头为节，客亦不以为忤。视财物如粪土，妹婿辄取家财数十万贷人，不能偿，瑛哀之曰："是人有母，得无重忧！"召而焚其券。门生为治田事历岁，忽谢去，曰："闻有言某簿书为欺者，谊不可留。"瑛命取前后文书示之，盖未尝发封也。盗入室，觉而不言，且取其被，乃曰："他物唯所欲，夜正寒，幸舍吾被。"其真率旷达类此。

哲宗朝有荐之者，召为吏部郎中，就知蕲州，皆不起。崇宁三年感疾，即闭阁谢医药，至垂绝不乱。卒，年八十四。

松江渔翁者，不知其姓名。每棹小舟游长桥，往来波上，扣舷饮酒，酣歌自得。绍圣中，闽人潘裕自京师调官回，过吴江，遇而异焉，起揖之曰："予视先生气貌，固非渔钓之流，愿丐绪言，以发蒙陋。"翁瞪视曰："君不凡，若诚有意，能过小舟语乎？"裕欣然过之。翁曰："吾厌喧烦，处闲旷，遁迹于此三十年矣。幼喜诵经史百家之言，后观释氏书，今皆弃去。唯饱食以嬉，尚何所事？"裕曰："先生澡身浴德如此。今圣明在上，盍出而仕乎？"笑曰："君子之道，或出或处，吾虽不能栖隐岩穴，追园、绮之踪，窃慕老氏曲全之义。且养志者忘形，养形者忘利，致道者忘心，心形俱忘，其视轩冕如粪土耳，与子出处异趣，子勉之。"裕曰："裕也不才，幸闻先生之高义，敢问舍在。"曰："吾姓名且不欲人知，况居室耶！"饮毕，长揖使裕反其所，鼓枻而去。

杜生者，颍昌人。不知其名，县人呼为杜五郎。所居去县三十里，有屋两间，与其子并居，前有空地丈余，即为篱门，生不出门者三十年。

黎阳尉孙轸往访之。其人颇洒落，自陈村人无所能，官人何为见顾。轸问所以不出门之因，笑曰："以告者过也。"指门外一桑："忆十五年前，亦曾纳凉其下，何谓不出？但无用于时，无求于人，偶自不出耳，何足尚哉。"问所以为生，曰："昔时居邑之南，有田五十亩，与某兄同耕。迨兄子娶妇，度所耕不足赡，乃尽以与兄，而携妻子至此，蒙乡人借屋，遂居之。唯与人择日，又卖医药以给饘粥，亦有时不继。后子能耕，荷长者见怜，与田三十亩使之耕，尚有余力，又为人佣耕，自此食足。乡人贫，以医术自业者多。念己食既足，不当更兼他利，由是择日卖药，一切不为。"问常日何所为，曰："端坐耳。""颇观书否？"曰："二十年前，曾有人遗一书策，无题号，其间多说浮名经，当时极爱其议论，今忘之，并书亦不知所在矣。"时盛寒，**布袍草属**，室中枵然，而气韵闲旷，言词精简，盖有道之士也。问其子之为人，曰："村童也，然性质甚淳厚，不妄言，不敢嬉。唯间一至县买盐酪，可行迹以待其归，径往径还，未尝旁游一步也。"轸嗟叹，留连久之，乃去。后至延安幕府，为沈括言之。括时理军书，追夜半，疲极未卧，闻轸谈及此，及顿忘其劳。

卷四百五十九
列传第二百一十八

隐 逸 下

徐中行　苏云卿　谯定　王忠民　刘勉之
胡宪　郭雍　刘愚　魏掞之　安世通

顺昌山人。靖康末，有避乱于顺昌山中者，深入得茅舍，主人风裁甚整，即之语，士君子也。怪而问曰："诸君何事挈妻孥能至是耶？"因语之故。主人曰："乱何自而起耶？"众争为言，主人嗟恻久之，曰："我父为仁宗朝人也，自嘉祐末卜居于此，因不复出。以我所闻，但知有熙宁纪年，亦不知于今几何年矣。"

南安翁者。漳州陈元忠客居南海日，尝赴省试过南安，会日暮，投宿野人家，茅茨数椽，竹树茂密可爱。主翁虽麻衣草屦，而举止谈对宛若士人。几案间有文籍散乱，视之皆经、子也。陈叩之曰："翁训子读书乎？"曰："种园为生耳。""亦入城市乎？"曰："十五年不出矣。"问："藏书何用？"曰："偶有之耳。"因杂以他语。少焉，风雨暴作，其二子归，舍钽揖客，人物不类农家子。翁进豆羹享客，不复共谈，迟明别去。

陈以事留城中，翌日，见翁仓遽而行，陈追诘之曰："翁云十五年不出城，何为到此？"曰："吾以急事不容不出。"问之，乃大儿于关外鬻果失税，为关吏所拘。陈为谒监征，至则已捕送郡。翁与小儿偕诣庭下，长子当杖，翁恳白郡守曰："某老钝无能，全藉此子赡给。若渠不胜杖，则翌日乏食矣。愿以身代之。"小儿曰："大人岂可受杖，某愿代兄。"大儿又以罪在己，甘心焉，三人争不决。小儿来父耳旁语，若将有所请，翁叱之，儿必欲前。郡守疑之，呼问所以，对曰："大人元系带职正郎，宜和间累典州郡。"翁急拽其衣使退，曰："儿狂，妄言。"守询谙敕在否，儿曰："见作一束置瓮中，埋于山下。"守乃遣吏随儿发取，果得之，即延翁上坐，谢而释其子。次日，枉驾访之，室已虚矣。

张壆字子厚，常州人。登进士甲科。以无他兄弟，独养其亲，不忍斯须去左右。亲友强之仕，乃调青溪主簿，亦不之官。闭户读书四十年，手校数万卷，无一字舛。穷经著书，至夜分不寐。元丰中，近臣荐其高行。至于元祐，大臣复荐之，起教授颍州，辞不就。于是孙觉、胡宗愈、范祖禹交章言曰："壆且死草莱，后世必以为朝廷失士。"苏轼言之尤切。诏拜秘书省校书郎，敕郡县致礼敦遣，竟不出。

壆孝弟修于家，忠信行于友，声名闻于人，蹈中守常，从容不迫，为当时名流所慕，以不造门为耻。崇宁四年，卒。明年，诏以壆隐德丘园，声闻显著，赐谥曰正素先生。

徐中行，台州临海人。始知学，闻安定胡瑗讲明道学，其徒转相传授，将往从焉。至京师，首谒范纯仁，纯仁贤之，荐于司马光，光谓斯人神清气和，可与进道。会福唐刘彝赴阙，得瑗所授经，熟读精思，攻苦食淡，夏不扇，冬不炉，夜不安枕者逾年。乃归茸小室，竟日危坐，所造诣人莫测也。父死，跣足庐墓，躬耕养母。推其余力，葬内外亲及州里贫无后者十余丧。晚年教授学者，自洒扫应对、格物致知达于治国平天下，不失其性，不越其序而后已。

其友罗适持节本路，举以自代，又率部使者以遗逸荐。崇宁中，郡守李谔又以八行荐。时章、蔡窃国柄，窜逐善类且尽，中行每一闻命辄泪下。一日，去之黄岩，会亲友，尽毁其所为文，幅巾藜杖，往来委羽山中。客有诘以避举要名者，中行曰："人而无行，与禽兽等。使吾得以八行应科目，则彼之不被举者非人类乎？吾正欲避此名，非要名也。"客惭而退。陈瓘谪台州，闻名纳交，暨其没，录其行事，谓与山阳徐积齐名，呼为"八行先生"。

子三人，庭筠其季也，童卯有志行，事父兄孝友天至。居丧毁甚，既免丧，不忍娶者十余年。秦桧当国，科场尚谀佞，试题问中兴歌颂，庭筠曰："今日岂歌颂时耶！"疏其未足为中兴者五，见者尤之，庭筠曰："吾欲不妄语，而敢欺君乎？"

黄岩尉郑伯熊代去，请益，庭筠曰："富贵易得，名节难守。愿安时处顺，主张世道。"伯熊受其言，迄为名臣。有诏举人尝五上春官者予岳祠。庭筠适应格，所亲咸劝之，庭筠辞曰："吾尝草封事，谓岳庙冗禄无用。既心非之，可躬蹈耶？"

其学以诚敬为主，夜必就榻而后脱巾，且必巾而后起。居无惰容，喜无戏言，不事缘饰，不苟臧否。闻人片善，记其姓名。遇饥冻者，推食解衣不靳。僦屋以居，未尝戚戚。尤袤为守，闻其名，遣书礼之。一日，巾车历访旧游，徜徉几月。归感微疾，端坐瞑目而逝，年八十有五。乡人崇敬之，以其父子俱隐遁，称之曰二徐先生。淳熙间，常平使者朱熹行部，拜墓下，题诗有"道学传千古，东瓯说二徐"之句，且大书以表之曰"有宋高士二徐先生之墓"。

庭筠之兄庭槐、庭兰，皆有父风。孙日升，苦学有守，于是徐氏诗书不绝六世矣。

苏云卿，广汉人。绍兴间，来豫章东湖，结庐独居。待邻曲有恩礼，无良贱老稚皆爱敬之，称曰苏翁。身长七尺，美须髯，寡言笑，布褐草履，终岁不易，未尝疾病。披荆刬砾为圃，艺植耘芟，灌溉培壅，皆有法度。虽隆暑极寒，土焦草冻，圃不绝蔬，滋郁畅茂，四时之品无阙者。味视他圃尤胜，又不二价，市鬻者利倍而售速，先期输直。夜织屦，坚韧过革舄，人争贸之以馈远。以故薪米不乏，有羡则以周急应贷，假者负偿，一不经意。溉园之隙，闭门高卧，或危坐终日，莫测识也。

少与张浚为布衣交，浚为相，驰书函金币属豫章帅及漕曰："余乡人苏云卿，管、乐流亚，遁迹湖海有年矣。近闻灌园东湖，其高风伟节，非折简能屈，幸亲造其庐，必为我致之。"帅、漕密物色，曰："此独有灌园苏翁，无云卿也。"帅、漕乃屏骑从，更服为游士，入其圃，翁运锄不顾。进而揖之，翁曰："二客何从来耶？"延入室，土锉竹几，地无纤尘，案上有《西汉书》一册。二客恍若自失，默计此为苏云卿也。既而汲泉煮茗，意稍款浃，遂扣其乡里，徐曰："广汉。"客曰："张德远广汉人，翁当识之。"曰："然。"客又问："德远何如人？"曰："贤人也。第长于知君子，短于知小人，德有余而才不足。"因问："德远今何官？"二客曰："今朝廷起张公，欲了此事。"翁曰："此恐怕他未便了得在。"二客起而言曰："张公令某等致公，共济大业。"因出书函金币置几上。云卿鼻间隐隐作声，若自咎叹者。二客力请共载，辞不可，期以诘朝上谒。且遣使迎伺，则肩户阒然，排闼入，则书币不启，家具如故，而翁已遁矣，竟不知所往。

帅、漕复命，浚拊几叹曰："求之不早，实怀窃位之羞。"作箴以识之，曰："云卿风节，高于傅霖。予期与之，共济当今。山潜水杳，遯不可寻。弗力弗早，予罪曷针。"

谯定，字天授，涪陵人。少喜学佛，析其理归于儒。后学《易》于郭曩氏，自"见乃谓之象"一语以入。郭曩氏者，世家南平，始祖在汉为严君平之师，世传《易》学，盖象数之学也。定一日至汴，闻伊川程颐讲道于洛，洁衣往见，弃其学而学焉。遂得闻精义，造诣愈至，浩然而归。其后颐贬涪，实定之乡也，北山有岩，师友游泳其中，涪人名之曰读易洞。

靖康初，吕好问荐之，钦宗召为崇政殿说书，以论弗合，辞不就。高宗即位，定犹在汴，右丞许翰又荐之，诏宗泽津遣诣行在。至惟扬，寓邸舍，窭甚，一中贵人偶与邻，馈之食不受，与之衣亦不受，委金而去，定袖归之，其自立之操类此。上将用之，会金兵至，失定所在。复归蜀，爱青城大面之胜，栖遁其中，蜀人指其地曰谯岩。敬定而不敢名，称之曰谯夫子，有绘像祀之者，久而不衰。定《易》学得之程颐，授之胡宪、刘勉之，而冯时行、张行成则得定之余意者也。定后不知所终，樵夫牧童往往有见之者，世传其为仙云。

初，程颐之父珦尝守广汉，颐与兄颢皆随侍，游成都，见治篾箍桶者挟册，就视之则《易》也，欲拟议致诘，而箍者先曰："若尝学此乎？"因指《未济》男之穷"以发问。二程逊而问之，则曰："三阳皆失位。"兄弟涣然有所省，翌日再过之，则去矣。其后袁滋入洛，问《易》于颐，颐曰："《易》学在蜀耳，盍往求之？"滋入蜀访问，久无所遇。已而见卖酱薛翁于眉、邛间，与语，大有所得，不知所得何语也。

宪、勉之、滋皆闽人，时行、行成蜀人，郭曩氏及篾叟、酱翁皆蜀之隐君子也。

王忠民，颍阳人，世业医。忠民幼通经史，自靖康以来，数言边方利害于朝，累召弗至。高宗渡江，忠民隐居不出，诸镇翟兴等皆重之，弗能致；张浚授以迪功郎，不受。兴徙治药川，忠民避地南下，遇商虢镇抚使董先于内乡，留军中，事以师礼。

时刘豫僭立，忠民作《九思图》及定乱四象达之金主，及镂板印图散于伪境，以明天下之义。绍兴三年，翟琮荐其忠节于朝，特授宣教郎，诏董先津遣诣行在。既至，宰相吕颐浩、签书枢密院事徐俯见之皆拜，舍于政府。忠民上疏辞官，言："臣愤金人无道，故三上金主书，乞还二帝，本心报国，非冀名禄。"上不许。忠民以谐置椟中，藏七宝山下，力求去。复依董先军中，遂不出。

时又有苏庠者，丹阳人。绅之后，颂之族也。少能诗，苏轼见其《清江曲》，大爱之，由是知名。徐俯荐其贤，上特召之，固辞；又命守臣以礼津遣，庠辞疾不至，以寿终。

刘勉之，字致中，建州崇安人。自幼强学，日诵数千言。逾冠，以乡举诣太学。时蔡京用事，禁止毋得挟元祐书，自是伊、洛之学不行。勉之求得其书，每深夜，同舍生皆寐，乃潜抄而默诵之。谯定至京师，勉之闻其从程颐游，受《易》学，遂师事之。已而厌科举业，揖诸生归，见刘安世、杨时，皆请业焉。及至家，即邑近郊结草为堂，读书其中，力耕自给，澹然无求于世。与胡宪、刘子翚相往来，日以讲论切磋为事。

绍兴间，中书舍人吕本中疏其行义志业以闻，特召诣阙。秦桧方主和，虑勉之见上持正论，乃不引见，但令策试后省给札而已。勉之知不与桧合，即谢病归。杜门十余年，学者踵至，随其材品，为说圣贤教学之门及前言往行之懿。所居有白水，人号曰白水先生。贤士大夫自赵鼎以下皆敬慕与交。后秦桧益横，鼎窜死，诸贤禁锢，勉之竟不复出。

勉之一介不妄取。妇家富，无子，谋尽以赀归于女，勉之不受，以畀族之贤者，命之奉祀。其友朱松卒，属以后事，且戒其子熹受学。勉之经理其家，而诲熹如子侄。熹之得道，自勉之始。绍兴十九年，卒，年五十九。

胡宪，字原仲，居建之崇安。生而静悫，不妄笑语，长从从父胡安国学。平居危坐植立，时然后言，虽仓卒无疾言遽色，人犯之未尝校。绍兴中以乡贡入太学。会伊、洛学有禁，宪独阴与刘勉之诵习其说。既而学《易》于谯定，久未有得，定曰："心为物渍，故不能有见，唯学乃可明耳。"宪喟然叹曰："所谓学者，非克己工夫耶？"自是一意下学，不求人知。一旦，捐诸生归故山，力田卖药，以奉其亲。安国称其有隐君子之操。从游者日众，号籍溪先生，贤士大夫亦高仰之。

折彦质、范冲、朱震、刘子羽、吕祉、吕本中共以其行义闻于朝，上特召之，宪辞母老。及彦质入西府，又言于上，趣召愈急，宪力辞。乃赐进士出身，授左迪功郎、添差建州教授，宪犹不屈。太守魏矼遣行义诸生入里致诏，且为手书陈大义，开譬甚力，宪不得已就职。日与诸生接，训以为己之学。闻者始而笑，中而疑，久而观其所以修身、事亲、接人者，无一不如所言，遂翕然悦服。郡人程元以笃行称，龚何以廉节著，皆迎致俾参学政，学者自是大化。

因七年不徙官，以母年高不乐居官舍，求监南岳庙以归。久之，起为福建路安抚使司属官。时帅张宗元榷盐急，私贩者铢两亦重坐。宪告以为政大体，宗元不悦，宪复请祠而去。

秦桧方用事，诸贤零落，宪家居不出。桧死，以大理司直召，未行，改秘书正字。既至，次当奏事，而病不能朝，乃草疏言：“金人大治汴京宫室，势必败盟。今元臣、宿将惟张浚、刘锜在，识者皆谓金果南牧，非此两人莫能当。愿亟起之，臣死不恨。”时两人皆为积毁所伤，未有敢显言其当用者，宪独首言之。疏入，即求去。上嘉其忠，诏改秩与祠归。

初，宪与刘勉之俱隐，后又与刘子翚、朱松交。松将没，属其子熹受学于宪与勉之、子翚。熹自谓从三君子游，而事籍溪先生为久。方宪之以馆职召也，适秦桧讳言之后，宪与王十朋、冯方、查籥、李浩相继论事，太学士为《五贤诗》以歌之。人始信宪之不苟也，而惜其在位仅半年，不究其底蕴云。绍兴三十二年，卒，年七十七。

郭雍，字子和，其先洛阳人。父忠孝，官至太中大夫，师事程颐，著《易说》，号兼山先生，自有传。雍传其父学，通世务，隐居峡州，放浪长杨山谷间，号白云先生。

乾道中，以峡守任清臣、湖北帅张孝祥荐于朝，旌召不起，赐号冲晦处士。孝宗稔知其贤，每对辅臣称道之，命所在州郡岁时致礼存问。后更封颐正先生，令部使者遣官就问雍所欲言，备录缴进。于是，雍年八十有三矣。

淳熙初，学者裒集程颢、程颐、张载、游酢、杨时及忠孝、雍凡七家，为《大易粹言》行于世。其述雍之说曰：

《易》贯通三才，包括万理。伏羲氏之画，得于天而明天。文王之重，得于人而明人。羲画为天，天，君道也，故五之在人为君。文重为地，地，臣道也，故二之在人为臣。以上下二卦别而言之如此。合六爻而言之，则三四皆人道也，故谓之中爻。

《乾》，元亨利贞，初曰四德。后又曰乾元，始而亨者也。利牝马贞，利君子贞。是以四德为二义亦可矣。乾，阳物也。坤，阴物也。由《乾》一卦论之，则元与亨阳之类，利与贞阴之类也。是犹春夏秋冬虽为四时，由阴阳观之，则春夏为阳，秋冬为阴也。天之所谓元亨利贞者，如立天之道，阴与阳也。地之所谓元亨利贞者，如立地之道，柔与刚之类也。人之所谓元亨利贞者，如立人之道，仁与义之类也。

又《坤》之六五，坤虽臣道，五实君位，虽以柔德，不害其为君；犹《乾》之九二，虽有君德，不害其为臣。故乾有两君，德无两君；坤有两臣，德无两臣。六五以柔居尊，下下之君也。江海所以能为百谷王者，以其善下下也。下下本坤德也。黄，中色也，色之至美也；裳，下服也，是以至美之德而下人也。

其发明精到如此。淳熙十四年，卒。

刘愚，字必明，衢州龙游人。幼警敏力学。弱冠入太学，有声，受业者甚众。侍御史柴瑾、祭酒颜师鲁、博士林光朝深器重之。瑾每奏对称上意，则曰：“臣客刘愚为臣言。”师鲁尝奏愚行艺，上记曰：“此向者柴瑾所荐也。”上舍释褐，居第一。调江陵府教授，早晚为诸生讲说，同僚相率以听。愚益谦下，与叶适、项安世讲论不倦，每以隐居学道为乐。

岁满，帅王蔺致书剡辟，固辞，贫不能归。外移安乡县令，邑逋赋万计，愚核实数，宽限期，民不见吏而赋自足。会岁歉，出常平米赈贷，邑佐持不可，愚曰：“有罪不以相累。”出缗钱数千万，召商籴他郡而收元直，米价顿平，犹积廪数千石以备饥旱。邑有范仲淹读书地，为绘像立祠，兴学，士竞知劝。

诸司交荐，改秩，愚雅不乐仕进，遂致仕。丞相余端礼，乡人也，与愚有旧，且召堂审，愚竟舍去不顾。结庐城南，颓坦败壁，蓬蒿萧然。著书自适，《书》、《礼》、《语》、《孟》皆有解。年八十三而卒。故友与其门人私谥曰谦靖先生，后更谥曰靖君，乡郡祠之。

妻徐氏在家时，其母将以嫁姑之富者，徐泣曰："为富人妻，不愿也。"遂归于愚，居破屋中，一事机杼。愚尝怀白金归，徐怒曰："我以子为贤而若是，亟具归。"愚出书以示，束修得也，乃已。有梁鸿之风焉。

子克、几、凡。克窭以诗名，**叶适尝称其可继陶、韦**。

魏掞之，字子实，建州建阳人，初字元履。自幼有大志。师胡宪，与朱熹游。两以乡举试礼部不第。尝客衢守章杰所。赵鼎以谪死，其子汾将丧过衢。杰雅憾鼎，又希秦桧意，遣尉翁蒙之领卒掩取鼎平时与故旧来往简牍。蒙之先遣人告汾焚之，逮至一无所得。杰怒，治蒙之，拘汾于兵家所，且以告桧。掞之以书责杰，长揖径归。筑室读书，榜以"艮斋"，自是人称曰艮斋先生。

闽帅汪应辰、建守陈正同知其贤，荐于朝，时相尼之，不果召。乾道中，诏举遗逸，部刺史芮烨与帅、守共表其行谊，特诏召之，掞之力辞。时宰相陈俊卿，闽人也，雅知掞之，招之甚力。乃以布衣入见，极陈当时之务，大要劝上以修德业、正人心、养士气为恢复之本。上嘉纳之，赐同进士出身，守太学录。

先是，学官养望自高，不与诸生接。掞之既就职，日进诸生教诲之，又增葺其舍，人人感励。将释菜，掞之请废王安石父子从祀，追爵程颢、程颐，列于祀典，不报。

复言"太学之教宜以德行经术为先,其次则通习世务。今乃专以空言取人",又不报。遂丐去。

会福州副总管曾觌秩满还,在道,掞之累疏以谏,移疾杜门,遗书陈俊卿责其不能救止,语甚切。遂以迎亲请归,行数日,罢为台州教授。方掞之未行也,觌至国门外已久,伺掞之去,乃敢入。掞之在朝不能半岁,既归,喟然叹曰:"上恩深厚如此,而吾学不足以感悟圣意。"乃日居艮斋,条理旧闻,以求其所未至。

其居家,谨丧祭,重礼法。从父有客于南者,千里迎养,死葬如礼,而字其孤。建俗生子多不举,为文以戒,全活者甚众。又白于官,请督不葬其亲者,富与期,贫与财,而无主后者掩之。每遇岁饥,为粥以食饥者。后依古社仓法,请官米以贷民,至冬取之以纳于仓。部使者素敬掞之,捐米千余斛假之,岁岁敛散如常,民赖以济。诸乡社会自掞之始。

与人交,嘉其善而救其失。后进以礼来者,苟有寸长,必汲汲推挽成就之。至或訾其近名,则蹙然曰:"使夫人而避此嫌,为善之路绝矣。"病革,母视之,不巾不见。戒其子:"毋以憎巫俗礼浼我。"以书召朱熹至,委以后事而诀。卒,年五十八。

后上思其直谅,将召用之,大臣言已死,乃赠直秘阁。熹平日趣向与掞之同。乾道中,熹亦被召,将行,闻掞之去国,乃止。

青城山道人安世通者,本西人。其父有谋策,为武官,数以言干当路不用,遂自沉于酒而终。世通亦隐居青城山中不出。

吴曦反,乃献书于成都帅杨辅曰:"世通在山中,忽闻关外之变,不觉大恸。世通虽方外人,而大人先生亦尝发以入道之门。窃以为公祈得曦檄,即当还书,诵其家世,激以忠义,聚官属军民,素服号恸,因而散金发粟,鼓集忠义,闭剑门,檄夔、梓,兴仗义之师,以顺讨逆,谁不愿从?而士大夫皆酒缸饭囊,不明大义,尚云少屈以保生灵,何其不知轻重如此!夫君乃父也,民乃子也,岂有弃父而救子之理? 此非曦一人之叛,乃举蜀士大夫之叛也。闻古有叛民无叛官,今曦叛而士大夫皆缩手以听命,是驱民而为叛也。且曦虽叛逆,犹有所忌,未敢建正朔、杀士大夫,尚以虚义见招,亦以公之与否卜民之从违也。今悠悠不决,徒为妇人女子之悲,所谓囚停长智,吾恐朝廷之失望也。凡举大事者,成败死生皆当付之度外。区区行年五十二矣,古人言:'可以生而生,福也;可以死而死,亦福也。'决不忍汗面戴天,同为叛民也。"

辅有重名,蜀中士大夫多劝以举义者,而世通之言尤切至。辅不能决,遂东如江陵,请吴猎举兵以讨曦。未几,曦败,猎使蜀,荐士以世通为首云。

卓 行

刘庭式 巢谷 徐积 曾叔卿 刘永一

父子有亲,夫妇有别,朋友有信,天下之所共知而共由者也,乃有卓行于斯焉。徐积于其所天,刘庭式于其室家,巢谷于其知己,皆行常人之难。行其所难而安焉,岂非卓乎?曾叔卿之不欺,刘永一之不苟取,皆以一事而人誉之终身,盖有其所矣,其可忽诸!撰《卓行传》。

刘庭式,字得之,齐州人,举进士。苏轼守密州,庭式为通判。初,庭式未第时,议娶乡人之女,既约,未纳币。庭式乃及第,女以病丧明,女家躬耕贫甚,不敢复言。或劝纳其幼女,庭式笑曰:"吾心已许之矣,岂可负吾初心哉。"卒娶之。生数子,后死,庭式丧之逾年,不肯复娶。轼问之曰:"哀生于爱,爱生于色。今君爱何从生,哀何从出乎?"庭式曰:"吾知丧吾妻而已。吾若缘色而生爱,缘爱而生哀,色衰爱弛,吾哀亦忘,则凡扬袂倚市,目挑而心招者,皆可以为妻也耶?"轼深感其言。庭式后监太平观,老于庐山,绝粒不食,目奕奕有紫光,步上下峻坂如飞,以高寿终。

巢谷,初名毂,字元修,眉州眉山人。父中,谷传其学,虽朴而博。举进士京师。谷素多力,见举武艺者心好之,遂弃其旧学,蓄弓箭,习骑射,久之业成而不中第。闻西边多骁勇,为四方冠,去游秦凤、泾原间。所至友其秀桀,与韩存宝尤相善,教之兵书。

熙宁中,存宝为河州将,有功,号熙河名将。会泸州蛮乞弟扰边,诸郡不能制,命存宝出兵讨之。存宝不习蛮事,邀谷至军中问焉。及存宝得罪,将就逮,自度必死,谓谷曰:"我泾原武夫,死非所惜。顾妻子不免寒饿,橐中有银数百两,非君莫可使遗之者。"谷许诺,即变姓名,怀银步往授其子,人无知者。存宝死,谷逃避江、淮间,会赦乃出。

苏轼谪黄州,与谷同乡,幼而识之,因与之游。及轼与弟辙在朝,谷浮沉里中,未尝一来相见。绍圣初,轼、辙谪岭海,平生亲旧无复相闻者,谷独慨然自眉山诵言欲徒步访两苏,闻者皆笑其狂。

元符二年,谷竟往,至梅州遗辙书曰:"我万里步行见公,不意自全,今至梅矣,不旬日必见,死无恨矣。"辙惊喜曰:"此非今世人,古之人也。"既见,握手相泣,已而道平生,逾月不厌。时谷年七十三,瘦瘠多病,将复见轼于海南,辙愍而止之曰:"君意则善,然循至儋数千里,当复渡海,非老人事也。"谷曰:"我自视未即死也,公无止我。"阅其橐中无数千钱,辙方困乏,亦强资遣之。舟行至新会,有蛮隶窃其橐装以逃,获于新州,谷从之至新,遂病死。辙闻,哭之失声,恨不用己言而致死,又奇其不用己言而行其志也。

徐积，字仲车，楚州山阳人。孝行出于天禀。三岁父死，旦旦求之甚哀，母使读《孝经》，辄泪落不能止。事母至孝，朝夕冠带定省。从胡翼之学。所居一室，寒一衲裘，啜菽饮水，翼之馈以食，弗受。

应举入都，不忍舍其亲，徒载而西。登进士第，举首许安国率同年生入拜，且致百金为寿，谢却之。以父名"石"终身不用石器，行遇石则避而不践，或问之，积曰："吾遇之则怵然伤吾心，思吾亲，故不忍加足其上尔。"母亡，水浆不入口者七日，悲恸呕血。庐墓三年，卧苫枕块，衰绖不去体，雪夜伏墓侧，哭不绝音。翰林学士吕溱过其庐适闻之，为泣下曰："使鬼神有知，亦垂涕也。"甘露岁降兆域，杏两枝合为干。既终丧，不彻筵几，起居馈献如平生。

中年有聩疾，屏处穷里，而四方事无不知。客从南越来，积与论岭表山川险易、镇戍疏密，口诵手画，若数一二。客叹曰："不出户而知天下，徐公是也。"自少及老，日作一诗，为文率用腹稿，口占授其子。尝借人书策，经宿还之，借者绐言中有金叶，积谢而不辨，卖衣偿之。乡人有争讼，多就取决。州以行闻，诏赐粟帛。

元祐初，近臣合言："积养亲以孝著，居乡以廉称，道义文学，显于东南。今年过五十，以耳疾不能出仕。朝廷方诏举中外学官，如积之贤，宜在所表。"乃以扬州司户参军为楚州教授。每升堂，训诸生曰："诸君欲为君子，而劳己之力，费己之财，如此而不为，犹之可也；不劳己之力，不费己之财，何不为君子？乡人贱之，父母恶之，如此而不为，可也。乡人荣之，父母欲之，何不为君子？"又曰："言其所善，行其所善，思其所善，如此而不为君子者，未之有也。言其不善，行其不善，思其不善，如此而不为小人者，未之有也。"闻之者敛衽敬听。

居数岁，使者又交荐之，转和州防御推官，改宣德郎，监中岳庙。卒，年七十六。政和六年，赐谥节孝处士，官其一子。

曾叔卿，建昌南丰人，巩族兄也。家苦贫，即心存不欺。尝买西江陶器，欲贸易于北方，既而不果行。有从之转售者，与之。既受直矣，问将何之，其人曰："欲效君前策耳。"叔卿曰："不可。吾闻北方新有灾馑，此物必不时泄，故不以行。余岂宜不告以误子。"其人即取钱去。居乡介洁，非所宜受，一介不取。妻子困于饥寒，而拊庇孤茕，唯恐失其意。起家进士，至著作佐郎。熙宁中，卒。

刘永一，陕州夏县人。孝友廉谨。熙宁初，巫咸水溢入县城，民多溺死。永一持竿立门前，见他人物流入者辄摘出之。有僧寓钱数万于其室，无何而僧死，永一诣县自言，请以钱归其弟子。乡人负债不肯偿，立焚其券。行事类此。兄大为，医助教。居亲丧，不饮酒食肉，终三年。司马光传之，以为今士大夫所难。

卷四百六十

列传第二百一十九

列　女

朱娥　张氏　彭列女　郝节娥　朱氏
崔氏　赵氏　丁氏　项氏　王氏二妇
徐氏　荣氏　何氏　董氏　谭氏　刘氏
张氏　师氏　陈堂前　节妇廖氏
刘当可母　曾氏妇　王袤妻　涂端友妻
詹氏女　刘生妻　谢泌妻　谢枋得妻
王贞妇　赵淮妾　谭氏妇　吴中孚妻
吕仲洙女　林老女　童氏女　韩氏女
王氏妇　刘仝子妻 毛惜惜附

古者天子亲耕，教男子力作，皇后亲蚕，教女子治生。王道之本，风俗之原，固有在矣。男有塾师，女有师氏，国有其官，家有其训，然而诗书所称男女之贤，尚可数也。世道既降，教典非古，男子之志四方，犹可隆师亲友以为善；女子生长环堵之中，能著美行垂于汗青，岂易得哉。故历代所传列女，何可弃也？考宋旧史得列女若干人，作《列女传》。

朱娥者，越州上虞朱回女也。母早亡，养于祖媪。娥十岁，里中朱颜与媪竞，持刀欲杀媪，一家惊溃，独娥号呼突前，拥蔽其媪，手挽颜衣，以身下坠颜刀，曰："宁杀我，毋杀媪也。"媪以娥故得脱。娥连被数十刀，犹手挽颜衣不释，颜忿恚，断其喉以死。事闻，赐其家粟帛。其后，会稽令董皆为娥立像于曹娥庙，岁时配享焉。

张氏，鄂州江夏民妇。里恶少谢师乞过其家，持刀逼欲与为乱，曰："从我则全，不从则死。"张大骂曰："庸奴！可死，不可它也。"至以刃断其喉，犹能走，擒师乞，以告邻人。既死，朝廷闻之，诏封旌德县君，表坟曰"烈女之墓"，赐酒帛，令郡县致奠。

彭列女，生洪州分宁农家。从父泰入山伐薪，父遇虎，将不脱，女拔刀斫虎，夺其父而还。事闻，诏赐粟帛，敕州县岁时存问。

郝节娥，嘉州倡家女。生五岁，母娼苦贫，卖于洪雅良家为养女。始笄，母夺而归，欲令世其娼，娥不乐娼，日逼之，娥曰："少育良家，习织作组纫之事，又辄精巧，粗可以给母朝夕，欲求此身使终为良，可乎？"母益怒，且棰且骂。

洪雅春时为蚕丛祠，娼与邑少年期，因蚕丛具酒邀娥。娼与娥徐往，娥见少年，仓皇惊走，母挽捽不使去。不得已留坐中，时时顾酒食辄唾，强饮之，则呕哕满地，少年卒不得侵凌。暮归，过鸡鸣渡，娥度他必不可脱，阳渴求饮，自投于江以死。乡人谓之"节娥"云。

朱氏，开封民妇也。家贫，卖巾屦簪珥以给其夫。夫日与侠少饮博，不以家为事，犯法徙武昌。父母欲夺而嫁之，朱曰："何迫我如是耶？"其夫将行，一夕自经死，且曰："及吾夫未去，使知我不为不义屈也。"吴充时为开封府判官，作《阿朱诗》以道其事。

崔氏，合淝包繶妻。繶，枢密副使拯之子，早亡，惟一稚儿。拯夫妇意崔不能守也，使左右尝其心。崔蓬垢涕泣出堂下，见拯曰："翁，天下名公也。妇得齿贱获，执浣涤之事幸矣，况敢污家乎！生为包妇，死为包鬼，誓无它也。"

其后，稚儿亦卒。母吕自荆州来，诱崔欲嫁其族人，因谓曰："丧夫守子，子死孰守？"崔曰："昔之留也，非以子也，舅姑故也。今舅殁，姑老矣，将舍而去乎？"吕怒，诅骂曰："我宁死此，决不独归，须尔同往也。"崔泣曰："母远来，义不当使母独还。然到荆州傥以不义见迫，必绝于尺组之下，愿以尸还包氏。"遂偕去。母见其誓必死，卒还包氏。

赵氏，贝州人。父尝举学究。王则反，闻赵氏有殊色，使人劫致之，欲纳为妻。赵日号哭慢骂求死，贼爱其色不杀，多使人守之。赵知不脱，乃绐曰："必欲妻我，宜择日以礼聘。"贼信之，使归其家。家人惧其自殒，得祸于贼，益使人守视。贼具聘帛，盛舆从来迎。赵与家人诀曰："吾不复归此矣。"问其故，答曰："岂有为贼污辱至此，而尚有生理乎！"家人曰："汝忍不为家族计？"赵曰："第亡患。"遂涕泣登舆而去。至州廨，举帘视之，已自尘中死矣。尚书屯田员外郎张寅有《赵女诗》。

张晋卿妻丁氏，郑州新郑人，参知政事度五世孙也。靖康中，与晋卿避金兵于大隗山。金兵入山，为所得，挟之鞍上。丁自投于地，奋手大骂，连呼曰："我死即死耳，誓不受辱于尔辈。"复挟上马，再三骂不已。卒乃忿然举梃纵击，遂死杖下。

项氏，吉州吉水人。居永昌里，适同里孙氏。宣和七年，为里胥所逮，至中途欲侵凌之，项引刀自刺而死。郡以闻，诏赠孺人，旌表其庐。

王氏二妇，汝州人。建炎初，金人至汝州，二妇为所掠，拥置舟中，遂投汉江以死。尸皆浮出不坏，人为收葬之城外江上，为双冢以表之。

徐氏，和州人。闺中女也，适同郡张弼。建炎三年春，金人犯惟扬，官军望风奔溃，多肆房掠，执徐欲污之。徐瞋目大骂曰："朝廷蓄汝辈以备缓急，今敌犯行在，既不能赴难，又乘时为盗，我恨一女子不能引剑断汝头，以快众愤，肯为汝辱以苟活耶！第速杀我。"贼惭恚，以刃刺杀之，投江中而去。

荣氏，蘷女弟也。自幼如成人，读《论语》、《孝经》，能通大义，事父母孝。归将作监主簿马元颖。建炎二年，贼张遇寇仪真，荣与其姑及二女走惟扬，姑素羸，荣扶掖不忍舍。俄贼至，胁之不从，贼杀其女，胁之益急，荣厉声诟骂，遂遇害。

何氏，吴人。吴永年之妻也。建炎四年春，金兵道三吴，官兵遁去，城中人死者五十余万。永年与其姊及其妻何奉母而逃。母老，待挟持而行，卒为贼所得，将縶其姊及何，何绐谓贼曰："诸君何不武耶！妇人东西惟命尔。"贼信之。行次水滨，谓其夫曰："我不负君。"遂投于河，其姊继之。

董氏，沂州滕县人，许适刘氏子。建炎元年，盗李昱攻剽滕县，悦其色，欲乱之，诱谕再三，曰："汝不我从，当锉汝万段。"女终不屈，遂断其首。刘氏子闻女死状，大恸曰："烈女也。"葬之，为立祠。

三年春，盗马进掠临淮县，王宣要其妻曹氏避之，曹曰："我闻妇人死不出闺房。"贼至，宣避之，曹坚卧不起。众贼劫持之，大骂不屈，为所害。

四年，盗祝友聚众于滁州龚家城，掠人为粮。东安县民丁国兵者及其妻为友所掠，妻泣曰："丁氏族流亡已尽，乞存夫以续其祀。"贼遂释夫而害之。

同时，叛卒杨勃寇南剑州，道出小常村，掠一民妇，欲与乱，妇毅然誓死不受污，遂遇害，弃尸道傍。贼退，人为收瘗。尸所枕藉处，迹宛然不灭。每雨则干，晴则湿，或削去即复见。覆以他土，其迹愈明。

谭氏，英州真阳县人，曲江村士人吴琪妻也。绍兴五年，英州饥，观音山盗起，攻剽乡落。琪窜去，谭不能俱，与其女被执。谭有姿色，盗欲妻之，谭怒骂曰："尔辈贼也。我良家女，岂若偶耶？"贼度无可奈何，害之。

同时，有南雄李科妻谢氏，保昌故村人。囚于虔盗中，数日，有欲犯之，谢唾其面曰："宁万段我，不汝徇也。"盗怒，锉之而去。

刘氏，海州朐山人，适同里陈公绪。绍兴末，金人犯山东，郡县震响，公绪倡义来归，偶刘归宁，仓卒不得与偕，惟挈其子庚以行，宋授以八品官，后累功至正使。刘留北方，音问不通。或语之曰："人言'贵易交，富易妻'。今陈已贵，必他娶矣，盍改适？"曰："吾知守吾志而已，皇恤乎他？"公绪亦不他娶。子庚浸长，辄思念涕泣，倾家赀，结任侠，奔走淮甸，险阻备尝。如是者十余年，遂得迎母以归。刘在北二十五年，尝纬萧以自给。

张氏，罗江士人女。其母杨氏寡居。一日，亲党有婚会，母女偕往，其典库雍乙者从行。既就坐，乙先归。会罢，杨氏归，则乙死于库，莫知杀者主名。提点成都府路刑狱张文饶疑杨有私，惧为人知，杀乙以灭口，遂命石泉军劾治。杨言与女同榻，实无他。遂逮其女，考掠无实。吏乃掘地为坑，缚母于其内，旁列炽火，间以水沃之，绝而复苏者屡，辞终不服。一日，女谓狱吏曰："我不胜苦毒，将死矣，愿一见母而绝。"吏怜而许之。既见，谓母曰："母以清洁闻，奈何受此污辱。宁死棰楚，不可自诬。女今死，死将讼冤于天。"言终而绝。于是石泉连三日地大震，有声如雷，天雨雪，屋瓦皆落，邦人震恐。

勘官李志宁疑其狱，夕具衣冠祷于天。俄假寐坐厅事，恍有猿坠前，惊寤，呼吏卒索之，不见。志宁自念梦兆："非杀人者袁姓乎？"有门卒忽言张氏馈食之夫曰袁大，明日袁至，使吏执之，曰："杀人者汝也。"袁色动，遽曰："吾怜之久矣，愿就死。"问之，云："适盗库金，会雍归，遂杀之。"杨乃得免。时女死才数日也。狱上，郡榜其所居曰孝感坊。

师氏，彭州永丰人。父骥，政和二年省试第一。宣和中，为右正言十余日，凡七八疏，论权幸及廉访使者之害而去。女适范世雍子孝纯。建炎初，还蜀，至唐州方城县，会贼朱显终掠方城，孝纯先被害，贼执师氏欲强之，许以不死。师骂曰："我中朝言官女，岂可受贼辱！吾夫已死，宜速杀我。"贼知不可屈，遂害之。

陈堂前，汉州雒县王氏女。节操行义，为乡人所敬，但呼曰"堂前"，犹私家尊其母也。堂前年十八，归同郡陈安节，岁余夫卒，仅有一子。舅姑无生事，堂前敛泣告曰："人之有子，在奉亲克家尔。今已无可奈何，妇愿干蛊，如子在日。"舅姑曰："若然，吾子不亡矣。"既葬其夫，事亲治家有法，舅姑安之。子曰新，年稍长，延名儒训导，既冠，入太学，年三十卒。二孙曰纲曰绂，咸笃学有闻。

初，堂前归陈，夫之妹尚幼，堂前教育之，及笄，以厚礼嫁遣。舅姑亡，妹求分财产，堂前尽遗室中所有，无靳色。不五年，妹所得财为夫所罄，乃归悔。堂前为买田置屋，抚育诸甥无异己子。亲属有贫窭不能自存者，收养婚嫁至三四十人，自后宗族无虑百数。里有故家甘氏，贫而质其季女于酒家，堂前出金赎之，俾有所归。子孙遵其遗训，五世同居，并以孝友儒业著闻。乾道九年，诏旌表其门闾云。

廖氏，临江军贡士欧阳希文之妻也。绍兴三年春，盗起建昌，号"白毡笠"，过临江，希文与妻共挟其母傅走山中，为贼所追。廖以身蔽姑，使希文负之逃。贼执廖氏，廖正色叱之。贼知不可屈，挥刃断其耳与臂，廖犹谓贼曰："尔辈叛逆至此，我即死，尔辈亦不久屠戮。"语绝而仆。乡人义而葬之，号"廖节妇墓"。

是年，盗彭友犯吉州龙泉，李生妻梁氏义不受辱，赴水而死。

王氏，利州路提举常平司干办公事刘当可之母也。绍定三年，就养兴元。大元兵破蜀，提刑庞授檄当可诣行司议事。当可捧檄白母，王氏毅然勉之曰："汝食君禄，岂可辞难。"当可行，大元军屠兴元，王氏义不屈，大骂投江而死。其妇杜氏及婢仆五人，咸及于难。当可闻变，奔赴江浒，得母丧以归。诏赠和义郡太夫人。

曾氏妇晏，汀州宁化人。夫死，守幼子不嫁。绍定间，寇破宁化县，令佐俱逃，将乐县宰黄烨令土豪王万全、王伦结约诸寨以拒贼，晏首助兵给粮，多所杀获。贼忿其败，结集愈众，诸寨不能御，晏乃依黄牛山傍，自为一寨。

一日，贼遣数十人来索妇女金帛，晏召其田丁谕曰："汝曹衣食我家，贼求妇女，意实在我。汝念主母，各当用命，不胜即杀我。"因解首饰悉与田丁，田丁感激思奋。晏自搥鼓，使诸婢鸣金，以作其勇。贼复退败。邻乡知其可依，挈家依黄牛山避难者甚众。有不能自给者，晏悉以家粮助之。于是聚众日广，复与伦、万全共措置，析黄牛山为五寨，选少壮为义丁，有急则互相应援以为掎角，贼屡攻弗克。所活老幼数万人。

知南剑州陈韡遣人遗以金帛，晏悉散给其下；又遗楮币以劳五寨之义丁，且借补其子，名其寨曰万安。事闻，诏特封晏为恭人，仍赐冠帔，其子特与补承信郎。

王袤妻赵氏，饶州乐平人。建炎中，袤监上高酒税，金兵犯筠，袤弃官逃去，赵从之行。遇金人，缚以去，系袤夫妇于刘氏门，而入剽掠内室。赵宛转解缚，并解袤，谓袤曰："君速去。"俄而金人出，问袤安住，赵他指以误之。金人追之不得，怒赵欺己，杀之。袤方伏丛薄间，望之悲痛，归刻赵像以葬。袤后仕至孝顺监镇。

涂端友妻陈氏，抚州临川人。绍兴九年，盗起，被驱入黄山寺，贼逼之不从，以刃加其颈，叱曰："汝辈鼠窃，命若蜉蝣，我良家子，义岂尔辱！纵杀我，官兵即至，尔其免乎？"贼知不可屈，乃幽之屋壁。居数日，族党有得释者，咸赍金帛以赎其孥。贼引端友妻令归。曰："吾闻贞女不出闺阁，今吾被驱至此，何面目登涂氏堂！"复骂贼不绝，竟死之。

詹氏女，芜湖人。绍兴初，年十七，淮寇号"一窠蜂"倏破县，女叹曰："父子无俱生理，我计决矣。"顷之贼至，欲杀其父兄，女趋而前拜曰："妾虽婆陋，愿执巾帚以事将军，赎父兄命。不然，父子并命，无益也。"贼释父兄缚，女麾手使亟去："无顾我，我得侍将军，何所憾哉。"遂随贼。行数里，过市东桥，跃身入水死。贼相顾骇叹而去。

刘生妻欧阳氏，吉州安福人。生居新乐乡，以事出，恶少来欲侵凌之，欧阳不受辱而死。邑人刘宽作诗以吊之，时绍兴十年也。

同县有朱云孙妻刘氏，姑病，云孙刲股肉作糜以进而愈。姑复病，刘亦刲股以进，又愈。尚书谢谔为赋《孝妇诗》。

　　谢泌妻侯氏，南丰人。始笄，家贫，事姑孝谨。盗起，焚里舍杀人，远近逃避。姑疾笃不能去，侯号泣姑侧。盗逼之，侯曰："宁死不从。"盗刃之，仆沟中。贼退，渐苏，见一箧在侧，发之皆金珠，族妇以为己物，侯悉归之，妇分其一以谢，侯辞曰："非我有，不愿也。"后夫与姑俱亡，子幼，父母欲更嫁之，侯曰："儿以贱妇人，得归隐居贤者之门已幸矣，忍去而使谢氏无后乎？宁贫以养其子，虽饿死亦命也。"

　　同县有乐氏女，父以鬻果为业。绍定二年，盗入境，其父买舟挈家走建昌。盗掠其舟，将逼二女，俱不从，一赴水死，一见杀。

　　谢枋得妻李氏，饶州安仁人也。色美而慧，通女训诸书。嫁枋得，事舅姑、奉祭、待宾皆有礼。枋得起兵守安仁，兵败逃入闽中。武万户以枋得豪杰，恐其煽变，购捕之，根及其家人。李氏携二子匿贵溪山荆棘中，采草木而食。至元十四年冬，信兵踪迹至山中，令曰："苟不获李氏，屠而墟！"李闻之，曰："岂可以我故累人，吾出，事塞矣。"遂就俘。明年，徙囚建康。或指李言曰："明当没入矣。"李闻之，抚二子，凄然而泣。左右曰："虽没入，将不失为官人妻，何泣也？"李曰："吾岂可嫁二夫耶！"顾谓二子曰："若幸生还，善事吾姑，吾不得终养矣。"是夕，解裙带自经狱中死。

　　枋得母桂氏尤贤达，自枋得遭播，妇与孙幽远方，处之泰然，无一怨语。人问之，曰："义所当然也。"人称为贤母云。

　　王贞妇，夫家临海人也。德祐二年冬，大元兵入浙东，妇与其舅、姑、夫皆被执。既而舅、姑与夫皆死，主将见妇晢美，欲内之，妇号恸欲自杀，为夺挽不得死。夜令俘囚妇人杂守之。妇乃阳谓主将曰："若以吾为妻妾者，欲令终身善事主君也。吾舅、姑与夫死，而我不为之衰，是不天也。不天之人，若将焉用之！愿请为服期，即惟命。苟不听我，我终死耳，不能为若妻也。"主将恐其诚死，许之，然防守益严。

　　明年春，师还，挈行至嵊青枫岭，下临绝壑。妇待守者少懈，啮指出血，书字山石上，南望恸哭，自投崖下而死。后其血皆渍入石间，尽化为石。天且阴雨，即坟起如始书时。至治中，朝廷旌之曰"贞妇"，郡守立石祠岭上，易名曰清风岭。

　　赵淮妾，长沙人也，逸其姓名。德祐中，从淮戍银树垻。淮兵败，俱执至瓜州。元帅阿术使淮招李庭芝，淮阳诺，至扬城下，乃大呼曰："李庭芝，男子死耳，毋降也。"元帅怒，杀之，弃其尸江滨。妾俘一军校帐中，乃解衣中金遗其左右，且告之曰："妾凤事赵运使，今其死不葬，妾

诚不能忘情。愿因公言使掩埋之，当终身事相公无憾矣。"军校怜其言，使数兵舆如江上。妾聚薪焚淮骨置瓦缶中，自抱持，操小舟至急流，仰天恸哭，跃水而死。

　　谭氏妇赵，吉州永新人也。至元十四年，江南既内附，永新复婴城自守。天兵破城，赵氏抱婴儿随其舅、姑同匿邑校中，为悍卒所获，杀其舅、姑，执赵欲污之，不可，临之以刃曰："从我则生，不从则死。"赵骂曰："吾舅死于汝，吾姑又死于汝，吾与其不义而生，宁从吾舅、姑以死耳。"遂与婴儿同遇害。血渍于礼殿两楹之间，入砖为妇人与婴儿状，久而宛然如新。或讶之，磨以沙石不灭，又煅以炽炭，其状益显。

　　吴中孚妻，隆兴之进贤人，少寡。景定元年，兵乱，携孤女自沈于县之染步，曰："义不辱吾夫。"

　　吕仲洙女，名良子，泉州晋江人。父得疾濒殆，女焚香祝天，请以身代，刲股为粥以进。时夜中，群鹊绕屋飞噪，仰视空中，大星烨煜如月者三。越翼日，父瘳。女弟细良亦相从拜祷，良子却之，细良恚曰："岂姊能之，儿不能耶！"守真德秀嘉之，表其居曰"懿孝"。

　　林老女，永春人，及笄未婚。绍定三年夏，寇犯邑，入山避之。猝遇寇，欲污之，不从。度不得脱，绐曰："有金帛埋于家，盍同取之？"甫入门，大呼曰："吾宁死于家，决不辱吾身。"贼怒杀之，越三日面如生。

　　童八娜，鄞之通远乡建奥人。虎衔其大母，女手拽虎尾，祈以身代。虎为释其大母，衔女以去。始，林栗侍亲官其地，尝目睹之。已而为守，以闻于朝，祠祀之。

　　韩氏女，字希孟，巴陵人，或曰丞相琦之裔。少明慧，知读书。开庆元年，大元兵至岳阳，女年十有八，为卒所掠，将挟以献其主将。女知必不免，竟赴水死。越三日得其尸，于练裙带有诗曰："我质本瑚琏，宗庙供蘋蘩。一朝婴祸难，失身戎马间。宁当血刃死，不作衽席完。汉上有王猛，江南无谢安。长号赴洪流，激烈摧心肝。"

　　王氏妇梁，临川人。归夫家才数月，会大元兵至，一夕，与夫约曰："吾遇兵必死，义不受污辱。若后娶，当告我。"顷之，夫妇被掠。有军千户强使从己，妇绐曰："夫在，伉俪之情有所不忍，乞归之而后可。"千户以所得金帛与其夫而归之，并与一矢，以却后兵。约行十余里，千户即之，妇拒且骂曰："斫头奴！吾与夫誓，天地鬼神实临之，此身宁死不可得也。"因奋搏之，乃被杀。有同掠脱归者道其事。越数年，夫以无嗣谋更娶，议辄不谐，因告其故妻，夜梦妻曰："我死后生某氏家，今十岁矣。后七年，当复为君妇。"明日遣人聘之，一言而合。询其生，与妇死年月同云。

刘仝子妻林氏，福州福清人。其父公遇，知名士。仝子为福建招抚使起义兵，事见《林同传》。仝子亡命自经死，有司执其妻具反状，林叱曰："林、刘二族，世为宋臣，欲以忠义报国，事不成，天也，何为反乎！汝知去岁有以血书壁而死者乎？是吾兄也。吾与兄，忠义之心则一也，死且求治汝于地下，可生为汝等凌辱耶！"遂遇害。

毛惜惜者，高邮妓女也。端平二年，别将荣全率众据城以畔，制置使遣人以武翼郎招之。全伪降，欲杀使者，方与同党王安等宴饮，惜惜耻于供给，安斥责之，惜惜曰："初谓太尉降，为太尉更生贺。今乃闭门不纳使者，纵酒不法，乃叛逆耳。妾虽贱妓，不能事叛臣。"全怒，遂杀之。越三日，李虎破关，擒全斩之，并其妻子及王安以下预叛者百有余人悉傅以法。

卷四百六十一
列传第二百二十

方技上

赵修己　王处讷子熙元　苗训子守信
马韶　楚芝兰　韩显符　史序　周克明
刘翰　王怀隐　赵自化　冯文智
沙门洪蕴　苏澄隐　丁少微　赵自然

昔者少皞氏之衰，九黎乱德，家为巫史，神人淆焉。颛顼氏命南正重司天以属神，北正黎司地以属民，其患遂息。厥后三苗复弃典常，帝尧命羲、和修重、黎之职，绝地天通，其患又息。然而天有王相孤虚，地有燥湿高下，人事有吉凶悔吝、疾病札瘥，圣人欲斯民趋安而避危，则巫医不可废也。后世占候、测验、厌禳、祭禬，至于兵家遁甲、风角、鸟占，与夫方士修炼、吐纳、导引、黄白、房中，一切怪诞妖诞之说，皆以巫医为宗。汉以来，司马迁、刘歆又丞称焉。然而历代之君臣，一惑于其言，害于而国，凶于而家，靡不有之。宋景德、宣和之世，可鉴乎哉！然则历代方技何修而可以善其事乎？曰："人而无恒，不可以作巫医。"汉严君平，唐孙思邈、吕才言皆近道，孰得而少之哉！宋旧史有《老释》、《符瑞》二志，又有《方技传》，多言机祥。今省二志，存《方技传》云。

赵修己，开封浚仪人，少精天文推步之学。晋天福中，李守贞掌禁军，领滑州节制，表为司户参军，留门下。守贞每出征，修己必从，军中占候多中。奏试大理评事，赐绯。汉乾祐中，守贞镇蒲津，阴怀异志，修己屡以祸福谕之，不听，遂辞疾归乡里。明年，守贞果叛，幕吏多伏诛，独修己得免。朝廷知其能，召为翰林天文。

周祖镇邺，奏参军谋。会隐帝诛杨邠、史弘肇等，且将害周祖，修己知天命所在，密谓周祖曰："衅发萧墙，祸难斯作。公拥全师，临巨屏，臣节方立，忠诚见疑。今幼主信谗，大臣受戮，公位极将相，居功高不赏之地，虽欲杀身成仁，何益于事？不如引兵南渡，诣阙自诉，则明公之命，是天所与也。天与不取，悔何可追！"周祖然之，遂决渡河之计。即位，以为殿中省尚食奉御，赐金紫。改鸿胪少卿，迁司天监。显德中，累加检校户部尚书。尝遣副翰林学士承旨陶谷，以御衣、金带、战马、器币赐吴越钱俶。宋初，迁大府卿，判监事，上章告老，优诏不许。建隆三年卒，年七十一。

王处讷，河南洛阳人。少时有老叟至舍，煮洛河石如面，令处讷食之，且曰："汝性聪悟，后当为人师。"又尝梦人持巨鉴，星宿灿然满中，剖腹纳之，觉而汗洽，月余，心胸犹觉痛。因留意星历、占候之学，深究其旨。晋末之乱，避地太原，汉祖时领节制，辟置幕府。即位，擢为司天夏官正，出补许田令，召为国子《尚书》博士，判司天监事。

周祖尝与处讷同事汉祖，雅相厚善，及自邺举兵入汴，遽命访求处讷，得之甚喜，因问以刘氏祚短事。对曰："人君未得位，尝务宽大；既得位，即思复仇。汉氏据中土，承正统，以历数推之，其载祀犹永。第以高祖得位之后，多报仇杀人及夷人之族，结怨天下，所以运祚不长。"周祖蹴然太息。适发兵围汉大臣苏逢吉、刘铢等家，待旦将行孥戮，遽命止之。逢吉已自杀，止诛刘铢，余悉全活。

广顺中，迁司天少监。世宗以旧历差舛，俾处讷详定。历成未上，会枢密使王朴作《钦天历》以献，颇为精密，处讷私谓朴曰："此历且可用，不久即差矣。"因指以示朴，朴深然之。

至建隆二年，以《钦天历》谬误，诏处讷别造新历。经三年而成，为六卷，太祖自制序，命为《应天历》。处讷又以漏刻无准，重定水秤及候中星、分五鼓时刻。俄迁少府少监。太平兴国初，改司农卿，并判司天事。六年，又上新历二十卷，拜司天监。岁余卒，年六十八。子熙元。

熙元，幼习父业，开宝中，补司天历算。端拱初，改监丞，累迁太子洗马兼春官正，加殿中丞，景德中，同判监事。东封，随经度制置使诣祠所。礼毕，授权知司天少监。祠汾阴，真拜少监。奉诏于后苑缵阴阳事十卷上之，真宗为制序，赐名《灵台秘要》，及作诗纪之。

初，上所修《仪天历》，秋官正赵昭益言其二年后必差，又荧惑度数稍谬，后果验。熙元颇伏其精一。上常对宰相言及历算事，曰："历象，阴阳家流之大者，以推步天道，平秩人时为功。"且言："昭益能专其业，人鲜及也。"

玉清昭应宫成，以祗事之勤，授司天监。坐择日差谬，降为少监。以目疾，改将作监，致仕。天禧二年卒，年五十八。

苗训，河中人，善天文占候之术。仕周为殿前散员右第一直散指挥使。显德末，从太祖北征，训视日上复有一日，久相摩荡，指谓楚昭辅曰："此天命也。"夕次陈桥，太祖为六师推戴，训皆预白其事。既受禅，擢为翰林天文，寻加银青光禄大夫、检校工部尚书。年七十余卒。子守信。

守信，少习父业，补司天历算。寻授江安县主簿，改司天台主簿，知算造。太平兴国中，以《应天历》小差，诏与冬官正吴昭素、主簿刘内真造新历。及成，太宗命卫尉少卿元象宗与明律历者同校定，赐号《乾元历》，颇为精密，皆优赐束帛。雍熙中，迁冬官正。端拱初，改太子洗马、判司天监。淳化三年，守信上言："正月一日为一岁之首。每月八日，天帝下巡人世，察善恶。太岁日为岁星之精，人君之象。三元日，上元天官，中元地官，下元水官，各主录人之善恶。又春戊寅、夏甲午、秋戊申、冬甲子为天赦日，及上庆诞日，皆不可以断极刑事。"下有司议行。未几，转殿中丞、权少监事，立本品之下，俄赐金紫。

至道二年，上以梁、雍宿兵，弥岁凶歉，心忧之，令宰相召守信问以天道咎证所在。守信奏曰："臣仰瞻玄象，及推验太一经历宫分，其荆楚、吴越、交广并皆安宁。自来五纬陵犯、彗星见及水神太一临井鬼之间，属秦、雍分及梁、益之地，民罹其灾。水神太一来岁入燕分，岁在房心，正当京都之地，自兹朝野有庆。"诏付史馆。明年，真授少监。咸平三年卒，年四十六。子舜卿，为国子博士。

马韶，赵州平棘人，习天文三式。开宝中，太宗以晋王尹京，申严私习天文之禁，韶素与太宗亲吏程德玄善，德玄每戒韶不令及门。九年冬十月十九日，既夕，韶忽造德玄，德玄恐甚，诘其所以来，韶曰："明日乃晋王利见之辰，韶故以相告。"德玄惶骇，止韶一室，遽入白太宗。太宗命德玄以人防守之，将闻于太祖。及诘旦，太宗入谒，果受遗践阼。韶以赦获免。逾月，起家为司天监主簿。太平兴国二年，擢太仆寺丞，改秘书省著作佐郎。历太子中允、秘书丞，出为平恩令。归朝，复守旧任，与楚芝兰同判司天监事，就迁太常博士。淳化五年，坐事，出为博兴令，移长山令。秩满归乡里，卒于家。

楚芝兰，汝州襄城人，初习《三礼》，忽自言遇有道之士，教以符天、六壬、遁甲之术。属朝廷博求方技，诣阙自荐，得录为学生。以占候有据，擢为翰林天文。授乐源县主簿，迁司天春官正、判司天监事。占者言五福太一临吴分，当于苏州建太一祠。芝兰独上言："京师帝王之都，百神所集。且今京城东南一舍地名苏村，若于此为五福太一建宫，万乘可以亲谒，有司便于祗事，何为远趋江外，以苏台为吴分乎？"舆论不能夺，遂从其议，仍令同定本宫四时祭祀仪及醮法。宫成，特迁尚书工部员外郎，赐五品服。淳化初，与马韶同判监，俱坐事，芝兰出为遂平令。卒，年六十。录其子继芳为城父县主簿。

韩显符，不知何许人。少习三式，善察视辰象，补司天监生，迁灵台郎，累加司天冬官正。显符专浑天之学，淳化初，表请造铜浑仪、候仪。诏给用度，俾显符规度，择匠铸之。至道元年浑仪成，于司天监筑台置之，赐显符杂彩五十匹。显符上其《法要》十卷，序之云：

伏羲氏立浑仪，测北极高下，量日影短长，定南北东西，观星间广狭。帝尧即位，羲氏、和氏立浑仪，定历象日月星辰，钦授民时，使知缓急。降及虞舜，则璇玑玉衡以齐七政。《通占》又云："抚浑仪，观天道，万象不足以为多。"是知浑仪者，实天地造化之准，阴阳历数之元，自古圣帝明王莫不用是精详天象，预知差式。或铸以铜，或饰以玉，置之内庭，遣日官近臣同窥测焉。

自伏羲甲寅年至皇朝大中祥符三年庚戌岁，积三千八百九十七年。五帝之后迄今，明历象之玄，知浑天之奥者，近十余朝，考而论之，臻至妙者不过四五。自余徒夸重于一日，不深图于久要，致使天象无准，历算渐差，占候不同，盈虚难定。陛下讲求废坠，爰造浑仪，漏刻星躔，晓然易辨。若人目窥于下，则铜管运于上，七曜之进退盈缩，众星之次舍远近，占逆顺，明吉凶，然后修福俾顺其度，省事以退其灾，悉由斯器验之。

昔汉洛下闳修浑仪，测《太初历》，云："后五百年必当重制。"至唐李淳风，果合前契。贞观初，淳风又言前代浑仪得失之差，因令铜铸。七年，太宗起凝晖阁于禁中，俾侍臣占验。既在宫掖，人莫得见，后失其处所。玄宗命沙门一行修《大衍历》，盖以浑仪为证。又有梁令瓒造浑仪木式，一行谓其精密，思出古人，遂以铜铸。今文德殿鼓楼下有古本铜浑仪一，制极疏略，不可施用。且历象之作，非浑仪无以考真伪；算造之士，非占验不能究得失。浑仪之成，则司天岁上细行历。益可致其详密。

其制有九，事具《天文志》。自是显符专测验浑仪，累加春官正，又转太子洗马。

大中祥符三年，诏显符择监官或子孙可以授浑仪法者。显符言长子监生承矩善察躔度，次子保章正规见知算造，又主簿杜贻范、保章正杨惟德皆可传其学。诏显符与贻范等参验之。显符后改殿中丞兼翰林天文。六年卒，年七十四。又诏监丞丁文泰嗣其事焉。

史序字正伦，京兆人。善推步历算，太平兴国中，补司天学生。太宗亲较试，擢为主簿。稍迁监丞，赐绯鱼，隶翰林天文院。雍熙二年，廷试中选者二十六人，而序为之首，命知算造，又知监事。

淳化三年，司天郑昭宴言："臣测金、火行度须有相犯。今验之天，而火行渐南，金度渐北，有若相避，遂不相犯。"序又言："木、火、金三星初夜在午，木在东，火在中，金最西，渐北行去火尺余。此国家钦崇天道，圣德所感也。"

序后累迁夏官正、河西、环庆二路随军转运、太子洗马。修《仪天历》上之，又尝纂天文历书为十二卷以献，改殿中丞，赐金紫，俄权监事。景德二年迁权知少监，大中祥符初即真。三年卒，年七十六。序慎密勤职，在监三十年，未尝有过，众颇称之。

周克明字昭文。曾祖德扶，唐司农卿。祖杰，开成中进士，解褐获嘉尉，历弘文馆校书郎。中和中，僖宗在蜀，杰上书言治乱万余言。擢水部员外郎，三迁司农少卿。杰精于历算，尝以《大衍历》数有差，因敷衍其法，著《极衍》二十四篇，以究天地之数。时天下方乱，杰以天文占之，惟岭南可以避地，乃遣其弟鼎求为封州录事参军。杰天复中亦弃官携家南适岭表。刘隐素闻其名，每令占候天文灾变。杰自以年老，尝策名中朝，耻以星历事僭伪，乃谢病不出。䶮袭位，强起之，令知司天监事，因问国祚修短。杰以《周易》筮之，得《比》之《复》，曰："卦有二土，土数生五，成于十，二五相比，以岁言之，当五百五十。"䶮大喜，赏赉甚厚。䶮以梁贞明三年僭号，至开宝四年国灭，止五十五年。盖杰举成数以避害尔。大有中，迁太常少卿，卒，年九十余。杰生茂元，亦世其学，事䶮至司天少监，归宋授监丞而卒，即克明之父也。

克明精于数术，凡律历、天官、五行、谶纬及三式、风云、龟筮之书，靡不究其指要。开宝中授司天六壬，改台主簿，转监丞，五迁春官正。克明颇修词藻，喜藏书。景德初，尝献所著文十编，召试中书，赐同进士出身。三年，有大星出氐西，众莫能辨；或言国皇妖星，为兵凶之兆。克明时使岭表，及还，亟请对，言："臣按《天文录》、《荆州占》，其星名曰周伯，其色黄，其光煌煌然，所见之国大昌，是德星也。臣在涂闻中外之人颇惑其事，愿许文武称庆，以安天下心。"上嘉之，即从其请。拜太子洗马、殿中丞，皆兼翰林天文，又权判监事。属修两朝国史，其天文律历事，命克明参之。大中祥符九年，坐本监择日差互，例降为洗马。

天禧元年夏，火犯灵台，克明语所亲曰："去岁太白犯灵台，掌历者悉被降谴，上天垂象，深可畏也。今荧惑又犯之，吾其不起乎！"八月，疽发背，卒，年六十四。克明久居司天之职，颇勤慎，凡奏对必据尽言。及卒，上颇悼惜，遣内侍谕其婿直龙图阁冯元，令主丧事，赐赙甚厚。

初，诸僭国皆有纂录，独岭南阙焉。惟胡宾王、胡元兴二家纂述，皆不之备。克明访耆旧，采碑志，孳孳著撰，裁十数卷，书未成而卒。

刘翰，沧州临津人。世习医业，初摄护国军节度巡官。周显德初，诣阙献《经用方书》三十卷、《论候》十卷、《今体治世集》二十卷。世宗嘉之，命为翰林医官，其书付史馆，再加卫尉寺主簿。

太祖北征，命翰从行。建隆初，加朝散大夫、鸿胪寺丞。时太祖求治，事皆核实，故方技之士必精练。乾德初，令太常寺考较翰林医官艺术，以翰为优，绌其业不精者二十六人。自后，又诏诸州访医术优长者籍其名，仍量赐装钱，所在厨传给食，遣诣阙。开宝五年，太宗在藩邸有疾，命翰与马志视之。及愈，转尚药奉御，赐银器、缗钱、鞍勒马。

尝被诏详定《唐本草》，翰与道士马志、医官翟煦、张素、吴复珪、王光祐、陈昭遇同议，凡《神农本经》三百六十种，《名医录》一百八十二种，唐本先附一百一十四种，有名无用一百九十四种，翰等又参定新附一百三十三种。既成，诏翰林学士中书舍人李昉、户部员外郎知制诰王祐、左司员外郎知制诰扈蒙详覆毕上之。昉等序之曰：

《三坟》之书，神农预其一。百药既辨，《本草》序其录。旧经三卷，世所流传。《名医别录》，互为编纂。至梁陶弘景乃以《别录》参其《本经》，朱墨杂书，时谓明白。而又考彼功用，为之注释，列为七卷，南国行焉。迨乎有唐，别加参校，增药余八百味，添注为二十卷。《本经》漏缺则补之，陶氏误说则证之。然而载历年祀，又逾四百，朱字墨字，无本得同；旧注新注，其文互阙。非圣主抚大同之运，永无疆之休，其何以改而正之哉！

乃命尽考传误，刊为定本。类例非允，从而革焉。至如笔头灰，兔毫也，而在草部，今移附兔头骨之下；半天河、地浆，皆水也，亦在草部，今移附土石类之间；败鼓皮，移附于兽名；胡桐泪，改从于木类；紫铆，亦木也，自玉石品而改焉；伏翼，实禽也，由虫鱼部而移焉；橘柚，附于果实；食盐，附于光盐；生姜、干姜，同归一类，至于鸡肠、蘩蒌、陆英、蒴藋，以类相似，从而附之。仍采陈藏器《拾遗》、李含光《音义》，或穷源于别本，或传效于医家，参而较之，辨其臧否。至如突屈白，旧说灰类，今是木根；天麻根，解似赤箭，今又全异。去非取是，特立新条。自余刊正，不可悉数。

下采众议，定为印板。乃以白字为神农所说，墨字为名医所传，唐附今附，各加显注，详其解释，审其形性。证谬误而辨之者，署为今注；考文意而述之者，又为今按。义既判定，理亦详明。今以新旧药合九百八十三种，并目录二十一卷，广颁天下，传而行焉。

翰后加检校工部员外郎。太平兴国四年，命为翰林医官使，再加检校户部郎中。雍熙二年，滑州刘遇疾，诏翰驰往视之。翰还，言遇之瘵，既而即死，坐责授和州团练副使。端拱初，起为尚药奉御。淳化元年，复为医官使。卒，年七十二。

王怀隐，宋州睢阳人。初为道士，住京城建隆观，善医诊。太宗尹京，怀隐以汤剂祗事。太平兴国初，诏归俗，命为尚药奉御，三迁至翰林医官使。三年，吴越遣子惟濬入朝，惟濬被疾，诏怀隐视之。

初，太宗在藩邸，暇日多留意医术，藏名方千余首，皆尝有验者。至是，诏翰林医官院各具家传经验方以献，又万余首，命怀隐与副使王祐、郑奇、医官陈昭遇参对编类。每部以隋太医令巢元方《病源候论》冠其首，而方药次之，成一百卷。太宗御制序，赐名曰《太平圣惠方》，仍令镂板颁行天下，诸州各置医博士掌之。怀隐后数年卒。

昭遇本岭南人，医术尤精验，初为医官，领温水主簿，后加光禄寺丞，赐金紫。

赵自化，本德州平原人。高祖常，为景州刺史，后举家陷契丹。父知嵓脱身南归，寓居洛阳，习经方名药之术，又以授二子自正、自化。周显德中，偕来京师，悉以医术称。知嵓卒，自正试方技，补翰林医学。

会秦国长公主疾，有荐自化诊候者，疾愈，表为医学，再加尚药奉御。淳化五年，授医官副使。时召陈州隐士万适至，馆于自化家。会以适补慎县主簿，适素强力无疾，诏下日，自化怪其色变，为切脉曰：“君将死矣。”不数日，适果卒。

至道中，有布衣郑元辅者，尝依自化之姻吏部令史张崇敏家。元辅时从自化丐索，无所得，心衔之。乃诣检上书，告自化漏泄禁中语及指斥、非所宜言等事。太宗初甚骇，命王继恩就御史府鞫之，皆无状，斩元辅于都市。自化坐交游非类，黜为郢州团练副使。未几，复旧职。咸平三年，加正使。

景德初，雍王元份泊晋国长公主并上言：自化药饵有功。请加使秩，领遥郡。上以自化居太医之长，不当复为请求，令枢密院召自化戒之。雍王薨，坐治无状，降为副使。二年，复旧官。是冬卒，年五十七。遗表以所撰《四时养颐录》为献，真宗改名《调膳摄生图》，仍为制序。

自化颇喜为篇什，其贬郢州也，有《汉沔诗集》五卷，宋白、李若拙为之序。又尝缵自古以方技至贵仕者，为《名医显秩传》三卷。

冯文智，并州人。世以方技为业。太平兴国中诣阙自陈，召试补医学，加乐源县主簿。端拱初，授少府监主簿，逾年转医官，加少府监丞。尝隶并代部署。淳化五年，府州折御卿疾，文智诊疗获愈，御卿表荐之，赐绯，加光禄寺丞。咸平三年，明德太后不豫，文智侍医，既愈，加尚药奉御，赐金紫。六年，直翰林医官院。东封，转医官副使。祀汾阴，又加检校主客员外郎。大中祥符五年卒，年六十。

自建隆以来，近臣、皇亲、诸大校有疾，必遣内侍挟医疗视，群臣中有特被眷遇者亦如之。其有效者，或迁秩、赐服色。边郡屯帅多遣医官、医学随行，三年一代。出师及使境外、贡院锁宿，皆令医官随之。京城四面，分遣翰林祗候疗视将士。暑月，即令医官合药，与内侍分诣城门寺院散给军民。上每便坐阅兵，有被金疮者，即令医官处疗。

咸平中，有军士尝中流矢，自颊贯耳，众医不能取，医官阎文显以药傅之，信宿而镞出。上嘉其能，命赐绯。

又有医学刘赟亦善此术。天武右厢都指挥使韩戬从太祖征晋阳，弩矢贯左髀，镞不出几三十年。景德初，上遣赟视戬，赟傅以药出之，步履如故。戬请见，自陈感激，愿得死所，又极称赟之妙。特赐赟白金，迁医官。

沙门洪蕴，本姓蓝，潭州长沙人。母翁，初以无子，专诵佛经，既而有娠，生洪蕴。年十三，诣郡之开福寺沙门智昕，求出家，习方技之书，后游京师，以医术知名。太祖召见，赐紫方袍，号广利大师。太平兴国中，诏购医方，洪蕴录古方数十以献。真宗在蜀邸，洪蕴尝以方药谒见。咸平初，补右街首座，累转左街副僧录。洪蕴尤工诊切，每先岁时言人生死，无不应。汤剂精至，贵戚大臣有疾者，多诏遣诊疗。景德元年卒，年六十八。

又有庐山僧法坚，亦以善医著名，久游京师，尝赐紫方袍，号广济大师，后还山。景德二年，以雍王元份久被疾，召赴阙，至则元份已薨。法坚复归山而卒。

苏澄隐，字栖真，真定人。为道士，住龙兴观，得养生之术，年八十余不衰老。后唐明宗尝下诏召之，又令宰相冯道致书谕旨，历清泰、天福中继有聘命，并辞疾不至。开运末，契丹主兀欲立，求有名称僧道加以恩命，惟澄隐不受。当时公卿自冯道、李崧、和凝而下，皆在镇阳，日造其室与谈宴，各赋诗以赠。周广顺、显德中，诏存问之。

太祖征太原还，驻跸镇阳，召见行宫，命中使掖升殿，谓之曰：“京师作建隆观，思得有道之士居之，师累辞召命，岂怀土耶？”对曰：“大梁帝宅，浩穰繁会，非林泉之士所可寄迹也。”上察其意，亦不强之，赐茶百斤、绢二百匹。又幸其观，问曰：“师年逾八十而气貌益壮，善养生者也。”因问其术，对曰：“臣之养生，不过精思练气尔，帝王养生即异于是。老子曰：‘我无为而民自化，我无欲而民自正。’无为无欲，凝神太和，昔黄帝、唐尧享国永年，得此道也。”上大悦，赐紫衣一袭、银器五百两、帛五百匹。年仅百岁而卒。

丁少微，亳州真源人。为道士，持斋戒，奉科仪尤为精至。尝隐华山潼谷，密návě陈抟所居，与抟齐名，少微志尚清洁，抟嗜酒适性，其道不同，未尝相往还。少微善服气，多饵药，年百余岁，康强无疾。始，卜居山上，起坛场净室，通夕朝礼，五十余年未尝稍懈。太平兴国三年，召赴阙，以金丹、巨胜、南芝、玄芝为献。留数月，遣还山。七年冬卒。

赵自然，太平繁昌人，家荻港旁，以鬻苎为业，本名王九。始十三，疾甚，父抱诣青华观，许为道士。后梦一人状貌魁伟，纶巾素袍，鬓发斑白，自云姓阴，引之登高山，谓曰：“汝有道气，吾将教汝辟谷之法。”乃出青柏枝令啖，梦中食之。及觉，遂不食，神气清爽，每闻火食气即呕，惟生果清泉而已。岁余，复梦向见老人教以篆书数百字，寤悉能记。写以示人，皆不能识。或云：“此非篆也，乃道家符箓耳。”尝为《元道歌》，言修练之要。知州王洞表其事，太宗召赴阙，亲问之，赐道士服，改名自然，赍钱三十万。月余遣还，住青华观。后因病，饮食如故。大中祥符二年，诏曰：“如闻自然颇精修养之术。”委发转运使杨覃访其行迹，命内侍武永全召至阙下，屡得对，赐紫衣，改青华观曰延禧。自然以母求还侍养，许之。

大中祥符中，又有郑荣者，本禁军，戍壁州还，夜遇神人谓曰：“汝有道气，勿火食。”因授以医术救人。七年，赐名自清，度为道士，居上清宫。所传药能愈大风疾，民多求之。皆刺臂血和饼给焉。

又有秦州民家子赵抱一者，常牧羊田间。一夕，有叩门召之者，以杖引行，杖端有气如烟，其香可悦。俄至山崖绝顶，见数人会饮，音乐交奏，与人间无异。抱一骇而不测。会巡检使过其下，闻乐声，疑群盗欢聚，集村民梯崖而上。至则无所睹，抱一独在，援以下之，具言其故。凡经夕，若俄顷。自是不喜熟食，凡火化者未尝历口。茹甘菊、柏叶、果实、井泉，间亦饮酒，貌如婴儿。素不习文墨，口占辞句，颇成篇咏。有道家之趣。遂不亲农事，野行露宿。大中祥符四年，至京师，犹丱角，诏赐名，度为道士。自是间岁或一至京师，常令居太一宫，与人言多养生事焉。

卷四百六十二
列传第二百二十一

方 技 下

贺兰栖真　柴通玄　甄栖真　楚衍
僧志言　僧怀丙　许希　庞安时　钱乙
僧智缘　郭天信　魏汉津　王老志
王仔昔　林灵素　皇甫坦　王克明
莎衣道人　孙守荣

贺兰栖真，不知何许人。为道士，自言百岁。善服气，不惮寒暑，往往不食。或时纵酒，游市廛间，能啖肉至数斤。始居嵩山紫虚观，后徙济源奉仙观，张齐贤与之善。景德二年，诏曰："师栖身岩壑，抗志烟霞，观心众妙之门，脱屣浮云之外。朕奉希夷而为教，法清静以临民，思得有道之人，访以无为之理。久怀上士，欲觌真风，爰命使车，往申礼聘。师其暂别林谷，来仪阙庭，必副招延，无惮登涉。今遣入内内品李怀赟召师赴阙。"既至，真宗作二韵诗赐之，号宗玄大师，费以紫服、白金、茶、帛、香、药，特蠲观之田租，度其侍者。未几，求还旧居。大中祥符三年卒，时大雪，经三日，顶犹热，人多异之。

柴通玄，字又玄，陕州阌乡人。为道士于承天观。年百余岁，善辟谷长啸，唯饮酒。言唐末事，历历可听。太宗召至阙下，恳求归本观。真宗即位，屡来京师。召对，语无文饰，多以修身慎行为说。祀汾阴，召至行在，命坐，问以无为之要。所居观即唐轩游宫，有明皇诗石及所书《道德经》二碑。上作二韵诗赐之，并费以茶、药、束帛。诏为修道院，蠲其田租，度弟子二人。明年春，通玄作遗表，自称罗山太一洞主，遣弟子张守元、李守一诣阙，以龟鹤为献；又召官僚士庶言生死之要。夜分，盥濯，燃香庭中，望阙而坐，迟明卒。

时又召河中草泽刘巽、华山隐士郑隐、敷水隐士李宁。巽年七十余，以经传讲授，躬耕自给。授大理评事致仕，赐绿袍、笏、银带。隐以经术为业，遇道士传辟谷炼气之法，修习颇验，居华山王刁岩逾二十年，冬夏常衣皮裘。宁精于药术，老而不衰，常以药施人，人以金帛为报，辄拒之。景德中，万安太后不豫，驿召宁赴阙，未至而后崩。大中祥符四年，赐号正晦先生。上并作诗以赐，加以茶、药、缯帛。独隐辞赐物不受。

甄栖真，字道渊，单州单父人。博涉经传，长于诗赋。一应进士举，不中第，叹曰："劳神敝精，以追虚名，无益也。"遂弃其业，读道家书以自乐。初访道于牢山华盖先生，久之出游京师，因入建隆观为道士。周历四方。以药术济人，不取其报。祥符中，寓居晋州，性和静无所好恶，晋人爱之。以为紫极宫主。

年七十有五，遇人，或以为许元阳，语之曰："汝风神秀异，有如李筌。虽老矣，尚可仙也。"因授炼形养元之诀，且曰："得道如反掌，第行之惟艰，汝勉之。"栖真行之二三年，渐反童颜，攀高蹑危，轻若飞举。乾兴元年秋，谓其徒曰："此岁之暮，吾当逝矣。"即宫西北隅自甃殡室。室成，不食一月，与平居所知叙别，以十二月二日衣纸衣卧砖塌卒。人未之奇也。及岁久，形如生，众始惊，传以为尸解。

栖真自号神光子，与隐人海蟾子者以诗往还。论养生秘术，目曰《还金篇》，凡两卷。

楚衍，开封胙城人。少通四声字母，里人柳曜师事衍，里中以先生目之。衍于《九章》、《缉古》、《缀术》、《海岛》诸算经尤得其妙。明相法及《聿斯经》，善推步、阴阳、星历之数，间语休咎无不中。自陈试《宣明历》，补司天监学生，迁保章正。天圣初，造新历，众推衍明历数，授灵台郎，与掌历官宋行古等九人制《崇天历》。进司天监丞，入隶翰林天文。皇祐中，同造《司辰星漏历》十二卷。久之，与周琮同管勾司天监。卒，无子，有女亦善算术。

僧志言，自言姓许，寿春人。落发东京景德寺七俱胝院，事清璲。初，璲诵经勤苦，志言忽造璲，跪前愿为弟子。璲见其相貌奇古，直视不瞬，心异之，为授具戒。然动止轩昂，语笑无度，多行市里，褰裳疾趋，举指画空，伫立良久；时从屠酤游，饮啖无所择。众以为狂，璲独曰："此异人也。"

人有欲为斋施，辄先知以至，不召，款门指名取供。温州人林仲方自其家以摩衲来献，舟始及岸，遽来取去。仁宗每延入禁中，径登坐结趺，饭毕遽出，未尝揖也。王公士庶召即赴，然莫与交一言者。或阴卜休咎，书纸挥翰甚疾，字体遒壮，初不可晓，其后多验。仁宗春秋渐高，嗣未立，默遣内侍至言所。言所书有"十三郎"字，人莫测何谓。后英宗以濮王第十三子入继，众始悟。大宗正守节请书，言不顾，迫之，得"润州"字。未几，守节薨，赠丹阳郡王。见寺童义怀，抚其背曰："德山、临济。"怀既落发，住天衣，说法，大为学者所宗，其前知多类此。

普净院施浴,夜漏初尽,门扉未启,方迎佛而浴室有人声,往视,则言在焉。有具斋荐鲙者,并食之,临流而吐,化为小鲜,群泳而去。海客遇风且没,见僧操絚引舶而济。客至都下遇言,忽谓之曰:"非我,汝奈何?"客记其貌,真引舟者也。与曹州士赵棠善,后棠弃官隐居番禺。人传棠与言数以偈颂相寄,万里间辄数日而达。棠死,亦盛夏身不坏。

言将死,作颂,不可晓。已而曰:"我从古始成就,逃多国土,今南国矣。"仁宗遣内侍以真身塑像置寺中,榜曰显化禅师。其后善厚者礼之,见额上荧然有光,就视之,得舍利。

僧怀丙,真定人。巧思出天性,非学所能至也。真定构木为浮图十三级,势尤孤绝。既久而中级大柱坏,欲西北倾,他匠莫能为。怀丙度短长,别作柱,命众工维而上。已而却众工,以一介自从,闭户良久,易柱下,不闻斧凿声。

赵州洨河凿石为桥,熔铁贯其中。自唐以来相传数百年,大水不能坏。岁久,乡民多盗凿铁,桥遂欹倒,计千夫不能正。怀丙不役众工,以术正之,使复故。河中府浮梁用铁牛八维之,一牛且数万斤。后水暴涨绝梁,牵牛没于河,募能出之者。怀丙以二大舟实土,夹牛维之,用大木为权衡状钩牛,徐去其土,舟浮牛出。转运使张焘以闻,赐紫衣。寻卒。

许希,开封人。以医为业,补翰林医学。景祐元年,仁宗不豫,侍医数进药,不效,人心忧恐。冀国大长公主荐希,希诊曰:"针心下包络之间,可亟愈。"左右争以为不可,诸黄门祈以身试,试之,无所害。遂以针进,而帝疾愈。命为翰林医官,赐绯衣、银鱼及器币。希拜谢已,又西向拜,帝问其故,对曰:"扁鹊,臣师也。今者非臣之功,殆臣师之赐,安敢忘师乎?"乃请以所得金兴扁鹊庙。帝为筑庙于城西隅,封灵应侯。其后庙益完,学医者归趋之,因立太医局于其旁。

希至殿中省尚药奉御,卒。著《神应针经要诀》行于世。录其子宗道至内殿崇班。

庞安时,字安常,蕲州蕲水人。儿时能读书,过目辄记。父,世医也,授以脉诀。安时曰:"是不足为也。"独取黄帝、扁鹊之脉书治之,未久,已能通其说,时出新意,辨诘不可屈,父大惊,时年犹未冠。已而病聩,乃益读《灵枢》、《太素》、《甲乙》诸秘书,凡经传百家之涉其道者,靡不通贯。尝曰:"世所谓医书,予皆见之,惟扁鹊之言深矣。盖所谓《难经》者,扁鹊寓术于其书,而言之不祥,意者使后人自求之欤!予之术盖出于此。以之视浅深,决死生,若合符节。且察脉之要,莫急于人迎、寸口。是二脉阴阳相应,如两引绳,阴阳均,则绳之大小等,故定阴阳于喉、手,配覆溢于尺、寸,寓九候于浮沉,分四温于伤寒。此皆扁鹊略开其端,而予以《内经》诸书,考究而得其说。审而用之,顺而治之,病不得逃矣。"又欲以术告后世,故著《难经辨》数万言。观草木之性与五藏之宜,秩其职任,官其寒热,班其奇偶,以疗百疾,著《主对集》一卷。古今异宜,方术脱遗,备阴阳之变,补仲景《论》。药有后出,古所未知,今不能辨,尝试有功,不可遗也。作《本草补遗》。

为人治病,率十愈八九。踵门求诊者,为辟邸舍居之,亲视馈粥、药物,必愈而后遣;其不可为者,必实告之,不复为治。活人无数。病家持金帛来谢,不尽取也。

尝诣舒之桐城,有民家妇孕将产,七日而子不下,百术无所效。安时之弟子李百全适在傍舍,邀安时往视之。才见,即连呼不死,令其家人以汤温其腰腹,自为上下扪摩。孕者觉肠胃微痛,呻吟间生一男子。其家惊喜,而不知所以然。安时曰:"儿已出胞,而一手误执母肠不复能脱,故非符药所能为。吾隔腹扪儿手所在,针其虎口,既痛即缩手,所以遽生,无他术也。"取儿视之,右手虎口针痕存焉。其妙如此。

有问以华佗之事者,曰:"术若是,非人所能为也。其史之妄乎!"年五十八而疾作,门人请自视脉,笑曰:"吾察之审矣。且出入息亦脉也,今胃气已绝。死矣。"遂屏却药饵。后数日,与客坐语而卒。

钱乙,字仲阳,本吴越王俶支属,祖从北迁,遂为郓州人。父颖善医,然嗜酒喜游,一旦,东之海上不反。乙方三岁,母前死,姑嫁吕氏,哀而收养之,长诲之医,乃告以家世。即泣,请往迹寻,凡八九反。积数岁,遂迎父以归,时已三十年矣。乡人感慨,赋诗咏之。其事吕如事父,吕没无嗣,为收葬行服。

乙始以《颅顖方》著名,至京师视长公主女疾,授翰林医学。皇子病瘛疭,乙进黄土汤而愈。神宗召问黄土所以愈疾状,对曰:"以土胜水,水得其平,则风自止。"帝悦,擢太医丞,赐金紫。由是公卿宗戚家延致无虚日。

广亲宗子病,诊之曰:"此可毋药而愈。"其幼在傍,指之曰:"是且暴疾惊人,后三日过午,可无恙。"其家患,不答。明日,幼果发痫甚急,召乙治之,三日愈。问其故,曰:"火色直视,心与肝俱受邪。过午者,所用时当更也。"王子病呕泄,他医与刚剂,加喘焉。乙曰:"是本中热,脾且伤,奈何复燥之?将不得前后溲。"与之石膏汤,王不信,谢去。信宿浸剧,竟如言而效。

士病欬,面青而光,气哽哽。乙曰:"肝乘肺,此逆候也。若秋得之,可治;今春,不可治。"其人祈哀,强予药。明日,曰:"吾药再泻肝,而不少却;三补肺,而益虚;又加唇白,法当三日死。今尚能粥,当过期。"居五日而绝。

孕妇病,医言胎且堕。乙曰:"娠者五藏传养,率六旬乃更。诚能候其月,偏补之,何必堕?"已而母子皆得全。又乳妇因悸而病,既愈,目张不得瞑。乙曰:"煮郁李酒饮之使醉,即愈。所以然者,目系内连肝胆,恐则气结,胆衡不下。郁李能去结,随酒入胆,结去胆下,则目能瞑矣。"饮之,果验。

乙本有羸疾,每自以意治之,而后甚,叹曰:"此所谓周痹也。入藏者死，吾其已夫。"既而曰："吾能移之使在末。"因自制药，日夜饮之。左手足忽挛不能用，喜曰："可矣！"所亲登东山，得茯苓大逾斗。以法啖之尽，由是虽偏废，而风骨悍坚如全人。以病免归，不复出。

乙为方不名一师，于书无不窥，不靳靳守古法。时度越纵舍，卒与法会。尤邃《本草》诸书，辨正阙误。或得异药，问之，必为言生出本末、物色、名貌差别之详，退而考之皆合。末年挛瘅浸剧，知不可为，召亲戚诀别，易衣待尽，遂卒，年八十二。

僧智缘，随州人，善医。嘉祐末，召至京师，舍于相国寺。每察脉，知人贵贱、祸福、休咎，诊父之脉而能道其子吉凶，所言若神，士大夫争造之。王珪与王安石在翰林，珪疑古无此，安石曰："昔医和诊晋侯，而知其良臣将死。夫良臣之命乃见于其君之脉，则视父知子，亦何足怪哉！"

熙宁中，王韶谋取青唐，上言蕃族重僧，而僧结吴叱腊主部帐甚众，请智缘与俱至边。神宗召见，赐白金，遣乘传而西，遂称"经略大师"。智缘有辩口，径入蕃中，说结吴叱腊归化，而他族俞龙珂、禹藏讷令支等皆因以书款。韶颇忌恶之，言其挠边事，召还，以为右街首坐，卒。

郭天信字祐之，开封人。以技隶太史局。徽宗为端王，尝退朝，天信密遮白曰："王当有天下。"既而即帝位，因得亲昵。不数年，至枢密都承旨、节度观察留后。其子中复为阁门通事舍人，许陪进士径试大廷，擢秘书省校书郎。未几，天信觉已甚，乞还武爵，又从之。

政和初，拜定武军节度使、祐神观使，颇与闻外朝政事。见蔡京乱国，每托天文以撼之，且云："日中有黑子。"帝甚惧，言之不已，京由是黜。张商英方有时望，天信往往称于内朝。商英亦欲借左右游谈之助，阴与相结，使僧德洪辈ручаを语言。商英劝帝节俭，稍裁抑僧寺，帝始敬畏之，而近侍积不乐，间言浸润，眷日衰。京党因是告商英与天信漏泄禁中语言，天信先发端，窥伺上旨，动息必报，乃从外庭决之，无不如志。商英遂罢。御史中丞张克公复论之，诏贬天信昭化军节度副使、单州安置，命宋康年守单，几其起居。再贬行军司马，窜新州，又徙康年使广东，天信至数月，死。京已再相，犹疑天信挟术多能，死未必实，令康年选吏发棺验视焉。

魏汉津，本蜀黥卒也。自言师事唐仙人李良号"李八百"者，授以鼎乐之法。尝过三山龙门，闻水声，谓人曰："其下必有玉。"即脱衣没水，抱石而出，果玉也。皇祐中，与房庶俱以善乐荐，时阮逸方定黍律，不获用。崇宁初犹在，朝廷方协考钟律，得召见，献乐议，言得黄帝，夏禹声为律、身为度之说。谓人主禀赋与众异，请以帝指三节三寸之度，定黄钟之律；而中指之径围，则度量权衡所自出也。又云："声有太有少。太者，清声，阳也。天道也。少者，浊声，阴也，地道也。中声在其间，人道也。合三才之道，备阴阳奇偶，然后四序可得而调，万物可得而理。"当时以为迂怪，蔡京独神之。或言汉津本范镇之役，稍窥见其制作，而京托之于李良云。

于是请先铸九鼎，次铸帝坐大钟及二十四气钟。四年三月鼎成，赐号冲显处士。八月，《大晟乐》成。徽宗御大庆殿受群臣朝贺，加汉津虚和冲显宝应先生，颁其乐书天下。而京之客刘昺主乐事，论太少之说为非，将议改作。既而以乐成久，易之恐动观听，遂止。汉津密为京言："《大晟》独得古意什三四尔，他多非古说，异日当以访任宗尧。"宗尧学于汉津者也。

汉津晓阴阳数术，多奇中，尝语所知曰："不三十年，天下乱矣。"未几死。京遂召宗尧为典乐，复欲有所建，而为田为所夺，语在《乐志》。后即铸鼎之所建宝成殿，祀黄帝、夏禹、成王、周、召而良、汉津俱配食。谥汉津为嘉晟侯。

有马贲者，出京之门，在大晟府十三年，方魏、刘、任、田异论时，依违其间，无所质正，擢至通议大夫、徽猷阁待制。议者咎当时名器之滥如此。

王老志，濮州临泉人。事亲以孝闻。为转运小吏，不受赂谢。遇异人于丐中，自言："吾所谓钟离先生也。"予之丹，服之而狂。遂弃妻子，结草庐田间，时为人言休咎。

政和三年，太仆卿王亶以其名闻。召至京师，馆于蔡京第。尝缄书一封至帝所，徽宗启读，乃昔岁秋中与乔、刘二妃燕好之语也。帝由是稍信之，封为洞微先生。朝士多从求书，初若不可解，后卒应者十八九，故其门如市。京虑太甚，颇以为戒；老志亦谨畏，乃奏禁绝之。尝献乾坤鉴法，命铸之。既成，谓帝与皇后他日皆有难，请时坐鉴下，思所以儆惧消变者。

明年，见其师，责以擅处富贵，乃丐归，未得请，病甚，始许其去。步行出，就居，病已失矣。归濮而死。诏赐金以葬，赠正议大夫。

初，王黼未达时，父为临泉令，问黼名位所至，即书"太平宰相"四字。旋以墨涂去之，曰："恐泄机也。"黼败，人乃悟。

王仔昔，洪州人。始学儒，自言遇许逊，得《大洞》、《隐书》豁落七元之法，出游嵩山，能道人未来事。政和中，徽宗召见，赐号冲隐处士。帝以旱祷雨，每遣小黄门持纸求仔昔画，日又至，忽篆符其上，仍细书"焚符汤沃而洗之"。黄门惧不肯受，强之，乃持去。盖帝默祝为宫妃疗赤目者，用其说一沃，立愈。进封通妙先生，居上清宝箓宫。献议九鼎神器不可藏于外。乃于禁中建圆象徽调阁以贮之。

仔昔资倨傲，又少戆，帝常待以客礼，故其遇巨阉殆若童奴，又欲群道士皆宗己。及林灵素有宠，忌之，陷以事，囚之东太一宫。旋坐言语不逊，下狱死。仔昔之得罪，宦者冯浩力最多。未死时，书示其徒曰："上蔡遇冤人。"其后浩南窜，至上蔡被诛。

林灵素，温州人。少从浮屠学，苦其师笞骂，去为道士。善妖幻，往来淮、泗间，丐食僧寺，僧寺苦之。

政和末，王老志、王仔昔既衰，徽宗访方士于左道录徐知常，以灵素对。既见，大言曰："天有九霄，而神霄为最高，其治曰府。神霄玉清王者，上帝之长子，主南方，号长生大帝君，陛下是也，既下降于世，其弟号青华帝君者，主东方，摄领之。己乃府仙卿曰褚慧，亦下降佐帝君之治。"又谓蔡京为左元仙伯，王黼为文华吏，盛章、王革为园苑宝华吏，郑居中、童贯及诸巨阉皆为之名。贵妃刘氏方有宠，曰九华玉真安妃。帝心独喜其事，赐号通真达灵先生，赏赉无算。

建上清宝箓宫，密连禁省。天下皆建神霄万寿宫。浸浸造为青华正昼临坛，及火龙神剑夜降内宫之事，假帝诰、天书、云篆，务以欺世惑众。其说妄诞，不可究质，实无所能解。惟稍识五雷法，召呼风霆，间祷雨有小验而已。令吏民诣宫受神霄秘录，朝士之嗜进者，亦靡然趋之。每设大斋，辄费缗钱数万，谓之千道会。帝设幄其侧，而灵素升高正坐，问者皆再拜以请。所言无殊异，时时杂捷给嘲诙以资媒笑。其徒美衣玉食，几二万人。遂立道学，置郎、大夫十等，有诸殿侍晨、校籍、授经，以拟待制、修撰、直阁。始欲尽废释氏以逞前憾，既而改其名称冠服。

灵素益尊重，升温州为应道军节度，加号元妙先生、金门羽客、冲和殿侍晨，出入呵引，至与诸王争道。都人称曰"道家两府"。本与道士王允诚共为怪神，后忌其相轧，毒之死。宣和初，都城暴水，遣灵素厌胜。方率其徒步虚城上，役夫争举梃将击之，走而免。帝知众所怨，始不乐。

灵素在京师四年，恣横愈不悛，道遇皇太子弗敛避。太子入诉，帝怒，以为太虚大夫，斥还故里，命江端本通判温州，几察之。端本廉得其居处过制罪，诏徙置楚州而已死。遗奏至，犹以侍从礼葬焉。

皇甫坦，蜀之夹江人。善医术。显仁太后苦目疾，国医不能愈，诏募他医，临安守臣张偁以坦闻。高宗召见，问何以治身，坦曰："心无为则身安，人主无为则天下治。"引至慈宁殿治太后目疾，立愈。帝喜，厚赐之，一无所受。令持香祷青城山，还，复召问以长生久视之术，坦曰："先禁诸欲，勿令放逸。丹经万卷，不如守一。"帝叹服，书"清静"二字以名其庵，且绘其像禁中。

荆南帅李道雅敬坦，坦岁谒道。隆兴初，道入朝，高宗、孝宗问之，皆称皇甫先生而不名。坦又善相人，尝相道中女必为天下母，后果为光宗后。

王克明，字彦昭，其始饶州乐平人，后徙湖州乌程县。绍兴、乾道间名医也。初生时，母乏乳，饵以粥，遂得脾胃疾，长益甚，医以为不可治。克明自读《难经》、《素问》以求其法，刻意处药，其病乃愈。始以术行江、淮，入苏、湖，针灸尤精。诊脉有难疗者，必沉思得其要，然后予之药。病虽数证，或用一药以除其本，本除而余病自去。亦有不予药者，期以某日自安。有以为非药之过，过在某事，当随其事治之。言无不验。士大夫皆自屈与游。

魏安行妻风痿十年不起，克明施针，而步履如初。胡秉妻病内秘腹胀，号呼逾旬，克明视之。时秉家方会食，克明谓秉曰："吾愈恭人病，使预会可乎？"以半硫圆碾生姜调乳香下之，俄起对食如平常。庐州守王安道风禁不语旬日，他医莫知所为。克明令炽炭烧地，洒药，置安道于上，须臾而苏。金使黑鹿谷过姑苏，病伤寒垂死，克明治之，明日愈。及从徐度聘金，黑鹿谷适为先排使，待克明厚甚。克明讶之，谷乃道其故，由是名闻北方。后再从吕正己使金，金接伴使忽被危疾，克明立起之，却其谢。张子盖救海州，战士大疫，克明时在军中，全活者几万人。子盖上其功，克明力辞之。

克明颇知书，好侠尚义，常数千里赴人之急。初试礼部中选，累任医官。王炎宣抚四川，辟克明，不就。炎怒，劾克明避事，坐贬秩。后迁至额内翰林医痊局，赐金紫。绍兴五年卒，年六十七。

莎衣道人，姓何氏，淮阳军朐山人。祖执礼，仕至朝议大夫。道人避乱渡江，尝举进士不中。绍兴末，来平江。一日，自外归，倏若狂者，身衣白襕，昼丐食于市，夜止天庆观。久之，衣益敝，以莎缉之。尝游妙严寺，临池见影，豁然大悟。人无贵贱，问休咎，罔不奇中。会有瘵者乞医，命持一草去，旬日而愈。众翕然传莎草可以愈疾，求而不得者，或遂不起，由是远近异之。

孝宗一夕梦莎衣人跣哭来吊，讯曰："苏人也。"诘其故，不肯言。帝寤，以语内侍。会后及太子薨，帝哀泣，内侍进前勉释，并道前梦。帝乃矍然，因遣使召之，不至。帝念恢复大计，累岁未有所属，后位虚且久，乃焚香默言："何诚能仙顾，必知朕意。"遂遣中官致赀，不言所以。道人见之掉首，吴音曰："有中国即有外夷；有日即有月，不须问。"趣之去。使者归奏，帝甚异之，遂赐号通神先生，为筑庵观中，赐衣数袭，皆不受。好事者强邀入庵，大笑而出，复于故处。众日以珍馔饷之，每食于通衢，遽饱即去。

帝岁命内侍即其居设千道斋，合云水之士，施予优普。一岁，偶逾期，众咸讶而请，道人亟起于卧，摇手瞬目而招之曰："亟来，亟来！"是日内侍至平望，众益服其神。光宗即位，召之，又不至。庆元六年卒。

孙守荣，临安富阳人。生七岁，病瞽。遇异人教以风角、鸟占之术，其法以音律推五数，播五行，测度万物始终盛衰之理。凡问者，一语顷，辄知休咎。守荣既悟，异人授以铁笛，遂去不复见。守荣因号富春子，吹笛市中，人初不异也。然其术率验。

宝庆间，游吴兴，闻谯楼鼓角声，惊曰："旦夕且有变，土人当有典郡者。"见王元春，即贺之曰："作乡郡者，必君也。"元春初不之信。越两月，潘丙作乱，元春以告变功，果典郡。自是富春子之名大显，贵人争延致之。

淮南帅李曾伯荐诸朝。既至，谒丞相史嵩之，阍者以昼寝辞。守荣曰："丞相方钓鱼园池，何得云尔。"阍者惊异，入白丞相，丞相一见，颇喜之。自是数出入相府。一日，庭鹊噪，令占之，曰："来日晡时，当有宝物至。"明日，李全果以玉柱斧为贡。嵩之又尝得李全橄藏袖中，询其事，守荣曰："此李全诈假布囊二十万尔。"剥封，果如其说。

士大夫咸询履历，守荣不尽答。私谓所知曰："吾以音推诸朝绅，互有赢缩，宋禄其殆终乎！"后为嵩之所忌，诬以他罪，贬死远郡。

卷四百六十三
列传第二百二十二

外戚 上

杜审琦 弟审琼 审肇 审进 从子彦圭 彦钧 孙守元 曾孙惟序 **贺令图** 杨重进附
王继勋 **刘知信** 子承宗 **刘文裕** **刘美** 子从德 从广 孙永年 马季良附 **郭崇仁**
杨景宗 **符惟忠** **柴宗庆** **张尧佐**

自西汉有外戚之祸，历代鉴之，崇爵厚禄，不畀事权，然而一失其驭，犹有肘腋之变焉。宋法待外戚厚，其间有文武才谞，皆擢而用之；苟势犯法，绳以重刑，亦不少贷。仁、英、哲三朝，母后并临朝听政，而终无外家干政之患，将法度之严，体统之正，有以防闲其过欤？抑母后之贤，自有以制其戚里欤？作《外戚传》。

杜审琦，定州安喜人，昭宪皇太后之兄。太后昆仲五人，审琦最长，其次审玉，次审琼，次审肇，次审进。世居常山，以积善闻。审琦仕后唐，为义军指挥使，天成二年卒，年三十五，审玉前一年卒，年二十二。太祖开国，赠审琦左神武军大将军，以其子彦超为西京作坊使。彦超卒，赠左领军卫大将军。

审琼，建隆初，授检校国子祭酒。二年，拜左领军卫将军。三年，与其弟审肇、审进皆召赴阙。审琼改左龙武军大将军，迁右卫大将军。乾德初，领富州刺史。三年，以本官权判右金吾街仗事。四年春，步军帅王继勋坐事，诏审琼兼点检侍卫步军司事。是秋，卒，年七十。太祖为废朝三日，发哀成服，赠太保、宁国军节度使，谥恭僖。

审琼性醇质，在公畏慎，宿卫勤谨，徼巡京邑，里闾清肃，人皆称之。景德三年春，加赠审琼太傅，妻吴氏陈留郡太夫人。是秋，改葬陪陵，又赠审琼太师、中书令。子彦圭。

审肇，建隆三年，起家授左武卫上将军、检校左仆射致仕，赐第于京师。乾德初，领濮州刺史。开宝二年，改左卫上将军，仍致仕。三年，加为右骁卫上将军，俄出知澶州，太祖以审肇未尝历郡务，乃命司封郎中姚恕通判州事，以左右之。未几，河大决，东汇于郓、濮数郡，民田

罹水害。太祖怒其不即时上言，遣使案鞫，遂论恕弃市，审肇免官归私第。俄复旧官，令致仕，特以濰州刺史月奉优给之。七年，卒，年七十二。太祖废朝二日，素服发哀，赠太保、昭信军节度，谥温肃，遣中使护丧事。景德三年，加赠太傅，妻刘氏东海郡太夫人。子彦遵，至南作坊使。

审进，建隆三年，起家授右神武大将军，改右羽林大将军。乾德元年，领贺州刺史。二年，知陕州。三年，就改保义军节度观察留后。五年，加本军节度。太祖郊祀西洛，审进来朝，颁赉甚厚。太宗嗣位，加检校太傅。太平兴国二年，会许昌裔刺虢州，捃拾使州阙失事上诉，诏右拾遗李干鞫之。干因上言，请支郡不复隶藩镇，皆得专达，从之。

三年秋，以审进妻卒，废朝。十一月郊礼毕，加检校太尉。四年，上亲征河东，审进与岚州团练使周承晋、德州刺史孙方进、成州刺史慕容福起皆上言愿率所部击太原。上以审进耆年，不许。五年，来朝。是岁，契丹寇边，出师捍御。上幸大名劳军，留审进警巡，都邑肃然。六年，复归陕，亲王宴饯，供帐甚盛。其年，就加检校太师。九年夏，上以审进年高，不当烦以剧务，授右卫上将军，奉给如故。

雍熙四年，复授静江军节度。端拱元年，上亲耕籍田，审进预其礼，恩赐弥渥，加开府仪同三司。是岁，卒，年七十九。上趣驾临丧，哭之恸，废朝三日，设次成服，亲王公主以下并诣其第举哀。赠中书令，谥恭惠。

审进镇陕二十余年，劝农敦本，民庶便之。虽居位节制，无骄矜之色，人推其醇厚。景德三年，追封京兆郡王，妻赵氏南阳郡太夫人。后赠尚书令。子彦钧、彦彬。彦彬至礼宾副使而卒。

彦圭，起家六宅副使，迁翰林使。开宝五年，领信州刺史。六年，改领饶州团练使，俄加领本州防御使。从征太原，与曹翰、孙继业攻城西面。北征班师，命彦圭与孟玄喆、药可琼、赵延进率兵屯中山，坐市竹木矫制免算，责授洛苑使、饶州刺史，裁数日，牵复。余年，迁沙州观察使，出知定州。

雍熙中北伐，命副米信为幽州西北道行营都部署。彦圭不容军士晡食，设阵不整，以致亡失，坐左迁均州团练副使。雍熙三年，卒于贬所，年五十九，赠归义军节度。景德三年春，加赠中书令。是秋，又赠太师。子守元。

彦钧，起家补供奉官，累迁崇仪使。端拱初，加庄宅使，领罗州刺史。淳化四年，特置眙宣使，以彦钧洎王延德、王继恩为之。未几，加领恩州防御使。西鄙用兵，命为永兴军驻泊钤辖。真宗嗣位，改领颍州防御使，出知河中府，占谢便坐，求解内使之职，可之。历知邠、庆、延、凤四州。景德中，为天雄军副都部署。车驾驻澶渊，为驾前东面贝冀路副都部署。契丹骑兵攻月城，彦钧率兵击走之，以劳优加封邑。召还，再任河中。

彦钧由戚里进，保位而已。会有言政事不举者，徙西京水南北都巡检使。大中祥符五年，复知莫州。马知节为颍州防御使，彦钧换秦州。九年，拜密州观察使，出为并代副部署。天禧元年，卒，赠安化军节度。录其子赞文

为供奉官，赞宁为殿直，孙宗寿为三班奉职。

守元，开宝中，补左班殿直，得侍便殿，带御器械，迁供奉官，莫州监军。契丹入边，与州将固守城壁，出兵邀击，获生口羊马，以功加崇仪副使。未几，改正使秩。历如京、洛苑使。至道三年，领梧州刺史，连为并代、镇定、高阳关钤辖。大中祥符二年，副赵稹使契丹，复莅镇定。顷之属疾，诏遣其子殿直惟庆挟太医乘驿诊候，既至而卒，年五十八。

惟序字舜功，自三班奉职累迁知惠州、莫州，以供备库使为梓夔路钤辖，徙环庆路，知邠州，又权庆州。会任福败，以骑兵数千由怀安路破贼三寨，斩首数百级，获牛马千计。以功领忠州刺史，为泾原钤辖，敕巡警边州。久之，改六宅使、知雄州。时契丹勒兵燕、蓟间，遣使求割地。未至，而惟序购得其草，先以闻。徙知沧州，又徙定州。再迁东上阁门使、知泾州。改四方馆使、知瀛州，复知沧州。入朝，为祁州团练使，出知恩州，徙大名府路总管，改乾州团练使，卒。

贺令图，开封陈留人。父怀浦，孝惠皇后兄也，仕军中为散指挥使。太平兴国初，出为岳州刺史，领兵屯三交。雍熙三年，从杨业北征，死于阵。

令图少谨愿，隶太宗左右，洎即位，补供奉官，改绫锦副使、知莫州，迁崇仪使、知雄州。雍熙二年，领平州刺史，充幽州行营壕寨使，以所部下固安、新城两县，克涿州。会父战死，起家为六宅使，领本州团练使，护瀛州屯兵。

先是，令图握兵边郡十余年，恃藩邸旧恩，每岁入奏事，多言边塞利害，及幽蓟可取之状。上信之，故有岐沟之举。既而师败，议者皆咎其贪功生事。

令图轻而无谋，契丹将耶律逊宁号于越者，使谍绐令图曰："我获罪本国，旦夕愿归南朝，无路自拔，幸君侯少留意焉。"令图不虞其诈，私遗以重锦十两。是年十二月，于越率众入寇，大将刘廷让与战于君子馆，令图为先锋，被围数重。于越传言军中"愿得见雄州贺使君。"令图尝为所绐，意其来降而终获大功，即引麾下数十骑逆之。将至其帐数步外，于越据床骂曰："汝常好经度边事，乃今送死来邪！"麾左右尽杀其从骑，反缚令图而去。

令图与其父首谋北伐，一岁中父子皆陷焉。令图时年三十九。是役也，武州防御使、高阳关部署杨重进死之。

重进，太原人。少有膂力，周祖镇大名，以隶帐下，广顺初，补卫士。宋初，累迁至内殿直都虞候。太平兴国初，改龙卫军都校，领徐州刺史。从征太原，出为莱州刺史。随曹彬北征，为右厢排阵使，改武州防御使、高阳关部署。会契丹兵至，与之力战，遂没于阵。年六十五。

王继勋，彰德节度饶之子，孝明皇后同母弟也。生时，其母见一人赤发，状貌怪异，入室中，遂生继勋。及长，美风仪，性凶率无赖。以后故，为内殿供奉官、都知、溪州刺史。建隆二年，加领恩州团练使，又改龙捷右厢都指挥使，寻领永州防御使。四年，收复湖南，改领彭州防御使。是秋，将讨西蜀，命继勋戒期，将大阅。继勋素与大校马仁瑀不协，阴勒部下市白梃，将以相图。太祖知之，为出仁瑀密州。俄迁保宁节度观察留后、领虎捷左右厢都虞候、权侍卫步军司事。

继勋所为多不法。会新募兵千余隶雄武，将遣出征，多无妻室，太祖谓继勋曰："此必有愿为婚者，不须备聘财，但酒炙可也。"继勋不能谕上旨，纵令掠人子女，京城为之纷扰。上闻大骇，遣捕斩百余人，人情始定。时后已崩，上追念后，故不之罪也。

乾德四年，继勋复为部曲所讼，诏中书鞫之。解兵柄，为彰国军留后，奉朝请。继勋自以失职，常怏怏，专以裒割奴婢为乐，前后多被害。一日，天雨墙坏，群婢突出，守国门诉冤。上大骇，命中使就诘之，尽得继勋所为不法事。诏削夺官爵，勒归私第，仍令甲士守之。俄又配流登州，未至，改右监门府副率。

开宝三年，命分司西京。继勋残暴愈甚，强市民家子女备给使，小不如意，即杀食之，而棺其骨弃野外。女侩及鬻棺者出入其门不绝，洛民苦之而不敢告。太宗在藩邸，颇闻其事。及即位，人有诉者，命户部员外郎、知杂事雷德骧乘传往鞫之。继勋具伏，自开宝六年四月至太平兴国二年二月，手所杀婢百余人。乃斩继勋洛阳市，及为强市子女者女侩八人、男子三人。长寿寺僧广惠常与继勋同食人肉，令折其胫而斩之。洛民称快。

其后家寓西洛颍阳，孙惟德不肖，不能自立，丐食以给。真宗闻而悯之，授惟德汝州司士参军。

刘知信，字至诚，邢州人。父迁，晋天福末凤翔帐前军使，改滑州奉国军校，从骁将皇甫晖御边有功，早卒。母即昭宪太后之妹也，乾德初，封京兆郡太君，六年，进本郡太夫人，开宝三年十月卒。太祖废朝发哀，追封齐国太夫人，陪葬安陵，赠迁太保。

知信三岁而孤，宣祖怜其敏慧。建隆三年，起家授供奉官，丁内艰，转六宅副使。开宝五年，迁军器库使，掌武德司。六年，领锦州刺史。属郊祀西洛，为行宫使，驻洛中，又为西京武德、皇城、宫苑等使。车驾出郊，又充大内留守。

太宗即位，进领本州团练使，拜武德使。从征河东，又为行宫使。太平兴国五年，坐遣亲信市竹木于秦、陇，矫制免所过算缗，入官多取其直，左授军器库使，领锦州刺史，俄复为武德使。会改武德为皇城司，即为皇城使。七年，坐秦王廷美事，改右卫将军。是秋，出为静难军度行军司马。九年，起为左卫将军，领营州刺史。

雍熙初，改左神武军将军，寻领檀州团练使，护屯兵于镇州。会大举北伐，与六宅使符昭寿为押阵都监。师还，诸将失道，知信独整所部以归。俄知定州兼兵马钤辖，押大阵右偏。一日，宴犒将士，契丹骑乘间至，知信不介而出，追之数十里，斩获甚众，以功就拜邕州观察使。四年，召入，改并州路副都部署。端拱中，代还，知杭州。淳化四年，又知天雄军府。太宗崩，充修奉永熙陵部署。咸平初，拜建武军节度观察留后，知永平军府。契丹犯边，复知天雄军。真宗北巡，充驾前副都部署，历知河阳、异州。景德元年，车驾幸澶渊，命为东京都巡检使，复知定州。二年，以疾求还京，至镇州卒，年六十三。废朝，赠太尉、天平军节度。

知信以戚里致贵，尤被亲任，中外践历，最为旧故。虽无显赫称，亦以循谨闻于时。子承宗、承渥。

承宗，幼善射，兼习书数，以荫补殿直，寄班祗候。咸平初，转供奉官、镇、定、高阳关三路承受公事，还，掌军器库。会真宗临幸，见其整肃，面授阁门祗候。知信卒，转内殿崇班。未几，为河北缘边安抚都监。大中祥符初，就加内殿承制，历如京、文思二副使，徙河东缘边安抚，又知保州。俄拜东染院使、知定州。副薛瑛使契丹，使还，归本任，又兼镇定路兵马钤辖，俄改宫苑使、知雄州、河北缘边安抚使。在郡有治迹，诏书嘉奖，召归，时灵昌决河初塞，择守臣，以承宗为皇城使、知滑州。未几，复代还。

会西边言吐蕃唃厮啰作文法，颇为边患。命副龙图阁直学士陈尧咨于鄜延、邠宁环庆、泾原仪渭、秦州路巡抚使，诏令尧咨等所至军州檎问吏将校，谘访民间利害，郡官使臣能否功过以闻。或有陈诉屈抑，经转运、提点司区断不当，即按鞫诣实，杖以下依法区理，徒以上驿闻，仍取系囚躬亲录问，催促论决。既行，就命尧咨知秦州，承宗为西上阁门使，充钤辖。乾兴初，进东上阁门使，徙鄜延都钤辖而卒。中使护柩至京师，赐以葬地。

承渥荫补殿直，累任使，喜为条奏，至供奉官、阁门祗候。承宗子永钊，右侍禁、阁门祗候。

刘文裕，字以宁，保州保塞人。祖正，晋幽州营田使兼平州刺史。父审奇，武牢关使。简穆皇后即文裕祖姑也。审奇三子，长文远，建隆中为供奉官，与并人战万善而没。次即文裕，开宝四年，起家补殿直。八年，权管云骑员僚直，预讨江南，中弩矢，神色自若。太宗在藩邸，多得亲接。太平兴国二年，擢为内弓箭库副使，特封其母张氏清河县太君，出为秦、陇巡检。

有李飞雄者，太保致仕鏻之孙，秦州节度判官若愚之子。性凶险，不为其家所容，常往来京师、魏博间，与无赖恶少游处，纵酒蒲博为务。以其父故，尽知秦州仓库所积，及地形险易、兵籍多少。又有妻父张季英为凤翔盩屋尉，飞雄自京师往省之，因乘季英马诈为使者，夜抵厩置呼卒索马。卒秉炬出迎，飞雄以私市马缨示之，卒不能辨，即授以马。一卒乘一马前导，以巡边为名，因矫诏率巡驿殿直姚承遂，至陇州率监军供奉官王守定，至吴山县率县尉卢赞，皆从行。先是，秦州内属，羌人为寇，朝廷遣周承瑶、田仁朗、王侁、梁崇赞、韦韬、马知节及文裕领兵屯清水县，飞雄至，称制尽讯之。承瑶等见姚承遂数辈同至，不觉其诈。仁朗独号泣求诏书，飞雄叱之曰："我受密旨，以若辈逗挠不用命，令尽诛。汝岂不闻封州杀李鹤邪？诏书汝岂得见！"先是，上即位，分命亲信于诸道廉官吏善恶密以闻。岭南使者言封州李鹤不奉法，诬奏军吏谋反，诏即诛之。故飞雄引以为言。将械承瑶等诣秦州戮之，因据城叛，遂驱承瑶等行。

初，飞雄诈宣制时，自言我上南府时亲吏，文裕因哀告飞雄曰："我亦尝依晋邸，使者岂不营救之乎？"飞雄低语谓文裕曰："尔能与我同富贵否？"文裕觉其诈，伪许之。飞雄即命左右释文裕缚。文裕策马前附耳语仁朗，仁朗佯坠马，若卒中风眩状。飞雄共前视之，又释其缚。仁朗奋起搏飞雄，与文裕共擒之。飞雄尚呼云："田仁郎等谋反杀使者。"送秦州狱鞫得实，飞雄、承遂、守定、赞坐要斩，夷飞雄家。捕先与飞雄善者何大举等数辈，悉弃市，厩置卒亦夷其族。因下诏：中外臣庶之家，子弟或有乖检，甚为乡党所知，虽加戒勗曾不悛改者，并许本家尊长具名闻。州县遣吏锢送阙下，当配隶诸处。敢有藏匿不以名闻者，异时丑状彰露，期功以上悉以其罪罪之。

文裕后迁军器库使。四年，车驾征太原，命文裕与通事舍人王侁分兵控石岭关。六年，领儒州刺史。明年，为高阳关都监。会契丹万余骑入，文裕与大将崔彦进击却之。雍熙初，徙屯三交，加领顺州团练使。会李继迁率折遇乜寇边，初诏田仁朗与王侁等讨之，仁朗坐逗遛，命文裕代仁朗。继迁等遁去。

从潘美北征，坐陷失骁将杨业，削籍，配隶登州，事具《业传》。岁余，上知业之陷由王侁，召文裕还。俄起为右领军卫大将军，领端州团练使，封其母清河郡太夫人，赐翠冠霞帔，授其弟文质殿直。逾月，文裕迁容州观察使，出为镇州兵马部署。端拱元年，卒于屯所，年四十五。上甚悼惜，赠宁远军节度，命中使护丧归葬京师。弟文嚞至供奉官、阁门祗候，文质至内园使、连州刺史。

刘美字世济，并州人。四世祖质，绛州刺史。曾祖维岳，不仕。祖延庆，右骁卫将军。父通，宋初掌禁旅，从潘美征广南，又累战北面，积劳为虎捷都指挥使，领嘉州刺史，太平兴国中，扈跸太原，卒于师，赠颍州防御使。长女为真宗德妃，加赠定国军节度兼侍中。大中祥符五年，德妃正位中宫，又赠维岳忠正军节度、检校太傅，延庆彰德军节度、检校太尉，通永兴军节度兼中书令，追封曾祖母宋氏吴国太夫人，祖母河南县君元氏许国太夫人，母庞氏徐国太夫人。初，通之卒，窆京城西。天禧二年，诏赠太师、尚书令，谥武懿，七月，遣升王府谘议参军张士逊具卤簿鼓吹，改葬于祥符邓公原。皇后亲临奠，真宗御制祭文置灵坐右。

美即后之兄也。初事真宗于藩邸，以谨力被亲信，即位，补三班奉职，再迁右侍禁。咸平中，傅潜失律流房州，择美监军，及徙潜颍州，又为自陈、颍巡检。石保吉在陈州大治廨舍，修城壁，不以闻，僮奴辈假威扰民。会有言者，遣美廉其状，美曰："保吉世受国恩，拥高赀，列藩闬，营缮过度，拙于检下，诚或有之，自余保无他患。"上意乃解。归朝，充阁门祗候。

大中祥符二年，护屯兵于汉州，历迁供奉官，徙嘉州。士卒有病皆给医药，亲察视驭之。召还，改内殿崇班，提点在京仓场、东西八作司，以举职闻，迁洛苑副使。八年，预修大内，以劳改南作坊使、同勾当皇城司。天禧初，迁洛苑使，领勤州刺史，与周怀政联职。怀政奸恣，美未尝阿附，怀政左右有过，必痛绳之。亲从卒侦逻者多不时更易，美按籍分番次均使焉。上屡欲委之兵柄，以皇后悬让故，中辍者数四。三年，授龙神卫四厢都指挥使，领昭州防御使，改侍卫马军都虞候。五年，加武胜军节度观察留后。卒，年六十。废朝三日，赠太尉、昭德军节度，录其子从德供备库使，从广内殿崇班，旁亲迁补者数人，追封美亡妻宋氏河内郡夫人。

仁宗嗣位，尊皇后为皇太后，赠维岳镇宁军节度兼侍中，延庆建雄军节度兼中书令，通彭城郡王，曾祖母宋氏陈国太夫人，祖母元氏卫国太夫人。母庞氏郓国太夫人，美亦赠侍中。天圣二年，郊祀，加赠维岳彰信军节度兼中书令，延庆镇安节度兼中书令，通郑王，宋氏楚国太夫人，元氏韩国太夫人，庞氏魏国太夫人。五年，再郊，又赠维岳天平军节度、中书令兼尚书令，延庆彰化军节度、许国公，通开府仪同三司、魏王，宋氏安国太夫人，元氏齐国太夫人，庞氏晋国太夫人，从德和州刺史，从广内殿承制。有龚知进者，即通之友婿也，亦赠卫尉卿，其妻追封南安郡君。

从德字复本，父美卒，年十四，自殿直迁至供备库副使。弟从广是岁始生，亦补西头供奉官，迁内殿崇班。太后临朝，从德以崇仪使真拜恩州刺史，改和州，又迁蔡州团练使，出知卫州，改恩州兵马都总管，知相州。从德齿少无才能，特以外家故，恩宠无比。其在卫州，县吏李熙辅者善事从德，乃荐其才于朝。太后喜曰："儿能荐士，知所以为政矣。"即擢熙辅京官。从事郑骧因缘从德，亦擢美官。从德妻，嘉州王蒙正女也。蒙正家豪右，以厚赂结纳至郎官，为郡守。既而从德病，召还，道卒，年二十四。赠保宁军节度使，封荣国公，谥康怀。太后悲怜之尤甚，录内外姻戚门人及僮隶数十人。从德娣婿龙图阁直学士马季良、母越国夫人钱氏兄惟演子集贤校理暖及蒙正皆迁二官。尚书屯田员外郎戴融尝佐从德卫州，以为三司度支判官。御史曹修古、杨偕、郭劝、推直官段少连上疏论之，皆坐贬。子永年。

从广字景元，少出入禁中，侍仁宗左右，太后爱之如家人子。太后崩，真拜崇州团练使。娶荆王元俨女。为滁州防御使，时年十七。赵元昊反，从广自言待罪行间，不能捍患疆场，坐耗县官，愿上所给公使钱，帝嘉纳之。为群牧都监，改副使。

从广自为防御使十年不迁，特拜宣州观察使、同勾当三班院，请补外自效，以知洺州。漳水溢，从广穿隋故渠以杀水势，洺人便之。徙邢州，籍乡军之罢老者听引子弟自代，著为令。召还，复领三班院。出知襄州，徙真定府路马步军副都总管。卒，赠昭庆军节度使，谥良惠。从广性谨饬，然喜交士大夫，时颇称之。

永年字君锡，生四岁，授内殿崇班，许出入两宫。仁宗使赋《小山诗》，有"一柱擎天"之语。帝误投金杯瑶津亭下，戏谓左右曰："能取之乎？"永年一跃持之而出，帝拊其首曰："奇童子也。"常置内中，年十二，始听出外，累迁廉州团练使，为陕州都监。郭邈山等为盗，永年密遣壮士夜渡河，杀其凶桀二十余人，众遂散。迁钤辖，代还

召见，问破贼状，擢干办皇城司，改单州团练使、永兴军路总管。

契丹遣使来请帝绘像，选副张昪报使。契丹以未得志，夜取巨石塞驿门，众皆恐，永年素有力，手掷弃之，契丹惊以为神。

出知泾州，帝赐诗宠之。郡兵岁以香药为折支，三司不时辇致。振武卒索骄，突入通判听事，请以他物代给，欢哗语不逊。永年召至庭下数其罪，斩为首二人，余不敢动。同提举在京诸司库务。凡三除防御使，皆为言者所论而寝。

知代州。契丹取西山木积十余里，辇载相属于路，前守不敢遏，永年遣人焚之，一夕尽。上其事，帝称善。契丹移檄捕纵火盗，永年曰："盗固有罪，然发在我境，何预汝事？"乃不敢复言。帝尝问御戎策，对合旨，书"忠孝"字以赐。

英宗立，迁沂州防御使，复知代州。历步军马军殿前都虞候、太原定州路副都总管。王师征安南，永年请先士卒，度富良江取贼以献，不许。迁邕州观察使、步军副都指挥使。卒，赠建信军节度使，谥曰庄恪。

马季良字元之，开封府尉氏人。家本茶商，娶刘美女。初补越州上虞尉，改秘书省校书郎，知明州鄞县，入为刑部详覆官。太后临朝，迁光禄寺丞。顷之，擢秘阁校理、同判太常礼院，再迁太子中允、判三司度支勾院，以太常丞、直史馆提举在京诸司库务，擢龙图阁待制。三丞充近职，非故事也。迁尚书工部员外郎、龙图阁直学士、同知审官院。刘从德卒，遗秦季良迁二官，辞不就，而请以其子直方为馆阁读书。

会江南旱，出为安抚使，再迁兵部郎中。太后崩，换濠州防御使，赴本州。御史中丞范讽言季良徼幸得官，降屯卫将军、滁州安置。开封府劾奏季良冒立券，庇占富民刘守谦免户役，诏许季良自陈，以地给还。岁余，徙寿州，致仕，还京师卒。

季良因缘以进，无他行能，在礼院尝建言，摄祠事官致斋三日无供帐饮食，非所以重祠事也。自是翰林、仪鸾司供帐，大官给食于祠所云。

郭崇仁，字永年，守文之子，章穆皇后弟也，淳化四年，补左班殿直，迁东头供奉官、阁门祗候。契丹入寇，赍密诏谕河北诸将，还奏称旨，累迁崇仪副使兼阁门通事舍人。章穆崩，特除庄宅使、康州刺史，再迁宫苑使、昭州团练使。丁母忧，起复云麾将军，拜解州团练使，改蔡州，擢捧日天武四厢都指挥使、贺州防御使、高阳关路马步军副都总管。以疾落军职，改磁州防御使。卒，赠彰德军节度观察留后。

崇仁虽外戚，朝廷未尝过推恩泽，其为解州团练使十年不迁，尝除知相、卫二州，皆辞不行，盖性慎静，不乐外官也。

杨景宗，字正臣，章惠皇太后从父弟，少蒲博无赖，客京师，以罪黜隶致远务。章惠入宫为美人，奏补茶酒班

殿侍，累迁西头供奉官、阁门祗候，坐事降左侍禁、郓州兵马都监。未久复官，累迁东染院副使。章惠为太后，进崇仪使，领连州刺史、扬州兵马钤辖。未几，授秦州刺史，徙滑州钤辖，迁舒州团练使，为兵马总管。

章惠崩，迁成州防御使，坐入临皇仪殿被酒欢噪，出为兖州总管，改天雄军副都总管。时吕夷简守魏，常以官属礼饬戒之，而景宗肆志不悛，遂以不法奏。贬齐州都监，徙卫州，又徙郓州钤辖。召还，同勾当景灵宫、提举四园苑。章献、章懿二后升祔太庙，帝念章惠，故特拜景宗徐州观察使，给留后奉。逾年，领军头引见司，出知磁州，为建宁军节度观察留后、知潞州，给节度使奉。领皇城司，坐卫士入禁中谋为乱，贬徐州观察使、知济州。还，提举万寿观，复建宁军留后，复领军头引见。又坐从卒王安挟刃入皇城，谪左监门卫大将军、均州安置，起为汝州钤辖。祀明堂覃恩，愿还所改官，求为郡。帝谓辅臣曰："景宗性贪虐，老而益甚，郡不可予也。"乃复以为建宁军留后、提举四园苑，改提举在京诸司库务。卒，赠安武军节度使兼太尉，谥庄定。

景宗起徒中，以外戚故至显官，然暴戾，所至为人患。复使酒任气，在滑州尝殴通判王述仆地。帝深戒毋饮酒，景宗虽书其戒坐右，顷之辄复醉。其奉赐亦随费无余。始，宰相丁谓方盛，筑第敦教坊，景宗为役卒负土第中，后谓败，仁宗以其第赐景宗，居三十年乃终。

符惟忠，字正臣，彦卿曾孙也。以外祖母贤靖大长公主荫，为三班奉职，后擢阁门通事舍人、勾当东排岸司。三司使寇瑊绳下急，漕米数不足纲，吏卒率论以自盗。惟忠争曰："在法，欠不满四百者不坐，若以自盗论，则计直八百即当坐徒矣。"瑊怒曰："敢抗三司使邪？"惟忠曰："职有当辨，非抗也。"瑊益怒，惟忠争愈力，如所议乃已。

以西染院副使权提举仓草场、提点开封府界主镇公事。开封主簿乐诲，宰相王曾孙也。或风使荐之。惟忠不从，曰："诲无善状，安可以势使我。"既而诲果以赃败。时吴奎为长垣尉，惟忠厚遇奎，白府共荐之。

惠民河与刁河合流，岁多决溢，害民田，惟忠自宋楼镇碾湾、横陇村置二斗门杀水势，以接郑河、圭河，自是无复有水害。陕西用兵，除泾原路兵马钤辖兼知泾州。三司使郑戬奏留都大管勾汴河使，建议以为渠有广狭，若水阔而行缓，则沙伏而不利于舟，请即其广处束以木岸。三司以为不便，后卒用其议。再迁西上阁门副使。契丹遣使求地，惟忠副富弼往报使，迁阁门使，至武强县，疽发背卒。赠客省使、眉州防御使。

柴宗庆，字天祐，大名人。祖禹锡，镇宁军节度使。父宗亮，太子中舍。宗庆尚太宗女鲁国长公主，升其行为禹锡子，拜左卫将军，驸马都尉，领恩州刺史。禹锡卒，真拜康州防御使，改复州。

旧制，诸公主宅皆杂买务市物，宗庆遣家僮自外州市炭，所过免算，至则尽鬻之，复市于务中。自是诏杂买务罢公主宅所市物。从祀汾阴，为行宫四面都巡检，进泉州管内观察使。又自言陕西市材木至京师，求蠲所过税。真宗曰："向谕汝毋私贩以夺民利，今复尔邪！"既而河东提点刑狱劾宗庆私使人市马不输税，贷不问。授武胜军节度观察留后，历拜彰德军节度使。

仁宗即位，徙静难军，又徙永清、彰德军，拜同中书门下平章事，徙武成军，出知澶州，未行，改陕州、潞州。后判郑州，以纵部曲扰民，召还奉朝请，岁减公用钱四百万。久之，出判济州，用御史中丞贾昌朝言，留不遣，尽停本使公使钱。卒，赠中书令，谥曰荣密。主累封楚国大长公主，先宗庆没。

宗庆历官多过失，性极贪鄙，积财钜万，而薄于自奉，甚至优人以为戏，宗庆虽知，莫能改也。无子。及终，愿以赀产送官，仁宗以其女尚幼，不许。人谓宗庆选尚荣贵逾四十年，晚上积奉以禆军用，盖亦追补前过云。

张尧佐，字希元，河南永安人，温成皇后世父也。举进士，历宪州、筠州推官。吉州有道士与商人夜饮，商人暴死，道士惧而遁，为逻者所获，捕系百余人。转运使命尧佐覆治，尽得其冤。改大理寺丞、知汜水县，迁殿中丞、知犀浦县。犀浦地狭民繁，多田讼。尧佐正其疆界，条众敝以晓之，讼遂简。知开州，还，判登闻鼓院。

时温成方为脩媛，欲以门阀自表异，故尧佐稍进用，权开封府推官，又提点府界公事。谏官余靖言："用尧佐不宜太遽，顷者郭后之祸起于杨尚，不可不监。"未几，迁三司户部判官，又为副使。擢天章阁待制、吏部流内铨，累迁兵部郎中、权知开封府，加龙图阁直学士，迁给事中、端明殿学士，拜三司使。

明年，谏官包拯、陈升之、吴奎言："比年以来，水冒城郭，地震河溢，盖小人道盛。天下皆谓尧佐主大计，诸路困于诛求，内帑烦于借助，法制刓敝，实自尧佐。臣等窃惟亲昵之私，圣人不免，惟处之有道，使不践危机，斯为得矣。"仁宗祀明堂，改户部侍郎，寻拜淮康军节度使、群牧制置使、宣徽南院使、景灵宫使，赐二子进士出身。拯等复言："陛下即位仅三十年，未有失道败德之事，乃五六年来擢用尧佐，群口窃议，以谓其过不在陛下，在女谒、近习与执政大臣也。盖女谒、近习知陛下继嗣未立，既有所私，莫不潜有趋向；执政大臣不能规谏，乃从谀顺旨，高官要职惟恐尧佐不满其意，致陷陛下于私昵后宫之过。制下之日，阳精晦塞，氛雾蒙字，宜断以大义，亟命追寝。必不得已，宣徽、节度择与一焉。如此，则合天意，顺人情矣。"御史中丞王举正留百官班，欲廷议，不许。乃诏曰："近台谏官乞罢尧佐三司，及言不可用为执政，若优与之官，于体为善，朕用其言，遂有是命。今复以为不可，前后反覆，于法已黜。其令中书戒谕之。自今言事官，相率上殿，先取旨。"是日，尧佐辞宣徽、景灵使，从之。

未几，复以宣徽使判河阳，举正又抗章论之，至于三。时吴育判西京留台，河阳民讼有不决者多诣育，育于状尾判曲直。尧佐畏恐，即奉行之。召还，徙镇天平军。卒，赠太师，赐其家僦舍钱日三千。

尧佐起寒士，持身谨畏，颇通吏治，晓法律，以戚里进,遂至崇显,恋嬖恩宠,为世所鄙。子山甫,引进副使、枢密副都承旨。

从弟尧封,孝谨好学,举进士,为石州推官卒。次女,即温成皇后也。累赠至中书令、清河郡王,谥曰景思。

卷四百六十四
列传第二百二十三

外戚中

王贻永　李昭亮　李用和子璋　玮　珣
李遵勖子端懿　端愿　端悫　端愿子评　**曹佾**
从弟偁　子评　诱　**高遵裕**弟遵惠　从任士林
士林子公纪　公纪子世则　**向传范**从任经　综
经子宗回　宗良　**张敦礼　任泽**

王贻永,字季长,溥之孙也。性清慎寡言,颇通书,不好声技。初生十余岁时,其舅魏咸信见而奇之,曰:"后当类我。"

咸平中,尚郑国公主,授右卫将军、驸马都尉。从封泰山,领高州刺史,再迁右监门卫大将军、奖州团练使。求外补,得知单州。真宗戒之曰:"和众静治,卿所当先也。"真拜洺州团练使,徙徐州。河决滑州,徐大水,贻永作堤城南以御之。改卫州团练使,进怀州防御使,知澶、定二州,徙成德军。

会有告曹讷变者,贻永奏治之。迁耀州观察使,复知澶州。历彰化、武定军节度使观察留后,拜安德军节度使。出知天雄军,徙保宁军节度使、知郓州。州自咸平中徙城,而故治为通衢,介梁山,春夏多水患,贻永相度地势,为筑东西道三十余里,民便之。复徙定州,又徙成德军。擢同知枢密院事,改副使,加宣徽南院使,进枢密使。久之,拜同中书门下平章事,遂加兼侍中。

徙节镇海,以疾求罢,手诏抚谕,遣上医诊视。帝临问,颁尚方珍药,手取糜粥食之。贻永自言宠禄过盛,愿罢枢筦,解使相还第。帝冀其愈也,乃听罢侍中,徙彰德节度使,同平章事、枢密使如故。疾稍间,入见,命其子道卿掖登垂拱殿。仍赐五日一朝,遇朝参起居,许休于殿侧。至和初,复以疾辞,拜尚书右仆射、检校太师兼侍中、景灵宫使。卒,赠太师、中书令,谥康靖。

当时无外姻辅政者,贻永能远权势,在枢密十五年,迄无过失,人称其谦静。

子道卿,西上阁门使。

李昭亮,字晦之,明德太后兄继隆子也。四岁,补东头供奉官,许出入禁中。继隆北征契丹,遣昭亮持诏军中。问方略及营阵众寡之势,昭亮年虽少,还奏称旨。累迁西上阁门使。出为潞州兵马钤辖,徙领麟府路军马事,寻为管勾军头引见司兼三司衙司。军士有逃死而冒请官廪者数百人,昭亮按发之。领高州刺史,知代州。以四方馆使复领麟府路军马事。迁引进使,领贺州团练使。历知瀛定二州、成州团练使、宁州防御使、延州观察使、感德军节度观察留后。擢殿前都虞候、秦凤路马步军副都总管、经略招讨副使。徙永兴路马步军副都指挥使、并代州路副都总管、安抚招讨副使。未几,守代州,再徙真定路都总管。

保州兵叛,杀官吏,诏遣王果招降之,叛者乘埤呼曰:"得李步军来,我降矣。"于是遣昭亮,昭亮从轻骑数十人,不持甲盾弓矢,叩城门呼城上曰:"尔辈第来降,我保其无虞也。不尔,几无噍类矣。"卒稍稍缒城下。明日,相率开城门降。改淮康军节度观察留后,复知定州,敕使存劳,赐黄金三百两,给节度使奉,以褒其功。都转运使欧阳修言:"昭亮入保州,以叛家女口分隶诸军,有辄私入其家者。"置不问。

明年,拜武宁军节度使,代李用和为殿前副都指挥使。时承平久,将士多因循乐纵弛。昭亮本将家子,虽以恩泽进,然习军中事,既统宿卫,政尚严,多所建请。万胜、龙猛军蒲博争胜负,彻屋椽相击,士皆惶骇,昭亮捕斩之,杖其主者,诸军为之股慄。帝祠南郊,有骑卒亡所挟弓,会赦,当释去,昭亮曰:"宿卫不谨,不可贷。"卒配隶下军,禁兵自是顿肃。

以宣徽北院使判河阳,徙延州。以南院使判澶州,徙并州、成德军,拜同中书门下平章事,判大名府。仁宗以涂金纹罗书曰:"李昭亮亲贤勋旧。"命其子惟贤持以赐。徙定州,改天平、彰信、泰宁军节度使。在定州数言老疾不任边事,愿还京师,乃以为景灵宫使,又改昭德军节度使。卒,赠中书令,谥良僖。

昭亮为人和易,练习近事,于吏治颇通敏,善委任僚佐,以故数更藩镇无他过。昭亮妻早亡,内嬖三妾迭预家政,莫能制也。

子惟贤,字宝臣,以父荫为三班奉职,后为阁门祗候、通事舍人。累迁西上阁门使,寻领高州刺史、知莫州,州仓粟陈腐,戍兵大噪,弗肯受,州人皆恐,惟贤驰往谕曰:"边兵众则积粟多,廪数多且积久,能无陈腐乎?欲尽取新,则陈者何所归?"遂斩首恶一人,流十人,军中帖然。召还,提举诸司库务,领荣州团练使、知冀州。会迁补禁军,自隶籍后犯赃污者皆绌为下军,惟贤曰:"武士何可责以廉节?且抵罪在昔,今不可以新绳之。"帝为更其制,徙恩州,后迁四方馆使,卒。惟贤善宣辞令,习朝仪,仁宗颇爱之。

李用和,字审礼,章懿皇太后弟也。少穷困,居京师凿纸钱为业,刘美求用和于民间,奏为三班奉职。累迁右侍禁、阁门祗候、权提点在京仓草场、考城县兵马都监。

太后崩,诏赴丧。既葬,迁礼宾副使,领八作司。迁礼宾使,同领皇城司。迁崇仪使、贺州刺史。改葬太后于永安,领捧日、天武兵护梓宫。

明年春,又诏乘传行太后陵。还,授宁州刺史。历迁泽州团练、庆州防御、鄜州观察使。既而擢殿前都虞候、鄜延路马步军副都总管。未行，拜永清军节度观察留后，改真定府、定州路。旧制，刺史以上所赐公使钱得私入，而用和悉用为军费。历侍卫亲军步军马军副都指挥使，拜建武军节度使、殿前副都指挥使。以老乞罢军职，拜宣徽北院使。逾月，改彰信军节度使、同中书门下平章事、景灵宫使。以疾告，仁宗临问，赐银饰肩舆，进兼侍中。

初，未有居第，诏寓馆芳林园，用和固辞，又假以惠宁坊之官第。病革，帝入见卧内，擢其次子珣为阁门使，赐所居第，并日给官舍僦钱五千。既卒，帝哭之恸，赠太师、中书令、陇西郡王，辍朝五日，制服禁中，谥恭僖，帝撰神道碑，书曰"亲贤之碑"。其妻卒，亦辍朝成服。

初，仁宗以太后不逮养，故外家褒宠特厚。用和列位将相，能小心静默，推远权势，论者以此称之。子璋。

璋字公明，以章懿皇后恩，补三班借职，积官为天平军节度观察留后，知澶州。护塞商胡，会河涨，讹言水且至，璋据厅事自若，人心乃安，河亦不溢。徙曹州观察使，累迁武胜军节度使、殿前都指挥使。仁宗书"忠孝李璋"字并秘书赐之。宴近臣群玉殿，酒半，命大盏二，饮韩琦及璋，如有所属。帝崩，执政欲增京城甲士，璋曰："例出累代，不宜辄易。"时禁卫相告乾兴故事，内给食物中有金，既而果赐食，众视食中，璋曰："天子未临政已优赏，汝何功复云云，敢喧者斩！"众乃定。

以武成军节度使知郓州。京东盗白日杀县令，略人道中，璋信赏罚严擒捕，盗为衰止。岁大雨水，竞以船筏邀利，多溺死者，璋一切籍之，约所胜载如黄河法。发卒城州西关，调夫修路数十里，夹道植柳，人指为"李公柳"。知邓州，坐失举，改节振武军，知郓州。还朝，道卒，年五十三。赠太尉，谥曰良惠。弟玮、珣。

玮，选尚兖国公主，积官濮州团练使。以朴陋与主不协，所生母又忤主意，主入诉禁中，玮皇恐自劾，坐罚金。后数年，终不协，主还宫。玮自安州观察使降建州，落驸马都尉，知卫州。未几，主徙封岐国，复玮都尉。主薨，以奉主亡状，贬郴州团练使、陈州安置。遇赦还京师，至建武军节度使、检校太师，卒。哲宗临奠，哭之，赠太师、中书令。

珣字公粹，以荫为阁门祗候。时兄璋为阁门副使，珣又求通事舍人，仁宗曰："爵赏所以与天下共也，傥尽用亲戚，何以待勋旧乎？"后一年乃命之。车驾视用和疾，自西上阁门副使累迁均州防御使，知相州，赐御制诗、飞白字宠其行。未几，迁相州观察使。时刘永年亦同除官，知制诰杨畋以为不可开侥幸之门，诏他舍人草制，御史范镇复论之，命遂寝。

使契丹，预钓鱼会，获多。契丹遗以金器，使还，悉上之，更赐黄金及"李珣忠孝"字。

熙宁中，迁宣州观察使、知颍州，哲宗初，进泰宁军留后，提举万寿观。故事，正任遇覃恩止移镇，唯宗室乃迁官。至是，珣与李端懿皆特迁，戚里一覃恩迁官自此始。复知相州，卒，年七十四。

李遵勖，字公武，崇矩孙，继昌子也。生数岁，相者曰："是当以姻戚贵。"少学骑射，驰冰雪间，马逸，坠崖下，众以为死，遵勖徐起，亡恙也。

及长，好为文词，举进士。大中祥符间，召对便殿，尚万寿长公主。初名勖，帝益"遵"字，升其行为崇矩子。授左龙武将军、驸马都尉，赐第永宁里。主下嫁，而所居堂甍或瓦甓多为鸾凤状，遵勖令镵去；主服有龙饰，悉屏藏之，帝叹喜。

领澄州刺史，坐私主乳母，谪均州团练使，徙蔡州。逾年，起为太子左卫率府副率，复左龙武军将军，领宏州团练使，真拜康州团练使，给观察使禄。时继昌官刺史，遵勖请班其下，许之。后继昌守泾州，暴感风眩，遵勖驰省不俟命，帝遣使令乘驿赴之。既还，上表自劾，帝使辅臣慰谕之。

迁泽州防御使，又迁宣州观察使。求补郡自试，出知澶州，赐宴长春殿。在郡，会河水溢，将坏浮梁，遵勖督工徒，七日而堤成。迁昭德军节度观察留后，拜宁国军节度使，徙镇国军、知许州。水军多不练习而隶籍，遵勖命部校按劾，拔去十七八。后以疾请援唐韦嗣立故事，求山林号，诏不许。

初，天圣间，章献太后屏左右问曰："人有何言？"遵勖不答。太后固问之，遵勖曰："臣无他闻，但人言天子既冠，太后宜以时还政。"太后曰："我非恋此，但帝少，内侍多，恐未能制之也。"尝上三说五事以论时政。晋国夫人林氏，以太后乳母，多干预国事，太后崩，遵勖密请置之别院，出入伺察之，以厌服众论。其补助居多类此。

所居第园池冠京城。嗜奇石，募人载送，有自千里至者。构堂引水，环以佳木，延一时名士大夫与宴乐。师杨亿为文，亿卒，为制服。及知许州，奠亿之墓，恸哭而返。又与刘筠相友善，筠卒，存恤其家。通释氏学，将死，与浮图楚圆为偈颂。卒，赠中书令，谥曰和文。有《间宴集》二十卷，《外馆芳题》七卷。子端懿。

端懿字元伯，性和厚，喜问学，颇通阴阳、医术、星经、地理之学。七岁，授如京副使。侍真宗东宫，尤所亲爱，尝解方玉带赐之。稍长，出入宫禁如家人。

七迁济州防御使，为群牧副使。杜衍为枢密，择外戚子弟试外官，乃以端懿知冀州。为政循法度，民爱其不扰。转运使移州捕妖人李教，教已死。恩州王则据城叛，人有言教不死，在贼军中。遂降单州团练使、知均州，改滑州兵马铃辖。贼平，实无李教者，乃以为汝州防御使、提举在京诸司库务。

迁蔡州观察使、同勾当三班院。徙华州观察使。以母丧，起复为镇国军节度观察留后，愿终制，许之，仍给全奉。服除，提举集禧观，出知郓州兼京东西路安抚使。是岁，京东水，民多饥，大发仓廪以赈之。置弓手局，教以战斗，遂如精兵。治汶阳堤百余里，以却水患，民便之。

寻除宁远军节度使、知澶州。御史中丞韩绛奏端懿无功，不当得旄节，不拜。以留后赴澶州，数月卒。讣闻，帝方宴禁中，为彻乐，赠其家黄金三百两，赠感德军节度使，谥良定，再赠兼侍中。

端懿能自刻厉，闻善士，倾身下之，以故士大夫与之游，甚得名誉。弟端愿。

端愿字公谨，以穆献公主恩，七岁授如京副使，四迁为恩州团练使。仁宗以岁旱，御便殿虑囚，放宫女。端愿上疏，谓："纵释有罪，小人之幸；放宫女为宦者专制，反失所归，何以弭灾变？"

累进邢州观察使、镇东军留后，知襄、郓二州。本路转运使献羡财数十万被赏，端愿言常赋三折，其民不堪，即上其事。帝怒，夺转运使赏，申折变之禁。移庐州，富弼谓曰："肥上之政何以减于襄阳？"端愿曰："初官喜事，饰厨传以干名，则誉者至；更事既久，知抑豪强、制猾吏，故毁随之。"弼深然其言。

英宗初，同提举在京诸司库务。帝以疾默默，端愿求对，进曰："陛下当躬揽权纲，以系人心，不宜退托，失天下望。"拜武康军节度使、知相州。请归，除醴泉观使。

神宗即位，遣使就其家录取异时章奏，赐诏褒之。河东城啰兀，端愿手写赵普《谏太宗北伐疏》以闻。

连年请老，以太子少保致仕。凡大礼成，赐金带、器币，品数视执政。哲宗嗣位，进太子太保。钦圣皇后以甥舅之故，尝幸其第，致礼于献穆祠堂，命近侍掖端愿勿拜。元祐六年，卒，帝辍朝临奠，赙典加等，赠开府仪同三司。弟端悫，子评。

端悫字守道，官左藏库使，执献穆丧，辞起复，诏特给奉。累迁东上阁门使、干办三班院。尝侍宴群玉殿，仁宗独赐珠花、飞白字，宠顾特异。知邢、冀、卫三州，至蔡州观察使。元祐中，以安德军留后卒，赠昭德军节度使，谥曰恭敏。

兄端懿，在嘉祐时尝密请建储，人无知者，卒于澶渊，端悫走护其丧以归。元丰间因进对，袖旧稿上之，神宗叹曰："近世之贤戚也。"由是端懿之名益著。

评字持正，由东头供奉官八迁皇城使。以父告老，授西上阁门使，为枢密都承旨。出使陕西、河东，还，言鄜延之人皆谓城啰兀非便，乞速毁撤，解一路之患。师出安南，调兵及河东，又言王师南征，而取卒于西北，使蛮闻之，得以窥我。所论事颇多，或见施行。然天资刻薄，招权不忌，多布耳目，采听外事以效为忠。侥幸进用，中外厌目。

以荣州刺史出知颍州，还，干当三班院。副韩缜报聘契丹，且分画河东地界，凡二年乃决。赐袍带、金帛以赏劳。进成州团练使、知蔡州。卒，年五十二。赠冀州观察使，赐白金千两。

评少涉书传，尝以公主遗奏召试学士院，改殿中丞，意不满，辞之。后二年再召试，复止迁一官，愈不悦，至上书辨论。及卒，人无怜者。

曹佾字公伯，韩王彬之孙，慈圣光献皇后弟也。性和易，美仪度，通音律，善奕射，喜为诗。自右班殿直累进殿前都虞候、安化军留后。言者谓年未四十毋典军，出知澶、青、许三州，徙河阳。以建武军节度使为宣徽北院使，知郓州，改保静、保平军节度使，同中书门下平章事、景灵宫使，加兼侍中，封济阳郡王。

神宗每咨访以政，然退朝终日，语不及公事。帝谓大臣曰："曹王虽用近亲贵，而端拱寡过，善自保，真纯臣也！"进对未尝名。元丰中以疾告，既愈，入谢，帝曰："舅久不觐太皇太后，宜少憩内东门，朕当自启。"已而召入，历上下儒释道五阁、大椿蟠桃亭，再升殿乃退。以护国军节度使、司徒兼中书令为中太一宫使，给朱衣双引骑吏前马。

慈圣丧终，请郡，帝曰："时见舅如面庆寿宫，奈何欲远朕，得无礼遇有不至乎？"佾皇恐。即城南为园池，给八作兵庀役，疏惠民河水灌之，且将为筑三百楹第，固辞乃止。高丽献玉带，为秋芦白鹭纹极精巧，诏后苑工以黄金仿其制为带，赐佾。生日，赉予如宰相、亲王，用教坊乐工服色衣侑酒，以示尊宠。

哲宗即位，加少保。坤成节献寿，特缀宰相班，优诏减拜。卒，年七十二，赠太师，追封沂王。从弟偕、子评、诱。

偕字光道，少读书知义，以节侠自喜。为许州都监，幕客史沉倾险，劫持为不法，上下畏之。偕从容置酒，对客数沉十罪，将击杀之，沉起拜谢，偕骂曰："复不改，必杀汝。"沉为敛迹。累迁东上阁门使、带御器械、知雄州。议者欲废塘泺为田，偕曰："何承矩、李允则营此累年，所以限契丹，废之不可。"进华州防御使、知相州，徙河阳总管，卒。尝从梅尧臣学诗，尧臣称之，为序其诗。

评字公正，以父任累官至引进使，知审官西院，积迁温州防御使。元祐中，提举万寿观，丐外，枢密院白为真定路钤辖，哲宗曰："先帝待慈圣家极厚，其以为总管。"徽宗即位，迁相州观察使，历龙神卫捧日天武都指挥使、殿前都虞候、马步军副都指挥使、宁远军留后、平海军节度使、佑神观使。使契丹者四，馆伴者十二。在阁门十二年，预修仪制，多所增损。

性喜文史，书有楷法。慈圣命书屏以奉，神宗即赐玉带旌其能。尤善射，左右手如一，夜或灭烛能中。伴契丹使者射，尝双破的，客惊竦。在戚里号为湛厚。卒，年六十六，赠开府仪同三司。

诱字公善，以荫至左藏库副使。熙宁中，父佾以疾告入谢，神宗面授诱阁门通事舍人。元祐中，以东上阁门使为真定府、定州路兵马钤辖，迁文州刺史。

使契丹，至其宫门，馆客者下马邀诱同入，诱曰："北朝使至，及朝堂门，两朝积好久，无妄生事。"卒乘马入。使还，为枢密副都承旨。徽宗时，进都承旨。历庆州团练、恩州防御、晋州观察使，保庆军留后。大观中，进安德军节度使、醴泉观使。与兄评同日拜，立双节堂于家，戚里荣之。

性谨密，习熟典故。卒，年六十五，赠开府仪同三司，谥曰忠定。

高遵裕，字公绰，忠武军节度使琼之孙也。以父任累迁供备库副使、镇戎军驻泊都监。夏人寇大顺城，谅祚中矢遁。会英宗晏驾，遣遵裕告哀，抵宥州下宫，夏人遣王盟受命，以吉服至，遵裕切责之，遂易服。既而具食上宫，语及大顺城事,盟曰:"剽掠辈耳。"遵裕曰:"若主寇边,扶伤而循,斯言非妄邪!"夏人以为辱,亟遣人代对,终食不敢发口,辄忿怒曰:"王人蔑视下国,弊邑虽小,控弦十数万,亦能躬执橐鞬,与君周旋。"遵裕瞋目曰:"主上天纵神武,毋肆狂蹶,以干诛夷。"时谅祚觇于屏间,摇手使止。神宗闻而嘉之,擢知保安军。

横山豪欲向化,帝使遵裕谕种谔图之。谔遂取绥州。帅怒谔擅发兵,欲正军法,谔惧,称得密旨于遵裕,故谔被罪,遵裕亦降为乾州都监。迁通事舍人,主管西路羌部,驻古渭寨,分所部羌兵为三等,教以军法。

熙宁初,朝廷用王韶复洮、陇,命为秦凤路沿边安抚,以遵裕副之。寻以古渭为通远军,命知军事。明年,持附顺羌部图籍及绘青唐、武胜形势入献,擢引进副使、带御器械,俾归治师。师次庆平堡,夜行,晨至野人关,羌人旅拒,引亲兵一鼓破之。进营武胜城下,羌众逃去,遂据其城。诏建为镇洮军,又命知军事。寻以熙、河、洮、岷、通远为一路,进西上阁门使、荣州刺史,充总管,复知通远军。

明年,韶欲取河州,遵裕曰:"古渭举事,先建堡寨,以渐而进,故一举拔武胜。今兵与粮未备,一旦越数城于人之地,使彼阻要害,我军进退无所矣。"韶与李宪笑曰:"君何遽相异邪?"檄使守临洮。韶攻河州,果不克。帝善遵裕议,令专管洮、岷、叠、岩未款附者。

遵裕以俞龙珂地有盐井,遂筑盐川寨。瞎吴叱率诸羌胁青唐,欲扰边,诏遣张玉攻讨。遵裕曰:"青唐无罪,第为生羌所胁耳。"遣禆将与龙珂率众御之。青唐人见龙珂泣诉,瞎吴叱知不附己,溃去。从韶取岷州,下之,令士众曰:"生获老幼与得级同。"全活者以数万。捷闻,加岷州刺史。

明年,羌乘景思立之败,围河、岷二州,道路不通者几月。或请退保,遵裕曰:"敢议此者斩!"岷城军缺,守者恐,遵裕登西门,命将纵击,别选精骑由南门噪而出,合击之,羌败走。时朝廷以岷城远难守,议弃之。诏至,贼已溃矣。以功进团练使、龙神卫都指挥使、知熙州。坐荐张穆之为转运使,而穆之有罪,罢知颖州,未几,徙庆州,又坐事黜知淮阳军。

元丰四年,复知庆州。诏与诸路讨夏国。请济师,得东兵十一将,骑不足用,以群牧马益之。又令节制泾原兵,刘昌祚先至灵州,几得城,遵裕嫉之,故不用其计,遂以溃归,语在《昌祚传》。贬郢州团练副使。

哲宗即位,复右屯卫将军,主管中岳庙。卒,年六十,赠永州团练使。绍圣中,崇赠奉国军节度观察留后。从弟遵惠。

遵惠字子育,以荫为供奉官。熙宁中,试经义中选,换大理评事。历三班院主簿、军器丞。

元祐初,上疏言:"法度更张,事有当否,如先帝所施设,未可轻议。"擢太仆少卿,上太府卿,出知河中府,改河北路都转运使,未行,拜工部侍郎,以集贤殿修撰知郓州、河南、颖昌府,加宝文阁待制、知成德军。召为户部侍郎,以龙图阁学士知庆州。卒,年五十八,赠枢密直学士。

方宣仁后临朝,绳检族人一以法度,乃举家事付遵惠,遵惠躬表率之,人无间言。亦能远嫌自保,故不罹绍圣之祸。从侄士林。

士林字才卿,宣仁圣烈皇后之弟也。累官内殿崇班、殿直,英宗书"谨守法律"四字诲之曰:"能此则为良吏矣。"每欲迁擢,后屡辞辄止。喜儒学,涉阅经史,通大义,尤有巧智。尝监扬州召伯闸税,木旧用火印,士林改刃其印文,凿以为识,尤简便,傍郡皆效焉。卒,赠德州刺史。神宗立,加赠昭德军节度使。绍兴初,追封普安郡王。子公纪。

公纪字君正,历阁门祗候、通事舍人,累进宁州刺史、团练使、永州防御使、集庆留后。性俭约,珍异声伎无所好,奉禄多以给诸族,得任子恩,均及孤远。持宣仁后丧未终,卒,赠感德军节度使,谥曰怀僖。绍兴初,追封新兴郡王。子世则。

世则字仲贻,幼以恩补左班殿直,至内殿崇班。复用父遗表恩为阁门祗候,后除亲卫郎。以通经典,转内殿承制。累迁康州防御使,知西上阁门事。

宣和末,金泛使至,徽宗命世则掌客。世则记问该洽,应对有据,帝闻,悦之,自是掌客多命世则。金人军城下,又命世则使其军,还,进秩二等,迁东上阁门使。金遣燕人吴孝民请和,孝民邀宰执、亲王诣军前议事,高宗在康邸,请行。是日,世则入对,遂除计议副使以从。康王复使河北,世则改华州观察使,充参议官。召对,赐金带。

当高宗艰难中,世则尝在左右,寝处不少离。大元帅府建,改元帅府参议官,因请布檄诸路,以定人心。进遥郡承宣使,不拜。高宗承制,转越州观察使。及即位,除保静军承宣使,提举万寿观。诏令编类元帅府事迹付史馆,召为枢密都承旨兼提举京畿监牧,再提举万寿观。

世则居温州,帝遣中使谕守臣以时给奉禄,凡积二万缗,因请以禆宫费。常病疡,艰于据鞍,又以旧所御肩舆赐焉。帝每念宣仁圣烈皇后保佑三朝,中遭诬诋,外家班秩无显者,制以为感德军节度使,充万寿观使,进开府仪同三司,奉朝请,赐第临安。除景灵宫使,兼判温州。寻以病丐罢,后为万寿观使。十四年,召入觐,进少保,恳求还。卒,年六十五,赠太傅,赐田三十顷,谥曰忠节。

向传范,字仲模,尚书左仆射敏中之子也。以父任为卫尉丞。娶南阳郡王惟古女,改内殿崇班、带御器械,历知相、恩、邢三州。入管干省、阁门、皇城司。知陕州,仁宗赐诗以宠其行。

熙宁初,知郓州兼京东西路安抚使。谏官杨绘言:"传范领安抚使,无以杜外戚侥求之源。"枢密使文彦博曰:"传范累典郡,非缘外戚。"神宗曰:"得谏官如此言,甚善,可以止他日妄求者。"以密州观察使卒,赐昭德军节度使,谥曰惠节。

传范,宰相子,联戚里,所至有能称。以橐中赞千余万葬族人在殡者六十四丧。从侄经、综。

经字审礼,以荫至虞部员外郎。神宗为颖王,选经女为妃，改庄宅使。帝即位，妃为皇后，进光州团练使。

以潍州防御使知陈州，岁中阅囚，活重辟三人。西华令掠人至死，诬以疾，吏畏令，莫敢言。经得其情，卒穷治如法。岁大雪，辄弛公私僦钱以宽民，有司持不可，经曰："上使我守陈，民穷盖我责，我自为此，不尔累也。"方镇别赐公使钱，例私以自奉，去则尽入其余，经独斥归有司，唯以供享劳宾客军师之用。知河阳，会旱蝗，民乏食，经度官廪岁用无余，乃先以圭田租入振救之，富人争出粟，多所济活。

徙徐州，迁明州观察使。召还，提举景灵宫。进定国军留后，复出知青州。既行，官给车徒，三宫皆遣使送之，车马相属于道。未逾岁，得疾还，卒于淄州，年五十四。诏内侍迎其丧，皇后出哭于新昌第。丧至，庆寿、宝慈宫交遣谒者予酹，后临于国门之外。赠侍中，谥曰康懿。将葬，遣近臣典护穿复土，给太常卤簿。帝出郊奠之，周视其柩。葬三日，后临于墓下，赐篆碑首曰"忠勤懿戚"。

经所至勤吏治，事皆自省决，颇欲以才见于用，故数请外补。尝因太祖忌日，百官班开元殿下，后召经见行幄，勉以尽忠朝廷，经亦以善事三宫为言，不及其家事。子宗回、宗良。

综字君章，知歙县，籍间里恶少年，有盗发，用以推迹辄得。通判桂州、常州，知随、鼎、漳、汾、密、棣、沂七州。沂阻山多盗，综用重法绳禁，岁断大辟减半。兵久惰，会初置官提举，教之急，众不悦，监兵夜排阃告变，综疑有他谋，就寝自若。明日大阅，申严号令，赏其高强，罚其不进者，卒亦无事。性宽裕，善治剧，于奸恶不少恕。官累中散大夫，卒。

宗回字子发，累官相州观察使。徽宗立，进彰德军留后。历安国、保信、镇南、保平军节度使，检校司空，封永阳、宁海、安康、汉东郡王，开府仪同三司。崇宁初，有告其阴事者，诏开封府鞫实，御史中丞吴执中临问，宗回惶惧，上还印绶，以太子少保致仕。言者不已，削官爵流郴州。行二日，听家居省咎。逾年，尽还其故官。

宗回少骄恣，有小才，尝权群牧都监，数以蕃息被赏。出知蔡州，擒剧贼，歼其党类。岁饥，发廪兴力役，饥者得济，而官舍帑廪一新。钦圣后服除，起奉朝请，继命止朝朔望。卒，年六十二，帝制服苑中，赠检校少师，谥曰荣纵。

宗良字景弼，历秀州刺史、利州观察使、昭信军留后、奉国、清海、镇东、武宁、宁海军节度使，永嘉郡王，开府仪同三司。钦圣后临朝时，尝为陈瓘论其与蔡京相结。及预政事，亦能恪共自守。宣和中，卒，年六十六，赠少保。

张敦礼，熙宁元年选尚英宗女祁国长公主，授左卫将军、驸马都尉，迁密州观察使。元祐初，疏言："变法易令，始于王安石，成于蔡确。近者退确进司马光，以臣观之，所得多矣。"进武胜军留后。

章惇为政，言："敦礼忘德犯分，丑正朋邪。密封章疏，诋毁先烈。引誉罪首，谓当褒崇，欲其党傅尽见收用。"乃责授左千牛卫大将军，勒止朝参。徽宗立，有司以敦礼在贵籍，奏审恩赐，帝与钦圣后皆以为当与。惇等执前疏，钦圣曰："戚里何必预知朝廷事，当时罚亦太重矣。"复和州防御使，进保信军留后。

崇宁初，拜宁远军节度使。谏官王能甫言："敦礼以匹夫之贱，一日而富贵具焉。神宗亲爱隆厚，礼遇优渥，而敦礼诋毁盛德，罪大谪轻。今复与之节钺，无乃伤陛下'绍述'之志乎！"乃夺节，仍为庆军留后。大观初，复节度宁远军，徙雄武。卒，赠开府仪同三司。

任泽，字天锡，仙游夫人母弟也。英宗入继大统，召至延和殿，授西头供奉官，赐第一区，宠赉甚厚。神宗时，累迁皇城使，领昌州刺史。护仙游柩迁祔于濮园，真拜嘉州刺史。卒，赠崇信军节度使，谥曰恭僖，赐墓寺，寺额为"旌孝"。泽起田里，际会恩宠，能自安绳检。帝欲广其居，固辞。当任子，弗请，其笃谨如此。

卷四百六十五
列传第二百二十四

外　戚　下

孟忠厚　韦渊　钱忱　邢焕　潘永思　吴益弟益**　李道　郑兴裔　杨次山**

孟忠厚，字仁仲，隆祐太后兄，追封咸宁郡王彦弼子也。后退居瑶华宫，哲宗恩眷不衰，故忠厚得以仕进。宣和中，官至将作少监。靖康元年，知海州，召权卫尉卿。金人围城，后宫火，出居忠厚家，由是免北迁。金兵退，张邦昌迎后听政，后遣忠厚持书遗康王。王即位，将迎后，授忠厚徽猷阁待制，提举一行事务，寻兼干办奉迎太庙神主事。

帝幸扬州，除显谟阁直学士，台谏交章论列，帝以太后故，难之。后闻，即命易武秩，遂授常德军承宣使，干办皇城司。未几，奉太后幸杭州。苗傅乱平，赵鼎谓张浚曰："太后复辟，其功甚大，当推恩外家。"浚乃奏忠厚宁远军节度使。寻奉太后幸南昌，归至越，以母忧解职。

顷之，后崩，以祔庙恩，起复镇潼军节度使，开府仪同三司。及后大祥，封信安郡王，充礼仪使，奉太后神御幸温州。绍兴九年，判镇江府，改判明州兼安抚使，改判婺州。既而帝以太后攒会稽，乃命忠厚判绍兴府兼修奉攒宫事，加少保。三梓宫讫，充迎护使。及营佑陵，秦桧当为总护使，惮往，乃除忠厚枢密使以代其行。桧与忠厚僚婿也，然心实忌之。山陵事毕，忠厚欲归枢密府，桧讽言路引故事论列，遂判福州。

时海寇猖獗，帝忧忠厚不能弭其患，改判建康府，又改判绍兴府。会郊赦加恩，谢表有"本无时才，出为世用"语。中丞詹大方希桧意，论忠厚表辞轻侮，谓今日不足与有为，遂罢为醴泉观使。桧死，召还行在，授保宁军节度使、判平江府，再改判绍兴府，过阙入见，复诏充万寿观使，提举秘书省。二十七年，卒，赠太保。

忠厚奉昭圣太后训，避远权势，不敢以私干朝廷。明受之变，太后垂帘，忠厚乞裁节本家恩泽，如有贪缘，令三省执奏。御史劾秦桧当国，亲姻扳援以进，忠厚独与之忤。自越入见，语所善王铚曰："忠厚与桧虽有亲好，每怀疑心，今欲求一不伤时忌对札。"铚教之，但言乞免提举学事而已，然亦见废。帝以太后拥佑功，故眷忠厚特优。后在瑶华三十年，恩泽未尝陈请，诏赐忠厚田三十顷以赏之。既奉内祠，金使至，特命押班，且令月过局，如宰执例。及卒，三子皆除直秘阁，亲属六人各进以一官。

韦渊，显仁太后季弟也。靖康末，官至拱卫大夫、忠州防御使、勾当军头引见司。金人退，张邦昌遣渊持书遗康王于济南。王即位，迁亲卫大夫、宁州观察使、知东上阁门事，言："横行五司尚未遵元丰旧制，乞并引进司归客省，东、西上阁门合而为一，以省冗费。"从之。遂命同管客省、四方馆、阁门事。

渊性暴横，不循法度，帝虑其有过，难于行法，遂迁福建路副总管。渊引疾丐祠，许之。渊乃言，自宣和及今，十二年未尝磨勘，乞迁秩。吏部言，在法，横行无以年劳磨勘者，帝遂不许。久之，落阶官，除德庆军节度使。召赴行在，除开府仪同三司。会建康军帅边顺疾笃，留守吕颐浩奏以渊代，帝不欲以戚里管军，不许。渊陈乞恩数，帝询太后家故例，赐田五十顷，房缗钱日二十千。帝久不予渊官，闻太后将入境，乃封平乐郡王，令逆于境上。既从后归，即令致仕。又诏奉朝请，迁少师。渊在内不得逞，乞致仕，任便居住。从之。

未几，帝恐其肆横于外，复诏落致仕，还居赐第。太后朝景灵宫，渊见后，出言诋毁，诏侍御史余尧弼即其家鞫治，渊具伏诬罔，责授宁远军节度副使、袁州安置。数年复故职，累迁太保、太傅。卒，赠太师。子三人：讯、谦、谠。

讯，绍兴中，官至达州刺史，坐过，用太后旨降武德郎，与岭外监当。谦，好学能诗，官至建康军节度使。

谦子璞，淳熙末，仕至太府少卿。高崇崩，擢司农少卿，为金国告哀使。金主锡宴，其馆使欲用乐，璞不可，自朝至夜漏下三十刻，金人不能夺。及入见，其阁门令璞吉服入，璞又不可。日将中，乃以凶服见。绍熙初，除焕章阁，论者以为非祖宗旧制，遂换授明州观察使，十年不迁。宁宗嘉其恬退，授清远军节度使，致仕，卒，赠太尉。

钱忱，字伯诚，吴越王俶五世孙。父景臻，尚仁宗第十女秦鲁国大长公主，生忱，神宗命赐名，除庄宅副使、骑都尉。

帝尝谕景臻曰："主贤，宜有子，为择嘉配。"娶唐介孙女，又晁迥外孙。忱从二家游，伯父勰在翰苑，因得识一时名卿。

哲宗爱之，常使侍左右。徽宗覃八宝恩，为邕州观察

使，迁武宁军观察留后。喜其靖共，除泸州节度使。钦宗加检校少保，寻纳节。高宗立，复拜检校少保、泸川节度使、中太一宫使，御书"忠孝之家"四字赐之，进开府仪同三司。绍兴十五年，以秦鲁主终丧，除少保，封荣国公。三十年，迁少师，仍旧节，致仕，给真奉。明年卒，年八十余，赠太师。子端礼，自有传。

邢焕，字文仲，开封人。以父任调孟州汜水县主簿，监在京药局、平准务、茶场，以劳改宣德郎、莫州司录。移知开封府阳武县，都大提举开德、大名府堤埽。历开封府士、工、仪曹。

诏纳其女为康王妃。靖康初，主管亳州明道宫。王即位，升右文殿修撰，进徽猷阁待制。谏议大夫卫肤敏言，后父不当班从臣，遂改光州观察使，除枢密都承旨。焕屡奏马伸言事切当，宗泽忠劳可倚，黄潜善、汪伯彦误国，其言多所裨益。

迁保静军承宣使。苗、刘之变，焕自度不能争，乃病免。兼提举万寿观，求去不已，改江州太平观，遂徙居忠州。

绍兴二年，入对，首陈川、陕形势利害，请幸荆南，分兵以图恢复，凡数百言，帝甚嘉之。复以为都承旨，引疾不拜。擢庆远军节度使、提举洞霄宫。

焕涉学有文，节俭自持，未尝恃恩私请，识者取焉。是年，卒，赠开府仪同三司，谥恭简，加赠少师，追封嘉国公。

潘永思，贤妃叔父也。妃初进封，诏以梁师成第赐永思。建炎初，为阁门宣赞舍人、带御器械。

元祐太后在虔，帝遣永思迎归，权三省、枢密事。卢益颇与之交结，为谏官吴表臣所论，范宗尹请出永思，帝曰："未可，姑罢禄以困之，庶知悔过。"遂夺职。既而辛企宗言永思尝捕魔贼有功，复为带御器械。

未几，大理推治伪告，事连永思，帝曰："永思虽戚里，既有过，安可废法！"乃罢职就逮。狱成，追一官。寻复为阁门宣赞舍人，迁同知阁门事。永思乞增给餐钱，户部言其不应格法，乃止。绍兴八年，自右武郎擢右武大夫、知阁门事，寻卒。

吴益，字叔谦，盖字叔平，俱宪圣皇后弟也。益，建炎末，以恩补官，累迁干办御辇院、带御器械。盖，绍兴五年，以恩补官，累迁宣赞舍人。帝与后皆喜翰墨，故益、盖兄弟师法，亦有书名。后受册推恩，益加成州团练使，盖加文州刺史。帝为置皇后宅大小学教授，以王铚为之。铚明经，善训导，益、盖折节事之。

益娶秦桧长孙女，又与王继先交相荐引，故三家姻族皆躐美官。益历官至保康军节度使，加太尉、开府仪同三司。初，既建节，以桧故，授文资，直秘阁。桧进徽宗御制，辞免加恩，帝乃特命赐益三品服，累加秘阁修撰，直徽猷阁。以桧提举编修宽恤诏令，又加益直宝文阁。桧死，其子熺复请于帝，又升敷文阁待制。中丞汤鹏举言，益以

庸琐之才，恃亲昵之势，乞褫职名，以示至公，帝谓："鹏举所论甚切当，然朕于莫桧日，谕桧妻子，许以保全其家，今若遽出其婿则伤恩，臣僚无得更有论列。"自是不复迁。显仁太后葬，为攒宫总护使，始进少保。孝宗嗣位，进少傅，又进太师，封太宁郡王。乾道七年，卒，年四十八，谥庄简，追封卫王。

盖官至宁武军节度使，亦累升太尉、开府仪同三司、少保，封新兴郡王。乾道二年，卒，年四十二。赠太傅，追封郑王。

益子琚，习吏事，乾道九年，特授添差临安府通判，其后历尚书郎、部使者，换资至镇安军节度使，复以才选，除知明州兼沿海制置使。宁宗初，乃得祠，奉朝请。寻知鄂州，再知庆元府，位至少师，判建康府兼留守，卒。方孝宗崩，光宗以疾不能执丧，大臣请太后垂帘，册立宁宗。琚言于后曰："垂帘可暂不可久。"后遂以翌日彻帘。琚尝使金，金人嘉其信义。琚死后，宋遣使至金议和，屡不合，金人言南使中惟吴琚言为可信。

琚弟琦，仕至保静军节度使。盖子瑱，亦至昭化军节度使。

李道，字行之，相州人。其中女为光宗后。初，道与兄旺聚众归宗泽，泽因事斩旺，命道掌其军。泽薨，道引军依襄阳镇抚使桑仲，仲以为副都统制兼知随州，奏于朝，授武义郎、阁门宣赞舍人。仲为霍明所杀，道与统制李横率兵缟素围明于邓，明亡去。

刘豫遣人持书招道，道不从，执其使以闻，诏嘉奖之。豫怒，遣将穆楷攻道，道拒破之。除邓、随州镇抚使兼知邓州。时李横已命别将守邓，道惮横，不敢受，遂命仍知随州。枢密院以道能察军情，不受镇抚之命，理宜褒赏。诏领荣州团练使，进武义大夫。

胡安中守唐州，势孤不能自立，遂附豫。道招之，安中复来归。会李成入寇，镇抚使李横弃襄阳去，道亦弃随南归，至江州。诏道属岳飞为选锋军统制，入唐州，擒伪将，除唐、邓、郢州、襄阳都统制。从飞收复襄阳等郡，授行营护军。累至复州防御使、果州观察使。戍鄂州，加中侍大夫、武胜军承宣使，又升御前诸军统制。

武兴蛮杨再兴连岁寇掠，道破其众，擒再兴及其二子，迁保宁军承宣使。群盗朱持等聚桂阳，诏道移军衡州经理，道遣高仲等击平之。落阶官，加龙神卫四厢都指挥使，迁镇南军承宣使。

金将渝盟，命道以所部戍荆南府。帅臣刘锜奏改为御前前军、右军，就命道统之。锜召奏事，道代为御前诸军都统制。金将刘士尊屯光化境，道掩击，焚其舟，尊遂遁去。寻因大将言道与鄂帅不协，罢。逾年，起授捧日、天武四厢都指挥使、知荆南府。

隆兴初，湖北诸司劾其过，帝曰："道恃戚里妄作，可罢。"久之，再为湖北副总管。及卒，乃拜庆远军节度使，赠太尉，谥忠毅。后既贵，进封楚王。孙孝友、孝纯，皆至节度使。

郑兴裔，字光锡，初名兴宗，显肃皇后外家三世孙也。曾祖绅，封乐平郡王。祖翼之，陆海军节度使。父藻，和州防御使。兴裔早孤，叔父藻以子字之，分以余赀，兴裔不受，请立义庄赡宗族。及藻没，遂解官致追报之义。初以后恩授成忠郎，充干办祗候库。圣献后葬，充攒宫内外巡检，累至江东路钤辖。

乾道初，建康留司请治行宫备巡幸，兴裔奏劳人费财，乞罢其役，且言都统及马军帅皆非其人。徙福建路兵马钤辖，过阙入见，询以守令臧否，兴裔条析以对。帝曰："卿识时务，习吏事，行当用卿。"会复置武臣提刑，就命为之，加遥领高州刺史。郡县积玩，检验法废，兴裔创为格目，分界属县，吏不得行其奸，因著为令。

建、剑、汀、邵盐策屡更，漕臣请易网运为钞法，兴裔极言其不可。海寇倏去忽来，调兵常不及，兴裔请置澳长，寇至径率民兵御之。又言禁兵事艺不精，多充私役，乞行禁止，尉以捕盗改秩，多伪，当加审实。帝善其数论事，诏加成州团练使。

时传闻金欲败盟，召兴裔为贺生辰副使以觇之，使还，言无他，卒如所料。累差浙东、浙西、江东提刑，请祠以归。寻诏知阁门事兼干办皇城司，又兼枢密副都承旨。军妇杨杀邻舍儿，取其臂钏而弃其尸，狱成，刑部以无证左，出之。命兴裔覆治得实，帝喜，赐居第。丁母忧去官，服阕，复故职，除均州防御使。

再使金，还，迁潭州观察使。复请祠，起知庐州，移知扬州。扬与庐为邻。初，兴裔在庐州却邻道互送礼，至是按郡籍，见前所却者有出无归，遂奏严其禁，扬有重屯，粮乏，例籴他境，兴裔搜括渗漏以补之，食遂足。民旧皆茅舍，易焚，兴裔贷之钱，命易以瓦，自是火患乃息。又奏免其偿，民甚德之。修学宫，立义冢，定部辖兵升差法，郡以大治。楚州议改筑城，有谓韩世忠遗基不可易者，命兴裔往视，既至，阙地丈余增筑之。帝阅奏，喜曰："兴裔不吾欺也。"

绍熙元年，迁保静军承宣使，召领内祠，充明堂大礼都大主管大内公事。宁宗即位，除知明州兼沿海制置使。告老，授武泰军节度使。卒，年七十四，赠太尉，谥忠肃。

兴裔历事四朝，以材名结主知，中兴外族之贤，未有其比。子三人：挺，以横行团练使历淮、襄两道帅。损，登进士甲科，与抗皆有位于朝。

杨次山，字仲甫，恭圣仁烈皇后兄也，其先开封人。曾祖全，以材武奋，靖康末，捍京城死事。祖渐，以遗泽补官，仕东南，家于越之上虞。

次山仪状魁伟，少好学能文，补右学生。后受职宫中，次山遂沾恩得官，积阶至武功郎。后为贵妃，累迁带御器械、知阁门事。丐祠，除吉州刺史，提举佑神观。后受册，除福州观察使，寻拜岳阳军节度使。后谒家庙，加太尉。韩侂胄诛，加开府仪同三司。寻进少保，封永阳郡王。南郊恩加少傅，充万寿观使。致仕，加太保，授安德军、昭庆军节度使，改封会稽郡王。

次山能避权势，不预国事，时论贤之。嘉定十二年，卒，年八十一，贈太師，追封冀王。子二人。

谷，至太傅，保寧軍節度使，充萬壽觀使、永寧郡王。

石，字介之，乾道間入武學，以恭聖仁烈后貴，賜第。慶元中，補承信郎，差充閤門看班祗候，尋帶御器械。嘉泰四年，充賀正旦接伴使。時金使頗驕倨，自矜其善射，石從容起，挽弦三發三中的，金使氣沮。嘉定改元，除揚州觀察使、知閤門事，進保寧承宣使。久之，授保寧節度使，提舉萬壽觀，奉朝請，進封信安郡侯。十五年，以檢校少保進封開國公。

寧宗崩，宰相史彌遠謀廢皇子竑而立成國公昀，命石與谷白后，后不可，曰："皇子，先帝所立，豈敢擅變。"谷、石凡一夜七往反以告，后終不聽。谷拜泣曰："內外軍民皆已歸心，苟不從，禍變必生，則楊氏且無噍類矣！"后默然良久，曰："其人安在？"彌遠等召昀入，遂矯詔廢竑為濟王，立昀，是為理宗。授開府儀同三司，充萬壽觀使。

時寶慶垂簾，人多言本朝世有母后之聖。石獨曰："事豈容概言？昔仁宗、英宗、哲宗嗣位，或尚在幼沖，或素由撫育，軍國重事有所未諳，則母后臨朝，宜也。今主上熟知民事，天下悅服，雖聖孝天通，然不早復政，得無基小人離間之嫌乎？"乃密疏章獻、慈聖、宣仁所以臨朝之由，遠及漢、唐母后臨朝稱制得失上之，后覽奏，即命擇日徹簾。進石少保，封永寧郡王。以壽明慈睿仁福三冊太后寶，進至太傅。

石性恬淡，每拜爵命必力辭。恭聖祔廟，除太師。兄谷疑于辭受，石力言曰："吾家非有元勳盛德，徒以恭聖故致貴显，曩吾父不居是官，吾兄弟今偃然受之，是將自速顛覆耳。矧恭壹抑遠族屬，意慮深遠，言猶在耳，何可遽忘？"乃合疏懇辭，至再三，不受。及屬疾，除彰德、集慶節度使，進封魏郡王。卒，年七十一，贈太師。

卷四百六十六
列傳第二百二十五

宦者 一

竇神寶　王仁睿　王繼恩　李神福（弟神祐）
劉承規　閻承翰　秦翰　周懷政　張崇貴
張繼能　衛紹欽　石知顒（孫全彬）　鄧守恩

宋世待宦者甚嚴。太祖初定天下，掖庭給事不過五十人，宦寺中年方許養子為後。又詔臣僚母私蓄閹人，民間有閹童孺為貨鬻者論死。去唐未遠，有所懲也。

厥後，太宗卻宰相之請，不授王繼恩宣徽；真宗欲以劉承規為節度使，宰相持不可而止。中更主幼母后聽政者凡三朝，在于前代，豈非宦者用事之秋乎！祖宗之法嚴，宰相之權重，貂璫有懷奸憸，旋踵屏除，君臣相與防微杜漸之慮深矣。

然而宣政間童貫、梁師成之禍，亦豈細哉！南渡苗、劉之逆，亦宦者所激也。《坊記》曰："君子之道，辟則坊與！大為之坊，民猶逾之。"可不戒哉！作《宦者傳》。

竇神寶，父思儼，五代時為內侍，宋初皇城使。兄神興，左領軍衛大將軍致仕。神寶初為黃門，太平興國中，從征太原，擐甲登城，中流矢，稍遷入內高品，監并州戍兵。屢出襲賊，前後破寨三十六，斬千餘級，大獲鎧甲、牛馬、橐駝，因築三寨。詔褒之。九年，命與尹憲屯夏州，時炭伽羅膩等十四族久叛，神寶率兵大破之，焚其廬帳，斬千餘級，虜獲甚眾。

雍熙中，朝廷遣使綏、宥、麟、府州，募邊部願攻契丹者，賜以金帛。神寶上言："狼子野心，由此或生邊隙。"乃止。俄轉殿頭高品。淳化中，使河東，閱視堡柵兵騎。慕容德豐自邢台徙延州，未至郡，詔神寶乘傳權州事。環州近邊內擾，與陳德玄討之，破牛家族二十八部，且規度通遠入靈武路，就命環慶同駐泊。牛家族復結眾叛，又破之，殲餘黨于極泉鎮，獲其渠帥九人。西戎寇鄜，以援之之勞，遷供奉官，與田紹斌部送靈州芻糧，即命駐泊。

李繼遷入寇，與慕容德豐襲破其堡寨，焚帳幕，獲人畜數萬計。連詔嘉獎，遷入殿崇班。至道初，繼遷再寇靈武，神寶遣人間道告急闕下。賊圍之歲餘，地震二百餘日，城中糧糗皆竭，潛遣人市粂河外，宵運以入。間出兵擊賊，賊引去，以功拜西京作坊副使。又命于浦洛河、清遠軍援芻糧，與楊允恭議造小車三千，運糧至環州。三年，遷西京左藏庫副使。出使靈武，還，奏對稱旨，面授供備庫使。

咸平中出為高陽關鈐轄，徙貝、冀巡檢。會原州野俚族三千餘眾徙帳于順成谷，大蟲堪與熟魏族接戰，詔神寶和洽，至則定其經界，遣悉還舊地。入為內侍右班副都知。真宗朝陵，留與劉承珪同掌大內事。大中祥符初，勾當三班院，又掌諸王宮事。遷西京左藏庫使、領密州刺史兼掌往來國信。

神寶莅職精恪，性吝嗇，畜貨鉅萬。天禧初，以皇城使罷內職。三年，卒，年七十一。錄其子守志為入內供奉官。

王仁睿，不知何許人。年十餘歲，事太宗于晉邸，服勤左右，甚淳謹。及即位，宣傳指揮頗稱旨。歷入內小底都知、洛苑副使。命典宮闈出納之命，最居親近。嘗與柴禹錫等發秦邸陰事。雍熙四年被疾，遣太醫診視。卒，年四十一，特贈內侍省內侍。

國朝以來，內侍都知、押班不領他職。淳化、至道後，皆內殿崇班以上兼充，多至諸司使，有領觀察使者，歿皆有贈官，官給葬事。

舊制，內侍人許養一子，以充繼嗣。開寶四年，以其爭財起訟，詔自今滿三十無養父者，始聽養子，仍以其名上宣徽院，違者准前詔抵死。咸平中，徐志通為溫、台等州巡檢，坐取李歡男四人為假子，又縱卒略民家小兒，致其母抱兒投海死，決杖配掃洒班，復申前詔以戒厲之。

王继恩，陕州陕人。周显德中为内班高品。初养于张氏，名德钧。开宝中求复本宗，太祖召见，许之，因赐名焉。累为内侍行首。

会讨江南，与窦神兴等部禁兵及战船抵采石。九年春，改里面内班小底都知，赐金紫。十月，加武德使。太祖崩，副杜彦圭案行陵地，寻充永昌陵使。太平兴国三年，迁宫苑使。久之，领河州刺史，掌军器弓枪库。

雍熙中，王师克云、朔，命继恩率师屯易州，又为天雄军驻泊都监。自岐沟关、君子馆败绩之后，河朔诸路为契丹所扰，城垒多圮。四年，诏继恩与翟守素、田仁朗、郭延濬分路按行增筑之。及遣将北伐，又为排阵都监，屯中山，改皇城使。端拱初，领本州团练使，又为镇、定、高阳关三路排阵钤辖。淳化初，赐甲第一区。五年，加昭宣使，勾当皇城司。李顺乱成都，命为剑南两川招安使，率兵讨之。军事委其制置，不从中覆。管内诸州系囚，非十恶正赃，悉得以便宜决遣。二月，命马步军都军头王杲趣剑门，崇仪使尹元由峡路分遣讨贼，并受继恩节度。诏前军所至，其贼党敢抗王师者，即须杀戮；如本非同恶，受制凶徒，先被胁从今能归顺者，悉释其罪。四月，继恩由小剑门路入研石砦破贼，斩首五百级，逐北过青强岭，平剑州，进破贼五千于柳池驿，斩千六百级，贼众望风奔走，杀戮溺死者不可胜计。又克眉、绵二州。五月，至成都，破贼十万余，斩首三万级，获顺及铠甲、僭伪服用甚众。

朝议赏功，中书欲除宣徽使。太宗曰："朕读前代史书，不欲令宦官预政事。宣徽使，执政之渐也，止可授以他官。"宰相力言继恩有大功，非此任无足以为赏典。上怒，深责相臣，命学士张洎、钱若水议别立宣政使，序位昭宣使上以授之。进领顺州防御使。

继恩握重兵，久留成都，转饷不给，专以宴饮为务。每出入，前后奏音乐。又令骑兵执博491棋枰自随，残振郡县。仆使辈用事恣横，纵所部剽掠子女金帛，军士亦无斗志。余贼进伏山谷间，州县有复陷者。太宗知之，乃命入内押班卫绍钦同领其事。又遣枢密直学士张鉴、西京作坊副使冯守规乘传督其捕贼。议分减师徒出蜀境，以便粮运。

高品王文寿者，隶继恩麾下，继恩遣领虎翼卒二千，分遂州路追讨。文寿御下严急，士卒皆怨。一夕卧帐中，指挥使张嶙遣卒排闼入，斩文寿首以出。会夜昏黑，嶙犹疑其非，然炬照之，曰："是也。"时嘉州贼帅张餘有众万余，嶙即以所部与之合，贼势甚盛。初奏至，太宗欲尽诛军人妻子，近臣或请勿杀，悉索营中书，遣帅招抚，谕以释罪，亲属皆全，必自引来归，因可破贼。上然之，令巡检程道符谕旨。亡卒斩嶙，函首送继恩，皆自拔来归。因使为乡导击贼，悉平之。

至道二年春，布衣韩拱辰诣阙上言："继恩有平贼大功，当秉机务，今止得防御使，赏甚薄，无以慰中外之望。"上大怒，以拱辰惑众，杖脊黥面配崖州。俄召继恩。太宗崩，命与李神福按行山陵，加领桂州观察使。

继恩初事太祖，特承恩顾。及崩夕，太宗在南府，继恩中夜驰诣府邸，请太宗入，太宗忠之，自是宠遇莫比。喜结党邀名誉，乘间或敢言表外朝臣，由是士大夫之轻薄好进者从之交往，每以多宝院僧舍为期。有潘阆者能诗咏，卖药京师，继恩荐之，召见，赐进士第。寻察其狂妄，追还诏书。

及真宗初，继恩益豪横，颇欺罔，漏泄机事，与参知政事李昌龄缄题往来，多请托，至有连宫禁者。素与胡旦善，时将加恩，密透其为褒辞。又士人诗颂盈门。上恶其朋结，黜为右监门卫将军、均州安置，籍没赀产，多得蜀土僭拟之物。昌龄责忠武军节度行军司马，旦削籍，长流寻州。诏中外臣僚曾与继恩交识及通书尺者，一切不问。

咸平二年，卒于贬所，遣使将其家属还京师，假官舍处之。四年，听归葬。大中祥符三年，特诏追复官爵，以白金千两赐其家。子怀珪，转入内高班。

李神福，开封人。父继美，仕后唐为内侍，显德初为御厨都监。时内臣止以服色为贵，太祖特赐紫，后至右领军卫将军。神福少给事晋王府，谨恪上意，未尝少怠。太宗即位，授入内高品。从征太原，攻城之际，往来梯冲间宣传诏命，即行在所迁殿头。太平兴国六年，擢入内高品押班，迁副都知、勾当翰林司，转入内内班都知。兼勾当祗候内品班。淳化四年，迁崇仪副使、勾当皇城司。属初易黄门之号，转入内黄门都知，俄加宫苑使。太宗好笔札，神福每侍侧，多获别本之赐。及不豫，神福朝夕左右，躬侍药膳。

真宗即位，迁皇城使、内侍省入内内侍都知，领恩州团练使、勾当永熙陵行宫事。时模写太宗圣容，以神福立侍。未几，求罢都知，加昭宣使、勾当皇城司，赐第宫城侧，遣修内工为葺之。咸平二年秋，阅兵东郊，以神福为大内都部署。是冬，幸大名，与王继英并为行宫使。四年，勾当三班，部修含光殿，赐赍甚优。景德初，兼领亲王诸宫使。三年，改宣政使。从谒诸陵，复为行宫使。进幸西京，赐酺，命神福主其事。

大中祥符初，天书降夕，神福与刘承珪、邓永迁、李神祐、石知颙、张景宗、蓝继宗同直禁中，赐以器币、缗钱。京师酺会，又令神福与白文肇、阎承翰同典之。是岁封泰山，与曹利用同经度行宫道路。及车驾进发，又为行宫使。礼毕，授宣庆使，领昭州防御使，整肃禁卫。先是，诸司使止于宣政，故特置使额以宠之。三年，卒，年六十四。赠润州观察使。

神福性恭愿和易，每为卫绍钦所诟骂，皆引避不校。在禁闼五十年，称为长者。然久掌三班，无规制，远近失叙，有请托者不能拒之，人讥其所守。子怀斌、怀赟。弟神祐。

神祐，初以父任授殿头高品。太祖将纳孝章皇后，命神祐奉聘礼于华州。乾德五年，征太原，负御宝从行。开宝二年，又从征太原，时有诏缘边和市军储，车驾在潞州闻之，且虑扰民，令神祐驰驿止之。时诏下已五日，神祐一夕而及晋阳。一日，甲士既阵，贼潜纵火焚梯冲，亟命神祐部卫兵为援，斩贼甚众，余悉溃去。王师伐广州，随军赏给。刘铁平，先部帑藏之物赴京师。及土寇周琼等叛，又副尹崇珂讨平之。六年，随曹彬南征。克关城，擒伪将朱令赟，命神祐驰入献捷书，赐锦袍、金带。

太宗即位，迁南作坊副使。钱俶归朝，命神祐往按府藏之积。再征太原，领工徒千人随驾，以备缮完甲兵。刘继元表纳降款，太宗陈仪卫城北台以受之，继元移时未至，神祐驰单骑入城，俄顷，引继元至。及北伐燕蓟，命与刘廷翰统精骑为大阵之援。车驾还，又令率兵屯定州以备契丹。太平兴国六年，滑州治河防，材苇未具，命神祐驰往垣曲，伐薪蒸四百万以济其用。七年，契丹寇边，命领兵屯瀛州，俄改崇仪使，提点左右藏库，迁洛苑使。至道初，西鄙不宁，命为灵、环排阵都监，率众至乌白池而还。俄驻永兴，复护粮运抵朔方。

真宗嗣位，转内园使、邠州都监。车驾北巡，改天雄军都监、子城内巡检。时北兵充斥，道途阻塞，命神祐单骑谕密旨于诸将。敌骑数百忽至，神祐乃周麾而呼，若召伏兵，敌惧而逃，遂达其命。俄充邢州排阵都监，勾当西八作司。景德初，上幸澶州，领随驾壕寨。

三年，迁入内都知。从东封还，迁南作坊使。时内侍将迁秩，有扈从升山、不升山或不预从祀者，令神祐第其勤状，上亲阅而叙迁之。有范守逊、皇甫文、史崇贵、张延训等，皆尝有谴累而互陈劳效，且言神祐等品第非当，泣诉于上，止而复来者数四。守逊等先改内常侍，上怒，悉停其官。神祐洎石知颙、副都知张景宗、蓝继宗并坐削职。寻掌御厨七年，卒，年六十六。大中祥符六年，录其孙永和为三班奉职。神祐性谨愿，晓音律，颇名篇咏。

子怀岊，太宗时尝请为道士，后复内侍。多屯边郡，常持大铁鞭以斗贼，屡中流矢，至供奉官。怀俨为内殿崇班。

刘承规，字大方，楚州山阳人。父延韬，内班都知。承规，建隆中补高班，太宗即位，超拜北作坊副使。时泉帅陈洪进归朝，遣承规驰赍封其府库。会土民啸聚为寇，承规与知州乔维岳率兵讨定之。太平兴国四年，命与内衣库使张绍勍等六人率师屯定州，以备契丹，又护滑州决河。雍熙中，勾当内藏库兼皇城司，出为鄜延路排阵都监，改崇仪使，迁洛苑使。至道中，与周莹同签书提点枢密、宣徽诸房公事，仍加六宅使。承规恳辞，帝虽不许而嘉其退让。

真宗立，莹为宣徽使，以承规领胜州刺史、签书宣徽院公事。寻让宣徽之务，加庄宅使。咸平三年，迁北作坊使。时边境未宁，议修天雄军城垒，命承规乘传经画，又命提举内东、崇政殿等门，迁宫苑使。上询承规西事，请益环州木波镇戍兵，以为诸路之援，从之。俄兼勾当群牧司。

景德二年，与李允则使河间，按视尝经战阵等处将卒之劳。是岁，置官提举京师诸司库务，以承规领之。所创局署，多所规制。改皇城使。与林特、李溥议更茶法。四年，三司上言新课增羡，承规以劳加领昭州团练使。

大中祥符初，议封泰山，以掌发运使迁昭宣使、长州防御使。会修玉清昭应宫，以承规为副使。祀汾阴，复命督运。议者以自京至河中，由陆则山险，具舟则湍悍，承规决议水运，凡百供应，悉安流而达。自朝陵、东封及是皆留掌大内。礼成，当进秩，表求休致，手诏敦勉，仍作七言诗赐之。拜宣政使、应州观察使。

五年，以疾求致仕。修宫使丁谓言承规领宫职，藉其督辖，望勿许所请，第优赐告诏，特置景福殿使名以宠之，班在客省使上。仍改新州观察使，上作歌以赐。承规以廉使月禀归于有司，手诏褒美，复定殿使奉以给之。本名承珪，以久疾羸瘵，上为取道家易名度厄之义，改珪为规。疾甚，请解务还私第，听之。仍许皇城常务上印日，内藏库有创制，就取商度。又再表求罢，官检校太傅、左骑卫上将军、安远军节度观察留后致仕。七月卒，年六十四。废朝，赠左卫上将军、镇江军节度，谥曰忠肃。

承规事三朝，以精力闻，乐较簿领，孜孜无倦。自掌内藏仅三十年，检察精密，动著条式。又制定权衡法，语在《律历志》。性沈毅徇公，深所倚信，尤好伺察，人多畏之。上崇瑞命，修祠祀，饰宫观，承规悉预闻。作玉清昭应宫，尤为精丽。屋室有少不中程，虽金碧已具，必毁而更造，有司不敢计所费。二圣殿塑配飨功臣，特诏塑其像太宗之侧。承规遇事亦或宽恕，铸钱工常诉本监前后盗铜瘗地数千斤，承规佯为不纳，因密遣人发取送官，不问其罪。咸平中，朱昂、杜镐编次馆阁书籍，钱若水修祖宗实录，其后修《册府元龟》、国史及编著雠校之事，承规悉典领之。颇好儒学，喜聚书，间接文士质访故实，其有名于朝者多见礼待，或密为延荐。

自寝疾惟以公家之务为念，遗奏求免赠赙诏葬，上甚嗟惜之，遣内臣与鸿胪典丧，亲为祭文。玉清昭应宫成，加赠侍中，遣内侍邓守恩就墓告祭。子从愿，为西染院使。

阎承翰，真定人。周显德中为内侍。入宋事太祖，以谨愿称。太宗时擢为殿头高品，稍迁内侍供奉官、内殿崇班。先是，八作司材木颇有隐弊，承翰建议于都城西置事材场，治材以给之。雍熙中，知广州徐休复奏转运使王延范不轨状，遣承翰驰往同逮捕下狱，就鞫之，考掠过苦，延范遂坐诛。李顺乱蜀，命为川峡招安都监。贼平，授西京作坊副使。会增募金吾兵，以承翰及刘承蕴分充左右金吾监兼街仗司事。俄罢之。

真宗即位，改西京作坊使、内侍左班副都知。咸平三年，河决郓州王陵埽，遣承翰护塞。时议徙郓州以避河患，又诏承翰与工部郎中陈若拙乘传规度，徙于旧治之东南。五年，入内都知韩守英为镇、定、高阳关三路排阵都钤辖，上以其素无执守，议别择人，因谓宰相曰："承翰虽无武勇，然莅事勤恪。"乃令代守英。时中山屯兵甚众，艰于飞辇，承翰请凿渠，计引唐河水自嘉山至定州三十二里，又至蒲阴东六十二里，合沙河经迤吴泊入界河以济馈运，亦可旁为田，上嘉而从之。渠成，人以为便，优诏褒之。景德初，契丹谋寇顺安军，承翰奉诏发雄、霸精兵，与荆嗣、张延同筑垒御之，俄又遣诣德清军规度重修城垒。车驾北征，承翰先在澶州北城，奏契丹兵在近，请不度河，上不听，促驾度浮桥。二年，加领廉州刺史，勾当群牧司，多条上马政，遂兼群牧副使。时契丹结好，始置国信司主交聘之事，以承翰领之，多所规置。

大中祥符初，改西京左藏库使，充夏州赵德明加恩官告使。还，请于浦洛河置馆，以待夏台进奉使，上以荒篚劳役，不许。四年，迁内园使、左班都知，领奖州团练使。

有西京左藏库副使赵守伦久典厩牧，至是又掌估马，与承翰联职任，虽素为姻家，然不相得，遂各讼诉，并付御史台。承翰坐擅用群牧司钱，当赎金三十斤；守伦坐违制移估马司，当免所居官；典吏当杖脊。诏宽其罚：承翰赎金十斤，守伦赎金二十斤，典吏亦降从杖。群牧都监张继能、判官陈越、田毂、勾当骐骥院杨保用、估马杨继凝皆释之，制置使陈尧叟特免按问。

六年，上制《内侍箴》赐之，承翰表请刻石省中。明年，建应天府为南京，作鸿庆宫，设太祖、太宗像，遣承翰自京奉往。授南作坊使、入内都知。未几，卒，年六十八。赠怀州防御使。

承翰性刚强，所至过于检察，乏和懿之誉。子文应，西京左藏库使。

秦翰，字仲文，真定获鹿人。十三为黄门，开宝中迁高品。太平兴国四年，崔彦进领众数万击契丹，翰为都监，以善战闻。太宗因加赏异，谓可属任。雍熙中，出为瀛州驻泊，仍管先锋事，迁入内殿头高品、镇、定、高阳关三路排阵都监。淳化四年，补入内押班。

赵保忠叛，命李继隆率师问罪，翰监护其军。次延州，翰虑保忠遁逸，即乘驿先往，矫诏安抚以缓其阴计。王师至，翰又讽保忠以地主之礼郊迎，因并驱而出，保忠遂就擒，以功加崇仪副使。至道初，为灵、环、庆州、清远军四路都监。真宗即位，加洛苑使、入内副都知。咸平中，河朔用兵，以为镇、定、高阳关排阵都监，败契丹于莫州东，追斩数万，尽夺所掠老幼。诏褒之，徙定州行营钤辖。

王均之乱，为川峡招安巡检使。时上官正与石普不协，翰恐生事，为晓譬和解之。亲督众击贼，中流矢不却，五战五捷，遂克益州，上手札劳问。翼日，进至广都，斩首千余级，获马数千匹。归朝，迁内园使，领恩州刺史。

出为镇、定、高阳关前阵钤辖，又徙后阵。破契丹二万众于威虏军西，俘其铁林大将等十五人。又为邠宁、泾原路钤辖兼安抚都监，率所部按行山外，召戎落酋帅，谕以恩信，凡三千余帐相率内附。未几，康奴族拒命，翰与陈兴，许均深入击之，斩级数千，焚其庐帐，获牛马甚众。复与陈兴、曹玮袭杀章埋军主于武延咸泊川。诏书加奖，赐锦袍、金带、白金五百两、帛五百匹。

景德初，车驾将北巡，先遣翰乘传往澶、魏裁制兵要，许便宜从事。俄充邢洺路钤辖，与大军会德清军，张掎角之势。又召为驾前西面排阵钤辖，管勾大阵。翰即督众环城浚沟洫以拒契丹。功毕，契丹兵果暴至，翰不脱甲胄七十余日，契丹乞和，凯旋，留泊澶州。月余，令率所部兵还京师，加宫苑使、入内都知。出为泾、原、仪、渭钤辖。先是，西鄙无藩篱之蔽，翰规度要害，凿巨堑，计工三十万，役卒数年而成，不烦于民。就迁皇城使、入内都知。以翰在边久，宣力勤尽，特置是名以宠异焉。翰表让，不听。

大中祥符初，求从东封，手诏谕以西垂委任之异。改昭宣使，又为群牧副使，祀汾阴。是岁，夏州属户有扰境上者，即日遣翰往雎上按视，遍巡边部。及翰至，事宁，复还扈从，凡行在诸司细务，悉令裁决，不须中覆。礼毕，加领平州团练使，奉祀亳州，掌如汾阴。八年，营葺大内，诏翰参领其事。闰六月，暴卒于内庭之廨，年六十四。上甚悼惜，为之泣下。赠贝州观察使，赙禭加等。修内毕，诏遣使以袭衣、金带赐其家。

翰倜傥有武力，以方略自任。前后战斗，身被四十九创。李继迁之未宾也，翰因使常出入其帐中，无疑间，尝白太宗言："臣一内官不足惜，愿手刺此贼，死无所恨。"太宗深嘉其忠。

翰性温良谦谨，接人以诚信，群帅有刚狠不和者，翰皆得其欢心。轻财好施，与将士同休戚，能得众心，皆乐为用。其殁也，禁旅有泣下者。

九年，重赠彰国军节度，诏杨亿撰碑文，亿以其不蓄财，表辞所赆物，虽朝廷不许，而时论美之。子怀志，内殿崇班。

周怀政，并州人。父绍忠，以黄门事太宗，从征河东，得怀政于乱尸间，养为子。给事禁中，累至入内高品。大中祥符初，真宗东封，命修行宫顿递。及奉泰山天书驰驿赴阙，转殿头。天书每出宫，与皇甫继明并为夹侍。东封礼成，与内殿崇班康宗元留泰山，修圜台，转入内西头供奉官。祀汾阴，转东头。六年，刘承规卒，擢入内殿崇班、入内押班、勾当皇城司。会朝谒太清宫，与阎承翰等同管勾大内事。七年，奉天书摹刻于乾元殿，为刻玉都监，又为修兖州景灵宫、太极观都监，俄迁内殿承制。是冬，命起居舍人、知制诰盛度为会真宫醮告使，怀政为都监。还，为玉清昭应宫都监兼掌景灵宫、会灵观使。刻玉成，迁京副使。九年，建资善堂，以怀政为都监。寿丘宫成，优赐袭衣、金带，迁崇仪使。天禧大礼，又为修奉宝册都监，加领长州刺史，是冬，迁洛苑使。二年春，迁左藏库使。仁宗为皇太子，命为入内副都知、管勾左右春坊，转左骐骥使。三年，领英州团练使，加昭宣使。

怀政日侍内廷，权任尤盛，于是附会者颇众，往往言事获从，同列位望居右者，必排抑之。中外帑库皆得专取，因多入其家。性识凡近，酷信妖妄。有朱能者，本单州团练使田敏厮养，为人凶狡，遂赂怀政亲信，得见，因与侍卒姚斌妄谈神怪以讦之。怀政大惑，援能至御药使，领阶州刺史。俄于终南山修道观，与刘益辈造符命，托神言国家休咎，否藏大臣。时寇准镇永兴，能为巡检，倚准旧望，欲实其事。准好胜，喜其附己，多依违之。

朝臣屡言怀政之妄，真宗含忍不斥，然渐疏远之。怀政忧惧，时使小黄门自禁中出，诈称宣召，入内东门，坐别室，久之而还，以欺同类。会准为相，逾年而罢，怀政愈畏获谴，不自安。

四年七月，与弟礼宾副使怀信谋潜召客省使杨崇勋、内殿承制杨怀吉、阁门祗候杨怀玉会皇城司，期以二十五日窃发，杀丁谓等，复相寇凖，奉真宗为太上皇，传位太子。前夕，崇勋、怀吉诣丁谓第密告之，谓即事偕崇勋、怀吉至曹利用第计议，翌日，利用入奏，真宗怒，命收怀政。令宣徽北院使曹玮与崇勋于御药院鞫讯，具伏。帝坐承明殿临问，怀政但祈哀而已，命斩于城西普安寺。父内殿承制绍忠及怀信并杖配复岳州，子侄勒停，赀产没官。朱能父左武卫将军致仕谔、母周氏，罚铜百斤，子守昱、守吉分配邵、蔡、道州。怀политикfrightful使，亲与并杖配海岛、远州，部下使臣贬秩有差。怀政之未败也，绍忠尝诟之曰："斫头竖子终累我！"怀信谓之曰："兄前事必败，宜早诣上首实，庶获轻典。"及其谋乱，又泣拜止之，不听，故皆得免死。

右街僧录澄远以预闻妖诈，决杖黥配郴州。内供奉官谭元吉、高品王德信、高班胡允则、黄门杨允文与怀政协同妖妄，皆杖配远州。入内押班郑志诚与能书问往还，削两任，配房州。入内供奉官石承庆尝为怀政所召，夜二鼓不下皇城门钥以待，黄门黄守忠见之，戒门卒勿纳，至是言其事，承庆坐削两任，配宿州。杨怀玉次日始诣枢密院自陈，责授侍禁、杭州都监。擢崇勋内客省使、桂州观察使，怀吉如京使，赐以金带、金银。

怀政既诛，亟遣入内供奉官卢守明、邓文庆驰驿永兴，捕朱能。刘益、李贵、康玉、唐信，道士王先、张用和悉免死，配远州。能侦知使者至，衷小出，杀文明以叛。诏遣内殿承制江德明、入内供奉官于德润发兵捕之，能入桑林自缢死。永兴、乾耀都巡检供奉官李兴、本军十将张顺断能及其子首以献，补兴阁门祗候，顺牢城都头。以刘益等十一人党能害中使，磔于市。王先、李贵、唐信、张用和八人皆处斩。能母妻子弟皆决杖隶配，阁门祗候穆介、知永兴军府朱巽、转运使梅询刘楚、知凤翔府臧奎等坐与怀政、能交结相称荐，皆论罪。降寇凖太常卿，再贬道州。凡朝士及永兴、凤翔官吏与凖厚善者，悉降黜焉。

张崇贵，真定人。太祖时为内中高品，稍迁殿头。太平兴国中，以善射选为御带。钱俶纳土，命驰往阁城防储偫之数。亲征太原，从崔彦进、李汉琼先路视水草。端拱初，补内供奉官。

淳化四年，命乘传之延州招羌戎之内附者，发库钱犒给，以金币赐酋领。将行，转内班右班押班，就命管勾鄜延屯兵，李继隆讨李继迁，诏崇贵以延安兵掎角进讨。及擒赵保忠，留崇贵与石霸守绥州，徙平夏民以实之。继迁扼橐驼路，驱胁内属戎人，崇贵与田敏率熟仓族乱遇战于双埚，杀二千余级，掠牛羊、橐驼、铠甲甚众，连诏褒谕。继迁走漠中，遣其将佐赵光祚、张浦求纳款，会于石堡寨，崇贵椎牛酾酒犒谕之，给以锦袍带。会改内班为黄门，命为黄门右班押班，仍加内殿崇班，又改黄门为内侍，职随易焉。既而继迁贡橐驼、名马待罪，遣崇贵往赐器币、茶药、衣物。

至道元年，进崇仪副使、内侍右班副都知。时继迁复叛，劫刍馈于浦洛河。二年，诏李继隆大发师进讨。贼围灵州急，太宗将弃之，廷议未决，命崇贵与冯讷乘传往议其事，乃益兵固守，就命为灵、环、庆州、清远军路监军，又为排阵都监。

真宗立，拜洛苑使、右班都知、管勾并州军马。自至道后，五路讨贼，兵战相继，卒无成功。及是，保吉复修贡，诏以定难节度授之，命崇贵持诏命、衣带、器币以赐。使还，加六宅使。

咸平元年，又命管勾鄜延屯兵，泊延安，改驻泊都监，又为钤辖。其后继迁复与熟户李继福为隙，因缘内扰，崇贵与张守恩击之，焚庐舍，获赏畜、器甲、生口甚众。又与王荣御贼，获具装马数十匹，再诏褒饬。四年，诏归。俄领奖州刺史，复莅鄜延，仍制置沿边青白盐事。与卫超领军入敌境，焚庐舍帐幕，获虏粮、牛羊，复被诏奖。崇贵屡词契丹事传递以闻，愿身当一队为前锋，诏不允。

景德元年，保吉死，其子德明尚幼，崇贵移书谕朝廷恩信，德明请俟释服禀命。诏书慰抚，以向敏中为缘边安抚使。自是边防事宜，经制小大，皆崇贵主之。筑台保安北十里许，召戎人会议，与之盟约。二年春，召赴阙面授方略，许德明以定难节度、西平王，赐金帛缗钱各四万、茶二万斤，给内地节度奉，听图往来，放青盐禁，凡五事。而令德明纳灵州土疆，止居平夏，遣子弟入宿卫，送略去官吏，尽散蕃汉兵及质口，封境之上有侵扰者禀朝旨，凡七事。德明悉如约，惟以子弟入质及纳灵州为难，故亦禁盐如旧，不许图归。

三年九月，以德明誓表来上，崇贵因请入朝，许之。以功拜皇城使、内侍左右班都知，领诚州团练使。又持旌节诰命授德明，太常博士赵湘为之副。四年，使还，会车驾上陵，次琼林苑，崇贵对于苑中，即命为行宫使。是秋，复还延安。供奉官曹信时监边军，信善琴，崇贵与石普军中宴集，令信奏之，信以久废为辞。崇贵与普因摭其他过以闻，真宗知其诬奏，不问。大中祥符元年，加昭宣使。

崇贵久在边，善识羌戎情伪，西人畏服。每德明有所论述及境上交侵，皆先付裁制。夏州趣边有二路，其文移至环庆者，皆付延州议驳。尝请置缘边安抚使，如北面之制。上曰："西鄙别无经营，苟德明能守贵约，无虑朝廷失恩信也。增置署局，徒为张皇，不若委卿静制之。"二年，上言久去乡里，愿得告归葬父母。许之，锡与甚厚。复命为都钤辖，提举榷场。崇贵乞留京师，面谕委属之意，听岁入奏事。四年八月，卒，年五十七。帝悼惜之，赠丰州观察使，内侍护丧还京师。子承素，东染院副使。

张继能，字守拙，并州太原人。父赟，晋末为内班。继能，建隆初以黄门事禁中，太平兴国初为内品。从征河东，命主城南洞屋，以劳迁高品。契丹入寇，命为高阳、镇、定路先锋都监，从崔彦进战长城口，多所俘馘。明年，又与彦进败契丹于唐兴口，转殿头高品。

雍熙中，夏州叛，命李继隆为银、夏都部署，以继能监军。俄徙护定州屯兵，领骁捷卒三千，屯五回岭。端拱初，迁入内殿头，从赵保忠讨李继迁。保忠荐其有材，命与保忠同经略其事。代还，掌内弓箭库。淳化三年，与白承睿护刍粟入灵武。会继迁复寇边，命继能、承睿与知灵州侯延广领骁卒五千，同主军务，俄留为本州都监。及郑文宝议城威州、清远军，继能护其役。工毕，命与西京作坊副使张延洲同知军事，又与田绍斌同掌积石寨。就迁内供奉官、灵环庆、清远军后阵都监，与西人转斗，败走之。复还清远。诣阙奏事，迁入殿崇班。未几，拜供备库副使，复遣护环州屯兵，徙泾、原、仪、渭都巡检使。

真宗即位，迁崇仪使、灵、环十州军兵马都监兼巡检安抚使。咸平三年王均之乱，命为川、峡两路招安巡检使。成都平，留为利州招安巡检，寻召归。会银、夏寇警，复为邠宁驻泊都监。夏人寇清远军，营于积石河，继能与杨琼、冯守规在庆州逗留，不时赴援，致陷城堡，又焚弃青冈寨，特诏下御史府，免死，长流儋州。景德二年，会赦，还为内侍省内常侍，又为陕西捕贼巡检，获千余人，改内殿崇班。从朝陵，为行宫四面巡检。

四年，宜州卒陈进为乱。初，知州刘永规驭下严酷，课澄海卒伐木葺州廨，数不中程即杖之，至有率妻孥趣山林以采者，虽甚风雨，不停其役。故进因众怨，杀永规及监军国钧，拥判官卢成均为帅，据其城。

七月，奏至，诏东上阁门使忠州刺史曹利用、供备库使贺州刺史张煦为广南东、西路安抚使，如真副使张从古及继能副之，虞部员外郎薛颜同勾当转运事，发荆湖蕲黄州兵讨之。上语近臣曰："番禺宝货雄富，贼若募骁果，立谋主，沿流东下趣广州，则为患深矣。"遣内侍高品周文质使广州，监屯兵，会邻路巡检使控要路，集东西海战棹，扼端州峡口。贼悉众来攻柳城县，殿直韩明、许贵、郝惟和以所部兵千余御敌，明、贵死之，惟和仅以身免，成均奉宜州印遣使诣好贲求赦罪。是夕，进复陷柳城，官军退保象州。贼又寇怀远军，知军殿直任吉与邕桂巡检、殿直张崇宝、侍禁张守荣击走之。贼退而复集者累日，吉辈固守，屡与斗，大获其器甲。又攻天河砦，寨兵甚少，监军奉职钱吉部分严整，一战败之。贼众屡衄，颇溃去，众心的携贰，将弃宜州，以家属之惸弱者五百人陨江中，率其众裁三千趣柳、象，将入容管。初至柳州，限江不能渡。知州王昱望贼遁走，城遂陷。

朝廷以诏书四十分揭要路，谕贼归顺者悉释其罪。贼挈族居思顺州，分兵攻象州。利用命入内高班于德润以千兵倍道袭逐，利用等继至，遇贼武仙县之李练铺。贼初不知觉，惟进率众来拒，直犯前军，前军寄班侍班郭志言麾骑士左右纵击。贼衣顺水甲、执标牌以进，飞矢攒锋不能却，前军即持棹刀巨斧破其牌，史崇贵登山大呼曰："贼走矣，急杀之！"贼心动，众遂溃。逐北于象州城下，贼寨犹有据长竿瞰城中者，成均始挈其族以诏书来降，乃斩进并其党，生擒贼帅六十余人，斩首级、获器甲战马甚众。

利用分兵捕余寇，遣于德润驰奏其事。授利用引进使，煦加东京使，从古庄宅副使，继能供备库使，志言供备库使。又以御前忠佐马步军副都军头郭全丰为都军头，领勤州刺史。归远军士手杀进者李昊、刘宗、赵敏并补本军都头，张守荣为供奉官、阁门祗候，张崇宝、任吉并为供奉官，钱吉为右侍禁。又以知象州大理寺丞何郯最有劳，优拜祠部员外郎，赐绯。又赐郯三子知道、知古、知常出身，郯之亲属同捍寇者悉甄叙之。升象州为防御使。

初，贼攻泉州，城在高丘上，素无井，闭垒之日，皆以乏水为虑。赖天雨，停水将竭而雨复下，如是者两月，汲之以济。山中无烽候，每欲破贼，即祷于城西神祠，或见巨蟒吞龟，是日果有克获，众以为神灵助顺之应。张守荣俄病瘴，遣尚医驰往视之，未至而卒，赠东京使，录其子官。十二月，余寇悉平。

东封，留继能为京旧城内巡检钤辖，俄加东染院使。

大中祥符二年，入内都知李神祐等坐事悉罢，擢继能入内内侍省副都知。时宗室多召侍讲说书，上嘉其勤学，令讲诵日别给公膳，专遣继能主之。俄又与内殿承制岑保正提点郡县主诸院事。三年，兼群牧都监。祀汾阴，留掌大内兼旧城内巡检钤辖，俄领会州刺史。谒太清宫，为天书扶侍都监。七年，以疾求解职，不许。命为泾原仪渭、镇戎军两路钤辖。未几，徙鄜延都钤辖。先是，内属户杀汉口者止罚孳畜，继能则丽于常法，由是西人畏而不敢犯。德明虽受朝命，而羌部不绝寇边。继能日课卒截竹为签，署字其上，且言会使士记杀获功状，贼闻之甚惧。归朝，复莅群牧。仁宗在储宫，尝亲书一幅赐之。继能以闻，真宗亦为标题其末，人以为荣。九年，坐前护修庄穆皇后陵摧陷，左授西染院使，掌往来国信。

天禧初，复西京左藏库使。国信司吏陈诚者，颇巧黠，继能欲援置群牧司，而诚先隶群牧，坐事停职。至是，群牧吏左宗抉其宿负，白制置使曹利用，故诚不遂所求。继能怒宗之沮己，密遣亲事卒侦宗。会宗弟元丧妻，宗尝为假敦骏军校马送葬，及还，元抵饮肆与酒保相殴，系府中，而假马之事未发。诚即白继能，请属府中并劾其事。知府乐黄目受属，狱未就，为群牧副使杨崇勋所发，继能坐罢内职，降授西京作坊使，出为邠宁钤辖。继能自陈不愿外任，得掌瑞圣园，寻领往来国信所。三年，复为西京左藏库使、内侍省班副都知。未几，迁崇仪使，以衰老求解职，转内园使，掌琼林苑。五年，卒，年六十五。特赠汀州团练使，录其子怀忠为大理寺丞，孙逖为三班奉职，逊为借职、春坊祗候。

继能性沉密知兵，颇勇敢，喜读书，然好治生。晚年急于聚蓄，众以此少之。

何郯后归朝，知磁州而卒。一子知崇裁十余岁，特补太庙斋郎。又徙其侄平夷尉知古为滏阳尉。省郎无赏延之例，犹以城守劳，故甄录焉。

卫绍钦，开封人。父汉超，内侍高品。绍钦始以中黄门给事晋邸，太宗即位，补入内高品，甚被亲倚。从征太原，命督诸将攻城。刘继元降，命领骁卒先入城，烧其营栅，迁殿头高品。雍熙二年，擢入内西头供奉官。淳化中，部修皇城，功毕，授入内押班。五年，加崇仪副使。

李顺之乱，王师致讨，与王继恩同领招安捉贼事，遇贼，斗学射山南。又攻清水堣，破双流砦，招降数万众，斩千余级。顺死，余党保险为寇，又与杨琼先扼要路以邀之，擒斩万余人，获器甲枪槊千余。遣别将曹习领兵捕余贼于安国镇，斩三百级。时嘉、眉二州贼尚扰城郭，又遣内殿崇班宿翰讨之。两川平，召还，深被褒劳。

真宗嗣位，拜宫苑使，领爱州刺史，充入内副都知、修奉永熙陵都监，即复土，遂为陵使。景德二年，改皇城使。从幸河朔，命为车驾前后行宫四面都巡检。次澶渊，命领扈兵守河桥。三年，加昭宣使。朝诸陵，复为行宫巡检，驻洛阳，命为皇城内外都巡检。历掌三班院、皇城仪鸾翰林司。卒，年五十六。

绍钦苛愎少恩，不为众所附。太平兴国中，江东有僧诣阙请修天台寿昌寺，且言寺成愿焚身以报。太宗允其请，命绍钦往督营缮。既讫役，遽积薪于廷，请僧如愿，僧言欲见至尊面谢，绍钦曰："昨朝辞日，亲奉德音，不烦致谢。"僧惴怖偃蹇，顾道俗望有救之者，绍钦即促令跻薪上，火既盛，僧欲投下，绍钦遣左右以叉抑按而焚之。子承庆，至内殿承制。

石知颙，真定人。曾祖承渥，梁尚食使。祖守忠，晋内供奉官。父希锋，高品。

知颙形貌甚伟，建隆中授内中高品。太宗即位，改供奉官。雍熙中，诸将征幽蓟，以知颙随军。归，掌仪鸾司。

淳化中，明州初置市舶司，与蕃商贸易，命知颙往经制之。转内殿崇班、亲王诸宫都监。从王继恩平蜀寇，就迁西京作坊副使。

咸平初，迁正使、带御器械。契丹犯边，上北巡，命为天雄军、澶州巡检使，俄改德、博等州缘河巡检使兼安抚，加领长州刺史。三年，戍镇、定、高阳关三路，押大阵。是冬，改高阳关驻泊行营钤辖。归朝，复掌亲王诸宫事。景德中，自京抵泗，遣徒治河堤，命总其役。初计工累月，及是，浃日而毕。上面加褒谕，赐白金千两，授入内都知。

大中祥符初，迁内园使。俄以定内侍迁秩品第不当，为其列所诬，坐罢都知。三年，为并、代州钤辖，迁庄宅使，徙镇、定、高阳关钤辖。四年，命与内殿崇班张继能、供奉官侍其旭同修太祖神御殿。上封求觐阙下，复掌群牧司、三班院、亲王诸宫事。天禧二年，为并、代州钤辖兼管勾麟府路军马事。三年，卒，年六十九。孙全彬。

全彬字长卿，以知颙奏补入内小黄门，累迁西头供奉官。仁宗使致香币于南海，密诏察所过州县吏治民俗，还，具以对，帝以为忠谨。陕右群盗杀凤州巡检，遣往擒灭之。

元昊叛，全彬为鄜州兵救延州，解围去。经略使明镐言其勇略善将，得边人情，除并、代州都监，加内侍押班。进钤辖，徙鄜延，还，为押班。

侬智高寇广南，以为湖南、江西路安抚副使。出桂林，请于宣徽使狄青，愿独当一队以自效。于是使将左方兵，力战于邕州。南方平，领绵州防御使。

张贵妃居宁华殿阁，命全彬提举。妃薨，治丧过制，皆刘沆、王洙与全彬共为之。数月，进宫苑使、利州观察使，给两使留后奉。俄为入内副都知，知制诰刘敞封还词命，居三月，复授之。转领信武军留后，为永昭陵钤辖。时去永定复土四十二年，有司多亡其籍，全彬以心计办治。迁福延宫使，提点奉先院。

熙宁中，卒，年七十六。赠太尉、定武军节度使，谥曰恭僖。

邓守恩，并州人。十岁以黄门事太宗。淳化中，盗起成都，从王继恩往讨之。至道初，就护西蜀屯兵。咸平初，为入内高班。契丹入寇，命石保吉为镇、定都部署，以守恩为都监。逾年，入掌骐骥院。会龙骑叛卒剽劫环、庆，遣守恩擒蕲之。景德初，为澶、濮都巡检。又使环、庆及戎、泸等州巡察边事。

大中祥符初，按狱于濮州，雪冤人十余。预监修玉清昭应宫、会灵观。七年，又兼修真游殿、景灵宫。累迁入内高品、供奉官。宫成，迁内殿承制。八年，预修大内，改西京作坊副使。九年，营造皆毕，授东染院使，充会灵观都监。

天禧二年，掌军头引见司，又修源观成，迁崇仪使。三年，授入内押班。河决滑州，命为修河钤辖。郊祀，召为行宫使，改如京使，复还本任。四年春，河复故道，迁文思院使。归朝，加领昭州刺史。是秋，掌皇城、国信二司，整肃禁卫，迁入内副都知。会建天章阁，命领其事。又勾当资善堂兼太子左右春坊司。

守恩长七尺余，状貌甚伟，莅事干敏，以强果称于时。五年，卒，年四十八。赠淄州防御使。录其子官。

卷四百六十七
列传第二百二十六

宦者 二

杨守珍　韩守英　蓝继宗　张惟吉
甘昭吉　卢守懃　王守规　李宪
张茂则　宋用臣　王中正　李舜举
石得一　梁从吉　刘惟简

杨守珍，字仲宝，开封祥符人。为入内黄门，习书史，学兵家方略。善射，家僮过堂下，一发贯髻，人服其精。选为环庆路走马承受公事。契丹谋入塞，为镇、定、高阳关行营同押先锋事。会许民周继宗为人诬告与外夷交通，干证者六十人，辞服，遣守珍覆问，悉办理出之。徙真定、保、赵等州驻泊都监，邕、桂等十州安抚都监。从曹克明降抚水州蛮，筑二栅以扼其要。天禧初，擒盗于青灰山。累迁西京作坊使、带御器械、永兴军兵马钤辖，徙真定、鄜宁路。为内侍省内侍押班，提点内弓箭军器库。进内园使、右班都知、领端州刺史。尝侍仁宗苑中，命乘马驰射，赏其便习，赐锦袍厄酒。卒，赠原州防御使。

韩守英，字德华，开封祥符人。初为入内高品，从征河东，数奉诏至石岭关督战，取隆州，迁殿头。久之，以西头供奉官擢入内内侍押班，迁副都知。随王继恩招安西川，为先锋，战于剑门有功，迁西京作坊使、剑门都监。还，勾当三班院，进入内内侍都知。历定州、镇定高阳关、并代路兵马铃辖。契丹围岢岚军，守英与铃辖张志言、知府州折惟昌帅所部渡河，抵朔州，以牵贼势。遂破狼水砦，俘数百人，获马牛羊铠甲以数万计，贼为解去。赐锦袍、金带。俄领会州刺史，解都知。再迁昭宣使，复领三班。

出为鄜延路都铃辖，徙并代路。建言："本路宿兵多，百姓困于飞挽，今幸边鄙无事，请留骑军千，余人悉徙内地。"真宗曰："边臣能体朝廷恤民之意，宜诏诸路视此行之。"

提举在京诸司库务，勾当皇城司，为赵德明官告使。历宣政、宣庆二使，内侍左班都知，领奖州团练使、雅州防御使，入内都知，管勾修国史。书成，进景福殿使，又为延福宫使、入内都知，复提举诸司库务。卒赠定国军节度观察留后。

蓝继宗，字承祖，广州南海人。事刘𬬮为宦者，归朝，年十二，迁为中黄门。从征太原，传诏营陈间，多称旨。

秦州并边有大、小洛门寨，自唐末陷西羌。雍熙中，温仲舒谕酋豪使献其地，徙众渭北。言者以为生事，请罢仲舒。太宗遣继宗往按视，还奏二寨据要害，产良木，不可弃。帝悦，复使继宗劳赐仲舒。累迁西京作坊副使、勾当内东门。

元德太后、章穆皇后葬，为按行园陵使。车驾北征，勾当留司、皇城司。车驾谒诸陵，近陵旧乏水，继宗疏泉陵下，百司从官皆取以济。擢入内都知，为天书扶侍都监。诏与李神祐第东封院从内臣之劳，而入内供奉官范守逊等诉其不公，罢都知。祀汾脽，复为天书扶侍都监，再迁东染院使。

明年，领会州刺史，进崇仪使、勾当皇城司。修玉清昭应宫，与刘承珪典工作。宫成，迁洛苑使、高州团练使，充都监。坐章穆皇后陵隧垫，贬如京使。典修景灵宫，进南作坊使，复修会灵、祥源观。车驾幸亳州，管勾留司、大内公事，提举在京诸司库务，勾当三班院，修国史院。为赵德明加恩使，德明与继宗射，继宗每发必中，德明遗以所乘名马。为内侍省右班都知，迁入内都知。

仁宗即位，迁左骐骥使、忠州防御使、永定陵修奉铃辖。历昭宣、宣政、宣庆使。累上章求致仕，特免入朝拜舞及从行幸。顷之，复固请罢都知，以景福殿使、邕州观察使家居养疾。卒，赠安德军节度使，谥僖靖。

继宗事四朝，谦谨自持，每领职未久，辄请罢。家有园池，退朝即匽归，同列或留之，继宗曰："我欲归种花卉、弄游鱼为乐尔。"景福殿置使，自大中祥符间至继宗，授者才三人。养子元用、元震。

元用终左藏库使、梓州观察使。

元震以兄荫补入内黄门，转高班，给事明肃太后。禁中夜火，后拥仁宗登西华门，左右未集，元震独传呼宿卫，以功迁高品。为三陵都监，条列防守法，其后诸陵以为式。历群牧都监，监三馆秘阁，积官皇城使。累迁入内副都知、忠州防御使。仙韶院火，元震救护，火以时息。诏褒之，赐袭衣、金带。卒，赠镇海军留后。元震养子五人，不畜阉子。

张惟吉，字佑之，开封人。初补入内黄门，迁殿头、高阳关路走马承受公事。护塞滑州天台埽役，迁西头供奉官，监在京榷货务。知嘉州张约以赃败，诏与御史王轸往劾其狱。还，领内东门司，为修奉章献、章懿太后二陵承受。时议复用李谘榷茶算缗法，乃以惟吉为内殿崇班，复监榷货务。凡内侍领内东门，次迁勾当御药院，而惟吉才进官，众以为薄，惟吉欣然就职。再期，以羡余迁承制。

为赵元昊官告使，还，言元昊骄僭，势必叛，请预饬边备。及元昊寇延州，遣按视鄜延、环庆两路甲，并访攻守利害。敌既退，夏竦、韩琦谋自鄜延深入，乘虚击之，命惟吉募并、汾骁勇，副以土兵，轻赍赴河外。惟吉以为我师当持重问变，不宜驰赴不测以自困，已而元昊果引去。还奏称旨，领皇城司，迁内侍省押班、群牧都监，简陕西冗兵，领军头引见司，迁供备库使，尽汰军头司军校之罢癃者。同提举在京诸司库务，领恩州刺史，为入内都知。

商胡决，为澶州修河都铃辖。转运使施昌言请亟塞，崔峄以为岁灾民困，役宜缓。命惟吉按视，言河可塞而民诚困，财用不足，宜少待之。从其议。迁如京使、果州团练使，复领皇城司，卒。

惟吉任事久。颇见亲信，而言弗阿徇。张贵妃薨，将治丧皇仪殿，诸宦官皆以为可，独惟吉曰："此事干典礼，须翌日问宰相。"既而宰相不能执议，惟吉深以为非。赠昭信军节度观察留后。逾月，又赠保顺军节度使，谥忠安。

养子若水，字益之，以惟吉奏补小黄门，给事章惠太后殿，转入内高品。王师平贝州，征侬贼，皆以干敏选为走马承受。贼平，以劳进官，三迁环庆路铃辖。讨环州解乜白族复有功，历带御器械、内侍押班、副都知。

熙宁初，造神臂弓成，神宗御延和殿临阅，置铁甲七十步，俾卫士射，未有中者。若水自请射，连中彻札。建庆寿、宝慈两宫，典领工作，再迁嘉州防御使。以病蕲解职，领辉州观察使，提举四园苑诸司库务。卒，赠天平军留后。

甘昭吉，字祐之，开封人。初以内侍殿头为英、韶州巡检，捕盗有功，再迁内殿崇班、京东路都巡检。齐州武卫小校冯坦率营卒二百突入州厅事，欲为变，昭吉单骑驰往，戒所从将士操兵在外，先独见乱卒，谕以福祸，令推首恶自赎，众疑沮不敢动。已而操兵者皆入，即共执十余人，告曰："此诱我者也。"昭吉立杀之，纵其余去，州以无事。特迁供备库副使、带御器械。后内侍省押班阙，仁宗记前功，特以授之。迁入内副都知。

英宗即位之夕，昭吉直禁中，翊卫有劳，自文思副使超迁供备库使、康州刺史。昭吉奏曰："臣本孤微，无左右之举，而先帝知臣朴直，自小官拔用至此，分当从葬，今愿得洒扫陵寝足矣。"帝爱其忠，特授永昭陵使，加如京使。还朝，表辞职，以左龙武军大将军致仕，卒。昭吉敦实慎密，人士称之。

卢守懃，字君锡，开封祥符人。自入内内品累迁礼宾使、邠宁环庆路钤辖，还为入内内侍省押班、领昌州刺史。明道中，改葬章懿太后，而旧藏有水，以守懃尝典葬事，罢为永兴军兵马钤辖，徙鄜延路。再迁六宅使，加贵州团练使，进荣州防御使兼邠宁环庆路安抚都监。元昊寇保安军，守懃率兵击走之，特迁左骐骥使，移陕西钤辖。

初，刘平、石元孙被执，守懃抚膺涕泣不敢出，又尝易蕃官马。延州通判计用章劾范雍弃城，将保鄜州，雍欲遣安抚都监李康伯往说贼，不肯行，贼去而守懃、用章更相论奏。知制诰叶清臣以守懃拥兵观望，请正其罪，并按二人。守懃夺防御使，为湖北都监；用章除籍，配雷州本城；康伯以州都监。

久之，复恩州防御使，迁利州观察使，历真定府、定州、北京路钤辖。以左卫大将军致事，卒，赠保顺军节度使，谥安恪。养子昭序。

王守规，真定栾城人，入内都知守忠之弟。守忠事真宗，谨愿慎密，眷遇最厚。明道时，守规为小黄门，禁中夜半火，守规先觉，自寝殿至后苑皆击去其锁，乃奉仁宗及皇太后至延福宫，回视所经处已成煨烬。翌日，执政候起居，帝曰："非王守规导朕至此，几不与卿等相见。"以功迁入内殿头。选治京城水，决汴河于公贾村，决蔡河于四里桥，水患以息。加带御器械。积官至宣庆使、康州防御使、内侍右班副都知。卒，年六十七，赠昭武军留后。

李宪，字子范，开封祥符人。皇祐中，补入内黄门，稍迁供奉官。神宗即位，历永兴、太原府路走马承受，数论边事合旨，干当后苑。王韶上书请复河湟，命宪往视师，与韶进收洮州，加东染院使，干当御药院。复战牛精谷，拔珂诺城，为熙河经略安抚司干当公事。按视鄜延军制，行至蒲中，会木征与董毡、鬼章之兵攻破踏白城，杀景思立，围河州，诏趣赴之，宪驰至军。先是，朝廷出黄旗书敕谕将士，如用命破贼者倍赏。于是宪晨出帐中，张以示众曰："此旗，天子所赐也，视以此战，帝实临之。"士争呼用命以进。督诸将傍山焚族帐，即日通路至河州。贼余众保踏白，官军出与战，大破之。进至余川，又破贼堡十余，木征率酋长八十余人诣军门降。捷闻，以功加昭宣使、嘉州防御使。还，为入内内侍省押班、干当皇城司。

安南叛，副赵卨招讨，未行，卨建言："朝廷置招讨副使，军事须共议，至节制号令即宜归一。"宪衔之。由是屡纷辨，遂罢宪而令乘驿计议秦凤、熙河边事，诸将皆听节度。于是御史中丞邓润甫、御史周尹、蔡承禧、彭汝砺极论其不可，又言："鬼章之患小，用宪之患大；宪功不成其祸小，有成功其祸大。"章再上，弗听。冷鸡朴诱山后生羌扰边，木征请自效，众以为不可。宪曰："何伤乎！羌人天性畏服贵种。"听之往。木征盛装以出，众耸视，皆无斗志，师乘之，杀获万计，斩冷鸡朴。董毡惧，即遣使奉贽效顺。加宣州观察使、宣政使、入内副都知，又迁宣庆使。时用兵连年，度支调度不继，诏宪兼经制财用，裁冗费什六，岁运西山巨木给京师营缮。赐瑞应坊园宅一区。

元丰中，五路出师讨夏国，宪领熙、秦军至西市新城。复兰州，城之，请建为帅府。帝又诏宪领兵直趣兴、灵，董毡亦称欲往，宜乘机协力入扫巢穴，若兴、灵道阻，即过河取凉州。乃总兵东上，平夏人于高川石峡。进至屈吴山，营打啰城，趋天都，烧南牟府库，次葫芦河而还。

宪既不能至灵州，董毡亦失期，师无功。宪欲以开兰、会邀功弭责，同知枢密院孙固曰："兵法，期而后至者斩。况诸路皆至而宪独不行，不可赦。"帝以宪犹有功，但令诘擅还之由，宪以馈饷不接为辞，释弗诛。复上再举之策，兼陈进筑五利，且从之。会李舜举入奏，具陈师老民困状，乃罢兵。趣宪赴阙，道赐银帛四千。为泾原经略安抚制置使，给卫三百。进景福殿使、武信军留后，使复还熙河，仍兼秦凤军马。

夏人入兰州，破西关，降宣庆使。宪以兰州乃西人必争地，众数至河外而相羊不进，意必大举，乃增城守堑壁，楼橹具备。明年冬，夏人果大入，围兰州，步骑号八十万众，十日不克，粮尽引去。又诏宪遣间谕阿里骨结等，且选骑渡河，与贼遇，破之。坐妄奏功状，罢内省职事。

哲宗立，改永兴军路副都总管，提举崇福宫。御史中丞刘挚论宪贪功生事，一出欺罔，避兴、灵会师之期，顿兵以城兰州，遗患至今，永乐之围，逗留不急赴援。降宣州观察使，又贬右千牛卫将军，分司南京，居陈州。卒，年五十一。绍圣元年，赠武泰军节度使，初谥敏恪，改忠敏。

宪以中人为将，虽能拓地降敌，而罔上害民，终贻患中国云。

张茂则，字平甫，开封人。初补小黄门，五迁至西头供奉官，干当内东门。禁庭夜有盗，茂则首登屋以入，既获贼，迁领御药院。

仁宗不豫，中夜促召，茂则趋入扶卫，左右或欲掩宫门，茂则曰："事无可虑，何至使中外生疑耶？"帝疾间，欲处以押班，恳求补外，转宫苑使、果州团练使，为永兴路兵马钤辖。入为内侍押班，再迁副都知。熙宁初，同司马光相视恩、冀、深、瀛四州生堤及六塔、二股河利害，进入内都知。

上元夜，宫中火，督众即扑灭。诏曰："宫禁不惊，帑藏如故，惟忠与力，予固嘉之。"赐以窄衣金带。累乞退休，言受国厚恩，廪食过量，积而未请者七年，乞令三司毁券。诏褒之，仍进其官。哲宗即位，迁宁国军留后，加两省都知。卒，年七十九。

茂则性俭素，食不重味，衣裘累十数年不易。绍圣论元祐人，以茂则尝预任使，追贬左监门卫将军，崇宁中入党籍。

宋用臣，字正卿，开封人。为人有精思强力，以父荫隶职内省。神宗建东、西府，筑京城，建尚书省，起太学，立原庙，导洛通汴，凡大工役，悉董其事。性敏给，善传诏令，故多访以外事。同列悉籍以进，朝士之乏廉节者，往往谄附之，权势震赫一时。积劳为登州防御使，加宣政使。元祐初，言者论其罪，降为皇城使，谪监滁州、太平州酒税。四年，主管灵仙观。绍圣初，召为内侍押班，进瀛州刺史。

徽宗即位，迁蔡州观察使、入内副都知。为永泰陵修奉钤辖，卒陵下，赠安化军节度使，谥僖敏。谥议谓用臣为广平宋公，有"天子念公之劳，久徯于外"之语。丰稷论奏，以为凡称公者皆须耆旧、大臣与乡党有德之士，其曰："念公之劳，久徯于外"，斯乃古周公之事，于用臣非所宜言也。止令赐谥，论者是之。

王中正，字希烈，开封人。因父任补入内黄门，迁赴延福宫学诗书、历算。仁宗奇其才，命置左右。庆历卫士之变，中正援弓矢即殿西督捕射，贼悉就擒，时年甫十八，人颇壮之。迁东头供奉官，历干当御药院、鄜延、环庆路公事，分治河东边事。破西人有功，带御器械。

神宗将复熙河，命之规度。还言："熙河譬乳虎抱玉，乘爪牙未备，可取也。"遂从王韶入熙河，治城壁守具，以功迁作坊使、嘉州团练使，擢内侍押班。

吐蕃围茂州，诏率陕西兵援之，围解。自石泉至茂州，谓之陇东路，土田肥美，西羌据有之，中正不能讨。乃因吐蕃入寇，言："其路经静州等族，棒僻不通，迩年商旅稍往来，故外蕃因以乘间。县至绵与茂，道里均，而龙安有都巡检，缓急可倚仗。请割石泉隶绵，而窒其故道。"从之，陇东遂不可得。还，使熙河经画鬼章，进昭宣使、入内副都知。

元丰初，提举教畿县保甲将兵捕贼盗巡检，献民兵伍保法，请于村瞳及县以时阅习，悉行其言。复往鄜延、环庆经制边事，诏凡所须用度，令两路取给，无限多寡。既行，又称面受诏，所过募禁兵，愿从者将之，主者不敢违。

问罪西夏，以中正签书泾原路经略司事。诏五路之师皆会灵州，中正失期，粮道不继，士卒多死，命权分屯鄜延并边城砦，以俟后举。自请罢省职，迁金州观察使、提举西太一宫，坐前败贬秩。元祐初，言者再论其将王师二十万，公违诏书之罪，刘挚比中正与李宪、宋用臣、石得一为四凶，又贬秩两等。久之，提举崇福宫。绍圣初，复嘉州团练使。卒，年七十一。

李舜举，字公辅，开封人。世为内侍，曾祖神福，事太宗以信谨终始。舜举少补黄门，仁宗使督工冶金为器，既成，有羡数并上之，帝嘉其不欺。出为秦凤路走马承受。

英宗立，奏事京师。会帝不豫，内谒者止之宫门，舜举曰："天子新即位，使者从边方来，不得一见而去，何以慰远人！"谒者以闻，亟召对，帝意良悦。因言："承受公事，以察守将不法为职，而终更论最，乃使帅臣保任，乞免之。"遂删旧制。

熙宁中，历干当内东门、御药院、讲筵阁、实录院。郭逵讨交州，以为广西干当公事，军中之政得与讲画，或疾置入朝，禀受成算。会逵贬，亦降左藏库副使，以文思院使领文州刺史、带御器械。进内侍押班，制置泾原军马。

五路师出无功，议再举，李宪督馈粮，言受密诏，自都转运使以下乏军兴者皆听斩。民惩前日之役多死于冻馁，皆悼悻，出钱百缗不能雇一夫，相聚立栅山泽不受调，吏往逼呼，辄殴击，解州至械县令以督之，不能集。舜举入奏其事，乃罢兵。退诣中书，王珪迎劳之曰："朝廷以边事属押班及李留后，无西顾之忧矣。"舜举曰："四郊多垒，此卿大夫之辱，相公当国，而以边事属二内臣，可乎？内臣正宜供禁庭洒扫之职，岂可当将帅之任！"闻者代珪惭焉。

转嘉州团练使。沈括城永乐，遣舜举计议，被围急，断衣襟作奏曰："臣死无所恨，愿朝廷勿轻此贼。"寻以死闻，赠昭信军节度使，谥曰忠敏。

舜举资性安重，与人言未尝及宫省事。颇览书传，能文辞笔札。在御药院十四年，神宗尝书"李舜举公忠奉上，恭勤检身，始终惟一，以安以荣。"十九字赐之。

石得一，开封人。为内侍黄门，累官内殿承制。神宗时，带御器械、管干龙图天章宝文阁、皇城司，四迁入内副都知。元祐初，领成州团练使，罢内省职。御史刘挚言："得一顷莅皇城，恣其残刻，纵谴逻者，所在棋布，张阱设网，以无为有，以虚为实。朝廷大吏及富家小人，飞语朝上，暮入狴犴，上下惴恐，不能自保，至相顾以目者殆十年。"坐降左藏库使，卒。绍圣中，赠随州观察使。

梁从吉，字君祐，开封人。补入内高班。王则反，奉命宣慰，还言："小寇无多虑，诸将之兵足以翦除，若得重臣统其事，不崇朝可平矣。"于是仁宗以文彦博为安抚招讨使。贼平，又奏请分河北为路，每路以一帅统之，遂建魏、镇、定、瀛四帅。熙宁初，为邠宁环庆路驻泊兵马钤辖。夏人寇大顺城，围庆州七砦，从吉率兵八百余人与战，获其酋领。又讨平宁州叛卒，以功升都钤辖，累官皇城使。从高遵裕至灵武，督士卒攻城，身被创甚，进入内押班，迁永州团练使，为副都知。元祐中卒，赠成德军节度使，谥曰敏恪。

刘惟简，开封人，由入内黄门积官至昭宣使、康州刺史、高阳关路兵马都监，为入内押班。英宗初立，惟简自河北来朝，请对寝门，内谒者难之，独引见皇太后。惟简立福宁殿下，雨沾衣不退，帝起坐帏中，望见呼问曰："诸ება如汝者几人，何以独来？"对曰："陛下新即位，臣来自边塞，未瞻天表，不敢辄还，不知其他。"帝叹曰："小臣知所守如此。"识其姓名屏间。他日，神宗览所题屏，擢干当延福宫，自是蒙亲信。

交人叛，诏驰驿至桂州审视事势，还言："帅臣刘彝贪功生事，罪当诛。乾德狂童，颈不足系。"帝信之。郭逵、赵卨南征，以为行营承受。逵、卨被谪，惟简亦夺一官。

陕西五路师还，受命抚犒士卒，以疾先还者不赐。惟简心知其不便，至庆州，疏言："士卒不幸，以将臣上违圣略，粮食不继，逃生以归，其情可贷。今同立庭中而不预赐，恐患生仓卒。"帝用其言，均予之。又使案阅河北保甲，振济京西水灾，参定诸陵荐献。既而为言者所劾，摈不用。哲宗在藩时，惟简奔奏服勤，及亲政，召至左右。以内侍押班卒，赠昭化军留后。

卷四百六十八
列传第二百二十七

宦者 三

李祥　陈衍　冯世宁　李继和　高居简
程昉　苏利涉　雷允恭　阎文应　任守忠
童贯 方腊附　梁师成　杨戬

李祥，开封人。为入内黄门。资骁锐，善骑射，用材武中选，授泾原仪渭同巡检。从景思立于河、湟，以功迁内殿崇班，为河州驻泊兵马都监。从郭逵讨交阯，驻富良江，贼兵大至，与泾原将姚兕力战，败之。迁皇城使、镇戎军沿边都巡检使。从刘昌祚征灵武，议功加沂州团练使。或言所部兵失亡多，降简州刺史，权熙河兰会路都监，总岷州兵。夏人攻兰州，祥赴援，保险待变，数日，房彻围去。复团练使，进阶州防御使。从种谊袭鬼章有功，升兵马都钤辖。在熙河二十余年，以宣庆使、内侍押班卒。

陈衍，开封人。以内侍给事殿庭，累官供备库使。梁惟简荐诸宣仁圣烈皇后，主管高韩王宅，领御药院、内东门司。宣仁山陵，为按行使。俄以左藏库使、文州刺史出为真定路都监。

御史来之邵方力诋元祐政事，首言："衍在垂帘日，怙宠骄肆，交结戚里，进退大臣，力引所私，俾居耳目之地。"张商英亦论："衍交通宰相，御服为之赐珠；结托词臣，储祥为之赐膳。"盖指吕大防、苏轼也。衍坐贬，监郴州酒税务。惟简以援引，张士良、梁知新以党附，皆得罪。已又编管白州，徙配朱崖。

章惇起狱，诬元祐诸老、大臣，云结衍辈以谋废立。士良尝与衍同在宣仁内阁，自郴州召之，使实其说。士良至，但言宣仁弥留之际，衍尝可否二府事及用御宝付外而已。锻炼无所得，安惇、蔡京乃奏衍疏隔两宫，斥随龙内侍十余人于外，以剪除人主腹心羽翼，意在动摇，大逆不道。乃诏处死，令广西转运使程节莅其刑。

冯世宁，字静之，以入内黄门累迁昭宣使、忠州团练使、入内押班。扬国公主寝疾，哲宗欲夜出问讯，世宁执言不可，帝虽微忤，卒为之改容。再迁景福殿使、明州观察使。至副都知。崇宁新官名，世宁首知入内内侍省事。禁中夜火，使宿卫士扑灭之，既定，令自他途出，盖不欲使知宫省曲折也。徽宗赏叹。进感德军留后。政和初，以内客省使、彰化军留后致仕。

世宁出入禁闼六十年，循谨无过。卒，年六十七，赠开府仪同三司。谥曰恭节。

李继和，开封人。以父任为内侍黄门。庆历中，为河北西路承受。保州兵叛，塞城门距守，官军重围之，不得入。继和独上南关门，密呼所结内应者，谕以祸福。众言："俟李昭亮至，即斩关自归。"已而果然。贼平，迁两秩。王则反贝州，为城下走马承受。

沙苑阙马，诏秦州置场以券市之，继和领职不数月，得马千数，而人不扰。旧制，内侍入仕三十年始得磨勘，至是，乃令以劳进官者无拘于年。

环州弓箭手岁市给酒，州将不与，众喧诉，亟阖府门不敢出，继和步入众中譬晓之曰："汝曹为一杯酒，遂丧躯命乎！"众悟散去。事闻，擢带御器械。累迁宣庆使、文州团练使、入内副都知，卒。子从善援例求赠官，神宗曰："此弊事也！继和无军功，何必赠？"自是为定制云。

高居简，字仲略，世本番禺人。以父任为入内黄门。护作温成原庙奉神物，以精办称，超转殿头，领后苑事。坐奉使梓夔路多占驿兵，降高品。历领龙图、天章、宝文阁、内东门司，干当御药院。

神宗即位，御史张唐英言其资性憸巧，善迎合取容。中丞司马光亦言其"久处近职，罪恶已多。祖宗旧制，干当御药院官至内殿崇班以上，即须出外。今陛下独留四人，中外以此窃议。况居简顷在先朝，依凭城社，物论切齿。及陛下继统，乃复先自结纳，使宠信之恩过于先帝。愿明治其罪，以解天下之惑"。于是罢为供备库使。稍迁带御器械，进内侍押班。以文思使领忠州刺史。卒，赠耀州观察使。

居简闻外廷议论，必以入告，省中目为"高直奏"。仁宗时，尝使南海，遇广州火，救者不力，居简督众护军资甲仗二库，赖以获全。事闻，诏褒之。

程昉，开封人。以小黄门积迁西京左藏库副使。熙宁初，为河北屯田都监。河决枣强，酾二股河导之使东，为锯牙，下以竹落塞决口。加带御器械。河决商胡北流，与御河合为一。及二股东流，御河遂浅淀。昉以开浚功，迁宫苑副使。又塞漳河，作浮梁于洺州。兼外都水丞，诏相度兴修水利。河决大名第五埽，昉议塞之，因疏塘水溉深州田。又导葫芦河，自乐寿之东至沧州二百里。塞孟家口，开乾宁军直河，作桥于真定之中渡。又自卫州王供埽导沙河入御河，以广运路。累迁达州团练使，制置河北河防水利。

御史盛陶言："昉挟第五埽之功，专为己力。假朝廷威福，恐动州县。所开共城河，颇废人户水硙，久无成功。又议开沁河，因察访官按行，始知不便。漳河、滹沱之役，水占邢、洺、赵、深、祁五州之田，王广廉、孔嗣宗、钱劰、赵子几皆尝论奏其奸欺之状，则多置挞口，指决河所侵便为淤田。其事权之盛，则举官废吏，惟其所欲。悖慢豪横，则受圣旨者三，受提点刑狱司牒者十二，故有违拒。小人误当赏擢，骄暴自肆。愿遣官代还，仍行究治。"神宗曰："王安石以昉知河事，故加任使，令开漳河，用工七百万，滹沱八九百万，已议体量矣。"

始，安石欲兴水利，骤用昉，昉挟安石势而慢韩琦，后安石觉其虚诞，亦疏之。以忧死，赠耀州观察使。遂罢都大制置河防水利司。

苏利涉，字公济。祖保迁，自广州以阉人从刘鋹入朝。利涉初为入内内品。庆历中卫士之变，以护卫有劳，赏激加等。英宗为皇子，利涉给事东宫。及即位，迁东头供奉官，欲以为颖王府都监，力辞，干当御药院，迁供备库使。帝不豫，侍医药最勤，言辄流涕。及帝崩，乞与医官同贬，三上表待罪，不许。

神宗即位，授达州刺史。历内侍押班、副都知，转海州团练使。仙韶院火，营救甚力，赐袭衣、金带。卒，年六十四，赠奉国军节度使，谥曰勤僖。

利涉尝干当皇城司，循故事，厢卒逻察不皆以闻。后石得一代之，事无巨细悉以奏，往往有缘飞语受祸者，人始以利涉为贤。

雷允恭，开封人。初为黄门，颇慧黠，稍迁入内殿头、给事东宫。周怀政伪为天书，允恭豫发其事，怀政死，擢内殿崇班，迁承制。再迁西京作坊使、普州刺史、入内内侍省押班。

章献后初临政，丁谓潜结允恭，凡机密事令传达禁中，由是允恭势横中外。山陵事起，允恭请效力陵上，章献后曰："吾虑汝有妄动，恐为汝累也。"乃以为山陵都监。允恭驰至陵下，司天监邢中和为允恭言："今山陵上百步，法宜子孙，类汝州秦王坟。"允恭曰："何不就？"中和曰："恐下有石与水尔。"允恭曰："上无他子，若如秦王坟，何不可？"中和曰："山陵事重，踏行覆按，动经月日，恐不及七月之期耳。"允恭曰："第移就上穴，我走马入见太后言之。"允恭素贵横，人不敢违，即改穿上穴。入白其事，章献后曰："此大事，何轻易如此？"允恭曰："使先帝宜子孙，何惜不可？"章献后意不然，曰："出与山陵使议可否。"时丁谓为山陵使，允恭具道所以，谓唯唯而已。允恭入奏曰："山陵使亦无异议矣。"既而上穴果有石，石尽水出。允恭竟以是并坐盗金宝赐死，籍其家。中和流沙门岛。谓寻窜海上。

阎文应，开封人。给事掖庭，积迁至入内副都知。仁宗初亲政，与宰相吕夷简谋，以张耆、夏竦、陈尧佐、范雍、赵稹、晏殊、钱惟演皆章献后所任用，悉罢之。退以语郭后，后曰："夷简独不附太后邪？但多机巧，善应变耳。"由是并夷简罢。

夷简素与文应相结，使为中调。久之，乃知事由郭后，夷简遂怨后，及再相，杨、尚二美人方宠，尚美人于仁宗前有语侵后，后不胜忿，批其颊，仁宗自起救之，误中其颈，仁宗大怒。文应乘隙，遂与谋废后，且劝以爪痕示执政。夷简以怨，力主废事，因奏仁宗出谏官，竟废后为净妃，以所居宫名瑶华，皆文应为夷简内应也。

郭后既废，杨、尚二美人益宠专夕，仁宗体为之弊，或累日不进食，中外忧惧。杨太后亟以为言，仁宗未能去。文应早暮入侍，言之不已，仁宗厌其烦，强应曰："诺。"文应即以毡车载二美人出，二美人涕泣，词说云云不肯行。文应骂曰："官婢尚何言？"驱使登车。翌日，以尚氏为女道士，居洞真宫；杨氏别宅安置。既而仁宗复悔废郭后，有复后之意，文应大惧。会后有小疾，挟太医诊视数日，乃言后暴崩，实文应为之也。

累至昭宣使、恩州团练使。时谏官劾其罪，请并其子士良出之。以文应领嘉州防御使，为秦州钤辖，改郓州，士良罢御药院，为内殿崇班。

始杨、尚二美人之出宫也，左右引陈氏女入宫，父号陈子城，杨太后尝许以为后，宋绶不可。王曾、吕夷简、蔡齐相继论谏。陈氏女将进御，士良闻之，遽见仁宗。仁宗披百叶择日，士良曰："陛下阅此，岂非欲纳陈氏女为后邪？"仁宗曰："然。"士良曰："子城使，大臣家奴仆官名也，陛下今纳其女为后，无乃不可乎！"仁宗遽命出之。文应后徙相州钤辖。卒，赠邠州观察使。

任守忠，字稷臣，荫入内黄门，累转西头供奉官，领御药院，坐事废。久之，复故官，稍迁上御药供奉。初，章献后听政，守忠与都知江德明等交通请谒，权宠过盛。仁宗亲政，出为黄州都监，又谪监英州酒税，稍迁潭州都监，徙合流镇。西鄙用兵，又为秦凤、泾原路驻泊都监，以功再迁东染院使、内侍押班。出为定州钤辖，加内侍副都知。累迁宣政使、洋州观察使，为入内都知。

仁宗未有嗣，属意英宗，守忠居中建议，欲援立昏弱以徼大利。及英宗即位，拜宣庆使、安静军留后。守忠又语言诞妄，交乱两宫。于是知谏院司马光论守忠离间之罪，为国之大贼，民之巨蠹，乞斩于都市。英宗犹未行，宰相韩琦出空头敕一道，参政欧阳修已签，赵概难之，修曰："第书之，韩公必自有说。"琦遂坐政事堂，立守忠庭下，曰："汝罪当死，贬保信军节度副使，蕲州安置。"取空头敕填与之，即日押行，琦意以为少缓则中变也。

守忠久被宠幸，用事于中，人不敢言其过，及贬，中外快之。久之，起为左武卫将军，致仕，卒，年七十九。

童贯，少出李宪之门。性巧媚，自给事宫掖，即善策人主微指，先事顺承。徽宗立，置明金局于杭，贯以供奉官主之，始与蔡京游。京进，贯力也。京既相，赞策取青唐，因言贯尝十使陕右，审五路事宜与诸将之能否为最悉，力荐之。合兵十万，命王厚专阃寄，而贯用李宪故事监其军。至湟川，适禁中火，帝下手札，驿止贯毋西兵。贯发视，遽纳靴中。厚问故，贯曰："上趣成功耳。"师竟出，复四州。擢景福殿使、襄州观察使，内侍寄资转两使自兹始。

未几，为熙河兰湟、秦凤路经略安抚制置使，累迁武康军节度使。讨溪哥臧征，复积石军、洮州，加检校司空。颇恃功骄恣，选置将吏，皆捷取中旨，不复关朝廷，浸怫京意。除开府仪同三司，京曰："使相岂应授宦官？"不奉诏。

政和元年，进检校太尉，使契丹。或言："以宦官为上介，国无人乎？"帝曰："契丹闻贯破羌，故欲见之，因使觇国，策之善者也。"使还，益展奋，庙谟兵柄皆属焉。遂请进筑夏国横山，以太尉为陕西、河东、河北宣抚使。俄开府仪同三司，签书枢密院河西北两房。不三岁，领院事。更武信、武宁、护国、河东、山南东道、剑南、东川等九镇、太傅、泾国公。时人称蔡京为公相，因称贯为媪相。

将秦、晋锐师深入河、陇，薄于萧关古骨龙，谓可制夏人死命。遣大将刘法取朔方，法不可，贯逼之曰："君在京师时，亲授命于王所，自言必成功，今难之，何也？"法不得已出塞，遇伏而死。法，西州名将，既死，诸军恟惧。贯隐其败，以捷闻，百官入贺，皆切齿，然莫敢言。关右既困，夏人亦不能支，乃因辽人进誓表纳款。使至，授以誓诏，辞不取，贯强馆伴使固与之，还及境，弃诸道上。旧制，熟羌不授汉官，贯故引拔之，有至节度使者。弓箭手失其分地而使守新疆，禁卒逃亡不死而得改隶他籍，军政尽坏。

政和元年，副郑允中使于辽，得燕人马植，归荐诸朝，遂造平燕之谋，选健将劲卒，刻日发命。会方腊起睦州，势甚张，改江、浙、淮南宣抚使，即以所聚兵帅诸将讨平之。

方腊者，睦州青溪人也。世居县堨村，托左道以惑众。初，唐永徽中，睦州女子陈硕真反，自称文佳皇帝，故其地相传有天子基、万年楼，腊益得凭籍以自信。县境梓桐、帮源诸峒皆落山谷幽险处，民物繁夥，有漆楮、杉材之饶，富商巨贾多往来。

时吴中因于朱勔花石之扰，比屋致怨，腊因民不忍，阴聚贫乏游手之徒。宣和二年十月，起为乱，自号圣公，建元永乐，置官吏将帅，以巾饰为别，自红巾而上凡六等。无弓矢、介胄，唯以鬼神诡秘事相胥训，焚室庐，掠金帛子女，诱胁良民为兵。人安于太平，不识兵革，闻金鼓声即敛手听命，不旬日聚众至数万，破杀将官蔡遵于息坑。十一月陷青溪，十二月陷睦、歙二州。南陷衢，杀郡守彭汝方；北掠新城、桐庐、富阳诸县，进逼杭州。郡守弃城走，州即陷，杀制置使陈建、廉访使赵约，纵火六日，死者不可计。凡得官吏，必断脔支体，探其肺肠，或熬以膏油，丛镝乱射，备尽楚毒，以偿怨心。

警奏至京师，王黼匿不以闻，于是凶焰日炽。兰溪灵山贼朱言吴邦、剡县仇道人、仙居吕师囊、方岩山陈十四、苏州石生、归安陆行儿皆合党应之，东南大震。

发运使陈亨伯请调京畿兵及鼎、澧枪牌手兼程以来，使不至滋蔓。徽宗始大惊，亟遣童贯、谭稹为宣抚制置使，率禁旅及秦、晋蕃汉兵十五万以东，且谕贯使作诏罢应奉局。三年正月，腊将方七佛引众六万攻秀州，统军王子武乘城固守，已而大军至，合击贼，斩首九千，筑京观五，贼还据杭。二月，贯、稹前锋至清河堰，水陆并进，腊复焚官舍、府库、民居，乃宵遁。诸将刘延庆、王禀、王涣、杨惟忠、辛兴宗相继至，尽复所失城。四月，生擒腊及妻邵、子毫二太子、伪相方肥等五十二人于梓桐石穴中，杀贼七万。四年三月，余党悉平。进贯太师，徙国楚。

腊之起，破六州五十二县，戕平民二百万，所掠妇女自贼峒逃出，裸而缢于林中者，由汤岩、楢岭八十五里间，九村山谷相望。王师自出至凯旋，四百五十日。

腊虽平，而北伐之役遂起。既以复燕山功，诏解节钺为真三公，加封徐、豫两国。越两月，命致仕，而代以谭稹。明年复起，领枢密院，宣抚河北、燕山。宣和七年，诏用神宗遗训，能复全燕之境胙本邦，疏王爵，遂封广阳郡王。

是年，粘罕南侵，贯在太原，遣马扩、辛兴宗往聘以尝金，金人以纳张觉为责，且遣使告兴兵，贯厚礼之，谓曰："如此大事，何不素告我？"使者劝贯速割两河以谢，贯气褫不能应，谋遁归。太原守张孝纯诮之曰："金人渝盟，王当令天下兵悉力枝梧，今委之而去，是弃河东与敌也。河东入敌手，奈河北乎？"贯怒叱之曰："贯受命宣抚，非守土也。君必欲留贯，置帅何为？"孝纯拊掌叹曰："平生童太师作几许威望，及临事乃蓄缩畏懦，奉头鼠窜，何面目复见天子乎？"

贯奔入都，钦宗已受禅，下诏亲征，以贯为东京留守，贯不受命而奉上皇南巡。贯在西边募长大少年号胜捷军，几万人，以为亲军，环列第舍，至是拥之自随。上皇过浮桥，卫士攀望号呦，贯唯恐行不速，使亲军射之，中矢而踣者百余人，道路流涕，于是谏官、御史与国人议者蜂起。初贬左卫上将军，连谪昭化军节度副使，窜之英州、吉阳军。行未至，诏数其十大罪，命监察御史张澂迹其所至，莅斩之，及于南雄。既诛，函首赴阙，枭于都市。

贯握兵二十年，权倾一时，奔走期会过于制敕。尝有论其过者，诏方劭往察，劭一动一息，贯悉侦得之，先密以白，且陷以他事，劭反得罪，逐死。贯状魁梧，伟观视，颐下生须十数，皮骨劲如铁，不类阉人。有度量，能疏财。后宫自妃嫔以下皆献饷结内，左右妇寺誉言日闻。宠煽熏赫，庭户杂遝成市，岳牧、辅弼多出其门，厮养、仆圉官诸使者至数百辈。穷奸稔祸，流毒四海，虽葅醢不偿责也。

梁师成，字守道，慧黠习文法，稍知书。初隶贾详书艺局，详死，得领睿思殿文字外库，主出外传道上旨。政和间，得君贵幸，至窜名进士籍中，积迁晋州观察使、兴德军留后。建明堂，为都监，既成，拜节度使、加中太一、神霄宫使。历护国、镇东、河东三节度，至检校太傅，遂拜太尉、开府仪同三司，换节淮南。

时中外泰宁，徽宗留意礼文符瑞之事，师成善逢迎，希恩宠。帝本以隶人畜之，命入处殿中，凡御书号令皆出其手，多择善书吏习仿帝书，杂诏旨以出，外廷莫能辨。师成实不能文，而高自标榜，自言苏轼出子。是时，天下禁诵轼文，其尺牍在人间者皆毁去，师成诉于帝曰："先臣何罪？"自是，轼之文乃稍出。以翰墨为己任，四方俊秀名士必招致门下，往往遭点污。多置书画卷轴于外舍，邀宾客纵观，得其题识合意者，辄密加汲引，执政、侍从可阶而升。王黼父事之，虽蔡京父子亦诌附焉，都人目为"隐相"，所领职局至数十百。

黼造伐燕议，师成始犹依违，卒乃赞决，又荐谭稹为宣抚。燕山平，策勋进少保。益通贿谢，人士入钱数百万，以献颂上书为名，令赴廷试，唱第之日，侍于帝前，嗫嚅升降。其小吏储宏亦豫科甲，而执厮养之役如初。李彦括民田于京东、西，所至倨坐堂上，监司、郡守不敢抗礼。有言于帝，师成适在旁，抗声曰："王人虽微，序于诸侯之上，岂足为过？"言者惧而止。师成貌若不能言，然阴贼险鸷，遇间即发。

家居与黼邻，帝幸黼第，见其交通状，已怒，朱勔又以应奉与黼轧，因乘隙攻之。帝罢黼相，师成由是益绌。郓王楷宠盛，有动摇东宫意，师成能力保护。钦宗立，嬖臣多从上皇东下，师成以旧恩留京师。于是太学生陈东、布衣张炳力疏其罪。炳指之为李辅国，且言宦官表里相应，变恐不测。东复论其有异志，攘定策功，当正典刑。帝迫于公议，犹未遽言逐之。师成疑之，寝食不离帝所，虽奏厕亦侍于外，久未有以发。会郑望之使金营还，帝命师成及望之以宣和殿珠玉器玩复往。先令望之诣中书谕宰相，至则留之，始诏暴其罪，责为彰化军节度副使。开封吏护至贬所，行次八角镇，缢杀之，以暴死闻，籍其家。

杨戬，少给事掖庭，主掌后苑，善测伺人主意。自崇宁后，日有宠，知入内内侍省。立明堂、铸鼎鼐、起大晟府、龙德宫，皆为提举。

政和四年，拜彰化军节度使，首建期门行幸事以固其权，势与梁师成埒。历镇安、清海、镇东三镇，由检校少保至太傅，遂谋撼东宫。

有胥吏杜公才者献策于戬，立法索民田契，自甲之乙，乙之丙，展转究寻，至无可证，则度地所出，增立赋租。始于汝州，浸淫于京东西、淮西北，括废堤、弃堰、荒山、退滩及大河淤流之处，皆勒民主佃。额一定后，虽冲荡回复不可减，号为"西城所"。筑山浚古钜野泽，绵亘数百里，济、郓数州，赖其蒲鱼之利，立租算船纳直，犯者盗执之。一邑率于常赋外增租钱至十余万缗，水旱蠲税，此不得免。擢公才为观察使。宣和三年，戬死，赠太师、吴国公，而李彦继其职。

彦天资狠愎，密与王黼表里，置局汝州，临事愈剧。凡民间美田，使他人投牒告陈，皆指为天荒，虽执200券皆不省。鲁山阖县尽括为公田，焚民故券，使田主输租佃本业，诉者辄加威刑，致死者千万。公田既无二税，转运使亦不为奏除，悉均诸别州。京西提举官及京东州县吏刘寄、任辉彦、李士渔、王浒、毛孝立、王随、江惇、吕坯、钱械、宋宪皆助彦为虐，如奴事主，民不胜忿痛。前执政冠带操笏，迎遏马首献媚，花朝夕造请，宾客径趣谒舍，不敢对之上马，而彦处之自如。

发物供奉，大抵类朱勔，凡竹数竿用一大车、牛驴数十头，其数无极，皆责办于民，经时阅月，无休息期。衣不得之田，牛不得耕垦，殚财麋仓，力竭饿死，或自缢辕轭间。如龙鳞薛荔一本，辇致之费逾百万。喜赏怒刑，祸福转手，因之得美官者甚众。颍昌兵马钤辖范寥不为取竹，逐刊苏轼诗文于石为十恶，朝廷察其捃摭，亦令勒停。当时谓朱勔结怨于东南，李彦结怨于西北。

靖康初，诏追戬所赠官爵，彦削官赐死，籍其家；刘寄以下十人皆停废；复范寥官。

卷四百六十九
列传第二百二十八

宦 者 四

邵成章　蓝珪康履附　冯益　张去为　陈源
甘昇　王德谦　关礼　董宋臣

邵成章，钦宗朝内侍也。帝入青城，命成章卫皇太子赴宣德门称制行事。太子北去，成章留于汴。康王将即位，元祐太后遣成章奉乘舆、服御至南京，从幸扬州。

金人掠陕西、京东诸郡，群盗起山东，黄潜善、汪伯彦匿不以闻。及张遇焚真州，去行在六十里，帝亦不之知也。成章上疏条具潜善、伯彦之罪曰：必误国，且申潜善等使闻之。帝怒，除名，南雄州编管。侍御史马伸言："成章缘上书得罪，今是何时，以言为讳？"

久之，帝思成章忠直，召赴行在，其徒忌之，潜于帝曰："邵九百来，陛下无欢乐矣！"遂止之于洪州。金人入洪，闻其名，访求得之，谓之曰："知公忠正，能事吾主，可坐享富贵。"成章不应，胁之以威，亦不从。金人曰："忠臣也，吾不忍杀。"遗之金帛而去。

蓝珪、康履，初皆为康王府都监，入内东头供奉官，尝从康王使金人行营。及开元帅府，并主管机宜文字。朝廷遣人趣师入援，履等请王留相州，王叱之而行。既即位，二人俱恃恩用事，履尤妄作威福，大将如刘光世等多曲意事之。帝知之，诏内侍不许与统兵官相见，违者停官编隶。履终无所忌惮，与内侍曾择凌忽诸将，或踞坐洗足，立诸将于左右，声喏甚至马前，故疾之者众。俄迁内侍省押班、金州观察使。

帝在扬州，金兵卒至，帝驰马出门，百官不戒备，从行者惟履等五六人。自是履等益自衒，愈有轻外朝心。及幸浙，道吴江，其党竞以射鸭为乐。比至杭州，江下观潮，中官供帐，赫然遮道。统制苗傅等切齿曰："此辈使天子至此，犹敢尔邪？"傅幕客王世修亦疾中官恣横，以告武功大夫刘正彦，正彦曰："会当共除之。"王渊跻枢筦，正彦以为由宦者所荐，愈不平，谋遂决。伏兵斩渊，遣兵围履家，分捕中官，凡无须者皆杀之。

履驰入白帝，傅等至，厉声曰："陛下信任中官，凡中官所主者皆得美官。王渊遇贼不战，交康履得枢密。中官在外者已诛，更乞康履、蓝珪、曾择等诛之，以谢三军。"帝不忍，除傅等官以安之。傅等曰："欲迁官，第须控两匹马与内侍，何必至此！"帝问百官："策安出？"主管浙西机宜文字时希孟曰："中官之为患，至此极矣。不除，天下之患未已。"军器监叶宗谔言："陛下何惜一康履，不以慰三军？"帝不得已，遣人执履至，履望帝呼曰："大家何独杀臣？"遂以付傅，即腰斩之。枭其首。帝幸睿圣宫，傅等留内侍十五人奉左右。寻捕珪、择等，皆编置远州；择，昭州，行一程，追还斩之。

傅等诛，赠履官，谥荣节，召珪等还。中书舍人季陵言："中官复召，其党与相贺，气焰益张，中外切齿。"不报。珪至，自武功大夫擢内侍省押班。慈宁宫建，命提点事务，寻升内侍省都知。及迎太后，命充都大主管。太后既还宫，珪奏应干补授恩，乞听慈宁宫施行。从之。珪初与履同进，而骄横不及履，故幸以寿终。

有安石者，与同姓，为内侍省副都知，至景福殿使、湖州观察使。卒，赠保宁军节度使，谥良恪。渡江后，中官赠谥自安石始。

又有与履同姓者名谓，为内侍省押班，亦亲幸用事，与知阁门事蓝公佐善，每邀公佐至其直舍，必纵饮大醉，薄莫乃归，尝漏泄禁中语。刘光远被劾，谓与内侍陈永锡受其金，力为营救。言官劾之，帝诏永锡与祠，谓送吏部。后累官至均州观察使。卒，赠保信军节度使，谥忠定。

冯益，康王邸旧人也。王即位，自入内东头供奉官迁至干办御药院，寻兼干办皇城司。恃旧恩骄恣。帝幸浙东，益与御前右军都统制张俊争渡，以语侵俊，且诉于帝。事下御史台，侍御史赵鼎言："明受之变，起于内侍，覆辙不可不戒。"事乃已。

绍兴三年，授武功大夫、康州防御使、带御器械。时帝用侍御史常同言，诏皇城司并隶台察，益言非祖宗旧制，帝为追寝前诏。特迁宣政使。益自言藩邸旧吏，乞加恩，遂升明州观察使。内厩旧有骐骥院官，益请别置御马院，自领其事，又擅穿皇城便门。侍御史沈与求以为言，赵鼎等皆恶之。

会刘豫揭榜山东，言益遣人收买飞鸽，因有不逊语。张浚请斩益以释谤，帝不许。鼎言事关国体，当解职加罚。帝喜曰："闻益交关外事，渐不可长。"与祠放归。浚意未息，鼎解之。益自是家居廪祠者十四年。

先是，伪柔福帝姬之来，自称为王贵妃季女，益自言尝在贵妃邸，帝遣之验视，益为所诈，遂以真告。及事觉，益坐验视不实，送昭州编管，寻以与皇太后连姻得免。十九年，卒于家。

张去为，内侍张见道养子也。初为韦太后宅提点官，累迁至安德军承宣使、带御器械，又迁内侍省押班。时见道为入内内侍省押班，父子并充景福殿使。去为浸有宠，请以一官回授见道，帝嘉而许之。其后见道以保康军承宣使致仕，而去为与秦桧、王继先俱用事，升延福宫使，累迁至入内内侍省都知，恃恩干外朝谋议。

金兵将至，遣使来，出慢言以相惧。去为阴沮用兵，进幸蜀之计，宰相陈康伯力非之，帝悟而止。侍御史杜莘老乞斩去为，以作士气。先是，去为取御马院西兵二百人，髡其顶发，都人骇之，莘老复劾其罪。帝不得已，令去为致仕，莘老亦出补外。

及内禅，诏落致仕，提举德寿宫，行移如内侍省，仍铸印赐之。修宫有劳，又特迁安庆军承宣使。初，安恭后入宫，去为实进之。后崩，上皇又遣去为传旨，立谢贵妃为后，故亦贵重，然至死不复涉朝廷事。

陈源，淳熙中提举德寿宫，颇有宠。俄带浙西副总管，给事中赵汝愚言："内侍不当干军政。"遂罢。源恃恩颛恣，本宫书吏徐彦通者为源掌家务，不数岁，官至经武大夫；甄士昌，源厮役也，工理发，奏补承信郎；又补临安府都吏李庚以官，使之窥伺府事。孝宗闻而恶之。十年春，诏源应奉日久，特落阶官，与京祠。给事中宇文价封还录黄，改外祠。台官黄洽等又劾之，乃谪源建州居住，籍其赀进德寿宫。彦通除名、道州编管，士昌、庚皆抵罪。言者犹未已，移源郴州。源有园名小隐，其制视禁籞有加，高宗以赐王才人。

光宗即位，复召还。绍熙四年，自拱卫大夫、永州防御使除入内内侍省押班。帝以疾不朝重华宫，源与内侍杨舜卿、林亿年数有间言。宁宗即位，命三人俱事光宗于泰安宫。御史章颖论其离间君亲，乞行诛窜，以慰寿皇在天之灵。诏罢源等官，源抚州、亿年常州居住，舜卿任便居住。庆元二年，以生皇子恩，源、亿年许自便，舜卿与内祠。给事中汪义端驳之，乃移源婺州，亿年湖州。义端再驳舜卿内祠，反坐外补，其后源等卒听自便。亿年养娼女以别业，源在贬所与妓滥，俱以淫媒闻，人疑其非宦者云。

甘昪，内侍省押班泽之子。泽之死，昪累迁亦至押班。乾道中，帝颇亲幸，昪以此用事。临安尹胡与可为小官时，丐贷于临安富民马氏，不如欲，衔之。至是，马以鬻官盐逾格系狱，与可讽有司以私盐论，御史陈升卿决狱，平反之。昪之子妇，与可女也，乃阴为与可地，潜升卿于帝前，谓为豪民马请事，所得至万缗。上疑，遂论罪，马流严州，升卿由是罢去。

时曾觌以使弼领京祠，王抃以知郤门兼枢密都承旨，昪为入内押班，相与盘结，士大夫无耻者争附之。既而觌死抃逐，独昪在，朱熹力言之，帝曰："昪为德寿宫所荐，谓有才耳。"熹曰："奸人无才，何以动人主？"昪用事二十年，招权市贿，黄由对策，亦颇及之。后帝察其奸，遂抵之罪，籍其赀，竟以废死。

弟昺，淳熙末，干办内东门司、带御器械。光宗朝，累迁至亲卫大夫、保康军承宣使、提举佑神观。庆元初，为内侍省都知。帝过寿康宫，昺有力焉。迁官二秩，颇贵宠。

王德谦，初为嘉邸都监，颇亲幸。孝宗大渐，光宗以疾久不朝重华宫。黄由时为王府赞读，奏请嘉王诣重华宫问疾，既得旨，德谦固请覆奏，王斥之，遂行。孝宗崩，王在丧次，中外汹汹，王以告直讲彭龟年。龟年以为建储则人心安，须白中宫乃可。即谕德谦奏之皇太后，德谦不敢，强之，既而无报。

王即位，德谦累迁昭庆军承宣使、内侍省押班，赐居第。骄恣逾法，服食拟乘舆，出入或以导驾灯笼自奉。为人求官，赃以巨万计，泄其事者祸立至，故外朝多附之。

中书舍人吴宗旦事之尤谨，夜则易服造谒。德谦求为节度使，先荐宗旦为刑部侍郎、直学士院，将使草麻。宗旦先备草示之，引天宝、同光为比，德谦喜。制出，参政何澹不肯署，谏议大夫刘德秀率台谏论列，宰相京镗复以为言，命遂寝。

韩侂胄与德谦争用事，德谦屡以计胜，侂胄挤之，诏与外祠，台谏又交章论驳。侍御史姚愈言吴宗旦尝草德谦制，遂罢其官。愈又率同列力攻德谦，诏送广德军居住。寻以临安尹劾其赃滥僭拟，诏降团练使、移居抚州，他事勿问。中书舍人高文虎请改为安置，台谏复言其奸诡，乞自今不以赦移，虽特旨亦许执奏，帝用其言，德谦遂坐废斥以死。

关礼，高宗朝宦者。淳熙末，积官至亲卫大夫、保信军承宣使。孝宗颇亲幸之，后命提举重华宫。

孝宗崩，光宗疾，不能执丧，枢密赵汝愚等言请建储以安人心，光宗御批又有"念欲退闲"语，丞相留正惧，纳禄去，人心愈摇。汝愚遣戚里韩侂胄因内侍张宗尹以禅位之议奏，太皇太后曰："此岂可易言！"明日，汝愚再遣侂胄附宗尹以奏，未获命而侂胄退，与礼遇，礼知其意，问之，侂胄不以告。礼指天自誓不言，侂胄遂白其事，礼即入宫，泣告太后以时事可忧之状，且曰："留丞相已去，所恃者赵知院耳。今欲定大计而无太皇太后之命，亦将去矣。"太后惊曰："知院，同姓也，事体与他人异。"礼曰："知院未去，恃有太后耳。今有请不许，计无所出，亦惟有去而已。知院去，天下将若何？"太后悟，遂命礼传旨侂胄以谕汝愚，约明日太后垂帘上其事。又明日，嘉王入行禫祭，汝愚即奔前进呈御批，太后遂命王即皇帝位。寻除礼入内内侍省都知，又差兼重华、慈福宫承受，充提举皇城司，迁中侍大夫。

礼不以功自居，乞致仕，不许；乞免推恩，又不许。南渡后，内侍可称者惟邵成章与礼云。

董宋臣，理宗朝宦者。淳祐中，以睿思殿祗候特转横行官。宝祐三年，兼干办佑圣观。侍御史洪天锡劾之，不报，天锡坐左迁大理少卿。开庆初，大元兵驻江上，京师大震。宋臣赞帝迁幸宁海军，签判文天祥上疏乞诛宋臣，又不报。

景定四年，自保康军承宣使除入内内侍省押班，寻兼主管太庙、往来国信所，同提点内军器库、翰林院、编修敕令所、都大提举诸司，提点显应观，主管景献太子府事。会天祥以著作佐郎兼献景府教授，义不与宋臣联事，上书求去，天祥出知瑞州。

言者论宋臣不置，帝曲为谕解庇之。秘书少监汤汉上封事，亦言："宋臣十余年来声焰薰灼，其力能去台谏、排大臣，至结凶渠以致大祸。中外惶惑切齿，而陛下方为之辨明，大臣方为之和解，此过计也。愿收还押班等除命，不胜宗社之幸。"疏入，帝亦不之省。六月，命主管御前马院及酒库。既卒，帝犹命特转节度使，其见宠爱如此。

卷四百七十

列传第二百二十九

佞　幸

**弭德超　侯莫陈利用　赵赞　王黼　朱勔
王继先　曾觌**龙大渊附**　张说　王抃
姜特立**谯熙载附

人君生长深宫之中，法家、拂士接耳目之时少，宦官、女子共启处之日多，二者，佞幸之梯媒也。刚明之主亦有佞幸焉，刚好专任，明好偏察，彼佞幸者一投其机，为患深矣。他日败觉，虽能殄除，隳城以求狐，灌社以索鼠，亦曰殆哉！宋世中材之君，朝有佞幸，所不免也。太宗有弭德超，赵赞，孝宗有曾觌、龙大渊，二君固不可谓非刚明之主也。作《佞幸传》。

弭德超，沧州清池人。李符、李琪荐之，给事太宗晋邸。太宗即位，补供奉官。太平兴国三年，迁酒坊使、杭州兵马都监，又为镇州驻泊都监。

初，太宗念边戍劳苦，月赐士卒银，谓之月头银。德超乘间以急变闻于太宗曰："枢密使曹彬秉政岁久，得士众心；臣从塞上来，闻士卒言：'月头银曹公所致，微曹公我辈馁死矣。'"又巧诬毁他事。上颇疑之，出彬为天平军节度。以王显为宣徽南院使，德超为宣徽北院使，并兼枢密副使。

德超潜曹彬事成，期得枢密使，乃为副使；又柴禹锡与德超官同，先授，班在其上。故德超视事月余，称病请告，居常怏怏。一日诟显及禹锡曰："我言国家大事，有安社稷功，止得线许大官。汝等何人，反在我上，更令我效汝辈所为，我实耻之。"又大骂曰："：汝辈当断头，我度上无守执，为汝辈所眩惑。"显告之，太宗怒，命膳部郎中、知杂滕中正就第鞫德超，具伏，下诏夺官职，与其家配隶琼州禁锢，未几死。

侯莫陈利用，益州成都人，幼得变幻之术。太平兴国初，卖药京师，言黄白事以惑人。枢密承旨陈从信白于太宗，即日召见，试其术颇验，即授殿直，累迁崇仪副使。雍熙二年，改右监门卫将军，领应州刺史。三年，诸将北征，以利用与王侁并为并州驻泊都监，擢单州刺史。四年，迁郑州团练使。前后赐甚渥，依附者颇获进用，遂横恣无复畏惮。其居处服玩皆僭乘舆，人畏之不敢言。

会赵普再入中书，廉知杀人及诸不法，尽奏之。太宗遣近臣案得奸状，欲贷其死，普固请曰："陛下不诛，是乱天下法。法可惜，此何足惜哉！"遂下诏除名，配商州禁锢。初籍其家，俄诏还之。

赵普恐其复用，因殿中丞窦谭尝监郑州榷酤，知利用每独南向坐以接京使，犀玉带用红黄罗袋，澶州黄河清，郑州用为诗题试举人，利用试官状，言甚不逊。召谭至中书诘实，令上疏告之。又京西转运副使宋沆籍利用家，得书数纸，言皆指斥切害，悉以进上。太宗怒，令中使窒杀之，已而复遣使贷其死，乘疾置至新安，马旋泞而踣，出泞换马，比追及之，已为前使诛矣。

赵赞，并州人，性险诐辩给，好言利害。初为军小吏，与都校不协，因诬营中谋叛，刘继元屠之无遗类，稍署赞右职。太原平，隶三司为走吏，又许本司补殿直，太宗颇任之。迁供奉官、郃门祗候，提举京西、陕西数州钱帛，发摘甚众。又自乞捕盗，至永兴，得兵士盗钱二百，欲磔诸市，知府张齐贤夺而释之。太宗命御史台按问，停赞官数月。复令专钩校三司簿，令赞自选吏十数人为耳目，专伺中书、枢密及三司事，乘间白之。太宗以为忠无他肠，中外益畏其口。会改三司官属，以赞为西京作坊副使、度支都监。

时又有郑昌嗣者，宣州人，亦起三司役吏，稍迁侍禁。奉使西川，回奏在官不治者数十人，太宗嘉其直。会市物吏因缘为奸，列肆屡谒开封诉之，乃置杂务务，使昌嗣监之。昌嗣乞著籍便殿门，许非时入奏，与赞素比相表里，累迁至西上阁门副使、盐铁都监。二人既得联事，由是益横恣，所为皆不法。太宗颇知之，以问左右，皆畏二人，无敢言其恶。

至道元年上元节，京城张灯，太宗以上清宫成，临幸。赞与昌嗣邀其党数人，携妓乐登宫中土皇郊，饮宴至夜分；掌舍宦者不能止，以其事闻。太宗大怒，并摭诸事，下诏夺赞官，许携家配隶房州禁锢，即日驿遣之。昌嗣黜唐州团练副使，不署事。既数日，并赐死于路。

太宗谓侍臣曰："君子小人如芝兰荆棘，不能绝其类，在人甄别耳。苟尽君子，则何用乎刑罚焉？"参知政事寇准对曰："帝尧之时，四凶在庭，则三代之前，世质民淳，已有小人矣。今之衣儒服、居清列者，亦颇朋附小人，为自安计。如赞、昌嗣之类奔走贱吏，不足言也。"

王黼字将明，开封祥符人。初名甫，后以同东汉宦官，赐名黼。为人美风姿，目睛如金，有口辩，才疏隽而寡学术，然多智善佞。中崇宁进士第，调相州司理参军，编修《九域图志》，何志同领局，喜其人，为父执中言之，荐擢校书郎，迁符宝郎、左司谏。张商英在相位，浸失帝意，遣使以玉环赐蔡京于杭；黼觇知之，数条奏京所行政事，并击商英。京复相，德其助己，除左谏议大夫、给事中、御史中丞，自校书至是财两岁。

黼因执中进，乃欲去执中，使京颛国，遂疏其二十罪，不听。俄兼侍读，进翰林学士。京与郑居中不合，黼复内交居中，京怒，徙为户部尚书，大农方乏，将以邦用不给为之罪。既而诸班禁旅赉犒不如期，诣左藏鼓噪，黼闻之，即诸军揭大榜，期以某月某日，众读榜皆después京计不行。还为学士，进承旨。

遭父忧，阅五月，起复宣和殿学士，赐第昭德坊。故门下侍郎许将宅在左，黼父事梁师成，称为恩府先生，倚其声焰，逼许氏夺之，白昼逐将家，道路愤叹。复为承旨，拜尚书左丞、中书侍郎。宣和元年，拜特进、少宰。由通议大夫超八阶，宋朝命相未有前比也。别赐城西甲第，徙居之日，导以教坊乐，供张什器，悉取于官，宠倾一时。

蔡京致仕，黼阳顺人心，悉反其所为，罢方田，毁辟雍、医、算学，并会要、六典诸局，汰省吏，减遥郡使、横班官奉入之半，茶盐钞法不复比较，富户科抑一切蠲除之，四方翕然称贤相。

既得位，乘高为邪，多畜子女玉帛自奉，僭拟禁省。诱夺徽猷阁待制邓之纲妾，反以罪窜之纲岭南。加少保、太宰。请置应奉局，自兼提领，中外名钱皆许擅用，竭天下财力以供费。官吏承望风旨，凡四方水土珍异之物，悉苛取于民，进帝所者不能什一，余皆入其家。御史陈过庭乞尽罢以御前使唤为名冗官，京西转运使张汝霖请罢进西路花果，帝既纳，黼复露章劾之，两人皆徙远郡。

睦寇方腊起，黼方文太平，不以告，蔓延弥月，遂攻破六郡。帝遣童贯督秦甲十万始平之。犹以功转少傅，又进少师。贯之行也，帝全付以东南一事，谓之曰："如有急，即以御笔行之。"贯至吴，见民困花石之扰，众言："贼不亟平，坐此耳。"贯即命其僚董耘作手诏，若罪己然，且有罢应奉局之令，吴民大悦。贯平贼归，黼言于帝曰："腊之起由茶盐法也，而贯入奸言，归过陛下。"帝怒。贯谋起蔡京以间黼，黼惧。

是时朝廷已纳赵良嗣之计，结女真共图燕，大臣多不以为可。黼曰："南北虽通好百年，然自累朝以来，彼之慢我者多矣。兼弱攻昧，武之善经也。今弗取，女真必强，中原故地将不复为我有。"帝虽向其言，然以兵属贯，命以保民观衅为上策。黼复折简通诚于贯曰："太师若北行，愿尽死力。"时帝方以睦寇故悔其事，及黼一言，遂复治兵。

黼于三省置经抚房，专治边事，不关之枢密。括天下丁夫，计口出算，得钱六千二百万缗，竟买空城五六而奏凯。率百僚称贺，帝解玉带以赐，优进太傅，封楚国公，许服紫花袍，驺从仪物几与亲王等。黼议上尊号，帝曰："此神宗皇帝所不敢受者也。"却弗许。

始，辽使至，率迁其驿程，燕犒不示以华侈。及黼务于欲速，令女真使以七日自燕至都，每张宴其居，辄陈尚方锦绣、金玉、瑰宝，以夸富盛，由是女真益生心。身为三公，位元宰，至陪扈曲宴，亲为俳优鄙贱之役，以献笑取悦。

钦宗在东宫，恶其所为。郓王楷有宠，黼为阴画夺宗之策。皇孙谌为节度使、崇国公，黼谓但当得观察使，召宫臣耿南仲谕指，使草代东宫辞谌官奏，竟夺之，盖欲以是撼摇东宫。

帝待遇之厚，名其所居邸曰"得贤治定"，为书亭、堂榜九。有玉芝产堂柱，乘舆亲临观之。梁此成与连墙，穿便门往来，帝始悟其交结状。还宫，黼眷顿熄，寻命致仕。

钦宗受禅，黼惶骇入贺，邸门以上旨不纳。金兵入汴，不俟命，载其孥以东。诏贬为崇信军节度副使，籍其家。吴敏、李纲请诛黼，事下开封尹聂山，山方挟宿怨，遣武士蹑及于雍丘南辅固村，戕之，民家取其首以献。帝以初即位，难于诛大臣，托言为盗所杀。议者不以诛黼为过，而以天讨不正为失刑矣。

朱勔，苏州人。父冲，狡狯有智数。家本贱微，庸于人，梗悍不驯，抵罪鞭背。去之旁邑乞贷，遇异人，得金及方书归，设肆卖药，病人服之辄效，远近辐凑，家遂富。因修时园圃，结游客，致往来称誉。

始，蔡京居钱塘，过苏，欲建僧寺阁，会费钜万，僧言必欲集此缘，非朱冲不可。京以属郡守，郡守呼冲见京，京语故，冲愿独任。居数日，请京诣寺度地，至则大木数千章积庭下，京大惊，阴器其能。明年召还，挟勔与俱，以其父子姓名属童贯置军籍中，皆得官。

徽宗颇垂意花石，京讽勔语其父，密取浙中珍异以进。初致黄杨三本，帝嘉之。后岁岁增加，然岁率不过再三贡，贡物裁五七品。至政和中始极盛，舳舻相衔于淮、汴，号"花石纲"，置应奉局于苏，指取内帑如囊中物，每取以数十百万计。延福宫、艮岳成，奇卉异植充牣其中。勔擢至防御使，东南部刺史、郡守多出其门。

徐铸、应安道、王仲闳等济其恶，竭州县官经常以为奉。所贡物，豪夺渔取于民，毛发不少偿。士民家一石一木稍堪玩，即领健卒直入其家，用黄封表识，未即取，使护视之，微不谨，即被以大不恭罪。及发行，必彻屋抉墙以出。人不幸有一物小异，共指为不祥，唯恐芟夷之不速。民预是役者，中家悉破产，或鬻卖子女以供其须。斫山辇石，程督峭惨，虽在江湖不测之渊，百计取之，必出乃止。

尝得太湖石，高四丈，载以巨舰，役夫数千人，所经州县，有拆水门、桥梁、凿城垣以过者。既至，赐名"神运昭功石"。截诸道粮饷纲，旁罗商船，揭所贡暴其上，篙工、柂师倚势贪横，陵轹州县，道路相视以目。广济卒四指挥尽给辇士犹不足。京始患之，从容言于帝，愿抑其太甚者。帝亦病其扰，乃禁用粮纲船，戒伐木藏、毁室庐，毋得加黄封帕蒙人园圃花石，凡十余事。听勔与蔡攸等六人入贡，余进奉悉罢。自是勔小戢。

既而杂甚。所居直苏市中孙老桥，忽称诏，凡桥东西四至壤地室庐悉买赐予己，合数百家，期五日尽徙，郡吏逼逐，民嗟哭于路。遂建神霄殿，奉青华帝君像其中，监司、都邑吏朔望皆拜庭下，命士至，辄朝谒，然后通刺诣勔。主赵霖建三十六浦闸，兴必不可成之功，天方大寒，役死者相枕藉。霖志在媚勔，益加苛虐，吴、越不胜其苦。徽州卢宗原竭库钱遗之，引为发运使，公肆掊克。园池拟禁籞，服饰器用上僭乘舆。又托辊舟募兵数千人，拥以自卫。子汝贤等召呼乡州官寮，颐指目摄，皆奔走听命，流毒州郡者二十年。

方腊起，以诛勔为名。童贯出师，承上旨尽罢去花木进奉，帝又黜勔父子弟侄在职者，民大悦。然寇平，勔复得志，声焰熏灼。邪人秽夫，候门奴事，自直秘阁至殿学士，如欲可得，不附者旋踵罢去，时谓东南小朝廷。帝末年益亲任之，居中白事，传达上旨，大略如内侍，进见不避宫嫔。历随州观察使、庆远军承宣使。燕山奏功，进拜宁远军节度使、醴泉观使。一门尽为显官，驵仆亦至金紫，天下为之扼腕。

靖康之难，欲为自全计，仓卒拥上皇南巡，且欲邀至其第。钦宗用御史言，放归田里，凡由勔得官者皆罢。籍其赀财，田至三十万亩。言者不已，羁之衡州，徙韶州、循州，遣使即所至斩之。

王继先，开封人。奸黠善佞。建炎初以医得幸，其后浸贵宠，世号王医师。至和安大夫、开州团练使致仕。寻以覃恩，改授武功大夫，落致仕。给事中富直柔奏："继先以杂流易前班，则自此转行无碍，深恐将帅解体。"帝曰："朕顷冒海气，继先诊视有奇效。可特书读。"直柔再驳，命乃寝。既而特授荣州防御使。

太后有疾，继先诊视有劳，特补其子悦道为阁门祗候。寻命继先主管翰林医官局，力辞。是时，继先用事，中外切齿，乃阳乞致仕，以避人言。诏迁秩二等，许回授。俄除右武大夫、华州观察使，诏余人毋得援例。吴贵妃进封，推恩迁奉宁军承宣使，特封其妻郭氏为郡夫人。

继先遭遇冠绝人臣，诸大帅承顺下风，莫敢少忤，其权势与秦桧埒。桧使其夫人诣之，叙拜兄弟，表里引援。迁昭庆军承宣使，又欲得节钺，使其徒张孝直等校《本草》以献，给事中杨椿沮之，计不行。继先富埒王室，子弟通朝籍，总戎寄，姻戚党与盘据要途，数十年间，无能摇之者。

金兵将至，刘锜请为战备，继先乃言："新进主兵官，好作弗靖，若斩一二人，和好复固。"帝不怿曰："是欲我斩刘锜乎？"

侍御史杜莘老劾其十罪，大略谓："继先广造第宅，占民居数百家，都人谓之'快乐仙宫'；夺良家妇女为侍妾，镇江有娼妙于歌舞，矫御前索之；渊圣成丧，举家燕饮，令妓女舞而不歌，谓之'哑乐'；自金使来，日辇重宝之吴兴，为避走计；阴养恶少，私置兵甲；受富民金，荐为郡职；州县大狱，以赂解免；诬姊奸淫，加之黥隶；又于诸处佛寺建立生祠，凡名山大刹所有，大半入其家。此特举其大者，其余擢发未足数也。"

奏入，诏继先福州居住。其子安道，武泰军承宣使；守道，朝议大夫、直徽猷阁；悦道朝奉郎、直秘阁；孙锜，承议郎、直秘阁，并勒停。放还吴家子为奴婢者凡百余人。籍其赀以千万计，鬻其田园及金银，并隶御前激赏库。其海舟付李宝，天下称快。

方继先之怙宠奸法，帝亦知之，故晚年以公议废之，遂不复起。孝宗即位，诏任便居住，毋至行在。淳熙八年，卒。

曾觌，字纯甫，其先汴人也。用父任补官。绍兴三十年，以寄班祗候与龙大渊同为建王内知客。孝宗受禅，大渊自左武大夫除枢密副都承旨，而觌自武翼郎除带御器械、干办皇城司。谏议大夫刘度入对，首言二人潜邸旧人，待之不可无节度；又因进故事，论京房、石显事。大渊遂除知阁门事，而觌除权知阁门事。度言："臣欲退之，而陛下进之，何面目尚为谏官？乞赐贬黜。"中书舍人张震缴其命至再，出知绍兴府。殿中侍御史胡沂亦论二人市权，既而给舍金安节、周必大再封还录黄。时张焘新拜参政，亦欲以大渊、觌决去就，力言之，帝不纳。焘辞去，遂以内祠兼侍读。刘度夺言职，权工部侍郎，而二人仍知阁门事。必大格除目不下，寻与祠，二人除命亦寝。未几，卒以大渊为宜州观察使、知阁门事；觌，文州刺史、权知阁门；皆兼皇城司。不数月间，除命四变。刘度出知建宁府，寻放罢。

群臣既以言二人得罪去，侍御史周操章十五上，不报。自是觌与大渊势张甚，士大夫之寡耻者潜附丽之。帝尝令大渊抚慰两淮将士，侍御史王十朋言大渊衔命抚师，非出朝廷论选之公，有轻国体。时又有内侍押班梁珂者，三人表里用事。及珂以罪出，右正言龚茂良入对，首论："二人害政甚百倍，陛下罢行一政事，进退一人才，必掠美自归，谓为己力。或时有少过，昌言于外，谓尝争之而不见听。群臣章疏留中未出，间得窥见，出以语人。有司条陈利害，示以副封，公然可否。若夫交通贿赂，干求差遣，特其小者耳。愿特出威断，并行罢去。"

先是，江、浙大水，诏侍从、台谏陈阙政。著作郎刘凤上封事曰："陛下与觌、大渊辈觥咏唱酬，字而不名。罢宰相，易大将，待其言而后决。严法守，裁倖幸，当自宫掖近侍始。"茂良时为监察御史，亦言："水至阴，其占为女宠，为嬖佞，为小人，盖专指左右近习也。"帝谕以二人皆潜邸旧人，非近习比；且俱有文学，敢谏诤，杜门不出，不预外事，宜退而访问。茂良再上疏言："德宗不知卢杞之奸邪，此其所以奸邪也。大渊、觌所为，行道之人能言之，特陛下未之觉耳。"疏入不报。茂良待罪，除太常少卿，五辞不拜，出知建宁府。

一日，右史洪迈过参政陈俊卿曰："闻将除右史，迈迁西掖，信乎？"俊卿曰："何自得之？"迈以二人告。俊卿即以语宰相叶颙、魏杞，而己独奏之，且以迈语质之帝前，帝怒，即出二人于外。于是迁大渊为江东总管，觌为淮西副总管，中外快之。寻改大渊浙东、觌福建。乾道四年，大渊死，觌尚在福建。帝怜，欲召之，枢密刘珙奏曰：

"此曹奴隶尔，厚赐之可也。引以自近而待以宾友，使得与闻政事，非所以增圣德、整朝纲也。"帝纳珙言，命遂寝。

既而觌垂满，俊卿恐其入，预请以浙东总管处之。台臣上疏论之，不报。太学录魏掞之亟上封事论列，且见俊卿切责之，掞之得台州教官以出。觌至龙山已久，伺掞之去，然后入国门。会虞允文使蜀还，与俊卿同奏觌不可留。帝曰："然，留则累朕。"卒除浙东副总管。未几，以墨诏进觌一官为观察使，中书舍人缴之，不因事除拜，必有人言。帝不听。俊卿曰："不尔，亦须有名。"会汪大猷为贺金正旦使，俾觌副之。比还，迁一秩，而竟申浙东之命，且戒阁门吏趣朝辞，觌由是怏怏而去。

六年夏，俊卿罢政。十月，觌以京祠召。七年，立皇太子，觌以伴读劳，升承宣使。八年，姚宪为贺金国尊号使，觌副之。归，除武泰军节度使，提举万寿观。淳熙元年，除开府仪同三司。四年，觌欲以文资官其子孙，帝遣中使至省中具使相奏补法，龚茂良时以参政行丞相事，遽以文武官各随本色荫补法缴进，觌大怒。茂良退朝，觌从骑不避，茂良执而挞之，待罪乞出，不许。户部员外郎谢廓然忽屬出身，除侍御史。廓然首论茂良，以资政殿学士知镇江；章再上，镌罢；言之不已，贬英州，皆觌所使也。觌前虽预事，未敢肆，至是责逐大臣，士始侧目重足矣。廓然既以擅权罪茂良，从班有韩彦古者，觌之姻，廓然之党，遂献议助之，使人主疑大臣而信近习，至是益甚。

六年二月，帝幸佑圣观，召宰臣史浩及觌同赐酒。是岁，加觌少保、醴泉观使。时周必大当草制，人谓其必不肯从，及制出，乃有"敬故在尊贤之上"之语，士论惜之。

觌始与龙大渊相朋，及大渊死，则与王抃、甘昪相蟠结，文武要职多出三人之门。叶衡自小官十年至宰相。徐本中由小使臣积阶至刺史、知阁门事，换文资为右文殿修撰、枢密都承旨、赐三品服，俄为浙西提刑，寻以集英殿修撰奉内祠。是二人者，皆觌所进也。

著作郎胡晋臣因转对，极论近习怙权之害，遂出知汉州。南康守朱熹应诏上书，其言尤力，有曰："一二近习之人，蛊惑陛下心志，所谓宰相、师傅、宾友、谏诤之臣，或反出入其门墙，承望其风旨。"疏入，帝怒，谕令分析，丞相赵雄宽之，事遂止。陈俊卿守金陵，过阙入见，首言曾觌、王抃招权纳赂，荐进人才，皆以中批行之。帝曰："琐细差遣，或勉循之。至于近上之除，此辈何敢预。"俊卿入辞，又曰："向来士大夫奔觌、抃之门，十才一二，尚畏人知；今则公然趋附，十已八九，大非朝廷美事也。"帝感悟。觌用事二十年，权震中外，至于潜逐大臣，贬死岭外。自是浸觉其奸，尝谓左右曰："曾觌误我不少。"遂稍疏觌。

觌忧恚，疽发于背。七年三月，侍帝宴于翠寒堂，退为记以进。十二月，卒。于是凡前论觌得罪者皆录赠，胡晋臣起至执政，魏掞之赠直秘阁，龚茂良悉还其职名恩数云。

张说，开封人。父公裕，省吏也，为和州防御使，建炎初有军功。说受父任为右职，娶寿圣皇后女弟，由是累迁知阁门事。隆兴初，兼枢密副都承旨。乾道初，为都承旨，加明州观察使。

七年三月，除签书枢密院事。时起复刘珙同知枢密院，珙耻与之同命，力辞不拜，命既下，朝论哗然不平，莫敢颂言于朝者。惟左司员外郎张栻在经筵力言之，中书舍人范成大不草词。寻除说安远军节度使，奉祠归第。不数月，出弑知袁州。说既奉祠，语人曰："张左司平时不相乐，固也。范致能亦胡为见攻？"指所坐亭材植曰："是皆致能所惠也。"

八年二月，复自安远军节度使提举万寿观，签书枢密院事。侍御史李衡、右正言王希吕交章论之，起居郎莫济不书录黄，直院周必大不草答诏，于是命权给事中姚宪书读行下，命翰林学士王曮草答诏，未几，曮升学士承旨，宪赠出身，为谏议大夫。诏希吕合党邀名，持论反覆，责远小监当。衡素与说厚，所言亦婉，止罢言职，迁左史，而济、必大皆与在外宫观，日下出国门。国子司业刘焞移书责宰相，言说不当用，即为言者所论，出为江西转运判官。于是说势赫然，无敢撄之者。九年春，说露章荐济、必大，于是二人皆为郡，必大卒不出。

淳熙元年，帝廉知说欺罔数事，命侍御史范仲芑究之，遂罢为太尉，提举玉隆宫。谏官汤邦彦又劾其奸赃，乃降为明州观察使，责居抚州。三年，许自便。七年，卒于湖州。帝犹念之，诏复承宣使，给事中陈岘缴之，乃止。其子荐，文州刺史；巘，明州观察使。说败，荐亦贬郴州。

先是，南丹州莫延甚甚乞就宜州市马，比横山省三十程，说在枢筦以闻，枢属有论其不便，说不听。说既贬，遂罢其议。说又尝建议欲郎官、卿监通差武臣，中书舍人留正以为不可，遂止。与右相梁克家议使事不合，克家罢去而说留，其窃政权、倾大臣类如此。

王抃，初为国信所小吏。金人求海、泗、唐、邓、商、秦地，议久不决。金兵至，遣抃往使，许以地，易岁贡为岁币而还。乾道中，积官至知阁门事，帝亲信之。金使至，议国书礼，不合，抃以宰执虞允文命，绐其使曰："两朝通好自有常礼，使人何得妄生事，已牒知对境。"翌日，金使乃进书。帝以为可任，遣诣荆襄点阅军马。

淳熙中，兼枢密都承旨，建议以殿、步二司军多虚籍，请各募三千人。已而殿司辄捕市人充军，号呼满道，军士乘隙掠取民财。帝专以罪殿前指挥使王友直，而命抃权殿前司事。

时抃与曾觌、甘昇相结，恃恩专恣，其门如市。著作郎胡晋臣尝论近习怙权，帝令执政赵雄询其人，雄惮抃等，乃令晋臣舍抃等，指其位卑者数人以对，晋臣竟外补。校书郎郑鉴、宗正丞袁枢因转对，数为帝言之，帝犹未之觉也。吏部侍郎赵汝愚力疏抃事，言："陛下即位之初，宰相如叶颙等皆惧陛下左右侵其权，日夜与之为敌。陛下察数年以来，大臣还有与陛下左右角是非者否？盖其势积至此也。今将帅之权尽归王抃矣。"

先是，抃给金使取国书，及使归，金主诛之。嗣岁，金使至，帝以德寿宫之命，为离席受国书，寻悔之。淳熙八年，金贺正旦使至，复要帝起立如旧仪，帝遽入内，抃擅许金使用旧仪焉。翌日，汝愚侍殿上，帝不怿数日。汝愚因亟攻抃，帝遂出抃外祠，不复召。淳熙十一年，以福州观察使卒。

姜特立字邦杰，丽水人。以父绶恩，补承信郎。

淳熙中，累迁福建路兵马副都监。海贼姜大獠寇泉南，特立以一舟先进，擒之。帅臣赵汝愚荐于朝，召见，献所为诗百篇，除阁门舍人，命充太子宫左右春坊兼皇孙平阳王伴读，由是得幸于太子。太子即位，除知阁门事，与谯熙载皆以春坊旧人用事，恃恩无所忌惮，时人谓曾、龙再出。

留正为右相，执政尚阙人，特立一日语正曰："帝以承相在位久，欲迁左揆，就二尚书中择一人执政，孰可者？"明日，正论其招权纳贿之状，遂夺职与外祠。帝念之，复除浙东马步军副总管，诏赐钱二千缗为行装。正引唐宪宗召吐突承璀事，乞罢相，不许。正复言："臣与特立势难两立。"帝答曰："成命已班，朕无反汗，卿宜自处。"正待罪国门外，帝不复召，而特立亦不至。宁宗受禅，特立迁和州防御使，再奉祠，俄拜庆远军节度使，卒。

熙载亦为平阳邸伴读，累官至忠州防御使、知阁门事。绍熙中卒，较之特立颇廉勤。

熙载子令雍，以恩补承信郎、平阳郡王府干办，寻充王府内知客，小有才。王尝与论《春秋》褒贬齐宣王易牛、秦穆公悔过事，令雍即为三诗以献，王甚爱重之。及即位，除知阁门事，累迁至扬州承宣使。谢事，拜保成军节度使。初赐居第，帝亲书"依光"二字赐之。至是，复书"得闲知止"四字以名其堂。宝玺归，覃恩进检校少保，仍转太尉致仕。卒，赠开府仪同三司。

卷四百七十一

列传第二百三十

奸臣一

蔡确吴处厚附　**邢恕**　**吕惠卿**
章惇　**曾布**　**安惇**

《易》曰："阳卦多阴，阴卦多阳。"君子虽多，小人用事，其象为阴；小人虽多，君子用事，其象为阳。宋初，五星聚奎，占者以为人才众多之兆。然终宋之世，贤哲不乏，奸邪亦多。方其盛时，君子秉政，小人听命，为患亦鲜。及其衰也，小人得志，逞其狡谋，壅阏上听，变易国是，贼虐忠直，屏弃善良，君子在野，无救祸乱。有国家者，正邪之辨，可不慎乎！作《奸臣传》。

蔡确，字持正，泉州晋江人，父徙陈。确有智数，尚气，不谨细行。第进士，调邠州司理参军，以贿闻。转运使薛向行部，欲按治，见其仪观秀伟，召与语，奇之，更加延誉。韩绛宣抚陕西，见所制乐语，以为材，荐于弟开封尹维，辟管干右厢公事，维去而确至。旧制当庭参，确不肯，后尹刘庠责之，确曰："唐藩镇自置掾属，故有是礼。今辇毂下比肩事主，虽故事不可用。"遂乞解职。

王安石荐确，徙为三班主簿。用邓绾荐，为监察御史里行。王韶开熙河，多贷公钱，秦帅郭逵劾其罪，诏使杜纯鞫治得实。安石却其牍，更遣确，确希意直韶，逵、纯获谴。确善观人主意，与时上下，知神宗已厌安石，因安石乘马入宣德门与卫士竞，即疏其过以贾直。加直集贤院，迁御史知杂事。

范子渊浚河之役，知制诰熊本按行以为非是，为子渊所讼，确劾本附文彦博，黜之，代为知制诰、知谏院兼判司农寺。三司使沈括谒宰相吴充论免役法，确言括为近臣，见朝廷法令未便，不公言之而私语执政，意王安石既去，新法可摇耳。括坐黜知宣州。

开封鞫相州民讼，事连判官陈安民，安民令其甥文及甫求援于充之子安持，及甫，充婿也。确言事关大臣，非开封可了，遂移御史台。时狱起皇城，卒事多不怃。中丞邓润甫，御史上官均按之，与府狱同。王珪奏遣确诣台参治，确锻炼为狱，润甫、均不能制，密奏确惨掠诸囚。确伺知之，即劾二人庇有罪，且诈使吏为使者虑问，囚称冤，辄苦辱之。帝颇疑其滥，连遣谏官及内侍审直，皆怖畏，言不冤，由是润甫、均皆罢，而确得中丞，犹领司农，凡常平、免役法皆成其手。

太学生虞蕃讼学官，确深探其狱，连引朝士，自翰林学士许将以下皆逮捕械系，令狱卒与同寝处，饮食旋溷共为一室，设大盆于前，凡溲饭饼蔌举投其中，以杓混搅，分饲之如犬豕。久系不问，幸而得问，无一事不承。遂劾参知政事元绛有所属请，绛出知亳州；确代其位。确自知制诰为御史中丞、参知政事，皆以起狱夺人位而居之，士大夫交口咄骂，而确自以为得计也。

吴充数为帝言新法不便，欲去其甚者，确曰："曹参与萧何有隙，至代为相，一遵何约束。今陛下所自建立，岂容一人挟怨而坏之。"法遂不变。

元丰五年，拜尚书右仆射兼中书侍郎。时富弼在西京，上言蔡确小人，不宜大用。确既相，属兴罗织之狱，缙绅士大夫重足而立矣。初议官制，盖仿《唐六典》，事无大小，并中书取旨，门下审覆，尚书受而行之，三省分班奏事，柄归中书。确说王珪曰："公久在相位，必得中书令。"珪信不疑。确乃言于帝曰："三省长官位高，不须置令，但令左右仆射分兼两省侍郎足矣。"帝以为然。故确名为次相，实颛大政，珪以左仆射兼门下，拱手而已。帝虽以次叙相珪、确，然不加礼重，屡因微失罚金，每罚辄门谢。宰相罚金门谢，前此未有，人皆耻之。

哲宗立，转左仆射。韩缜入相中书，用其两甥为列卿，确风御史中丞黄履劾缜。始诏三省，凡取旨事及台谏官章疏，并执政同进拟，不专属中书。盖确畏失权，又复改制也。

为永裕山陵使，灵驾发引之夕，不宿于次，在道又不扈从，还，又不弔去。御史刘挚、王岩叟连击之，言确有十当去："在熙宁、元丰时，冤狱苛政，首尾预其间。及至今日，稍语于人曰：'当时штах岂敢言。'此其意欲固窃名位，反归曲于先帝也"。司马光、吕公著进用，蠲除烦苛，确言皆己所建白，公论益不容，太皇太后犹不忍即退斥。元祐元年闰二月，始罢为观文殿学士、知陈州。明年，坐弟硕事夺职，徙安州，又徙邓。

初，神宗疾革，王珪议建储事，确与同列皆在侧，知状。确自见得罪于世，阴与章惇、邢恕等合志邪谋，谓珪实怀异意，赖己拥护，故不得逞。确奉使陵下，韩缜白发其端，事浸籍籍。既失势，愈怨望，恕又益为往来造言，识者以为忧，未有以发也。

确在安陆，尝游车盖亭，赋诗十章，知汉阳军吴处厚上之，以为皆涉讥讪，其用郝处俊上元间谏高宗欲传位天后事，以斥东朝，语尤切害。于是左谏议大夫梁焘、右谏议大夫范祖禹、左司谏吴安诗、右司谏王岩叟、右正言刘安世，连上章乞正确罪。诏确具析，确自辩甚悉。安世等又言确罪状著明，何待具析，此乃大臣委曲为之地耳。遂贬光禄卿、分司南京，再责英州别驾、新州安置。宰相范纯仁、左丞王存坐廉前出语救确，御史李常、盛陶、翟恩、赵挺之、王彭年坐不举劾，中书舍人彭汝砺坐封还词命，皆罢去。确后卒于贬所。

绍圣元年，冯京卒，哲宗临奠。确子渭，京婿也，于丧次中阑诉。明日，诏复正议大夫。二年，赠太师，谥曰忠怀，遣中使护其葬，又赐第京师。崇宁初，配飨哲宗庙庭。蔡京请徽宗书"元丰受遗定策殊勋宰相蔡确之墓"赐其家。京与太宰郑居中不相能，居中以忧去，京惧其复用，而居中，王珪婿也。时渭更名懋，京使之重理前事，以沮居中，遂追封确清源郡王，御制其文，立石墓前。擢懋同知枢密院事，次子庄为从官，弟硕，赠待制，诸女超进封爵，诸婿皆得官，贵震当世。

高宗即位，下诏暴群奸之罪，贬确武泰军节度副使，窜懋英州，凡所以滥恩，一切削夺，天下快之。

吴处厚者，邵武人，登进士第。仁宗屡丧皇嗣，处厚上言："臣尝读《史记》，考赵氏废兴本末，当屠岸贾之难，程婴、公孙杵白尽死以全赵孤。宋有天下，二人忠义未见褒表，宜访其墓域，建为其祠。"帝览其疏瞿然，即以处厚为将作丞，访得两墓于绛，封侯立庙。

始，蔡确尝从处厚学赋，及作相，处厚通笺乞怜，确无汲引意。王珪用为大理丞。王安礼、舒亶相攻，事下大理，处厚知安礼与珪善，论亶用官烛以自盗。确密遣达意救亶，处厚不从，确怒欲逐之，未果。珪请除处厚馆职，确又沮之。珪为永裕山陵使，辟掌笺奏。确代使，出知通利军，又徙知汉阳，处厚不悦。

元祐中，确知安州，郡有静江卒当戍汉阳，确固不遣，处厚怒曰："尔在庙堂时数陷我，今比郡作守，犹尔邪？"会得确《车盖亭诗》，引郝甑山事，乃笺释上之，云："郝处俊封甑山公，会高宗欲逊位武后，处俊谏止，今乃以比太皇太后。且用沧海扬尘事，此盖时运之大变，尤非佳语。讥谤切害，非所宜言。"确遂南窜。擢处厚知卫州，然士大夫由此畏恶之，未几卒。绍圣间，追贬歙州别驾。

邢恕，字和叔，郑州阳武人。博贯经籍，能文章，喜功名，论古今成败事，有战国纵横气习。从程颢学，因出入司马光、吕公著门。登进士第，补永安主簿。公著荐于朝，得崇文院校书。王安石亦爱之，因宾客谕意，使养晦以待用，恕不能从，而对其子雱语新法不便。安石怒，谏官亦言新进士未历官而即处馆阁，开奔竞路，出知延陵县。县废不复调，浮湛陕、洛间者七年，复为校书。

吴充用为馆阁校勘，历史馆检讨、著作佐郎。蔡确代充相，尽逐充所用人，恕深居惧及。神宗见其《送文彦博诗》，称于确，乃进职方员外郎。帝有复用光、公著意，以恕于两人为门下客，亟结纳之。恕亦深自附托，乃与确画策，稍收召名士，于政事微有更革，自是相与如素交。

帝不豫，恕与确成谋，密语宣仁后之侄公绘、公纪曰："家有白桃著华，道书言可疗上疾。"邀与归视之。至则执其手曰："蔡丞相令具布腹心，上疾不可讳，延安冲幼，宜早有定论，雍、曹皆贤王也。"公绘惊曰："此何言？君欲祸吾家邪！"急趋出。恕计不行，则反宣言太后属意雍王，与王珪表里。导确约珪入问疾，阳钩致珪语，使知开封府蔡京伏剑士于外，须珪小持异则执而诛之。既而珪言上自有子，定议立延安。恕益无所施，犹自谓有定策功，传播其语。

哲宗立，迁右司员外郎、起居舍人。又为公绘具奏，乞尊崇朱太妃，为高氏异日计。后诘之曰："汝素不识字，谁为之者？"公绘不得隐，以恕对，且上其稿。时恕方召试中书，遂黜知随州，改汝、襄、河阳。恕久斥外，蓄怒愤，间道谒确于邓，绪成前恶，绐司马光子康手书，持以取信。会确得罪，恕亦责监永州酒。

绍圣初，擢宝文阁待制、知青州。章惇、蔡卞得政，将甘心元祐诸人，引恕自助，召为刑部侍郎，再迁吏部尚书兼侍读，改御史中丞。恕既处风宪，遂倡宣仁后有废立谋，引司马光言北齐娄后宣训事，诬冓高遵裕之子士京追讼其父在日，王珪令其兄士充来谋立雍王，遵裕非之。又教蔡懋上文及甫私牍为愿词，历诋梁焘、刘挚，云阴图不轨，且加司马光、吕公著以凶悖名。惇使蔡京置狱于同文馆，组织万端，将悉陷诸人于族罪，既而无所得，乃已。

恕内怀猜猾，而外持正论。尝于经筵读宝训，至仁宗谕辅臣，以为人君当修举政事，则日月薄食、星文变见为不足虑。恕言仁宗之旨虽合于荀卿书，然自古帝王孰肯自谓不修政事者，如此则天变遂废矣。帝嘉纳之，数登对。惇恐其大用，切忌之。恕亦揣帝稍薄惇，屡白其短，竟为惇所陷，出知汝州。未几，徙应天府。惇复摭其曩过，移知南安军。徽宗初，言者论其矫诬，责为少府少监、分司西京，居均州。

蔡京当国，经营湟、鄯，以开边隙，欲使恕立方面之勋，起为鄜延经略安抚使，旋改泾原，擢至龙图阁学士。恕乞筑萧关，采其里人许彦圭车战法，为浅攻计。又欲使熙河造船，直抵兴、灵，以空夏国巢穴，其谋皆迂诞。转运使李复言恕所为类儿戏，不可用，帝亦烛其妄，京力主之。已而夏人寇镇戎，欲趋渭州，警奏至京师日五六，京惧，始徙恕太原，连徙永兴、颍昌、真定，寻夺职。久之，复显谟阁待制。卒，年七十。

恕本从程门得游诸公间，一时贤士争与之交。恕善为表襮，蚤致声名，而天资反覆，行险冒进，为司马光客即陷光，附章惇即背惇，至与三蔡为腹心则之死弗替。上谤母后，下诬忠良，几于祸及宗庙。建炎元年，与蔡确同追贬，而恕为常德军节度副使。子居实、倞。

居实有异材，八岁为《明妃引》，黄庭坚、晁补之、张耒、秦观、陈师道皆见而爱之。从恕守随，作《南征赋》，苏轼读之，叹曰："此足以藉手见古人矣。"卒时年十九，有遗文曰《呻吟集》。

倞及恕在时为司农丞，靖康初至少卿，奉诏馆金国使。是时，肃王使斡离不军，为所质，朝廷议亦留其使以相当，于是逾月不遣。都管赵伦，燕人也，性猾狯，惧不得归，乃诈以情告倞曰："金国有余睹金吾者，尚领契丹精锐甚众，贰于金人，愿归大国，可结之以图二酋。"倞以闻，大臣信之，即为赐余睹诏书授伦，纳衣领中，厚与伦金帛。伦献其书粘罕，粘罕大怒，以闻金主，报令深入攻讨，遂复提兵南下。倞时出知岳州，诏责其始祸，削籍停官，既而京阙失守云。

吕惠卿，字吉甫，泉州晋江人。父琦习吏事，为漳浦令。县处山林蔽翳间，民病瘴雾蛇虎之害，琦教民焚燎而耕，害为衰止。通判宜州，侬智高入寇，转运使檄琦与兵会，或劝勿行，不听。将二千人蹑贼后以往，得首虏为多。为开封府司录，鞠中人史志聪役卫卒伐木事，吏多为之地，琦穷治之，志聪以谪去。终光禄卿。

惠卿起进士，为真州推官。秩满入都，见王安石，论经义，意多合，遂定交。熙宁初，安石为政，惠卿方编校集贤书籍，安石言于帝曰："惠卿之贤，岂特今人，虽前世儒者未易比也。学先王之道而能用者，独惠卿而已。"及设制置三司条例司，以为检详文字，事无大小必谋之，凡所建请奏皆其笔。擢太子中允、崇政殿说书、集贤校理，判司农寺。

司马光谏帝曰："惠卿憸巧非佳士，使安石负谤于中外者皆其所为。安石贤而愎，不闲世务，惠卿为之谋主，而安石力行之，故天下并指为奸邪。近者进擢不次，大不厌众心。"帝曰："惠卿进对明辨，亦似美才。"光曰："惠卿诚文学辨慧，然用心不正，愿陛下徐察之。江充、李训若无才，何以能动人主？"帝默然。光又贻书安石曰："谄谀之士，于公今日诚有顺适之快，一旦失势，将必卖公自售矣。"安石不悦。

会惠卿以父丧去，服除，召为天章阁侍讲，同修起居注，进知制诰，判国子监，与王雱同修《三经新义》。又知谏院，为翰林学士。安石求去，惠卿使其党变姓名，日投匦上书留之。安石力荐惠卿为参知政事，惠卿惧安石去，新法必摇，作书遍遗监司、郡守，使陈利害。又从容白帝下诏，言终不以吏违法之故，为之废法。故安石之政，守之益坚。议罢制科，冯京争之不得。

弟升卿无学术，引为侍讲。又用弟和卿计，制五等丁产簿，使民自供手实，尺椽寸土，检括无遗，至鸡豚亦遍抄之。隐匿者许告，而以赀三之一充赏，民不胜其困。又因保甲正长给散青苗，使结甲赴官，不遗一人，上下骚动。

郑侠疏惠卿朋奸壅蔽，惠卿怒，又恶冯京异己，而安石弟安国恶惠卿奸诡，面辱之。于是乘势并陷三人，皆获罪。安石以安国之故，始有隙。惠卿既叛安石，凡可以害王氏者无不为。韩绛为相不能制，请复用安石。安石至，犹与共事。御史蔡承禧论其恶，邓绾又言其兄弟强借秀州富民钱买田，出知陈州。久之，以资政殿学士知延州。

始，陕西缘边汉蕃兵各自为军，每战则以蕃部为先锋，而汉兵城守，伺便乃出战。惠卿始合之为一，先搜补守兵而出其选以战，随屯置将，具条约上之，边人及议者多言不可。路都监高永亨，老将也，争之力，奏斥之。蕃部屈全七将入寇，惠卿以近世帅臣多养威持重，乃将牙兵按边，启师于东郊，遂趋绥德，抵无定河，历十有八日而还。

俄丁母忧，诏于本奉外特给五万，惠卿更请添支万五千，御史劾之，将下扬州取奉历，帝曰："惠卿固贪冒，然尝为执政，治之伤体，姑责以义可也。"但削其误奉，惠卿犹自辨，御史又论其方居丧，不应有言，诏勿问。

元丰五年，加大学士、知太原府。入见，将使仍镇鄜延。惠卿云："陕西之师，非唯不可以攻，亦不可以守，要在大为形势而已。"帝曰："如惠卿言，是为陕西可弃也，岂宜委以边事？"数其轻躁矫诬之罪，斥知单州，明年复知太原。哲宗即位，敕疆吏勿侵扰外界。惠卿遣步骑二万袭夏人于聚星泊，斩首六百级，夏人遂寇鄜延。

惠卿见正人汇进，知不容于时，恳求散地。于是右司谏苏辙条奏其奸曰："惠卿怀张汤之辨诈，有卢杞之奸邪，诡变多端，敢行非度。王安石强愎傲诞，于吏事宜无所知，惠卿指挺教导，以济其恶。又兴起大狱，欲株连蔓引，涂污公卿。赖先帝仁圣，每事裁抑，不然，安常守道之士无噍类矣。安石于惠卿有卵翼之恩，父师之义。方其求进则胶固为一，及势力相轧，化为敌仇，发其私书，不遗余力。犬彘之所不为，而惠卿为之。昔吕布事丁原则杀丁原，事董卓则杀董卓；刘牢之事王恭则反王恭，事司马元显则反元显，故曹操、桓玄终畏而诛之。如惠卿之恶，纵未正典刑，犹当投畀四裔，以御魑魅。"中丞刘挚数其五罪，以为大恶。乃贬为光禄卿、分司南京。再责建宁军节度副使、建州安置。中书舍人苏轼当制，备载其罪于训词，天下传讼称快焉。

绍圣中，复资政殿学士、知大名府，加观文殿学士、知延州。夏人复入寇，将以全师围延安，惠卿修米脂诸寨以备。寇至，欲攻则城不可近，欲掠则野无所得，欲战则诸将按兵不动，欲南则惧腹背受敌，留二日即拔栅去，遂陷金明。惠卿求诣阙，不许。以筑威戎、威羌城，加银青光禄大夫，拜保宁、武胜两军节度使。

徽宗立，易节镇南。因曾布有宿憾，徙为杭州，而用范纯粹帅延，治其上功罔冒事，夺节度。布去位，复武昌节度使、知大名。数岁，又以上表引喻失当，还为银青光禄大夫，令致仕。崇宁五年，起为观文殿学士、知杭州。坐其子渊闻妖人张怀素言不告，渊配沙门岛，惠卿责祁州团练副使，安置宣州，再移庐州。复观文殿学士，为醴泉观使，致仕。卒，赠开府仪同三司。

始，惠卿逢合安石，骤致执政，安石去位，遂极力排之，至发其私书于上。安石退处金陵，往往写"福建子"三字，盖深悔为惠卿所误也。虽章惇、曾布、蔡京当国，咸畏恶其人，不敢引入朝。以是转徙外服，讫于死云。

章惇，字子厚，建州浦城人，父俞徙苏州。起家至职方郎中，致仕，用惇贵，累官银青光禄大夫，年八十九卒。

惇豪俊，博学善文。进士登名，耻出侄衡下，委敕而出。再举甲科，调商洛令。与苏轼游南山，抵仙游潭，潭下临绝壁万仞，横木其上，惇揖轼书壁，轼惧不敢书。惇平步过之，垂索挽树，摄衣而下，以漆墨濡笔大书石壁曰："苏轼、章惇来。"既近，神彩不动，轼拊其背曰："君他日必能杀人。"惇曰："何也？"轼曰："能自判命者，能杀人也。"惇大笑。召试馆职，王陶劾罢之。

熙宁初，王安石秉政，悦其才，用为编修三司条例官，加集贤校理、中书检正。时经制南、北江群蛮，命为湖南、北察访使。提点刑狱赵鼎言，峡州群蛮苦其酋剥刻，谋内附，辰州布衣张翘亦言南、北江群蛮归化朝廷，遂以事属惇。惇募流人李资、张竑等往招之，资、竑淫于夷妇，为酋所杀，遂致攻讨，由是两江扇动。神宗疑其扰命，安石戒惇勿轻动，惇竟以三路兵平懿、洽、鼎州。以蛮方据潭之梅山，遂乘势而南。转运副使蔡烨言是役不可亟成，神宗以为然，专委于烨，安石主惇，争之不已。既而烨得蛮地，安石恨烨沮惇，乃薄其赏，进惇修起居注，以是兵久不决。

召惇还，擢知制诰、直学士院、判军器监。三司火，神宗御楼观之，惇部役兵奔救，过楼下，神宗问知为惇，明日命为三司使。吕惠卿去位，邓绾论惇同恶，出知湖州，徙杭州。入为翰林学士。元丰三年，拜参知政事。朱服为御史，惇密使客达意于服，为服所白。惇父冒占民沈立田，立遮诉惇，惇系之开封。坐二罪，罢知蔡州，又历陈、定二州。五年，召拜门下侍郎。丰稷奏曰："官府肇新而惇首用，非稽古建官意。"稷坐左迁。谏官赵彦若又疏惇无行，不报。

哲宗即位，知枢密院事。宣仁后听政，惇与蔡确矫唱定策功。确罢，惇不自安，乃驳司马光所更役法，累数千言。其略曰："如保甲、保马一日不罢，有一日害。若役法则熙宁之初遽改免役，后遂有弊。今复为差役，当议论尽善，然后行之，不宜遽改，以贻后悔。"吕公著曰："惇所论固有可取，然有意求胜，不顾朝廷大体。"光议既行，惇愤恚争辨帘前，其语甚悖。宣仁后怒，刘挚、苏辙、王觌、朱光庭、王岩叟、孙升交章击之，黜知汝州。七八年间，数为言者弹治。

哲宗亲政，有复熙宁、元丰之意，首起惇为尚书左仆射兼门下侍郎，于是专以"绍述"为国是，凡元祐所革一切复之。引蔡卞、林希、黄履、来之邵、张商英、周秩、翟思、上官均居要地，任言责，协谋朋奸，报复仇怨，小大之臣，无一得免，死者祸及其孥。甚诋宣仁后，谓元祐之初，老奸擅国。又请发司马光、吕公著冢，斫其棺。哲宗不听，惇意不慊，请编类元祐诸臣章疏，识者知祸之未弭也。遂治刘安世、范祖禹谏禁中雇乳媪事，又以文及甫诬语书导蔡渭，使告刘挚、梁焘有逆谋，起同文馆狱，命蔡京、安惇、蹇序辰穷治，欲覆诸人家。又议遣吕升卿、董必察访岭南，将尽杀流人。哲宗曰："朕遵祖宗遗制，未尝杀戮大臣，其释勿治。"然重得罪者十余人，或至三四谪徙，天下冤之。

惇用邢恕为御史中丞，恕以北齐娄太后宫名宣训，尝废孙少主立子常山王演，托司马光语范祖禹曰："方今主少国疑，宣训事犹可虑。"又诱高士京上书，言父遵裕临死屏左右谓士京曰："神宗弥留之际，王珪遣高士充来问曰：'不知皇太后欲立谁？'我叱士充去之。"皆欲诬宣仁后，以此实之。惇遂追贬司马光、王珪，赠遵裕奉国军留后。结中官郝随为助，欲追废宣仁后，自皇太后、太妃皆力争之。哲宗感悟，焚其奏，随觇知之，密语惇与蔡卞。明日惇、卞再言，哲宗怒曰："卿等不欲朕入英宗庙乎？"惇、卞乃已。

惇又以皇后孟氏，元祐中宣仁后所立，迎合郝随，劝哲宗起掖庭秘狱，托以左道，废居瑶华宫。其后哲宗颇悔，乃叹曰："章惇坏我名节。"惇又结刘友端相表里，请建刘贤妃于中宫。

初，神宗用王安石之言，开熙、河，谋灵、夏，师行十余年不息。迨闻永乐之败，神宗当宁恸哭，循致不豫，故元祐宰辅推本其意，专务怀柔外国。西夏请故地，以非要害城寨还之。惇以为蹙国弃地，罪其帅臣，遂用浅攻挠耕之说，肆开边隙，绝夏人岁赐，进筑汝遮等城，陕西诸道兴役五十余所，败军覆将，复弃青唐，死伤不可计。知天下怨己，欲塞其议，请诏中外察民妄语者论如律。优立赏逻，告讦之风浸盛。民有被酒狂讪者，诏贷其死，惇竟论杀之。用刑愈峻，然不能遏也。

哲宗崩，皇太后议所立，惇厉声曰："以礼律言之，母弟简王当立。"皇太后曰："老身无子，诸王皆是神宗庶子。"惇复曰："以长则申王当立。"皇太后曰："申王病，不可立。"惇尚欲言，知枢密院事曾布叱之曰："章惇，听太后处分。"皇太后决策立端王，是为徽宗，迁惇特进，封申国公。

为山陵使，灵舆陷泽中，逾宿而行。言者劾其不恭，罢知越州，寻贬武昌军节度副使、潭州安置。右正言任伯雨论其欲追废宣仁后，又贬雷州司户参军。初，苏辙谪雷州，不许占官舍，遂僦民屋，惇又以为强夺民居，下州追民究治，以僦券甚明，乃已。至是，惇问舍于是民，民曰："前苏公来，为章丞相几破我家，今不可也。"徙睦州，卒。

惇敏识加人数等，穷凶稔恶，不肯以官爵私所亲，四子连登科，独季子援尝为校书郎，余皆随牒东铨仕州县，讫无显者。

妻张氏甚贤，惇之入相也，张病且死，属之曰："君作相，幸勿报怨。"既祥，惇语陈瓘曰："悼亡不堪，奈何？"瓘曰："与其悲伤无益，曷若念其临绝之言。"惇无以对。

政和中，追赠观文殿大学士。绍兴五年，高宗阅任伯雨章疏，手诏曰："惇诋诬宣仁后，欲追废为庶人，赖哲宗不从其请，使其言施用，岂不上累泰陵？贬昭化军节度副使，子孙不得仕于朝。"诏下，海内称快，独其家犹为《辨诬论》，见者哂之。

曾布，字子宣，南丰人。年十三而孤，学于兄巩，同登第，调宣州司户参军、怀仁令。

熙宁二年，徙开封，以韩维、王安石荐，上书言为政之本有二，曰厉风俗、择人才。其要有八，曰劝农桑、理财赋、兴学校、审选举、责吏课、叙宗室、修武备、制远人。大率皆安石指也。

神宗召见，论建合意，授太子中允、崇政殿说书，加集贤校理，判司农寺，检正中书五房。凡三日，五受敕告。与吕惠卿共创青苗、助役、保甲、农田之法，一时故臣及朝士多争之。布疏言："陛下以不世出之资，登延硕学远识之臣，思大有为于天下，而大臣玩令，倡之于上，小臣横议，和之于下。人人窥伺间隙，巧言丑诋，以哗众罔上。是劝沮之术未明，而威福之用未果也。陛下诚推赤心以待遇君子而厉其气，奋威断以屏斥小人而消其萌，使四方晓然皆知主不可抗，法不可侮，则何为而不可，何欲而不成哉？"布欲坚神宗意，使专任安石以威胁众，使毋敢言。故骤见拔用，遂修起居注、知制诰，为翰林学士兼三司使。韩琦上疏极论新法之害，神宗颇悟，布遂为安石条析而驳之，持之愈固。

七年，大旱，诏求直言，布论判官吕嘉问市易掊克之虐，大概以为："天下之财匮乏，良由货不流通；货不流通，由商贾不行；商贾不行，由兼并之家巧为摧抑。故设市易于京师以售四方之货，常低昂其价，使高于兼并之家而低于倍蓰之直，官不失二分之息，则商贾自然无滞矣。今嘉问乃差官于四方买物货，禁客旅无得先交易，以息多寡为诛赏殿最，故官吏、牙駔惟恐哀之不尽而息之不赢，则是官自为兼并，殊非市易本意也。"事下两制议，惠卿以为沮新法，安石怒，布遂去位。

惠卿参大政，置狱举劾，黜布知饶州，徙潭州。复集贤院学士、知广州。元丰初，以龙图阁待制知桂州，进直学士、知秦州，改历陈、蔡、庆州。元丰末，复翰林学士，迁户部尚书。司马光为政，谕令增损役法，布辞曰："免役一事，法令纤悉皆出己手，若令遽自改易，义不可为。"元祐初，以龙图阁学士知太原府，历真定、河阳及青、瀛二州。绍圣初，徙江宁，过京，留为翰林学士，迁承旨兼侍读，拜同知枢密院，进知院事。

初，章惇为相，布草制极其称美，冀惇引以同省执政，惇忌之，止荐居枢府，故稍不相能。布赞惇"绍述"甚力，请甄赏元祐臣庶论更役法不便者，以劝敢言。惇遂兴大狱，陷正人，流贬锱废，略无虚日，布多阴挤之。掖庭诏狱成，付执政蔽罪，法官谓厌魅事未成，不当处极典。布曰："驴媚蛇雾，是未成否？"众皆瞿然，于是死者三人。

布以士心不附，诡情饰过，荐引名士彭汝砺、陈瓘、张庭坚等,乞正所夺司马光、吕公著赠谥,勿毁墓仆碑,布以为无益之事。又奏:"人主操柄,不可倒持,今自丞弼以至言者,知畏宰相,不知畏陛下。臣如不言,孰敢言者?"其意盖欲倾惇而未能。会哲宗崩,皇太后召宰执问谁可立,惇有异议,布叱惇使从皇太后命。

徽宗立,惇得罪罢,遣中使召蔡京镊院,拜韩忠彦左仆射。京欲探徽宗意,徐请曰:"麻词未审合作专任一相,或作分命两相之意。"徽宗曰:"专任一相。"京出,宣言曰:"子宣不复相矣。"已而复召曾肇草制,拜布右仆射,其制曰:"东西分台,左右建辅。"忠彦虽居上,然柔懦,事多决于布,布犹不能容。时议以元祐、绍圣均为有失,欲以大公至正消释朋党,明年,乃改元建中靖国,邪正杂用,忠彦遂罢去。布独当国,渐进"绍述"之说。

明年,又改元崇宁,召蔡京为左丞,京与布异。会布拟陈佑甫为户部侍郎,京奏曰:"爵禄者,陛下之爵禄,奈何使宰相私其亲?"布婿陈迪,佑甫之也。布忿然争辨,久之,声色稍厉。温益叱布曰:"曾布,上前安得失礼?"徽宗不悦而罢。御史遂攻之,罢为观文殿大学士、知润州。

京积憾未已,加布以赃贿,令开封吕嘉问逮捕其诸子,锻炼讯鞫,诱左证使自诬坐贷其罪。布落职,提举太清宫、太平州居住。又降司农卿、分司南京。又以尝荐学官赵谂而谂叛,责散官、衡州安置。又以弃湟州,责贺州别驾,又责廉州司户。凡四年,乃徙舒州,复太中大夫、提举崇福宫。大观元年,卒于润州,年七十二。后赠观文殿大学士,谥曰文肃。

安惇,字处厚,广安军人。上舍及第,调成都府教授。上书论学制,召对,擢监察御史。哲宗初政,许察官言事,谏议大夫孙觉请汰其不可者,诏刘挚推择,罢惇为利州路转运判官,历夔州、湖北、江东三路。

绍圣初,召为国子司业,三迁谏议大夫。章惇、蔡卞造同文谤狱,使蔡京与惇杂治,二人肆其枝心,上言:"司马光、刘挚、梁焘、吕大防等交通陈衍之徒,变先帝成法,惧陛下一日亲政,必有欺君之诛,乃密为倾摇之计。于是疏隔两宫,斥随龙内侍,以去陛下之腹心;废顾命大臣,以翦陛下之羽翼。纵释先帝之所罪,收用先帝之所弃。无君之恶,同司马昭之心;擅事之迹,过赵高指鹿为马。比询究本末,得其情状,大逆不道,死有余责。"帝曰:"元祐人果如是乎?"惇、京曰:"诚有是心,特反形未具耳。"帝为诛衍,锢挚、焘子孙。迁御史中丞。

刘后之受册也,百官仗卫陈于大庭,是日天气清晏,惇巍立班内,倡言曰:"今日之事,上当天心,下合人望。"朝士皆笑其奸佞。又鞫邹浩事,檄广东使者钟正甫摄治之于新州,士大夫或千里会逮,踵蹇序辰初议,阅理书牍,被祸者七八百人,天下怨疾,为二蔡、二惇之谣。徽宗雅恶之。邹浩还朝,惇言:"浩若复用,虑彰先帝之失。"帝曰:"立后,大事也。御史中丞不言而浩独敢言之,何为不可复用?"惇惧而退。陈瓘请曰:"陛下欲开正路,取浩既往之善,惇乃讧惑主听,规骋其私,若明示好恶,当自惇始。"乃以宝文阁待制知潭州,寻放归田里。

蔡京为相,复拜工部侍郎、兵部尚书。崇宁初,同知枢密院。卒,赠特进。

长子郊,后坐指斥诛。流其次子邦于涪而追贬惇单州团练副使,其祀遂绝。人以为惇平生数陷忠良之报云。

卷四百七十二
列传第二百三十一

奸 臣 二

蔡京弟卞 子攸 倏 **赵良嗣**张觉 郭药师附

蔡京字元长,兴化仙游人。登熙宁三年进士第,调钱塘尉、舒州推官,累迁起居郎。使辽还,拜中书舍人。时弟卞已为舍人,故事,入官以先后为序,卞乞班京下。兄弟同掌书命,朝廷荣之。改龙图阁待制、知开封府。

元丰末,大臣议所立,京附蔡确,将害王珪以贪定策之功,不克。司马光秉政,复差役法,为期五日,同列病太迫,京独如约,悉改畿县雇役,无一违者。诣政事堂白光,光喜曰:"使人人奉法如君,何不可行之有!"已而台谏言京挟邪坏法,出知成德军,改瀛州,徙成都。谏官范祖禹论京不可用,乃改江、淮、荆、浙发运使,又改知扬州。历郓、永兴军,迁龙图阁直学士,复知成都。

绍圣初,入权户部尚书。章惇复变役法,置司讲议,久不决。京谓惇曰:"取熙宁成法施行之尔,何以讲为?"惇然之,雇役遂定。差雇两法,光、惇不同。十年间京再莅其事,成于反掌,两人相倚以济,识者有见其奸。

卞拜右丞,以京为翰林学士兼侍读,修国史。文及甫狱起,命京穷治,京捕内侍张士良,令述陈衍事状,即以大逆不道论诛,并刘挚、梁焘劾之。衍死,二人亦贬死,皆锢其子孙。王岩叟、范祖禹、刘安世复远窜。京觊执政,曾布知枢密院,忌之,密言卞备位承辖,京不可以同升,但进承旨。

徽宗即位,罢为端明、龙图两学士,知太原,皇太后命帝留京毕史事。逾数月,谏官陈瓘论其交通近侍,瓘坐斥,京亦出知江宁,颇怏怏,迁延不之官。御史陈次升、龚夬、陈师锡交论其恶,夺职,提举洞霄宫,居杭州。

童贯以供奉官诣三吴访书画奇巧,留杭累月,京与游,不舍昼夜。凡所画屏幛、扇带之属,贯日以达禁中,且附语言论奏至帝所,由是帝属意京。又太学博士范致虚素与左街道录徐知常善,知常以符水出入元符后殿,致虚深结之,道其平日趣向,谓非相京不足以有为。已而宫妾、宦官合为一词誉京,遂擢致虚右正言,起京知定州。崇宁元年,徙大名府。韩忠彦与曾布交恶,谋引京自助,复用为学士承旨。徽宗有意修熙、丰政事,起居舍人邓洵武党京,撰《爱莫助之图》以献,徽宗遂决意用京。忠彦罢,拜尚书左丞,俄代曾布为右仆射。制下之日,赐坐延和殿,命之曰:"神宗创法立制,先帝继之,两遭变更,国是未定。朕欲上述父兄之志，卿何以教之？"京顿首谢，愿尽死。二年正月，进左仆射。

京起于逐臣，一旦得志，天下拭目所为，而京阴托"绍述"之柄，箝制天子，用条例司故事，即都省置讲议司，自为提举，以其党吴居厚、王汉之十余人为僚属，取政事之大者，如宗室、冗官、国用、商旅、盐泽、赋调、尹牧，每一事以三人主之。凡所设施，皆由是出。用冯澥、钱遹之议，复废元祐皇后。罢科举法，令州县悉仿太学三舍考选，建辟雍外学于城南，以待四方之士。推行田于天下。榷江、淮七路茶，官自为市。更盐钞法，凡旧钞皆弗用，富商巨贾尝赍持数十万缗，一旦化为流丐，甚者至赴水及缢死。提点淮东刑狱章绎见而哀之，奏改法误民，京怒，夺其官。因铸当十大钱，尽陷绎诸弟。御史沈畸等用治狱失意，羁削者六人。陈瓘子正汇以上书黥置海岛。

南开黔中，筑靖州。辰溪猺叛，杀溆浦令，京重为赏，募杀一首领者赐之绢三百，官以班行，且不令质究本末。荆南守马瑊言："有生猺，有省地猺，今未知叛者为何种族，若计级行赏，俱不能无枉滥。"蒋之奇知枢密院，恐忤京意，白言瑊不体国，京罢瑊，命舒亶代之，以剿绝群猺为期。西收湟川、鄯、廓，取榛柯、夜郎地。

擢童贯领节度使，其后扬戬、蓝从熙、谭稹、梁师成皆踵。凡寄资一切转行，祖宗之法荡然无余矣。又欲兵柄土心皆归己，建澶、郑、曹、拱州为四辅，各屯兵二万，而用其姻昵宋乔年、胡师文为郡守。禁卒干撤月给钱五百，骤增十倍以固结之。威福在手，中外莫敢议。累转司空，封嘉国公。

京既贵而贪益甚，已受仆射奉，复创取司空寄禄钱，如粟、豆、柴薪与僦从粮赐如故，时皆折支，亦悉从真给，但入熟状奏行，帝不知也。

时元祐群臣贬窜死徙略尽，京犹未慊意，命等其罪状，首以司马光，目曰奸党，刻石文德殿门，又自书为大碑，遍班郡国。初，元符末以日食求言，言者多及熙宁、绍圣之政，则又籍范柔中以下为邪等。凡名在两籍者三百九人，皆锢其子孙，不得官京师及近甸。五年，进司空、开府仪同三司、安远军节度使，改封魏国。

时承平既久，帑庾盈溢，京倡为丰、亨、豫、大之说，视官爵财物如粪土，累朝所储扫地矣。帝尝大宴，出玉琖、玉卮示辅臣曰："欲用此，恐人以为太华。"京曰："臣昔使契丹，见玉盘琖，皆石晋时物，持以夸臣，谓南朝无此。今用之上寿，于礼无嫌。"帝曰："先帝作一小台财数尺，上封者甚众，朕甚畏其言。此器已就久矣，倘人言复兴，久当莫辨。"京曰："事苟当于理，多言不足畏也。陛下当享天下之奉，区区玉器，何足计哉！"

五年正月，彗出西方，其长竟天。帝以言者毁党碑，凡其所建置，一切罢之。京免为开府仪同三司、中太乙宫使。其党阴授于上，大观元年，复拜左仆射。以南丹纳土，蹑拜太尉，受八宝，拜太师。

三年，台谏交论其恶，遂致仕。犹提举修《哲宗实录》，改封楚国，朝朔望。太学生陈朝老追疏京恶十四事，

曰渎上帝、罔君父、结奥援、轻爵禄、广费用、变法度、妄制作、喜导谀、箝台谏、炽亲党、长奔竞、崇释老、穷土木、矜远略。乞投畀远方，以御魑魅。其书出，士人争相传写，以为实录。四年五月，彗复出奎、娄间，御史张克公论京辅政八年，权震海内，轻锡予以蠹国用，托爵禄以市私恩，役将作以葺居第，用漕船以运花石。名为祝圣而修塔，以壮临平之山；托言灌田而决水，以符"兴化"之谶。法名退送，门号朝京。方田扰安业之民，圜土聚徙郡之恶。不轨不忠，凡数十事。先是，御史中丞石公弼、侍御史毛注数劾京，未允，至是，贬太子少保，出居杭。

政和二年，召还京师，复辅政，徙封鲁国，三日一至都堂治事。京之去也，中外学官颇有以时政为题策士者。提举淮西学士苏棫欲自售，献议请索五年间策问，校其所询，以观向背，于是坐停替者三十余人。初，国制，凡诏令皆中书门下议，而后命学士为之。至熙宁间，有内降手诏不由中书门下共议，盖大臣有阴从中而为之者。至京则又患言者议己，故作御笔密进，而丐徽宗亲书以降，谓之御笔手诏，违者以违制坐之。事无巨细，皆托而行，至有不类帝札者，群下皆莫敢言。由是贵戚、近臣争相请求，至使中人杨球代书，号曰"书杨"，京复病之而亦不能止矣。

既又更定官名，以仆射为太、少宰，自称公相，总治三省。追封王安石、蔡确皆为王，省吏不复立额，至五品阶以百数，有身兼十余奉者。侍御史黄葆光论之，立窜昭州。拔故吏魏伯刍领榷货，造料次钱券百万缗进入，徽宗大喜，持以示左右曰："此太师与我奉料也。"擢伯刍至徽猷阁待制。

京每为帝言，今泉币所积赢五千万，和足以广乐，富足以备礼，于是铸九鼎，建明堂，修方泽，立道观，作《大晟乐》，制定命宝。任孟昌龄为都水使者，凿大伾三山，创天成、圣功二桥，大兴工役，无虑四十万。两河之民，愁困不聊生，而京恬然自以为稷、契、周、召也。又欲广宫室求上宠媚，召童贯辈五人，风以禁中逼侧之状。贯俱听命，各致力所致，争以侈丽高广相夸尚，而延福宫、景龙江之役起，浸淫及于艮岳矣。

子攸、絛、翛，攸子行，皆至大学士，视执政。絛尚茂德帝姬。帝七幸其第，赉予无算。命坐传飨，略用家人礼。厮养居大官，媵妾封夫人，然公论益不与，帝亦厌薄之。

宣和二年，令致仕。六年，以朱勔为地，再起领三省。京至是四当国，目昏眊不能事事，悉决于季子絛。凡京所判，皆絛为之，且代京入奏。每造朝，侍从以下皆迎揖，咕嗫耳语，堂吏数十人，抱案后从，由是恣为奸利，窃弄威柄，骤引其妇兄韩梠为户部侍郎，媒蘖密谋，斥逐朝士，创宣和库式贡司，四方之金帛与府藏之所储，尽拘括以实之，为天子之私财。宰臣白时中、李邦彦惟奉行文书而已，既不能堪。兄攸亦发其事，上怒，欲窜之，京力丐免，特勒停侍养，而安置韩梠黄州。未几，褫絛侍读，毁赐出身敕，而京亦致仕。方时中等白罢絛以撼京，京殊无去意。帝呼童贯使诣京，令上章谢事，贯至，京泣曰：

"上何不容京数年,当有相谗潜者。"贯曰:"不知也。"京不得已,以章授贯,帝命词臣代为作三表请去,乃降制从之。

钦宗即位,边遽日急,京尽室南下,为自全计。天下罪京为六贼之首,侍御史孙觌等始极疏其奸恶,乃以秘书监分司南京,连贬崇信、庆远军节度副使,衡州安置,又徙韶、儋二州。行至潭州死,年八十。

京天资凶谲,舞智御人,在人主前,颛狙伺为固位计,始终一说,谓当越拘挛之俗,竭四海九州之力以自奉。帝亦知其奸,屡罢屡起,且择与京不合者执政以柅之。京每闻将退免,辄入见祈哀,蒲伏扣头,无复廉耻。燕山之役,京送攸以诗,阳寓不可之意,冀事不成得以自解。见利忘义,至于兄弟为参、商,父子如秦、越。暮年即家为府,营进之徒,举集其门,输货僮隶得美官,弃纪纲法度为虚器。患失之心无所不至,根株盘结,牢不可脱。卒致宗社之祸,虽谴死道路,天下犹以不正典刑为恨。

子八人,儵先死,攸、脩伏诛,脩流白州死,絛以尚帝姬免窜,余子及诸孙皆分徙远恶郡。

卞字元度,与京同年登科,调江阴主簿。王安石妻以女,因从之学。元丰中,张璪荐为国子直讲,加集贤校理、崇政殿说书,擢起居舍人,同知谏院、侍御史。居职未久,皆以王安石执政亲嫌辞。拜中书舍人兼侍讲,进给事中。

哲宗立,迁礼部侍郎。使于辽,辽人颇闻其名。卞适有寒疾,命载以白驰车,典客者曰:"此,君所乘,盖异礼也。"使还,以龙图阁待制知宣州,徙江宁府,历扬、广、越、润、陈五州。广州宝403丛凑,一无所取。及徙越,夷人清其去,以蔷薇露洒衣送之。

绍圣元年,复为中书舍人,上疏言:"先帝盛德大业,卓然出千古之上,发扬休光,正在史策。而实录所纪,类多疑似不根,乞验索审订,重行刊定,使后世考观,无所迷惑。"诏从之。以卞兼国史修撰。初,安石且死,悔其所作《日录》,命从子防焚之,防诡以他书代。至是,卞即防家取以上,因萁落事实,文饰奸伪,尽改所修实录、正史,于是吕大防、范祖禹、赵彦若、黄庭坚皆获深谴。迁翰林学士。

四年,拜尚书左丞,专托"绍述"之说,上欺天子,下胁同列。凡中伤善类,皆密疏建白,然后请帝亲札付外行之。章惇虽钜奸,然犹在其术中。惇轻率不思,而卞深阻寡言,论议之际,惇毅然土持,卞或嚌不启齿。一时论者以为惇迹易明,卞心难见。

徽宗即位,谏官陈瓘、任伯雨、御史龚夬疏其兄弟奸恶,瓘并数卞尊私议以厌宗庙之罪,伯雨言:"卞之恶有过于惇。去年封事,数千人皆乞斩惇、卞,公议于此可见矣。"遂陈其大罪有六,曰:"诬罔宣仁圣烈保佑之功,欲行追废,一也;凡绍圣以来窜逐臣僚,皆卞启而后行,二也;宫中厌胜事作,哲宗方疑,未知所处,惇欲召礼法官通议,卞云:'既犯法矣,何用礼法官议?'皇后以是得罪,三也;编排元祐章牍,蔓菲语言,被罪者数千人,议自卞出,四也;邹浩以言忤旨,卞激怒哲宗,致之远谪,又请

治其亲故送别之罪,五也;蹇序辰建看详诉理之议,章惇迟疑未应,卞即以二心之言迫之,惇默不敢对,即日置局,士大夫得罪者八百三十家,凡此皆卞谋之而惇行之,六也。愿亟正典刑,以谢天下。"诏以资政殿学士知江宁府,连贬少府少监、分司池州。

才逾岁,起知大名府,徙扬州,召为中太乙宫使,擢知枢密院。时京居相位,卞礼辞,不许。帝谋复湟、鄯,问于卞,卞以王厚、高永年对。与京合谋,竭府藏以事边,募商人运粮,不复问其直贵贱。鄯、廓至斗米钱四千,束刍钱千二百,秦中骚困。及取三州,进金紫光禄大夫,永年竟为帐下执去以降。自是西方交兵,连年不息,追仇任伯雨所言,曲自办理。至欲会狱证治,诸人坐贬。

卞居心倾邪,一意以妇公王氏所行为至当。兄晚达而位在上,致己不得相,故二府政事时有不合。京以中旨用童贯为陕西制置使,卞言不宜用宦者,右丞张康国引李宪故事以对,卞曰:"用宪已非美事,宪犹稍习兵,贯略无所长,异时必误边计。"帝令中书行之。京于帝前诋卞,卞求去,以资政殿大学士知河南。

妖人张怀素败,卞素与之游,谓其道术通神,尝识孔子、汉高祖,至称为大士,坐降职。旋加观文殿学士,拜昭庆军节度使,入为侍读,进检校少保、开府仪同三司,易节镇东。

政和末,谒归上冢,道死,年六十。赠太傅,谥曰文正。高宗即位,追责为宁国军节度副使。绍兴五年,又贬单州团练副使。

攸字居安,京长子也。元符中,监在京裁造院。徽宗时为端王,每退朝,攸适趋局,遇诸途,必下马拱立,王问左右,知为蔡承旨子,心善之。及即位,记其人,遂有宠。

崇宁三年,自鸿胪丞赐进士出身,除秘书郎,以直秘阁、集贤殿修撰编修《国朝会要》,二年间至枢密直学士。京再入相,加龙图阁学士兼侍读,详定《九域图志》,修《六典》,提举上清宝箓宫、秘书省两街道录院、礼制局。道、史官僚合百人,多三馆隽游,而攸用大臣子领袖其间,懵不知学,士论不与。初置宣和殿,命为大学士,赐毬文方团金带,改淮康军节度使。

帝将去京,先逐其党刘昺、刘焕等,使御史中丞王安中劾之。攸通籍禁庭,闻其事,亟请间百拜以恳,帝意遂解。其后与京权势日相轧,浮薄者复间之,父子各立门户,遂为仇敌。攸别居赐第,尝诣京,京正与客语,使避之,攸甫入,遽起握父手为眯视状,曰:"大人脉势舒缓,体中得无有不适乎?"京曰:"无之。"攸曰:"禁中方有公事。"即辞去。客窃窥见,以问京,京曰:"君固不解此,此儿欲以为吾疾而罢我也。"阅数日,京果致仕。以季弟絛钟爱于京,数请杀之,帝不许。

攸历开府仪同三司、镇海军节度使、少保,进见无时,益用事,与王黼得预宫中秘戏,或侍曲宴,则短衫窄裤,涂抹青红,杂倡优侏儒,多道市井淫媟谑浪语,以盎帝心。妻宋氏出入禁掖,子行领殿中监,视执政,宠信倾其父。帝留意道家者说,攸独倡为异闻,谓有珠星璧月、跨凤乘

龙、天书云篆之符，与方士林灵素之徒争证神变事。于是神霄、玉清之祠遍天下，咎端自攸兴矣。

童贯伐燕，以攸副宣抚，攸童骏不习事，谓功业可唾手致。入辞之日，二美嫔侍上侧，攸指而请曰："臣成功归，乞以是赏。"帝笑而弗责。涿州留守郭药师拥所部八千人举涿、易二州降，进攸少傅。王师入燕，进少师，封英国公。还，领枢密院。王黼罢政，帝欲大用攸，既而悔之，但进太保，徙封燕。帝欲内禅，亲书"传位东宫"字授李邦彦，邦彦却立不敢承，遂以付攸。攸退，属其客给事中吴敏，议遂定。

靖康元年，从上皇南下。及还都，始责为大中大夫，继而安置永州，连徙浔、雷。京死，御史言攸罪不减乃父，燕山之役祸及宗社，骄奢淫泆载籍所无，当窜诸海岛。诏置万安军，寻遣使者随所至诛之。

儵初以恩泽为亲卫郎、秘书丞，至保和殿学士。宣和中，拜礼部尚书兼侍讲。时儵弟兄亦知事势日异，其客傅墨卿、孙傅等复语之曰："天下事必败，蔡氏必破，当亟为计。"儵心然之，密与攸议，稍持正论，故与京异。然皆蓄缩不敢明言，遂引吴敏、李纲、李光、杨时等用之，以挽物情。寻加大学士，提举醴泉观。

钦宗立，儵上募兵陕西策，自请行，又劝西幸，帝颇采纳，俾知京兆府。计垂就，攸忌其功成，会金破滑州，徽宗南幸，攸假徽宗旨，请儵守镇江，改资政殿大学士。或谓儵前计已乖，宜勿行。儵幸得去，不复辞。流言至京师，谓将复辟于镇江。帝趣迎上皇还，而责儵昭信军节度副使。

攸之诛也，御史陈述且行，帝取诏批其尾曰："儵亦然。"于是并诛。

崇者，京族子也。性矫妄，善谈鬼神事。当承门荫，固推与庶兄，宗族称为贤。崇宁初，京党以学行修饬闻诸朝，与泉州布衣吕注皆著道士服。召入谒，累官拜给事中兼侍读。

京去位，为言者所攻，以显谟阁待制提举崇福宫。言者复论其不学无文，结豪民，规厚利，持道家吐纳之说以为论思，侍立集英瞑目自若为不恭，遂夺职。陈正汇上京变事，置狱京师，具陈在杭州时，日闻崇盛言京有后福，狱上，诏削其籍。京复相，徽宗戒毋得用崇，但复集英殿修撰，旋还待制，提点洞霄宫。宣和中，卒。

赵良嗣，本燕人马植，世为辽国大族，仕至光禄卿。行污而内乱，不齿于人。政和初，童贯出使，道卢沟，植夜见其侍史，自言有灭燕之策，因得谒。童贯与语，大奇之，载与归，易姓名曰李良嗣。荐诸朝，即献策曰："女真恨辽人切骨，而天祚荒淫失道。本朝若遣使自登、莱涉海，结好女真，与之相约攻辽，其国可图也。"议者谓祖宗以来，虽有此道，以其地接诸蕃，禁商贾舟船不得行，百有余年矣。一旦启之，惧非中国之利。徽宗召见，问所来之因，对曰："辽国必亡，陛下念旧民遭涂炭之苦，复中国往昔之疆，代天遣责，以治伐乱，王师一出，必壶浆来迎。万一女真得志，先发制人，后发制于人，事不侔矣。"帝嘉纳之，赐姓赵氏，以为秘书丞，图燕之议自此始。迁直龙图阁，提点万寿观，加右文殿修撰。

宣和二年二月，使于金国，见其主阿骨打，议取燕、云。使还，进徽猷阁待制。自是将命至六七，颇能缓颊尽心，与金争议，进龙图阁直学士。既得燕山，又加延康殿学士、提举上清宫，官至光禄大夫。

良嗣言："顷在北国，与燕中豪士刘范、李奭及族兄柔吉三人结义同心，欲拔幽、蓟归朝，沥酒于北极祠下，祈天为约，俟他日功成，即挂冠谢事，以表本心，初非取功名而徼富贵也。赖陛下威灵，今日之事幸而集，顾前日之约岂可欺哉？愿许臣致仕，使得买田归耕，令有识者曰：'此平燕首谋之人，得请闲退，天下美事也。'不然，则臣为敢欺神明，何所不至？"凡三上章，诏不许。既而朝廷纳张觉，良嗣争之云："国家新与金国盟，如此必失其欢，后不可悔。"不听。坐夺职，削五阶。

靖康元年四月，御史胡舜陟论其结成边患，败契丹百年之好，使金寇侵陵，祸及中国，乞戮之于市。时已窜郴州，诏广西转运副使李昇之即所至枭其首，徙妻子于万安军。

张觉，平州义丰人也。在辽国第进士，为辽兴军节度副使。镇民杀其节度使萧谛里，觉拊定乱者，州人推领州事。燕王淳死，觉知辽必亡，籍丁壮五万人，马千匹，练兵为备。萧后遣时立爱来知州，拒弗纳。

金人入燕，访觉情状于辽故臣吴公弼，公弼言彼何能为，当示以不疑，乃以为临海军节度使，任知平州。辽相左企弓等将归东，粘罕欲先遣兵擒觉，公弼曰："如此是趣之叛也，我请使焉而观之。"遂往见觉。觉曰："契丹八路皆陷，今独平州存，敢有异志？所以未释甲者，防萧干耳。"厚赂公弼使还。公弼道其语，粘罕信之，升平州为南京，加觉同中书门下平章事。企弓、公弼与曹勇义、虞仲文皆东迁。

时燕民尽徙，流离道路。或诣觉诉："公弼、企弓等不能守燕，致吾民如是。能免我者，非公而谁？"觉召僚属议，皆曰："近闻天祚复振于松漠，金人所以急趋山西者，畏契丹从其后也。公能仗大义，迎故主以图兴复，责企弓等之罪而杀之，纵燕人归燕，南朝宜无不纳。傥金人西来，内用营、平之兵，外藉南朝之援，何所惧乎？"觉又访于翰林学士李石，亦以为然。乃杀企弓等四人，复称保大三年，绘天祚像于厅事，每事告而后行。呼父老谕曰："女真，仇也，岂可从？"指其像曰："此非汝主乎？岂可背？当相约以死，必不得已则归中国。"燕人尚义，皆景从。于是悉遣徙民归。

石更名安弼，偕故三司使高党往燕山说王安中曰："平州自古形胜之区，地方数百里，带甲十余万，觉文武全才，若为我用，必能屏翰王室。苟为不然，彼西迎天祚，北通萧干，将为吾肘腋患矣。"安中深然之，具奏于朝，愿以身任其责，令安弼、党诣京师。徽宗以手札付詹度曰："本朝与金国通好，信誓甚重，岂当首违？金人昨所以不即讨觉者，以兵在关中而觉抗榆关故也。今既已东去，他日西来，则觉蕞尔数城，恐未易当。为今之计，姑当密示羁縻足矣。"而度数诱致之，讽令内附。

宣和五年六月，觉遣书至安抚司云："金虏恃虎狼之强，驱徙燕京富家巨室，止留空城以塞盟誓，缅想大朝，亦非得已。遗民假道当管，冤痛之声，盈于衢路。州人不忍，金谓宜抗贼命，以存生灵，使复父母之邦，且为大朝守御之备，已尽遣其人过界，谨令掌书记张钧、参谋军事张敦固诣安抚司听命。"

金人闻觉叛，遣阇母国王将三千骑来讨，觉帅兵迎拒之于营州，阇母以兵少，不交锋而退，大书于门，有"今冬复来"之语。觉遂妄以大捷闻，朝廷建平州为泰宁军，拜觉节度使，以安弼、党、钧、敦固皆为徽猷阁待制，宣抚司犒以银绢数万。诏命至，觉喜，远出迎。金人谍知，举兵来，觉不得返，同其弟挟所被诏敕奔燕。母妻先寓营州，为金人所得，弟闻之，亟往降，献其诏敕。金人围平州，觉之从弟及侄固守，金人以纳叛为责，且求饷粮，凡攻击数月，州民数千溃围走，莫肯降。

金人既平二州，始来索觉，王安中讳之。索愈急，乃斩一貌类者去。金人曰："此非觉也。觉匿于王宣抚甲仗库，若不与我，我自以兵取之。"安中不得已，引觉出，数其过，使行刑，觉语殊不逊。既死，函首送之，燕之降将及常胜军皆泣下，郭药师曰："若来索药师，当奈何？"自是解体，金人终用是启衅云。

郭药师，渤海铁州人也。辽之将亡，燕王淳募辽东饥民为兵，使之报怨于女真，目曰"怨军"，药师为之渠首。明年，其两营叛，药师杀叛者罗青。都统萧干留二千人为四营，以药师及张令徽、刘舜仁、甄五臣为将。淳建号于燕，改"怨军"为"常胜军"，擢药师至诸卫上将军、涿州留守。淳死，萧后立，萧干专，国人贰。

宣和四年九月，药师拥所部八千人奉涿、易二州来归，诏以为恩州观察使。王师北讨，刘延庆与干军于卢沟，药师曰："干以全师抗我，燕城必虚，选劲骑袭之，可得也。"延庆遣药师与诸将帅兵六千，夜半渡河，背道而进。质明，甄五臣领五千骑夺迎春门以入，大军继至，下令纳燕人降而尽杀契丹杂虏。药师遣人谕萧后，使趣降，后密诏萧干还战于三市，药师失马，几为所擒，遂以败还，犹进安远军承宣使。十二月，拜武泰军节度使。五年正月，加检校少保，同知燕山府。

诏入朝，徽宗礼遇甚厚，赐以甲第姬妾。张水嬉于金明池，使观之，命贵戚大臣更互设宴。又召对于后苑延春殿，药师拜廷下，泣言："臣在虏，闻赵皇如在天上，不谓今日得望龙颜。"帝深褒称之，委以守燕，对曰："愿效死。"又令取天祚以绝燕人之望，变色而言曰："天祚，臣故主也，国破出走，臣是以降。陛下使臣毕命他所，不敢辞，若使反故主，非所以事陛下，愿以付他人。"因涕泣如雨。帝以为忠，解所御珠袍及二金盆以赐。药师出，谕其下曰："此非吾功，汝辈力也。"即剪盆分给之。加检校少傅，归镇。

萧干犯塞，药师破其众于峰山，生擒阿鲁太尉，获耶律德光尊号宝剑检、涂金印，干寻为部下所杀。策勋加检校太傅。

初，王安中知燕山府，詹度与药师同知，药师自以节钺，欲居度上。度称御笔所书有序，药师不从。加以常胜军肆横，药师右之，度不能制，告于朝廷。虑其交恶，命度与河间蔡靖两易。靖至，坦怀待之，药师亦重靖，稍为抑损，安中但诣事之，朝廷亦曲徇其意，所请无不从。良械精甲，多遣部曲贸易他道，为奇巧之物以奉权贵宦侍，于是誉言日闻。专制一路，增募兵号三十万，而不改左衽，朝论颇以为虑。亟拜太尉，召入朝，辞不至。

帝令童贯行边，阴察其去就，不然，则挟之偕来。贯至燕，药师迎于易州，再拜帐下，贯避之，曰："汝今为太尉，位视二府，与我等耳，此礼何为？"药师曰："太师，父也。药师唯拜我父，焉知其他？"贯释然。遂邀贯视师，至于迥野，略无人迹，药师下马，当贯前掉旗一挥，俄顷，四山铁骑耀日，莫测其数。贯众皆失色。归为帝言，药师必能抗虏，蔡攸亦从中力主之。金使贺天宁节归，送伴使见药师兵，遇之于道，金使为之敛马引避。乡兵或持矛揭取其羊豕，皆不敢争，奏言药师威声远振，攸益谓其可倚，故内地不复防制。屡有告变及得其通金国书，辄不省。

七年十二月，詹度言："药师瞻视不常，趣向怀异，蜂目鸟喙，怙宠恃功，逆节已萌，凶横日甚。今闻与金人交结，背负朝廷，兴祸不远，愿早为之虑。"始诏遣官究实，而金兵已南下破檀、蓟，至玉田。蔡靖遣药师、张令徽、刘舜仁帅师出御，其夕，令徽遁归，靖与部使者诣药师计事，药师欲降，靖曰："靖誓死报国，此何言邪？"引佩刀将自到，药师抱持之，并诸使者悉锁在家。斡离不及郊，药师率军官迎拜，遂从以南。叛报至，帝犹秘其事，议封为燕王，割地与之，使世守，而已无及。

斡离不至庆源，闻天子内禅，欲回军，药师曰："南朝未必有备，不如姑行。"其后迻趋京城，诘索宫省与邀取宝器服玩，皆药师导之也。

卷四百七十三

列传第二百三十二

奸臣三

黄潜善　汪伯彦　秦桧

黄潜善，字茂和，邵武人。擢进士第，宣和初，为左司郎。陕西、河东地大震，陵谷易处，徽宗命潜善察访陕西，因往视。潜善归，不以实闻，但言震而已。擢户部侍郎，坐事谪亳州，以徽猷阁待制知河间府。

靖康初，金人入攻，康王开大元帅府，檄潜善将兵入援。张邦昌僭位，潜善趋白于帅府，王承制拜潜善为副元帅。

二年，高宗即位，拜中书侍郎。时上从人望，擢李纲为右相，纲将奏逐潜善及汪伯彦，右丞吕好问止之。未几，潜善拜右仆射兼中书侍郎，纲遂罢。御史张所言潜善奸邪，恐害新政，左迁所尚书郎，寻谪江州。太学生陈东论李纲不可去，潜善、伯彦不可任，潜善恚。会欧阳澈上书诋时事，语侵宫掖，帝谓其言不实，潜善乘间启杀澈并东诛之，识与不识皆为之垂涕，帝悔焉。

明年，金人攻陕西，京东、山东盗起，潜善、伯彦匿不以闻。张遇焚真州，距行在六十里，内侍邵成章疏潜善、伯彦误国，成章坐除名。御史马伸亦以劾潜善、伯彦得罪，谪监濮州酒税，道卒。

潜善进左仆射兼门下侍郎。郓、濮相继陷没，宿、泗屡警，右丞许景衡以扈卫单弱，请帝避其锋，潜善以为不足虑，率同列听浮屠克勤说法。俄泗州奏金人且至，帝大惊，决策南渡。御舟已戒，潜善、伯彦方共食，堂吏大呼曰："驾行矣。"乃相视苍黄鞭马南驰。都人争门而出，死者相枕藉，人无不怨愤。会司农卿黄锷至江上，军士闻其姓以为潜善也，争数其罪，挥刃而前，锷方辩其非是，而首已断矣。

帝渡瓜州，幸镇江，敌兵已蹑其后。潜善、伯彦联疏言艰难之时，不敢具文求退。中丞张澄劾之，乃罢潜善为观文殿大学士、知江宁府，落职居衡州。郑毂又论潜善、伯彦均于误国，而潜善之恶居多，王庭秀继以为言，责置英州。谏官袁植乞斩之都市，帝不许。寻卒于梅州。

潜善狠愎持国柄，嫉害忠良。李纲既逐，张悫、宗泽、许景衡辈相继贬死，宪谏一言，随陷其祸，中外为之切齿。高宗末年有旨，潜善、余深、薛昂皆复官录后。谏官凌哲言深、昂朋附蔡京，潜善专恣误国，今尽复三人恩数，恐政刑失平，忠义解体。诏以潜善尝任副元帅，特复元官，录一子。

汪伯彦，字廷俊，徽之祁门人。登进士第，积官为虞部郎官。靖康改元，召见，献河北边防十策，直龙图阁、知相州。是冬，金人陷真定，诏徙真定帅司于相，俾伯彦领之。

高宗以康王使金至磁，时金骑充斥，尝有甲马数百至城下，踪迹王所在。伯彦亟以帛书请王还相，躬服櫜鞬，部兵逆王于河上。王劳之曰："他日见上，当首以京兆荐公。"其受知自此始矣。未几，王奉蜡书，开天下兵马大元帅府，以伯彦为副将。王引兵渡河，谋所向，言人人殊，伯彦独曰："非出北门济子城不可。"王喜曰："廷俊言是也。"既济，由大名历郓、济达于南京，奏为集英殿修撰。

北兵薄京城，钦宗诏：金人见议通和，康王将兵，毋得轻动。伯彦以为然。宗泽曰："女真狂谲，是欲款我师尔。如即信之，后悔何及乎！宜亟进兵。"伯彦等难之。及城破，金人逼二帝北行，张邦昌僭立，王闻之涕泣。明年春，王承制除伯彦显谟阁待制，升元帅，进直学士。高宗即位，擢知枢密院事。未几，拜右仆射。

方高宗初政，天下望治。伯彦、潜善逾年在相位，专权自恣，不能有所经画。御史谏官，下至韦布内侍，皆劾奏之。罢伯彦为观文殿大学士、知洪州，改提举崇福宫。寻落职居永州。绍兴初，复职，知池州、江东安抚大使。言者弗置，乃诏以旧职奉祠，寻知广州。四年，帝追赠陈东、欧阳澈。舍人王居正论伯彦、潜善不已，复褫前职。

七年，帝谓辅臣曰："元帅旧僚，往往沦谢，惟汪伯彦实同艰难。朕之故人，所存无几，宜与牵复。"秦桧、张浚曰："臣等已议曰郊恩取旨，更得天笔明其旧劳，庶几内外孚信。"始伯彦之未第也，受馆于王氏，桧尝从之学，而浚亦伯彦所引，故共赞焉。九年，知宣州，过阙，帝谓桧曰："伯彦便令之官，庶免纷纭。"又曰："伯彦潜藩旧僚，去国七年。汉之高、光不忘丰沛、南阳故旧，皆人情之常。"伯彦上所著《中兴日历》五卷，拜检校少傅、保信军节度使。十年，请祠，从之。明年五月，卒，赠少师，谥忠定。

初，伯彦既去相州，金人执其子军器监丞似，使割地以至相州，守臣赵不试固守不下，遂拘而北，久之乃还。或云似之得归，伯彦实使人赎之。似后更名召嗣。

秦桧，字会之，江宁人。登政和五年第，补密州教授。继中词学兼茂科，历太学学正。靖康元年，金兵攻汴京，遣使求三镇，桧上兵机四事：一言金人要请无厌，乞止许燕山一路；二言金人狙诈，守御不可缓；三乞集百官详议，择其当者载之誓书；四乞馆金使于外，不可令入门及引上殿。不报。除职方员外郎。寻属张邦昌为干当公事，桧言："是行专为割地，与臣初议矛盾，失臣本心。"三上章辞，许之。

时议割三镇以弭兵，命桧借礼部侍郎与程瑀为割地使，奉肃王以往。金师退，桧、瑀至燕而还。御史中丞李回、翰林承旨吴幵共荐桧，拜殿中侍御史，迁左司谏。王云、李若水见金二酋归，言金坚欲得地，不然，进兵取汴京。十一月，集百官议于延和殿，范宗尹等七十人请与之，桧等三十六人持不可。未几，除御史中丞。

闰十一月，汴京失守，二帝幸金营。二年二月，莫俦、吴幵自金营来，传金帅命推立异姓。留守王时雍等召百官军民共议立张邦昌，皆失色不敢答，监察御史马伸言于众曰："吾曹职为争臣，岂容坐视不吐一辞？当共入议状，乞存赵氏。"时桧为台长，闻伸言以为然，即进状曰：

桧荷国厚恩，甚愧无报。今金人拥重兵，临已拔之城，操生杀之柄，必欲易姓，桧尽死以辨，非特忠于主也，且明两国之利害尔。赵氏自祖宗以至嗣君，百七十余载。顷缘奸臣败盟，结怨邻国，谋臣失计，误主丧师，遂致生灵被祸，京都失守，主上出郊，求和军前。两元帅既允其议，布闻中外矣，且空竭帑藏，追取服御所用，割两河地，恭为臣子，今乃变易前议，人臣安忍畏死不论哉？

宋于中国，号令一统，绵地万里，德泽加于百姓，前古未有。虽兴亡之命在天有数，焉可以一城决废立哉？昔西汉绝于新室，光武以兴；东汉绝于曹氏，刘备帝蜀；唐为朱温篡夺，李克用犹推其世序而继之。盖基广则难倾，根深则难拔。

张邦昌在上皇时，附会权幸，共为蠹国之政。社稷倾危，生民涂炭，固非一人所致，亦邦昌为之也。

天下方疾之如仇雠,若付以土地,使主人民,四方豪杰必共起而诛之,终不足为大金屏翰。必立邦昌,则京师之民可服,天下之民不可服;京师之宗子可灭,天下之宗子不可灭。桧不顾斧钺之诛,言两朝之利害,愿复嗣君位以安四方,非特大宋蒙福,亦大金万世利也。

金人寻取桧诣军前。三月,金人立邦昌为伪楚。邦昌遗金书请还孙傅、张叔夜及桧,不许。初,二帝北迁,桧与傅、叔夜、何栗、司马朴从至燕山,又徙韩州。上皇闻康王即位,作书贻粘罕,与约和议,俾桧润色之。桧以厚赂达粘罕。会金主吴乞买以桧赐其弟挞懒为任用,挞懒攻山阳,建炎四年十月甲辰,桧与妻王氏及婢仆一家,自军中取涟水军水砦航海归行在。丙午,桧入见。丁未,拜礼部尚书,赐以银帛。

桧之归也,自言杀金人监己者奔舟而来。朝士多谓桧与栗、傅、朴同拘,而桧独归;又自燕至楚二千八百里,逾河越海,岂无讥诃之者,安得杀监而南?就令从军挞懒,金人纵之,必质妻属,安得与王氏偕?惟宰相范宗尹、同知枢密院李回与桧善,尽破群疑,力荐其忠。未对前一日,帝命先见宰执。桧首言"如欲天下无事,南自南,北自北",及首奏所草与挞懒求和书。帝曰:"桧朴忠过人,朕得之喜而不寐。盖闻二帝、母后消息,又得一佳士也。"宗尹欲处之经筵,帝曰:"且与一事简尚书。"故有礼部之命。从行王安道、冯由义、水砦丁禩及参议官并改京秩,舟人孙靖亦补承信郎。始,朝廷虽数遣使,但且守且和,而专与金人解仇议和,实自桧始。盖桧在金庭首唱和议,故挞懒纵之使归也。

绍兴元年二月,除参知政事。七月,宗尹罢。先是,范宗尹建议讨论崇宁、大观以来滥赏,桧力赞其议,见帝意坚,反以此挤之。宗尹既去,相位久虚。桧扬言曰:"我有二策,可耸动天下。"或问何以不言,桧曰:"今无相,不可行也。"八月,拜右仆射、同中书门下平章事兼知枢密院事。九月,吕颐浩再相,桧同秉政,谋夺其柄,风其党建言:"周宣王内修外攘,故能中兴,今二相宜分任内外。"颐浩遂建都督府于镇江。帝曰:"颐浩专治军旅,桧专理庶务,如种、蠡之分职可也。"

二年,桧奏置修政局,自为提举,参知政事翟汝文同领之。未几,桧面劾汝文擅治堂吏,汝文求去;谏官方孟卿一再论之,汝文竟罢。监察御史刘一止,桧党也,言:"宜王内修,修其所谓外攘之政而已。今簿书狱讼、官吏差除、土木营缮俱非所当急者。"屯田郎曾统亦谓桧曰:"宰相事无不统,何以局为?"桧皆不听。既而有议废局以摇桧者,一止及检讨官林待聘皆上疏言不可废。七月,一止出台,除起居郎,盖自叛其说,识者笑之。

颐浩自江上还,谋逐桧,有教以引朱胜非为助者。诏以胜非同都督。给事中胡安国言胜非不可用,胜非遂以醴泉观使兼侍读。安国求去,桧三上章留之,不报。颐浩寻以黄龟年为殿中侍御史,刘棐为右司谏,盖将逐桧。于是江跻、吴表臣、程瑀、张焘、胡世将、刘一止、林待聘、楼炤并落职予祠,台省一空,皆桧党也。桧初欲倾颐浩,引一时名贤如安国、焘、瑀辈布列清要。颐浩问去桧之术于席益,益曰:"目为党可也。今党魁胡安国在琐闼,宜先去之。"盖安国尝问人材于游酢,酢以桧为言,且比之荀文若。故安国力言桧贤于张浚诸人,桧亦力引安国。至是,安国等去,桧亦寻去。桧再相误国,安国已死矣。黄龟年始劾桧专主和议,沮止恢复,植党专权,渐不可长,至比桧为莽、卓。八月,桧罢,乃为观文殿学士、提举江州太平观。

前一日,上召直学士院綦崇礼入对,示以桧所陈二策,欲以河北人还金国,中原人还刘豫。帝曰:"桧言'南人归南,北人归北'。朕北人,将安归?桧又言'为相数月,可耸动天下',今无闻。"崇礼即以上意载训辞,播告中外,人始知桧之奸。龟年等论桧不已,诏落职,榜朝堂,示不复用。三年,韩肖胄等使还,泊金使李永寿、王翊偕来,求尽还北俘,与桧前议吻合。识者益知桧与金人共谋,国家之辱未已也。

五年,金主既死,挞懒主议,卒成其和。二月,复资政殿学士,仍旧宫祠。六月,除观文殿学士、知温州。六年七月,改知绍兴府。寻除醴泉观使兼侍读,充行宫留守,孟庾同留守,并权赴尚书、枢密院参决庶事。时已降诏将行幸,桧乞扈从,不许。帝驻跸平江,召桧赴行在,用右相张浚荐也。十二月,桧以醴泉观兼侍读赴讲筵。七年正月,何藓使金还,得徽宗及宁德后讣,帝号恸发丧,即日授桧枢密使,恩数视宰臣。四月,命王伦使金国迎奉梓宫。

九月,浚求去,帝问:"谁可代卿?"浚不对。帝曰:"秦桧何如?"浚曰:"与之共事,始知其暗。"帝曰:"然则用赵鼎。"鼎于是复相。台谏交章论浚,安置岭表。鼎约同列救解。与张守面奏,各数千百言,桧独无一语。浚遂谪永州。始,浚、鼎相得甚,浚先达,力引鼎。尝共论人才,浚剧谈桧善,鼎曰:"此人得志,吾人无所措足矣!"浚不以为然,故引桧,共政方知其暗,不复再荐之。桧因此憾浚,反谓鼎曰:"上欲召公,而张相固留。"盖怒鼎使挤浚也。桧在枢府惟听鼎,鼎素恶桧,由是反深信之,卒为所倾。鼎与浚晚遇于闽,言及此,始知皆为桧所卖。

十一月,奉使朱弁以书报粘罕死,帝曰:"金人暴虐,不亡何待?"桧曰:"陛下但积德,中兴固有时。"帝曰:"此固有时,然亦须有所施为,然后可以得志。"

八年三月,拜右仆射、同中书门下平章事兼枢密使。吏部侍郎晏敦复有忧色,曰:"奸人相矣。"五月,金遣乌陵思谋等来议和,与王伦偕至。思谋即宣和始通好海上者。议以吏部侍郎魏矼馆伴,矼辞曰:"顷任御史,尝言和议之非,今不可专对。"桧问矼所以不主和,矼备言敌情。桧曰:"公以智料敌,桧以诚待敌。"矼曰:"第恐敌不以诚待相公尔。"桧乃改命。六月,思谋等入见。帝愀然谓宰相曰:"先帝梓宫,果有还期,虽待二三年尚庶几。惟是太后春秋高,朕旦夕思念,欲早相见,此所以不惮屈己,冀和议之速成也。"桧曰:"屈己议和,此人主之孝也。见主卑屈,怀愤不平,此人臣之忠也。"帝曰:"虽然,有备无患,使和议可成,边备亦不可弛。"

十月,宰执入见,桧独留身,言:"臣僚畏首尾,多持两端,此不足与断大事。若陛下决欲讲和,乞颛与臣议,勿许群臣预。"帝曰:"朕独委卿。"桧曰:"臣亦恐未便,望陛下更思三日,容臣别奏。"又三日,桧复留身奏事,帝意欲和甚坚,桧犹以为未也,曰:"臣恐别有未便,欲望陛下更思三日,容臣别奏。"帝曰:"然。"又三日,桧复留身奏事如初,知上意确不移,乃出文字乞决和议,勿许群臣预。

鼎力求去位,以少傅出知绍兴府。初,帝无子。建炎末,范宗尹造膝有请,遂命宗室令廪择艺祖后,得伯琮、伯玖入宫,皆艺祖七世孙。伯琮改名瑗,伯玖改名璩。瑗先建节,封建国公。帝谕鼎专任其事。又请建资善堂,鼎罢,言者攻鼎,必以资善为口实。及鼎、桧再相,帝出御札,除璩节度使,封吴国公。执政聚议,枢密副使王庶见之,大呼曰:"并后匹嫡,此不可行。"鼎以问桧,不答。桧更问鼎,鼎曰:"自丙辰罢相、议者专以此藉口,今当避嫌。"约同奏面纳御笔,及至帝前,桧无一语。鼎曰:"今建国在上,名虽未正,天下之人知陛下有子矣。今日礼数不得不异。"帝乃留御笔俟议。明日,桧留身奏事。后数日,参知政事刘大中参告,亦以此为言。故鼎与大中俱罢。明年,璩卒授保大军节度使,封崇国公。故鼎入辞,劝帝曰:"臣去后,必有以孝弟之说胁制陛下者。"出见桧,一揖而去,桧亦憾之。

鼎既去,桧独专国,决意议和。中朝贤士,以议论不合,相继而去。于是,中书舍人吕本中、礼部侍郎张九成皆不附和议,桧谕之使优游委曲,九成曰:"未有枉己而能正人者。"桧深憾之。殿中侍御史张戒上疏乞留赵鼎,又陈十三事论和议之非,忤桧。王庶与桧尤不合,自淮西入枢庭,始终言和议非是,疏凡七上,且谓桧曰:"而忘东都欲存赵氏时,何遗此敌邪?"桧方挟金人自重,尤恨庶言,故出之。

枢密院编修官胡铨上疏,愿斩桧与王伦以谢天下。于是上下汹汹。桧谬为解救,卒械送铨贬昭州。陈刚中以启贺铨,桧大怒,送刚中吏部,差知赣州安远县。赣有十二邑,安远滨岭,地恶瘴深,谚曰:"龙南、安远,一去不转。"言必死也。刚中果死。寻以铨事戒谕中外。既而校书郎许忻、枢密院编修官赵雍同日上疏,犹祖铨意,力排和议。雍又欲正南北兄弟之名,桧亦不能罪。曾开见桧,言今日当论存亡,不当论安危。桧骇愕,遂出之。司勋员外郎朱松、馆职胡珵、张扩、凌景夏、常明、范如圭同上一疏言:"金人以和之一字得志于我者十有二年,以覆我王室,以弛我边备,以竭我国力,以懈缓我不共戴天之仇,以绝望我中国呕吟思汉之赤子,以诏谕江南为名,要陛下以稽首之礼。自公卿大夫至六军万姓,莫不扼腕愤怒,岂肯听陛下北面为仇敌之臣哉!天下将有仗大义,问相公之罪者。"后数日,权吏部尚书张焘、吏部侍郎晏敦复、魏矼、户部侍郎李弥逊、梁汝嘉、给事中楼炤、中书舍人苏符、工部侍郎萧振、起居舍人薛徽言同班入奏,极言屈己之礼非是。新除礼部侍郎尹焞独上疏,且移书切责桧,桧始大怒,焞于是固辞新命不拜。奉礼郎冯时行召对,言和议不可信,至引汉高祖分羹事为喻。帝曰:

"朕不忍闻。"擎蹙而起。桧乃谪时行知万州,寻亦抵罪。中书舍人勾龙如渊抗言于桧曰:"邪说横起,胡不择台官击去之。"桧遂奏如渊为御史中丞,首劾铨。

金使张通古、萧哲以诏谕江南为名,桧恐物论咎己,与哲等议,改江南为宋,诏谕为国信。京、淮宣抚处置使韩世忠凡四上疏力谏,有"金以刘豫相待"之语,且言兵势重处,愿以身当之,不许。哲等既至泗州,要所过州县迎以臣礼,至临安日,欲帝待以客礼,世忠益愤,再疏言:"金以诏谕为名,暗致陛下归顺之义,此主辱臣死之时,愿效死战以决胜败。若其不克,委曲从之未晚。"亦不许。哲等既入境,接伴使范同再拜问金主起居,军民见者,往往流涕。过平江,守臣向子諲不拜,乞致仕。哲等至淮安,言先归河南地,且册上为帝,徐议余事。

桧至是欲上行屈己之礼,帝曰:"朕嗣守太祖、太宗基业,岂可受金人封册。"会三衙帅杨沂中、解潜、韩世良相率见桧曰:"军民汹汹,若之何?"退,又白之台谏。于是勾龙如渊、李谊数见桧议国书事,如渊谓得其书纳之禁中,则礼不行而事定。给事中楼炤亦举"谅阴三年不言"事以告桧,于是定桧摄冢宰受书之议。帝亦切责王伦,伦谕金使,金使亦惧而从。帝命桧即馆中见哲等受其书。金使欲百官备礼,桧使省吏朝服导从,以书纳禁中。先一日,诏金使来,将尽割河南、陕西故地,又许还梓宫及母兄亲族,初无需索。以参知政事李光素有时望,俾押和议榜以镇浮言。又降御札赐三大将。

九年,金人归河南、陕西故地,以王伦签书枢密院事,充迎奉梓宫、奉还两宫、交割地界使,蓝公佐副之。判大宗正事士㒟、兵部侍郎张焘朝八陵。帝谓宰执曰:"河南新复,宜命守臣专抚遗民,劝农桑,各因其地以食,因其人以守,不可移东南之财,虚内以事外。"帝虽听桧和而实疑金诈,未尝弛备也。

时张浚在永州,驰奏,力言以石晋、刘豫为戒,复遗书孙近,以"帝秦之祸,发迟而大"。徐俯守上饶,连南夫帅广东,岳飞宣抚淮西,皆因贺表寓讽。俯曰:"祸福倚伏,情伪多端。"南夫曰:"不信亦信,其然岂然?虽虞舜之十二州,皆归王化;然商於之六百里,当念尔欺!"飞曰:"救暂急而解倒悬,犹之可也;欲长虑而尊中国,岂其然乎?"他如秘书省正字汪应辰、樊光远、澧州推官韩纠、临安府司户参军毛叔庆,皆言金人叵测;迪功郎张行成献《询荛书》二十篇,大意言自古讲和,未有终不变者,条具者皆豫备之策。桧悉加黜责,纠贬循州。

七月,兀术杀其领三省事宗磐及左副元帅挞懒,拘王伦于中山府。盖兀术以归地为二人所主,将有他谋也。伦尝密奏于朝,桧不之备,但趣伦进。时韩世忠有乘懈掩击之请,桧言《春秋》不伐丧,与帝意合,遂已。

十年,金人果败盟,分四道入侵。兀术入东京,葛王褎取南京,李成取西京,撒离喝趋永兴军。河南诸郡相继陷没。帝始大怪,下诏罪状兀术。御史中丞王次翁奏曰:"前日国是,初无主议。事有小变,则更用他相,后来者未必贤,而排黜异党,纷纷累月不能定,愿陛下以为至戒。"帝深然之。桧力排群言,始终以和议自任,而次翁谓无主议者，专为桧地也。于是桧位复安，据之凡十八年，公论不能撼摇矣。

六月，桧奏曰："德无常师，主善为师。臣昨见挞懒有割地讲和之议，故赞陛下取河南故疆。今兀术戕其叔挞懒，蓝公佐归，和议已变，故赞陛下定吊伐之计。愿至江上谕诸帅同力招讨。"卒不行。闰六月，贬赵鼎兴化军，以王次翁受桧旨，言其规图复用也。言者不已，寻窜潮州。

时张俊克亳州，王胜克海州，岳飞克郾城，几获兀术。张浚战胜于长安，韩世忠胜于泇口镇，诸将所向皆奏捷，而桧力主班师。九月，诏飞还行在，沂中还镇江，光世还池州，锜还太平。飞军闻诏，旗靡辙乱，飞口呿不能合。于是淮宁、蔡、郑复为金人有。以明堂恩封桧莘国公。十一年，兀术再举，取寿春，入庐州，诸将邵隆、王德、关师古等连战皆捷。杨沂中战拓皋，又破之。桧忽谕沂中及张俊遽班师。韩世忠闻之，止濠州不进；刘锜闻之，弃寿春而归。自是不复出兵。

四月，桧欲尽收诸将兵权，给事中范同献策，桧纳之。密奏召三大将论功行赏，韩世忠、张俊并为枢密使，岳飞为副使，以宣抚司军隶枢密院。六月，拜左仆射、同中书门下平章事兼枢密使，进封庆国公。《徽宗实录》成，迁少保，加封冀国公。先是，莫将、韩恕使金，拘于涿州。至是，兀术有求和意，纵之归。桧复奏遣刘光远、曹勋使金，又以魏良臣为通问使。未几，良臣偕金使萧毅等来，议以淮水为界，求割唐、邓二州。寻遣何铸报聘，许之。

十月，兴岳飞之狱。桧使谏官万俟卨论其罪，张俊又诬飞旧将张宪谋反，于是飞及子云俱送大理寺，命御史中丞何铸、大理卿周三畏鞫之。十一月，贬李光藤州，范同罢参知政事。同虽附和议，以自奏事，桧忌之也。十二月，杀岳飞。桧以飞屡言和议失计，且尝奏请定国本，俱与桧大异，必欲杀之。铸、三畏初鞫，久不伏；卨入台，狱遂上。诬飞尝自言"己与太祖皆三十岁建节"为指斥乘舆，受诏不救淮西罪，赐死狱中。子云及张宪杀于都市。天下冤之，闻者流涕。飞之死，张俊有力焉，语在《飞传》。

十二年，胡铨再编管新州。八月，徽宗及显肃、懿节二梓宫至行在。太后还慈宁宫。九月，加太师，进封魏国公。十月，进封秦、魏两国公。桧以封两国与蔡京、童贯同，请改封母为秦、魏国夫人。子熺举进士，馆客何溥赴南省，皆为第一。桧本王唤孽子，桧妻唤妹，无子，唤妻贵而妒，桧在金国，出熺为桧后。桧还，其家以熺见，桧喜甚。桧幸和议复成，益咎前日之异己者。先是，赵鼎贬潮州，王庶贬道州，胡铨再贬新州。至是，皆遇赦永不检举。曾开、李弥逊并落职。张俊本助和议，居位岁余无去意，桧讽江邈论罢之。

十三年，贺瑞雪，贺雪自桧始。贺日食不见，是后日食多书不见。彗星常见，选人康倬上书言彗星不足畏，桧大喜，特改京秩。楚州奏盐城县海清，桧请贺，帝不许。知虔州薛弼言木内有文曰"天下太平年"，诏付史馆。于是修饰弥文，以粉饰治具，如乡饮、耕籍之类节节备举，为苟安余杭之计，自此不复巡幸江上，而祥瑞之奏日闻矣。

洪皓归自金国，名节独著，以致金酋室捻语，直翰苑不一月逐去。室捻者，粘罕之左右也。初，粘罕行军至淮上，桧尝为之草檄，为室捻所见，故因皓归寄声。桧意士大夫莫有知者，闻皓语，深以为憾，遂令李文会论之。胡舜陟以非笑朝政下狱死，张九成以鼓唱浮言贬，累及僧宗杲，编配，皆以语忤桧也。张邵亦坐与桧言金人有归钦宗及诸王后妃意，斥为外祠。十四年，贬黄龟年，以前尝论桧也。闽、浙大水，右武大夫白锷有"燮理乖谬"语，刺配万安军。太学生张伯麟尝题壁曰"夫差，尔忘越王杀而父乎"，杖脊刺配吉阳军。故将解潜罢官闲居，辛永宗总戎外郡，亦坐不附和议，潜窜南安死，永编置肇庆死。赵鼎、李光皆再窜过海。皓之罪由白锷延誉，光以在藤州唱和有讽刺及桧者，为守臣所告也。

先是，议建国公出阁，吏部尚书吴表臣、礼部尚书苏符等七人论礼与桧意异，于是表臣等以讨论不详、怀奸附鼎皆罢。始，桧为上言：赵鼎欲立皇太子，是待陛下终无子也，宜俟亲子乃立。遂嗾御史中丞詹大方言鼎邪谋密计，深不可测，与范冲等咸怀异意，以徼无妄之福。冲尝为资善翊善，故大方诬之。其后监察御史王铣言帝未有嗣，宜祠高禖，诏筑坛于圜丘东，皆桧意也。

台州曾惇献桧诗称"圣相"。凡投献者以皋、夔、稷、契为不足，必曰"元圣"。桧乞禁野史。又命子熺以秘书少监领国史，建炎元年至绍兴十二年《日历》五百九十卷。熺因太后北还，自颂桧功德凡二千余言，使著作郎王扬英、周执羔上之，皆迁秩。自桧再相，凡前罢相以来诏书章疏稍及桧者，率更易焚弃，日历、时政亡失已多，是后记录皆熺笔，无复有公是非矣。冬十月，右正言何若指程颐、张载遗书为专门曲学，力加禁绝，人无敢以为非。

十五年，熺除翰林学士兼侍读。四月，赐桧甲第，命教坊乐导之入，赐缗钱金绵有差。六月，帝幸桧第，桧妻妇子孙皆加恩。桧先禁私史，七月，又对帝言私史害正道。时司马伋遂言《涑水记闻》非其曾祖光论著之书，其后李光家亦举光所藏书万卷焚之。十月，帝亲书"一德格天"扁其阁。十六年正月，桧立家庙。三月，赐祭器，将相赐祭器自桧始。

先是，帝以彗星见求言。张浚上疏，言："今事势如养大疽于头目心腹之间，不决不止，愿谋为豫备。不然，异时以国与敌者，反归罪正议。"桧久憾浚，至是大怒，即落浚节钺，贬连州，寻移永州。

十七年，改封桧益国公。五月，移贬洪皓于英州，八月，赵鼎死于吉阳军。是夏，先有赵鼎遇赦永不检举之旨，又令月申存亡，鼎知之，不食而卒。自鼎之谪，门人故吏皆被罗织，虽闻其死而叹息者加以罪。又窜吕颐浩子摭于藤州。十二月，进士施锷上《中兴颂》、《行都赋》及《绍兴雅》十篇，永免文解。自此颂咏导谀愈多。赐百官喜雪御筵于桧第。

十八年，熺除知枢密院事，桧问胡宁曰："外议如何？"宁曰："以为公相必不袭蔡京之迹。"五月，李显忠上恢复策，落军职，与祠。六月，迪功郎王廷珪编管辰州，以作诗送胡铨也。闰八月，福州言民采竹实万斛以济饥。十一月，胡铨自新州移贬吉阳军，以作颂谤讪也。

十九年，帝命绘桧像，自为赞。是岁，湖、广、江西、建康府皆言甘露降，诸郡奏狱空。帝尝语桧曰："自今有奏狱空者，当令监司验实。果妄诞，即按治，仍命御史台察之。苟不惩戒，则奏甘露瑞芝之类，崇虚饰诞，无所不至。"帝虽眷桧，而不可蔽欺也如此。十二月，禁私作野史，许人告。

二十年正月，桧趋朝，殿司小校施全刺桧不中，磔于市。自是每出，列五十兵持长梃以自卫。是月，曹泳告李光子孟坚省记光所作私史，狱成，光窜已久，诏永不检举；孟坚编置峡州；朝士连坐者八人，皆落职贬秩，胡寅窜新州。泳由是骤用。五月，秘书少监汤思退奏以桧存赵氏本末付史馆。六月，熺加少保。郑炜告其乡人福建安抚司机宜吴元美作《夏二子传》，指蚊、蝇也；家有潜光亭、商隐堂，以亭号潜光，有心于党李，堂名商隐，无意于事秦。故桧尤恶之。编管右迪功郎安诚、布衣汪大圭，斩有荫人惠俊、进义副尉刘允中，黥径山僧清言，皆以讪谤也。时桧疾愈，朝参许肩舆，二孙扶掖，仍免拜。二十一年，朝散郎王扬英上书荐熺为相，桧奏扬英知泰州。

二十二年，又兴王庶二子之奇之荀、叶三省、杨炜、袁敏求四大狱，皆坐谤讪。炜又以尝登李光、萧振之门，言时事也。于是光永不检举，振贬池州。二十三年，桧请下台州于谢伋家取綦崇礼所受御笔缴进。桧初罢相，上有责桧语，欲泯其迹焉，是岁，进士黄友龙坐谤讪，黥配岭南；内侍裴咏坐指斥，编管琼州。二十四年二月，杨炬以弟炜旧累死宾州，炬编管邕州。何兑讼其师马伸发端上金人书乞存赵氏，为分桧功，兑编管英州。三月，桧孙敷文阁待制埙试进士举，省殿试皆为第一，桧从子焞、焴、姻党周夤、沈兴杰皆登上第，士论为之不平。考官则魏师逊、汤思退、郑仲熊、沈虚中、董德元也。师逊等初知贡举，即语人曰："吾曹可以富贵矣。"及廷试，桧又奏思退为编排，师逊为详定。埙与第二人曹冠策皆攻专门之学，张孝祥策则主一德元老且及存赵事。帝读埙策，皆桧、熺语，于是擢孝祥为第一，降埙第三。未几，埙修撰实录院，宰相子孙同领史职，前所无也。

六月，以王循友前知建康尝罪桧族党，循友安置藤州。八月，王趯为李光求内徙，趯编管辰州。郑珏、贾子展以会中有嘲谑讲和之语，珏窜容州，子展窜德庆府。方畴以与胡铨通书，编置永州。十二月，魏安行、洪兴祖以广传程瑀《论语解》，安行编置钦州，兴祖编置昭州。又窜程纬，以其慢上无礼也。

帝尝谕桧曰："近轮对者，多谒告避免。百官轮对，正欲闻所未闻，可令检举约束。"桧擅政以来，屏塞人言，蔽上耳目，凡一时献言者，非诵桧功德，则讦人语言以中伤善类。欲有言者恐触忌讳，畏言国事，仅论销金铺翠、乞禁鹿胎冠子之类，以塞责而已。故帝及之，盖亦防桧之壅蔽也。

衢州尝有盗起，桧遣殿前司将官辛立将千人捕之，不以闻。晋安郡王因入侍言之，帝大惊，问桧，桧曰："不足上烦圣虑，故不敢闻，盗平即奏矣。"退而求其故，知晋安言之，遂奏晋安居秀王丧不当给俸，月损二百缗，帝为出内帑给之。

二十五年二月，以沈长卿旧与李光启讥和议，又以芮烨共赋《牡丹诗》，有"宁令汉社稷，变作莽乾坤"之句，为邻人所告，长卿编置化州，烨武冈军。静江有驿名秦城，知府吕愿中率宾僚共赋《秦城王气诗》以媚桧，不赋者刘芮、李燮、罗博文三人而已。愿中由此得召。又张扶请桧乘金根车，又有乞置益国官属及议九锡者，桧闻之安然。十月，申禁专门之学。以太庙灵芝绘为华旗，凡郡国所奏瑞木、嘉禾、瑞瓜、双莲悉绘之。

赵令衿观桧《家庙记》，口诵"君子之泽，五世而斩"，为汪召锡所告。御史徐嚞又论赵鼎子汾与令衿饮别厚赆，必有奸谋，诏送大理，拘令衿南外宗正司。桧于一德格天阁书赵鼎、李光、胡铨姓名，必欲杀之而后已。鼎已死而憾之不置，遂欲孥戮汾。桧忌张浚尤甚，故令衿之狱，张宗元之罢，皆波及浚。浚在永州，桧又使其死党张柄知潭州，与郡丞汪召锡共伺察之。至是，使汾自诬与浚及李光、胡寅谋大逆，凡一时贤士五十三人皆与焉。狱成，而桧病不能书。

是月乙未，帝幸桧第问疾，桧无一语，惟流涕而已。熺奏请代居相位者，帝曰："此事卿不当与。"帝遂命权直学士院沈虚中草桧父子致仕制。熺犹遣其子埙与林一飞、郑柟夜见台谏徐嚞、张扶谋奏请己为相。丙申，诏桧加封建康郡王，熺进少师，皆致仕，埙、堪并提举江州太平兴国宫。是夜，桧卒，年六十六。后赠申王，谥忠献。

桧两据相位者，凡十九年，劫制君父，包藏祸心，倡和误国，忘仇斁伦。一时忠臣良将，诛锄略尽。其顽钝无耻者，率为桧用，争以诬陷善类为功。其矫诬也，无罪可状，不过曰谤讪，曰指斥，曰怨望，曰立党沽名，甚则曰有无君心。凡论人章疏，皆桧自操以授言者，识之者曰："此老秦笔也。"察事之卒，布满京城，小涉讥议，即捕治，中以深文。又阴结内侍及医师王继先，伺上动静。郡国事惟申省，无一至上前者。桧死，帝方与人言之。

桧立久任之说，士淹滞失职，有十年不解者。附己者立与擢用。自其独相，至死之日，易执政二十八人，皆世无一誉。柔佞易制者，如孙近、韩肖胄、楼炤、王次翁、范同、万俟卨、程克俊、李文会、杨愿、李若谷、何若、段拂、汪勃、詹大方、余尧弼、巫伋、章夏、宋朴、史才、魏师逊、施钜、郑仲熊之徒，率拔之冗散，遽跻政地。既共政，则拱默而已。又多自言官听桧弹击，辄以政府报之，由中丞、谏议而升者凡十有二人，然甫入即出，或一阅月，或半年即罢去。惟王次翁阅四年，以金人败盟之初持不易相之论，桧德之深也。开门受赂，富敌于国，外国珍宝，死犹及门。人谓熺自桧秉政无日不锻酒具，治书画，特其细尔。

桧阴险如崖阱，深阻竟叵测。同列论事上前，未尝力辨，但以一二语倾挤之。李光尝与桧争论，言颇侵桧，桧不答。及光言毕，桧徐曰："李光无人臣礼。"帝始怒之。凡陷忠良，率用此术。晚年残忍尤甚，数兴大狱，而又喜谀佞，不避形迹。

然桧死熺废，其党祖述余说，力持和议，以窃据相位者尚数人，至孝宗始荡涤无余。开禧二年四月，追夺王爵，改谥谬丑。嘉定元年，史弥远奏复王爵、赠谥。

卷四百七十四
列传第二百三十三

奸臣 四

万俟卨　韩侂胄　丁大全　贾似道

万俟卨，字元忠，开封阳武县人。登政和二年上舍第。调相州、颍昌府教授，历太学录、枢密院编修官、尚书比部员外郎。绍兴初，盗曹成掠荆湖间，卨时避乱沅、湘，帅臣程昌寓以便宜檄卨权沅州事。成奄至城下，卨召土豪、集丁壮以守，成食尽乃退。除湖北转运判官，改提点湖北刑狱。岳飞宣抚荆湖，遇卨不以礼，卨憾之。卨入觐，调湖南转运判官，陛辞，希秦桧意，潜飞于朝。留为监察御史，擢右正言。

时桧谋收诸将兵权，卨力助之，言诸大将起行伍，知利不知义，畏死不畏法，高官大职，子女玉帛，已极其欲，盍示以逗遛之罚，败亡之诛，不用命之戮，使知所惧。

张俊归自楚州，与桧合谋挤飞，令卨劾飞对将佐言山阳不可守。命中丞何铸治飞狱，铸明其无罪。桧怒，以卨代治，遂诬飞与其子云致书张宪分虚申警报以动朝廷，及令宪措置使还飞军；狱不成，又诬以淮西逗遛之事。飞父子与宪俱死，天下冤之。大理卿薛仁辅、寺丞李若朴、何彦猷言飞无罪，卨劾之；知宗正寺士㒟请以百口保飞，卨又劾之，士㒟窜死建州。刘洪道与飞有旧，卨劾其足恭媚飞。闻飞罢宣抚，抵掌流涕。于是洪道抵罪，终身不复。参政范同为桧所引，或自奏事，桧忌之，卨劾罢，再论同罪，谪居筠州。又为桧劾李光鼓倡，孙近朋比，二人皆被窜谪。

和议成，卨请诏户部会计用兵之时与通和之后所费各几何，若减于前日，乞以羡财别贮御前激赏库，不许他用，蓄积稍实，可备缓急。梓宫还，以卨为横宜按行使，内侍省副都知宋唐卿副之，卨请与唐卿同班卜殿奏事，其无耻如此。张浚寓居长沙，卨妄劾浚卜宅逾制，至拟五凤楼。会吴table信自长沙还朝，奏浚宅不过众人，常产可办，浚乃得免。

除参知政事，充金国报谢使。使还，桧假金人誉已数千言，嘱卨以闻，卨难之。他日奏事退，桧坐殿庐中批上旨，辄除所厚者官，吏钤纸尾进，卨曰："不闻圣语。"却不视。桧大怒，自是不交一语。言官李文会、詹大方交章劾卨，卨遂求去。帝命出守，桧愈恶。给事中杨愿封还词头，遂罢去，寻谪居归州。遇赦，量移沅州。

二十五年，召还，除参知政事，寻拜尚书右仆射、同中书门下平章事。纂次太后回銮事实，上之。张浚以卨与沈该居相位不厌天下望，上书言其专欲受命于金。卨见书大怒，以为金人未有衅，而浚所奏乃若祸在年岁间，浚坐窜谪。卨提举刊修《贡举敕令格式》五十卷、《看详法意》四百八十七卷，书进，授金紫光禄大夫，致仕。卒，年七十五，谥忠靖。

卨始附桧，为言官，所言多出桧意；及登政府，不能受钳制，遂忤桧去。桧死，帝亲政，将反桧所为，首召卨还。卨主和固位，无异于桧，士论益薄之。

韩侂胄，字节夫，魏忠献王琦曾孙也。父诚，娶高宗宪圣慈烈皇后女弟，仕至宝宁军承宣使。侂胄以父任入官，历阁门祗候、宣赞舍人、带御器械。淳熙末，以汝州防御使知阁门事。

孝宗崩，光宗以疾不能执丧，中外汹汹，赵汝愚议定策立皇子嘉王。时宪圣太后居慈福宫，而侂胄雅善慈福内侍张宗尹，汝愚乃使侂胄介宗尹以其议密启太后。侂胄两至宫门，不获命，彷徨欲退，遇重华宫提举关礼问故，入白宪圣，言甚恳切，宪圣可其议。礼以告侂胄，侂胄驰白汝愚。日已向夕，汝愚亟命殿帅郭杲以所部兵夜分卫南北内。翌日，宪圣太后即丧次垂帘，宰臣传旨，命嘉王即皇帝位。

宁宗既立，侂胄欲推定策恩，汝愚曰："吾宗臣也，汝外戚也，何可以言功？惟爪牙之臣，则当推赏。"乃加郭杲节钺，而侂胄但迁宜州观察使兼枢密都承旨。侂胄始觖望，然以传导诏旨，浸见亲幸，时时乘间窃弄威福。朱熹白汝愚当用厚赏酬其劳而疏远之，汝愚不以为意。右正言黄度欲劾侂胄，谋泄，斥去。朱熹奏其奸，侂胄怒，使优人峨冠阔袖象大儒，戏于上前，熹遂去。彭龟年请留熹而逐侂胄。未几，龟年与郡；侂胄进保宁军承宣使，提举佑神观。自是，侂胄益用事，而以抑赏故，怨汝愚日深。

雪川刘弢者，襄与侂胄同知阁门事，颇以知书自负。方议内禅时，汝愚独与侂胄计议，弢弗得与闻，内怀不平，至是，谓侂胄曰："赵相欲专大功，君岂惟不得节度，将恐不免岭海之行矣。"侂胄愕然，因问计，弢曰："惟有用台谏尔。"侂胄问："若何而可？"弢曰："御笔批出是也。"侂胄悟，即以内批除所知刘德秀为监察御史，杨大法为殿中侍御史；罢吴猎监察御史，而用刘三杰代之。于是言路皆侂胄之党，汝愚之迹始危。

侂胄欲逐汝愚而难其名，谋于京镗，镗曰："彼宗姓，诬以谋危社稷可也。"庆元元年，侂胄引李沐为右正言。沐尝有求于汝愚不获，即奏汝愚以同姓居相位，将不利于社稷。汝愚罢相。始，侂胄之议汝愚，徐谊实荐之，汝愚既斥，遂并逐谊。朱熹、彭龟年、黄度、李祥、杨简、吕祖俭等以攻侂胄得罪，太学生杨宏中、张衜、徐范、蒋傅、林仲麟、周端朝等又以上书论侂胄编置，朝士以言侂胄遭责者数十人。

已而侂胄拜保宁军节度使、提举佑神观。又设伪学之目，以网括汝愚、朱熹门下知名之士。用何澹、胡纮为言官。澹言伪学宜加惩厉，或指汝愚为伪学罪首。纮条奏汝愚有十不逊，且及徐谊。汝愚谪永州，谊谪南安军。虑他日汝愚复用,密谕衡守钱鏊图之,汝愚抵衡暴薨。留正旧在都堂众辱侂胄,至是,刘德秀论正引用伪党,正坐罢斥。吏部尚书叶翥要侍郎倪思列疏论伪学,思不从,侂胄乃擢翥执政而免思官。侂胄加开府仪同三司。时台谏迎合侂胄意,以攻伪学为言,然惮清议,不欲显斥熹。侂胄意未快,以陈谠尝攻熹,召除贾兵部侍郎。未至,亟除沈继祖台察。继祖诬熹十罪,落职罢祠。三年,刘三杰入对,言前日伪党,今变而为逆党。侂胄大喜,即日除三杰为右正言,而坐伪学逆党得罪者五十有九人。王沇献言令省部籍记伪学姓名,姚愈请降诏严伪学之禁,二人皆得迁官。施康年、陈谠、邓友龙、林采皆以攻伪学久居言路,而张釜、张岩、程松率由此秉政。

四年,侂胄拜少傅,封豫国公。有蔡琏者尝得罪,汝愚执而黥之。五年,侂胄使琏告汝愚定策时有异谋,具其宾客所言七十纸。侂胄欲逮彭龟年、曾三聘、徐谊、沈有开下大理鞫之,范仲艺力争乃止。其年迁少师,封平原郡王。六年,进太傅。婺州布衣吕祖泰上书言道学不可禁,请诛侂胄,以周必大为相。侂胄大怒,决杖流钦州。言者希侂胄意,劾必大首植伪党,降为少保。一时善类悉罹党祸,虽本侂胄意,而谋实始京镗。逮镗死,侂胄亦稍厌前事,张孝伯以为不弛党禁,后恐不免报复之祸。侂胄以为然,追复汝愚、朱熹职名,留正、周必大亦复秩还政,徐谊等皆先后复官。伪党之禁浸解。

三年,拜太师。监惠民局夏允中上书,请侂胄平章国政,侂胄缪为辞谢,乞致其仕,诏不许,允中放罢。时侂胄以势利鼓士大夫之心,薛叔似、辛弃疾、陈谦皆起废显用,当时固有因于久斥,损晚节以规荣进者矣。若陈自强则以侂胄童子师,自选人不数年致位宰相,而苏师旦、周筠又侂胄厮役也,亦皆预闻国政,超取显仕。群小阿附,势焰熏灼。侂胄凡所欲为,宰执慑息不敢为异,自强至印空名敕札授之,惟所欲用,三省不预知也。言路厄塞,每月举论二三常事而已,谓之月课。

或劝侂胄立盖世功名以自固者,于是恢复之议兴。以殿前都指挥使吴曦为兴州都统,识者多言曦不可,主西师必叛,侂胄不省。安丰守厉仲方言淮北流民愿归附,会辛弃疾入见,言敌国必乱必亡,愿属元老大臣预为应变计,郑挺、邓友龙等又附和其言。开禧改元,进士毛自知廷对,言当乘机以定中原,侂胄大悦。诏中外诸将密为行军之计。先是,杨辅、傅伯成言兵不可动,抵罪。至是,武学生华岳叩阍乞斩侂胄、苏师旦、周筠以谢天下,谏议大夫李大异亦论止开边。岳下大理劾罪编置,大异斥去。

陈自强援故事乞命侂胄兼领平章。台谏邓友龙等继以为请,侂胄除平章军国事。萧逵、李壁时在太常,论定典礼,三日一朝,因至都堂,序班丞相之上,三省印并纳其第。侂胄昵苏师旦为腹心,除师旦安远军节度使。自置机速房于私第,甚者假作御笔,升黜将帅,事关机要,未尝奏禀,人莫敢言。

二年,以薛叔似为京湖宣谕使;邓友龙为两淮宣谕使;程松为四川宣抚使,吴曦副之。徐邦宪自处州召见,以弭兵为言,忤侂胄意,削二秩。于是左司谏易祓、大理少卿陈景俊、太学博士钱廷玉皆起而言恢复之计矣。诏侂胄日一朝。友龙、叔似并升宣抚使。吴曦兼陕西、河东招抚使,皇甫斌副之。时镇江武锋军统制陈孝庆复泗州及虹县,江州统制许进复新息县,光州孙成复褒信县。捷书闻,侂胄乃议降诏趣诸将进兵。

未几,皇甫斌兵败于唐州;秦世辅至城固军溃;郭倬、李汝翼败于宿州,敌追围倬,倬执统制田俊迈以遗敌,乃获免。事闻,邓友龙罢,以丘崈代为宣抚使。侂胄既丧师,始觉为师旦所误。侂胄招李壁饮酒,酒酣,语及师旦,壁微摘其过,侂胄以为然。壁乃悉数其罪,赞侂胄斥去之。翌日,师旦谪韶州,斩郭倬于京口,流李汝翼、王大节、李爽于岭南。

已而金人渡淮,攻庐、和、真、扬,取安丰、濠,又攻襄阳,至枣阳,乃以丘崈金书枢密院事,督视江、淮军马。侂胄输家财二十万以助军,而谕丘崇募人持书币赴敌营,谓用兵乃苏师旦、邓友龙、皇甫斌所为,非朝廷意。金人答书辞甚倨,且多所要索,谓侂胄无意用兵,师旦等安得专。崇又遣书许还淮北流民及今年岁币,金人乃有许意。

会招抚使郭倪与金人战,败于六合;金人攻蜀,吴曦叛,受金命制蜀王。密乞移书敌营伸前议,且谓金人指太师平章为首谋,宜免系衔。侂胄忿,崇坐罢。曦反状闻,举朝震骇。侂胄亟遗曦书,许以茅土之封,书未达而安丙、杨巨源已率义士诛曦矣。侂胄连遣方信孺使北请和,以林拱辰为通谢使。金人欲责正隆以前礼略,以侵疆为界,且索犒军银凡数千万,而缚送首议用兵之臣。信孺归,白事朝堂,不敢斥言,侂胄穷其说,乃微之。侂胄大怒,和议遂辍。起辛弃疾为枢密都承旨。会弃疾死,乃以殿前副都指挥使赵淳为江、淮制置使,复锐意用兵。

自兵兴以来,蜀口、汉、淮之民死于兵戈者,不可胜计,公私之力大屈,而侂胄意犹未已,中外忧惧。礼部侍郎史弥远,时兼资善堂翊善,谋诛侂胄,议甚秘,皇子荣王入奏,杨皇后亦从中力请,乃得密旨。弥远以告参知政事钱象祖、李壁。御笔云:"韩侂胄久任国柄,轻启兵端,使南北生灵枉罹凶害,可罢平章军国事,与在外宫观。陈自强阿附充位,不恤国事,可罢右丞相。日下出国门。"仍令权主管殿前司公事夏震以兵三百防护。象祖欲奏审,壁谓事留恐泄,不可。翌日,侂胄入朝,震呵止于途,拥至玉津园侧殛杀之。

先一日,周筠谓侂胄,事将不善,侂胄与自强谋用林行可为谏议大夫,尽击谋侂胄者。是日,行可请对,自强坐待漏院,语同日曰:"今日大坡上殿。"俄侂胄先驱至,象祖色变。寻报侂胄已押出,象祖乃入奏。有诏斩苏师旦于广东。嘉定元年,金人求函侂胄首,乃命临安府斫侂胄棺,取其首遗之。

侂胄用事十四年,威行宫省,权震寓内。尝凿山为园,下瞰宗庙。出入宫闱无度。孝宗畴昔思政之所,偃然居之,老宫人见之往往垂涕。颜槭草制,言其得圣之清。易祓撰答诏,以元圣褒之。四方投书献颂者,谓伊、霍、旦、奭不足以拟其勋,有称为"我王"者。余嘉请加九锡,赵师罢乞置平原郡王府官属。侂胄皆当之不辞。所嬖妾张、谭、王、陈皆封郡国夫人，号"四夫人"，每内宴，与妃嫔杂坐，恃势骄倨，掖庭皆恶之；其下，受封者尤众。至是，论四夫人罪，或杖或徒，余数十人纵遣之。有司籍其家，多乘舆服御之饰，其僭紊极矣。

始，侂胄以导达中外之言，遂见宠任。朱熹、彭龟年既以论侂胄去，贵戚吴琚语人曰："帝初无固留侂胄意，使有一人继言之，去之易尔。"而一时台谏及执政大臣多其党与，故稔其恶以底大僇。开禧用兵，帝意弗善已。侂胄死，宁宗谕大臣曰："恢复岂非美事，但不量力尔。"

侂胄娶宪圣吴皇后侄女，无子，取鲁誾子为后，名玿，既诛侂胄，削籍流沙门岛云。

丁大全，字子万，镇江人。面蓝色。嘉熙二年举进士，调萧山尉。上谒帅阃，安抚使史岩之俟众宾退，独留大全，款曲甚至，期以他日必大用。大全为戚里婢婿，夤缘以取宠位。事内侍卢允升、董宋臣。累官为大理司直、添差通判饶州。入为太府寺簿，调尚书枢盐所检阅江州分司，复兼枢密院编修官。拜右正言兼侍讲，辞。改右司谏，拜殿中侍御史。

升侍御史兼侍读。劾奏丞相董槐，章未下，大全夜半调隅兵百余人，露刃围槐第，以台牒驱迫之出，给令舆槐至大理寺，欲以此恐之。须臾，出北关，弃槐，噪呼而散。槐徐步入接待寺，罢相之命下矣。自是志气骄倨，道路以目。

寻为右谏议大夫，进端明殿学士、金书枢密院事，封丹阳郡侯，进同知枢密院事兼权参知政事。宝祐六年，拜参知政事。四月，拜右丞相兼枢密使，进封公。初，大全以袁玠为九江制置副使，玠贪且刻，棰系渔湖土豪，督促输钱甚急。土豪怒，尽以鱼舟济北来之兵。太学生陈宗、刘黼、黄镛、曾唯、陈宜中、林则祖等六人，伏阙上书讼大全。台臣翁应弼、吴衍为大全鹰犬，钤制学校，贬逐宗等。

开庆元年九月，罢相，以观文殿大学士判镇江府。中书舍人洪芹缴言："大全鬼蜮之资，穿窬之行，引用凶恶，陷害忠良，遏塞言路，浊乱朝纲。乞追官远窜，以伸国法，以谢天下。"侍御史沈炎、右正言曹永年相继论罢。监察御史朱貔孙复论："大全奸回险狡，狠毒贪残，假陛下之刑威以箝天下之口，挟陛下之爵禄以笼天下之财。"监察御史饶虎臣又论大全四罪：绝言路，坏人才，竭民力，误边防。再削其官。景定元年，诏守中奉大夫致仕。臣僚言"乞远窜使不失刑。"诏送南康军居住。台臣复以为言，追三官，移送南安军居住。

明年，监察御史刘应龙请加窜，追削两官，移窜贵州团练使。与州守游翁明失色杯酒间，翁明诉大全阴造弓矢，将通蛮为不轨。朱禩孙以闻于朝。又明年，移置新州。太常少卿兼权直舍人院刘震孙缴奏乞移徙海岛。四年正月，将官毕迁护送，舟过藤州，挤之于水而死。

大全知淮西，总领郑羽富甲吴门，始欲结姻，羽不从。遂令台臣卓梦卿弹之，籍其家。为子寿翁聘妇，见其艳，自取为妻，为世所丑。

贾似道，字师宪，台州人，制置使涉之子也。少落魄，为游博，不事操行。以父荫补嘉兴司仓。会其姊入宫，有宠于理宗，为贵妃，遂诏赴廷对，妃于内中奉汤药以给之。擢太常丞、军器监。益恃宠不检，日纵游诸妓家，至夜即燕游湖上不反。理宗尝夜凭高，望西湖中灯火异常时，语左右曰："此必似道也。"明日询之果然，使京尹史岩之戒敕之。岩之曰："似道虽有少年气习，然其材可大用也。"寻出知澧州。

淳祐元年，改湖广总领。三年，加户部侍郎。五年，以宝章阁直学士为沿江制置副使、知江州兼江西路安抚使。一岁中，再迁京湖制置使兼知江陵府，调度赏罚，得以便宜施行。九年，加宝文阁学士、京湖安抚制置大使。十年，以端明殿学士移镇两淮，年始三十余。宝祐二年，加同知枢密院事、临海郡开国公，威权日盛。台谏尝论其二部将，即毅然求去。孙子秀新除淮东总领，外人忽传似道已密奏不可矣，丞相董槐惧，留身请之，帝以为无有，槐终不敢遣子秀，以似道所善陆壑代之，其见惮已如此。四年，加参知政事。五年，加知枢密院事。六年，改两淮宣抚大使。

自端平初，孟珙帅师会大元兵灭金，约以陈、蔡为界。师未还而用赵范谋，发兵据郾、函，绝河津，取中原地，大元兵击败之，范以数千人遁归。追兵至，问曰："何为而败盟也？"遂纵攻淮、汉，自是兵端大启。

开庆初，宪宗皇帝自将征蜀，世祖皇帝时以皇弟攻鄂州，元帅兀良哈䚟由云南入交趾，自邕州蹂广西，破湖南，传檄数宋背盟之罪。理宗大惧，乃以赵葵军信州，御广兵；以似道军汉阳，援鄂，即军中拜右丞相。十月，鄂东南陬破，宋人再筑，再破之，赖高达率诸将力战。似道时自汉阳入督师。十一月，攻城急，城中死伤者至万三千人。似道乃密遣宋京诣军中请称臣，输岁币，不从。会宪宗皇帝晏驾于钓鱼山，合州守王坚使阮思聪蹈急流走报鄂，似道再遣京议岁币，遂许之。大元兵拔砦而北，留张杰、阎旺以偏师候湖南兵。明年正月，兵至，杰作浮梁新生矶，济师北归。似道用刘整计，攻断浮梁，杀殿兵百七十，遂上表以肃清闻。帝以其有再造功，以少傅、右丞相召入朝，百官郊劳如文彦博故事。

初，似道在汉阳，时丞相吴潜用监察御史饶应子言，移之黄州，而分曹世雄等兵以属江阃。黄州下流，实兵冲。似道以为潜欲杀己，衔之。且闻潜事急时，每事先发后奏；帝欲立荣王子孟启为太子，潜又不可。帝已积怒潜，似道遂陈建储之策，令沈炎劾潜措置无方，致全、衡、永、桂皆破，大称旨。乃议立孟启，贬潜循州，尽逐其党人。高达在围中，恃其武勇，殊易似道，每见其督战，即戏之曰："巍巾者何能为哉！"每战，必劳始出，否即使兵士哗于其门。吕文德诒似道，即使人呵曰："宣抚在，何敢尔邪！"曹世雄、向士璧在军中，事皆不关白似道，故似道皆恨之。以核诸兵费，世雄、士璧皆坐侵盗官钱贬远州。每言于帝欲诛达，帝知其有功，不从。寻论功，以文德为第一，而达居其次。

明年，大元世祖皇帝登极，遣翰林侍读学士、国信使郝经等持书申好息兵，且征岁币。似道方使廖莹中辈撰《福华编》称颂鄂功，通国皆不知所谓和也。似道乃密令淮东制置司拘经等于真州忠勇军营。

时理宗在位久，内侍董宋臣、卢允昇为之聚敛以媚之。引荐奔竞之士，交通贿赂，置诸通显。又用外戚子弟为监司、郡守。作芙蓉阁、香兰亭宫中，进倡优傀儡，以奉帝为游燕。窃弄权柄。台臣有言之者，帝宣谕去之，谓之"节贴"。

似道入，逐卢、董所荐林光世等，悉罢之，勒外戚不得为监司、郡守，子弟门客敛迹，不敢干朝政。由是权倾中外，进用群小。取先朝旧法，率意纷更，增吏部七司法。买公田以罢和籴，浙西田亩有直千缗者，似道均以四十缗买之。数稍多，予银绢；又多，予度牒告身。吏又恣为操切，浙中大扰。有奉行不至者，提领刘良贵劾之。有司争相迎合，务以买田多为功，皆缪以七八斗为石。其后，田少与硗瘠、亏租与佃人负租而逃者，率取偿田主。六郡之民，破家者多。包恢知平江，督买田。至以肉刑从事。复以楮贱作银关，以一准十八界会之三，自制其印文如"贾"字状行之，十七界废不用。银关行，物价益踊，楮益贱。秋七月，彗出柳，光烛天，长数十丈，自四更见东方，日高始灭。台谏、布韦皆上书，言此公田不便，民间愁怨所致。似道上书力辩之，且乞罢政。帝勉留之曰："公田不可行，卿建议之始，朕已沮之矣。今公私兼裕，一岁军饷，皆仰于此。使因人言而罢之，虽足以快一时之议，如国计何！"有太学生萧规、叶李等上书，言似道专政。命京尹刘良贵捃摭以罪，悉黥配之。后又行推排法。江南之地，尺寸皆有税，而民力弊矣。

理宗崩，度宗又其所立，每朝必答拜，称之曰"师臣"而不名，朝臣皆称为"周公"。甫葬理宗，即弃官去，使吕文德报北兵攻下沱急，朝中大骇，帝与太后手为诏起之。似道至，欲以经筵拜太师，以典故须建节，授镇东军节度使，似道怒曰："节度使粗人之极致尔！"遂命出节，都人聚观。节已出，复曰："时日不利。"亟命返之。宋制：节出，有撤关坏屋，无倒关理，以示不屈。至是，人皆骇叹。然下沱之报实无兵也。三年，又乞归养。大臣、侍从传旨留之者日四五至，中使加赐赉者日十数至，夜即交卧第外以守。除太师、平章军国重事，一月三赴经筵，三日一朝，赴中书堂治事。赐第葛岭，使迎养其中。吏抱文书就第署，大小朝政，一切决于馆客廖莹中、堂吏翁应龙，宰执充位署纸尾而已。

似道虽深居，凡台谏弹劾、诸司荐辟及京尹、畿漕一切事，不关白不敢行，李芾、文天祥、陈文龙、陆达、杜渊、张仲微、谢章辈，小忤意辄斥，重则屏弃之，终身不录。一时正人端士，为似道破坏殆尽。吏争纳赂求美职，其求为帅闽、监司、郡守者，贡献不可胜计。赵溍辈争献宝玉，陈奕至以已事似道之玉工陈振民以求进，一时贪风大肆。五年，复称疾求去。帝泣留之，不从。令六日一朝，一月两赴经筵。六年，命入朝不拜。朝退，帝必起避席，目送之出殿廷始坐。继又令十日一入朝。

时襄阳围已急，似道日坐葛岭，起楼阁亭榭，取宫人娼尼有美色者为妾，日淫乐其中。惟故博徒日至纵博，人无敢窥其第者。其妾有兄来，立府门，若将入者，似道见之，缚投火中。尝与群妾踞地斗蟋蟀，所狎客入，戏之曰："此军国重事邪？"酷嗜宝玩，建多宝阁，日一登玩。闻余玠有玉带，求之，已徇葬矣，发其冢取之。人有物，求不予，辄得罪。自是，或累月不朝，帝如景灵宫亦不从驾。八年，明堂礼成，祀景灵宫。天大雨，似道期帝雨止升辂。胡贵嫔之父显祖为带御器械，请如开禧故事，却辂，乘逍遥辇还宫，帝曰平章云云，显祖绐曰："平章已允乘逍遥辇矣。"帝遂归。似道大怒曰："臣为大礼使，陛下举动不得预闻，乞罢政。"即日出嘉会门，帝留之不得，乃罢显祖，涕泣出贵嫔为尼，始还。

似道既专恣日甚，畏人议己，务以权术驾驭，不爱官爵，牢笼一时名士，又加太学餐钱，宽科场恩例，以小利啖之。由是言路断绝，威福肆行。

自围襄阳以来，每上书请行边，而阴使台谏上章留己。吕文焕以急告，似道复申请之，事下公卿杂议。监察御史陈坚等以为师臣出，顾襄未必能及淮，顾淮未必能及襄，不若居中以运天下为得。乃就中书置机速房以调边事。时物议多言高达可援襄阳者，监察御史李旺率朝士入言于似道。似道曰："吾用达，如吕何？"旺等出，叹曰："吕氏安则赵氏危矣。"文焕在襄，闻达且入援，亦不乐，以语其客。客曰："易耳，今朝廷以襄阳急，故遣达援之，吾以捷闻，则达必不成遣矣。"文焕大以为然。时襄兵出，获哨骑数人，即缪以大捷奏，然不知朝中实无援襄事也。襄阳降，似道曰："臣始屡请行边，先帝皆不之许，向使早听臣出，当不至此尔。"

十月，其母胡氏薨，诏以天子卤簿葬之，起坟拟山陵，百官奉襄事，立大雨中，终日无敢易位。寻起复入朝。

度宗崩。大兵破鄂，太学诸生亦群言非师臣亲出不可。似道不得已，始开都督府临安，然惮刘整，不行。明年正月，整死，似道欣然曰："吾得天助也。"乃上表出师，抽诸路精兵以行，金帛辎重之舟，舳舻相衔百余里。至安吉，似道所乘舟胶堰中，刘师勇以千人入水曳之不能动，乃易他舟而去。至芜湖，遣还军中所俘曾安抚，以荔子、黄甘遗丞相伯颜，俾宋京如军中，请输岁币称臣如开庆约，不从。夏贵自合肥以师来会，袖中出编书示似道曰："宋历三百二十年。"似道俯首而已。时一军七万余人，尽属孙虎臣，军丁家洲。似道与夏贵以少军军鲁港。二月庚申夜，虎臣以失利报，似道仓皇出，呼曰："虎臣败矣！"命召贵与计事。顷之，虎臣至，抚膺而泣曰："吾兵无一人用命也。"贵微笑曰："吾尝血战当之矣。"似道曰："计将安出？"贵曰："诸军已胆落，吾何以战？公惟入扬州，招溃兵，迎驾海上，吾特以死守淮西尔。"遂解舟去。似道亦与虎臣以单舸奔扬州。明日，败兵蔽江而下，似道使人登岸摇旗招之，皆不至，有为恶语慢骂之者。乃檄列郡如海上迎驾，上书请迁都，列郡守于是皆遁，遂入扬州。

陈宜中请诛似道，谢太后曰："似道勤劳三朝，安忍以一朝之罪，失待大臣之礼。"止罢平章、都督，予祠官。三月，除似道诸不恤民之政，放还诸窜谪人，复吴潜、向士璧等官，诛其幕官翁应龙，廖莹中、王庭皆自杀。潘文卿、季可、陈坚、徐卿孙皆似道鹰犬，至是交章劾之。四月，高斯得乞诛似道，不从。而似道亦自上表乞保全，乃命削三官，然尚居扬不归。五月，王㒶论似道既不死忠，又不死孝，太皇太后乃诏似道归终丧。七月，黄镛、王应麟请移似道郏州，不从。王㒶入见太后曰："本朝权臣稔祸，未有如似道之烈者。缙绅草茅不知几疏，陛下皆抑而不行，非惟行人言不不恤，何以谢天下！"始徙似道婺州。婺人闻似道将至，率众为露布逐之。监察御史孙嵘叟等皆以为罚轻，言之不已。又徙建宁府。翁合奏言："建宁乃名儒朱熹故里，虽三尺童子粗知向方，闻似道来呕恶，况见其人！"时国子司业方应发权直舍人院，封还录黄，乞窜似道广南；中书舍人王应麟、给事中黄镛亦言之，皆不从。侍御史陈文龙乞俯从众言，陈景行、徐直方、孙嵘叟及监察御史俞浙并上疏，于是始谪似道为高州团练使、循州安置，籍其家。

福王与芮素恨似道，募有能杀似道者使送之贬所，有县尉郑虎臣欣然请行。似道行时，侍妾尚数十人，虎臣悉屏去，夺其宝玉，彻彻轿盖，暴行秋日中，令昇轿夫唱杭州歌谑之，每名斥似道，辱之备至。似道至古寺中，壁有吴潜南行所题字，虎臣呼似道曰："贾团练，吴丞相何以至此？"似道惭不能对。嵘叟、应麟奏似道家畜乘舆服御物，有反状，乞斩之。诏遣鞫问，未至。八月，似道至漳州木绵庵，虎臣屡讽之自杀，不听，曰："太皇许我不死，有诏即死。"虎臣曰："吾为天下杀似道，虽死何憾？"拉杀之。

卷四百七十五
列传第二百三十四

叛臣上

张邦昌　刘豫　苗傅
刘正彦附　杜充　吴曦

宋失其政，金人乘之，俘其人民，迁其宝器，效辽故事，立其臣为君，冠履易位，莫甚斯时。高宗南渡，国势弗振，悍仆狂奴，欺主衰败，易动于恶。兵虽凶器，尤忌残忍，将用忍人，先无仁心，视背君亲犹反掌耳。世将之子使握重兵，居之陀塞之地，岂非召乱之道乎？大义昭明，旋踵殄灭，盖天道也。扶纲常，遏乱略，作《叛臣传》。

张邦昌，字子能，永静军东光人也。举进士，累官大司成，以训导失职，贬提举崇福宫，知光、汝二州。政和末，由知洪州改礼部侍郎。首请取崇宁、大观以来瑞应尤殊者增制旗物，从之。宣和元年，除尚书右丞，转左丞，迁中书侍郎。钦宗即位，拜少宰。

金人犯京师，朝廷议割三镇，俾康王及邦昌为质于金以求成。会姚平仲夜斫金人营，斡离不怒责邦昌，邦昌对以非出朝廷意。俄进太宰兼门下侍郎。既而康王还，金人复质肃王以行，仍命邦昌为河北路割地使。

初，邦昌力主和议，不意身为之质，及行，乃要钦宗署御批无变割地议，不许；又请以玺书付河北，亦不许。时粘罕兵又来侵，上书者攻邦昌私敌，社稷之贼也。遂黜邦昌为观文殿大学士、中太一宫使，罢割地议。其冬，金人陷京师，帝再出郊，留青城。

明年春，吴幵、莫俦自金营持文书来，令推异姓堪为人主者从军前备礼册命。留守孙傅等不奉命，表请立赵氏。金人怒，复遣幵、俦促之，劫傅等召百官杂议。众莫敢出声，相视久之，计无所出，乃曰："今日当勉强应命，举在军前者一人。"适尚书员外郎宋齐愈至自外，众问金人意所主，齐愈书"张邦昌"三字示之，遂定议，以邦昌治国事。孙傅、张叔夜不署状，金人执之置军中。

王时雍时为留守，再集百官诣秘书省，至即闭省门，以兵环之，俾范琼谕众以立邦昌，众意唯唯。有太学生难之，琼恐沮众，厉声折之，遣归学舍。时雍先署状，以率百官。御史中丞秦桧不书，抗言请立赵氏宗室，且言邦昌当上皇时，专事宴游，党附权奸，蠹国乱政，社稷倾危实由邦昌。金人怒，执桧。幵、俦持状赴军前。

邦昌入居尚书省，金人趣劝进，邦昌始欲引决，或曰："相公不前死城外，今欲涂炭一城耶？"适金人奉册宝至，邦昌北向拜舞受册，时伪位，僭号大楚，拟都金陵。遂升文德殿，设位御床西受贺，遣阁门传令勿拜，时雍率百官遽拜，邦昌但东面拱立。

外统制官、宣赞舍人吴革耻屈节异姓，首率内亲事官数百人，皆先杀其妻孥，焚所居，谋举义金水门外。范琼诈与合谋，令悉弃兵仗，乃从后袭杀百余人，捕革并其子皆杀之，又擒斩十余人。

是日，风霾，日晕无光。百官惨沮，邦昌亦变色。唯时雍、幵、俦、琼等欣然鼓舞，若以为有佐命功云。即以时雍权知枢密院事领尚书省，幵权同知枢密院事，俦权签书枢密院事，吕好问权领门下省，徐秉哲权领中书省。下令曰："比缘朝廷多故，百官有司皆失其职。自今各遵法度，御史台觉察以闻。"见百官称"予"，手诏曰"手书"。独时雍每言事邦昌前，辄称"臣启陛下"，邦昌斥之；劝邦昌坐紫宸、垂拱殿，吕好问争之，乃止。邦昌以嗣位之初，宜推恩四方，以道阻先赦京城，选郎官为四方谕使。

金人将退师，邦昌诣金营祖别，服赭袍，张红盖，所过设香案，起居悉如常仪，时雍、秉哲、幵、俦皆从行，士庶观者无不感怆。二帝北迁，邦昌率百官遥辞于南薰门，众恸哭，有仆绝者。

金师既还，邦昌降手书赦天下。吕好问谓邦昌曰："人情归公者，劫于金人之威耳，金人既去，能复有今日乎？康王居外久，众所归心，曷不推戴之？"又谓曰："为今计者，当迎元祐皇后，请康王早正大位，庶获保全。"监察御史马伸亦请奉迎康王。邦昌从之。王时雍曰："夫骑虎者势不得下，所宜熟虑，他日噬脐，悔无及已。"徐秉哲从旁赞之，邦昌弗听，乃册元祐皇后曰宋太后，入御延福宫。遣蒋师愈赍书于康王自陈："所以勉循金人推戴者，欲权宜一时以纾国难也，敢有他乎？"王询师愈等，具知所由，乃报于邦昌。邦昌寻遣谢克家献大宋受命宝，复降手书请元祐皇后垂帘听政，以俟复辟。书既下，中外大说。太后始御内东门小殿，垂帘听政。邦昌以太宰退处内东门资善堂。寻遣使奉乘舆服御物至南京，既而邦昌亦至，伏地恸哭请死，王抚慰之。

王即皇帝位，相李纲，徙邦昌太保、奉国军节度使，封同安郡王。纲上书极论："邦昌久与机政，擢冠宰司。国破而资之以为利，君辱而攘之以为荣。异姓建邦四十余日，逮金人之既退，方降赦以收恩。是宜肆诸市朝，以为乱臣贼子之戒。"时黄潜善犹左右之。纲又力言："邦昌已僭逆，岂可留之朝廷，使道路目为故天子哉？"高宗乃降御批曰："邦昌僭逆，理合诛夷，原其初心，出于迫胁，可特与免贷，责授昭化军节度副使、潭州安置。"

初，邦昌僭居内庭，华国靖恭夫人李氏数以果实奉邦昌，邦昌亦厚答之。一夕，邦昌被酒，李氏拥之曰："大家，事已至此，尚何言？"因以赭色半臂加邦昌身，掖入福宁殿，夜饰养女陈氏以进。及邦昌还东府，李氏私送之，语斥乘舆。帝闻，下李氏狱，词服。诏数邦昌罪，赐死潭州，李氏杖脊配车营务。时雍、秉哲、开、㑝等先已远窜，至是，并诛时雍。

刘豫，字彦游，景州阜城人也。世业农，至豫始举进士，元符中登第。豫少时无行，尝盗同舍生白金盂、纱衣。政和二年，召拜殿中侍御史，为言者所击，帝不欲发其宿丑，诏勿问。未几，豫累章言礼制局事，帝曰："刘豫河北种田叟，安识礼制？"黜豫两浙察访。宣和六年，判国子监，除河北提刑。

金人南侵，豫弃官避乱仪真。豫善中书侍郎张悫，建炎二年正月，用悫荐除知济南府。时盗起山东，豫不愿行，请易东南一郡，执政恶之，不许，豫怏怏而去。是冬，金人攻济南，豫遣子麟出战，敌纵兵围之数重，郡倅张柬益兵来援，金人乃解去。因遣人啖豫以利，豫惩前忿，遂畜反谋，杀其将关胜，率百姓降金，百姓不从，豫缒城纳款。三年三月，兀术闻高宗渡江，乃徙豫知东平府，充京东西、淮南等路安抚使，节制大名开德府、濮滨博棣德沧等州，以麟知济南府，界旧河以南，俾豫统之。

四年七月丁卯，金人遣大同尹高庆裔、知制诰韩昉册豫为皇帝，国号大齐，都大名府。先是，北京顺豫门生瑞禾，济南渔者得鳣，豫以为己受命之符，遣麟持重宝赂金左监军挞辣求僭号。挞辣许之，遣使即豫所部咨军民所宜立，众未及对，豫乡人张浃越次请立豫，议遂决，乃命庆裔、昉备玺绶宝册以立之。九月戊申，豫即伪位，赦境内，奉金正朔，称天会八年。以张孝纯为丞相，李孝扬为左丞，张柬为右丞，李俦为监察御史，郑亿年为工部侍郎，王琼为汴京留守，子麟为太中大夫、提领诸路兵马兼知济南府。孝纯始坚守太原，颇怀忠义，高宗以王衣雅厚孝纯，

俾衣招之，会粘罕遣人自云中送归豫，遂失节于贼。

豫还东平，升为东京。改东京为汴京，降南京为归德府。以弟益为北京留守，寻改汴京留守。复降淮宁、颍昌、顺昌、兴仁府悉为州。自以生景州，守济南，节制东平，僭位大名，乃起四郡丁壮数千人，号"云从子弟"。下伪诏求直言。十月，册其母翟氏为皇太后，妾钱氏为皇后。钱氏，宣和内人也，习宫掖事，豫欲有所取则，故立之。十一月，改明年元阜昌。

方豫未僭号时，数遣人说东京副留守上官悟，及赂悟左右乔思恭与共说悟令降金，悟并斩之。又招知楚州赵立，立不发书，斩其使；复遣立友人刘俭以榜旗诱之，且曰："吾君之故人也。"立曰："我知有君父，不知有故人。"烧杀俭。博州判官刘长孺以书劝豫反正，豫囚之十旬，不屈；欲官之，不受。豫大索宋宗室，承务郎阎琦匿之，豫杖死琦。召迪功郎王宠，不至。文林郎李喆、尉氏令姚邦基皆弃官去。朝奉郎赵俊书甲子不书僭年，豫亦无如之何。洪皓久陷于金，粘罕劝皓仕豫，不从，窜皓冷山。处士尹惇闻豫召，逃山谷间，走蜀中。国信副使宋汝为以吕颐浩书勉豫忠义，豫曰："独不见张邦昌乎？业已然，尚何言哉！"沧州进士邢希载上豫书乞通宋朝，豫杀希载。

是月，豫立陈东、欧阳澈庙于归德，如唐张巡、许远双庙制。

绍兴元年五月，张俊讨李成败之，成逃归豫。雄州大侩王友直尝抵豫书招李成，谓刘光世、吕颐浩非中兴将相才，后为人所诉，诏鞠而刑之。六月，豫以麟为兵马大总管、尚书左丞相。置招受司于宿州，诱宋遁逃。金人既立豫，以旧河为界，恐两河民之陷没者逃归，下令大索，或转鬻诸国，或系送云中，实防豫也。十月，豫入寇，遣其将王世冲以蕃、汉兵攻庐州，守臣王亨诱斩世冲，大败其众。十一月，帅臣叶梦得招降豫将王才。伪秦凤帅郭振入寇，王彦、关师古败之。伪知海州薛安靖及通判李汇以州来归。

二年二月，知商州董先以商、虢二州叛附于豫。襄阳镇抚使桑仲上疏请正豫罪。朝廷寻命仲兼节制应援京城军马，量度事势，复豫所陷郡。仍命河南翟兴、荆南解潜、金房王彦、德安陈规、蕲黄孔彦舟、庐寿王亨相为应援，毋失事机。三月，仲为其将霍明所杀，高宗闻之，授仲二子将仕郎。河南镇抚使翟兴屯伊阳山，豫患之，使人招兴，许以王爵。兴焚伪诏并戮其使。豫乃阴结兴麾下杨伟图之。伟杀兴，持兴首降豫。

四月丙寅，豫迁都汴。因奉祖考于宋太庙，尊其祖曰徽祖毅文皇帝，父为衍祖睿仁皇帝。亲巡郊社。是日，暴风卷旗，屋瓦皆震，士民大恐。豫曲赦汴人，与民约曰："自今不肆赦，不用宦官，不度僧道。文武杂用，不限资格。"时河、淮、陕西、山东皆驻北军，麟籍乡兵十余万为皇子府十三军。分置河南、汴京淘沙官，两京冢墓发掘殆尽。赋敛烦苛，民不聊生。

五月，豫闻桑仲死，遣人招随州李道、邓州李横，皆不受，执其使以闻。六月，蕲、黄镇抚使孔彦舟叛降豫，其将陈彦明率众千余来归。直徽猷阁凌唐佐、尚书郎李

亘、国信副使宋汝为留伪廷，久谋疏豫虚实蜡书以闻，事泄，豫杀唐佐，亘亦遇害。豫以知东平府李邺为尚书右丞，河南镇抚司都统制董先为大总管府先锋将。十二月，襄阳镇抚使李横破豫兵于扬石，乘胜趣汝州，伪守彭玘以城降。豫遣刘麑与金帅撒离曷侵蜀。执进士薛筇送豫，筇勉豫：“早图反正，庶或全宗，孰与他日并妻子磔东市？”豫怒，欲兵之，赖张孝纯获免。

三年正月庚申，李横破颍顺军，伪守兰和降。壬戌，败豫兵于长葛。甲子，横引兵至颍昌府，伪安抚赵弼固守，急攻下之，弼遁，复颍昌。二月，河南镇抚司统制官李吉败豫将梁进于伊阳台，殪之。三月，豫闻横入颍昌，求援于金人。粘罕遣兀术赴之，豫亦遣将李成率师二万逆战于京城西北之牟驼冈。横败绩，复陷颍昌。横军本群盗，恃勇无律，胜则争取子女金帛，故及于败。四月，陷虢州。镇抚司统制官谢皋指腹示贼曰：“此吾赤心也！”自剖心以死。皋，开封人。是月，明州守将徐文以所部海舟六十艘、官军四千余人浮海抵盐城，输款于豫。文言沿海无备，二浙可袭取。豫大喜，以文知莱州，益海舰二十，俾寇通、泰间。

五月，朝廷遣韩肖冑、胡松年使伪齐。豫欲以臣礼见，肖胄无以应，松年曰：“均为宋臣。”遂长揖不拜，豫不能屈。因问主上如何，松年曰：“圣主万寿。”复问帝意所向，松年曰：“必欲复故疆耳。”豫有惭色。

时豫悉有梁、卫之地，翟琮屯伊阳之凤牛山，不能孤立，突围奔襄阳。九月，杨政遣川陕将官吴胜破豫兵于莲花城。十月己亥，贼将李成陷邓州，以齐安守之；癸卯，陷襄阳，李横奔荆南，知随州李道弃城走。成据襄阳，以王嵩知随州。甲辰，陷郢州，守臣李简遁，豫以荆超知郢州事。贼将王彦先自亳引兵至寿春，将窥江南。刘光世驻军建康，扼马家渡，遣郦琼领所部驻无为军，为濠、寿声援，贼乃还。

十二月，金人遣李永寿、王翊来报聘。永寿等骄倨，请还豫俘及西北士民之流寓者，复要画江以益豫。监广州盐税吴伸上书请讨豫，谓“金人虽强，实不足虑，贼豫虽微，实为可忧。今敌使在廷，宜阳许而阴图之，乘其不疑，可一战擒也。”

四年正月，翰林学士綦崇礼言：“豫父子倚重金人，且永寿等从豫所来，画江之请必出于豫。观其奸谋，在窥吾境土。恐既通使，人情必解弛，宜戒将帅愈益置守。纵和议成，亦未可弛备。”既而朝廷遣章谊使金，至云中。粘罕答书约毋驻军淮南，谊不屈，还过汴，豫欲留之，以计获免。熙河路马步军总管关师古与豫兵战于左要岭，败绩，遂降贼。洮、岷之地尽归豫矣。

二月，豫策进士。五月，知寿春府罗兴叛降豫。舒、蕲等州制置使岳飞复襄阳，李成遁，寻复唐州。六月，复随州，磔伪守王嵩于襄阳市。七月，复邓州，语在《飞传》。豫闻岳飞取襄、邓，遂乞师于金人。伪奉议郎罗诱上南征策，豫大喜。夺民舟五百载战具，以徐文为前军，声言攻定海。九月，豫下伪诏，有"混一六合"之言，遣子麟入寇，及诱金人宗辅、挞辣、兀术分道南侵，步兵自

楚、承进，骑兵由泗趋滁。复遣伪知枢密院卢纬请师于金主，金主集诸将议，粘罕、希尹难之，独宗辅以为可。乃以宗辅权左副元帅，挞辣权右副元帅，调渤海汉军五万应豫。以兀术尝渡江，习知险易，俾将前军。豫以麟领东南道行台尚书令。朝廷震恐。或劝帝他幸，赵鼎曰："战而不捷，去未晚也。"张俊曰："避将安之？"遂决意亲征。壬申，豫兵与金人分道渡淮，楚州守臣樊序弃城走，淮东宣抚使韩世忠自承州退保镇江。

十月丙子朔，诏张俊援世忠，刘光世移军建康。世忠复还扬州。起张浚为侍读。戊子，韩世忠战于大仪，己丑，解元战于承州，皆捷。丙申，豫露榜为窥江之言。戊戌，帝发临安。十一月壬子，下诏讨豫，始暴豫罪恶，士气大振，欲济江决战。赵鼎曰："退固不可，渡江亦非策。豫犹不亲来，至尊岂可与逆雏决胜负哉？"淮将有王师晟、张琦合兵复南寿春府，执伪知州王靖。十二月壬辰，岳飞遣将牛皋、徐庆败金人于庐州。庚子，金人退师，遣使告麟，麟弃辎重宵遁，语在《世忠传》。

五年正月，淮西将郦琼复光州，伪许约降。闰二月，豫将商元攻信阳军，知军事舒继明死之。七月，豫废明堂为讲武殿，暴风连日。八月，陷光州。十月，豫令民鬻子依商税法许贯陌而收其算。豫献《海道图》及战船木样于金主亶。

六年正月，豫聚兵淮阳，韩世忠引兵急围之。贼守将连举六烽，兀术与刘猊合兵来援，皆为世忠所败。六月，筑刘龙城以窥淮西，王师晟破之，执华知刚，俘其众而还。九月，豫罢沿海互市。张孝纯谓豫曰："闻南人久治舟，一旦乘风北济，将不利于我。"豫惧，故罢之。

豫闻帝亲征，告急于金主亶，领三省事宗磐曰："先帝立豫者，欲豫辟疆保境，我得按兵息民也。今豫进不能取，退不能守，兵连祸结，休息无期。从之则豫收其利，而我实受弊，奈何许之！"金主报豫自行，姑遣兀术提兵黎阳以观衅。

豫于是以麟领东南道行台尚书令，李邺行台右丞，冯长宁行台户部，许清臣兵马大总管，李成、孔彦舟、关师古为将，籍民兵三十万，分三道入寇。麟总中路兵，由寿春犯庐州；猊率东路兵，取紫荆山出涡口以犯定远；西兵趋光州寇六安，彦舟统之。十月，猊兵阻韩世忠不得前，还顺昌。麟兵从淮西系三浮桥以济，贼众十万次濠、寿间。江东安抚使张俊拒战，诏并以淮西属俊，命殿帅杨沂中至泗州与俊合，比至濠而刘光世已齐合肥矣。张浚遣人星驰采石谕光世曰："敢济者斩。"光世不得已还庐州，与沂中相应。统制王德、郦琼出安丰，遇贼三将军皆败之。猊众数万过定远，欲趋宣化犯建康。沂中遇猊兵于越家坊，破之；又遇于藕塘，大破之。猊遁，麟闻亦拔砦走，麟兵有自书乡贯姓名而缢者，豫由此失人心。金人闻麟等败，诘豫罪状，始有废豫意矣。豫觉，请立麟为太子，以觇其意。金人乃答豫曰："徐当遣人咨访河南百姓。"

七年春，豫策进士。遣谍纵火淮甸，燔刘光世帑藏。二月，又焚镇江。豫自麟败，意沮气夺。中原遗民，日望王师。三月，帝进驻建康。八月，统制郦琼执吕祉，以兵

三万叛降豫，寻杀祉。豫闻琼降大喜，御文德殿见之，授琼静难军节度使、知拱州。琼劝豫入寇，豫复乞师金人，且言琼欲自效。金人恐豫兵众难制，欲以计除之，乃佯言琼降恐诈，命散其兵。

金人业已废豫，而豫日益请兵，遂以女真万户束拔为元帅府左都监屯太原，渤海万户大挞不也为右都监屯河间。于是尚书省奏豫治国无状，当废。十一月丙午，废豫为蜀王。

初，金主先令挞辣、兀术伪称南侵至汴，绐麟出至武城，麾骑翼而擒之，因驰至城中。豫方射讲武殿，兀术从三骑突入东华门，下马执其手，偕至宣德门，强乘以羸马，露刃夹之，囚于金明池。翼日，集百官宣诏责豫，以铁骑数千围宫门，遣小校巡闾巷间，扬言曰："自今不金汝为军，不取汝免行钱，为汝蔽朿貌事人，请汝旧主少帝来此。"由是人心稍安。置行台尚书省于汴，以张孝纯权行台左丞相。伪丞相张昂知孟州，李邺知代州，李成、孔彦舟、郦琼、关师古各予一郡。以女真胡沙虎为汴京留守，李俦副之。诸军悉令归农，听宫人出嫁。得金一百二十余万两、银一千六百余万两、米九十余万斛、绢二百七十万匹、钱九千八百七十余万缗。

豫求哀，挞辣曰："昔赵氏少帝出京，百姓然顶炼臂，号泣之声闻于远迩。今汝废，无一人怜汝者，何不自责也。"豫语塞，迫之行，愿居相州韩琦宅，许之。后并其子麟徙于临潢，封豫为曹王，赐田以居之。绍兴十三年六月卒，是年金皇统三年也。豫僭号凡八年，废时年六十五。先是，齐地数见怪异，有枭鸣于后苑，龙撼宣德门灭"宣德"二字，有星陨于平原镇。识者谓祸不出百日，豫怒杀之。未几果废。

初，伪麟府路经略使折可求以事抵云中，左监军撒离喝密谕可求代豫。后挞辣有归疆之议，恐可求觖望，鸩杀之。

豫之僭逆也，马定国进《君臣名分论》，祝简献《迁都》、《国马赋》，语多指斥；又如许清臣毁景灵宫，孟邦雄发永安陵，蹠犬吠尧，盖无责焉。

苗傅，上党人。大父授，父履。授在元丰中为殿前都指挥使。康王建元帅府，信德守臣梁扬祖以兵万人至，傅与张俊、杨沂中、田师中皆隶麾下。隆祐太后南渡，傅为统制官，以所部八千人扈卫，驻于杭州。

有刘正彦者，不知何许人。父法，政和间为熙河路经略使，死王事。正彦由阁门祗候易文资至朝奉大夫，后以事责降。会法部曲王渊为御营都统制，正彦归之。渊以法故，荐正彦于朝，复为武德大夫、知濠州，擢御营右军副都统制，渊分精兵三千与之。以平丁进功，进武功大夫、威州刺史。初，正彦讨进，请刘晏偕行。晏本严陵人，陷辽登第，宣和中率众来归。正彦用晏计易旗帜为疑兵，遂降进。晏自通直郎迁朝请郎，正彦耻已赏薄而晏获峻迁，由是觖望，乃散所赐金帛与将士，寻被命从六宫、皇子至杭州。

建炎三年二月壬戌，高宗从王渊议，由镇江幸杭州。

时诸大将如刘光世、张俊、杨沂中、韩世忠分守要害，扈卫者独苗傅。

先是，王渊装大船十数，自维扬来杭，杭人相谓曰："船所载，皆渊平陈通时杀夺富民家财也。"内侍省押班康履颇用事，威福由己出；其徒夺民居，肆为暴横。傅等恨之，曰："天子颠沛至此，犹敢尔耶！"其党张逵复激怒诸军曰："能杀渊及内侍，则人人可富，朝廷岂能遍罪哉！"

三月辛巳，拜王渊同签书枢密院事。初，渊建幸杭州议，内侍实左右之。及渊蹜跻枢筦，众谓荐由内侍。傅自负宿将，疾渊骤贵。正彦虽由渊进，渊橄取所予兵，亦怨之。于是傅积不能平，与王世修、张逵、王钧甫、马柔吉等谋作乱。钧甫等皆燕人，所将号"赤心军。"傅部分既定，乃绐渊以临安县有盗，意欲使渊出其兵于外。

康履得黄卷小文书，有两统制作"田"、"金"字署卷末，田乃苗，金乃刘也。于是颇泄贼谋，以告渊，渊伏兵天竺。明日，贼党亦伏兵城北桥下，俟渊退朝，诬以结宦官谋反，正彦手杀渊，以兵围履第，分捕内官，凡无须者尽杀之，揭渊首，引兵犯阙。中军统制吴湛守宫门，潜与傅通，导其党入奏曰："苗傅不负国，止为天下除害。"

知杭州康允之闻变，率从官扣阍，请帝御楼，百官皆从。殿帅王元大呼圣驾来，傅见黄屋，犹山呼而拜。帝凭阑呼二贼问故，傅厉声曰："陛下信任中官，军士有功者不赏，私内侍者即得美官。黄潜善、汪伯彦误国，犹未远窜。王渊遇敌不战，因友康履得除枢密。臣立功多，止作遥郡团练。已斩渊首，更乞斩康履、蓝珪、曾择以谢三军。"帝谕以当流海岛，可与军士归营，且曰："已除傅承宣使、御营都统制，正彦观察使、御营副都统制。"

贼不退。帝问百官计安出，浙西安抚司主管机宜文字时希孟曰："祸由中官，不悉除之，祸未已也。"帝曰："朕左右可无给使耶？"军器监叶宗谔曰："陛下何惜康履。"遂命吴湛捕履，得于清漏阁承尘中。傅即楼下腰斩履。

傅犹肆恶言，谓"帝不当即大位，渊圣来归，何以处也？"帝使朱胜非绐楼下曲谕之。傅请隆祐太后同听政及遣使与金议和。帝许诺，即下诏请太后垂帘。贼闻诏不拜，曰："自有皇太子可立。"张逵曰："今日之事，当为百姓社稷计。"时希孟曰："宜率百官死社稷，否则从三军之请。"通判杭州事章谊叱之曰："何可从三军邪！"帝徐谓胜非曰："朕当退避，须太后命。"胜非谓不可。颜岐曰："得太后亲谕之，则无词矣。"

时寒甚，门无帘帷，帝坐一竹椅。既请太后，即起立楹侧。太后御肩舆出立楼前，二贼拜曰："今日百姓无辜，肝脑涂地，望太后主张。"太后曰："道君皇帝任蔡京、王黼，更祖宗法，童贯起边衅，所以致金人之祸。今皇帝圣孝，无失德，止为黄潜善、汪伯彦所误，已加窜逐，统制独不知邪？"傅曰："臣等定议，必欲立皇子。"后曰："今强敌在外，使吾一妇人帘前抱三岁儿，何以令天下？"正彦等号泣固请，因呼其众曰："太后既不允，吾当受戮。"遂作解衣状，后谕止之。傅曰："事久不决，恐三军生变。"顾谓胜非曰："相公何无一言？"胜非不能答。适颜岐至自帝前，奏曰："皇帝令臣奏知太后，已决意从傅请矣，乞太后宣谕。"后犹不许，傅等语益不逊。

太后还入门，帝遣人奏禅位，胜非泣曰："臣义当死，乞下诘二凶。"帝屏左右语曰："当为后图，事不成，死未晚。"胜非曰："王钧甫，贼腹心也，适语臣曰：'二将忠有余，学不足。'此可为后图耳。"

是日，帝幸显忠寺。甲申，太后垂帘，降敕，号帝为睿圣仁孝皇帝，以显忠寺为睿圣宫，留内侍十五人，余悉编置。

丙戌，敕至平江府，张浚知有变，不拜。丁亥，至江宁，制置吕颐浩遗浚书，痛述事变。浚乃举兵。戊子，御营前军统制张俊至平江，浚谕以起兵，俊泣奉命。

初，胜非奏，垂帘当二臣同对，今属时艰，乞许独对。恐贼疑，乃曰引其徒一人与俱。傅入对，后劳勉之。贼喜，无所疑，故臣僚入对，得谋复辟。

胜非深结王世修，将处以从官，俾通二凶。

傅欲改元，正彦欲迁都建康，太后谓胜非曰："二事如俱不允，恐贼有他变。"己丑，改元明受。张浚遗书二凶，奖其忠义以慰安之。庚寅，百官朝睿圣宫。以傅为武当军节度使。

辛卯，张浚遣进士冯轓赴行在，请帝亲总要务。复抵书马柔吉、王钧甫宜早反正，以解天下之惑。

浚既遣轓，即檄诸路，约吕颐浩、刘光世会平江。傅以堂帖趣张浚赴秦州，命赵哲领俊军，哲不从；改命陈思恭，思恭亦不从。

壬辰，以谏议大夫郑瑴为御史中丞。贼以武功大夫王彦为御营司统制，瑴面折二凶，彦佯狂，即日致仕。

癸巳，韩世忠引兵至常熟。辛道宗谓张浚曰："贼万一邀驾入海，何以为计！"浚乃声言防遏海寇，奏道宗为节制司参议官，措置海船以避贼。

甲午，贬曾择、蓝珪于岭南，傅追斩择。贼欲以所部代禁卫守睿圣宫，又欲邀帝幸徽、越，张澂、胜非曲谕止之。

冯轓说二凶反正，傅按剑瞋目视轓，正彦解之，曰："须张侍郎来，乃可。"即遣归朝官赵休与轓共招浚。

乙未，吕颐浩勤王兵至丹阳，刘光世引所部来会。丙申，韩世忠兵至平江，即欲进兵。浚曰："已遣冯轓甘言诱贼矣。投鼠忌器，不可太亟。"

贼遣张彦、王德声言防淮，德伺彦醉，并其军，自采石济江归刘光世，彦寻为人所杀。戊戌，浚以世忠兵少，分张俊兵二千益之，发平江。

冯轓至平江，浚复遣入责贼以大义，谕以祸福，期虽死无悔。傅等初闻浚集兵，未之信，及得浚书，始悟见讨。奏请诛浚以令天下。诏责浚黄州团练副使，郴州安置。郑瑴上疏谓浚不当责，密遣所亲谢向变姓名告浚宜持重缓进，贼当自遁，浚然之。

是日，贼遣苗瑀、马柔吉将赤心队及王渊旧部曲驻临平，以拒勤王之师。冯轓至临平，见马柔吉，同缒入城。诘朝，与傅等议，傅曰："尔尚敢来邪？"欲拘轓。浚逆知之，谬为书遗轓，言客自杭来，知二公于朝廷初无异心，

殊悔前书失于轻易。贼得浚遗轓书，大喜，乃释轓。

壬寅，浚得谪命，恐将士解体，绐曰："趣召之命也。"是日，吕颐浩至平江，与浚对泣曰："事不谐，不过赤族。"乃命幕客李承造草檄告四方讨贼。贼闻勤王之兵大集，即呼冯轓、胜非议复辟。癸卯，张俊发平江，刘光世继之。贼亦遣兵三千屯湖州小林。丙午，颐浩、浚以大兵发平江。诏以浚为知枢密院事。

丁未，胜非召二凶至都堂议复辟，率百官三上表以请。夏四月戊申朔，帝还宫，都人大说。帝御前殿，诏尊太后曰隆祐皇太后，立嗣君为皇太子。辛酉，徙傅淮西制置使，正彦副之。庚戌，诏复建炎号。

是日，颐浩、浚军次临平，苗翊、马柔吉以兵阻河。韩世忠率先锋力战，俊、光世乘之，翊败走。勤王兵进北关。二凶诣都堂，趣得所赐铁券，引精兵二千，夜开涌金门遁。辛亥，颐浩、浚引勤王兵入城。世忠手执王世修以属吏。

苗傅犯富阳，统制官乔仲福追击之。癸丑，犯桐庐。甲寅，斩吴湛。时希孟编管吉阳军。丙辰，傅等至白沙渡，所过燔桥以阻官军。丁巳，犯寿昌县，黥民充军。庚申，犯衢州，守臣胡唐老拒却之。丙寅，犯常山。世忠请任讨贼。丁卯，以世忠为江、浙制置使，自衢、信追击贼。戊辰，贼犯玉山县。辛未，贼屯沙溪镇。统制巨师古自江东讨贼还，与乔仲福、王德会信州。贼闻之，还屯衢、信间。

五月戊寅朔，世忠发杭州。庚辰，贼党张翼斩钧甫及柔吉父子首以降，江、浙制置使周望受之以闻。贼寇浦城县，夹溪而屯，据险设伏，以邀官军，统制官马彦溥死之。贼乘胜犯中军，世忠瞋目大呼，挥兵直前，正彦堕马，生禽之。贼将江池杀孟皋、禽苗翊降，众悉解甲。张遂收余兵入崇安，乔仲福追杀之。

傅弃军变姓名夜遁建阳，土豪詹标觉之，执送世忠，槛车赴行在。壬寅，诏班师。

秋七月辛巳，世忠军还，俘傅、正彦以献，磔之建康市。张遂、苗瑀及傅二子俱已前死。诏释余党。

杜充，字公美，相人也。喜功名，性残忍好杀，而短于谋略。绍圣间，登进士第，累迁考功郎、光禄少卿，出知沧州。靖康初，加集英殿修撰，复知沧州。时金人南侵，郡中侨寓皆燕人来归者，充虑为敌内应，杀之无噍类。

建炎元年，进天章阁待制、北京留守，迁枢密直学士。提刑郭永尝画二策以献充，充不省。永诮之曰："人有志而无才，好名而无实，骄蹇自用而得声誉，以此当大任，鲜克有终矣。"二年，宗泽卒，充代为留守兼开封尹。三年，以户部尚书兼侍读召，未至，改资政殿学士，节制淮南、京东西路，依前京城留守，寻加宣武军节度使。

七月，以同知枢密院召还，至，即拜尚书右仆射、同平章事、御营使。初，宗泽要结豪杰，图迎二帝。泽卒，充短于抚御，人心疑阻，两河忠义之士往往皆引去，留守判官宗颖尝疏其失。朝廷谓充有威望，可属大事，吕颐浩、张浚亦荐之，故有是命。时诸路各拥重兵，率骄蹇不用命。张俊方白事，谒未入，俊遽前，充怒戮其使，诸将稍稍慑

服。

　　高宗将幸浙西，命韩世忠屯太平，王璞屯常州。以充为江、淮宣抚使，留建康，使尽护诸将。光世、世忠惮充严急，不乐属充。诏移光世江州、世忠常州。时江、浙倚充为重，而充日事诛杀，无制敌之方，识者寒心。

　　金人窥江，充遣裨将王民、张超分守诸渡，乘高据岸，以神臂弓射却之。金人复逼砌砂，时以轻舟薄南岸，官军奋击，或沉其舟。一日当昼，金人对江列阵而佯退，众信之，守益懈。敌谍知无备，夜乃乘数十舟横江直济，众不能御，敌遂登岸。充亟命统制官陈淬尽领岳飞诸裨校合二万人邀击于马家渡，约王璞俱进。敌气锐甚，淬战没，璞引兵遁，充军溃。

　　金人陷建康，充渡江保真州。充尝痛绳诸将，诸将衔之，伺其败，众将甘心焉。充不敢归，乃北约泗州刘位、徐州赵立，欲合兵邀敌归路。诏遣内侍任源赐亲札激厉，俾为后图。源至常州，道阻未得进，募健士先达上意，充诡词自伤以报源。

　　充居真州长芦寺，守臣向子忞劝充由通、泰入浙，欲与偕行，充畜异志，不听。始，京畿提刑凌唐佐在南京，守臣孟庾归朝，以府事委之，唐佐遂降于金为所用。唐佐雅善充，以书招之。完颜宗弼复遣人说充曰："若降，当封以中原，如张邦昌故事。"充遂叛降金。事闻，高宗谓辅臣曰："朕待充不薄，何乃至是哉？"下制削充爵，徙其子嵩、岩、崑、婿韩汝惟于广州。

　　是冬，充至云中，粘罕薄之，久之，命知相州。充猜阻肆威，同列多不协。绍兴二年，其孙自徙所间走归充，其副胡景山诬充阴通朝廷。粘罕下充吏，炮掠备至，不服，释之，因问充："汝欲复归南朝邪？"充曰："元帅敢归，充不敢也。"粘罕哂之。七年，命充为燕京三司使。八年，同签书燕京行台尚书省事。九年，迁行台右丞相。十一年，和议成而充死矣。

　　吴曦，信王璘之孙，节度挺之中子。以祖任补右承奉郎。淳熙五年，换武德郎，除中郎将，后省言其太骤，改武翼郎。累迁高州刺史。绍熙四年，挺卒，起复濠州团练使。庆元元年冬，由建康军马都统制除知兴州兼利西路安抚使。四年，宪圣园陵成，以劳迁武宁军承宣使。六年，光宗攒陵成，迁太尉。

　　会韩侂胄谋开边，曦潜畜异志，因附侂胄求还蜀。枢密何澹觉其意，力沮之。陈自强纳曦厚赂，阴赞侂胄，遂命曦兴州驻扎御前诸军都统制，兼知兴州、利州西路安抚使。从政郎朱不弃上侂胄书，谓曦不可主西师，侂胄不报。曦至镇，潜副都统制王大节，罢之，更不除副帅，而兵权悉归于曦。开禧二年，朝廷议出师，诏曦为四川宣抚副使，仍知兴州，听便宜行事。自绍兴末，王人出总蜀赋，移牒宣司，势均礼敌。而侂胄以总计隶宣司，副使得节制按劾，而财赋之权又归于曦。未几，兼陕西、河东招抚使。

　　曦与从弟晛及徐景望、赵富、米修之、董镇共为反谋，阴遣客姚淮源献关外阶、成、和、凤四州于金，求封为蜀王。侂胄日夜望曦进兵，曦阳为持重，按兵河池不进，潜为金人地以困王师，侂胄不之觉。会正使程松至，曦不庭参，松不敢诘；曦复多摘取松卫兵，松亦不悟。

　　金人犯西和，王喜、鲁翼拒之。战方急，曦传令退保黑谷，军遂溃。乃焚河池，退壁青野原。曦时已布腹心于金，将士未之知，犹力战，敌人窃笑之。曦退壁鱼关，招集忠义，厚赐以收众心。兴元都统制毋思以重兵守大散关，曦因撤蓦关之戍，敌由版闸谷绕出思后，思通。金遂陷大散关，曦退屯置口。举人陈国饰投匦上书，言曦必叛，侂胄不省。

　　十二月，兴州见两日相摩。金遣吴端持诏书、金印至置口，封曦蜀王，曦密受之。李好义败金人于七方关，曦不上其捷，还兴州。是夜，天赤如血，光烛地如昼。翌日，曦召幕属谕意，谓东南失守，车驾幸四明，今宜从权济事，众失色。王翼、杨骏之抗言曰："如此，则相公八十年忠孝门户，一朝扫地矣！"曦曰："吾意已决。"即诣甲仗库，集兵将官语故，禄祁、褚青、王喜、王大中等皆称贺听命。曦北向受印。遣徐景望为四川都转运使，褚青为左右军统制，趋益昌，夺总领所仓库。程松闻变，弃兴元去。

　　三年正月，曦遣将利吉引金兵入凤州，以四郡付之，表铁山为界。曦乘黄屋左纛，僭王位于兴州，即治所为行宫，称是月为元年。使人告其伯母赵氏，赵怒绝之。叔母刘昼夜号泣，骂不绝口，曦扶出之。族子僎为兴元统制，见伪檄，色甚不平。

　　曦既僭位，议行削发左衽之令。遣董镇至成都治宫殿，将徙居之。曦所统军七万并程松军三万，分隶十统帅。遣禄祁、房大勋戍万州，泛舟下嘉陵江，声言约金人夹攻襄阳。祁寻至夔，遣兵扼巫山得胜、罗护等砦，以遏王师。侂胄闻曦反，不知所为，或劝不如因而封之，侂胄纳其说。吴晛为曦谋，宜收用蜀名士以系民心。于是陈咸自髡其发，史次秦涂其目，杨震仲饮药卒，王翊、家拱辰皆不受伪命，杨脩年、詹久中、家大酉、李道传、邓性善、杨泰之悉弃官去。薛九龄谋举义兵。

　　兴州合江仓官杨巨源倡义讨逆，未有以发，遂与随军转运安丙共谋诛曦。会李好义与兄好古、李贵等皆有谋，交相结纳。二月甲戌夜，漏尽，巨源、好义首率勇敢七十人斧门以入。李贵即曦室斩其首，裂其尸。丙分遣将士收其二子及叔父柄、弟晫、从弟晛，贼党姚淮源、李珪、郭仲、米脩之、郭澄等皆诛之。时吴端犹卧后阁，亦伏诛。徐景望、赵富、吴晓、董镇、郭荣、禄禧等皆在外，遣人就诛之。函曦首献于朝。

　　诏曦妻子处死，亲昆弟除名勒停，吴璘子孙并徙出蜀，吴玠子孙免连坐，通主璘祀。曦败时年四十六。

卷四百七十六
列传第二百三十五

叛臣中

李全上

李全者，潍州北海农家子，同产兄弟三人。全锐头蜂目，权谲善下人，以弓马越捷，能运铁枪，时号"李铁枪"。

初，大元兵破中都，金主窜汴，赋敛益横，遗民保岩阻思乱。于是刘二祖起泰安，掠淄、沂。二祖死，霍仪继之。彭义斌、石珪、夏全、时青、裴渊、葛平、杨德广、王显忠等附之。杨安儿起，掠莒、密，展徽、王敏为谋主，母舅刘全为帅，汲君立、王琳、阎通、董友、张正忠、孙武正等附之，余寇蜂起。大元兵至山东，全母及其兄死焉。全与仲兄福聚众数千，刘庆福、国安用、郑衍德、田四、于洋、洋弟潭等咸附之。

大元兵退，金乃遣完颜霆为山东行省，黄掴为经历官，将花帽军三千讨之，败安儿于阑头滴水，断其南路。安儿轻舸走即墨，金人募其头千金，舟人斩以献。安儿无子，从子友伪称"九大王"，不闲军务。安儿妹四娘子狡悍善骑射，刘全收溃卒奉而统之，称曰"姑姑"，众尚万余，掠食至磨旗山，全以其众附，杨氏通焉，遂嫁之。全合军与霆战，又败。霆骁将张惠望见全，跃马赴之，枪及全，若有絷其马足而止者。全得收余众保东海，刘全分军驻岠上。霍仪攻沂州不下，霆自清河出徐州，斩仪，溃其众。彭义斌归李全。黄掴者，即阿鲁达。霆即李二措，赐姓完颜。惠号"赛张飞"，燕侠士也。此数人者，出没岛岠，宝货山委而不得食，相率食人。

有沈铎者，镇江武锋卒也，亡命盗贩山阳，诱致米商，斗米辄售数十倍，知楚州应纯之偿以玉货，北人至者辄舍之。又说纯之以归铜钱为名，弛度淮之禁，来者莫可遏。安儿之未败也，有意归宋，招礼宋人。定远民季先者，尝为大侠刘佑家厮养，随佑部纲客山阳，安儿见而说之，处以军职。安儿死，先至山阳，寅缘铎得见纯之，道豪杰愿附之意。时江、淮制置使于珏、淮东安抚崔与之皆令纯之沿江增戍，恐不能御，乃命先为机察，谕意群豪；叙复铎为武锋军副将，辟楚州都监，与高忠皎各集忠义民兵，分二道攻金。先遂以李全五千人附忠皎，合兵攻克海州，粮援不继，退屯东海。全分兵袭破莒州，擒金守蒲察李家，别将于洋克密州，兄福克青州，始授全武翼大夫、京东副总管。纯之见北军屡捷，密闻于朝，谓中原可复。时频岁小稔，朝野无事，丞相史弥远耻开禧之事，不明招纳，密敕珏及纯之慰接之，号"忠义军"，就听节制。于是有旨依武定军生券例，放钱粮万五千人，名"忠义粮"。于是东海马良、高林、宋德珍等万人辐凑涟水，铎纳之，全与刘全俱起羡心焉。

嘉定十一年五月己丑，全军至涟水，邀先白事楚城，取器甲金谷，议再攻海州，纯之厚劳全金玉器用及其下有差。六月，全围海城，金经略阿不罕、纳不剌等固守不下。七月，合郓、单、邳、徐兵来援，全与战于高桥，不胜，退守石秋，分兵袭密州，擒黄掴，械至楚城。是冬，徙屯淮阴之龟山。

十二年，山东来归者不止，权楚州梁丙无以赡。先恳丙请预借两月，然后帅所部五千并良等万人往密州就食，不许；请速遣全代领其众，又不许。丙以石珪权军务，珪乃夺运粮之舟，二月庚辰，率军二万度淮大掠。丙调王显臣、高友、赵邦永以兵逆之，至南度门，显臣败，友、邦永遇珪，下马与作山东语，皆不复战。丙窘，乃遣全出谕之。时金人围淮西急，马司都统李庆宗成濠，出战，丧骑三千，珪及张春皆有亡失。帅司调全与先、珪军援盱眙。全亦欲自试，亲往东海点军赴之。癸亥，遇金人于嘉山，战小捷。三月，先军进驻天长，全进驻盱眙，鼎立以待金人。乙酉，全至涡口，值金将乞石烈牙吾答名"卢鼓槌"者将济，全与其将鹿仙掩之，金兵溺淮者数千，俘获甚众。壬辰，与阿海战于化陂湖，大捷，杀金数将，得其金牌，追至曹家庄而还。三围俱解，全丧失亦众。阿海者，金所谓四驸马也。全进达州刺史，妻杨氏封令人。

六月，金元帅张林以青、莒、密、登、莱、潍、淄、滨、棣、宁海、济南十二州来归。始，林心有宋，及掴败，意决而未能达。会全还潍州上冢，揣知林意，乃薄兵青州城下，陈说国家威德，劝林早附。林恐全诱己，犹豫未纳。全约挺身入城，惟数人从，林乃开门纳之，相见甚欢，谓得所托，置酒结为兄弟。全既得林要领，附表奉十二州版籍以归。表辞有云："举诸七十城之全齐，归我三百年之旧主。"表，冯垍所作也。秋，授林武翼大夫、京东安抚兼总管，其余授官有差。进全广州观察使、京东总管，刘庆福、彭义斌皆为统制，增放二万人钱粮，徙屯楚州。先是，制置使贾涉以朝命督战，许杀金太子者，赏节度使；杀亲王，承宣使；杀驸马，观察使。全致所得金牌于涉，云杀四驸马所获者。涉上于朝，乞如约赏之，故全有是受，而四驸马实不死也。

十一月，大雨雪，淮冰合。全请于制府曰："每恨泗州阻水，今如平地矣，请取东西城自效。"制府遣就盱眙刘琸议，琸集诸将燕全，时青、夏全咸愿以长枪三千人从。夜半度淮，潜向泗之东城，将踏冰傅城下，掩金人不备。俄城上获炬数百举，遥谓曰："贼李三！汝欲偷城耶？"天黑，故以火烛之。全知有备，引去。

十三年，赵拱以朝命谕京东，过青崖岠，严实求内附。拱与定约，奉款至山阳，举魏、博、恩、德、怀、卫、开、相九州来归。涉再遣拱往谕，配兵二千，全亦请往，涉不能止，乃帅楚州及盱眙忠义万余人以行。拱说全曰："将军提兵度河，不用而归，非示武也，今乘势取东平，可乎？"于是全合林军得数万，袭东平之城南。金参政蒙古刚帅众守东平，全以三千人金银甲、赤帜，绕濠跃马索战。时大暑，全见城阻水，矢石不能及，乃与林夹汶水而砦，中通浮梁来往。一夕，汶水溢，漂大木，断浮梁，全首尾几绝，盖金人堰汶水而决之也。诘旦，金骑兵三百奄至，全欣然上马，帅帐前所有骑赴之，杀数人，夺其马，逐北抵山谷。上有龙虎上将军者，贯银甲，挥长槊，盛兵以出，旁有绣旗女将驰枪突斗。会诸将至，拔全以出，乃退保长清县，精锐丧失太半，统制陈孝忠死焉。林兵还青州。全所携镇江军五百人多怨愤，全乃分隶拱，使先归，而以余众道沧州，假盐利以慰赡之。龙虎上将军者，东平副帅干不搭；女将者，刘节使女也。

全至楚州，属召先赴行在。全自涡口之捷，有轻诸将心，独先尝策战勋，威望不下己，患之。乃阴结制帅所任吏莫凯，使谮先，先卒，全喜而心益贰。涉乘先死，欲收其军，辍统制陈选往涟水以总之。先党裴渊、宋德珍、孙武正及王义深、张山、张友拒而不受，潜迎石珪于盱眙，奉为统帅。珪道楚城，涉不知觉，及选还，涉耻之，乃谋分珪军为六，请于朝，出修武、京东路钤辖印告各六授渊等，使之分统，谓可散其纵。渊等阳受命，涉即闻于朝，谓六人已顺从，珪无能为矣。其后有教令皆不纳，然后知渊等犹主珪，涉恐甚。全结府吏伺知之，乃见涉，请讨珪，涉未有处。议者请以全军布南度门，移淮阴战舰陈于淮岸，以示珪有备，然后命一将招珪军，来者增钱粮，不至罢支，众心一散，珪党自离。涉用其策，珪技果穷。珪素通好于大元，至是杀渊而挟武正、德珍与其谋主孟导归大元。涟水军未有所属，全求并将之。客有请以附淮将者，曰："使南将主北军，则淮、楚为一。"涉然之，且曰："先在时有三千虚籍，今当遣明亮核实，因可省费。"全闻之即献计曰："全若朝将此军，夕与核除虚籍。"因卑辞献珍具以自结，涉不能却，遂以付全。翼日，复命曰："初谓有虚额，昨夕细点，万五千人之外尚溢十数名。"涉始悟全见绐，他日议更遣幕属点之。吏亟报全，全忽状白涉："昨夕三鼓，涟水告警，云金人万余在邳州。全思涟水去邳咫尺，既无险阻，城壁复弊，一被攻劫，则直临淮面，罪在全矣。深夜不敢惊制使，已调七千人迎敌矣。"涉知全诈，因寝点军之议。全又白制府请于朝，以刘全为总管驻扬州，分数千兵从之，而将其众。十一月丁未，全游金山，作佛事，以荐国殇。知镇江府乔行简方舟逆之，大合乐以飨之。总领程覃迭为主礼，务夸北人以繁盛。全请所狎娼，覃不与，全归，语其徒曰："江南佳丽无比，须与若等一到。"始造舡舩舟，谋争舟楫之利焉。

十四年正月，金人将南来，全请于涉，欲与刘琸共图泗州，以伐其谋，涉许之。全兵至盱眙度淮，攻克泗州之西城，入城布守。琸徙盱眙刍粟以实之，防城之具俱撤以往，为必守之计。未几，卢鼓槌来取西城，全盛兵出战，大败，统制赖兴死，全闭城自守。明日复战，不胜，全遁归，资粮器械悉以委敌。金人既陷蕲州，扈再兴、赵范及其弟葵邀击于天长。全随行袭金人后，谒而贺曰："二监军已立大功，乞以余寇付全追之。"然全追之不甚力，亦以是进承宣使。

十五年二月，琸再取西城，卢鼓槌背城力战，戒惠必获全，不获则斩。惠数尝败全于山东，而不能获，每叹曰："天假此贼，事未可量。"及闻卢鼓槌言，自度进未必获，退复受戮，即陈跃马奔全壁，弃所执兵请降。全掖而起之，相与欢甚。不数日，惠戏下数千人皆潜至，全与惠归，请于制置司官之，令自总一军。

胶西当登、宁海之冲，百货辐凑，全使其兄福守之，为窟宅计。时互市始通，北人尤重南货，价增十倍。全诱商人至山阳，以舟浮其货而中分之，自淮转海，达于胶西。福又具车辇之，而税其半，然后从听往诸郡贸易，车、夫皆督办于林，林不能堪。林财计仰六盐场，福恃其弟有大造于林，又欲分其半，林许福恣取盐，而不分场。福怒曰："若背恩耶？待与都统提兵取若头尔！"林惧，诉于制置司。涉密召林戏下问之，福伏兵于途以伺，林觉不追。于是李马儿说林归大元，福狼狈走楚州。冬，加全招信军节度。林犹遗涉书诋全，明己非叛。涉以咎全，全请为朝廷取之，乃提师驻海州以迫林。涉间道遣赒胥王翊、阎琼劳林，林泣涕道其故。翊归，全使人杀诸途。全攻林急，林走，全遂入青州。

十六年二月，涉劝农出郊，暮归入门，忠义军遮道，涉使人语杨氏，杨氏驰出门，佯怒忠义而挥之，道开，涉乃入城。自是以疾求去甚力。五月被召。卒。秋，全新置忠义军籍。初，涉屯镇江副司八千人于城中，翟朝宗统之；分帐前忠义万人，屯五千城西，赵邦永、高友统之；屯五千淮阴，王晖及于潭统之，所以制北军也。全轻镇江兵，且以利啖其统制陈选及赵兴，使不为己患；唯忌帐前忠义，乃数称高友等勇，遇出军必请以自随，涉不许。全每燕戏下，并召涉帐前将校，帐前亦愿隶焉，然未能合也。及丘寿迈摄帅事，全忽请曰："忠义乌合，尺籍卤莽。莫若别置新籍，一纳诸朝，一申制阃，一留全所，庶功过有考，请给无弊。"寿迈善而诺之。全乃合帐前忠义悉籍之，尽统其军，时人莫悟。

十一月，许国自武阶换朝议大夫、淮东安抚制置使，命下，闻者惊异。先是，国奉祠家食，数言全必反，欲倾涉而代之。会召国奏事，国疏全奸谋甚深，反状已著，非有豪杰不能消弭，盖自鬻也。至是，乔行简为吏部侍郎，上疏论国望轻，不宜帅淮，不报。山阳参幕徐晞稷雅意开阃，及闻国用，晞稷觖望，乃誊国奏注释以寄全，全得报，不乐。是冬，金将李二措及邳州守致书海州，欲附宋，全戏下周岊得之，即以报全。全喜，遣王喜儿以兵二千应接，而已继之。二措纳喜儿而囚之。全兵欲攻邳，四面阻水，二措积劲弩备之，全不得进，合兵索战。全败，欲还楚州，会滨、棣有乱，乃引兵趋山东。

十七年正月，国之镇，杨氏郊迓，国辞不见，杨氏惭以归。国既视事，痛抑北军，有与南军竞者，无曲直偏坐之，犒赉十裁七八。全自山东致书于国，国夸于众曰："全仰我养育，我略示威，即奔走不暇矣。"全固留青州，国不能致。四月，全遣小吏致再书，国喜，曲加劳接，即日真补承信郎，冀结其心。小吏曰："小吏奉书而遽得命，诸将校谓何？"不受，归语其徒以为笑。国见全无来期，数致厚馈，邀全议事。会刘庆福亦使人觇国意向，国左右知之，语觇者曰："制置无害汝等意。"庆福以报全，全集将校曰："我不参制阃,则曲在我。今不计生死必往见。"八月,全上谒,宾赞戒全曰:"节使当庭趋,制使必免礼。"及庭趋,国端坐纳全拜,不为止。全退,怒曰:"庭参亦常礼,全归本朝,拜人多矣,但恨汝非文臣,本与我等。汝向以淮西都统谒贾制帅,亦免汝拜。汝有何勋业,一旦位我上,便不相假借耶?全赤心报朝廷,不反也。"国继设盛会宴全,遣劳加厚,全终不乐。国之客章梦先主幕议,庆福谒见,梦先责客将,令隔帘貌唁,庆福不能堪。国以名马十余嗷遗全,不受。国固遣,全俟其充斥阶庭,伺候移时,而复却之。如是者半月,卒不受。

全欲往青州,惧国苟留,自计曰:"彼所争者拜也,拜而得志,吾何爱焉!"更折节为礼。因会,席间出扎白事,国见其细故,判从之,全即席再拜谢。自是动息必请,得请必拜,国大喜,语家人曰:"吾折伏此房矣。"义斌求赵邦永来山东,全为白之,国诺。邦永乘间告国曰:"邦永若去,制使谁与处?"国曰:"我自能兵,尔毋过虑。"邦永泣而辞之。全遂往青州。十一月,国集两淮马步军十三万,大阅楚城之外,以挫北人之心。杨氏及军校留者恐其图己,内自为备。

宝庆元年,湖州人潘甫与其从弟丙、壬起兵,密告全党于山阳,全党欲坐致成败,然其谋而不助之力。甫归,阴勒部曲及聚贩盐盗至千余,结束如北军,率众扬言自山阳来拥立济王,事见《竑传》。时全图国之意已决,遣庆福还楚城,使为乱。或教杨氏畜一妄男子,间指谓人曰:"此宗室也。"至语郡僚曰:"会令汝为朝士。"潜约盱眙四军相应。忠义统领王文信有众八百,涉徙刺扬州强勇军。国之聚兵大阅,文信在焉,庆福与谋,令归袭扬州,别遣将劫宝应,事济时挥众度江。盱眙四将不从,于是庆福等谋中辍,止欲快意于许国焉。计议官章梦玉知之,以告国,国曰:"但使反,反即杀,我岂文儒不知兵耶?"梦玉惧祸及己,求檄往盱眙,复告庆福:"制帅欲图汝。"两为自结之计。乙卯,国晨起莅事,忽露刃充庭,客骇走,国厉声曰:"不得无礼!"矢已及颡,流血蔽面,国走。乱兵悉害其家,大纵火,焚官寺,两司积蓄尽入贼。亲兵数十人翼国登楼,缒城走,伏道堂中宿焉。时四明人姚翀通判青州,全豫令还山阳,及涟水而复止之。至是,拥翀入城,与通判宋永喝犒南北军,使归营。是日,庆福首杀梦先以报貌唁之辱,戒诸军毋害苟梦玉家,护以五十兵。初,国倚扬州强勇军统制彭兴及淮西亲兵将赵社、朱虎等为腹心,至是首降贼,且助为乱。惟丁胜、张世雄、沈兴、杜靖毗、富道不屈,或与贼巷战,兴手杀贼将马良。贼党得志,更相贺,独张正忠叹曰:"若曹不识事体,朝廷岂置汝耶?"王文信复献计庆福曰:"我伪作重伤,提本部军归扬州,扬守必不疑,我生缚守,以其城献。"庆福喜,夜饮而遣之。丙辰,许国缢于途。

丁巳,文信将至扬州,其徒有亡入城告变者。时扬之兵皆在楚,知州兼提点刑狱汪统会同官议,钤辖赵拱曰:"若不纳,则文信必曰:'我归营,何故见拒?'将借是以鱼肉城外之民。拱素善文信,请说止其兵,以以单骑入,俟入城而杀之,然后抚其兵,领往盱眙,分隶张、范戏下。"

统喜,遣之。遇文信于十里头,置酒相劳苦,文信伪为襄创状。拱曰:"忠义反楚州,扬州人见忠义暮归,岂不相疑?不若暂驻兵城外,然后同见提刑,提刑急欲知楚州事也。"文信不疑,联骑入城,坐客次。拱先入,劝统收戮之,统踌躇不敢发。刘全知其谋,帅甲士突入郡堂,厉声曰:"王统领好人,提刑不必疑,请出受参。"统不得已,出而犒之。刘全以兵翼之出,馆其家。诘旦,统未有处。拱又请引文信出城,与议回屯楚州。文信知事泄,拱就出,刘全亦请从。至平山堂,文信责拱卖己,欲杀之,拱曰:"尔谋如此,三城人命何辜!我已存三城人,身死无憾。然我死,汝八百家老幼在城,岂得生耶?"文信及其众动色,文信、刘全遂还楚州。

时盱眙总管夏全闻山阳得志,亦怀异图,刘琸厚赂之,乃止。及文信乱,琸惧夏全复动,乃使卞整将兵三千视之,使不敢动。整以邀文信为辞,引兵还扬州,因伪言盱眙失守,卞整为乱,于是扬州复震,城门昼闭。

弥远惧激他变,欲姑事涵忍而后图之。谋帅莫可,以徐晞稷尝倅楚州、守海州,得全欢心,晞稷亦勇往,乃授淮东制置使,令出屈抚全。时庆福以事济报全,全又牒义斌等曰:"许国谋反,已伏诛矣,尔军并听我节制。"义斌得牒大骂曰:"逆贼背国厚恩,擅杀制使。此事皆因我起,我必报此仇。"呼赵邦永曰:"赵二,汝南人,正须尔明此事。"乃斩赏牒人,南向告天誓众,见者愤激。全自青州至楚城,佯责庆福不能弹压,致忠义之哄,斩数人,请待罪,朝廷未之诘。赵范时知扬州兼提点刑狱,得制置印于溃卒中,以授晞稷。全遣骑逆晞稷。己卯,晞稷入楚城。刘全跃马登郡厅,晞稷迎之,全及门下马,拜庭下,晞稷降等止之,贼众乃悦。

四月,潘壬变姓名至楚州,将度淮而北,小校明亮获之,械送行在伏诛。

甲午,时青使人伪为金兵,道邳州,出涟水,夺全田租而伏骑八百。翼旦,全引二百骑度淮与斗。伏发,全败,围之,庆福以兵往拔全出。全与庆福俱重伤,归楚州。丁胜、张世雄欲乘全败举兵追北军,晞稷止之。全后知其谋,对晞稷诘之,二人不为屈。然惧祸及己,晞稷乃潜授世雄雄胜军统制,教使逃而阳索之。北军追世雄,世雄且战且走,得达扬州。晞稷初至楚,缓急相济,如囚赵社,逐朱虎,贼尚知畏。屡令全还战马、军器于制司,全唯唯。退招姚翀及将校饮,酒酣,全曰:"制司追我战马、军器,若何?"忽有将校曰:"当时忠义只百十人,其他军皆南军乘势将带,若溃将何以还?"一人曰:"制司必欲追之,不若有官者弃官,无官者归山东为百姓。"一人抵掌愤然,使全反,全阳骂之。翀以告晞稷。翼日,全见晞稷求纳官,晞稷抚之而去。自是不复谁何,其后至以"恩府"称全、"恩堂"称杨氏,而手足倒置矣。军器库止余枪干数千,全复取去。全欲战舰,晞稷使择二艘。全移出淮河,使军习之。

初,楚城之将叛也,有吏窃许国书箧二以献庆福,皆机事。庆福赏盗箧者五百千,未之阅。全始发缄,使家僮读之,有庙堂遗国书令图全者,全大怒;又有苟梦玉书,即以庆福谋告国者，全始恶梦玉反覆。梦玉知之，时已被堂召，亟辞全如京。己卯，全馈钱梦玉如平时，潜殪诸十里之郊，复出榜捕害梦玉者。全往青州。

五月丁卯，全取东平，不克。戊寅，刘全以券易制司钱，不如欲，复谋乱，杨氏出二千缗解之，乃止。全引兵攻恩州。明日，义斌出兵与全斗，全败。义斌以千五百骑追之，获马二千匹，皆扬州强勇军马也。庆福往救，又败。全退保山崮，抽山阳忠义以北。杨氏及刘全皆欲亲赴之，会全遣人求晞稷书与义斌连和，乃止。义斌纳全降兵，兵势大振，进攻真定，降金将武仙，众至数十万，致书沿江制置使赵善湘曰："不诛逆全，恢复不成。但能遣兵扼淮，进据涟、海以蹙之，断其南路，如此贼者，或生擒，或斩首，惟朝廷所命。贼平之后，收复一京三府，然后义斌战河北，盱眙诸将、襄阳骑士战河南，神州可复也。"时四总管亦各遣计议官致书，乞助讨贼，范亦以为言，不报。全贻书制置司，诬义斌叛，晞稷缴达之。时朝廷知义斌之功，惮全，未欲行赏。未几，义斌侯命不至，拓地而北，与大元兵战于内黄之五马山。大元兵说之降，义斌厉声曰："我大宋臣，且河北、山东皆宋民，义岂为他臣属耶！"遂死之。戏下王义深等复归全。

全使人说时青附己，馈金五百两。青见义斌死，乃附全，自移屯淮阴。全招青入城饮，折俎铜券二千，他馈称是，恩遍麾下，人人喜悦。晞稷宴青，全馈折俎如前。全将往山东，以南军七百从，官犒铁钱券人五千，全犒铜钱三倍，许携南货免税。于是请行者不得，得千人以俱，晞稷又以千八百人继之。

二年春，赵范奉祠，林珙知扬州、权提点刑狱。全北剽山东，南假宋以疑大元，且仰食。会金与大元争大名，全得往来经理。三月丙辰朔，大元兵攻青州，全大小百战，终不利，婴城自守。大元筑长围，夜布狗砦，粮援路绝。全遣小校周兴祖缒城，杂樵采者走楚州发援兵，终不能支。全与福谋，福曰："二人俱死无益也，汝身系南北轻重，我当死守孤城，汝间道南归，提兵赴援，可寻生路。"全曰："数十万勍敌，未易支也。全朝出则城夕陷，不如兄归。"于是全止而福行。

朝廷初以力未能讨，故用晞稷调护，及传全被围，稍欲图贼。晞稷畏懦，幸全未归以苟岁月。朝廷方谋易帅，刘琸久在盱眙，雅意建阃；又见贼势稍孤，意功名可立，使镇江副都统彭札延誉京师，自谓："素抚镇江，三万人足用，且得四总管欢心，讨贼有余力。"朝廷信之，札亦垂涎代琸，从臾尤力。九月，以琸知楚州兼淮东制置使，札代知盱眙，晞稷不知也。己亥，晞稷以户部侍郎召，未几，出知袁州。

十一月壬子朔，琸至楚州，心不能制驭四总管，惟以镇江兵自随。时青在淮阴，琸怨其移屯忌己，不召也。夏全请从，琸素全狡，亦俾留盱眙。札自摭资望视琸更浅，曰："琸之止夏全，是欲遗患盱眙也。琸犹惮夏全，我何能用？"乃激夏全曰："楚城贼党不满三千，健将又在山东，刘制使图之，收功在旦夕。太尉曷不往赴事会，何端坐为？"夏全欣然领兵径入楚城，青亦自淮阴复移屯城内。琸且骇且恐，势不容却，复就二人谋焉。时传全已死，福欲分兵赴援，兵少，卒不往。甲子，琸令夏全盛陈兵楚城，贼党震恐，杨氏遣人赂夏全求缓师，乃止。

卷四百七十七

列传第二百三十六

叛　臣　下

李全下

宝庆三年二月，杨氏使人行成于夏全曰："将军非山东归附耶？狐死兔泣，李氏灭，夏氏宁独存？愿将军垂盼。"全诺。杨氏盛饰出迎，与按行营垒，曰："人传三哥死，吾一妇人安能自立？便当事太尉为夫，子女玉帛、干戈仓廪，皆太尉有，望即领此，诚无多言也。"夏全心动，乃置酒欢甚，饮酣，就寝如归，转仇为好，更与福谋逐琸矣。

辛卯，夏全令贼党围州治。焚官民舍，杀守藏吏，取货物。时琸精兵尚万余，窘束不能发一令，太息而已，夜半缒城，仅以身免。镇江军与贼战死者太半，将校多死，器甲钱粟悉为贼有。琸步至扬州，借州兵自卫，犹札扬州造旗帜。林珙缴奏于朝，闻者大笑。夏全既逐琸，幕归，杨氏拒之，意杨氏反目图己，明日大掠，趋盱眙欲为乱，张惠、范成进闭门，不得入，翱翔淮上。惠、成进出兵欲剿之，夏全狼狈归金，金人纳之。是举也，张正忠不从乱，经妻女于庭，并己自焚。报至，中外大恐，刘琸自劾，未几，死。

初，姚翀从贾涉辟楚州推官，全喜其附己，为引重当路，得改秩，全请以通判青州。国之死，全借翀抚定以诳众，以功入朝。三月，以翀为军器少监、知楚州兼制置。翀辟郑子恭、杜耒等为幕客，留母及其子于京，买二妾以行。至城东，舣舟以治事。间入城见杨氏，用晞稷故事而礼过之。杨许翀入城，乃入，寄治僧寺，极意娱之。

时全在围一年，食牛马及人且尽，将自食其军。初军民数十万，至是余数千矣。四月辛亥，全欲归于大元，惧众异议，乃焚香南向再拜，欲自经，而使郑衍德、田四救之，曰："譬如为衣，有身，愁无袖耶？今北归蒙古，未必非福。"全从之，乃约降大元。大元兵入青州，承制授全山东行省。

庆福在山阳，自知己为厉阶，怀不自安，欲图福以自赎。福知之，亦谋去庆福。二人互相猜贰，不相见。福伪病旬余，诸将问疾，庆福不往。张甫者，素厚庆福，惧福疑己，乃劝庆福往。后庆福约甫同往，乃寝，遥见福卧不解衣，心恐，不得已至床前，见床头鞘刀，庆福口问疾而手按鞘，惧福先发。福疑庆福就刀见害，乃跃起拔刀伤庆福，庆福徒手不支，甫救之。左右群起杀庆福及甫。

甫本金元帅，封高阳公，最善驭众。金亡河北，甫据雄、霸、清、莫、河间、信安不下。信安出白沟，距燕二百里而阻巨浸，大元兵不能涉，甫每潜师窥伺。大元将俚砦奴屡欲灭甫以取雄、霸。骁将窝罗虎者，归甫，甫纳之。其后窝罗虎遁去，且窃甫千里马以献俚砦奴。俚砦奴喜，待遇益厚。尝会饮燕京之大悲阁，窝罗虎醉俚砦奴而推使投阁，几毙焉。窝罗虎乃佯醉下楼，复乘所献马以归甫，追者莫及，人始服甫之用间焉。其后归全。

福以庆福头纳玶，玶大喜，末曰："庆福首祸，一世奸雄，今头落措大手耶！"飞报于朝，遣子恭继奏捷。琸之败，储积扫地，纲运不续，贼党籍籍，谓福所致。福数见玶及金幕促之，皆谢以朝廷拨降未下，福曰："朝廷若不养忠义，则不必建闸开幕，今建闸开幕如故，独不支忠义钱粮，是欲立制闸以困忠义也。"六月，福乘众怒，与杨氏谋，召玶饮。玶至而杨氏不出，就坐宾次，左右散去。福与玶命召诸幕客，以杨氏命召玶二妾。诸幕客知有变，不得已往。末朝服至八字桥，福兵腰戮之，末南望再拜就毙。二妾之入，玶及见之。福兵欲害玶，郑衍德救之得免，去须鬓，缒城西夜走，徒步归明州，未几，死。

朝廷以淮乱相仍，遣帅必毙，莫肯往来。始欲轻淮而重江，楚州不复建闸，就以帅杨绍云兼制置，改楚州名淮安军，命通判张国明权守，视之若羁縻州然。贼徒党塞南门，开北门，支邑民田皆以少价抑买之，自收赋以赡军，钱粮不继如故。贼将国安用、阎通叹曰："我曹米外日受铜钱二百，楚州物贱可以乐生，而刘庆福为不善。怨仇相寻，使我曹无所衣食。"张林、邢德亦谓："尝受宋恩，中遭全间隙，今归于此，岂可不与朝廷立事？"王义深亦尝遭全屈辱，且谓："我本贾帅帐前人，与彭安抚举义不成而归。"五人相谓曰："朝廷不降钱粮，为有反者未除耳！"乃共议杀福及杨氏以献，于是众兵趋杨氏家。福出，德手刃之，相屠者数百人。有郭统制者，杀全次子。通杀一妇人，以为杨氏，函其首并福首驰献于绍云。绍云驿送京师，倾朝甚喜。檄彭托、张惠、范成进、时青并兵往楚州，便宜尽戮余党。未几，传杨氏故无恙，妇人头乃全次妻刘氏也。

托轻僄，每供四总管弄戏，得檄不敢自决，力逊。惠、成进二人即提兵入楚城，与林等五人欢宴，议分北军为五，使五人分掌之，每军无过千人，一屯南渡门，一屯平河桥，一屯北神镇，城中城西各一；在山东人老幼并绝钱粮，出淮阴战舰，陈淮岸以断全归路，请制府及朝廷处之。庙议谓青望重，惟听青区画。省檄之下，不及惠、成进。青亦恐祸及，密遣人报全于青州，迁延不决，惠等归盱眙，贼党复振。绍云赴枢密禀议，淮东总领岳珂摄制府事。

惠、成进既归，钱粮缺乏，密约降金，卢鼓椎许之。时镇江军及滁州虎儿军在盱眙者尚众，二人绐托曰："南北军易致激变，宜令军人出入无得带刃。"又劝早发虎儿军折洗，托从之。二人每宴托，必遍追皂隶，托皆不悟，方感其拒夏全之功，转两军官资。二人同戏下合辞曰："不愿得官，欲得钱粮。"八月辛酉，惠、成进燕托，托左右知有谋，多不往，托往如平时。酒半，缚托，托从者无寸铁，且醉，就缚。即日渡淮输款，以盱眙附卢鼓椎于泗州。金兵至，开门接之，诸军不战皆降。于是塞南

门，开北门，导淮水以通泗之东西域焉。卢鼓椎与惠释憾连姻，金官惠有加，俾专制河南，以拒大元。自是金人窥淮东益急，朝廷调京湖制置司兵万人屯青平山以备全。

全得青报枘哭，力告大元大将，求南归，不许；断一指示归南必畔，许之。承制授山东、淮南行省，得专制山东，而岁献金币。十月丙辰，全与大元张宣差并通事数人至楚州，服大元衣冠，文移纪甲子而无号。义深走金，安用杀林、德自赎。丁巳，全邀青及张国明于淮阴，国明辞疾，青父子同至。全推杀其子者郭统制斩之，又收田成瑶、田之昂、李英等八人下狱，云："非朝廷杀我妻子，吾惟问汝。"李英，全腹心，狡而密，与李平皆山东胥吏。全之乍逆乍顺，二人所教也。平又数致全书至庙堂，以觇朝廷。青缴所授檄于全曰："我素推尊相公，岂肯为此！"全亦恶青反覆。辛酉，与登城南楼饮，杀青，驰骑往绐青妻，言青病，见与祷襘。青妻至，尽杀之。遂并青军，擢小校胡义为将，徙其半于涟、海。

绍定元年春，全厚募人为兵，不限南北，宋军多亡应之。天长民保聚为十六砦，比岁失业，官振之，不能继，壮者皆就募。射阳湖浮居数万家，家有兵仗，侵掠不可制，其豪周安民、谷汝砺、王十五长之，亦蜂结水砦，以观成败。翟朝宗知扬州，权制置。全厚赏捕赵邦永，邦永乃变名必胜。全知东南利舟师，谋水战，米商至，悉并舟筏之。留其柁工，一以教十。又遣人泛江湖市桐油粘筏，厚募南匠，大治舭舭船，自淮及海相望。于是善湘禁桐油粘筏下江，严甚。朝宗市粘木往扬州，善湘闻于朝，请以松木易留之。全不得已，代以榆板，舟成多重滞。六月，试舟射阳湖，善湘恐其乘便搞通、泰，亟牒池州求通、泰入湖之路。七月壬辰，全使衍德提兵三万如海州。乙未，全及杨氏大阅战舰于海洋。八月，全趋青州，为严实及石小哥邀击，败走。小哥，珪子也，遂夺青匡崮，据之，九月，全归海州，治舟益急，驱诸崮人习水。十一月，全至楚州。全山东经理未定，而岁贡于大元者不缺，故外恭顺于宋以就钱粮，往往贸货输大元。宋得少宽北顾之忧，遣饷不辍。全纵游说于朝，不若复建山阳制置司。全又与金合纵，约以盱眙与之，金亦遣靳经历者聘全，皆不遂。

二年四月，全以粮少为词，遣海舟自苏州泊入平江、嘉兴告籴，实欲习海道，觇畿甸也。六月，全资淮安牛马骑赵五啸合亡命，杂北军分佐盱眙略牛马。九月，全往涟、海视战舰，阳言东平葬方士许先生。未几，还。尝燕张国明等，忽曰："我乃不忠不孝之人。"众曰："节使何为有是言也？"全曰："縻费朝廷钱粮至多，乃杀许制置，不忠；我兄被人杀，不能报复，不孝。二月二十五日事，吾之罪也。十一月十三日事，谁之罪耶？"盖指琸与夏全也。全密遣军掠高邮、宝应、天长之间，知高邮军叶秀发遣宗雄武领民兵捍御，为贼所败。

三年二月壬寅，御前军器库火。得纵火者，楚州军穆椿也。全欲销宋兵备，故使椿行，且伏奸于外，谋入为乱，以不得入而止。于是先朝兵甲尽丧。椿临刑笑曰："事济矣。"全欲先据扬州以渡江，分兵徇通、泰以趋海。诸将皆曰："通、泰，盐场在焉，莫若先取为家计，且使朝廷

失盐利。"全欲朝廷不为备,且虽反而难遽绝钱粮,乃挟大元李、宋二宣差恫疑虚喝,而使国明达诸朝。而大元实未尝资全兵。有识李宣差者,曰:"此青州卖药人也。"七月,召国明禀议,全以宝玉资其行,宾从所过,扬言:"李相公英略绝伦,其射五百步,朝廷莫若裂地王之,与增钱粮,使当边境。"遍馈要津,求主其说。既见庙堂,以百口保全不叛。

八月,全将阅舟师,风不顺,焚香祷曰:"使全有天命,当反风。"语毕风反。大阅数日。会全籴麦舟过盐城县,朝宗嗾尉兵夺之。全怒,以捕盗为名,庚午,水陆数万径捣盐城,戍将陈益、楼强皆遁,全入城据之。知县陈遇逾城走,公私盐货皆没于全。朝宗仓皇遣干官王节入盐城,恳全退师;又遣吏曾珏、李易入山阳,求杨氏里言之助,皆不答。朝宗乃遣卞整领兵扼境。全留郑祥、董友守盐城,提兵往楚。整与遇麾军道左,击柝声诺。全言于朝,称遣兵捕盗过盐城,令自弃城面去,虚军民惊扰,未免入城安众。乃加全两镇节,令释兵,命制置司干官耶律均往谕之。全曰:"朝廷待我如小儿,啼则与果。"不受。朝廷为罢朝宗,谋再用绍云,绍云辞以官卑不能制;命郑损,损辞。通判扬州赵璩夫暂摄事。

全造舟益急,至发冢取黏板,炼铁钱为钉鞠,熬人脂捣油灰,列炬继晷,招沿海亡命为水手。又给璩夫以大元为词,邀增五千人钱粮,求誓书铁券。朝廷犹遣饷不绝。全得米,即自转输淮海入盐城以赡其众。他军士见者曰:"朝廷惟恐贼不饱,我曹何力杀贼!"射阳湖人至有"养北贼戕淮民"之语,闻者太息。

王十五附全,全又遣人以金牌诱胁周安民等,造浮梁于谕口,以便盐城来往;又开马攋港、寿河,引淮船入湖,为攻挠水砦计。复言于制置司云:"全复归三年,淮甸宁息,虽荷大丞相力主安靖之说,深有覆护之恩,奈何赵制置、岳总管、二赵兄弟人自为政,使全难处!全欲决定去就,亲往盐城securit札。若有疾全者、疑全者,如赵知府之辈,便可提兵决战。如能灭全,高官重禄任彼取之,倘不能灭,方表全心。"善湘见之甚愤,范亦请调兵。

时弥远多在告,执政无可否,举朝率谓:"大丞相老于经纶,岂不善处?"独参知政事郑清之深忧之,密与枢密袁韶、尚书范楷议,二人所见合。清之乃约韶见帝,韶历言全状,帝有忧色。清之即力赞讨全,帝意决。清之退,以帝意告弥远,弥远意亦决。乙巳,金字牌进善湘焕章阁学士、江淮制置大使,范直徽猷阁、知扬州、淮东安抚副使,葵直宝章阁、淮东提点刑狱兼知滁州,俱节制军马,全子才军器监簿、制置司参议官。下诏曰:

君臣,天地之常经;刑赏,军国之大枋。顺斯柔抚,逆则诛夷。惟我朝延兼爱南北,念山东之归附,即淮甸以绥来。视尔遗黎,本吾赤子,故给资粮而脱之饿殍,赐爵秩而示以宠荣,坐而食者逾十年,惠而养之如一日,此更生之恩也,何负汝而反耶?蠢兹李全,侪于异类,蜂屯蚁聚,初无横草之功;人面兽心,曷胜擢发之罪!缪为恭顺,公肆陆梁。因馈饷之富,以啸集徒;挟品位之崇,以胁制官吏。凌蔑帅阃,

杀逐边臣,虔刘我民,输掠其众。狐假威以为畏己,犬吠主旁若无人。姑务包含,愈滋猖獗,遽夺攘于盐邑,继掩袭于海陵,用怨酬恩,稔恶恣暴。为封豕以洊食,贪婪无厌;怒螳螂而当车,灭亡可待。故神人之共愤,岂覆载之所容!舍是弗图,孰不可忍!李全可削夺官爵,停给钱粮。敕江、淮制臣,整诸军而讨伐;因朝野佥议,坚一意以剿除。蔽自朕心,诞行天罚。

肆予众士,久衔激愤之怀;暨尔边氓,期洗沉冤之痛。益勉思于奋厉,以共赴于功名。凡曰胁从,举宜效顺,当察情而宥过,庸加惠以褒忠。爰饬邦条,式孚群听:应擒斩到全者,赏节度使,钱二十万,银绢二万匹;同谋人次第擢赏。能取夺见占城壁者,州,除防御使;县,除团练使;将佐官民以次推赏。逆全头目兵卒皆我遗黎,岂甘从叛?谅由劫制,必非本心。所宜去逆来降,并与原罪;若能立功效者,更加异赏。郑衍德、国安用虽与逆全管兵,然屡效忠款,乃心本朝,冯垍、于世珍虽为逆全信用,然俱通古今,宜晓逆顺,如率众来降,当加擢用。四方士人流落淮甸,一时陷贼,实非本心,如能相率来归,当与赦罪。海州、涟水军、东海县等处有为逆全守城壁者,举城来降,当各推恩。时青以忠守境,屡立骏功;彭义斌以忠拓境,大展皇略,亦为逆全谋害,俱加赠典,追封立庙。

噫,以威报虐,既有辞于苗民,惟断乃成,斯克平于淮、蔡。布告中外,咸使闻知。

诏词,清之所代也。促荆襄、淮西诸军赴援。

壬子,全兵突至湾头,璩夫恐,欲走,副都统丁胜劫阃者止之。全攻城南门,都统赵胜自堡砦提劲弩赴大城注射,全稍退。全遣刘全奄至堡砦西城下,欲夺之以瞰大城。先是,赵胜屯西城,见壕浅,每曰:"设有寇至,未围大城,行袭堡砦,何可不备?"盛暑中督军浚壕,人皆苦之,翟朝宗亦以为笑。既浚,胜决新塘水注焉。及是,刘全不能进,胜又浚市河,人尤谓不急。全至,胜开水门纳贾舟千余艘,活者数千人,粮货不与焉。

时朝廷虽下诏讨全,而犹有内图战守、外用调停之说。是日,璩夫得弥远书,许增万五千人粮,劝全归楚州。璩夫亟遣刘易即全垒授金。全笑曰:"丞相劝我归,丁都统与我战,非相绐耶?"掷书不受,惟留省札。璩夫始知全绐已,亟发牌印迓范。癸丑,全塞泰州城濠。于邦杰、宗雄武通全,戒守者无得发矢,俟薄城而蹙之,全得距堙。宋济恐,令县耶某如全垒,全以增粮省檄示之,尉复出,献钱二百万以降。乙卯,邦杰、雄武开门导全,济帅僚吏出迎。全入坐郡治,济发帑出所献钱,全曰:"献者,献汝私藏耶?若泰州府库,则我固有,何假汝献为!"乃舍济金判厅,入郡堂,尽收子女货币。

庚申,全闻范、葵既入,鞭衍德曰:"我计先取扬州渡江,尔曹劝我先取通、泰,今二赵入扬州矣,江其可渡耶?"莫敢对。既而曰:"今惟有径捣扬州耳。"甲子,全配兵守泰州,悉出众宜陵。丙寅,至湾头立砦,据运河之

冲。使胡义将先锋骑驻平山堂，伺三城机便。丁卯，全攻城东门不利，贼将张友呼城东请见葵，全隔濠立马相劳苦，葵切责之，全弯弓抽矢向葵而去。戊辰，张珙、戴友龙、王铨、张青以天长制勇三军至，阻全不得前，遣人请援。范、葵亲出堡塞西门，列陈待之，全不敢动，珙等乃入城。庚午，全晨率步骑五千余攻堡塞西门，赵胜出兵，战不利，范、葵以兵益之。全兵亦增，葵击却之。辛未，贼引兵三万沿州城东向西门，李虎、赵必胜、张珙、崔福力战，自巳至申，全乃沿东门以归，丁胜、王鉴、于俊击走之。襄兵万人至真州上坝，统制张达、监军张大连不设备，鱼贯而行。全哨马帅田四击之为数截，死者五千，达、大连死之；淮西援兵至，亦遇全统领桑青力战，城中俱不知也。襄兵败，全凶焰益振，每曰："我不要淮上州县，渡江浮海，径至苏、杭，孰能当我！"甲戌，复引轻骑犯州城南门，且欲破堰泄濠水，统制陈达率劲弩射之，范、葵出军迎击，乃去。是日，金玠等距淮安十里，焚全砦栅，全将刘全出战，玠军不利，退屯宝应。

全志吞三城，而兵每不得傅城下，宗雄武献全计曰："城中素无薪，且储蓄为总所支借殆尽，若筑长围，三城自困。"乙亥，全悉众及驱乡农合数十万列砦围三城，制司总所粮援俱绝。范、葵命三城诸门各出兵劫砦，举火为期，夜半纵兵冲出，歼戮甚众。自是贼一意长围，以持久困官军，不复薄城。戊寅，全张盖奏乐平山堂，布置筑围，指挥闲暇。范、葵令诸门以轻兵牵制，亲帅将士出堡砦西，全分路鏖战，自辰至未，杀伤相当。庚辰，范出师大战，玠等破全将张友于都仓，获粮船数十艘。甲申，葵出战，贼大败。

四年正月辛卯，全兵浚围城堑，范、葵遣诸将出城东门掩击，全走土城，官军蹑之，踩溺甚众。是日，玠破全将郑祥，获粮百艘。甲午，全兵千余犯州城东门，城中出兵应之，全即引去。乙未，李虎出南门，杨义出东门，王鉴出西门，崔福出北门，各径扼贼围，开土城数处，范、葵提兵策应，全步骑数千出战，诸军奋击，俘馘甚众。夜，贼复合所开城。丁酉，赵胜遣统制陆昌、孙举立桥堡砦于北门，全步骑分道来战，胜击退之。范陈于西门，贼闭垒不出。葵曰："贼俟我收兵而出尔。"乃伏骑破垣门，收步卒诱之。贼兵数千果趋濠侧，虎力战，城上矢石雨注，贼退。有顷，贼别队自东北驰至，范、葵挥步骑夹浮桥、吊桥并出，为三迭陈以待之，自巳至未，贼与大战；别遣虎、显广、必胜、义以马步五百出贼背，而葵帅轻兵横冲之，三道夹击，用范所制长枪，果大利，贼败走。翼日，全遣步卒三百余向城西门，乍进乍退，以诱扬州兵，复驱壮丁增濠面，培鹿角。范、葵遣骑将出，夹城东西牵制之，亲出州城西门，分三道以进，贼望风溃，乃募勇力赍薪炮，焚其楼橹十余。贼自平山堂麾骑下救，道遇于俊军而归。

始，全反计虽成，然多顾忌，且惧其党不皆从逆。边陲好进喜事者，欲挟贼为重，或阴赞之，谓激作愈甚，朝廷愈畏，则钱粮愈增，又许身任调停之责。故全兵将举而张国明先召，全之托词陈遇弃城，及归过三赵图巳，盖成谋也。及三赵用，宋师集，诸阃易，国明沮，削去官爵，罢支钱粮，攻城不得，欲战不利，全始自悔，忽忽不乐。或令左右抱其臂曰："是我手否？"人皆怪之。

时正月望，城中放灯张乐，姑示整暇。全见之，亦往海陵载妓女，张灯平山堂，矫情自肆。是晚，燕大元宣差，宣差激全曰："相公服饰器用多南方物，乃心终在南耳！"全乃取诰敕，朝服南向，历述平生梗概，再拜袒服，焚之，叹曰："国明误我。"泪下如雨，拉泪就坐强欢。有胸山于道士者，老矣，全迎致之，初见全即叹曰："我业债合在此偿耶？"占事多验，尊为军师。及见全焚诰命，谓人曰："相公死明日，我死今日矣！"人问之，曰："朝廷以安抚、提刑讨逆，然为逆者，节度使也。岂有安抚、提刑能擒节度使哉？诰敕既焚，则一贼尔。盗固安抚、提刑所得捕，不死何为！"入见全曰："相公明日出帐门必死。"全怒以为厌巳，斩之。

范、葵夜议诰朝所向，葵曰："东向利，不如出东门。"范曰："西出尝不利，贼必见易，因其所易而图之，必胜。不如出堡塞西门。"壬寅，全置酒高会平山堂，有堡塞候卒识其枪垂双拂为号，以报。范喜谓葵曰："此贼勇而轻，若果出，必成擒矣。"乃悉精锐数千而西，取官军素为贼所易者，张其旗帜以易之。全望见，喜谓宣差曰："看我扫南军。"官军见贼突斗而前，亦不知其为全也。范麾军并进，葵亲搏战，诸军争奋。贼始疑非前日军，欲走入土城，李虎早已塞其瓮门。全窘，从数十骑北走，葵率诸将以制勇、宁淮军蹙之，贼趋新塘。新塘自决水后，淖深数尺，会久晴，浮战尘如燥壤，全骑陷淖不能拔。制勇军奋长枪三十余乱刺之，全曰："无杀我，我乃头目。"先是，令诸阵上，众获头目无得争以为献，故群卒碎其尸，而分其鞍马器甲，并杀三十余人，类非卒伍，俱不暇问。

甲辰，贼军全椒人周海请降，报全巳杀，余党议溃去。未几，闻安用叹恨饮泣，初议推一人为首，以竟其逆，莫肯相下，欲还淮安奉杨氏主之。范夜上捷书制置司，议翼日追贼。乙巳早，安用引五百骑径南门趋湾头，范伏弩射之，贼呼曰："尔襄阳援兵已败走，汝知之乎？"城中应曰："汝李全已为戮，汝何不降？"贼不应，诸将欲追贼，范惧有伏兵，先分兵烧围城楼橹，夜半火光烛天，命东南诸门皆出兵，范、葵继提精兵进。四鼓，贼大溃。丙午黎明，葵追及贼于湾头，一战又破之，俘斩及夺回粮高蔽野。别将追至大仪，不及。葵使人瘗新塘骸骨，得左掌无一指，盖全支解也。先是，全乞灵茅司徒庙无应，全怒，断神像左臂。或梦神告曰："全伤我，全死亦当如我。"至是果然。

扬州平，善湘以露布上，帝惊喜，太后举手加额。国明辈惧祸及巳，唱论云全未死，至有资进士吴大理等助煽之。及泰州凯奏继上，浮言始定。朝中皆拟随表入贺，弥远以小寇就平，谢止之。甲寅，善湘来辅师。二月，命胡颖部所获贼酋二十人献俘于朝，且定奇功二十有九人及其余，促行赏；又遣赵楷往禀庙算。

三月庚寅，祃祭，有枭鸣于牙，占之吉，别遣全子才率王旻等将万五千人，与于玠掎角取盐城。癸巳，步骑十万发扬州，留胜权守。庚子，盐城贼董友、王海以兵围卞整砦，玠击却之。癸卯，遣总辖韩亮、戚永昇率多桨船及民船四百入射阳湖，击贼于谕口。丁未，亮破贼于崔沟。己酉，范、葵分兵进至平河桥，剿贼甚多。壬子，玠、整败贼将王国兴于冈门，斩首千级。四月丁巳，败贼于十里亭，贼兵争门，坠濠如蚁。庚申，别将范胜、赵兴破贼砦于寿河，拔农民胁从者万家。

壬戌，范、葵遣诸军薄淮安城下，贼大败，死者万余，焚二千家，城中哭声振天。甲子，子才自他道进攻，贼将董友拒之，大战于港口，败之。庚辰，舟师过涟水，战胜，达淮安。五月丙戌朔，天大雾，官兵攻上城，贼守者尚卧，仓皇起斗。官军互踏肩为梯，前者或坠，后者继至，自丑至未，五城俱破，斩首数千级，生擒数百人。兵士有故隶楚州左右军者，家属数为贼虐，至是泄愤，无老幼皆杀之，烧砦栅万余家，腥焰蔽天。余寇争桥入大城，重濠皆满。淮北贼归赴援，舟师又剿击，焚其水栅，夷五城余址，贼始惧。己亥，子才率赵必胜、王旻军移砦西门，道遇贼大战，至夜不解。子才为锐阵左右救，乃胜。

杨氏谕郑衍德等曰：“二十年梨花枪，天下无敌手，今事势已去，撑拄不行。汝等未降者，以我在故尔。杀我而降，汝必不忍。若不图我，人谁纳降？今我欲归老涟水，汝等宜告朝廷，本欲图我来降，为我所觉，已驱之过淮矣。以此请降可乎？”众曰：“诺。”翼日，杨氏绝淮而去。贼党即遣伪计议冯埙、潘于款于军门，范等密闻于朝，朝论不可，范曰：“若明谕朝旨，是坚贼志，不如阳许以误之，我自为必讨之计。”乃遣范用吉入城谕贼曰：“朝廷已许纳降，但令安抚交过北军。”衍德等遣潘于随用吉报谢，许献玉带、犒军黄金四千两。范曰：“我欲款贼，贼更来款我。”于归，郑衍德等自知降亦不免，始送款于金。至是，金遣其副统军许奕、万户兀林答以其京东元帅牒来言曰：“此贼不降，能为两国患，请与大国夹攻之，各勿受降。”范怪其来无故，而难于阴绝，遣王贵报之，不从其请。

六月己未，大战于河西三砦，贼大败，杨氏归涟水。壬戌，贼先遣妻孥过淮，军争欲往，斩之不能禁，反有起杀头目者。甲子，复大战，淮安遂平。议乘胜复淮阴，兵未行，淮阴降金。继得探报云：宋师迟一宿攻城，淮安亦为金有矣。于是全所据州悉平。杨氏窜归山东，又数年而后毙。

全之寇泰州，官属十有九人皆迎降，独教授高梦月不污，诏赠三官。

全子坛。

卷四百七十八
列传第二百三十七

世家一

南唐李氏

唐自安、史之乱，藩镇专制，百有余年，浸成割据。及巢贼躁躏，郡邑丘墟。降臻五季，豪杰蜂午，各挟智力，擅为封疆，自制位号，以争长雄。天厌祸乱，授宋大柄。太祖命将出师，十余年间，南平荆、楚，西取巴、蜀，刘鋹既俘，李氏纳款。至于太宗，吴越请吏，潭、泉来归，薄伐太原，遂偿北汉，而海内一矣！王称《东都事略》用东汉隗嚣、公孙述例，置孟昶、刘鋹等于列传，旧史因之。今仿欧阳修《五代史记》，列之世家。凡诸国治乱之原，天下离合之势，有足鉴者，悉著于篇。其子孙诸臣事业有可考者，各疏本国之下。作《列国世家》。

南唐李景，本名景通，后改为璟。避周庙讳，复改为景。父昇，吴杨行密将徐温养子，冒姓徐氏，名知诰，《五代史》有传。景十余岁，以父任驾部郎中、诸卫将军。后唐天成二年，温卒，昇遂专吴政。昇将出镇，欲以国事付景，拜吏部尚书、参知政事。昇出镇金陵，迁景司徒、平章事、知内外左右诸军事。顷之，亦赴金陵，为中外诸军副都统，昇受吴禅，国号大齐，改元昇元，僭帝号，居金陵。自云唐宗室建王恪之后，下令复姓李氏，国号唐。封景吴王、诸道元帅、录尚书事，改封齐王。

昇立七年卒，景袭位，改元保大，尊母宋氏为皇太后，立妻钟氏为皇后。用宋齐丘、周宗为宰相，郊祀天地。天福末，遣其将祖思全、何洙侵福建漳、泉之地。汉乾祐初，李守贞以河中叛，潜遣舒元、杨讷间道求援于景。景命其将李金全、郭全义出师应之。金全以声势不接，初不愿行，景固遣之。至沭阳，闻守贞败，乃还。周广顺初，景又遣其将边镐平湖湘，寻复失之。

显德二年，周世宗征淮南，破景众于正阳，遂进围寿州。太祖时总禁兵，破景将何延锡于涡口，又擒皇甫晖于滁州。景大惧，遣其臣钟谟、李德明奉表愿为附庸。未几，又遣其臣孙晟、王崇质奉表献濠、寿、泗、楚、光、海六州之地，愿罢兵，世宗未之许。

四年春，世宗大破景军于紫金山，降其将朱元，克寿州。冬，又克濠、泗二州。五年春，改元中兴。未几，又改元交泰。是春，周师克楚州，又进克扬州。将议济江，景大惧，请尽割江北之地，画江为界，称臣于中朝，岁贡土物数十万，世宗许之。始禀周之正朔，上表称唐国主。世宗答书用唐师回鹘可汗之制，云"皇帝恭问江南国主"，临汴水置怀信驿以待其使。景又上言世宗，请传位于世子冀，世宗赐书勉谕之乃止。景既失淮南之地，颇躁愤，恶其大臣宋齐丘、陈觉、李徵古，皆杀之。六年十月，冀卒，命御厨使张延范充使吊祭。

建隆元年，太祖受命，即遣使以书谕景。初，显德中，江南将校相继来降，周成等三十四人皆在京师，至是遣归。三月，景遣使贡绢二万匹、银万两，贺登极。及泽、潞平，景又贡银五千两为贺，七月还京，又贡金器五百两、银器三千两、罗纨千匹、绢五千匹，又遣其礼部郎中龚慎仪贡乘舆服御物。每岁冬、正、端午、长春节皆以土产珍异、金银器用、缯帛、片茶为贡。每景及钱俶遣亲属入贡，皆御前殿曲宴以宠之。景生日，遣使赐以金币及赐羊万口、马三百匹、橐驼三十，以为常制。是年，亲征李重进，驻跸广陵，遣其左仆射严续来犒师。俄遣其子蒋国公从镒朝行在所，又遣其户部尚书冯延鲁贡金买宴，并伶官五十人作乐上寿，又贡金银器、金玉鞍勒、银装兵器及钱银、绫绢，皆有加常数，太祖亦厚赐之。

初，景之袭父位也，属中原多故，卢文进、李金全、皇甫晖之徒皆奔于景。跨据江、淮三十余州，擅鱼盐之利，即山铸钱，物力富盛。尝试贡士《高祖入关诗》，颇有窥觎中土之意。自世宗平淮甸，浸以衰弱。及太祖平扬州，日习马舫战舰于京城之南池，景惧甚。其小臣杜著颇有辞辨，伪作商人，由建安渡来归；又彭泽令薛良坐事责授池州文学，亦挺身来奔，献《平南策》，景闻之益惧。太祖命斩著于下蜀市，良配隶庐州衙校，景乃安。终以国境蹙弱，不遑宁居，遂迁于豫章。上遣通事舍人王守正持诏抚之。

俄而景卒，其臣桂阳郡公徐逸奉遗表来上，太祖废朝五日，遣鞍辔库使梁义吊祭，赠赙绢三千匹。子煜又遣其臣冯谧奉表，愿追尊帝号，许之。煜乃谥景为明道崇德文宣孝皇帝，庙号元宗，陵号顺陵。

煜字重光，景第六子也，本名从嘉。少聪悟，喜读书属文，工书画，知音律。初封安定郡公，累迁诸卫大将军、副元帅，封郑王。

景始嗣位，以弟齐王景遂为元帅，居东宫，燕王景达为副元帅，就昇枢前盟约，兄弟相继，中外庶政，并委景遂参决。景长子冀为东都留守，后又立景遂为太弟，景达为齐王、元帅，冀为燕王、副元帅。冀镇京口，周师征淮，吴越围常州，冀部将败之。景达屯濠州，兵衄遁还。及割地后，出景遂为洪州元帅，封晋王。景达抚州元帅，立冀为太子。景遂寻卒，数月冀亦卒，乃立从嘉为吴王。

建隆二年，景迁洪州，立为太子监国，是秋袭位，居建康，改名煜。立母钟氏为圣尊后，以钟氏名名泰章故也，妻周氏为国后。遣户部尚书冯谧来贡金器二千两、银器二万两、纱罗缯彩三万匹。且奉表陈绍袭之意曰：

臣本于诸子，实愧非才，自出胶庠，心疏利禄。被父兄之荫育，乐日月以优游，思追巢、许之余尘，远慕夷、齐之高义。继倾恳悃，上告先君，固匪虚词，人多知者。徒以伯仲继没，次第推迁，先世谓臣克习义方，既长且嫡，俾司国事，遽易年华。及乎暂赴豫章，留居建业，正储副之位，分监抚之权，惧弗克堪，常深自励。不谓掩丁艰罚，遂玷缵承，因顾肯堂，不

敢灭性。然念先世君临江表垂二十年，中间务在倦勤，将思释负。臣兄文献太子从冀将从内禅，已决宿心，而世宗敦劝既深，议言因息。及陛下显膺帝箓，弥笃睿情，方晢子孙，仰酬临照。则臣向于脱屣，亦匪邀名，既嗣宗祊，敢忘负荷。唯坚臣节，上奉天朝。若曰稍易初心，辄萌异志，岂独不遵于祖祢，实当受谴于神明。方主一国之生灵，遐赖九天之覆焘。况陛下怀柔义广，煦妪仁深，必假清光，更逾曩日。远凭帝力，下抚旧邦，克获宴安，得从康泰。然所虑者，吴越国邻于弊土，近似深仇，犹恐辄向封疆，或生纷扰。臣即自严部曲，终不先有侵渔，免结衅嫌，挠干旒扆。仍虑巧肆如簧之舌，仰成投杼之疑，曲构异端，潜行诡道。愿回鉴烛，显谕是非，庶使远臣得安危恳。

太祖诏答焉。自景画江内附，周世宗贻书于景，至是，因煜之立，始下诏而不名。

会昭宪太后葬，煜遣户部侍郎韩熙载、太府卿田霖来贡。三年，诏煜应朝廷横海、飞江、水斗、怀顺等军亲属有在江表者，悉遣令渡江。煜每闻朝廷出师克捷及嘉庆之事，必遣使犒师修贡。其大庆，即更以买宴为名，别奉珍玩为献。吉凶大礼，皆别修贶助。煜有母妻之丧，亦遣使往吊。乾德元年，煜上表乞呼名，诏不许。二年，又诏江北，许诸州民及诸监盐亭户缘江采捕及过江贸易。先是，江北置榷场，禁商人渡江及百姓缘江樵采。是岁，以江南荐饥，特弛其禁。三年，献银二万两、金银龙凤茶酒器数百事。开宝四年，又以占城、阇婆、大食国所送礼物来上，又遣弟从谦奉珍宝器用金帛为贡，且买宴，其数皆倍于前。是冬，以将郊祀，又遣弟从善来贡。

会岭南平，煜惧，上表，遂改唐国主为江南国主，唐国印为江南国印。又上表请所赐诏呼名，许之。煜又贬损制度，下书称教；改中书门下省为左右内史府，尚书省为司会府，御史台为司宪府，翰林为文馆，枢密院为光政院；降封诸王为国公，官号多所改易。五年，长春节，别贡钱三十万，遂以为常。太祖以从善为泰宁军节度，赐第留京师。是岁，煜又贡米麦二十万石。虽外示畏服，修藩臣之礼，而内实缮甲募兵，潜为战备。太祖虑其难制，令从善谕旨于煜，使来朝，煜但奉方物为贡。六年，赐米麦十万斛，振其饥民。

七年秋，遂诏煜赴阙，煜称疾不奉诏。冬，乃兴师致讨，以宣徽南院使、义成军节度曹彬为昇州西南面行营都部署，山南东道节度潘美为都监。煜初闻大兵将举，甚悼惧，遣其弟从镒及潘慎修来买宴，贡绢二十万匹、茶二十万斤及金银器用、乘舆服物等。及至，遂留于别馆。王师克池州，又破其众二万于采石矶，擒其龙骧都虞候杨收等，获马三百匹。江表无战马，朝廷岁赐之。及是所获，观其印文，皆岁赐之马也。初，将有事江表，江南进士樊若水诣阙献策，请造浮梁以济师。太祖遣高品石全振往荆湖造黄黑龙船数千艘，又以大舰载巨竹组，自荆渚而下。及命曹彬等出师，乃遣八作使郝守濬等率丁匠营之。议者以为古未有作浮梁渡大江者，恐不能就。乃先试于石牌口，移置采石，三日而成，渡江若履平地。煜初闻朝廷作

浮梁，语其臣张洎，洎对曰：“载籍已来，长江无为梁之事。”煜曰：“吾亦以为儿戏耳。”

王师渡江，煜委兵柄于皇甫继勋，委机事于陈乔、张洎，又以徐遊诸孙元楀等为传诏，每军书告急，多不时通。八年春，王师傅城下，煜犹不知。一日登城，见列栅于外，旌旗遍野，始大惧，知为近习所蔽，遂杀继勋。召朱令赟于上江，令连巨筏载甲士数万人顺流而下，将断浮梁，未至，为刘遇所破。又募勇士五千余人谋袭官军，皆素不习战，以暮夜人秉一炬来攻袭北砦。宋师纵其至，击之，歼焉。获其将帅，悉佩印符。

初，彬之南征也，太祖亲谕之曰：“卿至彼慎勿暴略，可示以兵威，俾自归顺，不必急攻。”及彬军围城，又命左拾遗、知制诰李穆送从镒还本国，谕以手诏，促其降。会润州平，煜危迫甚，遣其臣徐铉、周惟简奉方物来贡，手书奏目以来，哀求罢兵，太祖不许。俄复遣铉等入贡，仍乞缓师，又不答，但厚赐遣之。初，从镒之还，诏诸将罢攻城，而煜终惑左右之言，犹豫不决，遂诏进兵。

八年冬，城陷，曹彬等驻兵于宫门，煜率其近臣迎拜于门。彬等上露布，以煜并其宰相汤悦等四十五人上献。太祖御明德楼，以煜尝奉正朔，诏有司勿宣露布，止令煜等白衣纱帽至楼下待罪。诏并释之，赐冠带、器币、鞍马有差。下诏曰：

上天之德本于好生，为君之心贵乎含垢。自乱离之云瘼，致跨据之相承，谕文告而弗宾，申吊伐以斯在。庆兹混一，加以宠绥。

江南伪主李煜，承奕世之遗基，据偏方而窃号。惟乃先父早荷朝恩，当尔袭位之初，未尝禀命。朕方示以宽大，每为含容。虽陈内附之言，罔效骏奔之礼，聚兵峻垒，包蓄日彰。朕欲乎彼始终，去其疑间，虽颁召节，亦冀来朝，庶成玉帛之仪，岂愿干戈之役。蹇然弗顾，潜蓄阴谋。劳锐旅以徂征，傅孤城而问罪。洎闻危迫，累示招携，何迷复之不悛，果覆亡之自掇。

昔者唐尧光宅，非无丹浦之师；夏禹泣辜，不赦防风之罪。稽诸古典，谅有明刑。朕以道在包荒，恩推恶杀。在昔骡车出蜀，青盖辞吴，彼皆闰位之降君，不预中朝之正朔，及颁爵命，方列公侯。尔实为外臣，庆我恩德，比禅与皓，又非其伦。特升拱极之班，赐以列侯之号，式优待遇，尽舍尤违。可光禄大夫、检校太傅、右千牛卫上将军，仍封违命侯。

召升殿抚问。妻周氏封郑国夫人，又以其子神武右厢都指挥使仲寓为左千牛卫大将军，弟宣州节度使从镒为左领军卫大将军，江州节度使从谦为右领军卫大将军，神武统军从度为左监门卫大将军，神武左厢都指挥使从信为右监门卫大将军，佺户部尚书仲远为右骁卫大将军，刑部尚书仲兴为右武卫大将军，礼部尚书仲伟为右屯卫大将军，宗正卿季操为右武卫大将军，殿中监仲康为右领卫大将军，殿中少监仲宣为监门卫大将军。仍赐其弟侄宅各一区。

太宗即位，始去违命侯，加特进，封陇西郡公。太平兴国二年，煜自言其贫，诏增给月奉，仍赐钱三百万。太宗尝幸崇文院观书，召煜及刘鋹，令纵观，谓煜曰：“闻卿在江南好读书，此简策多卿之旧物，归朝来颇读书否？”煜顿首谢。三年七月，卒，年四十二。废朝三日，赠太师，追封吴王。

先是，江南自后汉以来，民间有服玩侈靡者，人询之，必对曰：“此物属赵宝子。”又煜之妓妾尝染碧，经夕未收，会露下，其色愈鲜明，煜爱之。自是宫中竞收露水，染碧以衣之，谓之"天水碧"。及江南灭，方悟"赵"，国姓也；"宝"，年号也；"天水"，赵之望也。

从善字子师，伪封郑王，累迁太尉、中书令，后降封南楚国公。开宝四年春，奉方物来贡，授泰宁军节度、充海沂等州观察等使，留京师。时太祖平刘鋹，将召煜入朝，故授从善节制，仍赐汴阳坊甲第一区。煜手疏求遣从善归国，优诏不许。七年，推恩将佐，以掌书记江直木为司门员外郎、同判兖州，衙内都指挥使兼左都押衙崔光习为右千牛卫将军，衙内都虞候兼右都押衙子再兴为右千牛卫中郎将，并同正。又封从善母凌氏吴国太夫人。江南平，改右神武大将军。雍熙初，再迁右千牛卫上将军，出为通许监军。四年，卒，年四十八。

子仲翊，大中祥符初，赐同进士出身。二年，复召试，除楚州推官，累迁殿中丞，坐事免。次子仲猷，景德中，特录为三班借职。

从谦本名从谦，伪封吉王，后降封鄂国公。随煜归朝，为右领军卫大将军，迁右龙武大将军，历知随、复、成三州。上表改名。淳化五年，上言贫不能自给，求外任。以本官充武胜军行军司马，月给奉钱三万。子仲偃，大中祥符八年，举进士。

季操，昪从父伪江王邺之子也。从煜入朝，后为右神武将军，累迁左卫大将军，领康州刺史，出为单州都监。历知淮阳涟水二军、蔡舒二州。大中祥符四年，卒。

仲寓字叔章，少聪慧，能属文，多才艺。伪封清源郡公，归朝为千牛卫大将军。煜卒，太宗赐仲寓积珍坊第一区、白金五千两。仲寓宗族百余口，犹贫不能给，上书自陈。太宗怜之，授郢州刺史。在郡迨十年，为政宽简，部内甚治。淳化五年，卒，年三十七。

子正言，景德三年，特补供奉官。早卒无嗣，唯一女孤幼，真宗愍之，赐绢百匹、钱二百万，以备聘财，仍遣内臣主其事。

煜有土田在常州，官为检校。上闻其宗属贫甚，命鬻其半，置资产以赡之。

舒元，颍州沈丘人。少倜傥好学，与道士杨讷讲习于嵩阳，通《左氏》及《公》、《谷》二传。与讷同诣河中谒李守贞，与语奇之，俱馆于门下。守贞谋叛，遣元与讷间道乞师江南。江南遣大将军皇甫晖等率众数万次沭阳，为之声援。会守贞败，元与讷留江南。元易姓朱，杨讷更名为李平。

元事李景，历江宁令、驾部员外郎、文理院待诏，尝坐事左迁。世宗征淮南，诸郡多下，元求见言兵事，景大悦，遣率兵攻舒州，复之，即以为团练使。又平历阳，景以元为淮南北面招讨使。周师围寿春,景以其弟齐王景达为元帅,率兵来救,以陈觉为监军,总军政。元素与觉有隙,觉密表谮元于景,信之,立遣大将杨守忠代元。元愤怒,自以战功高,又不忍负景,欲自杀。门下客宋泊谏曰:"大丈夫何往不取富贵,岂必为妻子死哉!"元听之,将其众归世宗,景尽诛其妻子。世宗素知元骁果,得之甚喜,以为检校太保、蔡州防御使。淮南平,改濠州防御使。

宋初,从平李重进,改沂州防御使。为滑州巡检使,与节帅不协,诬奏元为同产妹婿宋玘请求。事得释。诏元复姓舒氏。开宝五年,为白波兵马都监。太平兴国二年,卒,年五十五,特赠武泰军节度。

元辩捷强记,治郡日,或奏其不亲狱讼,事多冤滞。太祖面诘问之,凡所诘,元必具诵款占,指述曲直,太祖甚嘉叹之。子知白、知雄、知崇。

知白至作坊使。知雄初补殿直,雷有终荐授供奉官、鄜延路驻泊都监,后辞疾居嵩山。知白尝奏事太宗,语及之,即召出,授西京作坊副使、泉福都巡检使。真宗初,恳请入道,归嵩阳旧隐。复为王嗣宗、李元则所荐,授供备库使,历知棣州、麟府鄜延钤辖,又知虔州。复求入道,面赐紫冠服,号崇玄大师。尝献《字母图》,有诏褒奖。乾兴元年,卒,年八十一。知崇累历内职,至供备库使。尝为广州钤辖、河北安抚副使,卒。

知白子昭远,大中祥符五年,任大理评事,因对自陈,改大理寺丞,赐进士第,至太常博士。

韩熙载字叔言,潍州北海人。后唐同光中,举进士,名闻京、洛。父光嗣,为平卢军节度副使。同光末,青州军乱,逐其帅符习,推光嗣为留后。明宗即位,诛光嗣,熙载奔江南,历伪吴滁、和、常三州从事。

李昪僭号,为秘书郎,令事其子景于东宫。景嗣位,迁虞部员外郎、史馆修撰。熙载自言:"受昪知国,不得显位,是以我属嗣君也。"遂上章,言事切直,景嘉纳之。又改吉凶仪礼不如式者十数事,大为宋齐丘、冯延已所忌。

昪将葬,以熙载知礼,令兼太常博士。时江左草创,典礼多阙,议者以昪继唐昭宗之后,庙号合称宗。熙载建议,以为古者帝王已失之,已得之,谓之反正;非我失之,自我复之,谓之中兴,中兴之君庙号称祖。以为昪兴既坠之业,请号烈祖。景由是益加恩礼,擢知制诰。熙载性懒慢,朝直多阙,未几罢去。

晋开运末,中原多事,江南方盛,其臣陈觉、冯延鲁建讨福州,师败而还,景释不问罪。熙载与徐铉同上疏,请置于法。觉、延鲁,宋齐丘之党也。熙载为齐丘所排,贬和州司马,语在《徐铉传》。久之,召为虞部郎中、史馆修撰,拜中书舍人。世宗平淮甸,景患国用不足,熙载请铸铁钱。及煜袭位,卒行其议,以熙载为兵部尚书,充铸钱使。钱货益轻,不胜其弊,熙载颇亦自悔。

熙载善为文,江东士人,道释载金帛以求铭志碑记者不绝,又累获赏赐。由是畜妓妾四十余人,多善音乐,不加防闲,恣其出入外斋,与宾客生徒杂处。煜以其尽忠言事,垂欲相之,终以帷薄不修,责授右庶子,分司洪州。熙载尽斥诸妓,单车即路,煜留之,改秘书监,俄而复位。向所斥之妓稍稍而集,顷之如故。煜叹曰:"吾亦无如之何!"迁中书侍郎、光政殿学士承旨。开宝三年,卒,年六十。煜痛惜之,赠左仆射、平章事,谥文靖,葬于梅岭冈谢安墓侧,命徐锴集其遗文。

熙载才气俊逸,机用周敏,性高简,无所卑屈,未尝拜人。虽被遣逐,终不改节,江左号为"韩夫子"。显德中,熙载来朝廷,归,景问中国大臣,时太祖方典禁兵,熙载对曰:"赵点检顾视不常,不可测也。"及太祖登极,景益重之。颇以文章自负,好大言。初,乾德丁卯年,五星连珠于奎,奎主文章,又在鲁分,时太宗镇兖、海,中国太平之符也。是岁,熙载著《格言》五卷,自序其事云:"鲁无其应,韩子《格言》成之。"人多笑之。

冯谧本名延鲁,字叔文,其先彭城人,唐末南渡,家于新安。李昪僭号,立子景为太子,谧与兄延已俱以文学得幸。及景嗣位,累迁至中书舍人。

晋开运末,闽越大乱,景遣谧与谏议大夫陈觉乘传安抚,谧遂矫诏发数郡兵攻福州。及败,引佩刀自刺,亲吏制之;不死,长流舒州。会赦叙用,复为中书舍人,改工部侍郎。江南以扬州为东都,命谧副留守。周世宗下扬州,谧髡发为僧,匿于佛寺,为官军所获。世宗释之,授太常卿,赐与甚厚。数年,拜刑部侍郎,放还,为户部尚书。建隆三年,煜遣来贡,因表求舒州田宅,诏赐之。后改常州观察使而卒。

子伉归中朝,与兄仪、价并登进士第。伉文辞清丽,尝著《平晋颂》,时人称之。累迁殿中侍御史,历典藩郡,皆有治迹。咸平三年,知福州,卒。特赐钱十万,录其子玄应同学究出身。

潘佑,南唐散骑常侍处常之子。少介僻,杜门读书,不交人事。及长,善属文,尤长于论议。陈乔、韩熙载、徐铉等共荐于景,为秘书省正字、直崇文馆。煜袭位,迁虞部员外郎、史馆修撰。未几,知制诰,为内史舍人。

有李平者,本嵩山道士杨讷,依河中帅李守贞。汉乾祐中,守贞反,遣讷与舒元乞师江南。守贞败,讷遂易姓名,江南以为员外郎,迁卫尉少卿、蕲州刺史、户部侍郎。平好神仙修养之事,动作妖妄,自言常与神接,佑亦好神仙,遂相善。二家皆置净室,图神像,常被发裸袒处室中,家人亦不得见。佑尝建议复井田,及依《周礼》置牛籍,荐平判司农寺以督之。事行,百姓大挠,未几而罢。佑自以为众所排,因愤怒,历诋大臣与握兵者两为朋比,将谋反叛;又言国将亡,非己为相不可救。江南政事多在尚书省,因荐平知省事,又荐星官杨熙澄为枢密使,小校侯英典禁兵,煜不纳。佑益忿,抗疏请诛宰相汤悦等数十人,煜手书教戒之。佑不复朝谒,乃于家上书曰:"臣闻'三军可夺帅也,匹夫不可夺志也',近者连上表章指陈奸恶,何面目以见士人乎?"遂自缢死。

皇甫继勋,江州节度使晖之子。幼以父荫为军校,父死难于滁州,累迁将军、池饶二州刺史,勤于吏事。入为诸军都虞候,迁神卫统军都指挥使。诸老将相次皆死,而继勋尚少,遂为大将。赀产优赡,营第舍、车服、畜妓乐,洁饮食,极游宴之好。

及宋师至,诸军多败衄,继勋欲煜之速降,每众中流言,颇道国中蹙弱。侄绍杰亦以继勋故,为巡检。常令绍杰入见煜,陈归命之计。会有凤凰,继勋又密陈灭亡之兆。偏裨或有募勇士欲夜出营邀宋师者,辄鞭而拘之。又因请出煜亲兵千余守阙城,为宋师所掩。一日,煜躬自巡城,见宋师列栅城外,旌旗遍野,始惊惧,知为左右所蔽。及巡城还,继勋从至宫。煜乃责其流言惑众及不用命之状,收付大理。始出,军士悉集,脔割其肉,顷刻都尽。绍杰亦被诛。煜皆赦其妻子。

周惟简,饶州鄱阳人。隐居,好学问,明《易》义。煜召为国子博士、集贤侍讲。顷之,以虞部郎中致仕。宋师围金陵,煜求能使交兵者,张洎荐惟简有远略,可以谈笑和解之。召为给事中,与徐铉奉使至京师。太祖召见诘责,惟简惶恐,反言曰:"臣本居山野,无仕进之意,李煜强遣来耳。臣素闻终南山多灵药,事宁后,愿得栖隐。"太祖许之。江南平,以惟简为国子《周易》博士、判监事。开宝九年,上书述前志,求解官,盖不得已,非其心也。改虞部郎中,致仕。以其子缮为京兆府鄠县主簿,俾就养。

太平兴国初,惟简自终南至阙下,求入见。有司以致仕官非有诏召无求对之制,乃还。岁余,复上表自求用,除太常博士,迁水部员外郎,卒。缮后举进士,至都官员外郎。

卷四百七十九
列传第二百三十八

世家二

西蜀孟氏

西蜀孟昶,初名仁赞,及僭位改焉。其先邢州龙冈人。父知祥,事后唐庄皇,武皇以弟之子妻之,是为琼华长公主。同光初,知祥为太原尹、知留守事。三年,平蜀。四年,以知祥为剑南西川节度副大使、知节度事。明宗即位,命知祥讨平东川,知祥自领两川节度,明宗即以授之。长兴四年,封蜀王,许行墨制。五年,闵帝立,乃称帝于蜀,改元明德,时清泰元年也。事具《五代史》。昶母李氏,本庄宗嫔御,以赐知祥,天祐十六年己卯十一月,生昶于太原。初,知祥镇西川,不及以族行。天成元年,奏遣衙校迎家太原,明宗因令送长公主及昶与所生母至蜀。公主以长兴三年卒。

知祥初署昶两川节度行军司马,僭号,以昶为检校太保、同平章事、崇圣宫使、东川节度。知祥疾,立为皇太子,权监军国。明德元年七月,知祥卒,昶袭位,年始十六,止称明德年号,委政于赵季良、张知业、李仁罕等。二年,尊其母李氏为皇太后。四年,改元广政。后以事诛仁罕、知业,乃亲政事。十三年,加号睿文英武仁圣明孝皇帝。

晋末,秦州节度使何建、凤州防御使石奉頵俱以城降昶。时契丹乱华,汉祖起并门,中土蝗旱连岁,昶益自大,开贡部,行郊祀礼,自此君臣奢纵。及周世宗克秦、凤,昶始惧,放还先所获濮州刺史胡立,致书世宗,称大蜀皇帝,且言家世邢台,愿敦乡里之分。世宗怒其无礼,不答。昶愈不自安,乃于剑门、夔、峡多积刍粟,增置师旅。用度不足,遂铸铁钱。禁境内铁,凡器用须铁为之者,置场鬻之,以专其利。

立其子玄喆为太子,用王昭远、伊审徵、韩保正、赵崇韬等分掌机要,总内外兵柄。母李氏谓昶曰:"吾尝见庄宗跨河与梁军战,又见尔父在并州捍契丹及入蜀定两川,当时主兵者非有功不授,故士卒畏服。如昭远者,出于微贱,但自尔就学之年,给事左右;又保正等皆世禄之子,素不知兵,一旦边疆警急,此辈有何智略以御敌?高彦俦是尔父故人,秉心忠实,多所经练,此可委任。"昶不能遵用其言。

及太祖下荆、楚,昶欲遣使朝贡,昭远等固止之。太祖诏蜀之邸吏、将卒先在江陵者并放还,仍给赐钱帛以遣。乾德二年,昶遣孙遇、杨蠲、赵彦韬为谍至京师。彦韬潜取昶与并州刘钧蜡丸帛书以告,其书云:"早岁曾奉尺书,远达睿听。丹素备陈于翰墨,欢盟已保于金兰。洎传吊伐之嘉音,实动辅车之喜色。寻于褒、汉,添驻师徒,只待灵旗之济河,便遣前锋而出境。"先是,太祖已有西伐意而未发,及览书,喜曰:"吾用师有名矣。"即命忠武军节度王全斌充凤州路行营前军兵马都部署,武信军节度、侍卫步军都指挥使崔彦进充副都部署,枢密副使王仁赡充都监,龙捷右厢都指挥使史延德充马军都指挥使,虎捷右厢都指挥使张万友充步军都指挥使,陇州防御使张凝充先锋都指挥使,左神武大将军王继涛充濠砦使,内染院使康延泽充马军都监,翰林副使张煦充步军都监,供奉官田仁朗充濠砦都监,殿直郑綮充先锋都监,步军都军头向韬充先锋都军头,宁江军节度、侍卫马步军都指挥使刘廷让充归州路行营前军兵马副都部署,内客省使、枢密承旨曹彬充都监,客省使武怀节充战棹部署,龙捷左厢都指挥使李进卿充步军都指挥使,前阶州刺史高彦晖充先锋都指挥使,右卫将军白延诲充濠砦使,御厨副使朱光绪充马军都监,仪鸾副使折彦赟充步军都监,八作副使王令岩充先锋都监,供奉官郝守濬充濠砦都监,马军都军头杨光美充战棹左右厢都指挥使,供奉官药守节充战棹左厢都监,殿直刘汉卿充战棹右厢都监,率禁兵三万人、诸州兵二万人分路讨之。诏令孙遇等指画江山曲折之状,及兵砦戍守之处道里远近,俾画工图之,以授全斌等。因谓曰:"西川可取否?"全斌等对曰:"臣等仗天威,遵庙算,刻日可定。"龙捷右厢都校史延德前奏曰:"西川一方,倪在天上，人不能到，固无可奈何。若在地上，以今之兵力，到即平矣。"上壮其言，谓之曰："汝等果敢如此，我何忧乎！"又谓全斌等曰："凡克城砦，止籍其器甲刍粮，悉以钱帛分给战士。"

及兵至，昶遣王昭远、赵崇韬、韩保正、李进等来拒战。昭远等相继就擒，昶大惧，出金帛募兵，令其子玄喆统之，李廷珪、张惠安为其副，以守剑门。玄喆素不习武，廷珪、惠安皆庸懦无识。玄喆离成都，但携姬妾、乐器及伶人数十辈，晨夜嬉戏，不恤军政。至绵州，闻宋师已破剑门，遂遁归东川，所过焚庐舍仓廪而去。昶益惶骇，问计于左右。有老将石斌，对以宋师远来，势不能久，请聚兵固守以老之。昶曰："吾父子以丰衣美食养士四十年，及遇敌，不能为我东向发一矢。今若固垒，何人为我效命？"

三年正月，昶遣其通奏伊审徵赍表诣全斌请降，且言："中外骨肉二百余人，有亲年几七十，愿终甘旨之养，免赐睽离之责，则祖宗血食庶获少延。"末援刘禅、陈叔宝故事以请封号。全斌等既受其降，遣马军都监康延泽先以百骑入城见昶，谕以恩信，留三日，尽封府库而还。

昶又遣其弟仁贽诣阙上表言：

先臣受命唐室，建牙蜀川，因时事之变更，为人心之拥迫。先臣即世，臣方幼年，猥以童昏，缪承余绪。乖以小事大之礼，阙称藩奉国之诚，染习偷安，因循积岁。所以上烦宸算，远发王师，势甚疾雷，功如破竹。顾惟懦卒，焉敢当锋？寻束手以云归，止倾心而俟命。

今月七日，已令私署通奏使、宣徽南院使伊审徵奉表归降，以缘路寇攘，前进不得。臣寻更令兵士援送，至十一日，尚恐前表未达，续遣供奉官王茂隆再赍前表。至十二日以后，相次方到军前，必料血诚，上达睿听。臣今月十九日，已领亲男诸弟，纳降礼于军门，至于老母诸孙，延余喘于私第。

陛下仁广覆，大德好生，顾臣假息于数年，所望全躯于此日。今蒙元戎慰恤，监护抚安，若非天地之垂慈，岂见军民之受赐！臣自量过咎，尚切忧疑，谨遣亲弟诣阙奉表，待罪以闻。

太祖诏曰：

朕以受命上穹，临制中土，姑务保民而崇德，岂思右武以佳兵？至于临戎，盖非获已。矧惟益部，僻处一隅，靡思僭窃之愆，辄肆窥觎之志，潜结寇雠，自启衅端。爰命偏师，往申吊伐，灵旗所指，逆垒自平。

朕尝中宵怃然，兆民何罪！屡驰驲骑，严戒兵锋，务宣拯溺之怀，以尽招携之礼。而卿果能率官属而请命，拜表疏以祈恩，托以慈亲，保其宗祀，悉封库府，以待王师。追咎改图，将自求于多福；匿瑕含垢，当尽涤于前非。朕不食言，尔无他虑。

昶乃举族与官属由峡江而下，至江陵，上遣皇城使窦思俨迎劳之。四月初，昶与母至襄汉，复遣使赍诏赐茶药。所赐诏不名，仍呼昶母为国母。昶将至，命太宗劳于近郊。

昶率子弟素服待罪阙下，太祖御崇元殿，备礼见之，赐昶袭衣、玉带、黄金鞍勒马、金器千两、银器万两、锦绮千段、绢万匹；又赐昶母金器三百两、银器三千两、锦绮千匹、绢千匹；子弟及其官属等袭衣、金玉带、鞍勒马、车乘、器币有差；又遣使分诣江陵、凤翔赐其家属钱帛，疾病者给以医药。即日宴于大明殿。先是，诏有司于右掖门外，临汴水起大第五百间以待昶，供帐悉备，至是赐之，又为其官属各营居第。

翌日，诏曰：

伯禹导川，黑水本梁州之域，《河图》括象，岷山直井络之墟。是曰坤维，素为王土。属中原多故，四海群飞，遂剖裂于山河，竞僭窃于位号。朕削平寰县，载整皇纲，复周、汉之旧疆，宠绥群后；采唐、虞之大训，协和万邦。六年于兹，百揆时叙。礼乐征伐之柄，尽出朝廷。蛮夷山海之君，咸修职贡。一昨顺长庚而授律，法时雨以兴师，先申诞告之文，以慰徯来之众。

咨尔伪蜀主孟昶，克承余绪，保据一隅，擅正朔以自尊，历岁时而滋久。属王师致讨，察天道之恶盈，体此绥怀，思于效顺，尽率群吏，降于军门。抗手疏以陈诚，伏天阍而请命。是用昭示大信，尽涤疵瑕，度越彝章，升于崇秩。冠紫微之近署，以奉内朝；剪鹑首之奥区，为之封邑。率从异数，式洽殊私。尔宜钦承，往践厥位。可开府仪同三司、检校太师兼中书令、秦国公，给上镇节度使奉禄。余官除拜有差。

昶数日卒，年四十七。太祖废朝五日，素服发哀于大明殿。赐尚书令，追封楚王，谥恭孝，赙布帛千匹，葬事官给。后数日，其母李氏亦卒。初，李氏随昶至京师，太祖数命肩舆入宫，谓之曰："母善自爱，无戚戚怀乡土，异日当送母归。"李氏曰："使妾安往？"太祖曰："归蜀尔。"李氏曰："妾家本太原，倘得归老并土，妾之愿也。"时晋阳未平，太祖闻其言大喜，曰："俟平刘钧，即如母所愿。"因厚加赐赉。及昶卒，不哭，以酒酹地曰："汝不能死社稷，贪生以至今日。吾所以忍死者，以汝在尔。今汝既死，吾何生焉！"因不食，数日卒。太祖闻而伤之，赙赠加等。令鸿胪卿范禹偁护丧事，与昶俱葬洛阳，诏发奉义甲士千人护送。

七月，正衙备礼册命昶，其文曰：

维乾德三年，岁次乙丑，七月己巳朔，二十四日戊子，皇帝若曰：咨尔故检校太师兼中书令、秦国公孟昶，册赠之典，所以彰世祚而纪勋伐，继绝之义，所以旌异域而表来庭。苟匪全功，宁兼二者。国家乘乾抚运，括地开图。稽至德于勋、华，体深仁于汤、禹。既定壶关之乱，复剪淮夷之凶，暨荆及衡，洗荡遄秽。以为君人之道，先德而后刑；王者之师，有征而无战。兵威震叠，寰宇来同。以至薄伐两川，徂征三峡。

惟尔昶袭乃堂构，据有巴庸，而能祗畏皇灵，保全宗绪，知机识变，委顺图全。驰子牟魏阙之心，奉伯禹塗山之会。朕自闻献款，良切虚怀。舟车欣至止之初，邸第锡非常之制。封崇异数，祈保永年。景命不融，奄然殂谢。

于戏！尔有及亲之孝，特异常伦；尔有达上之情，所期终养。何高穹之不祐，与幽壤之同归！斯朕所以当宁兴悲，彻县永叹。询于史氏，申命礼官，今遣使起复云麾将军、检校太傅、右神武统军、兼御史大夫、上柱国、平昌县开国伯食邑七百户孟仁赟持节，册赠尔为尚书令，仍追封楚王。于戏！式备哀荣，载光简牒。南宫峻秩，全楚大邦，并示追崇，复超彝制。始终之分，朕无愧焉。

仍赠昶坟庄一区，给守坟人米千石，钱五万。

初，昶在蜀专务奢靡，为七宝溺器，他物称是。每岁除，命学士为词，题桃符，置寝门左右。末年，学士幸寅逊撰词，昶以其非工，自命笔题云："新年纳余庆，嘉节号长春。"以其年正月十一日降，太祖命吕余庆知成都府，而"长春"乃圣节名也。又昶袭位后，民质钱取息者，将徙居，必署其门曰："召主收赎。"周世宗平淮甸，克关南，即议讨蜀而未果，至太祖乃平之。

昶三子：玄喆、玄珏、玄宝。玄宝先卒，僭赠遂王。昶弟：仁赟、仁裕、仁操。

昶既降，宁江军节度、同平章事伊审徵，检校太尉兼侍中韩保正，山南西道节度、同平章事王昭远，工部侍郎幸寅逊，武信军节度、保宁军都巡检使李廷珪来阙下。审徵授静难军节度，昭远授左领军卫大将军，寅逊授右庶子，廷珪授右千牛卫上将军，韩保正未授官卒。保正、昭远、廷珪，川中各有田宅，诏各赐钱三百万。又成都人王处琼，少孤，有司籍其金宝，昶降，辇送阙下。太祖闻之，令计其直还焉。

玄喆，字遵圣，幼聪悟，善隶书。年十四，僭封秦王、检校太尉、同平章事、判六军诸卫事。尝自书姚崇《口箴》，刻诸石。昶赐以银器、锦彩。广政二十一年，领武德军节度。二十四年，加兼侍中。二十五年，立为皇太子。宋师将至，以玄喆为元帅，精卒万余，旌旗用文绣，以锦绸其杠。是日微雨，玄喆虑沾湿，令彻去。俄雨止，复施之，旌帜数千皆倒系杠上，识者异之。及闻剑门陷，遂奔东川。数日，弃军遁归。

入朝，与昶同日宣制检校太尉、泰宁军节度。昶卒，赐玄喆羊五百口、酒五百壶。玄喆献马二百匹、白玉水晶鞍勒副之。移镇贝州，在镇十余年，亦有治迹。太平兴国初，移镇定州。三年，加开府仪同三司。四年，从平太原，就命为镇州驻泊兵马铃辖。又从征幽州，率所部攻城之西面。会班师，遣与军器库使药可琼、深州刺史念金镔、左龙武将军赵延进、殿前都虞候崔翰、四方馆使梁迥、翰林使杜彦圭帅兵归屯定州。俄契丹入寇，玄喆与诸将校破之徐河。以功封滕国公，入为左龙武军统军，判右金吾卫仗。未几，知滑州。淳化初，病，求换瀕淮一小郡养疾。移知滁州，卒，年五十五。赠侍中。

初，玄喆在贝州，凡民输税者皆令出商算，规其余羡，以备留使之用，人颇苦之。景德中，都官员外郎孔撰使河北，表论其事，诏除之。有子十五人：隆记、隆诂、隆说、隆诠，并进士及第。

玄珏初封王，与玄喆并日封拜，仍检校太保。少端敏。常侍昶射，双箭连中的，昶奇之，赐钱三十万。时玄珏方就学，为选起居舍人陈鄂为教授。至是，自陈愿以钱赐鄂，昶嘉而许焉。鄂尝仿唐李瀚《蒙求》、高测《韵对》为《四库韵对》四十卷以献，玄珏益赏之。广政二十三年，玄珏领阆州保宁军节度。久之，加检校太傅。归朝，为千牛卫上将军。乾德五年，迁右神武统军，代玄喆判金吾卫仗。太平兴国九年，出为宋、曹、兖、郓都巡检，又改右屯卫上将军。淳化元年四月，复为右神武统军。六月，出知滑州。三年，卒。

仁赟，字忠美，初为左威卫将军同正。广政十三年，封雅王、检校太尉。二十年，领阆州保宁军节度。二十四年，加检校太尉。及昶降，遣仁赟奉表诣阙，太祖召见广德殿，赐袭衣、玉带、鞍勒马。俄授右神武统军。丁母忧，起复，领大同军节度、西京都巡检使。开宝四年，卒，年四十四，赠太子太师。

仁裕，字鸣谦，初为左威卫将军同正，与仁赟同日封彭王、检校太傅。广政二十年，领黔州武泰军节度。二十四年，加检校太尉。归朝，授检校太傅、右监门卫上将军，迁右羽林军。开宝三年，卒，年四十四，赠太子太傅。

仁操，初为右领军卫将军同正，与仁赟同日封嘉王、检校太傅。广政二十一年，领果州永宁军节度。尝侍昶射于栀子园，仁操连中的者三。二十四年，加检校太尉。尤奉释氏，深究其理。归朝，授右监门卫上将军，累迁右龙武统军。雍熙三年，卒。

伊审徵，字申图，并州人。父延璟，随知祥入蜀。知祥僭位，以女妻延璟，僭封崇华公主。延璟历陵、嘉、眉三州刺史。审徵幼以孝闻，母病，割股肉啖之。以父任，历蜀州刺史、云安榷盐使。广政十四年，高延昭求解机务，急召为通奏使、知枢密院事。久之，领蜀州刺史。秦、凤兴师，命检校城砦，俄领武泰军节度。选其子崇度尚公主。又改宁江军节度、同平章事，与王昭远俱掌机务。昶事无大小，一以咨之。常自以康济经略为己任。属宋师入境，审徵首奉降表诣军前。昭远时统军，败走。时人笑之。

审徵归朝，授静难军节度。乾德六年，移镇延安。开宝末入朝，改右屯卫上将军。太平兴国二年，判右金吾卫仗。雍熙五年，卒，年七十五。

韩保正，字永吉，潞州长子人。父昭运，从知祥入蜀。及知祥僭号，署珍州刺史。保正初事知祥为押衙，及僭位，以为丰德库使兼广义库使、眉州刺史、枢密副使。复刺汉州，拜宣徽北院使。会凤翔侯益归款，以保正为北路行营都监，以图岐阳。时晋昌赵赞亦谋归蜀，为王景崇所逼，弃城东奔。伪将李廷珪先退师，保正次陈仓，与大将张虔钊、庞福诚谋议不叶，益亦中变，遂还成都。俄为雄武节度，领兵出新关，至陇州，汉兵固守，保正无功而还。复屯雄武。广政十四年，赴成都，其亲吏杨虔范讼保正不法，昶令斩虔范，释保正不问。俄改夔州宁江军节度。李昊让度支，以保正代之。未几，加宣徽南院使、山南节度、左卫圣步军节度指挥使，迁奉銮肃卫马步军都指挥使，又选其子崇遂尚主。

宋初，荆南高继冲纳土，昶闻之，以保正为峡路都指挥制置使，屯夔州，以经画边事。迁检校太尉兼侍中。闻太祖将加兵，以保正为山南节度、兴元武定缘边诸砦屯驻都指挥使。及王全斌至，保正弃兴元，保西县。王师进围之，保正懦惧不敢出，遣人依山背城结阵以自固，为史延德所破。保正以麾下遁，延德追擒之，送全斌。全斌驿置阙下，太祖召升殿劳问，赐袍笏、金带、茵褥、鞍勒马，仍赐甲第。未及命官而卒，赠右千牛卫上将军。

王昭远，益州成都人。幼孤贫。年十三，依东郭僧智諲为童子。知祥镇蜀，一日饭僧于府署，昭远持巾履从智諲，得入。时昶方就学，知祥见昭远聪慧，留给事昶左右。昶嗣位，以昭远为卷帘使、茶酒库使。会枢密使王处回出知梓州，昶以枢密事权太重，乃以昭远及普丰库使高延昭为通奏使、知枢密院事，机务一以委之，府库财帛恣其取不问。加领眉州刺史，出为永平军节度。不数月，会昭武李继勋以目疾不能视事，议以闲地处之，昭远遽以永平让继勋。岁余，为夔州宁江军节度。昶母常言昭远不可用，昶不从。未几，兼领山南西道节度、同平章事。及入谢，求解通奏职，遂以左街使张仁贵为副使、知枢密以代之。

昭远好读兵书，颇以方略自许。宋师入境，昶遣昭远与赵崇韬率兵拒战。始发成都，昶遣其宰相李昊等饯郊外。昭远酒酣，攘臂曰："是行也，非止克敌，当领此二三万雕面恶少儿，取中原如反掌耳。"及行，执铁如意指麾军事，自方诸葛亮。将至汉源，闻剑门已破，昭远股栗，发言失次。崇韬布阵将战，昭远据胡床，惶恐不能起。俄崇韬败，乃免胄弃甲走东川，匿仓舍下，悲噎流涕，目尽肿，惟诵罗隐诗云："运去英雄不自由。"俄为追骑所执，送阙下，太祖释之，授左领军卫大将军。广南平，奉使交阯。开宝八年，卒。

赵崇韬，并州太原人。父廷隐，随知祥入蜀。廷隐拳勇有智略，知祥麾下无及者。东川董璋袭成都，廷隐大破之。璋奔归，为部下所杀，知祥遂有其地。及僭号，以廷隐总亲军，为卫圣诸军马步军指挥使，累迁至太师、中书令、宋王。卒，谥忠武。

崇韬骁果有父风。昶自置殿直四番，取将家及死事孤子为之，始命李仁罕子继宏、赵季良子元振、张知业子继昭、侯洪实子令钦及崇韬，分为都知领之。后累迁至客省使。周世宗克秦、凤，将入蜀境，为崇韬拒退。历左右卫圣步军都指挥使。选其子文亮尚公主。加领洋州武定军节度、山南武定缘边诸砦都指挥副使。汉源之战，独策马先登，及蜀军败，犹手击杀十数人，为宋师所擒。

高彦俦，并州太原人。父晖，宣威军使。彦俦从知祥入蜀，累历军校，为昭武军监押。昶嗣位，迁邛州刺史，改马步军使。会汉兵入大散关，克安都砦，彦俦以所部先进。汉人烧砦毁阁遁去，彦俦尽锐追之，复其砦而还。未几，彦俦领赵州刺史。俄为奉銮肃卫都指挥副使，改右骁锐马军都指挥使，加光圣马军都指挥使，真拜源州武定军节度。

周显德初，向训攻凤州，昶令彦俦出兵解围。未至，闻败军于唐仓，因溃归。判官赵玭闭关不纳，以城归朝廷。彦俦遁归成都，昶不之罪，以为右奉銮肃卫都指挥使，改功德使。

广政二十二年，出授夔州宁江军都巡检制置、招讨使，加宣徽北院事、利州昭武军节度。及宋师至，彦俦谓副使赵崇济、监军武守谦曰："北军涉远而来，利在速战，不如坚壁以待之。"守谦不从，独领麾下以出。时大将刘廷让顿兵白帝庙西，遣骑将张廷翰等引兵与守谦战猪头铺，守谦败走。廷翰等乘胜登其城，廷让率大军继至。彦俦以所部将出拒战，宋师已乘城而入。彦俦惶骇失次，不知计所出。判官罗济劝令单骑归成都，彦俦曰："我昔已失天水，今复不能守夔州，纵不忍杀我，亦何面目见蜀人哉！"济又劝其降，彦俦曰："老幼百口在成都，若一身偷生，举族何负？吾今日止有死耳！"即解符印授济，具衣冠望西北再拜，登楼纵火自焚。后数日，廷让得其骨煨烬中，以礼收葬。初，昶母语昶"惟彦俦可任"，及是，果能死难。

赵彦韬，兴州顺政人，为本州义军神校。乾德中，昶遣与兴国军讨击使孙遇及杨蠲为谍至都下，彦韬潜取昶与并州蜡丸帛书以告，因言伐蜀之状。太祖并赦遇、蠲，出师西讨，并以为乡导。克兴州，以为本州马步军都指挥使。蜀平，迁本州刺史，移澧州。性凶率，所为不法，部民有诉被盗劫财物，鞫之不实，彦韬手杀之，探取其心肝。民家诣阙诉冤，太祖怒，令杖配蔡州。

龙景昭，夔州奉节人。少有武勇，事蜀为义军神校，以功迁战棹都将。久之，擢为施州刺史。乾德中，诸将伐蜀，分兵由峡路入，将压其境。景昭率官吏以牛酒犒宋师，迎入城。太祖闻之，甚悦。蜀平，即授永州刺史。秩满入朝，改右千牛卫将军。开宝三年，卒。昶之入朝也，为左羽林将军、景昭弟处瑨等四人随行，卒于道。太祖悯之，以其男补供奉官殿直。

辛寅逊，蜀人。初仕昶为茂州录事参军。昶好击毬，虽盛暑不已。寅逊上章极谏，深被赏纳。迁新都令，拜司门郎中、知制诰、中书舍人。出知武信军府，加史馆修撰，改给事中，预修《前蜀书》，拜翰林学士，加工部侍郎，判吏部三铨事，领简州刺史。

随昶归朝，授右庶子。尝上疏谏猎，太祖嘉之，召见赐帛。开宝五年，为镇国军行军司马。罢职，年九十余，尚有仕进意，治装赴阙，未登路而卒。

李廷珪，并州太原人。七岁隶知祥帐下，后从入蜀。知祥僭号，补军职，累迁奉銮肃卫都虞候。赏拔阶州之功，领眉州刺史。会图取凤翔，令廷珪领兵二万出子午谷赴援。始出谷，闻赵赞为王景崇所逼，遂退军。以廷珪权知兴元。俄召归，授捧圣控鹤都指挥使，领蜀州刺史，拜雅州永平军节度，改右光圣都指挥使，领山南节度，改阆州保宁节度、护圣控鹤都指挥使。

周师攻秦州，以廷珪为北路行营都统。秦、成、阶三州竟为周所取，廷珪奉章待罪，昶释之，以为左右卫圣诸军马步军都指挥使。分卫圣、光圣步骑为左右十军，以武定节度吕彦珂为之使，并隶廷珪总领之。时论以廷珪不能救援阶州，不当复总兵柄，廷珪亦自陈求解，许之。俄加兼侍中、蜀成都巡检使，改遂州武信军节度，领本镇及保宁军都巡检使。

王全斌之下剑关也，昶遣廷珪与其太子玄喆将兵来拒宋师，至绵、汉与全斌遇，狼狈而还。玄喆与廷珪谋，所经州县尽焚其储蓄。及全斌等入成都，行营都监王仁赡案籍诘所在军须，廷珪惧，以告马军都监康延泽。延泽曰："王公志在声色，苟得其所欲，则置而不问矣。"廷珪素俭约，不畜妓乐，遂求于姻戚家，得女妓四人，复假贷金帛直数百万以遗仁赡，繇是获免。归阙，为右千牛卫上将军。乾德五年，卒。

先是，廷珪及王昭远、韩保正川中各自有田宅，昶降后奉表上献，诏各赐钱三百万以偿其直。

李昊，字穹佐，自言唐相绅之后。祖乾祐，建州刺史。父羔，容管从事。昊生于关中，幼遇唐末之乱，随父避地至奉天。值昭宗迁洛，岐军攻破奉天，父及弟妹皆为乱兵所杀。是时年十三，独得免，遂流寓新平十数年。会刘知俊领岐军围州城，昊逾城出，为候骑所得。知俊与语，甚器之，置于门下，以其女妻之。

知俊归蜀，伪署遂州武信军节度，以昊为从事。王建使知俊出师，令昊主留务。会建杀知俊，昊亦罢职。王衍袭伪位，授彭州导江令，历中书舍人、翰林学士。岐军之难，昊母独无恙。至是十九年，昊仕独显达，乃遣心膂张金、王彦间道迎其母。昊请告境上奉迎，衍赐以金勒名马。昊至青泥岭见母，母抚昊首号恸，哀感行路。

蜀亡入洛，明宗授昊检校兵部郎中。诏西川孟知祥、三川制置使赵季良同于榷盐、度支、户部院间授昊一职，昊至蜀，久无所授。会知祥奏季良为西川节度副使，昊辞归洛，知祥始辟为观风推官，迁掌书记。知祥称帝，擢为礼部侍郎、翰林学士。

昶立，领汉州刺史，迁兵部侍郎，出知武德军府，加承旨。昶尝欲命昊二子官，昊固让，且言："遂州判官石钦若、苏滙，前蜀时，同在刘知俊幕下，愿回授钦若等子。"昶嘉叹，许之，仍授昊二子官。俄加尚书左丞，拜门下侍郎兼户部尚书、同平章事、监修国史。因请置史官，乃以给事中郭廷钧、职方员外郎赵元拱为修撰，双流令崔崇构、成都主簿王中孚为直馆。

俄加昊左仆射。昶令就知祥真容院图文武三品以上于东西廊，以昊有参佐功，特画于殿内。自知祥领蜀，凡章奏书檄皆出昊手，至是集为百卷曰《经纬略》以献，昶赍以珍器、锦彩。俄命判度支户部。

广政十四年，修成昶《实录》四十卷。昶欲取观，昊曰："帝王不阅史，不敢奉诏。"丁母忧，裁百日，起复。俄修《前蜀书》，命昊与赵元拱、王中孚及左谏议大夫乔讽、给事中冯侃、知制诰贾玄珪幸寅逊、太府少卿郭微、右司郎中黄彬同撰，成四十卷上之。以判使办集，封赵国公。俄加司空，领遂州武信军节度，出判盐铁，加弘文馆大学士，修奉太庙礼仪使。

昶尝召四孙，悉授太子司仪郎舍人，并赐绯。昊又改判度支使。其子孝连尚昶女凤仪公主，累迁太常少卿、资州刺史。长子孝逢，给事中。

蜀平，随昶入朝，太祖优待之，拜昊工部尚书，赐第。以孝逢为膳部郎中，孝连为将作少监。亲属乘舟自峡下，至夷陵，妻死，昊闻，悲怆成疾而卒，年七十三。赠右仆射。

昊前后仕蜀五十年。昶之世，位兼将相，秉利权，资货岁入钜万，奢侈尤甚，后堂妓妾曳罗绮数百人。昶与江南李景通好，遣其臣赵季札至江南，购得李绅武宗朝入相制书，还以遗昊。昊结彩楼置其中，尽召成都声妓，昊朝服前迎归私第，大会宾客宴饮，所费无算。以帛二千匹谢季札。

初，王衍降庄宗，昊草其表；昶之降也，其表亦昊所为。蜀人潜署其门曰"世修降表李家"，见者哂之。有集二十卷，目为《枢机应用集》。

孝连后为司农少卿。昊孙德鳞至国子博士，德镎进士及第。

母守素，字表淳，河中龙门人。父昭裔，伪蜀宰相、太子太师致仕。守素弱冠起家，伪授秘书郎，累迁户部员外郎、知制诰，真拜中书舍人、工部侍郎，出为云安榷盐使。召见其二子克温、克恭，并赐绯；以次子克恭尚昶女，授检校水部员外郎。

广政二十年，拜工部尚书。时昭裔判盐铁，衰老不能亲职，委其务于判官李光远，事多留滞。昶患之，命守素代判使务。父子相代，时颇荣之。俄改判度支，领彭州刺史，又判盐铁。

守素奉亲颇勤至，虽隆暑暮归，必朝服执笏以申昏定之礼。蜀亡入朝，授工部侍郎，籍其蜀中庄产茶园以献，诏赐钱三百万以充其直，仍赐第于京城。岁余，为兄之子岳州司法正己讼其居父丧娶妾免，正己亦坐夺一官。开宝初，起为国子祭酒。

太祖征河东，命权知越州。及平岭表，移知容州，兼本管诸州水陆转运使。先是，部民有逋赋者，或县吏代输，或于兼并之家假贷，则皆纳其妻女以为质。守素表其事，即日降诏禁止。六年，卒，年五十三。

昭裔性好藏书，在成都令门人勾中正、孙逢吉书《文选》、《初学记》、《白氏六帖》镂板，守素赍至中朝，行于世。大中祥符九年，子克勤上其板，补三班奉职。次子克恭，尚昶女崇国公主，仕为光禄少卿，归宋，至左监门卫将军。

欧阳迥，益州华阳人。父珏，通泉令。迥少事王衍，为中书舍人。后唐同光中，蜀平，随衍至洛阳，补秦州从事。知祥镇成都，迥复来入蜀。知祥僭号，以为中书舍人。广政十二年，拜翰林学士。明年，知贡举、判太常寺。迁礼部侍郎，领陵州刺史，转吏部侍郎，加承旨。二十四年，拜门下侍郎兼户部尚书、平章事、监修国史。尝拟白居易讽谏诗五十篇以献，昶手诏嘉美，赉以银器、锦彩。

从昶归朝，为右散骑常侍，俄充翰林学士，就转左散骑常侍。岭南平，议遣迥祭南海，迥闻之称病不出。太祖怒，罢其职，以本官分司西京。开宝四年，卒，年七十六。赠工部尚书。

迥性坦率，无检操，雅善长笛。太祖常召于偏殿，令奏数曲。御史中丞刘温叟闻之，叩殿门求见，谏曰："禁署之职，典司诰命，不可作伶人之事。"上曰："朕尝闻孟昶君臣溺于声乐，迥至宰司尚习此技，故为我所擒。所以召迥，欲验言者之不诬也。"温叟谢曰："臣愚不识陛下鉴戒之微旨。"自是不复召。迥好为歌诗，虽多而不工，掌诰命亦非所长。但在蜀日，卿相以奢靡相尚，迥犹能守俭素，此其可称也。

卷四百八十
列传第二百三十九
世家 三
吴越钱氏

吴越钱俶，字文德，杭州临安人。本名弘俶，以犯宣祖偏讳去之。祖镠，因黄巢之乱，据有吴越，昭宗授以杭、越两藩节制，封彭城郡王。历梁、后唐，加吴越国王，卒，子元瓘嗣。元瓘卒，子佐嗣。佐卒，弟倧嗣，为其大将胡进思所废，遂迎立俶，事具《五代史》。俶即元瓘之第九子也，母吴越国恭懿夫人吴氏。

晋开运中，为台州刺史。数月，有僧德诏语俶曰："此地非君为治之所，当速归，不然不利。"俶从其言，即求归国，未几，有进思之变。

汉乾祐初，授东南面兵马都元帅、镇海镇东军节度使、开府仪同三司、检校太师兼中书令、杭越等州大都督、吴越国王，赐号翊圣广运同德保定功臣，赐以金印、玉册。三年，江南遣其将查文徽攻福州，俶发兵擒文徽，献捷，加尚书令。

周广顺初，授诸道兵马元帅。二年，授天下兵马元帅，改赐推诚保德安邦致治忠正功臣。六月，丁母忧，起复。世宗即位，授天下兵马都元帅。显德三年，世宗征淮南，令俶以所部分路进讨。俶遣偏将吴程围毗陵，陷关城，擒刺史赵仁泽；路彦铢围宜城。俄俶军战败，复失常州。会李景上表求割地内附，诏俶班师。五年夏四月，杭州灾，府舍悉为煨烬，将延及仓庾，俶命酒祝曰："食为民天，若尽焚之，民命安仰！"火遂止。世宗闻之，遣内侍赍诏恤问。是岁，淮南内属，遣翰林学士陶毂、司天监赵修己使俶，赐羊马橐驼，自是以为常。七月，又遣阁门使曹彬赐俶兵甲、旗帜。六年，恭帝嗣位，赐崇仁昭德宣忠保庆扶天翊亮功臣。

建隆元年，授天下兵马大元帅。俶舅宁国军节度吴延福有异图，左右劝俶诛之，俶曰："先夫人同气，安忍置于法？"言讫呜咽流涕，但黜延福于外，终全母族。自太祖受命，俶贡奉有加常数。二年，遣使赐俶战马二百、羊五千、橐驼三十。乾德元年，以白金万两、犀牙各十株、香药一十五万斤、金银真珠玳瑁器数百事来贡，改赐承家保国宣德守道忠正恭顺功臣。是冬，郊祀，遣其子惟濬入贡。

开宝五年，改赐同吴镇越崇文耀武宣德守道功臣，封其妻孙氏为贤德顺穆夫人。未几，遣幕吏黄夷简入贡，上谓之曰："汝归语元帅，常训练兵甲，江南强倔不朝，我将发师讨之，元帅当助我，无惑人言云'皮之不存，毛将安傅'"。特命有司造大第于薰风门外，连亘数坊，栋宇宏丽，储侍什物无不悉具。因召进奉使钱文赟谓之曰："朕数年前令学士承旨陶毂草诏，比来城南建离宫，令赐名'礼贤宅'，以待李煜及汝主，先来朝者以赐之。"诏以草示文赟，遂遣文赟赐俶战马及羊，谕旨于俶。

七年五月，赐俶袭衣、玉带、玉鞍勒马、金器二百两、银器三千两、锦绮千段。是冬，讨江南。遣内客省使丁德裕赍诏，以俶为昇州东面招抚制置使，赐战马二百匹，旌旗剑甲；令德裕以禁兵步骑千人为俶前锋，尽护其军。李煜贻书于俶，其略曰："今日无我，明日岂有君？一旦明天子易地酬勋，王亦大梁一布衣耳。"俶不答，以书来上。

八年，俶率兵拔常州，加守太师，诏俶归国。俶遣大将沈承礼等率兵水陆随王师平润州，遂进讨金陵。上尝召进奏使任知果，令谕旨于俶曰："元帅克毗陵有大功，俟平江南，可暂来与朕相见，以慰延想之意。即当遣还，不久留也。朕三执圭币以见上帝，岂食言乎？"江南平，论功以俶大将沈承礼、孙承祐并为节度使，为防御使者一人，刺史六人。

九年二月，俶与其妻孙氏、子惟濬、平江军节度使孙承祐来朝，上遣皇子兴元尹德昭至睢阳迎劳。俶将至，车驾先幸礼贤宅，按视供帐之具。及至，诏俶居之。对于崇德殿，贡白金四万两、绢五万匹，赐袭衣、玉带、金器千两、白金器三千两、罗绮三千段、玉勒马。即日宴长春殿，俶又贡白金二万两、绢三万匹、乳香二万斤。贺平江左，贡白金五万两、钱十万贯、绵绮八十万两、茶八万五千斤、犀角象牙二百株、香药三百斤。车驾幸其第，又贡白金十万两、绢五万匹、乳香五万斤，以助郊祭。

三月庚午，诏曰："古者宗工大臣特被隆眷，或剑履上殿，或书诏不名，率由丰功，待以殊礼。今我兼其命数，用奖勖贤，辉映古今，允为优异。咨尔吴越国王钱俶，德隆宏茂，器识深远，抚奥区于吴会，勒洪伐于宗彝。昨以江表不庭，王师致讨，委方面之兵柄，克常、润之土宇，辅翼帝室，震叠皇灵。而乃执圭来庭，垂绅就列，馨事君之诚悫，为群后之表仪。爰峻徽章，以旌元老。可特赐剑履上殿，书诏不名。"以俶妻贤德顺穆夫人孙氏为吴越国王妃，令惟濬赍诏赐之。宰相以为异姓诸侯王妻无封妃之典，太祖曰："行自我朝，表异恩也。"俶献白金六万两、绢六万匹为谢。

太祖数诏俶与其子惟濬宴射苑中，惟诸王预坐。每宣谕俶，俶拜谢，多令内侍掖起，俶感泣。又尝一日召宴，独太宗、秦王侍坐，酒酣，太祖令俶与太宗、秦王叙昆仲之礼，俶伏地叩头，涕泣固让，乃止。会将以四月幸西京，亲雩祀，俶恳请扈从，不许，留惟濬侍祠，令俶归国。太祖宴饯于讲武殿，赐窄衣、玉束带、玉鞍勒马、玳瑁鞭、金银锦彩二十余万、银装兵八百事，谓俶曰："南北风土异宜，渐及炎暑，卿可早发。"俶涕泣言愿三岁一朝，太祖曰："川陆迁远，当俟诏旨，即来觐也。"俶将发京师，特赐导从仪卫之物，率皆鲜丽，令自礼贤宅陈列至迎春苑。自俶之至，逮于归国，太祖所赐金器万两、白金器又数万两、白金十余万两、锦绮绫罗绸绢四十余万匹、马数百匹，他物不可胜计。俶既归国，尝视事功臣堂，一日命坐于东偏，谓左右曰："西北者神京在焉，天威不违颜咫尺，俶岂敢宁居乎？"

太宗即位，加食邑五千户。俶贡御衣、通天犀带、绢万匹、金器、玳瑁器百余事、金银扣器五百事、涂金银香台、龙脑檀香床、银假果、水晶花凡数千计，价直钜万；又贡犀角象牙三十株、香药万斤、干姜五万斤、茶五万斤。俶又请岁增常贡，诏不许。太平兴国二年正月，孙氏卒，遣给事中程羽吊祭。九月，上言乞所赐诏书呼名，不许。

三年三月，来朝，遣判四方馆事梁迥至泗州劳俶；惟濬先在阙下，上遣至睢阳候俶。俶先遣孙承祐入奏事，上即遣承祐护诸司供帐劳俶于郊，又命齐王廷美宴俶于迎春苑。俶至，对于崇德殿，赐袭衣、玉带、金银器、玉鞍勒马、锦彩万匹、钱千万；宾佐崔仁冀等赐金银带、器币、鞍马有差。即日宴俶长春殿，令刘𫓧、李煜预坐。俶贡白金五万两、钱万万、绢十万匹、绫二万匹、绵十万、屯茶十万斤、建茶万斤、干姜万斤、越器五万事、锦缘席千、金银画舫三、银饰龙舟四、金饰乌樠木御食案、御床各一、金樽叠盏斝各一、金饰玳瑁器三十事、金扣藤盘二、金扣雕象俎十、银假果树十事、翠毛真珠花三丛、七宝饰食案十、银樽罍十、盏斝副焉、金扣越器百五十事、雕银俎五十、密假果、剪罗花各二十树、银扣大盘十、银装盉二、七宝饰胡琴五弦筝各四、银饰箜篌方响羯鼓各四、红牙乐器二十二事、乳香万斤、犀角象牙各一百株、香药万斤、苏木万斤。上又尝召俶及其子惟濬宴苑中，泛舟池中，上手酌酒以赐俶，俶跪饮之。其恩待如此。

四月，会陈洪进纳土，俶上言曰："臣伏有恳诚，贮于肺腑，幸因入觐，辄敢上闻。盖虞神道之害盈，必冀天慈之从欲。臣近蒙朝廷赐以剑履上殿，诏书不名，仍以本道领募卒徒，尝营戈甲，特建国王之号，俾增师律之严，皆所以假其宠名，托于邻敌。方今幅员无外，名数洞分，岂可冒居，自罹公议？合从省罢，以正等威。除本道军士、器甲臣已曾奏纳外，其所封吴越国王及天下兵马大元帅职名，望皆许解罢。凡颁诏命，愿复名呼，庶圣朝无虚授之恩，微臣免疾颠之祸。"优诏不许。

五月乙酉，俶再上表："臣庆遇承平之运，远修肆觐之仪，宸眷弥隆，宠章皆极。斗筲之量实觉满盈，丹赤之诚辄兹披露。臣伏念祖宗以来，亲提义旅，尊戴中京，略有两浙之土田，讨平一方之僭逆。此际盖隔朝天之路，莫谐请吏之心。然而禀号令于阙庭，保封疆于边徼，家世承袭，已及百年。今者幸遇皇帝陛下纲守丕基，削平诸夏，凡在率滨之内，悉归舆地之图。独臣一邦僻介江表，职贡虽陈于外府，版籍未归于有司，尚令山越之民，犹隔陶唐之化。太阳委照，不及蔀家，春雷发声，兀为聋俗，则臣实使之然也，罪莫大焉。不胜大愿，愿以所管十三州献于阙下执事，其间地里名数别具条析以闻。伏望陛下念奕世之忠勤，察乃心之倾向，特降明诏，允兹至诚。"

诏答曰："卿世济忠纯，志遵宪度，承百年之堂构，有千里之江山。自朕纂临，聿修觐礼，睹文物之全盛，喜书轨之混同，愿亲日月之光，遽忘江海之志。甲兵楼橹既悉上于有司，山川土田又尽献于天府，举宗效顺，前代所无，书之简编，永彰忠烈。所请宜依。"

丁亥，诏曰："汉宠功臣，聿著带河之誓；周尊元老，遂分表海之邦。其有奄宅勾吴，早绵星纪，包茅入贡，不绝于累朝，羽檄起兵，备尝于百战。适当辑瑞而来勤，爰以提封而上献。宜迁内地，别锡爰田，弥昭启土之荣，俾增书社之数。吴越国王钱俶天资纯懿，世济忠贞，兆积德于灵源，书大勋于策府。近者庆冲人之践阼，奉国珍而来朝，齿革羽毛既修其常贡，土田版籍又献于有司，愿宿卫于京师，表乃心于王室。眷兹诚节，宜茂宠光。是用列西楚之名区，析长淮之奥壤，建兹大国，不远旧封，载疏千里之疆，更重四征之寄。畴其爵邑，施及子孙，永夹辅于皇家，用对扬于休命，垂厥百世，不其伟欤！其以淮南节度管内封俶为淮海国王，仍改赐宁淮镇海崇文耀武宣德守道功臣，即以礼贤宅赐之。"惟濬为节度使兼侍中，惟治为节度使，惟演为团练使，惟愿暨任郁、昱并为刺史，弟仪、信并为观察使，将校孙承祐、沈承礼并为节度使。体貌隆盛，冠绝一时。

是岁七月中元，京城张灯，令有司于俶宅前设灯山、陈声乐以宠之。八月，令两浙发俶缌麻以上亲及管内官吏悉归朝，凡舟一千四十四艘，所过以兵护送。杭州贡俶乐人凡八十有一人，诏以三十六人还杭州，四十五人赐俶。俶上表谢，上亲画"付中书送史馆"。

四年二月宴苑中，俶被病拜不能起，上命以银装肩舆送归，因以赐之。四月，从征太原，赐羊三百、酒十斛。俶小心谨恪，每晨趋行阙，人未有至者，俶必先至，假寐以待旦。上知之，谓俶曰："卿已中年，宜避风冷，自今入谒不须太早也。"特辍御前二大烛以赐之,令先赴前顿。上尝赐从臣食于中路顿,并赐卫士羊臂臑、巵酒,观共饮啖。上见其雄壮,因顾俶,俶进曰:"所谓'如虎如貔、如熊如罴'者也。"会刘继元降,上御连城台诛军中先亡命太原者,顾谓俶曰:"卿能保全一方以归于我,不致血刃,深可嘉也。"俶顿首谢。俶中途被足疾,车驾亲临问,令太医然艾以灸,疾寻愈。还京策勋,宰相进拟加食邑万户、实封千户。上即改白麻,倍加食邑二万户、实封二千户。

五年八月,俶被病,上临问,赐白金万两、钱千万、绢万匹、金器千两,赐其子惟濬、惟治白金各万两。是冬,车驾幸大名府,诏俶乘肩舆即路。六年,又被病,赐告久之,上遣中使赐俶文楸棋局、水精棋子,乃谕旨曰:"朕机务之余,颇曾留意,以卿在假,可用此遣日。"

八年十二月,上言曰:"臣以蕞尔之躯,蒙被恩宠,赋禄百万,兼职数四。元帅之任实本于兵权,国王之号盖屏于帝室,尚书总百揆之重,中书掌八柄之繁,维师冠于上台,开府当于极品,臣之屡琐,罔克负荷。邦国之制式著等威,名器之间固有涯分,徒速罪戾,以取颠陨。伏望圣旨特从省罢。"不许。表三上,下诏曰:"分茅胙土,所以彰世之荣;大辂繁缨,所以表名器之重。至若褒宠勋德,度越典常,咨于旧章,爰推异数。乃有体好谦之德,形固让之辞,敦谕再三,确乎不拔,用曲至公之论,式光知止之风。淮海国王钱俶方岳炳灵,风云通感,奄有勾吴之地,不忘象魏之心。扫境来朝,举宗宿卫,籍其土宇,入于朝廷,式昭职员,胙之淮海,居天子二老之任,启真王万户之封,并加宠章,用答忠顺。而乃屡形表疏,愿避官荣,发于深衷,诚不可夺。若以灵台偃伯,武库櫜兵,天下一家书轨之无外,五侯九伯征伐之不行。愿寝元帅之名,勉徇由衷之请。其乃世祚明德,存于带砺之盟;帝赉良弼,宠以台辅之任。极驭贵之爵,增衍食之封,非足酬庸,适以昭德,勉膺渥泽,克副眷怀。可罢天下兵马大元帅,余如故。"

雍熙元年,改封汉南国王。四年春,出为武胜军节度,改封南阳国王。俶久被病,诏免入辞。将发,赐玉束带、金唾壶、椀盖等。俶四上表让国王,改封许王。端拱元年春,徙封邓王。会朝廷遣使赐生辰器币,与使者宴饮至幕,有大流星堕正寝前,光烛一庭,是夕暴卒,年六十。俶以天成四年八月二十四日生,至是八月二十四日卒,复与父元瓘卒日同,人皆异之。上为废朝七日,追封秦国王,谥忠懿,仍正衙备礼发册曰:

皇帝若曰:昊穹眷祐,贤哲挺生,禀象纬之纯精,负经纶之盛业,作民父母,为国翰垣。其存也冠中台而长诸侯,其没也峻徽章而崇礼命。咨尔故安时镇国崇文耀武宣德守道功臣、武胜军节度、邓州管内观察处置等使、开府仪同三司、守太师、尚书令兼中书令、使持节邓州诸军事、行邓州刺史、上柱国、邓王、食邑九万七千户、食实封一万六千九百户、赐剑履上殿、诏书不名钱俶,嗣祖考之令德,奠东南之奥区。开国承家,本仁祖义;以忠孝而保社稷,以廉让而化人民;勤翊戴于累朝,克惠绥于一境,世传威略,志慕声明。

当武库载兵,洞阅诗书之府;洎秣陵问罪,雄张掎角之师。致区宇之同文,赖忠良之协力。逮于缵绍,益享崇高,蕴明哲而保身,务倾输而竭节,尽献土壤,来归阙庭,予嘉乃功,荐锡殊宠。而道隆简退,志尚谦冲,屡辞邰毂之权,难夺范宣之让。朕深惟勋旧,俾就养颐,爰出殿于大邦,庶聿臻于眉寿,式繄元老,永辅眇躬。

何天道之难谌,而梁木之斯坏!长沙既往,空存甲令之勋;征房云亡,但见云台之像。赗赙从于异等,嗟悼废于临朝;宁酬柱石之勋,未极君臣之分。庸加典则,以厚始终。

今遣使太中大夫、尚书工部侍郎、上柱国、汾阳郡开国侯、食邑一千户、赐紫金鱼袋郭贽持节册赠尔为秦国王。呜呼!德无不报,予敢忘于格言;魂而有知,尔尚钦于天命。呜呼哀哉!

命中使护其丧归葬洛阳。自镠至俶世有吴越之地仅百年,管内诸州皆子弟,将校授任而后请命于朝,有至使相者。俶任太师、尚书令兼中书令四十年,为元帅三十五年。及归朝卒,子惟演、惟济皆童年,召见慰劳,并起诸省卫将军。善始令终,穷极富贵,福履之盛,近代无比。

然甚俭素,自奉尤薄,常服大帛之衣,帏帐茵褥皆用紫绅,食不重味。颇知书,雅好吟咏。在吴越日,自编其诗数百首为《正本集》,因陶谷奉使至杭州,求为之序。性谦和,未尝忤物。在藩日,每朝廷使至,接遇勤厚。所上乘舆、服物、器玩,制作精妙,每遣使修贡,必罗列于庭,焚香再拜,其恭谨如此。崇信释氏,前后造寺数百,归朝又以爱子为僧。善草书,上一日遣使谓曰:"闻卿善草圣,可写一二纸进来。"俶即以旧所书绢图上之,诏书褒美,因赐玉砚金匣一,红绿象牙管笔、龙凤墨、蜀笺、盈丈纸皆百数。

属久病家居,有黄门赵海被酒造其第求见,因出药数丸谓俶曰:"此颇疗目疾,愿王即饵之。"俶即饵焉。既去,家人皆惶骇不测,俶曰:"此但醉耳,又何疑也?"后数日,上闻大惊,捕海系狱,决杖流海岛。

初,俶为胡进思所立,废其兄倧,徙越州,资给丰厚。进思屡请除之,恐为后患,俶泣曰:"若杀吾兄,吾终不忍,汝欲行其志,吾当退避路。"进思惭而退。俶虑进思害倧,遣亲将薛温为倧守卫,戒之曰:"委汝以保全废王,苟有非常,汝当以死捍之。"温至越旬余,有二卒夜持刃逾垣入,倧阖户拒之,呼声达於外,温领徒而入,毙二卒于庭中,乃进思之所遣也。进思因忧惧,疽发背,卒。从左右屡有以倧为言,俶终拒之。倧居越州二十余年卒。

俶自建隆已来贡奉不绝,及用兵江左,所贡数十倍。先是镠与战士多赐已姓,后俶归朝,皆称同宗。淳化三年,诏令复本姓。又浙中刘氏避镠讳,改为金氏,亦令还故。景德中,有司请以礼贤宅为司天监,真宗以先朝所赐,不许。大中祥符八年,子惟演等复表上之,诏赐钱五万贯,仍各赐第一区。

子惟濬、惟治、惟渲、惟演、惟灏、惟溍、惟济。惟渲至韶州团练使，惟灏贺州团练使，惟溍至左龙武将军、奖州刺史。惟演自有传。

惟濬字禹川，俶嫡子也。甫数岁，俶表授镇海镇东两军节度副大使、检校太保、钤辖两浙管内土客诸军事。建隆元年，加检校太傅。三年，领建武军节度。乾德初，加检校太尉。是年冬，来朝，因侍祠南郊。六年，复来朝，侍郊祀，命兵部员外郎、知制诰卢多逊迎劳之。开宝二年，授镇东等军节度、浙江东西道观察处置、两浙制置营田发运等使。未几，来朝，太祖召宴苑中，令黄门奏《箫韶》乐，与诸王同席而坐。赐白玉带、珠缀衣、水精鞍勒御马，赐赉钜万计。月余遣归，辞日，又赐袭衣、玉带、金鞍勒马。四年，又来朝，因侍祠南郊，宠待殊等。及大兵征金陵，惟濬从父下毗陵，以功加平章事。九年，随俶入朝，俶先归，留惟濬扈从郊祀西洛。

太宗即位，加兼侍中。太平兴国二年，丁母妃孙氏忧，起复，加镇东大将军、右金吾卫大将军，员外置同正。俶将入朝，惟濬先奉方物来贡，诏户部郎中侯陟至泗州迎劳之，赐赉无算，并增其食邑。三年，随俶来朝，俶尽献浙右之地，改封淮海国王，徙惟濬淮南节度。是冬，郊祀恩，加检校太师。从平太原及从征幽蓟，又从幸大名。雍熙元年，郊祀，改山南东道节度。四年，徙镇安州。惟濬虽再移镇，常留京师。端拱初，籍田，封萧国公。俄俶薨，起复，加兼中书令。

惟濬与俶诸子共进钱金、绫罗、犀玉带笏、犀角、象牙、丁香、金玉马脑鞍勒、金玉珠翠首饰、乐器、博具、器皿什物、马橐驼牛驴车凡数十万计。俶妻俞氏又进金银十余万、犀二十株、通犀頟犀玉带二十二条、水晶佛像十二事。惟濬又进女乐十人，上不纳，各赐锦彩三十段遣还之。淳化初，杭州以钱氏家庙所藏唐、梁以来累朝所赐玉册竹册各三副、铁券一来上，上悉以赐惟濬。明年春，得疾暴卒，年三十七。废朝二日，追封邓王，谥安僖，中使典丧事。

子守吉、守让。守吉至西京作坊使。守让字希仲，以荫累迁供备库使，天禧四年，录诸国之后，加领荣州刺史，改东染院使，卒。守让颇勤学为文章，退居多闭关读书，屡献歌颂，真宗优诏褒奖。有集二十卷。子恕，娶曹王元偓女长安县主。

惟治字和世，废王倧之长子。倧初迁于越而惟治生，俶爱之，养为己子。幼好读书。八岁授两浙牙内诸军指挥使，判军粮营田事，又改德化军使，迁检校太保、台州团练使。乾德四年四月，制授宁远军节度、检校太傅，仍兼衔职，与惟濬节度同日而至，国人荣之。

王师讨江南，惟治从俶率兵下常州，策勋加奉国军节度。俶入朝，命惟治权发遣军国事。俶还，令奉币入贡，抚谕命赐甚厚。惟治又献涂金银香师子、香鹿凤鹤孔雀、宝装鬈合、扣金瓷器万事，吴缭绫千匹。辞日，赐袭衣玉带、涂金鞍勒马、金银器、缯彩逾万计。

太宗嗣位，进检校太尉。太平兴国三年，俶再入觐，又权国事。一夕厩中火，惟治率兵临高下视，令亲信十数辈仗剑申令，敢后顾者斩，顷之火息。妻族有隶帐下者恃亲犯法，惟治命杖背于府门。俶既纳土，朝廷命考功郎中范旻知杭州，惟治奉兵民图籍、帑廪管籥授旻，与其弟惟渲、惟灏归朝。次近郊，遣内侍护诸司供帐迎劳至京师，即日召对长春殿，赐衣服、金带、鞍勒马、器币，改领镇国军节度。五年八月，车驾幸俶第，召见惟治，赐白金万两。

惟治善草隶，尤好二王书，尝曰："心能御手，手能御笔，则法在其中矣。"家藏书帖图书甚众，太宗知之，尝谓近臣曰："钱俶儿侄多工草书。"因命翰林书学贺丕显诣其第，遍取视之，曰："诸钱皆效浙僧亚栖之迹，故笔力软弱，独惟治为工耳。"惟治尝以钟繇、王羲之、唐玄宗墨迹凡七轴为献，优诏褒答。

雍熙三年，大出师征幽州，命惟治知真定军府兼兵马都部署。前一日曲宴内殿，惟治献诗，帝览之悦，酒半，遣小黄门密谕北面之寄。至则训兵享士，颇勤政务，设厨馔于城门以待使传。

初，惟濬虽俶嫡嗣，然俶以其放荡无检，故器惟治，再俾权国务。尝一夕俶暴疾，孙妃悉敛符籥付惟治，后惟濬知之，甚恚恨。洎入朝，惟濬止奉朝请，而委惟治藩任焉。俶薨召还，起复检校太师。移疾就第百日，有司请罢奉，特诏续给。累上表请罢节镇，优诏不许。

惟治既病，心恍惚，家事不肃。咸平初，僮奴以奸私杀人于庭，事连闺阃。真宗为停按鞫，止授右监门卫上将军，其子驾部员外郎丕责授郓州团练副使。晚年颇贫匮。景德中，其弟惟演献文，上对宰相称其公王之后，能苦心翰墨，令记其名，因曰："钱氏继世忠顺，子孙可念，如闻惟治颇贫乏，尤可轸恻。"特转右武卫上将军，月给奉十万。累加左骁卫上将军、左神武统军。大中祥符七年七月，卒，年六十六，赠太师。初，有司援统军陈承昭、孟珏例，当赠东宫保傅。上以俶奉土归国，优其赠典。又闻群臣家贫乏者不欲官给丧事，为罢诏葬。录其四子官，及外弟、子婿、亲校并甄擢之。

惟治好学，聚图书万余卷，多异本。慕皮、陆为诗，有集十卷。书迹多为人藏秘，晚年虽病废，犹或挥翰。真宗尝语惟演曰："朕知惟治工书，然以疾不欲遣使往取，卿为求数幅进来。"翌日，写圣制诗数十章以献，赐白金千两。

初镇四明，尝梦神人披甲，自称"西岳神"，谓惟治曰："公面有缺文"，即捧土培之。后领华州节钺二十年。

子丕字简之，幼好学。雍熙中，俶上言欲求举进士，太宗以其世家子，特召试内署，授秘书丞，赐金紫，累迁驾部郎中。尝知新淦县，又知衡州。惟治卒，以将作少监起复，俄为三司户部判官，卒于光禄少卿。

惟济字岩夫。生七岁，俶封汉南国王，奏补本府元从指挥使，历诸卫将军，领恩州刺史，改东染院使，真拜封州刺史。真宗祀汾阴还，燕近臣苑中，命惟济射，一发中的。故事，刺史射不解箭，帝赐解之，且赐袭衣、金带。

其后请试郡，命知绛州。民有刹桑者，盗夺桑不能得，乃自刳其臂，诬桑主欲杀人，久系不能辨。惟济取盗与之食，视之，盗以左手举匕箸，惟济曰："以右手刳人者上重下轻，今汝刳特下重，正用左手伤右臂，非尔自为之邪？"辞遂服。帝闻之，谓宰相向敏中曰："惟济试守郡辄明辨，后必为能吏矣！"

徙潞州。民相惊有外寇，奔城而仆者相枕藉，惟济从容行视，从骑甚省，民乃安。迁永州团练使，改知成德军。仁宗即位，加检校司空。民有伪作白金质取缗钱者，其家来告，惟济曰："第声言被盗，示以重购，质者当来责余直，即得之矣。"已而果然，乃杖配之。以吉州防御使留再任，迁虔州观察使，知定州。有妇人待前妻子不仁，至烧铜钱灼臂，惟济取妇人所生儿置雪中，械妇人往视儿死。其惨毒多此类。迁武昌军节度观察留后，改保静军留后。

惟济喜宾客，丰宴犒，家无余赀，帝赐白金二千两，所负公使钱七百余万。卒，赠平江节度使，谥宣惠。遣使护葬事，赐赙钱二百万，绢千匹。有《玉季集》二十卷。惟济有吏干，能戢下而性苛忍，所至牵蔓满狱。重囚弃市，或断手足，探肝胆，用以威众。观者色动，而惟济自若也。

俨字诚允，俶之异母弟也。本名信，淳化初改焉。幼为沙门，及长，颇谨慎好学。俶袭国封，命为镇东军安抚副使。周显德四年，奏署衢州刺史。太祖平扬州，俶遣俨入贺，命阁门副使武怀节赍诏迎劳，赐赉甚厚。及归，又赐玉带、名马、锦彩、器皿。开宝三年，代兄惜知湖州，充宣德军安抚使。俶奉诏攻毗陵，命俨督漕运。太平兴国二年，从俶之请，授新、妫、儒等州观察使，仍知湖州，俶兄仪为慎、瑞、师等州观察使。入朝，以俨为随州观察使，仪为金州观察使。侍祠郊宫，特召升俨班于节度使之次。仪卒，俨换金州。常从幸天驷监，会赐从官马，太宗敕有司曰："钱俨儒者，宜择驯马给之。"未几，出判和州，在职十七年。咸平六年，卒，年六十七，赠昭化军节度。

俨嗜学，博涉经史。少梦人遗以大砚，自是乐为文辞，颇敏速富赡，当时国中词翰多出其手。归京师，与朝廷文士游，歌咏不绝。淳化初，尝献《皇猷录》，咸平又献《光圣录》，并有诏嘉答。所著有前集五十卷、后集二十四卷、《吴越备史》十五卷、《备史遗事》五卷、《忠懿王勋业志》三卷，又作《贵溪叟自叙传》一卷。

善饮酒，百卮不醉，居外郡尝患无敌，或言一军校差可伦拟，俨问其状，曰："饮益多，手益恭。"俨曰："此亦变常，非善饮也。"

昱字就之，忠献王佐之长子。佐薨，昱尚幼，国人立倧，遂以昱为咸宁、大安二宫使。俶嗣国，承制授秀州刺史。太祖受禅，俶遣昱入贡，与江南使同侍宴射于后苑。江南使先中的，令昱解之，昱应弦而中；赐以玉带。及平蜀，复来贺。归国，为台州刺史。俶得福州，命昱守之。

王师讨江南，为东面水陆行营应援使。从俶入朝，授白州刺史。

昱好学，多聚书，喜吟咏，多与中朝卿大夫唱酬。尝与沙门赞宁谈竹事，迭录所记，昱得百余条，因集为《竹谱》三卷。俄献《太平兴国录》。求换台省官，令学士院召试制诰三篇，改秘书监，判书都省。时新葺省署，昱撰记奏御，又尝以钟、王墨迹八卷为献，有诏褒美。

出知宋州，改工部侍郎，历典寿、泗、宿三州，率无善政。至道中，郊祀，当进秩，太宗曰："昱贵家子无检操，不宜任丞郎。"以为郢州团练使。咸平二年，表入朝，以病不及陛见，卒，年五十七。

昱善笔札，工尺牍，太祖尝取观赏之，赐以御书金花扇及《急就章》。昱聪敏能覆棋，工琴画，饮酒至斗余不乱。善诙谐，生平交旧终日谈宴，未曾犯一人家讳。有集二十卷。然贪猥纵肆，无名节可称。生子百数。涉，雍熙中进士及第。绛，至内殿承制、阁门祗候，累典郡，颇以干力称。

俶之群从又有台州刺史仰之子昭序，字著明，好学喜聚书，书多亲写。知通利军，以勤干闻，至如京副使。衢州刺史偓之子昭度，字九龄，至供奉官。俊敏工为诗，多警句，有集十卷，苏易简为序行世。

孙承祐，杭州钱塘人。俶纳其姊为妃，因擢处要职，累迁浙江东道盐铁副使、镇海镇东两军节度副使、知静海军节度事。

开宝初，随俶子惟濬入贡，诏授光禄大夫、检校太保、镇东镇海等军行军司马。俶又私署中吴军节度。七年，俶复遣承祐入贡，赐袭衣、玉带、鞍勒马、黄金器五百两、银器三千两、杂彩五千匹，且令谕旨于俶，将有事于江表。及王师渡江，命内客省使丁德裕率步骑一千，诏俶以所部与德裕会攻常、润。承祐从俶克毗陵，功居多，诏改中吴军为平江军，真授承祐节。太平兴国中，俶来朝，尽献其地，俶从承祐泰宁军节度使。五年，从幸大名，留知府事。雍熙二年，改知滑州，数月卒，赠太子太师，中使护葬。

承祐在浙右日，凭藉亲宠，恣为奢侈，每一饮宴，凡杀物命千数，常膳亦数十品方下箸。所居室中，爇龙脑日不下数两。从车驾北征，以橐驼负大斛贮水养鱼自随。至幽州南村落间，日已旰，西京留守石守信与其子驸马都尉保吉及近臣十数人尚未朝食，适遇承祐，即延所止幕舍中，脍鱼具食，穷极水陆，人皆异之。

承祐少时，尝梦人以蓍草一本，增其一而授之。既寤，以语所亲曰："'大衍之数五十，其用四十有九'，今增其一，我寿止于此乎。"果五十而卒。

子诱，至驾部郎中，出为淮南节度行军司马。

沈承礼，湖州乌程人。钱镠辟置幕府，署处州刺史。镠子元瓘以女妻之，署为府中右职，出为台州刺史。元瓘卒，子佐嗣，以承礼掌亲兵。俶袭位，命知威武军节度事，充两浙都钤辖使。

王师征江南，俶遣承礼率水陆数万人助平毗陵，因攻润州。城中兵夜出焚外栅，诸将皆欲驰救，承礼曰："古人有言，击东南而备西北者，此之谓也。"命士皆擐甲蓐食，坚壁不动。他垒不设备者悉惊扰，独承礼所部敌人不敢窥。丹阳平，遂率兵抵建业。李煜归朝，录其功，真授福州节制。太平兴国初，俶尽献浙右地，徙承礼镇密州。八年，卒，年六十七。废朝二日，赠太子太师，中使护葬。

初，秦王廷美之败也，有司按验，俶、惟濬、孙承祐及陈洪进皆尝有赠遗，独承礼无焉。

卷四百八十一
列传第二百四十
世家 四

南汉刘氏

南汉刘铱，其先蔡州上蔡人，高祖安仁，仕唐为潮州刺史，因家岭表。安仁生谦，为广州牙校，累迁封州刺史、贺水镇遏使。谦生隐，谦卒，隐代领其任。唐昭宗以薛王知柔镇南海，辟为行军司马，委以兵柄。及宰相徐彦若代知柔，以为节度副使。时唐室已季，彦若威令不振，事皆决于隐。彦若卒，遗表荐隐自代，昭宗不从，以崔远代之。远至江陵，迁延不进，乃以隐为留后，未几，授以节旄。梁开平初，兼静海军节度使，封南海王。隐卒，弟陟袭位。贞明三年，僭帝号，国称大汉，改元乾亨，行郊祀礼。改名岩，又改龚，终改龑。"龑"读为"俨"，字书不载，盖其妄作也。晋天福七年，卒，子玢嗣，为弟晟所杀。晟遂自立，性尤酷暴，周显德五年，卒，事具《五代史》。

铱即晟长子也，初名继兴，封卫王，袭父位，改今名，改元大宝。性昏懦，委政宦官龚澄枢及才人卢琼仙，每详览可否，皆琼仙指之。铱日与宫人、波斯女等游戏。内官陈延寿引女巫樊胡入宫，言玉皇遣樊胡命铱为太子皇帝，乃于宫中施帷幄，罗列珍玩，设玉皇坐。樊胡远游冠、紫衣、紫霞裙，坐宣祸福，令铱再拜听命；尝云琼仙、澄枢、延寿皆玉皇遣辅太子皇帝，有过不得治。又有梁山师、马媪、何拟之徒出入宫掖。宫中妇人皆具冠带，领外事。

初，龚虽宠任中官，其数裁三百余，位不过掖庭诸局令丞。至晟时千余人，稍增内常侍、诸谒者之称。至铱渐至七千余，有为三师、三公，但其上加"内"字，诸使名不翅二百，女官亦有师傅、令仆之号。目百官为"门外人"，群臣小过及士人、释、道有才略可备问者，皆下蚕室，令得出入宫闱。作烧煮剥剔、刀山剑树之刑，或令罪人斗虎抵象。又赋敛烦重，邑民入城者人输一钱，琼州米斗税四五钱。置媚川都，定其课，令入海五百尺采珠。所居宫殿以珠、玳瑁饰之。陈延寿作诸淫巧，日费数万金。宫城左右离宫数十，铱游幸常至月余或旬日。以豪民为课户，供宴犒之费。

乾德中，太祖命师克郴州，获其内品十余人。有余延业者，人质么麽，太祖问曰："尔在岭南为何官？"对曰："为厱驾弓箭手官。"命授之弓矢，延业极力控弦不开。太祖因笑问铱为治之迹，延业备言其奢酷，太祖惊骇曰："吾当救此一方之民。"

先是，晟因湖南马氏之乱，袭取桂、郴、贺等州。开宝初，铱又举兵侵道州，刺史王继勋上言。铱为政昏暴，民被其毒，请讨之。太祖难其事；令江南李煜遣使以书谕铱使称臣，归湖南旧地。铱不从。煜又遣其给事中龚慎仪遗书曰：

煜与足下叨累世之睦，继祖考之盟，情若弟兄，义敦交契，忧戚之患，曷尝不同。每思会面而论此怀，抵掌而谈此事，交议其所短，各陈其所长；使中心释然，利害不惑，而相去万里，斯愿莫伸。凡于事机不得款会，屡达诚素，冀明此心；而足下视之，谓书檄一时之仪，近国梗概之事，外貌而待之，泛滥而观之，使忠告确论如水投石，若此则又何必事虚词而劳往复哉？殊非宿心之所望也。

今则复遣人使罄申鄙怀，又虑行人失辞，不尽深素，是以再寄翰墨，重布腹心，以代会面之谈与抵掌之议也。足下诚听其言如交友谏争之言，视其心如亲戚急难之心，然后三复其言，三思其心，则忠乎不忠，斯可见矣，从乎不从，断可决矣。

昨以大朝南伐，图复楚疆，交兵已来，遂成衅隙。详观事势，深切忧怀，冀息大朝之兵，求契亲仁之愿，引领南望，于今累年。昨使臣入贡大朝，大朝皇帝果以此事宣示曰："彼若以事大之礼而事我，则何苦而伐之；若欲兴戎而争我，则以必取为度矣。"见今点阅大众，仍以上秋为期，令弊邑以书复叙前意，是用奔走人使，遽贡直言。深料大朝之心非有唯利之贪，盖怒人之不宾而已；足下非有不得已之事与不可易之谋，殆一时之忿而已。

观夫古之用武者，不顾小大强弱之殊而必战者有四：父母宗庙之仇，此必战也；彼此乌合，民无定心，存亡之机以战为命，此必战也；敌人有进，必不舍我，求和不得，退守无路，战亦亡，不战亦亡，奋不顾命，此必战也；彼有天亡之兆，我怀进取之机，此必战也。今足下与大朝非有父母宗庙之仇也，非同乌合存亡之际也，既殊进退不舍、奋不顾命也，又异乘机进取之时也。无故而坐受天下之兵，将决一旦之命，既大朝许以通好，又拒而不从，有国家、利社稷者当若是乎？

夫称帝称王，角立杰出，今古之常事也；割地以通好，玉帛以事人，亦今之常事也。盈虚消息、取与禽张，屈伸万端，在我而已，何必胶柱而用壮，轻祸而争雄哉？且足下以英明之姿，抚百越之众，北距五岭，南负重溟，藉累世之基，有及民之泽，众数十万，表里山川，此足下所以慨然而自负也。然违天不祥，好战危事，天方相楚，尚未可争。恭以大朝师武臣力，实谓天赞也。登太行而伐上党，士无难色；绝剑阁而举庸蜀，役不淹时。是知大朝之力难测也，万里之境难保也。十战而九胜，亦一败可忧；六奇而五中，则一失何补！

况人自以我国险，家自以我兵强，盖揣于此而不揣于彼，经其成而未经其败也。何则？国莫险于剑阁，而庸蜀已亡矣；兵莫强于上党，而太行不守矣。人之情，端坐而思之，意沧海可涉也，及风涛骤兴，奔舟失驭，与夫坐思之时盖有殊矣。是以智者虑于未萌，机者重其先见；图难于其易，居存不忘亡，故曰计祸不及，虑福过之。良以福者人之所乐，心乐之，故其望也过；祸者人之所恶，心恶之，故其思也忽。是以福或修于慊望，祸多出于不期。

又或虑有矜功好名之臣，献尊主强国之议者，必曰："慎无和也。五岭之险，山高水深，辎重不并行，士卒不成列；高垒清野而绝其运粮，依山阻水而射以强弩，使进无所得，退无所归。"此其一也。又或曰："彼所长者，利在平地，今舍其所长，就其所短，虽有百万之众，无若我何。"此其二也。其次或曰："战而胜，则霸业可成，战而不胜，则泛巨舟而浮沧海，终不为人下。"此大约皆说士孟浪之谈，谋臣捭阖之策，坐而论之也则易，行之如意也则难。

何则？今荆湘以南、庸蜀之地，皆是便山水、习险阻之民，不动中国之兵，精卒已逾于十万矣。况足下与大朝封疆接畛，水陆同途，殆鸡犬之相闻，岂马牛之不及？一旦缘边悉举，诸道进攻，岂可俱绝其运粮，尽保其城壁？若诸险悉固，诚善莫加焉；苟尺水横流，则长堤虚设矣。其次曰，或大朝用吴越之众，自泉州泛海以趣国都，则不数日至城下矣。当其人心疑惑，兵势动摇，岸上舟中皆为敌国，忠臣义士能复几人？怀进退者步步生心，顾妻子者滔滔皆是。变故难测，须臾万端，非惟暂乖始图，实恐有误壮志，又非巨舟之可及，沧海之可游也。然此等皆战伐之常事，兵家之预谋，虽胜负未知，成败相半。苟不得已而为也，固断在不疑；若无大故而思之，又深可痛惜。

且小之事大，理固然也。远古之例不能备谈，本朝当杨氏之建吴也，亦入贡庄宗。恭自烈祖开基，中原多故，事大之礼，因循未遑，以至交兵，几成危殆。非不欲凭大江之险，恃众多之力，寻悟知难则退，遂修出境之盟；一介之使才行，万里之兵顿息，惠民和众，于今赖之。自足下祖德之开基，亦通好中国，以阐霸图。愿修祖宗之谋，以寻中国之好，荡无益之忿，弃不急之争；知存知亡，能强能弱，屈己以济亿兆，谈笑而定国家，至德大业无亏也，宗庙社稷无损也。玉帛朝聘之礼才出于境，而天下之兵已息矣，岂不易如反掌，固如太山哉！何必扼腕盱衡、履肠蹀血，然后为勇也。故曰："德輶如毛，民鲜克举之，我仪图之。"又曰："知止不殆，可以长久。"又曰："沉潜刚克，高明柔克。"此圣贤之事业，何耻而不为哉？

况大朝皇帝以命世之英，光宅中夏，承五运而乃当正统，度四方则咸偃下风；狁狁、太原固不劳于薄伐，南辕返旆更属在于何人。又方且遏天下之兵锋，俟贵国之嘉问，则大国之义斯亦以善矣，足下之忿亦可以息矣。若介然不移，有利于宗庙社稷可也，有利于黎元可也，有利于天下可也，有利于身可也。凡是四者无一利焉，何用弃德修怨，自生仇敌，使赫赫南国，将成祸机，炎炎奈何，其可向迩？幸而小胜也，莫保其后焉，不幸而违心，则大事去矣。

复念顷者淮、泗交兵，疆陲多垒，吴越以累世之好，遂首为厉阶；惟有贵国情分逾亲，欢盟愈笃，在先朝感义，情实慨然，下走承基，理难负德，不能自已，又驰此缄。近奉大朝谕旨，以为足下无通好之心，必举上秋之役，即命弊邑速绝盟誓。虽善邻之心，期于永保；而事大之节，焉敢固违。恐煜之不得事足下也，是以恻恻之意所不能云，区区之诚于是乎在。又念臣子之情，尚不逾于三谏，煜之极言，于此三矣，是为臣者可以逃，为子者可以泣，为交友者亦惆怅而遂绝矣。

铱得书，遂囚慎仪，驿书答煜，言甚不逊，煜上其书。

开宝三年，太祖命潭州防御使潘美、朗州团练使尹崇珂讨之。八月，师至白霞，铱贺州刺史陈守忠告急于铱。时旧将多以谗构诛死，宗室翦灭殆尽，掌兵者唯宦人数辈。自晟以来，耽于游宴，城壁壕隍多饰为宫馆池沼，楼舰皆毁，兵器又腐，内外震恐。乃遣龚澄枢往贺州，郭崇岳往桂州，李托往韶州，画守御之策。

九月，美与崇珂围贺州，澄枢遁归。铱遣大将伍彦柔领兵赴贺，美等以奇兵伏南乡岸。彦柔夜至，舣舟岸侧，迟明挟弹登岸，踞胡床指麾。伏兵卒发，彦柔众大乱，死者千人。擒彦柔斩之，枭首以示城中。翌日，城陷。美等督战舰，声言顺流趋广州，铱令都统潘崇彻将兵五万屯贺江。十月，美等次昭州，破开建砦，杀卒数百，擒砦将靳晖，昭州刺史田行稠遁去，城遂陷。桂州刺史李承进弃城亦奔。十一月，连州陷，招讨使卢收率众退保清远。十二月，美等攻韶州，都统李承渥以兵数万阵连华山下。初，铱教象为阵，每象载十数人，皆执兵仗，凡战必置阵前，以壮军威。至是与美遇，美尽索军中劲弩布前以射之，象奔踶，乘象者皆坠，反践承渥军，遂大败，承渥仅以身免。韶州陷，擒刺史辛延渥、谏议大夫卿文远。铱始令堑广州东壕，遣郭崇岳统兵六万屯马迳，列栅以拒之。

四年正月，美等破英、雄二州，都统潘崇彻来降。翌日，次泷头，铱遣使请和，且求缓师。泷山水险恶，美等疑有伏兵，乃挟铱使速度诸险。二月，过马迳，去广城十里，砦于双女山下。铱闻之，取舶船十余艘，载金宝、妃嫔欲入海。未及发，宦官乐范与卫兵千余盗舶船走。美等将至城，铱惧，遣其右仆射萧漼奉表诣军门乞降。美谕太祖意，语在《美传》。使者乞部送赴阙，师遂顿城外。铱又遣其弟保兴率百官奉迎，为郭崇岳所遏。崇岳无谋勇，但祈祷鬼神，复为拒捍之备。美等乃进攻，保兴顿战，大为所败，美乘风纵火，烟埃坌起，崇岳死于乱兵。城既破，铱尽焚其府库。美擒铱及龚澄枢、李托、薛崇誉与宗室文武九十七人，同縻于龙德宫。保兴逃于民家，亦获之，悉部送阙下。斩阉工五百余人。凡得州六十、县二百十四、户十七万。铱至江陵，邸吏庞师进迎谒，学士黄德昭侍铱，铱问师进何人，德昭曰："本国人也。"铱曰："何为在此？"曰："先主岁贡大朝，辎重比至荆州，乃令师进至邸，于此造车，以给馈运尔。"铱叹曰："我在位十四年，未尝闻此言，今日始知祖宗山河及大朝境土也。"因泣涕久之。

至京，舍于玉津园，太祖遣参知政事吕余庆问铱翻覆及焚府库之罪，铱归罪澄枢、托、崇誉。翌日，有司以帛系铱及其官属献太庙、太社。太祖御明德门，遣摄刑部尚书卢多逊宣诏责铱，铱对曰："臣年十六僭伪位，澄枢等皆先臣旧人，每事臣不得专，在国时臣是臣下，澄枢是国主。"遂伏地待罪。太祖命摄大理卿高继申引澄枢、托、崇誉斩于千秋门外。释铱罪，赐袭衣、冠带、器币、鞍勒马，授金紫光禄大夫、检校太保、右千牛卫大将军、员外署同正员，封恩赦侯，朝会班上将军之下。以其弟保兴为右监门率府率，左仆射萧漼为太子中允，中书舍人卓惟休为太仆寺丞，余并署诸州上佐、县令、主簿。

初，龑时尝召司天监周杰筮之，遇《复》之《丰》，龑问曰："享年几何？"杰曰："凡二卦皆土为应，土之数五，二五，十也，上下各五，将五百五十五乎。"及铱之败，果五十五年，盖杰举戚数以避一时之害尔。又广州童谣曰："羊头二四，白天雨至。"识者以羊为未之神，是岁岁在辛未，以二月四日擒铱。天雨者，王师如时雨之义。又前一年九月八日夕，众星皆北流，有知星者言，刘氏归朝之兆也。

四年，诏铱月给增钱五万、米麦五十斛。八年，李煜平，迁左监门卫上将军，进封彭城郡公。太平兴国初，又进卫国公。五年，卒，年三十九。废朝三日，赠太师，追封南越王。

铱体质丰硕，眉目俱竦。有口辩，性绝巧，尝以珠结鞍勒为戏龙之状，极其精妙，以献太祖。太祖诏示诸宫官，皆骇伏，遂以钱百五十万给其直，谓左右臣曰："铱好工巧，习以成性，傥能以习巧之勤移于治国，岂至灭亡哉！"

太祖尝乘肩舆从十数骑幸讲武池，从官未集，铱先至，赐铱卮酒。铱疑为酖，泣曰："臣承祖父基业，违拒朝廷，劳王师致讨，罪固当死，陛下不杀臣，今见太平，为大梁布衣足矣。愿延旦夕之命，以全陛下生成之恩，臣未敢饮此酒。"太祖笑曰："朕推心于人腹，安有此事！"命取铱酒自饮之，别酌以赐，铱大惭顿首谢。

太宗将讨晋阳，召近臣宴，铱预之，自言："朝廷威灵及远，四方僭窃之主，今日尽在坐中，旦夕平太原，刘继元又至，臣率先来朝，愿得执梃为诸国降王长。"太宗大笑，赏赐甚厚。其诙谐此类也。

铱子守节、守正，皆至崇仪副使。守正卒，帝闻其家贫，诏月给万钱。守素，咸平中为侍禁，亦贫，真宗赐白金百两，语宰相曰："诸伪主子孙率多窘迫，盖僭侈之后不知稼穑艰难所致也。"后至内殿崇班，天禧中，又录

为阁门祗候。守通，供奉官。守正子克昌，为三班奉职；国昌，为借职。

龚澄枢，广州南海人。性廉谨，不妄交游。幼事龑为内供奉官，累迁内给事。晟袭位，任阉人林延遇为甘泉宫使，颇预政事。延遇病将死，言于晟曰："臣死，惟龚澄枢可用。"即日擢知承宣院兼内侍省，改德陵使兼龙德宫使。铱嗣位，加特进、开府仪同三司、万华宫使、骠骑大将军，改上将军、左龙虎军观军容使、内太师，军国之务皆决于澄枢。澄枢与李托、薛崇誉置酷法之具，民甚苦之。

初，岩改名龑，有术者言不利，名龑，当败国事，遂改名龑。后铱用澄枢，以其姓卒亡其国，澄枢亦被诛。

李托，封州封川人。少习骑射，以谨愿事龑为内府局令。晟袭位，迁内侍省内侍，充宫闱诸卫押番兼秀华宫使。铱立，改玩华宫使、内侍监兼列圣、景阳二宫使。托纳二女于铱，铱以其长为贵妃，次为美人，政事皆访托而后行。加特进、开府仪同三司、甘泉宫使兼六军观军容使、行内中尉，迁骠骑上将军、内太师。

太祖命师伐铱，既克韶州，统军使李承渥战死，节度副使辛延渥间道遣道人劝铱降，托坚沮其议。及就擒至许田，太祖遣使问托等："昨已约降，复率众来拒战，及军败又纵火焚府库，谁为之谋也？"托俯首不能对。铱谏议大夫王珪谓托曰："昔在广州，机务并尔辈所专，火又自内起，今天子遣使案问，尔复欲推过何人？"遂唾而批其颊，托乃引伏，后至京斩之。

薛崇誉，韶州曲江人。善《孙子五曹算》。晟署为内门使兼太仓使。铱嗣位，迁中尉、特进、开府仪同三司、签书点检司事。太祖命师克广州，崇誉纵火焚仓廪，擒至京，与李托同戮。

潘崇彻，广州南海人。事龑为内侍省局丞。颇读兵书，立战功。晟尝遣大将吴怀恩伐桂州平之，怀恩为部下所杀，命崇彻代之。铱袭位，加西北面都统。岁余，铱颇疑崇彻，遣薛崇誉使其军以察之。崇誉还，遂白崇彻日以伶人百余衣锦绣、吹玉笛，为长夜之饮，不恤军政。铱怒，召归，夺其兵柄，自是居常怏怏。太祖命师度岭，铱复命崇彻领兵五万戍贺江，崇彻不为效命。铱败，至京，太祖知其事，特赦之，授汝州别驾，卒。

卷四百八十二
列传第二百四十一

世家五

北汉刘氏

北汉刘继元，并州太原人。祖崇，汉祖之弟，汉初为太原尹、北京留守。隐帝嗣位，周祖为枢密使，崇谓判官郑珙曰："吾与郭枢密素不协，朝廷幼弱，郭得志，吾无类矣。"因泣下。珙遂劝缮完甲兵，招集亡命，为自全计。及闻隐帝遇害，崇欲率兵南向，会汉太后下令遣冯道诣徐州迎崇子赟为汉嗣，崇信之，谓宾佐曰："吾儿为帝矣，复何虑哉？"少尹李骧曰："知几其神，时不可失。揣郭公之心，必不以天下与人，不如领精骑疾度太行，控孟津，以观其变，徐州位定，然后归晋阳，即郭公不敢动矣。"崇大怒，骂曰："腐儒敢离间我父子！"遂令左右曳出斩之。骧曰："仆负王佐才，今日为愚人画计，死固甘心，但家有病妻，愿同戮于市。"崇并杀之，表其事于太后，明无他志。俄周祖为众所推，降封赟湘阴公。崇遣使奉书周祖，乞赟归藩。使还，知赟已死，崇恸哭，为骧立祠。

遂即皇帝位，国仍号汉，仍称乾祐年，改名旻。以子钧为太原尹，判官赵华、郑珙为宰相，陈光裕为宣徽使。赍重币结契丹，自言与周有隙，愿如晋祖故事，约为父子。契丹主许之，遣政事令燕王耶律述轧、上枢使高勋，策崇为大汉神武皇帝。自是数侵晋、绛。高平之败，崇单骑遁归，由此丧气，不敢复出师。显德元年，崇卒，钧袭位。

钧旧名承钧，后止名钧。改元天会，以卫融为相，段常为枢密使，蔚进掌亲军，子继恩为太原尹。始建七庙于汉祖旧第，号显圣宫。潜结江南、西川为外援。六年冬，钧结契丹侵周。明年正月，周恭帝命太祖北征，至陈桥驿，众推戴太祖即位。钧与契丹兵皆遁去。

是夏，李筠以上党叛，令判官囚监军周光逊等送于钧，称臣求援。钧自至太平驿与筠会，遣其宣徽使卢赟将骑数千随筠入寇，又遣其河阳节度范守图援之。及太祖亲讨，前军石守信、高怀德破筠众于泽州，获守图，杀钧兵数千。钧之沙谷砦又为折德扆所破，斩首五百级。九月，昭义李继勋率师入钧平遥，虏获甚众。建隆二年冬，继勋又败钧兵，斩首百余级，获其辽州刺史傅廷彦弟勋以献。

三年二月，钧侵晋、潞二州，守将击走之。三月，太祖诏河东降人徙家于邢、洺，计口给粟。四月，太原民四百七十人降。七月，钧捉生指挥使路贵等十一人降，并补内殿直。四年八月，邢州王全赟率师攻乐平，钧拱卫指挥使王超、散指挥使元威、侯霸荣率所部千八百人降全赟。未几，钧侍卫都指挥使蔚进、马军都指挥使郝贵超与契丹悉兵来救乐平，三战皆败之。遂下其城，诏建为平晋军，以降兵为效顺军，赐以钱帛，静阳十八砦遂相率来降。九月，钧复引契丹攻平晋军，太祖遣洺州防御使郭进、濮州防御使张彦进、客省使曹彬、赵州刺史陈万通将步骑万余救之，未至而钧遁去。

乾德二年二月，李继勋与兵马钤辖康延沼、马步军都军头尹训率兵攻辽州，钧遣郝贵超来援，战于城下，大败。刺史杜延韬危蹙，与拱卫都指挥使冀进、兵马都监侯美籍部兵三千降于继勋，赐延韬等袭衣、银带、器币、鞍勒马，其降兵以效顺、怀恩为名。是月，府州擒钧卫州刺史杨璘以献。又钧耀州团练使周审玉等四人降，赐审玉袭衣、金带、绢千匹、银五百两、鞍勒马，仍赐名承瑨，以为左千牛卫大将军、领汾州团练使。四月，太祖遣马军都校刘光将兵戍潞，备钧入侵。五年三月，钧招收指挥使阎章以石盆砦降镇州。四月，招收指挥使樊晖杀监军成昭，以鸿唐砦降镇州。六年正月，偏裨砦招收指挥使任恩等百五十人降晋州。三月，镇州守将攻破钧马鞍山砦。七月，钧乌玉砦主胡遇等百三十九人降镇州。

初，钧自李筠败，狼狈而归，且夕惧宋师之至。以赵文度为相，召抱腹山人郭无为参议中书事，以五台山僧继颙为鸿胪卿，参议国事。因事诛段常，契丹主遣使责钧曰："尔不禀我命，其罪三：擅改年号，一也；助李筠有所觊觎，二也；杀段常，三也。"钧皇恐曰："父为子隐，愿赦罪。"契丹不报。自是使契丹者被留不遣。终以势力窘弱，忧愤成疾，是月卒，年四十三。继恩嗣位。

初，太祖尝因界上谍者谓钧曰："君家与周氏为世仇，宜其不屈，今我与尔无所间，何为困此一方人也？若有志中国，宜下太行以决胜负。"钧遣谍者复命曰："河东土地甲兵不足以当中国，然钧家世非叛者，区区守此，盖惧汉氏之不血食也。"太祖哀其言，笑谓谍者曰："为我语钧，开尔一生路。"故终其世不加兵焉。

继恩本姓薛。父钊，娶崇女，晋初为护圣营卒。汉祖典禁兵，以钊崇婿，释其籍，馆门下。汉祖后领方镇，爵位通显，钊罕得见其妻，居常怏怏。一日乘醉求见，即引佩刀刺妻，妻奋衣得脱，钊乃自到。继恩时尚幼，汉祖令钧养为子，遂冒姓刘。

八月，太祖诏伐继恩。以内客省使卢怀忠等二十二人将禁兵赴潞州，昭义节度李继勋为行营前军都部署，侍卫步军都指挥使党进副之，宣徽南院使曹彬为都监；棣州防御使何继筠为前锋部署，怀州防御使康延沼为都监；建雄军节度赵赞为汾州路部署，绛州防御使司超副之，隰州刺史李谦溥为都监。九月，继勋败继恩军于洞涡河，其左胜军使李琼来降，赐袭衣、金带、鞍勒马。

初，钧谓郭无为曰："继恩庸懦，何堪付后事？"无为亦以为然。至是继恩独处一室行丧，左右亲信皆在太原，无得从者。或劝召之，继恩犹豫不决。有侯霸荣者，邢州龙冈人。多力善射，走及奔马，尝为盗并、汾间，钧用为散指挥使，戍乐平。建隆中，率所部来归，补内殿直。未几，复奔太原，钧署供奉官。至是谋持继恩首献太祖，遂乘继恩无备，白昼挺刃而入，反扃其门，继恩绕屏环走，霸荣以刃揕胸弑之，年三十四，时立六十日矣。无为遣卒登梯入，杀霸荣，立其弟继元。

继元本姓何。初，薛钊死，崇以女再妻何氏，生继元。何死，钧亦养继元为子。继元既袭位，改元广运，复结契丹为援。开宝二年春，太祖诏李继勋、赵赞、郭进、司超等将兵先赴太原，太祖遂亲征。以继元太谷令梁文陟为太子洗马，祁令张续为右赞善大夫。太祖将至，继勋败继元兵于城下，其宪州推官史昭文以州来降，升本州刺史。乃壅汾水灌其城，又遣海州刺史孙方进围汾州。继元方恃契丹为援，守陴者扬言旦夕契丹至。四月，何继筠败契丹于阳曲北。太祖命以所获首级、铠甲示于城下，城中由是丧气，知岚州赵文度遂来降。闰五月，南城为汾水陷，水注城中，太祖幸长堤观焉。登望楼者见继元杀其相郭无为，城中纷扰。俄而城兵自西长连城出，将焚攻战具，反为攻兵击走之，斩首万余级。夜半，传呼壁外继元降，太祖令卫士擐甲，将开壁门，八作使赵璲曰："受降如受敌，讵可中夜轻出？"太祖使伺之，果谍者也。

太常博士李光赞上言曰："陛下应天顺人，体元御极，战无不胜，谋无不臧，四方恃险之邦，僭窃帝王之号者，昔日与中国为邻，今日与陛下为臣。蕞尔晋阳，岂须亲讨，重劳飞挽，久驻师徒。且太原得之未必为多，失之未足为辱。今时属炎蒸，候当暑雨，傥河津泛溢，道路阻艰，辇运稽留，恐劳宸虑。"太祖览奏甚喜，命宰相赵普抚谕诸将欲班师。禁军校赵翰等叩头愿乘城急击，以尽死力，太祖曰："汝曹我所训练，无不一当百，以备肘腋、同休戚也。我宁不取太原，岂忍驱汝曹冒锋镝而蹈必死之地乎？"士皆感泣，遂班师。

九年八月，太祖又遣党进、潘美、杨光美、牛思进、米文义讨之。时继元谍者赵训于晋州所捕，械送于朝，太祖命释之，给服装放归。又遣郭进入忻代路，郝崇信、王政忠入汾州路，阎彦进、齐超入沁州路，孙晏宣、安守忠入辽州路，齐延琛、穆彦璋入石州路。九月，党进败继元兵数千，获马千余。郭进得山北民三万七千余。十月，辽州监押马继恩入并州境，燔四十余砦，获牛羊数千。郭进又破寿阳，得民九千。穆彦璋入并州境，得民二千。党进又败继元兵千余于城下。是月，太宗即位，召诸将还。

太平兴国二年，继元胡桃砦指挥使史温等以其民内附。太宗谓齐王廷美曰："太原，我必取之。"四年，始议讨伐，曹彬以为可，太宗意遂决，语在《彬传》。宰相薛居正曰："昔周世宗举兵，太原倚契丹之援，坚壁不战，以至师老而归。及太祖破契丹于雁门关南，尽驱其民分布河、洛之间，虽巢穴尚存，而危困已甚，得之不足以辟土，舍之不足以为患，愿陛下熟虑之。"太宗曰："今者事同而势异，彼弱而我强。昔先皇破契丹，徙其人而空其地者，正为今日事也。朕计决矣，卿勿复言。"遂遣宣徽南院使潘美等率诸将分兵围汾、沁、岚诸州，车驾遂亲征，以骁将郭进扼石岭关，断契丹援路。契丹果至，进击败之。

初，继元遣子续质于契丹，契丹为进所败。继元又遣健步间道赍蜡丸帛书求救，进又得之，徇于城下。继元外援不至，饷道又绝，潘美等兵数十万长围四合，自春徂夏，矢石如雨，昼夜不息，城中大惧。会太宗奄至，亲督卫士急攻，人百其勇，城无完堞。太宗虑城陷则杀伤者众，以手诏谕继元降，诏至城下，守陴者不纳，继元不能知。太宗躬擐甲胄，夜至长连城督诸将攻之，控弦之士数万列阵于前，蹲甲交射，矢集城上如猬毛，每给矢必数百万，顷之咸尽。捕得城中人云，继元以十钱购一矢，凡聚百余万，太宗笑曰："此为我畜也。"

五月庚辰，继元宣徽使范超来降，攻城者以超为出战，禽而戮之。继元遂斩超妻子，投其首城外。壬午，马军都指挥使郭万超逾城降，继元帐下亲信因之渐亡去，城中危急。太宗又自草诏谕之曰："越王、吴主献地归朝，或授以大藩，或列于上将，臣僚、子弟皆享官封。继元但速降，必保终始富贵，安危两途，尔宜自择。"至是诏入，诸将锐攻不可遏，太宗临之，恐城陷害民，麾众少退。是夕，继元遣其客省使李勋奉表请降，太宗赐勋袭衣、金带、银器、锦彩、银鞍勒马，复遣通事舍人薛文宝赍诏答之。夜漏未尽，太宗幸城北，张乐宴从臣于城台，继元降。迟明，继元率官属缟衣纱帽待罪台下，诏释之，赐袭衣、玉带、金银鞍勒马三匹、金器五百两、银器五千两、锦彩二千段，文武官各赐衣、金银带、器币、鞍勒马有差。召升台，继元叩头言："臣闻车驾亲征，即愿束身归罪，盖亡命者惧死，逼臣不得降尔。"太宗籍军中亡投继元者数百人，选其巨室者以从军法，余赐服及钱帛，分隶诸将。诏授继元特进、检校太师、右卫上将军，封彭城郡公，馆于行在所，给赐甚厚。其相李恽等授官有差，命中使康仁宝监之。继元献其宫妓百余，悉分赐立功将校。又令仁宝继继元亲属百余赴京，所过续食，赐京城甲第一区，岁时优加颁赉。六年，加开府仪同三司。雍熙三年，建房州为保康军，以继元为节度。

淳化二年，继元疾，遣中使护医诊视，及卒，遗奏以其子三猪为托，太宗恻然哀之，赠中书令，追封彭城郡王，赗赙加等，葬事官给。时三猪六岁，赐名守节，授西京作坊副使，家居赐禄。

初，太宗征继元，行次澶渊，有太仆寺丞宋捷者掌出纳行在军储，太宗见其姓名喜，以为师必有捷之兆。及将至太原，太宗遣语攻城诸将曰："我以端午日当置酒高会于太原城中。"至癸未，继元降，乃五月五日也。刘崇自周广顺元年称帝，历四主二十九年而亡。

继元性残忍，在太原，凡臣下有忤意，必族其家。自太祖亲征及遣将攻伐，因之杀伤不可胜纪。及穷蹙始降，太宗待遇终保全之，尝谓近臣曰："晋司马昭以刘禅思蜀之对，戏之云'何乃似郤正之言'，此不仁之甚也。亡国之君皆暗懦所致，苟有远识，岂至灭亡？此可愍伤，何反戏侮乎？刘继元朕所厚者，待之若宾客，犹恐不慰其意尔。"

守节后为崇仪使，改右屯卫将军。天禧四年，特迁右武卫将军，改右骁卫将军。

卫融，字明远，青州博兴人。晋天福初举进士，调南乐主簿，历齐澶二州从事、忠武军掌书记。汉初，为太原观察支使，刘崇称帝，授中书侍郎、平章事。

太祖立，李筠据上党，遣使降刘钧，钧自将兵至太平驿与筠会，遣宣徽使卢赞入潞州监筠军。赞与筠不协，钧遣融和解之。会筠败，融被擒，太祖责之曰："汝何故劝刘钧举兵助李筠反耶？"融曰："犬吠非其主，臣四十口受刘氏丰衣美食，不忍负之。陛下纵不杀臣，臣亦不为陛下用，终当间道走河东尔。"太祖怒，令左右以铁挝击其首，曳出将戮之。融大呼曰："大丈夫死或重于泰山，或轻于鸿毛，今之死正得其所尔。"太祖闻之曰："此忠臣也。"遂命释之，召坐御前，以良药傅其创，赐袭衣、金带、鞍勒马。既而欲放融归，令融先为书谕钧，言俟周光逊等归朝，即遣融去。钧得书久无报，乃授融太府卿，赐第京城。乾德初，郊祀，融献《郊禋大礼赋》，改司农卿，出知陈、舒、黄三州。开宝六年，卒，年六十九。

子偁、侔，孙齐，并进士及第。

赵文度，蓟州渔阳人。父玉尝客沧州，依节度判官吕兖。刘守光破沧州，收兖亲属尽戮之，兖子琦年十四，玉负之以逃，至太原，变姓名，丐衣食以给琦，琦后唐同光初为藩郡从事。当是时，燕、赵之士，以玉能存吕氏之孤，翕然称之。明宗朝，琦至职方员外郎知杂。清泰中，琦为给事中、端明殿学士，玉已卒矣。

文度入洛举进士，琦荐于主司马裔孙，擢甲科，历徐、兖、陈、许四镇从事。汉初，为河东掌书记。文度捷给善戏谑，刘崇雅爱之，及称帝，累官至翰林承旨、兵部尚书。天会四年，授中书侍郎、平章事，转门下侍郎兼枢密使，加司徒。久之，与郭无为不协，出知汾州，徙岚州。

太祖开宝二年亲征晋阳，遣偏师围岚。文度危蹙请降，待罪行宫，太祖命释之，赐袭衣、玉带、金鞍勒马、器币甚厚，其官属赐物有差。文度本名弘，以犯宣祖庙讳，赐今名。师还，授检校太傅、安国军节度，岁余徙华州，不宣制而告敕同宣制之例。又徙耀州，凡历三镇。七年，卒，年八十一。

文度善为诗，人多讽诵，有《观光集》。文度之降也，其母在太原，世以不能死节罪之。

子昌图，至内殿崇班、阁门祗候。

李恽，字孟深，开封阳武人。汉乾祐中举进士，客游岚州。会刘崇自立，署州从事，擢知制诰。翰林学士，累至司空、平章事。时母在乡里，恽不知存亡，居常戚戚，但以弈棋沉饮为务，政事多废。刘继元频以为言，恽不介意。后方与僧弈棋，继元命近侍直抵恽前，取局焚之。恽怡然，徐诣继元谢，继元因切责之，明日别造新局，弈棋如故。太宗克太原，为殿中监，始知母亡，表求追服母丧，不许。出知广州，迁司农卿，连知许、孟二州。以足疾求解，授忠武军行军司马。端拱元年，卒，年七十三。

恽性疏达，善谈名理。年少时好滑稽，及为相，颇事持重。初与王溥、李昉同年登第，太原平，相见叙旧，情好益固，论者美之。

子存诚，驾部员外郎；存信，左侍禁、阁门祗候。

马峰，并州太原人。仕刘继元至枢密使、左仆射致仕。太原平，太宗以为将作监，迁太府卿，分司西京。峰善服饵养生，体强无疾，性鄙吝，颇好持论。雍熙元年，卒，年八十余。

郭无为，青州千乘人。少博学有辞辩，为道士，隐武当山。汉乾祐中，周祖征河中，无为杖策谒于军门，周祖一见大奇之，将留馆门下。左右曰："无为纵横家流，今公握重兵，不宜亲之。"无为遂拂衣去，隐太原抱腹山。

会刘钧将兵援李筠，将发太原，其大臣赵华谏曰："筠举动轻易，今起兵应之，未见其可。"钧怒不顾，遂行。及筠败，钧狼狈而归，由是重文学之士。且日夕惧宋师至，颇求有智谋者与之计事。段常荐无为于钧，钧以谏议大夫召之。及至，与语大悦，寻迁吏部侍郎、参议中书事。与赵文度同秉政，意好不协，钧乃出文度知汾州。俄诛段常，遂以无为为左仆射、平章事兼枢密使，机务一以委之。钧尝病，与无为语及后事，谓其子继恩不才，无为亦言其然。继恩既立，知其事，欲诛无为，畏愢不能决。月余，侯霸荣弑继恩，无为使人杀霸荣，并人疑无为初授意于霸荣，后杀之以灭口也。

继元立，太祖遣李继勋等讨之，仍诏许继元以青州节度、无为邢州节度，无为得诏色动。一日，继元宴群臣，契丹使亦在焉，无为恸哭于庭曰："今日以空城抗大军，计将安出？"引佩刀欲自刺，继元遽降阶持其手，引无为升坐，盖无为欲以动众心也。及太祖亲征，长围既合，无为请自将兵夜出击围，欲自拔来归，值天阴晦而止。阉人卫德贵告其事。会太祖壅汾水浸城，城中人情大惧，继元乃杀无为以徇。

卷四百八十三
列传第二百四十二

世家六

湖南周氏　荆南高氏　漳泉留氏　陈氏

湖南周行逢，朗州武陵人。少无赖，不事产业。尝犯法配隶镇兵，以骁勇累迁裨校。自唐乾宁二年，马氏专有湖南二十州之地，虽禀朝廷正朔，其郡守官属皆自署。至周广顺初，兄弟争国，求援于江南李景，景遣大将边镐率兵赴之，因下长沙，迁马氏之族于建康，封希萼为楚王，居洪州，希崇镇舒，居扬州。宋兴，希崇率兄弟十七人归朝，皆为美官。景以镐为潭帅。会朗州众乱，推衙将刘言为留后，言以行逢为都指挥使。行逢以众情表于景，请授言节钺，景不从。召言入金陵，言惧，遣副使王进逵、行军何景真与行逢帅舟师袭破潭州，镐遁去，行逢等据其城。言遣使上言长沙兵乱，焚烧公府，请移治朗州。周祖即以言为朗帅，王进逵为潭帅，行逢为潭州行军司马、领集州刺史。未几，进逵寇朗州，害刘言，周祖即以进逵为朗州节度，以行逢领鄂州节度、知潭州军府事。初，朗州人谓刘言为"刘咬牙"，马氏将乱，湘中童谣云："马去不用鞭，咬牙过今年。"及边镐俘马氏，镐为刘言所逐，而言亦被害。

显德中，世宗将用师淮甸，诏朗州王进逵出师入鄂州界，进逵遣裨将潘叔嗣领兵五千为先锋。行及鄂州界，叔嗣乃回戈袭进逵，进逵闻之，倍道先入武陵。叔嗣攻其城，进逵败走，为叔嗣所杀，迎行逢为节度。行逢至，即斩叔嗣以徇。世宗乃授行逢郎州大都督、武平军节度、制置武安静江等州军事兼侍中，尽有湖南之地。宋初，加兼中书令。

行逢在镇，尽心为治，辟署官属，必取廉介之士。有女婿求补吏，不许，返给以耒耜，语之曰："吏所以治民也，汝才不能任职，岂敢私汝以禄邪？姑归垦田以自活。"其公正多此类。条教简约，民皆悦之。然性多猜忌，左右少有忤意者必置于法，麾下之人重足累息。有何景山者，为王进逵记室，常狎侮行逢。及行逢为帅，署景山益阳令，数月，缚投于江。又馆驿巡官邓洵美与翰林学士李昉同年进士，会昉使行逢，召至传舍，与话终日。行逢疑其泄己阴事，黜为易俗场官，潜遣杀之。由是士流不附。

马氏旧僚有天策府学士徐仲雅，性滑稽，颇恃才倨傲，行逢以为节度判官。行逢多署溪洞蛮酋为司空、太保，一日谓仲雅曰："吾奄有湖湘，兵强俗阜，四邻其惧我乎？"仲雅曰："公部内司空满川，太保遍地，孰敢不惧？"行逢不悦，摈斥仲雅。行逢妻潘氏貌丑，性刚狠。行逢为帅，妻不为屈，不入府署，躬率奴仆耕织以自给，赋调必先期输送。行逢止之，不从，曰："税，官物也，若主帅自免其家，何以率下？"

建隆三年十月，行逢卒，追封汝南郡王。

子保权，年十一。初为武平军节度副使，太祖授以起复检校太尉、朗州大都督、武平军节度。初，行逢疾且亟，召将校托保权曰："吾部内凶狠者诛之略尽，唯张文表在焉，吾死，文表必乱。诸公善佐吾儿，无失土宇，必不得已，当举族归朝，无令陷于虎口。"行逢卒，明年春，文表果自衡州举兵据潭州，将取朗陵，尽灭周氏。保权乞师于朝廷，江陵高继冲亦以其事闻。上遣中使赵璲赍诏谕文表，而保权之奏继至。乃遣山南东道节度慕容延钊为湖南道行营都部署，宣徽南院使李处耘为都监，率淄州刺史尹崇珂、申州刺史聂章、郢州刺史赵重进、判四方馆事武怀节、毡毯使张继勋、染院副使康延泽、内酒坊副使卢怀忠等将步骑往平之，又发安、复等十州兵会于襄阳。师及江陵，赵璲至潭州，文表已为保权之众所杀。

保权牙校张从富辈，以为文表已平而王师继进不已，惧为袭取，相与拒守。延钊令阁门使丁德裕先路安抚。及至城下，从富辈拒而不纳，尽撤部内桥梁，沉舫伐树塞路。德裕以不奉诏不敢与战，退军以须朝旨。延钊以闻，太

遣中使谕保权及将校曰："尔本请师救援，故发大军以拯尔难。今妖孽既殄，是有大造于尔辈，反拒王师何也？无自取涂炭，重扰生聚。"保权出军于澧州南，未及交锋，望风而溃。复还朗州，焚庐舍廪库皆尽，驱略居人奔窜山谷，城郭为之一空。王师长驱而南，获从富于西山下，枭首朗市。其大将汪端劫保权并家属，弃城亡匿山洞，王师至数月，获保权。武怀节分兵克岳州，端拥保权为寇略，未几亦就擒，磔之市，湖湘悉平。

保权至，上章待罪，优诏释之。赐袭衣、金带、鞍勒马、茵褥、银器千两、帛二千匹、钱千贯，授右千牛卫上将军，葺京城旧邸院为第，令居焉。仍下诏朗州，增筑行逢之墓。保权乾德五年累迁右羽林统军。太平兴国元年，知并州，赐钱三百万。雍熙二年，卒，年三十四。

李观象，桂州临桂人。行逢署为掌书记。行逢性残忍，多诛杀。观象惧及祸，清苦自励，以求知遇，帐帏、寝衣悉以纸为之。行逢颇加信任，军府之政一皆取决。

观象涉经史，有文辞，忌才枯宠，湖南士人多为所排摈。行逢临终托以后事，令其子保权善待之。及张文表难作，王师压境，观象谓保权曰："我所恃者北有荆渚，以为唇齿，今高氏拱手听命，朗州势不独全，莫若幅巾归朝，则不失富贵。"保权幼懦，不能用其言。及湖湘平，太祖闻观象尝为保权画谋，以为左补阙。

张文表，朗州武陵人。从王进逵、周行逢举兵逐边镐，行逢署文表衡州刺史，颇心忌之，常欲诛文表，未有以发。及行逢卒，保权遣兵代永州戍卒，路出衡阳，文表遂驱之以袭潭州。时行军司马廖简知留后，素轻文表，不为之备。方宴饮，外报文表兵至，简殊不以介意，谓四坐曰："此黄口小儿，至则成擒，何足患也？"饮啖如故。俄文表率众径入府中，简醉不能彀弓弩，但按膝叱之，文表遂害简及坐客十余人。保权遣其将杨师璠悉众以御文表，保权泣谓众曰："先君可谓知人矣。今坟土未干，文表构逆，军府安危，在此一举，诸公勉之！"众皆感愤，遂破其众于平津亭，擒文表脔而食之。

初，文表将攻长沙，犹豫未决，有小校梦文表龙出领下，明日以告，文表喜曰："天命也。"及败，枭首于朗陵市。

荆南高保融字德长，其先陕州峡石人。祖季兴，唐末为荆南节度，历梁、后唐封南平王，卒。子从诲嗣，至太傅、中书令，《五代史》有传。

从诲生保融，以长兴初荫补太子舍人，赐绯。晋天福中，制授检校司空、判内外诸军，俄迁节度副使。开运末，领峡州刺史，累加至检校太傅。汉初，从诲卒，权知军府事，制授起复检校太尉、同平章事、江陵尹、荆南节度、荆归峡观察使，遣翰林使郭允明赐衣币。乾祐二年，加检校太师兼侍中。周广顺初，加兼中书令，封勃海郡王，正衙命使礼部尚书王易、副使刑部郎中景范发册命，仍赐礼服冠剑。显德初，进封南平王。世宗即位，加守中书令。

世宗征淮南，诏保融出水军数千人抵夏口为掎角。淮甸平，玺书褒美，以绢数万匹赏其军。世宗将议伐蜀，保融上言请率舟师趣三峡。六年，恭帝即位，加守太保。宋初，守太傅，连遣使贡献，恩顾甚厚。是岁八月，卒，年四十一。废朝三日，遣仪鸾使李继超赙赠物，兵部尚书李涛、兵部郎中率汀持节册赠太尉，谥正懿。

保融性迂阔淹缓，御兵治民，一时术略政事，悉委于母弟保勖焉。子继冲、继充，继充至归州刺史。

保勖字省躬，从诲第十子，保融同母弟也。晋天福初，起家领汉州刺史。保融嗣政，令判内外诸军事。周广顺元年，加检校太傅，充荆南节度副使。显德初，从保融之请，加检校太尉，充行军司马，领宁江军节度。融卒，保勖权知军府，奉章以闻，太祖即授以节度使。建隆二年，遣其弟保寅入贡。初，保融于纪南城北决江水潴之七里余，谓之北海，以阂行者。至是太祖因保寅归，谕旨令决去，使道路无阻。

保勖幼多病，体貌臞瘠，淫泆无度。日召娼妓集府署，择士卒壮健者令恣调谑，保勖与姬妾垂帘共观，以为娱乐。又好营造台榭，穷极土木之工，军民咸怨。政事不治，从事孙光宪切谏不听。三年十一月，卒，年三十九。废朝二日，赠侍中，遣御厨使李光睿赙祭。

初，保勖在保抱，从诲独钟爱，故或盛怒，见之必释然而笑，荆人目为"万事休"。及保勖之立，藩政离弱，卒裁数月遂失国，亦预兆也。

继冲字赞平，保融长子也。周显德六年，以荫检校司空，为荆州节度副使。建隆三年，保勖寝疾，以继冲为节度副使，权知军府。保勖卒，四年正月，制授继冲为检校太保、江陵尹、荆南节度。

时湖南张文表叛，周保权求救于朝廷，诏江陵发水军三千人赴潭州，继冲即遣亲校李景威将之而往。二月，慕容延钊、李处耘等率众至，继冲以牛酒犒师，开门纳延钊等。即遣客将王昭济、萧仁楷奉表纳土。太祖令御厨使部岳持诏安抚，枢密承旨王仁赡为荆南都巡检使，仍令赍衣服、玉带、器币、鞍勒马以赐继冲。授继冲马步都指挥使，梁延嗣为复州防御使，节度判官孙光宪为黄州刺史，右都押衙孙仲文为武胜军节度副使，知进奏郑景玫为右骁卫将军，王昭济左领军卫将军，萧仁楷供奉官。继冲籍管内刍粮钱帛之数来上，又献钱五万贯、绢五千匹、布五万匹，复遣支使王崇范诣阙贡金器五百两、银器五千两、锦绮二百段、龙脑香十斤、锦绣帷幕二百事。三月，诏鞍辔库使翟光裔赍官告、旌节赐继冲，并存问侍佐官吏等；又以保融兄弟、诸父江陵少尹保绅为卫尉卿，节院使保寅为将作监、充内作坊使，左衙都将保绪为鸿胪少卿，右衙都将保节为司农少卿，合州刺史从翊为右卫将军，衙将保逊为左监门卫将军，巴州刺史保衡为归州刺史，知峡州事保膺为本州刺史，衙将从诜为右衙率府率，从让为左清道率府率，从谦为左司御率府率；又以王崇范为节度判官，高若拙观察判官，梁守彬江陵少尹，韦仲宣掌书记，胡允修节度推官，州县官悉仍旧，别赐管内符印。五月，保绅等来朝，各赐京城第一区。六月，命王仁赡兼知军府事。

会是岁将郊祀，表求入觐，可之。十月，至阙下，献金银器、锦帛、宝装弓剑、绣旗帜、象牙、玉鞍勒等，赐赉甚厚。郊禋毕，授继冲徐州大都督府长史、武宁军节度使、徐宿观察使。继冲镇彭门几十年，委政僚佐，部内亦治。开宝六年，卒，年三十一。废朝二日，赠侍中，遣中使护丧，葬事官给。

自高季兴据有荆南、归峡之地，传袭三世五帅，凡四十余年。

保寅字齐巽。晋天福七年，以荫授太子舍人，赐绯，累加检校司空。兄保融袭封，奏署节院使，赐金紫。宋兴，保勖既袭封，遣保寅入觐，太祖召对便殿，授掌书记遣还。保寅语保勖曰："真主出世，天将混一区宇，兄宜首率诸国奉土归朝，无为他人取富贵资。"保勖不听。

王师讨武陵，道出荆渚，保寅奉牛酒迎犒军锋。太祖嘉之，驿召赴阙，授将作监，充内作坊使，赐第一区。俄知宿州。乾德四年，丁外艰，起复，转少府监。开宝五年，知怀州，历司农、卫尉二卿。是州本隶河阳，时赵普为帅，与保寅素有隙，事多抑制，保寅心不能平，手疏请罢支郡之制，诏从之。又为西川诸州都巡检使，改光禄卿，历知同、汝二州，改光化军。卒，年六十八。废朝，赙钱十万。

初，保寅在怀州，苏易简、王钦若并妙年始趋学；在同州，钱若水为从事；在光化军，张士逊其邑人也。保寅一见皆奖拔，许以远大，议者多其知人。

子辅政、辅之、辅尧、辅国，并进士及第。辅政至秘书丞，辅之至太常丞。

孙光宪字孟文，陵州贵平人。世业农亩，惟光宪少好学。游荆渚，高从诲见而重之，署为从事。历保融及继冲三世皆在幕府，累官至检校秘书监兼御史大夫，赐金紫。慕容延钊等救朗州之乱，假道荆南，继冲开门纳延钊，光宪乃劝继冲献三州之地。太祖闻之甚悦，授光宪黄州刺史，赐赉加等。在郡亦有治声。乾德六年，卒。时宰相有荐光宪为学士者，未及召，会卒。

光宪博通经史，尤勤学，聚书数千卷，或自抄写，孜孜雠校，老而不废。好著撰，自号葆光子，所著《荆台集》三十卷、《巩湖编玩》三卷、《笔佣集》三卷、《橘斋集》二卷、《北梦琐言》三十卷、《蚕书》二卷。又撰《续通历》，纪事颇失实，太平兴国初，诏毁之。子谓、说，并进士及第。

梁延嗣，京兆长安人。少事高季兴，颇见委任。表授检校司空、领绵州刺史，充衙内马步军都指挥使。历事四帅，人称其忠尽。继冲之纳土也，延嗣亦尝劝之。复率荆之水军从慕容延钊越战，太祖嘉之，授复州防御使，充湖南前军步军都指挥使兼排阵使。后因郊礼，自复州入朝，太祖慰抚之曰："使高氏不失富贵，尔之力也。"改濠州防御使，有善政，诏书褒美。

延嗣颇知书，好接士。尝暴疾，禳于城隍神，是夕，梦神人告以九九之数，俄疾愈。开宝九年，卒，年八十一。

漳泉留从效，泉州永春人。幼孤，事母兄以孝悌闻。颇知书，好兵法。

唐末，王审知据有福建之地，子延钧，后唐长兴中僭称帝，国号闽，都福州，为其下所杀，立审知次子延羲。晋天福末，部将朱文进杀延羲据其位，署其党黄绍颇为泉州刺史，程赟为漳州刺史，许文稹为汀州刺史。时审知子延政为建州刺史，亦僭称帝。

泉人念王氏失国，群逆分据，时从效为泉州散指挥使，与其党王忠顺、董思安及所亲苏光诲相与图议，兴复王氏。从效倡言：“吾等皆受王氏恩遇，今王氏子孙未复位而不思报，可谓忠义乎？闻建州士卒谋尽力击福州以复王氏，苟一旦功不成，王氏复位，我辈何面见之邪？”于是忠顺、思安置酒从效家，募敢死士，得陈洪进等五十二人，夜持白梃逾城而入，劫库兵，擒绍颇斩之。立延政从子继勋为刺史，从效等三人自署为统帅，洪进等皆为指挥使。继勋令送绍颇首于建州，奉延政为主。

延政遂送款于江南李景。文进率众攻泉州，为从效所败。会景遣将讨王氏之乱，围福州，两浙钱氏发兵来援。景将但克汀、建而归，福州入于钱氏。从效以兵劫继勋送江南，自领漳、泉二州留后，李景即建泉州为清源军，授从效节度、泉漳等州观察使。闽中五州自此分矣。景累授从效同平章事兼侍中、中书令，封鄂国公、晋江王。

从效出自寒微，知人疾苦，在郡专以勤俭养民为务，常衣布素，置公服于中门之侧，出则衣之。每言我素贫贱，不可忘本。民甚爱之，部内安治。王氏有二女嫁为郡人妻，从效奉之甚谨，资给丰厚。每岁取进士、明经，谓之"秋堂"。

世宗征淮南，李景以兵十万保紫金山。从效累表于景，言其顿兵老师，形势非便。既而果败，江北之地尽入于中朝。从效遣衙将蔡仲赟等为商人，以帛书置革带中，自鄂路送款内附。又遣别驾黄禹锡间道奉表，以獬豸通犀带、龙脑香数十斤为贡。世宗锡诏书嘉纳之。从效又乞置邸京师，世宗以其素附江南，虑其非便，不许。

宋初，从效遂上表称藩，贡奉不绝。会李景迁洪州，从效疑景讨己，颇惧，遣其从子绍锜赍厚币献景，又遣使假道吴越入贡。太祖特命使厚赐以抚之，使未至，从效疽发背卒，年五十七。伪赠太尉、灵州大都督。

从效无嗣，以兄从愿之子绍锜、绍镃为子。从效寝疾时，从愿守漳州，绍锜在金陵，绍镃尚幼。衙校张汉思、陈洪进等率兵劫从效赴东亭，汉思自称留后，洪进为副使，时建隆三年也。明年，洪进又废汉思而自立。

从效再从弟仁谟，淳化中为泗州长史，有清节，官散奉薄，虽藜藿不充，未尝妄千人。太宗闻之，召赴阙，特迁扬州观察支使。大中祥符七年，从效孙丕式诣阙上从效所受太祖朝制书，授三班借职。

陈洪进，泉州仙游人。幼有壮节，颇读书，习兵法。及长，以材勇闻。隶兵籍，从攻汀州，先登，补副兵马使。

从留从效杀黄绍颇，将以绍颇首送建州，请出兵为援，群下以道阻贼盛，惮其行。洪进虑事久生变，独请往，至尤溪，贼数千人遮道不得前，洪进绐贼曰：“福州、泉州已为义师所袭，尔辈复为何人戍守？”即持绍颇首示之曰：“我送此于建州迎嗣君以归国，尔辈将安归乎？”贼遂溃，渠帅数人皆听命。洪进至建州，延政大悦，以为本州马步行军都校。是岁，晋开运元年也。自是漳州杀程赟，迎延政从子继成为刺史。许文稹以汀州降，连重遇杀朱文进，传首建州，福人又杀重遇，延政遂遣洪进归泉州。三年，李景陷建州，延政入江南。明年，泉州留从效劫王继勋降江南，景以从效为清源军节度，洪进为统军使，与副使张汉思同领兵柄，累立战功。

从效卒，少子绍镃典留务。月余，洪进诬绍镃将召越人以叛，执送江南。推官使张汉思为留后，自为副使。汉思年老醇谨，不能治军务，事皆决于洪进。汉思诸子并为衙将，颇不平洪进，图欲害之，汉思亦患其专。明年夏四月，汉思大享将吏，伏甲于内，将害洪进。酒数行，地忽大震，栋宇将倾，坐立者不自持。同谋者以告洪进，洪进亟去，众惊悸而散。汉思事不成，虑洪进先发，常严兵为备。洪进子文显、文颢皆为指挥使，勒所部欲击汉思，洪进不许。一日，洪进袖置大锁，从二子常服安步入府中，直兵数百人，皆叱去之。汉思方处内斋，洪进即锁其门，使人叩门谓汉思曰：“郡中军吏请洪进知留务，众情不可违，当以印见授。”汉思惶惧不知所为，即自门间出印与之。洪进遂召将校吏士告之曰：“汉思昏耄不能为政，授吾印，请吾莅郡事。”将吏皆贺。即日迁汉思别墅，以兵卫送。遣使请命于李煜，煜以洪进为清源军节度、泉南等州观察使。

时太祖平泽、潞，下扬州，取荆湖，威振四海。洪进大惧，遣衙将魏仁济间道奉表，自称清源军节度副使、权知泉南等州军府事，且言张汉思老耄不能御众，请臣领州事，恭听朝旨。太祖遣通事舍人王班赍诏抚谕，又与李煜诏曰："泉州陈洪进遣使奉表言，为众所推，因而总领州事，以诚控告，听命于朝。观其倾输，尤足嘉尚。但闻泉州昔尝附丽，尤荷抚绥。然变诈多端，屡移主帅，恐其地里辽远，制御有所未遑。朕以书轨大同，恩威远被，嘉其款附，已降诏书。盖矜其远俗便安，不必以彼此为意，想惟明哲，当体朕怀。"煜上言："洪进多诈，首鼠两端，诚不足听。"太祖又诏谕之，煜乃听命。

建隆四年，遣使朝贡。是冬，又贡白金万两，乳香茶药万斤。煜复上言，请寝洪进恩命。太祖又以谕煜。乾德二年，制改清源军为平海军，授洪进节度、泉漳等州观察使、检校太傅，赐号推诚顺化功臣，铸印赐之。以文显为节度副使，文颢为漳州刺史。是年夏，丁家艰，起复。

洪进每岁以修贡朝廷，多厚敛于民，第民赀百万以上者令差入钱，以为试协律、奉礼郎，蠲其丁役。及江南平，吴越王来朝，洪进不自安。遣其子文颢入贡乳香万斤，象牙三千斤、龙脑香五斤。太祖因下诏召之，遂入觐。至南剑州，闻太祖崩，归镇发哀。

太宗即位，加检校太师。明年四月，来朝，朝廷遣翰林使程德玄至宿州迎劳。既至，赐钱千万、白金万两、绢万匹，礼遇优渥。又增其食邑，以其子文顗为团练使，文颛、文顼并为刺史。洪进遂上言曰："臣闻峻极者山也，在污壤而不辞；无私者日也，虽覆盆而必照。顾惟遐僻，尚隔声明，愿归益地之图，辄露由衷之请。臣所领两郡，僻在一隅，自浙右未归，金陵偏霸，臣以崎岖千里之地，疲散万余之兵，望云就日以虽勤，畏首畏尾之不暇。遂从间道，远贡赤诚，愿倾事大之心，庶齿附庸之末。太祖皇帝赐之军额，授以节旄，俾专达于一方，复延赏于三世。祖父荷漏泉之泽，子弟享列土之荣。荣戟在门，龟绂盈室，虽冠列藩之宠，未修肆觐之仪。暨江表底平，先皇厌世，会婴犬马之病，尚阻云龙之庭。皇帝陛下钦嗣丕基，诞敷景命，臣远辞海峤，入觐天墀，获亲咫尺之颜，叠被便蕃之泽。六飞游幸，每奉属车之尘；三殿宴嬉，屡抱大鳟之味。旬浃之内，雨露骈臻，至于童男，亦荷殊奖。恩荣若此，报效何阶？志益恋于君轩，心遂忘于坎井。臣不胜大愿，愿以所管漳、泉两郡献于有司，使区区负海之邦，遂为内地；蠢蠢生齿之类，得见太平。伏望圣慈，授臣近地别镇。臣男文显等早膺朝奖，皆忝郡符，牙校宾僚，久经驱策，各希玄造，稍霑鸿私。"太宗优诏嘉纳之。以洪进为武宁军节度、同平章事，留京师奉朝请。诸子皆授以近郡，赐白金万两，各令市宅。

明年，从平太原。六年，封杞国公。雍熙元年，进封岐国公。洪进年老，富贵且极，上言求致仕，优诏免其朝请。二年，以疾卒，年七十二。废朝二日，赠中书令，谥曰忠顺，中使护丧，葬事官给。

洪进在泉州，日方昼，有苍鹤翔集内斋前，引吭向洪进。洪进视之，有鱼鲠其喉，即以手探取之，鱼犹活，鹤驯扰斋中数日而后去，人皆异之。

洪进弟铦，初为泉州都指挥使。开宝四年，授漳州刺史，入贡至宿州，卒。铦子文琏，供奉官、阁门祗候。

文显字仲达。洪进领漳、泉节制，署左神机指挥使，迁泉州马步军都军使、右军押衙。乾德初，朝命平海军节度副使，累加检校太保。洪进归朝，授文显通州团练使、知泉州。未几代还。时太宗征太原，朝于行在。久之，出为青齐庐寿、西京水南北、陕州四州都巡检使。

文显与诸弟不睦，咸平初，御史中丞李惟清抗疏曰："文显等并分符竹，委以方面，一门荣盛，当世罕侪。先人之坟土未干，私室之风规大坏；弟兄列讼，骨肉为仇，官奉私藏，同居异爨，屡经赦宥，而久积人言。文显首起讼端，当律文尊长之坐，乞置散秩，以警浮俗。"诏曰："文显等颇伤名教，合置邦刑，以其父有忠勋，未忍捐弃，宜赐诚谕，许其改过。傥无悛革，当正简书，令御史台告谕之。"以疾改通许镇都监。六年，卒，年六十五。子宗宪，历虞部员外郎，为西京作坊使；宗元，殿中丞。

文颛，初为泉州右军散兵马使、衙内都指挥使。俄权知漳州，朝命漳州刺史，凡七年，求还泉州，署行军司马。

开宝末，江南平，洪进遣第三子文颢入贡，文颢不欲行，乃遣文颛。至京师，自陈愿留以俟父入觐，太祖嘉之。及洪进归朝，授文颛房州刺史，会升房州为节镇，换康州刺史。端拱初，出知同州，钱若水为从事，文颛深礼之，委以郡政。咸平初，知耀州，又徙徐州，坐用刑失入，责授左武卫大将军、知涟水军。上念其父纳土效顺，复以为康州刺史，留京师。

大中祥符初，议东封，以濮州驰道所出，命知州事，顿置供拟颇勤至，诏褒之。驾至，召见劳问。礼毕，改衡州刺史，特给内地刺史奉料，未几代还。以老疾累表求致仕，诏免朝谒，岁给公费及月廪并如故。六年，卒，年七十二。

文颢，始为泉州衙内都指挥使、知漳州。洪进归朝，授滁州刺史，仍旧知州。俄召归，奉朝请。景德中，换光州，以久次，领和州团练使，历知海濮潍沂黄五州、信阳军，所至无能称。卒年七十一。录其子宗绥为大理评事，孙永弼、永昇为三班借职，次子宗缵太子中舍。

文顼，本文显子。初，洪进在泉州，有相者言一门受禄，当至万石。时洪进与三子皆领州郡，而文顼始生，乃以文顼为子，欲应其言。初补泉州衙内都校，又为衙内都监使，朝命领顺州刺史，归朝为登州刺史。沧、棣有寇盗，命为巡检使。会以禁军大校赵延溥为登州团练使，文顼改舒州刺史。淳化三年，卒，年三十五。文顼颇知书，亦工画。子宗绎，为殿中丞。

卷四百八十四
列传第二百四十三

周三臣

韩通　李筠　李重进

《五代史记》有《唐六臣传》，示讥也。《宋史》传周三臣，其名似之，其义异焉，求所以同，则归于正名义、扶纲常而已。韩通与宋太祖比肩事周，而死于宋未受禅之顷，然不传于宋，则忠义之志何所托而存乎？李筠、李重进旧史书叛，叛与否未易言也，洛邑所谓顽民，非殷之忠臣乎？孔子定《书》，不改其旧称焉。或曰：三人者尝臣唐、晋、汉矣。曰：智氏之豫让非欤！作《周三臣传》。

韩通，并州太原人。弱冠应募，以勇力闻，补骑军队长。晋开运末，汉祖建义于太原，置通帐下。寻从汉祖至东京，累迁为军校。汉祖典卫兵，以通为衙队副指挥使，从讨杜重威，得银青阶，检校国子祭酒。汉祖开国，加检校左仆射。隐帝即位，迁奉国指挥使。

乾祐初，周祖为枢密使，统兵伐河中。知通谨厚，命之自随，先登，身被六创，以功迁本军都虞候。周祖镇大名，奏通为天雄军马步军都校，委以心腹，及入汴，通甚有力焉。授奉国左第六军都校，领雷州刺史。

广顺初，为虎捷右厢都校，迁左厢，充孟州巡检，继领永、睦二州防御使。周祖亲征兖州，以通为京右厢都巡检。时河溢，灌河阴城，命通率广锐卒千二百浚汴口，又部筑河阴城，创营壁。未几，拜保义军节度观察留后，周祖亲郊，正授节度。并州刘崇南侵，命通副河中王彦超出晋州道击之，败于高平。以通为太原北面行营部署，为地道攻其城。俄班师，移镇曹州，检校太保。

世宗即位，以深、冀之间有胡芦河，东西横亘数百里，堤堨非峻，不能扼契丹奔突。显德二年，命通与王彦超浚治之，功未就，契丹至，通出兵迎击退之，遂城李晏口为静安军，四旬而完。又城束鹿及鼓城，并葺祁州。时大兵之后，遗骸布野，通悉收瘗为万人冢。又城博野、安平，往来深、定间，夜宿古寺，昼披荆棘。在安平领百余骑督役，会契丹骑数百奄至，通率麾下与战，日暮大风雨，契丹解去，擒十余骑。又城百八桥镇及武强县，皆旬日毕。归朝，会攻秦、凤，以通为西南面行营马步军都虞候，入大散关，围凤州，分兵城固镇，以断蜀饷道。未几，拔凤州，以功授侍卫马步军都虞候。

世宗征淮南，命通为京城都巡检。世宗以都城狭小，役畿甸民筑新城，又广旧城街道。命左龙武统军薛可信、右卫上将军史侁、右监门卫上将军盖万、右羽林将军康彦环分督四面，通总领其役。功未就，世宗幸淮上，留通为在京内外都巡检、权点检侍卫司。是役也，期以三年，才半岁而就。三年，追叙秦、凤功，改领忠武军节度、检校太傅，又改侍卫马步军都虞候。世宗幸寿春，为京城内外都巡检。淮南平，为归德军节度。

六年春，诏通河北按行河堤，因发徐、宿、宋、单等州民浚汴渠数百里。世宗将北征，命通与高怀德、张铎先赴沧州，赐袭衣、金带、鞍马、器帛。即领兵入契丹境乾宁军之南。俄为陆路都部署，殿前都虞候石守信副焉。又命通巡北边，自浮阳至淤口浦坏坊三十六，遂通瀛、莫。初克益津关，以为霸州，役滨、棣民数千城之，命通董其役。师还，以为检校太尉、同平章事，充侍卫亲军马步军副都指挥使。恭帝即位，移领郓州。

太祖奉诏北征，至陈桥为诸军推戴。通在殿阁，闻有变，惶遽而归。军校王彦昇遇通于路，策马逐之，通驰入其第，未及阖门，为彦昇所害，妻子皆死。太祖闻通死，怒彦昇专杀，以开国初，隐忍不及罪。即下诏曰："易姓受命，王者所以应期；临难不苟，人臣所以全节。故周天平军节度、检校太尉、同中书门下平章事、侍卫亲军马步军副都指挥使韩通，振迹戎伍，委质前朝，彰灼茂功，践更勇爵。夙定交于霸府，遂接武于和门，艰险共尝，情好尤笃。朕以三灵眷佑，百姓乐推，言念元勋，将加殊宠，苍黄遇害，良用恻然。可赠中书令，以礼收葬。遣高品梁令珍护丧事。"

通性刚而寡谋，言多忤物，肆威虐，众谓之"韩瞠眼"。其子颇有智略，幼病伛，人目为"橐驼儿"。见太祖有人望，常劝通早为之所，通不听。后太祖幸开宝寺，见通及其子画像于壁，遽命去之。

李筠，并州太原人。善骑射。后唐秦王从荣判六军诸卫，募勇士为爪牙，筠操弓矢求见。弓力及百斤，府中无能挽者，从荣令筠射，引满有余力，再发皆中，因以隶麾下。从荣难作，筠骑从至天津桥，射杀十数人，知事不济，弃马遁去。清泰初，应募为内殿直，迁控鹤指挥使。

晋开运末，契丹犯汴京，其将赵延寿闻筠骁勇，召置帐下。及契丹主北归，死栾城，延寿至常山，为永康王所絷。契丹众数万，据常山，后北去。留耶律解里，众才二千骑，又分别部首领杨衮以千骑掠邢、洺。来还中朝士大夫多在城中，契丹与汉相杂，解里性贪恣自奉，削汉军日食，众皆菜色。筠乘其怨，密与王玘、石公霸、何福进等谋，以闰七月二十九日伺契丹守阍者旦食，撞寺钟为期，相率入据兵库，次焚牙门，大呼市人，并力击焉。契丹众大惊，由北门而出，解里趣族乘列之于野。明日集众入郭力战，属晋士卒分掠，唯控鹤一军与市民御之，死伤相继。午后，郭外民千余知契丹奔败者，持兵趣其族乘，将劫之，守者入郭驰告，解里闻之，遂挈族而去。初，筠建谋约诸将同力，控鹤左厢都校白再荣首匿于室不敢应，筠拔佩刀破幕引臂迫之，再荣不得已而行，诸将次第赴之。及契丹去，百姓死者二千余人。诸将互伐其功，筠诣故相冯道请权领节度事，道曰："子主奏事而已，留后事当议功臣为之。"道恐诸将争功复乱，乃以再荣前职贵加诸将，权推为留后，人心遂定。是战，筠功居多，即送款汉祖，以其子赴朝，汉祖深赏之。以控鹤一军力战，优加赐与，授再荣留后，筠博州刺史。筠以赏薄不悦。

周祖镇大名，表为先锋指挥使，又为北面缘边巡检。周祖起兵入汴，筠同郭崇从，与慕容彦超战于留子陂，彦超东奔。广顺初，权知滑州，俄真拜义成军节度。数月，改彰德军节度。会并人侵晋州，王峻率师往拒，筠亦请西征，诏褒之。又乞免黄泽关商税，奏可。周祖征兖，还次濮，筠因朝，献马，赐袭衣、金带。从至澶，宴讫遣还。及召潞州常思入朝，命筠权知军府，思改宋、亳，以筠为昭义军节度。三年，加检校太傅。时王峻兼节制，以筠及王殷、何福进皆创业功臣，故并加恩焉。显德初，周祖亲郊，加同平章事。

世宗即位，并人入侵，其将张晖率先锋自团柏谷入营梁侯驿，攻劫堡栅，所至焚略荡尽，筠遣护军穆令均率步骑二千拒之。令均营于太平驿，驿东南距潞八十里，失于侦逻，晖凌晨奄至，潞兵被甲介马，晖见之佯退，潞兵追之，并伏遂发。令均且斗且却，步卒降并者数百人，骑不复者百人，余众还保潞。世宗亲征沁州，降之，命筠率沁之行营兵赴太原，符彦卿戍忻口，扼契丹援兵。彦卿请益师，诏筠与张永德以三千骑益之，既至，以偏师绕契丹后，奋击走之。师还，加兼侍中。

二年，筠破并军于榆社，获其将安潜、康超等七十余人。三年，筠遣行军司马范守图率兵入辽州界，杀并卒三百余，获小校数人以献。四年，又遣守图入河东界，降二砦。五年，筠自将入石会关，破并人六砦。是冬，又破辽州长清砦，擒其磁州刺史李戴兴以献。俄又败并人于境，斩三百余级。六年，平辽州，获刺史张丕旦等二百四十五人以献。筠在镇擅用征赋，颇集亡命，尝以私忿囚监军使，世宗心不能堪，但诏责而已。恭帝即位，加检校太尉。是秋，令裨将刘继忠将兵与吐浑入并境，平贾家砦，斩百余级，获牛羊而还。

太祖建隆初，加兼中书令，遣使谕以受周禅。筠即欲拒命，左右为陈历数，方僶俛下拜，貌犹不恭。及延使者升阶，置酒张乐，遽索周祖画像悬壁，涕泣不已。宾佐惶骇，告使臣曰："令公被酒失其常性，幸勿为讶。"及太原刘钧以蜡书结筠共举兵，筠虽缄书上太祖，心已畜异谋，太祖手诏慰抚之。是时，筠子守节为皇城使，尝泣谏，筠不听。太祖又遣守节谕旨曰："吾闻汝谏汝父，汝父不听，吾今杀汝，何如汝归语汝父，我未为天子时，任自为之，既为天子，独不能臣我耶？"守节白筠，筠谋愈甚，遂起兵，令幕府为檄书，辞多不逊。从事闾丘仲卿献策于筠曰："公以孤军举事，其势甚危，虽倚河东之援，亦恐不得其力。大梁兵甲精锐，难与争锋。不如西下太行，直抵怀、孟，塞虎牢，据洛邑，东向而争天下，计之上也。"筠曰："吾周朝宿将，与世宗义同昆弟，禁卫皆旧人，闻吾之来，必倒戈归我，况有儋珪枪、拨汗马，何忧天下哉。"儋珪，筠爱将，有勇力，善用枪；拨汗，筠骏马，日驰七百里，故筠夸焉。执监军毫州防御使周光逊、闲厩使李廷玉，遣判官孙孚、衙校刘继忠送于刘钧求济师。又遣人杀泽州刺史张福，往据其城。

刘钧遂率兵与契丹数千众来援，至太平驿，筠以臣礼迎谒，见钧兵卫寡弱，甚悔之，而业已然矣。钧封筠西平王，赐马三百匹，召与之语，筠自言受周祖大恩，敢爱死不瘳。钧与周祖有世仇，钧默然，遂疑之。命其宣徽使卢赞监筠军，筠心不能平，颇与赞不协，钧复命平章事卫融和解之。

筠有马三千匹，辟鞠场阅习，日夜谋画为寇。留其子守节守上党，引众南向。太祖遣石守信、高怀德将兵讨之。敕曰："勿纵筠下太行，急进师扼其隘，破之必矣。"又遣慕容延钊、王全斌由东路会守信，与监军李崇矩破筠众于长平，斩首三千级。又攻大会砦，下之。

太祖遂亲征。山路险峻多石不可行，太祖先于马上负数石，群臣六军皆负之，即日平为大道。与守信、怀德会，破筠众三万于泽南，降者三千余，杀筠监军使卢赞，擒筠河阳节度范守图，筠走还保泽。太祖至，列栅围之，筠龙捷使王廷鲁、吐浑留后汾州团练使王全德率所部自昭义来降，筠益失援。太祖亲督战，拔其城，筠赴火死，获钧相卫融，钧惧而遁归。太祖进伐上党，守节以城降，释其罪，赐袭衣、金带、银鞍勒马。是日宴从官，守节预焉，以为单州团练使；以昭义军节度副使赵处愿为郓州刺史，节度判官孙孚为屯田郎中；观察判官史文通为水部郎中；前辽州衙内指挥使马廷禹为右监门卫将军，领壁州刺史。

筠性虽暴，事母甚孝，每怒将杀人，母屏风后呼筠，筠趋至，母曰："闻将杀人，可免乎？为吾曹增福尔。"筠遽释之。筠稍知书，颇好调谑。初名荣，避周世宗讳，

改之，或令名"筠"，筠曰："李筠，李筠，玉帛云乎哉。"闻者皆笑。

筠有爱妾刘氏，随筠至泽，时被攻城危，刘谓筠曰："城中健马几何？"筠曰："尔安问此？"刘曰："孤城危蹙，破在俄顷，今诚得马数百，与腹心溃围，出保昭义，求援河东，犹愈于坐待死也。"筠然之。召左右计马尚不减千匹，以是夕将出，或谓筠曰："今帐前计议，皆云一心，县门既发，不可保矣，傥劫公而降，悔其可及。"筠犹豫不决。明日城陷，筠将赴火，刘欲俱死，筠以其有娠，麾令去。守节既购得之，果生子焉。

字节字得臣，初补东头供奉官。广顺中，尝以心疾乘醉击杀供御白鹘，筠上章待罪，诏释之。四迁至皇城使，历单、济二州团练使。乾德六年，出知辽州。开宝三年，改和州团练使。四年，卒，年三十三。无后，以刘氏所生之弟为嗣。

李重进，其先沧州人。周太祖之甥，福庆长公主之子也，生于太原。晋天福中，仕为殿直。汉初，从周祖征河中。广顺初，迁内殿直都知，领泗州刺史，改小底都指挥使。二年，改大内都点检、权侍卫马步军都军头，领恩州团练使，迁殿前都指挥使。三年，加领泗州防御使。显德初，领武信军节度。

重进年长于世宗，及周祖寝疾，召重进受顾命，令拜世宗，以定君臣之分。世宗嗣位，为侍卫亲军马步军都虞候。从世宗征刘崇，战于高平，不利，大将樊爱能、何徽以其众遁，唯重进与白重赞勒兵不动。既而太祖先以麾下犯敌，重赞继领所部力战，世宗躬率卫兵合势，周师复振，崇遂大败。以功领忠武军节度。及进讨太原，又为行营马步军都虞候。师还，加同中书门下平章事，改归德军节度兼侍卫马步军都指挥使。

世宗亲征淮南，命重进将兵先赴正阳。俄闻李榖攻寿春不克，退保正阳，促重进兵助之。吴人以谷退为惧，乃发兵三万余，旌旗辎重亘数百里；又发战棹二百艘以张断桥之势，列阵鼓噪而北，横布拒马以万数，皆贯以利刃，维以铁索；又刻木为战形，立阵前，号"捷马牌"，皮囊贮铁蒺藜以布战地。时周师未朝食，吴师奄至，周师望其阵皆笑之。宣祖领前军与重进、韩令坤合势击之，一鼓而败，斩首万余级，追奔二十余里，杀大将刘彦贞，擒裨将咸师朗数十人，降三千人，获戈甲三十万。世宗大悦，诏书褒谕，即以重进代谷为行营招讨使，赐袭衣、金带、玉鞍、名马。

三年，以重进为庐、寿等州招讨使。时李继勋主寿春，重进驻军城北，闻城南洞屋为淮人所焚，将议退军。会太祖自六合归，道出寿州，因驻师旬余，重进倚以为援，兵威复振。吴人大惧，以重进色黔，号"黑大王"。

张永德屯下蔡，与重进不协。永德每宴将吏，多暴重进短，后乘醉谓重进有奸谋，将吏无不惊骇。永德密遣亲信乘驿上言，世宗不之信，亦不介意。二将俱握重兵，人情益忧恐。重进遂自寿阳单骑直诣永德帐中，命酒饮，亲酌谓永德曰："吾与公皆国家肺腑，相与戮力，同奖王室，

公何疑我之深也。"永德意解，二军皆安。李景知之，密令人赍蜡书诱重进，啖以厚利，重进表其事。时行濠州刺史齐藏珍亦说重进，世宗知之，假他事诛藏珍。

诏重进夹淮城正阳、下蔡，既成，上其图。俄又败淮兵二千余于塌山北。时围寿经年未下，吴遣将许文缜、边镐舟师数万，泝淮来援。文缜维舟淮南，据紫金山，山距寿数里，设十余砦，连亘相望，与城中烽火相应，又南筑夹道，将抵寿为馈路。重进伺其城北展砦，出兵击之，败五千余众，夺二砦，获器甲甚众。世宗幸寿，宴从官，召重进赐戎服、玉带、金银器、缯彩、鞍勒马。及克寿，录功加检校太傅兼侍中，又改天平军节度，仍为招讨使。

四年，攻取濠州南关城，其团练使郭廷谓以兵万余降，获粮数万斛。从平楚州，命先还扬州。五年，世宗在迎銮，遣重进将兵赴庐州。会李景请画江为界，世宗遂还，留重进戍守，景遣人以牛酒来犒，俄乃还镇。六年，世宗北征，次博州，重进来朝，赐宴行宫，即命将兵先趣北面，及世宗驻瓦桥关，重进与诸将率师而至。时关南已平，议进取幽州，会世宗不豫而止。即命率所部赴河东，次百井路，败并人五千余，斩二千余级。恭帝嗣位，加检校太尉，改淮南道节度。

太祖即位，以韩令坤代为侍卫都指挥使，加重进中书令。既而移镇青州，加开府阶。重进与太祖俱事周室，分掌兵柄，常心惮太祖。太祖立，愈不自安，及闻移镇，阴怀异志。太祖知之，遣六宅使陈思诲赍赐铁券，以安其心。重进欲治装随思诲入朝，为左右所惑，犹豫不决。又自以周室近亲，恐不得全，遂拘思诲，治城隍，缮兵甲，遣人求援李景，景惧而不纳，闻之太祖。监军安友规常为重进所忌，至是友规谋与亲信数人斩关出，为众所拒，逾城得脱。重进捕军校不附者数十人，尽杀之。

太祖遣石守信、王审琦、李处耘、宋偓四将率禁兵讨重进。会友规至，赐袭衣、金带、器币、鞍马，以为滁州刺史，监前军。太祖谓左右曰："朕于周室旧臣无所猜间，重进不体朕心，自怀反侧，今六师在野，当暂往慰抚之尔。"遂亲征，次大仪顿。石守信遣使驰奏，扬州破在旦夕，愿车驾临幸。太祖径至城下，即日拔之。初，城将陷，重进左右劝杀思诲，重进曰："吾今举族将赴火死，杀此何益。"即纵火自焚，思诲亦为其党所害。太祖入驻城西南，阅逆党数百人，尽戮之。重进兄深州刺史重兴，闻其叛，自杀。弟解州刺史重赟、子尚食使延福并戮于市。

初，重进谋举兵，遣亲吏翟守珣往潞，阴结李筠。守珣素识太祖，往还京师，潜诣枢密承旨李处耘求见，太祖问曰："我欲赐重进铁券，彼信我乎？"守珣曰："重进终无归顺之志。"

太祖厚赐守珣，许以爵位，且令说重进缓其谋，无令二凶并作，以分兵势。守珣归，劝重进养威持重，未可轻发，重进甚信之。及李筠诛，重进反书闻，并如太祖之策，其不信铁券，亦如守珣所云。扬州既平，购得守珣，补殿直，俄为供奉官。

又有张崇诘者，周广顺初，为枢密承旨。二年，出为解州刺史、两池権盐使，多规画盐池利害。显德三年，改德州，又改泗州、泽州。崇诘本名崇训，恭帝嗣位，避讳改焉。重进赴淮南时，道出泗上，崇诘说以畜兵完城之计。重进败，事露，诏捕之，弃市，籍其家。

卷四百八十五
列传第二百四十四

外国一

夏国上

昔唐承隋后，隋承周、齐，上溯元魏，故西北之疆有汉、晋正朔所不逮者，然亦不过使介之相通、贡聘之时至而已。唐德既衰，荒服不至，五季迭兴，纲纪自紊，远人慕义，无所适从。宋祖受命，诸国削平，海内清谧。于是东若高丽、渤海，虽阻隔辽壤，而航海远来，不惮跋涉。西若天竺、于阗、回鹘、大食、高昌、龟兹、拂林等国，虽介辽、夏之间，筐篚亦至，屡勤馆人。党项、吐蕃唃厮啰董毡瞎征诸部，夏国兵力之所必争者也，宋之威德亦暨其地，又间获其助焉。交阯、占城、真腊、蒲耳、大理滨海诸蕃，自刘𨱇、陈洪进来归，接踵修贡。宋之待遇亦得其道，厚其委积而不计其贡输，假之荣名而不责以烦缛；来则不拒，去则不追；边围相接，时有侵轶，命将致讨，服则舍之，不黩以武。先王柔远之制岂复有加于是哉！南渡以后，朔漠不通，东南之隩以及西鄙，冠盖犹有至者。交人远假爵命，讫宋亡而后绝焉。

女直在宋初屡贡名马，他日强大，修怨于辽，其索叛臣阿疎，责还所掠宋诏，犹知以通宋为重；及渝海上之盟，寻构大难，宋遂为所绁辱，岂非自取之过乎！前宋旧史有《女直传》，今既作《金史》，义当削之。夏国虽偭乡不常，而视金有间，故仍旧史所录存焉。

李彝兴，夏州人也，本姓拓跋氏。唐贞观初，有拓跋赤辞者归唐，太宗赐姓李，置静边等州以处之。其后析居夏州者号平夏部。唐末，拓跋思恭镇夏州，统银、夏、绥、宥、静五州地，讨黄巢有功，复赐李姓。思恭卒，弟思谏代为定难军节度使。思谏卒，思恭孙彝昌嗣。梁开平中，彝昌遇害，将士立其族子蕃部指挥仁福。仁福卒，子彝超嗣。事具《五代史》。

彝兴，彝超之弟也，本名彝殷，避宋宣祖讳，改"殷"为"兴"。初为行军司马，清泰二年，彝超卒，遂加定难军节度使。晋初，加同平章事。开运初，授契丹西南招讨使。汉初，加兼侍中。周初，加中书令。显德初，封西平王。世宗即位，加太保。恭帝初，加太傅。

宋初，加太尉。北汉刘钧结代北诸部来寇麟州，彝兴遣部将李彝玉会诸镇兵御之，钧众遂引去。建隆初，献马三百匹，太祖大喜，亲视攻玉为带，且召使问曰："汝帅腹围几何？"使言："彝兴腰腹甚大。"太祖曰："汝帅真福乾德五年，卒，太祖废朝三日，赠太师，追封夏王。子克睿立。

克睿初名光睿，避太宗讳改"光"为"克"。彝兴之卒，自权知州事，授检校太保、定难军节度使。

开宝九年，率兵破北汉吴堡砦，斩首七百级，获牛羊千计，俘砦主侯遇以献，累加检校太尉。

太平兴国三年，卒，太宗废朝二日，赠侍中。子继筠立。

继筠，初为衙内都指挥使、检校工部尚书。克睿卒，自权知州事，授检校司徒、定难军节度观察留后。太宗征北汉，继筠遣银州刺史李光远、绥州刺史李光宪率蕃、汉兵列阵渡河，略太原境以张军势。

太平兴国五年，卒，弟继捧立。

继捧立，以太平兴国七年率族人入朝。自上世以来，未尝亲觐者，继捧至，太宗甚嘉之，赐白金千两、帛千匹、钱百万。祖母独孤氏亦献玉盘一、金盘三，皆厚赉之。继捧陈其诸父、昆弟多相怨，愿留京师。乃遣使夏州护缌麻已上亲赴阙，授继捧彰德军节度使，并官其昆弟夏州蕃落指挥使克信等十二人有差，遂曲赦银、夏管内。太宗尝宴群臣苑中，谓继捧曰："汝在夏州用何道以制诸部？"对曰："羌人鸷悍，但羁縻而已，非能制也。"弟权知夏州克文来朝，以唐僖宗所赐其祖思恭铁券及朱书御札来上，改博州防御使。初，继捧之入也，弟继迁出奔，及是，数来为边患。有言继迁悉知朝廷事，盖继捧泄之。乃出为崇信军节度使，克宪为道州防御使，克文遣归博州，并选常参官为通判，以专郡政。

端拱初，改感德军节度使。屡发兵讨继迁不克，用宰相赵普计，欲委继捧以边事，令图之。因召赴阙，赐姓赵氏，更名保忠，太宗亲书五色金花笺以赐之，授夏州刺史，充定难军节度使、夏银绥宥静等州观察处置押蕃落等使。赐金器千两、银器万两，并赐五州钱帛、刍粟、田园。保忠辞日，宴于长春殿，赐袭衣、玉带、银鞍马、锦彩三千匹、银器三千两，又赐锦袍、银带五百，副马百匹。至镇数月，上言继迁悔过归款，乃授继迁官，然实无降心也。二年，加保忠特进、同中书门下平章事。

淳化初，与继迁战于安庆泽，继迁中流矢遁去。保忠乞师御继迁，遣商州团练使翟守素率兵援之。赐保忠茶百斤、上酝十斛。乃献白鹘，名海东青，以久罢畋猎，诏慰还之。

五年，继迁攻灵州，遣侍卫马军都指挥使李继隆讨之。保忠先挈其母与妻子壁野外，乃上言与继迁解怨，献马五十匹，乞罢兵。帝览奏，立遣中使督继隆进军。及兵压境，保忠反为继迁所图，欲并其众，缚牙校赵光祚，袭其营帐。保忠方寝，闻难作，单骑走还城，为大校赵光嗣闭于别室，且开门迎继隆，乃执保忠送阙下，待罪崇政殿庭。帝诘责数四，释之，赐冠带、器币，并赐其母金银器

以抚之。寻责授右千牛卫上将军，封宥罪侯，赐第京师。保忠状貌雄毅，居环列，奉朝请，常怏怏不自得。

咸平中，丁内艰，以本官起复，迁右金吾卫上将军，判岳州，移复州。

景德元年病剧，上言有子永哥不肖，乞配春州。帝以其病语，乃授永州别驾，诏监军察之。寻卒，赠威塞军节度使。克文亦死，赠岳州防御使。

天禧四年，录其孙从吉为三班奉职。

继迁，继捧族弟也。高祖思忠，尝从兄思恭讨黄巢，拒贼于渭桥，表有铁鹤，射之没羽，贼骇之，遂先士卒，战没，僖宗赠宥州刺史，祠于渭阳。曾祖仁颜，仕唐，银州防御使。祖彝景嗣于晋。父光俨嗣于周。建隆四年，继迁生于银州无定河，生而有齿。开宝七年，授定难军管内都知蕃落使。

继捧之归宋，时年二十，留居银州，及使至，召缌麻亲赴阙，乃诈言乳母死，出葬于郊，遂与其党数十人奔入地斤泽，泽距夏州东北三百里。

太平兴国八年，知夏州尹宪与都巡检曹光实侦知，夜袭破之，斩首五百级，焚四百余帐。继迁与其弟遁免，获其母与妻。继迁复连娶豪族，转迁无常，渐以强大，而西人以李氏世著恩德，往往多归之。继迁因语其豪右曰："李氏世有西土，今一旦绝之，尔等不忘李氏，能从我兴复乎？"众曰："诺。"遂与弟继冲、破丑重遇贵、张浦、李大信等起夏州，乃诈降，诱杀曹光实于葭芦川，遂袭银州据之，时雍熙二年二月也。三月，破会州，焚毁城郭而去。

三年，辽以义成公主嫁继迁，册为夏国王。四年，知夏州安守忠以三万众战于王亭镇，败绩，继迁追至城门而返。端拱元年，继捧之节制复台，言能款，即授洛苑使、银州刺史。

淳化初，复与继捧战于安庆泽，不利。转攻夏州，继捧乞师，及翟守素来，又奉表归款，授银州观察，赐名保吉，子德明管内蕃落使、行军司马。

淳化四年，转运副使郑文宝议禁盐池，用困继迁。数月，边人四十二族万余骑寇环州，屠小康堡，太宗乃遣钱若水弛其禁，因抚慰之。

五年正月，继迁徙绥州民于平夏，部将高文岯等因众不乐反，攻败之。继迁复围堡砦，掠居民，焚积聚，遂攻灵州，诏遣李继隆等进讨。继迁夜袭保忠，走之，获其辎重以归。七月，乃献马以谢。又遣弟廷信献马、橐驼，太宗抚赉甚厚，遣内侍张崇贵诏谕，赐茶药、器币、衣物。

至道初，遣左都押衙张浦以橐驼、良马来献。太宗令卫士翘关、超乘、引强、夺槊于后园，俾浦等观，且令兵士皆拓两石弓。帝笑问浦曰："羌人敢敌否？"浦曰："羌部弓弱矢短，但见此长大人则已遁矣，况敢敌乎！"继迁乞禁边盗掠，诏令谨守疆场，还所盗物。遣阁门副使冯讷、中使贾继隆持诏拜继迁鄜州节度使，不受。乃以浦为郑州团练，留京师。继迁表郑文宝诱其部长鬼啰、鬼悉，遂贬文宝蓝山令。继迁以千骑攻清远军，守臣张延击退之。

二年春，命洛苑使白守荣等护送刍粟四十万于灵州，

且令车重先后作三队,丁夫持弓矢自卫,士卒布方阵以护之,遇敌则战,可以无失。复令会州观察使田绍斌率兵应援。而守荣乃并为一运,继迁邀击于浦洛河,绍斌不救,众溃,运馈尽为继迁所得。太宗闻之怒。四月,复命李继隆为环、庆等州都部署。会四方馆使曹璨自河西至,言继迁众万余围灵武,城中上表告急,为继迁所得,遂顿兵不去。时朝议或云率轻骑三道捣平夏;或云暑涉旱海无水泉,粮运艰辛,不如静以待之,帝不听。九月,亲部分诸将,继隆出环州,丁罕出庆州,范廷召出延州,王超出夏州,张守恩出鄜州,五路进讨,直抵平夏。继隆以环州路迂,乃自青冈峡绕灵武径趋平夏,兵行数日,与丁罕合,又行十余日无所见,乃引还。张守恩遇之,不战而遁。王超、范廷召遇之于乌白池,大小数十战,不利,诸将失期,士卒困乏。继迁复令军主史不乱驻屯橐驼口以阻归宋人,继隆遣田敏等击之。

咸平春,继迁复表归顺。真宗乃授夏州刺史、定难军节度、夏银绥宥静等州观察处置押蕃落等使,加邑千户,实封二百户,益功臣号,乃放张浦还。复遣押衙刘仁谦表让恩命,诏不允,赐仁谦锦袍、银带。寻遣弟继瑷来谢恩,授继瑗亳州防御使,封继迁母卫嘉氏卫国太夫人,子德明为定难军节度行军司马。未几,复抄边。

四年,麟府副部署曹璨率熟户兵邀继迁辎重于柳拨川,杀获甚众。九月,来攻破定州、怀远县及堡静、永州,清远军监军段义叛,城遂陷。五年三月,继迁大集蕃部,攻陷灵州,以为西平府。

六年春,遂都于灵州,诏遣张崇贵、王涉议和,割河西银、夏等五州与之。六月,复以二万骑围麟州,诏金明巡检李继周击之。围未解,麟州部署请济师,真宗阅地图曰:"麟州依险,三面孤绝,戮力可守,但城中乏水可忧耳。"乃遣兵走援。继迁果据水砦,薄城已五日。知州卫居宝出奇兵突战,绐勇士城下,城上鼓噪,矢石如注,杀伤万余人,继迁乃拔去。遂率众攻西蕃,取西凉府,都首领潘罗支伪降,继迁受之不疑。罗支遽集六谷蕃部及者龙族合击之,继迁大败,中流矢。八月,复聚兵浦洛河,声言攻环州,诏张凝等分兵以待之。

景德元年正月二日卒,年四十二,子德明立。祥符五年,德明追上继迁尊号曰应运法天神智仁圣至道广德孝光皇帝。元昊追谥曰神武,庙号太祖,墓号裕陵。

德明小字阿移,母曰顺成懿孝皇后野利氏,即位于柩前,时年二十三。边臣以德明初立,乞诏抚之,因赐诏令审图去就。又诏蕃族万山、万遇、庞罗逝安、万子都虞候、军主吴守正马尾等,能率部下归顺者,授团练使,银万两、绢万匹、钱五万缗、茶五千斤;其有亡命叛去者,释罪甄录。既而康奴莶移等率属来降。德明遣牙将王旻奉表归顺,赐旻锦袍、银带,遣侍禁夏居厚持诏答之,因诏河西羌族各守疆场。德明连岁表归顺。

三年,复遣牙将刘仁勖奉誓表请藏盟府,且言父有遗命。帝嘉之,乃授特进、检校太师兼侍中、持节都督夏州诸军事、行夏州刺史、上柱国,充定难军节度、夏银绥宥静等州管内观察处置押蕃落等使,西平王,食邑六千户,食实封一千户,仍赐推忠保顺亮节翊戴功臣。遣内侍左右班都知张崇贵、太常博士赵湘等充旌节官告使,赐袭衣、金带、银鞍勒马、银万两、绢万匹、钱三万贯、茶二万斤,给奉如内地。因责子弟入质,德明谓非先世故事,不遣。乃献御马二十五匹、散马七百匹、橐驼三百头谢恩。

四年,又献马五百匹、橐驼三百头,谢给奉廪,赐袭衣、金带、器币。及请使至京市所需物,从之。五月,母罔氏薨,除起复镇军大将军、右金吾卫上将军,员外置同正员,余如故。以殿中丞赵稹为吊赠兼起复官告使,德明以乐迎至柩前,明日释服,涕泣对使者自陈感恩。及葬,请修供五台山十寺,乃遣阁门祗候袁瑀为致祭使,护送所供物至山。复献马五百匹,助修章穆皇后园陵。

大中祥符元年,以天书降,加赐守正功臣,益食邑一千户,食实封四百户。俄境内旱,诏权场勿禁西人市粮,以振其乏。东封,又遣使来献,礼成,加兼中书令,益食邑千户,实封四百户。时辽亦遣使册德明为大夏国王。明年,出侵回鹘,恒星昼见,德明惧而还。

三年,境内饥,上表求粟百万,朝议不知所出。时王旦为相,请敕有司具粟百万于京师,诏其来取。德明既得诏,曰:"朝廷有人。"遂止。大起宫室于镟子山。会旱,西攻河州、甘州宗哥族及秦州缘边熟户。遂出大里河,筑栅苍耳平。

四年,祀汾阴,进中书令。五年,圣祖降,加守太保。七年二月,谒太清宫,遣使来献方物,加宣德功臣。八年,筑堡于石州浊轮谷,将建榷场,诏缘边安抚司止之。

九年,因表边臣违约招纳逃亡,云:"自景德中进誓表,朝廷亦降诏书,应两地逃民,缘边杂户不令停舍,皆俾交还。自兹谨守翰垣,颇有伦度。自向敏中归阙,张崇贵云亡,后来边臣,罕守旧制,各务邀功,不虞生事,遂致绥、延等界,泾、原以来,擅举兵甲,入臣境土;其有叛亡部族,劫掠主财,去者百无十回。臣之边吏,亦务蔽藏,俱失奏论,渐弃盟约。"诏答已令鄜、延、泾原、环庆、麟府等路约束边部,毋相攻劫,其有隐蔽逃亡,画时勘送。本国亦宜戒部下,毋有藏匿,各遵纪律,以守封疆。

五年,德明追尊继迁为太祖应运法天神智仁圣至道广德光孝皇帝,庙号武宗。七年,甘露降国中。

天禧元年正月,加守太傅,食邑千户,实封四百户。三年春,德明丁继立母忧,除起复如前制,以屯田员外郎上官佖为吊赠兼起复官告使,阁门祗候常希古为致祭使。冬,郊祀,又加崇仁功臣。

四年,辽主亲将兵五十万,以狩为言,来攻凉甸,德明帅众逆拒,败之。五年,辽复遣金吾卫上将军萧孝诚赍玉册金印,册为尚书令、大夏国王。

乾兴元年,加纯诚功臣。德明自归顺以来,每岁旦、圣节、冬至皆遣牙校来献不绝。而每加恩赐官告,则又以袭衣五,金荔支带、金花银匣副之,银沙锣、盆、合千两,锦彩千匹,金涂银鞍勒马一匹,副以缨、复。遣内臣就赐之。又遣阁门祗候赐冬服及颁《仪天具注历》。

明年,攻庆州柔远砦。巡检杨承吉与战不利,命曹玮为环、庆、秦州缘边巡检安抚使御备之。德明城怀远镇为兴州以居。

仁宗即位,加尚书令。德明娶三姓,卫慕氏生元昊,咩迷氏生成遇,讹藏屈怀氏生成嵬。

天圣六年,德明遣子元昊攻甘州,拔之。八年,瓜州王以千骑降于夏。火星入南斗。九年十月,德明卒,时年五十一,追谥曰光圣皇帝,庙号太宗,墓号嘉陵。宋赠太师、尚书令兼中书令,以尚书度支员外郎朱昌符为祭奠使,六宅副使、内侍省内侍押班冯仁俊副之,赙绢七百匹、布三百匹,副以上酝、羊、米、面。将葬,赐物称是,皇太后所赐亦如之。帝与皇太后成服于苑中。子曩霄立。

曩霄本名元昊,小字嵬理,国语谓惜为"嵬",富贵为"理"。母曰惠慈敦爱皇后卫慕氏。性雄毅,多大略,善绘画,能创制物始。圆面高准,身长五尺余。少时好衣长袖绯衣,冠黑冠,佩弓矢,从卫步卒张青盖。出乘马,以二旗引,百余骑自从。晓浮图学,通番汉文字,案上置法律,常携《野战歌》、《太乙金鉴诀》。弱冠,独引兵袭破回鹘夜洛隔可汗王,夺甘州,遂立为皇太子。数谏其父毋臣宋,父辄戒之曰:"吾久用兵,疲矣。吾族三十年衣锦绮,此宋恩也,不可负。"元昊曰:"衣皮毛,事畜牧,蕃性所便。英雄之生,当王霸耳,何锦绮为?"德明卒,即授特进、检校太师兼侍中、定难军节度、夏银绥宥静等州观察处置押蕃落使、西平王,以工部郎中杨告为旌节官告使,礼宾副使朱允中副之。

既袭封,明号令,以兵法勒诸部。始衣白窄衫,毡冠红里,冠顶后垂红结绶,自号嵬名吾祖。凡六日、九日则见官属。其官分文武班,曰中书,曰枢密,曰三司,曰御史台,曰开封府,曰翊卫司,曰官计司,曰受纳司,曰农田司,曰群牧司,曰飞龙院,曰磨勘司,曰文思院,曰蕃学,曰汉学。自中书令、宰相、枢使、大夫、侍中、太尉已下,皆分命蕃汉人为之。文资则幞头、靴笏、紫衣、绯衣;武职则冠金帖起云镂冠、银帖间金镂冠、黑漆冠,衣紫旋襴,金涂银束带,垂蹀躞,佩解结锥、短刀、弓矢韣,马乘鲵皮鞍,垂红缨,打跨钹拂。便服则紫皂地绣盘毬子花旋襴,束带。民庶青绿,以别贵贱。每举兵,必率部长与猎,有获,则下马环坐饮,割鲜而食,各问所见,择取其长。初,宋改元明道,元昊避父讳,称显道于国中。

景祐元年,遂攻环庆路,杀掠居人,下诏约束之。是岁,改元开运,逾月,或告以石晋败亡年号也,乃改广运。元年,母卫慕氏死,遣使来告哀,起复镇军大将军、左金吾卫上将军,员外置同正员。以内殿崇班、阁门祗候王中庸为致祭使,起居舍人郭劝为吊赠兼起复官告使。庆州柔远砦蕃部巡检王通攻破后桥诸堡,于是元昊称报仇。缘边都巡检杨遵、柔远砦监押卢训以兵七百与战于龙马岭,败绩。环庆路都监齐宗矩、走马承受赵德宣、宁州都监王文援之,次节义峰,伏兵发,执宗矩,久之始放归。

二年,加兼中书令。遣其令公苏奴儿将兵二万五千攻唃厮啰,败死略尽,苏奴儿被执。元昊自率众攻猫牛城,一月不下。既而诈约和,城开,乃大纵杀戮。又攻青唐、

安二、宗哥、带星岭诸城,唃厮啰部将安子罗以兵绝归路,元昊昼夜角战二百余日,子罗败,遂取瓜、沙、肃三州。元昊既还,欲南侵,恐唃厮啰制其后,复举兵攻兰州诸羌;侵至马衔山,筑城凡川。

元昊既悉有夏、银、绥、宥、静、灵、盐、会、胜、甘、凉、瓜、沙、肃,而洪、定、威、龙皆即堡镇号州,仍居兴州,阻河依贺兰山为固。始大建官,以嵬名守全、张陟、张绛、杨廓、徐敏宗、张文显辈主谋议,以钟鼎臣典文书,以成逋、克成赏、都卧、掊如定、多多马窦、惟吉主兵马,野利仁荣主蕃学。置十二监军司,委豪右分统其众。自河北至午腊蒻山七万人,以备契丹;河南洪州、白豹、安盐州、罗落、天都、惟精山等五万人,以备环、庆、镇戎、原州;左厢宥州路五万人,以备鄜、延、麟、府;右厢甘州路三万人,以备西番、回纥;贺兰驻兵五万,灵州五万人,兴州兴庆府七万人为镇守,总五十余万。而苦战倚山讹,山讹者,横山羌,平夏兵不及也。选豪族善弓马五千人迭直,号六班直,月给米二石。铁骑三千,分十部。发兵以银牌召部长面受约束。设十六司于兴州,以总庶务。元昊自制蕃书,命野利仁荣演绎之,成十二卷,字形体方整类八分,而画颇重复。教国人纪事用蕃书,而译《孝经》、《尔雅》、《四言杂字》为蕃语。复改元大庆。

宋宝元元年,表遣使诣五台山供佛宝,欲窥河东道路。与诸豪献血约先攻鄜延,欲自德靖、塞门砦、赤城路三道并入,遂筑坛受册,即皇帝位,时年三十。遣潘七布、昌里马乞点兵集蓬子山,自诣西凉府祠神。

明年,遣使上表曰:

臣祖宗本出帝胄,当东晋之末运,创后魏之初基。远祖思恭,当唐季率兵拯难,受封赐姓。祖继迁,心知兵要,手握乾符,大举义旗,悉降诸部。临河五郡,不旋踵而归;沿边七州,悉差肩而克。父德明,嗣奉世基,勉从朝命。真王之号,凤感于颁宣;尺土之封,显蒙于割裂。臣偶以狂斐,制小蕃文字,改大汉衣冠。衣冠既就,文字既行,礼乐既张,器用既备,吐蕃、塔塔、张掖、交河,莫不从伏。称王则不喜,朝帝则是从,辐辏累期,山呼齐举,伏愿一垓之土地,建为万乘之邦家。于时再让靡遑,群集又迫,事不得已,显而行之。遂以十月十一日郊坛备礼,为世祖始文本武兴法建礼仁孝皇帝,国称大夏,年号天授礼法延祚。伏望皇帝陛下,睿哲成人,宽慈及物,许以西郊之地,册为南面之君。敢竭愚庸,常敦欢好。鱼来雁往,任传邻国之音;地久天长,永镇边方之患。至诚沥恳,仰俟俞音。谨遣弩涉俄疾、你斯闷、卧普令济、嵬崖妳奉表以闻。

诏削夺官爵、互市,揭榜于边,募人能擒元昊若斩首献者,即为定难军节度使。又遣贺永年赍嫚书,纳旌节及所授敕告还神明匣,留归嬛族而去。

康定元年,环庆路钤辖高继隆、知庆州张崇俊攻后桥,而柔远砦主武英入自北门,拔之。未几,夏人攻金明砦,执都监李士彬父子。破安远、塞门、永平诸砦,围延州,设伏三川口,执刘平、石元孙、傅偓、刘发、石逊等。

又攻镇戎军，败刘继宗、李纬兵五千。环庆部署任福入白豹城，焚其积聚，破四十一族。

庆历元年二月，攻渭州，逼怀远城。韩琦徼巡边至高平，尽发镇戎兵及募勇士得万人，命行营总管任福等并击之，都监桑怿为前锋，钤辖朱观、都监武英继之。福申令持重，其夕宿三川，夏人已过怀远东南。翌日，诸军蹑其后。西路巡检常鼎、刘肃与夏人对垒于张家堡，怿以骑兵趣之。福分兵，夕与怿为一军，屯奖水川。川与能家川隔在陇山外，观、英为一军，屯笼洛川，相离五里。期以明日会兵，不使夏人一骑通，然已陷其伏中矣。元昊自将精兵十万，营于川口，候者言夏人有砦，数不多，兵益进。诘旦，福与怿循好水川西去，未至羊牧隆城五里，与夏军遇。怿为先锋，见道傍置数银泥合，封袭谨密，中有动跃声，疑莫敢发，福至发之，乃悬哨家鸽百余，自合中起，盘飞军上。于是夏兵四合，怿先犯，中军继之，自辰至午酣战。阵中忽树鲍老旗，长二丈余，怿等莫测。既而鲍老挥右则右伏出，挥左则左伏出，翼之袭之，宋师大败。怿、刘肃及福子怀亮皆战没。小校刘进劝福自拔，福不听，力战死。初，渭州都监赵津将瓦亭塞骑兵三千余为诸将后继。是日，朱观、武英兵会能家川与夏人遇，阵合，王珪自羊牧隆城以屯兵四千五百人助观略阵，阵坚不可动，英重伤，不能出军战。自午至申，夏军益至，东阵步兵大溃，众遂奔。珪、英、津及参军耿傅、队将李简、都监李禹亨、刘均皆死于阵。观以千余人保民垣，发矢四射，会暮，夏军引去。将校士卒死者万三百人，关右震动。军须日广，三司告不足，仁宗为之旰食，宋庠请修潼关以备冲突。秋，夏人转攻河东，及麟、府，不能下，乃引兵攻丰州，城孤无援，遂据之；又破宁远砦，屯要害，绝麟、府饷道。杨偕始请弃河外，保合河津，帝不许。会张亢管勾麟府军马事，破之于柏子，又破之于兔毛川，亢筑十余栅，河外始固。元昊虽数胜，然死亡创痍者相半，人因之点集，财力不给，国中为"十不如"之谣以怨之。元昊乃归塞门砦主高延德，因乞和，知延州范仲淹为书陈祸福以喻之。元昊使其亲信野利旺荣复书，语犹嫚。知延州庞籍言，夏境鼠食稼，且旱，元昊思纳款，遂令知保安军刘拯谕旺荣言："公方持灵、夏兵，倘内附，当以西平茅土分册之。"知青涧城种世衡又遣王嵩以枣及画龟为书置蜡丸中遗旺荣，谕以早归之意，欲元昊得之，疑旺荣。旺荣得之笑曰："种使君亦长矣，何为此儿戏耶！"因嵩窖中岁余。知渭州王沿、总管葛怀敏使僧法淳持书往，而旺荣乃出嵩与教练使李文贵至青涧城，自言用兵以来，资用困乏，人情便于和。籍疑其款吾军，留之数月。

二年，复大入，战于定川，宋师大败，葛怀敏之。直抵渭州，大焚掠而去。诏籍招纳，籍遣文贵还。月余，元昊使文贵与王嵩以其臣旺荣、其弟旺令、嵬名璘、卧誉诤三人书议和，然屈强不肯削僭号，且云"如日方中，止可顺天西行，安可逆天东上。"籍以其言未服，乃令自请，而诏籍复书许之。

明年，遣六宅使伊州刺史贺从勖与文贵俱来，犹称男邦泥定国兀卒上书父大宋皇帝，更名曩霄而不称臣。兀卒，即吾祖也，如可汗号。议者以为改吾祖为兀卒，特以侮玩朝廷，不可许。诏遣邵良佐、张士元、张子奭、王正伦更往议，且许封册为夏国主，而元昊亦遣如定、聿捨、张延寿、杨守素继来。

四年，始上誓表言："两失和好，遂历七年，立誓自今，愿藏盟府。其前日所掠将校民户，各不复还。自此有边人逃亡，亦毋得袭逐。臣近以本国城砦进纳朝廷，其栲栳、镰刀、南安、承平故地及他边境蕃汉所居，乞画中为界，于内听筑城堡。凡岁赐银、绮、绢、茶二十五万五千，乞如常数，臣不复с他相干。乞颁誓诏，盖欲世世遵守，永以为好。倘君亲之义不存，或臣子之心渝变，使宗祀不永，子孙罹殃。"诏答曰："朕临制四海，廓地万里，西夏之土，世以为祚。今乃纳忠悔咎，表于信誓，质之日月，要之鬼神，及诸子孙，无有渝变。申意恳至，朕甚嘉之。俯阅来誓，一皆如约。"十二月，遣尚书祠部员外郎张子奭充册礼使，东头供奉官、阁门祗候张士元副之。仍赐对衣、黄金带、银鞍勒马、银二万两、绢二万匹、茶三万斤。册以漆书竹简，籍以天下乐锦。金涂银印，方二寸一分，文曰"夏国主印"，锦绶、涂金银牌。缘册法物，皆银装金涂，覆以紫绣。约称臣，奉正朔，改所赐敕书为诏而不名，许自置官属。使至京，就驿贸卖，宴坐朵殿。使至其国，相见用宾客礼。置榷场于保安军及高平砦，第不通青盐。然宋每遣使往，馆于宥州，终不复至兴、灵，而元昊帝其国中自若也。

是岁，辽夹山部落呆儿族八百户归元昊，兴宗责还，元昊不遣。遂亲将骑兵十万出金肃城，弟天齐王马步军大元帅将骑七千出南路，韩国王将兵六万出北路，三路济河长驱。兴宗入夏境四百里，不见敌，据得胜寺南壁以待。八月五日，韩国王自贺兰北与元昊接战，数胜之。辽兵至者日益，夏乃请和，退十里，韩国王不从。如是退者三，凡百余里矣，每退必赭其地，辽马无所食，因许和。夏乃迁延，以老其师，而辽之马益病，因急攻之，遂败，复攻南壁，兴宗大败。入南枢王萧孝友砦，擒其鹘突姑驸马，兴宗从数骑走，元昊纵其去。

元昊五月五日生，国人以其月相庆贺，又以四孟朔为节。凡五娶，一曰大辽兴平公主，二曰宣穆惠文皇后没藏氏，生谅祚，三曰宪成皇后野力氏，四曰妃没嚩氏，五曰索氏。元昊以庆历八年正月殂，年四十六。在位十七年，改元开运一年，广运二年，大庆二年，天授礼法延祚十一年。谥曰武烈皇帝，庙号景宗，墓号泰陵。宋遣开封府判官、尚书祠部员外郎曹颖叔为祭奠使，六宅使、达州刺史邓保信为吊慰使，赐绢一千匹、布五百端、羊百口、面米各百石、酒百瓶。及葬，仍赐绢一千五百匹，余如初赗。子谅祚立。

谅祚，景宗长子也，小字宁令哥，国语谓"欢嘉"为"宁令"。两岔，河名也，母曰宣穆惠文皇后没藏氏，从元昊出猎，至此而生谅祚，遂名焉。以庆历七年丁亥二月六日生，八年戊子正月，方期岁即位。四月，遣尚书刑部员外郎任颛充册礼使，供备库副使宋守约充副使，册谅祚为夏国主。

嘉祐元年，母没藏氏薨，遣祖儒嵬多、聿则庆唐及徐舜卿来告哀，诏以集贤校理冯浩假尚书刑部郎中、直史馆为吊慰使，文思副使张惟清假文思使副之，乃献遗留马驼以谢。

谅祚幼养于母族讹庞，讹庞因专国政。初，麟州西城枕睥睨曰红楼，下瞰屈野河，其外距夏境尚七十里，而田腴利厚，多入讹庞，岁东侵不已。至耕获时，辄屯兵河西，经略使庞籍每戒边将使毋得过屈野河，然所距屈野河犹二十里。管勾军马司贾逵徼循，见所侵田，稍过督边吏，麟州守王亮惧，始以事闻。诏以殿直张安世、贾恩为同巡检经制之。讹庞晏然弗革，迫之则格斗，缓之则归耕，经略司遣使还所侵田，讹庞专为滥言，无归意。

嘉祐二年，遂团兵宿境上。逮三月，增至数万人，守将敛兵弗与战。知麟州武戡筑堡于河西，以为保障。役既兴，戡率将吏往按视，遇夏人于沙鼠浪，戡与管勾郭恩等欲止，而走马承受黄道元以言胁之，遂夜进至卧牛峰，见烽举，且鼓声，道元犹不信，比明，至忽里堆，与夏人相去才数十步，遂合战。自旦至食时，夏人四面合击，众大溃，戡走，恩与道元及兵马监押刘庆等被执。安抚司遣李思道、孙兆往议疆事，而讹庞骜不听。久之，太原府、代州兵马钤辖苏安静得夏国母宁、拽浪撩黎来合议，乃筑堠九，更新边禁，要以违约则罢和市，自此始定。谅祚忌讹庞专，或告讹庞将叛，谅祚讨杀之，夷其族。已而请去蕃礼，从汉仪。

嘉祐六年，上书自言慕中国衣冠，明年当以此迎使者。诏许之。明年，又改西寿监军司为保泰军，石州监军司为静塞军，韦州监军司为祥祐军，左厢监军司为神勇军。遣人献方物，称宣徽南院使，诏谕非陪臣所宜称，戒其僭拟，使遵誓诏。表求太宗御制诗章隶书石本，且进马五十匹，求《九经》、《唐史》、《册府元龟》及宋正至朝贺仪，诏赐《九经》，还所献马。

治平初，求复榷场，不许。既而遣吴宗等来贺英宗即位，诏令门见，使者不从。至顺天门，且欲佩鱼及仪物自从，引伴高宜禁之，不可，留止厩置一夕，绝其供馈。宗语不逊，宜折之，使如故事，良久，乃听入。及赐食殿门，又诉于押伴张觐，诏命还赴延州与宜辨。宗度理屈，不复置对。遂谅祚惩约之。秋，夏人出兵秦凤、泾原，抄熟户，扰边塞弓箭手，杀掠人畜以万计。程戡、王素、孙长卿谕安诸酋领，防诱胁散叛。遣文思副使王无忌赍诏问之，谅祚迁延弗受，已而因贺正使荔茂先献表，归罪宋边吏。

三年，遂大举攻大顺城，分兵围柔远砦，烧屈乞村，栅段木岭，州兵、熟户、蕃官赵明合击退之。遣西京左藏库副使何次公诘之。三月，乃献方物谢罪，赐绢五百匹、银五百两。

神宗即位，乃遣内殿崇班魏璪赐以治平三年冬服、银绢。供备库副使高遵裕告哀，并以英宗遗留物赐之。秋，夏国遣使奉慰及进助山陵。冬，种谔取绥州，因发兵夜掩嵬名山帐，胁降之。谅祚乃诈为会议，诱知保安军杨定、都巡检侍其臻等杀之，边吏以闻，命韩琦知永兴军，经略西方。谅祚锢送杀定者六宅使李崇贵、右侍禁韩道善及房去定子仲通。

十二月，谅祚殂，年二十一。在位二十年，改元延嗣宁国一年，天祐垂圣三年，福圣承道四年，奲都六年，拱化五年。谥曰昭英皇帝，庙号毅宗，墓号安陵。子秉常立。

卷四百八十六
列传第二百四十五

外国 二

夏国下

秉常，毅宗之长子，母曰恭肃章宪皇后梁氏。治平四年冬即位，时年七岁，梁太后摄政。

熙宁元年三月，遣新河北转运使、刑部郎中薛宗道等来告哀，神宗问杀杨定事，宗道言杀人者先已执送之矣，乃赐诏慰之。并谕令上大首领数人姓名，当爵禄之，俟崇贵至，即行册礼。及崇贵至，云定奉使谅祚，常拜称臣，且许以归沿边熟户，谅祚遗之宝剑、宝鉴及金银物。初，定之归，上其剑、鉴而匿其金银，言谅祚可刺，帝喜，遂擢知保安。既而夏人失绥州，以为定卖己，故杀之。至是事露，帝薄崇贵等罪而削定官，没其田宅万计。

二年二月，遣河南监牧使刘航等册秉常为夏国主。三月，夏人入秦州，陷刘沟堡，杀范愿。既而进誓表，乞班誓诏，及请以安远、塞门二砦易绥州。初，朝议欲官爵夏之首领，计分其势，郭逵以为彼必不受诏，且彼既恭顺，宜布以大信，不当诱之以利。秉常果不奉诏，遣都罗重进来言曰："上方以孝治天下，奈何反教小国之臣叛其君哉！"于是前议遂罢。乃赐誓诏，而绥州待得二砦乃还。夏主受册而二砦不归，且欲先得绥州，遣罔萌讹以誓诏来言。及赵卨往交地，萌讹对以朝廷本欲得二砦，地界非所约。卨曰："若然，安远、塞门二墙墟耳，安用之！"遂罢，诏城绥州。八月，表请去汉仪，复用蕃礼，从之。十月，遣使来谢封册。

三年五月，夏人号十万，筑闹讹堡。知庆州李复圭合蕃、汉兵才三千，逼遣偏将李信、刘甫、种咏等出战，信等诉以众寡不敌，复圭威以节制，亲画阵图方略授之，兵进，遂大败。复圭惧，欲自解，即执信等而取其图略，命州官李昭用劾以故违节制，咏庚死狱中，斩信、甫，配流郭贵。复出兵邛州堡，夜入栏浪、和市，掠老幼数百；又袭金汤，而夏人已去，惟杀其老幼一二百人，以功告捷，而边怨大起矣。八月，夏人遂大举入环庆，攻大顺城、柔远砦、荔原堡、淮安镇、东谷西谷二砦、业乐镇。兵多者号二十万，少者不下一二万，屯榆林，距庆州四十里，游骑至城下，九日乃退。钤辖郭庆、高敏、魏庆宗、秦勃等死之。

四年正月，种谔谋取横山，领兵先城啰兀，进筑永乐川、赏逋岭二砦。分遣都监赵璞、燕达筑抚宁故城，及分荒堆三泉、吐浑川、开光岭、葭芦川四砦与河东路修筑，各相去四十余里。二月，夏人来攻顺宁砦，复围抚宁，种继世、高永能等拥兵驻细浮图，去抚宁咫尺，啰兀兵势尚完。种谔在绥德节制诸军，闻夏人至，茫然失措，欲作书召燕达，战怖不能下笔，顾转运判官李南公涕泗不已。于是新筑诸堡悉陷，将士千余人皆没。初，朝议以谔新筑啰兀城，去绥德百余里，偏梁险狭，难于馈饷，且城中无井泉，遣李评、张景宪往视之，未至而抚宁陷，遂诏弃罗兀城。五月，燕达以戍卒辎重归自啰兀，为夏人邀击，达多失亡。九月，夏遣使入贡，且以二砦易绥州，乞如旧约，诏不允。

五年正月，夏钤辖结胜为麟州步将王文郁战降，授供奉官。久之，谋窜归，事觉，诏听其去。六月，夏人还荔原堡逃背熟户嵬通等七十八人。闰七月，遣部将景思立、王存以泾原兵出南路，王韶由东谷径趋武胜，未至十余里，逢夏人战，遂至其城，瞎药弃城夜遁，大首领曲撒四王阿南珂出奔，乃城武胜。十二月，遣使进马赎《大藏经》，诏赐之而还其马。

八年三月，夏人以索蕃、汉部盗人畜投南界者，牒熙河经略司请高太尉赴三岔堡会议，牒称大安二年。乃诏鄜延经略司，令牒宥州间妄称年号，且牒非其地分边臣会议，皆违越生事，是必夏主不知，请问之。夏人进奉山陵后期，诏令先至永厚陵设祭后至阙奉慰。帝谓辅臣曰："元昊昔僭号，遣使上表称臣，其辞犹逊。朝廷不先诘其所以然而遽绝之，纵边民蕃部讨虏，故元昊尝自谓为诸羌所立不得辞，朝廷不得命，不得已而变。西师亟战辄败，天下骚然，仁宗悔之。当元昊僭书来，独谏官吴育谓难以中国叛臣处之，或可稍易以名号，议者皆以为不然，卒困中原，而后岁赐，封册为夏国主，良可惜哉！"

元丰二年六月，夏人自满堂川入大会平，杀防田人马，兵官李浦等逼逐出塞。九月，绥德把截杨永庆声徼循边而掩取蕃部首级，诈言斩犯边人，诏毁永庆出身文字，送西京编管。

四年四月，有李将军清者，本秦人，说秉常以河南地归宋，国母知之，遂诛清而夺秉常政。鄜延总管种谔乃疏秉常遇弑，国内乱，宜兴师问罪，此千载一时之会。帝然之，遂遣王中正往鄜延、环庆，称诏募禁兵，从者将之。诏熙河李宪等，以秉常见囚，大举征夏；及诏谕夏国鬼名诸部首领，能拔身自归及相率共诛国仇，当崇其爵赏，敢有违拒者诛九族。八月，中正及谔言泾原、环庆会兵取灵州，复讨兴州，麟府、鄜延先会夏州，取怀州渡会兴州。宪总七军及董毡兵三万，至新市城，遇夏人，战败之。王中正出麟州，冯辞自言代皇帝亲征，提兵六万，才行数里，即奏已入夏境，屯白草平九日不进。环庆经略使高遵裕将步骑八万七千，泾原总管刘昌祚将卒五万出庆州，谔将鄜延及畿内兵九万三千出绥德城。九月，谔围米脂，夏人来救，战于无定川，大破之，斩首五千级。十月，遂克米脂，降守将令分讹遇，进攻石州。中正以河东军渡无定河，循水北行，地皆沙湿，士马多陷没，遂继谔趋夏州，而民皆溃，军无所得。遵裕至清远军，攻灵州，夏人决黄河灌营，复抄绝馈道，士卒冻溺死，余兵才万三千人，遂归。夏人追战，将官俞平死之。中正至宥州奈王井，粮尽，士卒死亡者已二万，乃引军还。谔兵无食，会大雪死，遂溃，入塞者才三万人。昌祚遇夏人于磨脐隘，夏之拒者二三万人，昌祚乃分兵渡葫芦河，夺其隘，与统军国母弟梁大王战，遂大破之。宪营于天都山下，焚夏之南牟内殿并其馆库，追袭其统军仁多唛丁，败之，擒百人，遂班师。泾原总兵侍禁鲁福、彭孙护馈饷至鸣沙川，与夏人三战，败绩。初，夏人闻宋大举，梁太后问策于廷，诸将少者尽请战，一老将独曰："不须拒之，但坚壁清野，纵其深入，聚劲兵于灵、夏而遗轻骑抄绝其馈运，大兵无食，可不战而困也。"梁后从之，宋师卒无功。

五年正月，辽使涿州遗书云："夏国来称，宋兵起无名，不测事端。"神宗报以"夏国主受宋封爵，昨边臣言，秉常见为母党囚辱，比令移问事端，其同恶不报。继又引兵数万侵犯我边界，义当有征。今彼以屡遭败衄，故遣使诡情陈露，意在间贰，想彼必以悉察。"夏人闻此，遂不至。五月，沈括请城古乌延城以包横山，使夏人不得绝沙漠。遂遣给事中徐禧、内侍押班李舜举往议。禧复请于银、夏、宥之界筑永乐城。永乐依山无水泉，独种谔极言不可，禧率诸将竟城之，赐名银川砦；禧等还米脂，以兵万人属曲珍守之。永乐接宥州，附横山，夏人必争之地。禧等既城去，九日，夏人来攻，珍使报禧，乃挟李舜举来援，而夏兵至者号三十万，禧登城东望，不见其际，宋军始惧。翌日，夏兵渐逼，禧乃以七万阵城下，坐谯门，执黄旗令众曰："视吾旗进止！"夏人纵铁骑渡河，或曰："此号'铁鹞子'，当其半济击之，乃可有逭，得地则其锋不可当也。"禧不听。铁骑既济，震荡冲突，大兵从之，禧师败绩。将校寇伟、李思古、高世才、夏俨、程博古及使臣十余辈、士卒八百余人尽没。诏李宪、张世矩往援，及令括遣人与约退军，当还永乐地。夏人进侵，及县门，溃归城者，决水砦为道以登，夏人因之，奔归于城者三万人皆没。夏兵围之者厚数里，游骑掠米脂。将士昼夜血战，城中乏水已数日，凿井不得泉，渴死者大半，括等援兵及馈运皆为夏大兵所隔。夏人呼珍来讲和，吕整、景思义相继而行，夏人髡思义囚之，而城围者已浃旬矣。夜半，夏兵环城急攻，城遂陷。高永能战没，禧、舜举、运使李稷皆死于乱兵，惟曲珍、王湛、李浦、吕整裸跣走免，蕃部指挥马贵独誓死持刀杀数十人而没。是役也，死者将校数百人，士卒、役夫二十余万，夏人乃耀兵米脂城下而还。宋自熙宁用兵以来，凡得葭芦、吴保、义合、米脂、浮图、塞门六堡，而灵州、永乐之役，官军、熟羌、义保死者六十万人，钱、粟、银、绢以万数者不可胜计。帝临朝痛悼，而夏人亦困弊。夏西南都统、昴星嵬名济乃移书刘昌祚曰：

中国者，礼乐之所存，恩信之所出，动止猷为，必适于正。若乃听谗受间，肆诈穷兵，侵人之土疆，残人之黎庶，是乖中国之体，为外邦之羞。昨者朝廷暴兴甲兵，大穷侵讨，盖天子与边臣之议，为夏国方守先誓,宜出不虞,五路进兵,一举可定。故去年有灵州之役,今秋有永乐之战,然较其胜负,与前日之议,为何如哉!

朝廷于夏国,非不经营之,五路进讨之策,诸边肆挠之谋,皆尝用之矣。知徼幸之无成,故终于乐天事小之道。况夏国提封一万里,带甲数十万,南有于阗作我欢邻,北有大燕为我强援,若乘间伺便,角力竞斗,虽十年岂得休哉!即念天民无辜,受此涂炭之苦,国主自见伐之后,夙夜思念,为自祖宗之世,事中国之礼无或亏,贡聘不敢怠,而边吏幸功,上聪致惑,祖宗之盟既阻,君臣之分不交,存亡之机,发不旋踵,朝廷岂不恤哉!

至于鲁国之忧,不在颛臾,隋室之变,生于杨感。此皆明公得于胸中,不待言而后喻。今天下倒垂之望,正在英才,何不进谠言,辟邪议,使朝廷与夏国欢好如初,生民重见太平,岂独夏国之幸,乃天下之幸也。

昌祚上其书,帝喻答之。

六年二月,夏人大举围兰州,已夺西关门,钤辖王文郁集死士七百,夜缒城而下,持短兵突营,遂拔去。五月,复来,围九日,大战,侍禁韦禁死之,乃解去。闰六月,遣使谟个、咩迷乞遇来贡,表曰:"夏国累得西蕃木征王子书,称南朝与夏国交战岁久,生灵荼毒,欲拟通和。缘夏国先曾请所侵疆土,不从;以此未便轻许。西蕃再遣使散八昌郡、丹星等到国,称南朝语言计会,但当遣使赍表,自令引赴南朝。切念臣自历世以来,贡奉朝廷,无所亏怠,至于近岁尤甚欢和。不意佥人诬间,朝廷特起大兵,侵夺疆土城砦,因兹构怨,岁致交兵。今乞朝廷示以大义,特还所侵,倘垂开纳,别效忠勤。"乃赐诏曰:"顷以权强,敢行废辱,朕用震惊,令边臣往问,匿而不报,王师徂征,盖讨有罪。今遣使造庭,辞礼恭顺,仍闻国政悉复故常,益用嘉纳。已戒边吏毋辄出兵,尔亦其守先盟。"遂诏陕西、河东经略司,其新复城砦,徼循毋出三二里,夏之岁赐如旧。

七年正月,围兰州,李宪战却之。六月,攻德顺军,巡检王友战死。九月,围定西城,烧龛谷族帐,遂以十月至静边,钤辖彭孙败之,杀其首领仁多唛丁。十二月攻清远,队将白玉、李贵死之。

八年三月,神宗崩,赐以遗留物。夏人攻葭芦,供奉王英战死。七月,遣使丁拿鬼名谟铎、副使吕则陈聿精等来奠慰。十月,遣苞良、鬼名济、赖昇聂、张聿正进助山陵礼物。夏国主母梁氏薨,讣至,以朝散郎、邢部郎中杜纮充祭奠使,东头供奉官、阁门祗候王有言充吊慰使。夏以主母遗留物来进。

元祐元年二月,始遣使入贡。五月,遣鼎利、罔豫章来贺哲宗即位。六月,复遣讹聿来求所侵兰州、米脂等五砦。使未至,苏辙二疏请因其请地而与之。司马光言:"此边鄙安危之机,不可不察。灵夏之役,本由我起,新开数砦,皆是彼田,今既许其内附,岂宜靳而不与?彼必曰:'新天子即位,我卑辞厚礼以事中国,庶几归我侵疆,今犹不许,则是恭顺无益,不若以武力取之。'小则上书悖慢,大则攻陷新城。当此之时,不得已而与之,其为国家之耻,无乃甚于今日乎?群臣犹有见小忘大,守近遗远,惜此无用之地,使兵连不解,为国家之忧。愿决圣心,为兆民计。"时异议者众,唯文彦博与光合,遂从之。秋七月乙丑,秉常殂,时年二十六。在位二十年,改元乾道二年,天赐礼盛国庆五年,大安十一年,天安礼定一年。谥曰康靖皇帝,庙号惠宗,墓号献陵。子乾顺立。

乾顺,惠宗之长子也。母曰昭简文穆皇后梁氏,生三岁即位。元祐元年十月,以父殂,遣使吕则罔聿谟等来告哀。诏自元丰四年用兵所得城砦,待归我陷执民,当画以给还。乃遣金部员外郎穆衍充祭奠使,供备库使张枓充吊慰使。夏遣使进马、驼来贺兴龙节。

二年正月,遣权枢密院都承旨公事刘奉世为册礼使,崇仪副使崔象先副之,册乾顺为夏国主,仍节度、西平王。三月,夏遣大使映吴嵬名谕密、副使广兴毛示聿等诣太皇太后进驼、马以谢奠慰。七月,夏人攻镇戎军诸堡,刘昌祚等御之而退。

三年三月,攻德靖砦,诸将米赞、郝普战死。诏刘昌祚以泾原万人驻德顺军,熙河五千人驻通远军,据秦凤要害,以为掎角。夏人遂攻龛谷砦,砦兵及东关堡巡检举等战不利,死者几百人。

四年二月,始遣使谢封册。六月,稍归永乐所获人,遂以葭芦、米脂、浮图、安疆四砦与之,而画界未定。遣崇仪使董正叟、如京使李玩押赐夏国生日礼物及冬服。七月坤成节、十二月兴龙节皆遣使来贺。

五年六月,夏人来言,画疆界者不依绥州内十里筑堡铺供耕牧、外十里立封堠作空地例,以辨两国界。诏曰:"已谕边臣如约,夏之封界当亦体此。"冬,攻兰州之质孤、胜如堡,既而遣使来贺正旦。六年七月,遣使来贺坤成节。九月,围麟、府三日,杀掠不计,鄜延都监李仪等尽没。

七年,屡攻绥德城,以重兵压泾原境。留五旬,大掠,筑垒于没烟峡口以自固。游师雄请自兰州李诺平东抵通远定西、通渭之间,建汝遮、纳迷、结珠龙三砦及置护耕七堡,以固藩篱;穆衍请于质孤、胜如二堡之间,城李诺平以控要害。议未决,秦凤都监康谓以为:"夏之所以未臣附而屡肆兵者,以我势分于堤备,兵未练而赏罚失当耳。若择锐结伍,伺彼之动,聚则先击,散则复袭,则彼分而我聚,以众击寡,可得志也。"诏谓诣阙,而下其事于诸道。

八年四月,复遣使以兰州一境易塞门二砦,诏数其违顺不常而却其请。

绍圣元年二月,夏进马助太皇太后山陵。复遣使再议易地,诏不允。

三年九月,大入鄜延,西自顺宁、招安砦,东自黑水、安定,中自塞门、龙安、金明以南,二百里间相继不绝,至延州北五里。十月,忽自长城一日驰至金明,列营环城,国主子母亲督桴鼓,纵骑四掠。知麟州有备,复还金明,而后骑之精锐者留龙安。边将悉兵掩击不退,金明乃破。守兵二千八百人惟五人得脱，城中粮五万石、草千万束皆尽，将官皇城使张俞死之。既还，留一书置汉人颈上，曰："贷汝命，为我投于经略使处。"其言曰："夏国昨与朝廷议疆埸，惟有小不同，方行理究，不意朝廷改悔，却于坐团铺处立界。本国以恭顺之故，亦黾勉听从，遂于境内立数堡以护耕，而鄜延出兵，悉行荡芟，又数数入界杀掠。国人共愤，欲取延州，终以恭顺，止取金明一砦，以示兵锋，亦不失臣子之节也。"延帅吕惠卿上于枢密院而不以闻。初，哲宗闻夏人来寇，泰然笑曰："五十万众深入吾境，不过十日，胜不过一二砦须去。"已而果破金明引退。

四年正月，泾原都钤辖王文振率诸将破没烟峡新砦，斩获三千余级。二月，夏复以七万众攻绥德，鄜延将兵战退之。

元符元年十二月，泾原折可适掩夏西寿统军嵬名阿埋、监军妹勒都逋，获之。彗星见，乾顺赦国中。

二年正月，国母梁氏薨，辽遣使萧德崇来为夏人议和。乃复书谓：若果出至诚，深悔谢罪，当徐度所宜，开以自新之路。五月，夏兰会正钤辖革瓦壤以部落来降，授内殿崇班，赐银、绢、缗钱各三百。七月，环州种朴徼赤羊川，获赏啰讹乞家属百五十余口，孳畜五千。夏人千余骑来追，战却之，擒监军讹勃罗及首领泪丁讹遇。诏令赴阙，存恤讹乞家属，又遣人持其家信号往招之。九月，夏人来告国母哀，因上表谢过。诏夏主："省所上表，能抗章引愆，已谕边臣，我疆彼界，毋相侵犯。"已而夏以二千骑出浮图岔来战，供奉官陈告、差使李戬死之。闰九月，古邈川部族叛，熙河将王愍率兵掩击。翌日，夏人马数万围愍等，力战败之，擒其钤辖嵬名乞遇；统制苗履又战于青唐岘，夏人败绩。十二月，遂遣令能、嵬名济等进誓表曰："臣国久不幸，时多遇凶，两经母党之擅权，累为奸臣之窃命。频生边患，增怒上心，衅端既深，理诉难达。幸凶党代诛，稚躬反正。遐驰恳奏，陈前咎之所归，乞绍先盟，果渊衷之俯纳。故班诏而申谕，获贡誓以输诚，谨当饬疆吏而永绝争端，戒国人而常遵圣化，违约则凶咎再降，背盟则基绪非延。约束事条，恭依处分。"诏报曰："尔以凶党造谋，数干边吏，而能悔过请命，祈绍先盟。念彼种人，均吾赤子，措之安静，乃副朕心。嘉尔自新，俯从厥志，尔无爽约，朕不食言。自今已往，岁赐仍旧。"

三年正月，哲宗崩，徽宗即位。九月，夏遣使来莫慰及贺即位。十月，复遣使来贺天宁节。

建中靖国元年，乾顺始建国学，设弟子员三百，立养贤务以廪食之。

崇宁三年，蔡京秉政，使熙河王厚招夏国卓罗右厢监军仁多保忠，厚云："保忠虽有归意，而下无附者。"章数上，不听。京愈责厚急，乃遣弟诣保忠许，还为夏之逻者所获，遂追保忠赴牙帐。厚以保忠纵不为所杀，亦不能复领军政，使得之，一叵耳，何益于事。京怒，必令金帛招致之。夏乃点兵，延、渭、庆三路各数千骑出没，声言假兵于辽矣。三年，辽以成安公主嫁乾顺。

四年，诏西边能招致者，毋问首从，赏同斩级令，用

京计也。陶节夫在延州，大加招诱，乾顺遣使畀请，皆拒之，又令杀其牧放者。夏人遂入镇戎，略数万口，执知鄜州高永年而去，又攻湟州，自是兵连者三年。大观元年，始遣人修贡。

政和四年冬，环州定远大首领夏人李讹哆以书遗其国统军梁哆哆曰："我居汉二十年，每见春廪既虚，秋庚未积，粮草转输，例给空券，方春未秋，士有饥色。若卷甲而趋，径捣定远，唾手可取，定远既得，则旁十余城不攻而下矣。我储谷累岁，阙地而藏之，所在如是，大兵之来，斗粮无赍，可坐而饱也。"哆哆遂以万人来迎。转运使任谅先知其谋，募民尽发窖谷，哆哆围定边，失所藏。越七日，讹哆遂以其部万余归夏。乾顺筑臧底河城，遂诏河东节度使童贯为陕西经略以讨之。

五年春，遣熙河经略刘法将步骑十五万出湟州，秦凤经略刘仲武将兵五万出会州，贯以中军驻兰州，为两路声援。仲武至清水河，筑城屯守而还。法与夏人右厢军战于古骨龙，大败之，斩首三千级。贯奏凯，皆迁秩。秋，仲武、王厚复合泾原、鄜延、环庆、秦凤之师攻臧底河城，败绩，死者十四五，秦凤第三将全军万人皆没。厚惧，厚赂贯而匿之。冬，夏人以数万骑略萧关而去。

六年春，刘法、刘仲武合熙、秦之师十万攻夏仁多泉城，三日不克，援后期不至，城中请降，法受其降而屠之，获首三千级。种师道以十万众复攻臧底河城，克之。十一月，夏人大举攻泾原靖夏城。时久无雪，夏先使数万骑绕城，践尘涨天，兵对不睹，乃潜穿壕为地道入城中，城遂陷，复屠之而去。

宣和元年，童贯复逼刘法取朔方。法不得已，引兵二万出，至统安城，遇夏国主弟察哥郎君率步骑为三阵，以当法前军，而别遣精骑登山出其后。大战移七时，前军杨惟忠败入中军，后军焦安节败入左军，朱定国力战，自朝及暮，兵不食而马亦渴死多。法乘夜遁，比明，走七十里，至盍朱岘，守兵见，追之，坠崖折足，为一别瞻军斩首而去。是役死者十万，贯隐其败而以捷闻。察哥见法首，恻然语其下曰："刘将军前败我于古骨龙、仁多泉，吾常避其锋，谓天生神将，岂料今为一小卒枭首哉！其失在恃胜轻出，不可不戒。"遂乘胜围震武，刘仲武、何灌等赴之，乃解去。震武在山峡中，熙、秦两路不能饷，自筑三岁间，知军李明、孟清皆为夏人所杀。初，夏人陷法军，围震武，欲拔之。察哥曰："勿破此城，留作南朝病块。"乃自引去。而宣抚司受解围之赏者数百人，实自去之也。诸路所築城砦皆不毛，夏所不争之地，而关辅为之萧条，果如察哥之言。十月，夏遣使来贺天宁节，投以誓诏，不取。贯不能屈，但迫馆伴强之，使持还，及边，遂弃之而去。贾炎得而上之，贯始大沮。

钦宗即位，遣使来贺正旦。先是，金人灭辽，粘罕遣撒拇使夏国，许割天德、云内、金肃、河清四军及武州等八馆之地，约攻麟州，以牵河东之势。靖康元年三月，夏人遂由金肃、河清渡河取天德、云内、武州、河东八馆之地。四月，陷震威城，兵马监押朱昭死之。继而金贵人兀室以数万骑阳为出猎，掩至天德，逼逐夏人，悉夺有其地。

夏人请和，金人执其使。

岁丁未，乾顺改元正德，时建炎元年也。是岁九月，金帅兀术回云中，遣保静军节度使杨天吉约侵宋，乾顺许之。十月，通问使傅雱见金左监军希尹于云中，希尹以国书授雱，为夏国请熙宁以来侵地。盖彼既夺其地，乃责偿于宋以报之。

二年正月，以主客员外郎谢亮为陕西抚谕使兼宣谕使，从事郎何洋为太学博士，持诏书赐乾顺。亮西入关，鄜延经略使王庶遗亮书曰："大夫出疆，有可以安社稷、利国家者，专之可也。夏国为患小而缓，金人为患大而急。方其挫锐熙河，奔北鄜延，秋稼未登，兵士困饿。阁下苟能仗节督诸路协同义举，虽未足尽雪旧耻，亦可驱逐渡河，全秦奠枕，徐图恢复矣。"亮不能用，遂由环庆入西夏。庆历后，夏国主尝以宾礼见使者，亮至，乾顺乃倨然见之，留居几月，始与约和罢兵。亮归，而夏之兵已蹑其后，袭取定边军。

明年，亮还行在。二月，金帅娄宿连陷长安、凤翔，陇右大震。夏人谍知关陕无备，遂檄延安府言："大金割鄜延以隶本国，须当理索，敢违拒者，发兵诛讨之。"帅臣王庶檄报曰："金人初犯本朝，尝以金肃、河清界乎，今谁与守？国家以奸臣贪得，不恤邻好，遂至于此。贪利之臣，何国无之，岂意夏国躬蹈覆辙！比闻金人欲自泾原径搗兴、灵，方切寒心，不图尚欲乘人之急。幕府虽士卒单寡，然类皆节制之师，左支右吾，尚堪一战。果能办此，何用多言。"因遣谍间其用事臣李遇，夏人竟不出。是岁，开封尹宗泽奏疏请北伐，且言乞遣辩士西说夏国，东说高丽，俾出助兵。

三年，知枢密院事张浚使川、陕，谋北伐，欲通夏国为援，奏请国书，诏从之。七月，浚西行，复以主客员外郎谢亮假太常卿，权宣抚处置司参议官，再使夏国。

四年正月，浚遣亮往，迄不得其要领而还。十月，环庆路统制慕洧叛，降于夏国。

绍兴元年二月，同州观察副使刘惟辅弃德顺军输款于夏，夏人拒不受。八月，诏以夏本敌国，毋复班历日。十一月，川、陕宣抚副使吴玠始遣人通夏国书。

二年九月，吕颐浩言："闻金、夏交恶，夏国屡遣人来吴玠、关师古军中，宜令张浚通问，以撢其情。"是岁，馀睹谋结燕云之人图女直，粘罕觉，欲诛之，余睹父子遁入夏国，夏人以其兵少不纳。四年十二月，吴玠奏夏国数通书，有不忘本朝意。五年，乾顺改元大德。

七年正月，吴璘奏西番三十八族首领赵继忠来归，用可扼西夏右臂。十月，伪齐知同州李世辅谋执金帅撒里曷归宋，不克，遂奔夏。世辅父母亲族在延安者，金人杀之无遗类。

九年，夏人陷府州。灵芝生于后堂高守忠家，乾顺作《灵芝歌》，俾中书相王仁宗和之。乾顺以世辅为静难军承宣使、鄜延岐雍等路经略安抚使。世辅请兵，将报延安之役，夏主俾先讨别种酋豪号"青面夜叉"者，世辅擒之以报。乾顺乃为出兵，遣文臣王枢、武臣哆啰等随之。世辅军至延安，撒里曷走耀州，世辅购得害其父母者，杀之

东城。闻金人降赦，归宋河南地，乃说王枢等降宋。哆啰不从，世辅抽刀斫之，不中；遂缚枢，命王晞韩护送行在。五月丙午，世辅以其众三千人归宋，授世辅归国承宣使、枢密行府前军都统制，赐名显忠。

六月四日，乾顺殂，年五十七。在位五十四年，改元天仪治平四年，天祐民安八年，永安三年，贞观十三年，雍宁五年，元德八年，正德八年，大德五年。谥曰圣文皇帝，庙号崇宗，墓号显陵。子仁孝嗣。

仁孝，崇宗长子也。绍兴九年六月，崇宗殂，即位，时年十六。十月，诏还王枢及夏国之俘百九十人。十一月，仁孝尊其母曹氏为国母。十二月，纳后罔氏。

十年，夏改元大庆。三月，诏胡世将与夏人议入贡，夏人不报。

十一年六月，夏枢密使慕洧弟慕濬谋反，伏诛。仁孝上尊号曰制义去邪。十一年九月，夏国饥。

十三年三月，地震，逾月不止；地裂，泉涌出黑沙。岁大饥，乃立井里以分振之。十三年，夏改元人庆。始建学校于国中，立小学于禁中，亲为训导。

十四年，彗星见坤宫，五十余日而灭，占其分在夏国。

十五年八月，夏重大汉太学，亲释奠，弟子员赐予有差。

十六年，尊孔子为文宣帝。

十七年，改元天盛。策举人，始令唱名法。

十八年，复建内学，选名儒主之。增修律成，赐名《鼎新》。

二十八年，始立通济监铸钱。

二十九年，归宋官李宗闵上书言："夏国副使屈移，尝两使南朝，以为衣冠礼乐非他国比。怨金人叛盟，夺其所与地。此其情可见。壬子岁，粘罕尝聚兵云中以窥蜀，夏人谓将图己，举国屯境上以待其至。今诚遣辩士往说之，夏国必不难出兵，庶足为吾声援，以图恢复。"书奏，不报。

三十年，夏封其相任得敬为楚王。

三十一年，立翰林学士院，以焦景颜、王金等为学士，俾修实录。金主亮犯四川，宣抚使吴璘檄西夏，俾合兵讨之。

三十二年，夏国移置中书、枢密于内门外。大禁奢侈。始封制蕃字师野利仁荣为广惠王。夏人闻金人南侵，以骑兵二千至蔡园川及马家嵓、秃头岭，将分道入攻，宣抚使吴璘命镇戎军守将秦弼说谕之。金兵败，夏人乃还。

乾道三年五月，夏国相任得敬遣间使至四川宣抚司，约共攻西番，虞允文报以蜡书。七月，得敬间使再至宣抚司，夏人获其帛书，传至金人。

四年，夏改元乾祐。得敬以谋篡伏诛。淳熙十二年二月，谍报故辽国大石牙林假道于夏以伐金，密诏利西都统制吴挺与制置使留正议之。

十三年四月，复诏挺结夏国。当时论议可否及夏人从违，史皆失书。

绍熙四年九月二十日，仁孝殂，年七十。在位五十

年，改元大庆四年，人庆五年，天盛二十一年，乾祐二十四年。谥曰圣德皇帝，庙号仁宗，陵号寿陵。子纯佑嗣。

纯佑，仁宗长子也，母曰章献钦慈皇后罗氏。仁宗殂，即位，时年十七。明年改元天庆。

开禧二年正月二十日废，遂殂，年三十。在位十四年，谥曰昭简皇帝，庙号桓宗，陵号庄陵。镇夷郡王安全立。

安全，崇宗之孙，越王仁友之子。开禧二年正月，废其主纯佑自立，明年改元应天。

嘉定四年八月五日，安全殂，年四十二。在位六年，改元应天四年，皇建二年。谥曰敬穆皇帝，庙号襄宗，陵号康陵。有子曰承祯。齐国忠武王彦宗之子大都督府主遵顼立。

遵顼，始以宗室策试进士及第，为大都督府主。嘉定四年七月三日立，时年四十九，改元光定。金卫绍王崇庆元年三月遣使册为夏国王。

七年夏，左枢密使万庆义勇遣二僧赍蜡书来西边，欲与共图金人，复侵地，制置使黄谊不报。

其后金人南迁，议徙都长安，遣元帅赤盏以重兵宿巩州。夏主畏其侵迫，乃遣枢密使都招讨甯子宁、忠翼赴蜀阃议夹攻秦、巩；聂子述俾利西安抚丁焴答书，饬将吏严兵以待。时嘉定十二年三月也。子述寻罢去，焴持议不可轻动，师不可出。十二月，甯子宁遣使复申前说，且责我以失期，时安丙再开宣阃，许之，命利州副都统制程信任其责。

十三年八月，甯子宁以师期来告，丙遂决意出师，以奏札闻诸朝，不待报可，命将大举，卒无功。夏人甯子宁、嵬名公辅亦率其众归国。

十四年正月，丙回利州。

十六年，遵顼自号上皇，传位于其子德旺。

宝庆二年春，遵顼殂，年六十四。改元光定十三年。谥曰英文皇帝，庙号神宗。

丙戌七月，德旺殂，年四十六。改元乾定四年。庙号献宗。

清平郡王之子南平王睍立，二年丁亥秋，为大元所取，国遂亡。

夏之境土，方二万余里，其设官之制，多与宋同。朝贺之仪，杂用唐、宋，而乐之器与曲则唐也。

河之内外，州郡凡二十有二。河南之州九：曰灵、曰洪、曰宥、曰银、曰夏、曰石、曰盐、曰南威、曰会。河西之州九：曰兴、曰定、曰怀、曰永、曰凉、曰甘、曰肃、曰瓜、曰沙。熙、秦河外之州四：曰西宁、曰乐、曰廓、曰积石。其地饶五谷，尤宜稻麦。甘、凉之间，则以诸河为溉，兴、灵则有古渠曰唐来、曰汉源，皆支引黄河。故灌溉之利，岁无旱涝之虞。

其民一家号一帐，男年登十五为丁，率二丁取正军一人。每负赡一人为一抄。负赡者，随军杂役也。四丁为两抄，余号空丁。愿隶正军者，得射他丁为负赡，无则许射正军之疲弱者为之。故壮者皆习战斗，而得正军为多。凡正军给长生马、驼各一。团练使以上，帐一、弓一、箭五百、马一、橐驼五，旗、鼓、枪、剑、棍楺、籼袋、披毡、浑脱、背索、锹钁、斤斧、箭牌、铁爪篱各一。刺史以下，无帐无旗鼓，人各橐驼一、箭三百、幕梁一。兵三人同一幕梁。幕梁，织毛为幕，而以木架。有炮手二百人号"泼喜"，陛立旋风炮于橐驼鞍，纵石如拳。得汉人勇者为前军，号"撞令郎"。若脆怯有他伎者，迁河外耕作，或以守肃州。

有左右厢十二监军司：曰左厢神勇、曰石州祥祐、曰宥州嘉宁、曰韦州静塞、曰西寿保泰、曰卓啰和南、曰右厢朝顺、曰甘州甘肃、曰瓜州西平、曰黑水镇燕、曰白马强镇、曰黑山威福。诸军兵总计五十余万。别有擒生十万。兴、灵之兵，精练者又二万五千。别副以兵七万为资赡，号御围内六班，分三番以宿卫。每有事于西，则自东点集而西；于东，则自西点集而东；中路则东西皆集。用兵多立虚砦，设伏兵包敌，以铁骑为前军，乘善马，重甲，刺斫不入，用钩索绞联，虽死马上不坠。遇战则先出铁骑突阵，阵乱则冲击之，步兵挟骑以进。战则大将居后，或据高险。其人能寒暑饥渴。出战率用只日，避晦日，赍粮不过一旬。弓，皮弦；矢，沙柳簳。恶雨雪。昼举烟扬尘，夜篝火以为候。不耻奔遁，败三日，辄复至其处，捉人马射之，号曰"杀鬼招魂"，或缚草人埋于地，众射而还。

笃信机鬼，尚诅祝，每出兵则先卜。卜有四：一、以艾灼羊脾骨以求兆，名"炙勃焦"；二、擗竹于地，若揲蓍以求数，谓之"擗算"；三、夜以羊焚香祝之，又焚谷火布静处，晨屠羊，视其肠胃通则兵无阻，心有血则不利；四、以矢击弓弦，审其声，知敌至之期与兵交之胜负，及六畜之灾祥、五谷之凶稔。俗皆土屋，惟有命者得以瓦覆之。

论曰：拓跋氏考诸前史可见也。自赤辞纳款于贞观，立功于天宝，思恭以宥州著节于咸通，夏虽未称国，而王其土久矣。子孙历王五代。宋兴，太祖即西平王加赠兴太尉，德明在祥符间已追帝其父于国中。逮元昊始显称帝，厥后因之，与金同亡。

概其历世二百五十八年，虽尝受封册于宋，宋亦称有岁币之赐、誓诏之答，要皆出于一时之言，其心未尝有臣顺之实也。元昊结发用兵，凡二十年，无能折其强者。乾顺建国学，设弟子员三百，立养贤务；仁孝增至三千，尊孔子为帝，设科取士，又置宫学，自为训导。观其陈经立纪，《传》曰："不有君子，其能国乎？"今史所载追尊谥号、庙号、陵名，兼采《夏国枢要》等书，其与旧史有所抵牾，则阙疑以俟知者焉。

卷四百八十七
列传第二百四十六

外国三

高丽

高丽，本曰高句骊。禹别九州，属冀州之地，周为箕子之国，汉之玄菟郡也。在辽东，盖扶馀之别种，以平壤城为国邑。汉、魏以来，常通职贡，亦屡为边寇。隋炀帝再举兵，唐太宗亲驾伐之，皆不克。高宗命李勣征之，遂拔其城，分其地为郡县。唐末，中原多事，遂自立君长。后唐同光、天成中，其主高氏累奉职贡。长兴中，权知国事王建承高氏之位，遣使朝贡，以建为玄菟州都督，充大义军使，封高丽国王。晋天福中，复来朝贡。开运二年，建死，子武袭位。汉乾祐末，武死，子昭权知国事。周广顺元年，遣使朝贡，以昭为特进、检校太保、使持节、玄菟州都督、大义军使、高丽国王。显德二年，又遣使来贡，加开府仪同三司、检校太尉，又加太师。

建隆三年十月，昭遣其广评侍郎李兴祐、副使李励希、判官李彬等来朝贡。

四年春，降制曰："古先哲后，奄宅中区，曷尝不同文轨于万方，覃声教于四海？顾予凉德，猥被鸿名，爰致宾王，宜优锡命。开府仪同三司、检校太师、玄菟州都督、充大义军使、高丽国王昭，日边钟粹，辽左推雄，习箕子之余风，抚朱蒙之旧俗。而能占云候海，奉贽充庭，言念倾输，实深嘉尚。是用赐之懿号，酬以公田，载推柔远之恩，式奖拱辰之志。于戏！来朝万里，美爱戴之有孚。柔抚四封，庶混并之无外。永保东裔，聿承天休。可加食邑七千户，仍赐推诚顺化保义功臣。"其年九月，遣使时赞等来贡，涉海，值大风，船破，溺死者七十余人，赞仅免，诏加劳恤。

开宝五年，遣使以方物来献，制加食邑，赐推诚顺化守节保义功臣。进奉使内议侍郎徐熙加检校兵部尚书，副使内奉卿崔邺加检校司农卿并兼御史大夫，判官广评侍郎康礼试少府少监，录事广评员外郎刘隐加检校尚书、金部郎中，皆厚礼遣之。

昭卒，其子伷权领国事。

九年，伷遣使赵遵礼奉土贡，以父没当承袭，来听朝旨。授伷检校太保、玄菟州都督、大义军使，封高丽国王。

太宗即位，加检校太傅，改大义军为大顺军。遣左司御副率于延超、司农寺丞徐昭文使其国。伷遣国人金行成入就学于国子监。

太平兴国二年，遣其子元辅以良马、方物、兵器来贡。其年，行成擢进士第。

三年，又遣使贡方物、兵器，加伷检校太师，以太子中允直舍人院张洎、著作郎直史馆句中正为使。

四年，复遣供奉官、阁门祗候王僎使其国。五年六月，再遣使贡方物。六年，又遣使来贡。

七年，伷卒，其弟治知国事，遣使金全奉金银线罽锦袍褥、金银饰刀剑弓矢、名马、香药来贡，且求袭位。授治检校太保、玄菟州都督，充大顺军使，封高丽国王，以监察御史李巨源、《礼记》博士孔维奉使。

雍熙元年，遣使韩遂龄以方物来贡。二年，加治检校太傅，遣翰林侍书王著、侍读吕文仲充使。

三年，出师北伐，以其国接契丹境，常为所侵，遣监察御史韩国华赍诏谕之曰："朕诞膺丕构，奄宅万方，华夏蛮貊，罔不率俾。蠢兹北裔，侵败王略，幽蓟之地，中朝土疆，晋、汉多虞，贪缘盗据。今国家照临所及，书轨大同，岂使齐民陷诸犷俗？今已董齐师旅，殄灭妖氛。惟王久慕华风，素怀明略，效忠纯之节，抚礼义之邦。而接彼边疆，罹于虿毒，舒泄积愤，其在兹乎！可申戒师徒，迭相掎角，协比邻国，同力荡平。奋其一鼓之雄，歼比垂亡之寇，良时不再，王其图之！应俘获生口、牛羊、财物、器械，并给赐本国将士，用申赏劝。"

先是，契丹伐女真国，路由高丽之界。女真意高丽诱导构祸，因贡马来诉于朝，且言高丽与契丹结好，倚为势援，剽略其民，不复放还。洎高丽使韩遂龄入贡，太宗因出女真所上告急木契以示遂龄，仍令归本国，还其所俘之民。治闻之忧惧，及国华至，令人言于国华曰：

前岁冬末，女真驰木契来告，称契丹兴兵入其封境，恐当道未知，宜豫为之备。当道与女真虽为邻国，而路途遐远，彼之情伪，素知之矣，贪书多诈，未之信也。其后又遣人告曰，契丹兵骑已济梅河。当道犹疑不实，未暇营救。俄而契丹云集，大击女真，杀获甚众，余族败散逃遁，而契丹压背追捕，及于当道西北德昌、德成、威化、光化之境，俘擒而去。时有契丹一骑至德米河北，大呼关城戍卒而告曰："我契丹之骑也，女真寇我边鄙，率以为常，今则复仇已毕，整兵回矣。"当道虽闻师退，犹忧不测，乃以女真避兵来奔二千余众，资给而归之。

女真又劝当道控梅河津要，筑治城垒，以为防遏之备，亦以为然。方令行视兴功，不意女真潜师奄至，杀略吏民，驱掠丁壮，没为奴隶，转徙他方。以其岁贡中朝，不敢发兵报怨，岂期反相诬构，以惑圣听。当道世禀正朔，践修职贡，敢有二心，交通外国？况契丹介居辽海之外，复有大梅、小梅二河之阻，女真、渤海本无定居，从何径路，以通往复？横罹谗谤，愤气填膺，日月至明，谅垂昭鉴。

间者，女真逃难之众，罔不存恤，亦有授以官秩，尚在当国，其职位高者有勿屈尼于、郝元、尹能达、郝老正、卫迦耶夫等十数人。欲望召赴京阙，与当道入贡之使庭辩其事，则丹石之诚，庶几昭雪。

国华诺之,乃命发兵西会。治迁延未即奉诏,国华屡督之,得报发兵而还,具录女真之事以奏焉。十月,遣使朝贡,又遣本国学生崔罕、王彬诣国子监肄业。

端拱元年,加治检校太尉,以考功员外郎兼侍御史知杂吕端、起居舍人吕祐之为使。

二年,遣使来贡,诏其使选官侍郎韩蔺卿、副使兵官郎中魏德柔并授金紫光禄大夫,判官少府丞李光授检校水部员外郎。先是,治遣僧如可赍表来觐,请《大藏经》,至是赐之,仍赐如可紫衣,令同归本国。

淳化元年三月,诏加治食邑千户,遣户部郎中柴成务、兵部员外郎直史馆赵化成往使。其国俗信阴阳鬼神之事,颇多拘忌,每朝廷使至,必择良月吉辰,方具礼受诏。成务在馆逾月,乃遗书于治曰:"王奕叶藩辅,尊奖王室,凡行大庆,首被徽章。今国家特驰信使,以申殊宠,非止历川途之绵邈,亦复蹈溟海之艰危,皇朝眷遇,斯亦隆矣。而乃牵于禁忌,泥于卜数,眩惑日者之浮说,稽缓天子之命书。惟典册之垂文,非卜祝之能晓,是以《书》称上日,不推六甲之元辰;《礼》载仲冬,但取一阳之嘉会。粲然古训,足以明稽,所宜改图,速拜君赐。傥凤纶无滞,克彰拱极之诚;则龙节有辉,免贻辱命之责。谨以诚告,王其听之。"治览书惭惧,遣人致谢焉。会霖雨不止,仍以俟霁为请。成务复遗书以责之,治翌日乃出拜命。

二年,遣使韩彦恭来贡。彦恭表述治意,求印佛经,诏以《藏经》并御制《秘藏诠》、《逍遥咏》、《莲华心轮》赐之。

四年正月,治遣使白思柔贡方物并谢赐经及御制。二月,遣秘书丞直史馆陈靖、秘书丞刘式为使,加治检校太师,仍降诏存问军吏耆老。靖等自东牟趣八角海口,得思柔所乘海船及高丽水工,即登舟自芝冈岛顺风泛大海,再宿抵瓮津口登陆,行百六十里抵高丽之境曰海州,又百里至阎州,又四十里至白州,又四十里至其国。治迎使于郊,尽藩臣礼,延留靖等七十余日而还,遗以袭衣、金带、金银器数百两、布三万余端,附表称谢。

先是,三年,上亲试诸道贡举人,诏赐高丽宾贡进士王彬、崔罕等及第,既授以官,遣还本国。至是,靖等使回,治上表谢曰:"学生王彬、崔罕等入朝习业,蒙恩并赐及第,授将仕郎、守秘书省校书郎,仍放归本国。窃当道荐修贡奉,多历岁年,盖以上国天高,遐荒海隔,不获躬趋金阙,面叩玉阶,唯深拱极之诚,莫展来庭之礼。彬、罕等幼从鲍系,嗟混迹于嵎夷;不惮蓬飘,早宾王于天邑。缊袍短褐,玉粒桂薪,堪忧食贫,若为卒岁。皇帝陛下天慈照毓,海量优容,丰其馆谷之资,勖以艺文之业。去岁高悬轩鉴,大选鲁儒,彬、罕接武泽宫,敢萌心于中鹄;滥巾英域,空有志于羡鱼。陛下以其万里辞家,十年观国,俾登名于桂籍,仍命秩于芸台;悯其怀土之心,慰以倚门之望,别垂宸旨,令归故乡。玄造曲成,鸿恩莫报,臣不胜感天戴圣之至。"

又有张仁铨者,进奉使白思柔之孔目吏也,上书献便宜。思柔意其持国阴事以告,仁铨惧不敢归。上命靖等领以还国,仍诏治释仁铨罪。治又上表谢曰:"官告国信使陈靖、刘式至,奉传圣旨,以当道进奉使从行孔目官张仁铨至阙,辄进便宜,翻怀忧惧,今附使臣带归本国者。仁铨崛宅细民,海门贱吏,获趋上国,敢贡愚诚,罔思狂瞽之尤,辄奏权宜之事,妄尘旒冕,上黩朝廷。今者,仰奉纶言,释其罪罟。小人趋利,岂虞僭越之求,圣主宽恩,远降哀矜之命。其张仁铨者已依诏旨放罪,令掌事如故。"又上言愿赐板本《九经》书,用敦儒教,许之。

先是,式等复命,治遣使元证衍送之,证衍至安香浦口,值风损船,溺所赍物。诏登州给证衍文据遣还,仍赐治衣段二百匹、银器二百两、羊五十口。

五年六月,遣使元郁来乞师,诉以契丹寇境。朝廷以北鄙甫宁,不可轻动干戈,为国生事,但赐诏慰抚,厚礼其使遣还。自是受制于契丹,朝贡中绝。

治卒,弟诵立。尝遣兵校徐远来候朝廷德音,远久不至。

咸平三年,其臣吏部侍郎赵之遴命牙将朱仁绍至登州侦之,州将以闻,上特召见仁绍。因自陈国人思慕皇化,为契丹羁制之状,乃赐诵细函诏一道,令仁绍赍还。

六年,诵遣使户部郎中李宣古来朝谢恩,且言:"晋割燕蓟以属契丹,遂有路趣玄菟,屡来攻伐,求取不已,乞王师屯境上为之牵制。"诏书优答之。

诵卒,弟询权知国事。先是,契丹既袭高丽,遂筑六城曰兴州、曰铁州、曰通州、曰龙州、曰龟州、曰郭州于境上。契丹以为贰己,遣使来求六城,询不许。遂举兵,奄至城下,焚荡宫室,剽劫居人,询徙居昇罗州以避之。兵退,乃遣使请和。契丹坚以六城为辞,自是调兵守六城。

大中祥符三年,大举来伐,询与女真设奇邀击,杀契丹殆尽。询又于鸭绿江东筑城,与来远城相望,跨江为桥,潜兵以固新城。

七年,方遣告奏使御事工部侍郎尹证古以金线织成龙凤鞍并绣龙凤鞍幞各二幅、细马二匹、散马二十匹来贡。证古还,赐询诏书七通并衣带、银彩、鞍勒马等。

八年,诏登州置馆于海次以待使者。其年,又遣御事民官侍郎郭元来贡。元自言:"本国城无垣墙,府曰开城,管六县,民不下三五千。有州军百余,置十路转运司统之。每州管县五六,小者亦三四,每县户三四百。国境南北千五百里,东西二千里。军民杂处,隶军者不黥面。方午为市,不用钱,第以布米贸易。地宜粳稻,风俗颇类中国。无羊、兔、橐驼、水牛、驴。气候少寒,暑差多。有僧,无道士。民家器皿,悉铜为之。乐有二品:曰唐乐,曰乡乐。三岁一试举人,有进士、诸科、算学,每试百余人,登第者不过一二十。每正月一日、五月五日祭祖祢庙。又正月七日,家为王母像戴之。二月望,僧俗燃灯如中国上元节。上巳日,以青艾染饼为盘羞之冠。端午有秋千之戏。士女服尚素。地产龙须席、藤席、白硾纸、鼠狼尾笔。"元辞貌恭恪,每受宴赐,必自为谢表,粗有文采,朝廷待之亦厚。九年,辞还,赐询诏书七函,袭衣、金带、器币、鞍马及经史、历日、《圣惠方》等。元又请录《国朝登科记》及所赐御诗以归,从之。

天禧元年,遣御事刑官侍郎徐讷奉表献方物于崇政殿,又贺封建寿春郡王。

三年九月,登州言高丽进奉使礼宾卿崔元信至秦王水口,遭风覆舟,漂失贡物,诏遣内臣抚之。十一月,元信等入见,贡罽锦衣褥、乌漆甲、金饰长刀匕首、罽锦鞍马、纻布、药物等,又进中布二千端,求佛经一藏。诏赐经还布,以元信覆溺匮乏,别赐衣服、缯彩焉。明州、登州屡言高丽海船有风漂至境上者,诏令存问,给度海粮遣还,仍为著例。

五年,询遣告奏使御事礼部侍郎韩祚等一百七十九人来谢恩,且言与契丹修好,又表乞阴阳地理书、《圣惠方》,并赐之。

金行成者,累官至殿中丞,治表乞放还。行成自以筮仕朝廷,不愿归本国。又以父母垂老,在海外旦暮思念,恨禄不及,令工图其像置正寝,与妻史氏居旁室,晨夕定省上食,未尝少懈。淳化初,通判安州。被病,知州李范与僚佐数人省之,行成病已笃,泣且言曰:"行成外国人,为朝官,佐郡政,病且死,未有以报主恩,虽瞑目固有遗恨。二子宗敏、宗讷皆幼,家素贫,无他亲可依,且暮委沟壑矣。"未几,行成死,其妻养二子,誓不嫁,织屦以给。范表其事,诏以宗敏补太庙斋郎,令安州月给其家钱叁缗、米五斛,长吏岁时存问。

又高丽信州永宁人康戬,字休祐,父允,三世为兵部侍郎。戬少好学,时纥升与契丹交兵,戬从允战木叶山下,连中二矢,神色不变。后陷契丹,遁居墨斗岭,又至黄龙府,间道奔归高丽,时允犹在。开宝中,允遣戬随宾贡肄业国学。太平兴国五年,登进士第,解褐大理评事,知湘乡县,再迁著作佐朗,知江阴军、江州。历官以清白干力闻,改太常博士。苏易简在翰林,称其吏才,命为广南西路转运副使,赐绯鱼,就迁正使,再转度支员外郎、户部判官。出知峡、越二州,连被诏褒其能政。又为京西转运使,加工部郎中,赐金紫。戬所至好行事,上章多建白,以竭诚自任。景德三年,卒,真宗特以其子希龄为太常寺奉礼郎,给奉终丧。

乾兴元年二月,祚等辞归本国,赐询如故事。会真宗晏驾,又赍遗物以赐询。

天圣八年,询复遣御事民官侍郎元颖等二百九十三人奉表入见于长春殿,贡金器、银罽刀剑、鞍勒马、香油、人参、细布、铜器、硫黄、青鼠皮等物。明年二月辞归,赐予有差,遣使护送至登州。其后绝不通中国者四十三年。

询孙徽嗣立,是为文王。

熙宁二年,其国礼宾省移牒福建转运使罗拯云:"本朝商人黄真、洪万来称,运使奉密旨,令招接通好。奉国王旨意,形于部述。当国僻居旸谷,遐恋天朝,顷从祖祢以来,素愿梯航相继。蕞尔平壤,迩于大辽,附之则为睦邻,疏之则为勍敌。虑边骚之弗息,蓄陆慴以縻邅。久困羁縻,难图携贰,故违述职,致有积年。屡卜云祥,虽美

圣辰于中国;空知日远,如迷旧路于长安。运属垂鸿,礼稽展庆。大朝化覃无外,度豁包荒,山不谢乎纤埃,海不辞于支派。谨当遵寻通道,遄赴槁街,但兹千里之传闻,恐匪重霄之纤眷。今以公状附真、万西迁,俟得报音,即备礼朝贡。"徽又自言尝梦至中华,作诗纪其事。三年,拯以闻,朝廷议者亦谓可结之以谋契丹,神宗许焉,命拯谕以供拟腆厚之意。徽遂遣民官侍郎金悌等百十人来,诏待之如夏国使。

往时高丽人往反皆自登州,七年,遣其臣金良鉴来言,欲远契丹,乞改涂由明州诣阙,从之。郡县供顿无旧准,颇扰民,诏立式颁下,费悉官给。又以其不迩华言,恐规利者私与交关,令所至禁止。徽问遗二府甚厚,诏以付市易务售缣帛答之。又表求医药、画塑之工以教国人,诏罗拯募愿行者。

九年,复遣崔思训来,命中贵人仿都亭西驿例治馆,待之寖厚,其使来者亦益多。尝献伶官十余辈,曰:"夷乐无足观,止欲润色国史尔。"帝以其国尚文,每赐书诏,必选词臣著撰而择其善者。

元丰元年,始遣安焘假左谏议大夫、陈睦假起居舍人往聘。造两舰于明州,一曰凌虚致远安济,次曰灵飞顺济,皆名为神舟。自定海绝洋而东,既至,国人欢呼出迎。徽具袍笏玉带拜受诏,与焘、睦尤礼,馆之别宫,标曰顺天馆,言尊顺中国如天云。徽已病,仅能拜命,且乞医药。

二年,遣王舜封挟医往诊治。徽又使柳洪来谢,海中遇风,失所贡物。洪上章自劾,敕书安慰。寻献日本所造车,曰:"诸侯不贡车服,故不敢与土贡同进。"前此贡物至。辄下有司估直,偿以万缣,至是命勿复估,以万缣为定数。

六年,徽卒,在位三十八年,治尚仁恕,为东夷良主。然犹循其俗,王女不下嫁臣庶,必归之兄弟,宗族贵臣亦然。次子运谏,以为既通上国,宜以礼革故习。徽怒,斥之于外。讣闻,天子闵焉,诏明州修浮屠供一月,遣杨景略、王舜封祭奠,钱勰、宋球吊慰。景略辞李之仪书状,帝以之仪文称不著,宜得问学博洽、器宇整秀者召赴中书,试以文乃遣。又以远服不责其备,谕使者以相见之所殿名、鸱吻,皆听勿避。

徽子顺王勋嗣,百日卒。弟宣王运嗣。运仁贤好文,内行饬备,每贾客市书至,则洁服焚香对之。

八年,遣其弟僧统来朝,求问佛法并献纻像。

哲宗立,遣使金上琦奉慰,林暨致贺,请市刑法之书、《太平御览》、《开宝通礼》、《文苑英华》。诏惟赐《文苑英华》一书,以名马、锦绮、金帛报其礼。

运立四年卒,子怀王尧嗣。未阅岁,以病不能为国,国人请其叔父鸡林公熙摄政。未几尧卒,熙乃立,凡数岁使不至。

元祐四年,其王子义天使僧寿介至杭州祭亡僧,言国母使持二金塔为两宫寿,知州苏轼奏却之,语在《轼传》。熙后避辽主讳,改名颙。颙性贪吝,好夺商贾利,富室犯

法，辄久縻责赎，虽微罪亦输银数斤。

五年，复通使，赐银器五千两。七年，遣黄宗悫来献《黄帝针经》，请市书甚众。礼部尚书苏轼言："高丽入贡，无丝发利而有五害，今请诸书与收买金箔，皆宜勿许。"诏许买金箔，然卒市《册府元龟》以归。

元符中，遣士宾贡。

徽宗立，遣任懿、王嘏来吊贺。

崇宁二年，诏户部侍郎刘逵、给事中吴栻往使。

顒卒，子俣嗣。贡使接踵，且令士子金端等五人入太学，朝廷为置博士。

政和中，升其使为国信，礼在夏国上，与辽人皆隶枢密院；改引伴、押伴官为接送馆伴。赐以《大晟燕乐》、笾豆、簠簋、尊罍等器，至宴使者于睿谟殿中。

宣和四年，俣卒。初，高丽俗兄终弟及，至是诸弟争立，其相李资深立俣子楷。来告哀，诏给事中路允迪、中书舍人傅墨卿莫慰。俣之在位也，求医于朝，诏使二医往，留二年而归，楷语之曰："闻朝廷将用兵伐辽。辽兄弟之国，存之足为边捍。女真狼虎耳，不可交也。业已然，愿二医归报天子，宜早为备。"归奏其言，已无及矣。

钦宗立，贺使至明州，御史胡舜陟言："高丽糜敝国家五十年，政和以来，人使岁至，淮、浙之间苦之。彼昔臣事契丹，今必事金国，安知不窥我虚实以报，宜止勿使来。"乃诏留馆于明而纳其赟币。明年始归国。

自王徽以降，虽通使不绝，然受契丹封册，奉其正朔，上朝廷及他文书，盖有称甲子者。岁贡契丹至于六，而诛求不已。常云："高丽乃我奴耳，南朝何以厚待之？"使至其国，尤倨暴，馆伴及公卿小失意，辄行捶楚，闻我使至，必假他事来觇，分取赐物。尝诘其西向修贡事，高丽表谢，其略曰："中国，三甲子方得一朝；大邦，一周天每修六贡。"契丹悟，乃得免。

高宗即位，虑金人通于高丽，命迪功郎胡蠡假宗正少卿为高丽国使以间之。蠡之回，史失书。

二年，浙东路马步军都总管杨应诚上言："由高丽至女真路甚径，请身使三韩，结鸡林以图迎二圣。"乃以应诚假刑部尚书充高丽国信使。浙东帅臣翟汝文奏言："应诚欺罔，为身谋耳。若高丽辞以金人亦请问津以窥吴、越，其将何辞以对？万一辱命，取笑远夷，愿毋遣。"应诚闻之，遂与副使韩衍、书状官孟健由杭州浮海以行。六月，抵高丽，谕其王楷以所欲为，楷曰："大朝自有山东路，盍不由登州往？"应诚曰："以贵国路径耳。"楷有难色，已而命其门下侍郎传价至馆中，果对如翟汝文言。应诚曰："女真不善水战。"价曰："彼常于海道往来，况女真旧臣本国，今反臣事之，其强弱可见矣。"居数日，复遣其中书侍郎崔洪宰、知枢密院金富轼持前议不变，谓二圣今在燕云，大朝虽尽纳土，未必可得，何不练兵与战？终不奉诏。应诚留两月余，不得已见楷于寿昌门，受其拜表而还。十月，至阙，入对言状，上以楷负国恩，怒甚。尚书右丞朱胜非曰："彼邻金人，与中国隔海，利害甚明。曩时待之过厚，今安能责其报也。"右仆射黄潜善曰："以巨舰载精兵数万，径捣其国，彼宁不惧。"胜非曰："越海兴师，燕山之事可为近鉴。"上怒解。十一月，楷遣其臣尹彦颐奉表谢罪，诏以二圣未归，燕设不宜用乐，乃设幕殿门外，命客省官吴得兴伴赐酒食，命中书舍人张澂押伴，如礼遣还。

三年八月，上谓辅臣曰："闻上皇遣内臣、宫女各二人随高丽贡使来，朕闻之悲喜交集。"吕颐浩曰："此必金人之意，不然高丽必不敢，安知非窥我虚实以报。"于是诏止之，略曰："王缅守基图，夙同文轨，乃附乘桴之信，嗣修贡篚之恭。惟忠顺之无他，质神明而靡愧，属关闻听，良用叹嘉。言念晚年，实为多故，举中原之生聚，遭强敌之震惊，既涉境以采深，犹称兵而未已，兹移仗卫，暂驻江湖。如行使之果来，恐有司之不戒，俟休边警，当问聘期。坏晋馆以纳车，庶无后悔，闭汉关而谢质，非用前规。想彼素怀，知吾诚意。"

绍兴元年十月，高丽将入贡，礼部侍郎柳约言："四明残破之余，荒芜单弱，恐起戎心，宜屯重兵以俟其至。"十一月，诏柳约奉使高丽，不果行。

二年闰四月，楷遣其礼部员外郎崔惟清、阁门祗候沈起入贡金百两、银千两、绫罗二百匹、人参五百斤，惟清所献亦三之一。上御后殿引见，赐惟清、起金带二，答以温诏遣还。是月，定海县言，民亡入高丽者约八十人，愿奉表还国。诏候到日，高丽纲首卓荣等量与推恩。十二月，闻高丽遣知枢密院事洪彝叙等六十五人来贡，议以临安府学馆其使。言者谓虽在兵间，不可无学，恐为所窥。诏以法惠寺为同文馆以待之。既而卒不至。

六年，高丽持牒官金稚圭至明州，赐银帛遣之，惧其为金间也。

三十二年三月，高丽纲首徐德荣诣明州言，本国欲遣贺使。守臣韩仲通以闻，殿中侍御史吴芾奏言："高丽与金人接壤，昔稚圭之来，朝廷惧其为间，亟遣还。今两国交兵，德荣之请，得无可疑？使其果来，犹恐不测，万一不至，贻笑远方。"诏止之。

隆兴二年四月，明州言高丽入贡。史不书引见日，恐同彝叙之诈。其后使命遂绝。

庆元间，诏禁商人持铜钱入高丽，盖绝之也。

初，高丽入使，明、越困于供给，朝廷馆遇燕赉锡予之费以钜万计，馈其主者不在焉。我使之行，每乘二神舟，费亦不赀。三节官吏縻爵捐廪，皆仰县官。昔苏轼言于先朝，谓高丽入贡有五害，以此也。惟是国于吴会，事异东都。昔高丽人使，率由登、莱，山河之限甚远，今直趋四明，四明距行都限一浙水耳。由海道奉使高丽，弥漫汪洋，洲屿险阻，遇黑风，舟触礁辄败，出急水门至群山岛，始谓平达，非数十日不至也。舟南北行，遇顺风则历险如夷，至不数日。其国东西二千里，南北五百里，西北接契丹，恃鸭绿江以为固，江广三百步。其东所临，海水清澈，下视十丈，东南望明州，水皆碧。

王居开州蜀莫郡，曰开成府。依大山置宫室，立城壁，名其山曰神嵩。民居皆茅茨，大止两椽，覆以瓦者才十二。以新罗为东州乐浪府，号东京。百济为金州金马郡，号南京。平壤为镇州，号西京。西京最盛。总之，凡三京、四府、八牧、郡百有十八、县镇三百九十、洲岛三千七百。郡邑之小者，或只百家。男女二百十万口，兵、民、僧各居其一。地寒多山，土宜松柏，有粳、黍、麻、麦而无秋，以粳为酒。少丝蚕，匹缣直银十两，多衣麻纻。王出，乘车驾牛，历山险乃骑。紫衣行前，捧《护国仁王经》以导。出令曰教，曰宣。臣民呼之曰圣上，私谓曰严公，后妃曰宫主。百官名称、阶、勋、功臣、检校，颇与中朝相类。过御史台则下马，违者有劾。士人以族望相高，柳、崔、金、李四姓为贵种。无宦者，以世族子为内侍六卫。岁十二月朔，王坐紫门小殿注官，外官则付国相。有国子监、四门学，学者六千人。贡士三等，王城曰土贡，郡邑曰乡贡，他国人曰宾贡。间岁试于所属，再试于学，所取不过三四十人，然后王亲试以诗、赋、论三题，谓之帘前重试。亦有制科宏词之目，然特文具而已。士尚声律，少通经。

王城有华人数百，多闽人因贾舶至者，密试其所能，诱以禄仕，或强留之终身，朝廷使至，有陈牒来诉者，则取以归。

百官以米为奉，皆给田，纳禄半给，死乃拘之。国无私田，民计口授业。十六以上则充军，六军三卫常留官府，三岁以选戍西北，半岁而更。有警则执兵，任事则服劳，事已复归农亩。王亦有分地以供私用，王母、妃主、世子皆受汤沐田。

上下以贾贩利入为事。日中为虚，用米布贸易。地产铜，不知铸钱，中国所予钱，藏之府库，时出传玩而已。崇宁后，始学鼓铸，有"海东通宝"、"重宝"、"三韩通宝"三种钱，然其俗不便也。兵器疏简，无强弩大刀。

崇尚释教，虽王子弟亦常一人为僧。信鬼，拘阴阳，病不相视，敛不抚棺。贫者死，则露置中野。岁以建子月祭天。国东有穴，号禭神，常以十月望日迎祭，谓之八关斋，礼仪甚盛，王与妃嫔登楼，大张乐宴饮。贾人曳罗为幕，至百匹相联以示富。三岁大祭祠，遍其封内，因是敛民财，而王与诸臣分取之。祖庙在国门之外，大祭则* 车服冕圭亲祠。王城有佛寺七十区而无道观，大观中，朝廷遣道士往，乃立福源院，置羽流十余辈。俗不知医，自王侯来请医，后始有通其术者。

人首无枕骨，背扁侧。男子巾帻如唐装，妇人髻鬓垂右肩，余发被下，约以绛罗，贯之簪。旋裙重叠，以多为胜。男女自为夫妇者不禁，夏月同川而浴。妇人、僧、尼皆男子拜。乐声甚下，无金石之音。既赐乐，乃分为左、右二部：左曰唐乐，中国之音也；右曰乡乐，其俗习也。堂上设席，升必脱屦，见尊者则膝行，必跪，应必唯。其拜无不答，子拜，父犹半答其礼。性仁柔恶杀，不屠宰，欲食羊豕则包以蒿而燔之。

刑无惨酷之科，唯恶逆及骂父母者斩，余皆杖肋。外郡刑杀悉送王城，岁以八月减囚死罪，贷流诸岛，累赦，视轻重原之。

自明州定海遇便风，三日入洋，又五日抵墨山，入其境。自墨山过岛屿，诘曲礁石间，舟行甚驶，七日至礼成江。江居两山间，束以石峡，湍激而下，所谓急水门；最为险恶。又三日抵岸，有馆曰碧澜亭，使人由此登陆，崎岖山谷四十余里，乃其国都云。

卷四百八十八
列传第二百四十七

外国四

交阯　大理

交阯，本汉初南越之地。汉武平南越，分其地为儋耳、珠崖、南海、苍梧、郁林、合浦、交阯、九真、日南，凡九郡，置交阯刺史以领之。后汉置交州，晋、宋、齐、梁、陈因之，又为交阯郡。隋平陈，废郡置州；炀帝初，废州置郡。唐武德中，改交州总管府；至德中，改安南都护府。梁贞明中，土豪曲承美专有其地，送款于末帝，因授承美节钺。时刘陟擅命岭表，遣将李知顺伐承美，执之，乃并有其地。后有杨廷艺、绍洪皆受广南署，继为交阯节度使。绍洪卒，州将吴昌岌遂居其位。昌岌死，其弟昌文袭。

乾德初，昌文死，其参谋吴处玶、峰州刺史矫知护、武宁州刺史杨晖、牙将杜景硕等争立，管内一十二州大乱。部民啸聚，起为寇盗，攻交州。先是，杨廷艺以牙将丁公著摄欢州刺史兼御蕃都督，部领即其子也。公著死，部领继之。至是，部领与其子琏率兵击败处玶等，贼党溃散，境内安堵，交民德之，乃推部领为交州帅，号曰大胜王，署其子琏为节度使。凡三年，逊莅位。琏立七年，闻岭表平，遂遣使贡方物，上表内附。制以权交州节度使丁琏为检校太师充静海军节度使、安南都护。又诏以进奉使郑琇、王绍祚并为检校左散骑常侍兼御史大夫。开宝八年，遣使贡犀、象、香药。朝廷议崇宠部领，降制曰："率土来王，方推以恩信；举宗奉国，宜洽于封崇。眷拱极之外臣，举显亲之茂典。尔部领世为右族，克保遐方；夙慕华风，不忘内附。属九州混一，五岭廓清，靡限溟涛，乐输琛赆。嘉乃令子，称吾列藩。特被鸿私，以旌义训。介尔眉寿，服兹宠章。可授开府仪同三司、检校太师，封交阯郡王。"

太宗即位，琏又遣使以方物来贺。部领及琏既死，琏弟璿尚幼，嗣立，称节度行军司马权领军府事。大将黎桓擅权树党，渐不可制，劫迁璿于别第，举族禁锢之，代总其众。太宗闻之，怒，乃议举兵。太平兴国五年秋，诏以兰州团练使孙全兴、八作使张璿、左监门卫将军崔亮为陆路兵马部署，自邕州路入；宁州刺史刘澄、军器库副使贾湜、供奉官阁门祗候王僎为水路兵马部署，自广州路入。是冬，黎桓遣牙校江巨湟赍方物来贡，仍为丁璿上表曰："臣族本蛮酋，僻处海裔，修职贡于宰旅，假节制于方隅。臣之父兄，代承阃寄，谨保封略，罔敢急遽。爰暨沦亡，将坠堂构,将吏耆耋,乃属于臣,俾权军旅之事,用安夷落之众。土俗犷悍,恳请愈坚,拒而弗从,虑其生变。臣已摄节度行军司马权领军府事,愿赐真秩,令备列藩,干冒宸扆,伏增震越。"上察其欲缓王师,寝而不报。王师进讨,破贼万余众,斩首二千余级。六年春,又破贼于白藤江口,斩首千余级,获战舰二百艘,甲胄万计。转运使侯仁宝率前军先进,全兴等顿兵花步七十日以候澄,仁宝累促之,不进。及澄至,并军由水路至多罗村,不遇贼,复擅回花步。桓诈降以诱仁宝,遂为所害。转运使许仲宣驰奏其事,遂班师。上遣使劾澄、渥、僎,澄寻病死,戮渥等邕州市。全兴至阙,亦下吏诛,余抵罪有差。仁宝赠工部侍郎。

七年春,桓惧朝廷终行讨灭,复以丁璇为名,遣使贡方物,上表谢罪。八年,桓自称权交州三使留后,遣使贡方物,并以璇表来上,帝赐桓诏曰:"丁氏传袭三世,保据一方,卿既受其倚毗,为之心膂,克徇邦人之请,无负丁氏之心。朕甫欲令璇为统帅之名,卿居副贰之任,划裁制置,悉系于卿。俟丁璇既冠,有所成立,卿之辅翼,令德弥光,崇奖忠勋,朕亦何吝!若丁璇将材无取,童心如故,然其奕世绍袭,载绵星纪,一旦舍去节钺,降同士伍,理既非便,居亦靡安。诏到,卿宜遣丁璇母子及其亲属尽室来归。俟其入朝,便当择日降制,授卿节旄。凡兹两途,卿宜审处其一。丁璇到京,必加优礼。今遣供奉官张宗权赍诏谕旨,当悉朕怀。"亦赐璇诏书如旨。时黎桓已专据其土,不听命。是岁五月上言,占城国水陆象马数万来寇,率所部兵击走之,俘斩千计。

雍熙二年,遣牙校张绍冯、阮伯簪等贡方物,继上表求正领节镇。三年秋,又遣使贡方物。儋州言,占城国人蒲罗遏率其族百余众内附,言为交州所逼故也。是岁十月,制曰:"王者懋建皇极,宠绥列藩。设邸京师,所以盛会同之礼;胙土方面,所以表制之雄。矧兹跕鸢之隅,克修执羽之贡,式当易帅,爰利建侯,不忘请命之恭,用举酬劳之典。权知交州三使留后黎桓,兼资义勇,特禀忠纯,能得邦人之心,弥谨藩臣之礼。往者,丁璇方在童幼,昧于抚绥。桓乃肺腑之亲,专掌军旅之事,号令自出,威爱并行。璇尽解三使之权,以徇众人之欲。远输诚款,求领节旄。士燮强明,化越俗而咸义;尉佗恭顺,禀汉诏以无违。宜正元戎之称,以列通侯之贵,控抚夷落,对扬天休。可检校太保、使持节、都督交州诸军事、安南都护,充静海军节度、交州管内观察处置等使,封京兆郡侯,食邑三千户,仍赐号推诚顺化功臣。"遣左补阙李若拙、国子博士李觉为使以赐之。

端拱元年,加桓检校太尉,进邑千户,实封五百户。遣户部郎中魏庠、虞部员外郎直史馆李度往使焉。淳化元年夏,加桓特进,邑千户,实封四百户。遣左正言直史馆宋镐、右正言直史馆王世则又使焉。明年六月,归阙,上令条列山川形势及黎桓事迹以闻。镐等具奏曰:

去岁秋末抵交州境,桓遣牙内都指挥使丁承正等以船九艘、卒三百人至太平军来迎,由海口入大海,冒涉风涛,颇历危险。经半月至白藤,径入海汊,乘潮而行。凡宿泊之所皆有茅舍三间,营葺尚新,目为馆驿。至长州渐近本国,桓张皇虚诞,务为夸诧,尽出舟师战棹,谓之耀军。

自是宵征抵海岸,至交州仅十五里,有茅亭五间,题曰茅径驿。至城一百里,驱部民畜产,妄称官牛,数不满千,扬言十万。又广率其民混于军旅,衣以杂色之衣,乘船鼓噪。近城之山虚张白旗,以为陈兵之象。俄而拥从桓至,展郊迎之礼,桓敛马侧身,问皇帝起居毕,按辔偕行。时以槟榔相遗,马上食之,此风俗待宾之厚意也。城中无居民,止有茅竹屋数十百区,以为军营。而府署湫隘,题其门曰明德门。

桓质陋而目眇,自言近岁与蛮寇接战,坠马伤足,受诏不拜。信宿之后,乃张筵饮宴。又出临海汊,以为娱宾之游。桓跣足持竿,入水标鱼,每中一鱼,左右皆叫噪欢跃。凡有宴会,预坐之人悉令解带,冠以帽子。桓多衣花缬及红色之衣,帽以真珠为饰,或自歌劝酒,莫能晓其词。尝令数十人扛大蛇长数丈,馈于使馆,且曰:"若能食此,当治之为僎以献焉。"又羁送二虎,以备纵观。皆却之不受。士卒殆三千人,悉黥其额曰"天子军"。粮以禾穗日给,令自舂为食。兵器止有弓弩、木牌、梭枪、竹枪,弱不可用。

桓轻慢残忍,昵比小人,腹心阉竖五七辈错立其侧。好狎饮,以手令为乐。凡官属善其事者,擢居亲近左右,有小过亦杀之,或鞭其背一百至二百。宾佐小不如意,亦捶之三十至五十,黜为阍吏;怒息,乃召复其位。有木塔,其制朴陋,桓一日请同登游览。地无寒气,十一月犹衣夹衣挥扇云。

四年,进封桓交阯郡王。五年,遣牙校费崇德等来修职贡。然桓性本凶狠,负阻山海,屡为寇害,渐失藩臣礼。至道元年春,广南西路转运使张观、钦州如洪镇兵马监押卫昭美皆上言,有交州战船百余艘寇如洪镇,略居民,劫廪实而去。其夏,桓所管苏茂州,又以乡兵五千寇邕州所管绿州,都巡检杨文杰击走之。太宗志在抚宁荒服,不欲问罪。观又言,风闻黎桓为丁氏斥逐,拥余众山海间,失其所据,故以寇钞自给,今则桓已死。观仍上表称贺。诏太常丞陈士隆、高品武元吉奉使岭南,因侦其事。士隆等复命,所言与观同。其实桓尚存,而传闻者之误,观等不能审核。未几,有大贾自交阯回,具言桓为帅如故。诏劾观等,会观病卒,昭美、士隆、元吉抵罪。

先是,钦州如洪、咄步、如昔等三镇皆濒海,交州潮阳民卜文勇等杀人,并家亡命至如昔镇,镇将黄令德等匿之。桓令潮阳镇将黄成雅移牒来捕,令德固不遣,因兹海贼连年剽掠。二年,以工部员外郎、直史馆陈尧叟为转运使,因赐桓诏书。尧叟始至,遣摄雷州海康县尉李建中赍诏劳问桓。尧叟又至如昔,诘得匿文勇之由,尽擒其男女老少一百三十口,召潮阳镇吏付之,且戒勿加酷法。成雅得其人,以状谢尧叟。桓遂上章感恩,并捕海贼二十五人送于尧叟,且言已约勒溪洞首领,不得骚动。七月,太宗遣主客郎中、直昭文馆李若拙赍诏书,充国信使,以美玉带往赐桓。若拙既至,桓出郊迎,然其词气尚悖慢,谓若拙曰："向者劫如洪镇乃外境蛮贼也,皇帝知此非交州兵否?若使交州果叛命,则当首攻番禺,次击闽、越,岂止如洪镇而已!"若拙从容谓桓曰:"上初闻寇如洪镇,虽未知其所自,然以足下拔自交州牙校,授之节制,固当尽忠以报,岂有他虑!及见执送海贼,事果明白。然而大臣佥议,以为朝廷比建节帅,以宁海表,今既蛮贼为寇害,乃是交州力不能独制矣。请发劲卒数万,会交兵以剪灭之,使交、广无后患。上曰:'未可轻举,虑交州不测朝旨,或致惊骇,不若且委黎桓讨击之,亦当渐至清谧。'今则不复会兵也。"桓愕然避席,曰:"海贼犯边,守臣之罪也。圣君容贷,恩过父母,未加诛责。自今谨守职约,保永清于涨海。"因北望顿首谢。

真宗即位,进封桓南平王兼侍中。桓前遣都知兵马使阮绍恭、副使赵怀德以金银七宝装交椅一、银盆十、犀角象牙五十枚、绢绅布万匹来贡。诏陈于万岁殿太宗神御,许绍恭等拜奠。及回,赐桓带甲马,诏书慰奖。咸平四年,又遣行军司马黎绍、副使何庆常,以驯犀一、象二、象狎二、七宝装金瓶一来贡。其年钦州言,交州效诚场民及头首八州使黄庆集等数百人来投,有诏慰抚,遣还本道。广南西路言,黎桓迎受官告使黄成雅附奏,自今国朝加恩,愿遣使至本道,以宠海裔。先是,使至交州,桓即以供奉为辞,因缘赋敛。上闻之,止令疆吏召授命,不复专使。景德元年,又遣其子摄欢州刺史明提来贡,恳求加恩使至本道慰抚遐裔,许之,仍以明提为欢州刺史。二年上元节,赐明提钱,令与占城、大食使观灯宴饮,因遣工部员外郎邵晔充国信使。

三年,桓卒,立中子龙钺。龙钺兄龙全劫库财而遁,其弟龙廷杀龙钺自立。龙廷兄明护率扶阑砦兵攻战。明提以国乱不能还,特诏广州优加资给。知广州凌策等言:"桓诸子争立,众心离叛,头首黄庆集、黄秀蛮等千余人以不从驱率,戮及亲族,来投廉州,请发本道二千人平之,庆集等愿为前锋。"上以桓素比顺,屡修职贡,今幸乱而伐丧,不可。就改国信使邵晔为缘海安抚使,令晓譬之。庆集等仍计口赐田粮。晔乃贻书交州,谕以朝廷威德,如其自相鱼肉,久无定位,偏师问罪,则黎氏尽灭矣。明护惧,即奉龙廷主军事。龙廷自称节度、开明王,遂欲修贡。晔以闻,上曰:"遐荒异俗,不晓事体,何足怪也?"令削去伪官。晔又言,头首黄庆集先避乱归化,其种族尚多,若复遣还,虑遭屠戮。诏以庆集隶三班,厘务于郴州,遂许入贡。

四年,龙廷称权安南静海军留后,遣弟峰州刺史明昶、副使安南掌书记殿中丞黄成雅等来贡。会含光殿大宴,上以成雅坐远,欲稍升位著,访于宰相王旦,旦曰:"昔子产朝周,周王飨以上卿之礼,子产固辞,受下卿之礼而还。国家惠绥远方,优待客使,固无嫌也。"乃升成雅于尚书省五品之次。诏拜龙廷特进、检校太尉,充静海军节度观察处置等使、安南都护,兼御史大夫、上柱国,仍封交阯郡王,食邑三千户,食实封一千户。赐推诚顺化功臣,仍赐名至忠,给以旌节。又追赠桓中书令、南越王。进奉使黎明昶等并进秩。大中祥符元年,天书降,加翊戴功臣,食邑七百户,实封三百户。东封毕,加至忠同平章事,食邑一千户,食实封四百户。二年,广南西路言,钦州蛮人劫海口蜑户,如洪砦主李文著以轻兵袭逐,中流矢死。诏督安南捕贼。明年,执狄獠十三人以献。至忠又遣推官阮守疆以犀角、象齿、金银、纹缬等来贡。并献驯犀一。上以犀违土性,不可豢畜,却不纳。又以逆至忠意,使者既去,乃令纵之海澨。三年,遣使来朝,表求甲胄具装,诏从其请。又求互市于邕州,本道转运使以闻,上曰:"濒海之民,数患交州侵寇,仍前止许廉州及如洪砦互市,盖为边隅控扼之所。今或直趋内地,事颇未便。"诏令本道以旧制谕之。

至忠才年二十六,苛虐不法,国人不附。大校李公蕴尤为至忠亲任,尝令以黎为姓。其年,遂图至忠,逐之,杀明提、明昶等,自称留后,遣使贡奉。上曰:"黎桓不义而得,公蕴尤而效之,甚可恶也。"然以其蛮俗不足责,遂用桓故事,制授特进、检校太傅,充静海军节度观察处置等使、安南都护,兼御史大夫、上柱国,封交阯郡王,食邑三千户,实封一千户,赐推诚顺化功臣。公蕴又表求太宗御书,诏赐百轴。四年,祀汾阴后土,公蕴遣节度判官梁任文、观察巡官黎再严以方物来贡,礼成,加公蕴同平章事,食邑一千户,实封四百户,任文等并优进秩。五年夏,以进奉使李仁美为诚州刺史,陶庆文为太常丞,其从隶有道病死者,所赐附还其家。是冬,圣祖降,加公蕴开府仪同三司,食邑七百户,实封三百户,赐翊戴功臣。七年春,又加保节守正功臣,食邑一千户,实封四百户。诏交阯诸国使入贡者,所在馆饩供亿,务令丰备。其年,遣知唐州刺史陶硕等来贡。诏以硕为顺州刺史,充安南静海军行军司马;副使吴怀嗣为澄州刺史,充节度副使。先是,交州狄獠张婆看避罪来奔,知钦州穆重颖召之,至中路复拒之,都巡检臧嗣遂令如洪砦犒以牛酒。交州侦知其事,因捕狄獠,故钞如洪砦,掠人畜甚众。诏转运司督公蕴追索,仍令疆吏自今不得诱召蛮獠致生事。公蕴或间岁或仍岁以方物入贡。天禧元年,进封公蕴南平王,加食邑一千户,实封四百户。三年,加检校太尉,食邑一千户,实封四百户。每加恩皆遣使将命至其境上,仍赐器币、袭衣、金带、鞍马焉。仁宗即位,加公蕴检校太师。遣长州刺史李宽泰、都护副使阮守疆来贡。天圣六年,遣欢州刺史李公显来贡,除叙州刺史。既而令其子弟及其婿申承贵率众内寇,诏广南西路转运司发溪峒丁壮讨捕之。未几,卒,年四十四。

其子德政自称权知留后事,来告哀。赠公蕴为侍中、南越王,命本路转运使王惟正为祭奠使,又为赐官告使。除德政检校太尉、静海军节度使、安南都护、交阯郡王。天圣九年,遣知峰州刺史李偓佺、知爱州刺史帅日新等来谢,以偓佺为欢州刺史、日新为珍州刺史。明道元年,恭谢,加同中书门下平章事。景祐中,郡人陈公永等六百余人内附,德政遣兵千余境上捕逐之。诏遣还,仍戒德政毋得辄诛杀。寻遣静海军节度判官陈应机、掌书记王惟庆来贡,以应机为太子中允、惟庆为大理寺丞,德政加检校太师。三年,其甲峒及谅州、门州、苏茂州、广源州、大发峒、丹波县蛮寇邕州之思陵州、西平州、石西州及诸峒，略居人马牛，焚室庐而去。下诏责问之，且令捕酋首正其罪以闻。宝元元年，进封南平王。康定元年，遣知峰州刺史帅用和、节度副使杜犹兴等来贡。庆历三年，又遣节度副使杜庆安、三班奉职梁材来，以庆安为顺州刺史、材为太子左监门率府率。六年，又遣兵部员外郎苏仁祚、东头供奉官陶惟幞来，以仁祚为工部郎中、惟幞为内殿崇班。明年，又遣秘书丞杜文府、左侍禁文昌来，以文府为屯田员外郎，昌为内殿崇班。

初，德政发兵取占城，朝廷疑其内畜奸谋，乃访自唐以来所通道路凡十六处，令转运使杜杞度其要害而戍守之，然其后亦未尝寇边。前后累贡驯象。皇祐二年，邕州诱其苏茂州韦绍嗣、绍钦等三千余人入居省地，德政表求所诱。诏尽还之，仍令德政约束边户，毋相侵犯。其后，广源州蛮侬智高反，德政率兵二万由水路欲入助王师，朝廷优其赐而却其兵。至和二年，卒。

其子日尊遣人告哀，命广南西路转运使、尚书屯田员外郎苏安世为吊赠使，赠德政为侍中、南越王，赙赉甚厚。寻除日尊特进、检校太尉、静海军节度使、安南都护，封交阯郡王。嘉祐三年，贡异兽二。四年，寇钦州思禀管。五年，与甲峒贼寇邕州，诏知桂州萧固发部兵与转运使宋咸、提点刑狱李师中同议掩击；又诏安抚使余靖等发兵捕讨。靖遣谍诱占城同广南西路兵甲趋交阯，日尊惶怖，上表待罪。诏未得举兵，听日尊贡奉至京师。八年，遣文思使梅景先、副使大理评事李继先贡驯象九。四月戊寅，以大行皇帝诏及遗留物赐日尊，加同中书门下平章事。是日，交阯使辞，命内侍省押班李继和喻以申绍泰入寇，本路屡乞讨伐，而朝廷以绍泰一夫肆狂，又本道已遣使谢罪，故未欲兴兵。治平初，知桂州陆诜言，交州来求侬宗旦男日新及欲取温闷峒等地，帝问交阯于何年割据，辅臣对曰："自唐至德中改安南都护府，梁贞明中，土豪曲承美专有此地。"韩琦曰："向以黎桓叛命，太宗遣将讨伐，不服，后遣使招诱，始效顺。交州山路崎僻，多瘴雾瘴毒之气，虽得其地，恐不能守也。"神宗即位，进封日尊南平王。熙宁元年，加开府仪同三司。二年，表言："占城国久阙贡，臣亲帅兵讨之，虏其王。"诏以其使郭士安为六宅副使、陶宗元为内殿崇班。日尊自帝其国，僭称法天应运崇仁至道庆成龙祥英武睿文尊德圣神皇帝，尊公蕴为太祖神武皇帝，国号大越，改元宝象，又改神武。

五年三月，日尊卒。命广西转运使康卫为吊赠使。予所夺州县。诏报之曰："卿抚有南交，世受王爵，而乃背德奸命，窃暴边城。弃祖考忠顺之图，烦朝廷讨伐之举。师行深入，势蹙始归。迹其罪尤，在所细削。今遣使修贡，上章致恭，详观词情，灼见悛悔。朕抚绥万国，不异迩遐。但以邕、钦之民，迁劫炎陬，久失乡井，俟尽送还省界，即以广源等赐交州。"乾德初约归三州官吏千人，久之，才送民二百二十一口，男子年十五以上皆刺额曰"天子兵"，二十以上曰"投南朝"，妇人刺左手曰"官客"。以舟载之而泥其户牖，中设灯烛，日行一二十里则止，而伪作更鼓以报，凡数月乃至，盖以绐示海道之远也。顺州落南深，

置戍镇守，被瘴雾多病没，陶弼亦终于官。朝廷知其无用，乃悉以四州一县还之。然广源旧隶邕管羁縻，本非交阯所有也。

元丰五年，献驯象二、犀角象齿百。六年，以追捕侬智会为辞，犯归化州。又遣其臣黎文盛来广西办理顺安、归化境界，经略使熊本遣左江巡检成卓与议，文盛称陪臣，不敢争执。诏以文盛能遵乾德恭顺之意，赐之袍带及绢五百匹。仍以八隘之外保乐六县、宿桑二峒予乾德。哲宗立，加同中书门下平章事。元祐中，又数上书求勿恶、勿阳峒地，诏不许。二年，遣使入贡，进封南平王。徽宗时，累加开府仪同三司、检校太师。大观初，贡使至京乞市书籍，有司言法不许，诏嘉其慕义，除禁书、卜筮、阴阳、历算、术数、兵书、敕令、时务、边机、地理外，余书许买。政和末，又诏以交人自崇宁以来，全不生事，特宽和市之禁。宣和元年，加乾德守司空。建炎元年，诏广西经略安抚司禁边民毋安南遭逃，从其主乾德之请也。四年，安南入贡，诏却其方物之华靡者，赐敕书，厚其报以怀柔之。

绍兴二年，乾德卒。赠侍中，追封南越王。子阳焕嗣，授静海军节度使、特进、检校太尉，封交阯郡王，赐推诚顺化功臣。八年，阳焕卒，以转运副使朱芾充吊祭使，赠阳焕开府仪同三司，追封南平王。子天祚嗣，授官如其父初封之制。九年，诏广西帅司毋受赵智之入贡。初，乾德有侧室子奔大理，变姓名为赵智之，自称平王。闻阳焕死，大理遣归，与天祚争立，求入贡，欲假兵纳之，帝不许。十七年，诏文思院制鞍辔以赐天祚。二十一年，累加天祚崇义怀忠保信乡德安延承和功臣。二十五年，诏馆安南使者于怀远驿，赐宴，以彰异数。进封天祚南平王，赐袭衣、金带、鞍马。二十六年，命右司郎中汪应长宴安南使者于玉津园。八月，天祚遣李国等以金珠、沉水香、翠羽、良马、驯象来贡。诏加天祚检校太师，增食邑。隆兴二年，天祚遣尹子思、邓硕俨等贡金银、象齿、香物。乾道六年，累加天祚归仁协恭继美遵度履正彰善功臣。帝自即位，屡却安南贡使。九年，天祚复遣尹子思、李邦正求入贡。帝嘉其诚，许之，诏馆于怀远驿。广南西路经略安抚使范成大言："本司经略诸蛮，安南在抚绥之内，其陪臣岂得与中国王官亢礼？政和间，贡使入境，皆庭参，不复报谒。宜遵旧制，于礼为得。"朝廷从其请。淳熙元年二月，进封天祚安南国王，加号守谦功臣。二年，赐安南国印。三年，赐安南国历日。天祚卒。

明年，子龙翰嗣位，授静海军节度使观察处置等使、特进、检校太尉兼御史大夫、上柱国，特封安南国王，加食邑；仍赐推诚顺化功臣，制曰："即乐国以肇封，既从世袭；极真王而锡命，何待次升？"示殊礼也。五年，贡方物，上表称谢。九年，诏却安南所贡象，以其无用而烦民，他物亦止受什一。十六年，累加龙翰守义奉国履常怀德功臣。光宗即位，奉表入贡称贺。宁宗朝，赐衣带、器币，累加谨度思忠济美勤礼保节归仁崇谦协恭功臣及食邑焉。

嘉定五年，龙翰卒。诏以广西运判陈孔硕充吊祭使，

特赠侍中。依前安南国王制,以其子昊旵袭封其爵位,给赐如龙翰始封之制,仍赐推诚顺化功臣。其后谢表不至,遂辍加恩。

昊旵卒,无子,以女昭圣主国事,遂为其婿陈日煚所有。李氏有国,自公蕴至昊旵,凡八传,二百二十余年而国亡。淳祐二年,诏安南国王陈日煚,元赐效忠顺化保节功臣增"守义"二字。宝祐六年,诏安南情状叵测,申饬边备。景定二年,贡象二。三年,表乞世袭。诏日煚授检校太师、安南国大王,加食邑;男威晃,授静海军节度使、观察处置使、检校太尉兼御史大夫、上柱国、安南国王、效忠顺化功臣,赐金带、器币、鞍马。咸淳五年,诏安南国王父日煚、国王威晃加食邑。八年,明堂礼成,日煚、威晃各加食邑,赐鞍马等物。

大理国,即唐南诏也。熙宁九年,遣使贡金装碧玕山、毡罽、刀剑、犀皮甲鞍辔。自后不常来,亦不领于鸿胪。

政和五年,广州观察使黄璘奏,南诏大理国慕义怀徕,愿为臣妾,欲听其入贡。诏璘置局于宾州,凡有奏请,皆候进止。六年,遣进奉使天驷爽彦贲李紫琮、副使坦绰李伯祥来,诏璘与广东转运副使徐惕偕诣阙,其所经行,令监司一人主之。道出荆湖南,当由邵州新化县至鼎州,而璘家潭之湘乡,转运判官乔方欲媚璘,乃排比由邵至潭,由潭至鼎一路。御史劾其当农事之际,而观望劳民,诏罢方。紫琮等过鼎,闻学校文物之盛,请于押伴,求诣学瞻拜宣圣像,邵守张察许之,遂往,遍谒见诸生。又乞观御书阁,举笏加首。

七年二月,至京师,贡马三百八十四匹及麝香、牛黄、细毡、碧玕山诸物。制以其王段和誉为金紫光禄大夫、检校司空、云南节度使、上柱国、大理国王。朝廷以为璘有功,并其子晖、昨皆迁官,少子晲为阁门宣赞舍人。已而知桂州周穜劾璘诈冒,璘得罪。自是大理复不通于中国,间一至黎州互市。

绍兴三年十月,广西奏,大理国求入贡及售马,诏却之,不欲以虚名劳民也。朱胜非奏曰:"昔年大理入贡,言者深指其妄,黄璘由是获罪。"帝曰:"远方异域,何由得实,但雠当其马价,则马方至,用益骑兵,不为无补也。"六年七月,广西经略安抚司奏,大理复遣使奉表贡象、马,诏经略司护送行在,优礼答之。九月,翰林学士朱震上言,乞谕广西帅臣,凡市马当择谨厚者任之,毋遣好功喜事之人,以启边衅。异时南北路通,则渐减广西市马之数,庶几消患于未然。诏从之。

淳熙二年十一月,知静江府张栻申严保伍之禁,又以邕管戍兵不能千人,左、右江峒丁十余万,每恃以为藩蔽,其邕州提举、巡检官宜精选,以抚峒丁。欲制大理,当自邕管始云。

卷四百八十九
列传第二百四十八

外 国 五

占城　真腊　蒲甘　邈黎　三佛齐　阇婆
南毗附　**勃泥　注辇　丹眉流**

占城国在中国之西南,东至海,西至云南,南至真腊国,北至欢州界。泛海南去三佛齐五日程。陆行至宾陀罗国一月程,其国隶占城焉。东去麻逸国二日程,蒲端国七日程。北至广州,便风半月程。东北至两浙一月程。西北至交州两日程,陆行半月程。其地东西七百里,南北三千里。南曰施备州,西曰上源州,北曰乌里州。所统大小州三十八,不盈三万家。其国无城郭,有百余村,村落户三五百,或至七百,亦有县镇之名。

土地所出:笺沉香、槟榔、乌樠木、苏木、白藤、黄蜡、吉贝花布、丝绞布、白氎布、藤簟、贝多叶簟、金银铁锭等物。五谷无麦,有粳米、粟、豆、麻子。官给种一斛,计租百斛。果实有莲、甘蔗、蕉子、椰子。鸟兽多孔雀、犀牛。畜产多黄牛、水牛而无驴;亦有山牛,不任耕耨,但杀以祭鬼,将杀,令巫祝之曰"阿罗和及拨",译云"早教他托生"。民获犀、象皆输于王。国人多乘象或软布兜,或于交州市马,颇食山羊、水兕之肉。

其风俗衣服与大食国相类。无丝蚕,以白氎布缠其胸,垂至于足,衣衫窄袖。撮发为髻,散垂余髻于其后。互市无缗钱,止用金银较量锱铢,或吉贝锦定博易之直。乐器有胡琴、笛、鼓、大鼓,乐部亦列舞人。其王脑后髽髻,散披吉贝衣,戴金花冠,七宝装缨络为饰,胫股皆露,蹑革履,无袜。妇人亦脑后撮髻,无笄梳,其服及拜揖与男子同。王每日午坐禅椅。官属谒见膜拜一而止,白事毕复膜拜一而退。或出游,看象、采猎、观渔,皆数日方还。近则乘软布兜,远则乘象,或乘一木杠,四人舁之,先令一人持槟榔盘前导,从者十余辈,各执弓箭刀枪手牌等,其民望之膜拜一而止。日或一再出。每岁稻熟,王自刈一把,从者及群妇女竞割之。

其王或以兄为副王,或以弟为次王。设高官凡八员,东西南北各二,分治其事,无奉禄,令其所管土俗资给之。别置文吏五十余员,有郎中、员外、秀才之称,分掌资储宝货等事,亦无资奉,但给龟鱼充食及免调役而已。又有司隶廪者十二员,主军卒者二百余员,皆无月奉。胜兵万余人,月给粳米二斛,冬夏衣布各三匹至五匹。每岁,唯王升床而卧,诸臣皆寝于地蓐。亲近之臣见王即胡跪作礼,稍疏远者但拱手而已。

其风俗,正月一日牵象周行所居之地,然后驱逐出郭,谓之逐邪。四月有游船之戏。定十一月十五日为冬至,人皆相贺,州县以土产物帛献其王。每岁十二月十五日,城外缚木为塔,王及人民以衣物香药置塔上焚之以祭天。人有疾病,旋采生药服食。地不产茶,亦不知酝酿之法,止饮椰子酒,兼食槟榔。

刑禁亦设枷锁,小过以四人拽伏于地,藤杖鞭之,二人左右更互捶扑,量其罪或五六十至一百。当死者以绳系于树,用梭枪春喉而殊其首。若故杀、劫杀,令象踏之,或鼻卷扑于地。象皆素习,将刑人,即令豢养之人以数谕之,悉能晓焉。犯奸者,男女共入牛以赎罪。负国王物者,以绳拘于荒塘,物充而后出之。

其国前代罕与中国通。周显德中,其王释利因德漫遣其臣莆诃散贡方物,有云龙形通犀带、菩萨石。又有蔷薇水洒衣经岁香不歇,猛火油得水愈炽,皆贮以琉璃瓶。

建隆二年,其王释利因陀盘遣使莆诃散来朝。表章书于贝多叶,以香木函盛之。贡犀角、象牙、龙脑、香药、孔雀四、大食瓶二十。使回,锡赉有差,以器币优赐其王。三年,又贡象牙二十二株、乳香千斤。

乾德四年,其王悉利因陀盘遣使因陀玢李帝婆罗贡驯象、牯犀、象牙、白氎、哥缦、越诺,王妻波良仆瑈、男占谋律秀琼等各贡香药。五年,又遣使李吽、李被瑳相继来贡献。

开宝三年,遣使贡方物雌象一。四年,悉利多盘、副国王李耨、王妻郭氏、子蒲路鸡波罗等并遣使来贡。五年,其王波美税褐印茶遣使莆诃散来贡。六年,又贡。七年,又贡孔雀伞二、西天烽铁四十斤。九年,遣使朱陀利、陈陀野等来贡。

太平兴国二年,其王波美税阳布印茶遣使李牌来贡。三年,其王及男达智遣使来贡。四年,遣使李木吒哆来贡。六年,交州黎桓上言,欲以占城俘九十三人献于京师。太宗令广州止其俘,存抚之,给衣服资粮,遣还占城,诏谕其王。七年,遣使乘象入贡,诏留象广州畜养之。八年,献驯象,能拜伏,诏畜于京畿宁陵县。

雍熙二年,其王施利陀盘吴日欢遣婆罗门金歌麻献方物,且诉为交州所侵,诏答令保国睦邻。三年,其王刘继宗遣使李朝仙来贡。儋州上言,占城人蒲罗遏为交州所逼,率其族百口来附。四年秋,广州上言,雷、恩州关送占城夷人斯当李娘并其族一百五十人来归,分隶南海、清远县。端拱元年,广州又言,占城夷人忽宣等族三百一人来附。

淳化元年,新王杨陀排自称新坐佛逝国。杨陀排遣使李臻贡驯犀方物,表诉为交州所攻,国中人民财宝皆为所略。上赐黎桓诏,令各守境。三年,遣使李良莆贡方物。赐其王白马二、兵器等。本国僧净戒献龙脑、金铃、铜香炉、如意等,各优赐之。

至道元年正月,其王遣使来贡,奉表言:

前进奉使李良莆回,伏蒙圣慈赐臣细马二匹、旗五面、银装剑五口、银缠枪五条、弓弩各五张及箭等,戴恩感惧,稽首,稽首!

臣生长外国,敻远天都。窃承皇帝圣明,威德广大,臣不惮介居海裔,遣使入朝。皇帝不弃蛮夷山国,曲加优赐。然臣自为土长,声势尚卑,常时外国颇相侵挠,况以前民庶如芥,随风星散,流离各不自保。近蒙皇帝赐臣内闲驵骏及旗帜兵器等,邻国闻之,知臣荷大国之宠,而各惧天威,不敢谋害。今臣一国安宁,流侵来复,若非皇帝天德加护,何以至此!臣之一国仰望仁圣,覆之如天,载之如地。臣自思惟,鸿恩不浅。且自天子之都至臣所居之国,涉海绵邈,不啻数万里,而所赐之马及器械等并安全而至,皆圣德之所及也。

自前本国进奉,未尝有旌旗弓矢之赐,臣今何幸,独受异恩!此盖天威广被,壮臣土疆。臣虽殒身无以上报。兼臣贡使往复,资给备至,恩重山岳,不可具陈。今特遣专使李波珠、副使诃散、判官李磨勿等进奉犀角十株,象牙三十株,玳瑁十斤,龙脑二斤,沉香百斤,夹笺黄熟香九十斤,檀香百六十斤,山得鸡二万四千三百双,胡椒二百斤,簟席五。前件物固非珍奇,惟表诚恳。

臣生居异域,幸遇明时,不贵殊珍,惟重良马。倪皇帝念及外国,不罪恳求,若使介南归,愿垂颁赐,臣之幸矣。兼臣本国元有流民三百,散居南海,曾蒙圣旨许令放还,今有犹在广州者。本国旧有进奉夷人罗常占见驻广州,乞诏本州尽数点集,具籍以付常占,令造舶船,乘便风部领归国,冀得安其生聚,以实旧疆。至于万里感恩,一心事上,臣之志也。

上览表,遣使诣广州询问,愿还者悉付波珠。使还,复赐白马二,遂为常制。

咸平二年,其王杨普俱毗茶逸施离遣使朱陈尧、副使蒲萨陀婆、判官黎姑伦以犀象、玳瑁、香药来贡,赐尧等冠带衣襦有差。景德元年,又遣使来贡。诏以良马、介胄、戎器等赐之。四年,遣使布禄爹地加等奉表来朝,表函藉以文锦,词曰:

占城国王杨普俱毗茶室离顿首言:臣闻二帝封疆,南止届于湘、楚;三王境界,北不及于幽燕。仰瞩昌时,实迈往迹。伏惟皇帝陛下乾坤授气,日月储英,出震居尊,承基御极。慈悲敷于天下,声教被于域中。业茂前王,功彰徂后,苍生是念,黄屋非心。无方不是生灵,有土并为臣妾。真风遍布,需泽周行,凡沐照临,共增鼓抃。

臣生于边鄙,幸袭华风。蚁垤蜂房,聊为遂性;龙楼凤阁,尚阻观光。再念自假天威,获全封部,邻无侵夺,俗有舒苏。每岁拜遣下臣,问宁上国,蒙陛下恩沾行苇,福及豚鱼,特因回人,颁赐戎器。臣本土惟望阙荟香,欢呼拜受,心知自幸,曷答洪恩。圣君既念于宾王,诚恳肯忘于述职。今遣专信臣布禄爹地加、副使臣除逋麻瑕珈耶、判官臣皮霸抵一行人力等,部署土毛,远充岁贡。虽表楚茅之礼,实怀鲁酒之忧。虔望睿明,甫宽谴戮。专信臣等回日,军容器仗耀武之物,伏惟重加赐赉。盖念忝为臣子,合告君亲,服饰车舆,威仪斧钺,不敢私制,惟望恩颁。干冒冕旒,不任死罪。

布禄爹地加言本国旧隶交州,后奔于佛游,北去旧所七百里。使还，赐物甚厚。

大中祥符三年，国主施离霞离鼻麻底遣使朱浮礼来贡。四年，遣使贡师子，诏畜于苑中。使者留二蛮人以给豢养，上怜其怀土，厚给资粮遣还。八年，遣使波轮诃罗帝来贡。诃罗帝因上言有弟陶珠顷自交州押驯象赴阙，今幸得见，欲携以还。许之，仍赐陶珠衣币装钱。

天禧二年，其王尸嘿排摩慄遣使罗皮帝加以象牙七十二株、犀角八十六株、玳瑁千片、乳香五十斤、丁香花八十斤、豆蔻六十五斤、沉香百斤、笺香二百斤、别笺一剂六十八斤、茴香百斤、槟榔千五百斤来贡。罗皮帝加言国人诣广州，或风漂船至石塘，即累岁不达矣。三年，使还，诏赐尸嘿排摩慄银四千七百两并戎器鞍马。

海上又有蒲端国、三麻兰国、勿巡国、蒲婆众国，大中祥符四年祀汾阴，并遣使来贡。先是，咸平、景德中，蒲端国主其陵数遣使来贡方物及献红鹦鹉。其后，国主悉离芭大遏至亦以金版镂表来上，其使已絮汉上言："伏见诏旨给购占城使鞍勒马、大神旗各二，乞如恩例。"有司以蒲端在占城下，请赐杂彩小旗五，从之。

天圣八年十月，占城王阳补孤施离皮兰德加拔麻叠遣使李蒲萨麻瑕陀琶来贡木香、玳瑁、乳香、犀角、象牙。

庆历元年九月，广东商人邵保见军贼鄂邻百余人在占城，转运司选使臣二人赍诏书器币赐占城，购邻致阙下，余党令就戮之。明年十一月，其王刑卜施离星霞弗遣使献驯象三。皇祐二年正月，又使俱舍唎波微收罗婆麻提杨卜贡象牙二百一、犀角七十九。表二通，一以本国书，一以中国书。五年四月，其使蒲思马应来贡方物。

嘉祐元年闰三月，其使蒲息陀琶贡方物，还至太平州，江岸崩，沉失行橐。明年正月，诏广州赐银千两。六年九月，又献驯象。七年正月，广西安抚经略司言："占腊素不习兵，与交阯邻，常苦侵轶；而占城复近修武备，以抗交阯，将躐广东路入贡京师，望抚以恩信。"五月，其使顿琶尼来贡方物。六月，赐其王施里律茶盘麻常杨溥白马一，从其求也。

熙宁元年，其王杨卜尸利律陀般摩提婆遣使贡方物，乞市驿马。诏赐白马一，令于广州买骡以归。五年，贡琉璃珊瑚酒器、龙脑、乳香、丁香、荜澄茄、紫矿。七年，交州李乾德言其王领兵三千人并妻子来降，以正月至本道。

九年，复遣使来言：其国自海道抵真腊一月程，西北抵交州四十日，皆山路。所治聚洛一百五，大略如州县。王年三十六岁，著大食锦或川法锦大衫、七条金璎珞，戴七宝装成金冠，蹑红皮履。出则从者五百人，十妇人执金桦合贮槟榔，导以乐。

王师讨交阯，以其素仇，诏使乘机协力除荡。行营战棹都监杨从先遣小校樊蛮谕旨。寇还，言其国选兵七千扼贼要路，其王以木叶书回牒，遣使上之。然亦不能成功。后两国同入贡，占城使者乞避交人。诏遇朔日朝文德殿，分东西立；望日则交人入垂拱殿，而占城趋紫宸；大宴则东西坐。

元祐七年，又表言如天朝讨交阯，愿率兵掩袭。朝廷以交阯数入贡，不绝臣节，难以兴师，答敕书报之，而以其使良保故伦轧丹、副使傍木知突为保顺郎将。政和中，授其王杨卜麻叠金紫光禄大夫，领廉、白州刺史。杨卜麻叠言身縻化外，不沾禄食，愿得薄授奉给，壮观小国，许之。

宣和元年，进检校司空兼御史大夫、怀远军节度、琳州管内观察处置使，封占城国王。自是，每遇恩辄降制加封邑。

建炎三年，杨卜麻叠遣使入贡，遇郊恩，制授检校太傅，加食邑。绍兴二十五年，其子邹时阑巴嗣立，遣使进方物，求封爵，锡宴于怀远驿，以其父初封之爵授之，报赐甚厚。

乾道三年，子邹亚娜嗣，掠大食国方物遣人来贡，以求封爵，为其国人所诉。诏却之，遂不议其封。七年，闽人有浮海之吉阳军者，风泊其舟抵占城。其国方与真腊战，皆乘大象，胜负不能决。闽人教其王当习骑射以胜之，王大说，具舟送之吉阳，市得马数十匹归，战大捷。明年复来，琼州拒之，愤怒大掠而归。淳熙二年，严马禁，不得售外蕃。三年，占城归所掠生口八十三人，求通商，诏不许。四年，占城以舟师袭真腊，傅其国都。

庆元以来，真腊大举伐占城以复仇，杀戮殆尽，俘其主以归，国遂亡，其地悉归真腊。

真腊国亦名占腊，其国在占城之南，东际海，西接蒲甘，南抵加罗希。其县镇风俗同占城，地方七千余里。有铜台，列铜塔二十有四、铜象八以镇其上，象各重四千斤。其国有战象几二十万，马多而小。

政和六年十二月，遣进奏使奉化郎将鸠摩僧哥、副使安化郎将摩君明稽聪等十四人来贡，赐以朝服。僧哥言："万里远国，仰投圣化，尚拘卉服，未称区区向慕之诚，愿许服所赐。"诏从之，仍以其事付史馆，书诸策。明年三月辞去。宣和二年，又遣郎将摩腊、摩秃防来，朝廷官封其王与占城等。建炎三年，以郊恩授其王金裒宾深检校司徒，加食邑，遂定为常制。其属邑有真里富，在西南隅，东南接波斯兰，西南与登流眉为邻。所部有六十余聚落。庆元六年，其国主立二十年矣，遣使奉表贡方物及驯象二。诏优其报赐，以海道远涉，后毋再入贡。

蒲甘国，崇宁五年，遣使入贡，诏礼秩视注辇。尚书省言："注辇役属三佛齐，故熙宁中敕书以大背纸，缄以匣襆，今蒲甘乃大国王，不可下视附庸小国。欲如大食、交阯诸国礼，凡制诏并书以白背金花绫纸，贮以间金镀管篚，用锦绢夹襆缄封以往。"从之。

邈黎国，元祐四年，般次冷移、四抹粟迷等赍于阗国黑汗王并本国王表章来。有司以其国未尝入贡，请视于阗条式。从之。

三佛齐国，盖南蛮之别种，与占城为邻，居真腊、阇婆之间，所管十五州。土产红藤、紫矿、笺沉香、槟榔、椰子。无缗钱，土俗以金银贸易诸物。四时之气，多热少寒，冬无霜雪。人用香油涂身。其地无麦，有米及青白豆，鸡鱼鹅鸭颇类中土。有花酒、椰子酒、槟榔酒、蜜酒，皆非曲蘖所酝，饮之亦醉。乐有小琴、小鼓，昆仑奴踏曲为乐。国中文字用梵书，以其王指环为印，亦有中国文字，上章表即用焉。累甓为城，周数十里，用椰叶覆屋。人民散居城外，不输租赋，有所征伐，随时调发。立酋长率领，皆自备兵器粮糗。泛海使风二十日至广州。其王号詹卑，其国居人多蒲姓。唐天祐元年贡物，授其使都番长蒲诃栗立宁远将军。

建隆元年九月，其王悉利胡大霞里檀遣使李遮帝来朝贡。二年夏，又遣使蒲蔑贡方物。是冬，其王室利乌耶遣使茶野伽、副使嘉末吒朝贡。其国号生留，王李犀林男迷日来亦遣使同至贡方物。三年春，室利乌耶又遣使李丽林、副使李鸦末、判官吒吒璧等来贡。回，赐以白氂牛尾、白瓷器、银器、锦线鞍辔二副。开宝四年，遣使李何末以水晶、火油来贡。五年，又来贡。七年，又贡象牙、乳香、蔷薇水、万岁枣、褊桃、白沙糖、水晶指环、琉璃瓶、珊瑚树。八年，又遣使蒲陀汉等贡方物，赐以冠带、器币。

太平兴国五年，其王夏池遣使茶龙眉来。是年，潮州言，三佛齐国蕃商李甫海乘舶船载香药、犀角、象牙至海口，会风势不便，飘船六十日至潮州，其香药悉送广州。八年，其王遐至遣使蒲押陀罗来贡水晶佛、锦布、犀牙、香药。雍熙二年，舶主金花茶以方物来献。端拱元年，遣使蒲押陀黎贡方物。淳化三年冬，广州上言："蒲押陀黎前年自京回，闻本国为阇婆所侵，住南海凡一年。今春乘舶至占城，偶风信不利，复还。乞降诏谕本国。"从之。

咸平六年，其王思离咪啰无尼佛麻调华遣使李加排、副使无陀李南悲来贡，且言本国建佛寺以祝圣寿，愿赐名及钟。上嘉其意，诏以"承天万寿"为寺额，并铸钟以赐，授加排归德将军，无陀李南悲怀化将军。大中祥符元年，其王思离麻啰皮遣使李眉地、副使蒲婆蓝、判官麻河勿来贡，许赴泰山陪位于朝觐坛，遣赐甚厚。天禧元年，其王霞迟苏勿吒蒲迷遣使蒲谋西等奉金字表，贡真珠、象牙、梵夹经、昆仑奴，诏许谒会灵观，游太清寺、金明池。及还，赐其国诏书、礼物以慰奖之。

天圣六年八月，其室离叠华遣使蒲押陀罗歇及副使、判官亚加卢等来贡方物。旧制远国使人贡，赐以间金涂银带，时特以浑金带赐之。

熙宁十年，使大首领地华伽啰来，以为保顺慕化大将军，赐诏宠之，曰："吾以声教覆冒方域，不限远迩，苟知夫忠义而来者，莫不锡之华爵，耀以美名，以宠异其国。尔悦慕皇化，浮海贡琛，吾用汝嘉，并超等秩，以昭忠义之劝。"元丰中，使之者再，率以白金、真珠、婆律薰陆香备方物。广州受表入言，俟报，乃护至阙下。天子念其道里遥远，每优赐遣归。二年，赐钱六万四千缗、银一万五百两，官其使群陀毕罗为宁远将军，官陀旁亚里为保顺郎将。毕罗乞买金带、白金器物，及僧紫衣、师号、牒，皆如所请给之。五年，广州南蕃纲首以其主管国事国王之女唐字书，寄龙脑及布与提举市舶孙迥，迥不敢受，言于朝。诏令估直输之官，悉市帛以报。

五年，遣使皮袜、副使胡仙、判官地华加罗来，入见，以金莲花贮真珠、龙脑撒殿。官皮袜为怀远将军、胡仙加罗为郎将。加罗还至雍丘病死，赙以绢五十匹。六年，又以其使萨打华满为将军，副使罗悉沙文、判官悉理沙文为郎将。绍圣中，再入贡。

绍兴二十六年，其王悉利麻霞啰陀遣使入贡。帝曰："远人向化，嘉其诚耳，非利乎方物也。"其王复以珠献宰臣秦桧，时桧已死，诏偿其直而收之。淳熙五年，复遣使贡方物，诏免赴阙，馆于泉州。

阇婆国在南海中。其国东至海一月，泛海半月至昆仑国；西至海四十五日，南至海三日，泛海五日至大食国。北至海四日，西北泛海十五日至勃泥国，又十五日至三佛齐国，又七日至古逻国，又七日至柴历亭，抵交阯，达广州。

其地平坦，宜种植，产稻、麻、粟、豆，无麦。民输十一之租，煮海为盐。多鱼、鳖、鸡、鸭、山羊，兼椎牛以食。果实有木瓜、椰子、蕉子、蔗、芋。出金银、犀牙、笺沉檀香、茴香、胡椒、槟榔、硫黄、红花、苏木。亦务蚕织，有薄绢、丝绞、吉贝布。剪银叶为钱博易，官以粟一斛二斗博金一钱。室宇壮丽，饰以金碧。中国贾人至者，待以宾馆，饮食丰洁。地不产茶。其酒出于椰子及虾蟆丹树，虾蟆丹树华人未尝见；或以桄榔、槟榔酿成，亦甚香美。不设刑禁，杂犯罪者随轻重出黄金以赎，惟寇盗者杀之。

其王椎髻，戴金铃，衣锦袍，蹑革履，坐方床，官吏日谒，三拜而退，出入乘象或腰舆，壮士五七百人执兵器以从。国人见王皆坐，俟其过乃起。以王子三人为副王。官有落佶连四人，共治国事，如中国宰相，无月奉，随时量给土产诸物。次有文吏三百余员，目为秀才，掌文簿，总计财货。又有卑官殆千员，分主城池、帑廪及军卒。其领兵者每半岁给金十两，胜兵三万，每半岁亦给金有差。

土俗婚聘无媒约，但纳黄金于女家以娶之。五月游船，十月游山，有山马可乘跨，或乘软兜。乐有横笛、鼓板，亦能舞。土人被发，其衣装缠胸以下至于膝。疾病不服药，但祷神求佛。其俗有名而无姓。方言谓真珠为"没爹虾罗"，谓牙为"家啰"，谓香为"昆炖卢林"，谓犀为"低密"。

先是，宋元嘉十二年，遣使朝贡，后绝。淳化三年十二月，其王穆罗茶遣使陀湛、副使蒲亚里、判官李陀那假澄等来朝贡。陀湛云中国有真主，本国乃修朝贡之礼。国王贡象牙、真珠、绣花销金及绣丝绞、杂色丝绞、吉贝织杂色绞布、檀香、玳瑁槟榔盘、犀装剑、金银装剑、藤织花簟、白鹦鹉、七宝饰檀香亭子。其使别贡玳瑁、龙脑、丁香、藤织花簟。

先是，朝贡使泛舶船六十日至明州定海县，掌市舶监察御史张肃先驿奏其使饰服之状与尝来入贡波斯相类。译者言云：今主舶大商毛旭者，建溪人，数往来本国，因假其乡导来朝贡。又言其国王一号曰夏至马啰夜，王妃曰落肩婆婆利,本国亦署置僚属。又其方言目船主为"勃荷",主妻曰"勃荷比尼赎"。其船中妇人名眉珠,椎髻,无首饰,以蛮布缠身,颜色青黑,言语不能晓,拜亦如男子膜拜;一子,项戴金连锁子,手有金钩,以帛带縈之,名阿噜。其国与三佛齐有仇怨,互相攻占。本国山多猴,不畏人,呼以霄霄之声即出。或投以果实,则其大猴二先至,土人谓之猴王、猴夫人,食毕,群猴食其余。使既至,上令有司优待;久之使还,赐金币甚厚,仍赐良马戎具,以从其请。其使云:邻国名婆罗门,有善法察人情,人欲相危害者皆先知之。大观三年六月,遣使入贡,诏礼之如交阯。

又有摩逸国,太平兴国七年,载宝货至广州海岸。

建炎三年,以南郊恩制授阇婆国主怀远军节度、琳州管内观察处置等使、金紫光禄大夫、检校司空、使持节琳州诸军事、琳州刺史、兼御史大夫、上柱国、阇婆国王、食邑二千四百户、实封一千户;悉里地茶兰固野可特授检校司徒,加食邑实封。绍兴二年,复加食邑五百户,实封二百户。

南毗国在大海之西南,由三佛齐风帆月余可至。其国王每巡行,先期遣兵百余人持水洒地上,以防飓风扬沙尘;列鼎百以进食,日一易之,置翰林官供王饮食。俗喜战斗,习刀稍,善射。凿杂白银为钱。产真珠、番布。其国最远,番舶罕到。时罗巴智力干父子,其种类也,居泉之城南。自是,舶舟多至其国矣。

勃泥国在西南大海中,去阇婆四十五日程,去三佛齐四十日程,去占城与摩逸各三十日程,皆计顺风为则。其国以版为城,城中居者万余人,所统十四州。其王所居屋覆以贝多叶,民舍覆以草。在王左右者为大人。王坐绳床,若出,即大布单坐其上,众舁之,名曰阮囊。战斗者则持刀被甲,甲以铜铸,状若大筒,穿之于身,护其腹背。

其地无麦,有麻稻,又有羊及鸡鱼,无蚕丝,用吉贝花织成布。饮椰子酒。昏聘之资,先以椰子酒,槟榔次之,指环又次之,然后以吉贝布,或量出金银成其礼。丧葬亦有棺敛,以竹为舁,载弃山中。二月始耕则祀之,凡七年则不复祀矣。以十二月七日为岁节。地热,多风雨。国人宴会,鸣鼓、吹笛、击钹,歌舞为乐。无器皿,以竹编贝多叶为器盛食,食讫弃之。其国邻于底门国,有药树,取其根煎为膏,服之及涂其体,兵刃所伤皆不死。前代未尝朝贡,故史籍不载。

太平兴国二年,其王向打使施弩、副使蒲亚里、判官哥心等赍表贡大片龙脑一家底、第二等八家底、第三等十一家底、米龙脑二十家底、苍龙脑二十家底,凡一家底并二十两;龙脑版五、玳瑁壳一百、檀香三橛、象牙六株。表云:"为皇帝千万岁寿,望不责小国微薄之礼。"其表以数重小囊缄封之,非中国纸,类木皮而薄,莹滑,色微绿,长数尺,阔寸余,横卷之仅可盈握。其字细小,横读之。以华言译之,云:"勃泥国王向打稽首拜,皇帝万岁万岁万万岁,愿皇帝万岁寿,今遣使进贡。向打闻有朝廷,无路得到。昨有商人蒲卢歇船泊水口,差人迎到州,言自中朝来,比诣阇婆国,遇猛风破其船,不得去。此时闻自中国来,国人皆大喜,即造舶船,令蒲卢歇导达入朝贡,所遣使人只愿平善见皇帝。每年令人入朝贡,每年修贡,虑风吹至占城界,望皇帝诏占城,令有向打船到,不要留。臣本国别无异物,乞皇帝勿怪。"其表文如是。诏馆其使于礼宾院,优赐以遣之。

元丰五年二月,其王锡理麻喏复遣使贡方物,其使乞从泉州乘海舶归国,从之。

注辇国东距海五里,西至天竺千五百里,南至罗兰二千五百里,北至顿田三千里,自古不通中国,水行至广州约四十一万一千四百里。其国有城七重,高七尺,南北十二里,东西七里。每城相去百步,凡四城用砖,二城用土,最中城以木为之,皆植花果杂木。其第一至第三皆民居,环以小河;第四城四侍郎居之;第五城主之四子居之;第六城为佛寺,百僧居之;第七城即主之所居,室四百余区。

所统有三十一部落,其西十二,曰只都尼、施亚卢尼、罗琶离鳖琶移、布林琶布尼、古檀布林蒲登、故里、娑轮岑、本蹄揭蹄、阇黎池离、郍部尼、遮古林、亚里者林;其南八,曰无雅加黎麻蓝、眉古黎苦低、舍里尼、密多罗摩、伽蓝蒲登、蒙伽林伽蓝、琶里琶离游、亚林池蒙伽蓝;其北十二,曰拨啰耶、无没离江、注林、加里蒙伽蓝、漆结麻蓝、楃折蒙伽蓝、皮林伽蓝、浦梭和蓝、堡琶来、田注离、卢婆啰、迷蒙伽蓝。

今国主相传三世矣。民有罪,即命侍郎一员处治之,轻者繫于木格,笞五十至一百;重者即斩,或以象践杀之。其宴,则国主与四侍郎膜拜于阶,遂共坐作乐歌舞,不饮酒,而食肉。俗衣布。亦有饼饵。掌馔执事用妇人。其嫁娶,先用金银指环使媒妇至女家,后二日,会男家亲族,约以土田、生畜、槟榔酒等,称其有无为礼;女家复以金银指环、越诺布及女所服锦衣遣婿。若男欲离女则不取聘财,女却男则倍偿之。

其兵阵,用象居前,小牌次之,梭枪次之,长刀又次之,弓矢在后,四侍郎分领其众。国东南约二千五百里有悉兰池国,或相侵伐。

地产真珠、象牙、珊瑚、颇黎、槟榔、豆蔻、吉贝布。兽有山羊、黄牛。禽有山鸡、鹦鹉。果有余甘、藤罗、千年枣、椰子、甘罗、昆仑梅、婆罗密等。花有白末利、散丝、蛇脐、佛桑、丽秋、青黄碧婆罗、瑶莲、蝉紫、水蕉之类。五谷有绿豆、黑豆、麦、稻。地宜竹。

自昔未尝朝贡。大中祥符八年九月,其国主罗茶罗乍遣进奉使侍郎娑里三文、副使蒲恕、判官翁勿、防援官亚勒加等奉表来贡。三文等以盘奉真珠、碧玻璃升殿,布于御坐前,降殿再拜,译者导其言曰:"愿以表远人慕化之诚。"其国主表曰:

臣罗茶罗乍言,昨遇舠舶船商人到本国告称:钜宋之有天下也,二帝开基,圣人继统,登封太岳,礼祀汾阴,至德升闻,上穹眷命。臣昌期斯遇,吉语幸闻,辄倾就日之诚,仰露朝天之款。

臣伏闻人君之御统也,无远不臻;臣子之推诚也，有道则服。伏惟皇帝陛下功超邃古，道建大中。衣裳垂而德合乾坤，剑戟铸而范围区宇。神武不杀，人文化成。廓明明之德以临御下民，怀翼翼之心以昭事上帝。至仁不伤于行苇，大信爰及于渊鱼。故得天鉴孔彰，帝文有赫，显今古未闻之事，保家邦大定之基。

窃念臣微类醯鸡，贱如刍狗，世居夷落，地远华风，虚荷烛幽，曾无执贽。今者窃听歌颂，普及遐陬。恨年属于桑榆，阻躬陈于玉帛。矧沧溟之旷绝，在跋涉以稍艰。是敢倾倒赤心，遥瞻丹阙。任土作贡，同蝼蚁之慕膻；委质事君，比葵藿之向日。谨遣专使等五十二人，奉土物来贡，凡真珠衫帽各一、真珠二万一千一百两、象牙六十株、乳香六十斤。

三文等又献珠六千六百两、香药三千三百斤。

初，罗茶罗乍既闻商船言，且曰十年来海无风涛，古老传云如此则中国有圣人，故遣三文等入贡。三文离本国，舟行七十七昼夜，历郲勿丹山、娑里西兰山至占宾国。又行六十一昼夜，历伊麻罗里山至古罗国。国有古罗山，因名焉。又行七十一昼夜，历加八山、占不牢山、舟宝龙山至三佛齐国。又行十八昼夜，度蛮山水口，历天竺山，至宾头狼山，望东西王母冢，距舟所将百里。又行二十昼夜，度羊山、九星山至广州之琵琶洲。离本国凡千一百五十日至广州焉。诏阁门祗候史祐之馆伴，凡宴赐恩例同龟兹使。其年承天节，三文等请于启圣禅院会僧以祝圣寿。明年使回，降诏罗茶罗乍，赐物甚厚。

天禧四年，又遣使芭拦得麻烈吡奉方物入贡，至广州病死。守臣以其表闻。诏广州宴犒从者，厚赐以遣之。

明道二年十月，其王尸离哆茶印佗哕遣使蒲押陀离等以泥金表进真珠衫帽及真珠一百五两、象牙百株，西染院副使、阁门通事舍人符惟忠假鸿胪少卿押伴。蒲押陀离自言数朝贡，而南风破船不达，愿将上等珠就龙床脚撒殿，顶戴瞻礼，以申向慕之心。乃奉银盘升殿，跪撒珠于御榻下而退。景祐元年二月，以蒲押陀离为金紫光禄大夫、怀化将军，还本国。

熙宁十年，国王地华加罗遣使奇啰啰、副使南卑琶打、判官麻图华罗等二十七人来献跪豆珠、麻珠、琉璃大洗盘、白梅花脑、锦花、犀牙、乳香、瓶香、蔷薇水、金莲花、木香、阿魏、鹏砂、丁香。使副以真珠、龙脑登陛，跪而散之，谓之撒殿。既降，诏遣御药宣劳之，以为怀化将军、保顺郎将，各赐衣服器币有差；答赐其王钱八万一千八百缗、银五万二千两。

丹眉流国，东至占腊五十程，南至罗越水路十五程，西至西天三十五程，北至程良六十程，东北至罗斛二十五程，东南至阇婆四十五程，西南至程若十五程，西北至洛华二十五程，东北至广州一百三十五程。

其俗以版为屋，跣足，衣布，无绅带，以白纻缠其首；贸易以金银。其主所居，广袤五里，无城郭；出则乘象车，亦有小驹。地出犀、象、锦石、紫草、苏木诸药。四时炎热，无雪霜。未尝至中国。

咸平四年，国主多须机遣使打吉马、副使打腊、判官皮泥等九人来贡木香千斤、鍮鑞各百斤、胡黄连三十五斤、紫草百斤、红毡一合、花布四段、苏木万斤、象牙六十一株。召见崇德殿，赐以冠带服物。及还，又赐多须机诏书以敦奖之。

卷四百九十
列传第二百四十九

外国六

**天竺　于阗　高昌　回鹘　大食
层檀　龟兹　沙州　拂菻**

天竺国旧名身毒，亦曰摩伽陀，复曰婆罗门。俗宗浮图道，不饮酒食肉。汉武帝遣使十余辈间出西南，指求身毒，为昆明所闭，莫能通。至汉明帝梦金人，于是遣使天竺问佛道法，由是其教传于中国。梁武帝、后魏宣武时，皆来贡献。隋炀帝志通西域，诸国多有至者，唯天竺不通。唐贞观以后，朝贡相继。则天天授中，五天竺王并来朝献。乾元末，河陇陷没，遂不复见。周广顺三年，西天竺僧萨满多等十六族来贡名马。

乾德三年，沧州僧道圆自西域还，得佛舍利一水晶器、贝叶梵经四十夹来献。道圆晋天福中诣西域，在途十二年，住五印度凡六年，五印度即天竺也；还经于阗，与其使偕至。太祖召问所历风俗山川道里，一一能记。四年，僧行勤等一百五十七人诣阙上言，愿至西域求佛书，许之。以其所历甘、沙、伊、肃等州，焉耆、龟兹、于阗、割禄等国，又历布路沙、加湿弥罗等国，并诏谕其国令人引导之。开宝后，天竺僧持梵夹来献者不绝。八年冬，东印度王子穰结说啰来朝贡。

天竺之法，国王死，太子袭位，余子皆出家为僧，不复居本国。有曼殊室利者，乃其王子也，随中国僧至焉，太祖令馆于相国寺，善持律，为都人之所倾向，财施盈室。众僧颇嫉之，以其不解唐言，即伪为奏求还本国，许之。诏既下，曼殊室利始大惊恨，众僧谕以诏旨，不得已迟留数月而后去。自言诣南海附贾人船而归，终不知所适。

太平兴国七年，益州僧光远自天竺，以其王没徙曩表来上。上令天竺僧施护译云："近闻支那国内有大明王，至圣至明，威力自在。每惭薄幸，朝谒无由，遥望支那起居圣躬万福。光远来，蒙赐金刚吉祥无畏坐释迦圣像袈裟一事，已披挂供养。伏愿支那皇帝福慧圆满，寿命延长，常为引导一切有情生死海中，渡诸沉溺。今以释迦舍利附光远上进。"又译其国僧统表，词意亦与没徙曩同。

施护者，乌填曩国人。其国属北印度，西行十二日至乾陀罗国，又西行二十日至曩诶啰贺啰国，又西行十日至岚婆国，又西行十二日至谖惹曩国，又西行至波斯国，得西海。自北印度行百二十日至中印度。中印度西行三程至阿啰尾国，又西行十二日至未曩啰国，又西行十二日至钵赖野迦国，又西行六十日至迦啰挐俱惹国，又西行二十日至摩啰尾国，又西行二十日至乌然泥国，又西行二十五日至啰啰国，又西行四十日至苏啰荼国，又西行十一日至西海。自中印度行六月程至南印度，又西行九十日至供迦拿国，又西行一月至海。自南印度南行六月程得南海。皆施护之所述云。

八年，僧法遇自天竺取经回，至三佛齐，遇天竺僧弥摩罗失黎语不多令，附表愿至中国译经，上优诏召之。法遇后募缘制龙宝盖袈裟，将复往天竺，表乞给所经诸国敕书，遂赐三佛齐国王遐至葛、古罗国主司马佶芒、柯兰国主赞怛罗、西天王子谟驮仙书以遗之。

雍熙中，卫州僧辞澣自西域还，与胡僧密坦罗奉北印度王及金刚坐王那烂陀书来。又有婆罗门僧永世与波斯外道阿里烟同至京师。永世自云：本国名利得，国王姓牙罗五得，名阿喏你缚，衣黄衣，戴金冠，以七宝为饰。出乘象或肩舆，以音乐螺钹前导，多游佛寺，博施贫乏。其妃曰摩诃你，衣大紬缕金红衣，岁一出，多所振施。人有冤抑，候王及妃出游，即迎随伸诉。署国相四人，庶务并委裁制。五谷、六畜、果实与中国无异。市易用铜钱，有文漫圆径，如中国之制，但实其中心，不穿贯耳。其国东行经六月至大食国，又二月至西州，又三月至夏州。阿里烟自云：本国王号黑衣，姓张，名哩没，用锦彩为衣，每游猎，三二日一还国。署大臣九人治国事。无钱货，以杂物贸易。其国东行经六月至婆罗门。

至道二年八月，有天竺僧随舶至海岸，持帝钟、铃杵、铜铃各一，佛像一躯，贝叶梵书一夹，与之语，不能晓。

天圣二年九月，西印度僧爱贤、智信护等来献梵经，各赐紫方袍、束帛。五年二月，僧法吉祥等五人以梵书来献，赐紫方袍。景祐三年正月，僧善称等九人贡梵经、佛骨及铜牙菩萨像，赐以束帛。

于阗国，自汉至唐，皆入贡中国。安、史之乱，绝不复至。晋天福中，其王李圣天自称唐之宗属，遣使来贡。高祖命供奉官张匡邺持节册圣天为大宝于阗国王。

建隆二年十二月，圣天遣使贡圭一，以玉为柙，玉枕一。本国摩尼师贡琉璃瓶二、胡锦一段。其使言：本国去京师九千九百里，西南抵葱岭与婆罗门接，相去三千余里。南接吐蕃，西北至疏勒二千余里。国城东有白玉河，西有绿玉河，次西有乌玉河，源出崑冈山，去国城西千三百里。每岁秋，国人取玉于河，谓之捞玉。土宜蒲萄，人多酝以为酒，甚美。俗事妖神。

乾德三年五月，于阗僧善名、善法来朝，赐紫衣。其国宰相因善名等来，致书枢密使李崇矩，求通中国。太祖令崇矩以书及器币报之。至是冬，沙门道圆自西域还，经于阗，与其朝贡使至。四年，又遣其子德从来贡方物。

开宝二年，遣使直末山来贡，且言本国有玉一块，凡二百三十七斤，愿以上进，乞遣使取之。善名复至，贡阿魏子，赐号昭化大师，因令还取玉。又国王男总尝贡玉橛刀，亦厚赐报之。四年，其国僧吉祥以其国王书来上，自

言破疏勒国得舞象一，欲以为贡，诏许之。

大中祥符二年，其国黑韩王遣回鹘罗斯温等以方物来贡。斯温跪奏曰："臣万里来朝，获见天日，愿圣人万岁，与远人作主。"上询以在路几时，去此几里。对曰："涉道一年，昼行暮息，不知里数。昔时道路尝有剽掠，今自瓜、沙抵于阗，道路清谧，行旅如流。愿遣使安抚远俗。"上曰："路远命使，益以劳费尔国。今降诏书，汝即赍往，亦与命使无异也。"

初，太平兴国中有澶州卒王贵者，昼忽见使者至营，急召贵偕行，南至河桥，驿马已具，即命乘之，俄觉腾虚而去。顷之驻马，但见屋室宏丽，使者引贵入，见其主者容卫制度悉如王者。谓贵曰："俟汝年五十八，当往于阗国北通圣山取一异宝以奉皇帝，宜深志之。"遂复乘马凌虚而旋。军中失贵已数日矣，验所乘，即营卒之马也。知州宋煦劾贵以闻，太宗释之。天禧初，贵自陈年已五十八，愿遵前戒，西至于阗，寻许其行。贵至秦州，以道远悔惧，俄于市中遇一道士引贵出城，登高原，问贵所欲，具以实对。即命贵闭目，少顷令开，视山川顿异，道士曰："此于阗国北境通圣山也。"复引贵观一池，池中有仙童，出一物授之，谓曰："持此奉皇帝。"又令瞑目，俄顷复至秦州，向之道士已失所在，发其物乃玉印也，文曰"国王赵万永宝"，州以献。

天圣三年十二月，遣使罗面于多、副使金三、监使安多、都监赵多来朝，贡玉鞍辔、白玉带、胡锦、独峰橐驼、乳香、硇砂。诏给还其直，馆于都亭西驿，别赐袭衣、金带、银器百两、衣著二百，罗面于多金带。

嘉祐八年八月，遣使罗撒温献方物。十一月，以其国王为特进、归忠保顺鳞黑韩王。罗撒温言其王乞赐此号也，于阗谓金翅乌为"鳞"，"黑韩"盖可汗之讹也。罗撒温等以献物赐直少不受，及请所献独峰橐驼。诏以远人特别赐钱五千贯，以橐驼还之，而与其已赐之直。其后数以方物来献。

熙宁以来，远不逾一二岁，近则岁再至。所贡珠玉、珊瑚、翡翠、象牙、乳香、木香、琥珀、花蕊布、硇砂、龙盐、西锦、玉鞍辔马、腽肭脐、金星石、水银、安息鸡舌香，有所持无表章，每赐以晕锦旋襴衣、金带、器币，宰相则盘球云锦夹襴。

地产乳香，来辄群负，私与商贾牟利；不售，则归诸外府得善价，故其来益多。元丰初，始诏惟赍表及方物马驴乃听以诣阙，乳香无用不许贡。

四年，遣部领阿辛上表称"于阗国偻儸有福力量知文法黑汗王，书与东方日出处大世界田地主汉家阿舅大官家"，大略云路远倾心相向，前三遣使入贡未回，重复数百言。董毡使导至熙州，译其辞以闻。诏前三辈使人皆已朝见，锡赍遣发，赐敕书谕之。神宗尝问其使去国岁月，所经何国及有无钞ര。对曰："去国四年，道途居其半，历黄头回纥、青唐，惟惧契丹钞略耳。"因使之图上诸国距汉境远近，为书以授李宪。八年九月，遣使入贡，使者为神宗饭僧追福。赐钱百万，还其所贡师子。

元祐中，以其使至无时，令熙河间岁一听至阙。八年，

请讨夏国，不许。

绍圣中，其王阿忽都董娥密竭笃又言，缅药家作过，别无报效，已遣兵攻甘、沙、肃三州。诏厚答其意。知秦州游师雄言："于阗、大食、拂菻等国贡奉，般次踵至，有司惮于供赉，抑留边方，限二岁一进。外夷慕义，万里而至，此非所以来远人也。"从之。自是迄于宣和，朝享不绝。

高昌国，汉车师前王之地。有高昌城，取其地势高敞、人民昌盛以为名焉。后魏初，沮渠无讳自署高昌太守。无讳死，茹茹以阚伯周为高昌王，高昌有王始于此。后魏至隋皆来贡献。唐贞观中，侯君集平其国，以其地为西州。安、史之乱，其地陷没，乃复为国。语讹亦云"高敞"，然其地颇有回鹘，故亦谓之回鹘。

建隆三年四月，西州回鹘阿都督等四十二人以方物来贡。乾德三年十一月，西州回鹘可汗遣僧法渊献佛牙、琉璃器、琥珀盏。太平兴国六年，其王始称西州外生师子王阿厮兰汉，遣都督麦索温来献。五月，太宗遣供奉官王延德、殿前承旨白勋使高昌。八年，其使安鹘卢来贡。

雍熙元年四月，王延德等还，叙其行程来献，云：

初自夏州历玉亭镇，次历黄羊平，其地平而产黄羊。渡沙碛，无水，行人皆载水。凡二日至都啰族，汉使过者，遗以财货，谓之"打当"。次历茅女呙子族，族临黄河，以羊皮为囊，吹气实之浮于水，或以橐驼牵木筏而渡。次历茅女王子开道族，行入六窠沙，沙深三尺，马不能行，行者皆乘橐驼。不育五谷，沙中生草名登相，收之以食。次历楼子山，无居人。行沙碛中，以日为占，旦则背日，暮则向日，日中则止。夕行望月亦如之。次历卧梁劾特族地，有都督山，唐回鹘之地。次历大虫太子族，族接契丹界，人衣尚锦绣，器用金银，马乳酿酒，饮之亦醉。次历屋地因族，盖达于于越王子之子。次至达于于越王子族。次历拽利王子族，有合罗川，唐回鹘公主所居之地，城基尚在，有汤泉池。次历阿墩族，经马骏山望乡岭，岭上石龛有李陵题字处。次历格啰美源，西方百川所会，极望无际，鸥鹭凫雁之类甚众。次至托边城，亦名李仆射城，城中首领号"通天王"。次历小石州。次历伊州，州将陈氏，其先自唐开元二年领州，凡数十世，唐时诏敕尚在。地有野蚕生苦参上，可为绵帛。有羊，尾大而不能走，尾重者三斤，小者一斤，肉如熊白而甚美。又有砺石，剖之得宾铁，谓之吃铁石。又生胡桐树，经雨即生胡桐律。次历益都。次历纳职城，城在大患鬼魅碛之东南，望玉门关甚近。地无水草，载粮以行。凡三日，至鬼谷口避风驿，用本国法设祭，出诏神御风，风乃息。凡八日，至泽田寺。高昌闻使至，遣人来迎。次历地名宝庄，又历六种，乃至高昌。

高昌即西州也。其地南距于阗，西南距大食、波斯，西距西天步路涉、雪山、葱岭，皆数千里。地无雨雪而极热，每盛暑，居人皆穿地为穴以处。飞鸟群萃河滨，或起飞，即为日气所烁，坠而伤翼。屋室覆以白垩，雨及五寸，即庐舍多坏。有水，源出金岭，导之周围国城，以溉田园，作水硙。地产五谷，惟无荞麦。贵人食马，余食羊及凫雁。乐多琵琶、箜篌。出貂鼠、白氎、绣文花蕊布。俗好骑射。妇人戴油帽，谓之苏幕遮。用开元七年历，以三月九日为寒食，余二社、冬至亦然。以银或鍮石为筒，贮水激以相射，或以水交泼为戏，谓之压阳气去病。好游赏，行者必抱乐器。佛寺五十余区，皆唐朝所赐额，寺中有《大藏经》、《唐韵》、《玉篇》、《经音》等，居民春月多群聚遨乐于其间。游者马上持弓矢射诸物，谓之禳灾。有敕书楼，藏唐太宗、明皇御札诏敕，缄锁甚谨。复有摩尼寺，波斯僧各持其法，佛经所谓外道者也。所统有南突厥、北突厥、大众熨、小众熨、样磨、割禄、黠戛司、末蛮、格哆族、预龙族之名甚众。国中无贫民，绝食者共赈之。人多寿考，率百余岁，绝无夭死。

时四月，师子王避暑于北廷，以其舅阿多于越守国，先遣人致意于延德曰："我王舅也，使者拜我乎？"延德曰："持朝命而来，礼不当拜。"复问曰："见王拜乎？"延德曰："礼亦不当拜。"阿多于越复数日始相见，然其礼颇恭。师子王邀延德至其北廷。历交河州，凡六日，至金岭口，宝货所出。又两日，至汉家砦。又五日，上金岭。过岭即多雨雪，岭上有龙堂，刻石记云，小雪山也。岭上有积雪，行人皆服毛罽。度岭一日至北廷，憩高台寺。其王烹羊马以具膳，尤丰洁。

地多马，王及王后、太子各养马，放牧平川中，弥亘百余里，以毛色分别为群，莫知其数。北廷川长广数千里，鹰鹞雕鹘之所生，多美草，不生花，砂鼠大如兔，鸷禽捕食之。

其王遣人来言，择日以见使者，愿无讶其淹久。至七日，见其王及王子侍者，皆东向拜受赐。旁有持磬者击以节拜，王闻磬声乃拜，既而王之儿女亲属皆出，罗拜以受赐，遂张乐饮宴，为优戏，至暮。明日泛舟于池中，池四面作鼓乐。又明日游佛寺，曰应运太宁之寺，贞观十四年造。

北廷北山中出硇砂，山中尝有烟气涌起，无云雾，至夕光焰若炬火，照见禽鼠皆赤。采者著木底鞋取之，皮者即焦。下有穴生青泥，出穴外即变为砂石，土人取以治皮。城中多楼台卉木。人白皙端正，性工巧，善治金银铜铁为器及攻玉。善马直绢一匹，其驽马充食，才直一丈。贫者皆食肉。西抵安西，即唐之西境。

七月，令延德先还其国，其王九月始至。亦闻有契丹使来，谓其王云："高敞本汉土，汉使来觇视封域，将有异图，王当察。"延德侦知其语，因谓王曰："契丹素不顺中国，今乃反间，我欲杀之。"王固劝乃止。

自六年五月离京师，七年四月至高昌，所历以诏赐诸国君长袭衣、金带、缯帛。八年春，与其谢恩使凡百余人复循旧路而还，雍熙元年四月至京师。景德元年，又遣使金延福来贡。

回鹘本匈奴之别裔，在天德西北娑陵水上。后魏号铁勒，唐初号特勒，后称回纥。其君长曰可汗，自贞观以后朝贡不绝。至德初，出兵助国讨平安、史之乱，故累朝恩礼最重。然而恃功横恣，朝廷虽患其邀求无厌，然颇姑息听从之。元和中，改为回鹘。会昌中，其国衰乱，其相馺职者拥外甥为庞勒西奔安西。既而回鹘为幽州张仲武所破，庞勒乃自称可汗，居甘、沙、西州，无复昔时之盛矣。

历梁、后唐、晋、汉、周，皆遣使朝贡。后唐同光中，册其国王仁美为英义可汗。仁美卒，其弟仁裕立，册为顺化可汗。晋天福中，又改为奉化可汗。仁裕卒，子景琼立。先是，唐朝继以公主下嫁，故回鹘世称中朝为舅，中朝每赐答诏亦曰外甥。五代之后皆因之。

建隆二年，景琼遣使朝献。三年，阿都督等四十二人以方物来贡。乾德二年，遣使贡玉百团、琥珀四十斤，氂牛尾、貂鼠等。三年，遣使赵党誓等四十七人以团玉、琥珀、红白氂牛尾为贡。开宝中累遣使贡方物，其宰相鞠仙越亦贡马。

太平兴国二年冬，遣殿直张璨赍诏谕甘、沙州回鹘可汗外甥，赐以器币，招致名马美玉，以备车骑琮璜之用。五年，甘、沙州回鹘可汗夜落纥密礼遏遣使裴溢的等四人，以橐驼、名马、珊瑚、琥珀来献。

雍熙元年四月，西州回鹘与婆罗门僧永世、波斯外道阿里烟同入贡。四年，合罗川回鹘第四族首领遣使朝贡。端拱二年九月，回鹘都督石仁政、麼啰王子、逸拿王子、越黜黄水州巡检四族并居贺兰山下，无所统属，诸部入贡多由其地。麼啰王子自云，向为灵州冯晖阻绝，由是不通贡奉，今有内附意。各以锦袍银带赐之。

咸平四年，可汗王禄胜遣使曹万通以玉勒名马、独峰无峰橐驼、宾铁剑甲、琉璃器来贡。万通自言任本国枢密使，本国东至黄河，西至雪山，有小郡数百，甲马甚精习，愿朝廷命使统领，使得缚继迁以献。因降诏禄胜曰："贼迁凶悖，人神所弃。卿世济忠烈，义笃舅甥，继上奏封，备陈方略，且欲大举精甲，就覆残妖，拓土西陲，献俘北阙。可汗功业，其可胜言！嘉叹所深，不忘朕意。今更不遣使臣，一切委卿统制。"特授万通左神武军大将军，优赐禄胜器服。

景德元年，夜落纥遣使来贡。四年，又遣尼法仙等来朝，献马。仍许法仙游五台山。又遣僧翟入奏，来献马，欲于京城建佛寺祝圣寿，求赐名额，不许。

大中详符元年，夏州万子等军主领族兵趋回鹘，回鹘设伏要路，示弱不与斗，俟其过，奋击之，剿戮殆尽。其生擒者，回鹘驱坐于野，悉以所获资粮示之，曰："尔辈狐鼠，规求小利，我则不然。"遂尽焚而杀之，唯万子军主挺身走。镇戎军以闻，上曰："回鹘尝杀继迁，世为仇敌。甘州使至，亦言德明侵轶之状，意颇轻视之。量其兵势，德明未易敌也。"其年，夜落纥、宝物公主及没孤公主、娑温宰相各遣使来贡。东封礼成，以可汗王进奉使姚进为宁远将军，宝物公主进奉曹进为安化郎将，赐以袍笏。又赐夜落纥介胄。

三年，又遣左温宰相、何居录越枢密使、翟符守荣等来贡。是年，龟兹国王可汗遣使李延福、副使安福、监使翟进来进香药、花蕊布、名马、独峰驼、大尾羊、玉鞍勒、琥珀、碙石等。四年，翟符守荣等三十人请从祀汾阴。其年，夜落纥遣使贡方物，秦州回鹘安密献玉带于道左。礼成，以翟符守荣为左神武军大将军，安殿民为保顺郎将，余皆赐冠带锦币。其年，夜落纥遣使言，败赵德明立功首领请加恩赏。诏给司戈、司阶、郎将告敕十道，使得承制补署。

六年，龟兹进奉使李延庆等三十六人对于长春殿，献名马、弓箭、鞍勒、团玉、香药等，优诏答之。

先是，甘州数与夏州接战，夜落纥贡奉多为夏州钞夺。及宗哥族感悦朝廷恩化，乃遣人援送其使，故频年得至京师。既而啰厮罗欲娶可汗女而无聘财，可汗不许，因为仇敌。五年，秦州遣指挥使杨知进、译者郭敏送进奉使至甘州，会宗哥怨隙阻归路，遂留知进等不敢使。八年，敏方得还。可汗王夜落隔上表言宝物公主疾死，以西凉人苏守信劫乱，不时奏闻，又谢恩赐宝钿、银匣、历日及安抚诏书，仍乞慰谕宗哥，使开朝贡之路。九年，杨知进亦至，遂遣郭敏赐宗哥诏书并甘州可汗器币。其年，使来朝贡，言夜落隔卒，九宰相诸部落奉夜落隔归化为可汗王领国事。

天禧二年，夜落隔归化遣都督安信等来朝。四年，又遣使同龟兹国可汗王智海使来献大尾羊。初，回鹘西奔，族种散处。故甘州有可汗王，西州有克韩王，新复州有黑韩王，皆其后焉。

天圣元年五月，甘州夜落隔通顺遣使阿葛之、王文贵来贡方物。六月，诏甘州回纥外甥可汗王夜落隔通顺特封归忠保顺可汗王。二年五月，遣使都督习信等十四人来贡马及黄湖绵、细白氎。三年四月，可汗王、公主及宰相撒温讹进马、乳香。赐银器、金带、衣著、晕锦旋襕有差。五年八月，遣使安万东等一十四人来贡方物。六年二月，遣人贡方物。

熙宁元年入贡，求买金字《大般若经》，以墨本赐之。六年复来，补其首领五人为军主，岁给彩二十匹。神宗问其国种落生齿几何，曰三十余万；壮可用者几何，曰二十万。明年，敕李宪择使聘阿里骨，使谕回鹘令发兵深入夏境。宪以命殿直皇甫旦。旦往，不得前而妄奏功状，诏逮旦赴御史狱抵罪。

然回鹘使不常来，宣和中，间因入贡散而之陕西诸州，公为之贸易，至留久不归。朝廷虑其习知边事，且往来皆经夏国，于播传非便，乃立法禁之。

大食国本波斯之别种。隋大业中，波斯有桀黠者探穴得文石，以为瑞，乃纠合其众，剽略资货，聚徒浸盛，遂自立为王，据有波斯国之西境。唐永徽以后，屡来朝贡。其王盆泥末换之前谓之白衣大食，阿蒲罗拔之后谓之黑衣大食。

乾德四年，僧行勤游西域，因赐其王书以招怀之。开宝元年，遣使来朝贡。四年，又贡方物，以其使李诃末为怀化将军，特以金花五色绫纸写官告以赐。是年，本国及占城、阇婆又致礼物于李煜。煜不敢受，遣使来上，因诏自今勿以为献。六年，遣使来贡方物。七年，国王诃黎佛又遣使不罗海，九年又遣使蒲希密，皆以方物来贡。

太平兴国二年，遣使蒲思那、副使摩诃末、判官蒲啰等贡方物。其从者目深体黑，谓之昆仑奴。诏赐其使袭衣、器币，从者缯帛有差。四年，复有朝贡使至。雍熙元年，国人花茶来献花锦、越诺、拣香、白龙脑、白沙糖、蔷薇水、琉璃器。

淳化四年，又遣其副酋长李亚勿来贡。其国舶主蒲希密至南海，以老病不能诣阙，乃以方物附亚勿来献。其表曰：

大食舶主臣蒲希密上言，众星垂象，回拱于北辰；百谷疏源，委输于东海。属有道之柔远，罄无外以宅心。伏惟皇帝陛下德合二仪，明齐七政，仁宥万国，光被四夷。赓歌治《击壤》之民，重译走奉珍之贡。臣顾惟殊俗，景慕中区，早倾向日之心，颇郁朝天之愿。

昨在本国，曾得广州蕃长寄书招谕，令入京贡奉，盛称皇帝圣德，布宽大之泽，诏下广南，宠绥蕃商，阜通远物。臣遂乘海舶，爰率土毛，涉历龙王之宫，瞻望天帝之境，庶遵玄化，以慰宿心。今则虽届五羊之城，犹赊双凤之阙。自念衰老，病不能兴，遐想金门，心目俱断。今遇李亚勿来贡，谨备蕃锦药物附以上献。臣希密凡进象牙五十株，乳香千八百斤，宾铁七百斤，红丝吉贝一段，五色杂花蕃锦四段，白越诺二段，都爹一琉璃瓶，无名异一块，蔷薇水百瓶。诏赐希密敕书、锦袍、银器、束帛等以答之。

至道元年，其国舶主蒲押陀黎赍蒲希密表来献白龙脑一百两，腽肭脐五十对，龙盐一银合，眼药二十小琉璃瓶，白沙糖三琉璃瓮，千年枣、舶上五味子各六琉璃瓶，舶上褊桃一琉璃瓶，蔷薇水二十琉璃瓶，乳香山子一坐，蕃锦二段，驼毛褥面三段，白越诺三段。引对于崇政殿，译者代奏云："父蒲希密因缘射利，泛舶至广州，迨今五稔未归。母令臣远来寻访，昉于广州见之。具言前岁蒙皇帝圣恩降敕书，赐以法锦袍、紫绫缠头、间涂金银凤瓶一对、绫绢二十匹。今令臣奉章来谢，以方物致贡。"

太宗因问其国，对云："与大秦国相邻，为其统属。今本国所管之民才及数千，有都城介山海间。"又问其山泽所出，对云："惟犀象香药。"问犀象以何法可取，对云："象用象媒诱至，渐以大绳羁縻之耳；犀则使人升大树操弓矢，伺其至射而杀之，其小者不用弓矢可以捕获。"上赐以袭衣、冠带、被褥等物，令阁门宴犒讫，就馆，延留数月遣回；降诏答赐蒲希密黄金，准其所贡之直。三年二月，又与宾同陇国使来朝。

咸平二年，又遣判官文戌至。三年，舶主陀婆离遣使穆吉鼻来贡。吉鼻还，赐陀婆离诏书并器服鞍马。六年，又遣使婆罗钦三摩尼等来贡方物。摩尼等对于崇政殿，持真珠以进，自云离国日诚愿得瞻威颜即献此，乞不给回赐。真宗不欲违其意，俟其还，优加恩赉。

景德元年，又遣使来。时与三佛齐、蒲端国使并在京师，会上元观灯，皆赐钱纵其宴饮。其秋，蕃客蒲加心至。四年，又遣使同占城使来，优加馆饩之礼，许遍至苑囿寺观游览。

大中祥符元年十月，车驾东封，舶主陀婆离上言愿执方物赴泰山，从之。又舶主李亚勿遣使麻勿来献玉圭。并优赐器币、袍带，并赐国主银饰绳床、水罐、器械、旗帜、鞍勒马等。四年祀汾阴，又遣归德将军陀罗离进瓶香、象牙、琥珀、无名异、绣丝、红丝、碧黄绵、细越诺、红驼毛、间金线璧衣、碧白琉璃酒器、蔷薇水、千年枣等。诏令陪位，礼成，并赐冠带服物。五年，广州言大食国人无西忽卢华百三十岁，耳有重轮，貌甚伟异。自言远慕皇化，附古逻国舶船而来。诏就赐锦袍、银带加束帛。

天禧三年，遣使蒲麻勿陀婆离、副使蒲加心等来贡。先是，其入贡路繇沙州，涉夏国，抵秦州。乾兴初，赵德明请道其国中，不许。至天圣元年来贡，恐为西人钞略，乃诏自今取海路繇广州至京师。至和、嘉祐间，四贡方物。最后以其首领蒲沙乙为武宁司阶。

熙宁中，其使辛押陀罗乞统察蕃长司公事，诏广州裁度。又进钱银助修广州城，不许。六年，都蕃首保顺郎将蒲陀婆离慈表令男麻勿奉贡物，乞以自代，而求为将军，诏但授麻勿郎将。其国部属各异名，故有勿巡，有陀婆离，有俞卢和地，有麻啰跋等国，然皆冠以大食。勿巡所贡，又有龙脑、兜罗锦、毯锦撰、蕃花簟，陀婆有金饰寿带、连环臂钩、数珠之属。

政和中，横州司曹蔡蒙休押伴其使入都，沿道故滞留，强市其香药不偿直。事闻，诏提点刑狱置狱推治，因诏自今蕃夷入贡，并选承务郎以上清干官押伴，按程而行，无故不得过一日，乞取贾市者论以自盗云。

其国在泉州西北，舟行四十余日至蓝里。次年乘风帆，又六十余日始达其国。地雄壮广袤，民俗侈丽，甲于诸蕃，天气多寒。其王锦衣玉带，蹑金履，朔望冠百宝纯金冠。其居以码碯为柱，绿甘为壁，水晶为瓦，碌石为砖，活石为灰，帷幕用百花锦。官有丞相、太尉，各领兵马二万余人。马高七尺，士卒骁勇。民居屋宇略与中国同。市肆多金银绫锦。工匠技术，咸精其能。

建炎三年，遣使奉宝玉珠贝入贡。帝谓侍臣曰："大观、宣和间，茶马之政废，故武备不修，致金人乱华，危亡不绝如线。今复捐数十万缗以易无用之珠玉，曷若惜财以养战士？"诏张浚却之，优赐以答远人之意。绍兴元年，复遣使贡文犀、象齿，朝廷亦厚加赐与，而不贪其利。故远人怀之，而贡赋不绝。

层檀国在南海傍，城距海二十里。熙宁四年始入贡。海道便风行百六十日，经勿巡、古林、三佛齐国乃至广州。其王名亚美罗亚眉兰，传国五百年，十世矣。人语音如大食。地春冬暖。贵人以越布缠头，服花锦白氎布，出入乘象、马。有奉禄。其法轻罪杖，重罪死。谷有稻、粟、麦。

食有鱼。畜有绵羊、山羊、沙牛、水牛、橐驼、马、犀、象。药有木香、血竭、没药、鹏砂、阿魏、薰陆。产真珠、玻璃、密沙华三酒。交易用钱，官自铸，三分其齐，金铜相半，而银居一分，禁民私铸。元丰六年，使保顺郎将层伽尼再至，神宗念其绝远，诏颁赉如故事，仍加赐白金二千两。

龟兹本回鹘别种。其国主自称师子王，衣黄衣，宝冠，与宰相九人同治国事。国城有市井而无钱货，以花蕊布博易。有米麦瓜果。西至大食国行六十日，东至夏州九十日。或称西州回鹘，或称西州龟兹，又称龟兹回鹘。

自天圣至景祐四年，入贡者五，最后赐以佛经一藏。熙宁四年，使李延庆、曹福入贡。五年，又使卢大明、笃都入贡。绍圣三年，使大首领阿连撒罗等三人以表章及玉佛至洮西。熙河经略使以其罕通使，请令于熙、秦州博买，而估所赍物价答赐遣还，从之。

沙州本汉燉煌故地，唐天宝末陷于西戎。大中五年，张义潮以州归顺，诏建沙州为归义军，以义潮为节度使，领河沙甘肃伊西等州观察、营田处置使。义潮入朝，以从子淮深领州事。至朱梁时，张氏之后绝，州人推长史曹义金为帅。义金卒，子元忠嗣。周显德二年来贡，授本军节度、检校太尉、同中书门下平章事，铸印赐之。

建隆三年加兼中书令，子延恭为瓜州防御使。兴国五年元忠卒，子延禄遣人来贡。赠元忠燉煌郡王，授延禄本军节度，弟延晟为瓜州刺史，延瑞为衙内都虞候。咸平四年，封延禄为谯郡王。五年，延禄、延瑞为从子宗寿所害，宗寿权知留后，而以其弟宗允知瓜州。表求旌节，乃授宗寿节度使，宗允检校尚书左仆射、知瓜州，宗寿子贤顺为衙内都指挥使。大中祥符末宗寿卒，授贤顺本军节度，弟惠为检校刑部尚书、知瓜州。贤顺表乞金字藏经洎茶药金箔，诏赐之。至天圣初，遣使来谢，贡乳香、硇砂、玉团。自景祐至皇祐中，凡七贡方物。

拂菻国东南至灭力沙，北至海，皆四十程。西至海三十程。东自西大食及于阗、回纥、青唐，乃抵中国。历代未尝朝贡。

元丰四年十月，其王灭力伊灵改撒始遣大首领你厮都令厮孟判来献鞍马、刀剑、真珠，言其国地甚寒，土屋无瓦。产金、银、珠、西锦、牛、羊、马、独峰驼、梨、杏、千年枣、巴榄、粟、麦，以蒲萄酿酒。乐有箜篌、壶琴、小筚篥、偏鼓。王服红黄衣，以金线织丝布缠头，岁三月则诣佛寺，坐红床，使人舁之。贵臣如王之服，或青绿、绯白、粉红、褐紫，并缠头跨马。城市田野，皆有首领主之，每岁惟夏秋两得奉，给金、钱、锦、谷、帛，以治事大小为差。刑罚罪轻者杖数十，重者至二百，大罪则盛以毛囊投诸海。不尚斗战，邻国小有争，但以文字来往相诘问，事大亦出兵。铸金银为钱，无穿孔，面凿弥勒佛，背为王名，禁民私造。

元祐六年，其使两至。诏别赐其王帛二百匹、白金瓶、袭衣、金束带。

卷四百九十一
列传第二百五十

外国七

流求国　定安国　渤海国　日本国　党项

流求国在泉州之东，有海岛曰彭湖，烟火相望。其国堑栅三重，环以流水，植棘为藩，以刀稍弓矢剑铍为兵器，视月盈亏以纪时。无他奇货，商贾不通，厥土沃壤，无赋敛，有事则均税。

旁有毗舍邪国，语言不通，祖裸盱睢，殆非人类。淳熙间，国之酋豪尝率数百辈猝至泉之水澳、围头等村，肆行杀掠。喜铁器及匙箸，人闭户则免，但刓其门圈而去。掷以匙箸则颉拾之，见铁骑则争刓其甲，骈首就戮而不知悔。临敌用标枪，系绳十余丈为操纵，盖惜其铁不忍弃也。不驾舟楫，惟缚竹为筏，急则群舁之泗水而遁。

定安国本马韩之种，为契丹所攻破，其酋帅纠合余众，保于西鄙，建国改元，自称定安国。开宝三年，其国王烈万华因女真遣使入贡，乃附表贡献方物。太平兴国中，太宗方经营远略，讨击契丹，因降诏其国，令张掎角之势。其国亦怨寇仇侵侮不已，闻中国用兵北讨，欲依王师以摅宿愤，得诏大喜。

六年冬，会女真遣使来贡，路由本国，乃托其使附表来上云："定安国王臣乌玄明言：伏遇圣主洽天地之恩，抚夷貊之俗。臣玄明诚喜诚抃，顿首顿首。臣本以高丽旧壤，渤海遗黎，保据方隅，涉历星纪，仰覆露鸿钧之德，被浸渍无外之泽，各得其所，以遂本性。而顷岁契丹恃其强暴，入寇境土，攻破城砦，俘略人民。臣祖考守节不降，与众避地，仅存生聚，以迄于今。而又扶馀府昨背契丹，并归本国，灾祸将至，无大于此。所宜受天朝之密画，率胜兵而助讨，必欲报敌，不敢违命。臣玄明诚恳诚愿，顿首顿首。"其末题云："元兴六年十月日，定安国王臣玄明表上圣皇帝前。"

上答以诏书曰："敕定安国王乌玄明。女真使至，得所上表，以朕尝赐手诏谕旨，且陈感激。卿远国豪帅，名王茂绪，奄有马韩之地，介于鲸海之表，强敌吞并，失其故土，沉冤未报，积愤奚伸。矧彼獯戎，尚摇虿毒，出师以薄伐，乘夫天火之流行，败衄相寻，灭亡可待。今国家已于边郡广屯重兵，只俟严冬，即申天讨。卿若能追念累世之耻，宿戒举国之师，当予伐罪之秋，展尔复仇之志，朔漠底定，爵赏有加，宜思永图，无失良便。而况渤海愿归于朝化，扶馀已背于贼庭，励乃宿心，纠其协力，克期同举，必集大勋。尚阻重溟，未遑遣使，倚注之切，鉴寐宁忘。"以诏付女真使，令赍以赐之。

端拱二年，其王子因女真使附献马、雕羽鸣镝。淳化二年，其王子太元因女真使上表，其后不复至。

渤海本高丽之别种。唐高宗平高丽，徙其人居中国。则天万岁通天中，契丹攻陷营府，高丽别种大祚荣走保辽东，睿宗以为忽汗州都督，封渤海郡王，因自称渤海国，并有扶余、肃慎等十余国，历唐、梁、后唐，朝贡不绝。

后唐天成初，为契丹阿保机攻扶余城下之，改扶余为东丹府，命其子突欲留兵镇之。阿保机死，渤海王复攻扶余，不能克。历长兴、清泰，遣使朝贡。周显德初，其酋豪崔乌斯等三十人来归，其后隔绝不能通中国。

太平兴国四年，太宗平晋阳，移兵幽州，其酋帅大鸾河率小校李勋等十六人、部族三百骑来降，以鸾河为渤海都指挥使。六年，赐乌舍城浮渝府渤海琰府王诏曰："朕纂绍丕构，奄有四海，普天之下，罔不率俾。矧太原封域，国之保障，顷因窃据，遂相承袭，倚辽为援，历世逋诛。朕前岁亲提锐旅，尽护诸将，拔并门之孤垒，断匈奴之右臂，眷言吊伐，以苏黔黎。蠢兹北戎，非理构怨，辄肆荐食，犯我封略。一昨出师逆击，斩获甚众。今欲鼓行深入，席卷长驱，焚其龙庭，大歼丑类。素闻尔国密迩寇仇，迫于吞并，力不能制，因而服属，困于率割。当灵旗破敌之际，是邻邦雪愤之日，所宜尽出族帐，佐予兵锋。俟其殄灭，沛然封赏，幽、蓟土宇，复归中原，朔漠之外，悉以相与。勖乃协力，朕不食言。"时将大举征契丹，故降是诏谕旨。

九年春，宴大明殿，因召大鸾河慰抚久之。上谓殿前都校刘延翰曰："鸾河，渤海豪帅，束身归我，嘉其忠顺。夫夷落之俗，以驰骋为乐，候高秋戒候，当与骏马数十匹，令出郊游猎，以遂其性。"因以缗钱十万并酒赐之。

日本国者，本倭奴国也。自以其国近日所出，故以日本为名；或云恶其旧名改之也。其地东西南北各数千里，西南至海，东北隔隅以大山，山外即毛人国。自后汉始朝贡，历魏、晋、宋、隋皆来贡，唐永徽、显庆、长安、开元、天宝、上元、贞元、元和、开成中，并遣使入朝。

雍熙元年，日本国僧奝然与其徒五六人浮海而至，献铜器十余事，并本国《职员令》、《王年代纪》各一卷。奝然衣绿，自云姓藤原氏，父为真连；真连，其国五品品官也。奝然善隶书，而不通华言，问其风土，但书以对云："国中有《五经》书及佛经、《白居易集》七十卷，并得自中国。土宜五谷而少麦。交易用铜钱，文曰'乾文大宝'。畜有水牛、驴、羊，多犀、象。产丝蚕，多织绢，薄致可爱。乐有中国、高丽二部。四时寒暑，大类中国。国之东境接海岛，夷人所居，身面皆有毛。东奥州产黄金，西别岛出白银，以为贡赋。国王以王为姓，传袭至今王六十四世，文武僚吏皆世官。"

其《年代纪》所记云：初主号曰天御中主。次曰天村云尊，其后皆以"尊"为号。次天八重云尊，次天弥闻尊，次天忍胜尊，次瞻波尊，次万魂尊，次利利魂尊，次国狭槌尊，次角龚魂尊，次汲津丹尊，次面垂见尊，次国常立尊，次天鉴尊，次天万尊，次沫名杵尊，次伊奘诺尊，次素戈乌尊，次天照大神尊，次正哉吾胜速日天押穗耳尊，次天彦尊，次炎尊，次彦瀲尊，凡二十三世，并都于筑紫日向宫。

彦瀲第四子号神武天皇，自筑紫宫入居大和州橿原宫，即位元年甲寅，当周僖王时也。次绥靖天皇，次懿德天皇，次安宁天皇，次懿德天皇，次孝昭天皇，次孝天皇，次孝灵天皇，次孝元天皇，次开化天皇，次崇神天皇，次垂仁天皇，次景行天皇，次成务天皇。次仲哀天皇，国人言今为镇国香椎大神。次神功天皇，开化天皇之曾孙女，又谓之息长足姬天皇，国人言今为太奈良姬大神。次应神天皇，甲辰岁，始于百济得中国文字，今号八蕃菩萨，有大臣号纪武内，年三百七岁。次仁德天皇，次履中天皇，次反正天皇，次允恭天皇，次安康天皇，次雄略天皇，次清宁天皇，次显宗天皇，次仁贤天皇，次武烈天皇，次继体天皇，次安开天皇，次宣化天皇。次天国排开广庭天皇，亦名钦明天皇，即位十三年，壬申岁始传佛法于百济国，当此土梁承圣元年。

次敏达天皇。次用明天皇，有子曰圣德太子，年三岁，闻十人语，同时解之，七岁悟佛法于菩提寺，讲《圣鬘经》，天雨曼陀罗华。当此土隋开皇中，遣使泛海至中国，求《法华经》。

次崇峻天皇。次推古天皇，钦明天皇之女也。次舒明天皇，次皇极天皇。次孝德天皇，白雉四年，律师道照求法至中国，从三藏僧玄奘受经、律、论，当此土唐永徽四年也。次天丰财重日足姬天皇，令僧智通等入唐求大乘法相教，当显庆三年。次天智天皇，次天武天皇，次持总天皇。次文武天皇，大宝三年，当长安元年，遣栗田真人入唐求书籍，律师道慈求经。次阿闭天皇，次皈依天皇。次圣武天皇，宝龟二年，遣僧正玄昉入朝，当开元四年。次孝明天皇，圣武天皇之女也，天平胜宝四年，当天宝中，遣使及僧入唐求内外经教及传戒。次天炊天皇。次高野姬天皇，圣武天皇之女也。次白璧天皇，二十四年，遣二僧灵仙、行贺入唐，礼五台山学佛法。次桓武天皇，遣腾元葛野与空海大师及延历寺僧澄入唐，诣天台山传智者止观义，当元和元年也。次诺乐天皇，次嵯峨天皇，次淳和天皇。次仁明天皇，当开成、会昌中，遣僧入唐，礼五台。次文德天皇，当大中年间。次清和天皇，次阳成天皇。次光孝天皇，遣僧宗睿入唐传教，当光启元年也。

次仁和天皇，当此土梁龙德中，遣僧宽建等入朝。次醍醐天皇，次天庆天皇。次封上天皇，当此土周广顺年也。次冷泉天皇，今为太上天皇。次守平天皇，即今王也。凡六十四世。

畿内有山城、大和、河内、和泉、摄津凡五州，共统五十三郡。东海道有伊贺、伊势、志摩、尾张、叁河、远江、骏河、伊豆、甲斐、相模、武藏、安房、上总、常陆凡十四州，共统一百一十六郡。东山道有通江、美浓、飞骈、信浓、上野、下野、陆奥、出羽凡八州，共统一百二十二郡。北陆道有若狭、越前、加贺、能登、越中、越后、佐渡凡七州，共统三十郡。山阴道有丹波、丹彼、徂马、因幡、伯耆、出云、石见、隐伎凡八州，共统五十二郡。小阳道有播麿、美作、备前、备中、备后、安艺、周防、长门凡八州，共统六十九郡。南海道有伊纪、淡路、河波、赞耆、伊豫、土佐凡六州，共统四十八郡。西海道有筑前、筑后、丰前、丰后、肥前、肥后、日向、大隅、萨摩凡九州，共统九十三郡。又有壹伎、对马、多㴲凡三岛，各统二郡。是谓五畿、七道、三岛，凡三千七百七十二都，四百一十四驿，八十八万三千三百二十九课丁。课丁之外，不可详见。皆奝然所记云。

按隋开皇二十年，倭王姓阿每，名自多利思比孤，遣使致书。唐永徽五年，遣使献琥珀、马脑。长安二年，遣其朝臣真人贡方物。开元初，遣使来朝。天宝十二年，又遣使来贡。元和元年，遣高阶真人来贡。开成四年，又遣使来贡。此与其所记皆同。大中、光启、龙德及周广顺中，皆尝遣僧至中国，《唐书》中、《五代史》失其传。唐咸亨中及开元二十三年、大历十二年、建中元年，皆来朝贡，其记不载。

太宗召见奝然，存抚之甚厚，赐紫衣，馆于太平兴国寺。上闻其国王一姓传继，臣下皆世官，因叹息谓宰相曰："此岛夷耳，乃世祚遐久，其臣亦继袭不绝，此盖古之道也。中国自唐季之乱，宇县分裂，梁、周五代享历尤促，大臣世胄，鲜能嗣续。朕081德惭往圣，常夙夜寅畏，讲求治本，不敢暇逸。建无穷之业，垂可久之范，亦以为子孙之计，使大臣之后世袭禄位，此朕之心焉。"

其国多有中国典籍，奝然之来，复得《孝经》一卷、越王《孝经新义》第十五一卷，皆金缕红罗褾，水晶为轴。《孝经》即郑氏注者。越王者，乃唐太宗子越王贞；《新义》者，记室参军任希古等撰也。奝然复求诣五台，许之，令所过续食；又求印本《大藏经》，诏亦给之。二年，随台州宁海县商人郑仁德船归其国。

后数年，仁德还。奝然遣其弟子喜因奉表来谢曰："日本国东大寺大朝法济大师、赐紫、沙门奝然启：伤鳞入梦，不忘汉主之恩；枯骨合欢，犹亢魏氏之敌。虽云羊僧之拙，谁坠鸿儒之诚。奝然诚惶诚恐，顿首顿首，死罪。奝然附商船之离岸，期魏阙于生涯，望落日而西行，十万里之波涛难尽；顾信风而东powered，数千里之山岳易过。妄以下根之卑，适诣中华之盛。于是宣旨频降，恣许荒外之跋涉；宿心克协，粗观宇内之瑰奇。况乎金阙晓后，望尧云于九禁之中；岩扃晴前，拜尧灯于五台之上。就三藏而禀学，巡数寺而优游。遂使莲华回文，神笔出于北阙之北；贝叶印字，佛诏传于东海之东。重蒙宣恩，忽趁来迹。季夏解台州之缆，孟秋达本国之郊。爰逮明春，初到旧邑，缁素欣待，侯伯慕迎。伏惟陛下惠溢四溟，恩高五岳，世超黄、轩之古，人直金轮之新。奝然空辞凤凰之窟，更还蝼蚁之封。在彼在斯，只仰皇德之盛；越山越海，敢忘帝念之深。纵粉百年之身，何报一日之惠。染笔拭泪，伸纸摇魂，不胜慕恩之至。谨差上足弟子传灯大法师位嘉因并大朝剃头受戒僧祚乾等拜表以闻。"称其本国永延二年岁次戊子二月八日，实端拱元年也。

又别启，贡佛经，纳青木函；琥珀、青红白水晶、红黑木槵子念珠各一连，并纳螺钿花形平函；毛笼一，纳螺杯二口；葛笼一，纳法螺二口，染皮二十枚；金银莳绘筥一合，纳发鬘二头，又一合，纳参议正四位上藤佐理手书二卷、及进奉物数一卷、表状一卷；又金银莳绘砚筥一合，纳金砚一、鹿毛笔、松烟墨、金铜水瓶、铁刀；又金银莳绘扇筥一合，纳桧扇二十枚、蝙蝠扇二枚；螺钿梳函一对，其一纳赤木梳二百七十，其一纳龙骨十橛；螺钿书案一、螺钿书几一；金银莳绘平筥一合，纳白细布五匹；鹿皮笼一，纳猠裘一领；螺钿鞍辔一副，铜铁镫、红丝鞋、泥障；倭画屏风一双；石流黄七百斤。

咸平五年，建州海贾周世昌遭风飘至日本，凡七年得还，与其国人滕木吉至，上皆召见之。世昌以其国人唱和诗来上，词甚雕刻肤浅无所取。询其风俗，云妇人皆被发，一衣用二三缣。又陈所记州名年号。上令滕木吉以所持木弓矢挽射，矢不能远，诘其故，国中不习战斗。赐木吉时装钱遣还。景德元年，其国僧寂昭等八人来朝，寂照不晓华言，而识文字，缮写甚妙，凡问答并以笔札。诏号圆通大师，赐紫方袍。天圣四年十二月，明州言日本国太宰府遣人贡方物，而不持本国表，诏却之。其后亦未通朝贡，南贾时有传其物货至中国者。

熙宁五年，有僧诚寻至台州，止天台国清寺，愿留。州以闻，诏使赴阙。诚寻献银香炉、木槵子、白琉璃、五香、水精、紫檀、琥珀所饰念珠，及青色织物绫。神宗以其远人而有戒业，处之开宝寺，尽赐同来僧紫方袍。是后连贡方物，而来者皆僧也。元丰元年，使通事僧仲回来，赐号慕化怀德大师。明州又言得其国太宰府牒，因使人孙忠还，遣仲回等贡绢二百匹、水银五千两，以孙忠乃海商，而贡礼与诸国异，请自移牒报，而答其物直，付仲回东归。从之。

乾道九年，始附明州纲首以方物入贡。淳熙二年，倭船火儿滕太明殴郑作死，诏械太明付其纲首归，治以其国之法。三年，风泊日本舟至明州，众皆不得食，行乞至临安府者复百余人。诏人日给钱五十文、米二升，俟其国舟至日遣归。十年，日本七十三人复飘至秀州华亭县，给常平义仓钱米以振之。绍熙四年，泰州及秀州华亭县复有倭人为风所泊而至者，诏勿取其货，出常平米振给而遣之。庆元六年至平江府，嘉泰二年至定海县，诏并给钱米遣归国。

党项，古析支之地，汉西羌之别种。后周世始强盛，有细封氏、费听氏、往利氏、颇超氏、野乱氏、房当氏、来禽氏、拓拔氏最为强族。唐贞观至上元间内附，散居西北边。元和以后，颇相率为盗。会昌初，武宗置三使以统之：在邠、宁、延者为一使，在盐、夏、长泽者为一使，在灵武、麟、胜者为一使。五代亦尝入贡。今灵、夏、绥、麟、府、环、庆、丰州、镇戎、天德、振武军并其族帐。

太祖建隆二年，代州刺史折乜埋来朝。乜埋，党项之大姓，世居河右，有捍边之功，故授以方州，召令入觐而遣还。

开宝元年，直荡族首领啜佶等引并人寇府州，为王师所败。诏内属羌部十六府大首领屈遇与十二府首领罗崖领所部诛啜佶，啜佶惧，以其族归顺。以屈遇为检校太保、归德将军，罗崖、啜佶并为检校司徒、怀化将军。

太平兴国二年二月，灵州部送岁市官马，赂所过族帐物粗恶，羌人患不受。知州、比部郎中张全操捕得十八人杀之，没入其兵仗羊马，戎人遂扰。上遣使赍金帛抚赐其族，与之盟，始定。召全操下有司鞫之，决杖流登州沙门岛。是岁，灵州通远军界噪咩族、折四族、吐蕃村族、奈呞三家族、尾落族、奈家族、噪泥族剽略官纲，诏灵州安守忠、通远军董遵诲讨平之。六年，府州外浪族首领来都等来贡马。七年，丰州大首领黄罗并弟乞蚌等来贡马。又银州羌部拓跋遇来诉本州赋役苛虐，乞移居内地，诏令各守族帐。又保细族结集煽动诸部，夏州巡检使梁迥率兵讨平之。

雍熙初，诸族渠帅附李继迁为寇，诏判四方馆事田仁朗及阁门使王侁等相继领兵讨击，并赐麟、府、银、夏、丰州及日利、月利族敕书招谕之。

二年四月，侁等于银州北破悉利诸族，斩首三千六百余级，生擒八十人，俘老小一千四百余口，器甲一百八十六，枭伪署代州刺史折罗遇并弟埋乞，获马牛羊三万计。五月，又于开光谷西杏子平破保寺、保香族，追奔二十余里，斩首八百余级，枭其首领埋已等五十七人，生擒四十九人，俘其老小三百余人，获牛羊马驴凡四千余计。又破保、洸两族，俘三千人，降五十五族，获牛羊八千计。

侁等又言，麟州及三族砦羌人二千余户皆降，酋长折御乜等六十四人献马首罪，愿改图自效，为国讨贼，遂与部下兵入浊轮川，斩贼首五十级，酋豪二十人，李继迁及三族砦监押折御乜皆遁去。旋而内客省使郭守文自三交乘驿亟往，与王侁等同领边事。五月，王侁、李继隆等又破银州杏子平东北山谷内没邵、浪悉讹等族，及浊轮川东、兔头川西诸族，生擒七十八人，枭五十九人，俘二百三十六口，牛羊驴马千二百六十，招降千四百五十二户。

六月，夏州尹宪等引兵至盐城，吴移、越移等四族来降，宪等抚之。岌伽罗腻十四族拒命，宪等纵兵斩首千余级，俘擒百人，焚千余帐，获马牛羊七千计。又降银麟夏等州、三族砦诸部一百二十五族，合万六千一百八十九户。酋豪折御乜穷蹙来归，守文置之部下。又夏州咩嵬族魔病人乜崖在南山族结党为寇，招怀不下，擒斩之，枭首徇众，并灭其族。又府州女乜族首领来母崖男社正等内附，因迁居茗乜族中。

七月，赐宥州界咩兀十族首领、都指挥使遇乜布等九人敕书，以安抚之。十一月，以勒浪族十六府大首领屈遇、名波族十二府大首领浪买当丰州路最为忠顺，及兀泥三族首领佶移等，女女四族首领杀越都等归化，并赐敕书抚之。

端拱元年三月，火山军言河西羌部直荡族内附。二年四月，夏州赵保忠言："臣准诏市马，已获三百匹，其宥州御泥布、啰树等二族党附继迁，不肯卖马，臣遂领兵掩杀二百余人，擒百余人，其族即降，各已安抚。"诏书奖谕之。十月，继迁寇会州熟仓族，为其首领咩嘥率来离诸族击走之。

淳化元年，藏才三族都判啜尾卒，其子啜香来请命，乃令代其父。二年七月，以黄乜族降户七百余散于银、夏州旧地处之。八月，李继迁居王庭镇，赵保忠往袭之，继迁奔铁斤泽，貌奴、猥才二族夺其牛畜二万余。十一月，继迁寇熟仓族，刺史咩嘥率来离诸族击退之。先是，兀泥大首领泥中佶移内附，诏授慎州节度，俄复归继迁，其长子突厥罗与首领黄罗至是以千余帐降，府州折御卿以闻，降诏慰谕之。赵保忠又袭破宥州御泥布、罗树二族，寻各降之，以其朋附继迁，来上。

四年三月，直荡族大首领啜尾、子河汊大首领马一并来贡，诏以啜尾叔罗买为本族都监，又啜尾下首领十人，马一下首领十二人皆赐锦袍、银带、器币。是年，郑文宝献议禁青盐，羌族四十四首领盟于杨家族，引兵骑万三千余人入寇环州石昌镇，知环州程德玄等击走之。因诏屯田员外郎、知制诰钱若水驰驿诣边，弛其盐禁，由是部族宁息。十二月，盐州羌人酋长巢延渭为本州刺史。是年，藏才西族大首领罗妹来贡。

五年正月，以绥州羌酋苏移、山海啵、母驮香三人并为怀化将军，野利、嵬名乜屈、啜泥三人并为归德郎将。四月，府州折御卿言：银、夏州管勾生户八千帐族悉来归附，录其马牛羊万计。邈二族大首领崖罗、藏才东族首领岁啰啜克各遣其子弟朝贡。六月，继迁所驱胁内属戎人橐驼路熟藏族首领乜遇率部族反攻继迁，其弟力战而死，既败继迁之众，复来归附。以遇为检校司空，领会州刺史。是年，兀泥族首领黄罗内附，以为怀化将军，领昭州刺史。

至道元年四月，以勒浪嵬女儿门十六府大首领马尾等内附，以马尾为归德大将军、领恩州刺史，以勒浪树李儿门首领没崖为安化郎将，副首领遇兀为保顺将。六月，赐庆州界首领顺州刺史李奉明、澄州刺史李彦咩、盐州刺史巢延渭、演州刺史李顺忠、环州界首领会州刺史乜遇及灵州界并河外保安、保靖、临河、怀远、定远五镇等部敕书慰抚之。七月，睡泥族首领你乜遄令男诣灵州，言族内七百余帐为李继迁劫略，首领咩遄一族奔往萧关，你乜遄一族乞赐救助，诏赐以资粮。环州熟仓族乩遇略夺继迁牛马三十余，继迁令人招抚之，乩遇答云："吾一心向汉，誓死不移。"诏以遇为会州刺史，赐帛五十匹、茶五十斤。

二年三月，以府州界五族大首领折突厥移为安远大将军，父死来请命也。六月，勒浪族副首领遇兀等百九十三人归附，贡马七匹。遇兀旧隶契丹，淳化初，迁族帐于府州界，东至河百五十里，南至府州三百里，至是，始朝贡。上召问慰劳，赐锦袍银带。遇兀言部族多良马，今始来朝，所贡未备。上曰："吾嘉尔忠顺之节，慕化来归，固不以多马为意也。"

七月，李继隆出讨继迁，赐麟府州兀泥巾族大首领突厥罗、女女杀族大首领越都、女女梦勒族大首领越移、女女忙族大首领越置、女女夔儿族大首领党移、没儿族大首领莫末移、路乜族大首领越移、细乜族大首领庆元、路才族大首领罗保、细母族大首领罗保保乜凡十族敕书招怀之。闰七月,怀安镇羌诱诸族寇庆州,监军赵继昇率师击败之,斩首三百级,获羊马千计。

三年二月,泥巾族大首领名悉俄,首领皆移、尹遇、崔保罗、没佶,凡五人来贡马。名悉俄等旧皆内属,因李继迁之叛,徙居河北,今复来贡。

咸平元年三月,熟仓族乩遇来朝,真宗嘉其诚节,亲见抚劳,赐以器币。十月,兀泥族大首领、昭州刺史黄罗对于崇德殿。兀泥族在青冈岭、三角城、龙马川,领族帐千五百户,初隶继迁,俄投府州,淳化中数败契丹,及与继迁相攻击。及继迁内附,黄罗惧,北徙过黄河。今还旧地,遂入贡,且言继迁既受朝命,不敢侵伐。上面加奖慰,赐赉甚厚。十二月,诏直荡族大首领鬼啜尾于金家堡置渡,令诸族互市。

二年正月,以哶逋族开道使泥埋领费州刺史。十月,以勒浪族十六府大首领、归德大将军、恩州刺史马泥领本州团练使。十一月,藏才八族大首领皆赏罗等来献名马。四年七月,以会州刺史乩遇为保顺郎将,苏家族屈尾、鼻家族都庆、白马族埋香、韦移族都香为安化郎将。九月,环州言,继迁所掠羌族鬼逋等徙欲来归,又继迁诸羌明叶示及扑哶、讹猪等首领率属内附,并令给善地处之。其年,卑宁族首领喝邻半祝贡名马,自称有精骑三万,愿备驱策。有诏慰奖,厚偿其直。

五年,哶逋族开道使、费州刺史泥埋遣子城逋入贡,上嘉泥埋数与继迁战斗有劳,授锦州团练使,以其族弟屈子为怀化将军充本族指挥使,城逋为归德将军充本族都巡检使,余首领署军主以下名识者凡十数人。又以黑山北庄郎族龙移为安远大将军,眛克为怀化将军。八月,河西教练使李荣等向化。其年,羌寇抄金明县,李继周击走之。

十月,诏河西戎人归投者迁内地,给以闲田。时勒厥麻等三族千五百帐以浊轮砦失守,越河内属,分处边境。边臣屡言勒厥麻往来贼中,恐复叛去,乃徙置宪州楼烦县,遣使赐金帛抚慰。十二月,哶逋族遣使来贡。上闻贺兰山有小凉、大凉族甚盛,常恐与继迁合势为患,近知互有疑隙,辄相攻掠,朝廷欲遂抚之。乃召问哶逋使者,因其还特诏谕之,以激其立效。上又谓枢密使王继英等曰:"边臣言迁贼举兵,屡为龙移、眛克所败。此族在黄河北数万帐,或号庄郎眛克,常以马附藏才入贡,颇勤外御。"六年,遂降诏奖慰。二月,叶市族啰埋等持继迁伪书牒率百余帐来归,以啰埋为本族指挥使,啰胡为军使。邠宁部署言牛羊、苏家等族杀继迁族帐有功,上曰:"此族恃远与险,久为贼援,屡遣边吏招谕,近闻有志内附,尚疑其诈,果能格斗立效。"诏厚赐首领等茶彩以奖激之。泾原部署言,者龙移卑陵山首领斯敦邑遣使称已集本族骑兵,愿随军讨贼。

三月,以哶逋族首领泥埋领郜州防御使,充灵州河外五镇都巡检使。时潘罗支已授河西节制,上以泥埋实与罗支掎角制贼,故加恩宠。是月,绥州羌部军使拽白等百九十五口内属。原州熟户裴天下等请率精兵掩击迁党移湖等帐,来求策应,部署司不报。上以戎人宣力御贼,不应沮之,即诏谕诸路以精甲策应。环州酋长苏尚娘击贼有

劳,及屡告贼中机事,以为临州刺史,赐锦袍银带。环庆部署张凝言:"内属戎人与贼界错居,屡为胁诱。臣领兵离木波镇直凑八州原下砦,招降岑移等三十二族,又至分水岭降麻谋等二十一族,柔远镇降巢迷等二十族,遂抵业乐,降移树罗家等一百族,合四千八十户,第给袍带物彩,慰谕还帐。"

四月,继迁寇洪德砦,酋长庆香与乩移庆族合势击之,以砦兵策援,大败继迁,擒四十九人,坠崖死者甚众,获马七十余匹,旗鼓铠甲数百计。上考阵图以问入奏使,使者言砦兵拒贼千余步,庆香等亲率部族与贼接战,上曰:"庆香等假王师为援,而交锋俘获,乃其功也。"悉与所获物,加赐银彩,以庆香领顺州刺史,乩移庆领罗州刺史。河西内属折勒厥麻等三族请以精兵千人、马三百备征讨,诏岚州抚谕。环州白马族与继迁战斗,屡徙帐乏食,赐廪粟。又诏洪德砦归附戎人,给内地土田,资以口粮。

五月,唐龙镇上言:镇有贸易于府州者,为州人邀杀,尽夺资畜。乃诏府州自今许令互市,切加存抚。六月,瓦窑、没剂、如罗、眛克等族济河击败继迁党,优诏抚问。七月,补野狸族首领子阿宜为怀安将军。八月,原、渭等州言本界戎人来附者八部二十五族,今诣实纳质。以环州苏尚娘子孽娘为临州刺史。府州八族都校明义等言,屡于麟州屈野川击继迁,及缘边六七栅防遏,皆有克获。诏奖赉之,仍令府州常以劲兵援助,勿失机便。

景德元年正月,麟府路言:"附契丹戎人言泥族拔黄太尉率三百余帐内属。拔黄本大族,居黄河北古丰州,前数犯边,阻市马之路。其首领容貌甚伟,有智勇,桀黠难制,契丹结之,署为太尉,今悉众款塞。"诏府州厚赐茶彩,给公田,依险居之,计口赋粟,且戒唐龙镇无得侵扰。三月,宋师恭破羌贼于柳谷川,驱其种族千余人以还。六月,洪德砦言羌部罗泥天王等首领率属来附。八月,野鸡族侵掠环庆界,诏边臣和断,如其不从,则胁以兵威。九月,镇戎军言,先叛去熟魏族酋长茄罗、兀赃、成王等三族应诏抚谕,各率属来归。

二年,熟户旺家族击夏兵,擒军主一人以献。环州言:"戎人入寇,击走之,擒酋将庆移送阙下,请斩于藁街。"上特贳死,配淮南。原州野狸族首领斯多逋丹卒,其子阿酌代为首领,且乞奉料。诏谕以立功则赐之。

三年,府州折惟昌言兀泥族大首领名崖从父盛佶,为赵德明白池军主,密遣使谕名崖云,德明虽外托修贡之名,而点阅兵马尤急,必恐劫掠山界,名崖以告。上嘉之,降诏抚谕,就赐锦袍银带。九月,秦州言野儿与尚族部落尤大,能禀朝命,凡诸族为寇盗者辄遏绝之,请加旌别。诏补三砦都首领。十一月,镇戎军曹玮言叛去酋长苏尚娘复求归附。诏报玮曰:"尚娘反覆无信,特恐狙诈,以误边吏,又使德明缘此为词,不可纳也。"

四年,唐龙镇羌族来美与其叔璘不叶,召契丹破之,来依府州。璘、美非大族,尝持两端,顷亦寇钞近界,发兵趣之,则走河之东曰东壖,契丹加兵,则入河之西曰西壖,地极险阻,介卒骑兵所不能及。至是,上亦悯其穷而款塞,特优容之。会契丹使至,即令谕其事,仍还所掠璘、

美人畜。其族人怀正又与璘互相仇劫，侧近帐族不宁，诏遣使召而盟之，依本俗法和断。

大中祥符元年，鄜延铃辖言，小湖卧浪族军主最处近塞，往时出师皆命为前锋，甚著诚节。诏补侍禁。二年六月，麟府铃辖言杜庆族依援唐龙镇，数侵别帐，请发熟户兵击之。上曰："戎落皆民也，宜以道抚之。"不许。其年，兀泥族大首领名崖同府州折惟昌入贡，上亲加抚问，特诏副都知张继能赐射于琼林苑。四年，藏才西族、中族首领奴移、横全等并遣子来朝。五年，环庆熟户有酗酒劫夺使臣马缨者，上怒，令部署司重罚之。

六年，北界克山军主率众过大里河侵熟户，为罗勒族都啰击走之。诏以都啰为本族指挥使，且谕边臣约饬族帐，谨守疆界，勿出境追袭。九月，夏州略去熟户旺家族首领都子等来归，随而至者又三族，遣使存劳之。

七年，泾原铃辖曹玮请署熟户百帐以上大首领为本族军主，次指挥使，又次副指挥使，百帐而下为本族指挥使，从之。五月，玮言荤市族大首领艳奴归顺。七月，玮又言北界万子族谋钞略，发兵逆之，大败于天麻川，又为魏埋等族掩击，杀其酋帅，斩首千余级。八年，北界酋长、指挥使庞梅娘等来投，谕边臣令追取熟户亡入北界者，即遣还梅娘。

九年，羌兵寇小力族，巡检李文贞率兵奋击，追斩籍遇太保首级，赐文贞锦袍银带。五月，北界毛尸族军主浪埋、骨咩族酋长仉唱、巢迷族酋长冯移埋率其属千一百九十口、牛马杂畜千八百归附，降诏抚之。

天禧元年，环州言北界骑兵数千来剽熟户，击走之。二年，泾原路言樊家族九门都首领客厮铎内属，以厮铎为军主。三年，鄜延路言亡去熟户委乞等六百九十五人，及骨咩、大门等族来归。四年正月，又言宥州羌族腊儿率众劫熟户咩魏族，金明都监李士彬击之，斩腊儿，枭七十二级，俘余众，获甲马三百余。五月，小湖族都虞候喏鬼、巡检胡怀节等击贼有功，并进秩。环州七白族军主近腻纳质归化，以近腻领顺州刺史，首领惹都等十五人补官有差。七月，扑咩族马讹等率属来附。十月，以淮安镇六族都军主乞埋为三班借职，充老部巡检。五年，北界罗骨等劫剽熟户，环庆部署田敏追击之，俘获甚众，诏奖敏等，赐器币。

卷四百九十二

列传第二百五十一

外国八

吐蕃 唃厮啰　董毡　阿里骨　瞎征　赵思忠

吐蕃本汉西羌之地，其种落莫知所出。或云南凉秃发利鹿孤之后，其子孙以秃发为国号，语讹故谓之吐蕃。唐贞观后，常来朝贡。至德后，因安、史之乱，遂陷河西、陇右之地。大中三年，其国宰相论恐热以秦、原、安乐及石门等七关来归。四年，又克成、维、扶三州。五年，其国沙州刺史张义潮以瓜、沙、伊、肃十一州之地来献。唐末，瓜、沙之地复为所隔。然而其国亦自衰弱，族种分散，大者数千家，小者百十家，无复统一矣。自仪、渭、泾、原、环、庆及镇戎、秦州暨于灵、夏皆有之，各有首领，内属者谓之熟户，余谓之生户。凉州虽为所隔，然其地自置牧守，或请命于中朝。

天成中，权知西凉府留后孙超遣大将拓拔承诲来贡，明宗召见，承诲云："凉州东距灵武千里，西北至甘州五百里。旧有郓人二千五百为戍兵，及黄巢之乱，遂为阻绝。超及城中汉户百余，皆戍兵之子孙也。其城今方幅数里，中有县令、判官、都押衙、都知、兵马使，衣服言语略如汉人。"即授超凉州刺史，充河西军节度留后。乾祐初，超卒，州人推其土人折逋嘉施权知留后，遣使来贡，即以嘉施代超为留后。

凉州郭外数十里，尚有汉民陷没者耕作，余皆吐蕃。其州帅稍失民情，则众皆啸聚。城内有七级木浮图，其帅急登之，绐其众曰："尔若迫我，我即自焚于此矣。"众惜浮图，乃盟而舍之。周广顺三年，始以申师厚为河西节度。师厚初至凉州，奏请授吐蕃首领折逋支等官，并从之。显德中，师厚为其所迫，擅还朝，坐贬。凉州亦不复命帅。

建隆二年，灵武五部以橐驼良马致贡，来离等八族酋长越鬼等护送入界，敕书奖谕。秦州首领尚波于伤杀采造务卒，知州高防捕系其党四十七人，以状闻。上乃以吴廷祚为雄武军节度使防安辑之，令廷祚赍敕书赐尚波于等曰："朝廷制置边防，抚宁部落，务令安集，岂有侵渔？曩者秦州设置三砦，止以采取材木，供亿京师，虽在蕃汉之交，不妨牧放之利。汝等占据木植，伤杀军人。近得高防奏汝等见已拘执，听候进止。朕以汝等久输忠顺，必悔前非，特示怀柔，各从宽宥。已令吴廷祚往伸安抚及还旧地。所宜共体恩旨，各归本族。"仍以锦袍银带赐之，尚波于等感悦。是年秋，乃献伏羌地。

乾德四年，知西凉府折逋葛支上言："有回鹘二百余人，汉僧六十余人自朔方路来，为部落劫略。僧云欲往天竺取经，并送达甘州讫。"诏褒答之。五年，首领闻逋哥、督廷、督南、割野、麻里六人来贡马。开宝六年，凉州令步奏官僧杳毡声、逋胜拉躅二人求通道于泾州以申朝贡，诏泾州令牙将至凉州慰抚之。八年，秦州大石、小石族寇土门，略居民，知州张炳击走之。

太平兴国二年，秦州安家族寇长山，巡检使韦韬击走之。三年，秦州诸族数次寇略三阳、床穰、弓门等砦，监军巡检使周承瑨、任德明、耿仁恩等会兵击败之，斩首数十级，腰斩不用命卒九人于境上。太宗乃诏曰："秦州内属三族等顷慕华风，聿求内附，俾之安辑，咸遂底宁。近闻乘蕃育之资，稔寇攘之志，敢忘大惠，来挠边疆。岂朕信之未孚，而吏抚之不至？并蠲峰咎，特示威怀。今后或更剽剥，吏即捕治，置之于法，不须以闻。"是年，又寇八狼砦，巡检刘崇让击败之，枭其帅王泥猪首以徇。三月，小遇族寇庆州，知州慕容德丰击走之。八年，诸种以马来献，太宗召其酋长对于崇政殿，厚加慰抚，赐以束帛，因谓宰相曰："吐蕃言语不通，衣服异制，朕常以禽兽畜之。自唐室以来，颇为边患。以国家兵力雄盛，聊举偏师，便可驱逐数千里外。但念其种类蕃息，安土重迁，倘因攘除，必致杀戮，所以置于度外，存而勿论也。"九年秋，秦州言蕃部以羊马来献，各已宴犒，欲用茶绢答其直。诏从之。

淳化元年，秦州大、小马家族献地内附。二年，权知西凉州、左厢押蕃落副使折逋阿喻丹来贡。先是，殿直丁惟清往凉州市马，惟清至而境大丰稔，因为其所留。灵州命蕃落军使崔仁遇往迎惟清。又吐蕃卖马还过灵州，为党项所略，表诉其事，因请留惟清至来年同入朝。诏答之。四年，阿喻丹死，以其弟喻龙波为保顺郎将代其任。五年，折平族大首领、护远州军铸督延巴率六谷诸族马千余匹来贡。既辞，复挝登闻鼓，言庆州八族首领遇波鸦等侵夺地土。上降敕书告谕之。知秦州温仲舒上言，每岁伐木，多为蕃族攘夺，今已驱其部落于渭北。太宗虑生边患，乃以知凤翔薛惟吉对易其任，语见《惟吉传》。是年春，知西凉府左厢押蕃落副使折逋喻龙波、振武军都罗族大首领并来贡马。

至道元年，凉州蕃部当尊以良马来贡，引对慰抚，加赐当尊虎皮一，欢呼致谢。二年四月，折平族首领握散上言，部落为李继迁所侵，愿会兵灵州以备讨击，赐币以答之。七月，西凉府押蕃落副使折逋喻龙波上言，蕃部频为继迁侵略，乃与吐蕃本部署没暇拽于会六谷蕃众来朝，且献名马。上厚赐之。是岁，凉州复来请帅，诏以丁惟清知州事，赐以牌印。

咸平元年十一月，河西军左厢副使、归德将军折逋游龙钵来朝。游龙钵四世受朝命为酋，虽贡方物，未尝自行，今始至，献马二千余匹。河西军即古凉州，东至故原州千五百里，南至雪山、吐谷浑、兰州界三百五十里，西至甘州同城界六百里，北至部落三百里。周回平川二千里。旧领姑臧、神乌、蕃禾、昌松、嘉麟五县，户二万五千六百九十三，口十二万八千一百九十三。今有汉民三百户。城周回十五里，如凤形，相传李轨旧治也。皆龙钵自述云。诏以龙钵为安远大将军。

二年，以仪州延蒙八部都首领渴哥领化州刺史，首领透逋等为怀化郎将。四年，知镇戎军李继和言，西凉府六谷都首领潘罗支愿戮力讨继迁，请授以刺史，仍给廪给。经略使张齐贤又请封六谷王兼招讨使。上以问宰相，皆曰："罗支已为酋帅，授刺史太轻；未领节制，加王爵非顺；招讨使号不可假外夷。"乃以为盐州防御使兼灵州西面都巡检使。时西凉使来，且言六谷分左右厢，左厢副使折逋游龙钵实参罗支戎事。朝廷方务绥怀，又以龙钵领宥州刺史，六族首领褚下箕等三人为怀化将军。其年，潘罗支遣部下李万山率兵讨贼，贻书继和请师期。先是，遣宋沆、梅询等为安抚使、副，未行，上谓宰相曰："朕看《盟会图》，颇记吐蕃反覆狼子野心之事。今已议王超等领甲马援灵州，若难为追袭，即灵州便可制置，沆等不须遣，止走一使以会兵告之。"

五年十月，罗支又言贼迁送铁箭诱臣部族，已戮一人、縶一人，听朝旨。诏褒谕之，听自处置。十一月，使来，贡厚马五千匹。诏厚给马价，别赐彩百段、茶百斤。六年，又遣咩逋族蕃官成逋驰骑至镇戎军，请会兵讨贼。边臣疑成逋诈，护送部署司，成逋惧，逸马坠崖死。上闻，甚叹息之，曰："此泥埋之子，族人畏其勇，父子皆有战功，凡再诣阙，朕皆召见，奖其向化。"诏勒镇戎官吏，仍令渭州以礼葬之。其年，原、渭蕃部三十二族纳质来归。罗支又遣蕃官吴福圣腊来贡，表言感朝廷恩信，愤继迁倔强，已集骑兵六万，乞会王师收复灵州。乃以罗支为朔方军节度、灵州西面都巡检使，赐以铠甲器币。又以吴福圣腊为安远将军，次首领兀佐等七人为怀化将军。罗支屡请王师助击贼，议者以西凉去渭州限河路远，不可预约师期。上曰："继迁常在地斤三山之东，每来寇边，及官军出，则已遁去。使六谷部族近塞捍御，与官军合势，亦国家之利。"降诏许之。六月，知渭州曹玮言陇山西延家族首领秃逋等纳马立誓，乞随王师讨贼，以汉法治蕃部，且称其忠。诏授本族军主。八月，者龙族首领来贡名马，上嘉其尝与潘罗支协力抗贼，令复优待之。其年十一月，继迁攻西蕃，遂入西凉府，知州丁惟清陷没。罗支伪降，未几，集六谷诸豪及者龙族合击继迁。继迁大败，中流矢遁死。

景德元年二月，遣其甥厮陀完来献捷。六月，又遣其兄邦逋支入奏，且欲更率部族及回鹘精兵直抵贺兰山讨除残孽，愿发大军援助。诏泾原部署陈兴等候罗支已发，即率众鼓行赴石门策应。邦逋支又言前赐罗支牌印、官告、衣服、器械为贼劫掠，有诏别给罗支；又言修洪元大云寺，诏赐金箔物彩。先是，继迁种落迷般嘱及日逋吉罗丹二族亡归者龙族，而欲阴图罗支。是月，会迁党攻者龙，罗支率百余骑急赴，将会击，遂为二族戕于帐。诏赠罗支武威郡王，遣使赠恤其家。

者龙凡十三族，而六族附迷般嘱及日逋吉罗丹。西凉府既闻罗支遇害，乃率龛谷、兰州、宗哥、觅诺诸族攻者龙六族，六族悉窜山谷中，诏使者集之。六谷诸豪乃议立罗支弟厮铎督为首领。且言铎督刚决平恕，每会戎首，设觞豆饮食必先卑者，犯令虽至亲不贷，数更战讨，威名甚著。诏授铎督盐州防御使、灵州西面沿边都大巡检使。上以迁党未平，藉其腹背攻制，遂加铎督朔方军节度、押蕃落等使、西凉府六谷大首领。

泾原路言陇山县王、狸、延三族归顺。又渭州言龛谷、懒家族首领尊毡磨壁余龙及便嘱等献名马，愿率所部助讨不附者；又言西凉市马道出本族，自今保无他虞。诏赐马直，以便嘱等为郎将。石、隰州又言河西诸蕃四十五族内附。其年，迁党寇永宁，为药令族合苏击败之，斩首百余级。镇戎军上言，先叛去蕃官茹罗、兀眡、成王等三族及爹移军主率属归顺，请献马赎罪，特诏宥之。

二年，厮铎督遣其甥呵昔来贡，仍上与赵德明战斗功状；又言蕃帐周斯那支有智勇，久参谋议，请授以六谷都巡检使。上嘉奖，从其请，仍赐茶彩。又追录潘罗支子失吉为归德将军，厚赐器币；者龙七族首领有捍寇之劳，并月给千钱。旧制，弓矢兵器不入外夷。时西凉样丹族上表求市弓矢,上以样丹宣力西陲,委以捍蔽,特令渭州给赐。因别赐厮铎督,以重恩意。

三年,又以者龙族合穷波、党宗族业罗等为本族首领、检校太子宾客,皆铎督外姻也。铎督遣安化郎将路黎奴来贡。黎奴病于馆,特遣尚医疗疗。及卒,上怜之,厚加赠给。五月,铎督又言部落疾疫。诏赐白龙脑、犀角、硫黄、安息香、白紫石英等药,凡七十六种。使者感悦而去。又制加铎督检校太傅,其族帐李波逋等四十九人为检校太子宾客,充本族首领。铎督遣所部波机进卖马,因言积官奉半岁,乞就京给赐市所须物,从之。渭州言妙娥、延家、熟鬼等族率三千余帐、万七千余口及羊马数万款塞内附。诏遣使抚劳之,赐以袍带茶彩,仍以折平族首领撒逋谒为顺州刺史,充本都军主。是年,宗家、当宗、章迷族来贡,移逋、攃父族归附。九月,诏释西面纳质戎人。先是,诸蕃有钞劫为恶尝经和断者,恐异时复叛,故收其子弟为质,乃有禁锢终身者。上悯而纵之,族帐感恩,皆稽颡自誓不为边患。四年,边臣言赵德明谋劫西凉,袭回鹘。上以六谷、甘州久推忠顺,思抚宁之,乃遣使谕厮铎督令援结回鹘为备,并赐铎督茶药、袭衣、金带及部落物有差。铎督奉表谢。

大中祥符元年十一月,宗哥族大首领温逋等来贡。三年,西凉府觅诸族瘴疫,赐首领温逋等药。四年,厮铎督遣增蔺毡单来贡,赐紫方袍。五年,又遣其子来贡。其年,者龙族都首领舍钦波遣使诣阙献马,求赐印。诏从其请,仍优赉之。七年,知秦州张佶置大落门新砦。先是,佶欲近渭置采木场,蕃族闻之,即徙帐去。佶不能遂抚之,戎人辄悔,因乡导钞劫,佶深入掩击,悉败走。至是求和,佶不许。

三月,秦州曹玮言熟户郭厮敦、赏样丹皆大族,样丹辄作文法谋叛,厮敦密以告,约半月杀之,至是,果携样丹首来。上以厮敦阴害样丹,不欲明加恩奖,以疑惧诸族。时方议筑南使城,遂以厮敦献地为名,诏授顺州刺史。先是,张佶深入蕃境,边事数扰。及玮破鱼角蝉,戮赏样丹二首,由是前拒王师者伏匿避罪,玮诱召之,许纳罚首过。既而至者数千人,凡纳马六十匹,给以匹彩。或以少为诉者,玮叱之曰:"是赎罪物,汝辈敢希利耶!"戎族闻之,皆畏服。八月,曹玮言伏羌砦厮鸡波与宗哥族李磨论聚为文法,领兵趣之,悉溃散,夷其城帐。九月,玮又言宗哥唃厮啰、羌族马波叱腊鱼角蝉等率马衔山、兰州、兔谷、毡毛山、洮河、河州羌兵至伏羌砦三都谷,即率兵击败之,逐北二十里,斩馘千余级,擒七人,获马牛、杂畜、衣服、器仗三万三千计。吹麻城张族都首领张小哥以功授顺州刺史。玮又言永宁砦陇波、他厮麻二族召纳质不从命,率兵击之,斩首二百级。十一月,诏给秦州七砦熟户首领、都军主以下百四十六人告身。

天禧元年,诏以冶坊砦都首领郭厮敦为本族巡检,赋以奉禄。又补大马家族阿厮铎为本族军主。十月,秦州部署言鬼留家族累岁违命,讨平之。二年,又言吹麻城及河州诸族皆破宗哥文法来附。唃厮啰少衰,数为啰瞎力骨所困,今还旧地。诸砦羌族及空俞、厮鸡波等纳质者凡七百五十六帐。

唃厮啰者,绪出赞普之后,本名欺南陵温钱逋。钱逋犹赞普也,羌语讹为钱逋。生高昌磨榆国,既十二岁,河州羌何郎业贤客高昌,见厮啰貌奇伟,挈以归,置鄯心城,而大姓耸昌厮均又以厮啰居移公城,欲于河州立文法。河州人谓佛"唃",谓儿子"厮啰",自此名唃厮啰。于是宗哥僧李立遵、邈川大酋温逋奇略取厮罗如廓州,尊立之。部族浸强,乃徙居宗哥城,立遵为论逋佐之。

立遵或曰李遵,或曰李立遵,又曰郢成蔺逋叱。论逋者,相也。立遵贪,且喜杀戮,国人不附,既与曹玮战三都谷不胜,又袭西凉为所败。厮啰遂与立遵不协,更徙邈川,以温逋奇为论逋,有胜兵六七万,与赵德明抗,希望朝廷恩命。知秦州张佶奏请拒绝。泾原钤辖曹玮上言,宜厚唃厮啰以扼德明。而立遵屡求表赞普号,朝议以赞普戎王也,立遵居厮啰下,不应妄予,乃用厮铎督恩例,授立遵保顺军节度使,赐袭衣、金带、器币、鞍马、铠甲等。

大中祥符八年,厮啰遣使来贡。诏赐锦袍、金带、器币、供帐什物、茶药有差,凡中金七千两,他物称是。其年,厮啰立文法,聚众数十万,请讨平夏以自效。上以戎人多诈,或生他变,命周文质监泾原军,曹玮知秦州兼两路沿边安抚使以备之。宗哥城东南至永宁九百一十五里,东北至西凉府五百里,西北至甘州五百里,东至兰州三百里,南至河州四百一十五里。又东至兔谷五百五十里,又西南至青海四百里,又东至新渭州千八百九十里。九年,厮啰、立遵等献马五百八十二匹。诏赐器币总万二千计以答之。数使人至秦州求内属。

明道初,即授厮啰宁远大将军、爱州团练使,授逋奇归化将军。已而逋奇为乱,囚厮罗置阱中,出收不附己者,守阱人间出之。厮啰集众杀逋奇,徙居青唐。

景祐中,以厮啰为保顺军节度观察留后,岁以奉钱令秦州就赐。元昊侵略其界,兵临河湟,厮啰知众寡不敌,壁鄯州不出,阴间元昊,颇得其虚实。元昊已渡河,插帜志其浅,厮啰潜使人移植深处以误元昊。及大战,元昊溃而归,士视帜渡,溺死十八九,所虏获甚众。自是,数以奇计破元昊,元昊遂不敢窥其境。及元昊取西凉府,潘罗支旧部往往归厮啰,又得回纥种人数万。厮啰居鄯州,西有临谷城通青海,高昌诸国商人皆趋鄯州贸卖,以故富强。

宝元元年,加保顺军节度使,仍兼邈川大首领。时以元昊反,遣左侍禁鲁经持诏谕厮啰,使背击元昊以披其势,赐帛二万匹。经还,以劳擢阁门祗候。厮罗奉诏出兵向西凉,西凉有备,厮啰知不可攻,捕杀游逻数十人亟还,声言图再举。元昊既屡寇边,仁宗召对鲁经,欲再遣,经固辞,贬经为左班殿直。募敢使者,屯田员外郎刘涣应诏。涣至,厮啰迎导供帐甚厚,介骑士为先驱,引涣至庭。厮啰冠紫罗毡冠,服金线花袍、黄金带、丝履,平揖不拜,延坐劳问,称"阿舅天子安否"。道旧事则数十二辰属,曰兔年如此,马年如此。涣传诏,已而厮啰召酋豪大犒,约尽力无负,然终不能有大功。后累加恩兼保顺河西节度

五十六帐。

使、洮凉两州刺史，又加阶勋检校官、功臣、食邑，赐器币鞍勒马。

嘉祐三年，㮕罗部阿作等叛厮啰归谅祚，谅祚乘此引兵攻掠境上，厮啰与战败之，获酋豪六人，收橐驼战马颇众，因降陇逋、公立、马颇三大族。会契丹遣使送女妻其少子董毡，乃罢兵归。

治平二年夏，羌逋奔及阿叔溪心以陇、珠、阿诺三城叛谅祚归厮啰，厮啰不礼，乃复归谅祚，请兵还取所献地，谅祚不之罪，为出万余骑随逋奔、溪心往取，不能克，但取逋川归丁家五百余帐而还。厮啰其年冬死，年六十九，第三子董毡嗣。

董毡母曰乔氏，厮啰三妻。乔氏有色，居历精城，所部可六七万人，号令明，人惮服之。方董毡少时，择酋长子年与董毡相若者与之游，衣服饮食如一，以此能附其众。董毡自九岁厮啰为请于朝，命为会州刺史，而乔氏封太原郡君。其二妻皆李立遵女也，生瞎毡及磨毡角。立遵死，李氏宠衰，斥为尼，置廓州，锢其子瞎毡。磨毡角结母党李巴全窃载其母奔宗哥，厮啰不能制，磨毡角因抚有其众。李氏以宝元二年恩赐紫衣。磨毡角亦累奉贡，初补严州团练使，后以思州团练使卒。所部立其子瞎撒欺丁，李氏惧孤弱不能守，乃献皮帛、入库廪文籍于厮啰，厮啰因受之。嘉祐三年，命欺丁为顺州刺史。瞎毡居龛谷，屡通贡，授澄州团练使，先卒。子木征居河州，母弟瞎吴叱居银川。

厮啰地既分，董毡最强，独有河北之地，其国大抵吐蕃遗俗也。怀恩惠，重财货，无正朔。市易用五谷、乳香、砲砂、罽毯、马牛以代钱帛。贵虎豹皮，用缘饰衣裘。妇人衣锦，服绯紫青绿。尊释氏。不知医药，疾病召巫觋视之，焚柴声鼓，谓之"逐鬼"。信咒诅，或以决事，讼有疑，使诅之。讼者上辞牒，藉之以帛，事重则以锦。亦有鞭笞柚械诸狱具。人喜啖生物，无蔬茹醯酱，独知用盐为滋味，而嗜酒及茶。居板屋，富姓以毡为幕，多并水为秋千戏。贡献谓之"般次"，自言不敢有贰则曰"心白向汉"云。其后，河州、武胜军诸族寖骄，闭于阗诸国朝贡道，击夺般次。诏边臣问罪。已而董毡遣使奉贡入谢，上慰纳焉。

初，厮啰死，董毡嗣为保顺军节度使、检校司空。神宗即位，加太保，进太傅。熙宁元年，封其母安康郡太君，以其子蔺逋比为锦州刺史。三年，夏人寇环庆，董毡乘虚入其境，大克获。赐玺书袍带奖激之。王韶既定熙河，其首领青宜结鬼章寇河州踏白城，景思立死焉。帝命边臣招来之。十年，以鬼章及阿里骨皆为刺史。董毡贡真珠、乳香、象牙、玉石、马，赐以银、彩、茶、服、缣钱，改西平节度使，遣供奉官郭英赍诏书、器币至其国。

方鬼章犯境时，列帐讷儿温及禄尊率部族叛附之。既来降，又阴与董毡通。元丰初，诏知岷州种谔集酋长斩之，以妻女田产赐降将俞龙珂。二年，遣景青宜党令支贡方物，以令支为珍州刺史，赐董毡钱万缗，银彩千计。三年，逋川城主温讷支郢成及叔溪心、弟阿令京等款塞，以郢成为会州团练使，溪心内殿崇班，令京西头供奉官，余族人皆殿直奉职。

四年，王师讨夏，会其兵。董毡遣酋长抺征等率三万人赴党龙耳江及陇、朱、珂诺，又集六部兵十二万，约以八月分三路与官军会。帝以其协济军威，事功可纪，由常乐郡公进封武威郡王，鬼章、阿里骨、党令支皆团练使，心牟钦毡、阿星、李叱腊腊钦为刺史。

夏人欲与之通好，许割赂硏龙以西地，云如归我，即官爵恩好一如所欲。董毡拒绝之，训整兵甲，以俟入讨，且遣使来告。帝召见其使，使归语董毡尽心守疆；每称其上书情辞忠智，虽中国士大夫存心公家者不过如此。知逋川事力固不足与夏人抗，但欲解散其谋，使不与结和而已，故终不能大有功。

哲宗立，加检校太尉。元祐元年，卒。蔺逋叱已死，养子阿里骨嗣。

阿里骨，本于阗人。少从其母给事董毡，故养为子。元丰兰州之战最有功，自肃州团练使进防御使。董毡病革，召诸酋领至青唐，谓曰："吾一子已死，惟阿里骨母尝事我，我视之如子。今将以种落付之，何如？"诸酋听命。既嗣事，遣使修贡。

元祐元年，以起复冠军大将军、检校司空为河西军节度使，封宁塞郡公。里骨颇峻刑杀，其下不遑宁。诏饬以推广恩信，副朝廷所以封立、前人所以付与之意。二年，遂逼鬼章使率众据洮州。羌结药密者使所部怯陵来告，里骨执怯陵，结药密惧，携妻子南归。鬼章又使其子结呃醒入寇，心牟钦毡、温溪心不肯从，诏以二人为团练使。八月，鬼章就擒，槛送京师；寻赦之，授陪戎校尉，遣居秦州，听招其子以自赎。

明年，里骨奉表谢罪。诏熙河无复出兵，许贡奉如故，加金紫光禄大夫、检校太保。其廓州主鲁尊欲焚拆河桥归汉，熙州以闻。哲宗以里骨既通贡，不可有纳叛之名，欲弗纳，又封其妻溪尊勇丹为安化郡君，子邦彪篯为鄯州防御使、弟南纳支为西州刺史。鬼章死，诏焚付其骨。

绍圣元年，以师子来献。帝虑非其土性，厚赐而还之。三年，卒，年五十七。瞎征嗣。

瞎征，即邦彪篯也。以绍圣四年正月为河西军节度使、检校司空、宁塞郡公。性嗜杀，部曲睽贰。大酋心牟钦毡之属有异志，忌瞎征李父苏南党体征雄勇多智，共诬其谋逆，瞎征不能察而杀之，尽诛其党，独篯罗结逃奔溪巴温。

溪巴温者，董毡疏族也，自阿里骨之立，去依陇逋部，河南诸羌多归之。篯罗结奉溪巴温长子朵拶据溪哥城。瞎征讨杀朵拶，篯罗结奔河州，说王赡以取青唐之策。已而温入溪哥城，自称王子。

元符二年七月，赡取逋川。八月，瞎征自青唐脱身来降。钦毡迎溪巴温入青唐，立木征之子陇拶为主。九月，赡军至青唐，陇拶出降。以逋川为湟州，青唐为鄯州。二酋虽降，然其种人本无归汉意。议者谓："今不先修逋川以东城障而遽取青唐,非计也。以今日观之,有不可守者四:自炳灵寺渡河至青唐四百里,道险地远,缓急声援不相及,一也;羌若断桥塞隘,我虽有百万之师,仓卒不能进,二也;王赡提孤军以入,四无援兵,必生他变,三也;设遣大军而青唐、宗哥、邈川食皆止支一月,内地无粮可运,难以久处,四也。官军自会州还者皆憔悴,衣屦穿决,器仗不全,羌视之有轻汉心,且旦必叛。"

闰九月,钦毡等果与青唐城中人相结,谋复夺城。山南诸羌亦叛。赡遣将破之,戮结呱毻及钦毡等九人。青唐围解而邈川益急,夏人十万助之。总管王愍以死战固守,乃得免。赡弃青唐归,巴温与其子溪赊罗撒据之。朝论请并弃邈川,且谓董毡无后,陇拶乃木征之子,唃厮啰嫡曾孙,最为亲的。于是以陇拶为河西军节度使、知鄯州,封武威郡公,充西蕃都护,依府州折氏世世承袭。寻赐姓名曰赵怀德;其弟邦辟勿丁呱曰怀义,为廓州团练使、同知湟州;加瞎征检校太傅、怀远军节度使。

三年三月,怀德及所降契丹、夏国、回鹘公主入见,各赐冠服,退易之,于迩英阁前后立班谢,赐食于横门。徽宗命辅臣呼与语,问何以招致溪巴温,对曰:"譬如乳牛,系其子即母须来,系其母即子须来。俟至岷州,当遣人往谕,使之归汉。"遂与瞎征俱还湟州。溪赊罗撒谋袭杀怀德,怀德奔河南。瞎征不自安,求内徙,诏居邓州。崇宁元年,卒。三年,王厚复湟、鄯。怀德至京师,拜感德军节度使,封安化郡王。

赵思忠即瞎毡之子木征也。瞎毡死,木征不能自立,青唐族酋瞎药鸡啰及僧鹿遵迎之居洮州,欲立以服洮岷叠宕、武胜军诸羌。秦州以其近边,逐之,乃还河州,后徙安江城,董毡欲羁属之,不能有也。母弟瞎吴叱,别居银川聂家山,至和初,补本族副军主。嘉祐中,为河州刺史。王韶经略熙河,遣僧智缘往说之,啖以厚利,因随以兵;前后杀其老弱数千,焚族帐万数,得腹心酋领十余人,又擒其妻子,皆不杀。遂以熙宁七年四月举洮、河二州来降,赐以姓名,拜荣州团练使。封其母郢成结遂宁郡太夫人,妻包氏咸宁郡君。弟董谷赐名继忠,补六宅副使。结吴延征赐名济忠,瞎吴叱曰绍忠,巴毡角曰醇忠,巴毡抹曰存忠;长子邦辟勿丁呱曰怀义,次盖呱曰秉义,皆超拜官。以思忠为秦州钤辖,不莅事,而乞主熙河羌部,经略司以为不可。诏以二州给地五十顷。后迁合州防御使,卒,赠镇洮军节度观察留后。

卷四百九十三
列传第二百五十二

蛮夷一

西南溪峒诸蛮上

古者帝王之勤远略,耀兵四裔,不过欲安内而捍外尔,非所以求逞也。西南诸蛮夷,重山复岭,杂厕荆、楚、巴、黔、巫中,四面皆王土。乃欲揭上腴之征以取不毛之地,疲易使之众而得梗化之氓,诚何益哉!树其酋长,使自镇抚,始终蛮夷遇之。斯计之得也。然无经久之策以控驭之,狙黠之性便于跳梁,或以仇隙相寻,或以饥馑所逼,长啸而起,出则冲突州县,入则负固山林,致烦兴师讨捕,虽能殄除,而斯民之荼毒深矣。宋恃文教而略武卫,亦岂先王制荒服之道哉!

西南溪峒诸蛮皆盘瓠种,唐虞为要服。周世,其众弥盛,宣王命方叔伐之。楚庄既霸,遂服于楚。秦昭使白起伐楚,略取蛮夷,置黔中郡,汉改为武陵。后汉建武中,大为寇钞,遣伏波将军马援等至临沅击破之,渠帅饥困乞降。历晋、宋、齐、梁、陈,或叛或服。隋置辰州,唐置锦州、溪州、巫州、叙州,皆其地也。唐季之乱,蛮酋分据其地,自署为刺史。晋天福中,马希范承袭父业,据有湖南,时蛮猺保聚,依山阻江,殆十余万。至周行逢时,数出寇边,逼辰、永二州,杀掠民畜无宁岁。

太祖既下荆、湖,思得通蛮情、习险厄、勇智可任者以镇抚之。有辰州猺人秦再雄者,长七尺,武健多谋,在行逢时,屡以战斗立功,蛮党伏之。太祖召至阙下,察其可用,擢辰州刺史,官其子为殿直,赐予甚厚,仍使自辟吏属,予一州租赋。再雄感恩,誓死报效。至州日训练士兵,得三千人,皆能被甲渡水,历山飞堑,捷如猿猱。又选亲校二十人分诣诸蛮,以传朝廷怀来之意,莫不从风而靡,各得降表以闻。太祖大喜,复召至阙,面加奖激,改辰州团练使,又以其门客王允成为辰州推官。再雄尽瘁边圉,五州连袤数千里,不增一兵,不费帑庾,终太祖世,边境无患。又有溪州刺史彭士愁等以溪、锦、奖州归马氏,立铜柱为界。

建隆四年,知溪州彭允林、前溪州刺史田洪赟等列状归顺,诏以允林为溪州刺史,洪赟为万州刺史。允林卒,以其子师皎代为刺史。四月,水斗都虞候林抱义上辰、叙二州图。

乾德二年四月,溪、叙、奖等州民相攻劫,遣殿直牛允赍诏谕之,乃定。三年七月,珍州刺史田景迁内附。五溪团练使、洽州刺史田处崇上言:"湖南节度马希范建叙州潭阳县为懿州,署臣叔父万盈为刺史。希范卒,其弟希萼袭位,改为洽州,愿复旧名。"诏从其请。十二月,诏溪州宜充五溪团练使,刻印以赐之。四年,南州进铜鼓内附，下溪州刺史田思迁亦以铜鼓、虎皮、麝脐来贡。五年冬，以溪州团练使彭允足为濮州牢城都指挥使，溪州义军都指挥使彭允贤为卫州牢城都指挥使，珍州录事参军田思晓为博州牢城都指挥使。允足等溪峒酋豪据山险，持两端，故因其入朝而置之内地。

开宝元年，珍州刺史田景迁言，本州连岁灾沴，乞改为高州，从之。八年，景迁卒，其子衙内都指挥使彦伊来请命，即以为刺史。九年，奖州刺史田处达以丹砂、石英来贡。

太平兴国二年，懿州刺史、五溪都团练使田汉琼以其子、弟、女夫、大将、五溪统军都指挥使田汉度而下十二人来贡，诏并加检校官以奖之。三年，夷州蛮任朗政等来贡。七年，诏辰州不得移部内马氏所铸铜柱。溪州刺史彭允殊上言："刺史旧三年则为州所易，望朝廷禁止。"赐敕书安抚之。八年，锦、溪、叙、富四州蛮相率诣辰州，言愿比内郡输租税。诏长吏察其谣俗情伪，并按视山川地形图画来上，卒不许。懿州刺史田汉琼、锦州刺史田汉希上言，愿两易其地，诏从之。又以知叙州舒德郛为刺史。

雍熙元年，黔南言溪峒夷獠疾病，击铜鼓、沙锣以祀神鬼，诏释其铜禁。

淳化二年，知晃州田汉权言，本管砂井步夷人粟忠获古晃州印一钮来献。因请命以汉权为晃州刺史。又以五溪诸州统军、鹤州刺史向通汉为富州刺史，从其请也。是年，荆湖转运使言，富州向万通杀皮师胜父子七人，取五藏及首以祀魔鬼。朝廷以其远俗，令勿问。三年，晃州刺史田汉权、锦州刺史田保子遣使来贡。五年，以舒德言为元州刺史。奖、晃、叙、懿、元、锦、费、福等州皆来贡，上亲视器币以赐之。

至道元年，高州、溪州并来贡。二年，上亲祀南郊，富州刺史向通汉上言："圣人郊祀，恩浃天壤，况五溪诸州连接十洞，控西南夷戎之地。惟臣州自昔至今，为辰州墙壁，障护辰州五邑，王民安居。臣虽僻处遐荒，洗心事上，伏望陛下察臣勤王之诚，因兹郊礼，特加真命。"诏加通汉检校司徒，进封河内郡侯。

咸平元年，通汉又言请定租赋，真宗以荒服不征，弗之许。其年，古州刺史向通展以芙蓉朱砂二器、马十匹、水银千两来献，诏有司铸印以赐通展。二年，以下溪州刺史彭允殊为右千牛卫将军致仕，以其侄文勇为刺史。三年，高州刺史田彦伊遣子贡方物及输兵器。四年，其酋向君猛又遣弟君泰来朝。上溪州刺史彭文庆来贡水银、黄蜡。

五年正月，天赐州蛮向永丰等二十九人来朝。夔州路转运使丁谓言："溪蛮入粟实缘边砦栅，顿息施、万诸州馈饷之弊。臣观自昔和戎安边，未有境外转粮给我戍兵者。"先是，蛮人数扰，上召问巡检使侯廷赏，廷赏曰："蛮无他求，唯欲盐尔。"上曰："此常人所欲，何不与之？"乃诏谕丁谓，谓即传告陬落，群蛮感悦，因相与盟约，不为寇钞，负约者，众杀之。且曰："天子济我以食盐，我愿输与兵食。"自是边谷有三年之积。七月，高州刺史田彦伊子承宝等百二十二人来朝，赐巾服、器币，以承宝为山河使、九溪十峒抚谕都监。

六年四月，丁谓等言，高州义军务头角田承进等擒生蛮六百六十余人，夺所略汉口四百余人。初，益州军乱，议者恐缘江下峡，乃集施、黔、高、溪蛮豪子弟捍御，群蛮因熟汉路，寇略而归。谓等至，即召与盟，令还汉口。既而有生蛮违约，谓遣承进率众及发州兵擒获之，焚其室庐，皆震慑伏罪。谓乃置尖木砦施州界，以控扼之，自是寇钞始息，边溪峒田民得耕种。七月，南高州义军指挥使田彦强、防虞指挥使田承海来贡，施州叛蛮谭仲通等三十余人来归。

景德元年，高州五姓义军指挥使田文都来贡。富州刺史向通汉遣使潭州营佛事，以报朝廷存恤之惠。二年，夔州路降蛮首领皆自署职名，请因而命之，上不许，第令次补牙校。是岁，辰州诸蛮攻下溪州，为其刺史彭儒猛击走之，擒酋首以献，诏赐儒猛锦袍、银带。儒猛自陈母老，愿被恩典，诏特加邑封。十二月，荆湖北路言，溪峒团练使彭文绾送还先陷汉口五十人，诏授文绾检校太子宾客，知中彭州。其年，懿州刺史田汉希卒，以其子汉能为刺史。三年，高州新附蛮酋八十九人来贡。五溪都防御使向通汉表求追赠父母，从之。溪州刺史彭文庆率溪峒群蛮来朝。又高州诸名豪百余人入贡。四年五月，以高州刺史田彦伊子承宝为宁武郎将，高州土军都指挥使田思钦为安化郎将。其年，宜州军乱，朝廷恐宜、融溪峒因缘侵扰，因降诏约勒首领，皆奉诏，部分种族，无敢辄动。

大中祥符元年，夔州路言，五团蛮啸聚，谋劫高州，欲令暗利砦援之。上以蛮夷自相攻，不许发兵。三月，知元州舒君强、知古州向光普并加银青光禄大夫、检校太子宾客。八月，黔州言，磨嵯、洛浦蛮首领龚行满等率族二千三百人归顺。十月，溪峒诸蛮献方物于泰山。三年，澧州言，慈利县蛮相仇劫，知州刘仁霸请率兵定之。上恐深入蛮境，使其疑惧，止令仁霸宣谕诏旨，遂皆感服。四年，安、远、顺、南、永宁、浊水州蛮酋田承晓等三百七十三人来贡。五年，诏："昨许溪峒蛮夷归先劫汉口及五十人者，特署职名，仍听来贡。如闻缘此要利，辄掠边民充数，所在切辨察之。"其年，夔蛮千五百人乞朝贡，上虑其劳费，不许。又诏：施州溪蛮朔望牺以酒肴。闰十月，五溪蛮向贵升及磨嵯、洛浦蛮来贡。六年，夔州蛮彭延暹、龚才晃等来贡。辰州溪峒都指挥使魏进武率山猱数百人数寇城砦，朝廷不欲发兵讨伐，乃降诏招谕。七年，进武诣吏请罪，署为三班借职，监房州税，仍赐装钱。八年，诏中彭州彭文绾岁赐锦袍。

天禧元年，溪州蛮寇扰，遣兵讨之。二年，辰州都巡检使李守元率兵入白雾团，擒蛮寇十五人，斩首百级，降其酋二百余人。知辰州钱绛等入下溪州，破砦栅，斩蛮六十余人，降老幼千余。刺史彭儒猛亡入山林，执其子仕汉等赴阙。诏高州蛮，捕儒猛来献者厚加赏典。其年，儒猛因顺州蛮田彦晏上状本路，自诉求归。转运使以闻，上哀怜之，特许释罪。儒猛乃奉上所略民口、器甲，诏辰州通判刘中象召至明滩，与歃血要盟，遣之。诏以仕汉为殿直，儒霸、儒聪为借职，赐冠带、缯帛。富州刺史向通汉率所部来朝，贡名马、丹砂、银装剑架、兜鍪、彩牌等物。诏赐袭衣、金带、鞍勒马，并其子光泽以下器币有差，特许通汉五日一朝。逾月，通汉上《五溪地理图》，愿留京师，上嘉美之，特授通汉检校太傅、本州防御使，还赐疆土，署其子光泽等三班职名。通汉再表欲留京师，不允，乃为光泽等求内地监临，及言岁赐衣，愿使者至本任，并从之。既辞，又赐以袭衣、金带。三年，通汉卒，以其子光宪知州事。其后，光泽不为亲族所容，上表纳土，上察其意，不许。四年，知古州向光普遣使鼎州营僧斋，以祝圣寿。

初，北江蛮酋最大者曰彭氏，世有溪州，州有三，曰上、中、下溪，又有龙赐、天赐、忠顺、保静、感化、永顺州六，懿、安、远、新、给、富、来、宁、南、顺、高州十一，总二十州，皆置刺史。而以下溪州刺史兼都誓主，十九州皆隶焉，谓之誓下。州将承袭，都誓主率群酋合议，子孙若弟、侄、亲党之当立者，具州名移辰州为保证，申铃辖司以闻，乃赐敕告、印符，受命者隔江北望拜谢。州有押案副使及校吏，听自补置。

彭氏自允殊、文勇、儒猛相继为下溪州刺史，至仕汉为殿直，留西京，后辄遁归。天圣初，以状白辰州，自言父老兄亡，潜归本道，愿放还家属。诏徙其家京师，舍以官第。未几，儒猛言仕汉逃归，诱群蛮为乱，遣别子仕端等杀之。朝廷嘉其忠，降诏奖谕。时儒猛为检校尚书右仆射，特迁左仆射。又以仕端为检校国子祭酒，知溶州，加赐盐三百斤，彩三十匹。彭氏有文绾者，知中彭州，即忠顺州也。三年，儒猛攻杀文绾，其子儒索率其党九十二人来归，补儒索复州都知兵马使，余官为廪给。五年，儒猛死，仕端以名马来献，诏还其马，命知下溪州，赐以袍带。七年，遂以其弟仕羲方物。明道初，仕端死，复命仕羲为刺史，累迁检校尚书右仆射。自允殊至仕羲五世矣。

仕羲有子师宝，景祐中知忠顺州。庆历四年，以罪绝其奉贡。盖自咸平以来，始听二十州纳贡，岁有常赐，蛮人以为利，有罪则绝之。其后，师宝数自诉，请知上溪州。皇祐二年，始从其请，朝贡如故。既而师宝妻为仕羲取去，师宝忿恚。至和二年，与其子知龙赐州师党举族趋辰州，告其父之恶；且言仕羲尝杀誓下十三州将，夺其符印，并有其地，贡奉赐予悉专之，自号如意大王，补置官属，将起为乱。于是知辰州宋守信与通判贾师熊、转运使李肃之合议，率兵数千，深入讨伐，以师宝为乡导。兵至而仕羲遁入他峒，不可得，俘其弩及铜柱，而官军战死者十六七，守信等皆坐贬。

自是，蛮獠数入寇钞，边吏不能制。朝廷姑欲无事，间遣吏谕旨，许以改过自归，裁损五七州贡奉岁赐。初辄不听，后遣三司副使李参、文思副使窦舜卿、侍御史朱处约、转运使王绰经制，大出兵临之，且驰檄招谕。而仕羲乃陈本无反状，其僭称号、补官属，特远人不知中国礼义而然。守信等轻信师宝之谮，擅伐无辜，愿以二十州旧地复贡奉内属。朝廷又遣殿中丞雷简夫往视之。嘉祐二年，仕羲乃归所掠兵丁五十一人，械甲千八百九事，率蛮众七百饮血就降，辰州亦还其弩及铜柱。时师宝已死，遣师党归知龙赐州，戒勿杀。

自是，仕羲岁奉职贡。然黠鸷，数盗边，即辰州界白马崖下喏溪聚众据守，朝廷数招谕，令归侵地，不听。熙宁三年，为其子师彩所弑。师彩专为暴虐，其兄师彩晏杀之，并诛其党，纳誓表于朝，而上仕羲平生鞍马、器服，仍归喏溪地，乃命师晏袭州事。五年，复以马皮、白峒地来献。诏进为下溪州刺史，赐母妻封邑。章惇经制南、北江，湖北提点刑狱李平招纳师晏，誓下州峒蛮张景谓、彭德儒、向永胜、覃文猛、覃彦霸各以其地归版籍，师晏遂降。诏修筑下溪州城，并置砦于茶滩南岸，赐新城名会溪，新砦名黔安，戍以兵，隶辰州，出租赋如汉民。遣师晏诣阙，授礼宾副使、京东州都监，官其下六十有四人。

元丰八年，湖北转运司言辰州江外生蛮覃仕稳等愿内附，诏不许招纳。其后彭仕诚者复为都誓主。元祐三年，罗家蛮寇钞，诏召仕诚及都头覃文懿等至辰州约敕之。四年，知誓下保静州彭儒武、知永顺州彭儒同、知谓州彭思聪、知龙赐州彭允宗、知蓝州彭土明、知吉州彭儒崇，各同其州押案副使进奉兴龙节及冬至、正旦溪布有差。

初，熙宁中，天子方用兵以威四夷，湖北提点刑狱赵鼎言峡州峒首刻剥亡度，蛮众愿内属。辰州布衣张翘亦上书言南、北江利害，遂以章惇察访湖北，经制蛮事。而南江之舒氏、北江之彭氏、梅山之苏氏、诚州之杨氏相继纳土，创立城砦，使之比内地为王民。北江彭氏已见前。南江诸蛮自辰州达于长沙、邵阳，各有溪峒：曰叙、曰峡、曰中胜、曰元，则舒氏居之；曰奖、曰锦、曰懿、曰晃，则田氏居之；曰富、曰鹤、曰保顺、曰天赐、曰古，则向氏居之。舒氏则德郛、德言、君疆、光银，田氏则处达、汉琼、汉希、汉能、汉权、保金，向氏则通汉、光普、行猛、永丰、永晤，皆受朝命。自治平末，光银入贡。故事，南江诸蛮亦隶辰州，贡进则给以驿券，光银授以为请，诏以券九道给之。其后有峡州舒光秀者，以刻剥其众不附。

张翘言："南江诸蛮虽有十六州之地，惟富、峡、叙仅有千户，余不满百，土广无兵，加以荐饥。近向永晤与绣、鹤、叙诸州蛮自相仇杀，众苦之，咸思归化。愿先招富、峡二州，俾纳土，则余州自归，并及彭师晏之孱弱，皆可郡县。"诏下知辰州刘策商度，策请如翘言。熙宁五年，乃遣章惇察访。未几，策卒，乃以东作坊使石鉴为湖北铃辖兼知辰州，且助惇经制。明年，富州向永晤献先朝所赐剑及印来归顺，继而光银、光秀等亦降。独田氏有元猛者，颇桀鹜难制，异时数侵夺舒、向二族地。惇遣左侍禁李资将轻兵往招谕。资，辰州流人，曩与张翘同献策者也。褊宕无谋，亵慢夷獠，遂为懿、洽州蛮所杀。惇进兵破懿州，南江州峒悉平，遂置沅州，以懿州新城为治所，寻又置诚州。

元祐初，傅尧俞、王岩叟言："沅、诚州创建以来，设官屯兵，布列砦县，募役人，调戍兵，费钜万，公私骚然，荆湖两路为之空竭。又自广西融州创开道路达诚州，增置浔江等堡，其地无所有，湖、广移赋以给一方，民不安业，愿斟酌废置。"朝廷以沅州建置至是十五年，蛮情安习已久，但废诚州为渠阳军，而沅州至今为郡。元祐初，诸蛮复叛，朝廷方务休息，痛惩邀功生事。广西张整、融州温嵩坐擅杀蛮人,皆置之罪。诏谕湖南、北及广西路曰:"国家疆理四海,务在柔远。顷湖、广诸蛮近汉者无所统壹,因其请吏,量置城邑以抚治之。边臣邀功献议,创通融州道路,侵逼峒穴,致生疑惧。朝廷知其无用,旋即废罢;边吏失于抚遏,遂尔扇摇。其叛酋杨晟台等并免追讨,诸路所开道路、创置堡砦并废。"自后,五溪郡县弃而不问。

崇宁以来,开边拓土之议复炽,于是安化上三州及思广洞蒙光明、乐安峒程大法、都丹团黄光明、靖州西道杨再立、辰州覃都管骂等各愿纳土输贡赋。又令广西招纳左、右江四百五十余峒。宣和中,议者以为"招致熟蕃,接武请吏,竭金帛、缯絮以咙其欲,捐高爵、厚奉以侈其心。开辟荒芜,草创城邑,张皇事势,侥幸赏恩。入版图者存虚名,充府库者亡实利。不毛之地,既不可耕;狼子野心,顽冥革。建筑之后,西南夷獠交寇,而溪峒子蛮亦复跳梁。士卒死于干戈,官吏没于王事,肝脑涂地,往往有之。以此知纳土之议,非徒无益,而又害之所由生也。莫若俾帅臣、监司条具建筑以来财用出入之数,商较利病,可省者省,可并者并,减戍兵漕运,而夷狄可抚,边鄙可亡患矣!"乃诏悉废所置初郡。其余诸蛮,自乾兴以来,或叛或服,其类不一,各以岁月次之。

乾兴初,顺州蛮田彦晏率其党田承恩寇施州暗利砦,纵火而去,夔州发兵击之,俘获甚众。彦晏在真宗朝为归德将军、检校太子宾客、知顺州;承恩者,知保顺州田彦晓子也。明年,彦晏款边上誓状,愿还所掠金帛、器械,且输粟二千石自赎。诏拒其粟,舍其所负金帛,第令归掠去户口。仍加彦晏宁远将军、检校工部尚书,承恩检校国子祭酒兼监察御史,皆知州如故。后又有田忠显者,与其党百九人入贡。

天圣二年,知古州向光普自言,尝创佛寺,请名报国,岁度僧一人,许之。四年,归顺等州蛮田思钦等以方物来献,时来者三百一人,而夔州路转运司不先以闻,诏劾之。既而又诏安、远、天赐、保顺、南、顺等州蛮贡京师,道里辽远而离寒暑之苦,其听以贡物留施州,所赐就给之。愿入贡者十人,听三二人至阙下,首领听三年一至。七年,黔州蛮、舒延蛮、绣州蛮向光绪皆来贡。九年,施州属蛮覃彦绾等寇永宁砦。景祐中,澧州属蛮五百余人入寇。时州将崔承祐畏避不以闻,为荆湖钤辖司所奏,诏劾罢之。宝元二年,辰州猎獠三千余人款附,以州将张昭懿招辑有功,进一官。

庆历三年,桂阳监蛮猺内寇,诏发兵捕击之。蛮猺者,居山谷间,其山自衡州常宁县属于桂阳、郴连贺韶四州,环纡千余里,蛮居其中,不事赋役,谓之猺人。初,有吉州巫黄捉鬼与其兄弟数人皆习蛮法,往来常宁,出入溪峒,诱蛮众数百人盗贩盐,杀官军,逃匿峒中,既招出而杀之,又徙山下民他处。至是,其党遂合五千人,出桂阳蓝山县华阴峒,害巡检李延祚、潭州都监张克明。事闻,擢杨畋提点刑狱,督攻讨事,久之不克。遂诏湖南转运使郭辅之等招抚之,始于湖南置安抚司。蛮所至杀掠居民,纵火劫财物,被害者甚众。诏被害者并入山捕蛮,土兵

复有差。初,发兵捕蛮,至或误杀良民,仁宗命访之,口给绢五匹,仍拊其家。时蛮势方炽,又遣殿中侍御史王丝、三司度支副使徐的经制。降敕书委知潭州刘沆招谕,能自归者第录以官。沆大发兵临之,以敕书从事,降二千余人,使散居所部,录其首领邓文志、黄文晟、黄士元皆为三班奉职。又以内殿承制元贊、崇班胡元尝在石硋峒捕杀有劳,进贊庄宅副使,元礼宾副使,时四年冬也。

五年二月,余党唐和等复内寇,乃诏湖南安抚、转运、提点刑狱便宜从事。又特赐官兵土丁钱有差。于是沆檄杨畋等八路入讨,覆荡桃油平、能家源等,皆其巢穴,捕斩首级甚众。诏官兵有功者九百余人第迁一资,录其应募讨击者道州进士十四人,并官之。然唐和等犹未平。又诏:"如闻贼党欲降,其罢出兵,逃匿者谕使归复,州县拊存之。"是冬,蛮复入寇,与胡元及右侍禁郭正、赵鼎、殿侍王孝先战于华阴峒隘口,元等死之,刘沆、杨畋皆坐黜。以刘夔代沆为安抚使,夔言:"唐和等既败官军,杀将吏,聚众益自疑,恐寖为边患,愿以诏书招安,就补溪峒首领。"诏可。

是时,湖湘骚动,兵不得息。六年夏,仁宗顾谓辅臣曰:"官军久戍南方,夏秋之交,瘴疠为虐,其令太医定方和药,遣使赍之。"自是继赐钱。未几,夔言败唐和于银江源。转运使周沆亦言指挥辛景贤招降贼党五十六户二百五十九人,录其首领,戒所部拊存之。先是,命三司户部判官崔峄为体量安抚,往议讨除、招安二策,既而知桂阳监宋守信奏:"唐和啸聚千余众为盗,五六年卒未能克者,朝廷不许兴讨故也。今衡州监酒黄士元颇习溪峒事,愿得敢战士二千、引路土丁二百,优给金帛,使之逐捕,必得然后已,并敕元贊等合力以进。彼既势穷,必将款附。"诏用其策,于是大发兵讨之。其众果惧,遁入郴州黄莽山,由赵峒转寇英、韶州,依山自保。是冬,帝闵士卒暴露,复谕执政密戒主帅安恤。

七年,唐和遣其子执要领诣官,自言愿贷粮米,居所保峒中。时杨畋复为湖南钤辖,诏趋连、韶州山下,与广南东、西转运使共告谕之,使以兵械上官,质其亲属。诏补唐和、盘知谅、房承映、承泰、文运等五人为峒主,授银青光禄大夫、检校国子祭酒兼监察御史、武骑尉。知谅等,盖唐和党也。至冬,其众悉降。

皇祐五年,邵州蛮舒光银因湖南安抚司自陈捍御之劳,愿于峒中置中胜州,诏可。嘉祐二年,罗城峒蛮寇澧州,发兵击走之。三年,以施州蛮向永胜所领州为安定州。五年,以邵州蛮杨光倩知徽州。光倩,通汉之子也。通汉,庆历初尝入贡,既死,光倩袭之。旧制,溪峒知州卒,承袭者许进奉行州事,抚谕蛮人,及五年,安抚司为奏给敕告。至是,光倩行州事七年,无他过,故命之。

卷四百九十四
列传第二百五十三

蛮夷二

西南溪峒诸蛮下　梅山峒
诚徽州　南丹州

绍兴三年，臣僚言："武冈军溪峒旧尝集人户为义保，盖其风土、习俗、服食、器械悉同獠人。故可为疆场捍蔽，虽曰籍之于官，然亦未尝远戍。靖康间，调之以勤王，其后湖南盗起，征敛百出，义保无复旧制，困苦不胜，乃举其世业，客依蛮峒，听其繇役。州县犹验旧籍催科，胥隶及门，则挈家远徙，官失其税，蛮獠日强。兼武冈所属三县，悉为傜人所有，远戍之实已无，而乡户弩手之名尚存，岁取其直，人户咨怨。乞择本路监司详议以闻。"诏从之。

四年，辰州言，归明保静、南渭、永顺三州彭儒武等久欲奉表入贡。诏以道路未通，俾荆湖北帅司慰谕，免赴阙。遣人持表及方物赴行在，仍优赐以答之。九月，诏荆湖南、北路溪峒头首土人及主管年满人合给恩赐，俾各路帅司会计覆实以闻。

六年，知鼎州张觷言："鼎、澧、辰、沅、靖州与溪峒接壤，祖宗时尝置弓弩手，得其死力，比缘多故，遂皆废阙。万一蛮夷生变，将谁为捍御？今虽各出良田，募人以补其额，率皆豪强遣僮奴窜名籍中，乘时射利，无益公家，所宜汰去。则募溪峒司兵得三百人，俾加习练，足为守御，给田募人开垦，以供军储。"诏荆湖北路帅司相度以闻。帅司言："营田四州旧置弓弩手九千一百一十人，练习武事，散居边境，镇抚蛮夷，平居则事耕作，缓急以备战守，深为利便。靖康初，调发应援河东，全军陷没。今辰、沅、澧、靖等州乏兵防守，窃虑蛮夷生变叵测。若将四州弓弩手减元额，定为三千五百人，辰州置千人，沅州置千五百人，澧州、靖州各置五百人，分处要害，量给土田，训练以时，耕战合度，庶可备御。以所余闲田募人耕作，岁收其租，其于边防财赋，两得其便，可为经久之计。"诏从之。

七年六月，张觷言："湖外自靖康以来，盗贼盘踞，钟相、杨太山、雷德进等相继叛，澧州所属尤甚。独慈利县向思胜等五人索号溪峒归明，暂掌防拓，卒能保境息民，使德进贼党无所剽掠，思胜后竟杀德进。会官军招抚刘智等，而彭永健、彭永政、彭永全、彭永胜及思胜共献粮助官军，招复诸山四十余栅，宣力效忠功居多，宜加赏。"诏思胜等五人各转两资。九月，诏荆湖、广南路溪峒头首土人内有子孙应袭职名差遣，及主管年满合给恩赐之数，俾帅司取会核实以闻。

九年，宜章峒民骆科作乱，寇郴、道、连、桂阳诸州县，诏发大兵往讨之，获骆科。余党欧幼四等复叛，据蓝山，寇平阳县，遣江西兵马都监程师回讨平之。

十年，承信郎琴州溪峒杨进颙等率族属归生界五百余户、疆土三百余里，献累世所造兵器及金炉、酒杯各一，求入觐，诏本路帅司敦遣以行。十二年，诏以施州南砦路夷人向再健袭父思迁充银青光禄大夫、检校国子祭酒兼监察御史、武骑尉、知懿州事。

十四年十月，湖南安抚使刘昉奏，武冈军傜人有父子相杀者，宜出兵助其父，俾还省地。上以问辅臣秦桧，桧曰："恐轻举生事。"帝曰："恩威不可偏废，可怀则示之以恩，否则威之。不侵省地则已，或有所侵，奈何不举，俾知所畏哉。"十二月，成忠郎充武冈军绥宁管界都巡检兼溪峒首领杨进京，率其族三百人，备黄金、朱砂、方物求入贡，先遣其子孝友陈请。诏本路帅司阅旧制以闻，给孝友钱三百贯，俾还听进止。

十五年，杨进颙复求入贡，以武冈军不时敦遣为言。诏本路帅司阅实应袭人姓名来上，并促进颙入觐。四月，广南东路提刑黄应南言："溪峒巡检、尉、砦官不严守备，纵民与傜交通，恐启边衅，乞诏有司申严法令，俾帅臣、监司常加觉察。"宰臣以为沿边互市，恐不宜禁绝。帝曰："往年禁西夏互市，遂至用兵，可令帅司裁决。"前知全州高楫言："獠人今皆微弱，不敢先侵省地，砦官每纵人深入，略其财物，遂致乘间窃发。宜诏与溪峒接壤州郡毋侵傜人，庶使边民安业，以广陛下柔远好生之德。"帝从其言，诏守臣一遵成法，务在抚绥。

二十四年，擒杨正修及其弟正拱，送理寺狱鞫治，斩之。初，正修侍其父再兴入觐，献还省民疆土，遂命以官。建炎后，与弟正拱率九千峒獠人出武冈军，纵火杀掠民财为乱。绍兴间，潭州帅尝招徕之，后复作乱，屡抗官军，至是伏诛。二十八年七月，杨进京等复求入贡，诏以道远慰谕之，优其赐与。

隆兴初，右正言尹穑言："湖南州县多邻溪峒，省民往往交通獠人，擅自易田，豪猾大姓或诈匿其产獠人，以避科差。内亏国赋，外滋边患。宜诏湖南安抚司表正经界，禁民毋质田獠人。诈匿其产獠人者论如法，仍没入其田，以赏告奸者。田前卖入傜人，俾为别籍，毋遽夺，能还其田者，县代给钱偿之。"帝从其言。

乾道元年，宜章峒贼李金陷郴州，焚桂阳军，州将弃城遁，衡州调常宁县兵救之，弗克。世忠峒李昂霄者，率壮丁御贼，民恃以安。湖南提举常平郑丙请发鄂渚军讨贼，平之。昂霄以功补承节郎，管辖衡州常宁县溪峒，及官其子当年，俾后得袭职。

三年，靖州界傜人姚明教等作乱，诏荆、鄂驻扎明椿选将率精锐千人，会屯戍官军击之，能立功者有厚赏。八月，诏平溪峒旦市盐米价，听民便，毋相抑配，其傜人岁输身丁米，务平收，无取羡余及折输钱，违者论罪。十一月，南郊礼成，诏以缘边溪峒，州县失于拊循，致怀反侧，或逃窜山谷，其在赦恩以前，并加宽宥，能复业者，罪一切置不问，互市如故，悉听其便，守臣常加抚问。以称绥远之意。

四年二月，诏湖南北、四川、二广州军应有溪峒处，务先恩信绥怀，毋弛防闲，毋袭科扰，毋贪功而启衅。委各路帅臣、监司常加觉察。是月，诏禁沿边奸人毋越逸溪峒，诱致蛮獠侵内地，违者论如律，其不能防闲致越逸者亦罪。湖广总领周嗣武言边事，如二年四月之诏，帝嘉纳之。是岁，田彦古死，子忠佐袭职，授银青光禄大夫、检校散骑常侍、知溪峒安化州兼监察御史、飞龙骑尉。

六年，卢阳西据獠杨添朝寇边，知沅州孙叔杰调兵数千讨之，败绩，死者十七八。初，徭人与省人交争，杀二人死，叔杰辄出兵破其十三栅，夺还所侵地，于是徭人相结为乱。诸司请调常德府城兵三百人，益官兵三千人，合击讨之。宰臣虞允文奏曰："蛮夷为变，皆守臣贪功所致。今徭人仇视守臣，若更去叔杰，量遣官军，示以兵威，徐与盟誓，自可平定。"帝允其奏，俾叶莱行代叔杰，开示恩信，谕以祸福，遂招降之，边境悉平。前知武冈军赵善毂言："武冈与湖北、广西邻壤，为极边之地，溪峒七百八十余所，七峒隶绥宁县，五溪峒隶临冈县。绍兴三十年，减冗员，改县为临口砦。然五峒之獞俗尤犷悍，衅生毫发，则操戈相仇，砦官不能为轻重。况本军巡防砦栅，惟真良、三门、兵溪、香平有土军可备守御，余有官无兵，其关硖、武阳等砦设巡检二员，徒费廪禄。以臣所知，宜复临口砦为县，则獞蛮易于制服，汰去冗员，则官廪亦无虚费，实边郡之利也。"

七年，前知辰州章才邵上言："辰之诸蛮与羁縻保静、南渭、永顺三州接壤，其蛮酋岁贡溪布，利于回赐，颇觉驯伏。卢溪诸蛮以靖康多故，县无守御，犵狑乘隙焚劫。后徙县治于沅陵县之江口，蛮酋田仕罗、龚志能等遂雄据其地。沅陵之浦口，地平衍膏腴，多水田，顷为獞蛮侵掠，民皆转徙而田野荒秽。会守倅无远虑，乃以其田给靖州犵狑杨姓者，俾佃作而课其租，所获甚微。杨氏专其地将二十年，其地当沅、靖二州水陆之冲，一有蛮隙，则为害不细，臣谓宜预为之备。靖康前，辰州每岁蒙朝廷赐钱七万贯，绸、绢、布共八千一百匹，绵一万七千两。是时，本州厢禁军一千四百余人，沿边一十六砦，土兵六百余人，皆可赡给。其后中外多故，今岁赐止得一万二千缗，而本州财复匮乏，无以充召募之费。禁军止二百一十余人，诸砦土兵止一百五人，甚至砦官有全无一兵而徒存虚名者，其于边防岂可不为深虑？若岁增给民钱一万，俾本州募强壮禁军或效用二百人，分屯卢溪等处，以防诸蛮，庶使边患永消，可免异时调遣之费。"书奏，诏湖北帅臣详议以闻。是年，申严边民售田之禁，守令不能奉法者除名，部刺史常加纠察。

八年，知贵州陈义上疏言："臣前知靖州时，居蛮夷腹心，民不服役，田不输赋，其地似若可弃。然为重湖、二广保障，实南服之要区也。或控制失宜，或金谷不继，或兵甲少振，蛮獠则乘时窃发，勤劳王师，朝廷当重守臣之选。崇宁初戍兵三千人，建炎以来，每于都统司或帅司摘兵二千人，以备屯戍。其凶悍者，以州郡不能制，遂慢守臣，反通獞蛮以挠编民。州郡非白主帅不敢治，比得报，已晚矣。故戍兵敢肆其恶，一旦有警，复安能为用？臣以为宜听守臣节制为便。"帝嘉其言，复问左右曰："靖隶湖北，今闻仰给广西，何也？"赵雄对曰："靖州本溪峒，神宗时创为诚州，元祐间废，寻复为军，徽宗朝始改靖州，与桂府为邻，故令广西给其金谷之费。近岁漕司匮乏，乃责办诸州，以故不能如约。宜复旧制，俾广西漕臣如期馈运。靖州屯戍官兵听守臣节制，于事为便。"帝从之。

十年四月，全州上言："本州密迩溪峒，边民本非奸恶。其始，朝廷禁法非不严密，监司、州郡非不奉行，特以平居失于防闲，故驯致其乱。又兼溪谷山径非止一途，如静江、兴安之大通虚，武冈军之新宁、盆溪及八十里山，永州之东安，皆可以径达溪峒。其地绵亘鄙邑，非一州得专约束，故游民恶少之弃本者，商旅之避征税者，盗贼之亡命者，往往由之以入。萃为渊薮，交相鼓扇，深为边患。如武冈杨再兴、桂阳陈峒相继为乱，实原于此。为今计者，宜徙闲地巡检兵，及分遣士卒诸溪谷山径间，俾湖南北、广西帅宪总其役，庶几事权有归，号令可行也。"儒林郎李大性上言："比年獞蛮为乱，边吏虑妨赏格，往往匿以不闻，遂致猖獗，使一方民命寄于獞人之手，诚可哀悯。近如梁牟等寇沅州，劫墟市，杀戮齐民，州县告急于两月之后，比调官军讨捕，俘降其贼，而人之被害已酷矣。宜戒州县或遇獞人窃发，画时以闻，违者论罪。仍命监司、帅臣常加觉察，庶几事备御，俾獞人亦知畏惧，不敢侵轶，以伤吾民也。"

十一年，诏给事中、中书舍人、卢部长贰同敕令所议，禁民毋质徭人田，以夺其业，俾他自养，以息边衅。从知沅州王镇之请也。沅州生界犵狑副峒官吴自由子三人，货丹砂麻阳县，巡检唐人杰诬为盗，执之送狱，自由率峒官杨友禄等谋为乱。帅司调神劲军三百人及沅州民兵屯境上，声言进讨。先遣归明官田思忠往招抚之，以孔目官为质，世禄等既盟，自由取其三子以归。

嘉泰三年，前知潭州、湖南安抚赵彦励上言："湖南九郡皆接溪峒，蛮夷叛服不常，深为边患。制驭之方，岂无其说？臣以为宜择素有知勇为獞人所信服者，立为酋长，借补小官以镇抚之。况其习俗嗜欲悉同徭人，利害情伪莫不习知，故可坐而制服之也。五年之间能立劳效，即与补正。彼既荣显其身，取重乡曲，岂不自爱，尽忠公家哉？所谓捐虚名而收实利，安边之上策也。"帝下其议。既而诸司复上言："往时溪峒设首领、峒主、头角官及防遏、指挥等使，皆其长也。比年往往得贿得之，为害滋甚。今宜一新蛮夷耳目，如赵彦励之请，所谓以蛮夷治蛮夷，策之上也。"帝从之。

嘉定元年，郴州黑风峒獞人罗世传寇边，飞虎统制边宁战没。江西、湖南惊扰，知隆兴赵希怿、知潭州史弥坚共招降之。二年，李元砺、罗孟二寇江西，攻破龙泉县。李再兴战败，死之，江州驻扎都统制赵选亦战死。初，吉州获贼长七人系狱，土豪黄从龙为贼画策，赂吉守李纲，得纵还，贼遂无所忌。有侯押队者，领兵攴龙泉境上，元砺复用从龙计，椎牛醾酒以犒官军。贼至，官军皆醉，狼狈散走。寇之初起甚微，贼伺知议论不一，故玩侮官军。方江西力战则求降湖南，湖南战则求降江西，牵制王师，使不得相应援。其后命工部侍郎王居安知豫章，擒获之，溪峒略平。

五年，臣僚上言："辰、沅、靖等州旧尝募民为弓弩手，给地以耕，俾为世业。边陲获保障之安，州县无转输之费。比年多故，其制寖弛，猺蛮因之为乱，沿边诸郡悉受其害。比申朝廷调兵招捕，旷日持久，蛮夷习玩，成其猖獗之势。其如杨晟台、李金、姚明教、罗孟二、李元砺、陈廷佐之徒，皆近事之明验也。为今计者，宜讲旧制，可纾馈饷之劳而得备御之实，其安边息民之长策欤。"

七年，臣僚复上言："辰、沅、靖三州之地，多接溪峒，其居内地者谓之省民，熟户、山猺、峒丁乃居外为捍蔽。其初，区处详密，立法行事，悉有定制。峒丁等皆计口给田，多寡阔狭，疆畔井井，擅鬻者有禁，私易者有罚。一夫岁输租三斗，无他繇役，故皆乐为之用。边陲有警，众庶云集，争负弩矢前驱，出万死不顾。比年防禁日弛，山猺、峒丁得私售田。田之归于民者，常赋外复输税，公家因资之以为利，故浸不加省。而山猺、峒丁之常租仍虚挂版籍，责其偿益急，往往不能聊生，反寄猺人，或导其入寇，为害滋甚。宜敕湖、广宪司檄诸郡，俾循旧制毋废，庶边境绥靖而远人获安也。"

梅山峒蛮，旧不与中国通。其地东接潭，南接邵，其西则辰，其北则鼎、澧，而梅山居其中。开宝八年，尝寇邵之武冈、潭之长沙。太平兴国二年，左甲首领苞汉阳、右甲首领顿汉凌寇掠边界，朝廷累遣使招谕，不听，命客省使翟守素调潭州兵讨平之。自是，禁不得与汉民交通，其地不得耕牧。后有苏方者居之，数侵夺舒、向二族。嘉祐末，知益阳县张颉收捕其桀黠符三等，遂经营开拓。安抚使吴中复以闻，其议中格。湖南转运副使范子奇复奏，蛮恃险为边患，宜臣属而郡县之。子奇寻召还，又述前议。熙宁五年，乃诏知潭州潘夙、湖南转运副使蔡烨、判官乔执中同经制章惇招纳之。惇执中知全州，将行，而大田三峒蛮犯境。又飞山之蛮近在全州之西，执中至全州，大田诸蛮纳款，于是遂檄谕开梅山，蛮猺争辟道路，以待得其地。东起宁乡县司徒岭，西抵邵阳白沙砦，北界益阳四里河，南止湘乡佛子岭。籍其民，得主、客万四千八百九户，万九千八十九丁。田二十六万四百三十六亩，均定其税，使岁一输。乃筑武阳、关硖二城，诏以山地置新化县，并二城隶邵州。自是，鼎、澧可以南至邵。

诚、徽州，唐溪峒州。宋初，杨氏居之，号十峒首领，以其族姓散掌州峒。

太平兴国四年，首领杨蕴始来内附。五年，杨通宝始入贡，命为诚州刺史。淳化二年，其刺史杨政岩复来贡。是岁，政岩卒，以其子通盈继知州事。

熙宁八年，有杨光富者，率其族姓二十三州峒归附，诏以光富为右班殿直，昌运五人补三班奉职，晟情等十六人补三司军将。继有杨昌衎者，亦愿罢进奉，出租赋为汉民，诏补为右班殿直，子弟侄十八人补授有差。独光僭颇负固不从命，诏湖南转运使朱初平羁縻之，未几亦降，乃与其子曰俨请于其侧建学舍，求名士教子孙。诏潭州长史朴成为徽、诚等州教授；光僭皇城使、诚州刺史致仕，官为建宅；置飞山一带道路巡检。光僭未及拜而卒，遂以赠之，录其子六人。

元丰三年，知邵州关杞请于徽、诚州融岭镇择要害地筑城砦，以绝边患。诏湖南安抚谢景温、转运使朱初平、判官赵扬商度以闻，景温等以为宜如杞言。乃议诚州以沅州贯保砦为渠阳县隶之，以徽州为莳竹县隶邵州。赵扬言上江、多星、铜鼓、羊镇、潭溪、上和、上诚、天村、大田等团并至诚州城下贸易，可渐招抚，并乞下湖南邵州莳竹县招谕芙蓉、万驿诸团，从之，徙诚州治渠阳而贯保为砦如故。上江等诸团果皆纳土，于是增筑多星等砦，还连徽、广西融州王口砦焉。

元祐二年，改诚州为渠阳军，罢两州兵马及守御民丁。有杨晟台者，乘间寇文村堡，知渠阳军胡田措置亡术，蛮结西融州蛮砦粟仁催，往来两路为民患，调兵屯渠阳至万人，湖南亦增屯兵应援，三路俱惊。朝廷方务省事，议废堡砦，彻戍守，而以其地予蛮，乃诏湖北转运副使李茂直招抚，又遣唐义问措置边事讨之。后以渠阳为诚州，命光僭之子供备库使昌达、供备库副使杨昌等同知州事，而贯保、丰山、若水等砦皆罢戍，择授土官，俾乂间毁楼橹，撤官舍，护领居民入砦。崇宁初，改诚州为靖州。

南丹州蛮，亦溪峒之别种也，地与宜州及西南夷接壤。开宝七年，酋帅莫洪𦶜遣使陈绍规奉表求内附。九年，复来贡，求赐牌印，诏刻印以给之。太平兴国五年，洪𦶜贡银百两，以贺太平。

雍熙四年，洪𦶜族人知宝隆镇莫淮阆牛一头，逐水草至金城州河池县，宜州牙校周承鉴以其牛耕作，淮阆三遣人取牛，承鉴不还，凡耕十日，始牵牛逐水草去。淮阆怒，领乡兵六十人劫取承鉴家资财，驱走民莫世家牛六头以归，诱群蛮为寇。上遣供奉官王承绪乘传劾承鉴，具伏占牛，诏弃市。时知宜州、赞善大夫侯汀失于备御，群蛮之扰，颇害及民庶，诏发诸州兵进讨，兵未至，悉已遁归，汀坐免官。诏谕宜、融、柳州百姓及蛮界人户曰："朕托兆庶之上，处司牧之重，照临所暨，抚养是均，矧于遐陬，尤所轸虑。昨以知宜州事侯汀失于绥缉，恣其侵牟，致兹边夷，起为寇钞，侵骚闾里，虔刘士庶。及兴师而讨伐，乃畏威而窜伏。朕以兴戎召衅，职由于汀，爰举国章，削其官秩。汝等所宜体予含垢，革乃前非，安土厚生，保境延世，嬉我至化，是为永图。或尚恣于陆梁，当尽剿其族类。"自是不复为寇。

淳化元年，洪𦶜卒，其弟洪皓袭称刺史，遣其子淮通来贡银碗二十，铜鼓三面，铜印一钮，旗一帖，绣真珠红罗襦一。上降优诏，赐彩百匹，还其襦。自洪𦶜领州十余年，岁输白金百两。洪皓之袭兄位，专其地利，不修常贡。其弟洪沅忿之，挈妻子来奔宜州。洪皓怒其背已，数引兵攻洪沅。洪沅与二男并牙将一人，乘传诣阙诉其事，请发兵致讨。上以蛮夷之俗，羁縻而已，不欲为之兴师报怨。洪沅先自称南丹州副使，以为邵州团练使，给田十顷，下诏戒敕洪皓。

卷四百九十五
列传第二百五十四

蛮夷三

抚水州　广源州　黎洞　环州

抚水州在宜州南，有县四：曰抚水，曰京水，曰多逢，曰古劳。唐隶黔南。其酋皆蒙姓同出，有上、中、下三房及北遐一镇。民则有区、廖、潘、吴四姓。亦种水田、采鱼，其保聚山险者，虽有畲田，收谷粟甚少，但以药箭射生，取鸟兽尽，即徙他处，无羊马、桑柘。地曰带洞，五十里至前村，川原稍平，合五百余家，夹龙江居，种稻似湖湘。中有楼屋战棚，卫以竹栅，即其酋所居。兵器有环刀、摽牌、木弩。善为药箭，中者大叫，信宿死，得邕州药解之即活。

雍熙中，数寇边境，掠取民口、畜产。诏书招安，补其酋蒙令地殿直，蒙令札奉职。咸平中，又数为寇盗，止令边臣驱逐出境。其党狡狯者凡三十余人，宜州守将因擒送阙下，上召见诘责之，对曰："臣等蛮陬小民，为饥寒所迫耳。"上顾谓左右曰："昨不欲尽令剿绝，若纵杀戮，顾无噍类矣！"因释罪，赐锦袍、冠带、银彩，戒勖遣之。逾年，酋长蒙顶等六十五人诣阙，纳器甲七十事。又蒙汉诚、蒙庹玮、蒙填来朝，上器甲数百及毒药箭，誓不搔边。比岁皆遣使来贡及输兵器，乃授汉诚官，赐物有差，既而侵轶如故。景德三年，蛮酋蒙填诣宜州自陈，愿朝贡谢罪，诏守臣谕以尽还所掠民赀畜，乃从其请。

大中祥符六年，首领指挥使蒙但挈族来归，徙于桂州。九年，数寇宜、融州界，转运使俞献可言："知宜州董元己不善绥抚，昨蛮人饥，来质粮粮，公纵主者克剥概量；及求入贡，复骤沮其意；遂使忿恚为乱。"诏出元己，遂遣潭州都监季守睿代元己招抚，群蛮拒命，侵掠不已。献可请以本道澄海军及募丁壮进讨，乃诏益以潭州兵五千人，命东染院使、平州刺史曹克明为宜融等州都巡检安抚使，内殿崇班王文庆、閤门祗候马玉、内供奉官杨守珍等为都监。上犹以蛮夷异类，攻剿常理，不足以剿绝。又意其道险难进师，弟令克明、献可设方略摄其酋首，索所钞生口，因而抚之。克明、献可上言："蛮人去冬寇天河，今又钞融州厢阳诸砦，剽劫居民，害巡检樊明，累依宣旨诏谕，曾不悛革，臣请便宜掩击。"从之。

克明乃与守珍领兵入樟岭路，文庆、玉趋宜州西路，又令宜、桂都巡检程化鹏取樟岭古牢隘路会合。化鹏遇蛮于上房两水口，击破之。文庆、玉至如门团，为蛮所扼，不能进。克明、守珍乃过横溪恩砦，召山獠向导，开路进师。蛮依篁竹间，时出战斗，辄败走。旬余，上黄泥岭杉木隘路，溪谷险邃，蛮据要害以拒官军，自辰至午，大溃。其党遂过霸苑抵带洞，乃入中房前村。克明等顿兵下

景德二年，洪皓死，长子淮勍袭父任。俄为弟淮讪攻南丹州，淮勍帅属来奔，诏宜州赐闲田资给之。大中祥符五年，宜州言淮讪颇集诸蛮，阻富仁监道路，上廉知淮讪无侵扰状，遣使犒设抚劳之。九年，抚水蛮叛，诏淮讪约勒溪峒，勿从诱胁。明年，平抚水蛮，淮讪等并以劳进秩。景祐三年，有淮载者举族来归，命为湖南州团练副使，敕州县拊存。后淮讪老，自言愿传其子世渐。至和元年，命世渐为检校散骑常侍，权发遣州事。明年，以淮讪为怀远大将军致仕，世渐为刺史、检校工部尚书，赐袍带，钱十万，绢百匹。又补其亲党数十人为检校官，如故事也。世渐死，嘉祐末，命其子公帐袭之。

有世忍者，亦淮讪之子也。初率其属人内附，治平初逃归，攻杀公帐，夺其地自首，请于朝廷，愿授刺史，补其亲党如故事，岁输银百两。三年，遂命为刺史，皆如其请。熙宁二年，猺贼杀人，世忍执以献，授检校礼部尚书。元丰三年入贡，其印以"西南诸道武盛军德政官家明天国主"为文，诏以南丹州印赐之，令毁其旧印。六年，大军讨安化，世忍献弓矢，自言愿世为外臣，修贡不懈，迁检校户部尚书，给铜牌旗号，官其子侄九人。世忍死，子公佞袭。

大观元年，广西经略使王祖道言公佞就擒。进筑平、允、从州，牧文、地、兰、那、安、外、习、南丹八州之地，并为镇庭孚观州、延德军，以其弟公晟袭刺史。宣和四年，公晟乞以州事付其侄延丰，愿与其子归朝，诏从之，仍乘驿给券。

绍兴三年，公晟攻围观州，焚宝积监。朱胜非奏："崇、观、宣和间所开新边，比来往往弃而不守，帅臣、监司屡言观州为控扼之地。不宜弃。"帝曰："前日用事之臣，贪功生事，公为欺罔，其实劳民费财，使远俗不安也。"又用广南经略安抚使刘彦适言，以公晟知南丹州兼溪峒都巡检使、提举盗贼公事，给以南丹州刺史旧印，公晟未受命。二十四年，公晟始贡马，率诸蛮来归。帝谕辅臣曰："得南丹非为广地也，但猺人不叛，百姓安业，为可喜耳。"遂以延沈袭公晟职，授银青光禄大夫、检校太子宾客，使持节南丹州诸军事、南丹州刺史兼御史大夫、知南丹州公事、武骑尉。广西经略安抚使吕愿中谕降诸蛮三十一种，得州二十七，县一百三十五，砦四十，峒一百七十九及一镇、三十二团，皆为羁縻州县。二十五年，延沈进补团练、防御二使。三十年，延沈恣行惨酷，为诸蛮所逐，归死省地，众推延廪袭职。隆兴二年，延廪复为诸蛮所图，携家归朝，经略司奏以延甚袭职。淳熙元年，南丹为永乐州所攻，使来告急，广西帅臣遣将领陈泰权、天河县主簿徐弥高谕和之。十四年，经略司奏以延廮袭职，诏从其请。嘉定五年，延廮之子光熙袭职，知南丹州事。

砦，中夕，群蛮大哗噪，击钲鼓，攻砦甚急，出兵击之，伤杀颇众，因纵火焚其庐室积聚，自此恐惧，窜入山谷。又缘龙江南岸而东，至昏暮，过石峡隘险，士不并行。蛮复连弩北岸，克明遣猛士步涉与斗，至即退走，砦于下房博贺村，克明设伏砦外。其夜，蛮众大集，遇伏发，内外合击，追斩殆尽。乘胜搜山，悉得马牛享士卒。

克明等知其穷蹙，乃晓谕恩信，许以改过，于是酋帅蒙承贵等面缚诣军自首，克明厚加犒宴，且数责之，皆俯伏谢罪。及闻诏旨赦令勿杀，莫不泣下，北望称万岁。上以夷性无厌，习知朝廷多释其罪，故急则来归，缓则叛去，切诏克明等谕以悉还所掠汉口、资畜，即许要盟。承贵等感悦奉诏，乃歃猫血立誓，自言奴山摧倒，龙江西流，不敢复叛。克明等师还，宜州蛮人纳器甲凡五千数，愿迁处汉地者七百余口，诏分置广西及荆湖州军，给以田粮。凡立功使臣将士迁补、赐费者千八百一十六人。承贵因请改州县名，以固归顺之意。诏以抚水州为安化州，抚水县为归仁县，京水县为长宁县。自是间岁朝贡，不复为边患矣。

献可等又言："殿直蒙肚知归化州，州与抚水相接，数遣子文宝及其妻族甘堂侦军事，其子格与官军斗敌，悉部送赴阙。有蒙隽者，亦肚之子，先尝告贼，署为昭州押牙。"诏补肚密州别驾，隽海州都押牙，赋以官田。文宝、格、甘堂并黥配登、莱州。宝元元年，复率众寇融、宜州，发邵、澧、潭三州戍兵合数千人往击。时蛮势方炽，至杀运粮官吏。复诏趣兵进讨，逾年乃平。

庆历中，再以方物入贡。至和二年，复至。诏以知州蒙全会为三班奉职，又以监州姚全料为借职。嘉祐六年，又来贡。是后，月赴宜州参谒及贸巨板，每岁币四管犒。及三岁，听输所贡兵械于思立砦，以其直偿之，递还官资迁补。熙宁初，知宜州钱师孟、通判曹觊擅裁损侵剥之，土人罗世念、蒙承想、蒙光仲等为乱。五年，攻德谨砦，袭将官费万，杀之。经略司问致寇状，而宜州但以饥为言，故朝廷赐粟二万石以安辑之。已而守臣王奇战死，事闻，乃诏知沅州谢麟、带御器械和斌经制溪洞，发在京骁骑两营及江南、福建将兵三千五百人，以听师期。明年，世念等遂与诸蛮峒首领族类四千五百人出降。以世念为内殿承制，承想、光仲等十人各拜官。崇宁二年，其酋蒙光有者复啸聚为寇，经略司遣将官黄忱等击却之。大观二年，遂以三州一镇户口六万一千来上。诏以知融州程邻往黔南路抚谕，官吏推恩有差。至和后，又有融州属蛮大丘峒首领杨光朝请内附，又有杨克端等百三人来归，皆纳之。

诸蛮族类不一，大抵依阻山谷，并林木为居，椎髻跣足，走险如履平地。言语侏离，衣服褊斓。畏鬼神，喜淫祀。刻木为契，不能相君长，以财力雄强。每忿怒则推刃同气，加兵父子间，复仇怨不顾死。出入腰弓矢，匿草中射人，得牛酒则释然矣。亲戚比邻，指授相卖。父子别业，父贫则质身于子，去禽兽无几。其族铸铜为大鼓，初成，悬庭中，置酒以召同类，争以金银为大钗叩鼓，去则以钗遗主人。相攻击，鸣鼓以集众，号有鼓者为"都老"，众推服之。

唐末，诸酋分据其地，自为刺史。宋兴，始通中国，奉正朔，修职贡。间有桀黠贪利或疆吏失于抚御，往往聚而为寇，抄掠边户。朝廷禽兽畜之，务在羁縻，不深治也。熙宁间，以章惇察访经制蛮事，诸溪峒相继纳土，愿为王民，始创城砦，比之内地。元祐初，诸蛮复叛，朝廷方务休息，乃诏谕湖南、北及广西路并免追讨，废堡砦，弃五溪诸郡县。崇宁间，复议开边，于是安化上三州及思广诸峒蛮夷，皆愿纳土输贡赋，及令广西招纳左、右江四百五十余峒。寻以议者言，以为招致熟蕃非便，乃诏悉废所置州郡，复祖宗之旧焉。

绍兴初，监察御史明橐言："湖南边郡及二广之地，旧置溪峒归明官，比年寖广其员，及诸州措置临砦，阙人把拓，又令管押兵夫，素不习知法令，率贪婪无厌。况管押又皆乡民，甚为边患，遭困苦折辱者往往无所赴诉。议者欲俾帅臣籍其姓名，每三年一迁易，如州县官故事。或云止循旧添差，并罢管押兵夫，宜令二广、湖南帅臣处置适宜，无启边祸，以害远人。"诏下其议。三年，安化蛮蒙全剑等八百人劫普议砦，火其屋宇，广西帅臣遣县砦将佐发兵讨平之。

四年，广南东、西路宣谕明橐言：

平、观二州本王口、高峰二砦，处广右西偏，旧常无虞。崇宁、大观间，边臣启衅，奏请置州拓境，深入不毛，如平、从、允、孚、庭、观、溪、驯、叙、乐、隆、兖等十有二州，属之黔南，其官吏军兵请给费用，悉由内郡，于是骚然，莫能支吾。政和间，朝廷始悟其非，罢之。或者谓平州为西南重镇，兼制王江、从、允等州及湖南之武冈军、湖北之靖州、桂州之桑江峒猺，观州则控制南丹、陆家砦、茆滩十道及白崖诸蛮，以故二州独不废。臣自历边，即乞罢平、观者，前后非一。内摄官吴苹尝充经略司准备干当，颇得其详。

观州初为宜州富仁监，大观间，帅臣王祖道欲招纳文、兰州，都巡检刘惟忠谓得文、兰不若取南丹之利，因诬其州莫公佞阻文、兰不令纳土，为公佞罪，惟忠遂禽杀公佞。帅司奏其功，乃改南丹为观州，命惟忠守之。公佞之死，人以为冤。其弟公晟结溪峒图报复，连岁攻围，惟忠中伤死，继以黄璘代守。璘度不能支，辞疾告罢，以岑利疆代之。黄忱复建议，欲增筑高峰砦于富仁监侧，为观声援。会朝廷罢新边，遂请以高峰砦为观州，设知州一人、兵职官二人，曹官一人、指使砦保官七人，吏额五十人，厢禁军、土丁、家丁又千余人。岁费钱一万二千九百余贯、米八千八百一十七石有奇。州无税租户籍，皆仰给邻郡。飞辂涉险阻，或遇蛮寇设伏，阴发毒矢，中人辄死。人畏贼，率委弃道路，纵然达州，糜费亦不可胜计。昔为富仁监时，不闻有警，惟是边吏欲以刺探为功，故时时称警急，因以为利，遂欲存而不废也。比年户籍日削，民多流离，或转入溪峒，公私困弊为甚。

平州初隶融州，亦羁縻州峒也。旧通湖北渠阳军，置融江砦及文村、临溪、浔江堡，后以地隔生蛮，遂废。崇宁间，复隶融。王口砦地接王江，更为怀远军,后更为平州;更吉州为从州、王江为允州,并隶黔南。政和二年,复废。边吏黄忱、李坦诳其帅臣程邻,乞存平州,设知州一人、兵职官二人、曹官一人、县令簿二人,提举溪峒公事;本州管界都同巡检二人,五砦堡监官指挥十人,吏额百人,禁军、土丁千人。岁费钱一万四千四百一十八贯六百文,米一万一千一百二十五石有奇。州无租赋户籍,转运司岁移桂、融、象、柳之粟以给之。及徙融州西北金溪乡税米四百九十余石隶怀远,縻费甚于观州。况守臣到任,即奏推恩其子,州、县、砦、堡例得迁官酬赏,而税场互市之利又为守臣边吏所私,独百姓有征戍转输之苦,诚为可悯。臣以为宜罢平、观二州便。

然尚有可议者,观州初为富仁监时,有银冶二,官取其利有常额,熙宁元降条例具在,宜先下经略司,责公晟等依熙宁条例施行。况公晟实公佞弟,理宜掌州事,近虽逃归,未为蛮族信服,察其情势,不得不倚重中国。若乘时授之,彼知恩出朝廷,必深感悦。

枢密院亦上言:"广西沿边堡砦,昨因边臣希赏,改建州城,侵扰蛮夷,大开边衅。地属徼外,租赋亦无所入,而支费烦内郡,民不堪其弊,遂皆废罢。唯平、观二州以帅臣所请,故存。今睹明槩所奏,利害之实昭然可见。缘帅臣又称公晟于南丹、观州、宝监境上不时窃发,若废二州,恐于缘边事宜有所未尽。"诏令广南西路帅、漕、宪司共条具利害以闻。既而诸司交言:"平、观二州困弊已甚,有害无益,请复祖宗旧制为便。"诏从其言。

乾道六年,诏补蒙泽进武副尉。初,宜州蛮莫才都为乱,广西经略刘焞遣进勇副尉蒙明质贼巢,谕降才都。既而复肆猖獗,戕贼官兵。未几,禽才都,械送经略司伏法,悉破其党,而明亦遇害,备极惨酷,边人怜之。焞乞推恩其子泽以旌死事,朝廷从之,故有是命。

淳熙十年冬,安化蛮突入内地,焚砦栅,杀居民为乱。宜州驻扎官田昭明与蛮力战败,死之。十一年,广西路钤辖沙世坚言:"官军与猺人兵器利钝不同,宜敕沿边军州多置强弩毒矢,以惧猺人。"从之。是年,安化蛮蒙光渐率众抄掠,世坚讨平之。初,知宜州马宁祖不支思立砦盐钱,执议以为前守所积逋,止给钱一月,不能遍及蛮部,而权思立砦准备将领杨良臣复镇抚乖方,遂致激变光渐等。诏罢良臣,贬宁祖秩,敕帅、漕以时给溪峒盐钱。

十二年正月,广西漕臣胡庭直上言:"邕州之左江、永年、太平等砦,在祖宗时,以其与交阯邻壤,实南边藩篱重地,故置州县,籍其丁壮,以备一旦之用,规模宏远矣。比年边民率通交阯,以其地所产盐杂官盐货之,及减易马盐以易银,忽而不防,恐生边衅,所宜禁戢。"既而诸司上言:"经略司初准朝旨,置马盐仓,贮盐以易马,岁给江上诸军及御前进发,用银盐锦,悉与蛮互市。其永平砦所易交阯盐,货居民食,皆旧制也。况边民素与蛮夷私相贸易,官不能制。今一切禁绝,非惟左江居民乏盐,而蛮情亦叵测,恐致乖异也。"乃牒邕州,禁民毋私贩交阯盐,以妨钞法。是年,诏以杨世俊袭父进通职,补承信郎。

绍熙初,广西帅以本路副总管沙世坚素有韬略,累立边功,为群蛮所畏服,尝破蒙光渐,示以威信,光渐不敢寇边者累年。乞以世坚兼知宜州,实能制伏蛮夷,为久远之利。帝从之。庆元四年,宜州蛮蒙峒、袁康等寇内地,夺官盐为乱,广西帅司调官兵招降之,朝廷推赏有差。

嘉定三年,章戣知静江府,建议以为广西所部二十五郡,三方邻溪峒,与蛮猺、黎、蜑杂处,跳梁负固,无时无之,西南最为重地。邕、钦之外,羁縻七十有二,地里绵邈,镇戍非一,请增置雄边军二百人及调宪司甲军二百隶帅司。初,安平州李密侵邻州,劫掠编民,并取古甑洞,以其幼子变姓名为赵怀德知洞事,戣谕邕守推古甑一人主之。十一年,臣僚复上言:"庆历间,张方平尝以为朝廷每备西北,孰不知猺蛮冲突岭外,南邻交阯,势须经营。唐时西备吐蕃,其后安南寇边,旋致庞勋之祸。国朝每忧契丹、元昊,而侬智高陷邕州,南徼骚动,天子为之旰食,岂细故哉?臣等比见淮甸间版筑荐兴,更戍日益,而广南城隍摧圮不葺,戍兵逃亡殆尽,春秋教阅,郡无百人。虽有乡兵、义丁、土丁之名,实不足用,缓急岂能集事?宜于岭南要地增筑城堡,籍其民兵,岁时练习,定赏罚格,以示惩劝。如此则号令严明,守御完固,民习战斗,可息猺蛮侵掠之患,措四十州民于久安之域矣。"诏从之。

广源州蛮侬氏,州在邕州西南郁江之源,地峭绝深阻,产黄金、丹砂,颇有邑居聚落。俗椎髻左衽,善战斗,轻死好乱。其先,韦氏、黄氏、周氏、侬氏为首领,互相劫掠。唐邕管经略使徐申厚抚之,黄氏纳质,而十三部二十九州之蛮皆定。自交阯蛮据有安南,而广源虽号邕管羁縻州,其实服役于交阯。

初,有侬全福者,知傥犹州,其弟存禄知万涯州,全福妻弟侬当道知武勒州。一日,全福杀存禄、当道,并有其地。交阯怒,举兵执全福及其子智聪以归。其妻阿侬本左江武勒族也,转至傥犹州,全福纳之。全福既执,阿侬遂嫁商人,生子名智高。智高生十三年,杀其父商人,曰:"天下岂有二父耶?"因冒侬姓,与其母奔雷火洞,其母又嫁特磨道侬夏卿。

久之,智高复与其母出据傥犹州,建国曰大历。交阯攻拔傥犹州,执智高,释其罪,使知广源州,又以雷火、频婆四洞及思浪州附益之。居四年,内怨交阯,袭据安德州,僭称南天国,改年景瑞。皇祐元年,寇邕州。明年,交阯发兵讨之,不克。广西转运使萧固遣邕州指使亓赟往刺候,而赟擅发兵攻智高,为所执,因问中国虚实,赟颇为陈大略,说智高内属。乃遣赟还,奉表请岁贡方物,未听。又以驯象、金银来献,朝廷以其役属交阯,拒之。后复赍金函书以请,知邕州陈珙上闻,不报。智高既不得请,又与交阯为仇,且擅山泽之利,遂招纳亡命,数出敝衣易谷食,给洞中饥,部落离散。邕州信其微弱,不设备也。乃与广州进士黄玮、黄师宓及其党侬建侯、侬志忠等日夜谋入寇。一夕,焚其巢穴,绐其众曰:"平生积聚,今为天火焚,无以为生,计穷矣。当拔邕州,据广州以自王,否则必死。"

四年四月，率众五千沿郁江东下，攻破横山砦，遂破邕州，执知州陈珙等，兵死千余人。智高阅军资库，得所上金、函，怒谓珙曰："我求一官统摄诸部，汝不以闻，何也？"珙对："尝奏，不报。"索奏草不获，遂扶珙出，珙惶恐呼万岁，救自效，不听，乃并其属及广西都监张立害之。立临刑大骂，不为屈。于是智高僭号仁惠皇帝，改年启历，赦境内。师宓以下皆称中国官名。

是时，天下久安，岭南州县无备，一旦兵起仓卒，不知所为，守将多弃城遁。故智高所向得志，相继破横、贵、龚、浔、藤、梧、封、康、端九州，害曹觐于封州、赵师旦马贵于康州，余杀官吏甚众。所过焚府库，进围广州。初，智高将至，守将仲简不许民入保城中，民不得入者皆附智高，智高势益张。先是，魏瓘筑州城，凿井畜水，作大弩为守备。至是，智高为云梯土山，攻城甚急，又断流水，而城坚，井饮不竭，弩发，中辄洞溃，智高力屈。会知英州苏缄屯兵边渡村，扼其归路；番禺县令蒋注募土丁及海上强壮二千余人，与智高众格斗，焚其战舰；转运使王罕亦自外至，益修守备。智高知不可拔，围五十七日，七月壬戌，解去。由清远济江，拥妇女作乐而行，遇张忠战于白田，忠死之。去攻贺州，不克，夜害蒋偕于太平场。九月庚申，破昭州，害王正伦等于馆门驿。州之山有数穴，大可容数百千人，民闻兵至，走匿其中，智高知之，纵火，皆焚死。十月丁丑，破宾州。甲申，复据邕州，日夜伐木治舟楫，扬言复趋广州。十二月壬申，又败陈曙于金城驿。初，智高以反闻，朝廷命曙就击之，既而杨畋、曹修、张忠、蒋偕相继出，又以余靖、孙沔为安抚使。畋、修闻智高至，退军避之。忠、偕勇而无谋，皆死。智高益自恣，南土骚然。仁宗以为忧，命狄青为宣抚使，诸将皆受青节制。曙恐青至有功，亟挑战，故败。

五年正月，青及沔、靖会兵宾州，官军、土丁合三万一千余人，按军法诛曙及指挥使袁用等三十二人于坐，一军大振。于是进兵，青将前阵，沔将次阵，靖将后阵，以一昼夜绝昆仑关归仁铺。智高闻王师绝险而至，出其不意，悉众来拒，执大盾、摽枪，衣绛衣，望之如火，青阵少却，先锋孙节死之。青起麾蕃落骑兵，张左右翼出其后交击，左者右，右者左，已而左者复左，右者复右，其众不知所为，大败走。会日暮，智高复趋邕州，夜焚城遁，由合江口入大理国。得尸五千三百四十一，筑为京观，所掠生口万余人，复其业。获伪印九，黄师宓而下伪官五十七人，枭其首城上，收马牛、金帛以钜万计。智高自起兵几一年，暴践一方，如行无人之境，吏民不胜其毒。朝廷为下赦令，优除复，慰拊疮痍，百姓始得更生云。先是，谣言"农家种，粜家收。"已而智高叛，为青破，皆如其谣。

智高母阿侬有计谋，智高攻陷城邑，多用其策，僭号皇太后，性惨毒，嗜小儿肉，每食必杀小儿。智高败走，阿侬入保特磨，依其夫侬夏卿，收残众得三千余人，习骑战，复欲入寇。至和初，余靖督部吏黄汾黄献珪石鉴、进士吴舜举发峒兵入特磨，掩袭之，获阿侬及智高弟智光、子继宗继封，槛至京师。初未欲杀，日给食饮，欲以诱出

智高，或传智高死，乃悉弃市。既而西川复奏智高未死，谋寇黎、雅州，诏本路为备。御史中丞孙抃又请敕益州先事经制，以安蜀人。然智高卒不出，其存亡固莫可知也。

侬氏又有宗旦者，知雷火峒，稍桀黠。嘉祐二年，尝入寇，知桂州萧固招之内属，以为忠武将军，又补其子知温闷峒日新为三班奉职。七年，宗旦父子请以所领雷火、计城诸峒属县官，愿得归乐州，永为王民。诏各迁一官，以宗旦知顺安州，仍赐耕牛、盐彩。是岁，侬夏卿、侬平、侬亮亦自特磨来归，皆其族也。日新后尝监邕州税。治平中，宗旦与交阯李日尊、刘纪有隙，畏逼，知桂州陆诜因使人说之，遂弃其州内徙，命为右千牛卫将军。

有甲峒蛮者，亦役属交阯，间出寇邕州。景祐三年，尝掠思陵州凭祥峒生口，杀登龙镇将而去。嘉祐五年，合交阯、门州等蛮五千余人复为寇，与官兵拒战，斩首数百。诏知桂州萧固趋邕州发诸郡兵，与转运使宋咸、提点刑狱李师中合议追讨。是岁数入寇，又诏安抚使余靖击之。苏茂州蛮亦近邕州，至和、嘉祐中，皆尝扰边。

黎洞，唐故琼管之地，在大海南，距雷州泛海一日而至。其地有黎母山，黎人居焉。旧说五岭之南，人杂夷獠，朱崖环海，豪富兼并，役属贫弱，妇人服缌缏，缋木皮为布，陶土为釜，器用瓠瓢；人饮石汁，又有椒酒，以安石榴花著瓮中即成酒。俗呼山岭为"黎"，居其间者号曰黎人，弓刀未尝去手。弓以竹为弦。今儋崖、万安皆与黎为境，其服属州县者为熟黎，其居山洞无征徭者为生黎，时出与郡人互市。

至和初，有黎人符护者，边吏尝获其奴婢十人，还之。符护亦尝犯边，执琼、崖州巡检慕容允则及军士，至是，以军士五十六人与允则来归。允则道病死，诏军士至者贷其罪。

乾道二年，从广西经略转运司议，诏"海南诸郡倅守慰抚黎人，示以朝廷恩信，俾归我省地，与之更始。其在乾道元年以前租赋之负逋者，尽赦免之。能来归者，复其租五年。民无产者，官给田以耕，亦复其租五年。守倅能慰安黎人及收复省地者，视功大小为赏有差，失地及民者有重罚。六年，黎人王用休为乱，权万安军事、同主管本路巡检孙滋等招降之。九年八月，乐昌县黎贼劫省民，焚县治为乱；黎人王日存、王承福、陈颜招降之。琼管安抚司上其功，得借补承节郎。

淳熙元年，诏承节郎王日存子许承袭职。四年冬，万安军王利寇省地，盖旻进率众拒之，兵弱战没。八年六月，诏三十六峒都统领王氏女袭封宜人。初，王氏居化外，累世立功边陲，皆受封爵。绍兴间，琼山民许益为乱，王母黄氏抚谕诸蛮，无敢为乱者，以功封宜人。至是，黄氏年老无子，请以其女袭封，朝廷从之。十二年正月，乐会县白沙峒黎人王邦佐等率贼众五百为寇，杀掠官军，保义郎陈升之抚降其众，俘获林智福等，琼管司上其功，诏减升之三年磨勘。十六年，诏以大宁砦黄弼补承信郎，弹压本界黎峒。琼管司言弼沉鸷有谋，为远近推服，故用之。

弱，宜人黄氏侄也。

嘉定九年五月，诏宜人王氏女吴氏袭封，统领三十六峒。

环州蛮区氏，州隶宜州羁縻，领思恩、都毫二县。有区希范者，思恩人也。狡黠颇知书，尝举进士，试礼部。景祐五年，与其叔正辞应募，从官军讨安化州叛蛮。既而希范击登闻鼓求录用，事下宜州，而知州冯伸己言其妄，编管全州。正辞亦尝自言功，不报。二人皆觖望。希范后辄逋归，与正辞率其族人及白崖山酋蒙赶、荔波洞蛮谋为乱，将杀伸己，且曰："若得广西一方，当建为大唐国。"会有日者石太清至，因使之筮，太清曰："君贵不过封侯。"乃令太清择日杀牛，建坛场，祭天神，推蒙赶为帝，正辞为奉天开基建国桂王，希范为神武定国令公、桂州牧，皆北向再拜，以为受天命。又以区丕绩为宰相，余皆伪立名号，补置四十余人。

庆历四年正月十三日，率众五百破环州，劫州印，焚其积聚。以环州为武城军，又破带溪砦，下镇宁州及普义砦，有众一千五百。宜州捉贼李德用出韩婆岭击却之，前后斩获甚众，俘伪将二。希范惧，入保荔波洞，间出拒官军。朝廷下诏购之，获希范、正辞及赶者，人赐袍带、钱三十万、盐千斤。

明年，转运使杜杞大引兵至环州，使摄官区畔、进士曾子华、宜州校吴香诱赶等出降，杀马牛具酒，给以之盟，置曼陀罗花酒中，饮者皆昏醉，稍呼起问劳，至则推仆后庑下。比暮，众始觉，惊走，而门有守兵不得出，悉擒之。后数日，又得希范等，凡获二百余人，诛七十八人，余皆配徙。仍醢希范，赐诸溪峒，缋其五藏为图，传于世，余党悉平。

镇宁州亦隶宜州。景祐二年，蛮酋莫陵等七百余人内寇，遣西京作坊使郭志高、閤门祗候梁绍熙往讨，未至，陵等诣桂、宜州巡检李仲政请降。广西转运使不俟诏，贷其罪。诏劾之，已而释之。

是岁，高、窦州狄獠陈友朋等亦寇海上，本路会兵击之，溃去。

卷四百九十六
列传第二百五十五

蛮夷四

西南诸夷　黎州诸蛮　叙州三路蛮　威茂渝州蛮　黔涪施高徼外诸蛮　泸州蛮

西南诸夷，汉牂牁郡地。武帝元鼎六年，定西南夷，置牂牁郡。唐置费、珍、庄、琰、播、郎、牂、夷等州。其地北距充州五百五十里，东距辰州二千四百里，南距交州一千五百里，西距昆明九百里。无城郭，散居村落。土热，多霖雨，稻粟皆再熟。无徭役，将战征乃屯聚。刻木为契。其法，劫盗者，偿其主三倍；杀人者，出牛马三十头与其家以赎死。病疾无医药，但击铜鼓、铜沙锣以祀神。风俗与东谢蛮同。隋大业末，首领谢元羽据其地，胜兵数万人。唐末，王建据西川，由是不通中国。后唐天成二年，牂牁清州刺史宋朝化等一百五十人来朝。其后孟知祥据西川，复不通朝贡。

乾德三年，平孟昶。五年，知西南夷南宁州蕃落使龙彦瑫等遂来贡，诏授彦瑫归德将军、南宁州刺史、蕃落使，又以顺化王武才为怀化将军，武才弟若启为归德司阶，武龙州部落王子若溢、东山部落王子若差、罗波源部落王子若台、训州部落王子若从、鸡平部落王子若泠、战洞部落王子若磨、罗母殊部落王子若母、石人部落王子若藏并为归德司戈。开宝二年，武才等一百四十人又来贡，以武才为归德将军。来人乞赐武才细函手诏，以旧制所无，不许。四年，其国人诣涪州，言南宁州蕃落使龙彦瑫卒，归德将军武才及八刺史状请以彦瑫子汉瑭为嗣，诏授汉瑭南宁州刺史兼蕃落使。八年，三十九部顺化王子若发等三百七十七人来贡马百六十四、丹砂千两。

太平兴国五年，夷王龙琼琚遣其子罗若从并诸州蛮七百四十四人以方物、名马来贡。六年，保州刺史董奇死，以其子绍重继之。雍熙二年八月，奉化王子以慈等三百五十人以方物来贡。夷王龙汉瑭自称权南宁州事兼蕃落使，遣牂牁滋州酋长赵文桥率种族百余人来献方物、名马，并上蜀孟氏所给符印。授汉瑭归德将军、南宁州刺史，以文桥等并为怀化司戈。端拱二年，汉瑭又贻书五溪都统向通汉，约以入贡。淳化元年，汉瑭遣其弟汉兴来朝。三年，夷王龙汉兴及都统龙汉瑱、刺史龙光显、龙光盈及顺化王雨滞等各贡马、朱砂。

至道元年，其王龙汉瑱遣其使龙光进率西南牂牁诸蛮来贡方物。太宗召见其使，询以地里风俗，译对曰："地去宜州陆行四十五日。土宜五谷，多种粳稻，以木弩射獐鹿充食。每三二百户为一州，州有长。杀人者不偿死，出家财以赎。国王居有城郭，无壁垒，官府惟短垣。"光进之说，与前书所记小异，故并叙之。上因令作本国歌舞，一人吹瓢笙如蚊蚋声，良久，数十辈连袂宛转而舞，以足顿地为节。询其曲，则名曰《水曲》。其使十数辈，从者千余人，皆蓬发，面目黧黑，状如猿猱。使者衣虎皮毡裘，以虎尾插首为饰。诏授汉瑱宁远大将军，封归化王；又以归德将军罗о植为安远大将军，保顺将军龙光盈、龙光显并为安化大将军，光进等二十四人并授将军、郎将、司阶、司戈。其本国使从者，有甲头王子、刺史、判官、长史、司马、长行、傔人七等之名。

咸平元年，其王龙汉瑱遣使龙光腆又率牂牁诸蛮千余人来贡，诏授光腆等百三十人官。三年，都部署张文黔来贡。五年，汉瑱又遣牙校率部蛮千六百人，马四百六十匹并药布帛等来贡，赐冠带于崇德殿，厚赍遣还。六年，知全州钱绛请招诱溪洞名豪，上以生事，寝其奏不报。

景德元年，诏西南牂牁诸国进奉使亲至朝廷者，令广南西路发兵援之，勿抑其意。先是，龙光进等来朝，上矜其道远，人马多毙，因诏宜州自今可就赐恩物。至是，恳请诣阙，从之。二年，诏羁縻保、霸州刺史董绍重、董忠义岁赐紫绫锦袍。四年，西南蛮罗瓮井都指挥使颜士龙等来贡。士龙种落遐阻，未尝来朝，今始至，诏馆饩赐予如高、溪州。

大中祥符元年，泸州言江安县夷人杀伤内属户，害巡检任赛，既不自安，遂为乱。诏遣阁门祗候侍其旭乘传招抚。旭至，蛮人首罪，杀牲为誓。未几，复叛。旭因追斩数十级，擒其首领三人，又以衣服绸布诱降蛮斗婆行者，将按诛其罪。上以旭名而杀之，违招安之实，即降诏戒止；且令笃恩信，设方略制御，无尚讨伐以滋惊扰。二年，旭言夷人恃岩险，未即归服。诏文思副使孙正辞等为都巡检使，乃分三路入其境，胁以兵威，皆震慑伏罪。三年，正辞言夷人安集，降诏嘉奖。先有蛮罗忽余甚忠顺，防援井监，捕杀违命者不已。上遣内臣郝昭信褒慰之，且谕以赦蛮党前罪，勿复邀击。

四年，茂州夷族首领、耆老，刑牛犬于三溪，誓不侵扰州界。又峡路钤辖执为乱夷人王群体等至阙下，上曰："蛮夷不识教义，向之为乱，亦守臣失于绥抚。"并免死，分隶江、浙远地。其年，霸州董喆为其巡检使董延昇所杀。五年，黎洞夷人互相杀害，巡检使发兵掩捕。上闻而切责之曰："蛮夷相攻，许边吏和断，安可擅发兵甲，或致扰动？"即令有司更选可任者代之。

六年，晏州多刚县夷人斗望、行牌率众劫淯井监，杀驻泊借职平吉，大掠资畜。知泸州江安县、奉职文信领兵赴之，遇害。民皆惊扰，走保戎州。转运使寇瑊即令诸州巡检会江安县，集公私船百余艘，载粮甲，张旗帜，击铜锣，鼓吹，自蜀江下抵清浮埧，树营栅，招安近界夷族，谕以大兵将至，勿与望等同恶。未几，纳溪、蓝顺州刺史史个松，生南八姓诸团，乌猫獠广王子界南广溪移、悦等十一州刺史李绍安，山後高、巩六州及江安界娑婆村首领，并来乞盟，立竹为誓门，刺猫狗鸡血和酒饮之，誓同力讨贼。瑊乃署榜，许以官军不杀其老幼，给赐衣币酒食。上遣内殿崇班王怀信乘传与瑊等议绥抚方略，瑊言斗望等屡为寇钞，恃宽赦不悛恶，今请发嘉、眉屯兵捕剪，以震惧之。

六年九月，诏怀信为嘉、眉、戎、泸等州水陆都巡检使，阁门祗候康训、符承训为都巡检使，及发虎翼、神虎等兵三千余人，令怀信与瑊商度进讨。上因谓枢密使陈尧叟曰："往时孙正辞讨蛮，有虎翼小校率众冒险者三人；朕志其姓名，今以配怀信。正辞尝料简少丁号'白芳子兵'，以其识山川险要，遂为乡导，今亦令怀信召募。又使臣宋贲屡规画溪洞事，适中机要，今贲知江安县与怀信等议事。"瑊乃点集昌、泸、富顺监白芳子弟得六千余人。十一月，怀信、康训分领，缘溪入合滩，至生南界斗满村遇夷贼二千余人，击之，杀伤五百人，夺梭枪藤牌。会暮，收众保砦。夷党三千余人分两道，张旗喊呼来逼砦栅，怀信出击，皆溃散。进壁娑婆，遇夷二千于罗固募村，又破之。追至斗行村上屏风山，连破四砦。一日三战，俘馘百

余人，夺资粮五千石、枪刀什器万数，焚罗固募斗引等三十余村、庵舍三千区。怀信又引兵至斗行村追击过卢罗，射仆二百余人，蓺其栏栅千数。分遣部下于罗个颣罗能落运等村及龙峨山掩杀，大获戎具，斩首级及重伤投崖死者颇众，烧舍千区及积谷累万。两路兵会于泾滩置砦，遣康训部壕砦卒修泾滩路，以渡大军。俄为夷贼所邀，战不利，训颠于崖，死之。怀信引兵急击，大败之，追斩至泾滩。怀信夹砦于晏江口，瑊与符承训侦知贼谋欲乘夜击晏江，驰报怀信，即自泾滩拔砦赴之。比至晏江北山，夷众万余已自东南合势逼怀信砦，怀信毂强弩环砦射贼，瑊等整众乘高策援，夷人大惧而却，合击破之，死伤千余人。

七年正月，其酋斗望三路分众来斗，又为官军大败，射杀数百人，溺江水死者莫计。夷人震慑，诣军首服，纳牛羊、铜鼓、器械，瑊等依诏抚谕。二月，还军淯井，夷首斗望及诸村首领悉赴监自陈，愿贷死，永不寇盗边境。因杀三牲盟誓，辞甚恳苦。即犒以牢酒，感悦而去。瑊、怀信等上言夷人宁息，请置淯井监壕栅，并许近界市马。从之。

八年，夔州路上言黔州西南密州夷族张声进遣使进奉，为南宁州蕃落使龙汉瑴邀夺，仇劫不已，乞降敕书安抚。

天圣四年龙光凝、景祐三年龙光辨、康定元年龙光琇、庆历五年龙以特、皇祐二年龙光澈等，继以方物来贡献。与以特俱至者七百十九人。是年，以安远将军、知蕃落使龙光辨为宁远军大将军，宁远将军知静蛮军节度使龙光凝、承宣武宁大将军龙异岂并为安远大将军，承宣奉化大将军龙异鲁为武宁大将军。至和中，龙以烈、龙异静、首领张汉陛、王子罗以崇等皆入贡，命其首领而下九十三人为大将军至郎将。嘉祐中，以烈复至。大率龙姓诸部族地远且贫，熙宁中来见，赐以袍带等物，刺其数于背。又有张玉、石自品者，嘉祐中来贡，而鹔州亦遣人贡马。有董氏世知保州曰仲元者，袭是州二十余年矣，至是益州钤辖司表其善拊蛮夷，命为本州刺史。鹔州、保州皆西南边地也。又有夷在泸州部，亦西南边地，所部十州：曰巩、曰定、曰高、曰奉、曰淯、曰宋、曰纳、曰晏、曰投附、曰长宁，皆夷人居之，依山险，善寇掠。淯井监者，在夷地中，朝廷置吏领之，以拊御夷众，或不得人，往往生事。

庆历四年四月，夷人攻三江砦，诏秦凤路总管司发兵千人选官驰往捕击。既而泸州教练使、生南招安将史爱诱降夷贼斗敖等，诏并补三班差使、殿侍、淯井监一路招安巡检。未几，夷众复寇三江砦，指使王用等击走之。

皇祐元年二月，夷众万余人复围淯井监，水陆不通者甚久。初，监户负晏州夷人钱而欧伤斗族妹，其众愤怒，欲报之。知泸州张昭信劝谕，既已听服，而淯育井监复执娑然村夷人细令等，杀长宁州落占等十人，故激成其乱。诏知益州田况发旁郡士卒，命梓夔路兵马钤辖宋定往援之。于是两路合官军泊白芳子弟几二万人与战，兵死者甚众，饥死又千余人，数月然后平。赐况及转运使敕书，褒奖宋定而下十三人，进秩有差。后况还朝，乃奏夷众连年

为乱，鼷主者非其人，请令转运、钤辖司举官为知监、监押，代还日，特迁一资。从之。

嘉祐二年，三里村夷斗还等五百五十人复谋内寇。有黄土坎夷斗盖，长宁州人也，先以其事来告。溮井监引兵趋之，捕斩七千余级。钤辖司上闻，诏赐斗盖钱三十万、锦袍、银带。明年，又补斗盖长宁州刺史。

泸州部旧领姚州废已久，有乌蛮王子得盖者来居其地，部族最盛，数遣人诣官，自言愿得州名以长夷落。事闻，因赐号姚州，铸印予之。得盖又乞敕书一通以遗子孙，诏从其请。

夔州路又有溱、南二州夷，颇盛强，皇祐初，诏自今岁遣使者存问之。

雅州西山野川路蛮者，亦西南夷之别种也，距州三百里，有部落四十六，唐以来皆为羁縻州。太平兴国三年，首领马令膜等十四人以名马、犛牛、虎豹皮、麝脐来贡，并上唐朝敕书告身凡七通，咸赐以冠带，其首领悉授官以遣之。绍圣二年，以碉门砦蛮部王元寿袭怀化司戈云。

黎州诸蛮，凡十二种：曰山后两林蛮，在州南七日程；曰邛部川蛮，在州东南十二程；曰风琶蛮，在州西南一千一百里；曰保塞蛮，在州西南三百里；曰三王蛮，亦曰部落蛮，在州西百里；曰西箐蛮，有弥羌部落，在州西三百里；曰净浪蛮，在州南一百五十里；曰白蛮，在州东南一百里；曰乌蒙蛮，在州东南千里；曰阿宗蛮，在州西南二日程。凡风琶、两林、邛部皆谓之东蛮，其余小蛮各分隶焉。邛部于诸蛮中最骄悍狡谲，招集蕃汉亡命，侵攘他种，闭其道以专利。曰大云南蛮，曰小云南蛮，即唐南诏，今名大理国，自有传。夷俗尚鬼，谓主祭者鬼主，故其酋长号都鬼主。

山后两林蛮，后唐天成间始来贡。开宝二年六月壬子，勿儿遣部落将军离鱼以状白黎州，期十月内入贡，成都府以闻，诏嘉答之。至是来朝，赐以器币。由黎州南行七日而至其地，又一程，至嶲州。嶲州今废，空城中但有浮图一。又二程，至建昌城。又十七程，至云南。三年七月，又朝贡。六年四月，邛部川归德将军阿伏上言，为山后两林蛮勿儿率众侵掠堡砦。八年，怀化将军勿尼等六十余人来贡，诏以勿尼为归德将军，又以两林蛮大鬼主苏吷为怀化将军。

太平兴国二年，遣使王子卑彩、副使牟盖、鬼主还祖等七十八人以名马来贡，乞颁正朔。下诏曰："山后两林要蛮主归德将军勿尼、怀化将军勿儿等克慕声明，远修职贡，并增环卫之秩，俾为夷落之荣。勿尼可特授归德大将军，勿儿可特授怀化大将军。"是冬，又遣使离鱼贡犀二株、马九匹，来贺登极。四年，勿儿与都鬼主又遣王子祚遇以名马来贡。八年，蛮主弟牟昂及王子牟盖、摩忙、卑愧、副使牟计等二百三十九人来贡。诏以牟昂为怀化大将军，牟盖等三人为归德郎将，牟计等百二十人并为怀化司戈。

雍熙三年，勿尼等及其王子李奉恩复来贡马。淳化元年，王子离鱼、副使卑都、卑谕、鬼主岐礼等百二十八人来贡。诏授离鱼归德将军，卑都保顺郎将，卑谕归德司戈，卑热等五十四人怀化司戈。

天禧二年，山后两林百蛮都鬼主李阿善遣将军卑热等一百五十人来贡。

邛部川蛮，亦曰大路蛮，亦曰勿邓，居汉越嶲郡会无县地。其酋长自称"百蛮都鬼主"。开宝二年六月，都鬼主阿伏白黎州，期以十月令王子入贡，成都府以闻，诏嘉纳之。四年，黎州定远兵士构叛，聚居鹿角溪，阿伏令弟游击将军卑吷等率众平之。诏赐阿伏银带、锦袍，并赐其众银帛各百，以为归德将军。六年，阿伏与山后两林蛮主勿儿言语相失，勿儿率兵侵邛部川，颇俘杀部落。黎州以闻，并赐诏慰谕，令各守封疆，勿相侵犯。

太平兴国四年，首领牟昂、诸族鬼主副使离袜等各以方物来贡。

雍熙二年，都鬼主诺驱并其母热免遣王子阿有等百七十二人以方物、名马来贡。诏以诺驱为怀化将军，并赐其母银器。

端拱二年，遣弟少盖等三百五十人来贺籍田，贡御马十四匹、马二百八十匹、犀角二、象牙二、莎罗毯一、合金银饰蛮刀二、金饰马鞍勒一具、羱羊十、犛牛六。诏以少盖为归德郎将。

淳化元年，诺驱自部马二百五十匹至黎州求互市，诏增给其直。诺驱令译者言更入西蕃求良马以中市。二年，复遣子牟昂、叔离袜以方物、良马、犛牛来贡，仍乞加恩。诏授诺驱怀化大将军，少盖怀化将军，牟昂归德将军，离袜怀化司戈；又封诺驱母归顺郡太君热免宁远郡太君，弟离遮、小男阿醉都判官，任彦德等一百九十一人为怀化司戈。

至道元年，李顺乱西川，王继恩讨平之。遣嘉州牙校辛显使，诺驱奉淳化二年所授官告、敕书及日历为信，因言与贼樊秀等接战，败之，复请朝觐，通嘉州旧路。继恩上言："通嘉州路非便，只令于黎州卖马。"诏不允。其入觐王子一十九人并加官，鬼主三十六人并赐敕书以抚之。至道三年，遣王子阿醉来朝。

真宗咸平二年，遣王子部的等来贡文犀、名马，赐衣带、器币有差。又乞给印，以"大渡河南山前、后都鬼主"为文，从之。五年，又遣王子离归等二百余人入贡。六年，黎州言邛部川都蛮王诺驱卒，其子阿道立。

景德二年，阿道遣王子将军百九十二人来贡。诏授阿道安远将军，阿道叔怀化将军，阿育为归德将军，离归为怀化将军，大判官怀化司候任彦德、王子将军部的并为怀化郎将，判官任惟庆为怀化司候。大中祥符元年，遣将军赵勿娑等献名马、犀角、象齿、娑罗毯，会于泰山。礼毕，阿道加恩。勿娑等厚赐遣还。

天圣八年十月，邛部川都蛮王黎在遣卑郎、离灭等贡方物。时占城、龟兹、沙州亦皆入贡，至以家自随。晏殊因请图其人物衣冠，并访道里风俗以上史官，诏可。九年三月，命黎在为保义将军，又命其部族为郎将、司戈、司候，凡三十余人。明道元年，黎州言黎在请三岁一贡，诏谕以道路遐远，听五年一至。景祐初，黎州复言邛部蛮请岁入贡，诏如明道令。宝元元年，百蛮都王忙海遣将军卑盖等贡方物，且请三岁一贡，不许。

庆历四年，邛部川山前、山后百蛮都鬼主牟黑遣将军阿济等三百三十九人献马二百一十、氂牛一、大角羊四、犀株一、莎罗毯一。庆历间，有都鬼主弁黑等入贡。未几，其王咩墨扰边，知黎州孙固使其首领苴魁杀之。

熙宁三年，苴魁遣使来贺登宝位，自称"大渡河南邛部川山前、山后百蛮都首领"，赐敕书、器币、袭衣、银带。是年，苴魁死，诏以其子韦则为怀化校尉、大渡河南邛部川都鬼主。九年，遣其将军卑郎等十四人入贡。

乾道元年，诏以崖辀袭兄蒙备金紫光禄大夫、怀化校尉、都鬼主如故。淳熙元年，吐蕃寇西边，崖辀率众掩击，诏嘉其功。二年五月，两林蛮王弟笼畏及酋长崖来率部义等攻邛部川之笼瓮城，不克，大掠而去。崖辀追之，不及。制置使范成大檄黎州严加备御。八年，崖辀死，其侄墨崖袭职。诏黎州屯戍土军、禁军及西兵，遇有边事并听本州守臣节制。

嘉定九年，邛部川逼于云南，遂伏属之。其族素效顺，捍御边陲，既折归云南，失西南一藩篱矣。

凤琶蛮，咸平初，其王曩娿遣使乌柏等贡马五十七匹，素地红花娑罗毯二，来贺即位。诏授曩娿及进奉使等官，优赐遣之。景德三年，又遣乌柏来贡，诏授曩娿归德将军，乌柏等四十六人弟迁郎将、司阶、司戈。

保塞蛮，开宝间，其蛮七十余人由大渡河来归，时时来货其善马。绍兴二十七年，川、秦都大司言："汉地民张太二姑率众劫杀市马蛮客崖遇等，恐启边衅，已加慰谕，并偿其直矣。"诏免知州唐秬及通判陈伯强官，抵首贼法。

部落蛮，有刘、杨、郝、赵、王五姓。淳熙七年十月，黎州五部落蛮贡马三百匹求内附，诏许通互市，却其所献马。

弥羌部落。乾道九年，吐蕃青羌以知黎州宇文绍直不雠其马价，愤怨为乱。诏帅宪抚安之，绍直罢免。青羌首领奴儿结等市马黎州，大肆房掠，权州事王肪多给金帛，亟遣还。宣抚使虞允文言肪贪功，恐他部效尤，渐启边衅。诏降肪两官。十月，黎州吐蕃复寇边，攻虎掌砦。诏四川宣抚司檄成都府调兵二千人戍黎州以御之。

淳熙二年，奴儿结还所房生口三十九人。黎州与之盟，复听其互市，给赏归之。制置使范成大言："所房未尽归我，岂可复与通好？"诏谪宇文绍直，编管千里外。成大增黎州五砦，籍壮五千人为战兵；吐蕃入寇之径凡十有八，皆筑堡戍之。奴儿结率众二千扣安静砦。成大调飞山卒千人赴之，度其三日必遁，戒勿追。已而果然。

青羌奴儿结为边害者十余年，其后制置使留正以计禽杀之，尽歼其党。淳熙十二年，赵汝愚代为制置使，或谓杀降不祥，必启边患，汝愚不为动，但分守险要，严备以待之。明年，奴儿结弟三开果入寇，边备完固，三开不能攻，走归。汝愚具重赏以间群蛮，三开不能孤立，遂以忧死。时虚恨蛮族最强，破小路蛮，并其地，与黎州接壤，请通互市。汝愚以黎州三面被边，若更通虚恨蛮，恐重贻他日之忧，不若拒之为便。帝以其知大体，从之。寻汝愚以定青羌功加龙图阁直学士。

嘉定元年十二月，弥羌蓄卜由恶水渡河，寇黎州，破碉子砦。初，蓄卜弟阿巴至三冲为人所杀，又徙白水村渡于安静砦，羌人患之。蓄卜遂与青羌诣邛部川，欲假道女儿城以入寇。守臣杨子谟谍知之，数以赞遗其都王母，俾母假道，时时馈米以济其饥，蛮人德之。会赵公庀代为郡，靳不与，蓄卜遂得假道渡河，攻茆坪砦，掠三松、蚕砂、横山、三增、白羊诸村。郡遣西兵将党寿御之，失利，复遣统领王光世往。羌人由茆坪以革船渡河，光世惮之，留屯三冲不敢进。羌人焚掠既尽，渡河而归。二年二月，复寇黎州良溪砦，官军败绩。八年二月，蓄卜降。蓄卜连年入寇，皆青羌曳失索助之，守臣袁栖遣安静砦总辖杜棽招降之。

他如浮浪蛮、白蛮、乌蒙蛮、阿宗蛮，则其地各有所服属云。

叙州三路蛮：西北曰董蛮，正西曰石门部，东南曰南广蛮。

董蛮在马湖江右，僰侯国也。唐羁縻驯、骋、浪、商四州之地。其酋董氏，宋初有董春惜者贡马，自称"马湖路三十七部落都王子"。其地北近犍为之沐川赖因砦。砦阨蛮险，蛮数寇抄。熙宁、绍圣中，朝廷皆为徙赖因监押驻荣丁砦，而以县吏校截。政和五年，始改差监押充知砦事，蛮寇掠如故。

南广蛮在叙州庆符县以西，为州十有四。大观三年，有夷酋罗永顺、杨光荣、李世恭等各以地内属，诏建滋、纯、祥三州，后皆废。

石门蕃部与临洮土羌接，唐曲、播等十二州之地。俗椎髻、披毡、佩刀，居必栏棚，不喜耕稼，多畜牧。其人精悍善战斗，自马湖、南广诸族皆畏之。盖古浪稽、鲁望诸部也。

威州保霸蛮者，唐保、霸二州也。天宝中所置，后陷没。酋董氏，世有其地，与威州相错，因羁縻焉。

保州有董仲元、霸州有董永锡者，嘉祐及熙宁中皆尝请命于朝。政和三年，知成都庞恭孙始建言开拓，置官吏。于是以董舜咨保州地为祺州，董彦博霸州地为亨州，授舜咨刺史，彦博团练使。舜咨寻迁观察使；彦博留后，遂为节度使。诏成都给居第、田十二顷。二州经费岁用钱一万二千一百缗，米麦一万四千七百石，绢二千八百五十匹，紬布、绫绵、茶、盐、银等不预焉。后皆为砦。

茂州诸部落，盖、涂、静、当、直、时、飞、宕、恭等九州蛮也。蛮自推一人为州将，治其众，而常诣茂州受约束。茂州居群蛮之中，地不过数十里，宋初无城隍，惟植鹿角自固。蛮乘夜屡入寇，民甚苦之。熙宁八年，相率诣州请筑城，知州事范百常实主是役。蛮以为侵其地，率众奄至，百常击走之，乃合静、时等蛮来寇。百常拒守凡七十日。诏遣王中正将陕西兵来援，入恭州、宕州，诛杀颇众，蛮乃降。

政和五年，有直州将郢永寿、汤延俊、董承有等各以地内属，诏以永寿地建寿宁军，延俊、承有地置延宁军。时威州亦建亨、祺二州，然亨至威才九十里，寿宁距茂才五里，在大旱江之外，非扼控之所，未几皆废。

七年，塗、静、时、飞等州蛮复反茂州，杀掠千余人。知成都周焘遣易马钤辖张永铎等击之，畏懦不敢进，皆坐黜。以孙羲叟节制绵、茂军，于是中军将种友直等破其都禄板舍原诸族，蛮败散。其酋旺烈等诣茂州请降，乃班师。授旺烈官，月给茶彩。自后蛮亦骄。

宣和五年，宕、恭、直诸部落入寇。六年，塗、静蛮复犯茂州云。

渝州蛮者，古板楯七姓蛮，唐南平獠也。其地西南接乌蛮、昆明、哥蛮、大小播州，部族数十居之。

治平中，熟夷李光吉、梁秀等三族据其地，各有众数千家。间以威势胁诱汉户，有不从者屠之，没入土田。往往投充客户，谓之纳身，税赋皆里胥代偿。藏匿亡命，数以其徒伪为生獠劫边民，官军追捕，辄遁去，习以为常，密赂黠民觇守令动静，稍筑城堡，缮器甲。远近患之。

熙宁三年，转运使孙固、判官度诜使兵马使冯仪、弁简、杜安行图之，以祸福开谕，因进兵，复宾化砦，平荡三族。以其地赋民，凡得租三万五千石，丝绵一万六千两。以宾化砦为隆化县，隶涪州；建荣懿、扶欢两砦。

其外铜佛坝者，隶渝州南川县，地皆膏腴。自光吉等平，他部族据之。朝廷因补其土人王才进充巡检，委之控扼。才进死，部族无所统，数出盗边。朝廷命熊本讨平之，建为南平军，以渝州南川、涪州隆化隶焉。

元丰四年，有杨光震者，助官军破乞弟，杀其党阿讹。大观二年，木攀首领赵泰、播州夷族杨光荣各以地内属，诏建溱、播二州，后皆废。

黔州、涪州徼外有西南夷部，汉牂牁郡，唐南宁州、牂牁、昆明、东谢、南谢、西赵、充州诸蛮也。其地东北直黔、涪，西北接嘉、叙，东连荆楚，南出宜、桂。俗椎髻、左衽，或编发；随畜牧迁徙亡常，喜险阻，善战斗。部族共一姓，虽各有君长，而风俗略同。宋初以来，有龙蕃、方蕃、张蕃、石蕃、罗蕃者，号"五姓蕃"，皆常奉职贡，受爵命。

治平四年十二月，知静蛮军、蕃落使、守天圣大王龙异阁等入见，诏以异阁为武宁将军，其属二百四十一人各授将军及郎将。

熙宁元年，有方异玹，三年，有张汉兴各以方物来献，授异玹静蛮军，汉兴捍蛮军，并节度使。六年，龙蕃、罗蕃、方蕃、石蕃八百九十人入觐，贡丹砂、毡、马、赐袍带、钱帛有差。其后，比岁继来。龙蕃众至四百人，往返万里，神宗悯其勤，诏五姓蕃五岁听一贡，人有定数，无辄增加，及别立首领，以息公私之扰。命宋敏求编次《诸国贡奉录》，客省、四方馆撰仪，皆著为式。

元丰五年，张蕃乞添贡奉人至三百，诏故事以七十人为额，不许。七年，西南程蕃乞贡方物，愿依五姓蕃例注籍。从之。

元祐二年，西南石蕃石以定等赍表，自称"西平州武圣军"。礼部言元丰着令以五年一贡为限，今年限未及。诏特令入贡。五年，八年，绍圣四年，龙蕃皆贡方物。龙氏于诸姓为最大，其贡奉尤频数，使者但衣布袍，至假伶人之衣入见，盖实贫陋，所冀者恩赏而已。故事，蛮夷入贡，虽交阯、于阗之属皆御前殿见之，独此诸蕃见于后殿，盖卑之也。

元符二年，又有牟韦蕃入贡，诏以进奉人韦公忧、公市、公利等为郎将。

诸蕃部族数十，独五姓最著，程氏、韦氏皆比附五姓，故号"西南七蕃"云。

施州蛮者，夔路徼外熟夷，南接牂牁诸蛮，又与顺、富、高、溪四州蛮相错，盖唐彭水蛮也。

咸平中，施蛮尝入寇，诏以盐与之，且许其以粟转易，蛮大悦，自是不为边患。后因饥，又以金银倍实直质于官易粟，官不能禁。熙宁六年，诏施州蛮以金银质米者，估实直；如七年不赎，则变易之。著为令。

熊本经制渭井事，蛮酋田现等内附，夔路转运判官董钺、副使孙琏、知施州寇平，皆以招城功被赏。

施、黔比近蛮，子弟精悍，用木弩药箭，战斗捷捷，朝廷尝团结为忠义胜军。其后，泸州、渭井、石泉蛮叛，皆获其用。

高州蛮，故夜郎也，在涪州西南。宋初，其酋田景迁以地内附，赐名珍州，拜为刺史。景迁以郡多火灾，请易今名。大观二年，有骆解下、上族纳土，复以珍州名云。

泸州西南徼外，古羌夷之地，汉以来王侯国以百数，独夜郎、滇、邛都、𰍌、昆明、徙、筰都、冉駹、白马氏为最大。夜郎，在汉属牂牁郡，今涪州之西，溱、播、珍等州封域是也；滇，在汉为益州郡，今姚州善阐之地是也；邛都，𰍌会同川与吐蕃接，今邛部川蛮所居也；𰍌，今𰍌州；昆明，在黔、泸徼外，今西南蕃部所居也；徙，今雅州严道地；筰都，在黎州南，今两林及野川蛮所居地是也；冉駹，今茂州蛮，汶山夷地也；白马氏，在汉为武都郡，今阶州、汶州，盖羌类也：此皆巴蜀西南徼外蛮夷也。

自黔、恭以西，至涪、泸、嘉、叙，自阶又折而东，南至威、茂、黎、雅，被边十余郡，绵亘数千里，刚夷恶獠，殆千万计。自治平之末讫于靖康，大抵皆通互市，奉职贡，虽时有剽掠，如鼠窃狗偷，不能为深患。参考古今，辨其封域，以见琛赆之至，梯航之所及者尔。若夫边荆楚、交广，则系之溪峒云。

　　滣水夷者，羁縻十州五囤蛮也，杂种夷獠散居溪谷中。庆历初，泸州言："管下溪峒十州，有唐及本朝所赐州额，今乌蛮王子得盖居其地。部族最盛，旁有旧姚州，废已久，得盖愿得州名以长夷落。"诏复建姚州，以得盖为刺史，铸印赐之。得盖死，其子窃号"罗氏鬼主"。鬼主死，子仆射袭其号，浸弱不能令诸族。

　　乌蛮有二酋领：曰晏子，曰斧望箇恕，常入汉地鬻马。晏子所居，直长宁、宁远以南，斧望箇恕所居，直纳溪、江安以东，皆仆夜诸部也。晏子距汉地绝近，犹有滣井之阻。斧望箇恕近纳溪，以舟下泸不过半日。二酋浸侵强大，**擅劫**晏州山外六姓及纳溪二十四姓生夷。夷弱小，皆相与供其宝。

　　熙宁七年，六姓夷自滣井谋入寇，命熊本经制之。景思忠战没，本将蜀兵，募土丁及夷界黔州弩手，以毒矢射贼，贼惊溃。于是山前后、长宁等十郡八姓及武都夷皆内附。提点刑狱范百禄作文以誓之曰：

蠢兹夷丑，滣溪之浒。为虺为豺，凭负固圉。杀人于货，头颅草莽。莫惨燔炙，莫悲奴虏。狙狘熟憯，胡可悉数。疆吏苟玩，噤不敢语。

奋若之岁，曾是强御。踯躅啸聚，三壕、罗募。偾我将佐，戕我士伍。西南绎骚，帝赫斯怒。帝怒伊何？神圣文武。民所安乐，惟曰慈抚。民所疾苦，惟曰砭去。乃用其良，应变是许。粥熊裔孙，爰驭貔虎。歼其渠酋，判其党与。既夺之心，复断右股。

摄提孟陬，徂征有叙。背孤击虚，深入厥阻。兵从天下，铁首其举。纷纭腾沓，莫敢婴梧。火其巢穴，及其囷贮。暨其赀畜，墟其林芜。杀伤系缧，以百千数。泾滩望风，悉力比附。丁为帝民，地曰王土。投其器械，籍入官府。百死一贳，莫保铜鼓。

献盟神天，视此狗鼠。敢忘诛绝，以干罪罟。乃称上恩，俾复故处。残丑厥角，泣血诉语："天子之德，雨旸覆护。三五噍类，请比泾仵。"

大邦有令，其戒警汝：天既汝贷，汝勿予侮。惟十九姓，往安汝堵。吏治汝责，汝力汝布。吏时汝耕，汝稻汝黍。惩创于今，无忕往古。小有堡障，大有城戍。汝或不听，汝击汝捕。尚有彪将，突骑强旅。傅此黔军，毒矢劲弩。天不汝容，暴汝居所。不汝遗育，悔于何取！

立石于武宁砦。

熊本言二酋桀黠，不羁縻之则诸蛮未易服，遂遣人说诱招纳。于是晏子、斧望箇恕及仆夜皆愿入贡，受王命。晏子未及命而死，乃以箇恕知归来州，仆夜知姚州，以箇恕之子乞弟、晏子之子沙取禄路并为把截将、西南夷部巡检。

八年，俞州獠寇南州，獠酋阿讹率其党奔箇恕。熊本重赏檄斩讹。讹桀黠，习知边境虚实，箇恕匿不杀，诡降于纳溪。讹得不死，甚德箇恕，为伺边隙。会箇恕老厌兵，以事属乞弟，遂与讹侵诸部。

十年，罗苟夷犯纳溪砦。初，砦民与罗苟夷竞鱼笱，误殴杀之，吏为按验。夷已忿，谓："汉杀吾人，官不尝我骨价，反暴露之。"遂叛。提点刑狱穆珣言："纳溪去泸一舍，罗苟去纳溪数里，今托事起端，若不加诛，则乌蛮观望，为害不细。"乃诏泾原副总管韩存宝击之。存宝召乞弟等掎角，讨荡五十六村，十三囤蛮乞降，愿纳土承赋租。乃诏罢兵。

元丰元年，乞弟率晏州夷合步骑六千至江安城下，责平罗苟之赏。城中守兵才数百，震恐不能授甲，蛮数日乃引去。知泸州乔叙要欲与盟，遣梓夔都监王宣以兵二千守江安，仍奏以乞弟袭归来州刺史。韩运造小校杨舜之召乞弟拜敕，乞弟不出；遣就赐之，亦不见；而令小蛮从舜之取敕以去。乔叙因沙取禄路以贿招乞弟，乃肯来。

三年，盟于纳溪。蛮以为畏已，益悖慢。盟五日，遂以众围罗箇牟族。罗箇牟，熊本所团结熟夷也。王宣往救之，蛮解围，合力拒官军。宣与一军皆没，事遂张，驲召存宝授方略，统三将兵万八千趋东川。存宝怯懦不敢进，乞弟送款给降，存宝信之，遂休兵于绵、梓、遂、资间。

四年，诏以环庆副总管林广代存宝，按宝逗挠，诛之。熟夷杨光震杀阿讹，诏林广与光震同力讨贼。乞弟恐，复送款。帝以其前后反覆，无真降意，督广进师。广遂破乐共城，至斗蒲村，斩首二千五百级。次落婆，乞弟乃纳降。广盛陈兵以受之，对语良久，乞弟疑有变，引众遁。广帅兵深入，会大雨雪，浃旬始次老人山，山形剑立。度黑崖，至鸦飞不到山。五年正月，次归来州，天大寒，然桂为薪，军士皆冻堕指。留四日，求乞弟不可得。内侍麦文昞问广军事，广曰："贼未授首，当待罪。"文昞乃出所受密诏曰："大兵深入讨贼，期在枭获元恶。如已破其巢穴，虽未得乞弟，亦听班师。"军中皆呼万岁，曰："天子居九重，明见万里外。"乃以众还。自纳溪之役，师行凡四十日。筑乐共城、江门砦、梅岭席帽溪堡，西达滣井，东边纳溪，皆控制要害。捷书闻，敕梓州路，以归来州地赐罗氏鬼主。乞弟既失土，穷甚，往来诸蛮间，无所依。帝犹欲招来之，命知泸州王光祖开谕，许以自新。会其死，于是罗始党、斗然、斗更等诸酋请依十九姓团结，新收生界八姓、两江夷族请依七姓团结，皆为义军。从之。自是泸夷震慑，不复为边患。沙取禄路死，子鳖弊承袭。

政和五年，晏州夷卜漏叛，砦将高公老遁，招讨使赵遹讨平之，授鳖弊西南夷界都大巡检。事见《赵遹传》。

附录

进宋史表

开府仪同三司、上柱国、录军国重事、中书右丞相、监修国史、领经筵事、提调宣政院太医院广惠司事臣阿鲁图等言：窃惟周公念先业之艰难，《七月》之诗是作；孔子论前王之文献，二代之礼可言。故观赵氏隆替之由，足见皇元混一之绩。钦惟世祖圣德神功文武皇帝，初由宗邸亲总大军，龙旂出指于离方，羽葆归登于乾御。栉风沐雨，讵辞跋履之劳；略地攻城，咸遵禀授之算；扬舲而平江、汉，卷甲而克襄、樊，龚行吊伐之师，昭受宠绥之寄。及夫收图书于胜国，辑麟朁于神京，拔宋臣而列政涂，载宋史而归秘府。然后告成郊庙，锡庆臣民，推大赉以惟均，示一统之无外。枢庭偃武，既编裁定之勋；翰苑搞文，寻奉纂修之旨。事机有待，岁月易迁，累朝每切于继承，多务未遑于制作。

臣阿鲁图等诚惶诚惧顿首顿首，钦惟皇帝陛下恢弘至道，绍述丕谟。往行前言，乐讨论于古训；祖功宗德，思扬厉于耿光。惟我朝大启基图，彼吴会后归版籍，视金源其未远，缃石室以具存，及兹累洽之时，成此弥文之典。命臣阿鲁图、左丞相臣别儿怯不花领史事，前右丞相臣脱脱为都总裁，平章政事臣贴睦尔达世、御史大夫臣惟一、翰林学士承旨臣起岩臣玄、治书侍御史臣好文、礼部尚书臣沂、崇文太监臣宗瑞为总裁官，平章政事臣纳麟伯颜、前中书右丞臣达世贴睦迩、左丞臣守简、参议臣岳柱臣拜住臣陈思谦、郎中臣斡栾臣孔思立等协恭董治，史官工部侍郎臣斡玉伦徒、秘书卿臣泰不华、太常金院臣杜秉彝、翰林直学士臣宋褧、国子司业臣王思诚臣汪泽民、集贤待制臣干文传、翰林待制臣张瑾臣贡师道、宣文阁鉴书博士臣麦文贵、监察御史臣余阙、太常博士臣李齐、翰林修撰臣刘闻、太医院都事贾鲁、国子助教臣冯福可、太庙署令臣陈祖仁、西台御史臣赵中、翰林应奉臣王仪臣余贞、秘书著作佐郎臣谭慥、翰林编修臣张翥、国子助教臣吴当、经筵检讨臣危素编劚分局，汇粹为书。起自东都，迄于南渡，纪载余三百载，始终才一再期。

考夫建隆、淳化之经营，景德、咸平之润色，庆历、皇祐以忠厚美风化，元丰、熙宁以聪明紊宪章，驯致绍圣纷纭，崇宁荒乱，治忽昭陈于方册，操存实本于宫庭。若乃建炎、绍兴之图回，乾道、淳熙之保义，正直用则存政举，邪佞进则臣辱主忧。光、宁之朝，仅守宗社；理、度之世，日蹙封疆，顾乃拘信使以渝盟，纳叛臣而侵境，由奸权之擅命，启事衅以召兵。厥后瀛国归朝，吉王航海，齐亡而访王蠋，乃存秉节之臣；楚灭而谕鲁公，堪矜守礼之国。

载惟真元之会合，属当泰道之熙明，众言殽乱于当时，大谊昭宣于今日。剸先儒性命之说，资圣代表章之功，先理致而后文辞，崇道德而黜功利，书法以之而矜式，彝伦赖是而匡扶。虽微董狐直笔之可称，庶逃司马寡识而轻信。至若论其有弊，亦惟断以至公。大概声容盛而武备衰，论建多而成效少。且辞之烦简以事，而文之今古以时，旧史之传述既多，杂记之搜罗又广。于是参是非而去取，权丰约以损增，事严敢计于疾徐，日积亦虞于玩愒。

臣阿鲁图等忝司当撰，实预纲提，周询在局之言，靡究心乃职。第述作之才有限，而报效之志无穷，傥垂清燕之观，尚助缉熙之益。曰若帝尧，曰若帝舜，惟圣心稽古之功；监于有夏，监于有殷，乃臣子告君之道。谨撰述本纪四十七卷，志一百六十二卷，表三十二卷，列传、世家二百五十五卷，装潢四百九十二帙，随表尘献以闻。下情无任惭惧战汗屏营之至。臣阿鲁图等诚惶诚惧顿首顿首谨言。

至正五年十月二十一日，开府仪同三司、上柱国、录军国重事、中书右丞相、监修国史、领经筵事、提调宣政院太医院广惠司事臣阿鲁图等上表。

修史官员

领三史：

  开府仪同三司、上柱国、录军国重事、中书右丞相、监修国史、领经筵事、提调宣政院
  太医院广惠司事臣阿鲁图
  开府仪同三司、上柱国、录军国重事、中书左丞相、领经筵事、提调宁徽寺事臣别儿
  怯不花

都总裁：

  开府仪同三司、上柱国、录军国重事、前中书右丞相、监修国史、领经筵事、都总裁
  臣脱脱

总裁：

  银青荣禄大夫、中书平章政事、知经筵事臣帖睦尔达世
  银青荣禄大夫、御史大夫、知经筵事臣贺惟一
  翰林学士承旨、荣禄大夫、知制诰、兼修国史臣张起岩
  翰林学士承旨、荣禄大夫、知制诰、兼修国史臣欧阳玄
  嘉议大夫、治书侍御史臣李好文
  中大夫、礼部尚书臣王沂
  正议大夫、崇文太监、检校书籍事臣杨宗瑞

史官：

  嘉议大夫、工部侍郎臣斡玉伦徒
  太中大夫、秘书卿臣泰不华
  通议大夫、金太常礼仪院事臣杜秉彝
  翰林直学士、亚中大夫、知制诰、同修国史、兼经筵事臣宋褧
  朝请大夫、国子司业臣王思诚
  集贤待制、朝请大夫臣干文传
  朝列大夫、国子司业臣汪泽民
  翰林待制、奉议大夫、兼国史院编修官臣张瑾
  宣文阁鉴书博士、奉训大夫臣麦文贵
  翰林待制、奉训大夫、兼国史院编修官臣贡师道
  奉训大夫、太常博士臣李齐
  承德郎、监察御史臣余阙
  翰林修撰、儒林郎、同知制诰、兼国史院编修官臣刘闻
  承务郎、太医院都事臣贾鲁

承直郎、国子助教臣冯福可
儒林郎、陕西诸道行御史台监察御史臣赵中
承德郎、太庙署令臣陈祖仁
应奉翰林文字、文林郎、同知制诰、兼国史院编修官臣王仪
应奉翰林文字、文林郎、同知制诰、兼国史院编修官臣余贞
登仕郎、秘书监著作佐郎臣谭㮶
翰林、国史院编修官臣张翥
国子助教臣吴当
经筵检讨臣危素

提调官：
光禄大夫、中书平章政事臣纳麟
荣禄大夫、中书平章政事、知经筵事臣伯颜
翰林学士承旨、光禄大夫、知制诰、兼修国史、知经筵事、前中书右丞臣达世贴睦迩
资德大夫、中书左丞臣董守简
资德大夫、参议中书省事臣岳柱
朝请大夫、参议中书省事拜住
奉议大夫、参议中书省事臣陈思谦
通议大夫、兵部尚书臣李献
通议大夫、工部尚书臣路希贤
太中大夫、吏部尚书臣何执礼
朝列大夫、户部尚书臣赛因不花
嘉议大夫、中书左郎中臣斡栾
亚中大夫、中书右司郎中臣孔思立
承德郎、刑部侍郎臣全普俺撒里
朝列大夫、中书右司员外郎臣不颜不花
左司员外郎臣实礼门
奉议大夫、中书左司员外郎臣白渰
奉直大夫、礼部郎中臣逯鲁会
奉训大夫、中书右司都事臣野仙
朝请大夫、中书右司都事臣郑衍
奉政大夫、中书右司都事臣毕琏
中议大夫、中书左司都事臣陈仲端
奉直大夫、中书左司都事臣许从宣

中书省咨文

皇帝圣旨里。中书省据《辽》、《金》、《宋》三史总裁官呈："照得近奉都堂钧旨，委自提调缮写《宋史》刻板正本，今已毕功。理合比依《辽》、《金》二史，从都省闻奏定夺，指定行省去处，刊刻印造，传之方来。窃照元修史官翰林编修张翥、国子助教吴当二人，深知宋书事理。如蒙差委赍书前往所指去处，监临刊刻，至于锓梓之际，倘或工匠笔画差讹，就便正是，似为便宜。具呈照详。"得此，都省除已差史官翰林应奉张翥驰驿赍《宋史》净稿前去，委自本省文资正官、首领官、儒学提举各一员，不妨本职提调，与差去官精选高手人匠，就用赍去净稿依式镂板，不致差讹；所用工物，本省贡土庄钱内应付，如果不敷，不以是何钱内放支，年终照算；仍禁约合属，毋得因而一概动扰违错；工毕，用上色高纸印造一百部，装潢完备，差官赴都解纳外，合行移咨，请照验依上施行，先具依准咨来。须至咨者。右咨浙江等处行中书省。
至正六年　　　　月　　　　日。

刊刻官员

行省提调官：
光禄大夫、江浙等处行中书省平章政事臣达世贴睦迩
江浙等处行中书省平章政事臣忽都不花
资善大夫、江浙等处行中书省左丞臣韩涣
江浙等处行中书省参知政事臣撒马笃
江浙等处行中书省参知政事臣杨惟恭
朝列大夫、江浙等处行中书省左右司郎中臣岛剌沙
奉直大夫、江浙等处行中书省左右司郎中臣崔敬
奉训大夫、江浙等处行中书省左右司员外郎臣赫德尒
奉政大夫、江浙等处行中书省左右司员外郎臣郑璠
承德郎、江浙等处行中书省左右司都事臣徐棨
承务郎、江浙等处行中书省左右司都事臣马黑麻
承务郎、江浙等处行中书省左右司都事臣李琰
掾史臣赵谦、许恒敬、宣使臣堵简
杭州路提调官：
中议大夫、杭州路总管兼管内劝农事、知渠堰事臣赵琏
儒司提调官：
承务郎、江浙等处儒学副提举臣李祁
监督儒官：
温州路永嘉书院山长臣钱惟演
嘉兴路儒学正臣应才
杭州路仁和县儒学教谕臣刘元
杭州路儒学训导臣黄常臣姚安道